Gerold / Schmidt
Rechtsanwaltsvergütungsgesetz

Rechtsanwalts-vergütungsgesetz

Kommentar

begründet von
Dr. jur. Wilhelm Gerold †

fortgeführt von
Dr. jur. Herbert Schmidt †

bearbeitet von
Dr. Steffen Müller-Rabe
Richter am OLG a. D., Starnberg

Dr. Hans-Jochem Mayer
Rechtsanwalt und Fachanwalt für
Verwaltungsrecht und Fachanwalt für Arbeitsrecht in Bühl

Detlef Burhoff
Richter am OLG a. D.,
Rechtsanwalt in Augsburg

25., überarbeitete Auflage 2021

C.H.BECK

Zitiervorschlag:
Gerold/Schmidt/*Bearbeiter,* zB
Gerold/Schmidt/*Müller-Rabe* RVG § 11 Rn. 1
Gerold/Schmidt/*Mayer* RVG VV 2100 Rn. 1

www.beck.de

ISBN 978 3 406 76135 5

Wilhelmstraße 9, 80801 München
Umschlaggestaltung, Satz, Druck und Bindung: Druckerei C. H. Beck Nördlingen
(Adresse wie Verlag)

CO_2 neutral
chbeck.de/nachhaltig

Gedruckt auf säurefreiem, alterungsbeständigem Papier
(hergestellt aus chlorfrei gebleichtem Zellstoff)

Vorwort zur 25. Auflage

Die von Rechtsanwälten seit langem geforderte Änderung des RVG ist endlich mit dem KostRÄG 2021 erfolgt.

Sie betrifft zunächst einmal eine generelle Anhebung der letztmals zum 1. August 2013 erhöhten Gebühren um 10%, in sozialrechtlichen Angelegenheiten um weitere 10%. Der Gegenstandswert in Kindschaftssachen wurde von 3.000,– EUR auf 4.000,– EUR heraufgesetzt. Die PHK-/VKH-Kappungsgrenze, ab der sich die Gebühren der beigeordneten Rechtsanwältinnen und Rechtsanwälte nicht mehr erhöhen, ist nunmehr bei 50.000,– EUR statt bisher bei 30.000,– EUR angesetzt. Die Fahrkostenpauschale beträgt nunmehr 0,42 EUR statt bislang 0,30 EUR pro gefahrenen km, die Tages- und Übernachtungsgelder wurden auf 30,– bzw. 50,– bzw. 80,– EUR erhöht.

Die zahlreichen Berechnungsbeispiele des Kommentars wurden mit den neuen Zahlen neu berechnet.

Weiter gab es zugunsten der Rechtsanwaltschaft strukturelle Änderungen bzw. Klarstellungen, ua durch

- die Berücksichtigung von Pausenzeiten bei der Terminsgebühr in Strafsachen (VV Vorb. 4.1. Abs. 3 RVG)
- die Deckelung der Anrechnung von mehrfach angefallenen Geschäftsgebühren auf die einheitliche Verfahrensgebühr bei objektiver Klagehäufung (§ 15a Abs. 2 RVG)
- die Erstreckung der PKH-Beiordnung beim Mehrvergleich auf alle mitverglichenen, also auch die nicht anhängigen Gegenstände (§ 48 Abs. 1 RVG)
- die Anerkennung einer Einigungsgebühr auch bei außergerichtlicher Beratung iSv § 34 RVG (VV Vorb. 1 RVG)
- die Regelung zur Terminsgebühr für privatschriftliche Einigungen (VV 3104 Anm. Abs. 1 Nr. 1 RVG).

Außerhalb des KostRÄG 2021 gab es noch folgende Änderungen zum RVG

- Art. 6 Gesetz zur Stärkung der Rechte von Betroffenen bei Fixierungen im Rahmen von Freiheitsentziehungen vom 19.6.2019 BGBl. I S. 840 betreffend §§ 42, 51 RVG und VV Teil 6
- Art. 10b Gesetz für mehr Sicherheit in der Arzneimittelversorgung vom 9.8.2019 BGBl. I S. 1202 betreffend § 60 RVG
- Art. 8 Gesetz zur Modernisierung des Strafverfahrens vom 10.12.2019 BGBl. I S. 2121 Einfügung von § 53a RVG
- Art. 7 Gesetz zur Neuregelung des Rechts der notwendigen Verteidigung vom 10.12.2019 BGBl. I S. 2128 betreffend § 59a RVG
- Art. 3 Abs. 5 Gesetz zur Änderung des EG – Verbraucherschutzdurchsetzungsgesetzes sowie des Gesetzes über die Errichtung des Bundesamts für Justiz vom 25.6.2020 BGBl. I S. 1474 betreffend VV Vorb. 3.2.1 Nr. 2h.
- Art. 12 Sanierung – und Insolvenzrechtsfortentwicklungsgesetz vom 22.12.2020 BGBl. I S. 3256 Einfügung von § 29a RVG
- Art. 2 Gesetz zur Verbesserung des Verbraucherschutzes im Inkassorecht und zur Änderung weiterer Vorschriften vom 22.12.2020 BGBl. I S. 3320 betreffend §§ 13, 25, 31b RVG

Die seit Juni 2019 veröffentlichte Rechtsprechung und Literatur wurde in den Kommentar eingearbeitet, so dass sich der Leser wieder auf dem neuesten Stand befindet.

Dankbar sind Verlag und Autoren für die wertvollen Hinweise, die wir von den Benutzern zur 24. Auflage erhalten haben und die wir überwiegend in der 25. Auflage berücksichtigt haben. Wir würden uns sehr freuen, wenn wir weiterhin auf diese Weise dabei unterstützt würden, den Kommentar praxisnah und umfassend zu gestalten.

Im Februar 2021

Dr. Steffen Müller-Rabe
Dr. Hans-Jochem Mayer
Detlef Burhoff

Inhaltsübersicht

Inhaltsverzeichnis

Inhaltsverzeichnis

Abkürzungsverzeichnis

(inkl. abgekürzt zitierter Literatur)

aA	anderer Ansicht
aaO	am angegebenen Orte
abgedr.	abgedruckt
ABl.	Amtsblatt
abl.	ablehnend
Abs.	Absatz
Abschn.	Abschnitt
abw.	abweichend
abwM	abweichende Meinung
abzgl.	abzüglich
aE	am Ende
aF	alte Fassung
AEUV	Vertrag über die Arbeitsweise der Europäischen Union
AG	Amtsgericht
AGkompakt	Zeitschrift „Anwaltsgebühren kompakt"
AGS	Zeitschrift „Anwaltsgebühren Spezial"
AktG	Aktiengesetz
allg.	allgemein
allgM	allgemeine Meinung
Alt.	Alternative
aM	andere Meinung
Anh.	Anhang
Anm.	Anmerkung
AnwBl	Zeitschrift „Anwaltsblatt"
AnwGH	Anwaltsgerichtshof
AnwK RVG	Schneider/Wolf, RVG-Kommentar, 8. Aufl. 2017
AO	Abgabenordnung
APS	Ascheid/Preis/Schmidt, Kündigungsrecht, 5. Aufl. 2017
ArbG	Arbeitsgericht
ArbGG	Arbeitsgerichtsgesetz
ArbR Aktuell	Zeitschrift „Arbeitsrecht Aktuell"
ArbRS	Sammlung von Entscheidungen der Arbeitsgerichte
Art.	Artikel
Aufl.	Auflage
ausf.	ausführlich
AuslG	Auslieferungsgesetz/Ausländergesetz (beide Gesetze?)
AVO/AusführungsVO	Ausführungsverordnung
BAG	Bundesarbeitsgericht
BAGE	Entscheidungen des Bundesarbeitsgerichts
BauR	Zeitschrift „Baurecht"
BayJMBl	Zeitschrift „Bayerisches Justizministerialblatt"
BayObLG	Bayerisches Oberstes Landesgericht
BayObLGR	s. OLGR
BayObLGSt	Entscheidungen des Bayerischen Obersten Landesgerichts in Strafsachen
BayObLGZ	Entscheidungen des Bayerischen Obersten Landesgerichts in Zivilsachen
BayLSG	Bayerisches Landessozialgericht
BayVBl.	Bayerische Verwaltungsblätter
BayVGH	Bayerischer Verwaltungsgerichtshof
BB	Zeitschrift „Betriebs-Berater"
Bd.	Band
BDH	Bundesdisziplinarhof
BDO	Bundesdisziplinarordnung
BeckOK ArbR	Rolfs/Giesen/Kreikebohm/Udsching, Beck'scher Online-Kommentar Arbeitsrecht, 57. Aufl. 2020
BeckOK BGB	Hau/Poseck, Beck'scher Online-Kommentar BGB, 55. Aufl. 2020
BeckOK KostR	Dörndorfer/Neie/Wendtland/Gerlach, Beck'scher Online-Kommentar Kostenrecht, 31. Aufl. 2020
BeckOK RVG	v. Seltmann, Beck'scher Online-Kommentar RVG, 50. Edition 2020
BeckOK Streitwert	Mayer, Beck'scher Online-Kommentar Streitwert, 33. Aufl. 2020
BeckOK VwGO	Posser/Wolff, Beck'scher Online-Kommentar VwGO, 54. Aufl. 2020

Abkürzungsverzeichnis

BeckRS .... Beck-Rechtsprechung (Datenbank Beck-Online: www.beck-online.de)
BEG .... Bundesentschädigungsgesetz
begr. .... begründet
Beil. .... Beilage
betr. .... betreffend, betreffs
Bengel Reimann TV-HdB Bengel/Reimann, Handbuch der Testamentsvollstreckung, 7. Aufl. 2020
Benkard PatG .... Benkard, PatG-Kommentar, 11. Aufl. 2015
Bergmann/Dienelt .... Bergmann/Dienelt, Ausländerrecht: AuslR, 13. Aufl. 2020
BerHG .... Beratungshilfegesetz
BerlAnwBl. .... Berliner Anwaltsblatt
betr. .... betrifft
BFH .... Bundesfinanzhof
BFHE .... Entscheidungen des Bundesfinanzhofs
BMF .... Bundesministerium der Finanzen
BGB .... Bürgerliches Gesetzbuch
BGBl. .... Bundesgesetzblatt
BGH .... Bundesgerichtshof
BGHR .... Systematische Sammlung der Entscheidungen des BGH ab 1987
BGHReport .... Schnelldienst zur Zivilrechtsprechung des Bundesgerichtshofs
BGHSt .... Entscheidungen des Bundesgerichtshofs in Strafsachen
BGHZ .... Entscheidungen des Bundesgerichtshofs in Zivilsachen
Bischof .... Bischof/Jungbauer/Bräuer/Hellstab/Klipstein/Klüsener/Kerber, RVG-Kommentar, 8. Aufl. 2018
BMJV .... Bundesministerium der Justiz und für Verbraucherschutz
BJS Anwaltshaftung .... Borgmann/Jungk/Schwaiger, Anwaltshaftung, 6. Aufl. 2020
BLHAG .... Baumbach/Lauterbach/Hartmann/Anders/Gehle, Zivilprozessordnung: ZPO, 79. Aufl. 2021
BNotO .... Bundesnotarordnung
BORA .... Berufsordnung der Rechtsanwälte
BPatG .... Bundespatent(gesetz/gericht)
BRAGO .... Bundesrechtsanwaltsgebührenordnung
BRAGOreport .... Zeitschrift „BRAGOreport"
BRAK-Mitt. .... Mitteilungen der Bundesrechtsanwaltskammer
BRAO .... Bundesrechtsanwaltsordnung
Breithaupt .... Sammlung von Entscheidungen der Sozialversicherung, Versorgungs- und Arbeitslosenversicherung (Jahr und Seite)
BSG .... Bundessozialgericht
bspw. .... beispielsweise
BStBl. .... Bundessteuerblatt
BT-Drs. .... Bundestags-Drucksache
BtG .... Betreuungsgesetz
BtPRAX .... Zeitschrift „Betreuungsrechtliche Praxis"
Bumiller/Harders/Schwamb .... Bumiller/Harders/Schwamb, FamFG, 12. Aufl. 2019
Burandt/Rojahn .... Burandt/Rojahn, Erbrecht, 3. Aufl. 2019
Burhoff StrafREV-HdB .... Burhoff, Handbuch für das strafrechtliche Ermittlungsverfahren, 8. Aufl. 2019
Burhoff StrafRHV-HdB .... Burhoff, Handbuch für die strafrechtliche Hauptverhandlung, 9. Aufl. 2019
Burhoff OWi-Verfahren-HdB .... Burhoff, Handbuch für das straßenverkehrsrechtliche OWi-Verfahren, 5. Aufl. 2018
Burhoff/Kotz StrafR-Nachsorge-HdB .... Burhoff/Kotz (Hrsg.), Handbuch für die strafrechtliche Nachsorge, (1 Aufl.) 2015
Burhoff/Kotz StrafR-Rechtsmittel-HdB .... Burhoff/Kotz, Handbuch für die strafrechtlichen Rechtsmittel und Rechtsbehelfe, 2. Aufl. 2016
Burhoff/Volpert RVG .... Burhoff/Volpert, RVG Straf- und Bußgeldsachen, 5. Aufl. 2017
Büro .... Zeitschrift „Das Büro" (ab 1960 JurBüro)
BVerfG .... Bundesverfassungsgericht
BVerfGE .... Amtliche Sammlung der Entscheidungen des BVerfG
BVerwG .... Bundesverwaltungsgericht
BVerwGE .... Amtliche Sammlung der Entscheidungen des BVerwG
BZRG .... Bundeszentralregistergesetz
bzgl. .... bezüglich
bzw. .... beziehungsweise

Damrau/Zimmermann ...... Damrau/Zimmermann, Betreuungsrecht, 4. Aufl. 2010
DAR .... Zeitschrift „Deutsches Autorecht"
DAV .... Deutscher Anwaltverein
DB .... Zeitschrift „Der Betrieb"

DGVZ	Deutsche Gerichtsvollzieher Zeitung
dh	das heißt
diff.	differenzierend
DJZ	Deutsche Juristenzeitung
DM	Deutsche Mark
DNotZ	Deutsche Notarzeitschrift
DONot	Dienstordnung für Notarinnen und Notare
DÖV	Zeitschrift „Die Öffentliche Verwaltung“
DR	Deutsches Recht (früher JW)
DRiZ	Deutsche Richterzeitung
DStR	Deutsches Steuerrecht
DStRE	Deutsches Steuerrecht – Entscheidungsdienst
Dürbeck/Gottschalk PKH/VKH	Dürbeck/Gottschalk, Prozess- und Verfahrenskostenhilfe, Beratungshilfe, 9. Aufl. 2020
DVBl.	Zeitschrift „Deutsches Verwaltungsblatt“
DVO	Durchführungsverordnung
EFG	Entscheidungen der Finanzgerichte
EGH	Entscheidungen des Ehrengerichtshofs
EGBGB	Einführungsgesetz zum Bürgerlichen Gesetzbuch
EGGVG	Einführungsgesetz zum Gerichtsverfassungsgesetz
EGMR	Europäischer Gerichtshof für Menschenrechte
EGOWiG	Einführungsgesetz zum Ordnungswidrigkeitengesetz
EGZPO	Einführungsgesetz zur Zivilprozessordnung
EGZVG	Einführungsgesetz zum Zwangsversteigerungsgesetz
EhrRiEG	Gesetz über die Entschädigung der ehrenamtlichen Richter
einhM	einhellige Meinung
Einl.	Einleitung
einschr.	einschränkend
EMRK	Europäische Menschenrechtskonvention
EnWG	Energiewirtschaftsgesetz
ErbR	Zeitschrift „Erbrecht“
ErfK	Müller-Glöge/Preis/Schmidt, Erfurter Kommentar zum Arbeitsrecht, 20. Aufl. 2020
Erl.	Erlass
EuGH	Europäischer Gerichtshof
EuGRZ	Zeitschrift „Europäische Grundrechte“
EuGÜB	Übereinkommen der Europäischen Gemeinschaft über die gerichtliche Zuständigkeit und die Vollstreckung gerichtlicher Entscheidungen in Zivil- und Handelssachen
EuRAG	Gesetz über die Tätigkeit europäischer Rechtsanwälte in Deutschland
EZBK	Ernst/Zinkhahn/Bielenberg/Krautzberger, Baugesetzbuch, 138. Aufl. 2020
FA-FamR-HdB	Gerhardt/v. Heintschel-Heinegg/Klein, Handbuch des Fachanwalts Familienrecht, 11. Aufl. 2018
FamFG	Gesetz über das Verfahren in Familiensachen und in den Angelegenheiten der freiwilligen Gerichtsbarkeit
FamGKG	Gesetz über Gerichtskosten in Familiensachen
FamR-B	Zeitschrift „Der Familienrechtsberater“
FamRZ	Zeitschrift für das gesamte Familienrecht
f., ff.	folgende Seite bzw. Seiten
FD-RVG	Fachdienst Vergütungs- und kostenrechtliche Neuigkeiten von Dr. Hans-Jochem Mayer in beck-online.de
Feest/Lesting	Feest/Lesting, Strafvollzugsgesetz: StVollzG, 6. Aufl. 2012
FF	Zeitschrift „Forum Familienrecht“
FGG	Gesetz über die Angelegenheiten der freiwilligen Gerichtsbarkeit
FGO	Finanzgerichtsordnung
FGPrax	Zeitschrift „Praxis der freiwilligen Gerichtsbarkeit“
FG	Finanzgericht
FK-InsO	Wimmer, FK-InsO: Frankfurter Kommentar zur Insolvenzordnung, 9. Aufl. 2018
Fn.	Fußnote
FuR	Zeitschrift „Familie und Recht“
GBl.	Gesetzblatt
GBO	Grundbuchordnung
GbR	Gesellschaft bürgerlichen Rechts
GebO	Gebührenordnung

Abkürzungsverzeichnis

GebrMG	Gebrauchsmustergesetz
G	Gesetz
GewArch	Zeitschrift „Gewerbearchiv"
GG	Grundgesetz
GKG	Gerichtskostengesetz
GmbH	Gesellschaft mit beschränkter Haftung
GMP	Germelmann/Matthes/Prütting, Arbeitsgerichtsgesetz: ArbGG, 9. Aufl. 2017
GNotKG	Gerichts- und Notarkostengesetz
Göhler	Göhler, Gesetz über Ordnungswidrigkeiten: OWiG, 17. Aufl. 2017
GoltdArch.	Goltdammers Archiv für Strafrecht
Gruchot	Beiträge zur Erläuterung des deutschen Rechts, begründet von Gruchot
grdl.	grundlegend
grds.	grundsätzlich
GrdstVG	Grundstücksverkehrsgesetz
Groß/Eder Anwaltsgebühren	Groß/Eder, Anwaltsgebühren in Ehe- und Familiensachen, 5. Aufl. 2018
GRUR	Zeitschrift „Gewerblicher Rechtsschutz und Urheberrecht"
GS	Gesetzessammlung/Großer Senat (des BGH) (oder Gedenkschrift)
GVBl.	Gesetz- und Verordnungsblatt
GVG	Gerichtsverfassungsgesetz
GWB	Gesetz gegen Wettbewerbsbeschränkungen
GWBG	Grunsky/Waas/Benecke/Greiner, Arbeitsgerichtsgesetz: ArbGG, 8. Aufl. 2014
Haarmeyer/Mock InsVV	Haarmeyer/Mock, Insolvenzrechtliche Vergütungsverordnung, 6. Aufl. 2019
Harbauer	Harbauer, Rechtsschutzversicherung: ARB, 9. Aufl. 2018
Hartmann/Toussaint	Hartmann/Toussaint, Kostenrecht: KostR, 50. Aufl. 2020
HBS VergütungsR	Hansens/Braun/Schneider, Praxis des Vergütungsrechts, 2. Aufl. 2007
Henssler/Prütting	Henssler/Prütting, Bundesrechtsanwaltsordnung: BRAO, 5. Aufl. 2019
HessFG	Hessisches Finanzgericht
HessLAG	Hessisches Landesarbeitsgericht
HessLSG	Hessisches Landessozialgericht
HessVGH	Hessischer Verwaltungsgerichtshof
HEZ	Höchstrichterliche Entscheidungen in Zivilsachen
HGB	Handelsgesetzbuch
HK-ArbGG	Natter/Gross, Arbeitsgerichtsgesetz, 2. Aufl. 2013
HK-ArbR	Däubler/Hjort/Schubert/Wolmerath, Arbeitsrecht, 4. Aufl. 2017
HK-BGB	Schulze/Dörner/Ebert/Hoeren/Kemper/Schenger/Schenck/Schreiber/Schulte-Nölke/Staudinger/Wiese, BGB, 10. Aufl. 2019
HK-EMRK	Meyer-Ladewig/Nettesheim/v. Raumer, EMRK, 4. Aufl. 2017
HK-FamGKG	Schneider/Volpert/Fölsch, FamGKG, 3. Aufl. 2019
HK-RVG	Mayer/Kroiß, RVG, 7. Aufl. 2018
HK-VerwR	Fehling/Kastner/Störmer, Verwaltungsrecht, 4. Aufl. 2016
HK-ZPO	Saenger, Zivilprozessordnung: ZPO, 8. Aufl. 2019
hM	herrschende Meinung
HRR	Höchstrichterliche Rechtsprechung
Hs.	Halbsatz
Haarmeyer/Hintzen Zwangsverwaltung	Haarmeyer/Hintzen, Zwangsverwaltung, 6. Aufl. 2016
idF	in der Fassung
idR	in der Regel
iE	im Einzelnen
iErg.	im Ergebnis
iHd	in Höhe des/der
iHv	in Höhe von
InsO	Insolvenzordnung
InsVV	Insolvenzrechtliche Vergütungsverordnung
InVo	Zeitschrift „Insolvenz und Vollstreckung"
IPR	Internationales Privatrecht
IRG	Gesetz über die internationale Rechtshilfe in Strafsachen
iSd	im Sinne des/der
iSv	im Sinne von
iVm	in Verbindung mit
iÜ	im Übrigen
JBeitrO	Justizbeitreibungsordnung
JFG	Jahrbuch für Entscheidungen in Angelegenheiten der Freiwilligen Gerichtsbarkeit
Jg.	Jahrgang

JGG	Jugendgerichtsgesetz
JM	Justizminister, Justizministerium
JMBl.	Zeitschrift „Justizministerialblatt"
JMBlNRW	Justizministerialblatt für Nordrhein-Westfalen
JR	Zeitschrift „Juristische Rundschau"
JurBüro	Zeitschrift „Das juristische Büro"
Justiz	Die Justiz, Amtsblatt des Justizministeriums Baden-Württemberg
JVBl.	Justizverwaltungsblatt
JVEG	Justizvergütungs- und -entschädigungsgesetz
JW	Zeitschrift „Juristische Wochenschrift"
JZ	Zeitschrift „Juristenzeitung"
KapMuG	Kapitalanleger-Musterverfahrensgesetz
Karpenstein/Mayer	Karpenstein/Mayer, EMRK, 2. Auflage 2015
Keidel	Keidel (Hrsg. Engelhardt/Sternal), FamFG, Kommentar, 20. Aufl. 2020
KG	Kammergericht, Kommanditgesellschaft
KGaA	Kommanditgesellschaft auf Aktien
KGR	s. OLGR
KK-OWiG	Mitsch, Karlsruher Kommentar zum Gesetz über Ordnungswidrigkeiten: OWiG, 5. Aufl. 2018
KK-StPO	Hannich, Karlsruher Kommentar zur Strafprozessordnung: StPO, 8. Aufl. 2019
Kleine-Cosack	Kleine-Cosack, Bundesrechtsanwaltsordnung: BRAO, 8. Aufl. 2020
KMK Vergütungsvereinbarung	Krämer/Mauer/Kilian, Vergütungsvereinbarung und -management, (1. Aufl.) 2005
KO	Konkursordnung
Kölner Komm InsO	Hess, Kölner Kommentar zur Insolvenzordnung, (1. Aufl.) 2017
KostO	Kostenordnung
KostRÄG 2021	Kostenrechtsänderungsgesetz 2021
KostRÄndG	Kostenrechtsänderungsgesetz
KostRMoG	Kostenrechtsmodernisierungsgesetz
KostRspr.	Kosten-Rechtsprechung (Entscheidungssammlung)
KR KSchG	Bader u. a., Gemeinschaftskommentar zum Kündigungsschutzgesetz und zu sonstigen kündigungsschutzrechtlichen Vorschriften, 12. Aufl. 2019
krit.	kritisch
KSpG	Kohlendioxid-Speicherungsgesetz
KTS	Zeitschrift „Konkurs-, Treuhand- und Schiedsgerichtswesen"
KunstUrhG	Gesetz betreffend das Urheberrecht an Werken der bildenden Künste und der Photographie
KV	Kostenverzeichnis
Lachmann Schiedsgerichtspraxis-HdB	Lachmann, Handbuch für die Schiedsgerichtspraxis, 4. Aufl. 2016
LAG	Landesarbeitsgericht
LandwVerfG	Gesetz über das gerichtliche Verfahren in Landwirtschaftssachen
LAG	Landesarbeitsgericht
Leipold Anwaltsvergütung	Leipold, Anwaltsvergütung in Strafsachen, (1. Aufl.) 2004
LG	Landgericht
LGebO	Landesgebührenordnung
Lindemann/Trenk-Hinterberger	Lindemann/Trenk-Hinterberger, Beratungshilfegesetz, 1987 Im Zitierportal nicht gefunden)
LitUrhG	Gesetz betreffend das Urheberrecht an Werken der Literatur und der Tonkunst
LM	Lindenmaier/Möhring, Nachschlagewerk des Bundesgerichtshofs in Zivilsachen
Löwe/Rosenberg	Löwe/Rosenberg, Die Strafprozessordnung und das Gerichtsverfassungsgesetz: StPO, 27. Aufl. 2017
Ls.	Leitsatz
LSG	Landessozialgericht
Ludovisy/Eggert/Burhoff StraßenVerkehrsR	Ludovisy/Eggert/Burhoff, Praxis des Straßenverkehrsrechts, 6. Aufl. 2015
Lutje RVG A-Z	Lutje, RVG von A-Z, (1. Aufl.) 2004
LVG	Landesverwaltungsgericht
LZB	Landeszentralbank
mablAnm	mit ablehnender Anmerkung
Madert/Schons Vergütungsvereinbarung	Madert/Schons, Die Vergütungsvereinbarung des Rechtsanwalts, 3. Aufl. 2006
MAH VergütungsR	Teubel/Scheungrab, Münchener Anwaltshandbuch Vergütungsrecht, 2. Aufl. 2011
MarkenG	Markengesetz (Gesetz über den Schutz von Marken und sonstigen Kennzeichen)

mAnm	mit Anmerkung
Mayer Gebührenformulare	Mayer, Gebührenformulare. Ansprüche – Schriftwechsel – Durchsetzung, (1. Aufl.) 2008
Mayer Neues GebührenR	Mayer, Das neue Gebührenrecht in der anwaltlichen Praxis, (1. Aufl.) 2013
mBespr	mit Besprechung
mE	meines Erachtens
Meyer-Goßner/Schmitt	Meyer-Goßner/Schmitt, Strafprozessordnung: StPO, 63. Aufl. 2020
MKLS	Meyer-Ladewig/Keller/Leitherer/Schmidt, Sozialgerichtsgesetz: SGG, 13. Aufl. 2020
mkritAnm	mit kritischer Anmerkung
mzustAnm	mit zustimmender Anmerkung
MDR	Zeitschrift „Monatsschrift für Deutsches Recht"
MSchG	Mieterschutzgesetz
MüKoAktG	Goette/Habersack/Kalss, Münchener Kommentar zum Aktiengesetz, 5. Aufl. 2019 f.
MüKoBGB	Säcker/Rixecker/Oetker/Limperg, Münchener Kommentar zum Bürgerlichen Gesetzbuch: BGB, 11 Bände: Band 1: 8. Aufl. 2018; Band 2–4: 8. Aufl. 2019; Band 5, 6: 8. Aufl. 2020; Band 7–10: 7. Aufl. 2017; Band 11: 8. Aufl. 2020.
MüKoFamFG	Rauscher, Münchener Kommentar zum FamFG, 3. Aufl. 2018 ff.
MüKoInsO	Stürner/Eidenmüller/Schoppmeyer, Münchener Kommentar zur Insolvenzordnung: InsO, 4. Aufl. 2019 ff.
MüKoStGB	Erb/Schäfer, Münchener Kommentar zum Strafgesetzbuch: StGB, 4. Aufl. 2020
MüKoZPO	Krüger/Rauscher, Münchener Kommentar zur Zivilprozessordnung: ZPO, 6. Aufl. 2020
Musielak/Borth	Musielak/Borth, Familiengerichtliches Verfahren, 6. Aufl. 2018
Musielak/Voit	Musielak/Voit, Zivilprozessordnung: ZPO, 17. Aufl. 2020
MuW	Zeitschrift „Markenschutz und Wettbewerb"
mwN	mit weiteren Nachweisen
MwSt	Mehrwertsteuer
Nachw.	Nachweise
NdsRpfl.	Zeitschrift „Niedersächsische Rechtspflege"
nF	neue Fassung
NJ	Zeitschrift „Neue Justiz"
NJOZ	„Neue Juristische Online-Zeitschrift"
NJW	Zeitschrift „Neue Juristische Wochenschrift"
NK-GK	Schneider/Volpert/Fölsch, Gesamtes Kostenrecht, 2. Aufl. 2017
NK-SGB III	Mutschler/Schmidt-De Caluwe/Coseriu, Sozalgesetzbuch III, 6. Aufl. 2016
NN	Beitrag ohne namentlich genannten Autor
Notar	Zeitschrift „Notar"
Nr.	Nummer
NRW	Nordrhein-Westfalen
NStZ	Zeitschrift „Neue Zeitschrift für Strafrecht"
NStZ-RR	Neue Zeitschrift für Strafrecht Rechtsprechungsreport
NVwZ	Neue Zeitschrift für Verwaltungsrecht
NVwZ-RR	Zeitschrift „Neue Zeitschrift für Verwaltungsrecht-Rechtsprechungs-Report"
NZA	„Neue Zeitschrift für Arbeitsrecht"
NZBau	„Neue Zeitschrift für Baurecht und Vergaberecht"
NZFam	„Neue Zeitschrift für Familienrecht"
NZM	Neue Zeitschrift für Miet- und Wohnungsrecht
NZS	„Neue Zeitschrift für Sozialrecht"
NZV	„Neue Zeitschrift für Verkehrsrecht"
NZWiSt	„Neue Zeitschrift für Wirtschafts-, Steuer- und Unternehmensstrafrecht"
OGH	Oberster Gerichtshof
OGHZ	Entscheidungen des Obersten Gerichtshofs der britischen Zone in Zivilsachen
OHG	Offene Handelsgesellschaft
OLG	Oberlandesgericht
OLGR	OLG Report. Schnelldienst zur Zivilrechtsprechung des OLG
OLGSt.	Entscheidungen der Oberlandesgerichte zum Straf- und Strafverfahrensrecht
OLGZ	Entscheidungen der Oberlandesgerichte in Zivilsachen
OpferRRG	Opferrechtsreformgesetz
OVG	Oberverwaltungsgericht
OWiG	Gesetz über Ordnungswidrigkeiten
PatG	Patentgesetz
PKH	Prozesskostenhilfe

r+s	Zeitschrift „Recht und Schaden"
RA	Rechtsanwalt
RAGebO	Gebührenordnung für Rechtsanwälte (idF v. 5.7.1927)
RAGO	Rechtsanwaltsgebührenordnung der DDR
RAO	Rechtsanwaltsordnung
RBerG	Rechtsberatungsgesetz
RdL	Zeitschrift „Recht der Landwirtschaft"
RDG	Rechtsdienstleistungsgesetz
Recht	Zeitschrift „Das Recht"
Redeker/v. Oertzen	Redeker/von Oertzen, VwGO, 16. Aufl. 2014
Rehberg	Rehberg/Asperger/Vogt/Feller/Hellstab/Jungbauer/Bestelmeyer/Frankenberg, RVG-Rechtsanwaltsvergütungsgesetz, 7. Aufl. 2019
RENOpraxis	„Zeitschrift für Rechtsanwalts- und Notarfachangestellte"
RG	Reichsgericht
RGBl.	Reichsgesetzblatt
RGRK	Bürgerliches Gesetzbuch, erläutert von Reichsgerichtsräten und Richtern des Bundesgerichtshofes
RGSt.	Entscheidungen des Reichsgerichts in Strafsachen
RGZ	Entscheidungen des Reichsgerichts in Zivilsachen
Riedel/Sußbauer	Riedel/Sußbauer, Rechtsanwaltsvergütungsgesetz: RVG, 10. Aufl. 2015
RiFG	Richter am Finanzgericht
RIW	Zeitschrift „Recht der Internationalen Wirtschaft"
RJA	Entscheidungen in Angelegenheiten der freiwilligen Gerichtsbarkeit und des Grundbuchwesens, zusammengestellt im Reichsjustizamt
RM	Reichsmark
Rn.	Randnummer(n)
RNotZ	„Rheinische Notar-Zeitschrift"
ROLG	Rechtsprechung der Oberlandesgerichte
Rom I	Verordnung (EG) Nr. 593/2008 des Europäischen Parlaments und des Rates vom 17. Juni 2008 über das auf vertragliche Schuldverhältnisse anzuwendende Recht
Rpfleger	Zeitschrift „Der Deutsche Rechtspfleger"
RPflG	Rechtspflegergesetz
RsprR	Rechtsprechungsreport
Rspr.	Rechtsprechung
RVG	Rechtsanwaltsvergütungsgesetz
RVG-B	Zeitschrift „Der RVG Berater"
RVG-Letter	Zeitschrift „RVG-Letter"
RVG prof.	Zeitschrift „RVG professionell"
RVGreport	Zeitschrift „RVGreport"
RVO	Reichsversicherungsordnung
RzW	Zeitschrift „Rechtsprechung zum Wiedergutmachungsrecht"
S.	Seite(n), Satz
s.	siehe
sa	siehe auch
SächsLAG	Sächsisches Landesarbeitsgericht
SächsOVG	Sächsisches Oberverwaltungsgericht
s. o.	siehe oben
s. u.	siehe unten
ScheckG	Scheckgesetz
SchlHA	Schleswig-Holsteinische Anzeigen (Justizministerialblatt für Schleswig-Holstein)
Schneider/Herget	Schneider/Herget, Streitwert-Kommentar für Zivilprozess und FamFG-Verfahren, 14. Aufl. 2015
Schneider/Mock GebührenR	Schneider/Mock, Das neue Gebührenrecht für Anwälte, 2004
Schneider/Thiel Neues GebührenR	Schneider/Thiel, Das neue Gebührenrecht für Rechtsanwälte, 2. Aufl. 2014
Schwab/Walter	Schwab/Walter, Schiedsgerichtsbarkeit, 7. Aufl. 2005
SG	Sozialgericht
SGb	Zeitschrift „Sozialgerichtsbarkeit"
SGB	Sozialgesetzbuch
SGG	Sozialgerichtsgesetz
SigG	Signaturgesetz
SJZ	Zeitschrift „Süddeutsche Juristenzeitung"
sog.	sogenannt
SSB	Schoch/Schneider/Bier, Verwaltungsgerichtsordnung: VwGO, 38. Aufl. 2020
StBGebVV	Steuerberatergebührenverordnung
StBVV	Steuerberatervergütungsverordnung

Stein/Jonas	Stein/Jonas, Kommentar zur Zivilprozessordnung, 23. Aufl. 2014 ff.
StGB	Strafgesetzbuch
StPO	Strafprozessordnung
StRR	Zeitschrift „StrafrechtsReport"
stRspr	ständige Rechtsprechung
str.	streitig, strittig
StraFo	Zeitschrift „Strafverteidiger Forum"
Strafverteidiger/StV	Zeitschrift „Der Strafverteidiger"
StrEG	Gesetz über die Entschädigung für Strafverfolgungsmaßnahmen
StuW	Zeitschrift „Steuer und Wirtschaft"
StV	Zeitschrift „Der Strafverteidiger"
StVollzG	Strafvollzugsgesetz
SVertO	Schifffahrtsrechtliche Verteilungsordnung
Teplitzky Ansprüche	Teplitzky, Wettbewerbsrechtliche Ansprüche und Verfahren, 12. Aufl. 2018
Thomas/Putzo	Thomas/Putzo, Zivilprozessordnung, 41. Aufl. 2020
TKÜ	Telekommunikationsüberwachung
ua	und andere, unter anderem
uU	unter Umständen
UdG	Urkundsbeamter der Geschäftsstelle
UMAG	Gesetz zur Unternehmensintegrität und Modernisierung des Anfechtungsrechts
UmstErgG	Umstellungsergänzungsgesetz
Urt.	Urteil
UStG	Umsatzsteuergesetz
UWG	Gesetz gegen den unlauteren Wettbewerb
v.	vom, von
vH	vom Hundert
VerfG	Verfassungsgericht
VerfGH	Verfassungsgerichtshof
VergabeR	Zeitschrift „Vergaberecht"
VerschG	Verschollenheitsgesetz
VersR	Zeitschrift für Versicherungsrecht
VG	Verwaltungsgericht
VGH	Verwaltungsgerichtshof
VGH BW	Württemberg-Badischer Verwaltungsgerichtshof
VerwRspr	Verwaltungsrechtsprechung
vgl.	vergleiche
VgV	Vergabeverordnung
VKH	Verfahrenskostenhilfe
VO	Verordnung
Vorb.	Vorbemerkung
VRR	Zeitschrift „Verkehrsrechtsreport"
VRS	Verkehrsrechts-Sammlung
VV	Vergütungsverzeichnis
VwGO	Verwaltungsgerichtsordnung
VZS	Vereinigte Zivilsenate
WEG	Wohnungseigentumsgesetz
Weyland	Weyland, Bundesrechtsanwaltsordnung: BRAO, 10. Aufl. 2019
wistra	„Zeitschrift für Wirtschafts- und Steuerstrafrecht"
WM	Wohnungswirtschaft und Mietrecht, Wertpapiermitteilungen
WpHG	Wertpapierhandelsgesetz
WpÜG	Wertpapiererwerbs- und Übernahmegesetz
WRP	Wettbewerb in Recht und Praxis
WuM	Zeitschrift „Wohnwirtschaft und Mietrecht"
zB	zum Beispiel
ZEV	Zeitschrift für Erbrecht und Vermögensnachfolge
ZfBR	Zeitschrift „Deutsches und internationales Bau- und Vergaberecht"
ZfS	Zeitschrift für Schadensrecht
ZInsO	Zeitschrift für das gesamte Insolvenz- und Sanierungsrecht
ZIP	Zeitschrift für die gesamte Insolvenzpraxis
ZMR	Zeitschrift für Miet- und Raumrecht
ZPO	Zivilprozessordnung
ZS	Zivilsenat
ZSEG	Gesetz über die Entschädigung von Zeugen und Sachverständigen

zT	zum Teil
zusf.	zusammenfassend
zust.	zustimmend
zutr.	zutreffend
ZVG	Zwangsversteigerungsgesetz
ZwVwV	Zwangsverwalterverordnung
zzgl.	zuzüglich
ZZP	Zeitschrift für Zivilprozess

Literaturverzeichnis

Ascheid/Preis/Schmidt	Kündigungsrecht, 5. Aufl. 2017
Bader ua	KR: Gemeinschaftskommentar zum Kündigungsschutzgesetz und zu sonstigen kündigungsschutzrechtlichen Vorschriften, 12. Aufl. 2019
Bärmann/Pick	WEG-Kommentar, 20. Aufl. 2020
Baumbach/Lauterbach/Hartmann/Anders/Gehle	Zivilprozessordnung: ZPO, 79. Aufl. 2021
Bengel/Reimann	Handbuch der Testamentsvollstreckung, 7. Aufl. 2020
Benkard	PatG-Kommentar, 11. Aufl. 2015
Beutling	Anwaltsvergütung in Verwaltungssachen, 2004
Bischof ua	RVG-Kommentar, 8. Aufl. 2017
Borgmann/Jungk/Schwaiger	Anwaltshaftung, 6. Aufl. 2020
Bork/Jacoby/Schwab	FamFG, 3. Aufl. 2018
Bumiller/Harders/Schwamb	FamFG-Kommentar, 12. Aufl. 2019
Burandt/Rohjan	Erbrecht, 3. Aufl. 2019
Burhoff	Handbuch für das strafrechtliche Ermittlungsverfahren, 8. Aufl. 2019
Burhoff	Handbuch für die strafrechtliche Hauptverhandlung, 9. Aufl. 2019
Burhoff	Handbuch für das straßenverkehrsrechtliche OWi-Verfahren, 5. Aufl. 2018
Burhoff/Kotz	Handbuch für die strafrechtliche Nachsorge, 2015
Burhoff/Kotz	Handbuch für die strafrechtlichen Rechtsmittel und Rechtsbehelfe, 2. Aufl. 2016
Burhoff/Volpert	RVG Straf- und Bußgeldsachen, 5. Aufl. 2017
Damrau/Zimmermann	Kommentar zum Betreuungsrecht, 4. Aufl. 2010
Degen/Emmert	Elektronischer Rechtsverkehr, 2016
Dürbeck/Gottschalk	Prozess- und Verfahrenskostenhilfe, Beratungshilfe, 9. Aufl. 2020
v. Eicken ua	Die Kostenfestsetzung, 23. Aufl. 2017
Enders	RVG für Anfänger, 19. Aufl. 2019
Erman	Kommentar zum BGB, 15. Aufl. 2017
Ernst/Zinkahn/Bielenberg/Krautzberger	Baugesetzbuch, 138. EL 2020
Feest/Lesting/Lindemann	Strafvollzugsgesetz: StVollzG, 7. Aufl. 2016
Festschrift f. H. Schmidt	Kostenerstattung und Streitwert, Schriftenreihe der Bundesrechtsanwaltskammer, Bd. 3, 1981
Gerhardt/v. Heintschel-Heinegg/Klein	Handbuch des Fachanwalts Familienrecht, 11. Aufl. 2018
Germelmann/Matthes/Prütting	Arbeitsgerichtsgesetz: ArbGG, 9. Aufl. 2017
Göhler	Gesetz über Ordnungswidrigkeiten: OWiG, 17. Aufl. 2017
Greißinger	Beratungshilfegesetz, 1990
Groß	Beratungshilfe/Prozesskostenhilfe/Verfahrenskostenhilfe, 14. Aufl. 2018
Groß/Eder	Anwaltsgebühren in Ehe- und Familiensachen, 5. Aufl. 2018
Grunsky ua	Arbeitsgerichtsgesetz: ArbGG, 8. Aufl. 2014
Haarmeyer/Hintzen	Zwangsverwaltung-Kommentar, 6. Aufl. 2016
Haarmeyer/Mock	Insolvenzrechtliche Vergütungsverordnung, 6. Aufl. 2019
Hannich	Karlsruher Kommentar zur Strafprozessordnung: StPO, 8. Aufl. 2019
Hansens	Bundesgebührenordnung für Rechtsanwälte, 8. Aufl. 1995
Hansens/Braun/Schneider	Praxis des Vergütungsrechts, 2. Aufl. 2006
Harbauer	Rechtsschutzversicherung: ARB, 9. Aufl. 2018
Hartmann/Toussaint	Kostenrecht: KostR, 50. Aufl. 2020
Hartung/Römermann/Schons	Praxiskommentar zum Rechtsanwaltsvergütungsgesetz: RVG, 2. Aufl. 2006
Hartung/Schons/Enders	Rechtsanwaltsvergütungsgesetz: RVG, 3. Aufl. 2017
Hau/Poseck	Beck'scher Online-Kommentar BGB, Edition 55 2020
Henssler/Prütting	Bundesrechtsanwaltsordnung: BRAO, 5. Aufl. 2019
Hess	Kölner Kommentar zur Insolvenzordnung, §§ 129–216 InsO, Bd. III, 2017
Hillach/Rohs	Handbuch des Streitwertes, 9. Aufl. 1995
Jauernig	Bürgerliches Gesetzbuch: BGB, 17. Aufl. 2018
Jungbauer/Jungbauer	Das besondere elektronische Anwaltspostfach (beA) und der ERV, 3. Aufl. 2018
Jürgens	Betreuungsrecht, Kommentar, 6. Aufl. 2019

Literaturverzeichnis

Karpenstein/Mayer .... EMRK – Konvention zum Schutz der Menschenrechte und Grundfreiheiten, 2. Aufl. 2015

Keidel .... Familienverfahrensgesetz: FamFG, Kommentar, 20. Aufl. 2020

Keske .... Das neue FamGKG, 2009

Kilian .... Rechtliche Grundlagen der anwaltlichen Tätigkeit, 2005

Kleine-Cosack .... Bundesrechtsanwaltsordnung: BRAO, Kommentar, 8. Aufl. 2020

v. König/Bischof .... Kosten in Familiensachen, 2. Aufl. 2015

Korintenberg .... Gerichts- und Notarkostengesetz: GNotKG, Kommentar, 21. Aufl. 2020

Krämer/Mauer/Kilian ...... Vergütungsvereinbarung und -management, 2005

Krüger/Rauscher .... Münchener Kommentar zur ZPO, 6. Aufl. 2020

Lachmann .... Handbuch für die Schiedsgerichtspraxis, 4. Aufl. 2016

Lappe .... Justizkostenrecht, 2. Aufl. 1995

Lappe .... Kosten in Familiensachen: Gerichts-, Rechtsanwalts- und Notarkosten. Kostenentscheidung, Kostenerstattung, 5. Aufl. 1994

Lappe .... Kostenrechtsprechung, 28. Aufl. 2014

Leibholz/Rupprecht .... Bundesverfassungsgerichtsgesetz: BVerfGG, 1968, Nachtrag 1971

Leipold .... Anwaltsvergütung in Strafsachen, 2004

Lindemann/Trenk-Hinterberger .... Beratungshilfegesetz, 1987

Löwe/Rosenberg .... Die Strafprozessordnung und das Gerichtsverfassungsgesetz: StPO, 27. Aufl. 2017

Ludovisy/Eggert/Burhoff .... Praxis des Straßenverkehrsrechts, 6. Aufl. 2015

Lutje .... RVG von A–Z, 2004

Madert .... Anwaltsgebühren in Zivilsachen, 5. Aufl. 2010

Madert .... Anwaltsgebühren in Straf- und Bußgeldsachen, Praxis der Strafverteidigung, Bd. 5, 5. Aufl. 2004

Madert/Hellstab .... Anwaltsgebühren in Verwaltungs-, Steuer- und Sozialsachen, 3. Aufl. 2006

Madert/Müller-Rabe .... Kostenhandbuch Familiensachen, 2001

Madert/Schons .... Die Vergütungsvereinbarung des Rechtsanwalts, 3. Aufl. 2006

Madert/von Seltmann ...... Der Gegenstandswert in bürgerlichen Rechtsangelegenheiten, 5. Aufl. 2008

Mayer .... Beck'scher Online-Kommentar Streitwert, Edition 33 2020

Mayer .... Das neue Gebührenrecht in der anwaltlichen Praxis, 2013

Mayer .... Gebührenformulare, 2007

Mayer/Kroiß .... RVG-Kommentar, 7. Aufl. 2018

Mayer/Winkler .... Erfolgshonorar, 2008

Meyer .... Gerichtskosten der streitigen Gerichtsbarkeiten und des Familienverfahrens, 16. Aufl. 2017

Meyer-Goßner/Schmitt ... Strafprozessordnung: StPO, Kommentar, 63. Aufl. 2020

Meyer-Ladewig/Keller/Leitherer .... Sozialgerichtsgesetz: SGG, 11. Aufl. 2014

Meyer-Ladewig ua .... Sozialgerichtsgesetz: SGG, 12. Aufl. 2017

Müller-Glöge/Preis/Schmidt .... Erfurter Kommentar zum Arbeitsrecht, 21. Aufl. 2021

Musielak/Borth .... Familiengerichtliches Verfahren, 6. Aufl. 2018

Musielak/Voit .... Zivilprozessordnung: ZPO, Kommentar, 17. Aufl. 2020

Mutschler/Schmidt-De Caluwe/Coseriu .... Sozialgesetzbuch III, SGB III, 6. Aufl. 2017

Natter/Gross .... Arbeitsgerichtsgesetz, 2. Aufl. 2013

Palandt .... Bürgerliches Gesetzbuch, Kommentar, 79. Aufl. 2020

Redeker/v. Oertzen .... Verwaltungsgerichtsordnung: VwGO, 16. Aufl. 2014

Rehberg ua .... RVG – Rechtsanwaltsvergütungsgesetz, 7. Aufl. 2019

Riedel/Sußbauer .... Rechtsanwaltsvergütungsgesetz: RVG, 10. Aufl. 2015

Säcker ua .... Münchener Kommentar zum BGB, 8. Aufl. 2018

Schneider .... Fälle und Lösungen zum RVG, 5. Aufl. 2019

Schneider .... Die Vergütungsvereinbarung, 2005

Schneider/Herget .... Streitwert-Kommentar für den Zivilprozess und FamFG-Verfahren, 14. Aufl., 2015

Schneider/Mock .... Das neue Gebührenrecht für Anwälte, 2004

Schneider/Thiel .... Das ABC der Kostenerstattung, 3. Aufl. 2016

Schneider/Thiel .... Das neue Gebührenrecht für Rechtsanwälte, 2. Aufl. 2014

Schneider/Volpert/Fölsch .... Familiengerichtskostengesetz, (Kommentar), 3. Aufl. 2019

Schneider/Volpert/Fölsch .... Gesamtes Kostenrecht, 2. Aufl. 2017

Schneider/Wolf .... AnwaltKommentar RVG, 8. Aufl., 2017

Schoch/Schneider/Bier .... VwGO, 38. Aufl. 2020

Schwab/Ernst .... Handbuch Scheidungsrechts, 8. Aufl. 2019

Schwab/Walter .... Schiedsgerichtsbarkeit, 7. Aufl. 2005

v. Seltmann .... Beck'scher Onlinekommentar RVG, Edition 49 2020
Senge .... Karlsruher Kommentar zum Ordnungswidrigkeitengesetz, 5. Aufl. 2018
Sodan/Ziekow .... Verwaltungsgerichtsordnung, 5. Aufl. 2018
Stein/Jonas .... Kommentar zur Zivilprozessordnung, 23. Aufl. 2014 ff.
Stephan/Riedel .... Insolvenzrechtliche Vergütungsverordnung: InsVV, Kommentar, 2010
Teplitzky .... Wettbewerbsrechtliche Ansprüche und Verfahren, 12. Aufl. 2018
Teubel/Scheungrab .... Münchener Anwaltshandbuch Vergütungsrecht, 2. Aufl. 2011
Teubel/Schons .... Erfolgshonorar für Anwälte, 2008
Thomas/Putzo .... Zivilprozessordnung: ZPO, Kommentar, 41. Aufl. 2020
Tschischgale/Satzky .... Das Kostenrecht in Arbeitssachen, 3. Aufl. 1982
Uhlenbruck .... Insolvenzordnung, 15. Aufl. 2019 f.
Wendl/Dose .... Das Unterhaltsrecht in der familienrichterlichen Praxis, 10. Aufl. 2019
Weyland .... BRAO, Kommentar, 10. Aufl. 2020
Wimmer .... Frankfurter Kommentar zur Insolvenzordnung, 9. Aufl. 2018
Zimmermann .... Anwaltsvergütung außerhalb des RVG, 2007
Zöller .... Zivilprozessordnung: ZPO, Kommentar, 32. Aufl. 2018

– Weitere Nachweise bei den einzelnen Kommentierungen –

Teil A. Text

Gesetz über die Vergütung der Rechtsanwältinnen und Rechtsanwälte (Rechtsanwaltsvergütungsgesetz – RVG)[1, 2]

Vom 5. Mai 2004

(BGBl. I S. 718, 788)

FNA 368-3

geänd. durch Art. 2 G zur Verbesserung des Verbraucherschutzes im Inkassorecht und zur Änd. weiterer Vorschriften v. 22.12.2020 (BGBl. I 3320)

Inhaltsübersicht

[1] Verkündet als Art. 3 KostenrechtsmodernisierungsG v. 5.5.2004 (BGBl. I 718); Inkrafttreten gem. Art. 8 Satz 1 dieses G am 1.7.2004.

[2] Die Änderung durch G v. 18.7.2017 (BGBl. I 2739) tritt an dem Tag in Kraft, an dem die Rechtsverordnung nach § 10 des Wettbewerbsregistergesetzes in Kraft tritt; sie ist im Text noch nicht berücksichtigt.

Abschnitt 1. Allgemeine Vorschriften

§ 1 Geltungsbereich

(1) [1]Die Vergütung (Gebühren und Auslagen) für anwaltliche Tätigkeiten der Rechtsanwältinnen und Rechtsanwälte bemisst sich nach diesem Gesetz. [2]Dies gilt auch für eine Tätigkeit als Prozesspfleger nach den §§ 57 und 58 der Zivilprozessordnung. [3]Andere Mitglieder einer

Rechtsanwaltskammer, Partnerschaftsgesellschaften und sonstige Gesellschaften stehen einem Rechtsanwalt im Sinne dieses Gesetzes gleich.

(2) 1 Dieses Gesetz gilt nicht für eine Tätigkeit als Syndikusrechtsanwalt (§ 46 Absatz 2 der Bundesrechtsanwaltsordnung). 2 Es gilt ferner nicht für eine Tätigkeit als Vormund, Betreuer, Pfleger, Verfahrenspfleger, Verfahrensbeistand, Testamentsvollstrecker, Insolvenzverwalter, Sachwalter, Mitglied des Gläubigerausschusses, Restrukturierungsbeauftragter, Sanierungsmoderator, Mitglied des Gläubigerbeirats[3] Nachlassverwalter, Zwangsverwalter, Treuhänder oder Schiedsrichter oder für eine ähnliche Tätigkeit. 3 § 1835 Abs. 3 des Bürgerlichen Gesetzbuchs bleibt unberührt.

(3) Die Vorschriften dieses Gesetzes über die Erinnerung und die Beschwerde gehen den Regelungen der für das zugrunde liegende Verfahren geltenden Verfahrensvorschriften vor.

§ 2 Höhe der Vergütung

(1) Die Gebühren werden, soweit dieses Gesetz nichts anderes bestimmt, nach dem Wert berechnet, den der Gegenstand der anwaltlichen Tätigkeit hat (Gegenstandswert).

(2) 1 Die Höhe der Vergütung bestimmt sich nach dem Vergütungsverzeichnis der Anlage 1 zu diesem Gesetz. 2 Gebühren werden auf den nächstliegenden Cent auf- oder abgerundet; 0,5 Cent werden aufgerundet.

§ 3 Gebühren in sozialrechtlichen Angelegenheiten

(1) 1 In Verfahren vor den Gerichten der Sozialgerichtsbarkeit, in denen das Gerichtskostengesetz nicht anzuwenden ist, entstehen Betragsrahmengebühren. 2 In sonstigen Verfahren werden die Gebühren nach dem Gegenstandswert berechnet, wenn der Auftraggeber nicht zu den in § 183 des Sozialgerichtsgesetzes genannten Personen gehört; im Verfahren nach § 201 Absatz 1 des Sozialgerichtsgesetzes werden die Gebühren immer nach dem Gegenstandswert berechnet. 3 In Verfahren wegen überlanger Gerichtsverfahren (§ 202 Satz 2 des Sozialgerichtsgesetzes) werden die Gebühren nach dem Gegenstandswert berechnet.

(2) Absatz 1 gilt entsprechend für eine Tätigkeit außerhalb eines gerichtlichen Verfahrens.

§ 3a Vergütungsvereinbarung

(1) 1 Eine Vereinbarung über die Vergütung bedarf der Textform. 2 Sie muss als Vergütungsvereinbarung oder in vergleichbarer Weise bezeichnet werden, von anderen Vereinbarungen mit Ausnahme der Auftragserteilung deutlich abgesetzt sein und darf nicht in der Vollmacht enthalten sein. 3 Sie hat einen Hinweis darauf zu enthalten, dass die gegnerische Partei, ein Verfahrensbeteiligter oder die Staatskasse im Falle der Kostenerstattung regelmäßig nicht mehr als die gesetzliche Vergütung erstatten muss. 4 Die Sätze 1 und 2 gelten nicht für eine Gebührenvereinbarung nach § 34.

(2) 1 Ist eine vereinbarte, eine nach § 4 Abs. 3 Satz 1 von dem Vorstand der Rechtsanwaltskammer festgesetzte oder eine nach § 4a für den Erfolgsfall vereinbarte Vergütung unter Berücksichtigung aller Umstände unangemessen hoch, kann sie im Rechtsstreit auf den angemessenen Betrag bis zur Höhe der gesetzlichen Vergütung herabgesetzt werden. 2 Vor der Herabsetzung hat das Gericht ein Gutachten des Vorstands der Rechtsanwaltskammer einzuholen; dies gilt nicht, wenn der Vorstand der Rechtsanwaltskammer die Vergütung nach § 4 Abs. 3 Satz 1 festgesetzt hat. 3 Das Gutachten ist kostenlos zu erstatten.

(3) 1 Eine Vereinbarung, nach der ein im Wege der Prozesskostenhilfe beigeordneter Rechtsanwalt für die von der Beiordnung erfasste Tätigkeit eine höhere als die gesetzliche Vergütung erhalten soll, ist nichtig. 2 Die Vorschriften des bürgerlichen Rechts über die ungerechtfertigte Bereicherung bleiben unberührt.

§ 4 Erfolgsunabhängige Vergütung

(1) 1 In außergerichtlichen Angelegenheiten kann eine niedrigere als die gesetzliche Vergütung vereinbart werden. 2 Sie muss in einem angemessenen Verhältnis zu Leistung, Verantwortung und Haftungsrisiko des Rechtsanwalts stehen. 3 Liegen die Voraussetzungen für die Bewilligung von Beratungshilfe vor, kann der Rechtsanwalt ganz auf eine Vergütung verzichten. 4 § 9 des Beratungshilfegesetzes bleibt unberührt.

---

[3] Amtlich ohne Komma.

(2) [1]Der Rechtsanwalt kann sich für gerichtliche Mahnverfahren und Zwangsvollstreckungsverfahren nach den §§ 802a bis 863 und 882b bis 882f der Zivilprozessordnung verpflichten, dass er, wenn der Anspruch des Auftraggebers auf Erstattung der gesetzlichen Vergütung nicht beigetrieben werden kann, einen Teil des Erstattungsanspruchs an Erfüllungs statt annehmen werde. [2]Der nicht durch Abtretung zu erfüllende Teil der gesetzlichen Vergütung muss in einem angemessenen Verhältnis zu Leistung, Verantwortung und Haftungsrisiko des Rechtsanwalts stehen.

(3) [1]In der Vereinbarung kann es dem Vorstand der Rechtsanwaltskammer überlassen werden, die Vergütung nach billigem Ermessen festzusetzen. [2]Ist die Festsetzung der Vergütung dem Ermessen eines Vertragsteils überlassen, gilt die gesetzliche Vergütung als vereinbart.

§ 4a Erfolgshonorar

(1) [1]Ein Erfolgshonorar (§ 49b Abs. 2 Satz 1 der Bundesrechtsanwaltsordnung) darf nur für den Einzelfall und nur dann vereinbart werden, wenn der Auftraggeber aufgrund seiner wirtschaftlichen Verhältnisse bei verständiger Betrachtung ohne die Vereinbarung eines Erfolgshonorars von der Rechtsverfolgung abgehalten würde. [2]In einem gerichtlichen Verfahren darf dabei für den Fall des Misserfolgs vereinbart werden, dass keine oder eine geringere als die gesetzliche Vergütung zu zahlen ist, wenn für den Erfolgsfall ein angemessener Zuschlag auf die gesetzliche Vergütung vereinbart wird. [3]Für die Beurteilung nach Satz 1 bleibt die Möglichkeit, Beratungs- oder Prozesskostenhilfe in Anspruch zu nehmen, außer Betracht.

(2) Die Vereinbarung muss enthalten:

1. die voraussichtliche gesetzliche Vergütung und gegebenenfalls die erfolgsunabhängige vertragliche Vergütung, zu der der Rechtsanwalt bereit wäre, den Auftrag zu übernehmen, sowie
2. die Angabe, welche Vergütung bei Eintritt welcher Bedingungen verdient sein soll.

(3) [1]In der Vereinbarung sind außerdem die wesentlichen Gründe anzugeben, die für die Bemessung des Erfolgshonorars bestimmend sind. [2]Ferner ist ein Hinweis aufzunehmen, dass die Vereinbarung keinen Einfluss auf die gegebenenfalls vom Auftraggeber zu zahlenden Gerichtskosten, Verwaltungskosten und die von ihm zu erstattenden Kosten anderer Beteiligter hat.

§ 4b Fehlerhafte Vergütungsvereinbarung

[1]Aus einer Vergütungsvereinbarung, die nicht den Anforderungen des § 3a Abs. 1 Satz 1 und 2 oder des § 4a Abs. 1 und 2 entspricht, kann der Rechtsanwalt keine höhere als die gesetzliche Vergütung fordern. [2]Die Vorschriften des bürgerlichen Rechts über die ungerechtfertigte Bereicherung bleiben unberührt.

§ 5 Vergütung für Tätigkeiten von Vertretern des Rechtsanwalts

Die Vergütung für eine Tätigkeit, die der Rechtsanwalt nicht persönlich vornimmt, wird nach diesem Gesetz bemessen, wenn der Rechtsanwalt durch einen Rechtsanwalt, den allgemeinen Vertreter, einen Assessor bei einem Rechtsanwalt oder einen zur Ausbildung zugewiesenen Referendar vertreten wird.

§ 6 Mehrere Rechtsanwälte

Ist der Auftrag mehreren Rechtsanwälten zur gemeinschaftlichen Erledigung übertragen, erhält jeder Rechtsanwalt für seine Tätigkeit die volle Vergütung.

§ 7 Mehrere Auftraggeber

(1) Wird der Rechtsanwalt in derselben Angelegenheit für mehrere Auftraggeber tätig, erhält er die Gebühren nur einmal.

(2) [1]Jeder der Auftraggeber schuldet die Gebühren und Auslagen, die er schulden würde, wenn der Rechtsanwalt nur in seinem Auftrag tätig geworden wäre; die Dokumentenpauschale nach Nummer 7000 des Vergütungsverzeichnisses schuldet er auch insoweit, wie diese nur durch die Unterrichtung mehrerer Auftraggeber entstanden ist. [2]Der Rechtsanwalt kann aber insgesamt nicht mehr als die nach Absatz 1 berechneten Gebühren und die insgesamt entstandenen Auslagen fordern.

§ 8 Fälligkeit, Hemmung der Verjährung

(1) [1]Die Vergütung wird fällig, wenn der Auftrag erledigt oder die Angelegenheit beendet ist. [2]Ist der Rechtsanwalt in einem gerichtlichen Verfahren tätig, wird die Vergütung auch fällig, wenn eine Kostenentscheidung ergangen oder der Rechtszug beendet ist oder wenn das Verfahren länger als drei Monate ruht.

(2) [1]Die Verjährung der Vergütung für eine Tätigkeit in einem gerichtlichen Verfahren wird gehemmt, solange das Verfahren anhängig ist. [2]Die Hemmung endet mit der rechtskräftigen Entscheidung oder anderweitigen Beendigung des Verfahrens. [3]Ruht das Verfahren, endet die Hemmung drei Monate nach Eintritt der Fälligkeit. [4]Die Hemmung beginnt erneut, wenn das Verfahren weiter betrieben wird.

§ 9 Vorschuss

Der Rechtsanwalt kann von seinem Auftraggeber für die entstandenen und die voraussichtlich entstehenden Gebühren und Auslagen einen angemessenen Vorschuss fordern.

§ 10 Berechnung

(1) [1]Der Rechtsanwalt kann die Vergütung nur aufgrund einer von ihm unterzeichneten und dem Auftraggeber mitgeteilten Berechnung einfordern. [2]Der Lauf der Verjährungsfrist ist von der Mitteilung der Berechnung nicht abhängig.

(2) [1]In der Berechnung sind die Beträge der einzelnen Gebühren und Auslagen, Vorschüsse, eine kurze Bezeichnung des jeweiligen Gebührentatbestands, die Bezeichnung der Auslagen sowie die angewandten Nummern des Vergütungsverzeichnisses und bei Gebühren, die nach dem Gegenstandswert berechnet sind, auch dieser anzugeben. [2]Bei Entgelten für Post- und Telekommunikationsdienstleistungen genügt die Angabe des Gesamtbetrags.

(3) Hat der Auftraggeber die Vergütung gezahlt, ohne die Berechnung erhalten zu haben, kann er die Mitteilung der Berechnung noch fordern, solange der Rechtsanwalt zur Aufbewahrung der Handakten verpflichtet ist.

§ 11 Festsetzung der Vergütung

(1) [1]Soweit die gesetzliche Vergütung, eine nach § 42 festgestellte Pauschgebühr und die zu ersetzenden Aufwendungen (§ 670 des Bürgerlichen Gesetzbuchs) zu den Kosten des gerichtlichen Verfahrens gehören, werden sie auf Antrag des Rechtsanwalts oder des Auftraggebers durch das Gericht des ersten Rechtszugs festgesetzt. [2]Getilgte Beträge sind abzusetzen.

(2) [1]Der Antrag ist erst zulässig, wenn die Vergütung fällig ist. [2]Vor der Festsetzung sind die Beteiligten zu hören. [3]Die Vorschriften der jeweiligen Verfahrensordnung über das Kostenfestsetzungsverfahren mit Ausnahme des § 104 Abs. 2 Satz 3 der Zivilprozessordnung und die Vorschriften der Zivilprozessordnung über die Zwangsvollstreckung aus Kostenfestsetzungsbeschlüssen gelten entsprechend. [4]Das Verfahren vor dem Gericht des ersten Rechtszugs ist gebührenfrei. [5]In den Vergütungsfestsetzungsbeschluss sind die von dem Rechtsanwalt gezahlten Auslagen für die Zustellung des Beschlusses aufzunehmen. [6]Im Übrigen findet eine Kostenerstattung nicht statt; dies gilt auch im Verfahren über Beschwerden.

(3) [1]Im Verfahren vor den Gerichten der Verwaltungsgerichtsbarkeit, der Finanzgerichtsbarkeit und der Sozialgerichtsbarkeit wird die Vergütung vom Urkundsbeamten der Geschäftsstelle festgesetzt. [2]Die für die jeweilige Gerichtsbarkeit geltenden Vorschriften über die Erinnerung im Kostenfestsetzungsverfahren gelten entsprechend.

(4) Wird der vom Rechtsanwalt angegebene Gegenstandswert von einem Beteiligten bestritten, ist das Verfahren auszusetzen, bis das Gericht hierüber entschieden hat (§§ 32, 33 und 38 Abs. 1).

(5) [1]Die Festsetzung ist abzulehnen, soweit der Antragsgegner Einwendungen oder Einreden erhebt, die nicht im Gebührenrecht ihren Grund haben. [2]Hat der Auftraggeber bereits dem Rechtsanwalt gegenüber derartige Einwendungen oder Einreden erhoben, ist die Erhebung der Klage nicht von der vorherigen Einleitung des Festsetzungsverfahrens abhängig.

(6) [1]Anträge und Erklärungen können ohne Mitwirkung eines Bevollmächtigten schriftlich eingereicht oder zu Protokoll der Geschäftsstelle abgegeben werden. [2]§ 129a der Zivilprozessordnung gilt entsprechend. [3]Für die Bevollmächtigung gelten die Regelungen der für das zugrunde liegende Verfahren geltenden Verfahrensordnung entsprechend.

(7) Durch den Antrag auf Festsetzung der Vergütung wird die Verjährung wie durch Klageerhebung gehemmt.

(8) [1]Die Absätze 1 bis 7 gelten bei Rahmengebühren nur, wenn die Mindestgebühren geltend gemacht werden oder der Auftraggeber der Höhe der Gebühren ausdrücklich zugestimmt hat. [2]Die Festsetzung auf Antrag des Rechtsanwalts ist abzulehnen, wenn er die Zustimmungserklärung des Auftraggebers nicht mit dem Antrag vorlegt.

§ 12 Anwendung von Vorschriften über die Prozesskostenhilfe

[1]Die Vorschriften dieses Gesetzes für im Wege der Prozesskostenhilfe beigeordnete Rechtsanwälte und für Verfahren über die Prozesskostenhilfe sind bei Verfahrenskostenhilfe und im Fall des § 4a der Insolvenzordnung entsprechend anzuwenden. [2]Der Bewilligung von Prozesskostenhilfe steht die Stundung nach § 4a der Insolvenzordnung gleich.

§ 12a Abhilfe bei Verletzung des Anspruchs auf rechtliches Gehör

(1) Auf die Rüge eines durch die Entscheidung nach diesem Gesetz beschwerten Beteiligten ist das Verfahren fortzuführen, wenn

1. ein Rechtsmittel oder ein anderer Rechtsbehelf gegen die Entscheidung nicht gegeben ist und
2. das Gericht den Anspruch dieses Beteiligten auf rechtliches Gehör in entscheidungserheblicher Weise verletzt hat.

(2) [1]Die Rüge ist innerhalb von zwei Wochen nach Kenntnis von der Verletzung des rechtlichen Gehörs zu erheben; der Zeitpunkt der Kenntniserlangung ist glaubhaft zu machen. [2]Nach Ablauf eines Jahres seit Bekanntmachung der angegriffenen Entscheidung kann die Rüge nicht mehr erhoben werden. [3]Formlos mitgeteilte Entscheidungen gelten mit dem dritten Tage nach Aufgabe zur Post als bekannt gemacht. [4]Die Rüge ist bei dem Gericht zu erheben, dessen Entscheidung angegriffen wird; § 33 Abs. 7 Satz 1 und 2 gilt entsprechend. [5]Die Rüge muss die angegriffene Entscheidung bezeichnen und das Vorliegen der in Absatz 1 Nr. 2 genannten Voraussetzungen darlegen.

(3) Den übrigen Beteiligten ist, soweit erforderlich, Gelegenheit zur Stellungnahme zu geben.

(4) [1]Das Gericht hat von Amts wegen zu prüfen, ob die Rüge an sich statthaft und ob sie in der gesetzlichen Form und Frist erhoben ist. [2]Mangelt es an einem dieser Erfordernisse, so ist die Rüge als unzulässig zu verwerfen. [3]Ist die Rüge unbegründet, weist das Gericht sie zurück. [4]Die Entscheidung ergeht durch unanfechtbaren Beschluss. [5]Der Beschluss soll kurz begründet werden.

(5) Ist die Rüge begründet, so hilft ihr das Gericht ab, indem es das Verfahren fortführt, soweit dies aufgrund der Rüge geboten ist.

(6) Kosten werden nicht erstattet.

§ 12b Elektronische Akte, elektronisches Dokument

[1]In Verfahren nach diesem Gesetz sind die verfahrensrechtlichen Vorschriften über die elektronische Akte und über das elektronische Dokument für das Verfahren anzuwenden, in dem der Rechtsanwalt die Vergütung erhält. [2]Im Fall der Beratungshilfe sind die entsprechenden Vorschriften des Gesetzes über das Verfahren in Familiensachen und in den Angelegenheiten der freiwilligen Gerichtsbarkeit anzuwenden.

§ 12c Rechtsbehelfsbelehrung

Jede anfechtbare Entscheidung hat eine Belehrung über den statthaften Rechtsbehelf sowie über das Gericht, bei dem dieser Rechtsbehelf einzulegen ist, über dessen Sitz und über die einzuhaltende Form und Frist zu enthalten.

Abschnitt 2. Gebührenvorschriften

§ 13 Wertgebühren

(1) [1]Wenn sich die Gebühren nach dem Gegenstandswert richten, beträgt bei einem Gegenstandswert bis 500 Euro die Gebühr 49 Euro. [2]Die Gebühr erhöht sich bei einem

Gegenstandswert bis … Euro	für jeden angefangenen Betrag von weiteren … Euro	um … Euro
2.000	500	39
10.000	1.000	56
25.000	3.000	52
50.000	5.000	81
200.000	15.000	94
500.000	30.000	132
über 500.000	50.000	165

[3]Eine Gebührentabelle für Gegenstandswerte bis 500 000 Euro ist diesem Gesetz als Anlage 2 beigefügt.

[Abs. 2 ab 1.10.2021:]

(2) Bei der Geschäftsgebühr für eine außergerichtliche Inkassodienstleistung, die eine unbestrittene Forderung betrifft (Absatz 2 der Anmerkung zu Nummer 2300 des Vergütungsverzeichnisses), beträgt bei einem Gegenstandswert bis 50 Euro die Gebühr abweichend von Absatz 1 Satz 1 30 Euro.

(2) ***[ab 1.10.2021: (3)]*** Der Mindestbetrag einer Gebühr ist 15 Euro.

§ 14 Rahmengebühren

(1) [1]Bei Rahmengebühren bestimmt der Rechtsanwalt die Gebühr im Einzelfall unter Berücksichtigung aller Umstände, vor allem des Umfangs und der Schwierigkeit der anwaltlichen Tätigkeit, der Bedeutung der Angelegenheit sowie der Einkommens- und Vermögensverhältnisse des Auftraggebers, nach billigem Ermessen. [2]Ein besonderes Haftungsrisiko des Rechtsanwalts kann bei der Bemessung herangezogen werden. [3]Bei Rahmengebühren, die sich nicht nach dem Gegenstandswert richten, ist das Haftungsrisiko zu berücksichtigen. [4]Ist die Gebühr von einem Dritten zu ersetzen, ist die von dem Rechtsanwalt getroffene Bestimmung nicht verbindlich, wenn sie unbillig ist.

(2) Ist eine Rahmengebühr auf eine andere Rahmengebühr anzurechnen, ist die Gebühr, auf die angerechnet wird, so zu bestimmen, als sei der Rechtsanwalt zuvor nicht tätig gewesen.

(3) [1]Im Rechtsstreit hat das Gericht ein Gutachten des Vorstands der Rechtsanwaltskammer einzuholen, soweit die Höhe der Gebühr streitig ist; dies gilt auch im Verfahren nach § 495a der Zivilprozessordnung. [2]Das Gutachten ist kostenlos zu erstatten.

§ 15 Abgeltungsbereich der Gebühren

(1) Die Gebühren entgelten, soweit dieses Gesetz nichts anderes bestimmt, die gesamte Tätigkeit des Rechtsanwalts vom Auftrag bis zur Erledigung der Angelegenheit.

(2) Der Rechtsanwalt kann die Gebühren in derselben Angelegenheit nur einmal fordern.

(3) Sind für Teile des Gegenstands verschiedene Gebührensätze anzuwenden, entstehen für die Teile gesondert berechnete Gebühren, jedoch nicht mehr als die aus dem Gesamtbetrag der Wertteile nach dem höchsten Gebührensatz berechnete Gebühr.

(4) Auf bereits entstandene Gebühren ist es, soweit dieses Gesetz nichts anderes bestimmt, ohne Einfluss, wenn sich die Angelegenheit vorzeitig erledigt oder der Auftrag endigt, bevor die Angelegenheit erledigt ist.

(5) [1]Wird der Rechtsanwalt, nachdem er in einer Angelegenheit tätig geworden ist, beauftragt, in derselben Angelegenheit weiter tätig zu werden, erhält er nicht mehr an Gebühren, als er erhalten würde, wenn er von vornherein hiermit beauftragt worden wäre. [2]Ist der frühere Auftrag seit mehr als zwei Kalenderjahren erledigt, gilt die weitere Tätigkeit als neue Angelegenheit und in diesem Gesetz bestimmte Anrechnungen von Gebühren entfallen. [3]Satz 2 gilt entsprechend, wenn ein Vergleich mehr als zwei Kalenderjahre nach seinem Abschluss angefochten wird oder wenn mehr als zwei Kalenderjahre nach Zustellung eines Beschlusses nach § 23 Absatz 3 Satz 1 des Kapitalanleger-Musterverfahrensgesetzes der Kläger einen Antrag nach § 23 Absatz 4 des Kapitalanleger-Musterverfahrensgesetzes auf Wiedereröffnung des Verfahrens stellt.

(6) Ist der Rechtsanwalt nur mit einzelnen Handlungen oder mit Tätigkeiten, die nach § 19 zum Rechtszug oder zum Verfahren gehören, beauftragt, erhält er nicht mehr an Gebühren als

der mit der gesamten Angelegenheit beauftragte Rechtsanwalt für die gleiche Tätigkeit erhalten würde.

§ 15a Anrechnung einer Gebühr

(1) Sieht dieses Gesetz die Anrechnung einer Gebühr auf eine andere Gebühr vor, kann der Rechtsanwalt beide Gebühren fordern, jedoch nicht mehr als den um den Anrechnungsbetrag verminderten Gesamtbetrag der beiden Gebühren.

(2) [1] Sind mehrere Gebühren teilweise auf dieselbe Gebühr anzurechnen, so ist der anzurechnende Betrag für jede anzurechnende Gebühr gesondert zu ermitteln. [2] Bei Wertgebühren darf der Gesamtbetrag der Anrechnung jedoch denjenigen Anrechnungsbetrag nicht übersteigen, der sich ergeben würde, wenn eine Gebühr anzurechnen wäre, die sich aus dem Gesamtbetrag der betroffenen Wertteile nach dem höchsten für die Anrechnungen einschlägigen Gebührensatz berechnet. [3] Bei Betragsrahmengebühren darf der Gesamtbetrag der Anrechnung den für die Anrechnung bestimmten Höchstbetrag nicht übersteigen.

(3) Ein Dritter kann sich auf die Anrechnung nur berufen, soweit er den Anspruch auf eine der beiden Gebühren erfüllt hat, wegen eines dieser Ansprüche gegen ihn ein Vollstreckungstitel besteht oder beide Gebühren in demselben Verfahren gegen ihn geltend gemacht werden.

Abschnitt 3. Angelegenheit

§ 16 Dieselbe Angelegenheit

Dieselbe Angelegenheit sind

1. das Verwaltungsverfahren auf Aussetzung oder Anordnung der sofortigen Vollziehung sowie über einstweilige Maßnahmen zur Sicherung der Rechte Dritter und jedes Verwaltungsverfahren auf Abänderung oder Aufhebung in den genannten Fällen;
2. das Verfahren über die Prozesskostenhilfe und das Verfahren, für das die Prozesskostenhilfe beantragt worden ist;
3. mehrere Verfahren über die Prozesskostenhilfe in demselben Rechtszug;

3a. das Verfahren zur Bestimmung des zuständigen Gerichts und das Verfahren, für das der Gerichtsstand bestimmt werden soll; dies gilt auch dann, wenn das Verfahren zur Bestimmung des zuständigen Gerichts vor Klageerhebung oder Antragstellung endet, ohne dass das zuständige Gericht bestimmt worden ist;

4. eine Scheidungssache oder ein Verfahren über die Aufhebung einer Lebenspartnerschaft und die Folgesachen;
5. das Verfahren über die Anordnung eines Arrests, zur Erwirkung eines Europäischen Beschlusses zur vorläufigen Kontenpfändung, über den Erlass einer einstweiligen Verfügung oder einstweiligen Anordnung, über die Anordnung oder Wiederherstellung der aufschiebenden Wirkung, über die Aufhebung der Vollziehung oder die Anordnung der sofortigen Vollziehung eines Verwaltungsakts und jedes Verfahren über deren Abänderung, Aufhebung oder Widerruf;
6. das Verfahren nach § 3 Abs. 1 des Gesetzes zur Ausführung des Vertrages zwischen der Bundesrepublik Deutschland und der Republik Österreich vom 6. Juni 1959 über die gegenseitige Anerkennung und Vollstreckung von gerichtlichen Entscheidungen, Vergleichen und öffentlichen Urkunden in Zivil- und Handelssachen in der im Bundesgesetzblatt Teil III, Gliederungsnummer 319-12, veröffentlichten bereinigten Fassung, das zuletzt durch Artikel 23 des Gesetzes vom 27. Juli 2001 (BGBl. I S. 1887) geändert worden ist, und das Verfahren nach § 3 Abs. 2 des genannten Gesetzes;
7. das Verfahren über die Zulassung der Vollziehung einer vorläufigen oder sichernden Maßnahme und das Verfahren über einen Antrag auf Aufhebung oder Änderung einer Entscheidung über die Zulassung der Vollziehung (§ 1041 der Zivilprozessordnung);
8. das schiedsrichterliche Verfahren und das gerichtliche Verfahren bei der Bestellung eines Schiedsrichters oder Ersatzschiedsrichters, über die Ablehnung eines Schiedsrichters oder über die Beendigung des Schiedsrichteramts, zur Unterstützung bei der Beweisaufnahme oder bei der Vornahme sonstiger richterlicher Handlungen;
9. das Verfahren vor dem Schiedsgericht und die gerichtlichen Verfahren über die Bestimmung einer Frist (§ 102 Abs. 3 des Arbeitsgerichtsgesetzes), die Ablehnung eines Schiedsrichters (§ 103 Abs. 3 des Arbeitsgerichtsgesetzes) oder die Vornahme einer Beweisaufnahme oder einer Vereidigung (§ 106 Abs. 2 des Arbeitsgerichtsgesetzes);

10. im Kostenfestsetzungsverfahren und im Verfahren über den Antrag auf gerichtliche Entscheidung gegen einen Kostenfestsetzungsbescheid (§ 108 des Gesetzes über Ordnungswidrigkeiten) einerseits und im Kostenansatzverfahren sowie im Verfahren über den Antrag auf gerichtliche Entscheidung gegen den Ansatz der Gebühren und Auslagen (§ 108 des Gesetzes über Ordnungswidrigkeiten) andererseits jeweils mehrere Verfahren über
    a) die Erinnerung,
    b) den Antrag auf gerichtliche Entscheidung,
    c) die Beschwerde in demselben Beschwerderechtszug;
11. das Rechtsmittelverfahren und das Verfahren über die Zulassung des Rechtsmittels; dies gilt nicht für das Verfahren über die Beschwerde gegen die Nichtzulassung eines Rechtsmittels;
12. das Verfahren über die Privatklage und die Widerklage und zwar auch im Fall des § 388 Abs. 2 der Strafprozessordnung und
13. das erstinstanzliche Prozessverfahren und der erste Rechtszug des Musterverfahrens nach dem Kapitalanleger-Musterverfahrensgesetz.

§ 17 Verschiedene Angelegenheiten

Verschiedene Angelegenheiten sind

1. das Verfahren über ein Rechtsmittel und der vorausgegangene Rechtszug, soweit sich aus § 19 Absatz 1 Satz 2 Nummer 10a nichts anderes ergibt,

1a. jeweils das Verwaltungsverfahren, das einem gerichtlichen Verfahren vorausgehende und der Nachprüfung des Verwaltungsakts dienende weitere Verwaltungsverfahren (Vorverfahren, Einspruchsverfahren, Beschwerdeverfahren, Abhilfeverfahren), das Verfahren über die Beschwerde und die weitere Beschwerde nach der Wehrbeschwerdeordnung, das Verwaltungsverfahren auf Aussetzung oder Anordnung der sofortigen Vollziehung sowie über einstweilige Maßnahmen zur Sicherung der Rechte Dritter und ein gerichtliches Verfahren,

2. das Mahnverfahren und das streitige Verfahren,
3. das vereinfachte Verfahren über den Unterhalt Minderjähriger und das streitige Verfahren,
4. das Verfahren in der Hauptsache und ein Verfahren
    a) auf Anordnung eines Arrests oder zur Erwirkung eines Europäischen Beschlusses zur vorläufigen Kontenpfändung,
    b) auf Erlass einer einstweiligen Verfügung oder einer einstweiligen Anordnung,
    c) über die Anordnung oder Wiederherstellung der aufschiebenden Wirkung, über die Aufhebung der Vollziehung oder über die Anordnung der sofortigen Vollziehung eines Verwaltungsakts sowie
    d) über die Abänderung, die Aufhebung oder den Widerruf einer in einem Verfahren nach den Buchstaben a bis c ergangenen Entscheidung,
5. der Urkunden- oder Wechselprozess und das ordentliche Verfahren, das nach Abstandnahme vom Urkunden- oder Wechselprozess oder nach einem Vorbehaltsurteil anhängig bleibt (§§ 596, 600 der Zivilprozessordnung),
6. das Schiedsverfahren und das Verfahren über die Zulassung der Vollziehung einer vorläufigen oder sichernden Maßnahme sowie das Verfahren über einen Antrag auf Aufhebung oder Änderung einer Entscheidung über die Zulassung der Vollziehung (§ 1041 der Zivilprozessordnung),
7. das gerichtliche Verfahren und ein vorausgegangenes
    a) Güteverfahren vor einer durch die Landesjustizverwaltung eingerichteten oder anerkannten Gütestelle (§ 794 Abs. 1 Nr. 1 der Zivilprozessordnung) oder, wenn die Parteien den Einigungsversuch einvernehmlich unternehmen, vor einer Gütestelle, die Streitbeilegung betreibt (§ 15a Abs. 3 des Einführungsgesetzes zur Zivilprozessordnung),
    b) Verfahren vor einem Ausschuss der in § 111 Abs. 2 des Arbeitsgerichtsgesetzes bezeichneten Art,
    c) Verfahren vor dem Seemannsamt zur vorläufigen Entscheidung von Arbeitssachen und
    d) Verfahren vor sonstigen gesetzlich eingerichteten Einigungsstellen, Gütestellen oder Schiedsstellen,
8. das Vermittlungsverfahren nach § 165 des Gesetzes über das Verfahren in Familiensachen und in den Angelegenheiten der freiwilligen Gerichtsbarkeit und ein sich anschließendes gerichtliches Verfahren,
9. das Verfahren über ein Rechtsmittel und das Verfahren über die Beschwerde gegen die Nichtzulassung des Rechtsmittels,
10. das strafrechtliche Ermittlungsverfahren und

a) ein nachfolgendes gerichtliches Verfahren und
b) ein sich nach Einstellung des Ermittlungsverfahrens anschließendes Bußgeldverfahren,
11. das Bußgeldverfahren vor der Verwaltungsbehörde und das nachfolgende gerichtliche Verfahren,
12. das Strafverfahren und das Verfahren über die im Urteil vorbehaltene Sicherungsverwahrung und
13. das Wiederaufnahmeverfahren und das wiederaufgenommene Verfahren, wenn sich die Gebühren nach Teil 4 oder 5 des Vergütungsverzeichnisses richten.

§ 18 Besondere Angelegenheiten

(1) Besondere Angelegenheiten sind

1. jede Vollstreckungsmaßnahme zusammen mit den durch diese vorbereiteten weiteren Vollstreckungshandlungen bis zur Befriedigung des Gläubigers; dies gilt entsprechend im Verwaltungszwangsverfahren (Verwaltungsvollstreckungsverfahren);
2. jede Vollziehungsmaßnahme bei der Vollziehung eines Arrests oder einer einstweiligen Verfügung (§§ 928 bis 934 und 936 der Zivilprozessordnung), die sich nicht auf die Zustellung beschränkt;
3. solche Angelegenheiten, in denen sich die Gebühren nach Teil 3 des Vergütungsverzeichnisses richten, jedes Beschwerdeverfahren, jedes Verfahren über eine Erinnerung gegen einen Kostenfestsetzungsbeschluss und jedes sonstige Verfahren über eine Erinnerung gegen eine Entscheidung des Rechtspflegers, soweit sich aus § 16 Nummer 10 nichts anderes ergibt;
4. das Verfahren über Einwendungen gegen die Erteilung der Vollstreckungsklausel, auf das § 732 der Zivilprozessordnung anzuwenden ist;
5. das Verfahren auf Erteilung einer weiteren vollstreckbaren Ausfertigung;
6. jedes Verfahren über Anträge nach den §§ 765a, 851a oder 851b der Zivilprozessordnung und jedes Verfahren über Anträge auf Änderung oder Aufhebung der getroffenen Anordnungen, jedes Verfahren über Anträge nach § 1084 Absatz 1, § 1096 oder § 1109 der Zivilprozessordnung und über Anträge nach § 31 des Auslandsunterhaltsgesetzes;
7. das Verfahren auf Zulassung der Austauschpfändung (§ 811a der Zivilprozessordnung);
8. das Verfahren über einen Antrag nach § 825 der Zivilprozessordnung;
9. die Ausführung der Zwangsvollstreckung in ein gepfändetes Vermögensrecht durch Verwaltung (§ 857 Abs. 4 der Zivilprozessordnung);
10. das Verteilungsverfahren (§ 858 Abs. 5, §§ 872 bis 877, 882 der Zivilprozessordnung);
11. das Verfahren auf Eintragung einer Zwangshypothek (§§ 867, 870a der Zivilprozessordnung);
12. die Vollstreckung der Entscheidung, durch die der Schuldner zur Vorauszahlung der Kosten, die durch die Vornahme einer Handlung entstehen, verurteilt wird (§ 887 Abs. 2 der Zivilprozessordnung);
13. das Verfahren zur Ausführung der Zwangsvollstreckung auf Vornahme einer Handlung durch Zwangsmittel (§ 888 der Zivilprozessordnung);
14. jede Verurteilung zu einem Ordnungsgeld gemäß § 890 Abs. 1 der Zivilprozessordnung;
15. die Verurteilung zur Bestellung einer Sicherheit im Fall des § 890 Abs. 3 der Zivilprozessordnung;
16. das Verfahren zur Abnahme der Vermögensauskunft (§§ 802f und 802g der Zivilprozessordnung);
17. das Verfahren auf Löschung der Eintragung im Schuldnerverzeichnis (§ 882e der Zivilprozessordnung);
18. das Ausüben der Veröffentlichungsbefugnis;
19. das Verfahren über Anträge auf Zulassung der Zwangsvollstreckung nach § 17 Abs. 4 der Schifffahrtsrechtlichen Verteilungsordnung;
20. das Verfahren über Anträge auf Aufhebung von Vollstreckungsmaßregeln (§ 8 Abs. 5 und § 41 der Schifffahrtsrechtlichen Verteilungsordnung) und
21. das Verfahren zur Anordnung von Zwangsmaßnahmen durch Beschluss nach § 35 des Gesetzes über das Verfahren in Familiensachen und in den Angelegenheiten der freiwilligen Gerichtsbarkeit.

(2) Absatz 1 gilt entsprechend für

1. die Vollziehung eines Arrestes und
2. die Vollstreckung

nach den Vorschriften des Gesetzes über das Verfahren in Familiensachen und in den Angelegenheiten der freiwilligen Gerichtsbarkeit.

§ 19 Rechtszug; Tätigkeiten, die mit dem Verfahren zusammenhängen

(1) [1]Zu dem Rechtszug oder dem Verfahren gehören auch alle Vorbereitungs-, Neben- und Abwicklungstätigkeiten und solche Verfahren, die mit dem Rechtszug oder Verfahren zusammenhängen, wenn die Tätigkeit nicht nach § 18 eine besondere Angelegenheit ist. [2]Hierzu gehören insbesondere

1. die Vorbereitung der Klage, des Antrags oder der Rechtsverteidigung, soweit kein besonderes gerichtliches oder behördliches Verfahren stattfindet;

1a. die Einreichung von Schutzschriften und die Anmeldung von Ansprüchen oder Rechtsverhältnissen zum Klageregister für Musterfeststellungsklagen sowie die Rücknahme der Anmeldung;

1b. die Verkündung des Streits (§ 72 der Zivilprozessordnung);

2. außergerichtliche Verhandlungen;

3. Zwischenstreite, die Bestellung von Vertretern durch das in der Hauptsache zuständige Gericht, die Ablehnung von Richtern, Rechtspflegern, Urkundsbeamten der Geschäftsstelle oder Sachverständigen, die Entscheidung über einen Antrag betreffend eine Sicherungsanordnung, die Wertfestsetzung, die Beschleunigungsrüge nach § 155b des Gesetzes über das Verfahren in Familiensachen und in den Angelegenheiten der freiwilligen Gerichtsbarkeit;

4. das Verfahren vor dem beauftragten oder ersuchten Richter;

5. das Verfahren
   a) über die Erinnerung (§ 573 der Zivilprozessordnung),
   b) über die Rüge wegen Verletzung des Anspruchs auf rechtliches Gehör,
   c) nach Artikel 18 der Verordnung (EG) Nr. 861/2007 des Europäischen Parlaments und des Rates vom 13. Juni 2007 zur Einführung eines europäischen Verfahrens für geringfügige Forderungen,
   d) nach Artikel 20 der Verordnung (EG) Nr. 1896/2006 des Europäischen Parlaments und des Rates vom 12. Dezember 2006 zur Einführung eines Europäischen Mahnverfahrens und
   e) nach Artikel 19 der Verordnung (EG) Nr. 4/2009 über die Zuständigkeit, das anwendbare Recht, die Anerkennung und Vollstreckung von Entscheidungen und die Zusammenarbeit in Unterhaltssachen;

6. die Berichtigung und Ergänzung der Entscheidung oder ihres Tatbestands;

7. die Mitwirkung bei der Erbringung der Sicherheitsleistung und das Verfahren wegen deren Rückgabe;

8. die für die Geltendmachung im Ausland vorgesehene Vervollständigung der Entscheidung und die Bezifferung eines dynamisierten Unterhaltstitels;

9. die Zustellung oder Empfangnahme von Entscheidungen oder Rechtsmittelschriften und ihre Mitteilung an den Auftraggeber, die Einwilligung zur Einlegung der Sprungrevision oder Sprungrechtsbeschwerde, der Antrag auf Entscheidung über die Verpflichtung, die Kosten zu tragen, die nachträgliche Vollstreckbarerklärung eines Urteils auf besonderen Antrag, die Erteilung des Notfrist- und des Rechtskraftzeugnisses;

9a. die Ausstellung von Bescheinigungen, Bestätigungen oder Formblättern einschließlich deren Berichtigung, Aufhebung oder Widerruf nach
   a) § 1079 oder § 1110 der Zivilprozessordnung,
   b) § 48 des Internationalen Familienrechtsverfahrensgesetzes,
   c) § 57 oder § 58 des Anerkennungs- und Vollstreckungsausführungsgesetzes,
   d) § 14 des EU-Gewaltschutzverfahrensgesetzes,
   e) § 71 Absatz 1 des Auslandsunterhaltsgesetzes,
   f) § 27 des Internationalen Erbrechtsverfahrensgesetzes und
   g) § 27 des Internationalen Güterrechtsverfahrensgesetzes;

10. die Einlegung von Rechtsmitteln bei dem Gericht desselben Rechtszugs in Verfahren, in denen sich die Gebühren nach Teil 4, 5 oder 6 des Vergütungsverzeichnisses richten; die Einlegung des Rechtsmittels durch einen neuen Verteidiger gehört zum Rechtszug des Rechtsmittels;

10a. Beschwerdeverfahren, wenn sich die Gebühren nach Teil 4, 5 oder 6 des Vergütungsverzeichnisses richten und dort nichts anderes bestimmt ist oder keine besonderen Gebührentatbestände vorgesehen sind;

11. die vorläufige Einstellung, Beschränkung oder Aufhebung der Zwangsvollstreckung, wenn nicht eine abgesonderte mündliche Verhandlung hierüber stattfindet;
12. die einstweilige Einstellung oder Beschränkung der Vollstreckung und die Anordnung, dass Vollstreckungsmaßnahmen aufzuheben sind (§ 93 Abs. 1 des Gesetzes über das Verfahren in Familiensachen und in den Angelegenheiten der freiwilligen Gerichtsbarkeit), wenn nicht ein besonderer gerichtlicher Termin hierüber stattfindet;
13. die erstmalige Erteilung der Vollstreckungsklausel, wenn deswegen keine Klage erhoben wird;
14. die Kostenfestsetzung und die Einforderung der Vergütung;
15. *(aufgehoben)*
16. die Zustellung eines Vollstreckungstitels, der Vollstreckungsklausel und der sonstigen in § 750 der Zivilprozessordnung genannten Urkunden und
17. die Herausgabe der Handakten oder ihre Übersendung an einen anderen Rechtsanwalt.

(2) Zu den in § 18 Abs. 1 Nr. 1 und 2 genannten Verfahren gehören ferner insbesondere
1. gerichtliche Anordnungen nach § 758a der Zivilprozessordnung sowie Beschlüsse nach den §§ 90 und 91 Abs. 1 des Gesetzes über das Verfahren in Familiensachen und in den Angelegenheiten der freiwilligen Gerichtsbarkeit,
2. die Erinnerung nach § 766 der Zivilprozessordnung,
3. die Bestimmung eines Gerichtsvollziehers (§ 827 Abs. 1 und § 854 Abs. 1 der Zivilprozessordnung) oder eines Sequesters (§§ 848 und 855 der Zivilprozessordnung),
4. die Anzeige der Absicht, die Zwangsvollstreckung gegen eine juristische Person des öffentlichen Rechts zu betreiben,
5. die einer Verurteilung vorausgehende Androhung von Ordnungsgeld und
6. die Aufhebung einer Vollstreckungsmaßnahme.

§ 20 Verweisung, Abgabe

[1] Soweit eine Sache an ein anderes Gericht verwiesen oder abgegeben wird, sind die Verfahren vor dem verweisenden oder abgebenden und vor dem übernehmenden Gericht ein Rechtszug. [2] Wird eine Sache an ein Gericht eines niedrigeren Rechtszugs verwiesen oder abgegeben, ist das weitere Verfahren vor diesem Gericht ein neuer Rechtszug.

§ 21 Zurückverweisung, Fortführung einer Folgesache als selbständige Familiensache

(1) Soweit eine Sache an ein untergeordnetes Gericht zurückverwiesen wird, ist das weitere Verfahren vor diesem Gericht ein neuer Rechtszug.

(2) In den Fällen des § 146 des Gesetzes über das Verfahren in Familiensachen und in den Angelegenheiten der freiwilligen Gerichtsbarkeit, auch in Verbindung mit § 270 des Gesetzes über das Verfahren in Familiensachen und in den Angelegenheiten der freiwilligen Gerichtsbarkeit, bildet das weitere Verfahren vor dem Familiengericht mit dem früheren einen Rechtszug.

(3) Wird eine Folgesache als selbständige Familiensache fortgeführt, sind das fortgeführte Verfahren und das frühere Verfahren dieselbe Angelegenheit.

Abschnitt 4. Gegenstandswert

§ 22 Grundsatz

(1) In derselben Angelegenheit werden die Werte mehrerer Gegenstände zusammengerechnet.

(2) [1] Der Wert beträgt in derselben Angelegenheit höchstens 30 Millionen Euro, soweit durch Gesetz kein niedrigerer Höchstwert bestimmt ist. [2] Sind in derselben Angelegenheit mehrere Personen wegen verschiedener Gegenstände Auftraggeber, beträgt der Wert für jede Person höchstens 30 Millionen Euro, insgesamt jedoch nicht mehr als 100 Millionen Euro.

§ 23 Allgemeine Wertvorschrift

(1) [1] Soweit sich die Gerichtsgebühren nach dem Wert richten, bestimmt sich der Gegenstandswert im gerichtlichen Verfahren nach den für die Gerichtsgebühren geltenden Wertvor-

schriften. [2]In Verfahren, in denen Kosten nach dem Gerichtskostengesetz oder dem Gesetz über Gerichtskosten in Familiensachen erhoben werden, sind die Wertvorschriften des jeweiligen Kostengesetzes entsprechend anzuwenden, wenn für das Verfahren keine Gerichtsgebühr oder eine Festgebühr bestimmt ist. [3]Diese Wertvorschriften gelten auch entsprechend für die Tätigkeit außerhalb eines gerichtlichen Verfahrens, wenn der Gegenstand der Tätigkeit auch Gegenstand eines gerichtlichen Verfahrens sein könnte. [4]§ 22 Abs. 2 Satz 2 bleibt unberührt.

(2) [1]In Beschwerdeverfahren, in denen Gerichtsgebühren unabhängig vom Ausgang des Verfahrens nicht erhoben werden oder sich nicht nach dem Wert richten, ist der Wert unter Berücksichtigung des Interesses des Beschwerdeführers nach Absatz 3 Satz 2 zu bestimmen, soweit sich aus diesem Gesetz nichts anderes ergibt. [2]Der Gegenstandswert ist durch den Wert des zugrunde liegenden Verfahrens begrenzt. [3]In Verfahren über eine Erinnerung oder eine Rüge wegen Verletzung des rechtlichen Gehörs richtet sich der Wert nach den für Beschwerdeverfahren geltenden Vorschriften.

(3) [1]Soweit sich aus diesem Gesetz nichts anderes ergibt, gelten in anderen Angelegenheiten für den Gegenstandswert die Bewertungsvorschriften des Gerichts- und Notarkostengesetzes und die §§ 37, 38, 42 bis 45 sowie 99 bis 102 des Gerichts- und Notarkostengesetzes entsprechend. [2]Soweit sich der Gegenstandswert aus diesen Vorschriften nicht ergibt und auch sonst nicht feststeht, ist er nach billigem Ermessen zu bestimmen; in Ermangelung genügender tatsächlicher Anhaltspunkte für eine Schätzung und bei nichtvermögensrechtlichen Gegenständen ist der Gegenstandswert mit 5.000 Euro, nach Lage des Falles niedriger oder höher, jedoch nicht über 500.000 Euro anzunehmen.

§ 23a Gegenstandswert im Verfahren über die Prozesskostenhilfe

(1) Im Verfahren über die Bewilligung der Prozesskostenhilfe oder die Aufhebung der Bewilligung nach § 124 Absatz 1 Nummer 1 der Zivilprozessordnung bestimmt sich der Gegenstandswert nach dem für die Hauptsache maßgebenden Wert; im Übrigen ist er nach dem Kosteninteresse nach billigem Ermessen zu bestimmen.

(2) Der Wert nach Absatz 1 und der Wert für das Verfahren, für das die Prozesskostenhilfe beantragt worden ist, werden nicht zusammengerechnet.

§ 23b Gegenstandswert im Musterverfahren nach dem Kapitalanleger-Musterverfahrensgesetz

Im Musterverfahren nach dem Kapitalanleger-Musterverfahrensgesetz bestimmt sich der Gegenstandswert nach der Höhe des von dem Auftraggeber oder gegen diesen im Ausgangsverfahren geltend gemachten Anspruchs, soweit dieser Gegenstand des Musterverfahrens ist.

§ 24 Gegenstandswert im Sanierungs- und Reorganisationsverfahren nach dem Kreditinstitute-Reorganisationsgesetz

Ist der Auftrag im Sanierungs- und Reorganisationsverfahren von einem Gläubiger erteilt, bestimmt sich der Wert nach dem Nennwert der Forderung.

§ 25 Gegenstandswert in der Vollstreckung und bei der Vollziehung

(1) In der Zwangsvollstreckung, in der Vollstreckung, in Verfahren des Verwaltungszwangs und bei der Vollziehung eines Arrests oder einer einstweiligen Verfügung bestimmt sich der Gegenstandswert

1. nach dem Betrag der zu vollstreckenden Geldforderung einschließlich der Nebenforderungen; soll ein bestimmter Gegenstand gepfändet werden und hat dieser einen geringeren Wert, ist der geringere Wert maßgebend; wird künftig fällig werdendes Arbeitseinkommen nach § 850d Abs. 3 der Zivilprozessordnung gepfändet, sind die noch nicht fälligen Ansprüche nach § 51 Abs. 1 Satz 1 des Gesetzes über Gerichtskosten in Familiensachen und § 9 der Zivilprozessordnung zu bewerten; im Verteilungsverfahren (§ 858 Abs. 5, §§ 872 bis 877 und 882 der Zivilprozessordnung) ist höchstens der zu verteilende Geldbetrag maßgebend;
2. nach dem Wert der herauszugebenden oder zu leistenden Sachen; der Gegenstandswert darf jedoch den Wert nicht übersteigen, mit dem der Herausgabe- oder Räumungsanspruch nach den für die Berechnung von Gerichtskosten maßgeblichen Vorschriften zu bewerten ist;

3. nach dem Wert, den die zu erwirkende Handlung, Duldung oder Unterlassung für den Gläubiger hat, und
4. in Verfahren über die Erteilung der Vermögensauskunft (§ 802c der Zivilprozessordnung) sowie in Verfahren über die Einholung von Auskünften Dritter über das Vermögen des Schuldners (§ 802l der Zivilprozessordnung) nach dem Betrag, der einschließlich der Nebenforderungen aus dem Vollstreckungstitel noch geschuldet wird; der Wert beträgt jedoch höchstens 2.000 Euro.

(2) In Verfahren über Anträge des Schuldners ist der Wert nach dem Interesse des Antragstellers nach billigem Ermessen zu bestimmen.

§ 26 Gegenstandswert in der Zwangsversteigerung

In der Zwangsversteigerung bestimmt sich der Gegenstandswert

1. bei der Vertretung des Gläubigers oder eines anderen nach § 9 Nr. 1 und 2 des Gesetzes über die Zwangsversteigerung und die Zwangsverwaltung Beteiligten nach dem Wert des dem Gläubiger oder dem Beteiligten zustehenden Rechts; wird das Verfahren wegen einer Teilforderung betrieben, ist der Teilbetrag nur maßgebend, wenn es sich um einen nach § 10 Abs. 1 Nr. 5 des Gesetzes über die Zwangsversteigerung und die Zwangsverwaltung zu befriedigenden Anspruch handelt; Nebenforderungen sind mitzurechnen; der Wert des Gegenstands der Zwangsversteigerung (§ 66 Abs. 1, § 74a Abs. 5 des Gesetzes über die Zwangsversteigerung und die Zwangsverwaltung), im Verteilungsverfahren der zur Verteilung kommende Erlös, sind maßgebend, wenn sie geringer sind;
2. bei der Vertretung eines anderen Beteiligten, insbesondere des Schuldners, nach dem Wert des Gegenstands der Zwangsversteigerung, im Verteilungsverfahren nach dem zur Verteilung kommenden Erlös; bei Miteigentümern oder sonstigen Mitberechtigten ist der Anteil maßgebend;
3. bei der Vertretung eines Bieters, der nicht Beteiligter ist, nach dem Betrag des höchsten für den Auftraggeber abgegebenen Gebots, wenn ein solches Gebot nicht abgegeben ist, nach dem Wert des Gegenstands der Zwangsversteigerung.

§ 27 Gegenstandswert in der Zwangsverwaltung

[1]In der Zwangsverwaltung bestimmt sich der Gegenstandswert bei der Vertretung des Antragstellers nach dem Anspruch, wegen dessen das Verfahren beantragt ist; Nebenforderungen sind mitzurechnen; bei Ansprüchen auf wiederkehrende Leistungen ist der Wert der Leistungen eines Jahres maßgebend. [2]Bei der Vertretung des Schuldners bestimmt sich der Gegenstandswert nach dem zusammengerechneten Wert aller Ansprüche, wegen derer das Verfahren beantragt ist, bei der Vertretung eines sonstigen Beteiligten nach § 23 Abs. 3 Satz 2.

§ 28 Gegenstandswert im Insolvenzverfahren

(1) [1]Die Gebühren der Nummern 3313, 3317 sowie im Fall der Beschwerde gegen den Beschluss über die Eröffnung des Insolvenzverfahrens der Nummern 3500 und 3513 des Vergütungsverzeichnisses werden, wenn der Auftrag vom Schuldner erteilt ist, nach dem Wert der Insolvenzmasse (§ 58 des Gerichtskostengesetzes) berechnet. [2]Im Fall der Nummer 3313 des Vergütungsverzeichnisses beträgt der Gegenstandswert jedoch mindestens 4.000 Euro.

(2) [1]Ist der Auftrag von einem Insolvenzgläubiger erteilt, werden die in Absatz 1 genannten Gebühren und die Gebühr nach Nummer 3314 nach dem Nennwert der Forderung berechnet. [2]Nebenforderungen sind mitzurechnen.

(3) Im Übrigen ist der Gegenstandswert im Insolvenzverfahren unter Berücksichtigung des wirtschaftlichen Interesses, das der Auftraggeber im Verfahren verfolgt, nach § 23 Abs. 3 Satz 2 zu bestimmen.

§ 29 Gegenstandswert im Verteilungsverfahren nach der Schifffahrtsrechtlichen Verteilungsordnung

Im Verfahren nach der Schifffahrtsrechtlichen Verteilungsordnung gilt § 28 entsprechend mit der Maßgabe, dass an die Stelle des Werts der Insolvenzmasse die festgesetzte Haftungssumme tritt.

§ 29a Gegenstandswert in Verfahren nach dem Unternehmensstabilisierungs- und -restrukturierungsgesetz

Der Gegenstandswert in Verfahren nach dem Unternehmensstabilisierungs- und -restrukturierungsgesetz ist unter Berücksichtigung des wirtschaftlichen Interesses, das der Auftraggeber im Verfahren verfolgt, nach § 23 Absatz 3 Satz 2 zu bestimmen.

§ 30 Gegenstandswert in gerichtlichen Verfahren nach dem Asylgesetz

(1) [1]In Klageverfahren nach dem Asylgesetz beträgt der Gegenstandswert 5.000 Euro, in Verfahren des vorläufigen Rechtsschutzes 2.500 Euro. [2]Sind mehrere natürliche Personen an demselben Verfahren beteiligt, erhöht sich der Wert für jede weitere Person in Klageverfahren um 1.000 Euro und in Verfahren des vorläufigen Rechtsschutzes um 500 Euro.

(2) Ist der nach Absatz 1 bestimmte Wert nach den besonderen Umständen des Einzelfalls unbillig, kann das Gericht einen höheren oder einen niedrigeren Wert festsetzen.

§ 31 Gegenstandswert in gerichtlichen Verfahren nach dem Spruchverfahrensgesetz

(1) [1]Vertritt der Rechtsanwalt im Verfahren nach dem Spruchverfahrensgesetz einen von mehreren Antragstellern, bestimmt sich der Gegenstandswert nach dem Bruchteil des für die Gerichtsgebühren geltenden Geschäftswerts, der sich aus dem Verhältnis der Anzahl der Anteile des Auftraggebers zu der Gesamtzahl der Anteile aller Antragsteller ergibt. [2]Maßgeblicher Zeitpunkt für die Bestimmung der auf die einzelnen Antragsteller entfallenden Anzahl der Anteile ist der jeweilige Zeitpunkt der Antragstellung. [3]Ist die Anzahl der auf einen Antragsteller entfallenden Anteile nicht gerichtsbekannt, wird vermutet, dass er lediglich einen Anteil hält. [4]Der Wert beträgt mindestens 5.000 Euro.

(2) Wird der Rechtsanwalt von mehreren Antragstellern beauftragt, sind die auf die einzelnen Antragsteller entfallenden Werte zusammenzurechnen; Nummer 1008 des Vergütungsverzeichnisses ist insoweit nicht anzuwenden.

§ 31a Ausschlussverfahren nach dem Wertpapiererwerbs- und Übernahmegesetz

[1]Vertritt der Rechtsanwalt im Ausschlussverfahren nach § 39b des Wertpapiererwerbs- und Übernahmegesetzes einen Antragsgegner, bestimmt sich der Gegenstandswert nach dem Wert der Aktien, die dem Auftraggeber im Zeitpunkt der Antragstellung gehören. [2]§ 31 Abs. 1 Satz 2 bis 4 und Abs. 2 gilt entsprechend.

[§ 31b bis 30.9.2021:]

§ 31b Gegenstandswert bei Zahlungsvereinbarungen

Ist Gegenstand einer Einigung nur eine Zahlungsvereinbarung (Nummer 1000 des Vergütungsverzeichnisses), beträgt der Gegenstandswert 20 Prozent des Anspruchs.

[§ 31b ab 1.10.2021:]

§ 31b Gegenstandswert bei Zahlungsvereinbarungen

Ist Gegenstand der Einigung eine Zahlungsvereinbarung (Gebühr 1000 Nummer 2 des Vergütungsverzeichnisses), beträgt der Gegenstandswert 50 Prozent des Anspruchs.

§ 32 Wertfestsetzung für die Gerichtsgebühren

(1) Wird der für die Gerichtsgebühren maßgebende Wert gerichtlich festgesetzt, ist die Festsetzung auch für die Gebühren des Rechtsanwalts maßgebend.

(2) [1]Der Rechtsanwalt kann aus eigenem Recht die Festsetzung des Werts beantragen und Rechtsmittel gegen die Festsetzung einlegen. [2]Rechtsbehelfe, die gegeben sind, wenn die Wertfestsetzung unterblieben ist, kann er aus eigenem Recht einlegen.

§ 33 Wertfestsetzung für die Rechtsanwaltsgebühren

(1) Berechnen sich die Gebühren in einem gerichtlichen Verfahren nicht nach dem für die Gerichtsgebühren maßgebenden Wert oder fehlt es an einem solchen Wert, setzt das Gericht

des Rechtszugs den Wert des Gegenstands der anwaltlichen Tätigkeit auf Antrag durch Beschluss selbstständig fest.

(2) [1]Der Antrag ist erst zulässig, wenn die Vergütung fällig ist. [2]Antragsberechtigt sind der Rechtsanwalt, der Auftraggeber, ein erstattungspflichtiger Gegner und in den Fällen des § 45 die Staatskasse.

(3) [1]Gegen den Beschluss nach Absatz 1 können die Antragsberechtigten Beschwerde einlegen, wenn der Wert des Beschwerdegegenstands 200 Euro übersteigt. [2]Die Beschwerde ist auch zulässig, wenn sie das Gericht, das die angefochtene Entscheidung erlassen hat, wegen der grundsätzlichen Bedeutung der zur Entscheidung stehenden Frage in dem Beschluss zulässt. [3]Die Beschwerde ist nur zulässig, wenn sie innerhalb von zwei Wochen nach Zustellung der Entscheidung eingelegt wird.

(4) [1]Soweit das Gericht die Beschwerde für zulässig und begründet hält, hat es ihr abzuhelfen; im Übrigen ist die Beschwerde unverzüglich dem Beschwerdegericht vorzulegen. [2]Beschwerdegericht ist das nächsthöhere Gericht, in Zivilsachen der in § 119 Abs. 1 Nr. 1 des Gerichtsverfassungsgesetzes bezeichneten Art jedoch das Oberlandesgericht. [3]Eine Beschwerde an einen obersten Gerichtshof des Bundes findet nicht statt. [4]Das Beschwerdegericht ist an die Zulassung der Beschwerde gebunden; die Nichtzulassung ist unanfechtbar.

(5) [1]War der Beschwerdeführer ohne sein Verschulden verhindert, die Frist einzuhalten, ist ihm auf Antrag von dem Gericht, das über die Beschwerde zu entscheiden hat, Wiedereinsetzung in den vorigen Stand zu gewähren, wenn er die Beschwerde binnen zwei Wochen nach der Beseitigung des Hindernisses einlegt und die Tatsachen, welche die Wiedereinsetzung begründen, glaubhaft macht. [2]Ein Fehlen des Verschuldens wird vermutet, wenn eine Rechtsbehelfsbelehrung unterblieben oder fehlerhaft ist. [3]Nach Ablauf eines Jahres, von dem Ende der versäumten Frist an gerechnet, kann die Wiedereinsetzung nicht mehr beantragt werden. [4]Gegen die Ablehnung der Wiedereinsetzung findet die Beschwerde statt. [5]Sie ist nur zulässig, wenn sie innerhalb von zwei Wochen eingelegt wird. [6]Die Frist beginnt mit der Zustellung der Entscheidung. [7]Absatz 4 Satz 1 bis 3 gilt entsprechend.

(6) [1]Die weitere Beschwerde ist nur zulässig, wenn das Landgericht als Beschwerdegericht entschieden und sie wegen der grundsätzlichen Bedeutung der zur Entscheidung stehenden Frage in dem Beschluss zugelassen hat. [2]Sie kann nur darauf gestützt werden, dass die Entscheidung auf einer Verletzung des Rechts beruht; die §§ 546 und 547 der Zivilprozessordnung gelten entsprechend. [3]Über die weitere Beschwerde entscheidet das Oberlandesgericht. [4]Absatz 3 Satz 3, Absatz 4 Satz 1 und 4 und Absatz 5 gelten entsprechend.

(7) [1]Anträge und Erklärungen können ohne Mitwirkung eines Bevollmächtigten schriftlich eingereicht oder zu Protokoll der Geschäftsstelle abgegeben werden; § 129a der Zivilprozessordnung gilt entsprechend. [2]Für die Bevollmächtigung gelten die Regelungen der für das zugrunde liegende Verfahren geltenden Verfahrensordnung entsprechend. [3]Die Beschwerde ist bei dem Gericht einzulegen, dessen Entscheidung angefochten wird.

(8) [1]Das Gericht entscheidet über den Antrag durch eines seiner Mitglieder als Einzelrichter; dies gilt auch für die Beschwerde, wenn die angefochtene Entscheidung von einem Einzelrichter oder einem Rechtspfleger erlassen wurde. [2]Der Einzelrichter überträgt das Verfahren der Kammer oder dem Senat, wenn die Sache besondere Schwierigkeiten tatsächlicher oder rechtlicher Art aufweist oder die Rechtssache grundsätzliche Bedeutung hat. [3]Das Gericht entscheidet jedoch immer ohne Mitwirkung ehrenamtlicher Richter. [4]Auf eine erfolgte oder unterlassene Übertragung kann ein Rechtsmittel nicht gestützt werden.

(9) [1]Das Verfahren über den Antrag ist gebührenfrei. [2]Kosten werden nicht erstattet; dies gilt auch im Verfahren über die Beschwerde.

Abschnitt 5. Außergerichtliche Beratung und Vertretung

§ 34 Beratung, Gutachten und Mediation

(1) [1]Für einen mündlichen oder schriftlichen Rat oder eine Auskunft (Beratung), die nicht mit einer anderen gebührenpflichtigen Tätigkeit zusammenhängen, für die Ausarbeitung eines schriftlichen Gutachtens und für die Tätigkeit als Mediator soll der Rechtsanwalt auf eine Gebührenvereinbarung hinwirken, soweit in Teil 2 Abschnitt 1 des Vergütungsverzeichnisses keine Gebühren bestimmt sind. [2]Wenn keine Vereinbarung getroffen worden ist, erhält der Rechtsanwalt Gebühren nach den Vorschriften des bürgerlichen Rechts. [3]Ist im Fall des Satzes 2 der

Auftraggeber Verbraucher, beträgt die Gebühr für die Beratung oder für die Ausarbeitung eines schriftlichen Gutachtens jeweils höchstens 250 Euro; § 14 Abs. 1 gilt entsprechend; für ein erstes Beratungsgespräch beträgt die Gebühr jedoch höchstens 190 Euro.

(2) Wenn nichts anderes vereinbart ist, ist die Gebühr für die Beratung auf eine Gebühr für eine sonstige Tätigkeit, die mit der Beratung zusammenhängt, anzurechnen.

§ 35 Hilfeleistung in Steuersachen

(1) Für die Hilfeleistung bei der Erfüllung allgemeiner Steuerpflichten und bei der Erfüllung steuerlicher Buchführungs- und Aufzeichnungspflichten gelten die §§ 23 bis 39 der Steuerberatervergütungsverordnung in Verbindung mit den §§ 10 und 13 der Steuerberatervergütungsverordnung entsprechend.

(2) [1] Sieht dieses Gesetz die Anrechnung einer Geschäftsgebühr auf eine andere Gebühr vor, stehen die Gebühren nach den §§ 23, 24 und 31 der Steuerberatervergütungsverordnung, bei mehreren Gebühren deren Summe, einer Geschäftsgebühr nach Teil 2 des Vergütungsverzeichnisses gleich. [2] Bei der Ermittlung des Höchstbetrags des anzurechnenden Teils der Geschäftsgebühr ist der Gegenstandswert derjenigen Gebühr zugrunde zu legen, auf die angerechnet wird.

§ 36 Schiedsrichterliche Verfahren und Verfahren vor dem Schiedsgericht

(1) Teil 3 Abschnitt 1, 2 und 4 des Vergütungsverzeichnisses ist auf die folgenden außergerichtlichen Verfahren entsprechend anzuwenden:
1. schiedsrichterliche Verfahren nach Buch 10 der Zivilprozessordnung und
2. Verfahren vor dem Schiedsgericht (§ 104 des Arbeitsgerichtsgesetzes).

(2) Im Verfahren nach Absatz 1 Nr. 1 erhält der Rechtsanwalt die Terminsgebühr auch, wenn der Schiedsspruch ohne mündliche Verhandlung erlassen wird.

Abschnitt 6. Gerichtliche Verfahren

§ 37 Verfahren vor den Verfassungsgerichten

(1) Die Vorschriften für die Revision in Teil 4 Abschnitt 1 Unterabschnitt 3 des Vergütungsverzeichnisses gelten entsprechend in folgenden Verfahren vor dem Bundesverfassungsgericht oder dem Verfassungsgericht (Verfassungsgerichtshof, Staatsgerichtshof) eines Landes:
1. Verfahren über die Verwirkung von Grundrechten, den Verlust des Stimmrechts, den Ausschluss von Wahlen und Abstimmungen,
2. Verfahren über die Verfassungswidrigkeit von Parteien,
3. Verfahren über Anklagen gegen den Bundespräsidenten, gegen ein Regierungsmitglied eines Landes oder gegen einen Abgeordneten oder Richter und
4. Verfahren über sonstige Gegenstände, die in einem dem Strafprozess ähnlichen Verfahren behandelt werden.

(2) [1] In sonstigen Verfahren vor dem Bundesverfassungsgericht oder dem Verfassungsgericht eines Landes gelten die Vorschriften in Teil 3 Abschnitt 2 Unterabschnitt 2 des Vergütungsverzeichnisses entsprechend. [2] Der Gegenstandswert ist unter Berücksichtigung der in § 14 Abs. 1 genannten Umstände nach billigem Ermessen zu bestimmen; er beträgt mindestens 5.000 Euro.

§ 38 Verfahren vor dem Gerichtshof der Europäischen Gemeinschaften

(1) [1] In Vorabentscheidungsverfahren vor dem Gerichtshof der Europäischen Gemeinschaften gelten die Vorschriften in Teil 3 Abschnitt 2 Unterabschnitt 2 des Vergütungsverzeichnisses entsprechend. [2] Der Gegenstandswert bestimmt sich nach den Wertvorschriften, die für die Gerichtsgebühren des Verfahrens gelten, in dem vorgelegt wird. [3] Das vorlegende Gericht setzt den Gegenstandswert auf Antrag durch Beschluss fest. [4] § 33 Abs. 2 bis 9 gilt entsprechend.

(2) Ist in einem Verfahren, in dem sich die Gebühren nach Teil 4, 5 oder 6 des Vergütungsverzeichnisses richten, vorgelegt worden, sind in dem Vorabentscheidungsverfahren die Nummern 4130 und 4132 des Vergütungsverzeichnisses entsprechend anzuwenden.

(3) Die Verfahrensgebühr des Verfahrens, in dem vorgelegt worden ist, wird auf die Verfahrensgebühr des Verfahrens vor dem Gerichtshof der Europäischen Gemeinschaften angerechnet, wenn nicht eine im Verfahrensrecht vorgesehene schriftliche Stellungnahme gegenüber dem Gerichtshof der Europäischen Gemeinschaften abgegeben wird.

§ 38a Verfahren vor dem Europäischen Gerichtshof für Menschenrechte

[1] In Verfahren vor dem Europäischen Gerichtshof für Menschenrechte gelten die Vorschriften in Teil 3 Abschnitt 2 Unterabschnitt 2 des Vergütungsverzeichnisses entsprechend. [2] Der Gegenstandswert ist unter Berücksichtigung der in § 14 Absatz 1 genannten Umstände nach billigem Ermessen zu bestimmen; er beträgt mindestens 5.000 Euro.

§ 39 Von Amts wegen beigeordneter Rechtsanwalt

(1) Der Rechtsanwalt, der nach § 138 des Gesetzes über das Verfahren in Familiensachen und in den Angelegenheiten der freiwilligen Gerichtsbarkeit, auch in Verbindung mit § 270 des Gesetzes über das Verfahren in Familiensachen und in den Angelegenheiten der freiwilligen Gerichtsbarkeit, dem Antragsgegner beigeordnet ist, kann von diesem die Vergütung eines zum Prozessbevollmächtigten bestellten Rechtsanwalts und einen Vorschuss verlangen.

(2) Der Rechtsanwalt, der nach § 109 Absatz 3 oder § 119a Absatz 6 des Strafvollzugsgesetzes einer Person beigeordnet ist, kann von dieser die Vergütung eines zum Verfahrensbevollmächtigten bestellten Rechtsanwalts und einen Vorschuss verlangen.

§ 40 Als gemeinsamer Vertreter bestellter Rechtsanwalt

Der Rechtsanwalt kann von den Personen, für die er nach § 67a Abs. 1 Satz 2 der Verwaltungsgerichtsordnung bestellt ist, die Vergütung eines von mehreren Auftraggebern zum Prozessbevollmächtigten bestellten Rechtsanwalts und einen Vorschuss verlangen.

§ 41 Prozesspfleger

[1] Der Rechtsanwalt, der nach § 57 oder § 58 der Zivilprozessordnung dem Beklagten als Vertreter bestellt ist, kann von diesem die Vergütung eines zum Prozessbevollmächtigten bestellten Rechtsanwalts verlangen. [2] Er kann von diesem keinen Vorschuss fordern. [3] § 126 der Zivilprozessordnung ist entsprechend anzuwenden.

§ 41a Vertreter des Musterklägers

(1) [1] Für das erstinstanzliche Musterverfahren nach dem Kapitalanleger-Musterverfahrensgesetz kann das Oberlandesgericht dem Rechtsanwalt, der den Musterkläger vertritt, auf Antrag eine besondere Gebühr bewilligen, wenn sein Aufwand im Vergleich zu dem Aufwand der Vertreter der beigeladenen Kläger höher ist. [2] Bei der Bemessung der Gebühr sind der Mehraufwand sowie der Vorteil und die Bedeutung für die beigeladenen Kläger zu berücksichtigen. [3] Die Gebühr darf eine Gebühr mit einem Gebührensatz von 0,3 nach § 13 Absatz 1 nicht überschreiten. [4] Hierbei ist als Wert die Summe der in sämtlichen nach § 8 des Kapitalanleger-Musterverfahrensgesetzes ausgesetzten Verfahren geltend gemachten Ansprüche zugrunde zu legen, soweit diese Ansprüche von den Feststellungszielen des Musterverfahrens betroffen sind, höchstens jedoch 30 Millionen Euro. [5] Der Vergütungsanspruch gegen den Auftraggeber bleibt unberührt.

(2) [1] Der Antrag ist spätestens vor dem Schluss der mündlichen Verhandlung zu stellen. [2] Der Antrag und ergänzende Schriftsätze werden entsprechend § 12 Absatz 2 des Kapitalanleger-Musterverfahrensgesetzes bekannt gegeben. [3] Mit der Bekanntmachung ist eine Frist zur Erklärung zu setzen. [4] Die Landeskasse ist nicht zu hören.

(3) [1] Die Entscheidung kann mit dem Musterentscheid getroffen werden. [2] Die Entscheidung ist dem Musterkläger, den Musterbeklagten, den Beigeladenen sowie dem Rechtsanwalt mitzuteilen. [3] § 16 Absatz 1 Satz 2 des Kapitalanleger-Musterverfahrensgesetzes ist entsprechend anzuwenden. [4] Die Mitteilung kann durch öffentliche Bekanntmachung ersetzt werden, § 11 Absatz 2 Satz 2 des Kapitalanleger-Musterverfahrensgesetzes ist entsprechend anzuwenden. [5] Die Entscheidung ist unanfechtbar.

(4) [1] Die Gebühr ist einschließlich der anfallenden Umsatzsteuer aus der Landeskasse zu zahlen. [2] Ein Vorschuss kann nicht gefordert werden.

Abschnitt 7. Straf- und Bußgeldsachen sowie bestimmte sonstige Verfahren

§ 42 Feststellung einer Pauschgebühr

(1) [1]In Strafsachen, gerichtlichen Bußgeldsachen, Verfahren nach dem Gesetz über die internationale Rechtshilfe in Strafsachen, in Verfahren nach dem IStGH-Gesetz, in Freiheitsentziehungs- und Unterbringungssachen sowie in Verfahren nach § 151 Nummer 6 und 7 des Gesetzes über das Verfahren in Familiensachen und in den Angelegenheiten der freiwilligen Gerichtsbarkeit stellt das Oberlandesgericht, zu dessen Bezirk das Gericht des ersten Rechtszugs gehört, auf Antrag des Rechtsanwalts eine Pauschgebühr für das ganze Verfahren oder für einzelne Verfahrensabschnitte durch unanfechtbaren Beschluss fest, wenn die in den Teilen 4 bis 6 des Vergütungsverzeichnisses bestimmten Gebühren eines Wahlanwalts wegen des besonderen Umfangs oder der besonderen Schwierigkeit nicht zumutbar sind. [2]Dies gilt nicht, soweit Wertgebühren entstehen. [3]Beschränkt sich die Feststellung auf einzelne Verfahrensabschnitte, sind die Gebühren nach dem Vergütungsverzeichnis, an deren Stelle die Pauschgebühr treten soll, zu bezeichnen. [4]Die Pauschgebühr darf das Doppelte der für die Gebühren eines Wahlanwalts geltenden Höchstbeträge nach den Teilen 4 bis 6 des Vergütungsverzeichnisses nicht übersteigen. [5]Für den Rechtszug, in dem der Bundesgerichtshof für das Verfahren zuständig ist, ist er auch für die Entscheidung über den Antrag zuständig.

(2) [1]Der Antrag ist zulässig, wenn die Entscheidung über die Kosten des Verfahrens rechtskräftig ist. [2]Der gerichtlich bestellte oder beigeordnete Rechtsanwalt kann den Antrag nur unter den Voraussetzungen des § 52 Abs. 1 Satz 1, Abs. 2, auch in Verbindung mit § 53 Abs. 1, stellen. [3]Der Auftraggeber, in den Fällen des § 52 Abs. 1 Satz 1 der Beschuldigte, ferner die Staatskasse und andere Beteiligte, wenn ihnen die Kosten des Verfahrens ganz oder zum Teil auferlegt worden sind, sind zu hören.

(3) [1]Der Senat des Oberlandesgerichts ist mit einem Richter besetzt. [2]Der Richter überträgt die Sache dem Senat in der Besetzung mit drei Richtern, wenn es zur Sicherung einer einheitlichen Rechtsprechung geboten ist.

(4) Die Feststellung ist für das Kostenfestsetzungsverfahren, das Vergütungsfestsetzungsverfahren (§ 11) und für einen Rechtsstreit des Rechtsanwalts auf Zahlung der Vergütung bindend.

(5) [1]Die Absätze 1 bis 4 gelten im Bußgeldverfahren vor der Verwaltungsbehörde entsprechend. [2]Über den Antrag entscheidet die Verwaltungsbehörde. [3]Gegen die Entscheidung kann gerichtliche Entscheidung beantragt werden. [4]Für das Verfahren gilt § 62 des Gesetzes über Ordnungswidrigkeiten.

§ 43 Abtretung des Kostenerstattungsanspruchs

[1]Tritt der Beschuldigte oder der Betroffene den Anspruch gegen die Staatskasse auf Erstattung von Anwaltskosten als notwendige Auslagen an den Rechtsanwalt ab, ist eine von der Staatskasse gegenüber dem Beschuldigten oder dem Betroffenen erklärte Aufrechnung insoweit unwirksam, als sie den Anspruch des Rechtsanwalts vereiteln oder beeinträchtigen würde. [2]Dies gilt jedoch nur, wenn zum Zeitpunkt der Aufrechnung eine Urkunde über die Abtretung oder eine Anzeige des Beschuldigten oder des Betroffenen über die Abtretung in den Akten vorliegt.

Abschnitt 8. Beigeordneter oder bestellter Rechtsanwalt, Beratungshilfe

§ 44 Vergütungsanspruch bei Beratungshilfe

[1]Für die Tätigkeit im Rahmen der Beratungshilfe erhält der Rechtsanwalt eine Vergütung nach diesem Gesetz aus der Landeskasse, soweit nicht für die Tätigkeit in Beratungsstellen nach § 3 Abs. 1 des Beratungshilfegesetzes besondere Vereinbarungen getroffen sind. [2]Die Beratungshilfegebühr (Nummer 2500 des Vergütungsverzeichnisses) schuldet nur der Rechtsuchende.

§ 45 Vergütungsanspruch des beigeordneten oder bestellten Rechtsanwalts

(1) Der im Wege der Prozesskostenhilfe beigeordnete oder nach § 57 oder § 58 der Zivilprozessordnung zum Prozesspfleger bestellte Rechtsanwalt erhält, soweit in diesem Abschnitt

nichts anderes bestimmt ist, die gesetzliche Vergütung in Verfahren vor Gerichten des Bundes aus der Bundeskasse, in Verfahren vor Gerichten eines Landes aus der Landeskasse.

(2) Der Rechtsanwalt, der nach § 138 des Gesetzes über das Verfahren in Familiensachen und in den Angelegenheiten der freiwilligen Gerichtsbarkeit, auch in Verbindung mit § 270 des Gesetzes über das Verfahren in Familiensachen und in den Angelegenheiten der freiwilligen Gerichtsbarkeit, nach § 109 Absatz 3 oder § 119a Absatz 6 des Strafvollzugsgesetzes beigeordnet oder nach § 67a Abs. 1 Satz 2 der Verwaltungsgerichtsordnung bestellt ist, kann eine Vergütung aus der Landeskasse verlangen, wenn der zur Zahlung Verpflichtete (§ 39 oder § 40) mit der Zahlung der Vergütung im Verzug ist.

(3) [1] Ist der Rechtsanwalt sonst gerichtlich bestellt oder beigeordnet worden, erhält er die Vergütung aus der Landeskasse, wenn ein Gericht des Landes den Rechtsanwalt bestellt oder beigeordnet hat, im Übrigen aus der Bundeskasse. [2] Hat zuerst ein Gericht des Bundes und sodann ein Gericht des Landes den Rechtsanwalt bestellt oder beigeordnet, zahlt die Bundeskasse die Vergütung, die der Rechtsanwalt während der Dauer der Bestellung oder Beiordnung durch das Gericht des Bundes verdient hat, die Landeskasse die dem Rechtsanwalt darüber hinaus zustehende Vergütung. [3] Dies gilt entsprechend, wenn zuerst ein Gericht des Landes und sodann ein Gericht des Bundes den Rechtsanwalt bestellt oder beigeordnet hat.

(4) [1] Wenn der Verteidiger von der Stellung eines Wiederaufnahmeantrags abrät, hat er einen Anspruch gegen die Staatskasse nur dann, wenn er nach § 364b Abs. 1 Satz 1 der Strafprozessordnung bestellt worden ist oder das Gericht die Feststellung nach § 364b Abs. 1 Satz 2 der Strafprozessordnung getroffen hat. [2] Dies gilt auch im gerichtlichen Bußgeldverfahren (§ 85 Abs. 1 des Gesetzes über Ordnungswidrigkeiten).

(5) [1] Absatz 3 ist im Bußgeldverfahren vor der Verwaltungsbehörde entsprechend anzuwenden. [2] An die Stelle des Gerichts tritt die Verwaltungsbehörde.

§ 46 Auslagen und Aufwendungen

(1) Auslagen, insbesondere Reisekosten, werden nicht vergütet, wenn sie zur sachgemäßen Durchführung der Angelegenheit nicht erforderlich waren.

(2) [1] Wenn das Gericht des Rechtszugs auf Antrag des Rechtsanwalts vor Antritt der Reise feststellt, dass eine Reise erforderlich ist, ist diese Feststellung für das Festsetzungsverfahren (§ 55) bindend. [2] Im Bußgeldverfahren vor der Verwaltungsbehörde tritt an die Stelle des Gerichts die Verwaltungsbehörde. [3] Für Aufwendungen (§ 670 des Bürgerlichen Gesetzbuchs) gelten Absatz 1 und die Sätze 1 und 2 entsprechend; die Höhe zu ersetzender Kosten für die Zuziehung eines Dolmetschers oder Übersetzers ist auf die nach dem Justizvergütungs- und -entschädigungsgesetz zu zahlenden Beträge beschränkt.

(3) [1] Auslagen, die durch Nachforschungen zur Vorbereitung eines Wiederaufnahmeverfahrens entstehen, für das die Vorschriften der Strafprozessordnung gelten, werden nur vergütet, wenn der Rechtsanwalt nach § 364b Abs. 1 Satz 1 der Strafprozessordnung bestellt worden ist oder wenn das Gericht die Feststellung nach § 364b Abs. 1 Satz 2 der Strafprozessordnung getroffen hat. [2] Dies gilt auch im gerichtlichen Bußgeldverfahren (§ 85 Abs. 1 des Gesetzes über Ordnungswidrigkeiten).

§ 47 Vorschuss

(1) [1] Wenn dem Rechtsanwalt wegen seiner Vergütung ein Anspruch gegen die Staatskasse zusteht, kann er für die entstandenen Gebühren und die entstandenen und voraussichtlich entstehenden Auslagen aus der Staatskasse einen angemessenen Vorschuss fordern. [2] Der Rechtsanwalt, der nach § 138 des Gesetzes über das Verfahren in Familiensachen und in den Angelegenheiten der freiwilligen Gerichtsbarkeit, auch in Verbindung mit § 270 des Gesetzes über das Verfahren in Familiensachen und in den Angelegenheiten der freiwilligen Gerichtsbarkeit, nach § 109 Absatz 3 oder § 119a Absatz 6 des Strafvollzugsgesetzes beigeordnet oder nach § 67a Abs. 1 Satz 2 der Verwaltungsgerichtsordnung bestellt ist, kann einen Vorschuss nur verlangen, wenn der zur Zahlung Verpflichtete (§ 39 oder § 40) mit der Zahlung des Vorschusses im Verzug ist.

(2) Bei Beratungshilfe kann der Rechtsanwalt aus der Staatskasse keinen Vorschuss fordern.

§ 48 Umfang des Anspruchs und der Beiordnung

(1) [1]Der Vergütungsanspruch gegen die Staatskasse ist auf die gesetzliche Vergütung gerichtet und bestimmt sich nach den Beschlüssen, durch die die Prozesskostenhilfe bewilligt und der Rechtsanwalt beigeordnet oder bestellt worden ist, soweit nichts anderes bestimmt ist. [2]Erstreckt sich die Beiordnung auf den Abschluss eines Vertrags im Sinne der Nummer 1000 des Vergütungsverzeichnisses oder ist die Beiordnung oder die Bewilligung der Prozesskostenhilfe hierauf beschränkt, so umfasst der Anspruch alle gesetzlichen Gebühren und Auslagen, die durch die Tätigkeiten entstehen, die zur Herbeiführung der Einigung erforderlich sind.

(2) [1]In Angelegenheiten, in denen sich die Gebühren nach Teil 3 des Vergütungsverzeichnisses bestimmen und die Beiordnung eine Berufung, eine Beschwerde wegen des Hauptgegenstands, eine Revision oder eine Rechtsbeschwerde wegen des Hauptgegenstands betrifft, wird eine Vergütung aus der Staatskasse auch für die Rechtsverteidigung gegen ein Anschlussrechtsmittel und, wenn der Rechtsanwalt für die Erwirkung eines Arrests, einer einstweiligen Verfügung oder einer einstweiligen Anordnung beigeordnet ist, auch für deren Vollziehung oder Vollstreckung gewährt. [2]Dies gilt nicht, wenn der Beiordnungsbeschluss ausdrücklich etwas anderes bestimmt.

(3) [1]Die Beiordnung in einer Ehesache erstreckt sich im Fall des Abschlusses eines Vertrags im Sinne der Nummer 1000 des Vergütungsverzeichnisses auf alle mit der Herbeiführung der Einigung erforderlichen Tätigkeiten, soweit der Vertrag

1. den gegenseitigen Unterhalt der Ehegatten,
2. den Unterhalt gegenüber den Kindern im Verhältnis der Ehegatten zueinander,
3. die Sorge für die Person der gemeinschaftlichen minderjährigen Kinder,
4. die Regelung des Umgangs mit einem Kind,
5. die Rechtsverhältnisse an der Ehewohnung und den Haushaltsgegenständen,
6. die Ansprüche aus dem ehelichen Güterrecht oder
7. den Versorgungsausgleich

betrifft. [2]Satz 1 gilt im Fall der Beiordnung in Lebenspartnerschaftssachen nach § 269 Abs. 1 Nr. 1 und 2 des Gesetzes über das Verfahren in Familiensachen und in den Angelegenheiten der freiwilligen Gerichtsbarkeit entsprechend.

(4) [1]Die Beiordnung in Angelegenheiten, in denen nach § 3 Absatz 1 Betragsrahmengebühren entstehen, erstreckt sich auf Tätigkeiten ab dem Zeitpunkt der Beantragung der Prozesskostenhilfe, wenn vom Gericht nichts anderes bestimmt ist. [2]Die Beiordnung erstreckt sich ferner auf die gesamte Tätigkeit im Verfahren über die Prozesskostenhilfe einschließlich der vorbereitenden Tätigkeit.

(5) [1]In anderen Angelegenheiten, die mit dem Hauptverfahren nur zusammenhängen, erhält der für das Hauptverfahren beigeordnete Rechtsanwalt eine Vergütung aus der Staatskasse nur dann, wenn er ausdrücklich auch hierfür beigeordnet ist. [2]Dies gilt insbesondere für

1. die Zwangsvollstreckung, die Vollstreckung und den Verwaltungszwang;
2. das Verfahren über den Arrest, den Europäischen Beschluss zur vorläufigen Kontenpfändung, die einstweilige Verfügung und die einstweilige Anordnung;
3. das selbstständige Beweisverfahren;
4. das Verfahren über die Widerklage oder den Widerantrag, ausgenommen die Rechtsverteidigung gegen den Widerantrag in Ehesachen und in Lebenspartnerschaftssachen nach § 269 Abs. 1 Nr. 1 und 2 des Gesetzes über das Verfahren in Familiensachen und in den Angelegenheiten der freiwilligen Gerichtsbarkeit.

(6) [1]Wird der Rechtsanwalt in Angelegenheiten nach den Teilen 4 bis 6 des Vergütungsverzeichnisses im ersten Rechtszug bestellt oder beigeordnet, erhält er die Vergütung auch für seine Tätigkeit vor dem Zeitpunkt seiner Bestellung, in Strafsachen einschließlich seiner Tätigkeit vor Erhebung der öffentlichen Klage und in Bußgeldsachen einschließlich der Tätigkeit vor der Verwaltungsbehörde. [2]Wird der Rechtsanwalt in einem späteren Rechtszug beigeordnet, erhält er seine Vergütung in diesem Rechtszug auch für seine Tätigkeit vor dem Zeitpunkt seiner Bestellung. [3]Werden Verfahren verbunden und ist der Rechtsanwalt nicht in allen Verfahren bestellt oder beigeordnet, kann das Gericht die Wirkungen des Satzes 1 auch auf diejenigen Verfahren erstrecken, in denen vor der Verbindung keine Beiordnung oder Bestellung erfolgt war.

§ 49 Wertgebühren aus der Staatskasse

Bestimmen sich die Gebühren nach dem Gegenstandswert, werden bei einem Gegenstandswert von mehr als 4.000 Euro anstelle der Gebühr nach § 13 Absatz 1 folgende Gebühren vergütet:

Gegenstandswert bis ... Euro	Gebühr Euro	Gegenstandswert bis ... Euro	Gebühr Euro
5.000	284	22.000	399
6.000	295	25.000	414
7.000	306	30.000	453
8.000	317	35.000	492
9.000	328	40.000	531
10.000	339	45.000	570
13.000	354	50.000	609
16.000	369	über	
19.000	384	50.000	659

§ 50 Weitere Vergütung bei Prozesskostenhilfe

(1) [1]Nach Deckung der in § 122 Absatz 1 Nummer 1 der Zivilprozessordnung bezeichneten Kosten und Ansprüche hat die Staatskasse über die auf sie übergegangenen Ansprüche des Rechtsanwalts hinaus weitere Beträge bis zur Höhe der Regelvergütung einzuziehen, wenn dies nach den Vorschriften der Zivilprozessordnung und nach den Bestimmungen, die das Gericht getroffen hat, zulässig ist. [2]Die weitere Vergütung ist festzusetzen, wenn das Verfahren durch rechtskräftige Entscheidung oder in sonstiger Weise beendet ist und die von der Partei zu zahlenden Beträge beglichen sind oder wegen dieser Beträge eine Zwangsvollstreckung in das bewegliche Vermögen der Partei erfolglos geblieben ist oder aussichtslos erscheint.

(2) Der beigeordnete Rechtsanwalt soll eine Berechnung seiner Regelvergütung unverzüglich zu den Prozessakten mitteilen.

(3) Waren mehrere Rechtsanwälte beigeordnet, bemessen sich die auf die einzelnen Rechtsanwälte entfallenden Beträge nach dem Verhältnis der jeweiligen Unterschiedsbeträge zwischen den Gebühren nach § 49 und den Regelgebühren; dabei sind Zahlungen, die nach § 58 auf den Unterschiedsbetrag anzurechnen sind, von diesem abzuziehen.

§ 51 Festsetzung einer Pauschgebühr

(1) [1]In Strafsachen, gerichtlichen Bußgeldsachen, Verfahren nach dem Gesetz über die internationale Rechtshilfe in Strafsachen, in Verfahren nach dem IStGH-Gesetz, in Freiheitsentziehungs- und Unterbringungssachen sowie in Verfahren nach § 151 Nummer 6 und 7 des Gesetzes über das Verfahren in Familiensachen und in den Angelegenheiten der freiwilligen Gerichtsbarkeit ist dem gerichtlich bestellten oder beigeordneten Rechtsanwalt für das ganze Verfahren oder für einzelne Verfahrensabschnitte auf Antrag eine Pauschgebühr zu bewilligen, die über die Gebühren nach dem Vergütungsverzeichnis hinausgeht, wenn die in den Teilen 4 bis 6 des Vergütungsverzeichnisses bestimmten Gebühren wegen des besonderen Umfangs oder der besonderen Schwierigkeit nicht zumutbar sind. [2]Dies gilt nicht, soweit Wertgebühren entstehen. [3]Beschränkt sich die Bewilligung auf einzelne Verfahrensabschnitte, sind die Gebühren nach dem Vergütungsverzeichnis, an deren Stelle die Pauschgebühr treten soll, zu bezeichnen. [4]Eine Pauschgebühr kann auch für solche Tätigkeiten gewährt werden, für die ein Anspruch nach § 48 Absatz 6 besteht. [5]Auf Antrag ist dem Rechtsanwalt ein angemessener Vorschuss zu bewilligen, wenn ihm insbesondere wegen der langen Dauer des Verfahrens und der Höhe der zu erwartenden Pauschgebühr nicht zugemutet werden kann, die Festsetzung der Pauschgebühr abzuwarten.

(2) [1]Über die Anträge entscheidet das Oberlandesgericht, zu dessen Bezirk das Gericht des ersten Rechtszugs gehört, und im Fall der Beiordnung einer Kontaktperson (§ 34a des Einführungsgesetzes zum Gerichtsverfassungsgesetz) das Oberlandesgericht, in dessen Bezirk die Justizvollzugsanstalt liegt, durch unanfechtbaren Beschluss. [2]Der Bundesgerichtshof ist für die Entscheidung zuständig, soweit er den Rechtsanwalt bestellt hat. [3]In dem Verfahren ist die Staatskasse zu hören. [4]§ 42 Abs. 3 ist entsprechend anzuwenden.

(3) [1]Absatz 1 gilt im Bußgeldverfahren vor der Verwaltungsbehörde entsprechend. [2]Über den Antrag nach Absatz 1 Satz 1 bis 3 entscheidet die Verwaltungsbehörde gleichzeitig mit der Festsetzung der Vergütung.

§ 52 Anspruch gegen den Beschuldigten oder den Betroffenen

(1) [1]Der gerichtlich bestellte Rechtsanwalt kann von dem Beschuldigten die Zahlung der Gebühren eines gewählten Verteidigers verlangen; er kann jedoch keinen Vorschuss fordern. [2]Der Anspruch gegen den Beschuldigten entfällt insoweit, als die Staatskasse Gebühren gezahlt hat.

(2) [1]Der Anspruch kann nur insoweit geltend gemacht werden, als dem Beschuldigten ein Erstattungsanspruch gegen die Staatskasse zusteht oder das Gericht des ersten Rechtszugs auf Antrag des Verteidigers feststellt, dass der Beschuldigte ohne Beeinträchtigung des für ihn und seine Familie notwendigen Unterhalts zur Zahlung oder zur Leistung von Raten in der Lage ist. [2]Ist das Verfahren nicht gerichtlich anhängig geworden, entscheidet das Gericht, das den Verteidiger bestellt hat.

(3) [1]Wird ein Antrag nach Absatz 2 Satz 1 gestellt, setzt das Gericht dem Beschuldigten eine Frist zur Darlegung seiner persönlichen und wirtschaftlichen Verhältnisse; § 117 Abs. 2 bis 4 der Zivilprozessordnung gilt entsprechend. [2]Gibt der Beschuldigte innerhalb der Frist keine Erklärung ab, wird vermutet, dass er leistungsfähig im Sinne des Absatzes 2 Satz 1 ist.

(4) [1]Gegen den Beschluss nach Absatz 2 ist die sofortige Beschwerde nach den Vorschriften der §§ 304 bis 311a der Strafprozessordnung zulässig. [2]Dabei steht im Rahmen des § 44 Satz 2 der Strafprozessordnung die Rechtsbehelfsbelehrung des § 12c der Belehrung nach § 35a Satz 1 der Strafprozessordnung gleich.

(5) [1]Der für den Beginn der Verjährung maßgebende Zeitpunkt tritt mit der Rechtskraft der das Verfahren abschließenden gerichtlichen Entscheidung, in Ermangelung einer solchen mit der Beendigung des Verfahrens ein. [2]Ein Antrag des Verteidigers hemmt den Lauf der Verjährungsfrist. [3]Die Hemmung endet sechs Monate nach der Rechtskraft der Entscheidung des Gerichts über den Antrag.

(6) [1]Die Absätze 1 bis 3 und 5 gelten im Bußgeldverfahren entsprechend. [2]Im Bußgeldverfahren vor der Verwaltungsbehörde tritt an die Stelle des Gerichts die Verwaltungsbehörde.

§ 53 Anspruch gegen den Auftraggeber, Anspruch des zum Beistand bestellten Rechtsanwalts gegen den Verurteilten

(1) Für den Anspruch des dem Privatkläger, dem Nebenkläger, dem Antragsteller im Klageerzwingungsverfahren oder des sonst in Angelegenheiten, in denen sich die Gebühren nach Teil 4, 5 oder 6 des Vergütungsverzeichnisses bestimmen, beigeordneten Rechtsanwalts gegen seinen Auftraggeber gilt § 52 entsprechend.

(2) [1]Der dem Nebenkläger, dem nebenklageberechtigten Verletzten oder dem Zeugen als Beistand bestellte Rechtsanwalt kann die Gebühren eines gewählten Beistands aufgrund seiner Bestellung nur von dem Verurteilten verlangen. [2]Der Anspruch entfällt insoweit, als die Staatskasse die Gebühren bezahlt hat.

(3) [1]Der in Absatz 2 Satz 1 genannte Rechtsanwalt kann einen Anspruch aus einer Vergütungsvereinbarung nur geltend machen, wenn das Gericht des ersten Rechtszugs auf seinen Antrag feststellt, dass der Nebenkläger, der nebenklageberechtigte Verletzte oder der Zeuge zum Zeitpunkt des Abschlusses der Vereinbarung allein auf Grund seiner persönlichen und wirtschaftlichen Verhältnisse die Voraussetzungen für die Bewilligung von Prozesskostenhilfe in bürgerlichen Rechtsstreitigkeiten nicht erfüllt hätte. [2]Ist das Verfahren nicht gerichtlich anhängig geworden, entscheidet das Gericht, das den Rechtsanwalt als Beistand bestellt hat. [3]§ 52 Absatz 3 bis 5 gilt entsprechend.

§ 53a Vergütungsanspruch bei gemeinschaftlicher Nebenklagevertretung

[1]Stellt ein Gericht gemäß § 397b Absatz 3 der Strafprozessordnung fest, dass für einen nicht als Beistand bestellten oder beigeordneten Rechtsanwalt die Voraussetzungen einer Bestellung oder Beiordnung vorgelegen haben, so steht der Rechtsanwalt hinsichtlich der von ihm bis zu dem Zeitpunkt der Bestellung oder Beiordnung eines anderen Rechtsanwalts erbrachten Tätigkeiten einem bestellten oder beigeordneten Rechtsanwalt gleich. [2]Der Rechtsanwalt erhält

die Vergütung aus der Landeskasse, wenn die Feststellung von einem Gericht des Landes getroffen wird, im Übrigen aus der Bundeskasse.

§ 54 Verschulden eines beigeordneten oder bestellten Rechtsanwalts

Hat der beigeordnete oder bestellte Rechtsanwalt durch schuldhaftes Verhalten die Beiordnung oder Bestellung eines anderen Rechtsanwalts veranlasst, kann er Gebühren, die auch für den anderen Rechtsanwalt entstehen, nicht fordern.

§ 55 Festsetzung der aus der Staatskasse zu zahlenden Vergütungen und Vorschüsse

(1) [1] Die aus der Staatskasse zu gewährende Vergütung und der Vorschuss hierauf werden auf Antrag des Rechtsanwalts von dem Urkundsbeamten der Geschäftsstelle des Gerichts des ersten Rechtszugs festgesetzt. [2] Ist das Verfahren nicht gerichtlich anhängig geworden, erfolgt die Festsetzung durch den Urkundsbeamten der Geschäftsstelle des Gerichts, das den Verteidiger bestellt hat.

(2) In Angelegenheiten, in denen sich die Gebühren nach Teil 3 des Vergütungsverzeichnisses bestimmen, erfolgt die Festsetzung durch den Urkundsbeamten des Gerichts des Rechtszugs, solange das Verfahren nicht durch rechtskräftige Entscheidung oder in sonstiger Weise beendet ist.

(3) Im Fall der Beiordnung einer Kontaktperson (§ 34a des Einführungsgesetzes zum Gerichtsverfassungsgesetz) erfolgt die Festsetzung durch den Urkundsbeamten der Geschäftsstelle des Landgerichts, in dessen Bezirk die Justizvollzugsanstalt liegt.

(4) Im Fall der Beratungshilfe wird die Vergütung von dem Urkundsbeamten der Geschäftsstelle des in § 4 Abs. 1 des Beratungshilfegesetzes bestimmten Gerichts festgesetzt.

(5) [1] § 104 Absatz 2 Satz 1 und 2 der Zivilprozessordnung gilt entsprechend. [2] Der Antrag hat die Erklärung zu enthalten, ob und welche Zahlungen der Rechtsanwalt bis zum Tag der Antragstellung erhalten hat. [3] Bei Zahlungen auf eine anzurechnende Gebühr sind diese Zahlungen, der Satz oder der Betrag der Gebühr und bei Wertgebühren auch der zugrunde gelegte Wert anzugeben. [4] Zahlungen, die der Rechtsanwalt nach der Antragstellung erhalten hat, hat er unverzüglich anzuzeigen.

(6) [1] Der Urkundsbeamte kann vor einer Festsetzung der weiteren Vergütung (§ 50) den Rechtsanwalt auffordern, innerhalb einer Frist von einem Monat bei der Geschäftsstelle des Gerichts, dem der Urkundsbeamte angehört, Anträge auf Festsetzung der Vergütungen, für die ihm noch Ansprüche gegen die Staatskasse zustehen, einzureichen oder sich zu den empfangenen Zahlungen (Absatz 5 Satz 2) zu erklären. [2] Kommt der Rechtsanwalt der Aufforderung nicht nach, erlöschen seine Ansprüche gegen die Staatskasse.

(7) [1] Die Absätze 1 und 5 gelten im Bußgeldverfahren vor der Verwaltungsbehörde entsprechend. [2] An die Stelle des Urkundsbeamten der Geschäftsstelle tritt die Verwaltungsbehörde.

§ 56 Erinnerung und Beschwerde

(1) [1] Über Erinnerungen des Rechtsanwalts und der Staatskasse gegen die Festsetzung nach § 55 entscheidet das Gericht des Rechtszugs, bei dem die Festsetzung erfolgt ist, durch Beschluss. [2] Im Fall des § 55 Abs. 3 entscheidet die Strafkammer des Landgerichts. [3] Im Fall der Beratungshilfe entscheidet das nach § 4 Abs. 1 des Beratungshilfegesetzes zuständige Gericht.

(2) [1] Im Verfahren über die Erinnerung gilt § 33 Abs. 4 Satz 1, Abs. 7 und 8 und im Verfahren über die Beschwerde gegen die Entscheidung über die Erinnerung § 33 Abs. 3 bis 8 entsprechend. [2] Das Verfahren über die Erinnerung und über die Beschwerde ist gebührenfrei. [3] Kosten werden nicht erstattet.

§ 57 Rechtsbehelf in Bußgeldsachen vor der Verwaltungsbehörde

[1] Gegen Entscheidungen der Verwaltungsbehörde im Bußgeldverfahren nach den Vorschriften dieses Abschnitts kann gerichtliche Entscheidung beantragt werden. [2] Für das Verfahren gilt § 62 des Gesetzes über Ordnungswidrigkeiten.

§ 58 Anrechnung von Vorschüssen und Zahlungen

(1) Zahlungen, die der Rechtsanwalt nach § 9 des Beratungshilfegesetzes erhalten hat, werden auf die aus der Landeskasse zu zahlende Vergütung angerechnet.

(2) [1] In Angelegenheiten, in denen sich die Gebühren nach Teil 3 des Vergütungsverzeichnisses bestimmen, sind Vorschüsse und Zahlungen, die der Rechtsanwalt vor oder nach der Beiordnung erhalten hat, zunächst auf die Vergütungen anzurechnen, für die ein Anspruch gegen die Staatskasse nicht oder nur unter den Voraussetzungen des § 50 besteht. [2] Ist eine Gebühr, für die kein Anspruch gegen die Staatskasse besteht, auf eine Gebühr anzurechnen, für die ein Anspruch gegen die Staatskasse besteht, so vermindert sich der Anspruch gegen die Staatskasse nur insoweit, als der Rechtsanwalt durch eine Zahlung auf die anzurechnende Gebühr und den Anspruch auf die ohne Anrechnung ermittelte andere Gebühr insgesamt mehr als den sich aus § 15a Absatz 1 ergebenden Gesamtbetrag erhalten würde.

(3) [1] In Angelegenheiten, in denen sich die Gebühren nach den Teilen 4 bis 6 des Vergütungsverzeichnisses bestimmen, sind Vorschüsse und Zahlungen, die der Rechtsanwalt vor oder nach der gerichtlichen Bestellung oder Beiordnung für seine Tätigkeit in einer gebührenrechtlichen Angelegenheit erhalten hat, auf die von der Staatskasse für diese Angelegenheit zu zahlenden Gebühren anzurechnen. [2] Hat der Rechtsanwalt Zahlungen empfangen, nachdem er Gebühren aus der Staatskasse erhalten hat, ist er zur Rückzahlung an die Staatskasse verpflichtet. [3] Die Anrechnung oder Rückzahlung erfolgt nur, soweit der Rechtsanwalt durch die Zahlungen insgesamt mehr als den doppelten Betrag der ihm ohne Berücksichtigung des § 51 aus der Staatskasse zustehenden Gebühren erhalten würde. [4] Sind die dem Rechtsanwalt nach Satz 3 verbleibenden Gebühren höher als die im Vergütungsverzeichnis vorgesehenen Höchstgebühren eines Wahlanwalts, ist auch der die Höchstgebühren übersteigende Betrag anzurechnen oder zurückzuzahlen.

§ 59 Übergang von Ansprüchen auf die Staatskasse

(1) [1] Soweit dem im Wege der Prozesskostenhilfe oder nach § 138 des Gesetzes über das Verfahren in Familiensachen und in den Angelegenheiten der freiwilligen Gerichtsbarkeit, auch in Verbindung mit § 270 des Gesetzes über das Verfahren in Familiensachen und in den Angelegenheiten der freiwilligen Gerichtsbarkeit, beigeordneten oder nach § 67a Abs. 1 Satz 2 der Verwaltungsgerichtsordnung bestellten Rechtsanwalt wegen seiner Vergütung ein Anspruch gegen die Partei oder einen ersatzpflichtigen Gegner zusteht, geht der Anspruch mit der Befriedigung des Rechtsanwalts durch die Staatskasse auf diese über. [2] Der Übergang kann nicht zum Nachteil des Rechtsanwalts geltend gemacht werden.

(2) [1] Für die Geltendmachung des Anspruchs sowie für die Erinnerung und die Beschwerde gelten die Vorschriften über die Kosten des gerichtlichen Verfahrens entsprechend. [2] Ansprüche der Staatskasse werden bei dem Gericht des ersten Rechtszugs angesetzt. [3] Ist das Gericht des ersten Rechtszugs ein Gericht des Landes und ist der Anspruch auf die Bundeskasse übergegangen, wird er insoweit bei dem jeweiligen obersten Gerichtshof des Bundes angesetzt.

(3) Absatz 1 gilt entsprechend bei Beratungshilfe.

§ 59a Beiordnung und Bestellung durch Justizbehörden

(1) [1] Für den durch die Staatsanwaltschaft bestellten Rechtsanwalt gelten die Vorschriften über den gerichtlich bestellten Rechtsanwalt entsprechend. [2] Ist das Verfahren nicht gerichtlich anhängig geworden, tritt an die Stelle des Gerichts des ersten Rechtszugs das Gericht, das für die gerichtliche Bestätigung der Bestellung zuständig ist.

(2) [1] Für den durch die Staatsanwaltschaft beigeordneten Zeugenbeistand gelten die Vorschriften über den gerichtlich beigeordneten Zeugenbeistand entsprechend. [2] Über Anträge nach § 51 Absatz 1 entscheidet das Oberlandesgericht, in dessen Bezirk die Staatsanwaltschaft ihren Sitz hat. [3] Hat der Generalbundesanwalt einen Zeugenbeistand beigeordnet, entscheidet der Bundesgerichtshof.

(3) [1] Für den nach § 87e des Gesetzes über die internationale Rechtshilfe in Strafsachen in Verbindung mit § 53 des Gesetzes über die internationale Rechtshilfe in Strafsachen durch das Bundesamt für Justiz bestellten Beistand gelten die Vorschriften über den gerichtlich bestellten Rechtsanwalt entsprechend. [2] An die Stelle des Urkundsbeamten der Geschäftsstelle tritt das Bundesamt. [3] Über Anträge nach § 51 Absatz 1 entscheidet das Bundesamt gleichzeitig mit der Festsetzung der Vergütung.

(4) [1] Gegen Entscheidungen der Staatsanwaltschaft und des Bundesamts für Justiz nach den Vorschriften dieses Abschnitts kann gerichtliche Entscheidung beantragt werden. [2] Zuständig ist das Landgericht, in dessen Bezirk die Justizbehörde ihren Sitz hat. [3] Bei Entscheidungen des Generalbundesanwalts entscheidet der Bundesgerichtshof.

Abschnitt 9. Übergangs- und Schlussvorschriften

§ 59b Bekanntmachung von Neufassungen

[1]Das Bundesministerium der Justiz und für Verbraucherschutz kann nach Änderungen den Wortlaut des Gesetzes feststellen und als Neufassung im Bundesgesetzblatt bekannt machen. [2]Die Bekanntmachung muss auf diese Vorschrift Bezug nehmen und angeben

1. den Stichtag, zu dem der Wortlaut festgestellt wird,
2. die Änderungen seit der letzten Veröffentlichung des vollständigen Wortlauts im Bundesgesetzblatt sowie
3. das Inkrafttreten der Änderungen.

§ 60 Übergangsvorschrift

(1) [1]Für die Vergütung ist das bisherige Recht anzuwenden, wenn der unbedingte Auftrag zur Erledigung derselben Angelegenheit vor dem Inkrafttreten einer Gesetzesänderung erteilt worden ist. [2]Dies gilt auch für einen Vergütungsanspruch gegen die Staatskasse (§ 45, auch in Verbindung mit § 59a). [3]Steht dem Rechtsanwalt ein Vergütungsanspruch zu, ohne dass ihm zum Zeitpunkt der Beiordnung oder Bestellung ein unbedingter Auftrag desjenigen erteilt worden ist, dem er beigeordnet oder für den er bestellt wurde, so ist für diese Vergütung in derselben Angelegenheit bisheriges Recht anzuwenden, wenn die Beiordnung oder Bestellung des Rechtsanwalts vor dem Inkrafttreten einer Gesetzesänderung wirksam geworden ist. [4]Erfasst die Beiordnung oder Bestellung auch eine Angelegenheit, in der der Rechtsanwalt erst nach dem Inkrafttreten einer Gesetzesänderung erstmalig beauftragt oder tätig wird, so ist insoweit für die Vergütung neues Recht anzuwenden. [5]Das nach den Sätzen 2 bis 4 anzuwendende Recht findet auch auf Ansprüche des beigeordneten oder bestellten Rechtsanwalts Anwendung, die sich nicht gegen die Staatskasse richten. [6]Die Sätze 1 bis 5 gelten auch, wenn Vorschriften geändert werden, auf die dieses Gesetz verweist.

(2) Sind Gebühren nach dem zusammengerechneten Wert mehrerer Gegenstände zu bemessen, gilt für die gesamte Vergütung das bisherige Recht auch dann, wenn dies nach Absatz 1 nur für einen der Gegenstände gelten würde.

(3) In Angelegenheiten nach dem Pflegeberufegesetz ist bei der Bestimmung des Gegenstandswerts § 52 Absatz 4 Nummer 4 des Gerichtskostengesetzes nicht anzuwenden, wenn der unbedingte Auftrag zur Erledigung derselben Angelegenheit vor dem 15. August 2019 erteilt worden ist.

§ 61 Übergangsvorschrift aus Anlass des Inkrafttretens dieses Gesetzes

(1) [1]Die Bundesgebührenordnung für Rechtsanwälte in der im Bundesgesetzblatt Teil III, Gliederungsnummer 368-1, veröffentlichten bereinigten Fassung, zuletzt geändert durch Artikel 2 Abs. 6 des Gesetzes vom 12. März 2004 (BGBl. I S. 390), und Verweisungen hierauf sind weiter anzuwenden, wenn der unbedingte Auftrag zur Erledigung derselben Angelegenheit im Sinne des § 15 vor dem 1. Juli 2004 erteilt oder der Rechtsanwalt vor diesem Zeitpunkt gerichtlich bestellt oder beigeordnet worden ist. [2]Ist der Rechtsanwalt am 1. Juli 2004 in derselben Angelegenheit und, wenn ein gerichtliches Verfahren anhängig ist, in demselben Rechtszug bereits tätig, gilt für das Verfahren über ein Rechtsmittel, das nach diesem Zeitpunkt eingelegt worden ist, dieses Gesetz. [3]§ 60 Abs. 2 ist entsprechend anzuwenden.

(2) Auf die Vereinbarung der Vergütung sind die Vorschriften dieses Gesetzes auch dann anzuwenden, wenn nach Absatz 1 die Vorschriften der Bundesgebührenordnung für Rechtsanwälte weiterhin anzuwenden und die Willenserklärungen beider Parteien nach dem 1. Juli 2004 abgegeben worden sind.

§ 62 Verfahren nach dem Therapieunterbringungsgesetz

Die Regelungen des Therapieunterbringungsgesetzes zur Rechtsanwaltsvergütung bleiben unberührt.

Anlage 1
(zu § 2 Abs. 2)

Vergütungsverzeichnis

Gliederung

Teil 1. Allgemeine Gebühren

Teil 2. Außergerichtliche Tätigkeiten einschließlich der Vertretung im Verwaltungsverfahren

Abschnitt 1	**Prüfung der Erfolgsaussicht eines Rechtsmittels**
Abschnitt 2	**Herstellung des Einvernehmens**
Abschnitt 3	**Vertretung**
Abschnitt 4	*(aufgehoben)*
Abschnitt 5	**Beratungshilfe**

Teil 3. Zivilsachen, Verfahren der öffentlich-rechtlichen Gerichtsbarkeiten, Verfahren nach dem Strafvollzugsgesetz, auch in Verbindung mit § 92 des Jugendgerichtsgesetzes, und ähnliche Verfahren

Abschnitt 1	**Erster Rechtszug**
Abschnitt 2	**Berufung, Revision, bestimmte Beschwerden und Verfahren vor dem Finanzgericht**
Unterabschnitt 1	Berufung, bestimmte Beschwerden und Verfahren vor dem Finanzgericht
Unterabschnitt 2	Revision, bestimmte Beschwerden und Rechtsbeschwerden
Abschnitt 3	**Gebühren für besondere Verfahren**
Unterabschnitt 1	Besondere erstinstanzliche Verfahren
Unterabschnitt 2	Mahnverfahren
Unterabschnitt 3	Vollstreckung und Vollziehung
Unterabschnitt 4	Zwangsversteigerung und Zwangsverwaltung
Unterabschnitt 5	Insolvenzverfahren, Verteilungsverfahren nach der Schifffahrtsrechtlichen Verteilungsordnung, Verfahren nach dem Unternehmensstabilisierungs- und -restrukturierungsgesetz
Unterabschnitt 6	Sonstige besondere Verfahren
Abschnitt 4	**Einzeltätigkeiten**
Abschnitt 5	**Beschwerde, Nichtzulassungsbeschwerde und Erinnerung**

Teil 4. Strafsachen

Abschnitt 1	**Gebühren des Verteidigers**
Unterabschnitt 1	Allgemeine Gebühren
Unterabschnitt 2	Vorbereitendes Verfahren
Unterabschnitt 3	Gerichtliches Verfahren
Erster Rechtszug	
Berufung	
Revision	
Unterabschnitt 4	Wiederaufnahmeverfahren
Unterabschnitt 5	Zusätzliche Gebühren
Abschnitt 2	**Gebühren in der Strafvollstreckung**
Abschnitt 3	**Einzeltätigkeiten**

Teil 5. Bußgeldsachen

Abschnitt 1	**Gebühren des Verteidigers**
Unterabschnitt 1	Allgemeine Gebühr
Unterabschnitt 2	Verfahren vor der Verwaltungsbehörde
Unterabschnitt 3	Gerichtliches Verfahren im ersten Rechtszug

Unterabschnitt 4 Verfahren über die Rechtsbeschwerde
Unterabschnitt 5 Zusätzliche Gebühren

Abschnitt 2 **Einzeltätigkeiten**

Teil 6. Sonstige Verfahren

Abschnitt 1 **Verfahren nach dem Gesetz über die internationale Rechtshilfe in Strafsachen und Verfahren nach dem Gesetz über die Zusammenarbeit mit dem Internationalen Strafgerichtshof**

Unterabschnitt 1 Verfahren vor der Verwaltungsbehörde
Unterabschnitt 2 Gerichtliches Verfahren

Abschnitt 2 **Disziplinarverfahren, berufsgerichtliche Verfahren wegen der Verletzung einer Berufspflicht**

Unterabschnitt 1 Allgemeine Gebühren
Unterabschnitt 2 Außergerichtliches Verfahren
Unterabschnitt 3 Gerichtliches Verfahren
Erster Rechtszug
Zweiter Rechtszug
Dritter Rechtszug
Unterabschnitt 4 Zusatzgebühr

Abschnitt 3 **Gerichtliche Verfahren bei Freiheitsentziehung bei Unterbringung und bei sonstigen Zwangsmaßnahmen**

Abschnitt 4 **Gerichtliche Verfahren nach der Wehrbeschwerdeordnung**

Abschnitt 5 **Einzeltätigkeiten und Verfahren auf Aufhebung oder Änderung einer Disziplinarmaßnahme**

Teil 7. Auslagen

Teil 1. Allgemeine Gebühren

Nr.	Gebührentatbestand	Gebühr oder Satz der Gebühr nach § 13 RVG
Vorbemerkung 1: Die Gebühren dieses Teils entstehen neben den in anderen Teilen bestimmten Gebühren oder einer Gebühr für die Beratung nach § 34 RVG		
1000	*[bis 30.9.2021:]* Einigungsgebühr (1) Die Gebühr entsteht für die Mitwirkung beim Abschluss eines Vertrags, durch den 1. der Streit oder die Ungewissheit über ein Rechtsverhältnis beseitigt wird oder 2. die Erfüllung des Anspruchs bei gleichzeitigem vorläufigem Verzicht auf die gerichtliche Geltendmachung und, wenn bereits ein zur Zwangsvollstreckung geeigneter Titel vorliegt, bei gleichzeitigem vorläufigem Verzicht auf Vollstreckungsmaßnahmen geregelt wird (Zahlungsvereinbarung). Die Gebühr entsteht nicht, wenn sich der Vertrag ausschließlich auf ein Anerkenntnis oder einen Verzicht beschränkt. Im Privatklageverfahren ist Nummer 4147 anzuwenden. (2) Die Gebühr entsteht auch für die Mitwirkung bei Vertragsverhandlungen, es sei denn, dass diese für den Abschluss des Vertrags im Sinne des Absatzes 1 nicht ursächlich war. (3) Für die Mitwirkung bei einem unter einer aufschiebenden Bedingung oder unter dem Vorbehalt des Widerrufs geschlossenen Vertrag entsteht die Gebühr, wenn die Bedingung eingetreten ist oder der Vertrag nicht mehr widerrufen werden kann. (4) Soweit über die Ansprüche vertraglich verfügt werden kann, gelten die Absätze 1 und 2 auch bei Rechtsverhältnissen des öffentlichen Rechts.	1,5

Nr.	Gebührentatbestand	Gebühr oder Satz der Gebühr nach § 13 RVG
	(5) Die Gebühr entsteht nicht in Ehesachen und in Lebenspartnerschaftssachen (§ 269 Abs. 1 Nr. 1 und 2 FamFG). Wird ein Vertrag, insbesondere über den Unterhalt, im Hinblick auf die in Satz 1 genannten Verfahren geschlossen, bleibt der Wert dieser Verfahren bei der Berechnung der Gebühr außer Betracht. In Kindschaftssachen ist Absatz 1 Satz 1 und 2 auch für die Mitwirkung an einer Vereinbarung, über deren Gegenstand nicht vertraglich verfügt werden kann, entsprechend anzuwenden.	
	[ab 1.10.2021:]	
1000	*Einigungsgebühr für die Mitwirkung beim Abschluss eines Vertrags*	
	1. durch den der Streit oder die Ungewissheit über ein Rechtsverhältnis beseitigt wird	*1,5*
	2. durch den die Erfüllung des Anspruchs geregelt wird bei gleichzeitigem vorläufigem Verzicht auf seine gerichtliche Geltendmachung oder, wenn bereits ein zur Zwangsvollstreckung geeigneter Titel vorliegt, bei gleichzeitigem vorläufigem Verzicht auf Vollstreckungsmaßnahmen (Zahlungsvereinbarung)	*0,7*
	(1) Die Gebühr nach Nummer 1 entsteht nicht, wenn der Hauptanspruch anerkannt oder wenn auf ihn verzichtet wird. Im Privatklageverfahren ist Nummer 4147 anzuwenden. *(2) Die Gebühr entsteht auch für die Mitwirkung bei Vertragsverhandlungen, es sei denn, dass diese für den Abschluss des Vertrags im Sinne dieser Vorschrift nicht ursächlich war.* *(3) Für die Mitwirkung bei einem unter einer aufschiebenden Bedingung oder unter dem Vorbehalt des Widerrufs geschlossenen Vertrag entsteht die Gebühr, wenn die Bedingung eingetreten ist oder der Vertrag nicht mehr widerrufen werden kann.* *(4) Bei Rechtsverhältnissen des öffentlichen Rechts entsteht die Gebühr, soweit über die Ansprüche vertraglich verfügt werden kann. Absatz 1 Satz 1 und Absatz 2 sind anzuwenden.* *(5) Die Gebühr entsteht nicht in Ehesachen und in Lebenspartnerschaftssachen (§ 269 Abs. 1 Nr. 1 und 2 FamFG). Wird ein Vertrag, insbesondere über den Unterhalt, im Hinblick auf die in Satz 1 genannten Verfahren geschlossen, bleibt der Wert dieser Verfahren bei der Berechnung der Gebühr außer Betracht. In Kindschaftssachen entsteht die Gebühr auch für die Mitwirkung an einer Vereinbarung, über deren Gegenstand nicht vertraglich verfügt werden kann. Absatz 1 Satz 1 ist entsprechend anzuwenden.*	
1001	Aussöhnungsgebühr	
	Die Gebühr entsteht für die Mitwirkung bei der Aussöhnung, wenn der ernstliche Wille eines Ehegatten, eine Scheidungssache oder ein Verfahren auf Aufhebung der Ehe anhängig zu machen, hervorgetreten ist und die Ehegatten die eheliche Lebensgemeinschaft fortsetzen oder die eheliche Lebensgemeinschaft wieder aufnehmen. Dies gilt entsprechend bei Lebenspartnerschaften.	
1002	Erledigungsgebühr, soweit nicht Nummer 1005 gilt	1,5
	Die Gebühr entsteht, wenn sich eine Rechtssache ganz oder teilweise nach Aufhebung oder Änderung des mit einem Rechtsbehelf angefochtenen Verwaltungsakts durch die anwaltliche Mitwirkung erledigt. Das Gleiche gilt, wenn sich eine Rechtssache ganz oder teilweise durch Erlass eines bisher abgelehnten Verwaltungsakts erledigt.	
1003	Über den Gegenstand ist ein anderes gerichtliches Verfahren als ein selbstständiges Beweisverfahren anhängig: ***[bis 30.9.2021:*** Die Gebühren 1000 bis 1002***]*** ***[ab 1.10.2021:*** *Die Gebühr 1000 Nr. 1 sowie die Gebühren 1001 und 1002****]*** betragen	1,0
	(1) Dies gilt auch, wenn ein Verfahren über die Prozesskostenhilfe anhängig ist, soweit nicht lediglich Prozesskostenhilfe für ein selbständiges Beweisverfahren oder die gerichtliche Protokollierung des Vergleichs beantragt wird oder sich die Beiordnung auf den Abschluss eines Vertrags im Sinne der Nummer 1000 erstreckt (§ 48 Abs. 1 und 3 RVG). Die Anmeldung eines Anspruchs zum Musterverfahren nach dem KapMuG steht einem anhängigen gerichtlichen Verfahren gleich. Das Verfahren vor dem Gerichtsvollzieher steht einem gerichtlichen Verfahren gleich.	

Nr.	Gebührentatbestand	Gebühr oder Satz der Gebühr nach § 13 RVG
	(2) In Kindschaftssachen entsteht die Gebühr auch für die Mitwirkung am Abschluss eines gerichtlich gebilligten Vergleichs (§ 156 Abs. 2 FamFG) und an einer Vereinbarung, über deren Gegenstand nicht vertraglich verfügt werden kann, wenn hierdurch eine gerichtliche Entscheidung entbehrlich wird oder wenn die Entscheidung der getroffenen Vereinbarung folgt.	
1004	Über den Gegenstand ist ein Berufungs- oder Revisionsverfahren, ein Verfahren über die Beschwerde gegen die Nichtzulassung eines dieser Rechtsmittel oder ein Verfahren vor dem Rechtsmittelgericht über die Zulassung des Rechtsmittels anhängig: ***[bis 30.9.2021:*** Die Gebühren 1000 bis 1002***]*** ***[ab 1.10.2021:*** *Die Gebühr 1000 Nr. 1 sowie die Gebühren 1001 und 1002****]*** betragen	1,3
	(1) Dies gilt auch in den in den Vorbemerkungen 3.2.1 und 3.2.2 genannten Beschwerde- und Rechtsbeschwerdeverfahren. (2) Absatz 2 der Anmerkung zu Nummer 1003 ist anzuwenden.	
1005	Einigung oder Erledigung in einem Verwaltungsverfahren in sozialrechtlichen Angelegenheiten, in denen im gerichtlichen Verfahren Betragsrahmengebühren entstehen (§ 3 RVG): Die Gebühren 1000 und 1002 entstehen	in Höhe der Geschäftsgebühr
	(1) Die Gebühr bestimmt sich einheitlich nach dieser Vorschrift, wenn in die Einigung Ansprüche aus anderen Verwaltungsverfahren einbezogen werden. Ist über einen Gegenstand ein gerichtliches Verfahren anhängig, bestimmt sich die Gebühr nach Nummer 1006. Maßgebend für die Höhe der Gebühr ist die höchste entstandene Geschäftsgebühr ohne Berücksichtigung einer Erhöhung nach Nummer 1008. Steht dem Rechtsanwalt ausschließlich eine Gebühr nach § 34 RVG zu, beträgt die Gebühr die Hälfte des in der Anmerkung zu Nummer 2302 genannten Betrags. (2) Betrifft die Einigung oder Erledigung nur einen Teil der Angelegenheit, ist der auf diesen Teil der Angelegenheit entfallende Anteil an der Geschäftsgebühr unter Berücksichtigung der in § 14 Abs. 1 RVG genannten Umstände zu schätzen.	
1006	Über den Gegenstand ist ein gerichtliches Verfahren anhängig: Die Gebühr 1005 entsteht	in Höhe der Geschäftsgebühr
	(1) Die Gebühr bestimmt sich auch dann einheitlich nach dieser Vorschrift, wenn in die Einigung Ansprüche einbezogen werden, die nicht in diesem Verfahren rechtshängig sind. Maßgebend für die Höhe der Gebühr ist die im Einzelfall bestimmte Verfahrensgebühr in der Angelegenheit, in der die Einigung erfolgt. Eine Erhöhung nach Nummer 1008 ist nicht zu berücksichtigen. (2) Betrifft die Einigung oder Erledigung nur einen Teil der Angelegenheit, ist der auf diesen Teil der Angelegenheit entfallende Anteil an der Verfahrensgebühr unter Berücksichtigung der in § 14 Abs. 1 RVG genannten Umstände zu schätzen.	
1007	*(nicht belegt)*	
1008	Auftraggeber sind in derselben Angelegenheit mehrere Personen: Die Verfahrens- oder Geschäftsgebühr erhöht sich für jede weitere Person um	0,3 oder 30 % bei Festgebühren, bei Betragsrahmengebühren erhöhen sich der Mindest- und Höchstbetrag um 30 %
	(1) Dies gilt bei Wertgebühren nur, soweit der Gegenstand der anwaltlichen Tätigkeit derselbe ist. (2) Die Erhöhung wird nach dem Betrag berechnet, an dem die Personen gemeinschaftlich beteiligt sind. (3) Mehrere Erhöhungen dürfen einen Gebührensatz von 2,0 nicht übersteigen; bei Festgebühren dürfen die Erhöhungen das Doppelte der Festgebühr und bei Betragsrahmengebühren das Doppelte des Mindest- und Höchstbetrags nicht übersteigen.	

Nr.	Gebührentatbestand	Gebühr oder Satz der Gebühr nach § 13 RVG
	(4) Im Fall der Anmerkung zu den Gebühren 2300 und 2302 erhöht sich der Gebührensatz oder Betrag dieser Gebühren entsprechend.	
1009	Hebegebühr	
	1. bis einschließlich 2.500,00 €	1,0 %
	2. von dem Mehrbetrag bis einschließlich 10.000,00 €	0,5 %
	3. von dem Mehrbetrag über 10.000,00 €	0,25 % des aus- oder zurückgezahlten Betrags – mindestens 1,00 €
	(1) Die Gebühr wird für die Auszahlung oder Rückzahlung von entgegengenommenen Geldbeträgen erhoben. (2) Unbare Zahlungen stehen baren Zahlungen gleich. Die Gebühr kann bei der Ablieferung an den Auftraggeber entnommen werden. (3) Ist das Geld in mehreren Beträgen gesondert ausgezahlt oder zurückgezahlt, wird die Gebühr von jedem Betrag besonders erhoben. (4) Für die Ablieferung oder Rücklieferung von Wertpapieren und Kostbarkeiten entsteht die in den Absätzen 1 bis 3 bestimmte Gebühr nach dem Wert. (5) Die Hebegebühr entsteht nicht, soweit Kosten an ein Gericht oder eine Behörde weitergeleitet oder eingezogene Kosten an den Auftraggeber abgeführt oder eingezogene Beträge auf die Vergütung verrechnet werden.	
1010	Zusatzgebühr für besonders umfangreiche Beweisaufnahmen in Angelegenheiten, in denen sich die Gebühren nach Teil 3 richten und mindestens drei gerichtliche Termine stattfinden, in denen Sachverständige oder Zeugen vernommen werden	0,3 oder bei Betragsrahmengebühren erhöhen sich der Mindest- und Höchstbetrag der Terminsgebühr um 30 %
	Die Gebühr entsteht für den durch besonders umfangreiche Beweisaufnahmen anfallenden Mehraufwand.	

Teil 2. Außergerichtliche Tätigkeiten einschließlich der Vertretung im Verwaltungsverfahren

Nr.	Gebührentatbestand	Gebühr oder Satz der Gebühr nach § 13 RVG

Vorbemerkung 2:

(1) Die Vorschriften dieses Teils sind nur anzuwenden, soweit nicht die §§ 34 bis 36 RVG etwas anderes bestimmen.

(2) Für die Tätigkeit als Beistand für einen Zeugen oder Sachverständigen in einem Verwaltungsverfahren, für das sich die Gebühren nach diesem Teil bestimmen, entstehen die gleichen Gebühren wie für einen Bevollmächtigten in diesem Verfahren. Für die Tätigkeit als Beistand eines Zeugen oder Sachverständigen vor einem parlamentarischen Untersuchungsausschuss entstehen die gleichen Gebühren wie für die entsprechende Beistandsleistung in einem Strafverfahren des ersten Rechtszugs vor dem Oberlandesgericht.

Abschnitt 1. Prüfung der Erfolgsaussicht eines Rechtsmittels

Nr.	Gebührentatbestand	Gebühr oder Satz der Gebühr nach § 13 RVG
2100	Gebühr für die Prüfung der Erfolgsaussicht eines Rechtsmittels, soweit in Nummer 2102 nichts anderes bestimmt ist	0,5 bis 1,0
	Die Gebühr ist auf eine Gebühr für das Rechtsmittelverfahren anzurechnen.	
2101	Die Prüfung der Erfolgsaussicht eines Rechtsmittels ist mit der Ausarbeitung eines schriftlichen Gutachtens verbunden: Die Gebühr 2100 beträgt	1,3
2102	Gebühr für die Prüfung der Erfolgsaussicht eines Rechtsmittels in sozialrechtlichen Angelegenheiten, in denen im gerichtlichen Verfahren Betragsrahmengebühren entstehen (§ 3 RVG), und in den Angelegenheiten, für die nach den Teilen 4 bis 6 Betragsrahmengebühren entstehen	36,00 bis 384,00 €

Nr.	Gebührentatbestand	Gebühr oder Satz der Gebühr nach § 13 RVG
	Die Gebühr ist auf eine Gebühr für das Rechtsmittelverfahren anzurechnen.	
2103	Die Prüfung der Erfolgsaussicht eines Rechtsmittels ist mit der Ausarbeitung eines schriftlichen Gutachtens verbunden: Die Gebühr 2102 beträgt	60,00 bis 660,00 €

Abschnitt 2. Herstellung des Einvernehmens

Nr.	Gebührentatbestand	Gebühr oder Satz der Gebühr nach § 13 RVG
2200	Geschäftsgebühr für die Herstellung des Einvernehmens nach § 28 EuRAG	in Höhe der einem Bevollmächtigten oder Verteidiger zustehenden Verfahrensgebühr
2201	Das Einvernehmen wird nicht hergestellt: Die Gebühr 2200 beträgt	0,1 bis 0,5 oder Mindestbetrag der einem Bevollmächtigten oder Verteidiger zustehenden Verfahrensgebühr

Abschnitt 3. Vertretung

Vorbemerkung 2.3:

(1) Im Verwaltungszwangsverfahren ist Teil 3 Abschnitt 3 Unterabschnitt 3 entsprechend anzuwenden.

(2) Dieser Abschnitt gilt nicht für die in den Teilen 4 bis 6 geregelten Angelegenheiten.

(3) Die Geschäftsgebühr entsteht für das Betreiben des Geschäfts einschließlich der Information und für die Mitwirkung bei der Gestaltung eines Vertrags.

(4) Soweit wegen desselben Gegenstands eine Geschäftsgebühr für eine Tätigkeit im Verwaltungsverfahren entstanden ist, wird diese Gebühr zur Hälfte, bei Wertgebühren jedoch höchstens mit einem Gebührensatz von 0,75, auf eine Geschäftsgebühr für eine Tätigkeit im weiteren Verwaltungsverfahren, das der Nachprüfung des Verwaltungsakts dient, angerechnet. Bei einer Betragsrahmengebühr beträgt der Anrechnungsbetrag höchstens 207,00 €. Bei einer Wertgebühr erfolgt die Anrechnung nach dem Wert des Gegenstands, der auch Gegenstand des weiteren Verfahrens ist.

(5) Absatz 4 gilt entsprechend bei einer Tätigkeit im Verfahren nach der Wehrbeschwerdeordnung, wenn darauf eine Tätigkeit im Beschwerdeverfahren oder wenn der Tätigkeit im Beschwerdeverfahren eine Tätigkeit im Verfahren der weiteren Beschwerde vor den Disziplinarvorgesetzten folgt.

(6) Soweit wegen desselben Gegenstands eine Geschäftsgebühr nach Nummer 2300 entstanden ist, wird diese Gebühr zur Hälfte, jedoch höchstens mit einem Gebührensatz von 0,75, auf eine Geschäftsgebühr nach Nummer 2303 angerechnet. Absatz 4 Satz 3 gilt entsprechend.

Nr.	Gebührentatbestand	Gebühr oder Satz der Gebühr nach § 13 RVG
2300	Geschäftsgebühr, soweit in den Nummern 2302 und 2303 nichts anderes bestimmt ist ...... ***[ab 1.10.2021:** (1)]* Eine Gebühr von mehr als 1,3 kann nur gefordert werden, wenn die Tätigkeit umfangreich oder schwierig war. ***[ab 1.10.2021:]** (2) Ist Gegenstand der Tätigkeit eine Inkassodienstleistung, die eine unbestrittene Forderung betrifft, kann eine Gebühr von mehr als 0,9 nur gefordert werden, wenn die Inkassodienstleistung besonders umfangreich oder besonders schwierig war. In einfachen Fällen kann nur eine Gebühr von 0,5 gefordert werden; ein einfacher Fall liegt in der Regel vor, wenn die Forderung auf die erste Zahlungsaufforderung hin beglichen wird. Der Gebührensatz beträgt höchstens 1,3.*	0,5 bis 2,5
2301	Der Auftrag beschränkt sich auf ein Schreiben einfacher Art: Die Gebühr 2300 beträgt ...... Es handelt sich um ein Schreiben einfacher Art, wenn dieses weder schwierige rechtliche Ausführungen noch größere sachliche Auseinandersetzungen enthält.Es handelt sich um ein Schreiben einfacher Art, wenn dieses weder schwierige rechtliche Ausführungen noch größere sachliche Auseinandersetzungen enthält.	0,3
2302	Geschäftsgebühr in 1. sozialrechtlichen Angelegenheiten, in denen im gerichtlichen Verfahren Betragsrahmengebühren entstehen (§ 3 RVG), und	

Nr.	Gebührentatbestand	Gebühr oder Satz der Gebühr nach § 13 RVG
	2. Verfahren nach der Wehrbeschwerdeordnung, wenn im gerichtlichen Verfahren das Verfahren vor dem Truppendienstgericht oder vor dem Bundesverwaltungsgericht an die Stelle des Verwaltungsrechtswegs gemäß § 82 SG tritt	60,00 bis 768,00 €
	Eine Gebühr von mehr als 359,00 € kann nur gefordert werden, wenn die Tätigkeit umfangreich oder schwierig war.	
2303	Geschäftsgebühr für 1. Güteverfahren vor einer durch die Landesjustizverwaltung eingerichteten oder anerkannten Gütestelle (§ 794 Abs. 1 Nr. 1 ZPO) oder, wenn die Parteien den Einigungsversuch einvernehmlich unternehmen, vor einer Gütestelle, die Streitbeilegung betreibt (§ 15a Abs. 3 EGZPO), 2. Verfahren vor einem Ausschuss der in § 111 Abs. 2 des Arbeitsgerichtsgesetzes bezeichneten Art, 3. Verfahren vor dem Seemannsamt zur vorläufigen Entscheidung von Arbeitssachen und 4. Verfahren vor sonstigen gesetzlich eingerichteten Einigungsstellen, Gütestellen oder Schiedsstellen	1,5

Abschnitt 4. *(aufgehoben)*

Abschnitt 5. Beratungshilfe

Vorbemerkung 2.5:

Im Rahmen der Beratungshilfe entstehen Gebühren ausschließlich nach diesem Abschnitt.

Nr.	Gebührentatbestand	Gebühr oder Satz der Gebühr nach § 13 RVG
2500	Beratungshilfegebühr	15,00 €
	Neben der Gebühr werden keine Auslagen erhoben. Die Gebühr kann erlassen werden.	
2501	Beratungsgebühr	38,50 €
	(1) Die Gebühr entsteht für eine Beratung, wenn die Beratung nicht mit einer anderen gebührenpflichtigen Tätigkeit zusammenhängt. (2) Die Gebühr ist auf eine Gebühr für eine sonstige Tätigkeit anzurechnen, die mit der Beratung zusammenhängt.	
2502	Beratungstätigkeit mit dem Ziel einer außergerichtlichen Einigung mit den Gläubigern über die Schuldenbereinigung auf der Grundlage eines Plans (§ 305 Abs. 1 Nr. 1 InsO): Die Gebühr 2501 beträgt	77,00 €
2503	Geschäftsgebühr	93,50 €
	(1) Die Gebühr entsteht für das Betreiben des Geschäfts einschließlich der Information oder die Mitwirkung bei der Gestaltung eines Vertrags. (2) Auf die Gebühren für ein anschließendes gerichtliches oder behördliches Verfahren ist diese Gebühr zur Hälfte anzurechnen. Auf die Gebühren für ein Verfahren auf Vollstreckbarerklärung eines Vergleichs nach den §§ 796a, 796b und 796c Abs. 2 Satz 2 ZPO ist die Gebühr zu einem Viertel anzurechnen.	
2504	Tätigkeit mit dem Ziel einer außergerichtlichen Einigung mit den Gläubigern über die Schuldenbereinigung auf der Grundlage eines Plans (§ 305 Abs. 1 Nr. 1 InsO): Die Gebühr 2503 beträgt bei bis zu 5 Gläubigern	297,00 €
2505	Es sind 6 bis 10 Gläubiger vorhanden: Die Gebühr 2503 beträgt	446,00 €
2506	Es sind 11 bis 15 Gläubiger vorhanden: Die Gebühr 2503 beträgt	594,00 €
2507	Es sind mehr als 15 Gläubiger vorhanden: Die Gebühr 2503 beträgt	743,00 €
2508	Einigungs- und Erledigungsgebühr	165,00 €
	(1) Die Anmerkungen zu Nummern 1000 und 1002 sind anzuwenden.	

Nr.	Gebührentatbestand	Gebühr oder Satz der Gebühr nach § 13 RVG
	(2) Die Gebühr entsteht auch für die Mitwirkung bei einer außergerichtlichen Einigung mit den Gläubigern über die Schuldenbereinigung auf der Grundlage eines Plans (§ 305 Abs. 1 Nr. 1 InsO).	

Teil 3. Zivilsachen, Verfahren der öffentlich-rechtlichen Gerichtsbarkeiten, Verfahren nach dem Strafvollzugsgesetz, auch in Verbindung mit § 92 des Jugendgerichtsgesetzes, und ähnliche Verfahren

Nr.	Gebührentatbestand	Gebühr oder Satz der Gebühr nach § 13 RVG

Vorbemerkung 3:

(1) Gebühren nach diesem Teil erhält der Rechtsanwalt, dem ein unbedingter Auftrag als Prozess- oder Verfahrensbevollmächtigter, als Beistand für einen Zeugen oder Sachverständigen oder für eine sonstige Tätigkeit in einem gerichtlichen Verfahren erteilt worden ist. Der Beistand für einen Zeugen oder Sachverständigen erhält die gleichen Gebühren wie ein Verfahrensbevollmächtigter.

(2) Die Verfahrensgebühr entsteht für das Betreiben des Geschäfts einschließlich der Information.

(3) Die Terminsgebühr entsteht sowohl für die Wahrnehmung von gerichtlichen Terminen als auch für die Wahrnehmung von außergerichtlichen Terminen und Besprechungen, wenn nichts anderes bestimmt ist. Sie entsteht jedoch nicht für die Wahrnehmung eines gerichtlichen Termins nur zur Verkündung einer Entscheidung. Die Gebühr für außergerichtliche Termine und Besprechungen entsteht für

1. die Wahrnehmung eines von einem gerichtlich bestellten Sachverständigen anberaumten Termins und
2. die Mitwirkung an Besprechungen, die auf die Vermeidung oder Erledigung des Verfahrens gerichtet sind; dies gilt nicht für Besprechungen mit dem Auftraggeber.

(4) Soweit wegen desselben Gegenstands eine Geschäftsgebühr nach Teil 2 entsteht, wird diese Gebühr zur Hälfte, bei Wertgebühren jedoch höchstens mit einem Gebührensatz von 0,75, auf die Verfahrensgebühr des gerichtlichen Verfahrens angerechnet. Bei Betragsrahmengebühren beträgt der Anrechnungsbetrag höchstens 207,00 €. Sind mehrere Gebühren entstanden, ist für die Anrechnung die zuletzt entstandene Gebühr maßgebend. Bei einer wertabhängigen Gebühr erfolgt die Anrechnung nach dem Wert des Gegenstands, der auch Gegenstand des gerichtlichen Verfahrens ist.

(5) Soweit der Gegenstand eines selbstständigen Beweisverfahrens auch Gegenstand eines Rechtsstreits ist oder wird, wird die Verfahrensgebühr des selbstständigen Beweisverfahrens auf die Verfahrensgebühr des Rechtszugs angerechnet.

(6) Soweit eine Sache an ein untergeordnetes Gericht zurückverwiesen wird, das mit der Sache bereits befasst war, ist die vor diesem Gericht bereits entstandene Verfahrensgebühr auf die Verfahrensgebühr für das erneute Verfahren anzurechnen.

(7) Die Verfahrensgebühr für einen Urkunden- oder Wechselprozess wird auf die Verfahrensgebühr für das ordentliche Verfahren angerechnet, wenn dieses nach Abstandnahme vom Urkunden- oder Wechselprozess oder nach einem Vorbehaltsurteil anhängig bleibt (§§ 596 und 600 ZPO).

(8) Die Vorschriften dieses Teils sind nicht anzuwenden, soweit Teil 6 besondere Vorschriften enthält.

Abschnitt 1. Erster Rechtszug

Vorbemerkung 3.1:

Die Gebühren dieses Abschnitts entstehen in allen Verfahren, für die in den folgenden Abschnitten dieses Teils keine Gebühren bestimmt sind.

3100	Verfahrensgebühr, soweit in Nummer 3102 nichts anderes bestimmt ist ...	1,3
	(1) Die Verfahrensgebühr für ein vereinfachtes Verfahren über den Unterhalt Minderjähriger wird auf die Verfahrensgebühr angerechnet, die in dem nachfolgenden Rechtsstreit entsteht (§ 255 FamFG). (2) Die Verfahrensgebühr für ein Vermittlungsverfahren nach § 165 FamFG wird auf die Verfahrensgebühr für ein sich anschließendes Verfahren angerechnet.	
3101	1. Endigt der Auftrag, bevor der Rechtsanwalt die Klage, den ein Verfahren einleitenden Antrag oder einen Schriftsatz, der Sachanträge, Sachvortrag, die Zurücknahme der Klage oder die Zurücknahme des Antrags enthält, eingereicht oder bevor er einen gerichtlichen Termin wahrgenommen hat;	

Nr.	Gebührentatbestand	Gebühr oder Satz der Gebühr nach § 13 RVG
	2. soweit Verhandlungen vor Gericht zur Einigung der Parteien oder der Beteiligten oder mit Dritten über in diesem Verfahren nicht rechtshängige Ansprüche geführt werden; der Verhandlung über solche Ansprüche steht es gleich, wenn beantragt ist, eine Einigung zu Protokoll zu nehmen oder das Zustandekommen einer Einigung festzustellen (§ 278 Abs. 6 ZPO), oder wenn eine Einigung dadurch erfolgt, dass die Beteiligten einen in der Form eines Beschlusses ergangenen Vorschlag schriftlich oder durch Erklärung zu Protokoll in der mündlichen Verhandlung gegenüber dem Gericht annehmen (§ 101 Abs. 1 Satz 2 SGG, § 106 Satz 2 VwGO); oder 3. soweit in einer Familiensache, die nur die Erteilung einer Genehmigung oder die Zustimmung des Familiengerichts zum Gegenstand hat, oder in einem Verfahren der freiwilligen Gerichtsbarkeit lediglich ein Antrag gestellt und eine Entscheidung entgegengenommen wird, beträgt die Gebühr 3100	0,8
	(1) Soweit in den Fällen der Nummer 2 der sich nach § 15 Abs. 3 RVG ergebende Gesamtbetrag der Verfahrensgebühren die Gebühr 3100 übersteigt, wird der übersteigende Betrag auf eine Verfahrensgebühr angerechnet, die wegen desselben Gegenstands in einer anderen Angelegenheit entsteht. (2) Nummer 3 ist in streitigen Verfahren der freiwilligen Gerichtsbarkeit, insbesondere in Verfahren nach dem Gesetz über das gerichtliche Verfahren in Landwirtschaftssachen, nicht anzuwenden.	
3102	Verfahrensgebühr für Verfahren vor den Sozialgerichten, in denen Betragsrahmengebühren entstehen (§ 3 RVG)	60,00 bis 660,00 €
3103	*(aufgehoben)*	
3104	Terminsgebühr, soweit in Nummer 3106 nichts anderes bestimmt ist	1,2
	(1) Die Gebühr entsteht auch, wenn 1. in einem Verfahren, für das mündliche Verhandlung vorgeschrieben ist, im Einverständnis mit den Parteien oder Beteiligten oder gemäß § 307 oder § 495a ZPO ohne mündliche Verhandlung entschieden oder in einem solchen Verfahren mit oder ohne Mitwirkung des Gerichts ein Vertrag im Sinne der Nummer 1000 geschlossen wird oder eine Erledigung der Rechtssache im Sinne der Nummer 1002 eingetreten ist, 2. nach § 84 Abs. 1 Satz 1 VwGO oder § 105 Abs. 1 Satz 1 SGG durch Gerichtsbescheid entschieden wird und eine mündliche Verhandlung beantragt werden kann oder 3. das Verfahren vor dem Sozialgericht, für das mündliche Verhandlung vorgeschrieben ist, nach angenommenem Anerkenntnis ohne mündliche Verhandlung endet. (2) Sind in dem Termin auch Verhandlungen zur Einigung über in diesem Verfahren nicht rechtshängige Ansprüche geführt worden, wird die Terminsgebühr, soweit sie den sich ohne Berücksichtigung der nicht rechtshängigen Ansprüche ergebenden Gebührenbetrag übersteigt, auf eine Terminsgebühr angerechnet, die wegen desselben Gegenstands in einer anderen Angelegenheit entsteht. (3) Die Gebühr entsteht nicht, soweit lediglich beantragt ist, eine Einigung der Parteien oder der Beteiligten oder mit Dritten über nicht rechtshängige Ansprüche zu Protokoll zu nehmen. (4) Eine in einem vorausgegangenen Mahnverfahren oder vereinfachten Verfahren über den Unterhalt Minderjähriger entstandene Terminsgebühr wird auf die Terminsgebühr des nachfolgenden Rechtsstreits angerechnet.	
3105	Wahrnehmung nur eines Termins, in dem eine Partei oder ein Beteiligter nicht erschienen oder nicht ordnungsgemäß vertreten ist und lediglich ein Antrag auf Versäumnisurteil, Versäumnisentscheidung oder zur Prozess-, Verfahrens- oder Sachleitung gestellt wird: Die Gebühr 3104 beträgt	0,5
	(1) Die Gebühr entsteht auch, wenn 1. das Gericht bei Säumnis lediglich Entscheidungen zur Prozess-, Verfahrens- oder Sachleitung von Amts wegen trifft oder 2. eine Entscheidung gemäß § 331 Abs. 3 ZPO ergeht.	

Nr.	Gebührentatbestand	Gebühr oder Satz der Gebühr nach § 13 RVG
	(2) § 333 ZPO ist nicht entsprechend anzuwenden.	
3106	Terminsgebühr in Verfahren vor den Sozialgerichten, in denen Betragsrahmengebühren entstehen (§ 3 RVG)	60,00 bis 610,00 €
	Die Gebühr entsteht auch, wenn 1. in einem Verfahren, für das mündliche Verhandlung vorgeschrieben ist, im Einverständnis mit den Parteien ohne mündliche Verhandlung entschieden oder in einem solchen Verfahren mit oder ohne Mitwirkung des Gerichts ein Vertrag im Sinne der Nummer 1000 geschlossen wird oder eine Erledigung der Rechtssache im Sinne der Nummer 1002 eingetreten ist, 2. nach § 105 Abs. 1 Satz 1 SGG durch Gerichtsbescheid entschieden wird und eine mündliche Verhandlung beantragt werden kann oder 3. das Verfahren, für das mündliche Verhandlung vorgeschrieben ist, nach angenommenem Anerkenntnis ohne mündliche Verhandlung endet. In den Fällen des Satzes 1 beträgt die Gebühr 90 % der in derselben Angelegenheit dem Rechtsanwalt zustehenden Verfahrensgebühr ohne Berücksichtigung einer Erhöhung nach Nummer 1008.	

Abschnitt 2. Berufung, Revision, bestimmte Beschwerden und Verfahren vor dem Finanzgericht

Vorbemerkung 3.2:

(1) Dieser Abschnitt ist auch in Verfahren vor dem Rechtsmittelgericht über die Zulassung des Rechtsmittels anzuwenden.

(2) Wenn im Verfahren auf Anordnung eines Arrests, zur Erwirkung eines Europäischen Beschlusses zur vorläufigen Kontenpfändung oder auf Erlass einer einstweiligen Verfügung sowie im Verfahren über die Aufhebung, den Widerruf oder die Abänderung der genannten Entscheidungen das Rechtsmittelgericht als Gericht der Hauptsache anzusehen ist (§ 943, auch i. V. m. § 946 Abs. 1 Satz 2 ZPO), bestimmen sich die Gebühren nach den für die erste Instanz geltenden Vorschriften. Dies gilt entsprechend im Verfahren der einstweiligen Anordnung und im Verfahren auf Anordnung oder Wiederherstellung der aufschiebenden Wirkung, auf Aussetzung oder Aufhebung der Vollziehung oder Anordnung der sofortigen Vollziehung eines Verwaltungsakts. Satz 1 gilt ferner entsprechend in Verfahren über einen Antrag nach § 169 Abs. 2 Satz 5 und 6, § 173 Abs. 1 Satz 3 oder nach § 176 GWB.

Unterabschnitt 1. Berufung, bestimmte Beschwerden und Verfahren vor dem Finanzgericht

Vorbemerkung 3.2.1:

Dieser Unterabschnitt ist auch anzuwenden in Verfahren
1. vor dem Finanzgericht,
2. über Beschwerden
   a) gegen die den Rechtszug beendenden Entscheidungen in Verfahren über Anträge auf Vollstreckbarerklärung ausländischer Titel oder auf Erteilung der Vollstreckungsklausel zu ausländischen Titeln sowie über Anträge auf Aufhebung oder Abänderung der Vollstreckbarerklärung oder der Vollstreckungsklausel,
   b) gegen die Endentscheidung wegen des Hauptgegenstands in Familiensachen und in den Angelegenheiten der freiwilligen Gerichtsbarkeit,
   c) gegen die den Rechtszug beendenden Entscheidungen im Beschlussverfahren vor den Gerichten für Arbeitssachen,
   d) gegen die den Rechtszug beendenden Entscheidungen im personalvertretungsrechtlichen Beschlussverfahren vor den Gerichten der Verwaltungsgerichtsbarkeit,
   e) nach dem GWB,
   f) nach dem EnWG,
   g) nach dem KSpG,
   h) nach dem EU-VSchDG,
   i) nach dem SpruchG,
   j) nach dem WpÜG,
3. über Beschwerden
   a) gegen die Entscheidung des Verwaltungs- oder Sozialgerichts wegen des Hauptgegenstands in Verfahren des vorläufigen oder einstweiligen Rechtsschutzes,
   b) nach dem WpHG,
   c) gegen die Entscheidung über den Widerspruch des Schuldners (§ 954 Abs. 1 Satz 1 ZPO) im Fall des Artikels 5 Buchstabe a der Verordnung (EU) Nr. 655/2014,
4. über Rechtsbeschwerden nach dem StVollzG, auch i. V. m. § 92 JGG.

3200	Verfahrensgebühr, soweit in Nummer 3204 nichts anderes bestimmt ist ...	1,6

Nr.	Gebührentatbestand	Gebühr oder Satz der Gebühr nach § 13 RVG
3201	Vorzeitige Beendigung des Auftrags oder eingeschränkte Tätigkeit des Anwalts: Die Gebühr 3200 beträgt .... (1) Eine vorzeitige Beendigung liegt vor, 1. wenn der Auftrag endigt, bevor der Rechtsanwalt das Rechtsmittel eingelegt oder einen Schriftsatz, der Sachanträge, Sachvortrag, die Zurücknahme der Klage oder die Zurücknahme des Rechtsmittels enthält, eingereicht oder bevor er einen gerichtlichen Termin wahrgenommen hat, oder 2. soweit Verhandlungen vor Gericht zur Einigung der Parteien oder der Beteiligten oder mit Dritten über in diesem Verfahren nicht rechtshängige Ansprüche geführt werden; der Verhandlung über solche Ansprüche steht es gleich, wenn beantragt ist, eine Einigung zu Protokoll zu nehmen oder das Zustandekommen einer Einigung festzustellen (§ 278 Abs. 6 ZPO). Soweit in den Fällen der Nummer 2 der sich nach § 15 Abs. 3 RVG ergebende Gesamtbetrag der Verfahrensgebühren die Gebühr 3200 übersteigt, wird der übersteigende Betrag auf eine Verfahrensgebühr angerechnet, die wegen desselben Gegenstands in einer anderen Angelegenheit entsteht. (2) Eine eingeschränkte Tätigkeit des Anwalts liegt vor, wenn sich seine Tätigkeit 1. in einer Familiensache, die nur die Erteilung einer Genehmigung oder die Zustimmung des Familiengerichts zum Gegenstand hat, oder 2. in einer Angelegenheit der freiwilligen Gerichtsbarkeit auf die Einlegung und Begründung des Rechtsmittels und die Entgegennahme der Rechtsmittelentscheidung beschränkt.	1,1
3202	Terminsgebühr, soweit in Nummer 3205 nichts anderes bestimmt ist .... (1) Absatz 1 Nr. 1 und 3 sowie die Absätze 2 und 3 der Anmerkung zu Nummer 3104 gelten entsprechend. (2) Die Gebühr entsteht auch, wenn nach § 79a Abs. 2, § 90a oder § 94a FGO ohne mündliche Verhandlung durch Gerichtsbescheid entschieden wird.	1,2
3203	Wahrnehmung nur eines Termins, in dem eine Partei oder ein Beteiligter, im Berufungsverfahren der Berufungskläger, im Beschwerdeverfahren der Beschwerdeführer, nicht erschienen oder nicht ordnungsgemäß vertreten ist und lediglich ein Antrag auf Versäumnisurteil, Versäumnisentscheidung oder zur Prozess-, Verfahrens- oder Sachleitung gestellt wird: Die Gebühr 3202 beträgt .... Die Anmerkung zu Nummer 3105 und Absatz 2 der Anmerkung zu Nummer 3202 gelten entsprechend.	0,5
3204	Verfahrensgebühr für Verfahren vor den Landessozialgerichten, in denen Betragsrahmengebühren entstehen (§ 3 RVG)	72,00 bis 816,00 €
3205	Terminsgebühr in Verfahren vor den Landessozialgerichten, in denen Betragsrahmengebühren entstehen (§ 3 RVG) .... Satz 1 Nr. 1 und 3 der Anmerkung zu Nummer 3106 gilt entsprechend. In den Fällen des Satzes 1 beträgt die Gebühr 75 % der in derselben Angelegenheit dem Rechtsanwalt zustehenden Verfahrensgebühr ohne Berücksichtigung einer Erhöhung nach Nummer 1008.	60,00 bis 610,00 €

Unterabschnitt 2. Revision, bestimmte Beschwerden und Rechtsbeschwerden

Vorbemerkung 3.2.2:

Dieser Unterabschnitt ist auch anzuwenden in Verfahren

1. über Rechtsbeschwerden
   a) in den in der Vorbemerkung 3.2.1 Nr. 2 genannten Fällen,
   b) nach § 20 KapMuG und
   c) nach § 1065 ZPO,
2. vor dem Bundesgerichtshof über Berufungen, Beschwerden oder Rechtsbeschwerden gegen Entscheidungen des Bundespatentgerichts und
3. vor dem Bundesfinanzhof über Beschwerden nach § 128 Abs. 3 FGO.

3206	Verfahrensgebühr, soweit in Nummer 3212 nichts anderes bestimmt ist ...	1,6
3207	Vorzeitige Beendigung des Auftrags oder eingeschränkte Tätigkeit des Anwalts:	

Nr.	Gebührentatbestand	Gebühr oder Satz der Gebühr nach § 13 RVG
	Die Gebühr 3206 beträgt	1,1
	Die Anmerkung zu Nummer 3201 gilt entsprechend.	
3208	Im Verfahren können sich die Parteien oder die Beteiligten nur durch einen beim Bundesgerichtshof zugelassenen Rechtsanwalt vertreten lassen: Die Gebühr 3206 beträgt	2,3
3209	Vorzeitige Beendigung des Auftrags, wenn sich die Parteien oder die Beteiligten nur durch einen beim Bundesgerichtshof zugelassenen Rechtsanwalt vertreten lassen können: Die Gebühr 3206 beträgt	1,8
	Die Anmerkung zu Nummer 3201 gilt entsprechend.	
3210	Terminsgebühr, soweit in Nummer 3213 nichts anderes bestimmt ist	1,5
	Absatz 1 Nr. 1 und 3 sowie die Absätze 2 und 3 der Anmerkung zu Nummer 3104 und Absatz 2 der Anmerkung zu Nummer 3202 gelten entsprechend.	
3211	Wahrnehmung nur eines Termins, in dem der Revisionskläger oder Beschwerdeführer nicht ordnungsgemäß vertreten ist und lediglich ein Antrag auf Versäumnisurteil, Versäumnisentscheidung oder zur Prozess-, Verfahrens- oder Sachleitung gestellt wird: Die Gebühr 3210 beträgt	0,8
	Die Anmerkung zu Nummer 3105 und Absatz 2 der Anmerkung zu Nummer 3202 gelten entsprechend.	
3212	Verfahrensgebühr für Verfahren vor dem Bundessozialgericht, in denen Betragsrahmengebühren entstehen (§ 3 RVG)	96,00 bis 1.056,00 €
3213	Terminsgebühr in Verfahren vor dem Bundessozialgericht, in denen Betragsrahmengebühren entstehen (§ 3 RVG)	96,00 bis 990,00 €
	Satz 1 Nr. 1 und 3 sowie Satz 2 der Anmerkung zu Nummer 3106 gelten entsprechend.	

Abschnitt 3. Gebühren für besondere Verfahren

Unterabschnitt 1. Besondere erstinstanzliche Verfahren

Vorbemerkung 3.3.1:

Die Terminsgebühr bestimmt sich nach Abschnitt 1.

Nr.	Gebührentatbestand	Gebühr oder Satz der Gebühr nach § 13 RVG
3300	Verfahrensgebühr 1. für das Verfahren vor dem Oberlandesgericht nach § 129 VGG, 2. für das erstinstanzliche Verfahren vor dem Bundesverwaltungsgericht, dem Bundessozialgericht, dem Oberverwaltungsgericht (Verwaltungsgerichtshof) und dem Landessozialgericht sowie 3. für das Verfahren bei überlangen Gerichtsverfahren und strafrechtlichen Ermittlungsverfahren vor den Oberlandesgerichten, den Landessozialgerichten, den Oberverwaltungsgerichten, den Landesarbeitsgerichten oder einem obersten Gerichtshof des Bundes	1,6
3301	Vorzeitige Beendigung des Auftrags: Die Gebühr 3300 beträgt	1,0
	Die Anmerkung zu Nummer 3201 gilt entsprechend.	

Unterabschnitt 2. Mahnverfahren

Vorbemerkung 3.3.2:

Die Terminsgebühr bestimmt sich nach Abschnitt 1.

Nr.	Gebührentatbestand	Gebühr oder Satz der Gebühr nach § 13 RVG
3305	Verfahrensgebühr für die Vertretung des Antragstellers	1,0
	Die Gebühr wird auf die Verfahrensgebühr für einen nachfolgenden Rechtsstreit angerechnet.	
3306	Beendigung des Auftrags, bevor der Rechtsanwalt den verfahrenseinleitenden Antrag oder einen Schriftsatz, der Sachanträge, Sachvortrag oder die Zurücknahme des Antrags enthält, eingereicht hat:	

Nr.	Gebührentatbestand	Gebühr oder Satz der Gebühr nach § 13 RVG
	Die Gebühr 3305 beträgt	0,5
3307	Verfahrensgebühr für die Vertretung des Antragsgegners	0,5
	Die Gebühr wird auf die Verfahrensgebühr für einen nachfolgenden Rechtsstreit angerechnet.	
3308	Verfahrensgebühr für die Vertretung des Antragstellers im Verfahren über den Antrag auf Erlass eines Vollstreckungsbescheids	0,5
	Die Gebühr entsteht neben der Gebühr 3305 nur, wenn innerhalb der Widerspruchsfrist kein Widerspruch erhoben oder der Widerspruch gemäß § 703a Abs. 2 Nr. 4 ZPO beschränkt worden ist. Nummer 1008 ist nicht anzuwenden, wenn sich bereits die Gebühr 3305 erhöht.	

Unterabschnitt 3. Vollstreckung und Vollziehung

Vorbemerkung 3.3.3:

(1) Dieser Unterabschnitt gilt für

1. die Zwangsvollstreckung,
2. die Vollstreckung,
3. Verfahren des Verwaltungszwangs und
4. die Vollziehung eines Arrestes oder einstweiligen Verfügung,

soweit nachfolgend keine besonderen Gebühren bestimmt sind. Er gilt auch für Verfahren auf Eintragung einer Zwangshypothek (§§ 867 und 870a ZPO).

(2) Im Verfahren nach der Verordnung (EU) Nr. 655/2014 werden Gebühren nach diesem Unterabschnitt nur im Fall des Artikels 5 Buchstabe b der Verordnung (EU) Nr. 655/2014 erhoben. In den Fällen des Artikels 5 Buchstabe a der Verordnung (EU) Nr. 655/2014 bestimmen sich die Gebühren nach den für Arrestverfahren geltenden Vorschriften.

3309	Verfahrensgebühr	0,3
3310	Terminsgebühr	0,3
	Die Gebühr entsteht für die Teilnahme an einem gerichtlichen Termin, einem Termin zur Abgabe der Vermögensauskunft oder zur Abnahme der eidesstattlichen Versicherung.	
	Unterabschnitt 4. Zwangsversteigerung und Zwangsverwaltung	
3311	Verfahrensgebühr	0,4
	Die Gebühr entsteht jeweils gesondert 1. für die Tätigkeit im Zwangsversteigerungsverfahren bis zur Einleitung des Verteilungsverfahrens; 2. im Zwangsversteigerungsverfahren für die Tätigkeit im Verteilungsverfahren, und zwar auch für eine Mitwirkung an einer außergerichtlichen Verteilung; 3. im Verfahren der Zwangsverwaltung für die Vertretung des Antragstellers im Verfahren über den Antrag auf Anordnung der Zwangsverwaltung oder auf Zulassung des Beitritts; 4. im Verfahren der Zwangsverwaltung für die Vertretung des Antragstellers im weiteren Verfahren einschließlich des Verteilungsverfahrens; 5. im Verfahren der Zwangsverwaltung für die Vertretung eines sonstigen Beteiligten im ganzen Verfahren einschließlich des Verteilungsverfahrens und 6. für die Tätigkeit im Verfahren über Anträge auf einstweilige Einstellung oder Beschränkung der Zwangsvollstreckung und einstweilige Einstellung des Verfahrens sowie für Verhandlungen zwischen Gläubiger und Schuldner mit dem Ziel der Aufhebung des Verfahrens.	
3312	Terminsgebühr	0,4
	Die Gebühr entsteht nur für die Wahrnehmung eines Versteigerungstermins für einen Beteiligten. Im Übrigen entsteht im Verfahren der Zwangsversteigerung und der Zwangsverwaltung keine Terminsgebühr.	

Unterabschnitt 5. Insolvenzverfahren, Verteilungsverfahren nach der Schifffahrtsrechtlichen Verteilungsordnung, Verfahren nach dem Unternehmensstabilisierungs- und -restrukturierungsgesetz

Vorbemerkung 3.3.5:

(1) Die Gebührenvorschriften gelten für die Verteilungsverfahren nach der SVertO und Verfahren nach dem StaRUG, soweit dies ausdrücklich angeordnet ist.

Nr.	Gebührentatbestand	Gebühr oder Satz der Gebühr nach § 13 RVG
	(2) Bei der Vertretung mehrerer Gläubiger, die verschiedene Forderungen geltend machen, entstehen die Gebühren jeweils besonders. Das Gleiche gilt in Verfahren nach dem StaRUG, wenn mehrere Gläubiger verschiedene Rechte oder wenn mehrere am Schuldner beteiligte Personen Ansprüche aus ihren jeweiligen Beteiligungen geltend machen, (3) Für die Vertretung des ausländischen Insolvenzverwalters entstehen die gleichen Gebühren wie für die Vertretung des Schuldners.	
3313	Verfahrensgebühr für die Vertretung des Schuldners im Eröffnungsverfahren ... Die Gebühr entsteht auch im Verteilungsverfahren nach der SVertO.	1,0
3314	Verfahrensgebühr für die Vertretung des Gläubigers im Eröffnungsverfahren ... Die Gebühr entsteht auch im Verteilungsverfahren nach der SVertO.	0,5
3315	Tätigkeit auch im Verfahren über den Schuldenbereinigungsplan: Die Verfahrensgebühr 3313 beträgt ...	1,5
3316	Tätigkeit auch im Verfahren über den Schuldenbereinigungsplan: Die Verfahrensgebühr 3314 beträgt ...	1,0
3317	Verfahrensgebühr für das Insolvenzverfahren ... Die Gebühr entsteht auch im Verteilungsverfahren nach der SVertO, in einem Verfahren nach dem StaRUG und im Verfahren über Anträge nach Artikel 36 Abs. 9 der Verordnung (EU) 2015/848.	1,0
3318	Verfahrensgebühr für das Verfahren über einen Insolvenzplan ...	1,0
3319	Vertretung des Schuldners, der den Plan vorgelegt hat: Die Verfahrensgebühr 3318 beträgt ...	3,0
3320	Die Tätigkeit beschränkt sich auf die Anmeldung einer Insolvenzforderung: Die Verfahrensgebühr 3317 beträgt ... Die Gebühr entsteht auch im Verteilungsverfahren nach der SVertO.	0,5
3321	Verfahrensgebühr für das Verfahren über einen Antrag auf Versagung oder Widerruf der Restschuldbefreiung ... (1) Das Verfahren über mehrere gleichzeitig anhängige Anträge ist eine Angelegenheit. (2) Die Gebühr entsteht auch gesondert, wenn der Antrag bereits vor Aufhebung des Insolvenzverfahrens gestellt wird.	0,5
3322	Verfahrensgebühr für das Verfahren über Anträge auf Zulassung der Zwangsvollstreckung nach § 17 Abs. 4 SVertO ...	0,5
3323	Verfahrensgebühr für das Verfahren über Anträge auf Aufhebung von Vollstreckungsmaßregeln (§ 8 Abs. 5 und § 41 SVertO) ...	0,5

Unterabschnitt 6. Sonstige besondere Verfahren

Vorbemerkung 3.3.6:

Die Terminsgebühr bestimmt sich nach Abschnitt 1, soweit in diesem Unterabschnitt nichts anderes bestimmt ist. Im Verfahren über die Prozesskostenhilfe bestimmt sich die Terminsgebühr nach den für dasjenige Verfahren geltenden Vorschriften, für das die Prozesskostenhilfe beantragt wird.

3324	Verfahrensgebühr für das Aufgebotsverfahren ...	1,0
3325	Verfahrensgebühr für Verfahren nach § 148 Abs. 1 und 2, nach § 246a des Aktiengesetzes (auch i. V. m. § 20 Abs. 3 Satz 4 SchVG), nach § 319 Abs. 6 des Aktiengesetzes (auch i. V. m. § 327e Abs. 2 des Aktiengesetzes) oder nach § 16 Abs. 3 UmwG ...	0,75
3326	Verfahrensgebühr für Verfahren vor den Gerichten für Arbeitssachen, wenn sich die Tätigkeit auf eine gerichtliche Entscheidung über die Bestimmung einer Frist (§ 102 Abs. 3 des Arbeitsgerichtsgesetzes), die Ablehnung eines Schiedsrichters (§ 103 Abs. 3 des Arbeitsgerichtsgesetzes) oder die Vornahme einer Beweisaufnahme oder einer Vereidigung (§ 106 Abs. 2 des Arbeitsgerichtsgesetzes) beschränkt ...	0,75
3327	Verfahrensgebühr für gerichtliche Verfahren über die Bestellung eines Schiedsrichters oder Ersatzschiedsrichters, über die Ablehnung eines Schiedsrichters oder über die Beendigung des Schiedsrichteramts, zur	

Nr.	Gebührentatbestand	Gebühr oder Satz der Gebühr nach § 13 RVG
	Unterstützung bei der Beweisaufnahme oder bei der Vornahme sonstiger richterlicher Handlungen anlässlich eines schiedsrichterlichen Verfahrens	0,75
3328	Verfahrensgebühr für Verfahren über die vorläufige Einstellung, Beschränkung oder Aufhebung der Zwangsvollstreckung oder die einstweilige Einstellung oder Beschränkung der Vollstreckung und die Anordnung, dass Vollstreckungsmaßnahmen aufzuheben sind	0,5
	Die Gebühr entsteht nur, wenn eine abgesonderte mündliche Verhandlung hierüber oder ein besonderer gerichtlicher Termin stattfindet. Wird der Antrag beim Vollstreckungsgericht und beim Prozessgericht gestellt, entsteht die Gebühr nur einmal.	
3329	Verfahrensgebühr für Verfahren auf Vollstreckbarerklärung der durch Rechtsmittelanträge nicht angefochtenen Teile eines Urteils (§§ 537, 558 ZPO)	0,5
3330	Verfahrensgebühr für Verfahren über eine Rüge wegen Verletzung des Anspruchs auf rechtliches Gehör	in Höhe der Verfahrensgebühr für das Verfahren, in dem die Rüge erhoben wird, höchstens 0,5, bei Betragsrahmengebühren höchstens 260,00 €
3331	Terminsgebühr in Verfahren über eine Rüge wegen Verletzung des Anspruchs auf rechtliches Gehör	in Höhe der Terminsgebühr für das Verfahren, in dem die Rüge erhoben wird, höchstens 0,5, bei Betragsrahmengebühren höchstens 260,00 €
3332	Terminsgebühr in den in Nummern 3324 bis 3329 genannten Verfahren ...	0,5
3333	Verfahrensgebühr für ein Verteilungsverfahren außerhalb der Zwangsversteigerung und der Zwangsverwaltung	0,4
	Der Wert bestimmt sich nach § 26 Nr. 1 und 2 RVG. Eine Terminsgebühr entsteht nicht.	
3334	Verfahrensgebühr für Verfahren vor dem Prozessgericht oder dem Amtsgericht auf Bewilligung, Verlängerung oder Verkürzung einer Räumungsfrist (§§ 721, 794a ZPO), wenn das Verfahren mit dem Verfahren über die Hauptsache nicht verbunden ist	1,0
3335	Verfahrensgebühr für das Verfahren über die Prozesskostenhilfe	in Höhe der Verfahrensgebühr für das Verfahren, für das die Prozesskostenhilfe beantragt wird, höchstens 1,0, bei Betragsrahmengebühren höchstens 500,00 €
3336	*(aufgehoben)*	
3337	Vorzeitige Beendigung des Auftrags im Fall der Nummern 3324 bis 3327, 3334 und 3335: Die Gebühren 3324 bis 3327, 3334 und 3335 betragen höchstens	0,5
	Eine vorzeitige Beendigung liegt vor, 1. wenn der Auftrag endigt, bevor der Rechtsanwalt den das Verfahren einleitenden Antrag oder einen Schriftsatz, der Sachanträge, Sachvortrag oder die Zurücknahme des Antrags enthält, eingereicht oder bevor er einen gerichtlichen Termin wahrgenommen hat, oder 2. soweit lediglich beantragt ist, eine Einigung der Parteien oder der Beteiligten zu Protokoll zu nehmen oder soweit lediglich Verhandlungen vor Gericht zur Einigung geführt werden.	
3338	Verfahrensgebühr für die Tätigkeit als Vertreter des Anmelders eines Anspruchs zum Musterverfahren (§ 10 Abs. 2 KapMuG)	0,8

Nr.	Gebührentatbestand	Gebühr oder Satz der Gebühr nach § 13 RVG
	Abschnitt 4. Einzeltätigkeiten	

Vorbemerkung 3.4:

Für in diesem Abschnitt genannte Tätigkeiten entsteht eine Terminsgebühr nur, wenn dies ausdrücklich bestimmt ist.

Nr.	Gebührentatbestand	Gebühr oder Satz der Gebühr nach § 13 RVG
3400	Der Auftrag beschränkt sich auf die Führung des Verkehrs der Partei oder des Beteiligten mit dem Verfahrensbevollmächtigten: Verfahrensgebühr .... Die gleiche Gebühr entsteht auch, wenn im Einverständnis mit dem Auftraggeber mit der Übersendung der Akten an den Rechtsanwalt des höheren Rechtszugs gutachterliche Äußerungen verbunden sind.	in Höhe der dem Verfahrensbevollmächtigten zustehenden Verfahrensgebühr, höchstens 1,0, bei Betragsrahmengebühren höchstens 500,00 €
3401	Der Auftrag beschränkt sich auf die Vertretung in einem Termin im Sinne der Vorbemerkung 3 Abs. 3: Verfahrensgebühr	in Höhe der Hälfte der dem Verfahrensbevollmächtigten zustehenden Verfahrensgebühr
3402	Terminsgebühr in dem in Nummer 3401 genannten Fall	in Höhe der einem Verfahrensbevollmächtigten zustehenden Terminsgebühr
3403	Verfahrensgebühr für sonstige Einzeltätigkeiten, soweit in Nummer 3406 nichts anderes bestimmt ist .... Die Gebühr entsteht für sonstige Tätigkeiten in einem gerichtlichen Verfahren, wenn der Rechtsanwalt nicht zum Prozess- oder Verfahrensbevollmächtigten bestellt ist, soweit in diesem Abschnitt nichts anderes bestimmt ist.	0,8
3404	Der Auftrag beschränkt sich auf ein Schreiben einfacher Art: Die Gebühr 3403 beträgt .... Die Gebühr entsteht insbesondere, wenn das Schreiben weder schwierige rechtliche Ausführungen noch größere sachliche Auseinandersetzungen enthält.	0,3
3405	Endet der Auftrag 1. im Fall der Nummer 3400, bevor der Verfahrensbevollmächtigte beauftragt oder der Rechtsanwalt gegenüber dem Verfahrensbevollmächtigten tätig geworden ist, 2. im Fall der Nummer 3401, bevor der Termin begonnen hat: Die Gebühren 3400 und 3401 betragen .... Im Fall der Nummer 3403 gilt die Vorschrift entsprechend.	höchstens 0,5, bei Betragsrahmengebühren höchstens 250,00 €
3406	Verfahrensgebühr für sonstige Einzeltätigkeiten in Verfahren vor Gerichten der Sozialgerichtsbarkeit, wenn Betragsrahmengebühren entstehen (§ 3 RVG) .... Die Anmerkung zu Nummer 3403 gilt entsprechend.	36,00 bis 408,00 €

Nr.	Gebührentatbestand	Gebühr oder Satz der Gebühr nach § 13 RVG
	Abschnitt 5. Beschwerde, Nichtzulassungsbeschwerde und Erinnerung	
	Vorbemerkung 3.5: Die Gebühren nach diesem Abschnitt entstehen nicht in den in Vorbemerkung 3.1 Abs. 2 und[4] in den Vorbemerkungen 3.2.1 und 3.2.2 genannten Beschwerdeverfahren.	
3500	Verfahrensgebühr für Verfahren über die Beschwerde und die Erinnerung, soweit in diesem Abschnitt keine besonderen Gebühren bestimmt sind	0,5
3501	Verfahrensgebühr für Verfahren vor den Gerichten der Sozialgerichtsbarkeit über die Beschwerde und die Erinnerung, wenn in den Verfahren Betragsrahmengebühren entstehen (§ 3 RVG), soweit in diesem Abschnitt keine besonderen Gebühren bestimmt sind	24,00 bis 250,00 €
3502	Verfahrensgebühr für das Verfahren über die Rechtsbeschwerde	1,0
3503	Vorzeitige Beendigung des Auftrags: Die Gebühr 3502 beträgt ..... Die Anmerkung zu Nummer 3201 ist entsprechend anzuwenden.	0,5
3504	Verfahrensgebühr für das Verfahren über die Beschwerde gegen die Nichtzulassung der Berufung, soweit in Nummer 3511 nichts anderes bestimmt ist ..... Die Gebühr wird auf die Verfahrensgebühr für ein nachfolgendes Berufungsverfahren angerechnet.	1,6
3505	Vorzeitige Beendigung des Auftrags: Die Gebühr 3504 beträgt ..... Die Anmerkung zu Nummer 3201 ist entsprechend anzuwenden.	1,0
3506	Verfahrensgebühr für das Verfahren über die Beschwerde gegen die Nichtzulassung der Revision oder über die Beschwerde gegen die Nichtzulassung einer der in der Vorbemerkung 3.2.2 genannten Rechtsbeschwerden, soweit in Nummer 3512 nichts anderes bestimmt ist ..... Die Gebühr wird auf die Verfahrensgebühr für ein nachfolgendes Revisions- oder Rechtsbeschwerdeverfahren angerechnet.	1,6
3507	Vorzeitige Beendigung des Auftrags: Die Gebühr 3506 beträgt ..... Die Anmerkung zu Nummer 3201 ist entsprechend anzuwenden.	1,1
3508	In dem Verfahren über die Beschwerde gegen die Nichtzulassung der Revision können sich die Parteien nur durch einen beim Bundesgerichtshof zugelassenen Rechtsanwalt vertreten lassen: Die Gebühr 3506 beträgt	2,3
3509	Vorzeitige Beendigung des Auftrags, wenn sich die Parteien nur durch einen beim Bundesgerichtshof zugelassenen Rechtsanwalt vertreten lassen können: Die Gebühr 3506 beträgt ..... Die Anmerkung zu Nummer 3201 ist entsprechend anzuwenden.	1,8
3510	Verfahrensgebühr für Beschwerdeverfahren vor dem Bundespatentgericht 1. nach dem Patentgesetz, wenn sich die Beschwerde gegen einen Beschluss richtet, a) durch den die Vergütung bei Lizenzbereitschaftserklärung festgesetzt wird oder Zahlung der Vergütung an das Deutsche Patent- und Markenamt angeordnet wird, b) durch den eine Anordnung nach § 50 Abs. 1 PatG oder die Aufhebung dieser Anordnung erlassen wird, c) durch den die Anmeldung zurückgewiesen oder über die Aufrechterhaltung, den Widerruf oder die Beschränkung des Patents entschieden wird, 2. nach dem Gebrauchsmustergesetz, wenn sich die Beschwerde gegen einen Beschluss richtet, a) durch den die Anmeldung zurückgewiesen wird, b) durch den über den Löschungsantrag entschieden wird,	

[4] Vorbemerkung 3.1 Abs. 2 aufgeh. durch G v. 21.12.2020 (BGBl. I 3229).

Nr.	Gebührentatbestand	Gebühr oder Satz der Gebühr nach § 13 RVG
	3. nach dem Markengesetz, wenn sich die Beschwerde gegen einen Beschluss richtet, a) durch den über die Anmeldung einer Marke, einen Widerspruch oder einen Antrag auf Löschung oder über die Erinnerung gegen einen solchen Beschluss entschieden worden ist oder b) durch den ein Antrag auf Eintragung einer geographischen Angabe oder einer Ursprungsbezeichnung zurückgewiesen worden ist, 4. nach dem Halbleiterschutzgesetz, wenn sich die Beschwerde gegen einen Beschluss richtet, a) durch den die Anmeldung zurückgewiesen wird, b) durch den über den Löschungsantrag entschieden wird, 5. nach dem Designgesetz, wenn sich die Beschwerde gegen einen Beschluss richtet, a) durch den die Anmeldung eines Designs zurückgewiesen worden ist, b) durch den über den Löschungsantrag gemäß § 36 DesignG entschieden worden ist, c) durch den über den Antrag auf Feststellung oder Erklärung der Nichtigkeit gemäß § 34a DesignG entschieden worden ist, 6. nach dem Sortenschutzgesetz, wenn sich die Beschwerde gegen einen Beschluss des Widerspruchsausschusses richtet	1,3
3511	Verfahrensgebühr für das Verfahren über die Beschwerde gegen die Nichtzulassung der Berufung vor dem Landessozialgericht, wenn Betragsrahmengebühren entstehen (§ 3 RVG) Die Gebühr wird auf die Verfahrensgebühr für ein nachfolgendes Berufungsverfahren angerechnet.	72,00 bis 816,00 €
3512	Verfahrensgebühr für das Verfahren über die Beschwerde gegen die Nichtzulassung der Revision vor dem Bundessozialgericht, wenn Betragsrahmengebühren entstehen (§ 3 RVG) Die Gebühr wird auf die Verfahrensgebühr für ein nachfolgendes Revisionsverfahren angerechnet.	96,00 bis 1 056,00 €
3513	Terminsgebühr in den in Nummer 3500 genannten Verfahren	0,5
3514	In dem Verfahren über die Beschwerde gegen die Zurückweisung des Antrags auf Anordnung eines Arrests, des Antrags auf Erlass eines Europäischen Beschlusses zur vorläufigen Kontenpfändung oder des Antrags auf Erlass einer einstweiligen Verfügung bestimmt das Beschwerdegericht Termin zur mündlichen Verhandlung: Die Gebühr 3513 beträgt	1,2
3515	Terminsgebühr in den in Nummer 3501 genannten Verfahren	24,00 bis 250,00 €
3516	Terminsgebühr in den in Nummern 3502, 3504, 3506 und 3510 genannten Verfahren	1,2
3517	Terminsgebühr in den in Nummer 3511 genannten Verfahren	60,00 bis 610,00 €
3518	Terminsgebühr in den in Nummer 3512 genannten Verfahren	72,00 bis 792,00 €

Teil 4. Strafsachen

Nr.	Gebührentatbestand	Gebühr oder Satz der Gebühr nach § 13 oder § 49 RVG	
		Wahlanwalt	gerichtlich bestellter oder beigeordneter Rechtsanwalt

Vorbemerkung 4:

(1) Für die Tätigkeit als Beistand oder Vertreter eines Privatklägers, eines Nebenklägers, eines Einziehungs- oder Nebenbeteiligten, eines Verletzten, eines Zeugen oder Sachverständigen und im Verfahren nach dem Strafrechtlichen Rehabilitierungsgesetz sind die Vorschriften dieses Teils entsprechend anzuwenden.

(2) Die Verfahrensgebühr entsteht für das Betreiben des Geschäfts einschließlich der Information.

Nr.	Gebührentatbestand	Gebühr oder Satz der Gebühr nach § 13 oder § 49 RVG – Wahlanwalt	Gebühr oder Satz der Gebühr nach § 13 oder § 49 RVG – gerichtlich bestellter oder beigeordneter Rechtsanwalt

(3) Die Terminsgebühr entsteht für die Teilnahme an gerichtlichen Terminen, soweit nichts anderes bestimmt ist. Der Rechtsanwalt erhält die Terminsgebühr auch, wenn er zu einem anberaumten Termin erscheint, dieser aber aus Gründen, die er nicht zu vertreten hat, nicht stattfindet. Dies gilt nicht, wenn er rechtzeitig von der Aufhebung oder Verlegung des Termins in Kenntnis gesetzt worden ist.

(4) Befindet sich der Beschuldigte nicht auf freiem Fuß, entsteht die Gebühr mit Zuschlag.

(5) Für folgende Tätigkeiten entstehen Gebühren nach den Vorschriften des Teils 3:

1. im Verfahren über die Erinnerung oder die Beschwerde gegen einen Kostenfestsetzungsbeschluss (§ 464b StPO) und im Verfahren über die Erinnerung gegen den Kostenansatz und im Verfahren über die Beschwerde gegen die Entscheidung über diese Erinnerung,
2. in der Zwangsvollstreckung aus Entscheidungen, die über einen aus der Straftat erwachsenen vermögensrechtlichen Anspruch oder die Erstattung von Kosten ergangen sind (§§ 406b, 464b StPO), für die Mitwirkung bei der Ausübung der Veröffentlichungsbefugnis und im Beschwerdeverfahren gegen eine dieser Entscheidungen.

Abschnitt 1. Gebühren des Verteidigers

Vorbemerkung 4.1:

(1) Dieser Abschnitt ist auch anzuwenden auf die Tätigkeit im Verfahren über die im Urteil vorbehaltene Sicherungsverwahrung und im Verfahren über die nachträgliche Anordnung der Sicherungsverwahrung.

(2) Durch die Gebühren wird die gesamte Tätigkeit als Verteidiger entgolten. Hierzu gehören auch Tätigkeiten im Rahmen des Täter-Opfer-Ausgleichs, soweit der Gegenstand nicht vermögensrechtlich ist.

(3) Kommt es für eine Gebühr auf die Dauer der Teilnahme an der Hauptverhandlung an, so sind auch Wartezeiten und Unterbrechungen an einem Hauptverhandlungstag als Teilnahme zu berücksichtigen. Dies gilt nicht für Wartezeiten und Unterbrechungen, die der Rechtsanwalt zu vertreten hat, sowie für Unterbrechungen von jeweils mindestens einer Stunde, soweit diese unter Angabe einer konkreten Dauer der Unterbrechung oder eines Zeitpunkts der Fortsetzung der Hauptverhandlung angeordnet wurden.

Unterabschnitt 1. Allgemeine Gebühren

Nr.	Gebührentatbestand	Wahlanwalt	gerichtlich bestellter oder beigeordneter Rechtsanwalt
4100	Grundgebühr	44,– bis 396,– €	176,– €
	(1) Die Gebühr entsteht neben der Verfahrensgebühr für die erstmalige Einarbeitung in den Rechtsfall nur einmal, unabhängig davon, in welchem Verfahrensabschnitt sie erfolgt. (2) Eine wegen derselben Tat oder Handlung bereits entstandene Gebühr 5100 ist anzurechnen.		
4101	Gebühr 4100 mit Zuschlag	44,00 bis 495,00 €	216,00 €
4102	Terminsgebühr für die Teilnahme an 1. richterlichen Vernehmungen und Augenscheinseinnahmen, 2. Vernehmungen durch die Staatsanwaltschaft oder eine andere Strafverfolgungsbehörde, 3. Terminen außerhalb der Hauptverhandlung, in denen über die Anordnung oder Fortdauer der Untersuchungshaft oder der einstweiligen Unterbringung verhandelt wird, 4. Verhandlungen im Rahmen des Täter-Opfer-Ausgleichs sowie 5. Sühneterminen nach § 380 StPO	44,00 bis 330,00 €	150,00 €
	Mehrere Termine an einem Tag gelten als ein Termin. Die Gebühr entsteht im vorbereitenden Verfahren und in jedem Rechtszug für die Teilnahme an jeweils bis zu drei Terminen einmal.		
4103	Gebühr 4102 mit Zuschlag	44,00 bis 413,00 €	183,00 €

Nr.	Gebührentatbestand	Gebühr oder Satz der Gebühr nach § 13 oder § 49 RVG – Wahlanwalt	Gebühr oder Satz der Gebühr nach § 13 oder § 49 RVG – gerichtlich bestellter oder beigeordneter Rechtsanwalt
	Unterabschnitt 2. Vorbereitendes Verfahren		
	Vorbemerkung 4.1.2: Die Vorbereitung der Privatklage steht der Tätigkeit im vorbereitenden Verfahren gleich.		
4101	Verfahrensgebühr .... Die Gebühr entsteht für eine Tätigkeit in dem Verfahren bis zum Eingang der Anklageschrift, des Antrags auf Erlass eines Strafbefehls bei Gericht oder im beschleunigten Verfahren bis zum Vortrag der Anklage, wenn diese nur mündlich erhoben wird.	44,00 bis 319,00 €	145,00 €
4105	Gebühr 4104 mit Zuschlag	44,00 bis 399,00 €	177,00 €
	Unterabschnitt 3. Gerichtliches Verfahren		
	Erster Rechtszug		
4106	Verfahrensgebühr für den ersten Rechtszug vor dem Amtsgericht	44,00 bis 319,00 €	145,00 €
4107	Gebühr 4106 mit Zuschlag	44,00 bis 399,00 €	177,00 €
4108	Terminsgebühr je Hauptverhandlungstag in den in Nummer 4106 genannten Verfahren	77,00 bis 528,00 €	242,00 €
4109	Gebühr 4108 mit Zuschlag	77,00 bis 660,00 €	295,00 €
4110	Der gerichtlich bestellte oder beigeordnete Rechtsanwalt nimmt mehr als 5 und bis 8 Stunden an der Hauptverhandlung teil: Zusätzliche Gebühr neben der Gebühr 4108 oder 4109		121,00 €
4111	Der gerichtlich bestellte oder beigeordnete Rechtsanwalt nimmt mehr als 8 Stunden an der Hauptverhandlung teil: Zusätzliche Gebühr neben der Gebühr 4108 oder 4109		242,00 €
4112	Verfahrensgebühr für den ersten Rechtszug vor der Strafkammer .... Die Gebühr entsteht auch für Verfahren 1. vor der Jugendkammer, soweit sich die Gebühr nicht nach Nummer 4118 bestimmt, 2. im Rehabilitierungsverfahren nach Abschnitt 2 StrRehaG.	55,00 bis 352,00 €	163,00 €
4113	Gebühr 4112 mit Zuschlag	55,00 bis 440,00 €	198,00 €
4114	Terminsgebühr je Hauptverhandlungstag in den in Nummer 4112 genannten Verfahren	88,00 bis 616,00 €	282,00 €
4115	Gebühr 4114 mit Zuschlag	88,00 bis 770,00 €	343,00 €
4116	Der gerichtlich bestellte oder beigeordnete Rechtsanwalt nimmt mehr als 5 und bis 8 Stunden an der Hauptverhandlung teil: Zusätzliche Gebühr neben der Gebühr 4114 oder 4115		141,00 €
4117	Der gerichtlich bestellte oder beigeordnete Rechtsanwalt nimmt mehr als 8 Stunden an der Hauptverhandlung teil: Zusätzliche Gebühr neben der Gebühr 4114 oder 4115		282,00 €
4118	Verfahrensgebühr für den ersten Rechtszug vor dem Oberlandesgericht, dem Schwurgericht oder der Strafkammer nach den §§ 74a und 74c GVG	110,00 bis 759,00 €	348,00 €

Nr.	Gebührentatbestand	Gebühr oder Satz der Gebühr nach § 13 oder § 49 RVG – Wahlanwalt	Gebühr oder Satz der Gebühr nach § 13 oder § 49 RVG – gerichtlich bestellter oder beigeordneter Rechtsanwalt
	Die Gebühr entsteht auch für Verfahren vor der Jugendkammer, soweit diese in Sachen entscheidet, die nach den allgemeinen Vorschriften zur Zuständigkeit des Schwurgerichts gehören.		
4119	Gebühr 4118 mit Zuschlag	110,00 bis 949,00 €	424,00 €
4120	Terminsgebühr je Hauptverhandlungstag in den in Nummer 4118 genannten Verfahren	143,00 bis 1.023,00 €	466,00 €
4121	Gebühr 4120 mit Zuschlag	143,00 bis 1.279,00 €	569,00 €
4122	Der gerichtlich bestellte oder beigeordnete Rechtsanwalt nimmt mehr als 5 und bis 8 Stunden an der Hauptverhandlung teil: Zusätzliche Gebühr neben der Gebühr 4120 oder 4121		233,00 €
4123	Der gerichtlich bestellte oder beigeordnete Rechtsanwalt nimmt mehr als 8 Stunden an der Hauptverhandlung teil: Zusätzliche Gebühr neben der Gebühr 4120 oder 4121		466,00 €
Berufung			
4124	Verfahrensgebühr für das Berufungsverfahren	88,00 bis 616,00 €	282,00 €
	Die Gebühr entsteht auch für Beschwerdeverfahren nach § 13 StrRehaG.		
4125	Gebühr 4124 mit Zuschlag	88,00 bis 770,00 €	343,00 €
4126	Terminsgebühr je Hauptverhandlungstag im Berufungsverfahren	88,00 bis 616,00 €	282,00 €
	Die Gebühr entsteht auch für Beschwerdeverfahren nach § 13 StrRehaG.		
4127	Gebühr 4126 mit Zuschlag	88,00 bis 770,00 €	343,00 €
4128	Der gerichtlich bestellte oder beigeordnete Rechtsanwalt nimmt mehr als 5 und bis 8 Stunden an der Hauptverhandlung teil: Zusätzliche Gebühr neben der Gebühr 4126 oder 4127		141,00 €
4129	Der gerichtlich bestellte oder beigeordnete Rechtsanwalt nimmt mehr als 8 Stunden an der Hauptverhandlung teil: Zusätzliche Gebühr neben der Gebühr 4126 oder 4127		282,00 €
Revision			
4130	Verfahrensgebühr für das Revisionsverfahren	132,00 bis 1.221,00 €	541,00 €
4130	Gebühr 4130 mit Zuschlag	132,00 bis 1.526,00 €	663,00 €
4132	Terminsgebühr je Hauptverhandlungstag im Revisionsverfahren	132,00 bis 616,00 €	300,00 €
4133	Gebühr 4132 mit Zuschlag	132,00 bis 770,00 €	361,00 €
4134	Der gerichtlich bestellte oder beigeordnete Rechtsanwalt nimmt mehr als 5 und bis 8 Stunden an der Hauptverhandlung teil: Zusätzliche Gebühr neben der Gebühr 4132 oder 4133		150,00 €
4135	Der gerichtlich bestellte oder beigeordnete Rechtsanwalt nimmt mehr als 8 Stunden an der Hauptverhandlung teil: Zusätzliche Gebühr neben der Gebühr 4132 oder 4133		300,00 €

Nr.	Gebührentatbestand	Gebühr oder Satz der Gebühr nach § 13 oder § 49 RVG – Wahlanwalt	Gebühr oder Satz der Gebühr nach § 13 oder § 49 RVG – gerichtlich bestellter oder beigeordneter Rechtsanwalt
	Unterabschnitt 4. Wiederaufnahmeverfahren		
	Vorbemerkung 4.1.4: Eine Grundgebühr entsteht nicht.		
4136	Geschäftsgebühr für die Vorbereitung eines Antrags .... Die Gebühr entsteht auch, wenn von der Stellung eines Antrags abgeraten wird.	in Höhe der Verfahrensgebühr für den ersten Rechtszug	
4137	Verfahrensgebühr für das Verfahren über die Zulässigkeit des Antrags	in Höhe der Verfahrensgebühr für den ersten Rechtszug	
4138	Verfahrensgebühr für das weitere Verfahren	in Höhe der Verfahrensgebühr für den ersten Rechtszug	
4139	Verfahrensgebühr für das Beschwerdeverfahren (§ 372 StPO)	in Höhe der Verfahrensgebühr für den ersten Rechtszug	
4140	Terminsgebühr für jeden Verhandlungstag	in Höhe der Terminsgebühr für den ersten Rechtszug	
	Unterabschnitt 5. Zusätzliche Gebühren		
4141	Durch die anwaltliche Mitwirkung wird die Hauptverhandlung entbehrlich: Zusätzliche Gebühr .... (1) Die Gebühr entsteht, wenn 1. das Strafverfahren nicht nur vorläufig eingestellt wird oder 2. das Gericht beschließt, das Hauptverfahren nicht zu eröffnen oder 3. sich das gerichtliche Verfahren durch Rücknahme des Einspruchs gegen den Strafbefehl, der Berufung oder der Revision des Angeklagten oder eines anderen Verfahrensbeteiligten erledigt; ist bereits ein Termin zur Hauptverhandlung bestimmt, entsteht die Gebühr nur, wenn der Einspruch, die Berufung oder die Revision früher als zwei Wochen vor Beginn des Tages, der für die Hauptverhandlung vorgesehen war, zurückgenommen wird; oder 4. das Verfahren durch Beschluss nach § 411 Abs. 1 Satz 3 StPO endet. Nummer 3 ist auf den Beistand oder Vertreter eines Privatklägers entsprechend anzuwenden, wenn die Privatklage zurückgenommen wird. (2) Die Gebühr entsteht nicht, wenn eine auf die Förderung des Verfahrens gerichtete Tätigkeit nicht ersichtlich ist. Sie entsteht nicht neben der Gebühr 4147. (3) Die Höhe der Gebühr richtet sich nach dem Rechtszug, in dem die Hauptverhandlung vermieden wurde. Für den Wahlanwalt bemisst sich die Gebühr nach der Rahmenmitte. Eine Erhöhung nach Nummer 1008 und der Zuschlag (Vorbemerkung 4 Abs. 4) sind nicht zu berücksichtigen.	in Höhe der Verfahrensgebühr	
4142	Verfahrensgebühr bei Einziehung und verwandten Maßnahmen .... (1) Die Gebühr entsteht für eine Tätigkeit für den Beschuldigten, die sich auf die Einziehung, dieser gleichstehende Rechtsfolgen (§ 439 StPO), die Abführung des Mehrerlöses oder auf eine diesen Zwecken dienende Beschlagnahme bezieht.	1,0	1,0

Nr.	Gebührentatbestand	Gebühr oder Satz der Gebühr nach § 13 oder § 49 RVG Wahlanwalt	gerichtlich bestellter oder beigeordneter Rechtsanwalt
	(2) Die Gebühr entsteht nicht, wenn der Gegenstandswert niedriger als 30,00 € ist. (3) Die Gebühr entsteht für das Verfahren des ersten Rechtszugs einschließlich des vorbereitenden Verfahrens und für jeden weiteren Rechtszug.		
4143	Verfahrensgebühr für das erstinstanzliche Verfahren über vermögensrechtliche Ansprüche des Verletzten oder seines Erben	2,0	2,0
	(1) Die Gebühr entsteht auch, wenn der Anspruch erstmalig im Berufungsverfahren geltend gemacht wird. (2) Die Gebühr wird zu einem Drittel auf die Verfahrensgebühr, die für einen bürgerlichen Rechtsstreit wegen desselben Anspruchs entsteht, angerechnet.		
4144	Verfahrensgebühr im Berufungs- und Revisionsverfahren über vermögensrechtliche Ansprüche des Verletzten oder seines Erben	2,5	2,5
4145	Verfahrensgebühr für das Verfahren über die Beschwerde gegen den Beschluss, mit dem nach § 406 Abs. 5 Satz 2 StPO von einer Entscheidung abgesehen wird	0,5	0,5
4146	Verfahrensgebühr für das Verfahren über einen Antrag auf gerichtliche Entscheidung oder über die Beschwerde gegen eine den Rechtszug beendende Entscheidung nach § 25 Abs. 1 Satz 3 bis 5, § 13 StrRehaG	1,5	1,5
4147	Einigungsgebühr im Privatklageverfahren bezüglich des Strafanspruchs und des Kostenerstattungsanspruchs: Die Gebühr 1000 entsteht	in Höhe der Verfahrensgebühr	
	Für einen Vertrag über sonstige Ansprüche entsteht eine weitere Einigungsgebühr nach Teil 1. Maßgebend für die Höhe der Gebühr ist die im Einzelfall bestimmte Verfahrensgebühr in der Angelegenheit, in der die Einigung erfolgt. Eine Erhöhung nach Nummer 1008 und der Zuschlag (Vorbemerkung 4 Abs. 4) sind nicht zu berücksichtigen.		

Abschnitt 2. Gebühren in der Strafvollstreckung

Vorbemerkung 4.2:

Im Verfahren über die Beschwerde gegen die Entscheidung in der Hauptsache entstehen die Gebühren besonders.

4200	Verfahrensgebühr als Verteidiger für ein Verfahren über 1. die Erledigung oder Aussetzung der Maßregel der Unterbringung a) in der Sicherungsverwahrung, b) in einem psychiatrischen Krankenhaus oder c) in einer Entziehungsanstalt, 2. die Aussetzung des Restes einer zeitigen Freiheitsstrafe oder einer lebenslangen Freiheitsstrafe oder 3. den Widerruf einer Strafaussetzung zur Bewährung oder den Widerruf der Aussetzung einer Maßregel der Besserung und Sicherung zur Bewährung	66,00 bis 737,00 €	321,00 €
4201	Gebühr 4200 mit Zuschlag	66,00 bis 921,00 €	395,00 €
4202	Terminsgebühr in den in Nummer 4200 genannten Verfahren	66,00 bis 330,00 €	158,00 €
4203	Gebühr 4202 mit Zuschlag	66,00 bis 413,00 €	192,00 €

Nr.	Gebührentatbestand	Gebühr oder Satz der Gebühr nach § 13 oder § 49 RVG – Wahlanwalt	Gebühr oder Satz der Gebühr nach § 13 oder § 49 RVG – gerichtlich bestellter oder beigeordneter Rechtsanwalt
4204	Verfahrensgebühr für sonstige Verfahren in der Strafvollstreckung	33,00 bis 330,00 €	145,00 €
4205	Gebühr 4204 mit Zuschlag	33,00 bis 413,00 €	178,00 €
4206	Terminsgebühr für sonstige Verfahren	33,00 bis 330,00 €	145,00 €
4207	Gebühr 4206 mit Zuschlag	33,00 bis 413,00 €	178,00 €

Abschnitt 3. Einzeltätigkeiten

Vorbemerkung 4.3:

(1) Die Gebühren entstehen für einzelne Tätigkeiten, ohne dass dem Rechtsanwalt sonst die Verteidigung oder Vertretung übertragen ist.

(2) Beschränkt sich die Tätigkeit des Rechtsanwalts auf die Geltendmachung oder Abwehr eines aus der Straftat erwachsenen vermögensrechtlichen Anspruchs im Strafverfahren, so erhält er die Gebühren nach den Nummern 4143 bis 4145.

(3) Die Gebühr entsteht für jede der genannten Tätigkeiten gesondert, soweit nichts anderes bestimmt ist. § 15 RVG bleibt unberührt. Das Beschwerdeverfahren gilt als besondere Angelegenheit.

(4) Wird dem Rechtsanwalt die Verteidigung oder die Vertretung für das Verfahren übertragen, werden die nach diesem Abschnitt entstandenen Gebühren auf die für die Verteidigung oder Vertretung entstehenden Gebühren angerechnet.

4300	Verfahrensgebühr für die Anfertigung oder Unterzeichnung einer Schrift 1. zur Begründung der Revision, 2. zur Erklärung auf die von dem Staatsanwalt, Privatkläger oder Nebenkläger eingelegte Revision oder 3. in Verfahren nach den §§ 57a und 67e StGB Neben der Gebühr für die Begründung der Revision entsteht für die Einlegung der Revision keine besondere Gebühr.	66,00 bis 737,00 €	321,00 €
4301	Verfahrensgebühr für 1. die Anfertigung oder Unterzeichnung einer Privatklage, 2. die Anfertigung oder Unterzeichnung einer Schrift zur Rechtfertigung der Berufung oder zur Beantwortung der von dem Staatsanwalt, Privatkläger oder Nebenkläger eingelegten Berufung, 3. die Führung des Verkehrs mit dem Verteidiger, 4. die Beistandsleistung für den Beschuldigten bei einer richterlichen Vernehmung, einer Vernehmung durch die Staatsanwaltschaft oder eine andere Strafverfolgungsbehörde oder in einer Hauptverhandlung, einer mündlichen Anhörung oder bei einer Augenscheinseinnahme, 5. die Beistandsleistung im Verfahren zur gerichtlichen Erzwingung der Anklage (§ 172 Abs. 2 bis 4, § 173 StPO) oder 6. sonstige Tätigkeiten in der Strafvollstreckung Neben der Gebühr für die Rechtfertigung der Berufung entsteht für die Einlegung der Berufung keine besondere Gebühr.	44,00 bis 506,00 €	220,00 €
4302	Verfahrensgebühr für 1. die Einlegung eines Rechtsmittels, 2. die Anfertigung oder Unterzeichnung anderer Anträge, Gesuche oder Erklärungen oder 3. eine andere nicht in Nummer 4300 oder 4301 erwähnte Beistandsleistung	33,00 bis 319,00 €	141,00 €

Nr.	Gebührentatbestand	Gebühr oder Satz der Gebühr nach § 13 oder § 49 RVG – Wahlanwalt	Gebühr oder Satz der Gebühr nach § 13 oder § 49 RVG – gerichtlich bestellter oder beigeordneter Rechtsanwalt
4303	Verfahrensgebühr für die Vertretung in einer Gnadensache .... Der Rechtsanwalt erhält die Gebühr auch, wenn ihm die Verteidigung übertragen war.	33,00 bis 330,00 €	
4304	Gebühr für den als Kontaktperson beigeordneten Rechtsanwalt (§ 34a EGGVG)		3.850,00 €

Teil 5. Bußgeldsachen

Nr.	Gebührentatbestand	Gebühr oder Satz der Gebühr nach § 13 oder § 49 RVG – Wahlanwalt	Gebühr oder Satz der Gebühr nach § 13 oder § 49 RVG – gerichtlich bestellter oder beigeordneter Rechtsanwalt

Vorbemerkung 5:

(1) Für die Tätigkeit als Beistand oder Vertreter eines Einziehungs- oder Nebenbeteiligten, eines Zeugen oder eines Sachverständigen sind die Vorschriften dieses Teils entsprechend anzuwenden.

(2) Die Verfahrensgebühr entsteht für das Betreiben des Geschäfts einschließlich der Information.

(3) Die Terminsgebühr entsteht für die Teilnahme an gerichtlichen Terminen, soweit nichts anderes bestimmt ist. Der Rechtsanwalt erhält die Terminsgebühr auch, wenn er zu einem anberaumten Termin erscheint, dieser aber aus Gründen, die er nicht zu vertreten hat, nicht stattfindet. Dies gilt nicht, wenn er rechtzeitig von der Aufhebung oder Verlegung des Termins in Kenntnis gesetzt worden ist.

(4) Die Terminsgebühr entsteht für die Teilnahme an gerichtlichen Terminen, soweit nichts anderes bestimmt ist. Der Rechtsanwalt erhält die Terminsgebühr auch, wenn er zu einem anberaumten Termin erscheint, dieser aber aus Gründen, die er nicht zu vertreten hat, nicht stattfindet. Dies gilt nicht, wenn er rechtzeitig von der Aufhebung oder Verlegung des Termins in Kenntnis gesetzt worden ist.

(5) Für folgende Tätigkeiten entstehen Gebühren nach den Vorschriften des Teils 3:

1. für das Verfahren über die Erinnerung oder die Beschwerde gegen einen Kostenfestsetzungsbeschluss, für das Verfahren über die Erinnerung gegen den Kostenansatz, für das Verfahren über die Beschwerde gegen die Entscheidung über diese Erinnerung und für Verfahren über den Antrag auf gerichtliche Entscheidung gegen einen Kostenfestsetzungsbescheid und den Ansatz der Gebühren und Auslagen (§ 108 OWiG), dabei steht das Verfahren über den Antrag auf gerichtliche Entscheidung dem Verfahren über die Erinnerung oder die Beschwerde gegen einen Kostenfestsetzungsbeschluss gleich,
2. in der Zwangsvollstreckung aus Entscheidungen, die über die Erstattung von Kosten ergangen sind, und für das Beschwerdeverfahren gegen die gerichtliche Entscheidung nach Nummer 1.

Abschnitt 1. Gebühren des Verteidigers

Vorbemerkung 5.1:

(1) Durch die Gebühren wird die gesamte Tätigkeit als Verteidiger entgolten.

(2) Hängt die Höhe der Gebühren von der Höhe der Geldbuße ab, ist die zum Zeitpunkt des Entstehens der Gebühr zuletzt festgesetzte Geldbuße maßgebend. Ist eine Geldbuße nicht festgesetzt, richtet sich die Höhe der Gebühren im Verfahren vor der Verwaltungsbehörde nach dem mittleren Betrag der in der Bußgeldvorschrift angedrohten Geldbuße. Sind in einer Rechtsvorschrift Regelsätze bestimmt, sind diese maßgebend. Mehrere Geldbußen sind zusammenzurechnen.

Unterabschnitt 1. Allgemeine Gebühren

5100	Grundgebühr .... (1) Die Gebühr entsteht neben der Verfahrensgebühr für die erstmalige Einarbeitung in den Rechtsfall nur einmal, unabhängig davon, in welchem Verfahrensabschnitt sie erfolgt.	33,00 bis 187,00 €	88,00 €

Nr.	Gebührentatbestand	Gebühr oder Satz der Gebühr nach § 13 oder § 49 RVG — Wahlanwalt	gerichtlich bestellter oder beigeordneter Rechtsanwalt
	(2) Die Gebühr entsteht nicht, wenn in einem vorangegangenen Strafverfahren für dieselbe Handlung oder Tat die Gebühr 4100 entstanden ist.		

Unterabschnitt 2. Verfahren vor der Verwaltungsbehörde

Vorbemerkung 5.1.2:

(1) Zu dem Verfahren vor der Verwaltungsbehörde gehört auch das Verwarnungsverfahren und das Zwischenverfahren (§ 69 OWiG) bis zum Eingang der Akten bei Gericht.

(2) Die Terminsgebühr entsteht auch für die Teilnahme an Vernehmungen vor der Polizei oder der Verwaltungsbehörde.

5101	Verfahrensgebühr bei einer Geldbuße von weniger als 60,00 €	22,00 bis 121,00 €	57,00 €
5102	Terminsgebühr für jeden Tag, an dem ein Termin in den in Nummer 5101 genannten Verfahren stattfindet	22,00 bis 121,00 €	57,00 €
5103	Verfahrensgebühr bei einer Geldbuße von 60,00 bis 5.000,00 €	33,00 bis 319,00 €	141,00 €
5104	Terminsgebühr für jeden Tag, an dem ein Termin in den in Nummer 5103 genannten Verfahren stattfindet	33,00 bis 319,00 €	141,00 €
5105	Verfahrensgebühr bei einer Geldbuße von mehr als 5.000,00 €	44,00 bis 330,00 €	150,00 €
5106	Terminsgebühr für jeden Tag, an dem ein Termin in den in Nummer 5105 genannten Verfahren stattfindet	44,00 bis 330,00 €	150,00 €

Unterabschnitt 3. Gerichtliches Verfahren im ersten Rechtszug

Vorbemerkung 5.1.3:

(1) Die Terminsgebühr entsteht auch für die Teilnahme an gerichtlichen Terminen außerhalb der Hauptverhandlung.

(2) Die Gebühren dieses Unterabschnitts entstehen für das Wiederaufnahmeverfahren einschließlich seiner Vorbereitung gesondert; die Verfahrensgebühr entsteht auch, wenn von der Stellung eines Wiederaufnahmeantrags abgeraten wird.

5107	Verfahrensgebühr bei einer Geldbuße von weniger als 60,00 €	22,00 bis 121,00 €	57,00 €
5108	Terminsgebühr je Hauptverhandlungstag in den in Nummer 5107 genannten Verfahren	22,00 bis 264,00 €	114,00 €
5109	Verfahrensgebühr bei einer Geldbuße von 60,00 bis 5.000,00 €	33,00 bis 319,00 €	141,00 €
5110	Terminsgebühr je Hauptverhandlungstag in den in Nummer 5109 genannten Verfahren	44,00 bis 517,00 €	224,00 €
5111	Verfahrensgebühr bei einer Geldbuße von mehr als 5.000,00 €	55,00 bis 385,00 €	176,00 €
5112	Terminsgebühr je Hauptverhandlungstag in den in Nummer 5111 genannten Verfahren	88,00 bis 616,00 €	282,00 €

Unterabschnitt 4. Verfahren über die Rechtsbeschwerde

5113	Verfahrensgebühr	88,00 bis 616,00 €	282,00 €
5114	Terminsgebühr je Hauptverhandlungstag	88,00 bis 616,00 €	282,00 €

Unterabschnitt 5. Zusätzliche Gebühren

5115	Durch die anwaltliche Mitwirkung wird das Verfahren vor der Verwaltungsbehörde erledigt oder die Hauptverhandlung entbehrlich:		

Nr.	Gebührentatbestand	Gebühr oder Satz der Gebühr nach § 13 oder § 49 RVG – Wahlanwalt	gerichtlich bestellter oder beigeordneter Rechtsanwalt
	Zusätzliche Gebühr .... (1) Die Gebühr entsteht, wenn 1. das Verfahren nicht nur vorläufig eingestellt wird oder 2. der Einspruch gegen den Bußgeldbescheid zurückgenommen wird oder 3. der Bußgeldbescheid nach Einspruch von der Verwaltungsbehörde zurückgenommen und gegen einen neuen Bußgeldbescheid kein Einspruch eingelegt wird oder 4. sich das gerichtliche Verfahren durch Rücknahme des Einspruchs gegen den Bußgeldbescheid oder der Rechtsbeschwerde des Betroffenen oder eines anderen Verfahrensbeteiligten erledigt; ist bereits ein Termin zur Hauptverhandlung bestimmt, entsteht die Gebühr nur, wenn der Einspruch oder die Rechtsbeschwerde früher als zwei Wochen vor Beginn des Tages, der für die Hauptverhandlung vorgesehen war, zurückgenommen wird, oder 5. das Gericht nach § 72 Abs. 1 Satz 1 OWiG durch Beschluss entscheidet. (2) Die Gebühr entsteht nicht, wenn eine auf die Förderung des Verfahrens gerichtete Tätigkeit nicht ersichtlich ist. (3) Die Höhe der Gebühr richtet sich nach dem Rechtszug, in dem die Hauptverhandlung vermieden wurde. Für den Wahlanwalt bemisst sich die Gebühr nach der Rahmenmitte.	in Höhe der jeweiligen Verfahrensgebühr	
5116	Verfahrensgebühr bei Einziehung und verwandten Maßnahmen .... (1) Die Gebühr entsteht für eine Tätigkeit für den Betroffenen, die sich auf die Einziehung oder dieser gleichstehende Rechtsfolgen (§ 46 Abs. 1 OWiG, § 439 StPO) oder auf eine diesen Zwecken dienende Beschlagnahme bezieht. (2) Die Gebühr entsteht nicht, wenn der Gegenstandswert niedriger als 30,00 € ist. (3) Die Gebühr entsteht nur einmal für das Verfahren vor der Verwaltungsbehörde und für das gerichtliche Verfahren im ersten Rechtszug. Im Rechtsbeschwerdeverfahren entsteht die Gebühr besonders.	1,0	1,0
	Abschnitt 2. Einzeltätigkeiten		
5200	Verfahrensgebühr .... (1) Die Gebühr entsteht für einzelne Tätigkeiten, ohne dass dem Rechtsanwalt sonst die Verteidigung übertragen ist. (2) Die Gebühr entsteht für jede Tätigkeit gesondert, soweit nichts anderes bestimmt ist. § 15 RVG bleibt unberührt. (3) Wird dem Rechtsanwalt die Verteidigung für das Verfahren übertragen, werden die nach dieser Nummer entstandenen Gebühren auf die für die Verteidigung entstehenden Gebühren angerechnet. (4) Der Rechtsanwalt erhält die Gebühr für die Vertretung in der Vollstreckung und in einer Gnadensache auch, wenn ihm die Verteidigung übertragen war.	22,00 bis 121,00 €	57,00 €

Teil 6. Sonstige Verfahren

Nr.	Gebührentatbestand	Gebühr Wahlverteidiger oder Verfahrensbevollmächtigter	Gebühr gerichtlich bestellter oder beigeordneter Rechtsanwalt

Vorbemerkung 6:

(1) Für die Tätigkeit als Beistand für einen Zeugen oder Sachverständigen in einem Verfahren, für das sich die Gebühren nach diesem Teil bestimmen, entstehen die gleichen Gebühren wie für einen Verfahrensbevollmächtigten in diesem Verfahren.

(2) Die Verfahrensgebühr entsteht für das Betreiben des Geschäfts einschließlich der Information.

(3) Die Terminsgebühr entsteht für die Teilnahme an gerichtlichen Terminen, soweit nichts anderes bestimmt ist. Der Rechtsanwalt erhält die Terminsgebühr auch, wenn er zu einem anberaumten Termin erscheint, dieser aber aus Gründen, die er nicht zu vertreten hat, nicht stattfindet. Dies gilt nicht, wenn er rechtzeitig von der Aufhebung oder Verlegung des Termins in Kenntnis gesetzt worden ist.

Abschnitt 1. Verfahren nach dem Gesetz über die internationale Rechtshilfe in Strafsachen und Verfahren nach dem Gesetz über die Zusammenarbeit mit dem Internationalen Strafgerichtshof

Unterabschnitt 1. Verfahren vor der Verwaltungsbehörde

Vorbemerkung 6.1.1:

Die Gebühr nach diesem Unterabschnitt entsteht für die Tätigkeit gegenüber der Bewilligungsbehörde in Verfahren nach Abschnitt 2 Unterabschnitt 2 des Neunten Teils des Gesetzes über die internationale Rechtshilfe in Strafsachen.

6100	Verfahrensgebühr	55,00 bis 374,00 €	172,00 €

Unterabschnitt 2. Gerichtliches Verfahren

6101	Verfahrensgebühr	110,00 bis 759,00 €	348,00 €
6102	Terminsgebühr je Verhandlungstag	143,00 bis 1.023,00 €	466,00 €

Abschnitt 2. Disziplinarverfahren, berufsgerichtliche Verfahren wegen der Verletzung einer Berufspflicht

Vorbemerkung 6.2:

(1) Durch die Gebühren wird die gesamte Tätigkeit im Verfahren abgegolten.

(2) Für die Vertretung gegenüber der Aufsichtsbehörde außerhalb eines Disziplinarverfahrens entstehen Gebühren nach Teil 2.

(3) Für folgende Tätigkeiten entstehen Gebühren nach Teil 3:

1. für das Verfahren über die Erinnerung oder die Beschwerde gegen einen Kostenfestsetzungsbeschluss, für das Verfahren über die Erinnerung gegen den Kostenansatz und für das Verfahren über die Beschwerde gegen die Entscheidung über diese Erinnerung,
2. in der Zwangsvollstreckung aus einer Entscheidung, die über die Erstattung von Kosten ergangen ist, und für das Beschwerdeverfahren gegen diese Entscheidung.

Unterabschnitt 1. Allgemeine Gebühren

6200	Grundgebühr Die Gebühr entsteht neben der Verfahrensgebühr für die erstmalige Einarbeitung in den Rechtsfall nur einmal, unabhängig davon, in welchem Verfahrensabschnitt sie erfolgt.	44,00 bis 385,00 €	172,00 €
6201	Terminsgebühr für jeden Tag, an dem ein Termin stattfindet Die Gebühr entsteht für die Teilnahme an außergerichtlichen Anhörungsterminen und außergerichtlichen Terminen zur Beweiserhebung.	44,00 bis 407,00 €	180,00 €

Nr.	Gebührentatbestand	Gebühr: Wahlverteidiger oder Verfahrensbevollmächtigter	Gebühr: gerichtlich bestellter oder beigeordneter Rechtsanwalt
	Unterabschnitt 2. Außergerichtliches Verfahren		
6202	Verfahrensgebühr ... (1) Die Gebühr entsteht gesondert für eine Tätigkeit in einem dem gerichtlichen Verfahren vorausgehenden und der Überprüfung der Verwaltungsentscheidung dienenden weiteren außergerichtlichen Verfahren. (2) Die Gebühr entsteht für eine Tätigkeit in dem Verfahren bis zum Eingang des Antrags oder der Anschuldigungsschrift bei Gericht.	44,00 bis 319,00 €	145,00 €
	Unterabschnitt 3. Gerichtliches Verfahren		
	Erster Rechtszug		
	Vorbemerkung 6.2.3: (1) Die nachfolgenden Gebühren entstehen für das Wiederaufnahmeverfahren einschließlich seiner Vorbereitung gesondert. (2) Kommt es für eine Gebühr auf die Dauer der Teilnahme an der Hauptverhandlung an, sind auch Wartezeiten und Unterbrechungen an einem Hauptverhandlungstag als Teilnahme zu berücksichtigen. Dies gilt nicht für Wartezeiten und Unterbrechungen, die der Rechtsanwalt zu vertreten hat, sowie für Unterbrechungen von jeweils mindestens einer Stunde, soweit diese unter Angabe einer konkreten Dauer der Unterbrechung oder eines Zeitpunkts der Fortsetzung der Hauptverhandlung angeordnet wurden.		
6203	Verfahrensgebühr ...	55,00 bis 352,00 €	163,00 €
6204	Terminsgebühr je Verhandlungstag ...	88,00 bis 616,00 €	282,00 €
6205	Der gerichtlich bestellte Rechtsanwalt nimmt mehr als 5 und bis 8 Stunden an der Hauptverhandlung teil: Zusätzliche Gebühr neben der Gebühr 6204 ...		141,00 €
6206	Der gerichtlich bestellte Rechtsanwalt nimmt mehr als 8 Stunden an der Hauptverhandlung teil: Zusätzliche Gebühr neben der Gebühr 6204		282,00 €
	Zweiter Rechtszug		
6207	Verfahrensgebühr ...	88,00 bis 616,00 €	282,00 €
6208	Terminsgebühr je Verhandlungstag ...	88,00 bis 616,00 €	282,00 €
6209	Der gerichtlich bestellte Rechtsanwalt nimmt mehr als 5 und bis 8 Stunden an der Hauptverhandlung teil: Zusätzliche Gebühr neben der Gebühr 6208 ...		141,00 €
6210	Der gerichtlich bestellte Rechtsanwalt nimmt mehr als 8 Stunden an der Hauptverhandlung teil: Zusätzliche Gebühr neben der Gebühr 6208 ...		282,00 €
	Dritter Rechtszug		
6211	Verfahrensgebühr ...	132,00 bis 1.221,00 €	541,00 €
6212	Terminsgebühr je Verhandlungstag ...	132,00 bis 605,00 €	294,00 €
6213	Der gerichtlich bestellte Rechtsanwalt nimmt mehr als 5 und bis 8 Stunden an der Hauptverhandlung teil: Zusätzliche Gebühr neben der Gebühr 6212 ...		147,00 €
6214	Der gerichtlich bestellte Rechtsanwalt nimmt mehr als 8 Stunden an der Hauptverhandlung teil: Zusätzliche Gebühr neben der Gebühr 6212 ...		294,00 €
6215	Verfahrensgebühr für das Verfahren über die Beschwerde gegen die Nichtzulassung der Revision ... Die Gebühr wird auf die Verfahrensgebühr für ein nachfolgendes Revisionsverfahren angerechnet.	77,00 bis 1.221,00 €	519,00 €

Nr.	Gebührentatbestand	Gebühr: Wahlverteidiger oder Verfahrensbevollmächtigter	Gebühr: gerichtlich bestellter oder beigeordneter Rechtsanwalt
	Unterabschnitt 4. Zusatzgebühr		
6216	Durch die anwaltliche Mitwirkung wird die mündliche Verhandlung entbehrlich: Zusätzliche Gebühr .... (1) Die Gebühr entsteht, wenn eine gerichtliche Entscheidung mit Zustimmung der Beteiligten ohne mündliche Verhandlung ergeht oder einer beabsichtigten Entscheidung ohne Hauptverhandlungstermin nicht widersprochen wird. (2) Die Gebühr entsteht nicht, wenn eine auf die Förderung des Verfahrens gerichtete Tätigkeit nicht ersichtlich ist. (3) Die Höhe der Gebühr richtet sich nach dem Rechtszug, in dem die Hauptverhandlung vermieden wurde. Für den Wahlanwalt bemisst sich die Gebühr nach der Rahmenmitte.	in Höhe der jeweiligen Verfahrensgebühr	
	Abschnitt 3. Gerichtliche Verfahren bei Freiheitsentziehung, bei Unterbringung und bei sonstigen Zwangsmaßnahmen		
6300	Verfahrensgebühr in Freiheitsentziehungssachen nach § 415 FamFG, in Unterbringungssachen nach § 312 FamFG und in Verfahren nach § 151 Nr. 6 und 7 FamFG .. Die Gebühr entsteht für jeden Rechtszug.	44,00 bis 517,00 €	224,00 €
6301	Terminsgebühr in den Fällen der Nummer 6300 .... Die Gebühr entsteht für die Teilnahme an gerichtlichen Terminen.	44,00 bis 517,00 €	224,00 €
6302	Verfahrensgebühr in sonstigen Fällen .... Die Gebühr entsteht für jeden Rechtszug des Verfahrens über die Verlängerung oder Aufhebung einer Freiheitsentziehung nach den §§ 425 und 426 FamFG oder einer Unterbringungsmaßnahme nach den §§ 329 und 330 FamFG.	22,00 bis 330,00 €	141,00 €
6303	Terminsgebühr in den Fällen der Nummer 6302 .... Die Gebühr entsteht für die Teilnahme an gerichtlichen Terminen.	22,00 bis 330,00 €	141,00 €

Abschnitt 4. Gerichtliche Verfahren nach der Wehrbeschwerdeordnung

Vorbemerkung 6.4:

(1) Die Gebühren nach diesem Abschnitt entstehen in Verfahren auf gerichtliche Entscheidung nach der WBO, auch i. V. m. § 42 WDO, wenn das Verfahren vor dem Truppendienstgericht oder vor dem Bundesverwaltungsgericht an die Stelle des Verwaltungsrechtswegs gemäß § 82 SG tritt.

(2) Soweit wegen desselben Gegenstands eine Geschäftsgebühr nach Nummer 2302 für eine Tätigkeit im Verfahren über die Beschwerde oder über die weitere Beschwerde vor einem Disziplinarvorgesetzten entstanden ist, wird diese Gebühr zur Hälfte, höchstens jedoch mit einem Betrag von 207,00 €, auf die Verfahrensgebühr des gerichtlichen Verfahrens vor dem Truppendienstgericht oder dem Bundesverwaltungsgericht angerechnet. Sind mehrere Gebühren entstanden, ist für die Anrechnung die zuletzt entstandene Gebühr maßgebend.

6400	Verfahrensgebühr für das Verfahren auf gerichtliche Entscheidung vor dem Truppendienstgericht	88,00 bis 748,00 €	
6401	Terminsgebühr je Verhandlungstag in den in Nummer 6400 genannten Verfahren	88,00 bis 748,00 €	
6402	Verfahrensgebühr für das Verfahren auf gerichtliche Entscheidung vor dem Bundesverwaltungsgericht, im Verfahren über die Rechtsbeschwerde oder im Verfahren über die Beschwerde gegen die Nichtzulassung der Rechtsbeschwerde	110,00 bis 869,00 €	

Nr.	Gebührentatbestand	Gebühr Wahlverteidiger oder Verfahrensbevollmächtigter	Gebühr gerichtlich bestellter oder beigeordneter Rechtsanwalt
	Die Gebühr für ein Verfahren über die Beschwerde gegen die Nichtzulassung der Rechtsbeschwerde wird auf die Gebühr für ein nachfolgendes Verfahren über die Rechtsbeschwerde angerechnet.		
6403	Terminsgebühr je Verhandlungstag in den in Nummer 6402 genannten Verfahren	110,00 bis 869,00 €	

Abschnitt 5. Einzeltätigkeiten und Verfahren auf Aufhebung oder Änderung einer Disziplinarmaßnahme

6500	Verfahrensgebühr	22,00 bis 330,00 €	141,00 €
	(1) Für eine Einzeltätigkeit entsteht die Gebühr, wenn dem Rechtsanwalt nicht die Verteidigung oder Vertretung übertragen ist. (2) Die Gebühr entsteht für jede einzelne Tätigkeit gesondert, soweit nichts anderes bestimmt ist. § 15 RVG bleibt unberührt. (3) Wird dem Rechtsanwalt die Verteidigung oder Vertretung für das Verfahren übertragen, werden die nach dieser Nummer entstandenen Gebühren auf die für die Verteidigung oder Vertretung entstehenden Gebühren angerechnet. (4) Eine Gebühr nach dieser Vorschrift entsteht jeweils auch für das Verfahren nach der WDO vor einem Disziplinarvorgesetzten auf Aufhebung oder Änderung einer Disziplinarmaßnahme und im gerichtlichen Verfahren vor dem Wehrdienstgericht.		

Teil 7. Auslagen

Nr.	Auslagentatbestand	Höhe

Vorbemerkung 7:

(1) Mit den Gebühren werden auch die allgemeinen Geschäftskosten entgolten. Soweit nachfolgend nichts anderes bestimmt ist, kann der Rechtsanwalt Ersatz der entstandenen Aufwendungen (§ 675 i. V. m. § 670 BGB) verlangen.

(2) Eine Geschäftsreise liegt vor, wenn das Reiseziel außerhalb der Gemeinde liegt, in der sich die Kanzlei oder die Wohnung des Rechtsanwalts befindet.

(3) Dient eine Reise mehreren Geschäften, sind die entstandenen Auslagen nach den Nummern 7003 bis 7006 nach dem Verhältnis der Kosten zu verteilen, die bei gesonderter Ausführung der einzelnen Geschäfte entstanden wären. Ein Rechtsanwalt, der seine Kanzlei an einen anderen Ort verlegt, kann bei Fortführung eines ihm vorher erteilten Auftrags Auslagen nach den Nummern 7003 bis 7006 nur insoweit verlangen, als sie auch von seiner bisherigen Kanzlei aus entstanden wären.

Nr.	Auslagentatbestand	Höhe
7000	Pauschale für die Herstellung und Überlassung von Dokumenten: 1. für Kopien und Ausdrucke a) aus Behörden- und Gerichtsakten, soweit deren Herstellung zur sachgemäßen Bearbeitung der Rechtssache geboten war, b) zur Zustellung oder Mitteilung an Gegner oder Beteiligte und Verfahrensbevollmächtigte aufgrund einer Rechtsvorschrift oder nach Aufforderung durch das Gericht, die Behörde oder die sonst das Verfahren führende Stelle, soweit hierfür mehr als 100 Seiten zu fertigen waren, c) zur notwendigen Unterrichtung des Auftraggebers, soweit hierfür mehr als 100 Seiten zu fertigen waren, d) in sonstigen Fällen nur, wenn sie im Einverständnis mit dem Auftraggeber zusätzlich, auch zur Unterrichtung Dritter, angefertigt worden sind:	
	für die ersten 50 abzurechnenden Seiten je Seite	0,50 €
	für jede weitere Seite	0,15 €
	für die ersten 50 abzurechnenden Seiten in Farbe je Seite	1,00 €
	für jede weitere Seite in Farbe	0,30 €

Nr.	Auslagentatbestand	Höhe
	2. Überlassung von elektronisch gespeicherten Dateien oder deren Bereitstellung zum Abruf anstelle der in Nummer 1 Buchstabe d genannten Kopien und Ausdrucke: je Datei ... für die in einem Arbeitsgang überlassenen, bereitgestellten oder in einem Arbeitsgang auf denselben Datenträger übertragenen Dokumente insgesamt höchstens ... (1) Die Höhe der Dokumentenpauschale nach Nummer 1 ist in derselben Angelegenheit und in gerichtlichen Verfahren in demselben Rechtszug einheitlich zu berechnen. Eine Übermittlung durch den Rechtsanwalt per Telefax steht der Herstellung einer Kopie gleich. (2) Werden zum Zweck der Überlassung von elektronisch gespeicherten Dateien Dokumente im Einverständnis mit dem Auftraggeber zuvor von der Papierform in die elektronische Form übertragen, beträgt die Dokumentenpauschale nach Nummer 2 nicht weniger, als die Dokumentenpauschale im Fall der Nummer 1 betragen würde.	 1,50 € 5,00 €
7001	Entgelte für Post- und Telekommunikationsdienstleistungen ... Für die durch die Geltendmachung der Vergütung entstehenden Entgelte kann kein Ersatz verlangt werden.	in voller Höhe
7002	Pauschale für Entgelte für Post- und Telekommunikationsdienstleistungen ... (1) Die Pauschale kann in jeder Angelegenheit anstelle der tatsächlichen Auslagen nach 7001 gefordert werden. (2) Werden Gebühren aus der Staatskasse gezahlt, sind diese maßgebend.	20 % der Gebühren – höchstens 20,00 €
7003	Fahrtkosten für eine Geschäftsreise bei Benutzung eines eigenen Kraftfahrzeugs für jeden gefahrenen Kilometer ... Mit den Fahrtkosten sind die Anschaffungs-, Unterhaltungs- und Betriebskosten sowie die Abnutzung des Kraftfahrzeugs abgegolten.	0,42 €
7004	Fahrtkosten für eine Geschäftsreise bei Benutzung eines anderen Verkehrsmittels, soweit sie angemessen sind ...	in voller Höhe
7005	Tage- und Abwesenheitsgeld bei einer Geschäftsreise 1. von nicht mehr als 4 Stunden ... 2. von mehr als 4 bis 8 Stunden ... 3. von mehr als 8 Stunden ... Bei Auslandsreisen kann zu diesen Beträgen ein Zuschlag von 50 % berechnet werden.	 30,00 € 50,00 € 80,00 €
7006	Sonstige Auslagen anlässlich einer Geschäftsreise, soweit sie angemessen sind ...	in voller Höhe
7007	Im Einzelfall gezahlte Prämie für eine Haftpflichtversicherung für Vermögensschäden, soweit die Prämie auf Haftungsbeträge von mehr als 30 Mio. € entfällt ... Soweit sich aus der Rechnung des Versicherers nichts anderes ergibt, ist von der Gesamtprämie der Betrag zu erstatten, der sich aus dem Verhältnis der 30 Mio. € übersteigenden Versicherungssumme zu der Gesamtversicherungssumme ergibt.	in voller Höhe
7008	Umsatzsteuer auf die Vergütung ... Dies gilt nicht, wenn die Umsatzsteuer nach § 19 Abs. 1 UStG unerhoben bleibt.	in voller Höhe

Anlage 2
(zu § 13 Abs. 1)

[Gebührentabelle für Gegenstandswerte bis 500.000,– Euro]

Gegenstandswert bis ... €	Gebühr ... €	Gegenstandswert bis ... €	Gebühr ... €
500	49,00	50.000	1.279,00
1.000	88,00	65.000	1.373,00
1.500	127,00	80.000	1.467,00
2.000	166,00	95.000	1.561,00
3.000	222,00	110.000	1.655,00
4.000	278,00	125.000	1.749,00
5.000	334,00	140.000	1.843,00
6.000	390,00	155.000	1.937,00
7.000	446,00	170.000	2.031,00
8.000	502,00	185.000	2.125,00
9.000	558,00	200.000	2.219,00
10.000	614,00	230.000	2.351,00
13.000	666,00	260.000	2.483,00
16.000	718,00	290.000	2.615,00
19.000	770,00	320.000	2.747,00
22.000	822,00	350.000	2.879,00
25.000	874,00	380.000	3.011,00
30.000	955,00	410.000	3.143,00
35.000	1.036,00	440.000	3.275,00
40.000	1.117,00	470.000	3.407,00
45.000	1.198,00	500.000	3.539,00

Teil B.
Kommentar zum Rechtsanwaltsvergütungsgesetz

vom 5.5.2004[1]

Einleitung

Die Vergütung der Rechtsanwälte war in **Art. VIII des Gesetzes zur Änderung kostenrechtlicher Vorschriften** v. 26.7.1957 (BGBl. 1957 I 861) geregelt. Das Gesetz war als Bundesrechtsanwaltsgebührenordnung **(BRAGO)** bezeichnet. 1

Vorher war die **Regelung** der Vergütung zu einem wesentlichen Teil in der **Gebührenordnung für Rechtsanwälte** v. 7.7.1879 **(RAGebO),** zT in Landesgebührenordnungen und zT in einer großen Anzahl von Sondergesetzen enthalten. 2

Nunmehr ist das gesamte Vergütungsrecht in dem **Rechtsanwaltsvergütungsgesetz** v. 5.5.2004 **(RVG) iVm dem Vergütungsverzeichnis (VV)** (BGBl. 2004 I 718) geregelt. 3

Das RVG strebt an, das Gebührenrecht für Anwälte zu vereinfachen, soweit dies bei der Vielgestaltigkeit der anwaltlichen Tätigkeit möglich ist. 4

Das System der **Verfahrenspauschgebühren,** auf dem bereits die BRAGO beruhte und das der Vereinfachung der Gebührenberechnung dient, ist beibehalten worden. Dadurch wird erreicht, dass die ganze Gebührenordnung von einem einheitlichen System beherrscht wird. 5

Ein einheitliches System der Gebührenberechnung ist auch insofern befolgt, als die für die anwaltlichen Tätigkeiten in bürgerlichen Rechtsstreitigkeiten geltenden Vorschriften auf anwaltliche Tätigkeiten in Verfahren vor Verfassungs-, Verwaltungs- und Finanzgerichten mit den in der Eigenart dieser Verfahren begründeten Abwandlungen ausgedehnt worden sind. In all diesen Verfahren entstehen danach die bekannten Regelgebühren (Verfahrens- und Terminsgebühr). Auch diese Einheitlichkeit erleichtert die Handhabung des Gesetzes. 6

Das RVG vermeidet aus Gründen der Vereinfachung weitgehend Bagatellgebühren. Die anwaltlichen Tätigkeiten, für die bisher solche Kleinstgebühren vorgesehen waren, werden durch Verfahrenspauschgebühren mitabgegolten. 7

Das RVG enthält Sonderbestimmungen, die dem BGB vorgehen, zB über die Fälligkeit der Vergütung (§ 8 RVG), das Recht auf Vorschuss (§ 9 RVG) und das Recht auf Berechnung (§ 10 RVG). Hiervon abgesehen bringt jedoch die Fassung der Bestimmungen zum Ausdruck, dass sich das RVG auf seine eigentliche Aufgabe beschränkt, die Vergütung des Anwalts für seine Berufstätigkeit zu bemessen (vgl. § 1 Abs. 1 RVG), dh ihre Höhe zu bestimmen. Ein Vergütungsanspruch wird durch das RVG nicht gewährt. Vielmehr setzt dieses einen solchen Anspruch voraus. Insofern gründet sich das RVG auf das bürgerliche Recht und ergänzt es, indem es die Höhe des Anspruchs bemisst, den das bürgerliche Recht dem Grunde nach oder nach Prozessordnungen wie § 121 ZPO für den PKH-Anwalt und §§ 140, 141 StPO für den Pflichtverteidiger bestimmt. 8

Das RVG ist in **9 Abschnitte** gegliedert. Der 1. Abschnitt enthält keine Gebührentatbestände, sondern allgemeine Vorschriften. Im 2. Abschnitt sind Gebührenvorschriften enthalten. Der 3. Abschnitt regelt den Begriff der Angelegenheit. Der 4. Abschnitt enthält Bestimmungen über den Gegenstandswert. Der 5. Abschnitt befasst sich mit Außergerichtlicher Beratung und Vertretung. Der 6. Abschnitt regelt bestimmte gerichtliche Verfahren (Verfassungsgerichtsbarkeit, Gerichtshof der Europäischen Gemeinschaften). Der 7. Abschnitt bezieht sich auf Straf- und Bußgeldsachen. Der 8. Abschnitt regelt die Vergütung für beigeordnete oder bestellte Rechtsanwälte sowie für Beratungshilfe. Abschnitt 9 enthält die Übergangs- und Schlussvorschriften. 9

Die **Auslegung** der Bestimmungen des RVG hat unter Berücksichtigung ihres Zusammenhangs mit den Verfahrensvorschriften und den Vorschriften über die Gerichtskosten zu erfolgen. Grundsätzlich soll keine Tätigkeit des RA unentgeltlich sein. 10

Bei der Auslegung der einzelnen Gebührenvorschriften ist stets zu prüfen, welche Auslegung den mit den Vorschriften verfolgten wirtschaftlichen Zwecken und den Erfordernissen des praktischen Lebens entspricht. 11

---

[1] Verkündet als Art. 3 KostRMoG v. 5.5.2004 (BGBl. I 718); Inkrafttreten gem. Art. 8 S. 1 KostRMoG am 1.7.2004; zuletzt geändert durch Art. 8 G zum Internationalen Güterrecht und zur Änderung von Vorschriften des Internationalen Privatrechts (BGBl. 2017 I 2573).

12 **Angemessenheit der Pauschgebühren.** Nach dem Gegenstandswert abgestufte Pauschgebühren können nicht immer angemessen sein. Bei niedrigen Gegenstandswerten ergibt sich meist eine Vergütung, die weder dem Arbeitsaufwand des RA noch seinen allgemeinen Geschäftskosten gerecht wird. Hier ist eine Anpassung der Vergütung an die Höhe des Gegenstandswertes nötig, um die Parteien, wenn es sich um Gegenstände von geringem Wert handelt, nicht mit Kosten zu belasten, die gegenüber dem Werte des Gegenstandes unverhältnismäßig hoch sind. Der RA ist deshalb darauf angewiesen, bei höheren Gegenstandswerten eine Vergütung zu erhalten, die zugleich die bei niedrigen Gegenstandswerten eintretenden Verluste ausgleicht (sog. **Mischkalkulation** oder **Querfinanzierung**). Insoweit müssen bei der Auslegung Billigkeitserwägungen ausscheiden. Die schematische Regelung der Vergütung hat zur notwendigen Folge, dass das gleiche Maß von Arbeit je nach der anzuwendenden Vorschrift verschieden hoch entlohnt wird. Diese Folge muss in Kauf genommen werden. Es ist unzulässig, dem RA deshalb eine höhere Vergütung als im Gesetz vorgesehen zuzubilligen, weil – zB in einem umfangreichen Rechtsstreit über einen geringfügigen Betrag – die gesetzlichen Gebühren kein angemessenes Entgelt für seine Tätigkeit darstellen, vielleicht sogar nicht einmal seine allgemeinen Geschäftsunkosten decken (in einem solchen Falle ist der RA auf eine Vergütungsvereinbarung angewiesen, § 3a RVG). Andererseits ist es ebenso unzulässig, eine hohe Vergütung zu kürzen, weil Umfang und Schwierigkeiten der Tätigkeit an der unteren Grenze liegen (wird zB ein Mahnverfahren – Antrag auf Erlass eines Mahnbescheids und Erwirkung eines Vollstreckungsbescheids – über 500.000,– EUR durchgeführt, so ist die verdiente Vergütung sicher sehr hoch; das darf aber nicht dazu führen, die Gebühren zu kürzen). Denn bei der Ausgestaltung der Gebührenregelung für die anwaltliche Tätigkeit im gerichtlichen Verfahren war nicht nur der Justizgewährungspflicht Rechnung zu tragen, vielmehr musste der Gesetzgeber auch die Berufsfreiheit der Anwälte beachten. Das Entgelt muss zwar nicht genau dem Wert der anwaltlichen Leistung im Einzelfall entsprechen, aber doch so bemessen sein, dass der RA aus seinem Gebührenaufkommen nach einer Mischkalkulation sowohl seinen Kostenaufwand als auch seinen Lebensunterhalt bestreiten kann.[2] Teilweise wird bezweifelt, dass heute mit den gesetzlichen Gebühren des RVG dieses Ziel noch erreicht wird.[3]

13 Soweit jedoch im Rahmen der gesetzlichen Vorschriften Zweifel über die anzuwendende Bestimmung bestehen, ist diejenige Vorschrift anzuwenden, die der Billigkeit am besten entspricht.

14 In Strafsachen und anderen Angelegenheiten, für die **Rahmengebühren** vorgesehen sind (vgl. auch VV 2300 RVG), bietet der Gebührenrahmen die Möglichkeit, die Umstände des Einzelfalls zu berücksichtigen. Nach § 14 RVG rechtfertigen der Umfang und die Schwierigkeit der anwaltlichen Tätigkeit, aber auch die wirtschaftlichen Verhältnisse der Beteiligten eine verschieden hohe Vergütung. Es ist aber unrichtig, die Vergütung in einzelnen Verfahren (zB Bußgeldverfahren) niedrig zu bemessen, weil in anderen Verfahren (zB Schwurgerichtssachen) höhere Vergütungen anfallen. Die Höhe der Vergütung ist nach dem Einzelfall zu bestimmen. Die Vergütung in anderen Verfahren soll keinen Ausgleich bringen. Daher ist darauf zu sehen, dass jede Tätigkeit des RA – innerhalb des Gebührenrahmens – angemessen vergütet wird. Bei Gebührenstreitigkeiten sollten die Gerichte vermeiden, die Vergütung der RA nach dem eigenen Einkommen der Richter und Beamten zu bemessen. Ein Verstoß gegen diesen Grundsatz führt in der Regel zu Fehlentscheidungen.

15 Eine **Vereinbarung mit dem Auftraggeber,** durch die eine höhere als die gesetzliche Vergütung festgelegt wird, ist wie bisher zulässig. Dadurch kann sich der RA, wenn ihm die gesetzliche Vergütung zu niedrig erscheint, eine höhere Vergütung sichern.

Abschnitt 1. Allgemeine Vorschriften

§ 1 Geltungsbereich

(1) [1]**Die Vergütung (Gebühren und Auslagen) für anwaltliche Tätigkeiten der Rechtsanwältinnen und Rechtsanwälte bemisst sich nach diesem Gesetz.** [2]**Dies gilt auch für eine Tätigkeit als Prozesspfleger nach den §§ 57 und 58 der Zivilprozessordnung.**

---

[2] BVerfG MDR 1992, 714; zur Kritik an der sog. Mischkalkulation Madert/Schons Vergütungsvereinbarung Teil B Rn. 3.

[3] *Römermann* NJW 2014, 2414, Besprechung von Gerold/Schmidt, 21. Aufl. 2013.

[3] **Andere Mitglieder einer Rechtsanwaltskammer, Partnerschaftsgesellschaften und sonstige Gesellschaften stehen einem Rechtsanwalt im Sinne dieses Gesetzes gleich.**

(2) [1] **Dieses Gesetz gilt nicht für eine Tätigkeit als Syndikusrechtsanwalt (§ 46 Absatz 2 der Bundesrechtsanwaltsordnung).** [2] **Es gilt ferner nicht für eine Tätigkeit als Vormund, Betreuer, Pfleger, Verfahrenspfleger, Verfahrensbeistand, Testamentsvollstrecker, Insolvenzverwalter, Sachwalter, Mitglied des Gläubigerausschusses, Restrukturierungsbeauftragter, Sanierungsmoderator, Mitglied des Gläubigerbeirats[1] Nachlassverwalter, Zwangsverwalter, Treuhänder oder Schiedsrichter oder für eine ähnliche Tätigkeit.** [3] **§ 1835 Abs. 3 des Bürgerlichen Gesetzbuchs bleibt unberührt.**

(3) **Die Vorschriften dieses Gesetzes über die Erinnerung und die Beschwerde gehen den Regelungen der für das zugrunde liegende Verfahren geltenden Verfahrensvorschriften vor.**

Übersicht

[1] Amtlich ohne Komma.

I. Motive

1. Motive zum KostRMoG

1 **Zu § 1 RVG**

In dieser Vorschrift soll der Geltungsbereich des RVG bestimmt werden. Sie übernimmt die Regelung des § 1 BRAGO. Abs. 1 S. 2 ist zusätzlich aufgenommen worden, um schwierige Rechtsfragen im Zusammenhang mit der Vergütung des Prozesspflegers zu vermeiden. Er soll ähnlich behandelt werden wie ein nach § 625 ZPO oder § 67a Abs. 1 S. 2 VwGO bestellter RA. Die Einbeziehung der anderen Mitglieder der Rechtsanwaltskammer, der Partnerschaftsgesellschaft und sonstiger Gesellschaften in S. 3 dient der Klarstellung. Mit der Einschränkung in S. 1 auf anwaltliche Tätigkeiten wird auch erreicht, dass Geschäftsführer einer Rechtsanwaltsgesellschaft, die nicht RA, aber nach § 60 Abs. 1 S. 2 BRAGO Mitglieder einer Rechtsanwaltskammer sind, nicht nach dem RVG-E abrechnen können. Entsprechend soll die Geltung des RVG-E auch für Partnerschaftsgesellschaften, die keine anwaltliche Tätigkeiten ausüben, ausgeschlossen sein.“[1]

2. Motive zum 2. KostRMoG

1a **Zu § 1 RVG**

„Der vorgeschlagene neue Absatz dient der Klarstellung. Auf die Begründung zu Artikel 1 § 1 Abs. 6 GNotKG-E wird verwiesen.“[2]

Zu § 1 Abs. 6 GNotKG

„*Abs. 6* soll die gelegentlich auftretende Frage nach dem Verhältnis der Verfahrensvorschriften des Kostenrechts zu den Verfahrensvorschriften der für das jeweilige Verfahren geltenden Vorschriften dahin gehend klären, dass die kostenrechtlichen Vorschriften als die spezielleren Vorschriften vorgehen. Im Übrigen gelten die Vorschriften des FamFG.“[3]

II. Betroffene Personen

1. Rechtsanwalt

2 Das RVG gilt für Rechtsanwälte. Erst mit der Aushändigung der Zulassungsurkunde durch die Rechtsanwaltskammer wird der Empfänger zum RA (§ 12 BRAO).[4] Von diesem Moment an richtet sich seine Vergütung nach dem RVG.

2. Prozesspfleger (Abs. 1 S. 2)

3 Ist der nach §§ 57, 58 ZPO bestellte Prozesspfleger ein RA, so findet das RVG Anwendung (vgl. auch § 41 RVG). Ist er kein RA, so gilt das nicht. § 1 Abs. 1 S. 2 RVG behandelt nur die Tätigkeit, nicht auch die persönlichen Voraussetzungen. Hinsichtlich dieser baut er auf S. 1 auf, der die Eigenschaft als RA verlangt. Bestätigt wird dies durch § 41 RVG, der ausdrücklich für die Vergütung wie ein zum Prozessbevollmächtigten bestellter RA verlangt, dass der Prozesspfleger RA ist. Ausreichend ist aber wenn der Prozesspfleger, der kein RA ist, nach § 1 Abs. 1 S. 3 RVG einem RA gleichgestellt ist.

3. Andere Mitglieder einer Rechtsanwaltskammer (Abs. 1 S. 3)

4 Einige Nicht-RA können Mitglied einer Rechtsanwaltskammer werden. Machen sie hiervon Gebrauch **und** sind sie anwaltlich tätig, so findet das RVG Anwendung.

Hierzu gehören
- Inhaber einer **Erlaubnis nach dem RBerG** (§ 209 BRAO), zB registrierter Rentenberater[5]
- **niedergelassener europäischer RA** (§ 2 EuRAG)
- **ausländischer RA iSv § 209 BRAO.**

5 **Geschäftsführer von RA-Gesellschaften** können zwar gem. § 60 Abs. 1 S. 2 BRAO auch Nicht-Anwälte sein, zB Wirtschaftsprüfer, Steuerberater. Da sie aber, wenn sie keine RA sind, keine anwaltliche Tätigkeit ausüben dürfen, kommt für sie das RVG letztlich nicht zur Anwendung → Rn. 1).[6]

---

[1] BT-Drs. 15/1971, 187.
[2] BT-Drs. 17/1147, 266.
[3] BT-Drs. 17/11471, 154.
[4] *Kleine-Cosack* BRAO § 12 Rn. 1.
[5] KG Rpfleger 2011, 293.
[6] Mayer/Kroiß/*Mayer* RVG § 1 Rn. 56.

4. Partnerschafts- und sonstige Gesellschaften (Abs. 1 S. 3)

Die Gebühren richten sich bei Partnerschaftsgesellschaften (§ 1 PartGG) nur nach dem RVG, wenn sie erlaubter Weise anwaltlich tätig sind → Rn. 1). **6**

Dasselbe gilt für sonstige Gesellschaften, worunter fallen **7**

- Anwalts-GmbH (§§ 59c–59m BRAO)
- Anwalts-AG[7]
- Anwalts-KGAA
- ausländische Rechtsberatungsgesellschaft, jedenfalls wenn sie in der BRD eine Zweigniederlassung betreibt, zB eine LLP.

Nicht unter Abs. 1 S. 3 fallen BGB-Gesellschaften bestehend aus mehreren Rechtsanwälten und einem Steuerberater.[8]

5. Stellvertretung

Bei Vertretung des RA richtet sich die Vergütung nur dann nach den Vorschriften des RVG, wenn der RA sich durch die in § 5 RVG genannten Personen vertreten lässt. Bei Vertretung durch andere, besonders durch Kanzleiangestellte, kann lediglich eine angemessene Vergütung nach § 612 BGB berechnet werden. Möglich ist aber eine Vereinbarung, dass sich auch in solchen Fällen die Vergütung nach dem RVG richten soll. **8**

6. Notare

Die Vergütung der **Notare** ist in den §§ 85 ff. GNotKG und KV GNotKG Teil 2 (Vorb. vor KV 21100 ff.) abschließend geregelt.[9] Die Notare erhalten auch dann keine Gebühren nach dem RVG, wenn sie vor Gericht tätig werden, etwa bei den Landwirtschaftsgerichten wegen der Genehmigung eines von ihnen beurkundeten Übergabevertrages. Zu fehlendem Gebührenwahlrecht und wegen Notar, der zugleich RA ist → Rn. 60 ff., 67. **9**

7. Steuerberater

Soweit der Steuerberater in Verfahren vor den Gerichten der Finanzgerichtsbarkeit und Verwaltungsgerichtsbarkeit, in Strafverfahren, berufsgerichtlichen Verfahren, Bußgeldverfahren und Gnadensachen tätig ist, richtet sich seine Vergütung dank der Verweisung in § 45 StBVV nach dem RVG. Im Übrigen ist die StBVV einschlägig. Im Übrigen → § 35 Rn. 1 ff. **10**

8. Wirtschaftsprüfer

Wirtschaftsprüfer können die Vergütung des RVG nicht fordern.[10] Jedoch bestehen keine Bedenken, dass sie die Anwendung der materiell-rechtlichen Vorschriften des RVG, also der Gebühren- und Auslagenvorschriften, vereinbaren. **11**

Wegen Doppelfunktion → Rn. 56.

9. Patentanwälte

Die Gebühren für Patentanwälte richten sich, soweit keine Vereinbarung getroffen wurde, nach der Gebührenordnung für Patentanwälte, herausgegeben von der Patentanwaltskammer, die zwar nicht verbindlich wie ein Gesetz ist, jedoch bei der Prüfung, ob eine vom Patentanwalt geltend gemachte Vergütung noch als nicht überhöht angesehen werden kann, herangezogen wird. Nach dem Gesetz über die Beiordnung von Patentanwälten bei Prozesskostenhilfe, zuletzt geändert durch Art. 4 Abs. 49 des Gesetzes v. 5.5.2004, BGBl. 2004 I 718, können Patentanwälte in bestimmten Prozessen der bedürftigen Partei beigeordnet werden; dann gelten bestimmte Vorschriften der ZPO und des RVG entsprechend. **12**

10. Hochschullehrer

Vergütungsanspruch. Ob sich die Vergütung des anwaltlich tätigen Hochschullehrers, insbes. im Falle einer Vertretung vor Gericht, nach dem RVG richtet, ist umstritten.[11] ME ist diese Frage zu verneinen. § 1 Abs. 1 RVG regelt diese Frage sehr detailliert. Wenn trotzdem die Hochschullehrer, die in sicherlich auch dem Gesetzgeber bekannter Weise nicht selten bei Ge- **13**

---

[7] Die zulässig ist, BGH NJW 2005, 1568 = AnwBl 2005, 424.

[8] OLG Düsseldorf Rpfleger 2008, 206.

[9] Riedel/Sußbauer/*Pankatz* RVG § 1 Rn. 20.

[10] Riedel/Sußbauer/*Pankatz* RVG § 1 Rn. 24.

[11] **Bejahend** BVerwG NJW 1978, 1173, Gebühren sind auch zu erstatten; OLG Düsseldorf JurBüro 1995, 247, sinngemäße Anwendung der BRAGO auf Hochschullehrer als Verteidiger; OLG München FamRZ 2001, 1718; **verneinend** Schneider/Wolf/*Volpert* RVG § 1 Rn. 105 ff.; Hartmann/Toussaint/*Toussaint* RVG § 5 Rn. 8 „Hochschullehrer“; VG München NJW 1989, 314 = AnwBl 1989, 292.

richt eine Partei vertreten, dort nicht aufgeführt sind, so spricht das dafür, dass gem. dem Willen des Gesetzgebers für diese das RVG nicht gelten soll. Es gibt auch einen guten Grund hierfür. Der Hochschullehrer unterhält keine eigene Kanzlei und hat deshalb erheblich niedrigere Kosten.[12] Etwas anderes ergibt sich auch nicht aus § 67 Abs. 2 VwGO. Wenn dort dem Hochschullehrer eine Vertretung beim Verwaltungsgericht gestattet wird, so ist damit nur die Vertretungsbefugnis geregelt, aber nicht auch die Vergütung. Auch ein Steuerberater kann vor dem AG seinen Mandanten vertreten. Trotzdem kann er nicht wie ein RA abrechnen.

14 Ohne eine Vereinbarung richtet sich in Ermangelung einer Taxe die Vergütung gem. § 612 Abs. 2 BGB nach der **üblichen Vergütung.** Allerdings wird vertreten, dass das RVG als üblich stillschweigend vereinbart sei[13] bzw. die nach § 612 Abs. 2 BGB übliche Vergütung darstelle.[14]

15 **Vergütungsvereinbarung.** Der Hochschullehrer kann jedenfalls die Geltung des RVG mit seinem Mandanten vereinbaren.

16 **Kostenerstattung.** Allg. wird angenommen, dass der vom Hochschullehrer Vertretene einen Erstattungsanspruch bis zu der Höhe hat, die bei Mandatierung eines RA angefallen wäre.[15] Das setzt allerdings voraus, dass im Innenverhältnis dem Hochschullehrer mindestens ein Anspruch in dieser Höhe zusteht.

11. RA in Steuersachen

17 S. § 35 RVG und die dortige Kommentierung. Zu RA, der zugleich Steuerberater ist → Rn. 56.

12. Vertreter bestimmter Vereinigungen

18 Vertreter einer beruflichen, genossenschaftlichen oder gewerkschaftlichen Vereinigung unterliegen nicht dem RVG auch wenn sie bei Gericht auftreten können (zB gem. § 11 ArbGG, §§ 73 Abs. 6, 166 SGG).[16] Ist der Vertreter aber auch RA und vertritt er als solcher ein Verbandsmitglied im Prozess, so entstehen nach BAG Gebühren nach dem RVG, und zwar auch dann, wenn im Fall des Unterliegens der Verband die Kosten tragen würde.[17]

13. Vereinbarung des RVG

19 Die Geltung der materiell-rechtlichen Bestimmungen des RVG kann teilweise auch in Fällen, die nach dem Gesetz nicht dem RVG unterliegen, durch eine Vereinbarung herbeigeführt werden. Eine solche Vereinbarung erfolgt verhältnismäßig häufig bei Schiedsgerichten, sofern Richter oder Wirtschaftsprüfer Mitglieder des Schiedsgerichts sind.

20 Sie ist jedoch nicht möglich, soweit für bestimmte Berufsgruppen eine Gebührenordnung ausschließlich anzuwenden ist, wie zB für notarielle Tätigkeiten eines Notars durch §§ 85 ff. GNotKG und KV GNotKG Teil 2 (Vorb. vor KV 21100 ff.) (→ Rn. 67), für den Insolvenzverwalter durch die InsVV (→ Rn. 613). Wegen Steuerberater → Rn. 50.

21 Bestimmte Regelungen des RVG, bei denen eine Mitwirkung des Gerichts oder eine Beteiligung des Staates betroffen ist, können allerdings nicht vereinbart werden, zB also nicht § 11, 33, 43 RVG.

III. Anwaltliche Tätigkeit

1. Allgemeines

22 **a) Rechtlicher Beistand.** Das RVG gilt gem. § 1 Abs. 1 RVG nur für eine anwaltliche Tätigkeit. Was hierzu gehört, definiert das RVG nicht. Es ergibt sich aus §§ 1–3 BRAO. Eine anwaltliche Tätigkeit liegt in der Gewährung rechtlichen Beistandes (§ 3 BRAO). Dieser kann forensischer Art (Vertretung bei Gericht) oder außergerichtlicher Art sein (zB Beratung, Vertragsentwürfe, außergerichtliche Vertretung).

23 **Abgrenzung.** Die Anwendung des RVG ist danach abzugrenzen, ob die Aufgabe, **rechtlichen Beistand** zu leisten, **im Vordergrund** steht, oder ob sie bei der Durchführung des erteilten Auftrags zurücktritt, als unwesentlich erscheint und iErg keine praktisch ins Gewicht fallende Rolle spielt. Nur wenn der rechtliche Beistand ganz untergeordnete oder gar keine Bedeutung hat, ist die Tätigkeit keine anwaltliche.[18]

---

[12] Schneider/Wolf/*Volpert* RVG § 1 Rn. 108.
[13] Bischof/*Bischof* RVG § 1 Rn. 16.
[14] OLG Düsseldorf JurBüro 1995, 247; Mayer/Kroiß/*Mayer* RVG § 1 Rn. 61.
[15] Bischof/*Bischof* RVG § 1 Rn. 16.
[16] LAG Hamm JurBüro 1994, 422.
[17] BAG NJW 2016, 1675 Rn. 25 = NZA 2016, 188 = RVGreport 2016, 109 mzustAnm *Hansens.*
[18] BGH NJW 1980, 1855 Rn. 6.

Von Bedeutung ist auch, ob eine Tätigkeit üblicherweise auch von anderen Berufsgruppen ausgeführt wird. Unter anderem aus diesem Grund hat der BGH eine anwaltliche Tätigkeit verneint 24

- bei der Anlageberatung (→ Rn. 29)
- bei der Vermögensverwaltung (→ Rn. 30)
- bei der kaufmännischen Buchführung (→ Rn. 32).

b) Unabhängigkeit. Zur rechtsanwaltlichen Tätigkeit gehört die Unabhängigkeit (§ 3 Abs. 1 BRAO). Dieses Kriterium spielte früher beim Syndikusanwalt eine besondere Rolle. Zum neuen Recht bei diesem → Rn. 348b. 25

c) Im Zweifel anwaltliche Tätigkeit. Im Zweifel ist anzunehmen, dass derjenige, der sich an einen RA wendet, ihn auch als solchen in Anspruch nimmt. Nur wenn feststeht, dass es dem Auftraggeber nicht um den rechtlichen Beistand geht, greift diese Auslegungsregel nicht.[19] 26

d) Auftrag oder tatsächliche Tätigkeit. In gleicher Weise wie bei der Prüfung, ob ein Auftrag zu einer außer- oder gerichtlichen Vertretung gegeben ist → RVG VV Vorb. 3 Rn. 15 ff.), ist auch bei der Frage, ob eine anwaltliche Tätigkeit vorliegt, auf den Auftrag und nicht auf die tatsächlich durchgeführte Arbeit abzustellen. Daher ist es unzutreffend, wenn der BGH in einer Entscheidung darauf abstellt, dass es zu einer bestimmten Tätigkeit nicht mehr gekommen ist.[20] 27

e) Gewerbliche Tätigkeit. Vertreten wird, dass, obwohl der RA kein Gewerbe ausübt (§ 2 Abs. 2 BRAO), er auch einmal ein Gewerbetreibender sein kann, zB wenn der RA professionell und umfangreich in einem gewerblichen Unternehmen Fristen kontrolliert.[21] 28

2. Einzelne Tätigkeiten

a) Anlageberatung. Es ist regelmäßig nicht die eigentliche Aufgabe eines Anlageberaters, Rechtsrat zu erteilen. Zwar werden bei der Anlage von Geldern vielfach auch rechtliche Gesichtspunkte zu beachten sein, vor allem auf dem Gebiet des Steuerrechts und des Gesellschaftsrechts. Deshalb wird eine Anlageberatung aber, soweit nicht ausnahmsweise einmal Rechtsfragen im Vordergrund stehen, noch nicht zur Rechtsberatung. Erwägungen zur Rendite und zur Sicherheit der geplanten Investitionen geben grds. den Ausschlag. Den in diesem Zusammenhang auftauchenden Rechtsfragen wird in der Regel geringeres Gewicht beigemessen. Dementsprechend wird Anlageberatung auch nicht üblicher Weise von einem RA wahrgenommen, sondern von Banken oder speziellen Anlageberatern.[22] 29

b) Vermögensverwaltung. Der Vermögensverwalter hat vor allem Grundsätze der Rentabilität zu berücksichtigen und darauf bedacht zu sein, die ihm anvertrauten Werte sicher und gewinnbringend anzulegen. Der RA ist deshalb bei ihr im Regelfall nicht anwaltlich tätig. Auch wenn er vielfach Geschäfte zu erledigen hat, für die es des Rechtsrats bedarf, so pflegen sie nicht das Wesen einer solchen Verwaltung zu bestimmen. Bilden Miethäuser den wesentlichen Bestand des Vermögens, so hat der Verwalter mit Dingen zu tun, die sich weit vom Aufgabenkreis eines RA entfernen, zB mit Reparaturen und der Auswahl von Mietern. Die Vermögensverwaltung steht ihrem Wesen nach der Testamentsvollstreckung und Insolvenzverwaltung nahe, sodass auch die Wertung des § 1 Abs. 2 S. 2 RVG gegen eine anwaltliche Tätigkeit spricht.[23] 30

Für die Vergütung des Vermögensverwalters können den beim Testamentsvollstrecker geltenden Grundsätzen Anhaltspunkte entnommen werden.[24] 31

c) Kaufmännische Buchführung. Die kaufmännische Buchführung ist keine typische Tätigkeit eines Rechtsanwalts. Bei ihr können zwar vereinzelt auch Rechtsfragen auftauchen und eine Rolle spielen, etwa für die Frage, wie der eine oder andere Posten zu verbuchen ist. Im Vordergrund stehen solche Dinge aber nicht. Demgemäß wird sie auch in der Regel nicht von Rechtsanwälten, sondern von Buchhaltern, aber auch von Wirtschaftsprüfern, Buchprüfern, Steuerberatern oder Steuerbevollmächtigten wahrgenommen. 32

---

19 BGH NJW 1980, 1855 = AnwBl 1980, 458 Rn. 10.
20 BGH NJW 1970, 1189.
21 *Kilger* AnwBl 1999, 571 (573).
22 BGH NJW 1980, 1855 = AnwBl 1980, 458.
23 BGHZ 46, 268.
24 BGHZ 46, 268 Rn. 39 ff.

33 **Beim Jahresabschluss** (Bilanz) können zwar schon öfter einmal Rechtsfragen auftreten als bei der Buchführung im Laufe des Jahres. Sie bilden aber nicht notwendig einen so erheblichen Teil der Tätigkeit, dass eine Einordnung als rechtsanwaltliche Tätigkeit gerechtfertigt wäre.

34 **Die Mitwirkung bei der finanzamtlichen Betriebsprüfung** (vgl. § 162 Abs. 10, 11 RAO) ist anwaltliche Tätigkeit, wenn die Erteilung von Rechtsrat im Einzelfall im Vordergrund steht. Hingegen ist eine solche nicht gegeben, wenn die Mitwirkung lediglich oder ganz überwiegend im Hinblick darauf geschah, dem Prüfer durch Befragung desjenigen, der die Buchhaltung und den Abschluss gefertigt hatte, nähere Auskunft über einzelne Vorgänge zu ermöglichen.[25]

35 **d) Wirtschaftsmandate.** Wirtschaftsmandate, besonders **Finanzierungsaufträge,** können Inhalt eines Anwaltsvertrags sein. Denn wer sich an einen RA mit einem derartigen Auftrag wendet, wünscht im Zweifel seinen rechtlichen Beistand.[26] Die für wirtschaftliche Angelegenheiten maßgebende Gesetzgebung wird immer umfangreicher und verwickelter. Es bedarf daher besonderer Rechtskenntnisse, um wirtschaftliche Fragen zutreffend zu beurteilen, die zuständigen behördlichen Stellen zu ermitteln und Anträge in rechtlicher und tatsächlicher Beziehung sachgemäß zu begründen. Die Tatsache, dass der Auftraggeber einen RA zuzieht, spricht dafür, dass der RA die Rechtslage prüfen und bei den zuständigen Behörden diejenigen Schritte unternehmen soll, die zu dem gewünschten Erfolg führen. Das trifft zB zu, wenn gewisse Vergünstigungen beim Vorliegen bestimmter gesetzlicher Voraussetzungen von einer Behörde gewährt werden können.[27]

36 Wegen Vermögensverwaltung, Anlageberatung und kaufmännischer Buchführung → Rn. 29 ff.

37 Als **nichtanwaltliche Tätigkeit** sind angesehen worden:
– der Aufkauf von Forderungen,[28]
– die Gewährung eines Darlehens durch den Anwalt selbst,
– die Ausarbeitung eines Finanzierungsplans, die im Zweifel nach den in Bankkreisen üblichen Sätzen zu vergüten ist. Das gilt aber nur dann, wenn der Plan lediglich wirtschaftlichen Zwecken dient und seine Aufstellung keine wesentlichen rechtlichen Kenntnisse erfordert. Ist aber mit der Aufstellung des Planes eine rechtliche Beratung verbunden, zB wenn der Plan als Grundlage für die Auseinandersetzung von Gesellschaftern, für die Gründung einer Gesellschaft oder der Erleichterung einer Ehescheidung dienen soll, so liegt eine anwaltliche Tätigkeit vor.

38 **e) Inkasso.** Die Abgrenzung zwischen Anwalts- und reiner Inkassotätigkeit hängt davon ab, ob die dem RA eigentümliche Aufgabe, rechtlichen Beistand zu leisten, so in den Hintergrund getreten ist, dass es gerechtfertigt ist, die beworbene Aufgabe als reine Inkassotätigkeit zu werten. Wenn sich ein Mandant statt an ein Inkassobüro an einen RA mit dem Auftrag der Forderungseinziehung wendet, erwartet er von ihm, falls nicht ausdrücklich etwas anderes vereinbart worden ist, dass er bei seiner Tätigkeit insbes. die rechtlichen Interessen betreut, also als RA tätig wird.[29] Erst recht gilt dies, wenn auch die Vertretung im gerichtlichen Mahn- und das Vollstreckungsverfahren versprochen wird.[30] Betreibt jedoch ein RA mittels Büroorganisation massenhaft voll automatisiertes außergerichtliches Inkasso, so ist das keine nach dem RVG zu vergütende Anwaltstätigkeit.[31]

Wegen Kostenfestsetzung → RVG VV 3305 Rn. 112 ff.

39 **f) Makler.** Wenn der RA ein Darlehen einer Privatperson vermitteln soll, will der Auftraggeber regelmäßig die rechtliche Hilfe des Anwalts in Anspruch nehmen und ihn gleichzeitig beauftragen, die Bedingungen des abzuschließenden Vertrags rechtlich zu prüfen und das Interesse des Auftraggebers durch sachgemäße Verhandlungen wahrzunehmen.[32]

40 Nur dann, wenn die Gewährung rechtlichen Beistandes völlig in den Hintergrund tritt, ist ein Maklervertrag anzunehmen,[33] zB wenn sich jemand nur deshalb an einen Anwalt wendet,

---

[25] BGH NJW 1970, 1189.
[26] OLG Frankfurt a. M. AnwBl 1981, 152.
[27] OLG Hamburg MDR 1953, 500.
[28] RG KonkTreuh. 29, 106.
[29] BGH NJW 2009, 534 = AnwBl 2008, 880 Rn. 9.
[30] BGH NJW 2009, 534 = AnwBl 2008, 880 Rn. 10.
[31] BGH NJW 2019, 1759; BFH BFH/NV 2012, 1959 = RVGreport 2013, 122.
[32] BGH AnwBl 1987, 141; NJW 1985, 2642; jedoch OLG Frankfurt a. M. AnwBl 1981, 152 die Vermittlung eines Bankkredits ist keine Anwaltstätigkeit.
[33] BGH NJW 1985, 2642.

weil er erfahren hat, dass dieser ein passendes Kaufobjekt an der Hand hat, oder der RA den Namen des Verkäufers geheim hält und nur ein Exposé mit Auskünften kaufmännischer Art beschafft, oder der RA erklärt, dass er bei Zustandekommen eines Kaufvertrages eine Vermittlungsprovision beanspruche.

Ein reiner Maklervertrag liegt auch dann vor, wenn die Tätigkeit des RA sich darauf beschränkt, dass er einem Darlehenssuchenden einen Darlehensgeber namhaft macht. In einem solchen Falle ist nach § 652 BGB der Vergütungsanspruch vom Erfolg abhängig, und es bestimmt sich die Vergütung nach den für Makler üblichen Sätzen. **41**

Dasselbe gilt, wenn sich der Auftrag darauf beschränkt, dass der RA wegen seiner persönlichen Beziehungen zu einer Bank nur die Verbindung zwischen dieser und dem Kreditsuchenden herstellen, aber keinen rechtlichen Beistand leisten soll.[34] **42**

Ob ein reiner Maklervertrag oder ein Anwaltsvertrag anzunehmen ist, wenn der RA den Verkauf eines von ihm verwalteten Grundstücks vermittelt, hängt davon ab, ob die Personen, für die er die Verwaltung führt, von ihm eine rechtliche Beratung erwarten. **43**

g) Verwertung einer Erfindung. Wird der RA mit der Verwertung einer Erfindung beauftragt, so ist ebenfalls im Zweifel ein Anwaltsvertrag anzunehmen, der den Auftrag zur Prüfung patent- oder urheberrechtlicher Gesichtspunkte umfasst. Wer nur wirtschaftliche Beratung wünscht, wird sich kaum gerade an einen RA wenden. **44**

h) Mediation. Mediator. Soweit der RA als Mediator tätig ist, gilt § 34.[35] **45**

Unterstützung eines Beteiligten bei Mediation. Soweit der RA in der von einem anderen geführten Mediation seinen Auftraggeber unterstützt, ist er als RA tätig und das ganze RVG und nicht § 34 RVG sind anzuwenden. **46**

i) Gutachten. Erstellt der RA ein **Gutachten zum römischen Recht,** so ist dies anwaltliche Tätigkeit, wenn es zur Durchsetzung eines Rechts dienen, und keine anwaltliche Tätigkeit, wenn es für eine wissenschaftliche Arbeit verwendet werden soll. **47**

IV. Mehrfachqualifikation

1. Allgemein

Bisweilen ist ein RA mehrfach qualifiziert. Am häufigsten kommt dabei die Kombination RA/Steuerberater, RA/Notar und RA/Patentanwalt vor. Hier stellt sich die Frage, wann das RVG anzuwenden ist. Weiter ist zu fragen, ob nicht uU sogar eine doppelte Vergütung nach unterschiedlichen Vergütungsbestimmungen in Betracht kommt. **48**

2. RA/Steuerberater

Bedeutung. Die erste Frage wurde in der Vergangenheit häufig für den RA/Steuerberater erörtert. Sie hat jedoch dadurch an Bedeutung verloren, dass durch § 35 RVG und § 45 StBVV beim RA und Steuerberater weitgehend für dieselben Tätigkeiten dieselben Gebühren anfallen. Ganz bedeutungslos ist sie aber nicht, da § 35 RVG nicht auf §§ 21, 22 StBVV verweist, sodass es für die Frage, ob sich die Vergütung für eine Beratung und ein Gutachten nach §§ 21, 22 StBVV oder nach § 35 RVG richtet, darauf ankommt, ob der RA als solcher oder als Steuerberater tätig ist. Weniger bedeutsam ist, dass nur beim RA, nicht aber beim Steuerberater eine Einigungsgebühr anfallen kann, nachdem die StBVV eine solche nicht kennt.[36] In Steuersachen kann ohnehin nur ganz ausnahmsweise eine Einigungsgebühr entstehen (→ RVG VV 1000 Rn. 77). **49**

Abgrenzung. In der Vergangenheit wurde vertreten: Der RA kann wählen, ob er als RA oder Steuerberater tätig werden will.[37] Er muss aber dem Mandanten erklären, in welcher Funktion er tätig wird,[38] bzw. noch weitergehend, nach welchem Gebührenrecht er abrechnen wird.[39] Unterlässt er dies, so darf er nicht die für ihn günstigeren Gebühren verlangen.[40] Er verletzt eine vorvertragliche Sorgfaltspflicht.[41] Nach aA muss er die typischen zB steuerberatenden Tätigkeiten nach der günstigeren StBVV abrechnen.[42] Liegt der Schwerpunkt im Be- **50**

---

[34] BGH NJW 1980, 1855; 94, 1405 = AnwBl 1994, 243.
[35] Hartmann/Toussaint/*Toussaint* RVG § 1 Rn. 35 „Mediator"; Schneider/Wolf/*Volpert* RVG § 1 Rn. 143 ff.
[36] Riedel/Sußbauer/*Potthoff* RVG § 35 Rn. 6.
[37] Mayer/Kroiß/*Mayer* RVG § 1 Rn. 65.
[38] Gerold/Schmidt/*Madert,* 19. Aufl. 2010, § 1 Rn. 11.
[39] OLG München OLGR 2005, 356; Mayer/Kroiß/*Mayer* RVG § 1 Rn. 66.
[40] OLG München OLGR 2005, 356.
[41] Riedel/Sußbauer/*Potthoff* RVG § 35 Rn. 5.
[42] Mayer/Kroiß/*Mayer* RVG § 1 Rn. 67; Gerold/Schmidt/*Madert,* RVG, 19. Aufl. 2010, § 1 Rn. 11.

reich des vorsteuerlichen Verfahrens, was bei der Buchführung der Fall ist, so ist keine anwaltliche Tätigkeit gegeben.[43]

51 Die Abgrenzung wird dadurch erschwert, dass die Steuerberatung zum Kernbereich anwaltlicher Tätigkeit gehört. Der Aufgabenbereich des Steuerberaters ist nicht anders, sondern nur enger als der des RA.[44]

52 **Richtigerweise** sollte, wenn es bei der Beratung oder dem Gutachten ausschließlich oder ganz überwiegend um steuerrechtliche Fragen geht, die StBVV angewandt werden, wenn nicht besondere Umstände vorliegen.[45] Hierfür spricht, dass auch heute noch in den meisten Fällen ein Auftraggeber einer steuerrechtlichen Sache sich zum Steuerberater und nicht zum RA begibt. Es ist deshalb zunächst einmal naheliegend, dass der Mandant die Hilfe eines Steuerberaters wünscht.

53 Dieser Auslegung steht auch nicht entgegen, dass nach den Motiven zu § 35 RVG bei der steuerberatenden Tätigkeit für den RA das Primat der Anwendung des RVG gilt.[46] Das gilt, wenn ein nur RA steuerberatend tätig ist, sagt aber nichts dazu, was beim RA/Steuerberater gelten soll.

54 Das Argument, dass eine Vergütung nach der StBVV für den Mandanten generell günstiger ist, kann allerdings heute auch bei einer Beratung nicht mehr zur Stützung dieses Ergebnisses herangezogen werden. Es lässt sich heute nicht mehr generell beantworten, ob nach § 21 StBVV oder nach § 34 Abs. 1 S. 3 RVG höhere Gebühren anfallen. Je nach den Gegebenheiten des Einzelfalls ist einmal das RVG, das andere Mal die StBVV günstiger.

55 Für welche Funktion der **Auftrag** erteilt ist, kann sich auch **aus den Umständen** ergeben.[47] Es ist deshalb möglich, dass sich aus ihnen auch bei einer ausschließlich Steuerfragen betreffenden Beratung ein Mandat für den RA ergibt, zB weil für vergleichbare Mandate in der Vergangenheit immer nach dem RVG abgerechnet wurde. Ein enger Zusammenhang mit anderen, etwa gesellschafts- oder erbrechtlichen Fragen kann für eine Tätigkeit als RA sprechen.

56 Eine **Doppelvergütung** sowohl nach der StBVV und dem RVG für denselben Vorgang, wie sie der BGH beim RA/Patentanwalt anerkennt (→ Rn. 57 ff.), wird von niemandem vertreten. Eine solche scheidet auch aus, da die Steuerberatung für einen RA kein aliud ist, sondern auch zum rechtsanwaltlichen Tätigkeitsbereich gehört.

3. RA/Patentanwalt

57 **Doppelvergütung.** Die Streitfrage, ob der RA, der zugleich als Patentanwalt zugelassen ist und von der Partei in einer Patent-(Gebrauchsmuster-, Design-, Marken-)streitsache in beiden Funktionen mit der Vertretung beauftragt wurde, neben den RA-Gebühren auch noch Patentanwaltsgebühren fordern kann,[48] hat der BGH inzwischen bejaht, wobei es nach ihm nicht darauf ankommt, ob der RA patentrechtliche Mehrarbeit geleistet hat.[49]

58 **Doppelauftrag.** Zu beachten ist aber, dass der BGH in seinem Fall als unstreitig davon ausgegangen ist, dass der Anwalt in beiden Funktionen beauftragt war. Fehlt aber ein solcher Doppelauftrag, so können auch keine doppelten Gebühren anfallen. In vielen Fällen wird ein solcher Doppelauftrag fehlen, weil der Mandant nicht zwei Aufträge erteilen will. Er erwartet, dass der RA auf Grund seiner besonderen Qualifikation innerhalb nur eines Auftrags in der Lage ist, ihn optimal zu vertreten. Für ihn ergibt sich nicht objektiv aus den Umständen, dass eine Doppelvergütung geschuldet sein soll (§ 612 Abs. 1 BGB).[50] Im Gegenteil wären die meisten Auftraggeber sehr erstaunt, wenn Gebühren doppelt verlangt würden.

59 **Hinweis auf Doppelvergütung.** Etwas anderes gilt, wenn der RA und Patentanwalt den Mandanten darauf hinweist, dass er von einem doppelten Auftrag ausgeht und ein doppeltes Honorar verlangt, oder sich sonst wie auch für den Mandanten eindeutig ergibt, dass er einen Doppelauftrag erteilt. Dafür reicht nicht, dass es sich um eine Patentsache handelt und der RA

---

[43] BGH NJW 1970, 1189.

[44] BGH NJW 1970, 1189 Rn. 26.

[45] Mayer/Kroiß/*Mayer* RVG § 1 Rn. 67.

[46] BT-Drs. 15/1971, 197 zu § 33 des Entwurfs.

[47] OLG München OLGR 2005, 356 Rn. 28.

[48] **Verneinend** BPatG GRUR 1991, 205; Riedel/Sußbauer/*Keller,* 8. Aufl. 2000, BRAGO § 31 Rn. 22; **aA** OLG München JurBüro 1983, 1815; Gerold/Schmidt/*von Eicken,* 15. Aufl. 2002, BRAGO § 31 Rn. 28; **diff.** OLG Schleswig JurBüro 1987, 1729, nur wenn RA Mehrarbeit erbringen sollte und erbracht hat.

[49] BGH NJW-RR 2003, 913 = JurBüro 2003, 428 = GRUR 2003, 639.

[50] BGH NJW 1991, 2084, der besondere Zurückhaltung bei der Annahme eines konkludenten Auftrags fordert, wenn hierdurch doppelte Gebühren anfallen → RVG VV 3200 Rn. 7.

auch Patentanwalt ist. Für den BGH[51] scheint es nicht darauf angekommen zu sein, ob der RA und Patentanwalt darauf hingewiesen hat, dass Gebühren doppelt anfallen.

4. RA/Notar

Die Tätigkeiten als Notar und die als RA überschneiden sich nicht. Beide Bereiche sind **wesensmäßig verschieden.** 60

Abgrenzung. Der Notar ist anders als der RA nicht Interessenvertreter, sondern er übt ein **öffentliches Amt** aus. Der RA-Notar ist deshalb als Notar tätig, wenn er nicht Interessenvertreter, sondern neutraler, unparteiischer Betreuer der Belange sämtlicher Beteiligten ist.[52] Dient eine Maßnahme der Vorbereitung einer Maßnahme nach §§ 22–23 BNotO, so wird unwiderlegbar vermutet, dass er als Notar tätig geworden ist.[53] Er kann dann nicht Anwaltsgebühren fordern (§ 24 Abs. 2 S. 1 BNotO). 61

Soll er nur **einseitig die Interessen** eines Mandanten wahrnehmen, ist er als RA tätig.[54] Entscheidend ist dabei, ob der RA **objektiv** unparteiischer Betreuer oder Interessenvertreter ist, und nicht, wovon der Notaranwalt subjektiv ausgeht.[55] 62

Wenn der RA/Notar nicht ein Amtsgeschäft vorbereitet oder durchführt, ist **im Zweifel** anzunehmen, dass er als RA tätig geworden ist (§ 24 Abs. 2 S. 2 BNotO). Derartige Zweifel bestehen nicht, wenn nach den objektiven Umständen, insbes. der Art der Tätigkeit, eine Aufgabe zu erfüllen ist, die in den Bereich notarieller Amtstätigkeit fällt, wenn nicht einseitige Interessenwahrnehmung in Rede steht.[56] 63

Bedeutung des Notarsiegels. Der Annahme, dass der Anwaltsnotar als Notar gehandelt hat, steht nicht entgegen, dass er einer „Erklärung" das Notarsiegel nicht beigefügt hat. Daraus folgt lediglich, dass der „Erklärung" nicht die Eigenschaft einer öffentlichen Urkunde zukommt. Der Nichtgebrauch des Siegels hat hingegen nicht zur Folge, dass die „Erklärung" nicht als notarielle, sondern als anwaltliche Tätigkeit einzustufen wäre. Zwar ist regelmäßig davon auszugehen, dass ein Anwaltsnotar, der eine schriftliche Rechtsauskunft mit dem Notarsiegel versieht, als Notar handelt. Der umgekehrte Schluss, ohne Notarsiegel sei der Notar als RA tätig, ist jedoch nicht berechtigt.[57] 64

Vertragsentwürfe. Entwirft der Anwaltsnotar Verträge, die er später beurkundet, so kommt eine anwaltliche Tätigkeit nur in Betracht, wenn er den Entwurf zunächst ohne Zusammenhang mit der späteren Beurkundung angefertigt hat. Bestand von vornherein ein Zusammenhang mit der Beurkundung, so liegt eine notarielle Tätigkeit vor.[58] 65

Hinweispflicht. Wird ein Anwaltsnotar in seiner Eigenschaft als Notar angegangen und übt er später Anwaltstätigkeit aus, hat er, wenn er dementsprechend auch ein Anwaltshonorar erwartet, den Auftraggeber darüber aufzuklären, dass er diese Tätigkeit als Anwalt ausüben will. Eine konkludente Auftragserteilung als Anwalt kann in der Regel nicht angenommen werden.[59] 66

Kein Gebührenwahlrecht. Der Anwaltsnotar hat, soweit er eine beurkundende Tätigkeit ausübt, kein Gebührenwahlrecht. Er kann in diesem Fall also nicht bestimmen und auch nicht vereinbaren, dass er nach dem RVG abrechnet.[60] 67

Eine **Doppelvergütung** sowohl nach §§ 85 ff. GNotKG, KV GNotKG Teil 2 (Vorb. vor KV 21100 ff.) als auch nach dem RVG für denselben Vorgang, wie ihn der BGH beim RA/Patentanwalt anerkennt (→ Rn. 57 ff.), wird von niemandem vertreten. Eine solche scheidet auch aus, da der Notar bei einem Vorgang entweder nur als Notar oder nur als RA tätig wird (→ Rn. 60 ff.). 68

V. Rechtsgrund des Vergütungsanspruchs

1. Überblick

Anspruchsgrundlage für einen Vergütungsanspruch kann sein 69

[51] BGH NJW-RR 2003, 913 = JurBüro 2003, 428 = GRUR 2003, 639.
[52] BGHZ NJW 1997, 661 Rn. 19.
[53] Mayer/Kroiß/*Mayer* RVG § 1 Rn. 70; Schneider/Wolf/*Volpert* RVG § 1 Rn. 141.
[54] OLG Hamm DNotZ 1985, 183.
[55] Mayer/Kroiß/*Mayer* RVG § 1 Rn. 71.
[56] BGH NJW 1997, 661 Rn. 19.
[57] BGH NJW 1997, 661 Rn. 18.
[58] Mayer/Kroiß/*Mayer* RVG § 1 Rn. 71; *Mümmler* JurBüro 1994, 140.
[59] OLG Hamm DNotZ 1985, 183.
[60] Mayer/Kroiß/*Mayer* RVG § 1 Rn. 73; Schneider/Wolf/*Volpert* RVG § 1 Rn. 138.

– Vertrag
– Geschäftsführung ohne Auftrag
– ungerechtfertigte Bereicherung
– Beiordnung.

2. Vertrag

70 In den meisten Fällen ergibt sich ein Vergütungsanspruch aus Vertrag. Für diesen gelten, soweit in dem RVG keine abweichenden Bestimmungen enthalten sind, die Vorschriften des BGB.

71 **a) Geschäftsfähigkeit.** §§ 104ff. BGB sind anzuwenden. Soweit ein **beschränkt Geschäftsfähiger** (§§ 106, 114 BGB) oder Geschäftsunfähiger (§ 104 BGB) eigene Verfahrensrechte hat (zB § 60 FamFG, § 137 Abs. 2 StPO), und er nach den Verfahrensrechten befugt ist, einem Anwalt wirksam Vollmacht zu seiner Vertretung zu erteilen, kommt durch seine Auftragserteilung ein entgeltlicher Anwaltsvertrag zustande. Darauf, ob er nach seiner individuellen Einsichtsfähigkeit und Verstandesreife die Bedeutung und Tragweite seines Tuns zu erkennen in der Lage ist, kommt es nicht an.[61]

72 **b) Vertragsangebot und -annahme.** ***aa) Grundsätze.*** **Auch konkludent.** Ein Vertrag kann, da Schriftform nicht vorgeschrieben ist, auch durch schlüssige Handlungen zu Stande kommen.

73 Ein **schlüssiges Angebot** liegt meistens darin, dass der Mandant Kontakt zum RA aufnimmt, um sich von ihm beraten oder vertreten zu lassen. Schildert jemand eine rechtliche Situation und stellt er dann die Frage, ob er sich das gefallen lassen muss, so ist das ein Angebot zur Prüfung der rechtlichen und tatsächlichen Rechtlage.[62] Ein Vertrag kommt durch schlüssiges Handeln jedoch nur zustande, wenn die Erklärungen eindeutig und zweifelsfrei sind.[63]

74 Eine **schlüssige Annahme** des Antrags des Mandanten liegt noch nicht darin, dass der RA sich von der Partei, die ihm einen Auftrag erteilen will, eine Darstellung des Sachverhalts geben lässt, um überhaupt entscheiden zu können, ob er den Auftrag annehmen will.[64] Eine Annahme des Vertragsangebotes liegt erst dann vor, wenn er zu erkennen gibt, dass er den Auftrag annehmen will. Die Annahme des Antrags kann jedoch auch schon vor der Schilderung des Sachverhalts erfolgen, nämlich dann wenn der RA von vornherein seine Bereitschaft zeigt, den Auftrag anzunehmen.

75 ***bb) Stillschweigender Beratungsvertrag.*** Kommt es nicht zur Erteilung eines Prozessauftrages oder eines anderen umfassenden Auftrags, weil der RA abrät, die Angelegenheit zu betreiben, weil er die Sache für aussichtslos oder für unwirtschaftlich hält, und folgt die Partei seinem Rat, wird in der Regel der stillschweigende Abschluss eines Vertrages auf Erteilung eines Rates anzunehmen sein, so dass der RA die Ratsgebühren fordern kann.[65] Dem kann nicht entgegengehalten werden, dass das nicht mehr mit § 34 RVG vereinbar sei, da dieser eine Gebührenvereinbarung verlange, die nur ausdrücklich erfolgen könne und da es an einer Einigung zur Höhe, also zu einem wesentlichen Vertragselement fehle.[66] Die Beratungsgebühr setzt keine Gebührenabrede und Einigung zur Höhe voraus, wie § 34 Abs. 1 S. 2, 3 RVG zeigt. Unbeschadet der in § 34 Abs. 1 S. 1 RVG zum Ausdruck gekommenen Absicht des Gesetzes werden heute in der Praxis ständig noch Beratungsverträge ohne eine Gebührenvereinbarung geschlossen.

76 **c) Bedingung.** Der Abschluss des Anwaltsvertrags kann von einer Bedingung abhängig gemacht werden. Es können auch ein **unbedingter und ein bedingter Vertrag gleichzeitig** geschlossen werden.

Beispiele:

– Der Mandant beauftragt den RA, außergerichtlich gegen den Gegner vorzugehen (unbedingter Auftrag zu einer außergerichtlichen Vertretung). Sollte der Gegner nicht zahlen, so soll der RA klagen (bedingter Auftrag zur Vertretung bei Gericht).[67]

---

[61] Keidel/*Meyer-Holz* FamFG § 60 Rn. 17; **aA** OLG Hamm FamRZ 1990, 1262, allerdings noch zum Verfahrenspfleger nach § 50 FGG.

[62] BGH JurBüro 2005, 141.

[63] Bischof/*Bischof* RVG § 1 Rn. 26.

[64] Schneider/Wolf/*Volpert* RVG § 1 Rn. 15 unter Berufung auf eine unveröffentlichte Entscheidung von OLG Brandenburg 8.5.2007 – 11 U 68/05 BeckRS 2009, 05857.

[65] Riedel/Sußbauer/*Fraunholz*, RVG, 9. Aufl. 2005, § 1 Rn. 10.

[66] So aber Bischof/*Bischof* RVG § 1 Rn. 29f.

[67] KG AGS 2006, 79.

– Der Mandant beauftragt den RA, die Deckungszusage bei der Rechtsschutzversicherung zu erholen (unbedingter Auftrag). Weiter tätig werden soll er nur, wenn die Zusage erteilt ist (bedingter Auftrag). Weist der Mandant den RA darauf hin, dass er rechtsschutzversichert ist und soll der RA die Deckungszusage erholen, so ist, wenn nicht besondere Umstände dagegen stehen, davon auszugehen, dass zunächst nur ein unbedingter Auftrag für die Erholung der Deckungszusage besteht. Erst recht gilt dies, wenn der Mandant um eine kurze Information bittet, wenn die Zusage nicht erteilt wird.[68] Dazu, dass uU zwei Aufträge vorliegen → Rn. 324.
– Der Mandant beauftragt den RA, einen **PKH-Antrag** bei Gericht einzureichen (→ RVG VV 3335 Rn. 7, 8).

Beauftragt der Mandant den RA, dem **PKH-Antrag** einen **Entwurf einer Klageschrift** 77
beizufügen, so ergibt sich daraus nicht, dass gleichzeitig ein unbedingter Verfahrensauftrag bzw. Einzelauftrag iSv VV 3403 RVG erteilt ist. Zum einen wird dieser Fall kaum vorkommen wenn der RA pflichtgemäß auf diese Mehrkosten hinweist. Der Mandant wird dann auf die Beifügung des Entwurfs verzichten. Unterlässt der RA den Hinweis, macht es sich schadensersatzpflichtig und kann, da bei einer ordnungsgemäßen Aufklärung eine Vermutung dafür besteht, dass der Auftrag zum Entwurf nicht erteilt worden wäre, die zusätzliche Verfahrensgebühr nicht geltend machen (→ Rn. 171 ff.). Im Übrigen wird der RA in vielen Fällen im eigenen Interesse einen Entwurf beifügen, weil er ohnehin den Sachverhalt bei seinem Gesuch darstellen muss und er sich später weitere Arbeit ersparen kann. Darüber hinaus ist zweifelhaft, ob, selbst wenn man von einem expliziten Auftrag des Mandanten, einen Klageentwurf beizufügen, ausgeht, eine Gebühr nach VV 3101 RVG oder VV 3403 RVG anfällt. Der Mandant will den Entwurf zur Erläuterung seines Antrags auf PKH; er will aber, wenn er nur im Falle einer Bewilligung der PKH klagen will, gerade noch keinen unbedingten Auftrag für ein gerichtliches Verfahren erteilen.

d) Verbote für RA. Verstößt der RA gegen bestimmte Berufsverbote, wie zB gem. §§ 43a 78
Abs. 4, 45, 47 RVG, so hat er keinen vertraglichen Vergütungsanspruch.[69] Wegen ungerechtfertigte Bereicherung → Rn. 89 ff.

e) Dienstvertrag/Werkvertrag. Bedeutung der Unterscheidung. Vorweg ist darauf 79
hinzuweisen, dass es für das Gebührenrecht in den meisten Fällen unerheblich ist, ob ein Dienst- oder Werkvertrag vorliegt. Auf beide ist das RVG anzuwenden. Von Bedeutung ist es hinsichtlich der gebührenrechtlichen Folgen einer Nicht- oder Schlechterfüllung (→ Rn. 165 ff.).

Dienstvertrag. Regelmäßig ist der Vertrag ein bürgerlich-rechtlicher Dienstvertrag mit 80
dem Inhalt einer Geschäftsbesorgung (§§ 611, 675 BGB),[70] unabhängig davon ob der RA beratend, gutachterlich oder gerichtlich tätig werden soll.[71]

Werkvertrag. Ein solcher ist nur gegeben, wenn der RA für einen bestimmten Erfolg ein- 81
treten soll. Das ist gewöhnlich der Fall, wenn der RA eine Rechtsauskunft über eine konkrete Frage oder ein schriftliches Rechtsgutachten[72] erstellen soll. Weiter wird angenommen, dass gewöhnlich bei einem Vertragsentwurf ein Werkvertrag vorliegt.[73] Dem wird entgegengehalten, dass der RA nicht ohne einen Gebührenanspruch bleiben wolle, wenn sich herausstellt, dass der beabsichtigte Vertrag so nicht abgeschlossen werden kann.[74]

f) Außergerichtliche oder gerichtliche Tätigkeit. Dazu, auf welche Tätigkeit sich der 82
Auftrag bezieht, zB ob auf eine Beratung, eine außergerichtliche oder gerichtliche Vertretung, befinden sich die Kommentierungen bei den jeweiligen Bestimmungen zB wegen Verfahrensauftrag → RVG VV Vorb. 3 Rn. 15 ff.

g) Beweislast. Zustandekommen des Vertrags. Der RA muss das Zustandekommen des 83
Vertrages beweisen, wenn er auf dessen Basis eine Vergütung geltend macht.[75] Zu Recht wird aus Beweisgründen dem RA nahe gelegt, den Vertrag **schriftlich** zu schließen. Die unterschriebene Vollmacht reicht häufig als Beweismittel für einen bestimmten Auftrag nicht, da zwischen Auftrag und Prozessvollmacht zu unterscheiden ist (→ RVG VV Vorb. 3 Rn. 15 ff.). Beruft sich der Mandant darauf, dass nur unter einer aufschiebenden Bedingung ein Vertrag zustande gekommen sei, so ist der RA beweisbelastet, dass keine Bedingung vereinbart war

---

68 OLG München AGS 2012, 58 Rn. 25 ff.
69 *Kleine-Cosack* BRAO § 43a Rn. 254; § 45 Rn. 55; § 47 Rn. 13.
70 BGH NJW 1987, 315 Rn. 18.
71 Mayer/Kroiß/*Mayer* RVG § 1 Rn. 13.
72 BGH NJW 1965, 106; Mayer/Kroiß/*Mayer* RVG § 1 Rn. 13.
73 BGH NJW 1996, 661 Rn. 14.
74 Riedel/Sußbauer/*Fraunholz,* RVG, 9. Aufl. 2005, § 1 Rn. 5.
75 OLG Düsseldorf FamRZ 2009, 2027 Rn. 4 ff.

oder die Bedingung eingetreten ist;[76] so zB wenn der Mandant behauptet, der RA hätte nur nach einer Deckungszusage des Rechtsschutzversicherers weiter tätig sein sollen.[77]

84 **Unentgeltlichkeit.** Steht fest oder hat der RA bewiesen, dass ein Anwaltsvertrag entstanden ist, so muss der Auftraggeber die Unentgeltlichkeit beweisen, wenn er sich auf diese berufen will.

3. Geschäftsführung ohne Auftrag

85 Wird der RA ohne Auftrag tätig, kann ein Vergütungsanspruch aus Geschäftsführung ohne Auftrag nach den §§ 677 ff. BGB entstehen.

86 **Genehmigt** der Auftraggeber die Tätigkeit des RA, so hat dieser gem. § 684 S. 2, §§ 683, 670 BGB einen Anspruch auf Ersatz der Aufwendungen, die er den Umständen nach für erforderlich halten durfte. Das ist die übliche Vergütung,[78] die sich bei anwaltlichen Leistungen aus dem RVG ergibt.[79]

87 **Genehmigt der Auftraggeber nicht,** so gilt dasselbe, wenn die Übernahme der Geschäftsführung dem wirklichen oder mutmaßlichen Willen des Auftraggebers entsprochen hat (§ 683 BGB).

Beispiel:[80]

Der RA erfährt, dass gegen seinen Freund F Klage auf Räumung der Wohnung anhängig ist. Der RA wird für F, der wegen eines Auslandsaufenthalts nicht erreichbar ist, tätig und erreicht ein klageabweisendes Urteil. Genehmigt F die Tätigkeit des RA, so schuldet er die Anwaltsvergütung; genehmigt er nicht, so muss er dennoch die Vergütung bezahlen, weil die Tätigkeit des RA (objektiv) dem Interesse des F und (subjektiv) seinem mutmaßlichen Willen entsprochen hat.

88 Liegen diese Voraussetzungen nicht vor, so kommt ein Anspruch aus ungerechtfertigter Bereicherung in Betracht (→ Rn. 89 ff.).

4. Ungerechtfertigte Bereicherung

89 Ist der anwaltliche Dienstvertrag unwirksam, etwa wegen Geschäftsunfähigkeit des Auftraggebers, richtet sich, wenn eine berechtigte Geschäftsführung ohne Auftrag vorliegt, der Anspruch nach den Grundsätzen der Geschäftsführung ohne Auftrag.[81] Liegt keine berechtigte Geschäftsführung ohne Auftrag vor, so hat der RA uU Ansprüche aus ungerechtfertigter Bereicherung.[82] Der Wert der anwaltlichen Leistung ergibt sich aus dem RVG.[83]

89a **Bereicherung.** Voraussetzung ist, dass die Partei bereichert ist. So hat der BGH (bei einem Architekten) einen bereicherungsrechtlichen Anspruch bejaht, weil der Bereicherte aufgrund der Leistung eines Architekten die regelmäßig nur aufgrund eines wirksamen, eine Vergütungspflicht begründenden Vertrages zu erhalten ist, eine Baugenehmigung erlangt hat.[84] Entsprechendes gilt für einen RA.

90 **Verstoß gegen ein gesetzliches Verbot.** War der Anwaltsvertrag allerdings wegen Verstoßes gegen ein gesetzliches Verbot nichtig (§ 134 BGB), zB bei gesetzlichen Vertretungs- und Verteidigungsverboten (§ 45 BRAO, §§ 146, 138a StPO), so ist ein Vergütungsanspruch gem. § 817 BGB ausgeschlossen.[85] Das gilt aber nur soweit, wie das gesetzliche Verbot reicht,[86] auch → Rn. 169.

5. Beiordnung

91 Wird der RA beigeordnet, so ergeben sich aus dem Gesetz Ansprüche, zB im Fall des beigeordneten PKH-Anwalts Ansprüche gegen die Staatskasse. Häufig besteht daneben mit dem Mandanten ein Vertrag. Vgl. iÜ die Kommentierungen bei den einzelnen Bestimmungen, die die Beiordnung betreffen, zB → § 39 Rn. 1 ff., in Scheidungssachen beigeordneter RA; → § 45 Rn. 29 ff., PKH-Anwalt.

---

76 BGH NJW 2002, 2862.
77 AG Köln ZfS 2014, 226 = RVGreport 2014, 247, das im konkreten Fall aber wegen der Eilbedürftigkeit der anwaltlichen Tätigkeit eine Umkehr der Beweislast angenommen hat.
78 BGH NJW 2000, 422 Rn. 21.
79 Schneider/Wolf/*Volpert* RVG § 1 Rn. 48.
80 Nach *Hansens* Beilage zur JurBüro 1983, 7.
81 BGH NJW 1993, 3196.
82 Mayer/Kroiß/*Mayer* RVG § 1 Rn. 31.
83 OLG Hamburg MDR 1998, 1123.
84 BGH NJW 1982, 879.
85 BGH NJW-RR 1997, 564.
86 BGH NJW-RR 1997, 564.

VI. Vergütungsanspruch des Rechtsanwalts

1. Entgeltlichkeit

Ohne weiteres entgeltlich. Da eine Berufsleistung des RA in Anspruch genommen wird, gilt – ohne dass es eines Hinweises des RA bedarf (→ Rn. 143 ff.) – gem. § 612 Abs. 1 BGB als stillschweigend vereinbart, dass der RA eine Vergütung für seine Tätigkeit fordern darf.[87] **92**

Anfechtung. Eine Anfechtung, weil der Auftraggeber irrig von Unentgeltlichkeit ausgegangen ist, scheidet aus.[88] **93**

2. Unentgeltliche Tätigkeit

Zulässigkeit. Bei Gefälligkeitshandlungen besteht kein Vergütungsanspruch.[89] Dem steht auch nicht § 49b Abs. 1 S. 2 BRAO entgegen. Zum einen erlaubt diese Bestimmung bei bestimmten Nähe- oder Bedürftigkeitsverhältnissen (wie zB Verwandtschaft, Freundschaft, Nachbarschaft)[90] eine letztlich unentgeltliche Tätigkeit, wobei dort allerdings eine nachträgliche Ermäßigung oder Unentgeltlichkeit vorgesehen ist. Zum anderen kann eine in Laienkreisen unbekannte Vorschrift nicht dazu führen, dass eine Tätigkeit, die von der Verkehrssitte als unentgeltlich angesehen wird, zu einer entgeltlichen wird. Es gilt hier dasselbe, wie bei einem RA, der eine **zu niedrige** Vergütung vereinbart hat. Wegen § 242 BGB kann er vom auf die Gültigkeit der Absprache vertrauenden Mandanten nicht die Vergütung nach dem RVG verlangen.[91] **94**

Wettbewerbsverstoß. Die Nichtberechnung der Vergütung kann ein Wettbewerbsverstoß gem. § 1 UWG sein. **95**

Unentgeltliche Erstberatung. Der RA kann in zulässiger Weise eine unentgeltliche Erstberatung anbieten, nachdem das Gesetz keine Mindestgebühr kennt, die unter Verstoß gegen § 49b Abs. 1 S. BRAO unterschritten werden könnte.[92] Hier findet jedenfalls keine Kostenerstattung statt. **96**

Vereinbarung oder aus den Umständen. Unentgeltlichkeit kann ausdrücklich abgesprochen sein oder sich aus den Umständen ergeben. Sie liegt uU bei einer Tätigkeit für einen Familienangehörigen, einen Freund oder Bekannten oder bei Anfragen im Rahmen von geselligen Begegnungen vor. Es kommt darauf an, ob nach den gesamten Umständen des Einzelfalls unter Berücksichtigung der Verkehrssitte objektiv der Empfänger der anwaltlichen Handlung von Unentgeltlichkeit ausgehen durfte. Zu beachten ist, dass trotz der Unentgeltlichkeit der RA für einen Fehler haften kann.[93] **97**

Beweislast des Auftraggebers. Behauptet der Auftraggeber, es sei etwas vom RVG zu seinen Gunsten Abweichendes oder gar Unentgeltlichkeit vereinbart worden, so hat er sein Vorbringen zu beweisen. Es ist nicht Sache des RA darzulegen, dass nichts Abweichendes vereinbart worden ist.[94] **97a**

Kostenerstattung. Vertreten wird, dass eine Gefälligkeit in aller Regel nur aufgrund einer besonderen Beziehung zu einer bestimmten Person erfolgt. Daher sei davon auszugehen, dass Dritte nicht davon profitieren sollen. Daher gelte die Gefälligkeitsabrede nicht, wenn ein Erstattungsanspruch gegen einen Dritten besteht.[95] **98**

Beispiel:

Der RA führt für einen armen Freund einen Rechtsstreit unentgeltlich. Nach einem siegreichen Ende soll er nach dieser Meinung seine Vergütung im Namen des Freundes gegen den unterlegenen Gegner festsetzen lassen können.

Es ist sehr zweifelhaft, ob dies stillschweigend angenommen werden kann.[96] Dieses Ergebnis lässt sich jedoch dadurch erreichen, dass man ausdrücklich vereinbart, dass die Unentgeltlichkeit nicht gilt, wenn gegen einen Gegner ein Erstattungsanspruch realisiert werden kann.[97]

---

[87] OLG Düsseldorf FamRZ 2009, 2027.
[88] Schneider/Wolf/*Volpert* RVG § 1 Rn. 36.
[89] Riedel/Sußbauer/*Fraunholz,* RVG, 9. Aufl. 2005, § 1 Rn. 8; **aA** Gerold/Schmidt/*Madert,* RVG, 19. Aufl. 2010, § 1 Rn. 58; Mayer/Kroiß/*Mayer* RVG § 1 Rn. 23.
[90] Henssler/Prütting/*Kilian* BRAO § 49b Rn. 50 f.
[91] BGH NJW 1980, 2407; OLG Düsseldorf JurBüro 2004, 536.
[92] BGH NJW 2017, 2554 = JurBüro 2017, 520 = VersR 2017, 1105.
[93] BGHZ 21, 102 (106 f.); Riedel/Sußbauer/*Fraunholz,* RVG, 9. Aufl. 2005, § 1 Rn. 8.
[94] Schneider/Wolf/*Volpert* RVG § 1 Rn. 36.
[95] Gerold/Schmidt/*Madert,* RVG, 19. Aufl. 2010, § 1 Rn. 61.
[96] *Römermann* NJW 2012, 2635.
[97] *Römermann* NJW 2012, 2635.

3. Vergütung nach dem RVG

99 Die Vergütung richtet sich, wenn keine abweichende Vergütungsvereinbarung getroffen wurde, nach dem RVG. Wegen vom RVG abweichender Vergütungsvereinbarung → §§ 3a ff.

4. Gebühren und Auslagen

100 **a) Vergütung.** Die **Vergütung** des RA setzt sich aus den im RVG für seine Tätigkeit vorgesehenen Gebühren und seinen Auslagen zusammen.

101 **b) Gebühren.** Die **Gebühren,** mit denen die Leistung und teilweise seine Auslagen abgegolten werden, unterscheiden sich in

– **Wertgebühren,** die nach dem Gegenstandswert bemessen werden (§§ 13, 22 RVG),
– **Rahmengebühren** (§ 14 RVG), die entweder Satzrahmengebühren (zB 0,5–2,5 Geschäftsgebühr gem. VV 2300 RVG) oder
– Betragsrahmengebühren (zB 60,– EUR bis 660,– EUR Verfahrensgebühr in sozialgerichtlichem Verfahren gem. VV 3102 RVG) sein können,
– **Festbetragsgebühren** (zB 38,50 EUR Beratungsgebühr bei Beratungshilfe gem. VV 2501 RVG),
– **Pauschgebühren** (zB gem. § 42 RVG in einer Strafsache).

102 **c) Auslagen.** Teilweise sind die Auslagen des RA mit den Gebühren abgegolten, teilweise sind sie, wenn mandatsbezogen, gem. Teil 7 gesondert zu vergüten.

5. Entstehung des Vergütungsanspruchs

103 **Entstehen mit erster Tätigkeit.** Der Vergütungsanspruch entsteht nicht bereits mit dem Abschluss des Vertrags, sondern mit der ersten Tätigkeit des RA. Kommt ein Vertrag zustande, so liegt sie in der Entgegennahme der Information. Dabei ist es unerheblich, ob der Vertrag zu diesem Zeitpunkt schon geschlossen war[98] oder erst danach zu Stande kommt.[99] Sie löst jedoch dann keinen Vergütungsanspruch aus, wenn sie erfolgt ist, damit der RA entscheiden kann, ob er das Mandat übernimmt, und es dann nicht zu einem Vertrag kommt.[100]

6. Überschreitung des Auftrags

104 Soll der RA in einer Ehesache nur einen Rechtsmittelverzicht erklären, tritt er aber schon in der dem Urteil vorausgehenden Verhandlung für den Auftraggeber auf, so kann er nur für die Erklärung des Rechtsmittelverzichts eine Vergütung (→ RVG VV 3403 Rn. 24 ff.) verlangen. Zu prüfen bleibt jedoch, ob nicht etwa ein weitergehender Gebührenanspruch aus Geschäftsführung ohne Auftrag oder aus ungerechtfertigter Bereicherung besteht (→ Rn. 85 ff., 89 ff.).[101]

7. Erlass der Vergütung

105 Die Vergütung kann ganz oder teilweise erlassen werden (§ 49b Abs. 1 S. 2 BRAO).

VII. Gläubiger der Vergütung

1. Beauftragter RA

106 Gläubiger der Vergütung ist der beauftragte RA.

2. Anwaltssozietät

107 Wird eine Anwaltssozietät beauftragt, so ist auch bei mündlicher Auftragserteilung davon auszugehen, dass sich der Auftrag auf alle verbundenen Anwälte bezieht. Die Sozii bilden eine Gesellschaft bürgerlichen Rechts (→ RVG VV 1008 Rn. 54 f.). Honorarforderungen stehen den Sozietätsanwälten zur gesamten Hand und nicht als Gesamtgläubigern zu.[102] Die Anwaltssozietät kann jedoch einen einzelnen Gesellschafter im Wege der gewillkürten Prozessstandschaft ermächtigen, den Anspruch der Sozietät im eigenen Namen und auf eigene Rechnung geltend zu machen; dazu bedarf es aber der Zustimmung der anderen Gesellschafter.[103]

---

98 Schneider/Wolf/*Volpert* RVG § 1 Rn. 47.
99 Riedel/Sußbauer/*Fraunholz,* RVG, 9. Aufl. 2005, § 1 Rn. 10.
100 Riedel/Sußbauer/*Fraunholz,* RVG, 9. Aufl. 2005, § 1 Rn. 10.
101 Riedel/Sußbauer/*Fraunholz,* RVG, 9. Aufl. 2005, § 1 Rn. 63a.
102 BGH AnwBl 1996, 543 = NJW 1996, 2859 (Abweichung von BGH NJW 1963, 1301 und von BGH NJW 1980, 2407).
103 BGH AnwBl 1996, 543 = NJW 1996, 2859.

Allerdings kann auch der Mandant nur die Vertretung durch einen bestimmten RA der Sozietät wünschen, was die Ausnahme ist. Dann besteht nur mit dem einen RA ein RA-Vertrag.[104] 108

3. Abwickler der Kanzlei

a) Verhältnis zum Mandanten. Während der Bestellung. Der gem. § 55 BRAO zum Abwickler der Kanzlei eines verstorbenen RA bestellte RA wird nach § 55 Abs. 3 S. 1 BRAO, der auf § 53 Abs. 9 BRAO verweist, in eigener Verantwortung, jedoch im Interesse, für Rechnung und auf Kosten des Vertretenen tätig. Also stehen auch die während der Dauer der Bestellung neu entstehenden Gebühren und Auslagen den Erben des verstorbenen RA zu. Nach § 55 Abs. 3 S. 2 BRAO ist der Abwickler berechtigt, jedoch außer im Rahmen eines Kostenfestsetzungsverfahrens nicht verpflichtet, Kostenforderungen des verstorbenen RA im eigenen Namen für Rechnung der Erben geltend zu machen. 109

Nach der Bestellung. Wird der RA nach Ende seiner Bestellung weiter in der Angelegenheit tätig, so stehen ihm selbst Gebühren und Auslagen gegen den Mandanten auch dann zu, wenn sie bereits in der Person des früheren RA oder für dessen Rechnung erwachsen waren, soweit der Gebühren- oder Auslagentatbestand neu erfüllt wird. Der Auftraggeber muss sie dann – ebenso wie wenn er nach dem Tode des ersten RA einen neuen Anwalt genommen hätte – doppelt entrichten.[105] 110

b) Verhältnis zu den Erben des verstorbenen RA. Nach §§ 55 Abs. 3 S. 1, 53 Abs. 10 S. 4 BRAO hat der Abwickler für seine Tätigkeit während der Bestellung gegen die Erben des verstorbenen RA einen eigenen Anspruch auf eine angemessene Vergütung. Können sich die Beteiligten über die Höhe der Vergütung nicht einigen, setzt der Vorstand der Rechtsanwaltskammer auf Antrag der Erben oder des RA die Vergütung fest. Für die festgesetzte Vergütung haftet die Rechtsanwaltskammer wie ein Bürge.[106] 111

VIII. Schuldner der Vergütung

1. Auftraggeber

Schuldner der Vergütung ist der Auftraggeber, in den Fällen der Geschäftsführung ohne Auftrag der Geschäftsherr, bei ungerechtfertigter Bereicherung der Bereicherte. 112

2. Mehrheit von Auftraggebern

Bei diesen ist im Regelfall davon auszugehen, dass sie Gesamtschuldner sind.[107] Im Übrigen → RVG VV 1008 Rn. 1 ff. 113

3. Minderjähriger als Vergütungsschuldner

Haftung des Minderjährigen. Beauftragen Eltern den RA mit der Vertretung ihres minderjährigen Kindes, so kommt es, wenn keine ausdrückliche Vereinbarung hierzu getroffen ist, auf die Umstände an. Da auch ein Dritter Auftraggeber sein kann (→ Rn. 117), reicht es für eine Schuldnerschaft des Kindes nicht, dass der RA für dessen Anspruch tätig wird. Dabei sind die Eltern beweisbelastet dafür, dass sie den Auftrag nicht in eigenem Namen, sondern in dem des Kindes erteilt haben.[108] 114

Hinweis an den RA. Um Zweifelsfragen aus dem Weg zu gehen, sollte bei der Auftragserteilung klargestellt werden, wer Auftraggeber ist.[109] 115

Anspruch des Kindes gegen Eltern. Eine andere Frage ist, ob das Kind, wenn es Auftraggeber ist, von seinen Eltern auf Grund von deren Unterhaltspflicht (§§ 1602, 1610 Abs. 2 BGB) einen Rechtsanspruch hat, dass ihm die Eltern die Kosten eines lebenswichtigen Prozesses vorschießen. 116

Im Übrigen auch → RVG VV 1008 Rn. 94.

---

104 BGH NJW 1994, 257 Rn. 5.

105 **AA** OLG Hamburg AnwBl 1972, 129 (der Abwickler hätte seine Bestellung verlängern lassen sollen) mablAnm *Chemnitz*.

106 Kriterien für eine angemessene Gesamtvergütung BGH NJW-RR 1993, 1335; NJW 1993, 1334 = AnwBl 1993, 634.

107 Schneider/Wolf/*Volpert* RVG § 1 Rn. 21.

108 OLG Schleswig NJW-Spezial 2016, 573 = AGS 2016, 381; **aA** Gerold/Schmidt/*Müller-Rabe*, RVG, bis 22. Aufl. 2015, § 1 Rn. 114.

109 *N. Schneider* Anm. zu OLG Schleswig AGS 2016, 381.

4. Haftung eines Dritten

117 **a) Auftragserteilung durch einen Dritten.** Der Auftraggeber ist meistens derjenige, um dessen Recht es geht. Das muss aber nicht so sein. Erteilt ein Dritter Auftrag zur Vertretung eines anderen, zB derjenige, der eine Forderung abgetreten hat oder der Bürge zugunsten des Schuldners oder die Eltern zugunsten ihres Kindes oder der Onkel zugunsten seines Neffen, so ist dieser Dritte Auftraggeber und Vergütungsschuldner.

118 **b) Dritter als Mithaftender.** Ein Dritter kann mithaften, zB als Bürge oder nach Schuldbeitritt oder kraft Gesetzes (etwa gem. §§ 1459 Abs. 2, 1460 Abs. 2 BGB bei Gütergemeinschaft).[110]

119 **c) Haftung des Mannes für Prozesskosten der Frau. Zugewinngemeinschaft.** Eine Haftung des Mannes für Prozesskosten der Frau ist im gesetzlichen Güterstand der Zugewinngemeinschaft nicht vorgesehen.[111]

120 Eine Vorschusspflicht besteht nur im Verhältnis der Ehegatten zueinander (§ 1360a Abs. 4 BGB), nicht gegenüber dem RA. Auch der im Eherechtsstreit unterlegene Ehegatte haftet nur dem obsiegenden Ehegatten, und zwar in gleicher Weise wie jeder andere zur Kostentragung verurteilte Gegner. Dasselbe gilt bei Übernahme der Kosten durch Vergleich. Der RA einer Ehefrau hat deshalb keinen eigenen Rechtsanspruch gegen den Ehemann.

121 **Gütergemeinschaft.** Ist durch Ehevertrag Gütergemeinschaft vereinbart, so haften die Ehegatten für die Gebühren des RA gemeinschaftlich, soweit sie das Gesamtgut gemeinschaftlich verwalten.[112] Verwaltet nur ein Ehegatte das Gesamtgut, so wird der andere Ehegatte für die Kosten eines sich auf das Gesamtgut beziehenden Rechtsstreits nicht persönlich verpflichtet (§§ 1421, 1422 BGB).

5. Auftragserteilung durch den RA an einen anderen RA

122 **a) Allgemeines.** Bisweilen erteilt ein RA einem anderen RA einen Auftrag, für seinen Mandanten tätig zu werden. Das kommt zB vor, wenn ein Verfahrensbevollmächtigter einen Terminsvertreter oder einen zweiten Verfahrensbevollmächtigten (Spezialisten) beauftragt.

123 Hier kommt bald ein **Vertrag zwischen den beiden Anwälten,** bald einer **zwischen dem zweiten RA und dem Mandanten,** vertreten durch den ersten RA, zustande. Je nach dem schuldet der erste RA oder der Mandant dem zweiten RA die Vergütung.[113] Welches von beiden der Fall ist, hängt von dem ausdrücklich Abgesprochenen ab, kann sich aber auch aus den Umständen ergeben. Beauftragt der Verfahrensbevollmächtigte mit Einverständnis und im Namen des Mandanten den zweiten RA, so schuldet der Mandant die Vergütung. Erteilt er aber den Auftrag im eigenen Namen, so ist er selbst Schuldner. Die Vergütung richtet sich dann nicht nach dem RVG, sondern nach der Vereinbarung zwischen beiden RA.[114] Ist eine solche nicht erfolgt, so gilt die zwischen RA übliche Vergütung.[115] Nicht üblich ist eine Vergütung nach dem RVG. In aller Regel ist sie niedriger als die nach dem RVG.[116]

Abzuraten ist von der Handhabung, dass der Verfahrensbevollmächtigte den Terminsvertreter im eigenen Namen gegen Zahlung einer Pauschale beauftragt, zugleich mit ihm aber vereinbart wird, dass ihm im Falle eines Kostenerstattungsanspruchs des Mandanten die volle gesetzliche Vergütung zustehen soll, da dies die Vereinbarung eines unzulässigen Erfolgshonorars darstellt.[117]

124 **b) Kostenteilungsvereinbarung.** Fehlt es an einer ausdrücklichen Absprache dazu, wer Auftraggeber ist, so spricht eine gewöhnliche Kostenteilungsvereinbarung für ein Handeln im Namen des Mandanten. Meistens ist diese Vereinbarung dahingehend zu verstehen, dass alle Ansprüche beider Anwälte gegen den Mandanten zusammengelegt und davon eine bestimmte Quote den Anwälten zustehen soll.[118] Das setzt voraus, dass jeder RA einen Anspruch gegen den Mandanten hat.

---

110 Riedel/Sußbauer/*Fraunholz,* RVG, 9. Aufl. 2005, § 1 Rn. 18.

111 Mayer/Kroiß/*Mayer* RVG § 1 Rn. 26.

112 Mayer/Kroiß/*Mayer* RVG § 1 Rn. 26.

113 BGH NJW 2001, 753 = AnwBl 2001, 302.

114 BGH NJW 2001, 753 = AnwBl 2001, 302; *Hansens* RVGreport 2014, 256 ff. II 2; **aA** Gerold/Schmidt/*Müller-Rabe,* RVG, bis 21. Aufl. 2013, § 1 Rn. 123.

115 *Hansens* RVGreport 2014, 256 ff. Ziff. II 2.

116 *Hansens* RVGreport 2014, 256 ff. Ziff. IV.

117 *N. Schneider* Anm. zu BGH AGS 2011, 568.

118 **AA** OLG Nürnberg JurBüro 2002, 476, das sogar in dieser Vereinbarung ein Indiz gegen einen Auftrag im Namen des Mandanten sieht.

c) Vereinbarung eines unter dem RVG liegenden Entgelts. Ein Indiz für einen Auftrag im Namen des Verfahrensbevollmächtigten ist es, wenn niedrigere Gebühren als die im RVG Vorgesehenen vereinbart wurden. Im Verhältnis unter Anwälten steht § 49b BRAO, der nur das Verhältnis Mandant zu RA betrifft, nicht entgegen.[119] Bei der Vereinbarung einer sehr niedrigen Vergütung sollte der Terminsvertreter im Auge behalten, dass er trotzdem für von ihm begangene Fehler in vollem Umfang haftet. 125

d) Rechnung des Terminsvertreters an Verfahrensbevollmächtigten. Richtet der Terminsvertreter seine Rechnung an den Verfahrensbevollmächtigten und nicht an die Partei, so ist dies ein Indiz dafür, dass er vom Verfahrensbevollmächtigten im eigenen Namen beauftragt wurde.[120] 125a

e) Interessensphäre. ***aa) Grundsatz.*** Fehlen sonstige Anhaltspunkte, so ist darauf abzustellen, ob die Einschaltung des zweiten Anwalts im Interesse des Mandanten oder zur Erfüllung einer Aufgabe erfolgt, die der erste RA pflichtgemäß selbst vorzunehmen hätte. 126

bb) Interesse des Mandanten. Handelt der RA im Interesse des Mandanten, so ist im Regelfall von einer Beauftragung im Namen des Mandanten auszugehen. Das ist zB regelmäßig gegeben, wenn der RA der Vorinstanz einen RA als **Verfahrensbevollmächtigten der höheren Instanz,** in der er selbst nicht als Verfahrensbevollmächtigter tätig ist, mandatiert.[121] Weiter hat dies der BGH in einem Fall angenommen, in dem der zunächst beauftragte Verfahrensbevollmächtigte, der Bruder der Partei, einen zweiten RA **als weiteren Verfahrensbevollmächtigten** beauftragte.[122] 127

cc) Eigenes Interesse des RA. Geht es um eigene Interessen des Verfahrensbevollmächtigten, so mandatiert er im Regelfall im eigenen Namen.[123] Das ist zB der Fall wenn der **am Gerichtsort ansässige RA** wegen einer persönlichen Verhinderung einen anderen RA bittet, ihn **im Termin zu vertreten.**[124] 128

dd) Auswärtiger Verfahrensbevollmächtigter und Terminsvertreter. Beauftragt der auswärtige Verfahrensbevollmächtigte einen beim Gericht ansässigen Terminsvertreter und fehlt es an einer ausdrücklichen Vereinbarung oder an ganz eindeutigen Umständen, in wessen Namen er dies tut, so ist umstritten, ob von einem Auftrag durch den Verfahrensbevollmächtigten im eigenen oder fremden Namen auszugehen ist.[125] Da, wenn der Vertrag zwischen den beiden Anwälten zustande gekommen ist, der erste RA dem zweiten die Vergütung schuldet und da in aller Regel eine solche Haftung vom ersten RA nicht gewollt ist, wird vertreten, dass im Regelfall der erste RA als Vertreter des Mandanten handelt.[126] 129

Richtiger Weise muss hier differenziert werden. Für einen Auftrag im Namen des Mandanten spricht es, wenn die Einschaltung eines Terminsvertreters im Interesse des Mandanten lag, was der Fall ist, wenn ex ante zu erwarten ist, dass die durch den Terminsvertreter anfallenden Mehrkosten niedriger sein werden als die Reisekosten des Verfahrensbevollmächtigten (zur Vergleichsrechnung → RVG VV 3401 Rn. 86ff.). Für einen Auftrag im eigenen Namen spricht es, wenn sich der Gerichtsort unweit vom Verfahrensbevollmächtigten befindet, sodass ganz offensichtlich (Reisekosten sind geringfügig) die Einschaltung des Terminsvertreters nur im Interesse des Verfahrensbevollmächtigten erfolgt. 130

Hinweis für RA. Da es leicht zu unterschiedlichen Auslegungen dazu kommen kann, ob der Verfahrensbevollmächtigte im eigenen oder in fremden Namen gehandelt hat, ist es wichtig, bei der Auftragserteilung für klare Verhältnisse zu sorgen. Es sollte deshalb ausdrücklich und schriftlich geregelt werden, wer Auftraggeber ist. 131

f) Vollmacht des Verfahrensbevollmächtigten. Notwendigkeit einer Vollmacht. Der Mandant wird gegenüber dem zweiten RA nur verpflichtet, wenn der Verfahrensbevollmächtigte zur Beauftragung eines weiteren RA auch im Innenverhältnis zum Mandanten ermächtigt ist.[127] Fehlt es hieran, so haftet wieder der erste RA für die Vergütung des zweiten. Für die 132

---

[119] BGH NJW 2001, 753 = AnwBl 2001, 302.
[120] OLG Koblenz JurBüro 2013, 143 = AGS 2013, 150.
[121] Riedel/Sußbauer/*Fraunholz,* RVG, 9. Aufl. 2005, § 1 Rn. 16.
[122] BGH NJW 1981, 1727.
[123] BGH NJW 1981, 1727.
[124] Mayer/Kroiß/*Mayer* RVG § 1 Rn. 29.
[125] Für Handeln **im eigenen Namen** wohl OLG Nürnberg JurBüro 2002, 476; für Handeln **im Namen des Mandanten** OLG Frankfurt a. M. AGS 2012, 44 Rn. 3; *Enders* JurBüro 2004, 627 (63).
[126] Riedel/Sußbauer/*Fraunholz,* RVG, 9. Aufl. 2005, § 1 Rn. 16; Mayer/Kroiß/*Mayer* RVG § 1 Rn. 29.
[127] BGH NJW 2001, 753 = AnwBl 2001, 302 Rn. 23.

Ermächtigung genügt § 81 ZPO nicht. Diese Bestimmung bewirkt nur, dass der Mandant Handlungen des zweiten RA gegenüber dem Gericht gegen sich gelten lassen muss. Aus § 81 ZPO ergibt sich aber nicht das Recht, den Mandanten gegenüber dem Terminsvertreter zur Zahlung der Vergütung zu verpflichten.[128]

133 **Stillschweigendes Einverständnis** genügt. Ein solches ist dann anzunehmen, wenn die Einschaltung des Terminsvertreters im Interesse des Mandanten liegt.[129] Das ist anzunehmen, wenn ex ante zu erwarten ist, dass die Reisekosten des Verfahrensbevollmächtigten höher wären als die Mehrkosten durch einen Terminsvertreter.[130] So hat der BGH ein Einverständnis bejaht, wenn der auswärtige Verfahrensbevollmächtigte für einen Rechtsstreit, der an einem weit entfernten AG anhängig ist, einen Terminsvertreter einschaltet.[131] Zur Vergleichsrechnung → VV 3401 Rn. 109 ff.

134 **Anscheinsvollmacht.** Wenn der Prozessbevollmächtigte neben sich einen weiteren RA mit der Prozessvertretung beauftragt und dieser im Rechtsstreit für den Mandanten über längere Zeit hinweg tätig wird, kann dies nach den Grundsätzen der Anscheinsvollmacht einen vertraglichen Gebührenanspruch des beauftragten weiteren RA gegen den Mandanten begründen.[132]

135 **g) Einvernehmensanwalt,** → RVG VV 2200 Rn. 1 ff.

6. Versicherungen

136 Wegen Rechtsschutzversicherung → Rn. 317 ff.

137 **Haftpflichtversicherung.** Beauftragt sie den RA, den Versicherungsnehmer zu vertreten, so ist sie der Partner des Anwaltsvertrags und ist sie zur Zahlung der Vergütung verpflichtet.[133] Erteilt sie den Auftrag, sie und den Versicherten zu vertreten, so ist ebenfalls nur sie Auftraggeber.[134] Die Erteilung der Prozessvollmacht durch den Versicherungsnehmer ändert daran nichts, denn dies betrifft nur das Außenverhältnis.

7. Prozessfinanzierer

138 Beim Prozessfinanzierer, der die Kosten des Verfahrens trägt, dafür aber auch am Verfahrenserfolg beteiligt ist, vertritt der RA die Partei des Verfahrens; der Vergütungsanspruch richtet sich gegen den die Partei.[135]

8. Beigeordneter RA

139 Prozesskostenhilfe → § 45 Rn. 49 f.; 63 f.
Beiordnung gem. §§ 138, 270 FamFG, § 67a Abs. 1 S. 2 VwGO → § 45 Rn. 129 ff.
Beiordnung nach § 78b ZPO → § 45 Rn. 136.

9. Bestellter RA

140 Bei Bestellung eines RA als Vertreter für eine nicht prozessfähige Partei (§ 57 ZPO), für den künftigen Eigentümer eines Grundstücks, das von dem bisherigen Eigentümer nach § 928 BGB aufgegeben worden ist (§§ 58, 787 ZPO) oder für die Erben bei der Zwangsvollstreckung in einen Nachlass (§ 779 ZPO) ist Vergütungsschuldner der Vertretene. Für die Vergütung des nach § 58 ZPO zum Vertreter eines herrenlosen Grundstücks bestellten RA haftet deshalb zB der Ersteher des Grundstücks.

10. Abtretung und Veräußerung

141 Bei Abtretung des Anspruchs, ebenso bei Veräußerung der streitbefangenen Sache, bleibt der ursprüngliche Auftraggeber Vergütungsschuldner. Hat der Rechtsnachfolger den Rechtsstreit als Hauptpartei übernommen und lässt er ihn von dem bisherigen Prozessbevollmächtigten weiterführen, so liegt darin meist ein stillschweigend erteilter Auftrag. Dem RA haftet daher für die bisherige Prozessführung der ursprüngliche Auftraggeber, für die weitere Prozessführung der Erwerber. Der RA muss aber damit einverstanden sein, dass der bisherige Auftraggeber als Auftraggeber ausscheidet. Dieses Einverständnis ist jedoch nicht zu unterstellen, so dass der bisherige Auftraggeber in der Regel weiter haftet.

---

[128] Stein/Jonas/*Bork* ZPO § 81 Rn. 17.
[129] Stein/Jonas/*Bork* ZPO § 81 Rn. 17.
[130] AG Neuruppin AnwBl 1999, 123; Schneider/Wolf/*Schneider* RVG VV 3401 Rn. 43.
[131] BGH NJW 2001, 753 = AnwBl 2001, 302 Rn. 23.
[132] BGH NJW 1981, 1727; Mayer/Kroiß/*Mayer* RVG § 1 Rn. 29.
[133] Riedel/Sußbauer/*Fraunholz,* RVG, 9. Aufl. 2005, § 1 Rn. 17; Mayer/Kroiß/*Mayer* RVG § 1 Rn. 29.
[134] Bischof/*Bischof* RVG § 1 Rn. 40.
[135] Mayer/Kroiß/*Mayer* RVG § 1 Rn. 29; *Dethloff* NJW 2000, 2225.

11. Pflichtverteidiger

S. §§ 51 ff. RVG. **142**

IX. Hinweispflichten

1. Keine generelle Hinweispflicht auf Anwaltsvergütung

Der RA ist nicht verpflichtet von sich aus den Mandanten ungefragt über die voraussichtliche Höhe seiner Anwaltsvergütung zu belehren.[136] **143**

Empfehlung für den RA. Unabhängig von einer rechtlichen Verpflichtung fördert es das Vertrauensverhältnis zum Mandanten, wenn der RA auf die zu erwartenden Kosten hinweist.[137] Hingegen wird dieses durch eine überraschend hohe Rechnung zerstört. **143a**

Ausnahmsweise Hinweispflicht. Eine Auskunftspflicht besteht, wenn der Mandant nach der Höhe **fragt** oder besondere Umstände nach **Treu und Glauben** einen entsprechenden Hinweis erfordern.[138] Es kommt darauf an, ob der RA ein Aufklärungsbedürfnis des Auftraggebers erkennen konnte und musste.[139] Eine Hinweispflicht wurde bejaht, **144**

- wenn die Höhe der Gebühren das vom Mandanten verfolgte Ziel wirtschaftlich sinnlos macht,[140]
- wenn für eine vergleichbare frühere Tätigkeit der RA ca. 3.100,– EUR berechnet hatte und er nunmehr ca. 150.000,– EUR verlangt,[141]
- wenn ein RA als Verkehrsanwalt beauftragt werden soll; er muss darauf hinweisen, dass die Erstattung dieser Kosten nicht erfolgen wird oder zumindest zweifelhaft ist,[142]
- wenn der Auftraggeber von einem Kostenerstattungsanspruch gegen den Gegner ausgeht, der aber wegen dessen Vermögenslosigkeit wohl nicht verwirklicht werden kann.[143]

Beispiel:

Eine rechtsunkundige Frau ist von einem offenkundig vermögenslosen Hochstapler um 50.000,– EUR betrogen worden. Sie will diese 50.000,– EUR einklagen in der für den RA erkennbaren Annahme, dass sich der RA im Falle eines Obsiegens allein an den unterlegenen Gegner halten kann. Hier besteht für den RA eine Rechtspflicht zur Aufklärung und zum Hinweis, dass es sinnlos ist, gutes Geld hinter schlechtem herzuwerfen.

Bei einem **Ausländer** besteht eine Hinweispflicht nur, wenn er erkennbar von falschen Voraussetzungen (zB von einer Vergütung nach Stundensätzen) ausgeht.[144] **145**

Schadensersatz. Unrichtige Belehrung des Auftraggebers über die Entstehung und die Höhe von Kosten kann eine Schadensersatzpflicht des RA begründen.[145] **146**

2. Hinweispflicht gem. § 49b Abs. 5 BRAO[146]

a) Voraussetzungen. Richten sich die zu erhebenden Gebühren nach dem Gegenstandswert, so hat gem. § 49b Abs. 5 BRAO der RA vor Übernahme des Auftrags hierauf hinzuweisen. **147**

Wertgebühren. Der Anwendungsbereich dieser Bestimmung ist auf Mandate beschränkt, bei denen sich die Gebühren nach dem Gegenstandswert richten, was vornehmlich im Zivilrecht der Fall ist. Danach entfällt die Hinweispflicht bei Mandaten, für die Rahmengebühren vorgesehen sind. Dazu gehören grds. Straf- und Bußgeldverfahren, Verfahren nach Teil 6 des VV sowie die meisten sozialrechtlichen bzw. sozialgerichtlichen Verfahren, § 3 RVG). **148**

In **Straf- und Bußgeldsachen** besteht jedoch eine Hinweispflicht bei Einziehung und verwandten Maßnahmen (VV 4142, 5116 RVG), im Adhäsionsverfahren (VV 4143, 4144, Vorb. 4.3 Abs. 2 RVG), im Verfahren über einen Antrag auf gerichtliche Entscheidung oder über die Beschwerde gegen eine den Rechtszug beendende Entscheidung nach dem StrRehaG (VV 4146 RVG), im Erinnerungs- und Beschwerdeverfahren gegen den Gerichtskos- **149**

---

136 BGH NJW 2007, 2332 = AnwBl 2007, 628 = FamRZ 2007, 1322 Rn. 8 ff.
137 *Thiel* AGS 2013, Editorial.
138 BGH NJW 2007, 2332 = AnwBl 2007, 628 = FamRZ 2007, 1322 Rn. 8 ff.
139 BGH NJW 2007, 2332 = AnwBl 2007, 628 = FamRZ 2007, 1322 Rn. 8 ff.; OLG Zweibrücken JurBüro 2008, 30.
140 Schneider/Wolf/*Volpert* RVG § 1 Rn. 40.
141 OLG Saarbrücken JurBüro 2008, 30 = AGS 2008, 110 mablAnm *Schons.*
142 Schneider/Wolf/*Schneider* RVG VV 3400 Rn. 116.
143 Schneider/Wolf/*Volpert* RVG § 1 Rn. 40.
144 OLG Köln OLGR 1994, 282; Schneider/Wolf/*Volpert* RVG § 1 Rn. 37.
145 OLG Düsseldorf NJW 2000, 1650; OLG Nürnberg NJW-RR 1989, 1370.
146 Grdl. *Hartung* MDR 2004, 1092.

tenansatz und gegen einen Kostenfestsetzungsbeschluss (VV Vorb. 4 Abs. 5 Nr. 1, Vorb. 5 Abs. 4 Nr. 1, Vorb. 6.2 Abs. 3 Nr. 1 RVG), in bestimmten Verfahren der Zwangsvollstreckung und in den entsprechenden Beschwerdeverfahren (VV Vorb. 4 Abs. 5 Nr. 2, Vorb. 5 Abs. 4 Nr. 2, Vorb. 6.2 Abs. 3 Nr. 2 RVG), in den Fällen, in denen eine Einigungsgebühr nach VV 1000 ff. RVG entstehen kann.

150 **Vergütungsvereinbarung.** Ist in einer Vergütungsvereinbarung in irgendeiner Weise der Gegenstandswert von Bedeutung, zB weil die gesetzlichen Gebühren um 50% erhöht werden, so besteht eine Hinweispflicht. Wird allerdings in ihr ein bestimmter Gegenstandswert vereinbart, so wird vertreten, dass für den Auftraggeber ohne weiteren Hinweis ausreichend erkennbar ist, dass der Gegenstandswert für die Vergütung von Bedeutung ist.

151 **b) Inhaltlicher Umfang. Begnügt sich** der Mandant mit dem bloßen Hinweis, dass sich die Gebühren nach dem Gegenstandswert richten, so wird vertreten, dass der RA von sich aus keine weiteren Erläuterungen geben muss. Teilweise wird dies in Frage gestellt, da ein solcher Hinweis für den Mandanten nicht aussagekräftig genug sei. Deshalb wird geraten, soweit als möglich die Höhe des voraussichtlichen Gegenstandswerts anzugeben.

152 **Fragt** der Mandant aber nach, so muss der RA jedenfalls weitere Hinweise erteilen und uU, je nach Frage, soweit als möglich überschlägig die zu erwartenden Kosten schätzen.[147] Im Übrigen können sich, wenn besondere Umstände vorliegen (→ Rn. 144) weitere Hinweispflichten ergeben. Diese werden von § 49b Abs. 5 BRAO nicht eingeschränkt.

153 **c) Zeitpunkt des Hinweises.** Nach dem Wortlaut des Gesetzes muss der Hinweis „vor Übernahme des Auftrags" erfolgen. Das ist in der Praxis zwar schwierig einzuhalten, führt aber letztlich zu keinen Problemen. Entscheidungen, in denen ein verspäteter Hinweis zu nachteiligen Folgen für den RA geführt hat, sind nicht bekannt geworden.

154 **d) Veränderung des Gegenstandswerts.** Hat der RA einen bestimmten Gegenstandswert genannt und erhöht sich dieser später, zB wegen einer Widerklage oder Klageerweiterung, so muss der RA seinen Mandanten darauf hinweisen. Hatte er aber nur allgemein darauf hingewiesen, dass sich die Vergütung nach dem Gegenstandswert richtet, so bedarf es keines weiteren Hinweises.

3. Hinweis auf zusätzliche Kosten oder geänderte Berechnungsweise

155 **a) Zusätzliche Anwaltskosten.** Wird der RA im Anschluss an einen Auftrag weiter tätig, so hängt nach dem BGH die Verpflichtung darauf hinzuweisen, dass zusätzliche Kosten anfallen, auch davon ab, ob diese vom Gegner zu erstatten sind. Es bedarf keines Hinweises, wenn diese vom Gegner zu erstatten sind.[148] Dieses Argument kann allenfalls dann anerkannt werden, wenn sicher ist, dass der Gegner auch finanziell zur Erfüllung des Erstattungsanspruchs in der Lage ist. Vertritt der Verfahrensbevollmächtigte des Hauptsacheverfahrens den Mandanten im Beschwerdeverfahren wegen Befangenheit des Richters, so muss er ihn auf die dadurch anfallenden Mehrkosten hinweisen;[149] ein diesbezüglicher Kostenerstattungsanspruch ist ungewiss (→ § 19 Rn. 54).

156 **b) Notarkosten.** Wird ein RA mit dem Entwurf eines Vertrages betraut, der notarieller Beurkundung bedarf, so ist der Auftraggeber zwar in der Regel auf diesen Umstand und dadurch entstehende weitere Kosten hinzuweisen; der RA schuldet aber regelmäßig nicht den Rat, den Vertrag von einem **Notar** entwerfen zu lassen.[150] Denn beide Beratungen sind nicht vergleichbar. Der RA ist Parteivertreter, der das Beste für seinen Auftraggeber herauszuholen hat. Der Notar darf das Interesse einer Partei nicht einseitig im Auge haben. Der RA dagegen ist uU verpflichtet, Verträge einseitig zugunsten seines Auftraggebers zu gestalten, was einem Notar verboten ist (→ Rn. 60 ff.).

156a **c) Geänderte Abrechnungsweise.** War vereinbart, dass der RA für ein Gutachten gem. einem bestimmten Stundensatz vergütet wird und erhält er sodann den Auftrag, mit Außenwirkung tätig zu werden, so muss der RA einen entsprechenden Hinweis geben, wenn er diesen Auftrag entsprechend dem RVG nach dem Gegenstandswert abrechnen will und dies zu einem höheren Anspruch führt.[151]

---

[147] *Hansens* RVGreport 2004, 443.
[148] BGH NJW 2007, 1535 Rn. 12.
[149] *N. Schneider* MDR 2001, 130 (132).
[150] BGH AnwBl 1997, 673.
[151] OLG Hamm AGS 2014, 111.

4. Hinweis auf billigere Vorgehensweise des Mandanten

Es kann eine Verpflichtung des RA bestehen, zu einer **gemeinsamen Klage** mehrerer Mandanten zu raten, wenn deren Gebühreninteresse dies ratsam erscheinen lässt.[152] Ist sowohl eine getrennte als auch eine gehäufte Verfahrensführung in Betracht zu ziehen, muss der RA das Für und Wider des Vorgehens unter Einbeziehung der Kostenfrage dem Auftraggeber darlegen und dessen Entscheidung herbeiführen.[153] 157

Der RA ist nach Zustellung einer einstweiligen Verfügung gegen seinen Auftraggeber jedoch nicht zu dem Hinweis verpflichtet, dass durch die unaufgeforderte Abgabe einer **Abschlusserklärung** möglicherweise eine sonst eintretende Kostenbelastung vermieden werden kann, solange er dem Kostengesichtspunkt bei der Entscheidung seines Auftraggebers nur eine untergeordnete Bedeutung beimessen darf. Eines Hinweises bedarf es nicht, bevor sich der Auftraggeber nicht entschlossen hat, keine Berufung gegen das ihn beschwerende Verfügungsurteil einzulegen und auch von einem Antrag zur Klageerhebung (§ 926 ZPO) abzusehen.[154] 157a

5. Belehrung über PKH, Beratungshilfe

Zur anwaltlichen Beratungspflicht gehört der Hinweis auf die Möglichkeit, **PKH oder Beratungshilfe** in Anspruch zu nehmen. Der RA muss den Rechtsuchenden über die Voraussetzungen von PKH und Beratungshilfe ungefragt jedenfalls dann aufklären, wenn aus den Umständen erkennbar ist, dass dieser zum anspruchsberechtigten Personenkreis gehören könnte.[155] Die Rspr. neigt zur Ausweitung der Beratungspflicht im Zusammenhang mit PKH und Beratungshilfe. 158

6. Prozessfinanzierung durch Dritte

Wenn der Mandant seinen Anspruch nicht gerichtlich geltend machen will, weil ihm das zu teuer ist, wird der RA ihn grds. über die verschiedenen Finanzierungsmöglichkeiten (zB durch die Foris-AG ua) beraten müssen.[156] Er muss jedoch nicht prüfen, welcher Prozessfinanzierer für den Mandanten am günstigsten ist.[157] Eine Liste mit Prozessfinanzierern hat *Kallenbach* in AnwBl 2010, 352 zusammengestellt. 159

7. Rechtsschutzversicherung

→ Rn. 336 ff.; → Anh. I Rn. 35, Arbeitsrecht. 160

8. Aufklärungspflicht nach § 12a Abs. 1 S. 2 ArbGG

→ Anh. I Rn. 31. 161

9. Aufklärungspflicht bei Erfolgshonorar

→ § 4a Abs. 2 Nr. 1. 161a

10. Beweis

Obgleich der RA nicht beweispflichtig ist (→ Rn. 174 ff.) wird in den Fällen, in denen eine Belehrung erforderlich ist, also insbes. hinsichtlich § 49b Abs. 5 BRAO, empfohlen, den Mandanten eine Erklärung über die erfolgte Belehrung unterschreiben zu lassen.[158] Diese kann zB lauten: „Hiermit bestätigt der Auftraggeber darauf hingewiesen worden zu sein, dass sich die anwaltliche Vergütung nach dem Gegenstandswert richtet." Je nachdem eine wie weitgehende Aufklärungspflicht man annimmt (→ Rn. 151 ff.), kann man noch hinzufügen „Voraussichtlich beträgt der Gegenstandswert … EUR." 162

11. Folgen eines unterlassenen Hinweises

→ Rn. 171. 163

---

[152] BGH NJW 2014, 2126 Rn. 18.

[153] BGH NJW 2004, 1043 = AnwBl 2004, 251.

[154] BGH MDR 2006, 478 = NJW-RR 2006, 557.

[155] BGH NJW 2007, 844 = FamRZ 2007, 381 Rn. 15 ff., 23; OLG Celle NJW-RR 2010, 133; OLG Hamm AGS 2016, 47 Rn. 58 = AnwBl 2015, 901.

[156] Einzelheiten s. *Bräuer* AnwBl 2001, 112, RA und Prozessfinanzierer; Hartung/Schons/Enders/*Enders* RVG § 1 Rn. 54; Bischof/*Bischof* RVG § 1 Rn. 45.

[157] OLG Köln NJW-RR 2019, 759 = ZfS 2019, 287 = RVGreport 2019, 236 mzustAnm *Hansens.*

[158] Mayer/Kroiß/*Mayer* RVG § 1 Rn. 17 ff.; Bischof/*Bischof* RVG § 1 Rn. 49.

X. Kündigung

164 Zu den gebührenrechtlichen Auswirkungen der Kündigung des Anwaltsvertrags → § 15 Rn. 103 ff.

XI. Gebührenanspruch und Schadensersatzpflicht

1. Fehlerhafte Maßnahme bzw. Unterlassung

165 **a) Anfall der Gebühr.** Ist, wie meistens, ein Dienstvertrag gegeben (→ Rn. 79), so verliert der RA seinen Vergütungsanspruch gegen den Auftraggeber auch dann nicht, wenn die von ihm getroffene Maßnahme **schuldhaft falsch** war,[159] solange sie nur vom Auftrag gedeckt ist, zB RA erhebt für ihn erkennbar Klage beim unzuständigen Gericht. Das Dienstvertragsrecht kennt anders als das Kauf- oder das Werkvertragsrecht weder die Möglichkeit der Wandlung noch die der Minderung.

166 **b) Schadensersatz und Verbot der Geltendmachung der Gebühr.** Der Auftraggeber ist daher darauf beschränkt, bei mit Mängeln behafteten Leistungen des RA Schadensersatzansprüche wegen **Pflichtverletzung** gem. § 280 BGB geltend zu machen. Diese können dazu führen, dass der RA einen Vergütungsanspruch gem. § 242 BGB nicht geltend machen kann wegen des Grundsatzes dolo agit, qui petit, quod statim redditurus est.[160]

Zu einem Schadensersatzanspruch können führen

- Erhebung einer **aussichtslosen Klage** ohne hinreichende Aufklärung des Mandanten über die fehlende Erfolgsaussicht,[161]
- die **überflüssige oder unzeitige** Verursachung von Gebühren, die auch in einem Fall des Obsiegens nicht zu erstatten sind,[162] wobei darauf hinzuweisen ist, dass unnötige Kosten iaR wegen des Gebots, die Kosten niedrig zu halten, vom unterlegenen Gegner nicht zu erstatten sind → Anh. X Rn. 239 ff.
  - **uneingeschränkter Prozessantrag des Streithelfers,** obwohl der Mandant nur zu einem Teil von dem Prozess betroffen ist (→ Anh. VI Rn. 403 ff.),
  - **Kostenantrag** gem. §§ 269 Abs. 4, 515 Abs. 3, 566 ZPO, obgleich bis dahin keine erstattungsfähigen Kosten angefallen sind (→ RVG VV 3201 Rn. 79),
  - Zurückweisungsantrag **gegen eine noch nicht begründete Berufung**[163] (→ RVG VV 3201 Rn. 57),
  - Klageabweisungsantrag in Verbindung mit einem Widerspruch gegen einen **Mahnbescheid** (→ RVG VV 3305 Rn. 136),
  - vorzeitiger Antrag auf Durchführung des streitigen Verfahrens nach Widerspruch gegen **Mahnbescheid** (→ RVG VV 3305 Rn. 140),
  - schuldhaft verspäteter **Wiedereinsetzungsantrag** (RA kann die durch das verspätete Rechtsmittel entstandenen Gebühren nicht verlangen),[164]
  - zweifellos **unschlüssiger Vortrag** zum Arrestgrund,[165]
- **verspätete Erledigungserklärung,** die zu höheren Gebühren führt (→ Anh. X Rn. 241),
- wählen eines **kostspieligeren Wegs,** obgleich ein gleich sicherer Weg, der billiger gewesen wäre, zur Verfügung gestanden hätte, zB durch sachlich nicht gerechtfertigte Aufsplitterung in verschiedene Verfahren (→ Anh. X Rn. 244 ff.),
- Unterlassen einer Beschwerde gegen **zu hohen Streitwertbeschluss,**[166]
- Unterlassen der Überprüfung, ob die **von der Gerichtskasse erhobenen Kosten** zutreffend sind,[167]
- **treuwidriger Weise mehrere Anträge** hinsichtlich mehrerer Forderungen des Schuldners gegen verschiedene Drittschuldner (→ RVG VV 3309 Rn. 210),[168]
- einseitige und ohne hinreichenden Sachgrund erfolgende **Aufsplitterung** von Verfahren eines Auftraggebers, statt sie nach ihrer objektiven Zusammengehörigkeit als eine Angele-

[159] BGH NJW 2004, 2817; OLG Düsseldorf MDR 2011, 1327; OLG Koblenz NJW-RR 2003, 274.
[160] BGH NJW 2004, 1043 = AnwBl 2004, 251 Rn. 30.
[161] OLG Düsseldorf NJW 2014, 399.
[162] BGH NJW 2004, 2817.
[163] LAG Düsseldorf JurBüro 1990, 380; *Enders* JurBüro 2003, 561 (562), Ziff. 1 Ende.
[164] BVerwG Rpfleger 1995, 75; OLG Karlsruhe JurBüro 1992, 558.
[165] OLG Düsseldorf FamRZ 2006, 356.
[166] OLG Hamm AGS 2012, 439 Rn. 131 ff.; *N. Schneider* AGS 2012, 445.
[167] *N. Schneider* AGS 4/2012, S. IV.
[168] OLG Köln Rpfleger 2001, 149 (150) re. Sp. letzter Absatz.

genheit zu behandeln, bei der die Gegenstandswerte zusammenzurechnen sind. Ist sowohl eine getrennte als auch eine gehäufte Verfahrensführung ernsthaft in Betracht zu ziehen, muss der RA das Für und Wider des Vorgehens unter Einbeziehung der Kostenfolge dem Auftraggeber darlegen und dessen Entscheidung herbeiführen.[169]

Vorzeitiges Ende des Mandats → § 15 Rn. 98 ff. **167**

c) Verschulden. Nur wenn den RA ein Verschulden trifft, kann er die Gebühren nicht geltend machen. Ein solches fehlt, wenn der RA den Mandanten auf die Kostenfolgen hingewiesen hat und dieser trotzdem auf der Maßnahme besteht,[170] zB mehrere Auftraggeber, die dem Mitkonkurrenten schaden wollen, bestehen trotz Aufklärung auf mehreren getrennten Unterlassungsklagen.[171] **168**

d) Umfang des Verbots der Geltendmachung. Nur die Gebühren, die ohne das pflichtwidrige Verhalten nicht angefallen wären, dürfen nicht verlangt werden. Hingegen können die Gebühren, die ohnehin entstanden wären, weiterhin verlangt werden. Wäre ohne die falsche Beratung durch den RA ein Gerichtsverfahren nicht durchgeführt worden, so ist der RA schadensersatzpflichtig und kann seine durch die Klageerhebung entstandenen Gebühren nicht geltend machen.[172] Hat er aber von Anfang einen Verfahrensauftrag gehabt, so steht ihm eine 0,8 Verfahrensgebühr gem. VV 3101 Nr. 1 RVG zu, die er auch bei richtigem Verhalten verdient hätte. Hatte er zunächst nur einen Beratungsauftrag, so bleibt ihm die Beratungsvergütung erhalten. Im Übrigen gilt das zur Kostenerstattung Dargelegte entsprechend (→ Anh. X Rn. 271). **169**

e) Darlegungs- und Beweislast. Der Auftraggeber muss die Pflichtverletzung wie den eingetretenen Schaden beweisen. **170**

2. Folgen eines unterlassenen Hinweises

a) Folgen für Vergütungsanspruch. ***aa) Geltendmachung.*** Die vorstehenden Ausführungen gelten entsprechend, wenn der RA einer Hinweispflicht (→ Rn. 143 ff.) schuldhaft nicht genügt hat. Der Vergütungsanspruch des RA reduziert sich nicht. Er hat aber seinem Mandanten nach den Grundsätzen zum Verschulden bei Vertragsschluss den sich hieraus ergebenden Schaden zu ersetzen.[173] Dieser Gegenanspruch kann den RA an der Geltendmachung seiner Ansprüche ganz oder teilweise hindern (→ Rn. 166 ff.), wenn der Mandant bei einem Hinweis den RA nicht beauftragt hätte oder ein Dritter zB die Staatskasse den RA hätte bezahlen müssen. **171**

bb) Umfang eines Verbots der Geltendmachung. Nur soweit bei richtiger Aufklärung Gebühren oder Auslagen nicht angefallen oder von einem Dritten zB der Staatskasse zu tragen gewesen wären, ist der RA an der Geltendmachung der Vergütung gehindert (→ Rn. 169). **172**

Unwirtschaftlicher Prozess. Hätte der Auftraggeber einen völlig unwirtschaftlichen Prozess nicht geführt, so kann der RA die Vergütung nicht geltend machen. Hat allerdings der Auftraggeber aus dem Prozess etwas erhalten, so muss er, was ihm zugesprochen wurde, an den RA zahlen. Vorher ist jedoch abzuziehen, was er sonst noch infolge des Prozesses an Kosten tragen musste, zB Gerichtskosten. **172a**

Kein Hinweis auf PKH oder Beratungshilfe. Hat der RA es unterlassen, auf die Möglichkeit von PKH oder Beratungshilfe hinzuweisen, und hätte bei einem entsprechenden Antrag die Staatskasse die Vergütung zahlen müssen, so kann der RA gegen seinen Mandanten keine Gebühren geltend machen.[174] Im Falle von Beratungshilfe kann er nur 15,– EUR für die Beratungshilfegebühr gem. VV 2500 RVG verlangen. Vertreten wird, dass sich der RA wegen Gebührenüberhebung (§ 352 StGB) sogar strafbar machen kann.[175] **173**

cc) Darlegungs- und Beweislast. **Unterlassener Hinweis.** Der Mandant muss – anders als der Patient beim Arzt[176] – beweisen, dass der RA seiner Hinweispflicht nicht genügt hat. Den RA trifft keine Dokumentationspflicht aus § 242 BGB. Der RA muss aber konkret darlegen, in welcher Weise er belehrt hat.[177] **174**

---

[169] BGH NJW 2004, 1043 = AnwBl 2004, 251.
[170] *Enders* JurBüro 2003, 561 (562) Ziff. 1 Ende.
[171] Dann kommt allerdings Sittenwidrigkeit in Betracht BGH NJW 1963, 1301 Rn. 23.
[172] OLG Düsseldorf FamRZ 2006, 356.
[173] BGH NJW 2008, 371 Rn. 7 = FamRZ 2008, 144; 2007, 2332 Rn. 12 ff. = FamRZ 2007, 1322, beide zu unterlassenem Hinweis nach § 49b Abs. 5 BRAO.
[174] BGH NJW 2007, 844 = FamRZ 2007, 381 Rn. 16.
[175] Schneider/Wolf/*Volpert* RVG § 1 Rn. 44 unter Berufung auf LG Ellwangen NStZ-RR 2004, 366.
[176] BGH MDR 1990, 996.
[177] BGH NJW 2008, 371 = FamRZ 2008, 144.

175 **Schaden.** Der Mandant muss darüber hinaus den Schaden darlegen und beweisen.[178] Es besteht also keine Vermutung, dass der Mandant bei richtiger Aufklärung das Mandat nicht erteilt hätte.[179]

175a **Beweis durch Umstände.** Allerdings wird im Einzelfall aufgrund der Umstände anzunehmen sein, dass der Mandant bei einem Hinweis keine anwaltliche Hilfe in Anspruch genommen bzw. eine kostensparende Maßnahme veranlasst hätte. Lag zB eindeutig eine Bedürftigkeit vor, so ist davon auszugehen, dass bei einem entsprechenden Hinweis der Mandant den RA beauftragt hätte, einen PKH-Antrag zu stellen.

175b **b) Folgen für Vergütungs- und Kostenfestsetzung** → § 11 Rn. 98 ff.; → Anh. X Rn. 294 ff.

3. Geltendmachung zu hoher Gebühren

176 Fordert der RA vom Mandanten mehr, als ihm zusteht, so ist dies eine Pflichtverletzung, die bei Verschulden (§ 280 BGB Abs. 1 BGB) zu einem Schadensersatzanspruch führt. Dann muss der RA dem Mandanten die Anwaltskosten erstatten, die dadurch angefallen sind, dass der Mandant zur Abwehr anwaltliche Hilfe in Anspruch genommen hat.[180] Dabei bestehen für einen gewerblichen Zessionar anwaltlicher Forderungen die gleichen Sorgfaltspflichten wie für den RA selbst.[181]

XII. Durchsetzung des Vergütungsanspruchs

1. Antrag auf Festsetzung nach § 11 RVG

177 Zahlt der Auftraggeber nicht nach ordnungsgemäßer Rechnungsstellung, so kann der RA die Vergütungsfestsetzung gem. § 11 RVG beantragen.

2. Gebührenklage

178 **a) Zulässigkeit.** ***aa) Grundsätze.*** **Fehlendes Rechtsschutzbedürfnis.** Für eine Vergütungsklage (nicht aber eine Vorschussklage[182] → § 11 Rn. 43) fehlt das Rechtsschutzbedürfnis in dem Umfang, in dem die weniger aufwendige Vergütungsfestsetzung gem. § 11 gegeben ist. Eine dennoch erhobene Klage ist als unzulässig abzuweisen. Dies ergibt ein Umkehrschluss aus § 11 Abs. 5 S. 2 RVG. Verjährungsfragen stehen nicht entgegen, da die Verjährung gem. § 11 Abs. 7 RVG durch einen Antrag nach § 11 RVG in gleicher Weise wie bei einer Klageerhebung gehemmt wird. Somit ist eine Klage nur zulässig, wenn entweder im vorausgegangenen Vergütungsfestsetzungsverfahren oder außerhalb eines solchen dem RA gegenüber nicht gebührenrechtliche Einwendungen erhoben wurden. Dann kann wegen § 11 Abs. 5 RVG im Vergütungsfestsetzungsverfahren kein Titel erlangt werden.

179 **Angekündigte Einwendungen.** Hat der Auftraggeber bereits vorgerichtlich dem RA gegenüber nicht gebührenrechtliche Einwendungen erhoben, ist die Klageerhebung nicht von der vorherigen Einleitung des Festsetzungsverfahrens abhängig (§ 11 Abs. 5 S. 2 RVG).[183] Der Auftraggeber kann also nicht mit Erfolg geltend machen, er hätte seine Einwendungen im Vergütungsfestsetzungsverfahren nicht aufrechterhalten.

180 **Nachträgliches Rechtsschutzbedürfnis.** Die Klage wird zulässig, wenn sich der Auftraggeber gegen die Klage mit nicht gebührenrechtlichen Einwendungen verteidigt. Es gilt dasselbe wie bei einer zunächst mangels eines hinreichend bestimmten Antrags unzulässigen Klage (§ 253 Abs. 2 Nr. 2 ZPO), die bei einer späteren hinreichenden Bestimmung zulässig wird.[184]

181 **Teilweises Rechtsschutzbedürfnis.** Werden vorgerichtlich nur teilweise nicht gebührenrechtliche Einwendungen erhoben, so kann der RA wählen, ob er teilweise Festsetzung begehrt und teilweise klagt oder gleich alles einklagt.[185] Einerseits kann er nicht gezwungen werden, zwei Verfahren zu betreiben. Andererseits steht einer getrennten Geltendmachung nicht die Gefahr widersprüchlicher Entscheidungen entgegen. Nach allgM hat hinsichtlich des Restes eine Festsetzung zu erfolgen, wenn im Vergütungsfestsetzungsverfahren nur teilweise nicht gebührenrechtliche Einwendung durchgreifen (→ § 11 Rn. 104). Die Gefahr widersprechen-

[178] BGH NJW 2007, 2332 = AnwBl 2007, 628 = FamRZ 2007, 1322 Rn. 20.
[179] OLG Hamburg MDR 2007, 1288.
[180] BGH NJW 2014, 2653 Rn. 36 = AnwBl 2014, 758 = AGS 2014, 319 mAnm *Schons.*
[181] BGH NJW 2014, 2653 Rn. 36 = AnwBl 2014, 758 = AGS 2014, 319 mAnm *Schons.*
[182] BGH NJW 2014, 2126.
[183] BGH NJW 1956, 1518.
[184] Zöller/*Greger* ZPO § 253 Rn. 22.
[185] Schneider/Wolf/*Schneider* RVG § 11 Rn. 357 ff.

der Entscheidungen wird damit in Kauf genommen. Nach einer Gegenmeinung ist eine Vergütungsfestsetzung abzulehnen, wenn die Gefahr widersprüchlicher Entscheidungen gegeben ist, so dass in diesem Fall insgesamt nur eine Gebührenklage in Betracht kommt.[186]

Kein Zwang zu Rechtsmittel im Vergütungsfestsetzungsverfahren. Bei einer Antragsablehnung unter Berufung auf § 11 Abs. 5 kann der Antragsteller, muss aber nicht, gegen den Festsetzungsbeschluss Erinnerung oder Beschwerde einlegen. Er kann auch sofort Klage erheben.[187] 182

Anhängige Klage. Dass eine Vergütungsklage anhängig ist, hindert eine Festsetzung nach § 11 RVG nicht.[188] Die Festsetzung hat als das einfachere Verfahren den Vorrang. 183

bb) Zulässigkeit bei Rahmengebühren. **Mindestgebühr.** Mindestrahmengebühren können ohne Einschränkung im Vergütungsfestsetzungsverfahren gem. § 11 RVG festgesetzt werden (§ 11 Abs. 8 S. 1 RVG). Eine Klage auf die Mindestgebühr ist daher wieder nur zulässig, wenn der Auftraggeber nicht gebührenrechtliche Einwendungen erhebt. 184

Höhere Gebühr. Wird eine höhere als die Mindestgebühr einer Rahmengebühr geltend gemacht, so ist dies im Vergütungsfestsetzungsverfahren nur zulässig, wenn der Auftraggeber der Höhe der Gebühr ausdrücklich zugestimmt hat (§ 11 Abs. 8 S. 1 RVG). Der RA muss nicht den Mandanten vergeblich zu einer solchen Erklärung aufgefordert haben, bevor er Klage erheben kann.[189] Der RA muss nicht dazu beitragen, eine mangels Zustimmung zulässige Klage unzulässig zu machen. Sicherheitshalber sollte der RA aber den Mandanten zu einer Erklärung auffordern, da noch nicht abzusehen ist, wie die Gerichte zu dieser Frage stehen werden.[190] 185

cc) Zulässigkeit bei vorgesehenem Güteverfahren. Wurde die Festsetzung gem. § 11 RVG wegen Erhebung nicht gebührenrechtlicher Einwendung abgelehnt, so muss der RA dennoch in den Bundesländern, die für Ansprüche bis zu 750,– EUR die Zulässigkeit der Klage gem. § 15a EGZPO davon abhängig machen, dass zuvor eine Einigung vor einer Gütestelle vergeblich versucht wurde, zuerst das Verfahren vor der Gütestelle versuchen.[191] Zum einen sieht das Gesetz in § 15a EGZPO keine Ausnahme vor. Zum anderen ist es keineswegs ganz unwahrscheinlich, dass im Güteverfahren der Auftraggeber – von sich aus oder auf die Schwäche seines Vortrags und das Kostenrisiko hingewiesen – die Einwendung fallen lässt oder sich Anwalt und Auftraggeber entgegenkommen und so zu einer Einigung gelangen. 186

Mahnbescheid. Will der RA das Güteverfahren vermeiden, so kann er jedoch einen Mahnantrag stellen. Dieser setzt gem. § 15a Abs. 2 Nr. 5 EGZPO kein erfolgloses Güteverfahren voraus.[192] Im Übrigen wegen Mahnbescheid → Rn. 209a ff. 187

b) Gerichtsstand. ***aa) Allgemeines.*** Zuständigkeitsregelungen befinden sich in 188
§ 13 ZPO (Wohnsitz des Auftraggebers)
§ 17 ZPO (Sitz einer juristischen Person)
§ 29 ZPO (Erfüllungsort) und
§ 34 ZPO (Gericht des Hauptprozesses für Prozessbevollmächtigte und weitere Personen).
Alle sind **Wahlgerichtsstände** (§ 35 ZPO), auch der des § 34 ZPO.[193]

bb) Erfüllungsort (§ 29 ZPO). Erfüllungsort der Vergütungszahlung ist, wenn nichts anderes vereinbart ist, abweichend von der früheren hM der Wohnsitz des Schuldners, also des Mandanten.[194] Will der RA bei seinem Heimatgericht klagen können, so muss er eine entsprechende Gerichtsstandsvereinbarung treffen. 189

cc) Prozessgericht (§ 34 ZPO). Zuständig für die Klage der Prozessbevollmächtigten und bestimmte weitere Personen wegen Gebühren und Auslagen ist nach § 34 ZPO auch (→ Rn. 188) das Gericht des Hauptprozesses. 190

Diese Bestimmung regelt nur die örtliche und sachliche Zuständigkeit, nicht jedoch den Rechtsweg. Das bedeutet, dass, da für die Klage auf Vergütung aus **arbeitsgerichtlichen**[195] 191

---

[186] Mayer/Kroiß/*Mayer* RVG § 11 Rn. 147.
[187] Mayer/Kroiß/*Mayer* RVG § 11 Rn. 148.
[188] KG Rpfleger 1972, 66.
[189] Schneider/Wolf/*Schneider* RVG § 11 Rn. 359.
[190] Schneider/Wolf/*Schneider* RVG § 11 Rn. 359.
[191] LG Itzehoe AGS 2006, 242; **aA** Schneider/Wolf/*Schneider* RVG § 11 Rn. 365; *Bischof* Anm. zu LG Itzehoe AGS 2006, 242, wegen geringer Erfolgsaussichten.
[192] HBS VergütungsR/*Hansens* Teil 4 Rn. 91.
[193] Thomas/Putzo/*Hüßtege* ZPO § 34 Rn. 3.
[194] BGH NJW 2004, 54.
[195] BAG NJW 1998, 1092.

und **sozialgerichtlichen** Verfahren und **Strafsachen** unverändert die ordentliche Gerichtsbarkeit zuständig ist, eine Klage zum Prozessgericht also zB zum Arbeitsgericht ausscheidet.

192 **Betroffene Personen.** § 34 ZPO gilt nicht schlechthin für den RA, sondern nur wenn er in besonderer Funktion tätig war, zB als Prozessbevollmächtigter. § 34 ZPO gilt aber auch für Nicht-RA wie Beistände, Zustellungsbevollmächtigte und Gerichtsvollzieher.

193 **Prozessbevollmächtigter iSd § 34 ZPO** sind alle Personen, die auf Grund einer ihnen erteilten Vollmacht für den Auftraggeber und in dessen Namen mit der Prozessführung verbundene Geschäfte übernehmen, also auch Bevollmächtigte im Verfahren über die Prozesskostenhilfe (VV 3335 RVG), Verkehrsanwälte (VV 3400 RVG) und Terminsvertreter (VV 3401 RVG).

194 Auch für die **Rechtsnachfolger** der in § 34 ZPO genannten Personen gilt der Gerichtsstand des § 34 ZPO, nicht aber für **Klagen des Auftraggebers** gegen den RA, zB Schadensersatzklagen.

195 **Auch gegen dritte Personen,** die Vergütungsschuldner des Hauptprozesses sind, kann die Klage im Gerichtsstand des § 34 ZPO erhoben werden. Deshalb besteht der Gerichtsstand des § 34 ZPO auch für die Gebührenklage gegen den Bürgen oder die Eltern, die Auftrag zur Vertretung einer verheirateten Tochter erteilt haben.

196 **Hauptprozess im Sinne der ZPO.** Hauptprozess sind alle in der ZPO geregelten Verfahren, also auch Mahnverfahren, Arrestverfahren, Aufgebots- und Verteilungsverfahren, Entmündigungs-, Zwangsvollstreckungs- und Insolvenzverfahren, nicht aber Strafverfahren. Das schiedsrichterliche Verfahren als solches fällt nicht darunter, wohl aber das gerichtliche Verfahren nach §§ 1042ff. ZPO.[196]

197 **Gebühren und Auslagen.** § 34 ZPO gilt nur für diese. Hierunter sind die in § 1 und die nach §§ 3aff. bemessenen Gebühren zu verstehen.

198 **Prozessgericht.** War der Hauptprozess vor einer Kammer für **Handelssachen** anhängig, so ist diese zuständig. Beim **Mahnverfahren** ist das Amtsgericht zuständig, das zuständig wäre, wenn das Amtsgericht im ersten Rechtszug sachlich unbeschränkt zuständig wäre (§ 689 Abs. 2 ZPO). Das **Vollstreckungsgericht** ist zuständig, wenn es sich um die Vergütung für die Tätigkeit im Zwangsvollstreckungsverfahren handelt.

199 In **Familiensachen** ist jedoch nicht das Familiengericht, sondern das Zivilgericht zuständig.[197] Zu beachten ist aber, dass Schadensersatzansprüche gegen den Gegner wegen vorgerichtlicher Gebühren und Auslagen in einer familienrechtlichen Sache als Annex zum familien-rechtlichen Hauptsacheverfahren geltend gemacht werden können. Dann ist das Familiengericht zuständig (→ Rn. 301).

200 **Gericht des ersten Rechtszugs.** Gericht des Hauptprozesses ist das Gericht, bei dem das Verfahren im ersten Rechtszug anhängig war. Auch der RA, der nur in einem höheren Rechtszug tätig war, muss seine Gebühren bei dem Prozessgericht des ersten Rechtszugs einklagen.[198]

201 ***dd) Ausland.*** Ist eine Dienstleistung in mehreren EU-Mitgliedsstaaten zu erbringen, so ist auf den Erfüllungsort abzustellen (Art. 5 Nr. 1b EuGVVO). Einziger Erfüllungsort ist, wo der Schwerpunkt der Tätigkeit liegt.[199] Ist dies Deutschland, so gelten die obigen Ausführungen. Vertritt daher ein deutscher RA eine in Spanien lebende Partei in einem Prozess vor einem deutschen Gericht, so kann er seine Vergütung beim Prozessgericht einklagen.

202 **c) Antragsgegner. Auftraggeber.** Der Auftraggeber, der nicht identisch mit der Person, die der RA vertreten hat, sein muss (→ § 11 Rn. 34), ist der Antragsgegner. Ein solcher ist nicht die Rechtsschutzversicherung, es sei denn der Mandant hat seinen Anspruch gegen diese an den RA abgetreten oder der RA verklagt die Rechtsschutzversicherung im Namen des Mandanten.[200] Bei einer Geschäftsgebühr ist zu beachten, dass bei einer Klage gegen den Mandanten das Gericht bei Streit zur Höhe ein Gutachten der Rechtsanwaltskammer erholen muss,[201] was nach hM bei der Geltendmachung gegen einen Dritten nicht der Fall ist (→ § 14 Rn. 64).

---

[196] Mayer/Kroiß/*Mayer* RVG § 1 Rn. 41.

[197] **Zum alten Recht:** BGH AnwBl 1986, 353; BayObLG JurBüro 1982, 442; **aA** OLG Hamburg FamRZ 1979, 1036; KG FamRZ 1981, 1089; **zum neuen Recht:** Zöller/*Schultzky* ZPO § 34 Rn. 5.

[198] Mayer/Kroiß/*Mayer* RVG § 1 Rn. 41.

[199] BGH NJW 2006, 1806.

[200] *Schons* AnwBl 2011, 281 Ziff. I 1.

[201] *Schons* AnwBl 2011, 281 Ziff. I 1.

d) Darlegungs- und Beweislast. ***aa) Zur Zulässigkeit.*** Der RA muss, falls es um Ansprüche geht, die gem. § 11 festgesetzt werden könnten, in der Klagebegründung darauf hinweisen, dass der Auftraggeber keine gebührenrechtlichen Einwendungen im Festsetzungsverfahren oder außerhalb von diesem vorgebracht hat.[202] Nachweisen muss er sie erst, wenn der Beklagte bestreitet. **203**

Vortrag zur Zulässigkeit bei Mahnbescheid. Der Mahnantrag muss nicht die Erklärung enthalten, dass der Mandant nicht gebührenrechtliche Einwendungen erhebt. Dass der Rechtspfleger auch das Rechtsschutzbedürfnis prüfen muss, ändert nichts daran, dass in § 690 Abs. 1 ZPO genau aufgeführt ist, welche Angaben der Mahnantrag enthalten muss, wozu positive Äußerungen zum Rechtsschutzbedürfnis nicht gehören. Wenn der Gesetzgeber sogar auf Darlegungen zur Schlüssigkeit verzichtet, so muss das auch für Äußerungen zum Rechtsschutzbedürfnis gelten.[203] Erst nach dem Widerspruch gegen den Mahnbescheid muss der RA darlegen, dass und warum die Vergütungsfestsetzung gem. § 11 RVG nicht gegeben ist.[204] **204**

bb) Zur Sache. Der RA muss darlegen und, falls bestritten, beweisen, dass ein Anwaltsvertrag zu Stande gekommen ist, die geltend gemachten Gebühren und Auslagen angefallen und fällig sind sowie dass die Vergütung ordnungsgemäß gem. § 10 RVG berechnet wurde.[205] Hinsichtlich der ordnungsgemäßen Abrechnung empfiehlt es sich, eine Kopie der dem Mandanten gestellten Rechnung als Anlage dem Gericht vorzulegen.[206] **205**

Bei der **Geschäftsgebühr** muss der RA zu den in § 14 RVG genannten Umständen Ausführungen machen. Dabei darf er sich nicht auf nichtssagende Allgemeinplätze beschränken, wie zB die Sache „sei sehr schwierig und umfangreich" gewesen. Je konkreter er hierzu vorträgt, umso größer sind seine Chancen, die von ihm begehrte Gebühr zugesprochen zu bekommen. Gerichte lieben konkreten Vortrag. **206**

cc) Vergütungsvereinbarung. Wird deren Zustandekommen oder Wirksamkeit streitig, so empfiehlt es sich, hilfsweise mit ausreichendem Sachvortrag die gesetzliche Vergütung geltend zu machen.[207] Dann kann die Klage nicht ohne weiteres abgewiesen werden. Außerdem erhöht es uU den Druck auf das Gericht, die Vereinbarung doch anzuerkennen. **207**

Macht der RA eine Vergütung für eine bestimmte Anzahl von Stunden geltend, so muss er, wenn dies sich nicht schon aus der dem Mandanten gestellten Rechnung ergibt (→ § 10 Rn. 27), darlegen, an welchen Tagen er wie viele Stunden gearbeitet hat. Eine bloße Angabe der insgesamt erbrachten Stunden unter Hinzufügung der Tage, ohne dass sich ergibt, an welchem Tag er wie viele Stunden in Rechnung stellt, reicht nicht.[208] **208**

e) Verhältnis zur Verschwiegenheit. Bei Gebührenrechtsstreiten ist der RA nicht an die Verschwiegenheitspflicht gebunden, soweit, aber auch nur soweit, eine Offenlegung zur Durchsetzung seiner Ansprüche erforderlich ist.[209] *Schons* empfiehlt daher, die Klagebegründung kurz zu halten, um nicht mehr als nötig Geheimnisse zu verraten. Der RA kann dabei darauf hinweisen, dass er sich im Hinblick auf die Verschwiegenheitspflicht im Vortrag beschränkt, dass er aber bei Bestreiten des Beklagten Weiteres vortragen wird. Wie viel der RA dann im weiteren Verfahren vortragen muss und darf, hängt von den Einwendungen des Mandanten ab.[210] **209**

3. Mahnbescheid

Werden an sich im Vergütungsfestsetzungsbeschluss festsetzbare Gebühren mit Mahnbescheidsantrag geltend gemacht, ohne dass erklärt worden ist, ob nicht gebührenrechtliche Einwendungen erhoben wurden, so ist der Mahnbescheid ohne Prüfung des Rechtsschutzbedürfnisses und ohne, dass der Rechtspfleger zu diesem Fragen stellen darf, zu erlassen.[211] Ergeht der Mahnbescheid, so tritt Hemmung der Verjährung gem. § 204 Abs. 1 Nr. 3 BGB ein. Dass an sich, wenn der Mandant nur gebührenrechtliche Einwendungen erhoben hat, das Recht- **209a**

202 Schneider/Wolf/*Schneider* RVG § 11 Rn. 360.
203 BGH NJW 1981, 875 = AnwBl 1981, 284.
204 Mayer/Kroiß/*Mayer,* RVG, 6. Aufl. 2013, § 11 Rn. 143.
205 Schneider/Wolf/*Volpert* RVG § 1 Rn. 94.
206 *Schons* AnwBl 2011, 281 (282) Ziff. I 3.
207 *Schons* AnwBl 2011, 281 (283) Ziff. II 5.
208 BGH NJW 2011, 63 = AnwBl 2011, 148 Rn. 28 ff.
209 *Kleine-Cosack* BRAO § 43a Rn. 60.
210 *Schons* AnwBl 2011, 281 (282) Ziff. II 1.
211 BGH NJW 1981, 875; **aA** Schneider/Wolf/*Schneider* RVG § 11 Rn. 364 (Antrag ist als unzulässig zurückzuweisen).

schutzbedürfnis gefehlt hat, ändert daran nichts. Anders wäre es nur, wenn ein Fall des Rechtsmissbrauches gegeben wäre.[212] Einen solchen nimmt der BGH an, wenn entgegen § 690 Abs. 1 Ziff. 4 ZPO bewusst falsche Angaben hinsichtlich des Gegenanspruchs gemacht werden. Das bloße Verschweigen der Möglichkeit der Geltendmachung im Kostenfestsetzungsverfahren kann dem nicht gleichgestellt werden.

209b Wer den Weg über den Mahnbescheid wählt, riskiert allerdings nach Widerspruch im Klageverfahren, wenn keine nicht gebührenrechtlichen Einwendungen erhoben werden, mangels eines Rechtsschutzbedürfnisses kostenpflichtig zu unterliegen. Das Unterliegen in dem Prozess ändert aber nichts an der Hemmung der Verjährung durch die Zustellung des Mahnbescheids. Der RA kann also weiterhin die noch nicht verjährten Gebühren im Vergütungsfestsetzungsverfahren geltend machen.

209c Wendet der Kostenpflichtige im Prozess Verjährung ein, so wird dann die möglicher Weise zunächst unzulässige Gebührenklage wegen dieser nunmehr geltend gemachten nicht gebührenrechtlichen und trotz der nachträglichen Geltendmachung zu berücksichtigenden Einrede (→ Rn. 180) nicht mehr unzulässig. Die Verjährungseinrede geht, wenn der Mahnbescheid vor Verjährungseintritt zugestellt wurde, allerdings ins Leere.

4. Aufrechnung

210 Wegen Aufrechnung bei Strafsachen § 43 RVG, bei PKH → § 59 Rn. 12.

211 **a) Zulässigkeit der Aufrechnung.** Steht dem Anspruch des RA ein Anspruch des Auftraggebers auf Auszahlung von Geldern, die der RA von Dritten für seinen Auftraggeber erhalten hat, gegenüber, so kann der RA aufrechnen,[213] und zwar auch dann, wenn die Honoraransprüche nicht gerade den Auftrag betreffen, der zu dem Geldeingang geführt hat.[214] Nicht nur mit einer nach § 8 RVG fälligen Vergütungsforderung kann aufgerechnet werden, sondern auch mit einem Vorschussanspruch gem. § 9 RVG.

212 **b) Voraussetzungen.** Es müssen allerdings alle Voraussetzungen des § 387 BGB gegeben sein.

213 **Einforderbar.** Hierzu gehört, dass die Anwaltsvergütung einforderbar ist (§ 387 BGB), also die Mitteilung einer den Bestimmungen des § 10 entsprechenden Kostenberechnung. Vorher besteht keine Aufrechnungslage.[215] Wegen Unzulässigkeit der Aufrechnung mit innerhalb der Verjährungsfrist nicht in Rechnung gestelltem Honoraranspruch vgl. OLG Düsseldorf JurBüro 2008, 437.

214 **Gegenseitigkeit.** Weitere Voraussetzung ist ein Gegenseitigkeitsverhältnis. Dieses fehlt, wenn ein **Dritter** dem RA Geld zukommen lässt, das dieser an einen anderen als den Mandanten weiterleiten soll,[216] zB Geld der Oma, das der RA zur Haftverschonung an die Staatskasse weiterleiten soll.

215 **c) Aufrechnungsverbot bei Zahlung zugunsten Dritter.** Nach § 4 Abs. 3 BORA darf der RA eigene Forderungen nicht mit Geldern verrechnen, die an ihn **zweckgebunden für einen anderen als den Mandanten** gezahlt worden sind. Dabei kann sich die Zweckbindung auch aus den Umständen ergeben.

216 **Zweckgebundene Leistungen des Mandanten.** Das gilt auch, wenn die Zahlung durch den Mandanten selbst erfolgt. Eine solche Zweckbindung liegt zB vor, wenn der Mandant dem Anwalt einen Gerichtskostenvorschuss, eine Sicherheitsleistung zum Zwecke der Abwendung der Zwangsvollstreckung oder dergleichen zahlt.[217]

217 **Kindesunterhalt.** Vollstreckt ein Elternteil aus einem von ihm gem. § 1629 Abs. 3 BGB erwirkten Urteil auf Kindesunterhalt und wird der Erlös an seinen Verfahrensbevollmächtigten geleistet, so kann dieser gegen den Auszahlungsanspruch jedenfalls nicht mit solchen Gegenforderungen gegen den Elternteil aufrechnen, die nicht im Zusammenhang mit der Durchsetzung des Kindesunterhalts stehen.[218] Ob das auch gilt für Ansprüche des RA, die im Zusammenhang mit dem Kindesunterhalt angefallen sind, hat der BGH offengelassen. Gegenüber dem Anspruch seines Mandanten auf Auskehrung von ihm erfolgreich geltend gemachten Versicherungsleistungen aufgrund der Beschädigung eines Kraftfahrzeugs darf nach Ansicht von

---

[212] BGH NJW 2012, 995
[213] BGH NJW 2003, 140 Rn. 27.
[214] BGH NJW 2003, 140 Rn. 27; **aA** OLG Düsseldorf NJW-RR 1999, 643 = AnwBl 1999, 411.
[215] BGH AnwBl 1985, 257; Hartung/Schons/Enders/*Enders* RVG § 10 Rn. 11.
[216] *Kleine-Cosack* BRAO § 43a Rn. 273.
[217] *Kleine-Cosack* BRAO § 43a Rn. 274.
[218] BGH NJW 1991, 839 = FamRZ 1991, 295.

Düsseldorf der Anwalt lediglich mit konnexen Honoraransprüchen aufrechnen, nicht dagegen mit solchen aufgrund früher erteilter Aufträge.[219]

Erfüllung des Gegners zu Händen des RA. Hingegen besteht kein Aufrechnungsverbot, wenn eine Gegenpartei aufgrund des für den Mandanten erwirkten Titels an dessen Anwalt zahlt. Sie verfolgt damit zwar auch einen Zweck, nämlich das Erlöschen des Schuldverhältnisses durch Erfüllung. Die Zahlung ist aber nicht für „andere als den Mandanten bestimmt". **218**

Nachträglicher Wegfall der Zweckbindung. Die Zweckbindung kann nachträglich wegfallen, so zB wenn der Haftbefehl aufgehoben und damit die der Haftverschonung dienende Sicherheitsleistung frei wird. Dann darf der RA aus diesen Geldern sein Honorar entnehmen. **219**

5. Abtretung der Vergütungsforderung

Wegen Abtretung in Beitreibungssachen vgl. § 4 Abs. 2 RVG, in Strafsachen → § 43 Rn. 11 ff. **220**

a) Anspruch des RA gegen Mandanten. ***aa) Abtretung an einen RA.*** § 49b Abs. 4 S. 1 BRAO stellt keine besondere Voraussetzung an die Wirksamkeit der Abtretung einer Honorarforderung an einen anderen RA auf.[220] Sie ist ohne Zustimmung des Mandanten wirksam.[221] Das liegt daran, dass der RA, der eine Gebührenforderung erwirbt, in gleicher Weise zur Verschwiegenheit verpflichtet ist wie der beauftragte RA.[222] **221**

bb) Abtretung an Nicht-RA. **Einwilligung oder rechtskräftige Feststellung.** Die Abtretung an einen Nicht-RA ist nur unter den Voraussetzungen des § 49b Abs. 4 S. 2 BRAO zulässig.[223] Es ist nötig, aber auch ausreichend, die Einwilligung des Mandanten oder, also alternativ, die rechtskräftige Feststellung der Forderung. Die Einwilligung des Mandanten genügt auch für eine Abtretung an eine Abrechnungsstelle für Rechtsanwälte oder für eine Abtretung im Rahmen eines Factorings als Finanzierungsinstrument. **222**

Einwilligungserklärung. Eine Einwilligung muss ausdrücklich und schriftlich erfolgen. Weitere Einschränkungen sieht das Gesetz nicht vor, so dass es genügt, wenn sie sich auf derselben Urkunde wie die Vollmacht befindet (→ § 43 Rn. 12).[224] Wenn das Gesetz eine Trennung von der Vollmacht verlangt, schreibt er das ausdrücklich vor wie zB in § 3a Abs. 1 S. 2 RVG. **223**

Aufklärungspflicht. Vor der Einwilligung muss der Mandant schriftlich darüber aufgeklärt werden, dass der RA dem Zessionar gegenüber gem. § 402 BGB informationspflichtig ist (§ 49b Abs. 4 S. 3 BRAO). **224**

Nachweis. Äußert der Schuldner Zweifel an der **Abtretung** und lässt er die Vorlage einer Kopie von der Abtretungserklärung nicht genügen, so kann, da für die Gläubigerstellung Glaubhaftmachung nicht genügt, der urkundliche Beweis der Abtretungserklärung nur durch die Vorlage der Originalurkunde (§ 410 Abs. 1 BGB) oder durch die schriftliche Anzeige des bisherigen Gläubigers, also des RA, von der erfolgten Abtretung (§ 410 Abs. 2 BGB) geführt werden.[225] Für den Nachweis der **Einwilligung** des Mandanten lässt OLG Saarbrücken grds. eine anwaltlich beglaubigte Kopie genügen, es sei denn es bestehen konkrete Anhaltspunkte dafür, dass die Kopie nicht dem Original entspricht.[226] **224a**

Pflichten des neuen Gläubigers. Nach § 49b Abs. 4 S. 4 BRAO ist der neue Gläubiger oder Einziehungsermächtigte in gleicher Weise zur Verschwiegenheit verpflichtet wie der beauftragte RA. **225**

cc) Kreditkarte. Die Zahlung per Kreditkarte stellt keine Abtretung dar.[227] **226**

b) Anspruch gegen Staatskasse, → § 45 Rn. 118 ff. **227**

---

219 OLG Düsseldorf AnwBl 1999, 411 = NJW-RR 1999, 643.

220 BGH NJW 2007, 1196 = AnwBl 2007, 453 = FamRZ 2007, 810.

221 BGH NJW 2007, 1196 = AnwBl 2007, 453 = FamRZ 2007, 810.

222 *Frenzel* AnwBl 2005, 121 Ziff. B I.

223 BGH AnwBl 1993, 398 = NJW 1993, 1638; NJW 2007, 1196 = AnwBl 2007, 453 = FamRZ 2007, 810.

224 OLG Koblenz MDR 1974, 1038; LG Leipzig AGS 2010, 129 = RVGreport 2010, 185; Hartung/Schons/Enders/*Hartung* RVG § 43 Rn. 18; Schneider/Wolf/*Volpert* RVG § 1 Rn. 71; **aA** LG Düsseldorf AGS 2007, 34.

225 OLG Düsseldorf NJW 2009, 1614; OLG Hamm FamRZ 2009, 1781; OLG Saarbrücken RVGreport 2013, 271.

226 OLG Saarbrücken RVGreport 2013, 271.

227 BGH NJW 2002, 2234.

6. Zurückbehaltungsrecht des RA

228 **a) Hinsichtlich der Leistung,** → § 9 Rn. 19.

229 **b) An Handakten.** Ein Zurückbehaltungsrecht an den Handakten steht dem RA nach § 50 BRAO zu. Danach kann er seinem Auftraggeber die Herausgabe der Handakten verweigern, bis er wegen seiner Gebühren und Auslagen befriedigt ist.

230 **Identität der Angelegenheit.** Allerdings müssen nach dem BGH die Handakten zu derselben Angelegenheit gehören, aus der sich auch der Vergütungsanspruch herleitet. Fehlt die Identität, besteht ein Zurückbehaltungsrecht selbst dann nicht, wenn derselbe Lebenssachverhalt betroffen ist.[228]

Treu und Glauben. Ein Zurückbehaltungsrecht ist auch ausgeschlossen, soweit die Vorenthaltung der Handakten oder einzelner Schriftstücke nach den Umständen, vor allem wegen verhältnismäßiger Geringfügigkeit der geschuldeten Beträge, gegen Treu und Glauben verstoßen würde.

231 **Zu den Handakten gehören** auch Schriftstücke, die der RA aus Anlass seiner beruflichen Tätigkeit für den Auftraggeber erhalten hat. Auch ein dem RA für einen Rechtsstreit übergebener Grundschuldbrief kann wegen sonstiger Vergütungsforderungen dann zurückbehalten werden, wenn der Verdacht besteht, dass der in Vermögensverfall geratene Auftraggeber sich seinen Verpflichtungen entziehen werde.

232 **c) An Gegenständen.** Es gilt dasselbe wie hinsichtlich der Handakten.[229] Zurückbehalten darf der RA wieder nur, wenn der Gegenstand in seiner Hand zu derselben Angelegenheit gehört, aus der sich auch der Vergütungsanspruch herleitet.

XIII. Rückforderung der gezahlten Vergütung

233 Verlangt der Mandant die Rückzahlung von Zahlungen für die Vergütung, so sind gem. §§ 812 ff. BGB anzuwenden. Wird sie verlangt, weil kein Vertrag zustande gekommen sei, so ist der Mandant für dessen Fehlen darlegungs- und beweisbelastet.[230] Weg. Rückforderung eines Vorschusses → § 9 Rn. 23.

XIV. Prozessuale Erstattungspflicht der Gegenpartei

234 → Anh. X Rn. 1 ff.

XV. Materiell-rechtliche Ersatzpflicht des Gegners

1. Verhältnis zum verfahrensrechtlichen Erstattungsanspruch

235 **a) Selbständig nebeneinander.** Beide Ansprüche stehen grds. selbständig nebeneinander.[231]

Kennt das Verfahrensrecht keinen Erstattungsanspruch, so hindert das einen materiellrechtlichen Ersatzanspruch nicht. So können zB die durch ein **PKH-Bewilligungsverfahren** entstandenen Kosten trotz § 118 Abs. 1 S. 4 ZPO nach materiellem Recht zu ersetzen sein. Wegen Besonderheiten im **Arbeitsrecht** → Rn. 242.

236 **b) Ausnahme. Gericht hat materielle Rechtslage geprüft.** Hat das Gericht die materielle Rechtlage bei seiner Kostenentscheidung berücksichtigt, zB im Rahmen von § 91a ZPO, und bleibt der zu berücksichtigende Sachverhalt unverändert, so kann der materiell-rechtliche Ersatzanspruch nicht entgegengesetzt beurteilt werden.[232] Insofern besteht eine Abhängigkeit. Kommen jedoch zusätzliche Umstände hinzu, die bei der prozessualen Kostenentscheidung nicht berücksichtigt werden konnten, so besteht diese Abhängigkeit nicht mehr.

237 **Gericht hat materielle Rechtslage nicht geprüft.** Hat das Gericht aber die materielle Rechtslage bei seiner Kostenentscheidung nicht berücksichtigt, so ist der materiell-rechtliche Ersatzanspruch unabhängig von der gerichtlichen Kostenentscheidung. Das ist zB der Fall, wenn bei einer Entscheidung nach § 91a ZPO das Gericht ausdrücklich die materiell-rechtliche Lage nicht geprüft hat.[233] Dasselbe gilt, wenn prozessrechtlich ein Erstattungsanspruch

---

[228] BGH NJW 1997, 2944 zu § 50 Abs. 1 S. 1 BRAO aF.
[229] Riedel/Sußbauer/*Ahlmann* RVG § 9 Rn. 15.
[230] OLG Düsseldorf FamRZ 2009, 2027.
[231] BGH NJW 2004, 444 Rn. 32.
[232] BGH NJW 2002, 680 Rn. 7 ff.
[233] BGH NJW 2002, 680 Rn. 7 ff.

nicht gegeben ist, weil der Kläger die Klage zurücknimmt, nachdem inzwischen gezahlt wurde.[234]

2. RA-Kosten als Teil des Schadens

a) Grundsatz. Erforderliche Rechtsverfolgungskosten inklusive notwendiger RA-Kosten gehören zum zu ersetzenden Schaden.[235] Das gilt auch für die Anmeldung von Schadensersatzansprüchen gegen einen Versicherer.[236] (→ Rn. 270). Wegen Deckungszusage aber → Rn. 330 ff. 238

Kosten des Vorprozesses. Der Geschädigte kann uU auch die Kosten eines Vorprozesses vom Gegner ersetzt verlangen. Ein solcher Anspruch wurde zB bejaht, nachdem der Geschädigte auf Grund eines sich nachträglich als falsch erweisenden Gutachtens zunächst den Bauunternehmer und nicht gleich den Bauplaner verklagt hat.[237] 239

b) Ausgeschlossene Kosten. Zahlungsaufforderung ohne Vollstreckungsandrohung, → RVG VV 3309 Rn. 444. 240

Deckungszusage, → Rn. 330 ff. 241

Arbeitsrecht. § 12a ArbGG schließt für das erstinstanzliche Urteilsverfahren, nicht aber für das Beschlussverfahren,[238] nicht nur den prozessrechtlichen, sondern auch den materiellrechtlichen Ersatzanspruch aus.[239] Das gilt aber nicht für materiell-rechtliche Ansprüche gegen eine als Drittschuldner iSv § 840 Abs. 2 ZPO anzusehende Person.[240] 242

Strafverfolgung. Kosten der Strafverfolgung, auch nicht die einer Anzeige, einer Privat- oder Nebenklage, sind grds. nicht zu ersetzen.[241] Verursacht jedoch ein Berufskraftfahrer in Ausübung einer betrieblichen Tätigkeit unverschuldet einen schweren Verkehrsunfall und wird wegen dieses Unfalls gegen ihn ein staatsanwaltschaftliches Ermittlungsverfahren eingeleitet, hat ihm der Arbeitgeber die erforderlichen Kosten der Verteidigung zu ersetzen.[242] 243

3. Anspruchsgrundlagen

a) Denkbare Anspruchsgrundlagen. Als Anspruchsgrundlagen kommen in Betracht Vertrag, Verzug,[243] positive Vertragsverletzung, culpa in contrahendo, Geschäftsführung ohne Auftrag, Delikt,[244] § 7 StVG; § 2 HPflG und vergleichbare Bestimmungen,[245] § 198 Abs. 1 S. 1 GVG,[246] ein arbeitsrechtliches Verhältnis. Wegen Wettbewerbsrecht → Anh. II Rn. 145 ff., 168, 189, 209 ff. 244

Vertragliche Übernahme der Kosten. Am klarsten und einfachsten ist die Lage, wenn der Dritte die Kosten vertraglich übernommen hat. 245

Beispiel:

Der Haftpflichtversicherer eines Schädigers übernimmt die Anwaltskosten des Geschädigten.

Diese Übernahme braucht nicht unbedingt expressis verbis zu erfolgen (auch wenn dies allerdings im Interesse der Klarheit zu empfehlen ist), kann sich vielmehr auch aus den Umständen ergeben, iÜ → RVG VV 1000 Rn. 370 ff. 246

§§ 91 ff. sind nicht analog anwendbar.[247] 247

b) Anspruchsteller. Einzelfälle. Rückzahlung von doppelt bezahlten Gebühren. Zwischen Prozessparteien besteht ein Schuldverhältnis in Form eines Prozessrechtsverhältnisses. Macht der Erstattungsberechtigte Gebühren doppelt geltend, so verstößt er gegen die sich 248

[234] KG NJW-RR 1998, 1298 = FamRZ 1998, 1396.
[235] BGH NJW 2006, 1065 = AnwBl 2006, 357 Rn. 6.
[236] BGH NJW 2006, 1065 = AnwBl 2006, 357 Rn. 6 für Unfallversicherer; OLG Hamm AnwBl 1983, 141; OLG Karlsruhe ZfS 1989, 266 für Kaskoversicherer; LG Münster VersR 2003, 98 für Gebäude- und Hausratsversicherer.
[237] BGH NJW-RR 1991, 1428.
[238] BAG MDR 1995, 936 = NZA 1995, 545 Rn. 18 ff.
[239] BAG NZA 1994, 284 Rn. 18.
[240] BAG NJW 2006, 717 Rn. 16.
[241] Palandt/*Grüneberg* BGB Vorb. § 249 Rn. 45.
[242] BAG NJW 1995, 2372.
[243] BGH NJW 2015, 3793 Rn. 7 = AGS 2015, 589 mzustAnm *Schons.*
[244] BGH NJW 2007, 1458 = FamRZ 2007, 550 Rn. 7.
[245] BGH NJW 2006, 1065 = AnwBl 2006, 357.
[246] BGH AGS 2015, 97 mzustAnm *N. Schneider.*
[247] BGH NJW 2007, 1458 = FamRZ 2007, 550 Rn. 19 ff.

hieraus ergebenden Pflichten und macht sich gem. § 280 Abs. 1 S. 1 BGB schadensersatzpflichtig.[248]

249 **Mahnschreiben.** Wird durch das Mahnschreiben des RA erst der Verzug begründet, so können die RA-Kosten nicht wegen Verzugs erstattet verlangt werden.[249] Ist aber zunächst durch das Verzug begründende Schreiben nur eine 0,3 oder 0,8 Geschäftsgebühr angefallen, die sich durch die Replik auf eine Ablehnung des Gegners auf 1,5 erhöht, so ist die Differenz von 1,2 bzw. 0,7 verzugsbedingt und als Verzugsschaden zu ersetzen.[250]

250 **c) Anspruchsgegner.** ***aa) Anspruchsgrundlagen.*** **Kein genereller Ersatzanspruch allein wegen unberechtigter Inanspruchnahme.** Einen generellen Anspruch desjenigen, der unberechtigt als angeblicher Schuldner in Anspruch genommen wird, kennt die deutsche Rechtsordnung nicht. Mit unberechtigten Ansprüchen konfrontiert zu werden, gehört zum allgemeinen Lebensrisiko, soweit nicht die Voraussetzungen einer speziellen Haftungsnorm vorliegen.[251]

251 **Spezielle Anspruchsgrundlage erforderlich.** Es muss daher für einen Schadensersatzanspruch eine spezielle gesetzliche Anspruchsgrundlage gegeben sein.

252 ***bb) Ansprüche aus Vertrag.*** **(Vor-)vertragliche Beziehung.** Ein Anspruch aus positiver Vertragsverletzung oder aus culpa in contrahendo setzt voraus, dass der vermeintliche Anspruch im Rahmen einer (vor-)vertraglichen Beziehung der Parteien geltend gemacht wurde.[252] Trägt der Verteidiger vor, dass der gegen ihn gerichtete Anspruch **schlichtweg erfunden** ist, so liegen nach dessen eigenem Vorbringen mangels eines Vertrages oder vorvertraglichen Verhältnisses die Voraussetzungen für diese Anspruchsgrundlage nicht vor.[253]

253 **Pflichtverletzung.** Macht eine Partei zu Unrecht Ansprüche aus einem Vertragsverhältnis geltend, so stellt das wegen eines Verstoßes gegen § 241 Abs. 2 BGB eine Pflichtverletzung dar.[254] Eine vertragliche Pflichtverletzung wurde angenommen, wenn der Vermieter beharrlich nicht geschuldete Schönheitsreparaturen verlangt.[255]

254 **Verschulden.** Hinzukommen zur Pflichtverletzung muss ein Verschulden. Dieses ist zu verneinen, wenn der Anspruchsteller geprüft hat, ob sein Anspruch plausibel ist. Bleibt dabei ungewiss, ob tatsächlich der Anspruch besteht, darf der Gläubiger den Anspruch geltend machen, ohne befürchten zu müssen, sich schadensersatzpflichtig zu machen.[256] Er muss nicht, nur weil sein Anspruch zweifelhaft ist, auf dessen Geltendmachung verzichten.

255 ***cc) Sonderverbindung.*** Ein Anspruch kann sich auch einmal aus einer Sonderverbindung[257] ergeben. Dafür reicht aber nicht die bloße Geltendmachung eines nicht bestehenden oder nicht weiter verfolgten Anspruchs.[258]

256 ***dd) Unerlaubte Handlung.*** **§ 823 Abs. 1 BGB** scheidet aus, weil lediglich ein allgemeiner Vermögensschaden gegeben ist.[259] Anders ist es aber, wenn die unberechtigte Inanspruchnahme einen Angriff gegen einen **eingerichteten und ausgeübten Gewerbebetrieb** darstellt.

257 **§ 823 Abs. 2 BGB iVm § 263 StGB oder § 826 BGB** kommen in Betracht, wenn die Forderung des Beklagten nachweislich ohne jede tatsächliche oder rechtliche Grundlage war. Dies kann als Betrugsversuch oder sittenwidrige vorsätzliche Schädigung anzusehen sein.[260]

258 Ein Ersatzanspruch gem. § 823 Abs. 2 BGB; § 267 StGB wurde bejaht, wenn ein Unternehmen weiß, dass entgegen dem Kleingedruckten im Internet ein entgeltlicher Vertrag nicht zustande gekommen ist, trotzdem nachdrücklich, sogar unter Einschaltung eines RA, zur Zahlung auffordert und dann auf ein Ablehnungsschreiben des RA des Gegners auf eine Weiterverfolgung verzichtet. Die Kenntnis von dem Fehlen eines Anspruchs ergibt sich daraus, dass das Unternehmen wiederholt bei einem von einem RA unterstützten Widerstand verzichtet. Beteiligt sich auf Seiten des Unternehmens ein RA, so besteht, wenn er Kenntnis von der feh-

---

[248] BGH JurBüro 2010, 591 = GRUR 2010, 1038 Rn. 19.
[249] BGH NJW 1985, 324 Rn. 52.
[250] BGH NJW 2017, 3527.
[251] BGH NJW 2007, 1458 = FamRZ 2007, 550 Rn. 13.
[252] BGH NJW 2007, 1458 = FamRZ 2007, 550 Rn. 9.
[253] BGH NJW 2007, 1458 = FamRZ 2007, 550 Rn. 12.
[254] BGH NJW 2009, 1262 Rn. 9 ff.
[255] LG Berlin AGS 2011, 413 = WM 2010, 561.
[256] BGH NJW 2009, 1262 Rn. 20.
[257] OLG Koblenz AGS 2015, 243; Palandt/*Grüneberg* BGB Einl. § 241 Rn. 4.
[258] BGH NJW 2007, 1458 = FamRZ 2007, 550 Rn. 13.
[259] BGH NJW 2007, 1458 = FamRZ 2007, 550 Rn. 17.
[260] BGH NJW 2007, 1458 = FamRZ 2007, 550 Rn. 18.

lenden Berechtigung der Forderung hat, was bei ständigem Verzichten ab einem bestimmten Widerstand anzunehmen ist, ein Anspruch wegen Beihilfe gem. § 823 Abs. 2 BGB; §§ 267, 27 StGB.[261]

ee) Gerichtsverfahren. Allein in der Erhebung einer Klage oder in der sonstigen Inanspruchnahme eines staatlichen, gesetzlich geregelten Rechtspflegeverfahrens zur Durchsetzung vermeintlicher Rechte liegt weder eine unerlaubte Handlung im Sinne der §§ 823ff. BGB noch eine zum Schadensersatz verpflichtende Vertragsverletzung. Der Schutz des Prozessgegners wird regelmäßig durch die Regeln des gerichtlichen Verfahrens gewährleistet. Andernfalls würde der freie Zugang zu staatlichen Rechtspflegeverfahren, an dem auch ein erhebliches öffentliches Interesse besteht, in verfassungsrechtlich bedenklicher Weise eingeschränkt.[262] Diese Grundsätze gelten nicht in gleicher Weise für eine außergerichtliche Geltendmachung von unberechtigten Ansprüchen.[263] **259**

ff) Geschäftsführung ohne Auftrag. **§ 683 BGB** kommt nur in Betracht, wenn die Abwehr des Anspruchs dem Interesse und mutmaßlichen Willen des Anspruchstellers entspricht. Das ist im Allgemeinen nicht der Fall;[264] anders im Wettbewerbsrecht → Anh. II Rn. 146. **260**

d) Zessionar. Er kann nur bei Verzug (§§ 280 Abs. 2, 286 BGB) Anwaltskosten ersetzt verlangen.[265] Das gilt auch für einen Versicherer, auf den eine Forderung übergegangen ist. **261**

4. Notwendigkeit der Maßnahmen

Die durchgeführte Maßnahme muss zur Wahrnehmung der Rechte erforderlich und zweckmäßig gewesen sein.[266] Dem genügt es nicht, wenn zunächst außergerichtlich und erst dann gerichtlich vorgegangen wird, obgleich der Gegner bekanntermaßen zahlungsunwillig ist und auch nicht aus sonstigen Gründen mit seiner Leistung zu rechnen ist.[267] Die Grundsätze über die Pflicht zur Niedrighaltung der Kosten beim prozessualen Kostenerstattungsanspruch können herangezogen werden (→ Anh. X Rn. 239ff.). So kann es missbräuchlich sein, wenn Forderungen aus einem Werkvertrag in zwei Angelegenheiten aufgesplittert werden.[268] **261a**

5. Notwendigkeit eines RA

a) Grundsätze. Notwendigkeit als Voraussetzung. Der Ersatz von RA-Kosten setzt voraus, dass die Einschaltung eines RA notwendig war. Ob dem so war, ist in jedem Einzelfall ex ante aus der Sicht einer vernünftigen, wirtschaftlich denkenden Person[269] zu prüfen. **262**

Erste Geltendmachung in einfachen Fällen. Ist in einem einfach gelagerten Schadensfall die Verantwortlichkeit für den Schaden und damit die Haftung von vornherein nach Grund und Höhe derart klar, dass aus der Sicht des Geschädigten zu erwarten ist, dass der Schädiger ohne weiteres seiner Ersatzpflicht nachkommen wird, so ist es im Allgemeinen nicht erforderlich, schon für die erstmalige Geltendmachung des Schadens gegenüber dem Schädiger einen RA hinzuzuziehen. Vielmehr hat der Geschädigte in derartigen Fällen grds. den Schaden zunächst selbst geltend zu machen.[270] **263**

Eigene Fachkenntnisse. Verfügt der Geschädigte selbst über eigene Fachkenntnisse und Erfahrungen, so muss er diese in zweifelsfreien Fällen bei der erstmaligen Geltendmachung des Schadens einsetzen.[271] **264**

Keine unverzügliche Regulierung. Führt jedoch die erste Anmeldung nicht zur unverzüglichen Regulierung, so bedarf es der Unterstützung durch einen RA.[272] **265**

Besondere persönliche Umstände. Die sofortige Einschaltung eines Anwalts kann sich auch schon bei der ersten Geltendmachung, aus besonderen Umständen als erforderlich erweisen, wenn etwa der Geschädigte aus Mangel an geschäftlicher Gewandtheit oder sonstigen **266**

---

[261] AG Osnabrück AGS 2011, 411.
[262] BGH NJW 2009, 1262 Rn. 12.
[263] BGH NJW 2009, 1262 Rn. 13ff.
[264] BGH NJW 2007, 1458 = FamRZ 2007, 550 Rn. 16.
[265] Palandt/*Grüneberg* BGB § 249 Rn. 57.
[266] BGH JurBüro 2013, 418 Rn. 38.
[267] BGH JurBüro 2013, 418 Rn. 38; OLG Celle JurBüro 2008, 319; OLG Hamm NJW-RR 2006, 242; OLG München WM 2010, 1622.
[268] BGH NJW 2015, 3793 Rn. 21 = AGS 2015, 589 mAnm *Schons.*
[269] BGH NJW 2015, 3793 Rn. 8 = AGS 2015, 589 mAnm *Schons.*
[270] BGH AGS 2012, 595, Kaskoschaden gegenüber Versicherer; BGH NJW-RR 2007, 856 = AnwBl 2007, 547, Abmahnung wegen unerbetener Telefonwerbung; BGH NJW 1995, 446 = AnwBl 1995, 206, Verkehrsunfall.
[271] BGH NJW-RR 2007, 856 = AnwBl 2007, 547 Rn. 11.
[272] BGH NJW 1995, 446 = AnwBl 1995, 206.

Gründen wie etwa Krankheit oder Abwesenheit nicht in der Lage ist, den Schaden selbst anzumelden.[273] So kann eine schwere Verletzung den Geschädigten daran hindern, sich selbst um die Schadensregulierung zu kümmern.[274]

267 Bei **Unternehmen mit eigener Rechtsabteilung** kann die Einschaltung eines RA unnötig sein. Vgl. auch → RVG VV 7003 Rn. 128 ff.

Wegen **Wettbewerbsrecht** auch → RVG VV 7003 Rn. 128 ff.; 133.

268 **b) Einzelfälle. Notwendigkeit bejaht** wurde
- auch bei einfachen **Unfällen,** die letztlich schnell abgewickelt wurden,[275]
- bei **Werklohnforderung,** wenn Schuldner auf Mahnschreiben des Unternehmers nicht reagiert hat,[276]
- wegen Aufforderung an den **Hausverwalter,** eine Eigentümerversammlung einzuberufen,[277]
- bei Unterhaltsansprüchen,
- im wasserrechtlichen **Entschädigungsverfahren.**[278]

269 **Notwendigkeit verneint** wurde

bei **Kündigung von Raummiete** nach zweimonatiger Nichtzahlung der Miete durch einen Großvermieter, auch wenn dieser Ausländer ist.[279]

Wegen anwaltlichen **Abmahnungskosten bei unlauterem Wettbewerb** → Anh. II Rn. 145 ff., 178 ff.

270 **c) Anspruchsverfolgung gegen eigenen Versicherer. Kostenersatz für Anmeldung beim eigenen Versicherer.** Ist es aus Sicht des Geschädigten erforderlich, anwaltliche Hilfe in Anspruch zu nehmen, so gilt dies grds. auch für die Anmeldung des Versicherungsfalles bei dem eigenen Versicherer.[280] Auch hier gilt wieder das Gleiche wie für die Geltendmachung von Ansprüchen gegen den Gegner. Die erste Leistungsaufforderung in einem einfachen Fall bedarf, wenn nicht besondere Umstände vorliegen, nicht der Unterstützung durch einen RA (→ Rn. 263).

271 **Kaskoversicherer.** Das gilt auch für Ansprüche gegen den Kaskoversicherer.

272 **Deckungszusage.** → Rn. 330.

273 **d) RA vertritt sich selbst.** Wegen RA in eigener Sache bei gerichtlichen Verfahren → Anh. X Rn. 221 ff.

274 **BGH.** Der BGH hat zur Abmahnung wegen Unterlassung anerkannt, dass auch ein Ersatzanspruch für eine außergerichtliche Tätigkeit des sich selbst vertretenden RA aus Geschäftsführung ohne Auftrag oder Schadensersatz bestehen kann. Er hat ausgeführt, dass entsprechende Erwägungen heranzuziehen sind, die für den Ersatz der Kosten eines beauftragten RA gelten. Es kommt also darauf an, ob die Einschaltung eines RA aus der Sicht des Geschädigten erforderlich war. Dabei ist wieder von Bedeutung, ob der Geschädigte über eine „hinreichende eigene Sachkunde" zur zweckentsprechenden Rechtsverfolgung oder -verteidigung in der Lage war. Beim RA ist auf dessen Sachkunde abzustellen. Bei typischen, unschwer zu verfolgenden Wettbewerbsverstößen ist „die Zuziehung eines weiteren Rechtsanwalts" nicht nötig.[281] Der BGH stellt also nicht darauf ab, ob ein Laie eines RA bedurft hätte.

275 Damit sind die Grenzen sehr eng gezogen, wenn der BGH darauf abstellt, ob ein weiterer RA notwendig gewesen wäre. Das wird bei einem RA meistens nicht der Fall sein. Es wird sich zeigen, ob es der BGH wirklich so eng meint. In dem von ihm entschiedenen Fall handelte es sich um einen Verstoß gegen die anwaltliche Berufsordnung, der keine schwierigen Rechtsfragen aufwarf.

276 In einem weiteren Fall hat der BGH entscheiden, dass dem sich selbst vertretenden RA kein Ersatzanspruch zusteht, wenn er sich gegen unerbetene Telefonwerbung wendet. Dabei stellt der BGH auch darauf ab, dass der RA schon wiederholt als Partei und als Prozessbevollmächtigter mit derartiger unerbetener Werbung befasst war.[282]

---

[273] BGH NJW-RR 2007, 856 = AnwBl 2007, 547 Rn. 12; NJW 2006, 1065 = AnwBl 2006, 357 Rn. 9.

[274] BGH NJW 2006, 1065 = AnwBl 2006, 357 Rn. 9.

[275] AG Halle NJW 2010, 3456.

[276] BGH NJW 2015, 3793 Rn. 9 ff. = AGS 2015, 589 mAnm *Schons.*

[277] BayObLG NJW-RR 1998, 519.

[278] BGH MDR 1969, 297.

[279] BGH AnwBl 2012, 560 = WuM 2012, 262 = AGS 2012, 360.

[280] BGH NJW 2006, 1065 = AnwBl 2006, 357, Unfallversicherung; BGH NJW 2005, 1112, Gebäudeversicherung.

[281] BGH NJW 2004, 2448 = AnwBl 2004, 595 Rn. 10.

[282] BGH NJW-RR 2007, 856 = AnwBl 2007, 547 Rn. 15.

BAG. Großzügiger ist das BAG, das es im Rahmen eines materiell-rechtlichen Schadensersatzanspruchs genügen lässt, dass in einem arbeitsgerichtlichen Verfahren, in dem durch Beschluss zu entscheiden war, der RA Aufgaben erledigt, die für den Anwaltsberuf charakteristisch sind, was zB bei der Führung eines Rechtsstreits vor Gericht der Fall ist.[283] Das ist allerdings sehr weitgehend, da hier überhaupt nicht mehr auf die Notwendigkeit abgestellt wird und der sich selbst vertretende RA damit besser stünde als ein Laie, der zB in einer FG-Sache ohne Anwaltszwang einen Erstattungsanspruch für die Kosten seines RA nur hat, wenn dessen Einschaltung erforderlich war (→ Anh. X Rn. 187 ff.). 277

Der BGH ist zu eng, das BAG zu weit. Auch hier sollte der allg. **Rechtsgedanke des § 1835 Abs. 3 BGB** herangezogen werden, der, wie der BGH selbst festgestellt hat, über den Rahmen des Vormunds und ähnlicher Funktionen hinausgeht (→ Rn. 780). Ihm ist zu entnehmen, dass ein Dritter nicht davon profitieren soll, dass der RA eine Tätigkeit selbst vornimmt, für die ein anderer, der kein RA ist, sich eines RA bedienen würde. Unter den gleichen Voraussetzungen, unter denen gem. § 1835 Abs. 3 BGB eine Vergütung nach dem RVG zu gewähren ist, ist auch die Vergütung nach dem RVG zu erstatten. 278

Hierfür spricht auch, dass sicherlich jeder RA auch einen etwas komplizierteren Autounfall abzuwickeln in der Lage ist, es ihm aber nicht zuzumuten ist, in den Fällen, in denen ein Laie einen RA zu Hilfe nehmen dürfte und sich damit ua viel Mühe ersparen würde, sich unentgeltlich dieser Mühe zu unterziehen und dabei auch noch seine Rechtskenntnisse einzusetzen. 279

Aus **§ 91 Abs. 2 S. 3 ZPO** kann nach hM nichts für die außergerichtliche Tätigkeit des RA in eigener Sache hergeleitet werden, da er nur für gerichtliche Verfahren gilt, nicht aber auch für eine außergerichtliche Tätigkeit.[284] 280

Die Ausführungen zur Notwendigkeit von RA-Kosten bei der prozessrechtlichen Kostenerstattung (→ Anh. X Rn. 184 ff.), können ebenfalls nicht ohne weiteres auf eine außergerichtliche Tätigkeit übertragen werden, da das Betreiben eines gerichtlichen Verfahrens mit seinen auch verfahrensrechtlichen Besonderheiten und seinen Beweislastregeln nicht vergleichbar ist mit einer außergerichtlichen Geltendmachung, zumal wenn es sich um die erste handelt. 281

e) Mehrere RA. Ähnlich wie in gerichtlichen Verfahren (→ Anh. X Rn. 207 ff.) kommt ein Ersatzanspruch für einen zweiten RA nur ganz ausnahmsweise in Betracht, etwa wenn es um besonders schwierige Fragen aus einem entlegenen Sondergebiet geht. Hinzukommen muss noch, dass ein hinreichend qualifizierter RA nicht von vornherein allein mandatiert werden konnte. 282

6. Höhe

a) Gebühren. ***aa) Grundsatz.*** Unstreitig ist, dass die Gebühren und Auslagen, die nach dem RVG angefallen sind, zu erstatten sind. Wegen Beweislast hinsichtlich der angemessenen Ausübung des Bestimmungsrechts des RA bei Rahmengebühren → § 14 Rn. 7. 283

Vergütungsvereinbarung. Zu der Frage, wenn eine höhere oder niedrigere Vergütung vereinbart ist, → § 3a Rn. 74 ff. 284

Beratungshilfe. Zu Schadensersatzanspruch in Höhe von Wahlanwaltsgebühren bei Beratungshilfe → RVG VV 2500 Rn. 18.[285] 285

bb) Schadensminderungspflicht. **Vorprozessualer Vertretungsauftrag missbräuchlich?** Jedenfalls dann, wenn eine außergerichtliche Regulierung nicht von vornherein ausgeschlossen erscheint, muss eine Partei nicht gleich einen unbedingten Klageauftrag erteilen, um den Anfall einer Geschäftsgebühr zu vermeiden.[286] Das galt schon für die BRAGO, bei der wegen der uU zusätzlichen Besprechungsgebühr des § 118 Abs. 1 Nr. 2 BRAGO der außergerichtliche Weg im Falle eines Erfolges noch erheblich teurer war.[287] 286

Das gilt erst recht zum RVG, da im Voraus häufig nicht feststellbar ist, **welcher Weg der teurere** sein wird. Kommt es vor der Klageerhebung zu einer Einigung, so fallen bei einem außergerichtlichen Auftrag eine zB 1,3 Geschäftsgebühr und eine 1,5 Einigungsgebühr an (zusammen 2,8). Bei einem Verfahrensauftrag fallen eine 0,8 Verfahrensgebühr, eine 1,2 Terminsgebühr und eine 1,5 Einigungsgebühr (zusammen 3,5) an, wenn Einigungsgespräche und die Einigung vor der Klagerhebung stattfinden bzw. eine 1,3 Verfahrensgebühr, eine 1,2 Terminsgebühr und eine 1,0 Einigungsgebühr (zusammen 3,5), wenn beide nach der Klageerhebung 287

[283] BAG MDR 1995, 936 Rn. 38.
[284] BGH NJW 2004, 2448 = AnwBl 2004, 595 Rn. 14.
[285] BGH NJW 2011, 2300 gegen OLG Celle NJW-RR 2010, 133.
[286] BGH NJW 2015, 3793 Rn. 11 = AGS 2015, 589 mAnm *Schons.*
[287] BGH NJW 1968, 2334 Rn. 35 ff.

erfolgen. Ein sofortiger Verfahrensauftrag kann also teurer sein. Andererseits wird es am Teuersten, wenn der RA erst erfolglos aufgrund eines Auftrags zur außergerichtlichen Vertretung tätig wird, dann klagt und sich die Parteien dann einigen (4,15 weil eine nicht angerechnete Hälfte der Geschäftsgebühr hinzukommt).

288 **b) Gegenstandswert.** ***aa) Berechnung aus dem berechtigten Anspruch.*** Nach ganz hM richtet sich der Gegenstandswert, aus dem die Gebühren zu errechnen sind, für die Frage des Kostenersatzes allein nach der Höhe, in der der geltend gemachte Anspruch objektiv auch begründet ist. Dabei wird in der Praxis letztlich auf den Betrag abgestellt, den der Schädiger bzw. der Versicherer bereit ist zu tragen bzw. zu dem er verurteilt wird. Unerheblich ist, von welcher Schadenshöhe der Geschädigte ausgegangen ist.[288]

Beispiel:

Fordert der RA für den Geschädigten 5.000,– EUR und zahlt die Versicherung 3.000,– EUR, dann sind für den Auftraggeber RA-Gebühren aus dem Wert 5.000,– EUR entstanden; er kann von der Versicherung aber nur Ersatz aus dem Wert 3.000,– EUR verlangen.

289 **Keine verhältnismäßige Kürzung.** Die Kosten sind nicht verhältnismäßig zu kürzen. Es sind also nicht die Gebühren aus 5.000,– EUR nur zu $^3/_5$ zu erstatten.[289]

289a **Die vollen Kosten** sind nach OLG Saarbrücken jedoch dann zu ersetzen, wenn der Geschädigte teilweise nur wegen des Verweisungsprivilegs des § 117 Abs. 1 VVG unterliegt.[290]

290 **Einigungsgebühr.** Das gilt auch im Falle einer gütlichen Einigung und zwar auch hinsichtlich der Einigungsgebühr. Einigen sich daher die Parteien hinsichtlich der geltend gemachten 5.000,– EUR auf 3.000,– EUR, so ist vom Schädiger eine Einigungsgebühr nur aus 3.000,– EUR zu ersetzen. Der sonst allgemein gültige Satz „Wert des Vergleichs ist der Betrag, über den, nicht auf den man sich verglichen hat", gilt bei der Schadensregulierung hinsichtlich der Ersatzfähigkeit der Gebühren nicht.[291]

291 **Ansprüche des RA.** Der Anspruch des RA gegen seinen Mandanten ist unabhängig davon, in welcher Höhe der Schädiger dem Mandanten Ersatz leisten muss.

292 **Ansprüche gegen Rechtsschutzversicherer.** Soweit wegen eines niedriger zu Grunde zu legenden Gegenstandswerts ein Teil der Kosten vom Gegner nicht zu ersetzen ist, ist der Differenzbetrag von dem Rechtsschutzversicherer des Mandanten zu ersetzen.

293 ***bb) Kosten bei Anspruchsverfolgung gegen eigenen Versicherer.*** Macht der Mandant gegen seinen eigenen Versicherer mit Hilfe eines RA Ansprüche geltend, so können die sich hierbei ergebenden RA-Kosten uU dem Schädiger in Rechnung gestellt werden (→ Rn. 270). Aber auch hier gilt, dass Kosten nur aus dem Wert zu errechnen sind, in dessen Höhe die Ansprüche berechtigt waren.[292]

294 Hier gibt es aber noch eine zweite Begrenzung. Hier kann es sein, dass der Anspruch gegen den eigenen Versicherer über das hinausgeht, was der Schädiger zu ersetzen hätte. Übersteigt die von dem Geschädigten bei seinem Versicherer angemeldete und nach den Versicherungsbedingungen begründete Forderung den Betrag, den der Schädiger zu ersetzen hat, ist zu prüfen, inwieweit die durch die Anmeldung entstandenen Anwaltskosten dem Schädiger als Folgen seines Verhaltens zugerechnet werden können.[293] Im Vordergrund steht dabei das Interesse des Geschädigten an einer vollständigen Restitution. Im Falle der Verletzung einer Person ist die Grenze der Ersatzpflicht dort zu ziehen, wo die Aufwendungen des Geschädigten nicht mehr allein der Wiederherstellung der Gesundheit, dem Ersatz entgangenen Gewinns oder der Befriedigung vermehrter Bedürfnisse dienen. Dies kann der Fall sein, wenn der Geschädigte Kosten aufwendet, um von seinem privaten Unfallversicherer Leistungen zu erhalten, die den von dem Schädiger zu erbringenden Ersatzleistungen weder ganz noch teilweise entsprechen. Das ist zB zu erwägen, wenn dem Geschädigten nach den Vertragsbedingungen seiner Unfallversicherung ein Anspruch auf Zahlung einer Invaliditätsentschädigung zusteht, insoweit ein Ersatzanspruch – etwa unter dem Gesichtspunkt des Ausgleichs vermehrter Bedürfnisse – gegen den Schädiger nach Lage des Falles aber nicht besteht.[294]

---

[288] BGH NJW 2018, 935; NJW 2008, 1888 = AnwBl 2008, 210; BGH NJW 2005, 1112.
[289] BGH NJW 2008, 1888 = AnwBl 2008, 210.
[290] OLG Saarbrücken NJW-RR 2013, 934 = NZV 2013, 598.
[291] LG Limburg ZfS 1993, 64.
[292] BGH NJW 2005, 1112.
[293] BGH NJW 2005, 1112.
[294] BGH NJW 2006, 1065 = AnwBl 2006, 357 Rn. 6 ff.; BGH NJW 2005, 1112, Gebäudeversicherung.

Beispiel:[295]

Der Schädiger ist nach einem von ihm verschuldeten Totalschaden eines Hauses verpflichtet, den Schaden zu begleichen, wobei ihm aber ein Abzug neu für alt zu Gute kommt. Der Geschädigte hat aber einen Anspruch gegen einen Gebäudeversicherer ohne einen solchen Abzug. Macht er diesen Anspruch gegen seinen Versicherer anwaltlich geltend, so muss der Schädiger die Anwaltskosten nur aus dem Wert ersetzen, der sich nach einem Abzug von neu für alt ergibt. War der von seinem Versicherer gezahlte Betrag 500.000,– EUR, haftet der Schädiger aber nach Abzug von neu für alt nur für 400.000,– EUR, so muss der Schädiger auch nur für Kosten aus 400.000,– EUR einstehen.

7. MwSt

Ist der Geschädigte vorsteuerabzugsberechtigt, so muss der Schädiger diesem die an den RA zu zahlende MwSt nicht ersetzen. Ansonsten muss er auch diese MwSt erstatten. 295

8. Zahlung oder Freistellung

Hat der Mandant bereits seinen RA bezahlt, so kann Zahlung begehrt werden. Andernfalls muss Freistellung beantragt werden. Hat aber der Gegner bereits endgültig die Zahlung abgelehnt, so kann wieder unmittelbar Zahlung verlangt werden.[296] 296

9. Anforderungen an die Leistungsaufforderung

Rechnung. Dem Ersatzpflichtigen muss keine den Anforderungen des § 10 RVG genügende Rechnung des RA vorgelegt werden.[297] 297

Anwaltliches Bestimmungsrecht. Klagt der RA für den Ersatzberechtigten die bei ihm angefallene Geschäftsgebühr in einer bestimmten Höhe ein, so hat er damit von seinem Bestimmungsrecht gem. § 14 RVG Gebrauch gemacht.[298] 298

10. Durchsetzung

a) Klage. Der materiell-rechtliche Ersatzanspruch kann im Klageweg verfolgt werden. 299

b) Rechtsschutzbedürfnis. Könnten die Kosten aber auch in der Kostenfestsetzung gem. §§ 103 ff. ZPO geltend gemacht werden, so fehlt einer Klage das Rechtsschutzbedürfnis.[299] Bestehen aber Zweifel, ob in der Kostenfestsetzung eine Durchsetzung des Anspruchs mit Erfolg unternommen werden kann, so ist eine Klage zulässig. Der Ersatzberechtigte muss nicht erst einen unsicheren Weg wählen.[300] Es gilt das für die Klage des RA gegen seinen Mandanten Dargelegte (→ Rn. 179) entsprechend. 300

c) Zulässigkeit bei Familiengericht. Der Ersatzanspruch für in einer Familiensache angefallene vorgerichtliche RA-Kosten ist ein Annex zur beim Familiengericht geltend gemachten Familiensache. Hieraus ergibt sich, dass dieser Anspruch auch zusammen mit einer Familiensache beim Familiengericht anhängig gemacht werden kann, obgleich er dort isoliert nicht eingeklagt werden könnte.[301] Wird der Schadensersatzanspruch in einem gesonderten Verfahren geltend gemacht, so riskiert der Kläger, dass trotz Gewinns des Prozesses die Kosten dieses isolierten Verfahrens, wegen missbräuchlicher Trennung nicht erstattet werden, da er diesen Anspruch zusammen mit der Hauptsache ohne zusätzliche Kosten hätte einklagen können. 301

d) Gegenstandswert. Nebenforderung. → Anh. VI Rn. 399 ff. 302

e) Gutachten der Rechtsanwaltskammer. Fakultativ. Bei einem Streit über die Höhe der Geschäftsgebühr kann das Gericht, muss aber nicht, ein Gutachten der Anwaltskammer einholen. § 14 Abs. 2 RVG betrifft nur das Verhältnis des Anwalts zum Mandanten, gilt aber nicht für einen Schadensersatzanspruch des Mandanten gegen einen Dritten.[302] 303

XVI. Rechtsschutzversicherung

Schrifttum: *N. Schneider,* Das Quotenvorrecht in der Rechtsschutzversicherung, BRAGOreport 2000, 17; *N. Schneider,* Das Quotenvorrecht in der Rechtsschutzversicherung und seine Durchsetzung, RVGreport 2011, 363.

---

[295] Nach BGH NJW 2005, 1112.
[296] OLG Hamburg OLGR 2008, 383 = AGS 2008, 151.
[297] BGH NJW 2011, 2509 Rn. 18.
[298] BGH NJW 2011, 2509 Rn. 18.
[299] BGH NJW 1990, 2062 = FamRZ 1990, 966.
[300] BGH NJW 1990, 2062 = FamRZ 1990, 966.
[301] OLG Dresden NJW 2006, 2128 = FamRZ 2006, 1128; OLG München NJW-RR 2006, 650 = FamRZ 2006, 721; OLG Saarbrücken NJW-RR 2009, 1233.
[302] Zöller/*Herget* ZPO § 4 Rn. 13; *N. Schneider* MDR 2002, 1295; **aA** *Enders* JurBüro 2004, 57 (60).

1. Vorbemerkung zur Kommentierung

304 Soweit Ausführungen zur Rechtsschutzversicherung im Zusammenhang mit einzelnen Bestimmungen des RVG stehen, werden sie dort abgehandelt wie zB Rechtsschutzversicherung im arbeitsgerichtlichen Verfahren → Anh. I Rn. 35; → RVG VV 3305 Rn. 143, weiter auch → Rn. 310.

2. Zur aktuellen Situation

305 Die 62. Tagung der Gebührenreferenten der Rechtsanwaltskammern (2.4.2011) hat sich ua damit befasst, dass die Rechtsschutzversicherer zunehmend versuchen,

- die Versicherten zu einer Mandatierung von Anwälten zu bewegen, die der Rechtsschutzversicherer vorgeschlagen hat,
- die Gebühren der RA zu kürzen

Es wurde vorgeschlagen, dass die RA sich hiergegen wehren sollen.[303] Es wurde weiter darauf hingewiesen, dass oft ein kurzes Telefonat eher zur Aufhebung einer Gebührenkürzung führt als eine Klage. Im Übrigen sollte sich aber die Anwaltschaft um ein gutes Verhältnis zu dem Rechtsschutzversicherer bemühen, da sie erheblich auf diese angewiesen ist.[304] Berichte von Rechtsanwälten zu ca. 35 Rechtsschutzversicherungen finden sich unter www.rsv-blog.de. Die Mustergebührenvereinbarung der HUK-Coburg ist zu finden unter www.lawyerslife.de.

3. Umfang des Versicherungsschutzes

306 **a) FG-Sachen.** FG-Sachen sind entgegen der alten Regelung in § 4 Abs. 1p ARB 75 nach den ARB 2000 vom Versicherungsschutz nicht mehr ausgeschlossen.[305]

307 **b) Familiensachen. Vertretung nach außen.** Die Wahrnehmung rechtlicher Interessen aus dem Bereich des Familienrechts ist gem. § 4 Abs. 1i ARB 1975 = § 3 Abs. 2g ARB 2000 vom Versicherungsschutz ausgeschlossen.[306] Was zum Bereich des Familienrechts gehört, richtet sich nach dem materiellen Recht, nicht nach dem Prozessrecht. Deshalb fallen Angelegenheiten mit vorwiegend familienrechtlichem Charakter auch dann unter die Ausschlussklausel, wenn sie nicht nach § 23a GVG den Familiengerichten zugewiesen sind.[307] Im Übrigen s. Harbauer/*Maier* ARB 2000 § 3 Rn. 137 ff.

308 **Interne Beratung.** Für interne Beratung und Auskunftserteilung durch einen in Deutschland zugelassenen RA kann gem. § 2k ARB 2000 Deckungsschutz vereinbart werden, soweit sie nicht mit anderen gebührenpflichtigen Tätigkeiten des Rechtsanwaltes zusammentreffen. Sie dürfen also zB nicht mit einer außergerichtlichen Tätigkeit des RA gegenüber einem Dritten, etwa dem anderen Ehegatten zusammenfallen.[308]

309 **c) Vorprozessuale Kosten des Gegners.** Holt der RA eine Deckungszusage „für eine Klageerhebung" ein, so erfasst die Zusage nicht eine zuvor angefallene Geschäftsgebühr.[309]

310 **d) Einigung, Rechtsmittel, Vergütungsvereinbarung**

Wegen
Einigung → RVG VV 1000 Rn. 379 ff.; → RVG VV 3400 Rn. 117 ff.
Rechtsmittel/Rechtsbehelf → RVG VV 5115 Rn. 28.
Vergütungsvereinbarung → § 3a Rn. 46.

310a **e) Teilweiser Deckungsschutz.** ***aa) Bei verschiedenen Gegenständen.*** Wird ein Rechtsstreit teils über versicherte, teils über unversicherte Ansprüche geführt, hat der Rechtsschutzversicherer die Quote (!) der Prozesskosten zu erstatten, die dem Anteil am Gesamtstreitwert entspricht, für den er eintrittspflichtig ist. Für den BGH ergibt sich dies aus der aus der Sicht eines durchschnittlichen Versicherungsnehmers vorzunehmenden Auslegung von § 1 ARB 2000, wonach nur die für die „Interessenwahrnehmung erforderlichen Kosten" vom Versicherer zu tragen sind.[310] Bei einer Deckungszusage für Forderung über 5.000,– EUR und Gesamtforderung von 15.000,– EUR beträgt die Erstattungsquote $1/3$.

310b ***bb) Bei Streitgenossen.*** → RVG VV 1008 Rn. 393 ff.

---

[303] Krit. zum Rahmenabkommen der HUK Rechtsschutzversicherung *Teubel* KammerReport OLG Hamm 12, 9 laut Kurzwiedergabe durch *Hansens* in RVGreport 2012, 371.
[304] Bericht *v. Seltmann* RVGreport 2011, 290 I 1.
[305] Harbauer/*Cornelius-Winkler* ARB 1975 § 4 Rn. 41.
[306] Zur gesamten Problematik Harbauer/*Maier* ARB 2000 § 3 Rn. 137 f.
[307] Harbauer/*Maier* ARB 2000 § 3 Rn. 138.
[308] Madert/Müller-Rabe Fam-HdB/*Madert* Kap. I Rn. 3.
[309] OLG München AGS 2012, 58 Rn. 31.
[310] BGH NJW 2005, 2228 Rn. 10 ff.

4. Auftrag für Hauptssache

310c Ein Angebot auf Abschluss eines Anwaltsvertrages liegt allein durch die Übersendung des Vollmachtformulars nicht vor, wenn das Tätigwerden des Anwalts abhängig gemacht wurde vom Vorliegen einer Deckungszusage der Rechtsschutzversicherung und diese Zusage letztlich nicht erteilt wurde.[311]

5. Billigster Weg

311 Teilweise wird angenommen, dass sich der Ersatzanspruch gegen den Versicherer wegen der Obliegenheit, alles zu vermeiden, was zu höheren Kosten führen kann (§ 17 Abs. 5c cc ARB 2000), reduziert, wenn der Versicherte erst außergerichtlich und dann gerichtlich gegen seinen Gegner vorgeht, statt gleich den billigeren Weg der Klage zu wählen. Dem ist nicht zu folgen.

312 Zum einen steht am Anfang nicht fest, welcher Weg der billigere ist (→ Rn. 286 ff.).

313 Zum anderen ist § 17 Abs. 5c cc ARB 2000 nach einem Hinweis des IV. Senats des BGH und nach den mündlichen Ausführungen des Vorsitzenden dieses Senats wegen Verstoßes gegen das Transparenzgebot und gegen das Leitbild von §§ 6, 62 VVG aF iVm § 307 BGB wohl nichtig.[312]

314 Im Übrigen wird in vielen Fällen, in denen der Auftraggeber ein Interesse daran hat, zum Gegner weiter eine gute Beziehung zu unterhalten, eine sofortige Klage seinen Interessen schaden.[313]

6. Freistellungs- und Zahlungsanspruch

315 **Freistellung.** Nach § 1 Abs. 2 RVG der Allgemeinen Bedingungen für die Rechtsschutzversicherung hat der Mandant einen Freistellungsanspruch gegenüber seiner Rechtsschutzversicherung hinsichtlich der Gebühren und Auslagen, die er dem RA nach dem RVG schuldet. Der Freistellungsanspruch besteht auch bzgl. des Vorschusses, den der RA nach § 9 RVG fordern kann.

316 **Zahlung.** Hat der Versicherte aber seinen RA bereits bezahlt, so kann er Zahlung verlangen. Hat der Versicherer eine Zahlung ernsthaft abgelehnt, so kann ebenfalls gleich Zahlung begehrt werden.[314]

7. Anspruchsberechtigter

317 **Kein Anspruch des RA gegen Versicherer.** Erteilt der Rechtsschutzversicherer für den Versicherungsnehmer eine Deckungszusage, dann bestehen trotzdem vertragliche Beziehungen nur zwischen dem RA und dem Versicherungsnehmer als Mandanten einerseits und dem Rechtsschutzversicherer und dem Mandanten andererseits. Daraus folgt, dass der RA keinen unmittelbaren Vergütungsanspruch gegenüber der Rechtsschutzversicherung hat. Einen solchen Anspruch hat nur der Mandant.[315] Das gilt auch dann, wenn der Versicherer – immer im Auftrag und in Vollmacht des Versicherungsnehmers – den Auftrag an den RA erteilt.

318 **Zahlungen des Versicherers unmittelbar an RA.** Daran ändert sich auch nichts, wenn, wie in der Praxis üblich, auf eine entsprechende Aufforderung des RA hin der Versicherer die Vergütung oder den Vorschuss unmittelbar an den RA zahlt. Er zahlt in Erfüllung seiner Verpflichtung aus dem Versicherungsvertrag gegenüber dem Versicherungsnehmer auf dessen Schuld aus dem Anwaltsvertrag gegenüber dem RA (§ 267 BGB). Die von ihm gezahlten **Vorschüsse** kann er deshalb vom RA auch dann nicht zurückfordern, wenn nachträglich die Kostendeckungszusage wirksam widerrufen wird oder aus anderen Gründen Ersatzansprüche bestehen. Derartige Ansprüche des Versicherers richten sich allein gegen den Versicherungsnehmer.[316] Der RA sollte ua auch deshalb dafür sorgen, dass er entweder vom Mandanten oder dem Rechtsschutzversicherer rechtzeitig Vorschüsse erhält.[317]

319 **Geltendmachung im Namen des Mandanten.** Der RA kann aber die Ansprüche namens und in Vollmacht des Versicherungsnehmers gegen den Versicherer geltend machen.

320 **Abtretung.** Der Versicherungsnehmer kann seine Ansprüche gegen den Versicherer nur mit Einverständnis des Versicherers an den RA abtreten (§ 17 Abs. 7 ARB 2000).

---

[311] BGH NJW-RR 2019, 1076.

[312] *Hansens* RVGreport 2009, 321.

[313] Hartung/Schons/Enders/*Enders* RVG § 1 Rn. 28 ff.

[314] Hartung/Schons/Enders/*Enders* RVG § 1 Rn. 64.

[315] Schneider/Wolf/*Volpert* RVG § 1 Rn. 22; **aA** OLG Düsseldorf VersR 1980, 231, Vertrag zugunsten eines Dritten, des Versicherungsnehmers.

[316] Hartung/Schons/Enders/*Enders* RVG § 1 Rn. 65.

[317] Hartung/Schons/Enders/*Enders* RVG § 1 Rn. 66.

8. Anwaltswechsel

321 Die Rechtsschutzversicherung muss gem. § 5 (1) a S. 1 ARB 2000 die durch einen Anwaltswechsel entstehenden Mehrkosten tragen, wenn der Anwaltswechsel objektiv notwendig war und weder vom Versicherungsnehmer noch von dessen Anwalt zu vertreten ist. Das ist zB der Fall, wenn die Zulassung des Anwalts – aus welchen Gründen auch immer – erloschen ist.[318] Im Übrigen wird auf → Anh. X Rn. 207 ff. verwiesen.

9. RA vertritt sich selbst

322 Von § 5 (1) a S. 1 ARB 2000 wird nach dem BGH auch die Selbstvertretung durch den RA in einem Zivilrechtsstreit erfasst.[319]

10. Ersatzanspruch gegen Gegner

323 Der Abschluss einer Rechtsschutzversicherung entbindet den erstattungspflichtigen Gegner nicht von seiner Erstattungspflicht. Auch wenn ein freigesprochener Angeklagter rechtsschutzversichert ist, hat die Staatskasse im Falle eines Freispruchs die Verteidigungskosten zu tragen. Gleiches gilt, wenn ein Berufsverband die durch die Verteidigerbestellung entstandenen Kosten übernommen hat.[320]

11. Deckungsschutzklärung

324 **a) Besondere Angelegenheit.** Bemüht sich der in der Hauptsache beauftragte RA zugleich um die Deckungszusage des Rechtsschutzversicherers, so wird teilweise ein Annex zur Hauptsache und damit eine vorbereitende Maßnahme iSv § 19 S. 2 Nr. 1 RVG angenommen.[321] Die überwiegende Gegenmeinung[322] bejaht zu Recht einen selbständigen Auftrag, der zu einer besonderen Angelegenheit führt. Dafür spricht, dass es um einen ganz anderen Anspruch geht, nämlich nicht den des Auftraggebers gegen die Prozessgegner, sondern den des Auftraggebers gegen den Versicherer. Darüber hinaus ist, falls es wegen der Deckungszusage zu einem Prozess kommt, ein gesonderter Rechtsstreit zu führen. Schon gar nicht kann es sich um einen Annex handeln, wenn der RA ausschließlich mit der Erholung der Deckungszusage beauftragt wird,[323] auch → § 15 Rn. 79.

325 **Zeitpunkt der Deckungsanfrage.** Unerheblich ist, wann die Deckungsfrage mit dem Versicherer geklärt wird. Die vorstehenden und nachfolgenden Ausführungen gelten daher auch dann, wenn es während oder nach Abschluss der Hauptsache um die Deckung geht.

326 **Bloße Rechnungsstellung.** Allerdings ist die bloße Rechnungsstellung gegenüber dem Versicherer keine besondere Angelegenheit.

327 **b) Auftrag.** Da eine besondere Angelegenheit vorliegt, so bedarf es auch eines besonderen Auftrags. Er folgt nicht automatisch aus dem Auftrag für die Hauptsache. Er kann auch stillschweigend erteilt werden.[324] Die bloße Hingabe der Versicherungsnummer genügt nicht. Allein schon um sicherzustellen, dass ein besonderer Auftrag vorliegt, sollte der RA den weiter unten näher dargelegten Hinweis geben (→ Rn. 336 ff.). Nach der Rspr. des BGH geht es im Zusammenhang mit den Gebühren immer zu Lasten des RA, wenn Zweifel bestehen, ob der Mandant die Folgen seines Handelns überblickt, so dass ein Verhalten, das an sich als Angebot zu einem Vertragsabschluss geeignet wäre, dennoch nicht zu einem Vertrag führt. Aus diesen Gründen hat der BGH einen Auftrag, als Verkehrsanwalt in zweiter Instanz tätig zu werden, beim Verfahrensbevollmächtigten der ersten Instanz verneint, wobei eine Rolle spielte, dass ein Erstattungsanspruch für die Verkehrsanwaltskosten seinerzeit überwiegend abgelehnt wurde.[325] Ähnliches gilt für die Erholung der Deckungszusage. Hierbei ist auch zu beachten, dass viele Anwälte für diese Tätigkeit keine zusätzlichen Gebühren berechnen,[326] eben weil dies so von vielen Mandanten erwartet wird.[327]

---

[318] LG Hannover JurBüro 2006, 214; iÜ zum Anwaltswechsel Harbauer/*Bauer* ARB 2000 § 5 Rn. 28 ff.

[319] BGH zu ARB 2000 NJW 2011, 232 = AnwBl 2011, 144 = AGS 2011, 49 mablAnm *N. Schneider* = RVGreport 2011, 80 mablAnm *Hansens*.

[320] OLG Celle NJW 1968, 1735.

[321] OLG München JurBüro 1993, 163.

[322] OLG Düsseldorf MDR 2011, 760 = AGS 2011, 366 Rn. 53 ff.; LG Zwickau AGS 2005, 525; Bischof/*Bischof* RVG § 19 Rn. 15; Schneider/Wolf/*Mock/Schneider/Volpert/Fölsch/Thiel* RVG § 19 Rn. 14; *Hansens* RVGreport 2010, 241 Ziff. II 2.

[323] Schneider/Wolf/*Mock/Schneider/Volpert/Fölsch/Thiel* RVG § 19 Rn. 14.

[324] *Hansens* RVGreport 2010, 241 Ziff. I.

[325] BGH NJW 1991, 2084 = JurBüro 1991, 1647 Rn. 11.

[326] *Lensing* AnwBl 2010, 688.

[327] *Hansens* RVGreport 2010, 241 (244) Ziff. IV.

c) Gebühren. Ist ein zusätzlicher Auftrag erteilt worden, stehen dem RA zusätzlich Gebühren gem. VV 2300ff. RVG[328] zu, und zwar in aller Regel eine nach VV 2300 RVG und nicht eine nach VV 2301 RVG,[329] wobei mangels Identität des Gegenstandes im Verhältnis zur Hauptsache **keine Anrechnung** gem. VV Vorb. 3 Abs. 4 RVG zu erfolgen hat. In der Lit. wird vorgeschlagen, dass der RA nach einem Hinweis auf die zusätzlichen Kosten eine Pauschale von 50,– EUR vereinbart, die, wenn sie niedriger als die gesetzlichen Gebühren ist, gem. § 4 Abs. 1 S. 1 RVG grds. unbedenklich ist, da es um eine Geschäftsgebühr geht.[330] 328

d) Gegenstandswert. → Anh. VI Rn. 469. 329

e) Ersatzansprüche. ***aa) Gegen Versicherer.*** Die durch die Deckungszusage entstandenen Anwaltsgebühren trägt der Rechtsschutzversicherer nach den Versicherungsbedingungen nur bei Verzug oder Erstverweigerung.[331] 330

bb) Materiell-rechtlicher Ersatzanspruch gegen Gegner. Ob ein solcher besteht, ist sehr umstritten.[332] Grundsätzlich müssen drei Voraussetzungen gegeben sein. 331

Verursachung. Die erste ist, dass der Schaden adäquat verursacht ist.[333] Das ist ohne weiteres zu bejahen. 332

Zurechnung. Die zweite ist, dass die durch die Erholung der Zusage anfallenden Anwaltskosten dem Schädiger als Folgen seines Verhaltens zugerechnet werden können.[334] Das ist zweifelhaft. Teilweise wird angenommen, dass diese Kosten nicht als zur Durchsetzung des Schadensersatzanspruchs gehörig anzusehen sind. Es gehe hierbei vielmehr um die Reduzierung des eigenen Risikos und damit nur um einen mittelbaren Schaden.[335]

Anwaltliche Hilfe nötig? Nach der dritten Voraussetzung muss die Inanspruchnahme anwaltlicher Hilfe im Einzelfall erforderlich gewesen sein.[336] Dabei kommt es auf die geschäftliche Gewandtheit oder auf Krankheit oder Abwesenheit des Versicherungsnehmers (→ Rn. 262ff.) an.[337] Bei Verkehrsunfällen wird häufig anwaltliche Hilfe nötig sein.[338] Hat aber der Geschädigte bereits einen Schriftsatz eines Anwalts zur Hauptsache in der Hand, so genügt es, wenn er den Zusageantrag selbst stellt und den Schriftsatz als Anlage beifügt.[339] 333

Verfrühter Zusageantrag. Wird die Zusage erholt, bevor ein Schadensersatzanspruch besteht, zB weil noch kein Verzug eingetreten ist, so scheidet ein Ersatzanspruch gegen den Gegner aus,[340] es sei denn nach Eintritt des Verzugs erhöht sich die Geschäftsgebühr noch einmal. Erhöht sie sich nach Verzugseintritt von 1,3 auf 1,8, so kann ein Ersatzanspruch in Höhe einer 0,5 Geschäftsgebühr gegeben sein. 334

cc) Verfahrensrechtlicher Kostenerstattungsanspruch gegen Gegner, → Anh. X Rn. 76. 335

12. Hinweispflichten

a) Teilweise Nichtdeckung. Eine Hinweispflicht besteht, wenn der Auftraggeber – dem RA bekannt – Versicherungsnehmer einer Rechtsschutzversicherung ist und Honoraransprüche teilweise nicht gedeckt sind; der Mandant darf erwarten, ungefragt hierüber aufgeklärt zu werden.[341] 336

b) Deckungszusage. Der RA muss den Mandanten darauf hinweisen, dass durch seine Deckungsanfrage zusätzliche Kosten entstehen.[342] Der Mandant geht davon aus, dass er, gerade weil er rechtsschutzversichert ist, selbst keine Kosten tragen muss,[343] was aber hinsichtlich der Deckungszusage häufig nicht der Fall ist (→ Rn. 330). Der Laie weiß nicht, dass zwei Angele- 337

---

328 *Hansens* RVGreport 2010, 241 Ziff. I 3.
329 *Hansens* RVGreport 2010, 241 Ziff. I 3.
330 *Enders* JurBüro 2002, 25.
331 *Hansens* RVGreport 2010, 241 (243) Ziff. III 2; *Lensing* AnwBl 2010, 688.
332 **Bejahend** LG München I AnwBl 2009, 238; **verneinend** LG Berlin VersR 2002, 333; LG Erfurt ZfS 2010, 345; *Enders* JurBüro 2002, 25.
333 BGH NJW 2006, 1065 = AnwBl 2006, 357 Rn. 5 zu Unfallversicherung.
334 BGH NJW 2006, 1065 = AnwBl 2006, 357 Rn. 6 zu Unfallversicherung.
335 OLG Celle AGS 2011, 152 = RVGreport 2011, 149.
336 BGH NJW 2006, 1065 = AnwBl 2006, 357 Rn. 8 zu Unfallversicherung.
337 BGH NJW 2006, 1065 = AnwBl 2006, 357 Rn. 8 zu Unfallversicherung.
338 *Hansens* RVGreport 2010, 321.
339 OLG Celle AGS 2011, 152 = RVGreport 2011, 149 Rn. 21.
340 *Hansens* RVGreport 2010, 321.
341 OLG Düsseldorf OLGR 2008, 817 = AGS 2008, 629.
342 OLG Düsseldorf MDR 2011, 760 Rn. 53.
343 LG München JurBüro 1993, 163; LG Zwickau AGS 2005, 525; **aA** OLG Schleswig JurBüro 1979, 1321; *Hansens* RVGreport 2010, 241; *Lensing* AnwBl 2010, 688.

genheiten vorliegen. Allein der Umstand, dass wohl die meisten Mandanten glauben, in der ganzen versicherten Sache nichts zahlen zu müssen, ist Grund genug für eine Hinweispflicht. Ein in einem vom RA benutzten Formular enthaltener Hinweis muss wegen § 305c BGB transparent sein.[344]

338 Selbst wenn man anderer Meinung ist und keine Verpflichtung zu einem Hinweis annimmt, so sollte der RA einen Hinweis geben, um das Vertrauensverhältnis nicht zu stören und Missverständnisse und Streit zu vermeiden.

13. Forderungsübergang

339 **a) Forderungsübergang.** Gem. § 86 Abs. 1 S. 1 VVG, § 18 Abs. 8 ARB 2000 gehen Ansprüche des Versicherungsnehmers gegen andere auf Erstattung der Kosten, die der Versicherer getragen hat, auf den Versicherer über.

340 **b) Quotenvorrecht. *aa) Grundsatz.*** Gem. § 86 Abs. 1 S. 2 VVG, der auch im Rahmen der Rechtsschutzversicherung gilt,[345] kann dieser Übergang aber nicht zum Nachteil des Versicherungsnehmers geltend gemacht werden.[346] Das bedeutet, dass, soweit Kosten des Versicherungsnehmers durch den Versicherer nicht gedeckt sind, der Erstattungsanspruch gegen den Dritten beim Versicherungsnehmer bleibt (sog. Quotenvorrecht). Trägt zB von den Gesamtkosten der Versicherer 300,– EUR wegen Selbsteinbehalts nicht, so verbleiben vom Erstattungsanspruch gegen den Gegner 300,– EUR beim Versicherungsnehmer. Ist der Erstattungsanspruch gegen den Gegner niedriger zB 150,– EUR, so geht überhaupt nichts auf den Versicherer über.

341 ***bb) 100 % Ersatzanspruch des Versicherten gegen Gegner***

Beispiel (Selbsteinbehalt):

Dem Versicherungsnehmer sind RA- und Gerichtskosten iHv 1.000,– EUR entstanden; der Gegner muss diese in voller Höhe erstatten; es ist ein Selbsteinbehalt von 500,– EUR vereinbart.
Dem Versicherer stehen nur 500,– EUR von den 1.000,– EUR zu. Die anderen 500,– EUR darf der Versicherungsnehmer behalten, da andernfalls der Forderungsübergang zu seinem Nachteil führen würde.[347]

Beispiel (Reisekosten):

Dem Versicherungsnehmer sind RA- und Gerichtskosten iHv 1.700,– EUR entstanden, wovon 200,– EUR auf Reisekosten des RA entfallen, die von dem Versicherer nicht zu tragen sind. Der Gegner muss die Kosten des Versicherungsnehmers in voller Höhe erstatten. Der Versicherer hat 1.500,– EUR an den Versicherten gezahlt.[348]
Dem Versicherer stehen nur 1.500,– EUR von den 1.700,– EUR zu. Die anderen 200,– EUR darf der Versicherungsnehmer behalten, da andernfalls der Forderungsübergang zu seinem Nachteil führen würde.

342 ***cc) Teilweiser Erstattungsanspruch des Versicherten.*** Dasselbe gilt, wenn der Versicherungsnehmer nur teilweise einen Erstattungsanspruch gegen einen anderen hat.

Beispiel (Selbsteinbehalt):

Beim Versicherungsnehmer sind RA – und Gerichtskosten iHv 1.500,– EUR, beim Gegner RA Kosten iHv 1.000,– EUR angefallen. Der Versicherungsnehmer hat einen Erstattungsanspruch gegen den Gegner iHv $^3/_4$. Mit dem Versicherer ist ein Selbsteinbehalt von 500,– EUR vereinbart.
Der Versicherungsnehmer hat einen Erstattungsanspruch gegen den Gegner

Kosten des Versicherungsnehmers	1.500,– EUR
Kosten des Gegners	1.000,– EUR
Gesamt	2.500,– EUR
Davon trägt der Gegner $^3/_4$	1.875,– EUR
– Eigene Kosten des Gegners	1.000,– EUR
Erstattungsanspruch des Versicherungsnehmers gegen Gegner	875,– EUR

Der Versicherer muss aufgrund des Selbsteinbehalts nur 1.000,– EUR zahlen. Würde der Anspruch des Versicherungsnehmer gegen den Gegner in voller Höhe auf den Versicherer übergehen, so würde der Versicherungsnehmer von seinen Kosten von 1.500,– EUR nur 1.000,– EUR ersetzt erhalten, was mit § 86 Abs. 1 S. 2 VVG nicht vereinbar ist. Die Differenz zwischen 1.500,– EUR und 1.000,– EUR, also 500,– EUR verbleibt ihm deshalb. Auf den Versicherer gehen daher lediglich 375,– EUR über.

---

[344] OLG Düsseldorf MDR 2011, 760 Rn. 53.
[345] *N. Schneider* BRAGOreport 2000, 17 Ziff. II.
[346] Ausf. zum Quotenvorrecht *N. Schneider* RVGreport 2011, 363.
[347] *N. Schneider* BRAGOreport 2000, 17 Ziff. III.
[348] *N. Schneider* BRAGOreport 2000, 17 Ziff. IV.

Beispiel (Reisekosten):

Dem Versicherungsnehmer sind RA- und Gerichtskosten iHv 2.000,– EUR entstanden, wovon 300,– EUR auf Reisekosten des RA entfallen, die von dem Versicherer nicht zu tragen sind. Dem Gegner sind Kosten iHv 1.200,– EUR entstanden. Der Gegner muss die Kosten des Versicherungsnehmers iHv 4/5 erstatten.

Der Versicherungsnehmer hat einen Erstattungsanspruch gegen den Gegner

Kosten des Versicherungsnehmers	2.000,– EUR
Kosten des Gegners	1.200,– EUR
Gesamt	3.200,– EUR
Davon trägt der Gegner 4/5	2.560,– EUR
– Eigene Kosten des Gegners	1.200,– EUR
Erstattungsanspruch des Versicherungsnehmers geg. Gegner	1.360,– EUR

Der Versicherer muss nur 1.700,– EUR zahlen. Würde der Anspruch des Versicherungsnehmers gegen den Gegner in voller Höhe auf den Versicherer übergehen, so hätte der Versicherungsnehmer von seinen Kosten von 2.000,– EUR nur 1.700,– EUR ersetzt erhalten, was mit § 86 Abs. 1 S. 2 VVG nicht vereinbar ist. Die Differenz zwischen 2.000,– EUR und 1.700,– EUR, also 300,– EUR verbleibt ihm deshalb. Auf den Versicherer gehen daher lediglich 1.060,– EUR über.

Dasselbe gilt, wenn der Rechtsschutzversicherer Kosten für einen Terminsvertreter oder Verkehrsanwalt nicht trägt.[349] **343**

dd) Durch Kostenausgleich verbrauchter Erstattungsanspruch des Versicherten. Das Quotenvorrecht wirkt sich auch aus, wenn der Versicherungsnehmer nach dem Kostenausgleich gem. § 106 ZPO keinen Erstattungsanspruch mehr gegen den Gegner hat, weil der Versicherer sonst ungerechtfertigt bereichert wäre.[350] **344**

Beispiel:

Der Selbsteinbehalt beträgt 500,– EUR. Die Kosten des Versicherungsnehmers betrugen 1.200,– EUR, die des Gegners 1.000,– EUR. Der Versicherungsnehmer hat einen Erstattungsanspruch iHv 1/4 der Kosten des Verfahrens.

Kosten des Versicherungsnehmers	1.200,– EUR
Kosten des Gegners	1.000,– EUR
Gesamtkosten	2.200,– EUR

Der Versicherungsnehmer, dessen Gegner nur 1/4 der Kosten des Versicherungsnehmers trägt, hat zwar nach dem Kostenausgleich nach § 106 ZPO keinen Erstattungsanspruch mehr. Davor hat er aber einen Erstattungsanspruch gegen den Gegner iHv 300,– EUR (1/4 von 1.200,– EUR). Dieser geht nicht auf den Versicherer über.

ee) Einigung. Dieselben Grundsätze gelten bei einer Einigung über die Kosten.[351] Es macht keinen Unterschied, ob der Erstattungsanspruch sich aus einer gerichtlichen Entscheidung oder einer Einigung herleitet. Es ist in gleicher Weise zu rechnen, wie bei den vorausgegangenen Beispielen. **345**

XVII. Die Fälle des Abs. 2 Allgemeines

1. Grundgedanke

§ 1 Abs. 2 RVG zählt eine Reihe von Tätigkeiten auf, für welche das RVG nicht gilt. Dabei handelt es sich **346**

- teils um ehrenamtliche Tätigkeiten, die von allen Staatsbürgern und daher auch vom RA in der Regel unentgeltlich zu übernehmen sind, zB das Amt eines Betreuers,
- teils um Tätigkeiten, die in erheblichem Umfang auch Nicht-Rechtsanwälten übertragen werden und bei denen, auch wenn ein RA die Aufgabe übernimmt, die Vergütung nach besonderen Vorschriften festgesetzt wird, zB die Übernahme des Amtes als Insolvenzverwalter,
- teils um Tätigkeiten, bei denen der RA nicht im Auftrag einer Partei und in deren Interesse tätig wird und bei denen die Vergütung vereinbart zu werden pflegt, zB wenn der RA als Treuhänder oder Schiedsrichter tätig wird.

Den Tätigkeiten fehlt daher in dem einen oder anderen Aspekt ein typisches Merkmal anwaltlicher Berufsausübung.[352]

Keine abschließende Aufzählung. Die Aufzählung des Abs. 2 ist nicht abschließend. Dies folgt aus den Worten „oder in ähnlicher Stellung". **347**

---

349 *N. Schneider* BRAGOreport 2000, 17 Ziff. IV.
350 *N. Schneider* BRAGOreport 2000, 17 Ziff. VI.
351 AG Köln JurBüro 2006, 546 = RVGreport 2007, 198 mzustAnm *N. Schneider.*
352 BGH NJW 1998, 3567 = AnwBl 1999, 121 Rn. 17.

2. Begriff der Vergütung

348 **Entgelt für Tätigkeit, nicht Auslagen.** In Gesetzen und Verordnungen betreffend die Zahlungen für von unter Abs. 2 fallende Tätigkeiten wird wiederholt der Begriff der Vergütung gebraucht. Anders als das RVG, bei dem zur Vergütung die Gebühren und Auslagen gehören (§ 1 Abs. 1 S. 1 RVG), verstehen diese Bestimmungen unter der Vergütung nur das Entgelt für die Tätigkeit und nicht auch die Auslagen bzw. Aufwendungen. So werden zB in §§ 1835, 1835a BGB die Aufwendungen, in § 1836 BGB die Vergütung, in § 4 VBVG die Vergütung und daneben der Aufwendungsersatz, in § 8 InsVV die Festsetzung der Vergütung und daneben der Auslagen, in § 17 ZwVwV die Vergütung und daneben die Auslagen geregelt.

3. Kopierkosten

348a → RVG VV 7000 Rn. 11.

XVIII. Syndikusanwalt

348b Gemäß einer Einfügung mit § 1 Abs. 2 S. 1 RVG findet das RVG für eine Tätigkeit eines RA als Syndikusanwalt (Definition § 46 Abs. 3 BRAO) ausdrücklich keine Anwendung. Im Ergebnis ändert sich insoweit nichts im Verhältnis zum bisherigen Recht. Bisher ergab sich dies daraus, dass nach der Doppelberufstheorie des BGH[353] der RA bei einer Tätigkeit als Syndikusanwalt in Ermangelung einer von § 3 Abs. 1 BRAO geforderten unabhängigen Tätigkeit keine rechtsanwaltliche Tätigkeit ausübte. Das Gesetz hat diese Doppelberufstheorie aufgehoben.[354] Auch als Syndikusanwalt ist der RA anwaltlich tätig. Gem. § 1 Abs. 2 S. 1 RVG ist er aber weiterhin nicht nach dem RVG zu vergüten. Hingegen ist das RVG anzuwenden, wenn er, was weiterhin zulässig ist (§ 46c Abs. 4 S. 2 BRAO) außerhalb dieses Verhältnisses als nebenberuflich niedergelassener RA tätig wird. Der Ausschluss von § 1 Abs. 2 S. 1 RVG greift nur ein bei einer Tätigkeit „als Syndikusanwalt". Wegen Kostenfestsetzung → Anh. X Rn. 238.

XIX. Betreuer und Vormund

Schrifttum: Palandt/*Götz,* Kommentierung zum VBVG Anh. zu § 1836 BGB; *Jürgens,* Betreuungsrecht ua Kommentar zum VBVG; *Deinert,* Neue Pauschvergütung für anwaltliche Berufsbetreuer, JurBüro 2005, 285; *Bestelmeyer,* Die Neuregelung des Vergütungsrechts nach dem 2. BtÄndG – Eine vergütungs- und verfassungsrechtliche Totgeburt, Rpfleger 2005, 583; *Zimmermann,* Anwaltsvergütung außerhalb des RVG, 2007, Rn. 1 ff.

1. Anzuwendendes Recht. Anwendbarkeit von §§ 1835 ff. BGB

349 § 1 Abs. 2 S. 2 RVG schließt lediglich aus, dass die dort genannten Tätigkeiten des RA als Vormund oder Betreuer nach dem RVG zu vergüten sind. Andere Ansprüche bleiben unberührt. §§ 1835 ff., 1908i BGB sind also auch für einen RA anzuwenden. Das VBVG ist anzuwenden. Dieses wurde geändert. Die Änderung trat am 27.7.2019 in Kraft.

2. Überblick über Vergütung und Aufwendungsersatz

350 **Entgelt für die erbrachte Tätigkeit.** Grundsätzlich sind die Vormundschaft und Betreuung unentgeltlich (§ 1836 Abs. 1 S. 1, § 1908i BGB). Der Vormund und Betreuer erhalten aber ein Entgelt,
- wenn das Gericht feststellt, dass der Vormund oder Betreuer die Vormundschaft bzw. Betreuung berufsmäßig führt (§ 1836 Abs. 1 S. 2, § 1908i BGB → Rn. 354 ff.) oder
- wenn das Gericht trotz fehlender Berufsmäßigkeit wegen des Umfangs oder der Schwierigkeit der Vormundschaft oder Betreuung eine angemessene Vergütung bewilligt (§§ 1836 Abs. 2, 1908i BGB → Rn. 373 ff.).

351 **Aufwendungen.** Der Vormund und Betreuer haben Anspruch auf Ersatz ihrer Aufwendungen (§§ 1835, 1908i BGB). Sie können aber auch, statt die Aufwendungen einzeln abzurechnen, jährlich eine Pauschale für ihre Aufwendungen geltend machen (§§ 1835a, 1908i BGB → Rn. 383 ff.).

352 **Vergütung nach RVG.** Unter bestimmten Voraussetzungen kann der RA, wenn er Vormund oder Betreuer ist, die Vergütung nach dem RVG als Aufwendungsersatz verlangen (§§ 1835 Abs. 3, 1908i BGB → Rn. 391 ff.).

---

[353] BGH NJW 1999, 1715 = AnwBl 1999, 554.

[354] Durch G zur Neuordnung des Rechts der Syndikusanwälte und zur Änderung der Finanzgerichtsordnung v. 21.12.2015, in Kraft getreten am 1.1.2016, BGBl. 2016 I 2517.

3. Entgelt (§ 1836 BGB)

a) Ehrenamtliche Tätigkeit. Nach §§ 1836 Abs. 1 S. 1, 1908i BGB ist die Tätigkeit des Vormunds und Betreuers grds. unentgeltlich. 353

b) Berufsvormund und -betreuer (§§ 1836 Abs. 1 S. 2, 1908i BGB). ***aa) Entgeltlichkeit.*** Nach §§ 1836 Abs. 1 S. 2, 1908i BGB werden die Vormundschaft und Betreuung ausnahmsweise entgeltlich geführt, wenn das Gericht bei der Bestellung feststellt, dass der Vormund bzw. Betreuer die Vormundschaft bzw. Betreuung berufsmäßig führt. 354

bb) Feststellung der Berufsmäßigkeit. Nach § 1836 Abs. 1 S. 2, 3, § 1908i BGB; § 1 Abs. 1 S. 1 VBVG hat das Gericht schon bei der Bestellung (durch nicht von der Staatskasse,[355] wohl aber vom Vormund und Betreuer angreifbaren[356]) Beschluss, nicht nachträglich mit Rückwirkung[357] (spätere Feststellung wirkt nur für die Zukunft[358]), diese Feststellung zu treffen, wenn einer Person in einem solchem Umfang Vormundschaften oder Betreuungen übertragen sind, dass sie sie nur im Rahmen ihrer Berufsausübung führen kann. Dasselbe gilt, wenn zu erwarten ist, dass dem Vormund oder Betreuer in absehbarer Zeit Vormundschaften bzw. Betreuungen in diesem Umfang zu übertragen sein werden. Diese Voraussetzungen liegen gem. § 1 Abs. 1 S. 2 VBVG im Regelfall – nicht immer[359] – vor, wenn der Vormund oder Betreuer mehr als zehn Vormundschaften führt (Nr. 1). 355

Betreuer. § 1 VBVG gilt auch für den Betreuer, obwohl in dieser Vorschrift nur vom Vormund die Rede ist.[360] Das folgt daraus, 356

- dass § 1 VBVG im Allgemeinen Teil steht und eine Differenzierung zwischen Vormund und Betreuer nach den Abschnittüberschriften erst ab § 3 VBVG erfolgt,
- dass in § 4 Abs. 4 S. 2 VBVG die Anwendbarkeit von § 1 Abs. 1 S. 2. Nr. 2 VBVG ausgeschlossen ist, also iÜ § 1 VBVG anzuwenden ist.

Zusätzliches Kriterium beim Vormund. Beim Vormund kann darüber hinaus die Berufsmäßigkeit festgestellt werden, wenn die für die Führung der Vormundschaften erforderliche Zeit voraussichtlich zwanzig Wochenstunden nicht unterschreitet (§ 1 Abs. 1 S. 1 Nr. 2 VBVG). Diese Variante gilt gem. § 4 Abs. 4 S. 2 VBVG nicht für den Betreuer. 357

Keine abschließende Aufzählung. Die Aufzählung § 1 Abs. 1 S. 1 VBVG ist nicht abschließend.[361] Berufsmäßigkeit kann mithin auch vorliegen, wenn aus anderen Gründen von ihr auszugehen ist. So liegt eine berufsmäßige Führung der Vormundschaft oder Betreuung auch bei nur einmaligem Tätigwerden immer dann vor, wenn der Vormund gerade im Hinblick auf seine besondere fachliche Qualifikation (zB RA, Psychologe, Sozialarbeiter, Mitarbeiter des Kinderschutzbundes) ausgewählt wurde und von ihm die Ausübung der Vormundschaft nur im Rahmen seiner Berufstätigkeit erwartet werden kann.[362] 358

RA. Daher kann bei einem RA unter diesen Voraussetzungen eine einzige Vormundschaft oder Betreuung berufsmäßig sein.[363] 359

Delegation an Sozius. Die Überlassung der Vormundschaft oder Betreuung an einen Sozius ist mit der höchstpersönlichen Natur dieser Aufgabe unvereinbar. Sie führt deshalb dazu, dass Stunden, die der Sozius aufgewandt hat, nicht zu vergüten sind.[364] 360

cc) Bewilligung der Vergütung. Hat das Gericht die Berufsmäßigkeit festgestellt, so hat es eine Vergütung zu bewilligen (§ 1 Abs. 2 S. 1 VBVG). Einer besonderen Prüfung, ob Umfang oder Schwierigkeit der Geschäfte eine Vergütung rechtfertigen, bedarf es dann nicht mehr. Auf diese Frage ist vielmehr bei der Auswahl und Bestellung des Vormundes bzw. Betreuers Bedacht zu nehmen. Der Vergütungsanspruch entsteht erst mit der Bewilligung des Familienrichters. 361

---

[355] BayObLG FamRZ 2001, 1484; OLG Frankfurt a. M. FGPrax 2004, 122; OLG Hamm NJW 2006, 3436 = FamRZ 2006, 1785 Rn. 9; OLG Schleswig FamRZ 2000, 1444.

[356] Schneider/Wolf/*Volpert* RVG § 1 Rn. 174.

[357] BGH NJW 2014, 863 = FamRZ 2014, 468 für Betreuer; BGH FamRZ 2014, 736 Rn. 9 = MDR 2014, 855 = Rpfleger 2014, 374 für Ergänzungspfleger; BGH FamRZ 2014, 1283 = NJW-RR 2014, 791 für Umgangspfleger.

[358] OLG Dresden JurBüro 2017, 312.

[359] Schneider/Wolf/*Volpert/Schneider* RVG § 1 Rn. 168.

[360] Palandt/*Götz* BGB Anh. § 1836 VBVG § 1 Rn. 1; Schneider/Wolf/*Volpert* RVG § 1 Rn. 167.

[361] Palandt/*Götz* BGB Anh. § 1836 VBVG § 1 Rn. 4.

[362] BayObLG AnwBl 2001, 522; OLG Frankfurt a. M. FamRZ 2001, 790 Rn. 3; OLG Karlsruhe OLGR 2001, 455.

[363] OLG Karlsruhe OLGR 2001, 455 Rn. 10 zum Verfahrenspfleger nach § 50 FGG.

[364] OLG Frankfurt a. M. NJW-RR 2004, 295 zum Betreuer.

362 ***dd) Höhe beim Vormund.*** **Stundensätze.** Das VBVG unterscheidet bei der Höhe zwischen der des Vormundes (§ 3 VBVG) und der des Betreuers (§§ 4 ff. VBVG).

Die Vergütung des Vormunds beträgt 23,– EUR (bis zum 26.7.2019 19,50 EUR) pro aufgewandter und erforderlicher Stunde (§ 3 Abs. 1 S. 1 VBVG). Verfügt der Vormund über besondere Kenntnisse, die für die Vormundschaft nutzbar sind, so fallen an pro Stunde

– 29,50 EUR (bis zum 26.7.2019 25,00 EUR), wenn die besonderen Kenntnisse durch eine abgeschlossene Lehre oder eine vergleichbare abgeschlossene Ausbildung erworben wurden (§ 3 Abs. 1 S. 2 Nr. 1 VBVG),
– 39,– EUR (bis zum 26.7.2019 33,50 EUR), wenn die Kenntnisse durch eine abgeschlossene **Ausbildung an einer Hochschule** (zB **Jurastudium**) oder eine vergleichbare abgeschlossene Ausbildung erworben wurden (§ 3 Abs. 1 S. 2 Nr. 2 VBVG → Rn. 365). **MwSt** kommt noch dazu (§ 3 Abs. 1 S. 3 VBVG).

363 **Höhere Stundensätze bei bemitteltem Mündel.** Bei einem bemittelten Mündel kann, wenn die besondere Schwierigkeit der vormundschaftlichen Geschäfte dies rechtfertigt, das Familiengericht einen höheren Stundensatz bewilligen (§ 3 Abs. 3 VBVG).

364 **Pauschalen oder Prozentsätze.** Eine andere Vergütung, zB Pauschalen oder Prozentsätze, ist – in verfassungsrechtlich unbedenklicher Weise[365] – ausgeschlossen.[366]

365 ***ee) Höhe bei Betreuer.*** **(1) Stundensatz.** § 4 Abs. 1 VBVG aF enthielt bislang (bis zum 26.7.2019) speziell für den Berufsbetreuer besondere Stundensätze. Nunmehr wird mit § 4 VBVG nF auf die Anlage zum VBVG verwiesen, wo monatliche Pauschalen festgesetzt sind.

– A der Tabelle ist anzuwenden, wenn der Betreuer über keine besonderen Kenntnisse verfügt, die für die Führung der Betreuung nutzbar sind (bis zum 26.7.2019 27,– EUR pro Stunde).
– B der Anlage ist anzuwenden, wenn aufgrund einer abgeschlossenen Lehre oder vergleichbaren Ausbildung besondere, für die Betreuung nutzbare Kenntnisse bestehen. Das sind über das jedermann zu Gebote stehende Wissen hinausgehende Kenntnisse, die den Betreuer in die Lage versetzen, seine Aufgaben zum Wohl des Betreuten besser und effektiver zu erfüllen (bis zum 26.7.2019 33,50 EUR).[367] Solche Kenntnisse sind im Hinblick darauf, dass es sich bei der Betreuung um eine rechtliche Betreuung handelt (§ 1901 Abs. 1 BGB), regelmäßig Rechtskenntnisse.[368]
– C der Anlage ist anzuwenden, wenn diese Kenntnisse durch eine abgeschlossene **Ausbildung an einer Hochschule** oder durch eine vergleichbare abgeschlossene Ausbildung erworben sind (bis zum 26.7.2019 44,– EUR). Letzteres ist bei einem **RA** der Fall. Einer Hochschulausbildung vergleichbar ist eine Ausbildung, wenn sie staatlich reglementiert oder zumindest staatlich anerkannt ist, einen formalen Abschluss aufweist und der durch sie vermittelte Wissensstand nach Art und Umfang dem eines Hochschulstudiums entspricht. Als Kriterien können insbes. der mit der Ausbildung verbundene Zeitaufwand, der Umfang und Inhalt des Lehrstoffes und die Zulassungsvoraussetzungen herangezogen werden. Für die Annahme der Vergleichbarkeit einer Ausbildung mit einer Hochschul- oder Fachschulausbildung kann auch sprechen, wenn die durch die Abschlussprüfung erworbene Qualifikation Zugang zu beruflichen Tätigkeiten ermöglicht, deren Ausübung üblicherweise Hochschulabsolventen vorbehalten ist. Bei der Prüfung der Vergleichbarkeit hat der Tatrichter strenge Maßstäbe anzulegen.[369] Die Vergleichbarkeit ist gegeben bei einem Abschluss an der Juristischen Hochschule Potsdam-Eiche,[370] nicht jedoch bei einem Sozialwirt (BFZ-FH) mit Abschluss an den beruflichen Fortbildungszentren der Bayerischen Wirtschaft in Kooperation mit der FH Ravensburg-Weingarten;[371] ebenso nicht bei einer berufsbegleitend an einer Verwaltungsakademie abgeschlossenen Ausbildung zum „Betriebswirt (VWA)" mit einem Gesamtaufwand von rund 1.000 Stunden.[372]

---

365 BVerfG FamRZ 2000, 729 = BTPrax 2000, 120 Rn. 19 ff.
366 Schneider/Wolf/*Volpert* RVG § 1 Rn. 227.
367 BGH FamRZ 2012, 629 Rn. 10; BGH NJW-RR 2013, 835 = FamRZ 2013, 1029 = Rpfleger 2013, 519; vgl. BT-Drs. 13/7158, 14 f.
368 BGH NJW-RR 2012, 1475 Rn. 17; BGH NJW-RR 2013, 835 = FamRZ 2013, 1029 = Rpfleger 2013, 519.
369 BGH NJW-RR 2012, 774 Rn. 16; BGH NJW-RR 2013, 835 = FamRZ 2013, 1029 = Rpfleger 2013, 519.
370 BGH NJW-RR 2013, 835 = FamRZ 2013, 1029 = Rpfleger 2013, 519.
371 BGH FamRZ 2013, 781 = NJW-RR 2013, 577 = JurBüro 2013, 376.
372 BGH JurBüro 2014, 156 = FamRZ 2014, 117 = NJW-RR 2014, 386; die Verfassungsbeschwerde hiergegen wurde nicht angenommen *Seifert* Rpfleger 2014, 465.

Die bis zum 26.7.2019 geltenden Stundensätze sind feste Stundensätze (keine Regelsätze), die nicht abhängig von der Schwierigkeit oder sonstigen Umständen abgeändert werden können. Sie werden nicht gekürzt, wenn der Betreuer nicht umsatzsteuerpflichtig ist.[373] 366

(2) Stundenzahl. § 5 VBVG aF enthält für die Zeit bis zum 26.7.2019 eine Regelung darüber, welche Stundenzahl in welcher Phase der Betreuung und unter welchen Bedingungen anzusetzen ist. Dabei werden für den Anfang der Betreuung eine höhere und danach eine zunehmend geringere Stundenzahl angesetzt. 367

Mündel bemittelt oder in Heim. § 5 VBVG aF differenziert für die Zeit bis zum 26.7.2019, je nachdem ob ein bemittelter (Abs. 1) oder ein mittelloser (Abs. 2) Mündel betreut wird.[374] Innerhalb dieser Gruppen wird jeweils noch unterschieden, ob sich der Betreute in einem Heim befindet (jeweils S. 1) oder nicht (jeweils S. 2). Die gleichen Unterscheidungsmerkmale finden sich in der Tabelle der Anlage zum VBVG wieder. 368

Mehrere Berufsbetreuer, die jeweils für gesonderte Aufgabenbereiche bestellt sind, haben jeder einen Anspruch auf die volle Vergütung.[375] 369

Gegenbetreuer. Die Vergütung des Gegenbetreuers ist auf die gleiche Weise zu berechnen wie die des Betreuers.[376] 370

Betreuerwechsel. Nach allgM ist hinsichtlich der Dauer der Betreuung (→ Rn. 367) auf die Betreuung an sich und nicht darauf abzustellen, wie lange nach einem Wechsel des Betreuers der neue bereits tätig ist.[377] Das gilt auch dann, wenn ein Wechsel von einem ehrenamtlichen zu einem berufsmäßigen Betreuer erfolgt und dabei der Aufgabenbereich erweitert wird;[378] ebenso bei einem Wechsel von einem Berufsbetreuer zu einem ehrenamtlichen Betreuer.[379] 371

Tätigkeiten nach Tod des Betreuten s. OLG Köln FGPrax 2006, 163; OLG München FamRZ 2006, 1787. 372

c) Entgelt ohne festgestellte Berufsmäßigkeit (§§ 1836 Abs. 2, 1908i BGB). ***aa) Anspruch.*** **Umfangreich oder schwierig.** Trifft das Gericht nicht die Feststellung, dass der Vormund oder der Betreuer berufsmäßig tätig ist, so kann es ihnen gem. § 1836 Abs. 2 BGB gleichwohl eine angemessene Vergütung bewilligen, soweit der Umfang oder die Schwierigkeit der Geschäfte dies rechtfertigen. Auf das Vermögen des Mündels oder Betreuten kommt es dabei nur insoweit an, als sich durch dieses ein gesteigerter Umfang oder eine größere Schwierigkeit ergibt. 373

Mittelloser Mündel oder Betreuter. Dies gilt nicht, wenn der Mündel oder Betreute[380] **mittellos** ist (§ 1836 Abs. 2 letzter Halbsatz, § 1908i BGB). Es entfällt somit jeder Vergütungsanspruch des nicht-berufsmäßig tätigen Vormundes oder Betreuers, wenn der Mündel oder Betreute mittellos ist. 374

Dem **Gegenvormund und -betreuer**[381] kann gem. §§ 1836 Abs. 2, 1908i BGB – aus besonderen Gründen – ebenfalls eine Vergütung bewilligt werden. Die besonderen Gründe werden in der Regel vorliegen, da andernfalls die Bestellung eines Gegenvormundes oder -betreuers nicht angebracht ist. 375

Entstehung. Der Vergütungsanspruch entsteht erst mit der Bewilligung des Familienrichters. 376

bb) Höhe. Welche Vergütung angemessen ist, sagt das Gesetz nicht. Hervorzuheben ist, dass weder das RVG noch andere Vorschriften – etwa die Vergütungsbestimmungen für den Insolvenzverwalter – zum Vergleich unmittelbar herangezogen werden dürfen. Die Vergütung soll angemessen sein, also sowohl die Interessen des Mündels bzw. Betreuten berücksichtigen wie aber auch dem Vormund bzw. Betreuer kein unzumutbares Opfer auferlegen.[382] 377

Bewilligung für einzelne Geschäfte oder Gesamtheit. Der Richter hat die Möglichkeit, entweder eine Vergütung für das einzelne Geschäft oder eine einmalige Vergütung für die gesamte Tätigkeit oder eine laufende Vergütung zu bewilligen. Die Vergütung für das einzelne 378

---

[373] BGH FamRZ 2013, 872 = JurBüro 2013, 373.
[374] Die Differenzierung ist verfassungskonform mit Art. 12 GG, BVerfG FamRZ 2009, 1899.
[375] OLG Hamm FamRZ 2007, 497.
[376] Schneider/Wolf/*Volpert* RVG § 1 Rn. 194.
[377] OLG Schleswig FamRZ 2006, 649.
[378] BGH FamRZ 2012, 1211.
[379] BGH JurBüro 2013, 375 = FamRZ 2013, 781.
[380] Palandt/*Götz* BGB § 1836 Rn. 11.
[381] Palandt/*Götz* BGB § 1836 Rn. 6.
[382] Vgl. zB BayObLG JurBüro 1965, 1021.

Geschäft sollte die Ausnahme bleiben. Eine Tätigkeit sollte nicht in einzelne Mosaiksteine zerlegt werden. Die Bewilligung einer einmaligen Vergütung für die gesamte Tätigkeit oder einer laufenden Vergütung sollte je nach Sachlage vorgezogen werden. Übernimmt ein Anwalt eine Vormundschaft, die in $1^1/_2$ Jahren zu Ende geht, wird in der Regel eine einmalige Vergütung am Ende der Vormundschaft in Betracht kommen. Ist ein Anwalt Vormund in einer umfangreichen Sache, die sich auf Jahre erstreckt, ist die Gewährung einer jährlichen Vergütung angebracht.

379 **Vereinbarungen.** Etwaige Vereinbarungen mit dem Mündel bzw. Betreuten oder deren Angehörigen binden das Gericht nicht. Es kann die Vergütung höher oder niedriger als vereinbart festsetzen. Nur in einem Fall ist es gebunden: wenn mit der Vermögenszuwendung seitens eines Dritten an das Mündel gleichzeitig die Vergütung bestimmt ist, die der Vormund erhalten soll. Hier hat der Vormund einen Anspruch auf die für ihn ausgesetzte Vergütung.

380 **RA.** Der RA, der die Führung einer Vormundschaft übernimmt, wird dies in der Regel im Rahmen seines Berufes tun, wenn es sich nicht gerade um die Vormundschaft eines nahen Verwandten handelt. Der Familienrichter sollte in einem solchen Falle darauf achten, dass der Anwalt eine entsprechende Gegenleistung für seine Tätigkeit erhält.[383]

381 Das ist aber nur dann der Fall, wenn die Vergütung – was sie nach dem Gesetz auch sein sollte – „angemessen" ist. Angemessen ist eine Vergütung, die a) leistungsgerecht ist, also der Mühewaltung und Verantwortung entspricht, und die b) vom Mündel bzw. Betreuten getragen werden kann. Ist der RA seiner besonderen Fachkunde wegen bestellt worden, so ist dies – im Sinne einer Erhöhung der Vergütung – zu berücksichtigen. Ein erzielter Erfolg ist zugunsten des Vormundes bzw. Betreuers zu beachten. Ein hohes Vermögen des Mündels oder Betreuten rechtfertigt gleichfalls eine höhere Vergütung. Hohe Einkünfte – vor allem solche, die auf eine Tätigkeit des Vormundes oder Betreuers zurückzuführen sind – rechtfertigen ebenso, die Vergütung höher zu bemessen. Zusammenfassend lässt sich sagen, dass bei der Entscheidung über die Höhe der Vergütung folgende Umstände zu beachten sind: Wert des verwalteten Vermögens, Bedeutung der Verwaltung, Schwierigkeit und Umfang (insbes. Dauer) der Tätigkeit, Verantwortung und Einsatz des Vormundes oder Betreuers, (bes. sein Pflichteifer), Erfolg der Verwaltung sowie weitere Umstände des Einzelfalles.[384]

382 Im Allgemeinen ist eine Vergütung nur angemessen, wenn sie dem übrigen Berufseinkommen des Vormundes oder Betreuers, im Falle eines RA also dem als RA entspricht.

4. Aufwendungsersatzanspruch und Aufwandsentschädigung

383 **Begriffe.** Aufwendungsersatz ist die Abrechnung der tatsächlich angefallenen Aufwendungen, Aufwandsentschädigung die Abgeltung mit einer Pauschale.

384 **a) Aufwendungsersatz (§§ 1835, 1908i BGB). Vorschuss oder Ersatz.** Machen der Vormund oder Betreuer zum Zwecke der Führung der Vormundschaft oder Betreuung Aufwendungen, so können sie gem. §§ 1835 Abs. 1, 1908i BGB nach den für den Auftrag geltenden Vorschriften der §§ 669, 670 BGB von dem Mündel oder Betreuten Vorschuss oder Ersatz verlangen. Das gleiche Recht steht dem **Gegenvormund** oder -betreuer zu.

385 **Fahrtkosten.** Für den Ersatz von Fahrtkosten gilt die in § 5 JVEG getroffene Regelung entsprechend.

386 **Versicherung.** Nach § 1835 Abs. 2 S. 1, § 1908i BGB sind Aufwendungen auch die Kosten einer angemessenen Versicherung gegen Schäden, die dem Mündel oder Betreuten durch den Vormund bzw. Betreuer, aber auch durch den Gegenvormund oder -betreuer zugefügt werden können oder die diesen dadurch entstehen können, dass einem Dritten Ersatz eines durch die Führung der Vormundschaft oder Betreuung verursachten Schadens geleistet werden muss. Dies gilt nicht für die Kosten der Haftpflichtversicherung des Halters eines Kraftfahrzeuges. S. 1 ist nicht anzuwenden, wenn eine Vergütung nach § 1836 Abs. 1 S. 2 BGB iVm VBVG anfällt.

Wegen §§ 1835 Abs. 3, 1908i BGB (Dienste, die zum Gewerbe oder Beruf des Vormunds gehören) → Rn. 391 ff.

387 **Betreuer.** Erhält der Betreuer eine Vergütung nach §§ 4, 5 VBVG (Berufsbetreuer), so sind mit dieser auch die Aufwendungen abgegolten. (§ 4 Abs. 2 S. 1 VBVG aF; § 5 Abs. 5 VBVG nF). Beachte aber wegen Vergütung nach RVG → Rn. 391 ff.

388 **b) Aufwandsentschädigung (§§ 1835a, 1908i BGB). Pauschale.** Zur Abgeltung des Anspruchs auf Aufwendungsersatz kann an Stelle von Aufwendungsersatz gem. §§ 1835a, 1908i

---

[383] BayObLG JurBüro 1983, 1326.
[384] Schneider/Wolf/*Volpert* RVG § 1 Rn. 186 ff.

BGB eine pauschale Aufwandsentschädigung für jede Vormundschaft oder Betreuung, wenn für die letztere kein Vergütungsanspruch besteht (!) (→ Rn. 387), verlangt werden. Der Vormund bzw. Betreuer muss wählen, ob er seine Aufwendungen einzeln nach §§ 1835, 1908i BGB oder pauschal nach §§ 1835a, 1908i BGB geltend machen will.

Jährlich. Nach §§ 1835a Abs. 2, 1908i BGB ist die Aufwandsentschädigung jährlich zu zahlen. 389

Höhe. Diese entspricht gem. §§ 1835a, 1908i BGB für ein Jahr dem Sechzehnfachen[385] (bislang Neunzehnfachen, ab 1.1.2023 Siebzehnfachen[386]) dessen, was einem Zeugen als Höchstbetrag der Entschädigung für eine Stunde versäumter Arbeitszeit gem. § 22 JVEG gewährt werden kann. 390

5. Vergütung nach dem RVG (§§ 1835 Abs. 3, 1908i BGB)

a) Betroffene Vorgänge. Wird ein RA als Vormund oder Betreuer bestellt, so kann er unter besonderen Umständen nach §§ 1835 Abs. 3, 1908i BGB, also als Aufwendung, für besondere Dienste, Vorschuss und Vergütung nach dem RVG verlangen. Gem. § 4 Abs. 2 S. 2 VBVG aF, § 5 Abs. 5 VBVG nF sind beim Betreuer Aufwendungen iSv § 1835 Abs. 3 BGB (anders als sonstige Aufwendungen → Rn. 387) nicht ausgeschlossen, sodass auch hier uU eine Abrechnung nach dem RVG möglich ist. 391

Berufsspezifische Tätigkeiten. Aus § 1835 Abs. 3 BGB folgt aber nicht, dass der RA für alle Geschäfte, die, wenn er sie im Auftrag eines Verfahrensbeteiligten ausgeführt hätte, unter einen Gebührentatbestand des RVG fallen, auch dem Mündel oder Betreuten stets Gebühren nach dem RVG berechnen dürfte. Vielmehr betreffen §§ 1835 Abs. 3, 1908i BGB nur Dienste, die ein Vormund oder Betreuer, der kein RA ist, nicht selbst geleistet, sondern einem RA gegen Entgelt übertragen hätte,[387] zB für die Vertretung in einem gerichtlichen oder in einem ähnlichen Verfahren, nicht aber für die Verwaltung des Mündelvermögens, für einfache Eingaben an Behörden, für Mahnschreiben und Einziehung von Forderungen.[388] Vergleichsmaßstab ist dabei nicht ein Laie, sondern eine Person der höchsten Leistungsstufe iSv § 3 Abs. 1 S. 2 Nr. 2 VBVG.[389] 392

Bindung an Bestellungsbeschlusses. Ist bereits im Bestellungsbeschluss die Feststellung getroffen, dass der Pfleger eine anwaltsspezifische Tätigkeit ausübt, so ist das aus Gründen des Vertrauensschutzes für das Vergütungsfestsetzungsverfahren bindend.[390] Dafür genügt aber nicht die Feststellung, dass die Pflegschaft berufsmäßig erfolgt. Das besagt auch bei einem RA nur, dass es sich gem. § 1836 Abs. 1 S. 2 BGB um eine entgeltliche Pflegschaft handelt.[391] 392a

Außergerichtliche Tätigkeit. Zu beachten ist, dass nicht nur die Tätigkeit vor Gerichten oder Behörden eine Berufstätigkeit iSv § 1835 Abs. 3 BGB darstellen kann, sondern auch außergerichtliche Tätigkeiten.[392] Wann dies im Einzelfall gegeben ist, kann schwierig zu entscheiden sein. 393

b) Vergütung. Sie richtet sich nach dem RVG, also für die Gebühren zB nach VV 2300, 3100 ff. RVG, für den Vorschuss nach § 9 RVG, für die Auslagen nach VV Vorb. 7 ff. RVG, auch nach VV 7002 RVG. 394

c) PKH. Ist das Mündel bzw. der Betreute mittellos, hat der zum Vormund oder Betreuer bestellte RA im Anwaltsprozess Anspruch auf Beiordnung im Wege der PKH, uU auch im Partei- oder Beteiligtenverfahren.[393] 395

Nur Gebühren eines PKH-Anwalts. Ist PKH gewährt, so kann der zum Vormund oder Betreuer ernannte RA nur Gebühren eines PKH-Anwalts geltend machen. Die Differenz zu den Wahlanwaltsgebühren steht ihm nicht zu. Wenn zu einem erfolglosen PKH-Antrag der BGH vertritt, dass, wenn überhaupt, nur die Gebühren eines PKH-Anwalts zu erstatten sind (→ Rn. 397), so muss das auch für einen erfolgreichen gelten. 396

Mangels Erfolgsaussicht abgelehnter PKH-Antrag. Teilweise wird vertreten, dass der RA trotz Ablehnung des PKH-Antrags Gebühren nach dem RVG geltend machen kann, wenn 397

---

385 Herabgesetzt durch Art. 8 KostRÄG 2021.

386 Art. 9 KostRÄG 2021, der gem. Art. 13 Abs. 2 KostRÄG 2021 am 1.1.2023 in Kraft tritt.

387 BGH NJW 1998, 3567 = AnwBl 1999, 121 Rn. 19.

388 Riedel/Sußbauer/*Fraunholz,* RVG, 9. Aufl. 2005, § 1 Rn. 45; LG Berlin NJW 1970, 246.

389 OLG Hamm FamRZ 2007, 1186 Rn. 14.

390 BGH NJW 2020, 1227 = FamRZ 2020, 619; FamRZ 2015, 847 = NJW-RR 2015, 643; NJW 2014, 3036 = FamRZ 2014, 1629.

391 BGH NJW 2014, 3036 = FamRZ 2014, 1629.

392 BGH NJW 1998, 3567 = AnwBl 1998, 121 Rn. 19.

393 BGH NJW 2007, 844 = FamRZ 2007, 381 Rn. 15 ff.

er ex ante die Prozessführung für erforderlich halten durfte.[394] Demgegenüber kommt nach dem BGH ein Anspruch auf Aufwendungsersatz in Form einer Vergütung nach dem RVG allenfalls dann in Betracht, wenn mit einer Verweigerung der PKH nicht gerechnet werden konnte, etwa weil die Versagung auf offensichtlich nicht tragfähigen Gründen beruht.[395] Jedenfalls erhält der RA in diesem Fall nur die Gebühren eines PKH-Anwalts und nicht die eines Wahlanwalts.[396]

398 **Nicht gestellter PKH-Antrag.** Der RA ist, wenn die Mittellosigkeit des Mündels oder Betreuten erkennbar ist, verpflichtet, einen PKH-Antrag zu stellen.[397] Unterlässt er dies, so sind ihm nur die Gebühren zu erstatten, die er als PKH-Anwalt erhalten hätte, da er seiner Pflicht, die Kosten für Auslagen niedrig zu halten, nicht genügt hat.

399 **d) Beratungshilfe.** Die zur PKH gemachten Ausführungen (→ Rn. 395 ff.) gelten entsprechend für die Beratungshilfe. Der RA-Vormund oder -Betreuer muss bei erkennbarer Mittellosigkeit auf die Möglichkeit der Beratungshilfe hinweisen.[398]

400 **e) Wahlmöglichkeit.** Der RA kann nach hM wählen, ob er gem. §§ 1835 Abs. 3, 1908i BGB nach dem RVG abrechnen oder ob er eine Vergütung nach §§ 1836 Abs. 1 S. 2, 1908i BGB anstreben soll.[399] Das Wahlrecht geht auch nicht dadurch verloren, dass er zunächst einmal auf eine Weise abgerechnet hat. Das gilt jedenfalls solange, bis noch keine rechtskräftige Festsetzung erfolgt ist.[400]

Beispiel:

Nach den Bestimmungen des RVG berechnet sich das Honorar bei einem Streitwert von 3.000,– EUR und einer 1,8-Gebühr nach VV 2300 RVG auf 399,60 EUR + Auslagenpauschale 20 EUR und 19 % Umsatzsteuer 79,72 EUR, somit zusammen 499,32 EUR. Bei einem Zeitaufwand von 15 Stunden steht dem RA-Vormund unter den Voraussetzungen der § 1836 Abs. 1 S. 2, § 1908i BGB, eine Vergütung von 15 × 39,00 EUR = 585,00 EUR +19 % MwSt zu (§ 3 Abs. 1 S. 3 VBVG). Der RA wird hier die höhere Vergütung nach § 1836 Abs. 1 S. 2 BGB wählen.

6. MwSt

401 **Beispiel:**

Der vorsteuerabzugsberechtigte RA hat als Vormund einen Vergütungsanspruch von 1.000,– EUR. Aufwendungen hat er iHv 107,– EUR erbracht, in denen 7 % MwSt enthalten ist.
Der RA kann in Rechnung stellen
Vergütung 1.000,– EUR + 19 % MwSt
Aufwendungen 100,– EUR (107,– EUR – 7 % MwSt) + 19 % MwSt
Insgesamt also 1.100,– EUR + 19 % MwSt.

402 **a) Vergütung. Vormund.** Bei der Vergütung nach § 3 VBVG ist auch die MwSt, so der Vormund MwSt-pflichtig ist, gem. § 3 Abs. 1 S. 3 VBVG zu ersetzen.

403 **Betreuer.** Umsatzsteuer ist nicht zu erstatten, da der Betreuer nicht umsatzsteuerpflichtig ist.[401]

404 **Vergütung gem. §§ 1836 Abs. 2, 1908i BGB.** Ist der Vormund oder Betreuer MwSt-pflichtig, wie das beim RA in aller Regel der Fall ist, so ist dem Nettostundenbetrag noch MwSt hinzuzufügen.[402]

405 **b) Aufwendungsersatz.** Stellt der RA als Vormund oder Betreuer Aufwendungen gem. § 1835 BGB in Rechnung, so muss er hierfür MwSt zahlen. Diese kann er ersetzt verlangen. Es gilt dasselbe wie bei einem RA, der eine gewöhnliche Rechtsanwaltstätigkeit ausübt (→ RVG VV 7008 Rn. 12). Es gibt keinen Grund, den Vormund oder Betreuer hier schlechter zu stellen als einen RA oder Sachverständigen (§ 12 Abs. 1 S. 2 Nr. 4 JVEG).[403] Ist aber in der Aufwendung schon MwSt enthalten, so ist diese beim vorsteuerabzugsberechtigten Vormund und Betreuer vorweg abzuziehen (→ RVG VV 7008 Rn. 56 ff.).

[394] BayObLG BtPrax 2004, 70 Rn. 27.
[395] BGH NJW 2007, 844 = FamRZ 2007, 381 Rn. 18 ff., 21, vom BGH offen gelassen.
[396] BGH NJW 2007, 844 = FamRZ 2007, 381 Rn. 22.
[397] BGH NJW 2007, 844 = FamRZ 2007, 381 Rn. 16 ff.
[398] BGH NJW 2007, 844 = FamRZ 2007, 381 Rn. 23.
[399] BGH NJW 2004, 3429 Rn. 8; BayObLG BtPrax 2004, 70 Rn. 24; OLG Hamm FamRZ 2007, 1186 Rn. 17.
[400] OLG Hamm FamRZ 2007, 1186 Rn. 17.
[401] *Jürgens* VBVG § 4 Rn. 9.
[402] BayObLG FamRZ 1995, 692.
[403] OLG Frankfurt a. M. FGPrax 2000, 111 = OLGR 2000, 165 Rn. 9.

c) Aufwandentschädigung. § 1835a BGB erwähnt – anders als § 3 Abs. 1 S. 3 VBVG – die MwSt nicht. Daraus lässt sich jedoch nicht schließen, dass die auf den Entschädigungsanspruch anfallende MwSt nicht zu ersetzen wäre. § 3 Abs. 1 S. 3 VBVG regelt die Vergütung und betrifft nicht die Aufwendungen. Da diese im Fremdinteresse erbracht sind und da jeder Anhaltspunkt fehlt, dass in den Sätzen des § 1835a BGB bereits anfallende MwSt berücksichtigt ist, ist die MwSt zu ersetzen. 406

d) Vergütung nach dem RVG. Der Vormund bzw. Betreuer kann die MwSt in Rechnung stellen (VV 7008 RVG). 407

7. Abschlag, Vorschuss

a) Vergütung. Abschlagszahlung für Berufsvormund. Er kann nach § 3 Abs. 4 VBVG für bereits verdiente Beträge Abschlagszahlungen, nicht aber Vorschuss verlangen.[404] Das gilt auch dann, wenn sich sein Vergütungsanspruch nicht gegen die Staatskasse, sondern gegen den Mündel richtet. 408

Keine Abschlags- oder Vorschusszahlung für Berufsbetreuer. Der Berufsbetreuer kann, da § 3 Abs. 4 VBVG nur für den Vormund gilt und es an einer entsprechenden Vorschrift für den Betreuer fehlt, keine Abschlagszahlung geltend machen und in Ermangelung einer entsprechenden Vorschrift ebenso wenig einen Vorschuss. Dessen bedarf es auch nicht, da er alle 3 Monate abrechnen kann (§ 9 VBVG). 409

b) Aufwendungen. Gesetzliche Vorschrift nötig. Es gibt keinen generellen Anspruch auf einen Vorschuss oder eine Abschlagszahlung. Nur wenn solche im Gesetz besonders vorgesehen sind, ist ein solcher Anspruch gegeben, wie zB in § 669 BGB (Vorschuss) und § 632a BGB (Abschlag). 410

Vorschuss. Gem. §§ 669, 1835 Abs. 1, 1908i Abs. 1 S. 1 BGB besteht für den Vormund und den Betreuer ein Anspruch auf einen Vorschuss für erforderliche Aufwendungen,[405] nicht aber einer auf Abschlagszahlungen. 411

c) Vergütung nach RVG. Dem Vormund und Betreuer steht, wenn sich die Vergütung nach dem RVG richtet, für die entstandenen und voraussichtlich entstehenden Gebühren und Auslagen gem. § 9 RVG ein Vorschuss zu, nicht aber eine Abschlagszahlung. 412

8. Fälligkeit, Zinsen

a) Fälligkeit. Der Vergütungsanspruch entsteht unmittelbar mit der Tätigkeit des Vormunds oder Betreuers. Fällig wird er aber erst mit der Festsetzung durch das Gericht.[406] 413

b) Zinsen. Verzugszinsen. Zinsen gem. § 288 BGB können erst anfallen, wenn die Höhe der Vergütung durch die gerichtliche Festsetzung abschließend bestimmt ist.[407] Ein früherer Zeitpunkt gem. § 288 BGB scheidet aus, da Verzug Fälligkeit voraussetzt und Fälligkeit nicht vor der Festsetzung durch das Gericht eintritt (→ Rn. 413). Der Festsetzungsantrag hat außerdem nicht die Wirkung einer Mahnung und begründet daher keinen Verzug.[408] Außerdem setzt Verzug voraus, dass der Schuldner seine Verpflichtung auch der Höhe nach erkennen kann, was erst mit der gerichtlichen Festsetzung gegeben ist.[409] 414

§ 104 Abs. 1 S. 2 ZPO ist nicht, auch nicht entsprechend anzuwenden.[410] 415

Verfahrenszinsen gem. § 291 BGB erst ab Rechtskraft. Zinsen gem. § 291 BGB sind in den Fällen, in denen die Verpflichtung zur Leistung durch eine Gestaltungsentscheidung konkretisiert wird, wie zB die Vergütung der Vormunds und Betreuers, erst ab Rechtskraft der Entscheidung begründet.[411] 416

Zinssatz. Ist Verzug gegeben oder werden Verfahrenszinsen gem. § 291 ZPO geschuldet, so beträgt der Zinssatz gem. § 288 Abs. 1 S. 2; § 291 S. 2 BGB 5% über dem Basiszinssatz.[412] 417

Fälligkeitszinsen bei Aufwendungsersatz. Bei diesem fallen auch gem. § 256 BGB Fälligkeitszinsen an. § 256 BGB gilt auch für Aufwendungsersatz gem. § 1835 BGB, auch wenn 418

---

404 Palandt/*Götz* BGB Anh. § 1836 VBVG § 3 Rn. 9.

405 Palandt/*Sprau* BGB § 669 Rn. 1.

406 OLG Celle FamRZ 2002, 1431 Rn. 3.

407 BayObLG FamRZ 2002, 767 Rn. 25 ff.; OLG Hamm BtPrax 2003, 81 Rn. 21; *Zimmermann,* Anwaltsvergütung außerhalb des RVG, 2007, Rn. 58.

408 OLG Zweibrücken NZI 2002, 434 = JurBüro 2003, 39 Rn. 12.

409 OLG Zweibrücken NZI 2002, 434 = JurBüro 2003, 39 Rn. 12.

410 OLG Hamm BtPrax 2003, 81 Rn. 17; OLG Zweibrücken NZI 2002, 434 = JurBüro 2003, 39 Rn. 11 ff.

411 OLG Zweibrücken NZI 2002, 434 = JurBüro 2003, 39 Rn. 12.

412 *Zimmermann,* Anwaltsvergütung außerhalb des RVG, 2007, Rn. 58.

sich dieser gegen die Staatskasse richtet.[413] § 256 BGB setzt aber voraus, dass Aufwendungen tatsächlich erbracht wurden. Deshalb greift er nicht bei einer Auslagenpauschale ein.[414] Der Zinssatz beträgt gem. § 246 BGB 4 %.[415]

419 **Selbständige Geltendmachung von Zinsen.** Zahlt der Schuldner nicht, so können die Zinsen nachträglich gesondert bei dem gleichen Gericht, das für die Festsetzung des Hauptsachebetrags zuständig ist, geltend gemacht werden.[416]

9. Erlöschen, Verjährung

420 **a) Erlöschen.** ***aa) Vergütung nach VBVG.*** **15 Monatefrist.** Nach § 2 VBVG erlischt der im VBVG geregelte Vergütungsanspruch beim Vormund und Betreuer, wenn er nicht binnen 15 Monaten nach seiner Entstehung beim Familiengericht geltend gemacht wird. Ein innerhalb der 15 Monate gestellter Antrag an das Familiengericht auf Festsetzung der Vergütung gegen den Betroffenen wahrt die Frist, sodass ein später auf Festsetzung gegen die Staatskasse gerichteter Antrag nicht verspätet ist.[417] Die Frist kann vom Gericht gem. § 2 S. 2 VBVG, § 1835 Abs. 1a S. 3 BGB verlängert werden.

421 **Fristbeginn. Vormund.** Grundsätzlich entsteht ein Vergütungsanspruch mit der Tätigkeit, bei einer auf Dauer angelegten Amtsführung wie der Vormundschaft also tageweise.[418] Die 15 Monatefrist beginnt daher taggenau mit dem Entstehen des Anspruchs und nicht erst mit der Beendigung der Vormundschaft.

422 **Betreuer.** Es gilt hier grds. dasselbe wie beim Vormund. Anders ist es aber bei der Pauschale nach § 4 VBVG. Hier beginnt die Frist für den Anspruch auf pauschale Vergütung zu dem Zeitpunkt, zu dem der Anspruch gem. § 9 VBVG erstmals geltend gemacht werden kann, also nach Ablauf von jeweils drei Monaten für diesen Zeitraum.[419] Hat also der Betreuer seit Juli 2012 seine Vergütung jeweils pauschal nach Kalenderquartalen abgerechnet, so beginnt die Frist für die Pauschale für Januar 2013 nach Ablauf des März 2013.

423 ***bb) Aufwendungsersatz.*** Nach § 1835 Abs. 1 S. 3 BGB erlöscht der Anspruch der Vormunds und des Betreuers auf Aufwendungsersatz, wenn er nicht binnen 15 Monaten nach ihrer Entstehung gerichtlich geltend gemacht wird. Die Geltendmachung des Anspruchs beim Familiengericht gilt auch als Geltendmachung gegenüber dem Mündel (§ 1835 Abs. 1 S. 3 BGB). Das Familiengericht kann gem. § 1835 Abs. 1a BGB eine abweichende Frist bestimmen.

424 **Vergütungsanspruch nach dem RVG.** Das gilt auch für diesen Anspruch, da er gem. § 1835 Abs. 3 BGB eine Aufwendung darstellt.

425 ***cc) Aufwandentschädigung.*** Der Entschädigungsanspruch erlöscht beim Vormund und Betreuer, wenn er nicht binnen drei Monaten nach Ablauf des Jahres, in dem der Anspruch entsteht, geltend gemacht wird; die Geltendmachung des Anspruchs beim Familiengericht gilt dabei auch als Geltendmachung gegenüber dem Mündel (§ 1835a Abs. 4 BGB).

426 **b) Verjährung.** Alle Ansprüche (Vergütung, Aufwendungsersatz- und -entschädigung, auch die auf die Staatskasse übergegangenen Ansprüche – → Rn. 429 –[420]) verjähren innerhalb von drei Jahren (§§ 195, 199 BGB).[421] Zu § 2 VBVG: Die Verjährung beginnt gem. § 199 BGB mit Ende des Jahres, in dem der Anspruch entstanden ist. Sie ist aber gem. § 207 S. 2 Nr. 3, 4 BGB gehemmt, solange das Vormundschafts- bzw. Betreuungsverhältnis besteht.[422]

10. Schuldner

427 **a) Mündel und Betreuter.** In erster Linie richten sich sämtliche Ansprüche gegen das Mündel bzw. den Betreuten. Wenn der Mündel bzw. Betreute nicht mittellos ist, so hat er sein Einkommen und Vermögen in den Grenzen des § 1836c BGB einzusetzen.

428 **b) Staatskasse.** Ist dieser aber mittellos iSv § 1836d BGB, so kann der Vormund bzw. der Betreuer von der Staatskasse Zahlung verlangen. Das ergibt sich

---

[413] OLG Hamm BtPrax 2003, 81 Rn. 24.

[414] OLG Zweibrücken NZI 2002, 434 = JurBüro 2003, 39 Rn. 15.

[415] BayObLG BtPrax 2001, 39; OLG Hamm BtPrax 2003, 81 Rn. 24.

[416] OLG Hamm BtPrax 2003, 81 Rn. 11 ff.

[417] OLG Hamm FamRZ 2007, 854 Rn. 28.

[418] BGH FamRZ 2008, 1611 Rn. 29.

[419] BGH FamRZ 2013, 871 = JurBüro 2013, 373; in diese Richtung weisend, aber noch offenlassend BGH FamRZ 2008, 1611 mwN zu Gegenmeinungen; **aA** vor der Entscheidung des BGH OLG Frankfurt a. M. FamRZ 2008, 304.

[420] BGH FamRZ 2012, 627.

[421] Palandt/*Götz* BGB § 1835 Rn. 20.

[422] Damrau/Zimmermann/*Zimmermann* VBVG § 2 Rn. 10.

– hinsichtlich der Vergütung gem. VBVG aus § 1 Abs. 2 S. 2 VBVG
– hinsichtlich des Aufwendungsersatzes gem. § 1835 BGB, also auch der Vergütung nach RVG, aus §§ 1835 Abs. 4, 1908i BGB
– hinsichtlich der Aufwandentschädigung gem. § 1835a BGB aus §§ 1835a Abs. 3, 1908i BGB.

Gesetzlicher Forderungsübergang. Nach §§ 1836e, 1908i BGB gehen die Ansprüche 429
des Vormundes oder Betreuers gegen das Mündel oder den Betreuten auf die Staatskasse über, soweit diese den Vormund oder Gegenvormund befriedigt.

11. Gerichtliche Festsetzung

a) Festsetzung von Entgelt und Aufwand. Gem. §§ 168 Abs. 1, 292 Abs. 1 FamFG setzt 430
das Familiengericht fest
– Entgelt und Vorschuss, egal ob gegen Mündel, Betreuten oder Staatskasse
– Aufwendungsersatz und Aufwandentschädigung, soweit sich die letzten beiden **gegen die Staatskasse** richten.

Hingegen sind Aufwendungsersatz und Aufwandentschädigung **beim bemittelten Mündel** 431
oder **bemittelten Betreuten** ohne Festsetzung dem Vermögen zu entnehmen.[423]

RVG-Vergütung. §§ 168 Abs. 1, 292 Abs. 1 FamFG gelten auch für nach dem RVG ange- 432
fallene Gebühren und Auslagen des RA, da sie Teil des Aufwendungsersatzes sind. Eine Festsetzung gegen das Mündel oder den Betreuten gem. § 11 RVG ist nicht zulässig.[424]

b) Verfahren. Die Festsetzung – durch gerichtlichen Beschluss – erfolgt gem. § 168 Abs. 1 433
S. 1, § 292 Abs. 1 FamFG, wenn der Vormund, Gegenvormund, Betreuer, Gegenbetreuer, das Mündel oder der Betreute die gerichtliche Festsetzung beantragt oder das Gericht es für angemessen hält.

Steht nach der freien Überzeugung des Gerichts der Aufwand zur Ermittlung der persönli- 434
chen und wirtschaftlichen Verhältnisse des Mündels oder Betreuten außer Verhältnis zur Höhe des aus der Staatskasse zu begleichenden Anspruchs oder zur Höhe der voraussichtlich vom Mündel oder Betreuten zu leistenden Zahlungen, so kann das Gericht ohne weitere Prüfung den Anspruch festsetzen oder von einer Festsetzung der vom Mündel bzw. Betreuten zu leistenden Zahlungen absehen (§ 168 Abs. 2 S. 2 FamFG).

c) Schlechterfüllung. Dieser Einwand ist, da es sich um eine materiell-rechtliche Einwen- 435
dung handelt, nicht im Festsetzungsverfahren zu prüfen, sondern in einem gesonderten Hauptsacheverfahren, zB im Rahmen einer Vollstreckungsabwehrklage.[425]

Strafbare Handlung. Anders ist es, wenn der Vormund oder Betreuer sich einer strafbaren 436
Handlung, zB Untreue schuldig gemacht hat. Das ist im Festsetzungsverfahren zu beachten.[426]

d) Unnütze, nur eigennützige Handlungen des Vormunds. Von dem Vorwurf der 437
Schlechterfüllung zu unterscheiden ist der Einwand, Tätigkeiten seien nicht zum Wohle des Mündels oder Betreuten vorgenommen worden, sondern nur, ohne diesen einen Vorteil zu erbringen, um eine höhere Vergütung herbeizuführen. Dieser Einwand ist im Festsetzungsverfahren zu prüfen, da für eine solche Tätigkeit von vornherein kein Vergütungsanspruch entsteht.[427]

e) Rechtsbehelfe. Gegen die Festsetzungsentscheidung findet die befristete Beschwerde 438
gem. §§ 58 ff. FamFG statt, wenn der Wert des Beschwerdegegenstandes 600,– EUR übersteigt oder das Gericht sie wegen der grundsätzlichen Bedeutung der Rechtssache zulässt (§ 61 FamFG). Ist die Beschwerdesumme nicht erreicht und hat der Rechtspfleger die Beschwerde nicht zugelassen, so findet die Erinnerung nach § 11 Abs. 2 RPflG statt.[428]

12. Rechtsstreit um die Vergütung

Kommt es zu einem Rechtsstreit um die Vergütung, zB wegen Schlechterfüllung, ist das Ge- 439
richt an die gem. § 168 FamFG vorausgegangene Festsetzungsentscheidung des Familiengerichts gebunden. Es kann die Vergütung weder erhöhen noch ermäßigen noch ganz streichen, weil etwa die Voraussetzungen des § 1836 BGB nicht erfüllt seien. Dagegen ist es seine Sache, etwaige Schadensersatzansprüche des Mündels oder Betreuten wegen schlechter Amtsführung festzustellen und im Wege der Aufrechnung die Vergütung zu kürzen.

---

[423] Schneider/Wolf/*Volpert* RVG § 1 Rn. 219.
[424] OLG Frankfurt a. M. NJW 1966, 554; OLG Hamm NJW 1966, 2129.
[425] BGH FamRZ 2012, 1051; BayObLG NJW 1988, 1919 Rn. 8.
[426] BayObLG NJW 1988, 1919 Rn. 7.
[427] BayObLG NJW 1988, 1919 Rn. 9.
[428] Thomas/Putzo/*Hüßtege* FamFG § 168 Rn. 5.

13. Entnahmerecht. Vollstreckung

440 Der Betreuer, der die Vermögenssorge hat, kann nach der Festsetzung die Vergütung dem Vermögen des Betreuten entnehmen. Hat er diese nicht, so kann er mit einer vollstreckbaren Ausfertigung des Festsetzungsbeschlusses vollstrecken.[429]

14. Gewerbesteuer

441 Für die berufsmäßige Betreuertätigkeit eines Diplompädagogen und Gestalttherapeuten hatte der BFH die Gewerbesteuerpflicht bejaht.[430] Trotzdem wurde auch im Anschluss an diese Entscheidung zu Recht vertreten, dass dies nicht auch für einen RA-Betreuer gelten kann.[431]

442 Nunmehr hat der BFH seine Rspr. dahingehend geändert, dass ein Betreuer keine gewerbliche Tätigkeit ausübt.[432] Der RA-Betreuer ist daher nicht gewerbesteuerpflichtig.

XX. Pfleger

Schrifttum: Palandt/*Weidlich,* § 1960 BGB Rn. 22 ff. am Beispiel des Nachlasspflegers; *Zimmermann,* Anwaltsvergütung außerhalb des RVG, 2007, Rn. 106 ff.; *Zimmermann,* Die Vergütung des Nachlasspflegers seit 1.7.2005, ZEV 2005, 473; *Reimann,* Zur Festsetzung der Testamentsvollstreckervergütung, ZEV 1995, 57.

1. Pfleger, einschließlich Nachlasspfleger

443 **a) Betroffene Pfleger.** Unter Ziff. 1 werden behandelt der Ergänzungs- (§ 1909 BGB) und Abwesenheitspfleger (§ 1911 BGB), der Pfleger für eine Leibesfrucht (§ 1912 BGB), für unbekannte Beteiligte (§ 1913 BGB) und für gesammeltes Vermögen (§ 1914 BGB) sowie der **Nachlasspfleger** (§ 1960 Abs. 2 BGB). Letzterer ist ein Pfleger wie jeder andere Pfleger auch. Der **Verfahrenspfleger** wird unter Ziff. 2 gesondert behandelt (→ Rn. 466 ff.).

444 **b) Anzuwendendes Recht. Anwendbarkeit von §§ 1835 ff. BGB.** Gem. § 1915 BGB finden, soweit sich aus dem Gesetz nicht etwas anderes ergibt, für Aufwendungsersatz und Vergütung die für den Vormund geltenden Vorschriften §§ 1835 ff. BGB Anwendung.

445 **c) Kein Entgelt des ehrenamtlichen Pflegers.** Die Pflegschaft ist unentgeltlich (§ 1915 Abs. 1 S. 1, § 1836 Abs. 1 S. 1 BGB).

446 **d) Vergütung des Berufspflegers.** ***aa) Entgeltlichkeit.*** Beim Pfleger kann das Gericht gem. § 1915 Abs. 1 S. 1, § 1836 Abs. 1 S. 2 BGB die Berufsmäßigkeit feststellen, mit der Folge, dass er ein Entgelt erhält. Im Übrigen → Rn. 354 ff.

447 ***bb) Mittelloser Pflegling.*** Bei ihm gilt über § 1836 Abs. 1 S. 3 BGB für die Vergütung das VBVG. Dabei richtet sich die Höhe der Vergütung nach § 3 VBVG, also nach der des Vormundes (→ Rn. 362 ff.), da § 1915 auf die Vorschriften über den Vormund verweist. Die Vergütung wird immer von der Staatskasse gezahlt.[433]

448 ***cc) Bemittelter Pflegling.*** **Nach Fachkenntnissen, Umfang und Schwierigkeit.** Bei ihm sind §§ 1, 2 und § 3 Abs. 4 VBVG, nicht aber § 3 Abs. 1–3 VBVG anzuwenden (§ 1915 Abs. 1 S. 2 BGB). Statt der dort genannten Stundensätze richtet sich die Höhe einer nach § 1836 Abs. 1 BGB zu bewilligenden Vergütung nach den für die Führung der Pflegschaftsgeschäfte nutzbaren Fachkenntnissen des Pflegers sowie nach dem Umfang und der Schwierigkeit der Pflegschaftsgeschäfte. Auch hier ist aber immer nach Zeitaufwand mit Stundensätzen abzurechnen.[434]

449 **Höhe des Stundensatzes.** Hierzu hat sich noch keine allgM herausgebildet. Anerkannt wurden in der **Rspr.** bei einem RA ein Stundensatz von 32,– EUR[435] bzw. zwischen 19,50 EUR und 58,– EUR[436] (Orientierung an § 3 VBVG aF) 110,– EUR,[437] 44,– EUR.[438]
In der **Lit.** werden Stundensätze von 50,– EUR bis 95,– EUR entsprechend der Sachverständigenentschädigung gem. § 9 JVEG befürwortet.[439]

---

[429] *Zimmermann,* Anwaltsvergütung außerhalb des RVG, 2007, Rn. 101.
[430] BFH NJW 2005, 1006 = FamRZ 2005, 516.
[431] Schneider/Wolf/*Volpert* RVG § 1 Rn. 225.
[432] BFH NJW 2011, 108.
[433] Palandt/*Götz* BGB § 1915 Rn. 7.
[434] OLG Celle JurBüro 2018, 210.
[435] OLG Schleswig FGPrax 2010, 140.
[436] OLG Dresden FamRZ 2007, 1833 Rn. 20, mittelschwere Tätigkeit.
[437] OLG Zweibrücken FamRZ 2008, 818 = NJW-RR 2008, 369 Rn. 3.
[438] LG Arnsberg 27. Juli 2020, 27 XVII 37/17 juris.
[439] *Zimmermann* ZEV 2005, 473.

e) Aufwendungsentschädigung und -ersatz. Über § 1915 BGB gelten für den Pfleger §§ 1835, 1835a BGB (→ Rn. 383 ff.). § 1835 Abs. 4 BGB (Aufwendungsersatz aus der Staatskasse) ist auf die Nachlasspflegschaften sinngemäß anwendbar mit der Maßgabe, dass für die Beurteilung der Mittellosigkeit die Vermögenslage des Nachlasses zugrunde zu legen ist.[440] 450

f) Vergütung nach dem RVG. Ist der RA wegen seiner Rechtskenntnisse zum Pfleger bestellt worden, so kann er über § 1915 Abs. 1 S. 1 BGB gem. § 1835 Abs. 3 BGB unter den gleichen Voraussetzungen wie beim Vormund und Betreuer (→ Rn. 391 ff.) unmittelbar nach dem RVG vergütet werden.[441] 451

g) MwSt. Vertreten wird, dass sie zusätzlich zu ersetzen ist,[442] wobei aber nicht behandelt wird, ob dies nur für Aufwendungsersatz oder auch für die Vergütung gilt. 452

Vergütung. Bei ihr ist es sehr problematisch. Eine spezielle Vorschrift wie in § 3 Abs. 1 S. 3 VBVG, der gem. § 1915 Abs. 1 S. 2 BGB nicht anzuwenden ist, oder wie VV 7008 RVG fehlt. Es handelt sich um einen Anspruch ausschließlich im eigenen Interesse. Also könnte an sich MwSt nicht geltend gemacht werden. Andererseits gibt es keinen Grund, den Pfleger hier anders zu behandeln als zB den RA oder vom Gericht bestellten Sachverständigen (VV 7008 RVG, § 12 Abs. 1 S. 2 Nr. 4 JVEG).[443] 453

Orientiert man sich entsprechend den obigen Darlegungen an der Vergütung des Vormunds oder des vom Gericht bestellten Sachverständigen, so ist entsprechend § 3 Abs. 1 S. 3 VBVG, § 12 Abs. 1 S. 2 Nr. 4 JVEG die MwSt zusätzlich zu ersetzen. Wählt man die Vergütung frei von einer für eine andere Tätigkeit vorgesehenen Vergütung, so ist es bei der Höhe mit zu berücksichtigen, wenn der Pfleger MwSt-pflichtig ist. 454

Aufwendungsersatz- und -entschädigung. Es gilt das zum Vormund Dargelegte (→ Rn. 405 ff.). 455

h) Abschlag, Vorschuss, Abtretung. Über § 1915 Abs. 1 S. 1 BGB gilt für den Berufspfleger dasselbe wie für den Vormund (→ Rn. 408). Er kann einen Vorschuss für Aufwendungen und Abschlagzahlungen für seine Vergütung[444] und bei einer Vergütung nach dem RVG einen Vorschuss für die sich aus dem RVG ergebenden Gebühren und Auslagen geltend machen. Der Vergütungsanspruch kann von einem RA ohne Zustimmung des Betroffenen an eine anwaltliche Verrechnungsstelle abgetreten werden.[445] 456

i) Fälligkeit, Zinsen. Fälligkeit. Sie setzt die Bestimmtheit des Anspruchs voraus. Diese erfolgt erst durch den rechtskräftigen Festsetzungsbeschluss[446] oder aber, wenn sich zB der Nachlasspfleger und der Erbe über die Vergütung einigen. 457

Zinsen. Der Anspruch **gegen die Staatskasse** ist, wie beim Vormund und Betreuer, erst ab der Rechtskraft des Festsetzungsbeschlusses mit 5% über dem Basiszins zu verzinsen[447] (→ Rn. 414 ff.). 458

j) Erlöschen. §§ 1835 Abs. 1 S. 3, 1835a Abs. 4 BGB, § 2 VBVG gelten über § 1915 Abs. 1 S. 1 BGB auch für den Pfleger einschließlich des Nachlasspflegers.[448] Es müssen also die dort genannten Fristen für die Geltendmachung von Ansprüchen auf Aufwendungsentschädigung, Aufwendungsersatz und Vergütung eingehalten werden. Im Übrigen → Rn. 420 ff., Vormund. 459

k) Schuldner. Schuldner ist der Pflegling, beim Nachlasspfleger der Erbe. Der für die unbekannten Nacherben bestellte Pfleger hat beim Vorliegen der übrigen Voraussetzungen gegen denjenigen, der sich als Nacherbe ausweist, einen Vergütungsanspruch.[449] 460

Bei Mittellosigkeit des Pfleglings bzw. beim Nachlasspfleger bei Mittellosigkeit des Nachlasses kann Zahlung aus der Staatskasse verlangt werden. 461

l) Festsetzung. ***aa) Durch Betreuungsgericht.*** Die Festsetzung erfolgt durch das Betreuungsgericht (§ 1915 Abs. 1 S. 3 BGB), beim Nachlasspfleger durch das Nachlassgericht (§§ 1915 Abs. 1 S. 3, 1962 BGB). Die Festsetzung durch das Nachlassgericht ist entbehrlich, wenn sich der Nachlasspfleger und der festgestellte Erbe über die Vergütung einigen. 462

---

440 LG Berlin Rpfleger 1975, 435.
441 BGH FamRZ 2015, 847 Rn. 18 = NJW-RR 2015, 643 = JurBüro 2015, 358.
442 Palandt/*Weidlich* BGB § 1960 Rn. 23.
443 BeckOK BGB/*Siegmann-Höfer* BGB § 1960 Rn. 27 zum Nachlasspfleger, der ein Pfleger ist → Rn. 486.
444 Palandt/*Weidlich* BGB § 1960 Rn. 22.
445 BGH NJW 2013, 2961 = FamRZ 2013, 1392 = RVGreport 2013, 407 mzustAnm *Hansens.*
446 BayObLG FamRZ 2004, 1995 Rn. 17.
447 BayObLG FamRZ 2004, 1995 Rn. 20.
448 Palandt/*Weidlich* BGB § 1960 Rn. 22.
449 OLG Hamm JurBüro 1972, 159.

463 **Ersatz der Aufwendungen als Nachlasspfleger** (vor allem der seiner Anwaltsgebühren). Er unterliegt nicht der Festsetzung durch das Nachlassgericht. Über ihn hat im Streitfall das Prozessgericht zu entscheiden. Der Nachlasspfleger kann sie dem Nachlass entnehmen.[450]

464 ***bb) Schlechterfüllung, unnütze Maßnahmen.*** Es gilt das zum Vormund und Betreuer Dargelegte entsprechend, → Rn. 435ff.

465 ***cc) Beschwerde.*** Die Beschwerde gegen den Festsetzungsbeschluss findet statt, wenn der Beschwerdewert 600,– EUR übersteigt oder das Gericht sie zulässt.[451]

2. Verfahrenspfleger

466 Ein Verfahrenspfleger kann in Betreuungsverfahren (§ 276 FamFG) und in Unterbringungsverfahren (§ 317 FamFG) bestellt werden, soweit dies zur Wahrnehmung der Interessen des Betroffenen erforderlich ist.

467 **a) Entgelt.** ***aa) Ehrenamtlicher Verfahrenspfleger.*** Gem. §§ 277 Abs. 2 S. 1, 318 FamFG gilt § 1836 Abs. 1, 3 BGB entsprechend. Also erhält der Pfleger grds. **kein Entgelt** (§ 1836 Abs. 1 S. 1 BGB).

468 ***bb) Berufsmäßiger Verfahrenspfleger.*** **Entgeltlichkeit.** Wird er aber berufsmäßig tätig, so gelten gem. § 277 Abs. 2 S. 2 FamFG die §§ 1, 2 und § 3 Abs. 1, 2 VBVG. Er erhält eine Vergütung wie ein Vormund (→ Rn. 354ff.). Auch eine – an sich unzulässige – nachträgliche Feststellung der Berufsmäßigkeit ist bindend.[452]

469 **Vergütung nach Stunden.** Er wird wie ein Vormund nach Stunden vergütet (→ Rn. 362ff.). § 1915 Abs. 1 S. 2 BGB (vom Vormund abweichende Vergütung) ist, anders als beim Pfleger (→ Rn. 448) nicht anzuwenden, da § 277 FamFG nicht auf § 1915 BGB verweist.

470 **Fester Betrag.** Das Gericht kann aber auch dem Verfahrenspfleger anstelle der Vergütung und des Aufwendungsersatzes einen festen Betrag zubilligen, wenn die für die Pflegertätigkeit erforderliche Zeit vorhersehbar und ihre Ausschöpfung gewährleistet ist (§ 277 Abs. 3 S. 1 FamFG). Dann muss der Verfahrenspfleger die gebrauchte Zeit und die eingesetzten Mittel nicht nachweisen. Andererseits trägt er das Risiko, dass er schließlich mehr Zeit oder Mittel benötigt (§ 277 Abs. 3 S. 3 FamFG).

471 **Verfassungsmäßigkeit.** Die Vergütung des Verfahrenspflegers ist vom BVerfG als verfassungskonform angesehen worden.[453]

472 **b) Aufwendungsersatz bzw. -entschädigung.** Über §§ 277 Abs. 1, 318 FamFG hat der Verfahrenspfleger Anspruch auf Aufwendungsersatz bzw. -entschädigung gem. §§ 1835, 1835a BGB. Erhält der Verfahrenspfleger aber einen festen Vergütungsbetrag gem. § 277 Abs. 3 S. 1 FamFG, so sind damit auch die Aufwendungen abgegolten, da diese Pauschale „anstelle des Aufwendungsersatzes" geleistet wird.[454]

473 **c) Vergütung nach dem RVG.** § 1835 Abs. 3 BGB ist, obwohl in §§ 277 Abs. 1, 318 FamFG nicht auf ihn verwiesen wird, nach ständiger Rspr. des BGH entsprechend anwendbar.[455] Der RA kann eine Geschäftsgebühr gem. VV 2300ff. und eine Einigungsgebühr verdienen.[456] Im Übrigen → Rn. 391ff.

474 **d) MwSt. Vergütung nach Stunden.** Dem Verfahrenspfleger ist auch die auf die Vergütung anfallende MwSt zu ersetzen (§§ 277 Abs. 1, 318 FamFG, § 3 Abs. 1 S. 3 VBVG).

475 **Vergütung durch einen festen Betrag.** Auch bei dieser Vergütung (→ Rn. 470) ist § 3 Abs. 1 S. 3 VBVG anzuwenden, da es sich um eine Vergütung handelt, bei der die Grundsätze von § 3 Abs. 1 VBVG zu berücksichtigen sind, nur dass die erforderlichen Stunden nicht nachträglich festgestellt, sondern ex ante geschätzt werden. Im Gegensatz zu § 158 Abs. 7 S. 4 FamFG wird in § 277 Abs. 3 FamFG nicht bestimmt, dass die MwSt abgegolten sein soll.

476 **Aufwendungsersatz- und -entschädigung.** Wie → Rn. 455, 405ff.

477 **Vergütung nach RVG.** Die MwSt ist zu ersetzen (→ Rn. 407).

478 **e) Vorschuss, Abschlagszahlung.** Über § 1915 Abs. S. 1 BGB gilt das zum Vormund Dargestellte entsprechend. Etwas Abweichendes ist jedoch insoweit geregelt, als ein Vorschuss auf

[450] BayObLG JurBüro 1985, 274.
[451] Bumiller/Harders/Schwamb/*Bumiller* FamFG § 168 Rn. 34.
[452] BGH NJW 2018, 2047 = FamRZ 2018, 1006.
[453] BVerfG FamRZ 2004, 1267.
[454] Borg/Jacoby/Schwab/*Zorn*, FamFG, 1. Aufl. 2009, FamFG § 168 Rn. 10.
[455] BGH NJW 2014, 3036 = FamRZ 2014, 1629.
[456] BGH NJW 2020, 1227 = FamRZ 2020, 619 = AGS 2020, 172.

die Vergütung als Verfahrenspfleger nicht verlangt werden kann (§ 277 Abs. 1 S. 2, § 318 FamFG).

479 Er kann also geltend machen eine Abschlagszahlung für Aufwendungen sowie, wenn er einen Vergütungsanspruch nach dem RVG hat, einen Vorschuss nach § 9 RVG auf Gebühren und Auslagen.

480 **f) Zinsen.** Zinsen fallen iHv 5 % über dem Basissatz erst ab Rechtskraft der gerichtlichen Festsetzung an. Es gilt dasselbe wie bei Vormund und Betreuer[457] → Rn. 414.

481 **g) Erlöschen.** Über §§ 277 Abs. 2 S. 2, 318 FamFG gelten §§ 1835 Abs. 1 S. 3, 1835a BGB, § 2 VBVG, so dass der Anspruch auf Aufwendungsersatz und auf Vergütung, wenn sie nicht innerhalb einer 15-monatigen Frist geltend gemacht werden, und der Anspruch auf Aufwendungsentschädigung, wenn er nicht binnen drei Monaten geltend gemacht wird, erlöschen. Im Übrigen → Rn. 420 ff.

482 **h) Schuldner.** Gem. §§ 277 Abs. 5 S. 1, 318 FamFG sind der Aufwendungsersatz und die Vergütung des Pflegers stets aus der Staatskasse zu zahlen – stets, also auch wenn der Pflegling nicht mittellos ist.[458]

483 **i) Festsetzung.** ***aa) Durch Betreuungsgericht.*** Die Festsetzung der Vergütung erfolgt über §§ 277 Abs. 5, 318 gem. § 168 FamFG durch das Betreuungsgericht (§ 23c GVG).

484 ***bb) Schlechterfüllung. Unnütze Maßnahmen.*** Es gilt das zum Vormund und Betreuer Dargelegte entsprechend → Rn. 435 ff.

485 ***cc) Beschwerde.*** Die Beschwerde gegen den Festsetzungsbeschluss findet statt, wenn der Beschwerdewert 600,– EUR übersteigt oder das Gericht sie zulässt (§§ 58, 61 FamFG).[459]

XXI. Nachlassverwalter

Schrifttum: *Zimmermann,* Anwaltsvergütung außerhalb des RVG, 2007, Rn. 275 ff.

1. Anzuwendendes Recht

486 Die Nachlassverwaltung, die der Verwaltung des Nachlasses und der Berichtigung der Nachlassverbindlichkeiten dient, ist eine besondere Art der Nachlasspflegschaft,[460] sodass die Bestimmungen über den Pfleger anzuwenden sind, soweit sich nicht aus der Besonderheit der Nachlassverwaltung etwas anderes ergibt.

2. Gleich wie Pfleger

487 Das zum Pfleger Dargelegte gilt auch für den Nachlassverwalter, insbes. das

- zu Aufwendungsersatz und -entschädigung, einschließlich der Vergütung nach dem RVG unter bestimmten Voraussetzungen (→ Rn. 476, 455, 405 ff.)
- zur MwSt (→ Rn. 477, 407)
- zum Vorschuss und zu Abschlagszahlungen (→ Rn. 478 ff.)
- zum Erlöschen (→ Rn. 481).

3. Abweichungen vom Pfleger

488 Abweichungen ergeben sich insbes. daraus, dass die Nachlassverwaltung nicht, auch nicht subsidiär wie die Nachlasspflegschaft, öffentlichen Interessen dient.[461]

489 **a) Angemessene Vergütung.** ***aa) Entgeltlichkeit.*** Dem Nachlassverwalter steht gem. § 1987 BGB ein Rechtsanspruch auf eine angemessene Vergütung zu, und zwar auch dann wenn er nicht berufsmäßig tätig ist. Einer Feststellung, dass er berufsmäßig tätig ist, bedarf es daher nicht.[462]

490 ***bb) Stundensätze.*** Überwiegend wird heute vertreten, dass seit dem 1.7.2005 aufgrund des neu in das Gesetz eingefügten § 1915 Abs. 1 S. 2 BGB iVm § 1836 Abs. 1 BGB; §§ 1–3 VBVG der Nachlassverwalter nach seinem tatsächlichen **Zeitaufwand** nach **Stundensätzen** vergütet wird und nicht nach Prozentsätzen des Nachlasses.[463]

---

457 *Zimmermann,* Anwaltsvergütung außerhalb des RVG, 2007, Rn. 126.
458 Schneider/Wolf/*Volpert* RVG § 1 Rn. 273.
459 BHS/*Bumiller* FamFG § 168 Rn. 34.
460 KG FamRZ 2006, 559 Rn. 4.
461 KG FamRZ 2006, 559 Rn. 5.
462 Palandt/*Weidlich* BGB § 1987 Rn. 1.
463 OLG Zweibrücken FamRZ 2007, 1191 Rn. 3; OLG München Rpfleger 2006, 405; *Zimmermann* ZEV 2005, 473.

491 *cc) Höhe.* Gem. § 1987 BGB ist eine angemessene Vergütung zu finden. Deshalb richtet sich die Höhe des Stundensatzes nach den Umständen des Einzelfalles, ohne feste Bindung an die Sätze des § 3 VBVG, aber mit einer Orientierung an diesen.[464]

492 **b) Schuldner. Nachlass.** Die Vergütung wird wie beim Nachlasspfleger aus dem Nachlass geschuldet (→ Rn. 460). Die Vergütung gehört im Fall der Nachlassinsolvenz zur Masseschuld.

493 **Staatskasse.** Schuldner ist – anders als beim Nachlasspfleger (→ Rn. 461) nicht die Staatskasse, da die Nachlassverwaltung nie im öffentlichen Interesse liegt.[465] Hinsichtlich der Vergütung haftet die Staatskasse auch nicht bei Mittellosigkeit des Nachlasses.[466] Lediglich hinsichtlich der Aufwendungen ist str., ob die Staatskasse bei Mittellosigkeit subsidiär haftet.[467]

494 **c) Festsetzung.** ***aa) Durch Nachlassgericht.*** Die Vergütung wird vom Nachlassgericht[468] – auf Antrag oder von Amts wegen – festgesetzt. Nach Bewilligung kann sie dem Nachlassvermögen entnommen werden.

495 ***bb) Schlechterfüllung. Unnütze Maßnahmen.*** Es gilt das zum Vormund und Betreuer Dargelegte entsprechend → Rn. 435 ff.

XXII. Verfahrensbeistand

1. Überblick

496 Der berufsmäßige Verfahrensbeistand erhält eine Pauschale, die die Aufwendungen mit abdeckt (§ 158 Abs. 7 S. 2–4 FamFG). Der nichtberufsmäßige Verfahrensbeistand erhält nur Aufwendungsersatz (§ 158 Abs. 7 S. 1 FamFG).

2. Vergütung bei berufsmäßigem Verfahrensbeistand

497 **a) Berufsmäßiger Verfahrensbeistand. Nur Pauschalen.** Ist der Verfahrensbeistand (§§ 158, 174, 191 FamFG) berufsmäßig tätig, so erhält er für seine Tätigkeit einschließlich seiner Aufwendungen gem. § 158 Abs. 7 S. 2 FamFG eine Pauschale von 350,– EUR bzw. wenn er vom Gericht gem. § 158 Abs. 4 S. 3 FamFG beauftragt war, Gespräche mit den Eltern zu führen und an einer Einigung mitzuwirken, gem. § 158 Abs. 7 S. 3 FamFG eine Pauschale von 550,– EUR. Eine Erhöhung dieser Beträge aus Billigkeitsgründen ist nicht möglich. Das ist auch mit Art. 12 Abs. 1 GG vereinbar.[469]

498 **RA.** Ist der Verfahrensbeistand ein RA, so führt er den Beistand berufsmäßig aus.[470]

499 **b) Höhe. Für jeden Rechtszug neue Pauschale.** Die Pauschale entsteht in jeder Instanz neu (§ 158 Abs. 7 S. 2 FamFG). Daher fällt die Pauschale doppelt an, wenn der Verfahrensbeistand tätig ist

- im Hauptsache- und Eilverfahren nach dem FamFG,
- im Sorgerechts- und im Verfahren auf Genehmigung einer freiheitsentziehenden Unterbringung,[471]
- im Verfahren beim Erstgericht und beim Beschwerdegericht,
- im Verfahren beim Erstgericht nach einer Zurückverweisung, da dies eine neue Instanz darstellt.[472] Etwas anderes gilt gem. § 21 Abs. 3 RVG nur im Falle einer Zurückverweisung gem. § 146 FamFG (Aufhebung der Abweisung des Scheidungsantrags).

Eine **Anrechnung** findet in Ermangelung einer Anrechnungsvorschrift nicht statt.[473]

500 **c) Verfahrensbeistand für mehrere Kinder.** Inzwischen ist es allgM, dass pro Kind, dem der Verfahrensbeistand beisteht, eine Pauschale anfällt, zB bei zwei Kindern also 700,– EUR bzw. 1.100,– EUR.[474]

---

[464] Näher Palandt/*Weidlich* BGB § 1987 Rn. 2.
[465] KG FamRZ 2006, 559 Rn. 6.
[466] KG FamRZ 2006, 559 Rn. 6.
[467] **Verneinend** Palandt/*Weidlich* BGB § 1987 Rn. 3; zu diesem Streit KG FamRZ 2006, 559 Rn. 9.
[468] KG FamRZ 2006, 559 Rn. 3.
[469] BGH NJW 2013, 3724 = FamRZ 2013, 1967.
[470] Hartung/Schons/Enders/*Enders* RVG § 1 Rn. 120.
[471] BGH NJW 2011, 1451 = FamRZ 2011, 467.
[472] OLG Saarbrücken NJW 2013, 1103 = RVGreport 2013, 124 mzustAnm *Hansens.*
[473] BGH NJW 2011, 455 = FamRZ 2011, 199, zu Eil- und Hauptsacheverfahren.
[474] BGH NJW 2010, 3449 = FamRZ 2010, 1896; 2010, 3446 = FamRZ 2010, 1893; OLG Celle NJW 2010, 2446 = FamRZ 2010, 1182; OLG Frankfurt a. M. FamRZ 2010, 666; OLG München AGS 2012, 76; FamRZ 2010, 1757; OLG Stuttgart FamRZ 2010, 1003 = NJW-RR 2010, 1448.

d) Abtrennung der Kindschaftssache. Wird eine Kindschaftssache aus dem Verbund abgetrennt, so entsteht verfahrensrechtlich eine neue Angelegenheit (§ 137 Abs. 5 S. 2 FamFG). Gebührenrechtlich bleibt sie jedoch gem. § 21 Abs. 3 RVG mit dem Verbundverfahren dieselbe Angelegenheit, so dass für den RA keine zusätzliche Vergütung anfällt. In analoger Anwendung gilt dies auch für die Pauschale des Verfahrensbeistands, sodass diese nur einmal entsteht. 501

e) Elterliche Sorge und Umgangsrecht. Wird der Verfahrensbeistand sowohl für die elterliche Sorge als auch für das Umgangsrecht beigeordnet, so erhält er die Vergütung nach dem BGH zweifach, und zwar auch dann wenn beide Sachen Gegenstand nur eines Verfahrens sind.[475] Kommt dann noch dazu, dass beide Gegenstände zwei Kinder betreffen, so fällt die Vergütung vierfach an.[476] 502

f) Reichweite der Bestellung auch für Beschwerdeinstanz. Die im Rahmen der ersten Instanz erfolgte Bestellung gilt auch für die Beschwerdeinstanz. Anders als bei der PKH/VKH (→ § 48 Rn. 99 ff.) bedarf es also keiner neuen Bestellung für die 2. Instanz.[477] 503

Erweiterte Aufgabenstellung. Das gilt nicht nur für die Grundbestellung, sondern auch für die Aufgabenerweiterung gem. § 158 Abs. 4 S. 3 FamFG.[478] Dafür, dass insoweit zu differenzieren wäre, gibt der Wortlaut des Gesetzes nichts her und lassen sich auch keine sachlichen Gründe finden. 504

g) Entstehung. Es genügt, dass der Verfahrensbeistand in irgendeiner Weise im Kindesinteresse tätig geworden ist.[479] Wie auch sonst, zB bei der Verfahrensgebühr, muss diese Tätigkeit nicht nach außen sichtbar geworden sein.[480] 505

Erweiterte Aufgabenstellung. Streitig ist, ob bei einer erweiterten Aufgabenstellung gem. § 158 Abs. 4 S. 3 FamFG die erhöhte Pauschale bereits anfällt, wenn irgendeine Tätigkeit im Interesse des Kindes erfolgt ist, oder ob zusätzlich erforderlich ist, dass auch schon hinsichtlich der zusätzlichen Aufgaben eine Tätigkeit erfolgt sein muss, dass also zB der Verfahrensbeistand schon Kontakt zu einem Elternteil aufgenommen oder dies zumindest versucht haben muss.[481] Der ersten Ansicht ist der Vorzug zu geben. Sie passt besser dazu, dass sich der Gesetzgeber für eine Pauschale und nicht für eine aufwandbezogene Vergütung entschieden hat.[482] 506

Auf keinen Fall kann der Ansicht gefolgt werden, eine Mitwirkung an einer Einigung in einem gerichtlichen Termin reiche nicht.[483] 507

3. Aufwendungsersatz

Berufsmäßiger Verfahrensbeistand. Neben der Vergütungspauschale gibt es keinen Ersatz für Aufwendungen.[484] 508

Nicht berufsmäßiger Verfahrensbeistand. Nur Aufwendungsersatz. Dem Verfahrensbeistand werden nur seine Aufwendungen entsprechend § 277 Abs. 1 FamFG ersetzt (§ 158 Abs. 7 S. 1 FamFG). § 277 Abs. 1 FamFG verweist wiederum auf § 1835 Abs. 1–2 BGB. Er kann also, wie der Vormund seinen konkret angefallenen Aufwand in Rechnung stellen (§ 1835 BGB). Es gilt das beim Vormund zu § 1835 Abs. 1–2 BGB Dargelegte entsprechend (→ Rn. 384 ff.). Eine Aufwandsentschädigung in Form einer Pauschale kann er nicht verlangen (§ 1835a BGB). § 158 Abs. 7 S. 1 FamFG verweist nur auf § 277 Abs. 1 FamFG, der wiederum nicht auf §§ 1835a, 1836 BGB verweist. 509

4. Vergütung nach RVG

Sie kommt beim Verfahrensbeistand nicht in Betracht, da er keine anwaltsspezifischen Aufgaben iSv § 1835 Abs. 3 BGB wahrzunehmen hat. Dementsprechend verweist § 277 Abs. 1 FamFG auch nicht auf § 1835 Abs. 3 BGB. 510

---

[475] BGH NJW 2012, 3100 = FamRZ 2012, 1630 = AnwBl 2012, 928; OLG München FamRZ 2013, 966 = JurBüro 2013, 319 unter Aufgabe seiner bisherigen, abweichenden Rspr.
[476] OLG München FamRZ 2013, 966 = JurBüro 2013, 319.
[477] OLG München AGS 2012, 76; OLG Stuttgart FamRZ 2011, 1533.
[478] OLG Stuttgart FamRZ 2011, 1533; **aA** OLG München 8.6.2011 – 11 WF 859/11.
[479] BGH NJW 2010, 3449 = FamRZ 2010, 1896 Rn. 30.
[480] OLG München FamRZ 2010, 1757 Rn. 8.
[481] OLG Brandenburg 14.3.2011 – 9 WF 15/11, Rn. 10 = BeckRS 2011, 24725.
[482] BGH FamRZ 2010, 1896 Rn. 30.
[483] **AA** OLG Brandenburg 14.3.2011 – 9 WF 15/11, Rn. 10 = BeckRS 2011, 24725.
[484] BGH NJW 2013, 3724 = FamRZ 2013, 1967.

5. MwSt

511 **Berufsmäßiger Verfahrensbeistand.** Die auf die Vergütungspauschale anfallende MwSt ist nicht zu ersetzen (§ 158 Abs. 7 S. 4 FamFG), auch nicht für Fahrtkosten.[485]

512 **Nicht berufsmäßiger Verfahrensbeistand.** Es gilt das beim Vormund zum Aufwendungsersatz Dargelegte entsprechend (→ Rn. 405).

6. Vorschuss

513 Gem. § 158 Abs. 7 S. 1, § 277 Abs. 1 S. 2 FamFG kann kein Vorschuss **auf Aufwendungen** verlangt werden. Dasselbe gilt für die **Vergütung,** da es an einer insoweit einen Vorschuss gewährenden Bestimmung fehlt. § 158 Abs. 7 FamFG verweist insbes. nicht auf § 277 Abs. 2 FamFG. Die Verweisung in § 158 Abs. 7 S. 6 FamFG auf § 168 Abs. 1 S. 1 Nr. 1 FamFG, wo auch die Festsetzung eines Vorschusses vorgesehen ist, steht nicht entgegen, da hier nur auf das Verfahren über die Festsetzung verwiesen wird. Ob ein Vorschuss festzusetzen ist, müsste sich aus einer anderen Bestimmung ergeben.

7. Fälligkeit, Zinsen, Verjährung

514 **Fälligkeit** tritt nicht ein, bevor die Instanz abgeschlossen ist.

515 **Zinsen und Verjährung.** Es gilt dasselbe wie bei Vormund und Betreuer → Rn. 414 ff., 420 ff.

8. Schuldner

516 Sowohl der Pauschalvergütung als auch des Aufwendungsersatzes ist die Staatskasse (§ 158 Abs. 7 S. 5 FamFG).

9. Festsetzung

517 **a) Durch Familiengericht.** Die Festsetzung von Vergütung und Aufwendungsersatz erfolgt durch das FamFG (§ 158 Abs. 7 S. 6, § 168 Abs. 1 FamFG).

518 **b) Schlechterfüllung. Unnötige Maßnahme.** Es gilt das zum Vormund und Betreuer Dargelegte entsprechend → Rn. 435 ff.

519 **c) Beschwerde.** Die Beschwerde gegen den Festsetzungsbeschluss findet statt, wenn der Beschwerdewert 600,– EUR übersteigt oder das Gericht sie zulässt (§§ 58, 61 FamFG).

XXIII. Testamentsvollstrecker

Schrifttum: *Zimmermann,* Anwaltsvergütung außerhalb des RVG, 2007, Rn. 307 ff.; *Reimann* DStR 2002, 2008 ff.

1. Anzuwendendes Recht. Überblick

520 **RVG.** Das RVG ist nicht anwendbar (§ 1 Abs. 2 S. 2). Für anwaltsspezifische Tätigkeiten kann der RA-Testamentsvollstrecker unter besonderen Voraussetzungen jedoch nach dem RVG abrechnen.

521 **Entgelt und Auslagen.** Dem Testamentsvollstrecker stehen ein Entgelt sowie Ersatz für seine Auslagen zu, es sei denn der Erblasser hat das Gegenteil bestimmt.

522 **Angemessene Vergütung.** Es gibt keine Gebührenordnung für Testamentsvollstrecker. § 2221 BGB bestimmt lediglich, dass ihm eine angemessene Vergütung zusteht, es sei denn der Erblasser hat etwas anderes bestimmt.

2. Entgelt

523 **a) Entgeltlichkeit.** Der Testamentsvollstrecker kann nach § 2221 BGB für die Führung seines Amtes eine angemessene Vergütung verlangen, sofern nicht der Erblasser ein anderes bestimmt hat. Der Testamentsvollstrecker hat mithin einen Rechtsanspruch auf eine Vergütung, falls vom Erblasser nicht Unentgeltlichkeit angeordnet ist.

524 **Unwirksame Bestellung.** Stellt sich die Ernennung des Testamentsvollstreckers als rechtsunwirksam heraus, so steht dem vermeintlichen Testamentsvollstrecker für seine vorherige Tätigkeit trotzdem eine Vergütung zu. Dies gilt jedoch nicht, wenn er gegen den Willen der Erben gehandelt hat.[486]

525 **b) Bestimmung der Vergütung.** ***aa) Überblick.*** Die Vergütung kann festgesetzt werden
– durch Anordnung des Erblassers,

---

[485] BGH NJW 2010, 3446 = FamRZ 2010, 1893 Rn. 32 ff.
[486] BGH NJW 1977, 1726 = JurBüro 1978, 205 Rn. 34 ff.; krit. *Möhring/Seebrecht* JurBüro 1978, 145.

– durch Vereinbarung mit dem Erben oder
– durch Entscheidung des Gerichts im Rechtsstreit, wenn der Erbe den vom Testamentsvollstrecker in Rechnung gestellten Betrag nicht akzeptiert.

bb) Vergütungsbestimmung durch Erblasser. Durch Anordnung des Erblassers kann entweder die Vergütung der Höhe nach festgesetzt oder die Festsetzung in das Ermessen eines Dritten gestellt werden. Hat der Erblasser eine unangemessen hohe oder niedrige Vergütung bestimmt, so ist diese auch dann verbindlich, wenn sie nicht angemessen ist.[487] **526**

Es darf aber auch eine Vergütung positiv ausgeschlossen werden oder kann den Umständen nach als ausgeschlossen gelten. Den Umständen nach ausgeschlossen ist sie im Zweifel, wenn der Haupterbe mit der Ausführung nebensächlicher Anordnungen betraut oder ihm für die Führung des Testamentsvollstreckeramtes bereits die Erbquote erhöht worden ist oder besondere Zuwendungen gemacht worden sind. Will sich der Testamentsvollstrecker mit der Vergütung nicht begnügen, muss er das Amt ablehnen. Die Festsetzung einer unangemessen hohen Vergütung kann als verschleiertes Vermächtnis zu beurteilen sein. Sie kann deshalb nicht gekürzt werden, es sei denn, dass auch ein Vermächtnis gekürzt werden kann. **527**

cc) Vereinbarung mit Erben. Durch Vereinbarung mit dem Erben kann die Vergütung festgelegt werden, weil der Erbe für sie als Nachlassverbindlichkeit haftet. Die Vergütung kann abweichend von oder zusätzlich zu der Vergütungsbestimmung, die der Erblasser getroffen hatte, vereinbart werden.[488] **528**

dd) Entscheidung durch Prozessgericht. Hat der Erblasser keine Anordnung getroffen und kann zwischen dem Testamentsvollstrecker und dem Erben keine Einigung über die Vergütung erzielt werden und akzeptiert der Erbe nicht, was ihm der Testamentsvollstrecker in Ausübung von § 316 BGB in Rechnung stellt. so hat das Prozessgericht zu entscheiden. Der Testamentsvollstrecker muss im Wege der Klage gegen die Erben die von ihm als angemessen bezeichnete Vergütung fordern. Er wird in der Regel einen bestimmten Klageantrag stellen. Fordert er einen in das Ermessen des Gerichts gestellten Betrag, wird er die Unterlagen und Beweise vorlegen müssen, aus denen sich die Angemessenheit ergibt. Auch in diesem Falle wird der Testamentsvollstrecker sagen müssen, welchen Betrag er sich in etwa vorstellt.[489] **529**

Das **Nachlassgericht** ist nicht befugt, eine angemessene Vergütung zuzuerkennen, auch nicht mit Ermächtigung des Erblassers, da die Gerichtsbarkeit dem Parteiwillen entzogen ist. **530**

c) Mögliche Gebühren. *aa) Grund- und Verwaltungsgebühr.* Die Praxis kennt zwei Gebühren. Zum einen die Grundvergütung, die bisweilen auch Konstituierungsgebühr genannt wird, zum anderen unter bes. Umständen, die Verwaltungsgebühr,[490] die dem Testamentsvollstrecker uU nebeneinander zustehen. Hinzukommen kann noch nach dem allg. Rechtsgedanken des § 1835 Abs. 3 BGB (→ Rn. 780) für einzelne Aktionen eine Vergütung nach dem RVG (→ Rn. 391 ff.). Einen Sonderfall stellt es dar, wenn der Testamentsvollstrecker ein Unternehmen leitet → Rn. 556 ff. **531**

Grundgebühr. Sie umfasst die gesamte Testamentsvollstreckung. **532**

Verwaltungsgebühr. Sie kommt hinzu, wenn der Testamentsvollstrecker über eine längere Zeit den Nachlass verwalten muss, sei es dass dies von vornherein vom Erblasser so angeordnet ist, sei es dass die Erbauseinandersetzung sich lange verzögert. Ein Zeitraum von einem Jahr, in dem keine besonders umfangreiche oder zeitraubende Verwaltungstätigkeit anfällt, reicht nicht.[491] **533**

bb) Keine gesonderte Konstituierungs- bzw. Auseinandersetzungsgebühr. Soweit noch Begriffe wie Abwicklungsvollstreckung, Konstituierung des Nachlasses usw verwendet werden, führen sie zu keiner zusätzlichen Gebühr, sondern sind mit der Grundvergütung abgegolten. Allerdings ist in der Rspr. und Lit. beim Vorliegen erschwerender Umstände gelegentlich von einer gesonderten Konstituierungs-[492] bzw. Auseinandersetzungsgebühr[493] die Rede. Solche gesonderten Gebühren sind jedoch nicht allgemein anerkannt.[494] Im Gegenteil kommen sie zB **534**

---

487 Mayer/Kroiß/*Mayer* RVG § 1 Rn. 148.
488 Mayer/Kroiß/*Mayer* RVG § 1 Rn. 149.
489 Vgl. auch BGH NJW 1967, 2400.
490 Bischof/*Bischof* RVG § 1 Rn. 67 ff.
491 OLG Köln NJW-RR 1995, 202 = ZEV 1995, 70 Rn. 13.
492 OLG Köln JurBüro 1993, 669 = FamRZ 1994, 328, wo sie letztlich nicht zuerkannt wurde; Mayer/Kroiß/*Mayer* RVG § 1 Rn. 154; gegen eine gesonderte Gebühr Schneider/Wolf/*Volpert* RVG § 1 Rn. 324.
493 Mayer/Kroiß/*Mayer* RVG § 1 Rn. 154; Schneider/Wolf/*Volpert* RVG § 1 Rn. 324.
494 Für nur eine einheitliche Gebühr OLG Köln NJW-RR 1995, 202 = ZEV 1995, 70 mwN.

in den Empfehlungen des Deutschen Notarvereins[495] nicht vor. Vielmehr wird den Erschwernissen in zutreffender Weise durch Zuschläge zur Grundgebühr Rechnung getragen. Zuschläge genügen. Es muss die Vergütung nicht auch noch ohne Not in mehrere Gebühren aufgeteilt werden. Auf diese Weise bleiben einem auch Streitigkeiten, ob die Schwierigkeiten derart waren, dass eine gesonderte Gebühr angebracht ist, erspart. Bei der Verwaltungsgebühr rechtfertigt sich eine Abweichung, weil hier durch eine jährliche Gebühr am besten eine angemessene Vergütung gefunden werden kann.

535 **d) Höhe der Grundgebühr.** ***aa) Angemessene Vergütung.*** **Keine Gebührenordnung.** Die Höhe der Vergütung des Testamentsvollstreckers ist aus den gesetzlichen Bestimmungen nicht zu entnehmen. § 2221 BGB bestimmt nur, dass eine angemessene Vergütung zu zahlen ist. §§ 316ff. BGB greifen ein.

536 **Kriterien.** Zur Beurteilung der Angemessenheit sind maßgebend der dem Testamentsvollstrecker obliegende Pflichtenkreis, der Umfang der ihn treffenden Verantwortung und die von ihm geleistete Arbeit, wobei die Schwierigkeit der gelösten Aufgaben, die Dauer der Abwicklung oder der Verwaltung, die Verwertung besonderer Kenntnisse und Erfahrungen und auch die sich im Erfolg auswirkenden Geschicklichkeit zu berücksichtigen sind.[496]

537 ***bb) Tabellen.*** **(1) Prozentsatz vom Nachlasswert.** In der Rspr. wurde eine Vergütung, die sich an einem Prozentsatz des Nachlasswerts orientiert, wiederholt akzeptiert und als im Grundsatz der Rechtssicherheit und des Rechtsfriedens förderlich angesehen.[497] Eine Vergütung anhand von **Stundensätzen** wurde abgelehnt.[498] Demgegenüber wird in der Lit. teilweise eine Abrechnung nach Stunden bevorzugt.[499] Eine solche Berechnungsweise kann jedenfalls mit den Erben vereinbart werden.

538 **(2) Rheinische Tabelle und andere.** Es gibt verschiedene Empfehlungen für eine Abrechnung mit einem Prozentsatz vom Wert des Nachlasses.

539 **Rheinische Tabelle** Häufig angewandt wurde die Rheinische Tabelle von 1925, herausgegeben von der westfälisch-preußischen Notarkammer. Sie geht von folgenden Sätzen aus

Bei einem Nachlasswert von bis zu 20.000 RM Bruttowert 4%
Darüber hinaus bis zu 100.000 RM Bruttowert 3%
Darüber hinaus bis zu 1.000.000 RM Bruttowert 2%
Darüber hinaus 1%.[500]

540 **Empfehlungen des Deutschen Notarvereins.** Inzwischen (2000) hat der Deutsche Notarverein Empfehlungen herausgegeben, die auf der Rheinischen Tabelle aufbauen, die Sätze jedoch teilweise erhöhen, da die alten nicht mehr ausreichend die veränderten Verhältnisse berücksichtigen.[501] Danach beträgt die Höhe des Vergütungsgrundbetrages (vorbehaltlich einer zu gegebener Zeit vorzunehmenden Anpassung an die Preisentwicklung):
bis 250.000,– EUR 4,0%,
bis 500.000,– EUR 3,0%,
bis 2.500.000,– EUR 2,5%,
bis 5.000.000,– EUR 2,0%,
über 5.000.000,– EUR 1,5%,
mindestens aber der höchste Betrag der Vorstufe.

Beispiel:

Bei einem Nachlass von 260.000,– EUR beträgt der Grundbetrag nicht 7.800 EUR (= 3,0 % aus 260.000,– EUR), sondern 10.000,– EUR (= 4 % aus 250.000,– EUR).

541 ***Möhring'sche Tabelle.*** Gängig ist auch die von *Möhring* erarbeitete Vergütungstabelle.

542 Daneben gibt es ua noch die Eckelskemper'sche Tabelle, die Weinrich'sche Tabelleund weitere Tabellen.[502]

---

[495] Empfehlungen des Deutschen Notarvereins für die Vergütung des Testamentsvollstreckers www.westfaelische-notarkammer.de, dort verguetung-testamentsvollstrecker.
[496] BGH NJW 1967, 2400 Rn. 8; FamRZ 2005, 207 = ZEV 2005, 22 Rn. 9.
[497] BGH NJW 1967, 2400; FamRZ 2005, 207 = ZEV 2005, 22 Rn. 9.
[498] LG Köln RNotZ 2007, 40.
[499] MüKoBGB/*Zimmermann* § 2221 Rn. 17ff.
[500] *Plaßmann* JW 1935, 1830.
[501] Empfehlungen des Deutschen Notarvereins für die Vergütung des Testamentsvollstreckers www.westfaelische-notarkammer.de, dort verguetung-testamentsvollstrecker.
[502] Eine Zusammenstellung der Tabellen befindet sich bei *Reimann* DStR 2002, 2008ff.

(3) Von Rspr. akzeptierte Tabellen. Rheinische Tabelle. Der BGH und die Obergerichte haben ihre Anwendung wiederholt anerkannt.[503] 543

Deutschen Notarvereins. Gegen die Anpassung des Deutschen Notarvereins (→ Rn. 540) wird eingewandt, dass bereits die Rheinische Tabelle zu erheblich höheren Sätzen gelangt als die anderen Empfehlungen, sodass die Anpassung zu sehr hohen Beträgen, die möglicher Weise überhöht seien, führe.[504] Der BGH hat sich 1967 gegen eine generelle Anhebung der Rheinischen Tabelle mit Rücksicht auf die Zeitverhältnisse gewandt, da die Wertsteigerung der Nachlässe bereits zu einer höheren Vergütung als früher führe.[505] In neuerer Zeit werden jedoch auch die Empfehlungen des Deutschen Notarvereins von der Rspr. anerkannt.[506] In der Lit. haben sich mehrere Autoren für eine Anpassung der Rheinischen Tabelle an die heutigen Verhältnisse ausgesprochen,[507] die mit der Neuen Rheinischen Tabelle[508] erfolgt ist. 544

***cc) Nachlasswert.* Verkehrswert.** Der Nachlasswert bestimmt sich nach dem Verkehrswert.[509] Bezieht sich die Testamentsvollstreckung nur auf einen Teil des Nachlasses, so richtet sich der Wert nur nach diesem.[510] Erhöht sich der Wert im Laufe der Testamentsvollstreckung, so kann sich die Grundgebühr erhöhen.[511] 545

Bruttowert bei Abwicklung von Verbindlichkeiten. Gehört die Abwicklung von Verbindlichkeiten mit zu den Aufgaben des Testamentsvollstreckers, so ist auf den Bruttonachlass (ohne Abzug der Verbindlichkeiten) abzustellen, weil gerade die Schuldenregulierung zeitlich und inhaltlich aufwendig ist und sonst der Testamentsvollstrecker bei Überschuldung des Nachlasses ohne Vergütung bliebe.[512] 546

dd) Zu- und Abschläge. Der BGH hat wiederholt darauf hingewiesen, dass die oben genannten Empfehlungen nicht schematisch angewandt werden dürfen. Sie geben in der Regel nur einen Anhaltspunkt für Fälle, in denen der Testamentsvollstrecker die üblichen Aufgaben erfüllt. Letztlich kann ihrer Natur nach die Vergütung nur im Rahmen eines Ermessensspielraums bestimmt werden.[513] Die Arbeitsintensität ist dabei neben anderen Umständen mit zu berücksichtigen. 547

Die mit der gesonderten Verwaltungsgebühr honorierten Tätigkeiten sind bei der Bemessung der Grundgebühr nicht mehr zu berücksichtigen, da sie nicht doppelt zu vergüten sind. 548

In den Empfehlungen des Deutschen Notarvereins (→ Rn. 540) sind zahlreiche Kriterien aufgeführt, die zu einem Zu- oder Abschlag führen können. Ein Zuschlag zwischen $^{2}/_{10}$ und $^{10}/_{10}$ soll danach erfolgen für aufwendige Grundtätigkeit, Auseinandersetzung, komplexe Nachlassverwaltung, aufwendige oder schwierige Gestaltungsaufgaben, Steuerangelegenheiten. 549

In der Praxis werden dementsprechend Zu-[514] und Abschläge vorgenommen. Bedient sich der Testamentsvollstrecker der Hilfe Dritter, zB RA, Steuerberater, so kann dies als entlastend zu berücksichtigen sein.[515] 550

Unberücksichtigt bleibt, ob dem Erben von der Erbschaft nach Abzug der Vergütung für den Testamentsvollstrecker noch viel von der Erbschaft bleibt. Das fällt in den Risikobereich des Erben.[516] 551

ee) Obergrenze. Teilweise werden in Tabellen Obergrenzen festgesetzt, zB in den Empfehlungen des Deutschen Notarvereins für die Grundgebühr höchstens das Dreifache der Grundgebühr[517] oder höchstens 12% des Nachlassbruttowertes,[518] was bei niedrigen Nachlasswerten zu wenig sein kann.[519] 552

---

503 BGH NJW 1967, 2400; OLG Köln NJW-RR 1994, 269 = FamRZ 1994, 328 = ZEV 1994, 118.

504 LG Köln RNotZ 2007, 40; *Reimann* DStR 2002, 2008; ebenso OLG Köln NJW-RR 1994, 269 = FamRZ 1994, 328 = ZEV 1994, 118, wenn der Nachlasswert wesentlich durch Immobilien bestimmt wird, da die Grundstückspreise überdurchschnittlich gestiegen sind.

505 BGH NJW 1967, 2400 Rn. 27 ff.

506 OLG Köln ZEV 2008, 335 Rn. 7; OLG Schleswig FamRZ 2010, 762.

507 Gerold/Schmidt/*Madert,* 19. Aufl. 2010, § 1 Rn. 122; Schneider/Wolf/*Volpert* RVG § 1 Rn. 329.

508 Neue Rheinische Tabelle Notar 2000, 2 ff. = ZEV 2000, 181.

509 Hartung/Schons/Enders/*Enders* RVG § 1 Rn. 127.

510 Palandt/*Weidlich* BGB § 2221 Rn. 4.

511 Palandt/*Weidlich* BGB § 2221 Rn. 4.

512 BGH NJW 1967, 2400 Rn. 26; LG Köln RNotZ 2007, 40 Rn. 53.

513 BGH FamRZ 2005, 207 = ZEV 2005, 22 Rn. 9.

514 OLG Köln JurBüro 1993, 669 = FamRZ 1994, 328 Rn. 73; LG Köln RNotZ 2007, 40.

515 LG Köln RNotZ 2007, 40 Rn. 70.

516 LG Köln RNotZ 2007, 40 Rn. 86.

517 Ziff. II 2 der Empfehlungen des Deutschen Notarvereins für die Vergütung des Testamentsvollstreckers www.westfaelische-notarkammer.de, dort verguetung-testamentsvollstrecker.

518 Palandt/*Weidlich* BGB § 2221 Rn. 9.

519 Palandt/*Weidlich* BGB § 2221 Rn. 9.

553 *ff) Minderung.* Sie ist zB vorzunehmen, wenn die Testamentsvollstreckung vorzeitig endet.[520]

554 **e) Höhe der Verwaltungsgebühr.** Bei ihrer Bemessung sind die §§ 315, 316 BGB anzuwenden.[521] Auch hier gelten wieder die oben (→ Rn. 535 ff.) dargelegten Grundsätze.

555 Als laufende Verwaltungsgebühr wird üblicherweise entweder ein Richtsatz von $^1/_3$–$^1/_2$% des Nachlassbruttowertes jährlich oder – wenn dies zu einer höheren Vergütung führt – ein Richtsatz von 2–4% des jährlichen Nachlassbruttoertrags berechnet.[522]

556 **f) Leitung eines Unternehmens.** Zu unterscheiden von dem Verwaltungshonorar ist die Vergütung, die ein Testamentsvollstrecker dann beanspruchen kann, wenn er über die Verwaltung des Nachlasses hinaus in berufliche, vor allem unternehmerische Funktionen des Erblassers einzutreten gehalten ist, bspw. ein Erwerbsgeschäft des Erblassers fortzuführen. Diese Berufstätigkeit muss gesondert vergütet werden. Übernimmt der Testamentsvollstrecker die Tätigkeit des Geschäftsführers, wird er entsprechend dem üblichen Gehalt eines leitenden Angestellten eine besondere Vergütung zu beanspruchen haben.

557 Die Empfehlungen des Deutschen Notarvereins schlagen hier vor
- für eine Unternehmerstellung bei einer Personengesellschaft 10% des jährlichen Reingewinns,
- für eine Tätigkeit als Organ einer Kapitalgesellschaft das branchenübliche Geschäftsführer- oder Vorstandsgehalt und branchenübliche Tantieme.[523]

558 **g) Testamentsvollstreckung nur für einen Erbteil.** Ist Testamentsvollstreckung nur für einen von mehreren Erben angeordnet, so ist nicht automatisch die Vergütung nur aus einem Teilwert des Nachlasses zu errechnen. Es kommt wieder auf den Einzelfall an. Bezieht sich die Tätigkeit auf den gesamten Nachlass, so ist der Wert des gesamten Nachlasses maßgebend.[524]

559 **h) Mehrere Testamentsvollstrecker.** Sind für einen Nachlass mehrere Testamentsvollstrecker tätig, so ist für jeden seine Tätigkeit maßgebend. Deshalb muss zunächst diese Tätigkeit nach Umfang, Dauer und Verantwortung festgestellt und, wenn nach einem Regelsatz verfahren werden soll, daraufhin geprüft werden, ob sie der im Regelfall vorausgesetzten Tätigkeit eines Testamentsvollstreckers, also den üblichen Aufgaben eines Testamentsvollstreckers, entsprach oder ob das Maß der Tätigkeit ein Abweichen vom Regelsatz nach oben oder unten rechtfertigt; dann ist weiter zu prüfen, ob das Vorhandensein eines Mit-Testamentsvollstreckers Anlass geben könne, eine Kürzung für angemessen zu halten, sei es unter dem Gesichtspunkt der Aufgabenteilung, einer sonstigen Erleichterung der Arbeit oder der Verteilung der Verantwortung.[525]

560 Unter Berücksichtigung dieser Grundsätze hat Karlsruhe für zwei Testamentsvollstrecker, die einerseits gemeinsam die Verantwortung für die gesamte Vollstreckung trugen, andererseits aber teilweise jedem ein gesonderter Aufgabenbereich zugewiesen war, entschieden, dass nicht jeder der Testamentsvollstrecker die volle Vergütung beanspruchen kann, es andererseits aber auch nicht schlechthin angemessen ist, jedem nur die Hälfte der Regelvergütung zuzubilligen. Es hat zunächst die Vergütung ermittelt, die bei nur einem Testamentsvollstrecker anfallen würde, der allein alle Aufgaben ausfüllt, und hat dann jedem Testamentsvollstrecker davon 75% zuerkannt.[526]

3. Ersatz der Auslagen

561 **a) Allgemein.** Hierzu wird vertreten, dass neben seiner Vergütung der Testamentsvollstrecker, soweit testamentarische Bestimmungen nicht entgegenstehen, nach § 2218 BGB **Ersatz seiner Auslagen** beanspruchen kann.[527]

562 So allgemein lässt sich das nicht sagen. Wendet man eine Richtlinie an, die in ihren Pauschbeträgen bereits berücksichtigt hat, dass regelmäßig in einem gewissen Umfang beim Testamentsvollstrecker auch Auslagen anfallen wie zB die Richtlinie des Deutschen Notarvereins

---

[520] Schneider/Wolf/*Volpert* RVG § 1 Rn. 333.

[521] *Glaser* AnwBl 1983, 147; MDR 1983, 93.

[522] Palandt/*Weidlich* BGB § 2221 Rn. 8; Empfehlungen des Deutschen Notarvereins für die Vergütung des Testamentsvollstreckers Ziff. III 1 www.westfaelische-notarkammer.de, dort verguetung-testamentsvollstrecker.

[523] Empfehlungen des Deutschen Notarvereins für die Vergütung des Testamentsvollstreckers Ziff. III 2 www.westfaelische-notarkammer.de, dort verguetung-testamentsvollstrecker.

[524] BGH FamRZ 2005, 207 = ZEV 2005, 22.

[525] BGH NJW 1967, 2400 Rn. 19.

[526] OLG Karlsruhe ZEV 2001, 287 = JurBüro 2001, 206 Rn. 25 ff.

[527] RGZ 149, 121; Gerold/Schmidt/*Madert*, 19. Aufl. 2010, § 1 Rn. 138.

für die Grundvergütung,[528] so kann man jedenfalls nicht im Normalfall, in dem keine ungewöhnlich hohen Auslagen entstanden sind keine zusätzliche Vergütung anerkennen.[529]

Sind in einer solchen Richtlinie die Auslagen noch nicht berücksichtigt, wie zB bei den Empfehlungen des Deutschen Notarvereins für mit einer Dauervollstreckung verbundene Auslagen,[530] so können bei dieser Vollstreckung zusätzlich Auslagen zuerkannt werden. 563

Eine Aufwendungsentschädigungspauschale gibt es nicht. 564

b) Vergütung nach dem RVG. Erbringt der Testamentsvollstrecker, der zugleich RA ist, Dienste, die ein Testamentsvollstrecker, der nicht von Beruf RA ist, üblicherweise einem solchen übertragen würde, so kann er entsprechend dem zu § 1835 Abs. 3 BGB enthaltenen allg. Rechtsgedanken (→ Rn. 780) hierfür eine Vergütung nach dem RVG verlangen.[531] Derartige Tätigkeiten sind in den Pauschbeträgen der unterschiedlichen Tabellen noch nicht berücksichtigt. Einen Vergütungsanspruch nach dem RVG gibt es zB für die Vertretung der Erben in einem gerichtlichen Verfahren oder in einem ähnlichen Verfahren, nicht aber für einfache Eingaben an Behörden, für Mahnschreiben und Einziehung von Forderungen. Es gilt das zum Vormund Dargelegte entsprechend → Rn. 391 ff. Da sich der Anspruch aus einer entsprechenden Anwendung von § 1835 Abs. 3 BGB ergibt, handelt es sich um einen Aufwendungsersatzanspruch.[532] Auslagen sind nach VV Teil 7 RVG (VV Vorb. 7000 ff. RVG) zu erstatten. 565

Verkehrsanwalt. Hat der RA-Testamentsvollstrecker einen anderen RA als Prozessbevollmächtigten bestellt, so kann er eine Verkehrsgebühr (VV 3400 RVG) nicht in Rechnung stellen (→ RVG VV 3400 Rn. 17). 566

4. MwSt

a) Vergütung. Ob der MwSt-pflichtige Testamentsvollstrecker neben seiner Vergütung als Testamentsvollstrecker den Ersatz der MwSt fordern kann, ist streitig.[533] Früher wurde dies von der hM verneint.[534] Für die vom Testamentsvollstrecker zu bestimmende angemessene Vergütung ist die frühere hM in Frage gestellt worden. Da die MwSt mit inzwischen 19% nicht als ein zu vernachlässigender Posten behandelt werden kann[535] und da andernfalls der umsatzsteuerpflichtige Testamentsvollstrecker im Verhältnis zu einem Testamentsvollstrecker die MwSt-Pflicht ohne berechtigten Grund schlechter vergütet würde, sei die MwSt gesondert zu vergüten.[536] 567

Bestimmung durch Erblasser. Hat der Erblasser die Vergütung bestimmt und fehlt eine Regelung zur MwSt, so gilt der allg. Grundsatz, dass, soweit nicht besondere Umstände entgegenstehen, die MwSt nicht zusätzlich zu ersetzen ist.[537] 568

Vereinbarung. Dasselbe gilt für eine Vereinbarung zwischen Erben und Testamentsvollstrecker. 569

Bestimmung der angemessenen Vergütung durch Testamentsvollstrecker. Hat der Testamentsvollstrecker eine angemessene Vergütung zu bestimmen, so ist die MwSt gesondert zu ersetzen, wenn der Testamentsvollstrecker eine der oben angeführten oder eine andere **Tabelle** benutzt, bei der die MwSt zu den genannten Beträgen dazukommen soll. So ist nach Ziff. IV der Empfehlungen des Deutschen Notarvereins die MwSt in den dort vorgesehenen Beträgen noch nicht enthalten. Damit wird zum Ausdruck gebracht, dass eine beim Testamentsvollstrecker anfallende MwSt zu ersetzen sein soll. Ist aber unklar, ob in einer Tabelle die genannten Beträge die MwSt bereits umfassen, so kann nicht zusätzlich MwSt begehrt werden. 570

Wird die Vergütung **nicht an einer Tabelle** orientiert und wird die MwSt nicht gesondert ausgewiesen, so ist sie nicht zusätzlich zu ersetzen. Es empfiehlt sich daher für den Testaments- 571

---

528 Umkehrschluss aus Ziff. III 4 der Empfehlungen des Deutschen Notarvereins für die Vergütung des Testamentsvollstreckers www.westfaelische-notarkammer.de, dort verguetung-testamentsvollstrecker.

529 LG Köln RNotZ 2007, 40.

530 Ziff. III 4 Empfehlungen des Deutschen Notarvereins für die Vergütung des Testamentsvollstreckers Ziff. III 3 www.westfaelische-notarkammer.de, dort verguetung-testamentsvollstrecker.

531 OLG Frankfurt a. M. MDR 2000, 788; OLG Köln JurBüro 1993, 669 = FamRZ 1994, 328 Rn. 83 ff.

532 Schneider/Wolf/*Volpert* RVG § 1 Rn. 313.

533 Für Anspruch auf Erstattung der MwSt Hartung/Schons/Enders/*Enders* RVG § 1 Rn. 129; *Zimmermann*, Anwaltsvergütung außerhalb des RVG, 2007, Rn. 363.

534 OLG Köln JurBüro 1993, 669 = FamRZ 1994, 328; OLG Frankfurt a. M. MDR 2000, 788.

535 Bischof/*Bischof* RVG § 1 Rn. 73.

536 OLG Schleswig FamRZ 2010, 762 Rn. 76; LG Köln RNotZ 2007, 40; MüKoBGB/*Zimmermann* § 2221 Rn. 15; Mayer/Kroiß/*Mayer* RVG § 1 Rn. 155, wenn Nachhaltigkeit gegeben ist.

537 Palandt/*Ellenberger* BGB § 157 Rn. 13.

vollstrecker (aber auch ggf. das Gericht) bei der Höhe des Betrages zu berücksichtigen, dass der Testamentsvollstrecker aus ihm MwSt zahlen muss.

572 Die Bestimmung durch den Erblasser oder die Vereinbarung mit den Erben sollte sich zweckmäßig darüber aussprechen, ob in dem Honorar die MwSt enthalten ist oder nicht.

573 **b) Aufwendungsersatz.** Sind Aufwendungen zu ersetzen, so gilt für die MwSt dasselbe wie bei Vormund und Betreuer (→ Rn. 405).

574 **c) Vergütung nach RVG.** Die MwSt ist gem. VV 7008 RVG zu ersetzen.

5. Vorschuss, Abschlag

575 Der Testamentsvollstrecker kann keine Abschlagszahlung und keinen Vorschuss, auch nicht für seine Auslagen, von den Erben fordern. § 669 BGB ist in § 2218 BGB nicht aufgeführt.[538]

6. Fälligkeit, Zinsen

576 **Vergütung.** Die Vergütung des Testamentsvollstreckers wird in der Regel erst nach der Beendigung der Testamentsvollstreckung fällig.[539] Vereinzelt wird vertreten, dass bereits nach Abschluss der wesentlichen Leistungen der Testamentsvollstreckung Fälligkeit eintritt, weil sonst der Testamentsvollstrecker wegen kleiner noch anfallender, abschließender Arbeiten unverhältnismäßig lange auf seine Vergütung warten müsste. Allerdings soll er dann die Restarbeiten nicht später gesondert in Rechnung stellen dürfen.[540]

577 Bei **längerer Verwaltung** kann periodisch (jährlich) Zahlung verlangt werden.[541] Die Schlussvergütung kann er jedoch erst nach der abschließenden Rechnungslegung verlangen.

578 **Aufwendungsersatz.** Der Anspruch wird mit der Aufwendung fällig.[542]

579 **Zinsen.** Die Rechtslage ist anders als beim Vormund und Betreuer oder Insolvenzverwalter. Hier wird die Vergütung nicht erst vom Gericht festgesetzt. Es kann bereits ab Fälligkeit eine Verzug begründende Maßnahme ergriffen werden. Dann fallen Verzugszinsen gem. § 288 BGB an. Wird Klage erhoben, so ergibt sich ein Zinsanspruch ab Rechtshängigkeit aus § 291 BGB. Sind tatsächlich Auslagen angefallen, so sind die gem. § 256 BGB zu verzinsen.

7. Verjährung

580 Der Vergütungsanspruch **verjährte** früher in 30 Jahren. Seit dem Wegfall von § 197 Abs. 1 Nr. 2 BGB (ab. 1.1.2010)[543] gelten nunmehr §§ 195, 199 BGB (dreijährige Verjährungsfrist).[544] Ist der Anspruch tituliert, so verjährt er in 30 Jahren (§ 197 BGB).

8. Schuldner

581 Schuldner sind der Erbe, bei einer Erbengemeinschaft die Erbengemeinschaft. Das gilt auch, wenn nur für einen Erben Testamentsvollstreckung angeordnet ist,[545] solange die Erbengemeinschaft ungeteilt ist.[546] Nach der Teilung haftet nur noch der von der Testamentsvollstreckung betroffene Erbe. Betrifft die Testamentsvollstreckung nur den Vorerben, so ist dieser Schuldner; betrifft sie nur den Nacherben, so ist dieser Schuldner. UU kann auch ein Vermächtnisnehmer[547] oder Nießbraucher[548] Schuldner sein.[549]

582 **Mehrere Erben** haften als Gesamtschuldner.[550] Der Testamentsvollstrecker kann unabhängig von den Erbquoten von jedem die volle Vergütung verlangen, insgesamt aber nur einmal.[551]

---

[538] BGH WM 1972, 101; Burandt/Rojahn/*Heckschen* BGB § 2221 Rn. 16.
[539] Burandt/Rojahn/*Heckschen* BGB § 2221 Rn. 16.
[540] LG Köln RNotZ 2007, 40 Rn. 82.
[541] BGH NJW 1967, 876; Burandt/Rojahn/*Heckschen* BGB § 2221 Rn. 16.
[542] Palandt/*Grüneberg* BGB § 256 Rn. 2.
[543] Burandt/Rojahn/*Heckschen* BGB § 2221 Rn. 18.
[544] Palandt/*Weidlich* BGB § 2221 Rn. 15.
[545] BGH NJW 1997, 1362 = FamRZ 1997, 493 Rn. 13; **aA** *Zimmermann*, Anwaltsvergütung außerhalb des RVG, 2007, Rn. 356, nach dem es darauf ankommt, wie das Testament auszulegen ist.
[546] BGH NJW 1997, 1362 = FamRZ 1997, 493 Rn. 13.
[547] OLG Karlsruhe BWNotZ 2001, 69.
[548] OLG Düsseldorf OLGZ 1975, 341.
[549] *Zimmermann*, Anwaltsvergütung außerhalb des RVG, 2007, Rn. 355.
[550] *Zimmermann*, Anwaltsvergütung außerhalb des RVG, 2007, Rn. 352.
[551] *Zimmermann*, Anwaltsvergütung außerhalb des RVG, 2007, Rn. 352.

9. Schlechterfüllung. Unnötige Maßnahmen

a) Schlechterfüllung. Fortbestand des Vergütungsanspruchs. Begeht der Testamentsvollstrecker einen Fehler, so kann er sich zwar schadensersatzpflichtig machen; er behält aber grds. den Anspruch auf Vergütung und auf Ersatz seiner Aufwendungen.[552] 583

Verwirkung. Der Anspruch des Testamentsvollstreckers auf Vergütung (§ 2221 BGB), kann jedoch verwirkt sein, wenn der Testamentsvollstrecker in besonders schwerwiegender Weise vorsätzlich oder zumindest grob fahrlässig gegen seine Amtspflichten verstoßen hat. Das kann der Fall sein, 584

- wenn der Testamentsvollstrecker sich bewusst über die Interessen der Personen, für die er als Testamentsvollstrecker eingesetzt sei, hinwegsetzt und mit seiner Tätigkeit eigene Interessen oder die anderer Personen verfolgt,[553]
- oder wenn ihm die Interessen der von ihm betreuten Personen ganz gleichgültig sind und er sein Amt so nachlässig versieht, dass von einer ordnungsgemäßen (pflichtmäßigen) Amtsführung nicht die Rede sein kann.[554]

Keine Verwirkung. Der Anspruch auf Vergütung ist hingegen nicht verwirkt, wenn der Testamentsvollstrecker in dem Bestreben, sein Amt zum Wohle der von ihm betreuten Personen auszuüben, infolge irriger Beurteilung der Sach- oder Rechtslage fehlerhafte Entschlüsse fasst und Entscheidungen trifft. 585

b) Unnötige Maßnahmen. Es gilt dasselbe wie bei Vormund und Betreuer → Rn. 435 ff. Ein Anspruch entfällt auch, wenn der Testamentsvollstrecker seine Tätigkeit auf einem Gebiet entfaltet, das eindeutig nicht zu seinem Aufgabenkreis gehört.[555] 586

10. Durchsetzung des Anspruchs

a) Keine gerichtliche Festsetzung. Die Vergütung wird nicht von einem Gericht festgesetzt.[556] 587

b) Entnahmerecht. Der Testamentsvollstrecker kann die Vergütung selbst dem Nachlass entnehmen, und zwar entweder in der vom Erblasser bestimmten oder der vereinbarten Höhe oder, wenn eine Vereinbarung fehlt, in der von ihm selbst zu bestimmenden angemessenen Höhe.[557] Dabei muss er aber darauf achten, dass er nicht zu viel entnimmt, da dies uU ein Entlassungsgrund sein kann.[558] 588

c) Verwertung von Nachlassgegenständen. Eine solche Verwertung ist nur zulässig, wenn eine solche Art der Geldbeschaffung im Rahmen einer ordnungsmäßigen Verwaltung des Nachlasses liegt (§ 2216 BGB); das ist nicht allgemein, sondern nur nach den jeweiligen Umständen des Einzelfalls zu entscheiden.[559] 589

11. Rechtsstreit beim Prozessgericht

Besteht Streit über die Vergütung, so entscheidet nicht das Nachlass-, sondern das Prozessgericht (je nach Streitwert AG oder LG).[560] 590

12. Gewerbesteuer

Die Testamentsvollstreckung unterliegt beim RA nur der Gewerbesteuer, wenn sie ganz erheblich vom Berufsbild eines freien Berufs abweicht. Dazu genügt nicht, dass der Testamentsvollstrecker ein Nachlass-Einzelunternehmen als Bevollmächtigter führt. Anders kann es sein, wenn der RA-Testamentsvollstrecker sich zur Erfüllung dieser Aufgabe mehrerer Angestellter bedient.[561] Wegen Gewerbesteuer beim Betreuer → Rn. 441. 591

XXIV. Insolvenzverfahren

Schrifttum: *Haarmeyer/Mock,* Kommentar zum InsVV; *Zimmermann,* Anwaltsvergütung außerhalb des RVG, 2007, Rn. 439 ff.; *Stephan/Riedel,* Kommentar zum InsVV; Nerlich/Römermann/*Madert,* Kommentar zur InsO

---

552 BGH WM 1979, 1116 = DNotZ 1980, 164.
553 BGH WM 1979, 1116 = DNotZ 1980, 164 Rn. 11.
554 BGH WM 1979, 1116 = DNotZ 1980, 164 Rn. 11.
555 BGH WM 1979, 1116 = DNotZ 1980, 164 Rn. 11.
556 *Zimmermann,* Anwaltsvergütung außerhalb des RVG, 2007, Rn. 350.
557 BGH NJW 1963, 1615.
558 Palandt/*Weidlich* BGB § 2221 Rn. 14.
559 BGH NJW 1963, 1615.
560 *Zimmermann,* Anwaltsvergütung außerhalb des RVG, 2007, Rn. 361.
561 BFH BStBl. 1994 II, 936; *Zimmermann,* Anwaltsvergütung außerhalb des RVG, 2007, Rn. 367.

(Erläuterungen der InsVV); *Keller,* Berechnungsformeln zur Vergütung des Insolvenzverwalters, NZI 2005, 23; *Lissner,* Vergütungsoptionen im Insolvenzverfahren, AGS 2013, 261.

1. Erhöhung der Vergütung durch SanInsFoG

591a Die Vergütung von im Insolvenzverfahren Tätigen wie zB Insolvenzverwalter, Sachwalter usw. wurde mit dem SanInsFoG vom 22.12.2020 erhöht. Gem. § 19 Abs. 5 InsVV gilt das neue Recht für die ab dem 1.1.2021 beantragten Insolvenzverfahren. Wegen der bis dahin geltenden Vergütung wird auf die Kommentierung Gerold/Schmidt/*Müller-Rabe,* RVG, 24. Aufl. 2019, § 1 Rn. 592 ff. verwiesen.

2. Insolvenzverwalter

592 **a) Abgrenzung. Anzuwendendes Recht.** Zu unterscheiden ist zwischen einem RA, der Insolvenzverwalter ist und einem RA, der als Interessenvertreter eines am Insolvenzverfahren Beteiligten tätig ist. Nur für den ersten gilt, dass gem. § 1 Abs. 2 S. 2 nicht das RVG, sondern die InsVV zur Anwendung kommt. Im zweiten Fall, zB der RA vertritt den Schuldner im Insolvenzverfahren, gilt das RVG, das für die Vertretung im Insolvenzverfahren sogar spezielle Gebührenvorschriften kennt (VV 3313 ff. RVG).

593 **b) Entgeltlichkeit.** Der Insolvenzverwalter hat nach § 63 Abs. 1 S. 1 InsO Anspruch auf Vergütung für seine Geschäftsführung.

594 **c) Höhe der Vergütung.** ***aa) Regelsatz.*** Der Regelsatz der Vergütung wird nach dem Wert der Insolvenzmasse zur Zeit der Beendigung des Insolvenzverfahrens berechnet (§ 63 Abs. 1 S. 2 InsO). Dem Umfang und der Schwierigkeit der Geschäftsführung des Verwalters wird durch Abweichungen vom Regelsatz Rechnung getragen (§ 63 Abs. 1 S. 3 InsO).

595 ***bb) Insolvenzmasse als Berechnungsgrundlage.*** Die Vergütung des Insolvenzverwalters wird gem. § 1 Abs. 1 S. 1 InsVV nach dem Wert der Insolvenzmasse berechnet, auf die sich die Schlussrechnung bezieht. § 1 Abs. 2 InsVV erläutert den Begriff der maßgeblichen Masse. Wegen Fortführung eines Unternehmens vgl. BGH ZInsO 2013, 840 = BeckRS 2012, 21651.

596 Wird das Verfahren nach Bestätigung eines Insolvenzplans aufgehoben oder durch Einstellung vorzeitig beendet, so ist die Vergütung nach dem Schätzwert der Masse zur Zeit der Beendigung des Verfahrens zu berechnen (§ 1 Abs. 1 S. 2 InsVV);[562] ebenso bei vorzeitiger Entlassung des Insolvenzverwalters.[563] Sind bei Beendigung des Insolvenzverfahrens die Verwertungsmaßnahmen noch nicht aufgenommen oder noch nicht abgeschlossen, muss auch der Ertrag der noch nicht verwerteten, einem Absonderungsrecht unterliegenden Massegegenstände mit berücksichtigt werden, es sei denn sie wären auch ohne die vorzeitige Beendigung des Verfahrens nicht verwertet worden.[564] **Erbt** der Schuldner zwischenzeitlich, so gehört die Erbschaft zur Insolvenzmasse.[565]

597 ***cc) Prozentsätze.*** Aufgrund der danach gefundenen Berechnungsgrundlage erhält der Insolvenzverwalter in der Regel die Sätze des § 2 Abs. 1 InsVV. . Diese wurden für ab dem 1.1.2021 beantragte Insolvenzverfahren durch das SanInsFoG[566] erhöht.

Die Vergütung beträgt:

von den ersten 35.000,– EUR der Insolvenzmasse	40 %,
von dem Mehrbetrag von 35.000,– EUR (35.000,– bis zu 70.000,– EUR)	26 %,
von dem Mehrbetrag 280.000,– EUR (70.000,– bis zu 350.000,– EUR)	7,5 %,
von dem Mehrbetrag bis zu 700.000,– EUR	3,3 %,
von dem Mehrbetrag bis zu 35.000.000,– EUR	2,2 %,
von dem Mehrbetrag bis zu 70.000.000,– EUR	1,1 %,
von dem Mehrbetrag bis zu 350.000.000,– EUR	0,5 %,
von dem Mehrbetrag bis zu 700.000.000,– EUR	0,4 %,
von dem darüber hinausgehenden Betrag	0,2 %.

Beispiel:

Die Insolvenzmasse beträgt 1 Mio. EUR.
Die Vergütung beträgt:

Von 0,– EUR bis 35.000,– EUR 40 % aus 35.000,– EUR	14.000,– EUR

---

562 BGH ZInsO 2013, 309 = BeckRS 2012, 5304.
563 BGH BeckRS 2015/12756 = ZIP 2015, 1595.
564 BGH ZIP 2007, 1070.
565 BGH MDR 2011, 1384 = ZIP 2011, 2158.
566 SanInsFoG vom 22.12.2020 BGBl. I 3256.

+	35.000,– EUR bis 70.000,– EUR 26 % aus 35.000,– EUR	9.100,– EUR
+	70.000,– EUR bis 350.000,– EUR 7,5 % aus 280.000,– EUR	21.000,– EUR
+	350.000,– EUR bis 700.000,– EUR 3,3 % aus 350.000,– EUR	11.550,– EUR
+	700.000,– EUR bis 1 Mill. EUR 2,2 % aus 300.000,– EUR	6.600,– EUR
Summe		62.250,– EUR

dd) Mindestvergütung. Die Vergütung soll, wenn nicht mehr als zehn Gläubiger ihre Forderungen angemeldet haben, in der Regel mindestens 1.400,– EUR betragen. Bei 11–30 Gläubigern erhöht sich die Mindestvergütung, wobei pro fünf weitere Gläubiger eine Erhöhung von 210,– EUR eintritt. Ab dem 31. Gläubiger erhöht sich der Mindestgebühr je angefangene fünf Gläubiger um 140,– EUR (§ 2 Abs. 2 InsVV). 598

Unter Gläubiger soll nach einer in der Lit. vertretenen Meinung nicht die Person zu verstehen sein, sondern eine selbständige Forderung, sodass 12 selbständige Forderungen eines Gläubigers zu der für 12 Gläubiger vorgesehenen Mindestgebühr von 1.610,– EUR führen sollen.[567] Dem ist de lege lata nicht zu folgen. Man kann dem Gesetzgeber nicht unterstellen, dass er sprachlich so unbeholfen ist, dass er von Gläubigern spricht, wo er Forderungen meint. 599

Vergleichsrechnung. Die Mindestvergütung greift nur ein, wenn die sich aus § 2 InsVV ergebende Vergütung niedriger ist. Es ist also immer eine Vergleichsrechnung vorzunehmen. 600

ee) Zu- und Abschläge. § 3 InsVV sieht Abweichungen vom Regelsatz nach oben oder unten vor. Die dort aufgeführten Fälle stellen keine abschließende Regelung dar, wie sich aus dem Wort „insbesondere" ergibt.[568] 601

(1) **Anwendungsbereich.** Sowohl die sich aus § 2 Abs. 1 InsVV als auch die sich aus § 2 Abs. 2 InsVV ergebende Mindestgebühr unterliegt der Änderung durch § 3 InsVV.[569] Das ergibt sich daraus, dass § 3 InsVV eine Änderung des Regelsatzes vorsieht, die Mindestgebühr aber Teil des mit „Regelsätze" überschriebenen § 2 InsVV ist und selbst nur in der Regel bestimmte Mindestbeträge vorsieht. 602

(2) **Höhere Vergütung.** Eine den Regelsatz übersteigende Vergütung ist vor allem gem. § 3 Abs. 1 InsVV festzusetzen, wenn 603

- die Bearbeitung von Aus- und Absonderungsrechten einen erheblichen Teil der Tätigkeit des Insolvenzverwalters ausgemacht hat, ohne dass ein entsprechender Mehrbetrag nach § 1 Abs. 2 Nr. 1 InsVV angefallen ist (§ 3 Abs. 1 lit. a InsVV),
- der Verwalter das Unternehmen fortgeführt oder Häuser verwaltet hat und die Masse nicht entsprechend größer geworden ist (§ 3 Abs. 1 lit. b InsVV),
- die Masse groß war und die Regelvergütung wegen der Degression der Regelsätze keine angemessene Gegenleistung dafür darstellt, dass der Verwalter mit erheblichem Arbeitsaufwand die Masse vermehrt oder zusätzliche Masse festgestellt hat (Degressionsausgleich § 3 Abs. 1 lit. c InsVV). Er kommt bei einer Berechnungsgrundlage von mehr als 250.000,– EUR in Betracht.[570] Der Degressionsausgleich ist keine gesondert festzusetzende Vergütung, sondern ein Zuschlag, der in die Gesamtabwägung bei der Bemessung eines angemessenen Gesamtzuschlags einzubeziehen ist. Dabei ist zu berücksichtigen, dass in den Fällen, in denen ein Degressionsausgleich in Betracht kommt, regelmäßig ein oder mehrere weitere sich überschneidende Zuschlagstatbestände vorliegen.[571]
- arbeitsrechtliche Fragen zB in Bezug auf das Insolvenzgeld, den Kündigungsschutz oder einen Sozialplan den Verwalter erheblich in Anspruch genommen haben (§ 3 Abs. 1 lit. d InsVV) oder
- der Verwalter einen Insolvenzplan ausgearbeitet hat, wobei für die Erstellung eines Insolvenzplans eine Erhöhung von 20% am unteren Ende des Üblichen liegt (§ 3 Abs. 1 lit. e InsVV).[572]

Keine abschließende Regelung. Allgemeines. Da § 3 InsVV keine abschließende Regelung enthält (→ Rn. 601), kann ein Zuschlag auch bei anderen, nicht in § 3 Abs. 1 InsVV genannten Tätigkeiten anfallen. Auch dann gilt jedoch der sich aus § 3 Abs. 1 InsVV ergebende Grundsatz, dass in den Fällen, in denen die Tätigkeit die Masse und damit auch schon die Regelvergütung erhöht, kein Zuschlag vorzunehmen ist, wenn die Erhöhung der Regelvergütung bereits zu einer angemessenen Vergütung geführt hat. Ein Zuschlag ist jedoch zu gewähren, 604

---

567 Schneider/Wolf/*Volpert* RVG § 1 Rn. 351; *Keller* NZI 2005, 23 (24) II 1.
568 BGH ZIP 2007, 784 Rn. 23; 12, 682 Rn. 10.
569 Schneider/Wolf/*Volpert* RVG § 1 Rn. 355.
570 BGH ZIP 2012, 2407 = MDR 2013, 179 = Rpfleger 2013, 113.
571 BGH ZIP 2012, 2407 = MDR 2013, 179 = Rpfleger 2013, 113.
572 BGH ZIP 2007, 784 Rn. 22.

wenn sich die Vergütung ohne Masseerhöhung bei einem angemessenen Zuschlag stärker erhöht hätte.[573] Keine automatische Erhöhung ergibt sich daraus, dass der RA hinsichtlich einzelner Tätigkeiten auch nach dem RVG hätte abrechnen können. Wählt er statt einer RVG-Vergütung den Weg über einen Zuschlag nach § 3 Abs. 1 InsVV, so gilt nur das dort einschlägige System.[574]

605 **Prüfung von Anfechtungsrechten.** Die Ermittlung von im Verhältnis zur Größe des Verfahrens wenigen, einfach zu beurteilenden Anfechtungsfällen ist mit der Regelvergütung abgegolten.[575] Geht die Prüfung aber darüber hinaus (zB abschließende Beurteilung rechtlich oder tatsächlich schwieriger Fälle), so kommt ein Zuschlag in Betracht. Hat sich aber bereits die Regelvergütung erhöht, so setzt ein Zuschlag voraus, dass trotz der Erhöhung der Regelvergütung die Vergütung des RA nicht angemessen ist.[576]

606 **Die Überarbeitung eines bereits existierenden Insolvenzplans** kann für eine Erhöhung ausreichen, wenn sie mit einem erheblichen Aufwand verbunden ist.[577]

607 **Zustellungen.** Aus der Übertragung der Zustellungen auf den Insolvenzverwalter gem. § 8 Abs. 3 InsO kann sich wegen des erhöhten Personalaufwands, – nicht wegen Sachkosten (wegen dieser → Rn. 619) – eine Erhöhung ergeben. Voraussetzung ist, dass hierdurch ein ins Gewicht fallender Mehraufwand angefallen ist, der im Allgemeinen erst ab mindestens 100 Zustellungen gegeben ist.[578] Diese Grenze kann aber je nach dem Verfahrenszuschnitt höher oder niedriger sein, etwa weil die Zahl der Gläubiger besonders niedrig oder hoch ist, was schon für sich einen Zu- oder Abschlag rechtfertigen kann.[579] Hinzukommen muss noch, dass eine Erhöhung von mindestens 5% angemessen wäre.[580] Der BGH hat einen von der Vorinstanz zuerkannten Zuschlag von 5% (= 2,75 EUR je Zustellung bei insgesamt ca. 400 Zustellungen) als nicht zu niedrig und als konform mit der in vergleichbaren Fällen üblichen Praxis gebilligt.[581] In einem anderen Fall hat er eine 25% Erhöhung akzeptiert.[582]

608 **Die lange Dauer des Verfahrens** allein rechtfertigt keinen Zuschlag. Entscheidend sind die in dieser Zeit vom Insolvenzverwalter erbrachten Tätigkeiten.[583] Es kommt darauf an, ob während dieser Zeit ein überdurchschnittlicher Umfang oder eine besondere Schwierigkeit gegeben war, wie dies in überlangen Verfahren oft der Fall ist.[584] Sind diese Faktoren aber bereits bei den übrigen Zuschlägen berücksichtigt worden, so führt die lange Dauer zu keiner Erhöhung.[585]

609 **(3) Niedrigere Vergütung.** Ein Zurückbleiben hinter dem Regelsatz ist gem. § 3 Abs. 2 InsVV vor allem gerechtfertigt, wenn

– ein vorläufiger Insolvenzverwalter im Verfahren tätig war
– die Masse bereits zu einem wesentlichen Teil verwertet war, als der Verwalter das Amt übernahm
– das Insolvenzverfahren vorzeitig beendet wird oder das Amt des Verwalters vorzeitig endet
– die Masse groß war und die Geschäftsführung geringe Anforderung an den Verwalter stellte.

In einem Verbraucherinsolvenzverfahren kann die **Mindestvergütung** unterschritten werden.[586]

610 **(4) Gesamtschau.** Es ist eine Gesamtschau vorzunehmen.[587] Abweichend von seiner früheren Rspr.[588] verlangt der BGH, dass der Gesamtwürdigung eine genaue Überprüfung und Beurteilung aller in Frage kommenden Zu- und Abschlagstatbestände vorausgehen und die

[573] BGH ZIP 2012, 682 Rn. 16.
[574] BGH ZIP 2012, 682 Rn. 18.
[575] BGH ZVI 2013, 167; ZIP 2012, 682 Rn. 11.
[576] BGH ZIP 2012, 682 Rn. 15.
[577] BGH ZIP 2007, 784 Rn. 7.
[578] BGH ZIP 2012, 682 Rn. 22.
[579] BGH ZIP 2012, 682 Rn. 224.
[580] BGH ZIP 2012, 682 Rn. 23.
[581] BGH ZIP 2012, 682 Rn. 23, 24.
[582] BGH ZIP 2007, 784 Rn. 24.
[583] BGH ZIP 2010, 2056 = MDR 2010, 1424; MDR 2011, 1384 Rn. 23 = ZIP 2011, 2158; BGH ZInsO 2015, 765.
[584] BGH ZInsO 2015, 765.
[585] BGH ZInsO 2015, 765.
[586] BGH ZIP 2018, 333 = ZInsO 2018, 350.
[587] BGH ZIP 2016, 1592 Rn. 55 ff. = WM 2016, 1611 = NZI 2016, 796.
[588] BGH ZIP 2003, 1757 = NJW-RR 2003, 1565 Rn. 17.

Überprüfung und ihr Ergebnis in der Begründung der Vergütungsfestsetzung entsprechenden Ausdruck finden muss.[589]

611 *ff) Nachtragsverteilung.* Nach § 6 Abs. 1 InsVV erhält der Insolvenzverwalter für eine Nachtragsverteilung eine gesonderte Vergütung, die unter Berücksichtigung des Wertes der nachträglich verteilten Insolvenzmasse und nach billigem Ermessen festzusetzen ist.

612 *gg) Überwachung der Erfüllung eines Insolvenzplans.* Nach § 6 Abs. 2 InsVV wird die Überwachung der Erfüllung eines Insolvenzplans nach den §§ 260–269 InsO gesondert vergütet. Die Vergütung ist unter Berücksichtigung des Umfangs der Tätigkeit nach billigem Ermessen festzusetzen.

613 *hh) Vergütungsvereinbarung.* Eine solche mit dem Schuldner oder Gläubiger ist nach § 134 BGB nichtig, da sie die Unabhängigkeit des Insolvenzverwalters beeinträchtigen kann.[590] Die Gläubiger können jedoch im Rahmen des Insolvenzplans die Vergütung im allseitigen Einvernehmen selbst bestimmen und dabei über die Regelvergütung hinausgehen, da dies die Anerkennung der erfolgsbezogenen Tätigkeit des vorläufigen Insolvenzverwalters ist.[591]

614 **d) Auslagen.** ***aa) Grundsatz.*** Der Insolvenzverwalter hat nach § 63 Abs. 1 S. 1 InsO auch Anspruch auf Ersatz angemessener Auslagen.

615 Gem. § 4 Abs. 1. S. 1 InsVV sind mit der Vergütung die allgemeinen Geschäftskosten abgegolten. Besondere einzelfallbezogene Kosten, wie zB Reisekosten, sind als Auslagen zu erstatten, soweit sie tatsächlich angefallen sind. Dazu, wann allgemeine Geschäftskosten und wann besondere Kosten vorliegen, kann grds. auf die Ausführungen zu VV Vorb. 7 RVG und VV 7000 ff. RVG Bezug genommen werden, da sich beide Regelungen im Grundsatz ähnlich sind.

616 Teilweise enthält § 4 Abs. 1 S. 2 ff. InsVV nähere Angaben. So wird dort geregelt,

- dass der Büroaufwand des Insolvenzverwalters einschließlich der Gehälter seiner Angestellten, auch soweit diese anlässlich des Insolvenzverfahrens eingestellt worden sind, zu den allgemeinen Geschäftskosten gehört (S. 2),
- dass der Insolvenzverwalter mit besonderen Aufgaben Dritte beauftragen und diese aus der Masse zahlen darf (→ Rn. 620 ff.).

617 *bb) Haftpflichtversicherung.* Nach § 4 Abs. 3 InsVV sind mit der Vergütung auch die Kosten einer Haftpflichtversicherung mit einer Versicherungssumme bis zu 2 Mill. pro Versicherungsfall und mit einer Jahreshöchstleistung bis zu 4 Mill. EUR abgegolten. Ist die Verwaltung jedoch mit einem darüber hinausgehenden Haftungsrisiko verbunden, so sind die Kosten einer entsprechend höheren Versicherung als Auslagen zu erstatten.

618 *cc) Pauschale.* Der Insolvenzverwalter kann anstelle der tatsächlich angefallenen Auslagen einen Pauschsatz fordern, der im ersten Jahr 15%, danach 10% der Regelvergütung, höchstens jedoch 350,– EUR je angefangenen Monat beträgt, höchstens jedoch 30% des Regelsatzes (§ 8 Abs. 3 InsVV).

619 *dd) Besondere Auslagen neben Pauschale wegen Zustellung.* Wird gem. § 8 Abs. 3 InsO dem Insolvenzverwalter das Zustellungswesen übertragen, so kann er die hierdurch entstehenden zusätzlichen Kosten (wie zB Porto, Kopien, Umschläge) zusätzlich neben der Pauschale des § 8 Abs. 3 InsVV geltend machen.[592]

620 *ee) Einschaltung eines Dritten.* Beauftragt der Insolvenzverwalter einen Dritten, zB einen anderen RA oder einen Steuerberater für besondere Aufgaben, so stellen die hierdurch anfallenden Kosten Auslagen dar. Der Insolvenzverwalter muss bei seinem Festsetzungsantrag an das Insolvenzgericht darlegen, welche Dienst- und Werkverträge er abgeschlossen hat. Dabei muss er auch darlegen, dass es sich um besondere Aufgaben gehandelt hat und nicht um allgemeine Geschäfte, die der Insolvenz verwalter selbst durchzuführen hat und für die er keinen Auslagenersatz erhält.[593] Das Insolvenzgericht muss nach hM prüfen, ob eine besondere Aufgabe vorlag.[594] Verneint es das, so bekommt der Insolvenzverwalter die Kosten nicht erstattet. Eine besondere Aufgabe ist ua immer dann gegeben, wenn der RA-Insolvenzverwalter, hätte er die Aufgabe selbst durchgeführt, eine Vergütung nach dem RVG hätte beanspruchen können (→ Rn. 622 ff.).[595]

---

589 BGH ZIP 2016, 1592 Rn. 55 ff. = WM 2016, 1611 = NZI 2016, 796.
590 BGH NJW 1982, 185 = ZIP 1981, 1350 zu Vereinbarung des Vergleichsverwalters mit dem Schuldner.
591 LG Heilbronn ZInsO 2015, 910; Haarmeyer/Mock InsVV/*Haarmeyer/Mock* Vor § 1 Rn. 79 ff.
592 BGH ZIP 2012, 682 Rn. 21.
593 BGH NJW 2005, 903.
594 BGH NJW 2005, 903 Rn. 6.
595 BGH NJW 2005, 903 Rn. 18.

621 **Sozius.** Einer Erstattung steht es nicht entgegen, wenn der Insolvenzverwalter als Dritten einen Sozius von sich eingeschaltet hat.[596] Dieser kann, wenn eine besondere Aufgabe vorlag, in jedem Fall nach dem RVG abrechnen.

622 **e) Vergütung nach dem RVG.** ***aa) Grundsätze.*** Ist der **Insolvenzverwalter** als RA zugelassen, so kann er gem. § 5 InsVV für Tätigkeiten, die ein nicht als RA zugelassener Verwalter angemessener Weise einem RA übertragen hätte, nach Maßgabe des RVG Gebühren und Auslagen gesondert aus der Insolvenzmasse entnehmen. Er kann aber auch stattdessen eine Erhöhung nach § 3 Abs. 1 InsVV geltend machen (Wahlrecht).[597]

623 § 5 InsVV entspricht im Wesentlichen der Regelung des § 1835 Abs. 3 BGB, so dass auf die Ausführungen zum Vormund (→ Rn. 391 ff.) Bezug genommen werden kann.

624 Zum alten Recht, als noch nicht die Spezialvorschrift des § 5 InsVV bestand, sondern über § 1 Abs. 2 S. 2 BRAGO noch § 1835 Abs. 3 BGB galt, hat der BGH entschieden, dass strenge Maßstäbe anzulegen sind. Er führt aus: Jede derartige Verwaltung ist schon ihrer Natur nach mit zahlreichen Rechtshandlungen verbunden. Auch eine Person ohne rechtswissenschaftliche Ausbildung, die eine solche Tätigkeit übernommen hat, muss daher grds. in der Lage sein, entsprechende Aufgaben, die keine besonderen rechtlichen Schwierigkeiten aufweisen, ohne Einschaltung eines Rechtsanwalts zu bewältigen. Alles dies ist durch die nicht nach den Regeln der BRAGO geschuldete Vergütung abgegolten. Der als Verwalter oder Liquidator tätige RA kann daher für rechtliche Aufgaben, die eine geschäftserfahrene Person üblicherweise ohne fremden Beistand erledigt, kein über diese Vergütung hinausgehendes Honorar verlangen.[598] Da § 5 InsVV im Wesentlichen mit § 1835 Abs. 3 BGB übereinstimmt, gelten diese Ausführungen auch für § 5 InsVV.[599]

625 ***bb) Rechtsstreit.*** **Mit Anwaltszwang.** Führt der RA-Insolvenzverwalter für die Insolvenzmasse einen Rechtsstreit mit Anwaltszwang, so steht ihm auf jeden Fall eine Vergütung nach dem RVG zu. Dann kann er der Masse die gesetzliche Vergütung nach dem RVG entnehmen, selbst wenn der Rechtsstreit verloren wird.

626 **Ohne Anwaltszwang.** Besteht kein Anwaltszwang, so kommt es darauf an, ob ein Insolvenzverwalter, der nicht RA ist, der Hilfe eines RA bedurft hätte.[600]

627 **Verkehrsanwalt.** Hat der RA-Testamentsvollstrecker einen anderen RA als Prozessbevollmächtigten bestellt, so kann er eine Verkehrsgebühr (VV 3400 RVG) nicht in Rechnung stellen (→ RVG VV 3400 Rn. 17).

628 ***cc) Außergerichtliche Tätigkeit oder Zwangsvollstreckung.*** In Ausnahmefällen kann auch bei einer außergerichtlichen Tätigkeit oder einer Maßnahme der Zwangsvollstreckung, zB Pfändung eines Gesellschafteranteils oder Vollstreckung im Ausland dem RA-Insolvenzverwalter eine Vergütung nach dem RVG zustehen.[601] Einen allg. Grundsatz, dass sich der Insolvenzverwalter für den Einzug streitiger Forderungen eines RA bedienen darf, unabhängig davon, wie schwierig die Einziehung ist, hat der BGH jedoch nicht gebilligt.[602]

629 Eine Vergütung nach dem RVG bzw. der BRAGO hat der BGH für außergerichtliche Tätigkeiten in Fällen anerkannt, in denen

- die Verwertung eines Betriebsgrundstücks mit rechtlichen Schwierigkeiten verbunden war, die detaillierte Regelungen erforderlich machten, welche erst nach mehreren umfangreichen Verhandlungen und Entwürfen gefunden werden konnten,[603]
- ein Erbbaurecht verkauft wurde, sodass die Zustimmung des Grundstückeigentümers erholt werden musste, und der zu veräußernde Betrieb in zwei Insolvenzmassen fiel und die Veräußerung aufschiebend bedingt erfolgt war, sodass Vorkehrungen für eine Rückabwicklung getroffen werden mussten,[604]
- ein Mietvertrag aufgehoben wurde, der im Zusammenhang mit der zuvor beschriebenen Veräußerung bestand und bei dem auch noch Fragen eines Mietvertrags mit einem Dritten geregelt werden mussten,[605]

---

[596] BGH NJW 2005, 903 Rn. 18.
[597] BGH ZIP 2012, 682 Rn. 12.
[598] BGH NJW 1998, 3567 = AnwBl 1999, 121 Rn. 20.
[599] BGH NJW 2005, 903 = ZIP 2005, 36.
[600] Mayer/Kroiß/*Mayer* RVG § 1 Rn. 171.
[601] Mayer/Kroiß/*Mayer* RVG § 1 Rn. 171.
[602] BGH NJW 2005, 903 Rn. 16 ff.
[603] BGH NJW 1998, 3567 = AnwBl 1999, 121 Rn. 20 ff.
[604] BGH NJW 2005, 903 Rn. 12.
[605] BGH NJW 2005, 903 Rn. 14.

– der RA rechtlich oder tatsächlich schwierige Anfechtungsfragen vorgerichtlich abschließend beurteilt hat.[606]

630 ***dd) Einigungsgebühr.*** Es kommt wieder darauf an, ob die Einigungsverhandlungen derart waren, dass ein Insolvenzverwalter, der kein RA ist, einen RA eingeschaltet hätte. Ist ein anderer RA beauftragt und unterstützt der Insolvenzverwalter diesen bei den Einigungsbemühungen, so fällt bei ihm keine Einigungsgebühr an.

631 ***ee) Hebegebühr.*** Eine Hebegebühr entsteht für die Erhebung und Ablieferung von Massegeldern nicht.[607]

632 ***ff) Auslagen.*** Soweit der RA-Insolvenzverwalter nach dem RVG abrechnet, erfolgt die Vergütung von Auslagen nach dem RVG (VV Teil 7 RVG) und nicht nach §§ 4 ff. InsVV.

633 **f) MwSt.** Zusätzlich zur Vergütung und zur Auslagenerstattung wird zu Gunsten des Insolvenzverwalters MwSt festgesetzt (§ 7 InsVV). Wird er nach dem RVG vergütet, so greift über § 5 Abs. 1 InsVV VV 7008 RVG ein.

634 **g) Vorschuss.** Der Insolvenzverwalter kann gem. § 9 S. 1 InsVV mit Zustimmung des Insolvenzgerichts der Masse einen Vorschuss für die Vergütung und die Auslagen entnehmen. Die Zustimmung soll erteilt werden, wenn das Insolvenzverfahren länger als sechs Monate dauert oder wenn besonders hohe Auslagen erforderlich werden. Der Vorschuss ist vor allem in massearmen Verfahren wichtiges Sicherungsmittel der Ansprüche des Verwalters. Wird der Insolvenzverwalter nach dem RVG vergütet, so richtet sich der Vorschuss nach § 9 RVG.

635 **h) Fälligkeit, Zinsen. Fälligkeit.** Die Vergütung wird mit der Erledigung der vergütungspflichtigen Tätigkeit fällig und nicht erst mit der gerichtlichen Festsetzung.[608] Diese konkretisiert lediglich der Höhe nach und enthält die Erlaubnis, den festgesetzten Betrag der verwalteten Masse zu entnehmen. Erledigung tritt ein mit der Verfahrensbeendigung, aber auch der Abberufung oder dem Ausscheiden des Insolvenzverwalters aus sonstigen Gründen (zB Tod).[609]

636 **Zinsen.** Sie fallen nicht schon mit Stellung des Festsetzungsantrags bei Gericht an, und zwar auch dann nicht, wenn der Antrag verzögerlich bearbeitet wird.[610] Es gilt das zu Vormund und Betreuer Dargelegte entsprechend (→ Rn. 414 ff.).

637 **i) Verjährung.** Solange der Vergütungsanspruch nicht bestandskräftig festgestellt ist, verjährt er gem. § 195 BGB in drei Jahren.[611] Die Verjährungsfrist beginnt mit dem Schluss des Jahres, in dem der Insolvenzverwalter den Vergütungsanspruch geltend machen konnte.[612] Der Antrag auf Vergütungsfestsetzung hemmt die Verjährung.[613] Soweit ein RA-Insolvenzverwalter gem. § 5 InsVV einen Anspruch, hat, verjährt dieser in gleicher Weise wie der Anspruch nach § 11 InsVV.[614]

638 **j) Schuldner. Masse.** Der Anspruch auf Vergütung und Auslagenersatz ist eine Masseverbindlichkeit (§ 54 Nr. 2 InsO), die erstrangig ist (§ 209 Abs. 1 Nr. 1 InsO).

639 **Staatskasse.** Sind die Verfahrenskosten nach § 4a InsO gestundet, so ist die Staatskasse Schuldnerin, soweit (!)[615] die Insolvenzmasse nicht ausreicht (§ 63 Abs. 2 InsO). Diese Haftung ist auf die Mindestgebühr iSv § 1 Abs. 2 InsVV beschränkt.[616] Das ergibt sich allerdings nicht aus dem Wortlaut des § 63 Abs. 2 InsO, weshalb bis zur entgegengesetzten Entscheidung des BGH die hM eine solche Beschränkung verneinte.[617] Die Beschränkung folgt nach dem BGH aus dem Sinn und Zweck der Vorschrift, deren Entstehungsgeschichte und dem Regelungszusammenhang.[618] Ist die Masse unzulänglich und reicht sie nur, um teilweise über die Mindestvergütung des Verwalters hinaus diesen zu befriedigen, so ist auf die Gerichtskosten und die festgesetzte Verwaltervergütung dieselbe Quote zu zahlen. Bei Forderungen von 249,– EUR

---

606 BGH ZIP 2012, 682 Rn. 12.
607 LG Aschaffenburg KTS 60, 78.
608 Haarmeyer/Mock InsVV/*Haarmeyer/Mock* Vor § 1 Rn. 89.
609 Haarmeyer/Mock InsVV/*Haarmeyer/Mock* Vor § 1 Rn. 89.
610 BGH NZI 2004, 249 = NJW-RR 2004, 1132, auch sind nicht ohne weiteres Vorfinanzierungskosten zu ersetzen.
611 BGH ZIP 2007, 1070 = MDR 2007, 1039.
612 FK-InsO/*Lorenz* InsVV § 8 Rn. 41.
613 BGH ZIP 2007, 1070 = MDR 2007, 1039.
614 Haarmeyer/Mock InsVV/*Haarmeyer/Mock* Vor § 1 Rn. 97.
615 LG Bückeburg BeckRS 2012, 15332.
616 BGH ZIP 2013, 631 = MDR 2013, 553 = Rpfleger 2013, 408.
617 LG Bückeburg BeckRS 2012, 15332; LG Erfurt ZInsO 2012, 947; LG Aurich 1.6.2011 – 4 T 96/11 BeckRS 2012, 7195; weitere Nachw. in BGH ZIP 2013, 631 = MDR 2013, 553 = Rpfleger 2013, 408.
618 BGH ZIP 2013, 631 = MDR 2013, 553 = Rpfleger 2013, 408.

(Gerichtskosten) und 9.140,90 EUR (Verwaltervergütung) ergibt sich eine Kostengesamtforderung von 9.389,90 EUR bei einer vorhandenen Masse von (5.694,– EUR + 249,– EUR) 5.943,– EUR, was einer Quote von 63,29 vH entspricht. Von den Gerichtskosten sind dann 157,59 EUR zu vergüten. Der Rest entfällt auf die Verwaltervergütung.[619]

640 **k) Festsetzung.** ***aa) Durch Insolvenzgericht.*** Die Vergütung und Auslagen werden gem. § 64 InsO, § 8 Abs. 1 InsVV auf Antrag des Insolvenzverwalters vom Insolvenzgericht durch Beschluss festgesetzt.

641 **RVG-Vergütung.** Soweit dem Insolvenzverwalter für anwaltliche Tätigkeiten eine Vergütung nach dem RVG zusteht, wird diese nicht vom Insolvenzgericht festgesetzt. Vielmehr darf der RA-Insolvenzverwalter sie gem. § 5 Abs. 1 InsVV der Masse entnehmen.[620]

642 ***bb) Schlechterfüllung. Unnütze Maßnahme.*** Es gilt das zum Vormund und Betreuer Dargelegte entsprechend (→ Rn. 435 ff.). Der Einwand der Schlechterfüllung ist, da es sich um eine materiell-rechtliche Einwendung handelt, nicht im Festsetzungsverfahren zu prüfen, Das gilt auch, wenn der Insolvenzverwalter aus wichtigem Grund entlassen wird, zB weil er falsche Angaben zu seiner Qualifikation gemacht hat.[621] Über diesen Einwand hat, wenn angerufen, das Prozessgericht in einem Hauptsacheverfahren, zB in einer Vollstreckungsabwehrklage, zu entscheiden.[622]

643 **Verwirkung.** Anders ist es, wenn der Insolvenzverwalter seinen Vergütungsanspruch entsprechend dem allg. Rechtsgedanken des § 654 BGB verwirkt hat. Das ist der Fall, wenn der Insolvenzverwalter unter vorsätzlicher und grob leichtfertiger Verletzung wesentlicher Vertragspflichten den Interessen der Masse in wesentlicher Weise zuwidergehandelt hat und er sich damit einer Vergütung als „unwürdig" erwiesen hat. Nicht nötig ist, dass ein Schaden entstanden ist. Diese Voraussetzungen sind zB bei einer **strafbaren Handlung,** zB Untreue oder Unterschlagung erfüllt. Die Verwirkung ist im Festsetzungsverfahren zu prüfen.[623] Ob dann uU ein Anspruch aus **ungerechtfertigter Bereicherung** besteht, ist, da es sich um einen materiell-rechtlichen Anspruch handelt, jedenfalls nicht im Festsetzungsverfahren zu prüfen.[624]

644 **Unnütze, nur eigennützige Handlungen des Insolvenzverwalters.** Von dem Vorwurf der Schlechterfüllung zu unterscheiden ist der Einwand, Tätigkeiten seien nicht zum Wohle der Masse vorgenommen worden, sondern nur, ohne dieser einen Vorteil zu erbringen, um eine höhere Vergütung herbeizuführen. Dieser Einwand ist im Festsetzungsverfahren zu prüfen, da für eine solche Tätigkeit von vornherein kein Vergütungsanspruch entsteht.[625]

645 ***cc) Rechtsmittel.*** Gegen den Beschluss steht dem Verwalter, dem Schuldner und jedem Insolvenzgläubiger die sofortige Beschwerde zu; § 567 Abs. 2 ZPO gilt entsprechend (§ 64 Abs. 3 InsO).

646 **l) Entnahmerecht.** Nach Festsetzung der Vergütung kann – auch schon vor deren Rechtskraft – der Insolvenzverwalter die Vergütung der Insolvenzmasse entnehmen.[626]

647 **m) Gewerbesteuer.** Es gilt das zum Testamentsvollstrecker Dargelegte entsprechend (→ Rn. 591). Im Regelfall ist der RA als Insolvenzverwalter nicht gewerblich tätig.[627]

3. Vorläufiger Insolvenzverwalter

648 **a) Anzuwendendes Recht.** Beim vorläufigen Insolvenzverwalter ist, auch wenn er RA ist, nicht das RVG anzuwenden (§ 1 Abs. 2 S. 2 RVG), sondern die InsVV.

649 **b) Anwendbarkeit von §§ 1–9 InsVV.** Es gelten die Vorschriften der §§ 1–9 InsVV gem. § 10 InsVV entsprechend, soweit in den § 11 InsVV nichts anderes bestimmt ist. Vorläufiger Insolvenzverwalter **führt Betrieb des Schuldners fort,** s. BGH ZIP 2017, 979.

650 **c) Besondere Vergütung.** Nach § 11 Abs. 1 S. 1 InsVV wird die Tätigkeit des vorläufigen Insolvenzverwalters besonders vergütet.

651 **d) Höhe. 25 % des relevanten Vermögens.** Der vorläufige Insolvenzverwalter erhält gem. § 63 Abs. 3 S. 2 InsO 25 % der Vergütung nach § 2 Abs. 1 InsVV. Dabei wird aber nur das Ver-

---

[619] BGH ZIP 2013, 634 = MDR 2013, 552 = Rpfleger 2013, 355.
[620] Schneider/Wolf/*Volpert* RVG § 1 Rn. 366.
[621] BGH ZIP 2004, 1214 = NJW-RR 2004, 1422 Rn. 22.
[622] BayObLG NJW 1988, 1919 Rn. 8.
[623] BGH ZIP 2004, 1214 = NJW-RR 2004, 1422 Rn. 26 ff.
[624] BGH ZIP 2004, 1214 = NJW-RR 2004, 1422 Rn. 36.
[625] BayObLG NJW 1988, 1919 Rn. 9.
[626] BGH NJW 2006, 443 Rn. 23.
[627] BFH NJW 2011, 1628.

mögen herangezogen, auf das sich seine Tätigkeit erstreckt (§ 63 Abs. 3 InsO, § 11 Abs. 1 S. 1 InsVV). Es ist auf den Zeitpunkt der Beendigung der vorläufigen Verwaltung oder den Zeitpunkt, zu dem der Gegenstand nicht mehr der vorläufigen Verwaltung unterliegt, abzustellen (§ 63 Abs. 3 S. 3 InsO).

Aus- oder Absonderungsrechte werden nur hinzugerechnet, wenn der vorläufige Insolvenzverwalter sich in erheblichem Umfang mit ihnen befasst (§ 11 Abs. 1 S. 2 InsVV). 652

Ansprüche aus § 64 S. 1, 2 GmbHG gegen den Geschäftsführer wegen unzulässiger Zahlungen sind mit ihrem voraussichtlichen Realisierungswert zu berücksichtigen.[628] 653

Dauer und Umfang der Tätigkeit des vorläufigen Insolvenzverwalters sind bei der Festsetzung der Vergütung zu berücksichtigen (§ 11 Abs. 3 InsVV). Dies kann zu einem Zu- oder Abschlag bei der sich aus § 11 Abs. 1 InsVV ergebenden Vergütung führen. 654

e) Prüfung des Eröffnungsgrundes. Entschädigung nach JVEG. Ist der vorläufige Insolvenzverwalter lediglich beauftragt, als Sachverständiger zu prüfen, ob ein Eröffnungsgrund vorliegt und welche Aussichten für eine Fortführung des Unternehmens des Schuldners bestehen, so wird er gem. § 11 Abs. 4 InsVV gesondert nach dem JVEG entschädigt. 655

f) Auslagen. Für die Auslagen einschließlich der MwSt[629] und für die Vergütung nach dem RVG in besonderen Fällen gilt das zum Insolvenzverwalter Dargelegte entsprechend (→ Rn. 614 ff.), da in § 11 InsVV keine speziellen Regelungen vorgesehen sind. 656

Auslagenpauschale. Bei der in § 8 Abs. 3 InsVV vorgesehenen Pauschalierung ist die Regelvergütung gem. § 63 Abs. 3 InsO iHv 25 % zu Grunde zu legen.[630] 657

g) Vorschuss. Es besteht über § 10 InsVV gem. § 9 InsVV ein Anspruch auf einen Vorschuss. Ein solcher ist gegeben, wenn die vorläufige Verwaltung länger als die üblichen sechs bis acht Wochen gedauert hat und eine alsbaldige Festsetzung der Vergütung nicht erfolgt oder wenn der vorläufige Insolvenzverwalter hohe Eigenmittel verauslagt hat.[631] 658

h) Fälligkeit, Zinsen. Fälligkeit. Der Vergütungsanspruch wird fällig mit der Erledigung der vergütungspflichtigen Tätigkeit. Das ist zB der Fall, wenn das Amtsgericht das Insolvenzverfahren eröffnet und einen Insolvenzverwalter bestellt hat[632] oder der Insolvenzantrag zurückgenommen wird oder das Insolvenzgericht den Insolvenzantrag abweist. 659

Zinsen. Es gilt das zum Insolvenzverwalter Dargelegte entsprechend (→ Rn. 635 ff.). Bei Schadensersatzanspruch auf Rückzahlung Zinsen ab Entnahme.[633] 660

i) Verjährung. Die gem. § 195 BGB dreijährige Verjährungsfrist beginnt mit der Fälligkeit. Die Verjährung ist bis zum Abschluss des eröffneten Insolvenzverfahrens gehemmt.[634] Nach Titulierung beträgt die Frist 30 Jahre (§ 197 BGB). 661

j) Schuldner. Der Vergütungsanspruch begründet gem. §§ 54 Nr. 2, 25 Abs. 2 S. 1 InsO eine Masseschuld. Nur der Schuldner haftet, nicht aber ein Gläubiger[635] oder die Staatskasse, was verfassungskonform ist.[636] Sind jedoch die Verfahrenskosten gestundet, so gilt § 63 Abs. 2 InsO entsprechend (→ Rn. 639).[637] 662

k) Festsetzung. Schlechterfüllung. Für die Festsetzung und den Einwand der Schlechterfüllung, der Verwirkung und der unnötigen Maßnahme gilt das zum Insolvenzverwalter Dargelegte entsprechend (→ Rn. 435 f.), da in § 11 InsVV keine spezielle Regelung vorgesehen ist. 663

4. Sonderinsolvenzverwalter

Die Vergütung erfolgt entsprechend dem InsVV und wird durch das Insolvenzgericht festgesetzt.[638] Im Hinblick auf den geringeren Umfang seiner Tätigkeit im Verhältnis zum Insolvenzverwalter ist von der sich aus §§ 2, 3 InsVV ergebenden Vergütung nur eine angemessene Quote zu nehmen oder ein Abschlag vorzunehmen.[639] § 2 Abs. 2 InsVV (Mindestvergütung) 664

---

[628] BGH ZIP 2010, 2107 = MDR 2010, 1421.
[629] Stephan/Riedel/*Stephan* InsVV § 11 Rn. 58; Haarmeyer/Mock InsVV/*Haarmeyer/Mock* § 11 Rn. 145.
[630] Haarmeyer/Mock InsVV/*Haarmeyer/Mock* § 11 Rn. 145.
[631] Haarmeyer/Mock InsVV/*Haarmeyer/Mock* § 11 Rn. 146.
[632] Kölner Komm InsO/*Hess,* Bd. III InsVV § 11 Anh. A Rn. 164 ff.
[633] BGH NJW-RR 2014, 1268 = NZI 2014, 709 = ZIP 2014, 1394.
[634] BGH ZIP 2010, 2160 = MDR 2010, 1422 Rn. 30 ff.
[635] OLG Celle ZIP 2000, 706 ff. = MDR 2000, 1031 Rn. 17 ff.
[636] BGH NJW 2004, 1957 = ZIP 2004, 571 Rn. 18 ff.
[637] BGH ZIP 2013, 631 Rn. 11 = MDR 2013, 553 = Rpfleger 2013, 408.
[638] BGH ZIP 2015, 1034 = WM 2015, 1024 = ZIP 2008, 1294 = NJW-RR 2008, 1580.
[639] BGH ZIP 2015, 1034 = WM 2015, 1024 = ZIP 2008, 1294 = NJW-RR 2008, 1580.

ist nicht anzuwenden.[640] Soll er lediglich einzelne Ansprüche prüfen, zur Tabelle anmelden oder gerichtlich verfolgen, so kann seine Vergütung nicht höher sein als eine nach dem RVG.[641] Hätte ein Sonderinsolvenzverwalter, der kein RA ist, einen solchen angemessener Weise eingeschaltet, so kann er das RVG unmittelbar anwenden – wie ein Insolvenzverwalter (→ Rn. 622ff.).[642]

5. Sachwalter

665 **a) Anzuwendendes Recht.** Nach § 270 Abs. 1 InsO wird ein Sachwalter zur Aufsicht eingeschaltet, wenn das Insolvenzgericht die eigene Verwaltung durch den Schuldner anordnet. Bei ihm ist, auch wenn er RA ist, nicht das RVG (§ 1 Abs. 2 S. 2 RVG), sondern die InsVV anzuwenden.

666 **b) Entgelt.** ***aa) Anwendbarkeit von §§ 1–9 InsVV.*** Für den Sachwalter gelten die Vorschriften der §§ 1–9 InsVV gem. § 10 InsVV entsprechend, soweit in § 12 InsVV nichts anderes bestimmt ist.

667 ***bb) Höhe.*** **60 %.** Er erhält gem. § 12 Abs. 1 InsVV in der Regel 60 vH der für den Insolvenzverwalter bestimmten Vergütung. Es muss daher zuerst die Vergütung ermittelt werden, die dem Insolvenzverwalter zustehen würde. Der vorläufige Sachwalter erhält im Regelfall 25 % der Vergütung eines Insolvenzverwalters.[643] Wird der vorläufige Sachwalter zum endgültigen Sachwalter, so erhält er 60 % der für den Insolvenzverwalter vorgesehenen Vergütung und zusätzlich einen Zuschlag iHv 25 % der Vergütung des endgültigen Sachwalters.[644]

668 **Abweichungen.** Weicht die Tätigkeit vom Regelfall ab, so ist die gem. § 12 Abs. 1 InsVV gebildete Vergütung zu erhöhen oder erniedrigen. Gem. § 12 Abs. 2 InsVV ist eine den Regelsatz übersteigende Vergütung vor allem festzusetzen, wenn das Insolvenzgericht gem. § 277 Abs. 1 InsO angeordnet hat, dass bestimmte Rechtsgeschäfte des Schuldners nur mit Zustimmung des Sachwalters wirksam sind. Auch beim vorläufigen Sachwalter kommen Abweichungen in Betracht.[645]

669 **c) Auslagen.** Für die Auslagen gilt über § 10 InsVV § 8 InsVV, aber gem. §§ 12 Abs. 3, § 8 Abs. 3 InsVV mit der Maßgabe, dass bei der Errechnung der Auslagenpauschale an die Stelle des Betrages von 350,– EUR ein Betrag von 175,– EUR tritt.

670 **d) Vergütung nach RVG.** Für diese gilt das zum Insolvenzverwalter Dargelegte entsprechend (→ Rn. 622ff.).

671 **e) Schuldner.** Die Vergütung des Sachwalters gehört gem. §§ 274 Abs. 1, 54 Nr. 2 InsO zu den Kosten des Insolvenzverfahrens und begründet damit gem. 25 Abs. 2 S. 1 InsO eine Masseschuld.[646]

672 **f) Vorschuss, Zinsen, Festsetzung, Schlechterfüllung.** Da es für den Vorschuss, die Zinsen und die Festsetzung einschließlich Schlechterfüllung in § 11 InsVV keine speziellen Regelungen gibt, gilt das zum Insolvenzverwalter Dargelegte entsprechend (→ Rn. 632ff., 634ff.).

6. Vorläufiger Sachwalter

672a Auch für den vorläufigen Sachwalter gelten die Vorschriften der §§ 1–9 InsVV gem. § 10 InsVV entsprechend, soweit in § 12a InsVV nichts anderes bestimmt ist.

7. Insolvenzverwalter im Verbraucherinsolvenzverfahren (§ 13 InsVV)

673 Im Verbraucherinsolvenzverfahren gem. §§ 304ff. InsO ist gem. § 305 Abs. 1Nr. 3 InsO ua ein Verzeichnis über die Vermögens- und Einkommenssituation des Schuldners vorzulegen. Wenn hierbei eine geeignete Person oder Stelle mitwirkt, so steht der eine Vergütung zu.

674 **a) Anzuwendendes Recht.** Auch wenn die erstellende Person ein RA ist, ist gem. § 1 Abs. 2 S. 2 RVG nicht das RVG, sondern die InsVV anzuwenden.

675 **b) Voraussetzungen. Von geeigneter Person oder Stelle.** Voraussetzung für eine Vergütung nach § 13 InsVV ist, dass die nach § 305 Abs. 1 Nr. 3 InsO vorzulegenden Unterlagen von einer geeigneten Person oder Stelle erstellt wurden. Im Grundsatz ist davon auszugehen,

---

[640] BGH ZIP 2015, 1034 = WM 2015, 1024.
[641] BGH ZIP 2015, 1034 = WM 2015, 1024 = ZIP 2008, 1294 = NJW-RR 2008, 1580.
[642] BGH ZIP 2015, 1034 = WM 2015, 1024.
[643] BGH ZIP 2016, 1592 Rn. 49 = WM 2016, 1611 = NZI 2016, 796.
[644] BGH ZIP 2016, 1592 Rn. 53 = WM 2016, 1611 = NZI 2016, 796.
[645] BGH ZIP 2016, 1592 Rn. 55ff. = WM 2016, 1611 = NZI 2016, 796.
[646] Haarmeyer/Mock InsVV/*Haarmeyer/Mock* § 12 Rn. 18.

dass der Schuldner die Unterlagen selbst erstellt hat. Nur wenn feststeht, dass abweichend davon eine geeignete Person oder Stelle die Unterlagen zusammengestellt hat, kommt § 13 InsVV zur Anwendung.

Erforderliche Arbeitserleichterung. Zudem muss sich aus den Unterlagen eine Arbeitserleichterung ergeben, was nicht der Fall ist, wenn sich aus der Qualität der Unterlagen erhebliche Zweifel ergeben.[647] 676

Als Nachweis genügt nicht, dass ein Rechtsanwalt die in § 305 Abs. 1 Nr. 1 InsO geforderte Bescheinigung erstellt hat.[648] 677

Nur Rechtsfolgenverweis. Es handelt sich bei dem Verweis auf § 2 Abs. 1 S. 1 InsVV um einen Rechtsfolgenverweis, sodass unerheblich ist, ob die Voraussetzungen dieser Bestimmung gegeben sind, insbesondere ob nicht mehr als zehn Gläubiger Forderungen angemeldet haben.[649] 678

c) Höhe. Nur Mindsetvergütung betroffen. Die Mindestvergütung nach § 2 Abs. 2 S. 1 InsVV ermäßigt sich auf 1.120,– EUR. 679

§ 13 InsVV kommt nur zur Anwendung, wenn lediglich eine Mindestvergütung gewährt wird. § 13 nimmt durch die Verweisung auf § 2 Abs. 1 S. 1 InsVV nur Bezug auf die Mindestvergütung.[650] 680

Kein Rückschluss auf Abschlag. Daher kann aus § 13 InsVV kein Rückschluss auf den Abschlag nach § 3 Abs. 2 lit. e gezogen werden.[651] 681

d) Auslagen. Da in § 13 InsVV nichts Abweichendes vorgesehen ist, ist über § 10 InsVV § 8 Abs. 3 InsVV anzuwenden. 682

e) Vorschuss, Zinsen, Festsetzung, Schlechterfüllung. Da es für den Vorschuss, die Zinsen und die Festsetzung einschließlich Schlechterfüllung in § 11 InsVV keine speziellen Regelungen gibt, gilt das zum Insolvenzverwalter Dargelegte entsprechend (→ Rn. 632 ff., 634 ff.). 683

8. Treuhänder nach § 293 InsO

Ist der Schuldner eine natürliche Person, so kann er gem. § 286 InsO von den im Insolvenzverfahren nicht erfüllten Verbindlichkeiten gegenüber den Insolvenzgläubigern nach Maßgabe der §§ 287–303a InsO befreit werden. In dem Verfahren auf Restschuldbefreiung wirkt gem. § 292 InsO der Treuhänder mit. 684

a) Anzuwendendes Recht. Auf den Treuhänder nach § 293 InsO ist, auch wenn er RA ist, nicht das RVG (§ 1 Abs. 2 S. 2 RVG), sondern die InsVV anzuwenden. 685

§§ 14 ff. InsVV. § 10 InsVV mit seiner Verweisung auf §§ 1–9 InsVV nennt nicht den Treuhänder nach § 293 InsO, weshalb auf ihn diese Bestimmungen nicht entsprechend anzuwenden sind. Es gelten vielmehr § 293 InsO; §§ 14 ff. InsVV. 686

b) Entgelt. Nach § 293 InsO hat der Treuhänder Anspruch auf Vergütung für seine Tätigkeit. 687

Höhe. Die Höhe richtet sich nach §§ 14 ff. InsVV. Es ist dem Zeitaufwand des Treuhänders und dem Umfang seiner Tätigkeit Rechnung zu tragen. Die § 63 Abs. 2, §§ 64, 65 InsO gelten entsprechend. 688

Nach § 14 Abs. 1 InsVV wird die Vergütung des Treuhänders nach der Summe der Beträge berechnet, die aufgrund der Abtretungserklärung des Schuldners (§ 287 Abs. 2 InsO) oder auf andere Weise zur Befriedigung der Gläubiger beim Treuhänder eingehen. 689

Nach § 14 Abs. 2 InsVV erhält der 690

Treuhänder von den ersten 35.000,– EUR	5%,
von dem Mehrbetrag bis 70.000,– EUR	3%,
von dem darüber hinausgehenden Betrag	1%.

Vgl. Rechenbeispiel → Rn. 597.

Mindestvergütung. Die Vergütung beträgt mindestens 140,– EUR für jedes Jahr der Tätigkeit (§ 14 Abs. 3 S. 1 InsVV). Die Mindestgebühr erhöht sich bei Verteilung an mehr als fünf Gläubiger je 5 Gläubiger um 70,– EUR (§ 14 Abs. 3 S. 2 InsVV). 691

Zusätzliche Vergütung bei Überprüfung. Hat der Treuhänder die Aufgabe, die Erfüllung der Obliegenheit des Schuldners zu überwachen (§ 292 Abs. 2 InsO), so erhält er eine zusätzliche Vergütung. Diese beträgt regelmäßig 50,– EUR je Stunde (§ 15 Abs. 1 InsVV). 692

[647] Haarmeyer/Mock InsVV § 13 Rn. 3.
[648] LG Stuttgart NZI 2016, 145; Haarmeyer/Mock InsVV § 13 Rn. 3.
[649] Haarmeyer/Mock InsVV § 13 Rn. 1.
[650] Haarmeyer/Mock InsVV § 13 Rn. 3.
[651] BGH NZI 2018, 130 Rn. 15; 2017, 459 Rn. 15; Haarmeyer/Mock InsVV § 13 Rn. 2.

Nach § 15 Abs. 2 InsVV darf der Gesamtbetrag der zusätzlichen Vergütung den Gesamtbetrag der Vergütung nach § 14 InsVV nicht übersteigen. Der Treuhänder verdient also maximal zweimal eine Gebühr in der von § 14 InsVV vorgegebenen Höhe. Die Gläubigerversammlung kann eine abweichende Regelung treffen.

693 **c) Auslagen, MwSt.** Angemessene Auslagen, uU auch solche, die sich nach dem RVG errechnen,[652] und MwSt sind zu erstatten (§ 16 Abs. 1 S. 2, 3 InsVV). Eine Auslagenpauschale gibt es nicht.

694 **d) Vorschüsse. Vorschüsse fürs Entgelt.** Der Treuhänder kann aus eingehenden Beträgen Vorschüsse auf seine Vergütung entnehmen, ohne hierfür einen gerichtlichen Beschluss zu benötigen (§ 16 Abs. 2 S. 1 InsVV).[653] Diese dürfen den von ihm bereits verdienten Teil der Vergütung und die Mindestvergütung seiner Tätigkeit nicht überschreiten.

695 **Vorschüsse für Auslagen.** Zwar ist in § 16 Abs. 2 S. 1 InsVV nur die Vergütung genannt und fällt unter diese im InsVV nicht die Erstattung der Auslagen (→ Rn. 348). Dennoch kann auch für sie ein Vorschuss entnommen werden.[654]

696 **Vorschüsse bei gestundeten Kosten.** Sind die Kosten nach § 4a InsO gestundet, kann das Insolvenzgericht Vorschüsse bewilligen (§ 16 Abs. 2 S. 3 InsVV).

697 **e) Fälligkeit, Zinsen, Verjährung.** Es gilt das zum Insolvenzverwalter Dargelegte entsprechend (→ Rn. 635 ff.).

698 **f) Schuldner. Primär** befriedigt sich der Treuhänder aus den Beträgen, die er durch Abtretung oder in sonstiger Weise vom Schuldner erlangt hat.[655]

699 **Sekundär haftet die Staatskasse,** wenn die Stundung der Kosten bewilligt wurde (§§ 293, 63 Abs. 2 InsO).[656]

700 **g) Festsetzung. Schlechterfüllung.** Nach § 16 Abs. 1 InsVV wird die Höhe des Stundensatzes vom Insolvenzgericht bei der Ankündigung der Restschuldbefreiung festgesetzt. Im Übrigen werden die Vergütungen und die zu erstattenden Auslagen nebst MwSt auf Antrag des Treuhänders bei der Beendigung seines Amtes festgesetzt. Auslagen sind einzeln anzuführen und zu belegen.

701 **Schlechterfüllung. Unnötige Maßnahmen.** Es gilt das zum Insolvenzverwalter Dargelegte entsprechend (→ Rn. 435 ff., 642 ff.).

702 **h) PKH.** Die Stundung nach § 4a InsO steht der Bewilligung von PKH gleich (§ 12 S. 2 RVG).

9. Mitglieder des Gläubigerausschusses

703 **a) Anzuwendendes Recht.** Auf die Mitglieder des Gläubigerausschusses ist, auch wenn sie RA sind, nicht das RVG (§ 1 Abs. 2 S. 2 RVG), sondern die InsVV anzuwenden. § 10 InsVV mit seiner Verweisung auf §§ 1–9 InsVV nennt nicht die Mitglieder des Gläubigerausschusses, weshalb auf sie diese Bestimmungen nicht entsprechend anwendbar sind.

704 **b) Entgelt.** Die Mitglieder haben nach § 73 InsO Anspruch auf Vergütung für ihre Tätigkeit. Dabei ist dem Zeitaufwand und dem Umfang der Tätigkeit Rechnung zu tragen.

705 **Stundensatz.** Die Vergütung beträgt gem. § 17 S. 1 InsVV regelmäßig zwischen 50,– EUR und 300,– EUR je Stunde. Gem. § 17 S. 2 InsVV sind bei der Festsetzung des Stundensatzes vor allem der Umfang der Tätigkeit und die berufliche Qualifikation des Ausschussmitglieds zu berücksichtigen. Dadurch ist es dem Gericht möglich, einen individuellen Stundensatz für einzelne Mitglieder festzusetzen und so auf Besonderheiten oder Erschwernisse des Verfahrens, aber auch auf besondere Tätigkeiten, Leistungen oder Fähigkeiten von einzelnen Mitgliedern, angemessen zu reagieren. Die Höhe des Stundensatzes ist nicht begrenzt. § 17 InsVV enthält nur Regelsätze. Daher können die besonderen Faktoren im Einzelfall zu Stundensätzen führen, die über den Höchstsatz von 300,– EUR je Stunde hinausgehen.[657]

706 **c) Auslagen, MwSt.** Angemessene Auslagen und MwSt sind zu erstatten (§ 73 InsO; § 18 InsVV). Auslagen sind einzeln anzuführen und zu belegen. Eine Auslagenpauschale gibt es nicht.

---

[652] Haarmeyer/Mock InsVV/*Haarmeyer/Mock* § 16 Rn. 6.

[653] Haarmeyer/Mock InsVV/*Haarmeyer/Mock* § 16 Rn. 7.

[654] Haarmeyer/Mock InsVV/*Haarmeyer/Mock* § 16 Rn. 8 mwN und unter Hinweis auf die dies bestätigenden Gesetzesmotive.

[655] Haarmeyer/Mock InsVV/*Haarmeyer/Mock* § 16 Rn. 10.

[656] Haarmeyer/Mock InsVV/*Haarmeyer/Mock* § 16 Rn. 10.

[657] Haarmeyer/Mock InsVV/*Haarmeyer/Mock* § 17 Rn. 27 ff.

d) Vergütung nach dem RVG. Ist ein RA, der Mitglied des Gläubigerausschusses oder des Gläubigerbeirats ist, im Einzelfall als RA tätig, hat er zusätzlich Anspruch auf eine Vergütung nach dem RVG. ZB ein RA – Mitglied des Gläubigerausschusses – führt einen Rechtsstreit für die Masse. Es gilt das zum Insolvenzverwalter Dargelegte entsprechend (→ Rn. 622 ff.). **707**

e) Vorschuss. Ansprüche auf Vorschüsse bestehen nach allgM, obwohl eine entsprechende Bestimmung fehlt.[658] Bei einer Vergütung nach dem RVG kann gem. § 9 RVG Vorschuss verlangt werden. **708**

f) Fälligkeit. Sie tritt mit der Erledigung der zu vergütenden Tätigkeit ein. Dies ist regelmäßig mit der letzten Sitzung des Gläubigerausschusses gegeben, bei vorzeitiger Beendigung mit dieser.[659] **709**

g) Schuldner. Primär haftet die Masse.[660] **710**

Sekundär haftet die Staatskasse, wenn die Stundung der Kosten bewilligt wurde (§ 73 InsO, § 63 Abs. 2 InsO).[661] **711**

h) Festsetzung. Schlechterfüllung. Für die Festsetzung von Vergütung und Auslagen der Mitglieder des Gläubigerausschusses fehlt im 4. Abschnitt eine dem § 18 InsVV und § 16 InsVV entsprechende Bestimmung. Sie sind entsprechend anzuwenden. Sie erfolgt daher durch das Insolvenzgericht.[662] **712**

Schlechterfüllung. Unnötige Maßnahmen. Es gilt das zum Insolvenzverwalter Dargelegte entsprechend (→ Rn. 435 ff., 642 ff.). **713**

10. Restrukturierungsbeauftragter

Dessen Vergütung richtet sich auch bei einem RA nicht nach dem RVG (§ 1 Abs. 2 RVG.) Sie ist in §§ 80–83 SanInsFoG[663] geregelt. Eine dem § 5 InsVV entsprechende Vergütung nach dem RVG bei besonderer Sachkunde kommt hier nicht in Betracht, da eine entsprechende Vorschrift im SanInsFoG fehlt und auch nicht § 5 InsVV mit einbezogen wird. **713a**

11. Sanierungsmoderator

Dessen Vergütung richtet sich auch bei einem RA nicht nach dem RVG (§ 1 Abs. 2 RVG.) Sie ist in § 98 SanInsFoG[664] geregelt. Im Übrigen → Rn. 713a. **713b**

12. Gläubigerbeirat

Die Vergütung der Mitglieder des Gläubigerbeirats richtet sich auch bei einem RA nicht nach dem RVG (§ 1 Abs. 2 RVG.) Sie ist in § 93 Abs. 4 SanInsFoG geregelt. Im Übrigen → Rn. 713a. **713c**

XXV. Zwangsverwalter

Schrifttum: *Zimmermann,* Anwaltsvergütung außerhalb des RVG, 2007, Rn. 391 ff.; *Haarmeyer/Wutzke/Förster/Hintzen;* Kommentar zur Zwangsverwaltung und ZwVwV; *Hintzen/Engels* Gesetz über die Zwangsversteigerung und die Zwangsverwaltung (ZVG) – einschließlich EGZVG und ZwVwV Kommentar.

1. Anzuwendendes Recht

Auf den Zwangsverwalter ist, auch wenn er RA ist, nicht das RVG (§ 1 Abs. 2 S. 2 RVG), sondern die Zwangsverwalterverordnung v. 19.12.2003 (ZwVwV, BGBl. 2003 I 2804) anzuwenden. Ist der RA aber als Interessenvertreter eines an der Zwangsverwaltung Beteiligten tätig, so greift das RVG ein, das sogar in VV 3311 ff. RVG hierzu Spezialvorschriften kennt. **714**

2. Anwendungsbereich des ZwVwV

Grundstücke. Sie gilt zunächst einmal für die Zwangsverwaltung von Grundstücken. **715**

Grundstücksgleiche Rechte. Sie ist auf die Zwangsverwaltung von grundstücksgleichen Rechten, für welche die Vorschriften über die Zwangsverwaltung von Grundstücken gelten, gem. § 23 ZwVwV entsprechend anzuwenden. **716**

---

658 Haarmeyer/Mock InsVV/*Haarmeyer/Mock* § 18 Rn. 8.
659 Haarmeyer/Mock InsVV/*Haarmeyer/Mock* § 17 Rn. 23.
660 Haarmeyer/Mock InsVV/*Haarmeyer/Mock* § 17 Rn. 38.
661 Haarmeyer/Mock InsVV/*Haarmeyer/Mock* § 17 Rn. 38.
662 Stephan/Riedel/*Stephan* InsVV § 17 Rn. 38.
663 SanInsFoG vom 22.12.2020 BGBl. I 3256.
664 SanInsFoG vom 22.12.2020 BGBl. I 3256.

717 **Während der Zwangsverwaltung.** Wird die Zwangsverwaltung aufgehoben, so steht dem Zwangsverwalter für danach erbrachte Tätigkeiten keine Vergütung nach dem ZwVwV zu. Eine Ausnahme gilt nur, wenn das Gericht ihn gem. § 12 Abs. 2 S. 1 ZwVwV zu weiteren Maßnahmen ermächtigt hat.[665]

718 **Nichtanwendung bei Schuldner als Zwangsverwalter.** Gem. § 24 ZwVwV gilt die ZwVwV nicht, wenn der Schuldner zum Zwangsverwalter bestellt ist (§§ 150b, 115e ZVG).

3. Auslegung entsprechend InsVV

719 Viele Bestimmungen der ZwVwV sind inhaltsgleich mit der InsVV oder dieser sehr ähnlich. Rspr. und Lit. zur InsVV können daher bei der Auslegung der ZwVwV häufig herangezogen werden.

4. Entgelt

720 **a) Allgemeines.** Nach § 17 Abs. 1 ZwVwV hat der Verwalter Anspruch auf eine angemessene Vergütung für seine Geschäftsführung Die Höhe der Vergütung ist an der Art und dem Umfang der Aufgabe sowie an der Leistung des Zwangsverwalters auszurichten.

721 **b) Vermietete und verpachtete Grundstücke.** ***aa) Regelvergütung.*** Bei der Zwangsverwaltung von Grundstücken, die durch Vermieten oder Verpachten genutzt werden, erhält der Verwalter gem. § 18 Abs. 1 S. 1 ZwVwV in der Regel 10% des für den Zeitraum der Verwaltung an Mieten oder Pachten eingezogenen Bruttobetrags. Für vertraglich geschuldete, nicht eingezogene Mieten oder Pachten erhält er 20% der Vergütung, die er erhalten hätte, wenn diese Mieten eingezogen worden wären (§ 18 Abs. 1 S. 2 ZwVwV). Soweit Mietrückstände eingezogen werden, für die der Verwalter bereits eine Vergütung nach Abs. 1 S. 2 erhalten hat, ist diese anzurechnen (§ 18 Abs. 1 S. 3 ZwVwV).

722 ***bb) Abweichung wegen Missverhältnis.*** Bei einem Missverhältnis zwischen Tätigkeit und Regelvergütung im Einzelfall kann der in § 18 Abs. 1 S. 1 ZwVwV genannte Prozentsatz von 10% gem. § 18 Abs. 2 ZwVwV auf 5% erniedrigt oder 15% angehoben werden. Die 20% von S. 2 hingegen sind nicht zu ändern.

723 ***cc) Abweichung wegen offensichtlicher Unangemessenheit.*** Er kann aber auch gem. § 19 Abs. 2 ZwVwV mit den in § 19 Abs. 1 ZwVwV vorgesehenen Stundensätzen zwischen 35,– EUR und 95,– EUR abrechnen, wenn die Vergütung nach § 18 Abs. 1, 2 ZwVwV, also auch unter Berücksichtigung der Abweichung nach § 18 Abs. 2 ZwVwV, die damit Vorrang hat, offensichtlich unangemessen ist. Das ist gegeben, wenn eine Vergütung nach Stundensätzen gem. § 19 Abs. 1 ZwVwV zu einem um 25% höheren Betrag als die Vergütung nach § 18 Abs. 1, 2 ZwVwV führt.[666]

724 ***dd) Mindestvergütung.*** Ist das Zwangsverwaltungsobjekt von dem Verwalter in Besitz genommen worden, so beträgt die Vergütung des Verwalters gem. § 20 Abs. 1 ZwVwV mindestens 600,– EUR. Ist das Verfahren der Zwangsverwaltung aufgehoben worden, bevor der Verwalter das Grundstück in Besitz genommen hat, so erhält er gem. § 20 Abs. 2 ZwVwV eine Mindestvergütung von 200,– EUR, sofern er bereits tätig geworden ist. Es handelt sich hierbei nicht um Regelbeträge, sondern feste, von Billigkeitserwägungen unabhängige Beträge, sodass Billigkeitserwägungen unbeachtet bleiben.[667]

725 **Mehrere Grundstücke.** Die Mindestvergütung gilt für jedes in Besitz genommene Grundstück, es sei denn die mehreren Grundstücke bilden eine wirtschaftliche Einheit.[668] Das gilt auch für vermietete Grundstücke und unabhängig davon, ob die Zwangsverwaltung durch einen oder mehrere Beschlüsse angeordnet wurde.[669]

726 ***ee) Prüfungsschema.*** Der Zwangsverwalter muss also bei vermieteten oder verpachteten Grundstücken prüfen:

– Höhe nach § 18 Abs. 1 ZwVwV
– Ist die so errechnete Vergütung wegen § 18 Abs. 2 ZwVwV zu korrigieren?
– Wenn letzteres der Fall ist: Ist wegen § 19 Abs. 2 ZwVwV eine weitere Anpassung vorzunehmen?
– Liegt das so gewonnene Ergebnis über dem Mindestbetrag gem. § 20 ZwVwV?

---

[665] BGH NJW-RR 2008, 892 Rn. 8.
[666] BGH NJW-RR 2008, 99 Rn. 7.
[667] BGH MDR 2006, 837 = Rpfleger 2006, 151 Rn. 12.
[668] BGH MDR 2006, 837 = Rpfleger 2006, 151 Rn. 6 zu 33 Wohnungs- und Teileigentumsrechten.
[669] BGH Rpfleger 2007, 274 = NZM 2007, 300.

c) Fertigstellung von Bauvorhaben. Der Zwangsverwalter erhält für die Fertigstellung von Bauvorhaben 6% der von ihm verwalteten Bausumme (§ 18 Abs. 3 S. 1 ZwVwV). Eine Abweichung ist nicht möglich, da es sich nach dem Wortlaut der Vorschrift nicht um eine Regelvergütung handelt und da § 18 Abs. 2 ZwVwV nur eine Änderung der Vergütung nach § 18 Abs. 1 S. 1 ZwVwV vorsieht.[670] 727

Mindestvergütung. § 20 ZwVwV gilt auch hier. 728

d) Sonstige Grundstücke. Stundensätze. Für die Zwangsverwaltung von Grundstücken, die nicht durch Vermietung und Verpachtung genutzt werden und bei denen kein Bauvorhaben fertig zu stellen ist, bemisst sich die Vergütung des Verwalters gem. § 19 Abs. 1 ZwVwV stets nach der aufgewandten Zeit (§ 19 Abs. 1 ZwVwV).[671] In diesem Fall erhält er für jede Stunde der für die Verwaltung erforderlichen Zeit, die er oder einer seiner Mitarbeiter aufgewendet hat, eine Vergütung von mindestens 35,– EUR und höchstens 95,– EUR. Der Stundensatz ist für den jeweiligen Abrechnungszeitraum einheitlich zu bemessen. Da es sich nicht um Regelstundensätze handelt, kann der Stundensatz nie unter 35,– EUR und nie über 95,– EUR liegen. 729

Stundenzahl. Ist der Vortrag des Zwangsverwalters zu seiner Tätigkeit ausreichend, um in einer Gesamtschau bei überschlägiger Schätzung feststellen zu können, dass der von ihm geltend gemachte Zeitaufwand plausibel ist, so bedarf es keiner weitergehenden näheren Darlegungen.[672] 730

Nur Inbesitznahme und Ermittlung von Tatsachen. Beschränkt sich Tätigkeit auf die Inbesitznahme und die Ermittlung der für den Bericht nach § 3 Abs. 1 ZwVwV erforderlichen Tatsachen, so sind im Regelfall 6 bis 8 Stunden anzusetzen.[673] 731

Mehrere Eigentumswohnungen. Nimmt der Zwangsverwalter mehrere Eigentumswohnungen in demselben Gebäude in Besitz, so ergeben sich daraus keine geringeren Anforderungen an ihn, weshalb dies nicht zu einem geringeren Stundensatz führt. Allerdings wird sich dies auf die erforderliche Stundenzahl auswirken.[674] 732

Mindestvergütung. § 20 ZwVwV gilt auch hier. 733

5. Auslagen

a) Allgemein. Nach § 21 Abs. 1 ZwVwV sind mit der Vergütung die allgemeinen Geschäftskosten abgegolten. Zu den allgemeinen Geschäftskosten gehört der Büroaufwand des Verwalters einschließlich der Gehälter seiner Angestellten. 734

Besondere Kosten, die dem Verwalter im Einzelfall zB durch Reisen oder die Einstellung von Hilfskräften für bestimmte Aufgaben im Rahmen der Zwangsverwaltung tatsächlich entstehen, sind als Auslagen zu erstatten, soweit sie angemessen sind. 735

b) Pauschale. Anstelle der tatsächlich entstandenen Auslagen kann der Verwalter nach seiner Wahl für den jeweiligen Abrechnungszeitraum eine Pauschale von 10% seiner Vergütung, höchstens jedoch 40,– EUR für jeden angefangenen Monat seiner Tätigkeit fordern (§ 21 Abs. 2 ZwVwV). Der Zwangsverwalter kann für den jeweiligen Abrechnungszeitraum (mindestens ein Jahr) einheitlich entweder die Pauschale oder iE abgerechnete Auslagen geltend machen.[675] 736

c) Haftpflichtversicherung. Mit der Vergütung sind auch die Kosten einer Haftpflichtversicherung abgegolten. Ist die Verwaltung jedoch mit einem besonderen Haftungsrisiko verbunden, so sind die durch eine Höherversicherung nach § 1 Abs. 4 ZwVwV begründeten zusätzlichen Kosten als Auslagen zu erstatten (§ 21 Abs. 3 ZwVwV). 737

d) Vergütung nach dem RVG. Ist der Verwalter **als RA zugelassen,** so kann er gem. § 17 Abs. 3 ZwVwV für Tätigkeiten, die ein nicht als RA zugelassener Verwalter einem RA übertragen hätte, die gesetzliche Vergütung eines Anwalts abrechnen; ist der Verwalter Steuerberater oder besitzt er eine andere besondere Qualifikation, so gilt Abs. 3 S. 1 sinngemäß. § 17 Abs. 3 ZwVwV entspricht im Wesentlichen § 5 InsVV, so dass die dortigen Ausführungen auch hier gelten (→ Rn. 622 ff.). 738

Wahlrecht. Der Zwangsverwalter kann wählen, ob er nach dem RVG oder der ZwVwV abrechnet. Im zweiten Fall muss er aber genaue Angaben zu den gerichtlichen Tätigkeiten so- 739

[670] Schneider/Wolf/*Volpert* RVG § 1 Rn. 390.
[671] Schneider/Wolf/*Volpert* RVG § 1 Rn. 393.
[672] BGH NJW-RR 2008, 99 Rn. 8.
[673] BGH MDR 2007, 802 = NZM 2007, 261 Rn. 16.
[674] BGH MDR 2007, 802 = NZM 2007, 261 Rn. 16.
[675] Schneider/Wolf/*Volpert* RVG § 1 Rn. 395 ff.

wie zu den vom Gegner erstatteten Kosten machen.[676] Ist er für eine Tätigkeit nach dem RVG vergütet worden, so kann er für dieselbe Tätigkeit nichts mehr nach der ZwVwV beanspruchen.[677]

740 **e) MwSt.** Nach § 17 Abs. 2 ZwVwV wird zusätzlich zur Vergütung und zur Erstattung der Auslagen ein Betrag in Höhe der vom Verwalter zu zahlenden MwSt festgesetzt. Bei einer Vergütung nach dem RVG gilt VV 7008 RVG.

6. Vorschuss

741 Vor der Festsetzung kann der Verwalter mit Einwilligung des Gerichtes aus den Einnahmen einen Vorschuss auf die Vergütung und die Auslagen entnehmen (§ 22 S. 2 ZwVwV).

7. Fälligkeit, Zinsen

742 **Fälligkeit** tritt ein mit der Erledigung der zu vergütenden Tätigkeit.[678] Sie tritt fortlaufend mit dem Zeitraum, zu dem der Zwangsverwalter gem. § 154 S. 2 ZVG Rechnung legen muss, spätestens nach Beendigung des gesamten Auftrags ein.[679]

743 **Fälligkeit nach RVG.** Es gilt § 8 RVG.

744 **Zinsen.** Es gilt hier das gleiche wie beim Insolvenzverwalter → Rn. 635 ff.

8. Verjährung

745 Nicht festgesetzte Ansprüche verjähren gem. § 195 BGB in drei Jahren, festgesetzte gem. § 197 in 30 Jahren.[680]

9. Schuldner

746 **Masse.** Der Zwangsverwalter kann nach der gerichtlichen Festsetzung die Vergütung und den Auslagenersatz aus der Masse vorweg bestreiten (§ 155 Abs. 1 ZVG).[681]

747 **Massearmut.** Reicht die Masse nicht aus, so haftet der betreibende Gläubiger, und zwar auch dann, wenn der Zwangsverwalter vorher keinen Vorschuss verlangt hat.[682] Ein Festsetzungsbeschluss des Gerichts ist aber kein Titel gegen den Gläubiger. Gegen diesen muss ggf. geklagt werden.[683]

10. Festsetzung, Schlechterfüllung

748 Die Vergütung und die Auslagen werden im Anschluss an die Rechnungslegung nach § 14 Abs. 2 ZwVwV oder der Schlussrechnung nach § 14 Abs. 3 ZwVwV für den entsprechenden Zeitraum auf Antrag des Zwangsverwalters gem. § 22 ZwVwV vom Gericht festgesetzt.

749 **Schlechterfüllung. Unnötige Maßnahmen.** Es gilt das zum Insolvenzverwalter Dargelegte entsprechend, → Rn. 435 ff., 642 ff.

750 **Rüge übermäßig hoher Kosten.** Von den unnötigen, nur im Interesse der Erhöhung der Vergütung erbrachten Leistungen (→ Rn. 437) ist die Rüge zu unterscheiden, dass übermäßig hohe Kosten verursacht wurden. Über diese Rüge ist nicht im Festsetzungsverfahren, sondern im Vollstreckungsverfahren oder in einer Klage des Schuldners gegen die Gläubiger zu entscheiden.[684]

XXVI. Schiedsrichter

Schrifttum: *Lachmann,* Schiedsrichter, 3. Aufl. 2007, Rn. 4171 ff.; *Zimmermann,* Anwaltsvergütung außerhalb des RVG, 2007, Rn. 506 ff.; *Buchwaldt,* Schiedsrichtervergütung bei vorzeitiger Verfahrensbeendigung, NJW 1994, 638.

1. Anzuwendendes Recht

751 Das RVG ist unmittelbar nicht anwendbar (§ 1 Abs. 2 S. 2). Es gibt keine Gebührenordnung für Schiedsrichter.

---

676 BGH NJW 2004, 3429.
677 BGH JurBüro 2005, 208 = Rpfleger 2005, 152 Rn. 14.
678 HWFH Zwangsverwaltung/*Hintzen* ZwVwV § 22 Rn. 2.
679 HWFH Zwangsverwaltung/*Hintzen* ZwVwV § 22 Rn. 2.
680 HWFH Zwangsverwaltung/*Hintzen* ZwVwV § 22 Rn. 19.
681 HWFH Zwangsverwaltung/*Hintzen* ZwVwV § 22 Rn. 18.
682 BGH NJW-RR 2004, 1527.
683 *Zimmermann,* Anwaltsvergütung außerhalb des RVG, 2007, Rn. 436.
684 BGH Rpfleger 2007, 274 = NZM 2007, 300 Rn. 19.

2. Vereinbarung

Schiedsrichtervertrag. Enthält der Schiedsrichtervertrag eine ausdrückliche Vergütungsregelung, so ist diese maßgebend. 752

Vereinbarung mit den Parteien. Der RA kann als Schiedsrichter mit den Parteien über seine Vergütung eine Vereinbarung treffen, für die nicht §§ 3a ff. gelten.[685] Vereinbart werden können ua eine Zeitvergütung, eine Pauschale und die Anwendung des RVG.[686] 753

Anwendung einer Schiedsgerichtsordnung. Es kann auch die Geltung einer Schiedsgerichtsordnung mit den dort vorgesehenen Vergütungsregelungen vereinbart werden, zB 754

- Schiedsgerichtsordnung des Deutschen Instituts für Schiedsgerichtsbarkeit (DIS), gültig seit dem 1.7.1998 mit einem Gebührenanhang, gültig seit 1.1.2005[687]
- Schiedsgerichtsordnung der Deutsch-Nordischen Juristenvereinigung[688]
- Schiedsgerichtsordnung für das Bauwesen.[689]

Gebühren nach VV 3100, 3104 RVG. In der Regel werden die Gebühren nach VV 3100, 3104 RVG vereinbart, jedoch mit der Änderung, dass der Obmann des Schiedsgerichts bzw. der Alleinschiedsrichter 1,5-Gebühren, die anderen Schiedsrichter 1,3-Gebühren erhalten. Auch die Höhe einer Einigungsgebühr kann vereinbart werden. 755

3. Übliche Vergütung (§ 612 Abs. 2 BGB)

Fehlt eine besondere Vereinbarung über die Vergütung des Schiedsrichters, so gilt die übliche Vergütung gem. § 612 Abs. 2 BGB. Was die übliche Vergütung eines RA als Schiedsrichter ist, ist streitig. Diese soll sein 756

- die Vergütung nach dem RVG,[690]
- die in der ersten Instanz nach dem RVG anfallende Vergütung (also Gebühren gem. VV 3100 ff. RVG),
- die in der Berufungsinstanz nach dem RVG anfallende Vergütung (also Gebühren gem. VV 3200 ff. RVG, wobei die Terminsgebühren doppelt anfallen und der Vorsitzende eines Schiedsgerichts einen Zuschlag von 0,2 erhält,[691]
- die in der DIS-Schiedsgerichtsordnung vorgesehene Vergütung.[692]

Empirische Erhebungen zu dieser Frage fehlen. Es kann derzeit nicht „die" (allein) übliche Vergütung festgestellt werden. Der RA kann zwischen den oben genannten Vergütungen, die alle üblich, wenn auch nicht allein üblich sind, wählen. 757

Zu dem gleichen Ergebnis kommt man, wenn man wegen fehlender üblicher Vergütung dem RA gem. § 315 BGB das Recht zubilligt, eine angemessene Vergütung zu bestimmen.[693] Nachdem die oben genannten Vergütungen alle in der Praxis häufig gewählt werden, ist es nicht ungemessen, wenn der RA-Schiedsrichter sie geltend macht. 758

4. Entstehung der Gebühren

a) Verfahrensgebühr. Vorzeitiges Auftragsende. Rechnet der RA nach dem RVG ab, so ist streitig, ob nur eine 0,8 Verfahrensgebühr gem. VV 3101[694] oder eine 1,3 Verfahrensgebühr gem. VV 3100 RVG[695] entsteht, wenn der Schiedsrichter lediglich von dem Antrag des Beklagten, die Klage dem Schiedsgericht vorzulegen, Kenntnis nimmt, eine Klageschrift ihm aber nicht mehr vorgelegt wird. 759

b) Terminsgebühr. Entscheidung ohne mündliche Verhandlung. Entscheidet das Schiedsgericht ohne mündliche Verhandlung, so könnte bei Anwendung von VV 3104 RVG jedenfalls in den Verfahren keine Terminsgebühr anfallen, in denen nach § 1047 Abs. 1 ZPO die mündliche Verhandlung fakultativ ist. Da aber § 36 Abs. 2 RVG dem RA, der eine Partei des Schiedsverfahrens vertritt, auch bei fehlender mündlicher Verhandlung eine Terminsgebühr zusteht und die Arbeit des RA/Schiedsrichters auch nicht geringer sein wird als die des Parteivertreters, im Gegenteil er anders als der Parteivertreter auch noch einen Schiedsspruch treffen 760

---

[685] Mayer/Kroiß/*Mayer* RVG § 1 Rn. 196.
[686] Hartung/Schons/Enders/*Enders* RVG § 1 Rn. 148.
[687] www.dis-arb.de.
[688] www.dnjv.org.
[689] www.baurecht-ges.de.
[690] Mayer/Kroiß/*Mayer* RVG § 1 Rn. 200.
[691] LG Mönchengladbach SchiedsVZ 2007, 104; *Bischof* SchiedsVZ 2004, 252.
[692] *Elsing* wiedergegeben bei Schneider/Wolf/*Volpert* RVG § 1 Rn. 231.
[693] Zum einseitigen Bestimmungsrecht Palandt/*Weidenkaff* BGB § 612 Rn. 10.
[694] Gerold/Schmidt/*Madert,* 19. Aufl. 2010, § 1 Rn. 188.
[695] Mayer/Kroiß/*Mayer* RVG § 1 Rn. 201; *Buchwaldt* NJW 1994, 638.

muss, ist auch dem Schiedsrichter eine Terminsgebühr zuzugestehen.[696] Wird aber kein Schiedsspruch erlassen, so fällt – wie beim Parteivertreter – keine Terminsgebühr an.

761 **c) Einigungsgebühr.** Streitig ist, ob der Schiedsrichter im Falle einer Einigung eine Einigungsgebühr, wenn eine solche nicht speziell vereinbart ist, abrechnen kann.[697]

5. Streitwert

762 Kommt es auf den Streitwert des Schiedsgerichtsverfahrens an, so kann dieser nicht vom Schiedsgericht selbst festgesetzt werden, da sonst das Gericht in eigener Sache entscheiden könnte.[698] Soll sich die Vergütung der Schiedsrichter nach dem Streitwert bestimmen, ist in Zweifelsfällen auch insoweit eine Vereinbarung mit den Parteien erforderlich.

6. Aufwendungsersatz

763 **a) Allgemeines.** Aufwendungen sind zu erstatten. Der Anspruch ergibt sich
- aus der Vereinbarung,
- aus §§ 670, 675 BGB,
- aus VV Vorb. 7 ff. RVG, wenn der Schiedsrichter nach dem RVG abrechnet.

764 Es gilt, wenn nichts Abweichendes vereinbart wurde, das zu → RVG VV Vorb. Rn. 24 ff. RVG Dargelegte entsprechend. Auslagen sind zu ersetzen, wenn sie erforderlich waren → RVG VV Vorb. 7 Rn. 19 ff.) und spezifisch für das spezielle Schiedsverfahren angefallen sind, also nicht zu den allgemeinen Betriebskosten gehören → RVG VV Vorb. 7 Rn. 9 ff.).[699]

765 **b) MwSt.** Die Tätigkeit des Schiedsrichters ist eine sonstige Leistung iSv § 3 Abs. 9 UStG, ist also MwSt-pflichtig.[700] Wird die Vergütung nach einer bestimmten Schiedsgerichtsordnung geltend gemacht, so hängt ein Erstattungsanspruch davon ab, ob nach dieser zusätzlich die MwSt zu ersetzen ist, wie dies bei der DIS-Schiedsgerichtsordnung nach § 40 Abs. 1 der Fall ist, oder nicht. Wird nach dem RVG abgerechnet, so gilt VV 7008 RVG. Im Übrigen wegen der ähnlichen Frage beim Testamentsvollstrecker → Rn. 567 ff.

766 Jedem Schiedsrichter steht der Anspruch auf MwSt-Ersatz gesondert zu, da nur er Unternehmer iSd UStG ist und die MwSt nur bei ihm anfällt.[701]

7. Vorschuss

767 Der Schiedsrichter hat gem. § 669 BGB einen Anspruch auf einen Vorschuss.[702] Gläubiger ist oder sind der bzw. die Schiedsrichter und nicht das Schiedsgericht.[703] Die Schiedsrichter sind nicht berechtigt, den Vorschuss selbst einzuklagen[704] oder eine Partei, die einen Vorschuss nicht zahlt, für beweisfällig zu erklären.[705]

8. Fälligkeit, Zinsen, Verjährung

768 **Fälligkeit.** Sie tritt, wenn nichts anderes vereinbart ist, nach der Leistung der Dienste ein, also wenn das Schiedsverfahren vollständig durchgeführt ist.[706] Rechnet der Schiedsrichter nach dem RVG ab, so gilt § 8 RVG. Bei vorzeitiger Beendigung tritt die Fälligkeit mit dieser ein.

769 **Zinsen.** Es gilt hier das Gleiche wie beim Testamentsvollstrecker → Rn. 576 ff. und nicht dasselbe wie bei Vormund und Betreuer oder Insolvenzverwalter, da es keine gerichtliche Festsetzung gibt.

770 **Verjährung.** Der Anspruch verjährt nach drei Jahren (§ 195 BGB) und wenn er tituliert ist in 30 Jahren (§ 197 BGB).

9. Schuldner

771 Sämtliche Parteien des Schiedsverfahrens schulden als Gesamtschuldner gem. § 421 BGB die Vergütung, egal ob sie den Schiedsrichter benannt haben oder nicht.[707]

---

[696] Mayer/Kroiß/*Mayer* RVG § 1 Rn. 202.
[697] Lachmann Schiedsgerichtspraxis-HdB Rn. 4202 ff.
[698] BGH NJW 1985, 1903; Bischof/*Bischof* RVG § 1 Rn. 87.
[699] Schneider/Wolf/*Volpert* RVG § 1 Rn. 405.
[700] Schneider/Wolf/*Volpert* RVG § 1 Rn. 407.
[701] Schneider/Wolf/*Volpert* RVG § 1 Rn. 407.
[702] BGH NJW 1971, 888.
[703] Lachmann Schiedsgerichtspraxis-HdB Rn. 4247 ff.
[704] BGH NJW 1985, 1903 Rn. 21.
[705] BGH NJW 1985, 1903.
[706] Lachmann Schiedsgerichtspraxis-HdB Rn. 4176.
[707] BGH NJW 1980, 2136 Rn. 11; Lachmann Schiedsgerichtspraxis-HdB Rn. 4250 ff.

10. Durchsetzung

a) Klage. Der Schiedsrichter kann wegen des Verbots, in eigener Sache tätig zu werden, nicht selbst seine Vergütung verbindlich festsetzen.[708] Der Schiedsrichter kann nach Beendigung des Schiedsverfahrens vor dem ordentlichen Gericht klagen, wenn die von ihm verlangte Vergütung nicht freiwillig bezahlt wird. 772

b) Schlechterfüllung. Sie führt nicht zu einem Wegfall des Vergütungsanspruchs, sondern nur zu einem Schadensersatzanspruch, mit dem aufgerechnet werden kann. Jedenfalls bei Vorsatz ist der Anspruch verwirkt.[709] Es gilt dasselbe wie beim Insolvenzverwalter (→ Rn. 642 ff.) mit Ausnahme der Ausführungen, die sich daraus ergeben, dass beim Insolvenzverwalter die Vergütung gerichtlich festgesetzt wird. Eine solche Festsetzung findet beim Schiedsrichter nicht statt. 773

c) Zurückbehaltungsrecht. Der Schiedsrichter hat auch ein Zurückbehaltungsrecht.[710] 774

XXVII. Treuhänder außerhalb der Insolvenz

Anwendbarkeit von § 1 Abs. 2 RVG. § 1 Abs. 2 S. 1 bestimmt generell, dass der RA für seine Tätigkeit als Treuhänder keinen Anspruch auf eine Vergütung nach dem RVG hat. 775

Vergütung. Der RA erhält als Treuhänder außerhalb der Insolvenz die vereinbarte, hilfsweise die angemessene Vergütung. Angemessen ist eine Vergütung dann, wenn sie dem Berufsstand des RA, seinem Zeitaufwand, der Schwierigkeit der Angelegenheit und der Verantwortung entspricht.[711] 776

Vergütung nach RVG. Für reine Anwaltstätigkeit jedoch kann der RA in entsprechender Anwendung des § 1835 Abs. 3 BGB neben einer Vergütung als Treuhänder eine Vergütung nach den Vorschriften des RVG fordern. Zu den Voraussetzungen → Rn. 391 ff. 777

XXVIII. Ähnliche Tätigkeiten nach § 1 Abs. 2

Schrifttum: *Zimmermann,* Anwaltsvergütung außerhalb des RVG, 2007, Sequester Rn. 530 ff.

1. Allgemeines

a) Keine abschließende Aufzählung. § 1 Abs. 2 RVG bestimmt, dass den zuvor genannten einzelnen Fällen ähnliche Tätigkeiten ebenfalls nicht dem RVG unterliegen. Damit ist klargestellt, dass die in § 1 Abs. 2 RVG speziell aufgeführten Tätigkeiten keine abschließende Aufzählung enthalten. 778

b) Maßgebliche Kriterien. Die in § 1 Abs. 2 RVG genannten Aufgabenbereiche zeichnen sich dadurch aus, dass sie teilweise häufig ehrenamtlich oder in erheblichem Umfang auch von Nicht-Anwälten ausgeführt oder nicht im Auftrag und Interesse einer Partei übernommen werden (→ Rn. 346).[712] Diese Kriterien sind bei der Frage, welche Tätigkeiten ähnliche iSv § 1 Abs. 2 RVG sind, ausschlaggebend.[713] 779

c) Geltung von § 1835 Abs. 3 BGB. Für alle nachgenannten einzelnen Tätigkeiten gilt, dass ein RA in entsprechender Anwendung von § 1835 Abs. 3 BGB bei bestimmten Tätigkeiten eine Vergütung nach dem RVG beanspruchen kann. Diese Regelung gilt zwar zunächst einmal nur für den Vormund (→ Rn. 391) und die weiteren Tätigkeiten, die auf die Vergütung des Vormunds Bezug nehmen wie zB der Betreuer. Der in dieser Bestimmung enthaltene Rechtsgedanke ist aber auf die übrigen von § 1 Abs. 2 S. 1, 2 RVG erfassten Tätigkeiten sinngemäß zu übertragen.[714] Dasselbe muss für die hier nachfolgend behandelten Tätigkeiten gelten. Wegen der Voraussetzungen → Rn. 391 ff.; → Rn. 624. 780

Ausschluss von § 1835 Abs. 3 BGB in AGB. Wird in allgemeinen Geschäftsbedingungen § 1835 Abs. 3 BGB ausgeschlossen oder von einer gesonderten Vereinbarung in jedem Einzelfall abhängig gemacht, so ist dies unwirksam.[715] 781

---

[708] BGH NJW 1985, 1903 Rn. 22.
[709] Lachmann Schiedsgerichtspraxis-HdB Rn. 4177.
[710] BGH NJW 1985, 1903 Rn. 20; Lachmann Schiedsgerichtspraxis-HdB Rn. 4253.
[711] Auch AG Freiburg WM 1981, 446. Dort wurde für die Abwicklung einer Finanzierung und die treuhänderische Verwaltung von Grundpfandrechten durch eine Bank eine Treuhandgebühr von 1 % des Treuhandbetrages als üblich und angemessen angesehen.
[712] Mayer/Kroiß/*Mayer* RVG § 1 Rn. 205.
[713] BGH NJW 1998, 3567 = AnwBl 1998, 121 Rn. 17 ff.
[714] BGH NJW 1998, 3567 = AnwBl 1998, 121 Rn. 19.
[715] BGH NJW 1998, 3567 = AnwBl 1998, 121 Rn. 29 ff.

2. Sequester

782 **Vergütung.** Die Tätigkeit des RA als Sequester wird nicht nach dem RVG vergütet. Eine spezielle gesetzliche Regelung fehlt. Überwiegend wird die ZwVwV herangezogen.[716] Der BGH hat für einen gem. § 848 Abs. 2 ZPO bestellten Sequester die Vergütung in Anlehnung an § 19 ZwVwV festgelegt, also einen Stundensatz zwischen 35,– EUR und 95,– EUR.[717]

783 **Vergütung nach RVG.** Unter besonderen Umständen ist der RA nach dem RVG zu vergüten (→ Rn. 780).

784 **Vergütungsvereinbarung.** Um für klare Verhältnisse zu sorgen, sollte der Sequester eine Vergütungsvereinbarung treffen.

785 **Vergütungsfestsetzung.** Das Prozessgericht, das den Sequester bestellt hat, setzt die Vergütung fest.[718]

786 **Kostenfestsetzung.** Die Kosten des Sequesters können nicht gem. § 788 ZPO festgesetzt werden.[719] Ob der Gegner die Kosten tragen muss, hängt vom materiellen Recht ab.[720]

3. Abwickler gem. § 265 Abs. 2 AktG

787 Wird ein RA zum Abwickler gem. § 265 Abs. 2 AktG bestellt, so fällt seine Tätigkeit unter die ähnlichen Tätigkeiten iSv § 1 Abs. 2 S. 2 RVG und wird damit nicht nach dem RVG vergütet. Ihm steht gem. § 265 Abs. 4 S. 1 AktG eine Vergütung und der Ersatz barer Auslagen zu. Bei der Vergütung ist von dem Betrag auszugehen, der den Vorstandsmitgliedern einer AG als Abwicklern zusteht.[721]

788 **Vergütung nach RVG.** § 1835 Abs. 3 BGB ist entsprechend anzuwenden (→ Rn. 780).

4. Liquidator einer OHG

789 Der gerichtlich bestellte Liquidator einer OHG übt eine ähnliche Tätigkeit iSv § 1 Abs. 2 S. 2 RVG aus und wird damit nicht nach dem RVG vergütet. Er kann deshalb nicht Gebühren nach dem RVG verlangen.[722]

790 Die Tätigkeit des Liquidators ähnelt der des Insolvenzverwalters.[723] Die Höhe seiner Vergütung ist entsprechend dessen Vergütung zu bestimmen.

791 **Vergütung nach RVG.** § 1835 Abs. 3 BGB ist entsprechend anzuwenden (→ Rn. 780).[724]

5. Abwickler für einen aufgelösten Verein

792 Der vom Registergericht zum Abwickler für einen aufgelösten Verein (sog. Notabwickler) bestellte RA übt keine anwaltliche Berufstätigkeit aus. Für seine Vergütung können der Vergütung des Insolvenzverwalters Anhaltspunkte entnommen werden.[725]

793 **Vergütung nach RVG.** § 1835 Abs. 3 BGB ist entsprechend anzuwenden (→ Rn. 780).

6. Zustellungsbevollmächtigter

794 Der RA als Zustellungsbevollmächtigter übt als solcher keine Anwaltstätigkeit aus. Seine Tätigkeit wird deshalb nicht nach dem RVG vergütet.

7. Vertreter nach § 779 Abs. 2 ZPO

795 Die Tätigkeit des RA als Vertreter nach § 779 Abs. 2 ZPO fällt unter § 1 Abs. 2 S. 2 RVG und wird daher nicht unmittelbar nach dem RVG vergütet. Er hat Anspruch auf eine angemessene Vergütung, die in Vollstreckungsverfahren der Gebühr des VV 3309 RVG, im Zwangsversteigerungsverfahren der des VV 3311 RVG entsprechen wird.[726]

8. Einigungsstellenbeisitzer

796 Ist dieser ein RA, so wird er gem. § 1 Abs. 2 S. 2 RVG nicht nach dem RVG vergütet.

---

[716] *Zimmermann,* Anwaltsvergütung außerhalb des RVG, 2007, Rn. 531.
[717] BGH NJW-RR 2005, 1283.
[718] *Zimmermann,* Anwaltsvergütung außerhalb des RVG, 2007, Rn. 533.
[719] OLG Brandenburg JurBüro 2006, 158 mwN auch für die Gegenmeinung; OLG Hamm JurBüro 1997, 160.
[720] OLG Brandenburg JurBüro 2006, 158 Rn. 8.
[721] MüKoAktG/*Hüffer* § 265 Rn. 29.
[722] BGH NJW 1998, 3567 = AnwBl 1999, 484.
[723] BGH NJW 1998, 3567 = AnwBl 1999, 484 Rn. 18.
[724] BGH NJW 1998, 3567 = AnwBl 1999, 484.
[725] LG Hamburg MDR 1971, 298.
[726] *Mümmler* JurBüro 1976, 164.

XXIX. Vorrang des RVG-Rechtsbehelfsrechts (§ 1 Abs. 3 RVG)

§ 1 Abs. 3 RVG stellt klar, dass die Vorschriften des RVG zur Erinnerung und Beschwerde 797
Vorrang haben, womit eine Streitfrage zum Sozialrecht geklärt wurde (→ RVG § 56 Rn. 3). Verhältnis zu § 80 AsylG → § 30 Rn. 17.

XXX. Internationales Privatrecht

1. Anzuwendendes Recht

Das **RVG** enthält keine Regelungen. 798

Rom I. Regelungen befinden sich in Rom I,[727] das die vertraglichen Schuldverhältnisse re- 799
gelt und die Art. 27–29 EGBGB mit Wirkung ab 17.12.2009 abgelöst hat. Rom I betrifft auch die Vergütung des RA (Art. 12 Abs. 1b Rom I-VO). Das gilt unabhängig davon, ob ein Mitgliedstaat der EU oder ein Drittland betroffen ist (Art. 2 Rom I-VO).

2. Von Parteien gewähltes Recht

Primär ist das Recht anzuwenden, das die Parteien gewählt haben (Art. 3 Abs. 1 S. 1 Rom I- 800
VO). Die Rechtswahl muss ausdrücklich erfolgen oder sich eindeutig aus den Bestimmungen des Vertrages oder aus den Umständen des Falls ergeben (Art. 3 Abs. 1 S. 2 Rom I-VO).

3. Recht des Aufenthaltsorts des Anwalts

Da der RA-Vertrag in aller Regel ein Dienstvertrag ist, ist bei Fehlen einer Vereinbarung auf 801
das Recht abzustellen, in dem der Dienstleister, also der RA, seinen gewöhnlichen Aufenthalt hat (Art. 4 Abs. 1b Rom I-VO). Dieser ist, wo der RA seine Kanzlei hat.[728]

Beispiele:

Dem RA, der seinen Kanzleisitz in Deutschland hat, steht bei fehlender Vereinbarung iSv Art. 3 Rom I-VO eine Vergütung nach dem RVG zu. Dem in London residierenden RA hingegen steht die im englischen Recht vorgesehene Vergütung zu. Dabei ist es unerheblich, ob der jeweilige RA in seinem Heimatland, also zB Deutschland bzw. England, oder einem anderen Land tätig geworden ist.

4. Verbraucherverträge

Recht des gewöhnlichen Aufenthalts des Verbrauchers. Abweichendes gilt unter be- 802
stimmten Voraussetzungen bei Verbraucherverträgen. Bei diesen ist gem. Art. 6 Rom I-VO auf das Recht des Staates abzustellen, in dem der Verbraucher seinen gewöhnlichen Aufenthalt hat, sofern der Unternehmer

- seine berufliche und gewerbliche Tätigkeit in diesem Staat ausübt
- oder eine solche Tätigkeit auf irgendeiner Weise auf diesen Staat oder auf mehrere Staaten, einschließlich dieses Staates ausrichtet

und der Vertrag in den Bereich dieser Tätigkeit fällt.

Verbraucher ist dabei eine natürliche Person, die den RA zu einem Zweck mandatiert, der 803
nicht ihrer beruflichen oder gewerblichen Tätigkeit zugeordnet werden kann.

Unternehmer ist, wer in Ausübung seiner beruflichen oder gewerblichen Tätigkeit handelt, 804
also der **RA.** Art. 6 Rom I-VO findet auf alle Vertragstypen Anwendung,[729] also auch auf den Anwaltsvertrag.

5. Erstattung

→ Anh. X Rn. 237. 805

Hinsichtlich der internationalen Durchsetzung von RA-Honoraren nach EuGVÜ/ 806
EuGVVO, Lugano-Übereinkommen und anderen Verträgen vgl. *J. Schmidt,* Abhandlungen zum Recht der internationalen Wirtschaft, Bd. 19, Recht und Wirtschaft, 1991.

§ 2 Höhe der Vergütung

(1) **Die Gebühren werden, soweit dieses Gesetz nichts anderes bestimmt, nach dem Wert berechnet, den der Gegenstand der anwaltlichen Tätigkeit hat (Gegenstandswert).**

---

[727] Abgedr. und kommentiert in Palandt/*Thorn* S. 2778.

[728] Palandt/*Thorn* Rom I-VO Art. 4 Rn. 9.

[729] Palandt/*Thorn* Rom I-VO Art. 6 Rn. 4.

(2) [1]**Die Höhe der Vergütung bestimmt sich nach dem Vergütungsverzeichnis der Anlage 1 zu diesem Gesetz.** [2]**Gebühren werden auf den nächstliegenden Cent auf- oder abgerundet; 0,5 Cent werden aufgerundet.**

Übersicht

I. Der Gegenstandswert

1. Allgemeines

1 Es gibt verschiedene Möglichkeiten, die Tätigkeit des RA zu vergüten:

2 **a) Gesetzliche Vergütung:**

– Es kann bestimmt werden, dass er eine vereinbarte oder nach den Vorschriften des bürgerlichen Rechts berechnete Gebühr zu erhalten hat (so § 34 RVG).

– Es kann ein fester Betrag als Vergütung bestimmt werden (so zB die Vergütung des Pflichtverteidigers, VV 4100 ff. RVG).

– Für die Vergütung kann ein Betragsrahmen bestimmt werden (so zB die Gebühren in Strafsachen, VV 4100 ff. RVG).

– Es kann angeordnet werden, dass sich die Gebühren nach dem Wert der Angelegenheit berechnen. Diese Wertgebühren können sein
  - solche mit festen Sätzen (so zB Verfahrensgebühr 1,3, Vollstreckungsgebühr 0,3),
  - solche mit Gebührensatzrahmen (so zB die Geschäftsgebühr 0,5–2,5 gem. VV 2300 RVG).

3 **b) Vereinbarte Vergütung.** Alternativ zu der taxmäßig vorgesehenen Vergütung des RVG kommt auch der Abschluss einer **Vergütungsvereinbarung** nach § 3a RVG in Betracht. In diesen Fällen ist die vereinbarte Vergütung maßgebend, die Berechnung der Gebühren „nach dem Wert" gilt dann nicht, denn es liegt dann der Fall vor, dass das Gesetz, nämlich § 3a RVG, etwas anderes bestimmt".

4 Die Wertgebühren stellen die regelmäßige Vergütung dar; Abs. 1 sagt deshalb „soweit dieses Gesetz nichts anderes bestimmt", **Grundsatz der Wertabhängigkeit anwaltlicher Gebühren.**[1]

2. Definition des Gegenstandswertes

5 **a) Legaldefinition.** § 2 Abs. 1 RVG enthält eine **Legaldefinition** des Begriffs des Gegenstandswerts (: „Die Gebühren werden, soweit das Gesetz nichts anderes bestimmt nach dem

[1] Vgl. zum Begriff *Kilian* AnwBl 2014, 882 (884).

Wert berechnet, den der Gegenstand der anwaltlichen Tätigkeit hat"). Diese Legaldefinition ist jedoch als Auslegungshilfe völlig untauglich, da sie den Begriff „Gegenstand" offenbar als bekannt voraussetzt und den Gegenstandswert als Wert des Gegenstandes definiert.[2]

b) Inhalt. Gegenstand der anwaltlichen Tätigkeit ist das Recht oder Rechtsverhältnis, auf das sich die Tätigkeit eines RA bezieht.[3] 6

Gleichgültig ist, ob es sich um ein bestehendes oder künftiges, ein nur angestrebtes oder behauptetes Recht oder Rechtsverhältnis handelt.[4]

Vorgeschlagen wird auch, für das gerichtliche Verfahren den Gegenstand der anwaltlichen Tätigkeit mit dem gerichtlichen Streitgegenstand gleichzusetzen.[5]

c) Maßgeblichkeit des Auftrags. Der Gegenstand wird durch den **Auftrag** des Auftraggebers bestimmt. Überschreitet der Anwalt seinen Auftrag, wird vertreten, dass sich damit nicht der Gegenstandswert erweitere, diese könne sich immer nur in den Grenzen des Auftrags bewegen.[6] Begreift man jedoch unter Gegenstand das Recht oder Rechtsverhältnis, auf das sich die Tätigkeit des Rechtsanwalts bezieht, erweitert sich auch bei einem Überschreiten des Auftrags durch den RA der Gegenstand seiner Tätigkeit. Lediglich der für die Vergütung maßgebliche Gegenstandswert wird durch den Auftrag begrenzt. 7

d) Geschäftsführung ohne Auftrag. Soweit der Anwalt in Geschäftsführung ohne Auftrag tätig wird, bestimmt sich der Gegenstand nach den Grenzen der Tätigkeit. 8

e) Objektive Bewertung. Maßgebend ist der **objektive Geldwert** des Gegenstandes, ausgedrückt in Euro. Die subjektive Bewertung durch den Auftraggeber bleibt grds. unberücksichtigt. Gleichwohl können auch subjektive Momente den Gegenstandswert beeinflussen, wenn sie objektivierbar sind, so kommt es insbes. bei Abwehr und Widerrufsansprüchen auf den **„persönlichen Einschlag"** an.[7] So kann ein Abwehr- und Widerrufsanspruch je nach Person des Anspruchsstellers unterschiedlich zu bewerten sein, worüber stets eine objektive Betrachtung zu erfolgen hat und auch die persönliche Einschätzung des Betroffenen selbst nicht entscheidet.[8] 9

f) Berechnungsvorschriften. Nähere Vorschriften über den Gegenstandswert finden sich in den §§ 23, 31b RVG. Aus diesen Vorschriften ergibt sich, wie der Gegenstandswert zu berechnen ist. 10

g) Abgrenzungen. Der Gegenstandswert ist von mehreren Wertbestimmungsvorschriften abzugrenzen: 11

aa) Kostenstreitwert. Damit ist der in § 3 Abs. 1 GKG geregelte, für die Höhe der Gerichtskosten maßgebliche Wert gemeint. Dieser Wert wird auch als **Gebührenstreitwert** bezeichnet, der nach § 23 Abs. 1 S. 1 RVG auch den Gegenstandswert für die Berechnung der Anwaltsgebühren bestimmen kann, aber nicht muss (vgl. § 33 RVG).[9] 12

bb) Verfahrenswert nach dem FamGKG. Dieser hat seine Grundlage im § 3 Abs. 1 FamGKG, der praktisch wörtlich mit § 3 GKG übereinstimmt.[10] Auch hierbei handelt es sich um den Wert, nach dem sich die Gerichtsgebühren bemessen.[11] Dieser Wert kann, muss aber nicht, ebenso wie der Kostenstreitwert, mit dem für die Berechnung der Anwaltsgebühren maßgeblichen Gegenstandswert identisch sein.[12] 13

cc) Geschäftswert nach dem GNotKG. Dieser ist in § 3 Abs. 1 GNotKG geregelt, die Vorschrift entspricht inhaltlich fast wörtlich § 3 GKG und § 3 FamGKG.[13] Die Norm bildet den Ausgangspunkt für die Berechnung der Wertgebühren im GNotKG und bestimmt den Wert des Verfahrens oder Geschäfts als maßgebliches Kriterium.[14] 14

---

[2] Bischof/*Bischof* RVG § 2 Rn. 35.
[3] Hartmann/Toussaint/*Toussaint* RVG § 2 Rn. 6; BGH NJW 2007, 2050 f.; BVerfG NJW-RR 2001, 139; Riedel/Sußbauer/*Pankatz* RVG § 2 Rn. 4–8.
[4] Riedel/Sußbauer/*Pankatz* § 2 Rn. 4; BGH MDR 1972, 765.
[5] Bischof/*Bischof* RVG § 2 Rn. 35.
[6] Schneider/Wolf/*N. Schneider/Onderka* RVG § 2 Rn. 27.
[7] Schneider/Wolf/*N. Schneider/Onderka* RVG § 2 Rn. 26.
[8] Schneider/Wolf/*N. Schneider/Onderka* RVG § 2 Rn. 26.
[9] Schneider/Wolf/*N. Schneider/Onderka* RVG § 2 Rn. 23; NK-GK/*N. Schneider* GKG § 3 Rn. 1.
[10] Hartmann/Toussaint/*Zivier* FamGKG § 3 Rn. 1.
[11] Schneider/Wolf/*N. Schneider/Onderka* RVG § 2 Rn. 23.
[12] Schneider/Wolf/*N. Schneider/Onderka* RVG § 2 Rn. 23.
[13] Hartmann/Toussaint/*Zivier* GNotKG § 3 Rn. 1.
[14] NK-GK/*Fackelmann* § 3 GNotKG Rn. 1.

15 ***dd) Zuständigkeitsstreitwert.*** Gemeint ist damit die Wertfestsetzung nach den §§ 3–9 ZPO, wenn der Wert eine Bedeutung für die **sachliche Zuständigkeit des Gerichts** nach §§ 23ff. GVG oder für die **Zulässigkeit eines Rechtsmittels,** zB nach §§ 511ff. ZPO, oder für die **vorläufige Vollstreckbarkeit** nach §§ 708ff. ZPO hat.[15] Nach § 48 Abs. 1 S. 1 GKG richten sich in bürgerlichen Rechtstreitigkeiten die Gebühren nach den für die Zuständigkeit des Prozessgerichts oder die Zulässigkeit des Rechtsmittels geltenden Vorschriften über den Wert des Streitgegenstands, soweit nichts anderes bestimmt ist. Sofern kein Ausnahmetatbestand gegeben ist („soweit nichts anderes bestimmt ist"), ist somit der in der ZPO geregelte Zuständigkeitsstreitwert maßgeblich für den Kostenstreitwert, nach dem sich die Gerichtsgebühren berechnen, und über § 23 Abs. 1 RVG auch maßgeblich für den der Berechnung der Anwaltsgebühren zugrunde zu legenden Gegenstandswert,[16] aber es können sich auch gravierende Abweichungen ergeben, so gilt § 9 ZPO für die Festsetzung des Kostenstreitwerts nach Maßgabe von § 48 Abs. 1 S. 1 GKG nur in dem Rahmen, in dem die insoweit spezielleren Bestimmungen §§ 41 Abs. 5, 42 GKG keine abweichenden Regelungen enthalten.[17]

16 ***ee) Beschwerdewert.*** Unter Beschwerdewert versteht man den Wert, den Verfahrensordnungen als Zulässigkeitsvoraussetzungen für bestimmte Rechtsmittel festlegen (vgl. zB § 146 Abs. 3 VwGO; § 64 Abs. 2b) ArbGG, § 511 Abs. 2 Nr. 1 ZPO, § 33 Abs. 3 S. 1 RVG).

17 ***ff) Wert der anwaltlichen Tätigkeit.*** Der für die Vergütungsabrechnung maßgebende Wert der anwaltlichen Tätigkeit muss nicht mit dem Streitwert iSd § 3 S. 1 GKG, dem Verfahrenswert iSd § 3 Abs. 1 FamGKG oder dem Geschäftswert iSd § 3 Abs. 1 GNotKG identisch sein.[18] In bestimmten Fällen bspw. bei einem vorzeitig erledigten Auftrag (zB einer Klageerwiderung oder Widerklage, die nicht eingereicht wurde) gilt **für die anwaltliche Tätigkeit ein anderer Wert** als für den Gebührenstreitwert oder Verfahrenswert.[19]

3. Zusammenrechnung mehrerer Werte

18 Betrifft die Tätigkeit des RA in derselben Angelegenheit mehrere Gegenstände, so werden deren Werte gem. § 22 Abs. 1 RVG zusammengerechnet. Die Gebühren werden grds. aus den zusammengerechneten Werten entnommen.[20]

Wegen des Begriffs „derselben Angelegenheit" vgl. § 15 RVG.

Der **Grundsatz der Zusammenrechnung** der Werte gilt jedoch nicht ausnahmslos. Bereits das RVG selbst kennt **Ausnahmen;** vgl. zB VV 1009 RVG für die Hebegebühr oder VV Vorb. 3.3.5 RVG für das Insolvenzverfahren. Weitere Ausnahmen enthält das GKG, das insoweit auch für die Anwaltsgebühren maßgebend ist; vgl. zB § 48 Abs. 3 GKG (vermögensrechtliche Ansprüche, die aus nichtvermögensrechtlichen hergeleitet werden), § 44 GKG (Stufenklage), § 45 GKG (wechselseitig eingelegte Rechtsmittel), oder auch das FamGKG, vgl. § 38 FamGKG (Stufenantrag) und § 39 FamGKG (wechselseitig eingelegte Rechtsmittel).

4. Zeitpunkt der Wertberechnung

19 Maßgebend für die Bewertung des Gegenstandes ist der **Zeitpunkt der Entstehung der Gebühr,** die durch die Tätigkeit für den Gegenstand veranlasst ist. Es kommt also auf den Zeitpunkt an, in dem der Gebührentatbestand erfüllt wird. Auf den Zeitpunkt der Fälligkeit der Gebühr kommt es nicht an.[21]

UU kann der Wert erst rückschauend festgestellt werden, wenn der RA einen allgemein gehaltenen Auftrag erhalten hat, zB ein Unternehmen zu errichten, dessen Beschaffenheit und Größe nicht von vornherein feststeht.[22]

---

[15] Hartmann/Toussaint/*Elzer* GKG Anh. § 48 (Anh. I) Rn. 4.
[16] Schneider/Wolf/*N. Schneider/Onderka* RVG § 2 Rn. 23.
[17] BeckOK ZPO/*Wendtland* § 9 Rn. 2.
[18] Schneider/Wolf/*N. Schneider/Onderka* RVG § 2 Rn. 24.
[19] Schneider/Wolf/*N. Schneider/Onderka* RVG § 2 Rn. 24.
[20] OLG Braunschweig MDR 1982, 241; OLG Düsseldorf JurBüro 1986, 387. Der RA ist im Verhältnis zu seiner Partei zu einer kostensparenden Tätigkeit verpflichtet. Bei Verletzung dieser Pflicht ist sein Gebührenanspruch so zu reduzieren, wie er bei pflichtgemäßer Prozessführung entstehen würde; eine getrennte Klageerhebung auf Ehegatten- und Kindesunterhalt gegen denselben Beklagten ist gebührenrechtlich nur dann beachtlich, wenn vernünftige und sachgerechte Gründe für eine Trennung vorliegen; liegen diese nicht vor, so werden die Gebühren aus dem zusammengerechneten Wert beider Klagen berechnet.
[21] Hartmann/Toussaint/*Toussaint* RVG § 2 Rn. 7; Riedel/Sußbauer/*Pankatz* RVG § 2 Rn. 13.
[22] Riedel/Sußbauer/*Fraunholz,* RVG, 9. Aufl. 2005 § 2 Rn. 8.

5. Änderung des Gegenstandswertes

20 Der Gegenstandswert kann sich während der Tätigkeit des RA ändern, einmal durch Änderung des Wertes des unveränderten Gegenstandes, zum anderen durch Änderung des Gegenstandes selbst.

Bei **unverändertem Gegenstand** kann sich der Wert ändern, zB kann der Kurs eines Wertpapiers steigen oder fallen. Maßgebend für die Berechnung der Gebühren ist der **höchste Wert während der Tätigkeit des Anwalts.** Der Wert ist für jeden Gebührentatbestand selbständig zu prüfen.[23]

Beispiel (für eine außergerichtliche Tätigkeit nach VV 2300 RVG):

Kurs des Wertpapiers, auf das sich die Tätigkeit des Anwalts bezieht, bei Auftrag 450,– EUR, während der Besprechung mit dem Gegner 500,– EUR, später 600,– EUR, bei Vergleichsabschluss 400,– EUR. Werte für die Geschäftsgebühr 600,– EUR, für die Einigungsgebühr 400,– EUR. Vermindert er sich während der Tätigkeit, darf man diese Wertminderung nur für diejenige Gebühr berechnen, die durch eine Tätigkeit erst nach der Wertminderung entsteht. War der RA in einem Zeitraum tätig, in dem noch der höhere Wert galt, bleibt die anschließende Wertminderung unbeachtlich. Immer der höhere Wert ist entscheidend, etwa bei einer Klageänderung.[24]

21 Für gerichtliche Verfahren gilt die **Sondervorschrift des § 40 Abs. 1 GKG:** Entscheidend ist der Zeitpunkt der die Instanz einleitenden Antragsstellung. In der Zwangsvollstreckung ist der Zeitpunkt der die Zwangsvollstreckung einleitenden Prozesshandlung maßgebend (§ 40 GKG). Nach **§ 34 S. 1 FamGKG** ist für die Wertberechnung ebenfalls auf den Zeitpunkt der den jeweiligen Verfahrensgegenstand betreffenden ersten Antragstellung in dem jeweiligen Rechtszug abzustellen. In Verfahren, die hingegen von Amts wegen eingeleitet werden, ist nach § 34 S. 2 FamGKG die Fälligkeit der Gebühr maßgebend.

22 Der Gegenstandswert kann sich auch durch eine **Veränderung des Gegenstandes** ändern.

Beispiel:

Eine Klage auf Zahlung von 1.000,– EUR wird auf 1.500,– EUR erhöht oder auf 500,– EUR ermäßigt. Maßgebend ist für jede Gebühr der höchste Wert, auf den sich die den Gebührentatbestand auslösende Tätigkeit des RA bezieht. Im vorstehenden Beispiel betrug zB der Wert bei Klageeinreichung 1.000,– EUR, bei der mündlichen Verhandlung 1.500,– EUR, während der Beweisaufnahme 500,– EUR. Die Verfahrens- und Terminsgebühr berechnen sich nach 1.500,– EUR.

23 Scheidet während der Tätigkeit des RA ein Gegenstand aus und wird sodann ein anderer Gegenstand eingeführt, werden die Gebühren, deren Tatbestände der RA für diese Gegenstände erfüllt, nach dem zusammengerechneten Wert dieser Gegenstände berechnet.[25]

Beispiel:

A klagt 250,– EUR Miete März und 250,– EUR Miete April ein. B zahlt vor der Verhandlung 250,– EUR Miete März. A fordert darauf zusätzlich 250,– EUR Miete Mai. Der RA hat Anspruch auf die Verfahrensgebühr aus 250,– EUR März, 250,– EUR April und 250,– EUR Mai = 750,– EUR und auf die Terminsgebühr von 250,– EUR April und 250,– EUR Mai = 500,– EUR.

24 Im Falle einer Klageänderung sind nach § 39 Abs. 1 GKG die Werte wirtschaftlich nicht identischer Streitgegenstände zur Bestimmung des Gebührenstreitwerts auch dann zusammenzurechnen, wenn sie lediglich nacheinander und nicht gleichzeitig nebeneinander geltend gemacht werden; dem Gebührenstreitwert nach § 39 Abs. 1 GKG kommt eine andere Funktion als dem Zuständigkeitsstreitwert nach § 5 Halbs. 1 ZPO zu, der deshalb auch nicht zur Auslegung des § 39 Abs. 1 GKG herangezogen werden kann.[26]

Zu beachten ist, dass der Gegenstandswert bei gerichtlichen Verfahren nicht für alle Gebühren gleich hoch zu sein braucht:

Beispiel:

Klage über 5.000,– EUR. Hinsichtlich 1.000,– EUR wird die Klage vor der Verhandlung zurückgenommen; verhandelt wird über 4.000,– EUR; sodann wird Beweis erhoben über einen Teil von 3.000,– EUR.

---

23 Riedel/Sußbauer*Pankatz* RVG § 2 Rn. 13.

24 Hartmann/Toussaint/*Toussaint* RVG § 2 Rn. 8.

25 OLG Hamm JurBüro 2008, 148 = NJW-Spezial 2007, 493; Riedel/Sußbauer/*Pankatz* RVG § 2 Rn. 14.

26 OLG München BeckRS 2016, 21038 = NJW-RR 2017, 700 mAnm *Mayer* FD-RVG 2017, 384985; siehe auch LAG Sachsen BeckRS 2016, 73950 = AGS 2017, 339 mAnm *Mayer* FD-RVG 2016, 383971; OLG Celle BeckRS 2015, 14656 = AGS 2015, 453 mAnm *Mayer* FD-RVG 2015, 371833; LAG Baden-Württemberg BeckRS 2014, 73563 = AGS 2014, 562 mAnm *Mayer* FD-RVG 2014, 363921; zur Gegenauffassung vgl. LAG Nürnberg BeckRS 2010, 25149 mAnm *Mayer* FD-RVG 2010, 309851.

Der Anwalt des Klägers verdient in diesem Beispielsfall die Verfahrensgebühr aus 5.000,– EUR, die Terminsgebühr aus 4.000,– EUR.

Entsprechend kann auch der Streitwert festgesetzt werden.

25 Betrifft die Tätigkeit des RA nicht den gesamten Gegenstand, ist der Gegenstandswert für die Berechnung der Gebühr des RA geringer zu bemessen.

Beispiel:

In einem Rechtsstreit über 10.000,– EUR wird Beweis über 1.000,– EUR durch das ersuchte Gericht erhoben. Der Terminsanwalt erhält die Gebühren des VV 3401 RVG nur aus 1.000,– EUR.

6. Verfassungsrechtliche Bedeutung der Streitwertfestsetzung

26 Die auf den Gegenstandswert aufbauende gerichtliche Streitwert- und Kostenfestsetzungsentscheidung betreffen entscheidend die anwaltliche Vergütung. So sind wegen ihrer objektiv berufsregelnden Tendenz gerichtliche Streitwert- und Kostenfestsetzungsentscheidungen am Maßstab der durch **Art. 12 Abs. 1 GG geschützten Berufsfreiheit** zu messen. Eine die gesetzlichen Streitwertregelungen außer Acht lassende und den Vergütungsanspruch des Rechtsanwalts mindernde Streitwertfestsetzung greift in den Schutzbereich seines Grundrechts der Berufsfreiheit ein.[27]

27 Auch im Kostenfestsetzungsverfahren müssen evtl. entstandene Gebühren gründlich ermittelt werden. So darf, wenn sich aus der Urkundenvorlage iVm dem Vorbringen des Antragstellers im Kostenfestsetzungsverfahren ergibt, dass eine Terminsgebühr entstanden ist, deren Festsetzung nicht mit der Begründung abgelehnt werden kann, dem pauschalen und in keiner Weise substantiierten Zurückweisungsantrag des Kostenschuldners sei der Antragsteller zuletzt nicht mehr entgegengetreten.[28]

7. Indexierung der Anwaltsvergütung

28 Das in § 2 Abs. 1 verankerte Prinzip der Wertabhängigkeit anwaltlicher Gebühren hat rechtspolitisch zu der Überlegung geführt, ob nicht eine **automatische Anpassung** der Anwaltsgebührentabelle an einen geeigneten Index vorzugswürdig ist.[29] Hintergrund der Überlegung ist, dass bei der rechtspolitischen Diskussion um Erhöhungen der Anwaltsgebührentabelle vielfach das Argument vorgebracht wird, dass Rechtsanwälte von kontinuierlich steigenden Gegenstandswerten bei der Berechnung ihrer Gebühren zwangsläufig profitieren,[30] obwohl ein erheblicher Teil der Anwälte entweder überhaupt nicht auf der Basis der taxmäßig vorgesehenen Vergütung, sondern mit Vergütungsvereinbarungen abrechnet oder in Bereichen tätig ist, in denen die Streitwerte durch Streitwertkataloge oder gesetzliche Bestimmungen von vornherein bestimmt sind; auch seien insbes. Einzelanwälte und kleine Kanzleien auf sachgerechte Erhöhungen der RVG-Gebühren besonders angewiesen.[31]

29 Obwohl die Überlegung, eine kontinuierliche an einen bestimmten Index gebundene Erhöhung der Gebührentabelle vorzusehen auf den ersten Blick einen gewissen Charme für sich hat und offenbar auch von der Anwaltschaft mehrheitlich begrüßt wird,[32] dürften doch viele Nachteile einer solchen automatischen Anpassung entgegenstehen. Denn die anwaltliche Vergütung wird nicht nur durch die Tabellenwerte der Anwaltsgebühren geprägt, sondern auch durch die Struktur der Gebührentatbestände. Die derzeitige Herangehensweise des Gesetzgebers, Anpassungen der Gebührentabelle und strukturelle Änderungen im Vergütungssystem, zB eine Bewertung einer bestimmten anwaltlichen Tätigkeit mit einem anderen Gebührensatz zu kombinieren, erlaubt eine bessere Differenzierung als eine automatische Erhöhung der Gebührentabelle. Eine **Feinjustierung** von bei der Anwaltsvergütung strukturell aufgetretenen Problemfällen wie zB eine zu geringe Vergütung bestimmter Tätigkeitsbereiche ist unverzichtbar. Auch würde eine automatische Anhebung der Gebührentabelle den politischen Druck auf den Gesetzgeber, sich von Zeit zu Zeit mit der anwaltlichen Vergütung insgesamt zu befassen, deutlich mindern.[33]

---

[27] VerfGH Berlin BeckRS 2013, 47071 = AGS 2013, 334 mAnm *Mayer* FD-RVG 2013, 343358.

[28] OLG Koblenz BeckRS 2014, 11652 = JurBüro 2014, 478 mAnm *Mayer* FD-RVG 2014, 359332.

[29] *Kilian* AnwBl 2014, 882 ff.

[30] *Kilian* AnwBl 2014, 882 ff. (884).

[31] *Kilian* AnwBl 2014, 882 ff.

[32] Vgl. Meldung in RVGreport 2014, 249.

[33] Ein Entschließungsantrag, mit dem die Bundesregierung aufgefordert werden sollte, ein Gesetzesentwurf vorzulegen, da eine regelmäßige Erhöhung der Rechtsanwaltsgebühren durch eine Koppelung an einen sachgerechten Index vorsieht (BT-Drs. 19/24745) fand am 27.11.2020 im Bundestag keine Mehrheit.

8. Wertgebührenhinweis

Nach § 49b Abs. 5 BRAO hat der RA vor Übernahme des Auftrags darauf hinzuweisen, wenn sich die zu erhebenden Gebühren nach dem Gegenstandswert richten. Der Anwalt ist somit bei Wertgebühren vor Übernahme des Auftrags zu einem sog. Wertgebührenhinweis verpflichtet (→ § 1 Rn. 147). Die aus § 49b Abs. 5 BRAO folgende **Hinweispflicht** gilt nicht für die Erstberatungsgebühr, da sich die Erstberatungsgebühr nicht nach dem Gegenstandswert richtet. Bei einem Vertrag über eine anwaltliche Erstberatung gilt nach § 612 Abs. 1 BGB eine Vergütung im Regelfall als stillschweigend vereinbart, auf die Entgeltlichkeit der Erstberatung muss der Anwalt jedoch bei erkennbarer Fehlvorstellung oder wirtschaftlichen Problemen des Mandanten hinweisen.[34] **30**

II. Das Vergütungsverzeichnis (Anlage 1 zum RVG)

Das Vergütungsverzeichnis ist rechtstechnisch als **Anlage zum RVG** – und somit als gesetzlicher Bestandteil desselben – ausgestaltet worden. Es regelt abschließend die Höhe der Vergütung des RA für seine Tätigkeit. Wegen der Einzelheiten wird auf die gesonderte Kommentierung des VV verwiesen (Teil C.). **31**

Auf- und Abrundung. Gem. § 2 Abs. 2 S. 2 RVG werden die Gebühren auf den nächst liegenden Cent auf- oder abgerundet; 0,5 Cent werden aufgerundet. Die Regelung bezieht sich nur auf Gebühren, nicht auf die nach § 1 Abs. 1 S. 1 RVG davon zu unterscheidenden Auslagen, zB VV 7000 ff. RVG und auch nicht auf die Umsatzsteuer gem. VV 7008 RVG. Jede im Gesetz selbständig genannte Gebühr ist auf- bzw. abzurunden.[35] **32**

§ 3 Gebühren in sozialrechtlichen Angelegenheiten

(1) [1]**In Verfahren vor den Gerichten der Sozialgerichtsbarkeit, in denen das Gerichtskostengesetz nicht anzuwenden ist, entstehen Betragsrahmengebühren.** [2]**In sonstigen Verfahren werden die Gebühren nach dem Gegenstandswert berechnet, wenn der Auftraggeber nicht zu den in § 183 des Sozialgerichtsgesetzes genannten Personen gehört; im Verfahren nach § 201 Absatz 1 des Sozialgerichtsgesetzes werden die Gebühren immer nach dem Gegenstandswert berechnet.** [3]**In Verfahren wegen überlanger Gerichtsverfahren (§ 202 Satz 2 des Sozialgerichtsgesetzes) werden die Gebühren nach dem Gegenstandswert berechnet.**

(2) **Absatz 1 gilt entsprechend für eine Tätigkeit außerhalb eines gerichtlichen Verfahrens.**

Schrifttum: *Schuwerack,* Fälligkeit der Gebühren des Rechtsanwalts und Wertfestsetzung im sozialgerichtlichen Verfahren, JurBüro 1979, 1767; *Madert/Hellstab,* Anwaltsgebühren in Verwaltungs-, Steuer- und Sozialsachen, 2. Aufl. 1997; *Noe,* Die Abrechnung sozialrechtlicher Mandate nach dem RVG, RVGreport 06/1989.

Übersicht

[34] AG Wiesbaden BeckRS 2012, 18565 = AGS 2012, 453 mAnm *Mayer* FD-RVG 2012, 337123.

[35] Hartmann/Toussaint/*Toussaint* RVG § 2 Rn. 11.

I. Gerichtliche Tätigkeit

1. Allgemeines

Nach § 1 SGG wird die Sozialgerichtsbarkeit durch unabhängige, von den Verwaltungsbehörden getrennte, besondere Verwaltungsgerichte ausgeübt. Als solche sind in den Ländern Sozialgerichte und Landessozialgerichte, im Bund das BSG errichtet. Die Gerichte der Sozialgerichtsbarkeit entscheiden in den ihnen durch **§ 51 SGG zugewiesenen öffentlich-rechtlichen Streitigkeiten.** Hierzu gehören neben den Angelegenheiten der gesetzlichen Rentenversicherung ua auch nach Maßgabe von § 51 Abs. 1 Nr. 2 SGG Angelegenheiten der gesetzlichen Krankenversicherung, der sozialen Pflegeversicherung und der privaten Pflegeversicherung. Der Rechtsweg zu den Sozialgerichten ist auch für Rechtsbeziehungen zwischen Vertragsärzten/-zahnärzten einerseits und gesetzlichen Krankenkassen bzw. kassenärztlichen/kassenzahnärztlichen Vereinigungen andererseits eröffnet.[1] Ferner entscheiden sie nach → SGG § 51 Abs. 1 Rn. 10 über sonstige öffentlich-rechtliche Streitigkeiten, für die durch Gesetz der Rechtsweg vor diesen Gerichten eröffnet wird. 1

Im ersten Rechtszug entscheiden die **Sozialgerichte (§ 8 SGG).** Die **Landessozialgerichte** entscheiden im zweiten Rechtszug über die Berufung gegen Urteile und Gerichtsbescheide sowie über Beschwerden gegen andere Entscheidungen der Sozialgerichte (§ 29 SGG). Das **BSG** entscheidet über das Rechtsmittel der Revision (§ 39 Abs. 1 SGG) sowie nach § 160a SGG über Nichtzulassungsbeschwerden gegen Urteile des LSG, ferner im ersten und letzten Rechtszug über Streitigkeiten nicht verfassungsrechtlicher Art zwischen dem Bund und den Ländern sowie zwischen verschiedenen Ländern in Angelegenheiten des § 51 SGG. 1a

Der Rechtsschutz wird auf **Klage** gewährt. Nach § 54 SGG kann durch die Klage die Aufhebung eines Verwaltungsakts oder seine Änderung sowie die Verurteilung zum Erlass eines abgelehnten oder unterlassenen Verwaltungsakts begehrt werden. Eine Körperschaft oder eine Anstalt des öffentlichen Rechts kann mit der Klage die Aufhebung einer Anordnung der Aufsichtsbehörde begehren, wenn sie behauptet, dass die Anordnung das Aufsichtsrecht überschreitet. Betrifft der angefochtene Verwaltungsakt eine Leistung, auf die ein Rechtsanspruch besteht, so kann mit der Klage neben der Aufhebung des Verwaltungsakts gleichzeitig die Leistung verlangt werden. Mit der Feststellungsklage des § 55 SGG kann begehrt werden die Feststellung des Bestehens oder Nichtbestehens eines Rechtsverhältnisses, die Feststellung, welcher Versicherungsträger der Sozialversicherung zuständig ist, die Feststellung, ob eine Gesundheitsstörung oder der Tod die Folge eines Arbeitsunfalls, einer Berufskrankheit oder einer Schädigung im Sinne des Bundesversorgungsgesetzes ist, die Feststellung der Nichtigkeit eines Verwaltungsakts, wenn der Kläger ein berechtigtes Interesse an der baldigen Feststellung hat. 2

Vor Erhebung der Anfechtungs- und Verpflichtungsklage sind Rechtmäßigkeit und Zweckmäßigkeit des Verwaltungsakts in den in § 78 SGG bestimmten Fällen in einem **Vorverfahren** nachzuprüfen. Das Vorverfahren ist in den §§ 83–86 SGG geregelt. 2a

Nach § 103 SGG erforscht das Gericht den Sachverhalt von Amts wegen. Es entscheidet nach § 124 SGG, soweit nichts anderes bestimmt ist, auf Grund mündlicher Verhandlung, mit Einverständnis der Beteiligten kann das Gericht ohne mündliche Verhandlung durch Urteil entscheiden. Entscheidungen des Gerichts, die nicht Urteile sind, können ohne mündliche Verhandlung ergehen, soweit nichts anderes bestimmt ist. Nach § 105 Abs. 1 SGG kann das Gericht nach vorheriger Anhörung der Parteien ohne mündliche Verhandlung durch **Gerichtsbescheid** entscheiden, wenn die Sache keine besonderen Schwierigkeiten tatsächlicher oder rechtlicher Art aufweist und der Sachverhalt geklärt ist. Die Beteiligten können nach Zustellung des Gerichtsbescheids mündliche Verhandlung beantragen, sofern das Rechtsmittel der Berufung nicht gegeben ist. Wird der Antrag rechtzeitig gestellt, so gilt der Gerichtsbescheid als nicht ergangen; anderenfalls steht er einem rechtskräftigen Urteil gleich, § 105 Abs. 3 SGG. Gem. § 105 Abs. 2 S. 1 SGG können die Beteiligten innerhalb eines Monats nach Zustellung des Gerichtsbescheids das Rechtsmittel einlegen, das zulässig wäre, wenn das Sozialgericht durch Urteil entschieden hätte. Ist also die Berufung statthaft, dh nach § 144 Abs. 1 SGG kraft 3

[1] MKL/*Keller* SGG § 51 Rn. 15.

Gesetzes (Berufungssumme 750,– EUR) oder auf Grund Zulassung durch das Sozialgericht, kann diese eingelegt werden. Ein Antrag auf mündliche Verhandlung ist bei einer statthaften Berufung nicht zulässig. Weder vor dem Sozialgericht noch vor dem LSG besteht Anwaltszwang. Vor dem BSG müssen sich die Beteiligten, soweit es sich nicht um Behörden oder Körperschaften oder Anstalten des öffentlichen Rechts handelt, außer im Prozesskostenhilfeverfahren durch Prozessbevollmächtigte vertreten lassen, § 73 Abs. 4 SGG. Jeder bei einem deutschen Gericht zugelassene RA ist als Prozessbevollmächtigter vor dem BSG zugelassen, § 73 Abs. 2 S. 1 SGG.

2. Die gesetzliche Regelung

4 Gem. § 3 Abs. 1 S. 1 RVG erhält der RA im Verfahren vor Gerichten der Sozialgerichtsbarkeit, in dem das GKG nicht anzuwenden ist, Rahmengebühren nach VV 3100 ff. RVG.

3. Die Verfahrensgebühr

5 **a) Allgemeines.** Durch die Rahmengebühr des § 3 Abs. 1 S. 1 RVG wird die **gesamte Tätigkeit** des RA im jeweiligen Rechtszug im gleichen Umfang abgegolten, wie dies auch in bürgerlichen Rechtsstreitigkeiten der Fall ist. Die Gebühr entsteht mit der ersten Tätigkeit nach Annahme des Auftrags, also in der Regel mit der Entgegennahme von Informationen. Endigt zB der Auftrag vor Einreichung der Klage, so ändert sich der Rahmen nicht, auch nicht entsprechend VV 3101 RVG. Die Mindertätigkeit in solchen Fällen ist nur gem. § 14 RVG zu beachten. Für Vorbereitungs-, Neben- und Abwicklungstätigkeiten erhält der RA keine zusätzliche Vergütung. Auch hier gilt § 14 RVG.

6 **b) Verfahrensgebühr für Verfahren vor den Sozialgerichten, in denen Betragsrahmengebühren entstehen, VV 3102 RVG.** Die Verfahrensgebühr VV 3102 RVG entsteht in Verfahren vor den Sozialgerichten, in denen nach § 3 Abs. 1 S. 1 RVG Betragsrahmengebühren entstehen (s. zur Abgrenzung zu den Verfahren vor den Gerichten der Sozialgerichtsbarkeit, in denen nach § 3 Abs. 1 S. 2 RVG Wertgebühren entstehen → Rn. 169 ff.).

7 Bei den **Entstehungsvoraussetzungen** des Gebührentatbestands gelten die allgemeinen Regelungen einer Verfahrensgebühr (→ RVG VV Vorb. 3 Rn. 64 ff.).

8 Die Verfahrensgebühr VV 3102 RVG wurde durch das KostRÄG 2021[2] um 20% erhöht[3] und verfügt nunmehr über einen Rahmen von 60,– EUR bis 660,– EUR, die Mittelgebühr beträgt 360,– EUR. Für Altfälle, für die das RVG noch idF vor Inkrafttreten des KostRÄG 2021 gilt, verfügt die Verfahrensgebühr VV 3102 RVG über einen Rahmen von 50,– EUR bis 550,– EUR, die **Mittelgebühr** beträgt 300,– EUR.

9 Die Bemessung der konkreten Gebühr richtet sich nach den **Kriterien des § 14 RVG.** Die Anwendung dieser Bewertungsmaßstäbe gestaltet sich jedoch im Sozialrecht häufig schwierig, da vielfach um (objektiv) niedrige Beträge oder Werte gestritten wird und häufig auch die Einkommens- und Vermögensverhältnisse des Auftraggebers eher unterdurchschnittlich sind.

10 Ein interessanter Bewertungsansatz ist das sog. **„Kieler Kostenkästchen“.**[4] Danach sind bei der Gebührenbestimmung von Rahmengebühren die in § 14 Abs. 1 RVG genannten Kriterien des Umfangs der anwaltlichen Tätigkeit, der Schwierigkeit der anwaltlichen Tätigkeit, der Bedeutung der Angelegenheit für den Auftraggeber und der Einkommens- und Vermögensverhältnisse des Auftraggebers in die Stufen deutlich unterdurchschnittlich, unterdurchschnittlich, durchschnittlich, überdurchschnittlich und deutlich überdurchschnittlich einzuteilen und den jeweiligen Stufen ein Wert von 1–5 Punkten zuzuordnen. Sodann sind die Punkte für die einzelnen Kriterien zu addieren und aus der Gesamtpunktzahl die aus dem Kieler Kostenkästchen ersichtliche Gebührenhöhe abzulesen.[5] Nach der Weiterentwicklung des „Kieler Kostenkästchens“ für Entscheidungen ab Januar 2016 ist auch das Haftungsrisiko als Bemessungskriterium der Gebühr zu berücksichtigen, sodass sich dann folgende Aufgliederung ergibt.[6]

---

[2] BGBl. 2020 I 3329.

[3] BT-Drs. 19/23484, 84.

[4] Wenngleich dieser Bewertungsansatz vom übergeordneten LSG Schleswig-Holstein grundsätzlich abgelehnt wird, BeckRS 2018, 22487 = AGS 2018,457 = RVGreport 2018, 449; BeckRS 2019, 2153 = RVGreport 2019, 179.

[5] SG Kiel BeckRS 2011, 72846 mAnm *Mayer* FD-RVG 2011, 320342.

[6] SG Kiel BeckRS 2016, 65128 = AGS 2016, 172 mAnm *Mayer* FD-RVG 2016, 375552.

	deutlich unterdurchschnittlich	Unterdurchschnittlich	Durchschnittlich	Überdurchschnittlich	deutlich überdurchschnittlich	
Umfang	1	2	3	4	5	Punkt(e)
Schwierigkeit	1	2	3	4	5	Punkt(e)
Bedeutung	1	2	3	4	5	Punkt(e)
wirtschaftliche Verhältnisse	1	2	3	4	5	Punkt(e)
Haftungsrisiko	1	2	3	4	5	Punkt (e)

Punktzahl	Quotient	nicht unbillige Gebühr
5	1	Mindestgebühr
6–7	1,1–1,4	$^1/_3$ Mittelgebühr
8–12	1,5–2,4	$^2/_3$ Mittelgebühr
13–17	2,5–3,4	Mittelgebühr
18–22	3,5–4,4	$^4/_3$ Mittelgebühr
23–24	4,5–4,9	$^5/_3$ Mittelgebühr
25	5	Höchstgebühr

Im erstinstanzlichen sozialgerichtlichen Verfahren liegt eine durchschnittliche Angelegenheit vor, wenn eine Klage erhoben wird oder ein Antrag auf einstweiligen Rechtsschutz gestellt wird, Akteneinsicht genommen wird, die Klage bzw. der Antrag auf einstweiligen Rechtsschutz begründet wird, behandelnde Ärzte benannt und erforderliche Entbindungserklärungen von der ärztlichen Schweigepflicht oder dem Sozialgericht eingereicht werden, zu vom Gericht veranlassten Ermittlungen und eingeholten Gutachten Stellung genommen, ein Termin vorbereitet sowie eine eventuelle Entscheidung des Gerichts zur Kenntnis genommen wird.[7] 11

Durchschnittlich schwierig vor dem Sozialgericht sind nach Auffassung des SG Kiel Verfahren mit oder ohne medizinische Fragestellungen, in denen wegen einmaliger oder laufender Leistungen gestritten wird (typische Fälle: Leistungen zur Sicherung des Lebensunterhalts, Erwerbsminderungsrenten, Pflegegeld, Krankengeld, Unfallrenten, Heil- und Hilfsmittel, Realleistungen, Feststellungen des Grades der Behinderung, des Grades der Schädigungsfolgen oder Minderung der Erwerbsfähigkeit).[8]

Überdurchschnittlich schwierig sind Verfahren, wenn zusätzlich auch Fragen medizinischer Kausalität oder arbeitstechnischer Voraussetzungen verfahrenserheblich sind (zB Anerkennung von Ereignissen als Arbeitsunfall, Wehrdienstbeschädigungsfolgen, Schädigungsfolgen nach dem Opferentschädigungsgesetz, Berufskrankheiten).[9] 12

Unterdurchschnittlich schwierig sind nach dem SG Kiel zB Verfahren, in denen ein Synergieeffekt zu berücksichtigen ist.[10] 13

Als deutlich unterdurchschnittlich werden zB Untätigkeitsklagen bewertet,[11] da für die Klageerhebung außer dem Fristablauf des § 88 SGG nichts weiter beachtet werden muss.[12] Allerdings führt nur die sofortige Einräumung der Untätigkeit zu deutlich unterdurchschnittlicher Anwaltstätigkeit, bei darüberhinausgehender objektiv erforderlicher anwaltlicher Tätigkeit (zB Empfangnahme der Anhörung zum Gerichtsbescheid) wird die Schwelle zur Unterdurchschnittlichkeit überschritten.[13]

Unerheblich sind nach dem SG Kiel subjektive Faktoren, ob nämlich ein Verfahren für den Anwalt einfach (zB wegen vorhandener Spezialkenntnisse) oder schwierig (zB Mangels vertiefter Kenntnisse des Sozialrechts) ist.[14]

[7] SG Kiel BeckRS 2016, 65128 = AGS 2016, 172 mAnm *Mayer* FD-RVG 2016, 375552.
[8] SG Kiel BeckRS 2016, 65128 = AGS 2016, 172 mAnm *Mayer* FD-RVG 2016, 375552.
[9] SG Kiel BeckRS 2016, 65128 = AGS 2016, 172 mAnm *Mayer* FD-RVG 2016, 375552.
[10] SG Kiel BeckRS 2016, 65128 = AGS 2016, 172 mAnm *Mayer* FD-RVG 2016, 375552.
[11] SG Kiel BeckRS 2016, 65128.
[12] SG Kiel BeckRS 2011, 72846 mAnm *Mayer* FD-RVG 2011, 320342; BeckRS 2012, 65264 mAnm *Mayer* FD-RVG 2012, 327350; s. näher zur Gebührenhöhe bei Untätigkeitsklagen unter Rn. 19.
[13] SG Kiel BeckRS 2012, 70778 mAnm *Mayer* FD-RVG 2012, 334288.
[14] SG Kiel BeckRS 2016, 65128 = AGS 2016, 172 mAnm *Mayer* FD-RVG 2016, 375552.

Allerdings wirken sich Synergieffekte regelmäßig auch auf die Schwierigkeit der anwaltlichen Tätigkeit aus.[15]

14 Die **Bedeutung der Angelegenheit** für den Kläger hängt nicht nur vom Streitgegenstand, sondern auch von seinem subjektiven Empfinden ab,[16] im Falle von Untätigkeitsklagen ist regelmäßig nur unterdurchschnittliche Bedeutung anzunehmen, da es nur um die Bescheidung als solches, aber nicht um den vermeintlichen Anspruch selbst geht.[17] Nach dem SG Kiel ist die Bedeutung der Angelegenheit jedenfalls dann grds. als durchschnittlich anzusehen, wenn nur um eine einmalige Leistung gestritten wird, sofern dagegen um Leistungen mit Dauerwirkung oder um laufende Leistungen zur Sicherung des soziokulturellen Existenzminimums gestritten wird, liegt nach dem SG Kiel grds. eine überdurchschnittliche Bedeutung vor.[18] Von diesen Grundsätzen ist nach dem SG Kiel in Verfahren des einstweiligen Rechtsschutzes nach unten abzuweichen, da in solchen Verfahren nicht endgültige, sondern lediglich vorläufige Leistungen bzw. Regelungen geltend gemacht werden können.[19] Nach dem LSG Thüringen sind sozialrechtliche Streitigkeiten über typische Dauerleistungen, die den wesentlichen Lebensunterhalt des Leistungsberechtigten sicherstellen, wegen der grundsätzlichen außergewöhnlichen Bedeutung der Sozialleistung grundsätzlich geeignet eine über der Mittelgebühr liegende Verfahrensgebühr (bis zur Höchstgebühr) zu begründen, eine Regelvermutung für das Entstehen der Höchstgebühr im Rentenverfahren bestehe allerdings nicht.[20]

15 **Einkommens- und Vermögensverhältnisse** des Klägers sind dann zumindest als durchschnittlich anzusehen, wenn die Gewährung von Prozesskostenhilfe nicht erforderlich ist. Ist die Gewährung von Prozesskostenhilfe erforderlich, liegen zumindest unterdurchschnittliche Einkommens- und Vermögensverhältnisse vor, bei Empfänger von Grundsicherungsleistungen regelmäßig deutlich unterdurchschnittliche Einkommens- und Vermögensverhältnisse.[21]

16 Bei **Betragsrahmengebühren** und damit bei den Verfahren iSv § 3 Abs. 1 S. 1 RVG spielt das **Haftungsrisiko** als Kriterium für die Gebührenbemessung eine besondere Rolle. Nach § 14 Abs. 1 S. 2 RVG kann bei der Gebührenbemessung ein besonderes Haftungsrisiko des Rechtsanwalts herangezogen werden. § 14 Abs. 1 S. 3 RVG hingegen schreibt vor, dass bei Rahmengebühren, die sich nicht nach dem Gegenstandswert richten, das Haftungsrisiko zu berücksichtigen ist. Aus diesem Regelungszusammenhang ergibt sich die Frage, ob bei Betragsrahmengebühren **jegliches oder nur ein besonderes Haftungsrisiko** zu berücksichtigen ist, und ob ggf. ein sehr geringes Haftungsrisiko dazu führen kann, dass bei der Gebührenbemessung ein Abschlag vorzunehmen ist.

17 Vielfach geht man in der Lit. ohne nähere Diskussion davon aus, dass auch bei Betragsrahmengebühren durch die Berücksichtigung des Haftungsrisikos **nur eine Gebührenerhöhung** herbeigeführt kann.[22] Teilweise wird sogar vertreten, dass bereits ein durchschnittliches Haftungsrisiko zu einer Erhöhung der Gebühr führt.[23] Nach der Gesetzesbegründung sollte die Möglichkeit geschaffen werden, dass ein im Einzelfall besonderes Haftungsrisiko des Anwalts berücksichtigt werden kann.[24] Bei Betragsrahmengebühren hingegen soll nach der Gesetzesbegründung das Haftungsrisiko grds. Berücksichtigung finden, weil das Haftungsrisiko in diesem Fall, anders als bei Wertgebühren, ansonsten keinen Eingang in die Höhe der Gebühr finden würde.[25]

18 Der Gesetzgeber ging somit ersichtlich davon aus, dass im Regelfall das Haftungsrisiko sich bei Wertgebühren im Gegenstandswert und damit auch in der Höhe der Gebühr abbildet, sodass lediglich dann, wenn ein „besonderes" Haftungsrisiko besteht, wenn bspw. der Gegenstandswert künstlich „gedeckelt" ist und nicht den wahren wirtschaftlichen Wert widerspiegelt, dieses besondere nicht mit dem Gegenstandswert korrespondierende Haftungsrisiko berücksichtigt werden kann. Bei Betragsrahmengebühren hingegen fehlt eine solche Verbindung zwi-

[15] LSG Schleswig-Holstein BeckRS 2018, 3410 mAnm *Mayer* FD-RVG 2018, 405450.
[16] SG Kiel BeckRS 2016, 65128 = AGS 2016, 172 mAnm *Mayer* FD-RVG 2016, 375552.
[17] SG Kiel BeckRS 2011, 72846; siehe näher zur Gebührenhöhe bei Untätigkeitsklagen unter Rn. 19.
[18] SG Kiel BeckRS 2016, 65128 = AGS 2016, 172 mAnm *Mayer* FD-RVG 2016, 375552.
[19] SG Kiel BeckRS 2016, 65128 = AGS 2016, 172 mAnm *Mayer* FD-RVG 2016, 375552.
[20] ThürLSG BeckRS 2018, 24334 mAnm *Mayer* FD-RVG 2018, 411645.
[21] SG Kiel BeckRS 2011, 72846; BeckRS 2016, 65128 = AGS 2016, 172.
[22] Hartung/Schons/Enders/*Enders* RVG § 14 Rn. 48; Hartmann/Toussaint/*Toussaint* RVG § 14 Rn. 21; Schneider/Wolf/*Onderka*/*N. Schneider* RVG § 14 Rn. 53; Riedel/Sußbauer/*Pankatz* RVG § 14 Rn. 58; *Otto* NJW 2006, 1472 (1476).
[23] *Klier* NZS 2004, 469 (470).
[24] BT-Drs. 15/1971, 189.
[25] BT-Drs. 15/1971, 189.

schen der Gebührenhöhe und dem Haftungsrisiko, sodass insoweit konsequent der Gesetzgeber vorgeschrieben hat, dass bei Betragsrahmengebühren das Haftungsrisiko zu berücksichtigen ist. Dann aber lässt sich die Auffassung nicht halten, dass das Kriterium des Haftungsrisikos bei Betragsrahmengebühren nicht gebührenmindernd wirksam werden kann.[26] Konsequent und richtig dürfte es daher sein, bei Betragsrahmengebühren Abweichungen vom durchschnittlichen Haftungsrisiko **sowohl gebührenmindernd wie auch gebührenerhöhend** zu berücksichtigen.[27] Im praktischen Ergebnis dürfte es sich jedoch zu der Auffassung, dass das Haftungsrisiko bei Betragsrahmengebühren allenfalls gebührenerhöhend wirksam werden kann, keine großen Unterschiede ergeben. Denn ein sog. „durchschnittliches" Haftungsrisiko ist bei der Gebührenbemessung indifferent, und praktische Fälle, in denen lediglich ein „unterdurchschnittliches" Haftungsrisiko vorliegt, sind ebenfalls schwer vorstellbar.

Das **Kieler Kostenkästchen** geht von dem Ansatz aus, dass zur Beurteilung des anwaltlichen Haftungsrisikos ein Vergleich der Höhe der anwaltlichen Vergütung mit einem nach Gegenstandswert abzurechnenden Verfahren durchzuführen ist.[28] Denn das Haftungsrisiko lasse sich grds. aus dem Gegenstandswert des Verfahrens ableiten. Das jedem Verfahren immanente Haftungsrisiko sei in den Verfahren, in denen eine Vergütung nach Gegenstandswert erfolgt, in die Höhe der anwaltlichen Vergütung eingearbeitet. Abweichungen vom „normalen Haftungsrisiko" seien sowohl gebührenerhöhend als auch ggf. gebührenmindernd zu berücksichtigen.[29] **18a**

c) Untätigkeitsklage. Das Meinungsspektrum in der Rechtsprechung, in welcher Höhe die Verfahrensgebühr bei einer Untätigkeitsklage anfällt, ist immens. Es reicht vom Ansatz der einfachen Mindestgebühr[30] über die doppelte Mindestgebühr,[31] einem Drittel der Mittelgebühr[32] bis zu 60% der Mittelgebühr.[33] Die LSG Bayern,[34] Schleswig-Holstein[35] und Hessen[36] haben sich dahingehend positioniert, dass im Regelfall die Verfahrensgebühr bei Untätigkeitsklagen nur in Höhe der halben Mittelgebühr anzusetzen ist. **19**

d) Reduzierte Verfahrensgebühr, VV 3103 RVG aF. Der Gebührentatbestand VV 3103 RVG aF ist durch die Einführung der reinen Anrechnungslösung auch in sozialrechtlichen Verfahren, in denen im gerichtlichen Verfahren Betragsrahmengebühren entstehen, überflüssig geworden und wurde im Zuge des 2. KostRMoG aufgehoben.[37] Der Vergütungstatbestand VV 3103 RVG aF hat aber nach wie vor Bedeutung für die Fälle, in denen das RVG in der vor dem Inkrafttreten des Kostenrechtsmodernisierungsgesetzes geltenden Fassung anzuwenden ist. Die reduzierte Verfahrensgebühr VV 3103 RVG war eine Abwandlung zu der Verfahrensgebühr VV 3102 RVG und verfügte über einen Rahmen von 20,– EUR bis 320,– EUR. **19a**

Nach § 17 Nr. 1a RVG sind ua das Verwaltungsverfahren, das einem gerichtlichen Verfahren vorausgehende und der Nachprüfung des Verwaltungsakt dienende weitere Verwaltungsverfahren und das gerichtliche Verfahren verschiedene Angelegenheiten. Um zu berücksichtigen, dass die Tätigkeit in diesen Verwaltungsverfahren die Tätigkeit in gerichtlichen Verfahren erleichtert, sah VV 3103 RVG eine **Verfahrensgebühr mit einem niedrigeren Rahmen** für den Fall vor, dass der RA bereits im Verwaltungsverfahren oder in einem dem gerichtlichen Verfahren vorausgehenden und der Nachprüfung des Verwaltungsakts dienenden weiteren Verwaltungsverfahren bereits tätig geworden ist. In diesen Fällen hatte er nämlich bereits schon die Geschäftsgebühr nach VV 2400 RVG aF verdient, wenn er erst im Nachprüfungsverfahren tätig wurde, bzw. die Geschäftsgebühr VV 2400 RVG aF und die Geschäftsgebühr im Nachprüfungsverfahren VV 2401 RVG aF, wenn er sowohl im Verwaltungsverfahren wie auch im Nachprüfungsverfahren tätig geworden ist. Der Gebührentatbestand VV 3103 RVG sollte berücksichtigen, dass die vorausgegangene Tätigkeit des Anwalts im Verwaltungsverfahren und/oder **20**

[26] Dieser Auffassung sind zB *Otto* NJW 2006, 1472 (1476); LG Potsdam BeckRS 2015, 01371 = NZV 2015, 565 mAnm *Mayer* FD-RVG 2015, 365912.

[27] Burhoff/Volpert RVG/*Burhoff* Teil A Rn. 1720.

[28] SG Kiel BeckRS 2016, 65128 = AGS 2016, 172 mAnm *Mayer* FD-RVG 2016, 375552.

[29] SG Kiel BeckRS 2016, 65128 = AGS 2016, 172 mAnm *Mayer* FD-RVG 2016, 375552.

[30] SG Augsburg Beschluss vom 28.3.2018 – S 6 SF 2/18 E, BeckRS 2018, 15648.

[31] LSG NRW AGS 2015, 170 = BeckRS 2015, 66442 mAnm *Mayer* FD-RVG 2015, 367291.

[32] LSG Saschsen AGS 2014, 13 = BeckRS 2013, 73591.

[33] SG Hamburg Beschluss vom 21.3.2007 – S 61 AS 1905/06, BeckRS 2009, 51867.

[34] Beschluss vom 25.6.2018 – L 12 SF 174/18, BeckRS 2018, 15647 mAnm *Mayer* FD-RVG 2018, 407623.

[35] Beschluss vom 13.9.2018 – L 5 SF 294/17 BE, BeckRS 2018, 22487 = AGS 2018, 457 mAnm *Mayer* FD-RVG 2018, 410920.

[36] Beschluss vom 13.1.2014 – L 2 AS 250/13 B = BeckRS 2014, 66100; NZS 2012, 678.

[37] BT-Drs. 17/11471 (neu), 275.

im Nachprüfungsverfahren die Tätigkeit im gerichtlichen Verfahren erleichtert und sah deshalb einen geringeren Gebührenrahmen als der Gebührentatbestand VV 3102 RVG vor.

21 Der Gebührentatbestand VV 3103 RVG aF sieht einen Gebührenrahmen von 20,– EUR bis 320,– EUR vor, die Mittelgebühr beträgt 170,– EUR.

22 Bei der **Gebührenbemessung** sind die Kriterien des § 14 RVG anzuwenden, allerdings bestimmt die Anmerkung zum Vergütungstatbestand ausdrücklich, dass bei der Gebührenbemessung nicht zu berücksichtigen ist, dass der Umfang der Tätigkeit infolge der Tätigkeit im Verwaltungsverfahren oder im weiteren der Nachprüfung des Verwaltungsakts dienenden Verwaltungsverfahren geringer ist. Die Anmerkung stellt klar, dass der durch die vorangegangene Tätigkeit ersparte Aufwand des Anwalts ausschließlich durch die Anwendung des geringeren Rahmens bei der Verfahrensgebühr berücksichtigt werden soll und nicht mehr bei der Bemessung der konkreten Gebühr.

23 Bis zum Inkrafttreten der Neuregelung von Abs. 2 S. 1 der Anmerkung zu VV 2503 RVG durch das Gesetz zur Durchführung der VO (EG) Nr. 4/2009 und zur Neuordnung bestehender Aus- und Durchführungsbestimmungen auf dem Gebiet des internationalen Unterhaltsverfahrensrechts[38] am 28.5.2011[39] bestand eine besondere Brisanz beim **Zusammentreffen** der reduzierten Verfahrensgebühr nach VV 3103 RVG aF und einer **Tätigkeit im Rahmen der Beratungshilfe im Vorverfahren.** Denn bis dahin bestimmte Abs. 2 S. 1 der Anmerkung zu VV 2503 RVG einschränkungslos, dass die im Rahmen der Beratungshilfe zu zahlende Geschäftsgebühr für die außergerichtliche Vertretung zur Hälfte auf die Gebühren für ein anschließendes gerichtliches oder behördliches Verfahren anzurechnen ist. Dies führte in sozialgerichtlichen Verfahren, in denen Betragsrahmengebühren entstehen, zu einer doppelten Berücksichtigung des durch die Vorbefassung des Anwalts ersparten Aufwands, während beim Wahlanwalt eine solche Anrechnung nicht vorgesehen war.[40] Bis zum Inkrafttreten der Neuregelung behalf sich ein Teil der Rspr. dadurch, dass eine Anrechnung der Beratungshilfegeschäftsgebühr auf die Verfahrensgebühr nach VV 3103 RVG aF nicht vorgenommen wurde.[41] Andere Gerichte wiederum nahmen trotz der evidenten verfassungsrechtlichen Problematik eine Anrechnung der Beratungshilfegeschäftsgebühr zur Hälfte vor.[42] Einen interessanten Ansatz verfolgte in diesem Zusammenhang das BayLSG, welches in diesen Fällen zwar eine Anrechnung der Beratungshilfegeschäftsgebühr hälftig vornahm, jedoch nicht den Gebührenrahmen VV 3103 RVG aF, sondern die Gebühr VV 3102 RVG zum Ansatz brachte.[43] Weil der Gesetzgeber eine Verfassungswidrigkeit der bis dahin bestehenden Regelung befürchten musste,[44] wurde dann in Abs. 2 S. 1 der Anmerkung zu VV 2503 RVG ein Halbsatz eingeführt, wonach eine **Anrechnung** der Beratungshilfegeschäftsgebühr auf die Fälle der ermäßigten Betragsrahmengebühren in sozialrechtlichen Angelegenheiten, also auf die Geschäftsgebühr VV 2401 RVG aF und die Verfahrensgebühr VV 3103 RVG aF, **ausgeschlossen** wird.[45]

24 Zu beachten ist aber, dass die **reduzierte Verfahrensgebühr** VV 3103 RVG aF **nicht** zum Ansatz gebracht werden kann, wenn eine **Untätigkeitsklage** erhoben wird. Denn die Gebühr nach VV 3103 RVG aF setzt voraus, dass Gegenstand des gerichtlichen Verfahrens ein Verwaltungsakt ist, der zuvor Gegenstand eines behördlichen Verfahrens, Verwaltungsverfahrens und/oder Widerspruchsverfahrens war. Die Verfahren – Verwaltungsverfahren, Widerspruchsverfahren und gerichtliches Verfahren – bauen aufeinander auf und haben denselben Verwaltungsakt zum Gegenstand. In einer solchen Situation wird davon ausgegangen, dass ein RA aufgrund der durch die vorausgegangene Tätigkeit im Verwaltungsverfahren erworbenen Sach- und Rechtskenntnisse in nachfolgenden gerichtlichen Verfahren einen geringeren Aufwand hat und dass aufgrund dieses regelmäßig geringeren Aufwandes der niedrigere Gebührenrahmen der VV 3103 RVG aF gerechtfertigt ist.[46] Bei einer Untätigkeitsklage handelt es sich jedoch aber um eine formelle Bescheidungsklage, die auf die bloße Bescheidung eines Antrags oder Wider-

---

[38] BGBl. 2011 I 898.

[39] *Hansens* RVGreport 2011, 285 (287).

[40] BT-Drs. 17/4887, 52.

[41] LSG NRW BeckRS 2011, 72822; BeckRS 2010, 75507; BeckRS 2010, 66253; SG Fulda BeckRS 2011, 65454; SG Berlin BeckRS 2010, 65861; SG Dresden BeckRS 2009, 57986; SG Augsburg BeckRS 2009, 65166 mAnm *Mayer* FD-RVG 2009, 283141 = AGS 2009, 396 mAnm *Schneider.*

[42] ThürLSG NZS 2009, 590; NZS 2009, 62792; SG Lüneburg BeckRS 2011, 69096.

[43] BayLSG BeckRS 2011, 68439; 2011, 72794.

[44] *Schneider* AGS 2011, 417.

[45] BT-Drs. 17/4887, 52.

[46] LSG NRW BeckRS 2008, 56088 = AGS 2008, 550; aA HessLSG BeckRS 2011, 79259 mAnm *Mayer* FD-RVG 2012, 326718.

spruchs gerichtet ist.[47] Deshalb ist ein „Synergieeffekt", der die Minderung des Gebührenrahmens rechtfertigt, durch die anwaltliche Tätigkeit im behördlichen Verfahren und im gerichtlichen Verfahren nicht gegeben.[48]

e) Anrechnungsfragen. Nachdem durch das 2. KostRMoG die echte Anrechnungslösung auch bei Betragsrahmengebühren eingeführt worden ist, ist nach VV Vorb. 3 Abs. 4 S. 1, 2 RVG eine im Widerspruchsverfahren entstandene Geschäftsgebühr zur Hälfte, höchstens jedoch mit 207,– EUR auf die Verfahrensgebühr anzurechnen. Umstritten sind insoweit zwei Konstellationen, nämlich das Zusammentreffen eines Widerspruchsverfahrens mit einem Eilrechtsschutzverfahren sowie eine etwaige Anrechnung bei Untätigkeitsklagen. 25

aa) Nach zutreffender Auffassung handelt es sich bei einem **Widerspruch** und einem **Eilrechtsschutzverfahren** (Anordnung der aufschiebenden Wirkung des Widerspruchs) nicht um denselben Gegenstand iSv VV Vorb. 3 Abs. 4 S. 1 RVG, sodass eine Anrechnung erfolgter Zahlungen auf die Geschäftsgebühr für die Tätigkeit im Widerspruchsverfahren auf die Verfahrensgebühr des Eilrechtsschutzverfahren nach VV Vorb. 3 Abs. 4 RVG nicht stattfindet.[49] 26

bb) Untätigkeitsklage. Auch eine im Widerspruchsverfahren entstandene Geschäftsgebühr ist nicht nach VV Vorb. 3 Abs. 4 RVG auf die Verfahrensgebühr für einen auf die Erteilung des Widerspruchsbescheids gerichtete Untätigkeitsklage anzurechnen. Das Widerspruchsverfahren ist nämlich auf eine Entscheidung in der der Sache gerichtet, während die Untätigkeitsklage das Ziel hat, überhaupt eine Entscheidung herbeizuführen.[50] 27

f) Verfahrensgebühr vor den Landessozialgerichten, in denen Betragsrahmengebühren entstehen (§ 3 RVG) VV 3204 RVG. Beim Vergütungstatbestand VV 3204 RVG, der Verfahrensgebühr für Verfahren vor den Landessozialgerichten, in denen Betragsrahmengebühren entstehen, wurde durch das KostRÄG[51] der Gebührenrahmen von 60,– EUR bis 680,– EUR auf 72,– EUR bis 816,– EUR erhöht, die Mittelgebühr beträgt 444,– EUR. Bei der Bemessung der Erhöhung orientierte sich der Gesetzgeber an der Vorgabe, die Gebühren bei sozialrechtlichen Mandaten um 20% zu erhöhen.[52] 28

Für Altfälle, für die das RVG noch in der vor dem Inkrafttreten des 2. KostRMoG geltenden Fassung Anwendung findet, entsteht die Verfahrensgebühr VV 3204 RVG mit einem Rahmen von 50,– EUR bis 570,– EUR, die **Mittelgebühr** beträgt dann 310,– EUR.

Bei den **Entstehungsvoraussetzungen** des Gebührentatbestands gelten die allgemeinen Regelungen einer Verfahrensgebühr (→ RVG VV Vorb. 3 Rn. 64 ff.). 29

Zu beachten ist jedoch die Regelung **VV Vorb. 3.2 Abs. 2 RVG.** Danach bestimmen sich die Gebühren nach den für die erste Instanz geltenden Vorschriften im Verfahren der einstweiligen Anordnung und im Verfahren auf Anordnung oder Wiederherstellung der aufschiebenden Wirkung, auf Aussetzung oder Aufhebung der Vollziehung oder Anordnung der sofortigen Vollziehung eines Verwaltungsakts. VV 3204 RVG findet somit keine Anwendung auf Verfahren vor dem LSG auf Anordnung oder Wiederherstellung der aufschiebenden Wirkung, auf Aussetzung oder Aufhebung der Vollziehung oder Anordnung der sofortigen Vollziehung eines Verwaltungsakts und in Verfahren auf Erlass einer einstweiligen Anordnung, wenn das LSG als Gericht der Hauptsache anzusehen ist.[53] Der RA erhält daher in dem Fall, dass eines der genannten Verfahren erstmalig beim LSG als Gericht der Hauptsache durchgeführt wird, eine Verfahrensgebühr VV 3102 RVG und eine etwaige Terminsgebühr nach VV 3106 RVG. 30

Im **Beschwerdeverfahren** gegen eine erstinstanzliche Entscheidung im einstweiligen Anordnungsverfahren entstand vor Inkrafttreten des 2. KostRMoG die Verfahrensgebühr VV 3501 RVG, ein Rückgriff auf VV 3204 RVG kam nicht in Betracht.[54] Durch das 2. KostRMoG[55] wurde jedoch die Rechtslage insoweit gravierend verändert; nach VV Vorb. 3.2.1 31

[47] LSG NRW BeckRS 2008, 56088 = AGS 2008, 550.
[48] LSG NRW BeckRS 2008, 56088 = AGS 2008, 550.
[49] BayLSG BeckRS 2016, 71343 mAnm *Mayer* FD-RVG 2016, 381135; SächsLSG AGS 2013, 389 = ASR 2013, 240 = BeckRS 2013, 68665; LSG Nordhein-Westfalen Beschluss vom 23.5.2012 – L 19 AS 2147/10 B, BeckRS 2012, 69979; Beschluss vom 20.7.2011 – L 16 AL 103/10 B BeckRS 2011, 75450; aA HessLSG BeckRS 2016, 69760 = AGS 2016, 463 mAnm *Mayer* FD-RVG 2016, 379783; ThürLSG Beschluss vom 20.7.2017 – L 6 SF 950/15 B, BeckRS 2017, 124582 = AGS 2017, 508 mAnm *Mayer* FD-RVG 2017, 395112.
[50] SG Giesen BeckRS 2016, 71369 = AGS 2016, 513 mAnm *Mayer* FD-RVG 2016, 381168.
[51] BGBl. 2020 I 3229.
[52] BT-Drs. 19/23484, 85.
[53] Schneider/Wolf/*N. Schneider* RVG VV Vorb. 3.2 Rn. 9.
[54] LSG NRW BeckRS 2009, 52971.
[55] BGBl. 2013 I 2586.

Nr. 3a RVG gilt der Unterabschn. 1 ua auch über Beschwerden über die Entscheidung des Sozialgerichts wegen des Hauptgegenstands in Verfahren des vorläufigen oder einstweiligen Rechtsschutzes. Die Beschwerdeverfahren wegen des Hauptgegenstands des einstweiligen Rechtsschutzes entsprechen nach Auffassung des Gesetzgebers in derselben Sache einem Berufungsverfahren in der Hauptsache.[56] Nach neuem Recht entstehen für diese Beschwerdeverfahren die gleichen Gebühren wie im Berufungsverfahren.[57]

32 **g) Verfahrensgebühr in Verfahren vor dem BSG, in denen Betragsrahmengebühren entstehen, VV 3212 RVG.** Vor Inkrafttreten des 2. KostRMoG erhielt der RA in einem Verfahren vor dem BSG, in dem Betragsrahmengebühren entstehen, nach VV 3212 RVG aF eine Verfahrensgebühr von 80,– EUR bis 800,– EUR, die **Mittelgebühr** betrug 440,– EUR. Nach der Regelung durch das 2. KostRMoG[58] entstand die Verfahrensgebühr VV 3212 RVG mit einem Rahmen von 80,– EUR bis 880,– EUR, die Mittelgebühr betrug 480,– EUR. Durch das KostRÄG 2021[59] wird der Rahmen auf 96 bis 1.056,– EUR, Mittelgebühr 576,– EUR in Umsetzung der Maßgabe erhöht, bei sozialrechtlichen Mandaten eine Erhöhung der Gebühren um 20% vorzunehmen.[60] Für die **Entstehungsvoraussetzung** des Gebührentatbestands gelten die allgemeinen Voraussetzungen einer Verfahrensgebühr (→ RVG VV Vorb. 3 Rn. 64 ff.).

4. Einzeltätigkeit

33 **a) Allgemeines. Abschnitt 4 von VV Teil 3 RVG** enthält mit den Vergütungstatbeständen VV 3400, 3401, 3405 RVG Gebührentatbestände, die sowohl für Wertgebühren als auch für Betragsrahmengebühren gelten, und mit VV 3406 RVG eine Verfahrensgebühr für sonstige Einzeltätigkeiten vor den Gerichten der Sozialgerichtsbarkeit, wenn Betragsrahmengebühren entstehen. Abs. 2 der VV Vorb. 3.4 RVG enthielt eine Kürzungsregel beim Gebührenrahmen, wenn eine Tätigkeit des Anwalts im Verwaltungsverfahren oder im weiteren der Nachprüfung des Verwaltungsakts dienenden Verwaltungsverfahren vorausgegangenen war. Durch die Umstellung auf eine Anrechnungslösung im 2. KostRMoG[61] konnte Abs. 2 der VV Vorb. 3.4 RVG aufgehoben werden; denn auf die Gebühren VV 3400, 3401, 3405, 3406 RVG ist die Anrechnungsregel VV Vorb. 3 Abs. 4 RVG unmittelbar anwendbar.[62]

34 **b) Verfahrensgebühr des Verkehrsanwalts, VV 3400 RVG.** Beschränkt sich der Auftrag des Anwalts auf die **Führung des Verkehrs der Partei oder des Beteiligten** mit dem Verfahrensbevollmächtigten, steht dem Anwalt eine Verfahrensgebühr nach VV 3400 RVG in Höhe der dem Verfahrensbevollmächtigten zustehenden Verfahrensgebühr, allerdings höchstens iHv 500,– EUR zu. Vor Inkrafttreten des KostRÄG 2021[63] galt eine Obergrenze von 420,– EUR und vor Inkrafttreten des 2. KostRMoG galt bei diesem Vergütungstatbestand noch eine Obergrenze von 260,– EUR. Aus Gründen der Gleichbehandlung mit dem Gebührenniveau bei Wertgebühren wurde durch das 2. KostRMoG die Höchstgebühr auf einen Wert angehoben, der zu der Höchstgebühr VV 3102 RVG in einem Verhältnis von 1,3 zu 1,0 steht.[64]

Für die **Entstehungsvoraussetzungen** der Verfahrensgebühr VV 3400 RVG in Verfahren vor den Sozialgerichten, in denen Betragsrahmengebühren entstehen, gelten die allgemeinen Voraussetzungen (→ RVG VV 3400 Rn. 11 ff.).

35 Für die **Gebührenhöhe** gilt, dass der Verkehrsanwalt in Verfahren vor den Sozialgerichten, in denen Betragsrahmengebühren entstehen, eine Gebühr in Höhe der dem Verfahrensbevollmächtigten zustehenden Gebühr, also eine Gebühr aus dem Rahmen, der dem Verfahrensbevollmächtigten zur Verfügung steht, erhält, allerdings begrenzt der Höhe nach auf 500,– EUR bzw. in Altfällen 420,– EUR.[65] Bei der konkreten Gebührenbemessung der Verfahrensgebühr des Korrespondenzanwalts nach § 14 Abs. 1 RVG ist allein auf die Umstände in der Person des Verkehrsanwalts abzustellen, daher kann seine Gebühr über oder unter derjenigen des Hauptbevollmächtigten liegen.[66]

---

[56] BT-Drs. 17/11471 (neu), 276.
[57] BT-Drs. 17/11471 (neu), 277.
[58] BGBl. 2013 I 2586.
[59] BGBl. 2020 I 3229.
[60] BT-Drs. 19/23484, 85.
[61] BGBl. 2013 I 2586.
[62] BT-Drs. 17/11471 (neu), 280.
[63] BGBl. 2020 I 3229.
[64] BT-Drs. 17/11471 (neu), 280.
[65] Schneider/Wolf/*N. Schneider* RVG VV 3400 Rn. 141 und VV 3400 aF.
[66] Schneider/Wolf/*N. Schneider* RVG VV 3400 Rn. 48.

Ist beim Verkehrsanwalt eine **Tätigkeit** im Verwaltungsverfahren oder im weiteren der Nachprüfung des Verwaltungsakts dienenden Verwaltungsverfahren **vorausgegangen,** ist eine wegen desselben Gegenstands nach Teil 2 entstandene Geschäftsgebühr nach VV Vorb. 3 Abs. 4 S. 1 RVG zur Hälfte, nach VV Vorb. 3 Abs. 4 S. 2 RVG mit einem Höchstbetrag von 207,– EUR auf die Verfahrensgebühr VV 3400 RVG anzurechnen, in Altfällen vor Inkrafttreten des KostRÄG 2021 gilt noch eine Grenze von 175,– EUR. Für Altfälle vor Inkrafttreten des 2. KostRMoG gilt noch die aufgehobene VV Vorb. 3.4 Abs. 2 RVG, wonach sich die Höchstgrenze auf die Hälfte, also im konkreten Fall auf 130,– EUR beschränkt. 36

c) Verfahrensgebühr des Terminsvertreters, VV 3401 RVG. Beschränkt sich der Auftrag des Anwalts auf die Vertretung in einem Termin iSd VV Vorb. 3 Abs. 3 RVG, erhält dieser nach VV 3401 RVG eine Verfahrensgebühr in Höhe der Hälfte der dem Verfahrensbevollmächtigten zustehenden Verfahrensgebühr. 37

Die **Höhe der Verfahrensgebühr** des Terminsvertreters errechnet sich aus demselben Rahmen, der dem Verfahrensbevollmächtigten zur Verfügung steht, allerdings kann er nur die hälftigen Rahmenwerte zugrunde legen.[67] 38

Es ergeben sich somit folgende Werte für die Verfahrensgebühr des Terminsvertreters:

Im ersten Rechtszug nach VV 3102 RVG	30,– EUR bis 330,– EUR (Mittelgebühr 180,– EUR)
Im Berufungsrechtszug nach VV 3204 RVG	36,– EUR bis 408,– EUR (Mittelgebühr 222,– EUR)
Im Revisionsrechtszug nach VV 3212 RVG	48,– EUR bis 528,– EUR (Mittelgebühr 288,– EUR)

Für Altfälle, für die das RVG noch idF vor Inkrafttreten des KostRÄG 2021[68] gilt, gelten folgende Werte:

Im ersten Rechtszug nach VV 3102 RVG	25,– EUR bis 275,– EUR (Mittelgebühr 150,– EUR)
Im Berufungsrechtszug nach VV 3204 RVG	30,– EUR bis 340,– EUR (Mittelgebühr 185,– EUR)
Im Revisionsrechtszug nach VV 3212 RVG	40,– EUR bis 440,– EUR (Mittelgebühr 240,– EUR)[69]

Für Altfälle, für das RVG noch idF vor Inkrafttreten des 2. KostRMoG[70] gilt, gelten folgende Werte:

Im ersten Rechtszug nach VV 3102 RVG	20,– EUR bis 230,– EUR (Mittelgebühr 125,– EUR)
Im Berufungsrechtszug nach VV 3204 RVG	25,– EUR bis 285,– EUR (Mittelgebühr 155,– EUR)
Im Revisionsrechtszug nach VV 3212 RVG	40,– EUR bis 400,– EUR (Mittelgebühr 220,– EUR)[71]

Die Auffassung, die bei der Festlegung des Rahmens für die Beurteilung der dem Terminsvertreter nach VV 3401 RVG zustehenden Verfahrensgebühr davon ausgeht, dass der jeweilige Mindestbetrag der Gebühr unberührt bleibt,[72] kommt zu anderen Ergebnissen, nämlich: 39

Im ersten Rechtszug nach VV 3102 RVG	60,– EUR bis 330,– EUR (Mittelgebühr 195,– EUR)
Im Berufungsrechtszug nach VV 3204 RVG	72,– EUR bis 408,– EUR (Mittelgebühr 240,– EUR)
Im Revisionsrechtszug nach VV 3212 RVG	96,– EUR bis 528,– EUR (Mittelgebühr 312,– EUR).

War der RA bereits in einem **vorangegangenen Verwaltungs- oder Nachprüfungsverfahren** tätig gewesen und hat er dort eine Geschäftsgebühr nach VV Teil 2 RVG verdient, wird diese Gebühr nach VV Vorb. 3 Abs. 4 S. 1 RVG zur Hälfte auf die Verfahrensgebühr angerechnet, der Anrechnungshöchstbetrag beträgt nach VV Vorb. 3 Abs. 4 S. 2 RVG 207,– EUR. In Altfällen vor Inkrafttreten des 2. KostRMoG galt nach der nunmehr aufgehobenen 40

[67] Schneider/Wolf/*N. Schneider* RVG VV 3401–3402 Rn. 58 missverständlich insoweit Hartung/Schons/Enders/*Hartung* RVG VV 3401, 3402 Rn. 21, der von unverändertem Mindestbetrag spricht.
[68] BGBl. 2020 I 3229.
[69] Schneider/Wolf/*N. Schneider* RVG VV 3401–3402 Rn. 58.
[70] BGBl. 2013 I 2586.
[71] Schneider/Wolf/*N. Schneider* RVG VV 3401–3402 Rn. 58.
[72] Hartung/Schons/Enders/*Hartung* RVG VV 3401, 3402 Rn. 21.

VV Vorb. 3.4 Abs. 2 S. 1 RVG, dass die Verfahrensgebühr nach VV 3401 RVG nur unter Verminderung der Höchstbeträge auf die Hälfte anfällt.[73]

41 Anders ist es jedoch zu beurteilen, wenn der Verfahrensbevollmächtigte bereits im Verwaltungs- oder Nachprüfungsverfahren tätig war, nicht aber auch der Terminsvertreter. Für letzteren bleibt es bei einer anrechnungsfreien halben Gebühr aus dem Rahmen nach VV 3102 RVG; eine **Anrechnung beim Hauptbevollmächtigten** nach VV Vorb. 3 Abs. 4 RVG **wirkt** sich **nicht beim Terminsvertreter** aus.[74]

42 **d) Verfahrensgebühr bei vorzeitiger Beendigung, VV 3405 RVG. Endet der Auftrag** im Fall der VV 3400 RVG, bevor der Verfahrensbevollmächtigte überhaupt beauftragt oder der RA gegenüber dem Verfahrensbevollmächtigten tätig geworden ist oder im Fall der VV 3401 RVG bevor der Termin begonnen hat, betragen die Gebühren VV 3400, 3401 RVG bei Betragsrahmengebühren höchstens 250,– EUR, VV 3405 RVG. Durch das 2. KostRMoG war beim Vergütungstatbestand VV 3405 RVG der Höchstwert von 130,– EUR auf 210,– EUR angehoben worden, und zwar aus Gründen der Gleichbehandlung mit dem Gebührenniveau bei Wertgebühren, der zu der Höchstgebühr in VV 3102 RVG in einem Verhältnis von 1,3 zu 0,5 steht.[75]

43 Endet der Auftrag vorzeitig, also bevor der Verfahrensbevollmächtigte beauftragt wurde oder der RA sonst gegenüber tätig geworden ist, so beträgt die dem **Korrespondenzanwalt** zustehende Verfahrensgebühr nach VV 3400 RVG und nach VV 3405 Nr. 1 RVG höchstens 250,– EUR,[76] in Altfällen höchstens 210,– EUR. War der RA bereits in einem **vorangegangenen Verwaltungs- oder Nachprüfungsverfahren** tätig gewesen und hatte er dort die Gebühren VV 2400 RVG aF oder VV 2401 RVG aF verdient wurde der Höchstbetrag nach VV Vorb. 3.4 Abs. 2 S. 1 RVG auf die Hälfte vermindert, die Verfahrensgebühr VV 3400, 3405 Nr. 1 RVG war dann auf den Höchstbetrag von 65,– EUR begrenzt. Durch das 2. KostRMoG wurde VV Vorb. 3.4 Abs. 2 RVG aufgehoben; ist der RA bereits in einem vorangegangenen Verwaltungs- oder Nachprüfungsverfahren tätig gewesen und hat er dort eine Geschäftsgebühr nach VV Teil 2 RVG verdient, wird diese nunmehr nach VV Vorb. 3 Abs. 4 S. 1 RVG zur Hälfte auf die Verfahrensgebühr VV 3405 RVG angerechnet, maximal aber nach VV Vorb. 3 Abs. 4 S. 2 RVG mit einem Betrag von 207,– EUR.

44 Endet beim **Terminsvertreter** der Auftrag vorzeitig, bevor der Termin begonnen hat, beträgt nach VV 3405 Nr. 2 RVG die Verfahrensgebühr VV 3401 RVG höchstens 250,– EUR[77] in Altfällen höchstens 210,– EUR. War der RA bereits in einem vorangegangenen Verwaltungs- oder Nachprüfungsverfahren tätig gewesen, so wurde in Altfällen vor Inkrafttreten des 2. KostRMoG nach VV Vorb. 3.4 Abs. 2 S. 1 RVG der Höchstbetrag von 130,– EUR halbiert, die Verfahrensgebühr in einem Verfahren vor dem Sozialgericht nach VV 3401, 3405 Nr. 2 RVG war dann auf einen Höchstbetrag von 65,– EUR begrenzt.[78] Da mit dem 2. KostRMoG VV Vorb. 3.4 Abs. 2 RVG aufgehoben worden ist, gilt nunmehr, dass eine etwaig verdiente Geschäftsgebühr nach Teil 2 beim Terminsvertreter auf die Verfahrensgebühr VV 3405 RVG nach VV Vorb. 3.4 S. 1 RVG zur Hälfte, höchstens jedoch mit einem Betrag von 207,– EUR, VV Vorb. 3 Abs. 4 S. 2 RVG, anzurechnen ist.

45 **e) Verfahrensgebühr für sonstige Einzeltätigkeiten, VV 3406 RVG.** Der Gebührentatbestand VV 3406 RVG sieht eine Verfahrensgebühr für **sonstige Einzeltätigkeiten** in Verfahren vor den Gerichten der Sozialgerichtsbarkeit, wenn Betragsrahmengebühren entstehen, iHv 36,– EUR bis 408,– EUR vor, in Altfällen gilt noch ein Rahmen von 30,– EUR bis 340,– EUR. Diese Verfahrensgebühr entsteht gemäß der entsprechend geltenden Anmerkung zu VV 3403 RVG für sonstige Einzeltätigkeiten in einem gerichtlichen Verfahren, wenn der RA nicht zum Prozess- oder Verfahrensbevollmächtigten bestellt ist, soweit in VV Teil 3 Abschn. 4 RVG nichts anderes bestimmt ist.[79]

46 VV 3406 RVG kommt somit nicht zur Anwendung, wenn die Vergütungstatbestände VV 3400–3402 RVG anwendbar sind.[80]

---

[73] Zur Rechtslage vor Inkrafttreten des 2. KostRMoG vgl. Gerold/Schmidt/*Mayer,* 20. Aufl. 2012, RVG § 3 Rn. 37.

[74] Schneider/Wolf/*N. Schneider* RVG VV 3401–3402 Rn. 59.

[75] BT-Drs. 17/11471 (neu), 280.

[76] Schneider/Wolf/*N. Schneider* RVG VV 3405 Rn. 6.

[77] Schneider/Wolf/*N. Schneider* RVG VV 3405 Rn. 11.

[78] Schneider/Wolf/*N. Schneider,* 6. Aufl. 2012, RVG VV 3405 Rn. 11.

[79] Schneider/Wolf/*Schafhausen* RVG VV 3406 Rn. 2.

[80] Schneider/Wolf/*Schafhausen* RVG VV 3406 Rn. 2.

Der Vergütungstatbestand VV 3404 RVG, die **Verfahrensgebühr für ein Schreiben einfacher Art,** sieht lediglich einen Gebührensatz, aber keinen Betragsrahmen vor; daher ist diese Vorschrift in Verfahren vor Gerichten der Sozialgerichtsbarkeit, in denen das GKG nicht anwendbar ist und Betragsrahmengebühren entstehen, nicht anwendbar.[81] Nach der Anmerkung zum Vergütungstatbestand VV 3404 RVG sind Schreiben einfacher Art, Schreiben, wenn das Schreiben weder schwierige rechtliche Ausführungen, noch größere sachliche Auseinandersetzungen enthält.[82] Für solche Schreiben einfacher Art erhält der RA in Verfahren vor Gerichten der Sozialgerichtsbarkeit, in welchen das GKG nicht anwendbar ist und Betragsrahmengebühren entstehen, die Verfahrensgebühr VV 3406 RVG.[83] Der Einfachheit der Tätigkeit bei einem Schreiben einfacher Art ist daher bei der Ausfüllung des Gebührenrahmens Rechnung zu tragen. 47

Die Verfahrensgebühr VV 3406 RVG entsteht mit einem Gebührenrahmen von 36,– EUR bis 408,– EUR, **Mittelgebühr** 222,– EUR. Im 2. KostRMoG wurde der Rahmen von 10,– EUR bis 200,– EUR, **Mittelgebühr** 105,– EUR angehoben. Der neue Gebührenrahmen steht zu dem Gebührenrahmen der VV 3102 RVG in einem Verhältnis von 1,2 zu 0,8; dies entspricht dem Gebührenniveau bei Wertgebühren in VV 3403 RVG.[84] Durch das KosteRÄG 2021[85] wurde der bisherige Rahmen von 30 -bis 340,– EUR erhöht, in Umsetzung der Erhöhung der Gebühren für sozialrechtliche Mandate um 20 %.[86] In Altfällen vor Inkrafttreten des 2. KostRMoG ist, wenn der RA bereits in einem vorausgegangenen Verwaltungs- und/oder Nachprüfungsverfahren tätig gewesen war, nach VV Vorb. 3.4 Abs. 2 S. 1 RVG der Höchstbetrag der Gebühr halbiert; in diesen Fällen beträgt die Verfahrensgebühr 10,– EUR bis 100,– EUR, **Mittelgebühr** 55,– EUR.[87] Seit Inkrafttreten des 2. KostRMoG wird jedoch eine etwaige nach Teil 2 entstandene Geschäftsgebühr nach VV Vorb. 3 Abs. 4 S. 1, 2 RVG zur Hälfte, höchstens jedoch mit dem Betrag von 207,– EUR, auf die Verfahrensgebühr VV 3406 RVG angerechnet. 48

5. Terminsgebühr

a) Allgemeines. Die Vergütungstatbestände VV 3106 RVG sehen eine Terminsgebühr in Verfahren vor den Sozialgerichten, VV 3205 RVG eine Terminsgebühr in Verfahren vor den Landessozialgerichten, und schließlich der Vergütungstatbestand VV 3213 RVG eine Terminsgebühr in Verfahren vor dem BSG vor, wenn in den jeweiligen Verfahren Betragsrahmengebühren entstehen. 49

b) Terminsgebühr in Verfahren vor dem Sozialgericht, VV 3106 RVG. Nach VV 3106 RVG entsteht in Verfahren vor den Sozialgerichten, in denen Betragsrahmengebühren entstehen (§ 3 RVG), eine Terminsgebühr mit einem Rahmen von 60,– EUR bis 610,– EUR, **Mittelgebühr** 335,– EUR, in Altfällen vor Inkrafttreten des KostRÄG 2021[88] von 50,– EUR bis 510,– EUR, Mittelgebühr 330,– EUR. 50

Maßgeblich für den Anfall der Terminsgebühr VV 3106 RVG ist, dass ein (Gerichts-)termin an- und nicht abgesetzt sowie vom Rechtsanwalt wahrgenommen wurde. Ob der Termin notwendig war oder ob das Verfahren auch ohne Terminierung hätte beendet werden können, spielt für die Entstehung der Gebühr keine Rolle, sie entsteht auch für einen überflüssigen Gerichtstermin.[89]

Die **Terminsgebühr** in Verfahren vor den Sozialgerichten, in denen Betragsrahmengebühren entstehen, entsteht durch in den in VV Vorb. 3 Abs. 3 RVG der genannten Fällen, also für die Wahrnehmung von gerichtlichen Terminen als auch für die Wahrnehmung von außergerichtlichen Terminen und Besprechungen, soweit nichts anderes bestimmt ist, sie entsteht jedoch nicht für die Wahrnehmung eines gerichtlichen Termins nur zur Verkündung einer Entscheidung. Die Terminsgebühr für die außergerichtlichen Termine und Besprechungen entsteht nach VV Vorb. 3 Abs. 3 S. 3 RVG, für die Wahrnehmung eines von einem gerichtlich bestellten Sachverständigen anberaumten Termins und die Mitwirkung an Besprechungen, die auf die Vermeidung und Erledigung des Verfahrens gerichtet sind, nicht jedoch für Besprechungen mit 51

[81] Schneider/Wolf/*Schafhausen* RVG VV 3406 Rn. 2.
[82] Schneider/Wolf/*Schafhausen* RVG VV 3406 Rn. 2.
[83] Schneider/Wolf/*Schafhausen* RVG VV 3406 Rn. 2.
[84] BT-Drs. 17/11471 (neu), 280.
[85] BGBl. 2020 I 3229.
[86] BT-Drs. 19/23484, 86.
[87] Schneider/Wolf/*Wahlen*, 6. Aufl. 2012, RVG VV 3406 Rn. 3.
[88] BGBl. 2020 I 3229.
[89] LSG Bayern BeckRS 2018, 10583 = AGS 2018, 328 mAnm *Mayer* FD-RVG 2018, 406618.

dem Auftraggeber. Es gelten somit die allgemeinen Entstehungsvoraussetzungen einer Terminsgebühr (→ RVG VV Vorb. 3 Rn. 70).

52 Des Weiteren entsteht die Terminsgebühr nach VV 3106 RVG auch in den in **Nr. 1–3 der Anmerkung zum Gebührentatbestand** geregelten weiteren Fällen. Sie entsteht somit auch, wenn in einem Verfahren, für das mündliche Verhandlung vorgeschrieben ist, im Einverständnis mit den Parteien ohne mündliche Verhandlung entschieden wird (Nr. 1 der Anmerkung zu VV 3106 RVG). Nach § 124 Abs. 1 SGG entscheidet das Sozialgericht, soweit nichts anderes bestimmt ist, aufgrund mündlicher Verhandlung. Dieser Grundsatz der Mündlichkeit gilt in allen Rechtszügen der Sozialgerichtsbarkeit für Entscheidungen durch Urteil.[90]

53 Nach **§ 124 Abs. 2 SGG** kann das Gericht jedoch mit Einverständnis der Beteiligten ohne mündliche Verhandlung durch Urteil entscheiden. Die Einverständniserklärung mit einer Entscheidung ohne mündliche Verhandlung ist Prozesshandlung,[91] sie muss vor der Entscheidung erklärt werden und zwar ausdrücklich, eindeutig und vorbehaltlos.[92] Ein Widerruf der Einverständniserklärung ist möglich, bis die Erklärungen der übrigen Beteiligten bei Gericht eingegangen sind, danach scheidet jedoch ein Widerruf aus.[93] Lediglich bei einer wesentlichen Änderung der Prozesslage bedarf es eines Widerrufs nicht, weil die Einverständniserklärung dann ohne weiteres ihre Wirksamkeit verloren hat, da sie unter dem Vorbehalt der im Wesentlichen unveränderten Prozesslage steht.[94]

Nach Nr. 1 der Anmerkung entsteht die Terminsgebühr auch, wenn in einem Verfahren mit vorgeschriebener mündlicher Verhandlung mit oder ohne Mitwirkung des Gerichts ein Vertrag im Sinne der Nummer 1000 geschlossen wird oder eine Erledigung der Rechtssache im Sinne der Nummer 1002 eingetreten ist. Damit hat der Gesetzgeber klargestellt, dass in allen Fällen, in denen dem Rechtsanwalt eine Einigungs- und Erledigungsgebühr zusteht, also auch bei einem privatschriftlichen Vergleich, die fiktive Terminsgebühr entsteht wenn diese Einigung und Erledigung in einem Verfahren erfolgt, für das mündliche Verhandlung vorgeschrieben ist.[95]

54 Nach Nr. 2 der Anmerkung zu VV 3106 RVG entsteht die Terminsgebühr auch dann, wenn nach § 105 Abs. 1 SGG ohne mündliche Verhandlung durch **Gerichtsbescheid** entschieden wird und eine mündliche Verhandlung beantragt werden kann. Nach § 105 Abs. 1 S. 1 SGG kann das Gericht ohne mündliche Verhandlung durch Gerichtsbescheid entscheiden, wenn die Sache keine besondere Schwierigkeit und tatsächliche oder rechtliche Art aufweist und der Sachverhalt geklärt ist. Damit soll den Sozialgerichten die Möglichkeit gegeben werden, einfache Fälle leichter und schneller zu erledigen.[96] Die Möglichkeit, durch Gerichtsbescheid zu entscheiden, besteht nur im erstinstanzlichen Verfahren, also in der Regel vor dem Sozialgericht,[97] für das Berufungsverfahren ist die Anwendung in § 153 Abs. 1 SGG ausgeschlossen.[98] Voraussetzung für eine Entscheidung durch Gerichtsbescheid ist, dass die Sache keine besonderen Schwierigkeiten tatsächlicher und rechtlicher Art aufweist,[99] auch muss der Sachverhalt geklärt sein.[100] Vor einer Entscheidung durch Gerichtsbescheid sind die Beteiligten vom Gericht nach § 105 Abs. 1 S. 2 SGG vorher anzuhören.

55 Seit Inkrafttreten des 2. KostRMoG genügt für die Entstehung der fiktiven Terminsgebühr nach Nr. 2 der Anmerkung zum Vergütungstatbestand VV 3106 RVG nicht mehr lediglich, dass nach § 105 Abs. 1 S. 1 SGG durch **Gerichtsbescheid** entschieden wird, sondern der Vergütungstatbestand wurde um das zusätzliche Erfordernis ergänzt, dass eine **mündliche Verhandlung beantragt werden kann.** Diese Änderung in S. 1 Nr. 2 der Anmerkung zum Vergütungstatbestand entspricht der Änderung beim Vergütungstatbestand VV 3104 RVG. Auch in Verfahren vor den Sozialgerichten, in denen Betragsrahmengebühren entstehen, ist die Entstehung der fiktiven Terminsgebühr auf die Fälle beschränkt, in denen der Anwalt durch sein Prozessverhalten eine **mündliche Verhandlung erzwingen** kann. Die Entstehung der Terminsgebühr, wenn das Verfahren ohne mündliche Verhandlung durch Gerichtsbescheid beendet

---

[90] MKLS/*Keller* SGG § 124 Rn. 2.
[91] MKLS/*Keller* SGG § 124 Rn. 3a.
[92] MKLS/*Keller* SGG § 124 Rn. 3c.
[93] MKLS/*Keller* SGG § 124 Rn. 3d.
[94] MKLS/*Keller* SGG § 124 Rn. 3e.
[95] BT-Drs. 219/23484, 84.
[96] MKLS/*B. Schmidt* SGG § 105 Rn. 2.
[97] MKLS/*B. Schmidt* SGG § 105 Rn. 4.
[98] MKLS/*B. Schmidt* SGG § 105 Rn. 4.
[99] MKLS/*B. Schmidt* SGG § 105 Rn. 6.
[100] MKLS/*B. Schmidt* SGG § 105 Rn. 7.

wird, soll nach dem Willen des Gesetzgebers davon abhängen, ob eine mündliche Verhandlung beantragt werden kann. Die fiktive Terminsgebühr ist auf die Fälle beschränkt, in denen die Partei die mündliche Verhandlung beantragen kann, dh auf die Fälle, in denen gegen den Gerichtsbescheid kein Rechtsmittel gegeben ist.[101]

Diese **Regelung** ist vielfach unbefriedigend. Gerade bei einer Entscheidung durch Gerichtsbescheid kommt wegen des Fehlens einer mündlichen Verhandlung dem schriftsätzlichen Vortrag des Anwalts gesteigerte Bedeutung zu. Dieser erfordert in diesen Fällen eine gesteigerte Mühewaltung des Anwalts. **De lege ferenda** sollte daher erwogen werden, bei einer Entscheidung durch Gerichtsbescheid, bei der keine mündliche Verhandlung beantragt werden kann, einen Ausgleich durch einen erhöhten Rahmen bei der Verfahrensgebühr zu schaffen. 56

Nach Nr. 3 der Anmerkung zu VV 3106 RVG entsteht die Terminsgebühr ferner dann, wenn das Verfahren, für das eine mündliche Verhandlung vorgeschrieben ist, nach **angenommenem Anerkenntnis ohne mündliche Verhandlung** nach § 101 Abs. 2 SGG endet. Das angenommene Anerkenntnis des geltend gemachten Anspruchs erledigt insoweit den Rechtsstreit in der Hauptsache. Das Anerkenntnis ist das Zugeständnis, dass ein prozessualer Anspruch besteht, der Beklagte gibt „ohne Drehen und Wenden" zu, dass sich das Begehren des Klägers aus dem von ihm behaupteten Tatbestand ergibt.[102] Eine Erledigung des Rechtsstreits tritt aber nur bei Annahme des Anerkenntnisses durch den Kläger ein.[103] Die Regelung in Nr. 3 der Anmerkung zu VV 3106 RVG ist ebenfalls auf dem Hintergrund des gesetzgeberischen Ziels, möglichst frühzeitige gütliche Einigungen zu fördern, zu sehen. Durch das 2. KostRMoG wurde Nr. 3 der Anmerkung zum Vergütungstatbestand VV 3106 RVG dahingehend geändert, dass ausdrücklich festgehalten wurde, dass es sich um ein **Verfahren** handeln muss, **für das mündliche Verhandlung vorgeschrieben** ist. Der Gesetzgeber wollte damit erreichen, dass auch in Verfahren vor den Sozialgerichten, in denen Betragsrahmengebühren entstehen, eine fiktive Terminsgebühr, wenn das Verfahren nach angenommenen Anerkenntnis endet, nur in solchen Verfahren entstehen kann, für die eine mündliche Verhandlung vorgeschrieben ist. Dem Anwalt soll nach Auffassung des Gesetzgebers das Interesse genommen werden, ein Anerkenntnis nur deshalb nicht zu nehmen, um einen Termin zu erzwingen.[104] 57

Umstritten in der Rspr. ist, unter welchen Voraussetzungen bei einer **Untätigkeitsklage** eine Terminsgebühr nach Nr. 3 der Anmerkung zu VV 3106 RVG anfallen kann. Teilweise über die Auffassung vertreten, dass die Beendigung einer Untätigkeitsklage nach § 88 SGG durch den Erlass des begehrten Verwaltungsakts und der darauf folgenden (einseitigen) Erledigungserklärung des Klägers kein angenommenes Anerkenntnis iSv § 101 Abs. 2 SGG darstellt.[105] 58

Nach anderer, zutreffender Auffassung in der Rspr. ist eine nach Ablauf der Sperrfrist des § 88 SGG erhobene Klage regelmäßig dem ersten Anschein nach begründet. Wird nach Anhängigkeit der Untätigkeitsklage der begehrte Bescheid erlassen und wird ein hinreichender Grund für die Nichtbescheidung nicht dargelegt, ist die Untätigkeitsklage nicht mehr nur dem ersten Anschein nach begründet, sondern der Beklagte erkennt damit endgültig **konkludent** die Untätigkeitsklage als begründet an. Dies stelle ein **Anerkenntnis** dar, welches durch die Annahme bzw. die Erledigungserklärung angenommen wird.[106] Dabei steht das Eingeständnis des Beklagten, dass kein zureichender Grund für die Verspätung vorliegt, einer rechtskräftigen Entscheidung des Gerichts über die Kosten gleich; denn würde man das Entstehen der Terminsgebühr nur annehmen, wenn der Beklagte von sich aus einräumt, dass kein zureichender Grund für die verspätete Entscheidung vorlag, hätte er es in der Hand, das Entstehen der Terminsgebühr zu verhindern, indem er die Kostenübernahme dem Grunde nach stets pauschal ablohnt. Dies wäre aber mit dem Sinn und Zweck der Terminsgebühr nicht zu vereinbaren.[107] 59

Umstritten war vor Inkrafttreten des 2. KostRMoG, ob die **fiktive Terminsgebühr** in **Eilverfahren** nach § 86b SGG entstehen konnte. Nr. 3 der Anmerkung zu VV 3106 RVG setzte im Gegensatz zu Nr. 1 der Anmerkung nicht voraus, dass es sich um ein Verfahren handeln muss, für das eine mündliche Verhandlung vorgeschrieben ist. Hieraus wurde seinerzeit zutreffend der Schluss gezogen, dass auch in einem Eilverfahren durch ein angenommenes An- 60

[101] BT-Drs. 17/11471 (neu), 275 f.
[102] MKLS/*B. Schmidt* SGG § 101 Rn. 20.
[103] MKLS/*B. Schmidt* SGG § 101 Rn. 22.
[104] BT-Drs. 17/11471 (neu), 275 f.
[105] LSG NRW BeckRS 2011, 69523 = NZS 2011, 560; SG Würzburg BeckRS 2010, 71771.
[106] SG Kiel BeckRS 2011, 72846; SG Berlin BeckRS 2010, 68431; BeckRS 2009, 65182; SG Lüneburg BeckRS 2011, 65032; SG Köln AGS 2008, 236.
[107] SG Aachen BeckRS 2008, 55544.

erkenntnis eine Terminsgebühr entstehen kann.[108] Denn ein Versehen des Gesetzgebers konnte ausgeschlossen werden. Wenn innerhalb einer Bestimmung der Gesetzgeber für eine bestimmte Konstellation eine Einschränkung vorsieht und diese bei der anderen nicht anführt, muss angenommen werden, dass dies gewollt war. Die Gegenauffassung der Rspr. jedoch argumentierte damit, dass mit dem Vergütungstatbestand der Anmerkung zu VV 3106 RVG lediglich vermieden werden soll, dass der RA von einer schriftlichen Annahmeerklärung absieht, damit ein Termin durchgeführt wird; er solle bei einer schriftlichen Annahmeerklärung nicht um eine Terminsgebühr gebracht werden, die im Klageverfahren grds. anfalle, anders sei es jedoch in den Verfahren nach § 86b SGG, in dem eine mündliche Verhandlung nicht vorgeschrieben ist.[109]

61 Durch die Aufnahme des zusätzlichen Erfordernisses, dass es sich um ein Verfahren handeln muss, für das mündliche Verhandlung vorgeschrieben ist, durch das 2. KostRMoG in den Vergütungstatbestand, hat der Gesetzgeber diese Streitfrage im Sinne der zuletzt genannten Auffassung entschieden; da in dem Verfahren nach § 86b SGG eine mündliche Verhandlung nicht vorgeschrieben ist, kann eine **fiktive Terminsgebühr** in der Entstehungsvariante von Nr. 3 der Anmerkung zu VV 3106 RVG in diesen Verfahren **nicht entstehen.**

62 **Umstritten** ist ebenfalls, ob dann, wenn der Kläger in einem sozialgerichtlichen Verfahren ein **Teilanerkenntnis annimmt und die darüber hinausgehende Klage für erledigt erklärt** wird, eine Terminsgebühr nach Nr. 3 der Anmerkung zu VV 3106 RVG anfällt. Nach überwiegender Meinung fällt in solchen Fällen eine Terminsgebühr an.[110] Nach einer Auffassung fällt in diesen Fällen eine Terminsgebühr nach Nr. 3 der Anmerkung zu VV 3106 RVG nicht an, denn dieser Gebührentatbestand setze voraus, dass der gesamte Rechtsstreit mit der Annahme erledigt wird.[111] Somit fällt auch dann, wenn ein sozialgerichtliches Verfahren durch Annahme eines Teilanerkenntnisses und nachfolgender (Teil)-Zurücknahme endet, ebenfalls keine fiktive Terminsgebühr an.[112] Ebenfalls soll bei einem angenommenen Teilanerkenntnis[113] und bei bloßer Klaglosstellung (Abhilfe außerhalb des gerichtlichen Verfahrens und bloße Übersendung des abhelfenden Bescheids an das Gericht) keine fiktive Terminsgebühr anfallen.[114] Als Ausweg wird insoweit empfohlen, dass der **Kläger seine Klage teilweise vor Annahme des Teilanerkenntnisses des Beklagten zurücknimmt.** Dann liege noch ein umfängliches Anerkenntnis der noch restlichen Klageforderung vor, durch dessen Annahme sich der Rechtsstreit insgesamt ohne mündliche Verhandlung erledigt.[115] Für den Ansatz der fiktiven Terminsgebühr entstanden durch das angenommene Anerkenntnis kommt es unabhängig von der Wortwahl darauf an, ob inhaltlich ein Anerkenntnis vorliegt.[116] Nach der Ergänzung des Vergütungstatbestands durch das 2. KostRMoG muss es sich aber zwingend um ein Verfahren handeln, für das mündliche Verhandlung vorgeschrieben ist.

63 Bis zum Inkrafttreten des 2. KostRMoG war auch umstritten, ob die Regelung in Abs. 1 Nr. 1 der Anmerkung zu VV 3104 RVG, wonach eine fiktive Terminsgebühr ua dann entsteht, wenn in einem Verfahren mit vorgeschriebener mündlicher Verhandlung ein **schriftlicher Vergleich** geschlossen wird, analog auf die Terminsgebühr nach VV 3106 RVG anzuwenden ist. Denn Entsprechendes war beim Vergütungstatbestand VV 3106 RVG aF anders im Gegensatz zur Terminsgebühr nach VV 3104 RVG nicht aufgeführt. Ein Teil der Rspr. bejahte die analoge Anwendung.[117] Die überwiegende Rspr. ist dem jedoch nicht gefolgt.[118] Zutreffender

---

[108] ThürLSG BeckRS 2009, 62789 mAnm *Mayer* FD-RVG 2009, 282278.

[109] LSG NRW BeckRS 2011, 76176 unter Aufgabe der bisherigen Rspr.; SG Düsseldorf BeckRS 2009, 52275; SG Reutlingen BeckRS 2007, 481161.

[110] SG Koblenz JurBüro 2009, 311; SG Trier JurBüro 2008, 86; 2010, 361; Hartmann/Toussaint/*Toussaint* RVG VV 3106 Rn. 1; Bischof/*Klipstein* RVG VV 3106 Rn. 13 jedenfalls dann, wenn sich mit der Annahme des Teilanerkenntnisses und der gleichzeitigen Klagerücknahme/Erledigungserklärung der Rechtsstreit insgesamt erledigt.

[111] ThürLSG BeckRS 2009, 62789 mAnm *Mayer* FD-RVG 2009, 282278; SächsLSG BeckRS 2014, 72723 = RVGreport 2014, 468; LSG NRW BeckRS 2018, 4142 mAnm *Mayer* FD-RVG 2018, 404686.

[112] SächsLSG BeckRS 2014, 72723 = RVGreport 2014, 468; LSG NRW, NZS 2014, 119.

[113] LSG Thüringen BeckRS 2018, 26361 mAnm *Mayer* FD-RVG 2018, 411968 .

[114] LSG Sachsen BeckRS 2017, 119776 mAnm *Mayer* FD-RVG 2017, 394001.

[115] Anm. *Hansens* zu SächsLSG BeckRS 2014, 72723 in RVGreport 2014, 468 (470).

[116] SchlHLSG zu Abs. 1 Nr. 3 der Anm. zu VV 3104 RVG, BeckRS 2014, 67450 = RVGreport 2014, 354 mAnm *Mayer* FD-RVG 2014, 357156.

[117] SG Mannheim BeckRS 2008, 25563 mAnm *Mayer* FD-RVG 2009, 273946; SG Karlsruhe BeckRS 2007, 46065; AGS 2007, 456 mwN; SG Ulm BeckRS 2007, 19314; Duisburg BeckRS 2009, 57063.

[118] LSG NRW BeckRS 2006, 42191; SchlHLSG BeckRS 2007, 48817 mAnm *Mayer* FD-RVG 2007, 247887; SächsLSG BeckRS 2011, 65117; SG Stuttgart BeckRS 2011, 66373 unter Bestätigung der Aufgabe der früheren gegenteiligen Rspr.

Auffassung nach war jedoch eine Terminsgebühr bei einem schriftlichen Vergleich zuzubilligen. Eine Regelungslücke war gegeben.[119] Zwar ist mit der Annahme einer solchen zurückhaltend umzugehen, wenn zwei Bestimmungen nicht weit voneinander im Gesetz stehen und ganz parallele Regelungen nur in Einzelpunkten Abweichungen enthalten, wie dies bei VV 3104 RVG und VV 3106 RVG aF der Fall war. Lässt sich aber überhaupt kein Grund dafür eine abweichende Regelung zu finden, muss dennoch eine Regelungslücke bejaht werden. Es war kein Grund zu finden, warum in Sozialgerichtsverfahren ein schriftlicher Vergleich eine Terminsgebühr auslöst, wenn sich die Gebühren nach Gegenstandswert richten, nicht aber bei Betragsrahmengebühren.[120] Auch Sinn und Zweck der Anerkennung einer Terminsgebühr, Einigungen ohne mündliche Verhandlung zu fördern, sprach für diese Auffassung.[121] Dementsprechend war die Lit. sich völlig einig, dass ein gesetzgeberisches Versehen vorliegt bzw. eine Gesetzesänderung überfällig ist.[122]

Im Zuge des 2. KostRMoG hat der Gesetzgeber S. 1 Nr. 1 der Anmerkung zum Gebührentatbestand VV 3106 RVG zu Abs. 1 Nr. 1 der Anmerkung zum Vergütungstatbestand VV 3104 RVG angeglichen und den Abschluss eines **schriftlichen Vergleichs** auch im Vergütungstatbestand VV 3106 RVG als Entstehungstatbestand der fiktiven Terminsgebühr ausdrücklich aufgenommen. Im Gegensatz zur früheren Rechtslage entsteht nunmehr auch in Verfahren vor den Sozialgerichten, in denen Betragsrahmengebühren entstehen, die Terminsgebühr bei Abschluss eines schriftlichen Vergleichs. Der Gesetzgeber hat eingesehen, dass kein sachlicher Grund besteht, den Abschluss eines schriftlichen Vergleichs anders zu behandeln, nur weil keine Wertgebühren, sondern Betragsrahmengebühren entstehen.[123] **64**

Leider hat die vom Gesetzgeber vorgenommene Angleichung nicht zu einer endgültigen Bereinigung der Problematik geführt. So wird in der Rspr. die Auffassung vertreten, dass unter einem schriftlichen Vergleich iSv VV 3106 Anm. S. 1 Nr. 1 Alt. 2 RVG nur ein nach § 101 Abs. 1 S. 2 SGG geschlossener Vergleich zu verstehen sei, dass ein nach § 202 SGG iVm§ 278 Abs. 6 ZPO geschlossener Vergleich insoweit nicht genüge und dass Voraussetzung für das Entstehen einer fiktiven Terminsgebühr nach § 101 Abs. 1 S. 2 SGG die konstitutive Mitwirkung des Gerichts für die vergleichsweise Beendigung des Rechtsstreits sei, wobei die Initiative für den Vergleichsabschluss auch in inhaltlicher Hinsicht grds. vom Gericht auszugehen habe.[124] Damit wird jedoch der ursprüngliche Wille des Gesetzgebers konterkariert, der bei der fiktiven Terminsgebühr Verfahren, in denen Wertgebühren erhoben werden und Verfahren, in denen Betragsrahmengebühren anfallen, gleichbehandelt wissen wollte.[125] Zu einer solchen Ungleichbehandlung führt die zitierte Auffassung in der Rspr. Im Verfahren vor den Zivilgerichten und in Verfahren vor den Arbeitsgerichten fällt die fiktive Terminsgebühr sowohl bei einem schriftlichen Vergleich auf Vorschlag der Parteien, als auch sogar bei einem außergerichtlichen Vergleich an (→ RVG VV 3104 Rn. 76f.). Zu Recht werden in der Rspr. auch großzügigere Auffassungen vertreten; so wird teilweise betont, dass die fiktive Terminsgebühr nicht voraussetzt, dass die Initiative für den Abschluss des Vergleichs vom Gericht ausgeht oder dieser inhaltlich zumindest teilweise auf einem Vorschlag des Gerichts beruht.[126] Auch ein schriftlicher sogenannter außergerichtlicher Vergleich löst die Terminsgebühr aus.[127] So enthält auch der gemeinsame Katalog von DAV und BRAK Vorschläge zur regelmäßigen Anpassung, strukturellen Änderung, Ergänzung und Klarstellung des RVG vom März 2018[128] eine Anregung an den Gesetzgeber, hier eine entsprechende Klarstellung dahingehend vorzunehmen, dass die fiktive Terminsgebühr unabhängig davon anfällt, ob der schriftliche Vergleich vor Gericht oder außer- **64a**

---

119 *N. Schneider* Anm. zu SG Berlin AGS 2006, 131 (132).

120 *N. Schneider* Anm. zu SchlHLSG AGS 2006, 555; *Hansens* Anm. zu SchlHLSG RVGreport 2006, 188 (189).

121 *N. Schneider* Anm. zu SchlHLSG AGS 2006, 555.

122 Schneider/Wolf/*Wahlen,* 6. Aufl. 2012, RVG VV 3106 Rn. 8; Hartung/Schons/Enders/*Schons* RVG VV 3106 Rn. 16 ff.

123 BT-Drs. 17/11471 (neu), 275.

124 BayLSG BeckRS 2016, 74678 mAnm *Mayer* FD-RVG 2017, 384749; BayLSG BeckRS 2015, 69099 = JurBüro 2015, 467; LSG NRW NZS 2015, 560, vgl. auch LSG Niedersachsen-Bremen AGS 2016, 69 = ASR 2015, 253 = BeckRS 2016, 72609; SächsLSG BeckRS 2017, 119807 mAnm *Mayer* FD-RVG 2017, 394326 : LSG NRW BeckRS 2018, 6500 mAnm *Mayer* FD-RVG 2018, 405438.

125 BT-Drs. 17/11471 (neu), 275.

126 LSG BW BeckRS 2018, 14870 mAnm *Mayer* FD-RVG 2018, 407310.

127 LSG Mecklenburg-Vorpommern BeckRS 2018, 5720 = AGS 2018, 172 mAnm *Mayer* FD-RVG 2018, 405766; LSG Berlin-Brandenburg BeckRS 2018, 23346 = RVGreport 2018, 455 mAnm *Mayer* FD-RVG 2018, 411313; SG Dessau-Roßlau BeckRS 2017, 107269 = AGS 2017, 220 mAnm *Mayer* FD-RVG 2017, 393404.

128 https:/anwaltverein.de/files/anwaltverein.de/downloads/newsroom/pressemitteilungen/rechtspolitik/2018/forderungskatalog-brak-dav_anpassung-rvg-2018_maerz_18-final.pdf, S. 22 ff.

gerichtlich geschlossen wurde, wobei in der Gesetzesbegründung ausgeführt werden sollte, dass die Formulierung geändert werde, um klarzustellen, dass auch ein privatschriftlicher Vergleich ausreiche.

64b Durch das KostRÄG 2021[129] wurde S. 1 Nr. 1 der Anmerkung zu VV 3106 RVG erneut geändert. Nunmehr entsteht die Gebühr auch, wenn in einem Verfahren, für das mündliche Verhandlung vorgeschrieben ist, mit oder ohne Mitwirkung des Gerichts ein Vertrag im Sinne der Nr. 1000 geschlossen wird oder eine Erledigung der Rechtssache im Sinne der Nr. 1002 eingetreten ist. Durch die Änderung, dass nunmehr die Gebühr auch dann entsteht, wenn mit oder ohne Mitwirkung des Gerichts ein Vertrag im Sinne der Nr. 1000 geschlossen wird oder eine Erledigung der Rechtssache im Sinn der Nr. 1002 eingetreten ist, stellt der Gesetzgeber klar, dass in allen Fällen, in denen dem Rechtsanwalt eine Einigung- oder Erledigungsgebühr zusteht, also auch bei einem privatschriftlichen Vergleich, die fiktive Terminsgebühr entsteht, wenn diese Einigung oder Erledigung in einem Verfahren erfolgt, für das mündliche Verhandlung vorgeschrieben ist.[130] Der Gesetzgeber greift in diesem Zusammenhang nicht mehr auf den Begriff „Vergleich" zurück, sondern nimmt auf einen Vertrag nach VV 1000 RVG Bezug, sodass die Regelung gewährleistet, dass nur eine solche Einigung eine fiktive Terminsgebühr auslöst, die auch den Gebührentatbestand der Nummer VV 1000 RVG erfüllt.[131] Nach Auffassung des Gesetzgebers entspricht die Regelung auch einem dem anwaltlichen Vergütungsrecht zugrunde liegenden Grundgedanken, Rechtsanwältinnen und Rechtsanwälten gebührenrechtliche Anreize dafür zu gewähren, dass sie zur Vermeidung oder Erledigung von Rechtsstreitigkeiten beitragen und damit dem Gericht Aufwand ersparen. Eine Beschränkung des Anfalls der fiktiven Terminsgebühr auf die Fälle des gerichtlichen Vergleichs läuft dieser Zielsetzung zuwider. Sie bietet vielmehr ein Anreiz, einen schriftlichen Vergleich nur vor Gericht abzuschließen und verursacht damit dem Gericht letztlich Mehrarbeit.[132]

65 **Problematisch** sind jedoch weiterhin die **Altfälle.** So hält sich in der Rspr. die restriktiven Auffassung, welche weiterhin eine analoge Anwendung der Regelung in Abs. 1 Nr. 1 der Anmerkung zu VV 3104 RVG für Altfälle ablehnt.[133] Auch in der Begründung zum 2. KostRMoG kommt nicht unmissverständlich zum Ausdruck, dass insoweit eine Klarstellung des Gesetzgebers vorgenommen werden sollte. So wird zwar einerseits davon gesprochen, dass zu VV 3104 RVG eine „Angleichung" vorgenommen werden soll, der weitere Zusatz in der Gesetzesbegründung, dass es keinen sachlichen Grund gebe, den schriftlichen Abschluss eines Vergleichs anders zu behandeln, nur weil keine Wertgebühren, sondern Betragsrahmengebühren erhoben werden,[134] belegt jedenfalls nicht zwingend eine bloße Klarstellung des Gesetzgebers.

66 Der Vergütungstatbestand VV 3106 RVG sieht einen Gebührenrahmen von 60,– EUR bis 610,– EUR, **Mittelgebühr** 335,– EUR vor, für Altfälle gilt noch ein Rahmen von 50,– EUR bis 510,– EUR, Mittelgebühr 280,– EUR. Innerhalb dieses Rahmens ist die Gebühr nach den **Bemessungskriterien des § 14 RVG** festzulegen.

67 Bei der Anwendung der Bemessungskriterien des § 14 RVG ist aber zunächst der jeweilige **Abgeltungsbereich** der Gebühren zu berücksichtigen. So zählt der Aufwand für die Vorbereitung eines Termins nicht für die Bemessung der Terminsgebühr sondern ist bei der Bemessung der Verfahrensgebühr zu berücksichtigen.[135]

68 Bei der Beurteilung des Umfangs der anwaltlichen Tätigkeit wird vielfach bei der Terminsgebühr VV 3106 RVG wesentlich auf die Dauer des Termins abgestellt. Aber es sind jedoch auch alle anderen Kriterien für die Bestimmung der konkreten Gebührenhöhe zu berücksichtigen.[136] Die durchschnittliche **Terminsdauer** vor dem Sozialgericht wird mit 30 Minuten veranschlagt.[137] Eine Terminsdauer von 8,5 Minuten führt zu einem weit unterdurchschnittlichem Umfang der anwaltlichen Tätigkeit.[138] Werden in einem Termin mehrere Verfahren gemeinsam aufgerufen, ist die Gesamtdauer des Termins, sofern keine konkreten Anhaltspunkte in der Sitzungsniederschrift vorhanden sind, durch die Anzahl der verhandelten Streitsachen zu

[129] BGBl. 2020 I 3229.
[130] BT-Drs. 19/23484, 84 zu dem insoweit wortgleichen VV 3104 Anm. Abs. 1 Nr. 1 RVG.
[131] BT-Drs. 19/23484, 84 f. zu dem insoweit wortgleichen VV 3104 Anm. Abs. 1 Nr. 1 RVG.
[132] BT-Drs. 19/23484, 85 zuu dem insoweit wortgleichen VV 3104 Anm. Abs. 1 Nr. 1 RVG.
[133] LSG SchlHLSG BeckRS 2014, 71881 = RVGreport 2014, 425 mAnm *Mayer* FD-RVG 2014, 361753.
[134] BT-Drs. 17/11471 (neu), 275.
[135] ThürLSG RVGreport 2014, 70; SächsLSG BeckRS 2013, 71932 = RVGreport 2013, 352.
[136] Ausdrücklich LSG Sachsen-Anhalt BeckRS 2017, 118312 mAnm *Mayer* FD-RVG 2017, 393739.
[137] HessLSG BeckRS 2014, 68938 = JurBüro 2014, 412 mAnm *Mayer* FD-RVG 2014, 358417.
[138] ThürLSG BeckRS 2017, 111221.

teilen und der so errechnete Zeitaufwand an der durchschnittlichen Terminsdauer von Sozialgerichten von 30 Minuten zu messen.[139]

Die Auffassungen in der Rspr., wie **Wartezeiten** bei der Bemessung der **Terminsgebühr** zu berücksichtigen sind, gehen auseinander. Nach der strengsten Auffassung ist vom Grundsatz her die Terminsgebühr an der im Protokoll vermerkten „Nettoanwesenheit" in der Verhandlung zu bemessen,[140] nach einer etwas weitergehenden Auffassung sind Wartezeiten bis zu einer Stunde vom RA zwar grds. hinzunehmen, können aber bei der Beurteilung einer angemessenen Vergütung in den anwaltlichen Ermessensspielraum einfließen.[141] Nach der großzügigsten Auffassung gehört die Wartezeit zwar nicht zur mündlichen Verhandlung, ist aber durch die Ladung veranlasst, daher der Terminsgebühr zuzuordnen und daher dementsprechend bei der Terminsgebühr zu berücksichtigen.[142] Erforderlich ist aber ein enger zeitlicher, örtlicher und verfahrenstechnischer Zusammenhang mit der Verhandlung, entfernt sich der Anwalt vom Verhandlungsort oder bearbeitet er in dieser Zeit andere Mandate, scheidet nach dem LSG Bayern die Berücksichtigung der Wartezeit aus.[143] Vertreten wird auch, dass Wartezeiten jedenfalls dann nicht zu berücksichtigen sind, wenn die Verhandlung nur geringfügig später, als zu dem terminierten Zeitpunkt beginnt.[144] **68a**

Zur Gebührenbemessung kann, wenn man dem Ansatz folgen möchte, wieder auf das „Kieler Kostenkästchen"[145] zurückgegriffen werden. **69**

Zu den Merkmalen Schwierigkeit, Bedeutung der Angelegenheit, Einkommens- und Vermögensverhältnisse sowie Haftungsrisiko → Rn. 11 ff. **70**

Ein weiterer Versuch der Schematisierung der Gebührenbemessung war die vom Kostensenat des LSG Sachsen entwickelte **„Chemnitzer Tabelle"**, welche Abweichungen von der Mittelgebühr je nach Streitgegenstand vorsah.[146] Aus dem zutreffenden Gesichtspunkt, dass eine solche weitereichende Typisierung der Gebührenbemessung mit § 14 Abs. 1 RVG nicht zu vereinbaren ist, hat das LSG Sachsen diese Rspr. wieder aufgegeben.[147] **71**

Die Bestimmung der Rahmengebühren muss nach den Kriterien des § 14 RVG immer im **Einzelfall** unter **Berücksichtigung aller Umstände** erfolgen, sodass keine Gebühr als Pauschalgebühr festgelegt werden darf.[148] **72**

Nach der Anmerkung zu VV 3106 RVG entsteht die Terminsgebühr – als sog. fiktive Terminsgebühr – auch, wenn 1. in einem Verfahren, für das mündliche Verhandlung vorgeschrieben ist, im Einverständnis mit den Parteien ohne mündliche Verhandlung entschieden oder in einem solchen Verfahren mit oder ohne Mitwirkung des Gerichts ein Vertrag im Sinne der Nummer 1000 geschlossen wird oder eine Erledigung der Rechtssache im Sinne der Nummer 1002 eingetreten ist, 2. nach § 105 Abs. 1 S. 1 SGG durch Gerichtsbescheid entschieden wird und eine mündliche Verhandlung beantragt werden kann oder 3. das Verfahren, für das mündliche Verhandlung vorgeschrieben ist, nach angenommenem Anerkenntnis ohne mündliche Verhandlung endet. Die fiktive Terminsgebühr bei Entscheidungen durch Gerichtsbescheid fällt nur bei nicht statthafter Berufung an.[149] Dass der Erlass eines Gerichtsbescheids, gegen den der Rechtsbehelf, die mündliche Verhandlung nach § 105 Abs. 2 S. 2 SGG zu beantragen, nicht statthaft ist, seit dem 1.8.2013 keine (fiktive) Terminsgebühr mehr auslöst, verstößt nicht gegen höherrangiges Recht.[150]

Nach S. 2 der Anmerkung zum Gebührentatbestand VV 3106 RVG beträgt in den Fällen des S. 1, also der fiktiven Terminsgebühr, die Terminsgebühr 90% der in derselben Angelegenheit dem RA zustehenden Verfahrensgebühr ohne Berücksichtigung einer Erhöhung nach VV 1008 RVG. Hintergrund dieser Regelung ist, dass bei den in den sozialrechtlichen Angelegenheiten anfallenden Betragsrahmengebühren die Bestimmung einer konkreten Gebühr innerhalb des Rahmens immer dann problematisch ist, wenn die Höhe der Gebühr nicht von den Kriterien **73**

---

[139] HessLSG BeckRS 2014, 68938 = JurBüro 2014, 412 mAnm *Mayer* FD-RVG 2014, 358417.
[140] SG Berlin BeckRS 2012, 72320.
[141] SG Würzburg BeckRS 2010, 70643.
[142] SG Kassel BeckRS 2014, 70310 mAnm *Mayer* FD-RVG 2014, 360223; BayLSG BeckRS 2015, 68859 = RVGreport 2015, 262 mAnm *Mayer* FD-RVG 2015, 371229.
[143] BeckRS 2015, 68859.
[144] SchlHLSG BeckRS 2015, 69843 mAnm *Mayer* FD-RVG 2015, 370883.
[145] → Rn. 10.
[146] SächsLSG BeckRS 2010, 68357.
[147] SächsLSG BeckRS 2013, 68661 = JurBüro 2013, 417 mAnm *Mayer* FD-RVG 2013, 346476.
[148] ThürLSG JurBüro 2013, 422 = BeckRS 2013, 68560 mAnm *Mayer* FD-RVG 2013, 345910.
[149] BayLSG BeckRS 2016, 73654 mAnm *Mayer* FD-RVG 2016, 38257.
[150] SächsLSG BeckRS 2015, 73209 = AGS 2016, 67 mit Anm *Mayer* FD-RVG 2015, 374295.

des § 14 RVG abhängen kann, weil es insbes. nicht auf Umfang und Schwierigkeit der anwaltlichen Tätigkeit ankommen kann. Bei der fiktiven Terminsgebühr kommt es nach Auffassung des Gesetzgebers darauf an, dem Anwalt das gebührenrechtliche Interesse an der Durchführung des Termins zu nehmen. Die Höhe der zu erwartenden Terminsgebühr wird häufig von Umfang und Schwierigkeit der Angelegenheit abhängen, daher erschien dem Gesetzgeber eine Anknüpfung an die Verfahrensgebühr sachgerecht. Da die Höhe der Terminsgebühr grds. zur Höhe der Verfahrensgebühr in einem Verhältnis 1,2 zu 1,3 steht, setzte der Gesetzgeber einen Betrag von **90 % der Verfahrensgebühr** an.[151]

Beispiel:

Verfahrensgebühr VV 3102 RVG	360,– EUR	(Mittelgebühr)
fiktive Terminsgebühr VV 3106 RVG	324,– EUR	

Variante Erhöhung um einen weiteren Auftraggeber

Verfahrensgebühr VV 3102, 1008 RVG	468,– EUR
fiktive Terminsgebühr VV 3106 RVG	324,– EUR

Nach zutreffender Auffassung beträgt die Mindestgebühr bei der fiktiven Terminsgebühr 60,– EUR. Wenn die Verfahrensgebühr als Mindestgebühr festgesetzt ist, ist die fiktive Terminsgebühr (90% der Verfahrensgebühr = rechnerisch 54,– EUR) nicht unterhalb der Mindestgebühr von 60,– EUR festzusetzen.[152]

74 **c) Terminsgebühr in Verfahren vor den Landessozialgerichten, in denen Betragsrahmengebühren entstehen, VV 3205 RVG.** Der Vergütungstatbestand VV 3205 RVG sieht eine Terminsgebühr in Verfahren vor den Landessozialgerichten, in denen Betragsrahmengebühren entstehen (§ 3 RVG), mit einem Rahmen von 60,– EUR bis 610,– EUR, **Mittelgebühr** 335,– EUR vor, für Altfälle gilt noch der Rahmen 50,– EUR bis 510,– EUR, Mittelgebühr 280,– EUR.

75 Die Terminsgebühr kann der RA nach **VV Vorb. 3 Abs. 3** RVG für die Wahrnehmung vor gerichtlichen Terminen als auch für die Wahrnehmung von außergerichtlichen Terminen und Besprechungen, sofern nichts anderes bestimmt ist, erhalten. Es gelten somit die allgemeinen **Entstehungsvoraussetzungen** einer Terminsgebühr (→ RVG VV Vorb. 3 Rn. 70).

76 Nach der Anmerkung zum Vergütungstatbestand VV 3205 RVG gelten S. 1 Nr. 1, 3 der Anmerkung zu VV 3106 RVG entsprechend. Nach der Anmerkung zum Vergütungstatbestand VV 3106 RVG entsteht die Terminsgebühr auch, wenn in einem Verfahren für das mündliche Verhandlung vorgeschrieben ist, im Einverständnis mit den Parteien ohne mündliche Verhandlung entschieden wird, oder in einem solchen Verfahren mit oder ohne Mitwirkung des Gerichts ein Vertrag im Sinne der Nummer 1000 geschlossen wird oder eine Erledigung der Rechtssache im Sinne der Nummer 1002 eingetreten ist, oder das Verfahren, für das mündliche Verhandlung vorgeschrieben ist, nach angenommenem Anerkenntnis ohne mündliche Verhandlung endet. Nach S. 2 der Anmerkung zum Vergütungstatbestand beträgt in den Fällen des S. 1, also in den Fällen der **fiktiven Terminsgebühr,** die Gebühr **75 %** der in derselben Angelegenheit dem RA zustehenden Verfahrensgebühr ohne Berücksichtigung einer Erhöhung nach VV 1008 RVG. Da die Höhe der Terminsgebühr in zweiter Instanz grds. zu der Höhe der Verfahrensgebühr in einem Verhältnis von 1,2 zu 1,6 steht, hat der Gesetzgeber im 2. KostRMoG insoweit einen Betrag von 75% der Verfahrensgebühr vorgesehen.[153]

77 Auch für die Berufungsinstanz stellte sich vor Inkrafttreten des 2. KostRMoG die Frage, ob durch einen **schriftlichen Vergleich** eine Terminsgebühr auch in Verfahren vor den Landessozialgerichten, in denen Betragsrahmengebühren entstehen (§ 3 RVG), anfallen kann, → Rn. 63.

78 Im Verfahren der **einstweiligen Anordnung** und im Verfahren auf **Anordnung oder Wiederherstellung der aufschiebenden Wirkung,** auf **Aussetzung** oder **Aufhebung** der **Vollziehung** oder der **Anordnung** der **sofortigen Vollziehung** eines Verwaltungsakts, die beim Rechtsmittelgericht als Gericht der Hauptsache durchgeführt werden, gelten nach VV Vorb. 3.2 Abs. 2 S. 2 RVG die Gebühren nach den für die erste Instanz geltenden Vorschriften, also die Gebühren VV 3100 ff. RVG.

79 **d) Terminsgebühr in Verfahren vor dem BSG, in denen Betragsrahmengebühren entstehen, VV 3213 RVG.** In Verfahren vor dem BSG, in denen Betragsrahmengebühren

[151] BT-Drs. 17/11471 (neu), 276.
[152] SG Kiel BeckRS 2016, 67041 = AGS 2016, 219 mAnm *Mayer* FD-RVG 2016, 376835 zu 3106 aF.
[153] BT-Drs. 17/11471 (neu), 278.

entstehen (§ 3 RVG), sieht der Vergütungstatbestand VV 3213 RVG eine Terminsgebühr iHv 96,– EUR bis 990,– EUR, **Mittelgebühr 543,– EUR,** vor, für Altfälle gilt noch ein Rahmen von 80,– EUR bis 830,– EUR, Mittelgebühr 455,– EUR.

Hinsichtlich der **Entstehungsvoraussetzungen** des Gebührentatbestands gelten die allgemeinen Voraussetzungen; eine Terminsgebühr entsteht nach VV Vorb. 3 Abs. 3 RVG für die Wahrnehmung von gerichtlichen Terminen als auch für die Wahrnehmung außergerichtlicher Termine und Besprechungen, sofern nichts anderes bestimmt ist (→ RVG VV Vorb. 3 Rn. 70). **80**

Nach der Anmerkung zum Vergütungstatbestand gelten S. 1 Nr. 1, 3 sowie S. 2 der Anmerkung VV 3106 RVG entsprechend. Die Terminsgebühr VV 3213 RVG entsteht daher auch dann, wenn das BSG in einem Verfahren, für das mündliche Verhandlung vorgeschrieben ist, im **Einverständnis mit den Parteien ohne mündliche Verhandlung** entschieden hat oder in einem solchen Verfahren mit oder ohne Mitwirkung des Gerichts ein Vertrag im Sinne der Nummer 1000 geschlossen wird oder eine Erledigung der Rechtssache im Sinne der Nummer 1002 eingetreten ist, oder das Verfahren, für das mündliche Verhandlung vorgeschrieben ist, nach **angenommenem Anerkenntnis** ohne mündliche Verhandlung endet (S. 1 Nr. 3 der Anmerkung zu VV 3106 RVG).[154] **81**

Nach der Anmerkung zum Vergütungstatbestand gilt auch S. 2 der Anmerkung zu VV 3106 RVG entsprechend. Da bei Wertgebühren die Höhe der Terminsgebühr in der 3. Instanz grds. zur Höhe der Verfahrensgebühr in einem Verhältnis von 1,5 zu 1,6 steht, wurde vom Gesetzgeber im 2. KostRMoG für die Betragsrahmengebühren ein entsprechendes Verhältnis angesetzt,[155] die **fiktive Terminsgebühr** beträgt somit **90 %** der in derselben Angelegenheit dem RA zustehenden Verfahrensgebühr ohne Berücksichtigung einer Erhöhung nach VV 1008 RVG. **82**

6. Beschwerde

a) Allgemeines. Zu unterscheiden sind im Verfahren vor den Gerichten vor der Sozialgerichtsbarkeit, in denen Betragsrahmengebühren entstehen (§ 3 RVG), die **gewöhnlichen Beschwerden,** bei diesen kann eine Verfahrensgebühr nach VV 3501 RVG und eine Terminsgebühr nach VV 3515 RVG entstehen, die **Beschwerden gegen die Nichtzulassung der Berufung,** für die eine Verfahrensgebühr in VV 3511 RVG und eine Terminsgebühr in VV 3517 RVG vorgesehen ist, sowie die **Beschwerden gegen die Nichtzulassung der Revision,** für die die Gebührentatbestände VV 3512 RVG eine Verfahrensgebühr und VV 3518 RVG eine Terminsgebühr vorsehen. **83**

Nach dem 2. KostRMoG sind des Weiteren noch die **Beschwerdeverfahren gegen die Entscheidung** des Sozialgerichts **wegen des Hauptgegenstandes in Verfahren des vorläufigen oder einstweiligen Rechtsschutzes** zu unterscheiden. Denn nach VV Vorb. 3.2.1 Nr. 3a RVG gilt der Unterabschn. 1 auch für die genannten Beschwerdeverfahren. Die Beschwerdeverfahren wegen des Hauptgegenstandes des einstweiligen Rechtsschutzes entsprechen in derselben Sache einem Berufungsverfahren in der Hauptsache.[156] Bis zum Inkrafttreten des 2. KostRMoG wurden diese mit der Beschwerdegebühr nach VV 3501 RVG vergütet, seither erhält der RA für diese Beschwerdeverfahren die gleichen Gebühren wie im Berufungsverfahren.[157] **84**

b) Verfahrensgebühr, VV 3501 RVG. Der Gebührentatbestand VV 3501 RVG sieht eine **Verfahrensgebühr** für Verfahren vor den Gerichten der Sozialgerichtsbarkeit über die **Beschwerde und die Erinnerung vor,** wenn in den Verfahren Betragsrahmengebühren entstehen (§ 3 RVG), soweit in diesem Abschnitt keine besonderen Gebühren bestimmt sind. Besondere Gebühren sind die bereits erwähnte Verfahrensgebühr VV 3511 RVG bei Beschwerden gegen die Nichtzulassung der Berufung und VV 3512 RVG bei Beschwerden gegen die Nichtzulassung der Revision. **85**

Hinsichtlich der **Entstehungsvoraussetzungen** der Verfahrensgebühr gelten die allgemeinen Regelungen (→ RVG VV Vorb. 3 Rn. 64 ff.). **86**

Der Gebührenrahmen der Verfahrensgebühr VV 3501 RVG wurde im Zuge des KostRÄG[158] von 20,– EUR bis 210,– EUR auf 24,– EUR bis 250,– EUR, **Mittelgebühr 137,– EUR,** **87**

---

[154] Schneider/Wolf/*Schafhausen* RVG VV 3212–3213 Rn. 4.
[155] BT-Drs. 17/11471 (neu), 278.
[156] BT-Drs. 17/11471 (neu), 277.
[157] BT-Drs. 17/11471 (neu), 277.
[158] BGBl. 2020 I 3229.

erhöht. Bei der Festlegung des Rahmens im 2. KostRMoG ließ sich der Gesetzgeber von der Erwägung leiten, dass die Verfahrensgebühr in Verfahren über die Beschwerde in Sozialrechtsangelegenheiten zu den in VV 3102 RVG enthaltenen neuen Gebührenbeträgen für die Verfahrensgebühr der ersten Instanz im Verhältnis 1,3 zu 0,5 stehen soll, um eine Angleichung zu den anderen Gerichtsbarkeiten zu erreichen.[159]

88 Im Übrigen ist hinsichtlich der Ausfüllung des Gebührenrahmens auf die in § 14 RVG genannten Kriterien abzustellen. Für ein vorzeitiges Auftragsende gibt es keine besondere Vorschrift, somit ist dem bei der Ausfüllung des Rahmens Rechnung zu tragen.

89 **c) Terminsgebühr, VV 3515 RVG.** Der Vergütungstatbestand VV 3515 RVG sieht für die im VV 3501 RVG genannten Verfahren eine Terminsgebühr mit einem Rahmen von 24,– EUR bis 250,– EUR, **Mittelgebühr 137,– EUR** vor, für Altfälle gilt ein Rahmen 20,– EUR bis 210,– EUR, Mittelgebühr 115 EUR.

90 Die Terminsgebühr entsteht nach VV Vorb. 3 Abs. 3 RVG für die Wahrnehmung von gerichtlichen Terminen als auch für die Wahrnehmung von außergerichtlichen Terminen und Besprechungen, sofern nichts anderes bestimmt ist. Insoweit gelten die allgemeinen Voraussetzungen, → RVG VV Vorb. 3 Rn. 70.

7. Terminsgebühr bei Einzeltätigkeiten

91 Der Vergütungstatbestand VV 3402 RVG sieht eine Terminsgebühr für den Terminsvertreter in Höhe einer einem Verfahrensbevollmächtigten zustehenden Terminsgebühr vor.

92 Entstehungsvoraussetzung der Terminsgebühr VV 3402 RVG ist, dass der Anwalt beauftragt ist zur **Vertretung der Partei** in einem der in VV Vorb. 3 Abs. 3 RVG genannten **Termine,** also für die Wahrnehmung von gerichtlichen Terminen und die Wahrnehmung von außergerichtlichen Terminen und Besprechungen, ausgenommen Besprechungen mit dem Auftraggeber oder dessen Hauptverfahrensbevollmächtigten.[160] Dem kann auch nicht entgegen gehalten werden, es bestehe kein Bedürfnis für eine Terminsgebühr für Gespräche zur Vermeidung oder Erledigung des Verfahrens durch einen Terminsvertreter, da diese Gespräche der Verfahrensbevollmächtigte üblicherweise selbst führe.[161]

93 Es muss sich aber um einen Termin in einer Sache handeln, an der der **Auftraggeber Verfahrensbeteiligter** ist, also Partei, Streithelfer oder sonstiger Beteiligter, die Teilnahme an einem Verhandlungs- oder Erörterungstermin, an dem der Auftraggeber verfahrensrechtlich nicht beteiligt ist, löst die Terminsgebühr VV 3402 RVG nicht aus.[162] Unter einem Termin iSd VV Vorb. 3 Abs. 3 RVG ist ein Termin zu verstehen, der nach der jeweiligen Verfahrensordnung für Verhandlung-, Erörterung- oder Beweisaufnahme vorgesehen ist, Termine vor dem ersuchten oder beauftragten Richter – auch zum Zwecke der Mediation – sind ebenfalls Termine iSd VV 3402 RVG.[163] Bei der Wahrnehmung eines gerichtlichen Termins nur zur Verkündung einer Entscheidung entsteht nach VV Vorb. 3 Abs. 3 S. 2 RVG keine Terminsgebühr. Problematisch ist die Frage, ob, wenn das Gericht lediglich einen **Protokollierungstermin** anberaumt hat, um eine bereits fixierte Einigung protokollieren zu lassen, die Terminsgebühr VV 3402 RVG anfällt. Dies wird von einer Auffassung „nach der Neufassung Vorbem. 3 Abs. 3 durch das 2. Kostenrechtsmodernisierungsgesetz" jetzt bejaht.[164] Andererseits soll ein Termin ausschließlich zur Protokollierung einer Einigung über nirgendwo rechtshängige Ansprüche keine Terminsgebühr auslösen; denn gem. VV Vorb. 3 Abs. 3 S. 1 RVG löse ein gerichtlicher Termin nur dann eine Terminsgebühr aus, wenn nichts anderes bestimmt ist; gem. Abs. 3 der Anmerkung zu VV 3104 RVG löse ein solcher Termin keine Terminsgebühr aus.[165] Eine vergleichbare Regelung wie Abs. 3 der Anmerkung zu VV 3104 RVG findet sich jedoch bei den Terminsgebühren in Verfahren vor den Sozialgerichten, in denen Betragsrahmengebühren entstehen, nicht, und zwar weder bei VV 3106 RVG noch bei VV 3402 RVG. Deshalb fällt auch dann, wenn es um einen Protokollierungstermin für nirgendwo anhängige Ansprüche geht, eine Terminsgebühr VV 3402 RVG an.

---

159 BT-Drs. 17/11471 (neu), 278.
160 Schneider/Wolf/*N. Schneider* RVG VV 3401–3402 Rn. 20.
161 Schneider/Wolf/*N. Schneider* RVG VV 3401–3402 Rn. 20 ff.
162 Schneider/Wolf/*N. Schneider* RVG VV 3401–3402 Rn. 24.
163 Schneider/Wolf/*N. Schneider* RVG VV 3401–3402 Rn. 25 ff.
164 Schneider/Wolf/*N. Schneider* RVG VV 3401–3402 Rn. 36.
165 → RVG VV Vorb. 3 Rn. 76.

8. Einigung oder Erledigung

a) Allgemeines. Nach **§ 101 SGG** können die Beteiligten einen **Vergleich** schließen, um den geltend gemachten Anspruch vollständig oder zum Teil zu erledigen, soweit sie über den Gegenstand der Klage verfügen können. Für die tatbestandlichen Anforderungen an das Vorliegen einer Einigung gelten die allgemeinen Voraussetzungen (→ RVG VV 1000 Rn. 28 ff.). Dabei besteht Einigkeit darüber, dass ein Vergleich in sozialrechtlichen Angelegenheiten auch außergerichtlich abgeschlossen werden kann.[166] Bei einem gerichtlichen Vergleich fällt eine Einigungsgebühr jedenfalls dann an, wenn ein Entgegenkommen im Kostenpunkt feststellbar ist.[167] 94

Der Vergütungstatbestand VV 1005 RVG greift auch ein, wenn in sozialrechtlichen Angelegenheiten, in denen im gerichtlichen Verfahren Betragsrahmengebühren entstehen (§ 3 RVG) eine Erledigung erfolgt. Die hinsichtlich der Anforderungen an eine Erledigung gelten die allgemeinen Voraussetzungen (→ RVG VV 1002 Rn. 11 ff.). 95

Nach Abs. 1 S. 2 der Anmerkung zu VV 1000 RVG führt ein vollständiges Anerkenntnis oder ein vollständiger Verzicht nicht zum Anfall einer Einigungsgebühr. In einem solchen Fall kann jedoch die **Erledigungsgebühr** anfallen, etwa dann, wenn sich eine Verwaltungsangelegenheit durch den Erlass eines früher abgelehnten Verwaltungsakts erledigt.[168] Eine Rechtssache ist grds. dann erledigt, wenn die für die Durchführung des Rechtsbehelfs verfahrenszuständige Stelle keine förmliche Entscheidung in der Sache mehr treffen muss.[169] Ein typischer Fall aus dem Sozialbereich liegt bspw. dann vor, wenn der Rentenversicherungsträger die vom Auftraggeber des Rechtsanwalts beantragte Rente wegen Erwerbsminderung im Rahmen des Widerspruchsverfahrens doch noch bewilligt oder nach Erhebung der Klage zum Sozialgericht ein Anerkenntnis erklärt.[170] Auch entsteht eine Erledigungsgebühr, wenn der Rechtsanwalt nach Erlass eines Teilabhilfebescheids die Klage insgesamt zurücknimmt.[171] Voraussetzung ist jedoch stets die anwaltliche Mitwirkung bei der Erledigung der Angelegenheit, gefordert wird, dass die anwaltliche Mitwirkung gerade kausal für die Erledigung der Rechtssache ist.[172] Nach dem BSG ist eine Erledigungsgebühr zB verdient, wenn der RA seinen Mandanten veranlasst, sich ärztliche Befundberichte erstellen zu lassen und diese dann im Vorverfahren vorlegt und deren Vorlage zum Erfolg führt,[173] entscheidungserhebliche Informationen über den Ablauf eines Strafverfahrens beibringt,[174] oder unaufgefordert eine Bestätigung des Arbeitgebers beibringt.[175] Nach dem LSG Bayern fällt eine Erledigungsgebühr nicht an, wenn keine wesentliche Handlung des Bevollmächtigten erfolgt ist.[176] 96

Nach einer Auffassung fällt die Erledigungsgebühr dann an, wenn eine Untätigkeitsklage zum Erlass des begehrten Bescheids führt.[177] Da aber das **Bundesverwaltungsgericht** zur Erledigungsgebühr im sozialrechtlichen Widerspruchsverfahren entschieden hat, dass die bloße Rücknahme eines eingelegten Rechtsbehelfs ebenso wenig für die Erfüllung des Gebührentatbestands einer Erledigungsgebühr ausreicht wie umgekehrt die umgehende vollständige Abhilfe der Behörde ohne besondere anwaltliche Aktivität[178] dürfte die Auffassung, dass die bloße Erhebung der Untätigkeitsklage zu einer Mitwirkung iSd VV 1002, 1005 RVG führt, nicht mehr vertretbar seien.[179] Uneinheitlich ist die Rspr. in der Frage, unter welchen Voraussetzungen bei einer Teilabhilfe im Widerspruchsverfahren eine Erledigungsgebühr anfallen kann. Nach dem LSG Thüringen fällt eine Erledigungsgebühr an, wenn im Widerspruchsverfahren ein Teilabhilfebescheid ergeht und der verbliebene Teil des Widerspruchs anschließend zurückgenommen wird.[180] Nach dem LSG Bayern soll jedoch das Abraten von einer Klageerhebung 96a

---

166 Mayer/Kroiß/*Dinkat* RVG VV 1005–1006 Rn. 6.

167 LSG LSA BeckRS 2016, 70859 = AGS 2016, 517.

168 Mayer/Kroiß/*Dinkat* RVG VV 1005–1006 Rn. 8.

169 Mayer/Kroiß/*Dinkat* RVG VV 1005–1006 Rn. 8.

170 Mayer/Kroiß/*Dinkat* RVG VV 1005–1006 Rn. 8.

171 SG Marburg BeckRS 2018, 11678.

172 Mayer/Kroiß/*Dinkat* RVG VV 1005–1006 Rn. 8, krit. zu den Anforderungen der Rspr. an die Tatbestandsvoraussetzungen der Erledigungsgebühr Mayer/Kroiß/*Mayer* RVG VV 1002 Rn. 20 ff.

173 BSG BeckRS 2008, 58234 mAnm *Mayer* FD-RVG 2009, 273173.

174 BeckRS 2014, 65964 = NZS 2014, 239.

175 BeckRS 2011, 70166.

176 BeckRS 2017, 100678 mAnm *Mayer* FD-RVG 2017, 386694.

177 SG Nürnberg BeckRS 2009, 62081; SG Aachen BeckRS 2005, 40957; Mayer/Kroiß/*Dinkat* RVG VV 1005–1006 Rn. 8.

178 BSG BeckRS 2007, 40585.

179 So Praxishinweis *Schneider* zu SG Köln BeckRS 2007, 48871 = NJW-Spezial 2008, 253.

180 ThürLSG BeckRS 2012, 71792.

nach erfolgter Teilabhilfeentscheidung im Widerspruch nicht zu einer Erledigungsgebühr führen.[181] Die Differenzierung erscheint widersprüchlich, weil das Entstehen der Erledigungsgebühr von zufälligen unterschiedlichen Vorgehensweisen der Widerspruchsbehörde abhängig ist.[182] Anders als das LSG Bayern lässt das LSG Nordrhein-Westfalen die Einwirkung auf den Auftraggeber, sich mit einer Teilaufhebung zufrieden zu geben, für eine Erledigungsgebühr ausreichen.[183]

96b Auch bei sogenannten **Prozessabreden** können die Entstehungsvoraussetzungen der Erledigungsgebühr erfüllt sein. Allerdings kommt hier dem Sitzungsprotokoll für den Nachweis einer abgesprochenen Klagerücknahme entscheidende Bedeutung zu; bloß einseitige, voneinander unabhängige Erklärungen, auch wenn sie von beiden Seiten abgegeben werden und zur Beendigung des Rechtsstreit führen, genügen nach dem LSG Nordrhein-Westfalen für die Annahme einer Vereinbarung im Sinne von VV 1000, 1006 RVG nicht. Der förmlichen Bezeichnung von prozessbeendenden Erklärungen der Beteiligten in der Sitzungsniederschrift kommt entscheidende Bedeutung bei der rechtlichen Bedeutung dieser Erklärungen zu, wenn sich aus dem Terminsprotokoll keine Anhaltspunkte ergeben, dass die wechselseitigen prozessbeendenden Erklärungen aufgrund einer zuvor geschlossenen entsprechenden Vereinbarung der Beteiligten abgegeben wurden, seien die Tatbestandsvoraussetzungen einer Einigungsgebühr VV 1000, 1006 RVG nicht erfüllt.[184]

97 **b) Altfälle.** Die Vergütungstatbestände VV 1005–1007 RVG sahen vor dem 2. KostRMoG Betragsrahmengebühren vor. So sah der Vergütungstatbestand VV 1005 RVG aF einen Gebührenrahmen von 40,– EUR bis 520,– EUR, Mittelgebühr 280,– EUR, vor. Ist über den Gegenstand ein gerichtliches Verfahren anhängig, so galt nach VV 1006, 1005 RVG aF ein Rahmen von 30,– EUR bis 350,– EUR, Mittelgebühr 190,– EUR. War über den Gegenstand ein Berufungs- oder Revisionsverfahren anhängig, so galt nach VV 1000, 1005 RVG aF in Rahmen von 40,– EUR bis 460,– EUR, Mittelgebühr 250,– EUR.

98 **c) Neuregelung durch das 2. KostRMoG.** Die Vergütungstatbestände VV 1005–1007 RVG aF wurden im 2. KostRMoG durch die neuen Vergütungstatbestände VV 1005, 1006 RVG ersetzt, die im Vergleich zur Vorgängerregelung anders strukturiert sind. Beide Gebührentatbestände sehen nunmehr **keine eigenständigen Gebührenrahmen** für die Einigungs- und Erledigungsgebühr in sozialrechtlichen Angelegenheit, in denen im gerichtlichen Verfahren Betragsrahmengebühren entstehen, vor, sondern knüpfen im Falle des Gebührentatbestandes **VV 1005 RVG** an die **Höhe der Geschäftsgebühr** und im Falle des Vergütungstatbestandes **VV 1006 RVG** an die **Höhe der Verfahrensgebühr** an. Hintergrund der Änderung ist, dass insoweit bei den in sozialrechtlichen Angelegenheit anfallenden Betragsrahmengebühren die Bestimmung einer konkreten Gebühr innerhalb des Rahmens immer dann problematisch ist, wenn die Höhe der Gebühren nicht von den Kriterien des § 14 RVG abhängen kann, weil es insbes. nicht auf Umfang und Schwierigkeit der anwaltlichen Tätigkeit ankommen kann.[185] Bei der Einigungs- oder Erledigungsgebühr soll der Beitrag des Anwalts an der Herbeiführung der Einigung oder Erledigung honoriert werden, dieser Beitrag lässt sich aber mit den Kriterien des § 14 Abs. 1 RVG nur schwer bewerten. Der Gesetzgeber hat deshalb vorgesehen, wegen der Höhe der Gebühr an die in der Angelegenheit konkret angefallene Geschäfts- oder Verfahrensgebühr anzuknüpfen.[186]

99 **d) Gebührenhöhe.** Der Vergütungstatbestand VV 1005 RVG sieht vor, dass bei einer Einigung oder Erledigung in einem Verwaltungsverfahren in sozialrechtlichen Angelegenheiten, in denen im gerichtlichen Verfahren Betragsrahmengebühren entstehen, die Gebühren VV 1000, 1002 RVG in Höhe der Geschäftsgebühr entstehen. Der Vergütungstatbestand VV 1006 RVG bestimmt, dass wenn über den Gegenstand ein gerichtliches Verfahren anhängig ist, die Gebühr VV 1005 RVG in Höhe der Verfahrensgebühr entsteht. Nach Abs. 1 S. 1 der Anmerkung zu VV 1005 RVG und nach Abs. 1 S. 1 der Anmerkung zu VV 1006 RVG ist die Einigungs- und Erledigungsgebühr auch in gleicher Weise zu bestimmen, wenn die Einigung Ansprüche aus anderen Verwaltungsverfahren bzw. Ansprüche einbezogen werden, die nicht in diesem gerichtlichen Verfahren rechtshängig sind.[187] Nach Auffassung des Gesetzgeber führt die vorgeschla-

---

[181] BayLSG BeckRS 2015, 65319 mAnm *Mayer* FD-RVG 2015, 365965.
[182] Anm. *Mayer* FD-RVG 2015, 365965.
[183] LSG NRW BeckRS 2009, 54940 mAnm *Mayer* FD-RVG 2009, 277791.
[184] LSG NRW BeckRS 2017, 137983 mAnm *Mayer* FD-RVG 2018, 401955.
[185] BT-Drs. 17/11471 (neu), 272.
[186] BT-Drs. 17/11471 (neu), 272.
[187] BT-Drs. 17/11471 (neu), 271.

gene Anknüpfung an die Geschäfts- oder Verfahrensgebühr zu einer sachgerechten Gewichtung, sei eine Angelegenheit besonders umfangreich und schwierig und falle deshalb eine hohe Geschäfts- oder Verfahrensgebühr an, sei der Entlastungseffekt einer Einigung oder Erledigung und die Verantwortung des Anwalts entsprechend hoch.[188] Durch die generelle Anknüpfung der Höhe der Einigungsgebühr VV 1006 RVG an die jeweilige Verfahrensgebühr wurde auch eine eigenständige Regelung für die Einigungs- oder Erledigungsgebühr im Rechtsmittelverfahren entbehrlich,[189] der Vergütungstatbestand VV 1007 RVG aF konnte somit ersatzlos aufgehoben werden.

aa) Gerichtlich anhängiger Gegenstand einbezogen. Nach Abs. 1 S. 2 der Anmerkung zu VV 1005 RVG bestimmt sich die Gebühr nach VV 1006 RVG wenn über einen Gegenstand ein gerichtliches Verfahren anhängig ist. Die Regelung ist im Zusammenhang zu sehen mit S. 1 von Abs. 1 der Anmerkung, wonach sich die Gebühr einheitlich nach dieser Vorschrift bestimmt, wenn in die Einigung Ansprüche aus anderen Verwaltungsverfahren einbezogen werden. Wird also in einem Verwaltungsverfahren eine Einigung gefunden, in die **auch Ansprüche aus einem anderen Verwaltungsverfahren einbezogen** werden, entsteht die Einigungsgebühr in Höhe der Geschäftsgebühr des Verwaltungsverfahrens, in dem die Einigung getroffen wird. Wird jedoch in einem Verwaltungsverfahren nicht eine Einigung über Ansprüche aus einem anderen Verwaltungsverfahren, sondern über einen Gegenstand getroffen, über den **ein gerichtliches Verfahren anhängig** ist, bestimmt sich nach Abs. 1 S. 2 der Anmerkung zu VV 1005 RVG die Höhe der Einigungsgebühr nach VV 1006 RVG, entsteht also in Höhe der Verfahrensgebühr des gerichtlichen Verfahrens, welches in die außergerichtliche Einigung einbezogen worden ist.[190] Es ist jedoch zu bezweifeln, ob diese Regelung sachgerecht ist. Denn der Grundgedanke der Anbindung der Höhe der Einigungs- und Erledigungsgebühr an die Geschäfts- bzw. Verfahrensgebühr war der, dass dann, wenn die Angelegenheit besonders umfangreich und schwierig ist, auch eine höhere Geschäfts- oder Verfahrensgebühr anfällt.[191] Wird jedoch in einem Verwaltungsverfahren auch eine Einigung über einen gerichtlich anhängigen Gegenstand getroffen, entsteht der Aufwand im Verwaltungsverfahren, gleichwohl soll nach Abs. 1 S. 2 der Anmerkung zu VV 1005 RVG die Einigungsgebühr an die Höhe der Verfahrensgebühr des gerichtlich anhängigen Gegenstands angebunden werden.[192] 100

bb) Mehrvertretungszuschlag. Nach Abs. 1 S. 3 der Anmerkung zu VV 1005 RVG ist für die Höhe der Gebühr die höchste entstandene Geschäftsgebühr ohne Berücksichtigung einer Erhöhung nach VV 1008 RVG maßgeblich. Der **Mehrvertretungszuschlag** bleibt also **außer Betracht.** Darüber hinaus gilt, dass dann, wenn in einem Verwaltungsverfahren in eine Einigung aus Ansprüche aus einem anderen Verwaltungsverfahren einbezogen werden, für die Höhe der Einigungsgebühr die höchste entstandene Geschäftsgebühr der beiden in Rede stehenden Verwaltungsverfahren anzusetzen ist.[193] 101

cc) Beratung. Abs. 1 S. 4 der Anmerkung zu VV 1005 RVG enthält schließlich eine Regelung, wenn es zur Einigung und Erledigung im Rahmen einer **Beratung** kommt. Die Vorschrift verweist insoweit auf die Hälfte des in der Anmerkung zu VV 2302 RVG genannten Betrags – dort ist ein Betrag iHv 359,– EUR genannt, die Hälfte des Betrages, welcher als Gebühr bei einer Einigung oder Erledigung im Rahmen einer Beratung zusteht, beträgt **179,50 EUR.**[194] 102

dd) Teileinigung oder -erledigung. Abs. 2 der Anmerkung zu VV 1005 RVG enthält ferner eine Regelung, wenn die Einigung oder Erledigung nur einen Teil der Angelegenheit betrifft. In einem solchen Fall ist er auf diesen Fall der Angelegenheit entfallenden Anteil der Geschäftsgebühr **unter Berücksichtigung der in § 14 Abs. 1 RVG genannten Umstände zu schätzen.**[195] 103

ee) Einigung und Erledigung im gerichtlichen Verfahren. Werden in einem **gerichtlichen Verfahren** Ansprüche einbezogen, die nicht in diesem Verfahren rechtshängig sind, bestimmt sich die Gebühr nach Abs. 1 S. 1 der Anmerkung zu VV 1006 RVG einheitlich nach diesem 104

---

[188] BT-Drs. 17/11471 (neu), 271.
[189] BT-Drs. 17/11471 (neu), 271.
[190] *Mayer* Neues GebührenR § 2 Rn. 16; *Schneider/Thiel* § 3 Rn. 482 f.
[191] BT-Drs. 17/11471 (neu), 271.
[192] *Mayer* Neues GebührenR § 2 Rn. 16.
[193] *Mayer* Neues GebührenR § 2 Rn. 17.
[194] *Mayer* Neues GebührenR § 2 Rn. 18 zur Fassung nach dem 2. KostRMoG.
[195] *Mayer* Neues GebührenR § 2 Rn. 19.

Vergütungstatbestand. Dies gilt für den Fall, dass Gegenstand einer Einigung oder Erledigung in einem gerichtlichen Verfahren Ansprüche sind, die in einem anderen gerichtlichen Verfahren anhängig sind, die überhaupt nicht gerichtlich anhängig sind oder die überhaupt nicht Gegenstand eines Verwaltungsverfahrens sind oder die bereits Gegenstand eines Verwaltungsverfahrens sind. Nach S. 2 von Abs. 1 der Anmerkung zu VV 1006 RVG ist maßgebend für die Höhe der Gebühr die im Einzelfall bestimmte Verfahrensgebühr in der Angelegenheit, in der die Einigung erfolgt, nach Abs. 1 S. 3 der Anmerkung zum Vergütungstatbestand ist eine Erhöhung nach VV 1008 RVG wiederum nicht zu berücksichtigen.[196] Liegt lediglich eine Teileinigung oder Teilerledigung vor, ist nach Abs. 2 der Anmerkung zur VV 1006 RVG der auf diesen Teil der Angelegenheit entfallende Anteil an der Verfahrensgebühr unter Berücksichtigung der in § 14 Abs. 1 RVG genannten Umstände zu schätzen.

105 *ff) Anrechnung.* Sowohl die Geschäftsgebühr, die maßgeblich für die Einigungsgebühr nach VV 1005 RVG ist, als auch die Verfahrensgebühr, die maßgeblich für die Einigungsgebühr nach VV 1006 RVG ist, können jeweils durch Anrechnungen gemindert sein. Nach dem eindeutigen Wortlaut des Gesetzes ist jedoch auf die jeweilige Geschäfts- oder Verfahrensgebühr abzustellen und **nicht auf den durch die Anrechnung geminderten Betrag.**[197]

Beispiel:

1. Erledigung im Widerspruchverfahren. Angelegenheit ist umfangreich.	
a) Anwalt ist erstmals im Widerspruchsverfahren tätig	
Geschäftsgebühr VV 2302 Nr. 1 RVG	414,– EUR
Erledigungsgebühr VV 1005 RVG	414,– EUR
b) Anwalt war bereits im Verwaltungsverfahren tätig	
Geschäftsgebühr VV 2302 Nr. 1 RVG	414,– EUR
abzgl. gem. VV Vorb. 2 Abs. 4 S. 1 RVG	207,– EUR
Erledigungsgebühr VV 1005 RVG	414,– EUR
2. Erledigung im Klageverfahren I. Instanz	
Verfahrensgebühr VV 3102 RVG	360,– EUR
Terminsgebühr VV 3106 RVG	335,– EUR
Erledigungsgebühr VV 1005, 1006 RVG	360,– EUR
3. Erledigung im sozialgerichtlichen Verfahren I. Instanz, mehrere Auftraggeber	
Verfahrensgebühr VV 3102, 1008 RVG	468,– EUR
Terminsgebühr VV 3106 RVG	335,– EUR
Einigungsgebühr VV 1006 RVG	360,– EUR
4. Teileinigung im erstinstanzlichen sozialgerichtlichen Verfahren, Einigung etwa über die Hälfte des Streitgegenstands	
Verfahrensgebühr VV 3102 RVG	360,– EUR
Terminsgebühr VV 3106 RVG	335,– EUR
Einigungs- und Erledigungsgebühr VV 1006 RVG	180,– EUR
5. Anwaltliche Beratung führt zur Einigung oder Erledigung	
Beratungsgebühr gem. § 34 Abs. 1 RVG	250,– EUR
Erledigungsgebühr VV 1005 RVG	179,50 EUR
6. Einigung im erstinstanzlichen sozialgerichtlichen Verfahren, Angelegenheit umfangreich, mehrere Auftraggeber, Einbeziehung auch einer in einem anderen Verfahren anhängigen Angelegenheit	
Verfahrensgebühr VV 3102 RVG	561,60 EUR
wegen weiterem Auftraggeber gem. VV 1008 RVG Mindest- und Höchstbetrag um 30 % erhöht, also Gebührenrahmen von 78,– EUR bis 858,– EUR, Mittelgebühr 468,– EUR, wegen Einbeziehung in diesem Verfahren nicht anhängiger Gegenstände Erhöhung der Verfahrensgebühr um 20 %	
Terminsgebühr VV 3106 RVG (Mittelgebühr zzgl. 20 %)	402,– EUR
Erledigungsgebühr VV 1000, 1006 RVG	432,– EUR
(die Erhöhung durch mehrere Auftraggeber ist bei der Erledigungsgebühr nach Abs. 1 S. 3 der Anmerkung zu VV 1006 RVG nicht zu berücksichtigen)[198]	

9. Beauftragung im eigenen Namen

106 Die gesetzlichen Gebühren des RVG fallen für einen Terminsvertreter aber nur an, wenn dieser von der Partei selbst beauftragt wird, nicht aber wenn der **Prozessbevollmächtigte im eigenen Namen den Auftrag zur Terminsvertretung** erteilt.[199] Im Kostenfestsetzungsver-

[196] *Mayer* Neues GebührenR § 2 Rn. 20.
[197] Schneider/Wolf/*Schafhausen* RVG VV 1005, 1006 Rn. 18, 21.
[198] *Mayer* Neues GebührenR § 2 Rn. 23.
[199] BGH NJW 2001, 753 f.; BeckRS 2011, 19935 mAnm *Mayer* FD-RVG 2011, 321357.

fahren können die RVG Gebühren des Terminsvertreters nur aufgrund einer von ihm unterzeichneten Berechnung berücksichtigt werden. Die Berechnung des Hauptbevollmächtigten, der nicht Gläubiger der Forderung des Terminvertreters ist, reicht dafür nicht aus.[200]

10. Mahnverfahren

Nach § 182a SGG können Beitragsansprüche von Unternehmen der privaten Pflegeversicherung nach dem Elften Buch Sozialgesetzbuch nach den Vorschriften der ZPO im Mahnverfahren vor dem Amtsgericht geltend gemacht werden. Für dieses Verfahren gelten die §§ 688 ff. ZPO mit der Maßgabe, dass über den Widerspruch (§ 697 ZPO) bzw. den Einspruch (§ 700 ZPO) das Sozialgericht entscheidet und mit dem Eingang der Akten bei diesem nach den Vorschriften des SGG zu verfahren ist. Hier gelten VV 3305–3308 RVG. 107

11. Mehrere Auftraggeber

Hier erhöht sich bei Betragsrahmengebühren gem. VV 1008 RVG die Mindest- und Höchstgebühr um 30 %. Mehrere Erhöhungen dürfen das Doppelte des Mindest- und Höchstbetrages nicht übersteigen (iÜ → RVG VV 1008 Rn. 265 ff.). 108

Bei der **Erhöhung um einen weiteren Auftraggeber** ergeben sich somit im sozialgerichtlichen Verfahren folgende Gebührenwerte. 109

Gebührentatbestand	Betragsrahmen	Mittelgebühr
VV 3102 RVG	78,– EUR bis 858,– EUR	468,– EUR
VV 3204 RVG	93,60 EUR bis 1.060,80 EUR	577,20 EUR
VV 3212 RVG	124,80 EUR bis 1.372,80 EUR	748,80 EUR

12. Einstweilige Anordnungen

Früher wurde differenziert, ob die einstweilige Anordnung während des Hauptsacheverfahrens oder bereits vorher beantragt worden ist.[201] 110

Diese Differenzierung ist nunmehr gegenstandslos, da gem. § 17 Nr. 4b RVG das Hauptsacheverfahren und das Verfahren über einen Antrag auf Erlass einer einstweiligen Anordnung mehrere Angelegenheiten sind. § 17 Nr. 4b RVG gilt generell für einstweilige Anordnungen und ist daher auch bei den einstweiligen Anordnungen im sozialgerichtlichen Verfahren, die nur auf Antrag ergehen, anzuwenden. 111

13. Zwangsvollstreckung

In der Verweisung auf die ZPO in § 198 SGG oder das Verwaltungsvollstreckungsgesetz in § 200 SGG liegt auch eine Verweisung auf die Vorschriften, die die Vergütung des RA in den Verfahren, auf die verwiesen wird, regeln. Das sind VV 3309, 3310 RVG. Der RA erhält also 0,3 der dort bestimmten Gebühren, soweit deren Tatbestände erfüllt sind. § 3 Abs. 1 S. 2 RVG wurde iRd 2. KostRMoG durch den Zusatz ergänzt, dass im Verfahren nach § 201 Abs. 1 SGG die Gebühren immer nach dem Gegenstandswert berechnet werden. Denn nach § 201 Abs. 1 SGG kann das Gericht des ersten Rechtszugs auf Antrag unter Fristsetzung ein Zwangsgeld durch Beschluss androhen und nach vergeblichem Fristablauf festsetzen, wenn die Behörde der im Urteil auferlegten Verpflichtung nicht nachkommt.[202] Mit dieser Ergänzung hat der Gesetzgeber die Klarstellung beabsichtigt, dass im Verfahren nach § 201 Abs. 1 SGG auch dann Wertgebühren zu erheben sind, wenn in dem zugrunde liegenden Verfahren Betragsrahmengebühren entstehen.[203] Die in der sozialgerichtlichen Rspr. vertretene Auffassung, dass in einem Vollstreckungsverfahren, an dem eine privilegierte Person beteiligt ist, Betragsrahmengebühren entstehen,[204] ist nach neuem Recht nicht mehr haltbar.[205] Für das Vollstreckungsverfahren sind Wertgebühren zu erheben, auch wenn im Ausgangsverfahren Betragsrahmengebühren entstanden sind.[206] 112

14. Nichtzulassungsbeschwerde (Berufung) – Verfahrensgebühr

a) Motive. Die Motive führen aus: 113
„Zu den VV 3511 und 3512

[200] BGH BeckRS 2011, 19935 mAnm *Mayer* FD-RVG 2011, 321357.
[201] Gerold/Schmidt/*Madert,* 15. Aufl. 2002, BRAGO § 116 Rn. 6.
[202] BT-Drs. 17/11471 (neu), 266.
[203] BT-Drs. 17/11471 (neu), 266.
[204] SG Fulda BeckRS 2012, 73414.
[205] *Mayer* Neues GebührenR § 1 Rn. 6.
[206] *Mayer* Neues GebührenR § 1 Rn. 6.

114 Die Nr. 3511 und 3512 VV RVG-E enthalten Vorschriften über die Verfahrensgebühr in Verfahren über die Nichtzulassung der Berufung bzw. der Revision vor dem LSG bzw. dem BSG. In der neuen Struktur der Gebühren vor den Gerichten der Sozialgerichtsbarkeit wurde auf die Begründung zu § 3 RVG-E verwiesen".[207]

115 **b) Allgemeines.** Der Vergütungstatbestand VV 3511 RVG regelt die Verfahrensgebühr für das Verfahren über die Beschwerde gegen die Nichtzulassung der Berufung vor dem LSG, wenn Betragsrahmengebühren entstehen (§ 3 RVG).

116 Nach § 145 Abs. 1 S. 1 SGG kann die Nichtzulassung der Berufung durch das Sozialgericht durch Beschwerde angefochten werden, § 145 SGG ist – mit einigen Abweichungen – an § 160a SGG betreffend die Beschwerde gegen die Nichtzulassung der Revision angeglichen.[208] Hinsichtlich der **Entstehungsvoraussetzungen** der Verfahrensgebühr gelten die allgemeinen Grundsätze (→ RVG VV Vorb. 3 Rn. 64 ff.).

117 **c) Gebührenhöhe. Verfahrensgebühr** VV 3511 RVG. Der RA erhält eine Betragsrahmengebühr zwischen 72,– EUR und 816,– EUR, **Mittelgebühr 444,– EUR.**

118 **Vorzeitiges Auftragsende und Verfahrensdifferenzgebühr.** Für diese fehlt es an einer speziellen Bestimmung, was bei einer im Einzelfall erst gem. § 14 RVG auszufüllenden Rahmengebühr auch nicht nötig ist.

119 **d) Weitere Gebühren. Terminsgebühr.** Gem. VV 3517 RVG steht dem RA eine Terminsgebühr aus einem Rahmen von 60,– EUR bis 610,– EUR, **Mittelgebühr 335,– EUR,** zu. Für die Terminsgebühr → Rn. 122 ff.

120 **Einigungsgebühr.** → Rn. 94.

121 **e) Angelegenheit und Anrechnung.** Das Verfahren über die Nichtzulassungsbeschwerde ist eine **besondere Angelegenheit** im Verhältnis zur Vorinstanz wie auch zum nachfolgenden Berufungsverfahren (→ § 17 Rn. 114 ff.). Die Verfahrensgebühr im Nichtzulassungsverfahren ist aber auf die Verfahrensgebühr im Revisionsverfahren nach der Anmerkung zum Vergütungstatbestand VV 3511 RVG **anzurechnen.**

15. Nichtzulassungsbeschwerde (Berufung) – Terminsgebühr

122 **a) Allgemeines.** Der Vergütungstatbestand VV 3517 RVG sieht eine Terminsgebühr in Verfahren über die Nichtzulassung der Berufung vor dem LSG, wenn Betragsrahmengebühren entstehen (§ 3 RVG), vor.

123 Hinsichtlich der **Entstehungsvoraussetzungen** der Terminsgebühr gelten die allgemeinen Grundsätze. So entsteht die Terminsgebühr nach VV Vorb. 3 Abs. 3 RVG für die Wahrnehmung von gerichtlichen Terminen als auch für die Wahrnehmung von außergerichtlichen Terminen und Besprechungen, wenn nichts anderes bestimmt ist.

124 Da in einem Nichtzulassungsbeschwerdeverfahren **in der Regel ein gerichtlicher Termin nicht stattfindet,** kann die Terminsgebühr dort nur für die Mitwirkung an auf die Vermeidung oder Erledigung des Verfahrens gerichteten Besprechungen ohne Beteiligung des Gerichts entstehen.[209]

125 Da das Nichtzulassungsbeschwerdeverfahren gegenüber dem nachfolgenden Rechtsmittelverfahren eine eigene Angelegenheit nach § 17 Nr. 9 RVG darstellt, kann die **Terminsgebühr** im Nichtzulassungsbeschwerdeverfahren und dem anschließenden Rechtsmittelverfahren **gesondert entstehen.**[210] Eine Anrechnung von Terminsgebühren ist nicht vorgesehen, angerechnet werden lediglich die Verfahrensgebühren, nicht auch die Terminsgebühren, so dass die Terminsgebühr im Nichtzulassungsbeschwerdeverfahren und im anschließenden Rechtsmittelverfahren jeweils gesondert entstehen können.[211]

126 **b) Gebührenhöhe.** Die Terminsgebühr VV 3517 RVG sieht einen Rahmen von 60,– EUR bis 610,– EUR vor, die **Mittelgebühr** beträgt **335,– EUR.**

16. Nichtzulassungsbeschwerde (Revision) – Verfahrensgebühr

127 **a) Allgemeines.** Der Vergütungstatbestand VV 3512 RVG regelt die Verfahrensgebühr bei der Beschwerde gegen die Nichtzulassung der Revision in sozialgerichtlichen Verfahren mit Betragsrahmengebühren. Nach § 160a Abs. 1 S. 1 SGG kann die Nichtzulassung der Revision selbständig durch Beschwerde angefochten werden, die Nichtzulassungsbeschwerde ist ein

---

[207] BT-Drs. 15/1971, 219.
[208] MKLS/*Keller* SGG § 145 Rn. 2.
[209] Schneider/Wolf/*Schafhausen* RVG VV Nr. 3511 Rn. 4.
[210] Schneider/Wolf/*Schafhausen* RVG VV Nr. 3511 Rn. 4.
[211] Schneider/Wolf/*Schafhausen* RVG VV Nr. 3511 Rn. 4.

Rechtsmittel, deren Einlegung und ausreichende Begründung ist zur Erschöpfung des Rechtswegs vor einer Verfassungsbeschwerde erforderlich.[212]

b) Gebührenhöhe. Verfahrensgebühr. Der RA erhält eine Betragsrahmengebühr zwischen 96,– EUR und 1.056,– EUR, **Mittelgebühr 576,– EUR.** 128

Vorzeitiges Auftragsende und Verfahrensdifferenzgebühr: Für diese fehlt es an speziellen Bestimmungen, was bei einer im Einzelfall erst gem. § 14 RVG auszufüllende Rahmengebühr auch nicht nötig ist. 129

c) Weitere Gebühren. Terminsgebühr. Gem. VV 3518 RVG steht dem RA eine Terminsgebühr aus einem Rahmen von 72,– EUR bis 792,– EUR, **Mittelgebühr 432,– EUR** zu (→ Rn. 133). 130

Einigungsgebühr. → Rn. 94. 131

d) Angelegenheit und Anrechnung. Das Verfahren über die Nichtzulassungsbeschwerde ist eine **besondere Angelegenheit** im Verhältnis zur Vorinstanz wie auch zum nachfolgenden Revisionsverfahren (→ § 17 Rn. 114 ff.). 132

Nach der Anmerkung zum Vergütungstatbestand ist die Verfahrensgebühr im Nichtzulassungsverfahren auf die Verfahrensgebühr im Revisionsverfahren aber anzurechnen.

17. Nichtzulassungsbeschwerde (Revision) – Terminsgebühr

a) Allgemeines. Der Vergütungstatbestand VV 3518 RVG sieht eine Terminsgebühr für die Verfahren über die Beschwerde der Nichtzulassung der Revision vor dem BSG vor, wenn Betragsrahmengebühren entstehen. 133

Hinsichtlich der **Entstehungsvoraussetzungen** der Terminsgebühr gelten die allgemeinen Anforderungen. So erhält der RA nach VV Vorb. 3 Abs. 3 RVG eine Terminsgebühr für die Wahrnehmung von gerichtlichen Terminen als auch für die Wahrnehmung von außergerichtlichen Terminen und Besprechungen, wenn nichts anderes bestimmt ist.[213] 134

Da in einem Nichtzulassungsbeschwerdeverfahren **in der Regel ein gerichtlicher Termin nicht stattfindet,** kann die Terminsgebühr dort nur für die Mitwirkung an auf die Vermeidung oder Erledigung des Verfahrens gerichteter Besprechung ohne Beteiligung des Gerichts entstehen.[214] 135

Weil das Nichtzulassungsbeschwerdeverfahren gegenüber dem nachfolgenden Rechtsmittelverfahren nach § 17 Nr. 9 RVG eine eigene Angelegenheit darstellt, kann die Terminsgebühr im Nichtzulassungsbeschwerdeverfahren und die im anschließenden Rechtsmittelverfahren **gesondert entstehen.**[215] 136

Eine **Anrechnung** von Terminsgebühren ist nicht vorgesehen. Angerechnet werden lediglich Verfahrensgebühren, nicht aber die Terminsgebühren, so dass die Terminsgebühr im Nichtzulassungsbeschwerdeverfahren und im anschließenden Rechtsmittelverfahren gesondert entstehen können.[216] 137

b) Gebührenhöhe. Der Vergütungstatbestand VV 3518 RVG sieht einen Gebührenrahmen von 72,– EUR bis 792,– EUR, **Mittelgebühr 432,– EUR** vor. 138

18. Die Bestimmung der Gebühr

Die Ausfüllung der Gebührenrahmen im Einzelfall erfolgt unter Beachtung der Bewertungskriterien des § 14 Abs. 1 RVG. 139

Nach der überwiegenden Meinung ist auch bei den Rahmengebühren des § 3 RVG von der **Mittelgebühr** auszugehen.[217] 140

Die Mittelgebühr ist somit anzusetzen in Normalfällen (Bedeutung, Umfang und Schwierigkeit sowie Vermögensverhältnisse des Auftraggebers sind durchschnittlich). 141

Bei Abweichungen vom Normalfall zB wegen der Bedeutung oder der Schwierigkeit der Sache oder der wirtschaftlichen Verhältnisse des Klägers oder des Umgangs mit ihm oder auch 142

---

[212] Näher zur Nichtzulassungsbeschwerde MKLS/*Leitherer* SGG § 160a Rn. 2.
[213] Schneider/Wolf/*Schafhausen* RVG VV Nr. 3512 Rn. 4.
[214] Schneider/Wolf/*Schafhausen* RVG VV Nr. 3512 Rn. 4.
[215] Schneider/Wolf/*Schafhausen* RVG VV Nr. 3512 Rn. 4.
[216] Schneider/Wolf/*Schafhausen* RVG VV Nr. 3512 Rn. 4.
[217] Hartmann/Toussaint/*Toussaint* RVG § 3 Rn. 9; *von Eicken* SGb 91, 295 (298); SchlHLSG AGS 1995, 123; SG Braunschweig MDR 1980, 876; SG Duisburg AnwBl 1980, 127; AnwBl 1983, 39; SG Düsseldorf AnwBl 1982, 210; AnwBl 1984, 570; SG Karlsruhe AnwBl 1984, 571; SG Kiel AnwBl 1980, 172; AnwBl 1984, 571; SG Münster JurBüro 1982, 94; JurBüro 1982, 1206; SG Nürnberg AnwBl 1968, 132; SG Saarbrücken AnwBl 1972, 91; SG Stuttgart AnwBl 1984, 559.

des anwaltlichen Arbeitsaufwands muss eine jeweils geringere oder höhere Gebühr bis zur Grenze des Rahmens angesetzt werden.[218] Zu beachten ist ferner, dass bei Betragsrahmengebühren nach § 14 Abs. 1 S. 3 RVG das Haftungsrisiko bei der Gebührenbemessung berücksichtigt werden muss.[219] Das Haftungsrisiko kann bspw. in Rentensachen sehr hoch sein[220] (→ Rn. 16 ff.).

143 Eine durchschnittliche anwaltliche Tätigkeit liegt vor, wenn eine Klage erhoben wird oder ein Antrag auf einstweiligen Rechtsschutz gestellt wird, Akteneinsicht genommen wird, die Klage, bzw. der Antrag auf einstweiligen Rechtsschutz begründet wird, behandelnde Ärzte benannt und erforderliche Entbindungserklärungen von der ärztlichen Schweigepflicht oder dem Sozialgeheimnis eingereicht werden, zu vom Gericht veranlassten Ermittlungen (zB Einholung von Befundberichten, Arbeitgeberauskünfte, Beiziehung von Klinikberichten, Röntgenaufnahmen, weiterer Akten) und eingeholten Gutachten Stellung genommen, ein Termin vorbereitet sowie eine eventuelle Entscheidung des Gerichts zur Kenntnis genommen wird.[221]

144 Durchschnittlich schwierig vor dem Sozialgericht sind Verfahren mit oder ohne medizinische Fragestellung, in denen wegen einmaliger oder laufender Leistungen gestritten wird (typische Fälle: Leistungen zur Sicherung des Lebensunterhalts, Erwerbsminderungsrenten, Pflegegeld, Krankengeld, Unfallrenten, Heil- und Hilfsmittel, Reha-Leistungen, Feststellungen des Grads der Behinderung, des Grades der Schädigungsfolgen oder der Minderung der Erwerbsfähigkeit), → Rn. 11 ff.[222]

145 Die **Bedeutung der Angelegenheit** für den Kläger bzw. Antragsteller hängt nicht nur vom Streitgegenstand, sondern auch vom subjektiven Empfinden des Klägers bzw. Antragstellers ab. Sie kann dann jedenfalls grds. als durchschnittlich angesehen werden, wenn nur wegen einer einmaligen Leistung gestritten wird. Sofern dagegen wegen Leistungen mit Dauerwirkung gestritten wird, wird grds. eine überdurchschnittliche Bedeutung anzunehmen sein;[223] im Falle von Untätigkeitsklagen dürfte regelmäßig eine unterdurchschnittliche Bedeutung anzunehmen sein, da es nur um die Bescheidung als solches, nicht aber um den vermeintlichen Anspruch selbst geht.[224]

146 Die **Einkommens- und Vermögensverhältnisse** eines Klägers bzw. Antragstellers sind jedenfalls dann zumindest als durchschnittlich anzusehen, wenn die Gewährung von Prozesskostenhilfe nicht erforderlich ist. Ist dagegen die Gewährung von Prozesskostenhilfe erforderlich, liegen zumindest unterdurchschnittliche Einkommens- und Vermögensverhältnisse vor, bei Empfängern von Grundsicherungsleistungen deutlich unterdurchschnittliche Einkommens- und Vermögensverhältnisse.[225]

147 Bei der sog. **fiktiven Terminsgebühr** nach S. 1 Nr. 1–3 der Anmerkung zu VV 3106 RVG, S. 1 der Anmerkung zu VV 3205 RVG und der Anmerkung zu VV 3213 RVG spielen die Bemessungskriterien des § 14 RVG jedoch keine Rolle, da die Höhe der Terminsgebühr nur angebunden ist an die Höhe der Verfahrensgebühr.

148 S. 2 der Anmerkung zum Vergütungstatbestand VV 3106 RVG beträgt die fiktive Terminsgebühr 90% der in derselben Angelegenheit dem RA zustehenden Verfahrensgebühr ohne Berücksichtigung einer Erhöhung nach VV 1008 RVG.

149 Die fiktive Terminsgebühr in Verfahren vor den Landessozialgerichten, in denen Betragsrahmengebühren entstehen, beträgt nach S. 2 der Anmerkung zum Vergütungstatbestand VV 3205 RVG 75% der in derselben Angelegenheit dem RA zustehenden Verfahrensgebühr ohne Berücksichtigung einer Erhöhung nach VV 1008 RVG.

150 Die fiktive Terminsgebühr in Verfahren vor dem BSG, in dem Betragsrahmengebühren entstehen, beträgt nach der Anmerkung zum Vergütungstatbestand VV 3213 RVG 90% der in derselben Angelegenheit dem RA zustehenden Verfahrensgebühr ohne Berücksichtigung einer Erhöhung nach VV 1008 RVG.

151 Eine **Rentensache** ist in der Regel für den Betroffenen von erheblicher Bedeutung. Daher wird es häufig gerechtfertigt sein, die Mittelgebühr bis zur Höchstgebühr zu überschreiten, auch wenn die übrigen Bemessungskriterien des § 14 RVG für die Beibehaltung der Mittelgebühr sprechen. Nach dem LSG Thüringen sind sozialrechtliche Streitigkeiten über typische

---

[218] Hartmann/Toussaint/*Toussaint* RVG § 3 Rn. 10.
[219] *Klier* NZS 2004, 469 (470).
[220] *Klier* NZS 2004, 469 (470); Hartmann/Toussaint/*Toussaint* RVG § 3 Rn. 10.
[221] SG Kiel BeckRS 2016, 65128 = AGS 2016, 172 mAnm *Mayer* FD-RVG 2016, 375552.
[222] SG Kiel BeckRS 2016, 65128 = AGS 2016, 172 mAnm *Mayer* FD-RVG 2016, 375552.
[223] SG Kiel BeckRS 2011, 72846; BeckRS 2016, 65128 mAnm *Mayer* FD-RVG 2016, 335952.
[224] SG Kiel BeckRS 2011, 72846.
[225] SG Kiel BeckRS 2011, 72846, BeckRS 2016, 65128.

Dauerleistungen, die den wesentlichen Lebensunterhalt des Leistungsberechtigten sicherstellen, wegen der außergewöhnlichen Bedeutung der Sozialleistung grundsätzlich geeignet, eine über der Mittelgebühr liegende Verfahrensgebühr (bis zur Höchstgebühr) zu begründen, eine Regelvermutung für das Entstehen der Höchstgebühr im Rentenverfahren bestehe allerdings nicht.[226]

Zu **kritisieren** ist die Auffassung, dass **bei Verfahren des einstweiligen Rechtsschutzes** nicht generell die Mittelgebühr, sondern **lediglich eine auf 2/3 reduzierte Mittelgebühr** des jeweiligen Betragsrahmens als Ausgangswert anzusetzen und je nach den Umständen des Einzelfalles anhand der in § 14 Abs. 1 RVG genannten Kriterien ggf. weiter anzupassen ist.[227] Umfang und Schwierigkeit der anwaltlichen Tätigkeit im Eilverfahren ist häufig überdurchschnittlich, sie ist insbes. durch Zeitdruck und den Umstand geprägt, dass vielfach nur schwer im Vortrag „nachgebessert" werden kann.[228] 152

19. Die Bemessung der Gebühr im Verhältnis RA zum Auftraggeber

Sie erfolgt nicht durch das Sozialgericht. Es gilt vielmehr die Bemessung im Einzelfall unter Berücksichtigung der Bemessungskriterien nach billigem Ermessen.[229] 153

Um das Problem der Billigkeit einer Gebühr in den Griff zu bekommen, stellt man auch in der Sozialgerichtsbarkeit zT auf **Toleranzgrenzen** ab.[230] Von einer Unbilligkeit ist in der Regel erst dann auszugehen, wenn die Abweichung mehr als 20% beträgt.[231]

Abstriche von weniger als 25,– EUR sollten in der Regel nicht vorgenommen werden.[232]

Im Gebührenrechtsstreit hat das Gericht gem. § 14 Abs. 3 ein **Gutachten des Vorstands der Rechtsanwaltskammer** einzuholen. Zu den Einzelheiten s. § 14 RVG. 154

20. Prozesskostenhilfe

Gem. § 73a SGG kann in allen Instanzen Prozesskostenhilfe bewilligt werden. Den Beteiligten kann ein RA beigeordnet werden. 155

Der im Wege der PKH beigeordnete RA erhält nach § 45 RVG die volle gesetzliche Vergütung des § 3 RVG. § 49 RVG sieht keine Einschränkung des Grundsatzes des § 45 RVG für den Fall vor, dass der RA nur Rahmengebühren erhält. Der RA erhält die Gebühren somit ungekürzt.[233]

Dem beigeordneten RA kann gem. § 47 RVG ein Vorschuss – im Regelfall die Mittelgebühr zzgl. Auslagenpauschale – bewilligt werden.[234]

Im Zuge des 2. KostRMoG[235] wurde § 59b RVG geändert, § 59b Abs. 2 S. 4 RVG aF, welcher einen Verweis auf § 66 GKG enthielt, wurde gestrichen und mit § 59 Abs. 2 S. 1 GKG bestimmt, dass für die Geltendmachung des Anspruchs sowie für die Erinnerung und die Beschwerde die Vorschriften über die Kosten des gerichtlichen Verfahrens entsprechend gelten. Dabei ging der Gesetzgeber davon aus, dass sowohl der Ansatz der auf die Staatskasse übergegangenen Ansprüche als auch die Rechtsbehelfe gegen die Geltendmachung dieser Ansprüche nach dem jeweiligen Kostengesetz (GKG, FamGKG, GNotKG) erfolgt.[236] Dabei hatte der Gesetzgeber offenbar nur die Kostengesetze der ordentlichen Gerichtsbarkeit im Blick und übersehen, dass in bestimmten sozialgerichtlichen Verfahren nach den §§ 183ff. SGG das GKG nicht anwendbar ist.[237] Daher können in sozialgerichtlichen Verfahren, in denen das GKG nicht anwendbar ist, Einwendungen gegen den Forderungsübergang auf die Landeskasse nach

[226] ThürLSG BeckRS 2018, 24334 mAnm *Mayer* FD-RVG 2018, 411645.

[227] HessLSG BeckRS 2014, 71001 = JurBüro 2014, 582 mAnm *Mayer* FD-RVG 2014, 360667, aA zu Recht BayLSG BeckRS 2013, 70562; AGS 2017, 78 = BeckRS 2016, 73652 mAnm *Mayer* FD-RVG 2016, 382595.

[228] Vgl. Anm. *Mayer* FD-RVG 2014, 360677.

[229] Einzelheiten s. Madert Anwaltsvergütung Verwaltungssachen/*Madert* Kap. VI Rn. 11; sowie → § 14 Rn. 4 ff.

[230] LSG RhPf AnwBl 1990, 523; SG Aachen AnwBl 1983, 474; SG Augsburg AnwBl 1982, 395 mAnm *Schmidt;* SG Düsseldorf AnwBl 1982, 210; SG Duisburg AnwBl 1980, 127; SG Hildesheim AnwBl 1978, 329; SG Karlsruhe AnwBl 1984, 571; SG Kassel AnwBl 1979, 159; SG Reutlingen AnwBl 1986, 110; SG Stuttgart AnwBl 1980, 125.

[231] MKLS/*B. Schmidt* SGG § 197 Rn. 7c.

[232] Hartmann/Toussaint/*Toussaint* RVG § 3 Rn. 12.

[233] HM, Hartmann/Toussaint/*Toussaint* RVG § 3 Rn. 13 f.; Rehberg/Vogt/*Rehberg* Sozialgerichtssachen Ziff. 4; MKLS/*B. Schmidt* SGG § 73a Rn. 13 f.; *Wilde/Homann* NJW 1981, 1070; *von Maydell* NJW 1981, 1182; auch hier ist daher von der Mittelgebühr auszugehen; SchlHLSG AnwBl 1989, 114.

[234] BSG MDR 1991, 680; LSG BW JurBüro 1990, 883.

[235] BGBl. 2013 I 2586.

[236] BT-Drs. 17/11471 (neu), 271.

[237] Vgl. Anm. *Hansens* BSG, BeckRS 2017, 131338 = RVGreport 2018, 52.

§ 59 Abs. 1 RVG nur durch Anrufung des Gerichts gemäß § 59 Abs. 2 S. 1 RVG i. V. m. § 189 Abs. 2 S. 2 SGG geltend gemacht werden.[238]

21. Vergütungsvereinbarung

156 Die Vergütungsregelung des § 3 RVG stellt in vielen Fällen, auch bei Ansatz der Höchstgebühr, keine angemessene Vergütung für den RA dar. In solchen Fällen wird der RA die Übernahme einer Sozialgerichtssache vom Abschluss einer Vergütungsvereinbarung mit seinem Mandanten abhängig machen müssen.

Der Abschluss einer Vergütungsvereinbarung ist auch in Sozialsachen zulässig mit einer Ausnahme: Eine Vereinbarung, nach der ein im Wege der PKH beigeordneter RA eine höhere als die gesetzliche Vergütung erhalten soll, ist nichtig, § 3a Abs. 3 S. 1 RVG.[239]

22. Kostengeringhaltung

157 Die Pflicht zur kostensparenden Prozessführung besteht als **mandatsvertragliche Nebenpflicht** gegenüber den Mandanten des Rechtsanwalts. Mehrkosten, die dadurch entstehen, dass Streitgegenstände durch gesonderte Klagen statt durch Klagehäufung geltend gemacht werden, sind nicht zu erstatten, wenn dies nicht der zweckentsprechenden Rechtsverfolgung entsprach und damit nicht notwendig war.[240]

23. Vollstreckung sozialgerichtlicher Kostenfestsetzungsbeschlüsse

158 Für Vollstreckungen aus sozialgerichtlichen Kostenfestsetzungsbeschlüssen sind nach § 198 Abs. 1 SGG die Regelungen des 8. Buchs der ZPO entsprechend anzuwenden, eine Vollstreckung nach § 201 SGG scheidet aus.[241]

24. Nachliquidation bei mathematisch fehlerhafter Bestimmung möglich

158a Der Rechtsanwalt ist nicht gehindert, die rein mathematische Bestimmung der Gebühr zu korrigieren, wenn ihm ein rechnerischer Fehler unterlaufen ist, dies kann im Wege der Nachliquidation geltend gemacht werden, die materielle Rechtskraft des Kostenfestsetzungsbeschlusses bezieht sich nur auf die im Antrag geforderten und im Beschluss beschiedenen Beträge.[242]

II. Außergerichtliche Tätigkeit in Sozialsachen

1. Allgemeines

159 Der Bewilligung von Leistungen der Sozialversicherung oder sonstigen Sozialleistungen geht in der Regel ein Verwaltungsverfahren bei der Versicherungsbehörde, dem Versicherungsträger oder bei den anderen zuständigen Behörden (zB Versorgungsamt) voraus. Außerdem ist in den vom Gesetz bestimmten Fällen Klagevoraussetzung der Anfechtungs- und Verpflichtungsklage ein Vorverfahren, welches mit der Erhebung des Widerspruchs beginnt, §§ 83 ff. SGG.

2. Höhe der Gebühren

160 Nach Abschn. 3 des Teils 2 beträgt gem. VV 2302 Nr. 1 RVG die Geschäftsgebühr in sozialgerichtlichen Angelegenheiten, in denen im gerichtlichen Verfahren Betragsrahmengebühren entstehen (§ 3 RVG) 60,– EUR bis 768,– EUR, Mittelgebühr 414,– EUR. Eine Gebühr von mehr als 359,– EUR kann gem. der Anmerkung für VV 2302 RVG nur gefordert werden, wenn die Tätigkeit umfangreich oder schwierig war.

161 Der Vergütungstatbestand VV 2401 RVG aF ist ebenso wie der gesamte Abschnitt 4 durch das 2. Kostenrechtsmodernisierungsgesetz aufgehoben worden. Durch den Übergang auf eine reine Anrechnungslösung auch in sozialrechtlichen Angelegenheiten, in denen im gerichtlichen Verfahren Betragsrahmengebühren entstehen, wurde der gesamte Abschn. 4 überflüssig.

162 Nach Vorbemerkung 2.3 Abs. 4 S. 3 RVG a.F war bei der Bemessung der weiteren Geschäftsgebühr im Widerspruchsverfahren innerhalb des Rahmens nicht zu berücksichtigen, dass der Umfang der Tätigkeit infolge der vorangegangenen Tätigkeit geringer ist; dieser Einarbeitungsvorteil ist nämlich bereits schon durch die erfolgte Anrechnung kompensiert. Die Rege-

[238] BSG BeckRS 2017, 131338 = RVGreport 2018, 52.
[239] Einzelheiten vgl. § 3a RVG; hinsichtlich Notwendigkeit, Kalkulation möglicher Inhalt, vermeidbare Fehler usw s. *Madert/Schons* Vergütungsvereinbarung Muster III Nr. 3, 4.
[240] SG Berlin BeckRS 2014, 65677 = LSK 2014, 410015 = JurBüro 2014, 487.
[241] LSG Sachsen-Anhalt AGS 2013, 207 = LSK 2013, 120405.
[242] SG Fulda Beschluss vom 3.7.2017 – S 4 SF 24/17 E, BeckRS 2017, 125283 mAnm *Mayer* FD-RVG 2017, 395113.

lung in VV Vorbemerkung 2.3 Abs. 4 S. 3 RVG konnte jedoch im 2. KostRMoG[243] entfallen, da ihr Inhalt nunmehr systematisch in § 14 eingegliedert ist.[244]

Sind Auftraggeber in derselben Angelegenheit mehrere Personen, erhöhen sich bei der Bestimmung der Geschäftsgebühr nach VV 1008 RVG der Mindest- und der Höchstbetrag um 30% für jede weitere Person. Bei zwei Auftraggebern ergibt sich daraus beim Gebührentatbestand VV 2302 Nr. 1 RVG eine Mittelgebühr von 538,20 EUR. Für eine Gebührenerhöhung nach VV 1008 RVG kommt es nicht darauf an, ob und in welchem Ausmaß die mehreren Auftraggeber auch im Einzelfall einen erhöhten Aufwand an Zeit und Mühe mit sich bringen. Nach Abs. 4 der Anmerkung zu VV 1008 RVG erhöht sich die in VV 2302 RVG bestimmte Kappungsgrenze bei der Vertretung mehrerer Auftraggeber nicht nur dann, wenn die anwaltliche Tätigkeit dadurch umfangreich und schwierig wird,[245] sondern im Falle eines zweiten Auftraggebers erhöht sich die Kappungsgrenze in jedem Fall auf 466,70 EUR. **163**

Für ein Widerspruchsverfahren gegen eine von der Bundesagentur für Arbeit festgesetzte Mahngebühr von 6,– EUR (Mahnbetrag: 1.022,91 €) ist eine Geschäftsgebühr von 100,– EUR (doppelte Mindestgebühr) als Vergütung des mit dem Widerspruch gegen den den Mahnbetrag festsetzenden Bescheid des zuständigen Jobcenters vorbefassten Rechtsanwalts angemessen, denn der Umfang der anwaltlichen Tätigkeit, die Schwierigkeit der anwaltlichen Tätigkeit und die Einkommens- und Vermögensverhältnisse sind als weit unterdurchschnittlich zu bewerten.[246]

3. Beratung

§ 34 RVG ist anzuwenden. **164**

4. Beratungshilfe

Auch in Angelegenheiten des Sozialrechts wird Beratungshilfe gewährt. Hier entstehen die Gebühren gem. VV 2501–2508 RVG. **165**

Außerdem erhält der RA die Schutzgebühr gem. VV 2500 RVG mit 15,– EUR. Die Gebühr kann erlassen werden.

5. Anrechnung

Nach Abs. 4 von VV Vorb. 2.3 RVG ist eine in einer sozialrechtlichen Angelegenheit, in der im gerichtlichen Verfahren Betragsrahmengebühren entstehen, im Verwaltungsverfahren angefallene Geschäftsgebühr zur Hälfte auf eine Geschäftsgebühr für eine Tätigkeit im Nachprüfungsverfahren anzurechnen, wobei nach VV Vorb. 2.3 Abs. 4 S. 2 RVG der Anrechnungsbetrag auf höchstens 207,– EUR begrenzt ist. Die Umstellung auf eine „echte" Anrechnungslösung durch das 2. KostRMoG[247] führt dazu, dass § 15a RVG Anwendung findet. Die Anwendung von § 15a RVG hat Auswirkungen auf den Umfang der Kostenerstattung im Verwaltungsverfahren. Die Behörde als erstattungspflichtiger Dritter kann sich grds. nicht auf die Anrechnung nach VV Vorb. 2.3 Abs. 4 RVG berufen, weil sie regelmäßig den vorausgegangenen Verwaltungsverfahren entstandene Geschäftsgebühr nicht zu erstatten hat.[248] Hat die Behörde die Kosten des Widerspruchsverfahrens zu erstatten, hat sie eine ungeminderte Geschäftsgebühr VV 2302 Nr. 1 RVG zu erstatten, auch wenn im Verwaltungsverfahren bereits eine Geschäftsgebühr angefallen war.[249] Die sozialgerichtliche Rspr. lehnt dies teilweise mit einer nicht tragfähigen, weil das Wahlrecht in § 15a Abs. 1 RVG übersehenden Begründung ab und sieht lediglich die nach Anrechnung geminderte Geschäftsgebühr als erstattungsfähig an.[250] Der in der Gesetzesbegründung zum Ausdruck gekommene Wille des Gesetzgebers ist jedoch eindeutig, zumal er sich auch mit den haushaltsmäßigen Auswirkungen seiner Auffassung beschäftigt.[251] Zudem beseitigt die Umstellung auf die echte Anrechnungslösung einen rechtssystematischen **166**

[243] BGBl. 2020 I 3229.
[244] BT-Drs. 19/23484, 83.
[245] SG Karlsruhe BeckRS 2009, 69464 mAnm *Mayer* FD-RVG 2009, 289042; aA LSG BW BeckRS 2008, 58222.
[246] SG Augsburg BeckRS 2017, 106238 mAnm *Mayer* FD-RVG 2017, 388588 noch zu VV 2302 RVG aF.
[247] BGBl. 2013 I 2586.
[248] BT-Drs. 17/11471 (neu), 273.
[249] *Mayer* Neues GebührenR § 2 Rn. 41 f.
[250] SG Gießen, AGS 2015, 203 = BeckRS 2015, 66065 mAnm *Mayer* FD-RVG 2015, 366872; richtiger Ansicht dagegen im Hinblick auf die Anrechnung auf die Verfahrensgebühr HessLSG AGS 2015, 206 = BeckRS 2015, 66969 mAnm *Mayer* FD-RVG 2015, 368147.
[251] BT-Drs. 17/11471 (neu), 273.

Bruch. Während sich der Erstattungspflichtige eines Zivilprozesses regelmäßig wegen § 15a Abs. 2 RVG nicht auf die Anrechnung in VV Vorb. 3 Abs. 4 RVG berufen kann, profitierte bei einem Übergang vom Verwaltungsverfahren in ein Nachprüfungsverfahren die erstattungspflichtige Behörde von der Tatsache, dass ein RA in beiden Verfahren tätig geworden war. Aus Sicht des betroffenen Bürgers war es nicht nachvollziehbar, dass die Behörde weniger zu erstatten hat, wenn er bereits im einleitenden Verwaltungsverfahren anwaltlichen Beistand in Anspruch genommen hat.[252]

Wieder anders – allerdings nur in der Begründung – liegen die Dinge, wenn es um die Erstattung von PKH-Vergütung geht. Zwar ist die Staatskasse nicht Dritter iSv § 15a Abs. 2 RVG,[253] allerdings führt das Wahlrecht des Anwalts aus § 15a Abs. 1 RVG und der Wortlaut des § 55 Abs. 5 S. 2–4 RVG, der ausdrücklich auf die „Zahlungen" abstellt, dazu, dass nicht schon eine bereits entstandene, sondern lediglich eine Geschäftsgebühr, auf die bereits eine Zahlung erfolgt ist, anzurechnen ist.[254]

167 Nach VV Vorb. 3 Abs. 4 S. 1 RVG ist auch in sozialrechtlichen Angelegenheiten, in denen im gerichtlichen Verfahren Betragsrahmengebühren entstehen, eine im Verwaltungsverfahren oder vorgerichtlich angefallene Geschäftsgebühr zur Hälfte auf die Verfahrensgebühr des gerichtlichen Verfahrens anzurechnen, wobei nach VV Vorb. 3 Abs. 4 S. 2 RVG der Anrechnungsbetrag auf höchstens 207,– EUR wiederum begrenzt ist.

168 Eine **Anrechnung der Beratungshilfegeschäftsgebühr** der VV 2503 RVG erfolgt nach Maßgabe von Abs. 2 S. 1 der Anmerkung zu VV 2503 RVG.

III. Gebühren nach dem Gegenstandswert

1. Allgemeines

169 Nach § 3 Abs. 1 S. 2 RVG werden in sonstigen Verfahren die Gebühren nach dem Gegenstandswert berechnet, wenn der Auftraggeber nicht zu den in § 183 des Sozialgerichtsgesetzes genannten Personen gehört.

§ 183 SGG lautet: „Das Verfahren vor den Gerichten der Sozialgerichtsbarkeit ist für Versicherte, Leistungsempfänger einschließlich Hinterbliebenenleistungsempfänger, behinderte Menschen oder deren Sonderrechtsnachfolger nach § 56 des Ersten Buches Sozialgesetzbuch kostenfrei, soweit sie in dieser jeweiligen Eigenschaft als Kläger oder Beklagte beteiligt sind. Nimmt ein sonstiger Rechtsnachfolger das Verfahren auf, bleibt das Verfahren in dem Rechtszug kostenfrei. Den in S. 1 und 2 genannten Personen steht gleich, wer im Falle des Obsiegens zu diesen Personen gehören würde. Leistungsempfängern nach S. 1 stehen Antragsteller nach § 55a Abs. 2 S. 1 zweite Alternative gleich. § 93 S. 3, 109 Abs. 1 S. 2, § 120 Abs. 1 S. 2 und § 192 bleiben unberührt. Die Kostenfreiheit nach dieser Vorschrift gilt nicht in einem Verfahren wegen eines überlangen Gerichtsverfahrens (§ 202 S. 2)".

170 Es handelt sich im Wesentlichen um Verfahren, die **Streitigkeiten von Sozialleistungsträger** untereinander, **Streitigkeiten zwischen den Sozialleistungsträgern und Arbeitgebern und Vertragsarztverfahren** zum Inhalt haben.[255]

Unter den Begriff des Auftraggebers iSd § 3 Abs. 1 S. 2 RVG fallen auch der Insolvenzverwalter[256] und der Reeder.[257]

171 Auch die Gebühren eines Rechtsanwalts eines Beigeladenen richten sich nach dem Gegenstandswert, wenn die Hauptbeteiligten ein unter § 3 Abs. 1 S. 2 RVG fallendes Verfahren führen.[258] Umstritten ist, ob dies auch für eine beigeladene Privatperson gilt.[259]

172 Streitigkeiten im Bereich der Pflegeversicherung werden nach S. 2 abgerechnet, soweit sie mit den in § 51 Abs. 2 SGG genannten Streitigkeiten vergleichbar sind.

---

[252] BT-Drs. 17/11471 (neu), 273; *Mayer* Neues GebührenR § 2 Rn. 42.

[253] SG Fulda, BeckRS 2014, 71229 mAnm *Mayer* FD-RVG 2014, 361031; HessLSG AGS 2015, 206 = BeckRS 2015, 66969 mAnm *Mayer* FD-RVG 2015, 368147.

[254] SG Fulda, BeckRS 2014, 71229 mAnm *Mayer* FD-RVG 2014, 361031; HessLSG AGS 2015, 206 = BeckRS 2015, 66969 mAnm *Mayer* FD-RVG 2015, 368147; BayLSG BeckRS 2015, 73380 = JurBüro 2016, 84 mAnm, *Mayer* FD-RVG 2016, 374722.

[255] Mayer/Kroiß/*Dinkat* RVG § 3 Rn. 26 mwN.

[256] BayLSG *Breithaupt* 1978, 398.

[257] BSG SozR 1930 § 116 BRAGO Nr. 2.

[258] Mayer/Kroiß/*Dinkat* RVG § 3 Rn. 30.

[259] Mayer/Kroiß/*Dinkat* RVG § 3 Rn. 30; Für Abs. 1 S. 2: LSG NRW Breithaupt 1991, 47; LSG Hmb Breithaupt 1987, 170; für Abs. 1 S. 1: LSG Nds Breithaupt 1991, 878; SG Hamburg JurBüro 1998, 643.

Der Rechtsstreit zwischen einem Unternehmen der Kunstvermarktung und der Künstlersozialkasse über die Rechtmäßigkeit der Festsetzung der Künstlersozialabgabe fällt nicht unter Abs. 1 S. 2. Der RA erhält die Rahmengebühren nach Abs. 1 S. 1.[260]

Im sozialgerichtlichen Verfahren eines Versicherten gegen seine Krankenkasse wegen Übernahme von Krankenhausbehandlungskosten berechnen sich die Gebühren nicht nach dem Gegenstandswert gem. § 3 Abs. 1 S. 2 RVG iVm § 51 Abs. 2 S. 1 SGG, sondern nach der Rahmengebühr des Abs. 1 S. 1.[261] **173**

Durch das 2. KostRMoG[262] wurde § 3 Abs. 1 S. 2 RVG um den Zusatz ergänzt, dass **im Verfahren nach § 201 Abs. 1 SGG** die Gebühren immer nach dem Gegenstandswert berechnet werden. Denn nach § 201 Abs. 1 S. 1 SGG kann das Gericht des ersten Rechtszugs auf Antrag unter Fristsetzung ein Zwangsgeld durch Beschluss androhen und nach vergeblichem Fristablauf festsetzen, wenn die Behörde der im Urteil auferlegten Verpflichtung nicht nachkommt.[263] **174**

Mit der Ergänzung hat der Gesetzgeber die Klarstellung beabsichtigt, dass im Verfahren nach § 201 Abs. 1 SGG auch dann Wertgebühren zu erheben sind, wenn in dem zugrundeliegenden Verfahren Betragsrahmengebühren entstehen.[264]

Die in der sozialgerichtlichen Rspr. vertretene Auffassung, dass in einem Vollstreckungsverfahren, an dem eine privilegierte Person beteiligt ist, Betragsrahmengebühren entstehen,[265] ist nach neuem Recht nicht mehr haltbar.[266]

Beispiel:[267]

Das Sozialgericht verurteilt den Beklagten, verschiedene Gesundheitsschäden als Folge einer anerkannten Berufskrankheit anzuerkennen und den Kläger dafür nach einer MDE iHv 100 % seit November 2003 in dem gesetzlichen Umfang zu entschädigen. Nachdem mehr als vier Monate nach Zustellung des Urteils und mehr als drei Monate nach dessen Rechtskraft der entsprechende Ausführungsbescheid noch nicht erlassen worden ist, leitet der Kläger die Vollstreckung gem. § 201 SGG ein.

Für das Vollstreckungsverfahren sind Wertgebühren zu erheben, obwohl im Ausgangsverfahren Betragsrahmengebühren entstanden sind.

2. Die Gebühren

In den Verfahren des § 3 Abs. 1 S. 2 RVG werden die **Gebühren** nach dem Gegenstandswert berechnet. Es gelten somit im ersten Rechtszug VV 3100, 3101, 3104, 3105 RVG, im zweiten Rechtszug VV 3200, 3201–3203 RVG, im dritten Rechtszug VV 3206–3211 RVG. Außerdem gelten die entsprechenden Vorschriften über Beschwerde, Nichtzulassungsbeschwerde, Erinnerung und auch für Einzeltätigkeiten, sowie die Einigungs- und Erledigungsgebühr, die VV 1000, 1002, 1003, 1004 RVG. Siehe die Erläuterungen bei den jeweiligen Nummern des VV. **175**

Die **Gebühren des PKH-Anwalts** richten sich nach § 49 RVG. **175a**

Die **Vergütungsfestsetzung** gegen den Auftraggeber erfolgt nach § 11 RVG. **176**

Geht der in § 3 Abs. 1 S. 2 RVG aufgeführten Angelegenheit eine außergerichtliche Tätigkeit voraus, wird die entstandene Geschäftsgebühr auf die Verfahrensgebühr im anschließenden gerichtlichen Verfahren gem. VV Vorb. 3 Abs. 4 RVG angerechnet.

3. Gegenstandswert

Der Gegenstandswert bestimmt sich nach § 23 RVG.[268] § 23 Abs. 1 S. 1 RVG verweist auf die Vorschriften des GKG, maßgeblich sind in erster Linie § 52 GKG und § 42 Abs. 1 GKG.[269] **177**

Nach § 52 Abs. 1 S. 1 GKG ist der Streitwert auf der aus dem Antrag des Klägers für ihn ergebenden Bedeutung der Sache nach Ermessen zu bestimmen, wobei die „Bedeutung der Sache" sich aus dem **Interesse des Klägers** an der erstrebten Entscheidung ergibt, maßgeblich ist aber Wert, den die Sache bei objektiver Beurteilung für den Kläger hat.[270]

---

260 BSG AGS 1999, 164 = BeckRS 1999, 30046031.
261 LSG Nds JurBüro 2000, 644.
262 BGBl. 2013 I 2586.
263 BT-Drs. 17/11471 (neu), 266.
264 BT-Drs. 17/11471 (neu), 266.
265 SG Fulda BeckRS 2012, 73414.
266 *Mayer* Neues GebührenR § 1 Rn. 6.
267 Nach *Mayer* Neues GebührenR § 1 Rn. 7 f.
268 Mayer/Kroiß/*Dinkat* RVG § 3 Rn. 28.
269 Riedel/Sußbauer/*Pankatz* RVG § 3 Rn. 44.
270 NK-GK/*Hofmann-Hoeppel/Luber/Schäfer* GKG § 52 Rn. 135; BSG BeckRS 2003, 30798777.

178 Bei einer **Anfechtungsklage** ist das Interesse am Wegfall des Verwaltungsakts maßgebend, bei einer **Verpflichtungsklage** das Interesse am Verwaltungsakt.[271] In der Regel bestimmen allein die wirtschaftlichen Auswirkungen des Obsiegens den Streitwert, also den Vermögenswert, den der Kläger im Falle seines vollständigen Obsiegens erzielt hätte.

179 Bietet der Sach- und Streitstand für die Bestimmung des Streitwerts keine genügenden Anhaltspunkte, ist nach § 52 Abs. 2 GKG ein Streitwert von **5.000,– EUR** anzunehmen. Dieser Wert wird teilweise als Auffangwert,[272] als Hilfswert[273] oder als Regelstreitwert[274] bezeichnet. Wichtig in diesem Zusammenhang ist, dass das BSG aufgrund der gesetzlichen Regelung keine Möglichkeit sieht, von dem in § 52 Abs. 2 GKG geregelten Wert von 5.000,– EUR einen Abschlag[275] oder eine Erhöhung[276] vorzunehmen. Der Auffangstreitwert ist ein absoluter Wert, der einer Minderung nicht zugänglich ist, wenn erstinstanzlich der Auffangstreitwert bestimmt worden ist und die erstinstanzliche Entscheidung nur zum Teil angegriffen wird, ist der Streitwert des Rechtsmittels gleichwohl ungemindert auf 5.000,– EUR festzusetzen, falls andere Anhaltspunkte zur Streitwertbestimmung fehlen.[277] Bei der rückwirkenden Feststellung der Versicherungspflicht bis auf weiteres ist der Auffangstreitwert festzusetzen, wobei dies auch dann gilt, wenn der Bescheid im Widerspruchsverfahren mit einem weiteren Bescheid wieder aufgehoben wird.[278]

180 Betrifft der Antrag des Klägers eine bezifferte Geldleistung oder einen hierauf bezogenen Verwaltungsakt, ist nach § 52 Abs. 3 S. 1 GKG deren Höhe maßgebend. Allerdings ist in diesem Zusammenhang auch die Zukunftsbedeutung[279] zu berücksichtigen; hat der Antrag des Klägers offensichtlich absehbare Auswirkungen auf künftige Geldleistungen oder auf noch zu erlassende, auf derartige Geldleistung bezogene Verwaltungsakte, ist nach § 52 Abs. 3 S. 2 GKG die Höhe des sich aus S. 1 ergebenden Streitwerts um den Betrag der offensichtlich absehbaren zukünftigen Auswirkungen für den Kläger anzuheben, wobei die Summe das Dreifache des Werts nach S. 1 nicht übersteigen darf.

181 Vor den Gerichten der Sozialgerichtsbarkeit gilt für den Streitwert eine **Höchstgrenze,** so darf nach § 52 Abs. 4 Nr. 2 GKG vor den Gerichten der Sozialgerichtsbarkeit nicht über 2,5 Mio. EUR angenommen werden.[280]

182 Neben § 52 GKG wird auch § 42 Abs. 1 GKG zur Streitwertbemessung herangezogen. Nach § 42 Abs. 1 S. 1 GKG gilt ua, soweit in Verfahren der Sozialgerichtsbarkeit Ansprüche auf wiederkehrende Leistungen dem Grunde oder der Höhe nach geltend gemacht oder abgewehrt werden, der dreifache Jahresbetrag der wiederkehrenden Leistungen als Streitwert, wenn nicht der Gesamtbetrag der geforderten Leistungen geringer ist.[281] Begrifflich sind unter „wiederkehrende Leistungen" die Ansprüche zu fassen, die auf einem einheitlichen Rechtsverhältnis beruhen und in bestimmten zeitlichen Abständen regelmäßig wiederkehrend fällig werden.[282] Für die Verfahren vor den Gerichten der Sozialgerichtsbarkeit betrifft dies insbes. Rechtssachen mit Sozialversicherungsbeitragsforderungen, in denen Ansprüche auf wiederkehrende Leistungen dem Grunde oder der Höhe nach geltend gemacht oder abgewehrt werden.[283] Ein weiterer Anwendungsfall von § 42 GKG vor den Gerichten der Sozialgerichtsbarkeit sind Streitigkeiten um die Festsetzung eines Festbetrages für Medizinprodukte.[284] Begründet wird die analoge Anwendung von § 42 GKG damit, dass in diesen Fällen die für die Klägerin ergebende Bedeutung der Sache aus ihrem wirtschaftlichen Interesse damit grds. ihrem wirtschaftlichen Erfolg, der sich als Gewinn- bzw. Verlust darstellt, resultiert. Die Möglichkeit der Erzielung von Einnahmen in einer bestimmten Höhe auf längere Dauer sei bei der Festsetzung eines Festbetrages für den Arzneimittelhersteller in gleicher Weise wie für die in

---

271 MKLS/*B. Schmidt* SGG § 197 Rn. 7e.
272 Hartmann/Toussaint/*Elzer* GKG § 52 Rn. 13.
273 Mayer/Kroiß/*Dinkat* RVG § 3 Rn. 28.
274 NK-GK/*Hofmann-Hoeppel/Luber/Schäfer* GKG § 52 Rn. 138.
275 BSG BeckRS 2012, 70325.
276 BSG BeckRS 2011, 71152.
277 LSG Bayern BeckS 2017, 112304.
278 LSG BW BeckRS 2017, 127636 mAnm *Mayer* FD-RVG 2017, 395845.
279 Begriff nach Hartmann/Toussaint/*Elzer* GKG § 52 Rn. 17.
280 MKLS/*B. Schmidt* SGG § 197 Rn. 7 f.
281 Vgl. zB BSG BeckRS 2011, 77345.
282 Binz/Dörndorfer/Zimmermann/*Dörndorfer* GKG § 42 Rn. 1; NK-GK/*Hofmann-Hoeppel/Kurpat/Köpf/Schäfer* GKG § 42 Rn. 26.
283 NK-GK/*Hofmann-Hoeppel/Kurpat/Köpf/Schäfer* GKG § 42 Rn. 26.
284 NK-GK/*Hofmann-Hoeppel/Kurpat/Köpf/Schäfer* GKG § 42 Rn. 28.

§ 42 Abs. 1 S. 1 GKG Betroffenen berührt, sodass eine analoge Anwendung dieser Vorschrift gerechtfertigt ist.[285] Teilweise greift die Rspr. auch auf § 23 Abs. 3 S. 2 RVG zurück.[286]

Eine Orientierung für die Streitwertfestsetzung bietet der **Streitwertkatalog für die Sozialgerichtsbarkeit.**[287] Der Streitwertkatalog ist eine Empfehlung auf der Grundlage der Rspr. der Gerichte der Sozialgerichtsbarkeit, die Empfehlungen sind Vorschläge ohne verbindliche Wirkung für die Gerichte der Sozialgerichtsbarkeit.[288] **183**

Einzelfälle:[289]

- Ambulante spezialfachärztliche Versorgung: Klage eines Facharztes gegen die Bestimmung eines zugelassenen Krankenhauses zur ambulanten Behandlung gem. § 42 Abs. 1 GKG mangels näherer Anhaltspunkte für das konkrete wirtschaftliche Interesse des betroffenen Krankenhauses 5.000,– EUR je Quartal für einen Dreijahreszeitraum, mithin 60.000,– EUR[290]
- Auskunftspflicht Dritter nach § 60 SGB II: Auffangwert gem. § 52 Abs. 2 GKG[291]
- Klage einer AOK gegen die Genehmigung zur Errichtung einer Betriebskrankenkasse: Anwendung von § 23 Abs. 3 RVG 180.000 DM; Bewertung der AOK, ihre Pflichtmitglieder zu behalten mit ca. 100 DM je Mitglied[292]
- Honorarverteilungsmaßstab: Gemeinschaftspraxis erreicht durch Widerspruch die Zuordnung zu einer anderen Arztgruppe, Orientierung an § 23 Abs. 3 RVG, Vergütungsbetrag auf ein Jahr hochgerechnet[293]
- Wahlanfechtungsklagen: Vorstandswahlen einer KV, Regelstreitwert gem. § 52 Abs. 2 GKG.[294]

4. Kostenfestsetzung

Gem. § 193 Abs. 1 SGG hat das Gericht im Urteil zu entscheiden, ob und in welchem Umfange die Beteiligten einander Kosten zu erstatten haben; es entscheidet auf Antrag durch Beschluss, wenn das Verfahren anders beendet ist. Zuständig für die Kostenfestsetzung ist der Urkundsbeamte der Geschäftsstelle des Gerichts des ersten Rechtszugs, § 197 Abs. 1 SGG. Für das Kostenfestsetzungsverfahren gelten die **§§ 103 ff. ZPO.** Das folgt aus der allgemeinen Verweisungsvorschrift des § 202 SGG. **184**

5. Verzinsung

Nach § 197 Abs. 1 S. 2 SGG findet § 104 Abs. 1 S. 2 ZPO entsprechende Anwendung. Die festgesetzten Kosten sind daher auch auf Antrag zu verzinsen.[295] Dies gilt auch für die Kosten des Vorverfahrens bei sich anschließenden gerichtlichen Verfahren.[296] **185**

Der Kostenfestsetzungsbeschluss ist anfechtbar durch Anrufung des Gerichts binnen eines Monats nach Bekanntgabe, § 197 Abs. 2 SGG. Die Entscheidung über die Erinnerung ist unanfechtbar, § 197 Abs. 2 SGG. **186**

Heftig umstritten war die Frage, ob die Regelungen des § 178 S. 1 SGG, § 197 Abs. 2 SGG auch einem **Beschwerderecht** nach § 56 Abs. 2 S. 1 RVG im Rahmen der Prozesskostenhilfevergütung entgegensteht. **Ein Teil der Rspr.** vertrat die Auffassung, dass das Rechtsmittel der Beschwerde nach § 56 Abs. 2 S. 1 RVG für das sozialgerichtliche Verfahren weder durch § 178 SGG noch durch § 197 Abs. 2 SGG ausgeschlossen wird; die Bestimmung des § 56 Abs. 2 RVG sei gegenüber der Vorschrift des § 178 SGG vorrangig, das RVG enthalte für den Vergütungsanspruch des beigeordneten Rechtsanwalts und dessen Durchsetzung spezielle Sonderregelungen, die die allgemeinen prozessualen Bestimmungen des SGG verdrängten. § 197 Abs. 2 SGG sei, soweit es um die Erstattungspflicht der Staatskasse gegenüber dem beigeordneten RA gehe, unanwendbar.[297] **Nach anderer Auffassung** in der Rspr. waren nach der Systematik des SGG auf Erinnerung ergangene Beschlüsse des Sozialgerichts unanfechtbar, die Beschwerdemög- **187**

---

[285] LSG Bln-Bbg BeckRS 2008, 56084.
[286] BSG BeckRS 2005, 40500; BSG NZS 1997, 438.
[287] → Anh. VIII Rn. 1 ff.
[288] → Anh. VIII Rn. 1 ff.
[289] → Anh. VIII Rn. 18.
[290] BSG BeckRS 2011, 77345; MKLS/*B. Schmidt* SSG § 197 Rn. 7h.
[291] LSG BW BeckRS 2011, 76750; BSG BeckRS 2011, 73119; MKLS/*B. Schmidt* SGG § 197 Rn. 7h.
[292] BSG NZS 1997, 438.
[293] BSG BeckRS 2005, 40500; MKLS/*B. Schmidt* SGG § 197 Rn. 7h.
[294] BSG BeckRS 2007, 40398 = LSK 2007, 380012; MKLS/*B. Schmidt* SGG § 197 Rn. 7h.
[295] Mayer/Kroiß/*Dinkat* RVG § 3 Rn. 34.
[296] SG Berlin BeckRS 2010, 7063 = RVGreport 2010, 349; Mayer/Kroiß/*Dinkat* RVG § 3 Rn. 34 Fn. 56.
[297] LSG NRW BeckRS 2008, 57080; LSG MV BeckRS 2009, 53753.

lichkeit nach § 56 Abs. 2 S. 1 RVG iVm § 33 Abs. 3 RVG sei nur in Verfahrensordnungen denkbar, die diese Beschwerdemöglichkeit nicht ihrerseits ausgeschlossen hätten. Die Gegenauffassung, die davon ausgehe, dass das RVG für den Vergütungsanspruch des beigeordneten Rechtsanwalts und dessen Durchsetzung spezielle Sonderregelungen enthalte, die die allgemeinen prozessualen Bestimmungen des SGG verdrängten, führe zu Wertungswidersprüchen, denn es sei kein sachlicher Grund erkennbar, dass im Kostenfestsetzungsverfahren gegen den unterliegenden Verfahrensgegner das SG endgültig über die Kosten entscheide, in Verfahren über die Festsetzung der Vergütung des Rechtsanwalts gegenüber der Landeskasse jedoch die Entscheidung des SG mit der Beschwerde überprüfbar sei.[298] Der Gesetzgeber hat iRd 2. KostRMoG diesem Meinungsstreit eine Ende bereitet, in dem er in § 1 Abs. 3 RVG die Regelung aufnahm, dass die Vorschriften des RVG über die Erinnerung und die Beschwerden den Regelungen der für das zugrundeliegende Verfahren geltenden Verfahrensvorschriften vorgehen. Der Gesetzgeber hat damit die Frage nach dem Verhältnis der Verfahrensvorschriften des Kostenrechts und den Verfahrensvorschriften der für das jeweilige Verfahren geltenden Vorschriften dahingehend geklärt, dass die kostenrechtlichen Vorschriften als die spezielleren Vorschriften vorgehen.[299] Die Einfügung von Abs. 3 in § 1 RVG durch das 2. KostRMoG betrifft aber lediglich die Festsetzung von Vergütungsansprüchen des Rechtsanwalts gegen seinen Mandanten und gegenüber der Staatskasse, hat jedoch keine Auswirkungen für das Verfahren zur Festsetzung der vom Prozessgegner zu erstattenden außergerichtlichen Kosten, insoweit gilt weiterhin § 197 Abs. 2 SGG.[300]

6. Kostenerstattung

188 Erstattungsfähige Kosten sind die Kosten des Verfahrens. Sie umfassen die Gerichtskosten, die Gebühren und Auslagen der Bevollmächtigten (§ 193 Abs. 3 SGG), die Aufwendungen der Beteiligten selbst (entsprechend § 91 Abs. 1 S. 2 ZPO) und die Kosten des Vorverfahrens (§ 193 Abs. 1 SGG), soweit sie zur zweckentsprechenden Rechtsverfolgung oder Rechtsverteidigung notwendig waren (§ 193 Abs. 2 SGG).[301]

189 § 193 SGG erwähnt das Vorverfahren nicht. In Abs. 2 heißt es lediglich: „Kosten sind die zur zweckentsprechenden Rechtsverfolgung oder Rechtsverteidigung notwendigen Aufwendungen der Beteiligten."

In § 162 Abs. 1 VwGO und § 139 Abs. 1 FGO hingegen sind die Kosten des Vorverfahrens ausdrücklich erwähnt; gleichwohl ist die Rechtslage im SGG im Hinblick auf die Ausgestaltung des Vorverfahrens als Prozessvoraussetzung nicht anders.[302] Eine Erstattung der Kosten des Vorverfahrens setzt aber voraus, das sich das gerichtliche Verfahren an das Vorverfahren anschließt.[303] Für ein **isoliertes Vorverfahren,** also für ein solches, dem – jedenfalls in der Hauptsache – kein gerichtliches Verfahren folgt, gilt § 63 SGB X.[304] Die Vertretung durch einen RA auch im Vorverfahren ist in der Regel erforderlich.[305] Die Frage der Notwendigkeit der Zuziehung eines Rechtsanwalts im Vorverfahren ist danach zu beurteilen, ob der Widerspruchsführer zum Zeitpunkt der Beauftragung seines Bevollmächtigten es für erforderlich halten dürfte, im Vorverfahren durch einen RA unterstützt zu werden. Dies ist der Fall, wenn es möglich erscheint, dass schwierige Sach- oder Rechtsfragen eine Rolle spielen und deshalb ein Bürger mit dem Bildungs- und Erfahrungsstand des Widerspruchsführers sich vernünftigerweise eines Rechtsanwalts bedient.[306]

7. Kostenerstattung im isolierten Vorverfahren

190 Wenn im außergerichtlichen Rechtsbehelfsverfahren, das der Überprüfung der angefochtenen Grundentscheidung dient und üblicherweise der Klage vorausgeht, kein Prozess folgt, so spricht man vom „isolierten Vorverfahren". Kostenerstattungsfragen spielen dann eine Rolle, wenn die Ausgangsbehörde dem Rechtsbehelf abhilft oder ihre angegriffene Entscheidung aufhebt oder abändert, oder wenn die Widerspruchsbehörde eine dem Rechtsbehelfsführer

[298] LSG LSA BeckRS 2011, 70578 mAnm *Mayer* FD-RVG 2011, 31713.
[299] BT-Drs. 17/11471 (neu), 154 (266).
[300] SächsLSG BeckRS 2013, 67309 = AGS 2013, 23.
[301] Einzelheiten s. von Eicken/Hellstab/Lappe/Madert/Dörndorfer/Asperger/*Hellstab* Kap. 4 A Rn. 1 ff.
[302] MKLS/*B. Schmidt* SGG § 193 Rn. 5a.
[303] MKLS/*B. Schmidt* SGG § 193 Rn. 5a.
[304] BSG NJOZ 2011, 1102; MKLS/*B. Schmidt* SGG § 193 Rn. 5a.
[305] MKLS/*B.Schmidt* SGG § 193 Rn. 5b.
[306] LSG BW BeckRS 2011, 68353; BSG BeckRS 1999, 30421134.

günstige Widerspruchsentscheidung erlässt. Kostenerstattung und Kostenfestsetzung hierfür sind in § 63 SGB X geregelt.[307]

8. Verfahren wegen überlanger Gerichtsverfahren (§ 202 S. 2 SGG)

Nach § 3 Abs. 1 S. 3 RVG werden in Verfahren wegen überlanger Gerichtsverfahren (§ 202 S. 2 SGG) die Gebühren nach dem Gegenstandswert berechnet. Die Vorschrift wurde durch das Gesetz über den Rechtsschutz bei überlangen Gerichtsverfahren und strafrechtlichen Ermittlungsverfahren v. 24.11.2011[308] in das Gesetz aufgenommen. **191**

Nach § 202 S. 2 SGG sind die Vorschriften des 17. Teils des Gerichtsverfassungsgesetzes, also die §§ 198 ff. GVG, über den Rechtsschutz bei überlangen Gerichtsverfahren und strafrechtlichen Ermittlungsverfahren in sozialgerichtlichen Verfahren mit der Maßgabe entsprechend anzuwenden, dass an die Stelle des Oberlandesgerichts das LSG, an die Stelle des Bundesgerichtshofs das BSG und an die Stelle der Zivilprozessordnung das Sozialgerichtsgesetz tritt.

Da in den Verfahren nach dem Sozialgerichtsgesetz iRd Rechtsschutzes wegen überlanger Gerichtsverfahren in jedem Fall die üblichen Gebühren erhoben werden sollen,[309] hat der Gesetzgeber in § 183 S. 6 SGG eine Ausnahme vom Grundsatz der Kostenfreiheit für diese Verfahren vorgesehen. Korrespondierend bestimmt nunmehr § 3 Abs. 1 S. 3, dass in diesen Verfahren wegen überlanger Gerichtsverfahren nach dem SGG die Gebühren sich nach dem Gegenstandswert berechnen.

§ 3a Vergütungsvereinbarung

(1) [1]**Eine Vereinbarung über die Vergütung bedarf der Textform.** [2]**Sie muss als Vergütungsvereinbarung oder in vergleichbarer Weise bezeichnet werden, von anderen Vereinbarungen mit Ausnahme der Auftragserteilung deutlich abgesetzt sein und darf nicht in der Vollmacht enthalten sein.** [3]**Sie hat einen Hinweis darauf zu enthalten, dass die gegnerische Partei, ein Verfahrensbeteiligter oder die Staatskasse im Falle der Kostenerstattung regelmäßig nicht mehr als die gesetzliche Vergütung erstatten muss.** [4]**Die Sätze 1 und 2 gelten nicht für eine Gebührenvereinbarung nach § 34.**

(2) [1]**Ist eine vereinbarte, eine nach § 4 Abs. 3 Satz 1 von dem Vorstand der Rechtsanwaltskammer festgesetzte oder eine nach § 4a für den Erfolgsfall vereinbarte Vergütung unter Berücksichtigung aller Umstände unangemessen hoch, kann sie im Rechtsstreit auf den angemessenen Betrag bis zur Höhe der gesetzlichen Vergütung herabgesetzt werden.** [2]**Vor der Herabsetzung hat das Gericht ein Gutachten des Vorstands der Rechtsanwaltskammer einzuholen; dies gilt nicht, wenn der Vorstand der Rechtsanwaltskammer die Vergütung nach § 4 Abs. 3 Satz 1 festgesetzt hat.** [3]**Das Gutachten ist kostenlos zu erstatten.**

(3) [1]**Eine Vereinbarung, nach der ein im Wege der Prozesskostenhilfe beigeordneter Rechtsanwalt für die von der Beiordnung erfasste Tätigkeit eine höhere als die gesetzliche Vergütung erhalten soll, ist nichtig.** [2]**Die Vorschriften des bürgerlichen Rechts über die ungerechtfertigte Bereicherung bleiben unberührt.**

Übersicht

[307] Einzelheiten s. von Eicken/Hellstab/Lappe/Madert/Dörndorfer/Asperger/*Hellstab* Kap. 4 C Rn. 194 ff.; BSG NJOZ 2011, 1101.

[308] BGBl. 2011 I 2302.

[309] BT-Drs. 17/8302, 29.

I. Begriff der Vergütungsvereinbarung

1 Das Gesetz versteht unter einer Vergütungsvereinbarung eine vertragliche Regelung zwischen Anwalt und Mandant über die Honorierung der anwaltlichen Tätigkeit, wie sich aus § 3a Abs. 1 S. 1 RVG ergibt. **Abzugrenzen** ist der Begriff der Vergütungsvereinbarung von der Gebührenvereinbarung. § 34 Abs. 1 S. 1 RVG legt dem Anwalt den Abschluss einer Gebührenvereinbarung nahe, ohne diesen Begriff zu definieren.[1]

2 In der Lit. wird vielfach **zwischen Gebühren- und Vergütungsvereinbarung nicht differenziert** und § 34 RVG dahingehend verstanden, dass der Anwalt auf eine Vergütungsver-

[1] Schneider/Wolf/*Onderka/Thiel* RVG § 34 Rn. 7.

einbarung hinwirken soll.[2] Andere wiederum erklären die signifikant unterschiedliche Terminologie mit einem in der Hektik eines kontroversen Gesetzgebungsverfahrens zu Stande gekommenen Redaktionsversehen[3] oder begründen die unterschiedliche Wortwahl mit der Legaldefinition der Vergütung als Gebühren und Auslagen in § 1 Abs. 1 RVG mit der Folge, dass neben der Gebührenvereinbarung nach § 34 Abs. 1 S. 1 RVG sich der Anspruch des Anwalts auf Auslagenerstattung weiterhin nach den VV 7000 ff. RVG richtet.[4]

Der **Begriff der Vergütungsvereinbarung** ist aber auch nicht der Oberbegriff zu den 3
Vereinbarungen nach § 3a RVG und § 34 Abs. 1 RVG,[5] sondern beide Begriffe lassen sich systematisch klar voneinander unterscheiden: Das Gesetz verwendet den Begriff **„Vergütungsvereinbarung"** dann, **wenn eine höhere oder eine niedrigere als die gesetzlich festgelegte Vergütung** zwischen Anwalt und Mandant vereinbart werden soll. Im Anwendungsbereich des § 34 Abs. 1 S. 1 RVG fehlt es jedoch an gesetzlich festgelegten Gebühren, so dass die von § 34 Abs. 1 S. 1 RVG geforderte **primäre Vereinbarung des Honorars** zwischen Anwalt und Mandant folgerichtig als **„Gebührenvereinbarung"** vom Gesetzgeber bezeichnet wird.[6] Dem steht auch nicht entgegen, dass nach § 3a Abs. 1 S. 4 RVG die Regelungen in § 3a Abs. 1 S. 1, 2 RVG nicht für eine Gebührenvereinbarung nach § 34 RVG gelten sollen. Zwar könnte aus der Tatsache, dass der Gesetzgeber sich veranlasst gesehen hat, diese klarstellende Regelung aufzunehmen, den Schluss ziehen, dass der Gesetzgeber die Gebührenvereinbarung doch als eine Art Unterfall der Vergütungsvereinbarung ansieht.[7] Allerdings findet sich in den Gesetzesmaterialien kein Hinweis darauf, was der Gesetzgeber mit der Regelung des § 3a Abs. 1 S. 4 RVG beabsichtigt hatte. Auch wirft die Klarstellung in § 3a Abs. 1 S. 4 RVG mehr Fragen auf, als sie Klärung bringt. Da nämlich lediglich die S. 1, 2 nicht für eine Gebührenvereinbarung gelten sollen, liegt der Schluss nahe, dass dann zumindest aber die Regelung in § 3a Abs. 1 S. 3 RVG für eine Gebührenvereinbarung nach § 34 RVG gilt. Dies wiederum ist schwer möglich, da ein Hinweis auf die Erstattungspflicht in Höhe der gesetzlichen Vergütung gerade im Bereich des § 34 RVG nicht möglich ist, da im Anwendungsbereich des § 34 RVG eine gesetzliche, taxmäßige Vergütung nicht vorgesehen ist. Nach anderer Auffassung sollen die nach § 3a Abs. 1 S. 3 RVG nicht ausgenommenen Regelungen für eine Gebührenvereinbarung gelten, so die Möglichkeit der Herabsetzung einer unangemessen hohen Vergütung nach § 3a Abs. 3 RVG und die Möglichkeit der Vereinbarung eines Erfolgshonorars nach § 4a RVG.[8] Dem ist jedoch entgegenzuhalten, dass es im Anwendungsbereich von § 34 RVG gerade keine gesetzliche Vergütung gibt, die sowohl bei der Herabsetzung einer unangemessen hohen Vergütung als auch bei der Vereinbarung eines Erfolgshonorars den notwendigen Vergleichsmaßstab darstellt.

Nach dem BGH ist der Begriff der formfreien Gebührenvereinbarung restriktiv zu verstehen. 3a
Die durch den Gesetzgeber mit der Neufassung des § 34 RVG bezweckte Deregulierung der außergerichtlichen Beratungstätigkeit und die damit verbundene Förderung und Erleichterung des Abschlusses von Gebührenvereinbarungen nach § 34 Abs. 1 S. 1 RVG rechtfertige es nicht, den Anwendungsbereich der Vorschrift über die gesetzliche Wertung hinaus auszudehnen. Es entspricht nach dem BGH weder dem gesetzgeberischen Willen, noch den § 3a Abs. 1 S. 4 RVG zugrundeliegenden Wertungen, den Anwendungsbereich einer formfreien Gebührenvereinbarung auch auf anwaltliche Tätigkeiten zu erstrecken, welche – wie etwa eine Geschäftstätigkeit nach VV 2300 RVG – die Voraussetzungen eines anderen gesetzlichen Gebührentatbestandes erfüllen.[9] So liegt eine formfreie Gebührenvereinbarung nach dem BGH für eine außergerichtliche Beratung nur vor, wenn sich den Abreden der Parteien entnehmen lässt, dass und in welchem Umfang die vereinbarte Vergütung ausschließlich Leistungen nach § 34 RVG umfasst.[10] So wird teilweise empfohlen, dass der RA, der mit dem Auftraggeber eine an sich formfreie Gebührenvereinbarung nach § 34 Abs. 1 S. 1 RVG schließt, überlegen sollte, ob

[2] Lutje RVG A–Z „Vergütungsvereinbarung" 298; *Henssler* NJW 2005, 1537 ff.; *von Seltmann* NJW-Spezial 2006, 141 f.

[3] Mayer/Kroiß/*Teubel*/*Winkler*, 2. Aufl. 2006, RVG § 34 Rn. 76 f.

[4] Schneider/Wolf/*Onderka*/*Thiel* RVG § 34 Rn. 8; Schneider Vergütungsvereinbarung Rn. 1311; HBS VergütungsR/*Hansens* Teil 8 Rn. 62; gegen diese Argumentation Mayer/Kroiß/*Winkler* RVG § 34 Rn. 64.

[5] So aber *Toussaint* AnwBl 2007, 67 ff. (68) zu dem Verhältnis von § 4 RVG aF und § 34 Abs. 1 RVG.

[6] Näher *Mayer* AnwBl 2006, 160 ff. (167); *Mayer* Gebührenformulare Teil 1 § 1 Rn. 224; so jetzt auch OLG Karlsruhe BeckRS 2015, 02342 mAnm *Mayer* FD-RVG 2015, 366367.

[7] Mayer/Kroiß/ /*Winkler* RVG § 34 Rn. 62.

[8] Mayer/Kroiß/*Winkler* RVG § 34 Rn. 62.

[9] BGH NJW 2016, 1596; *Mayer* NJW 2016 1555, 1556.

[10] BGH NJW 2016, 1596; *Mayer* NJW 2016, 1555, 1556.

er nicht vorsorglich auch die Formerfordernisse des § 3a Abs. 1 S. 2 RVG einhält.[11] Allerdings muss berücksichtigt werden, dass in dem der Entscheidung des BGH zugrundeliegenden Ausgangsfall sowohl eine Beratungs- wie auch eine Geschäftstätigkeit umfassende Vereinbarung eines Pauschalhonorars vorlag. Ob bei einer reinen Zeithonorarvereinbarung, die Beratungs- wie auch Geschäftstätigkeit umfasst, zumindest der die reine Beratungstätigkeit abdeckende Teil als formfreie Gebührenvereinbarung wirksam bleiben könnte, dürfte nach wie vor diskussionswürdig sein.[12]

3b Abzugrenzen ist der Begriff der Vergütungsvereinbarung von anderen Arten der Vereinbarungen über Anwaltshonorar. So ist eine **Verrechnungsvereinbarung** zwischen RA und Mandant über nach gesetzlichen Gebühren ausgestellte Kostenrechnungen keine Vergütungsvereinbarung, sondern ein Vergleich oder ein selbständiges Schuldanerkenntnis mit der Folge, dass der Mandant dann mit Einwendungen gegen die vereinbarte Verrechnung ausgeschlossen ist.[13]

II. Bedeutung der Vergütungsvereinbarung

4 Vertragliche Absprachen bei der anwaltlichen Vergütung spielen eine immer größere Rolle. Dies hängt zum einen mit der als Gegenwartsproblem der anwaltlichen Vergütung diskutierten Tatsache zusammen, dass die **Quersubventionierung** kleinerer Mandate durch große, lukrative Mandate, auf das an Streitwerten orientierte Vergütungssystem des RVG ausgerichtet ist, für zahlreiche Kanzleien nicht mehr zum Tragen kommt.[14] Auch sind auf zahlreichen rechtlich anspruchsvollen anwaltlichen Tätigkeitsfeldern die regelmäßig von den Gerichten festgesetzten Streitwerte zu gering, um die anwaltliche Tätigkeit dem Aufwand entsprechend angemessen zu honorieren. Vielfach ist auch der Gegenstandswert künstlich „gedeckelt", so ist für die Wertberechnung bei Streitigkeiten über das Bestehen, das Nichtbestehen oder die Kündigung eines Arbeitsverhältnisses nach § 42 Abs. 2 GKG höchstens der Betrag des für die Dauer eines Vierteljahres zu leistenden Arbeitsentgeltes maßgebend; dieser Wert steht jedoch in keinem Verhältnis zur wirtschaftlichen Bedeutung der Angelegenheit und lässt auch deshalb das Bedürfnis für eine vertragliche Vereinbarung der anwaltlichen Vergütung entstehen. Die nunmehr durch § 4a RVG geschaffene Möglichkeit, ein zulässiges Erfolgshonorar zu vereinbaren, lässt die Bedeutung von Vergütungsvereinbarungen für die anwaltliche Praxis weiter steigen.

Vom RVG abweichende Vereinbarungen über die anwaltliche Vergütung kommen aber auch dem **Interesse des Auftraggebers** entgegen und werden von dort verstärkt nachgefragt, bspw. dann, wenn er die für den Laien häufig schwer durchschaubaren Regelungen des RVG durch für ihn überschaubare Regelungen ersetzen möchte, wenn er durch Pauschalierung vor Durchführung des Anwaltsvertrags wissen will, was die anwaltliche Leistung für ihn kosten wird oder wenn er vor allem wegen seines besonderen Interesses an der Angelegenheit die Leistung des Anwalts höher vergüten möchte, als vom Gesetzgeber generell vorgesehen.[15]

Wegen der **deutlich zu geringen gesetzlichen Gebühren** waren Vergütungsvereinbarungen im Bereich der Strafverteidigung und für die sozialrechtliche Vertretung bislang bereits weit verbreitet.[16] Gleiches gilt für den Internationalen Rechtsverkehr[17] und die wirtschaftsberatende Anwaltstätigkeit. Zunehmend wird auch in Anwaltskreisen, die bislang nicht zu Honorarvereinbarungen gegriffen haben, mit Vergütungsvereinbarungen gearbeitet. Auf der Basis einer Befragung aus dem Jahre 2005 haben insgesamt 74% der befragten Rechtsanwälte ihre Mandate auch auf der Grundlage von Vergütungsvereinbarungen abgerechnet.[18]

Die zunehmende Verbreitung von Vergütungsvereinbarungen in der Anwaltschaft erfordert auch von breiteren Anwaltskreisen die vielfach unter dem „Schutzmantel" der gesetzlichen Vergütung nicht geschulte Fähigkeit, erfolgreich über das eigene Honorar zu verhandeln.[19]

---

[11] Vgl. die Bespr. von *Hansens* RVGreport 2016, 91.
[12] *Mayer* NJW 2016, 1555 (1556).
[13] OLG Düsseldorf IBRRS 2011, 3453 = BeckRS 2011, 22091 mAnm *Mayer* FD-RVG 2011, 322986.
[14] Näher *Hommerich/Kilian,* Vergütungsvereinbarungen deutscher Rechtsanwälte, 1. Aufl. 2006, 19 ff.
[15] Mayer/Kroiß/*Teubel* RVG § 3a Rn. 2.
[16] Mayer/Kroiß/*Teubel* RVG § 3a Rn. 4.
[17] Mayer/Kroiß/*Teubel* RVG § 3a Rn. 4.
[18] *Hommerich/Kilian,* Vergütungsvereinbarungen deutscher Rechtsanwälte, 1. Aufl. 2006, 29.
[19] Näher *Müllerschön* RVGreport 2009, 327 ff.

III. Formerfordernisse

1. Textform

Nach § 3a Abs. 1 S. 1 RVG bedarf eine Vereinbarung der Vergütung der Textform. Die Neuregelung bringt gegenüber dem bisherigen Rechtszustand zwei jeweils gegenläufige Veränderungen. Während nach bisherigem Recht danach differenziert wurde, ob eine höhere oder eine niedrigere als die gesetzliche Vergütung vereinbart werden soll und bei ersterer nach § 4 Abs. 1 S. 1 RVG aF das Formerfordernis aufgestellt wurde, dass die Erklärung des Auftraggebers schriftlich abgegeben werden muss, sieht § 3a Abs. 1 S. 1 RVG nunmehr für alle Vergütungsvereinbarungen die **Textform** vor. Der Gesetzgeber wollte mit der Einführung einer einheitlichen Formvorschrift für alle Vergütungsvereinbarungen Abgrenzungsprobleme vermeiden und Beweisschwierigkeiten vorbeugen; die Differenzierung des früheren Rechts, nach der die Vereinbarung einer niedrigeren als der gesetzlichen Vergütung lediglich schriftlich abgeschlossen werden sollte, erschien dem Gesetzgeber unzweckmäßig, weil bei Vertragsschluss häufig nicht absehbar ist, ob eine vereinbarte Vergütung, insbes. bei Zeitvergütungen, über oder unter der gesetzlichen Vergütung liegen wird.[20] 5

Während der Gesetzgeber durch die Einführung einer Formvorschrift für alle Arten von Vergütungsvereinbarungen und der **Erstreckung der Formvorschrift nicht nur auf die Erklärung des Auftraggebers,** sondern auf die Vergütungsvereinbarung insgesamt, die formalen Anforderungen an Vergütungsvereinbarungen gegenüber dem früheren Rechtszustand erhöht hat, wurde andererseits vom Gesetzgeber bei der Auswahl der einzuhaltenden Form die Hürde sehr niedrig gelegt, denn mit dem Formerfordernis der Einhaltung der Textform iSv § 126b BGB wird lediglich die einfachste gesetzliche Form[21] vorgeschrieben.[22] Diese Rechtslage lässt sich weniger mit einer zielgerichteten Konzeption des Gesetzgebers als durch den Ablauf der parlamentarischen Beratungen erklären. Denn der Regierungsentwurf sah insoweit – konsequent – die Einführung der Schriftform für alle Vergütungsvereinbarungen vor.[23] Nach heftigem Protest der Praxis gegen das beabsichtigte beiderseitige Schriftformerfordernis beim Abschluss von Vergütungsvereinbarungen und dem Appell, zumindest den Abschluss der Vergütungsvereinbarung per Telefax zuzulassen,[24] wurde auf Vorschlag des Rechtsausschusses an Stelle des im Regierungsentwurf vorgesehenen beiderseitigen Schriftformerfordernisses das beiderseitige Textformerfordernis für Vergütungsvereinbarungen eingeführt. Der Gesetzgeber geht dabei davon aus, dass die Textform die Information der Vertragsbeteiligten und die Dokumentation des Vertragsinhalts ausreichend sichert.[25] Somit wird einerseits die Formbedürftigkeit auf alle Vergütungsvereinbarungen und die Erklärungen aller Vertragsbeteiligten ausgedehnt, andererseits jedoch die Qualität der einzuhaltenden Form lediglich auf niedrigster Stufe festgelegt. 6

Der allgemeine Grundsatz, dass sich der Formzwang auf den gesamten Vertrag einschließlich aller Nebenabreden bezieht, ist für Vergütungsvereinbarungen zu modifizieren;[26] so ist das **Vollständigkeitserfordernis** auf die eigentliche Vergütungsvereinbarung zu beschränken, nur das, was über die Bezahlung vereinbart worden ist, muss in die Urkunde aufgenommen werden, nicht aber auch das, was anlässlich der Auftragserteilung zwischen den Parteien iÜ vereinbart worden ist.[27] So ist die Auftragserteilung nicht zwingend in die Vergütungsvereinbarung aufzunehmen, wohl aber Fälligkeitsregelungen, Vorschussregelungen, Regelungen über die Vergütung bei vorzeitiger Beendigung des Mandats, Vergütung von Vertretern und sonstigen Hilfspersonen sowie Gerichtsstandsvereinbarungen für die Vergütungsklage.[28] 6a

Ist durch Gesetz Textform vorgeschrieben, so muss nach § 126b S. 1 BGB eine lesbare Erklärung, in der die Person des Erklärenden genannt ist, auf einen dauerhaften Datenträger abgegeben werden. Ein dauerhafter Datenträger ist nach § 126b S 2 BGB jedes Medium, das 7

1. es dem Empfänger ermöglicht, eine auf dem Datenträger befindliche, an ihn persönlich gerichtete Erklärung so aufzubewahren oder zu speichern, dass sie ihm während eines für ihren Zweck angemessenen Zeitraums zugänglich ist, und

---

[20] BT-Drs. 16/8384, 10.
[21] BeckOK BGB/*Wendtland* BGB § 126b vor Rn. 1.
[22] Krit. zu dieser Formvorschrift Mayer/Kroiß/*Teubel* RVG § 3a Rn. 11 ff.
[23] BR-Drs. 6/08, 10.
[24] DAV-Stellungnahme Nr. 8/2008, 4, abrufbar unter www.anwaltverein.de.
[25] BT-Drs. 16/8916, 17.
[26] Mayer/Kroiß/*Teubel* RVG § 3a Rn. 17.
[27] Mayer/Kroiß/*Teubel* RVG § 3a Rn. 18.
[28] Mayer/Kroiß/*Teubel* RVG § 3a Rn. 19.

2. geeignet ist, die Erklärung unverändert wiederzugeben.

Die Textform setzt voraus, dass die Erklärung in Schriftzeichen lesbar abgegeben wird.[29] Allerdings setzt die Textform die Abgabe einer lesbaren Erklärung auf einem dauerhaften Datenträger voraus;[30] geeignete Datenträger sind neben Urkunden auch elektronische Speichermedien, sofern nur die gespeicherten Daten mit Hilfe von Anwendungsprogrammen (in Schriftzeichen) lesbar sind und der Datenträger geeignet ist, die Erklärung dauerhaft festzuhalten.[31] Dabei werden an die dauerhafte Speichermöglichkeit der elektronischen Medien keine allzu hohen Anforderungen gestellt, die Verkörperung der Erklärung auf einer Festplatte genügt ebenso wie die Speicherung auf USB-Stick, CD-ROM, DVD-Diskette oder als E-Mail.[32] Eine Vergütungsvereinbarung kann somit wirksam per **(Computer-)Fax, Kopie oder E-Mail** abgeschlossen werden[33] oder auch per **SMS.**[34] Allerdings verlangt die Textform die **Nennung der Person des Erklärenden.**[35] Möglich ist eine Nennung in einer faksimilierten **Unterschrift,** aber auch etwa im Kopf oder Inhalt der Erklärung.[36] Anders als bisher fordert das Gesetz nicht mehr ausdrücklich die Erkennbarkeit des Abschlusses der Erklärung,[37] die Textform kann jedoch ihre Funktion – Information und Dokumentation von Erklärungen – nur dann wirklich erfüllen, wenn für den Empfänger ersichtlich ist, ob die Erklärung rechtlich bindend sein soll und vollständig ist.[38] Die Textform sieht keine starre Regel für die Kenntlichmachung des Dokumentenendes vor.[39] Der räumliche Abschluss der Erklärung kann z. B. durch Nachbildung der Namensunterschrift des Erklärenden etwa durch Anbringen eines Faksimile-Stempels oder durch Einfügen des eingescannten Namenszuges als Bilddatei in ein elektronisches Dokument erfolgen.[40] Ausreichend sind aber auch Hinweise wie zB „keine Unterschrift – Computerfax", „diese Erklärung ist nicht unterschrieben", „dieses Schreiben wurde maschinell erstellt und trägt deshalb keine Unterschrift".[41] Aber auch eine Datierung oder eine Grußformel sollen genügen.[42] Erforderlich ist nur, dass der räumliche Abschluss des Dokuments in einer Weise kenntlich gemacht wird, durch die die Ernstlichkeit des vorangestellten Textes in Abgrenzungen zu einem Entwurf deutlich wird.[43] Der Textform ist aber nicht genügt, wenn es infolge nachträglicher, schriftlicher Ergänzungen an einem räumlichen Abschluss der Vereinbarung fehlt.[44]

7a Soll die Vergütungsvereinbarung mit Hilfe elektronischer Medien abgeschlossen werden, so stellt sich die Frage, welche Bedeutung dem Umstand zukommt, dass der Empfänger nach den bisherigen Geschäftsgepflogenheiten nicht mit dem Zugang elektronischer Erklärungen rechnen musste bzw. ihm evtl. die entsprechenden technischen Vorrichtungen und Programme fehlen, um die in Textform abgegebene Erklärung (in Schriftzeichen) lesbar machen zu können.[45] Kann der Absender auf Grund der bisherigen Geschäftsgepflogenheiten nicht mit den entsprechenden **Empfangsvorrichtungen** beim Adressaten rechnen, so fehlt es am Zugang der Erklärung, die Willenserklärung gelangt in diesem Fall nicht so in den Machtbereich des Empfängers, dass damit zu rechnen ist, er könne von ihr Kenntnis nehmen.[46] Für den Einsatz der Textform beim Abschluss einer Vergütungsvereinbarung bedeutet dies, dass elektronische Medien nur dann sicher eingesetzt werden können, wenn unter normalen Umständen davon ausgegangen werden kann, dass der Empfänger auch die Möglichkeit ihrer Kenntnisnahme hat,[47] der Empfänger muss also über die entsprechenden technischen Voraussetzungen zum Empfang der elektronischen Medien verfügen und diese müssen unter Verwendung der ent-

[29] BeckOK BGB/*Wendtland* BGB § 126b Rn. 3.
[30] MüKoBGB/*Einsele* BGB § 126b Rn. 4.
[31] MüKoBGB/*Einsele* BGB § 126b Rn. 4.
[32] MüKoBGB/*Einsele* BGB § 126b Rn. 6.
[33] MüKoBGB/*Einsele* BGB § 126b Rn. 11.
[34] BeckOK BGB/*Wendtland* BGB § 126b Rn. 8.
[35] MüKoBGB/*Einsele* BGB § 126b Rn. 7.
[36] MüKoBGB/*Einsele* BGB § 126b Rn. 7.
[37] MüKoBGB/*Einsele* BGB § 126b Rn. 8.
[38] MüKoBGB/*Einsele* BGB § 126b Rn. 8.
[39] BeckOK BGB/*Wendtland* BGB § 126b Rn. 7.
[40] BeckOK BGB/*Wendtland* BGB § 126b Rn. 7.
[41] BeckOK BGB/*Wendtland* BGB § 126b Rn. 7.
[42] MüKoBGB/*Einsele* § 126b Rn. 8.
[43] BeckOK BGB/*Wendtland* BGB § 126b Rn. 7.
[44] BGH BeckRS 2011, 236327 mAnm *Mayer* FD-RVG 2011, 325631.
[45] MüKoBGB/*Einsele* § 126b Rn. 12.
[46] MüKoBGB/*Einsele* § 126 Rn. 28.
[47] BeckOK BGB/*Wendtland* BGB § 126b Rn. 4.

sprechenden Standardformate (zB html, rtf, pdf, txt, docx usw) versandt werden.[48] Da die Textform die geringsten Anforderungen stellt, kann sie auch durch alle anderen Formen ersetzt werden, also durch die Schriftform und die elektronische Form.[49] In der anwaltlichen Alltagspraxis wird wohl nach dem derzeitigen Stand der technischen Entwicklung der Abschluss der Vergütungsvereinbarung per Telefax und per E-Mail die größte praktische Bedeutung aufweisen. Gesprochene Mitteilungen, die man digitalisiert übersenden kann, so dass sie erst beim Empfänger von der akustischen zur optischen Wahrnehmbarkeit umgewandelt werden, entsprechen aber der Textform nicht.[50]

§ 126b BGB enthält jedoch selbst keine Vorschrift für das Zustandekommen eines Vertrages in Textform.[51] Ausreichend dürfte sein, wenn sowohl der Antrag wie auch die Annahme in Textform vorliegen, ohne dass beide körperlich oder elektronisch verbunden sind.[52] So reicht es bspw. aus, wenn dem Mandanten ohne Unterschrift des Rechtsanwalts eine Vergütungsvereinbarung übermittelt wird, die der Mandant mit einer E-Mail annimmt.[53] § 151 BGB ist jedoch auf das Zustandekommen einer Vergütungsvereinbarung in Textform nicht anzuwenden. Denn damit könnte der Auftraggeber letztlich durch schlüssiges, formfreies Verhalten ein Angebot annehmen, was sich mit dem Willen des Gesetzgebers, die gesamte Vereinbarung unter Formzwang zu stellen, nicht vereinbaren lässt.[54] 7b

2. Bezeichnung

Nach § 3a Abs. 1 S. 2 RVG muss die Vergütungsvereinbarung als Vergütungsvereinbarung oder in vergleichbarer Weise bezeichnet werden. Der Meinungsstreit zu § 4 Abs. 1 S. 2 RVG aF, welcher vorschrieb, dass nicht vom Auftraggeber verfasste Vereinbarungen als Vergütungsvereinbarung bezeichnet werden mussten, ob das Formerfordernis streng auszulegen ist mit der Folge, dass nicht der gesetzlichen Terminologie entsprechende Begriffe wie „Honorarvereinbarung" oder „Honorarschein" zur Formwidrigkeit der Vereinbarung führten oder nicht,[55] hat sich nunmehr erledigt. Ausdrücklich lässt der Gesetzgeber es genügen, wenn die Vereinbarung **„in vergleichbarer Weise"**, bspw. als „Honorarvereinbarung", bezeichnet wird.[56] Zu beachten ist jedoch, dass teilweise aus der Wendung in § 3a Abs. 1 S. 2 RVG der Schluss gezogen wird, dass es **nicht ausreichend** ist, wenn – zwar deutlich abgesetzt – irgendwo in einem längeren Vertrag Vereinbarungen über die Vergütung erscheinen, der Vertrag müsse schon sinngemäß als Vergütungsvereinbarung bezeichnet werden.[57] 8

3. Deutliches Absetzen

Die Vergütungsvereinbarung muss nach § 3a Abs. 1 S. 2 RVG von anderen Vereinbarungen mit Ausnahme der Auftragserteilung deutlich abgesetzt sein. 9

a) Andere Vereinbarungen. Nicht zu den „anderen Vereinbarungen", von denen die Vergütungsvereinbarung deutlich abzusetzen ist, gehören alle Klauseln, die die Vergütung unmittelbar betreffen, bspw. Fälligkeitsregelungen, Vorschussregelungen, Regelungen über die Vergütung bei vorzeitiger Beendigung des Mandats sowie Gerichtsstandsvereinbarungen für die Vergütungsklage, soweit rechtlich zulässig.[58] Zu den abzusetzenden **„anderen Vereinbarungen"** gehören aber bspw. **Gerichtsstandsvereinbarungen für Klagen aus dem Mandatsverhältnis, Haftungsbeschränkungen, Vereinbarungen über die Art und Weise der Mandatsbearbeitung** wie zB Bearbeitung durch einen bestimmten Anwalt, **Unterrichtungspflichten** und **Vereinbarungen über den Ausschluss von Kündigungsrechten.**[59] Problematisch sind jedoch Klauseln, die sowohl für die Vergütung wie auch für das übrige Mandatsverhältnis relevant sind, also etwa eine generelle Gerichtsstandsvereinbarung für Vergütungsklagen und für sonstige Klagen aus dem Mandatsverhältnis.[60] Insoweit wird vertreten, dass 10

---

[48] BeckOK BGB/*Wendtland* BGB § 126b Rn. 4.
[49] MüKoBGB/*Einsele* BGB § 126b Rn. 10.
[50] Hartung/Schons/Enders/*Schons* RVG § 3a Rn. 28.
[51] Mayer/Kroiß/*Teubel* RVG § 3a Rn. 29.
[52] Mayer/Kroiß/*Teubel* RVG § 3a Rn. 30.
[53] LG Görlitz, BeckRS 2013, 13328 = AGS 2013, 320 mAnm *Schneider* NJW-Spezial 2013, 509.
[54] Mayer/Kroiß/*Teubel* RVG § 3a Rn. 31 f.
[55] Zum Meinungsstand bei der Vorgängervorschrift näher *Mayer* Gebührenformulare Teil 1 § 1 Rn. 67.
[56] Vgl. BT-Drs. 16/8384, 10.
[57] Mayer/Kroiß/*Teubel* RVG § 3a Rn. 38.
[58] Mayer/Kroiß/*Teubel* RVG § 3a Rn. 39.
[59] Mayer/Kroiß/*Teubel* RVG § 3a Rn. 41 mwN.
[60] Mayer/Kroiß/*Teubel* RVG § 3a Rn. 45.

aus der gesetzgeberischen Intention, Vergütungsvereinbarungen nicht kleinlich zu unterbinden, folge, dass sowohl die Aufnahme in die eigentliche Vergütungsvereinbarung wie auch die Aufnahme in den davon zu trennenden Teil der „anderen Vereinbarungen" zulässig ist.[61] Zu empfehlen ist jedoch, hier den sichersten Weg zu wählen und solche Vereinbarungen in den deutlich zu trennenden Teil der anderen Vereinbarungen aufzunehmen.[62]

11 **b) Ausnahme Auftragserteilung.** Eine beträchtliche Erleichterung für die alltägliche Abfassung von Vergütungsvereinbarungen bringt die Regelung in § 3a Abs. 1 S. 2 RVG, dass die Vergütungsvereinbarung nicht von der Auftragserteilung deutlich abgesetzt sein muss. Diese Regelung stellt die Reaktion des Gesetzgebers auf die Auffassung der Rspr. dar, dass die Vereinbarung der vom Anwalt für das Honorar geschuldeten, im Gegenseitigkeitsverhältnis stehenden Hauptleistung als „andere Erklärung" iSv § 3 Abs. 1 S. 1 BRAGO aF einzuordnen war,[63] so dass der Abschluss des Anwaltsvertrages selbst, insbes. die Vereinbarung der Leistungspflicht des Anwalts, zu den „anderen Vereinbarungen" gehört, die grds. von der Vergütungsvereinbarung deutlich abzusetzen sind.[64] Der Auftrag an den Anwalt und die Vergütungsregelung müssen somit nicht deutlich voneinander abgesetzt werden. Zulässig sind daher nunmehr Regelungen wie:

Beispiel:

„A beauftragt die Rechtsanwälte … mit seiner Vertretung in der außergerichtlichen Unterhaltsangelegenheit … und zahlt hierfür folgende Vergütung …"

Voraussetzung für die zulässige Verbindung von Auftragserteilung und Vergütungsvereinbarung ist jedoch, dass sich die Vereinbarung auf das erteilte Mandat bezieht, die Vereinbarung einer Vergütung für ein anderes Mandat führt zum Formverstoß.[65]

Soweit in der Lit. teilweise noch die Auffassung vertreten wird, die Zusammenfassung einer Vergütungsvereinbarung mit einem Beratungsvertrag in einer Urkunde sei jedenfalls bei Verwendung eines Vordrucks unzulässig[66] ist diese Auffassung auf dem Boden des geltenden Rechts nicht mehr haltbar.[67] Dies gilt jedenfalls dann, wenn sich das Leistungsangebot im Beratungsvertrag auf seine Beratungsleistungen iSv § 34 RVG beschränkt, sind jedoch auch Leistungen vorgesehen, die ohne Vereinbarung eine Geschäftsgebühr auslösen würden, sind Voraussetzungen von § 3a RVG einzuhalten.[68]

12 **c) Gestaltung.** Was das Erfordernis in § 3a Abs. 1 S. 2 RVG anbelangt, die Vergütungsvereinbarung von „anderen Vereinbarungen mit Ausnahme der Auftragserteilung" deutlich abzusetzen, greift der Gesetzgeber die Vorgängerregelung in § 4 Abs. 1 S. 2 RVG aF für nicht vom Auftraggeber verfasste Vergütungsvereinbarungen auf. Was die Auslegung dieses Erfordernisses anbelangt, kann somit auf die zu § 4 Abs. 1 S. 2 RVG aF vertretenen Auffassungen zurückgegriffen werden. Die Vergütungsvereinbarung muss sich daher **bereits optisch von anderweitigen Erklärungen abheben,** so dass für den Auftraggeber sofort erkennbar ist, dass hier eine gesonderte Vergütungsvereinbarung getroffen wird.[69]

13 **Uneinheitlich** waren jedoch die Auffassungen in der Lit. zur Vorgängerregelung in der Frage, welche Kriterien bei der Beurteilung anzulegen sind, ob eine ausreichende optische Auffälligkeit gegeben ist. Zum Teil wurde darauf abgestellt, dass der Gesetzgeber die Begrifflichkeit „deutlich abgesetzt" bereits in § 4 Abs. 4 HWG und in § 11 Abs. 5 S. 1 AMG verwandt hat, und daraus abgeleitet, dass eine „deutliche Zäsur" zwischen den voneinander abzugrenzenden Texten gegeben sein muss.[70] Andere stellten – ergebnisorientiert – darauf ab, dass die Erklärung des Auftraggebers und deren Bezeichnung optisch so scharf vom übrigen Text zu sondern ist, dass der Auftraggeber „beim besten Willen nicht überzeugend behaupten kann", die Vergü-

[61] Mayer/Kroiß/*Teubel* RVG § 3a Rn. 45; aA Schneider Vergütungsvereinbarung Rn. 591 f.

[62] Mayer/Kroiß/*Teubel* RVG § 3a Rn. 45.

[63] BGH NJW 2004, 2818 ff. mBespr *Mayer* RVG-Letter 2004, 102 ff.; BeckRS 2007, 02307 mBespr *Mayer* RVG-Letter 2007, 35 f.

[64] Vgl. zur Vorgängerregelung Mayer/Kroiß/*Teubel*, 2. Aufl. 2006, RVG § 4 Rn. 45; *Mayer* AnwBl 2006, 160 ff.. (162).

[65] Hartung/Schons/Enders/*Schons* RVG § 3a Rn. 45; Schneider/Wolf/*Onderka/N. Schneider* RVG § 3a Rn. 45.

[66] Schneider/Wolf/*Onderka/N. Schneider* RVG § 3a Rn. 45.

[67] Hartung/Schons/Enders/*Schons* RVG § 3a Rn. 45.

[68] Hartung/Schons/Enders/*Schons* RVG § 3a Rn. 45.

[69] Schneider/Wolf/*Onderka/N. Schneider* RVG § 3a Rn. 42; HBS VergütungsR/*Schneider* Teil 2 Rn. 92; Bischof/*Bischof* RVG § 3a Rn. 27.

[70] KMK Vergütungsvereinbarung Rn. 649.

tungsvereinbarung nicht gewollt zu haben.[71] Nach anderer Auffassung war dieses Erfordernis in § 4 Abs. 1 S. 2 RVG aF dahingehend zu verstehen, dass eine drucktechnische Trennung bzw. Hervorhebung vorgenommen werden müsse.[72] Die Gesetzesbegründung zur Neuregelung spricht in diesem Zusammenhang von „räumlicher Trennung"[73] von sonstigen Vereinbarungen. In der Rspr. wurde die Auffassung vertreten, dass das Tatbestandsmerkmal des „deutlichen Absetzens" im Einklang mit der Gesetzesbegründung das Gebot einer räumlichen Trennung der Vergütungsvereinbarung von den „anderen Vereinbarungen" in ihrer Gesamtheit umschreibe und dass es, um diesem Dualismus Rechnung zu tragen, keiner drucktechnischen Hervorhebung bedürfe. Es erscheine ein Rückgriff auf diejenigen Forderungen angezeigt, welche die Rspr. an die äußere Gestaltung der Widerrufsbelehrung nach Art. 246 Abs. 3 EGBGB stelle. Werde die Widerrufsbelehrung in die Vertragsurkunde integriert, müsse sie sich in ihrer Gesamtwirkung so deutlich vom übrigen Vertragstext abheben, dass sie dem Vertragspartner die Rechtslage unübersehbar zur Kenntnis bringe. Für den Fall einer drucktechnischen Ausgestaltung ist dabei anerkannt, dass sich die Belehrung mangels hinreichender Abhebung vom übrigen Vertragstext als unwirksam erweisen kann, wenn andere Vertragsteile in gleicher Weise oder mit gleicher Wirkung hervorgehoben sind.[74]

Mit dem Urteil v. 3.12.2015 hat der BGH[75] weitere Klarheit,[76] in die die Praxis vor erhebliche Probleme stellende Frage gebracht, wie das Erfordernis des deutlichen Absetzens der Vergütungsvereinbarung von anderen Vereinbarungen mit Ausnahme der Auftragserteilung nach § 3a Abs. 1 S. 2 RVG zu verstehen ist. Anders als Teile der Rspr.[77] und die Lit.[78] stellt der BGH weder auf die Anforderungen an die äußere Gestaltung der Widerrufsbelehrung nach Art. 246 Abs. 3 EGBGB noch auf die Anforderungen im Heilmittelwerberecht (§ 4 Abs. 3 S. 1 HWG) oder Arzneimittelrecht (§ 11 Abs. 5 S. 2 AMG) ab, sondern verlangt zum einen, dass die Vergütungsvereinbarung in einem gesonderten und entsprechend gekennzeichnetem Abschnitt oder Paragrafen geregelt werden muss und dass zusätzlich die Vergütungsvereinbarung optisch von anderen im Vertragstext enthaltenen Bestimmungen der Auftragserteilung abgegrenzt ist. Die bloße Überschrift eines Paragrafen, wie etwa „Vergütung", reicht nach dem BGH[79] nicht, wenn auch die anderen Regelungen des Vertrags jeweils mit derartigen Überschriften versehen sind. 14

Es empfiehlt sich daher mit andersfarbige Text, anderer, dh größerer und auffälliger Schrifttype oder sonstigen optisch wahrnehmbaren Abgrenzungen zu arbeiten.[80] Der sicherste Weg ist jedoch, mit zwei Vereinbarungen zu arbeiten, nämlich der eigentlichen Vergütungsvereinbarung und einer weiteren Vereinbarung über die sonstigen für das Mandatsverhältnis geltenden Regelungen.[81] Auch eine Vergütungsvereinbarung, die in Fettdruck geschrieben und in einen Kasten gesetzt ist,[82] dürfte genügen. 14a

4. Trennung von der Vollmacht

§ 3a Abs. 1 S. 2 RVG schreibt ebenso wie die Vorgängerregelung in § 4 Abs. 1 S. 1 RVG aF vor, dass die Vergütungsvereinbarung nicht in der Vollmacht enthalten sein darf. Wie die Vorgängerregelung ist die gesetzliche Formulierung sprachlich ungenau; gemeint ist, dass die Vergütungsvereinbarung nicht in einer Vollmachtsurkunde enthalten sein darf. Daher müssen de facto **mindestens zwei Urkunden bzw. Schriftträger** vorhanden sein, nämlich eine Vollmachtsurkunde und ein weiterer Schriftträger, nämlich die Vergütungsvereinbarung,[83] da Letz- 15

[71] Gerold/Schmidt/*Madert*, 17. Aufl. 2006, RVG § 4 Rn. 15; Madert/Schons Vergütungsvereinbarung Teil A Rn. 12; Hartmann/Toussaint/*Toussaint* RVG § 3a Rn. 30.

[72] Hartung/Römermann/Schons/*Römermann* RVG § 4 Rn. 96.

[73] BT-Drs. 16/8384, 10.

[74] OLG Karlsruhe BeckRS 2015, 02342 = AnwBl 2015, 350 mAnm *Mayer* FD-RVG 2015, 366367.

[75] BGH NJW 2016, 1596 = BeckRS 2016, 01091.

[76] Dies bezweifelnd Hartung/Schons/Enders/*Schons* RVG § 3a Rn. 43; Schneider/Wolf/*Onderka/N. Schneider* RVG § 3a Rn. 43.

[77] OLG Karlsruhe BeckRS 2015, 02342 = AnwBl 2015, 350.

[78] KMK Vergütungsvereinbarung Rn. 649.

[79] BGH NJW 2016, 1596 mAnm *Mayer* FD-RVG 2016, 375486.

[80] Vgl. die Anm. *Mayer* FD-RVG 2016, 375486; *Mayer* NJW 2016, 1555.

[81] Vgl. die Anm. *Mayer* FD-RVG 2016, 375486; *Mayer* NJW 2016, 1555.

[82] Vgl. die Bespr. von *Hansens* RVGreport 2016, 91.

[83] Vgl. zur Vorgängerregelung Schneider Vergütungsvereinbarung Rn. 554; HBS VergütungsR/*Schneider* Teil 2 Rn. 82; zur jetzigen Gesetzesfassung Schneider/Wolf/*Onderka/N. Schneider* RVG § 3a Rn. 46; Bischof/*Bischof* RVG § 3a Rn. 28.

tere auf Grund des Textformerfordernisses sowohl als Urkunde als auch im Wege elektronischer Speichermedien[84] verkörpert werden kann.

16 **Nicht ausreichend** ist, wenn die Vergütungsvereinbarung und die Vollmacht zwar in eine Urkunde aufgenommen werden, beide Erklärungen aber **deutlich voneinander abgesetzt** werden; das RVG unterscheidet auch bei der Neuregelung weiterhin zwischen der generell unzulässigen Verbindung mit der Vollmacht und der unter der Voraussetzung des deutlichen Absetzens zulässigen Verbindung mit anderen Vereinbarungen.[85] Das Trennungsgebot gilt auch dann, wenn die Vollmacht handschriftlich gefertigt ist.[86]

5. Hinweispflicht auf begrenzte Kostenerstattung

17 § 3a Abs. 1 S. 3 RVG schreibt vor, dass eine Vergütungsvereinbarung einen Hinweis darauf zu enthalten hat, dass die gegnerische Partei, ein Verfahrensbeteiligter oder die Staatskasse im Falle der Kostenerstattung regelmäßig nicht mehr als die gesetzliche Vergütung erstatten muss. Der Gesetzgeber bezweckt mit dieser Hinweispflicht den Schutz der Rechtssuchenden; diesen soll verdeutlicht werden, dass die Vergütung, soweit diese die gesetzliche Vergütung übersteigt, grds. selbst zu tragen ist.[87]

17a Teilweise wird in diesem Zusammenhang auch vorgeschlagen, da auch eine **Rechtsschutzversicherung** lediglich die gesetzlichen Gebühren erstatten müsse, sich der Kostenhinweis auch darauf erstrecken sollte.[88] Dem ist jedoch entgegen zu halten, dass der Wortlaut des Gesetzes eindeutig ist, lediglich die gegnerische Partei, ein Verfahrensbeteiligte oder die Staatskasse sind insoweit erwähnt. Ein Bedürfnis, diese Vorschrift erweiternd auszulegen ist nicht erkennbar, zumal zwischen dem Mandanten und seiner Rechtsschutzversicherung kein (gesetzliches) Kostenerstattungsverhältnis besteht, sondern ein privates, vertragliches Versicherungsverhältnis, welches Leistungspflichten der Rechtsschutzversicherung begründet.

17b Nach dem Wortlaut der Regelung gilt die **Hinweispflicht für jede Art von Vergütungsvereinbarung,** also auch für Vergütungsvereinbarungen, die eine niedrigere als die gesetzliche Vergütung vorsehen.[89] Praktische Bedeutung hat die Hinweispflicht jedoch nur dann, wenn eine höhere als die gesetzliche Vergütung vereinbart werden soll. Der formularmäßige Hinweis, wonach die vereinbarte Vergütung uU die gesetzlichen Gebühren übersteigt und eine eventuelle Gebührenerstattung durch den Gegner auf die gesetzlichen Gebühren beschränkt ist, ist ausreichend.[90]

6. Sonderregelungen für Gebührenvereinbarungen

18 Nach § 3a Abs. 1 S. 4 RVG gelten die S. 1, 2 der genannten Vorschrift nicht für eine Gebührenvereinbarung nach § 34 RVG. Bei Beratung, Gutachtentätigkeit und Mediation bleibt es nach dem Willen des Gesetzgebers dabei, dass der RA oder die Rechtsanwältin nur gehalten ist, auf eine Gebührenvereinbarung hinzuwirken.[91] Die Formvorschriften des § 3a Abs. 1 S. 1, 2 RVG gelten für die Gebührenvereinbarung nicht. Sie bedarf daher insbes. auch nicht der Textform.[92]

18a Teilweise wird im **Bereich der Beratungshilfe** „wegen des speziellen Schutzgedankens" auch die **Textform für Gebührenvereinbarungen** gefordert, die nach Aufhebung der Beratungshilfebewilligung zum Tragen kommen.[93] Dabei liest diese Auffassung in die nach § 8a Abs. 2 Nr. 2 BerHG geregelte Hinweisverpflichtung „angesichts des Schutzzweckes" ein Textformerfordernis hinein.[94] Dieser **Auffassung ist jedoch nicht zu folgen.** Zu unterscheiden ist zum einen eine Aufhebung der Beratungshilfebewilligung auf Antrag der Beratungsperson. Für diesen Fall schreibt § 6a Abs. 2 S. 2 Nr. 2 BerHG vor, dass die Beratungsperson den Rechtsuchenden bei der Mandatsübernahme auf die Möglichkeit der Antragstellung und der Aufhebung der Bewilligung sowie auf die sich für die Vergütung nach § 8a Abs. 2 BerHG ergeben-

---

[84] MüKoBGB/*Einsele* § 126b Rn. 4.

[85] Vgl. zur Vorgängerregelung Mayer/Kroiß/*Teubel,* 2. Aufl. 2006, RVG § 4 Rn. 32; zur jetzigen Gesetzesfassung Hinne/Klees/Müllerschön/Winkler/*Winkler/Teubel,* Vereinbarungen mit Mandanten, § 1 Rn. 47.

[86] Gerold/Schmidt/*Madert,* 17. Aufl. 2006, RVG, § 4 Rn. 13.

[87] BT-Drs. 16/8384, 10.

[88] Hartung/Schons/Enders/*Schons* RVG § 3a Rn. 47.

[89] AA Schneider/Wolf/*Onderka/N. Schneider* RVG § 3a Rn. 50, Hinweispflicht gilt bei einer untertariflichen Vergütung nicht.

[90] OLG München BeckRS 2012, 12716 mAnm *Mayer* FD-RVG 2012, 333716.

[91] BT-Drs. 16/8384, 9 f.

[92] Schneider/Wolf/*Onderka/N. Schneider* RVG § 3a Rn. 54.

[93] *Lissner* AGS 2014, 1 (4).

[94] *Lissner* AGS 2014, 1 ff. (3).

den Folgen in Textform hinzuweisen hat. Wird für die Beratungshilfe in Anspruch nehmende Person eine Geschäftstätigkeit entfaltet, bedarf eine für den Fall der erfolgreichen Antragstellung nach § 6a Abs. 2 S. 1 BerHG vorgesehene Vergütungsvereinbarung ohnehin der Textform, handelt es sich um reine Beratungstätigkeit, besteht kein Anlass entgegen dem klaren Wortlaut von § 3a Abs. 1 S. 4 RVG eine Textform auch für Gebührenvereinbarungen zu etablieren.

§ 8a BerHG zum anderen regelt die Folgen der Aufhebung einer Beratungshilfebewilligung **18b** sowie der Ablehnung des Antrags auf nachträgliche Bewilligung.[95] Ein Formerfordernis stellt § 8a Abs. 2 S. 1 Nr. 2 BerHG nicht auf. Der Hinweis der Beratungsperson an den Rechtsuchenden, der bei Mandatsübernahme zu erfolgen hat und auf die Möglichkeit der Aufhebung der Bewilligung sowie auf die sich für die Vergütung ergebenden Folgen hinweisen soll, ist als solcher nicht formbedürftig. Ein **Textformerfordernis** für den Hinweis an den Rechtsuchenden besteht **nur nach § 6a Abs. 2 S. 2 Nr. 2 BerHG,** also für den Fall, dass die Beratungsperson sich vorbehält die Aufhebung der Bewilligung zu beantragen. In den sonstigen Fällen der Aufhebung der Beratungshilfebewilligung nach § 8a Abs. 1 BerHG und der Nichtbewilligung von Beratungshilfe nach § 8a Abs. 4 BerHG besteht für die nach § 8a Abs. 2 S. 1 Nr. 2 BerHG von der Beratungsperson geschuldeten Hinweisverpflichtung an den Rechtsuchenden kein Textformerfordernis, sodass auch insoweit keinerlei Anlass besteht, aus dieser Regelung ein „ausstrahlendes Textformerfordernis" sogar für Gebührenvereinbarungen abzuleiten.[96] Hinzu kommt ferner, dass nach § 8a Abs. 2 BerHG auf die Vergütung nach den allgemeinen Vorschriften verweist, worunter der Gesetzgeber dabei in den Fällen der reinen Beratung die übliche Vergütung nach § 34 Abs. 1 S. 2 RVG, § 612 Abs. 2 BGB und bei Vertretungstätigkeit die Vergütung nach VV Teil 2 RVG versteht.[97]

IV. Schuldbeitritt zu einer Vergütungsvereinbarung

Die Absicherung des eigenen Honoraranspruchs durch die Aufnahme eines weiteren Vergütungsschuldners ist auch bei Vergütungsvereinbarungen von hoher praktischer Bedeutung. Die **18c** Erklärung eines Schuldbeitritts bedarf zwar grds. keiner besonderen Form, er unterliegt jedoch aber als Verpflichtungsgeschäft den Formerfordernissen, die für den Hauptvertrag gelten, soweit diese mit Rücksicht auf den Leistungsgegenstand des Schuldbeitritts aufgestellt sind. Um solche Formerfordernisse handelt es sich auch bei denjenigen nach § 3a Abs. 1 RVG.[98] Sowohl das Erfordernis der Textform als auch die weiteren, in den S. 2, 3 von § 3a Abs. 1 RVG aufgeführten Anforderungen dienen der Warnung und dem Schutz des Mandanten. Tritt ein Dritter der Verpflichtung des Mandanten aus der Vergütungsvereinbarung bei, ist er in gleicher Weise schutzbedürftig, die Formerfordernisse des § 3a Abs. 1 RVG gelten deshalb grds. auch für die Erklärung des Schuldbeitritts.[99]

Der Schuldbeitritt gehört auch nicht zu den „anderen Vereinbarungen" nach § 3a Abs. 1 S. 2 **18d** RVG, die von der Vergütungsvereinbarung deutlich abgesetzt sein müssen.[100] Entscheidend ist, dass dem Beitretenden durch die Gestaltung der Erklärung klargemacht wird, einer vertraglichen, von der gesetzlichen Regelung abweichenden Vergütungsschuld beizutreten.[101]

V. Herabsetzung nicht angemessener Vergütung

1. Allgemeines

Nach § 3a Abs. 2 S. 1 RVG kann eine vereinbarte, eine nach § 4 Abs. 3 S. 1 RVG von dem **19** Vorstand der Rechtsanwaltskammer festgesetzte oder eine nach § 4a RVG für den Erfolgsfall vereinbarte Vergütung, wenn sie unter Berücksichtigung aller Umstände unangemessen hoch ist, im Rechtsstreit auf den angemessenen Betrag bis zur Höhe der gesetzlichen Vergütung herabgesetzt werden. Nach § 3a Abs. 2 S. 2 RVG hat das Gericht vor der Herabsetzung ein Gutachten des Vorstands der RA-Kammer einzuholen, dies gilt aber nicht, wenn der Vorstand der RA-Kammer die Vergütung nach § 4 Abs. 3 S. 1 RVG festgesetzt hat. Nach § 3a Abs. 2 S. 3 RVG ist das Gutachten kostenlos zu erstatten.

---

[95] Poller/Härtl/Köpf/*Köpf* Gesamtes Kostenhilferecht § 8a BerHG Rn. 1.
[96] *Lissner* AGS 2014, 1 ff. (4).
[97] BT-Drs. 17/11472 (44).
[98] BGH BeckRS 2016, 11278 = NJW-RR 2017, 124 Rn. 7.
[99] BGH BeckRS 2016, 11278 = NJW-RR 2017, 124 Rn. 7 mAnm *Mayer* FD-RVG 2016, 379449.
[100] BGH BeckRS 2016, 11278 = NJW-RR 2017, 124 Rn. 11 mAnm *Mayer* FD-RVG 2016, 379449.
[101] BGH BeckRS 2016, 11278 = NJW-RR 2017, 124 Rn. 11.

2. Zuständigkeit

20 **Zuständig** für die Herabsetzung ist **das Gericht,** Voraussetzung ist somit ein Rechtsstreit über die Vergütung.[102] Die Einholung eines Gutachtens nach § 3a Abs. 2 S. 2 RVG ist jedoch nicht in jedem Streitfall über die Angemessenheit der vereinbarten Vergütung erforderlich, sondern nur dann, wenn das Gericht eine Unangemessenheit in Erwägung zieht und demnach die Gebühr herabzusetzen ist.[103]

3. Unangemessen hohe Vergütung

21 Entscheidend ist, wann eine vereinbarte Vergütung unter Berücksichtigung aller Umstände unangemessen hoch ist. Hierzu gibt es eine Jahrzehnte alte vornehmlich am Einzelfall orientierte Rspr., die versucht, das Spannungsverhältnis zwischen Vertragsfreiheit, Bindung des Rechtsanwalts als Organ der Rechtspflege und einem vom Gesetzgeber für erforderlich erachteten Mandantenschutz auszufüllen.[104]

22 Eine allgemeingültige Definition für den **unbestimmten Rechtsbegriff der „unangemessen hohen" Vergütung** lässt sich schwer finden. Soweit eine solche Definition versucht wird, bleibt sie notgedrungen so abstrakt, dass sie für den konkreten Anwendungsfall wenig Aussagekraft hat. So wird in diesem Zusammenhang die Auffassung vertreten, die vereinbarte Vergütung müsse, um unangemessen hoch zu sein, die angemessene Vergütung nicht nur gering überschreiten, vielmehr müsse zwischen Vergütung und Tätigkeit des RA ein nicht zu überbrückender Zwiespalt bestehen, es müsse unerträglich sein, den Auftraggeber an der Vergütungsvereinbarung festzuhalten.[105]

23 Eine weitere Schwierigkeit besteht darin, festzulegen, was denn die angemessene Vergütung ist. Nach einer Auffassung bietet die gesetzliche Vergütung bei der Festlegung der angemessenen Vergütung keinen geeigneten Anhaltspunkt. Die Parteien wollten durch die Vergütungsvereinbarung gerade von ihr abweichen; nach dieser Auffassung können insoweit die gesetzlichen Kriterien der Ermessensausübung bei Rahmengebühren herangezogen werden.[106] Nach einer weiteren Auffassung sind die gesetzlichen Gebühren als Vergleichsmaßstab ungeeignet, weil sie mitunter gerade kein angemessenes Entgelt darstellten.[107] Andere wiederum vertreten, dass neben den Bemessungskriterien des § 14 RVG auch die Höhe der gesetzlichen Vergütung in die Betrachtung mit einzustellen ist.[108] Erfolgsversprechender ist der Versuch, aus der Kasuistik der Rspr. gewisse Leitlinien abzulesen. So hat der **BGH** in der Entscheidung v. 27.1.2005,[109] noch ergangen zum Mäßigungsgebot des § 3 Abs. 3 S. 1 BRAGO, wichtige Grundsätze auch für die Herabsetzung der Vergütung nach § 3a Abs. 2 S. 1 RVG aufgestellt. Für die Beantwortung der Frage, ob die vereinbarte Vergütung unangemessen hoch ist, kommt es nach dem BGH nicht darauf an, was bei Vertragsschluss vorauszusehen war und bei der Vereinbarung kalkuliert wurde, sondern es ist die spätere Entwicklung zu berücksichtigen. Der Gesetzgeber habe den Begriff „unter Berücksichtigung aller Umstände" nicht näher erläutert. Insbesondere sind nach dem BGH die Schwierigkeit und der Umfang der Sache, ihre Bedeutung für den Auftraggeber, das Ziel, das der Auftraggeber mit dem Auftrag erstrebt hat und in welchem Umfang dieses Ziel durch die Tätigkeit des Anwalts erreicht worden ist, inwieweit also das Ergebnis tatsächlich und rechtlich als Erfolg des RA anzusehen ist, von Bedeutung, ferner sind nach dem BGH die Stellung des RA und die Vermögensverhältnisse zu berücksichtigen. Für Strafverteidigungen entwickelte der BGH in der genannten Entscheidung eine allgemeinverbindliche Honorargrenze; nach dem BGH spricht eine tatsächliche Vermutung dafür, dass eine Vergütung unangemessen hoch ist, wenn ein RA bei Strafverteidigungen eine Vergütung vereinbart, die mehr als **das Fünffache über den gesetzlichen Höchstgebühren** liegt. Die Vermutung kann zwar durch den RA entkräftet werden, er muss aber dann ganz ungewöhnliche, geradezu extreme einzelfallbezogene Umstände darlegen, die es möglich erscheinen lassen, die Vergütung bei Abwägung aller Umstände nicht als unangemessen hoch anzusehen.[110]

---

[102] Mayer/Kroiß/*Teubel* RVG § 3a Rn. 116.

[103] Mayer/Kroiß/*Teubel* RVG § 3a Rn. 117; Schneider/Wolf/*Onderka/N. Schneider* RVG § 3a Rn. 102; Riedel/Sußbauer/*Ahlmann* § 3a Rn. 46.

[104] Mayer/Kroiß/*Teubel* RVG § 3a Rn. 119.

[105] Gerold/Schmidt/*Madert,* 17. Aufl. 2006, RVG § 4 Rn. 60.

[106] Hartung/Römermann/Schons/*Römermann* RVG § 4 Rn. 113 f.

[107] Gerold/Schmidt/*Madert,* 17. Aufl. 2006, RVG § 4 Rn. 168.

[108] Schneider Vergütungsvereinbarung Rn. 1712 f.; HBS VergütungsR/*Schneider* Teil 2 Rn. 324.

[109] BGH NJW 2005, 2142 ff. mBespr *Mayer* RVG-Letter 2005, 74 ff.

[110] BGH NJW 2005, 2142 ff.; krit. zu dieser Entscheidung auch Anm. *Henke* AGS 2005, 384 f.

Die für den Strafverteidiger aufgestellte **Vermutung,** dass eine Vergütung, die mehr als das 5-fache über den gesetzlichen Höchstgebühren liegt, unangemessen hoch ist, hat der BGH mittlerweile auch **auf zivilrechtliche Streitigkeiten ausgedehnt,** in dieser Entscheidung aber auch betont, dass der Anwalt die Vermutung entkräften kann.[111]

Der BGH hat erstmals in der vorgenannten Entscheidung v. 27.1.2005 versucht, der Praxis 24 grundsätzliche Vorgaben an die Hand zu geben, wobei maßgebender Gesichtspunkt ua war, die Instanzgerichte bei der häufig sehr schwierigen und aufwändigen Einzelfallprüfung zu entlasten, gleichzeitig auch eine einheitliche Rechtsanwendung zu gewährleisten.[112]

Der BGH verweist in der Entscheidung v. 27.1.2005 auf seine frühere Rspr., wonach bei 25 hohen Streitwerten und streitwertabhängigen gesetzlichen Gebühren das vereinbarte Honorar unangemessen hoch ist, wenn es die gesetzlichen Gebühren um mehr als das Fünffache übersteigt.[113] Was unter einem hohen Streitwert im Sinne der Rspr. des BGH zu verstehen ist, wurde vom BGH bislang noch nicht entschieden, die Gebührenreferenten der Bundesrechtsanwaltskammer gehen aber auf der Basis der Rspr. des BGH davon aus, dass es sich um einen Streitwert im hohen sechsstelligen Bereich handeln muss.[114] Auch wenn sich der BGH bei der Entscheidung v. 27.1.2005 bewusst war, dass seine Rspr. zur Unangemessenheit eines Honorars, welches bei hohen Streitwerten mehr als das Fünffache der gesetzlichen Gebühren beträgt, nicht ohne Weiteres auf den zur Entscheidung anstehenden Fall einer Honorarvereinbarung eines Strafverteidigers übertragen werden kann,[115] hat der BGH gleichwohl mit der genannten Entscheidung für einen wesentlichen Teil der nicht streitwertabhängigen Gebühren (nämlich für die Gebühren der Strafverteidigung, VV Teil 4 RVG, sinngemäß wohl auch anzuwenden auf die Bußgeldsachen nach VV Teil 5 RVG und die sonstigen, in VV Teil 6 RVG geregelten strafverfahrensähnlichen Verfahren) **eine grundsätzliche Honorargrenze mit dem Fünffachen der gesetzlichen Höchstgebühren** gezogen, es sei denn, dass ganz ungewöhnliche, geradezu extreme einzelfallbezogene Umstände vorliegen (und vom RA dargelegt werden), die es möglich erscheinen lassen, die Vergütung bei Abwägung aller in § 3a Abs. 2 S. 1 RVG maßgeblichen Umstände nicht als unangemessen hoch anzusehen.[116]

Die zuletzt genannte Schlussfolgerung des BGH hielt jedoch einer verfassungsrechtlichen 26 Kontrolle nicht stand. Nach dem **BVerfG verstößt** die Auffassung, wonach bei Strafverteidigungen eine tatsächliche Vermutung für die Unangemessenheit der vereinbarten Vergütung sprechen soll, wenn sie mehr als das Fünffache über den gesetzlichen Höchstgebühren liegt, wobei die Vermutung der Unangemessenheit nur bei ganz ungewöhnlichen, geradezu extrem einzelfallbezogenen Umständen erschüttert werden kann, **gegen Verfassungsrecht.** Denn sie bedeutet im Umkehrschluss, dass nach Überschreiten der Vermutungsgrenze in der weit überwiegenden Anzahl der Fälle den Gemeinwohlbelangen pauschal der Vorrang vor der Berufsausübungsfreiheit des Rechtsanwalts eingeräumt wird. Eine solche einseitige Belastung des Rechtsanwalts wäre nach dem BVerfG allenfalls dann hinzunehmen, wenn es sich bei einer Überschreitung der Gebühren um mehr als das Fünffache eine zur Wahrung der maßgeblichen Gemeinwohlbelange korrekturbedürftige Äquivalenzstörung derart aufdrängte, dass tatsächlich nur bei ganz ungewöhnlichen, extrem einzelfallbezogenen Umständen die Vergütungsvereinbarung unangetastet bleiben könnte. Die Überschreitung der gesetzlichen Gebühren um das Fünffache lässt nach dem BVerfG diesen Schluss aber nicht zu.[117]

Der **BGH** hat aus dieser Entscheidung des Bundesverfassungsgerichts die **Konsequenzen** 27 gezogen und im Urteil v. 4.2.2010[118] ausgeführt, dass die aus dem Überschreiten des fünffachen Satzes der gesetzlichen Gebühren herzuleitende Vermutung der Unangemessenheit eines vereinbarten Verteidigerhonorars durch die Darlegung entkräftet werden kann, dass die vereinbarte Vergütung im konkreten Fall unter Berücksichtigung aller Umstände angemessen ist. Allerdings hat der BGH diese Entscheidung auch dafür genutzt die Anforderungen an die Darlegung der abgerechneten Tätigkeiten bei Stundenhonorarvereinbarungen zu verschärfen. So reichen nach dem BGH allgemeine Hinweise über Aktenbearbeitung, Literaturrecherche und Telefongespräche nicht aus, weil sie bei wiederholter Verwendung inhaltsleer seien und ohne die Möglichkeit einer wirklichen Kontrolle geradezu beliebig ausgeweitet

[111] BGH NJW-RR 2017, 377 mAnm *Mayer* FD-RVG 2017, 384728.
[112] Mayer/Kroiß/*Teubel* RVG § 3a Rn. 120.
[113] BGH NJW 2005, 2142 (2144); NJW 2000, 2669 ff.
[114] MAH VergütungsR/*Teubel* RVG § 5 Rn. 133.
[115] BGH NJW 2005, 2142 (2144).
[116] BGH NJW 2005, 2142 (2144).
[117] BVerfG NJW-RR 2010, 259 = BeckRS 2009, 36038 mAnm. *Mayer* FD-RVG 2009, 286204.
[118] BGH BeckRS 2010, 05360 = NJW 2010, 1364 ff. mAnm *Mayer* FD-RVG 2010, 300100.

werden könnten. Erforderlich ist somit ein sehr aussagekräftiges ausgefülltes „Time-Sheet", dazu noch im Prozess die konkrete schriftsätzliche Darlegung des Inhalts der gefertigten Aufzeichnung.[119] Bestreitet der Mandant allerdings pauschal den Umfang der Tätigkeit des Rechtsanwalts, dann ist dies bei Vorgängen unerheblich, die der Mandant selbst miterlebt hat (zB Telefonate, Gespräche) oder durch die er anhand objektiver Unterlagen (zB Beweisaufnahmeprotokolle) Kenntnis erlangt hat.[120]

28 Auf der Grundlage der vorgenannten Entscheidungen ergibt sich somit **folgendes Prüfungsschema:**

Generell gilt, dass die Überschreitung der gesetzlichen Gebühren um einen bestimmten Faktor zur Bestimmung der Unangemessenheit der Vergütung nicht schlechthin ungeeignet ist, aber, um den Grundsatz der Verhältnismäßigkeit im engeren Sinn zu bewahren, nicht allein maßgeblich sein darf.[121] Dementsprechend hält der BGH auch daran fest, dass die mehr als fünffache Überschreitung der gesetzlichen Höchstgebühren eine **tatsächliche Vermutung für die Unangemessenheit** der vereinbarten Vergütung darstellt.[122] Die tatsächliche Vermutung der Unangemessenheit kann jedoch vom Anwalt **widerlegt** werden durch die Darlegung des Anwalts, dass die vereinbarte Vergütung im konkreten Fall unter Berücksichtigung aller Umstände angemessen ist,[123] so z. B. durch die Darlegung, dass der für die Mandatsbearbeitung erforderliche zeitliche Aufwand letztlich zu einem Stundenhonorar führt, das nicht unangemessen hoch ist.[124] Bei einem **Pauschalhonorar** ist auf die Bemessungskriterien des § 14 Abs. 1 RVG abzustellen, zu berücksichtigen sind also die Schwierigkeit und der Umfang der Sache, ihre Bedeutung für den Auftraggeber, das Ziel welches der Auftraggeber mit dem Auftrag anstrebte, ebenso, in welchem Umfang dieses Ziel durch die Tätigkeit des Anwalts erreicht worden ist, berücksichtigungsfähig sind auch die Stellung des Rechtsanwalts und die Vermögensverhältnisse des Auftraggebers.[125] Nach dem BVerfG ist bei **Zeithonorarvereinbarungen** auf die Angemessenheit dieser Honorarformel im konkreten Fall sowie auf die Angemessenheit des ausgehandelten Stundensatzes und der Bearbeitungszeit abzustellen.[126] Zu prüfen ist daher, ob für das konkrete Mandat die Vereinbarung eines Stundenhonorars als sachgerecht anzusehen ist[127] und ob die geltend gemachten Stunden schließlich dargelegt worden sind; denn hinter diesem Erfordernis steht die Befürchtung des BGH, dass der anwaltliche Zeitaufwand unredlich aufgebläht werden könnte.[128] Daher ist ein sehr aussagekräftig ausgefülltes „Time-Sheet", welches die oben genannten Details enthält, erforderlich. Die Vorlage von Handakten reicht ebenso wenig wie allgemeine Hinweise über Aktenbearbeitung, Literaturrecherche, Telefongespräche, vielmehr bedarf es einer konkreten schriftsätzlichen Darlegung.[129] Sodann ist nach dem BGH in einem weiteren Schritt zu prüfen, ob die – nachgewiesenen – Stunden in einem angemessenen Verhältnis zu Umfang und Schwierigkeit der Sache stehen.[130] Die Darlegungs- und Beweislast für ein unangemessenes Aufblähen der Arbeitszeit durch den Rechtsanwalt liegt beim Mandanten; bestreitet der Mandant pauschal den Umfang der Tätigkeit des Rechtsanwalts, dann ist dies bei Vorgängen unerheblich, die der Mandant selbst miterlebt hat (z. B. Telefonate, Gespräche) oder durch die er anhand objektiver Unterlagen (z. B. Beweisaufnahmeprotokolle) Kenntnis erlangt hat.[131] Schließlich ist in einem letzten Schritt bei Zeithonorarvereinbarungen zu prüfen, ob der vereinbarte Stundensatz angemessen ist.[132] Als **angemessene Stundensätze** dürften Beträge von im Regelfall 250,– EUR je Stunde bis – bei besonders ausgewiesenen spezialisierten Anwälten in Angelegenheiten, die für den Mandanten existenziell wichtig sind 1.000,– EUR anzusetzen sein.[133]

---

[119] BGH BeckRS 2010, 05360 = NJW 2010, 1364, 1370 [77 ff.].
[120] OLG Düsseldorf NJW 2019, 1956 = AGS 2019, 261 mAnm *Mayer* FD-RVG 2019, 417481.
[121] BVerfG NJW-RR 2010, 259 = BeckRS 2009, 36038(32).
[122] BGH BeckRS 2010, 05360(48); NJW-RR 2017, 377, 379 (27).
[123] BGH BeckRS 2010, 05360(49); NJW-RR 2017, 377, 380 (28).
[124] BGH NJW-RR 2017, 377, 380 (50).
[125] BGH NJW 2010, 1364 =BeckRS 2010, 05360(49); MAH VergütungsR/*Teubel* § 5 Rn. 138.
[126] BVerfG NJW-RR 2010,259 = BeckRS 2009, 36038(32).
[127] BGH NJW 2010, 1364 = BeckRS 2010, 05360 (74).
[128] BGH NJW 2010, 1364 = BeckRS 2010, 05360 (77).
[129] MAH VergütungsR/*Teubel* § 5 Rn. 139.
[130] BGH NJW 2010, 1364 = BeckRS 2010, 05360(84); MAH VergütungsR/*Teubel* § 5 Rn. 141.
[131] OLG Düsseldorf NJW 2019, 1956 = BeckRS 2019, 8507 mAnm *Mayer* FD-RVG 2019, 417481.
[132] BGH NJW 2010, 1364 = BeckRS 2010, 05360(86 ff.); MAH VergütungsR/*Teubel* § 5 Rn. 143.
[133] MAH VergütungsR/*Teubel* § 5 Rn. 143; Stundensatz von 250 € nicht zu beanstanden, OLG Düsseldorf, NJW 2019, 1956 = AGS 2019, 261 mAnm *Mayer* FD-RVG 2019, 417481.

Die Anwendung dieser vom BGH etablierten Prüfungsmaßstäbe in der Rspr. gestaltet sich problematisch. So kürzte das OLG Düsseldorf in einer Entscheidung den von den klagenden Rechtsanwälten abgerechneten Zeitaufwand um 9,58 Stunden und setzte den ausgehandelten Stundensatz von 230,08 EUR auf 180,– EUR mit der Begründung herab, die Angelegenheit sei nur als durchschnittliche Angelegenheit einzustufen, deshalb sei nur ein Stundensatz von 180,– EUR gerechtfertigt, da üblicherweise Rechtsanwälte Zeithonorare vereinbarten, deren durchschnittlicher Stundensatz bei 180,– EUR liege.[134] Mit erfreulich klaren Worten hat jedoch der BGH diese Entscheidung des OLG Düsseldorf wieder zurecht gerückt.[135] Bei der Beurteilung, ob ein vereinbartes Honorar unangemessen sei, sei nicht darauf abzustellen, welches Honorar im gegebenen Fall als angemessen zu erachten ist, sondern darauf, ob die zwischen den Parteien getroffene Honorarvereinbarung nach Sachlage als unangemessen hoch einzustufen sei. Für eine **Herabsetzung sei nur Raum,** wenn es unter Berücksichtigung aller Umstände unerträglich und mit den Grundsätzen des **§ 242 BGB** unvereinbar wäre, den **Mandanten** an seinem **Honorarversprechen festzuhalten.** Dieser Zusammenhang könne als Ausgangspunkt nicht auf einen allgemeinen Durchschnittsatz eines Zeithonorars für Rechtsanwälte abgestellt werden, sondern es müsse auf die Art des Mandats eingegangen werden. Bei der Angemessenheit des geltend gemachten anwaltlichen Zeitaufwands sind nach dem BGH Zeitdifferenzen bei der Bearbeitung grds. hinzunehmen, da sich die Arbeitsweise von Rechtsanwälten individuell unterschiedlich gestaltet.[136] **29**

Problematisch an der Rspr. des BGH zur Unangemessenheit von Zeithonorarvereinbarungen sind insbes. die Anforderungen an die Darlegung der abgerechneten Tätigkeiten. Denn die vom **BGH** aufgestellten Maßstäbe zwingen zu einem **hohen Dokumentationsaufwand,** wobei in vielen Fällen eine restliche Unsicherheit verbleiben dürfte, ob im Einzelfall die Darlegung vor Gericht Bestand hat. Nach zutreffender Auffassung geht mit Stundenhonorar abgerechneter Zeitaufwand der teilweise überflüssig oder nachweislich nicht angefallen ist, zu Lasten des Rechtsanwalts und führt zur Kürzung der Kostenrechnung, nicht jedoch dazu, dass die Zeithonorarabrechnung insgesamt zu verwerfen ist; ungeklärte Bearbeitungszeiten geben nur dann Anlass, den gesamten aufgezeichneten Zeitaufwand anzuzweifeln, wenn wegen der Häufigkeit von Unrichtigkeiten und Ungereimtheiten von betrügerischem Handeln des Anwalts auszugehen ist.[137] **30**

In der Rspr. war die Frage, ob eine **Zeittaktklausel von 15 Minuten** in einer Vergütungsvereinbarung zulässig ist oder nicht. Das OLG Schleswig hat die Auffassung vertreten, dass bei einer Zeithonorarvereinbarung zwar der klagende RA für die Erbringung der abgerechneten Stunden darlegungs- und beweisbelastet ist, und dass ein formales Bestreiten des Mandanten nicht ausreichend ist, dass jedoch die Vereinbarung einer Stundenabrechnung per angefangener Viertelstunde wirksam ist, denn die Aufschreibung im 15 Minuten-Takt erscheine für die anwaltliche Tätigkeit, deren Arbeitsschritte in aller Regel längere Zeitabschnitte als nur einzelne Minuten umfasse, als adäquat.[138] Nach Auffassung des OLG Düsseldorf hingegen verstößt eine formularmäßige 15 Minuten-Zeittaktklausel wegen Benachteiligung des Mandanten gegen § 307 BGB. Nach ihr ist nicht nur jede Tätigkeit, die etwa nur wenige Minuten oder gar Sekunden in Anspruch nimmt, im Zeittakt von jeweils 15 Minuten zu vergüten, sondern auch jede länger andauernde Tätigkeit, die den jeweiligen Zeitabschnitt von 15 Minuten auch nur um Sekunden überschreitet.[139] Der BGH hat sich zunächst auch in der Entscheidung v. 21.10.2010 nicht zur Zulässigkeit einer Zeittaktklausel von 15 Minuten geäußert.[140] Nachdem sich das OLG München auf den Standpunkt gestellt hatte, dass eine formularmäßige Vereinbarung einer Abrechnung nach einem 15 Minutentakt, die zur Aufrundung des Zeitaufwands für jede einzelne an einem Tag ausgeführte Tätigkeit führe, gegen § 307 Abs. 2 Nr. 1 BGB verstoße und im Rahmen der Begründung deutlich machte, dass es die Grenze für eine wirksame Zeittaktklausel bei 6 Minuten zieht,[141] ent- **31**

[134] OLG Düsseldorf NJOZ 2010, 1490 = BeckRS 2010, 04701 mAnm *Mayer* FD-RVG 2010, 300104.

[135] BGH NJW 2011, 63 =BeckRS 2010, 28750 mAnm *Mayer* FD-RVG 2011, 313232.

[136] BGH NJW 2011, 63 =BeckRS 2010, 28750 mAnm *Mayer* FD-RVG 2011, 313232.

[137] OLG Düsseldorf BeckRS 2011, 22087 = AGS 2011, 578 mAnm *Mayer* FD-RVG 2011, 322458.

[138] OLG Schleswig BeckRS 2009, 16600 mAnm *Mayer* FD-RVG 2009, 286206; LG München BeckRS 2010, 10403 = LSK 2010, 490115.

[139] OLG Düsseldorf NJOZ 2010, 1490 =BeckRS 2010, 04701 mAnm *Mayer* FD-RVG 2010, 300104; LG Köln BeckRS 2016, 117238 mAnm *Mayer* FD-RVG 2017, 388220; BeckRS 2018, 286 mAnm. *Mayer* FD-RVG 2018, 402307.

[140] BGH NJW 2011, 63 = BeckRS 2010, 28750 mAnm *Mayer* FD-RVG 2011, 313232.

[141] OLG München BeckRS 2019, 10655 = RVGreport 2019, 374 = AnwBl 2019, 491 m. Anm. *Schons;* Anm. *Mayer* FD-RVG 2019, 418168.

schied der BGH im sich anschließenden Revisionsverfahren die Streitfrage dahingehend, dass eine formularmäßig vereinbarte 15-Minuten-Zeittaktklausel jedenfalls im Rechtsverkehr mit Verbrauchern gemäß § 307 Abs. 1 S. 1, Abs. 2 Nr. 1 BGB unwirksam ist, allerdings betonte er auch im Rahmen der Urteilsbegründung, dass es durchaus gute Gründe für eine Abrechnung nach Zeittakten gebe. Der Rechtsanwalt, der etwa durch einen Anruf oder eine Rückfrage eines Angestellten in seiner Arbeit gestört werde, müsse ich erst wieder einarbeiten, wenn er sich nach Ende der Unterbrechung erneut noch seiner eigentlichen Arbeit zuwendet. Das kostet Zeit. Auch bietet eine Zeittaktklausel dem Mandanten über dies einen Anreiz, Rückfragen und Bemerkungen möglichst geordnet und gesammelt zu übermitteln und den Rechtsanwalt nicht unnötig durch wiederholte E-Mails oder Anrufe in seiner Arbeit zu unterbrechen.[142]

4. Besonderheiten bei erfolgsbezogenen Vergütungsvereinbarungen

32 Der Gesetzgeber hat die bereits in § 4 Abs. 4 S. 1 RVG aF enthaltene Regelung über die Herabsetzung unangemessen hoher Vergütungen auch auf Erfolgshonorare erstreckt. Zu den bei der Beurteilung der Angemessenheit der Vergütung zu berücksichtigenden Umständen gehört bei erfolgsbezogenen Vergütungsvereinbarungen auch das vom RA übernommene Vergütungsrisiko.[143]

33 Wie stark das übernommene **Vergütungsrisiko** sich auf die **Angemessenheitsprüfung** auswirkt, ist im Wesentlichen von **zwei Faktoren** abhängig; so ist zum einen zu berücksichtigen, dass **im Misserfolgsfall die gesetzliche Mindestvergütung unterschritten** werden soll; je gravierender das vom Anwalt übernommene Vergütungsrisiko ist, desto höher ist die Schwelle, bei der eine unangemessen hohe Vergütung iSv § 3a Abs. 2 S. 1 RVG angenommen werden kann. Zum anderen ist in diesem Zusammenhang auch die **Erfolgswahrscheinlichkeit** zu berücksichtigen. Je größer das Verlustrisiko für den Anwalt ist, umso höher ist die Schwelle, ab der bei einer für den Erfolgsfall vereinbarten Vergütung eine unangemessen hohe Vergütung iSv § 3a Abs. 2 S. 1 RVG angenommen werden kann. Die Erfolgswahrscheinlichkeit kann jedoch als Prüfungskriterium auch als gegenläufiges Korrektiv wirken; so verhindert die Betrachtung der Erfolgswahrscheinlichkeit bei der Beurteilung der Angemessenheit einer erfolgsbasierten vereinbarten Vergütung, dass bei einem nahezu „sicheren Fall", also hoher Erfolgs- und geringer Misserfolgswahrscheinlichkeit, über den Umweg der Vereinbarung einer erfolgsbasierten Vergütung dolos die Angemessenheitskriterien nach § 3a Abs. 2 S. 1 RVG ausgehebelt werden.

34 Teilweise wird vertreten, bei einer erfolgsbezogenen Vergütungsvereinbarung sei eine **äußerste Grenze** die Erhöhung auf das Zwölffache der gesetzlichen Gebühr.[144] Denn bei einer fünfzig prozentigen Erfolgswahrscheinlichkeit sei grds. ein Zuschlag von 100% angemessen. Würde man beide Gestaltungsmöglichkeiten, also die Erhöhung der gesetzlichen Gebühr durch Vergütungsvereinbarung bis zum sechsfachen und Erhöhung beim Erfolgshonorar bei fünfzig prozentiger Erfolgswahrscheinlichkeit um hundert Prozent, sei eine Vergütungsvereinbarung für den Erfolgsfall mit dem zwölffachen der gesetzlichen Gebühr für den Erfolgsfall nicht unangemessen.[145] Einer solchen starren Grenzziehung ist jedoch entgegen zu halten, dass es im Einzelfall sehr schwierig sein kann, die Erfolgswahrscheinlichkeit prozentual präzise festzulegen. Dies gilt umso mehr, als die Unangemessenheitsprüfung nach § 3a Abs. 2 RVG immer auf der Grundlage einer nachträglichen Bewertung nach Abschluss des Verfahrens vorzunehmen ist und sich dann das bei Abschluss der Erfolgshonorarvereinbarung bestehende und von den Parteien berücksichtigte Risiko nur schwer beurteilen lässt.[146]

5. Gutachten des Vorstands der RA-Kammer

35 Nach § 3a Abs. 2 S. 2 RVG muss vor der Herabsetzung der vereinbarten Vergütung das Gericht ein Gutachten des Vorstands der RA-Kammer einholen. Das Gutachten unterliegt der freien richterlichen Beweiswürdigung[147] und entfaltet **keinerlei Bindungswirkung.**[148]

---

[142] BGH BeckRS 2020, 4565 [33 ff.]; vgl. auch die Anmerkung zur Parallelentscheidung *Mayer* in FD-RVG 2020, 428576; *Schneider* NJW-Spezial 2020, 285; *Deckenbrock* NJW 2020, 1776.
[143] BT-Drs. 16/8384, 10.
[144] MAH VergütungsR/*Teubel* § 5 Rn. 147.
[145] MAH VergütungsR/*Teubel* § 5 Rn. 147.
[146] MAH VergütungsR/*Teubel* § 5 Rn. 147.
[147] Gerold/Schmidt/*Madert,* 17. Aufl. 2006, RVG § 4 Rn. 64.
[148] Hartung/Römermann/Schons/*Römermann* RVG § 4 Rn. 112; Schneider/Wolf/*Onderka*/*N. Schneider* RVG § 3a Rn. 106.

Ein Gutachten muss nicht eingeholt werden, wenn der Vorstand der RA-Kammer bereits die Vergütung nach § 4 Abs. 3 S. 1 RVG selbst festgesetzt hat. Andernfalls müsste der Vorstand seine eigene Festsetzung begutachten.[149] Das Gericht sollte jedoch der Anwaltskammer in geeigneten Fällen Gelegenheit geben, die Angemessenheit der von ihr festgesetzten Vergütung zu begründen.[150] 36

Das Gericht muss das **Gutachten nur einholen,** wenn es die **Herabsetzung der vereinbarten Vergütung** nach § 3a Abs. 2 S. 1 RVG beabsichtigt.[151] Beabsichtigt das Gericht, die Vergütungsklage bereits aus anderen Gründen abzuweisen, bspw. wegen einer formwidrigen Vereinbarung oder auf Grund Verjährung, bedarf es keines Gutachtens.[152] Auch ist ein Gutachten überflüssig, wenn sich die Parteien vergleichen oder der RA die Herabsetzung anerkennt.[153] 37

6. Kosten des Kammergutachtens

Nach § 3a Abs. 2 S. 3 RVG ist das Gutachten von der RA-Kammer kostenlos zu erstatten. 38

VI. Im Wege der Prozesskostenhilfe beigeordneter RA

Nach § 3a Abs. 3 S. 1 RVG ist eine Vereinbarung, nach der ein im Wege der Prozesskostenhilfe beigeordneter RA für die von der Beiordnung erfasste Tätigkeit eine höhere als die gesetzliche Vergütung erhalten soll, nichtig. § 3a Abs. 3 S. 2 RVG bestimmt weiter, dass die Vorschriften des bürgerlichen Rechts über die ungerechtfertigte Bereicherung unberührt bleiben sollen. 39

Nach der **Vorgängerregelung** in § 4 Abs. 5 S. 1 RVG aF wurde durch eine Vereinbarung, nach der ein im Wege der Prozesskostenhilfe beigeordneter RA eine Vergütung erhalten soll, eine Verbindlichkeit nicht begründet. Hatte der Auftraggeber jedoch freiwillig und ohne Vorbehalt geleistet, konnte er nach § 4 Abs. 5 S. 2 RVG aF das Geleistete nicht deshalb zurückfordern, weil eine Verbindlichkeit nicht bestanden hat. Der Regierungsentwurf sah in § 3a Abs. 3 RVG lediglich vor, dass eine Vereinbarung, nach der ein im Wege der Prozesskostenhilfe beigeordneter RA für die von der Beiordnung erfasste Tätigkeit eine Vergütung erhalten soll, nichtig ist.[154] Hintergrund dieser Regelung war, dass der Gesetzgeber eine unangemessene Benachteiligung des Auftraggebers darin sah, weil dieser entgegen den Grundsätzen des bürgerlichen Rechts mit einer Rückforderung selbst dann ausgeschlossen war, wenn er nicht wusste, dass keine Pflicht zur Zahlung besteht und es ihm daher nicht möglich war, die Zahlung unter einen Vorbehalt zu stellen.[155] Nachdem im Gesetzgebungsverfahren darauf hingewiesen worden war, dass insbes. auch durch die Streichung der früheren Regelung in § 4 Abs. 5 S. 2 RVG aF die Anwaltschaft letztlich schlechter gestellt wurde als der Normalbürger,[156] wurde auf Vorschlag des Rechtsausschusses die Nichtigkeit ausdrücklich auf die Vereinbarung einer höheren als der gesetzlichen Vergütung beschränkt. Durch den weiter neu eingeführten S. 2 in § 3a Abs. 3 S. 2 RVG wurde klargestellt, dass für evtl. Rückforderungsansprüche des Auftraggebers die allgemeinen Vorschriften Bürgerlichen Gesetzbuches über die ungerechtfertigte Bereicherung gelten, an Stelle der bisherigen Sonderregelung in § 4 Abs. 5 S. 2 RVG aF soll nach dem Willen des Gesetzgebers nunmehr § 814 BGB Anwendung finden.[157] 40

Trifft ein im Wege der Prozesskostenhilfe beigeordneter RA für die von der Beiordnung erfasste Tätigkeit eine Vergütungsvereinbarung mit seinem Auftraggeber über eine höhere als die gesetzliche Vergütung, ist diese nach § 3a Abs. 3 S. 1 RVG nichtig. Hat der Auftraggeber jedoch Kenntnis davon, dass die Vereinbarung nichtig ist, er zur Zahlung nicht verpflichtet ist und leistet er trotzdem, ist er nach § 814 BGB mit einer Rückforderung ausgeschlossen. 41

Fraglich ist in diesem Zusammenhang, was unter der **gesetzlichen Vergütung** iSv § 3a Abs. 3 S. 1 RVG zu verstehen ist. Handelt es sich bei der gesetzlichen Vergütung in diesem Zusammenhang um die gesetzliche Vergütung eines Wahlanwalts iSv § 13 oder ist auf die Vergütung des im Wege der Prozesskostenhilfe beigeordneten RA iSd § 45 RVG abzustellen? Da 42

---

149 Schneider/Wolf/*Onderka/N. Schneider* RVG § 3a Rn. 104.
150 Gerold/Schmidt/*Madert,* 17. Aufl. 2006, RVG § 4 Rn. 64.
151 OLG Köln NJW 1998, 1960; Schneider/Wolf/*Onderka/N. Schneider* RVG § 3a Rn. 102.
152 Schneider/Wolf/*Onderka/N. Schneider* RVG § 3a Rn. 102.
153 Schneider/Wolf/*Onderka/N. Schneider* RVG § 3a Rn. 102.
154 BT-Drs. 16/8384, 5.
155 BT-Drs. 16/8384, 10.
156 Vgl. DAV-Stellungnahme Nr. 8/2008, 6 f., abrufbar unter www.anwaltverein.de.
157 BT-Drs. 16/8916, 17.

unter gesetzlicher Vergütung des § 3a RVG regelmäßig die Wahlanwaltsvergütung iSd § 13 RVG verstanden wird, wird auch in § 3a Abs. 3 S. 1 RVG insoweit auf die gesetzliche Vergütung iSd § 13 abzustellen sein. Wird eine Vergütungsvereinbarung iSv § 3a Abs. 3 S. 1 RVG geschlossen, die die gesetzliche Vergütung nicht übersteigt, ist diese somit wirksam. Zahlt der Mandant die Differenz zwischen der aus der Staatskasse zu erstattenden PKH-Vergütung und der Wahlanwaltsvergütung während der Prozesskostenhilfebewilligung und Anwaltsbeiordnung, so erfolgt die Zahlung des Auftraggebers mit Rechtsgrund und kann vom Anwalt behalten werden.[158] Fraglich in diesem Zusammenhang ist die Sperrwirkung des § 122 Abs. 1 Nr. 3 ZPO; denn nach § 122 Abs. 1 Nr. 3 ZPO bewirkt die Bewilligung von Prozesskostenhilfe, dass die beigeordneten Rechtsanwälte Ansprüche auf Vergütung gegen die Partei nicht geltend machen können. Eine Auffassung stellt in diesem Zusammenhang die Frage, welchen Sinn eine Vergütungsvereinbarung mit der bedürftigen Partei noch hat, wenn man einerseits die Vergütungsvereinbarung als wirksam und verbindlich zulässt, andererseits aber dem Anwalt während der Prozesskostenhilfebewilligung verbietet, die Vergütung einzufordern.[159] Denn bei einer Aufhebung der Prozesskostenhilfebewilligung falle zwar die Forderungssperre weg, und der Anwalt könne die gesetzliche Vergütung fordern, allerdings überzeuge diese Konsequenz deswegen nicht, weil ohnehin mit der Aufhebung der Prozesskostenhilfebewilligung die bedürftige Partei die gesetzlichen Gebühren schuldet.[160] Hieraus zieht diese Auffassung die Konsequenz, dass sich die **Forderungssperre** des § 122 Abs. 1 Nr. 3 ZPO nur auf die gesetzliche PKH-Vergütung, nicht aber auf die vereinbarte Differenz zur Wahlanwaltsvergütung bezieht, so dass der Mandant, da er sich freiwillig des Schutzes des § 122 Abs. 1 Nr. 3 ZPO begeben habe, zur Zahlung der Differenz zwischen der PKH-Vergütung und der Wahlanwaltsvergütung trotz weiterbestehender Prozesskostenhilfebewilligung und Anwaltsbeiordnung verpflichtet ist.[161] Der geschilderten Auffassung ist zwar zuzugestehen, dass der Gesetzgeber wohl offenbar bei der Regelung des § 3a Abs. 3 RVG das Zusammenspiel mit der Forderungssperre des § 122 Abs. 1 Nr. 3 ZPO nicht hinreichend berücksichtigt hat, gleichwohl ist die vorgenannte Auffassung abzulehnen, da sie der eindeutigen Absicht des Gesetzgebers diametral zuwiderläuft. Denn der Gesetzgeber wollte mit der Regelung des § 3a Abs. 3 RVG eine unangemessene Benachteiligung des Mandanten beseitigen, der mit einer Rückforderung nach altem Recht bei vorbehaltloser Zahlung auf eine unter § 4 Abs. 5 S. 1 RVG aF fallende Vergütungsvereinbarung ausgeschlossen war. Nach altem Recht war jedoch der Auftraggeber davor geschützt, dass der im Wege der Prozesskostenhilfe beigeordnete Anwalt eine gleichwohl abgeschlossene Vergütungsvereinbarung mit dem Mandanten gegen diesen durchsetzt, da durch eine solche Vereinbarung eine Verbindlichkeit nicht begründet wurde. Die in Rede stehende Auffassung führt jedoch dazu, dass der Mandant gegenüber der alten Rechtsklage schlechter gestellt wird, denn nach der vorgenannten Auffassung sind Ansprüche auf die Differenz zwischen der gesetzlichen PKH-Vergütung und der Wahlanwaltsvergütung trotz weiterbestehender Anwaltsbeiordnung und Prozesskostenhilfebewilligung gleichwohl gegen ihn durchsetzbar. Es bleibt daher dabei, dass auch eine nach § 3a Abs. 3 S. 1 RVG wirksame Vergütungsvereinbarung für die Dauer der Beiordnung aufgrund der Sperrwirkung des § 122 Abs. 1 Nr. 3 ZPO vom Anwalt nicht gegen den Mandanten durchgesetzt werden kann. Wird die Prozesskostenhilfebewilligung jedoch aufgehoben, weil die Partei zB falsche Angaben zur Sache gemacht hatte oder aufgrund einer nachträglichen Verbesserung der wirtschaftlichen Verhältnisse, entfällt die Sperrwirkung.

43 Wird eine Vergütungsvereinbarung über eine höhere als die gesetzliche Vergütung geschlossen, ist **strittig,** ob nach einer Zahlung der Mandant auch die Differenz zwischen Wahlanwaltsgebühren und den Prozesskostenhilfegebühren zurückfordern kann. Nach einer Auffassung bestehe kein Grund, wenn der Auftraggeber sich schon verpflichten dürfe, die Differenz zwischen Prozesskostenhilfegebühren und Wahlanwaltsgebühren zu zahlen, bei einer weitergehenden Vereinbarung, mit der der bedürftige Auftraggeber sich verpflichtet, noch weitere Beträge zu zahlen, diesem auch zu gestatten, die Differenz zwischen der Wahlanwaltsgebühr und den Prozesskostenhilfegebühren zurückzufordern.[162] Richtiger Auffassung nach jedoch sind dennoch auf eine solche Vergütungsvereinbarung gezahlte Beträge zu erstatten, auch soweit sie die gesetzliche Vergütung nicht übersteigen.[163] In einer Vergütungsvereinbarung über eine hö-

---

[158] Teubel/Schons Erfolgshonorar/*Teubel* § 2 Rn. 80; Mayer/Kroiß/*Teubel* RVG § 3a Rn. 51 f.
[159] *Schneider* AGS 2009, 11 f.
[160] *Schneider* AGS 2009, 11 f.; Schneider/Wolf/*Onderka/N. Schneider* RVG § 3a Rn. 136.
[161] *Schneider* AGS 2009, 11 f.; Schneider/Wolf/*Onderka/N. Schneider* RVG § 3a Rn. 138.
[162] Mayer/Kroiß/*Teubel* RVG § 3a Rn. 52.
[163] Schneider/Wolf/*Onderka/N. Schneider* RVG § 3a Rn. 130.

here als die gesetzliche Vergütung ist nicht quasi als Minus eine Vereinbarung in Höhe der Wahlanwaltsvergütung mit enthalten,[164] vielmehr ist die **konkret getroffene Vergütungsvereinbarung als solche** zu beurteilen; nach der unmissverständlichen Anordnung in § 3a Abs. 3 S. 1 RVG ist eine solche, die gesetzliche Vergütung übersteigende Vergütungsvereinbarung nichtig. Der Auftraggeber kann das zum Zwecke der Erfüllung dies einer solchen Vergütungsvereinbarung Geleistete nur dann nicht zurückfordern, wenn die Voraussetzungen des § 814 BGB gegeben sind. Der Kritik von Schons[165] ist entgegenzuhalten, dass der Wortlaut des Gesetzes die hier vertretene Auffassung stützt. Der Gesetzgeber hat eben nicht so wie Schons offenbar angenommen in § 3a Abs. 3 S. 1 RVG festgelegt, dass eine Vergütungsvereinbarung nichtig sein soll, „soweit" sie eine höhere, als die gesetzliche Vergütung vorsieht, sondern, dass eine Vereinbarung, nach der ein im Wege der Prozesskostenhilfe beigeordneter RA für die von der Beiordnung umfasste Tätigkeit eine höhere, als die gesetzliche Vergütung erhalten soll, nichtig ist. In einer solchen Vergütungsvereinbarung ist **gerade nicht als Minus** eine Vereinbarung in Höhe der Wahlanwaltsvergütung mit enthalten, sondern stellt eine eigenständige vertragliche Vereinbarung dar, die als solche selbständig zu bewerten ist. Hinzu kommt ferner, dass die Gegenauffassung in einen Wertungswiderspruch zur Regelung des § 3a Abs. 2 RVG führt. Denn wenn dort ein ins Detail gehendes Prozedere festgelegt wird, wie eine vereinbarte Vergütung herabgesetzt werden kann, gibt es keinen Grund dafür, bei einer Vergütungsvereinbarung die ein im Wege der Prozesskostenhilfe beigeordneter RA für die von der Beiordnung erfasste Tätigkeit eine höhere, als die gesetzliche Vergütung vereinbart hat, ohne Rückgriff auf den an sich in § 3a Abs. 2 RVG vorgesehenen Mechanismus quasi automatisch auf den nach § 3a Abs. 3 S. 1 RVG zulässigen Betrag herabzusetzen.

VII. Beratungshilfe

Die Rechtslage vor und nach Inkrafttreten des Gesetzes zur Änderung des Gesetzes zur Änderung des Prozesskostenhilfe- und Beratungshilferechts[166] unterscheidet sich gravierend. **44**

Bis 31.12.2013 gilt § 3a Abs. 4 RVG; danach bleibt § 8 BerHG am 1.1.2014 unberührt. Nach dieser Vorschrift sind Vereinbarungen über eine Vergütung im Bereich der Beratungshilfe nichtig.

Dieses Vergütungsvereinbarungsverbot wurde durch das Gesetz zur Änderung des Prozesskostenhilfe- und Beratungshilferechts[167] ersatzlos aufgehoben und stattdessen flexible Vergütungsmodelle zugelassen.[168] Diese sieht der Gesetzgeber in der Möglichkeit, nach § 6a Abs. 2 BerHG die Aufhebung der Bewilligung zu beantragen und den Vergütungsanspruch auf eine Vereinbarung zu stützen, in der Möglichkeit eine Tätigkeit pro bono gem. § 4 Abs. 1 S. 3 RVG und in der Vereinbarung eines Erfolgshonorars gem. § 4a RVG, welches der Gesetzgeber durch die Regelung des § 4 Abs. 1 S. 3 RVG erleichtert hat.[169] Den Schutz des Rechtsuchenden sieht der Gesetzgeber weiter dadurch gewährleistet, dass der Vergütungsanspruch nicht durchgesetzt werden kann, wenn und solange Beratungshilfe bewilligt ist.[170] Denn nach § 8 Abs. 2 S. 1 BerHG bewirkt die Bewilligung von Beratungshilfe, dass die Beratungsperson gegen den Rechtsuchenden keinen Anspruch auf Vergütung mit Ausnahme der Beratungshilfegebühr nach § 44 S. 2 RVG geltend machen kann. Nach § 8 Abs. 2 S. 2 BerHG gilt dies auch in den Fällen nachträglicher Antragstellung bis zur Entscheidung durch das Gericht. Da Vergütungsvereinbarungen grds. möglich sind, bewirkt § 8 Abs. 2 BerHG, dass der daraus resultierende Anspruch der Beratungsperson gegen den Rechtsuchenden nicht geltend gemacht werden kann, wenn und solange Beratungshilfe bewilligt bzw. im Falle nachträglicher Antragstellung das Gericht noch keine Entscheidung über den Antrag getroffen hat.[171] Wegen der neu eingeführten Aufhebung der Beratungshilfe nach § 6a BerHG kann eine Vergütungsvereinbarung nunmehr nicht nur in Fällen nachträglicher Antragstellung, sondern auch bei bereits bewilligter Beratungshilfe sinnvoll sein.[172] Nach § 8a Abs. 2 BerHG steht der Beratungsperson unter den dort geregelten Voraussetzungen ein Vergütungsanspruch gegen den Rechtsuchenden nach den

---

164 So wohl missverständlich Schneider/Wolf/*Onderka*/*N. Schneider* RVG § 3a Rn. 130.
165 Hartung/Schons/Enders/*Schons* RVG § 3a Rn. 146.
166 BGBl. 2013 I 3533.
167 BGBl. 2013 I 3533.
168 BT-Drs. 17/11472, 26.
169 BT-Drs. 17/11472, 26.
170 BT-Drs. 17/11472, 26.
171 BT-Drs. 17/11472, 43.
172 BT-Drs. 17/11472, 43.

allgemeinen Vorschriften zu, eine vorher geschlossene Vergütungsvereinbarung kann aber möglicherweise eine mühsame Auseinandersetzung zwischen der Beratungsperson und dem Rechtsuchenden darüber entbehrlich machen, in welcher Höhe die übliche Vergütung nach dem § 34 Abs. 1 S. 2 RVG, § 612 Abs. 2 BGB geschuldet ist.[173]

Beispiel:[174]
Wegen der Eilbedürftigkeit der Angelegenheit wird Beratungshilfe im Wege nachträglicher Antragstellung gewährt, § 6 Abs. 2 S. 1 BerHG. Der Anwalt kann in einer solchen Situation mit dem Rechtsuchenden eine Gebührenvereinbarung des Inhalts schließen, dass er für seine Beratungstätigkeit eine Vergütung iHv 120,– EUR plus MwSt erhält. Wenn dem Rechtsuchenden in der Folge die Bewilligung von Beratungshilfe versagt wird, ist er dem Anwalt gegenüber aus der abgeschlossenen Gebührenvereinbarung zur Zahlung des vereinbarten Honorars verpflichtet:

44a **Muster:**

Gebührenvereinbarung

Zwischen

…

– im folgenden Mandant genannt –

und

Rechtsanwalt …

– im folgenden Rechtsanwalt genannt –

§ 1 Beratungshilfe

Der RA soll den Mandanten in der Angelegenheit „Abmahnung wegen …" beraten und für ihn insoweit im Wege der Beratungshilfe tätig werden. Wegen der Eilbedürftigkeit der Beratung, dem Mandanten wurde im Abmahnschreiben des Rechtsanwalts … vom … eine Frist bis zum … gesetzt, soll die Beratungshilfe im Wege nachträglicher Antragstellung gewährt werden.

§ 2 Vergütungsvereinbarung

Sollte Beratungshilfe in der vorliegenden Angelegenheit nicht bewilligt werden, verpflichtet sich der Mandant, an den RA eine Vergütung iHv 120,– EUR zzgl. 19% USt, also insgesamt 142,80 EUR zu zahlen.

§ 3 Hinweis auf begrenzte Kostenerstattung

Die gegnerische Partei, ein Verfahrensbeteiligter oder die Staatskasse hat im Falle der Kostenerstattung regelmäßig nicht mehr als die gesetzliche Vergütung zu erstatten.

§ 4 Sonstige Kosten

Auslagen (Kosten für Fotokopien, Fahrtkosten oder Ähnliches) richten sich nach den VV 7000 ff. RVG.

§ 5 Anrechnung

Soweit der Mandant die Beratungshilfegebühr nach VV 2500 RVG bereits geleistet hat, wird sie auf den Vergütungsanspruch des Rechtsanwalts angerechnet.

…, den ………………………………… ……………………………………………

(Mandant)

…, den ………………………………… ……………………………………………

(Rechtsanwalt)

Abwandlung:

Wenn keine Vergütungsvereinbarung geschlossen wurde, kann nach § 8a Abs. 4 BerHG die Beratungsperson vom Rechtsuchenden eine Vergütung nach den allgemeinen Vorschriften verlangen, wenn sie ihn bei der Mandatsübernahme darauf hingewiesen hat.[175]

---

[173] BT-Drs. 17/11472, 43.
[174] Nach *Mayer* Neues GebührenR § 1 Rn. 10 f.
[175] Nach *Mayer* Neues GebührenR § 1 Rn. 12 f.

Muster: 44b

Vergütung nach den allgemeinen Vorschriften
Zwischen
…

– im folgenden Mandant genannt –

und
Rechtsanwalt …

– im folgenden Rechtsanwalt genannt –

§ 1 Beratungshilfe und Vergütung nach den allgemeinen Vorschriften

Wird in der Angelegenheit … Beratungshilfe nicht bewilligt, ist der RA berechtigt, vom Mandanten eine Vergütung nach den allgemeinen Vorschriften zu verlangen. Sofern der Mandant die Beratungshilfegebühr nach VV 2500 RVG bereits geleistet hat, wird sie auf den Vergütungsanspruch angerechnet.

§ 2 Hinweis auf begrenzte Kostenerstattung

Die gegnerische Partei, ein Verfahrensbeteiligter oder die Staatskasse hat im Falle der Kostenerstattung regelmäßig nicht mehr als die gesetzliche Vergütung zu erstatten.

§ 3 Sonstige Kosten

Auslagen (Kosten für Fotokopien, Fahrtkosten oder Ähnliches) richten sich nach den VV 7000 ff. RVG.

…, den ………………………………… …………………………………………

(Mandant)

…, den ………………………………… …………………………………………

(Rechtsanwalt)

Beispiel:[176]

Der Rechtsuchende berühmt sich eines Anspruchs auf Darlehensrückzahlung. Der Anwalt kann mit dem Rechtsuchenden, auch wenn Beratungshilfe beantragt werden soll, eine Vergütungsvereinbarung schließen, die eine Vergütung nach Zeitaufwand vorsieht. Wird in der Folge Beratungshilfe bewilligt und führt die Vertretung des Rechtsuchenden durch den RA zum Erfolg des Inhalts, dass der Rechtsuchende die Rückzahlung des Darlehensbetrages erlangt, kann der Anwalt nach § 6a Abs. 2 S. 1 BerHG die Aufhebung der Bewilligung der Beratungshilfe beantragen. Nach § 6a Abs. 2 S. 1 Nr. 1 BerHG kann er aber den Antrag nur stellen, wenn er noch keine Beratungshilfevergütung nach § 44 Abs. 1 RVG beantragt hat und nach § 6a Abs. 2 S. 2 Nr. 2 BerHG den Rechtsuchenden bei der Mandatsübernahme auf die Möglichkeit der Antragstellung und der Aufhebung der Bewilligung sowie auf die sich für die Vergütung nach § 8a Abs. 2 BerHG ergebenden Folgen in Textform hingewiesen hat:

Muster: 44c

Vergütungsvereinbarung
Zwischen
…

– im folgenden Mandant genannt –

und
Rechtsanwalt …

– im folgenden Rechtsanwalt genannt –

§ 1 Beratungshilfe

Der RA soll für den Mandanten in der außergerichtlichen Angelegenheit Darlehensrückzahlungsanspruch gegen … im Wege der Beratungshilfe tätig werden. Der Mandant legt hierzu einen Berechtigungsschein des Amtsgerichts …, Az. … vor.

Der RA weist den Mandanten darauf hin, dass er die Aufhebung der Bewilligung von Beratungshilfe beantragen kann, wenn der Mandant aufgrund der Vertretung durch den Anwalt in der Angelegenheit Darlehensrückzahlung gegen … etwas erlangt hat.

---

[176] Nach *Mayer* Neues GebührenR § 1 Rn. 13.

§ 2 Vergütungsvereinbarung

Für den Fall der Aufhebung der Beratungshilfe vereinbaren die Parteien ein Zeithonorar des Rechtsanwalts in der außergerichtlichen Angelegenheit Darlehensrückzahlung gegen … iHv … EUR netto pro Stunde.

Der Zeitaufwand wird minutengenau erfasst und der Abrechnung zugrunde gelegt.

§ 3 Hinweis auf begrenzte Kostenerstattung

Die gegnerische Partei, ein Verfahrensbeteiligter oder die Staatskasse hat im Falle der Kostenerstattung regelmäßig nicht mehr als die gesetzliche Vergütung zu erstatten.

§ 4 Sonstige Kosten

Auslagen (Kosten für Fotokopien, Fahrtkosten oder Ähnliches) und Umsatzsteuer richten sich nach den VV 7000 ff. RVG.

…, den ....
(Mandant)

…, den ....
(Rechtsanwalt)

44d Nachdem der Gesetzgeber durch das Gesetz zur Änderung des Prozesskostenhilfe- und Beratungshilferechts[177] in Abkehr vom früheren Vergütungsvereinbarungsverbot (§ 8 BerHG aF) flexiblere Vergütungsmodelle zugelassen hat, ua die Möglichkeit eingeräumt hat, den Vergütungsanspruch auf eine Vereinbarung zu stützen,[178] und speziell für Beratungshilfefälle die Vereinbarung eines Erfolgshonorars unter erleichterten Voraussetzungen zugelassen hat,[179] stellt sich die Frage, ob de lege ferenda nicht auch die Regelung des § 3a Abs. 3 RVG zu überarbeiten ist. Abgesehen davon, dass die Auslegung und die Tragweite dieser Regelung höchst umstritten ist,[180] gelten die Überlegungen, die dafür gesprochen haben, dem Anwalt in Fällen der Beratungshilfe zuzugestehen, eine Vergütung mit seinem Mandanten vereinbaren zu können, und die dafür gesprochen haben zu erlauben, mit Mandanten, die Anspruch auf Beratungs- oder Prozesskostenhilfe haben, unter erleichterten Voraussetzungen eine Erfolgshonorarvereinbarung abzuschließen, auch für den im Rahmen der Prozesskostenhilfe tätigen Anwalt, dem jedoch § 3a Abs. 3 S. 1 RVG verbietet, mit seinem Mandanten eine höhere als die gesetzliche Vergütung für die von der Beiordnung erfasste Tätigkeit zu vereinbaren. Mit der Änderung in § 4a Abs. 1 S. 3 RVG beabsichtigte der Gesetzgeber, Rechtsanwälten für eine Leistung, die zu einem erheblichen Vermögenszuwachs beim Mandanten führt, eine angemessene Vergütung zukommen zu lassen, gleichzeitig sollte die Regelung Anreize setzen, auch Mandate nicht bemittelter Rechtsuchender mit gebotenem Aufwand zu betreuen, schließlich erhoffte sich der Gesetzgeber auch Entlastungen für die Staatskasse.[181]

Alle diese Gerichtspunkte gelten auch für den im Rahmen der Prozesskostenhilfe beigeordneten Rechtsanwalt. Auch er erbringt bisweilen eine Leistung, die zu einem erheblichen Vermögenszuwachs bei seinem Mandanten führt. Selbst wenn die Verbesserung der Vermögensverhältnisse der Partei zu einer Änderung der Bewilligung nach § 120a ZPO führt, erwirbt der im Wege der Prozesskostenhilfe beigeordnete Anwalt allenfalls Anspruch auf eine weitere Vergütung bis zur Höhe der Wahlanwaltsvergütung. Hätte der Anwalt hingegen mit seinem Mandanten eine Erfolgshonorarvereinbarung abgeschlossen, hätte dies – rechtlich zulässig – zu deutlich höheren Vergütungsansprüchen führen können.

Daher sollte das Zusammenspiel der Vergütungsvereinbarungsmöglichkeiten im Bereich der Beratungshilfe, der Prozesskostenhilfe und als Erfolgshonorar harmonisiert werden.

VIII. Pflichtverteidiger

44e Die Kenntnis des Mandanten, dass der Pflichtverteidiger seine Vergütung von der Staatskasse erhält und zur Führung der Verteidigung kraft Gesetzes auch ohne Vergütung des Beschuldigten verpflichtet ist, ist kein eigenständiges Wirksamkeitserfordernis für eine Vergütungsverein-

[177] BGBl. 2013 I 3533.
[178] BT-Drs. 17/11472, 26.
[179] → § 4a Rn. 8 f.
[180] → Rn. 39 ff.
[181] BT-Drs. 17/11472, 5.

barung mit dem zum Pflichtverteidiger bestellten Rechtsanwalt.[182] Ein zum Pflichtverteidiger bestellter Anwalt muss aber vor Abschluss einer Vergütungsvereinbarung dem Beschuldigten einen eindeutigen Hinweis erteilen, dass er auch ohne den Abschluss einer Vergütungsvereinbarung zu weiterer Verteidigung verpflichtet ist, ansonsten kommt ein Schadensersatzanspruch aus culpa in contrahendo in Betracht.[183]

IX. Abrechnung

Auch die per Vergütungsvereinbarung geregelte Vergütung muss mit einer den **Anforderungen des § 10** RVG **genügenden Berechnung** abgerechnet werden.[184] § 10 kann jedoch durch Vergütungsvereinbarung abbedungen werden.[185] Soweit eine den Anforderungen des § 10 RVG genügende Berechnung erforderlich ist, muss § 3a RVG als der Berechnung zu Grunde liegende Vorschrift nicht genannt werden.[186] Der erforderliche Inhalt einer Berechnung hängt stark von der Art der vereinbarten Vergütung ab; ist ein **Zeithonorar** bspw. vereinbart, so müssen Stundensatz, Anzahl der Stunden und Leistungsnachweise aufgeführt werden,[187] ist ein Vielfaches der gesetzlichen Vergütung geschuldet, so sind die einzelnen Gebührentatbestände mit ihrem (jeweiligen) Multiplikator anzugeben,[188] bei einem reinen **Pauschalhonorar** kann die Berechnung jedoch vielfach einfach gestaltet werden.[189] 45

X. Vorzeitige Beendigung

Je nach der Vergütungsvereinbarung können bei vorzeitiger Kündigung des Anwaltsvertrages Abrechnungsprobleme auftreten. Während **Zeithonorarvereinbarungen** insoweit völlig unproblematisch sind, ergeben sich Schwierigkeiten dann, wenn ein **Pauschalhonorar** vereinbart wurde, sofern insoweit die Vergütungsvereinbarung selbst keine Regelung hierfür vorsieht, greift § 628 BGB ein. Der Anwalt hat nach § 628 Abs. 2 S. 1 BGB Anspruch auf einen seinen bisherigen Leistungen entsprechenden Teil der Vergütung. Allerdings hat der RA, wenn er seine Leistungspflicht nur zum Teil erfüllen muss, weil der Mandant nach § 627 BGB vorzeitig das Mandatsverhältnis kündigt, im Prozess den seinen bisherigen Leistungen entsprechenden Teil der Vergütung durch substantiierten Tatsachenvortrag nachvollziehbar darzustellen; fehlt ein derartiger Prozessvortrag, kommt eine Vergütungsschätzung in entsprechender Anwendung von § 287 ZPO nicht in Betracht.[190] 45a

XI. Wahlschuldverhältnis

Eine anwaltlichen Honorarvereinbarung kann auch als Wahlschuldverhältnis im Sinne von § 262 BGB qualifiziert werden, bei dem der Mandant entsprechend dem von ihm verfolgten Ziel wählen kann, ob die anwaltliche Tätigkeit durch eine Pauschalhonorarvereinbarung oder eine Abrechnung auf Stundenbasis vergütet werden soll.[191] 45b

XII. Rechtsschutzversicherung

Der **Rechtsschutzversicherer** ist an eine Vergütungsvereinbarung **nicht gebunden.** Vielmehr ist er lediglich verpflichtet, die vereinbarte Vergütung bis zur Höhe der gesetzlichen Gebühren zu übernehmen (§ 5 Abs. 1a, b ARB 2010).[192] 46

---

[182] BGH NJW 2019, 676, 677 [10].

[183] BGH NJW 2019, 676, 677 [13 ff.] mit Anm *Mayer* FD-RVG 2019, 415522.

[184] Gerold/Schmidt/*Burhoff* RVG § 10 Rn. 25; Schneider/Wolf/*Onderka/N. Schneider* RVG § 3a Rn. 147; Schneider Vergütungsvereinbarung Rn. 1878; OLG Düsseldorf BeckRS 2012, 00941 mAnm *Mayer* FD-RVG 2012, 327347; aA Hartmann/Toussaint/*Toussaint* RVG § 10 Rn. 2, nur insoweit anwendbar, als die Parteien kein Festhonorar vereinbart haben oder als der Anwalt einen Vorschuss oder Auslagen abrechnen muss; KMK Vergütungsvereinbarung Rn. 694.

[185] Schneider/Wolf/*Onderka/N. Schneider* RVG § 3a Rn. 147.

[186] Schneider/Wolf/*Onderka/N. Schneider* RVG § 3a Rn. 147.

[187] Gerold/Schmidt/*Burhoff* RVG § 10 Rn. 27; OLG Düsseldorf BeckRS 2012, 00941 mAnm *Mayer* FD-RVG 2012, 327347.

[188] Schneider/Wolf/*Onderka/N. Schneider* RVG § 3a Rn. 147.

[189] Gerold/Schmidt/*Burhoff* RVG § 10 Rn. 26.

[190] OLG Koblenz BeckRS 2014, 14204 = AGS 2014, 383.

[191] KG BeckRS 2019, 14368 = NJ 2019, 351, NJOZ 2020, 539 mAnm *Mayer* FD-RVG 2019, 419407

[192] Harbauer/*Schneider* ARB 2010 § 5 Rn. 24.

XIII. Sonstige Fehlerquellen

47 Fehlerquellen, die die Durchsetzbarkeit von Vergütungsvereinbarungen hindern, liegen insbes. in dem Erfordernis der Bestimmbarkeit der Vergütung und in einem potenziellen Verstoß gegen § 138 BGB.

1. Bestimmbarkeit der Vergütung

48 Für die Wirksamkeit einer Vergütungsvereinbarung ist es erforderlich, dass sie genügend bestimmt ist, es muss ein Maßstab gewählt werden, der ohne Schwierigkeiten eine ziffernmäßige Berechnung der Vergütung zulässt.[193] **Nicht ausreichend** ist es also, wenn in der Vergütungsvereinbarung nur festgelegt wird, dass die Gebühren nach einem „angemessenen Streitwert" zu berechnen sind,[194] dass eine angemessene Gebühr zu zahlen ist oder der Anwalt sich vorbehält, die vom Mandanten zu zahlende Gebühr nachträglich festzulegen.[195] **Ausreichend bestimmt** hingegen ist eine Vergütungsregelung, die eine Verbindung eines Pauschalhonorars mit einem zusätzlichen Zeithonorar vorsieht, obwohl die Vergütung des Anwalts (umgerechnet auf die einzelne Arbeitsstunde) nicht von vornherein feststeht, sondern je nach tatsächlich aufgewendeter Zeit variiert. Die Berechnung der Vergütung auf der Grundlage einer Vergütungsvereinbarung ist in einem solchen Fall gleichwohl ohne Schwierigkeiten möglich. Dies ist evident für das vereinbarte Pauschalhonorar. Was die Stundenlohnvereinbarung anbelangt, ist zwar das Ausmaß der zeitlichen Beanspruchung bei Abschluss der Vergütungsvereinbarung noch offen, jedoch wird dadurch die Leistung nicht unbestimmt, vielmehr reicht es auch, wenn die Leistung bestimmbar ist; dies ist bei einem aufwandsbezogenen Stundenhonorar der Fall, da der Zeitaufwand für den Mandanten nachprüfbar darzulegen ist und dem gemäß objektiv ermittelt werden kann.[196]

2. Potenzieller Verstoß gegen § 138 BGB

49 Vergütungsvereinbarungen, die eine höhere Vergütung als die gesetzliche Vergütung vorsehen, können Anlass zur Frage bieten, ob ein Verstoß gegen § 138 BGB gegeben ist. § 3a Abs. 2 RVG sieht ein Verfahren für die Herabsetzung einer überhöhten Vergütung vor. Es stellt sich daher die Frage, ob neben diesem Herabsetzungsverfahren eine Prüfung nach § 138 BGB überhaupt noch stattfinden kann. Nach einer Auffassung findet sich in § 3a Abs. 2 RVG eine spezielle Regelung für den Fall einer unangemessen hohen Anwaltsvergütung, die Vorrang vor den allgemeinen Regeln wie etwa des § 138 BGB hat.[197] Das Herabsetzungsverfahren nach § 3a Abs. 2 RVG und § 138 BGB haben jedoch unterschiedliche Voraussetzungen und unterschiedliche Rechtsfolgen, daher sind auf eine überhöhte Vergütungsvereinbarung sowohl § 138 BGB als auch § 3a Abs. 2 RVG anwendbar.[198] Zu beachten ist, dass ein **unterschiedlicher Prüfungsmaßstab** besteht; nach § 3a Abs. 2 RVG sind alle Umstände, also auch die erst nach Abschluss der Vereinbarung im Zuge der Durchführung des Mandats eingetretenen Umstände, zu berücksichtigen, während nach § 138 BGB auf den Zeitpunkt des Abschlusses der Vereinbarung abzustellen ist. Auch bestehen unterschiedliche Rechtsfolgen. Nach § 3a Abs. 2 RVG bleibt die Vereinbarung bestehen, es erfolgt lediglich die Herabsetzung auf den angemessenen Betrag bis zur Höhe der gesetzlichen Vergütung, ein Verstoß gegen § 138 BGB hingegen führt zur Nichtigkeit der Vergütungsvereinbarung.

50 Die von der Rspr. entwickelte Grenze für das auffällige Missverhältnis auf anderen Gebieten von knapp 100% Überschreitung der „normalen" Vergütung gilt für Vergütungsvereinbarungen im unteren und mittleren Streitwertbereich nicht.[199] In der Rspr. ist anerkannt, dass die gesetzlichen Gebühren nicht immer den mit der anwaltlichen Tätigkeit verbundenen Aufwand angemessen abdecken.[200] So hat der BGH betont, dass die gesetzlichen Gebühren allein vielfach keine ausreichende Vergleichsgrundlage für den Schluss auf eine Sittenwidrigkeit ermöglichendes Missverhältnis seien, weil sie nicht allen Fällen die marktangemessene, adäquate Vergü-

---

[193] BGH NJW 1965, 1023; NJW 2005, 2142 ff.; KMK Vergütungsvereinbarung Rn. 554; Schneider Vergütungsvereinbarung Rn. 704.

[194] BGH NJW 1965, 1023.

[195] Mayer/Kroiß/*Teubel* RVG § 3a Rn. 55.

[196] BGH NJW 2005, 2142 ff.; LG München I NJW 1975, 937.

[197] Hartung/Römermann/Schons/*Römermann* RVG § 4 Rn. 104 zur Vorgängerregelung § 4 Abs. 4 RVG aF.

[198] Mayer/Kroiß/*Teubel* RVG § 3a Rn. 59.

[199] BGH NJW 2000, 2669 ff.; NJW 2003, 2386 ff.; OLG Köln NJW 1998, 1960 ff.; Mayer/Kroiß/*Teubel* RVG § 3a Rn. 67.

[200] BGH NJW 2002, 2774.

tung für die aufgrund eines konkreten Mandats geschuldeten Leistung des Anwaltes abbilden sollen, sondern auf einer anderen Grundlage festgesetzt würden. Deshalb genüge für sich genommen auch das mehrfache Überschreiten der gesetzlichen Gebühren nicht, um den Schluss auf ein auffälliges oder gar besonders grobes Missverhältnis zwischen Leistung und Gegenleistung im Sinne des § 138 BGB ziehen zu können. Anders sei dies nur dann, wenn aufgrund der Höhe der gesetzlichen Gebühren im Allgemeinen davon ausgegangen werden müsse, dass sie auch den erforderlichen Aufwand angemessen vergüten. Eine aufwandsangemessene Vergütung verletze die guten Sitten nicht, gerade bei Sachen mit niedrigem oder mittleren Streitwert könne auch ein Honorar, das die gesetzlichen Gebühren um ein Mehrfaches übersteige, angemessen sein.[201]

Eine Vergütungsabrede ist nach ständiger Rechtsprechung des BGH gemäß § 138 BGB sittenwidrig, wenn zwischen Leistung und Gegenleistung ein auffälliges Missverhältnis besteht und weitere Umstände hinzutreten, welche die Sittenwidrigkeit begründen, insbesondere etwa eine verwerfliche Gesinnung oder die Ausbeutung der schwierigen Lage oder Unerfahrenheit für das eigene unangemessene Gewinnstreben, dabei sind die Verhältnisse zum Zeitpunkt des Vertragsschlusses zugrunde zu legen.[202] Nach dem BGH kommt es für die Frage, ob ein Missverhältnis besteht, zunächst auf einen Vergleich zwischen dem objektiven Wert der beiderseitigen Leistungen zum Zeitpunkt des Vertragsschlusses an. Entscheidend ist der Marktwert, also der marktübliche Preis.[203] Diese Grundsätze gelten auch für ein mit einem Anwalt vereinbartes Pauschalhonorar in einem Zivilrechtsstreit.[204] Daher muss der Mandant, der ein sittenwidrig überhöhtes Entgelt behauptet, zu dem Preis vortragen, welcher der vom Anwalt versprochenen Leistung üblicherweise im sonstigen Geschäftsverkehr zukommt.[205] Die gesetzlichen Gebühren alleine sind vielfach nach dem BGH keine ausreichende Vergleichsgrundlage für einen den Schluss auf eine Sittenwidrigkeit ermöglichendes Mittverhältnis, weil sie nicht in allen Fällen die marktangemessene adäquate Vergütung für die aufgrund eines konkreten Mandats geschuldete Leistung des Anwalts abbilden sollen, sondern auf einer anderen Grundlage festgesetzt werden. Deshalb genügt für sich genommen auch das mehrfache Überschreiten der gesetzlichen Gebühren nicht, um den Schluss auf ein auffälliges oder gar besonders grobes Missverhältnis zwischen Leistung und Gegenleistung im Sinne des § 138 BGB ziehen zu können. Anders ist dies nach dem BGH nur dann, wenn aufgrund der Höhe der gesetzlichen Gebühren im Allgemeinen davon ausgegangen werden muss, dass sie auch den erforderlichen Aufwand angemessen vergüten.[206] Nach ständiger Rechtsprechung des BGH ist für die Frage, ob ein für Sittenwidrigkeit sprechendes Missverhältnis vorliegt, stets der nach dem Anwaltsvertrag geschuldete tatsächliche Aufwand, insbesondere Umfang und Schwierigkeit der anwaltlichen Tätigkeit zu berücksichtigen. Eine aufwandsangemessene Vergütung verletzt die guten Sitten nicht.[207] Als Maßstab für eine aufwandsangemessene Vergütung wird eine Vergütung mit einem Stundensatz von 200 bis 250,– EUR pro Stunde genannt.[208] Nach dem OLG München gilt, dass eine anwaltliche Vergütungsvereinbarung nicht als sittenwidrig und nichtig anzusehen ist, wenn die vereinbarten Gebühren das 3,2-fache der gesetzlichen Gebühren betragen.[209] Strukturell bieten Vergütungsvereinbarungen, die auf einem angemessenen Stundensatz basieren, ein geringeres Risiko eines Verstoßes gegen § 138 BGB als Vergütungsvereinbarungen, die auf der Vereinbarung eines Gegenstandswertes beruhen.[210] 50a

Der Mandant, der geltend macht, die mit dem Anwalt getroffene Vergütungsvereinbarung sei sittenwidrig und daher nichtig und sich hierzu auf ein auffälliges Missverhältnis zwischen der Leistung des Anwalts und dem vereinbarten Honorar beruft, muss nicht nur dartun, dass die vereinbarte Vergütung die gesetzlichen Gebühren überschreitet, sondern darlegen und beweisen, dass nach Umfang und Schwierigkeit der im Rahmen des konkreten Mandats geschuldeten anwaltlichen Tätigkeit objektiv nur eine geringere als die vereinbarte Vergütung marktangemessen ist. Erst wenn auf dieser Grundlage feststeht, dass die versprochene Vergütung das Honorar deutlich überschreitet, welches für die zum Zeitpunkt des Vertragsschlusses nach dem 51

201 NJW-RR 2017, 377 mAnm *Mayer* FD-RVG 2017, 384728.
202 BGH NJW-RR 2017, 377 [17]; BGH NJW 2000, 1254 [II.1].
203 BGH NJW-RR 2017, 377 [18]; BGH NJW 2000, 1254 [II. 2a].
204 BGH NJW-RR 2017, 377 [19].
205 BGH NJW-RR 2017, 377 [19].
206 BGH NJW-RR 2017, 377 [19].
207 BGH NJW-RR 2017, 377 [20].
208 Mayer/Kroiß/*Teubel* RVG § 3a Rn. 68.
209 OLG München NJW-RR 2012, 1469 = BeckRS 2012, 12716 mAnm *Mayer* FD-RVG 2012, 333716.
210 Vgl. Anm. *Mayer* FD-RVG 2012, 333716.

konkreten Mandat im Gegenzug zu leistende anwaltliche Tätigkeit objektiv angemessen ist, liegt ein auffälliges Missverhältnis vor; übersteigt sie das angemessene, adäquate Honorar in krasser Weise, liegt ein besonders grobes Missverhältnis vor, aus dem auf die verwerfliche Gesinnung des Anwalts geschlossen werden kann.[211] Der Anwalt als Fachmann muss erkennen, dass die objektiv unverhältnismäßige Vergütungsabrede von dem Mandanten aufgrund seiner fachlichen oder persönlichen Unterlegenheit abgeschlossen wird und der Anwalt diese Situation dann auch ausnutzt.[212] Die Vermutung kann aber auch widerlegt werden, beispielsweise wenn der Auftraggeber ein geschäftserfahrener Kaufmann ist.[213]

52 **Weitere Gründe der Sittenwidrigkeit** ergeben sich dann, wenn eine persönlich problematische Situation des Mandanten ausgenutzt wird, bspw. die Drohung mit der Mandatsniederlegung unmittelbar nach der Verhaftung des Mandanten, unmittelbar vor der Hauptverhandlung oder sogar vor dem Plädoyer.[214] Derartige Zwangslagen dürfen aber nicht verwechselt werden mit der Erklärung des Anwalts, nur bei Abschluss einer Vergütungsvereinbarung das Mandat übernehmen zu wollen oder das bereits angetragene Mandat niederzulegen, falls keine Vergütungsvereinbarung abgeschlossen wird.[215] So ist der Abschluss einer Vergütungsvereinbarung bei der nicht im Vorfeld eines Gerichtstermins, sondern erst anlässlich des Gerichtstermins mit der Niederlegung des Mandats gedroht wird, nicht nach § 138 Abs. 1 BGB sittenwidrig, vielmehr führt eine – widerrechtliche Drohung nur dazu, dass das Rechtsgeschäft nach § 123 BGB anfechtbar ist.[216] Wesentliches Element einer sittenwidrigen Vereinbarung ist der Überraschungseffekt, dh die Überrumpelung des Mandanten dadurch, dass eine Vergütungsvereinbarung erstmals gezeigt und er zur Unterschrift aufgefordert wird.[217]

Eine Frage des Einzelfalls ist es, ob die fehlende Kenntnis des Mandanten davon, dass der zu seinem Pflichtverteidiger bestellte Rechtsanwalt auch ohne den Abschluss einer Vergütungsvereinbarung zur weiteren Verteidigung verpflichtet ist, eine Zwangslage begründet und ob weitere besondere Umstände hinzutreten, die das Geschäft nach seinem aus der Zusammenfassung von Inhalt, Zweck und Beweggrund zu entnehmenden Gesamtcharakter als verwerflich erscheinen lassen.[218]

3. Kostenübernahmeverbot

53 Nach § 49b Abs. 2 S. 2 BRAO sind Vereinbarungen, durch die der RA sich verpflichtet, Gerichtskosten, Verwaltungskosten oder Kosten anderer Beteiligter zu tragen, unzulässig. Auch im Rahmen einer Vereinbarung eines anwaltlichen Erfolgshonorars ist es nach wie vor **verboten,** dass der **Anwalt** die Verpflichtung übernimmt, **Gerichtskosten, Verwaltungskosten oder Kosten anderer Beteiligter** zu tragen. Nach den Vorstellungen des Gesetzgebers können solche Kosten Gegenstand eines Prozessfinanzierungsvertrages sein, nicht jedoch Teil einer anwaltlichen Honorarvereinbarung.[219]

4. Gebührenunterschreitungsverbot

53a Nach § 49b Abs. 1 S. 1 BRAO ist es unzulässig, geringere Gebühren und Auslagen zu vereinbaren oder zu fordern, als das RVG vorsieht, soweit dieses nichts anderes bestimmt. Das in dieser Norm etablierte Gebührenunterbietungsverbot betrifft in erster Linie das gerichtliche Verfahren.[220] Schließen Anwalt und Mandant einvernehmlich eine Vergütungsvereinbarung über eine gerichtliche Tätigkeit, die ein Stundenhonorar, jedoch kein **Mindesthonorar in Höhe der gesetzlichen Gebühren** vorsieht, verstößt die Vergütungsvereinbarung gegen § 49b Abs. 1 S. 1 BRAO. Ein Verzicht auf eine ausdrückliche Regelung eines Mindesthonorars in Höhe der gesetzlichen Gebühren ist aber dann unschädlich, wenn beide Parteien bei Abschluss der Vereinbarung sicher voraussetzen, dass eine geringere Stundenanzahl als diejenige,

---

211 BGH NJW-RR 2017, 377 [21]; BGH NJW 2000, 2669, 2670.
212 Mayer/Kroiß/*Teubel* RVG § 3a Rn. 69.
213 Mayer/Kroiß/*Teubel* RVG § 3a Rn. 69; BGH NJW 2005, 2142.
214 Mayer/Kroiß/*Teubel* RVG § 3a Rn. 62; BGH BeckRS 2010, 05360 = NJW 2010, 1364 mAnm *Mayer* FD-RVG 2010, 300100.
215 Mayer/Kroiß/*Teubel* RVG § 3a Rn. 63.
216 BGH NJW 2013, 1591 mAnm *Mayer* FD-RVG 2013, 345430; Anm. *Dahns* NJW-Spezial 2013, 383.
217 Saarbrücken RVGreport 2012, 54.
218 BGH NJW 2019, 676, 677 [12].
219 BT-Drs. 16/8384, 9.
220 Weyland/*Brüggemann* BRAO § 49b Rn. 9 ff.

mit der die gesetzliche Gebühr jedenfalls erreicht wird, nicht anfallen wird.[221] Eine etwas großzügigere Auffassung vertritt das OLG München: Tritt ein in einer Rahmenvergütungsvereinbarung vorgesehenes Zeithonorar, welches auch künftige Prozessvertretungen erfasst, an die Stelle der Abrechnung nach dem RVG, scheidet ein Verstoß gegen § 49 Abs. 1 S. 1 BRAO aus, wenn aus der vorausschauenden Sicht des RA beim Abschluss der Rahmenvereinbarung die danach geschuldete Vergütung nicht hinter den gesetzlichen Gebühren einer künftigen Prozessvertretung zurückbleiben wird.[222] **Problematisch** insoweit bleibt aber, ob bei einer Rahmenvergütungsvereinbarung bspw. ein über den gesetzlichen Gebühren liegendes Zeithonorar für eine außergerichtliche Tätigkeit eine Unterschreitung der gesetzlichen Gebühren in einer gerichtlichen Tätigkeit **kompensieren** kann oder ob nicht die vorausschauende Sicht des RA auch stets bei einer künftigen Prozessvertretung davon ausgehen muss, dass die geschuldete Zeitvergütung über den gesetzlichen Gebühren liegt.[223] Die Aufnahme der Regelung in einer Vergütungsvereinbarung, dass bei **gerichtlicher Vertretung** in jedem Falle als **Mindestvergütung** die Vergütung nach dem RVG geschuldet sein soll, würde solche Unwägbarkeiten vermeiden.

Eine gegen § 49b Abs. 1 S. 1 BRAO verstoßende Vergütungsvereinbarung ist nach § 134 iVm§ 49b BRAO nichtig. Dies gilt auch, wenn insgesamt aufgrund der angefallenen Stundenanzahl eine höhere als die gesetzliche Vergütung entstanden ist.[224]

5. Abschluss nach Androhung der Mandatsniederlegung

Anlass zum Abschluss einer Vergütungsvereinbarung entsteht vielfach auch erst dann, wenn **53b** sich bei einem laufenden Mandat herausstellt, dass es vom Anwalt auf der Basis der gesetzlichen Vergütung nicht kostendeckend bearbeitet werden kann. Ein Druckmittel für den Anwalt, den Mandanten in einer solchen Situation zum Abschluss einer Vergütungsvereinbarung zu bewegen, besteht in der Androhung der Mandatsniederlegung. Allerdings ist der **richtige Zeitpunkt** für eine solche Forderung des Anwalts zu beachten. So ist die erstmalige Androhung einer Mandatsniederlegung kurz vor Aufruf einer Sache im Zivilprozess zur Durchsetzung einer günstigeren Vergütungsabrede kein angemessenes Mittel zur Erreichung des an sich berechtigten Anliegens, eine beträchtliche offenstehende Forderung erhalten oder zu sichern. Eine Kündigung des Anwaltsvertrages zur Unzeit liegt vor, wenn sie zu einem Zeitpunkt erfolgt, in dem der Mandant nicht in der Lage ist, sich die notwendigen Dienste eines anderen Anwalts zu besorgen, das alleinige Interesse an einer Erhöhung oder Sicherung der Vergütung vermag keinen wichtigen Grund zur Mandatskündigung zur Unzeit zu bilden.[225] Demnach kommt es darauf an, dass die Ankündigung des Rechtsanwalts, falls es nicht zum Abschluss der von ihm gewünschten Vergütungsvereinbarung komme, von seiner Seite eine Mandatskündigung erfolgen werde, **so rechtzeitig** erfolgt, **dass der Mandant in der Lage ist, sich die notwendigen Dienste eines anderen Anwalts zu besorgen.**[226]

XIV. AGB-Kontrolle und Vergütungsvereinbarung

1. Bedeutung

Anders als § 3 Abs. 1 BRAGO aF lässt § 3a Abs. 1 S. 2 RVG auch die Aufnahme von ande- **54** ren Vereinbarungen in nach § 126b BGB geeigneten Schriftträgern zu, wenn diese von der Vergütungsvereinbarung deutlich abgesetzt sind. Damit nimmt auch die Bedeutung der AGB-Kontrolle bei Vergütungsvereinbarungen zu, denn Klauseln, die in der Vergangenheit wegen eines Verstoßes gegen § 3 Abs. 1 BRAGO aF regelmäßig in der Vergütungsvereinbarung keine Anwendung fanden und für die es deshalb nicht auf die Vereinbarkeit mit AGB-Recht ankam, sind nunmehr nach den §§ 307 ff. BGB zu überprüfen.[227]

---

[221] AG München BeckRS 2011, 16887 = AGS 2011, 530 mAnm *Mayer* FD-RVG 2011, 322992; Anm. *Schons* AGS 2011, 532, Besonderheit des Falls: die Klausel über Mindesthonorar in der gerichtlichen Vergütung wurde im Vertragstext gestrichen.

[222] OLG München BeckRS 2015, 17531 mAnm *Mayer* FD-RVG 2015, 373602.

[223] Anm. *Mayer* FD-RVG 2015, 373602.

[224] AG München BeckRS 2011, 16887 = AGS 2011, 530 mAnm *Mayer* FD-RVG 2011, 322992; mAnm *Schons* AGS 2011, 532.

[225] BGH NJW 2013, 1591 mAnm *Mayer* FD-RVG 2013, 345430; Anm. *Dahns* NJW-Spezial 2013, 383.

[226] In diesem Zusammenhang auch BGH NJW 2010, 1364 mAnm *Mayer* FD-RVG 2010, 300100.

[227] KMK Vergütungsvereinbarung Rn. 652.

2. Anwendungsbereich

55 **a) Allgemeine Geschäftsbedingungen gegenüber Verbraucher, Unternehmer und Arbeitnehmer.** Nach § 305 Abs. 1 S. 1 BGB gelten die §§ 305 ff. BGB dann, wenn die Vertragsbedingungen der Vergütungsvereinbarung, die eine Vertragspartei verwendet oder verwenden will, für eine Vielzahl von Verträgen vorformuliert sind.[228] **Allgemeine Geschäftsbedingungen** liegen nur dann nicht vor, wenn die Vertragsbedingungen zwischen dem Anwalt und dem Mandanten iE ausgehandelt worden sind, § 305 Abs. 1 S. 3 BGB. Für das Vorliegen einer **Individualvereinbarung** trägt der Verwender, also im Regelfall der RA, die Beweislast.[229]

56 Wird die Vergütungsvereinbarung zwischen dem Anwalt und einem als Verbraucher zu qualifizierenden Mandanten geschlossen, liegt ein Verbrauchervertrag vor; vorformulierte Vertragsbedingungen unterliegen dann nach § 310 Abs. 3 Nr. 2 BGB auch schon dann der Unklarheitenregel des § 305c Abs. 2 BGB und der Inhaltskontrolle nach den §§ 307–309 BGB, wenn sie nur zur einmaligen Verwendung formuliert wurden, vorausgesetzt der Mandant hatte aufgrund der Vorformulierung keine Möglichkeit, inhaltlich auf die betroffene Klausel Einfluss zu nehmen. Eine Mehrfachverwendungsabsicht des RA bzgl. der vorformulierten Vertragsbedingungen ist nicht erforderlich.[230] Entscheidend für den Umfang der AGB-Kontrolle ist somit, ob die Vergütungsvereinbarung mit dem **Mandanten** in seiner **Eigenschaft als Verbraucher** abgeschlossen wird oder der Anwalt einem Mandanten gegenübersteht, der als Unternehmer iSd § 14 BGB einzustufen ist. Nach § 13 BGB ist darauf abzustellen, ob das Rechtsgeschäft – der Anwaltsvertrag – zu einem Zweck geschlossen wird, der weder der gewerblichen noch der selbständigen beruflichen Tätigkeit des Mandanten zugerechnet werden kann. Entscheidend ist, ob das Mandat Ansprüche oder Regelungen aus dem Gewerbebetrieb oder der dem Gewerbe gleichgestellten, nämlich freiberuflichen, künstlerischen oder landwirtschaftlichen Berufstätigkeit des Mandanten zum Gegenstand hat.[231]

57 Von erheblicher praktischer Bedeutung ist in diesem Zusammenhang die Frage, ob ein Verbrauchervertrag iSd § 310 Abs. 3 BGB vorliegt, wenn eine Vergütungsvereinbarung mit einem **Arbeitnehmer** in einer sein Arbeitsverhältnis betreffenden Angelegenheit geschlossen wird. Ob der Arbeitnehmer in seiner Eigenschaft als solcher „Verbraucher" ist, war in der Lit. stark umstritten,[232] in der Rspr. wurde die Frage zunächst ebenfalls uneinheitlich beantwortet. Das BAG ließ die Frage, ob der Arbeitnehmer in seiner Eigenschaft als solcher „Verbraucher" ist, zunächst ausdrücklich offen,[233] in der Folgezeit hat das BAG jedoch den Arbeitnehmer im Rahmen des Arbeitsvertrages als Verbraucher iSd § 13 BGB eingeordnet.[234]

58 **b) Prüfprogramme.** Bei der AGB-Kontrolle von Vergütungsvereinbarungen können somit **drei verschiedene Prüfprogramme** unterschieden werden: Liegen allgemeine Geschäftsbedingungen, also für eine Vielzahl von Verträgen **vorformulierte Vertragsbedingungen,** vor und schließt der Mandant die Vergütungsvereinbarung in seiner Eigenschaft als **Verbraucher,** müssen sich die vorformulierten Vertragsbedingungen an den §§ 305 ff. BGB, insbes. auch an § 308 BGB (Klauselverbote mit Wertungsmöglichkeit) und § 309 BGB (Klauselverbote ohne Wertungsmöglichkeit), messen lassen.[235]

59 Werden vom Anwalt beim Abschluss der Vergütungsvereinbarung für eine Vielzahl von Verträgen **vorformulierte Vertragsbedingungen** – bspw. im Fachhandel zu beziehende vorgedruckte Vergütungsvereinbarungen[236] – angewandt und ist der Mandant beim Abschluss des Anwaltsvertrages als **Unternehmer** iSd § 14 BGB zu qualifizieren, ist das Schutzniveau abgesenkt und es erfolgt lediglich eine erleichterte Inhaltskontrolle; nach § 310 Abs. 1 S. 1 BGB beschränkt sich die Inhaltskontrolle allein auf die Generalklausel des § 307 BGB, die Klauselverbote der §§ 308, 309 BGB finden keine Anwendung, allerdings stellt § 310 Abs. 1 S. 2 BGB klar, dass bei der Anwendung von § 307 BGB die Wertungen der §§ 308, 309 BGB mittelbar in die Inhaltskontrolle einfließen sollen.[237]

---

[228] Schneider Vergütungsvereinbarung Rn. 665.
[229] BGH NJW 1998, 2600 ff.; BeckOK BGB/*Becker* BGB § 305 Rn. 41.
[230] BeckOK BGB/*Becker* BGB § 310 Rn. 18.
[231] Mayer/Kroiß/*Teubel* RVG § 3a Rn. 71.
[232] Zum Streitstand ErfK/*Preis,* 6. Aufl. 2006, § 611 Rn. 208 mwN.
[233] BAG NJW 2004, 2401 ff.
[234] BAG NJW 2005, 3305 ff.; AP ArbZG § 6 Nr. 8.
[235] *Mayer* AnwBl 2006, 168.
[236] Schneider Vergütungsvereinbarung Rn. 665.
[237] HK-BGB/*Schulte-Nölke* § 310 Rn. 2; *Mayer* AnwBl 2006, 168.

60 Tritt der Mandant dem RA beim Abschluss der Vergütungsvereinbarung jedoch in seiner Eigenschaft als Verbraucher gegenüber, so unterliegen vorformulierte Vertragsbedingungen in der Vergütungsvereinbarung auch dann der Unklarheitenregel des § 305c Abs. 2 BGB und der Inhaltskontrolle nach den §§ 307–309 BGB, wenn sie **nur zur einmaligen Verwendung** formuliert wurden, vorausgesetzt, der Verbraucher hatte auf Grund der Vorformulierung keine Möglichkeit, inhaltlich auf die betroffene Klausel Einfluss zu nehmen.[238]

61 **c) Inhaltskontrolle beim Preis?** Ein Grundsatzproblem bei der AGB-Kontrolle von Vergütungsvereinbarungen stellt sich in jedem Fall: Denn der Inhaltskontrolle nach den §§ 307 ff. BGB unterliegen nur Vorschriften, durch die von Rechtsvorschriften abweichende oder diese ergänzende Regelungen vereinbart werden. Klauseln, die Art und Umfang der vertraglichen Hauptleistungspflicht und den dafür zu zahlenden Preis unmittelbar regeln, unterliegen nicht der Inhaltskontrolle, da die Vertragsparteien nach dem Grundsatz der Privatautonomie Leistung und Gegenleistung grds. frei bestimmen können.[239] Teilweise wird dies mit der Begründung, beim RVG handle es sich um „subsidiäres Recht" unterschiedslos auf Vergütungsvereinbarungen übertragen,[240] so dass nach dieser Auffassung eine AGB-Kontrolle bei vertraglichen Absprachen zur anwaltlichen Vergütung nicht gegeben ist, ausgenommen lediglich sollen Regelungen sein, die den „Preis" nicht hinreichend klar und verständlich beschreiben.[241] Dabei wird jedoch übersehen, dass der BGH Klauseln über das Entgelt immer auch dann einer Inhaltskontrolle unterzogen hat, wenn in den allgemeinen Geschäftsbedingungen von gesetzlich vorgeschriebenen Preisen, also von Rechtsvorschriften, abgewichen werden soll; so wurde die Inhaltskontrolle bejaht bei einer von der HOAI abweichenden Regelung eines Architektenhonorars,[242] für eine von der Gebührenordnung für Zahnärzte abweichenden Honorarvereinbarung[243] und für eine von der GOÄ abweichende ärztliche Honorarvereinbarung.[244] Eine vergleichbare Rspr. gibt es bislang zum Anwaltsvergütungsrecht nur vereinzelt.[245] Allerdings hat das OLG Düsseldorf zwar die Vereinbarung eines Stundensatzes von 450,– EUR in einer Honorarvereinbarung als **keiner Inhaltskontrolle unterliegende Preisabrede** angesehen, aber eine **Zeittaktklausel,** wonach jede angefangene Viertelstunde zur Abrechnung gelangt, als Verstoß gegen § 307 Abs. 1 S. 1, Abs. 2 Nr. 1 BGB gewertet, weil sie strukturell geeignet ist, das dem Schuldrecht im Allgemeinen und dem Dienstvertragsrecht im Besonderen zu Grunde liegenden Prinzip der Gleichwertigkeit von Leistung und Gegenleistung (Äquivalenzprinzip) empfindlich zu verletzen; denn nach einer Zeittaktklausel ist nicht nur jede Tätigkeit, die nur wenige Minuten oder auch gar nur Sekunden in Anspruch nimmt, im Zeittakt von jeweils 15 Minuten zu vergüten, sondern auch jede länger andauernde Tätigkeit, die den jeweiligen Zeitabschnitt von 15 Minuten auch nur im Sekunden überschreitet, und zwar nicht beschränkt auf eine einmalige Anwendung zB am Ende des Arbeitstages, sondern gerichtet auf die stetige Anwendung auch mehrmals täglich.[246]

62 In der Lit. wird die Meinung vertreten, dass im Einzelfall zu prüfen ist, ob durch eine Vergütungsvereinbarung gegen § 307 Abs. 1 iVm Abs. 2 Nr. 1 BGB verstoßen wird; es komme darauf an, ob die Vergütungsvereinbarung von dem **wesentlichen Grundgedanken** der gesetzlichen Regelung so weit abweiche, dass sie nicht mehr damit zu vereinbaren sei und darüber hinaus dadurch der Mandant entgegen den Geboten von Treu und Glauben benachteiligt werde.[247] Nach dieser Auffassung sind generell die Grundsätze, die zur Prüfung der Unangemessenheit nach § 3a Abs. 2 RVG entwickelt worden sind, auf die Prüfung nach § 307 Abs. 2 Nr. 1 BGB entsprechend anzuwenden mit der einen Ausnahme, dass es bei der Prüfung nach § 3a Abs. 2 RVG auf eine Gesamtschau aller Umstände im Zeitpunkt der Beendigung des Mandats ankomme, während bei der Klauselkontrolle nach § 307 BGB auf den Zeitpunkt des Vertragsschlusses abzustellen sei.[248]

---

[238] BeckOK BGB/*Becker* BGB § 310 Rn. 18; *Mayer* AnwBl 2006, 168.

[239] BGH NJW 1992, 688 f.; 1994, 318 ff.; 1997, 2752 f.; 1998, 383 f.; BGHZ 141, 380 ff. (382); 143, 128 (139).

[240] KMK Vergütungsvereinbarung Rn. 653.

[241] KMK Vergütungsvereinbarung Rn. 653.

[242] BGHZ 81, 229 (232 f.).

[243] BGH NJW 1998, 1786 ff.

[244] BGHZ 115, 391 ff. (395).

[245] Mayer/Kroiß/*Teubel* RVG § 3a Rn. 89; *Schneider* Vergütungsvereinbarung Rn. 723.

[246] OLG Düsseldorf NJW-RR 2007, 129 ff. = AGS 2006, 530 ff.; → Rn. 65.

[247] Mayer/Kroiß/*Teubel* RVG § 3a Rn. 91.

[248] Mayer/Kroiß/*Teubel* RVG § 3a Rn. 95.

63 Allerdings ist in diesem Zusammenhang zwischen der Gebührenvereinbarung im engeren Sinn und der Vergütungsvereinbarung im engeren Sinn zu unterscheiden.[249] Das RVG verwendet den Begriff der Gebührenvereinbarung in § 34. Nach § 34 Abs. 1 S. 1 RVG hat der RA bei einem mündlichen oder schriftlichen Rat oder einer Auskunft (Beratung) sowie der Ausarbeitung eines schriftlichen Gutachtens und für eine Tätigkeit als Mediator auf eine Gebührenvereinbarung hinzuwirken. Da es in diesen Fällen an einer gesetzlich festgelegten Vergütung durch das RVG fehlt, findet bei einer **Gebührenvereinbarung** in diesem Sinn keine Inhaltskontrolle nach § 307 BGB hinsichtlich der vereinbarten Höhe statt, für die Preisbildung fehlt es an einem rechtlichen Kontrollmaßstab.[250] Dem steht auch nicht entgegen, dass nach § 34 Abs. 1 S. 2 RVG dann, wenn keine Vereinbarung getroffen wird, die Gebühr nach den Vorschriften des bürgerlichen Rechts zu bestimmen ist. § 34 Abs. 1 S. 2 RVG scheidet für eine Inhaltskontrolle der Preisabrede aus, denn die Vorschrift enthält eine sekundäre Regelung für den Fall, dass die Höhe der Vergütung nicht bestimmt ist, sie setzt das Fehlen einer Vereinbarung voraus und greift nicht ein, wenn eine Preisvereinbarung vorliegt.[251] Anders ist es jedoch bei einer **Vergütungsvereinbarung** im engeren Sinn, also bei der Vereinbarung einer anderen als der gesetzlich durch das RVG geregelten Vergütung. Insoweit liegen gesetzlich geregelte Preisvorschriften vor, so dass die Vergütungsklauseln in einer Inhaltskontrolle nach § 307 Abs. 1 iVm Abs. 2 Nr. 1 BGB daraufhin zu untersuchen sind, ob sie von den wesentlichen Grundgedanken der gesetzlichen Regelung (des RVG) so weit abweichen, dass sie damit nicht mehr zu vereinbaren sind und darüber hinaus dadurch der Mandant entgegen den Geboten von Treu und Glauben benachteiligt wird.[252]

3. Einzelfragen

64 **a) Vorschussklauseln.** Bei Vergütungsvereinbarungen bietet es sich selbstverständlich an, Regelungen über eine Vorschusszahlung des Mandanten zu treffen.[253] Derartige Klauseln müssen sich zwar eine Inhaltskontrolle nach § 307 Abs. 2 Nr. 1 BGB sowohl bei ihrer Verwendung als klassische Allgemeine Geschäftsbedingung gegenüber Unternehmern und Verbrauchern als auch als eine Einmalklausel gegenüber einem Verbraucher gefallen lassen, sind jedoch unbedenklich, soweit sie inhaltlich § 9 RVG entsprechen.[254]

65 **b) Zeittaktklauseln.** Unter den Modellen für die vereinbarte Honorierung des Anwalts ist die zeitabhängige Vergütung bzw. das sog. Stundenhonorar am meisten verbreitet. Mehr als die Hälfte befragten Rechtsanwälte im Jahre 2005 (57%) vereinbarten immer oder häufig ein Zeithonorar.[255] Problematisch bei Zeithonorarvereinbarungen ist jedoch stets der Abrechnungstakt. Die für den Anwalt rechtssicherste aber auch am wenigsten praktikable Abrechnungsvariante ist die minutengenaue Abrechnung der aufgewandten Arbeitszeit. Gebräuchlich sind daher Zeittaktklauseln, also eine Erfassung der Arbeitszeit auf der Basis von bestimmten Mindestzeitintervallen, bereits bei der Befragung im Jahre 2005 gaben 36% der Rechtsanwälte, die mit Zeithonorar arbeiteten an, dass sie auf eine minutengenaue Abrechnung verzichten und ihren Mandanten grds. Zeitintervalle in Rechnung stellen.[256] Die Problematik von Zeittaktklauseln zeigte sich bislang insbes. bei dem bereits aus den USA bekannten Phänomen des **„quarter-hour-billing“,**[257] also der Abrechnung auf der Basis eines Zeittakts von 15 Minuten. Die Rspr. in dieser Frage ist uneinheitlich. Nach dem OLG Düsseldorf verstößt eine formularmäßige 15 Minuten-Zeittaktklausel gegen § 307 BGB.[258] Der BGH hat dort über die Revision gegen diese Entscheidung zwar entschieden, allerdings nahm er zu der Frage, ob ein Viertelstundentakt eines vereinbarten Zeithonorars der Inhaltskontrolle standhält, keine Stellung.[259] Das OLG Schleswig hingegen hat eine Zeittaktklausel von 15 Minuten als zulässig angesehen und insbes. damit argumentiert, dass § 13 S. 2 StBGebV einen dreißigminütigen

[249] *Mayer* AnwBl 2006, 168 ff. (169).

[250] *Mayer* AnwBl 2006, 168 ff. (169); Mayer/Kroiß/*Teubel* RVG § 3a Rn. 90.

[251] *Mayer* AnwBl 2006, 168 ff. (169); BGH NJW 1992, 688 f. zur Regelung des § 632 Abs. 2 BGB.

[252] *Mayer* AnwBl 2006, 168 ff. (169); Mayer/Kroiß/*Teubel* RVG § 4 Rn. 91; BGH NJW 2020, 1811 [13].

[253] *Mayer* AnwBl 2006, 168 ff. (170).

[254] Schneider Vergütungsvereinbarung Rn. 721; *Brieske,* Die anwaltliche Honorarvereinbarung, 1997, Rn. 109.

[255] *Hommerich/Kilian,* Vergütungsvereinbarungen deutscher Rechtsanwälte, 1. Aufl. 2006, 58.

[256] *Hommerich/Kilian,* Vergütungsvereinbarungen deutscher Rechtsanwälte, 1. Aufl. 2006, 84.

[257] *Hommerich/Kilian,* Vergütungsvereinbarungen deutscher Rechtsanwälte, 1. Aufl. 2006, 85.

[258] OLG Düsseldorf NJW-RR 2007, 129; OLG Düsseldorf BeckRS 2010, 04701 mAnm *Mayer* FD-RVG 2010, 300104; LG Köln BeckRS 2016, 117238 mAnm *Mayer* FD-RVG 2017, 388220; BeckRS 2018, 286 mAnm *Mayer* FD-RVG 2018, 402307.

[259] BGH BeckRS 2009, 09077 mAnm *Mayer* FD-RVG 2009, 279541.

Takt vorsehe, die „Aufschreibung im 15-Minuten-Takt" erscheine für die anwaltliche Tätigkeit, deren Arbeitsschritte in aller Regel längere Zeitabschnitte als nur einzelne Minuten umfassten, vielmehr als adäquat.[260] Nachdem sich das OLG München auf den Standpunkt gestellt hatte, dass eine formularmäßige Vereinbarung einer Abrechnung nach einem 15-Minutentakt, die zur Aufrundung des Zeitaufwands für jede einzelne an einem Tag ausgeführte Tätigkeit führe, gegen § 307 Abs. 2 Nr. 1 BGB verstoße und im Rahmen der Begründung deutlich machte, dass es die Grenze für eine wirksame Zeit der Klausel bei 6 Minuten zieht,[261] entschied der BGH im sich anschließenden Revisionsverfahren die Streitfrage dahingehend, dass eine formularmäßig vereinbarte 15-Minuten-Zeittaktklausel jedenfalls im Rechtsverkehr mit Verbrauchern gemäß § 307 Abs. 1 S. 1, Abs. 2 Nr. 1 BGB unwirksam ist, allerdings betonte er auch im Rahmen der Urteilsbegründung, dass es durchaus gute Gründe für eine Abrechnung nach Zeittakten gebe. Der Rechtsanwalt, der etwa durch einen Anruf oder eine Rückfrage eines Angestellten in seiner Arbeit gestört werde, müsse sich erst wieder einarbeiten, wenn er sich nach Ende der Unterbrechung erneut noch seiner eigentlichen Arbeit zuwendet. Das koste Zeit. Auch biete eine Zeittaktklausel dem Mandanten überdies einen Anreiz, Rückfragen und Bemerkungen möglichst geordnet und gesammelt zu übermitteln und den Rechtsanwalt nicht unnötig durch wiederholte E-Mails oder Anrufe in seiner Arbeit zu unterbrechen.[262]

Ist ein mit Stundenhonorar abgerechneter Zeitaufwand teilweise überflüssig oder nicht nachweislich angefallen, ergeht dies zu Lasten des Rechtsanwalts und seine Kostenrechnung ist entsprechend zu kürzen, ungeklärte Bearbeitungszeiten geben aber nur dann Anlass, den gesamten aufgezeichneten Zeitaufwand anzuzweifeln, wenn wegen der Häufung von Untätigkeiten und Ungereimtheiten von betrügerischem Handeln des Rechtsanwalts auszugehen ist.[263]

c) Erleichterter Nachweis der anwaltlichen Tätigkeit. Vor allem bei Stundensatzvereinbarungen stellt der Nachweis der geleisteten Stunden ein Problem dar, da grundsätzlich, also ohne vertragliche Regelung, der Anwalt für den Umfang der von ihm geleisteten Tätigkeit beweispflichtig ist.[264] Eine Klausel, die dem Mandanten die **Beweislast** gegen die Abrechnung des Anwalts auferlegt, verstößt gegen § 309 Ziff. 12a BGB.[265] Strittig ist, ob Klauseln, die dem Mandanten eine Art Verschweigungsfrist setzen, dass die abgerechneten Stunden als anerkannt gelten, wenn er nicht in einer bestimmten Frist widerspricht, als (versteckte) unzulässige Beweislastumkehr gegen § 309 Ziff. 12 BGB verstoßen.[266] Eine solche Klausel dürfte auch gegen § 307 Abs. 2 Nr. 1 BGB verstoßen, da der Mandant gegenüber der gesetzlichen Regelung, die dem Anwalt die Beweislast auferlegt und keine Erklärungspflicht des Mandanten vorsieht, unangemessen benachteiligt wird.[267] Einigkeit besteht aber darüber, dass auf jeden Fall die Voraussetzungen des § 308 Nr. 5 BGB einzuhalten sind, wonach das fingierte Anerkenntnis des Auftraggebers nur dann zulässig ist, wenn eine angemessene Frist zur Abgabe einer ausdrücklichen Erklärung eingeräumt ist und der Klauselverwender, also der RA, sich verpflichtet, den Vertragspartner bei Beginn der Frist auf die vorgesehene Bedeutung seines Verhaltens besonders hinzuweisen.[268] Nach dem LG Köln stellt aber auch die Klausel, wonach die abgerechneten Zeiten als anerkannt gelten, wenn der Auftraggeber nicht binnen einer Frist von vier Wochen der Abrechnung widerspricht, wobei der Auftraggeber zu Beginn der Widerspruchsfrist auf die vorgesehene Genehmigung durch widerspruchslosen Fristablauf besonders hingewiesen wird, eine unangemessene Benachteiligung dar und ist unwirksam.[269] 66

Es empfiehlt sich daher, das Dilemma pragmatisch zu lösen; **zu empfehlen** ist, dass dem Mandanten in kurzfristigen Abständen Rechnungen über den geleisteten Stundenaufwand 67

[260] OLG Schleswig BeckRS 2009, 16600 = RVGreport 2009, 179; Anm. *Mayer* FD-RVG 2009, 286206; LG München BeckRS 2010, 10403 = LSK 2010, 490115.

[261] OLG München BeckRS 2019, 10655 = RVGreport 2019, 374 = AnwBl 2019, 491 m. Anm. Schons; Anm. Mayer FD-RVG 2019, 418168.

[262] BGH BeckRS 2020, 4565 [33 ff.]; vgl. auch die Anmerkung zur Parallelentscheidung *Mayer* in FD-RVG 2020, 428576; *Schneider* NJW-Spezial 2020, 285; *Deckenbrock* NJW 2020, 1776.

[263] OLG Düsseldorf BeckRS 2011, 22087 = RVGreport 2012, 23 mAnm *Mayer* FD-RVG 2011, 322458.

[264] Mayer/Kroiß/*Teubel* RVG § 3a Rn. 98.

[265] Mayer/Kroiß/*Teubel* RVG § 3a Rn. 99; HBS VergütungsR/*Schneider* Teil 2 Rn. 134.

[266] Verstoß bejahend wohl Mayer/Kroiß/*Teubel* RVG § 3a Rn. 99; kein Verstoß HBS VergütungsR/*Schneider* Teil 2 Rn. 134; Schneider Vergütungsvereinbarung Rn. 736.

[267] Mayer/Kroiß/*Teubel* RVG § 3a Rn. 99.

[268] Mayer/Kroiß/*Teubel* RVG § 3a Rn. 100; HBS VergütungsR/*Schneider* Teil 2 Rn. 134; Schneider Vergütungsvereinbarung Rn. 737.

[269] BeckRS 2018, 286 = AGS 2018, 108 = BRAK-Mitteilungen 2018, 97 mAnm *Beck-Bever* und Anm. *Mayer* FD-RVG 2018, 402307.

übersandt werden und gleichzeitig vereinbart wird, dass weitere Leistungen des Anwalts erst dann erbracht werden, wenn über den Umfang der erbrachten Leistung für die vergangene Periode Einigkeit erzielt worden ist oder die Rechnungen bezahlt sind.[270]

68 **d) Verzugswirkungen ohne Mahnung.** Klauseln, die den Anwalt von der gesetzlichen Obliegenheit freistellen, den anderen Vertragsteil zu mahnen, sind hingegen problematisch. Sie verstoßen gegen § 309 Nr. 4 BGB und sind somit als allgemeine Geschäftsbedingung und auch als sog. Einmalklausel gegenüber einem **Verbraucher** unwirksam.[271] Wird die Vergütungsvereinbarung jedoch mit einem Mandanten in seiner Eigenschaft als **Unternehmer** geschlossen, so ist, wenn die Klausel als allgemeine Geschäftsbedingung zu qualifizieren ist, streitig, ob die Verzugswirkungen nur nach vorheriger Mahnung eintreten dürfen.[272] Zu beachten ist in diesem Zusammenhang auch die Regelung des § 286 Abs. 3 BGB.[273]

69 **e) Einziehungsermächtigung.** Ein weniger problematisches Mittel, um für einen zeitnahen Ausgleich fälliger Honorarrechnungen durch den Mandanten zu sorgen, ist die Vereinbarung einer **Einziehungsermächtigung** für den RA. Zu beachten ist in diesem Zusammenhang zunächst, dass das Lastschriftverfahren zwei Gestaltungsweisen kennt, nämlich zum einen die Einzugsermächtigung und zum anderen den Abbuchungsauftrag.[274] Im **Abbuchungsverfahren** erteilt der Schuldner seiner Bank die generelle Weisung, zu Lasten seines Girokontos vom Gläubiger eingehende Lastschriften einzulösen.[275] Mit der Einlösung der Lastschrift ist die Weisung ausgeführt und der Schuldner kann sie nicht mehr widerrufen.[276] Anders ist es jedoch im Einziehungsermächtigungsverfahren. Dort räumt der Schuldner dem Gläubiger schriftlich die Ermächtigung ein, die zu leistende Zahlung mittels Lastschrift bei der Schuldnerbank einzuziehen. Der Zahlungspflichtige kann deshalb der Kontobelastung widersprechen und die Wiedergutschrift des abgebuchten Betrages verlangen.[277] Die in Allgemeinen Geschäftsbedingungen enthaltene Klausel, wonach Kunden zur Begleichung der Rechnungsbeträge eine Einziehungsermächtigung erteilen müssen, stellt somit keine unangemessene Benachteiligung iSv § 307 BGB dar.[278] Zumindest dann, wenn dem Kunden zwischen dem Zugang der Rechnung und dem Einzug ausreichend Zeit verbleibt, die Rechnung zu überprüfen und ggf. für ausreichende Deckung seines Girokontos zu sorgen.[279] Mit Einführung des SEPA-Lastschriftverfahrens haben sich die Rahmenbedingungen des Zahlungsverkehrs geändert; das SEPA-Lastschriftverfahren unterscheidet danach, ob der Lastschriftschuldner Verbraucher iSd § 13 RVG ist; für den Verbraucher finden die Bedingungen des SEPA-Basislastschriftverfahrens, bei allen anderen Lastschriftschuldner die Bedingungen des SEPA-Firmenlastschriftverfahrens Anwendung.[280] Bei der SEPA-Basislastschrift steht dem Lastschriftschuldner das Recht zu, binnen acht Wochen ab der Belastungsbuchung von seiner Bank Erstattung des Zahlbetrages verlangen zu können, dies gilt auch, wenn der Lastschrifteinzug wirksam autorisiert war.[281] Daher bestehen keine Bedenken, im Rahmen einer Vergütungsvereinbarung sowohl in Form einer klassischen Allgemeinen Geschäftsbedingung als auch als sog. Einmalklausel mit als Verbraucher zu qualifizierenden Mandanten eine SEPA-Basislastschrift für die fälligen Vergütungsansprüche zu vereinbaren.[282] Streng sollte jedoch bei der Abfassung der Klausel darauf geachtet werden, dass nicht die Gefahr besteht, dass durch ungeschickte Wortwahl wie zB „abgebucht" der Eindruck erweckt wird, es sei das Abbuchungsverfahren vereinbart worden.[283] Denn das Abbuchungsverfahren ist ab 1.2.2014 nicht mehr zulässig.[284]

70 **f) Zahlung per Kreditkarte oder mit EC-Karte.** Nach überwiegender Meinung liegt bei Zahlung mit einer Kreditkarte ein durch Unterzeichnung und Übergabe eines Belastungs-

[270] *Brieske,* Die anwaltliche Honorarvereinbarung, 1997, 110; *Schneider* Vergütungsvereinbarung Rn. 738.
[271] *Mayer* AnwBl 2006, 168 ff. (170).
[272] Mahnung erforderlich Palandt/*Grüneberg* BGB § 309 Rn. 23; aA BeckOK BGB/*Becker* BGB § 309 Nr. 4 Rn. 9; HK-BGB/*Schulte-Nölke* § 309 Rn. 18.
[273] *Mayer* AnwBl 2006, 168 ff. (170).
[274] *Mayer* AnwBl 2006, 168 ff. (171).
[275] OLG Rostock NJW-RR 1996, 882 f.
[276] OLG Rostock NJW-RR 1996, 882 f.; BGH NJW 1985, 2326 ff.
[277] OLG Rostock NJW-RR 1996, 882 f.; BGH NJW 1985, 2326 ff.
[278] BGH NJW 1986, 988 ff.; Nürnberg OLG NJW-RR 1995, 1144 ff., jeweils zu § 9 AGBG.
[279] BGH NJW 2003, 1237 ff. (1239).
[280] BeckOK BGB/*Schmalenbach* BGB § 675f Rn. 80.
[281] BeckOK BGB/*Schmalenbach* BGB § 675f Rn. 83.
[282] *Mayer* AnwBl 2006, 168 ff. (171), noch zur Rechtslage vor Einführung des SEPA-Lastschriftverfahrens.
[283] OLG Brandenburg NJW-RR 2002, 1640 f.; *Mayer* Gebührenformulare § 1 Rn. 157.
[284] MüKoHGB/*Hadding* Lastschriftverkehr Kap. C Rn. 153.

belegs aufschiebend bedingtes, abstraktes Schuldversprechen und kein Forderungskauf vor.[285] Erfolgt die Zahlung mit einer EC-Karte unter Eingabe einer Geheimzahl (PIN) an einer autorisierten Kasse, liegt ein Schuldversprechen nach § 780 BGB des kartenausgebenden Kreditinstituts gegenüber dem angeschlossenen Unternehmen zur Zahlung des – (online) autorisierten – Umsatzes vor.[286] Da kein Forderungskauf vorliegt, ist der Einsatz derartiger Zahlungsmittel im Rahmen von Vergütungsvereinbarungen auch berufsrechtlich unproblematisch.[287]

Klauseln in Vergütungsvereinbarungen, die dem Mandanten die Möglichkeit einräumen, ne- **71**
ben den sonst bestehenden Zahlungsmöglichkeiten (Barzahlung, Scheck, Überweisung) wahlweise auch per Kreditkarte oder mittels EC-Karte zu bezahlen, sind sowohl als klassische Allgemeine Geschäftsbedingung als auch als sog. Einmalklausel unproblematisch.[288]

g) Vollständiges Pauschalhonorar bei nicht vom Anwalt zu vertretender vorzeiti- 71a
ger Mandatsbeendigung. Eine Klausel in einer Honorarvereinbarung, die dem RA für den Fall einer nicht von ihm zu vertretenden Kündigung des Mandatsverhältnisses durch den Mandanten stets und unabhängig vom Umfang der bislang erbrachten Dienste das **gesamte vereinbarte Pauschalhonorar** belässt, ist zwar nicht sittenwidrig. Handelt es sich jedoch bei der Regelung um allgemeine Geschäftsbedingungen im Sinne der §§ 305 ff. BGB führt die Inhaltskontrolle zur Unwirksamkeit der Klausel gem. §§ 308 Nr. 7a, 307 Abs. 2 Nr. 1 BGB; § 628 Abs. 1 S. 1 BGB soll die Ausübung des Kündigungsrechts gem. § 667 BGB gewährleisten, die wirtschaftliche Wechselwirkung, dass der Auftraggeber nicht aus wirtschaftlichen Gründen von einer Kündigung des Dienstvertrages abgehalten werden soll, wird durch eine solche Klausel in der Honorarvereinbarung unterlaufen.[289] Die Vergütungsvereinbarung iÜ bleibt jedoch gleichwohl wirksam (§ 306 Abs. 1 BGB).[290]

h) Mindesthonorar. Die Vereinbarung des 2-fachen der gesetzlichen Vergütung als Hono- **71b**
raruntergrenze durch eine allgemeine Geschäftsbedingung ist keine überraschende Klausel im Sinne des § 307c Abs. 1 BGB, und zwar auch dann nicht, wenn die Vergütungsvereinbarung zunächst ein Zeithonorar regelt und im Anschluss daran, aber noch unter der gleichen Gliederungsnummer, das Mindesthonorar. Eine solche Klausel verstößt nicht gegen das Transparenzgebot (§ 307 Abs. 1 S. 2 BGB) und stellt auch aus anderen Gründen keine unangemessene Benachteiligung im Sinne des § 307 BGB dar.[291]

g) Hinzurechnung der Abfindung zum Gegenstandswert in Kündigungsschutz- 71c
verfahren. Nach dem OLG München hält in Arbeitssachen über das Bestehen, das Nichtbestehen oder die Kündigung eines Arbeitsverhältnisses eine Klausel in einer Vergütungsvereinbarung, die eine Mindestvergütung in Höhe des dreifachen der gesetzlichen Vergütung nach dem RVG und die Hinzurechnung der Abfindung zum Gegenstandswert vorsieht, der Inhaltskontrolle nach dem Recht der Allgemeinen Geschäftsbedingungen nicht stand und ist auch intransparent im Sinne von § 307 Abs. 1 S. 2 BGB.[292]

Das Revisionsverfahren zum BGH blieb erfolglos. Der BGH betonte, dass eine formularmäßige Vergütungsvereinbarung, welche eine Mindestvergütung des Rechtsanwalts in Höhe des dreifachen der gesetzlichen Vergütung vorsieht, jedenfalls im Rechtsverkehr mit Verbrauchern wegen unangemessener Benachteiligung des Mandanten unwirksam ist, wenn das Mandat die Kündigung des Arbeitsverhältnisses des Mandanten betrifft und die Vergütungsvereinbarung zusätzlich eine Erhöhung des Gegenstandswerts um die Abfindung vorsieht.[293]

XI. Geltendmachung des vereinbarten Honorars

1. Keine Vergütungsfestsetzung nach § 11 RVG

Das vereinfachte Vergütungsfestsetzungsverfahren nach § 11 RVG scheidet für eine Vergü- **72**
tungsvereinbarung aus, da nur die gesetzliche Vergütung, nicht aber eine vereinbarte Vergütung festsetzbar ist.

[285] BGH NJW 2002, 285 ff.; Baumbach/Hopt/*Hopt* HGB Kap. F Rn. 53.
[286] BeckOK BGB/*Dennhardt* BGB § 362 Rn. 40.
[287] *Mayer* AnwBl 2006, 168 ff. (171).
[288] *Mayer* AnwBl 2006, 168 ff. (171).
[289] OLG Köln BeckRS 2013, 08393 = AGS 2013, 268; Anm. *Mayer* FD-RVG 2013, 347010.
[290] BGH BeckRS 2016, 11278 = NJW-RR 2017, 124 Rn. 8.
[291] OLG München, AnwBl 2017, 209 = NJW 2017, 2127 mAnm *Mayer* FD-RVG 2017, 384752.
[292] OLG München BeckRS 2019, 10656 = AGS 2019,379 mAnm *Mayer* FD-RVG 2019, 418159; vgl. auch *Raab* DStR 2019, 1711.
[293] NJW 2020, 1811; Anm. *Schneider* NJW-Spezial 2020, 285.

2. Gebührenklage

73 Zahlt der Auftraggeber die vereinbarte Vergütung nicht, muss der RA sie einklagen. Der noch in der Vorauflage erteilte Rat, dass es ggf., zB bei Zweifel an der Wirksamkeit der Vergütungsvereinbarung, sinnvoll ist, die Klage zumindest hilfsweise auch auf die gesetzliche Vergütung zu stützen, und dass Voraussetzung dann aber ist, dass der RA hinsichtlich der gesetzlichen Gebühren eine ordnungsgemäße Abrechnung nach § 10 RVG vorlegt oder sie in der Klagebegründung nachholt, ist angesichts der **neuen Rspr. des BGH,** dass auch eine Vergütungsvereinbarung, die gegen die **Formvorschriften des § 3a Abs. 1 S. 1, 2 RVG** verstößt, wirksam ist,[294] in dieser pauschalen Form nicht mehr aufrecht zu erhalten. Verstößt die Vergütungsvereinbarung lediglich gegen die Formvorschriften des § 3a Abs. 1 S. 1, 2 RVG, ist sie wirksam, der Vergütungsanspruch des Anwalts ist in diesen Fällen auf die gesetzlichen Gebühren gedeckelt. Lediglich aus Praktikabilitätsgründen dürfte es sinnvoll sein, in diesen Fällen gleichwohl die gesetzliche Vergütung darzustellen.[295] Droht die **Unwirksamkeit der Vergütungsvereinbarung** jedoch **aus anderen Gründen,** zB einem Verstoß gegen § 138 BGB, gilt nach wie vor die bisherige Empfehlung, die Klage zumindest hilfsweise auch auf die gesetzliche Vergütung zu stützen und hinsichtlich der gesetzlichen Gebühren eine ordnungsgemäße Abrechnung nach § 10 RVG vorzulegen oder sie in der Klagebegründung nachzuholen.

XVI. Kostenerstattung bei vereinbarter Vergütung

74 Zu differenzieren ist insoweit einerseits, ob ein prozessualer oder ein materiell-rechtlicher Kostenerstattungsanspruch vorliegt, sowie andererseits, ob die vereinbarte Vergütung höher oder niedriger als die gesetzliche Vergütung ist.

Ein **prozessualer Kostenerstattungsanspruch** kann aus einer gerichtlichen Kostengrundentscheidung, aus einer Kostengrundentscheidung ergangen in einem Rechtsbehelfsverfahren vor einer Behörde sowie durch vertragliche Übernahme durch eine Partei zB durch einen Vergleich entstehen.[296] Der Umfang der prozessualen Kostenerstattungspflicht folgt aus dem Gesetz.[297] Grundsätzlich ist nur die gesetzliche Vergütung eines Anwalts zu erstatten.[298] Dies folgt für Zivilprozesse aus § 91 Abs. 2 S. 1 ZPO, vergleichbare Regelungen finden sich zB in § 162 Abs. 2 S. 1 VwGO, § 193 Abs. 3 SGG, § 139 FGO.

75 Ist die vereinbarte Vergütung höher als die gesetzliche Vergütung, so soll nach herrschender Auffassung die vereinbarte Vergütung in der Regel maximal in Höhe der gesetzlichen Gebühren und Auslagen nach dem RVG von der unterliegenden Partei zu erstatten sein; die erstattungsberechtigte Partei müsse die Teile der vereinbarten Vergütung, die über die gesetzlichen Gebühren und Auslagen nach dem RVG hinausgehen, selbst tragen.[299] Richtiger Auffassung nach ist jedoch darauf abzustellen, ob die Vereinbarung einer höheren als der gesetzlichen Vergütung **erforderlich** war, um eine **sachgerechte Rechtsvertretung** zu erhalten.[300] Nach stRspr des BGH ist das Verlangen eines Rechtsanwalts nach einem die gesetzlichen Gebühren übersteigenden Sonderhonorar gerechtfertigt, wenn der mit dem Auftrag verbundene Aufwand den Umfang, den die gesetzliche Gebührenbemessung als durchschnittlich voraussetzt, deutlich überschreitet; in einem solchen Fall ist auch die Androhung eines Rechtsanwalts, bei Nichtzustandekommen einer Gebührenvereinbarung das Mandat zu kündigen, für sich allein nicht rechtswidrig.[301] Stimmt in einem solchen Fall der Mandant einer Gebührenvereinbarung, die die gesetzlichen Gebühren übersteigt, zu, sind die diesbezüglichen Vergütungsansprüche des Anwalts auch im Rahmen des gesetzlichen Kostenerstattungsanspruchs vom unterlegenen Prozessgegner zu tragen. Es ist aber darauf hinzuweisen, dass diese Frage noch nicht ausdrücklich entschieden hat. Tendenziell sprach jedoch die bisherige Haltung des BGH dafür, dass beim prozessualen Kostenerstattungsanspruch an der gesetzlichen Vergütung des RVG festgehalten wird. So hat der BGH die Kosten eines ausländischen Verkehrsanwalts, dessen Hinzuziehung zur zweckentsprechenden Rechtsverfolgung oder Rechtsverteidigung geboten war, ebenso nur

---

[294] BGH BeckRS 2014, 13314 = RVGreport 2014, 340 = JurBüro 2014, 524; Anm. *Mayer* FD-RVG 2014, 360195.

[295] → § 4b Rn. 8.

[296] *Enders* JurBüro 2008, 617; Schneider Vergütungsvereinbarung Rn. 2258.

[297] *Enders* JurBüro 2008, 617.

[298] Schneider Vergütungsvereinbarung Rn. 2262; Hartung/Schons/Enders/*Schons* RVG § 3a Rn. 170.

[299] *Enders* JurBüro 2008, 617 (619); Schneider/Wolf/*Onderka/N. Schneider* RVG § 3a Rn. 150; OLG Köln NJW 2014, 241 = RVGreport 2014, 120.

[300] So schon *Fritze* GRUR 1998, 223.

[301] BGH NJW 2002, 2774.

in Höhe der Gebühren eines deutschen Rechtsanwalts für erstattungsfähig angesehen,[302] wie die Kosten eines zusätzlichen ausländischen Anwalts für einen Beweistermin im Ausland.[303] Allerdings hat der BGH im Rahmen eines Schadensersatzanspruches nach § 839 BGB auch das sich aus einer anwaltlichen Honorarvereinbarung ergebende Honorar als durch die schädigende Handlung verursachte und ersetzende Aufwendung angesehen.[304] Angesichts der für die anwaltliche Vergütungspraxis stetig steigenden Bedeutung von Vergütungsvereinbarungen[305] kann jedoch nicht ausnahmslos an den RVG Sätzen festgehalten werden, wenn nicht der Kostenerstattungsanspruch der obsiegenden Partei ausgehöhlt werden soll. Dafür, dass sich die Auffassung durchsetzen könnte, dass auch die Vereinbarung einer höheren als der gesetzlichen Vergütung erstattungsfähig ist, wenn sie erforderlich war, um eine sachgerechte Rechtsvertretung zu erhalten, sprach zunächst auch eine Entwicklung in der Rechtsprechung des BGH. Denn der BGH hatte in einer Entscheidung die Frage, ob die Auffassung zutreffend ist, dass als erstattungsfähige „gesetzliche Gebühren und Auslagen" nach § 91 Abs. 2 S. 1 ZPO lediglich die Regelsätze des RVG zu erstatten sind und nicht ein aufgrund einer Vergütungsvereinbarung mit dem Rechtsanwalt die Regelsätze des RVG übersteigendes Honorar, ausdrücklich offen gelassen.[306] Mittlerweile hat jedoch der BGH eindeutig entschieden, dass die unterlegene Partei keine prozessuale Kostenerstattungspflicht nach § 91 ZPO gegenüber der obsiegenden Partei bezüglich einer von dieser gemäß § 3a RVG vereinbarten Vergütung trifft, soweit diese die gesetzliche Vergütung übersteigt.[307]

Sofern eine wertunabhängige Vergütungsvereinbarung abgeschlossen worden ist, bietet es 75a sich für eine Partei ggf. an, eine **Beschwerde gegen den festgesetzten Streitwert** einzulegen, um den auf der Basis der gesetzlichen Vergütung zu erstattenden Betrag zu erhöhen.[308] Die Rspr. verlangt jedoch, wenn eine Partei die von ihr mit dem Ziel einer Erhöhung des Gegenstandswerts eingelegte Beschwerde damit begründet, dass sie mit ihrem Anwalt eine wertunabhängige Vergütungsvereinbarung geschlossen hat, und sich von der Heraufsetzung des Gegenstandswertes eine höhere Kostenerstattung verspricht, den Nachweis des Abschlusses der behaupteten Vergütungsvereinbarung.[309]

Ist die vereinbarte Vergütung niedriger als die gesetzliche Vergütung, stellt sich die Frage, ob 76 **der erstattungspflichtige Prozessgegner** im Rahmen der prozessualen Kostenerstattungspflicht hiervon **profitieren** soll. Die Vereinbarung, dass der Auftraggeber für das gerichtliche Verfahren eine geringere als die gesetzliche Vergütung nach dem RVG zu zahlen hat und nur für den Fall, dass sich ein Erstattungsanspruch der Partei gegenüber einem unterliegenden Beteiligten ergibt, von der Partei die gesetzlichen Gebühren und Auslagen nach dem RVG zu zahlen sind, stellt nach einer Auffassung ein unzulässiges Erfolgshonorar dar.[310] Da eine solche das gerichtliche Verfahren betreffende Vereinbarung gegen das Verbot der Gebührenunterschreitung nach § 49b Abs. 1 S. 1 BRAO verstößt, bleibt außerhalb eines zulässig vereinbarten Erfolgshonorars nach § 4a RVG nur ein geringer Anwendungsbereich. Insoweit wird man jedoch in der Tat konzedieren müssen, dass formal ein Erfolgshonorar nach § 49b Abs. 2 S. 1 BRAO vorliegt mit der Folge der Unzulässigkeit derartiger Vereinbarungen, obwohl das praktische Ergebnis nicht unbedingt einleuchtend ist; denn weshalb sollte bspw. bei einem erfolgreichen Widerspruchsverfahren gegen einen rechtswidrigen Verwaltungsakt die erstattungspflichtige Behörde davon profitieren, dass der Anwalt mit dem Mandanten für dessen Vertretung in Widerspruchsverfahren eine unter den gesetzlichen Gebühren liegende Gebühr vereinbart hatte. Zulässig hingegen ist eine solche Vereinbarung auf jeden Fall dann, wenn die Voraussetzungen für die Vereinbarung eines Erfolgshonorars nach § 3a RVG vorliegen.[311]

Die Anspruchsgrundlagen **für materiell-rechtliche Kostenerstattungsansprüche** hin- 77 gegen stammen aus dem materiellen Recht, infrage kommen zB Vertrag, Schadensersatz aus Verzug, positive Vertragsverletzung, culpa in contrahendo, Geschäftsführung ohne Auftrag sowie deliktische Ansprüche.[312]

---

[302] BGH NJW 2005, 1373.
[303] BGH NJW-RR 2005, 1732.
[304] BGH NJW 2003, 3693; Hartung/Schons/Enders/*Schons* RVG § 3a Rn. 172.
[305] Näher *Schlosser* NJOZ 2009, 2376 ff.
[306] BGH NJW 2015, 633 = BeckRS 2015, 00942(19) mAnm *Mayer* FD-RVG 2015, 365950.
[307] NJW 2018, 1477 = RVGreport 2018, 182 mAnm *Mayer* FD-RVG 2018, 404381.
[308] Zu den Voraussetzungen näher → § 32 Rn. 92, 124 ff.
[309] OLG Stuttgart, AGS 2014, 77.
[310] *Enders* JurBüro 2008, 617 (621).
[311] *Enders* JurBüro 2008, 617 (621).
[312] *Enders* JurBüro 2009, 1 ff.

Insoweit wird bei **Vereinbarung einer höheren als der gesetzlichen Vergütung** vertreten, dass auch ein materiell-rechtlicher Kostenerstattungsanspruch der Höhe nach auf die gesetzliche Vergütung nach dem RVG begrenzt ist. Die Begrenzung der Höhe des materiellrechtlichen Kostenerstattungsanspruchs folgt nach dieser Auffassung aus § 254 BGB.[313] Teilweise wird in diesem Zusammenhang auch vertreten, dass Rechtsanwaltshonorare, die vereinbarungsgemäß nach Stundensätzen geschuldet werden, grds. erstattungsfähig seien.[314] Richtiger Auffassung nach sind jedoch auch Rechtsanwaltskosten in Höhe einer angemessenen Honorarvereinbarung, die über die gesetzliche Vergütung hinausgeht, zu ersetzen, wenn Schadensersatzansprüche wegen einer Pflichtverletzung geltend gemacht werden; die Schadensminderungspflicht des Geschädigten greift in einem solchen Fall nicht.[315]

Ist die **vereinbarte Vergütung niedriger als die gesetzliche Vergütung,** so soll der Geschädigte im Rahmen eines materiell-rechtlichen Kostenerstattungsanspruchs auch nur die tatsächlich von ihm gezahlte niedrigere vereinbarte Vergütung vom Schädiger erstattet verlangen können.[316] Allerdings sind auch hier unter den Voraussetzungen eines zulässig nach § 4a RVG vereinbarten Erfolgshonorars Regelungen denkbar und wirksam, die vorsehen, dass der nach einem materiell-rechtlichen Kostenerstattungsanspruch Zahlungspflichtige die Anwaltsvergütung in Höhe der gesetzlichen Gebühren nach dem RVG zu erstatten hat.

77a Nach stRspr des BGH kommt auch eine Anrechnung auf die Verfahrensgebühr gem. VV Vorb. 3 Abs. 4 RVG nicht in Betracht, wenn im Verhältnis zwischen der erstattungsberechtigten Partei und ihrem Prozessbevollmächtigten keine Geschäftsgebühr iSv VV 2300 RVG entstanden ist, sondern die Partei mit ihrem Prozessbevollmächtigten eine zulässige Honorarvereinbarung getroffen hat.[317] Die konsequente Umsetzung dieser Auffassung kann dazu führen, dass sich eine **Vergütungsvereinbarung zu Lasten des erstattungspflichtigen Prozessgegners** auswirkt. So scheidet eine Anrechnung der vorgerichtlichen Kosten aus einer Vergütungsvereinbarung auf die Verfahrensgebühr im Kostenfestsetzungsverfahren aus, wenn die erstattungsberechtigte Partei im Erkenntnisverfahren offenlegt, dass sie über ihre vorgerichtlichen Kosten eine Vergütungsvereinbarung mit ihrem Prozessbevollmächtigten getroffen hat, diese Kosten in Höhe einer vollen Geschäftsgebühr ersetzt verlangt und der erstattungspflichtige Beklagte dann die Klage in vollem Umfang anerkennt.[318]

XVII. Gebührenteilungsvereinbarungen

78 Bearbeiten mehrere Anwälte ein Mandat gemeinsam und vereinbaren sie die Aufteilung der anfallenden Gebühren untereinander, liegt eine Gebührenteilungsvereinbarung vor; Hauptanwendungsfall ist eine Gebührenteilung zwischen Verkehrsanwalt und Hauptbevollmächtigtem sowie zwischen Hauptbevollmächtigtem und Terminsvertreter.[319] Erteilt der Prozessbevollmächtigte einem Terminsvertreter im eigenen Namen den Auftrag zur Terminswahrnehmung, so wird kein Vertragsverhältnis zwischen der Partei und dem Terminsvertreter begründet; die Pflicht zur Entschädigung des Terminsvertreters richtet sich nach der Gebührenteilungsvereinbarung zwischen dem Terminsvertreter und dem Prozessbevollmächtigten, der für die Ansprüche des Terminsvertreters einzustehen hat.[320] Gebührenteilungsvereinbarungen sind keine Vergütungsvereinbarungen iSv § 3a RVG und unterliegen daher auch nicht den für Vergütungsvereinbarungen vorgesehenen Formvorschriften.[321]

XVIII. Übergangsrecht

79 In § 61 Abs. 2 RVG kommt der allgemeine Rechtsgedanke zum Ausdruck, dass der Anwaltsauftrag und die Vereinbarung über die Vergütung für diesen Auftrag nicht so miteinander verknüpft sind, dass die Regelungen über die Vergütung zwangsläufig an den Zeitpunkt der Auftragserteilung gekoppelt sein müssen, wenn die Vereinbarung über die Vergütung auf dem

---

313 *Enders* JurBüro 2009, 1 ff. (2).

314 *Schlosser* NJW 2009, 2413.

315 OLG Koblenz NJW 2009, 1153; OLG München BeckRS 2010, 18258 mAnm *Mayer* FD-RVG 2010, 307046.

316 *Enders* JurBüro 2009, 1 ff. (3); *Schneider* Vergütungsvereinbarung Rn. 2303.

317 BGH BeckRS 2014, 22638 = NJOZ 2015, 315 mAnm *Mayer* FD-RVG 2015, 364966.

318 OLG Hamburg, BeckRS 2015, 03469 = NJOZ 2015, 769 mAnm *Mayer* FD-RVG 2015, 367342.

319 *Schneider* Vergütungsvereinbarung Rn. 124.

320 BGH NJW 2001, 753; 2006, 3569; NJOZ 2006, 4454.

321 BGH NJW 2001, 753; 2006, 3569; NJOZ 2006, 4454; Schneider Vergütungsvereinbarung Rn. 123; Schneider/Wolf/*Onderka/N. Schneider* RVG § 3a Rn. 146.

freien Willensentschluss des Auftraggebers beruht. Für den Abschluss einer Vergütungsvereinbarung sind daher nicht die im Zeitpunkt der unbedingten Auftragserteilung, sondern die im Zeitpunkt des Zustandekommens der Vereinbarung geltenden rechtlichen Regelungen maßgeblich.[322]

XIX. Verjährungshemmung

Eine auf eine (unwirksame) anwaltliche Honorarvereinbarung gestützte Honorarklage hemmt wegen des einheitlichen Streitgegenstands auch die Verjährung des gesetzlichen Vergütungsanspruchs, dies gilt auch dann, wenn der Anwalt in der Klageschrift nicht auch zu den Voraussetzungen des gesetzlichen Gebührenanspruchs vorträgt.[323] **80**

XX. Muster

1. Zeithonorarvereinbarung **81**

Vergütungsvereinbarung

zwischen

…

– im Folgenden Mandant genannt –

und

Rechtsanwalt …

– im Folgenden Anwalt genannt –

§ 1 Vergütungsvereinbarung

Für die Beratung und Vertretung des Mandanten in der außergerichtlichen Angelegenheit … vereinbaren die Parteien ein Zeithonorar des Rechtsanwalts iHv … EUR netto pro Stunde.

Der Zeitaufwand wird minutengenau erfasst und der Abrechnung zugrunde gelegt.

§ 2 Hinweis auf begrenzte Kostenerstattung

Die gegnerische Partei, ein Verfahrensbeteiligter oder die Staatskasse hat im Falle der Kostenerstattung regelmäßig nicht mehr als die gesetzliche Vergütung zu erstatten.

§ 3 Sonstige Kosten

Auslagen (Kosten für Fotokopien, Fahrtkosten und ähnliches) und Umsatzsteuer richten sich nach den VV 7000 ff. RVG.

§ 4 Anrechnung

Eine Anrechnung des vereinbarten Zeithonorars auf evtl. in einem späteren gerichtlichen Verfahren anfallende Gebühren wird ausgeschlossen.

…, den ....

(Mandant)

…, den ....

(Rechtsanwalt)

2. Vereinbarung einer Pauschalvergütung **82**

Vergütungsvereinbarung

zwischen

…

– im Folgenden Mandant genannt –

und

Rechtsanwalt …

– im Folgenden Anwalt genannt –

---

[322] BGH BeckRS 2011, 26367 = NJOZ 2012, 926 mAnm *Mayer* FD-RVG 2011, 325631.
[323] OLG Hamm NJOZ 2012, 928 = AGS 2012, 438.

§ 1 Vergütungsvereinbarung

Für die Einlegung und Begründung der Verfassungsbeschwerde gegen das Urteil des LG …, Az. …, vom … und des OLG …, Az. …, vom … zahlt der Mandant an den RA ein Pauschalhonorar iHv … EUR netto.

Sollte die gesetzliche Vergütung für die vorgenannte Tätigkeit über dem vereinbarten Pauschalhonorar liegen, ist die gesetzliche Vergütung maßgebend.

§ 2 Abgeltungsbereich

Sollten über die Einlegung und Begründung der Verfassungsbeschwerde und der Übermittlung gerichtlicher Verfügungen oder Entscheidungen hinaus weitere anwaltliche Tätigkeiten erforderlich werden, insbes. weitere Schriftsätze erstellt oder Termine wahrgenommen werden müssen, werden die Parteien gesondert eine Vereinbarung über die weitere Vergütung dieser Tätigkeiten treffen.

§ 3 Hinweis auf begrenzte Kostenerstattung

Die gegnerische Partei, ein Verfahrensbeteiligter oder die Staatskasse hat im Falle der Kostenerstattung regelmäßig nicht mehr als die gesetzliche Vergütung zu erstatten.

§ 4 Sonstige Kosten

Auslagen (Kosten für Fotokopien, Fahrtkosten und ähnliches) und Umsatzsteuer richten sich nach den VV 7000 ff. RVG.

…, den ....
(Mandant)

…, den ....
(Rechtsanwalt)

§ 4 Erfolgsunabhängige Vergütung

(1) [1]**In außergerichtlichen Angelegenheiten kann eine niedrigere als die gesetzliche Vergütung vereinbart werden.** [2]**Sie muss in einem angemessenen Verhältnis zu Leistung, Verantwortung und Haftungsrisiko des Rechtsanwalts stehen.** [3]**Liegen die Voraussetzungen für die Bewilligung von Beratungshilfe vor, kann der Rechtsanwalt ganz auf eine Vergütung verzichten.** [4]**§ 9 des Beratungshilfegesetzes bleibt unberührt.**

(2) [1]**Der Rechtsanwalt kann sich für gerichtliche Mahnverfahren und Zwangsvollstreckungsverfahren nach den §§ 802a bis 863 und 882b bis 882f der Zivilprozessordnung verpflichten, dass er, wenn der Anspruch des Auftraggebers auf Erstattung der gesetzlichen Vergütung nicht beigetrieben werden kann, einen Teil des Erstattungsanspruchs an Erfüllungs statt annehmen werde.** [2]**Der nicht durch Abtretung zu erfüllende Teil der gesetzlichen Vergütung muss in einem angemessenen Verhältnis zu Leistung, Verantwortung und Haftungsrisiko des Rechtsanwalts stehen.**

(3) [1]**In der Vereinbarung kann es dem Vorstand der Rechtsanwaltskammer überlassen werden, die Vergütung nach billigem Ermessen festzusetzen.** [2]**Ist die Festsetzung der Vergütung dem Ermessen eines Vertragsteils überlassen, gilt die gesetzliche Vergütung als vereinbart.**

Übersicht

I. Allgemeines

1 Unter der etwas irreführenden Überschrift „erfolgsunabhängige Vergütung" – die Vergütungsregelung für Beitreibungssachen in Abs. 2 ist hingegen im Grunde eine klassisch erfolgsbezogene Vergütungsregelung – übernimmt der Gesetzgeber ohne wesentliche inhaltliche Änderungen die Regelungen aus § 4 Abs. 2, Abs. 3 RVG aF[1]

2 Nach **§ 49b Abs. 1 BRAO** ist es unzulässig, geringere Gebühren und Auslagen zu vereinbaren oder zu fordern, als das Rechtsanwaltsvergütungsgesetz vorsieht, soweit dieses nichts anderes bestimmt. Zwar gestattet § 49b Abs. 1 S. 2 BRAO dem RA, besonderen Umständen in der Person des Auftraggebers, insbes. dessen Bedürftigkeit, Rechnung zu tragen durch Ermäßigung oder Erlass von Gebühren und Auslagen nach Erledigung des Auftrags. § 49b Abs. 1 S. 2 BRAO regelt jedoch nicht eine Form der Vergütungsvereinbarung, sondern erlaubt lediglich nach Abschluss des Mandats einen Gebührenerlass, sofern besondere Umstände in der Person des Mandanten dies rechtfertigen. Dies geschieht in Form eines Erlassvertrages, der bloße Erlass ist aber keine Vereinbarung einer Vergütung iSv § 3a RVG.[2] Eine Ausnahme vom generellen Verbot des Unterschreitens der gesetzlichen Gebühren nach § 49b Abs. 1 S. 1 BRAO enthalten jedoch § 4 Abs. 1, 2 RVG.

II. Außergerichtliche Angelegenheiten (Abs. 1)

3 § 4 Abs. 1 S. 1 RVG erlaubt nunmehr, dass in **außergerichtlichen Angelegenheiten** eine niedrigere als die gesetzliche Vergütung vereinbart werden kann. Bislang sah § 4 Abs. 2 S. 1 RVG aF lediglich vor, dass in außergerichtlichen Angelegenheiten „Pauschalvergütungen und Zeitvergütungen" vereinbart werden konnten, die niedriger sind als die gesetzlichen Gebühren. Der Meinungsstreit, der sich daran entzündet hatte, wie streng die Begriffe Pauschal- und Zeitvergütungen zu verstehen sind,[3] hat sich mit der Neufassung erledigt. In außergerichtlichen Angelegenheiten kann nunmehr eine niedrigere als die gesetzliche Vergütung vereinbart werden, auf die Art der rechtstechnischen Umsetzung – sei es Pauschalhonorar, Zeithonorar oder durch Vereinbarung eines Bruchteils der gesetzlichen Gebühren – kommt es nunmehr eindeutig nicht mehr an.

4 Ob eine gerichtliche oder außergerichtliche Angelegenheit vorliegt, richtet sich danach, ob sich die Tätigkeit des Anwalts auf ein gerichtliches Verfahren bezieht oder nicht.[4]

5 Nach § 4 Abs. 1 S. 2 RVG muss jedoch die in außergerichtlichen Angelegenheiten vereinbarte, unter den gesetzlichen Gebühren liegende Vergütung in einem angemessenen Verhältnis zu Leistung, Verantwortung und Haftungsrisiko des RA stehen. Der Gesetzgeber wollte ohne inhaltliche Änderungen die Regelungen aus dem bisherigen Abs. 2 von § 4 RVG aF übernehmen.[5]

6 § 4 Abs. 1 S. 2 RVG zeigt die **Untergrenze** auf. Der Anwalt soll insbes. davor geschützt werden, dass wirtschaftlich übermächtige Auftraggeber ihn bei unter den gesetzlichen Gebühren liegenden Vergütungsvereinbarungen ausnutzen.[6] Wo diese Untergrenze verläuft, lässt sich schwer präzise allgemeingültig beziffern. Teilweise wird vertreten, dass die Beschränkung des Gesetzes auf die Kriterien Leistung, Verantwortung und Haftungsrisiko des Anwalts nicht bedeutet, dass die Parteien nicht auch noch weitere Gesichtspunkte bei der Festlegung der Gesamtvergütung und ihrer Bestandteile berücksichtigten dürften, dass somit der Vorschrift kein abschließender Charakter zukomme, dass aber die Prüfung, ob sich eine bestimmte Vereinbarung nach dem Gesetz als zulässig darstelle, nur auf den drei Kriterien Leistung, Verantwortung und Haftungsrisiko beruhe.[7] Nach anderer Auffassung ist eine Gesamtschau der Tätigkeit des

[1] BT-Drs. 16/8384, 10.
[2] Hartung/Römermann/Schons/*Römermann* RVG § 4 Rn. 118.
[3] Zum Streitstand bei der Vorgängerregelung *Mayer* Gebührenformulare Teil 1 § 1 Rn. 131.
[4] Mayer/Kroiß/*Teubel* RVG § 4 Rn. 3.
[5] BT-Drs. 16/8384, 10.
[6] Mayer/Kroiß/*Teubel* RVG § 4 Rn. 10.
[7] Hartung/Römermann/Schons/*Römermann* RVG § 4 Rn. 49 zur Vorgängerregelung § 4 aF.

Anwalts wesentlich und die Prüfung anzuschließen, ob die Vergütung „dazu völlig aus dem Rahmen" fällt.[8]

7 Die Rspr. hat sich in diesem Zusammenhang vor allem unter wettbewerbsrechtlichen Aspekten mit dem Problem des **Preisdumpings** befasst.[9] Beanstandet wurden von den Instanzgerichten ein Gebührenrahmen zwischen 10,– EUR und 50,– EUR für eine arbeitsrechtliche Beratung[10] und das Angebot, den Forderungseinzug bei Forderungen zwischen 5.000,– EUR und 1,5 Mio. EUR zu einem Pauschalpreis von 75,– EUR netto durchzuführen.[11] Auch nach dem Wegfall der gesetzlichen Gebührentatbestände für die anwaltliche Beratung am 1.7.2006 wurde eine pauschale Beratungsgebühr für Verbraucher von 20,– EUR inklusive MwSt in allen Angelegenheiten als Verstoß gegen § 4 Abs. 2 S. 3 RVG aF gewertet.[12] Der BGH hat jedoch zumindest für den Bereich der Erstberatung eines Verbrauchers die Werbung mit einer Pauschalgebühr von 10,– EUR bis 50,– EUR als zulässig angesehen.[13] Bemerkenswert an dieser Entscheidung ist weiter, dass das Gericht ausdrücklich dem Anwalt ein weites Ermessen bei der Vereinbarung der Vergütung im außergerichtlichen Bereich zubilligt. Beim Kriterium der Leistung könne daher der Anwalt der von ihm aufgewandten Zeit maßgebliches Gewicht beimessen, zwischen den Kriterien Verantwortung und Haftung sei kein wesentlicher sachlicher Unterschied ersichtlich, das bei Übernahme eines Mandats bestehende Haftungsrisiko sei für den RA häufig erst nach dem ersten Beratungsgespräch einzuschätzen.[14] Als **Fazit** ist somit festzuhalten, dass bei der Vereinbarung der Vergütung im außergerichtlichen Bereich dem Anwalt ein weites Ermessen zukommt, und dass die vom Gesetz genannten regulierenden Kriterien des angemessenen Verhältnisses von Vergütung zu Leistung, Verantwortung und Haftungsrisiko des RA gerade bei einer reinen Erstberatung auch werbewirksame „Dumpingpreise" erlauben. Der BGH ist mittlerweile noch einen Schritt weiter gegangen und hat sich auf den Standpunkt gestellt, dass die Angemessenheitskriterien des § 4 Abs. 1 S. 2 RVG auf eine Gebührenvereinbarung nach § 34 Abs. 1 S. 1 RVG nicht anwendbar sind. § 4 Abs. 1 S. 2 RVG schließe an § 4 Abs. 1 S. 1 RVG an, setze also eine gesetzlich vorgeschriebene Vergütung voraus, für eine Vergütung, die nicht gesetzlich vorgeschrieben sei, gelte § 4 Abs. 1 S. 2 RVG nicht. Auch stünde eine Bindung einer Vereinbarung nach § 34 RVG an den Maßstab des § 4 Abs. 1 S. 2 RVG in deutlichem Widerspruch zu den in § 34 Abs. 1 S. 3 RVG bindend vorgeschriebenen Höchstgebühren, die unabhängig von der wirtschaftlichen Bedeutung und dem Umfang der Sache gelten. Demzufolge darf ein Rechtsanwalt kostenlose Erstberatungen für Personen zB anbieten, die einen Verkehrsunfall erlitten haben.[15]

III. Tätigkeit pro bono

8 Mit der Einführung von § 4 Abs. 1 S. 3 RVG hat durch das Gesetz zur Änderung des Prozesskostenhilfe- und Beratungshilferechts[16] hat der Gesetzgeber mit Wirkung ab 1.1.2014 die Möglichkeit geschaffen, **unentgeltlich (pro bono)** tätig zu werden, wenn die Voraussetzungen für die Bewilligung von Beratungshilfe vorliegen. Nach altem Recht war dies allenfalls für die außergerichtliche – reine – Beratung möglich, nicht aber für Vertretungsfälle, soweit nicht nur ein nachträglich zulässiger Erlass nach § 49b Abs. 1 S. 2 BRAO vorlag. Denn § 49b Abs. 1 S. 1 BRAO bestimmt, dass die Vereinbarung geringerer Gebühren als nach dem RVG vorgesehen unzulässig ist, soweit dieses nichts anderes bestimmt. Nach § 4 Abs. 1 S. 1, 2 RVG konnte eine niedrigere als die gesetzliche Vergütung vereinbart werden, wenn sie in angemessenem Verhältnis zur Leistung, Verantwortung und Haftung des Anwalts steht. Da § 34 Abs. 1 RVG für die außergerichtliche Beratung keine gesetzliche Gebühr vorsieht, steht § 4 Abs. 1 RVG einer unentgeltlichen Tätigkeit insoweit zwar nicht entgegen. Anders gestaltet sich aber die Rechtslage, wenn der Rechtsuchende vertreten werde: Keine noch so geringe Leistung nebst Verantwortung und Haftungsrisiko wird hier in einem „angemessenen Verhältnis" zum vollständigen Verzicht auf Bezahlung liegen.[17] Nach Auffassung des Gesetzgebers widersprechen die strikten

[8] Mayer/Kroiß/*Teubel* RVG § 4 Rn. 11.
[9] Schneider/Wolf/*Onderka/N. Schneider* RVG § 4 Rn. 16.
[10] OLG Hamm NJW 2004, 3269.
[11] OLG Köln NJW 2006, 923.
[12] LG Ravensburg NJW 2006, 2930.
[13] BGH AnwBl 2007, 870 f.
[14] BGH AnwBl 2007, 870 f.
[15] BGH NJW 2017, 2554 mit kritischer Anm. *Kilian;* Anm. *Mayer* FD-RVG 2017, 393704.
[16] BGBl. 2013 I 3533.
[17] BT-Drs. 17/11472, 49.

Einschränkungen unentgeltlicher Tätigkeit praktischen Bedürfnissen; nach einer Studie aus dem Jahr 2011 würden bereits derzeit ²/₃ aller Anwälte mehrere Mandate pro Jahr pro bono bearbeiten. Zusätzlich sei davon auszugehen, dass in etlichen Fällen, in denen Anwälte Beratungshilfe leisteten, aus Gründen mangelnder Verhältnismäßigkeit von Aufwand und Ertrag darauf verzichtet werde, ein Vergütungsantrag zu stellen.[18]

Der Anwalt kann somit für eine außergerichtliche Tätigkeit in Beratungshilfefällen auf eine Vergütung ganz verzichten, dies gilt allerdings nur dann, wenn die Voraussetzungen für die Bewilligung von Beratungshilfe vorliegen. Das Beurteilungsrisiko dieser Voraussetzung dürfte beim Anwalt liegen.[19] Um sich insoweit auf berufsrechtlich sicherem Boden zu bewegen, ist es daher empfehlenswert, dass sich der Anwalt einen möglichst präzisen Überblick über die persönlichen und wirtschaftlichen Verhältnisse des Mandanten verschafft und dabei, bspw. durch die Ausfüllung und Unterzeichnung eines Prozesskostenhilfeformulars durch den Mandanten, auch für eine hinreichende Dokumentation sorgt.[20]

Nach dem Willen des Gesetzgebers soll aber ein **erstattungspflichtiger Gegner** von einem Vergütungsverzicht des pro bono tätig gewordenen Anwalts nicht profitieren, § 4 Abs. 1 S. 4 RVG bestimmt daher ausdrücklich, dass § 9 BerHG für anwendbar erklärt wird.[21]

Hervorzuheben ist ferner, dass der **Rechtsuchende** jedoch **nicht verpflichtet ist,** vorrangig unentgeltlich anwaltliche Beratung oder Vertretung in Anspruch zu nehmen, § 1 Abs. 2 S. 2 BerHG bestimmt daher ausdrücklich, dass die Möglichkeit, sich durch einen RA unentgeltlich beraten oder vertreten zu lassen, keine andere Möglichkeit der Hilfe iSv § 1 Nr. 2 BerHG ist.[22]

IV. Beitreibungssachen

§ 4 Abs. 2 RVG übernahm ohne inhaltliche Änderungen die Regelung aus § 4 Abs. 2 S. 2 RVG und § 4 Abs. 2 S. 3 Alt. 1 RVG aF. In bestimmten **Beitreibungssachen** kann abweichend von dem Grundsatz des § 49b Abs. 1 S. 1 BRAO vereinbart werden, dass dann, wenn der Anspruch des Auftraggebers auf Erstattung der gesetzlichen Vergütung nicht beigetrieben werden kann, der Anwalt einen Teil des Erstattungsanspruchs an Erfüllung Statt annimmt. Allerdings muss der nicht durch Abtretung zu erfüllende Teil der gesetzlichen Vergütung in einem angemessenen Verhältnis zu Leistung, Verantwortung und zum Haftungsrisiko des RA stehen. 9

1. Anwendungsbereich

Die Regelung gilt für das gerichtliche Mahnverfahren und für Zwangsvollstreckungsverfahren nach den §§ 802a–863, 882b–882f ZPO. 10

Neben dem Mahnverfahren erfasst die Regelung somit folgende Zwangsvollstreckungsverfahren:
- Mobiliarvollstreckung in das bewegliche Vermögen (§§ 803ff. ZPO)[23]
- Zwangsvollstreckung in Forderungen und andere Vermögenswerte (§§ 828ff. ZPO)[24]
- Verfahren auf Abgabe der Vermögensauskunft (§§ 802c ff. ZPO) einschließlich der Löschung im Schuldnerverzeichnis (§ 882e ZPO), der Verhaftung des Schuldners (§§ 802g f. ZPO) und der Auskunft aus dem Schuldnerverzeichnis (§ 882f ZPO).[25]

Die Regelung nach § 4 Abs. 2 S. 1 RVG gilt somit nicht für folgende Verfahren: 11
- Vollstreckung in das unbewegliche Vermögen (§§ 864ff. ZPO)[26]
- Verteilungsverfahren (§§ 872ff. ZPO)[27]
- Zwangsvollstreckung gegen juristische Personen des öffentlichen Rechts (§ 882a ZPO)[28]
- Zwangsvollstreckung zur Erwirkung der Herausgabe von Sachen oder zur Erwirkung von Handlungen oder Unterlassungen (§§ 883ff. ZPO).[29]

---

[18] BT-Drs. 17/11472, 49.
[19] *Mayer* Neues GebührenR § 1 Rn. 15.
[20] *Mayer* Neues GebührenR § 1 Rn. 15.
[21] BT-Drs. 17/11472, 49.
[22] BT-Drs. 17/11472, 49f.
[23] Schneider/Wolf/*Onderka/N. Schneider* RVG § 4 Rn. 26; *Schneider* Vergütungsvereinbarung Rn. 294; Mayer/Kroiß/*Teubel* RVG § 4 Rn. 7.
[24] Schneider/Wolf/*Onderka* § 4 Rn. 26; *Schneider* Vergütungsvereinbarung Rn. 294; Mayer/Kroiß/*Teubel* RVG § 4 Rn. 7.
[25] Schneider/Wolf/*Onderka/N. Schneider* RVG § 4 Rn. 26; Schneider Vergütungsvereinbarung Rn. 294.
[26] Schneider/Wolf/*Onderka/N. Schneider* RVG § 4 Rn. 27; Schneider Vergütungsvereinbarung Rn. 295.
[27] Schneider/Wolf/*Onderka/N. Schneider* RVG § 4 Rn. 27; Schneider Vergütungsvereinbarung Rn. 295.
[28] Schneider/Wolf/*Onderka/N. Schneider* RVG § 4 Rn. 27; Schneider Vergütungsvereinbarung Rn. 295.
[29] Schneider/Wolf/*Onderka/N. Schneider* RVG § 4 Rn. 27; Schneider Vergütungsvereinbarung Rn. 295.

12 Die Regelung des § 4 Abs. 2 S. 1 RVG gilt ferner zunächst für das Mahnverfahren, dazu gehören aber auch die Verfahren auf Erlass eines Vollstreckungsbescheids.[30] Auch Erinnerungen oder Beschwerden innerhalb der Verfahren auf Erlass des Mahnbescheids oder eines Vollstreckungsbescheids dürften hiervon erfasst sein.[31]

2. Fehlende Beitreibbarkeit

13 Liegt ein gerichtliches Mahnverfahren vor oder ein Zwangsvollstreckungsverfahren, welches in den Anwendungsbereich von § 4 Abs. 2 S. 1 RVG fällt, ist weitere Voraussetzung, dass der Anspruch des Auftraggebers auf Erstattung der gesetzlichen Vergütung nicht beigetrieben werden kann. Eine ungewisse oder zweifelhafte Beitreibbarkeit reicht nicht.[32] Eine Vergütungsvereinbarung in Beitreibungssachen, bei der sich der RA verpflichtet, einen Teil des Erstattungsanspruchs des Mandanten an Erfüllung Statt anzunehmen, ist somit nur wirksam, wenn sie für den Fall gilt, dass der Anspruch des Auftraggebers auf Erstattung der gesetzlichen Vergütung beim Schuldner nicht beigetrieben werden kann, unzulässig ist eine solche Vereinbarung jedoch, wenn sie lediglich an die Ungewissheit oder die Zweifelhaftigkeit der Beitreibbarkeit der gesetzlichen Vergütung anknüpft. Die am Wortlaut der gesetzlichen Bestimmung orientierte Auslegung führt somit eindeutig dazu, dass Voraussetzung für eine Vergütungsvereinbarung nach § 4 Abs. 2 S. 1 RVG die fehlende Beitreibbarkeit des Anspruchs des Auftraggebers auf Erstattung der gesetzlichen Vergütung vom Schuldner ist. So griffig dieses Kriterium auf den ersten Blick klingt, so ungenau ist es jedoch in der Praxis. Denn ab wann ist ein Anspruch beim Schuldner nicht beitreibbar? Genügt ein erster Zwangsvollstreckungsversuch, oder muss mindestens das Verfahren zur Abgabe der eidesstattlichen Versicherung betrieben werden? Oder wie steht es mit Schuldnern, die sich zwar in einer aktuellen wirtschaftlichen Krise befinden, bei denen aber eine hohe Erwartung besteht, dass die Forderung später doch noch realisiert werden kann? Richtiger Auffassung nach ist der **Begriff der „Nichtbeitreibbarkeit" wertend auszulegen;** eine völlig aussichtslose Beitreibbarkeitslage ist zwar nicht erforderlich, zumindest aber ein erfolgloser Vollstreckungsversuch.[33]

3. Zeitpunkt von Vereinbarung und Abtretung

14 Der Wortlaut von § 4 Abs. 2 S. 1 RVG („annehmen werde") legt nahe, dass nach den Vorstellungen des Gesetzgebers die Vergütungsvereinbarung in den von § 4 Abs. 2 S. 1 RVG erfassten Beitreibungssachen im Voraus abgeschlossen werden soll.[34] Praktischen Bedürfnissen dürfte aber in diesem Zusammenhang eher eine etwas großzügigere Auslegung Rechnung tragen; richtiger Auffassung nach kann eine Vergütungsvereinbarung iSv § 4 Abs. 2 S. 1 RVG auch noch nach Einleitung des Mahnverfahrens und auch noch nach Einleitung von Zwangsvollstreckungsmaßnahmen abgeschlossen werden.[35]

4. Abtretung an Erfüllung Statt

15 Die Abtretung eines Teils des Erstattungsanspruchs gegen den Schuldner an Erfüllung Statt bedeutet, dass der Vergütungsanspruch des Anwalts nach dem RVG gegenüber dem Auftraggeber insoweit erlischt, er kann sich daraufhin nur noch an den Erstattungsschuldner, nicht aber an den Mandanten halten.[36] Der Anwalt wird damit alleiniger Inhaber des abgetretenen Teils des Erstattungsanspruchs, er kann diesen wiederum an einen Dritten abtreten, die Forderung erlassen oder mit ihr aufrechnen.[37] Bei weiteren Beitreibungsversuchen hat ausschließlich der RA für die hierdurch entstehenden Kosten aufzukommen.[38]

16 § 4 Abs. 2 S. 1 RVG spricht ausdrücklich davon, dass der RA **„einen Teil"** des Erstattungsanspruchs des Mandanten an Erfüllung Statt annehmen kann. Hieraus hat sich dann die Streitfrage entwickelt, ob auf Grund dieser Formulierung es ausgeschlossen ist, dass die Erstattungs-

[30] Schneider Vergütungsvereinbarung Rn. 292.
[31] *Schneider* Vergütungsvereinbarung Rn. 292.
[32] Hartmann/Toussaint/*Toussaint* RVG § 4 Rn. 21; Gerold/Schmidt/*Madert,* 17. Aufl. 2006, RVG § 4 Rn. 6; aA Hartung/Römermann/Schons/*Römermann* RVG § 4 Rn. 39.
[33] Bischof/*Bischof* RVG § 4 Rn. 14; ähnlich Hartung/Römermann/Schons/*Römermann* RVG § 4 Rn. 39, der auch einen aller Wahrscheinlichkeit nach fehlschlagenden ersten Vollstreckungsversuch genügen lässt.
[34] Hartung/Römermann/Schons/*Römermann* RVG § 4 Rn. 35.
[35] Hartung/Römermann/Schons/*Römermann* RVG § 4 Rn. 36; Bischof/*Bischof* RVG § 4 Rn. 13.
[36] Hartung/Römermann/Schons/*Römermann* RVG § 4 Rn. 41.
[37] Hartung/Römermann/Schons/*Römermann* RVG § 4 Rn. 42; Bischof/*Bischof* RVG § 4 Rn. 15.
[38] Hartung/Römermann/Schons/*Römermann* RVG § 4 Rn. 42.

ansprüche des Mandanten insgesamt an den Anwalt abgetreten werden.[39] Die in diesem Zusammenhang geäußerte Auffassung, bei einer Zulässigkeit einer Gesamtabtretung der Erstattungsansprüche des Mandanten wäre die in § 4 Abs. 2 S. 2 RVG angeordnete Verhältnismäßigkeitsprüfung nicht mehr möglich,[40] verkennt jedoch den Regelungsmechanismus des Gesetzes. Sinn und Zweck der durch § 4 Abs. 2 RVG erlaubten Vergütungsvereinbarungen in bestimmten Beitreibungssachen ist, dass das Ausfallrisiko teilweise vom Auftraggeber auf den Anwalt verlagert wird.[41] Der Gesetzgeber erlaubt jedoch nur die Verlagerung des Ausfallrisikos auf den Anwalt, soweit sie sich auf einen angemessenen Teil seiner gesetzlichen Vergütung beschränkt.[42] Die Vergütung des Anwalts setzt sich somit in diesen Beitreibungsangelegenheiten zusammen aus einem Anteil, der vom Mandanten zu bezahlen ist, und aus einem weiteren Teil, für den er selbst das Ausfallrisiko übernommen hat, weil er die Erstattungsansprüche des Auftraggebers an Erfüllung Statt annimmt. Es ist kein zwingender Grund erkennbar, weshalb ein Teil der Erstattungsansprüche gegen den Schuldner zwingend in der Hand des Mandanten verbleiben sollte. Die Abwicklung wird erheblich vereinfacht, wenn der Erstattungsanspruch in einer Hand bleibt.[43] Auch der weitere Einwand gegen die Auffassung, dass eine Gesamtabtretung zulässig ist, dass nämlich dann die in S. 2 angeordnete Verhältnismäßigkeitsprüfung nicht mehr möglich sei, greift nicht durch. Denn die Verhältnismäßigkeitsprüfung setzt nicht an bei dem Teil der Erstattungsansprüche, die abgetreten worden sind, sondern knüpft an den nicht durch Abtretung zu erfüllenden Teil der gesetzlichen Vergütung an, also an den Vergütungsanteil, den der Mandant dem RA auf jeden Fall schuldet und hinsichtlich dessen auch der Anwalt keine Erstattungsansprüche gegen den Schuldner an Erfüllung Statt annimmt.

5. Angemessenheitsprüfung

Nach § 4 Abs. 2 S. 2 RVG muss der nicht durch Abtretung zu erfüllende Teil der gesetzlichen Vergütung des Anwalts bei Beitreibungssachen in einem angemessenen Verhältnis zur Leistung, Verantwortung und zum Haftungsrisiko des RA stehen. 17

a) Leistung. Unter Leistung iSv § 4 Abs. 2 S. 2 RVG wird allgemein der Umfang und die Schwierigkeit der anwaltlichen Tätigkeit verstanden, so soll der wirtschaftliche Erfolg der anwaltlichen Tätigkeit Berücksichtigung finden.[44] Die Rspr. tendiert in diesem Zusammenhang wohl dazu, in erster Linie dem Zeitaufwand des Anwalts maßgebliches Gewicht beizumessen.[45] 18

b) Verantwortung und Haftungsrisiko. Soweit diesen Begriffen überhaupt inhaltliche Unterschiede beigemessen werden, wird unter Verantwortung das weite Feld der nicht selten problematischen anwaltlichen Zweckmäßigkeitserwägungen verstanden, also Prozessrisiko, Beurteilung der Beitreibbarkeit, Zurückhalten von Angriffs- und Verteidigungsmitteln im Prozess zum Zwecke der Überraschung des Gegners, unter Haftungsrisiko hingegen die Streitwerthöhe, ein besonders risikoreicher Prozess, ein besonders streitsüchtiger Mandant oder mehrere inhomogene Auftraggeber.[46] Richtiger Auffassung nach ist jedoch zwischen den Kriterien Verantwortung und Haftung kein wesentlicher sachlicher Unterschied gegeben.[47] 19

c) Sonstige Kriterien. Obwohl der Gesetzeswortlaut eher darauf hindeutet, dass die drei genannten Kriterien Leistung, Verantwortung und Haftungsrisiko abschließend gemeint sind, ist es nach überwiegender Meinung zulässig, in diesem Zusammenhang auch auf weitere Gesichtspunkte bei der Angemessenheitsprüfung zurückzugreifen.[48] 20

d) Angemessenheit. Welches Verhältnis zwischen der Vergütungspflicht des Mandanten und dem durch Abtretung zu erfüllenden Teil der gesetzlichen Vergütung des Anwalts noch angemessen ist, steht weitgehend im Ermessen der Parteien.[49] Teilweise wird damit argumentiert, dass der Anwalt davor geschützt werden solle, dass der wirtschaftlich übermächtige Auf- 21

---

[39] Für die Zulässigkeit Hartung/Römermann/Schons/*Römermann* RVG § 4 Rn. 44; nunmehr auch Bischof/*Bischof* RVG § 4 Rn. 15; aA Bischof/*Bischof*, 2. Aufl. 2007, RVG § 4 Rn. 68.

[40] Bischof/*Bischof*, 2. Aufl. 2007, RVG § 4 Rn. 68.

[41] Schneider Vergütungsvereinbarung Rn. 290; Schneider/Wolf/*Onderka/N. Schneider* RVG § 4 Rn. 28.

[42] Hartmann/Toussaint/*Toussaint* RVG § 4 Rn. 22.

[43] Hartung/Römermann/Schons/*Römermann* RVG § 4 Rn. 44.

[44] Gerold/Schmidt/*Madert*, 17. Aufl. 2006, RVG § 4 Rn. 66; Hartung/Römermann/Schons/*Römermann* RVG § 4 Rn. 48; Bischof/*Bischof* RVG § 4 Rn. 17.

[45] BGH AnwBl 2007, 870.

[46] Bischof/*Bischof* RVG § 4 Rn. 18 f.

[47] BGH AnwBl 2007, 870; Hartung/Römermann/Schons/*Römermann* RVG § 4 Rn. 48.

[48] Hartung/Römermann/Schons/*Römermann* RVG § 4 Rn. 49; Bischof/*Bischof* RVG § 4 Rn. 20.

[49] Bischof/*Bischof* RVG § 4 Rn. 20; Hartung/Römermann/Schons/*Römermann* RVG § 4 Rn. 50.

traggeber ihn bei derartigen Vergütungsvereinbarungen ausnutzt.[50] Andere wiederum stellen darauf ab, dass eine Art Arbeitsteilung zwischen Anwalt und Auftraggeber stattfinden müsse, je mehr der Mandant sich durch konkrete Mitarbeit, bspw. durch Bearbeitung des Mahn- und Vollstreckungsauftrages, der Errechnung der Forderungsaufstellung, des Einreichens und Ausfüllens der Formulare usw im Mahnverfahren und in der Zwangsvollstreckung beteilige, desto höher könne der Anteil des an Erfüllung Statt abgetretenen Honorars sein.[51] Der Gesichtspunkt der Arbeitsteilung findet jedoch in diesem Zusammenhang im Gesetz keinerlei Stütze. Richtiger Auffassung nach ist wesentlich eine Gesamtschau der Tätigkeit des Anwalts und die Prüfung, ob die vom Mandanten zu entrichtende Vergütung hierzu völlig „aus dem Rahmen fällt".[52] Mit den genannten Kriterien auf jeden Fall nicht zu vereinbaren dürfte bspw. sein, den Forderungseinzug bei Forderungen zwischen 5.000,– EUR und 1,5 Mio. EUR zu einem Pauschalpreis von 75,– EUR netto durchzuführen.[53]

V. Ermessen des Vorstands der RA-Kammer (Abs. 3)

22 Nach § 4 Abs. 3 S. 1 RVG kann es in der Vergütungsvereinbarung dem Vorstand der RA-Kammer überlassen werden, die Vergütung nach billigem Ermessen festzusetzen. Die zuständige RA-Kammer bestimmt dann nach Eintritt der Fälligkeit die Höhe der Vergütung, die der Anwalt dem Auftraggeber in Rechnung stellen kann.[54] Die praktische Bedeutung der Vorschrift ist jedoch gering.[55] Zuständig ist die Kammer am Kanzleisitz des Rechtsanwalts, der betroffen ist und nicht etwa die Kammer, die am Wohnsitz der Partei oder am Gerichtssitz „residiert".[56]

23 Nach § 4 Abs. 3 S. 2 RVG kann die Festsetzung der Vergütung jedoch nicht dem Ermessen eines Vertragsteils überlassen werden; kraft Gesetzes wird eine derartige Regelung in die Vereinbarung der gesetzlichen Vergütung umgedeutet.[57]

24 § 4 Abs. 3 RVG regelt die Festsetzung der Vergütung durch den Vorstand der Rechtsanwaltskammer oder durch einen Vertragsteil. Nicht angesprochen wird hingegen der Fall der Festsetzung der Vergütung durch einen Dritten. Eine Auffassung nimmt – ohne nähere Begründung – an, dass es unzulässig ist, einem Dritten die Festsetzung der Vergütung zu überlassen.[58] Nach anderer Auffassung ist das scheinbare Schweigen des Gesetzes an dieser Stelle nicht als Verbot auslautbar, denn § 4 Abs. 3 S. 1, 2 RVG sind nicht ihrerseits Ausnahmen von gesetzlichen Grundsätzen.[59] Demzufolge spricht nach dieser Auffassung viel dafür, dass § 4 RVG als Rückkehr zum Prinzip der Vertragsfreiheit auch die direkte Anwendung von § 317 BGB zulässt.[60] Überwiegend wird argumentiert, dass eine **Ausnahme** nach Abs. 3 S. 2 **nur für den Vorstand der Rechtsanwaltskammer** gelte, sodass im Umkehrschluss folge, dass die Festsetzung durch andere Dritte nicht zulässig sein soll.[61] Eine andere Auffassung sieht in § 4 Abs. 3 S. 2 RVG eine Mahnung an den RA, dem Transparenzgebot zu folgen und die Vergütungsvereinbarung mit dem Mandanten so zu gestaltet, dass von Anfang an das Vergütungsmodell für beide Seiten – verbindlich – festgelegt wird[62] und leitet aus diesem Ansatz eine Einschränkung von Wahlmöglichkeiten des Anwalts ab, die er sich in einer Vergütungsvereinbarung ausbedingt, zB die Wahlmöglichkeit des Anwalts während des laufenden Mandats, nach Zeitaufwand oder nach der gesetzlichen Vergütung abzurechnen.[63] Der zuletzt genannten Auffassung ist jedoch entgegenzuhalten, dass § 4 Abs. 3 S. 2 RVG lediglich die Festsetzung der Vergütung nach „Ermessen" ausschließt. Ist in einer Vergütungsvereinbarung klar geregelt, unter welchen Bedingungen nach Zeitaufwand abzurechnen ist und unter welchen Voraussetzungen die gesetzliche Vergütung gelten soll, besteht kein Widerspruch zu § 4 Abs. 3 S. 2 RVG. Im Übrigen regelt § 4

[50] Mayer/Kroiß/*Teubel* RVG § 4 Rn. 10.
[51] Schneider/Wolf/*Onderka/N. Schneider* RVG § 4 Rn. 29 f.; Hartung/Schons/Enders/*Schons* RVG § 4 Rn. 24.
[52] Mayer/Kroiß/*Teubel* RVG § 4 Rn. 11.
[53] OLG Köln NJW 2006, 923.
[54] Schneider/Wolf/*Onderka/N. Schneider* RVG § 4 Rn. 34.
[55] Hartung/Schons/Enders/*Schons* RVG § 4 Rn. 27.
[56] Hartung/Schons/Enders/*Schons* RVG § 4 Rn. 27.
[57] Hartung/Schons/Enders/*Schons* RVG § 4 Rn. 28.
[58] Schneider Vergütungsvereinbarung Rn. 1048.
[59] Gerold/Schmidt/*Madert,* 17. Aufl. 2006, RVG § 4 Rn. 37; Hartmann/Toussaint/*Toussaint* RVG § 4 Rn. 29.
[60] Hartmann/Toussaint/*Toussaint* RVG § 4 Rn. 30.
[61] Schneider/Wolf/*Onderka/N. Schneider* RVG § 4a Rn. 34; Bischof/*Bischof* RVG § 4 Rn. 22; Riedel/Sußbauer/*Ahlmann* RVG § 4 Rn. 13.
[62] Hartung/Schons/Enders/*Schons* RVG § 4 Rn. 36.
[63] Hartung/Schons/Enders/*Schons* RVG § 4 Rn. 29 ff.

Abs. 3 S. 1 RVG lediglich die Bedingungen, unter denen die Rechtsanwaltskammer die Vergütung, wenn ihr die Vergütungsfestsetzung überlassen worden ist, festzusetzen hat. Dass damit gleichzeitig ausgeschlossen werden soll, dass die **Parteien einen Dritten bestimmen,** der die Vergütung festsetzen soll, folgt aus der Regelung gerade nicht.

§ 4a Erfolgshonorar

(1) [1]**Ein Erfolgshonorar (§ 49b Abs. 2 Satz 1 der Bundesrechtsanwaltsordnung) darf nur für den Einzelfall und nur dann vereinbart werden, wenn der Auftraggeber aufgrund seiner wirtschaftlichen Verhältnisse bei verständiger Betrachtung ohne die Vereinbarung eines Erfolgshonorars von der Rechtsverfolgung abgehalten würde.** [2]**In einem gerichtlichen Verfahren darf dabei für den Fall des Misserfolgs vereinbart werden, dass keine oder eine geringere als die gesetzliche Vergütung zu zahlen ist, wenn für den Erfolgsfall ein angemessener Zuschlag auf die gesetzliche Vergütung vereinbart wird.** [3]**Für die Beurteilung nach Satz 1 bleibt die Möglichkeit, Beratungs- oder Prozesskostenhilfe in Anspruch zu nehmen, außer Betracht.**

(2) **Die Vereinbarung muss enthalten:**

1. **die voraussichtliche gesetzliche Vergütung und gegebenenfalls die erfolgsunabhängige vertragliche Vergütung, zu der der Rechtsanwalt bereit wäre, den Auftrag zu übernehmen, sowie**
2. **die Angabe, welche Vergütung bei Eintritt welcher Bedingungen verdient sein soll.**

(3) [1]**In der Vereinbarung sind außerdem die wesentlichen Gründe anzugeben, die für die Bemessung des Erfolgshonorars bestimmend sind.** [2]**Ferner ist ein Hinweis aufzunehmen, dass die Vereinbarung keinen Einfluss auf die gegebenenfalls vom Auftraggeber zu zahlenden Gerichtskosten, Verwaltungskosten und die von ihm zu erstattenden Kosten anderer Beteiligter hat.**

Übersicht

I. Allgemeines

1 In Umsetzung der **Entscheidung des Bundesverfassungsgerichts** v. 12.12.2006[1] war der Gesetzgeber gehalten, das bisherige Verbot anwaltlicher Erfolgshonorare einschließlich des Verbots der „quota litis" zumindest dahingehend zu modifizieren, als es keine Ausnahme für den Fall zuließ, dass der RA mit der Vereinbarung einer erfolgsbasierten Vergütung besonderen Umständen in der Person des Auftraggebers Rechnung trägt, die diesen sonst davon abhielten, seine Rechte zu verfolgen.[2] In der sich im Anschluss an die Entscheidung des Bundesverfassungsgerichts entwickelnden Diskussion kristallisierten sich drei Grundmodelle für eine Lösung heraus, nämlich die sog. **große Lösung** – eine generelle Öffnung für erfolgsbasierte Vergütungen –, eine sog. **kleine Lösung** – eine eingeschränkte Öffnung nur für minderbemittelte Rechtssuchende – sowie eine sog. **vermittelnde kleine Lösung** – eine eingeschränkte Öffnung für erfolgsbasierte Anwaltsvergütungen für Rechtssuchende, die zwar nicht absolut zahlungsschwach sind, aber vor dem Kostenrisiko ansonsten aus verständigen Überlegungen und damit eine Rechtsverfolgung oder -verteidigung scheuen.[3] Der Gesetzgeber hat sich von diesen Lösungsmodellen für die kleine Lösung entschieden; anders als der Regierungsentwurf, der die vermittelnde kleine Lösung vorsah und die Berücksichtigung bloßer besonderer Umstände der konkreten Angelegenheit als Grund für eine erfolgsbasierte Vergütung als zulässig erachtete,[4] wurde die vom Rechtsausschuss vorgeschlagene Öffnung des Verbots nur in dem vom BVerfG geforderten Maße Gesetz;[5] ein Erfolgshonorar darf nach § 4a Abs. 1 S. 1 RVG nur für den Einzelfall und nur dann vereinbart werden, wenn der Auftraggeber auf Grund seiner wirtschaftlichen Verhältnisse bei verständiger Betrachtung ohne die Vereinbarung eines Erfolgshonorars von der Rechtsverfolgung abgehalten würde. Obwohl damit die sog. kleine Lösung Gesetz wurde, soll nach den Vorstellungen des Gesetzgebers der Anwendungsbereich des Erfolgshonorars nicht nur auf die Fälle beschränkt bleiben, in denen die wirtschaftlichen Verhältnisse dem Rechtssuchenden keine andere Alternative als den Abschluss einer erfolgsbasierten Vergütungsvereinbarung zulassen, sondern nach den Vorstellungen des Gesetzgebers ermöglicht das Merkmal der „verständigen Betrachtung", nicht nur die wirtschaftlichen Verhältnisse, sondern auch die finanziellen Risiken und deren Bewertung durch den einzelnen Auftraggeber bei der Entscheidung über die Zulässigkeit von Erfolgshonoraren zu berücksichtigen.[6] Der Gesetzgeber will die Regelung als flexiblen Maßstab verstanden wissen, der auch bspw. einem mittelständischen Unternehmen im Falle eines großen Bauprozesses die Möglichkeit eröffnen soll, ein anwaltliches Erfolgshonorar zu vereinbaren.[7] Im Ergebnis hat somit der Gesetzgeber zwar bei der Abfassung der Regelung zum Erfolgshonorar formal die sog. kleine Lösung gewählt, interpretiert sie aber auf Grund der in der Regelung enthaltenen unbestimmten Rechtsbegriffe so, dass sie iErg der sog. vermittelnden kleinen Lösung nahe kommt.

2 § 4a RVG ist die zentrale Norm des Gesetzes zur Neuregelung des Verbots der Vereinbarung von Erfolgshonoraren[8] und verkörpert den Paradigmenwechsel des Gesetzgebers in der Frage anwaltlicher Erfolgshonorare.

II. Voraussetzungen

3 § 4a Abs. 1 S. 1 RVG regelt die Voraussetzungen für die Zulässigkeit der Vereinbarung eines Erfolgshonorars.

1. Erfolgshonorar

4 Die Regelung knüpft an den **Begriff des Erfolgshonorars** an, der in § 49b Abs. 2 S. 1 BRAO **legal definiert** wird. Danach sind unter Erfolgshonorar Vereinbarungen zu verstehen, durch die eine Vergütung oder ihre Höhe vom Ausgang der Sache oder vom Erfolg der anwaltlichen Tätigkeit abhängig gemacht wird oder nach denen der Anwalt einen Teil des erstrittenen Betrages als Honorar erhält. Die Legaldefinition in § 49b Abs. 2 S. 1 BRAO verzichtet auf den Begriff der „quota litis", Streitanteilsvergütungen sollen nach dem Willen des Gesetz-

[1] BVerfG NJW 2007, 979.
[2] Näher zur Entscheidung des BVerfG *Mayer* AnwBl 2007, 561 ff.
[3] Vgl. die DAV-Stellungnahme Nr. 54/07, abrufbar unter www.anwaltverein.de.
[4] Vgl. BT-Drs. 16/8384, 10.
[5] Vgl. BT-Drs. 16/8916, 17.
[6] BT-Drs. 16/8916, 17.
[7] BT-Drs. 16/8916, 17 f.
[8] Zu dem der Gesetzgeber durch die Entscheidung des BVerfG NJW 2007, 997 veranlasst worden war.

gebers unter denselben Voraussetzungen erlaubt sein wie sonstige erfolgsbasierte Vergütungen.[9] **Kein Erfolgshonorar** liegt jedoch vor, wenn lediglich vereinbart wird, dass sich die gesetzlichen Gebühren ohne weitere Bedingungen erhöhen, § 49b Abs. 2 S. 3 BRAO. Damit hat der Gesetzgeber auch klargestellt, dass eine Vereinbarung erhöhter gesetzlicher Gebühren auch dann nicht als Erfolgshonorar zu bewerten ist, wenn es sich um Gebühren mit Erfolgskomponenten handelt, insbes. um die Gebühren VV 1000–1007, 4141, 5115 RVG, allerdings darf die Vereinbarung jedoch nicht von Bedingungen, insbes. vom Ausgang der Sache, abhängig gemacht werden.[10] Damit hat der Gesetzgeber auch den Meinungsstreit beendet, der sich in diesem Zusammenhang aus der Vorgängerregelung in § 49b Abs. 2 S. 2 BRAO aF ergab.[11]

2. Nur für den Einzelfall

Nach § 4a Abs. 1 S. 1 RVG darf ein Erfolgshonorar ua nur für den Einzelfall vereinbart werden. Dieses Merkmal kann **sowohl mandantenbezogen wie auch anwaltsbezogen** verstanden werden. Versteht man das Merkmal mandantenbezogen, so bedeutet es, dass nicht grds. mit einem Mandanten für alle von ihm in Auftrag gegebenen Angelegenheiten ein Erfolgshonorar vereinbart werden darf. Versteht man es hingegen anwaltsbezogen, so verbietet dieses Merkmal, dass ein Anwalt generell in allen Rechtsangelegenheiten grds. nur auf Erfolgshonorarbasis tätig wird. Nach der Gesetzesbegründung darf ein Erfolgshonorar nur für den Einzelfall und für einzelne Rechtsangelegenheiten mit einzelnen Mandanten vereinbart werden.[12] Daher ist dieses Merkmal sowohl mandanten- wie auch anwaltsbezogen zu verstehen. Weder ist es zulässig, dass ein Anwalt generell nur auf Erfolgshonorarbasis für seine Mandanten tätig wird, noch ist es erlaubt, mit einem Mandanten eine Absprache dahingehend zu treffen, dass grds. bestimmte Aufträge nur auf der Basis einer erfolgsbasierten Vergütung übernommen werden.[13] 5

3. Zugang zum Recht

Nach § 4a Abs. 1 S. 1 RVG darf ein Erfolgshonorar nur dann vereinbart werden, wenn der Auftraggeber auf Grund seiner wirtschaftlichen Verhältnisse bei verständiger Betrachtung ohne die Vereinbarung eines Erfolgshonorars von der Rechtsverfolgung abgehalten würde. Der Gesetzgeber normiert damit den verfassungsrechtlich zur Sicherung des Zugangs zum Recht nach der Entscheidung des Bundesverfassungsgerichts v. 12.12.2006[14] gebotenen Ausnahmetatbestand. Maßgebend ist nach der Vorstellung des Gesetzgebers nicht, ob eine durchschnittliche rechtsuchende Person in einer bestimmten Rechtsangelegenheit davon abgehalten würde, ihre Rechte zu verfolgen, wenn sie kein Erfolgshonorar vereinbaren könnte, sondern – begrenzt durch den Maßstab der verständigen Betrachtung – die einzelne rechtsuchende Person in ihrer individuellen Lebenssituation.[15] Der Gesetzgeber billigt daher dem Auftraggeber insoweit eine **subjektive Einschätzungsprärogative** zu.[16] Der Gesetzgeber hatte bei dieser Regelung Lebenssachverhalte vor Augen, in denen bspw. um Vermögenswerte gestritten wird, die den einzigen oder wesentlichen Vermögensbestandteil einer rechtsuchenden Person ausmachen, etwa beim Streit um einen Erbteil, einen Entschädigungsbetrag oder ein Schmerzensgeld.[17] 6

4. Bei verständiger Betrachtung

Ob ohne Vereinbarung eines Erfolgshonorars auf Grund der gegebenen wirtschaftlichen Verhältnisse ein Auftraggeber von der Rechtsverfolgung abgehalten würde, ist nach den Vorstellungen des Gesetzgebers „bei verständiger Betrachtung“ zu beurteilen. 7

Das Kriterium der „verständigen Betrachtung“ wirkt **regulierend in zwei Richtungen:** So wirkt das Kriterium der verständigen Betrachtung zunächst regulierend auf die bereits oben angesprochene subjektive Einschätzungsprärogative des Rechtsuchenden. Die einzelne rechtssuchende Person ist in ihrer individuellen Lebenssituation nicht völlig frei in der Bewertung, ob ihre wirtschaftlichen Verhältnisse so gestaltet sind, dass sie ohne Vereinbarung eines Erfolgshonorars von der Rechtsverfolgung abgehalten würde. Vielmehr muss sich diese Entscheidung

---

[9] BT-Drs. 16/8384, 9.

[10] BT-Drs. 16/8384, 9.

[11] Näher *Mayer* Gebührenformulare Teil 1 § 1 Rn. 88.

[12] BT-Drs. 16/8384, 10.

[13] Schneider/Wolf/*Onderka/N. Schneider* RVG § 4a Rn. 13; BeckOK RVG/*v. Seltmann* § 4a Rn. 4; *Hansens* ZAP 2008, 1125 (1126); aA Bischof/*Bischof* RVG § 4a Rn. 9, der insoweit von einem Scheinproblem spricht.

[14] BVerfG NJW 2007, 979.

[15] BT-Drs. 16/8384, 10 f.

[16] Ähnlich Schneider/Wolf/*Onderka/N. Schneider* RVG § 4a Rn. 19 „materiell-rechtlich weite Regelung“; enger wohl Mayer/Kroiß/*Teubel* RVG § 4a Rn. 29.

[17] BT-Drs. 16/8384, 11.

bei der objektivierenden „verständigen Betrachtung“ als nachvollziehbar und plausibel erweisen.[18] Darüber hinaus sieht der Gesetzgeber das Kriterium der „verständigen Betrachtung“ auch als Einfallstor für weitere Kriterien neben den wirtschaftlichen Verhältnissen, um den „Zugang zum Recht“ im Einzelfall nur durch Vereinbarung einer erfolgsbasierten Vergütung zu überprüfen. So erfordert die „verständige Betrachtung“ nach Auffassung des Gesetzgebers, dass auch die finanziellen Risiken und deren Bewertung durch den einzelnen Auftraggeber bei der Entscheidung über die Zulässigkeit von Erfolgshonoraren berücksichtigt werden.[19] Der Gesetzgeber will die Voraussetzungen für den Abschluss einer erfolgsbasierten Vergütung als flexiblen Maßstab verstanden wissen, der bspw. auch etwa einem mittelständischen Unternehmen im Falle eines Bauprozesses die Möglichkeit eröffnen soll, ein anwaltliches Erfolgshonorar zu vereinbaren.[20] Das Kriterium der „verständigen Betrachtung“ eröffnet somit auch die Möglichkeit der Vereinbarung einer erfolgsbasierten Vergütung dann, wenn isoliert betrachtet die wirtschaftlichen Verhältnisse der Rechtsverfolgung nicht entgegenstehen, die Berücksichtigung der mit der Rechtssache jedoch insgesamt verbundenen finanziellen Risiken und der Erfolgswahrscheinlichkeit „bei verständiger Betrachtung“ aus Sicht des Mandanten eine erfolgsbasierte Vergütung sinnvoll erscheinen lassen.[21]

7a **Unzutreffend** ist jedoch die Auffassung, der um den Abschluss einer erfolgsabhängigen Vergütungsvereinbarung angegangene Anwalt müsse beurteilen, ob die vom Mandanten zur Rechtfertigung seiner Entscheidung für ein Erfolgshonorar vorgebrachten, im Rahmen der beständigen Betrachtung relevanten Umstände vorliegen.[22] Neben dem systematischen Argument, dass das Merkmal „verständige Betrachtung“ gerade die eines außerhalb des Vertragsverhältnisses stehenden objektiven Dritten, nicht aber die des Mandanten oder des Anwalts meint[23] steht noch das Argument, dass der Gesetzgeber die Voraussetzungen für den Abschluss einer erfolgsbasierten Vergütung als flexiblen Maßstab verstanden wissen wollte,[24] was nicht mehr der Fall wäre wenn die vom Mandanten im Rahmen der „verständigen Betrachtung“ vorgebrachten Gesichtspunkte über eine Plausibilitätsprüfung hinaus untersucht werden müssten. Im Widerspruch steht aber nicht, dass dann, wenn sich der Mandant in diesem Zusammenhang darauf berufen sollte, dass er nicht damit rechne, Prozesskostenhilfe zu erhalten, der Anwalt zumindest gehalten ist – im Rahmen der vorzunehmenden Plausibilitätsprüfung – sich zumindest in groben Zügen einen Überblick über die persönlichen und wirtschaftlichen Verhältnisse des Mandanten geben lassen muss.[25]

5. Beratungs- oder Prozesskostenhilfeberechtigung

8 Mit dem neu eingeführten S. 3 von Abs. 1 durch das Gesetz zur Änderung des Prozesskostenhilfe- und Beratungshilferechts[26] hat der Gesetzgeber einen tiefgreifenden Wechsel beim Institut des Erfolgshonorars eingeleitet. Denn während bei der bisherigen Regelung in § 4a RVG der Gesetzgeber lediglich in dem durch die Entscheidung des Bundesverfassungsgerichts v. 12.12.2006[27] mindestens gebotenen Umfang ein Erfolgshonorar zuließ und sich insoweit auch nur für die sog. „kleine Lösung“ entschied,[28] mithin also nur ein Erfolgshonorar im Einzelfall und auch nur für den Fall zuließ, dass der sog. „Zugang zum Recht“ die Vereinbarung eines Erfolgshonorars forderte, eröffnet der Gesetzgeber nunmehr die Möglichkeit, auch mit Mandanten, die grds. der Beratungs- und der Prozesskostenhilfe unterfallen, ein Erfolgshonorar zu vereinbaren.[29] Nach bisherigem Recht durfte nach § 4a Abs. 1 S. 1 RVG ein Erfolgshonorar nur vereinbart werden, wenn der Auftraggeber ohne die Vereinbarung eines solchen aufgrund seiner wirtschaftlichen Verhältnisse von der Rechtsverfolgung abgehalten würde. Diese Voraussetzungen waren bei Beratungshilfefällen niemals erfüllt, weil Rechtsanwälte gem. § 49a BRAO zur Übernahme der Beratungshilfe verpflichtet sind und der Rechtsuchende selbst nur

[18] Schneider/Wolf/*Onderka/N. Schneider* RVG § 4a Rn. 22; LG Berlin BeckRS 2010, 30448.

[19] BT-Drs. 16/8916, 17.

[20] BT-Drs. 16/8916, 17 f.

[21] Enger Mayer/Kroiß/*Teubel* RVG § 4a Rn. 29 der auf eine objektive, die Überlegungen des Antraggebers besonders berücksichtigende Betrachtung abstellt.

[22] So aber LG Berlin BeckRS 2010, 30448.

[23] Mayer/Kroiß/*Teubel* RVG § 4a Rn. 30.

[24] BT-Drs. 16/8916, 17 f.

[25] Wohl noch weitergehend LG Berlin BeckRS 2010, 30448 „tatsächliche Bewertungsgrundlage“.

[26] BGBl. 2013 I 2586.

[27] NJW 2007, 997.

[28] → Rn. 1.

[29] *Mayer* Neues GebührenR § 1 Rn. 18.

die geringe Beratungshilfegebühr schuldet, somit also nie von der Rechtsverfolgung abgehalten wird.[30]

Mit der Neuregelung beabsichtigt der Gesetzgeber, Rechtsanwälten für eine Leistung, die zu einem erheblichen Vermögenszuwachs beim Antragsteller führt, eine angemessene Vergütung zukommen zu lassen, gleichzeitig soll die Regelung Anreize setzen, auch Mandate nicht bemittelter Rechtsuchender mit gebotenem Aufwand zu betreuen, schließlich erhofft sich der Gesetzgeber auch Entlastungen für die Staatskasse.[31] Gerade der zuletzt genannte Gesichtspunkt, eine mögliche Entlastung der Staatskasse, dürfte der bestimmende Beweggrund für den Gesetzgeber gewesen sein, die Regelung des Abs. 1 S. 3 einzuführen. Denn bei einem erheblichen Vermögenszuwachs durch die Beratungshilfetätigkeit sieht § 6a Abs. 2 S. 1 BerHG in der ab 1.1.2014 geltenden Fassung ohnehin die Möglichkeit für die Beratungsperson vor, die Aufhebung der Beratungshilfe zu beantragen. Auch der zweite vom Gesetzgeber genannte Beweggrund, nämlich der Anreiz für den Anwalt, Mandate nicht bemittelter Rechtsuchender mit gebotenem Aufwand zu betreuen, erscheint angesichts des anwaltlichen Berufsrechts und des durchaus strengen anwaltlichen Haftungsrechts nur vorgeschoben.[32] Ob die Regelung tatsächlich zu Entlastungen für die Staatskasse führt, bleibt abzuwarten, was bleibt sind aber **Verwerfungen bei den Zulässigkeitsvoraussetzungen der Vereinbarung eines Erfolgshonorars.** Da die Regelung in § 4 Abs. 1 S. 1 RVG aufrecht erhalten bleibt, dass ein Erfolgshonorar nur dann vereinbart werden kann, wenn der Auftraggeber aufgrund seiner wirtschaftlichen Verhältnisse bei verständiger Betrachtung ohne die Vereinbarung eines Erfolgshonorars von des Rechtverfolgung abgehalten würde, entsteht eine verfassungsrechtlich bedenkliche Ungleichbehandlung der Rechtsuchenden.[33] Denn wer Anspruch auf Beratungs- oder Prozesskostenhilfe hat, wer damit ohne weiteres die Möglichkeit hat, sich im Wege der Beratungs- oder Prozesskostenhilfe vertreten zu lassen, hat die Möglichkeit, ein Erfolgshonorar zu vereinbaren; andere, die aufgrund ihrer wirtschaftlichen Verhältnisse sich Anwaltskosten leisten können, iErg als in einer ähnlich bequemen Situation wie die Berechtigte von Beratungshilfe- und Prozesskostenhilfe sind, dürfen jedoch kein Erfolgshonorar vereinbaren.[34] 8a

Die Neuregelung birgt auch für den vermeintlich Begünstigten, den zur Beratungs- und Prozesskostenhilfe berechtigten Rechtsuchenden erhebliche Risiken. Nunmehr sind bspw. Erfolgshonorarvereinbarungen in der Form einer „no win, les fee-Vereinbarung" für das gerichtliche Verfahren möglich, sodass der Rechtsuchende im Misserfolgsfall einen Teil der Anwaltsgebühren zu tragen hat, während er bei der Inanspruchnahme von Prozesskostenhilfe für den eigenen Anwalt nichts aufzuwenden hätte.

Fraglich ist ferner, ob § 4a Abs. 1 S. 3 RVG ausschließlich auf die persönlichen und wirtschaftlichen Verhältnisse des Rechtsuchenden abstellt. Nach § 114 Abs. 1 S. 1 ZPO erhält Prozesskostenhilfe nur derjenige, dessen beabsichtigte Rechtsverfolgung hinreichende Aussicht auf Erfolg bietet. Unklar an der Neuregelung in § 4a Abs. 1 S. 3 RVG bleibt, ob zumindest im Bereich der Prozesskostenhilfe auch eine Prüfung daraufhin vorzunehmen ist, ob eine hinreichende Aussicht auf Erfolg besteht. Dies dürfte jedoch zu verneinen sei, denn gerade in den Fällen, in denen die Erfolgsaussichten zweifelhaft sind, bietet es sich doch an, Erfolgshonorarvereinbarung abzuschließen.[35]

Schließlich wird vom Gesetzgeber ebenfalls mit der Neuregelung das Verhältnis zu § 49b S. 2 BRAO nicht gelöst. Vereinbarungen, durch die der RA sich verpflichtet, Gerichtskosten, Verwaltungskosten oder Kosten anderer Beteiligter zu tragen sind nach dieser Regelung unzulässig. Dies bedeutet, dass auch bei einer Erfolgshonorarvereinbarung der Rechtsuchende, der durch die Neuregelung in § 4a Abs. 1 S. 3 RVG wegen der Möglichkeit, Prozesskostenhilfe in Anspruch nehmen zu können, ein Erfolgshonorar vereinbaren darf, gleichwohl verpflichtet ist, auf jeden Fall die für die Verfahrensführung erforderlichen Gerichtskosten aufzubringen. Dies dürfte je nach Streitwert vielfach ein nicht zu überwindendes Hindernis darstellen.[36] Mittlerweile haben Literatur[37] und Rechtsprechung[38] einen Ausweg aus dem Dilemma gefunden. So

[30] BT-Drs. 17/11472, 50.
[31] BT-Drs. 17/11472, 50.
[32] *Mayer* Neues GebührenR § 1 Rn. 19.
[33] *Mayer* Neues GebührenR § 1 Rn. 19.
[34] *Mayer* Neues GebührenR § 1 Rn. 19.
[35] *Mayer* Neues GebührenR § 1 Rn. 23; *Mayer* AnwBl 2013, 894 (895).
[36] *Mayer* Neues GebührenR § 1 Rn. 24; *Mayer* AnwBl 2013, 894 (895).
[37] Schons AnwBl 2017, 966.
[38] OLG Hamm AnwBl 2018, 170 = BeckRS 2018, 4164 mAnm *Mayer* FD-RVG 2018, 406952; OLG Köln AnwBl 2018, 556 = BeckRS 2018, 23661 mAnm *Mayer* FD-RVG 2018, 411960.

ist § 121 Abs. 1 ZPO teleologisch dahingehend zu reduzieren, dass eine isolierte Aufhebung der Anwaltsbeiordnung bei bewilligter Prozesskostenhilfe möglich ist, wenn die bedürftige Partei eine Erfolgshonorarvereinbarung mit ihrem Prozessbevollmächtigten getroffen hat und gemäß § 122 Abs. 1 Nr. 3 ZPO die Beiordnung der Geltendmachung der Vergütung entgegenstehen würde.

6. Gerichtliche Verfahren

9 **a) Vereinbarungsmöglichkeiten.** Erfolgshonorare sind nicht nur in Form eines Erfolgszuschlags zu den gesetzlichen Gebühren denkbar, sondern insbes. auch durch die Vereinbarung niedrigerer als der gesetzlichen Gebühren („no win, less fee") bzw. überhaupt keiner Vergütung („no win, no fee") im Falle des Misserfolgs. Die Zulassung von Erfolgshonoraren steht in diesem Fall aber in Konflikt mit § 49b Abs. 1 BRAO, nachdem der RA keine geringere Vergütung vereinbaren oder fordern darf, als es das Rechtsanwaltsvergütungsgesetz zulässt.[39] Wie sich im Gegenschluss aus § 4 Abs. 1 S. 1 RVG ergibt, lässt das RVG eine Unterschreitung der gesetzlichen Gebühren in gerichtlichen Verfahren nicht zu. Um eine Umgehung des Gebots, in gerichtlichen Verfahren die gesetzlichen Gebühren nicht zu unterschreiten, zu vermeiden, sieht § 4a Abs. 1 S. 2 RVG für die anwaltliche Tätigkeit im gerichtlichen Verfahren vor, dass die gesetzliche Vergütung im Falle des Misserfolgs nur dann unterschritten werden darf, wenn zum Ausgleich hierfür im Erfolgsfall ein angemessener Zuschlag auf die gesetzliche Vergütung gezahlt wird.[40]

10 Durch die Formulierung „keine oder eine geringere als die gesetzliche Vergütung" in § 4a Abs. 1 S. 2 RVG ist auch klargestellt, dass sog. „no win, no fee"-Vereinbarungen, also Absprachen, die vorsehen, dass im Misserfolgsfall der RA überhaupt keine Vergütung erhält, auch in gerichtlichen Verfahren zulässig sind.

10a Teilweise wird eine **unbewusste Regelungslücke** darin gesehen, dass § 4a Abs. 1 S. 2 RVG eine Ausnahme vom Verbot des völligen Vergütungsverzichts nur für gerichtliche, nicht aber für außergerichtliche Tätigkeiten enthält, und daraus der Schluss gezogen, dass an sich ein völliger Vergütungsverzicht im Misserfolgsfalle („no win, no fee") für außergerichtliche Tätigkeiten nicht vereinbart werden darf.[41] Dem steht jedoch entgegen, dass das Gebührenunterschreitungsverbot des § 49b Abs. 1 S. 1 BRAO grds. nur für gerichtliche Verfahren gilt, während in außergerichtlichen Angelegenheiten durch § 4 Abs. 1 S. 1 RVG bereits eine gewisse „Aufweichung" eingetreten ist, als in diesen Angelegenheiten eine niedrigere als die gesetzliche Vergütung vereinbart werden darf, sie muss lediglich nach § 4 Abs. 1 S. 2 RVG in einem angemessenen Verhältnis zu Leistung, Verantwortung und Haftungsrisiko des Rechtsanwalts stehen.[42] Wenn daher für gerichtliche Verfahren, in denen ein Gebührenunterschreitungsverbot gilt, „no win, no fee"-Vereinbarungen zulässig sind, muss dies erst recht auch für außergerichtliche Tätigkeiten gelten, für die ohnehin nicht ein solch strenges Gebührenunterschreitungsverbot gilt, wie es § 49b Abs. 1 S. 1 BRAO vorsieht.[43] Nach der bereits zitierten Auffassung ist § 4a Abs. 1 S. 2 RVG auf die Fälle der außergerichtlichen Tätigkeit analog anzuwenden, wobei als Bezugspunkt für die angemessene Erhöhung die vereinbarte Vergütung gelten soll, soweit nach dem Willen der Vertragspartner eine solche an die Stelle der gesetzlichen Gebühren treten soll.[44]

11 **b) Angemessener Zuschlag.** Nach § 4a Abs. 1 S. 2 RVG sind im gerichtlichen Verfahren „no win, less fee"-Vereinbarungen und „no win, no fee"-Vereinbarungen nur zulässig, wenn für den Erfolgsfall ein angemessener Zuschlag auf die gesetzliche Vergütung in der Vergütungsvereinbarung vorgesehen ist.

12 Ob der Zuschlag angemessen ist, soll nach der Vorstellung des Gesetzgebers aus der Sicht der Vertragspartner im Zeitpunkt des Vertragsschlusses zu beurteilen sein.[45] Dabei sollen bei der Beurteilung insbes. **zwei Umstände** berücksichtigt werden; so muss nach der Vorstellung des Gesetzgebers der Zuschlag umso größer sein, je weiter im Misserfolgsfall die gesetzliche Mindestvergütung unterschritten werden soll.[46] Bei „no win, no fee"-Vereinbarungen müsse daher der Zuschlag größer sein als in dem Fall, in dem der RA auch im Misserfolgsfall eine – unter der gesetzlichen Mindestvergütung liegende – Grundvergütung wie im Falle der „no win, less

[39] BT-Drs. 16/8384, 11.
[40] BT-Drs. 16/8384, 11.
[41] *Kilian* NJW 2008, 1905 ff. (1908).
[42] Mayer/Winkler/*Mayer* § 3 Rn. 15.
[43] Mayer/Winkler/*Mayer* § 3 Rn. 15.
[44] *Kilian* NJW 2008, 1905 ff. (1908).
[45] BT-Drs. 16/8384, 11; krit. zu dieser Regelung Schneider/Wolf/*Onderka*/*N. Schneider* RVG § 4a Rn. 28.
[46] BT-Drs. 16/8384, 11.

fee"-Vereinbarung erhalten soll.[47] Darüber hinaus muss aus Sicht des Gesetzgebers der Zuschlag umso größer sein, je geringer die Erfolgsaussichten sind. Betrage die Erfolgsaussicht 50%, werde im Allgemeinen ein Zuschlag angemessen sein, dessen Wert der Unterschreitung der gesetzlichen Mindestvergütung im Misserfolgsfall entspreche.[48] Seien die Erfolgsaussichten größer, genüge ein niedrigerer Zuschlag, seien diese geringer, müsse der Zuschlag größer sein.[49]

Bei einer Erfolgswahrscheinlichkeit von 50% muss also bei Zugrundelegung des Bewer- 13
tungsmaßstabs, von dem der Gesetzgeber bei dem angemessenen Zuschlag ausgegangen ist, dann, wenn für den Misserfolgsfall nur eine Vergütung in Höhe der Hälfte der gesetzlichen Gebühren vereinbart wird, für den Erfolgsfall ein Honorar in Höhe des $1^1/_2$-fachen der gesetzlichen Gebühren vereinbart werden;[50] soll im Misserfolgsfall lediglich $^1/_3$ der gesetzlichen Gebühren bezahlt werden, beträgt nach dieser Berechnungsmethode die erfolgsbasierte Vergütung im Erfolgsfall $^5/_3$ der gesetzlichen Vergütung, soll im Misserfolgsfall lediglich $^1/_{10}$ der gesetzlichen Vergütung geschuldet sein, muss bei dieser Erfolgswahrscheinlichkeit für den Erfolgsfall eine Vergütung iHv $^{19}/_{10}$ der gesetzlichen Gebühren vereinbart werden. Beträgt die Erfolgswahrscheinlichkeit lediglich 25%, so sind nach dieser Berechnungsmethode dann, wenn im Misserfolgsfall lediglich die Hälfte der gesetzlichen Gebühren geschuldet wird, als erfolgsbasierte Vergütung eine Vergütung iHv 2,5 der gesetzlichen Gebühren zu vereinbaren; soll im Misserfolgsfall bei dieser Erfolgswahrscheinlichkeit lediglich $^1/_3$ der gesetzlichen Vergütung bezahlt werden, so erhöht sich die erfolgsbasierte Vergütung auf das Dreifache der gesetzlichen Vergütung; soll im Misserfolgsfall lediglich $^1/_{10}$ der gesetzlichen Gebühren geschuldet sein, so muss bei einer Erfolgswahrscheinlichkeit von 25% für den Erfolgsfall eine erfolgsbasierte Vergütung iHd 3,7-fachen der gesetzlichen Gebühren vereinbart werden. Nach diesem Bewertungsmaßstab berechneten Vergütung handelt es sich um einen Mindestwert; denn durch die Angemessenheitsvorschrift wird der Zuschlag nicht nach oben, sondern nach unten begrenzt.[51]

III. Kalkulation von Erfolgshonoraren

Bei der Begründung der Regelung in § 4a Abs. 1 S. 2 RVG, wonach im gerichtlichen Ver- 14
fahren „no win, less fee"-Vereinbarungen und „no win, no fee"-Vereinbarungen nur dann zulässig sind, wenn für den Erfolgsfall ein angemessener Zuschlag zu der gesetzlichen Mindestvergütung vereinbart wird, hat der Gesetzgeber bereits schon die beiden wichtigsten Parameter für die Kalkulation von Erfolgshonoraren angegeben, nämlich den Abschlag von der gesetzlichen Vergütung im Falle des Misserfolgs und die Erfolgswahrscheinlichkeit.[52]

Die **betriebswirtschaftlichen Anforderungen** an den mit Erfolgshonoraren arbeitenden 15
RA sind erheblich, Erfolgshonorare ähneln in ihrer Funktionsweise einer Versicherung, da die Mandate ohne erfolgreichen Ausgang, die ohne Vergütung bleiben oder nur mit weniger als der gesetzlichen Vergütung honoriert werden, von den erfolgreichen Mandaten quersubventioniert werden.[53]

Sucht man nach Kriterien, wie im konkreten Fall die aus Anwaltssicht „richtige" erfolgsba- 16
sierte Vergütung kalkuliert werden kann, ist es lohnend, zunächst die gesetzlichen Regelungen in den Ländern in den Blick zu nehmen, in denen Erfolgshonorare zulässig sind.[54] Allerdings muss stets berücksichtigt werden, dass sämtliche Regelungen zur Kalkulation eines Erfolgshonorars jeweils eingebettet sind in das rechtliche und wirtschaftliche Umfeld der Rechtsordnung, aus der sie stammen. Auf diesem Hintergrund ist deren Aussagekraft zwar begrenzt, aber gleichwohl von erheblichem Erkenntniswert.[55]

Konkrete Berechnungsrichtwerte sind bei der englischen conditional fee zu finden; diese erlaubt es dem Anwalt, vom Mandanten eine Vergütung für seine Tätigkeit nur im Erfolgsfall zu verlangen, dafür aber dann mit einem Zuschlag.[56] Der Zuschlag beträgt maximal 100%.[57]

---

[47] BT-Drs. 16/8384, 11.
[48] BT-Drs. 16/8384, 11.
[49] BT-Drs. 16/8384, 11.
[50] IErg Mayer/Kroiß/*Teubel* RVG § 4a Rn. 43.
[51] Mayer/Kroiß/*Teubel* RVG § 4a Rn. 40; Hartung/Schons/Enders/*Schons* RVG § 4a Rn. 49 f.
[52] BT-Drs. 16/8384, 11.
[53] *Kilian* BB 2006, 225 ff. (230).
[54] Sa den Überblick von *Kilian* AnwBl 2006, 515 ff.
[55] *Mayer* AnwBl 2007, 561 ff.; *Mayer* Gebührenformulare Teil 1 § 1 Rn. 99.
[56] Section 58 des „Courts and Legal Services act 1990".
[57] Conditional Fee Agreements Order 2000.

17 Als Richtschnur gelten dabei folgende Zuschlagswerte:

Erfolgswahrscheinlichkeit	Zuschlag
100	0
95	5
90	11
80	25
75	33
70	43
67	50
60	67
55	82
50	100[58]

18 Die erheblichen Unterschiede beim Zuschlag zwischen einer Erfolgswahrscheinlichkeit von 50% und einer Erfolgswahrscheinlichkeit von 67% erklären sich zwanglos daraus, dass bei einer Erfolgswahrscheinlichkeit von 67% zwei von drei Verfahren gewonnen werden, so dass ein Zuschlag von 50% je gewonnenem Verfahren ausreicht, um die eigene Honorierung in einem bei einer Erfolgswahrscheinlichkeit von 67% verlorenen Verfahren auszugleichen; liegt die Erfolgswahrscheinlichkeit jedoch nur bei 50%, muss der Zuschlag 100% betragen, da ja jedes zweite Verfahren verloren wird.[59]

19 Das Kriterium der Erfolgswahrscheinlichkeit eignet sich jedoch nur begrenzt als Grundlage für die Kalkulation eines Erfolgshonorars nach § 4a RVG. Ob der im Erfolgsfall nach § 4a Abs. 1 S. 2 RVG im gerichtlichen Verfahren zu zahlende Zuschlag angemessen ist, ist nach der Vorstellung des Gesetzgebers aus Sicht der Vertragspartner im Zeitpunkt des Vertragsschlusses zu beurteilen.[60] Die Erfolgsaussichten müssen somit bei Abschluss der Vergütungsvereinbarung beurteilt werden. Zu diesem Zeitpunkt stehen aber dem Anwalt in der Praxis wenn überhaupt lediglich die Informationen des Mandanten zum Sachverhalt zur Verfügung, die Sachverhaltschilderung des Gegners ist vielfach ebenso unbekannt wie die Aussagen von Zeugen, Sachverständigen etc. Fraglich ist, ob zu diesem Zeitpunkt ein solides „Screening" des herangetragenen Mandats, wie zB bei auf Erfolgshonorarbasis arbeitenden amerikanischen Anwälten üblich,[61] überhaupt möglich ist. Bei Abschluss der Vergütungsvereinbarung können die Erfolgsaussichten nur ganz grob beurteilt werden. Vielfach dürfte es daher darauf hinauslaufen, die Erfolgswahrscheinlichkeit mit 50% anzusetzen, was es im gerichtlichen Verfahren bspw. erlaubt, einen Zuschlag im Erfolgsfall von 100% bei einer „no win, no fee"-Vereinbarung festzulegen.

20 Bei einer Erfolgswahrscheinlichkeit von 50% ergibt sich demnach folgende Tabelle angemessener Zuschläge iSv § 4a Abs. 1 S. 2 RVG:

Abschlag von der gesetzlichen Vergütung im Misserfolgsfall in %	Zuschlag zur gesetzlichen Vergütung im Erfolgsfall in %
10	10
20	20
30	30
40	40
50	50
60	60
70	70

58 *Mayer* Gebührenformulare Teil 1 § 1 Rn. 100.
59 *Mayer* AnwBl 2007, 561 ff.
60 BT-Drs. 16/8384, 11.
61 *Kritzer,* Risks Reputations and Rewards, 2004, 67 ff.

Abschlag von der gesetzlichen Vergütung im Misserfolgsfall in %	Zuschlag zur gesetzlichen Vergütung im Erfolgsfall in %
80	80
90	90
100	100

Aus den obigen Ausführungen wird deutlich, dass gerade die Beurteilung der Erfolgswahrscheinlichkeit im gerichtlichen Verfahren der entscheidende Parameter ist, welcher die Höhe des möglichen Erfolgshonorars mitbestimmt. Liegt die Erfolgswahrscheinlichkeit unter 50 %, so kommt dem Gesichtspunkt der Erfolgswahrscheinlichkeit eine Art **„Hebelwirkung"** zu, welche relativ hohe Erfolgshonorare erlaubt.[62] Sachlich gerechtfertigt ist dies durch die Überlegung, dass der Gesetzgeber bei der Berechnung des zulässigen angemessenen Zuschlags ausweislich der Gesetzesbegründung davon ausgeht, dass die Zu- und Abschläge von der gesetzlichen Vergütung so bemessen sein sollen, dass sich auf der Basis der gegebenen Erfolgswahrscheinlichkeit die durchschnittlich erzielten Gebühren in den Fällen, in denen ein Misserfolg eintrat und in denen ein Erfolg erzielt wurde, in der Höhe der gesetzlichen Gebühren bewegen. Dies führt natürlich dazu, dass dann, wenn die Erfolgswahrscheinlichkeit mehr oder minder deutlich unter 50 % liegt, recht hohe Zuschläge für den Erfolgsfall vereinbart werden können.[63] Liegt bspw. die Erfolgswahrscheinlichkeit bei 25 %, so bedeutet dies, dass bei vier Fällen in drei Fällen ein Misserfolg eintritt. Der Zuschlag zu den gesetzlichen Gebühren in dem einen, gewonnenen Fall muss daher so hoch sein, dass er die Unterschreitung der gesetzlichen Gebühren in den drei anderen, verloren Fällen rechnerisch ausgleicht.[64] 21

Liegt eine sog. „no win, no fee"-Vereinbarung vor, soll also der RA im Misserfolgsfall keine Vergütung erhalten, muss der angemessene Zuschlag über dem Zuschlag liegen, der bspw. dann noch angemessen ist, wenn im Misserfolgsfall vom Mandanten lediglich $^1/_{10}$ der gesetzlichen Gebühren geschuldet werden. Dies bedeutet, dass bei einer Erfolgswahrscheinlichkeit von 50 % im Falle einer „no win, no fee"-Vereinbarung der angemessene Zuschlag so gestaltet sein muss, dass im Erfolgsfall der Mandant mindestens das Doppelte der gesetzlichen Vergütung zu zahlen hat, bei einer Erfolgswahrscheinlichkeit von $^1/_3$ mindestens das dreifache und bei einer Erfolgswahrscheinlichkeit von nur 25 % mindestens das Vierfache der gesetzlichen Vergütung.[65]

Ein präzises Ausdifferenzieren der Erfolgswahrscheinlichkeit zum Zeitpunkt des Abschlusses der Vergütungsvereinbarung ist vielfach aber kaum möglich. Insbesondere muss bezweifelt werden, ob angesichts eines komplexen Rechtssystems eine seriöse juristische Bewertung zum Zeitpunkt des Abschlusses der Vergütungsvereinbarung überhaupt so marginale Unterschiede wie bspw. in dem oben dargestellten englischen Modell festzustellen erlaubt, wo bspw. Erfolgswahrscheinlichkeiten in 3–5-Prozentschritten unterschieden werden.[66] 22

Soweit **Kritik** geübt wurde bei dem Versuch, das Tatbestandsmerkmal des angemessenen Zuschlags zumindest mathematisch zu erfassen, stattdessen vorgeschlagen wird, dass „immer eine pauschale Gesamtschau des Falles vorgenommen" werden müsse und der Richter nur einen wirklichen Ermessensfehlgebrauch der Vertragspartner verwerfen könne,[67] sind dieser Kritik aus meiner Sicht zwei Dinge entgegenzuhalten: so kommt man nicht daran vorbei, dass der Gesetzgeber im Rahmen der Gesetzesbegründung selbst mit der Überlegung, dass der Zuschlag im Erfolgsfall umso größer sein muss, je weiter im Misserfolgsfall die gesetzlichen Mindestvergütung unterschritten werden soll,[68] eine mathematische Überlegungen angestellt hat. Hinzu kommt ferner, dass es nicht das Interesse einer eine erfolgsbasierte Vergütungsvereinbarung abschließenden Partei sein kann darauf vertrauen zu müssen, dass das eigene „Bauchgefühl" über die Angemessenheit der getroffenen Vergütungsregelung sich im Streitfall auch mit dem deckt, was zur Entscheidung berufene Gerichte in der pauschalen „Gesamtschau" als angemessen angesehen. 23

Unter **betriebswirtschaftlichen Gesichtspunkten kalkulatorisch** lässt sich die Vergütung per Erfolgshonorar für den Anwalt nur dann wirksam in den Griff bekommen, wenn man 24

[62] Mayer/Winkler/*Mayer* § 3 Rn. 22.
[63] Mayer/Winkler/*Mayer* § 3 Rn. 22.
[64] Mayer/Winkler/*Mayer* § 3 Rn. 22.
[65] Mayer/Winkler/*Mayer* § 3 Rn. 23.
[66] → Rn. 17.
[67] Bischof/*Bischof* RVG § 4a Rn. 15; krit. Teubel/Schons Erfolgshonorar/*Schons* § 4 Rn. 50 f.
[68] BT-Drs. 16/8384, 11.

die einzelnen Fälle als eine Art Investment begreift.[69] In den USA wird die Tätigkeit der auf Erfolgshonorarbasis arbeitenden Anwälte beschrieben als das Management eines „Portfolios" von Fällen.[70] Nimmt man jedoch die im deutschen Recht gegebenen Voraussetzungen für die Zulässigkeit der Vereinbarung eines Erfolgshonorars ernst, insbes. die Einschränkung in § 4a Abs. 1 S. 1 RVG, dass ein Erfolgshonorar „nur für den Einzelfall" vereinbart werden kann, ist stark zu bezweifeln, ob auf dem Hintergrund dieser Einschränkungen es überhaupt möglich ist, dass ein Anwalt die ausreichende Anzahl von Fällen, in denen er zulässigerweise ein Erfolgshonorar vereinbaren kann, zur Verfügung hat, um überhaupt das Erfolgshonorar kalkulatorisch in den Griff zu bekommen.[71]

25 Auch andere Ansätze wie zB die sog. Prinzipal-Agenten-Theorie[72] vermögen in diesem Zusammenhang nicht so recht zu überzeugen.[73] Zwar ermöglichen die Grundthesen dieser Theorie, dass nämlich die Partei mit dem höheren Vermögen die größeren Risikoanteile tragen soll und die Partei mit den besseren Möglichkeiten zur Risikostreuung die größeren Risikoanteile tragen sollte,[74] eine grds. andere Art der Herangehensweise an das Thema Erfolgshonorar, gleichwohl bleibt auch hier für den einzelnen Anwalt die entscheidende Frage, in welchem Ausmaß er Risiken, die der wirtschaftlichen Sphäre des Mandanten zuzuordnen sind, übernehmen will und kann.[75]

Das BVerfG wollte mit der Entscheidung v. 12.12.2006[76] eine Lücke im Rechtsschutzsystem schließen und einem bestimmten Personenkreis, dem ohne die Gewährung einer erfolgsbasierten Vergütung der Zugang zum Recht versperrt wäre, eine Möglichkeit der Rechtsverfolgung schaffen.[77] Diese Ausgangslage ähnelt den Ursprüngen des Erfolgshonorars in den USA. Auch dort schloss das Erfolgshonorar eine Lücke im Rechtsschutzsystem. Dieses machte es auch für den normalen Arbeitnehmer möglich, der einen Anwalt auf der Basis des üblichen Honorars sich nicht leisten konnte, rechtlichen Beistand zu erhalten.[78] Gleichzeitig bestand in den späten 50er Jahren des 20. Jahrhunderts in den USA ein Überangebot an Anwälten, die bereit waren Mandate anzunehmen, die zu „irgendwelchen" Honoraren führten, auch wenn diese unter den marktüblichen Stundensätzen lagen.[79] Während mittlerweile die Situation in den Vereinigten Staaten sich gravierend verändert hat und nur noch ein geringer Anteil der Anwälte Erfolgshonorare nur deshalb akzeptiert, damit überhaupt eine Art von Vergütung möglich wird, mag sie auch letztlich unrentabel sein, wird das Erfolgshonorar in den USA von den Anwälten mit Blick auf den erforderlichen Mindestverdienst eingesetzt.[80] Übertragen auf die deutschen Verhältnisse dürfte eine erfolgsbasierte Vergütung für diejenigen Anwälte von Interesse sein, die noch über ungenutzte zeitliche Kapazitäten verfügen oder bereit und fähig sind, wirtschaftliche Risiken des Mandanten zu übernehmen, die sie bei einer Abrechnung auf der Basis der gesetzlichen Vergütung nicht hätten. Auf Grund der vom Gesetzgeber vorgesehenen hohen Hürden für die Zulässigkeit der Vereinbarung einer erfolgsbasierten Vergütung dürfte es für den einzelnen Anwalt allenfalls über einen sehr langen Zeitraum hinweg betrachtet gelingen, durch eine hinreichende Anzahl von Mandaten auf der Basis einer erfolgsbasierten Vergütung eine solche Streuung zu erreichen, dass sich der Faktor der Erfolgswahrscheinlichkeit auch rechnerisch auszahlt.[81]

IV. Zwingende Vereinbarungsbestandteile

1. Allgemeines

26 § 4a Abs. 2 RVG schreibt bestimmte **Mindestinhalte** für eine erfolgsbasierte Vergütungsvereinbarung vor. So muss die Vereinbarung

[69] Mayer/Winkler/*Mayer* § 5 Rn. 7.
[70] *Kritzer,* Risks Reputations and Rewards, 2004, 11.
[71] Mayer/Winkler/*Mayer* § 5 Rn. 7.
[72] Näher *Winter/Schwab/Tang* BB-Special 3/2008, 29 ff.
[73] Mayer/Winkler/*Mayer* § 5 Rn. 8.
[74] *Winter/Schwab/Tang* BB-Special 3/2008, 29 ff. mwN.
[75] Mayer/Winkler/*Mayer* § 5 Rn. 8.
[76] BVerfG NJW 2007, 979.
[77] Mayer/Winkler/*Mayer* § 5 Rn. 9.
[78] *Kritzer,* Risks Reputations and Rewards, 2004, 180.
[79] *Kritzer,* Risks Reputations and Rewards, 2004, 180 f.
[80] *Kritzer,* Risks Reputations and Rewards, 2004, 181.
[81] Mayer/Winkler/*Mayer* § 5 Rn. 9.

1. die voraussichtliche gesetzliche Vergütung und ggf. die erfolgsunabhängige vertragliche Vergütung, zu der der RA bereit wäre, den Auftrag zu übernehmen, sowie
2. die Angabe, welche Vergütung bei Eintritt welcher Bedingung verdient sein soll,

enthalten. Der Gesetzgeber beabsichtigte mit diesem Erfordernis der rechtsuchenden Person die Bedeutung der Vereinbarung einer erfolgsbasierten Vergütung klarzumachen, ihr insbes. zu verdeutlichen, dass der Verzicht auf eine Vergütung oder deren Herabsetzung im Misserfolgsfall mit der Verpflichtung zur Zahlung eines ggf. hohen Zuschlags im Erfolgsfall verbunden ist.[82]

2. Voraussichtliche gesetzliche und ggf. erfolgsunabhängige vertragliche Vergütung

Nach § 4 Abs. 2 Nr. 1 RVG muss die erfolgsbasierte Vergütungsvereinbarung die voraussichtliche gesetzliche Vergütung und ggf. die erfolgsunabhängige vertragliche Vergütung enthalten, zu der der RA bereit wäre, den Auftrag zu übernehmen. Der Gesetzgeber versteht hierunter die gesetzliche Vergütung und die Vergütung, die der RA in einem solchen Fall üblicherweise per Vergütungsvereinbarung fordert.[83] **27**

Die Regelung wirft erhebliche **praktische Probleme** auf. Die voraussichtliche gesetzliche Vergütung ist bei Mandatsannahme vielfach nicht absehbar. Häufig hängt die Höhe der gesetzlichen Vergütung von der späteren Streitwertfestsetzung durch das Gericht ab, wobei ein erheblicher Ermessensspielraum vielfach zu verzeichnen ist. Auch unterschiedliche Verfahrensentwicklungen wie bspw. Widerklage, Hilfsaufrechnung usw führen dazu, dass die voraussichtliche gesetzliche Vergütung eines Mandats in vielen Fällen zu einem solch frühen Zeitpunkt kaum absehbar ist.[84] **28**

Die Vorschrift ist unpraktikabel, und damit letztlich missglückt und ein willkommener Aufhänger für all diejenigen, die im Nachhinein die Wirksamkeit einer erfolgsbasierten Vergütungsvereinbarung in Frage stellen wollen. Denn welche gesetzliche Vergütung bei Abschluss der Vergütungsvereinbarung vorhergesehen werden konnte, darüber lässt sich sicherlich stets trefflich streiten. Die Vorschrift wurde im Gesetzgebungsverfahren zu Lasten der Anwaltschaft verschärft. Während im Regierungsentwurf die Angabe der voraussichtlichen gesetzlichen Vergütung alternativ durch die Angabe der erfolgsunabhängigen vertraglichen Vergütung ersetzt werden könnte, somit der pragmatische Rat erteilt werden konnte, beim Abschluss einer erfolgsbezogenen Vergütungsvereinbarung dann, wenn die voraussichtliche gesetzliche Vergütung nicht sicher vorhergesehen werden kann, auf die erfolgsunabhängige vertragliche Vergütung abzustellen, zu der der RA bereit wäre, den Auftrag zu übernehmen, wurde auf Grund der vom Bundesrat geäußerten Befürchtung, dass der mögliche Auftraggeber durch die Nennung der erfolgsunabhängigen vertraglichen Vergütung allein nicht verlässlich entscheiden könne, ob es für ihn wirtschaftlich sinnvoll ist, eine Erfolgshonorarvereinbarung zu treffen oder nicht und auch wegen der vom Bundesrat gesehenen Gefahr, dass im Einzelfall überhöhte vertragliche Vergütungen genannt werden könnten, um auf diese Weise den Abschluss einer Erfolgshonorarvereinbarung zu begünstigen,[85] schließlich das Erfordernis aufgestellt, dass sowohl die voraussichtliche gesetzliche Vergütung als auch ggf. die erfolgsunabhängige vertragliche Vergütung, zu der der RA bereit wäre, den Auftrag zu übernehmen, in der erfolgsbasierten Vergütungsvereinbarung zu nennen ist. Zu streng dürfte die in diesem Zusammenhang vertretene Auffassung sein, in Anlehnung an die für Rahmengebühren geltende Toleranzgrenze bewege sich eine Abweichung von bis zu 20 % noch im Rahmen des Voraussichtlichen.[86] **29**

Es bleibt daher zu hoffen, dass in den zu erwartenden Streitfällen in der Frage, ob die erfolgsbasierte Vergütungsvereinbarung die voraussichtliche gesetzliche Vergütung zutreffend genannt hat, die Rspr. mit Augenmaß urteilt und insbes. dem frühen Beurteilungszeitpunkt hinreichend Rechnung trägt. **30**

Strittig ist, **wie ausführlich** die voraussichtliche gesetzliche Vergütung iSv § 4a Abs. 2 Nr. 1 RVG in erfolgsbezogenen Vergütungsvereinbarungen dargestellt werden muss. Teilweise wird verlangt, dass die Vergütungsvereinbarung eine komplette Kostenrechnung nach dem RVG inklusive Umsatzsteuer enthält.[87] In die gleiche Richtung geht wohl die Auffassung, dass im Wege einer „Modellrechnung" im Rahmen der Vergütungsvereinbarung die voraussichtliche gesetzliche Vergütung der erfolgsabhängigen vertraglichen Vergütung gegenüberzustellen

---

[82] BT-Drs. 16/8384, 11.
[83] BT-Drs. 16/8384, 11.
[84] *Hansens* ZAP 2008, 1125 ff. (1128).
[85] BT-Drs. 16/8384, 15.
[86] Schneider/Wolf/*Onderka*/*N. Schneider* RVG § 4a Rn. 31.
[87] *Römermann* BB-Spezial 2008, 23 ff. (27).

ist.[88] Nach anderer, richtiger Auffassung genügt jedoch die Benennung einer Gesamtsumme.[89] Die Darstellung der voraussichtlichen gesetzlichen Vergütung in Form einer kompletten Kostenrechnung mag zwar kein zwingendes Erfordernis nach § 4a Abs. 2 Nr. 1 RVG sein, gleichwohl kann es sich im Einzelfall durchaus empfehlen, die voraussichtliche gesetzliche Vergütung nicht lediglich in Form eines Gesamtbetrages mitzuteilen, sondern auch darzustellen, wie dieser Gesamtbetrag ermittelt wurde.[90] Denn ob die gesetzliche Vergütung, die zum Zeitpunkt der Mandatsannahme vorausgesehen werden konnte, zutreffend gegenüber dem Mandanten angegeben wurde, dürfte sich leichter im Streitfall plausibel darlegen lassen, wenn die einzelnen Berechnungsschritte festgehalten worden sind.[91] Bezweifelt hingegen muss werden, ob es ausreicht, in diesem Zusammenhang die Hinweispflicht auf die voraussichtliche gesetzliche Vergütung auf ein oder mehrere Beispielsfälle zu beschränken.[92] Denn wenn der mitgeteilte Betrag der rechtsuchenden Person eine tragfähige Entscheidung ermöglichen soll, ob sie den Zuschlag für den Erfolgsfall bei einer erfolgsbezogenen Vergütungsvereinbarung akzeptieren möchte, muss zumindest eine eindeutige Aussage darüber getroffen werden, wie hoch die voraussichtliche gesetzliche Vergütung im konkreten Fall ist.[93]

31 Zu weit wiederum dürfte die Empfehlung gehen, in der Erfolgshonorarvereinbarung „alle auch nur denkbaren Vergütungstatbestände“ zu beziffern und in der Vergleichsberechnung darstellen, dass diese von dem derzeitigen Gegenstandswert abhängig, Erhöhungen aber bei Veränderung des Streitwerts unumgänglich sind,[94] erforderlich aber auch eine realistische Berechnung auf der Basis der zum Beurteilungszeitpunkt bekannten Umstände.

32 Neben der voraussichtlichen gesetzlichen Vergütung muss ggf. die **erfolgsunabhängige vertragliche Vergütung** angegeben werden, zu der der RA bereit wäre, den Auftrag zu übernehmen. Entscheidend ist dabei die Üblichkeit der eigenen Vergütung aus Sicht des betreffenden Anwalts (zB ein Fachanwalt für Arbeitsrecht arbeitet regelmäßig bei Beratungen auf der Basis eines Zeithonorars von 250,– EUR pro Stunde).[95] Maßgeblich ist dabei allein die für die Mandate dieser Art üblicherweise vereinbarte Vergütung ohne Rücksicht auf die Höhe der gesetzlichen Gebühren.[96]

33 **Zu weitgehend** dürfte in diesem Zusammenhang der Vorschlag sein, in Erfolgshonorarvereinbarung prinzipiell die Feststellung zu treffen, zu einer erfolgsunabhängigen vertraglichen Vergütung sei man zur Übernahme des Mandats nicht bereit, um den möglichen Vorwurf zu ergehen, der RA habe im Einzelfall eine überhöhte vertragliche Vergütung genannt, um auf diese Weise den Abschluss zu einer Erfolgshonorarvereinbarung zu begünstigen.[97]

3. Bedingungen des Erfolgshonorars

34 Nach § 4a Abs. 2 Nr. 2 RVG muss die ein Erfolgshonorar regelnde Vergütungsvereinbarung auch die Angabe enthalten, welche Vergütung bei Eintritt welcher Bedingungen verdient sein soll.

35 Die Definition des Erfolges bei einer erfolgsbezogenen Vergütungsvereinbarung ist vielfach nicht unproblematisch. Selbst bei einer Zahlungsklage, die an sich unter dem Aspekt des Erfolgshonorars eher unproblematisch sein dürfte, muss daran gedacht werden, ob und ggf. welches Erfolgshonorar geschuldet ist, wenn der Anspruch nur teilweise durchgesetzt wird, auch Regelungen für den Fall des Abschlusses eines Vergleichs sollten nicht vergessen werden. Zu den zu regelnden Bedingungen gehört auch die Frage, ob es bei einem gerichtlichen Verfahren lediglich auf den formalen verfahrensmäßigen Erfolg, bspw. ein klagestattgebendes Urteil, ankommt oder ob die wirtschaftliche Durchsetzung der Forderung Bedingung für den Erfolgseintritt sein soll.

36 Rechtsanwalts- und Mandantenseite sind durch dieses Erfordernis gehalten, den Erfolg, an den die Zahlungsverpflichtung gebunden ist, genau zu bestimmen.[98]

---

[88] AG Gengenbach NJW-RR 2013, 1332 = AGS 2013, 272; Anm. *Mayer* FD-RVG 2013, 350304.
[89] *Kilian* NJW 2008, 1905 ff. (1908).
[90] Mayer/Winkler/*Mayer* § 3 Rn. 27.
[91] Mayer/Winkler/*Mayer* § 3 Rn. 27.
[92] So aber Mayer/Kroiß/*Teubel RVG* § 4a Rn. 46.
[93] Mayer/Winkler/*Mayer* RVG § 3 Rn. 27.
[94] Hartung/Schons/Enders/*Schons* RVG § 4a Rn. 67.
[95] Schneider/Wolf/*Onderka/N. Schneider* RVG § 4a Rn. 32.
[96] Schneider/Wolf/*Onderka/N. Schneider* RVG § 4a Rn. 33.
[97] So der Vorschlag von Hartung/Schons/Enders/*Schons* RVG § 4a Rn. 73.
[98] BT-Drs. 16/8384, 11.

An die Angabe der Höhe des Erfolgshonorars sind richtiger Auffassung nach nicht allzu hohe Anforderungen zu stellen; es dürfte daher bspw. ausreichen, lediglich auf das Vielfache der gesetzlichen Vergütung zu verweisen.[99] Klargestellt sollte in diesem Zusammenhang auch werden, ob eine eventuelle Kostenerstattung durch die Gegenseite angerechnet wird oder ob der von der Gegenseite beizutreibende Kostenerstattungsbetrag zusätzlich dem Anwalt verbleibt.[100] Bei einer quota litis Vereinbarung ist auch klarzustellen, ob von dem von der Gegenseite beigetriebenen Bruttobetrag auszugehen ist oder ob etwa Gerichtskosten, die der Auftraggeber gezahlt hat und die der Gegner nicht erstatten muss oder kann, abgezogen werden, ferner ob darüber hinaus möglicherweise sonstige eigene Kosten des Mandanten abzuziehen sind.[101] Auch mögliche Regelungen für den Fall, dass der Mandant bei einer Erfolgshonorarvereinbarung über die Instanzen den Anwalt wechselt und erst dem zweitinstanzlichen Kollegen es gelingt, den Erfolg herbei zu führen, können in diesem Zusammenhang ihren Platz finden.[102]

V. Einschätzung der Erfolgsaussichten

§ 4a Abs. 3 S. 1 RVG verlangt, dass in der ein Erfolgshonorar regelnden Vergütungsvereinbarung auch die wesentlichen Gründe anzugeben sind, die für die Bemessung des Erfolgshonorars bestimmend sind. **37**

Die Regelung war im Gesetzgebungsverfahren umstritten und wurde iErg im Gesetzgebungsprozess auch entschärft. Denn während der Regierungsentwurf noch vorsah, dass in der Vereinbarung die wesentlichen tatsächlichen Umstände und rechtlichen Erwägungen kurz darzustellen sind, auf denen die Einschätzung der Erfolgsaussichten beruht,[103] sind nunmehr lediglich noch die wesentlichen Gründe anzugeben, die für die Bemessung des Erfolgshonorars bestimmend sind. Mit dem ursprünglich vorgesehenen – strengen – Erfordernis wurden vom Gesetzgeber zwar hehre Ziele verfolgt; so verfügten nach seiner Vorstellung die Rechtsanwälte und Rechtsanwältinnen auf Grund ihrer Rechtskenntnisse regelmäßig über einen Informationsvorsprung gegenüber den Mandanten, um diesem Gefährdungspotenzial und evtl. Beweisschwierigkeiten bei einem Streit über die Unangemessenheit der Vereinbarung über das Erfolgshonorar entgegenzuwirken, sollten die Vertragsparteien verpflichtet werden, die Grundlagen in den schriftlichen Vertrag aufzunehmen, auf denen die angenommene Einschätzung der Erfolgsaussichten beruht.[104] Eine solche Regelung hätte jedoch erhebliche praktische Probleme aufgeworfen. Denn zu dem Zeitpunkt, in dem die ein Erfolgshonorar regelnde Vergütungsvereinbarung abgeschlossen wird, lassen sich die Erfolgsaussichten vielfach nur sehr grob beurteilen. Vielfach werden sich die Erfolgsaussichten in einer Angelegenheit im Zuge der Mandatsbearbeitung gegenüber der ursprünglichen Einschätzung bei Abschluss der Vergütungsvereinbarung verändern, bspw. weil nunmehr die Einlassung der Gegenseite, die Aussage von Zeugen, die Vorlage von Urkunden durch die Gegenseite usw erfolgt. Ein solches Erfordernis der Darstellung der Einschätzung der Erfolgsaussichten hätte dazu verführt, im Nachhinein die ursprüngliche Einschätzung der Erfolgsaussichten, die auf ganz anderer Tatsachengrundlage erfolgt, kritisch zu hinterfragen. Mit der nunmehr Gesetz gewordenen Fassung will der Gesetzgeber den Bedenken Rechnung tragen, dass im Zeitpunkt des Vertragsschlusses häufig keine genauen Angaben zu den Erfolgsaussichten in einer einzelnen, konkreten Rechtsangelegenheit möglich sind.[105] Unter den „wesentlichen Gründen", die für die Bemessung des Erfolgshonorars bestimmend sind, versteht der Gesetzgeber lediglich die **„Geschäftsgrundlagen"**, von denen die Vertragsparteien bei der Vereinbarung der erfolgsbasierten Vergütung ausgehen.[106] Ermittlungs- oder Prüfungspflichten sollen nicht begründet werden.[107] So ist es nach den Vorstellungen des Gesetzgebers ausreichend, wenn festgehalten wird, dass angesichts eines bestimmten allgemeinen Prozessrisikos etwa in Arzthaftungsangelegenheiten auch in dem vorliegenden Einzelfall von diesem Risiko ausgegangen werde.[108] **38**

---

[99] Mayer/Kroiß/*Teubel* RVG § 4a Rn. 52 f.
[100] Mayer/Kroiß/*Teubel* RVG § 4a Rn. 53.
[101] Hartung/Schons/Enders/*Schons* RVG § 4a Rn. 79; Mayer/Kroiß/*Teubel* RVG § 4a Rn. 54.
[102] Hartung/Schons/Enders/*Schons* RVG § 4a Rn. 80.
[103] BT-Drs. 16/8916, 8.
[104] BT-Drs. 16/8384, 11.
[105] BT-Drs. 16/8916, 18.
[106] BT-Drs. 16/8916, 18.
[107] BT-Drs. 16/8916, 18.
[108] BT-Drs. 16/8916, 18.

39 Die jetzt Gesetz gewordene Regelung ist auf Grund der heruntergeschraubten Anforderungen nunmehr zwar praktikabel, dürfte daher aber nicht geeignet sein, die vom BVerfG in dem Beschluss v. 12.12.2006[109] angesprochene asymmetrische Informationsverteilung zwischen Mandant und RA zu beseitigen.[110]

VI. Hinweis auf Kostenerstattungsrisiko

40 Nach § 4a Abs. 3 S. 2 RVG ist in die ein Erfolgshonorar regelnde Vergütungsvereinbarung auch ein Hinweis aufzunehmen, dass die Vereinbarung keinen Einfluss auf die ggf. vom Auftraggeber zu zahlenden Gerichtskosten, Verwaltungskosten und die von ihm zu erstattenden Kosten anderer Beteiligter hat. Der Gesetzgeber beabsichtigt mit diesem Erfordernis den Irrtum zu vermeiden, dass ein Erfolgshonorar im Misserfolgsfall von sämtlichen Rechtsverfolgungskosten freistellt.[111]

41 Die Regelung ist im **Zusammenhang mit § 49b Abs. 2 S. 2 BRAO** zu sehen. Danach sind Vereinbarungen, durch die der RA sich verpflichtet, Gerichtskosten, Verwaltungskosten oder Kosten anderer Beteiligter zu tragen, unzulässig. Das Kostenrisiko einer Rechtsverfolgung mit Ausnahme der eigenen Anwaltskosten bleibt somit trotz Vereinbarung eines Erfolgshonorars mit dem eigenen Anwalt beim Mandanten. Ob damit der vom BVerfG in der Entscheidung v. 12.12.2006 geforderte Zugang zum Recht[112] stets gewährleistet ist, ist fraglich. Denn nicht nur die zu zahlenden eigenen Anwaltskosten, sondern die insbes. im Unterliegensfalle im Prozess an die Gegenseite zu erstattenden Anwalts- und an die Gerichtskasse zu zahlenden Gerichtskosten können Rechtssuchende vor die Frage stellen, ob es ihnen die eigene wirtschaftliche Lage vernünftigerweise erlaubt, die mit der Rechtsverfolgung verbundenen finanziellen Risiken einzugehen. Es bleibt abzuwarten, ob diese Lücke möglicherweise durch spezielle Versicherungsangebote geschlossen werden kann.[113]

Der Hinweis auf das Kostenerstattungsrisiko ist **ausnahmslos gegenüber jedem Mandanten** zu erteilen, also auch gegenüber erfahrenen Mandanten, der individuelle Bildungs- und Verständnishorizont ist insoweit irrelevant.[114]

VII. Folgen eines Verstoßes der Verpflichtungen aus § 4a Abs. 3 RVG

42 Wird gegen die Verpflichtung, nach § 4a Abs. 3 S. 1 RVG in der erfolgsbasierten Vergütungsvereinbarung die wesentlichen Gründe anzugeben, die für die Bemessung des Erfolgshonorars bestimmend sind, und/oder in die erfolgsbasierte Vergütungsvereinbarung entgegen § 4a Abs. 3 S. 2 RVG kein Hinweis aufgenommen, dass die Vereinbarung keinen Einfluss auf die ggf. vom Auftraggeber zu zahlenden Gerichtskosten, Verwaltungskosten und die von ihm zu erstattenden Kosten anderer Beteiligter hat, führt dies nach § 4b S. 1 RVG nicht zur Nichtigkeit der Vergütungsvereinbarung, sondern bei schuldhafter Verletzung dieser Pflichten zu Schadensersatzverpflichtungen.[115]

VIII. Strafrechtliche Relevanz eines Verstoßes gegen § 4a Abs. 2 Nr. 1 RVG

42a In einer – zu Recht – **heftig kritisierten Entscheidung**[116] hat der BGH sich auf den Standpunkt gestellt, dass § 4a Abs. 2 Nr. 1 RVG kraft Gesetzes eine **Garantenstellung** des Rechtsanwalts begründet, der vor Abschluss einer Erfolgshonorarvereinbarung seinen Mandanten über die voraussichtliche gesetzliche Vergütung aufzuklären hat. Folglich könne sich der Anwalt **mit Betrug durch Unterlassen bei fehlender Aufklärung** des Mandanten vor Abschluss einer Erfolgshonorarvereinbarung über die voraussichtliche gesetzliche Vergütung

109 BVerfG NJW 2007, 979 (980).

110 Mayer/Kroiß/*Teubel* RVG § 4a Rn. 63; krit. zur Regelung Hartmann/Toussaint/*Toussaint* RVG § 4a Rn. 39; Hartung/Schons/Enders/*Schons* RVG § 4a Rn. 84.

111 BT-Drs. 16/8384, 12.

112 BVerfG NJW 2007, 979 ff.

113 Insoweit die im englischen System vorhandene „after the event insurance", die es ermöglicht, auch nach Entstehen der Rechtsstreitigkeit das Kostenrisiko bei einem Prozessverlust gegen Versicherungsprämie zu versichern, vgl. bspw. die Angebote unter www.ateinsurance.com bzw. www.temple-legal. co. uk.

114 Schneider/Wolf/*Onderka*/*N. Schneider* RVG § 4a Rn. 41.

115 BT-Drs. 16/8384, 12 mit Hinweis auf die Entscheidung des BGH NJW 2008, 371 mAnm *Mayer* FD-RVG 2007, 246588.

116 Vgl. Anm. *Schons* AGS 2014, 495; Anm. *Johnigk* NJW 2014, 3671.

strafbar machen.[117] Besonders fatal ist, dass der BGH mit der Regelung in § 4a Abs. 2 Nr. 1 RVG, dass nämlich die Vergütungsvereinbarung die voraussichtliche gesetzliche Vergütung enthalten muss, die Wirksamkeitsvoraussetzung herausgegriffen hat, die erhebliche praktische Probleme aufwirft. Denn vielfach ist die voraussichtliche gesetzliche Vergütung bei Mandatsannahme nicht absehbar, die Höhe der gesetzlichen Vergütung hängt von der späteren Streitwertfestsetzung durch das Gericht ab und unterschiedliche Verfahrensentwicklungen wie Widerklage, Hilfsaufrechnung und ähnliches können dazu führen, dass die voraussichtliche gesetzliche Vergütung des Mandats in vielen Fällen beim Abschluss der Erfolgshonorarvereinbarung überhaupt nicht absehbar ist. In dem vom BGH entschiedenen Fall war seitens des Anwalts überhaupt keine Aufklärung über die voraussichtliche gesetzliche Vergütung erfolgt. Ob die Rspr. viel milder urteilt, wenn die Aufklärung über die voraussichtliche gesetzliche Vergütung durch den Anwalt lediglich falsch ist, bleibt abzuwarten, auf jeden Fall begibt sich jeder Anwalt beim Abschluss einer Erfolgshonorarvereinbarung aufgrund der vorgenannten Entscheidung des BGH nunmehr auch auf erhebliche strafrechtliches „Glatteis".[118] Auch ist diese Entwicklung in der Rspr. gerade nicht dazu angetan, die Akzeptanz von Erfolgshonorarvereinbarungen in der Anwaltschaft – und dies zurecht – zu fördern. Um zumindest die strafrechtlichen Risiken zu minimieren ist es daher geboten, so präzise wie möglich den Mandanten über die voraussichtliche gesetzliche Vergütung aufzuklären und ihn auch ausdrücklich auf die Unsicherheitsfaktoren bei dieser Berechnung (zB andere Streitwertfestsetzung durch das Gericht, Widerklage durch die Gegenseite, etc) hinzuweisen.

IX. Sonderfragen der Vertragsgestaltung

1. Kündigung des Mandats vor Erfolgseintritt

Die vorzeitige Beendigung eines Mandats ist bei erfolgsbezogenen Vergütungsvereinbarungen besonders ärgerlich.[119] Maßgebend ist **§ 627 BGB.** § 627 Abs. 1 BGB ermöglicht es dem Mandanten, auch ohne Vorliegen eines wichtigen Grundes jederzeit das Mandatsverhältnis zu beenden. Ein formularmäßiger Ausschluss von § 627 Abs. 1 BGB verstößt nach hM gegen § 307 Abs. 2 Nr. 1 BGB.[120] Gegen § 307 Abs. 1 BGB verstößt auch die formularmäßige Verpflichtung zur Zahlung der vollen Vergütung trotz vorzeitiger Beendigung des Dienstvertrages.[121] Nach § 628 Abs. 1 BGB steht im Falle einer solchen Kündigung durch den Mandanten dem Anwalt ein seinen bisherigen Leistungen entsprechender Teil der Vergütung zu. Vereinbarungen in Allgemeinen Geschäftsbedingungen, die dem Verwender eine nicht nur unwesentlich höhere Vergütung von Teilleistungen zusprechen, sind unangemessen iSv § 308 Nr. 7a BGB.[122] Der Vertragspartner soll nicht deshalb von der Ausübung seines Kündigungsrechts abgehalten werden, weil er sich aus wirtschaftlichen Gründen gezwungen sieht, das Vertragsverhältnis trotz des Vertrauensverlusts fortzusetzen.[123] Auch gegenüber Unternehmern verstößt das vollständige Abbedingen der Regelung des § 628 BGB gegen § 307 Abs. 2 Ziff. 1 BGB.[124] 43

Fraglich ist jedoch, ob dieses Regelungsgefüge nicht bei einer erfolgsbasierten Vergütungsvereinbarung zu **Wertungswidersprüchen** führt.[125] Wenn bspw. bei einer „no win, no fee"-Vereinbarung, die den Eintritt des Erfolgs an die Bedingung geknüpft hat, dass der Klageforderung durch erstinstanzliches Urteil stattgegeben wird, der Mandant das Mandatsverhältnis, ohne dass den Anwalt ein Verschulden trifft, zu einem Zeitpunkt kündigt, in dem bspw. das Gericht im Rahmen der mündlichen Verhandlung schon zu erkennen gegeben hatte, dass es der Klageforderung mit höchster Wahrscheinlichkeit stattgeben wird, versagt der Regelungsmechanismus der §§ 627, 628 BGB. Denn das Mandatsverhältnis wird, da nach § 627 Abs. 1 BGB der Mandant jederzeit das Mandatsverhältnis kündigen kann, beendet, bevor es zum Erfolgseintritt kommt. § 628 Abs. 1 BGB gibt dem Anwalt lediglich einen seine bisherigen Leistungen entsprechenden Teil der Vergütung, der im Beispielsfall noch mit Null anzusetzen ist, da die Bedingung für das Entstehen eines Vergütungsanspruchs überhaupt, das klagestattgebende 44

---

[117] BGH NJW 2014, 3669 = RVGreport 2014, 340 = JurBüro 2014, 524 = AGS 2014, 493 mAnm *Mayer* FD-RVG 2014, 363006; Anm. *Schons* AGS 2014, 495, Anm. *Johnigk* NJW 2014, 3671.

[118] Vgl. Anm. *Mayer* FD-RVG 2014, 363006.

[119] Mayer/Winkler/*Mayer* § 7 Rn. 2.

[120] MüKoBGB/*Henssler* § 627 Rn. 44.

[121] MüKoBGB/*Henssler* § 627 Rn. 44; iErg ebenso MAH VergütungsR/*Teubel* § 5 Rn. 121.

[122] MüKoBGB/*Henssler* § 628 Rn. 55.

[123] MüKoBGB/*Henssler* § 628 Rn. 55.

[124] MAH VergütungsR/*Teubel* § 5 Rn. 121.

[125] Mayer/Winkler/*Mayer* § 7 Rn. 3.

Urteil, nicht eingetreten ist. Andererseits sind derartige Problemlagen dringend regelungsbedürftig, da ansonsten in sehr vielen Fällen erfolgsbasierte Vergütungsvereinbarungen, bei denen sich der Erfolg abzeichnet, vom Mandanten durch Kündigung der Vergütungsvereinbarung unterlaufen werden könnten.

45 Als rechtlicher Ansatzpunkt für eine **Lösung** bietet sich zunächst einmal der Rechtsgedanke des § 162 Abs. 1 BGB an.[126] Der Erfolgseintritt ist Bedingung dafür, dass die erfolgsbasierte Vergütung vom Mandanten an den Anwalt zu zahlen ist. Direkt dürfte § 162 Abs. 1 BGB nicht anzuwenden sein, da nicht der Eintritt der Bedingung, nämlich das der Klage stattgebende Urteil, vom Mandanten verhindert wird, sondern lediglich verhindert wird, dass das Mandatsverhältnis bis zu dem Zeitpunkt des Bedingungseintritts andauert.[127] Hinzu kommt ferner, dass § 162 Abs. 1 BGB lediglich die Verhinderung des Bedingungseintritts „wider Treu und Glauben" sanktioniert, bspw. aber nicht eine Vereitelung des Bedingungseintritts, die zwar pflichtwidrig erscheint, aber noch nicht als ein Verstoß gegen Treu und Glauben zu qualifizieren ist.

46 **Ein anderes Lösungsmodell** dieser Problemlage arbeitet mit einem **Wahlrecht** für den Anwalt.[128] So soll dieser das Wahlrecht haben, im Fall einer Kündigung des Anwaltsvertrages durch den Mandanten eine nach den allgemeinen Kriterien des § 628 BGB zu berechnende „Ausfallvergütung" zu beanspruchen oder für das Erfolgshonorar zu optieren, dh die nach den Kriterien des § 628 BGB bis zur Kündigung verdiente Vergütung im Erfolgsfalle mit dem ursprünglich vereinbarten Erfolgszuschlag zu beanspruchen.[129] Nicht gelten soll dies nach dieser Auffassung für den Fall einer Kündigung durch den Anwalt, da ansonsten dieser bei Erkennen der Aussichtslosigkeit seiner Bemühungen durch eine Kündigung eine unbedingte Vergütungspflicht auslösten könnte; die bisherigen Leistungen seien vielmehr iSd § 628 Abs. 1 S. 2 BGB als für den anderen Teil ohne Interesse anzusehen, da für den Mandanten nur eine Tätigkeit von Interesse sei, die ihm das Vergütungsrisiko gänzlich abnehme.[130] Einzuwenden gegen diese Lösung ist in erster Linie, dass sie dem Anwalt bei vorzeitiger Kündigung des Mandats durch den Auftraggeber, ohne dass ein vertragswidriges Verhalten des Anwalts vorliegt, einen Vergütungsanspruch (auch im Misserfolgsfall) zubilligt, den der Anwalt per Option wählen kann und der ihm nicht zustehen würde, wenn das Mandat ohne vorzeitige Kündigung zu Ende geführt worden wäre.[131] Darüber hinaus ist bei diesem Lösungsvorschlag nicht klar, ob er auf der Basis der derzeit geltenden Gesetze überhaupt realisierbar ist. Der Lösungsvorschlag wird vielmehr als ein Ansatz präsentiert, den der Gesetzgeber de lege ferenda aufgreifen kann.[132]

47 Richtigerweise ist die Lösung jedoch eher auf der **Basis der §§ 627, 628 BGB** und deren Abdingbarkeit auch in Form allgemeiner Geschäftsbedingungen bei erfolgsbasierten Vergütungsvereinbarungen zu suchen.[133] Denn die wesentlichen Gesichtspunkte, die bei der AGB-rechtlichen Beurteilung einer Unwirksamkeit eines formularmäßigen Ausschlusses von § 627 Abs. 1, § 628 Abs. 1 BGB Bedeutung haben, insbes. dass nämlich der Dienstberechtigte insoweit schutzwürdig ist, als es unangemessen ist, ihn entgegen seinem Willen an einem Vertragsverhältnis festzuhalten, greift im Falle einer erfolgsbasierten Vergütung nicht in derselben Weise. Denn Anwalt und Mandant stehen sich nicht mehr wie sonst grds. wirtschaftlich neutral gegenüber, sondern durch die Vereinbarung einer erfolgsbasierten Vergütung übernimmt der Anwalt einen Teil des wirtschaftlichen Risikos, welches ausschließlich in der Sphäre des Mandanten liegt. Da der Anwalt einen Teil des an sich dem Mandanten obliegenden ökonomischen Risikos der Rechtsverfolgung trägt, prägt dies auch die Vertragsbeziehungen zwischen Anwalt und Mandant. Deshalb ist es bei einer erfolgsbasierten Vergütungsvereinbarung weder – und zwar sowohl gegenüber einem Mandanten in seiner Eigenschaft als Unternehmer wie auch in seiner Eigenschaft als Verbraucher – eine unangemessene Benachteiligung iSv § 307 BGB noch liegt eine unangemessen hohe Vergütung iSv § 308 Nr. 7 BGB vor, wenn der Regelungsmechanismus der §§ 627, 628 BGB in einer solchen Vergütungsvereinbarung modifiziert wird. Auf den ersten Blick könnte jedoch § 309 Nr. 6 BGB problematisch erscheinen, wenn die Kündigung des Mandatsverhältnisses durch den Auftraggeber vor Erfolgseintritt gleichwohl zur Zahlung des Erfolgshonorars verpflichtet und diese Verpflichtung als Vertragsstrafe begriffen wird.

---

[126] Mayer/Winkler/*Mayer* § 7 Rn. 4.

[127] Für die Anwendung von § 162 Abs. 1 BGB direkt in diesem Zusammenhang wohl Mayer/Kroiß/*Teubel* RVG § 4a Rn. 60.

[128] Mayer/Winkler/*Mayer* § 7 Rn. 5.

[129] *Kilian* BB 2007, 1905 ff. (1912).

[130] *Kilian* BB 2007, 1905 ff. (1912).

[131] In diesem Zusammenhang *Kilian* BB 2007, 1905 ff. (1912).

[132] *Kilian* BB 2007, 1905 ff. (1912).

[133] Mayer/Winkler/*Mayer* § 7 Rn. 6.

Nach § 309 Nr. 6 BGB ist eine Klausel unwirksam, wenn der Vertragspartner die Zahlung einer Vertragsstrafe für den Fall versprochen hat, dass er sich von dem Vertrag löst.[134] Im Verkehr zwischen Unternehmern ist die formularmäßige Vereinbarung einer Vertragsstrafe als solche jedoch grds. wirksam, unterliegt aber der Inhaltskontrolle nach § 307 BGB.[135] Deshalb dürften Klauseln, die vorsehen, dass bei einer unberechtigten Kündigung der erfolgsbasierten Vergütung vor Eintritt des Erfolgs durch den Mandanten der Mandant gleichwohl zur Zahlung des Erfolgshonorars verpflichtet ist, gleich ob der Erfolg eintritt oder nicht, zumindest gegenüber Mandanten in ihrer Eigenschaft als Verbraucher unwirksam sein.[136]

Einen **angemessenen Interessenausgleich** könnte auf diesem Hintergrund eine Regelung darstellen, die bei Kündigung des Auftragsverhältnisses, ohne dass ein vertragswidriges Verhalten des anderen Vertragsteils Veranlassung gegeben hat, mit einem Leistungsbestimmungsrecht des Anwalts arbeitet. § 4 Abs. 3 S. 2 RVG dürfte nicht entgegenstehen, da diese Regelung in den Vorschriften des § 4 RVG – Erfolgsunabhängige Vergütung – eingestellt ist, es aber hier um eine erfolgsbasierte Vergütung geht. Hinzu kommt, dass Sinn und Zweck von § 4 Abs. 3 S. 2 RVG die Verhinderung von Umgehungen des grundsätzlichen Verbots der Vereinbarung von Erfolgshonoraren sein dürfte, so dass diese Vorschrift naturgemäß auf Natur erfolgsbasierte Vereinbarungen nicht anzuwenden ist.[137] 48

2. Mitwirkung des Mandanten

Neben der Notwendigkeit, bei einer erfolgsbasierten Vergütungsvereinbarung auch interessengerechte Regelungen für den Fall der Mandatsbeendigung zu einem Zeitpunkt, zu dem der Erfolgseintritt noch nicht erfolgt ist, zu treffen, besteht auch eine sachliche Notwendigkeit, die **Mitarbeit des Mandanten an der Zielerreichung vertraglich sicherzustellen.**[138] Denn anders als bei „normalen" Mandaten oder Vergütungsvereinbarungen führt bei einer erfolgsbasierten Vergütungsvereinbarung die Tatsache, dass der Mandant nicht oder nicht rechtzeitig die erforderlichen Informationen und Unterlagen für eine erfolgreiche Verfahrensführung zur Verfügung stellt, nicht nur dazu, dass – wenn überhaupt – der Mandant sich selbst schädigt, da er prozessuale Nachteile erleidet, sondern bei einer erfolgsbasierten Vergütungsvereinbarung können solche Nachlässigkeiten des Mandanten sich auch zum Schaden des Anwalts auswirken, wenn bspw. ein Verfahren nur deshalb nicht erfolgreich gestaltet werden kann, weil der Mandant die erforderlichen Informationen und Unterlagen nicht rechtzeitig zur Verfügung gestellt hat oder nicht in anderer Weise ausreichend an der Erreichung des Verfahrenserfolges mitgewirkt hat.[139] Es gilt daher in der Vergütungsvereinbarung sicherzustellen, dass bei schuldhafter Verletzung der Mitwirkungspflichten durch den Mandanten der Anwalt zumindest Anspruch auf die gesetzliche Vergütung hat. Eine solche Pflichtverletzung lediglich mit einer Schadensersatzverpflichtung zu sanktionieren, könnte leer laufen, da bei Fehlen der erforderlichen Informationen oder Unterlagen für den Anwalt vielfach der Nachweis nicht zu führen sein dürfte, dass bei entsprechender Mitwirkung des Mandanten der Erfolg eingetreten und ihm ein insoweit korrespondierender Schaden entstanden ist. Möglich dürfte aber sein zu vereinbaren, dass der seine Mitwirkungs- und Informationspflichten verletzende Mandant zumindest die gesetzliche Vergütung schuldet. Im Hinblick auf § 309 Nr. 5b BGB muss jedoch dem Mandanten der Nachweis gestattet werden, dass ein Schaden überhaupt nicht entstanden oder wesentlich niedriger ist als die gesetzliche Vergütung.[140] 49

3. Berücksichtigung prozessualer Kostenerstattungsansprüche bei der erfolgsbasierten Vergütungsvereinbarung

Die Vereinbarung eines Erfolgshonorars, welches im Misserfolgsfall eine geringere als die gesetzliche Vergütung vorsieht, kann bei Vorliegen eines prozessualen Kostenerstattungsanspruchs zu einer **Begünstigung des Verfahrensgegners** führen;[141] bei einem teilweisen Obsiegen nämlich geht der Kostenerstattungsanspruch des Mandanten dann und insoweit ins Leere, wenn das teilweise Obsiegen dem RA nach der erfolgsbasierten Vergütungsvereinbarung keine oder eine geringere als die gesetzliche Vergütung gegen den Mandanten gewährt, 50

---

[134] MüKoBGB/*Wurmnest* § 309 Nr. 6 Rn. 1.
[135] Dauner-Lieb/Langen/*Kollmann* BGB § 309 Rn. 86.
[136] Mayer/Winkler/*Mayer* § 7 Rn. 6.
[137] Mayer/Winkler/*Mayer* § 7 Rn. 7.
[138] Mayer/Winkler/*Mayer* § 7 Rn. 8.
[139] Mayer/Winkler/*Mayer* § 7 Rn. 8.
[140] Mayer/Winkler/*Mayer* § 7 Rn. 8.
[141] Mayer/Winkler/*Mayer* § 7 Rn. 14.

denn die Kostenerstattung setzt im Innenverhältnis das Bestehen eines Vergütungsanspruchs voraus.[142]

51 Sinnvoll ist es daher, für den Fall des teilweisen Obsiegens eine Mindestvergütung in Höhe des Betrages zu vereinbaren, der sich nach der im Urteil ausgesprochenen oder in einem Vergleich vereinbarten Kostenquote auf der Basis der ungekürzten gesetzlichen Vergütung ergibt.[143] Eine solche Regelung stellt auch nach der hier vertretenen Auffassung kein unzulässiges Erfolgshonorar dar, denn diese vertragliche Regelung wird im Rahmen einer Vereinbarung getroffen, die nur zu Stande kommt, weil die Voraussetzungen für die zulässige Vereinbarung eines Erfolgshonorars gegeben sind.[144]

X. Muster

52 **1. No win, no fee-Vereinbarung – Grundform – (zB positiver Bauvorbescheid für die Bebauung eines Grundstücks mit einem Einfamilienwohnhaus)**[145]

Zwischen
Herrn/Frau … (Name), … (Straße), … (PLZ), … (Ort)

– im Folgenden „Mandant/Mandantin" genannt –

und Rechtsanwalt … (Name), … (Straße), … (PLZ), … (Ort)

– im Folgenden „Rechtsanwalt" genannt –

wird folgende

Vereinbarung über eine erfolgsbasierte Vergütung

geschlossen:

§ 1

Der Mandant/die Mandantin beauftragt den RA mit der außergerichtlichen und ggf. mit der gerichtlichen Durchsetzung seines/ihres Anspruchs gegen die Stadt … auf Erteilung eines positiven Bauvorbescheids für die Bebauung des Grundstücks …, Flst.-Nr. …, mit einem Einfamilienwohnhaus.

§ 2

Der RA soll für den Mandanten/die Mandantin auf der Basis eines Erfolgshonorars nach § 4a Abs. 1 RVG tätig werden. Unter Erfolg verstehen die Parteien, dass der Mandantin/dem Mandanten ein positiver Bauvorbescheid für die Bebauung des Grundstücks …, Flst.-Nr. …, mit einem Einfamilienwohnhaus nach Maßgabe der Bauantragsunterlagen, Az. …, erteilt wird.

§ 3

Der Mandantin/die Mandantin verpflichtet sich, an den RA im Falle der Erteilung des beantragten Bauvorbescheids im Verwaltungsverfahren oder im Widerspruchsverfahren eine Vergütung iHv … EUR zzgl. Umsatzsteuer iHv … EUR, also insgesamt … EUR zu bezahlen. Im Misserfolgsfall schuldet der Mandant/die Mandantin dem RA keinerlei Vergütung.

Der Mandant/die Mandantin verpflichtet sich weiter, an den RA im Erfolgsfall eine Vergütung iHv … EUR zzgl. Umsatzsteuer iHv … EUR, also insgesamt … EUR zu bezahlen, wenn der beantragte positive Bauvorbescheid dem Mandanten/der Mandantin erst im Zuge des erstinstanzlichen gerichtlichen Verfahrens erteilt wird. Im Misserfolgsfall schuldet der Mandant/die Mandantin dem RA keinerlei Anwaltsgebühren.

§ 4

Bei der Beurteilung der Zulässigkeit eines Erfolgshonorars nach § 4a Abs. 1 S. 1, 2 RVG gehen die Parteien im vorliegenden Fall von folgenden Umständen aus: Der RA wird nur im Einzelfall auf Erfolgshonorarbasis tätig. Für den Mandanten/die Mandantin handelt es sich ebenfalls um einen Einzelfall.

Ohne Vereinbarung eines Erfolgshonorars könnte der Mandant/die Mandantin aufgrund seiner/ihrer wirtschaftlichen Verhältnisse bei verständiger Betrachtung den Anspruch auf Erteilung eines positiven Bauvorbescheids nicht geltend machen. Die beabsichtigte Rechtsverfol-

---

142 *Kilian* NJW 2008, 1905 ff. (1909).
143 Mayer/Winkler/*Mayer* § 7 Rn. 15.
144 → § 3a Rn. 74 ff.
145 Nach Mayer/Winkler/*Mayer* Erfolgshonorar § 6 Rn. 1.

gung ist vom Deckungsumfang einer Rechtsschutzversicherung nicht umfasst. Der Mandant/die Mandantin ist berufstätig, das monatliche Nettoeinkommen von … EUR reicht jedoch nicht aus, das beabsichtigte Verwaltungsverfahren bei Zugrundelegen der gesetzlichen Gebühren des Rechtsanwaltes zu führen, zumal der Mandant/die Mandantin noch eine Unterhaltspflicht gegenüber … iHv … EUR monatlich hat und monatliche laufende Zahlungen iHv … EUR für die zwei im Studium befindlichen Kinder … und … zu erbringen hat.

§ 5

Die voraussichtlicher gesetzliche Vergütung iSv § 4a Abs. 2 Nr. 1 RVG im Verwaltungsverfahren und im Nachprüfungsverfahren beträgt ca … EUR netto zzgl. Umsatzsteuer iHv … EUR, also insgesamt … EUR. Die gesetzliche Vergütung im erstinstanzlichen verwaltungsprozessualen Verfahren beträgt unter Berücksichtigung der Anrechnung der Geschäftsgebühr rund … EUR zzgl. Umsatzteuer iHv … EUR, also insgesamt … EUR. Die Parteien sind dabei von einem Streitwert von 10.000,– EUR ausgegangen und haben sich dabei an den Empfehlungen des Streitwertkatalogs für die Verwaltungsgerichtsbarkeit 2013 orientiert. Der RA weist ausdrücklich darauf hin, dass die Streitwertfestsetzung durch das Gericht erfolgt und dieses durchaus einen anderen Streitwert festsetzen könnte.

§ 6

Bestimmend für die Bemessung des Erfolgshonorars iSv § 4 Abs. 3 S. 1 RVG ist für die Vertragsparteien die Erwägung, dass die Durchsetzbarkeit eines Anspruchs auf Erteilung des beantragten positiven Bauvorbescheids entscheidend davon abhängt, ob das Baugrundstück dem Innen- oder dem Außenbereich zugeordnet wird. Aufgrund der Tatsache, dass bislang lediglich ein sehr lockerer Bebauungszusammenhang gegeben ist, gehen die Parteien davon aus, dass allenfalls eine Erfolgswahrscheinlichkeit von 25 % besteht, dass sich die Auffassung durchsetzt, dass das Baugrundstück dem Innenbereich zugeordnet, das Bauvorhaben nach § 34 BauGB zu beurteilen und dem Mandanten/der Mandantin der beantragte Bauvorbescheid zu erteilen ist.

§ 7

Vorstehende Erfolgshonorarvereinbarung hat keinen Einfluss auf die vom Mandanten/von der Mandantin ggf. zu zahlende Gerichtskosten, Verwaltungskosten und die von ihm/ihr zu erstattenden Kosten anderer Beteiligter.

Auf eine nähere Berechnung dieser Kosten verzichtet der Mandant/die Mandantin.

§ 8

Im Falle der Kostenerstattung hat die gegnerische Partei, ein Verfahrensbeteiligter oder die Staatskasse regelmäßig nicht mehr als die gesetzliche Vergütung zu erstatten. Die verbleibende Differenz trägt der Mandant/die Mandantin.

Ort, Datum … Ort, Datum …

Rechtsanwalt … Rechtsanwalt …

2. No win, less fee-Vereinbarung für das gerichtliche Verfahren[146] 53

Zwischen

Herrn/Frau … (Name), … (Straße), … (PLZ), … (Ort)

– im Folgenden „Mandant/Mandantin" genannt –

und Rechtsanwalt … (Name), … (Straße), … (PLZ), … (Ort)

– im Folgenden „Rechtsanwalt" genannt –

wird folgende

Vereinbarung über eine erfolgsbasierte Vergütung

geschlossen:

§ 1

Der Mandant/die Mandantin beauftragt den RA mit der gerichtlichen Geltendmachung seines/ihres Pflichtteilsanspruchs gegen … aufgrund des Erbfalles … vom … in ….

§ 2

Der RA soll für den Mandanten/die Mandantin auf der Basis eines Erfolgshonorars nach § 4 Abs. 1 S. 2 RVG tätig werden. Unter Erfolg verstehen die Parteien, dass das gerichtliche

[146] Nach Mayer/Winkler/*Mayer* Erfolgshonorar § 6 Rn. 2.

Verfahren zu einem Zahlungsanspruch iHv mindestens 700.000,– EUR führt, gleich ob durch Urteil oder durch Vergleich. Sollte der Betrag nicht beitreibbar sein oder sollte ein niedrigerer als 700.000,– EUR oder kein Pflichtteilsbetrag im gerichtlichen Verfahren zugesprochen oder ein Vergleich mit einem entsprechenden Inhalt geschlossen werden, gehen die Parteien von einem Misserfolg aus.

§ 3

Der Mandant/die Mandantin verpflichtet sich, an den RA im Erfolgsfall eine Vergütung iHd 1,5-fachen der gesetzlichen Gebühren zu bezahlen. Im Misserfolgsfall hingegen schuldet er/sie lediglich die Hälfte der gesetzlichen Gebühren.

§ 4

Bei der Beurteilung der Zulässigkeit eines Erfolgshonorars nach § 4 Abs. 1 S. 1, 2 RVG gehen die Parteien im vorliegenden Fall von folgenden Umständen aus: Der RA wird nur im Einzelfall auf Erfolgshonorarbasis tätig. Für den Mandanten/die Mandantin handelt es sich ebenfalls um einen Einzelfall, da es sich mit dem Todesfall vom … um ein singuläres familiäres Ereignis handelt.

Ohne Vereinbarung eines Erfolgshonorars könnte der Mandant/die Mandantin aufgrund seiner/ihrer wirtschaftlichen Verhältnisse bei verständiger Betrachtung den Pflichteilanspruch nicht geltend machen. Die beabsichtigte Rechtverfolgung ist vom Deckungsumfang einer Rechtsschutzversicherung nicht umfasst. Der Mandant/die Mandantin ist berufstätig, das monatliche Nettoeinkommen von … EUR reicht jedoch nicht aus, den beabsichtigten Rechtsstreit bei Zugrundelegung der gesetzlichen Gebühren des Rechtsanwalts zu führen, zumal der Mandant/die Mandantin noch Unterhaltspflichten gegenüber … iHv … EUR monatlich hat und monatlich laufende Zahlungen iHv … EUR für seine/ihre Eigentumswohnung zu erbringen hat. Die Inanspruchnahme von Prozesskostenhilfe scheidet nicht zuletzt deshalb aus, weil der Mandant/die Mandantin Ersparnisse iHv … EUR hat, die jedoch für die künftige Ausbildung der Kinder … vorgesehen sind.

§ 5

Die voraussichtliche gesetzliche Vergütung iSv § 4 Abs. 2 Nr. 1 RVG des RA beträgt … EUR zzgl. Umsatzsteuer iHv … EUR, also insgesamt … EUR. Die Parteien sind dabei von einem Streitwert von 700.000,– EUR ausgegangen. Etwaige Streitwerterhöhungen durch Widerklage und Hilfsaufrechnungen sind dabei nicht berücksichtigt.

§ 6

Bestimmend für die Bemessung des Erfolgshonorars iSv § 4a Abs. 3 S. 1 RVG ist für die Vertragsparteien die Erwägung, dass die Höhe eines etwaigen Pflichtteilanspruchs des Mandanten/der Mandantin entscheidend von der Bewertung der Grundstücke in …, Flst.-Nr. …, und in Flst.-Nr. …, abhängt. Aufgrund der beiden vorliegenden Einschätzungen gehen die Parteien davon aus, dass eine Erfolgswahrscheinlichkeit von 50% besteht, dass sich im Rechtsstreit die für den Mandanten/die Mandantin günstigere Bewertung der Grundstücke als Bauland und nicht als Ackerlang durchsetzen wird.

§ 7

Vorstehende Erfolgshonorarvereinbarung hat keinen Einfluss auf die vom Mandanten/von der Mandantin ggf. zu zahlenden Gerichtskosten, Verwaltungskosten oder die von ihm/ihr zu erstattenden Kosten anderer Beteiligter.

Auf eine nähere Berechnung dieser Kosten verzichtet der Mandant/die Mandantin.

§ 8

Im Falle der Kostenerstattung hat die gegnerische Partei, ein Verfahrensbeteiligter oder die Staatskasse regelmäßig nicht mehr als die gesetzliche Vergütung zu erstatten. Die verbleibende Differenz trägt der Mandant/die Mandantin.

Ort, Datum … Ort, Datum …

Rechtsanwalt … Rechtsanwalt …

3. No win, no fee-Vereinbarung – Grundform – (zB positiver Bauvorbescheid für die Bebauung eines Grundstücks mit einem Einfamilienwohnhaus), Mandant hat die Möglichkeit, Beratungs- oder Prozesskostenhilfe in Anspruch zu nehmen[147] 54

Zwischen

…

– im folgenden Mandanten genannt –

und

Rechtsanwalt …

– im folgenden Rechtsanwalt genannt –

wird folgende

Vereinbarung über eine erfolgsbasierte Vergütung

geschlossen:

§ 1

Der Mandant beauftragt den RA mit der außergerichtlichen und ggf. mit der gerichtlichen Durchsetzung seines/ihres Anspruchs gegen die Stadt … auf Erteilung eines positiven Bauvorbescheid für die Bebauung des Grundstücks …, Flst.-Nr. … mit einem Einfamilienwohnhaus.

§ 2

Der RA soll für den Mandanten auf der Basis eines Erfolgshonorars nach § 4a Abs. 1 RVG tätig werden. Unter Erfolg verstehen die Parteien, dass dem Mandanten ein positiver Bauvorbescheid für die Bebauung des Grundstücks …, Flst.-Nr. …, mit einem Einfamilienwohnhaus, nach Maßgabe der Bauantragsunterlagen, Az. …, erteilt wird.

§ 3

Der Mandant verpflichtet sich, an den RA im Falle der Erteilung des beantragten Bauvorbescheids im Verwaltungsverfahren und im Widerspruchsverfahren eine Vergütung iHv … EUR zzgl. Umsatzsteuer iHv … EUR, also insgesamt … EUR zu bezahlen. Im Misserfolgsfall schuldet der Mandant dem RA keinerlei Vergütung.

Der Mandant verpflichtet sich weiter, im Erfolgsfall eine Vergütung von … EUR zzgl. Umsatzsteuer iHv … EUR, also insgesamt … EUR zu bezahlen, wenn der beantragte Bauvorbescheid dem Mandanten erst im Zuge des erstinstanzlichen gerichtlichen Verfahrens erteilt wird. Im Misserfolgsfall schuldet der Mandant dem RA keinerlei Anwaltsgebühr.

§ 4

Für die Beurteilung der Zulässigkeit eines Erfolgshonorars nach § 4a Abs. 1 S. 1, 2 RVG gehen die Parteien im vorliegenden Fall von folgenden Umständen aus:

Der RA wird nur im Einzelfall auf Erfolgshonorarbasis tätig. Für den Mandanten handelt es sich ebenfalls um einen Einzelfall. ***Im Hinblick auf § 4a Abs. 1 S. 3 RVG halten die Parteien fest, dass der Mandant Anspruch auf Beratungs- und ggf. Prozesskostenhilfe hat. Auf die vom Mandanten unterzeichnete Erklärung über seine persönlichen und wirtschaftlichen Verhältnisse, die Anlage dieser Vereinbarung ist, wird verwiesen.***

Bei dem Grundstück … Flst.-Nr. … handelt es sich derzeit noch um landwirtschaftliches Wiesengelände, welches wirtschaftlich nahezu wertlos ist. Erst bei Beurteilung als Baulücke und bei Bewilligung eines entsprechenden Bauvorbescheids erfährt das Grundstück einen Wertzuwachs. Dass im Falle des Mandanten die Möglichkeit besteht, Beratungs- oder Prozesskostenhilfe in Anspruch zu nehmen, wird durch die in der Anlage zu dieser Vereinbarung beigefügte Erklärung des Mandanten über seine persönlichen und wirtschaftlichen Verhältnisse belegt.

§ 5

Die voraussichtliche gesetzliche Vergütung nach § 4a Abs. 2 Nr. 1 RVG im Verwaltungsverfahren und im Nachprüfungsverfahren beträgt ca. … EUR netto zzgl. Umsatzsteuer iHv … EUR, also insgesamt … EUR. Die gesetzliche Vergütung im erstinstanzlichen verwaltungsprozessualen Verfahren beträgt unter Berücksichtigung der Anrechnung der Geschäftsgebühr rund … EUR zzgl. Umsatzteuer iHv … EUR, also insgesamt … EUR. Die Parteien sind da-

[147] Nach *Mayer* Neues GebührenR § 1 Rn. 20.

bei von einem Streitwert von 10.000,– EUR ausgegangen und haben sich dabei an den Empfehlungen des Streitwertkatalogs für die Verwaltungsgerichtsbarkeit 2013 orientiert. Der RA weist ausdrücklich darauf hin, dass die Streitwertfestsetzung durch das Gericht erfolgt und dieses durchaus einen anderen Streitwert festsetzen könnte.

§ 6

Bestimmend für die Ermessung des Erfolgshonorars iSv § 4 Abs. 3 S. 1 RVG ist für die Vertragsparteien die Erwägung, dass die Durchsetzbarkeit des Anspruchs auf Erteilung des beantragten Bauvorbescheids entscheidend davon abhängt, ob das Baugrundstück dem Innen- oder dem Außenbereich zugeordnet wird. Aufgrund der Tatsache dass bislang lediglich ein sehr lockerer Bebauungszusammenhang gegeben ist, gehen die Parteien davon aus, dass allenfalls eine Erfolgswahrscheinlichkeit von 25% besteht, dass sich die Auffassung durchsetzt, dass das Baugrundstück dem Innenbereich zuzuordnen, das Bauvorhaben nach § 34 BauGB zu beurteilen und dem Mandanten der beantragte Bauvorbescheid zu erteilen ist.

§ 7

Die Erfolgshonorarvereinbarung hat keinen Einfluss auf die vom Mandanten ggf. zu zahlenden Gerichtskosten, Verwaltungskosten und die von ihm zu erstattenden Kosten anderer Beteiligter. Auf eine nähere Berechnung dieser Kosten verzichtet der Mandant.

§ 8

Im Falle der Kostenerstattung hat die Partei, ein Verfahrensbeteiligter oder die Staatskasse regelmäßig nicht mehr als die gesetzliche Vergütung zu erstatten. Die verbleibende Differenz trägt der Mandant.

…, den … (Mandant)

…, den … (Rechtsanwalt)

55 **4. Beispiel für eine no win, less fee-Vereinbarung für das gerichtliche Verfahren, Mandant hat Anspruch auf Beratungs- und Prozesskostenhilfe**[148]

Zwischen

…

– im folgenden Mandant genannt –

und

Rechtsanwalt …

– im folgenden Rechtsanwalt genannt –

wird folgende

Vereinbarung über eine erfolgsbasierte Vergütung geschlossen:

§ 1

Der Mandant beauftragt den RA mit der gerichtlichen Geltendmachung seines Pflichtteilsanspruchs gegen … aufgrund des Erbfalles … vom …, in …

§ 2

Der RA soll für den Mandanten auf der Basis eines Erfolgshonorars nach § 4 Abs. 1 S. 2 RVG tätig werden. Unter Erfolg verstehen die Parteien, dass das gerichtliche Verfahren zu einem Zahlungsanspruch in Höhe von mindestens 700.000,– EUR führt, gleich durch Urteil oder durch Vergleich. Sollte der Betrag nicht beitreibbar sein oder sollte ein niedrigerer Betrag als 700.000,– EUR oder kein Pflichtteilsbetrag im gerichtlichen Verfahren zugesprochen werden oder ein Vergleich mit einem entsprechenden Inhalt geschlossen werden, gehen die Parteien von einem Misserfolg aus.

§ 3

Der Mandant verpflichtet sich, an den RA im Erfolgsfall eine Vergütung iHd 1,5-fachen der gesetzlichen Gebühren zu bezahlen. Im Misserfolgsfall schuldet er lediglich die Hälfte der gesetzlichen Gebühren.

[148] Nach *Mayer* Neues GebührenR § 1 Rn. 22.

§ 4

Bei der Beurteilung der Zulässigkeit des Erfolgshonorars nach § 4 Abs. 1 S. 1, 2 RVG gehen die Parteien im vorliegenden Fall von folgenden Umständen aus: Der RA wird nur im Einzelfall auf Erfolgshonorarbasis tätig. Für den Mandanten handelt es sich ebenfalls um ein Einzelfall, da es sich mit dem Todesfall vom … um singuläres familiäres Ereignis handelt. Die beabsichtigte Rechtsverfolgung ist nicht vom Deckungsumfang einer Rechtsschutzversicherung umfasst. ***Der Mandant ist nach seinen persönlichen und wirtschaftlichen Verhältnissen berechtigt, Prozesskostenhilfe zu beanspruchen. Auf die vom Mandanten unterzeichnete Erklärung über seine persönlichen und wirtschaftlichen Verhältnisse, die Anlage dieser Vereinbarung ist, wird verwiesen.***

§ 5

Die voraussichtliche gesetzliche Vergütung iSv § 4 Abs. 2 Nr. 1 RVG des Rechtsanwalts beträgt … EUR zzgl. Umsatzsteuer iHv … EUR, also insgesamt … EUR. Die Parteien sind dabei von einem Streitwert von 700.000,– EUR ausgegangen. Etwaige Streitwerterhöhungen durch Widerklagen oder Hilfsaufrechnungen sind dabei nicht berücksichtigt.

§ 6

Bestimmend für die Bemessung des Erfolgshonorars iSv § 4 Abs. 3 S. 1 RVG ist für die Vertragsparteien die Erwägung, dass die Höhe eines etwaigen Pflichtteilsanspruchs des Mandanten entscheidend von der Bewertung der Grundstücke in … Flst.-Nr. … und Flst.-Nr. … abhängt. Aufgrund der vorliegenden Einschätzungen gehen die Parteien davon aus, dass eine Erfolgswahrscheinlichkeit von 50% besteht, dass sich im Rechtsstreit die für den Mandanten günstigere Bewertung der Grundstücke als Bauland und nicht als Ackerland durchsetzen wird.

§ 7

Vorstehende Erfolgshonorarvereinbarung hat keinen Einfluss auf die vom Mandanten ggf. zu zahlenden Gerichtskosten, Verwaltungskosten und die von ihm zu erstattenden Kosten anderer Beteiligter.

Auf eine nähere Berechnung der Kosten verzichtet der Mandant.

§ 8

Im Falle der Kostenerstattung hat die gegnerische Partei, ein Verfahrensbeteiligter oder Staatskasse regelmäßig nicht mehr als die gesetzliche Vergütung zu erstatten. Die verbleibende Differenz trägt der Mandant.

§ 4b Fehlerhafte Vergütungsvereinbarung

[1]Aus einer Vergütungsvereinbarung, die nicht den Anforderungen des § 3a Abs. 1 Satz 1 und 2 oder des § 4a Abs. 1 und 2 entspricht, kann der Rechtsanwalt keine höhere als die gesetzliche Vergütung fordern. [2]Die Vorschriften des bürgerlichen Rechts über die ungerechtfertigte Bereicherung bleiben unberührt.

Übersicht

I. Allgemeines

1 Die Vorschrift beinhaltet eine tiefgreifende Änderung für das Recht der Vergütungsvereinbarung gegenüber dem früheren Rechtszustand. Die Regelung in § 4b S. 1 RVG, wonach aus einer Vergütungsvereinbarung, die nicht den Anforderungen des § 3a Abs. 1 S. 1, 2 RVG oder des § 4a Abs. 1, 2 RVG entspricht, keine höhere als die gesetzliche Vergütung vom RA gefordert werden kann, entspricht dem derzeit geltenden Recht.[1] Das bislang geltende Recht war jedoch in diesem Zusammenhang entscheidend durch die Regelung in § 4 Abs. 1 S. 3 RVG aF geprägt. Danach konnte der Auftraggeber das Geleistete nicht deshalb zurückfordern, weil seine Erklärung nicht den Formvorschriften der S. 1, 2 entsprach, wenn er freiwillig und ohne Vorbehalt geleistet hatte. Diese Vorschrift hatte eine erhebliche praktische Bedeutung. Eine Vielzahl von Vergütungsvereinbarungen, insbes. wurzelnd in einem langjährigen und sehr weitgehenden Vertrauensverhältnis, konnte so ohne unübersehbares rechtliches Risiko für den RA auch bei nur mündlicher Absprache aufrechterhalten werden.

2 Die Begründung des Gesetzgebers für die **Beseitigung des Rückforderungsausschlusses** auch in dem Fall, dass der Auftraggeber freiwillig und ohne Vorbehalt geleistet hat, ist nicht überzeugend. Nach der Gesetzesbegründung sollte mit dem Ausschluss des Rückforderungsanspruchs das Verbot durchgesetzt werden, dass Erfolgshonorare grds. verboten bleiben sollen. Denn würde der Auftraggeber im Vertrauen auf die Wirksamkeit der Vereinbarung – evtl. als Vorschuss – ohne Vorbehalt zahlen, bliebe nach Auffassung des Gesetzgebers das Verbot für den RA ohne Folgen, dh § 4a Abs. 1 RVG könnte unterlaufen werden.[2] Diese rechtlichen Erwägungen des Gesetzgebers sind jedoch alles andere als überzeugend, denn eine Vorschusszahlung ist keine endgültige Zahlung, über die Vorschusszahlung muss zu gegebener Zeit abgerechnet werden. Freiwilligkeit und Vorbehaltsfreiheit müssen daher zu diesem Zeitpunkt vorliegen.

II. Folgen einer fehlerhaften Vergütungsvereinbarung

1. Allgemeines

3 Hält die Vergütungsvereinbarung nicht die Formvorschriften des § 3a Abs. 1 S. 1, 2 RVG ein, hält sie also bspw. das Textformerfordernis nicht ein oder ist sie nicht korrekt bezeichnet, in der Vollmacht enthalten oder von anderen Vereinbarungen außer der Auftragserteilung nicht deutlich abgesetzt, kann der RA **keine höhere als die gesetzliche Vergütung** fordern. Dasselbe gilt auch dann, wenn eine ein Erfolgshonorar regelnde Vergütungsvereinbarung nicht den Anforderungen des § 4a Abs. 1, 2 RVG entspricht, wenn also entweder die Voraussetzungen für die Zulässigkeit der Vereinbarung einer erfolgsbasierten Vergütung nach § 4a Abs. 1 S. 1 RVG nicht vorliegen, den Anforderungen an den Erfolgszuschlag nach § 4a Abs. 1 S. 2 RVG nicht genüge getan wird oder wenn die erfolgsbasierte Vergütungsvereinbarung nicht die zwingenden Bestandteile nach § 4a Abs. 2 Nr. 1 RVG oder § 4a Abs. 2 Nr. 2 RVG enthält. Formfehler der Vergütungsvereinbarung führen somit nicht zur Nichtigkeit des Anwaltsvertrages,[3] sondern begrenzen nach § 4b RVG lediglich den Vergütungsanspruch des RA auf die gesetzliche Vergütung.

2. Kritik

4 Die Regelung ist nicht in allen Aspekten völlig befriedigend. So ist nicht recht einzusehen, weshalb bei einer iSv § 4b S. 1 RVG fehlerhaften erfolgsbezogenen Vergütungsvereinbarung im Erfolgsfall der RA damit bestraft werden soll, dass er den Erfolgszuschlag nicht erhält, sondern lediglich die gesetzliche Vergütung. Auch der Misserfolgsfall ist in dieser Konstellation nicht eindeutig geregelt. Denn grds. besteht bei einer fehlerhaften erfolgsbasierten Vergütungsvereinbarung im Misserfolgsfall ein Anspruch des Anwalts auf die gesetzliche Vergütung. Diese Konsequenz wurde vom Gesetzgeber im Gesetzgebungsverfahren auch gesehen, aber mit Hinweis auf eine Entscheidung des BGH aus dem Jahre 1955[4] und auf § 242 BGB als handhabbar angesehen.[5] So könne es bei einer gegen § 4a Abs. 1, 2 RVG verstoßenden Vereinbarung, nach der im Misserfolgsfall keinerlei Vergütung geschuldet sein soll, dazu führen, dass der RA im Falle des Misserfolgs keine Vergütung verlangen kann, weil ein solches Verlangen eine unzuläs-

[1] BT-Drs. 16/8384, 12.
[2] BT-Drs. 16/8384, 12.
[3] Schneider/Wolf/*Onderka,* 7. Aufl. 2014, RVG § 4b Rn. 9.
[4] BGH NJW 1955, 1921 f.
[5] BT-Drs. 16/8384, 12.

sige Rechtsausübung (§ 242 BGB) wäre.[6] Abgesehen davon, dass es nicht ohne Weiteres zwingend ist, ob die aus dem Jahre 1955 stammende Entscheidung des BGH auf die heutigen Verhältnisse ohne Weiteres übertragbar ist,[7] und dass die Anwendung von § 242 BGB letztlich ultima ratio sein sollte, hat der Gesetzgeber letztlich die Klärung dieser Problemlage der Rspr. überlassen.[8]

3. Bisheriger Meinungsstand in der Rspr.

In der Rspr. bildeten sich zunächst drei Auffassung zu dieser Problemlage. Nach der großzügigsten Auffassung kann der Anwalt bei einer unwirksamen Zeithonorarvereinbarung sein Honorar erneut auf der Basis der gesetzlichen Gebühren des RVG abrechnen, wobei dem Anspruch des Rechtsanwalts nicht entgegensteht, dass der Mandant vor Auftragsannahme nicht gem. § 49b BRAO darüber belehrt worden ist, dass sich die Gebühren für die anwaltliche Tätigkeit nach dem Gegenstandswert richten.[9] Den Gegenpol bildet die Auffassung, dass sich der Anwalt bis zur Grenze der Arglist des Mandanten an einer unwirksamen Vergütungsvereinbarung festhalten lassen muss; so verstößt ein RA nach dieser Auffassung gegen Treu und Glauben, wenn er unter Berufung auf das anwaltliche Gebührenrecht nachträglich Gebühren geltend macht, auf die er ursprünglich durch Abschluss einer gegen eben dieses Gebührenrecht verstoßenden und daher unwirksamen Vergütungsvereinbarung verzichtet hat. Eine andere Beurteilung ergibt sich nach dieser Auffassung auch nicht deswegen, weil sich der Mandant zuerst auf die Unwirksamkeit der Vergütungsvereinbarung beruft; eine Ausnahme von dem Grundsatz, dass sich der Anwalt an der unwirksamen Vergütungsvereinbarung festhalten lassen muss, wird nach dieser Auffassung nur dann als gerechtfertigt angesehen, wenn der Mandant arglistig gehandelt hat.[10] Nach einer vermittelnden Auffassung behält bei einer unwirksamen Vergütungsvereinbarung der RA grds. den Anspruch auf die gesetzliche Vergütung. Allerdings ist nach dieser Auffassung die gesetzliche Vergütung dem RA nach Treu und Glauben dann zu versagen, wenn er in seinem Auftraggeber das Vertrauen begründet hat, eine Anwaltsvergütung nur im Erfolgsfall zahlen zu müssen; für diese Auffassung ist von maßgeblicher Bedeutung in diesem Zusammenhang, ob sich der Mandant auf eine entsprechende Honorarregelung eingelassen hätte oder ob er in Kenntnis der nichtigen Vereinbarung des Erfolgshonorars den Anwalt nicht beauftragt hätte.[11] 5

4. Grundsatzentscheidung des BGH

Der BGH[12] hat nunmehr in einer **Grundsatzentscheidung** Position bezogen in dem Meinungsstreit, ob ein Verstoß gegen § 4a Abs. 1 RVG oder § 4a Abs. 2 RVG die Nichtigkeit der Erfolgshonorarvereinbarung zur Folge hat. Denn nach einer Auffassung waren Erfolgshonorarvereinbarungen, die die Voraussetzungen des § 4a RVG nicht erfüllen, nichtig.[13] Nach anderer, auch hier vertretener Meinung[14] Auffassung sind gegen § 4a Abs. 1 RVG oder § 4a Abs. 2 RVG verstoßende Erfolgshonorarvereinbarungen wirksam, im Erfolgsfall ist jedoch die Vergütung des Rechtsanwalts auf die gesetzliche Vergütung begrenzt.[15] Andere lösen die Problematik über § 242 BGB.[16] Der BGH[17] stellte sich – in Abkehr von seiner früheren Rspr.[18] – auf den Standpunkt, dass eine Erfolgshonorarvereinbarung, die gegen § 4a Abs. 1 RVG oder § 4a Abs. 2 RVG verstößt, **nicht nichtig** ist, sondern die vertraglich vereinbarte Vergütung – auch im Erfolgsfall – auf **die gesetzliche Gebühr beschränkt** ist. Sei die gesetzliche Gebühr höher, könne nur die vereinbarte Vergütung verlangt werden.[19] Im Leitsatz hat der BGH diese Auffassung auch 6

[6] BT-Drs. 16/8384, 12.
[7] Dies jedoch als Tendenz der Rspr. vermutend Hartung/Schons/Enders/*Schons* RVG § 4b Rn. 13.
[8] Vgl. auch den Bericht des Rechtsausschusses BT-Drs. 16/8916, 16.
[9] OLG Koblenz BeckRS 2012, 18693 mAnm *Mayer* FD-RVG 2012, 337118.
[10] OLG München BeckRS 2012, 09674 = AGS 2012, 271 mAnm *Mayer* FD-RVG 2012, 332029.
[11] OLG Düsseldorf BeckRS 2012, 07547 = RVGreport 2012, 255 mAnm *Mayer* FD-RVG 2013, 330903.
[12] BeckRS 2014, 13314 = RVGreport 2014, 340 = JurBüro 2014, 524 mAnm *Mayer* FD-RVG 2014, 360 (195); Anm. *Winkler* AGS 2014, 57.
[13] Schneider/Wolf/*Onderka*, 7. Aufl. 2014, RVG § 4b Rn. 7.
[14] → Rn. 3.
[15] So auch Hartung/Schons/Enders/*Schons* RVG § 4b Rn. 1, 9; Rehberg/*Asperger*, Erfolgshonorar Nr. 3; Riedel/Sußbauer/*Ahlmann* RVG § 4b Rn. 2.
[16] Bischof/*Bischof* RVG § 4b Rn. 2; Mayer/Kroiß/*Teubel*, 6. Auflage 2013 RVG § 4b Rn. 3.
[17] BeckRS 2014, 13314 = RVGreport 2014, 340 = JurBüro 2014, 524 mAnm *Mayer* FD-RVG 2014, 360 (195); Anm. *Winkler* AGS 2014, 57.
[18] BGH BeckRS 2011, 26367.
[19] BGH NJW 2014, 2653 ff. (16).

auf Vergütungsvereinbarungen ausgedehnt, die gegen die Formvorschriften des § 3a Abs. 1 S. 1 und S. 2 verstoßen. Begründet hat der BGH seine Auffassung zum einen mit dem Zusammenspiel von § 49b Abs. 2 S. 1 BRAO und §§ 4a, 4b RVG. Denn der Sonderregelung des § 4b hätte es nicht bedurft, wenn nach dem Willen des Gesetzgebers eine gegen die Zulässigkeitsvoraussetzungen verstoßende Erfolgshonorarvereinbarung nichtig sein sollte. Denn dann hätte es der Regelung des § 4b RVG nicht bedurft, weil sich die Nichtigkeit bereits aus § 134 BGB ergeben hätte.[20] Unter Rückgriff auf die Gesetzesbegründung und die Entstehungsgeschichte der Regelung des § 4b RVG gelangte der BGH zu der Auffassung, dass, wenn der Rechtsfehler der Vergütungsvereinbarung nicht zu deren Nichtigkeit führt, sondern zu einer Begrenzung der hiernach geschuldeten Vergütung auf die gesetzlichen Gebühren, es einer zusätzlichen Anwendung der Grundsätze von Treu und Glauben nicht bedarf.[21] Aus einer gegen die Formvorschriften des § 3a Abs. 1 S. 1, 2 RVG verstoßenden oder die Voraussetzung für den Abschluss einer Erfolgshonorarvereinbarung nach § 4a Abs. 1, 2 RVG nicht einhaltenden Vergütungsvereinbarung kann der RA die vereinbarte Vergütung bis zur Höhe der gesetzlichen Gebühr fordern. **Unerheblich** war es für den BGH **auch,** ob sich im konkreten Fall der Beklagte auf die **Unwirksamkeit der Vergütungsvereinbarung berufen** habe. Der Mandant könne sich auf die tatsächlichen Wirkungen des § 4b RVG berufen bis zur Grenze der Treuwidrigkeit; treuwidrig ist dies nach dem BGH solange nicht, als der Mandant seinen RA nicht über tatsächliche Umstände täuscht oder solche Umstände in Kenntnis ihrer Bedeutung verschweigt, die für die Wirksamkeit der Honorarvereinbarung von Bedeutung sind.[22]

Positiv an der Auffassung des BGH ist zunächst, dass sie dem – gesetzgeberisch etwas verunglückten – § 4b RVG Sinn und Struktur gibt.[23] Im Übrigen war die Reaktion der Lit. auf die Entscheidung des BGH jedoch eher verhalten.[24]

5. Auswirkungen der Entscheidung des BGH

7 **a) Hinweispflicht nach § 49b Abs. 5 BRAO.** Die Streitfrage,[25] ob im Falle einer gegen die Formvorschriften des § 3a Abs. 1 S. 1, 2 RVG verstoßenden oder die materiellen Voraussetzungen des § 4a Abs. 1, 2 RVG nicht einhaltenden Vergütungsvereinbarung der Mandant der Abrechnung auf der Basis der gesetzlichen Gebühren entgegenhalten kann, dass der Wertgebührenhinweis nach § 49 Abs. 5 BRAO nicht erteilt worden ist, hat sich nach zutreffender Auffassung mit der Entscheidung des BGH erledigt. Denn nach der Rspr. des BGH ist **nicht die gesetzliche Vergütung geschuldet,** sondern die vereinbarte, nicht die Vergütung richtet sich nach dem Gegenstandswert, sondern deren Begrenzung.[26] Ein Mandant, der eine höhere Vergütung als die gesetzliche Vergütung vereinbart hat, bedarf keiner Warnung nach § 49b Abs. 5 BRAO.[27] Die gegenteilige Auffassung gibt nur Sinn, wenn die Vergütungsvereinbarung nichtig wäre, der BGH hat jedoch gerade entschieden, dass die Vergütungsvereinbarung wirksam ist.[28]

8 **b) Abrechnung.** Macht der Anwalt vereinbartes Honorar bei einer gegen die Formvorschriften des § 3a Abs. 1 S. 1, 2 RVG oder die Voraussetzungen des § 4a Abs. 1, 2 RVG verstoßenden Vergütungsvereinbarung geltend, ist er nicht gezwungen, die gesetzliche Vergütung zusätzlich mit einer den Formvorschriften entsprechenden Rechnung zu belegen,[29] denn nach wie vor wird die **vereinbarte Vergütung** geschuldet, nicht die gesetzliche, die gesetzliche Vergütung ist lediglich deren Begrenzung. Abzurechnen ist also die vereinbarte Vergütung, zB das vereinbarte Zeithonorar, wobei der Anwalt aber kenntlich zu machen hat, dass er die vereinbarte Vergütung auf einen bestimmten Höchstbetrag, nämlich die gesetzliche Vergütung, begrenzt.[30] Teilweise wird auch vertreten, der RA könne in diesen Fällen die Berechnung der gesetzlichen Vergütung dem Gericht überlassen,[31] sinnvoll dürfte es aber gleichwohl stets sein, dass der Anwalt bei derartigen Problemlagen die gesetzliche Vergütung selbst vorrechnet.

---

[20] BGH NJW 2014, 2653 ff. (17).
[21] BGH NJW 2014, 2653 ff. (26).
[22] BGH NJW 2014, 2653 ff. (35).
[23] Vgl. Anm. *Mayer* FD-RVG 2014, 360195.
[24] Vgl. Anm. *Schons* AGS 2014, 323.
[25] Vgl. *Winkler* AGS 2014, 57 f.
[26] *Schneider* NJW-Spezial 2014, 475.
[27] *Schneider* NJW-Spezial 2014, 475.
[28] *Winkler* AGS 2014, 370; anderer Auffassung wohl *Schons* AGS 2014, 323 (324).
[29] *Winkler* AGS 2014, 370.
[30] *Schneider* NJW-Spezial 2014, 475.
[31] *Winkler* AGS 2014, 370.

c) Vergütungsfestsetzungsverfahren nach § 11 RVG. Ein Vergütungsfestsetzungsverfahren nach § 11 RVG scheidet auch dann aus, wenn nach § 4b S. 1 RVG lediglich die gesetzliche Vergütung bei einer gegen die Formvorschriften des § 3a Abs. 1 S. 1, 2 RVG verstoßenden bzw. die materiellen Voraussetzungen des § 4a Abs. 1, 2 RVG nicht einzuhaltenden Vergütungsvereinbarung geschuldet wird. Denn nach der Rspr. des BGH wird die vereinbarte Vergütung geschuldet, auch wenn sie der Höhe nach auf die gesetzliche Vergütung begrenzt ist.[32] Denn eine vereinbarte Vergütung ist nicht die gesetzliche Vergütung.[33] 9

d) Darlegungs- und Beweislast. Gegenüber der bisherigen Rechtslage wirft die neue Rspr. des BGH **Probleme bei der Darlegungs- und Beweislast** auf. Denn vielfach dürfte der Mandant überfordert sein, wenn er im Falle einer gegen die Formvorschriften des § 3a Abs. 1 S. 1, 2 RVG verstoßenden bzw. materiellen Anforderungen des § 4a Abs. 1, 2 RVG nicht genügenden Vergütungsvereinbarung darlegen und beweisen müsste, dass die gesetzliche Vergütung unter der vereinbarten Vergütung liegt.[34] Zusätzliche Probleme ergeben sich, wenn die gesetzliche Vergütung auch Rahmengebühren umfasst, die die Bestimmung des Rechtsanwalts nach § 315 BGB basierend auf den Kriterien des § 14 RVG erfordern.[35] Richtig dürfte es daher sein, dem Anwalt die Darlegungs- und Beweislast aufzuerlegen, dass die gesetzliche Vergütung mindestens in Höhe der vereinbarten Vergütung liegt.[36] 10

e) Rückforderung gezahlter Beträge. Hat der Mandant die vereinbarte Vergütung bereits bezahlt und stellt sich erst dann heraus, dass die Vereinbarung nicht den Anforderungen des § 3a Abs. 1 S. 1, 2 RVG oder des § 4a Abs. 1, 2 RVG entspricht, greift nach § 4b S. 2 RVG der **Verweis auf das Bereicherungsrecht.** Der Mandant ist daher selbst gehalten, bei seiner Rückforderung die Berechnung der gesetzlichen Gebühren vorzunehmen und die überzahlte Differenz zurückzufordern.[37] Allerdings dürfte eine eingeschränkte Darlegungs- und Beweislast des Anwalts im Hinblick auf sein Bestimmungsrecht nach § 315 BGB, § 14 RVG zu bejahen seien, sodass der Anwalt zumindest ansatzweise darlegen muss, in welcher Höhe er die gesetzliche Vergütung abgerechnet hätte.[38] 11

f) Treuwidriges Verhalten des Mandanten. Nach dem BGH kann sich der Mandant auf die Wirkung des § 4b RVG berufen, und zwar bis zur Grenze der Treuwidrigkeit; nach dem BGH liegt Treuwidrigkeit solange nicht vor, als der Mandant seinen RA nicht über tatsächliche Umstände täuscht oder solche Umstände in Kenntnis ihrer Bedeutung verschweigt, die für die Wirksamkeit der Honorarvereinbarung von Bedeutung sind.[39] Hat der Mandant bspw. den RA über seine wirtschaftlichen Verhältnisse getäuscht, und sind deswegen die materiellen Voraussetzungen einer Erfolgshonorarvereinbarung nach § 4a Abs. 1 S. 1 nicht erfüllt, muss sich der Mandant demnach gleichwohl an der getroffenen Vergütungsvereinbarung festhalten lassen. 12

g) Erstattungsanspruch des Mandanten bei Abwehr von Gebührenansprüchen. Der BGH[40] hat einen Erstattungsanspruch des Mandanten für die von ihm aufgewandten Anwaltsgebühren zur Abwehr der Gebührenansprüche aus der fehlerhaften Vergütungsvereinbarung anerkannt. Ob damit aber bereits schon befürchtet werden muss, dass sich Anwälte künftig häufiger Widerklagen gegenübersehen müssen, wenn sie erfolglos zu hohe oder gänzlich unbegründete Gebührensprüche durchzusetzen suchen,[41] muss bezweifelt werden. Denn der Entscheidung des BGH lag insoweit ein sehr krasser Sachverhalt zugrunde; in dem zugrundeliegenden Sachverhalt war, nachdem die Fehlerhaftigkeit der Vergütungsvereinbarung gerügt worden war, ein Vielfaches des vereinbarten Erfolgshonorars eingeklagt worden. 13

6. Grenzen des Anwendungsvorrangs von § 4b

§ 134 BGB wird jedoch nicht in jedem Fall von § 4b RVG verdrängt. So ist zwar eine Erfolgshonorarvereinbarung des Rechtsanwalts mit einem Mandanten grundsätzlich nicht gemäß § 134 BGB nichtig, auch wenn sie gegen § 49b Abs. 2 BRAO, § 4a RVG verstößt, weil § 4b RVG insoweit eine den § 134 BGB verdrängende Sondernorm darstellt. Etwas anderes gilt 13a

[32] *Winkler* AGS 2014, 370; *Schneider* NJW-Spezial 2014, 4.
[33] Näher Mayer/Kroiß/*Mayer* RVG § 11 Rn. 69.
[34] *Schneider* NJW-Spezial 2014, 475.
[35] *Schneider* NJW-Spezial 2014, 475.
[36] *Schneider* NJW-Spezial 2014, 475; unentschieden in dieser Frage *Winkler* AGS 2014, 370 (371).
[37] *Winkler* AGS 2014, 370.
[38] *Schneider* NJW-Spezial, 475 (476).
[39] BGH NJW 2014, 2653 ff. (35).
[40] BGH NJW 2014, 2653 ff. (36).
[41] So Anm. *Schons* AGS 2014, 323 (324).

jedoch für eine Vereinbarung des Rechtsanwalts mit einem Vermittler von Klienten bzw. Prozessfinanzierer für die Klienten, wonach von dem Vermittler/Prozessfinanzierer vereinnahmte Erfolgshonorare teilweise an den Rechtsanwalt weitergeleitet werden sollen, und der Rechtsanwalt dieses Geld zusätzlich zu den von seinen Mandanten ihm gegenüber geschuldeten gesetzlichen Gebühren erhält, in diesem Fall wird § 134 BGB nicht von § 4b RVG verdrängt.[42]

III. Verweis auf Bereicherungsrecht

14 Nach § 4b S. 2 RVG bleiben die Vorschriften des bürgerlichen Rechts über die ungerechtfertigte Bereicherung unberührt. Diese **Regelung ist an sich gesetzessystematisch überflüssig,** weil diese Vorschriften – wie auch die sonstigen Regelungen des BGB – ohnehin gelten.[43] Der Wortlaut der Vorschrift erklärt sich jedoch aus der Gesetzgebungsgeschichte. Denn mit dieser Regelung wollte der Gesetzgeber einen Ausgleich für den Wegfall des Rückforderungsausschlusses in § 4 Abs. 1 S. 3 RVG aF schaffen. Die Anwälte sollten nicht gegenüber normalen Bürgern benachteiligt werden, der Verweis ergreift auch den Ausschlussgrund des § 814 BGB.[44] Überlegungen, § 814 BGB könne dem Anwalt in Zukunft ähnlich hilfreich sein wie die bisherige Regelung in § 4 RVG aF (freiwillige und vorbehaltlose Zahlungen),[45] kann nicht gefolgt werden. Denn die insoweit als Ansatzpunkt dieser Überlegungen genannte Entscheidung des BGH[46] hat nicht „einen Vergleich zwischen § 814 BGB und der alten Regelung in § 4 RVG aF hergestellt",[47] sondern der BGH hat lediglich darauf verwiesen, dass bei beiden Regelungen die Beweislastverteilung dieselbe ist.[48] Denn bei § 814 BGB ist die der Kondiktion entgegenstehende Kenntnis des Leistenden vom Empfänger zu beweisen.[49] Auch setzt die Anwendung der Norm voraus, dass der Leistende zum Zeitpunkt seiner Leistung positiv gewusst hat, nicht zur Leistung verpflichtet gewesen zu sein. Alleine die Kenntnis der Tatsachen, aus denen sich das Fehlen der rechtlichen Verpflichtung ergibt, genügt nicht. Der Leistende muss auch gewusst haben, dass er nach der Rechtslage nichts schuldet.[50]

In Ausnahmefällen dürfte dem Anwalt auch die Berufung auf § 818 Abs. 3 BGB möglich sein.[51]

IV. Verzicht auf den Rückforderungsanspruch

15 Nach der Rspr. des BGH sind die Anforderungen an einen Verzicht auf den Rückforderungsanspruch des Mandanten hoch. So kommt nach dem BGH die Auslegung eines Verhaltens des Mandanten als Verzicht auf seinen Rückforderungsanspruch nur dann in Betracht, wenn der Mandant für den RA erkennbar zumindest mit der Möglichkeit rechnet, es könne wegen Formmangels an einer Verpflichtung zur Zahlung des vereinbarten Honorars fehlen.[52] Diese strengen Anforderungen dürften in der Praxis nur selten erfüllt werden können.[53]

16 Schließlich betont auch der BGH, dass strenge Anforderungen an einen Ausschluss des Rückforderungsanspruchs des Mandanten nach Treu und Glauben zu stellen sind.[54] So ist die Berufung auf den Formmangel dann ausgeschlossen, wenn es nach den Beziehungen der Parteien und den gesamten Umständen mit Treu und Glauben (§ 242 BGB) unvereinbar wäre, das Rechtsgeschäft am Formmangel scheitern zu lassen. Dabei sind nach dem BGH strenge Maßstäbe anzulegen. Das Ergebnis dürfe die betroffene Partei nicht bloß hart treffen, sondern müsse schlechthin untragbar sein.[55]

---

[42] OLG München NJW-RR 2020, 243 = AGS 2020, 211 mAnm *Mayer* FD-RVG 2020, 424179.
[43] *Hansens* ZAP 2008, 1125 (1131); Schneider/Wolf/*Onderka*/*N. Schneider* RVG § 4b Rn. 17.
[44] BT-Drs. 16/8916, 18 (17).
[45] Hartung/Schons/Enders/*Schons* RVG § 4b Rn. 22.
[46] BGH NJW 2004, 2818 f.
[47] So aber Hartung/Schons/Enders/*Schons* RVG § 4b Rn. 22.
[48] BGH NJW 2004, 2818 f. (2820).
[49] MüKoBGB/*Schwab* BGB § 814 Rn. 23.
[50] BGH NJW 2016, 1391 = BeckRS 2015, 18767 mAnm *Mayer* FD-RVG 2015, 373954.
[51] So *Hansens* ZAP 2008, 1125 ff. (1132); aA Schneider/Wolf/*Onderka*/*N. Schneider* RVG § 4b Rn. 25.
[52] BGH NJW 2016, 1391 = BeckRS 2015, 18767 mAnm *Mayer* FD-RVG 2015, 373954.
[53] Anm. *Mayer* FD-RVG 2015, 373954.
[54] BGH NJW 2016, 1391 = BeckRS 2015, 18767 mAnm *Mayer* FD-RVG 2015, 373954 mit Bespr. *Thiel* NZFam 2016, 81; dazu Anm. *Hellstab* AGS 2015, 557; vgl. auch die Bespr. *Hansens* RVGreport 2016, 11.
[55] BGH NJW 2016, 1391.

V. Berufsrecht

Ein Abschluss einer mündlichen Vergütungsvereinbarung mit dem Mandanten stellt keinen mit dem Berufsrecht zu ahndenden Verstoß gemäß § 43 BRAO dar. Nicht in jedem Verstoß gegen Regelungen des RVG ist zugleich über § 43 BRAO ein Berufsrechtsverstoß zu sehen. Dabei ist nämlich zu berücksichtigen, ob der von einem Anwalt begangene Gesetzesverstoß über seine Auswirkungen im Einzelfall hinaus geeignet sein muss, das Vertrauen in die Kompetenz und die Integrität der Anwaltschaft zu beeinträchtigen und damit die Funktion der Anwaltschaft im System der Rechtspflege zu stören. Allein der Abschluss einer formunwirksamen Vereinbarung führt nicht in jedem Fall dazu, dass das Vertrauen in die Integrität der Anwaltschaft verletzt wird.[56] Es wird in diesem Zusammenhang vertreten, dass das Unterlassen, eine Vergütungsvereinbarung schriftlich zu fixieren deshalb niemals einen berufsrechtlichen Verstoß darstellen könne, da eine entsprechende Pflicht des Anwalts gar nicht bestehe. Ein Anwalt sei nicht verpflichtet, Vergütungsvereinbarungen schriftlich zu fixieren, sie könnten auch mündlich geschlossen werden, solche Vereinbarungen seien auch wirksam; würden die Formvorschriften des § 3a Abs. 1 Satz 1 und 2 RVG nicht eingehalten, berühre dies nicht die Wirksamkeit der Vereinbarung sondern führe nur zur Unverbindlichkeit des Vergütungsanspruchs und dies auch nur insoweit, als die vereinbarte Vergütung die gesetzliche übersteige.[57] Zu weitgehend ist die in diesem Zusammenhang vertretene Auffassung, bei den Formvorschriften des § 3a Abs. 1 RVG handele es sich „faktisch nur um eine Obliegenheit des Anwalts, um seinen Vergütungsanspruch verbindlich zu machen",[58] denn der Gesetzgeber verfolgt mit den Formvorschriften des § 3a Abs. 1 RVG bestimmte Schutzzwecke zugunsten des Mandanten und hat mit ihnen nicht lediglich eine Obliegenheit des Anwalts etabliert, um seinen Anspruch auf eine vereinbarte Vergütung abzusichern. 17

§ 5 Vergütung für Tätigkeiten von Vertretern des Rechtsanwalts

Die Vergütung für eine Tätigkeit, die der Rechtsanwalt nicht persönlich vornimmt, wird nach diesem Gesetz bemessen, wenn der Rechtsanwalt durch einen Rechtsanwalt, den allgemeinen Vertreter, einen Assessor bei einem Rechtsanwalt oder einen zur Ausbildung zugewiesenen Referendar vertreten wird.

Übersicht

[56] Anwaltsgericht Hamm NJOZ 2017, 1291 = BeckRS 2017, 118711 mAnm *Mayer* FD-RVG 2017, 393971; Anm. *Schneider* NJW-Spezial 2017, 573.

[57] Anm. *Schneider* NJW-Spezial 2017, 573.

[58] So aber Anm. *Schneider* NJW-Spezial 2017, 573.

I. Grundsätze

1. Allgemeines

1 Der RA hat seine Dienste im Zweifel in Person zu leisten, § 613 BGB. Das ist jedoch nicht immer möglich. Es ist deshalb nicht zu vermeiden, dass für den RA Vertreter tätig werden. Die Frage, ob und ggf. wie eine zulässig durch einen Stellvertreter ausgeübte Tätigkeit zu vergüten ist, bestimmt sich nach bürgerlichem Recht. § 5 RVG greift nur ein Teilgebiet heraus. Er bestimmt, dass der RA auch dann die Gebühren des RVG erhält, wenn er nicht selbst tätig wird, sofern nur die Tätigkeit von den in § 5 RVG genannten Personen ausgeübt wird. Dagegen entscheidet § 5 RVG nicht, ob und welche Vergütung dem RA zusteht, wenn er sich durch eine andere Person vertreten lässt.

Beispiele:

- Der RA hat zur selben Zeit einen Verhandlungstermin beim Oberlandesgericht und beim Amtsgericht wahrzunehmen. Er beauftragt den ihm zur Ausbildung zugewiesenen Referendar, den Termin beim Amtsgericht wahrzunehmen.
- Der in Duisburg ansässige RA hat einem beim LG Hamburg anberaumten Verhandlungstermin wahrzunehmen. Er kommt mit seinem Mandanten überein, wegen der aufzuwendenden Reisezeit und der damit verbundenen Kosten, einen Hamburger Kollegen mit der Wahrnehmung des Termins zu beauftragen.
- Der RA muss sich einer Operation in einer Klinik unterziehen. Er beantragt bei der Landesjustizverwaltung die Bestellung eines Assessors zu seinem allgemeinen Stellvertreter für drei Monate, was geschieht. Der Assessor erledigt alle Geschäfte des RA, fertigt Schriftsätze an, nimmt Termine wahr usw.

2. Kosten der Stellvertretung

2 Beauftragt ein RA einen anderen RA als Stellvertreter, so erwirbt der Stellvertreter mangels vertraglicher Beziehungen zum Auftraggeber gegen diesen keinen Anspruch. Nur der beauftragende Anwalt hat gem. § 5 RVG einen Anspruch gegen den Auftraggeber.

Davon ist zu unterscheiden die Frage, ob der Stellvertreter einen Anspruch gegen den beauftragten Anwalt erwirbt. Dies hängt von der internen Vereinbarung der beiden Anwälte ab.

Folgende Fallgestaltungen sind zu unterscheiden:

Eine Vergütung kann zwischen dem RA und seinem Stellvertreter frei vereinbart werden. Eine solche interne Vereinbarung unterliegt keinen Schranken.[1]

In den meisten Fällen ist eine unentgeltliche Stellvertretung unter Anwälten üblich.

Beispiel:

Der RA des Auftraggebers bittet einen Kollegen kollegialiter für ihn einen Termin wahrzunehmen.

In dieser Bitte liegt stillschweigend die Vereinbarung, unentgeltlich tätig zu werden. Kommt der RA, an den die Bitte gerichtet ist, der Bitte nach, widerspricht also nicht und weist nicht darauf hin, dass er eine Vergütung verlangen werde, so liegt darin stillschweigend die Vereinbarung einer unentgeltlichen Vertretung.[2]

Hiervon ist zu unterscheiden der Fall der **Untervollmacht.** Die Möglichkeit ist in aller Regel in der Vollmachtsurkunde, die der Mandant bei der Auftragserteilung unterzeichnet hat, enthalten. Wenn der Duisburger RA dem Hamburger RA Untervollmacht erteilt, dann kommt zwischen dem Mandanten und dem Hamburger RA ein Vertrag zustande mit der Folge, dass für dieses Vertragsverhältnis § 1 RVG unmittelbar gilt, und der Hamburger RA einen unmittelbaren Gebührenanspruch gegen den Mandanten erwirbt. Soll hingegen § 5 RVG angewandt werden, muss der RA seinem Vertreter gegenüber klarstellen, dass er den Auftrag an ihn nicht in Untervollmacht für seinen Mandanten, sondern in eigenem Namen erteilt hat. Ist dies unklar, gilt § 164 Abs. 2 BGB. Die Beweislast trägt der beauftragte RA.[3]

II. Vertretung

1. Zulässigkeit der Vertretung

3 Die Frage der Zulässigkeit einer Stellvertretung ist in der Regel nach bürgerlichem Recht zu beurteilen. Maßgebend ist vor allem der mit dem Auftraggeber geschlossene Vertrag. Er kann beinhalten, dass der RA selbst tätig werden muss (Verteidigung in einer bestimmten

---

[1] KG AGS 2000, 143.

[2] AG Saarbrücken AGS 1999, 119; Mayer/Kroiß/*Klees* RVG § 5 Rn. 23; Schneider/Wolf/*N. Schneider* RVG § 5 Rn. 25; aA LG Arnsberg NJW-RR 2001, 1144.

[3] Mayer/Kroiß/*Klees* RVG § 5 Rn. 4; BGH NJW 1991, 2958; NJW-RR 1992, 1010.

Strafsache durch einen besonders geschulten Spezialisten). Im Allgemeinen ist jedoch davon auszugehen, dass der Auftraggeber die bei Anwälten übliche Vertretung hinzunehmen hat.

Für die Kostenerstattung ist es unerheblich, ob ein RA sich durch einen anderen Anwalt hat vertreten lassen. Ein Anwalt kann auch mehrere andere Anwälte nebeneinander vertreten.[4]

2. Bestellung eines Vertreters

Die Bestellung eines allgemeinen Vertreters ist in § 53 BRAO geregelt. Danach soll die Vertretung einem RA übertragen werden. Sie kann aber auch anderen Personen übertragen werden, welche die Fähigkeit zum Richteramt erlangt haben, oder Referendaren, die seit mindestens zwölf Monaten im Vorbereitungsdienst beschäftigt sind. **4**

Durch seinen allgemeinen Stellvertreter darf sich der RA stets vertreten lassen, es sei denn, dass der Auftraggeber ausbedungen hat, dass nur der RA persönlich tätig wird (vgl. das Beispiel des Strafverteidigers, → Rn. 3).

3. Assessor

Die Tätigkeit eines Assessors bei einem RA wird nach dem RVG vergütet. Dies gilt nicht nur für Gebühren, sondern auch für Reisekosten und sonstige Auslagen. Aus der Formulierung „Assessor" bei einem RA folgt, dass der Assessor, in welcher Form auch immer, in der Kanzlei des RA beschäftigt sein muss. In der Gesetzesbegründung zu § 5 RVG heißt es: „Eine solche Regelung ist für die Tätigkeit eines Assessors in der Übergangszeit bis zur Zulassung als RA von Bedeutung". Der Wortlaut des Gesetzes enthält eine solche Einschränkung nicht. Daher kann die Regelung auch auf solche Assessoren angewandt werden, die ohne Beantragung der Zulassung für den RA arbeiten. Der Assessor muss aber als Angestellter oder aber auch als freier Mitarbeiter für den RA tätig sein, soweit dies nicht gegen das RDG verstößt.[5] **5**

4. Stationsreferendar

Einen **Referendar,** der im Vorbereitungsdienst bei ihm oder einem anderen RA zur Ausbildung (nicht während der Zuweisung an das Gericht zur Ausbildung) beschäftigt ist **(Stationsreferendar),** hat der RA in den Aufgaben eines RA zu unterweisen, ihn anzuleiten und ihm Gelegenheit zu praktischen Arbeiten zu geben. Aus diesem Grunde ist der RA auch seinem Auftraggeber gegenüber berechtigt, dem Referendar die Ausführung von Aufträgen insoweit zu übertragen, als kein Anwaltszwang besteht und der Ausbildungszweck die Übertragung erfordert. Die Grenze dieses Übertragungsrechts bestimmt das pflichtgemäße Ermessen des RA, das ihm verbietet, dem Referendar Aufgaben zu übertragen, die entweder nicht dem Ausbildungszweck dienen oder denen der Referendar nicht gewachsen ist.[6] **6**

5. Zur Ausbildung zugewiesener Student

Ein von der Landesjustizverwaltung zugewiesener **Student** kann einem Stationsreferendar nicht gleichgestellt werde. Der Wortlaut des Gesetzes und Sinn und Zweck der Regelung steht dem entgegen. Studenten werden schon nach drei Semestern als Praktikanten zugewiesen. Sie können nicht erstexaminierten Referendaren oder Assessoren mit zwei Staatsexamen gleichgestellt werden.[7] **6a**

6. Andere Personen

Anderen Personen, besonders **Kanzleiangestellten,** darf der RA seine Vertretung im Zweifel nur dann übertragen, wenn der Auftraggeber ausdrücklich oder stillschweigend damit einverstanden ist. Als solche anderen Personen kommen in Betracht **wissenschaftliche Hilfsarbeiter** (zB Richter a. D.), Referendare außerhalb der anwaltlichen Ausbildungsstation, **Bürovorsteher** oder andere Kanzleiangestellte. Der Wille des Auftraggebers geht regelmäßig nicht dahin, von einem Bürovorsteher, einem sonstigen Laien oder nicht voll ausgebildeten Juristen vertreten zu werden. Auch auf die Einfachheit der Verrichtung, zB Erwirkung eines Versäumnisurteils, kann es nicht ankommen, weil die sich etwa im Termin ergebenden Weiterungen und Schwierigkeiten nicht voraussehbar sind. Mit der Betreuung durch einen Volljuristen wird der Auftraggeber im Allgemeinen einverstanden sein. **7**

---

[4] OLG München AnwBl 1979, 198.
[5] Mayer/Kroiß/*Klees* RVG § 5 Rn. 29.
[6] OLG Karlsruhe JurBüro 1988, 74; LG Frankfurt AnwBl 1978, 30; OLG Düsseldorf AGS 2005, 329.
[7] Mayer/Kroiß/*Klees* RVG Rn. 33; aA Schneider/Wolf/*N. Schneider* RVG § 5 Rn. 41.

III. Vergütungsanspruch

1. Die Vergütung bei Stellvertretung

8 Den Vergütungsanspruch bei Stellvertretung des RA regelt § 5 RVG. Er bemisst sich nach dem RVG. Die Vorschrift gilt für alle Vergütungsvorschriften des RVG. Nicht notwendig ist, dass der einem RA zugewiesene Referendar gerade demjenigen RA zugewiesen ist, den er vertritt. Vielmehr ist durch die Fassung klargestellt, dass § 5 RVG auch dann gilt, wenn der Referendar, der für den RA tätig wird, einem anderen RA überwiesen oder zugewiesen ist.[8]

Umstritten ist, welche Folgen es für die Vergütung hat, wenn ein Anwalt gebeten wird **„kollegialiter"** in einem Termin aufzutreten. Nach richtiger Auffassung liegt darin die konkludente Vereinbarung, unentgeltlich tätig zu werden. Kommt ein Anwalt der Bitte, „kollegialiter" aufzutreten nach, ohne zu widersprechen und darauf hinzuweisen, dass er eine Vergütung verlangen werde, liegt darin die konkludente Vereinbarung der unentgeltlichen Vertretung, denn anders würde es keinen Sinn machen zusätzlich zu vereinbaren, dass der andere Anwalt „kollegialiter auftritt". Denn diese Wendung hätte überhaupt keine Bedeutung und wäre überflüssig, wenn die üblichen Gebühren in Rechnung gestellt würden.[9]

Liegen die Voraussetzungen des § 5 RVG vor, so erhält der Anwalt die volle Vergütung, die er auch erhalten würde, wenn er die entsprechende Tätigkeit selbst ausgeführt hätte.[10] Auch ist die Ausführung des Mandats „nur" durch eine in § 5 RVG genannten Personen bei der Gebührenbemessung nach § 14 Abs. 1 RVG bei Satz- oder Betragsrahmengebühren kein zu berücksichtigender Aspekt.[11] Bei Vergütungsvereinbarungen hingegen empfiehlt es sich, falls ein Einsatz des genannten Personenkreises in Betracht kommt, eine ausdrückliche Vereinbarung dahingehend zu treffen, dass auch in diesen Fällen die in der Vergütungsvereinbarung festgelegte Vergütung zu zahlen ist, da ansonsten der Anwalt die vereinbarte Vergütung nur dann beanspruchen kann, wenn er die Tätigkeit in Person leistet.[12]

2. Reisekosten

9 Auch die Reisekosten können für die in § 5 RVG genannten Personen nach VV 7003 ff. RVG berechnet werden. Ein Abwesenheitsgeld entsteht aber nach VV 7005 RVG nur dann, wenn die Reise durch den allgemeinen Stellvertreter oder durch einen (angestellten) RA ausgeführt wird.

3. Vertretung durch andere Personen

10 Bei Vertretung durch andere als die in § 5 RVG genannten Personen kann der RA kraft Gesetzes keine Vergütung nach dem RVG berechnen, auch nicht, wenn der Vertreter die Befähigung zum Richteramt hat. Wird also zB ein in der Anwaltskanzlei beschäftigter wissenschaftlicher Hilfsarbeiter (Richter a. D.) oder ein Referendar, der nicht Stationsreferendar ist, tätig, ist für eine Anwendung des § 5 RVG kein Raum.[13] Wird ein Rechtsfachwirt für den RA tätig, kann der Anwalt ebenfalls keinen Vergütungsanspruch für diese Tätigkeiten unmittelbar aus § 5 RVG ableiten.[14] Auch auf einen Diplomjuristen ist § 5 RVG nicht anwendbar.[15]

Selbst auf einen Steuerberater oder/und Rechtsbeistände ohne Kammermitgliedschaft findet § 5 RVG keine analoge Anwendung.[16] Auch kann sich ein RA nicht in Untervollmacht einer staatlich anerkannten Beratungsstelle für Verbraucherinsolvenzverfahren zur Erfüllung der ihm übertragenen Aufgaben bedienen.[17]

Darauf, ob der Auftraggeber der Vertretung durch solche Personen zugestimmt hat, kommt es bei dem Vergütungsanspruch nicht an. Für durch solche Hilfspersonen ausgeübte Tätigkeiten kann daher nur nach § 612 BGB die vereinbarte oder angemessene Vergütung berechnet wer-

---

[8] Riedel/Sußbauer/*Ahlmann* RVG § 5 Rn. 9; Hartmann/Toussaint/*Toussaint* RVG § 5 Rn. 8; OLG Frankfurt a. M. AnwBl 1979, 31; aA LG Hamburg Rpfleger 1988, 548; LG Osnabrück JurBüro 1992, 798, es ist unerheblich, ob der Referendar dem RA gerade in dem hier fraglichen Schwerpunktbereich zugewiesen wurde.

[9] Schneider/Wolf/*N. Schneider* RVG § 5 Rn. 25 aA Bischof/*Jungbauer* RVG VV 3401 Rn. 27; → Rn. 2.

[10] Schneider/Wolf/*N. Schneider* RVG § 5 Rn. 52.

[11] Schneider/Wolf/*N. Schneider* RVG § 5 Rn. 54.

[12] Schneider/Wolf/*N. Schneider* RVG § 5 Rn. 55.

[13] OLG Frankfurt a. M. MDR 1975, 767 = NJW 1975, 2211; LG Krefeld AnwBl 1976, 181; LG Zweibrücken Rpfleger 1977, 114.

[14] *Jungbauer* JurBüro 2008, 228.

[15] LAG Sachsen-Anhalt BeckRS 1995, 30824544; Schneider/Wolf/*N. Schneider* RVG § 5 Rn. 46.

[16] OLG Düsseldorf BeckRS 2008, 01636; Bischof/*Bischof* RVG § 5 Rn. 35a.

[17] AG Leipzig LSK 2007, 130580; Bischof/*Bischof* RVG § 5 Rn. 35a.

den.[18] Es ist zu prüfen, ob dafür überhaupt eine Vergütung zu erwarten ist. Diese Frage ist in der Regel zu bejahen; denn jede Leistung hat einen Geldwert. Ist die Vergütung für die erbrachte Leistung nicht mit dem Auftraggeber vereinbart, so hat sie der RA beim Fehlen einer üblichen Vergütung nach §§ 315, 316 BGB zu bestimmen. Erkennt sie der Auftraggeber nicht an, so ist über sie im Rechtsstreit zu entscheiden.[19]

Teilweise wird vertreten, dass § 5 RVG eine abschließende Regelung darstellt und somit keinen Rückgriff auf die Vorschriften des BGB (§§ 612, 315, 316 BGB) zulässt, sodass dem RA grds. kein Vergütungsanspruch zusteht, wenn er seine Tätigkeit auf Personen delegiert, die in § 5 RVG nicht als zulässige Vertreter anerkannt sind.[20]

Eine Vergütung wegen § 5 RVG überhaupt zu versagen, ist unrichtig. § 5 RVG bestimmt nur, in welchen Fällen der RA eine Vergütung nach dem RVG erhält, wenn er seine Dienste nicht in Person selbst leistet.[21]

Es ist außerordentlich streitig, welche Vergütung der RA für eine Tätigkeit beanspruchen 11
kann, die von – in § 5 RVG nicht genannten – Stellvertretern, vor allem von einem Richter a. D., einem Nicht-Stationsreferendar oder dem Bürovorsteher, wahrgenommen worden ist. Die Skala reicht von „nichts“[22]
- über die Auslagen von Porto und Schreibarbeiten,[23]
- über Auslagenersatz (Reisekosten, Zeitaufwand),[24]
- und die „angemessenen Aufwendungen“, dh angemessene Vergütung nach dem RVG[25]
- bis zu den vollen Gebühren des Rechtsanwalts.[26]

Angemessen dürfte sein, die Vergütung wie folgt zu bestimmen: bei Tätigkeit eines Volljuris- 12
ten auf die volle Gebühr des RA, bei Tätigkeit eines Nicht-Stationsreferendars auf $^1/_2$ bis $^2/_3$ der Gebühr des RA, bei der Tätigkeit des Bürovorstehers auf $^1/_3$ bis $^1/_2$ der Gebühr des RA.

4. Vereinbarung

Um unliebsame Auseinandersetzungen zu vermeiden, ist dringend zu empfehlen, **mit dem** 13
Auftraggeber zu vereinbaren, dass der RA auch dann seine **Vergütung nach dem RVG** berechnen darf, wenn er sich im Einzelfall durch **eine in § 5 RVG nicht genannte Person** vertreten lässt. Das ist keine Vergütungsvereinbarung, da darunter nur die Vereinbarung einer höheren als der gesetzlichen Vergütung fällt, nicht aber die Vereinbarung der gesetzlichen Ver-

[18] Riedel/Sußbauer/*Ahlmann* RVG § 5 Rn. 12.

[19] Riedel/Sußbauer/*Fraunholz,* 9. Aufl. 2005, RVG § 5 Rn. 9; LG Münster JurBüro 1996, 639, nimmt anstelle des RA der in der Kanzlei tätige Bürovorsteher die Tätigkeiten zur Erledigung des Auftrags vor (hier: Vertretung in der mündlichen Verhandlung und in der Beweisaufnahme) und war dies mit dem Mandanten vereinbart, so gilt nach § 612 BGB die übliche Vergütung als geschuldet, die auch erstattungsfähig iSd § 91 ZPO ist. Etwa $^1/_3$ der Gebühren, die entstanden wären, wenn der RA selbst die Tätigkeit vorgenommen hätte, sind als übliche Vergütung iSd § 612 ZPO BGB erstattungsfähig.

[20] LG Darmstadt BeckRS 2009, 26808 mwN.

[21] *Mümmler* in seiner abl. Stellungnahme zu OLG Düsseldorf JurBüro 1991, 671 = AnwBl 1991, 272; Riedel/Sußbauer /*Ahlmann* RVG § 5 Rn. 12.

[22] OLG Düsseldorf JMBlNRW 1963, 64 = JurBüro 1963, 341; OLG Hamm AnwBl 1979, 236; LAG LSA AnwBl 1995, 96, Assessor; LG Gießen VersR 1981, 963; LG Heidelberg Justiz 1965, 173 = JVBl. 1965, 185; LG Heilbronn AnwBl 1995, 560, Referendar; LG Trier AnwBl 1978, 359; AG Mainz AnwBl 1981, 512 mit abl. Anm. *Schmidt;* LG Wuppertal JurBüro 1980, 537 mit abl. Anm. *Mümmler;* LG Berlin AnwBl 2001, 243, Verhandlungsgebühr für Assessor nicht, allerdings diejenigen Gebühren und Auslagen, die dem Prozessbevollmächtigten aufgrund der vom Berliner Anwaltsverein gebilligten Grundsätze für einen Terminsvertreter hätten aufgewendet werden müssen, und zwar: 1. Terminswahrnehmungsgebühr, 2. Auslagenpauschale, 3. Umsatzsteuer.

[23] *Mümmler* JurBüro 1978, 1772; AG Hannover JurBüro 1965, 715, mAnm *Tschischgale.*

[24] OLG Zweibrücken AnwBl 1985, 161 = JurBüro 1985, 543; LG Frankenthal AnwBl 1985, 162.

[25] **Volljurist:** OLG Hamm AnwBl 1992, 286; LG Essen JurBüro 1975, 466 (85 %); LG Krefeld AnwBl 1976, 181 = JurBüro 1976, 1347 ($^2/_3$); LG Landau MDR 1979, 160 ($^2/_3$); LG Mosbach AnwBl 1976, 180 ($^3/_4$); LG Osnabrück JurBüro 1978, 215 ($^2/_3$); LG Wuppertal JurBüro 1989, 1718 ($^2/_3$); LG Kassel AnwBl 1980, 203 ($^2/_3$) – **Nicht-Stationsreferendar:** $^1/_2$: LG Aachen JurBüro 1978, 261; LG Düsseldorf JurBüro 1987, 1031; LG Bochum AnwBl 1971, 296; LG Darmstadt JurBüro 1982, 73; AG Freiburg AnwBl 1982, 264 ($^2/_3$) – **Bürovorsteher: 35 %** OLG Düsseldorf AnwBl 1983, 325; OLG Köln AnwBl 1985, 328; LG Essen JurBüro 1975, 466; LG Saarbrücken JurBüro 1989, 628; LG Düsseldorf JurBüro 1987, 1804; LG Wuppertal JurBüro 1985, 888.

[26] *Tschischgale* JurBüro 1965, 716; *Lappe* MDR 1984, 990, Bürovorsteher als Schadensregulierer; OLG Düsseldorf JurBüro 1979, 48 = MDR 1978, 1031, Assessor kurz vor Zulassung als Anwalt; OLG Frankfurt a. M. NJW 1975, 2211; MDR 1995, 103; Hamm AnwBl 1992, 286; Schleswig SchlHA 1990, 75, Assessor, der schon den Antrag auf Zulassung zum RA gestellt hat; LG Bochum Rpfleger 1988, 426; LG Düsseldorf JurBüro 1981, 1341; LG Hamburg AnwBl 1996, 170; AG Göttingen AnwBl 84, 518; LG Berlin AnwBl 1968, 27; LG Düsseldorf JurBüro 1981, 1341 mkritAnm *Mümmler;* LG Flensburg SchlHA 1970, 37; LG Ravensburg NJW 1976, 2225 (Ls.); AG Hagen AnwBl 1975, 166 = NJW 1975, 939.

gütung für die Vertretung durch Stellvertreter, für die kein gesetzlicher Anspruch auf diese Vergütung besteht. Deshalb fällt eine solche Vereinbarung nicht unter die Formvorschrift der §§ 3a ff. RVG, sondern ist nach den §§ 611, 612 BGB auch formlos gültig.[27]

Sie kann auch stillschweigend getroffen werden. Einer „ausdrücklichen" Vereinbarung bedarf es nicht, wenn diese auch dringend zu empfehlen ist. Aus der Genehmigung der Tätigkeit des Stellvertreters allein kann allerdings noch nicht mit Sicherheit der Schluss gezogen werden, dass der Auftraggeber die Tätigkeit auch nach dem RVG vergüten will.[28]

IV. Erstattungspflicht

1. Erstattungspflicht der Gegenpartei

14 Die **Gegenpartei** braucht nach § 91 Abs. 2 S. 1 ZPO nur die gesetzlichen Gebühren des RA, also bei Stellvertretung nur für die in § 5 genannten Personen die nach dem RVG berechnete Vergütung, zu erstatten. Ob die auf Grund des § 612 Abs. 2 BGB oder einer Vereinbarung geschuldete Vergütung erstattungsfähig ist, hängt davon ab, ob die Kosten zur zweckentsprechenden Rechtsverfolgung oder Rechtsverteidigung notwendig waren, was im Allgemeinen zu bejahen sein wird. Diese Kosten sind dann gem. § 91 Abs. 1 ZPO zu erstatten.[29]

2. Erstattungspflicht der Staatskasse

15 Ob dem im Wege der **Prozesskostenhilfe** beigeordneten Anwalt aus der Staatskasse nach § 45 Abs. 1 RVG die Vergütung für die Tätigkeit eines Vertreters, der nicht unter § 5 RVG fällt, zu erstatten ist, ist umstritten, aber zu bejahen. Zumindest kann der Anwalt ggf. die von ihm an den Vertreter gezahlte Vergütung nach § 46 RVG als Auslage gegen die Staatskasse geltend machen.[30]

Die Staatskasse hat die gesetzliche Vergütung dem beigeordneten RA immer zu erstatten, wenn er sich durch eine der in § 5 RVG genannten Personen hat vertreten lassen.[31]

Lässt sich ein im Wege der PKH beigeordneter RA in der mündlichen Verhandlung durch einen Rechtsbeistand, der Mitglied der Rechtsanwaltskammer ist, vertreten, so entstehen durch diese Vertretung erstattungsfähige Gebühren.[32]

3. Durch eigene Tätigkeit des Anwalts verdiente Gebühren

16 Eine durch eigene Tätigkeit des RA oder einen der in § 5 genannten Stellvertreter verdiente Vergütung wird nicht dadurch beeinträchtigt, dass vorher oder später ein nicht unter § 5 RVG fallender Vertreter eine unter die gleiche Gebührenvorschrift fallende Tätigkeit entfaltet hat.

ZB ist der Anspruch auf die Terminsgebühr entstanden, wenn der RA oder ein unter § 5 RVG fallender Vertreter einen gerichtlichen Termin wahrgenommen hat, auch wenn ein nicht unter § 5 RVG fallender Vertreter dann in einem anderen Termin weiterverhandelt. Gibt ein Kanzleiangestellter einen vom RA oder von einem unter § 5 RVG fallenden Vertreter erteilten Rat dem Auftraggeber lediglich weiter, so ist ein Vergütungsanspruch entstanden. Ein vom RA oder einem Vertreter des § 5 unterzeichneter Schriftsatz gilt als solcher des RA selbst, auch wenn ihn ein Kanzleiangestellter angefertigt hat. Der Anspruch auf die Terminsgebühr oder auf die Einigungsgebühr setzt nicht notwendig voraus, dass der RA selbst den Verhandlungs- oder den Einigungstermin wahrgenommen hat. So erhält der RA zB die volle Einigungsgebühr, wenn er dem Auftraggeber rät, einen von einem Nicht-Stationsreferendar abgeschlossenen Vergleich nicht zu widerrufen.

4. Strafsachen

17 Auch in Straf- und Bußgeldsachen ist § 5 RVG anzuwenden. Die Übertragung der Verteidigung auf einen Stationsreferendar, selbst unter Aufsicht des RA, ist aber von der Genehmigung des Gerichts abhängig. Diese kann auch während der Verhandlung wieder entzogen werden.[33]

---

[27] Riedel/Sußbauer/*Ahlmann* RVG § 5 Rn. 16; Bischof/*Bischof* RVG § 5 Rn. 36; LAG SchlH SchlHA 1990, 75.

[28] *Schmidt* JurBüro 1964, 330; *Tschischgale* JurBüro 1965, 716.

[29] Hartmann/Toussaint/*Toussaint* RVG § 5 Rn. 10.

[30] Schneider/Wolf/*N. Schneider* RVG § 5 Rn. 75.

[31] OLG Saarbrücken JurBüro 1984, 1668; LAG Düsseldorf JurBüro 1989, 796; VG Freiburg AnwBl 1984, 325; OLG Brandenburg BeckRS 2008, 01129 mAnm *Mayer* FD-RVG 2008, 251783.

[32] *Mümmler* JurBüro 1984, 1023; aA OLG Düsseldorf JurBüro 1985, 1496; LG Kleve JurBüro 1984, 1022.

[33] BGH NJW 1958, 1308 = MDR 1958, 785 (Ls.).

Kostenrechtlich ist es ohne Bedeutung, ob der beauftragte RA selbst oder ein ihm zur Ausbildung zugewiesener Referendar – mit Zustimmung des Auftraggebers – in der Hauptverhandlung aufgetreten ist.[34]

Auch wenn eine der in § 5 RVG genannten Personen im Strafverfahren tätig geworden ist, sind die Kosten gem. § 464a Abs. 2 Nr. 2 StPO zu erstatten.

Auch in Strafsachen ist streitig, ob und ggf. welche Vergütung der RA beanspruchen kann, **18**
wenn ein in § 5 RVG nicht genannter Vertreter für ihn tätig geworden ist. Vgl. den Fall der Vertretung des Nebenklägers in der Hauptverhandlung durch einen Nicht-Stationsreferendar.[35]

Richtiger ist wohl, das vorstehend zu → Rn. 14 Gesagte für die Erstattung im Strafverfahren zu übernehmen.[36]

Ist eine der in § 5 RVG nicht genannten Personen tätig geworden, ist zu prüfen, ob ihre Tä- **19**
tigkeit zweckentsprechend war (was im Allgemeinen zu bejahen ist). In diesem Falle ist die durch ihre Tätigkeit verdiente Vergütung ebenfalls erstattungsfähig.

Überträgt der RA die Verteidigung in der Hauptverhandlung einem Richter a. D., so hat er zunächst Anspruch auf die volle Gebühr für die Tätigkeit außerhalb der Hauptverhandlung, denn hier ist er selbst tätig geworden. Fraglich ist nur, in welcher Höhe der Unterschiedsbetrag zu vergüten ist. Hier schwankt die Rspr., soweit sie die Tätigkeit des Richters a. D. vergütet, zwischen $^1/_2$ und $^1/_1$ der Anwaltsgebühr.[37]

Richtiger ist, die vollen Anwaltsgebühren anzusetzen.[38]

Der **Pflichtverteidiger** muss grds. die Verteidigung selbst führen.[39] **20**

Seine Bestellung gilt auch für seinen nach § 53 BRAO bestellten allgemeinen Vertreter. Eine unterbliebene Anzeige nach § 53 Abs. 6 BRAO ist unschädlich.[40] Ansonsten darf der zum Verteidiger bestellte Anwalt die Verteidigung nur mit Genehmigung des Vorsitzenden einem Vertreter überlassen.[41]

Lässt sich der Pflichtverteidiger ohne Genehmigung des Gerichts – etwa durch einen Assessor – vertreten, entstehen ihm keine Vergütungsansprüche.[42]

Wird die Genehmigung aber erteilt, so sind die Gebühren dem bestellten Verteidiger, nicht dem Vertreter zu zahlen.[43]

Die Gegenauffassung geht davon aus, dass in den Fällen der „Genehmigung" die stillschweigende Entbindung des ursprünglichen Pflichtverteidigers und die stillschweigende Beiordnung des „Vertreters" zu sehen ist.[44] Dann steht der Vergütungsanspruch gegen die Staatskasse dem „Vertreter" zu, der durch die Beiordnung selbständiger Pflichtverteidiger geworden ist, für die

---

34 LG Heidelberg AnwBl 1965, 184.

35 Keine Vergütung: KG NJW 1972, 1872; LG Freiburg NJW 1964, 70 mit abl. *Tschischgale;* LG Göttingen NJW 1969, 946, wird ein Anwalt in der Hauptverhandlung durch einen wissenschaftlichen Hilfsarbeiter (Assessor) als Verteidiger vertreten, ohne dass dieser amtlich bestellter Vertreter iSd § 5 ist, so entstehen insoweit keine von der Landeskasse zu erstattenden notwendigen Auslagen; LG Wuppertal AnwBl 1977, 322 mablAnm. *Matzen.*

36 OLG Hamm NJW 1970, 1058, Assessor als Nebenklägervertreter voll; OLG Karlsruhe AnwBl 1976, 180, Assessor $^3/_4$; LG Aschaffenburg JurBüro 1977, 1254, Nicht-Stationsreferendar $^2/_3$; LG Braunschweig JurBüro 1986, 53 = Rpfleger 1985, 506; LG Darmstadt JurBüro 1982, 73 mAnm *Mümmler,* Nicht-Stationsreferendar $^1/_2$; LG Freiburg MDR 1977, 515, Assessor voll; LG Heidelberg AnwBl 1978, 319, Nicht-Stationsreferendar $^1/_2$; LG Krefeld AnwBl 1976, 181 = NJW 1976, 1648 (Ls.) = JurBüro 1976, 1347, Assessor $^2/_3$; LG Ravensburg NJW 1976, 2225, Assessor voll.

37 OLG Karlsruhe AnwBl 1976, 180 ($^3/_4$); LG Düsseldorf AnwBl 1979, 194 ($^2/_3$); LG Wuppertal JurBüro 1989, 1718 ($^3/_4$); LG Freiburg AnwBl 1974, 283 ($^1/_1$); LG Krefeld AnwBl 1976, 181 = NJW 1976, 1648 = JurBüro 1976, 1347 ($^2/_3$).

38 → Rn. 11 f.

39 BGH Strafverteidiger 1981, 393; aA LG Potsdam BeckRS 2011, 21188 = AGS 2012, 65 Vertretung des Pflichtverteidigers durch einen anderen Anwalt zulässig.

40 AG Mettmann AGS 2014, 20 f.

41 OLG Hamm JurBüro 1966, 984; OLG Frankfurt a. M. NJW 1980, 1703; OLG Düsseldorf JMBlNRW 1994, 71, zu den anwaltlichen Befugnissen, die einem von der Justizverwaltung zum allgemeinen Vertreter eines Rechtsanwalts bestellten Rechtsreferendar uneingeschränkt zustehen, gehören auch diejenigen, die sich aus der Bestellung des vertretenen Rechtsanwalts zum Pflichtverteidiger ergeben. Zulässigkeit und Wirksamkeit der von einem solchen Rechtsreferendar in der Hauptverhandlung vor der großen Strafkammer vorgenommenen Pflichtverteidigerverhandlung hängen nicht von der Zustimmung des Strafkammervorsitzenden ab. Der Anspruch auf Vergütung dieser Pflichtverteidigertätigkeit des Rechtsreferendars steht allerdings dem vertretenen RA zu.

42 OLG Hamm AnwBl 1979, 236.

43 OLG Hamm Rpfleger 1952, 484; OLG Braunschweig Rpfleger 1956, 114; OLG Hamburg NJW 1963, 2040; Mayer/Kroiß/*Klees* RVG § 5 Rn. 45; Schneider/Wolf/*N. Schneider* RVG § 5 Rn. 80.

44 Burhoff/Volpert RVG/*Burhoff* Rn. 2450.

von ihm erbrachten Tätigkeiten kann der ursprüngliche Pflichtverteidiger keine Vergütung verlangen.[45] Für eine so weitgehende Annahme stillschweigenden Handelns besteht jedoch kein Bedürfnis und keine Grundlage. Anerkannt ist, dass sich der bestellte Pflichtverteidiger bei partieller Verhinderung mit Genehmigung des Gerichts durch einen anderen RA vertreten lassen kann.[46] In erster Linie entscheidend ist der Wortlaut der Verfügung, mit der die Tätigkeit des Vertreters genehmigt wird.[47] Zusätzlich kann auch von Bedeutung sein, ob der zusätzlich bestellte Verteidiger gehalten ist, sich umfassend in den Verfahrensstoff einzuarbeiten und/oder eine aufwendige den Termin vorbereitende Tätigkeit zu entfalten, in diesen besonderen Fällen liegt keine bloße Vertretung mehr vor.[48] Sinnvoll dürfte es daher auf jeden Fall sein, darauf zu achten, dass der gerichtliche Beschluss über die Genehmigung hinreichend klar gefasst wird.[49]

Der Sozius des Pflichtverteidigers ist kein allgemeiner Vertreter iSd § 53 BRAO. Er darf daher nur verteidigen, wenn ihm die Verteidigung ausdrücklich übertragen worden ist.[50]

21 Tritt ein Sozius auf, so ist immer zu prüfen, ob die Genehmigung zum Handeln als Vertreter des Pflichtverteidigers vorliegt oder vielmehr die Bestellung zum Pflichtverteidiger mit gleichzeitiger Entbindung des zunächst beigeordneten Verteidigers. Im letzteren Fall hat der Sozius eigene Ansprüche auf Pflichtverteidigervergütung.[51]

Hat der Pflichtverteidiger sich mit Genehmigung des Gerichts durch einen Stationsreferendar vertreten lassen, so stehen ihm auch die gleichen Gebühren zu, die er bei eigener Tätigkeit hätte berechnen können.[52]

§ 6 Mehrere Rechtsanwälte

Ist der Auftrag mehreren Rechtsanwälten zur gemeinschaftlichen Erledigung übertragen, erhält jeder Rechtsanwalt für seine Tätigkeit die volle Vergütung.

Schrifttum: *Madert,* Die Vertretung einer Partei durch mehrere Rechtsanwälte, AGS 2001, 74.

Übersicht

---

45 Burhoff/Volpert RVG/*Burhoff* Rn. 2450.

46 OLG Frankfurt a. M. NJW1980, 1703.

47 OLG Stuttgart NJOZ 2012, 213; Anm. *Schneider* NJW-Spezial 2011, 412; Riedel/Sußbauer/*Ahlmann* RVG § 5 Rn. 17.

48 OLG Stuttgart NJOZ 2012, 213; Anm. *Schneider* NJW-Spezial 2011, 412; Riedel/Sußbauer/*Ahlmann* § 5 Rn. 17.

49 Zu den missverständlichen gerichtlichen Entscheidungen Schneider/Wolf/*N. Schneider* RVG § 5 Rn. 81; idS Burhoff/Volpert RVG/*Burhoff* Rn. 2450 der empfiehlt, dass in der Hauptverhandlung ausdrücklich die Entbindung des ursprünglichen Pflichtverteidigers und die Beiordnung des als Vertreter erschienenen RA beantragt werden soll.

50 BayObLG NJW 1981, 1629.

51 LG Karlsruhe KostRspr BRAGO § 97 Nr. 5 mAnm *Schmidt;* LG Köln KostRspr BRAGO § 97 Nr. 6.

52 Riedel/Sußbauer/*Fraunholz,* 9. Aufl. 2005, RVG § 5 Rn. 12; LG Stuttgart AnwBl 1969, 372.

I. Allgemeines

Der Wortlaut des § 6 RVG ist missverständlich. Nach dem Wortlaut wäre der Einzelauftrag an eine Anwaltsgemeinschaft gemeint. Diesen Fall erfasst § 6 RVG gerade nicht. Das beruht auf der Rechtsform der Anwaltsgemeinschaft, aus der eine Gesamthandsgläubigerschaft und eine Gesamtschuldnerschaft der Sozien abzuleiten ist. § 6 RVG will zur Vermeidung von Missverständnissen klarstellen die Vergütungspflicht des Auftraggebers gegenüber einem jeden der von ihm beauftragten Anwälte, also eine Selbstverständlichkeit. Er besagt weiter etwas Selbstverständliches, nämlich, dass es für die Höhe der Vergütung auf Art und Umfang der Tätigkeit eines jeden solchen Anwalts ankommt.[1] 1

Wenn also „mehrere Anwälte" in einer Angelegenheit tätig werden, so können sie in verschiedener Weise tätig werden: 2

a) sie üben eine verschiedenartige Tätigkeit aus;

Beispiel:

Der Prozessbevollmächtigte, der Verkehrsanwalt, der Terminsanwalt,

b) sie üben die gleiche Tätigkeit nacheinander aus;

Beispiel:

Nach dem Tode des ersten Prozessbevollmächtigten wird ein zweiter Prozessbevollmächtigter bestellt,

c) sie üben ihren Beruf in einer Anwaltsozietät aus; hier will der Auftraggeber von einem Anwalt vertreten sein, wobei es ihm in der Regel gleichgültig ist, welcher Anwalt tätig wird oder ob sich mehrere in die Arbeit teilen;[2]

d) sie werden in der gleichen Angelegenheit in der gleichen Art nebeneinander tätig;

Beispiel:

Ein Auftraggeber lässt sich von zwei Rechtsanwälten verteidigen.

§ 6 RVG behandelt nur den Fall d). Hier liegen mehrere Anwaltsverträge vor; jeder RA hat auf Grund des mit ihm geschlossenen Vertrags Anspruch auf Vergütung. § 6 RVG regelt die Frage, ob diese Vergütung etwa deshalb zu ermäßigen ist, weil das Maß der Arbeit für den einzelnen Anwalt bei gemeinsamer Tätigkeit meist geringer ist als bei Einzeltätigkeit. § 6 RVG verneint diese Frage. Jeder der beteiligten Rechtsanwälte hat Anspruch auf die volle gesetzliche Vergütung. 3

II. Gemeinschaftliche Erledigung, Erstattung

Zur gemeinschaftlichen Erledigung ist ein Auftrag mehreren Rechtsanwälten nur dann übertragen, wenn sie **nebeneinander tätig werden** sollen. Das ist zB der Fall, wenn in einem Strafverfahren ein Angeklagter seine Verteidigung mehreren RA überträgt. Dann hat jeder RA Anspruch auf die volle Vergütung, die er nach dem RVG verdient hat. Es liegen in diesem Falle mehrere Rechtsanwaltsverträge vor, die mit mehreren Rechtsanwälten abgeschlossen sind, aber die gleiche Tätigkeit zum Gegenstand haben. Die mehreren RA müssen die gleiche Aufgabe haben, zB den Auftraggeber in der Hauptverhandlung zu verteidigen. Dabei kann selbstverständlich eine gewisse Arbeitsteilung vorliegen. Dann hat schon nach bürgerlichem Recht jeder RA, der die aufgetragene Tätigkeit leistet, Anspruch auf Vergütung. Daran ändert § 6 RVG nichts. Er bestimmt nur, dass die nach dem RVG bemessene Vergütung sich nicht deshalb ermäßigt, weil mehrere Rechtsanwälte tätig geworden sind. Soweit die Vergütung des RA in einer Rahmengebühr besteht, kann jedoch bei Ausfüllung des Rahmens gem. § 14 RVG der Umfang der dem einzelnen Anwalt obliegenden Tätigkeit uU gebührenmindernd beachtet werden. 4

Zwar kann nicht der eine RA durch seine Tätigkeit einen Gebührenanspruch für den anderen begründen. Jedoch ist nicht nötig, dass dann, wenn mehrere Rechtsanwälte im gleichen Verhandlungstermin für den gleichen Auftraggeber tätig werden, jeder von ihnen den Antrag verliest. Die Terminsgebühr entsteht vielmehr für den anderen RA schon dann, wenn er in der Verhandlung mit anwesend ist, auch wenn er selbst keine Ausführungen macht. Ebenso braucht nicht jeder Strafverteidiger die Zeugen zu befragen oder alle Anklagepunkte in seinem Plädoyer zu behandeln.

[1] Hartmann/Toussaint/*Toussaint* RVG § 6 Rn. 1, 2.
[2] Riedel/Sußbauer/*Ahlmann* RVG § 6 Rn. 3.

III. Erstattungsfähigkeit in Zivilsachen

5 **Erstattungsfähig** sind in einem solchen Falle nur die Gebühren eines Anwalts, da die Voraussetzungen des § 91 Abs. 2 S. 2 ZPO nicht vorliegen. Das gilt auch dann, wenn der Fiskus als Partei durch mehrere nach ihrem Geschäftsbereich beteiligte Behörden vertreten wird und diese mehrere Rechtsanwälte beauftragt haben.[3]

War es geboten, neben dem Prozessbevollmächtigten einen Spezialisten zuzuziehen, so sind die Kosten beider Anwälte erstattungsfähig.[4]

IV. Erstattungsfähigkeit in Strafsachen

6 § 464a Abs. 2 Nr. 2 StPO verweist auf § 91 Abs. 2 ZPO. Im Hinblick auf die Kosten mehrerer RA ist somit S. 2 des Abs. 2 anzuwenden, wonach die Kosten mehrerer RA nur insoweit zu erstatten sind, als sie die Kosten eines RA nicht übersteigen. Nach dem eindeutigen Wortlaut des Gesetzes bedeutet dies, der Beschuldigte kann zwar mit der Begrenzung des § 137 Abs. 1 S. 2 StPO mehrere Anwälte als Wahlverteidiger bestellen, erstattbar sind aber nur die Kosten eines Anwalts. Auf die Frage, ob das Verfahren umfangreich oder schwierig war, kommt es nicht an.[5]

V. Tätigkeiten nacheinander

7 Sind mehrere Rechtsanwälte nicht gemeinschaftlich tätig geworden, sondern nacheinander oder jeder in einem besonderen Verfahrensabschnitt oder ist jedem Anwalt ein anderes Tätigkeitsgebiet übertragen worden, so ist § 6 nicht anwendbar, zB nicht beim Beauftragen eines Verkehrsanwalts neben dem Prozessbevollmächtigten. In einem solchen Falle kann jeder RA nur die Vergütung für die gerade ihm übertragene Tätigkeit beanspruchen.

VI. Unterbevollmächtigter

8 Bei **Tätigkeit eines Unterbevollmächtigten** gilt § 6 RVG ebenso wenig. Dass bei gemeinsamer Ausführung eines Auftrags durch einen RA und einen Nichtanwalt nur der RA die Vergütung nach dem RVG verlangen kann, ist selbstverständlich.

VII. Anwaltsgemeinschaft

9 Wird eine **Anwaltsgemeinschaft** (Sozietät) oder Partnerschaftsgesellschaft beauftragt, so wird zwar die Prozessvollmacht den verbundenen Anwälten gemeinschaftlich erteilt, wenn darin nichts Gegenteiliges enthalten ist. Auch bei mündlicher Auftragserteilung ist davon auszugehen, dass sich der Auftrag auf alle verbundenen Anwälte bezieht. Inhalt des Auftrags ist aber nach dem zu unterstellenden Parteiwillen, dass die verbundenen RA nicht nebeneinander, sondern dass jeweils nur einer von ihnen, und zwar jeder an Stelle des anderen, tätig werden soll.[6]

Das einer Anwaltsozietät erteilte Mandat erstreckt sich im Zweifel auch auf die später eintretenden Sozietätsmitglieder.[7]

10 Erteilen **Streitgenossen** den Auftrag, so kann uU der Parteiwille auch dahin gehen, dass jeder Streitgenosse von einem der Sozien vertreten werden will. Dann können diese die Gebühren getrennt berechnen, zB wenn sie die Schriftsätze getrennt angefertigt haben und in den Terminen beide aufgetreten sind. In der Regel ist jedoch anzunehmen, dass auch die mehreren Streitgenossen eine Anwaltsozietät in der Weise beauftragen, dass immer nur ein RA für sie tätig werden soll.[8]

---

[3] von Eicken/Hellstab/Dörndorfer/Asperger/*Dörndorfer* Kap. 2 O Rn. 541; OLG Köln AnwBl 1968, 231; JurBüro 1980, 1083; OLG München AnwBl 1972, 277 = MDR 1972, 790; vgl. aber auch OLG Hamburg JurBüro 1971, 263.

[4] OLG Frankfurt a. M. JurBüro 1977, 942.

[5] KG JR 1975, 476; OLG Düsseldorf Rpfleger 1975, 256; JMBlNRW 1983, 100; OLG Frankfurt a. M. KostRspr StPO § 464a Nr. 3; OLG Koblenz OLGSt § 467 S. 150; KK-StPO/*Gieg* § 464a Rn. 13; *Mümmler* JurBüro 1978, 1597; aA OLG Stuttgart Rpfleger 1974, 403; und vor allem *Schmidt,* der aus den Eingangsworten des § 464a Abs. 2 StPO („… gehören auch") folgert, da es nicht heiße „gehören nur", könnten auch die Kosten mehrerer Anwälte notwendige Auslagen sein, s. *Schmidt* FS Schäfer, 1979, 231 (237).

[6] Riedel/Sußbauer/*Ahlmann* § 6 Rn. 3; BGH NJW 1963, 1301; BGHZ 56, 355 (359).

[7] BGH MDR 1994, 308.

[8] Zur Anwaltsgemeinschaft als Partei → RVG VV 1008 Rn. 54 ff.

Die Gebührenansprüche gegen den Auftraggeber stehen den in der Sozietät verbundenen Rechtsanwälten zur gesamten Hand zu (Gesellschaft des bürgerlichen Rechts).[9] Der einzelne Sozius hat keinen Anspruch auf Leistung an sich allein.

Bei **Auflösung einer Sozietät** müssen sich alle Sozien im Rahmen der Liquidation über den Vergütungsanspruch auseinandersetzen (§§ 730ff. BGB), die Übertragung auf einen von ihnen ist nur im Wege der Abtretung möglich.[10] 11

VIII. Überörtliche Sozietät

Nachdem die Zulässigkeit der überörtlichen Sozietät durch die Rspr. geklärt ist,[11] gilt für sie 12 das vorstehend für die Anwaltsgemeinschaft Ausgeführte. Auch hier erstreckt sich der Auftrag auf alle in der überörtlichen Sozietät verbundenen Anwälte, dass jeweils nur einer von ihnen, und zwar jeder an Stelle des anderen, tätig werden soll. Es liegt kein Fall des § 6 RVG vor. Die Gebühren können nur einmal entstehen. Folglich kann in derselben Angelegenheit nicht der eine Anwalt die Verkehrsanwaltsgebühr und der andere Anwalt die Verfahrensgebühr verlangen, wenn sie in einer überörtlichen Sozietät verbunden sind.[12] Allerdings sind die durch die Terminswahrnehmung anfallenden Reisekosten eines am Wohn- oder Geschäftssitz einer auswärtigen Partei ansässigen Prozessbevollmächtigten regelmäßig nach § 91 Abs. 2 S. 1 Hs. 2 ZPO als zur zweckentsprechenden Rechtsverfolgung notwendig anzusehen und damit erstattungsfähig, selbst wenn der sachbearbeitende RA einer überörtlichen Sozietät angehört, die auch am Sitz des Prozessgerichts mit dort postulationsfähigen Rechtsanwälten vertreten ist.[13] Soweit weitergehend bei Beauftragung einer überörtlichen Sozietät dem Mandanten der Wille unterstellt wird, dass zwei Anwälte der überörtlichen Sozietät gemeinschaftlich – und zwar nebeneinander – tätig werden, so dass der eine den Verkehr mit dem Mandanten führt und der andere den Rechtsstreit, mit der Folge, dass die überörtliche Sozietät zumindest in entsprechender Anwendung des § 6 RVG beide Aufträge abrechnen können muss,[14] ist dieser Auffassung nicht zu folgen.[15] Denn zum einen kann die Motivationslage des Mandanten durchaus eine andere sein, (zB wenn er lediglich die überörtliche Sozietät deshalb beauftragt, weil an einem anderen Standort ein für sein Mandat geeigneter Spezialist verfügbar ist), zum anderen führt die Auffassung dazu, dass die in der Rspr. entwickelten Kriterien für die Erstattungsfähigkeit der Kosten eines Verkehrsanwalts[16] im Falle überörtlicher Sozietäten völlig gehöhlt werden.

IX. Ausscheiden aus einer Anwaltsgemeinschaft

Scheidet ein RA aus der Anwaltsgemeinschaft aus, so beschränkt sich der Auftrag 13 ohne weiteres auf die verbleibenden Anwälte, zB bei Tod eines Anwalts. Es findet also kein Anwaltswechsel statt, sondern es wechselt höchstens der Sachbearbeiter. Da doppelte Anwaltsgebühren nicht entstehen, ist § 91 Abs. 2 S. 2 ZPO nicht anwendbar.[17]

Etwas anderes gilt, falls dem Verstorbenen allein aufgetragen war, die Sache zu bearbeiten.[18]

Ein Anwaltswechsel liegt auch nicht vor, wenn Mitglieder der beauftragten Anwaltsozietät im Laufe des Rechtsstreits ausscheiden, die Sozietät als solche aber von einem nach der Beauftragung eingetretenen RA zusammen mit einem weiteren RA fortgesetzt wird.[19]

Scheidet aus der Anwaltsgemeinschaft ein RA (zB derjenige, der bisher die Sache bearbeitet hat) aus und überträgt ihm der Auftraggeber die Fortführung, so liegt ein Anwaltswechsel nicht vor. Der RA erhält keine neuen Gebühren.[20]

Rechtstechnisch wird dies mit dem Institut der Vertragsübernahme gelöst; der ausscheidende RA bzw. die neue Anwaltsgemeinschaft, in der er eintritt, übernehmen den mit der bisherigen Anwaltsgemeinschaft abgeschlossenen Anwaltsvertrag.[21]

---

[9] → § 1 Rn. 107.
[10] *Lappe* JustizKostR S. 76.
[11] BGH NJW 1989, 2890; 91, 49; AnwBl 1993, 130.
[12] OLG Karlsruhe JurBüro 1995, 31; OLG München AnwBl 1995, 196.
[13] BGH JurBüro 2008, 430.
[14] Schneider/Wolf/*N. Schneider* RVG § 6 Rn. 49.
[15] Hartung/Schons/Enders/*Enders* RVG § 6 Rn. 6.
[16] Näher Musielak/Voit/*Flockenhaus* ZPO § 91 Rn. 27 ff.
[17] OLG Hamburg JurBüro 1975, 773.
[18] OLG Düsseldorf JurBüro 1987, 901.
[19] OLG München JurBüro 1979, 108.
[20] AA *Mümmler* JurBüro 1981, 1637.
[21] OVG Bautzen BeckRS 2013, 45483 mAnm *Mayer* FD-RVG 2013, 341563.

X. Alleinanwalt geht Gemeinschaft ein

14 Geht ein **Alleinanwalt** nach Erteilung eines Auftrags eine **Anwaltsgemeinschaft** ein, so kann eine Ausdehnung des Auftrags auf den neu eingetretenen Anwalt durch Stillschweigen erfolgen. Sie ist zB anzunehmen, wenn der neu eingetretene Anwalt fast alle Termine wahrgenommen und Schriftsätze unterzeichnet hat. Scheidet sodann einer der beiden Anwälte aus der Sozietät aus, so beschränkt sich der Auftrag, ohne dass ein Anwaltswechsel stattfindet, auf den verbleibenden Anwalt.[22]

Bei der Gründung einer Anwaltsozietät erstrecken sich die bereits vorher den einzelnen Anwälten erteilten Einzelmandate nicht automatisch auf die übrigen Mitglieder der Sozietät. Dazu bedarf es vielmehr einer zumindest stillschweigenden Einbeziehung der Sozien in das bisherige Einzelmandat.[23]

XI. Geltendmachung des Vergütungsanspruchs

15 Zur Geltendmachung des Vergütungsanspruchs ist jeder der Gemeinschaft angehörige RA berechtigt.[24]

Beim Zusammenschluss zweier RA zu einer Sozietät stehen Honorare, die einer von ihnen vorher allein erzielt hat, die aber erst nach dem Sozietätsbeginn eingehen, nur dann der Sozietät zu, wenn das besonders vereinbart worden ist.[25]

XII. Erstattung bei Anwaltswechsel

Schrifttum: *Hansens,* Gebühren- und erstattungsrechtliche Besonderheiten beim Parteiwechsel, ZfS 2007, 189.

16 Gem. § 91 Abs. 2 S. 2 ZPO sind die Kosten mehrerer Anwälte nur insoweit zu erstatten, als sie die Kosten eines RA nicht übersteigen oder als in der Person des Rechtsanwalts ein Wechsel eintreten musste.[26]

17 Ist der bisherige Prozessbevollmächtigte vor Prozessende verstorben, ist es notwendig, einen neuen Prozessbevollmächtigten zu bestellen. Daher sind von dem unterlegenen Gegner die Kosten beider Anwälte zu erstatten. Das gilt auch dann, wenn für den verstorbenen Anwalt ein **Abwickler** bestellt worden ist. Eine Partei ist nicht gehalten, auf jeden Fall den Abwickler mit der Weiterbehandlung ihrer Angelegenheit zu beauftragen.[27] Mandatiert der Mandant den Abwickler zusätzlich gesondert, sind die entstehenden Mehrkosten nicht erstattungsfähig; denn für den Abwickler würde es bei bloßer Fortführung des Mandats des verstorbenen Rechtsanwalts für die Abwicklung bei der von der Rechtanwaltskammer zu gewährenden Entschädigung für seine Tätigkeit bleiben. Der Abwickler würde bei bloßer Fortführung des Mandats des verstorbenen Anwalts aus seiner Tätigkeit als Abwickler keinen eigenen Gebührenanspruch gegen den Mandanten erwerben, die gesonderte Mandatierung des Abwicklers stellt eine Umgehung dieser Regelung dar und verstößt gegen den auch im Kostenrecht geltenden Grundsatz von Treu und Glauben.[28]

Endet die Bestellung des Kanzleiabwicklers vor Beendigung der Angelegenheit und wird der Abwickler in dieser Angelegenheit weiter anwaltlich tätig, so erwachsen ihm in den Grenzen von § 15 Abs. 5 RVG die Gebühren, für die er durch seine weitere Tätigkeit den Gebührentatbestand verwirklicht. Diese Kosten sind nach den für einen Anwaltswechsel geltenden Grundsätzen erstattungsfähig.[29]

---

[22] OLG Hamm JurBüro 1968, 982 = MDR 1969, 63.

[23] BGH MDR 1988, 575.

[24] Riedel/Sußbauer/*Ahlmann* RVG § 6 Rn. 3; BGH NJW 1963, 1301 = MDR 1963, 659 = VersR 1963, 755 = BB 1963, 711 vgl. aber OLG Hamm JurBüro 1965, 637.

[25] BGH AnwBl 1972, 88 = NJW 1972, 101; OLG Köln JurBüro 1994, 688, die Einbringung einer einzelanwaltlichen Honorarforderung in eine nach Mandatsbeendigung eingegangene Sozietät begründet ohne Zustimmung des Schuldners weder Gesamtgläubigerschaft noch Gesamthandsgläubigerschaft der Sozien. Die gesamthänderische Klage unterbricht jedoch die Verjährung und hindert nicht, die Honorarforderung – auf entsprechenden Hilfsantrag – dem Anwalt zuzusprechen, in dessen Person sie entstanden ist.

[26] von Eicken/Hellstab/Dörndorfer/Asperger/*Dörndorfer* Kap. 2 O Rn. 541 ff.

[27] OLG Frankfurt a. M. AnwBl 1980, 517 = MDR 1980, 1026 = VersR 1980, 933 = Rpfleger 1981, 29.

[28] Riedel/Sußbauer/*Ahlmann* RVG § 6 Rn. 8, der sich zu Unrecht jedoch insoweit auf OLG Köln BeckRS 2010, 13532 beruft; OLG Köln BeckRS 2008, 04913.

[29] OLG Hamm JurBüro 1976, 625.

Mehrkosten für einen zweiten RA sind nach dem BGH dann erstattungsfähig, wenn der erste Prozessbevollmächtigte seine Zulassung zur Anwaltschaft aus achtenswerten Gründen zurückgegeben hat und dies bei Übernahme des Mandats noch nicht absehbar war; im konkreten Fall hatte der zunächst beauftragte Prozessbevollmächtigte des Klägers seine Zulassung zur Rechtsanwaltschaft zurückgegeben, um anstelle seines verstorbenen Vaters die Pflege seiner demenzkranken Mutter zu übernehmen.[30] Wirtschaftliche Schwierigkeiten eines Rechtsanwalts hingegen stellen nach dem BGH keinen achtenswerten Grund iSv § 91 Abs. 2 ZPO für die Aufgabe der Zulassung dar, vielmehr habe der RA seine für die Aufrechterhaltung des Kanzleibetriebs erforderliche Leistungsfähigkeit sicherzustellen, Mehrkosten, die durch die Aufgabe der Zulassung bedingten Anwaltswechsel entstehen, sind nicht erstattungsfähig.[31]

Beauftragt eine Partei nach dem Tode des von ihr beauftragten Anwalts, der einer Sozietät angehört, einen nicht dieser Sozietät angehörenden Anwalt, so soll ein notwendiger Anwaltswechsel nicht vorliegen.[32] 18

Diese Auffassung dürfte – so allgemein ausgesprochen – zu streng sein. Hatte die Partei zB einen bestimmten Anwalt der Sozietät gebeten, ihre Angelegenheit zu betreiben, und stirbt dieser Anwalt, wird man die Partei kaum zwingen können, ihre Angelegenheit durch die anderen Anwälte weiterbearbeiten zu lassen.[33]

Haben mehrere Auftraggeber gemeinsam einen Anwalt beauftragt und wechseln sie sodann gemeinsam oder auch nur zum Teil den Anwalt, so sind die Kosten dieser mehreren Anwälte zu erstatten.[34] Denn die mehreren Auftraggeber waren berechtigt, je einen Anwalt zu beauftragen, so dass Mehrkosten durch den Anwaltswechsel nicht entstanden sind.[35] 19

Haben Streitgenossen in einem Rechtsstreit von vornherein gemeinsam Rechtsanwälte mit ihrer Vertretung beauftragt, so kann jeder die im Innenverhältnis auf ihn entfallenden Kosten bis zur Höhe des Betrags, der durch die Beauftragung eines nur für ihn tätigen Anwalts entstanden wäre, erstattet verlangen.[36] 20

Die Gebühren zweier RA einer Partei, wenn der erste Prozessbevollmächtigte in den öffentlichen Dienst übergetreten ist, sind dann erstattungsfähig, wenn die Partei selbst keinerlei Verschulden an dem Mandatswechsel und die hierdurch entstandenen Mehrkosten trifft.[37] 21

Eine – länger dauernde – Erkrankung des Prozessbevollmächtigten einer Partei kann ein hinreichender Anlass für die Partei sein, innerhalb der gleichen Instanz einen neuen RA mit ihrer Vertretung zu beauftragen. Die Kosten dieses zweiten RA sind dann erstattungsfähig. Das gilt aber nicht, wenn der Anwalt seine Kanzlei weiterführt und es ihm mit der Partei zuzumuten ist, den Rechtsstreit zu Ende zu führen.[38] 22

---

[30] BGH BeckRS 2012, 20759 = NJW 2012, 3790 mAnm *Mayer* FD-RVG 2012, 338142.

[31] BGH BeckRS 2012, 21657 = AGS 2013, 93 mAnm *Mayer* FD-RVG 2012, 338688.

[32] OLG Hamburg JurBüro 1968, 918; JurBüro 1975, 773; OLG Frankfurt a. M. Rpfleger 1977, 259; OLG Schleswig JurBüro 1978, 921.

[33] *Schmidt* JVBl. 1969, 12; OLG Hamm AnwBl 1969, 349; OLG Düsseldorf NJW 1963, 660; OLG Karlsruhe JurBüro 1977, 1142 = BB 1977, 870; OLG Stuttgart Die Justiz 1969, 224.

[34] OLG Düsseldorf KTS 1977, 121; OLG Stuttgart Die Justiz 1967, 197, für Eheleute als Auftraggeber; KG VersR 1978, 544 = JurBüro 1978, 1394, Streitgenossen, die in erster Instanz einen gemeinschaftlichen Prozessbevollmächtigten bestellt hatten, können im Berufungsverfahren getrennt Anwälte beauftragen; aA OLG Hamburg MDR 1972, 60; JurBüro 1975, 384, nur wenn sachlicher Grund; OLG Stuttgart Rpfleger 1972, 318 = Die Justiz 72, 247.

[35] OLG Düsseldorf NJW 1968, 1237 = VersR 1969, 222, für Halter und Fahrer eines Kfz; OLG Karlsruhe Rpfleger 1969, 422; OLG München MDR 1969, 934 = Rpfleger 1969, 394; Rpfleger 1972, 376 = MDR 1972, 1042 = DAR 1973, 47.

[36] OLG Düsseldorf AnwBl 1981, 70, Grenze: Rechtsmissbrauch; KG Rpfleger 1973, 437 = JurBüro 1974, 86; vgl. auch wegen der Vertretung des Fahrzeughalters und der Haftpflichtversicherung durch zwei RA OLG Düsseldorf JurBüro 1974, 1147 = Rpfleger 1974, 404 = MDR 1974, 853 = VersR 1974, 1033; OLG Frankfurt a. M. JurBüro 1981, 609; OLG München MDR 1974, 1022 = VersR 1974, 1033 = Rpfleger 1974, 405 = DAR 1975, 23; OLG Nürnberg AnwBl 1982, 74; LG Frankfurt AnwBl 1978, 102; vgl. aber OLG Hamm Rpfleger 1978, 329, der Grundsatz, dass jeder Streitgenosse unter kostenrechtlichen Gesichtspunkten berechtigt ist, sich durch einen eigenen Prozessbevollmächtigten vertreten zu lassen, gilt nicht, wenn die Bestellung mehrerer RA im Einzelfall als rechtsmissbräuchlich anzusehen ist; KG VersR 1977, 770, sind in einem Haftpflichtprozess sowohl der Halter als auch der Fahrer als auch der Versicherer verklagt worden und hat der Versicherer zur Rechtsverteidigung namens aller Streitgenossen ein gemeinsames Mandat an einen RA erteilt, so sind die durch ein nachträgliches weiteres Mandat einzelner Streitgenossen an einen anderen RA verursachten Mehrkosten grds. nicht erstattungsfähig; Schleswig SchlHA 1980, 202 = JurBüro 1981, 610 mAnm *Mümmler;* Musielak/Voit/*Flockenhaus* ZPO § 91 Rn. 69.

[37] OLG München AnwBl 1970, 77 = Rpfleger 1970, 97.

[38] Strengere Auffassung OLG München JurBüro 1970, 320.

23 Dagegen ist ein Anwaltswechsel zB dann unnötig, wenn in einem vermögensrechtlichen Rechtsstreit der Prozessbevollmächtigte einer Partei von der Gegenpartei als Zeuge benannt worden und seine Vernehmung als Zeuge zu erwarten ist.[39]

24 Wird zwischen dem seine Praxis aufgebenden RA und dem Praxisübernehmer vereinbart, dass die noch anhängigen Rechtsstreitigkeiten ohne Berechnung von Mehrkosten gegenüber dem Mandanten von dem Praxisübernehmer zu Ende geführt werden sollen, so gilt eine solche Vereinbarung nicht nur im Verhältnis zwischen den beiden RA und ihrem Auftraggeber; sie ist auch im Verhältnis zu dem in die Kosten verurteilten Prozessgegner wirksam. Der Unterlegene braucht also die durch den Anwaltswechsel entstandenen Mehrkosten nicht zu tragen.[40]

25 Beauftragt eine Partei im Rechtsstreit jeweils einen anderen Anwalt für die Klage und für die Vertretung zur Widerklage, so sind die Kosten dann nur in der Höhe erstattungsfähig, wie sie bei Einschaltung eines einzigen Anwalts entstanden wären, wenn die Mandatsaufspaltung auf Grund der Weisungen des für den Gegenstand der Widerklage eintrittspflichtigen Haftpflichtversicherers erfolgt ist.[41]

XIII. Bürogemeinschaft

26 Wird eine Vollmacht an zwei in „Bürogemeinschaft" verbundene RA erteilt, die betreffende Rechtssache aber nur von einem der beiden RA bearbeitet, so ist nach dessen Tod nicht der andere RA der „Bürogemeinschaft" bevollmächtigt, den Rechtsstreit weiterzuführen; vielmehr ist die Partei befugt, einen anderen Anwalt ihres Vertrauens zu bevollmächtigen. Dessen Gebühren sind ebenfalls erstattungsfähig.[42]

XIV. Aktiv- und Passivprozesse von Sozietäten

27 Grundsätzlich steht es **einfachen Streitgenossen frei, sich von einem eigenen Anwalt vertreten zu lassen,** wenn sie gemeinsam verklagt werden, kostenrechtlich hat dies zur Folge, dass im Falle des Obsiegens ihr Prozessgegner die jedem Streitgenossen entstandenen Anwaltskosten nach § 91 ZPO erstatten muss.[43] Von diesem **Grundsatz** sind nach den Umständen des Einzelfalls dann **Ausnahmen** zu machen, wenn feststeht, dass ein eigener Prozessbevollmächtigter für eine interessengerechte Prozessführung nicht erforderlich sein wird, in einem solchen Fall ist es rechtsmissbräuchlich, ohne besonderen sachlichen Grund einen eigenen Anwalt einzuschalten, die doppelt geltend gemachten Kosten sind nicht als notwendig iSv § 91 Abs. 1 ZPO anzusehen und damit auch nicht erstattungsfähig.[44] Ein solcher sachlicher Grund wird verneint, wenn sich die Mitglieder einer noch bestehenden **Anwaltssozietät** vertreten oder sich jeweils durch einen externen RA vertreten lassen, zumindest regelmäßig dann, wenn sie auf Erfüllung von der Sozietät eingegangener Verträge – etwa auf Zahlung der Miete für die Büroräume der Sozietät – verklagt werden und es nicht um die Haftung für berufliche Fehler geht.[45] Ein sachlicher Grund für die getrennte Prozessführung besteht jedoch dann, wenn nur einer der verklagten Rechtsanwälte ein Mandat betreut hat und der andere nach Beendigung des Mandats aus der gemeinsamen Sozietät ausgeschieden ist[46] oder Sozietät zwischenzeitlich aufgelöst ist.[47] Ebenfalls besteht ein sachlicher Grund, wenn eine Gesellschaft gemeinsam mit den beruflich zusammengeschlossenen Rechtsanwälten wegen eines anwaltlichen Beratungsfehlers auf Schadensersatz verklagt wird; sie kann sich im Prozess von einem anderen Anwalt als dem der mitverklagten Rechtsanwälte vertreten lassen und im Falle ihres Obsiegens von ihrem Prozessgegner grds. die Erstattung der entstandenen Rechtsanwaltskosten in Höhe der gesetzlichen Gebühren und Auslagen verlangen.[48] Ein sachlicher Grund hingegen liegt nicht vor, wenn ein beklagter Rechtsanwalt, der zugleich Gesellschafter und Geschäftsführer einer mitbeklagten Gesellschaft mit beschränkter Haftung ist und diese vertritt, sich selbst (ausschließlich) durch eine in seiner Kanzlei tätige Rechtsanwältin vertreten lässt.[49]

---

[39] OLG München AnwBl 1968, 353.
[40] OLG Celle MDR 1969, 155 = NJW 1969, 242 (Ls.) = Rpfleger 1969, 155.
[41] KG Rpfleger 1975, 180 = MDR 1975, 499 = VersR 1975, 837.
[42] OLG Stuttgart Die Justiz 1969, 224.
[43] BGH NJW 2013, 2826 Rn. 10.
[44] BGH NJW 2013, 2826.
[45] BGH NJW 2013, 2826 Rn. 11.
[46] BGH NJW 2013, 2826 Rn. 12 mwN.
[47] BGH NJW 2013, 2826 Rn. 12.
[48] BGH NJW 2013, 2826 Rn. 13.
[49] BGH NJW 2017, 3788 mAnm *Mayer* FD-RVG 2017, 399881.

§ 7 Mehrere Auftraggeber

(1) **Wird der Rechtsanwalt in derselben Angelegenheit für mehrere Auftraggeber tätig, erhält er die Gebühren nur einmal.**

(2) **[1] Jeder der Auftraggeber schuldet die Gebühren und Auslagen, die er schulden würde, wenn der Rechtsanwalt nur in seinem Auftrag tätig geworden wäre; die Dokumentenpauschale nach Nummer 7000 des Vergütungsverzeichnisses schuldet er auch insoweit, wie diese nur durch die Unterrichtung mehrerer Auftraggeber entstanden ist. [2] Der Rechtsanwalt kann aber insgesamt nicht mehr als die nach Absatz 1 berechneten Gebühren und die insgesamt entstandenen Auslagen fordern.**

§ 7 RVG wird zusammen mit → RVG VV 1008 Rn. 1 ff. kommentiert. 1

§ 8 Fälligkeit, Hemmung der Verjährung

(1) **[1] Die Vergütung wird fällig, wenn der Auftrag erledigt oder die Angelegenheit beendet ist. [2] Ist der Rechtsanwalt in einem gerichtlichen Verfahren tätig, wird die Vergütung auch fällig, wenn eine Kostenentscheidung ergangen oder der Rechtszug beendet ist oder wenn das Verfahren länger als drei Monate ruht.**

(2) **[1] Die Verjährung der Vergütung für eine Tätigkeit in einem gerichtlichen Verfahren wird gehemmt, solange das Verfahren anhängig ist. [2] Die Hemmung endet mit der rechtskräftigen Entscheidung oder anderweitigen Beendigung des Verfahrens. [3] Ruht das Verfahren, endet die Hemmung drei Monate nach Eintritt der Fälligkeit. [4] Die Hemmung beginnt erneut, wenn das Verfahren weiter betrieben wird.**

Schrifttum: *Jungbauer,* Regelmäßige Verjährungsfrist von drei Jahren durch die Schuldrechtsreform und ihre Bedeutung für die anwaltlichen Vergütungsansprüche, JurBüro 2002, 117; *Mansel,* Neues Verjährungsrecht und Anwaltsvertrag – Vorteile für den Rechtsanwalt, NJW 2002, 418.

Übersicht

I. Allgemeines

1. Allgemeines

1 Die Gebühren des RA entstehen, sobald der RA die erste den Gebührentatbestand auslösende Tätigkeit ausübt. Die Auslagen erwachsen mit ihrer Aufwendung. Gem. § 9 RVG kann der RA für Gebühren und Auslagen einen Vorschuss fordern. § 8 RVG bestimmt, unter welchen Voraussetzungen die Vergütung des RA, die Gebühren und Auslagen umfasst, fällig wird.

§ 8 RVG gilt für sämtliche Vergütungen, die nach dem RVG zu berechnen sind, also auch für Vergütungsvereinbarungen.

Auf Auslagen, die nicht nach dem RVG zu berechnen sind, also zB vorgelegte Gerichtskosten, Gerichtsvollzieherkosten, Sachverständigen- und Dolmetscherkosten, findet Abs. 1 keine Anwendung. Solche Auslagen kann der RA nach §§ 675, 670 BGB erstattet verlangen. Insoweit gilt § 271 BGB, wonach die Erstattungsforderung sofort fällig wird.[1] Die Gegenauffassung leitet aus VV Vorb. 7 Abs. 1 S. 2 RVG und aus § 11 Abs. 1 S. 1 RVG, wonach Aufwendungen nach § 670 BGB gegen die eigene Partei im Vergütungsfestsetzungsverfahren festgesetzt werden können, ab, dass auch für die nicht nach dem RVG zu berechnenden Auslagen die Fälligkeitsregelung des § 8 RVG gilt.[2] Diese Auffassung überzeugt jedoch nicht. Denn Abs. 1 S. 2 der VV Vorb. 7 RVG grenzt die nicht in VV Teil 7 RVG genannten Auslagen doch gerade aus der Vergütungssystematik des RVG aus, und die Erwähnung der Auslagen in § 11 Abs. 1 S. 1 RVG dürfte eher pragmatischer Gründe als rechtssystematische haben. Die Auswirkungen des Meinungsstreits sind jedoch gering, da auch die Gegenauffassung zurecht darauf hinweist, selbst wenn der Ersatz der Auslagen an die Fälligkeitsvoraussetzungen des § 8 RVG geknüpft wird und keine sofortige Fälligkeit nach § 271 BGB bejaht wird, dem Anwalt zumindest ein entsprechender Vorschussanspruch nach § 9 RVG für voraussichtliche oder schon entstandene Auslagen zusteht.[3]

2. Rechtsfolgen der Fälligkeit

2 Der Eintritt der Fälligkeit bewirkt:
- Der RA kann seine Vergütung abrechnen und einfordern;
- soweit der Auftraggeber nicht freiwillig zahlt, kann der RA die Vergütung nach § 11 RVG festsetzen lassen oder einklagen;
- nach Eintritt der Fälligkeit kann der RA aus eigenem Recht die Festsetzung des Gegenstandswertes beantragen (§ 33 Abs. 2 S. 1 RVG) und gegen eine ihm ungünstige Festsetzung Beschwerde einlegen (§ 33 Abs. 3 RVG).

3. Abdingbarkeit

2a § 8 RVG ist abdingbar.[4] Fälligkeitsvereinbarungen können auch konkludent geschlossen werden, etwa wenn die Parteien eine Zeitvergütung und regelmäßige Zwischenabrechnungen vereinbart haben.[5]

II. Die Fälligkeitstatbestände

1. Grundsätzliches

3 **Fälligkeitstatbestände.** Nach Abs. 1 S. 1 wird die Vergütung des RA fällig,
- wenn der Auftrag erledigt ist,
- wenn die Angelegenheit beendet ist.

Nach Abs. 1 S. 2 bei Tätigkeit des RA in einem gerichtlichen Verfahren außerdem,

---

[1] Schneider/Wolf/*N. Schneider* RVG § 8 Rn. 6.
[2] Bischof/*Bischof* RVG § 8 Rn. 4 ff.
[3] Bischof/*Bischof* RVG § 8 Rn. 5.
[4] BGH BeckRS 2013, 17350 = AGS 2013, 573 = RVGreport 2014, 65.
[5] BGH BeckRS 2013, 17350 = AGS 2013, 573 = RVGreport 2014, 65.

– wenn eine Kostenentscheidung ergangen ist,
– wenn der Rechtszug beendigt ist,
– wenn das Verfahren länger als drei Monate ruht.

Die Fälligkeit tritt ein, wenn einer dieser Tatbestände erfüllt ist, und zwar der früheste Tatbestand. Zu beachten ist vor allem der Tatbestand „Ruhen länger als drei Monate". Er wird häufig übersehen (Verjährung!). 4

Beispiel:

Gegen ein Grundurteil ist Berufung eingelegt worden. Das Verfahren schwebt jahrelang beim OLG und BGH.

2. Ausnahmen

Stundung. Die Vergütung wird trotz Eintritts eines der in → Rn. 3 aufgeführten Tatbestände nicht fällig, wenn der RA die Vergütung gestundet hat (Vertrag nötig; einseitige Stundung genügt nicht!). In diesem Falle wird die Vergütung erst mit dem Ablauf der Stundung fällig. 5

Der **Partei, der Prozesskostenhilfe bewilligt worden ist,** sind nach § 122 Abs. 1 Nr. 3 ZPO die Gebühren durch die Bewilligung gestundet. Sie werden ihr gegenüber erst dann fällig, wenn nach § 124 ZPO die Bewilligung der PKH aufgehoben worden ist. Auch durch Vereinbarung kann eine frühere Fälligkeit nicht herbeigeführt werden. 6

Dagegen ist die **Vergütung des Pflichtverteidigers** und des sonst beigeordneten RA nicht gestundet. Der Pflichtverteidiger und der beigeordnete RA können zwar ihre Vergütung von dem Vertretenen nur unter den Voraussetzungen des § 52 RVG fordern. Trotzdem ist ihre Vergütung nicht gestundet, so dass unter den Voraussetzungen des § 52 Abs. 5 RVG die Verjährung beginnt. 7

Vergütungsschuldner ist zunächst der Auftraggeber. Die Vergütung des zum Pflichtverteidiger bestellten RA schuldet der Beschuldigte auch dann, wenn er dem RA keinen Auftrag erteilt hat (→ RVG § 52 Rn. 1 ff.). Hat das Gericht den RA im Wege der PKH oder als Pflichtverteidiger beigeordnet, ist der Justizfiskus in erster Linie Schuldner der Vergütung. 8

Auch **gegen Dritte,** die neben dem Auftraggeber nach bürgerlichem Recht für die Vergütung des RA haften, tritt die Fälligkeit nach § 8 RVG ein. Bei **mehreren Auftraggebern** tritt Fälligkeit gegenüber dem einzelnen Auftraggeber dann ein, wenn im Verhältnis zu ihm ein Fälligkeitsgrund eingetreten ist, so zB bei Vergleich mit nur einem der Streitgenossen oder bei Beendigung der Instanz gegenüber nur einem Streitgenossen. 9

Deshalb wird auch der Vergütungsanspruch gegen die Staatskasse unter den Voraussetzungen des § 8 RVG fällig.

3. Auftrag erledigt

Der **Auftrag** kann **erledigt** sein, bevor die Angelegenheit beendet ist, zB durch Kündigung, durch Unmöglichwerden der weiteren Tätigkeit des Anwalts bei Tod oder Beendigung seiner Zulassung (nicht bei Tod eines Anwalts oder Beendigung seiner Zulassung bei Auftragserteilung an eine Sozietät), oder bei Verweisung oder Abgabe der Sache an ein Gericht, bei dem der Anwalt nicht zugelassen ist, oder durch vertragliche Aufhebung des Auftrags, bei dem im Wege der PKH beigeordneten Anwalt auch durch Tod der Partei, durch Aufhebung der Beiordnung. 10

Wird für den verstorbenen RA ein Abwickler bestellt (§ 55 BRAO), setzt sich das Auftragsverhältnis kraft Gesetzes mit dem Abwickler fort bis zum Ende der Angelegenheit, falls nicht vorher der Auftrag gekündigt oder der Abwickler abberufen wird. Die Fälligkeit tritt hier erst unter den sonstigen Voraussetzungen des § 8 RVG bzw. beim Ende der Abwicklung ein.

Der Auftrag ist auch – und zwar in erster Linie – erledigt durch vollständige Erfüllung. Die Angelegenheit braucht nicht beendet zu sein, wenn sich der Auftrag nur auf einen Teil bezogen hat. Ebenso braucht das Ziel nicht erreicht zu sein.

Beispiel:

Die Sanierungsverhandlungen, zu denen der RA beauftragt war, sind gescheitert.

Die durch das Niederlegen des Mandats eingetretene Fälligkeit der Vergütung wird durch die spätere Wiederaufnahme der Vertretung nicht beseitigt. Durch den Tod des Auftraggebers erledigt sich der Auftrag im Zweifel nicht (§ 672 S. 1 BGB).[6] Sofern das Mandatsverhältnis jedoch höchstpersönlicher Natur war oder gar materiell-rechtlich sich mit dem Tod des Auftraggebers erledigt, etwa bei einem Scheidungsverfahren oder in einer Strafverteidigung erledigt sich auch der Auftrag.[7]

---

[6] Schneider/Wolf/*N. Schneider* RVG § 8 Rn. 28; vgl. auch Bischof/*Bischof* RVG § 8 Rn. 25.
[7] Schneider/Wolf/*N. Schneider* RVG § 8 Rn. 28.

4. Angelegenheit beendet

11 Die Angelegenheit ist beendet, sobald der Rahmen, innerhalb dessen sich die anwaltliche Tätigkeit abspielt, ausgefüllt ist (wegen des Begriffs der Angelegenheit vgl. § 15 RVG). Das Ende der Angelegenheit wird vor allem bei der außergerichtlichen Tätigkeit des RA wesentlich. Bei dem Tätigwerden in einem gerichtlichen Verfahren wird die Fälligkeit in der Regel durch die in → Rn. 3 aufgeführten Tatbestände ausgelöst.

Beispiele für Beendigung:

Hat der RA einen Vertrag oder Geschäftsbedingungen oder eine sonstige Urkunde zu entwerfen, ist die Angelegenheit mit der Aushändigung der entworfenen Urkunde an den Auftraggeber beendet. Ist ein Anwalt beauftragt, einen Vertrag notariell beurkunden zu lassen, dann ist der Auftrag erst zu Ende, wenn der Anwalt die Möglichkeit hatte, den beurkundeten Vertrag darauf zu prüfen, ob er das von seiner Partei Gewollte richtig wiedergibt.

Ist der RA mit der Erteilung eines Rates beauftragt, ist die Angelegenheit mit der Erteilung des Rates zu Ende.

Wird dem RA die außergerichtliche Regulierung eines Unfallschadens übertragen, ist die Angelegenheit mit der Regulierung oder ihrem Scheitern zu Ende.

12 Der Beendigung der Angelegenheit und damit der Fälligkeit der Vergütung steht nicht entgegen, dass die für die Tätigkeit in der Angelegenheit verdienten Gebühren uU auf die in einer späteren Angelegenheit verdienten Gebühren angerechnet werden müssen (vgl. Anmerkung zu VV 2100 RVG, Vorb. 2.3 Abs. 6). Die Gebühren können also geltend gemacht werden.

Die bisher behandelte Angelegenheit ist ferner dann beendet, wenn das Gesetz das weitere Tätigwerden des RA als ein solches in einer neuen oder besonderen Angelegenheit bezeichnet (vgl. § 17 Nr. 4, 5, § 18 Nr. 1 RVG).

5. Kostenentscheidung ergangen

13 Es muss eine gerichtliche Entscheidung vorliegen; ein Verwaltungsakt reicht nicht.[8] Eine Kostenentscheidung ist ergangen, sobald das Gericht in der Sache in irgendeiner Weise über Kosten erkannt hat, sei es auch nur über die Gerichtskosten. Dabei ist es gleichgültig, ob der Kostenausspruch konstitutiv wirkt oder aber nur eine bereits kraft Gesetzes eingetretene Folge bestätigt.[9]

Beispiel:

Bei Zurückweisung einer Beschwerde betr. die Bewilligung von PKH enthält der Beschluss den Satz: „Die Gerichtskosten des Beschwerdeverfahrens fallen dem Beschwerdeführer zur Last." Das Gericht wiederholt mit diesem Satz nur die gesetzliche Regelung des § 22 Abs. 1 S. 1 GKG.[10]

Der Ausspruch „Die Kosten des Verfahrens folgen den Kosten der Hauptsache" ist eine Kostenentscheidung iSd § 8 RVG.[11]

Die Fälligkeit der Vergütung ist dagegen nicht an eine Entscheidung über die Erstattung der Gebühren des RA angeknüpft, weil es Verfahren gibt, in denen diese Kosten nicht erstattet werden, wie zB im Verfahren vor den Arbeitsgerichten nach § 12a Abs. 1 ArbGG.

Es muss aber eine Entscheidung in einem gerichtlichen Urteil oder Beschluss vorliegen. Auferlegung der Kosten durch Verwaltungsakt genügt nicht.

14 Die Kostenentscheidung braucht weder rechtskräftig noch vorläufig vollstreckbar zu sein. Sie ist ergangen mit der Verkündung, wenn sie auf Grund einer mündlichen Verhandlung erlassen worden ist, bei schriftlicher Entscheidung nach § 128 Abs. 2, 3 ZPO mit der Zustellung der Urteilsformel.

Beschlüsse, die ohne mündliche Verhandlung ergehen, sind erst dann ergangen, wenn der RA in die Lage gesetzt ist, von ihnen Gebrauch zu machen, also wenn sie ihm zugegangen sind.

Fällig werden nur die Gebühren und Auslagen, die im Zeitpunkt der Entscheidung schon entstanden sind.

15 Wird durch **Teilurteil** nur über einen Bruchteil der Kosten entschieden, so wird die Vergütung nur zu dem entsprechenden Bruchteil fällig.[12]

[8] Hartmann/Toussaint/*Toussaint* RVG § 8 Rn. 18 f.

[9] Mayer/Kroiß/*Gierl* RVG § 8 Rn. 34; Bischof/*Bischof* RVG § 8 Rn. 36; aA Hartmann/Toussaint/*Toussaint* RVG § 8 Rn. 19.

[10] Musielak/Voit/*Fischer* ZPO § 127 Rn. 27.

[11] AA Hartmann/Toussaint/*Toussaint* RVG § 8 Rn. 19; Mayer/Kroiß/*Gierl* RVG § 8 Rn. 35; Bischof/*Bischof* RVG § 8 Rn. 36; KG AnwBl 1984, 625, erst mit Erlass der Kostenentscheidung in der Hauptsache.

[12] Hartmann/Toussaint/*Toussaint* RVG § 8 Rn. 19; OLG Naumburg JurBüro 1998, 81.

Ist nur über die Kosten eines Streitgenossen entschieden worden, so wird nur die Vergütung des RA gegenüber diesem Streitgenossen fällig, auch soweit andere Streitgenossen mithaften.

Die Anforderung von Vorschuss durch das Gericht ist keine Kostenentscheidung.

6. Rechtszug beendet

a) Allgemeines. Die Vergütung des RA wird weiter fällig bei Beendigung des Rechtszugs. 16
Der Rechtszug endet mit der Verkündung des Urteils, durch den Abschluss eines Vergleichs[13] und durch die Rücknahme der Klage, der Widerklage oder des Rechtsmittels oder durch beiderseitige Erklärung, dass die Hauptsache erledigt sei.[14]

Das gilt jedoch nur, wenn kein Kostenantrag (§§ 91a, 269 Abs. 3, 516 Abs. 3 ZPO) nachfolgt. Sonst ist der Rechtszug erst mit dem Ergehen der Kostenentscheidung beendet.[15]

Bei einem Vergleich ist Voraussetzung, dass er wirksam ist.

Ein außergerichtlicher Vergleich genügt. Erforderlich ist aber, dass er dem Gericht mitgeteilt worden ist und in dem in Frage kommenden Verfahren prozessbeendende Wirkung hat.

Ein Beschlussverfahren endet mit der Zustellung des Beschlusses, das strafrechtliche Hauptverfahren mit der Verkündung, bei Abwesenheit des Angeklagten mit der Zustellung des Urteils oder mit der Verweisung an das zuständige Gericht.

Für das Ende des Rechtszugs ist es unerheblich, ob der RA noch mit Abwicklungstätigkei- 17
ten beschäftigt ist. Solche abschließenden Arbeiten sind zwar notwendig, betreffen aber nicht mehr die Aufgabe des RA, Rechtsschutz zu verwirklichen, sondern nur eine Nebenpflicht. Die Vergütung des RA ist also zB auch dann bereits (durch das Ergehen des Urteils) fällig, wenn er noch das Kostenfestsetzungsverfahren betreiben muss.[16]

Das Ende des Rechtszugs spielt für die Fälligkeit nur dann eine Rolle, wenn keine Kostenentscheidung ergangen ist.

b) Grundurteil. Durch ein Grundurteil endet der Rechtszug bei dem erstinstanzlichen 18
Gericht nicht. Das Betragsverfahren setzt den Rechtszug fort.

Das gilt auch dann, wenn ein Rechtsmittel gegen das Grundurteil eingelegt, über dieses aber nicht sachlich entschieden wird.

Wird dagegen von dem Rechtsmittelgericht sachlich entschieden und der Rechtsstreit 19
nunmehr zur Entscheidung über die Höhe an das untere Gericht gem. § 21 RVG zurückverwiesen, so ist durch die Zurückverweisung der bisherige vorinstanzliche Rechtszug zu Ende. Denn nunmehr beginnt gem. § 21 RVG ein neuer Rechtszug. Es wäre unverständlich, wenn die Gebühren eines abgeschlossenen Gebührenrechtszugs nicht mit dem Ende der Gebühreninstanz fällig werden sollen. Die Zurückverweisung bewirkt sonach die Fälligkeit der im ersten Rechtszug bisher erwachsenen Gebühren.[17]

Das Berufungsverfahren gegen ein Grundurteil wird durch den Erlass des Berufungsurteils beendet. Damit werden die Gebühren des Berufungsanwalts fällig. Es ist also gleichgültig, ob das Berufungsurteil eine Kostenentscheidung (die Berufung wird zurückgewiesen) enthält oder nicht (das Ersturteil wird ganz oder teilweise abgeändert).

c) Abschließende Regelung des Rechtspflegers. Die abschließende Entscheidung des 20
Rechtspflegers beendet die Instanz, auch wenn das Verfahren auf Erinnerung fortgesetzt werden kann.[18]

d) Teilurteil. Ein Teilurteil beendet die Instanz, soweit seine Wirkung reicht. 21

Beispiel:

Die Klage gegen den Beklagten zu 3) wird durch Teilurteil abgewiesen. Die Vergütung des RA dieses Beklagten wird durch das Teilurteil fällig; dass die Kostenentscheidung erst in einem späteren Schlussurteil ergeht, ist unerheblich.[19]

Wird dagegen bei einer Klage über 1.000,– EUR ein klageabweisendes oder zusprechendes Teilurteils über 300,– EUR erlassen, hat dies keine Auswirkungen. Nach anderen Auffassungen entsteht eine Teilfälligkeit im Umfang des Teilurteils.[20] Dieser Auffassung sind jedoch prakti-

[13] OLG Düsseldorf BeckRS 2008, 20989 mAnm *Schneider* NJW-Spezial 2009, 253.
[14] Hartmann/Toussaint/*Toussaint* RVG § 8 Rn. 22.
[15] AA *Hansens* JurBüro 1988, 692.
[16] BGH AnwBl 1985, 257; Riedel/Sußbauer/*Ahlmann* RVG § 8 Rn. 15.
[17] Riedel/Sußbauer/*Ahlmann* RVG § 8 Rn. 16.
[18] Riedel/Sußbauer/*Ahlmann* RVG § 8 Rn. 16.
[19] OLG Naumburg JurBüro 1998, 81.
[20] Schneider/Wolf/*N. Schneider* RVG § 8 Rn. 90.

sche Bedenken entgegenzuhalten; so ist unklar, ob bei der Bejahung einer Teilfälligkeit eine Abrechnung von 30% der insgesamt anfallenden Gebühren oder eine Abrechnung aus einem Teilstreitwert von 300,– EUR möglich werden soll.[21] Ebenso verhält es sich bei einem Teilurteil im Verbundverfahren. Wird zB über die Scheidung vorab entschieden, während eine Folgesache noch anhängig bleibt, so führt das Scheidungsurteil zur Fälligkeit derjenigen Gebühren, die sich nach den vom Scheidungsurteil erfassten Gegenständen berechnen.[22]

22 **e) Vorbehaltsurteil.** Ein Vorbehaltsurteil nach § 302 ZPO beendet die Instanz nicht.

23 **f) Zwischenurteil.** Ein Zwischenurteil über eine prozesshindernde Einrede oder ein solches nach § 303 ZPO beendet die Instanz nicht. Zu beachten ist jedoch, dass nach Rechtsmitteleinlegung und Zurückverweisung gem. § 21 ein neuer Rechtszug beginnt und damit der bisherige endet.[23]

Ob ein Vorbehaltsurteil nach § 599 ZPO den Rechtszug beendet, kann offen bleiben. Denn auf jeden Fall bildet das Verfahren nach Erlass des Vorbehaltsurteils ebenso wie das Verfahren nach Abstandnahme vom Urkunden- oder Wechselprozess gem. § 17 Nr. 5 RVG eine neue Angelegenheit, so dass die bisherige Angelegenheit beendet ist und damit die Fälligkeit der bisher entstandenen Gebühren auslöst.

24 **g) Arrest, einstweilige Verfügung.** Das Verfahren über einen Arrest oder eine einstweilige Verfügung bildet dem Hauptprozess gegenüber stets eine besondere Angelegenheit (§ 17 Nr. 4 RVG). Es endet deshalb auch dann, wenn die Entscheidung keine Kostenentscheidung enthält.

25 **h) Einstweilige Anordnungen in Ehesachen.** Einstweilige Anordnungen in Ehesachen sind gegenüber der Ehesache gebührenmäßig selbständig. Die Fälligkeit tritt deshalb getrennt ein.[24]

26 **i) Mahnverfahren.** Im Mahnverfahren wird der Vergütungsanspruch des RA gegen seinen Auftraggeber erst mit der Aufnahme in den Vollstreckungsbescheid, nicht schon mit der Aufnahme in den Mahnbescheid, fällig.[25]

27 **j) Zwangsvollstreckungsverfahren.** Im Zwangsvollstreckungsverfahren hat nach § 788 ZPO die Beitreibung der Kosten mit der Beitreibung des zur Zwangsvollstreckung stehenden Anspruchs zu erfolgen. Mit dem Beitreiben der Kosten vom Gegner wird auch die Vergütung des RA für seine Tätigkeit in der Zwangsvollstreckung fällig. Er braucht also den beigetriebenen Kostenbetrag nicht an den Auftraggeber abzuliefern, um bis zum Ende der Zwangsvollstreckung zu warten (etwa weil nur ein kleiner Geldbetrag gezahlt, iÜ aber ein Gegenstand gepfändet worden ist, der erst noch versteigert werden muss).[26]

28 **k) Hebegebühr.** Ebenso wird die Hebegebühr des VV 1009 RVG mit der Ablieferung fällig. Das gilt sowohl für die Ablieferung von Geld, bei der der RA seine Vergütung gem. VV 1009 Anm. Abs. 2 S. 2 RVG sofort entnehmen kann, als auch für die Ablieferung von Wertpapieren.[27]

7. Ruhen des Verfahrens

29 **a) Begriff des Ruhens.** Wenn das Verfahren **länger als drei Monate ruht,** tritt Fälligkeit des Vergütungsanspruchs ein. Dieser Tatbestand wird häufig übersehen.[28] Als Ruhen des Verfahrens ist der Zustand anzusehen, dass mehr als drei Monate lang nichts veranlasst wird, also das tatsächliche Ruhen, nicht nur das Ruhen iSd § 251 ZPO.[29]

§ 8 S. 2 Alt. 3 RVG ist auf das schiedsrichterliche Verfahren nicht entsprechend anzuwenden.

Die Bestimmung liegt nicht nur im Interesse des RA, weil sie die Abrechnung ermöglicht, wenn in der Angelegenheit länger als drei Monate nichts veranlasst ist, sondern auch des Auf-

---

[21] Hierauf weist zurecht Bischof/*Bischof* RVG § 8 Rn. 47 hin.

[22] OLG München JurBüro 1998, 644.

[23] Riedel/Sußbauer/*Ahlmann* RVG § 8 Rn. 16.

[24] KG JurBüro 1986, 724; OLG Düsseldorf JurBüro 1983, 1037; AnwBl 1990, 324 = FamRZ 1990, 1130, dies gilt unter der Geltung von § 49 FamFG erst recht.

[25] Riedel/Sußbauer/*Ahlmann* RVG § 8 Rn. 16, weil der Vollstreckungsbescheid eine Kostentscheidung enthält.

[26] AA Mayer/Kroiß/*Gierl* RVG § 8 Rn. 10 f.

[27] Krit. in dieser Frage Mayer/Kroiß/*Gierl* RVG § 8 Rn. 9 ff.

[28] BGH AnwBl 1985, 257.

[29] Schneider/Wolf/*N. Schneider* RVG § 8 Rn. 97; Mayer/Kroiß/*Gierl* RVG § 8 Rn. 50, Bischof/*Bischof* RVG § 8 Rn. 48; aA LG Karlsruhe AGS 2008, 61; OLG Karlsruhe BeckRS 2008, 01383 mAnm *Schneider* NJW-Spezial 2008, 92.

traggebers, weil mit der Fälligkeit der Lauf der Verjährungsfrist für den Vergütungsanspruch beginnt.

b) Aussetzung und Unterbrechung. Auch die Aussetzung und die Unterbrechung des Verfahrens fallen darunter. Die Vergütung wird sonach drei Monate nach Erlass des Beschlusses über die Aussetzung usw fällig.[30] Strittig ist, ob die strafprozessuale Aussetzung oder Unterbrechung einem Ruhen des Verfahrens gleichsteht.[31] 30

Nicht genügend sind Aktenversendung an ein ersuchtes Gericht, und Anberaumung eines Termins über drei Monate hinaus.[32]

Bleibt aber die Sache beim ersuchten Gericht unbearbeitet liegen, so tritt damit ein Stillstand und sonach das Ruhen ein.

Wird nach Erlass eines Grundurteils das Verfahren nicht weiter betrieben, sei es, dass gegen das Grundurteil Berufung eingelegt ist, sei es, dass die Rechtskraft des Grundurteils abgewartet wird, so ist das Verfahren über die Höhe tatsächlich zum Stillstand gekommen. Damit ruht das Verfahren und die Fälligkeit der Vergütung wird herbeigeführt, sobald drei Monate verstrichen sind.

Die Unterbrechung des Verfahrens durch Insolvenzeröffnung beendet aber für sich allein den Prozessauftrag nicht. Deshalb ist auch die Gebührenforderung noch nicht fällig, da die Unterbrechung die Rechtshängigkeit nicht beseitigt. Dauert aber die Unterbrechung länger als drei Monate, wird die Vergütungsforderung – wegen Ruhens des Verfahrens – fällig.[33]

Jeder Rechtszug ist für sich allein zu beurteilen. Es kommt deshalb für den RA des ersten Rechtszugs nicht darauf an, ob der Rechtsstreit in der höheren Instanz weitergeführt wird. Der Eintritt der Fälligkeit der Vergütung des ersten Rechtszugs wird häufig von den Anwälten übersehen, die den Auftraggeber auch in der zweiten Instanz vertreten. Es empfiehlt sich, nach dem Ende der Instanz die Vergütung der beendeten Instanz abzurechnen und den Ablauf der Verjährung zu notieren. 31

Durch **spätere Fortsetzung des Rechtsstreits** wird die bereits eingetretene Fälligkeit nicht beseitigt. Ist die Vergütung nach Erlass des Grundurteils durch Ruhen des Verfahrens über die Höhe auf länger als drei Monate fällig geworden, verbleibt es bei dieser Fälligkeit, auch wenn das Verfahren nach der Entscheidung des Berufungsgerichts nunmehr fortgesetzt wird.

III. Wirkung der Fälligkeit

1. Allgemeines

Die Fälligkeit der Vergütung bewirkt: 32

– die Zulässigkeit des Antrags auf Wertfestsetzung gem. § 33 RVG,
– die Zulässigkeit des Festsetzungsverfahrens gem. § 11 RVG,
– das Recht zur Einforderung der Vergütung gem. § 10 Abs. 1 RVG,
– die Verpflichtung zur Berechnung der Vergütung gem. § 10 Abs. 2 RVG,
– das Erlöschen des Rechtes auf Vorschuss § 9 RVG,[34]
– den Beginn der Verjährung.

2. Die Verjährung des Anspruchs

a) Beginn der Verjährung. Für die Verjährung des Vergütungsanspruchs gegen den Auftraggeber ist der Eintritt der Fälligkeit wichtig. Nach § 195 BGB verjähren die Ansprüche des RA wegen seiner Gebühren und Auslagen in drei Jahren. Das gilt auch für Gebühren auf Grund einer Vergütungsvereinbarung.[35] 33

Die Verjährung beginnt nach § 199 BGB mit dem Schlusse des Jahres, in dem der Anspruch entstanden ist und der Gläubiger von den den Anspruch begründenden Umständen und der Person des Schuldners Kenntnis erlangt hat oder ohne grobe Fahrlässigkeit erlangen müsste. Ist die Fälligkeit aus mehreren Gründen zu verschiedenen Zeiten eingetreten, so kann sich der Gebührenschuldner auf den für ihn günstigsten, also auf den frühesten Zeitpunkt berufen. Sind

[30] Hartmann/Toussaint/*Toussaint* RVG § 8 Rn. 25; offen gelassen Riedel/Sußbauer/*Ahlmann* RVG § 8 Rn. 19.

[31] Verneinend Mayer/Kroiß/*Gierl* RVG § 8 Rn. 51; bejahend Schneider/Wolf/*N. Schneider* RVG § 8 Rn. 100.

[32] Riedel/Sußbauer/*Ahlmann* RVG § 8 Rn. 19.

[33] Schneider/Wolf/*N. Schneider* RVG § 8 Rn. 102.

[34] AG Berlin-Lichtenberg BeckRS 2013, 04778 = AGS 2013, 274 mAnm *Schneider* NJW-Spezial 2013, 379; aA Schneider/Wolf/*N. Schneider* RVG § 8 Rn. 10; Mayer/Kroiß/*Gierl* RVG § 8 Rn. 13, Ende des Rechts auf Vorschuss nur soweit eine Abrechnung der Vergütung möglich ist.

[35] BGHZ 86, 101 = NJW 1983, 1047.

die Vergütungen zu verschiedenen Zeitpunkten fällig geworden (zB Vergütung für den Rechtsstreit im Jahre 2007, Vergütung für die Zwangsvollstreckung 2008), beginnen auch die Verjährungsfristen verschieden.[36]

Auch der Anspruch aus Geschäftsführung ohne Auftrag verjährt in drei Jahren.[37]

Der Lauf der Verjährungsfrist ist nach § 10 Abs. 1 S. 2 RVG von der Mitteilung der Berechnung der Vergütung nicht abhängig. Jedoch unterbricht eine Gebührenklage auch ohne vorherige oder gleichzeitige Mitteilung der Berechnung die Verjährung.[38]

Antrag auf Festsetzung der Vergütung unterbricht nach § 11 Abs. 7 RVG die Verjährung in gleicher Weise wie Klagerhebung.

34 **b) Anspruch des im Wege der PKH beigeordneten RA gegen die Staatskasse.** Er verjährt ebenfalls in drei Jahren.[39]

35 **c) Anspruch des Pflichtverteidigers.** Für seinen Anspruch gegen die Staatskasse gilt das Gleiche.[40]

Bei einem Anspruch gegen den Beschuldigten nach § 52 Abs. 5 RVG tritt dadurch keine Hemmung der Verjährung ein, dass nach § 52 Abs. 2 RVG die Geltendmachung des Anspruchs von der vorherigen gerichtlichen Feststellung der Zahlungsfähigkeit des Beschuldigten abhängt.

Neu entstehen können verjährte Ansprüche, wenn der RA durch spätere Tätigkeit einen Anspruch auf gleiche Gebühren erwirbt.

Beispiel:

Ein Verfahren, das drei Jahre geruht hat, wird fortgesetzt. Der RA verhandelt erneut. Der RA kann fordern die Verfahrens- und die Terminsgebühr.[41]

36 **d) Der Erstattungsanspruch der Gegenpartei.** Er verjährt erst in 30 Jahren.[42]

37 **e) Verwirkung.** Verwirkung des Anspruchs kann schon vor dem Eintritt der Verjährung eintreten, besonders bei dem Erstattungsanspruch gegen die Gegenpartei.

Eine Verwirkung innerhalb der dreijährigen Verjährungsfrist des § 195 BGB ist aber nicht anzunehmen.[43]

38 **f) Nachträgliche Erhöhung des Streitwertes durch gerichtliche Wertfestsetzung.** Bei nachträglicher Erhöhung des Streitwertes durch gerichtliche Wertfestsetzung beginnt mit der Höherfestsetzung keine neue Verjährungsfrist. Wird der Streitwert für die Gerichtsgebühren auch für die Anwaltsgebühren mit maßgebender Wirkung zu niedrig festgesetzt, so wird die Verjährung des vom festgesetzten Streitwert nicht gedeckten Teils des Anspruchs bis zu einer Heraufsetzung des Wertes gehemmt.[44]

39 **g) Vereinbarung über die Fälligkeit.** Die Vorschrift des § 8 RVG gehört dem Schuldrecht an, ist also nachgebendes Recht. Daher kann der Auftraggeber mit dem RA vereinbaren, dass die Vergütung früher oder später fällig ist. Eine solche Vereinbarung ist formlos möglich, soweit der Fälligkeitszeitpunkt hinausgeschoben wird. Die Verjährungsfrist kann durch eine Vereinbarung verkürzt, aber durch Rechtsgeschäft nicht über eine Frist von 30 Jahren ab dem gesetzlichen Verjährungsbeginn hinaus erschwert werden. Jedoch kann

---

[36] BGH AnwBl 1985, 257.

[37] LG Wiesbaden AnwBl 1979, 390.

[38] BGH ZIP 1995, 118; WM 1995, 1962; NJW 1998, 3486, die Klage auf Zahlung der Vergütung nach der BRAGO unterbricht die Verjährung des Vergütungsanspruchs auch dann, wenn der RA seinem Auftraggeber noch keine Berechnung der Vergütung gem. § 18 mitgeteilt hat. Wird dies bis zur letzten mündlichen Verhandlung in der Tatsacheninstanz nachgeholt, so wird die Vergütungsforderung damit einforderbar; Schneider/Wolf/*N. Schneider* RVG § 8 Rn. 126.

[39] OLG Celle JurBüro 1983, 699; OLG München JurBüro 1984, 1830; OLG Braunschweig JurBüro 2000, 475.

[40] OLG Celle JurBüro 1983, 699; OLG Hamm AnwBl 1996, 478; KG JurBüro 1999, 26.

[41] *Schmidt* AnwBl 1979, 382.

[42] OLG München NJW 1971, 1755 = AnwBl 1971, 321; OLG Frankfurt a. M. AnwBl 1989, 106; aA OVG Münster NJW 1971, 1767 mablAnm *Schmidt*.

[43] BGH VersR 1969, 38, der Gedanke der Verwirkung ist zwar ein allgemeiner Rechtsgedanke, der von der Treue- und Sorgfaltspflicht ausgeht und der für alle Rechtsverhältnisse gilt, denen eine besondere Treuepflicht des Dienstverpflichteten, wie des RA gegenüber seinem Auftraggeber, innewohnt. Es können aber nur schwerwiegende Treueverstöße in Betracht kommen.

[44] BGH AGS 1998, 129 = MDR 1998, 860; **Abweichung** AnwBl 1978, 229 = Rpfleger 1978, 91 = JurBüro 1978, 357 = KostRspr BRAGO § 16 Nr. 4 mAnm *Schneider*.

der Beginn der Verjährungsfrist hinausgeschoben werden durch die Vereinbarung einer späteren Fälligkeit.[45]

h) Einwand der unzulässigen Rechtsausübung. Gegenüber der Verjährungseinrede kann uU der Einwand der unzulässigen Rechtsausübung erhoben werden. So zB, wenn der Schuldner den RA an der rechtzeitigen Klagerhebung hindert. **40**

Beispiel:

Der Schuldner hält sich versteckt.

i) Aufrechnung. Die Aufrechnung mit Gebührenforderungen gegen einen Anspruch des Auftraggebers auf Herausgabe eines eingegangenen Geldbetrags nach Eröffnung des Vergleichsverfahrens über das Vermögen des Auftraggebers ist zulässig, wenn der erteilte Auftrag bei Eröffnung des Vergleichsverfahrens noch fortbestand.[46] **41**

3. Hemmung der Verjährung

Nach § 8 Abs. 2 S. 1 RVG wird die Verjährung der Vergütung für eine Tätigkeit in einem gerichtlichen Verfahren gehemmt solange das Verfahren anhängig ist. **42**

Nach Abs. 2 S. 2 endet die Hemmung mit der rechtskräftigen Entscheidung oder anderweitigen Beendigung des Verfahrens.

Nach Abs. 2 S. 3 endet die Hemmung, wenn das Verfahren ruht, drei Monate nach Eintritt der Fälligkeit.

Nach Abs. 2 S. 4 beginnt die Hemmung erneut, wenn das Verfahren weiter betrieben wird. Ein solches Beitreiben muss inhaltlich erkennbar sein, eine der beiden Parteien muss das Verfahren entweder ausdrücklich oder durch wenigstens schlüssig weiterbetreiben.[47] Empfohlen wird in diesem Zusammenhang, das weitere Betreiben schriftsätzlich formelhaft zu dokumentieren, bspw. durch die Wendungen: „… nehmen wir das Verfahren wieder auf" oder „… betreiben wird das Verfahren weiter".[48]

Die Bedeutung dieser Hemmungstatbestände liegt darin: Die Verjährung nach Beendigung der Hemmung beginnt nicht neu, sondern lediglich der Rest der Verjährungsfrist läuft weiter. Jeder Anwalt sollte die uU nur noch kurze Zeitspanne beachten.

Nach der bis zum 31.12.2001 geltenden Fassung des BGB konnte die Verjährung unterbrochen werden. Nach der ab 1.1.2002 geltenden Fassung kann die Verjährung nur noch gehemmt werden. Der Zeitraum, während dessen die Verjährung gehemmt ist, wird in die Verjährungsfrist nicht angerechnet, § 209 BGB. Die Hemmungstatbestände enthalten die §§ 203–208 BGB. Davon ist besonders wichtig die Hemmung der Verjährung durch Rechtsverfolgung, § 204 Abs. 1 Nr. 1–14 BGB. Nach § 212 Abs. 1 BGB beginnt die Verjährung erneut, 1. wenn der Schuldner dem Gläubiger gegenüber den Anspruch durch Abschlagszahlung, Zinszahlung, Sicherheitsleistung oder in anderer Weise anerkennt oder 2. eine gerichtliche oder behördliche Vollstreckungshandlung vorgenommen oder beantragt wird.

Die Verjährung der Vergütung wird nach § 8 Abs. 2 S. 1 RVG gehemmt, **solange das Verfahren anhängig ist.** Auch die Hemmung der Verjährung besteht nicht nur für die Zeit der Anhängigkeit des Erkenntnisverfahrens, auch die Anhängigkeit von Nebenverfahren wie Kostenfestsetzungs- und Streitwertbeschwerdeverfahren reicht aus; solange der Anwalt noch mit solchen Abwicklungs- und Nebentätigkeiten befasst ist, soll er nicht Gefahr laufen, dass eine Vergütung verjähren könnte.[49] **43**

§ 9 Vorschuss

Der Rechtsanwalt kann von seinem Auftraggeber für die entstandenen und die voraussichtlich entstehenden Gebühren und Auslagen einen angemessenen Vorschuss fordern.

---

[45] Riedel/Sußbauer/*Ahlmann* RVG § 8 Rn. 31.
[46] BGH AnwBl 1978, 460.
[47] Bischof/*Bischof* RVG § 8 Rn. 65.
[48] Sowie die Empfehlung von Bischof/*Bischof* RVG § 8 Rn. 65.
[49] Schneider/Wolf/*N. Schneider* RVG § 8 Rn. 130; Hartung/Schons/Enders/*Enders* RVG § 8 Rn. 48.

Übersicht

I. Allgemeines

1 Das Honorar des Rechtsanwalts ist das gerechte Entgelt für die Leistung, die er als Anwalt seinem Mandanten erbringt. Es liegt daher im ureigensten Interesse des Anwalts, dafür zu sorgen, dass er sein Honorar auch ungeschmälert erhält. Der RA als Freiberuflicher vermag sich nur zu behaupten, wenn er durch seine Arbeit ein ausreichendes Gebühreneinkommen erzielt und diese Gebühren auch tatsächlich „einkommen". Hierzu gehört auch die Binsenweisheit, gegen die häufig verstoßen wird: Die beste Form, die Gebührenforderung des Anwalts zu sichern, ist immer noch der Vorschuss. § 9 RVG dient der wirtschaftlichen Sicherung des Anwalts. Macht der Anwalt von dem ihm durch § 9 RVG eingeräumten Möglichkeiten, Vorschuss zu fordern, keinen Gebrauch, verhält er sich wie ein Gläubiger, der seinem Schuldner einen zinslosen und ungesicherten Kredit gewährt.

Das vertragliche Verhältnis Anwalt/Auftraggeber ist ein Dienstvertrag in der Form eines Geschäftsbesorgungsvertrages (§§ 675, 611 ff. BGB), so dass der RA an und für sich vorleistungspflichtig ist und nur für seine Auslagen Vorschuss nach §§ 675, 669 BGB verlangen kann. Nach § 9 RVG kann der RA aber für die entstandenen und die voraussichtlich entstehenden Gebühren und Auslagen angemessenen Vorschuss fordern. Mit Hilfe des § 9 RVG ergibt sich praktisch das Gegenteil der BGB-Regelung, nämlich eine Vorleistungspflicht des Auftraggebers für die gesamte Vergütung des RA.

2 Der **Anspruch auf Vorschuss** erstreckt sich sowohl auf die Auslagen als auch auf die Gebühren, somit auf die gesamte Vergütung, die der RA zu erwarten hat. Hierzu zählt auch die auf den Vorschuss entfallende Umsatzsteuer (VV 7008 RVG).

Dem Anspruch auf den Vorschuss entspricht die Pflicht des Auftraggebers zur Zahlung des Vorschusses. Sie entsteht mit dem Zustandekommen des Anwaltsvertrags. Der Auftraggeber kann aber in der Regel abwarten, bis ihm der RA die Höhe des zu zahlenden Vorschusses mitteilt.

II. Vorschussberechtigter Rechtsanwalt

3 Der **Anspruch auf Vorschuss** steht jedem RA zu, nicht nur dem Prozessbevollmächtigten, sondern zB auch dem Verkehrsanwalt, dem Strafverteidiger, dem Gutachter und dem mit der Erledigung außergerichtlicher Angelegenheiten beauftragten RA.

Der RA, dem ein Auftrag erteilt wird, hat zwei Möglichkeiten:

a) Er kann den Auftrag annehmen und Vorschuss fordern. In diesem Falle wird er dringende Arbeiten bereits vor Eingang des Vorschusses ausführen müssen.

Beispiel:

Ein Rechtsmittel einlegen, wenn die Frist in den nächsten Tagen abläuft.

b) Er kann die Übernahme des Auftrags von der Vorschusszahlung abhängig machen. In diesem Falle braucht der Anwalt nicht tätig zu werden, bevor der Vorschuss eingegangen ist. Sind allerdings dringliche Arbeiten auszuführen, ist von dem RA zu erwarten, dass er die Nichtannahme des Auftrags ohne Vorschusszahlung dem Auftraggeber unverzüglich (evtl. fernmündlich) mitteilt.

Ein Vormund (Pfleger), der als RA tätig wird und deshalb gem. § 1835 BGB Anspruch auf Vergütung als RA hat, kann einen angemessenen Vorschuss dem Mündelvermögen entnehmen.

III. Ausnahmen

Ausnahmen (also kein Anspruch auf Vorschuss gegen den Mandanten) gelten 4
- für den gerichtlich bestellten Verteidiger (vgl. § 52 Abs. 1 RVG),
- für den in Strafsachen oder in Auslieferungssachen beigeordneten RA,
- für den dem Privatkläger, Nebenkläger oder dem Antragsteller im Klageerzwingungsverfahren beigeordneten RA (VV Vorb. 4 Abs. 1, § 16 Nr. 12 RVG).
- Der im Wege der PKH beigeordnete RA hat aber unter den Voraussetzungen des § 47 RVG einen Anspruch auf Gewährung eines Vorschusses wegen der bereits entstandenen Gebühren und wegen der entstandenen und voraussichtlich entstehenden Auslagen gegen die Staatskasse, desgleichen der Pflichtverteidiger. Bei Beratungshilfe kann der RA gem. § 47 Abs. 2 RVG aus der Staatskasse keinen Vorschuss fordern. Die Einschränkung, dass der RA bei Beratungshilfe „aus der Staatskasse" keinen Vorschuss fordern kann, wurde durch das Gesetz zur Änderung des Prozesskostenhilfe- und Beratungshilferechts[1] mit Wirkung ab 1.1.2014 eingeführt, der Gesetzgeber wollte damit klarstellen, dass sich der Ausschluss des Vorschussanspruchs ausschließlich auf den Vergütungsanspruch gegen die Staatskasse, nicht aber auf die beim Rechtsuchenden zu erhebende Beratungshilfegebühr bezieht, die als Vorschuss verlangt werden kann.[2]

Ist PKH nur zum Teil bewilligt, kann der RA für den Teil, für den PKH nicht bewilligt ist, Vorschuss verlangen. Bis zur Zahlung des Vorschusses kann er die Tätigkeit für den Teil, für den PKH nicht bewilligt ist, zurückstellen.

Erhaltene Vorschüsse (vor der Beiordnung oder trotz Beiordnung freiwillig gezahlte) kann der beigeordnete RA bzw. der Pflichtverteidiger behalten. Wegen der Verrechnung s. § 58 RVG.

IV. Anspruch auf Vorschuss

Dagegen haben einen Anspruch auf Vorschuss 5
- **der Notanwalt des § 78b ZPO.** Er kann gem. § 78c Abs. 2 ZPO die Übernahme der Vertretung davon abhängig machen, dass die Partei ihm einen Vorschuss zahlt, der nach dem RVG zu bemessen ist. Nach dem Wortlaut der Bestimmung muss er den Vorschuss vor der Übernahme der Vertretung geltend machen. Das ist aber zu eng. zB kann sich durch Klageerweiterung oder Hilfsaufrechnung (§ 45 GKG) die Berechnungsgrundlage für den Vorschuss ändern. Daher kann der Notanwalt auch nach Übernahme der Vertretung einen Vorschuss verlangen.
- Der in Scheidungs- und Lebenspartnerschaftssachen beigeordnete RA (§ 39 RVG),
- der als gemeinsamer Vertreter nach § 67a Abs. 1 S. 2 VwGO bestellte RA (§ 40 RVG), können einen Vorschuss fordern,
- der im Rahmen der **Prozesskostenhilfe** oder nach **§ 11a ArbGG in der bis 31.12.2013 geltenden Fassung[3] beigeordnete RA** kann nach § 47 RVG für die entstandenen Gebühren (§ 49 RVG) und die entstandenen und voraussichtlich entstehenden Auslagen aus der Staatskasse angemessen Vorschuss fordern. Nach § 122 Abs. 1 Nr. 3 ZPO bewirkt die Bewilligung der Prozesskostenhilfe, dass der beigeordnete RA Anspruch auf die Vergütung gegen die Partei nicht geltend machen kann, also auch keinen Vorschuss nach § 9 RVG.

Hat der RA aber vor seiner Beiordnung einen Vorschuss erhalten oder hat der Mandant 6
trotz bewilligter PKH freiwillig Vorschüsse gezahlt, so ist der Anwalt auch nach Beiordnung nicht zur Rückzahlung verpflichtet, sondern kann sie behalten. Bei dem Antrag auf Gewährung der PKH-Vergütung muss er gem. § 55 Abs. 5 RVG erklären, ob und welche Zahlungen er bis zum Tage der Antragstellung erhalten hat. Ihm steht aber insoweit ein Vorrecht zu, weil

---

[1] BGBl. 2013 I 3533.

[2] BT-Drs. 17/11472, 70.

[3] Die Sonderregelungen über die Beiordnung eines Rechtsanwalts im §§ 11a Abs. 1, 2, 2a ArbGG aF wurden durch das G der Änderung des Prozesskostenhilfe- und Beratungsrechts aufgehoben, es gelten vielmehr ab 1.1.2014 die allgemeinen Regelungen des Prozesskostenhilferechts der ZPO (BT-Drs. 17/11472, 65).

solche Vorschüsse und Zahlungen gem. § 58 RVG zunächst auf Vergütungen anzurechnen sind, für die ein Anspruch gegen die Staatskasse nicht oder nur unter den Voraussetzungen des § 50 RVG besteht.

Ist PKH nur zum Teil bewilligt, so kann der RA für den Teil, für den PKH nicht bewilligt ist, einen Vorschuss verlangen. Bis zur Zahlung des Vorschusses kann er die Tätigkeit für den Teil, für den PKH nicht bewilligt ist, zurückstellen.[4]

V. Die Höhe des Vorschusses

7 Fragt man Anwälte, was sie unter angemessenem Vorschuss verstehen, so erhält man oft als Antwort „etwa $^1/_2$ bis $^2/_3$ der voraussichtlich entstehenden Gebühren". Das ist eindeutig falsch.

Die Höhe des Vorschusses richtet sich nach dem Gesamtbetrag der bereits entstandenen (aber wegen § 8 RVG möglicherweise noch nicht fälligen) und voraussichtlich entstehenden Gebühren und Auslagen.[5] Dabei ist unerheblich, ob die Gebühren bereits erwachsen sind oder ob ihre Entstehung erst zu erwarten ist.[6]

Ebenso ist gleichgültig, ob die Vergütung die gesetzliche oder eine vereinbarte ist. Der Vorschuss kann in der vollen Höhe der Vergütung gefordert werden, nicht nur in Höhe eines Teilbetrags.

8 Der **Prozessanwalt** wird bei Beginn des Rechtsstreits zunächst die Verfahrens- und die Terminsgebühr (zusammen 2,5) nebst Auslagenpauschale und MwSt vorschussweise anfordern. 1,8-Gebühren reichen dann aus, wenn mit dem Erlass eines Versäumnisurteils zu rechnen ist. Ist der Vorschuss zu gering bemessen gewesen, kann weiterer Vorschuss gefordert werden, wenn erkennbar wird, dass der bisherige Vorschuss nicht ausreicht. „Angemessen" ist der Vorschuss, der die gesamte voraussichtlich entstehende Vergütung abdeckt.[7] Einen Grundsatz dahingehend, dass die Vorschussanforderung hinter der voraussichtlich endgültig entstehenden Gesamtvergütung zurückbleiben muss, gibt es nicht.[8]

9 Ist der **Anwalt mit einer außergerichtlichen Vertretung** beauftragt, kann er als Vorschuss die Geschäftsgebühr nach VV 2300 RVG fordern, etwa iHv 1,3. Ist abzusehen, dass es zu einer Besprechung kommt, kann er Vorschuss mit 1,5-Gebühren fordern oder nachfordern.[9]

10 Der **Strafverteidiger** kann den Vorschuss in Höhe der voraussichtlichen Verteidigervergütung fordern. Wird er im Ermittlungsverfahren beauftragt und ist abzusehen, dass es zu einer Hauptverhandlung kommen wird, kann er als Vorschuss die Grundgebühr und die Verfahrensgebühr fordern. Sind drei Hauptverhandlungstage terminiert, kann er als Vorschuss die Verfahrensgebühr und drei Terminsgebühren fordern.

11 Der Vorschussanspruch besteht auch für **das vereinbarte Honorar.**

Hier ist dem Anwalt zu empfehlen, es in voller Höhe als Vorschuss zu fordern. Denn nachträglich messen die Mandanten oft die Höhe des Honorars am erzielten Erfolg und machen, wenn die Sache nicht nach ihren Vorstellungen ausgegangen ist, Schwierigkeiten.

12 Von wenigen Ausnahmen abgesehen hat also jeder RA einen Anspruch auf Vorschuss für Gebühren und Auslagen. Von diesem Recht sollte er beherzt Gebrauch machen, es gibt kein besseres Sicherungsmittel für seine Vergütung. Je unsicherer es ist, ob die Vergütung nach Ende des Mandats vom jeweiligen Auftraggeber gezahlt wird, desto wichtiger ist es, ausreichend Vorschuss anzufordern.

Wird der RA vom Verkehrsanwalt des Auftraggebers gebeten, die Prozessvertretung zu übernehmen, oder wird er vom Hauptprozessbevollmächtigten beauftragt, als Unterbevollmächtigter (bzw. Termin- oder Beweisanwalt) tätig zu werden, so sollte mit der Mandatsannahme und -bestätigung zugleich um Vorschuss gebeten werden. Denn hier sind dem RA die finanziellen Verhältnisse des Auftraggebers meistens unbekannt. Man lasse sich auch nicht durch den Namen einer bekannten Firma beeindrucken, auch solche Firmen sind schon insolvent geworden. Falls nicht schon vorhanden, sollte jeder Anwalt sich Standardtexte von Vorschussanforderungen für alle vorstehend aufgeführten Fallgestaltungen erarbeiten. Setzt er sie dann auch bei jedem neuen Mandat ein, werden sich seine Gebührenausfälle auf einen kleinen unvermeidbaren Rest reduzieren.

[4] Hartmann/Toussaint/*Toussaint* RVG § 9 Rn. 12.
[5] BGH NJW 2004, 1047.
[6] AllgM, Riedel/Sußbauer/*Ahlmann* RVG § 9 Rn. 18.
[7] AllgM, Riedel/Sußbauer/*Ahlmann* RVG § 9 Rn. 18.
[8] OLG Bamberg BeckRS 2011, 04566 mAnm *Mayer* FD-RVG 2011, 315483.
[9] BGH AGS 2004, 145 mAnm *N. Schneider.*

Der Anspruch auf Vorschuss ist zwar grds. auf Geldzahlung gerichtet. Es besteht jedoch rechtlich kein Hindernis, mit einem zur Barzahlung nicht mehr fähigen Auftraggeber anderweitige Besicherung zu vereinbaren. 13

Auch die Abtretung von materiell-rechtlichen Kostenersatzansprüchen oder prozessrechtlichen Erstattungsansprüchen gegen Dritte ist möglich. Der Anwalt sollte aber von solchen Sicherheiten nur spärlich Gebrauch machen, weil die Verwertung der Sicherheiten wieder risikoreich sein kann.

§ 9 RVG gewährt dem Anwalt ein Recht auf Vorschuss. Er ist nicht verpflichtet, Vorschuss zu erlangen. Also liegt es in seinem Ermessen, ob und in welcher Höhe er Vorschuss fordert. Viele Gründe sprechen dafür, dass der Anwalt von seinem Recht auf Vorschuss Gebrauch machen sollte. 14

Diese sind:

– Es liegt im ureigensten Interesse des Anwalts, dass er sein Honorar ungeschmälert erhält („Binsenweisheit" → Rn. 1).
– Der Vorschuss sichert die Gebührenansprüche des RA sowohl gegen eine mögliche spätere Insolvenz des Auftraggebers als auch gegen dessen sinkende Zahlungsbereitschaft.
– Die Dauer des Mandats lässt sich meistens nicht absehen, daher auch nicht, ob Differenzen entstehen, ob der Mandant Einwendungen gegen die Führung des Mandats oder später gegen die Höhe der Rechnung erhebt.
– Ein Mandat kann sich manchmal über lange Zeit hinziehen. Dagegen fallen die laufenden Kosten des RA für Büro und Personal immer sofort an. Durch bewusstes Ausnutzen des Vorschussrechts kann der RA für kontinuierliche Umsätze sorgen.

VI. Vorschusspflichtiger

Vorschusspflichtig ist zunächst der Auftraggeber, die Staatskasse, soweit sie in den oben genannten Fällen als Schuldnerin im Gesetz genannt wird. Haftet dem RA nach bürgerlichem Recht unmittelbar noch ein Dritter (zB Bürge, Mitauftraggeber, Schuldübernehmer) für die Vergütung, ist auch dieser Dritte vorschusspflichtig. 15

Dagegen hat der RA keinen unmittelbaren Anspruch gegen Dritte, die nur seinem Auftraggeber gegenüber vorschusspflichtig sind. Der RA, der eine Ehefrau im Scheidungsverfahren vertritt, kann von dem Ehemann nicht im eigenen Namen gem. § 1360a Abs. 4 BGB Vorschuss fordern. Er muss vielmehr die Ansprüche der Ehefrau für diese geltend machen.

Besondere Vorsicht ist geboten bei der **Übernahme der Vertretung Minderjähriger.** Zwar kann zB ein Minderjähriger selbst einen Verteidiger wählen, denn im Strafprozess kommt es nicht auf seine Prozessfähigkeit iSd §§ 51 ff. ZPO an, sondern ausschließlich auf seine Fähigkeit, der Verhandlung zu folgen, die Bedeutung des Verfahrens zu erkennen.[10] 16

Ohne Einwilligung des gesetzlichen Vertreters des Minderjährigen kommt dadurch aber kein Mandatsvertrag zustande, da dieser sich ausschließlich nach bürgerlichem Recht richtet (von der Ausnahme des sog. Taschengeldparagraphen, § 110 BGB, hier einmal abgesehen). Aber auch, wenn der gesetzliche Vertreter den Auftrag zur Verteidigung des Minderjährigen erteilt, ist aufzupassen. Beauftragt zB die Mutter des Kindes als Inhaberin der elterlichen Sorge den RA mit der Verteidigung des Kindes und weigert sie sich später, die Anwaltsgebühren zu bezahlen, so geht der RA – wenn das Kind keine eigenen Einkünfte hat – leer aus. Denn es besteht keine Haftung des Inhabers der elterlichen Sorge für die Anwaltskosten, nachdem § 1654 BGB durch das Gleichberechtigungsgesetz aufgehoben ist.

Der RA muss also darauf achten, dass er von den Eltern des Kindes auf Grund deren Unterhaltspflicht (§§ 1602, 1610 Abs. 2 BGB) einen angemessenen Vorschuss erhält. Besser ist es natürlich, er macht die Mandatsübernahme davon abhängig, dass die Eltern die persönliche Haftung für seine Gebühren übernehmen.[11]

Eine Partei kraft Amtes ist nicht Dritter, sondern haftet unmittelbar auf die Vergütung und damit auch auf Vorschuss, soweit sie den Anwaltsvertrag abgeschlossen hat oder soweit der RA ihr beigeordnet wurde.[12] 17

Schließlich sei **ein wichtiger Grund** genannt, **weshalb jeder Anwalt** – ausnahmslos – **Vorschuss fordern sollte:** Lehnt der Mandant die Zahlung des verlangten Vorschusses ab, so kann der Anwalt vielfach einschätzen, wie es um die Zahlungsfähigkeit und/oder Zahlungswil- 18

---

[10] KK-StPO/*Laufhütte/Willnow* § 137 Rn. 4.

[11] *Eich* AnwBl 1985, 62 zum Anspruch des Betriebsrats auf Kostenerstattung bei anwaltlicher Vertretung und Anspruch des RA auf Zahlung eines angemessenen Vorschusses.

[12] Hartmann/Toussaint/*Toussaint* RVG § 9 Rn. 20.

ligkeit des Mandanten bestellt ist. Das Vorschussverlangen kann den RA vor einem Vergütungsausfall bewahren.[13]

VII. Nichtzahlung des Vorschusses

19 **Zahlt der Vorschusspflichtige den geforderten Vorschuss nicht,** kann der RA seine weitere Tätigkeit für den Auftraggeber einstellen, bis der Vorschuss eingeht. Ist für den Auftraggeber mit Nachteilen zu rechnen, wird der RA dem Vorschusspflichtigen rechtzeitig ankündigen müssen, dass er bis zum Eingang des Vorschusses nicht mehr tätig wird.[14] Auch muss der Anwalt widersprüchliches Verhalten, welches bei dem Mandanten den Eindruck erwecken könnte, dass der Anwalt das Zurückbehaltungsrecht nicht mehr ausübe, vermeiden.[15]

Ein nachträgliches Vorschussbegehren darf aber nicht zur Unzeit erfolgen.[16]

Hat der RA die Niederlegung des Mandats für den Fall der nicht rechtzeitigen Zahlung des Vorschusses angedroht, dann kann er nach Niederlegung die dadurch gem. § 8 RVG fällig werdenden Gebühren und Auslagen einklagen. Ihm stehen die vollen bis dahin entstandenen Gebühren und Auslagen zu.

VIII. Vorschuss als Vorauszahlung

20 Der **Vorschuss** dient zwar zunächst als Sicherungsmittel, bildet aber zugleich eine Vorauszahlung auf die noch nicht entstandene oder noch nicht fällige Vergütung. Er geht in das Vermögen des Rechtsanwalts über und haftet ungeteilt für jeden Vergütungsanspruch, solange noch keine Verrechnung stattgefunden hat. Eine solche erfolgt meist erst nach Ende des Auftrags. Soweit nicht Sonderabreden zu einer anderen Beurteilung nötigen, ist anzunehmen, dass der Auftraggeber dem RA die Verrechnung überlässt und, soweit Vergütungsansprüche entstehen, von vornherein auf Rückzahlung verzichtet.

21 Zahlt der Auftraggeber den Vorschuss nicht innerhalb von 30 Tagen nach schriftlicher Aufforderung (§ 286 Abs. 3 S. 1 Hs. 1 BGB) und Belehrung (§ 286 Abs. 3 S. 1 Hs. 2 BGB) oder gerät er durch eine Mahnung in Verzug, ist der Vorschuss nach §§ 286, 288 BGB zu verzinsen. Entstandene Auslagen sind nicht zu verzinsen.

IX. Verrechnung des Vorschusses

22 Die Verrechnung des Vorschusses erfolgt in der Berechnung nach § 10 RVG. Nicht verbrauchte Vorschüsse sind beim Fälligwerden der Vergütung zurückzuzahlen. Der Auftraggeber hat einen vertraglichen Anspruch (keinen Bereicherungsanspruch). Wird die Abrechnung vereinnahmter Vorschüsse schuldhaft unterlassen, ist es dem RA nach Treu und Glauben verwehrt, sich gegenüber dem Anspruch des Mandanten auf Abrechnung und Rückzahlung des nicht verbrauchten Vorschusses auf die Einrede der Verjährung zu berufen.[17]

X. Rückzahlungsanspruch

23 Ein **Rückzahlungsanspruch** entsteht erst dann, wenn feststeht, dass weitere Ansprüche des RA, für die der Vorschuss eingefordert wurde, nicht mehr entstehen können, und nur insoweit, als durch die entstandenen Ansprüche der Vorschuss nicht verbraucht ist.[18]

Das ergibt sich aus der Zweckbestimmung des Vorschusses, nämlich dass Vorschüsse nur mit den Gebühren des Auftrags verrechnet werden dürfen, für die sie angefordert worden sind. Wenn der Vorschuss die Vergütung des Anwalts übersteigt und sich demgemäß ein Rückforderungsanspruch des Mandanten ergibt, dann kann der Anwalt allerdings zur Aufrechnung mit anderen fälligen Vergütungsforderungen berechtigt sein.

---

[13] *Hansens* JurBüro Sonderheft 1999, 13, schreibt: „Ich kenne Rechtsanwälte, die ausnahmslos erst nach Zahlung eines Vorschusses der gesamten Vergütung tätig werden. Diese haben wegen ihrer Vorschussforderung zwar anfangs einige Mandanten verloren. Von diesen sind jedoch viele später wieder zurückgekehrt. Auf die endgültig weggebliebenen Mandanten haben die Rechtsanwälte dann gut verzichten können, da ihre Forderungsausfälle gegen null gingen."

[14] Riedel/Sußbauer/*Ahlmann* RVG § 9 Rn. 14.

[15] OLG Hamm BeckRS 2011, 07412 mAnm *Mayer* FD-RVG 2011, 317098.

[16] OLG Karlsruhe BRAK-Mitt. 1969, 115 (Ls), der RA macht, wenn er weitere Tätigkeit von einer Vorschusszahlung abhängig macht, ein Zurückbehaltungsrecht nach § 320 BGB geltend. Der RA darf seine Leistung nicht zur Unzeit zurückhalten.

[17] LG Karlsruhe AGS 2012, 322.

[18] Riedel/Sußbauer/*Ahlmann* RVG § 9 Rn. 19 ff.

Ein Rückzahlungsanspruch verjährt nach §§ 195, 199 BGB in drei Jahren. Der **Zeitpunkt des Verjährungsbeginns ist umstritten.** Nach einer Auffassung beginnt die Verjährung erst mit dem Ablauf des Jahres, in welchem der Auftraggeber die Abrechnung nach § 10 RVG erhält.[19] Richtiger Auffassung ist jedoch auf den Zeitpunkt der Fälligkeit der Vergütung abzustellen.[20] Denn auch für diesen Anspruch ist die Mitteilung der Berechnung für den Beginn der Verjährung ohne Bedeutung, § 10 Abs. 1 S. 2 RVG.[21] Der mit dieser Auffassung verbundene frühere Verjährungsbeginn wirkt sich jedoch für den Mandanten nicht nachteilig aus, denn dem Anwalt ist nach Treu und Glauben verwehrt, sich gegenüber dem Anspruch des Mandanten auf Abrechnung und Rückzahlung eines nicht verbrauchten Vorschusses auf die Einrede der Verjährung zu berufen.[22]

XI. Einklagen des Vorschusses

Einklagen des Vorschusses gegen den Auftraggeber ist, solange der RA dessen Vertretung beibehält, zulässig, wird aber als standeswidrig angesehen.[23] **24**

Mitteilung einer Berechnung nach § 10 RVG ist beim Fordern des Vorschusses nicht vorgeschrieben. Jedoch ist, damit die Angemessenheit nachgeprüft werden kann, anzugeben, von welchem Vergütungsbetrag bei der Berechnung des Vorschusses ausgegangen worden ist.

Übersendet der RA eine Berechnung nach § 10 RVG vor Fälligkeit der Vergütung, dann bedeutet das im Zweifel, dass der berechnete Betrag als Vorschuss gefordert wird.

XII. Verzicht auf Vorschuss

Ein Verzicht auf Vorschuss ist zulässig, liegt aber nicht im Unterlassen der Einforderung. **25** Ebenso wenig kann in der Anforderung eines sehr geringen Vorschusses ein grundsätzlicher Verzicht auf weitere Vorschüsse gesehen werden. Liegt ein Verzicht vor, so kann er bei erheblicher Verschlechterung der Vermögenslage des Auftraggebers widerrufen werden, § 321 BGB.

XIII. Keine Verpflichtung zur Vorschussanforderung

Eine Pflicht zur Vorschussanforderung besteht nicht. Eine solche Pflicht besteht auch nicht **26** für den Wahlverteidiger gegenüber der Staatskasse. Die Staatskasse kann also dem RA, der den abgetretenen Kostenerstattungsanspruch gem. § 43 RVG geltend macht, nicht entgegenhalten, er hätte sich Vorschuss gewähren lassen sollen, um der Staatskasse die Möglichkeit der Aufrechnung zu erhalten.[24]

XIV. Vorschuss vom Rechtsschutzversicherer

Ist der Mandant **rechtsschutzversichert,** braucht der RA um die Sicherheit seiner Gebühren nicht besorgt zu sein. Dafür sieht er sich anderen Schwierigkeiten gegenüber. Einfach ist die Rechtslage, wenn der Mandant den RA mit dem Auftragsschreiben der Rechtsschutzversicherung aufsucht, in welchem diese den RA bittet, auf ihre Kosten das Mandat zu übernehmen. Häufig ist es aber so, dass der Mandant den RA aufsucht, ihn bittet, das Mandat zu übernehmen, und dabei erklärt, er sei rechtsschutzversichert. Hier muss der Anwalt grds. vor Annahme des Mandats klären, ob das Mandat nur für den Fall der Deckungszusage der Rechtsschutzversicherung oder auch für den Fall, dass diese aus irgendwelchen Gründen nicht gegeben wird, erteilt wird. Denn selbst wenn der Mandant die Versicherungspolice vorlegt, kann der RA keinesfalls davon ausgehen, dass die gewünschte Tätigkeit von der Rechtsschutzversicherung gedeckt wird. Es kann sein, dass die Deckung wegen Prämienverzugs versagt wird oder sich aus den Allgemeinen Rechtsschutzbedingungen (ARB) ergibt, dass Kostenzusage nicht gewährt werden muss. Es ist daher dringend zu empfehlen, bei der Rechtsschutzversicherung unter Angabe des Sachverhalts die Rechtsschutzzusage einzuholen. Das ist an und für sich Aufgabe des Mandanten. Übernimmt der RA die Einholung der Deckungszusage, so ist dies eine besondere Angelegenheit iSv § 15 Abs. 2 S. 1 RVG. Also ist sie gesondert zu vergüten mit **27**

[19] Schneider/Wolf/*N. Schneider* RVG § 9 Rn. 95.
[20] Bischof/Bischof/*Klüsener* RVG § 9 Rn. 42.
[21] Bischof/Bischof/*Klüsener* RVG § 9 Rn. 42.
[22] LG Karlsruhe AGS 2012, 322; teilweise wird in diesem Zusammenhang auch auf standesrechtliche Erwägungen abgestellt, Riedel/Sußbauer/*Ahlmann* RVG § 9 Rn. 21.
[23] Str., wie hier Schneider/Wolf/*N. Schneider* RVG § 9 Rn. 78; Bischof/Bischof/*Klüsener* RVG § 9 Rn. 41; aA Mayer/Kroiß/*Klees* RVG § 9 Rn. 33; Hartung/Römermann/Schons/*Römermann* RVG § 9 Rn. 40.
[24] Hartmann/Toussaint/*Toussaint* RVG § 9 Rn. 2.

der Gebühr aus VV 2300 RVG.[25] Verlässt sich der RA auf die Erklärung des Mandanten, er sei rechtsschutzversichert, und wird tätig, ohne eine Deckungszusage der Versicherung erhalten zu haben, so riskiert er, dass er am Ende weder vom Versicherer, der eine Deckung ablehnt, noch vom Mandanten sein Honorar bekommt; Letzterer wird behaupten, wenn er gewusst hätte, dass die Tätigkeit des RA nicht unter den Schutz der Rechtsschutzversicherung falle, dann hätte er den Auftrag nicht erteilt.[26]

28 Zwischen dem RA und der **Rechtsschutzversicherung** bestehen grds. keine unmittelbaren Rechtsbeziehungen. Diese bestehen nur zwischen Versicherer und Mandanten einerseits und dem Mandanten und dem RA andererseits.[27]

Daraus folgt, dass der **Vorschussanspruch aus § 9 RVG nur gegenüber dem Mandanten** besteht. Der Versicherer ist zahlungspflichtig, sobald der Versicherungsnehmer berechtigterweise in Anspruch genommen wird. Hierzu zählt auch die Forderung eines Vorschusses. Fordert der RA von seinem Mandanten einen Vorschuss, so hat die Versicherung diesen zu zahlen. Zahlt die Versicherung den Vorschuss, so zahlt sie in Erfüllung ihrer Verpflichtung aus dem Versicherungsvertrag gegenüber dem Mandanten auf dessen Schuld aus dem Anwaltsvertrag gegenüber dem RA. Die von der Versicherung gezahlten Vorschüsse kann sie vom Anwalt auch dann nicht zurückverlangen, wenn nachträglich die Deckungszusage wirksam widerrufen wird oder aus anderen Gründen Ersatzansprüche bestehen. Derartige Ansprüche des Versicherers richten sich allein gegen den Versicherungsnehmer.[28] Bei einer Verteidigung wegen einer Straftat, die sowohl fahrlässig als auch vorsätzlich begangen werden kann, ist die Versicherung zur Vorschusszahlung verpflichtet. Hat sie an den RA einen Vorschuss gezahlt, dann kann sie diesen Vorschuss vom RA nicht zurückverlangen, wenn der Versicherungsnehmer wegen vorsätzlicher Trunkenheitsfahrt gem. § 315c StGB verurteilt wird, sie muss sich an den Versicherungsnehmer halten. Letzteres unterlassen die Rechtsschutzversicherer oft aus Kulanzgründen.

Auch wenn die Rechtsschutzversicherer häufig bitten, von Vorschussforderungen abzusehen, weil sie lästigen Büro- und Buchungsaufwand vermeiden wollen, so ist doch zumindest bei einem lang andauernden Mandat nicht einzusehen, dass der RA von seinem Vorschussrecht nicht Gebrauch macht und er iErg die Vergütung der Rechtsschutzversicherung auf Monate zinslos stundet. In dem vorstehenden Beispiel von Vorsatz- oder Fahrlässigkeitstat muss der RA immer auf Zahlung des gesamten Vorschusses durch die Rechtsschutzversicherung bestehen. Denn wird sein Auftraggeber wegen Vorsatzes verurteilt, gibt es keine Möglichkeit mehr, die Versicherung zur Zahlung zu veranlassen.

Hinzu kommt, dass der **Rechtsschutzversicherer nicht mehr zur Zahlung verpflichtet** ist, sobald der Gegner in die Kosten verurteilt worden ist. Die Zahlungspflicht setzt erst wieder ein, wenn der Gegner erfolglos zur Zahlung aufgefordert worden ist. Das führt dazu, dass nach siegreichem Abschluss eines Rechtsstreits zunächst einmal der Rechtsschutzversicherer nicht in Anspruch genommen werden kann, bis feststeht, ob der Gegner zahlt. Den eigenen Mandanten in Anspruch zu nehmen wird kaum möglich sein. Denn der wird entgegnen, der RA hätte rechtzeitig Vorschuss von der Versicherung fordern können, jedenfalls wird er kein Verständnis dafür aufbringen, dass er mit den Kosten jetzt noch in Vorlage treten soll.[29]

XV. Insolvenzanfechtung

29 Bei insolvenzgefährdeten Mandanten ist zu beachten, dass nach dem BGH, soweit an einen RA Vorschusszahlungen in einer abgeschlossenen Angelegenheit erfolgen, für die bereits der Vergütungsanspruch fällig geworden ist, jedoch noch nicht geltend gemacht ist, die Leistungen inkongruent sind, auch handelt es sich dann, wenn ein RA Vorleistungen erbringt, die der inzwischen in der Krise befindliche Mandant mehr als 30 Tage später vergütet, nicht mehr um ein anfechtungsrechtlich privilegiertes Bargeschäft.[30] Allerdings kann auch bei Dauerschuldverhältnissen wie anwaltlichen Beratungen ein Bargeschäft vorliegen, erforderlich ist jedoch, dass Leistung und Gegenleistung zeitnah teil- bzw. abschnittsweise ausgetauscht werden; so liegt noch ein Bargeschäft vor, wenn zwischen dem Beginn der anwaltlichen Tätigkeit und der Erbringung der Gegenleistung nicht mehr als 30 Tage liegen oder wenn nur ein Vorschuss in

---

[25] Str., zum Streitstand *Hering* SVR 2012, 410.
[26] Sa *Ege* AnwBl 1979, 49.
[27] *Bergmann* VersR 1981, 520.
[28] *Bergmann* VersR 1981, 520.
[29] AG Stuttgart AGS 2007, 78 mAnm *N. Schneider.*
[30] BGH NJW 2006, 2701.

der Höhe geltend gemacht wird, der die wertäquivalente Vergütung für die nächsten 30 Tage darstellt.[31]

§ 10 Berechnung

(1) [1]**Der Rechtsanwalt kann die Vergütung nur aufgrund einer von ihm unterzeichneten und dem Auftraggeber mitgeteilten Berechnung einfordern.** [2]**Der Lauf der Verjährungsfrist ist von der Mitteilung der Berechnung nicht abhängig.**

(2) [1]**In der Berechnung sind die Beträge der einzelnen Gebühren und Auslagen, Vorschüsse, eine kurze Bezeichnung des jeweiligen Gebührentatbestands, die Bezeichnung der Auslagen sowie die angewandten Nummern des Vergütungsverzeichnisses und bei Gebühren, die nach dem Gegenstandswert berechnet sind, auch dieser anzugeben.** [2]**Bei Entgelten für Post- und Telekommunikationsdienstleistungen genügt die Angabe des Gesamtbetrags.**

(3) **Hat der Auftraggeber die Vergütung gezahlt, ohne die Berechnung erhalten zu haben, kann er die Mitteilung der Berechnung noch fordern, solange der Rechtsanwalt zur Aufbewahrung der Handakten verpflichtet ist.**

Schrifttum: *Burhoff,* Anforderungen an die Berechnung nach § 10 RVG, RVG prof. 2012, 152; *Enders,* Ist eine elektronische Übermittlung der anwaltlichen Vergütungsberechnung an den Mandanten ausreichend, JurBüro 2012, 449; *Fischer-Dorp,* Kann der anwaltliche Zessionar einer Anwaltsvergütung deren Berechnung gültig unterzeichnen?, AnwBl 1991, 89; *Hansens,* Neue Formerfordernisse für anwaltliche Kostenberechnungen – Praktische Auswirkungen des Steueränderungsgesetzes 2003, RVGreport 2004, 43; *Hansens,* Inhalt der Kostenrechnung nach § 10 RVG, RVGreport 2004, 65; *Hansens,* Die Kosten des Terminsvertreters im Kostenfestsetzungsverfahren, AnwBl 2011, 760; *Hansens,* Mitteilung der Kostenberechnung als Voraussetzung für die Vergütungsfestsetzung gem. § 11 RVG, RVGreport 2012, 47; *Hansens,* Die Durchsetzung des anwaltlichen Vergütungsanspruchs, RVGreport 2015, 88; *Hauskötter,* Diese Angaben müssen Ihre Rechnungen enthalten, RVG prof. 2004, 70; *Kallenbach,* Nachliquidation bei Rahmengebühren, DAR 2008, 729; *Kümmelmann,* Bindung des Anwalts an eine absichtlich zu niedrig gehaltene Kostenrechnung, die der Mandant beanstandet?, AnwBl 1980, 451; *Meyer,* Zur Frage der ordnungsgemäßen Abrechnung von Gebührenvorschüssen auf Honorarforderungen des Rechtsanwalts, JurBüro 2009, 633; *Ribbrock,* Die Rechnungsstellung zwischen Haupt- und Unterbevollmächtigtem, AnwBl. 2008, 184; *J. Schneider,* Neue und höhere Anforderungen an die Rechnungsstellung, AGS 2004, 39; *N. Schneider,* Anforderung an eine ordnungsgemäße Abrechnung nach dem RVG, AnwBl 2004, 510; *N. Schneider,* Fälle zur Umsatzsteuer in Übergangsfällen, AGS 2007, 110; *N. Schneider,* Anforderungen an eine ordnungsgemäße Abrechnung der anwaltlichen Vergütung, RVGreport 2012, 322; *Sterzinger,* Notwendiger Inhalt einer Rechnung nach dem UStG, NJW 2009, 1127.

Übersicht

[31] BGH NJW 2006, 2701 mAnm *Riggert* FD-InsR 2006, 187438; Bischof/Bischof/*Klüsener* RVG § 9 Rn. 43.

I. Allgemeines

1 Mit der ersten Tätigkeit nach Übernahme des Auftrags **entsteht** der Vergütungsanspruch des RA. Mit Abschluss des Anwaltsvertrags erhält der RA ferner das Recht, Vorschuss zu fordern (§ 9 RVG). **Fällig** wird die Vergütung, wenn eines der Tatbestandsmerkmale des § 8 RVG erfüllt ist, also entweder der Auftrag erledigt oder die Angelegenheit beendigt ist (wegen der Einzelheiten s. die Komm. bei § 8 RVG). § 10 RVG bestimmt, dass der RA die entstandene und fällige Vergütung nur **einfordern** kann, wenn er dem Auftraggeber eine Berechnung seiner Vergütung übermittelt hat.[1] Der Lauf der Verjährungsfrist ist von der Mitteilung der Berechnung nach Abs. 1 S. 2 jedoch nicht abhängig.[2]

2 Die **Anforderungen** an eine ordnungsgemäße Abrechnung/Berechnung ergeben sich aus Abs. 2.[3]

II. Anwendungsbereich

3 Die Vorschrift findet nur dann Anwendung, wenn der RA eine nach dem **RVG** berechnete **Vergütung** einfordert,[4] also zB auch in den Fällen der § 34 RVG,[5] wie zB der Mediation (vgl. § 34 Abs. 1 S. 1 RVG), nicht aber bei den in § 1 Abs. 2 RVG genannten Tätigkeiten. Abs. 1 spricht von der Vergütung. Das sind nach der Legaldefinition des § 1 Abs. 1 S. 1 RVG „Gebühren und Auslagen". Werden Leistungen abgerechnet, die nicht nach dem RVG vergütet werden, ist eine Berechnung nach § 10 RVG nicht erforderlich.[6] Das gilt zB für Auslagen, die nicht nach dem RVG abgerechnet werden; die können formlos abgerechnet werden.[7] Die Vorschrift gilt aber auch für Vergütungsvereinbarungen,[8] es sei denn aus dieser ergibt sich etwas anderes.[9]

Die Anforderung eines **Vorschusses** nach § 9 RVG ist von der Mitteilung einer Berechnung nach § 10 RVG nicht abhängig.[10] Es dürfte sich aber empfehlen, den vorschussweise angeforderten Betrag so weit aufzuschlüsseln, dass der Auftraggeber die Berechtigung der Anforderung erkennen bzw. nachprüfen kann. Auch der **Rechtsschutzversicherer** kann eine den Anforderungen des § 10 RVG entsprechende Berechnung nicht verlangen, denn er ist nicht Auftraggeber.[11]

Die **Bestimmung** der **Rahmengebühr** nach § 14 RVG unterliegt nicht den in § 10 RVG für eine ordnungsgemäße Rechnung aufgestellten Formerfordernissen. Sie können daher einem gegenüber dem Mandanten durch anderweitige, außerhalb einer förmlichen Rechnungstellung erfolgte rechtserhebliche Erklärung gesetzten Vertrauenstatbestand nicht entgegenstehen.[12] Sie muss weder in einer ordnungsgemäßen Rechnung noch gleichzeitig mit dieser erfolgen, sondern kann ebenso im Wege einer gesonderten einseitigen, empfangsbedürftigen, auch stillschweigenden Willenserklärung vorgenommen werden.

Auch im **Kostenfestsetzungsverfahren** nach den §§ 103, 104 ZPO gilt § 10 RVG nicht.[13] Etwas anderes gilt für den Antrag auf Festsetzung von Terminsvertreterkosten. Dem muss eine auf den Namen des Auftraggebers ausgestellte Berechnung beigefügt werden.[14] Für **materiell-**

---

1 OLG Koblenz MDR 2011, 576 = NJW-RR 2011, 1205 = JurBüro 2011, 367 (Ls.).

2 Zur Verjährung → Rn. 36 f.

3 → Rn. 5; AG Remscheid AGS 2015, 219.

4 Schneider/Wolf/*N. Schneider* RVG § 10 Rn. 5; AG Remscheid AGS 2015, 219.

5 AG Remscheid RVGreport 2015, 298 = AGS 2015, 219 = RVG prof. 2015, 131.

6 Mayer/Kroiß/*Mayer* RVG § 10 Rn. 4.

7 Schneider/Wolf/*N. Schneider* RVG § 10 Rn. 8, *Burhoff* RVG prof. 2012, 152.

8 → Rn. 26; Schneider/Wolf/*N. Schneider* RVG § 10 Rn. 65 ff.; Burhoff/Volpert/*Burhoff* RVG Teil A Rn. 531; einschr. *Hartmann* RVG § 10 Rn. 1 für Festhonorare; inzidenter BGH NJW 2011, 63 = StV 2011, 234 = AGS 2011, 9 mAnm *Schons* = StRR 2011, 161 mAnm *Lübbersmann;* OLG Frankfurt a. M. AnwBl 2011, 300.

9 Schneider/Wolf/*N. Schneider* RVG § 10 Rn. 65 ff.; zur Abdingbarkeit Mayer/Kroiß/*Mayer* RVG § 10 Rn. 4; *Mertens/Stuff/Mück,* Verteidigervergütung, 2. Aufl. 2016, Rn. 715.

10 AA AG München AGS 2006, 588 mablAnm *N. Schneider;* wie hier Schneider/Wolf/*N. Schneider* RVG § 10 Rn. 9; Burhoff/Volpert/*Burhoff* RVG Teil A Rn. 532; Hartung/Schons/Enders/*Enders* RVG § 10 Rn. 5; *Meyer* JurBüro 2009, 633; *N. Schneider* RVGreport 2012, 322; *Burhoff* RVG prof. 2012, 152.

11 Schneider/Wolf/*N. Schneider* RVG § 10 Rn. 12.

12 OLG Frankfurt a. M. Urt. v. 7.2.2020 – 27 U 1/16 , BeckRS 2020, 1728.

13 OLG Brandenburg AnwBl 2001, 306; Schneider/Wolf/*N. Schneider* RVG § 10 Rn. 11.

14 BGH AGS 2011, 568 = AnwBl 2011, 787 = RVGreport 2011, 389 = RVG prof. 2012, 39; *Hansens* AnwBl 2011, 760.

rechtliche Kostenerstattungsansprüche gilt § 10 RVG ebenfalls nicht.[15] Auf den durch § 45 Abs. 3 S. 1 RVG begründeten öffentlich-rechtlichen Vergütungsanspruch des bestellten oder beigeordneten RA gegen die Staatskasse ist die Bestimmung schließlich ebenfalls nicht anwendbar.[16]

III. Begriff des Einforderns

Einfordern ist **jedes Geltendmachen** des Anspruchs, also schon die Aufforderung zur Zahlung, weiter die Mahnung, ferner die Aufrechnung[17] oder die Zurückbehaltung gegenüber einem Geldanspruch und schließlich das gerichtliche Geltendmachen des Anspruchs mittels Klage oder im Wege des Mahnverfahrens.[18] Auch die Geltendmachung der Gebührenforderung im Vergütungsfestsetzungsverfahren nach § 11 RVG ist „einfordern" iSd § 10 RVG.[19] Um ein „Einfordern nach § 10 RVG handelt es sich aber nicht, wenn der Geschädigte eines Verkehrsunfalls die Erstattung vorgerichtlicher Anwaltskosten verlangt. Dann kommt es für die Fälligkeit des Anspruchs auf eine ordnungsgemäße Rechnungsstellung durch den beauftragten RA nicht an.[20] 4

Voraussetzung des Einforderns ist die **Fälligkeit.** Vorher kann der RA nur einen Vorschuss verlangen. Daher ist die Übersendung einer Berechnung vor Fälligkeit idR als Forderung eines Vorschusses aufzufassen. Mit Fälligkeit der Vergütung des RA gem. § 8 Abs. 1 RVG kann ein Vorschuss nach § 9 RVG jedoch nicht mehr verlangt werden, vielmehr muss der RA dann nach § 10 RVG abrechnen.[21] Einen erhaltenen Vorschuss muss der RA abrechnen.[22]

Der **Antrag** auf **Festsetzung** des **Streitwertes** oder des Gegenstandswertes gem. § 33 RVG stellt sich nicht als Einfordern dar. Insoweit handelt es sich um bloße Vorbereitungshandlungen.[23]

IV. Mitteilung der Berechnung

Die Mitteilung der Berechnung muss **schriftlich** erfolgen (§ 126 BGB).[24] Sie ist Voraussetzung für die Zulässigkeit des Einforderns, nicht aber Voraussetzung des Anspruchs. Der RA ist nicht nur berechtigt, eine Berechnung mitzuteilen. Er ist darüber hinaus zur Mitteilung der Berechnung nach Fälligkeit (§ 8 RVG) seiner Vergütung verpflichtet, wenn er von dem Auftraggeber oder einem Dritten Vorschüsse erhalten hat. Der Auftraggeber hat einen Rechtsanspruch darauf, dass seine geleisteten Vorschüsse abgerechnet werden. 5

Die Berechnung muss nicht auf einem gesonderten Rechnungsblatt erstellt werden. Sie kann sich auch in einem Anschreiben an den Mandanten befinden[25] oder in einem zur Erläuterung beigefügten/übersandten Vermerk.[26] Sie kann auch in einem vom RA unterzeichneten **prozessualen Schriftsatz** enthalten sein, zB, wenn die gesetzliche Vergütung hilfsweise im Vergütungsprozess geltend gemacht wird.[27] 6

Grds. wird die Berechnung dem Mandanten im **Original** zugegangen sein müssen (§ 130 BGB). Daher wird davon ausgegangen, dass die Übersendung per Telefax nicht ausreichend 7

---

[15] OLG München AGS 2006, 540 = RVGreport 2006, 467; LG Berlin ZMR 2010, 527; LG Hagen AGS 2012, 593 = RVGreport 2012, 353 mAnm *Hansens;* für das SGG-Verfahren BSG ZfS 2015, 346 = AGS 2015, 356 = RVGreport 2015, 222 mwN; SG Berlin BeckRS 2016, 66397; *N. Schneider* RVGreport 2012, 322; Hartung/Schons/Enders/*Enders* RVG § 10 Rn. 49 f.; aA LG Bonn AGS 2008, 19 mablAnm *N. Schneider;* wohl auch LSG NRW BeckRS 2012, 68942.

[16] KG AGS 2014, 405 = NStZ-RR 2014, 328 = JurBüro 2015, 25 = ZfS 2014, 408 = RVGreport 2014, 391 = StRR 2014, 267; OLG Brandenburg AnwBl 2001, 306.

[17] OLG Koblenz MDR 2011, 576 = NJW-RR 2011, 1205 = JurBüro 2011, 367 (Ls.); LG Wuppertal AGS 2013, 381 = NJOZ 2014, 1143.

[18] BGH AnwBl 1985, 257; → Rn. 30.

[19] *Hansens* RVGreport 2012, 47 (49).

[20] OLG Saarbrücken VRS 138, 305 = NJW-Spezial 2020, 668.

[21] AG Berlin-Lichtenberg AGS 2013, 274 = RVGreport 2013, 306 = RVG prof. 2013, 77.

[22] BGH NJW 2019, 1458 = AGS 2019, 170 = MDR 2019. 637 = ZfS 2019, 343 = RVGreport 2019, 208 = FamRZ 2019, 1019 (Ls.); LG Karlsruhe AGS 2012, 322 = JurBüro 2012, 484, Treuwidrigkeit der Verjährungseinrede des RA, wenn er trotz Aufforderung des Mandanten einen Vorschuss nicht abrechnet.

[23] *Hartmann*/Touissant RVG § 10 Rn. 3.

[24] → Rn. 11.

[25] Mayer/Kroiß/*Mayer* RVG § 10 Rn. 11; Schneider/Wolf/*N. Schneider* RVG § 10 Rn. 14.

[26] OLG Schleswig AGS 2012, 381 = RVGreport 2012, 338 mAnm *Hansens.*

[27] BGH NJW 2002, 2774 f.; OLG Düsseldorf MDR 2000, 420; AGS 2009, 14 = MDR 2009, 654; 2011, 366 (370) = MDR 2011, 760; Schneider/Wolf/*N. Schneider* RVG § 10 Rn. 84.

sein soll.[28] Fraglich ist, ob eine **elektronische Übermittlung** der Berechnung in der Form ausreicht, dass der RA die Berechnung unterzeichnet, diese eingescannt und dem Mandanten dann per E-Mail als PDF-Datei übermittelt wird. Diese Form der Mitteilung wird in der Lit.[29] nur unter den Voraussetzungen des § 126a BGB als zulässig angesehen. *N. Schneider*[30] will die elektronische Versendung offenbar unter Hinweis auf § 14 Abs. 1 S. 7 UStG und in dem in der Zustimmung des Mandanten liegenden Verzicht auf die Formalien des § 10 RVG als zulässig ansehen. Jedenfalls sollte der RA, wenn er eine elektronische Übersendung mit dem Mandanten ohne die Voraussetzungen des § 126a BGB vereinbart, außerdem vereinbaren, dass dieser sich später nicht darauf berufen kann, dass die Vergütung nicht einforderbar sei, weil die Voraussetzungen des § 10 Abs. 1 RVG nicht erfüllt sind.[31]

V. Mitteilung an Auftraggeber

8 Die **Berechnung** ist nur dem **Auftraggeber** zu übermitteln, nicht auch dritten Personen, die für den Auftraggeber Zahlungen geleistet haben. Der Auftraggeber kann jedoch fordern, dass die Berechnung nicht ihm, sondern einem Dritten (etwa der Rechtsschutzversicherung) mitgeteilt wird. Im Fall der **Abtretung** kann diese ihre volle Wirkung erst dann entfalten, wenn und sobald alle Voraussetzungen für die Entstehung der Forderung in der Person des Veräußerers erfüllt sind. Das bedeutet, dass erst dann, wenn in der Person des Auftraggebers die Voraussetzung einer unterzeichneten Vergütungsrechnung des RA vorliegt, die erfolgte Abtretung ihre Wirkung entfalten kann. Ohne Erstellung einer Gebührenrechnung gegenüber dem Auftraggeber braucht dieser nicht zu zahlen.[32]

9 Bei einer **Mehrheit** von **Auftraggebern** ist nicht erforderlich, dass die Abrechnung gegenüber allen Auftraggebern erfolgt. Ausreichend und erforderlich ist es aber, diese einzeln in der Rechnung aufzuführen.[33] Grds. muss und sollte der RA für jeden Auftraggeber eine eigene Rechnung erstellen und in einem Begleitschreiben darauf hinweisen, wie sich die Gesamtvergütung berechnet, wie hoch der Anteil ist, der auf den einzelnen entfällt, und schließlich der Hinweis, dass nach § 7 Abs. 2 S. 1 RVG jeder Auftraggeber für den Gesamtbetrag haftet.[34] Wird die Rechnung von den Auftraggebern ggf. aus einem gemeinsamen Vermögen gezahlt, wie es zB bei der BGB-Gesellschaft der Fall ist, soll es ausreichen, wenn eine Gesamtrechnung erstellt wird.[35]

10 Übersendet der RA, zB nach mündlich erteiltem Rat, dem Auftraggeber seine Kostenrechnung, so kann er für die Übersendung **keine Postgebühren** fordern, wie VV 7001 RVG ausdrücklich bestimmt.[36] Das gilt auch, wenn er auf Weisung des Auftraggebers die Rechnung der Rechtsschutzversicherung übersendet. Es handelt sich um allgemeine Geschäftskosten iSv VV Vorb. 7 Abs. 1 RVG.

VI. Form der Berechnung (Abs. 1)

11 Die Form der Berechnung ergibt sich aus Abs. 1. Die Berechnung muss **schriftlich** erfolgen (§ 126 BGB) und von dem RA oder seinem allgemeinen Vertreter unterzeichnet sein. Mit der Unterzeichnung übernimmt der RA die rechtliche Verantwortung. Das Stempeln mit einem Faksimilestempel reicht nicht aus.[37] Die handschriftliche Unterschrift kann nur durch elektronische Formen gem. § 126 Abs. 3 BGB und § 126a BGB ersetzt werden.[38] IÜ gelten hinsichtlich der Anforderungen an die „Unterschrift" des RA die allgemeinen Regeln zu § 126

---

[28] Schneider/Wolf/*N. Schneider* RVG § 10 Rn. 81 mwN.

[29] *Enders* JurBüro 2012, 449 f.

[30] RVGreport 2012, 322 (323).

[31] *Enders* JurBüro 2012, 449 f.; *N. Schneider* RVGreport 2012, 332 (323).

[32] *Hartmann*/Toussaint RVG § 10 Rn. 5, 21; LAG Hessen BB 2017, 1908 = FA 2017, 285.

[33] LG Mannheim AGS 2012, 324 mAnm *N. Schneider* AGS 2012, 326 = ErbR 2012, 244 = RVG prof. 2012, 149 für Vertretung mehrerer Auftraggeber im Erbscheinverfahren; AG Kerpen AGS 2014, 375 = ZfS 2014, 588 für mehrere Eigentümer einer WEG-Gemeinschaft.

[34] Schneider/Wolf/*N. Schneider* RVG § 10 Rn. 19; LG Mannheim aaO; AG Kerpen AGS 2014, 375 = ZfS 2014, 588.

[35] Schneider/Wolf/*N. Schneider* RVG § 10 Rn. 19.

[36] AG Nürtingen AGS 1998, 116 mzustAnm *Madert*.

[37] *Hartmann*/Toussaint RVG § 10 Rn. 10, 11; Mayer/Kroiß/*Mayer* RVG § 10 Rn. 10; Riedel/Sußbauer/*Ahlmann* RVG § 10 Rn. 13; *Hansens* RVGreport 2015, 88 (89); OLG Hamburg AnwBl 1970, 233.

[38] → Rn. 5.

BGB.[39] Die Unterschrift muss nicht lesbar sein, es darf sich aber auch nicht nur um eine Paraphe, ein Handzeichen oder eine sonstige Abkürzung des Familiennamens des RA handeln.[40] Insoweit wird die Rspr. zu den Anforderungen an eine Unterschrift bei prozessbestimmenden Schriftsätzen (§§ 129, 130 Nr. 6 ZPO) herangezogen.[41]

Bei einer **Sozietät** genügt auch die Unterschrift eines RA der Sozietät, der die Sache nicht bearbeitet hat.[42] Ausreichend ist die Unterschrift des Praxisnachfolgers[43] oder im Fall des Verlustes der Zulassung die Unterschrift des vom RA beauftragten Prozessbevollmächtigten.[44] Entsprechendes gilt für die Unterzeichnung der Berechnung durch den Prozessbevollmächtigten des Alleinerben eines verstorbenen RA.[45] Nach Auffassung der Rspr. lässt die **Abtretung** einer Vergütungsforderung nach § 49b Abs. 3 BRAO das nicht abdingbare Erfordernis einer von dem beauftragten RA unterzeichneten und dem Auftraggeber mitgeteilten Berechnung nach § 10 Abs. 1 RVG unberührt.[46] **12**

Die Unterzeichnung durch den **Bürovorsteher** reicht ebenso wenig aus wie die Berechnung eines „Kostenfachmannes“[47] oder einer sonst nicht in § 5 genannten Person.[48]

Übermittelt der RA jedoch diese Berechnung seinem Auftraggeber und geht aus dem Begleitschreiben hervor, dass er dem Auftraggeber gegenüber die Verantwortung für die Berechnung übernehmen will und er sie sich zu Eigen macht, so ist den Erfordernissen des § 10 RVG genügt.[49]

VII. Inhalt der Berechnung

1. Anforderungen nach dem RVG (Abs. 2)

Der **(zwingende)** Inhalt der Berechnung ergibt sich aus Abs. 2. Die Berechnung muss danach **enthalten:**[50] **13**

Die **Beträge** der einzelnen Gebühren und Auslagen sowie Vorschüsse,[51] eine kurze Bezeichnung des jeweiligen Gebührentatbestandes, und zwar auch, wenn eine Gebühr nach § 34 abgerechnet wird,[52] die Bezeichnungen der Auslagen sowie die angewandten Nummern des VV. Als kurze Bezeichnung des jeweiligen Gebührentatbestandes genügt die Angabe zB Verfahrensgebühr, Terminsgebühr, Geschäftsgebühr, Einigungsgebühr usw.[53] Die Beträge der Gebühren und Auslagen werden in Euro angegeben, ebenso die gezahlten Vorschüsse. Bei Vorschüssen **14**

---

[39] OLG Düsseldorf RVGreport 2012, 337 mAnm *Hansens* = ZfS 2012, 527 = JurBüro 2012, 586 = AGS 2012, 513 = RVG prof. 2012, 150.

[40] OLG Düsseldorf RVGreport 2012, 337 mAnm *Hansens* = ZfS 2012, 527 = JurBüro 2012, 586 = AGS 2012, 513 = RVG prof. 2012, 150.

[41] OLG Düsseldorf RVGreport 2012, 337 mAnm *Hansens* = ZfS 2012, 527 = JurBüro 2012, 586 = AGS 2012, 513 = RVG prof. 2012, 150 mwN aus der Rspr. des BGH; vgl. ua BGH NJW 2013, 1966 = JurBüro 2013, 501 = VRR 2013, 381, für Anforderung an Rechtsmittelunterzeichnung; BGH NJW-RR 2017, 445 = MDR 2017, 227 = FamRZ 2017, 462; BGH MDR 2020, 305 = FamRZ 2020, 435; vgl. auch noch OLG Hamm NStZ-RR 2013, 276 (Ls.), wonach ggf. auch (nur/erst) die Verwendung des Doktortitels einem Schriftbild die charakteristischen Merkmale einer Unterschrift verleihen kann, und OLG Brandenburg Beschl. v. 27.12.2019 – (1 B) 53 Ss-OWi 675/19 (398/19), BeckRS 2019, 33862.

[42] BGH NJW-RR 2004, 1144.

[43] *N. Schneider* RVGreport 2012, 322 (325); *Fischer-Dorp* AnwBl 1991, 89; *Hansens* RVGreport 2012, 339 in der Anm. zu OLG Düsseldorf RVGreport 2012, 337 = ZfS 2012, 527 = JurBüro 2012, 586 = AGS 2012, 513 = RVG prof. 2012, 150; aA AG Waiblingen AnwBl 1989, 400 sowie die krit. Anm. von *Herget* KostRspr BRAGO § 118 Nr. 6; sowie *Fischer-Dorp* AnwBl 1991, 89; AG Waiblingen AnwBl 1991, 55 mAnm *Madert,* zur Frage, wer bei Übernahme einer Praxis die Berechnung unterschreiben muss.

[44] *Hansens* RVGreport 2012, 339; OLG Düsseldorf MDR 2000, 360.

[45] OLG Schleswig AGS 2012, 381 = RVGreport 2012, 338 mAnm *Hansens.*

[46] LAG Hamm AGS 2016, 381; AG Berlin-Lichtenberg AGS 2013, 274 = RVGreport 2013, 306 = RVG prof. 2013, 77.

[47] *Hartmann* RVG § 10 Rn. 16; aA OLG München MDR 1962, 63.

[48] *Enders* JurBüro 2012, 449.

[49] AG Gießen AnwBl 1967, 443, wonach es für die erforderliche „Mitteilung“ der Berechnung der Anwaltsgebühren genügt, dass der RA seinem Mandanten einen Durchschlag seines Schreibens an den Rechtsschutzversicherer des Mandanten zur Kenntnisnahme übersendet, aus dem sich diese Berechnung ergibt.

[50] Schneider/Wolf/*N. Schneider* RVG § 10 Rn. 21 ff.; Hartung/Schons/Enders/*Enders* RVG § 10 Rn. 13 ff. mit „Checkliste“; *N. Schneider* RVGreport 2012, 322 ff.; *Hansens* RVGreport 2015, 88 (90); *Burhoff* RVG prof. 2012, 152 (154).

[51] *Meyer* JurBüro 2009, 634.

[52] AG Remscheid RVGreport 2015, 298 = AGS 2015, 219 = RVG prof. 2015, 131.

[53] Burhoff/Volpert RVG/*Burhoff* Teil A Rn. 539 f.

empfiehlt es sich, die Nettobeträge von der Nettovergütung abzuziehen und erst dann die Umsatzsteuer auszuweisen.[54]

15 Bei Gebühren, die nach dem **Gegenstandswert** berechnet werden, muss auch dieser angegeben werden. Die Vorschriften, aus denen sich dieser Wert ergibt, müssen jedoch nicht aufgeführt werden; es wird jedoch sinnvoll sein, dem Auftraggeber die Wertberechnung in der Rechnung oder in einem Anschreiben zu erläutern. Ist der Gegenstandswert für alle nachfolgend in der Berechnung aufgeführten Gebühren gleich, genügt es eingangs zB anzugeben: Gegenstandswert 5.000,– EUR. Sind für vereinzelte Gebühren nur Teilwerte oder geringere Werte maßgebend, muss der jeweilige Wert bei der jeweiligen Nummer des VV angegeben werden.

16 Strittig ist, ob auch die **Angelegenheit** angegeben werden muss, in der abgerechnet wird.[55] Die Frage dürfte sich in der Praxis dadurch erledigen, dass entweder das Computerprogramm die Angelegenheit, in der die Berechnung erstellt wird, angibt bzw. iÜ der RA in seiner Mitteilung auf die Angelegenheit Bezug nehmen wird.

17 Die angewandten **Nummern** des **Vergütungsverzeichnisses** sind anzugeben. Soweit eine Nummer mehrere Gebührentatbestände enthält (zB VV 2302, 3101, 4102, 4141 RVG usw) müssen auch die Absätze, die Sätze und Nummern angegeben, weil sonst nicht erkennbar ist, von welcher Gebühr der RA ausgeht. Auch ist die Vorbemerkung anzugeben, wenn nur aus der Vorbemerkung erkennbar ist, warum eine Gebühr nach dem Vergütungsverzeichnis angefallen ist, zB bei der Beistandsleistung für einen Zeugen „Vorb. 3 Abs. 1" oder „Vorb. 4 Abs. 1" in Kombination mit der jeweils abrechneten Nummer des Vergütungsverzeichnisses. Die unrichtige Angabe einer Gebührenvorschrift beeinträchtigt nicht die formelle Gültigkeit der Berechnung.[56]

18 Nach § 2 Abs. 2 RVG bestimmt sich die Höhe der Vergütung nach dem VV als Anlage zum RVG. Genau genommen müsste immer angegeben werden „§ 2 Abs. 1 S. 1 RVG in Verb. m. VV …" Das Weglassen dieser umständlichen und ständigen Zitierung von § 2 RVG macht die Mitteilung der Berechnung nicht unwirksam. **Zulässig** ist es, dass eingangs der Rechnung (zusammenfassend) vermerkt wird: Berechnet nach den Vorschriften des RVG und des VV.[57]

Beispiel:

Streitwert: 1.250,– EUR

1,3 Verfahrensgebühr VV 3100 RVG	… … EUR
1,2 Terminsgebühr VV 3104 RVG	… … EUR
1,0 Einigungsgebühr VV 1003 RVG	… … EUR
Sodann hat der RA die Auslagen anzugeben, und zwar mit Einzelbeträgen:	
Schreibauslagen VV 7000 Nr. 1 RVG … Stück	… … EUR
Pauschale VV 7002 RVG	… … EUR
Reisekosten zur Besprechung vom 25.3.21…	
120 km Kraftwagen VV 7003 RVG (0,42 EUR je km)	… … EUR
Tage- und Abwesenheitsgeld	
(über vier Stunden) VV 7005 Nr. 2 RVG	… … EUR
Summe	… … EUR
MwSt VV 7008 RVG	… … EUR
Gesamtsumme	… … EUR
Gerichtskostenvorschuss vom 1.2.21…	… … EUR
Auslagenvorschuss für Zeugen vom 17.4.21…	… … EUR
Zwischensumme	
Schließlich sind die erhaltenen Vorschüsse	
einzeln oder zusammengefasst anzugeben:	
Vorschuss 25.1.21…	… … EUR
25.3.21…	… … EUR
noch zu zahlen	… … EUR

19 Fordert der RA statt der Pauschale der VV 7002 RVG die **tatsächlichen Auslagen** für Post- und Telekommunikationsdienstleistungen, genügt die Angabe des Gesamtbetrages, etwa

[54] *Hansens* RVGreport 2004, 65.

[55] Bejaht von Schneider/Wolf/*N. Schneider* RVG § 10 Rn. 20; wohl auch *Meyer* JurBüro 2009, 634; OLG Düsseldorf FamRZ 2009, 2029 = MDR 2009, 1420 mwN; verneint von *Hansens* RVGreport 2004, 65; offen gelassen Mayer/Kroiß/*Mayer* RVG § 10 Rn. 17.

[56] OLG Düsseldorf AGS 2008, 432; 2008, 536; OLG Hamburg AnwBl 1970, 233; Burhoff/Volpert RVG/*Burhoff* Teil A Rn. 534 mwN; → Rn. 14.

[57] So auch Schneider/Wolf/*N. Schneider* RVG § 10 Rn. 34.

„Entgelte für Post- und Telekommunikationsdienstleistungen, VV 7001" 22,15 EUR. Verlangt der Auftraggeber jedoch eine Aufschlüsselung, sind die Beträge einzeln anzugeben und ihre Entstehung nachzuweisen.

Bei **Rahmengebühren** reicht es nach § 10 RVG grds. aus, lediglich den Endbetrag anzugeben. Damit kann der Auftraggeber idR jedoch wenig anfangen. Bei Satzrahmengebühren sollte daher der angewandte Gebührensatz in der Rechnung angeführt werden. Berechnet der RA eine Gebühr, die über der Mittelgebühr liegt, sollte der Gebührensatz, ggf. in einem Anschreiben, kurz begründet werden.[58] So kann er – vor allem beim Schriftwechsel mit Rechtsschutzversicherungen – Nachfragen oder Kürzungen seines Honorars vermeiden. 20

Beispiele:
Gegenstandswert: 2.500,– EUR
1,5-Geschäftsgebühr VV 2300 RVG …… EUR
oder
Beispiel **Strafsache:**
Grundgebühr VV 4101 RVG …… EUR
Verfahrensgebühr VV 4107 RVG …… EUR
Terminsgebühr VV 4109 RVG …… EUR
Sodann Auslagen und Vorschüsse wie oben.

Angaben zum Vorschuss: Der RA muss in der Berechnung angeben, ob, wann, von wem und in welcher Höhe er Vorschuss erhalten hat; er sollte die Vorschusszahlungen nach dem Nettobetrag und darin enthaltener MwSt aufschlüsseln.[59] 21

2. Steuerliche Anforderungen an die Rechnung

Durch das Zweite Gesetz zur Änderung steuerlicher Vorschriften[60] sind zum 1.1.2004 die nach dem **UStG** zu beachtenden Anforderungen auch für die Erstellung von anwaltlichen Kostenberechnungen angehoben worden.[61] Diese gelten aber nur für **Rechnungen** an den Auftraggeber. Kostenfestsetzungsanträge, Aufforderungen an den Gegner auf Erstattung der Anwaltskosten als Schadensersatz und „Berechnungen" an die Rechtsschutzversicherung fallen darunter nicht.[62] In der Rechnung an einen vorsteuerabzugsberechtigten Leistungsempfänger/Auftraggeber müssen gem. § 14 UStG die folgenden Angaben enthalten sein:[63] der vollständige Name und die vollständige Anschrift des Leistungserbringers (Rechtsanwalt, Partnerschaftsgesellschaft, Sozietät, Rechtsanwaltsgesellschaft), der vollständige Name und die vollständige Anschrift des Leistungsempfängers, die Steuernummer des Leistungserbringers oder die diesem vom Bundesamt für Finanzen erteilte Umsatzsteuer-Identifikationsnummer, das Ausstellungsdatum der Rechnung, eine fortlaufende Nummer, die der Identifizierung der Rechnung dient und nur ein einziges Mal vom Rechnungsaussteller vergeben wird, Umfang und Art der sonstigen Leistungen, Zeitpunkt der sonstigen Leistungen, sofern dieser Zeitpunkt feststeht und nicht mit dem Ausstellungsdatum der Rechnung identisch ist, Zeitpunkt der Vereinnahmung des Entgelts oder eines Teils des Entgelts, wenn dieser in der Rechnung angerechnet wird, anzuwendender Steuersatz, Bemessungsgrundlage und Steuerbetrag, der Hinweis auf eine Steuerbefreiung, wenn eine solche besteht.[64] 22

VIII. Verzicht

Der Verzicht auf die Berechnung ist **zulässig.**[65] Es kann auch auf jedes einzelne Erfordernis der Berechnung verzichtet werden. Ein stillschweigender Verzicht kann in sofortiger Bezahlung 23

---

58 So auch Schneider/Wolf/*N. Schneider* RVG § 10 Rn. 30; aber OLG Düsseldorf JurBüro 2008, 437 (Ls.) = RVG prof. 2008, 185 zugleich auch zur Darlegungslast im Gebührenprozess.

59 *Meyer* JurBüro 2009, 634.

60 StÄndG 2003 v. 15.12.2003 (BGBl. 2003 I 2645).

61 Vgl. ua *Hansens* RVGreport 2004, 43; zum Recht auf Vorsteuerabzug für Anwaltsleistungen, die erbracht wurden, um strafrechtliche Sanktionen gegen den Geschäftsführer eines steuerpflichtigen Unternehmens abzuwenden, EuGH StraFo 2013, 218 = BFH IPR 13, 160; s. a. Vorlagebeschluss des BFH in DB 2012, 666 = BFH/NV 2012, 673.

62 Wegen weiterer Einzelheiten *Hansens* RVGreport 2004, 43 f.

63 *Sterzinger* NJW 2009, 1127.

64 Mayer/Kroiß/*Mayer* RVG § 10 Rn. 20 ff.; Schneider/Wolf/*N. Schneider* § 10 Rn. 118 ff.; Hartung/Schons/Enders/*Enders* RVG § 10 Rn. 31 ff.

65 Schneider/Wolf/*N. Schneider* RVG § 10 Rn. 87; → Rn. 7 betr. Übersendung der Berechnung in elektronischer Form.

liegen, zB bei Erteilung eines Rates. Die trotz Fehlens der Berechnung erfolgte Zahlung kann nicht zurückgefordert werden, wenn der Anspruch entstanden und fällig war. Wohl aber kann nach Abs. 3 die Berechnung noch nachträglich verlangt und im Klagewege erzwungen werden, solange der RA zur Aufbewahrung der Handakten verpflichtet ist.[66]

IX. Freiwillige Zahlungen/Freistellung

24 Der RA ist zwar vor Mitteilung der Berechnung gehindert, die Vergütung zu fordern. Der Auftraggeber kann aber auch **ohne Berechnung** freiwillig **zahlen.** Die Vorschusszahlung des Mandanten stellt idR keine freiwillige vorbehaltlose Leistung auf das vereinbarte Honorar dar.[67] Der Auftraggeber kann auch schon vor der Berechnung der Gebühren gegenüber einem Schädiger Freistellung von dieser Forderung verlangen kann. Denn der Befreiungsanspruch ergibt sich bereits aus der Schadensersatzpflicht und wird sofort fällig, auch wenn die Forderung, von der zu befreien ist, noch nicht fällig ist.[68]

X. Vereinbarte Vergütung

25 Bei der vereinbarten Vergütung ist eine Berechnung ebenfalls **erforderlich,** wenn der RA die Vergütung und die Auslagen fordert, sowie Vorschüsse abzurechnen hat.[69] Die erforderlichen Angaben ergeben sich aus der jeweiligen Vereinbarung. Insgesamt muss die Berechnung für den Mandanten **überprüfbar** sein.[70] Der BGH fordert für die Abrechnung eines vereinbarten Zeithonorars, dass zumindest die einzelnen Tage und die jeweilige Stundenzahl, die an den Tagen erbracht worden ist, angegeben werden.[71] Das OLG Düsseldorf[72] wendet § 10 Abs. 2 S. 1 RVG analog an und verlangt eine noch nähere Spezifizierung. Sind einzelne Punkte der Abrechnung einer vereinbarten Vergütung zu vage gehalten, kann das Gericht ggf. insoweit eine **Kürzung** vornehmen.[73] Allerdings sind nach Auffassung des OLG Düsseldorf[74] ungeklärte Bearbeitungszeiten nur dann Anlass, den gesamten aufgezeichneten Zeitaufwand anzuzweifeln, wenn wegen der Häufung von Unrichtigkeiten und Ungereimtheiten von betrügerischem Handeln des RA auszugehen ist.

26 Die Berechnung kann bei Vereinbarung eines **Festhonorars** einfach gestaltet werden, etwa:

Vergütung laut Vergütungsvereinbarung vom 20.1.21…		375,00 EUR
Pauschale VV 7002 RVG		20,00 EUR
		395,00 EUR
19 % MwSt VV 7008 RVG		75,05 EUR
zusammen:		470,05 EUR
abzgl. Vorschüsse		
1.2.21…	150,– EUR	
15.3.21…	150,– EUR	
		300,00 EUR
Restanspruch		170,05 EUR

27 **Zeithonorar.** Ist ein Zeithonorar auf Stundenbasis vereinbart, so muss die Berechnung nach § 10 RVG den Stundensatz, die Anzahl der Stunden und Leistungsnachweise, aus denen sich ergibt, wer welche Zeit für welche Tätigkeit aufgewendet hat, enthalten. Es ist (zumindest) **stichwortartig** in einer auch im Nachhinein verständlichen Weise niederzulegen, welche konkreten Tätigkeiten vom Verteidiger innerhalb eines bestimmten Zeitraums erbracht worden

[66] Vgl. § 50 Abs. 2 BRAO.

[67] OLG Düsseldorf AGS 2009, 14 = MDR 2009, 644.

[68] BGHZ 185, 310 = NJW 2010, 2197 = MDR 2010, 1100; LG Hagen AGS 2012, 593 = RVGreport 2012, 353; AG Kehl AGS 2012, 6; AG Rüsselsheim AGS 2012, 258; Palandt/*Grüneberg* BGB § 257 Rn. 1.

[69] Schneider/Wolf/*N. Schneider* RVG § 10 Rn. 65 ff.; Burhoff/Volpert RVG/*Burhoff* Teil A Rn. 531 f.; s. a. BGHZ 184, 209 = NJW 2010, 1384 = AGS 2010, 267 unter Ziff. B III 2a; BGH NJW 2011, 63 = MDR 2011, 73 = AGS 2011, 9 mAnm *Schons* = StRR 2011, 161 mAnm *Lübbersmann;* OLG Düsseldorf AGS 2010, 109 mAnm *Schons* AGS 2010, 118 = BRAK-Mitt. 10, 90 = FamRZ 2010, 1184; AGS 2011, 366 = MDR 2011, 760; LG Wuppertal AGS 2013, 381 = NJOZ 2013, 1143 für ein Pauschalhonorar für Auslagen.

[70] BGHZ 184, 209 (Fn. 66); OLG Frankfurt a. M. AnwBl 2011, 300.

[71] BGHZ 184, 209 (Fn. 66); s. a. OLG Düsseldorf AGS 2011, 366 = MDR 2011, 760.

[72] OLG Düsseldorf NJW 2012, 621 = AnwBl 2012, 372 = MDR 2012, 1068 = RVGreport 2012, 143.

[73] OLG Frankfurt a. M. AnwBl 2011, 300, das allerdings teilweise zu hohe Anforderungen stellt; OLG Düsseldorf NJW 2011, 3311 = AGS 2011, 578 = AnwBl 2011, 871 = RVGreport 2012, 23.

[74] OLG Düsseldorf NJW 2011, 3311 = AGS 2011, 578 = AnwBl 2011, 871 = RVGreport 2012, 23.

sind.[75] Nicht ausreichend ist, wenn einzelnen Tagen nicht die jeweilige Stundenanzahl zugeordnet wird, sondern lediglich die Gesamtzahl aller Stunden vermerkt wird und die jeweiligen Tage ohne weitere Spezifizierung aufgeführt werden.[76]

Bei einer **nicht voll wirksamen** Vergütungsvereinbarung ist zu unterscheiden:[77] Ist die Vergütungsvereinbarung vollends nichtig, schuldet der Auftraggeber nur die gesetzliche Vergütung mit der Folge, dass der RA nach den gesetzlichen Vorschriften abrechnen muss. Ist die Vergütungsvereinbarung hingegen nur aufgrund eines Formfehlers (§ 3a Abs. 1, 2 RVG) nicht einforderbar, ist streitig, ob der RA eine Berechnung nach § 10 RVG vorlegen muss. Das wird vom KG[78] bejaht, von *N. Schneider*[79] hingegen unter Hinweis darauf verneint, dass die Vergütungsvereinbarung in diesem Fall wirksam bleibt und der RA daher eine Berechnung nach § 10 RVG gar nicht vorlegen könne, da die gesetzliche Vergütung nicht vereinbart sei. **28**

XI. Einfordern ohne Berechnung

Einfordern ohne Berechnung verpflichtet den Auftraggeber **nicht** zur Zahlung.[80] Ebenso wenig kann er vor Erhalt der Berechnung durch Mahnung in Verzug geraten.[81] Fraglich ist, ob einzelne Mängel der Berechnung insgesamt zu ihrer Unwirksamkeit führen. Dafür spricht der Wortlaut von S. 1, weil dort kein „soweit" eingefügt ist.[82] Dagegen ist jedoch einzuwenden, dass Sinn und Zweck der gesetzlichen Regelung eine derart weit reichende Folge nicht erfordern.[83] Mithin ist für den Regelfall davon auszugehen, dass bei mehreren Rechnungspositionen nur diejenigen nicht klagbar sind, bei denen die Vorgaben von § 10 RVG nicht erfüllt worden sind.[84] **29**

Ohne Berechnung kann die Vergütung grds. auch nicht eingeklagt werden. Macht der RA seine Vergütung **gerichtlich** geltend, muss er daher in der Klage, dem Mahnbescheidsantrag oder dem Festsetzungsgesuch angeben, dass er eine Berechnung erstellt und sie dem Auftraggeber mitgeteilt hat.[85] Diese Vorgaben gelten auch für die RVG-Gebühren des Terminsvertreters im Kostenfestsetzungsverfahren. Diese werden nur auf Grund einer von ihm unterzeichneten Berechnung berücksichtigt.[86] Unterlässt er diese Angabe, ist sein Anspruch unschlüssig. Seine Klage muss abgewiesen werden bzw. sein Antrag zurückgewiesen werden. **30**

Die Berechnung kann jedoch in der Klage(-begründung)[87] oder im Vergütungsfestsetzungsantrag nach § 11 RVG[88] **nachgeholt** werden oder auch noch im Laufe des Verfahrens.[89] Der RA riskiert jedoch, dass ihm im Klageverfahren die Kosten gem. § 93 ZPO auferlegt werden.[90] Liegt nach Abschluss eines Mandats nur eine Vorschussrechnung vor, genügt es für die (nach-

---

[75] BGHZ 184, 209 = NJW 2010, 1384 = AGS 2010, 267.

[76] BGH NJW 2011, 63 = MDR 2011, 73 = AGS 2011, 9 mAnm *Schons* = MDR 2011, 73 mAnm *Lübbersmann;* darüber hinausgehend OLG Düsseldorf AGS 2010, 109, das eine noch weitere Auflistung nach einzelnen Tätigkeitsfeldern verlangt; vgl. auch die Fallgestaltung bei M. AnwBl 2011, 300.

[77] Wegen der Einzelheiten Schneider/Wolf/*N. Schneider* RVG § 10 Rn. 70 ff.

[78] KG AGS 2005, 492 mablAnm *N. Schneider.*

[79] Schneider/Wolf/*N. Schneider* RVG § 10 Rn. 73.

[80] Schneider/Wolf/*N. Schneider* RVG § 10 Rn. 89; zu allem *N. Schneider* RVGreport 2012, 322 (326); vgl. zB AG Kehl AGS 2012, 6.

[81] OLG Düsseldorf AGS 2008, 432 = RVG prof. 2009, 44; 2011, 366 (370) = MDR 2011, 760.

[82] So iErg wohl auch Hartmann/Toussaint/*Hartmann* RVG § 10 Rn. 21 „Sofern die Berechnung nicht allen Anforderungen … entspricht, braucht der Auftraggeber nicht zu zahlen".

[83] LG Wuppertal AGS 2013, 381 = NJOZ 2013, 1143, letztlich offen gelassen.

[84] LG Wuppertal AGS 2013, 381 = NJOZ 2013, 1143.

[85] *Hansens* RVGreport 2012, 47 (49) für die Vergütungsfestsetzung nach § 11.

[86] BGH AGS 2011, 568 = RVGreport 2011, 389 = ZfS 201, 582 = AnwBl 2011, 787 = JurBüro 2012, 29, wo der BGH allerdings die Frage, inwieweit die anwaltliche Versicherung des Haupt- und/oder Unterbevollmächtigten ausreicht, offen gelassen hat; vgl. zu den Kosten des Terminsvertreters im Kostenfestsetzungsverfahren und zur Rspr. des BGH krit. *Hansens* AnwBl 2011, 760; OLG Frankfurt a. M. RVGreport 2011, 390 = AGS 2012, 44.

[87] BGH AnwBl 1985, 257; NJW 1998, 3486; OLG Nürnberg JurBüro 1973, 956; OLG Düsseldorf AnwBl 1988, 252; LG Bochum AGS 2014, 60 = JurBüro 2013, 638.

[88] *Hansens* RVGreport 2012, 47 (49 f.); LG Bochum AGS 2014, 60 = JurBüro 2013, 638.

[89] OLG Düsseldorf AGS 2009, 14 = MDR 2009, 654 mwN; vgl. wegen der Einzelheiten Schneider/Wolf/*N. Schneider* RVG § 10 Rn. 91 ff.

[90] OLG Köln AGS 2000, 217 = MDR 2000, 910, für Steuerberater; OLG Düsseldorf KostRspr BRAGO § 18 Nr. 12 = MDR 2000, 420 = OLGR Düsseldorf 2000, 228, wonach es genügt, wenn der Prozessbevollmächtigte des klagenden Anwalts seiner Klageschrift eine nicht unterzeichnete Rechnungskopie als Anlage beifügt; die Unterzeichnung des Schriftsatzes und die darin enthaltene Bezugnahme auf die anliegende Kostenrechnung genügen der Formvorschrift des § 18; zur gerichtlichen Geltendmachung des Vergütungsanspruchs → § 1 Rn. 177 ff.

trägliche) Begründetheit einer Vergütungsklage des RA aber nicht, diese im Verfahren zur Berechnung nach § 10 RVG zu erklären.[91]

31 Entspricht die Berechnung nicht § 10 Abs. 2 RVG, braucht der Auftraggeber nicht zu zahlen und er gerät nicht in **Zahlungsverzug.**[92] Ihm steht dann auch ein Zurückbehaltungsrecht nicht zu,[93] auch kann er die Handakten nicht nach § 50 BRAO zurückhalten.[94] Es besteht auch keine **Aufrechnungslage.**[95]

Zahlt der Auftraggeber dennoch, kann er seine Zahlung nicht nach **§ 812** BGB zurückverlangen (§ 814 BGB), es sei denn, er hat unter Vorbehalt eine Abrechnung gezahlt.[96]

XII. Unrichtige Berechnung

32 Die inhaltlich unrichtige Berechnung oder die Angabe unrichtiger Bestimmungen beeinflusst die **Wirksamkeit** der Mitteilung der Berechnung **nicht,**[97] der RA kann die tatsächlich entstandene Vergütung einfordern, soweit sie die berechnete Vergütung nicht übersteigt. Der Auftraggeber ist aber nur zur Zahlung der wirklich entstandenen Gebühren und Auslagen verpflichtet.[98] Der RA kann eine unrichtige Berechnung nachträglich berichtigen, grds. auch übersehene Gebühren nachfordern.[99] Die richtigen Gebühren hat der Richter im Rechtsstreit oder der Rechtspfleger im Festsetzungsverfahren nach § 11 RVG zu überprüfen und unrichtige Berechnungen ggf. abzuändern.[100]

33 Etwas anderes gilt aber, wenn der RA hinsichtlich der Höhe der Gebühren bei **Rahmengebühren** gem. **§ 14** RVG sein Ermessen ausgeübt hat. Die Ausübung des Ermessens ist Bestimmung der Leistung durch eine Vertragspartei (RA) und erfolgt gem. § 315 Abs. 2 BGB durch Erklärung gegenüber dem anderen Teil (Auftraggeber). Die Bestimmung ist rechtsgestaltender Natur, ihre Abgabe somit Ausübung des Gestaltungsrechts. Da das Gestaltungsrecht durch seine Ausübung verbraucht ist, kann die Bestimmung, sobald die Erklärung wirksam abgegeben ist (§ 130 Abs. 1 BGB, Zugang beim Auftraggeber), nicht mehr geändert oder widerrufen werden; sie ist also auch für den RA als Bestimmenden bindend.[101]

34 Eine **Schadensersatzpflicht** des RA begründet die Unrichtigkeit der Berechnung, obwohl in einer verschuldeten Zuvielforderung eine Verletzung seiner Vertragspflicht liegt, nur dann, wenn der RA schuldhaft die Richtigkeit der falsch aufgestellten Berechnung versichert.[102]

---

[91] AG Berlin-Lichtenberg AGS 2013, 274 = RVGreport 2013, 306 = RVG prof. 2013, 77.

[92] OLG Düsseldorf AGS 2011, 366 (370) = MDR 2011, 760.

[93] Schneider/Wolf/*N. Schneider* RVG § 10 Rn. 99; vgl. a. AGH Celle AGS 2020, 545 = ZfS 2020, 343 = RVGreport 2020, 198 mAnm *Hausens* BRAK-Mitt 2020, 97.

[94] AGH Celle AnwBl 2014, 90 mwN.

[95] BGH AnwBl 1985, 257; OLG Düsseldorf AGS 2009, 12 = AnwBl 2009, 66 mwN; M. AnwBl 1975, 163; OLG Koblenz MDR 2011, 576 = NJW-RR 2011, 1205 = JurBüro 2011, 367 (Ls.); Schneider/Wolf/*N. Schneider* RVG § 10 Rn. 97.

[96] OLG Frankfurt a. M. AnwBl 1975, 163.

[97] BGH NJW 2007, 2332 = AGS 2007, 386 = MDR 2007, 1046 = RVGreport 2007, 316; 2011, 63 = MDR 2011, 73 = AGS 2011, 9 mwN; NJW 2018, 1479 = AGS 2018, 165 = JurBüro 2018, 294 = MDR 2018, 556 = Rpfleger 2018, 507 = RVGreport 2018, 218; OLG Düsseldorf AGS 2008, 432 = RVG prof. 2009, 44; 2011, 366 (370) = MDR 2011, 760; *N. Schneider* RVGreport 2012, 322 (327).

[98] OLG Hamburg AnwBl 1970, 233; LG Duisburg AGS 2013, 5 = NJW-RR 2013, 434 = BRAK-Mitt. 2013, 30; LG Wuppertal AGS 2013, 381 = NJOZ 2013, 1143; → Rn. 30.

[99] OLG Düsseldorf 2011, 366 (370) = MDR 2011, 760.

[100] Zur Frage der sog. Nachliquidation ua *Enders* JurBüro 1996, 561; BGH ZfS 1995, 269 mAnm *Madert; Kallenbach* DAR 2008, 729; KG JurBüro 1971, 1029; OLG Hamburg JurBüro 1978, 1882 = MDR 1979, 235; OLG Nürnberg JurBüro 1973, 956; SG Berlin RVGreport 2011, 101; s. schließlich auch die Ausführungen bei → § 14 Rn. 4.

[101] Wegen eines möglichen Vorbehalts → § 14 Rn. 4; KG AGS 2012, 336; JurBüro 2016, 132 = Rpfleger 2016, 109 = RVGreport 2016, 303; OLG Bamberg RVGreport 2011, 176 = StRR 2011, 240 = DAR 2011, 237 (Ls.); OLG Celle StraFo 2008, 398 = RVGreport 2008, 382 = AGS 2008, 546 = NStZ-RR 2009, 31; OLG Jena JurBüro 2010, 642 = NStZ-RR 2010, 392 = RVGreport 2010, 414 = StRR 2011, 79 mAnm *Burhoff,* zur Unzulässigkeit eines Antrags auf Feststellung einer Pauschgebühr nach § 42 RVG, wenn der Verteidiger nach Ausübung seines Ermessens zur Bestimmung der angefallenen Gebühren bereits Kostenfestsetzung beantragt hat; zur Bindungswirkung auch noch OLG Köln RVGreport 2010, 138; AG Westerburg JurBüro 2007, 310; SG Berlin RVGreport 2011, 101; LSG Thüringen BeckRS 2019, 4699.

[102] Zur Schadensersatzpflicht s. a. Schneider/Wolf/*N. Schneider* RVG § 10 Rn. 105.

XIII. Berechnung nach Zahlung

Nach Zahlung der Vergütung kann die **Mitteilung der Berechnung noch verlangt** werden, solange der RA zur Aufbewahrung der Handakten verpflichtet ist. Die Aufbewahrungspflicht erlischt nach § 50 Abs. 1 S. 2 BRAO mit dem Ablauf von sechs Jahren nach Beendigung des Auftrags; die Frist beginnt mit Ablauf des Jahres, in dem der Auftrag beendet wurde (§ 50 Abs. 1 S. 3 BRAO) und schon vor der Beendigung dieses Zeitraums, wenn der Auftraggeber, zur Empfangnahme der Handakten aufgefordert, sie aber nicht binnen sechs Monaten nach erhaltener Aufforderung in Empfang genommen hat (§ 50 Abs. 2 S. 3 BRAO). Der Fall, dass die Handakten vom Auftraggeber in Empfang genommen worden sind, ist in § 10 Abs. 3 RVG nicht ausdrücklich erwähnt. Es ist anzunehmen, dass der RA nach Rückgabe der Handakten eine Berechnung nicht mehr aufzustellen braucht. Überdies kann der RA bis zu seiner Befriedigung die Herausgabe der Handakten verweigern. Ist schon eine den Erfordernissen des § 10 RVG entsprechende Berechnung erteilt worden, so kann nochmalige Mitteilung nicht verlangt werden. 35

Aus Abs. 3 folgt mittelbar, dass der Auftraggeber auch schon vor der Zahlung Mitteilung der Berechnung fordern, also auf ihre Erteilung klagen kann, zB um Rechenschaft über die Verwendung geleisteter Vorschüsse zu erhalten.[103]

XIV. Verjährung

Die **Verjährung** der Vergütung **beginnt** ab Fälligkeit (§ 8 RVG), auch wenn der RA dem Auftraggeber keine Berechnung mitgeteilt hat. Der RA kann somit die Verjährung seiner Ansprüche nicht dadurch hinausschieben, dass er die Aufstellung einer Berechnung unterlässt, § 10 Abs. 1 S. 2 RVG.[104] 36

Umstritten ist, ob ohne Berechnung eine Klage oder ein Antrag auf Erlass eines Mahnbescheides oder ein Vergütungsfestsetzungsantrag **verjährungshemmende Wirkung** haben.[105] Umstritten ist weiter, ob eine nach Ablauf der Verjährung im Prozess nachgereichte Berechnung in der Lage ist, den Mangel zu heilen.[106] 37

XV. Zuvielzahlung

Hat der Auftraggeber mehr als die geschuldete Vergütung gezahlt, kann er den Mehrbetrag vom RA gem. § 812 BGB **zurückfordern.** Der Rückzahlungsanspruch verjährt innerhalb von drei Jahren.[107] Will der Mandant eine Honorarzahlung, die er auf eine ihm vom RA erteilte Kostennote erbracht hat, mit der Behauptung zurückfordern, er schulde diesem mangels Auftragserteilung keine Vergütung, muss er darlegen und notfalls beweisen, dass die Honorarverbindlichkeit nicht besteht.[108] 38

§ 11 Festsetzung der Vergütung

(1) [1]**Soweit die gesetzliche Vergütung, eine nach § 42 festgestellte Pauschgebühr und die zu ersetzenden Aufwendungen (§ 670 des Bürgerlichen Gesetzbuchs) zu den Kosten des gerichtlichen Verfahrens gehören, werden sie auf Antrag des Rechtsanwalts oder des Auftraggebers durch das Gericht des ersten Rechtszugs festgesetzt.** [2]**Getilgte Beträge sind abzusetzen.**

(2) [1]**Der Antrag ist erst zulässig, wenn die Vergütung fällig ist.** [2]**Vor der Festsetzung sind die Beteiligten zu hören.** [3]**Die Vorschriften der jeweiligen Verfahrensordnung über das Kostenfestsetzungsverfahren mit Ausnahme des § 104 Abs. 2 Satz 3 der Zivilprozessordnung und die Vorschriften der Zivilprozessordnung über die Zwangsvollstreckung aus Kostenfestsetzungsbeschlüssen gelten entsprechend.** [4]**Das Verfahren vor dem Gericht**

---

[103] Riedel/Sußbauer/*Ahlmann* RVG § 10 Rn. 11.

[104] BGH NJW 1998, 3486.

[105] Bejaht von BGH ZfS 1995, 269 = AnwBl 1995, 146; NJW 1998, 3486 = AGS 1998, 177; verneint von KG ZZP 1955, 272; Schneider/Wolf/*N. Schneider* RVG § 10 Rn. 93; OLG Hamm AGS 2012, 438 = JurBüro 2012, 145.

[106] Verneinend KG ZZP 1955, 272; bejahend BGH NJW 1998, 3486 = AGS 1998, 177 und Schneider/Wolf/*N. Schneider* RVG § 10 Rn. 101; *N. Schneider* RVGreport 2012, 327.

[107] Zum Verjährungsbeginn BGH NJW-RR 2008, 1237 = AGS 2008, 321 = MDR 2008, 615.

[108] OLG Düsseldorf FamRZ 2009, 2029 = MDR 2009, 1420 mwN.

des ersten Rechtszugs ist gebührenfrei. [5]In den Vergütungsfestsetzungsbeschluss sind die von dem Rechtsanwalt gezahlten Auslagen für die Zustellung des Beschlusses aufzunehmen. [6]Im Übrigen findet eine Kostenerstattung nicht statt; dies gilt auch im Verfahren über Beschwerden.

(3) **[1]Im Verfahren vor den Gerichten der Verwaltungsgerichtsbarkeit, der Finanzgerichtsbarkeit und der Sozialgerichtsbarkeit wird die Vergütung vom Urkundsbeamten der Geschäftsstelle festgesetzt. [2]Die für die jeweilige Gerichtsbarkeit geltenden Vorschriften über die Erinnerung im Kostenfestsetzungsverfahren gelten entsprechend.**

(4) **Wird der vom Rechtsanwalt angegebene Gegenstandswert von einem Beteiligten bestritten, ist das Verfahren auszusetzen, bis das Gericht hierüber entschieden hat (§§ 32, 33 und 38 Abs. 1).**

(5) **[1]Die Festsetzung ist abzulehnen, soweit der Antragsgegner Einwendungen oder Einreden erhebt, die nicht im Gebührenrecht ihren Grund haben. [2]Hat der Auftraggeber bereits dem Rechtsanwalt gegenüber derartige Einwendungen oder Einreden erhoben, ist die Erhebung der Klage nicht von der vorherigen Einleitung des Festsetzungsverfahrens abhängig.**

(6) **[1]Anträge und Erklärungen können ohne Mitwirkung eines Bevollmächtigten schriftlich eingereicht oder zu Protokoll der Geschäftsstelle abgegeben werden. [2]§ 129a der Zivilprozessordnung gilt entsprechend. [3]Für die Bevollmächtigung gelten die Regelungen der für das zugrunde liegende Verfahren geltenden Verfahrensordnung entsprechend.**

(7) **Durch den Antrag auf Festsetzung der Vergütung wird die Verjährung wie durch Klageerhebung gehemmt.**

(8) **[1]Die Absätze 1 bis 7 gelten bei Rahmengebühren nur, wenn die Mindestgebühren geltend gemacht werden oder der Auftraggeber der Höhe der Gebühren ausdrücklich zugestimmt hat. [2]Die Festsetzung auf Antrag des Rechtsanwalts ist abzulehnen, wenn er die Zustimmungserklärung des Auftraggebers nicht mit dem Antrag vorlegt.**

Schrifttum: *Goebel,* Die Hemmung der Verjährung anwaltlicher Vergütungsansprüche, RVG-B 2005, 105; *Mayer,* Problemfälle des Vergütungsfestsetzungsverfahrens nach § 11 RVG, RVG-Letter 2004, 122.

Übersicht

I. Motive

1 Die Motive führen aus:

In dieser Vorschrift soll die in § 19 BRAGO geregelte Festsetzung der Vergütung gegen den Auftraggeber geregelt werden.

Abs. 1 sieht einen gegenüber dem geltenden Recht erweiterten Anwendungsbereich vor. So sollen neben der gesetzlichen Vergütung künftig auch die in § 42 RVG-E vorgesehene Pauschgebühr und die zu ersetzenden Aufwendungen, die zu den Kosten des gerichtlichen Verfahrens gehören, festgesetzt werden können. Durch den Klammersatz soll klargestellt werden, dass es sich bei den Aufwendungen nicht nur um Auslagen nach Vorschriften des RVG-E handelt, sondern dass insbesondere auch die verauslagten Gerichtskosten zu diesen Aufwendungen gehören. Das Festsetzungsverfahren soll jedoch auf solche Aufwendungen beschränkt bleiben, die zu den Kosten des gerichtlichen Verfahrens gehören, weil das Gericht nur insoweit die für eine Festsetzung erforderliche Sachkenntnis besitzt.

Abs. 2 entspricht weitgehend dem § 19 Abs. 2 BRAGO. Von der Verweisung auf die „Vorschriften der jeweiligen Verfahrensordnungen über das Kostenfestsetzungsverfahren" soll § 104 Abs. 2 S. 3 der Zivilprozessordnung ausgenommen werden. Diese Verweisung führt in der gerichtlichen Praxis gelegentlich zu Missverständnissen, weil der RA wegen der für seine Vergütung nach der vorgeschlagenen Nummer 7008 VV RVG-E als Auslagen geltend zu machenden Umsatzsteuer grundsätzlich nicht vorsteuerabzugsberechtigt sein kann. Die Versicherung ist daher grundsätzlich überflüssig. Die Generalverweisung hat gelegentlich dazu geführt, dass Rechtsanwälten, die keine Versicherung zur Frage der Vorsteuerabzugsberechtigung abgegeben haben, die Festsetzung der von ihnen zu entrichtenden Umsatzsteuer versagt worden ist.

Ferner soll klargestellt werden, dass nur das Festsetzungsverfahren vor dem Gericht des ersten Rechtszugs gebührenfrei ist, nicht dagegen das Verfahren über die Beschwerde, wenn diese erfolglos bleibt. Dies entspricht schon nach geltendem Recht der überwiegenden Auffassung in Literatur und Rechtsprechung.[1] In Satz 4 soll ausdrücklich bestimmt werden, dass die von dem RA gezahlten Auslagen für die Zustellung des Festsetzungsbeschlusses mit aufzunehmen sind. Im Übrigen soll eine Kostenerstattung für das Festsetzungsverfahren und für das Beschwerdeverfahren ausgeschlossen werden. Während die Festsetzung auf Antrag des Rechtsanwalts in der Regel zur Beschaffung eines Vollstreckungstitels erfolgt, dient die Festsetzung auf Antrag des Auftraggebers in der Regel ausschließlich der Überprüfung der Kostenberechnung. Eine in diesem Fall notwendige Kostenentscheidung oder Einbeziehung von Zustellungsauslagen könnte zu Schwierigkeiten führen, weil nicht immer feststeht, wer in dem Verfahren unterlegen ist. Die Kostenerstattung im Beschwerdeverfahren soll aus Gründen der Gleichbehandlung ausgeschlossen werden. Während sonst der RA Beschwerde in der Regel nur mit dem Risiko, Gerichtsgebühren übernehmen zu müssen, einlegen könnte, müsste der Auftraggeber das zusätzliche Risiko tragen, auch noch Anwaltsgebühren erstatten zu müssen.

Die Absätze 3–7 entsprechen § 19 Abs. 3–7 BRAGO. In Absatz 4 sollen die Verweisungen angepasst werden.

In Absatz 8 soll der bisherige Ausschluss des Festsetzungsverfahrens für Rahmengebühren eingeschränkt werden. Entsprechend der bereits bestehenden Praxis einiger Gerichte soll die Festsetzung auch bei Rahmengebühren zulässig sein, wenn lediglich die Mindestgebühren geltend gemacht werden. Die Erweiterung des Festsetzungsverfahrens auf den Fall, dass der Auftraggeber bei Rahmengebühren der konkreten Höhe der Gebühren ausdrücklich zustimmt, soll die Möglichkeit eröffnen, einvernehmlich einen kostengünstigen Titel für den Anwalt zu beschaffen. Diese Möglichkeit soll jedoch nur bestehen, wenn der RA bereits dem Festsetzungsantrag die Zustimmungserklärung des Auftraggebers beifügt. Die erweiterte Festsetzungsmöglichkeit trägt zu einer Vermeidung von Vergütungsprozessen bei."[2]

---

[1] Gerold/Schmidt/*von Eicken/Madert*, BRAGO 15. Aufl. 2002, § 19 Rn. 56; Riedel/Sußbauer/*Riedel/Sußbauer* RVG § 19 Rn. 37.
[2] BT-Drs. 15/1971, 188 ff.

II. Allgemeines

Allgemeines. § 11 RVG, der § 19 BRAGO entspricht, bietet dem in einem **gerichtlichen** Verfahren tätig gewordenen RA eine Möglichkeit, wegen seiner **gesetzlichen** Vergütung einfach und schnell zu einem Vollstreckungstitel wegen seiner Vergütung gegen seinen Auftraggeber zu gelangen. Vorausgesetzt ist allerdings, dass der Auftraggeber keine nicht gebührenrechtliche Einwendungen erhebt (Abs. 5). Auch der Auftraggeber kann den Antrag stellen und damit eine einfache, billige und schnelle Prüfung der von dem RA gefertigten Berechnung (§ 10 RVG) durch das Gericht erreichen. 2

Für andere Streitigkeiten zwischen RA und Auftraggeber ist das Verfahren nicht gegeben. Sie müssen im ordentlichen Prozessverfahren entschieden werden. 3

Zusätzlich festgesetzt werden können jetzt 4

- Aufwendungen, die dem RA nach § 670 BGB zu ersetzen sind (Abs. 1),
- Auslagen für die Zustellung des Festsetzungsbeschlusses (Abs. 2 S. 5),
- Rahmengebühren, sofern nur die Mindestgebühr des Rahmens geltend gemacht wird oder der Auftraggeber der Höhe der geltend gemachten Gebühr ausdrücklich zugestimmt hat (Abs. 8).

Keine Kostenerstattung. Eine Kostenerstattung findet nicht nur im erstinstanzlichen Verfahren, sondern auch – im Gegensatz zum alten Recht – auch in der Beschwerdeinstanz nicht statt (Abs. 2 S. 6). Damit entfällt die Notwendigkeit einer Kostenentscheidung zwischen den Parteien des Verfahrens. Die Zustellkosten sind in den Festsetzungsbeschluss aufzunehmen (Abs. 2 S. 5). 5

III. Verhältnis zur Kostenfestsetzung

Das Verfahren über die Vergütungsfestsetzung gem. § 11 RVG und das über die Kostenfestsetzung gem. §§ 103, 104 ZPO sind zwei völlig voneinander unabhängige Verfahren.[3] Um den Unterschied zwischen beiden Verfahren deutlich zu machen, sollte bei dem Verfahren nach § 11 RVG nicht von Kostenfestsetzung sondern von **Vergütungsfestsetzung** die Rede sein. Bei der Vergütungsfestsetzung geht es um den Anspruch des Anwalts gegenüber dem Auftraggeber, wobei sich dieser nach materiellem Recht richtet. Bei der Kostenfestsetzung geht es um den Erstattungsanspruch des Auftraggebers gegen die gegnerische Partei auf Grund einer Kostenentscheidung im gerichtlichen Verfahren. 6

Beide Verfahren können zu ganz unterschiedlichen Ergebnissen führen.[4] 7

Beispiel:

Im Kostenfestsetzungsverfahren werden die Reisekosten des auswärtigen Prozessbevollmächtigten nicht als notwendig anerkannt, da der Auftraggeber einen Anwalt am Sitz des Gerichtes hätte beauftragen müssen. Im Vergütungsfestsetzungsverfahren sind unbeschadet davon die Reisekosten mit zu berücksichtigen.

Im Vergütungsfestsetzungsverfahren wird eine Terminsgebühr anerkannt. Trotzdem kann der Rechtspfleger/Urkundsbeamte, zB vom Gegner darauf hingewiesen, dass die Voraussetzungen für eine Terminsgebühr nicht gegeben sind, im Kostenfestsetzungsverfahren eine solche verneinen.

Mittelbare Abhängigkeit. Allerdings kann die Ablehnung in der Kostenfestsetzung ein Anhaltspunkt dafür sein, dass der RA unnötige Kosten verursacht hat, die er dann auch im Innenverhältnis gegenüber dem Mandanten nicht in Rechnung stellen kann (→ RVG Anh. X Rn. 7; → RVG § 1 Rn. 166). 8

IV. Anwendungsbereich

Verfahren vor staatlichen Gerichten. Das Verfahren ist für anwaltliche Vergütungen in allen Verfahren vor staatlichen Gerichten gegeben, also zB in ZPO-, FamFG-, Verwaltungsgerichts-, Sozialgerichts-, Finanzgerichts-, Strafgerichts- und Bußgeldgerichtsverfahren und gerichtlichen Verfahren gem. VV 6203 ff. RVG. 9

Nicht gegeben ist das Verfahren gem. § 11 RVG für die Vergütung 10

- für außergerichtliche Tätigkeiten,
- in schiedsrichterlichen Verfahren gem. § 36 Abs. 1 Nr. 1, 2 RVG,
- in Verwaltungsverfahren vor einer Behörde (kein gerichtliches Verfahren), aber → Rn. 61.

[3] BGH NJW 1991, 2084; HBS VergütungsR/*Hansens* Teil 4 Rn. 87 ff.
[4] HBS VergütungsR/*Hansens* Teil 4 Rn. 88; Schneider/Wolf/*N. Schneider* RVG § 11 Rn. 10.

– in Verfahren wegen Berufspflichtverletzung iSv VV 6200 ff. RVG,[5] wohl aber in gerichtlichen Verfahren iSv VV 6203 ff. RVG.

V. Verfahrensbeteiligte

1. Antragsberechtigte Anwälte

11 **a) Betroffene Anwälte.** § 19 Abs. 1 BRAGO hatte noch auf den Prozessbevollmächtigten, Beistand, Unterbevollmächtigten oder Verkehrsanwalt abgestellt. § 11 RVG nennt keine bestimmten Funktionen mehr, in denen der RA für den Auftraggeber tätig geworden ist. Darin kommt zum Ausdruck, dass jedem RA, der, in welcher Funktion und in welchem Rechtsweg auch immer, in einem gerichtlichen Verfahren beauftragt worden ist, das Vergütungsfestsetzungsverfahren zur Verfügung steht.

12 Auf den Umfang des Auftrages innerhalb eines gerichtlichen Verfahrens kommt es für die Antragsberechtigung nicht an. Antragsberechtigt ist also auch der RA (und dessen Auftraggeber), der zB nur für die Terminsvertretung beauftragt war.

13 Antragsberechtigt ist also der RA

– als **Verfahrensbevollmächtigter,** auch der für FamFG-, Mahn-, Vollstreckungs- oder PKH-Bewilligungsverfahren,[6]
– als **Verkehrsanwalt;** diese Kosten gehören zu den Kosten des gerichtlichen Verfahrens, wie sich bereits darin zeigt, dass die Kostenentscheidung auch diese Kosten erfasst,[7]
– als **Einzeltätigkeitsanwalt,**[8]
– als **Verteidiger,** sowohl in Bußgeld- als auch Strafsachen, da gem. Abs. 8 S. 1 jetzt grds. auch Rahmengebühren festgesetzt werden können. Das gilt auch für einen Verteidiger, der nur mit Einzeltätigkeiten beauftragt wurde,[9]
– als Vertreter **im Adhäsionsverfahren,**
– als **Bevollmächtigter im obligatorischen Güteverfahren** oder ähnlichen Verfahren, wenn ein gerichtliches Verfahren nachfolgt,[10] da die Kosten des Güteverfahrens zu den Kosten des nachfolgenden Prozesses gehören.[11] Findet kein gerichtliches Verfahren statt, so gibt es auch keine Vergütungsfestsetzung (→ Rn. 62);[12] wegen nicht obligatorischem Güteverfahren → Rn. 62,
– als **Einvernehmensanwalt.** Nachdem der EuGH entschieden hat, dass auf Grund der Kostenentscheidung in der Hauptsache auch die Kosten des Einvernehmensanwalts zu erstatten sind,[13] diese Kosten also zum gerichtlichen Verfahren gehören, kann dieser auch die Festsetzung seiner Gebühren gem. VV 2200 ff. RVG, gegen seinen Mandanten verlangen.[14]

14 **b) Terminsvertreter.** Bei ihm kommt es aber darauf an, wer den Auftrag erteilt hat.

15 **Auftrag durch Partei.** Der Terminsvertreter kann Festsetzung gem. § 11 RVG nur verlangen, wenn er von der Partei beauftragt wurde.[15] Das ist der Fall, wenn ihm die Partei unmittelbar oder der Hauptbevollmächtigte in Namen der Partei den Auftrag erteilt hat. Dazu wenn Auftrag durch Auftraggeber bestritten wird, → Rn. 134 ff.

16 **Auftrag durch Hauptbevollmächtigten.** Wurde der Auftrag dem Terminsvertreter durch den Hauptbevollmächtigten im eigenen Namen erteilt, so kommt eine Festsetzung zugunsten des Terminsvertreters weder gegen die Partei noch gegen den Prozessbevollmächtigten in Betracht.[16] Gegen die Partei besteht mangels einer vertraglichen Beziehung kein Anspruch, der festgesetzt werden könnte. Gegen den Prozessbevollmächtigten kann keine Festsetzung erfol-

[5] Schneider/Wolf/*N. Schneider* RVG § 11 Rn. 26.
[6] FG Sachsen-Anhalt AGS 2015, 330; soweit nicht § 122 Abs. 1 Nr. 3 ZPO entgegen steht OLG Koblenz AGS 2003, 105.
[7] Daran ändert nichts, dass eine Erstattung im Einzelfall daran scheitern kann, dass die Einschaltung eines Verkehrsanwalts nicht nötig war.
[8] OLG München JurBüro 1974, 1388; OLG Brandenburg JurBüro 2002, 365 = FamRZ 2002, 1503; HBS VergütungsR/*Hansens* Teil 4 Rn. 102.
[9] HBS VergütungsR/*Hansens* Teil 4 Rn. 103.
[10] HBS VergütungsR/*Hansens* Teil 4 Rn. 100.
[11] BayObLG JurBüro 2004, 598.
[12] OLG München Rpfleger 1994, 316; LAG Hamm JurBüro 1989, 197 = AnwBl 1989, 625.
[13] EuGH NJW 2004, 833.
[14] HBS VergütungsR/*Hansens* Teil 4 Rn. 101; **aA** Schneider/Wolf/*N. Schneider* RVG § 11 Rn. 27.
[15] OLG Zweibrücken Rpfleger 1994, 477; OVG NRW Rpfleger 1986, 70.
[16] KG AnwBl 1994, 84; HBS VergütungsR/*Hansens/Schneider* Teil 4 Rn. 181; Schneider/Wolf/*N. Schneider* RVG § 11 Rn. 16.

gen, da § 11 RVG nur Ansprüche, die zu den Kosten des gerichtlichen Verfahrens gehören, betrifft, was bei den Ansprüchen des Terminsvertreters gegen den Prozessbevollmächtigten nicht der Fall ist.[17] Außerdem richtet sich die Vergütung des Terminvertreters in diesem Fall nicht nach dem RVG (→ § 1 Rn. 123), sodass es sich auch nicht um eine gesetzliche Vergütung iSv § 11 Abs. 1 S. 1 RVG handelt.[18]

c) Sozii. Mehrere Anwälte, zB Sozietätsanwälte, können das Verfahren gemeinsam betreiben. Sind sie eine beschränkt rechts- und parteifähige BGB-Gesellschaft, so kann auch die Gesellschaft den Anspruch geltend machen. 17

Bestreitet der Auftraggeber die Legitimation, so ist das ein nicht gebührenrechtlicher Einwand, der zur Ablehnung des Verfahrens nach Abs. 5 führt. Dafür genügt der Einwand, dass der Auftraggeber den Auftrag einer Sozietät erteilt habe, die als solche nicht die Festsetzung geltend mache.[19] Ebenso genügt der Einwand, der Auftrag sei einer Sozietät erteilt worden und nicht dem antragstellenden RA allein.[20] 18

d) Zulassung des Anwalts. Die Zulassung als RA braucht bei der Antragstellung nicht mehr zu bestehen. Der RA, der seine Zulassung aufgegeben hat, kann also Festsetzung einer während seiner Zulassung entstandenen Vergütung noch im Verfahren nach § 11 beantragen. 19

e) Rechtsnachfolger des Anwalts. Nach dem Tod des Anwalts kann auch dessen Nachfolger Vergütungsfestsetzung begehren, etwa bei Kanzleiübernahme. 20

2. Antragsberechtigte Nichtanwälte

a) Rechtsbeistand. Auch ein Rechtsbeistand oder eine andere Person, der die Erlaubnis für Besorgung fremder Rechtsangelegenheiten erteilt ist, ist nach Art. IX Abs. 1 S. 1 KostRÄndG 1957 unter den oben für den RA genannten Voraussetzungen antragsberechtigt. Das gilt gem. Art. IX Abs. 2 KostRÄndG nicht für Frachtprüfer und Inkassobüros. 21

b) Steuerberater. Steuerberater, Steuerberatungsgesellschaften und Steuerbevollmächtigte sind nach § 45 StBVergVO für ihre durch Tätigkeit vor den Finanzgerichten erwachsene Vergütung ebenfalls antragsberechtigt.[21] 22

c) Auftraggeber. Auch der Auftraggeber eines antragsberechtigten RA, Steuerberaters oder Steuerbevollmächtigten ist antragsberechtigt. Auftraggeber ist der Vertragspartner des mit dem RA geschlossenen Geschäftsbesorgungsvertrages. Wer Antragsgegner des Vergütungsfestsetzungsverfahren sein kann (→ Rn. 33 ff.), kann auch Antragsteller sein. Wegen zulässigen Inhalts eines Antrags des Auftraggebers → Rn. 233 ff. 23

d) Erben des Anwalts. Auch die Erben des Anwalts können Festsetzung der vom Erblasser verdienten Vergütung verlangen.[22] 24

e) Rechtschutzversicherer. Auch der Rechtsschutzversicherer kann Vergütungsfestsetzung begehren, wenn er nach den ARB wegen Forderungsübergangs der Rechtsnachfolger des Auftraggebers ist und er die Richtigkeit der anwaltlichen Rechnung geprüft haben will.[23] Der Rechtsschutzversicherer kann den Versicherungsnehmer im Wege der gewillkürten Prozessstandschaft zur Führung des Verfahrens nach § 11 RVG analog, § 185 BGB ermächtigen.[24] 25

3. Nicht Antragsberechtigte

a) Nicht von § 11 erfasste Verfahren. Soweit der RA in Verfahren tätig geworden ist, in denen § 11 RVG nicht anzuwenden ist, scheidet eine Vergütungsfestsetzung aus (→ Rn. 44). 26

b) Beigeordneter PKH-Anwalt, → Rn. 160 ff. 27

c) RA als gesetzlicher Vertreter, Partei kraft Amtes. Ist der RA als gesetzlicher Vertreter oder Partei kraft Amtes tätig geworden, so ist die Vergütungsfestsetzung nicht gegeben. Es 28

---

[17] *Hansens* RVGreport 2014, 256 ff. Ziff. III 2b.

[18] *Hansens* RVGreport 2014, 256 ff. Ziff. II 2, III 1; Hartung/Schons/Enders/*Enders* RVG § 10 Rn. 61.

[19] HBS VergütungsR/*Hansens* Teil 4 Rn. 178.

[20] OLG Düsseldorf NJW-RR 2005, 500.

[21] FG Hmb EFG 1984, 630; FG Bln EFG 1985, 197, unter Aufgabe von EFG 1979, 311; VGH Kassel EFG 1987, 523; **aA** FG München BB 1986, 315 mAnm *Rhein;* krit. zur Gültigkeit von § 45 StBVV *Lappe* NJW 1982, 1439.

[22] OLG Köln JurBüro 1982, 76; OLG Schleswig JurBüro 1984, 1517; Schneider/Wolf/*N. Schneider* RVG § 11 Rn. 37.

[23] OLG Karlsruhe AGS 2020, 333 Rn. 13 mzustAnm *Humpe* = RVGreport 2020, 456 mzustAnm *Hansens;* LAG Nürnberg JurBüro 1996, 263; ArbG Dortmund AGS 1999, 115.

[24] OLG Karlsruhe AGS 2020, 333 Rn. 13 mzustAnm *Humpe* = RVGreport 2020, 456 mzustAnm *Hansens;* Hartung/Schons/Enders/*Enders* RVG § 11 Rn. 41.

fehlt an einem Auftraggeber. Aus der Erstattungspflicht des in die Kosten verurteilten Gegners gem. § 91 Abs. 2 S. 3 ZPO kann nicht ohne weiteres gefolgert werden, dass der RA die Vergütung eines verfahrensbevollmächtigten RA auch von dem Vertretenen fordern könne. Außerdem bestimmt sich seine Vergütung nach § 1 Abs. 2 RVG nicht ohne weiteres nach dem RVG, sondern uU nach anderen Vorschriften (zB für den RA als Vormund, Betreuer oder Pfleger nach §§ 1835 Abs. 1, 1908i, 1915 BGB).

29 Es kann daher keine Festsetzung verlangen der RA als

- **Betreuer;**[25] das gilt auch, wenn er die Sozietät beauftragt, der er selbst angehört,[26]
- **Liquidator** einer Genossenschaft; die Frage, ob die entfaltete Tätigkeit zu den normalen Aufgaben eines Liquidators gehörte oder die Heranziehung eines Rechtsanwalts erforderte, kann nicht im Verfahren nach § 11 entschieden werden,[27]
- **Pfleger,**[28] Nachlasspfleger,[29] Prozess- oder Verfahrenspfleger[30] und zwar auch dann nicht, wenn er die Sozietät beauftragt, der er selbst angehört,[31]
- **Vormund,**[32]
- **Insolvenzverwalter.**[33]

30 **d) Patentanwälte.** Für Patentanwälte ist das Verfahren weder in Patentstreitsachen, Markenprozessen oder anderen Verfahren des gewerblichen Rechtsschutzes vor dem ordentlichen Gericht noch im Verfahren vor dem Patentgericht gegeben. Denn gesetzliche Vergütung iSd § 11 RVG ist nur die sich aus dem RVG ergebende Vergütung. Die Gebührenordnung für Patentanwälte aber ist kein Gesetz. Etwas anderes ergibt sich auch nicht aus § 143 Abs. 3 PatG und den entsprechenden Bestimmungen anderer Gesetze des gewerblichen Rechtsschutzes. Danach können zwar die Gebühren eines Patentanwalts bis zur Höhe einer vollen RA-Gebühr vom Gegner zu erstatten sein. Daraus ergibt sich aber nicht, dass die Vergütung des Patentanwalts im Verhältnis zu seinem Auftraggeber gesetzlich festgelegt ist.[34]

31 **e) Ausländische Rechtsanwälte.** Die Vergütung ausländischer Rechtsanwälte ist nicht festsetzbar, da ihnen nicht von Gesetzes wegen Gebühren nach dem RVG zustehen. Haben sie die Anwendung des RVG vereinbart, so handelt es sich um eine vereinbarte, nicht um die gesetzliche Vergütung.

32 **f) Mithaftende Dritte.** Auch sonstige, oben nicht genannte Personen, haben kein Antragsrecht, auch wenn sie zB wegen einer Mithaftung ein Interesse an einer Festsetzung der anwaltlichen Gebühren haben.[35] Aber auch → Rn. 25 wegen Rechtschutzversicherer.

4. Antragsgegner

33 **a) Zahlungspflichtiger.** Auftraggeber ist, wer sich zur Zahlung der Vergütung verpflichtet hat.

34 **b) Dritter.** Das kann auch ein Dritter sein, der den RA im eigenen Namen beauftragt, während der RA die Interessen eines anderen vertritt, zB die Eltern beauftragen im eigenen Namen den RA, ihr Kind wegen eines Unfalls zu vertreten.[36]

35 **c) Gesellschaften. Personengesellschaft des Handelsrechts, rechtsfähige GbR.** Erteilt eine Personengesellschaft des Handelsrechts (oHG, KG) oder eine beschränkt parteifähige Gesellschaft des bürgerlichen Rechts (→ RVG VV 1008 Rn. 65) den Auftrag, so ist nur sie Partei des Vergütungsfestsetzungsverfahrens. Die Haftung gem. § 128 HGB macht die Gesell-

[25] OLG Frankfurt a. M. NJW 1966, 554; OLG Düsseldorf JurBüro 1980, 69 = AnwBl 1980, 156 = KostRspr BRAGO § 19 Nr. 17 mAnm *E. Schneider;* Schneider/Wolf/*N. Schneider* RVG § 11 Rn. 25.

[26] LG Düsseldorf JurBüro 1986, 726 = Rpfleger 1986, 280; Schneider/Wolf/*N. Schneider* RVG § 11 Rn. 25.

[27] LAG LSA JurBüro 1998, 308 = Rpfleger 1998, 172; Schneider/Wolf/*N. Schneider* RVG § 11 Rn. 31.

[28] OLG Hamburg JurBüro 1979, 1510; HBS VergütungsR/*Hansens* Teil 4 Rn. 105.

[29] KG FamRZ 1993, 460; HBS VergütungsR/*Hansens* Teil 4 Rn. 105.

[30] OLG Düsseldorf JurBüro 1980, 69 = AnwBl 1980, 156; HBS VergütungsR/*Hansens* Teil 4 Rn. 105; **aA** Schneider/Wolf/*N. Schneider* RVG § 11 Rn. 20.

[31] LG Düsseldorf JurBüro 1986, 726; Schneider/Wolf/*N. Schneider* RVG § 11 Rn. 25.

[32] LG München I JurBüro 1963, 778; HBS VergütungsR/*Hansens* Teil 4 Rn. 105; Schneider/Wolf/*N. Schneider* RVG § 11 Rn. 29.

[33] OLG Schleswig JurBüro 1975, 475; *Hansens* JurBüro Sonderdruck 1999, 18; Schneider/Wolf/*N. Schneider* RVG § 11 Rn. 31.

[34] BGH JurBüro 2015, 641 = GRUR 2015, 1253; BPatG MDR 1976, 963 mAnm *H. Schmidt;* OLG München JurBüro 1978, 533 = GRUR 1978, 450; 26.8.2008 – 6 W 1810/08.

[35] Schneider/Wolf/*N. Schneider* RVG § 11 Rn. 39.

[36] OLG München JurBüro 1998, 598 = MDR 1998, 1373.

schafter nicht zu Auftraggebern.[37] Für und gegen sie ist das Verfahren nur gegeben, wenn sie den Auftrag auch im eigenen Namen erteilt haben.

Erhält nur einer der Gesellschafter den Auftrag und ist die Gesellschaft Partei des Rechtsstreits, so ist davon auszugehen, dass der Auftrag im Namen der Gesellschaft erteilt ist.[38] 36

Der Antrag kann sich nicht gegen den Geschäftsführer einer GmbH in Gründung richten, obgleich er nach § 11 Abs. 2 GmbHG haftet. Er ist nicht Auftraggeber,[39] → Rn. 41. 37

GmbH in Liquidation. Gegen sie kann trotz Löschung auch Festsetzung geltend gemacht werden, wenn ein Nachtragsliquidator bestellt ist. Ohne Nachtragsliquidator ist die GmbH nicht verfahrensgeschäftsfähig. Ein Festsetzungsantrag muss als unzulässig zurückgewiesen werden.[40] 38

d) Rechtsnachfolger. Erbe. Der Eintritt einer Rechtsnachfolge – gleichgültig, ob Einzel- oder Gesamtrechtsnachfolge – steht der Durchführung des Verfahrens nicht entgegen, zB gegen den Erben.[41] Die Rechtsnachfolge muss nicht urkundlich (Erbschein, Abtretungsurkunde) nachgewiesen sein, sondern nur vorgetragen werden. Bestreitet der Gegner sie jedoch, so ist dies eine nicht gebührenrechtliche Einwendung, die nach Abs. 5 zur Ablehnung des Verfahrens führt.[42] Zu **Vorgänger mit PKH** → Rn. 160. 39

Einrede der beschränkten Erbenhaftung. Über die Einrede der beschränkten Erbenhaftung oder der **Dürftigkeit des Nachlasses** (§ 1990 BGB) wird in der Vergütungsfestsetzung ebenso wenig wie im Gebührenprozess entschieden (§§ 780 ff. ZPO); sie führt deshalb auch nicht zur Ablehnung des Verfahrens gem. Abs. 5, sondern lediglich zur Aufnahme eines Vorbehalts in den Festsetzungsbeschluss.[43] 40

e) Sonstige Personen. Andere Personen können nicht Beteiligte sein, auch nicht wenn sie für die Vergütung mithaften, zB nicht 41
- der Bürge,[44]
- der Haftpflichtversicherer, es sei denn er hat den RA selbst und im eigenen Namen beauftragt.[45] Wegen Geschäftsführer einer GmbH in Gründung → Rn. 37.

VI. Gesetzliche Gebühren

1. Gebühren nach RVG oder BRAGO

Nur die gesetzlichen Gebühren sind gem. Abs. 1 zu vergüten. Gemeint sind die Gebühren iSv § 1 Abs. 1 S. 1 RVG, also die nach dem RVG und dessen Vergütungsverzeichnis berechneten Gebühren bzw. die nach der BRAGO, soweit diese anzuwenden ist. Im Übrigen → Anh. X Rn. 168 ff. 42

2. Vorschuss

Der Vorschuss ist noch nicht die Vergütung selbst und kann daher nicht im Verfahren des § 11 RVG geltend gemacht werden.[46] 43

3. Gebühren außerhalb von RVG oder BRAGO

Die übliche Vergütung gem. § 34 Abs. 2 RVG, die vereinbarte Vergütung und die Vergütung nach einer anderen Gebührenordnung (zB StBVV, InsVV) müssen vor dem ordentlichen Gericht eingeklagt werden.[47] 44

---

[37] BGH NJW 2005, 156; OLG Koblenz NJW 2003, 1130 = AGS 2003, 105 mAnm *Hansens;* HBS VergütungsR/*Hansens* Teil 4 Rn. 108.
[38] BGH NJW 2005, 156.
[39] LAG Kiel AnwBl 1997, 568; HBS VergütungsR/*Hansens* Teil 4 Rn. 108.
[40] BayObLG DB 2003, 267 = ZIP 2002, 1845; HBS VergütungsR/*Hansens* Teil 4 Rn. 108.
[41] OLG Köln JurBüro 1982, 76; OLG Schleswig JurBüro 1984, 1517.
[42] OLG Köln AnwBl 1972, 168; JurBüro 1982, 76, Erbe; KG JurBüro 1986, 220, Praxisübernehmer; LAG Nürnberg JurBüro 1996, 263, Rechtsschutzversicherer des Auftraggebers.
[43] OLG Düsseldorf Rpfleger 1981, 409 = JurBüro 1981, 1346 = MDR 1981, 944; OLG Schleswig JurBüro 1984, 1517.
[44] HBS VergütungsR/*Hansens* Teil 4 Rn. 108.
[45] HBS VergütungsR/*Hansens* Teil 4 Rn. 108.
[46] BGH NJW 2014, 2126.
[47] BFH Rpfleger 1992, 82 zu vereinbarter Vergütung.

VII. Gebühren des gerichtlichen Verfahrens – Verfahrensbezogenheit

1. Allgemeines

45 **a) Gebühren des gerichtlichen Verfahrens.** Die gesetzlichen Gebühren müssen „zu den Kosten des gerichtlichen Verfahrens gehören" (Abs. 1 S. 1). Das begründen die Motive damit, dass das Gericht nur insoweit die für eine Festsetzung erforderlichen Kenntnisse hat (→ Rn. 1).

46 **b) Gleiche Bedeutung wie in § 91 Abs. 1 ZPO.** § 91 Abs. 1 ZPO stellt für die Kostenfestsetzung auf „die Kosten des Rechtsstreits" ab. Gem. § 11 Abs. 1 S. 1 müssen für die Vergütungsfestsetzung die Gebühren und Auslagen „zu den Kosten des gerichtlichen Verfahrens" gehören. Diese Parallelität der Begriffe spricht hinsichtlich der Zugehörigkeit der Kosten zum gerichtlichen Verfahren für eine Gleichbehandlung in § 91 ZPO und § 11 RVG. Was iSv § 91 ZPO zu den Kosten des Rechtsstreits gehört, gehört auch iSd § 11 RVG zu den Kosten des gerichtlichen Verfahrens. Wenn immer wieder darauf hingewiesen wird, dass streng zwischen Kostenfestsetzung und Vergütungsfestsetzung zu unterscheiden ist, so ist das in vielerlei Beziehungen zutreffend (→ Rn. 6 ff.). Hinsichtlich der Frage, ob Kosten solche des gerichtlichen Verfahrens sind, gelten jedoch dieselben Regeln.[48] Dafür spricht neben dem Wortlaut auch, dass sich beide Verfahren hinsichtlich der Überprüfbarkeit für den Rechtspfleger/Urkundsbeamten gleichen.

47 **Verweisung auf Ausführungen zur Kostenfestsetzung.** Es gelten deshalb die Ausführungen zur Kostenfestsetzung (→ Anh. X Rn. 37 ff.) entsprechend. Nachfolgend werden nur einige spezielle Fragen gesondert behandelt.

47a **c) Vollstreckungsverfahren beim Gerichtsvollzieher.** Nachdem aufgrund der Einfügung von VV_1003 Anm. S. 2 RVG davon auszugehen ist, dass das Vollstreckungsverfahren beim Gerichtsvollzieher ein gerichtliches ist, sind in diesem Verfahren anfallende Rechtsanwaltsgebühren festsetzbar.[49]

48 **d) Stattfindendes gerichtliches Verfahren.** Es muss – wie bei der Kostenfestsetzung (→ Anh. X Rn. 38) ein gerichtliches Verfahren auch tatsächlich stattfinden.[50] Ist dies nicht der Fall, dann können mangels eines gerichtlichen Verfahrens und auch mangels eines zuständigen Rechtspflegers/Urkundsbeamten weder der Klägervertreter, der bereits eine Klage vorbereitet hat, noch der Beklagtenvertreter Festsetzung gem. § 11 RVG verlangen.

49 **e) Tätigkeit nicht gegenüber dem Gericht.** Die Gebühr muss zwar zu den Kosten eines gerichtlichen Verfahrens gehören, aber nicht notwendig durch eine Tätigkeit gegenüber dem Gericht ausgelöst worden sein (wie bei Kostenfestsetzung → Anh. X Rn. 37).[51] Deshalb sind zB die **Verkehrsgebühr** (VV 3400 RVG) und die Terminsgebühr (VV 3401 RVG) festsetzbar, auch wenn der RA dem Gericht gegenüber niemals bzw. nicht in einem Gerichtstermin in Erscheinung getreten ist.[52] Zur **Einigungsgebühr** bei außergerichtlicher Einigung → Rn. 55 ff.

50 **Rücknahme vor Tätigkeit gegenüber dem Gericht.** Auch wenn die Klage, der Antrag oder ein Rechtsmittel zurückgenommen wird, bevor der gegnerische RA sich gegenüber dem Gericht äußern konnte, so kann dieser, wenn er bereits intern tätig geworden war (zB Entgegennahme der Information), die Festsetzung seiner Gebühr verlangen. Das gilt sogar dann, wenn wegen Rücknahme vor Zustellung das Verfahren nur anhängig, nicht aber rechtshängig geworden ist. Nicht steht entgegen, dass in diesem Fall kein Erstattungsanspruch gegen den Gegner besteht. Letzteres beruht darauf, dass es an einem Prozessrechtsverhältnis zum Gegner fehlt (→ Anh. X Rn. 42 ff.). Hierauf kommt es aber für das Innenverhältnis zum eigenen RA nicht an. Es gibt auch einen für die Festsetzung zuständigen Rechtspfleger/Urkundsbeamten.[53]

51 **f) Teilweise in gerichtlichem Verfahren.** Die Vergütungsfestsetzung ist (wie bei der Kostenfestsetzung → Anh. X Rn. 39) nicht gegeben, soweit der Auftrag des RA den Gegenstand des gerichtlichen Verfahrens überschreitet. Im Verfahren nach § 11 kann Festsetzung nur desjenigen Teils der insgesamt erwachsenen Vergütung verlangt werden, der auf den Gegenstand des gerichtlichen Verfahrens entfällt. Beispiel → Anh. X Rn. 39.

---

[48] OLG Karlsruhe AGS 2020, 333 Rn. 22.

[49] LG Freiburg AGS 2012, 340; Schneider/Wolf/*N. Schneider* RVG § 11 Rn. 110; dagegen Mayer/Kroiß/*Mayer* RVG § 11 Rn. 39.

[50] Mayer/Kroiß/*Mayer* RVG § 11 Rn. 38.

[51] BGH NJW-Spezial 2020, 443 = RVGreport 2020, 290 mzustAnm *Hansens*.

[52] Mayer/Kroiß/*Mayer* RVG § 11 Rn. 25.

[53] OLG Koblenz AnwBl 1982, 247; Mayer/Kroiß/*Mayer* RVG § 11 Rn. 38.

2. Pauschgebühr gem. § 42 RVG

Sie ist, wie Abs. 1 S. 1 ausdrücklich bestimmt, festsetzbar. Das Rechtsschutzbedürfnis ist gegeben, da die Festsetzung der Pauschgebühr durch das OLG (§ 51 Abs. 2 RVG) noch keinen vollstreckbaren Titel schafft. Das gilt auch für den bestellten und beigeordneten Anwalt, soweit ihm gem. §§ 52, 53 ein Anspruch gegen den Vertretenen zusteht.[54] 52

3. Gebühren gem. VV Teil 1 RVG (VV 1000 ff. RVG)

a) Grundsatz. Gebühren gem. VV 1000 ff. RVG werden häufig in einem gerichtlichen Verfahren anfallen und gehören dann zu den festsetzbaren Kosten. 53

b) Einigungsgebühr. ***aa) Festsetzbarkeit.*** Grundsätzlich → VV 1000 303 ff. 54

bb) Außergerichtliche Einigung. **Festsetzbarkeit.** Da die Tätigkeit nicht gegenüber dem Gericht erfolgen muss (→ Rn. 49), wurde zur BRAGO und wird zum RVG zu Recht vertreten, dass auch die für eine außergerichtlich getroffene Einigung verdiente Vergleichs- bzw. Einigungsgebühr, mit der ein gerichtliches Verfahren beendet wird, festsetzungsfähig ist.[55] 55

Gegenmeinungen zur Kostenfestsetzung. Teilweise wird allerdings eine Kostenfestsetzung gegen den Prozessgegner abgelehnt, wenn nicht eindeutig ist, ob die Kostenerstattung auch die Einigungsgebühr erfassen oder ob für sie § 98 ZPO (Kostenaufhebung) gelten soll.[56] Das ist ein Argument, das für die Vergütungsfestsetzung, also für das Verhältnis des Anwalts zum Mandanten bedeutungslos ist und damit einer Vergütungsfestsetzung nicht entgegensteht. 56

Teilweise wird eine Kostenerstattung aber auch mit dem Argument abgelehnt, dass es sich nicht um Kosten des Rechtsstreits handele.[57] Folgt man dem, so scheidet auch eine Vergütungsfestsetzung aus. Diese Auffassung ist allerdings abzulehnen. Eine Einigung über einen gerichtshängigen Anspruch gehört zum Rechtsstreit (§ 19 Abs. 1 S. 2 Nr. 2 RVG). Da es auch sonst für die Kostenfestsetzung wie die Vergütungsfestsetzung nicht darauf ankommt, ob eine Tätigkeit gegenüber dem Gericht erfolgt ist (→ Rn. 49), gehört die Einigungsgebühr auch zu den Kosten des Rechtsstreits. 57

c) Aussöhnungsgebühr, Erledigungsgebühr → Anh. X Rn. 60, 61. 58

d) Hebegebühr. Zahlt der Verfahrensbevollmächtigte an den Mandanten den Geldbetrag aus, den er hinsichtlich einer Forderung, die Gegenstand des gerichtlichen Verfahrens ist, vom Gegner entgegengenommen hat, so gehört die Hebegebühr zu den Kosten des Rechtsstreits und ist ebenso wie in der Kostenfestsetzung[58] festsetzbar. Bei der Kostenfestsetzung wird jedoch in vielen Fällen letztlich ein Erstattungsanspruch abgelehnt, weil anwaltliche Hilfe nicht notwendig gewesen sei.[59] Dieses Argument ist für die Vergütungsfestsetzung, also für das Verhältnis des Anwalts zum Mandanten, ohne Bedeutung, wenn der RA auftragsgemäß Geld entgegennimmt. 59

4. Gebühren gem. VV Teil 2 RVG (VV 2100 ff. RVG)

a) Grundsatz. Die Gebühren gem. VV 2100 ff. RVG sind in den meisten Fällen nicht festsetzbar. Es gibt jedoch Ausnahmen. → Anh. X Rn. 78. 60

b) Verwaltungsrechtliches Vorverfahren. Die in diesem Verfahren angefallene Geschäftsgebühr ist uU gem. § 11 RVG festsetzbar. Es gilt das zur Kostenfestsetzung Dargelegte entsprechend (→ Anh. IV Rn. 51 ff.). Dementsprechend hat der BGH für einen vergleichbaren Fall entschieden, dass die im Vergabeverfahren vor der Verwaltungsbehörde angefallene Geschäftsgebühr im Kostenfestsetzungsverfahren, das sich an eine Kostenentscheidung des Beschwerdesenats anschließt, mit berücksichtigt werden darf (→ RVG VV Vorb. 3.2.1 Rn. 47 ff.). 61

c) Güte- und ähnliche Verfahren. Geht einem gerichtlichen Verfahren ein Güte- oder ähnliches Verfahren[60] voraus, so ist die Geschäftsgebühr nach allgM jedenfalls dann gem. § 11 RVG festsetzbar, wenn obligatorisch das Güte- bzw. ähnliche Verfahren dem gerichtlichen Ver- 62

---

[54] HBS VergütungsR/*Hansens* Teil 4 Rn. 123; Schneider/Wolf/*N. Schneider* RVG § 11 Rn. 78.

[55] BGH NJW-Spezial 2020, 443 = RVGreport 2020, 290 mzustAnm *Hansens;* OLG Hamburg JurBüro 1980, 554; OLG Hamm AnwBl 2005, 76 = JurBüro 2005, 87; Gerold/Schmidt/*von Eicken,* 16. Aufl. 2004, RVG § 11 Rn. 30.

[56] KG JurBüro 1985, 1558.

[57] OLG München FamRZ 1999, 1674.

[58] OLG Nürnberg JurBüro 1992, 107; alle bei Zöller/*Herget* ZPO § 91 Rn. 13 „Geld" aufgeführten Entscheidungen, soweit sie einen Erstattungsanspruch anerkennen.

[59] OLG Nürnberg JurBüro 1992, 107; OLG München JurBüro 1992, 178.

[60] Vgl. die in VV 2303 RVG genannten Verfahren.

fahren vorausgehen muss.[61] Weitere Voraussetzung ist, dass es zu einem gerichtlichen Verfahren hinsichtlich desselben Gegenstandes[62] kommt; sonst gehören die anwaltlichen Kosten nicht zu einem gerichtlichen Verfahren.[63] Nach OLG Düsseldorf reicht ein erst während eines Gerichtsverfahrens eingeleitetes Güteverfahren nicht, da dann das Güteverfahren nicht mehr dem Versuch dienen könne, die Streitigkeit vor Inanspruchnahme der Gerichte gütlich zu regeln, was aber der Sinn und Zweck eines Güteverfahrens sei.[64] ME sollte es hingegen genügen, wenn durch ein erst nachträglich eingeleitetes Güteverfahren versucht wird, das Gericht nicht weiter bemühen zu müssen.

Im Übrigen hierzu wie auch dazu, was gilt, wenn das Güte- oder ähnliches Verfahren nicht obligatorisch ist bzw. wenn es auf Grund von Landesrechtlichen Bestimmungen erfolgt → Anh. X Rn. 67 ff. Für die Vergütungsfestsetzung gilt dasselbe wie für die Kostenfestsetzung.

5. Gebühren gem. VV Teil 3 RVG (VV 3100 ff. RVG)

63 **Grundsätzlich festsetzungsfähig** sind **alle Gebühren des VV Teil 3 RVG,** also die in VV 3100 ff. RVG geregelten Gebühren, auch wenn sie über eine Verweisung anwendbar sind (zB über VV Vorb. 4 Abs. 5, Vorb. 5 Abs. 4 RVG); das gilt für alle von VV Teil 3 RVG erfasste Verfahren (→ RVG VV Vorb. 3 Rn. 6 ff.). Im Einzelnen → Anh. X Rn. 52 ff.

6. Gebühren gem. VV Teil 4–6 RVG (VV 4100 ff. RVG)

64 Festsetzbar sind alle in **VV Teil 4–6 RVG** anfallenden Gebühren, wegen Abs. 8 auch die dort vorgesehenen Rahmengebühren[65] (wegen Beschränkung hinsichtlich der Höhe → Rn. 65 ff.), auch Gebühren im **Adhäsion**sverfahren (VV 4143 ff. RVG).[66]

VIII. Rahmengebühren (Abs. 8)

1. Allgemeines

65 Rahmengebühren waren nach § 19 Abs. 8 BRAGO schlechthin von der Festsetzung ausgeschlossen. In der Rspr. und Lit.[67] wurde jedoch teilweise ausnahmsweise die Festsetzung zugelassen, wenn der Anwalt lediglich die Mindestgebühr zur Festsetzung angemeldet und erklärt hat, dass er insgesamt auch nur die Mindestgebühr geltend mache.

66 Diese Lösung hat nunmehr der Gesetzgeber in Abs. 8 S. 1 übernommen und die Festsetzung von Rahmengebühren zugelassen, wenn nur die Mindestgebühren geltend gemacht werden. Darüber hinaus können Rahmengebühren festgesetzt werden, wenn der Auftraggeber der Höhe der Gebühren ausdrücklich zugestimmt hat. Dies gilt sowohl für Betragsrahmengebühren (zB VV 4106 RVG 44,– EUR bis 319,– EUR) als auch für Satzrahmengebühren (zB VV 2300 RVG 0,5–2,5). Beantragt der RA nicht die Festsetzung der Mindestgebühr und legt er keine Zustimmungserklärung vor, so ist die Festsetzung gem. § 11 RVG insgesamt abzulehnen.[68]

2. Mindestgebühr

67 Festsetzbar ist die Mindestgebühr (Abs. 8 S. 1 Alt. 1).

Beispiel:

Der RA kann also festsetzen lassen im Fall von VV 3102 RVG 60,– EUR.

68 Die Mindestgebühr kann der Anwalt jedoch nur dann festsetzen lassen, wenn die Geltendmachung einer darüber hinausgehenden Vergütung ausgeschlossen ist.[69] Dafür sprechen die Motive, wonach eine teilweise von Gerichten schon vorher geübte Praxis übernehmen werden

---

[61] BayObLG NJW-RR 2005, 724 = JurBüro 2004, 598; OLG Karlsruhe AGS 2009, 98; OLG Köln JurBüro 2010, 206 = NJW-RR 2010, 431; LAG Hamm AnwBl 1989, 625 = JurBüro 1989, 197 = MDR 1989, 186.

[62] OLG Düsseldorf JurBüro 2009, 366.

[63] OLG München JurBüro 1994, 604 = Rpfleger 1994, 316; HBS VergütungsR/*Hansens* Teil 4 Rn. 120; Schneider/Wolf/*N. Schneider* RVG § 11 Rn. 72.

[64] OLG Düsseldorf JurBüro 2009, 366.

[65] HBS VergütungsR/*Hansens* Teil 4 Rn. 132.

[66] HBS VergütungsR/*Hansens* Teil 4 Rn. 113; Schneider/Wolf/*N. Schneider* RVG § 11 Rn. 55.

[67] OLG Braunschweig FamRZ 1997, 384; LG Hagen Rpfleger 1998, 41; OVG Lüneburg Rpfleger 1997, 85 = AGS 1997, 33 mAnm *Hellstab;* Gerold/Schmidt/*von Eicken,* 15. Aufl. 2002, BRAGO § 19 Rn. 19; HBS VergütungsR/*Hansens* Teil 4 Rn. 140.

[68] VGH Kassel NJW 2010, 3466.

[69] Mayer/Kroiß/*Mayer* RVG § 11 Rn. 57; Schneider/Wolf/*N. Schneider* RVG § 11 Rn. 122; HBS VergütungsR/*Hansens* Teil 4 Rn. 144.

sollte (→ Rn. 1). Diese Praxis erlaubte eine Festsetzung von Rahmengebühren aber nur, wenn der RA die Mindestgebühr verlangte und erklärte, keine weiteren Gebühren zu verlangen.

Bindung an Ermessensausübung. Erklärt der RA ohne Vorbehalt von weiteren Forderungen, er verlange für seine Tätigkeit die Mindestgebühr, so kann er von seinem Mandanten später nicht noch mehr verlangen. Er hat dann sein Ermessen ausgeübt und ist gem. § 315 BGB hieran gebunden. Eine solche Erklärung ist auch darin zu sehen, dass er die Festsetzung der Mindestgebühren gem. Abs. 5 verlangt, selbst wenn er vorher höhere Gebühren geltend gemacht hat.[70] 69

Eine **Ausnahme** ist aber dann anzunehmen, wenn nach der Festsetzung das Hauptsacheverfahren fortgesetzt und dem Anwalt eine Tätigkeit abverlangt wird, die die Bestimmung einer höheren Gebühr als die Mindestgebühr rechtfertigt.[71] 70

3. Höhere Rahmengebühr

a) Ausdrückliche Zustimmung. Die Festsetzung einer höheren Rahmengebühr als der Mindestgebühr ist dann möglich, wenn der Auftraggeber der Höhe der Gebühren ausdrücklich zugestimmt hat (Abs. 8 S. 1 Alt. 2). Ein **Nichtbestreiten** der Höhe der Vergütung (§ 138 Abs. 3 ZPO) reicht daher nicht aus.[72] 71

b) Inhalt der Zustimmungserklärung. Inhaltlich ist die Zustimmung auf jeden Fall ausreichend, wenn der Auftraggeber dem konkreten Eurobetrag zugestimmt hat. Es genügt aber auch, dass die Erklärung ohne Festlegung auf den Gebührenbetrag so konkret ist (zB „Mittelgebühr zzgl. 20 %"), dass dieser zweifelsfrei ermittelt werden kann.[73] 72

c) Form der Zustimmungserklärung. Eine ausdrückliche Regelung, in welcher Form die Zustimmungserklärung vorliegen muss, ist im Gesetz nicht enthalten. Da die Erklärung mit dem Antrag vorzulegen ist (Abs. 8 S. 2), muss sie schriftlich erfolgen. Mehr ist aber nicht zu verlangen. Die erhöhten Formerfordernisse des § 3a Abs. 1 RVG müssen nicht erfüllt sein. Es genügt ein Ausdruck einer E-Mail.[74] 73

d) Zeitpunkt der Abgabe der Zustimmungserklärung. Da es nicht um eine Gebührenvereinbarung geht, sondern darum, dass der Mandant der Ermessensausübung zustimmt, kann diese Zustimmung erst zu einem Zeitpunkt erfolgen, zu dem der RA zu einer Ermessensausübung in der Lage ist. Das ist in aller Regel erst am Ende der Tätigkeit der Fall.[75] Andernfalls würde es sich um eine Vereinbarung handeln mit der Folge, dass dann in Ermangelung gesetzlicher Gebühren (→ Rn. 42) eine Festsetzung ohnehin ausscheiden würde.[76] 74

e) Zeitpunkt der Vorlage der Zustimmungserklärung. Grundsätzlich muss die Zustimmungserklärung nach dem ganz eindeutigen Wortlaut des Gesetzes mit dem Antrag vorgelegt werden. Offensichtlich soll damit erreicht werden, dass über das Gesuch schnell entschieden werden kann. 75

Nachträglicher Eingang vor der Entscheidung. Geht die Zustimmungserklärung nachträglich ein, bevor der Rechtspfleger/Urkundsbeamte entschieden hat, so ist die Erklärung zu beachten. Zwar verlangt hier der Wortlaut von Abs. 2 S. 2 eigentlich auch eine Ablehnung. Das wäre aber reiner Formalismus,[77] da nach allgM bei Ablehnung wegen fehlender Zustimmungserklärung der RA den Antrag neu stellen kann.[78] Es würde sogar zu einer Mehrbelastung der Justiz führen, da ein ablehnender Beschluss ergehen müsste, ohne dass die Sache damit erledigt wäre. Dabei kann es keinen Unterschied machen, ob der RA oder der Mandant die Zustimmungserklärung nachträglich dem Gericht vorlegt.[79] 76

---

[70] BGH NJW 2013, 3102 = AnwBl 2013, 665.

[71] Mayer/Kroiß/*Mayer* RVG § 11 Rn. 58; Schneider/Wolf/*N. Schneider* RVG § 11 Rn. 123.

[72] Schneider/Wolf/*N. Schneider* RVG § 11 Rn. 127.

[73] HBS VergütungsR/*Hansens* Teil 4 Rn. 145; Mayer/Kroiß/*Mayer* RVG § 11 Rn. 60.

[74] HBS VergütungsR/*Hansens* Teil 4 Rn. 146; Mayer/Kroiß/*Mayer* RVG § 11 Rn. 62, 64 ff.

[75] LG Cottbus NJW-Spezial 2013, 60 = AGS 2013, 19 mit teilweise differenzierender Anm. *N. Schneider* = RVGreport 2013, 52 mzustAnm *Hansens;* LG Zweibrücken AGS 2010, 239 mzustAnm *N. Schneider* = RVGreport 2010, 180 mzustAnm *Hansens.*

[76] *N. Schneider* Anm. zu Landgericht Cottbus AGS 2013, 19.

[77] Schneider/Wolf/*N. Schneider* RVG § 11 Rn. 126; HBS VergütungsR/*Hansens* Teil 4 Rn. 148; **aA** Mayer/Kroiß/*Mayer* RVG § 11 Rn. 68.

[78] Schneider/Wolf/*N. Schneider* RVG § 11 Rn. 126; HBS VergütungsR/*Hansens* Teil 4 Rn. 148; Mayer/Kroiß/*Mayer* RVG § 11 Rn. 68.

[79] Schneider/Wolf/*N. Schneider* RVG § 11 Rn. 126.

77 **Ankündigung.** Zu weitgehend ist es jedoch, wenn teilweise vertreten wird, es reiche die Ankündigung aus, die Zustimmungserklärung nachzureichen.[80] Das widerspricht dem Sinn des Abs. 8 S. 2, der Verzögerungen und das Hin- und Herbewegen von Akten durch die nicht sofortige Vorlage der Zustimmungserklärung verhindern will.

78 **Rechtliches Gehör.** Fehlt anfangs die Zustimmungserklärung, so steht fest, dass der Antrag unzulässig ist. Der RA muss nicht noch extra darauf hingewiesen werden, dass die Zustimmungserklärung fehlt.[81] Anders ist es, wenn der RA geschrieben hat, dass er die Zustimmungserklärung als Anlage beigefügt hat. Dann muss darauf hingewiesen werden, dass die Zustimmungserklärung nicht an das Gericht gelangt ist. Fehlt aber in der Antragsschrift jeder Hinweis auf die Beifügung der Zustimmungserklärung, so muss das Gericht nicht davon ausgehen, dass sie vielleicht versehentlich nicht vorgelegt wurde oder bei Gericht verloren gegangen ist. Hier ist wieder darauf hinzuweisen, dass der Antrag wiederholt werden kann. Auch hinsichtlich des Verzugs sind keine Nachteile zu befürchten, da ein unzulässiger Antrag die Verjährung hemmt (→ Rn. 185).

79 **f) Keine Prüfung auf Ermessensüberschreitung.** Auch wenn es nur um eine Zustimmung zu einer Ermessensausübung und nicht um eine Vergütungsvereinbarung geht, ist vom Gericht nicht zu überprüfen, ob die Gebühr noch innerhalb des anwaltlichen Spielraums liegt. Eine solche Überprüfung soll gerade vermieden werden.[82]

80 **g) Überschreitung des gesetzlichen Gebührenrahmens.** Wird der gesetzliche Gebührenrahmen überschritten, ist eine Festsetzung von Rahmengebühren unzulässig. Dies gilt auch dann, wenn eine schriftliche Zustimmung des Auftraggebers vorliegt und diese den Vorschriften des § 3a Abs. 1 RVG genügt.[83] Es handelt sich nicht mehr um die Festsetzung einer gesetzlichen Vergütung.

81 **h) Tipp für den RA.** Bittet der Mandant hinsichtlich einer Rahmengebühr um Ratenzahlung, so sollte der RA, wenn er diese gewährt, eine Verzugsklausel einbauen und sich zugleich eine Zustimmungserklärung geben lassen. Bei Verzug kann der RA dann die Rahmengebühr in der von ihm bestimmten Höhe festsetzen lassen,[84] es sei denn der Mandant wendet die Ratenzahlungsvereinbarung ein (→ Rn. 169).

IX. Auslagen

1. Gesetzliche Auslagen

82 **a) Auslagen nach VV 7000 ff. RVG.** Zur gesetzlichen Vergütung gehören gem. § 1 Abs. 1 S. 1 RVG neben den Gebühren auch die Auslagen. Das sind zunächst diejenigen nach **VV Teil 7 RVG** (VV 7000–7008 RVG), also die

- Dokumenten- und Kommunikationspauschale,
- Reisekosten,
- Haftpflichtversicherung unter den Voraussetzungen des VV 7007 RVG,
- Umsatzsteuer.

83 **Anwaltliche Umsatzsteuer.** Die anwaltliche Umsatzsteuer (VV 7008 RVG) ist festzusetzen, sofern die Tätigkeit für den RA umsatzsteuerpflichtig ist. § 104 Abs. 2 S. 3 ZPO ist nicht, auch nicht entsprechend anzuwenden. Der RA muss also keine Erklärung abgeben, ob er vorsteuerabzugsberechtigt ist. Auf eine Vorsteuerabzugsberechtigung des Auftraggebers kommt es ebenfalls nicht an, weil es hier nicht darum geht, wie der Mandant, sondern wie der RA umsatzsteuerrechtlich steht.[85] Das ist jetzt in Abs. 2 S. 3 ausdrücklich klargestellt.

84 **b) Auslagen nach § 670 BGB.** Darüber hinaus sind nach der gegenüber § 19 BRAGO erweiterten Regelung auch die in Abs. 1 ausdrücklich angesprochenen Auslagen nach § 670 BGB gegenüber dem Auftraggeber festsetzbar. Ob auch andere Aufwendungen als die in der BRAGO geregelten Auslagen festsetzbar waren, war unter der Geltung der BRAGO noch umstritten.[86] Zu den festsetzbaren Auslagen → RVG VV Vorb. 7 Rn. 7 ff.

---

[80] Schneider/Wolf/*N. Schneider* RVG § 11 Rn. 126.

[81] **AA** Schneider/Wolf/*N. Schneider* RVG § 11 Rn. 126; HBS VergütungsR/*Hansens* Teil 4 Rn. 148 hält einen Hinweis für sinnvoll.

[82] Mayer/Kroiß/*Mayer* RVG § 11 Rn. 64 ff.

[83] Schneider/Wolf/*N. Schneider* RVG § 11 Rn. 130; HBS VergütungsR/*Hansens* Teil 4 Rn. 147.

[84] HBS VergütungsR/*Hansens* Teil 4 Rn. 145.

[85] LAG Nürnberg JurBüro 1999, 89 = Rpfleger 1999, 152.

[86] Verneinend BGH NJW 2003, 2834 = JurBüro 2003, 540 = Rpfleger 2003, 620; Übersicht zu den Meinungen bei Gerold/Schmidt/*von Eicken*, 15. Aufl. 2002, BRAGO § 19 Rn. 16.

c) Zustellungskosten für Vergütungsfestsetzungsbeschluss. Abs. 2 S. 5 bestimmt, dass diese Zustellkosten in den Beschluss aufzunehmen sind. 85

d) Allgemeine Geschäftskosten. Allgemeine Geschäftskosten des Anwalts (zB Kosten eines Fachbuchs; VV Vorb. 7 Abs. 1 S. 1 RVG) sind nicht festsetzbar. 86

e) Vereinbarter Auslagenersatz. Da nur die gesetzliche Vergütung, also die sich aus dem Gesetz ergebenden Ersatzansprüche für Auslagen, einschließlich Aufwendungen gem. § 670 BGB, festsetzbar sind, können sonstige Ersatzansprüche, die auf Vereinbarung beruhen, nicht zur Festsetzung angemeldet werden. Das gilt auch, wenn Ersatz für Kopien vereinbart wird, die nicht unter VV 7000 RVG fallen. Anders ist es bei Kopien zur Unterrichtung Dritter, wenn sie gem. VV 7000 Nr. 1d RVG mit Einverständnis des Auftraggebers erstellt wurden. Das führt zu einem gesetzlichen Ersatzanspruch. 87

f) Unnötige Auslagen. Unnötige Auslagen muss der Auftraggeber dem RA nicht erstatten, zB überflüssige Kopien oder nicht notwendige Übernachtungskosten. Das sind keine gesetzlichen Auslagen. Das ändert sich auch nicht, wenn für derartige Auslagen ein Ersatzanspruch vereinbart wird. Dann handelt es sich nicht um einen gesetzlichen, sondern einen vereinbarten Ersatzanspruch, der daher nicht festsetzbar ist.[87] 88

2. Des gerichtlichen Verfahrens

a) Unmittelbare Auslagen des Verfahrens. Die Auslagen müssen einen engen Bezug zu einem gerichtlichen Verfahren haben, was das Gesetz durch den Zusatz „die zu den Kosten des gerichtlichen Verfahrens gehören" zum Ausdruck bringt. Es gilt hier aus den gleichen Gründen wie bei den Gebühren (→ Rn. 47) dasselbe wie bei der Kostenfestsetzung (→ Anh. X Rn. 37 ff.). Betroffen sind ua von dem RA aus eigenen Mitteln für den Auftraggeber geleistete 89

- Vorschüsse auf Gerichts- und Gerichtsvollzieherkosten, sowie auf Zeugen- und Sachverständigenentschädigungen,[88]
- Zustellungskosten für Schriftstücke, die im Parteibetrieb zugestellt werden, zB bei einstweiliger Verfügung oder Arrest,[89]
- Handelsregisterauskünfte und Kosten für Grundbuchauszüge, wenn diese zur Vorbereitung oder im Rechtsstreit eingeholt werden müssen.[90]

b) Vorbereitungskosten. Für die sog. Verfahrensvorbereitungskosten gelten die gleichen Grundsätze wie bei der Kostenerstattung.[91] Dabei ist jedoch zu beachten, dass eine Notwendigkeitsprüfung iSv § 91 Abs. 1 S. 1 ZPO, anders als bei der Kostenfestsetzung nicht vorzunehmen ist. Es kommt nur darauf an, ob gem. VV Vorb. 7, 7000 ff. RVG der RA im Verhältnis zu seinem Mandanten einen Anspruch auf Erstattung gegen seinen Mandanten hat. 90

Wegen Auslagen (zB Gutachterkosten) für vorgerichtliche Geltendmachung und nachfolgendes gerichtliches Verfahren → Anh. X Rn. 89 ff. Wegen unnötiger Auslagen → Rn. 173.

3. Auslagen bei PKH

a) Von der Landeskasse zu ersetzende Auslagen. Soweit die Landeskasse Auslagen tragen muss, entfällt deren Festsetzung gem. § 11 RVG wegen der Sperrwirkung des § 122 Abs. 1 Nr. 3 ZPO. 91

b) Von der Landeskasse nicht ersetzte Auslagen. Streitig ist, ob der RA Reisekosten, die von der Beiordnung nicht erfasst sind, vom Mandanten verlangen kann oder ob dem § 122 Abs. 1 Nr. 3 ZPO entgegensteht. Teilweise wird ein Erstattungsanspruch schlechthin verneint, wenn die Auslagen sich auf Ansprüche beziehen, die von der Beiordnung umfasst sind,[92] und zwar auch dann, wenn der RA seine Partei nicht für hilfsbedürftig hält.[93] Teilweise wird ein Erstattungsanspruch bejaht,[94] teilweise aber nur, wenn der RA die Partei darauf hingewiesen 92

---

[87] Mayer/Kroiß/*Mayer* RVG § 11 Rn. 54.

[88] Mayer/Kroiß/*Mayer* RVG § 11 Rn. 51; Schneider/Wolf/*N. Schneider* RVG § 11 Rn. 138.

[89] Schneider/Wolf/*N. Schneider* RVG § 11 Rn. 138.

[90] Mayer/Kroiß/*Mayer* RVG § 11 Rn. 52; Schneider/Wolf/*N. Schneider* RVG § 11 Rn. 138.

[91] Zöller/*Herget* ZPO § 91 Rn. 13 „Vorbereitungskosten".

[92] OLG Celle FamRZ 1991, 962; M. OLGR 2002, 28 = AGS 2002, 95; OLG Hamm RPfleger 1981, 369; OLG Schleswig SchlHA 1985, 127; LG Ludwigsburg JurBüro 1984, 1094 mablAnm *Mümmler;* Musielak/Voit/*Fischer* ZPO § 122 Rn. 8 mwN.

[93] EGH München JurBüro 1987, 1417.

[94] OLG Brandenburg Rpfleger 2000, 279; OLG Nürnberg FamRZ 2001, 1157; HBS VergütungsR/*Hansens* Teil 4 Rn. 220; JurBüro 1987, 1417/*N. Schneider* § 11 Rn. 133.

hat, dass sie selbst zahlen muss.[95] Die Frage hat sehr an Bedeutung dadurch verloren, dass nach der Rspr. des BGH die Reisekosten eines auswärtigen Anwalts in den meisten Fällen aus der Staatskasse zu erstatten sind (→ § 46 Rn. 8 ff.).[96]

93 Es spricht mehr dafür, einen Anspruch des Anwalts gegen den Mandanten zu verneinen. Der Wortlaut von § 122 Abs. 1 Nr. 3 ZPO spricht hierfür, wenn er auch nicht ganz eindeutig ist. Der beigeordnete RA kann keine Ansprüche auf Vergütung geltend machen. Eine Einschränkung auf die Vergütung, für die die Landeskasse einzustehen hat, ist nicht vorgesehen. Nimmt man noch hinzu, dass notwendige Auslagen von der Landeskasse zu ersetzen sind, so besteht kein schutzwürdiges Interesse des Anwalts auf einen unmittelbaren Anspruch gegen den Mandanten. Das gilt insbes., wenn er im eigenen Interesse nicht selbst zu einem auswärtigen Termin reisen will, obgleich dies billiger wäre. Hinzu kommt noch, dass bei einer PKH-Bewilligung mit Ratenzahlung, also in einem Fall, in dem überhaupt mit einer Zahlung durch den Mandanten gerechnet werden kann, die Staatskasse gem. § 50 Abs. 1 S. 1 RVG verpflichtet ist, Beträge auch zur Abdeckung von Auslagen, die die Staatskasse nicht selbst tragen muss, einzuziehen. Damit bringt das Gesetz inzidenter zum Ausdruck, dass es davon ausgeht, dass der RA diese Auslagen nicht unmittelbar beim Mandanten geltend machen kann. Denn andernfalls wäre die Erstreckung in § 50 Abs. 1 S. 1 RVG auf Auslagen überflüssig.[97]

94 **Hinweispflicht.** Folgt man der anderen Meinung, so muss der RA den Mandanten jedenfalls darauf hinweisen, dass er die Reisekosten selbst tragen muss. Sonst positive Forderungsverletzung. Der Hinweis sollte sofort erfolgen, wenn erkennbar wird, dass PKH zu gewähren ist und dass auswärts geklagt werden muss.

95 **c) Nur teilweise PKH-Bewilligung.** Die vorige Frage ist nicht mit der zu verwechseln, die sich stellt, wenn PKH nur für einen Teil des Verfahrens gewährt wird, zB PKH und Beiordnung nur für 7.000,– EUR statt für den Gesamtanspruch von 10.000,– EUR. Für diesen Fall ist einhellig hM,[98] dass die durch den von der PKH nicht erfassten Streitgegenstand entstehenden Mehrkosten gegen den Auftraggeber grds. festgesetzt werden können. Allerdings kann es dann im Einzelfall sein, dass es an einem Auftrag oder der erforderlichen Aufklärung fehlt.

96 Beziehen sich Auslagen ausschließlich auf den Anspruch, für den keine Beiordnung erfolgt ist, so kann der RA diese gegen seinem Mandanten festsetzen lassen.

Beispiel:

Die auswärtige Beweisaufnahme bezog sich nur auf einen Gegenstand, für den PKH abgelehnt wurde. Der RA kann Festsetzung seiner Reisekosten gegen den Mandanten verlangen.

97 Beziehen sich die Auslagen aber auch auf den Anspruch, für den der RA beigeordnet wurde, so muss die Landeskasse für die Auslagen insgesamt aufkommen und kann der RA hierfür keine Festsetzung gegen den Mandanten begehren.

Beispiel:

Die auswärtige Beweisaufnahme bezog sich auch auf den Gegenstand, für den PKH gewährt wurde. Die Landeskasse muss die gesamten Reisekosten tragen.

X. Einwendungen

1. Übersicht

98 Es ist zwischen gebührenrechtlichen und nichtgebührenrechtlichen Einwendungen zu unterscheiden. Erstere müssen im Vergütungsfestsetzungsverfahren geprüft werden. Wenn sie nicht gegeben sind, stehen sie einer Vergütungsfestsetzung nicht entgegen. Dem gegenüber führen nichtgebührenrechtliche Einwendungen dazu, dass ohne weitere Prüfung eine Vergütungsfestsetzung abzulehnen ist, wobei es jedoch Ausnahmen gibt.

2. Gebührenrechtliche Einwendungen

99 **a) Gebührenrechtliche Natur.** Gebührenrechtliche Einwendungen liegen vor, wenn geltend gemacht wird, die geforderte Vergütung sei nach den Vorschriften des RVG einschließlich der in ihr in Bezug genommenen sonstigen Gebührenvorschriften nicht oder nicht in der geforderten Höhe erwachsen.[99] Hierher gehört zB der Einwand,

[95] *Mümmler* JurBüro 1987, 999.
[96] BGH NJW 2004, 2749 = FamRZ 2004, 1362 = JurBüro 2004, 604.
[97] Auf diese Überflüssigkeit weisen Schneider/*Thiel,* 1. Aufl. 2012, § 3 Rn. 300 hin, sind aber trotzdem der Auffassung, dass ein unmittelbarer Anspruch des RA gegen seinen Mandanten besteht.
[98] Zöller/*Geimer,* 30. Aufl. 2014, ZPO § 121 Rn. 45.
[99] Gerold/Schmidt/*von Eicken,* 16. Aufl. 2004, RVG § 11 Rn. 48; HBS VergütungsR/*Hansens* Teil 4 Rn. 160.

– die Voraussetzungen der gebührenrechtlichen Norm seien nicht erfüllt, etwa der RA habe den Auftraggeber nicht in einem Termin vertreten, so dass keine Terminsgebühr angefallen sei (→ Rn. 158)
– Fälligkeit fehle.

Andere Gesetze. Regelt eine Vorschrift ausschließlich den Gebührenanspruch des Anwalts, so führt sie unabhängig davon, in welchem Gesetz sie steht, zu einer gebührenrechtlichen Einwendung (zB § 122 Abs. 1 Nr. 3 ZPO). 100

Außergerichtliche Tätigkeit erfüllt Gebührentatbestand. Eine Gebühr in einem gerichtlichen Verfahren kann auch durch außergerichtliche Umstände erfüllt werden (→ Rn. 49). Ein Streit darüber, ob eine solche Tätigkeit vorliegt, ist einer über eine gebührenrechtliche Frage.[100] 101

Beispiel:

Der Streit geht darüber, ob der RA außergerichtliche Einigungsgespräche iSv VV Vorb. 3 Abs. 3 S. 1 Alt. 3 RVG geführt und dadurch eine Terminsgebühr verdient hat.

Im Übrigen unten Einzelfälle → Rn. 128 ff.

b) Prüfungspflicht. Werden gebührenrechtliche Einwendung erhoben, dann ist im Vergütungsfestsetzungsverfahren die Richtigkeit zu prüfen und ggf. der Antrag als überhaupt oder derzeit unzulässig zurückzuweisen. 102

Tatsachenprüfung. Dabei ist nicht nur über Rechtsfragen des Gebührenrechts zu entscheiden. Besteht Streit im Tatsächlichen, so ist darüber im Vergütungsfestsetzungsverfahren zu entscheiden und zwar auch, wenn sich die Klärung nicht aus der Akte ergibt (zB es ist streitig, ob der RA bei der außergerichtlichen Einigung mitgewirkt hat → Rn. 55 ff.). Dem kann nicht entgegengehalten werden, das Verfahren sei, weil es sich mit Glaubhaftmachung begnüge und dem Rechtspfleger/Urkundsbeamten übertragen sei, für eine Tatsachenprüfung nicht geeignet. Es gibt auch andere Verfahren, in denen die Glaubhaftmachung ausreicht (zB das Arrestverfahren, die Verfahren der einstweiligen Verfügung und einstweiligen Anordnung), in denen niemand auf den Gedanken kommt, sie eigneten sich deshalb nicht für eine Klärung von Tatsachen. Ein solcher Prüfvorgang ist auch dem Vergütungsfestsetzungsverfahren nicht fremd. Er wird zukünftig bei der Terminsgebühr durch Einigungsgespräche ohne Beteiligung des Gerichts eine große Rolle spielen (VV Vorb. 3 Abs. 3 S. 1 Alt. 3 RVG → RVG VV Vorb. 3 Rn. 265 ff.). 103

c) Nur teilweise Einwendungen. Werden nur gegen einen Teil der angemeldeten Forderung begründete gebührenrechtliche Einwendung erhoben, so ist hinsichtlich des Restes festzusetzen.[101] 104

Beispiel:

Der RA macht neben einer Verfahrens- und Terminsgebühr eine Einigungsgebühr (alle aus einem Gegenstandswert von 10.000,– EUR) geltend. Der Mandant wendet sich gegen die Einigungsgebühr, da der RA bei der Einigung nicht mitgewirkt habe. Diese habe ausschließlich der Terminsvertreter herbeigeführt. Der Verfahrensbevollmächtigte hat seine Mitwirkung nicht glaubhaft gemacht.

Festzusetzen sind

1,3 Verfahrensgebühr gem. VV 3100 RVG aus 10.000,– EUR	798,20 EUR.
1,2 Terminsgebühr gem. VV 3104 RVG aus 10.000,– EUR	736,80 EUR.
Pauschale gem. VV 7002 RVG	20,00 EUR.

Wäre es dem RA gelungen, seine Mitwirkung glaubhaft zu machen, wäre noch eine 1,0 Einigungsgebühr gem. VV 1003 RVG aus 10.000,– EUR hinzugekommen.

Dasselbe gilt, wenn der Auftraggeber zwar eine beantragte Gebühr voll beanstandet, aber zur Begründung selbst einen Sachverhalt vorträgt, der eine andere, niedrigere Gebühr auslöst. Dann ist die Festsetzung nur in Höhe der Differenz abzulehnen.[102] 105

---

[100] Gerold/Schmidt/*von Eicken,* 16. Aufl. 2004, RVG § 11 Rn. 47; **aA** KG JurBüro 1980, 72, Bestreiten der ursächlichen Mitwirkung des RA an dem Zustandekommen eines prozessbeendenden außergerichtlichen Vergleichs ist außergebührenrechtliche Einwendung; ähnlich auch OLG Frankfurt a. M. KostRspr BRAGO § 19 Nr. 86; JurBüro 1987, 1799.

[101] *Schons* AnwBl 2011, 282 Ziff. I 2.

[102] KG AnwBl 1982, 375 = Rpfleger 1982, 310 = JurBüro 1982, 1185; BerlAnwBl. 1994, 85, wenn Auftraggeber behauptet, er habe den RA nur für das PKH-Bewilligungsverfahren beauftragt, Festsetzung der Gebühr aus § 51 BRAGO, jetzt VV 3335 RVG, Ablehnung nur wegen des Restes.

Beispiel:

Der RA verlangt eine 1,3 Verfahrensgebühr. Der Mandant behauptet, nur einen Auftrag für einen Widerspruch gegen den Mahnbescheid erteilt zu haben. Der RA kann das Gegenteil nicht glaubhaft machen.
Festzusetzen ist eine 0,5 Widerspruchsgebühr gem. VV 3307 RVG zzgl. der Pauschale gem. VV 7002 RVG.[103]

106 **d) Einwendungen ohne Auswirkungen.** Eine gebührenrechtliche Einwendung ist unbeachtlich, wenn ihre Richtigkeit unterstellt, sich am Vergütungsanspruch des Anwalts nichts ändert.

Beispiel:

Der Mandant rügt, dass der RA, der die Unzuständigkeit gerügt und Klageabweisung beantragt hatte, nur den Auftrag gehabt habe, die Unzuständigkeit zu rügen, weshalb ihm nur eine 0,8 Verfahrensgebühr gem. VV 3101 Nr. 1 RVG zustehe.
Da die Rüge der Unzuständigkeit auch einen Sachantrag iSv VV 3101 Nr. 1 RVG darstellt (→ RVG VV 3101 Rn. 32), hat der RA, auch wenn er nur einen Auftrag für die Rüge der Unzuständigkeit gehabt haben sollte, eine 1,3 Verfahrensgebühr verdient.[104]

3. Nicht gebührenrechtliche Einwendungen

107 **a) Begriff. Nicht gebührenrechtlich** sind alle Einwendungen und Einreden, die nicht zu den gebührenrechtlichen gehören, die vielmehr auf Vorschriften des allgemeinen, auch für andere Rechtsbeziehungen maßgeblichen Rechts oder auf besondere Abmachungen zwischen RA und Auftraggeber gestützt sind.[105]

108 **b) Folgen.** Erhebt der Antragsgegner Einwendungen oder Einreden, die nicht im Gebührenrecht ihren Grund haben, so ist, soweit die Entscheidung von deren Begründetheit abhängt, die Festsetzung abzulehnen (Abs. 5). Es ist nicht zu prüfen, ob sie begründet ist. Über sie muss das Prozessgericht entscheiden, wenn es angerufen wird. Das gilt auch, wenn neben gebührenrechtlichen Einwendungen auch nicht gebührenrechtliche geltend gemacht werden.[106] Hiervon gibt es aber auch Ausnahmen. Dabei kann auch Rspr. mit berücksichtigt werden, die zu materiell-rechtlichen Einwendungen in der Kostenfestsetzung ergangen ist.

109 **c) Einwendung nur gegen Teil des Antrages.** Wendet sich die Einwendung oder Einrede nicht gegen den vollen Vergütungsanspruch, sondern nur gegen einen Teil, so ist die Festsetzung nur abzulehnen, „soweit" die nicht gebührenrechtliche Einwendung oder Einrede reicht, und kann iÜ festgesetzt werden.

Beispiel:

Der Mandant wendet gegenüber einem angemeldeten Anspruch von 15.000,– EUR Zahlung von 5.000,– EUR ein, die der RA bestreitet.
Ohne Prüfung, ob Zahlung erfolgt ist, sind 10.000,– EUR (15.000,– EUR bis 5.000,– EUR) festzusetzen.

110 **d) Geltendmachung im Verfahren.** Die Einwendung oder Einrede muss gegenüber dem Gericht geltend gemacht werden. Sie ist nicht zu beachten, wenn sich aus der Akte oder dem Vortrag des Anwalts ergibt, dass vor der Antragstellung der Auftraggeber einmal nicht gebührenrechtliche Einwendungen erhoben hat. Wie auch sonst in gerichtlichen Verfahren kommt es darauf an, was im Verfahren vorgetragen wird, und nicht auf das, was irgendwann einmal vorgerichtlich geäußert wurde. Die Geltendmachung kann auch noch im Beschwerdeverfahren erfolgen und darf dort nicht als verspätet behandelt werden.[107]

111 **e) Substantiierung und Schlüssigkeit.** Nach Abs. 5 genügt es, dass der Antragsgegner außergebührenrechtliche Einwendungen oder Einreden „erhebt". Da über die Begründetheit gerade nicht im Vergütungsfestsetzungsverfahren zu entscheiden ist, kann weder nähere Substantiierung verlangt werden,[108] noch hat der Rechtspfleger eine materiell-rechtliche Schlüssigkeitsprüfung vorzunehmen.[109] Das gilt auch im Rahmen eines Verwaltungsgerichtsverfahrens.[110]

---

[103] OLG Hamm JurBüro 1975, 1605.
[104] OLG Hamm JurBüro 1971, 527 = Rpfleger 1971, 266.
[105] Gerold/Schmidt/*von Eicken,* 16. Aufl. 2004, RVG § 11 Rn. 50.
[106] VGH München NJW 2008, 2203.
[107] LAG Nürnberg JurBüro 2011, 201 = RVGreport 2011, 217 mzustAnm *Hansens.*
[108] KG KGR Berlin 2007, 382; Rpfleger 2007, 616; LAG Bln RVGreport 2006, 301; OVG Schleswig NJW 2007, 2204.
[109] OLG München JurBüro 1978, 1810; JurBüro 1987, 1417/*N. Schneider* § 11 Rn. 190.
[110] VGH Kassel NJW 2007, 3738.

Mindestanforderungen. Die Einwendung oder Einrede muss jedoch erkennen lassen, dass der Antragsgegner sie aus konkreten,[111] tatsächlichen[112] Umständen herleitet, die ihren Grund nicht im Gebührenrecht haben. Die nur formelhafte Wiederholung des Gesetzestextes (auch durch einen RA) reicht nicht aus.[113] Nur so lässt sich prüfen, ob die Einwendungen aus der Luft gegriffen sind.[114] Eine Substantiierung ist daher soweit nötig, 112
– dass erkennbar ist, dass der Einwand nicht gebührenrechtlich und nicht völlig haltlos ist,[115]
– dass jedenfalls im Ansatz die Möglichkeit zu erkennen ist, dass der Anspruch des Antragstellers unbegründet sein könnte.[116]

Volkommen unsubstantiierte Einwendung. Eine vollkommen unsubstantiierte und damit unbeachtliche[117] Einwendung ist zB gegeben, wenn vorgetragen wird, 113
– „ich fühle mich schlecht vertreten",[118]
– „es werde Schlechterfüllung geltend gemacht",[119]
– „es werde die Aufrechnung mit Schadensersatzansprüchen geltend gemacht"
– „der Auftraggeber sei wegen Untätigkeit des RA krank geworden".[120]

Das KG hat eine Einwendung als nicht genügend substantiiert behandelt, weil der Mandant nicht ansatzweise vorgetragen hatte, welchen konkreten Rat der RA ihm erteilt hat und welche Pflichten aus dem Anwaltsvertrag er damit verletzt haben soll.[121] Hingegen hat das OLG Dresden den Einwand, der RA habe den Mandanten nicht ausreichend informiert und ihm dadurch Schaden zugefügt, als ausreichend angesehen.[122] 114

Fallbezogenheit. Reaktion auf Gegenvortrag des Anwalts. Die Einwendung muss auch auf die Besonderheiten des konkreten Falls bezogen sein.[123] Deshalb ist zB der Einwand, schlecht beraten worden zu sein, nicht ausreichend, wenn ein Verkehrsanwalt mit tätig war und der Verfahrensbevollmächtigte erklärt, er habe überhaupt nicht beraten, und der Mandant daraufhin sich nicht äußert, inwiefern ihn der Verfahrensbevollmächtigte schlecht beraten haben soll.[124] Dasselbe gilt, wenn der RA auf den Einwand einer Ratenzahlungsvereinbarung erwidert, dass eine Verfallklausel vereinbart worden sei und der Auftraggeber mit Raten in Verzug gekommen sei. Es hat eine Festsetzung zu erfolgen, wenn darauf der Auftraggeber nicht reagiert.[125] 115

4. Zu berücksichtigende nichtgebührenrechtliche Einwendungen

a) Grundsätze. Die Rspr. lässt aus prozessökonomischen Gründen ausnahmsweise eine Berücksichtigung dieser Einwendungen zu. Nach dem BGH können Einwände, die keine Tatsachenaufklärung erfordern und sich mit den im Kostenfestsetzungsverfahren zur Verfügung stehenden Mitteln ohne weiteres klären lassen, ausnahmsweise auch im Kostenfestsetzungsverfahren erhoben und beschieden werden.[126] Voraussetzung ist, dass die Einwendungen keine Tatsachenaufklärung erfordern und sich mit den im Kostenfestsetzungsverfahren (bzw. im Vergütungsfestsetzungsverfahren) zur Verfügung stehenden Mitteln klären lassen, etwa wenn die tatsächlichen Voraussetzungen feststehen, weil sie unstreitig sind[127] oder vom Rechtspfleger im 116

---

[111] OLG Brandenburg Rpfleger 1996, 41, kein Hinweis auf Kostenlast und Möglichkeit der PKH; OLG Naumburg OLGR 2008, 762 = AGS 2009, 34; VGH Kassel NJW 2007, 3738; VGH NRW RVGreport 2020, 254.

[112] KG Rpfleger 2007, 616; LAG Düsseldorf JurBüro 1992, 680; VGH NRW RVGreport 2020, 254.

[113] OLG Hamburg JurBüro 1995, 649; KG KGR Berlin 07, 382.

[114] LAG Düsseldorf JurBüro 1992, 680.

[115] OLG Frankfurt a. M. JurBüro 2011, 32; KG NJW 1971, 1322 (Ls.) = JurBüro 1971, 521; OLG München FamRZ 1998, 1381.

[116] KG KGR Berlin 2007, 382.

[117] Schneider/Wolf/*N. Schneider* RVG § 11 Rn. 190.

[118] OLG Karlsruhe OLGR 2000, 353; OLG München MDR 1997, 597 = Rpfleger 1997, 407.

[119] LAG Düsseldorf JurBüro 1992, 680; OLG Hamburg JurBüro 1995, 649; **aA** *Mümmler* JurBüro 1992, 680.

[120] OLG München JurBüro 2011, 32.

[121] KG KGR Berlin 2007, 382.

[122] OLG Dresden RVGreport 2020, 293 mzustAnm *Hansens.*

[123] KG KGR Berlin 2007, 382; OLG München MDR 1997, 597 = Rpfleger 1997, 407; OLG Naumburg FamRZ 2006, 1473; OVG Schleswig NJW 2007, 2204.

[124] OLG München MDR 1997, 597 = Rpfleger 1997, 407.

[125] **AA** OLG Koblenz AGS 2002, 187, da auch widerlegte oder unschlüssige Einwendungen einer Festsetzung entgegenstünden.

[126] BGH NJW 2014, 3247; 2014, 2287.

[127] BGH NJW 2014, 2287; BVerwG JurBüro 2008, 142.

Festsetzungsverfahren ohne Schwierigkeiten aus den Akten ermittelt werden können.[128] Ob die Prüfung materiell-rechtlicher Fragen zu erfolgen hat, wird teilweise ganz verneint.[129] An anderer Stelle heißt es weniger allgemein, dass die Prüfung schwieriger materiell-rechtlicher Fragen dem Kostenfestsetzungsverfahren erspart bleiben soll.[130] Dieselben Grundsätze gelten für die Vergütungsfestsetzung. Des Näheren gilt das folgende.

117 **b) Offensichtlich haltlose Einwendungen.** Es ist allgemein anerkannt, dass trotz der geringen Substantiierungspflicht und trotz der unterbleibenden Schlüssigkeitsprüfung Einwendungen nicht zu beachten sind, wenn sie schon bei oberflächlicher Betrachtung
– offensichtlich unbegründet[131]
– offensichtlich halt- und substanzlos[132]
– unter keinem vernünftigen Gesichtspunkt berechtigt[133]
– oder aus der Luft gegriffen[134]
– rechtsmissbräuchlich eingesetzt[135]
sind.

118 Dem ist zuzustimmen. Zum einen besteht ein Interesse der Anwälte, dass sie in möglichst vielen Fällen im vereinfachten Verfahren zu einem Titel kommen. Das kommt auch der Justiz zu Gute, weil auf diese Weise weit aufwendigere Vergütungsklagen vermieden werden. Auf der anderen Seite sollen der Rechtspfleger und das vereinfachte Verfahren nicht überfordert werden. Ein Kompromiss ist darin zu finden, dass auf den ersten Blick unbegründete bzw. aus der Luft gegriffene Einwendungen unbeachtet bleiben. Das ist der Fall, wenn die Haltlosigkeit ohne nähere Sachprüfung auf der Hand liegt,[136] gleichsam ins Auge springt.[137]

119 **c) Standardrechtsfragen.** So sind einige in Festsetzungsverfahren immer wieder auftauchende Rechtsfragen derart allgemein bekannt und besteht eine ganz einheitliche Auffassung zu ihnen, dass sie ohne das Festsetzungsverfahren zu belasten und ohne den Rechtspfleger zu überfordern, als unbeachtlich behandelt werden können.

120 Das gilt zB dafür,
– dass ein **Erstattungsanspruch gegen den Prozessgegner** den RA nicht hindert, Zahlung der Vergütung durch seinen Mandanten zu verlangen, es sei denn es wurde Abweichendes vereinbart,
– dass eine **Rechtsschutzversicherung** ebenfalls den Anspruch des Anwalts gegen den Auftraggeber nicht beeinträchtigt (→ Rn. 150); anders ist es, wenn etwas anderes vereinbart wurde,
– dass, wenn keine besonderen Umstände hinzukommen, über den § 49b Abs. 5 BRAO hinaus keine **Aufklärungspflicht** hinsichtlich der Vergütung des Anwalts besteht (→ Rn. 129 ff.),
– dass der Einwand der **Gebührenteilung** den Festsetzungsanspruch des Anwalts nicht schmälert, es sei denn es wird vorgetragen, dass eine Einbeziehung des Auftraggebers in diese Abmachung vereinbart wurde (→ Rn. 145 ff.).
– dass der Einwand eines Auftraggebers, mit den anderen Auftraggebern sei vereinbart, dass die gesamten Kosten nur von einem getragen werden, unbeachtlich ist, da für das Verhältnis zum RA irrelevant.[138] Anders ist es, wenn sich der RA mit dieser Regelung einverstanden erklärt hat.[139]

---

[128] BGH NJW 2014, 2287; NJW-RR 2007, 422 Rn. 9 mwN; Rpfleger 2005, 382 Rn. 7.
[129] BGH NJW 2014, 2287.
[130] BGH NJW 2014, 3247; NJW 2014, 2287 = BGH RVGreport 2014, 318 mAnm *Hansens.*
[131] BGH NJW-Spezial 2020, 443 = RVGreport 2020, 290 mzustAnm *Hansens;* OLG Frankfurt a. M. OLGR 2006, 940 = RVGreport 2006, 303; OLG Frankfurt a. M. JurBüro 1984, 869; OLG München MDR 1997, 597 = Rpfleger 1997, 407; OLG Naumburg FamRZ 2006, 1473; VGH Mannheim KostRspr BRAGO § 19 Nr. 30; VGH NRW RVGreport 2020, 254.
[132] BVerfG RVGreport 2016, 253 mAnm *Hansens;* OLG Brandenburg BRAGOreport 2003, 199 = MDR 2003, 1202; VGH NRW RVGreport 2020, 254.
[133] OLG Naumburg FamRZ 2008, 1969.
[134] OLG Frankfurt a. M. OLGR 2006, 940 = RVGreport 2006, 303; JurBüro 1984, 869; OLG Koblenz MDR 1996, 862; OLG München MDR 1997, 597 = Rpfleger 1997, 407; OLG Saarbrücken OLGR 2009, 422 = RVGreport 2009, 214; OLG Schleswig OLGR 2002, 466 = KostRspr BRAGO § 19 Nr. 218 mAnm *N. Schneider;* OVG Schleswig NJW 2007, 2204; HessFG EFG 1988, 388.
[135] BVerfG RVGreport 2016, 253 mAnm *Hansens.*
[136] OLG Schleswig OLGR 2002, 466 = AGS 2003, 160.
[137] OLG Schleswig OLGR 2002, 466 = AGS 2003, 160.
[138] LAG RhPf AGS 2012, 23.
[139] *N. Schneider* Anm. zu LAG RhPf AGS 2012, 23.

Zur besonderen Situation bei der Verjährung → Rn. 178 ff.

d) Widersprüchliche Einwendungen. In sich widersprüchliche Einwendungen sind nicht per se unbeachtlich.[140] Das Gegenteil ergibt sich auch nicht aus einer Entscheidung von OLG Hamburg.[141] Zwar wird dort auch auf die Widersprüchlichkeit des Vortrags hingewiesen. Ausschlaggebend war aber, dass bis zum Schluss kein konkreter Vortrag für den zuletzt behaupteten Gebührenverzicht erfolgt ist. Allenfalls in ganz krassen Fällen und nach einem entsprechenden Hinweis, ohne dass der Widerspruch aufgelöst wird, kann der Schluss gezogen werden, dass die Einwendungen offensichtlich aus der Luft gegriffen sind. **121**

e) Aus den Akten widerlegbare Einwendungen. Weist der RA oder das Gericht jedoch darauf hin, dass sich aus der Akte das Gegenteil zum Vortrag des Antragstellers ergibt, zB aus Schreiben des Auftraggebers, und kann der Auftraggeber nichts halbwegs Plausibles zur Auflösung des Widerspruchs beitragen, so ist die Einwendung als offensichtlich aus der Luft gegriffen nicht zu beachten.[142] **122**

Beispiel:
Ist der Auftrag bestritten, die Partei aber mit dem RA im Termin erschienen, so wird in der Rspr. im Regelfall von einem Auftrag ausgegangen.[143]

Anders ist es, wenn die Gebühren des Terminsvertreters angegriffen sind. Hier kann es durchaus sein, dass trotz der Anwesenheit keine ausreichenden Anhaltspunkte für einen zumindest stillschweigenden Auftrag gegeben sind. Der Auftrag kann auch vom Verfahrensbevollmächtigten im eigenen Namen gegeben sein. **123**

f) Zurückhaltender Gebrauch. Von den vorstehenden Möglichkeiten, Gebühren trotz nicht gebührenrechtlicher Einwendungen festzusetzen, ist zwar zurückhaltend Gebrauch zu machen.[144] Man muss aber die Zurückhaltung auch nicht übertreiben. Es muss nur sichergestellt sein, dass auch eine rechtsunkundige Person sich ohne anwaltliche Hilfe verteidigen kann. Ein gewisses Maß an tatsächlichem Vortrag zur Substantiierung oder zur Aufklärung von Widersprüchen zum Akteninhalt kann auch ein Laie leisten. Maßstab muss, jedenfalls bei dem sich selbst verteidigenden Auftraggeber, immer sein, ob eine rechtsunkundige Person ohne weiteres zu einem Vortrag in der Lage ist. Zu weitgehend ist es, wenn neuerdings verlangt wird,[145] dass im Festsetzungsverfahren grds. die Schlüssigkeit eines nicht gebührenrechtlichen Einwands geprüft werden soll und lediglich eine Beweiserhebung zu unterbleiben hat. Dies ist mit dem Wortlaut und der Zielrichtung des § 11 Abs. 5 RVG unvereinbar. **124**

g) Verhältnis zur Vergütungsklage. Hat der Auftraggeber gegenüber der Gebührenklage geltend gemacht, dass sie unzulässig sei, da nicht gebührenrechtliche Einwendungen nicht erhoben worden seien, so kann er trotzdem später im Vergütungsfestsetzungsverfahren noch nicht gebührenrechtliche Einwendungen geltend machen.[146] **125**

h) Hinweispflicht des Gerichts, → Rn. 214 ff. **126**

i) Tipp für RA. Einerseits reicht es nicht, durch noch so umfangreiche Schriftsätze eine nicht gebührenrechtliche Einwendung zu widerlegen. Diese Mühe kann daher erspart werden.[147] Andererseits sollte der RA jedoch sehr gründlich prüfen, ob nicht doch ein Fall gegeben ist, in dem die Rspr. eine nicht gebührenrechtliche Einwendung wegen offensichtlicher Haltlosigkeit unbeachtet lässt. Da in dieser Beziehung von Gericht zu Gericht und sogar innerhalb eines Spruchkörpers unterschiedliche Handhabungen zu finden sind – teilweise wird eine Festsetzung sehr schnell wegen einer nicht gebührenrechtlichen Einwendung abgelehnt, teilweise begeben sich Gerichte in eine intensivere Prüfung der Begründetheit einer nicht gebührenrechtlichen Einwendung –, sollte nicht vorschnell der Versuch, im Wege des Festsetzungsverfahrens einen Titel zu bekommen, aufgegeben werden. Dabei ist auch zu beachten, dass das Verfahren im ersten Rechtszug kostenfrei ist und in der Beschwerdeinstanz das Kostenrisiko auch gering ist, nachdem keine Kostenerstattung mehr stattfindet (Abs. 2 S. 6) und somit **127**

---

140 VGH München NJW 2008, 2203.
141 OLG Hamburg JurBüro 2000, 144.
142 Schneider/Wolf/*N. Schneider* RVG § 11 Rn. 192.
143 OLG Koblenz AnwBl 2005, 76 = JurBüro 2004, 593.
144 Gerold/Schmidt/*von Eicken,* 16. Aufl. 2004, RVG § 11 Rn. 58; *Mümmler* JurBüro 1992, 680.
145 *Römermann* NJW 2012, 2635.
146 Schneider/Wolf/*N. Schneider* RVG § 11 Rn. 361.
147 HBS VergütungsR/*Hansens* Teil 4 Rn. 180.

im Falle einer Zurückweisung neben gerichtlichen Auslagen nur eine Gerichtsgebühr gem. KV 1812 GKG[148] iHv 66,– EUR anfällt.

5. Einzelfälle

128 **a) Anrechnung,** → Rn. 189 ff.

129 **b) Aufklärungspflichtverletzung. Nicht gebührenrechtliche Einwendung.** Rügt der Mandant, über die Gebühren nicht aufgeklärt worden zu sein, so ist dies eine nicht gebührenrechtliche Einwendung.[149]

130 **Offensichtlich unbegründet.** Hier kommt aber dennoch im Einzelfall eine Festsetzung wegen offenkundiger Unbegründetheit in Betracht, so etwa wenn vorgetragen wird, der RA habe hinsichtlich eines gerichtlichen Verfahrens nicht von sich aus darauf hingewiesen, dass dort mehrere Gebühren anfallen können.[150] Es ist allgM, dass der RA grds. keine Aufklärungspflicht hinsichtlich der Gebühren hat (→ § 1 Rn. 143).

131 **§ 49b Abs. 5 BRAO.** Anders ist es aber bei Gebühren, die sich nach dem Gegenstandswert richten. Die Rüge, der RA habe den Hinweis nach § 49b Abs. 5 BRAO unterlassen, ist ein nicht gebührenrechtlicher Einwand,[151] auch → § 1 Rn. 147 ff.

132 **Unabhängig von § 49b Abs. 5 BRAO** ist der Einwand der fehlenden Aufklärung zu beachten, wenn besondere Umstände hinzukommen. Es ist deshalb zutreffend, wenn der Einwand der verletzten Aufklärungspflicht berücksichtigt wurde in einem Fall,

- in dem der RA nicht darauf hingewiesen haben soll, dass der Mandant bei Versagung der PKH die Gebühren selbst tragen muss.[152] Der Einwand steht auch der Festsetzung der Gebühren gem. VV 3335 RVG für das PKH-Bewilligungsverfahren entgegen,[153]
- in dem der RA es unterlassen haben soll, auf die Kostenbelastung und kostengünstigere Möglichkeiten (PKH) hinzuweisen, obwohl eine PKH-Bewilligung bei den konkreten Einkommensverhältnissen nicht ganz unwahrscheinlich war[154] bzw. der Auftraggeber mittellos war,[155]
- in dem der RA nicht darauf hingewiesen haben soll, dass eine Kostenerstattung gem. § 12a ArbGG ausgeschlossen ist, es sei denn die Partei ist vom Arbeitsgericht mit einem Merkblatt hierauf hingewiesen worden oder hat in sonstiger Weise davon positive Kenntnis erhalten,[156]
- in dem der RA den Eindruck erweckt haben soll, dass erneute Gebühren nicht anfallen, weil der neue RA dem Auftraggeber vorher geschrieben hatte, er hätte das Mandant in der Vergangenheit für den seinerzeitigen, erkrankten Verfahrensbevollmächtigten des Auftraggebers geführt und sei bereit, den Kläger weiter zu vertreten,[157] auch → § 1 Rn. 144.

133 **c) Aufrechnung,** → Rn. 189 ff.

134 **d) Auftrag und Vollmacht.** ***aa) Auftrag.*** **Nicht gebührenrechtliche Einwendung.** Das Bestreiten des Auftrags ist eine nicht gebührenrechtliche Einwendung. Ob überhaupt ein Auftrag erteilt wurde bzw. ob ihn gerade der als Antragsgegner in Anspruch Genommene erteilt hat, ist keine Frage des Gebührenrechts, sondern des allgemeinen Vertragsrechts. Dass die Entstehung des Vergütungsanspruchs von ihr abhängt, macht die Einwendung nicht zu einer gebührenrechtlichen.[158]

135 Dasselbe gilt, **wenn bestritten ist**

---

148 OLG Köln AnwBl 1981, 285 = JurBüro 1981, 896.

149 LAG Hmb MDR 1987, 962; OLG Koblenz AnwBl 1988, 64; Schneider/Wolf/*N. Schneider* RVG § 11 Rn. 209.

150 **AA** LAG BW Rpfleger 1980, 162, das eine Festsetzung abgelehnt hat, obgleich keine besonderen Umstände erkennbar waren.

151 OLG Saarbrücken RVGreport 2011, 231; OVG Schleswig NJW 2007, 2204; *Hansens* RVGreport 2004, 443 (450).

152 OLG Koblenz JurBüro 2006, 199; AnwBl 1998, 543 = JurBüro 1998, 307; LAG Hmb MDR 1987, 962; HBS VergütungsR/*Hansens* Teil 4 Rn. 283.

153 OLG Koblenz JurBüro 1986, 1668 = MDR 1986, 1038.

154 OLG Brandenburg Rpfleger 1996, 41; HBS VergütungsR/*Hansens* Teil 4 Rn. 177.

155 OLG Koblenz AnwBl 1998, 543 = JurBüro 1998, 307.

156 LAG Düsseldorf NZA-RR 2004, 433 = AGS 2004, 148.

157 OLG Koblenz AnwBl 1988, 64.

158 OLG Koblenz AnwBl 2005, 76 = JurBüro 2004, 593; VG Düsseldorf Rpfleger 1983, 125; VGH München KostRspr BRAGO § 19 Nr. 122 = BayVBl. 91, 221; *Hansens* RVGreport 2009, 381 Ziff. III 2 gegen OLG Saarbrücken RVGreport 2009, 381; *N. Schneider* gegen OLG Saarbrücken AGS 2009, 491.

– dass der Inhalt oder Umfang des Auftrags die geltend gemachten Kosten abdeckt,[159]
– dass der RA, der den Rechnung stellenden RA (zB den Terminsvertreter) beauftragt hat, dies im Namen des Auftraggebers getan hat bzw. berechtigt war, dies im Namen des Auftraggebers zu tun,[160]
– dass ein unbedingter Auftrag erteilt wurde bzw. dass die Bedingung eingetreten ist,[161] etwa weil ein Verfahrensauftrag nur für den Fall der Gewährung von PKH erteilt worden sei,[162]

oder **behauptet wird,**

– dass der Auftrag telefonisch dem RA wieder entzogen wurde; dieser Einwand bleibt auch dann relevant, wenn keine näheren Angaben zum Zeitpunkt des Telefongesprächs gemacht werden,[163]
– dass die GmbH keinen Auftrag erteilt habe, da der vermeintliche Geschäftsführer nicht wirksam zum Geschäftsführer bestellt worden sei.[164]

Aus der Akte widerlegbar. Die Einwendung steht aber einer Festsetzung nicht entgegen, wenn sich aus der Akte ein Auftrag ergibt → Rn. 122. 136

bb) Vollmacht. Dass eine Vollmacht erteilt wurde, hindert den Mandanten nicht, einen Auftrag zu bestreiten. Denn die Vollmacht ist im Innenverhältnis einschränkbar[165] oder kann bereits vor Erteilung des Auftrags erteilt sein.[166] Das gilt auch, wenn der Berufungsanwalt seinen Auftrag von dem erstinstanzlichen Verfahrensbevollmächtigten herleitet. Auch insoweit kann dessen Vollmacht eingeschränkt sein.[167] § 83 ZPO gilt nur im Verhältnis zum Gegner und zum Gericht.[168] 137

Auslegung der Vollmachtsrüge. Rügt der Mandant, eine Vollmacht erteilt zu haben, so wird dies in aller Regel dahin zu verstehen sein, dass er einen Auftrag bestreiten will. 138

Vollmacht für die zweite Instanz. Wendet der Mandant ein, der RA habe für die zweite Instanz keine Vollmacht gehabt, so ist dies hinsichtlich der Vollmacht offensichtlich unbegründet, wenn eine Vollmacht für die erste Instanz vorliegt, da diese gem. § 81 ZPO auch die zweite Instanz erfasst.[169] Das damit zugleich vorgetragene Bestreiten eines Auftrags bleibt jedoch relevant. 139

cc) Aufklärungspflicht des Auftraggebers. Allerdings ist in bestimmten Fällen eine Erklärung des Auftraggebers erforderlich, warum Vollmacht und Auftrag divergieren, andernfalls alles für einen Auftrag spricht und die Einwendung als offensichtlich unbegründet nicht zu beachten ist. Das ist zB der Fall, wenn die vorgelegte Vollmacht sich auf die Verteidigung gegen eine bereits ergangene Verwaltungsentscheidung[170] oder Klageerhebung richtet. Das Gericht muss zu einer Aufklärung auffordern. 140

e) Einigungsgebühr, → Rn. 54 ff., 158. 141

f) Erbe, → Rn. 24, 39. 142

g) Erfüllung, → Rn. 189 ff. 143

h) Fälligkeit. Die Rüge, der Vergütungsanspruch sei gem. § 8 Abs. 1 RVG nicht fällig, ist eine gebührenrechtliche, da sich die Fälligkeit aus dem RVG ergibt.[171] Fehlt die Fälligkeit, so ist der Antrag für beide Seiten unzulässig (Abs. 2 S. 1). Vor Fälligkeit kann der Antrag auch nicht mit der Begründung gestellt werden, es sei zu besorgen, dass sich der Auftraggeber später seiner Verpflichtung entziehen werde. 144

i) Gebührenteilung. Es kommt darauf an, ob die Gebührenvereinbarung nur das Innenverhältnis der Anwälte regelt oder ob auch die Haftung des Mandanten betroffen sein soll, er 145

---

[159] OLG Düsseldorf JurBüro 1994, 425.
[160] LAG Düsseldorf AnwBl 2000, 631 = KostRspr BRAGO § 19 Nr. 185 mAnm *N. Schneider.*
[161] OVG Lüneburg KostRspr BRAGO § 19 Nr. 149.
[162] KG AnwBl 1982, 375 = JurBüro 1982, 1185 mAnm *Mümmler* = Rpfleger 1982, 310; OLG Koblenz JurBüro 1994, 732.
[163] BVerfG RVGreport 2016, 253 mAnm *Hansens;* OLG Brandenburg BRAGOreport 2003, 199 = MDR 2003, 1202.
[164] **AA** wohl OLG Hamburg JurBüro 1985, 1190 = MDR 1985, 774 = KostRspr BRAGO § 19 Nr. 80 mAnm *Lappe.*
[165] VGH München KostRspr BRAGO § 19 Nr. 122 = BayVBl. 91, 221.
[166] VG Düsseldorf Rpfleger 1983, 125.
[167] OLG Frankfurt a. M. JurBüro 1982, 227; Schneider/Wolf/*N. Schneider* RVG § 11 Rn. 206.
[168] Thomas/Putzo/*Hüßtege* ZPO § 83 Rn. 3.
[169] OLG Koblenz AnwBl 1989, 678.
[170] VG Düsseldorf Rpfleger 1983, 125.
[171] HBS VergütungsR/*Hansens* Teil 4 Rn. 160; Schneider/Wolf/*N. Schneider* RVG § 11 Rn. 188.

also jedem RA nur schulden soll, was diesem im Innenverhältnis zusteht. Zwar handelt es sich in beiden Fällen um nicht gebührenrechtliche Einwendungen. Im ersten Fall ist sie jedoch irrelevant, da sie auf das Verhältnis zum Mandanten keine Auswirkung hat.[172]

146 **Regelfall.** In aller Regel vereinbaren der Verfahrensbevollmächtigte und der Terminsvertreter bzw. Verkehrsanwalt nur für das Verhältnis unter einander Gebührenteilung.[173] Der Auftraggeber soll davon nicht betroffen sein. In den meisten Fällen erfährt der Auftraggeber hiervon auch nichts. In den allerseltensten Fällen wird der Auftraggeber um seine Zustimmung gebeten. Der Einwand kann daher nur relevant sein, wenn der Mandant Umstände vorträgt, aus denen sich ergibt, dass die Vereinbarung ausnahmsweise auch für ihn Außenwirkung haben könnte. Dafür reicht ein Vortrag, der Mandant habe der Teilungsvereinbarung zugestimmt.[174] Dann ist nicht mehr im Vergütungsfestsetzungsverfahren zu prüfen, ob tatsächlich eine Außenwirkung vereinbart wurde. Werden keine besonderen Umstände vorgetragen, ist davon auszugehen, dass der Auftraggeber den Anwälten Gebühren schuldet, wie es das Gesetz vorsieht. Entsprechend ist festzusetzen.

147 **Teilweise Festsetzung bei Beachtlichkeit.** Soweit der Einwand der Gebührenteilung nach den obigen Ausführungen überhaupt relevant ist, bewirkt er nur, dass zu Gunsten des Anwalts lediglich die Hälfte der Vergütung festsetzen ist. Er ist dann im Regelfall dahin zu verstehen, dass jedem RA nur die Hälfte der Kosten zustehen soll. Eine Hälfte kann daher zuerkannt werden.[175]

148 **j) Gegenstandswert,** → Rn. 237 ff.

149 **k) Gerichtskosten.** Ein gebührenrechtlicher Einwand ist gegeben, wenn der Auftraggeber gegen vom RA bezahlte und als zu ersetzende Aufwendungen angemeldete Gerichtskosten geltend macht, dass dem RA ein Teil zurückgezahlt worden sei, etwa weil die Klage zurückgenommen wurde.[176]

150 **l) Haftung eines Dritten.** Macht der Antragsgegner geltend, ausschließlich ein Dritter hafte, so ist das eine nicht gebührenrechtliche Einwendung. Das kann zB sein, weil er behauptet,

– ein Dritter habe **im eigenen Namen** den RA beauftragt,
– ein Dritter habe die **Schuld übernommen,** womit sich der RA einverstanden erklärt habe;[177] diese Einwendung steht auch dann einer Festsetzung entgegen, wenn nach dem Akteninhalt eine solche Zustimmung unwahrscheinlich ist,[178]
– die Anwaltskosten im Zusammenhang mit der **Betriebsratswahl** habe der Arbeitgeber und nicht das Vorstandsmitglied des Betriebsrats zu tragen.[179] Diese Einwendung kann auch nicht von vornherein verworfen werden,[180] nachdem der Arbeitgeber diese im Einzelfall tatsächlich zu tragen hat, wenn nämlich das Vorstandsmitglied die Beauftragung des Anwalts für erforderlich halten durfte,
– es bestehe eine **Rechtsschutzversicherung.** Diese Einwendung bleibt jedoch unberücksichtigt, da ganz offensichtlich ist, dass eine Rechtschutzversicherung nichts daran ändert, dass der RA einen Anspruch gegen seinen Mandanten hat (→ Rn. 120).[181] Anders ist es, wenn behauptet wird,
die Rechtsschutzversicherung habe bereits bezahlt[182]
oder es sei vereinbart worden, dass der RA zunächst versuchen werde, Zahlung beim Versicherer zu erwirken, was er nicht getan habe,[183]

---

172 OLG Karlsruhe AnwBl 1992, 453 = JurBüro 1992, 740; HBS VergütungsR/*Hansens* Teil 4 Rn. 171.

173 M. JurBüro 1984, 869; OLG Hamm JurBüro 1992, 94; OLG Karlsruhe JurBüro 1992, 740; HBS VergütungsR/*Hansens* Teil 4 Rn. 171; **aA** OLG Koblenz JurBüro 1992, 239 = Rpfleger 1992, 84; OLG München MDR 1997, 597 = Rpfleger 1997, 407, wonach im Regelfall nur die Hälfte festzusetzen ist.

174 **AA** OLG Hamm JurBüro 1992, 94.

175 OLG München MDR 1997, 597 = Rpfleger 1997, 407.

176 HBS VergütungsR/*Hansens* Teil 4 Rn. 160.

177 OLG Düsseldorf Rpfleger 1994, 82.

178 OLG Düsseldorf Rpfleger 1994, 82.

179 Schneider/Wolf/*N. Schneider* RVG § 11 Rn. 218.

180 LAG Hamm MDR 1985, 789.

181 LAG BW Rpfleger 1982, 485, allerdings mit unzutreffender Begr., weil es OLG Hamm JurBüro 1971, 527 = Rpfleger 1971, 266 missverstanden hat; LAG Frankfurt a. M. AGS 2015, 395; AG Köln AGS 2008, 35 mzustAnm *N. Schneider;* Schneider/Wolf/*N. Schneider* RVG § 11 Rn. 230; HBS VergütungsR/*Hansens* Teil 4 Rn. 175.

182 LAG BW Rpfleger 1982, 485.

183 HBS VergütungsR/*Hansens* Teil 4 Rn. 175; Schneider/Wolf/*N. Schneider* RVG § 11 Rn. 230.

– mit dem RA sei **vereinbart** worden, dass er zuerst versuchen werde, vom **erstattungspflichtigen Gegner** Zahlung zu erhalten.[184] In diesem Fall besteht ein Hindernis nur hinsichtlich des Teils, für den der Gegner erstattungspflichtig ist. Außerdem ist der Einwand so zu verstehen, dass der RA nach einer vergeblichen Aufforderung zu zahlen, sich wieder an seinen Mandanten halten darf. Hat der RA also einen Kostenfestsetzungsbeschluss erwirkt und hat er unbestritten behauptet, trotz einer Zahlungsaufforderung keine Zahlung erhalten zu haben, so hat eine Festsetzung zu seinen Gunsten zu erfolgen. Dasselbe gilt, wenn die Partei selbst durch eine Aufrechnung mit ihrem Erstattungsanspruch gegen eine Forderung des Gegners es unmöglich gemacht hat, dass der RA vom Gegner Zahlungen erhält.[185] Geht der Vortrag nur dahin, der RA solle Zahlung vom unterlegenen und zur Kostentragung verurteilten Gegner verlangen, **ohne dass eine Absprache behauptet wird,** dass der RA sich zunächst an diesen zu halten hat, ist dieser Einwand nicht zu beachten. Er ist ganz offensichtlich unbegründet (→ Rn. 120). Dass der Mandant einen Erstattungsanspruch hat, betrifft nach ganz einhM nur das Verhältnis zum Gegner, nicht aber zum RA, sodass dessen Vergütungsanspruch bestehen bleibt.

m) Hinweis gem. § 49b Abs. 5 BRAO. Die Behauptung, der RA habe einen Hinweis unterlassen, stellt einen außergebührenrechtlichen Einwand dar, der einer Vergütungsfestsetzung entgegensteht.[186] 151

n) Insolvenz des Mandanten. Wird gegen den Mandanten das Insolvenzverfahren eröffnet, so darf kein auf Zahlung gerichteter Vergütungsfestsetzungsbeschluss ergehen. Im Rahmen des Verfahrens des § 11 RVG kann jedoch die Feststellung des Vergütungsanspruchs zur Insolvenztabelle begehrt werden.[187] 152

o) Mehrere Anwälte, → Rn. 17 ff. 153

p) Mehrere Auftraggeber. Gebührenrechtliche Einwendung. Wendet der Mandant ein, er hafte nur für die Hälfte der insgesamt angefallenen Anwaltskosten, weil er zusammen mit einem weiteren Auftraggeber von dem RA vertreten worden sei, so ist dies wegen § 7 Abs. 2 RVG zum einen ein gebührenrechtlicher[188] und zum anderen ein fehlgehender Einwand, da gem. § 7 Abs. 2 RVG unabhängig von einem weiteren Auftraggeber jeder gegenüber dem RA so haftet, als hätte er den RA allein beauftragt. 154

Nicht gebührenrechtliche Einwendung. Hingegen handelt es sich um eine nicht gebührenrechtliche Einwendung, wenn der Auftraggeber behauptet, 155

– der andere Auftraggeber habe bereits mehr als den Mehrvertretungszuschlag gezahlt,
– der RA habe ihm zugesagt, dass er nur die Hälfte der insgesamt anfallenden Kosten tragen müsse,[189]
– der RA hätte den Auftraggeber aufklären müssen, dass er nicht nur die Hälfte zahlen müsse;[190] hier werden aber noch besondere Umstände hinzukommen müssen, etwa dass für den RA erkennbar war, dass insofern beim Mandanten eine Fehlvorstellung besteht. Ansonsten handelt es sich um eine offensichtlich unbegründete Einwendung, da ohne besondere Umstände feststeht, dass den RA keine Aufklärungspflicht trifft.

Einwendungen durch nur einen Auftraggeber. Erhebt nur einer von mehreren Auftraggebern nicht gebührenrechtliche Einwendungen (zB Schlechterfüllung), so erfolgt nur gegen ihn keine Festsetzung. Gegen den anderen ist in der Höhe festzusetzen, in der er die Vergütung schulden würde, wenn er den RA allein beauftragt hätte.[191] 156

q) Nachliquidation. Der Einwand, dass eine **Nachliquidation unzulässig** sei, ist ein gebührenrechtlicher.[192] Er steht einer Festsetzung nicht entgegen, da eine Nachfestsetzung grds. zulässig ist.[193] 157

---

[184] Schneider/Wolf/*N. Schneider* RVG § 11 Rn. 220.
[185] OLG Koblenz AGS 1995, 128 mkritAnm *von Eicken.*
[186] *Hansens* RVGreport 2004, 450; *Rick* AnwBl 2006, 648 (650) Ziff. III 1.
[187] OLG Karlsruhe FamRZ 2007, 321.
[188] Schneider/Wolf/*N. Schneider* RVG § 11 Rn. 203; **aA** OLG Naumburg MDR 2002, 238; Mayer/Kroiß/*Mayer* RVG § 11 Rn. 142 „anteilige Haftung", nicht gebührenrechtliche Einwendung, die zu Abweisung der Festsetzung führt.
[189] OLG Naumburg MDR 2002, 238 = AGS 2002, 40; Schneider/Wolf/*N. Schneider* RVG § 11 Rn. 203.
[190] OLG Naumburg MDR 2002, 238 = AGS 2002, 40.
[191] LG Kaiserslautern AGS 2007, 43 mzustAnm *N. Schneider;* Schneider/Wolf/*N. Schneider* RVG § 11 Rn. 199.
[192] KG JurBüro 1971, 1029 = Rpfleger 1972, 66 = AnwBl 1972, 24; HBS VergütungsR/*Hansens* Teil 4 Rn. 160.
[193] KG JurBüro 1971, 1029 = Rpfleger 1972, 66 = AnwBl 1972, 24.

158 **r) Nichterfüllung der gebührenrechtlichen Norm.** Macht der Mandant geltend, der Tatbestand der vom RA in Rechnung gestellten Gebühr sei nicht erfüllt, so ist dies eine gebührenrechtliche Einwendung. Hierher gehört zB der Einwand, dass

– eine **Mitwirkung des Anwalts an einer Einigung** nicht erfolgt bzw. nicht kausal gewesen sei,[194] und zwar unabhängig davon, ob die Tatsachen oder die Bewertung unstreitiger Tatsachen streitig sind.Die Mitwirkung bzw. Kausalität sind Voraussetzung, dass eine Einigungsgebühr überhaupt entstehen kann. Der Einwand ist nicht anders zu bewerten als der, dass ein Schriftsatz keinen Sachantrag oder -vortrag enthalte, weshalb keine volle Verfahrensgebühr angefallen sei. Dass hier uU sich nicht aus den Akten ergebende Vorgänge geprüft werden müssen, steht entgegen der teilweise in Rspr. und Lit. vertretenen Meinung[195] nicht entgegen (→ Rn. 103). Man kann nicht einem eindeutig zum Gebührentatbestand gehörenden Merkmal diese Eigenschaft absprechen, bloß weil es einmal schwierig ist, sein Vorliegen festzustellen. Einmal ganz davon abgesehen, dass, da Glaubhaftmachung genügt (→ Rn. 207), die Tatsachen gar nicht so schwer zu beurteilen sind.[196]
– die **Aussöhnung** ohne den RA zustande gekommen sei,[197]
– eine **Terminsgebühr** durch **außergerichtliche Einigungsgespräche** nicht angefallen sei, da derartige Gespräche nicht stattgefunden hätten. In all diesen Fällen ist die Gebühr festzusetzen, wenn der RA im Festsetzungsverfahren glaubhaft machen kann, dass ihre Voraussetzungen erfüllt sind.

159 **s) Pauschgebühr gem. § 42 RVG.** Zur Festsetzbarkeit dieser Gebühr → Rn. 52. Hat das OLG die Pauschgebühr festgesetzt, so kann wegen § 42 Abs. 4 RVG im Vergütungsfestsetzungsverfahren nicht mehr die Höhe angegriffen werden. Nichtgebührenrechtliche Einwendungen (zB Zahlung) kann der Auftraggeber aber erheben.[198]

160 **t) PKH.** ***aa) Gebührenrechtliche Einwendungen.*** Gebührenrechtliche Einwendungen sind gegeben, wenn behauptet wird,

– **§ 122 Abs. 1 Nr. 3 ZPO** stehe entgegen. Denn diese Vorschrift regelt ausschließlich den Gebührenanspruch des Anwalts und ist deshalb trotz ihres Standorts in der ZPO gebührenrechtlich. § 122 Abs. 1 Nr. 3 ZPO, der dem beigeordneten RA verbietet, die Vergütung gegen die Partei geltend zu machen, schließt eine Vergütungsfestsetzung aus, **solange die Prozesskostenhilfe nicht aufgehoben** worden ist.[199] Das gilt auch, wenn der PKH-berechtigte Mandant von einer vermögenden Person **beerbt** wird.[200] Der Erbe schuldet nur, was der Erblasser geschuldet hat. Das Gesetz kennt keine Nachzahlungsanordnung mehr und der Tod der bedürftigen Partei ist kein Aufhebungsgrund (§ 124 ZPO). Das Verbot des § 122 Abs. 1 Nr. 3 ZPO gilt jedoch nur für Vergütungen in dem **Umfang,** in dem die PKH bewilligt und der RA beigeordnet worden ist. Soweit PKH und Beiordnung abgelehnt wurde, kann der mit der Beantragung der PKH beauftragte RA seine Vergütung im Vergütungsfestsetzungsverfahren geltend machen. Zur Berechnung bei nur teilweiser Beiordnung → RVG VV 3335 Rn. 71. Zu Auslagen → Rn. 91 ff.
– § 149 FamFG stehe entgegen, da die PKH-Bewilligung sich auf alle Folgesachen erstrecke,[201]
– dass **PKH beantragt** ist. Der Festsetzungsantrag ist erst zulässig, wenn das Antragsverfahren abgeschlossen ist,[202]
– der RA dürfe grds. auch bei versagter PKH vom Mandanten keine Vergütung für das **Bewilligungsverfahren** verlangen.[203] Der Einwand ist unbegründet. Zur BRAGO wurde diese Einwendung teilweise als begründet angesehen, weil der RA, der PKH-Bewilligung

[194] BGH NJW-Spezial 2020, 443 = RVGreport 2020, 290 mzustAnm *Hansens;* KG JurBüro 2009, 35; OLG Köln JurBüro 2013, 87; *Hansens* Anm. zu OLG Brandenburg RVGreport 2019, 450; Schneider/Wolf/*N. Schneider* RVG § 11 Rn. 187; Hartung/Schons/Enders/*Enders* § 11 Rn. 55.

[195] OLG Brandenburg ZfS 2020, 42 = AGS 2020, 124 mzustAnm *N. Schneider* = RVGreport 2019, 450 mablAnm *Hansens;* OLG Frankfurt a. M. JurBüro 1987, 1799; KG JurBüro 1980, 72; Hartmann/Toussaint/*Toussaint* § 11 Rn. 83 „Vergleich".

[196] BGH NJW-Spezial 2020, 443 = RVGreport 2020, 290 mzustAnm *Hansens;* KG JurBüro 2009, 35; *Hansens* Anm zu OLG Brandenburg RVGreport 2019, 450.

[197] KG JurBüro 1971, 1029 = Rpfleger 1972, 66 = AnwBl 1972, 24.

[198] Schneider/Wolf/*N. Schneider* RVG § 11 Rn. 77.

[199] Musielak/Voit/*Fischer* ZPO § 122 Rn. 8.

[200] KG JurBüro 1986, 894 = Rpfleger 1986, 281; HBS VergütungsR/*Hansens* Teil 4 Rn. 107, 174.

[201] Schneider/Wolf/*N. Schneider* RVG § 11 Rn. 228.

[202] OLG Schleswig OLGR 2002, 466 = KostRspr BRAGO § 19 Nr. 218 mAnm *N. Schneider.*

[203] OLG Koblenz FamRZ 2004, 1743 Ls.

beantragt, kein Prozessbevollmächtigter iSv § 19 Abs. 1 S. 2 RVG sei. Nachdem in § 11 RVG der Bezug zu einem gerichtlichen Verfahren genügt und das Bewilligungsverfahren ein gerichtliches Verfahren ist, kann kein Zweifel an der Festsetzbarkeit mehr bestehen.[204] Wäre jedoch PKH gewährt worden, so würde der Einwand wegen § 122 Abs. 1 Nr. 3 ZPO durchgreifen.[205]

PKH nur gegen einen von mehreren Gegnern. Insgesamt kann keine Festsetzung erfolgen, wenn dem bedürftigen Beklagten PKH nur gegen einen von mehreren Klägern gewährt wurde, die Kläger denselben Anspruch geltend gemacht haben und alle Gebühren (auch) in Bezug auf die begünstigte Rechtsverteidigung angefallen sind. Der RA verdient die Gebühren nur einmal. Sie sind nicht teilbar.[206] 161

PKH für nur einen von mehreren Auftraggebern. Der RA kann von der bedürftigen Partei nichts verlangen. Hinsichtlich der wohlhabenden Partei bleibt es dabei, dass der RA gem. § 7 Abs. 2 S. 1 RVG die Vergütung so verlangen kann, wie sie ihm zustehen würde, wenn er ihn allein vertreten würde. 162

PKH nur für Teil des Gegenstands → RVG VV 3335 Rn. 74 ff. 163

bb) Nichtgebührenrechtliche Einwendungen. Sie liegen vor, wenn der Auftraggeber behauptet, 164
- der RA habe es unterlassen, ihn auf die Möglichkeit von PKH hinzuweisen,[207]
- der RA habe trotz Kenntnis der Bedürftigkeit des Mandanten nicht PKH beantragt.[208] In beiden Fällen wird Schlechterfüllung geltend gemacht,
- der Auftrag für das Hauptsacheverfahren sei nur unter der Bedingung der Bewilligung von PKH erteilt worden (→ Rn. 135),
- es sei vereinbart worden, dass die Kosten über PKH bzw. Beratungshilfe abgerechnet würden.[209]

u) Rechtshängigkeit, anderweitige. Wendet der Auftraggeber ein, der angemeldete Anspruch sei Gegenstand einer Vergütungsklage, so ist das nicht zu beachten, da das Verfahren gem. § 11 RVG Vorrang vor der Vergütungsklage hat.[210] 165

v) Schlechterfüllung. Nicht gebührenrechtlich sind alle Einwendungen, mit denen der Auftraggeber Schlechterfüllung des RA-Vertrages geltend macht.[211] Denn darin liegt die – jedenfalls stillschweigende – Behauptung, ihm sei ein Schadensersatzanspruch aus positiver Vertragsverletzung erwachsen, mit dem er gegen den Vergütungsanspruch aufrechne[212] bzw. der wegen § 242 BGB der Geltendmachung der Vergütung entgegenstehe. Hierher gehört zB der Einwand, der RA habe 166
- eine unzulässige Klage erhoben,[213]
- wesentliche, ihm bekannte Tatsachen nicht vorgetragen[214] bzw. eine maßgebliche Urkunde nicht vorgelegt, was zum Prozessverlust geführt habe,[215]
- das Mandat zur Unzeit gekündigt[216] bzw. niedergelegt, zB bevor er die Berufungsbegründung formuliert habe,[217]
- über die Erfolgsaussichten einer Berufung getäuscht, zumindest aber falsch beraten,[218]
- die Handakten nicht herausgegeben und damit eine sachgerechte Verteidigung gegen eine Klage unmöglich gemacht; dieser Einwand ist auch nicht offensichtlich unbegründet, da im

---

[204] Mayer/Kroiß/*Mayer* RVG § 11 Rn. 35.

[205] KG JurBüro 1982, 1185 = Rpfleger 1982, 310; OLG Koblenz AnwBl 2003, 180 = NJW-RR 2003, 575 = JurBüro 2002, 588; HBS VergütungsR/*Hansens* Teil 4 Rn. 174.

[206] OLG München AnwBl 1997, 237 = JurBüro 1995, 314 = Rpfleger 1995, 466; HBS VergütungsR/*Hansens* Teil 4 Rn. 174.

[207] OLG Bamberg JurBüro 1987, 386; OLG Brandenburg OLGR 1995, 152 = Rpfleger 1996, 41; OLG Koblenz MDR 1986, 1038 = KostRspr BRAGO § 19 Nr. 95 mAnm *Lappe*.

[208] OLG Koblenz NJW-RR 1998, 864 = AnwBl 1998, 543 = JurBüro 1998, 307; OLG Köln RVGreport 2014, 16 = AGK 2014, 15; LAG Bln-Bbg AGS 2012, 286.

[209] OLG Düsseldorf JurBüro 2011, 643 = AGS 2011, 494; OLG Naumburg RVGreport 2018, 170.

[210] KG JurBüro 1971, 1029 = Rpfleger 1972, 66 = AnwBl 1972, 24.

[211] OLG Schleswig OLGR 2002, 466 = AGS 2003, 160.

[212] OLG Köln AnwBl 1980, 155 = JurBüro 1980, 1179.

[213] Schneider/Wolf/*N. Schneider* RVG § 11 Rn. 233.

[214] OLG Koblenz KostRspr BRAGO § 19 Nr. 172.

[215] LG Berlin JurBüro 1996, 88.

[216] OLG Brandenburg RVGreport 2008, 418.

[217] OVG NRW Rpfleger 1986, 320; OLG Köln JurBüro 1986, 1666, Mandant hatte angekündigt, neuen RA nehmen zu wollen; HBS VergütungsR/*Hansens* Teil 4 Rn. 177.

[218] OLG Naumburg OLGR 2008, 762 = AGS 2009, 34.

Einzelfall der RA gehindert sein kann, sein Zurückbehaltungsrecht geltend zu machen. Ob ein solcher Fall vorlag, ist nicht im Vergütungsfestsetzungsverfahren zu prüfen.[219]

167 **Fehlende Substantiierung.** Gerade bei dem Einwand der Schlechterfüllung wird es häufig an dem zu fordernden Minimum an Substantiierung fehlen (→ Rn. 111 ff.).

168 **w) Stundung.** Die Berufung auf eine Stundung ist eine nicht gebührenrechtliche Einwendung.[220]

169 **Ratenzahlung.** Die Berufung auf eine Ratenzahlungsvereinbarung beinhaltet die Behauptung einer Stundung. Behauptet der Mandant jedoch nur, dass er regelmäßig Raten gezahlt habe, die der RA auch entgegengenommen habe, so steht das einer Festsetzung nicht entgegen. Aus der Entgegennahme und damit aus dem Vortrag ergibt sich keine stillschweigende Ratenzahlungsvereinbarung.[221]

170 **Tipp für den RA.** Bittet der Mandant um Ratenzahlung oder zahlt er nur ratenweise, ohne dass eine Ratenzahlungsvereinbarung getroffen ist, so empfiehlt es sich, dass der RA die Festsetzung der gesamten Vergütung beantragt, dem Mandanten aber zugleich anbietet, mit der Ratenzahlung einverstanden zu sein, wenn er diese Festsetzung hinnimmt. Dabei sollte jedoch auch vereinbart werden, dass der gesamte Restbetrag fällig wird, wenn der Mandant mit einer Rate in Rückstand gerät.

171 **x) Überhöhte Rechnung.** Der Einwand, die Gebührenrechnung sei zu hoch bzw. sei im Verhältnis zu früheren Berechnungen zu hoch, ist, soweit man darin überhaupt eine nicht gebührenrechtliche Einwendung erkennen will, völlig unsubstantiiert und damit unbeachtlich.[222] Als gebührenrechtliche Einwendung ist sie nicht mehr als eine Erinnerung daran, dass die richtige Berechnungsweise vom Gericht zu prüfen ist. Eine Einwendung gegen den Gegenstandswert iSv Abs. 4 beinhaltet dieser Vortrag nicht, es sei denn der Gegenstandswert wird gleichzeitig angegriffen. Zu den Folgen in diesem Fall → Rn. 237 ff.

172 **y) Unentgeltlichkeit.** Der Einwand, der RA habe versprochen, unentgeltlich tätig zu werden, ist ein nicht gebührenrechtlicher. Das gilt auch, wenn eingewandt wird, der Anwalt habe aus den Umständen auf eine Bevollmächtigung zu einer gebührenfreien Vertretung (zB kollegialiter) schließen müssen.[223]

173 **z) Unnötige Kosten.** Der Einwand, der RA habe unnötige Kosten verursacht, ist ein nicht gebührenrechtlicher.[224] Denn es wird entweder ein fehlender Antrag oder eine Schlechterfüllung behauptet, die über § 242 BGB bzw. durch eine inzidenter erklärte Aufrechnung mit einem Schadensersatzanspruch der Geltendmachung dieser Kosten entgegensteht.

Beispiel:
Der Mandant wendet ein, ein Antrag auf Zurückweisung der Berufung sei unnötig gewesen, nachdem eine Berufungsbegründung noch nicht vorgelegen habe.[225]

174 Hier ist wieder zu beachten, dass ganz unsubstantiierte oder haltlose Einwendungen nicht zu beachten sind.

175 Bei Auslagen handelt es sich aber um eine gebührenrechtliche Einwendung, wenn, wie zB in VV 7000 Nr. 1c RVG die Notwendigkeit Voraussetzung für einen Anspruch des Anwalts ist.

176 **z1) Vereinbarungen zur Vergütung. Vergütungsvereinbarung.** Behauptet der Mandant, es sei eine Vergütungsvereinbarung getroffen worden, so ist dies eine nicht gebühren-rechtliche Einwendung,[226] die immer zu beachten ist. Das gilt auch, wenn der Auftraggeber behauptet, es seien höhere als die gesetzlichen Gebühren vereinbart worden. Gem. § 11 kann nur die gesetzliche und nicht auch eine vereinbarte Vergütung festgesetzt werden (→ Rn. 44).[227] Es genügt die Behauptung einer Vergütungsvereinbarung. Ob eine solche tat-

---

[219] OLG Köln JurBüro 1986, 1666.
[220] OLG Koblenz AGS 2002, 187; OLG Naumburg RVGreport 2017, 50 = AGS 2017, 117; Schneider/Wolf/*N. Schneider* RVG § 11 Rn. 234.
[221] OLG Koblenz MDR 2004, 1083 = RVG-Berater 2005, 55.
[222] LG Bonn KostRspr BRAGO § 19 Nr. 193; Schneider/Wolf/*N. Schneider* RVG § 11 Rn. 195.
[223] LAG Düsseldorf AnwBl 2000, 631 = KostRspr BRAGO § 19 Nr. 185 mAnm *N. Schneider.*
[224] OLG Koblenz JurBüro 2011, 596.
[225] AnwBl 1989, 678 = JurBüro 1990, 45 = Rpfleger 1989, 477; Schneider/Wolf/*N. Schneider* RVG § 11 Rn. 221.
[226] OLG Bamberg JurBüro 1988, 1335; OLG Celle AnwBl 1985, 650; LAG Köln AGS 2014, 512; VGH Kassel NJW 2007, 3738.
[227] OVG Bremen JurBüro 1984, 1181; OLG Frankfurt a. M. Rpfleger 1989, 303; HBS VergütungsR/*Hansens* Teil 4 Rn. 172.

sächlich getroffen wurde, ist nicht im Vergütungsfestsetzungsverfahren, sondern im Zivilprozess zu prüfen.[228]

Ratenzahlungsvereinbarung → Rn. 169ff. **Gebührenteilung** → Rn. 145ff. **Unentgeltlichkeit** → Rn. 172. 177

z2) Verjährung. ***aa) Rechtscharakter der Einwendung.*** Die Verjährung ergibt sich aus dem BGB. Wird daher Verjährung eingewandt, so handelt es sich um eine nicht gebührenrechtliche Einwendung. Daran ändert § 8 Abs. 2 RVG nichts, da er nur die Verjährungsvorschriften des BGB hinsichtlich der Hemmung modifiziert, sich aber aus ihm nicht ergibt, dass überhaupt eine Verjährung eingetreten sein kann.[229] In der Praxis prüfen jedoch viele Gerichte, ob Verjährung gegeben ist[230] (wohl deshalb, weil diese Prüfung in vielen Fällen sehr einfach ist). 178

Hemmung. Soweit Hemmung gem. §§ 203ff. BGB geltend gemacht wird, handelt es sich ebenfalls um nicht gebührenrechtliche Einwendungen. Geht es allerdings nur darum, ob die Voraussetzungen für eine Hemmung der Verjährung gem. § 8 Abs. 2 RVG oder § 11 Abs. 7 RVG gegeben sind, so handelt es sich um eine gebührenrechtliche Einwendung.[231] Diese kann der Rechtspfleger auch an Hand der Akten prüfen. 179

Allgemein gehaltener Verjährungseinwand. Meistens wird ganz allgemein Verjährung eingewandt, ohne dass dargelegt wird, warum Verjährung gegeben sein soll. In diesen Fällen ist insgesamt eine nicht gebührenrechtliche Einwendung anzunehmen.[232] 180

bb) Prüfungsumfang. Die Frage, ob eine gebührenrechtliche oder nicht gebührenrechtliche Einwendung vorliegt, hat letztlich keine große praktische Bedeutung. In vielen Fällen ist die Verjährung sehr leicht zu überprüfen. In der Praxis erfolgt daher – zu Recht – in großem Umfang eine Überprüfung der Verjährung und zwar auch, soweit eine nicht gebührenrechtliche Einwendung angenommen wird. So wurde der Verjährungseinwand für unbeachtlich angesehen, 181

– weil sich aus den unstreitigen Daten in der Akte dessen offensichtliche Unbegründetheit ergibt,[233]
– weil keinerlei Zweifel bestehen kann, dass nicht verjährt ist, weshalb der Einwand aus der Luft gegriffen ist.[234]

Das LAG Düsseldorf hat eine Festsetzung abgelehnt in einem Fall, in dem ohne weitere Recherchen nicht eindeutig war, ob Verjährung eingetreten war. In dem Fall kam es darauf an, ob der Festsetzungsantrag früher als nach dem Eingangstempel anzunehmen bei Gericht eingegangen war.[235] Die Entscheidung ist nicht zutreffend, da es nur um eine gebührenrechtliche Frage (Abs. 7) ging, die im Festsetzungsverfahren zu prüfen ist. 182

Im Übrigen zur Verjährung → § 8 Rn. 33ff.

cc) Hemmung durch Vergütungsfestsetzungsantrag. Neben den in §§ 203ff. BGB und in § 8 Abs. 2 RVG vorgesehenen Hemmungsgründen wird die Verjährung der Vergütung gem. Abs. 7 auch durch den Antrag auf Vergütungsfestsetzung gehemmt. 183

Antragseingang genügt. Es genügt, dass der Antrag bei Gericht eingeht. Es ist nicht erforderlich, dass der Antrag dem Auftraggeber zugeleitet oder gar zugestellt wird.[236] Anders als bei der Klage, bei der es auf die Erhebung ankommt (§ 204 Abs. 1 Nr. 1 BGB), also auf die Zustellung der Klageschrift (§ 253 Abs. 1 ZPO), stellt Abs. 7 nur auf den Antrag ab. Dies ist auch gerechtfertigt, da häufig Festsetzungsanträge erst erheblich später dem Auftraggeber mitgeteilt werden (zB weil die Akte sich bei einem anderen Gericht befindet), dies aber nicht zu Lasten des Anwalts gehen darf. 184

Unwirksamer und unzulässiger Antrag. Ein unwirksamer (zB nicht unterschriebener) Antrag löst die Hemmung nicht aus, wohl aber ein nur unzulässiger Antrag. Dies ist für die 185

---

[228] LAG Köln AGS 2014, 512; *Hansens* RVGreport 2008, 449 (451).

[229] OLG Köln JurBüro 1998, 201 = KostRspr BRAGO § 19 Nr. 162 mAnm *N. Schneider;* OLG Köln JurBüro 1986, 1525; LAG Brem JurBüro 2000, 362; LAG Düsseldorf JurBüro 1992, 799; HBS VergütungsR/*Hansens* Teil 4 Rn. 179; diff. Schneider/Wolf/*N. Schneider* RVG § 11 Rn. 242.

[230] Schneider/Wolf/*N. Schneider* RVG § 11 Rn. 240.

[231] Schneider/Wolf/*N. Schneider* RVG § 11 Rn. 242.

[232] OLG Köln JurBüro 1986, 1525; LAG Brem JurBüro 2000, 362.

[233] LAG Brem JurBüro 2000, 362; ähnlich OLG Köln JurBüro 1998, 201 = KostRspr BRAGO § 19 Nr. 162 mAnm *N. Schneider.*

[234] OLG Köln JurBüro 1986, 1525; HBS VergütungsR/*Hansens* Teil 4 Rn. 179.

[235] LAG Düsseldorf JurBüro 1992, 799.

[236] BGH NJW 1981, 825 = AnwBl 1981, 66 = JurBüro 1981, 369; Gerold/Schmidt/*von Eicken,* 16. Aufl. 2004, RVG § 11 Rn. 100; Mayer/Kroiß/*Gierl* RVG § 8 Rn. 59; Schneider/Wolf/*N. Schneider* RVG § 11 Rn. 323.

Klageerhebung gem. § 204 Abs. 1 Nr. 1 BGB anerkannt.[237] Es gibt keinen Grund, warum für den Festsetzungsantrag etwas anderes gelten sollte.

186 **Umfang der Hemmung.** Die Hemmung greift nur für die Ansprüche ein, die in dem Festsetzungsantrag geltend gemacht werden. Vergisst der RA zB eine Aussöhnungsgebühr oder Reisekosten, so ist für diese die Verjährung nicht gehemmt.[238] Allerdings kann durch einen Nachfestsetzungsantrag vor Eintritt der Verjährung auch insoweit noch eine Hemmung erreicht werden.[239]

187 Im Übrigen gelten die allgemeinen Hemmungsvorschriften, insbes. § 204 Abs. 2 BGB.

188 **z3) Verzicht.** Er ist eine nicht gebührenrechtliche Einwendung. Es reicht der Vortrag, dass der RA erklärt habe, auf die Vergütung zu verzichten. Wird aber, nachdem zunächst eine Vergütungsvereinbarung behauptet war, auf Bestreiten des Anwalts hin, vorgetragen, der „Kerngehalt der Einwendung sei ein Verzicht des Anwalts", so ist das nicht genügend substantiiert.[240] Hier ist nicht einmal erklärt, dass der RA ausdrücklich auf das Honorar verzichtet habe, noch wird angegeben, woraus sich sonst der Verzicht ergeben soll.

189 **z4) Zahlung.** Bei der Zahlung kommt es darauf an, worüber der RA und der Auftraggeber iE streiten.

190 ***aa) Unstreitige Zahlung auf angemeldete Forderung.*** Ist unstreitig, dass eine Zahlung auf die zur Festsetzung angemeldete Forderung erfolgt ist, so ist in entsprechender Höhe der Anspruch zu kürzen bzw. eine Festsetzung ganz zu versagen. Das entspricht Abs. 1 S. 2.

Beispiel:

Der RA meldet 1.000,– EUR an. Der Mandant wendet ein, 600,– EUR auf diese Forderung gezahlt zu haben. Es sind 400,– EUR festzusetzen.[241]

191 ***bb) Fehlende Stellungnahme zur anderweitigen Verrechnung des Anwalts.*** Streitig ist, was gilt, wenn der Auftraggeber sich zu der von dem RA vorgenommenen Verrechnung nicht äußert.

Beispiel:

Der RA hat im gerichtlichen Verfahren entstandene Gebühren und Auslagen iHv 4.000,– EUR angemeldet. Er trägt selbst vor, dass der Mandant 2.500,– EUR gezahlt habe. Da jedoch für die vorprozessuale Tätigkeit 1.000,– EUR angefallen seien, verrechne er 1.000,– EUR auf diese Tätigkeit, weshalb sich die angemeldete Forderung nur um 1.500,– EUR auf noch festzusetzende 2.500,– EUR reduziere.

192 **Meinungsstand.** (1) Teilweise wird angenommen, dass der vom RA noch geltend gemachte Betrag festzusetzen ist, wenn der Auftraggeber gegen die Verrechnung keine Einwendung erhebt.[242] (2) Andere entscheiden ebenso, halten jedoch bei rechtsunkundigen Auftraggebern „in geeigneten Fällen" einen Hinweis des Gerichts für erforderlich, dass das Gericht von sich aus nicht die Richtigkeit der Verrechnung zu prüfen hat, dass jedoch eine Festsetzung unterbleiben wird, wenn der Auftraggeber zu diesem Punkt Einwendungen erhebt.[243] (3) Nach einer dritten Meinung ist die Zahlung in vollem Umfang auf die im gerichtlichen Verfahren angefallenen Gebühren zu verrechnen und hat eine Festsetzung nur zu erfolgen, soweit dann noch ein Rest bleibt. Denn sonst würde auf diesem Umweg in Wahrheit eine unzulässige Festsetzung von Gebühren für außergerichtliche Gebühren erreicht werden. Etwas anderes soll nur gelten, wenn der Auftraggeber sich mit der Verrechnung einverstanden erklärt hat.[244]

193 **Eigene Meinung.** Die zuletzt dargelegte Auffassung ist mit dem Gesetz unvereinbar. Wenn Abs. 1 S. 2 vorschreibt, dass getilgte Beträge abzusetzen sind, so bedeutet das, dass ein Abzug vorzunehmen ist, wenn auch der RA von Tilgung ausgeht. Hingegen reicht nicht aus, dass möglicher Weise eine Tilgung eingetreten ist. Abs. 1 S. 2 hat nicht den Sinn, Tilgungen, die möglicher Weise gar nicht erfolgt sind, in Abzug zu bringen. Andererseits hat der Rechtspfleger auch nicht zu prüfen, ob Tilgung erfolgt ist. Von derartigen materiell-rechtlichen Prüfungen soll er ja gerade freigestellt sein. Dann kommt aber nur noch Abs. 5 in Betracht. Dieser be-

---

[237] BGHZ NJW 2011, 2193 Rn. 13.

[238] Schneider/Wolf/*N. Schneider* RVG § 11 Rn. 330.

[239] Schneider/Wolf/*N. Schneider* RVG § 11 Rn. 330.

[240] OLG Hamburg JurBüro 2000, 144; HBS VergütungsR/*Hansens* Teil 4 Rn. 180.

[241] LAG Frankfurt a. M. AGS 2015, 395; *Hansens* Anm. zu OLG Köln AGS 2012, 297.

[242] OLG Hamburg JurBüro 1974, 1134; OVG NRW RVGreport 2018, 212 mablAnm *Hansens*.

[243] KG JurBüro 1978, 534 = Rpfleger 1978, 33, zu Scheidungssache.

[244] OLG Düsseldorf AnwBl 1973, 210 = JurBüro 1973, 741 = Rpfleger 1973, 261, zu Scheidungssache; OLG Hamm Rpfleger 1976, 439 = JurBüro 1976, 1657; OLG Frankfurt a. M. JurBüro 1978, 1810 = JurBüro 1979, 528, zu Scheidungssache; OLG München Rpfleger 1974, 326 = JurBüro 1974, 1136 = MDR 1974, 941, zu Scheidungssache.

gründet aber auch keine Berücksichtigung von denkbaren Einwendungen von Amts wegen, sondern setzt geltend gemachte Einwendungen voraus. Die 3. Meinung, die meistens zu Scheidungssachen vertreten wurde, ist nur erklärlich durch das Bemühen, den rechtsunkundigen Auftraggeber vor Überzahlungen zu schützen. Diese Gefahr bestand bei der BRAGO gerade in Scheidungssachen, da hier Anwälte häufig im Gegensatz zur hM für Scheidungsfolgevereinbarungen einen zusätzlichen außergerichtlichen Auftrag angenommen hatten, was zu einer zusätzlichen Besprechungsgebühr gem. § 118 Abs. 1 Nr. 2 BRAGO führte. Dabei geht die 3. Meinung aber in unzulässiger Weise über die gesetzlichen Schutzbestimmungen hinaus.

Zu folgen ist der Ansicht, dass ein Hinweis zu erfolgen hat. Dieser Hinweis ist allein schon deshalb erforderlich, weil, wie zuvor dargelegt, viele Obergerichte von Amts wegen eine Kürzung vornehmen, so dass sogar ein Rechtskundiger die Meinung vertreten könnte, die Tilgung werde das Gericht von sich aus vornehmen. Dabei reicht der Hinweis, dass das Gericht von sich aus keinen Abzug vornehmen wird. Im Übrigen zur Hinweispflicht → Rn. 214 ff. **194**

cc) Streit, worauf Zahlung erfolgt ist. Ist die Zahlung als solche zwar unstreitig, besteht aber Streit, ob die Zahlung auf die angemeldete Forderung zu verrechnen ist, so kommt es darauf an, worüber iE gestritten wird. **195**

Eine nicht gebührenrechtliche Einwendung ist gegeben, wenn die Parteien darüber streiten, ob der RA die Zahlung auf Forderungen aus anderen Aufträgen verrechnen durfte, **196**
– egal ob der Auftraggeber die weiteren Forderungen bestreitet,
– oder ob er bei Anerkennung der anderen Forderungen einwendet,
– er habe eine konkrete Bestimmung vorgenommen, auf welche Forderung die Zahlung erfolge,
– bzw. eine andere Verrechnung ergebe sich aus dem Gesetz (§ 366 BGB).

Eine gebührenrechtliche Einwendung ist hingegen gegeben, wenn es darum geht, ob innerhalb derselben Sache eine **Anrechnung von Gebühren** gem. dem RVG (zB VV Vorb. 3 Abs. 4 RVG) zu erfolgen hat. Ob eine solche zu erfolgen hat, richtet sich nach dem RVG.[245] **197**

Fehlt ein Vortrag dazu, worauf die Zahlungen anzurechnen sind, so kann das Gericht ablehnen, ohne zu Ermittlungen verpflichtet zu sein.[246] **197a**

dd) Streitig, ob überhaupt eine Zahlung. Ist streitig, ob überhaupt eine Zahlung erfolgt ist, so ist dies eine nicht gebührenrechtliche Einwendung.[247] Diese führt zur Ablehnung, es sei denn schon aus dem Vortrag des Auftraggebers ergibt sich, dass die von ihm behauptete Zahlung auf einen anderen Anspruch des Anwalts erfolgt ist. Auch hier muss der Auftraggeber das ungefähre Datum und das Zahlungsmittel vortragen, andernfalls das erforderliche Minimum an Substantiierung fehlt. Denn der RA muss den Zahlungseingang überprüfen können.[248] **198**

ee) Vorschuss. Der Vorschuss ist eine Zahlung. Es gelten daher die gleichen Grundsätze wie bei der Zahlung.[249] Der Vortrag in einer anderen Sache einen zu hohen Vorschuss gezahlt zu haben, der überschießende Betrag sei auf die jetzt geltend gemachte Forderung zu verrechnen, stellt eine Aufrechnung dar.[250] Es gelten in diesem Fall die Grundsätze zur Aufrechnung (→ Rn. 201 ff.). **199**

ff) Zahlung an Dritten. Die obigen Ausführungen gelten auch, wenn Zahlung an einen Dritten (zB an den Verfahrensbevollmächtigten für den Terminsvertreter) behauptet wird. Allerdings muss sich aus dem Vortrag auch ergeben, dass der Dritte empfangsberechtigt war.[251] **200**

gg) Aufrechnung. **Nicht gebührenrechtliche Einwendung.** Geht es darum, ob überhaupt ein Gegenanspruch besteht, so ist dies eine nicht gebührenrechtliche Einwendung.[252] Auch mit einem Gegenanspruch aus einem Verhältnis, das mit dem Rechtsverhältnis nichts zu tun hat, auf das sich der Vergütungsanspruch des RA bezieht, kann aufgerechnet werden.[253] Hier ist wieder zu prüfen, ob der Gegenanspruch ausreichend substantiiert und nicht völlig haltlos ist. Das gilt ganz besonders, wenn es um einen Gegenanspruch aus Schlechterfüllung geht. Ausrei- **201**

---

[245] BGH Rpfleger 1997, 231; OLG Celle JurBüro 1968, 888.
[246] OLG Köln JurBüro 2012, 654 = AGS 2013, 19.
[247] LAG Frankfurt a. M. AGS 2015, 395.
[248] OLG Frankfurt a. M. AnwBl 1983, 568; LAG Köln NJW-Spezial 2018, 412 = AGS 2018, 343 mzustAnm *N. Schneider* = RVGreport 2018, 210 mablAnm *Hansens*.
[249] LAG Düsseldorf JurBüro 1995, 649; Schneider/Wolf/*N. Schneider* RVG § 11 Rn. 245.
[250] VG Köln KostRspr § 19 BRAGO Nr. 45.
[251] OLG Frankfurt a. M. AnwBl 1983, 568; OLG Hamburg JurBüro 1995, 426; OLG Düsseldorf JurBüro 1985, 1819; HBS VergütungsR/*Hansens* Rn. 170.
[252] OLG Koblenz JurBüro 2000, 33; OVG NRW RVGreport 2016, 210.
[253] OLG Frankfurt a. M. JurBüro 2017, 409.

chend ist der Vortrag, dass für den RA Bauarbeiten ausgeführt worden seien, wobei der Werklohn mit den Ansprüchen des RA habe verrechnet werden sollen.[254]

202 **Anrechnung von Gebühren,** → § 15a Rn. 23.

203 ***hh) Zahlung und Rechtsschutzbedürfnis.*** Nach vollständiger vorbehaltloser Bezahlung der Vergütung besteht für einen Antrag des Anwalts kein Rechtsschutzbedürfnis mehr. Für den Auftrag des Auftraggebers ist dies streitig.[255] Hat der Auftraggeber vor Erhalt der Berechnung (§ 10 Abs. 3 RVG) einen Vorschuss gezahlt oder sich bei der Zahlung Nachprüfung der Berechnung vorbehalten, so ist sein Antrag jedenfalls zulässig.

XI. Verfahren

1. Allgemeine Verfahrensgrundsätze

204 **a) Anwendbarkeit von § 104 ZPO.** Für das Verfahren über den Antrag gelten nach Abs. 2 S. 2 die Vorschriften der jeweiligen Verfahrensordnung über das Kostenfestsetzungsverfahren mit Ausnahme des § 104 Abs. 2 S. 3 ZPO entsprechend.

205 **b) Beibringungsgrundsatz.** Der RA muss die Tatsachen vortragen, aus denen sich sein Anspruch herleitet. Was vorzutragen ist, ergibt sich aus § 10 Abs. 2 RVG;[256] zB muss bei Hebegebühren angegeben werden, welche an den RA geleisteten Zahlungen in welchen Einzelbeträgen an wen bezahlt wurden.

206 Soweit nach § 10 Abs. 2 RVG ein Vortrag erforderlich ist, kann dieser nicht durch dem Antrag beigefügte Unterlagen ersetzt werden.[257]

207 **c) Glaubhaftmachung.** Dass die geltend gemachten Gebühren und Auslagen angefallen sind, ist glaubhaft zu machen (§ 104 Abs. 2 S. 1 ZPO; § 294 ZPO; § 11 Abs. 2 S. 3 RVG). Für einzeln in Rechnung gestellte Post- und Telekommunikationsdienstleistungen (VV 7001 RVG) genügt die anwaltliche Versicherung, dass sie entstanden sind (§ 104 Abs. 2 S. 2 ZPO; § 11 Abs. 2 S. 3 RVG).[258]

208 **d) Rechtliches Gehör.** Den Beteiligten ist nach Abs. 2 S. 2 rechtliches Gehör zu gewähren. Auch der RA ist zum Vorbringen des Auftraggebers zu hören.

209 **Vor der Entscheidung.** Das rechtliche Gehör ist vor der Entscheidung zu gewähren. Anders als im Kostenfestsetzungsverfahren nach § 103 ZPO kann davon auch nicht in Fällen abgesehen werden, in denen die zur Festsetzung angemeldeten Gebühren und Auslagen nach dem Akteninhalt eindeutig erwachsen sind. Denn es ist niemals auszuschließen, dass der Auftraggeber außergebührenrechtliche Einwendungen erhebt (zB Erteilung des Auftrages leugnet oder Erfüllung einwendet).

210 **Zustellung oder durch Empfangsbescheinigung.** Das rechtliche Gehör ist noch nicht dadurch gewährt, dass die Abschrift des Antrages oder des Schriftsatzes dem Gegner an die letzte aus der Akte ersichtliche oder die im Antrag angegebene Anschrift zur Stellungnahme zugesandt wird. Damit ist nicht gewährleistet, dass das Schriftstück dem Auftraggeber auch wirklich zur Kenntnis gelangt. Postsendungen können verloren gehen. Der Adressat kann zwischenzeitlich verzogen sein. Das BVerfG verlangt deshalb, wenn vom Adressaten keine Reaktion kommt, entweder eine förmliche Zustellung des Antrags oder Zusendung mit rückgabepflichtiger Empfangsbescheinigung.[259]

211 **Unzulässiger Antrag.** Keines rechtlichen Gehörs bedarf es, wenn der Antrag nach den eigenen Angaben des Antragstellers insgesamt unzulässig ist. Es werden zB ohne Zustimmungserklärung über dem Mindestsatz liegende Rahmengebühren oder nur vereinbarte Vergütungen angemeldet.[260]

212 **Vorgerichtlich erhobene nicht gebührenrechtliche Einwendungen.** Streit besteht darüber, ob noch rechtliches Gehör zu gewähren ist, wenn sich aus der Akte oder dem Vortrag des Anwalts ergibt, dass der Mandant nicht gebührenrechtliche Einwendung erhoben hat, oder

---

[254] LAG Mainz RVGreport 2010, 213.

[255] Rechtschutzbedürfnis verneinend OLG Schleswig SchlHA 1980, 204, auch für Auftraggeber nicht; **aA** Schneider/Wolf/*N. Schneider* RVG § 11 Rn. 172, Auftraggeber ist nicht auf den Weg der Bereicherungsklage zu verweisen.

[256] BGH MDR 2019, 127 = RVGreport 2019, 74.

[257] BGH MDR 2019, 127 = RVGreport 2019, 74.

[258] OLG Frankfurt NJW-RR 2020, 318; Schneider/Wolf/*N. Schneider* RVG § 11 Rn. 168.

[259] BVerfG NJW 2006, 2248 = FamRZ 2006, 763; 1995, 2095.

[260] *Hansens* JurBüro Sonderheft 1999, 21.

ob gleich eine Festsetzung abzulehnen ist.[261] Dieses Problem stellt sich nicht, wenn man, wie hier, nicht gebührenrechtliche Einwendungen nur berücksichtigt, wenn sie gegenüber dem Gericht vorgetragen werden (→ Rn. 110).

Auftraggeber im Ausland. Dazu, dass es sich bei Festsetzungsanträgen gegen im Ausland ansässige Auftraggeber empfiehlt, von vornherein den Antrag dem Gegner zustellen zu lassen, → Rn. 336. 213

e) Hinweispflicht. Es ist allgemeine Ansicht, dass die Hinweispflicht des § 139 ZPO auch im Kostenfestsetzungsverfahren gem. §§ 103 ff. ZPO gilt.[262] Dasselbe muss für das Vergütungsfestsetzungsverfahren gelten. 214

Im Vergütungsfestsetzungsverfahren besteht eine **gesteigerte Aufklärungspflicht.** Der Mandant kann die Vollstreckungsabwehrklage gem. § 767 Abs. 2 ZPO nicht auf Einwendungen stützen, die er im Vergütungsfestsetzungsverfahren nicht geltend gemacht hat, obgleich dies möglich gewesen wäre.[263] Andererseits wird sich der Mandant im Anhörungsverfahren häufig noch nicht bewusst sein, dass er jetzt Gegner seines eigenen Anwalts ist und dass er deshalb sogleich alle Einwendungen vortragen muss. Der Mandant muss daher über die Folgen belehrt werden, die sich ergeben, wenn er außergebührenrechtliche Einwendungen nicht im Vergütungsfestsetzungsverfahren geltend macht.[264] Das Gericht muss den Auftraggeber des Anwalts also darauf hinweisen, dass er Einwendungen jedweder Art im Vergütungsfestsetzungsverfahren vortragen muss, da er sich sonst später nicht mehr auf sie stützen kann, es sei denn er wäre während des Vergütungsfestsetzungsverfahren noch nicht zu ihrer Geltendmachung in der Lage gewesen, zB weil sie erst später entstanden sind.[265] 215

Hat der Auftraggeber Einwendungen vorgetragen, so kann auch diesbzgl. eine Aufklärungspflicht bestehen. Das Gericht muss daher zB darauf hinweisen, dass ein Vortrag 216
- völlig unsubstantiiert ist,
- dem Akteninhalt widerspricht. Ein derartiger Hinweis des Gerichts erübrigt sich allerdings in vielen Fällen, wenn der RA bereits auf diesen Punkt hingewiesen hat.

Hinweis für höheren Antrag. Wollte der RA erkennbar die gesamte ihm im Ausgangsverfahren erwachsene Vergütung anmelden, so darf er nicht zur Stellung eines zusätzlichen Antrags veranlasst werden, wenn er etwas übersehen hat. 217

Ein **Verstoß gegen die Hinweispflicht** ändert nichts daran, dass nicht rechtzeitig geltend gemachte Einwendungen bei der Vollstreckungsabwehrklage nicht mehr zum Erfolg führen können.[266] 218

f) Unterbrechung und Aussetzung des Verfahrens. Es gelten über Abs. 2 S. 3 §§ 239 ff. ZPO. 219

Insolvenzverfahren. Mit der Eröffnung des Insolvenzverfahrens über das Vermögen des Auftraggebers ist das Festsetzungsverfahren unterbrochen.[267] Ist die Entscheidung in Unkenntnis der Unterbrechung erlassen worden, so darf sie nicht mehr zugestellt werden Der RA muss seinen Vergütungsanspruch zur Tabelle anmelden. Bestreitet der Insolvenzverwalter, so steht nach überwiegender Meinung dem RA nur die Feststellungsklage nach § 179 InsO offen. Das Verfahren nach § 11 kann er nicht betreiben/fortsetzen.[268] Ein Verfahren nach § 11 RVG wird jedoch zugelassen, wenn der RA eindeutig auf Befriedigung aus der Masse verzichtet hat und aus dem angestrebten Titel nicht vollstrecken will.[269] 220

Anwaltsverlust. Eine Unterbrechung nach § 244 ZPO kann es in Ermangelung eines Anwaltszwangs nicht geben.[270] 221

---

[261] Für rechtliches Gehör, damit der Mandant die Einwendung fallen lassen kann Mayer/Kroiß/*Mayer* RVG § 11 Rn. 88; Schneider/Wolf/*N. Schneider* RVG § 11 Rn. 177; **dagegen** Gerold/Schmidt/*von Eicken*, 15. Aufl. 2002, BRAGO § 19 Rn. 26; *Hansens* JurBüro Sonderheft 1999, 21.

[262] OLG Köln JurBüro 1999, 257; Zöller/*Herget* ZPO § 104 Rn. 21 „Hinweispflicht".

[263] BGH AnwBl 1976, 339 = Rpfleger 1976, 354 = MDR 1976, 914.

[264] BGH AnwBl 1976, 339 = Rpfleger 1976, 354 = MDR 1976, 914.

[265] *Lappe* Rpfleger 1996, 183 macht sehr weit gehende Vorschläge, wie die Belehrung aussehen könnte. ME genügt ein Hinweis wie oben dargelegt.

[266] BGH AnwBl 1976, 339 = Rpfleger 1976, 354 = MDR 1976, 914.

[267] OLG Hamm AnwBl 1972, 169; Mayer/Kroiß/*Mayer* RVG § 11 Rn. 104; HBS VergütungsR/*Hansens* Teil 4 Rn. 155.

[268] OLG Hamm AnwBl 1972, 169; *E. Schneider* Anm. Ziff. III 1 zu KostRspr BRAGO § 19 Nr. 9; **aA** OLG Düsseldorf AnwBl 1980, 261.

[269] OLG Hamm AnwBl 1972, 169 unter Berufung auf BGHZ 25, 395; *E. Schneider* Anm. Ziff. III 1 zu KostRspr BRAGO § 19 Nr. 9.

[270] Mayer/Kroiß/*Mayer* RVG § 11 Rn. 104.

222 **Tod oder Prozessunfähigkeit der Partei. Nacherbfolge.** In den Fällen des § 246 Abs. 1 ZPO unterbleibt eine Unterbrechung nur dann, wenn ein RA auch für das Vergütungsfestsetzungsverfahren bestellt ist. Dafür reicht allein noch nicht, dass für das Hauptsacheverfahren ein neuer Verfahrensbevollmächtigter bestellt ist. Dieser Auftrag umfasst nicht ohne Weiteres auch das Vergütungsfestsetzungsverfahren.[271]

223 **g) Öffentliche Zustellung.** Ist der wirkliche Aufenthalt nicht zu ermitteln, muss öffentlich zugestellt werden.[272] Dabei hat das Gericht zuvor von sich aus zu versuchen, den Aufenthalt zu ermitteln.[273] Es darf nicht den Antrag zurückweisen, weil der Antragsteller keine Adresse des Gegners beigebracht hat.[274]

224 **Auftraggeber im Ausland,** → Rn. 336, 337.[275]

2. Anforderungen an den Antrag

225 **a) Form. Kein Anwaltszwang.** Anträge und Erklärungen können ohne Mitwirkung eines Rechtsanwalts gestellt werden (Abs. 6). Anträge und Erklärungen können vor der Geschäftsstelle eines jeden Amtsgerichts zu Protokoll oder schriftlich oder auch mittels elektronischer Dokumente abgegeben werden (Abs. 6; § 12b RVG; §§ 129a, 130a ZPO).

226 **b) Antrag des Anwalts. Berechnung gem. § 10 RVG.** Da mit dem Antrag der Anwalt seine Vergütung einfordert, muss er spätestens gleichzeitig eine den Vorschriften des § 10 RVG genügende Berechnung beifügen oder behaupten, dem Auftraggeber die Berechnung bereits erteilt zu haben. Sonst ist der Festsetzungsantrag zurückzuweisen, da der Anspruch nicht eingefordert werden kann.[276] Ausreichend ist es aber, wenn das Gericht dem Antragsgegner einen dem § 10 RVG genügenden Festsetzungsantrag zuleitet.[277] Einer Wiederholung des Antrages nach (zunächst unterbliebener) Zuleitung der Rechnung steht nichts entgegen.

227 **Nachvollziehbare Berechnung.** Aus dem Antrag muss sich ergeben, von wem der Anwalt welche Gebühren und Auslagen verlangt. Auch dann, wenn dem Auftraggeber bereits eine formgerechte Abrechnung gem. § 10 Abs. 1 S. 1 RVG erteilt wurde, muss der Antrag an das Gericht eine Kostenberechnung beinhalten (Abs. 2 S. 3; § 103 Abs. 2 S. 2 ZPO). Diese muss allerdings nicht die Formvorschriften des § 10 erfüllen. Zweckmäßig und ausreichend ist die Beigabe einer Kopie der dem Mandanten erteilten Honorarrechnung.[278] Ausreichend ist die Vorlage einer anderen nachvollziehbaren Berechnung der Vergütung[279] oder eine Darlegung im Antragsschriftsatz. Erforderlich sind eine genaue Bezeichnung des zugrunde liegenden Verfahrens oder Vollstreckungstitels sowie die nachvollziehbare Angabe von Grund und Höhe der einzelnen Positionen. Eine Bezugnahme auf Vollstreckungsunterlagen genügt nicht.[280] Ohne diese Angaben könnte der Rechtspfleger die verlangte Vergütung nicht überprüfen. Außerdem kann nur so bestimmt werden, worüber rechtskräftig entschieden ist.[281]

228 **Vortrag zur Entstehung.** Der Antrag des RA muss die Tatsachen vortragen, aus denen sich die geltend gemachte Vergütung herzuleiten ist. Das gilt aber nicht für Gebühren, die sich ohne weiteres aus der Akte ergeben, zB eine 1,3 Verfahrensgebühr oder eine 1,2 Terminsgebühr, wenn sie durch Schriftsätze bzw. Sitzungsniederschriften belegt sind.

229 **Vortrag zum Gegenstandswert.** Ergibt sich der der Berechnung zu Grunde gelegte Gegenstandswert nicht aus einer gerichtlichen Festsetzung nach §§ 32, 33 RVG oder § 38 Abs. 1 RVG oder sonst ohne weiteres aus den Anträgen des Ausgangsverfahrens, so ist er zu erläutern.

---

271 Mayer/Kroiß/*Mayer* RVG § 11 Rn. 104.

272 OLG Hamburg JurBüro 1976, 60 = MDR 1976, 324; LG Berlin NJW 1959, 1374; *E. Schneider* Anm. Ziff. IV zu KostRspr BRAGO § 19 Nr. 20; **aA** LG Bielefeld NJW 1960, 1817; HBS VergütungsR/*Hansens* Teil 4 Rn. 255.

273 OLG Hamburg MDR 1976, 324 Rn. 16; LG Berlin NJW 1959, 1374; VG Hannover RVGreport 2018, 410 mzustAnm *Hansens;* **aA** LG Bielefeld NJW 1960, 1817; 1961, 148.

274 VG Hannover RVGreport 2018, 410 mzustAnm *Hansens.*

275 OLG Hamm JurBüro 1995, 363, betr. Vollstreckung in den Niederlanden; für den umgekehrten Fall OLG Düsseldorf AnwBl 1996, 410 = JurBüro 1996, 87, Vollstreckung einer in den Niederlanden für vollstreckbar erklärten Honorarfeststellung gegen einen in Deutschland lebenden Auftraggeber; Zustellung ist nachzuweisen, wenn sich Auftraggeber nicht eingelassen hat; HBS VergütungsR/*Hansens* Teil 4 Rn. 158; Mayer/Kroiß/*Mayer* RVG § 11 Rn. 89.

276 Hartung/Schons/Enders/*Enders* RVG § 10 Rn. 46.

277 OLG Dresden JurBüro 1998, 599.

278 Mayer/Kroiß/*Mayer* RVG § 11 Rn. 80; HBS VergütungsR/*Hansens* Teil 4 Rn. 151.

279 Schneider/Wolf/*N. Schneider* RVG § 11 Rn. 161.

280 BGH NJW 2019, 679, zu Kostenfestsetzungsantrag. Das Gleiche muss für den Antrag nach § 11 RVG gelten.

281 HBS VergütungsR/*Hansens* Teil 4 Rn. 158.

Zinsen. Vorsteuerabzug. Tilgungen. Zinsen → Rn. 256. Einer Erklärung über die Berechtigung zum Vorsteuerabzug bedarf es nicht (Abs. 2 S. 3). Nach Abs. 1 S. 2 sind getilgte Beträge abzusetzen. 230

Rahmengebühren. Dazu, dass bei Rahmengebühren der Antragsschrift die Zustimmungserklärung des Mandanten beigefügt werden muss, wenn nicht nur der Mindestbetrag geltend gemacht wird, → Rn. 71 ff. 231

Durchschrift. Für jeden Antragsgegner ist eine Durchschrift beizufügen (Abs. 2 S. 3; § 103 Abs. 2 S. 2 ZPO). 232

c) Antrag des Auftraggebers. Vortrag. Aus dem Antrag des Auftraggebers muss sich ergeben, für welche Tätigkeiten die Vergütung festgesetzt werden soll.[282] Dazu reicht die Bezugnahme auf eine dem Auftraggeber gem. § 10 RVG gestellte Rechnung oder einzelne Positionen derselben aus.[283] Da das Antragsrecht dem Auftraggeber die Möglichkeit zu einer Überprüfung des Vergütungsanspruchs des Anwalts bieten soll, muss er keinen bezifferten Antrag stellen.[284] Der Antrag ist auf die Feststellung zu richten, dass dem RA die von ihm berechnete Vergütung ganz oder teilweise nicht zusteht.[285] Es kann auch die Feststellung beantragt werden, dass der Mandant dem RA nichts mehr schuldet.[286] Zur Zulässigkeit, wenn bereits bezahlt ist, → Rn. 203. 233

Rückzahlungsantrag. Überwiegend wird angenommen, dass im Vergütungsfestsetzungsverfahren eine Rückzahlung nicht verlangt werden kann, dass dieses Verfahren dem Auftraggeber nur die Möglichkeit gibt, die Richtigkeit einer anwaltlichen Rechnung überprüfen zu lassen.[287] 234

Vollmacht für Vergütungsfestsetzung. Das Verfahren, in dem die festzusetzende Vergütung entstanden sein soll, und das Vergütungsfestsetzungsverfahren sind zwei voneinander unabhängige Verfahren. Deshalb erstreckt sich die im Ausgangsverfahren einem neuen RA erteilte Verfahrensvollmacht nicht ohne Weiteres auf das Vergütungsfestsetzungsverfahren. Zustellungen sind daher an die Partei selbst vorzunehmen, solange keine Vollmacht vorliegt, die eindeutig auch die Vergütungsfestsetzung umfasst.[288] Aus dem gleichen Grunde ist der Verfahrensbevollmächtigte des ersten Rechtszuges ohne ausdrückliche Vollmacht nicht befugt, Anträge nach § 11 RVG für andere im ersten Rechtszug oder in der Rechtsmittelinstanz für dieselbe Partei tätig gewordene Anwälte zu stellen. 235

3. Zustellungskostenvorschuss durch RA

Streitig ist, ob der RA verpflichtet ist, einen Kostenvorschuss für die Zustellung des Festsetzungsbeschlusses einzubezahlen. Die eine Meinung verneint diese Frage mit dem Hinweis, eine solche Verpflichtung sei gesetzlich nicht normiert und eine Analogie zu Lasten des Kostenschuldners nicht möglich.[289] Allerdings wird eingeräumt, dass der Gesetzgeber die gegenteilige Praxis legitimiert habe, wenn er in Abs. 2 S. 5 bestimmt, dass in den Vergütungsfestsetzungsbeschluss die von dem RA gezahlten Auslagen für die Zustellung aufzunehmen sind.[290] Nach der Gegenmeinung[291] ist die Erhebung eines Kostenvorschusses zulässig. Auf jeden Fall darf, wenn überhaupt, nur die Zustellung des Festsetzungsbeschlusses, nicht aber dessen Erlass von der Einzahlung eines Kostenvorschusses abhängig gemacht werden, da die vorzuschießenden Kosten nur durch die Zustellung des Beschlusses entstehen.[292] 236

---

282 Mayer/Kroiß/*Mayer* RVG § 11 Rn. 85.

283 HBS VergütungsR/*Hansens* Teil 4 Rn. 153.

284 Mayer/Kroiß/*Mayer* RVG § 11 Rn. 85; Schneider/Wolf/*N. Schneider* RVG § 11 Rn. 171.

285 OLG Köln AGS 2016, 401; JurBüro 1984, 1356; LAG Nürnberg JurBüro 1996, 263, Feststellung, dass von gezahltem Vorschuss gedeckte Beweisgebühr nicht angefallen; Mayer/Kroiß/*Mayer* RVG § 11 Rn. 85.

286 OLG Nürnberg JurBüro 2006, 257.

287 OLG Brandenburg OLGR 2008, 46 = AGS 2007, 461; OLG Nürnberg JurBüro 2006, 257; Mayer/Kroiß/*Mayer* RVG § 11 Rn. 86; **aA** *N. Schneider* AGS 2007, 347.

288 OLG Hamm JurBüro 1992, 394; OLG München JurBüro 1984, 394 = Rpfleger 1984, 74; Mayer/Kroiß/*Mayer* RVG § 11 Rn. 103; Schneider/Wolf/*N. Schneider* RVG § 11 Rn. 270.

289 LG Berlin Rpfleger 1986, 73; HBS VergütungsR/*Hansens* Teil 4 Rn. 154; *Hansens* JurBüro 1999, 21.

290 HBS VergütungsR/*Hansens* Teil 4 Rn. 154.

291 OLG Köln AGS 2000, 208 mAnm *von König* = KostRspr BRAGO § 19 Nr. 189 mablAnm *N. Schneider;* LG Bonn AGS 2000, 210; LG Köln AGS 2000, 209; LG Lübeck AGS 2014, 558.

292 OLG Frankfurt a. M. JurBüro 2017, 471 = RVGreport 2017, 466 mzustAnm *Hansens;* Mayer/Kroiß/*Mayer* RVG § 11 Rn. 97.

4. Gegenstandswert

237 **a) Bestrittener Gegenstandswert.** Bestreitet der Auftraggeber den vom RA zugrunde gelegten Gegenstandswert, so ist das Verfahren nach Abs. 4 auszusetzen, bis das im Ausgangsverfahren zuständige Gericht gem. §§ 32, 33, 38 Abs. 1 RVG entschieden hat.[293] Diese Aussetzung steht nicht im Ermessen und hat auch noch im Erinnerungs- und Beschwerdeverfahren zu erfolgen.[294] Liegt bereits ein Beschluss über den Gegenstandswert vor und kann er wegen Ablauf der Sechsmonatsfrist nicht mehr geändert werden (§ 63 Abs. 3 S. 2 GKG), so ist nicht auszusetzen.[295]

238 **Wert nur teilweise beanstandet.** Wird der vom RA zugrunde gelegte Wert nur teilweise oder nur in bestimmter Höhe bestritten, so kann zwar grds. die Festsetzung iÜ durchgeführt werden (vgl. Abs. 5 S. 1 „soweit").[296] Dennoch ist, wenn eine Klärung der Wertfrage zu erwarten ist, insgesamt die Entscheidung zurückzustellen, bis die Wertfrage geklärt ist, um widersprüchliche Entscheidungen und Mehrkosten durch mehrere Beschlüsse zu vermeiden.

239 **b) Nicht festgesetzter bzw. nicht maßgeblicher Gegenstandswert.** War ein sich nicht ohne Weiteres ergebender Wert noch nicht festgesetzt oder zwar festgesetzt, aber für die Bemessung der RA-Gebühren nicht maßgeblich (Fall des § 33 Abs. 1 RVG), so wird ausgesetzt bis zur Entscheidung des Gerichts, das den Wert erstmalig festzusetzen hat. Liegt dessen Entscheidung vor, so endet die Aussetzung und ist die Vergütungsfestsetzung unter Zugrundelegung des festgesetzten Werts von Amts wegen fortzuführen.[297]

240 **c) Bedenken des Rechtspfleger/Urkundsbeamten gegen Wert.** Bestreitet zwar kein Beteiligter den vom RA der Gebührenberechnung zugrunde gelegten Wert, hat aber der Rechtspfleger/Urkundsbeamte selbst Bedenken gegen ihn, so kann er seinerseits erstmalige gerichtliche Festsetzung beantragen oder amtswegige Änderung des festgesetzten Wertes anregen. Das gilt nicht im Fall des § 33 RVG (Ausnahme PKH-Anwaltsvergütung), weil das Antragsrecht nach § 33 Abs. 2 S. 2 RVG nur dem RA, dem Auftraggeber, dem erstattungspflichtigen Gegner und in den Fällen des § 45 RVG der Staatskasse zusteht.

241 **d) Gegenstandswertbeschwerde.** Wird ein bereits festgesetzter Wert bestritten, so ist das Verfahren – ggf. erneut – bis zur Entscheidung über die Streitwertbeschwerde auszusetzen. Auch wenn nach Ansicht des Rechtspflegers/Urkundsbeamten die Beschwerde nicht (mehr) zulässig ist, sollte er diese Entscheidung dem Streitwertbeschwerdegericht überlassen (von Fällen des Rechtsmissbrauchs abgesehen). Bei einer Verfassungsbeschwerde gegen einen Streitwertbeschluss ist das Verfahren nicht auszusetzen.[298]

242 **e) Änderung des Gegenstandswerts. Während des Verfahrens.** Wird der Wert während des Vergütungsfestsetzungsverfahrens, aber vor der Entscheidung über den Festsetzungsantrag ohne Veranlassung eines Verfahrensbeteiligten gerichtlich erstmalig festgesetzt oder ein festgesetzter Wert geändert, so ist er ohne besonderen Antrag der Festsetzung zugrunde zu legen, sofern er nach § 32 Abs. 1 RVG für die Gebühren des RA maßgeblich ist. Allerdings können höhere als die zunächst beantragten Gebühren nur nach Änderung des Antrags zuerkannt werden (→ Rn. 251). **Nach der Entscheidung,** → Rn. 328 ff.

5. Entschädigung bei überlangem Gerichtsverfahren

242a Das Vergütungsfestsetzungsverfahren ist ein Gerichtsverfahren i. S. v. § 198 Abs. 6 Nr. 1 GVG.[299] Bei unangemessener Dauer kann nach Erhebung der Verzögerungsrüge gem. § 198 Abs. 3 GVG Entschädigung gem. § 198 GVG verlangt werden.

XII. Entscheidung

1. Zuständigkeit

243 **a) Zuständiges Gericht.** Zuständig ist das Gericht des ersten Rechtszugs des Ausgangsverfahrens (Abs. 1 S. 1). Fehlt es an einem solchen, kann die Vergütungsfestsetzung nicht stattfinden.

---

[293] LAG Berlin-Brandenburg NJW-Spezial 2021, 28 = AGS 2021, 34 mzustAnm *N. Schneider.*
[294] Mayer/Kroiß/*Mayer* RVG § 11 Rn. 106.
[295] HBS VergütungsR/*Hansens* Teil 4 Rn. 156.
[296] Mayer/Kroiß/*Mayer* RVG § 11 Rn. 107.
[297] Bischof/*Bischof* § 11 Rn. 68; **aA** Riedl/Sußbauer/*Fraunholz* § 11 Rn. 31, Aufnahme nach § 250 ZPO.
[298] OLG Schleswig SchlHA 1979, 58.
[299] OLG Zweibrücken NJW 2017, 1328; ebenso zu Kostenfestsetzungsverfahren gem. § 104 ZPO BSG SozR 4–1720 § 198 Nr 2; OLG Hamm I-11-EK 5/15.

Mahnverfahren. Für die Festsetzung einer im Mahnverfahren entstandenen Vergütung ist nicht das Mahngericht, sondern das Streitgericht zuständig. Kommt es zu keinem Streitverfahren, so ist das Streitgericht zuständig, das im Falle eines Streitverfahrens zuständig gewesen wäre.[300] **244**

Schlichtungs- und Güteverfahren. Die Vergütung für ein vorangegangenes Schlichtungsverfahren nach § 111 Abs. 2 ArbGG (VV 2303 Nr. 2 RVG) ist vom späteren Streitgericht festzusetzen. Schließt sich kein gerichtliches Verfahren an, findet eine Festsetzung ohnehin nicht statt (→ Rn. 62). Entsprechendes gilt für die Festsetzung in einem Güteverfahren (VV 2303 Nr. 1 RVG).[301] **245**

Verweisung. Ist das Ausgangsverfahren an ein anderes Gericht verwiesen worden, so ist das Gericht des ersten Rechtszuges zuständig, an das verwiesen worden ist,[302] und zwar auch dann, wenn der Anwalt nur vor dem verweisenden Gericht tätig geworden ist.[303] Dies gilt auch bei einer Verweisung von einer Gerichtsbarkeit an die andere.[304] **246**

Zwangsvollstreckung. Zuständigkeit des Vollstreckungsgerichts. Teilweise wird für die Festsetzung der Vergütung in der Zwangsvollstreckung das Vollstreckungsgericht als ausschließlich zuständig angesehen.[305] Dies ergebe sich aus § 788 Abs. 2 S. 1 ZPO, wonach für die Festsetzung von zu erstattenden Vollstreckungskosten ausschließlich das Vollstreckungsgericht zuständig sei. Diese Zuständigkeit sei auch auf das Vergütungsfestsetzungsverfahren zu übertragen. Dies diene einer Konzentration der Zuständigkeit. Zwar sprechen auch starke Argumente für die Gegenmeinung, nach welcher in solchen Fällen das Prozessgericht zuständig ist.[306] Nachdem der BGH sich der ersten Meinung angeschlossen hat, ist zu erwarten, dass sich die Gerichte an dieser Rspr. orientieren werden. **247**

Örtlich zuständig ist das Gericht, in dessen Bezirk die letzte Vollstreckungshandlung vorgenommen wurde.[307] **247a**

Wenn es an einem **gerichtlichen Ausgangsverfahren fehlt** (zB bei der Vollstreckung aus einer notariellen Urkunde) und gleichwohl in einem gerichtlichen Verfahren der Zwangsvollstreckung Vergütungsansprüche erwachsen sind, ist für deren Festsetzung das Vollstreckungsgericht des ersten Rechtszugs berufen.[308] **248**

Arbeits-, Verwaltungs-, Finanz- und Sozialgerichtssachen. Auch wenn für Klagen über die Höhe der Anwaltsvergütung nach hM ausschließlich der Rechtsweg zum ordentlichen Gericht gegeben ist,[309] so ändert das nichts daran, dass für das Verfahren nach § 11 RVG das Arbeits-, Verwaltungsgericht usw zuständig sind. Diese Zuständigkeit besteht auch für Anwälte, die nur in einem höheren Rechtszug oder im Festsetzungsverfahren tätig geworden sind.[310] **249**

b) Rechtspfleger bzw. Urkundsbeamter. Zuständig für die Vergütungsfestsetzung ist in der ordentlichen Gerichtsbarkeit einschließlich der Arbeitsgerichtsbarkeit der **Rechtspfleger** (§ 21 Nr. 2 RPflG). Im Verfahren vor den Verwaltungs-, Finanz- und Sozialgerichten ist der **Urkundsbeamte** der Geschäftsstelle zuständig (Abs. 3 S. 1). **250**

2. Bindung an den Antrag

a) Ne ultra petita. Es darf nicht mehr zuerkannt werden, als beantragt ist (§ 308 Abs. 1 S. 1 ZPO).[311] Wird während des Verfahrens der Gegenstandswert erhöht, so dürfen höhere Gebühren nur zuerkannt werden, wenn der Anwalt zuvor seinen Antrag erhöht hat.[312] **251**

---

[300] BGH NJW 1991, 2084 = AnwBl 1991, 600 = MDR 1991, 998; BayObLG JurBüro 2004, 320; OLG Celle JurBüro 2016, 19; KG AGS 1997, 65; **aA** *Lappe* ZAP Fach 24, 115 ff.

[301] BayObLG JurBüro 2004, 598.

[302] OLG Hamm RdL 1960, 103; SG Stuttgart AnwBl 1979, 188; LAG Düsseldorf JurBüro 1995, 649.

[303] *Hansens* JurBüro Sonderheft 1999, 21; Schneider/Wolf/*N. Schneider* RVG § 11 Rn. 147.

[304] *Hansens* JurBüro Sonderheft 1999, 21; Schneider/Wolf/*N. Schneider* RVG § 11 Rn. 147.

[305] BGH NJW 2005, 1273 = FamRZ 2005, 883 = RVGreport 2005, 184 mablAnm *Hansens;* BayObLG BayObLGR 2003, 167 = InVo 2003, 300; OLG Koblenz JurBüro 2002, 199; OLG Köln MDR 2000, 1276 = BRAGOreport 2001, 56 mAnm *Hansens.*

[306] OLG Stuttgart NJW 2005, 759 = AGS 2005, 65 mzustAnm *Mock* und *N. Schneider;* LAG Hamm MDR 2002, 59 = BRAGOreport 2002, 57 mAnm *Hansens;* OVG NRW Rpfleger 2004, 320 = NVwZ-RR 2004, 211; *Hansens* JurBüro Sonderheft 1999, 21; RVGreport 2004, 83; HBS VergütungsR/*Hansens* Teil 4 Rn. 149.

[307] OLG Celle JurBüro 2016, 19.

[308] KG AnwBl 1977, 258 = JurBüro 1977, 352, Kosten der Vollstreckung aus Beschluss nach § 19 BRAGO; sowie KG JurBüro 1986, 1570 = Rpfleger 1986, 404 = MDR 1986, 856, Vollstreckung aus notarieller Urkunde; *Hansens* JurBüro Sonderheft 1999, 21.

[309] So BAG NJW 1998, 1092, für Arbeitsgerichtsbarkeit; SchlHLSG AGS 2000, 15 mkritAnm *von Eicken,* für Sozialgerichtsbarkeit.

[310] BVerfG NJW 1977, 145.

[311] Schneider/Wolf/*N. Schneider* RVG § 11 Rn. 265.

[312] Bischof/*Bischof* § 11 Rn. 52.

252 **b) Austausch von Positionen.** Ist die für eine bestimmte Tätigkeit geltend gemachte Gebühr nicht gegeben, ergibt sich aber, dass für diese Tätigkeit dem RA eine andere, wesensgleiche Gebühr entstanden ist, so kann diese von Amts wegen dem RA zugesprochen werden (zB die Verfahrensgebühr des Terminsvertreters gem. VV 3401 RVG statt einer nicht entstandenen Verkehrsgebühr gem. VV 3400 RVG).[313] Auslagen können nicht anstelle von Gebühren festgesetzt werden.[314]

3. Beschluss

253 Zu entscheiden ist durch Beschluss.

4. Tenor

254 **a) Mögliche Tenorierungen.**
- Auf einen begründeten Antrag hin wird die Vergütung festgesetzt.
- Ein unbegründeter oder unzulässiger Antrag wird zurückgewiesen.
- Nicht gebührenrechtliche Einwendungen gem. Abs. 5 S. 1 führen zur Ablehnung der Festsetzung.

Treffen diese Voraussetzungen für Teile des Antrags zu, können die entsprechenden Entscheidungen in demselben Beschluss getroffen werden.[315]

255 **b) Zurückweisung oder Ablehnung.** Es gibt keinen Vorrang der Zurückweisung aus gebührenrechtlichen Gründen vor der Ablehnung wegen nicht gebührenrechtlicher Einwendungen. Sind durchgreifende nicht gebührenrechtliche Einwendungen geltend gemacht, so kann abgelehnt werden, ohne dass noch geprüft werden müsste, ob nicht bereits aus gebührenrechtlichen Gründen zurückzuweisen wäre.

256 **c) Verzinsung.** Die Verzinsung des festgesetzten Betrages (mit fünf Prozentpunkten über dem Basiszinssatz des § 247 BGB) darf nur angeordnet werden, wenn sie beantragt war (Abs. 2 S. 3; § 104 Abs. 1 S. 2 ZPO; § 464b S. 2, 3 StPO; § 197 Abs. 1 S. 2 SGG).

257 **d) Kostenentscheidung.** Einer Kostenentscheidung im Verhältnis der Beteiligten zueinander bedarf es nicht, weil nach Abs. 2 S. 5, 6 die von dem RA gezahlten Auslagen für die Zustellung in den Festsetzungsbeschluss aufzunehmen sind und iÜ **keine Kostenerstattung** stattfindet.[316] Soweit teilweise eine Kostenentscheidung verlangt wird, weil sonst weitere Auslagen, zB für eine weitere Zustellung des Beschlusses bei Fehlschlagen des ersten Zustellungsversuchs, beim RA bleiben würden,[317] ist dem nicht zu folgen. Ein solcher Kostenausspruch über die Kosten des Verfahrens würde dazu führen, dass nach dem Wortlaut auch die Gerichtsgebühr und ggf. Anwaltskosten zu erstatten wären. Zumindest wäre damit ein Streit über diese Frage vorprogrammiert. Zusätzliche Zustellungskosten sollten vielmehr analog § 788 ZPO festgesetzt werden, wobei die gesetzgeberische Wertung, dass Zustellkosten zu erstatten sind (Abs. 2 S. 5), mit zu berücksichtigen ist. Ist eine Kostenentscheidung ergangen, so entfaltet diese nach Ansicht des KG wegen offensichtlichen Verstoßes gegen das Gesetz keine Bindungswirkung.[318]

5. Begründung

258 Folgt der Rechtspfleger/Urkundsbeamte dem Antrag oder einer Einwendung ganz oder teilweise nicht, so muss dies begründet werden.[319] Auch bei antragsgemäßer Festsetzung muss, falls zu einer Position Zweifel bestehen könnten, kurz begründet werden, dass die geltend gemachten Gebühren und Auslagen zutreffend sind.[320]

6. Zustellung

259 **Antragsgegner.** Ein zumindest teilweise stattgebender Beschluss ist gem. § 104 Abs. 1 S. 3 ZPO dem Auftraggeber zuzustellen. Dazu, wann an diesen persönlich und wann an einen neuen Verfahrensbevollmächtigten zuzustellen ist, → Rn. 235. Wurde vor der Entscheidung ordnungsgemäß verfahren, also schon vor der Entscheidung die Abschrift der Kostenrechnung des Anwalts dem Auftraggeber mitgeteilt, so ist dem Beschluss die Abrechnung nicht mehr beizufügen.

---

[313] Schneider/Wolf/*N. Schneider* RVG § 11 Rn. 265.
[314] Mayer/Kroiß/*Mayer*, 2. Aufl. 2006, RVG § 11 Rn. 74.
[315] Schneider/Wolf/*N. Schneider* RVG § 11 Rn. 262.
[316] VG Koblenz JurBüro 2003, 262.
[317] HBS VergütungsR/*Hansens* Teil 4 Rn. 185; Schneider/Wolf/*N. Schneider* RVG § 11 Rn. 266.
[318] KG RVGreport 2011, 183 mzustAnm *Hansens*.
[319] Schneider/Wolf/*N. Schneider* RVG § 11 Rn. 264; Bischof/*Bischof* § 11 Rn. 54.
[320] OLG Frankfurt a. M. OLGR 2005, 50 = AGS 2005, 267.

Antragssteller. Dem Antragsteller ist die Entscheidung – wegen der Rechtsbehelfsfristen – nur zuzustellen, wenn der Antrag ganz oder teilweise zurückgewiesen wird; iÜ genügt formlose Mitteilung (§ 104 Abs. 1 S. 4 ZPO).[321] 260

7. Mehrere Auftraggeber

In der 17. Auflage befanden sich Darlegungen zur Tenorierung bei mehreren Auftraggebern. Dabei wurde versucht, in den Tenor aufzunehmen, für welchen Teil der Vergütung eine Gesamtschuldnerschaft der Auftraggeber besteht. Diese Berechnungen sind kompliziert und auch hinsichtlich ihrer Richtigkeit zweifelhaft.[322] 261

Es wird nunmehr auf diese Darlegungen verzichtet, da eine erneute Überprüfung ergab, dass diese komplizierte Tenorierung vom Gesetz nicht verlangt wird, unnötig ist und niemandem etwas nutzt. 262

Vergütungsfestsetzungsbeschluss ohne Nennung der Obergrenze. Aus § 7 RVG ergibt sich, dass der RA einen Anspruch auf eine Vergütungsfestsetzung gegen jeden seiner Auftraggeber in der Höhe hat, die ihm zustehen würde, wenn er nur diesen Auftraggeber vertreten hätte. 263

Er hat also einen Anspruch auf eine isolierte Tenorierung folgenden Inhalts: „RA X hat gegen den Auftraggeber A einen Vergütungsanspruch iHv 1.000,– EUR." 264

Oder wenn er einen einheitlichen Titel gegen alle Auftraggeber haben will: „RA X hat gegen die Auftraggeber A, B und C einen Vergütungsanspruch iHv jeweils 1.000,– EUR." 265

Es ist dann Sache des Rechtsanwalts darauf zu achten, dass er nicht mehr Zahlungen von den Auftraggebern erhält, als ihm insgesamt zustehen. 266

Auch für das **Innenverhältnis** zwischen den Auftraggebern bedarf es keiner Feststellung in dem Vergütungsfestsetzungsbeschluss, hinsichtlich welches Betrages die Auftraggeber als Gesamtschuldner haften. Ihre Haftung im Innenverhältnis wird ganz anders berechnet. Die gesamten Kosten werden entsprechend der Beteiligung der Auftraggeber auf diese aufgeteilt. Sind sie in gleicher Höhe beteiligt, so müssen sie im Innenverhältnis im Zweifel die Kosten jeweils zur Hälfte tragen, und zwar unabhängig davon in welcher Höhe sie Gesamtschuldner waren (→ RVG VV 1008 Rn. 312 ff.). 267

Vergütungsfestsetzungsbeschluss mit Obergrenze. Selbst wenn man in den Vergütungsfestsetzungsbeschluss mit aufnehmen will, dass es eine Obergrenze für alle Auftraggeber zusammen gibt, so genügt es, in dem Vergütungsfestsetzungsbeschluss zu beziffern, für welchen Betrag jeder Auftraggeber allein haftet, und darüber hinaus den Betrag festzusetzen, der dem RA insgesamt zusteht. 268

Also zB: „Der dem RA zustehende Vergütungsanspruch gegen die Auftraggeber A, B und C wird auf jeweils 1.000,– EUR festgesetzt. Insgesamt kann er von ihnen aber nicht mehr als 1.500,– EUR verlangen."

XIII. Rechtsbehelfe

1. Allgemeines

Gem. Abs. 2 S. 3 sind die **jeweiligen Verfahrensordnungen** über das Kostenfestsetzungsverfahren mit Ausnahme von § 104 Abs. 2 S. 3 RVG (Erklärung zur Vorsteuer) anzuwenden. Also finden zB in ZPO-Verfahren § 104 Abs. 3 ZPO und § 11 Abs. 2 RPflG betreffend der sofortigen Beschwerde und der befristeten Erinnerung Anwendung. Liegt die Beschwer über 200,– EUR, ist die sofortige Beschwerde gegeben, bei einer niedrigeren Beschwer die befristete Erinnerung. 269

Die wichtigste Abweichung zur BRAGO liegt darin, dass es auch im Rechtsbehelfsverfahren **keine Kostenerstattung** mehr gibt (Abs. 2 S. 6). Eine Ausnahme gilt für die Auslagen für die Zustellung des Beschlusses. Die Aufwendungen des Anwalts hierfür sind in den Beschluss mit aufzunehmen (Abs. 2 S. 5). 270

Unterschied je nach Gerichtsbarkeit. Die Ausgestaltung der Rechtsbehelfe unterscheidet sich, je nachdem ob die Entscheidung in der ordentlichen Gerichtsbarkeit (einschließlich Strafgerichtsbarkeit, § 464b S. 3 StPO) bzw. in der Arbeitsgerichtsbarkeit vom Rechtspfleger oder im Bereich der Verwaltungs-, Finanz- und Sozialgerichtsbarkeit vom Urkundsbeamten getroffen worden ist (Abs. 3 S. 2). 271

Angelegenheit → RVG § 18 Rn. 6 ff.

---

[321] Bischof/*Bischof* RVG § 11 Rn. 55.

[322] So führt der von Schneider/Wolf/*N. Schneider* RVG § 11 Rn. 249 ff., gewählte Rechenweg bei drei und mehr Auftraggebern zu falschen Ergebnissen.

2. ZPO-Verfahren

272 **a) Sofortige Beschwerde.** ***aa) Voraussetzungen.*** **(1) Statthaftigkeit.** Sowohl der RA als auch der Auftraggeber können den Festsetzungsbeschluss mit der sofortigen Beschwerde angreifen. Voraussetzung ist bei beiden eine Beschwer.

273 **Übergangener Posten.** Die Beschwer ist nicht gegeben, wenn ein geltend gemachter Anspruch im Beschluss nicht berücksichtigt wurde, also weder gewährt noch abgelehnt wurde, was sich aus den Gründen ergibt. Hier muss eine Ergänzungsentscheidung zu dieser Position verlangt werden.[323]

274 **(2) Beschwer über 200,– EUR.** In der ordentlichen Gerichtsbarkeit, also auch in Strafsachen, unterliegen die Entscheidungen des Rechtspflegers nach § 11 Abs. 1 RPflG dem Rechtsmittel, das nach den allgemeinen verfahrensrechtlichen Vorschriften zulässig ist. Dies ist die sofortige Beschwerde (Abs. 2 S. 3; § 104 Abs. 3 S. 1 ZPO), wenn der Wert des Beschwerdegegenstandes 200,– EUR übersteigt (§ 567 Abs. 2 ZPO).

275 **(3) Zweiwochenfrist.** Die sofortige Beschwerde ist binnen einer Frist von zwei Wochen seit Zustellung der Entscheidung einzulegen (§ 569 Abs. 1 S. 1 ZPO). Auch wenn dem Auftraggeber noch keine Kostenrechnung zugegangen ist, läuft die zweiwöchige Frist.[324] Die Frist beginnt nicht, wenn der Beschluss dem RA der Hauptsache zugestellt wird, dieser aber nicht extra für das Vergütungsfestsetzungsverfahren bevollmächtigt ist.[325]

276 **Strafsachen.** Auch bei ihnen gilt nach dem eindeutigen Wortlaut des § 464b S. 3 StPO, der auf die ZPO und damit auf § 104 Abs. 3 ZPO und § 569 Abs. 1 S. 1 ZPO verweist, die zweiwöchige Frist.[326] Das ist auch von der Sache her gerechtfertigt. § 311 StPO mit seiner einwöchigen Frist (Abs. 2) gilt, soweit es um strafrechtliche Fragen geht. Hier soll schnell Sicherheit herrschen. Hinsichtlich der Vergütungsfestsetzung ist aber kein Grund ersichtlich, warum sie hinsichtlich der Frist im Strafrecht anders als in anderen Gerichtsbarkeiten behandelt werden soll. Da aber eine starke Gegenmeinung die einwöchige Frist des § 311 Abs. 2 StPO anwendet,[327] sollte vorsorglich innerhalb einer Wochenfrist Beschwerde eingelegt werden.[328]

277 Die **Anschließung** an die sofortige Beschwerde des Gegners ist – auch als unselbständige – zulässig (§ 567 Abs. 3 ZPO).[329]

278 Die **Wiedereinsetzung in den vorigen Stand** wegen Versäumung der Beschwerde/Erinnerungsfrist ist nach §§ 233–238 ZPO zulässig. Zuständig zur Entscheidung über den Antrag ist der Rechtspfleger, wenn er ihm stattgeben und gleichzeitig abhelfen will. Will er aber nicht abhelfen, so muss er auch die Entscheidung über die Wiedereinsetzung dem Beschwerdegericht überlassen.[330]

279 **Erweiterung der sofortigen Beschwerde.** Eine zunächst beschränkte Beschwerde (Erinnerung) kann noch nach Ablauf der Einlegungsfrist **erweitert** werden, weil eine Teilanfechtung die Rechtskraft auch des (zunächst) nicht angefochtenen Teils der Entscheidung hemmt.[331] Auch ist neuer Tatsachenvortrag zulässig.[332]

280 **Nachfestsetzung.** Zusammen mit der Beschwerde kann auch Nachfestsetzung eines bisher nicht angemeldeten Anspruchs geltend gemacht werden.[333] Das Beschwerdegericht muss dann selbst hierüber entscheiden, wenn der Gegner einwilligt oder das Gericht die Erweiterung für sachdienlich hält (§ 263 ZPO). Allerdings ist die Beschwerde mangels einer Beschwer unzulässig, wenn mit ihr ausschließlich ein bisher nicht angemeldeter Anspruch geltend gemacht wird. Hier ist jedoch eine Umdeutung in einen reinen Nachfestsetzungsantrag vorzunehmen.[334]

---

[323] Thomas/Putzo/*Hüßtege* ZPO § 104 Rn. 27.
[324] OLG Koblenz AGS 1997, 105 mAnm *von Eicken;* OLG München JurBüro 1991, 91.
[325] HBS VergütungsR/*Hansens* Teil 4 Rn. 86.
[326] OLG Koblenz Rpfleger 2000, 126; OLG München JurBüro 1985, 1515.
[327] OLG Düsseldorf Rpfleger 1999; 527; OLG Karlsruhe AnwBl 2000, 133 = JurBüro 2000, 203.
[328] HBS VergütungsR/*Hansens* Teil 4 Rn. 193.
[329] Schneider/Wolf/*N. Schneider* RVG § 11 Rn. 280; Mayer/Kroiß/*Mayer* RVG § 11 Rn. 111.
[330] OLG Düsseldorf Rpfleger 1983, 29; OLG Koblenz AnwBl 2003, 315; Zöller/*Herget* ZPO § 104 Rn. 21 „Wiedereinsetzung".
[331] OLG Celle JurBüro 1969, 143 = Rpfleger 1969, 25; OLG Köln NJW 1970, 336; JurBüro 1981, 1404, mit falschem Leitsatz; OVG NRW KostRspr BRAGO § 19 Nr. 91 = Rpfleger 1986, 320; **aA** OLG Hamm KostRspr BRAGO § 19 Nr. 7 mablAnm *Lappe.*
[332] Mayer/Kroiß/*Mayer* RVG § 11 Rn. 111.
[333] KG NJW-RR 1991, 768.
[334] OLG München 26.6.2002 – 11 W 1661/02.

(4) Form. Anwaltszwang besteht nicht (Abs. 6 S. 1). Die sof. Beschwerde kann gem. Abs. 6 zu Protokoll der Geschäftsstelle eines jeden Amtsgerichts (Abs. 6 S. 2 iVm § 129a ZPO) oder aber des Gerichts, das den angegriffenen Beschluss erlassen hat,[335] erklärt werden. Sie kann aber auch schriftlich erfolgen. 281

(5) Inhalt. Die Verwendung des Worts „Beschwerde" ist nicht erforderlich; es muss nur erkennbar sein, dass und inwieweit eine Überprüfung der angefochtenen Entscheidung erstrebt wird. Die innerhalb der Beschwerdefrist eingegangene Bitte, einen früheren Schriftsatz als Beschwerde zu behandeln, reicht aus. Es muss erkennbar sein, gegen welchen Beschluss sich die sofortige Beschwerde wendet. Sie kann auf einen Teil des angegriffenen Beschlusses beschränkt werden. Einer Begründung bedarf es nicht. 282

bb) Abhilfeverfahren. **(1) Verfahren. Prüfungspflicht.** Der sofortigen Beschwerde darf der Rechtspfleger abhelfen (§ 11 Abs. 2 S. 4 RPflG).[336] Er ist verpflichtet zu prüfen, ob abzuhelfen ist. 283

Rechtliches Gehör muss gewährt werden, wenn der Beschluss, sei es auch nur teilweise, zu Lasten des Gegners abgeändert werden soll.[337] 284

Aussetzung der Vollziehung. Die sofortige Beschwerde hat keine aufschiebende Wirkung. Jedoch kann die Vollziehung der angefochtenen Entscheidung ausgesetzt werden (§§ 21 Nr. 2, 11 Abs. 2 S. 4 RPflG, § 570 Abs. 3 ZPO), nicht aber nach § 104 Abs. 3 S. 2 ZPO, weil bei der Vergütungsfestsetzung die Kostenentscheidung des Ausgangsverfahrens keine Rolle spielt. 285

(2) Begründetheit. Die sofortige Beschwerde kann aus gebühren- wie nicht-gebührenrechtlichen Einwendungen begründet sein. 286

(3) Abhelfende Entscheidung. Soweit der Rechtspfleger den Rechtsbehelf für zulässig und auch nur teilweise begründet erachtet, muss er abhelfen (§ 572 Abs. 1 S. 1 Hs. 1 ZPO). Er darf die Abhilfefrage nicht offen lassen.[338] Die Abhilfe ergeht dahin, dass die bisherige Festsetzung aufgehoben, abgeändert oder ergänzt wird. Bei der Entscheidung darf er nicht über den Anfechtungsantrag hinausgehen. Der Festsetzungsbeschluss darf nicht zum Nachteil des Rechtsmittelführers geändert werden, es sei denn auf ein Anschlussrechtsrechtsmittel hin.[339] Ein Verstoß gegen das Verschlechterungsverbot ist aber aus prozessökonomischen Gründen zu verneinen, wenn die nur vom RA angefochtene Ablehnung des Verfahrens gem. Abs. 5 in eine Zurückweisung mangels gebührenrechtlicher Begründetheit geändert wird.[340] Es gilt dasselbe wie bei einem Urteil, das die Klage als unzulässig abgewiesen hat. Hier ist anerkannt, dass das Berufungsgericht auf die Berufung des Klägers die Klage als unbegründet abweisen kann, obgleich der Kläger damit schlechter steht.[341] 287

Begründung. Der Beschluss muss begründet werden, wobei auf die vom Beschwerdeführer vorgetragenen Argumente einzugehen ist.[342] Sind aber nur Gründe vorgebracht, die bereits im Vergütungsfestsetzungsbeschluss abgehandelt wurden, so genügt eine Bezugnahme auf dessen Gründe. 288

Kostenentscheidung und -erstattung. Im Abhilfeverfahren scheidet eine Kostenentscheidung schon deshalb aus, weil Gerichtskosten gem. KVGKG nur anfallen, wenn die Beschwerde verworfen oder zurückgewiesen wird. Eine unzulässige oder unbegründete sofortige Beschwerde hat der Rechtspfleger aber dem Beschwerdegericht vorzulegen. Eine Kostenerstattung findet nicht statt (Abs. 2 S. 6 Hs. 2). 289

(4) Vorlage an Beschwerdegericht. Hilft der Rechtspfleger der sofortigen Beschwerde nicht ab, legt er sie dem Beschwerdegericht vor (§ 572 Abs. 1 S. 1 Hs. 2 ZPO).[343] 290

Bei **teilweiser Abhilfe** ist die sofortige Beschwerde hinsichtlich des nicht abgeholfenen Teils an das Beschwerdegericht abzugeben. Voraussetzung ist allerdings, dass dann noch eine Beschwer von 200,– EUR verbleibt. Wenn nicht, wird aus der sofortigen Beschwerde eine Erinnerung. Sie ist dann dem nunmehr zuständigen Richter des Gerichts, das den angegriffenen Beschluss erlassen hat, zur Entscheidung vorzulegen (§ 11 Abs. 2 S. 3 RPflG). 291

---

335 OLG Koblenz NJW-RR 1992, 127.
336 Mayer/Kroiß/*Mayer* RVG § 11 Rn. 111.
337 Thomas/Putzo/*Hüßtege* ZPO § 104 Rn. 33.
338 OLG Köln Rpfleger 1975, 140; OLG Frankfurt a. M. JurBüro 1979, 1572 = Rpfleger 1979, 388; OLG München JurBüro 1981, 1539; HBS VergütungsR/*Hansens* Teil 4 Rn. 191.
339 Mayer/Kroiß/*Mayer* RVG § 11 Rn. 111.
340 KG JurBüro 1986, 220.
341 BGHZ 23, 36; 46, 281; NJW 1970, 1683.
342 OLG München Rpfleger 1992, 382.
343 HBS VergütungsR/*Hansens* Teil 4 Rn. 194.

292 **(5) Beschwerde gegen abhelfende Entscheidung.** Hat der Rechtspfleger der Beschwerde abgeholfen, so kann der Gegner dagegen seinerseits sofortige Beschwerde bzw. befristete Erinnerung einlegen.[344]

293 *cc) Verfahren beim Beschwerdegericht.* **Zuständiges Beschwerdegericht.** Über die Beschwerde entscheidet das Beschwerdegericht. Richtet sich die Beschwerde gegen eine Entscheidung des **Familiengerichts,** so ist Beschwerdegericht das OLG.[345] Zwar ist der Streit um die in Familiensachen entstandene RA-Vergütung nicht selbst Familiensache und ist deshalb zur Entscheidung über eine Gebührenklage im Gerichtsstand des § 34 ZPO die allgemeine Prozessabteilung des Amtsgerichts oder das Gericht des allgemeinen Gerichtsstandes des Beklagten berufen. Nach § 119 Abs. 1 Nr. 1a GVG ist das OLG jedoch schlechthin für Beschwerden in den von den Familiengerichten entschiedenen Sachen zuständig. Das Gesetz hat damit für die Rechtsmittelzuständigkeit ausdrücklich die formelle Qualifikation für maßgeblich erklärt. In **Landwirtschaftssachen** ist das OLG ebenfalls zuständig (§ 22 Abs. 1 LwVG).

294 **Einzelrichter.** Bei Kollegialgerichten geht die Sache zum Einzelrichter (§ 568 S. 1 ZPO). Bei der Kammer für Handelssachen entscheidet der Vorsitzende allein (§ 349 Abs. 2 Nr. 12 ZPO).

295 **Verfahren.** Es gelten die gleichen Grundsätze wie für den Rechtspfleger beim Abhilfeverfahren (→ Rn. 283 ff.).

296 **Entscheidung.** Die Entscheidung des Beschwerdegerichts ergeht durch Beschluss. Eine Aufhebung und Zurückverweisung an den ersten Richter ist nach § 572 Abs. 3 ZPO zulässig. Hinsichtlich Begründung, Verschlechterungsverbot, Bindung an den Antrag gilt das oben zur Abhilfeentscheidung Dargelegte entsprechend (→ Rn. 283 ff.).

297 **Kostenentscheidung über Gerichtskosten.** In Abs. 2 S. 4 wird vom Gesetzgeber klargestellt, dass nur das Festsetzungsverfahren vor dem Gericht des ersten Rechtszugs gerichtsgebührenfrei ist, nicht das Verfahren über die Beschwerde, wenn diese erfolglos bleibt. Dennoch bedarf es im Regelfall keiner Kostenentscheidung.[346] Wer Kostenschuldner ist ergibt sich aus dem Gesetz. Das ist gem. KV 1812 GKG der erfolglose Beschwerdeführer. Sollte man § 97 Abs. 2 ZPO auch im Rahmen von KV 1812 für überhaupt anwendbar halten,[347] so würde es genügen, in den wenigen Fällen, in denen der Beschwerdegegner auf Grund neuen Vorbringens gewinnt, ausnahmsweise eine Kostenentscheidung über die Gerichtskosten zu treffen.

298 **Kostenentscheidung über außergerichtliche Kosten.** Da eine Kostenerstattung auch im Beschwerdeverfahren nicht stattfindet (Abs. 2 S. 6 Hs. 2), darf die Kostenentscheidung nicht über die außergerichtlichen Kosten befinden.

299 Eine **Kostenerstattung** findet nicht statt (Abs. 2 S. 6 Hs. 2).

300 *dd) Rechtsmittel gegen Beschwerdeentscheidung.* **Weitere Beschwerde.** Eine weitere Beschwerde findet nicht statt.[348]

301 **Rechtsbeschwerde.** Die Rechtsbeschwerde ist nur zulässig, wenn das Beschwerdegericht sie nach § 574 ZPO zulässt.[349] An die Zulassung ist der BGH gebunden (§ 574 Abs. 3 S. 2 ZPO). Eine Anschlussrechtsbeschwerde bedarf keiner Zulassung (§ 574 Abs. 4 S. 1 ZPO).

302 **Rechtsbeschwerde bei einstweiliger Verfügung.** Obgleich das Verfahren über die einstweilige Verfügung die Rechtsbeschwerde nicht kennt, ist eine solche gegen eine Vergütungsfestsetzungsentscheidung, die im Rahmen eines einstweiligen Verfügungsverfahrens ergangen ist, zulässig. Das Kostenfestsetzungsverfahren ist als selbständige Folgesache mit einem eigenen Rechtsmittelzug ausgestattet.[350] Dasselbe gilt für die Vergütungsfestsetzung. Dazu, dass es im Asylverfahren anders ist → Rn. 315.

303 **b) Befristete Erinnerung. 200,– EUR.** Ist nach den allgemeinen Verfahrensvorschriften ein Rechtsmittel nicht gegeben, insbes. also dann, wenn der Beschwerdewert von mehr als 200,– EUR nicht erreicht ist, unterliegt gem. § 11 Abs. 2 S. 1 RPflG die Entscheidung des Rechtspflegers der befristeten Erinnerung. Eine Anschlusserinnerung ist zulässig.[351]

---

[344] HBS VergütungsR/*Hansens* Teil 4 Rn. 194.
[345] Schneider/Wolf/*N. Schneider* RVG § 11 Rn. 292.
[346] **AA** OLG Koblenz AnwBl 2003, 315 zum alten Recht; Mayer/Kroiß/*Mayer* RVG § 11 Rn. 112.
[347] § 97 Abs. 2 wurde zum alten Recht vom KG JurBüro 1982, 77 = Rpfleger 1981, 495 für die außergerichtlichen Kosten angewendet.
[348] BayObLG JurBüro 1992, 680.
[349] BGH NJW-RR 2004, 356 = MDR 2004, 466; BAG NJW 2019, 326.
[350] BGH NJW 2005, 2233.
[351] Schneider/Wolf/*N. Schneider* RVG § 11 Rn. 280.

Berichtigung und Kostenentscheidung. Derartige Erinnerungen sind weiter gegeben, wenn der Rechtspfleger die Berichtigung eines Vergütungsfestsetzungsbeschlusses ablehnt (§ 319 Abs. 3 ZPO)[352] oder lediglich dessen Kostenentscheidung angegriffen wurde (§ 99 Abs. 1 ZPO).[353] Da kein Rechtsmittel gegen diese Entscheidungen gegeben ist, greift § 11 Abs. 2 S. 1 RPflG ein. 304

Zweiwochenfrist. Die Frist zur Einlegung der Erinnerung beträgt zwei Wochen (§ 11 Abs. 2 S. 1 RPflG; § 569 Abs. 1 S. 1 ZPO) und läuft auch dann, wenn dem Auftraggeber noch keine Kostenrechnung zugegangen ist.[354] 305

Abhilfe. Der Rechtspfleger kann abhelfen (§ 11 Abs. 2 S. 2 RPflG). Tut er dies nicht, muss er die Erinnerung dem Richter seines Gerichts vorlegen (§ 11 Abs. 2 S. 3 RPflG). 306

Richterliche Entscheidung. Bei Kollegialgerichten geht die Sache zum Einzelrichter (§ 568 S. 1 ZPO). Bei der Kammer für Handelssachen entscheidet der Vorsitzende allein (§ 349 Abs. 2 Nr. 12 ZPO). Eine **Kostenentscheidung** hat nicht zu erfolgen, da es nach Abs. 2 S. 6 keine Kostenerstattung gibt. Außerdem ist das Erinnerungsverfahren nach § 11 Abs. 4 RPflG gerichtsgebührenfrei.[355] 307

Unanfechtbarkeit. Gegen den Beschluss des Richters gibt es kein Rechtsmittel (§ 567 Abs. 2 ZPO). 308

Bezugnahme auf Darlegungen zur sofortigen Beschwerde. Im Übrigen gelten die obigen Ausführungen zur sofortigen Beschwerde (§ 11 Abs. 2 S. 4 RPflG). 309

c) Nichtigkeits- oder Restitutionsbeschwerde. Nach § 569 Abs. 1 S. 3 ZPO ist auch die Nichtigkeits- (Restitutions-)Beschwerde zulässig, wenn zwar die Rechtsmittelfrist verstrichen ist, aber die Voraussetzungen einer Nichtigkeits- oder Restitutionsklage vorliegen und der Grund nicht innerhalb der Rechtsmittelfrist geltend gemacht werden konnte. Wegen der Frist in diesem Fall → ZPO § 586. 310

3. Sonstige Verfahren

a) Familiensachen. §§ 103–107 ZPO und §§ 567, 574 ZPO[356] kommen in FG-Familiensachen und auch sonstigen FG-Verfahren nach FamFG über § 85 FamFG, in Ehe- und Familienstreitsachen über § 113 Abs. 1 S. 2 FamFG zur Anwendung. 311

b) Arbeitsgerichtsbarkeit. Es gilt über § 78 S. 1 ArbGG das zur ordentlichen Gerichtsbarkeit Ausgeführte (→ Rn. 272ff.). Die **Rechtsbeschwerde** des § 574 ZPO ist gegeben (§ 78 S. 2, § 72 Abs. 2 ArbGG).[357] Das BAG lässt die Rechtsbeschwerde gegen Nebenentscheidungen auf dem Gebiet des Kostenrechts zu.[358] 312

c) Verwaltungsgerichtsbarkeit. ***aa) Erinnerung.*** **Zulässigkeit.** Binnen einer Frist von zwei Wochen ab Bekanntgabe kann Erinnerung eingelegt werden (Abs. 2 S. 3; §§ 165, 151 S. 1 VwGO), wobei nach Ansicht des OVG Hamburg gem. § 67 Abs. 4 VwGO Anwaltszwang herrscht.[359] Beim Fehlen einer Rechtsbelehrung kann dieser Antrag noch innerhalb eines Jahres nach Bekanntgabe gestellt werden (§ 58 Abs. 2 VwGO).[360] 313

Entscheidung. Der Urkundsbeamte kann abhelfen. Andernfalls hat er die Sache dem Richter seines Gerichts vorzulegen.[361] Der Richter entscheidet in eigener Zuständigkeit (nicht nur Abhilfe) durch Beschluss. 314

bb) Sofortige Beschwerde. **Zulässigkeit.** Die richterliche Entscheidung kann, wenn die Beschwer über 200,– EUR liegt (§ 146 Abs. 3 VwGO), binnen zwei Wochen nach Bekanntgabe – ohne Anwaltszwang[362] – mit der sofortigen Beschwerde angegriffen werden (§ 147 Abs. 1 S. 1 VwGO).[363] 315

Keine Beschwerde im Hauptsacheverfahren. Wenn Gesetze eine Beschwerde nicht zulassen, kommt es darauf an, ob das Gesetz das auch auf kostenrechtliche Nebenverfahren be- 316

352 LG Berlin JurBüro 1999, 539.
353 HBS VergütungsR/*Hansens* Teil 4 Rn. 189.
354 OLG Koblenz AGS 1997, 105 mAnm *von Eicken.*
355 Mayer/Kroiß/*Mayer* RVG § 11 Rn. 115.
356 Thomas/Putzo/*Hüßtege* FamFG § 85 Rn. 4.
357 Mayer/Kroiß/*Mayer* RVG § 11 Rn. 116.
358 BAG NJW 2002, 3650 = NZA 2002, 1228.
359 OVG Hamburg NVwZ-RR 2009, 452 = AGS 2009, 182.
360 OVG NRW DÖV 1970, 102; Bischof/*Bischof* RVG § 11 Rn. 65.
361 Schneider/Wolf/*N. Schneider* RVG § 11 Rn. 296.
362 VGH Kassel RVGreport 2011, 216.
363 VGH Mannheim JurBüro 1997, 643.

zieht. Gem. **§ 80 AsylVfG** gibt es in Asylrechtsstreitigkeiten keine Beschwerde. Das gilt auch für das Vergütungsfestsetzungsverfahren, da sich aus den Gesetzesmotiven ergibt, dass der Beschwerdeausschluss auch „Nebenverfahren", insbes. auch „Kostenangelegenheiten" erfassen soll.[364] Dazu, dass bei der einstweiligen Verfügung etwas anderes gilt, → Rn. 302. Der Erstrichter kann der Beschwerde abhelfen. Andernfalls legt er die Sache dem Beschwerdegericht vor (§ 148 Abs. 1 VwGO).

317 **d) Finanzgerichtsbarkeit.** Beschlüsse über Festsetzungsanträge in der Finanzgerichtsbarkeit können mit der Erinnerung angefochten werden. Dies muss binnen zwei Wochen nach Bekanntgabe geschehen (Abs. 2 S. 3; §§ 149 Abs. 2, 53 ff. FGO). Beim Fehlen einer Rechtsbehelfsbelehrung gilt eine verlängerte Frist von einem Jahr (§ 55 Abs. 2 FGO).[365] Eine Anschlusserinnerung ist zulässig.[366] Die Zwangsvollstreckung kann gem. § 149 Abs. 3 FGO ausgesetzt werden.[367]

318 **Entscheidung.** Hilft der Urkundsbeamte nicht ab, legt er die Sache dem Gericht vor (§ 149 Abs. 4 FGO). Das Gericht (Richter) entscheidet abschließend in voller Besetzung[368] durch Beschluss, der nicht angefochten werden kann (§ 128 Abs. 4 FGO).

319 **e) Sozialgerichtsbarkeit. Zulässigkeit.** Binnen eines Monats nach Bekanntgabe des Beschlusses kann Erinnerung eingelegt werden (Abs. 2 S. 3; § 197 Abs. 2 SGG). Die Einlegungsfrist verlängert sich auf ein Jahr, wenn die Rechtsbehelfsbelehrung unterblieben ist (§ 66 Abs. 2 SGG).[369]

320 **Entscheidung.** Der Urkundsbeamte kann abhelfen. Tut er dies nicht, so muss er dem Richter seines Gerichts vorlegen (§ 174 SGG). Die Entscheidung der Richter ist unanfechtbar (§ 197 Abs. 2 SGG).[370]

XIV. Rechtskraft

1. Formelle Rechtskraft

321 Entscheidungen im Vergütungsfestsetzungsverfahren können formell rechtskräftig werden.[371] Eine **teilweise Anfechtung** hemmt den Eintritt der Rechtskraft wie im Erkenntnisverfahren auch hinsichtlich des nicht angefochtenen Restes und zwar wegen der Zulässigkeit von Anschlusserinnerung und -beschwerde für beide Seiten. Anders ist es, wenn beide hinsichtlich des Restes auf Rechtsmittel verzichtet haben.

2. Materielle Rechtskraft

322 **a) Festsetzung der Vergütung.** Gegen festgesetzte Gebühren kann der Auftraggeber später keine Einwendungen mehr geltend machen. Auch bei der Vollstreckungsgegenklage ist er mit Einwendungen ausgeschlossen, die er schon im Vergütungsfestsetzungsverfahren hätte geltend machen können.[372]

323 **b) Zurückweisung wegen gebührenrechtlicher Einwendungen.** Bei einer Zurückweisung wegen gebührenrechtlicher Einwendungen kann der RA die abgelehnte Vergütung nicht mehr mit einer Vergütungsklage geltend machen.[373]

324 **c) Ablehnung wegen fehlender Fälligkeit oder Rechnung.** Hat das Gericht den Antrag mangels Fälligkeit oder mangels einer ausreichenden Rechnung zurückgewiesen, kann, wenn dieses Hindernis behoben ist, der Antrag wiederholt werden. Schon gar nicht ist die Möglichkeit genommen, die Forderung einzuklagen. In der Sache ist keine rechtskraftfähige Entscheidung ergangen.[374] Allerdings muss der RA nach Fälligkeit oder ordnungsgemäßer

[364] OLG Hamburg JurBüro 1994, 103; OVG NRW AGS 2016, 443 mzustAnm *N. Schneider* = RVGreport 2016, 295 mit zweifelnder Anm. *Hansens;* JurBüro 1995, 650; **aA** Schneider/Wolf/*N. Schneider* RVG § 11 Rn. 301.

[365] Bischof/*Bischof* § 11 Rn. 67.

[366] FG Bln EFG 1981, 581.

[367] FG Brem EFG 1994, 583.

[368] FG Brem EFG 1994, 162; Mayer/Kroiß/*Mayer* RVG § 11 Rn. 123.

[369] LSG Thüringen RVGreport 2018, 412 mzustAnm *Hansens* = AGS 2018, 501; Bischof/*Bischof* RVG § 11 Rn. 66.

[370] LSG NRW JurBüro 1991, 409; 817; Mayer/Kroiß/*Mayer* RVG § 11 Rn. 124.

[371] BGH AnwBl 1976, 339 = Rpfleger 1976, 354 = MDR 1976, 914; KG BerlAnwBl 1994, 84.

[372] Mayer/Kroiß/*Mayer* RVG § 11 Rn. 125.

[373] Schneider/Wolf/*N. Schneider* RVG § 11 Rn. 307.

[374] Schneider/Wolf/*N. Schneider* RVG § 11 Rn. 309.

Rechnungsstellung erst noch einmal den Weg über den Vergütungsfestsetzungsantrag gehen, da sonst das Rechtsschutzbedürfnis fehlt (→ Rn. 353ff.).

d) Ablehnung wegen nicht gebührenrechtlicher Einwendungen. Der RA kann dieselben Ansprüche im Klageverfahren weiter verfolgen. Hier ist in der Sache keine Entscheidung getroffen worden, die der Rechtskraft fähig wäre.[375] 325

Fallenlassen der nicht gebührenrechtlichen Einwendung. Ist der Antrag nach Abs. 5 S. 1 wegen nicht gebührenrechtlicher Einwendungen abgelehnt worden, so kann ein Festsetzungsantrag vom RA erneut gestellt werden, wenn der Auftraggeber später seine Einwendungen zurücknimmt.[376] Man kann darüber streiten, ob dieser Fall mehr einem gleicht, bei dem in der Sache abschließend entschieden ist, oder mehr einem, bei dem es an einer Zulässigkeitsvoraussetzung fehlt. Nachdem die Ablehnung wegen nicht gebührenrechtlicher Einwendung zwischen beiden Fällen steht, sollten prozessökonomische Gesichtspunkte durchgreifen. Diese sprechen für eine Wiederholungsmöglichkeit. 326

e) Ablehnung wegen fehlender Zustimmung. Wurde gem. Abs. 8 S. 2 die Festsetzung von Rahmengebühren wegen fehlender Zustimmungserklärung des Auftraggebers abgelehnt, so ist wieder keine rechtskraftfähige Entscheidung in der Sache ergangen. Es kann also Vergütungsklage erhoben werden.[377] Liegt nunmehr die Zustimmungserklärung vor, so muss erneut Festsetzung gem. § 11 RVG beantragt werden. 327

f) Änderung des Gegenstandswerts. Anpassung auf Antrag. Bei nachträglicher Festsetzung oder Änderung des Gegenstandswerts kann binnen eines Monats (Abs. 2 S. 3; § 107 Abs. 2 ZPO) die Änderung der Festsetzung beantragt werden. **Hinweis an den RA:** Den Antrag nicht vergessen. Es wird immer wieder übersehen, dass das Gericht nicht von Amts wegen, sondern nur auf Antrag (§ 107 Abs. 1 S. 2 ZPO) abändert. 328

Umfang der Änderung. Gebühren und gebührenabhängige Auslagen dürfen nur insoweit geändert werden, als sich der Wert geändert hat. Alle anderen Einwendungen, die von der Wertänderung nicht betroffen sind, sind ausgeschlossen, wenn die Rechtsbehelfsfristen für den ursprünglichen Beschluss abgelaufen sind. 329

3. § 826 BGB

Gegen den rechtskräftigen Festsetzungsbeschluss kann unter ganz engen Voraussetzungen gem. § 826 BGB vorgegangen werden.[378] Das wurde zB vom BGH in einem Fall bejaht, in dem der RA eine Überprüfung seiner Kostenrechnung in Aussicht gestellt hatte, deren Ergebnis dem Schuldner aber nicht mitgeteilt und dadurch die Festsetzung bereits getilgter Beträge verursacht hatte.[379] 330

4. Verhältnis zu Dritten

Die Rechtskraft erstreckt sich nicht auf die zwischen Anderen stattfindenden Festsetzungsverfahren nach §§ 103ff., 126 ZPO (Kostenfestsetzung gegen Gegner) und nach § 55 RVG (Kostenfestsetzung gegen Landeskasse), da diese von der Vergütungsfestsetzung unabhängige Verfahren sind (→ Rn. 6ff.).[380] 331

XV. Zwangsvollstreckung

1. Allgemeines

Anwendbare Vorschriften. Die Zwangsvollstreckung aus dem Vergütungsfestsetzungsbeschluss findet nach Abs. 2 S. 3 unter entsprechender Anwendung der Vorschriften der ZPO über die Zwangsvollstreckung aus Kostenfestsetzungsbeschlüssen (§ 794 Abs. 1 Nr. 2 ZPO) statt. Die **zweiwöchige Wartefrist** des § 798 ZPO (nach Zustellung) ist zu beachten.[381] 332

---

[375] Schneider/Wolf/*N. Schneider* RVG § 11 Rn. 311.

[376] OLG Schleswig JurBüro 1985, 219 = SchlHA 1985, 47; **aA** OLG Köln JurBüro 1980, 1662 = Rpfleger 1980, 444; Schneider/Wolf/*N. Schneider* RVG § 11 Rn. 311.

[377] Schneider/Wolf/*N. Schneider* RVG § 11 Rn. 310.

[378] BGH AnwBl 1976, 339 = Rpfleger 1976, 354 = MDR 1976, 914; ArbG Düsseldorf JurBüro 1991, 216 = Rpfleger 1991, 81 = VersR 1990, 1370.

[379] BGH AnwBl 1976, 339 = Rpfleger 1976, 354 = MDR 1976, 914.

[380] *Hansens* RVGreport 2018, 29ff. (31) abl. Anm. zu OVG Berlin-Brandenburg; **aA** OVG Berlin-Brandenburg JurBüro 2018, 41 = RVGreport 2018, 29.

[381] Mayer/Kroiß/*Mayer* RVG § 11 Rn. 128.

333 **Erinnerung und Beschwerde** haben keine aufschiebende Wirkung, hindern die Vollstreckung also nicht. Das Gericht, das die angefochtene Entscheidung erlassen hat, und das Beschwerdegericht können die Vollziehung aussetzen (Abs. 2 S. 3; § 570 Abs. 2, 3 ZPO).

334 **Vollstreckungsgericht.** Zuständiges Vollstreckungsgericht in Zivilsachen ist das Amtsgericht. Streitig ist, ob dies auch gilt, wenn es sich um die Vollstreckung aus Festsetzungsbeschlüssen anderer Gerichtsbarkeiten handelt[382] oder ob zB in der Verwaltungsgerichtsbarkeit das Verwaltungsgericht zuständig ist.[383]

335 **Andere Anwälte.** Wollen andere als die im Festsetzungsbeschluss genannten Anwälte vollstrecken, bedarf es einer auf sie nach § 727 ZPO erteilten Klausel.[384]

336 **Ausland.** Lebt der Auftraggeber im Ausland, so muss damit gerechnet werden, dass die für die Vollstreckung im Ausland erforderliche Vollstreckungsklausel von der zuständigen ausländischen Behörde nicht erteilt wird, wenn die förmliche Zustellung des Festsetzungsantrags an den Auftraggeber nicht nachweisbar ist. Dann muss trotz Rechtskraft des Beschlusses das gesamte Verfahren wiederholt werden.[385]

337 **EU-Staaten.** Der Vergütungsfestsetzungsbeschluss ist eine Zivilsache iSd Europäischen Übereinkommens über die gerichtliche Zuständigkeit und die Anerkennung und Vollstreckung gerichtlicher Entscheidungen in Zivil- und Handelssachen v. 27.9.1968 (EuGVÜ). In den Mitgliedstaaten des Übereinkommens ist daher erleichtert für vollstreckbar zu erklären. Das gilt auch für Festsetzungsbeschlüsse in einem verwaltungs-, finanz-, verfassungs- oder sozialgerichtlichen Ausgangsverfahren.[386]

2. Vollstreckungsgegenklage

338 **a) Voraussetzungen.** Gegen einen rechtskräftigen Festsetzungsbeschluss kann Vollstreckungsgegenklage erhoben werden (§ 767 ZPO).[387]

339 **Ausgeschlossene Einwendungen.** Gem. § 767 Abs. 2 ZPO sind vor Erlass des Beschlusses entstandene Einwendungen nicht mehr zulässig.[388] Berücksichtigt werden können daher nur solche Einwendungen, die nach Abschluss des Festsetzungsverfahrens entstanden sind. Sind sie vor oder während eines bereits anhängigen Erinnerungs- oder Beschwerdeverfahrens entstanden, so müssen sie in diesem Verfahren noch geltend gemacht werden. Die Präklusion gilt für gebührenrechtliche wie nicht gebührenrechtliche Einwendungen.[389]

340 Tritt die Einwendung erst nach Erlass des Beschlusses, aber **vor Ablauf der Rechtsbehelfsfrist** ein, so muss der Rechtsbehelf nicht eingelegt werden, um die Einwendung noch im Festsetzungsverfahren geltend machen zu können. § 767 Abs. 2 ZPO stellt auf den Schluss der mündlichen Verhandlung bzw. den Erlass des Beschlusses ab.

341 **b) Zuständigkeit.** Welches Gericht als „Prozessgericht des ersten Rechtszuges" (§§ 767 Abs. 1, 802 ZPO) für die Vollstreckungsgegenklage zuständig ist, ist besonders für die von Verwaltungsgerichten erlassenen Vergütungsfestsetzungsbeschlüsse streitig.[390] Der Ansicht, für die

---

382 OVG Lüneburg NJW 1984, 2485 = AnwBl 1984, 562 = Rpfleger 1984, 331; OVG NRW KostRspr BRAGO § 19 Nr. 77; Rpfleger 2001, 251; Schneider/Wolf/*N. Schneider* RVG § 11 Rn. 328.

383 OVG NRW NJW 1980, 2373; NJW 1986, 1190 = NVwZ 1986, 393; VG Magdeburg AGS 2014, 182 mwN auch für die Gegenmeinung.

384 AG Wedding DGVZ 78, 31 = KostRspr § 19 Nr. 10 mAnm *E. Schneider;* Schneider/Wolf/*N. Schneider* RVG § 11 Rn. 324.

385 OLG Hamm JurBüro 1995, 363 (betr. Vollstreckung in den Niederlanden); für den umgekehrten Fall OLG Düsseldorf AnwBl 1996, 410 = JurBüro 1996, 87, Vollstreckung einer in den Niederlanden für vollstreckbar erklärten Honorarfeststellung gegen einen in Deutschland lebenden Auftraggeber; Zustellung ist nachzuweisen, wenn sich Auftraggeber nicht eingelassen hat; HBS VergütungsR/*Hansens* Teil 4 Rn. 158.

386 OLG Hamm JurBüro 1995, 363 = Rpfleger 1995, 382; ausf. *J. Schmidt* RIW 1991, 626 (630 ff.).

387 LAG Nds AGS 2007, 626.

388 BGH NJW 1997, 743; AnwBl 1976, 339 = Rpfleger 1976, 354 = MDR 1976, 914; LAG Nds AGS 2007, 626; VGH Kassel NJW 2007, 3738; VGH München AGS 2008, 349.

389 Mayer/Kroiß/*Mayer* RVG § 11 Rn. 129.

390 **Verwaltungsgericht** zuständig; LG Bochum Rpfleger 1978, 426; LG Bonn NJW 1977, 814; LG Meiningen NJW-RR 1999, 152; VGH München AGS 2008, 349; OVG NRW NJW 1986, 1190; *E. Schneider* in KostRspr BRAGO § 19 Nr. 10 Anm. II; *Noll* in Anm. zu KostRspr BRAGO § 19 Nr. 64; Redeker/v. Oertzen/*v. Nicolai* VwGO § 168 Rn. 12; Schneider/Wolf/*N. Schneider* RVG § 11 Rn. 144. Dabei ist wiederum streitig, ob für die örtliche Zuständigkeit § 52 VwGO oder über § 167 VwGO § 764 ZPO entsprechend anwendbar ist.

Zivilgericht (Amtsgericht) zuständig: LG Heilbronn NJW-RR 1993, 575; OVG Lüneburg NJW 1984, 2485 = AnwBl 1984, 562 = Rpfleger 1984, 331; OVG NRW Rpfleger 1986, 152 mAnm *Noll* und *Lappe* = KostRspr BRAGO § 19 Nr. 77 mAnm von *Lappe;* OVG NRW NJW 2001, 3141; FG BW EFG 1991, 554, betr. Finanzgericht; Gerold/Schmidt/*von Eicken,* 16. Aufl. 2004, RVG § 11 Rn. 98.

Vollstreckung seien die Zivilgerichte zuständig, ist wegen des zivilrechtlichen Charakters des Vergütungsanspruchs zu folgen.[391] Aus dem Zusammenhang von § 767 Abs. 1, 2 ZPO ist zu entnehmen, dass unter „Prozessgericht des ersten Rechtszuges" dasjenige Gericht zu verstehen ist, das in erster Instanz über die nunmehr erhobene Einwendung zu entscheiden gehabt hätte, wenn Gebührenklage erhoben woden wäre. Für die Vollstreckungsgegenklage kommen bei der Vergütungsfestsetzung ganz überwiegend nicht gebührenrechtliche Einwendungen in Betracht. Wäre die nicht gebührenrechtliche Einwendung im Festsetzungsverfahren erhoben worden, so hätte die Festsetzung abgelehnt werden und das für die Gebührenklage zuständige Zivilgericht entscheiden müssen. Es ist kein Grund ersichtlich, warum das Gericht eines anderen Rechtszuges zuständig sein soll, wenn die Einwendung erst nachträglich entstanden ist.

XVI. Gegenstandswert

→ Anh. VI Rn. 672 ff. 341a

XVII. Kosten und Kostenerstattung

1. Anwaltsvergütung

a) 1. Instanz. Auftraggeber. Der RA, der den Auftraggeber im Vergütungsfestsetzungsver- 342
fahren gegen einen anderen Anwalt vertritt, verdient auch dann eine zusätzliche Gebühr, wenn er Verfahrensbevollmächtigter der Hauptsache war oder noch ist.[392] Die Vorschrift des § 19 Abs. 1 Nr. 14 RVG kommt hier nicht zum Tragen. Für ihn gehört die Vergütungsfestsetzung des anderen Anwalts nicht zur Hauptsache.[393]

Allgemein wird vertreten, dass Gebühren gem. VV 3403 ff. RVG anfallen.[394] Dem ist nicht zu 343
folgen. Der RA verdient eine Verfahrensgebühr gem. VV 3100 ff. RVG. Das Vergütungsfestsetzungsverfahren ist ein eigenes, von der Hauptsache zu trennendes Verfahren. Das zeigt sich auch dadurch, dass der RA des Auftraggebers der Hauptsache überhaupt eine zusätzliche Gebühr verdient und dass die Vollmacht für die Hauptsache das Vergütungsfestsetzungsverfahren nicht umfasst. Der RA vertritt den Auftraggeber insgesamt in diesem Verfahren.

RA. Vertritt sich der RA im Vergütungsfestsetzungsverfahren selbst, so fallen zusätzlich we- 344
der Gebühren noch die Auslagenpauschale an (§ 19 Abs. 1 Nr. 14 RVG). Außerdem kann sich der RA nicht selbst einen Auftrag erteilen. § 91 Abs. 2 S. 3 ZPO greift nicht ein, da es keine Kostenerstattung gibt. Lässt er seinen Vergütungsanspruch durch einen anderen RA verfolgen, so erwächst diesem eine Verfahrensgebühr gem. VV 3100 ff. RVG und nicht gem. VV 3403 ff. RVG (→ Rn. 343).[395]

b) Erinnerungs- und Beschwerdeverfahren. Im Erinnerungs- und Beschwerdeverfah- 345
ren verdienen die Verfahrensbevollmächtigten eine 0,5 Verfahrensgebühr nach VV 3500 RVG. Der RA, der sich selbst vertritt, verdient wieder mangels eines Auftrags und mangels einer Kostenerstattung keine Vergütung (→ Rn. 344).[396]

Beschwerde gegen Abhilfeentscheidung. Hat das Erstgericht abgeholfen und legt der 346
Rechtsbehelfsgegner hiergegen seinerseits einen Rechtsbehelf ein, so kann der RA, der bereits eine Beschwerdegebühr verdient hat, eine solche nicht ein zweites Mal verdienen. Es geht letztlich immer um dasselbe Festsetzungsverfahren. Zur vergleichbaren Situation bei der Kostenfestsetzung → § 16 Rn. 136.

2. Gerichtskosten

Festsetzungs- und Erinnerungsverfahren. Nach Abs. 2 S. 4 ist das Verfahren vor dem 347
Gericht der ersten Instanz, also das Festsetzungsverfahren und das Erinnerungsverfahren, gerichtsgebührenfrei. Gerichtliche Auslagen (KV 9000 ff. GKG), insbes. Zustellungskosten, werden jedoch von der Landeskasse geltend gemacht. Die Anm. zu KV 9002 GKG ist nicht anzuwenden, da für das Festsetzungsverfahren keine Gerichtsgebühren verlangt werden.[397] Auf die

---

391 Gerold/Schmidt/*von Eicken,* 16. Aufl. 2004, RVG § 11 Rn. 98.

392 HBS VergütungsR/*Hansens* Teil 4 Rn. 210; Schneider/Wolf/*N. Schneider* RVG § 11 Rn. 334.

393 HBS VergütungsR/*Hansens* Teil 4 Rn. 210; Schneider/Wolf/*N. Schneider* RVG § 11 Rn. 334.

394 HBS VergütungsR/*Hansens* Teil 4 Rn. 210; Schneider/Wolf/*N. Schneider* RVG § 11 Rn. 334.

395 **AA** Vergütung gem. VV 3403: HBS VergütungsR/*Hansens* Teil 4 Rn. 210; Schneider/Wolf/*N. Schneider* RVG § 11 Rn. 334.

396 Schneider/Wolf/*N. Schneider* RVG § 11 Rn. 342.

397 OLG Köln AGS 2000, 208 mAnm *von König* = KostRspr BRAGO § 19 Nr. 189 mablAnm *N. Schneider;* LG Bonn AGS 2000, 210; LG Köln AGS 2000, 209.

Gebühren in der Hauptsache ist nicht abzustellen, da insoweit das Vergütungsfestsetzungsverfahren ein eigenständiges Verfahren ist.

348 **Beschwerdeverfahren.** Wird die Beschwerde verworfen oder zurückgewiesen, so fällt nach KV 1812 GKG eine Festgebühr von 66,– EUR an. Auslagen, insbes. Zustellungsauslagen nach KV 9002 GKG werden erhoben. Die Anm. zu KV 9002 GKG ist wieder nicht anzuwenden. Die Gebühr des KV 1811 GKG richtet sich nicht nach dem Streitwert.[398]

3. Kostenerstattung

349 Im **Vergütungsfestsetzungsverfahren** werden nur die von dem RA gezahlten Auslagen für die Zustellung des Beschlusses erstattet. Diese sind in den Vergütungsfestsetzungsbeschluss aufzunehmen (Abs. 2 S. 5). Darüber hinaus findet eine Kostenerstattung nicht statt (Abs. 2 S. 6 Hs. 1). Eine Erstattung kommt auch dann nicht in Betracht, wenn der Festsetzungsantrag des Anwalts abgelehnt wird.[399]

350 **Erinnerungs- und Beschwerdeverfahren.** Soweit zu § 19 BRAGO ein Teil der Rspr.[400] für das Erinnerungs- und Beschwerdeverfahren die Erstattung von außergerichtlichen Kosten, insbes. der Anwaltskosten, anerkannt hat, ist dies durch Abs. 2 S. 6 Hs. 2 überholt.

351 Auch im Erinnerungs- und Beschwerdeverfahren ist abgesehen von den Zustellungskosten eine Kostenerstattung ausgeschlossen.

XVIII. Übergangsrecht

352 → § 60 Rn. 78.

XIX. Verhältnis zur Vergütungsklage

353 **Anhängige Klage.** Dass eine Vergütungsklage anhängig ist, hindert eine Festsetzung nach § 11 RVG nicht.[401] Die Festsetzung hat als das einfachere Verfahren den Vorrang. Im Übrigen wegen Vorrang der Vergütungsfestsetzung nach § 11 RVG gegenüber einer Vergütungsklage → § 1 Rn. 178 ff.

XX. Rechtschutzversicherung

354 Für das Vergütungsfestsetzungsverfahren besteht selbst dann Versicherungsschutz, wenn ein solcher für das Gebiet, auf dem der RA tätig war, ausgeschlossen ist.[402] So ist anerkannt, dass zB der Ausschluss hinsichtlich Baurisiken bzw. hinsichtlich Familien- oder Erbrecht nicht eingreift, wenn der Versicherungsnehmer von seinem RA Schadensersatz wegen Schlechterfüllung bei einer Tätigkeit auf diesem Gebiet geltend macht.[403] Dasselbe gilt im Rahmen von § 11 RVG bzw. bei Vergütungsklagen des Anwalts. Wegen Recht des Versicherers, Vergütungsfestsetzung zu verlangen → Rn. 25.

§ 12 Anwendung von Vorschriften über die Prozesskostenhilfe

[1]Die Vorschriften dieses Gesetzes für im Wege der Prozesskostenhilfe beigeordnete Rechtsanwälte und für Verfahren über die Prozesskostenhilfe sind bei Verfahrenskostenhilfe und im Fall des § 4a der Insolvenzordnung entsprechend anzuwenden. [2]Der Bewilligung von Prozesskostenhilfe steht die Stundung nach § 4a der Insolvenzordnung gleich.

1 Die **Begründung** zu § 12 RVG, der in der BRAGO keine Parallele hat, lautet:

> „Um ständige Wiederholungen in den zahlreichen Vorschriften, die Regelungen für die Prozesskostenhilfe, die Beiordnung von Anwälten nach § 11a ArbGG und die Stundung nach § 4a InsO enthalten, zu ersparen, sollen die Fälle des § 11a ArbGG und des § 4a InsO den Fällen der Prozesskostenhilfe gleichgestellt werden".[1]

---

[398] OLG Köln AGS 2000, 208 mAnm *von König* = KostRspr BRAGO § 19 Nr. 189 mablAnm *N. Schneider;* LG Bonn AGS 2000, 210; LG Köln AGS 2000, 209 (292).

[399] OLG Frankfurt a. M. MDR 2000, 544 = OLGR 2000, 42.

[400] KG JurBüro 1982, 77; OLG Frankfurt a. M. AnwBl 1980, 514; LG Berlin JurBüro 1980, 1341 = AnwBl 1980, 361 = Rpfleger 1980, 311 = KostRspr BRAGO § 19 Nr. 16 mAnm *E. Schneider.*

[401] KG AnwBl 1972, 24 = Rpfleger 1972, 66.

[402] Schneider/Wolf/*N. Schneider* RVG § 11 Rn. 356.

[403] OLG Karlsruhe r+s 1999, 70, Erschließungskosten; OLG Köln r+s 2001, 374, Baurecht.

[1] BT-Drs. 15/1971, 189.

Es handelt sich also um eine gesetzestechnische Norm. Zu beachten ist allerdings, dass sie nicht allgemein, also auch außerhalb des RVG gilt, sondern nur für „die Vorschriften dieses Gesetzes für im Wege der Prozesskostenhilfe beigeordnete Rechtsanwälte" und „für Verfahren über die Prozesskostenhilfe". Zu den ersteren gehören die §§ 3a Abs. 3, 45 Abs. 1 RVG, soweit die Beiordnung im Wege der Prozesskostenhilfe erfolgt ist und auch die §§ 46, 47 Abs. 1 S. 1, §§ 48–59, VV 3335, 3337 RVG, **nicht aber** § 39 RVG (gilt nur für den nach § 138 FamFG dem Antragsgegner in einer Ehe- oder Lebenspartnerschaftssache beigeordneten RA), § 40 RVG (gilt nur für den nach § 67a VwGO mehreren Personen bestellten RA), § 41 Abs. 1 RVG (gilt nur für den nach §§ 57, 58 ZPO dem Beklagten als Vertreter bestellten RA). 2

§ 12 gilt auch für die **Verfahrenskostenhilfe** gem. §§ 76 ff. FamFG. 3

§ 12a Abhilfe bei Verletzung des Anspruchs auf rechtliches Gehör

(1) **Auf die Rüge eines durch die Entscheidung nach diesem Gesetz beschwerten Beteiligten ist das Verfahren fortzuführen, wenn**

1. ein Rechtsmittel oder ein anderer Rechtsbehelf gegen die Entscheidung nicht gegeben ist und

2. das Gericht den Anspruch dieses Beteiligten auf rechtliches Gehör in entscheidungserheblicher Weise verletzt hat.

(2) **[1]Die Rüge ist innerhalb von zwei Wochen nach Kenntnis von der Verletzung des rechtlichen Gehörs zu erheben; der Zeitpunkt der Kenntniserlangung ist glaubhaft zu machen. [2]Nach Ablauf eines Jahres seit Bekanntmachung der angegriffenen Entscheidung kann die Rüge nicht mehr erhoben werden. [3]Formlos mitgeteilte Entscheidungen gelten mit dem dritten Tage nach Aufgabe zur Post als bekannt gemacht. [4]Die Rüge ist bei dem Gericht zu erheben, dessen Entscheidung angegriffen wird; § 33 Abs. 7 Satz 1 und 2 gilt entsprechend. [5]Die Rüge muss die angegriffene Entscheidung bezeichnen und das Vorliegen der in Absatz 1 Nr. 2 genannten Voraussetzungen darlegen.**

(3) **Den übrigen Beteiligten ist, soweit erforderlich, Gelegenheit zur Stellungnahme zu geben.**

(4) **[1]Das Gericht hat von Amts wegen zu prüfen, ob die Rüge an sich statthaft und ob sie in der gesetzlichen Form und Frist erhoben ist. [2]Mangelt es an einem dieser Erfordernisse, so ist die Rüge als unzulässig zu verwerfen. [3]Ist die Rüge unbegründet, weist das Gericht sie zurück. [4]Die Entscheidung ergeht durch unanfechtbaren Beschluss. [5]Der Beschluss soll kurz begründet werden.**

(5) **Ist die Rüge begründet, so hilft ihr das Gericht ab, indem es das Verfahren fortführt, soweit dies aufgrund der Rüge geboten ist.**

(6) **Kosten werden nicht erstattet.**

Übersicht

Schrifttum: *E. Schneider,* Ausnahmebeschwerde wegen greifbarer Gesetzeswidrigkeit und Gehörsrüge, MDR 2002, 1047.

I. Bezugnahme auf ZPO-Kommentare

1 Für § 12a RVG gelten im Wesentlichen die gleichen Grundsätze wie für § 321a ZPO. Nachdem in jedem Standardkommentar zur ZPO § 321a ZPO ausführlich kommentiert ist, beschränken sich die folgenden Ausführungen auf die wesentlichen Grundsätze.

II. Eigenständiger Rechtsbehelf

2 Die Anhörungsrüge ist ein Rechtsbehelf.[1] Sie ermöglicht dem Gericht die Überprüfung seiner Entscheidung und durchbricht damit die Rechtskraft. Sie führt nicht zu einer Entscheidung durch ein höheres Gericht.

III. Anwendungsbereich

3 § 12a gilt für Entscheidungen „nach diesem Gesetz", also gegen die Entscheidungen, die das RVG vorsieht. § 12a RVG greift allerdings nicht ein, wenn auf Grund einer Verweisung auf andere Verfahrensordnungen § 321a ZPO oder eine entsprechende Vorschriften der in Bezug genommenen Verfahrensordnung anzuwenden sind.[2] Letzteres ist der Fall bei § 11 Abs. 2 S. 3, § 42 Abs. 5 S. 4, §§ 52 Abs. 4, 57 S. 2 RVG. § 12a RVG ist zB anwendbar, wenn es gegen einen Vergütungsfestsetzungsbeschluss gem. § 55 RVG keine Erinnerung oder Beschwerde mehr gem. § 56 RVG gibt.

IV. Zulässigkeit

4 **Instanzbeendende Entscheidung.** Die Rüge ist auch gegen einen die Instanz beendenden Beschluss gegeben.[3] Dabei ist eine Beschwerdeentscheidung gem. § 56 RVG hinsichtlich eines Vergütungsfestsetzungsbeschlusses eine den Rechtszug beendende Entscheidung.

5 **Kein Rechtsmittel oder Rechtsbehelf.** Die Anhörungsrüge ist subsidiärer Natur und kann daher nur geltend gemacht werden, wenn ein Rechtsmittel oder Rechtsbehelf nicht oder nicht mehr gegeben ist.[4] Das ist auch der Fall, wenn die Rechtsbeschwerde nicht zugelassen wurde.[5]

6 **Keine Berichtigung oder Ergänzung.** Liegen die Voraussetzungen für eine Berichtigung oder Ergänzung nach §§ 319–321 ZPO vor, so ist zu berichtigen oder zu ergänzen. Für die Anhörungsrüge fehlt das Rechtsschutzbedürfnis.[6] Die Anhörungsrüge ist dann in einen Berichtigungs- oder Ergänzungsantrag umzudeuten.

7 **Rechtsbehelf des Gegners.** Hat der Gegner wirksam ein Rechtsmittel eingelegt, so ist streitig, ob der sich in seinem rechtlichen Gehör verletzt Fühlende trotzdem die Gehörsrüge erheben kann[7] oder Anschlussrechtsmittel einlegen muss.[8]

V. Verfahren

1. Form

8 Gem. Abs. 2 S. 4 Hs. 2, § 33 Abs. 7 S. 1 RVG kann die Rüge zu Protokoll der Geschäftsstelle erklärt oder schriftlich eingereicht werden, wobei § 129a ZPO entsprechend gilt. **Anwaltszwang** besteht nicht, nachdem die Rüge zu Protokoll der Geschäftsstelle erklärt werden kann (§ 78 Abs. 5 ZPO).

2. Frist

9 **Zweiwochenfrist.** Die Rüge ist innerhalb einer Notfrist von zwei Wochen nach Kenntnis von der Verletzung des rechtlichen Gehörs zu erheben (Abs. 2 S. 1 Hs. 1).

---

[1] Zöller/*Vollkommer* ZPO § 321a Rn. 1.
[2] BR-Drs. 663/04, 58; Riedel/Sußbauer/*Ahlmann* RVG § 12a Rn. 3; *D. Meyer* JurBüro 2005, 288 (290).
[3] Zöller/*Vollkommer* ZPO § 321a Rn. 5.
[4] Zöller/*Vollkommer* ZPO § 321a Rn. 5.
[5] Zöller/*Vollkommer* ZPO § 321a Rn. 5.
[6] *Hartmann* Kostenrecht 18. Aufl. RVG § 12a Rn. 5, 6; Musielak/Voit/*Musielak* ZPO § 321a Rn. 8.
[7] Musielak/Voit/*Musielak* ZPO § 321a Rn. 5, mit Wahlrecht, auch Anschlussrechtsmittel einlegen zu können.
[8] Thomas/Putzo/*Seiler* ZPO § 321a Rn. 2a.

Ausschlussfrist von einem Jahr. Spätestens ein Jahr nach Bekanntmachung der angegriffenen Entscheidungen kann die Rüge nicht mehr erhoben werden (Abs. 2 S. 2). Es handelt sich um eine Ausschlussfrist.[9] 10

Kenntniserlangung. Der Verletzte wird meistens Kenntnis mit der Bekanntmachung der Entscheidung erhalten.[10] Wird die Entscheidung formlos mitgeteilt, gilt die Entscheidung mit dem dritten Tag nach Aufgabe zur Post als bekannt gemacht (Abs. 2 S. 3). 11

Glaubhaftmachung der Frist. Der Verletzte muss glaubhaft machen, dass er nicht mehr als zwei Wochen vor Erhebung der Rüge Kenntnis von der Verletzung erhalten hat (Abs. 2 S. 1 Hs. 2). 12

3. Inhalt

Die angegriffene Entscheidung muss bezeichnet werden. Weiter ist darzulegen, wodurch das rechtliche Gehör versagt wurde (Abs. 2 S. 5) und inwiefern dies entscheidungserheblich war.[11] 13

4. Rechtliches Gehör

Den übrigen Beteiligten ist rechtliches Gehör zu gewähren. Das gilt gem. Abs. 3 jedoch nur, soweit dies erforderlich ist. Das ist dann nicht der Fall, wenn von Anfang an feststeht, dass die Rüge unzulässig oder unbegründet ist.[12] 14

5. Aussetzung

Folgt man der Ansicht, dass ein Rechtsmittel des Gegners und die Anhörungsrüge zusammentreffen können (→ Rn. 7), so ist das Rechtsmittel des Gegners entsprechend § 148 ZPO auszusetzen, bis über die Anhörungsrüge entschieden ist.[13] 15

6. Vollstreckbarkeit

Die Anhörungsrüge steht der vorläufigen Vollstreckbarkeit der Entscheidung nicht entgegen. Das Gericht kann jedoch gem. § 707 Abs. 1 S. 1 ZPO die Zwangsvollstreckung mit oder ohne Sicherheitsleistung einstweilen einstellen. 16

VI. Entscheidung

1. Zuständiges Gericht

Gem. Abs. 2 S. 4 entscheidet das Gericht, dessen Entscheidung angegriffen wird. 17

2. Verwerfung oder Zurückweisung

Ist die Rüge nicht statthaft bzw. unbegründet, so wird sie verworfen bzw. zurückgewiesen (Abs. 4 S. 2, 3) und zwar mit Beschluss (Abs. 4. S. 4), der kurz zu begründen ist (Abs. 4 S. 5). Der Beschluss ist nicht anfechtbar (Abs. 4 S. 4). Zur Verfassungsbeschwerde → Rn. 26. 18

3. Begründete Rüge

Ist die Rüge begründet, ergeht keine förmliche Entscheidung. Vielmehr hilft das Gericht ab, indem es das Verfahren fortführt (Abs. 5). 19

VII. Fortführung des Verfahrens

Umfang der Fortführung. Das Verfahren wird nur in dem Umfang fortgesetzt, in dem dies auf Grund der Rüge geboten ist. Betrifft die Rüge nur einen Teilbereich, zB nur einen Posten der anwaltlichen Abrechnung, etwa die Terminsgebühr, so ist das Verfahren nur noch hinsichtlich der Terminsgebühr fortzusetzen. Neue Argumente hinsichtlich der anderen Positionen bleiben ausgeschlossen.[14] 20

Kein Verschlechterungsverbot. Das Gericht ist in seiner Entscheidung völlig frei. Das Verschlechterungsverbot gilt nicht zu Gunsten desjenigen, der die Rüge erhoben hat.[15] 21

Tenor. Hat das Gericht das rechtliche Gehör gewährt und hält es seine Entscheidung weiterhin für richtig, so wird die Rüge zurückgewiesen. Andernfalls hebt es die ursprüngliche Entscheidung ganz oder teilweise auf und ersetzt sie durch eine neue.[16] 22

---

[9] Zöller/*Vollkommer* ZPO § 321a Rn. 14.
[10] Riedel/Sußbauer/*Ahlmann* RVG § 12a Rn. 11.
[11] Hartmann/Toussaint/*Toussaint* RVG § 12a Rn. 1 iVm GKG § 69a Rn. 7.
[12] Zöller/*Vollkommer* ZPO § 321a Rn. 15.
[13] Musielak/Voit/*Musielak* ZPO § 321a Rn. 5.
[14] Zöller/*Vollkommer* ZPO § 321a Rn. 18.
[15] BGH NJW-RR 2012, 977 Rn. 14.
[16] Thomas/Putzo/*Seiler* ZPO § 321a Rn. 12 ff.

VIII. Kosten und Erstattung

23 **Rechtsanwaltsvergütung.** Für den Verfahrensbevollmächtigten fallen keine zusätzlichen Gebühren an. Für den RA, der nur wegen der Gehörsrüge tätig ist, entstehen Gebühren gem. VV 3330 RVG und uU gem. VV 3331 RVG. Eine Kostenerstattung findet nicht statt (Abs. 6).

IX. Verhältnis zu anderen Rechtsbehelfen

24 **Gegenvorstellung.** Neben § 321a ZPO und ebenso neben § 12a kann in analoger Anwendung des § 321a ZPO bzw. § 12a RVG die befristete Gegenvorstellung geltend gemacht werden.[17] Mit ihr können geltend gemacht werden:
– Verstöße gegen die Garantie des gesetzlichen Richters,
– Verstöße gegen das Willkürverbot,
– grobe Gesetzwidrigkeit der Entscheidung.[18]

Liegen diese Voraussetzungen vor, aber auch nur dann, kann das Gericht auf Gegenvorstellung hin auch noch nachträglich die Rechtsbeschwerde zulassen.[19]

25 **Außerordentliche Beschwerde.** Die außerordentliche Beschwerde wegen greifbarer Gesetzeswidrigkeit ist nach hM nicht mehr statthaft.[20]

26 **Verfassungsbeschwerde.** Die **Verfassungsbeschwerde** ist nicht ausgeschlossen. § 321a ZPO § 12a RVG sollen zwar das Verfassungsgericht entlasten, weshalb mit der Verfassungsbeschwerde die Verletzung rechtlichen Gehörs nur geltend gemacht werden kann, wenn vorher erfolglos die Anhörungsrüge erhoben war. Im Übrigen bleibt das Recht auf Verfassungsbeschwerde jedoch unberührt.[21]

§ 12b Elektronische Akte, elektronisches Dokument

[1] In Verfahren nach diesem Gesetz sind die verfahrensrechtlichen Vorschriften über die elektronische Akte und über das elektronische Dokument für das Verfahren anzuwenden, in dem der Rechtsanwalt die Vergütung erhält. [2] Im Fall der Beratungshilfe sind die entsprechenden Vorschriften des Gesetzes über das Verfahren in Familiensachen und in den Angelegenheiten der freiwilligen Gerichtsbarkeit anzuwenden.

Schrifttum: *Degen/Emmert,* Elektronischer Rechtsverkehr 2. Aufl. 2021; Jungbauer/*Jungbauer,* Das besondere elektronische Anwaltspostfach (beA) und der ERV, 2. Aufl. 2017.

Übersicht

I. Motive

1 Die Begründung zu § 7 GNotKG, auf die die Motive des 2. KostRMoG zu § 12b RVG[1] verweisen, führt aus:

„Alle kostenrechtlichen Regelungen zur elektronischen Akte und zum elektronischen Dokument sollen durch eine allgemeine Verweisung auf die jeweiligen verfahrensrechtlichen Regelungen für das zugrundeliegende Verfahren ersetzt werden. Damit ist sichergestellt, dass für die kostenrechtlichen Verfahren die gleichen Grundsätze wie für das Verfahren zur Hauptsache gelten."[2]

---

[17] BGH NJW 2002, 1577; 2003, 3137; BFH NJW 2003, 919; OLG Celle NJW 2002, 3715.
[18] BGH NJW 2004, 2529; BFH NJW 2003, 919.
[19] BGH NJW 2004, 2529.
[20] BGH MDR 2002, 901; KG MDR 2002, 1086; BVerwG NJW 2002, 2657; BFH NJW 2003, 919; OLG Köln FamRZ 2005, 2075, das jedoch offenkundige Unschlüssigkeit als von der Gehörsrüge erfasst ansieht; krit. *E. Schneider* MDR 2002, 1047 ff.; **aA** BFH NJW 2005, 3374.
[21] Thomas/Putzo/*Seiler* 321a Rn. 13.
[1] BT-Drs. 17/11471, 266.
[2] BT-Drs. 17/11471, 155.

II. Allgemeines

2 Mit dem 2. KostRMoG wird die elektronische Akte und das elektronische Dokument einschließlich des elektronischen gerichtlichen Dokuments im Rahmen des RVG dem Verfahren gleichgestellt, in dem der RA die Vergütung erhält. Es gilt also insoweit in beiden Verfahren dasselbe.

3 Damit kann der RA zB Vergütungsfestsetzung gem. § 11 RVG (gegen Mandanten) bzw. gem. § 55 RVG (gegen die Staatskasse) oder Streitwertfestsetzung mittels elektronischen Dokuments beantragen. Das Gericht kann in diesen Verfahren die Akte elektronisch führen und durch gerichtliches elektronisches Dokument entscheiden.

4 Da in Kommentaren zu den verschiedenen Verfahrensordnungen die entsprechenden Bestimmungen (zB §§ 130a ff., 298a ZPO; § 14 FamFG) ausführlich erläutert sind, wird hier von einer weiteren Kommentierung abgesehen.

III. Geltendes und zukünftiges Recht

5 Die Bestimmungen über elektronische Dokumente in den Verfahrensordnungen der verschiedenen Gerichtsbarkeiten wurden mit dem **ERV** v. 10.10.2013[3] neu gefasst. Dieses Gesetz ist gem. Art. 26 Abs. 1 ERV am 1.1.2018 in Kraft getreten, teilweise schon vorher. Ab dem 1.1.2022 treten der neue § 130d ZPO und die entsprechenden Bestimmungen in anderen Verfahrensordnungen mit ihrer Verpflichtung für die Rechtsanwälte, elektronische Dokumente zu übermitteln, in Kraft (Art. 26 Abs. 7 ERV). Gem. Art. 24 Abs. 2 ERV werden die Länder ermächtigt, diese Verpflichtung zu einem früheren Zeitpunkt in Kraft treten zu lassen, frühestens zum 1.1.2020. § 12b RVG wurde durch das ERV nicht geändert.

6 Am 1.1.2018 ist die Verordnung über die technischen Rahmenbedingungen des elektronischen Rechtsverkehrs und über das besondere elektronische Behördenpostfach (Elektronischer-Rechtsverkehr-Verordnung – **ERVV**)[4] in Kraft getreten. Seit dem 3.9.2018 muss der RA das **besondere elektronische Anwaltspostfach** unterhalten.

§ 12c Rechtsbehelfsbelehrung

Jede anfechtbare Entscheidung hat eine Belehrung über den statthaften Rechtsbehelf sowie über das Gericht, bei dem dieser Rechtsbehelf einzulegen ist, über dessen Sitz und über die einzuhaltende Form und Frist zu enthalten.

Schrifttum: *Volpert,* Die Rechtsbehelfsbelehrung gem. § 12c RVG, RVGreport 2013, 210 ff.

Übersicht

I. Inkrafttreten

1 § 12c ist am 1.1.2014 in Kraft getreten.[1]

---

[3] G zur Förderung des elektronischen Rechtsverkehrs mit Gerichten v. 10.10.2013 (BGBl. 2013 I 3786).
[4] Vom 24.11.2017 BGBl. I 3803.
[1] BGBl. 2013 I 2418.

II. Anwendungsbereich

2 **Auch bei Anwaltszwang.** Anders als in § 232 ZPO (S. 2) gilt im Rahmen des RVG die Belehrungspflicht auch in Verfahren mit Anwaltszwang.

III. Anfechtbare Entscheidungen

3 Die Belehrungspflicht besteht nur bei Entscheidungen, die anfechtbar sind.[2] Es ist unerheblich, ob die Entscheidung durch gerichtliche Entscheidung oder in sonstiger Weise, zB durch die Staatsanwaltschaft, ergeht.

IV. Anzugebende Rechtsbehelfe

4 Zu belehren ist über sämtliche ordentliche Rechtsbehelfe, also im Rahmen des RVG über die Beschwerde, die Rechtsbeschwerde, die Nichtzulassungsbeschwerde,[3] aber auch über die Erinnerung nach § 11 Abs. 2 RPflG, wenn der Beschwerdewert nicht erreicht ist.

5 **Außerordentliche Rechtsbehelfe.** Für sie besteht keine Belehrungspflicht (zB Wiedereinsetzung in den vorigen Stand gem. § 233 ZPO, Anhörungsrüge gem. § 12a RVG, Ergänzung oder Berichtigung gem. §§ 319 ff. ZPO, Gegenvorstellung, Verfassungsbeschwerde).[4] Ebenso besteht keine Belehrungspflicht für die Vollstreckungsabwehrklage.[5]

6 **Über Rechtsbehelfe Dritter,** wie zB die Drittwiderspruchsklage, muss nicht belehrt werden.[6]

V. Adressat, Form und Inhalt

1. Adressat

7 Adressat der Belehrung ist die Person, an die sich die gerichtliche Entscheidung richtet,[7] also je nachdem entweder der RA oder der Auftraggeber. Die Staatskasse muss nicht belehrt werden.[8] Zum einen werden ihr Entscheidungen gem. § 55 RVG ohnehin nicht bekannt gegeben (→ § 55 Rn. 58), zum anderen ist von der Staatskasse eine ausreichende Kenntnis des Rechtsmittelrechts zu erwarten.

2. Schriftform

8 Bei schriftlicher Entscheidung hat die Belehrung schriftlich zu erfolgen. Sie muss sich über der Unterschrift der Person, die die Entscheidung trifft, befinden.[9]

3. Inhalt

9 Besteht für den Rechtsbehelf Anwaltszwang, so muss hierauf hingewiesen werden.[10] Besteht ein solcher nicht, so muss die Belehrung auch Angaben zur einzuhaltenden Form und zum notwendigen Inhalt der Rechtsmittelschrift enthalten.[11]

10 Es muss auch belehrt werden über das Gericht, bei dem der Rechtsbehelf einzulegen ist, sowie über dessen Sitz. Besteht ein Wahlrecht, so sind alle in Betracht kommenden Gerichte anzugeben.[12]

VI. Folgen

1. Anzuwendende Vorschriften

11 Die Folgen eines Verstoßes gegen die Belehrungspflicht sind im RVG selbst nur in § 33 Abs. 5 S. 2 RVG angesprochen, der unmittelbar nur das Verfahren zur Festsetzung des Verfahrenswertes betrifft. In anderen Verfahren kommt er jedoch zur Anwendung, wenn sie auf ihn verweisen, wie zB in § 56 Abs. 2 S. 1 RVG (PKH-Vergütungsfestsetzung).

---

[2] Motive BT-Drs. 17/10490, 12.
[3] Motive BT-Drs. 17/10490, 13.
[4] Motive BT-Drs. 17/10490, 13.
[5] Motive BT-Drs. 17/10490, 14.
[6] Motive BT-Drs. 17/10490, 14.
[7] Motive BT-Drs. 17/10490, 13.
[8] *Volpert* RVGreport 2013, 669 (60, 211) Ziff. II 2a bb.
[9] Motive BT-Drs. 17/10490, 13.
[10] Motive BT-Drs. 17/10490, 13.
[11] Motive BT-Drs. 17/10490, 13.
[12] Motive BT-Drs. 17/10490, 13.

2. Wiedereinsetzung

Der Verstoß gegen die Belehrungspflicht führt bei fehlendem Verschulden zu dem Recht auf Wiedereinsetzung in den vorigen Stand. Es wird ein Fehlen des Verschuldens vermutet (§ 33 Abs. 5 S. 2 RVG, § 233 S. 2 ZPO). Es muss dabei ein ursächlicher Zusammenhang zwischen Fristversäumnis und Belehrungsmangel bestehen.[13] Ist davon auszugehen, dass die Partei ausreichende Kenntnisse über den Rechtsbehelf hatte, so ist eine Wiedereinsetzung ausgeschlossen.[14] 12

Eine inhaltlich falsche Belehrung (zB die Angabe falscher Fristen) führt bei einer anwaltlich vertretenen Partei dann nicht zu einem Recht auf Wiedereinsetzung, wenn sie offenkundig falsch ist und daher nicht einmal den Anschein der Richtigkeit zu erwecken vermag.[15] 13

Abschnitt 2. Gebührenvorschriften

§ 13 Wertgebühren

(1) **[1]Wenn sich die Gebühren nach dem Gegenstandswert richten, beträgt bei einem Gegenstandswert bis 500 Euro die Gebühr 49 Euro. [2]Die Gebühr erhöht sich bei einem**

Gegenstandswert bis … Euro	für jeden angefangenen Betrag von weiteren … Euro	um … Euro
2.000	500	39
10.000	1.000	56
25.000	3.000	52
50.000	5.000	81
200.000	15.000	94
500.000	30.000	132
über 500.000	50.000	165

[3]Eine Gebührentabelle für Gegenstandswerte bis 500.000 Euro ist diesem Gesetz als Anlage 2 beigefügt.

[Abs. 2 ab 1.10.2021:]

*(2) **Bei der Geschäftsgebühr für eine außergerichtliche Inkassodienstleistung, die eine unbestrittene Forderung betrifft (Absatz 2 der Anmerkung zu Nummer 2300 des Vergütungsverzeichnisses), beträgt bei einem Gegenstandswert bis 50 Euro die Gebühr abweichend von Absatz 1 Satz 1 30 Euro.***

[ab 1.10.2021: (3)] (2) **Der Mindestbetrag einer Gebühr ist 15 Euro.**

Übersicht

[13] Motive BT-Drs. 17/10490, 14; BGHZ 180, 199.
[14] Motive BT-Drs. 17/10490, 14.
[15] Motive BT-Drs. 17/10490, 14; BGH VersR 1996, 1522; OLG Rostock FamRZ 2011, 986.

I. Änderungen durch das KostRÄG 2021

1 Die in den Vorschlägen zur regelmäßigen Anpassung, strukturellen Änderung, Ergänzung Klarstellung des RVG – gemeinsamer Katalog von DAV und BRAK vom März 2018[1] erhobene Forderung auf Anpassung Rechtsanwaltsvergütung um 13% wurde schließlich vom Gesetzgeber mit dem Kostenrechtsänderungsgesetz 2021[2] mit einer Werterhöhung um 10% umgesetzt.[3] Bei den Wertgebühren beträgt die Erhöhung in der untersten Wertstufe bis 500 EUR rundungsbedingt lediglich etwa 9%, was aber nach Auffassung des Gesetzgebers durch eine entsprechend stärkere Anhebung in anderen Wertstufen kompensiert wird.[4] Besonders in den untersten Wertstufen stünden die Rechtsverfolgungskosten bereits vor der Gebührenerhöhung in einem ungünstigen Verhältnis zur Bedeutung der Angelegenheit für die Rechtsuchenden, was dazu führen könne, dass allein aufgrund des Kostenrisikos von der Mandatierung einer Rechtsanwältin oder eines Rechtsanwalts abgesehen werde.[5] Vor diesem Hintergrund erschien dem Gesetzgeber eine leicht unter 10% liegende Anpassung in der untersten Wertstufe, wie sie auch bei den Gerichtsgebühren vorgesehen sei, sachgerecht. Die sich aus einer Erhöhung der Fest,- Rahmen und Höchstgebühren um 10% ergebenden Beträge seien grundsätzlich auf volle Euro aufgerundet. Sofern die Höhe einer Gebühr von der Höhe einer anderen Gebühr abgeleitet sei, könne sich für einzelne Gebühren ein leicht abweichendes Erhöhungsvolumen ergeben. Nicht anheben wollte der Gesetzgeber die allgemeine Mindestgebühr.[6]

II. Allgemeines

1a § 13 RVG legt den Aufbau der Wertgebühren fest und hat Bedeutung nur für die sog. **Wertgebühren,** dh für die Gebühren, die sich nach dem Wert des Gegenstandes richten. Dabei ist es gleichgültig, ob es sich um feste Gebühren (zB in VV 3100 RVG: 1,3, in VV 3309 RVG: 0,3) oder um Gebühren mit Satzrahmen (zB in VV 2300 RVG: 0,5–2,5) handelt. Dagegen gilt § 13 RVG nicht für Gebühren mit Betragsrahmen (zB in VV 4108 RVG von 77,– EUR bis 528,– EUR).

1. Begriff der vollen Gebühr

2 Abs. 1 S. 1 bestimmt den **Begriff der vollen Gebühr.** Die volle Gebühr ist der Betrag mit 1,0, der sich nach dem Gegenstandswert aus der Tabelle in § 13 Abs. 1 S. 2 RVG und der Anlage 2 zum RVG ergibt. Bei Gegenstandswerten über 500.000,– EUR ist der Betrag in der Anl. 2 nicht mehr genannt.

Beispiel:

Gegenstandswert 5.000,– EUR. Eine volle Gebühr beträgt 334,– EUR. Eine 1,3-Gebühr nach VV 3100 RVG beträgt 334,– EUR + 100,20 EUR = 434,20 EUR.

3 Die Gegenstandswerte sind in einzelne Wertklassen aufgeteilt. Die Tabelle enthält sodann einen bestimmten Betrag, der in den einzelnen Wertklassen als volle Gebühr vorgesehen ist.

2. Bruchteile

4 Beträgt die Gebühr nur einen Bruchteil einer vollen Gebühr, ist der Betrag als Bruchteil der vollen Gebühr zu errechnen. Aus dem Gesetz ist er unmittelbar nicht zu entnehmen. Doch geben meistens die veröffentlichten Tabellen die Bruchteile an (vgl. die Gebührentabellen im VV Teil F RVG).

5 **Bruchteile der vollen Gebühr** unter 0,3 sind im Gesetz nicht mehr vorgesehen, mit Ausnahme von VV 2201 RVG (0,1 bis 0,5).

3. Wegfall Bagatellgebühren

6 Bagatellgebühren sind im RVG und im Vergütungsverzeichnis nicht vorgesehen. Der Mindestbetrag einer Gebühr ist 15,– EUR, → Rn. 10.

[1] https://anwaltverein.de/files/anwaltverein.de/downloads/newsroom/pressemitteilungen/rechtspolitik/2018/forderungskatalog-brak-dav_anpassung-rvg-2018_maerz_18-final.pdf, S. 4.
[2] BGBl. 2020 I 3229.
[3] BT-Drs. 19/23484, 32.
[4] BT-Drs. 19/23484, 45.
[5] BT-Drs. 19/23484, 45.
[6] BT-Drs. 19/23484, 45.

III. Volle Gebühr

Die **volle Gebühr** ist in der Anlage zu § 13 Abs. 1 RVG **für Gegenstandswerte bis zu einem Betrage von 500.000,– EUR** mit festen Beträgen angegeben. 7

Bei Werten über 500.000,– EUR erhöht sich die Gebühr von 3.539,– EUR, die für einen Wert von 500.000,– EUR vorgesehen ist, für jeden angefangenen Betrag von weiteren 50.000,– EUR um 165,– EUR. Wegen der Einzelheiten wird auf die Tab. 1 in Anh. XV verwiesen. 8

IV. Auf- und Abrundung der Gebühren

Nach § 2 Abs. 2 S. 2 RVG werden Gebühren auf den nächstliegenden Cent auf- oder abgerundet; 0,5 Cent werden aufgerundet. 9

V. Mindestgebühren

1. Allgemeines

Der **Mindestbetrag einer Gebühr** ist nach § 13 Abs. 2 RVG 15,– EUR. Das bedeutet: Auch Bruchteile der vollen Gebühren dürfen 15,– EUR nicht unterschreiten.[7] 10

2. Mehrvertretungszuschlag

Strittig war die Berechnung, wenn eine nach § 13 Abs. 2 RVG aF auf 10,– EUR aufzurundende Gebühr mit dem Mehrvertretungszuschlag nach VV 1008 RVG zusammentrifft. Nach einer Auffassung war zunächst die Ausgangsgebühr (zB die Verfahrensgebühr VV 3309 RVG bei einem Gegenstandswert von bis 300,– EUR von dem rechnerisch ermittelten Betrag von 7,50 EUR auf 10,– EUR aufzurunden. Dieser Wert von 10,– EUR nach Anwendung von § 13 Abs. 2 RVG war nach dieser Auffassung die Ausgangsgebühr, aus der sich der Mehrvertretungszuschlag nach VV 1008 RVG berechnet; dies führt dann einschließlich des Mehrvertretungszuschlags zu einem Wert von 13,– EUR.[8] 11

Denkbar war auch, § 13 Abs. 2 RVG sowohl auf die unter 10,– EUR liegende, rechnerisch ermittelte Ausgangsgebühr als auch auf den Mehrvertretungszuschlag anzuwenden, so dass eine 0,3 Verfahrensgebühr bei einem Streitwert bis 300,– EUR auf 10,– EUR aufzurunden ist und der Mehrvertretungszuschlag von 0,3 ebenfalls auf 10,– EUR aufgerundet wird, so dass sich dann insgesamt ein Wert von 20,– EUR ergab.[9] Richtiger Auffassung nach bildet der Mehrvertretungszuschlag nach VV 1008 RVG keine selbständige Gebühr, sondern – wie sich aus dem Wortlaut des Vergütungstatbestandes ergibt – er führt zur Erhöhung einer anderen Gebühr,[10] so dass sich von daher die eigenständige Anwendung von § 13 Abs. 2 RVG auf den Mehrvertretungszuschlag von 0,3 nach VV 1008 RVG verbietet.[11] Die zuerst genannte Auffassung, die § 13 Abs. 2 RVG auf die Ausgangsgebühr anwendet und den Mehrvertretungszuschlag aus der auf 10,– EUR angehobenen Ausgangsgebühr berechnet, somit zu einem Wert von 13,– EUR führt, übersieht, dass der Vergütungstatbestand VV 1008 RVG zu einer Erhöhung der Ausgangsgebühr führt. Die um den Mehrvertretungszuschlag erhöhte Ausgangsgebühr ist die Gebühr, die sich dann an der Mindestgebühr nach § 13 Abs. 2 RVG messen lassen muss. Im Beispielsfall führt die um den Mehrvertretungszuschlag erhöhte Ausgangsgebühr von 0,3 zu einer Gebühr von 0,6, die bei der bis 30.6.2013 geltenden Tabelle bei einem Wert von bis zu 300,– EUR bereits über der Mindestgebühr von 10,– EUR liegt.[12] 12

Durch das **2. KostRMoG**[13] hat sich diese Streitfrage erübrigt, da bereits eine Gebühr mit dem Satz von 0,3 in der niedrigsten Streitwertstufe bis 500,– EUR bereits 15,– EUR beträgt, somit also nicht unter der Mindestgebühr des § 13 Abs. 2 RVG von 15,– EUR liegt.

---

[7] HBS VergütungsR/*Volpert* Teil 18 Rn. 21; Hartmann/Toussaint/*Toussaint* RVG § 13 Rn. 8; Schneider/Wolf/*N. Schneider* RVG § 13 Rn. 18; Burhoff/Volpert RVG/*Volpert* Rn. 2549.

[8] Gerold/Schmidt/*Madert,* 17. Aufl. 2006, RVG § 13 Rn. 11.

[9] HBS VergütungsR/*Volpert* Teil 18 Rn. 22.

[10] Gerold/Schmidt/*Müller-Rabe* RVG VV 1008 Rn. 3.

[11] HBS VergütungsR/*Volpert* Teil 18 Rn. 22; Schneider/Wolf/*N. Schneider* RVG § 13 Rn. 19; AG Stuttgart AGS 2005, 331; AG Berlin-Hohenschönhausen RVGreport 2006, 143.

[12] HBS VergütungsR/*Volpert* Teil 18 Rn. 22; Schneider/Wolf/*N. Schneider* RVG § 13 Rn. 25; Mayer/Kroiß/*Kroiß* RVG § 13 Rn. 33.

[13] BGBl. 2013 I 2586 ff.

3. Auslagen

13 Nach allgemeiner Meinung gilt die Mindestgebühr nur für Gebühren, nicht jedoch auch für Auslagen, wie zB Schreibauslagen nach VV 7000 RVG.[14]

4. Hebegebühr

14 § 13 Abs. 2 RVG gilt ebenfalls nicht für die Hebegebühr nach VV 1009 RVG, deren Mindestbetrag 1,– EUR ist.[15]

5. Anrechnungsfälle

15 Die Mindestgebühr von 10,– EUR nach § 13 Abs. 2 RVG aF warf bei der Gebührenanrechnung zwei Fragestellungen auf: Zum einen war die Frage zu entscheiden, in welcher Höhe die Gebührenanrechnung vorzunehmen ist, wenn die anzurechnende Gebühr durch die Regelung des § 13 Abs. 2 RVG aF auf 10,– EUR angehoben worden ist. Des Weiteren wird die Auffassung vertreten, dass dann, wenn auf Grund der Gebührenanrechnung eine „Restgebühr" verbleibt, die unter 10,– EUR liegt, diese gem. § 13 Abs. 2 RVG auf 10,– EUR anzuheben ist.[16]

16 Bei der zuerst genannten Problemlage stellt sich die Frage, ob bspw. eine 0,3 Geschäftsgebühr nach VV 2302, 2300 RVG aF bei einem Gegenstandswert von bis zu 300,– EUR iHv 7,50 EUR nach der bis 31.7.2013 geltenden Tabelle gem. VV Vorb. 3 Abs. 4 RVG mit dem rechnerischen Satz einer 0,15 Gebühr aus dem genannten Gegenstandswert, also mit 3,75 EUR, anzurechnen ist oder in Höhe des konkret nach der Anwendung von § 13 Abs. 2 RVG entstandenen Werts von 50% von 10,– EUR, also iHv 5,– EUR, anzurechnen ist.[17] Richtiger Auffassung nach war die Hälfte der konkret angefallenen Geschäftsgebühr, also im vorliegenden Fall der Betrag von 5,– EUR, anzurechnen, da der Gesetzgeber mit § 13 Abs. 2 RVG aF unzweideutig zum Ausdruck gebracht hatte, dass er keine Gebühren mit Beträgen unter 10,– EUR wünschte, Demzufolge betrug auch eine 0,3 Geschäftsgebühr aus einem Gegenstandswert von 300,– EUR nach VV 2302, 2300 RVG aF 10,– EUR, diese ist dann zur Hälfte, also iHv 5,– EUR, anzurechnen.[18] Ebenso ist nach neuem RVG ein auf die Mindestgebühr aufgehobene Gebühr der Anwendung zugrundezulegen.

17 Auch die Anrechnung nach VV Vorb. 3 Abs. 4 RVG selbst kann dazu führen, dass „Restgebühren" entstehen, die unter der Mindestgebühr von 15,– EUR liegen, bspw. dann, wenn bei Gegenstandswerten bis zu 3.000,– EUR eine Geschäftsgebühr nach VV 2300 RVG mit dem Höchstsatz von 0,75 auf eine beschränkte Verfahrensgebühr nach VV 3101 RVG mit dem Satz von 0,8 anzurechnen ist. Nach der am Wortlaut der Anrechnungsvorschrift orientierten Auffassung des BGH zu VV Vorb. 3 Abs. 4 RVG verringert sich durch die hälftige Anrechnung nicht die Geschäftsgebühr, sondern die (später) anfallende Verfahrensgebühr.[19] Daher entsteht in solchen Fällen die nach der Anrechnung verbleibende „Rest-Verfahrensgebühr" mindestens nach § 13 Abs. 2 RVG iHv 15,– EUR, da auch die Verfahrensgebühr nach der Anrechnung als eigenständige Gebühr zu betrachten ist.[20]

Wenn der RA für zwei Auftraggeber gemeinschaftlich Klagauftrag für eine Klage mit dem Wert 500,– EUR hat, dann beträgt bei vorzeitiger Beendigung die 0,8 Verfahrensgebühr 39,20 EUR. Diese Gebühr erhöht sich nach VV 1008 RVG um 0,3 auf 1,1, also 53,90 EUR. Die Erhöhung beträgt demnach 14,70 EUR. Eine Heraufsetzung der Erhöhung nach § 13 Abs. 2 RVG auf 15,– EUR kommt nicht in Betracht.

18 Die Mindestgebühr gilt nur für die nach § 13 RVG zu berechnenden Gebühren, also zB nicht für Auslagen,[21] wie die Schreibauslagen nach VV 7000 RVG, und nicht für die Hebegebühr,[22] deren Mindestbetrag nach VV RVG 1,– EUR ist.

---

[14] Hartmann/Toussaint/*Toussaint* RVG § 13 Rn. 8; Schneider/Wolf/*N. Schneider* RVG § 13 Rn. 20; Mayer/Kroiß/*Kroiß* RVG § 13 Rn. 34.

[15] Hartmann/Toussaint/*Toussaint* RVG § 13 Rn. 11; Schneider/Wolf/*N. Schneider* RVG § 13 Rn. 21; Mayer/Kroiß/*Kroiß* RVG § 13 Rn. 35.

[16] Mayer/Kroiß/*Kroiß* RVG § 13 Rn. 36.

[17] *Schneider* AGS 2005, 325 f.

[18] VG Minden BeckRS 2007, 22692; so auch *Schneider* AGS 2005, 325 f., der die Anrechnung auf Betragsebene von der auf der Gebührensatzebene unterscheidet und bei Anrechnung auf der Gebührensatzebene § 13 Abs. 2 RVG analog anwenden will.

[19] BGH NJW 2007, 2049 mAnm *Mayer* FD-RVG 2007, 221833.

[20] Mayer/Kroiß/*Kroiß* RVG § 13 Rn. 36; aA Schneider/Wolf/*N. Schneider* RVG § 13 Rn. 20, „nur rechnerischer Differenzbetrag".

[21] → Rn. 3.

[22] → Rn. 4.

VI. Änderung durch das Gesetz zur Verbesserung des Verbraucherschutzes im Inkassorecht und zur Änderung weiterer Vorschriften

Mit Wirkung zum 1.10.2021 wird § 13 durch das Gesetz zur Verbesserung des Verbraucherschutzes im Inkassorecht und zur Änderung weiterer Vorschriften[23] geändert. So wird ein neuer Abs. 2 eingeführt, welcher bestimmt, dass bei der Geschäftsgebühr für eine außergerichtliche Inkassodienstleistung, die eine unbestrittene Forderung betrifft, bei einem Gegenstandswert bis 50 € die Gebühr abweichend von § 13 Abs. 1 S. 1 nur 30 € beträgt. Hintergrund dieser Änderung ist, dass nach Auffassung des Gesetzgebers im Bereich des Inkassos das Missverhältnis zwischen Forderungsbetrag und Inkassokosten bei der Durchsetzung geringfügiger Forderung besonders auffällig sei. Werde ein Gebührensatz von 1,3 geltend gemacht, betragen die Inkassokosten (Gebühren und 20% Auslagenpauschale) bereits nach den Werten vor der Erhöhung im Rahmen des Kostenrechtsänderungsgesetzes 2021[24] 70,20 €,[25] bei Zugrundelegung einer Geschäftsgebühr von 1,0 bei einer Forderung von 50 € noch 54 € und würden die Forderung selbst übersteigen.[26] Deshalb führt der Gesetzgeber durch einen neuen § 13 Abs. 2 für die außergerichtliche Geltendmachung unbestrittener Forderungen eine neue Wertstufe bis 50 € ein, für die eine Gebühr von 30 € statt bisher 45 €[27] gelten soll.[28] Die Neuregelung soll sich nur auf unbestrittene Forderungen beziehen, da andernfalls in Anbetracht des bei einem Bestreiten der Forderung höheren Arbeitsaufwands die Gebühr für die Tätigkeit der Rechtsanwältinnen und Rechtsanwälte nach Auffassung des Gesetzgebers nicht auskömmlich wäre. Zudem soll die neue Wertstufe nur für die Geschäftsgebühr, nicht jedoch für eine etwaige Einigungsgebühr gelten.[29] **19**

Die Regelung ist im Grunde systemwidrig. Bislang orientierten sich die Wertgebühren ausschließlich an dem Gegenstandswert und nicht an dem Inhalt der Forderung. Hinzu kommt, dass der neue Sondergegenstandswert für die Geschäftsgebühr bei einer außergerichtlichen Inkassodienstleistung, die eine unbestrittene Forderung betrifft, nur für die Geschäftsgebühr gelten soll, und nicht für andere Gebührentatbestände, und sich nachträglich erhöht, wenn die ursprünglich unbestrittene Forderung später dann bestritten wird. **20**

§ 14 Rahmengebühren

(1) [1]**Bei Rahmengebühren bestimmt der Rechtsanwalt die Gebühr im Einzelfall unter Berücksichtigung aller Umstände, vor allem des Umfangs und der Schwierigkeit der anwaltlichen Tätigkeit, der Bedeutung der Angelegenheit sowie der Einkommens- und Vermögensverhältnisse des Auftraggebers, nach billigem Ermessen.** [2]**Ein besonderes Haftungsrisiko des Rechtsanwalts kann bei der Bemessung herangezogen werden.** [3]**Bei Rahmengebühren, die sich nicht nach dem Gegenstandswert richten, ist das Haftungsrisiko zu berücksichtigen.** [4]**Ist die Gebühr von einem Dritten zu ersetzen, ist die von dem Rechtsanwalt getroffene Bestimmung nicht verbindlich, wenn sie unbillig ist.**

(2) **Ist eine Rahmengebühr auf eine andere Rahmengebühr anzurechnen, ist die Gebühr, auf die angerechnet wird, so zu bestimmen, als sei der Rechtsanwalt zuvor nicht tätig gewesen.**

(3) [1]**Im Rechtsstreit hat das Gericht ein Gutachten des Vorstands der Rechtsanwaltskammer einzuholen, soweit die Höhe der Gebühr streitig ist; dies gilt auch im Verfahren nach § 495a der Zivilprozessordnung.** [2]**Das Gutachten ist kostenlos zu erstatten.**

Übersicht

[23] BGBl 2020 I 3320.
[24] BGBl 2020 I 3229.
[25] BT-Drs. 19/20348, 60 f.
[26] BT-Drs. 19/20348, 61.
[27] Wert noch vor der Erhöhung durch das Kostenrechtsänderungsgesetz 2021 BGBl. 2020 I 3229.
[28] BT-Drs. 19/20348, 61.
[29] BT-Drs. 19/20348, 61.

I. Änderungen durch des KostRÄG

1 Durch das Kostenrechtsänderungsgesetz 2021[1] wurde in § 14 ein neuer Absatz 2 eingefügt, welcher bestimmt, dass dann, wenn eine Rahmengebühr auf eine andere Rahmengebühr anzurechnen ist, die Gebühr, auf die angerechnet wird, so zu bestimmen ist, als sei der Rechtsanwalt zuvor nicht tätig gewesen. Der bisherige Abs. 2 wurde zu Abs. 3.

Mit dem 2. Kostenrechtsmodernisierungsgesetz[2] war für die sozialrechtlichen Verfahren, in denen bei gerichtlichen Verfahren Betragsrahmengebühren entstehen, die verwaltungsrechtlichen Verfahren sowie die Verfahren nach der Wehrbeschwerdeordnung, die sogenannte Anrechnungslösung eingeführt worden.[3] Dabei wurde in Vorbemerkung 2.3 Abs. 4 S. 3 VV RVG und Vorbemerkung 3 Abs. 4 S. 4 VV RVG eine Bestimmung aufgenommen, mit der klargestellt werden sollte, dass der durch die vorangegangene Tätigkeit ersparte Aufwand ausschließlich durch die nunmehr vorgeschriebene Anrechnung berücksichtigt werden soll und nicht nochmals bei der konkreten Bestimmung der Gebühr für das nachfolgende Verfahren.[4] In VV Vorbem. 6.4 Abs. 3 S. 3 erfolgte eine im wesentlichen vergleichbare Regelung.[5] Gesetzestechnisch wurden die Regelungen in den Anmerkungen zu VV 2301 RVG a. F., VV 2401 RVG a. F., VV 3103 RVG a. F., VV 6401 a. F. und VV 6404 RVG a. F. übernommen.

Nunmehr konstatierte der Gesetzgeber, dass bei der Anwendung der Regelung, die konkret anordnen, dass bei einer Betragsrahmengebühr nicht zu berücksichtigen ist, dass der Umfang der Tätigkeit in der weiteren Angelegenheit infolge der vorangegangenen Tätigkeit geringer ist, in der Praxis immer wieder Probleme auftreten. Daher fasste er die Bestimmung neu und stellte sie in § 14 RVG ein, welcher Regelungen zur Bestimmung einer Rahmengebühr ent-

[1] BGBl. 2020 I 3229.
[2] BGBl. 2013 I 2586.
[3] Siehe näher → RVG VV 2300 Rn. 2.
[4] BT-Drs. 17/11471, 273, 275; BT-Drs. 19/23484, 77.
[5] BT-Drs. 17/11471, 283.

hält.[6] § 14 Abs. 1 RVG bestimme nicht nur die Kriterien, nach der eine Rahmengebühr zu bemessen ist, sondern lege auch das Bestimmungsrecht des Rechtsanwalts fest.[7] Der neue Abs. 2 des § 14 RVG soll nach Vorstellung des Gesetzgebers die Regelungen in den Vorbemerkung 2.3 und 3 ersetzen. Er sei allgemeiner formuliert und betone die Absicht, dass die Synergieeffekte, die bei einer fortschreitenden Befassung eintreten, ausschließlich durch die vorgeschriebene Anrechnung berücksichtigt werden sollen. Die Bestimmung der Höhe der zweiten Gebühr solle so erfolgen, als sei die Rechtsanwältin oder der Rechtsanwalt zuvor nicht tätig gewesen. Diese Regelung beziehe sich damit auf sämtliche Bemessungsmerkmale des § 14 Abs. 1 RVG.[8] Nur durch eine solche Vorgehensweise sei gewährleistet, dass Rechtsanwältinnen und Rechtsanwälte, deren Verfahrens- oder Geschäftsgebühr einer Anrechnung unterliege, diese Gebühren vor Anrechnung in derselben Höhe anfallen wie für Rechtsanwältinnen und Rechtsanwälte, die zuvor nicht tätig waren. Nur so wird nach Auffassung des Gesetzgebers eine Gleichbehandlung mit den Fällen erreicht, in denen – wie etwa in zivilprozessualen Mandaten – keine Rahmengebühren vorgesehen sind.[9]

II. Rahmengebühren

1. Allgemeines

§ 14 RVG regelt die Bestimmung der konkreten Gebühr bei Rahmengebühren. 1a

Rahmengebühren sind solche Gebühren, die nicht fest nach dem Gegenstandswert berechnet werden, für die das Gesetz vielmehr einen Gebührenrahmen geschaffen hat, der nur in seiner oberen und unteren Grenze bestimmt ist. Das RVG kennt zwei Arten von Rahmengebühren, die Gebühren mit Gebührensatzrahmen und die Gebühren mit Betragsrahmen.

2. Gebühren mit Gebührensatzrahmen

Beim **Gebührensatzrahmen** räumt das Gesetz einen Spielraum im Gebührensatz ein, wobei unter Gebührensatz ein Bruchteil der vollen Gebühr zu verstehen ist. Das Gesetz bestimmt nur den Höchst- und den Mindestsatz. Ein Beispiel hierfür bildet die Gebühr VV 2300 RVG. Bei ihr schwankt der Gebührensatz zwischen 0,5 und 2,5 der vollen Gebühr. Ist der Gebührensatz im Einzelfall festgelegt, ergibt sich die Höhe der Gebühr zwangsläufig aus Gegenstandswert und Gebührentabelle. 2

3. Gebühren mit Betragsrahmen

Gebühren mit Betragsrahmen sind – wie die Definition in VV 1008 Anm. Abs. 3 RVG lautet – die Gebühren, die dem Mindest- und Höchstbetrag nach bestimmt sind. Das Schulbeispiel für diese Gebühren sind die Gebühren in Straf- und Bußgeldsachen. 3

4. Das Bestimmungsrecht des Rechtsanwalts

Gem. § 14 Abs. 1 RVG bestimmt der RA die Gebühr. Es ist also seine Aufgabe, die Gebühr im Einzelfall unter Berücksichtigung aller Umstände zu bestimmen. Einfach gesagt heißt das: Er muss als Gebühr den konkreten Euro-Betrag bestimmen. 4

Der RA ist an sein einmal **ausgeübtes Ermessen** bei der Bestimmung der angefallenen Gebühr innerhalb des Gebührenrahmens **gebunden.** Das gilt auch hinsichtlich des Gegenstandswertes, falls dieser nach billigem Ermessen zu bestimmen ist, wie zB gem. § 23 Abs. 3 S. 2 RVG. Denn die Ausübung des Ermessens ist Bestimmung der Leistung durch eine Vertragspartei (RA) und erfolgt gem. § 315 Abs. 2 BGB durch Erklärung gegenüber dem anderen Teil (Auftraggeber). Die Bestimmung ist rechtsgestaltender Natur, ihre Abgabe somit Ausübung des Gestaltungsrechts. Da das Gestaltungsrecht durch seine Ausübung verbraucht ist, kann die Bestimmung, sobald die Erklärung wirksam geworden ist (§ 130 Abs. 1 BGB, Zugang beim Auftraggeber), nicht mehr geändert oder widerrufen werden; sie ist also auch für den RA als Bestimmenden bindend, es sei denn, er hat sich eine Erhöhung ausdrücklich und erkennbar vorbehalten oder er ist über Bemessungsfaktoren getäuscht worden oder er hat einen gesetzlichen Gebührentatbestand übersehen.[10] Gleiches dürfte gelten, wenn der RA versehentlich

---

[6] BT-Drs. 19/23484, 77.
[7] BT-Drs. 19/23484, 77.
[8] BT-Drs. 19/23484, 77.
[9] BT-Drs. 19/23484, 77.
[10] BGH NJW 1987, 3203; AnwBl 1988, 250; NJW 2002, 1429; OLG Köln AGS 1993, 34 mAnm *Madert;* KG JurBüro 2004, 484.

vom Eingreifen eines weiteren Gebührentatbestandes ausgeht, das seine Tätigkeiten teilweise abdecken würde.[11]

Ist der Anwalt sich bei der gewiss nicht immer leichten Bestimmung der Gebühr nach § 14 RVG oder des Gegenstandswertes nach § 23 Abs. 3 RVG nicht sicher, dann sollte er den auch vom OLG Köln als zulässig erachteten Weg beschreiten, sich für den Fall der nicht pünktlichen Begleichung oder bei Einwendungen des Auftraggebers eine Erhöhung vorbehalten.[12]

5. Die billige bzw. unbillige Gebühr

5 Die vom RA gem. § 14 Abs. 1 S. 1 RVG bestimmte **Gebühr ist verbindlich,** wenn sie **billigem Ermessen entspricht.** Ob das der Fall ist, unterliegt der Wertung. Es ist daher nicht möglich, im Einzelfall einen nach Euro und Cent genau bezifferten Betrag auf den als einzigen dem billigen Ermessen unterliegenden Betrag zurückzuführen. Daraus folgt, dass billiges Ermessen sich nicht positiv bestimmen, sondern nur negativ abgrenzen lässt, indem man von einer konkreten Bestimmung sagt, diese stehe außerhalb des Bereichs, der vom billigen Ermessen abgedeckt sei.[13]

Die Schwierigkeit liegt nun darin, festzulegen, wann eine bestimmte Gebühr außerhalb des Bereichs stehe, der vom billigen Ermessen gedeckt ist. Die Rspr. bemüht sich um Einheitlichkeit und wendet immer wieder Formeln an wie: Die Bestimmung dürfe nur auf Ermessensmissbrauch nachgeprüft werden, nur völlig abwegige Überlegungen und die Missachtung von wesentlichen Aspekten könnten Anlass zur Korrektur geben, die Gebührenbestimmung sei billig, die nicht grob vom Üblichen abweiche und dem Schuldner zumutbar sei, ermessensfehlerhaft sei jede objektiv nicht zu billigende Abweichung von dem angemessenen Gebührenbetrag.[14]

Es kann generell nicht umschrieben werden, wann eine Unbilligkeit der vom RA getroffenen Bestimmung vorliegt. Maßgebend können nur die Umstände des Einzelfalls sein. Dabei ist zu beachten, dass das grundsätzliche Gebührenbestimmungsrecht des Anwalts nicht dadurch nahezu ausgehöhlt werden darf, dass eine Gebührenbemessung schon dann als unbillig korrigiert wird, wenn sie lediglich „gut bemessen" ist.[15]

Jede Ermessensausübung bewegt sich innerhalb eines durch die Umstände bestimmten Rahmens, und eine Ermessensausübung ist auch dann noch billig, wenn sie an den oberen Rand des durch die Umstände bestimmten Rahmens geht. Erst dann, wenn sie diesen oberen Rand überschreitet, ist sie unbillig, und nun ist für das Gericht der Weg frei, das anwaltliche Ermessen durch eigenes Ermessen zu ersetzen.[16]

Auf der anderen Seite ist zu berücksichtigen, dass die Korrektur nicht auf grobe Unbilligkeit beschränkt ist, denn sonst hätte der Gesetzgeber sich des Begriffs der offenbaren Unbilligkeit wie zB in § 319 Abs. 1 BGB bedient.[17]

Wenn also nicht allgemein bestimmt werden kann, wann eine Gebühr unbillig hoch ist, so kann doch gesagt werden, dass die bestimmte Gebühr deutlich unbillig hoch sein muss. Dabei ist jedoch nicht erforderlich, dass es sich um einen Extremfall der Unbilligkeit handelt. Unbilligkeit kann vorliegen, wenn der RA einen auf der Hand liegenden Faktor überhaupt nicht beachtet oder einen offensichtlich völlig abwegigen zum Maßstab gemacht hat.[18]

Um die Ermessensentscheidung bei der Bestimmung der konkreten Rahmengebühr praktikabel zu machen, bedient sich die Rspr. des **Hilfsmittels** der **Mittelgebühr in Verbindung mit der Kompensationstheorie** und der Figur der Toleranzgrenze, → Rn. 12.

6. Die Feststellung der Unbilligkeit

6 Für die Feststellung der Unbilligkeit ist zu unterscheiden:

a) die Gebühr ist von einem Dritten zu ersetzen;

---

[11] AA KG BeckRS 2015, 11733 mAnm *Mayer* FD-RVG 2015, 370833.

[12] Köln AGS 1993, 34 mAnm *Madert.*

[13] *E. Schneider* in Anm. zu KostRspr BRAGO § 12 Nr. 5.

[14] Vgl. zB OLG Karlsruhe Strafverteidiger 89, 402, BeckRS 2005, 04160, unbillig ist eine Gebührenbestimmung nur dann, wenn die Bewertung des Sachverhalts nach den Bemessungskriterien unter Berücksichtigung der gebotenen gleichen Behandlung gleichartiger Fälle eine Gebühr ergibt, die von der vom RA bestimmten Gebühr derart abweicht, dass die Abweichung im Interesse der Gebührengerechtigkeit nicht mehr hingenommen werden kann.

[15] Löwe/Rosenberg/*Hilger* StPO § 464a Rn. 42.

[16] AG München ZfS 1992, 310.

[17] LG Hof JurBüro 1984, 1024.

[18] Hartmann/Toussaint/*Toussaint* RVG § 14 Rn. 31; LG Frankfurt AnwBl 1976, 353; LG Kaiserslautern MDR 1991, 559.

b) der RA muss seine Gebühr gegen seinen Auftraggeber einklagen;
c) sein Auftraggeber hat gegen einen Gegner oder Dritten einen materiell-rechtlichen Kostenerstattungsanspruch.

a) Ist die Gebühr von einem Dritten zu ersetzen, so ist gem. § 14 Abs. 1 S. 4 RVG die von dem RA getroffene Bestimmung nicht verbindlich, wenn sie unbillig ist. 7

Dritte sind Beteiligte, die auf Grund einer Kostenentscheidung einem anderen dessen Gebühren und Auslagen zu erstatten haben, zB der verurteilte Angeklagte, dem gem. § 472 StPO die dem Nebenkläger erwachsenen notwendigen Auflagen auferlegt sind.

Dritter ist auch die **Staatskasse,** die gem. § 467 Abs. 1 StPO dem Angeschuldigten bei Freispruch die Verteidigergebühr zu erstatten hat.

In den entsprechenden Kostenfestsetzungsverfahren sind somit Rechtspfleger und Gericht auf die Prüfung beschränkt, ob die geltend gemachte, vom RA bestimmte Gebühr sich innerhalb des Gebührenrahmens hält und ob sie im Einzelfall unter Berücksichtigung aller Umstände nicht unbillig ist. Im Festsetzungsverfahren muss also ausdrücklich festgestellt werden, dass die bestimmte Gebühr unbillig hoch ist.[19]

Aus der negativen Fassung des § 14 Abs. 1 S. 4 RVG – „nicht verbindlich, wenn sie unbillig ist" – ist zu schließen, dass die Unbilligkeit vom Rechtspfleger oder vom Gericht dargetan werden muss, dass die erforderlichen Tatsachen von Amts wegen ermittelt werden müssen, da die Beantwortung der Rechtsfrage nicht zur Disposition der Parteien steht.[20]

Die Behauptungs- und Beweislast trifft den Dritten. Zweifel gehen zu seinen Lasten. Der Grund für diese gesetzliche Differenzierung dürfte darin liegen, dass der Auftraggeber grds. berechtigt sein soll, die von seinem Anwalt festgesetzten Rahmengebühren in dieser Höhe auch von einem Dritten ersetzt zu verlangen, es sei denn, dass der Dritte beweist, dass die Ermessensausübung unbillig ist.[21]

Ergibt sich nicht ihre Unbilligkeit, muss die begehrte Gebühr festgesetzt werden; ergibt sich ihre Unbilligkeit, wird die Gebühr im Kostenfestsetzungsverfahren bestimmt.[22]

Auch der Rechtsschutzversicherer ist Dritter iSv § 14 Abs. 1 S. 4 RVG.[23]

Ein Kostenfestsetzungsbeschluss, der von der beantragten Kostenfestsetzung abweicht, muss jedoch nachvollziehbar begründet werden.[24]

b) Muss der RA seine Gebühr **gegen seinen Auftraggeber** wegen des Verbots der Kostenfestsetzung (§ 11 Abs. 8 RVG) **einklagen,** so gilt § 315 Abs. 3 BGB: „Soll die Bestimmung nach billigem Ermessen erfolgen, so ist die getroffene Bestimmung für den anderen Teil nur verbindlich, wenn sie der Billigkeit entspricht. Entspricht sie nicht der Billigkeit, so wird die Bestimmung durch Urteil getroffen." Der RA hat zu beweisen, dass die von ihm getroffene Bestimmung der Billigkeit entspricht.[25] 8

Worüber man streiten kann, was aber noch nicht beweisbar auf Rechen-, Denk-, Auslassungsfehler oder dergleichen beruht, bleibt im Verhältnis zwischen RA und Auftraggeber im Rahmen des anwaltlichen Ermessensspielraums. Wenn wenigstens eine gewisse Bemühung um eine Gesamtabwägung erkennbar ist, ein Hauptaspekt nicht übersehen ist, das alles bleibt der gerichtlichen Änderung im Streit zwischen dem Anwalt und seinem Auftraggeber grds. entzogen.[26]

c) Hat der Auftraggeber des RA einen **materiell-rechtlichen Kostenersatzanspruch gegen einen Dritten** (zB aus vertraglicher Übernahme, im Unfallschadensrecht aus § 249 BGB iVm dem jeweils anwendbaren Haftpflichttatbestand, aus Verzug oder positiver Vertragsverletzung), wonach der Dritte RA-Kosten zu ersetzen hat, so gilt das Gleiche wie bei → Rn. 8. 9

---

[19] Löwe/Rosenberg/*Hilger* StPO § 464a Rn. 42; *Schmidt* in Anm. zu LG Detmold NJW 1969, 1384; OLG Düsseldorf AnwBl 1989, 293.

[20] *Lappe* in Anm. zu KostRspr BRAGO § 12 Nr. 7; AG München ZfS 1992, 310; aber OLG Flensburg JurBüro 1985, 1348, soweit sich die im Rahmen der zu berücksichtigenden Tatsachen nicht aus den Akten ergeben, hat der Gebührengläubiger (Antragsteller) diese im Kostenfestsetzungsverfahren glaubhaft zu machen.

[21] Mayer/Kroiß/Teubel/*Teubel,* Das neue Gebührenrecht, 2004, RVG § 4 Rn. 53.

[22] Hartmann/Toussaint/*Toussaint* RVG § 14 Rn. 35.

[23] Schneider/Wolf/*Onderka/N. Schneider* RVG § 14 Rn. 90; *Mayer* Gebührenformulare Teil 1 § 1 Rn. 388; aA Gerold/Schmidt/*Madert,* 17. Aufl. 2006, RVG § 14 Rn. 7; Hartmann/Toussaint/*Toussaint* RVG § 14 Rn. 35.

[24] LG Zweibrücken BeckRS 2012, 03498 = AGS 2012, 433.

[25] BGHZ 41, 279; AG München ZfS 1992, 310; MüKoBGB/*Würdinger* § 315 Rn. 55.

[26] Hartmann/Toussaint/*Toussaint* RVG § 14 Rn. 32; OLG Hamm JurBüro 1999, 525.

In der Praxis werden diese Unterschiede kaum beachtet, so dass letztlich auch das Kostenfestsetzungsverfahren analog § 315 Abs. 3 S. 2 BGB abläuft.

Dem RA ist daher dringend zu empfehlen, auch im Kostenfestsetzungsgesuch alle Umstände anzugeben, die die Höhe der Gebühr rechtfertigen sollen, denn sonst gehen der Rechtspfleger und das Gericht nur vom Inhalt der Akten aus, aus dem die Tätigkeit des Anwalts meist nur äußerlich und unvollkommen, vor allen Dingen im Hinblick auf seine außergerichtliche Tätigkeit, hervorgeht.[27]

7. Die Mittelgebühr

10 Wegen der Schwierigkeit zu bestimmen, wann eine Rahmengebühr unbillig ist, und weil mit der Aufzählung der Umstände, die einerseits für die Erhöhung, andererseits für eine Ermäßigung der Gebühr sprechen, der Praxis nicht viel geholfen ist, weil ihr ein Ansatzpunkt fehlt, hat die Praxis sich diesen Ansatzpunkt mit der sog. **Mittelgebühr** geschaffen. Die Mittelgebühr soll gelten und damit zur konkreten billigen Gebühr in den „Normalfällen" wer-den, dh in den Fällen, in denen sämtliche, vor allem die nach § 14 Abs. 1 S. 1 zu berücksichtigenden Umstände durchschnittlicher Art sind, also übliche Bedeutung der Angelegenheit, durchschnittlicher Umfang und durchschnittliche Schwierigkeit der anwaltlichen Tätigkeit, wirtschaftliche Verhältnisse des Auftraggebers, die dem Durchschnitt der Bevölkerung entsprechen.[28]

Die Mittelgebühr wird von der Praxis mit der Mindestgebühr zzgl. der Hälfte des Unterschieds zwischen Mindest- und Höchstgebühr angenommen. Einfacher und schneller lässt sich die Mittelgebühr ausrechnen, wenn man Mindest- und Höchstgebühr addiert und das Ergebnis durch zwei dividiert.

Bei der Verfahrensgebühr des VV 4106 RVG also: (44 + 319) : 2 = 181,50 EUR. Bei Satzrahmengebühren, zB bei VV 2300 RVG wird die Mittelgebühr wie folgt berechnet: (0,5 + 2,5) : 2 = 1,5. Auf der anderen Seite darf der Mittelwert nicht aus Bequemlichkeit grds. als konkrete Gebühr angenommen werden. Er ist vielmehr Ansatzpunkt für die konkrete Gebühr, die unter Berücksichtigung aller erhöhenden und vermindernden Umstände ermittelt werden muss.[29]

Jedes der Bemessenskriterien des § 14 RVG kann Anlass sein, vom Mittelwert nach oben oder unten abzuweichen, soweit ein Umstand vom Durchschnitt abweicht.[30] Bei der Gebührenbemessung kann auch berücksichtigt werden, wenn in **zahlreichen Parallelverfahren** sämtlich und ausschließlich dasselbe standardisierte Anschreiben verwandt wird; die durch die Parallelität der Sachverhalte bedingte ganz erhebliche Verringerung des zeitlichen Aufwands für das konkrete Mandat kann im Rahmen der Gesamtwürdigung maßgeblich berücksichtigt werden.[31]

10a Im **Mahnverfahren** dürfen nur offensichtlich unbegründete oder offensichtlich gerichtlich nicht durchsetzbare Forderungen nicht geltend gemacht werden und dem Mahngericht steht auch insoweit eine Prüfungskompetenz zu; macht der Antragsteller jedoch im Mahnverfahren als Nebenforderung eine **1,5 Geschäftsgebühr** geltend, hat der Rechtspfleger diese unbesehen in den Mahnbescheid aufzunehmen, er ist nicht berechtigt, das ausgeübte Bemessen nachzuprüfen.[32] Da eine 1,5 Gebühr exakt der Mittelgebühr entspricht, kann sie nicht offensichtlich unbegründet sein, sie setzt lediglich voraus, dass die Sache umfangreich oder schwierig war, dies zu prüfen ist aber nicht Sache des Rechtspflegers im Mahnverfahren und der Anwalt ist auch nicht verpflichtet, im Mahnantrag auf Umgang oder Schwierigkeit hinzuweisen.[33]

8. Kompensationstheorie

11 Die Kompensationstheorie besagt, wenn bereits ein einziger Umstand iSd § 14 RVG ein Abweichen von der Mittelgebühr rechtfertigen kann, dann kann das geringere Gewicht eines Bemessungsmerkmals das überragende Gewicht eines anderen Merkmals kompensieren. Oder umgekehrt: Ein im Einzelfall besonders ins Gewicht fallendes Kriterium kann die Relevanz der übrigen Umstände kompensierend zurückdrängen.[34] In Extremfällen kann allein ein Be-

---

[27] von Eicken/Hellstab/Dörndorfer/Asperger/*Asperger* Kap. 6 G Rn. 122 ff.

[28] BVerwG JurBüro 1985, 1813; AnwBl 1981, 191; BGH NJW 1969, 923; LG Flensburg JurBüro 1979, 1504.

[29] OLG Saarbrücken JVBl 1965, 256.

[30] OLG München JurBüro 1979, 227; LG Flensburg JurBüro 1976, 1504.

[31] BGH BeckRS 2013, 06434 = JurBüro 2013, 418 mAnm *Mayer* FD-RVG 2013, 345427.

[32] AG Hagen AGS 2013, 51.

[33] Vgl. Anm. *Schneider* AGS 2013, 52.

[34] BFH RVGreport 2006, 20; BVerwG RVGreport 2006, 21; OLG München AnwBl 1977, 171; 80, 469; LG Bayreuth JurBüro 1987, 1522; LG Paderborn JurBüro 1989, 490; AG Nürnberg AGS 1993, 14, Mittelgebühr für

stimmungsmerkmal des § 14 Abs. 1 RVG ein solches Übergewicht erhalten, dass es bereits für sich genommen den Ansatz der Höchstgebühr zu rechtfertigen vermag.[35]

9. Toleranzgrenzen

Ein anderer Versuch, die konkrete Gebühr einigermaßen richtig zu berechnen, ist das Abstel- 12
len auf Toleranzgrenzen. Der Rechtspfleger berechnet die ihm als billig erscheinende Gebühr, vergleicht diese mit der durch den RA bestimmten und toleriert Abweichungen in Höhe eines bestimmten Prozentsatzes mit der Begründung, eine Abweichung innerhalb dieses Prozentsatzes mache die bestimmte Gebühr noch nicht zu einer unbilligen; umgekehrt macht dann ein Überschreiten der Grenze die anwaltliche Feststellung und Festsetzung unverbindlich. Im Allgemeinen werden **Abweichungen bis zu 20 %** noch als verbindlich angesehen.[36] Vielfach wird mittlerweile aber auch sogar noch eine Toleranzgrenze von 30 % als angemessen angesehen.[37]

Zwar gibt es keine rational begründbaren Argumente dafür, dass eine Abweichung von 19,5 % noch, eine solche von 20,5 % dagegen nicht mehr im Bereich des billigen Ermessens liege; nach *E. Schneider* sei es aber unergiebig, die Schwächen des Prinzips der Prozentabweichung zu kritisieren, ohne zugleich eine zuverlässigere und praktikablere Methode anzubieten; eine solche sei aber nicht in Sicht.[38]

Eine vom Gericht zu tolerierende Gebührenbestimmung durch den RA nach § 14 Abs. 1 S. 1 RVG liegt aber nur vor, wenn sie auf Grund der Umstände des Einzelfalles in Verbindung mit den Bemessenskriterien getroffen worden ist. Liegt eine solche Ermessensentscheidung nicht vor, ist die von dem RA vorgenommene Gebührenbestimmung unbillig und damit nicht verbindlich, auch wenn die geltend gemachten Gebühren die Toleranzgrenze von 20 % nicht überschreiten.[39] So hat der Toleranzrahmen von 20 % bei der anwaltlichen Bestimmung der billigen Gebühr nach § 14 RVG nicht den Zweck, die eindeutig angemessene Gebühr in zahlreichen gleichartigen Fällen regelmäßig um 20 % zu erhöhen, eine derartige Gebührenbestimmung ist unbillig und nicht verbindlich.[40]

Allgemein anerkannt ist inzwischen, dass das Gericht jedenfalls nicht befugt ist, geringfügige bzw. kleinliche Abstriche von den vom RA bestimmten Gebühren zu machen.[41] Zutreffend ist auch die Auffassung, dass die **Toleranzgrenze von 20 %** bei der Gebührenbestimmung **keine absolute Rechengröße** ist, sondern dass weitere geringfügigere Abweichungen **von bis zu 5 % zu tolerieren** sind.[42]

Dass jedoch bei einer sogenannten **Schwellengebühr** der Toleranzspielraum bei der Ge- 12a
bührenbemessung nicht Platz greifen kann, war lange Zeit einhellig hM in der Lit. und auch in der Rspr.[43] Allerdings war in der Rspr. des BGH eine gewisse Wankelmütigkeit festzustellen. So stellte der IX. Zivilsenat im Urteil v. 19.1.2011[44] – quasi nebenbei – zur Überraschung der Fachwelt die These auf, dass die Erhöhung einer 1,3-fachen Regelgebühr auf eine 1,5-fache

---

Nebenkläger, obwohl die wirtschaftlichen Verhältnisse die absolute Untergrenze erreichen; OLG Düsseldorf RVGreport 2013, 232.

[35] OLG Köln NStZ-RR 2011, 360 = RVGreport 2012, 98, Nebenklage in einem Verfahren wegen Mordes und Totschlag.

[36] OLG Düsseldorf AnwBl 1982, 262; JurBüro 1983, 875; StraFo 1996, 190; OLG Köln JMBlNRW 73, 191; AGS 1993, 60; Schleswig AGS 2003, 25; OLG München MDR 1975, 336 = Rpfleger 1975, 106 = AnwBl 1975, 171; AnwBl 1992, 455; LG Düsseldorf AnwBl 1983, 1; LG München AnwBl 1979, 243; LG Flensburg JurBüro 1984, 548; LG Zweibrücken MDR 1992, 196, bis 25 %; LG Koblenz ZfS 1992, 134; SG Aachen AGS 1992, 20; AG Bühl ZfS 1992, 243 ($^{8,5}/_{10}$-Geschäftsgebühr); AG Hof AGS 2003, 245; AG Aachen NJOZ 2005, 2290 ff. mBespr *Mayer* RVG-Letter 2005, 42 f.; OLG Hamm BeckRS 2007, 05614; OLG Köln AGS 2008, 32; 2008, 76; KG BeckRS 2011, 02651 mAnm *Mayer* FD-RVG 2011, 314375, BeckRS 2012, 11963 = AGS 2012, 392; BGH NJW 2011, 1603 = BeckRS 2011, 03189 mAnm *Mayer* FD-RVG 2011, 315478; LG Potsdam RVGreport 2013, 275; aA, kein Toleranzbereich bei der Gebührenbestimmung durch den RA, VG Bremen BeckRS 2010, 55223 mAnm *Mayer* FD-RVG 2010, 310382.

[37] Mayer/Kroiß/Teubel/*Teubel,* Das neue Gebührenrecht, 2004, RVG § 4 Rn. 95; Schneider/Wolf/*Rick,* 4. Aufl. 2008, RVG § 14 Rn. 76; aA weiterhin 20 % HBS VergütungsR/*Braun/Schneider* Teil 1 Rn. 159; 20–25 % Hartung/Römermann/Schons/*Römermann* RVG § 14 Rn. 91.

[38] *E. Schneider* in Anm. zu KostRspr BRAGO § 12 Nr. 5; sa BVerwG JurBüro 1984, 1813.

[39] OLG Düsseldorf AGS 1998, 148 = AnwBl 1998, 538; AGS 1999, 704; JurBüro 2000, 359; AGS 2002, 99 mAnm *Madert;* VG Stuttgart BeckRS 2013, 20345 = JurBüro 2013, 358.

[40] SG München BeckRS 2017, 133356.

[41] OLG München AnwBl 1980, 469.

[42] LG Zweibrücken BeckRS 2008, 16655.

[43] AG Kehl AGS 2012, 6; AG Düsseldorf AGS 2012, 61.

[44] BeckRS 2011, 03189 = NJW 2012, 1603 mAnm *Mayer* FD-RVG 2012, 315478.

Gebühr einer gerichtlichen Nachforschung entzogen sei, da sie sich innerhalb des Toleranzspielraums von 20% bewegt, der VI. Zivilsenat des BGH bekräftigte daraufhin im Urteil v. 8.5.2012[45] dieser Auffassung noch. Schließlich vollzog der VIII. Zivilsenat im Urteil v. 11.7. 2012[46] wieder eine Kehrtwendung und sprach klar aus, dass eine Erhöhung der Geschäftsgebühr auf eine Regelgebühr von 1,3 nur gefordert werden kann, wenn die Tätigkeit des Rechtsanwalts umfangreich oder schwierig war, und deshalb nicht unter dem Gesichtspunkt der Toleranzrechtsprechung bis zu einer Überschreitung von 20% der gerichtlichen Überprüfung entzogen ist. Eine Erhöhung der Schwellengebühr von 1,3 auf eine 1,5-fache Gebühr unterliegt daher- auch innerhalb der Toleranzgrenze von 20% – der gerichtlichen Überprüfung daraufhin, ob die tatbestandlichen Voraussetzungen für eine Überschreitung der Regelgebühr von 1,3 vorliegen, ob es sich also um eine überdurchschnittlich umfangreiche oder schwierige Sache handelt.[47]

10. Höchst- und Mindestgebühr

13 Sicher ist, dass die **Höchstgebühr** nicht nur dann angebracht ist, wenn alle Umstände für eine Erhöhung sprechen. Auch bei durchschnittlichen wirtschaftlichen Verhältnissen kann zB allein der Umfang oder die Schwierigkeit die Höchstgebühr rechtfertigen.[48] Auch soweit sich die Verfahrensgebühr für das Verfahren vor der Vergabekammer nach VV 2301 RVG aF richtet, weil der Anwalt bereits im Vergabeverfahren tätig war, kommt der Ansatz der Höchstgebühr nur in Frage, wenn es sich um ein überdurchschnittlich schwieriges oder umfangreiches Nachprüfungsverfahren handelt.[49] Selbst die drohende Entfernung aus dem Beamtenverhältnis und das damit verbundene Haftungsrisiko allein rechtfertigt nicht die Höchstgebühr.[50]

14 Die **Höchstgebühr** (zB eine Geschäftsgebühr nach VV 2300 RVG mit einem Satz von 2,5) ist **angemessen,** wenn sich die Angelegenheit durch **besondere Komplexität** hinsichtlich des Haftungsgrundes und der Haftungshöhe auszeichnet und die **Bedeutung der Angelegenheit** für den Mandanten **besonders hoch** ist (hier: außergerichtliche Geltendmachung von Schadensersatzansprüchen im Zusammenhang mit dem Einsturz des Kölner Stadtarchivs).[51]

15 Die Bestimmung der Höchstgebühr (VV 6300 RVG) in **Abschiebungshaftverfahren** für den im Rechtsbeschwerdeverfahren als Verfahrensbevollmächtigten des Betroffenen tätigen Rechtsanwalts ist nicht unbillig. Denn die anwaltliche Tätigkeit überdurchschnittlich schwierig und das Rechtsbeschwerdeverfahren hat für den betroffenen Ausländer eine überdurchschnittliche Bedeutung, da es dabei um die Frage geht, ob die Entziehung seiner grundgesetzlich

[45] BeckRS 2012, 10950 = NJW-RR 2012, 887 = RVGreport 2012, 258 = AGS 2012, 220 (267) mAnm *Mayer* FD-RVG 2012, 333200.

[46] BeckRS 2012, 16854 = NJW 2012, 2813 = AGS 2012, 373 = RVGreport 2012, 375 mAnm *Mayer* FD-RVG 2012, 335928; krit. zur anderslautenden BGH Rspr. auch OLG Stuttgart JurBüro 2012, 527.

[47] BGH NJW-RR 2013, 1002 = AGS 2013, 111 = JurBüro 2013, 358 = RVGreport 2013, 185.

[48] BDG AGS 1993, 7, Disziplinarsache; OLG Frankfurt a. M. JurBüro 1974, 1001; OLG München AnwBl 1977, 171; 80, 469; 90, 469, Nebenkläger; KG JurBüro 1980, 1022; OLG Schleswig JurBüro 1989, 489, Höchstgebühr in isolierter Familiensache elterliche Sorge; OLG Bamberg JurBüro 1986, 1376, elterliche Sorge; OLG Düsseldorf AnwBl 1986, 408, Besprechungsgebühr in Gesellschaftsrechtssache; OLG Düsseldorf AnwBl 1986, 408, umfangreiche, mehrere Besprechungstermine; OLG Karlsruhe AnwBl 1984, 323, Sorgerechtsverfahren; OLG Hamm AnwBl 1999, 124, Höchstgebühr für Verteidiger; LG Flensburg JurBüro 1989, 489; LG Bremen ZAP Fach 24, 108, Bußgeldsache; OLG Saarbrücken JurBüro 1999, 524; LG Saarbrücken AnwBl 1990, 244, Strafsache; LG Hanau AnwBl 1982, 494, Nebenkläger; LG Verden Strafverteidiger 93, 140, Höchstgebühr kann nicht nur dann verlangt werden, wenn alle Umstände weit über dem Durchschnitt liegen; VG Münster AnwBl 1986, 455, Höchstgebühr im Vorverfahren wegen erheblicher Schwierigkeiten ohne Rücksicht auf weitere Umstände; SG Münster AnwBl 1983, 44; SG Freiburg AnwBl 1984, 570; JurBüro 1989, 1677, Rente wegen Erwerbsunfähigkeit; FG BW EFG 1987, 207, Streitfrage bewirkt zwar keine Rechtsbindung des Finanzamts, wirkt sich aber faktisch auf die folgenden Jahre aus; FG Köln JurBüro 2001, 191; AG Betzdorf AnwBl 1984, 454, Sorgerechtsverfahren; AG Bruchsal VersR 1986, 689, ausländischer Mandant; AG Ettlingen VersR 1982, 1157 = ZfS 1983, 47, Unfallschadensregulierung; AG Hannover AnwBl 1986, 200; wegen hoher wirtschaftlicher Bedeutung von Rentenangelegenheiten ist Ausschöpfung des Gebührenrahmens zu 80% regelmäßig angemessen; AG Plön ZfS 1988, 9, unverhältnismäßige Schwierigkeiten bei der Schadensregulierung, dreijährige Mandatswahrnehmung; AG Bühl ZfS 1992, 243 ($^{8,5}/_{10}$-Geschäftsgebühr); SG Frankfurt BeckRS 2015, 70852 mAnm *Mayer* FD-RVG 2015, 372554, Streit um Erwerbsminderungsrente, wenn die existenzielle Bedeutung der Sache den Rechtsstreit prägt trotz weit unterdurchschnittlichen Einkommens- und Vermögensverhältnissen.

[49] OLG Frankfurt a. M. BeckRS 2010, 08586.

[50] VG Berlin BeckRS 2010, 56751.

[51] LG Köln BeckRS 2014, 00580 = RVGreport 2014, 103 mAnm *Hansens.*

geschützten Freiheit gerechtfertigt ist.[52] Auch die erhebliche Schwierigkeit der anwaltlichen Tätigkeit in einer Bußgeldsache wegen unzulässiger Handwerksausübung kann die Höchstgebühren beim Verteidiger rechtfertigen.[53]

Andererseits können zB extrem schlechte wirtschaftliche Verhältnisse für sich allein Anlass geben, eine erheblich unter der Mittelgebühr liegende Gebühr festzusetzen.

Die **Mindestgebühr** kommt nur für **ganz einfache Sachen von geringem Umfang** in Betracht, vor allem dann, wenn auch die wirtschaftlichen Verhältnisse des Auftraggebers ungünstig sind.[54]

11. Beurteilungsgrundlage bei Prozesskostenhilfe

Nach einer teilweise in der Rspr. vertretenen Auffassung ist bei der Bestimmung der dem Rechtsanwalt zustehenden Gebühren der Wirkzeitraum der Prozesskostenhilfe zu berücksichtigen, maßgeblich für die Bemessung der Rahmengebühr soll nicht das gesamte Verfahren, sondern lediglich der konkrete Beiordnungszeitraum sein.[55] Dieser Auffassung hat der Gesetzgeber mit § 48 Abs. 4 den Boden entzogen. Wenn bei der Festsetzung der aus der Staatskasse zu zahlenden Rahmengebühr nur die Tätigkeit ab der Bewilligung berücksichtigt wird, entsteht für den Rechtsuchenden eine Lücke für die kostenlose Inanspruchnahme eines Rechtsanwalts. Der Gesetzgeber schloss diese Lücke dadurch, dass klargestellt wird, dass auch die Tätigkeit im Bewilligungsverfahren von der bewilligten PKH erfasst wird. Werde der Antrag auf Bewilligung der Prozesskostenhilfe gleichzeitig mit der Einreichung der Klage gestellt, diene die Fertigung der Klageschrift auch der Begründung des Prozesskostenhilfeantrags und sei daher bei der Bemessung der Gebühr zu berücksichtigen. Auch die Tätigkeit in dem Klageverfahren nach Stellung des Antrags auf Bewilligung von Prozesskostenhilfe bis zur Bewilligung soll daher grds. in die Bemessung der Gebühr einbezogen werden.[56] **Bereits vor Inkrafttreten des 2. KostRMoG** hat bereits ein Teil der Rspr. aus verfassungsrechtlichen Gründen Tätigkeiten, die nach PKH-Antragstellung und während es PKH-Bewilligungsverfahrens erbracht werden, bei der Beurteilung des Umfangs und der Schwierigkeit der anwaltlichen Tätigkeit grds. berücksichtigt.[57] Das Gericht hat jedoch weiterhin die Möglichkeit, im Bewilligungsbeschluss nach § 48 Abs. 1 RVG etwas anderes zu bestimmen, allerdings muss nach Auffassung des Gesetzgebers hierfür ein besonders rechtfertigender Grund vorliegen, bspw., wenn der Antragsteller durch sein Verhalten hierfür Anlass gegeben hat.[58] 16

12. Verzicht auf weitergehende Gebührenforderung bei Antrag auf Festsetzung der Mindestgebühr gegen den Mandanten

Die durch § 11 Abs. 8 S. 1 RVG ermöglichte Festsetzbarkeit von Rahmengebühren gilt – außer im Fall der Zustimmung des Mandanten – nur, wenn die Mindestgebühren geltend gemacht werden. Die Bestimmung setzt also voraus, dass lediglich die Mindestgebühren verlangt werden. Beantragt der RA gegen seinen Mandanten, nachdem er höhere Rahmengebühren in Rechnung gestellt hat, die Festsetzung der Mindestgebühren, **verzichtet** er damit auf die weitere Gebührenforderung.[59] 17

III. Die Bemessungskriterien des § 14 Abs. 1 RVG

1. Umfang der anwaltlichen Tätigkeit[60]

Bei dem Umfang ist der **zeitliche Aufwand** zu berücksichtigen, den der RA auf die Sache verwenden muss. Es ist also zu beachten, ob die Hauptverhandlung in einer Strafsache nur eine Stunde dauert oder ob sie sich über den ganzen Tag hinzieht. Die Vergütung des RA, der einen ganzen Tag an einer Strafverhandlung teilnimmt, muss – bei sonst gleichen Umständen – selbstverständlich höher sein als die Vergütung des RA, der nur an einer Hauptverhandlung von einer Stunde teilgenommen hat. Bei der Gebühr für die Hauptverhandlung ist auch die 18

---

52 LG Saarbrücken NJOZ 2014, 1542 = RVGreport 2013, 225.
53 LG München JurBüro 2013, 86.
54 Hartmann/Toussaint/*Toussaint* RVG § 14 Rn. 28; VG Düsseldorf AnwBl 1984, 322; LG Zweibrücken BeckRS 2010, 15454.
55 HessLSG RVGreport 2012, 144; SchlHLSG NZS 2009, 534.
56 BT-Drs. 17/11471 (neu), 270.
57 SG Fulda BeckRS 2013, 65251 = JurBüro 2013, 244 mAnm *Schneider* NJW-Spezial 2013, 253.
58 BT-Drs. 17/11471 (neu), 270.
59 BGH BeckRS 2013, 13353 = RVGreport 2013, 387 mAnm *Mayer* FD-RVG 2013, 349334.
60 *Enders* JurBüro 2004, 459, Umfang der anwaltlichen Tätigkeit.

Ordnung des Gerichts zu berücksichtigen. Eine Hauptverhandlungsdauer beim Amtsrichter von einer Stunde ist mit Sicherheit nicht unterdurchschnittlich, bei einer großen Strafkammer aber wohl.[61] Bei der Gebührenbemessung des Wahlverteidigers können auch die für den Pflichtverteidiger vorgesehenen Längenzuschläge einen Orientierungspunkt bilden. Käme für einen Pflichtverteidiger ein Längenzuschlag nicht in Betracht, so dürfte auch für den Wahlverteidiger kein Anlass bestehen, auf Grund der Zeitdauer des Termins die Terminsgebühr über die Mittelgebühr hinaus zu erhöhen.[62]

19 **Wartezeiten** vor Beginn der Hauptverhandlung und längere Verhandlungspausen sind zu berücksichtigen.[63] Bei der Bestimmung der Terminsgebühr als sind auch Wartezeiten zu berücksichtigten, die dadurch entstehen, dass die Sache zu einem späterem als dem terminierten Zeitpunkt verhandelt wird. Zwar gehört die Wartezeit nicht zur mündlichen Verhandlung, sie ist aber durch die Ladung veranlasst und daher am ehesten der Terminsgebühr zuzuordnen.[64]

Der zeitliche Aufwand ist der Umstand, der nach § 14 RVG zu beachten ist. Das Gesetz ermöglicht es also, iRd § 14 RVG die Kosten zu decken. Bei niedrigen Streitwerten kann der zeitliche Aufwand daher eine Gebühr rechtfertigen, die die Kosten deckt. Es empfiehlt sich daher, den Zeitaufwand in den Handakten festzuhalten. Beim Zeitaufwand ist zu beachten, was eine Anwaltsstunde kostet.[65]

Ebenso muss es sich zB bei Vertragsverhandlungen auf den Gebührensatz (VV 2300 RVG) auswirken, wenn die Verhandlungen an einem Tag zum Ziele führen oder wenn sie sich über Monate oder Jahre hinziehen bzw. wenn ein langdauernder und umfangreicher Schriftwechsel geführt wird.[66]

Auch ist nicht zu berücksichtigen, dass die Hauptverhandlung in einer Strafsache sich über zwei Tage hingezogen hat. Denn für jeden weiteren Tag der Hauptverhandlung erhält der RA eine besondere zusätzliche Gebühr. Dauert die Hauptverhandlung zB am ersten und zweiten Tag nur je eine Stunde (etwa weil eine an sich normale Sache wegen Ausbleibens eines Zeugen auf den nächsten Tag vertagt werden muss), bietet der „Umfang" des Verfahrens keinen Anlass zu einer Erhöhung der Gebühr. Denn der Umstand, dass zwei Tage verhandelt worden ist, wird durch den mehrmaligen Anfall der Gebühr nach VV 4108 RVG abgegolten.

20 **Es ist also zB zu berücksichtigen**

- der **Zeitaufwand,** der nötig ist, um die **Akten zu studieren** und Notizen zu machen (etwa notwendige Ablichtungen sind nicht zu berücksichtigen, ihre Anfertigung wird gesondert über VV 7000 RVG vergütet), Rspr. und Lit. zu studieren sowie die Vorbereitung des Plädoyers;[67]
- der **Zeitaufwand,** der nötig ist, um die **Sache mit dem Auftraggeber zu besprechen;** dabei macht es einen Unterschied, ob der Mandant wie gewöhnlich zu dem RA in die Kanzlei kommt oder der RA ihn im Untersuchungsgefängnis aufsuchen muss oder in seinem Unternehmen, weil zB dort die Unterlagen oder Gegenstände liegen, die nicht in die Kanzlei transportiert werden können;

---

[61] OLG Düsseldorf Rpfleger 1993, 41, Höchstgebühr für Hauptverhandlungsdauer von länger als fünf Stunden; OLG Bremen JurBüro 1981, 1193; unrichtig AG Hamburg VersR 1967, 265, das meint, die Gebühr brauche die Kosten des Anwalts für die von ihm und seinem Personal aufgewendete Zeit nicht zu decken; Hauptverhandlung von 65 Minuten Dauer rechtfertigt nicht den Ansatz einer Terminsgebühr iHv 130 % der Mittelgebühr in Bußgeldverfahren AG Koblenz BeckRS 2007, 11719 mAnm *Mayer* FD-RVG 2007, 240280; Hauptverhandlung von 155 Minuten Dauer rechtfertigt keine Gebühr nach VV 4108 iHv 300 EUR, sondern nur iHv 240 EUR AG Betzdorf BeckRS 2007, 08177; 15-minütige Hauptverhandlung rechtfertigt lediglich eine Gebühr nach VV 4108 RVG iHv 150 EUR AG Westerburg BeckRS 2007, 08574.

[62] OLG Oldenburg BeckRS 2007, 15917 mAnm *Mayer* FD-RVG 2007, 243392.

[63] OLG Karlsruhe AGS 1993, 77; OLG Hamm AGS 1998, 136 mAnm *Madert;* LG Ravensburg AnwBl 1985, 160; *E. Schneider* in Anm. zu KostRspr BRAGO § 12 Nr. 4.

[64] SG Kassel BeckRS 2014, 70310 = AGS 2014, 395 mAnm *Mayer* FD-RVG 2014, 360223; aA, nur „Nettoanwesenheit" im Termin berücksichtigungsfähig, SG Berlin BeckRS 2012, 72320; Wartezeit bei nur geringfügig verspätetem Verhandlungsbeginn nicht berücksichtigungsfähig SchlHLSG BeckRS 2015, 69842 mAnm *Mayer* FD-RVG 2015, 370883.

[65] *Franzen* NJW 1973, 2054; 1974, 748 kam bereits 1973/74 zu dem Ergebnis, dass ein Anwalt pro Arbeitsstunde ca. 80 EUR verdienen muss. *Traulsen/Fölster* AnwBl 1982, 46 kamen für 1982 zum Ergebnis, dass der Anwalt seinem Mandanten pro Stunde ein Honorar von 110,84 EUR in Rechnung stellen muss. Zur Kalkulation des Honorars s. Madert/Schons Vergütungsvereinbarung Teil B.3.

[66] OLG Düsseldorf AnwBl 1980, 468; OLG Koblenz JurBüro 1999, 247.

[67] LG Wuppertal AnwBl 1985, 160; LG Kiel JurBüro 1985, 1348, Auswertung von Fachgutachten.

– zum Umfang gehören besonders alle die **Tätigkeiten,** die mangels entsprechender Gebührenvorschriften **nicht durch eine besondere Gebühr** vergütet werden.[68]

Ganz generell gesagt, gehört unter dieses Bemessenskriterium all das, was zur Verteidigung notwendig ist und über das Normalmaß der Verteidigung hinausgeht. Es wird immer wieder der Fehler gemacht, dass bei der Gebühr für den ersten Hauptverhandlungstag erheblich unter der Mittelgebühr geblieben wird mit der Begründung, die Hauptverhandlung habe nur wenige Minuten gedauert, weil wegen Ausbleibens eines Zeugen sofort habe vertagt werden müssen. Dabei wird übersehen, dass mit der Gebühr für die Hauptverhandlung auch die gesamte die Hauptverhandlung vorbereitende Tätigkeit des Verteidigers mit abgegolten werden muss.[69]

In einem solchen Fall ist es wichtig, wenn die Gebühr von einem Dritten zu ersetzen oder von der Rechtsschutzversicherung zu übernehmen ist, dass etwa wie folgt begründet wird:

Zwar hat die Hauptverhandlung am ersten Hauptverhandlungstag nur wenige Minuten gedauert; zu berücksichtigen ist aber, dass mit der Gebühr die gesamte vorbereitende Tätigkeit des Verteidigers für die Hauptverhandlung abgegolten wird. Diese Tätigkeit bestand in ....

Alles das, was hier bzgl. Strafsachen gesagt ist, gilt genauso bei zivilrechtlichen Vertragsverhandlungen.

Oft scheitert die weitere Begründung daran, dass der Verteidiger den Umfang seiner Tätigkeit nicht mehr kennt, weil er versäumt hat, diesbezügliche Aktennotizen zu fertigen.

Allgemein gültige Aussagen, welcher zeitliche Aufwand durchschnittlich, unter- oder **21** überdurchschnittlich ist, sind **schwer zu treffen.** Einen Anhaltspunkt liefert die Auffassung, wonach bei Betragsrahmengebühren und einer Mittelgebühr von 300,– EUR die Tätigkeit dann in der Regel als umfangreich und damit nicht mehr durchschnittlich zu bewerten ist, wenn sie **deutlich mehr als zwei Stunden** in Anspruch nimmt.[70] Bei **Satzrahmengebühren** geht diese Auffassung davon aus, dass der Umfang der anwaltlichen Vertretungstätigkeit als durchschnittlich zu bewerten ist, wenn sie etwa **drei Stunden** in Anspruch nimmt, wobei der Zeitraum unabhängig davon gilt, wie hoch der Gegenstandswert im konkreten Einzelfall tatsächlich ist.[71]

Nach *Braun*[72] wendet ein RA pro Fall **etwa fünf Stunden** an berechnungsfähiger Zeit auf. Auch diese Aussage kann als Orientierungspunkt in der Frage dienen, welcher zeitliche Aufwand durchschnittlich, unter- oder überdurchschnittlich ist.

2. Schwierigkeit der anwaltlichen Tätigkeit[73]

Umfang und Schwierigkeit sind nicht das Gleiche. Umfang ist der zeitliche Arbeitsaufwand, **22** **Schwierigkeit die Intensität der Arbeit.** Es ist hiernach möglich, dass eine Sache umfangreich, aber nicht schwierig ist, dass sie nicht umfangreich, aber schwierig, dass sie weder umfangreich noch schwierig, aber auch, dass sie sowohl umfangreich als auch schwierig ist. Schwierig ist die Tätigkeit zB dann, wenn erhebliche, im Normalfall nicht auftretende Probleme auftauchen, sei es, dass sie auf juristischem Gebiet liegen (Fragen auf entlegenen Spezialgebieten, die noch wenig geklärt sind), sei es, dass sie auf nicht juristischem Gebiet liegen.[74] Dabei ist ein objektiver Maßstab anzulegen, unerheblich ist, ob der Anwalt – etwa auf Grund geringer Berufserfahrung – besondere Schwierigkeiten bei der Bewältigung der Aufgabe hat oder der RA auf Grund seiner besonderen Fachkenntnisse das Mandat leichter bewältigen

[68] OLG Düsseldorf AnwBl 1980, 468; OLG Hamm NJW 1979, 153; LG Lüneburg AnwBl 1966, 29, Beweisaufnahme an der Unfallstelle; LG Flensburg JurBüro 1978, 865; 1983, 569; LG Göttingen AnwBl 1980, 310; LG Krefeld AnwBl 1966, 208 = Rpfleger 1966, 280; LG Lübeck DAR 1990, 357; LG Köln JurBüro 2001, 195, Besondere Mühewaltung durch zwei zusätzliche Dienstaufsichtsbeschwerden.

[69] LG Wuppertal DAR 1985, 94; LG Bochum Strafverteidiger 1984, 293; LG Freiburg AnwBl 1998, 213.

[70] *Otto* NJW 2006, 1472 ff. (1474); MAH VergütungsR/*Sefrin* § 4 Rn. 31.

[71] *Otto* NJW 2006, 1472 ff. (1474); MAH VergütungsR/*Sefrin* § 4 Rn. 31.

[72] Braun FS 50 Jahre Deutsches Anwaltsinstitut eV, 2003, 379.

[73] *Enders* JurBüro 2004, 516, Schwierigkeit der anwaltlichen Tätigkeit.

[74] BVerwGE 62, 196, Tätigkeit auf einem ganz entlegenen Spezialgebiet; BVerwG NVwZ 83, 607, medizinische Tauglichkeitsgründe gegen Einberufungsbescheid; OLG München AnwBl 1975, 252, rechtliche Probleme; OLG Düsseldorf OLGR 1998, 87, Höchstgebühr im aktienrechtlichen Spruchstellenverfahren; OLG München AnwBl 1975, 253; LG Karlsruhe AnwBl 1980, 121; LG Nürnberg-Fürth AnwBl 1969, 208; LG Bochum AnwBl 1985, 151, psychiatrischer Sachverständiger in der Hauptverhandlung; VG Münster AnwBl 1986, 455; LG Kiel JurBüro 1992, 603, Würdigung eines Fachgutachtens auf nicht alltäglichem Gebiet; LG Karlsruhe AnwBl 1987, 338, schwierige Persönlichkeitsstruktur des Beschuldigten; SG Düsseldorf AnwBl 1983, 40, Umfang des Kostenfestsetzungsverfahrens.

kann.[75] Auch wenn der Verteidiger bspw. auf einem bestimmten Gebiet Spezialist ist, bleibt das Gebiet als solches schwierig, und es ist nicht zulässig, die Erhöhung mit der Begründung zu verneinen, für die Mehrzahl der Anwälte sei die Sache zwar schwierig, für diesen Verteidiger als Spezialisten aber nicht.[76]

Ebenso sind angewandte **Fremdsprachenkenntnisse** als gebührenerhöhend zu berücksichtigen.[77]

Andererseits kann die Schwierigkeit der anwaltlichen Tätigkeit durch Synergieeffekte von Verfahren mit gleicher Sach- und Rechtslage beeinflusst werden.[78]

23 Auf der Suche nach für die Praxis handhabbaren Kriterien für die Beurteilung, ob eine Angelegenheit schwierig iSv § 14 Abs. 1 RVG ist, bietet es sich an, die verschiedenen Tätigkeitsfelder des RA nach Schwierigkeitsgraden zu ordnen.[79]

24 Als **durchschnittlich schwierig** werden folgende Tätigkeitsfelder genannt:[80]

- Verkehrsunfallregulierung[81]
- Mietangelegenheiten (einschließlich Kündigung, Räumung, Mieterhöhung und Nebenforderungen)
- Scheidungsangelegenheiten, bei denen sich bei Beauftragung des Anwalts die Ehegatten bereits geeinigt haben
- Kündigungsschutzklagen im Arbeitsrecht
- Auseinandersetzungen bei Mängeln beim Autokauf

Tätigkeitsfelder, die in diesem Sinne **eher als schwierig anzusehen** sind, sind zB:

- Vergaberecht[82]
- Konzernrecht[83]
- EU-Beihilferecht[84]
- Umsatzsteuerrecht[85]
- Urheberrecht[86]
- EU-Recht[87]
- Wettbewerbsrecht[88]
- Rechtsfragen der Zulassung oder er Ermächtigung zur vertragsärztlichen Versorgung[89]
- entlegene Spezialgebiete[90]

25 Allerdings besteht kein gefestigter Rechtsgrundsatz dahingehend, dass Angelegenheiten des **Vertragsarztrechts** generell als schwierig anzusehen sind mit der Folge, dass stets ein mehr als 1,3-facher Gebührensatz bei der Geschäftsgebühr gerechtfertigt wäre. Entscheidend ist allein die Beurteilung der Schwierigkeit der anwaltlichen Tätigkeit im konkreten Einzelfall. Um aber in Verfahren, die die Wirtschaftlichkeit der vertragsärztlichen Leistungserbringung zum Gegenstand haben, eine zuverlässige Beurteilung der Rechtslage vorzunehmen zu können, muss der RA über umfassende Kenntnisse von den Grundsätzen der Wirtschaftlichkeitsprüfung nach

---

[75] Mayer/Kroiß/*Teubel* RVG VV 2300 Rn. 25.

[76] LG Karlsruhe AnwBl 1980, 121; LG Freiburg AnwBl 1965, 184; AG Köln AnwBl 1978, 63.

[77] HBS VergütungsR/*Braun/Schneider* Teil 1 Rn. 174; LG Nürnberg-Fürth AnwBl 1969, 208; LG Karlsruhe AnwBl 1980, 121; AG Darmstadt AnwBl 1970, 80; AG Krefeld AnwBl 1980, 303; aA OLG Düsseldorf AnwBl 1999, 704.

[78] LSG Schleswig-Holstein BeckRS 2018, 3410 mAnm *Mayer* FD-RVG 2018, 405450.

[79] *Otto* NJW 2006, 1472 ff. (1474 f.); MAH VergütungsR/*Sefrin* § 4 Rn. 32; krit. zu diesem Ansatz LSG Bln-Bbg BeckRS 2011, 68201.

[80] *Otto* NJW 2006, 1472 ff. (1474 f.).

[81] OLG München BeckRS 2008, 10589, auch bei sog. einfachen Regulierungssachen handelt es sich um eine durchschnittliche Angelegenheit, bei der die Berechnung einer 1,3 Geschäftsgebühr nach VV 2300 RVG angemessen ist.

[82] OLG Jena NZBau 2005, 356 ff. mBespr *Mayer* RVG-Letter 2005, 28 ff.; MAH VergütungsR/*Sefrin* § 4 Rn. 34, vgl. auch BKartA AGS 2008, 82.

[83] *Otto* NJW 2006, 1472 ff. (1475); Hartung/Römermann/Enders/*Römermann* RVG § 14 Rn. 26; *Enders* JurBüro 2004, 515; MAH VergütungsR/*Sefrin* § 4 Rn. 34.

[84] *Otto* NJW 2006, 1472 ff. (1475); Hartung/Römermann/Enders/*Römermann* RVG § 14 Rn. 26; *Enders* JurBüro 2004, 515; MAH VergütungsR/*Sefrin* § 4 Rn. 34.

[85] *Otto* NJW 2006, 1472 ff. (1475); Hartung/Römermann/Enders/*Römermann* RVG § 14 Rn. 26; *Enders* JurBüro 2004, 515; MAH VergütungsR/*Sefrin* § 4 Rn. 34.

[86] *Otto* NJW 2006, 1472 ff. (1476); *Enders* JurBüro 2004, 515; MAH VergütungsR/*Sefrin* § 4 Rn. 34.

[87] *Otto* NJW 2006, 1472 ff. (1475); *Enders* JurBüro 2004, 515 ff. (516); MAH VergütungsR/*Sefrin* § 4 Rn. 34.

[88] Bischof/*Jungbauer* RVG § 14 Rn. 26.

[89] LSG Nds-Brem BeckRS 2012, 75526 = RVGreport 2013, 103.

[90] *Enders* JurBüro 2004, 515 ff. (516); Bischof/*Jungbauer* RVG § 14 Rn. 26.

§ 106 SGB V verfügen oder sich diese zumindest erarbeiten.[91] Allerdings räumt die Rspr. ein, dass im Regelfall die richterliche Bearbeitung von Angelegenheiten des Vertragsarztrechtes im Berufungsverfahren ein Vielfaches an Zeit und sonstigem Aufwand im Vergleich zu nahezu allen anderen, dem LSG anfallenden Berufungsangelegenheiten betrage, so dass zumindest das Merkmal der umfangreichen Tätigkeit bei der Schwellengebühr in der Anmerkung zu VV 2300 RVG als erfüllt anzusehen sein dürfte.[92] Nach anderer Auffassung sind Probleme des Kassenarztrechts und insbes. der Sonderbedarfszulassung als schwierige Rechtsmaterien einzustufen, zumal wenn es sich um die Zulassung von kinder- und jugendlichen Psychotherapeuten handelt.[93] Die Schwierigkeit der anwaltlichen Tätigkeit in einer sozialrechtlichen Angelegenheit ist im Vergleich zu den Tätigkeiten in sonstigen Verfahren vor den Gerichten der Sozialgerichtsbarkeit zu beurteilen. Allein die Tatsache, dass das Widerspruchsverfahren eine sozialrechtliche Fragestellung zum Gegenstand hat, begründet nicht schon die Annahme einer durchschnittlichen oder überdurchschnittlichen Schwierigkeit, auch wenn von den Kenntnissen eines Allgemeinanwalts ausgegangen wird.[94]

Arzthaftungsrecht ist auch für einen Spezialisten mit Spezialkenntnissen rechtlich schwierig.[95]

Der Auffassung, dass auch bereits die Tatsache, dass für ein bestimmtes Rechtsgebiet eine **Fachanwaltschaft** eingeführt worden ist, dafür spreche, dass es sich um ein schwieriges Rechtsgebiet handle,[96] kann nur begrenzt zugestimmt werden. Angesichts der stark angestiegenen Anzahl zulässiger Fachanwaltschaften dürfte dieses Kriterium wenig tauglich sein.[97] Zumindest aber für den Bereich des Arbeitsrechts dürfte gelten, dass zumindest viele Fragestellungen des kollektiven Arbeitsrechts als schwierig iSv § 14 Abs. 1 RVG anzusehen sind.[98] 26

Aber auch Angelegenheiten, die aus **„normalen" anwaltlichen Tätigkeitsfeldern** stammen, können wegen der besonderen Umstände im Einzelfall als schwierig iSv § 14 Abs. 1 S. 1 RVG anzusehen sein. In Betracht kommen bspw. folgende Konstellationen: 27

- Verkehrsunfälle mit Beteiligung mehrerer Fahrzeuge (Kettenunfallsachen), außergewöhnlich komplizierte Unfallfolgen oder Mitbeeinträchtigung von Verwandten infolge von Verletzung oder Tod des unmittelbar am Unfall Beteiligten[99]
- Bewertung eines umfangreichen medizinischen Gutachtens[100]
- Tätigkeiten, die einerseits außerjuristischen Sachverstand benötigen, andererseits typischerweise von Mandanten mit besonderem persönlichen Engagement begleitet werden, zB Arzthaftpflichtsachen[101]
- Angelegenheiten, die komplizierte technische Fragen aufwerfen[102]
- Angelegenheiten, die nicht in einem abgeschlossenen Fall bestehen, sondern während des Mandats sich weiterentwickeln, bspw. familienrechtliche Auseinandersetzungen mit sich ändernden wirtschaftlichen Verhältnissen und ständiger Anteilnahme des Mandanten[103]
- Angelegenheiten, bei denen die Rechtslage objektiv ungeklärt ist, weil ein Gebiet betroffen ist, in dem neue Gesetze noch ungeklärte, insbes. noch nicht abschließend kommentierte oder durch die Rspr. geklärte Rechtsfragen aufwerfen[104]
- Angelegenheiten, bei denen kontroverse Fragen in Lit. und Rspr. ausgewertet werden müssen[105]
- Angelegenheiten, bei denen die Frage geklärt werden muss, ob eine bestimmte höchstrichterliche Rspr. unter Berücksichtigung des konkreten Einzelfalls zu korrigieren ist.[106]

---

[91] SG Düsseldorf BeckRS 2009, 50682 mAnm *Mayer* FD-RVG 2009, 275958; LSG NRW BeckRS 2014, 73045.

[92] LSG NRW BeckRS 2016, 67595 mAnm *Mayer* FD-RVG 2016, 377280.

[93] LSG BW BeckRS 2009, 56528.

[94] LSG NRW BeckRS 2008, 56610 mAnm *Mayer* FD-RVG 2008, 267121.

[95] OLG Köln BeckRS 2015, 07695 mAnm *Mayer* FD-RVG 2015, 369233.

[96] Bischof/*Jungbauer* RVG § 14 Rn. 31; AG Tempelhof-Kreuzberg BeckRS 2008, 03702 mAnm *Mayer* FD-RVG 2008, 257921.

[97] Inanspruchnahme eines Fachanwalts ist Indiz für die Schwierigkeit der anwaltlichen Tätigkeit, AG Tempelhof-Kreuzberg BeckRS 2008, 03702 mAnm *Mayer* FD-RVG 2008, 257921.

[98] *Mayer* Gebührenformulare Teil 1 § 3 Rn. 130.

[99] Mayer/Kroiß/*Teubel* RVG VV 2300 Rn. 28; MAH VergütungsR/*Sefrin* § 4 Rn. 35.

[100] *Otto* NJW 2006, 1472 ff. (1475); MAH VergütungsR/*Sefrin* § 4 Rn. 35.

[101] *Otto* NJW 2006, 1472 ff. (1475); MAH VergütungsR/*Sefrin* § 4 Rn. 35.

[102] *Otto* NJW 2006, 1472 ff. (1475); MAH VergütungsR/*Sefrin* § 4 Rn. 35.

[103] *Otto* NJW 2006, 1472 ff. (1475); MAH VergütungsR/*Sefrin* § 4 Rn. 35.

[104] Mayer/Kroiß/*Teubel* RVG VV 2300 Rn. 27.

[105] Mayer/Kroiß/*Teubel* RVG VV 2300 Rn. 27.

[106] Mayer/Kroiß/*Teubel* RVG VV 2300 Rn. 27.

28 Wichtig ist aber, dass die Einordnung der anwaltlichen Tätigkeitsfelder stets nur eine Orientierung darstellt und jeweils eine **Einzelfallbetrachtung** vorzunehmen ist.[107]

29 Ist das Bemessenskriterium Schwierigkeit im ersten Rechtszug gebührenerhöhend berücksichtigt worden, so kann es in folgenden Instanzen nicht noch einmal berücksichtigt werden, wenn im ersten Rechtszug die Schwierigkeiten behoben worden sind oder es sich in den folgenden Instanzen um andere Probleme handelt (zB nur um die Zulässigkeit des Rechtsmittels). Wenn aber die rechtliche Schwierigkeit in mehreren Rechtszügen zu bewältigen ist, muss sie auch in jedem Rechtszug gebührenerhöhend berücksichtigt werden.[108]

Wird der RA in mehreren gleichgelagerten Angelegenheiten von höchstem Schwierigkeitsgrad tätig, hat er in jeder Sache Anspruch auf die Höchstgebühr (nicht nur in einer).[109]

Schwierigkeiten im Umgang mit dem Auftraggeber auf Grund dessen Persönlichkeitsstruktur sind zu berücksichtigen.[110]

3. Die Bedeutung der Angelegenheit

30 Maßgeblich ist, welche Bedeutung die Angelegenheit subjektiv für den Auftraggeber hat.[111] Dabei können die Auswirkungen einer Angelegenheit und damit ihre Bedeutung auf völlig unterschiedlichen Lebensgebieten liegen.

Beispiele:

BVerwG NVwZ 1983, 607, approbierter Arzt wird zum Wehrdienst einberufen; LG Flensburg JurBüro 1984, 1038, Verlust der beruflichen Existenz = Höchstgebühr; AG Homburg ZfS 1997, 388, Berufliche Nachteile für Rechtsreferendar; LG Kaiserslautern AnwBl 1964, 289, Beeinträchtigung der gesellschaftlichen Stellung; LG Heidelberg AnwBl 1965, 184 und LG Flensburg JurBüro 1976, 1216, Führerscheinentzug für Berufskraftfahrer, Handelsvertreter; LG Hanau AnwBl 1982, 388, nachfolgende Disziplinarmaßnahmen beim Beamten; LG Limburg JurBüro 1986, 232, Bußgeldsache; Überschreitung der Mittelgebühr, wenn Verurteilung beachtlichen Einfluss auf das berufliche Fortkommen hat; LG München I, im Falle der Verurteilung wären hohe Schadensersatzansprüche gegen den Angeklagten geltend gemacht worden; LG Kleve ZfS 1994, 65, Erhöhung der Mittelgebühr wegen Fahrverbots; LG Darmstadt ZfS 1997, 388, Entzug der Fahrerlaubnis; **aA** LG Flensburg JurBüro 1977, 1089; sowie *E. Schneider* in Anm. zu KostRspr BRAGO § 12 Nr. 2, Die Möglichkeit bloßer Disziplinarmaßnahmen gegen einen Beamten ohne die Gefahr des Verlustes der Beamtenposition reicht nicht aus, da es sich dabei um eine regelmäßige Folge jeder Straftat eines Beamten handelt.

31 Ist der **Gegenstandswert der anwaltlichen Tätigkeit sehr hoch,** ist dies bei der Gebührenbestimmung außer Acht zu lassen. Denn diese Tatsache hat wegen der Höhe des Gegenstandswertes unmittelbaren Einfluss auf die Gebührenhöhe. Der hohe Gegenstandswert kann also nicht eine niedrige Gebühr begründen, umgekehrt auch nicht die Bedeutung der Angelegenheit erhöhen.[112] Eine Korrektur unter besonderer Berücksichtigung der Bedeutung der Angelegenheit für den Auftraggeber hat jedoch immer dann stattzufinden, wenn der Gesetzgeber **bei der Streitwertbemessung Beschränkungen** angeordnet hat, wenn also der gesetzlich festgelegte Streitwert den wahren wirtschaftlichen Wert nicht vollständig abbildet.[113] Dies gilt bspw. bei arbeitsrechtlichen Bestandsstreitigkeiten, für die § 42 Abs. 3 GKG als Streitwert einen Quartalsverdienst festlegt, der Verdienst eines Vierteljahres ist jedoch nicht identisch mit dem „wirtschaftlichen Wert" eines ungekündigten Arbeitsplatzes.[114] In diesen Fällen liegt eine besondere Bedeutung der Angelegenheit für den Auftraggeber vor.[115]

32 Wohl kann der erzielte **Erfolg** uU die Bedeutung der Angelegenheit erhöhen.

Beispiel:

In Vertragsverhandlungen gelingt es dem RA, ein für seinen Auftraggeber besonders günstiges Ergebnis zu erzielen.[116]

---

107 Hartung/Römermann/Schons/*Römermann* RVG § 14 Rn. 28; *Mayer* Gebührenformulare Teil 1 § 3 Rn. 131.

108 LG Würzburg AnwBl 1966, 272 mAnm *Chemnitz*.

109 OVG Hamburg MDR 1972, 808.

110 LG Karlsruhe AnwBl 1987, 338.

111 Mayer/Kroiß/Teubel/*Teubel*, Das neue Gebührenrecht, 2004, RVG § 4 Rn. 74; MAH VergütungsR/*Sefrin* § 4 Rn. 40.

112 *Hansens* BRAGO § 12 Rn. 8; aA LG Kiel JurBüro 1992, 602, die Bedeutung der Angelegenheit kann sich aus einem hohen Streitwert ergeben.

113 Mayer/Kroiß/Teubel/*Teubel*, Das neue Gebührenrecht, 2004, RVG § 4 Rn. 76; *Mayer* Gebührenformulare Teil 1 § 1 Rn. 394; MAH VergütungsR/*Sefrin* § 4 Rn. 42.

114 *Mayer* Gebührenformulare Teil 1 § 1 Rn. 394; MAH VergütungsR/*Otto* § 5 Rn. 33.

115 Mayer/Kroiß/Teubel/*Teubel*, Das neue Gebührenrecht, 2004, RVG § 4 Rn. 76.

116 HBS VergütungsR/*Braun*/*Schneider* Teil 1 Rn. 173.

Aber auch **objektive Gesichtspunkte** wie zB ein besonderes Interesse der Öffentlichkeit können bei diesem Merkmal relevant werden.[117] 33

Die Bewertungskriterien des Umfangs der anwaltlichen Tätigkeit und der besonderen Bedeutung der Angelegenheit vermischt die abzulehnende Auffassung, dass sich eine „besondere Bedeutung der Angelegenheit" (für den Mandanten) nur dann auf die Rahmengebühren auswirken könne, wenn sich diese auch in einem erhöhten Arbeitsaufwand des Rechtsanwalts niederschlägt.[118]

Von einer durchschnittlichen Bedeutung der Angelegenheit für den Auftraggeber **im Sozialhilferecht** ist nur dann auszugehen, wenn nicht mehr als allenfalls monatliche Eurobeträge im einstelligen Bereich und nur für einen kurzen streitigen Zeitraum von längstens sechs Monaten erstrebt werden.[119] Sozialrechtliche Streitigkeiten über typische Dauerleistungen, die den wesentlichen Lebensunterhalt des Leistungsberechtigten sicherstellen, sind jedoch wegen der außergewöhnlichen Bedeutung der Sozialleistung grundsätzlich geeignet, eine über die Mittelgebühr liegende Verfahrensgebühr (bis zur Höchstgebühr) zu begründen, eine Regelvermutung für das Entstehen der Höchstgebühr im Rentenverfahren besteht allerdings nicht.[120] Der typische Fall eines sozialgerichtlichen Erinnerungsverfahrens ist hingegen dadurch gekennzeichnet, dass alle Kriterien des § 14 RVG unterdurchschnittlich sind.[121] 34

Wegen der Bedeutung der Angelegenheit in Strafsachen → Rn. 41.

Zu kritisieren ist auch die Auffassung, dass bei Verfahren des einstweiligen Rechtsschutzes nicht generell die Mittelgebühr, sondern lediglich eine auf $^{2}/_{3}$ reduzierte Mittelgebühr des jeweiligen Betragsrahmens als Ausgangswert anzusetzen und je nach Umständen des Einzelfalles anhand der in § 14 Abs. 1 RVG genannten Kriterien ggf. weiter anzupassen ist.[122] Umfang und Schwierigkeit der anwaltlichen Tätigkeit in Eilverfahren ist häufig überdurchschnittlich, sie ist insbes. durch Zeitdruck und den Umstand geprägt, dass vielfach nur schwer im Vortrag „nachgebessert" werden kann.[123] Dieser gedankliche Ansatz wirkt sich nicht nur bei den sozialgerichtlichen Verfahren aus, in denen Betragsrahmengebühren anfallen, sondern auch in Verfahren mit Wertgebühren, dort erfolgt die nachteilige Gebührenbewertung bei Eilsachen über den Streitwert (vgl. zB Ziff. 1.5 Anh. IV des Streitwertkatalogs 2013 für die Verwaltungsgerichtsbarkeit). Ist Gegenstand des Widerspruchs nur die Mahngebühr, ist bei der Bemessung der Geschäftsgebühr nach § 14 RVG für die Bedeutung der Angelegenheit nur auf die Mahngebühr und nicht auf die dahinter stehende Hauptforderung abzustellen.[124] 34a

4. Die Vermögens- und Einkommensverhältnisse des Auftraggebers

Ferner sind die Vermögens- und Einkommensverhältnisse des Auftraggebers zu berücksichtigen. Auszugehen ist von den Verhältnissen, die dem Durchschnitt der Bevölkerung entsprechen.[125] Bei der Bemessung des „Durchschnitts" wird vielfach unmittelbar auf die vom Statistischen Bundesamt jährlich festgestellten durchschnittlichen Einkommensverhältnisse abgestellt.[126] Diese Sichtweise vernachlässigt jedoch den Personenkreis, der kein eigenes Einkommen hat und von Sozialhilfe oder ähnlichem lebt.[127] Es ist daher von dem vom Statistischen Bundesamt ermittelten Wert noch ein Abschlag vorzunehmen, so dass bereits ab 1.500,– EUR von einem durchschnittlichen Einkommen gesprochen werden kann.[128] Bessere wirtschaftliche 35

---

117 → Rn. 49.

118 So aber OLG Rostock NStZ-RR 2017, 126 = JurBüro 2017, 250.

119 BSG BeckRS 2009, 72728 mAnm *Mayer* FD-RVG 2009, 291761.

120 LSG Thüringen BeckRS 2018, 24334 mAnm *Mayer* FD-RVG 2018, 411645.

121 SG Berlin BeckRS 11, 75050 = AGS 2012, 20, das Doppelte der Mindestgebühr VV 3501 RVG ist angemessen.

122 HessLSG BeckRS 2014, 71001 = JurBüro 2014, 582 mAnm *Mayer* FD-RVG 2014, 360667; anderer Ansicht zu Recht keine pauschale Kürzung der Gebühr in Verfahren des einstweiligen Rechtsschutzes LSG Bayern BeckRS 2016, 73652 = AGS 2017, 78 mAnm *Mayer* FD-RVG 2016, 382595.

123 Vgl. Anm. *Mayer* FD-RVG 2014, 360667.

124 BayLSG BeckRS 2015, 66763 mAnm *Mayer* FD-RVG 2015, 367747.

125 Krit. zu diesem Kriterium Hartung/Römermann/Schons/*Römermann* RVG § 14 Rn. 34, der das Kriterium als systemfremd kritisiert.

126 Mayer/Kroiß/*Winkler* RVG § 14 Rn. 28; Schneider/Wolf/*Onderka/N. Schneider* RVG § 14 Rn. 42, ca. 2.300 EUR brutto in den alten Bundesländern und 2.000 EUR brutto in den neuen Bundesländern; Gerold/Schmidt/*Madert,* 17. Aufl. 2006, RVG § 14 Rn. 18, 2004 ca. 2.500 EUR.

127 HBS VergütungsR/*Braun/Schneider* Teil 1 Rn. 146.

128 HBS VergütungsR/*Braun/Schneider* Teil 1 Rn. 146; Schneider/Wolf/*Onderka/N. Schneider* RVG § 14 Rn. 42.

Verhältnisse rechtfertigen eine höhere Vergütung, schlechtere wirtschaftliche Verhältnisse bedingen eine Ermäßigung der Gebühr.[129]

Für die gleiche Leistung hat deshalb ein wirtschaftlich gutgestellter Auftraggeber eine höhere Vergütung zu entrichten als ein wenig bemittelter Mandant.[130]

36 **Strittig** ist, auf welchen **Beurteilungszeitpunkt** abzustellen ist. Teilweise wird auf den Zeitpunkt der Abrechnung abgestellt, da der Auftraggeber erst zu diesem Zeitpunkt die Kostenrechnung begleichen müsse.[131] Nach anderer Auffassung soll eine Einzelfallbetrachtung maßgebend sein.[132] **Richtiger Auffassung** nach sind jedoch die wirtschaftlichen Verhältnisse zur Zeit der Auftragserteilung bzw. der Fälligkeit, **je nachdem in welchem Zeitpunkt sie besser sind,** maßgebend.[133]

Dabei ist der Begriff der wirtschaftlichen Verhältnisse gem. den Gegebenheiten des täglichen Lebens weit zu fassen. Es ist also auch von Bedeutung, wenn der Auftraggeber gegen einen Dritten einen Anspruch auf Freistellung von den Kosten hat, zB die Ehefrau gegen ihren Ehemann gem. § 1360a BGB, das minderjährige Kind gegen die Eltern gem. §§ 1601 ff. BGB.[134] Zu berücksichtigen ist auch, ob und inwieweit der Auftraggeber einen realisierbaren Anspruch auf Bezahlung der Gebühr gegen einen Dritten zB auf Grund einer Versicherung, vor allem einer Rechtsschutzversicherung, hat.[135]

37 **Nicht zu berücksichtigen** sind die **wirtschaftlichen Verhältnisse** eines erstattungspflichtigen **Gegners.**[136] Denn § 14 RVG behandelt das Verhältnis zwischen Auftraggeber und RA.[137] Das Bestehen einer **Rechtsschutzversicherung** ist jedoch zu berücksichtigen, sie stellt einen Vermögenswert dar, den sich der Mandant durch Prämienzahlungen erkauft hat.[138]

Der schlichte Hinweis, ein Auftraggeber habe weit über dem Durchschnitt liegende Einkommensverhältnisse, besagt für die zu berücksichtigenden Einkommensverhältnisse des Auftraggebers nichts.[139]

Hinsichtlich der Vermögensverhältnisse ist eine Bewertung durch den Betriebsinhaber ebenso wenig wie ein Steuerbescheid brauchbar. Besser ist vom Lebenszuschnitt auszugehen.[140]

Zu Gunsten des RA ist zu bemessen, wenn sich durch seine Tätigkeit die wirtschaftlichen Verhältnisse des Auftraggebers wesentlich gebessert haben.

Beispiel:

Ein bisher vermögensloser Auftraggeber gewinnt in einem Verfahren einen hohen Betrag.[141]

Es empfiehlt sich, die wirtschaftlichen Verhältnisse bei der Annahme des Auftrages zu erfragen und in den Handakten festzuhalten.

Die vom Prozesskostenhilfe-RA getroffene Bestimmung der Rahmengebühren des VV 2300 RVG kann nicht allein wegen der begrenzten Einkommens- und Vermögensverhältnisse des Auftraggebers unbillig sein.[142]

5. Haftungsrisiko

38 Nach **§ 14 Abs. 1 S. 2 RVG** kann ein besonderes Haftungsrisiko des RA bei der Bemessung herangezogen werden (→ RVG § 3 Rn. 16 ff.).

---

[129] AG Freiburg AnwBl 1982, 264.

[130] BayVerfGH JVBl 1967, 108, dass die wirtschaftlichen Verhältnisse des Kostenschuldners zu berücksichtigen sind, verstößt nicht gegen die Verfassung, vor allem nicht gegen den Gleichheitssatz und den Rechtsstaatsgrundsatz.

[131] Schneider/Wolf/*Onderka/N. Schneider* RVG § 14 Rn. 46; HBS VergütungsR/*Braun/Schneider* Teil 1 Rn. 147; Hartmann/Toussaint RVG § 14 Rn. 11.

[132] Bischof/*Jungbauer* RVG § 14 Rn. 48.

[133] Gerold/Schmidt/*Madert,* 17. Aufl. 2006, RVG § 14 Rn. 18; Mayer/Kroiß/*Winkler* RVG § 14 Rn. 30; OLG Frankfurt a. M. OLGSt § 12 BRAGO, die Angemessenheit der Gebühr nach § 12 Abs. 1 ist nach den wirtschaftlichen Verhältnissen des Auftraggebers im Zeitpunkt der Fälligkeit der Vergütung oder allenfalls der Auftragserteilung zu beurteilen; LG Krefeld AnwBl 1976, 136; LG Bayreuth JurBüro 1985, 1187, Entwicklung während der gesamten Tätigkeit des RA.

[134] LG Kleve NJW 1954, 1260; LG Mönchengladbach KostRspr BRAGO § 12 Nr. 8.

[135] Riedel/Sußbauer/*Pankatz* RVG § 14 Rn. 53; Mayer/Kroiß/*Winkler* RVG § 14 Rn. 30.

[136] Riedel/Sußbauer/*Pankatz* RVG § 14 Rn. 53; Schneider/Wolf/*Onderka/N. Schneider* RVG § 14 Rn. 45.

[137] Schneider/Wolf/*Onderka/N. Schneider* RVG § 14 Rn. 45.

[138] Schneider/Wolf/*Onderka/N. Schneider* RVG § 14 Rn. 45; Hartung/Römermann/Schons/*Römermann* RVG § 14 Rn. 40; Mayer/Kroiß/*Winkler* RVG § 14 Rn. 30.

[139] AG Hagen AnwBl 1960, 160 (hier ein RA).

[140] OLG Koblenz Rpfleger 1995, 83; Hartmann/Toussaint RVG § 14 Rn. 11.

[141] *Kimming* AnwBl 1963, 98.

[142] OLG München AnwBl 1992, 455 = MDR 1992, 83 = Rpfleger 1991, 464.

§ 14 Abs. 1 S. 3 RVG bestimmt, dass bei Rahmengebühren, die sich nicht nach dem Gegenstandswert richten, das Haftungsrisiko zu berücksichtigen ist. Der Gesetzgeber begründet diese Differenzierung damit, dass dann, wenn sich die Gebühren nicht nach dem Wert richten, das Haftungsrisiko grds. Berücksichtigung finden müsse, weil ansonsten in diesen Fällen – anders als bei Wertgebühren – es keinen Eingang in die Höhe der Gebühr finden würde.[143] Diese Differenzierung des Gesetzgebers wird teilweise kritisiert und mit einer sprachlichen Ungenauigkeit erklärt.[144] Die **Kann-Bestimmung** des § 14 Abs. 1 S. 2 RVG beruht erkennbar auf der Auffassung, dass der Gegenstandswert allein schon das Haftungsrisiko bestimmt.[145] Das ist aber nicht immer der Fall. Aus sozialen Gründen hat der Gesetzgeber in einer Vielzahl von Streitwertbestimmungen eine soziale Kappung eingeführt (zB Jahresmietwert für das Räumungsverfahren, § 41 Abs. 1 S. 1 GKG; 12 Monatswerte bei Unterhaltsklagen, § 51 Abs. 1 S. 1 FamGKG; Quartalsverdienst bei arbeitsrechtlichen Kündigungsschutzverfahren, § 42 Abs. 2 GKG; drei Monatseinkommen in Ehesachen, § 43 Abs. 2 FamGKG; 10% des in drei Monaten erzielten Nettoeinkommens der Ehegatten, bzw. 1.000,– EUR beim Versorgungsausgleich, § 50 FamGKG). Diese Streitwerte entsprechen nicht dem Haftungsrisiko des RA. Unterläuft ihm ein vorwerfbarer Fehler in einem Unterhaltsrechtsstreit, haftet er nicht für ein Jahr, sondern manchmal für Jahre oder Jahrzehnte. In all den Beispielsfällen liegt also ein besonderes Haftungsrisiko vor, welches sich bei der Bemessung der Gebühr nach § 14 RVG auswirken muss.[146] Doch nicht nur dann, wenn der gesetzlich festgelegte Gegenstandswert nicht den wahren wirtschaftlichen Wert der Angelegenheit widerspiegelt, kann von einem besonderen Haftungsrisiko iSv § 14 Abs. 1 S. 2 RVG gesprochen werden, ein solches kann sich vielmehr auch aus der besonderen Eigenart der jeweiligen anwaltlichen Tätigkeit ergeben; als Beispielsfälle werden insoweit genannt der Abschluss eines Abfindungsvergleichs bei nicht unerheblicher Körperverletzung des Mandanten bei Verkehrsunfall, ein Ehevertrag mit unausgewogenen Regelungen, letztwillige Verfügungen, Übernahme eines Mandats unmittelbar vor Verjährungsablauf, eine Unterhaltsvereinbarung[147] oder auch steuerrechtlichen Beratungen.[148]

Macht dagegen der RA von der Möglichkeit einer Haftungsbeschränkung nach § 51a BRAO Gebrauch, fällt das Haftungsrisiko als Bemessungskriterium weg.[149]

6. Weitere Bemessungskriterien

Die **Bestimmung der Gebühr** im Einzelfall erfolgt gem. § 14 RVG unter Berücksichtigung aller persönlichen und sachlichen Umstände nach **billigem Ermessen.** Das Gesetz gibt einige Anhaltspunkte, nach denen das Ermessen ausgeübt werden soll. Da es sich bei diesen Anhaltspunkten nur um Beispiele handelt („insbesondere sind zu berücksichtigen"), sind im Einzelfall noch weitere Gesichtspunkte zu beachten. Gemeint sind solche Umstände, die nicht unter die vier namentlich genannten Kriterien fallen, im Einzelfall aber Einfluss auf die Bestimmung der Gebühr haben können. Alle vom Aufraggeber zu vertretenden Gegebenheiten, die die Arbeit des RA vermeidbar erschweren oder zeitlich belasten, sind als Umstände zu werten, gleich den Faktoren, welche die Arbeit erleichtern oder den erforderlichen Zeitaufwand reduzieren, soweit sich diese Kriterien nicht schon beim Umfang der Tätigkeit ausgewirkt haben. Wird vom Auftraggeber eine Tätigkeit an Samstagen, Sonntagen oder Feiertagen gewünscht, so berechtigt das zum Ansatz eines entsprechend erhöhten Rahmensatzes[150] (Vorschlag: Arbeit an Samstagen Erhöhung um 0,3, an Sonntagen 0,4 und an Feiertagen 0,5). Auch muss es sich auf die Gebühr auswirken, wenn der RA unter besonderem Zeitdruck arbeiten muss, wie zB in einstweiligen Verfügungsverfahren, vor allem in Wettbewerbssachen.[151] 39

Ein weiteres, in diesem Zusammenhang zulässiges Bemessungskriterium ist der **Erfolg der anwaltlichen Tätigkeit.**[152] Teilweise wird auch mit guten Gründen vertreten, dass auch die 40

---

143 BT-Drs. 15/1971, 189.

144 Mayer/Kroiß/*Winkler* RVG § 14 Rn. 32f.

145 Mayer/Kroiß/*Winkler* RVG § 14 Rn. 34.

146 Mayer/Kroiß/*Winkler* RVG § 14 Rn. 34; Schneider/Wolf/*Onderka/N. Schneider* RVG § 14 Rn. 48ff.

147 Vgl. Mayer/Kroiß/*Winkler* RVG § 14 Rn. 35 mwN.

148 Schneider/Wolf/*Onderka/N. Schneider* RVG § 14 Rn. 52.

149 Zu den Möglichkeiten der Haftungsbeschränkungen s. *Zimmermann* JW 2005, 177, Haftungsbeschränkung statt Versicherung? – Zur Reichweite von § 51a BRAO.

150 HBS VergütungsR/*Braun/Schneider* Teil 1 Rn. 150; Schneider/Wolf/*Onderka/N. Schneider* RVG § 14 Rn. 55; Bischof/*Jungbauer* RVG § 14 Rn. 13.

151 HBS VergütungsR/*Braun/Schneider* Teil 1 Rn. 151.

152 BGH NJW 2005, 2142ff. (2143); HBS VergütungsR/*Braun/Schneider* Teil 1 Rn. 153; Schneider/Wolf/*Onderka/N. Schneider* RVG § 14 Rn. 55; Bischof/*Jungbauer* RVG § 14 Rn. 13.

Kostenstruktur in einem Rechtsanwaltsbüro Bemessungskriterium iSd § 14 RVG sein kann.[153] Die Abgrenzung, in diesem Zusammenhang ein Stadt-Land-Gefälle anzunehmen und die Unterhaltung einer Kanzlei in einer Großstadt mit höheren laufenden Kosten als einen höheren Gebührensatz rechtfertigenden Umstand anzusehen,[154] dürfte wohl zu einseitig sein. Nicht nur die örtliche Lage, sondern auch der gesamte Zuschnitt der Rechtsanwaltskanzlei ist in diesem Zusammenhang zu berücksichtigen. Auch ein in einem ländlichen Gebiet oder in einer Kleinstadt tätiger Fachanwalt hat eine unter diesem Aspekt eine einen höheren Gebührensatz rechtfertigende Kostenstruktur in seiner Kanzlei, da er auf Grund seiner Spezialisierung überdurchschnittlich hohe Ausgaben für Lit., Onlinedatenbanken und Fortbildungen hat. Auch die **Stellung des RA** kann in diesem Zusammenhang als zulässiges, bei besonderer Reputation des Anwalts den Ansatz eines höheren Gebührensatzes rechtfertigendes Kriterium angesehen werden.[155] Konsequent ist es ferner, auch den **Erwerb der Fachanwaltsqualifikation** als zulässiges, ggf. gebührensteigerndes Bemessungskriterium anzusehen.[156] Als weitere Umstände des Einzelfalls, die iRd § 14 RVG zu berücksichtigen sind, werden die **Bedrohung des RA durch den Gegner,**[157] die **Schwerhörigkeit oder Behinderung des Auftraggebers** mit den sich daraus ergebenden Kommunikationsproblemen,[158] sowie die Tatsache genannt, dass der **Fall im besonderen öffentlichen Interesse** steht.[159] Teilweise wird auch vertreten, dass die unterbliebene Anpassung der Gebühren zwar kein eigenständiges Bewertungskriterium iSd § 14 RVG ist, allerdings bei steigendem Einkommen der Mandanten und nicht entsprechend angehobenen Anwaltsgebühren es möglich sein soll, gleichwohl der verbesserten Einkommenssituation der Mandanten durch Anhebung des Gebührenrahmens Rechnung zu tragen.[160] Da aber seit Einführung des RVG und der letzten Gebührenerhöhung gerade erst wenige Jahre vergangen sind, dürfte dieser Gesichtspunkt bei der Gebührenbemessung derzeit noch keine Rolle spielen.

7. Die Besonderheiten in Strafsachen

41 Sind keine Umstände erkennbar, die eine Erhöhung oder eine Ermäßigung rechtfertigen, entspricht also die Verteidigung in jeder Hinsicht dem Durchschnitt, so steht dem Verteidiger grds. die **Mittelgebühr des einschlägigen Gebührenrahmens** zu.[161]

Der Umstand, dass ein Rechtsmittel auf das Strafmaß beschränkt ist, rechtfertigt nicht, von der Mittelgebühr abzugehen.[162]

Die Vergütung des Verteidigers ist auch nicht deshalb geringer zu bemessen, weil bereits der Staatsanwalt **Freispruch** beantragt hat; es ist möglich, dass die Aufklärung des Sachverhalts auf der Tätigkeit des Verteidigers beruht.[163]

42 Auch bei **Privatklagen** ist von der Mittelgebühr auszugehen.[164]

Ist eine Privatklage gegen **mehrere Angeklagte** gerichtet, ist eine gem. § 14 höhere Gebühr des Vertreters des Privatklägers gerechtfertigt.[165]

43 Das Gesetz hat dem **Nebenklägervertreter** dieselben Gebühren wie dem Verteidiger zugebilligt. Die Auffassung, die Tätigkeit des Nebenklägervertreters sei grds. von geringerer Bedeutung als die des Verteidigers, ist falsch. Auch die Tatsache, dass der RA als Nebenklagevertreter neben dem Staatsanwalt tätig wird, rechtfertigt es nicht, seine Vergütung zu kürzen. Unerheblich ist auch, ob der Vertreter des Nebenklägers in der Hauptverhandlung sich besonders hervorgetan hat; denn es ist nicht seine Aufgabe, den Gang des Verfahrens erkennbar zu beeinflussen. Also ist in durchschnittlichen Strafverfahren grds. auch für den Nebenklagevertreter die

---

153 HBS VergütungsR/*Braun/Schneider* Teil 1 Rn. 154.

154 HBS VergütungsR/*Braun/Schneider* Teil 1 Rn. 154.

155 Schneider/Wolf/*Onderka/N. Schneider* RVG § 14 Rn. 55; Bischof/*Jungbauer* RVG § 14 Rn. 13.

156 Mayer/Kroiß/Teubel/*Teubel,* Das neue Gebührenrecht, 2004, RVG § 4 Rn. 86.

157 Bischof/*Jungbauer* RVG § 14 Rn. 13.

158 Bischof/*Jungbauer* RVG § 14 Rn. 13.

159 Bischof/*Jungbauer* RVG § 14 Rn. 13; HBS VergütungsR/*Braun/Schneider* Teil 1 Rn. 152.

160 HBS VergütungsR/*Braun/Schneider* Teil 1 Rn. 155.

161 Köln AnwBl 1962, 74 = Rpfleger 1962, 111; Leipold Anwaltsvergütung Rn. 69; Burhoff/Volpert RVG/*Burhoff* Rn. 1725.

162 *Hansens* BRAGO § 12 Rn. 12; aA LG Bayreuth JurBüro 1981, 546.

163 *Hansens* BRAGO § 12 Rn. 12; LG Osnabrück AnwBl 1984, 263; Burhoff/Volpert RVG/*Burhoff* Rahmengebühren Rn. 1700; Schneider/Wolf/*Onderka/N. Schneider* RVG § 14 Rn. 32; aA LG München I JurBüro 1982, 1182 mAnm *Mümmler.*

164 LG München II AnwBl 1980, 470; LG Weiden JurBüro 1973, 1063.

165 LG Mannheim JurBüro 1964, 111 mAnm *H. Schmidt.*

Mittelgebühr anzusetzen.[166] Liegen die Kriterien im überdurchschnittlichen Bereich, können auch für den Nebenklagevertreter sogar die Höchstgebühren in Betracht kommen.[167]

Ein in der Praxis sehr häufig herangezogenes Kriterium der Bemessung der **Terminsgebühren ist die Zeitdauer der Hauptverhandlung.** Ist sie für die jeweils betroffene Gerichtsinstanz außergewöhnlich kurz, werden nur Terminsgebühren unter der Mittelgebühr zuerkannt, so zB bei einer Dauer der Hauptverhandlung von 15 Minuten und einem unterdurchschnittlichen Aktenumfang von nur rund 40 Seiten mit 150,– EUR an Stelle der Mittelgebühr von 230,– EUR.[168] Bei 20 Minuten Dauer und ansonsten auch unterdurchschnittlichen Merkmalen 140,– EUR an Stelle der geforderten Gebühr im Verfahren des ersten Rechtszugs vor dem Amtsgericht iHv 250,– EUR[169] bzw. 105,– EUR bei 10 Minuten Dauer der Hauptverhandlung an Stelle der Mittelgebühr von 230,– EUR.[170] Die durchschnittliche Dauer der Hauptverhandlung (71 Minuten) rechtfertigt den Ansatz einer Gebühr nach VV 4126 RVG iHv 470,– EUR regelmäßig nicht. Mit einer Gebühr von 270,– EUR soll in diesem Fall die Verteidigertätigkeit angemessen honoriert sein.[171] Eine unterdurchschnittliche Dauer der Hauptverhandlung von 13 Minuten bzw. 20 Minuten rechtfertigt als Bemessungskriterium „Umfang der Anwaltstätigkeit" und sonstigen iErg durchschnittlichen Bemessungskriterien die Unterschreitung der Mittelgebühr der Terminsgebühr als Rahmengebühr auf $^1/_4$ bzw. $^1/_3$ des Gebührenrahmens.[172] Hauptverhandlungen beim Amtsgericht von 35 und 40 Minuten sollen von sehr kurzer Dauer sein und nur eine Terminsgebühr in Höhe des Doppelten der Mindestgebühr rechtfertigen, wenn besondere Schwierigkeiten nicht ersichtlich sind, der Aktenumfang verhältnismäßig gering ist und die Angelegenheit rechtlich einfach gelagert gewesen ist.[173] Richtiger Auffassung nach jedoch sind Hauptverhandlungen beim Amtsgericht von 35 und 40 Minuten nicht von so kurzer Dauer, dass nicht die Mittelgebühr gerechtfertigt wäre.[174] Liegt ein sog. „geplatzter" Termin vor, so kann eine Kürzung der Mittelgebühr von 270,– EUR um $^1/_3$ auf 180,– EUR in Betracht kommen;[175] aber auch eine Hauptverhandlung von 155 Minuten Dauer im Verfahren im ersten Rechtszug vor dem Amtsgericht bei ansonsten durchschnittlichen Bemessungskriterien und dem eher einfach gelegenen Tatvorwurf einer „einfachen Körperverletzung durch Ohrfeige" soll lediglich eine Terminsgebühr iHv 240,– EUR, also leicht über der Mittelgebühr, rechtfertigen, nicht jedoch iHv 300,– EUR.[176] In der Rspr. werden auch die für den Pflichtverteidiger normierten Längenzuschläge und Zeitstufen als Orientierungshilfen herangezogen.[177] Zu berücksichtigen ist, dass auch die Dauer der Hauptverhandlung kein allein entscheidendes Kriterium ist. Ist diese bspw. relativ kurz, kann dies nach der Kompensationstheorie[178] durch im überdurchschnittlichen Bereich angesiedelte andere Kriterien wieder ausgeglichen werden; der Anwalt sollte dies bei der Bestimmung hinreichend berücksichtigen. Bei der Bemessung von mehreren Hauptverhandlungsterminen ist keine „Gesamtbewertung" mehrerer Hauptverhandlungstermine vorzunehmen, dh Erhöhung der Mittelgebühr für eine außergewöhnlich lange Hauptverhandlung ist gleichwohl vorzunehmen, obwohl bei weiteren Hauptverhandlungstagen eher kurze Termine stattgefunden haben, sodass insgesamt gesehen die Hauptverhandlungen nicht als überdurchschnittlich einzustufen wären.[179] 44

---

[166] Burhoff/Volpert RVG/*Burhoff* Rn. 1692; Schneider/Wolf/*Onderka/N. Schneider* RVG § 14 Rn. 28; OLG Bamberg JurBüro 1975, 39; OLG Düsseldorf AnwBl 1981, 30; 1989, 293; NStZ 90, 287; AnwBl 1996, 590; AGS 2000, 179; OLG München AnwBl 1980, 469; OLG Schleswig AnwBl 1974, 407; LG Detmold AnwBl 1974, 400; LG Dortmund AnwBl 1980, 470; LG Duisburg AnwBl 1982, 212; LG Essen AnwBl 1966, 143; LG Freiburg AnwBl 1965, 184; LG Hanau AnwBl 1963, 111; LG Hechingen AnwBl 1960, 100; LG Heidelberg AnwBl 1965, 184; LG Lüneburg AnwBl 1966, 29; JurBüro 1973, 837; LG Marburg AnwBl 1966, 272; LG München II AnwBl 1967, 238; LG Regensburg Rpfleger 1963, 252; LG Verden AnwBl 1981, 31; aA (regelmäßig geringer) LG Karlsruhe DAR 1982, 19 mablAnm *H. Schmidt*.

[167] LG Rottweil AGS 2007, 505 f.

[168] AG Westerburg BeckRS 2007, 08574.

[169] LG Koblenz BeckRS 2006, 04861.

[170] AG Koblenz AGS 2007, 191.

[171] AG Betzdorf BeckRS 2009, 12923.

[172] LG Detmold BeckRS 2009, 07360.

[173] AG Pirmasens RVGreport 2012, 45.

[174] LG Saarbrücken BeckRS 2012, 08171 = RVGreport 2012, 208 mAnm *Burhoff*.

[175] LG Bonn AGS 2007, 563 f.

[176] AG Betzdorf BeckRS 2007, 08177.

[177] KG BeckRS 2012, 11963 = AGS 2012, 392.

[178] → Rn. 11.

[179] OLG Nürnberg RVGreport 2014, 463 mzustAnm *Burhoff*.

45 Die im Zusammenhang mit einem **geplatzten Termin** angefallene Wartezeit kann ebenfalls für die Gebührenbemessung herangezogen werden. Erreicht die Dauer der Wartezeit aber noch nicht einmal die durchschnittliche Dauer einer Hauptverhandlung vor dem Strafrichter und ist die Sache insgesamt von unterdurchschnittlicher Bedeutung, kann allenfalls für den geplatzten Termin $^2/_3$ der Mittelgebühr angesetzt werden.[180]

46 Einem Verteidiger, der durch eine umfangreiche Tätigkeit vor Eröffnung des Hauptverfahrens erreicht, dass die Anklage zurückgenommen wird, steht die Höchstgebühr des VV 4141 RVG auch dann zu, wenn es sich iÜ um eine Sache von nur durchschnittlicher Bedeutung handelt; sa VV 4141 RVG.[181]

Wird nach umfangreichen Stellungnahmen des Verteidigers die **Eröffnung des Hauptverfahrens abgelehnt,** ist eine Verteidigergebühr im oberen Bereich des Gebührenrahmens angemessen.[182] Der Vorwurf der versuchten Anstiftung zum Mord und ua des unerlaubten Besitzes einer halbautomatischen Kurzwaffe kann den Ansatz einer Gebühr iHv mehr als 90% des Gebührenrahmens rechtfertigen.[183]

47 Die Angemessenheit der Höhe der Verteidigergebühr ist nach den Kriterien des § 14 RVG **für jeden Rechtszug gesondert** zu beurteilen.[184]

48 **Vereinbarte Honorare** sind nicht auf ihre Angemessenheit nach § 14 RVG zu prüfen, sondern nach § 3a RVG. Vereinbarte Honorare, die die gesetzlichen Gebühren überschreiten, sind nicht zu erstatten.

Allerdings ist bei der Bemessung der gesetzlichen Gebühr iRd § 14 RVG die Höhe der vereinbarten Vergütung ein wichtiges Anzeichen dafür, welche Bedeutung der Auftraggeber der Angelegenheit beigemessen hat, was ihm die Verteidigung wert gewesen ist.[185]

49 **Bedeutung der Angelegenheit.** Die Angelegenheit bemisst sich maßgeblich nach der **Strafdrohung** und **den (mittelbaren) Auswirkungen** für den Mandanten.[186] Strittig ist, ob ein besonderes Interesse der Öffentlichkeit in jedem Fall von Bedeutung ist[187] oder nur insoweit, als dadurch die Bedeutung der Angelegenheit auch für den Auftraggeber erhöht wird.[188] Ein besonderes Interesse der Öffentlichkeit an einer Angelegenheit lässt sich bei der anwaltlichen Tätigkeit nicht ausblenden. Auch der Wortlaut „Bedeutung der Angelegenheit", der sowohl eine rein subjektive wie auch eine nur objektive Auslegung zulässt, spricht nichts dagegen, bei diesem Kriterium nicht nur die Bedeutung für den Auftraggeber (subjektive Auslegung), sondern auch das Interesse der Öffentlichkeit (objektive Auslegung) bei der Gebührenbemessung zu berücksichtigen.[189] Der Einwand, dass der Anwalt allein die Interessen des Mandanten zu vertreten habe und nicht seine eigenen oder die Interessen Dritter und dass der RA keine Verantwortung gegenüber Dritten habe und seine Interessen ebenfalls nicht gebührenerhöhend berücksichtigen dürfe,[190] greift nicht durch. Das Merkmal „Bedeutung der Angelegenheit" kann subjektiv wie objektiv verstanden werden. Zwingende Gründe, dieses Merkmal ausschließlich subjektiv zu verstehen und auch nur auf den Auftraggeber abzustellen, sind nicht ersichtlich.

50 Auf den **Erfolg,** der in dem Verfahren erzielt worden ist, kommt es **nicht ausschlaggebend** an. Es ist unerheblich, ob der Angeklagte freigesprochen oder verurteilt wird.[191] Ebenso wenig spielt es eine Rolle, ob das Urteil zu hart oder zu milde ausgefallen ist.[192]

Ein Indiz für das Merkmal Bedeutung der Angelegenheit ist immer die für den Fall der Verurteilung **zu erwartende Strafe,** meistens kenntlich an dem Antrag der Staatsanwaltschaft zur Strafzumessung.[193] Kann der Geschädigte jedoch davon ausgehen, freigesprochen zu werden, ist die Angelegenheit für ihn nicht von hoher Bedeutung.[194]

---

180 LG Potsdam BeckRS 2014, 06813 = JurBüro 2014, 1.

181 LG Bochum AnwBl 1967, 237.

182 AG Hannover AnwBl 1980, 311.

183 OLG Köln BeckRS 2007, 16799 mAnm *Mayer* FD-RVG 2007, 245452.

184 LG Flensburg JurBüro 1983, 1335.

185 OLG Schleswig SchlHA 1971, 95; OLG Celle Rpfleger 1971, 28; OLG Köln AnwBl 1974, 54; OLG München JurBüro 1975, 339; LG Düsseldorf AnwBl 1970, 58; AnwBl 1971, 90.

186 Leipold Anwaltsvergütung Rn. 51.

187 Hartung/Römermann/Schons/*Römermann* RVG § 14 Rn. 31.

188 Gerold/Schmidt/*Madert,* 17. Aufl. 2006, RVG § 14 Rn. 17; Leipold Anwaltsvergütung RVG § 14 Rn. 51.

189 Hartung/Römermann/Schons/*Römermann* RVG § 14 Rn. 31.

190 Leipold Anwaltsvergütung Rn. 51 Fn. 48.

191 LG Paderborn MDR 1990, 1137.

192 Leipold Anwaltsvergütung Rn. 52.

193 OLG Schleswig JurBüro 1999, 638, Sicherungsverfahren, besonderer Umfang – 359 Fälle –, psychiatrische Gutachten.

194 AG Pirmasens RVGreport 2012, 55.

Grundsätzlich ist bei **Verfahren auch vor dem Strafrichter** in der Regel von der **Mittelgebühr** auszugehen.[195]

Eine Strafsache ist sowohl für den Angeklagten wie auch für den **Nebenkläger** von erhöhter Bedeutung, wenn die Angelegenheit mit der Durchführung des Strafverfahrens nicht erledigt ist, vielmehr noch erhebliche zivilrechtliche Ansprüche erhoben werden. Es ist zwar richtig, dass der Zivilrichter an die Feststellungen des Strafurteils nicht gebunden ist. Jedoch wird kein Zivilrichter an dem ihm vorliegenden Strafurteil vorbeigehen, ohne sich mit ihm – falls er nicht folgen will – gründlich auseinander zu setzen. Der Ausgang des Strafverfahrens hat also eine beachtliche Bedeutung für den folgenden Zivilprozess, nämlich wenn der Sachverhalt im Strafverfahren einwandfrei geklärt werden konnte. Hier gewinnt das Strafurteil die Bedeutung eines zivilrechtlichen Grundurteils. Es wird kaum eine Versicherungsgesellschaft geben, die Ersatzansprüche auch weiterhin dem Grunde nach bestreitet, wenn das Strafverfahren (zB in einer Verkehrssache) eindeutig das alleinige Verschulden ihres Versicherungsnehmers ergeben hat. Haftpflichtversicherer pflegen auch dem Anwalt des Geschädigten zu schreiben, sie würden mit der Regulierung bis zum Abschluss des Strafverfahrens warten. Mit diesem Schreiben kann sozusagen als Urkundenbeweis die Bedeutung der Angelegenheit iSv § 14 RVG bewiesen werden.[196] 51

Die (mittelbaren) Auswirkungen für den Mandanten können wirtschaftlicher, beruflicher, gesellschaftlicher[197] oder ideeller Art sein.[198] So kann es dem Mandanten bspw. hauptsächlich darum gehen, dass es zu keiner öffentlichen Hauptverhandlung kommt, sei es im Wege eines Strafbefehls oder einer Verfahrenseinstellung.[199] Auch die besondere Bedeutung einer Vorstrafe für einen bislang nicht verurteilten Beschuldigten kann von Bedeutung sein.[200] Generell gilt, dass eine Strafsache auch dann für den Betroffenen eine über das übliche Maß hinausgehende Bedeutung hat, wenn der Betroffene bei Berücksichtigung seiner persönlichen Verhältnisse (bisherige Unbescholtenheit, Stellung im Berufsleben, schwerwiegender Schuldvorwurf) ein besonderes Interesse an seiner Rehabilitierung hat.[201] 52

Wird der Anwalt im Hinblick auf Fahrerlaubnis oder Fahrverbot tätig, ist dies iRd § 14 Abs. 1 RVG gebührenerhöhend besonders zu berücksichtigen.[202] Die diesbezüglichen Tätigkeiten werden nicht durch VV 4142 RVG bzw. VV 5116 RVG erfasst.[203]

Da es auf den Erfolg in Strafsachen nicht ausschlaggebend ankommt, kann es sich auch nicht als bedeutungsmindernd auswirken, wenn zB in einer Verkehrsstrafsache ein erhebliches Mitverschulden des Verletzten festgestellt wird. Steht allerdings dieses erhebliche Mitverschulden von vornherein fest und geht es in dem Strafverfahren nur darum, ob auch dem Kraftfahrer ein Verschulden anzulasten ist, ist das Verfahren in seiner Bedeutung gemindert.[204]

Schwierigkeit der Angelegenheit. Die erstmalige Einarbeitung in ein Wirtschaftsstrafverfahren ist eine schwierige Angelegenheit, wenn Gegenstand des Verfahrens die auch für einen Strafverteidiger nicht alltägliche **Spezialmaterie** des Insiderhandels ist.[205] 53

Die durchschnittliche Schwierigkeit der anwaltlichen Tätigkeit kann zB aufgrund eines Sachverhalts im Steuerstrafrecht vorliegen, wenn die anwaltliche Tätigkeit **Spezialkenntnisse** auf den Rechtsgebieten des Einkommens- Umsatzsteuer- und Gewerbesteuerrechts erfordert und das Verfahren ua schwierige Fragen in tatsächlicher und rechtlicher Hinsicht zur Verwertbarkeit von Beweisen und Zurechnung von steuerrechtlichen Erklärungen aufwirft.[206]

---

[195] LG Zweibrücken BeckRS 2012, 03498 = AGS 2012, 433.

[196] OLG Düsseldorf JurBüro 1989, 961; LG Bamberg JurBüro 1972, 882 mAnm *Mümmler;* LG München I AnwBl 1982, 263 mAnm *H. Schmidt;* LG Wuppertal DAR 1985, 94 = AnwBl 1985, 160; LG Freiburg AnwBl 1970, 253; AG Hanau AnwBl 1980, 311.

[197] Riedel/Sußbauer/*Pankatz* RVG § 14 Rn. 47.

[198] Leipold Anwaltsvergütung Rn. 53.

[199] Leipold Anwaltsvergütung Rn. 54.

[200] Schneider/Wolf/*Onderka/N. Schneider* RVG § 14 Rn. 40.

[201] OLG Saarbrücken JVBl 1966, 189; AG Hannover AnwBl 1980, 311; vgl. auch für den umgekehrten Fall LG Flensburg AnwBl 1984, 548, Drohen erheblicher Freiheitsstrafen wegen vieler Vorstrafen.

[202] Burhoff/Volpert RVG/*Burhoff* Rn. 1711; Schneider/Wolf/*Onderka/N. Schneider* RVG § 14 Rn. 39 – Führerscheinentzug für einen Berufskraftfahrer; Leipold Anwaltsvergütung Rn. 56.

[203] Burhoff/Volpert RVG/*Burhoff* Rn. 1711; Schneider/Wolf/*Schneider* RVG VV 4142 Rn. 16; OLG Koblenz AGS 2006, 236 f.

[204] LG Koblenz DAR 1962, 21.

[205] OLG Saarbrücken, BeckRS 2014, 5660 = RVGreport 2014, 103 mAnm *Burhoff.*

[206] LG Essen RVGreport 2013, 391 mAnm *Burhoff.*

8. Die Besonderheiten in Bußgeldverfahren wegen Verkehrsordnungswidrigkeiten

54 Unter der Geltung der BRAGO war streitig, ob in Bußgeldverfahren wegen alltäglichen Verkehrsordnungswidrigkeiten die Mittelgebühr oder lediglich nur im unteren Bereich des jeweiligen Rahmens liegende Gebühren als angemessen angesehen werden können.[207] Die teilweise geäußerte Hoffnung, durch die nach der Höhe der Geldbuße differenzierenden Vergütungsvorschriften in VV Teil 5 RVG hätten sich diese Probleme ein für alle Mal überholt,[208] hat sich leider in der Praxis nicht erfüllt.

Auch unter der Geltung des RVG wurde teilweise die Auffassung vertreten, dass bei Verkehrsordnungswidrigkeiten grds. keine Mittelgebühren zum Ansatz zu bringen sind, sondern das Honorar angesichts der Art, des Umfangs und der Bedeutung der Verkehrsordnungswidrigkeiten sowie der meist geringen tatsächlichen und rechtlichen Schwierigkeiten, die mit der Wahrnehmung eines solchen Mandats verbunden sind, normalerweise im unteren Bereich des gesetzlichen Gebührenrahmens anzusiedeln ist.[209] Richtiger Auffassung nach ist jedoch **unter der Geltung des RVG bei straßenverkehrsrechtlichen Bußgeldverfahren grds. der Ansatz der Mittelgebühr als Ausgangspunkt** gerechtfertigt.[210] Teilweise wird die Mittelgebühr in der Regel als gerechtfertigt angesehen, wenn ein Fahrverbot in Frage steht oder Eintragungen in das Verkehrszentralregister.[211] Da die Systematik des Vergütungsverzeichnisses bei den einzelnen Verfahrens- und Terminsgebühren nach der Höhe der in Frage kommenden Geldbuße differenziert, ist es in straßenverkehrsrechtlichen Bußgeldverfahren grds. unzulässig, über das in § 14 RVG genannte Kriterium der „Bedeutung der Sache" maßgeblich an die Höhe der Geldbuße anzuknüpfen; vielmehr darf die Höhe der Geldbuße nicht noch einmal herangezogen werden, um innerhalb des Gebührenrahmens die Gebühr (ggf. noch weiter) abzusenken.[212] Wichtig ist aber, stets in jedem Einzelfall die besonderen Umstände, die die Gebührenbemessung rechtfertigen, herauszuarbeiten; vielfach sind genügend besondere Umstände des Falles gegeben, die die Begründung zumindest der Mittelgebühr, wenn nicht sogar einer höheren Gebühr rechtfertigen können.[213]

55 So kann die **individuelle fahrerlaubnisrechtliche Situation** des Betroffenen eine gesteigerte „Bedeutung der Angelegenheit" begründen, wenn nicht lediglich die Eintragung eines Punktes im Verkehrszentralregister droht, sondern sich der Betroffene mit dieser Eintragung im Hinblick auf die bestehenden Voreintragungen von 14 Punkten im Verkehrszentralregister der zwingenden Fahrerlaubnisentziehung aus § 4 Abs. 3 Ziff. 3 StVG aF weiter angenähert hätte.[214] Der drohenden Eintragung von 3 Punkten im Verkehrszentralregister allein kam jedoch bis zur Reform des Bußgeldkatalogs zum 1.5.2014 keine überdurchschnittlich Bedeutung im Hinblick auf die Bedeutung auf die Angelegenheit iSd § 14 RVG zu.[215]

56 Die zum 1.5.2014 in Kraft getretene **„Punktereform"** im Bußgeldkatalog, die mit einer Verschärfung der Punkteregelung und einer Absenkung der „Eingriffsschwellen" dazu geführt hat, dass jetzt schon die Entziehung der Fahrerlaubnis bei acht Punkten droht, führt nach zutreffender Auffassung zu einer anderen Bewertung. Künftig dürfte schon der erste drohende Punkt im Rahmen einer Bußgeldsache erhöhende Auswirkungen auf das Kriterium „Bedeutung der Angelegenheit" haben.[216]

57 Auch bei straßenverkehrsrechtlichen Bußgeldverfahren ist grds. bei der Gebührenbemessung von der Mittelgebühr auszugehen. Ein Hauptverhandlungstermin, der ohne Zeugenverneh-

---

[207] Gerold/Schmidt/*Madert*, 17. Aufl. 2006, RVG § 14 Rn. 30.

[208] Gerold/Schmidt/*Madert*, 17. Aufl. 2006, RVG § 14 Rn. 30.

[209] LG Dortmund BeckRS 2006, 06098; LG Göttingen RVGreport 2007, 454 f. mAnm *Burhoff;* LG Saarbrücken RVGreport 2014, 387; AG Saarlouis BeckRS 2013, 22057 = RVGreport 2013, 465 mAnm *Burhoff; Burhoff* RVGreport 2007, 252; → RVG VV Teil 5 Einl. Rn. 20.

[210] *Burhoff* RVGreport 2007, 252; → RVG VV Teil 5 Einl. Rn. 20; sa Leipold Anwaltsvergütung Rn. 495; etwas zurückhaltender Schneider/Wolf/*N. Schneider* RVG VV Teil 5 Vor Rn. 56 ff.; LG Stralsund LSK 2007, 230178; AG Saarbrücken RVGreport 2006, 181; AG München AGS 2005, 430 f.; AG Chemnitz AGS 005, 431 f.; AG Darmstadt AGS 2006, 212 f., jeweils zur Frage der Anforderung eines Vorschusses in Höhe der Mittelgebühr; AG Viechtach BeckRS 2008, 12186 mAnm *Mayer* FD-RVG 2008, 263477; LG Saarbrücken RVGreport 2013, 53; AG Ingolstadt RVGreport 2012, 24; anderer Ansicht LG Landshut BeckRS 2017, 100824 mAnm *Mayer* FD-RVG 2017, 387094.

[211] AG Frankenthal AGS 2005, 293 f.; AG Viechtach AGS 2007, 83 f.; AG Pinneberg AGS 2005, 552 f.; AG Altenburg AGS 2006, 128 f.; AG München AGS 2007, 81 f.

[212] *Burhoff* RVGreport 2006, 252 ff. (253); aA LG Deggendorf RVGreport 2006, 341.

[213] Schneider/Wolf/*N. Schneider* RVG VV Teil 5 Vor Rn. 59; LG Saarbrücken RVGreport 2014, 387.

[214] LG Saarbrücken RVGreport 2013, 53 mAnm *Burhoff.*

[215] LG Hannover RVGreport 2012, 26.

[216] *Burhoff* Anm. zu LG Saarbrücken RVGreport 2014, 387 (388).

mung bereits nach weniger als 15 Minuten beendet wird, ist jedoch auch in einem Bußgeldverfahren als unterdurchschnittlich zu bewerten und rechtfertigt nicht den Ansatz der grds. in Betracht kommenden mittleren Terminsgebühr.[217]

9. Besonderheiten in anderen Angelegenheiten (vor allem bei Regulierung von Verkehrsunfallsachen)

Ist ein Gebührensatz zu bestimmen, so ist der RA nicht an die Mindest-, Höchst- oder Mittelgebühr gebunden. Innerhalb des gesetzlichen Rahmens kann er auch andere Sätze wählen, wovon viel zu wenig Gebrauch gemacht wird. 58

Eine besondere Bedeutung hat die **Regelgeschäftsgebühr.** Der Gesetzgeber hat in der Gesetzesbegründung die Geschäftsgebühr mit dem Gebührensatz von 1,3 mehrfach als „Regelgebühr" bezeichnet.[218] Auch wenn sich die Erwartung, dass die Einführung der Schwellengebühr von 1,3 den Vorteil habe, dass der 1,3-fache Satz regelmäßig anzusetzen sei, also – ähnlich wie bei privatärztlichen Gebührenrechnungen – eine Überprüfung des 1,3-fachen Satzes in der Regel nicht mehr stattfinden werde,[219] in der Praxis nicht in vollem Ausmaß durchgesetzt hat, ist jedoch zumindest eindeutig, dass für durchschnittliche Angelegenheiten eine Geschäftsgebühr mit einem Gebührensatz von 1,3 in der Lit. durchweg bejaht wird.[220] Auch in der Rspr. hat sich die Geschäftsgebühr von 1,3 als „Regelgeschäftsgebühr" überwiegend durchgesetzt, insbes. bei Streitigkeiten um die anwaltliche Vergütung bei Verkehrsunfallregulierungen.[221] Auch der **BGH** hat mittlerweile entschieden, dass es nicht unbillig ist, wenn der RA für seine Tätigkeit bei einem **durchschnittlichen Verkehrsunfall** eine Geschäftsgebühr von 1,3 bestimmt,[222] wobei allerdings der BGH in dem zur Entscheidung anstehenden Sachverhalt auf Grund der besonderen Umstände lediglich eine unterdurchschnittliche anwaltliche Tätigkeit, die mit einer Geschäftsgebühr von 1,0 angemessen honoriert war, angenommen hat.[223] 59

Eine besondere Kategorie stellen auch die **Kartellbußgeldverfahren** dar. Dort kann dem Verteidiger bei Unzumutbarkeit der Wahlverteidigergebühren eine Pauschgebühr bewilligt werden. Bußgeldverfahren, die erstinstanzlich vor dem OLG verhandelt werden, sind iSd § 14 RVG in der Regel bedeutend.[224] Im konkreten Fall ging es um Geldbußen von 18.500.000,– EUR und 350.000,– EUR.[225] 60

10. Geltendmachen der Gebühren

Die Gebühren des RA können in ihrer Höhe streitig werden 61

1. zwischen RA und dem Auftraggeber,
2. zwischen dem Auftraggeber und einem erstattungspflichtigen Gegner und
3. in dem Fall, wenn der Auftraggeber gegen den Gegner einen Anspruch auf Ersatz der Gebühren aus materiellem Recht hat, es sei denn, es wird nur die Mindestgebühr geltend gemacht oder der Auftraggeber hat der Höhe der Gebühr zugestimmt (§ 11 Abs. 8 RVG).

Zu 1: RA gegen Auftraggeber. Der Streit zwischen dem RA und seinem Auftraggeber ist vor dem **Prozessgericht** auszutragen. Eine Festsetzung ist gem. § 11 RVG bei Rahmengebühren ausgeschlossen, es sei denn, es werden nur die Mindestgebühren geltend gemacht oder der Auftraggeber hat der Höhe der Gebühren ausdrücklich zugestimmt.

---

[217] LG Potsdam, RVGreport 2014, 18 mAnm *Burhoff.*
[218] BT-Drs. 15/1971, 207.
[219] Mayer/Kroiß/Teubel/*Teubel,* Das neue Gebührenrecht, 2004, RVG § 4 Rn. 107.
[220] Bischof/*Jungbauer* RVG VV 2300 Rn. 70 mwN; *Mayer* Gebührenformulare Teil 1 § 3 Rn. 132.
[221] AG Aachen JurBüro 2005, 192; AG Bielefeld JurBüro 2005, 193; AG Brilon NJOZ 2005, 2285 ff. mBespr *Mayer* RVG-Letter 2005, 53; AG Chemnitz AGS 2005, 252; AG Delbrück AGS 2005, 248; AG Frankenthal JurBüro 2005, 254; AG Gelsenkirchen AGS 2005, 250; AG Gießen NJOZ 2005, 1230 ff. mBespr *Mayer* RVG-Letter 2005, 33; AG Greifswald NJOZ 2005, 1696 f. mBespr *Mayer* RVG-Letter 2005, 33; AG Hagen JurBüro 2005, 194; AG Heidelberg JurBüro 2005, 254; AG Hof NJOZ 2005, 1693 f. mBespr *Mayer* RVG-Letter 2005, 42; AG Iserlohn JurBüro 2005, 254; AG Kaiserslautern NJOZ 2005, 4845 ff. mBespr *Mayer* RVG-Letter 2005, 52; AG Karlsruhe JurBüro 2005, 194; AG Kelheim JurBüro 2005, 195; AG Kempen AGS 2005, 252; AG Lörrach JurBüro 2005, 255; AG Lüdenscheid JurBüro 2005, 196; AG München JurBüro 2005, 196; AG Neustadt a. d. Saale AGS 2005, 254; AG Pinneberg AGS 2005, 249; AG Saarlouis AGS 2005, 249; AG Singen NJOZ 2005, 1694 ff. mBespr *Mayer* RVG-Letter 2005, 34; AG Würzburg AGS 2005, 247; AG Zweibrücken NJOZ 2005, 2289 mBespr *Mayer* RVG-Letter 2005, 54.
[222] BGH NJW-RR 2007, 420 mAnm *Kääb* FD-StrVR 07, 210180.
[223] *Mayer* Gebührenformulare Teil 1 § 3 Rn. 133.
[224] OLG Düsseldorf BeckRS 2012, 09693 = AGS 2012, 566 mAnm *Mayer* FD-RVG 2012, 332028.
[225] OLG Düsseldorf BeckRS 2012, 09693 = AGS 2012, 566.

Die Bemessung von Rahmengebühren ist vom Revisionsgericht nur daraufhin nachzuprüfen, ob dem Tatrichter ein Rechtsirrtum unterlaufen ist, ob er wesentliche Umstände außer Acht gelassen oder die Grenzen seines Ermessens verkannt hat.[226]

62 **Zu 2: Auftraggeber gegen erstattungspflichtigen Gegner.** Der Streit zwischen dem Auftraggeber und dem erstattungspflichtigen Gegner ist im **Kostenfestsetzungsverfahren** auszutragen. Das Gleiche gilt bei einem Widerstreit zwischen Auftraggeber und Staatskasse in den Fällen des § 467 StPO. Der Rechtspfleger hat die Gebühr nach Grund und Höhe zu überprüfen. Bei Festsetzung der dem beigeordneten RA aus der Landeskasse zu gewährenden Vergütung ist die durch den RA getroffene Bestimmung einer Rahmengebühr für den Urkundsbeamten der Geschäftsstelle bzw. den Rechtspfleger grds. verbindlich. Er kann von ihr nur abweichen, wenn die bestimmte Gebühr unbillig hoch ist.[227]

Der Rechtspfleger hat die Voraussetzungen des § 14 Abs. 1 RVG im Kostenfestsetzungsverfahren auch dann zu prüfen, wenn der erstattungspflichtige Gegner die Höhe der Gebühr nicht beanstandet. Denn ihm obliegt es festzustellen, ob der RA im Einzelfall verdiente Gebühren nach billigem Ermessen bestimmt hat.

Die Kostenfestsetzungsinstanzen sollten sich hüten, unangemessen niedrige Gebühren festzusetzen. Es ist dem Ansehen der Justiz abträglich, wenn im Zivilprozess zwischen RA und dem Auftraggeber festgestellt wird, dass die bei Freispruch des Angeklagten aus der Staatskasse zu erstattenden Beträge unangemessen niedrig festgesetzt worden sind.[228]

63 **Zu 3: Auftraggeber gegen Gegner aus materiellem Recht.** Hat der Auftraggeber des RA gegen seinen Gegner einen Anspruch auf Ersatz der Gebühren und Auslagen, die er seinem RA schuldet, dann muss er beim Bestreiten des Gegners seinen Anspruch im Rechtsstreit gegen den Gegner geltend machen. Das Gericht hat die Gebühren und Auslagen nach Grund und Höhe zu prüfen. Der **Auftraggeber** ist **darlegungs- und beweispflichtig.**

IV. Gutachten des Vorstandes der Rechtsanwaltskammer[229]

1. Allgemeines

64 Nach § 14 Abs. 3 S. 1 RVG hat das Gericht ein Gutachten des Vorstandes der Rechtsanwaltskammer einzuholen, soweit die Höhe der Gebühr streitig ist. Dies gilt auch im Verfahren nach § 495a der ZPO. Im Mahnverfahren hingegen ist kein Gutachten einzuholen.[230] Das Gutachten ist in einem Rechtsstreit zwischen dem RA und seinem Auftraggeber als unmittelbarem Schuldner der Gebühren einzuholen.[231]

Keines Gutachtens bedarf es, wenn der Auftraggeber oder sein RA **gegen den Rechtsschutzversicherer** klagt.[232] Auch im Rechtsstreit mit einem erstattungspflichtigen Dritten muss kein Gutachten eingeholt werden,[233] allerdings kann in diesen Fällen ein Gutachten eingeholt werden.[234] Auch gilt die Verpflichtung des Gerichts, ein Gutachten einzuholen, nicht für das Kostenfestsetzungsverfahren, des Weiteren nicht für das Erinnerungsverfahren. Das Kostenfestsetzungsverfahren ist kein „Prozess".[235]

Damit ist aber nicht gesagt, dass das Gutachten im Kostenfestsetzungsverfahren nicht eingeholt werden sollte. Die Kostenfestsetzungsinstanzen schlagen ein wertvolles Erkenntnismittel aus, wenn sie von der Möglichkeit der Einholung eines Gutachtens keinen Gebrauch machen.

---

[226] BGH NJW 1969, 932 = JurBüro 1969, 413 = MDR 1969, 473.

[227] OLG Zweibrücken JurBüro 1982, 714.

[228] OLG Düsseldorf NJW 1974, 653 mAnm *H. Schmidt.*

[229] *N. Schneider* NJW 2004, 193, Fehler bei der Einholung eines Gebührengutachtens des Kammervorstandes.

[230] Schneider/Wolf/*Onderka/N. Schneider* RVG § 14 Rn. 107.

[231] Mayer/Kroiß/*Winkler* RVG § 14 Rn. 65; Schneider/Wolf/*Onderka/N. Schneider* RVG § 14 Rn. 100; HBS VergütungsR/*Braun/Schneider* Teil 1 Rn. 160; Hartung/Römermann/Schons/*Römermann* RVG § 14 Rn. 95; BFH RVGreport 2006, 20; BVerwG RVGreport 2006, 21; *H. Schmidt* AnwBl 1979, 133; und *Rückert* FS H. Schmidt, 1981, 205 ff., der Gebührenrechtsstreit aus der Sicht des Vorstandes der Rechtsanwaltskammer; aA *Schons* NJW 2004, 1024 (1025); NJW 2005, 3089 (3091).

[232] AG Saarbrücken AGS 2007, 377; HBS VergütungsR/*Braun/Schneider* Teil 1 Rn. 165; Burhoff/Volpert RVG/*Burhoff* Rn. 1752; Mayer/Kroiß/*Winkler* RVG § 14 Rn. 67; Schneider/Wolf/*Onderka/N. Schneider* RVG § 14 Rn. 101.

[233] Mayer/Kroiß/*Winkler* RVG § 14 Rn. 67 mwN; HBS VergütungsR/*Braun/Schneider* Teil 1 Rn. 165; Hartung/Römermann/Schons/*Römermann* RVG § 14 Rn. 96; Schneider/Wolf/*Onderka/N. Schneider* RVG § 14 Rn. 101.

[234] Mayer/Kroiß/*Winkler* RVG § 14 Rn. 67 f.

[235] BVerwG JurBüro 1982, 857 mzustAnm *Mümmler;* OLG Hamm KostRspr ZPO § 104 Nr. 4; OLG Oldenburg NJW 1961, 616.

Der Rechtspfleger, der einen geringeren als den beanspruchten Betrag festsetzen will, sollte das Gutachten einholen. Ebenso sollte das Gericht im Erinnerungsverfahren (evtl. auch in der Beschwerdeinstanz, wenn die erste Instanz das Gutachten nicht eingeholt hat) das Gutachten einholen.[236]

Die Verpflichtung zur Einholung eines Gutachtens der Rechtsanwaltskammer aus § 14 Abs. 3 RVG ist **nicht auf die Bemessung des Gegenstandswerts analog anwendbar.** § 73 Abs. 2 Nr. 8 BRAO begründet lediglich die Zuständigkeit des Vorstands der Rechtsanwaltskammer für die Erstellung von Gutachten im gerichtlichen Auftrag, nicht jedoch die Verpflichtung des Gerichts im Einzelfall ein Gutachten einzuholen.[237]

Strittig ist weiter, ob im Erstattungsprozess gegen die Haftpflichtversicherung nach einer Unfallschadenregulierung hinsichtlich der Angemessenheit der geltend gemachten Geschäftsgebühr ein Kammergutachten einzuholen ist; die hM verneint die Notwendigkeit einer Gutachteneinholung, da auch in diesem Verfahren der Rechtsstreit iSd § 14 Abs. 1 RVG nur das Rechtsverhältnis zwischen Anwalt und Auftraggeber betreffe.[238] Die Gegenansicht steht auf dem Standpunkt, dass auch in Fällen der Verkehrsunfallregulierung die Einholung eines Kammergutachtens geboten sei; das RVG betreffe nicht nur das Verhältnis zwischen Mandant und eigenem Rechtsanwalt, sondern sei auch Grundlage für die Kostenerstattungsansprüche gegenüber einem Dritten.[239]

Der RA, der seinen Gebührenanspruch in einem Rechtsstreit geltend macht, sollte Grund und Höhe seines Gebührenanspruchs **erschöpfend darlegen.** Umstände für die Bemessung einer Rahmengebühr können bei einem Gutachten nur berücksichtigt werden, wenn sich diese aus dem Akteninhalt ergeben oder der RA sie nachprüfbar dargetan hat. Handakten eines RA dürfen nur verwendet werden, wenn diese Teil der Gerichtsakten sind.

2. Rechtsqualität

Das Gutachten der Rechtsanwaltskammer ist kein Sachverständigengutachten iSd § 411 Abs. 1 ZPO.[240] Die Ordnungsmittel der §§ 408, 409 ZPO sind demzufolge unzulässig.[241] Eine mündliche Erläuterung des Gutachtens durch den den Entwurf verfassenden Gebührenreferenten gem. § 411 Abs. 3 ZPO kann nicht erfolgen.[242] Möglich ist aber, dass der Autor des Gutachtenentwurfes stellvertretend für den Kammervorstand bei entsprechender Beauftragung durch diesen vom Gericht angehört wird.[243] **65**

Vielmehr stellt das Gutachten der Rechtsanwaltskammer eine amtliche Auskunft dar.[244]

3. Voraussetzungen

Voraussetzung für die Pflicht, nach § 14 Abs. 3 S. 1 RVG ein Gutachten des Vorstands der Rechtsanwaltskammer einzuholen, ist ein Rechtsstreit, in dem die Höhe der Gebühr streitig ist. **66**

Deshalb ist in folgenden Prozesslagen **kein Gutachten** einzuholen:

– Die Höhe der Gebühr ist unstreitig.[245] Deshalb bedarf es keines Gutachtens, wenn der Auftraggeber lediglich seine Haftung dem Grunde nach leugnet, gegen die betroffene Bestimmung zur Höhe der Vergütung jedoch keine Einwände erhebt[246] oder wenn der Auftragge-

[236] LG Regensburg VersR 1968, 860; AG Straubing VersR 1969, 96; vgl., zu welch fehlerhaftem Ergebnis es führt, wenn die Kostenfestsetzungsinstanzen ohne Gutachten entscheiden, OLG Düsseldorf NJW 1974, 653 mAnm *H. Schmidt*.

[237] BGH BeckRS 2009, 27543.

[238] AG Aachen AGS 2005, 107 ff. mAnm *N. Schneider;* AG Chemnitz AGS 2005, 252 f.; AG Delbrück AGS 2005, 248; AG Essen BeckRS 2005, 13609; AG Gelsenkirchen AGS 2005, 250 f. mAnm *Madert;* AG Würzburg AGS 2005, 247; Schneider/Wolf/*Onderka/N. Schneider* RVG § 14 Rn. 102.

[239] *Schons* NJW 2005, 1024 (1025).

[240] HBS VergütungsR/*Braun/Schneider* Teil 1 Rn. 161 mwN; Mayer/Kroiß/*Winkler* RVG § 14 Rn. 81; Schneider/Wolf/*Onderka/N. Schneider* RVG § 14 Rn. 116.

[241] Mayer/Kroiß/*Winkler* RVG § 14 Rn. 81.

[242] Mayer/Kroiß/*Winkler* RVG § 14 Rn. 81; HBS VergütungsR/*Braun/Schneider* Teil 1 Rn. 162; Schneider/Wolf/*Onderka/N. Schneider* RVG § 14 Rn. 116; OLG Celle NJW 1973, 203 f.

[243] Mayer/Kroiß/*Winkler* RVG § 14 Rn. 81; HBS VergütungsR/*Braun/Schneider* Teil 1 Rn. 162, jeweils unter Berufung auf die Entscheidung BGHZ 62, 93, die jedoch ein Gutachten des Gutachterausschusses nach den §§ 136 ff. BauGB betrifft.

[244] HBS VergütungsR/*Braun/Schneider* Teil 1 Rn. 161; Schneider/Wolf/*Onderka/N. Schneider* RVG § 14 Rn. 116.

[245] Hartung/Römermann/Schons/*Römermann* RVG § 14 Rn. 99; HBS VergütungsR/*Braun/Schneider* Teil 1 Rn. 164.

[246] Schneider/Wolf/*Onderka/N. Schneider* RVG § 14 Rn. 108; HBS VergütungsR/*Braun/Schneider* Teil 1 Rn. 164.

ber gegen die Höhe des Gebührenanspruchs Einwendungen erhebt, die nicht ihren Grund im Vergütungsrecht haben, wie bspw. Erfüllung.[247]
– Ist lediglich die Höhe des Gegenstandswerts streitig, bedarf es ebenfalls nicht der Einholung eines Gutachtens.[248]
– Auch bei Anerkenntnis der Klageforderung muss kein Gutachten eingeholt werden.[249]
– Kein Gutachten ist ferner einzuholen, wenn der RA nur die Mindestgebühr abgerechnet hat.[250]
– Auch dann, wenn die Prozessparteien einen Vergleich schließen, bedarf es keines Gutachtens mehr, die Gebührenhöhe ist dann unstreitig geworden.[251]
– Keines Gutachtens bedarf es ferner auch dann, wenn die Klage des RA unabhängig von der Rechtmäßigkeit seiner Gebührenbestimmung abzuweisen ist, weil das Gericht einen Anspruch bereits dem Grunde nach verneint, bspw. wegen Verjährung, mangelnder Schlüssigkeit oder fehlender Fälligkeit.[252]
– wenn es sich nicht um einen Rechtstreit zwischen dem RA und seinem Auftraggeber handelt; so ist in einem Rechtstreit zwischen dem Kläger und der gem. § 77 EStG erstattungspflichtigen Familienkasse über die Höhe der zu erstattenden Geschäftsgebühr das Gericht nicht verpflichtet, ein Gutachten des Vorstands der Rechtsanwaltskammer einzuholen.[253]

67 **Problematisch** sind insbes. folgende Fälle:
– Wenn die Höhe der Gebühr vom Gegner auf Grund einer Säumnissituation nicht bestritten wird und das Gericht bei der Schlüssigkeitsprüfung der Klage zu der Einschätzung gelangt, dass die geforderte Gebühr unangemessen hoch ist und die Klage daher durch ein unechtes Versäumnisurteil abweisen würde. So wird teilweise vertreten, dass dann, wenn sich der Gegner zur Höhe der Gebühr überhaupt nicht erklärt, es keines Gutachtens bedarf.[254] Sinn und Zweck der Vorschrift, dass das Prozessgericht die Auffassung der Berufsvertretung kennen lernen und sich mit dem vergleichenden Material, das der Rechtsanwaltskammer zur Verfügung steht, vertraut machen soll,[255] sprechen jedoch dafür, dass das Gericht, bevor es die Klage im Wege eines unechten Versäumnisurteils abweisen kann, gehalten ist, das Gutachten gem. § 14 Abs. 3 S. 1 RVG einzuholen.
– Der RA rechnet die sog. Mittelgebühr ab und der Auftraggeber erhebt keine substantiierten Einwendungen dagegen, die einen geringeren Gebührensatz plausibel begründen könnten; auch in diesen Fällen ist ein Gutachten einzuholen, da vom Auftraggeber nicht erwartet werden kann, dass er konkrete Einwände gegen die Gebührenbemessung erhebt.[256]
– Strittig ist, ob ein Gutachten auch dann einzuholen ist, wenn das Gericht ein echtes Versäumnisurteil gegen den Auftraggeber erlassen möchte. Richtiger Auffassung nach ist jedoch in diesem Fall ein Gutachten unnötig.[257]

4. Inhalt des Gutachtens

68 Das Gutachten soll das Gericht in die Lage versetzen, sich mit der Auffassung und dem Sachverstand der Berufsvertretung vertraut zu machen, die auf eine Fülle vergleichbaren Materials zurückgreifen kann.[258]

Inhalt des Gutachtens muss die Antwort auf die Frage sein: Entspricht die von dem RA gem. § 14 Abs. 1 RVG bestimmte Gebühr unter Berücksichtigung aller Umstände billigem Ermessen? Mit „Rechtsstreit" ist nur der Gebührenprozess zwischen dem Anwalt und seinem Auftraggeber zu verstehen. Das Prozessgericht darf im Gebührenprozess kein streitiges Urteil

---

[247] Schneider/Wolf/*Onderka/N. Schneider* RVG § 14 Rn. 108; HBS VergütungsR/*Braun/Schneider* Teil 1 Rn. 164.

[248] HBS VergütungsR/*Braun/Schneider* Teil 1 Rn. 164.

[249] Schneider/Wolf/*Onderka/N. Schneider* RVG § 14 Rn. 110.

[250] Hartung/Römermann/Schons/*Römermann* RVG § 14 Rn. 99; HBS VergütungsR/*Braun/Schneider* Teil 1 Rn. 164; Schneider/Wolf/*Onderka/N. Schneider* RVG § 14 Rn. 108.

[251] Hartung/Römermann/Schons/*Römermann* RVG § 14 Rn. 99.

[252] Hartung/Römermann/Schons/*Römermann* RVG § 14 Rn. 99.

[253] FG München BeckRS 2011, 94810 = DStRE 2012, 685 = RVGreport 2012, 340.

[254] Schneider/Wolf/*Onderka/N. Schneider* RVG § 14 Rn. 110; Hartung/Römermann/Schons/*Römermann* RVG § 14 Rn. 100.

[255] Riedel/Sußbauer/*Fraunholz*, 9. Aufl. 2005, RVG § 14 Rn. 14.

[256] Hartung/Römermann/Schons/*Römermann* RVG § 14 Rn. 100; Schneider/Wolf/*Onderka/N. Schneider* RVG § 14 Rn. 110.

[257] Hartung/Römermann/Schons/*Römermann* RVG § 14 Rn. 100 mwN; Schneider/Wolf/*Onderka/N. Schneider* RVG § 14 Rn. 110; aA Hartmann/Toussaint RVG § 14 Rn. 31.

[258] *Hansens* BRAGO § 12 Rn. 17.

erlassen, ohne zuvor das Gutachten eingeholt zu haben. Dem RA ist daher zu empfehlen, das Gericht auf die Einholung des Gutachtens aufmerksam zu machen. Denn unterbleibt die Einholung, so ist das ein schwerer Verfahrensfehler, der das Berufungsgericht zur Zurückverweisung der Sache gem. § 538 ZPO zwingt.[259]

Das Gericht ist jedoch an das Gutachten nicht gebunden. Es kann von ihm abweichen, sollte dann aber seine Auffassung besonders eingehend begründen.

5. Verfahren

Das Gutachten ist von dem **Vorstand der Anwaltskammer** einzuholen, der der RA angehört. Bei einer bezirksübergreifend tätigen Anwaltsgesellschaft, insbes. einer Anwalts-GmbH mit bundesweitem Filialsystem, ist auf die Kammer abzustellen, der der sachbearbeitende RA angehört.[260] Strittig ist, ob bei einem Wechsel der Kammer diejenige Kammer zuständig ist, der der Anwalt bei Beendigung des Mandats angehört[261] oder ob ausschließlich der Vorstand derjenigen Kammer zuständig ist, dessen Bezirk der Anwalt zum Zeitpunkt der Abrechnung angehörte.[262] **69**

Der Vorstand der Kammer wird in der Regel eines seiner Mitglieder zum Gutachter bestellen. Das Gutachten ist aber vom Vorstand zu unterschreiben, der damit die Verantwortung übernimmt. Keine Partei kann der Verwertung des Gutachtens widersprechen. **Strittig** ist, ob gegen den Gutachter die **Besorgnis der Befangenheit** geltend gemacht werden kann,[263] so dass der vorbereitende Gutachter bei Begründetheit der Befangenheitsvorwürfe vom Vorstand durch ein anderes Mitglied ersetzt werden sollte[264] oder ob dies grds. ausgeschlossen ist.[265] Wird der Einwand der Besorgnis der Befangenheit nach Ablieferung des Gutachtens erhoben, hat ihn das Gericht bei der Würdigung des Gutachtens zu berücksichtigen.[266]

Das Gericht muss dem Vorstand alle Akten und Beiakten zugänglich machen, die der Vorstand nach seinem pflichtgemäßen Ermessen zur Erstellung des Gutachtens benötigt. Kann der Vorstand wegen Unklarheiten des Sachverhalts das Gutachten nicht fertig stellen, muss das Gericht das Erforderliche zur weiteren Sachaufklärung veranlassen.[267] Verweigert der Vorstand die Erstellung des Gutachtens endgültig oder verzögert er die Fertigstellung allzu lange, kann das Gericht die Akten zurückfordern und muss notfalls ohne Gutachten entscheiden.[268]

Da es sich bei dem gem. § 14 Abs. 3 S. 1 RVG eingeholten Gutachten des Vorstands der Rechtsanwaltskammer nicht um ein Sachverständigengutachten im Sinne der §§ 404ff. ZPO handelt, sind Ordnungsmittel gegen den Vorstand der Rechtsanwaltskammer nach den §§ 409, 411 ZPO nicht zulässig,[269]

6. Bindungswirkung

Das Gericht ist an das Gutachten nicht gebunden.[270] Das Gericht sollte aber eine Abweichung vom Gutachten ausreichend nachvollziehbar begründen.[271] **70**

Das Gutachten unterliegt der freien richterlichen Würdigung, allerdings kann das Revisionsgericht das Beurteilungsermessen des Tatrichters nicht in vollem Umfang nachprüfen.[272]

Im Vergütungsrechtsstreit zwischen Anwalt und Auftraggeber besteht aber auch **keine Bindungswirkung** an eine zuvor ergangene Entscheidung in einem Kostenfestsetzungsverfahren.[273]

---

[259] BVerfG AGS 2002, 148 mAnm *Madert,* das Nichteinholen des Gutachtens der Rechtsanwaltskammer gem. § 12 Abs. 2 BRAGO ist eine eindeutige Gesetzesverletzung; OLG Bamberg OLGZ 1976, 351; MDR 1998, 800.

[260] Schneider/Wolf/*Onderka/N. Schneider* RVG § 14 Rn. 114.

[261] So HBS VergütungsR/*Braun/Schneider* Teil 1 Rn. 163.

[262] Schneider/Wolf/*Onderka/N. Schneider* RVG § 14 Rn. 114.

[263] Gerold/Schmidt/*Madert,* 17. Aufl. 2006, RVG § 14 Rn. 37.

[264] So Hartmann/Toussaint/*Toussaint* RVG § 14 Rn. 47.

[265] Mayer/Kroiß/*Winkler* RVG § 14 Rn. 80; vgl. auch BGHZ 62, 93ff. bezogen auf ein Gutachten des Gutachterausschusses nach den §§ 136ff. BBauG.

[266] BGHZ 62, 93ff. (94) bezogen auf ein Gutachten des Gutachterausschusses nach §§ 136ff. BBauG.

[267] Hartmann/Toussaint/*Toussaint* RVG § 14 Rn. 47.

[268] Hartmann/Toussaint/*Toussaint* RVG § 14 Rn. 47.

[269] KG BeckRS 2012, 22423 = RVGreport 2012, 341 = AGS 2012, 599 mAnm *Schneider* NJW-Spezial 12, 763.

[270] Schneider/Wolf/*Onderka/N. Schneider* RVG § 14 Rn. 119; Hartmann/Toussaint/*Toussaint* RVG § 14 Rn. 47; Hartung/Römermann/Schons/*Römermann* RVG § 14 Rn. 108.

[271] Hartmann/Toussaint/*Toussaint* RVG § 14 Rn. 47; Schneider/Wolf/*Onderka/N. Schneider* RVG § 14 Rn. 119.

[272] BGH NJW 2004, 1043ff. mBespr *Mayer* RVG-Letter 2004, 31ff.

[273] AG Dresden AGS 2013, 208.

7. Kosten

71 Nach § 14 Abs. 3 S. 2 RVG ist das Gutachten kostenlos zu erstatten, die Rechtsanwaltskammer erhält somit keine Vergütung, auch keine Auslagenerstattung.[274]

§ 15 Abgeltungsbereich der Gebühren

(1) **Die Gebühren entgelten, soweit dieses Gesetz nichts anderes bestimmt, die gesamte Tätigkeit des Rechtsanwalts vom Auftrag bis zur Erledigung der Angelegenheit.**

(2) **Der Rechtsanwalt kann die Gebühren in derselben Angelegenheit nur einmal fordern.**

(3) **Sind für Teile des Gegenstands verschiedene Gebührensätze anzuwenden, entstehen für die Teile gesondert berechnete Gebühren, jedoch nicht mehr als die aus dem Gesamtbetrag der Wertteile nach dem höchsten Gebührensatz berechnete Gebühr.**

(4) **Auf bereits entstandene Gebühren ist es, soweit dieses Gesetz nichts anderes bestimmt, ohne Einfluss, wenn sich die Angelegenheit vorzeitig erledigt oder der Auftrag endigt, bevor die Angelegenheit erledigt ist.**

(5) [1] **Wird der Rechtsanwalt, nachdem er in einer Angelegenheit tätig geworden ist, beauftragt, in derselben Angelegenheit weiter tätig zu werden, erhält er nicht mehr an Gebühren, als er erhalten würde, wenn er von vornherein hiermit beauftragt worden wäre.** [2] **Ist der frühere Auftrag seit mehr als zwei Kalenderjahren erledigt, gilt die weitere Tätigkeit als neue Angelegenheit und in diesem Gesetz bestimmte Anrechnungen von Gebühren entfallen.** [3] **Satz 2 gilt entsprechend, wenn ein Vergleich mehr als zwei Kalenderjahre nach seinem Abschluss angefochten wird oder wenn mehr als zwei Kalenderjahre nach Zustellung eines Beschlusses nach § 23 Absatz 3 Satz 1 des Kapitalanleger-Musterverfahrensgesetzes der Kläger einen Antrag nach § 23 Absatz 4 des Kapitalanleger-Musterverfahrensgesetzes auf Wiedereröffnung des Verfahrens stellt.**

(6) **Ist der Rechtsanwalt nur mit einzelnen Handlungen oder mit Tätigkeiten, die nach § 19 zum Rechtszug oder zum Verfahren gehören, beauftragt, erhält er nicht mehr an Gebühren als der mit der gesamten Angelegenheit beauftragte Rechtsanwalt für die gleiche Tätigkeit erhalten würde.**

Übersicht

[274] Schneider/Wolf/*Onderka/N. Schneider* RVG § 14 Rn. 120; Hartmann/Toussaint/*Toussaint* RVG § 14 Rn. 47.

I. Allgemeines

1 Aus § 15 RVG ergibt sich, dass ein Wesenszug jeder der in dem RVG vorgesehenen Gebühren ihr Pauschcharakter ist. Im Übrigen regelt § 15 RVG mehrere Fragen, die für alle Gebühren in gleicher Weise zu beantworten sind:
– Die Gebühr gilt die gesamte Tätigkeit ab, für die sie gewährt wird (Abs. 1).
– Der RA kann die Gebühr grds. nur einmal fordern (Abs. 2).
– Abs. 3 regelt die Anwendung verschiedener Gebührensätze auf Teile des Gegenstandes.

– Die vorzeitige Erledigung der Angelegenheit oder des Auftrags lässt die bereits entstandenen Gebühren grds. unberührt (Abs. 4).
– Abs. 5 behandelt die wiederholte Erteilung eines Auftrags in derselben Angelegenheit.
– Der mit mehreren Einzelhandlungen beauftragte RA erhält nicht mehr an Gebühren als der mit einem Gesamtauftrag beauftragte RA (Abs. 6).

1. Begriff der Pauschgebühren

Der **Begriff** Pauschgebühren lässt sich wie folgt umreißen: Die dem Anwalt für seine Berufstätigkeit nach § 612 Abs. 2 S. 2 BGB zustehende „übliche Vergütung" ist der Höhe nach in dem RVG iVm dem Vergütungsverzeichnis gesetzlich in Gebührentatbeständen geregelt, die entweder bestimmte gleichartige Tätigkeiten des Anwalts zur Erfüllung eines Auftrags zu Gruppen zusammenfassen oder einen vom Anwalt zumindest mitverursachten Erfolg beschreiben. 2

Durch die Erfüllung eines solchen Gebührentatbestandes wird jeweils eine Gebühr in der für sie bestimmten Höhe ausgelöst, im Falle einer Rahmengebühr außerdem nach Maßgabe des § 14 RVG.

Die Gebühren entstehen durch jede weitere Erfüllung des Gebührentatbestandes erneut. Gebühren derselben Gebührengruppe, die zunächst nur als Bruchteilsgebühren oder nach einem Teilgeschäftswert entstanden sind, können dadurch zu vollen Gebühren nach dem vollen Geschäftswert, Rahmengebühren können bis zur oberen Grenze des Rahmens anwachsen.

Der RA kann die ihm in derselben Angelegenheit – in gerichtlichen Verfahren in jedem Rechtszug – entstandenen Gebühren einer Gruppe oder eine Erfolgsgebühr nur einmal, berechnet höchstens nach dem vollen Wert der Sache oder der zusammengerechneten Sachen, fordern.[1]

2. Zeitliche Abgrenzung

Die **zeitliche Abgrenzung** der in VV Teil 2–6 RVG enthaltenen Bestimmungen über die Bildung der Gruppen enthält § 15 Abs. 1 RVG. Die in VV Teil 2–6 RVG für die Gruppen vorgesehenen Gebühren entgelten alle gleichartigen Tätigkeiten bzw. den mitverursachten Erfolg von der Erteilung des Auftrags an bis zur Erledigung der Angelegenheit. Soweit nichts anderes bestimmt ist, wird somit durch die Gesamtheit der vorgesehenen Gebühren die gesamte Tätigkeit bzw. der mitverursachte Erfolg des RA in derselben Angelegenheit entgolten. Damit ergänzt § 15 Abs. 1 RVG die Vorschriften der VV Teil 2–6 RVG über die Eingruppierung der anwaltlichen Tätigkeit, die sich in die in VV Teil 2–6 RVG gebildeten Sachgruppen nicht einreihen lassen. Denn wenn der RA eine der in den besonderen Teilen des Vergütungsverzeichnis bestimmten Gebühren verdient hat, so ist diese Gebühr gleichzeitig bestimmt, Tätigkeiten mitabzugelten, die nicht mit einer besonderen Gebühr bedacht sind. 3

3. Soweit nichts anderes bestimmt ist

Soweit nichts anderes bestimmt ist, gelten die Vorschriften des Abs. 1. Die damit vorgesehenen Ausnahmen betreffen Gebühren, die einerseits in derselben Angelegenheit (demselben Rechtszug) mehrmals anfallen können, andererseits nur die Tätigkeiten entgelten, für die sie besonders bestimmt sind. Als Beispiele kommen zB die Bestimmungen der VV 1009, § 17 Nr. 4, 5, § 18 Abs. 1 Nr. 1 RVG in Betracht. 4

II. Dieselbe Angelegenheit

1. Dieselbe Angelegenheit

In derselben Angelegenheit kann der RA nach Abs. 2 die Gebühren nur einmal fordern. Den **Begriff Angelegenheit** erwähnt das RVG zB in den §§ 16–18 Vergütungsverzeichnis; es definiert ihn aber nicht. Es handelt sich um einen **gebührenrechtlichen Begriff,** und er dient gebührenrechtlich zur Abgrenzung desjenigen anwaltlichen Tätigkeitsbereichs, den eine Pauschgebühr abgelten soll.[2] 5

§ 15 Abs. 2 Vergütungsverzeichnis enthält eine Ergänzung des Grundsatzes des Abs. 1, indem er die dem Pauschcharakter entsprechende Einmaligkeit der Gebühr hervorhebt. Dafür, wann dieselbe Angelegenheit und wann verschiedene Angelegenheiten vorliegen, kann keine allgemeine Richtlinie gegeben werden, weil die in Betracht kommenden Lebensverhältnisse vielseitig sind. Das RVG überlässt es der **Rspr. und dem Schrifttum,** die **Abgrenzung im Ein-**

[1] *Chemnitz* FS H. Schmidt, 1981, 1 ff., Anwaltsgebühren als Pauschgebühren.
[2] Hartmann/Toussaint/*Toussaint* RVG § 15 Rn. 10.

zelfall zu finden. Für den in der Praxis wohl häufigsten Fall, dass der RA in einem gerichtlichen oder sonstigen behördlichen Verfahren tätig wird, ist die Angelegenheit im Allgemeinen mit dem Verfahren identisch und insofern ohne besondere Schwierigkeiten abzugrenzen. Für viele Verfahren ist die Abgrenzung besonders vorgeschrieben. Im Allgemeinen wird man unter einer Angelegenheit einen **einheitlichen Lebensvorgang** verstehen können. Solche **einheitlichen Lebensvorgänge sind zB:**

- die Führung eines Rechtsstreits (durch Abs. 2 RVG aF aufgespaltet in einzelne Rechtszüge),[3]
- ein Verwaltungsverfahren,
- die Durchführung einer Sanierung, wenn alle Gläubiger in gleicher Weise angesprochen und behandelt werden sollen (zB durch ein einheitliches Rundschreiben),[4]
- die Erstellung von Geschäftsbedingungen (auch mehrere Entwürfe stellen eine Angelegenheit dar),
- die Beratung vor und bei Abschluss des Vertrags (dagegen zwei Angelegenheiten, wenn nach dem Scheitern eines Planes – Abschluss eines Mietvertrages – ein anderer Plan – Kauf eines Grundstücks – verfolgt wird).[5]

6 Die Angelegenheit ist nicht identisch mit dem **Gegenstand** der anwaltlichen Tätigkeit. Gegenstand ist das Recht oder Rechtsverhältnis, auf das sich die Tätigkeit auf Grund des Auftrags bezieht. In einer Angelegenheit können mehrere Gegenstände behandelt werden.

Beispiel:

In einer Klage (eine Angelegenheit) werden ein Kaufpreis und ein Darlehen (zwei Gegenstände) gefordert.[6]

Eine Angelegenheit liegt vor, wenn in einem Eheverfahren von einem Begehren zu einem anderen Begehren übergegangen wird, also zB von der Nichtigkeitsklage auf den Antrag auf Scheidung der Ehe (oder umgekehrt).[7]

Eine einheitliche Angelegenheit liegt auch vor, wenn der RA in einem Verfahren zwei Personen mit verschiedenen Interessen vertritt. Verteidigt zB der RA in einem Strafverfahren den Ehemann und vertritt er gleichzeitig die Ehefrau als Nebenklägerin gegen den Mitangeklagten, so liegt nur eine einheitliche Angelegenheit vor. Das einheitliche Strafverfahren ist hier ein Bindeglied.[8]

Die Angelegenheit ist auch nicht notwendig identisch mit dem Gegenstand des Auftrags. Ein einheitlicher Auftrag kann mehrere Angelegenheiten umfassen.

Beispiel:

Ein Unfallgeschädigter beauftragt einen RA, ihn in der Strafsache gegen den Schädiger als Nebenkläger zu vertreten und außerdem in einem Zivilprozess den Ersatz des durch den Unfall verursachten Schadens zu fordern (zwei Angelegenheiten).

Andererseits kann der Auftrag auf einen Teil der Angelegenheit beschränkt werden.

Beispiel:

Der RA wird nur mit der Wahrnehmung der Termine zur mündlichen Verhandlung beauftragt.

7 **Formulierung des BGH.** Der BGH[9] formuliert den Begriff Angelegenheit dahin: Die Angelegenheit bedeutet den Rahmen, innerhalb dessen sich die anwaltliche Tätigkeit abspielt, wobei im Allgemeinen der dem Anwalt erteilte Auftrag entscheidet. Als Gegenstand wird das Recht oder Rechtsverhältnis angesehen, auf das sich auftragsgemäß die jeweilige anwaltliche Tätigkeit bezieht.[10] Allerdings relativiert der BGH diese Definition durch die Aussage, dass die

---

[3] Vgl. KG Rpfleger 1979, 434 = JurBüro 1980, 1022, wird der Anwalt im Verfahren der Beschwerde gegen die Anordnung der Gebrechlichkeitspflegschaft tätig und erstreckt er das Rechtsmittel später auf die Erweiterung des Wirkungskreises des Pflegers, so wird er grds. in derselben Angelegenheit iSv § 13 tätig.

[4] BGH NJW 2005, 2927; AGS 2007, 65, soll ein RA mit den Gläubigern eines Unternehmens zum Zwecke der Sanierung Forderungsverzichte aushandeln, so liegt im Verhältnis zu jedem Gläubiger eine Angelegenheit vor, wenn der RA mit jedem sich gesondert auseinandersetzen muss.

[5] LG München II Rpfleger 1968, 239 mzustAnm *Schumann,* bei Mieterhöhungen aus verschiedenen Mietverträgen sind die Gebühren des RA für jeden einzelnen Mieter gesondert abzurechnen.

[6] Riedel/Sußbauer/*Ahlmann* § 15 Rn. 7; BGH JurBüro 1972, 684 = MDR 1972, 765; AnwBl 1984, 501; OLG Hamm JurBüro 1979, 1311.

[7] OLG Hamm MDR 1970, 61 = JurBüro 1969, 1171; KG JurBüro 1969, 1176.

[8] Str.; → Rn. 14.

[9] BGH JurBüro 1972, 684 = MDR 1972, 765; BGH BeckRS 2011, 17991 mAnm *Mayer* FD-RVG 2011, 320339.

[10] BGH AnwBl 1976, 337 = JurBüro 1976, 749, unter einer Angelegenheit ist nach der BRAGO das gesamte Geschäft zu verstehen, das der RA für den Auftraggeber besorgen soll. Ihr Inhalt bestimmt den Rahmen, inner-

Würdigung, ob eine oder mehrere Angelegenheiten vorliegen, vom jeweiligen Einzelfall abhängig und nicht einer generalisierenden Beurteilung zugänglich ist.[11]

So kann man wohl sagen, dass eine Angelegenheit dann vorliegt, wenn drei Voraussetzungen erfüllt sind: ein Auftrag, ein Rahmen der Tätigkeit, innerer Zusammenhang.

Nur wenn diese drei Voraussetzungen vorliegen, liegt eine Angelegenheit vor; fehlt eine der Voraussetzungen, sind mehrere Angelegenheiten gegeben.

Einheitlicher Auftrag. Erste Voraussetzung für das Vorliegen einer Angelegenheit wird im 8
Allgemeinen sein, dass ein **einheitlicher Auftrag** vorliegt.[12]

Ein einheitlicher Auftrag liegt auch dann vor, wenn der RA zu verschiedenen Zeiten beauftragt worden ist, wenn Einigkeit besteht, dass die Ansprüche gemeinsam behandelt werden sollen. Bei einem Auftrag zur Kündigung des Mietverhältnisses und anschließendem Auftrag zur Erhebung der Räumungsklage liegt eine Angelegenheit vor.[13]

Gleicher Rahmen. Notwendig ist weiter: Die Tätigkeit des RA muss sich in dem gleichen 9
Rahmen abspielen. Der Rahmen ist zB gewahrt, wenn der RA verschiedene Ansprüche in einem Brief an den Gegner behandelt oder in einer Klage geltend macht.

Macht der RA in einer Unfallsache für Eheleute Ansprüche an den Haftpflichtversicherer des Schädigers in einem Brief geltend, liegt eine Angelegenheit vor. Macht er seine Ansprüche in getrennten Briefen geltend, liegen zwei Angelegenheiten vor.[14]

Es kommt darauf an, ob sich der RA einen einheitlichen Auftrag oder zwei getrennte Aufträge hat erteilen lassen.[15]

Zu beachten ist aber, dass die Mandanten frei entscheiden können, ob die Ansprüche für jeden von ihnen getrennt oder gemeinschaftlich geltend gemacht werden. Der RA kann nicht ohne entsprechenden Auftrag durch die Art seiner Bearbeitung, zB durch getrennte Aufforderungsschreiben, eine Vermehrung der Angelegenheiten und damit seiner Gebühren erreichen. Geschieht dies aus besonderen Gründen dennoch, so muss der RA auf die gebührenrechtlichen und möglichen erstattungsrechtlichen Folgen hinweisen.[16]

Gleicher Rahmen ist anzunehmen, wenn der RA mit der Geltendmachung unter- 10
schiedlicher Forderungen gegenüber demselben Schuldner beauftragt wird, zB Mietzinsansprüche für mehrere Monate, Zahlungsansprüche aus Kaufvertrag und eine Forderung auf Rückzahlung eines Darlehns.[17]

Anhaltspunkte für denselben Rahmen bieten auch die **Gerichtszuständigkeiten** für das Geltendmachen unterschiedlicher Ansprüche. Andererseits kann gebührenrechtlich **eine** außergerichtliche Angelegenheit noch vorliegen, wenn die beauftragte Tätigkeit Gegenstände umfasst, die gerichtlich in verschiedenen Verfahren geltend gemacht werden müssen (zB wenn der Rechtsanwalt vom Mandanten im engen zeitlichen Zusammenhang zur Trennung und zur Entscheidung, sich scheiden zu lassen, beauftragt wird, ihn gegenüber seinem Ehepartner wegen der finanziellen Folgen von Trennung und Scheidung außergerichtlich zu vertreten und mit ihm eine außergerichtliche Vereinbarung zu treffen).[18]

Die Annahme einer Angelegenheit im gebührenrechtlichen Sinn setzt nicht voraus, dass der Anwalt nur eine **Prüfungsaufgabe** zu erfüllen hat. Von einem einheitlichen Rahmen der anwaltlichen Tätigkeit kann vielmehr grds. auch dann noch gesprochen werden, wenn der Anwalt zur Wahrung der Rechte des Geschädigten **verschiedene,** in ihren Voraussetzungen voneinander abweichende **Anspruchsgrundlagen** zu prüfen bzw. mehrere getrennte Prüfungsaufga-

---

halb dessen der RA tätig wird. Wann eine und wann mehrere Angelegenheiten vorliegen, bestimmt die BRAGO nicht. Die in Betracht kommenden Lebensverhältnisse sind zu vielfältig. Maßgebend muss daher der Inhalt des einzelnen Auftrags sein.

[11] BGH BeckRS 2013, 10416 = AGS 2013, 323; BGH BeckRS 2020, 31070 = JurBüro 2021, 25.

[12] *Mümmler* JurBüro 1978, 335, zwei Angelegenheiten, wenn ein neuer Auftrag nach vollständiger Erledigung des ersten Auftrags erteilt wird; *Mümmler* JurBüro 1981, 1796; BGH NJW 1995, 1431; OLG Düsseldorf AnwBl 1997, 624.

[13] *Madert* AGS 2001, 146, Kündigung eines Mietverhältnisses und anschließender Räumungsprozess; *Hansens* BRAGO § 8 Rn. 6; aA *Enders* JurBüro 1998, 528; *Schneider* MDR 2000, 685; LG Köln MDR 2000, 730; vgl. auch BGH BeckRS 2007, 06636 = NJW 2007, 2050 mAnm *Mayer* FD-RVG 2007, 226639 – Kündigung des Mietverhältnisses und Vertretung bei der Räumungsklage betreffen denselben Gegenstand.

[14] *Madert* ZfS 99, 97; *Schmidt* AnwBl 1973, 333; OLG Frankfurt a. M. MDR 1978, 500 = Rpfleger 1978, 109; LG Flensburg JurBüro 1975, 764; LG Hagen AnwBl 1978, 67; AG Dortmund DAR 1980, 276; AG Karlsruhe AnwBl 1975, 407; AG Weilheim VersR 1978, 678; AG München AGS 1993, 42.

[15] LG Detmold JurBüro 1981, 214.

[16] BGH AnwBl 2004, 251; AGS 2004, 145; FamRZ 2004, 535; NJW 2004, 1043.

[17] Mayer/Kroiß/*Winkler* RVG § 15 Rn. 11.

[18] BGH BeckRS 2020, 31070 = JurBüro 2021, 25 mAnm *Mayer* FD-RVG 2020, 434204.

ben zu erfüllen hat. Für die Annahme eines einheitlichen Rahmens der anwaltlichen Tätigkeit ist es grds. ausreichend, wenn die verschiedenen Gegenstände als in dem Sinne einheitlich vom Anwalt bearbeitet werden können, dass sie **verfahrensrechtlich zusammengefasst bzw. in einem einheitlichen Vorgehen geltend gemacht werden können.** Deshalb können getrennt erfolgte Abmahnungen wegen der Verletzung des allgemeinen Persönlichkeitsrechts durch Wort- und Bildberichterstattung gebührenrechtlich dieselbe Angelegenheit betreffen.[19]

11 Ein **einheitlicher Auftrag** kann auch dann vorliegen, wenn der Anwalt **von mehreren Mandanten** beauftragt wird, wobei ggf. durch Auslegung ermittelt werden muss, ob der Anwalt für die verschiedenen Auftraggeber gemeinsam oder für jeden von ihnen gesondert tätig werden soll.[20] Auch wenn zwei verschiedene Prozessaufträge an verschiedenen Tagen erteilt werden und formal zwei Aufträge vorliegen, kann es sich nach dem BGH im gebührenrechtlichen Sinne um ein gemeinsames Vorgehen handeln mit der Folge, dass nur eine Angelegenheit vorliegt.[21] So ist nach dem BGH gebührenrechtlich dieselbe Angelegenheit gegeben, wenn Gesellschafter eines geschlossenen Immobilienfonds einen RA beauftragen, den Initiator gemeinsam zu verklagen, auch wenn die Klageaufträge einzeln und zeitlich versetzt erteilt werden.[22] Entsprechendes gilt nach dem BGH, wenn die Gesellschafter den Anwalt nacheinander beauftragten, gegen das klageabweisende erstinstanzliche Urteil Berufung einzulegen.[23]

12 **Innerer Zusammenhang.** Schließlich ist Voraussetzung für das Vorliegen einer Angelegenheit, dass die verschiedenen Gegenstände innerlich zusammengehören. Die **innerliche Zusammengehörigkeit** ergibt sich ua aus der Frage, ob die verschiedenen Gegenstände im Falle gerichtlicher Geltendmachung in einem Verfahren verfolgt werden können.[24]

Beispiele:

- wenn sich der RA in einer Unfallsache zunächst an den Kaskoversicherer und später an den Haftpflichtversicherer wendet.[25]

- Das Gleiche gilt, wenn sich der RA in einer Verkehrsschadenssache **zunächst an den Haftpflichtversicherer** des Schädigers wendet **und später** den **Schädiger** allein verklagt.[26]
- Die **anwaltliche Unfallschadensregulierung** und die **jährliche Neuberechnung und Geltendmachung der Unterhaltsrente** in den folgenden Jahren sind gebührenrechtlich verschiedene Angelegenheiten. Es kommt dabei nicht darauf an, ob der Auftrag zu dieser Tätigkeit dem Anwalt zu Beginn seiner Tätigkeit erteilt worden ist oder jedes Jahr neu erteilt wird. Die Klägerin verstößt nicht gegen ihre Schadensminderungspflicht, wenn sie ihren Anwalt mit der jährlichen Neuberechnung der Unterhaltsansprüche beauftragt.[27]
- Andererseits ändert das nichts an dem Vorliegen einer Angelegenheit, wenn ein **Unfallgeschädigter aus dem Unfallereignis verschiedene Ansprüche,** wie Ersatz des Sachschadens und des Schmerzensgeldes, herleitet. Auch der Umstand, dass sich die Verhandlungen

---

[19] BGH BeckRS 2009, 18042 mAnm *Mayer* FD-RVG 2009, 284716.
[20] BGH BeckRS 2011, 17991 = NJW 2011, 3167 mAnm *Mayer* FD-RVG 2011, 320339.
[21] BGH BeckRS 2011, 17991 = NJW 2011, 3167 mAnm *Mayer* FD-RVG 2011, 320339.
[22] BGH NJW 2014, 2126 = BeckRS 2014, 10646 = AGS 2014, 263.
[23] BGH NJW 2014, 2126 = BeckRS 2014, 10646 = AGS 2014, 263.
[24] *Schmidt* AnwBl 1973, 333, Anwaltsgebühren für die Vertretung mehrerer Unfallgeschädigter; OLG Frankfurt a. M. MDR 1978, 500 = Rpfleger 1978, 109; OLG Düsseldorf AnwBl 1983, 31, die Fertigung gleichlautender Abmahnungen wegen einer gleichartigen Wettbewerbsverletzung an viele rechtlich selbständige Unternehmen eines Konzerns sind Tätigkeiten des Anwalts mit verschiedenen Gegenständen in derselben Angelegenheit; LG Bayreuth JurBüro 1989, 1675, kein innerer Zusammenhang zwischen den einzelnen Gegenständen, wenn eine Stadt aufgefordert wird, ihrer Verpflichtung im Bereich der Sozialfürsorge für eine Unterbringung des obdachlosen Mandanten nachzukommen, zugleich die von der Stadt geltend gemachten Schadensersatzansprüche, die aus einem früheren Mietverhältnis zwischen dem Mandanten und der Stadt herrühren, zurückgewiesen werden; s. aber auch BGH BeckRS 2020, 31070 = JurBüro 2021, 25.
[25] OLG Zweibrücken AnwBl 1968, 363; AG Lippstadt AnwBl 1966, 405 u. 67.
[26] *Schmidt* AnwBl 1975, 222; aA *Klimke* AnwBl 1975, 220.
[27] OLG Hamm AGS 2000, 218 mAnm *Madert;* OLG Zweibrücken JurBüro 1978, 1550; LG Neubrandenburg JurBüro 1996, 640; AG Siegburg AGS 2003, 235 mAnm *Schneider* = VersR 2004, 396; LG Kleve AnwBl 1981, 509; *Schütt* JurBüro 1999, 72. Die vom BGH (JurBüro 1995, 362) abw. vertretene Ansicht ist nicht anzuwenden. Dort ist ein gesamter Schadensersatzanspruch verhandelt worden. So hat der BGH dort auch ausgeführt, dass „die Dinge anders zu beurteilen wären, wenn die Schadensregulierung irgendwann zu einem Abschluss gekommen wäre und die Anwälte danach nur noch in den jeweiligen Jahren neu entstehenden Verdienstausfall geltend gemacht hätten".

mit der Haftpflichtversicherung über mehrere Jahre hingezogen haben, führt nicht zum Vorliegen mehrerer Angelegenheiten.[28]

- Vertritt ein RA den aus einer Lebensversicherung Begünstigten gegenüber dem Nachlasspfleger und dem Nachlassinsolvenzverwalter, die die Versicherungssumme für den Nachlass des Versicherungsnehmers beanspruchen, und gegenüber den Kindern und einzigen Erben des Versicherungsnehmers, die die Versicherungssumme für sich begehren, so liegen gebührenrechtlich zwei Angelegenheiten vor.[29]
- **Abmahnschreiben und Abschlussschreiben in Wettbewerbssachen** sind keine einheitliche Angelegenheit iSd § 15 Abs. 2 RVG. Die durch das Abmahnschreiben ausgelöste Gebühr ist auf das nachfolgende Verfahren (Verfügungsverfahren oder Hauptsacheverfahren) gem. VV Teil 3 Vorb. 3 Abs. 4 RVG anzurechnen. Durch das Abschlussschreiben wird eine selbständige Gebühr aus VV 2300 RVG ausgelöst, die ggf. im Hauptprozess anzurechnen, dagegen nicht Teil des Verfügungsverfahrens ist[30] (→ RVG Anh. II Rn. 190 ff.).
- Dagegen sind **mehrere Abmahnschreiben** an verschiedene Gegner eine Angelegenheit mit mehreren Gegenständen.[31]
- Das BVerfG vertritt die Auffassung, dass die **Verbindung mehrerer gleichgelagerter Verfassungsbeschwerden** und die gemeinsame Entscheidung über sie die mehreren Verfassungsbeschwerden nicht zu einer Angelegenheit zusammenfasst.[32]

Weitere **Beispiele** zur Frage des Vorliegens derselben Angelegenheit.[33] 13

2. Gerichtliches Verfahren, bürgerliche Rechtsstreitigkeiten

a) Gerichtliches Verfahren. Wird der RA in einem gerichtlichen Verfahren tätig, so ist **jeder Rechtszug** eine besondere Angelegenheit. Sind mehrere Personen als Kläger oder Beklagte in einem Rechtsstreit beteiligt, so ist nicht erforderlich, dass die von ihnen oder gegen sie erhobenen Ansprüche gleichartig sind. Auch bei Verbindung ungleichartiger Ansprüche liegt eine Angelegenheit vor, wenn die Ansprüche in einem Rechtsstreit geltend gemacht werden. 14

Ein **Parteiwechsel** innerhalb eines Rechtszugs begründet selbst dann nicht verschiedene Angelegenheiten, wenn der RA nur die beiden wechselnden Beklagten vertritt und er den Auftrag zur Vertretung des neuen Beklagten erst nach dem Ausscheiden des alten erhalten hat[34] (→ RVG VV 1008 Rn. 104).

So liegt zB eine Angelegenheit vor, wenn der RA im Verfahren der einstweiligen Verfügung den Auftraggeber im Widerspruchsverfahren als Partei und in einem zweiten Widerspruchsverfahren als Nebenintervenienten vertritt.[35]

Wird dem früheren Prozessbevollmächtigten nach Verweisung des Rechtsstreits an ein anderes Gericht die Ausführung der Parteirechte vor diesem Gericht übertragen, so erwachsen ihm hierfür gem. § 20 S. 1 RVG nicht noch einmal die Gebühren.[36]

b) Bürgerliche Rechtsstreitigkeiten und ähnliche Verfahren. Für bürgerliche Rechtsstreitigkeiten und ähnliche Verfahren ist in einer Reihe von Vorschriften zusätzlich bestimmt, was als besondere Angelegenheit anzusehen ist, zB in § 17 Nr. 5 RVG das ordentliche Verfahren nach Abstandnahme vom Urkunden- und Wechselprozess und in § 17 Nr. 4 RVG das Verfahren bei Arresten und einstweiligen Verfügungen. In § 19 RVG ist geregelt, was zum Rechtszug gehört, also keine besondere Angelegenheit bildet, § 18 Abs. 1 Nr. 1 ff. RVG bestimmt, was in der Zwangsvollstreckung eine besondere Angelegenheit bildet und wo das nicht der Fall ist. Für bürgerliche Rechtsstreitigkeiten und ähnliche Verfahren gilt also der **Grundsatz,** dass dieselbe Angelegenheit stets dann vorliegt, wenn der Auftrag Tätigkeiten betrifft, die zu dem gleichen Rechtszug gehören und die nicht ausdrücklich als besondere Angelegenheit bezeichnet worden sind, auch wenn der Auftrag von mehreren Auftraggebern erteilt und der Gegenstand verschieden ist. 15

---

[28] BGH ZfS 1995, 191 = VersR 1995, 980.

[29] OLG München AnwBl 1980, 504, richtiger ist wohl: drei Angelegenheiten; BGH RVGreport 2005, 332, wird ein RA beauftragt, mit den Gläubigern des Unternehmens zum Zwecke der Sanierung Forderungsverzichte auszuhandeln, so entsteht für den Auftrag jedem Gläubiger gegenüber eine Gebührenangelegenheit, sobald der RA sich mit diesem gesondert auseinandersetzen muss.

[30] OLG Hamburg MDR 1981, 944; BGH NJW 2008, 1744 mAnm *Mayer* FD-RVG 2008, 257912.

[31] OLG Düsseldorf BB 1983, 1440.

[32] AnwBl 1976, 163.

[33] → Rn. 30 ff.

[34] BGH NJW 2007, 769.

[35] KG JurBüro 1969, 974.

[36] OLG Hamburg MDR 1986, 596.

3. Zwangsversteigerung und Zwangsverwaltung

16 Bei Zwangsversteigerungs- und Zwangsverwaltungsverfahren ist entscheidend, ob die Aufträge mehrerer Beteiligter das gleiche gerichtliche Verfahren betreffen. Das Rechtsmittelverfahren bildet auch hier eine besondere Angelegenheit.

Vertritt der RA zwei Beteiligte mit dem gleichen Ziel (also zB zwei antragstellende Gläubiger), erhält er nur eine einheitliche Gebühr aus den zusammengerechneten Werten. Einzelheiten vgl. VV 3311, 3312 RVG.[37]

4. Strafsachen

17 In Strafsachen ist das gleiche **Strafverfahren stets die gleiche Angelegenheit. VV 1008 RVG ist also anzuwenden, wenn der RA in dem gleichen Strafverfahren mehrere Privatkläger,** Nebenkläger oder andere Verfahrensbeteiligte[38] vertritt. Ob die Interessen der von dem RA vertretenen Personen in verschiedene Richtungen gehen, ist unerheblich. Vertritt zB der RA einen Angeklagten, um dessen Freisprechung zu erreichen und einen Nebenkläger, um die Verurteilung eines Mitangeklagten herbeizuführen, so ist VV 1008 anwendbar. Es liegt das gleichzeitige Tätigwerden in einer Strafsache für zwei Auftraggeber vor. Der RA erhält deshalb nur eine – allerdings nach VV 1008 Anm. Abs. 3 RVG erhöhte – Vergütung.[39]

Teilweise wird allerdings eine abweichende Meinung vertreten. So sollen zwei Angelegenheiten vorliegen, wenn die Interessen der Auftraggeber auseinandergehen: der RA verteidigt den Ehemann und vertritt gleichzeitig die Ehefrau als Nebenklägerin gegen einen Mitangeklagten.[40]

Diese Auffassung steht jedoch im Widerspruch zu § 17 Nr. 1 RVG, der bestimmt, dass in gerichtlichen Verfahren jeder Rechtszug eine Angelegenheit ist.

Ist der Angeklagte gleichzeitig Nebenkläger und wird er durch einen RA vertreten, dann übt der Anwalt eine Doppelfunktion aus, nämlich als Verteidiger und Nebenklägervertreter. Auch hier verbindet das einheitliche Strafverfahren zwei verschiedene Gegenstände zu einer Angelegenheit. Der Anwalt hat daher nur Anspruch auf eine Gebühr je Rechtszug.[41]

Die für die Doppelfunktion aufgewendete Mehrarbeit rechtfertigt eine Erhöhung der Gebühren innerhalb des Rahmens gem. § 14 RVG.[42]

18 Dieselbe Instanz eines Strafverfahrens verkörpert gebührenrechtlich dieselbe Angelegenheit, auch wenn ihm unterschiedliche prozessuale Taten und damit Verfahrensgegenstände zugrunde liegen; entsprechendes gilt regelmäßig für die Tätigkeit des Verteidigers in dem zivilrechtlich geprägten **Adhäsionsverfahren,** das einen „aus der Straftat" erwachsenen Anspruch betrifft und aus prozessökonomischen Gründen als Annex an das Strafverfahren angegliedert ist. Auch insoweit liegt lediglich eine gebührenrechtliche Angelegenheit vor, wobei es nicht darauf ankommt, wie viele Adhäsionskläger im Adhäsionsverfahren auftreten und wie viele Ansprüche insoweit erhoben werden.[43]

19 Auch **bei mehreren Tatvorwürfen** liegt gebührenrechtlich nur eine Angelegenheit vor, wenn die Ermittlungen in einem (polizeilichen) Verfahren betrieben werden (hier: polizeilicher Sammelvorgang mit den als Untervorgängen bezeichneten Strafanzeige).[44]

5. Sonstige Angelegenheiten

20 Soweit es sich um sonstige Angelegenheiten iSd VV Teil 2 Abschn. 3 RVG handelt, ergeben sich bei der Abgrenzung des Begriffs derselben Angelegenheit keine größeren Schwierigkeiten. VV 1008 RVG ist anzuwenden; dh dass der RA, der in derselben Angelegenheit für mehrere Auftraggeber tätig wird, die Geschäftsgebühr nur einmal erhält.

6. Verfahren der freiwilligen Gerichtsbarkeit

21 Auch bei einer Tätigkeit vor **Gerichten der freiwilligen Gerichtsbarkeit, gilt § 15 Abs. 2 RVG.** Wird zB der RA von den Vormündern zweier Mündel beauftragt, die vormund-

---

[37] *Mümmler* JurBüro 1972, 753.

[38] OLG Düsseldorf BeckRS 2009, 26520 mAnm *Mayer* FD-RVG 2009, 291759.

[39] Madert Rechtsanwaltsvergütung Rn. 265; LG Bayreuth JurBüro 1971, 426; LG Krefeld AnwBl 1979, 79 = Rpfleger 1978, 462 = DAR 1979, 143.

[40] LG Göttingen NdsRpfl. 1966, 95; LG Hildesheim AnwBl 1966, 168; LG Ulm AnwBl 1960, 99; *Schneider* Anm. zu LG Krefeld KostRspr BRAGO § 6 Nr. 3.

[41] Madert Rechtsanwaltsvergütung Rn. 265a.

[42] LG Krefeld KostRspr BRAGO § 6 Nr. 3; LG Freiburg AnwBl 1982, 390.

[43] OLG Düsseldorf RVGreport 2014, 277 mAnm *Burhoff.*

[44] KG AGS 2013, 407.

schaftsgerichtliche Genehmigung für den Verkauf eines Grundstücks einzuholen, welches beiden Mündeln gemeinsam gehört, so liegt eine einheitliche Angelegenheit vor, wenn das Gesuch in einem Auftrag an dasselbe Familiengericht gestellt wird. Dagegen liegen verschiedene Angelegenheiten vor, wenn der eine Genehmigungsantrag an das Amtsgericht A und der andere an das Amtsgericht B gestellt werden muss.

Soweit es sich in den Angelegenheiten der freiwilligen Gerichtsbarkeit um gerichtliche Verfahren handelt, bildet gem. § 17 Nr. 1 RVG jeder Rechtszug eine besondere Angelegenheit.

7. Verwaltungsverfahren

Nach § 17 Nr. 1a RVG sind das Verwaltungsverfahren und das Verwaltungsverfahren, das der Nachprüfung des Verwaltungsaktes dient, zwei Verfahren. 22

Problematisch sind **parallele Verwaltungsverfahren.** In gerichtlichen Angelegenheiten stellen mehrere parallele Verfahren stets auf verschiedene Angelegenheit iSd § 17 Nr. 1 RVG dar.[45] Auch der BGH geht von diesem Grundsatz aus, regelmäßig ist das gerichtliche Verfahren in einem Rechtszug eine Angelegenheit, in einem gerichtlichen Verfahren werde der für die Bejahung einer Angelegenheit notwendige Zusammenhang grds. schon dadurch hergestellt, dass das Gericht von einer Trennung der Verfahren wegen ihres Sachzusammenhangs absieht oder bei zwei ursprünglich getrennten Verfahren wegen ihres Sachzusammenhangs eine Verbindung herbeiführt.[46] Insbesondere die Sozialgerichtsbarkeit tut sich mit diesem eindeutigen Grundsatz, dass jedes gerichtliche Verfahren eine eigenständige gerichtliche Angelegenheit darstellt, schwer.[47] So wird eine Ausnahme von dem Grundsatz der Identität von Klageverfahren und Angelegenheit zB bei Individualansprüchen nach dem SGB II gemacht, wenn mehrere Aufträge verschiedener Auftraggeber vorliegen, die identische Leistungszeiträume betreffen und es sich um eine Bedarfsgemeinschaft handelt, die ein einheitliches Ziel hat, das wiederum auf einem einheitlichen Lebenssachverhalt beruht.[48] 23

Der Grundsatz, dass jedes gerichtliche Verfahren in einem Rechtszug nur eine Angelegenheit ist, ist auch auf Verwaltungs- und Widerspruchsverfahren zu übertragen. Zu weitgehend ist daher die Auffassung des BSG, dass, wenn die Aufhebung und Erstattung individueller SGB II-Ansprüche in getrennten Bescheiden erfolgt, gegen die selbständige Widersprüche eingelegt worden sind und für die dem bevollmächtigten RA jeweils gesonderte Vollmachten erteilt wurden, gleichwohl nur eine Angelegenheit vorliegt, wenn die Widerspruchsverfahren auf einem vollständig einheitlichen Lebenssachverhalt, nämlich der zeitgleichen Aufhebung der Bewilligung von Leistungen zur Sicherung des Lebensunterhalts für sämtliche Mitglieder der Bedarfsgemeinschaft aus einem alleinigen „Rechtwidrigkeitsgrund" beruhen.[49]

8. Vorbereitungshandlungen, Abwicklungs- und Nebentätigkeiten

Vorbereitungshandlungen rechnen zu der Angelegenheit, soweit dafür **kein besonderes Verfahren** nötig ist. 24

Auch **Abwicklungstätigkeiten** gehören zu der Angelegenheit, falls kein besonderes Verfahren beschritten werden muss, zB Erwirkung einer weiteren beglaubigten Abschrift des behördlichen Bescheids.

Dasselbe gilt für **Nebentätigkeiten,** zB die Beschaffung von Beweismitteln und die Beratung des Auftraggebers.

9. Nicht vor Behörden vorzunehmende Tätigkeiten

Für **andere** als vor Gericht oder vor Behörden vorzunehmende Tätigkeiten kommt es auf den **Inhalt des Auftrags** an. Jeder Auftrag ist bis zu seiner Ausführung dieselbe Angelegenheit. Wird ein Auftrag gleichen Inhalts von mehreren Personen erteilt, so ist VV 1008 RVG anzuwenden. Nicht entscheidend ist aber der vom Auftraggeber erstrebte Erfolg. ZB ist ein Auftrag, den Schuldner zu freiwilliger Leistung zu veranlassen, gegenüber dem später erteilten Auftrag, die Forderung einzuklagen, eine besondere Angelegenheit. Das folgt auch daraus, dass nach VV Teil 3 Vorb. 3 Abs. 4 RVG die Geschäftsgebühr für eine Tätigkeit außerhalb eines gerichtli- 25

[45] Schneider/Wolf/*N. Schneider* RVG § 15 Rn. 86; VGH Kassel JurBüro 2017, 309 = BeckRS 2017, 107717 mAnm *Mayer* FD-RVG 2017, 388955.

[46] BeckRS 2016, 06844 mAnm *Mayer* FD-RVG 2016, 377616.

[47] BayLSG BeckRS 2012, 73343 mAnm *Mayer* FD-RVG 2012, 337664; LSG Thüringen BeckRS 2018, 17452 mAnm *Mayer* FD-RVG 2018, 407818.

[48] BayLSG BeckRS 2016, 73906 mAnm *Mayer* FD-RVG 2016, 383972.

[49] BSG BeckRS 2014, 69660 = RVGreport 2014, 341 = AGS 2014, 458 mAnm *Mayer* FD-RVG 2014, 359322; vgl. auch OLG Brandenburg BeckRS 2019, 481 mAnm *Mayer* FD-RVG 2019, 414116.

chen Verfahrens auf die entsprechenden Gebühren für ein anschließendes gerichtliches Verfahren anzurechnen ist. Ist von vornherein der Auftrag erteilt, die Leistung, falls der gütliche Versuch misslingt, durch Klage geltend zu machen, so liegen im Zweifel zwei Aufträge vor, ein unbedingter auf Verhandlungen gem. VV 2300 RVG und ein – durch das Scheitern dieser Handlungen – bedingter zur Prozessführung.

Ist ein RA allgemein damit **beauftragt, alle Rechtsangelegenheiten** eines Auftraggebers wahrzunehmen, zB die eines kaufmännischen oder industriellen Unternehmens, so ist jeder Einzelauftrag als besondere Angelegenheit anzusehen, zB jede Kündigung, jede Mahnung, jeder Vertragsentwurf.

10. Wechsel des Auftraggebers

26 Die Angelegenheit bleibt dieselbe, wenn an die Stelle des Auftraggebers dessen **Gesamtrechtsnachfolger** tritt/treten. Der Gebührenanspruch entsteht nicht neu.[50]

Dagegen beginnt eine neue Angelegenheit, wenn nach dem Ausscheiden des Auftraggebers der **Einzelrechtsnachfolger** den Auftrag erteilt. Die Gebühren entstehen neu.[51]

Vertritt der RA aber mehrere Auftraggeber und **tritt** nun bei einem Teil der Einzelrechtsnachfolger **dem Auftrag bei,** bleibt die Angelegenheit die gleiche. Die Fortdauer des Auftrags der übrigen Auftraggeber stellt die Verbindung zwischen den Aufträgen her.[52]

Auch wenn im Prozess auf der **Klägerseite** ein **Parteiwechsel** stattfindet, entstehen dem Prozessbevollmächtigten des Beklagten die Gebühren nur einmal.

Wird der RA vom unfallgeschädigten Kraftfahrer und dessen Beifahrer gemeinsam zur Geltendmachung von Ersatzansprüchen beauftragt und macht er diese Ansprüche auch einheitlich geltend, dann handelt es sich um dieselbe Angelegenheit; wird er getrennt beauftragt und macht er die Ansprüche getrennt geltend, liegen zwei Angelegenheiten vor.[53]

11. Mehrere Rechtsanwälte

27 Werden mehrere Rechtsanwälte in derselben Angelegenheit tätig, wie zB bei Anwaltswechsel, so gilt § 15 Abs. 2 RVG für jeden RA besonders. Jeder RA kann also durch seine Tätigkeit die gleichen Gebühren nochmals verdienen, die ein anderer RA bereits verdient hat. Für die Erstattungspflicht der Gegenpartei gilt § 91 Abs. 2 S. 2 ZPO.

12. Sämtliche Gebühren

28 Sämtliche Gebühren, die im besonderen Teil für eine Tätigkeit in derselben Angelegenheit vorgesehen sind, kann der gleiche RA **nur einmal** fordern. Als Beispiele seien die Gebühren nach VV 3100, 3104 RVG genannt, also die Verfahrens- und Terminsgebühr und die in VV 1000, 1003 RVG geregelte Einigungsgebühr. Der gleiche RA kann in bürgerlichen Rechtsstreitigkeiten und in ähnlichen Verfahren im Grundsatz höchstens fünf Gebührentatbestände verwirklichen (in 1. und 2. Instanz). Ausnahmen gelten nur kraft besonderer Bestimmung (vgl. § 17 Nr. 5 RVG).

Verwandte Gebühren kann der RA nur einmal fordern.

Beispiel:

Der Prozessbevollmächtigte wird Verkehrsanwalt.

Der RA kann die Gebühr nur einmal – entweder als Verfahrensgebühr oder als Verkehrsgebühr (VV 3400 RVG) – fordern (die Wahlmöglichkeit ist wichtig für die Erstattungsfähigkeit)[54] → RVG VV 3400 Rn. 90 ff.; → RVG VV 3401 Rn. 85 ff.

Aus dem Umstand, dass der RA jede Gebühr nur einmal fordern kann, folgt nicht, dass die Gebühr nur einmal – mit der ersten Tätigkeit – entsteht. Die **Gebühr entsteht** vielmehr mit jeder Tätigkeit, für die sie bestimmt ist, **neu.** Mit jeder Prozesstätigkeit entsteht die Verfahrensgebühr, mit jeder Verhandlung die Terminsgebühr. Dies wird wesentlich, wenn zB vor einer Unterbrechung entstandene Gebühren verjährt sind. Wird der RA nach der Aufnahme erneut

[50] OLG München MDR 1961, 699; OLG Nürnberg MDR 1962, 226.

[51] OLG Stuttgart JurBüro 1982, 551 mAnm von *Mümmler,* Vertritt ein RA in demselben Rechtsstreit nacheinander mehrere Personen als Kläger, so wird er nicht in derselben Angelegenheit tätig. Deshalb steht ihm sowohl gegen den ausgeschiedenen als auch gegen den neu eingetretenen Kläger ein selbständiger Gebührenanspruch zu; OLG Köln JurBüro 2006, 249, ist im Falle des Parteiwechsels der erste Beklagte bereits aus dem Rechtsstreit ausgeschieden, bevor der neue Beklagte denselben RA mandatiert, dann handelt es sich für diesen um zwei gebührenrechtliche Angelegenheiten.

[52] BGH MDR 1979, 39 = BB 1979, 76.

[53] Mayer/Kroiß/*Winkler* RVG § 15 Rn. 8; OLG Frankfurt a. M. MDR 1978, 500 = Rpfleger 1978, 109.

[54] Vgl. Erläuterungen → RVG VV 3400 Rn. 83.

tätig, kann er die neu entstandenen Gebühren als unverjährt fordern. Die Frage wird weiter für die Kostenerstattung wesentlich, wenn innerhalb eines Rechtszugs gegensätzliche Kostenentscheidungen ergehen.[55]

13. Teilgebühren

Auch Teilgebühren, dh solche Gebühren, die auf Bruchteile der vollen Gebühr bemessen werden, können nur einmal berechnet werden. **29**

III. Einzelfälle

1. Abmahn- und Abschlussschreiben

Abmahnschreiben und späteres Abschlussschreiben sind **verschiedene Angelegenheiten;** das Abmahnschreiben schafft das Rechtsschutzinteresse für die einstweilige Verfügung, das Abschlussschreiben des Gläubigers und die dann folgende Abschlusserklärung des Unterlassungsschuldners machen einen vorläufigen EV-Titel zu einem vollwertigen Titel der Hauptsache.[56] Das Abschlussschreiben gehört zum Hauptsacheverfahren und stellt sich im Verhältnis zum Eilverfahren, dem die Abmahnung zuzuordnen ist, als eigenständige Angelegenheit dar.[57] **30**

2. Abtretung

Der gemeinsame Prozessbevollmächtigte des Klägers und des dem Rechtsstreit zum Zwecke des Vergleichsschlusses beitretenden Zedenten der streitgegenständlichen Forderung ist für beide Auftraggeber in derselben Angelegenheit tätig.[58] **31**

3. Akteneinsicht

Die Akteneinsicht ist als Vorbereitungshandlung einzuordnen und rechnet mangels abweichender gesetzlicher Regelung zur Hauptangelegenheit, stellt somit keine besondere Angelegenheit dar.[59] **32**

4. Anhörungsrüge

Die Anhörungsrüge zählt zum Rechtszug und löst keine weitere Vergütung aus, § 19 Abs. 1 S. 2 Nr. 5 RVG.[60] **33**

5. Anrechnung

Soweit eine Anrechnung vorgeschrieben wird, liegt stets eine besondere Angelegenheit vor. Für jede Angelegenheit ist daher zunächst nach ihrem Gegenstand gesondert die Gebühren und Auslagen zu berechnen, dem Anwalt steht jedoch nur der nach der Anrechnung verbleibende Betrag zu.[61] **34**

6. Arbeitslosengeld

Nach einer Auffassung soll es sich um dieselbe Angelegenheit handeln, wenn sich ein Ratsuchender gegen die Ablehnung der Arbeitslosenhilfe und gegen die Rückforderung von Arbeitslosengeld wendet.[62] Dies ist jedoch unzutreffend, zumindest dann, wenn zwei verschiedene Verwaltungsverfahren vorliegen.[63] **35**

7. Arbeitsrecht

Unter dem Stichwort Arbeitsrecht werden im Zusammenhang mit dem Begriff der Angelegenheit vielfach Fragestellungen erörtert, die zwar in ihrem wirtschaftlichen Ergebnis sich ähneln, die jedoch anderen Problembereiche, nämlich reine Streitwertfragen oder die Frage, wieviel Gegenstände vorliegen, betreffen. Zutreffend in diesem Zusammenhang ist zunächst die Aussage, dass dann, wenn der Arbeitnehmer anwaltlich vertreten gegen die Kündigung des Ar- **36**

---

[55] *Chemnitz* FS H. Schmidt, 1981, 1 ff.; *Schmidt* AnwBl 1979, 382; *Schmidt* abl. Anm. zu OLG München AnwBl 1977, 111.

[56] Bischof/*Bischof* RVG § 15 Rn. 31; Mayer/Kroiß/*Winkler* RVG § 15 Rn. 75.

[57] BGH BeckRS 2008, 05989 mAnm *Mayer* FD-RVG 2008, 257912.

[58] OLG Nürnberg BeckRS 2008, 02123 mAnm *Mayer* FD-RVG 2008, 255264; Mayer/Kroiß/*Winkler* RVG § 15 Rn. 16; Hartmann/Toussaint/*Toussaint* RVG § 15 Rn. 32.

[59] Hartmann/Toussaint/*Toussaint* RVG § 15 Rn. 32.

[60] LSG NRW BeckRS 2010, 68740 = AGS 2010, 422; Mayer/Kroiß/*Winkler* RVG § 15 Rn. 17a; *Hartmann/Toussaint* RVG § 15 Rn. 23.

[61] Hartmann/Toussaint/*Toussaint* RVG § 15 Rn. 32.

[62] AG Mainz FHZivR 36 Nr. 9596.

[63] Mayer/Kroiß/*Winkler* RVG § 15 Rn. 18.

beitgebers durch Kündigungsschutzklage vorgeht und sich der Anwalt auftragsgemäß zugleich außergerichtlich mit der Gegenseite über eine einvernehmliche Auflösung des Arbeitsverhältnisses verhandelt, dieselbe Angelegenheit gegeben ist.[64]

37 Zutreffend ist auch, dass die **Klage auf Fortbestand eines Anstellungsverhältnisses und gleichzeitige (außergerichtliche) Vergleichsverhandlungen** über rückständige Vergütung zwei verschiedene Angelegenheiten sind.[65] Auch **behördliche Zustimmungs- und Zulassungsverfahren** sowie **Kündigung** bzw. **Kündigungsabwehr** sind verschiedene Angelegenheiten.[66] Ebenso sind die **Anhörung des Betriebsrats** zur Kündigung eines Arbeitnehmers und der **Ausspruch der Kündigung** gebührenrechtlich zwei verschiedene Angelegenheiten.[67] Unzutreffend ist jedoch die Auffassung, wonach der Feststellungsantrag eines Betriebsrats zur fehlenden Anwendbarkeit einer Betriebsvereinbarung und Antrag zur Unterlassung der Durchführung der Vereinbarung gebührenrechtlich eine Angelegenheit darstellt.[68] Denn wie sich aus der zugrundeliegenden Entscheidung des LAG RhPf ergibt, hatte der Betriebsrat die Feststellung, dass eine bestimmte Betriebsvereinbarung im Betrieb nicht mehr anwendbar ist, und die Verpflichtung des Arbeitsgebers, deren Durchführung zu unterlassen, im Wege der Anspruchshäufung in einem Beschlussverfahren geltend gemacht. Da es sich um einheitliches Verfahren handelte, lag selbstverständlich nur eine Angelegenheit vor, und nach Auffassung des LAG RhPf ein einheitlicher, nicht vermögensrechtlichen Streitgegenstand.[69] Problematisch ist auch die Aussage, dass die anwaltliche Beratung zur Ausübung des Widerrufs einer Aufhebungsvereinbarung und die anschließende hierauf gestützte Klage auf Fortbestand eines Arbeitsverhältnisses gebührenrechtlich dieselbe Angelegenheit seien.[70] Denn richtiger Auffassung nach handelte es sich bei der außergerichtlichen Tätigkeit im Zusammenhang mit dem **Widerruf der Aufhebungsvereinbarung** und mit dem anschließend geführten Verfahren auf Fortbestand des Arbeitsverhältnisses um zwei verschiedene Angelegenheiten, allerdings mit demselben Gegenstand.[71] Zumindest missverständlich ist ebenfalls die Aussage, dass mehrere Kündigungen auf verschiedenen Zugangswegen und ordentliche Kündigungen, die von außerordentlichen Kündigungen mit umfasst seien, dieselbe Angelegenheit sind.[72] Zutreffend ist es jedoch, bei dem vom LAG Köln entschiedenen Fall der Frage nachzugehen, ob durch die auf verschiedenen Zugangswegen zugegangenen Kündigungen jeweils streitwerterhöhend waren. Denn es ging um einen Rechtsstreit, der somit evident eine Angelegenheit bildete, und der mehrere Gegenstände umfasste. Kein Problem des Begriffs der Angelegenheit, sondern die Frage, ob im Rahmen der Prozesskostenhilfevergütung nach § 55 RVG zu berücksichtigen ist, dass mehrere Forderungsklagen auch im Wege subjektiver Klagehäufung hätten geltend gemacht werden können, zeigt sich in der Entscheidung des LAG München[73]

8. Ärztliche Schlichtungsstelle

38 Die außergerichtliche Geltendmachung von Ansprüchen in Arzthaftungssachen und die Tätigkeit im Verfahren vor einer ärztlichen Schlichtungsstelle sind verschiedene Angelegenheiten.[74]

9. Asylverfahren

39 Verschiedenen Angelegenheiten liegen vor, wenn es sich um mehrere Verfahren eines Bewerbers oder mehrerer Bewerber, auch mehrerer Familienmitglieder) handelt.[75]

---

[64] AG Mettmann JurBüro 1992, 321; Mayer/Kroiß/*Winkler* RVG § 15 Rn. 19; Schneider/Wolf/*N. Schneider* RVG § 15 Rn. 42.

[65] LG Bonn AGS 2004, 194; Mayer/Kroiß/*Winkler* RVG § 15 Rn. 19; Hartung/Schons/Enders/*Enders* RVG § 15 Rn. 48, der insoweit missverständlich von „zwei völlig unterschiedlichen Gegenständen" spricht.

[66] Mayer/Kroiß/*Winkler* RVG § 15 Rn. 19; *Schneider* AGS 2010, 313, *Enders* JurBüro 2008, 393 zur Zustimmung des Integrationsamts.

[67] *Enders* JurBüro 2008, 505; Hartung/Schons/Enders/*Enders* RVG § 15 Rn. 51.

[68] Mayer/Kroiß/*Winkler* RVG § 15 Rn. 19 unter Hinweis auf LAG RhPf RVGreport 2009, 480 = NZA-RR 2009, 332.

[69] LAG RhPf NZA-RR 2009, 332.

[70] LAG Köln RVG Report 2007, 457 f. = BeckRS 2007, 47217; Mayer/Kroiß/*Winkler* RVG § 15 Rn. 19.

[71] Zutr. *Hansens* RVGreport 2007, 458.

[72] Mayer/Kroiß/*Winkler* RVG § 15 Rn. 19 unter Hinweis auf LAG Köln BeckRS 2011, 72754.

[73] BeckRS 2010, 65344 mAnm *Mayer* FD-RVG 2010, 302487.

[74] *Enders* JurBüro 2008, 225; Hartung/Schons/Enders/*Enders* RVG § 15 Rn. 59; aA AG Wiesbaden JurBüro 2009, 190.

[75] Hartmann/Toussaint/*Toussaint* RVG § 15 Rn. 32 mwN; Mayer/Kroiß/*Winkler* RVG § 15 Rn. 22; aA LG Osnabrück – die Beratung mehrerer Familienmitglieder in einem Verfahren auf Duldung nach rechtskräftigem

10. Aufenthaltsermittlung

Keine besondere Angelegenheit, der Prozessauftrag umfasst sie mit.[76] 40

11. Auftragserweiterung

Wird der Anwalt zunächst für einen bestimmten Teilbereich beauftragt und erweitert der Auftraggeber den Auftrag später, so liegt insgesamt nur eine Angelegenheit vor.[77] 41

12. Auskunft

Auskunftsverlangen und anschließende Aufforderung zur Leistung sind eine Angelegenheit, wenn der Auftrag zum stufenweisen Vorgehen erteilt worden war.[78] War der Anwalt dagegen zunächst nur mit dem Auskunftsbegehren beauftragt und wird er erst nach Erteilung der Auskünfte mit der Einforderung der Leistung beauftragt, liegen zwei Angelegenheiten vor, da dann der erste Auftrag bereits erledigt war, bevor der zweite Auftrag erteilt wurde.[79] 42

13. Baugenehmigung

Ist der Anwalt damit beauftragt, die Baugenehmigung für ein Vorhaben zu beantragen und gleichzeitig mit beteiligten Dritten, etwa Nachbarn, wegen Zustimmungserklärungen oder Verzicht auf eine Grunddienstbarkeit zu verhandeln, ist nur eine Angelegenheit gegeben.[80] Zutreffend ist allerdings der Einwand, dass dies nur dann gelten kann, wenn der Verzicht auf die Grunddienstbarkeit in einem Zusammenhang mit dem Bauvorhaben steht,[81] weil nur dann von einem einheitlichen Auftrag gesprochen werden kann. 43

Verschiedene Angelegenheiten liegen hingegen vor, wenn die Baurechtsbehörde die Baugenehmigung verweigert und der Auftraggeber die Behörde vor dem Verwaltungsgericht verklagen muss,[82] da nach § 17 Nr. 1a RVG das Verwaltungsverfahren und das Vorverfahren und das gerichtliche Verfahren jeweils verschiedene Angelegenheiten sind.

14. Befangenheitsantrag

Der Befangenheitsantrag gehört zum Rechtszug, § 19 Abs. 1 S. 2 Nr. 3 RVG, das Beschwerdeverfahren hingegen ist eine neue Angelegenheit.[83] 44

15. Beratungshilfe

Der gebührenrechtliche Begriff der Angelegenheit iSd § 15 RVG ist auch für die Bestimmung des Begriffs der Angelegenheit iSd Beratungshilfegesetzes Grundlage für die Festsetzung der Vergütung.[84] Die **Anzahl der erteilten Beratungshilfescheine** hingegen ist für die gebührenrechtliche Bewertung der Anzahl der „Angelegenheiten", **ohne Bedeutung.**[85] 45

Erhebliche praktische Bedeutung hat die **Beratungshilfe bei der Beratung von Trennungs- und Scheidungsfolgen.** Nach einer Auffassung ist auf die Definition der Angelegenheit in §§ 16 ff. RVG zurückzugreifen, somit sind die Regelungen für die Zeit der Trennung vor Rechtskraft der Scheidung einerseits und die Scheidungssache mit den Folgensachen iSd § 16 Nr. 4 RVG andererseits somit jeweils eine Angelegenheit.[86] Nach anderer Auffassung betrifft § 16 Nr. 4 RVG lediglich das gerichtliche Verbundverfahren und erfasst nicht die vorgelagerte außergerichtliche Beratungshilfe in Scheidungs- und Folgesachen, auch ist nach dieser Auffassung § 16 Nr. 4 RVG nicht entsprechend anzuwenden; dies führt dazu, dass bei einer Beratungshilfetätigkeit für die Scheidung und deren Folgen auch dann von gebührenrechtlich verschiedenen Angelegenheiten auszugehen ist, wenn diese später im gerichtlichen Verbund-

---

Abschluss des Asylverfahrens stellt anwaltsgebührenrechtlich nur eine, mehrere Gegenstände betreffende Angelegenheit dar, für die der RA nur eine Gebühr nach § 132 Abs. 2 BRAGO ohne Erhöhung gem. § 6 BRAGO geltend machen kann, JurBüro 1999, 248.

[76] Hartmann/Toussaint/*Toussaint* RVG § 15 Rn. 32.

[77] Schneider/Wolf/*N. Schneider* RVG § 15 Rn. 45.

[78] Schneider/Wolf/*N. Schneider* RVG § 15 Rn. 46.

[79] Schneider/Wolf/*N. Schneider* RVG § 15 Rn. 46.

[80] Schneider/Wolf/*N. Schneider* RVG § 15 Rn. 47.

[81] So Mayer/Kroiß/*Winkler* RVG § 15 Rn. 24.

[82] Hartmann/Toussaint/*Toussaint* RVG § 15 Rn. 32.

[83] Mayer/Kroiß/*Winkler* RVG § 15 Rn. 25.

[84] OLG Köln NJOZ 2011, 458; OLG Brandenburg BeckRS 2009, 27557.

[85] OLG Köln NJOZ 2011, 458; Mayer/Kroiß/*Winkler* RVG § 15 Rn. 27; Hartmann/Toussaint/*Toussaint* RVG § 15 Rn. 32.

[86] OLG Stuttgart BeckRS 2006, 12351 mit Bespr. *Mayer* RVG Letter 2006, 130 ff.; OLG Brandenburg BeckRS 2009, 277557.

verfahren geltend zu machen wären.[87] Überwiegend werden in der Rspr.[88] **vier Komplexe** unterschieden, nämlich 1. Scheidung als solche, 2. Angelegenheiten im Zusammenhang mit dem persönlichen Verhältnis zu den Kindern (Personensorge, Umgangsrecht), 3. Angelegenheiten im Zusammenhang mit der Ehewohnung und dem Hausrat und 4. Finanzielle Auswirkung von Trennung und Scheidung (Unterhaltsansprüche, Güterrecht und Vermögensauseinandersetzung). Nach dem OLG Düsseldorf[89] begründete ein Berechtigungsschein betreffend die anwaltliche Beratungshilfe für „Trennung und alle daraus resultierenden Angelegenheiten" den Vergütungsanspruch des Rechtsanwalts gegen die Staatskasse nicht nur für eine Angelegenheit, sondern begründete Gebührenansprüche für **bis zu acht Angelegenheiten** (hier: Beratungshilfe für Trennungsunterhalt, Versorgungsausgleich, Vermögensauseinandersetzung, Scheidung, Besuchsrecht bei den Kindern, elterliche Sorge und Hausrat. Die Geltendmachung von Kindesunterhalt und die Regelung des Umgangsrechts bei einem nichtehelichen Kind seien kostenrechtlich nicht eine Angelegenheit.[90] Der überwiegenden Auffassung in der Rspr., dass von vier typisierten Komplexen auszugehen ist, hat sich das OLG Düsseldorf mittlerweile angeschlossen.[91] Das OLG Hamm unterscheidet sechs verschiedene beratungsrechtliche Angelegenheiten im Zusammenhang mit der Beendigung der Ehe, in dem es nämlich im Komplex finanzielle Auswirkungen von Trennung und Scheidung, noch zwischen Unterhaltssachen, Versorgungsausgleichssachen sowie dem Güterrecht unterscheidet, die im Regelfall jeweils als eigenständige Angelegenheiten bewertet werden sollen.[92]

16. Berichtigungsbegehren

46 Ein Berichtigungs- und ein Unterlassungsbegehren sind verschiedene Angelegenheiten.[93]

17. Besoldungssachen

47 Verschiedene Angelegenheiten sind die Neuberechnung der Besoldung und eine Rückforderung.[94]

18. Bruchteilseigentum

48 Nehmen zwei Kläger aufgrund eines notariellen Kaufvertrages die Beklagte auf Auflassung „zu je hälftigen Miteigentum" gerichtlich in Anspruch und werden sie von einem gemeinsamen Prozessbevollmächtigten vertreten, liegt eine Angelegenheit mit mehreren Gegenständen vor.[95]

19. Bußgeldverfahren

49 In der Lit. war umstritten, ob das Verfahren vor der Verwaltungsbehörde und das anschließende Verfahren vor dem Amtsgericht zwei unterschiedliche Angelegenheiten sind mit der Folge, dass die Kostenpauschale zweimal anfällt.[96] Der BGH hat die Streitfrage, ob das Ordnungswidrigkeitenverfahren vor der Verwaltungsbehörde und das anschließende Verfahren vor dem Amtsgericht zwei unterschiedliche Angelegenheiten iSv § 15 Abs. 2 S. 1 RVG sind, dahin-

[87] OLG Düsseldorf BeckRS 2008, 22172 mAnm *Mayer* FD-RVG 2008, 270140; OLG Frankfurt a. M. BeckRS 2009, 26382 mAnm *Mayer* FD-RVG 2009, 290784.

[88] OLG Nürnberg NJW 2011, 3108; OLG Celle BeckRS 2011, 18918 mAnm *Sarres* Fam-FR 2011, 372; OLG Koblenz BeckRS 2011, 28631; OLG Stuttgart BeckRS 2012, 22641 mAnm *Mayer* FD-RVG 2012, 339839; OLG Schleswig BeckRS 2013, 09394 = RVGreport 2013, 340 mAnm *Mayer* FD-RVG 2013, 347015; OLG Frankfurt a. M. BeckRS 2014, 16739 = AGS 2014, 530 mAnm *Mayer* FD-RVG 2014, 361758; LG Dessau-Roßlau AGS 2014, 39; OLG München BeckRS 2015, 05916 mAnm *Mayer* FD-RVG 2016, 369320 s. ferner auch § 44 Rn. 7; daß das Tatbestandsmerkmal der Angelegenheit gemäß § 15 II und das der Angelegenheit iSv § 2 I 1 BerHG unterschiedliche Sachverhalte betreffen und nicht einheitlich auszulegen sind betont BGH BeckRS 2020, 31070 = JurBüro 2021, 25.

[89] OLG Düsseldorf BeckRS 2012, 22128.

[90] LG Mönchengladbach BeckRS 2008, 26402 mAnm *Mayer* FD-RVG 2009, 273178.

[91] BeckRS 2016, 15174 mAnm *Mayer* FD-RVG 2016, 380779.

[92] BeckRS 2016, 11374 mAnm *Mayer* FD-RVG 2016, 379451.

[93] VGH München BeckRS 2011, 48450; Mayer/Kroiß/*Winkler* RVG § 15 Rn. 28.

[94] Hartmann/Toussaint/*Toussaint* RVG § 15 Rn. 32; Mayer/Kroiß/*Winkler* RVG § 15 Rn. 30; aA Schneider/Wolf/*N. Schneider* RVG § 15 Rn. 69.

[95] OLG Koblenz BeckRS 2009, 05759 = AGS 2009, 160; aA – nicht dieselbe Angelegenheit – Mayer/Kroiß/*Winkler* RVG § 15 Rn. 32.

[96] Dafür Mayer/Kroiß/*Rohn,* 5. Aufl. 2012, RVG § 17 Rn. 66; Mayer/Kroiß/*Winkler,* 5. Aufl. 2012, RVG § 15 Rn. 30; aA Gerold/Schmidt/*Müller-Rabe,* 20. Aufl. 2012, RVG § 17 Rn. 62.

gehend entschieden, dass es sich um dieselbe Angelegenheit handelt, sodass die Telekommunikationspauschale nach VV 7002 RVG nur einmal gefordert werden kann.[97] Allerdings gilt diese Auffassung nur für das alte Recht, denn durch das 2. KostRMoG[98] wurde eine neue Nr. 11 in § 17 RVG eingeführt die bestimmt, dass das Bußgeldverfahren vor der Verwaltungsbehörde und das nachfolgende gerichtliche Verfahren verschiedene Angelegenheiten sind, sodass auch die Auslagenpauschale 2-mal berechnet werden kann.[99]

Nicht formell verbundene Bußgeldverfahren sind für den Verteidiger, der in beiden Verfahren den Betroffenen vertritt, zwei gesonderte gebührenrechtliche Angelegenheiten. Die Verfahren sind solange selbständige Angelegenheiten, wie sie nicht formell verbunden sind. Eine gemeinsame Terminierung bewirkt noch keine Verbindung.[100]

20. Drittschuldner

Verschiedene Angelegenheiten liegen vor, wenn sich der Anwalt an mehrere unterschiedlich residierende Drittschuldner wendet.[101] **50**

21. Ehescheidung

Beim Übergang vom Aufhebungs- zum Scheidungsantrag ebenso wie bei wechselseitigen Scheidungsanträgen liegt dieselbe Angelegenheit vor, bei getrennt eingereichten Scheidungsanträgen jedoch erst ab deren Verbindung.[102] Wird ein Scheidungsantrag zurückgenommen und später erneut die Scheidung beantragt, liegen zwei verschiedene Angelegenheiten vor, es kommt nicht darauf an, ob seit Rücknahme des ersten Scheidungsantrags bis zur Einreichung des neuen Scheidungsantrags mehr als zwei Kalenderjahre vergangen sind.[103] **51**

Wird der Rechtsanwalt vom Mandanten im engen zeitlichen Zusammenhang zur Trennung und zur Entscheidung, sich scheiden zu lassen, beauftragt, ihn gegenüber seinem Ehepartner wegen der finanziellen Folgen von Trennung und Scheidung außergerichtlich zu vertreten und mit ihm eine außergerichtliche Vereinbarung zu treffen, kann er nach dem BGH in einer gebührenrechtlichen Angelegenheit tätig sein, wenn er außergerichtlich Verhandlungen mit dem Verfahrensbevollmächtigten des Ehepartners führt; einer solchen Wertung steht nicht entgegen, dass die beauftragte Tätigkeit Gegenstände umfasst, welche in gerichtlichen verschiedenen Verfahren hätten geltend gemacht werden müssen.[104] **51a**

22. Verfahren auf Anordnung oder Wiederherstellung der aufschiebenden Wirkung/Abänderung oder Aufhebung

Nach § 16 Nr. 5 RVG handelt es sich bei einem Verfahren im vorläufigen Rechtsschutz nach § 80 Abs. 5 VwGO und im Abänderungsverfahren nach § 80 Abs. 7 VwGO um dieselbe Angelegenheit, sodass die Gebühren nach § 15 Abs. 2 RVG nur einmal gefordert werden können. Welche Auswirkung diese Regelung hat bei unterschiedlichen Kostenentscheidungen im Ausgangsverfahren und im Abänderungsverfahren, ist in der **Rspr. umstritten.** Nach einer Auffassung kann der Rechtsanwalt, der bereits im Verfahren nach § 80 Abs. 5 VwGO tätig geworden ist, für das Abänderungsverfahren nach § 80 Abs. 7 VwGO zwar dort erst-mals angefallene Kosten, nicht aber erneut die Verfahrensgebühr nach VV 3100 RVG beanspruchen sowie eine weitere Auslagenpauschale für Post- und Telekommunikationsdienstleistungen.[105] Nach **zutreffender Auffassung** jedoch werden die Gebühren jeweils sowohl im Anordnungs- als auch im Abänderungsverfahren **jeweils gesondert ausgelöst** und der Grundsatz der Einmalvergütung führt lediglich zu einer Deckelung der Anwaltsgebühren, sondern sagt nichts darüber aus, wer für diese Gebühren erstattungspflichtig ist. Somit kann bei unterschiedlichen Kostengrundentscheidungen jeder Beteiligte aus der ihm günstigen Kostenentscheidung vom Gegner **52**

---

[97] BGH BeckRS 2013, 01444 mAnm *Mayer* FD-RVG 2013, 342236.
[98] BGBl. 2013 I 2586.
[99] BT-Drs. 17/11471 (neu), 267.
[100] LG Potsdam RVGreport 2014, 68 = JurBüro 2013, 587.
[101] Hartmann/Toussaint/*Toussaint* RVG § 15 Rn. 32.
[102] Mayer/Kroiß/*Winkler* RVG § 15 Rn. 34.
[103] AG Ludwigshafen, BeckRS 2016, 16042 = AGS 2016, 509 mAnm *Schneider* NzFam 2016, 902.
[104] BGH BeckRS 2020, 31070 = MDR 2021, 61 [15] mAnm *Mayer* FD-RVG 2020, 434209.
[105] VGH München NJW 2007, 2715; VG Sigmaringen BeckRS 2011, 49583 = AGS 2011, 230; VG Münster BeckRS 2014, 51104 = AGS 2014, 329; VG Düsseldorf BeckRS 2014, 55233 = AGS 2014, 530 mAnm *Mayer* FD-RVG 2014, 361759; VG Minden BeckRS 2015, 48910.

Kostenerstattung bis zur Höhe der ihm insgesamt – einmalig – in beiden Verfahren erwachsenen Kosten verlangen.[106]

23. Einstweilige Anordnung/Verfügung

53 Die außergerichtliche Tätigkeit vor einem Verfahren des einstweiligen Rechtsschutzes und diejenige vor einem nachfolgenden Hauptsacheverfahren stellen regelmäßig verschiedene Angelegenheiten dar, so dass jeweils eine Geschäftsgebühr ausgelöst wird.[107]

24. Enteignung

54 Dieselbe Angelegenheit liegt vor, soweit der Anwalt über die **Zulässigkeit der Enteignung und zugleich** über die **Höhe einer etwaigen Enteignungsentschädigung** verhandelt.[108] Bei der Tätigkeit eines Rechtsanwalts im Rahmen freihändiger Erwerbsverhandlungen sowie in dem nachfolgenden Besitzeinweisungs- und Enteignungsverfahren hingegen handelt es sich nicht um dieselbe Angelegenheit.[109]

25. Erbrecht

55 Die **Vertretung im Erbscheinverfahren und die anschließende Auseinandersetzung** mit der Gemeinschaft sind zwei Angelegenheiten.[110] Gleiches gilt bei Anfechtung des Erbvertrages und nachfolgender Klage.[111] Ist der Anwalt beauftragt, den Nachlass auseinanderzusetzen, die Nachlassverbindlichkeiten zu erfüllen, rückständige Steuererklärungen abzugeben und die Erbschaftsteuer zu begleichen, liegt nur eine Angelegenheit vor.[112]

26. Ermittlungsverfahren

56 Solange keine Verbindung erfolgt, ist jedes Ermittlungsverfahren eine eigene Angelegenheit.[113]

27. Erziehungsgeld

57 Hat der Anwalt den Auftrag erhalten, die Rechtsfrage betreffend die Gewährung von Erziehungsgeld für zwei Kinder zu klären und durchzusetzen, handelt es sich um eine Angelegenheit.[114]

28. Familiensachen

58 → § 16 Rn. 16 ff.

29. Flurbereinigung

59 Die Widersprüche gegen die Wertermittlung (§ 27 FlurbG) und gegen den Flurbereinigungsplan (§ 58 FlurbG) sind gebührenrechtlich als dieselbe Angelegenheit anzusehen.[115] Dagegen handelt es sich bei dem Widerspruch gegen die Anordnung der vorzeitige Ausführung des Flurbereinigungsplans (§ 63 FlurbG) um eine besondere Angelegenheit.[116]

30. Gerichtsstandbestimmungsverfahren

60 Wird der Antrag auf Bestimmung des zuständigen Gerichts abgelehnt, handelt es sich bei dem Verfahren kostenrechtlich um eine besondere Angelegenheit.[117]

---

[106] VG Stuttgart BeckRS 2014, 52810 mAnm *Mayer* FD-RVG 2014, 35981; VG Magdeburg BeckRS 2015, 40851 mAnm *Mayer* FD-RVG 2015, 365977; VG Karlsruhe BeckRS 2016, 42581; OVG Münster BeckRS 2017, 101920 mAnm *Mayer* FD-RVG 2017, 387435.

[107] Mayer/Kroiß/*Winkler* RVG § 15 Rn. 35, dazu, dass Hauptsacheverfahren und Verfahren des vorläufigen Rechtsschutzes verschiedene Angelegenheiten sind, vgl. auch BayLSG BeckRS 2011, 68657 mAnm *Mayer* FD-RVG 2011, 315015.

[108] Hartmann/Toussaint/*Toussaint* RVG § 15 Rn. 32; Mayer/Kroiß/*Winkler* RVG § 15 Rn. 36.

[109] KG BeckRS 2009, 22122 = JurBüro 2009, 642.

[110] Schneider/Wolf/*N. Schneider* RVG § 15 Rn. 52.

[111] Mayer/Kroiß/*Winkler* RVG § 15 Rn. 37.

[112] Schneider/Wolf/*N. Schneider* RVG § 15 Rn. 52; Mayer/Kroiß/*Winkler* RVG § 15 Rn. 37.

[113] LG Hamburg AGS 2008, 545; Schneider/Wolf/*N. Schneider* RVG § 15 Rn. 54; Mayer/Kroiß/*Winkler* RVG § 15 Rn. 38.

[114] Schneider/Wolf/*N. Schneider* RVG § 15 Rn. 55; Mayer/Kroiß/*Winkler* RVG § 15 Rn. 39.

[115] *Wilgoss* JurBüro 1999, 407 ff.; Mayer/Kroiß/*Winkler* RVG § 15 Rn. 41; Hartmann/Toussaint/*Toussaint* § 15 Rn. 32.

[116] *Wilgoss* JurBüro 1999, 407 ff.

[117] OLG Celle NJW-RR 2010, 143; Mayer/Kroiß/*Winkler* RVG § 15 Rn. 44.

Mit der durch das 2. KostRMoG[118] eingeführten Regelung **§ 16 Nr. 3a RVG** hat der Gesetzgeber die umstrittene Rechtsfrage dahingehend entschieden, dass das Gerichtsstandbestimmungsverfahren mit dem betroffenen Verfahren immer dieselbe Angelegenheit bildet.[119] Nach dem neuen § 16 Nr. 3a RVG ist das Verfahren zur Bestimmung des zuständigen Gerichts und das Verfahren, für das der Gerichtsstand bestimmt werden soll, auch dann dieselbe Angelegenheit, wenn das Verfahren zur Bestimmung des zuständigen Gerichts vor Klageerhebung oder Antragstellung endet, ohne dass das zuständige Gericht bestimmt worden ist. Dies erschien dem Gesetzgeber schon deshalb sachgerecht, weil bereits bei Beginn eines Verfahrens feststehen sollte, ob es sich hierbei um eine besondere oder um dieselbe Angelegenheit handelt. Für den Aufwand des Anwalts werde es in der Regel keinen Unterschied machen, ob das Verfahren zur Bestimmung des Gerichtsstands vor oder nach Klageerhebung oder Antragstellung durchgeführt werde.[120]

31. Güteverfahren und vergleichbare Verfahren

Diese sind nach § 17 Nr. 7 RVG verschiedene Angelegenheiten; dies gilt auch für das 61
Schlichtungsverfahren iSv § 15a Abs. 3 EGZPO.[121]

32. Hebegebühr

Der Vergütungstatbestand VV 1009 RVG bildet eine besondere Angelegenheit.[122] Darüber 62
hinaus ist auch jeder Auszahlungsvorgang eine gesonderte Angelegenheit.[123]

33. Hinterlegung

Die Hinterlegung zur Einleitung oder Abwendung der Zwangsvollstreckung notwendiger 63
Sicherheit ist eine neue Angelegenheit.[124]

34. Isolierte Drittwiderklage

Die Behandlung einer isolierten Drittwiderklage ist **in der Rspr. umstritten.** So liegen 64
nach einer Auffassung bei der im Wege der isolierten Drittwiderklage gegen den Zedenten erhobenen negativen Feststellungsklage und der Klage des Klägers nicht um dieselbe Angelegenheit vor, sodass der Anwalt, der Kläger und Drittwiderbeklagten vertritt, die Gebühren jeweils in voller Höhe erwirbt.[125] Nach anderer Auffassung jedoch handelt es sich jedoch bei der anwaltlichen Vertretung der Klägerin und des Drittwiderbeklagten um dieselbe Angelegenheit, sodass der RA die Gebühren nur einmal erhalten, allerdings die Erhöhung der Verfahrensgebühr nach VV 1008 RVG verlangen kann.[126] Der BGH hat sich in dem Fall, dass ein RA gleichzeitig einen Zessionar vertritt, der aus abgetretenem Recht Schadensersatz von einem Anlageberater begehrt und den Zedenten, der vom Anlageberater im Wege der Drittwiderklage auf negative Feststellung, dass ihm im Zusammenhang mit dem Erwerb der Beteiligung keine Ansprüche zustehen, in Anspruch genommen wird, auf den Standpunkt gestellt, dass es sich um dieselbe Angelegenheit handelt, denn Klage und Drittwiderklage liege der identische Schadensersatzanspruch zugrunde.[127] Das OLG Stuttgart hat vor dem Hintergrund der Entscheidung des BGH seine bislang gegenteilige Auffassung mittlerweile aufgegeben.[128]

35. Kapitalanlageschaden

Die außergerichtliche Geltendmachung von Schadensersatzansprüchen gegen den Vermittler 65
in einer Kapitalanlage-Angelegenheit, gegen den Vermittler eines Immobilienfonds wegen Falschberatung und gegen die finanzierende Bank als Initiator des Fonds wegen Prospekthaftung ist gebührenrechtlich eine Angelegenheit.[129] Beauftragen Gesellschafter eines geschlossenen Immobilienfonds einen Rechtsanwalt, den Initiator gemeinsam zu verklagen, um Schadensersatzansprüche wegen Prospekthaftung geltend zu machen, kann gebührenrechtlich

[118] BGBl. 2013 I 2586.
[119] Zum Streitstand → § 16 Rn. 10 ff.
[120] BT-Drs. 17/11471 (neu), 276; *Mayer* Neues GebührenR § 1 Rn. 34.
[121] Mayer/Kroiß/*Winkler* RVG § 15 Rn. 47.
[122] Hartmann/Toussaint/*Toussaint* RVG § 15 Rn. 32.
[123] Schneider/Wolf/*N. Schneider* RVG § 15 Rn. 60.
[124] Mayer/Kroiß/*Winkler* RVG § 15 Rn. 48; Hartmann/Toussaint/*Toussaint* RVG § 15 Rn. 32.
[125] OLG Stuttgart NJW-RR 2013, 63 mAnm *Mayer* FD-RVG 2012, 339838.
[126] OLG Celle BeckRS 2015, 02264 mAnm *Mayer* FD-RVG 2015, 366879.
[127] BeckRS 2016, 00463 mAnm *Mayer* FD-RVG 2016, 375119.
[128] BeckRS 2016, 09657 mAnm *Mayer* FD-RVG 2016, 378670.
[129] OLG Stuttgart BeckRS 2011, 04763 = RVGreport 2011, 105 mAnm *Hansens;* Mayer/Kroiß/*Winkler* RVG § 15 Rn. 49.

dieselbe Angelegenheit gegeben sein, auch wenn die Klageaufträge einzeln und zeitversetzt erteilt werden, entsprechendes gilt, wenn die Gesellschafter den Anwalt nacheinander beauftragen, gegen das klageabweisende erstinstanzliche Urteil Berufung einzulegen.[130]

36. Kaufvertrag

66 Wenn der RA auftragsgemäß mit verschiedenen Partnern Verhandlungen führt, die zum Abschluss verschiedener Verträge führen sollen, liegen auch dann zwei Angelegenheiten vor, wenn der Vollzug und das Wirksamwerden des einen Vertrages vom Zustandekommen des anderen Vertrages abhängen.[131] Wird der Anwalt hingegen von dem Erben pauschal mit der Veräußerung von Geschäftsanteilen einer GmbH beauftragt, liegt auch nur dann auch nur eine Angelegenheit vor, wenn der Anwalt mit mehreren Kaufinteressenten verhandelt.[132]

37. Kostenfestsetzungsverfahren

67 Das Kostenfestsetzungsverfahren gehört gem. § 19 RVG zum Rechtszug und ist keine besondere Angelegenheit;[133] anders jedoch ist es, wenn zwischen Beendigung des Rechtszuges und dem Kostenfestsetzungsantrags zwei volle Kalenderjahre gem. § 15 Abs. 5 S. 2 RVG liegen; dann ist der Kostenfestsetzungsantrag eine besondere Angelegenheit, die nach VV 3403 RVG zu vergüten ist.[134]

38. Mahn- und Erkenntnisverfahren

68 Diese sind nach § 17 Nr. 2 RVG verschiedene Angelegenheiten.

39. Mediation

69 Die sog. gerichtsnahe Mediation wird als dieselbe Angelegenheit wie das zugrundeliegende gerichtliche Verfahren, zumindest aber als nach § 19 Abs. 1 S. 1 RVG zum Rechtszug gehörig angesehen.[135]

40. Meldeamtsanfragen

70 Werden diese im Rahmen eines Prozessauftrages eingeholt, ist dies mit der Verfahrensgebühr abgegolten, es liegt keine neue Angelegenheit vor.[136]

41. Mietrecht

71 Die außergerichtliche Tätigkeit des Rechtsanwalts, der mit Beratung des Vermieters über das Kündigungsrecht und den Ausspruch der Kündigung beauftragt ist, und seine Tätigkeit im späteren gerichtlichen Verfahren der Räumungsklage sind nach der zu kritisierenden[137] **Auffassung des BGH** dieselbe Angelegenheit.[138] Kündigung eines Mietverhältnisses und Mieterhöhung sind dieselbe Angelegenheit, zumindest wenn sie von einem einheitlichen Auftrag umfasst sind.[139] Vertritt der RA mehrere Mieter gegen eine Klage auf Räumung und Herausgabe einer Mietwohnung, liegt dieselbe Angelegenheit vor, es fällt aber die Erhöhungsgebühr in einer VV 1008 RVG an.[140] Auch Eheleute sind als Mieter mehrere Auftraggeber.[141] Ob die Räumungsvollstreckung gegen mehrere Räumungsschuldner dieselbe Angelegenheit ist, ist eine Frage des Einzelfalls; von derselben Angelegenheit dürfte bspw. dann auszugehen sein, wenn die Vollstreckungsgläubiger mit einem Vollstreckungsauftrag den Gerichtsvollzieher mit der Räumung der von den Schuldnern gemeinsam bewohnten Wohnung beauftragen.[142] Die Aufforderung zur Zahlung rückständiger Miete und Androhung der Kündigung sind dieselbe

[130] BGH NJW 2014, 2126.
[131] OLG Frankfurt a. M. NJW-RR 2005, 67.
[132] OLG Hamm AGS 2013, 321; BGH AGS 2013, 323.
[133] Mayer/Kroiß/*Winkler* RVG § 15 Rn. 51.
[134] VG Potsdam BeckRS 2009, 42151 = AGS 2010, 366 mAnm *N. Schneider.*
[135] OVG Lüneburg BeckRS 2011, 55314; Schneider/Wolf/*N. Schneider* RVG § 15 Rn. 144.
[136] Schneider/Wolf/*N. Schneider* RVG § 15 Rn. 145.
[137] Mayer/Kroiß/*Winkler* RVG § 15 Rn. 59.
[138] BGH NJW 2007, 2050.
[139] So wie in dem der Entscheidung LG Koblenz JurBüro 1995, 201 zugrundeliegenden Sachverhalt; vgl. auch Hartmann/Toussaint/*Toussaint* RVG § 15 Rn. 32; aA Mayer/Kroiß/*Winkler* RVG § 15 Rn. 59; und Schneider/Wolf/*N. Schneider* RVG § 15 Rn. 67, die darauf abstellen, dass die Kündigung die Beendigung des Mietverhältnisses herbeiführen soll, während das Mieterhöhungsverlangen von der Fortsetzung des Mietverhältnisses ausgeht.
[140] BGH NJW 2005, 3786; Mayer/Kroiß/*Winkler* RVG § 15 Rn. 59.
[141] BGH NJW 2005, 3786; Mayer/Kroiß/*Winkler* RVG § 15 Rn. 59.
[142] LG Tübingen BeckRS 2001, 30955549 = NZM 2002, 632; Mayer/Kroiß/*Winkler* RVG § 15 Rn. 50.

Angelegenheit.[143] Die zeitgleiche Beratung eines Mieters wegen unterschiedlicher Nebenkostenabrechnungen trotz unterschiedlicher Einwendungen soll auch nach Abfassung in unterschiedlichen Briefen nach der Rspr. eine Angelegenheit sein.[144] Dies dürfte doch nur dann richtig sein, wenn ein einheitlicher Auftrag tatsächlich erteilt wurde. Begehrt der Vermieter mit der Klage die Zahlung der sich nach Abzug der Vorauszahlung des Mieters aus der erstellten Jahresabrechnung zu seinen Gunsten errechneten Nachforderung und verlangt der Mieter widerklagende Rückzahlung sämtlicher die abgerechnete Periode betreffenden Vorauszahlungen, betreffen Klage und Widerklage nicht denselben Gegenstand, so dass eine Wertaddition vorzunehmen ist.[145] Die Tätigkeit im Rahmen der Klage und der Widerklage ist jedoch stets nur eine Angelegenheit.

42. Nebenintervention

Dieselbe Angelegenheit liegt auch vor bei Vertretung sowohl als Partei als auch als Nebenintervenient, auch eine Erhöhungsgebühr nach VV 1008 RVG fällt nicht an.[146] Verschiedene Angelegenheiten liegen jedoch vor, wenn die Inanspruchnahme der Beklagten einerseits und die Streithelferin andererseits jeweils auf unterschiedlichen Schädigungsvorwürfen beruhen, die sowohl inhaltlich als auch zeitlich auseinanderfallen.[147] 72

43. Nebenklage

Die **Vertretung mehrerer Nebenkläger** im selben Strafverfahren ist dieselbe Angelegenheit, und zwar auch dann, wenn der Anwalt zu unterschiedlichen Zeitpunkten beauftragt wird. Es liegen jedoch unterschiedliche Gegenstände vor, gleichwohl fällt die Erhöhungsgebühr nach VV 1008 RVG an,[148] Abs. 1 der Anmerkung zum Vergütungstatbestand VV 1008 RVG betrifft nur Wertgebühren. Wird der Anwalt **zunächst als Verteidiger und später als Nebenklagevertreter** tätig, liegt jedenfalls dann dieselbe Angelegenheit vor, wenn Verteidigung und Nebenklage dieselbe prozessuale Tat betreffen; auch eine Erhöhung nach VV 1008 RVG kommt dann nicht in Betracht.[149] 73

44. Nichtzulassungsbeschwerde

Verschiedene Angelegenheiten sind das Verfahren, in dem keine Zulassung erfolgte, und die Nichtzulassungsbeschwerde;[150] Auch die Nichtzulassungsbeschwerde und das auf die erfolgreiche Nichtzulassungsbeschwerde hin zugelassene Rechtsmittel sind nach § 17 Nr. 9 RVG verschiedene Angelegenheiten.[151] Legen hingegen beide Parteien gegen ein Urteil eines OLG, in dem die Revision nicht zugelassen wurde, Nichtzulassungsbeschwerde ein und vertritt ein beim BGH zugelassener RA eine der Parteien sowohl bei der Begründung der eigenen Nichtzulassungsbeschwerde, als auch bei der Verteidigung gegen die Nichtzulassungsbeschwerde des Prozessgegners, betreffen diese Tätigkeiten jedenfalls dann dieselbe Angelegenheit, wenn der BGH beide Nichtzulassungsbeschwerden in einem einheitlichen Verfahren behandelt und verbescheidet.[152] Wenn der BGH in diesem Nichtzulassungsbeschwerdeverfahren die Beschwerde der einen Partei zurückweist und in demselben Beschluss die Revision der anderen Partei zulässt, beginnt mit dem Revisionsverfahren für die beteiligten Prozessbevollmächtigten eine neue Angelegenheit mit der Folge, dass die Gebühren und Auslagen erneut entstehen, wobei aber die Verfahrensgebühr des Nichtzulassungsbeschwerdeverfahrens nach VV 3508, 3506 RVG auf die Verfahrensgebühr für das nachfolgende Revisionsverfahren anzurechnen ist.[153] 74

---

[143] Mayer/Kroiß/*Winkler* RVG § 15 Rn. 59; Schneider/Wolf/*N. Schneider* RVG § 15 Rn. 67.

[144] OLG Köln BeckRS 2010, 0737 = AGS 2010, 188.

[145] OLG Düsseldorf JurBüro 2009, 85; in diesem Zusammenhang Mayer/Kroiß/*Winkler* RVG § 15 Rn. 59, der davon ausgeht, dass unterschiedliche Angelegenheiten vorliegen.

[146] OLG München JurBüro 1993, 727.

[147] OLG Hamm BeckRS 2015, 11201 mAnm *Mayer* FD-RVG 2015, 370384.

[148] OLG Düsseldorf JurBüro 1991, 70; Mayer/Kroiß/*Winkler* RVG § 15 Rn. 60; Hartmann/Toussaint/*Toussaint* RVG § 15 Rn. 32.

[149] OLG Celle BeckRS 2010, 24166 mAnm *Schneider* NJW-Spezial 2011, 60.

[150] Hartmann/Toussaint/*Toussaint* RVG § 15 Rn. 32.

[151] Schneider/Wolf/*Fölsch/Mock/N. Schneider/Thiel* RVG § 17 Rn. 461.

[152] OLG München BeckRS 2016, 17435 = AGS 2016, 566 mAnm *Mayer* FD-RVG 2016, 382260; BGH NJW 2018, 3586 mAnm *Mayer* FD-RVG 2018, 411619 und Anm. *Schneider* NJW-Spezial 2018, 699.

[153] OLG München BeckRS 2016, 17435 = AGS 2016, 566 mAnm *Mayer* FD-RVG 2016, 382260.

45. Normenkontrolle

75 Der Normenkontrollantrag nach § 47 Abs. 1 VwGO und die einstweilige Anordnung nach § 47 Abs. 6 VwGO sind verschiedene Angelegenheiten.[154]

46. Parteiwechsel

76 Ein Parteiwechsel innerhalb eines gerichtlichen Verfahrens führt nicht dazu, dass zwei Angelegenheiten vorliegen, und zwar auch dann nicht, wenn der Anwalt während des Übergangsstadiums nicht einmal zeitweilig gleichzeitig vertreten hat.[155] Es fällt aber ein Mehrvertretungszuschlag an, und zwar unabhängig davon, ob der RA zeitweilig beide Parteien gleichzeitig oder nur nacheinander vertreten hat.[156]

47. Pressesachen

77 Wird ein RA beauftragt, **gegen eine unrichtige Presseberichterstattung** vorzugehen, kann eine Tätigkeit in derselben Angelegenheit auch dann vorliegen, wenn durch die unrichtigen Äußerungen sowohl eine GmbH als auch deren Geschäftsführer betroffen sind und sich die für die Betroffenen ausgesprochenen Abmahnungen sowohl gegen den für das Printprodukt verantwortlichen Verlag als auch gegen die für die Verbreitung der Berichterstattung im Internet verantwortlichen richten. Sind durch eine falsche Berichterstattung eine GmbH und ihre Geschäftsführer in gleicher Weise betroffen und sollen sich die Abmahnungen wegen der wortgleichen Berichterstattung an den Verlag der Printausgabe, an die Domaininhaberin sowie an die Betreiberin des Onlineangebots richten, ist die Erforderlichkeit und die Zweckmäßigkeit einer getrennten Beauftragung in derselben Anwaltssozietät und einer getrennten anwaltlichen Bearbeitung in der Regel jedenfalls dann zu verneinen, wenn die Abmahnungen ohne weiteren Aufwand zu Unterlassungserklärungen der für die Berichterstattung Verantwortlichen führen und die Sache bis dahin ohne weiteres als eine Angelegenheit bearbeitet werden kann.[157] Der **BGH** legt somit in der Frage, ob dieselbe Angelegenheit vorliegt, einen sehr **großzügigen Maßstab** an. Auch die Vertretung mehrerer Geschädigter gegen mehrere Verletzer kann nach dem BGH durchaus nur eine Angelegenheit sein. Es kommt also darauf an, im Einzelfall zu prüfen, ob vertretbare, sachliche Gründe für eine getrennte Beauftragung für die mehreren Abmahnungen bestehen oder nicht. **Nicht dieselbe Angelegenheit** nimmt der BGH dann an, wenn sich die anwaltliche Tätigkeit bei der Geltendmachung verschiedener presserechtlicher Ansprüche sowohl inhaltlich als auch in der Zielsetzung unterscheidet, so wenn es um den Anspruch auf Abgabe einer strafbewehrten Unterlassungserklärung einerseits und Gegendarstellungs- und Berichtigungsbegehren andererseits geht.[158] So handelt es sich bei der außergerichtlichen Geltendmachung des Unterlassungs-, Gegendarstellungs- und Richtigstellungsanspruchs um **drei verschiedene Angelegenheiten** im gebührenrechtlichen Sinne; während der Unterlassungsanspruch der Abwehr zukünftigen rechtswidrigen Verhaltens dient, zielt der Berichtigungsanspruch auf die Beseitigung einer rechtswidrigen Störung durch den Verletzer, der Gegendarstellungsanspruch hingegen gewährt dem Betroffenen ein Entgegnungsrecht in dem Medium, das über ihn berichtet hat.[159] **Dieselbe Angelegenheit** nimmt der BGH hingegen bei der Verfolgung von Unterlassungsansprüchen gegenüber Autor und Verlag an; der Beurteilung als eine Angelegenheit steht auch nicht entgegen, dass die Rechtmäßigkeit einer Berichterstattung hinsichtlich verschiedener in Anspruch zu nehmender Personen – etwa des Autors des Artikels oder des Verlags aufgrund der Verbreiterhaftung – getrennt zu prüfen ist.[160] Ebenfalls anlässlich einer Pressesache ergangen, aber durchaus verallgemeinerungsfähig ist die weitere Entscheidung des BGH, wonach dieselbe Angelegenheit auch bei Beauftragung eines Rechtsanwalts durch mehrere Auftraggeber an unterschiedlichen Tagen vorliegen kann; ein einheitlicher Auftrag könne auch dann vorliegen, wenn der Anwalt von mehreren Mandanten beauftragt werde, wobei ggf. durch Auslegung ermittelt werden müsse,

---

[154] VGH München BeckRS 2009, 39476; aA Hartmann/Toussaint/*Toussaint* RVG § 15 Rn. 32, der missverständlich von dem Verfahren nach § 57 Abs. 5 VwGO spricht.

[155] BGH NJW 2007, 769; OLG Stuttgart NJOZ 2010, 1502 mAnm *Schneider* NJW-Spezial 2010, 29; → VV Nr. 1008 Rn. 104 ff.; aA Mayer/Kroiß/*Winkler* RVG § 15 Rn. 62, der davon ausgeht, dass zwei Angelegenheiten vorliegen, wenn die Vertretung nacheinander ohne zeitliche Überschneidung stattfindet.

[156] BGH NJW 2007, 769; OLG Stuttgart NJOZ 2010, 1502 mAnm *Schneider* NJW-Spezial 2010, 29; → RVG VV 1008 Rn. 104.

[157] BGH NJW 2010, 3035 =BeckRS 2010, 20296 mAnm *Mayer* FD-RVG 2010, 308291.

[158] BGH NJW 2010, 3037 =BeckRS 2010, 20505 mAnm *Mayer* GRUR-Prax 2010, 472.

[159] BGH NJW 2016, 1245 =BeckRS 2015, 20731 mAnm *Mayer* FD-RVG 2016, 374831.

[160] BGH NJW 2011, 782 = BeckRS 2010, 27760 mAnm *Mayer* FD-RVG 2010, 310944.

ob der Anwalt für die verschiedenen Auftraggeber gemeinsam oder für jeden von ihnen gesondert tätig werden solle. Die Annahme derselben Angelegenheit kommt nach dem BGH insbes. in Betracht, wenn dem Schädiger eine gleichgerichtete Verletzungshandlung vorzuwerfen ist und demgemäß die erforderlichen Abmahnungen einen identischen oder zumindest weitgehend identischen Inhalt haben. Auch wenn zwei verschiedenen Aufträge an unterschiedlichen Tagen erteilt werden und formal zwei Aufträge vorliegen, kann es sich nach dem BGH im gebührenrechtlichen Sinn gleichwohl um ein gemeinsames Vorgehen mit der Folge handeln, dass nur eine Angelegenheit vorliegt.[161]

48. Prozesskostenhilfebeschwerdeverfahren

Das Prozesskostenhilfebeschwerdeverfahren und das Hauptverfahren sind verschiedene Angelegenheiten.[162] 78

49. Rechtsschutzversicherung

Die Frage, ob die Einholung der Deckungszusage des Rechtsschutzversicherers und die anwaltliche Tätigkeit, für die die Deckungszusage eingeholten werden soll, dieselbe oder verschiedene Angelegenheiten sind, ist umstritten, nach zutreffender Auffassung jedoch ist von zwei verschiedenen Angelegenheiten auszugehen.[163] Der BGH hat die Frage bislang offen gelassen.[164] 79

50. Sammelklage

Vertritt der Anwalt mehrere Auftraggeber in demselben gerichtlichen Verfahren, die jeweils eigene Ansprüche geltend machen, liegt nur eine Angelegenheit vor, sodass der Anwalt seine Vergütung nur einmal aus den zusammengerechneten Werten erhält.[165] 80

51. Selbständiges Beweisverfahren

Das selbständige Beweisverfahren und das Hauptsacheverfahren sind zwei verschiedene Angelegenheiten.[166] 81

52. Strafverfahren

→ RVG VV Teil 4 Einl. Rn. 6. 82

53. Unfallschadenregulierung

Die auf einem einheitlichen Auftrag beruhende außergerichtliche Regulierung eines Unfallschadens ist auch dann nur **eine einzige Angelegenheit,** wenn sie sich über mehrere Jahre hinzuzieht und sich auf die jeweils hinzukommenden Schadensbeträge erstreckt.[167] Verschiedene Angelegenheiten jedoch sind die Unfallschadenregulierung und die jährliche Neuberechnung der Unterhaltsrente in den folgenden Jahren.[168] Wird der Anwalt vom Geschädigten beauftragt, Ansprüche gegen Halter, Fahrer und Versicherer desselben Fahrzeugs geltend zu machen, liegt nur eine Angelegenheit vor,[169] Mehrere Angelegenheiten sind jedoch dann gegeben, wenn sich der Anwalt an Halter, Fahrer und Versicherer verschiedener unfallbeteiligter Fahrzeuge wendet.[170] Die außergerichtliche Schadensregulierung mit dem Haftpflichtversicherer des Unfallgegners und die Regulierung mit dem Kaskoversicherer des Geschädigten sind verschiedene Angelegenheiten.[171] Die Regulierung und Verhandlung mit dem Mietwagenunternehmer über die Höhe der Mietwagenkosten oder mit dem Sachverständigen über die Höhe seines Honorars, ebenso Verhandlungen mit anderen Versicherern wie Kranken- und Unfallversicherer sind jeweils gesonderte Angelegenheiten.[172] 83

---

161 BGH NJW 2011, 3167 =BeckRS 2011, 17991 mAnm *Mayer* FD-RVG 2011, 320339.
162 Mayer/Kroiß/*Winkler* RVG § 15 Rn. 63.
163 Mayer/Kroiß/*Winkler* RVG § 15 Rn. 66.
164 BGH NJW 2011, 1222.
165 LG Berlin AGS 2013, 1; AG Wetzlar AGS 2013, 116.
166 → Anh. III Rn. 1 ff.
167 Schneider/Wolf/*N. Schneider* RVG § 15 Rn. 74.
168 Mayer/Kroiß/*Winkler* RVG § 15 Rn. 72; Schneider/Wolf/*N. Schneider* RVG § 15 Rn. 74.
169 Schneider/Wolf/*N. Schneider* RVG § 15 Rn. 74; Mayer/Kroiß/*Winkler* RVG § 15 Rn. 72.
170 Mayer/Kroiß/*Winkler* RVG § 15 Rn. 72; Schneider/Wolf/*N. Schneider* RVG § 15 Rn. 74.
171 Schneider/Wolf/*N. Schneider* RVG § 15 Rn. 74; Mayer/Kroiß/*Winkler* RVG § 15 Rn. 72.
172 Schneider/Wolf/*N. Schneider* RVG § 15 Rn. 74; Mayer/Kroiß/*Winkler* RVG § 15 Rn. 72.

54. Unterhalt

84 Die Geltendmachung von Unterhaltsansprüchen mehrerer durch einen sorgeberechtigten Vertreter minderjähriger Kinder gegen den gleichen Unterhaltspflichtigen ist eine Angelegenheit.[173] Vergleiche in diesem Zusammenhang, → § 16 Rn. 16 ff.

55. Versäumnisurteil

85 Bei einem Einspruch gegen ein Versäumnisurteil liegt dieselbe Angelegenheit mit der Hauptsache vor.[174] Nach dem BGH kann jedoch ein Rechtsanwalt jedenfalls in analoger Anwendung von § 15 Abs. 5 S. 2 RVG erneut Gebühren verlangen, wenn er nach dem Einspruch gegen ein Versäumnisurteil, der mehr als zwei Kalenderjahre nach Zustellung des Urteils eingelegt worden ist, in dem gerichtlichen Verfahren weiter tätig wird.[175]

56. Zeugnis

86 Wird der RA beauftragt, für seinen Mandanten den Anspruch auf Erteilung eines qualifizierten Arbeitszeugnisses außergerichtlich geltend zu machen und verlangt er nach Erteilung des Zeugnisses durch den Arbeitgeber für seinen Mandanten außergerichtlich inhaltliche Änderungen des erteilten Zeugnisses, liegt dieselbe gebührenrechtliche Angelegenheit vor.[176]

IV. Änderung durch das 2. KostRMoG[177]

87 Im Rahmen des 2. KostRMoG[178] wurde S. 2 von § 15 Abs. 2 RVG, wonach der RA im gerichtlichen Verfahren die Gebühren in jedem Rechtszug fordern kann, gestrichen. Die Regelung wurde nämlich entbehrlich, weil in § 17 Nr. 1 RVG nunmehr bestimmt ist, dass das Verfahren über ein Rechtsmittel und der vorausgegangene Rechtszug verschiedene Angelegenheiten sind. Damit hat der Gesetzgeber in § 17 Nr. 1 RVG bestimmt, dass jeder Rechtszug eines gerichtlichen Verfahrens gebührenrechtlich eine eigene Angelegenheit bildet.[179] Die Gesetzesbegründung stellt überdies klar, dass der Gesetzgeber durch die Streichung in § 15 Abs. 2 S. 2 RVG nichts daran ändern wollte, dass mehrere parallele Rechtsstreitigkeiten in jedem Fall gesonderte Angelegenheiten bilden.[180]

V. Verschiedene Gebührensätze für Teile des Gegenstandes, Abs. 3

1. Teilvergleiche

88 Sind für **Teile des Gegenstandes verschiedene Gebührensätze** anzuwenden, so erhält nach **§ 15 Abs. 3 RVG** der RA für die Teile gesondert berechnete Gebühren, jedoch nicht mehr als die aus dem Gesamtbetrag der Wertteile nach dem höchsten Gebührensatz berechneten Gebühr. Anders ausgedrückt: Die Gebühr wird für jeden Teilwert gesondert berechnet, aber die Summe der so errechneten Gebühren darf die aus dem Gesamtwert nach dem höchsten Gebührensatz berechnete Gebühr nicht übersteigen.

Beispiele:

a) In einem Rechtsstreit über einen Teilbetrag von 2.500,– EUR wird der Gesamtanspruch von 7.500,– EUR verglichen.

Die Rechtsanwälte erhalten als Einigungsgebühr

1,0 aus 2.500,– EUR VV 1003 RVG	222,00 EUR
1,5 aus 5.000,– EUR VV 1000 RVG	501,00 EUR,
dies ist nicht mehr als	723,00 EUR
1,5 aus 7.500,– EUR	753,00 EUR;
ferner	
1,3 Verfahrensgebühr aus 2.500,– EUR VV 3100 RVG	288,60 EUR

[173] Mayer/Kroiß/*Winkler* RVG § 15 Rn. 74; Schneider/Wolf/*N. Schneider* RVG § 15 Rn. 75.
[174] Hartmann/Toussaint/*Toussaint* RVG § 15 Rn. 32; BGH NJW 2018, 1322 mAnm *Schneider* NJW-Spezial 2018, 156 und Anm. *Mayer* FD-RVG 2018, 402977.
[175] NJW 2018, 1322 mAnm *Schneider* NJW-Spezial 2018, 156 und Anm *Mayer* FD-RVG 2018, 402977.
[176] LG Frankfurt JurBüro 2014, 636.
[177] BGBl. 2013 I 2586.
[178] BGBl. 2013 I 2586.
[179] BT-Drs. 17/11471 (neu), 267.
[180] BT-Drs. 17/11471 (neu), 267.

0,8 Verfahrensgebühr[181] aus den überschießenden Wert 5.000,– EUR VV 3101 RVG	267,20 EUR
	555,80 EUR,
jedoch nicht mehr als	
1,3 Verfahrensgebühr aus 7.500,– EUR VV 3100 RVG: 652,60 EUR	
Die Anwälte erhalten sonach 555,80 EUR.[182]	

b) Der Anwalt erhält Prozessauftrag über 7.500,– EUR, erhebt aber nur Klage über 2.500,– EUR weil der Anspruch iÜ unbegründet erscheint.

Der Anwalt hat zu beanspruchen	
1,3 Verfahrensgebühr aus 2.500,– EUR	288,60 EUR
Und	
0,8 Verfahrensgebühr aus 5.000,– EUR	267,20 EUR
	555,80 EUR,
jedoch nicht mehr als	
1,3 Verfahrensgebühr aus 7.500,– EUR	652,60 EUR.
Der Anwalt hat 555,80 EUR zu beanspruchen.	

c) Der Kläger klagt 17.500,– EUR ein. In Höhe von 8.500,– EUR ist ihm sein Prozessbevollmächtigter im Wege der Prozesskostenhilfe beigeordnet. In Höhe von 9.000,– EUR ist der Auftrag durch die Prozesskostenhilfe nicht gedeckt.

Der Anwalt des Klägers hat Anspruch auf	
Wahlanwaltsvergütung Wert 17.500,– EUR VV 3100 RVG	1001,00 EUR
./. Wahlanwaltsvergütung Wert 8.500,– EUR VV 3100 RVG	725,40 EUR
ergibt	275,60 EUR
gegen den Auftraggeber	
und	
1,3 Verfahrensgebühr gem. § 49 RVG aus 8.500,– EUR	426,40 EUR
gegen die Staatskasse	
zusammen	702,00 EUR.[183]

d) Klage über 7.500,– EUR. Erster Termin vertagt. Vor dem zweiten Termin werden 2.500,– EUR gezahlt. Im zweiten Termin wird wegen 5.000,– EUR streitig verhandelt.

Es sind erwachsen die	
1,3 Verfahrensgebühr aus 7.500,– EUR mit	652,60 EUR
1,2 Terminsgebühr aus 5.000,– EUR VV 3104 RVG	400,80 EUR
zusammen:	1.053,40 EUR.

Das ist kein Fall des § 15 Abs. 3 RVG. Denn es fehlt die Voraussetzung, dass für Teile des Gegenstandes verschiedene Gebührensätze anzuwenden sind.

Fällt neben der Verfahrensgebühr für die Ehescheidung eine weitere 0,8 Verfahrensgebühr für die Aufnahme nicht rechtshängiger sonstiger Familiensachen in einer Scheidungsvereinbarung an, so ist eine vergleichende Berechnung nach § 15 Abs. 3 RVG durchzuführen.[184]

Werden **in einem Rechtsstreit mehrere Teilvergleiche** geschlossen, so entsteht doch nur eine Einigungsgebühr aus dem Gesamtwert der verglichenen Ansprüche. Hier liegt ein Fall des Abs. 2, nicht ein solcher des Abs. 3 vor. Die mit dem ersten Vergleich verdiente Einigungsgebühr erhöht sich mit dem zweiten Vergleich auf den Gebührenbetrag aus dem Gesamtvergleichswert. 89

Es wird also nicht gerechnet		
1,0 Einigungsgebühr aus 1.500,– EUR		127,– EUR
Und		
1,0 Einigungsgebühr aus 1.000,– EUR		88,– EUR
		215,– EUR
jedoch nicht mehr als		
1,0 Einigungsgebühr aus 2.500,– EUR		222,– EUR.
Es wird vielmehr gerechnet:		
An die Stelle der zunächst verdienten		
Einigungsgebühr aus 1.500,– EUR	von	127,– EUR
tritt nach Abschluss des zweiten Vergleichs eine		
Einigungsgebühr aus 2.500,– EUR	von	222,– EUR

[181] Die zum alten Recht vertretene Auffassung, dass das Führen von erfolgreichen Verhandlungen vor Gericht zur vollen Verfahrensgebühr führt – Mayer/Kroiß/*Mayer* RVG VV 3101 Rn. 54, ist nach der Neufassung von VV 3101 Nr. 2 RVG nicht mehr haltbar, vgl. BT-Drs. 17/11471 (neu), 275.

[182] OLG Düsseldorf JurBüro 1978, 1516; OLG Hamm JurBüro 1966, 282, für den Armenanwalt.

[183] *Hansens* JurBüro 1988, 145.

[184] OLG Düsseldorf JurBüro 1980, 1847; OLG München JurBüro 1981, 856 mAnm von *Mümmler.*

2. Mehrere Terminsgebühren

90 Auch die Terminsgebühr kann mit der Beschränkung auf den Betrag einer vollen Gebühr vom Gesamtstreitwert mehrfach entstehen, wenn über Teile des Streitgegenstandes unter Anwendung verschiedener Gebührensätze verhandelt worden ist. Ein solcher Fall liegt vor, wenn über einen Teil ein Termin in Gegenwart des Gegners, über einen anderen Teil ein Termin in dessen Abwesenheit stattfindet, zB wenn über einen Teil der Klagforderung Versäumnisurteil ergeht und über den Rest streitig verhandelt wird. In solchen Fällen entsteht teilweise eine der 0,5 Terminsgebühr nach VV 3105 RVG und teilweise eine 1,2 Terminsgebühr. Beide zusammen dürfen aber den Betrag einer vollen Terminsgebühr, berechnet aus dem Gesamtwert, nicht übersteigen. Wird dagegen nacheinander über verschiedene Teile des Streitgegenstandes unter Anwendung des gleichen Gebührensatzes verhandelt, liegt kein Fall des Abs. 3 vor. Es entsteht vielmehr nur eine Gebühr aus dem gleichen Gebührensatz vom Gesamtstreitwert, über den verhandelt worden ist. Wird also zB in einem Rechtsstreit über 2.500,– EUR zunächst über 1.500,– EUR und später über 1.000,– EUR streitig verhandelt, entstehen nicht zwei volle Verhandlungsgebühren aus 1.500,– EUR und 1.000,– EUR, sondern nur eine einzige Verhandlungsgebühr aus 2.500,– EUR.

3. Mehrere Terminsgebühren für Beweisaufnahmen

91 Was über die Einigungsgebühr gesagt ist, gilt in gleicher Weise für die **Terminsgebühr für Beweistermine,** wenn über verschiedene Teile des Streitgegenstandes nacheinander getrennt Beweis erhoben worden ist. Hier fällt ebenfalls nur eine Terminsgebühr an, die sich allerdings nach Beweisanordnung über weitere Teile des Streitgegenstandes bis auf den Gebührenbetrag aus dem Gesamtwert erhöht, über den Beweis erhoben worden ist.

4. Terminsgebühr nach Kostenwert

92 Eine Terminsgebühr nach dem Wert der Kosten kann nicht entstehen, wenn eine 1,2 Terminsgebühr vom Werte der Hauptsache entstanden ist, zB weil in einem Verhandlungstermin zur Hauptsache der RA seinen Mandanten vertreten hat.

Ist über die Klage verhandelt und durch Teilurteil entschieden worden, hat sich danach die Widerklage erledigt, und ist schließlich über die Kosten von Klage und Widerklage verhandelt und entschieden worden, so wird von der durch die Verhandlung zur Klage entstandenen Terminsgebühr auch die Verhandlung über die Kosten von Klage und Widerklage abgegolten, wenn beide denselben Streitgegenstand haben. Haben Klage und Widerklage nicht den gleichen Streitgegenstand, erhöht sich die bisher aus der Hauptsache der Klage berechnete Terminsgebühr auf eine Gebühr aus den zusammengerechneten Werten Hauptsache der Klage und der durch die Widerklage entstandenen Mehrkosten.

5. Einseitige Verhandlung zur Hauptsache, zweiseitige Kostenverhandlung

93 Ist aber über die Hauptsache einseitig, über die Kosten zweiseitig verhandelt worden, zB wenn insoweit Versäumnisurteil ergeht, über die Kostenpflicht aber gestritten worden ist, so entsteht neben der 0,5 Terminsgebühr nach dem Werte der Hauptsache noch eine volle Terminsgebühr nach dem Werte der Kosten, zusammen aber nicht mehr als eine volle Terminsgebühr nach dem Werte der Hauptsache.[185]

6. Einseitige Verhandlung erst zur Hauptsache, dann über die Kosten

94 Wenn der RA im Termin zur Hauptsache nur einseitig und nach ihrer Erledigung auch wegen der Kosten nur einseitig aufgetreten ist, entsteht dagegen nur eine 0,5 Terminsgebühr aus dem Werte der Hauptsache. Die Rechtslage ist die Gleiche wie bei einem zweiseitigen Vertreten zunächst über die Hauptsache und später über die Kosten. Auch hier erwächst nur eine Terminsgebühr, allerdings eine 1,2.

7. Erledigung der Hauptsache

95 Hat sich die **Hauptsache** einschließlich aller Nebenforderungen ohne einen Termin **erledigt,** so entsteht vom Werte der Kosten stets eine besondere Terminsgebühr, wenn nur wegen ihrer ein Termin stattfindet.

§ 15 Abs. 3 RVG ist nicht anwendbar, wenn sich die anwaltliche Tätigkeit nicht nach Teilen des Streitgegenstandes aussondern lässt, zB wenn ein Gegenstand in dem anderen enthalten ist,

---

185 OLG Bamberg Rpfleger 1954, 476; OLG Düsseldorf JurBüro 1970, 400; OLG Köln JurBüro 1980, 861; OLG Stuttgart JurBüro 1980, 1832.

oder wenn es sich bei Klage und Widerklage oder bei wechselseitigen Rechtsmitteln um den gleichen Streitgegenstand handelt, oder bei Klagen gegen Gesamtschuldner.

8. Einigung über nicht rechtshängige Ansprüche

Wohl aber ist § 15 Abs. 3 RVG auf den Fall anzuwenden, dass der RA bei einem Vergleich mitwirkt, der außer dem rechtshängigen Anspruch auch nicht rechtshängige Ansprüche umfasst. Er erhält dann neben der vollen Verfahrensgebühr vom Werte des rechtsanhängigen Anspruchs noch eine 0,8 Verfahrensgebühr nach dem Werte der nicht rechtsanhängigen Ansprüche, zusammen aber nicht mehr als eine volle Verfahrensgebühr vom Gesamtstreitwert.[186] **96**

Wird im Zusammenhang mit einem Eheprozess ein Vergleich über Folgesachen geschlossen, gelten in den meisten Fällen die Scheidungssache und die Folgesachen als ein Verfahren, dessen Gebühren nach dem zusammengerechneten Wert der Gegenstände zu berechnen sind. Die Verfahrensgebühr und die Terminsgebühr sind aus dem zusammengerechneten Streitwert zu berechnen. Für die Einigungsgebühr kommt der Wert der Folgesachen in Betracht.[187]

9. Zusammentreffen von Kappungsgrenze und Anrechnung

Sind für Teile des Gegenstandes verschiedene Gebührensätze anzuwenden und ist dabei auf eine der entstandenen Verfahrensgebühren eine Geschäftsgebühr nach VV Vorb. 3 Abs. 4 RVG anzurechnen, ist zuerst die Anrechnung und dann die Prüfung der Kappungsgrenze des § 15 Abs. 3 RVG vorzunehmen, dies gilt unabhängig davon, ob die vorgerichtliche Tätigkeit des Anwalts sämtliche oder nur einen Teil der später rechtshängig gewordenen Ansprüche umfasst.[188] Bei der Berechnung der Obergrenze nach § 15 Abs. 3 RVG hat die Anrechnung der Geschäftsgebühr auf die Verfahrensgebühr zu erfolgen unabhängig davon, ob im Kostenfestsetzungsverfahren eine Anrechnung nach § 15a Abs. 2 RVG vorzunehmen ist oder nicht.[189] **97**

VI. Die Bestimmung des Abs. 4

Schrifttum: *Henssler/Deckenbrock,* Der (Teil-)Vergütungsanspruch des Rechtsanwalts im Falle vorzeitiger Mandatsbeendigung im Normgefüge des § 628 BGB, NJW 2005, 1 ff.

1. Allgemeines

§ 15 Abs. 4 RVG besagt, dass es auf bereits entstandene Gebühren, soweit das Gesetz nichts anderes bestimmt, ohne Einfluss ist, wenn sich die Angelegenheit vorzeitig erledigt oder der Auftrag endigt, bevor die Angelegenheit erledigt ist. **98**

Abs. 4 zieht damit die Folgen aus dem Pauschcharakter der Gebühren. Diesem entspricht es, dass sich Gebühren nicht deshalb ermäßigen, weil die Erledigung der Angelegenheit einen geringeren Arbeitsaufwand verursacht hat, als bei Erteilung des Auftrags angenommen worden ist.

2. Vorzeitige Erledigung des Abs. 4

Eine vorzeitige Erledigung der Angelegenheit liegt vor, wenn der Auftrag gegenstandslos wird, bevor ihn der RA durchgeführt hat, zB wenn bei einem Auftrag zur Einklagung einer Forderung der Beklagte vor Einreichung der Klage oder doch vor der mündlichen Verhandlung den Auftraggeber befriedigt oder wenn der Auftraggeber die Klage oder sein Rechtsmittel zurücknimmt oder wenn sich die Parteien vergleichen oder wenn ein sonstiger Antrag, der bei Gericht oder einer Behörde gestellt worden ist, zurückgenommen wird, zB ein Antrag auf Erlass einer einstweiligen Verfügung. Als weiteres Beispiel sei genannt: Der Berufungsbeklagte erteilt einem RA Auftrag, ihn im Berufungsverfahren zu vertreten. Der Berufungskläger nimmt die Berufung zurück. **99**

3. Auftragsendigung vor Erledigung

Eine Endigung des Auftrags, bevor die Angelegenheit erledigt ist, liegt vor, wenn der Anwaltsvertrag aufgehoben wird, bevor der RA den Auftrag zu Ende geführt hat. Inhalt des Vertrags ist regelmäßig die Verpflichtung des RA, den ihm erteilten Auftrag zur Erledigung einer **100**

---

[186] OLG Celle AnwBl 1962, 261; OLG Düsseldorf AnwBl 1964, 20; OLG Hamburg NJW 1963, 664; OLG Hamm JMBlNRW 62, 152 = Rpfleger 1966, 97; KG NJW 1961, 1481 = MDR 1961, 698 = AnwBl 1961, 142; OLG Schleswig SchlHA 1962, 215; OLG Zweibrücken JVBl 1967, 87.

[187] Ausf. Madert/Müller-Rabe Fam-HdB/*Madert* Kap. J Rn. 1–33; vgl. auch *Groß/Eder,* Anwaltsgebühren in Ehe- und Familiensachen, § 7 Rn. 2.

[188] OLG München NJW-RR 2012, 767 mAnm *Mayer* FD-RVG 2012, 330385.

[189] OLG Karlsruhe AGS 2013, 436.

bestimmten Rechtsangelegenheit bis zu ihrem völligen Abschluss durchzuführen, bei gerichtlichen Verfahren bis zur Beendigung des in Frage kommenden Rechtszugs. Der RA ist verpflichtet, alle Tätigkeiten für die Partei vorzunehmen, die durch die für die betreffende Angelegenheit vorgesehenen Gebühren abgegolten werden. Ist der Auftrag nur für einen bestimmten Verfahrensabschnitt erteilt, zB für die Zwangsvollstreckung, oder auf eine Einzeltätigkeit beschränkt, zB die Wahrnehmung eines Termins oder die Ausführung eines sonstigen Geschäfts, so muss der RA gleichfalls alles tun, was durch die in Frage kommende Gebühr abgegolten wird.

Die vorzeitige Aufhebung des Anwaltsvertrags kann im beiderseitigen Einverständnis durch Vertrag oder einseitig durch Kündigung oder auch dadurch erfolgen, dass dem RA die Erfüllung seiner Verpflichtung unmöglich wird.

4. Bereits entstandene Gebühren

101 Auf die bereits entstandenen Gebühren ist sowohl die vorzeitige Erledigung der Angelegenheit als auch das vorzeitige Ende des Auftrags ohne Einfluss, soweit das Gesetz nichts anderes bestimmt.

Der RA kann zwar keine Gebühren beanspruchen, die er noch nicht durch irgendeine Tätigkeit verdient hat, zB keine Terminsgebühr, wenn noch nicht verhandelt worden ist, wohl aber jede Gebühr, auf die er durch irgendeine Tätigkeit einen Anspruch erlangt hat, mag auch der Tätigkeitsbereich, der durch die Gebühr abgegolten wird, noch längst nicht abgeschlossen sein.

Hinter der Regelung steht der Grundsatz, dass **eine einmal entstandene Gebühr bestehen bleibt.**[190] Hat die Staatsanwaltschaft ein Ermittlungsverfahren nach § 170 Abs. 2 StPO eingestellt und ist dafür eine zusätzliche Verfahrensgebühr VV 4141 RVG angefallen, fällt diese daher nicht dadurch wieder weg, dass die Staatsanwaltschaft die Ermittlungen wieder aufnimmt.[191]

Hat der RA eine Vergütung vereinbart, gilt bei vorzeitiger Erledigung der Angelegenheit oder dem vorzeitigen Ende des Auftrags nicht § 15 Abs. 4 RVG, sondern § 628 Abs. 1 S. 1 BGB.[192]

5. Gesetzliche Einschränkungen

102 Einschränkungen dieses Grundsatzes sind in einigen Gebührenbestimmungen enthalten, zB in VV 3101 RVG für die Verfahrensgebühr, wenn der Auftrag endigt, ehe der RA die dort erwähnten Tätigkeiten vorgenommen hat, in VV 3405 RVG, wenn der Auftrag endigt, bevor der RA den Schriftsatz ausgehändigt oder eingereicht oder der Termin begonnen hat. Bei Rahmengebühren, und zwar sowohl bei den Gebühren mit Gebührensatzrahmen wie auch bei den Gebühren mit Betragsrahmen, ist der Umfang der Sache gem. § 14 RVG bei der Ausfüllung des Rahmens zu beachten. Endet eine Angelegenheit nach VV 2300 RVG vorzeitig, kann der Gebührensatz geringer bemessen werden als bei vollständiger Durchführung der Angelegenheit. Ebenso ist die Gebühr des Verteidigers geringer, wenn der Angeklagte alsbald nach der Auftragserteilung Selbstmord verübt, als sie zu bemessen wäre, wenn der Angeklagte nach mehreren Haftprüfungsterminen, Durcharbeitung vieler Beiakten durch den Verteidiger kurz vor dem Verhandlungstermin stirbt.

Zu beachten ist jedoch, dass der Mindestbetrag bzw. der Mindestsatz nicht unterschritten werden kann.

VII. Kündigung

103 Die **Kündigung** des Auftrags ist ein besonders häufiger Fall der vorzeitigen Endigung des Auftrags. Da der Anwaltsvertrag fast ausnahmslos ein Dienstvertrag mit dem Inhalt einer Geschäftsbesorgung ist (→ § 1 Rn. 80), gilt für ihn § 627 BGB. Der Vertrag kann also von jedem Teil jederzeit ohne Einhalt einer Frist gekündigt werden, auch wenn kein wichtiger Grund vorliegt.[193]

[190] Mayer/Kroiß/*Winkler* RVG § 15 Rn. 122.
[191] AG Tiergarten RVGreport 2014, 232 mAnm *Burhoff*.
[192] → § 4a Rn. 43; sowie BGH NJW 1987, 315; OLG Zweibrücken AGS 1999, 26.
[193] Aber OLG Hamm NJW-RR 1995, 1530, ein anwaltliches Dauerberatungsmandat ist ein dauerndes Dienstverhältnis iSv § 627 BGB mit der Folge, dass es nicht ohne Angabe von Gründen fristlos gekündigt werden kann.

1. Wirkung vorzeitiger Kündigung

Die Wirkung einer vorzeitigen Kündigung ist in § 628 BGB geregelt. Nach § 628 Abs. 1 S. 1 BGB ist in der Regel der den bisherigen Leistungen entsprechende Teil der Vergütung geschuldet. Da aber nach § 15 Abs. 1 RVG die Gebühr für einen Teil der aufgetragenen Leistung regelmäßig gleich hoch bemessen ist wie die Gebühr für die ganze Leistung, kann die Vorschrift des § 628 Abs. 1 S. 1 BGB im Falle dem vorzeitigen Ende des Auftragsverhältnisses in aller Regel nicht zu einer Kürzung der Gebühren führen. Lediglich zur Vermeidung von Zweifeln ist dies in § 15 Abs. 4 RVG ausdrücklich bestimmt. Im Übrigen ändert sich an den Grundsätzen des § 628 Abs. 1 BGB nichts. Danach gilt also § 628 Abs. 1 S. 2 BGB für den Anwaltsvertrag. **104**

Der Grundsatz des § 628 Abs. 1 S. 1 BGB iVm § 15 Abs. 4 RVG, wonach die vorzeitige Erledigung oder Endigung keinen Einfluss hat auf bereits entstandene Gebühren, wird erheblich eingeschränkt, wenn der RA ohne ein vertragswidriges Verhalten des Mandanten (§ 628 Abs. 1 S. 2 Alt. 1 BGB), oder der Mandant wegen eines vertragswidrigen Verhaltens des RA (§ 628 Abs. 1 S. 2 Alt. 2 BGB) das Mandat kündigt.

In beiden Fällen steht dem RA „ein Anspruch auf die Vergütung insoweit nicht zu, als seine bisherigen Leistungen infolge der Kündigung für den anderen Teil kein Interesse haben". Umgekehrt ausgedrückt: Bei der Regelung der § 628 Abs. 1 S. 1 BGB, § 15 Abs. 4 RVG verbleibt es nur dann, wenn die Kündigung vom RA wegen eines vertragswidrigen Verhaltens des Mandanten oder vom Mandanten ohne ein vertragswidriges Verhalten des RA ausgesprochen wurde.

2. Kündigung ohne vertragswidriges Verhalten

Kündigt der RA ohne durch ein vertragswidriges Verhalten des Mandanten dazu veranlasst zu sein, oder veranlasst der RA durch sein vertragswidriges Verhalten die Kündigung des Mandanten, so steht dem RA nach § 628 Abs. 1 S. 2 BGB ein Vergütungsanspruch insoweit nicht zu, als seine bisherigen Leistungen in Folge der Kündigung für den Auftraggeber kein Interesse haben.[194] **105**

Das gilt selbst dann, wenn die Kündigung aus einem wichtigen Grunde erfolgt, falls dieser nicht gleichzeitig ein vertragswidriges Verhalten des Auftraggebers ist. Denn § 628 Abs. 1 S. 2 BGB gilt, wie aus seinem Abs. 1 S. 1 Hs. 1 folgt, auch für die nach § 626 BGB aus wichtigem Grunde erfolgte Kündigung, zB für eine Kündigung wegen Arbeitsüberlastung des Anwalts oder wegen Eingehung einer Anwaltsgemeinschaft mit dem Gegenanwalt.

Dass die Kündigung des Anwaltsvertrags für den Anwalt riskant ist, zeigt auch die in der Rechtsprechung vertretene Auffassung, die in der unberechtigten Kündigung des Rechtsanwalts eine Pflichtverletzung sieht, die einen Schadensersatzanspruch des Mandanten gemäß § 280 Abs. 1 BGB begründen kann. Habe der Rechtsanwalt unberechtigt gekündigt, bestehe der Schadensersatzanspruch des Mandanten uneingeschränkt, auch wenn dieser durch sein Verhalten gewissen Anlass für die Kündigung gegeben habe (hier: heftige Kritik an der Prozessführung), eine Kürzung des Anspruchs nach § 254 BGB wegen Mitverschulden des Mandanten an der Kündigung sei nach der gesetzlichen Konzeption ausgeschlossen.[195]

Für den beigeordneten RA besteht zwar kein Kündigungsrecht. § 54 RVG stellt aber die Frage, inwieweit ihm die Erstattung der durch die Beiordnung eines anderen Anwalts neu entstehenden Gebühren zu versagen ist, darauf ab, ob er durch schuldhaftes Verhalten die Beiordnung eines anderen Anwalts veranlasst hat.

Anders zu beurteilen ist aber der Fall, dass dem RA die Durchführung des Auftrags unmöglich geworden ist, und er deshalb auch noch die Kündigung ausspricht; → Rn. 118 ff.

3. Fehlendes Interesse an bisheriger Tätigkeit

Die Voraussetzung, dass die bisherige Tätigkeit des RA s. für den Auftraggeber kein Interesse hat, wird man meistens dann annehmen müssen, wenn der Auftraggeber einen anderen RA beauftragen und diesem die gleichen Gebühren nochmals in voller Höhe entrichten muss.[196] **106**

---

[194] *Henssler/Deckenbrock* NJW 2005, 1 Ziff. II.1; BGH NJW 1982, 437; NJW 1985, 41; JurBüro 1984, 1659; KG BRAK-Mitt. 2002, 44.

[195] LG Saarbrücken, NJW 2018, 3588 mAnm *Mayer* FD-RVG 2018, 408153.

[196] BGH JurBüro 1984, 1659; aber OLG Karlsruhe MDR 1994, 519, wonach es möglich ist, dass die gleiche Gebühr nochmals entsteht, dennoch die bisherige Tätigkeit des RA ihren Wert behält.

Der Wegfall des Interesses führt zum Untergang der Gebührenforderung, ohne dass es einer Aufrechnung mit der Gegenforderung bedarf.[197]

Bei den Rahmengebühren des Strafverteidigers sind die Gebühren des ersten und des zweiten Anwaltes unter Berücksichtigung aller nach § 14 Abs. 1 RVG heranzuziehende Umstände zu prüfen. Hat der zweite RA den Gebührenrahmen zulässigerweise vollständig ausgeschöpft, ist kein Raum mehr vorhanden für Gebühren des ersten RA, die dieser behalten könnte. Wenn aber der zweite RA durch die Vorarbeit des ersten RA spürbar entlastet ist, so dass er zB an Stelle der Höchstgebühr nur eine Mittelgebühr beanspruchen kann, verbleibt dem ersten RA die Differenz. Bei der vereinbarten Vergütung sind ähnliche Überlegungen anzustellen.

Fraglich ist, ob der RA seinen Gebührenanspruch behält, **wenn der Auftraggeber keinen zweiten RA beauftragt,** sondern nunmehr selbst tätig wird. Nach einer Ansicht bleibt dem RA die Vergütung ungekürzt.[198] Richtig dürfte es sein, dem RA die Vergütung insoweit zu kürzen, als der Mandant durch die Fortführung seiner Sache eigene Aufwendungen (zB Zeitversäumnis) hatte.[199]

4. Durch vertragswidriges Verhalten des Auftraggebers verschuldete Kündigung

107 Ist die Kündigung des RA durch vertragswidriges Verhalten des Auftraggebers veranlasst, so kann der Anwalt alle durch seine bisherige Tätigkeit verdienten Gebühren von dem Auftraggeber auch dann beanspruchen, wenn dieser die gleichen Gebühren für die Fortführung derselben Angelegenheit noch einem weiteren RA bezahlen muss.

108 Auf ein Verschulden iSd §§ 276, 278 BGB kommt es nicht an.[200]

Darlegungs- und Beweislast. Die Voraussetzungen der Einwendung des § 628 Abs. 1, 2 BGB hat der Auftraggeber darzulegen und zu beweisen. Die Verteilung der Darlegungs- und Beweislast folgt aus der Systematik des Gesetzes, das im Regelfall den Vergütungsanspruch unangetastet lässt und nur ausnahmsweise nach Abs. 1 S. 2 eine Kündigung vorsieht.[201]

Ein vertragswidriges Verhalten des Mandanten liegt immer dann vor, wenn der Mandant schuldhaft etwas tut oder unterlässt, dessentwegen es dem RA billigerweise nicht zugemutet werden kann, das Mandat weiterzuführen.

Einzelfälle. Ist der Mandant **mit seiner Vorschusspflicht gem. § 9 RVG in Verzug,** so sehen viele darin ein vertragswidriges Verhalten mit der Folge, dass der RA kündigen kann ohne Wegfall seiner bisher entstandenen Gebühren.[202] Es ist aber fraglich, ob der formelle Eintritt des Verzugs schon die Zerstörung des Vertrauensverhältnisses begründet. Es wird wohl eine deutliche Niederlegungsandrohung hinzukommen müssen. Unterbleibt dann die Bezahlung, dann kann der RA davon ausgehen, dass dem Mandanten an der Fortführung des Mandats nicht mehr gelegen ist.

Weitere **Fälle vertragswidrigen Verhaltens des Mandanten:** Unrichtige und/oder unvollständige Informationserteilung. Denn dem RA als Organ der Rechtspflege kann nicht zugemutet werden, die Vertretung auf bewusst falsche Information zu stützen, abgesehen davon, dass er in den Verdacht der strafbaren Begünstigung geraten kann.[203]

Ein wichtiger Grund trotz der Unzeit liegt vor, wenn der RA rechtzeitig vor Ablauf der Berufungsbegründungsfrist – gut drei Wochen vorher – seine negative Meinung zu den Aussichten des Rechtsmittels darlegt und erklärt hat, er werde seine Tätigkeit (Einreichung eines Begründungsschriftsatzes) beenden, wenn nicht unverzüglich die erstinstanzlichen Gebühren gezahlt werden. In einem solchen Falle besteht auch keine Pflicht, einen Verlängerungsantrag zu stellen, weil er bei wahrheitsgemäßer Begründung zurückzuweisen wäre.[204] Das alleinige

---

[197] *Henssler/Deckenbrock* NJW 2005, 1 Ziff. II. 1; BGH NJW 1982, 437; NJW 1985, 41; NJW 1997, 188. Dagegen behält der RA den Anspruch auf die Gebühren, die bei dem zweiten RA nicht entstehen (zB die Terminsgebühr für eine Beweisaufnahme).

[198] LG Kempten NJW 1954, 725 mablAnm *Gerold/Pabst* MDR 1978, 449.

[199] *Henssler/Deckenbrock* NJW 2005, 1 (II. 2).

[200] *Henssler/Deckenbrock* NJW 2005, 1 (II. 1a).

[201] Aufgabe der Ansicht in Gerold/Schmidt/*Madert,* 15. Aufl. 2002, Rn. 188; BGH NJW 1997, 188; OLG Köln FamRZ 1996, 942; OLG Hamm AGS 1996, 16; OLG München OLGR 1995, 198; *Henssler/Deckenbrock* NJW 2005, 1 Ziff. II. 4; aA OLG Düsseldorf AGS 1993, 74, kündigt der RA das Mandatsverhältnis, so hat er die Darlegungs- und Beweislast dafür, dass seine Kündigung durch ein vertragswidriges Verhalten des Mandanten veranlasst worden ist; gelingt ihm dies nicht, entfällt sein Gebührenanspruch.

[202] OLG Düsseldorf AGS 1993, 74.

[203] OLG Düsseldorf AGS 1993, 74.

[204] OLG Hamburg 21.12.1973 – 11 U 139/73, zitiert nach BJS Anwaltshaftung Kap. III Rn. 108.

Interesse der Sicherung der Vergütung ist kein wichtiger Grund für den Anwalt zu einer Mandatskündigung zur Unzeit.[205]

Ebenso begründet es keinen Schuldvorwurf gegen den RA, wenn dieser zwar während der bereits angelaufenen Rechtsmittelfrist kündigt, aber damit rechnen kann, dass die Partei bis zum Ablauf der Frist noch genügend Zeit für den Auftrag an einen anderen RA haben werde.[206]

Wünscht der Mandant persönliche und unsachliche Angriffe gegen Richter, so ist dies zunächst kein Grund zur Mandatskündigung. Solche Zumutungen sind vom Anwalt zurückzuweisen (§ 43a Abs. 3 BRAO). Erst wenn der Mandant hartnäckig darauf besteht, erhält der Anwalt den wichtigen Grund zur Kündigung unter Wahrung des Gebührenanspruchs.[207]

Auch das **Stellen unzumutbarer Anforderungen** kann zur Kündigung berechtigen, wenn der Mandant trotz Zurückweisung durch den RA auf ihnen beharrt. Verlangt der Mandant zB, dass der vor Absendung eines Schriftsatzes diesen zur Korrektur ihm zusendet und besteht er dann auf sachlich nicht notwendigen Umformulierungen, Ergänzungen und dergleichen, so kann hierin ein vertragswidriges Verhalten zum Ausdruck kommen.[208]

Hält der Auftraggeber an einer Rechtsposition trotz **Aussichtslosigkeit** fest, so liegt hierin grds. kein vertragswidriges Verhalten. Denn er hat einen Anspruch darauf, dass die Aussichtslosigkeit durch das Gericht festgestellt wird. Allerdings stellt es keine Pflichtverletzung dar, wenn der RA daraufhin das Mandat niederlegt.[209] Denn der RA haftet dem Mandanten für Führung eines aussichtslosen Rechtsstreits grds. für die Kosten und es bleibt nur die Frage der Höhe des Mitverschuldens zu prüfen.[210]

Stellt sich aber heraus, dass ganz offensichtlich eine Grundlage für den Anspruch nicht besteht, und beharrt der Auftraggeber trotz entsprechender Aufklärung auf seinem Verlangen, kann die Fortsetzung des Mandats für den RA unzumutbar sein.[211]

Unvollständige oder gänzlich unterlassene Informationen erschweren die anwaltlichen Tätigkeiten, können das Vertrauensverhältnis zerstören. Auch hier wird der RA vor Kündigung wohl den Mandanten ausdrücklich auf die damit verbundenen Folgen hinweisen müssen.

Weiter hierher gehören unbegründete und/oder unangemessene Vorwürfe sowie die **Geltendmachung unberechtigter Ersatzansprüche.**[212] Denn kündigt der Mandant unberechtigt Ersatzansprüche an, dann ist das Vertrauensverhältnis zerstört.[213]

Gleiches gilt, wenn der Auftraggeber sich anmaßend oder unziemlich benimmt.[214]

Dem Anwalt ist es jedoch versagt, sich auf ein vertragswidriges Verhalten des Auftraggebers **109**
zur Rechtfertigung seiner Kündigung zu berufen (hier: Äußerung, der Anwalt sei „inkompetent“ und „Sie hasse ihn“), wenn der Anwalt durch seine zögerliche Bearbeitung des Mandats seinerseits der Mandantin Grund für eine außerordentliche Kündigung des Anwaltsvertrages gegeben hat.[215]

Beweislast: Sie liegt für vertragsgemäßes Verhalten des Auftraggebers beim Auftraggeber.[216]

Belehrungspflicht. Der RA muss den Mandanten vor Kündigung des Mandatsvertrags in aller Regel belehren oder abmahnen, will er eine Kürzung des Honoraranspruchs vermeiden.[217]

5. Interessenkollision

Interessenkollision **im engeren Sinne** (Vertretung beider Parteien in denselben Angele- **110**
genheiten) führt zur Unmöglichkeit.

Interessenkollision **im weiteren Sinne** ist in drei Fällen denkbar:

1. Der RA vertritt in einer anderen Sache den Gegner des Mandanten;

---

[205] BGH BeckRS 2013, 06891 mAnm *Mayer* FD-RVG 2013, 345430.
[206] BGH NJW 1987, 326.
[207] OLG München AnwBl 1974, 43; BJS Anwaltshaftung Kap. III Rn. 109.
[208] Hartmann/Toussaint RVG § 15 Rn. 85; OLG Köln AnwBl 1972, 159; OLG Hamm AGS 1996, 16.
[209] OLG Karlsruhe AnwBl 1994, 522.
[210] BJS Anwaltshaftung Kap. III Rn. 107.
[211] LG Hamburg AnwBl 1985, 261; AG Köln AnwBl 1989, 624.
[212] BGH NJW 1987, 188.
[213] Hartmann/Toussaint/*Toussaint* RVG § 15 Rn. 48.
[214] OLG München HRR 1938, 1577; LG Hamburg AnwBl 1985, 261.
[215] OLG Düsseldorf BeckRS 2011, 22088 mAnm *Mayer* FD-RVG 2011, 322463.
[216] Mayer/Kroiß/*Winkler* RVG § 15 Rn. 129.
[217] *Henssler/Deckenbrock* NJW 2005, 1 Ziff. II. 1, ähnlich wie bei einer außerordentlichen verhaltensbedingten Kündigung; hierzu MüKoBGB/*Henssler* § 626 Rn. 97 ff.

2. der RA vertritt in einer anderen Sache einen Dritten gegen den Mandanten;
3. der RA vertritt in einer anderen Sache den Gegner des Mandanten gegen einen Dritten.

In all diesen Fällen liegt keine Interessenkollision iSv Parteiverrat vor. Aber aus der Sicht des Mandanten kann das Vertrauensverhältnis so gestört sein, dass es für ihn einen wichtigen Grund, der in dem Verhalten des RA liegt, zur Kündigung darstellt. Im ersten Fall besteht die Befürchtung, dass – wenn auch unbewusst, der RA Informationen des Mandanten zugleich für den Gegner gegen ihn benutzt; in den Fällen 2 u. 3 kann der Mandant befürchten, der RA könne aus Rücksichtnahme auf das ggf. lukrativere Mandat des anderen seine Interessen nicht mehr mit allem Nachdruck vertreten.

Der BGH[218] ist der Ansicht: Zwar kann der RA in verschiedenen Sachen gleichzeitig für und gegen den Mandanten tätig sein. Aber der Mandant vertraut in aller Regel darauf, dass sein RA nur seine Interessen und nicht zugleich die Interessen Dritter gegen ihn wahrnimmt. Deshalb muss der RA den Mandanten von der gleichzeitigen Tätigkeit im Interesse Dritter unterrichten. Tut der RA das nicht oder stimmt der Mandant nicht zu, dann kann der Mandant kündigen mit der Folge des § 628 Abs. 1 S. 2 BGB.

6. Übertragung anderer Angelegenheiten an anderen Rechtsanwalt

111 Überträgt der Auftraggeber eine andere Angelegenheit einem anderen RA, während der dem ersten RA erteilte Auftrag noch nicht erledigt ist, so rechtfertigt das nur dann die Kündigung des Anwalts, wenn nach der besonderen Sachlage darin eine derartige Misstrauenskundgebung zu finden ist, dass dem Anwalt die Fortführung der Angelegenheit für den Auftraggeber nicht zuzumuten ist. Der Regelfall ist das aber nicht.

7. Aussichtslosigkeit

112 Stellt sich im Laufe des Rechtsstreits heraus, dass die Rechtsverfolgung oder Rechtsverteidigung aussichtslos ist, so kann darin zwar kein vertragswidriges Verhalten des Auftraggebers gefunden werden. Der Auftraggeber hat aber in einem solchen Falle kein berechtigtes Interesse an der Beauftragung eines anderen RA mit der weiteren Durchführung des Auftrags, so dass der Anspruch des kündigenden RA auf die bereits verdienten Gebühren bestehen bleibt. Im Allgemeinen wird man jedoch vom RA verlangen können, dass er einen Auftrag auch dann zu Ende führt, wenn er zu der Überzeugung kommt, die Position seines Auftraggebers sei aussichtslos geworden. Der Auftraggeber hat einen Anspruch darauf, dass das Gericht über seinen Anspruch entscheidet. Bis sachlich durch Urteil entschieden ist, sollte der RA die Vertretung der Partei beibehalten. Eine Ausnahme wird nur dann zu machen sein, wenn dem RA aus besonderen Gründen des Einzelfalles nicht zuzumuten ist, die Vertretung des Auftraggebers beizubehalten. Das gilt zB, wenn sich die Geltendmachung des Anspruchs vom Standpunkt des Anwalts als bedenklich herausstellt. Doch ist der RA in einem solchen Falle verpflichtet, der Partei zunächst seine Auffassung mitzuteilen und ihr die entsprechenden Schritte anzuraten.[219]

8. Bloße Missverständnisse

113 Wird durch bloße Missverständnisse ohne Verschulden des Auftraggebers oder des RA das Vertrauensverhältnis erschüttert, so ist bei Kündigung des RA nach § 628 Abs. 1 S. 2 BGB diesem der Anspruch auf bei einem anderen Anwalt nochmals entstehende Gebühren zu versagen. Zunächst sollten sich RA und Auftraggeber bemühen, das Vertrauensverhältnis wiederherzustellen und die Missverständnisse auszuräumen. Erklärt der Auftraggeber jedoch, dass er kein Vertrauen mehr besitze, ist dem Anwalt die Fortführung des Auftrags nicht mehr zuzumuten. Er kann kündigen mit der Folge, dass er seine Gebührenansprüche behält.[220]

Behauptet der Auftraggeber, dass der RA die Störung des Vertrauensverhältnisses verschuldet habe, so ist er dafür beweispflichtig.

Das Vorbringen der als Erbe den Rechtsstreit führenden Partei, sie habe zu dem Anwalt des Erblassers das erforderliche Vertrauen nicht gehabt, macht allein einen Anwaltswechsel nicht notwendig.[221]

9. Durch vertragswidriges Verhalten des Anwalts verschuldete Kündigung

114 Hat der RA die Kündigung des Auftraggebers verschuldet, so kann der RA keine Gebühren verlangen, die in der Person des nunmehr beauftragten RA nochmals entstehen. Er ist darüber

---

218 BGH NJW 1985, 41.
219 LG Hamburg AnwBl 1985, 261.
220 Zur Erstattung OLG Hamburg JurBüro 1973, 448.
221 OLG Köln JurBüro 1974, 757.

hinaus nach § 628 Abs. 2 BGB dem Auftraggeber auch für etwaige weitere, durch sein Verschulden entstandene Schäden ersatzpflichtig. Ein solcher Schaden kann auch in den Kosten der Einreichung einer aussichtslosen Klage bestehen. Allerdings steht dem Mandanten nach einer durch ein vertragswidriges Verhalten des Rechtsanwalts veranlassten Kündigung ein Schadensersatzanspruch nur zu, wenn das vertragswidrige Verhalten des Rechtsanwalts einen wichtigen Kündigungsgrund bildet und die insoweit zu beachtende Kündigungsfrist von zwei Wochen gewahrt ist[222]

Vertragswidriges Verhalten des RA kann in **unsachgemäßer Prozessführung** liegen, zB wenn der RA ohne im Interesse der Rechtspflege oder ohne im besonderen Interesse des Auftraggebers liegenden Gründen Tatsachen vorbringt, die geeignet sein können, dem Auftraggeber zu schaden,[223]

– oder wenn er dem Auftraggeber die unrichtige Mitteilung macht, ein Termin zur Vernehmung eines wichtigen Zeugen sei aufgehoben worden,
– oder wenn er durch grobe Pflichtverletzung Fristen versäumt hat, zB wenn er ihm vom Auftraggeber rechtzeitig gegebene Erklärungen und Beweismittel verspätet geltend macht, so dass sie vom Gericht zurückgewiesen werden,[224]
– oder wenn er der Gegenpartei erklärt, er halte eine von ihm eingereichte Klage für aussichtslos, oder wenn er in einem anderen Rechtsstreit die Vertretung einer GmbH übernimmt, deren einziger Gesellschafter die Gegenpartei seines Auftraggebers ist,[225]
– oder wenn er den Auftraggeber fehlerhaft beraten hat, wobei es gleichgültig ist, in welcher Rechtssache die Fehlleistung geschehen ist.[226]

Ein Prozessbevollmächtigter verliert seinen Vergütungsanspruch gem. § 628 Abs. 1 S. 2 BGB, wenn der Mandant den Auftrag kündigt, weil der Anwalt in Untersuchungshaft genommen wurde wegen des Verdachts, Gelder anderer Auftraggeber veruntreut zu haben, und einen neuen Prozessbevollmächtigten bestellt, für den die gleichen Anwaltsgebühren nochmals entstehen.[227]

Ist streitig, ob der RA die Kündigung des Anwaltsvertrages seitens des Auftraggebers durch vertragswidriges Verhalten veranlasst hat, so hat der **Auftraggeber zu beweisen,** dass vertragswidriges Verhalten des RA zur Kündigung geführt hat und dass das Interesse an den bisherigen Leistungen des RA infolgedessen entfallen ist.[228]

10. Kündigung des Auftraggebers

Kündigt der Auftraggeber, **ohne durch vertragswidriges Verhalten des Anwalts dazu** 115
veranlasst worden zu sein, so behält der RA seine bereits entstandenen Vergütungsansprüche auch insoweit, als bei Bestellung eines anderen Anwalts der Auftraggeber die Gebühren nochmals bezahlen muss.[229]

11. Schadensersatz nach § 628 Abs. 2 BGB

Wird die Beendigung des Mandats durch vertragswidriges Verhalten des Auftraggebers ver- 116
anlasst, so ist dieser nach § 628 Abs. 2 BGB **zum Ersatze des** durch die Aufhebung des Mandatsverhältnisses **entstehenden Schadens** verpflichtet. Ob dies auch im Verhältnis Anwalt/Auftraggeber gilt, ist umstritten.

Nach Gerold/Schmidt/*Schmidt*[230] fand § 628 Abs. 2 BGB deshalb keine Anwendung, weil der RA keinen Anspruch auf Vergütung für nicht geleistete Dienste hat. Nach Riedel/Sußbauer/*Ahlmann* RVG § 15 Rn. 52 ist die Bestimmung anwendbar, da aber andererseits der Anwalt frei werde und seine Arbeitskraft anderweitig einsetzen könne, werde sich oft ein Schaden nicht feststellen lassen können.

Richtig ist Folgendes: Nach § 249 Abs. 1 BGB hat der schadensersatzpflichtige Auftraggeber den Zustand herzustellen, der bei Nichteintritt der vorzeitigen Beendigung des Vertragsverhältnisses bestehen würde. Auf das Verhältnis vom RA zum Mandanten angewandt, bedeutet dies: Es müssen die Gebühren gezahlt werden, die bei Fortsetzung des Mandats voraussichtlich

---

[222] BGH NJW 2020,2538 mAnm. *Deckenbrock* NJW 2020, 2540 und Anm. *Mayer* FD-RVG 2020, 431524.
[223] *Pabst* MDR 1978, 449, mit weiteren Beispielen.
[224] BGH AnwBl 1977, 164; NJW 1982, 438.
[225] BGH JurBüro 1984, 1659; OLG Hamm Büro 54, 286.
[226] OLG Düsseldorf NJW 1972, 2311 = JurBüro 1972, 1106 = Rpfleger 1972, 457.
[227] BGH MDR 1995, 854 =VersR 1996, 99.
[228] BGH AnwBl 1982, 67 = NJW 1982, 437.
[229] OLG Hamm Büro 56, 385.
[230] Gerold/Schmidt/*Schmidt,* 8. Aufl. 1984, BRAGO § 13 Rn. 46.

entstanden wären, abzgl. solcher Einkünfte, die der RA durch anderweitige Verwertung seiner Arbeitskraft erzielt oder schuldhaft zu erzielen unterlässt. § 249 BGB wird ersichtlich nicht durch eine Norm des Gebührenrechts eingeschränkt. Es ist zB durchaus denkbar, dass der Verteidiger im Hinblick auf eine größere Strafverteidigung, in der viele Hauptverhandlungstermine datenmäßig schon festgelegt sind, andere Mandate nicht angenommen hat, weil deren Verhandlungstermine mit den Hauptverhandlungsterminen aus dem angenommenen Mandat kollidiert wären.

Beispiel:

In einem Rechtsstreit des Mandanten A steht am 10.4. Verhandlungstermin an. Am 4.4. wird dem RA von B das Mandat angetragen, ihn am 10.4. bei wichtigen Vertragsverhandlungen zu vertreten. Der RA muss das Mandat wegen des Verhandlungstermins am 10.4. ablehnen. Am 8.4. kündigt der A das Mandat. Das Mandat von B erhält der RA nicht, weil B inzwischen einen anderen RA beauftragt hat.

In den Beispielsfällen muss § 628 Abs. 2 BGB anwendbar sein.[231]

12. Vorzeitiges Ende bei Vergütungsvereinbarung

117 Wie § 15 Abs. 4 RVG bei Bestehen einer Vergütungsvereinbarung anzuwenden ist, kommt es darauf an, was vereinbart ist.

Ist ein **Zeithonorar** vereinbart, ist § 15 Abs. 4 RVG nicht anwendbar. Die bis zum Mandatsende angefallene Zeit ist abzurechen.[232]

Bei Vereinbarung einer **Pauschalvergütung** ist Abs. 4 nicht anzuwenden. Wenn die Parteien für den Fall der vorzeitigen Beendigung keine ausdrückliche Regelung getroffen haben, hat der RA gem. § 628 Abs. 1 BGB nur einen Anspruch auf einen Teil der Vergütung, der der bisher erbrachten Tätigkeit entspricht.[233]

VIII. Unmöglichkeit der Vertragserfüllung

118 Von Unmöglichkeit der Vertragserfüllung spricht man, wenn die Leistung des RA unmöglich und die Mandatsbeendigung also nicht durch eine Kündigung verursacht wird. Richtiger Auffassung nach gelten dann die **Regeln des Allgemeinen Teils des Schuldrechts,** §§ 275 ff. BGB.[234] Hat der Anwalt die Unmöglichkeit der Vertragserfüllung nicht zu vertreten, besteht sein Gebührenanspruch fort; eingenommene Vorschüsse sind in Höhe der angefallenen Gebühren nicht zu erstatten.[235] Hat der RA die Unmöglichkeit jedoch zu vertreten, ist § 628 Abs. 1 S. 2 BGB wiederum anwendbar.[236]

Nach anderer Auffassung ist auch in den Fällen der Unmöglichkeit von dem ausdifferenzierten Regelungsgefüge des § 628 BGB auszugehen.[237] Aus § 628 Abs. 1 S. 2 BGB ergebe sich für den Fall der Kündigung, dass der RA, der das Dienstverhältnis kündigt, ohne durch vertragswidriges Verhalten des Mandanten dazu veranlasst zu sein, die Kürzung seines Vergütungsanspruchs befürchten müsse. Das Gesetz gehe daher davon aus, dass der Kündigungsgrund stets in der Sphäre des RA liege, wenn sich nicht der Mandant vertragswidrig verhalten habe. Dieser Grundsatz müsse auch in den Fällen greifen, in denen das Mandat nicht vom RA niedergelegt worden sei, sondern von selbst ende. Es sei noch zu fragen, warum es einem Mandanten zum Nachteil gereichen sollte, wenn der RA in eigenem Interesse Veränderungen vornimmt, zB eine Sozietät mit dem Gegenanwalt eingeht, die einer Betreuung des Mandanten bis zum Verfahrensende entgegenstehen? Sachgerecht sei es daher, dass auch in allen ähnlichen Sachverhaltskonstellationen, in denen es zu einer vorzeitigen Mandatsbeendigung komme, den Rechtsgedanken des § 628 Abs. 1 S. 2 BGB für die Beendigung der Höhe des Gebührenanspruches heranzuziehen. Der in der Vorschrift enthaltene allgemeine Grundsatz sei eine besondere Ausprägung von § 242 BGB. Selbst wenn der RA die Mandatsbeendigung schuldlos nicht beeinflussen könne, sei er es, der die gebührenrechtlichen Konsequenzen der Tatsache tragen müsse, dass er das Mandat nicht zu Ende führen könne.[238]

---

231 *Pabst* MDR 1978, 449.

232 Mayer/Kroiß/*Winkler* RVG § 15 Rn. 149; Riedel/Sußbauer/*Ahlmann* RVG § 15 Rn. 59.

233 Mayer/Kroiß/*Winkler* RVG § 15 Rn. 150; BGH NJW 1978, 2304 = MDR 1978, 949.

234 Mayer/Kroiß/*Winkler* RVG § 15 Rn. 140; Schneider/Wolf/*N. Schneider* RVG § 15 Rn. 266.

235 Mayer/Kroiß/*Winkler* RVG § 15 Rn. 140.

236 Mayer/Kroiß/*Winkler* RVG § 15 Rn. 142.

237 Gerold/Schmidt/*Madert,* 18. Aufl. 2008, RVG § 15 Rn. 78; *Henssler/Deckenbrock* NJW 2005, 1 Ziff. II. 1c; ähnlich bereits OLG Köln JurBüro 1974, 471 (474); OLG München NJW-RR 2002, 353.

238 Gerold/Schmidt/*Madert,* 18. Aufl. 2008, RVG § 15 Rn. 78.

Der zuletzt genannten Auffassung ist jedoch entgegenzuhalten, dass es nicht einsichtig ist, weshalb in einem Anwaltsvertrag sämtliche allgemeine Lebensrisiken, auch wenn sie sich in der Person des Anwalts verwirklichen sollten, zu seinen Lasten gehen sollten.

Im Einzelfall gilt daher Folgendes:

1. Tod des Rechtsanwalts

Tod des Anwalts oder bei Mandatsannahme nicht vorhersehbare schwere Erkrankung, die den Anwalt zur Aufgabe seiner Praxis zwingt, sind vom Anwalt nicht zu vertretende Umstände.[239] **119**

2. Selbstmord

Insoweit wird teilweise nach dem Anlass für den Selbstmord differenziert; so soll ein Selbstmord des Rechtsanwalts nach Aufdeckung erheblicher Straftaten von ihm zu vertreten sein,[240] nicht jedoch ein Selbstmord aus anderem Anlass.[241] Richtig dürfte es jedoch sein, den Freitod eines Rechtsanwalts stets als einen von ihm nicht zu vertretenden Umstand zu qualifizieren. **120**

3. Aufgabe oder Verlust der Zulassung

Insoweit ist danach **zu differenzieren,** welche Umstände zur Aufgabe oder zum Verlust der Zulassung geführt haben. Gibt bspw. der Anwalt die Zulassung aus von ihm nicht zu vertretenden wirtschaftlichen Gründen freiwillig auf, liegt eine von ihm nicht zu vertretende Unmöglichkeit vor.[242] Nach dem BGH stellen wirtschaftliche Schwierigkeiten regelmäßig keinen achtenswerten Grund iSv § 91 Abs. 2 ZPO für die Aufgabe der Zulassung dar, vielmehr hat der RA seine für die Aufrechterhaltung des Kanzleibetriebs erforderliche Leistungsfähigkeit sicherzustellen, die Mehrkosten, die durch den durch die Aufgabe der Zulassung bedingten Anwaltswechsel entstehen sind nicht erstattungsfähig.[243] Ein achtenswerter Grund für die Aufgabe für die Rückgabe der Zulassung und damit der Erstattungsfähigkeit der Mehrkosten sah der BGH andererseits jedoch in dem Fall, in dem der Anwalt seine Zulassung deshalb zurückgibt, um anstelle seines verstorbenen Vaters die Pflege seiner demenzkranken Mutter zu übernehmen.[244] **121**

4. Sozietätswechsel

Problematisch ist die Behandlung des Wechsels in die gegnerische Anwaltssozietät. Kann das Mandat unter Einhaltung der Anforderungen nach § 3 BORA weitergeführt werden,[245] liegt keine vom RA zu vertretenden Unmöglichkeit vor.[246] **122**

IX. Aufhebung des Auftrags durch Vertrag

Wird der Auftrag durch Vertrag vorzeitig aufgehoben, so werden sich die Vertragsparteien in aller Regel darüber einigen, inwieweit der Anwalt seinen Anspruch auf bereits entstandene Gebühren, die für den Nachfolger neu entstehen, behält, sei es, dass der RA auf solche Gebühren verzichtet, sei es, dass der Auftraggeber sich zu ihrer Zahlung bereit erklärt. **123**

X. Erstattungspflicht der Gegenpartei

1. Allgemeines

Die Erstattungspflicht der Gegenpartei richtet sich nach § 91 Abs. 2 S. 2 ZPO. Danach sind die Kosten mehrerer Rechtsanwälte nur insoweit zu erstatten, als sie die Kosten eines RA nicht übersteigen oder als in der Person des RA ein Wechsel eintreten musste. Notwendig ist der Anwaltswechsel stets, wenn Anwaltszwang besteht und der erste RA den Auftrag nicht zu Ende geführt hat. Die Gegenpartei braucht aber nur die Kosten zu erstatten, zu deren Zahlung die obsiegende Partei verpflichtet ist. Inwieweit eine solche Verpflichtung besteht, ergibt sich aus den vorstehenden Ausführungen. Weiter entfällt ein Erstattungsanspruch für zwei Anwälte, wenn zwar beide vom Mandanten Gebühren verlangen können, der Anwaltswechsel aber auf **124**

---

239 Mayer/Kroiß/*Winkler* RVG § 15 Rn. 141.
240 Mayer/Kroiß/*Winkler* RVG § 15 Rn. 142.
241 Mayer/Kroiß/*Winkler* RVG § 15 Rn. 141.
242 Mayer/Kroiß/*Winkler* RVG § 15 Rn. 141.
243 BGH BeckRS 2012, 21657 mAnm *Mayer* FD-RVG 2012, 338688.
244 BGH BeckRS 2012, 20759.
245 *Kleine-Cosack* BRAO Anh. I 1 § 3 Rn. 29 ff.
246 Mayer/Kroiß/*Winkler* RVG § 15 Rn. 146.

einem vom Mandanten zu vertretenden Umstand beruht, zB der Mandant hat dem ersten RA grundlos gekündigt.[247]

Die obsiegende Partei, welche die Kosten mehrerer RA erstattet verlangt, muss also darlegen, dass sie zur Zahlung der Mehrkosten verpflichtet war und ihre Entstehung nicht selbst verschuldet hat.

Eine Ausnahme kann dann bestehen, wenn die Partei dem RA gekündigt hat, weil gegen ihn ein Strafurteil ergangen war, später aber seine Freisprechung erfolgt ist.

2. Bei Kündigung wegen Aussichtslosigkeit

125 Hat der RA wegen Aussichtslosigkeit der Rechtsverfolgung oder Rechtsverteidigung gekündigt, so besteht keine Erstattungspflicht der Gegenpartei für die durch Bestellung eines neuen Anwalts entstandenen Mehrkosten. Ist der RA zu einer solchen Ansicht, die sich später als irrig herausstellt, durch mangelhafte Unterrichtung seitens des Auftraggebers gekommen, so trifft diesen selbst, andernfalls den Anwalt ein Verschulden.

3. Insolvenzverwalter, Nachlasspfleger, Nachlassverwalter

126 Nimmt ein als **Insolvenzverwalter** bestellter RA ein anhängiges Verfahren auf und kündigt er dem vom Gemeinschuldner bestellten RA die Vollmacht, so liegt kein notwendiger Anwaltswechsel vor.[248]

127 Das Gleiche gilt, wenn ein zum **Nachlasspfleger** bestellter RA dem von dem Erblasser bestellten Prozessbevollmächtigten den Auftrag kündigt, um den Rechtsstreit selbst weiterzuführen.[249]

128 Ebenso gilt das bei dem zum **Nachlassverwalter** bestellten RA.[250]

4. Streitgenossen

129 Wurden Streitgenossen durch einen gemeinsamen Anwalt vertreten, so sind bei Wechsel des Anwalts durch einen Streitgenossen die Mehrkosten erstattungspflichtig, weil die Streitgenossen sich von vornherein durch mehrere Rechtsanwälte hätten vertreten lassen können.[251]

5. Beigeordneter Rechtsanwalt

130 War der obsiegenden Partei ein **RA im Wege der Prozesskostenhilfe beigeordnet,** so sind die Mehrkosten, die dadurch entstanden sind, dass nicht der von der Partei zunächst als Wahlanwalt beauftragte RA beigeordnet worden ist, nicht erstattungspflichtig.

131 Dasselbe gilt, wenn der zuerst beigeordnete Anwalt aus Schuld der Partei von seiner Beiordnung befreit ist.

6. Vertragliche Auftragsaufhebung

132 Hat bei vertraglicher Aufhebung des Anwaltsvertrags die obsiegende Partei, ohne dazu verpflichtet zu sein, dem Anwalt gegenüber die Tragung der Mehrkosten übernommen, so kann sie diese nicht von der unterlegenen Gegenpartei erstattet verlangen.

7. Staatskasse

133 Aus der Staatskasse kann der beigeordnete RA nach § 54 RVG, wenn er durch sein Verschulden die Beiordnung eines anderen RA veranlasst hat, die auch für diesen entstehenden Gebühren nicht fordern. Näheres s. bei → § 54 Rn. 1 ff.

---

[247] von Eicken/Hellstab/Dörndorfer/Asperger/*Dörndorfer* Kap. 2 O Rn. 551; *Mümmler* JurBüro 1983, 651; OLG Frankfurt a. M. AnwBl 1968, 232; JurBüro 1983, 122; OLG Düsseldorf JurBüro 1991, 731; zu streng KG JurBüro 1968, 130, wird ein Verfahren zur Entscheidung über die Wirksamkeit der Anfechtung eines Vergleichs fortgesetzt, so liegt ein notwendiger Anwaltswechsel nicht allein deshalb vor, weil seit dem Abschluss des Vergleichs sieben Jahre vergangen sind und eine frühere Anwaltsgemeinschaft nicht mehr besteht.

[248] OLG Frankfurt a. M. JurBüro 1979, 694; OLG Hamm JMBlNRW 1954, 67 = Büro 1954, 58; OLG Stuttgart Rpfleger 1957, 98 (Ls.).

[249] OLG Frankfurt a. M. BB 1978, 1442 (Ls.).

[250] OLG Frankfurt a. M. MDR 1979, 62 = JurBüro 1978, 1656 = Rpfleger 1978, 419.

[251] OLG Frankfurt a. M. AnwBl 1980, 505; OLG Düsseldorf Rpfleger 1988, 203; OLG Saarbrücken JurBüro 1989, 393; aA *Mümmler* JurBüro 1983, 167 und 83, 651; OLG Hamburg MDR 1972, 60, nur bei sachlichem Anlass; OLG Koblenz JurBüro 1979, 266 = VersR 1979, 360; OLG Köln JurBüro 1982, 1076 mzustAnm *Mümmler,* bestellt der aus einem Verkehrsunfall in Anspruch genommene Halter/Fahrer neben dem von seiner Haftpflichtversicherung zum Prozessbevollmächtigten bestellten Anwalt einen eigenen Prozessbevollmächtigten, so sind dessen Kosten in aller Regel nicht erstattungsfähig; OLG München AnwBl 1990, 630.

XI. Neuer Auftrag in gleicher Angelegenheit, Abs. 5

1. Allgemeines

Bei erneuter Beauftragung des RA in derselben Angelegenheit, in der er bereits tätig geworden war, erhält er nach **§ 15 Abs. 5 RVG** nicht mehr Gebühren, als er erhalten würde, wenn er von vornherein mit dem weiteren Tätigwerden beauftragt worden wäre. 134

Bei einem Rechtsstreit ist zB der in Frage kommende Rechtszug die Angelegenheit. § 15 Abs. 5 RVG schlägt daher dann ein, wenn der RA nicht mit der Vertretung im ganzen Rechtszug, sondern zunächst nur mit einer Einzeltätigkeit beauftragt worden war und erst später den Auftrag zu weiteren Einzeltätigkeiten oder zur Gesamtvertretung erhält.

Bei außergerichtlichen Angelegenheiten kann mitunter zweifelhaft sein, ob noch dieselbe Angelegenheit vorliegt, wenn der RA beauftragt wird, „weiter tätig zu werden". Dieselbe Angelegenheit liegt zweifelsfrei vor, wenn zB in einer Verkehrssache der mit außergerichtlichen Regulierungsverhandlungen beauftragte RA während der Bearbeitung den Auftrag erhält, weitere Ansprüche geltend zu machen.

Dagegen dürfte „nicht mehr" dieselbe Angelegenheit gegeben sein, wenn nach endgültiger Erledigung eines Anspruchs später ein weiterer Anspruch geltend gemacht wird, mag dieser auch aus derselben Wurzel stammen.

Beispiel:

Nach einem Verkehrsunfall wird ein Schmerzensgeldanspruch verglichen. Die Versicherung zahlt Vergleichssumme und Kosten. Später wird die Frage des materiellen Zukunftsschadens aufgeworfen und bereinigt. Obwohl dieser Schaden durch denselben Unfall verursacht worden ist wie der immaterielle Schaden, liegen doch zwei Angelegenheiten vor.[252]

2. Die Zweijahresfrist

Liegt zwischen dem früheren Auftrag und dem Ansinnen, in derselben Angelegenheit erneut oder weiter tätig zu werden, ein langer Zeitraum, so kann sich die Regelung des Abs. 5 S. 1 als unbillig erweisen, zumal dann, wenn der RA sich vollkommen neu einarbeiten muss. Abhilfe soll der S. 2 des Abs. 5 schaffen. Danach gilt die weitere Tätigkeit als neue Angelegenheit, wenn der frühere Auftrag seit mehr als zwei Kalenderjahren erledigt ist. Ist dies der Fall, entstehen für die weitere Tätigkeit die Gebühren neu. Das Gesetz stellt nicht auf Jahre, sondern auf Kalenderjahre ab. Das bedeutet: Ist zB der erste Auftrag im August 2006 erledigt, dann löst ein Auftrag, in derselben Angelegenheit erneut tätig zu werden, nur neue Gebühren aus, wenn der neue Auftrag im Jahre 2009 erteilt wird.[253] 135

Grund der Ausnahmevorschrift nach Ablauf von zwei Kalenderjahren ist die Erfahrung, nach einem so langen Zeitraum eine vollständige Einarbeitung in das Mandat erfolgen muss.

Die Frist ist nach §§ 186 ff. BGB zu bestimmen. „Erledigt" ist wie in Abs. 1, 4 zu verstehen. Maßgeblich ist also die Fälligkeit.[254]

In Abs. 5 S. 2 ist ausdrücklich geregelt, dass eine Anrechnung nach Ablauf von zwei Kalenderjahren ausgeschlossen ist. Eine Anrechnung zB nach VV Vorb. 3 Abs. 6 RVG unterbleibt also. Bei Zurückverweisung durch den BGH an das Berufungsgericht kommt es für die Berechnung der Zweijahresfrist nicht auf die Verkündung des Revisionsurteils an, sondern auf den Zeitpunkt, zu dem der Berufungsanwalt **von der Zurückverweisung** Kenntnis erlangt.[255]

S. 2 gilt auch in Fällen, in denen die Gebühren teilweise anzurechnen sind; endet zB das gerichtliche Mahnverfahren aufgrund des Widerspruchs des Schuldners vor dem 1.1.2005 und wird der Auftrag zur Fortsetzung des Verfahrens im Erkenntnisverfahren erst im Jahre 2007 erteilt, so ist die Anrechnungsvorschrift VV 3305 RVG nicht zu beachten.[256]

3. Verfahrensstillstand

Vielfach werden in der Rspr. die Voraussetzungen des § 15 Abs. 5 S. 2 RVG sehr **eng ausgelegt;** so ist die Vertretung in einer **ausgesetzten und wiederaufgenommenen** Folgesache Versorgungsausgleich keine neue Angelegenheit nach § 15 Abs. 5 S. 2 RVG, wenn zwei Kalenderjahre Zeit seit Erlass des Scheidungsurteils und der Aussetzung der Entscheidung über den 136

252 *Schmidt* NJW 1973, 1311.
253 Mayer/Kroiß/*Winkler* RVG § 15 Rn. 156 f.
254 OLG Karlsruhe JurBüro 1998, 26; OLG Stuttgart MDR 2003, 117; aA BGH NJW 2006, 1525; OLG Nürnberg JurBüro 2004, 317; *N. Schneider* AGS 2006, 323 (324).
255 OLG Hamburg RVGreport 2014, 265.
256 Mayer/Kroiß/*Winkler* RVG § 15 Rn. 160; OLG München AnwBl 2000, 698 = MDR 2000, 785 = Rpfleger 2000, 516.

Versorgungsausgleich vergangen sind.[257] Auch ein **Ruhen des Verfahrens** von mehr als zwei Kalenderjahren reicht nicht, damit die weitere Tätigkeit des Anwalts als neue Angelegenheit gilt.[258] Das gleiche gilt, wenn ein **gerichtliches Verfahren erst nach mehr als zwei Jahren wieder fortgesetzt** wird[259] oder ein Ehescheidungsverfahren von beiden Beteiligten nicht betrieben wird und das Verfahren mehrere Jahre später erst fortgeführt wird.[260] Auch die vorläufige Einstellung des Verfahrens nach § 205 StPO analog soll keine Erledigung eines früheren anwaltlichen Auftrags iSv § 15 Abs. 5 S. 2 RVG darstellen.[261] Überzeugender dürfte es jedoch in diesem Zusammenhang sein, unter „Erledigung" nicht den endgültigen Abschluss einer rechtlichen Angelegenheit zu verstehen, sondern auf die Fälligkeit der Vergütung nach § 8 RVG abzustellen.[262] Denn unbestreitbar muss sich der Anwalt nach Ablauf von mehr als zwei Kalenderjahren wieder neu in die Akte einarbeiten, unabhängig davon, ob der frühere Auftrag erledigt ist oder das Verfahren lediglich in Stillstand geraten ist.

4. PKH-Überprüfungsverfahren

136a Nach der in der Rechtsprechung vorherrschenden Auffassung gehört das PKH-Überprüfungsverfahren zur Tätigkeit des Anwalts im Prozesskostenhilfeverfahren.[263] Gehört das Überprüfungsverfahren noch zum Prozesskostenhilfeverfahren, ist der Auftrag zur Vertretung im Verfahren der Prozesskostenhilfe erst erledigt im Sinne des § 15 Abs. 5 S. 2 RVG, wenn seit der Beendigung des (Haupt)verfahrens vier Jahre vergangen sind (§ 120a Abs. 1 S. 4 RVG). Die in der Literatur vertretene Gegenauffassung stützt sich auf § 16 Nr. 3 RVG und billigt dem Anwalt eine gesonderte Vergütung im PKH-Überprüfungsverfahren zu, wenn mehr als zwei Jahre nach Erledigung des Ausgangsverfahrens ein Überprüfungsverfahren eingeleitet wird, er hierfür vom Mandanten beauftragt wird und den Mandanten darauf hingewiesen hat, dass diese Tätigkeit eine gesonderte Vergütung auslöst.[264]

5. Tätigkeitswiederaufnahme nach Kündigung

137 Wird der Auftrag gekündigt und nimmt später der RA die Tätigkeit wieder auf, die den Gegenstand des gekündigten Auftrags bildete (zB weil der Auftraggeber den geforderten Vorschuss erst dann gezahlt hat, nachdem ihm der RA wegen Nichtzahlung des Vorschusses den Auftrag gekündigt hatte), so kann er nach § 15 Abs. 5 RVG die bereits vor der Kündigung entstandenen Gebühren nicht nochmals berechnen.[265]

Beispiel:
Der RA hat wegen Nichtzahlung des Vorschusses gekündigt; danach zahlt der Auftraggeber den Vorschuss.

6. Bürgerliche Rechtsstreitigkeit

138 In bürgerlichen Rechtsstreitigkeiten und ähnlichen Verfahren kann der RA höchstens die für den Prozessbevollmächtigten vorgesehenen Gebühren für alle diejenigen Tätigkeiten erhalten, die unter den für den Prozessbevollmächtigten vorgesehenen Gebührenrahmen fallen.

Wird zB der Verkehrsanwalt oder der mit der Wahrnehmung eines Termins oder mit der Anfertigung eines Schriftsatzes beauftragte RA später Prozessbevollmächtigter, so muss er sich diejenigen Gebühren, die er durch seine frühere Einzeltätigkeit verdient hatte, auf die ihm später als Prozessbevollmächtigten zustehenden gleichartigen Gebühren anrechnen lassen (→ RVG VV 3400 Rn. 83; → RVG VV 3401 Rn. 57 ff.).

---

[257] KG NJW-RR 2011, 371; OLG Oldenburg BeckRS 2011, 01439 = AGS 2011, 125.

[258] OLG Köln BeckRS 2011, 13894 = NJOZ 2011, 1522 mAnm *Mayer* FD-RVG 2011, 318859; OVG Bautzen BeckRS 2018, 558 = RVGReport 2018, 138 mAnm *Mayer* FD-RVG 2018, 405779.

[259] FG Baden-Württemberg BeckRS 2010, 26030246 = AGS 2010, 606.

[260] OLG Schleswig BeckRS 2013, 03503 = NJOZ 2013, 1143 = AGS 2013, 123 = JurBüro 2013, 304 mAnm *Mayer* FD-RVG 2013, 343922; Anm. *Schneider* NJW-Spezial 2013, 156.

[261] LG München I RVGreport 2013, 346 mAnm *Burhoff.*

[262] OLG Brandenburg NJOZ 2009, 2616.

[263] OLG Nürnberg BeckRS 2018, 21447 = NJOZ 2018, 1874 = JurBüro 2018, 582 mAnm *Mayer* FD-RVG 2018, 410921; OLG Frankfurt a. M., BeckRS 2016, 21409 mAnm *Schneider* NZFam 2017, 625; LSG Schleswig-Holstein, BeckRS 2018, 32866 mAnm *Mayer* FD-RVG 2019, 413104.

[264] *Schneider* NZFam 2014, 1127; → RVG VV 3335 Rn. 1 ff.

[265] AA OLG Braunschweig Rpfleger 1964, 65, das ausführt: „Dieselbe Angelegenheit" iSd § 13 Abs. 5 BRAGO liege dann nicht vor, wenn ein RA auf Grund völlig geänderter Rechts- oder Sachlage in derselben Instanz erneut tätig werde, nachdem früher seine Vertretung des Mandanten wegen damaliger Aussichtslosigkeit der Rechtsverfolgung beendet und abgerechnet worden sei.

7. Späterer Teilauftrag

Auch auf den umgekehrten Fall, dass der frühere Prozessbevollmächtigte **später** nur **noch** einen **Teilauftrag** erhält, ist § 15 Abs. 5 RVG anzuwenden, zB wenn er nach Verweisung des Rechtsstreits an ein anderes Gericht Verkehrsanwalt wird oder einen Beweistermin wahrnimmt (VV 3401 RVG).[266] 139

8. Gleiche Instanz

In gerichtlichen Verfahren ist weiter Voraussetzung, dass es sich um den gleichen Rechtszug handelt. Der RA, der Prozessbevollmächtigter am Landgericht war und nach Berufungseinlegung zum auswärtigen Oberlandesgericht Verkehrsanwalt wird, erhält die Verkehrsgebühr neben seinen am Landgericht verdienten Gebühren. 140

9. Spätere Erhöhung des Gegenstandswertes oder des Gebührensatzes

Spätere Erhöhung des Gegenstandswertes oder des Gebührensatzes ist zu berücksichtigen, so dass der dadurch begründete Gebührenunterschied noch gefordert werden kann. 141

Beispiele:

Vor der Verweisung des Rechtsstreits betrug der Streitwert 2.500,– EUR, nach der Verweisung wurde er auf 5.000,– EUR erhöht. Der RA hat als Prozessbevollmächtigter zunächst die Verfahrensgebühr aus 2.500,– EUR verdient. Als Verkehrsanwalt erhält er eine 1,0-Verkehrsgebühr aus 5.000,– EUR gem. VV 3400 RVG plus eine 0,3 Verfahrensgebühr gem. VV 3100 RVG aus 2.500,– EUR.

Der RA ist außergerichtlich tätig geworden und hat nach Erledigung des Auftrags oder Beendigung der Angelegenheit mit einer Geschäftsgebühr von 1,3 abgerechnet. Später wird er in derselben Angelegenheit erneut beauftragt. Dann kann unter Berücksichtigung des Umfangs der Tätigkeit gem. § 14 Abs. 1 S. 1 RVG abschließend zB eine 1,5-Gebühr gerechtfertigt sein, auf die die gezahlte 1,3-Gebühr anzurechnen ist.

10. Beratungsvergütung

§ 34 Abs. 2 RVG bestimmt, dass sie auf eine Gebühr anzurechnen ist, die der RA für eine sonstige Tätigkeit erhält, die mit der Erledigung des Rates oder aus Auskunft zusammenhängt. 142

11. Gebührenanrechnung in sonstigen Angelegenheiten

Ferner ist für die Geschäftsgebühr nach VV 2300 RVG in VV Teil 3 Vorb. 3 Abs. 4 RVG bestimmt, dass diese Gebühr auf die Gebühren für ein anschließendes gerichtliches Verfahren zur Hälfte anzurechnen ist. 143

12. Vergleichsanfechtung und Antrag nach § 23 Abs. 4 KapMuG auf Wiedereröffnung des Verfahrens

§ 15 Abs. 5 S. 3 RVG wurde durch das **Gesetz zur Reform des Kapitalanleger-Musterverfahrensgesetzes und zur Änderung anderer Vorschriften**[267] v. 19.10.2012 eingeführt. Nachdem der BGH bereits 2010 entschieden hatte, dass in analoger Anwendung von § 15 Abs. 5 S. 2 RVG der RA seine Gebühren erneut fordern kann, wenn ein Prozessvergleich mehr als zwei Kalenderjahren nach seinem Abschluss angefochten wird,[268] hat der Gesetzgeber, um einen Umkehrschluss auszuschließen[269] mit dem neu eingeführten S. 3 in § 15 Abs. 5 RVG klargestellt, dass sowohl im Fall der Vergleichsanfechtung als auch im Fall der Wiedereröffnung des Verfahrens auf Antrag des Klägers nach Beendigung des Verfahrens auf der Grundlage eines in einem Musterverfahren geschlossenen Vergleichs nach mehr als zwei Kalenderjahren jeweils die weitere Tätigkeit des Anwalts als neue Angelegenheit gilt und die im RVG bestimmten Anrechnungen von Gebühren entfallen. 144

XII. Beauftragung mit Einzelhandlungen, Abs. 6

1. Allgemeines

Der **mit Einzelhandlungen beauftragte RA** erhält nach **§ 15 Abs. 6 RVG** nicht mehr an Gebühren, als der mit der gesamten Angelegenheit beauftragte RA für die gleichen Tätigkeiten erhalten würde. 145

Der Vorschrift liegt der Gedanke zugrunde, dass der Mandant durch Erteilung von Einzelaufträgen in einer Angelegenheit nicht stärker mit Gebühren belastet werden soll, als dies bei Beauftragung des RA mit der Bearbeitung der gesamten Angelegenheit der Fall wäre.[270]

---

266 OLG Hamburg JurBüro 1986, 870 = MDR 1986, 596.
267 BGBl. 2012 I 2182.
268 BGH NJOZ 2011, 108 = AGS 2010, 477.
269 BR-Drs. 51/11, 43.
270 Mayer/Kroiß/*Winkler* RVG § 15 Rn. 166.

Die gesamte Angelegenheit iSd § 15 Abs. 6 RVG ist, wenn es sich um einen Rechtsstreit handelt, der gesamte Rechtszug. Ein Auftrag zu einzelnen Handlungen ist jeder Auftrag zu einer Tätigkeit, für die der mit der Führung des ganzen Rechtsstreits beauftragte RA in derselben Instanz keine besondere Gebühr erhält, also nach § 19 Abs. 1 S. 2 Nr. 2 RVG auch der Auftrag zur Führung außergerichtlicher Vergleichsverhandlungen.

§ 15 Abs. 6 RVG enthält für den Prozess den Grundsatz, dass der nicht zum Prozessbevollmächtigten bestellte RA für eine Tätigkeit, die für den Prozessbevollmächtigten durch eine der Pauschgebühren nach VV 3100 ff. RVG abgegolten wird, niemals eine höhere Gebühr erhalten kann, als sie der Prozessbevollmächtigte für eine solche Tätigkeit erhalten würde.

2. Verschiedene Aufträge

146 Auch wenn verschiedene Aufträge zu Einzeltätigkeiten vorliegen, soll der damit beauftragte RA nicht mehr an Gebühren erhalten, als der mit der gesamten Angelegenheit beauftragte RA erhalten hätte, wenn er die Tätigkeiten vorgenommen hätte.

3. Getrennte Prüfung für alle Gebühren

147 Für alle Gebührenarten hat **getrennte Prüfung** zu erfolgen. Es kann also zB für den mit Einzelhandlungen beauftragten RA stets höchstens eine Verfahrens- oder Terminsgebühr entstehen.

4. Teilgebühren

148 Sind nur Teilgebühren für das in Frage kommende Verfahren vorgesehen, also niedrigere als die vollen Gebühren, wie zB im Zwangsvollstreckungsverfahren, so kann der mit Einzeltätigkeiten beauftragte RA für mehrere Einzelaufträge höchstens diese Teilgebühren beanspruchen, zB in einem Zwangsvollstreckungsverfahren höchstens je drei Zehntel der vollen Gebühr. Das gilt natürlich nur dann, wenn es sich um Tätigkeiten in der gleichen Angelegenheit der Zwangsvollstreckung handelt.

5. Verschiedene Instanzen

149 Für Tätigkeiten in verschiedenen gerichtlichen Instanzen kann auch der mit Einzeltätigkeiten beauftragte RA für jede Tätigkeit in einem anderen Rechtszug die gleiche Gebühr erneut berechnen. ZB erhält der RA, der erst mit der Erklärung eines Rechtsmittels (→ RVG VV 3403 Rn. 24 ff.) und später mit der Erwirkung einer Einzeltätigkeit in der Zwangsvollstreckung beauftragt worden ist, so verdient er zweimal eine Gebühr gem. VV 3403 RVG. Entscheidend ist stets, ob auch der Prozessbevollmächtigte oder der mit der gesamten Angelegenheit beauftragte RA für die gleichen Tätigkeiten mehrere Gebühren beanspruchen könnte.

6. Geltung der Rahmengebühren

150 Der **Grundsatz des Abs. 6 gilt für alle Angelegenheiten,** also zB auch für Strafsachen und die Angelegenheiten nach VV 2300 RVG. In Strafsachen zB kann der RA für mehrere Einzeltätigkeiten innerhalb einer Instanz nicht mehr an Gebühren erhalten, als er zu beanspruchen hätte, wenn er zum Verteidiger der Instanz bestellt worden wäre.

§ 15a Anrechnung einer Gebühr

(1) **Sieht dieses Gesetz die Anrechnung einer Gebühr auf eine andere Gebühr vor, kann der Rechtsanwalt beide Gebühren fordern, jedoch nicht mehr als den um den Anrechnungsbetrag verminderten Gesamtbetrag der beiden Gebühren.**

(2) [1]**Sind mehrere Gebühren teilweise auf dieselbe Gebühr anzurechnen, so ist der anzurechnende Betrag für jede anzurechnende Gebühr gesondert zu ermitteln.** [2]**Bei Wertgebühren darf der Gesamtbetrag der Anrechnung jedoch denjenigen Anrechnungsbetrag nicht übersteigen, der sich ergeben würde, wenn eine Gebühr anzurechnen wäre, die sich aus dem Gesamtbetrag der betroffenen Wertteile nach dem höchsten für die Anrechnungen einschlägigen Gebührensatz berechnet.** [3]**Bei Betragsrahmengebühren darf der Gesamtbetrag der Anrechnung den für die Anrechnung bestimmten Höchstbetrag nicht übersteigen.**

(3) **Ein Dritter kann sich auf die Anrechnung nur berufen, soweit er den Anspruch auf eine der beiden Gebühren erfüllt hat, wegen eines dieser Ansprüche gegen ihn ein Vollstreckungstitel besteht oder beide Gebühren in demselben Verfahren gegen ihn geltend gemacht werden.**

Schrifttum: *Hansens,* Drei berichtigende Absätze des Gesetzgebers zur Gebührenanrechnung, AnwBl 2009, 535; *Hansens,* Gebührenberechnung bei Mehrfach-Anrechnung RVGreport 2009, 81; *Hansens,* Die Gebührenrechnungen nach § 15a, 55 Abs. 5 S. 2, 3 RVG, RVGreport 2009, 201 ff. (241 ff.); *Hansens,* Gesetzgebungsvorhaben zur Anrechnung der Geschäftsgebühr, RVGreport 2008, 293; *N. Schneider,* Anrechnung nach dem neuen § 15a RVG, AGS 2009, 361; *N. Schneider,* Über den Unsinn, die halbe Geschäftsgebühr mit einzuklagen, NJW 2007, 2001; *Schons,* Zur Frage der Anrechnung einer vereinbarten Vergütung, AGS 2009, 216.

Übersicht

I. Motive

1 Die Motive führen aus.

„Das RVG schreibt an zahlreichen Stellen vor, dass eine Gebühr ganz oder teilweise auf eine andere Gebühr anzurechnen ist. Grund für die Anrechnung ist, dass die beiden Gebühren in einem bestimmten Umfang dieselbe Tätigkeit (etwa die Informationsbeschaffung) entgelten. Die Anrechnung will verhindern, dass der Rechtsanwalt für die betreffende Tätigkeit doppelt honoriert wird.

2 Der Bundesgerichtshof hat dazu im vergangenen Jahr mehrmals entschieden, dass eine Gebühr von vornherein nur in gekürzter Höhe entstehe, wenn auf sie eine andere Gebühr angerechnet wird. Der unterlegene Prozessgegner habe sie deshalb auch nur in entsprechend verminderter Höhe zu erstatten.

3 Dieses Verständnis der Anrechnung führt zu unbefriedigenden Ergebnissen, weil es den Auftraggeber benachteiligt. Das zeigt sich in einer Reihe von Konstellationen, die für die Tätigkeit der Rechtsanwälte und die gerichtliche Praxis von überragender Bedeutung sind. Insbesondere erhält die obsiegende Prozesspartei eine geringere Erstattung ihrer Kosten, wenn sie ihrem Rechtsanwalt vor dem Prozessauftrag in derselben Sache bereits einen Auftrag zur außergerichtlichen Vertretung erteilt hatte. Da die Geschäftsgebühr für die außergerichtliche Vertretung nach VV Vorbemerkung 3 Abs. 4 RVG zur Hälfte auf die Verfahrensgebühr für die Vertretung im Prozess anzurechnen ist, mindert sich der Anspruch auf Erstattung der Verfahrensgebühr entsprechend. Eine kostenbewusste Partei müsste deshalb die außergerichtliche Einschaltung eines Rechtsanwalts ablehnen und ihm stattdessen sofort Prozessauftrag erteilen. Soweit Rahmengebühren anzurechnen sind, wird das Kostenfestsetzungsverfahren überdies mit einer materiell-rechtlichen Prüfung belastet, für die es sich nicht eignet. Beides läuft unmittelbar den Absichten zuwider, die der Gesetzgeber mit dem Rechtsanwaltsvergütungsgesetz verfolgt hat.

4 Durch die vorgeschlagene Regelung in § 15a RVG-E soll der im Gesetz bisher nicht definierte Begriff der Anrechnung inhaltlich bestimmt werden. Ziel des Vorschlags ist es, den mit den Anrechnungsvorschriften verfolgten Gesetzeszweck zu wahren, zugleich aber unerwünschte Auswirkungen der Anrechnung zum Nachteil des Auftraggebers zu vermeiden. Die Vorschrift regelt in Absatz 1, welche Wirkung der Anrechnung im Verhältnis zwischen dem Rechtsanwalt und dem Schuldner der Gebühren zukommt. In Absatz 2 legt sie fest, in welchem Umfang sich die Anrechnung gegenüber Dritten auswirkt. Ferner ist in Abschnitt 8 des Rechtsanwaltsvergütungsgesetzes eine Klarstellung veranlasst, welche Angaben der beigeordnete oder bestellte Rechtsanwalt bei der Beantragung seiner Vergütung zu machen hat.

5 **Zu Nummer 3 – neu –** (Einführung von § 15a RVG-E)

Absatz 1 soll die Anrechnung im Innenverhältnis zwischen dem Rechtsanwalt und dem Auftraggeber regeln. Die Vorschrift beschränkt die Wirkung der Anrechnung auf den geringst möglichen Eingriff in den Bestand der betroffenen Gebühren. Beide Gebührenansprüche bleiben grundsätzlich unangetastet erhalten. Der Rechtsanwalt kann also beide Gebühren jeweils in voller Höhe geltend machen. Er hat insbesondere die Wahl, welche Gebühr er fordert und – falls die Gebühren von verschiedenen Personen geschuldet werden – welchen Schuldner er in Anspruch nimmt. Ihm ist lediglich verwehrt, insgesamt mehr als den Betrag zu verlangen, der sich aus der Summe der beiden Gebühren nach Abzug des anzurechnenden Betrags ergibt. Soweit seine Forderung jenen Betrag überschreitet, kann ihm der Auftraggeber die Anrechnung entgegenhalten. Mehr ist nicht erforderlich, um die Begrenzung des Vergütungsanspruchs zu erreichen, die mit der Anrechnung bezweckt wird.

6 Absatz 2 betrifft die Wirkung der Anrechnung im Verhältnis zu Dritten, die nicht am Mandatsverhältnis beteiligt sind, sondern etwa für entstandene Gebühren Schadensersatz zu leisten oder sie nach prozessrechtlichen Vorschriften zu erstatten haben. Da die Anrechnung den Bestand der einzelnen Gebührenansprüche bereits im Innenverhältnis zwischen dem Rechtsanwalt und dem Auftraggeber unberührt lässt, wirkt sie sich insoweit auch im Verhältnis zu Dritten nicht aus. In der Kostenfestsetzung muss also etwa eine Verfahrensgebühr auch dann in voller Höhe festgesetzt werden, wenn eine Geschäftsgebühr entstanden ist, die auf sie angerechnet wird. Sichergestellt werden soll jedoch, dass ein Dritter nicht über den Betrag hinaus auf Ersatz oder Erstattung in Anspruch genommen wird, den der Rechtsanwalt von seinem Auftraggeber verlangen kann. Insbesondere ist zu verhindern, dass insgesamt mehr als dieser Betrag gegen den Dritten tituliert wird. Das leistet die hier vorgeschlagene Vorschrift: Danach kann sich auch ein Dritter auf die Anrechnung berufen, wenn beide Gebühren im gleichen Verfahren – etwa in der Kostenfestsetzung – gegen ihn geltend gemacht werden. In gleicher Weise ist die Anrechnung zu berücksichtigen, wenn und soweit der Anspruch auf eine der Gebühren bereits gegen den Dritten tituliert oder von ihm selbst bereits beglichen worden ist.“[1]

6a **Zu § 15a Abs. 2 RVG (im Regierungsentwurf Abs. 3)**

In der Rechtsprechung ist umstritten, wie zu verfahren ist, wenn mehrere Gebühren auf ein und dieselbe Gebühr anzurechnen sind. Die Frage stellt sich insbesondere dann, wenn die Rechtsanwältin oder der Rechtsanwalt in verschiedenen Angelegenheiten Geschäftsgebühren verdient hat und die Angelegenheiten dann in ein einheitliches gerichtliches Verfahren münden, in dem die Rechtsanwältin oder der Rechtsanwalt nur eine einzige Verfahrensgebühr erhält.

Der Bundesgerichtshof ist der Auffassung, dass hier sämtliche Geschäftsgebühren gesondert in der tatsächlichen Höhe auf die Verfahrensgebühr anzurechnen sind (BGH, Beschluss vom 28. Februar 2017 – I ZB 55/16). Dies hat zur Folge, dass in den Fällen, in denen die Summe der anzurechnenden Beträge die Höhe der Verfahrensgebühr erreicht oder übersteigt, der Rechtsanwältin oder dem Rechtsanwalt im gerichtlichen Verfahren wirtschaftlich gesehen keine Verfahrensgebühr mehr zusteht.

---

[1] BT-Drs. 16/12717, 58.

Nach anderer Ansicht ist der Anrechnungsbetrag begrenzt auf den Gebührenbetrag, der sich aus einer Addition der Einzelwerte und dem höchsten bei den einzelnen Anrechnungen anzuwendenden Gebührensatz ergibt (so OLG Koblenz, Beschluss vom 24. September 2008 – 14 W 590/08; OVG NRW, Beschluss vom 17. Juli 2017 – 19 E 614/16). Diese Berechnungsmethode orientiert sich an der Regelung des § 15 Absatz 3 RVG, wonach in den Fällen, in denen für Teile des Gegenstands verschiedene Gebührensätze anzuwenden sind, für die Teile gesondert berechnete Gebühren entstehen, jedoch nicht mehr als die aus dem Gesamtbetrag der Wertteile nach dem höchsten Gebührensatz berechnete Gebühr.

Mit dem nunmehr vorgeschlagenen neuen § 15a Absatz 3 RVG soll die Streitfrage im Sinne der zweitgenannten Auffassung entschieden und sichergestellt werden, dass der Rechtsanwältin oder dem Rechtsanwalt für das gerichtliche Verfahren auch faktisch zumindest ein Teil der Verfahrensgebühr verbleibt. Dies entspricht auch dem Grundgedanken, der sich aus Vorbemerkung 3 Absatz 4 VV RVG aus der Deckelung der Anrechnungen sowohl bei Wertgebühren als auch bei Betragsrahmengebühren ergibt. Bei Betragsrahmengebühren sollen die im VV RVG bestimmten Anrechnungshöchstbeträge gelten.

Da sich die hier in Rede stehenden Konstellation nicht nur bei der Anrechnung von Geschäftsgebühren, sondern auch der Anrechnung anderer Gebühren ergeben kann, soll die Regelung nicht in Vorbemerkung 3 VV RVG, sondern als allgemeine Regelung in den die Anrechnung grundsätzlich regelnden § 15a RVG eingestellt werden.[2]

II. Allgemeines

Mit § 15a RVG (eingeführt durch Art. 7 Abs. 4 Modernisierungsgesetz v. 30.7.2009[3]) korrigiert der Gesetzgeber die von einer jahrzehntelangen einhelligen Handhabung[4] abweichende Rspr. des BGH,[5] der die meisten Obergerichte sowie des BVerwG[6] gefolgt waren. Der Gesetzgeber sah ein Korrekturbedürfnis, weil die BGH-Rechtsprechung „unbefriedigende Ergebnisse" mit sich gebracht hat, die „für die gerichtliche Praxis von überragender Bedeutung sind" und „die unmittelbar den Absichten" zuwiderlaufen, „die der Gesetzgeber mit dem Rechtsanwaltsvergütungsgesetz verfolgt hat".[7] Mit § 15a RVG ist wieder der Zustand der früheren einhelligen Meinung hergestellt. **7**

Während im RVG an verschiedenen Stellen (zB VV Vorb. 3 Abs. 4 RVG) geregelt ist, welche Gebühren aufeinander anzurechnen sind, bestimmt § 15a RVG welche **Folgen** eine solche Anrechnung im Innenverhältnis (Abs. 1) und im Verhältnis zu ersatz- oder erstattungspflichtigen Dritten (Abs. 2) hat. **8**

III. Grundgedanke

Eine Anrechnung verringert gem. § 15a Abs. 1 RVG nicht automatisch die Gebühr, auf die anzurechnen ist. Beide Gebühren entstehen in vollem Umfang (entgegen der Meinung des BGH) und bleiben auch als solche bestehen. Der RA kann beide geltend machen. Die Folge der Anrechnung ist nur, dass er insgesamt nicht mehr verlangen kann, als ihm letztlich unter Berücksichtigung der Anrechnung zusteht. **9**

Daher kann der Mandant gem. § 15a Abs. 3 RVG trotz der Anrechnung von einem Dritten den Ersatz bzw. die Erstattung der ganzen Verfahrensgebühr verlangen. Davon gibt es nur drei Ausnahmen (→ Rn. 22 ff.). **10**

IV. Innenverhältnis (Abs. 1)

1. Betroffene

§ 15a Abs. 1, 2 RVG betrifft das Innenverhältnis, also das des Anwalts zu seinem Schuldner, sei es seinem Auftraggeber, sei es einem anderen, der anstelle des Auftraggebers oder neben diesem Schuldner des Anwalts ist, also insbes. auch zum Rechtsschutz- und Haftpflichtversicherer des Auftraggebers.[8] Er gilt auch für den PKH-Anwalt gegenüber der Staatskasse.[9] **11**

[2] Regierungsentwurf KostRÄG 2021 zu § 15 Abs. 3 RVG. der in der Endfassung zum Abs. 2 wurde.

[3] G zur Modernisierung von Verfahren im anwaltlichen und notariellen Berufsrecht, zur Errichtung einer Schlichtungsstelle der Rechtsanwaltschaft sowie zur Änderung sonstiger Vorschriften v. 30.7.2009 (BGBl. 2009 I 2449).

[4] Gerold/Schmidt/*Müller-Rabe,* 18. Aufl. 2008, RVG VV 3100 Rn. 217.

[5] Grdl. BGH NJW 2008, 1323; → Rn. 1 Abs. 2.

[6] BVerwG JurBüro 2009, 594.

[7] BT-Drs. 16/12717, 67.

[8] *Hansens* AnwBl 2009, 535 (536) Ziff. III 1; RVGreport 2009, 201.

[9] BT-Drs. 16/12717, 68.

2. Gebührenansprüche des Anwalts

12 **a) Wahlrecht.** Der RA kann trotz der Anrechnung **wählen,**[10] welche Gebühr er bei seinem Auftragsgeber geltend macht. Er kann also zB aussuchen, ob er einen Betrag von der Geschäftsgebühr oder von der Verfahrensgebühr abzieht oder von beiden jeweils einen Teil.[11] Hat er mehrere Schuldner, so kann er frei bestimmen, welchen er in Anspruch nimmt.[12] Er kann sogar beide Ansprüche gleichzeitig geltend machen. Er kann zB dem Mandanten sowohl eine 1,3 Geschäftsgebühr als auch eine 1,3 Verfahrensgebühr in Rechnung stellen. Allerdings muss er, wenn eine der beiden bezahlt wird, die Rechnung für die andere dann wegen der Anrechnung kürzen (→ Rn. 9).

13 In aller Regel wird er vorweg die zuerst fällige Geschäftsgebühr in voller Höhe geltend machen. Anders kann es zB sein, wenn die Geschäftsgebühr bereits verjährt ist oder weil Rechtsschutz nur hinsichtlich der Verfahrensgebühr besteht.[13]

Zum Wahlrecht des beigeordneten PKH-Anwalts gegenüber der Staatskasse → § 58 Rn. 35.

14 **b) Begrenzung durch Anrechnung.** Er kann aber nicht mehr fordern, als ihm insgesamt nach der Anrechnung zusteht. Er muss also die einzelnen ihm zustehenden Ansprüche errechnen und von dem sich dann ergebenden Gesamtbetrag den Anrechnungsbetrag abziehen.

15 Das geht zB bei der Geschäftsgebühr nach der Formel

Geschäftsgebühr + Verfahrensgebühr – Anrechnung = Gesamtbetrag.

Also zB

1,3 Geschäftsgebühr + 1,3 Verfahrensgebühr – 0,65 Anrechnung = 1,95 Gesamtbetrag
2,0 Geschäftsgebühr + 1,3 Verfahrensgebühr – 0,75 Anrechnung = 2,55 Gesamtbetrag
2,5 Geschäftsgebühr + 1,3 Verfahrensgebühr – 0,75 Anrechnung = 3,05 Gesamtbetrag
1,3 Geschäftsgebühr + 0,3 Verfahrensgebühr – 0,3 Anrechnung[14] = 1,3 Gesamtbetrag
1,3 Geschäftsgebühr + 0,8 Verfahrensgebühr – 0,65 Anrechnung[15] = 1,45 Gesamtbetrag

Beispiel:

Der RA macht vorprozessual eine Mietforderung von 10.000,– EUR geltend. Später klagt er diesen Betrag ein.
Folgende Ansprüche des Anwalts sind entstanden

1,3 Geschäftsgebühr aus 10.000,– EUR	798,20 EUR
+ 1,3 Verfahrensgebühr aus 10.000,– EUR	798,20 EUR
Anrechnung einer 0,65 Geschäftsgebühr aus 10.000,– EUR gem. VV Vorb. 3 Abs. 4 RVG	– 399,10 EUR
2 × Pauschale gem. VV 7002 RVG	40,00 EUR
Somit stehen dem RA insgesamt Ansprüche zu iHv	1.237,30 EUR

16 **c) Rechnungsstellung durch den RA.** Der RA kann nebeneinander in einer Rechnung oder aber in zwei Rechnungen die von der Anrechnung betroffenen Gebühren geltend machen, muss dann aber den Vermerk hinzufügen, dass er insgesamt lediglich den Betrag verlangt, der nach der Anrechnung verbleibt. Erfolgt dann eine Zahlung, so muss die Rechnung nicht geändert werden. Er darf aber nicht beide Gebühren ohne einen Hinweis auf den Gesamtanspruch unter Berücksichtigung der Anrechnung in Rechnung stellen. Missverständlich ist *N. Schneider,* bei dem der Eindruck entsteht, als ob eine Darlegung der nach der Anrechnung verbleibenden Gesamtsumme nicht erforderlich wäre, und es genügen würde, wenn nach der Zahlung eine teilweise Stornierung der Rechnung erfolgt.[16] Dem ist nicht zu folgen. Wenn zum Zeitpunkt der Rechnungsstellung bereits feststeht, dass eine Anrechnung eingreift, dann muss das dem Mandanten auch von Anfang an offengelegt werden, da sonst bei ihm ein ganz falscher Eindruck von dem entsteht, was er wirklich zahlen muss.

17 Der RA kann aber auch zunächst die zuerst fällig gewordene Gebühr, also in vielen Fällen die Geschäftsgebühr, in Rechnung stellen. Ist diese bei der Geltendmachung der nachfolgenden Verfahrensgebühr noch nicht bezahlt, so kann er entweder nur die restliche Verfahrensgebühr nach Abzug der Anrechnung in Rechnung stellen oder die volle Verfahrensgebühr, dann aber wieder mit dem Hinweis, dass aus den beiden Rechnungen nach Berücksichtigung der Anrechnung nur ein bestimmter Gesamtbetrag zu zahlen ist. Ist die Geschäftsgebühr bereits

---

10 BT-Drs. 16/12717, 68.
11 *Hansens* RVGreport 2009, 201 (202).
12 BT-Drs. 16/12717, 68.
13 *N. Schneider* ZAP Teil 3, 19.
14 → RVG VV Vorb. 3 Abs. 4 Rn. 226.
15 → RVG VV Vorb. 3 Abs. 4 Rn. 226.
16 *N. Schneider* AGS 2009, 361 (362) Ziff. I 3.

bezahlt, so wird der RA nur noch den verbleibenden Rest der Verfahrensgebühr in Rechnung stellen.

In welcher Weise der RA Ansprüche gegenüber seinem Mandanten geltend macht, ist für das Verhältnis zu einem Dritten unerheblich → Rn. 12. 18

d) § 15a Abs. 2. Anrechnung mehrerer Gebühren auf eine Gebühr. → RVG VV Vorb. 3 Rn. 326 ff. 18a

e) Verjährung. Ist eine der anzurechnenden Gebühren verjährt, so ergibt sich aus § 15a Abs. 1 RVG, dass der RA ohne Anrechnung die andere, noch nicht verjährte Gebühr in voller Höhe und frei von der Verjährungseinrede geltend machen kann.[17] 19

f) Einwände gegen Gebührenanspruch. Wendet der Mandant gegen die Geschäftsgebühr ein, der RA habe ihn vorprozessual schlecht vertreten, so kann der RA, auch wenn der Einwand begründet ist, die ungekürzte Verfahrensgebühr geltend machen.[18] Allerdings nutzt ihm das dann nichts, wenn der Mandant aus der Schlechtvertretung einen selbständigen Schadensersatzanspruch herleitet, mit dem er gegen die Verfahrensgebühr aufrechnet. 20

g) Kommunikationspauschale, → RVG VV 7001 Rn. 42. 21

V. Verhältnis zu Dritten (Abs. 2)

1. Anwendungsbereich

a) Materiell-rechtlicher Schadensersatzanspruch. Abs. 2 gilt für einen materiell-rechtlichen Schadensersatzanspruch, zB der Kläger, der eine volle Verfahrensgebühr im Kostenfestsetzungsbeschluss zuerkannt bekommen hat, verlangt Ersatz der vollen Geschäftsgebühr. 22

b) Kostenfestsetzungsverfahren. Abs. 2 gilt auch für das Kostenfestsetzungsverfahren. Er stellt klar, dass entgegen einer zwischenzeitlichen hM (→ Rn. 7) nicht jedes Mal, wenn eine Verfahrens- und eine Geschäftsgebühr wegen desselben Gegenstandes zusammentreffen, eine Anrechnung vorzunehmen ist. Nur wenn einer der drei in Abs. 2 gesondert aufgezählten Fälle gegeben ist, ist anzurechnen. Dabei ist aber zu berücksichtigen, dass in der Kostenfestsetzung materiell-rechtliche Einwendungen nur zu berücksichtigen sind, wenn sie unstreitig oder ohne weiteres feststellbar sind. Ist deshalb streitig und nicht ohne weiteres feststellbar, ob die Verfahrensgebühr wegen Bezahlung der Geschäftsgebühr zu reduzieren ist, so handelt es sich um eine in der Kostenfestsetzung nicht zu berücksichtigende materiell-rechtliche Einwendung.[19] Der Beklagte kann die Erfüllung dann nur noch im Rahmen einer Vollstreckungsgegenklage geltend machen. 23

Wegen Anrechnung bei Kostenerstattung des **PKH-Anwalts** aus eigenem Recht gem. § 126 ZPO → RVG § 45 Rn. 90. 24

2. Dritter

Nur wenn die Voraussetzungen des § 15a Abs. 3 RVG bei dem Dritten, der sich auf die Anrechnung berufen will, selbst vorliegen, greift § 15a Abs. 3 RVG ein.[20] Dritter ist, wer nicht am Mandatsverhältnis beteiligt ist und aufgrund von Prozess- oder sonstigem Verfahrensrecht oder materiellem Recht dem Auftraggeber erstattungspflichtig ist.[21] 25

Wegen Rechtsschutz- und Haftpflichtversicherer → Rn. 91 ff. 26

Die Staatskasse kann auch Dritter sein, zB wenn sie nach Freispruch gem. § 467 StPO die Kosten des Angeklagten erstatten muss.[22] 27

Staatskasse bei Beihilfe. Sie ist nach dem KG aber nicht Dritter, wenn sie die Geschäftsgebühr im Rahmen von Beihilfe an den RA bezahlt hat. Eine Anrechnung dieser Geschäftsgebühr auf die vom Prozessgegner zu erstattende Verfahrensgebühr scheidet somit aus.[23] Der Schutzzweck des § 15a Abs. 3 RVG, den Gegner vor einer Doppelzahlung zu bewahren, greift nicht ein, da der Gegner die Geschäftsgebühr der Beihilfe nicht bezahlt hat.[24] Die Staatskasse 28

[17] *N. Schneider* AGS 2009, 361 (363).
[18] *N. Schneider* AGS 2009, 361 (363).
[19] BGH NJW 2011, 861 = AnwBl 2011, 226 Rn. 9; OLG Karlsruhe AGS 2010, 209 = RVGreport 2010, 227 Rn. 19 mzustAnm *Hansens; Hansens* AnwBl 2009, 535 (538) Ziff. III 2a; RVGreport 2009, 201 (203).
[20] OLG Hamm FamRZ 2018,376 = AGS 2018, 306.
[21] BT-Drs. 16/12717, 68.
[22] *Hansens* RVGreport 2009, 201 (203).
[23] KG FamRZ 2011, 591 = RVGreport 2011, 60 Rn. 5.
[24] IErg *Hansens* RVGreport 2011, 60 (61) zu Ziff. V 2.

ist nach OLG Frankfurt a. M. auch nicht Dritter, wenn der Mandant die Geschäftsgebühr selbst tragen muss.[25]

3. Voraussetzungen der Anrechnung

29 **a) Grundsatz.** Die Anrechnungslage hat grds. keine Auswirkungen auf das Verhältnis zum Dritten. Der Mandant kann also zB unbeschadet der Anrechnung von dem Dritten die Erstattung der vollen Verfahrensgebühr verlangen. Von diesem Grundsatz gibt es gem. § 15a Abs. 3 RVG **drei Ausnahmen,** wobei es sich um eine abschließende Aufzählung handelt.[26]

30 **b) Erfüllung.** Hat der Dritte[27] bereits den Anspruch auf eine der beiden Gebühren ganz oder teilweise erfüllt, was auch durch Aufrechnung erfolgen kann,[28] so reduziert sich der Ersatz- oder Erstattungsanspruch um diesen Betrag (§ 15a Abs. 3 Alt. 1 RVG). Dabei ist immer zu rechnen Geschäftsgebühr + Verfahrensgebühr – Anrechnungsbetrag = Gesamtbetrag. Im Falle einer 1,3 Geschäftsgebühr und einer 1,3 Verfahrensgebühr schuldet der Dritte also insgesamt 1,95 Gebühren.

- Hat er zB die ganze 1,3 Geschäftsgebühr ersetzt, so kann gegen ihn wegen der hälftigen Anrechnung nur noch eine 0,65 Verfahrensgebühr (1,95 – 1,3) geltend gemacht werden.
- Hat er von einer 1,3 Geschäftsgebühr nur eine 0,5 Geschäftsgebühr bezahlt hat, so muss er noch 1,45 Gebühren zahlen (1,95 – 0,5). Also kann die Verfahrensgebühr weiterhin unbeschränkt von ihm verlangt werden.[29]
- Hat er von der 1,3 Geschäftsgebühr eine 1,0 Gebühr bezahlt, so schuldet er nur noch eine 0,95 Verfahrensgebühr (1,95 – 1,0).
- Ist eine 2,0 Geschäftsgebühr angefallen, so muss der Dritte insgesamt 2,0 + 1,3 – 0,75, also insgesamt 2,55 zahlen. Hat er eine 2,0 Geschäftsgebühr bezahlt, so ist noch eine 0,55 Verfahrensgebühr zu erstatten.

31 Ist die Verfahrensgebühr bezahlt, so kann der RA nur noch die nach einer Anrechnung verbleibende Geschäftsgebühr geltend machen.

32 **c) Vollstreckungstitel.** Der Dritte kann sich auch auf die Anrechnung berufen, wenn wegen einer der von der Anrechnung betroffenen Gebühren gegen ihn ein Vollstreckungstitel besteht (§ 15a Abs. 3 Alt. 2 RVG).

33 Alle **Vollstreckungstitel,** die nach § 103 Abs. 1 ZPO für eine Kostenfestsetzung ausreichen, genügen auch hier, also auch ein Kostenfestsetzungsbeschluss oder eine notarielle Urkunde.[30]

34 **Zuerkennender Titel.** Es muss ein den Ersatz- oder Erstattungsanspruch zuerkennender Titel sein. Wird hingegen der gegen den Dritten geltend gemachte Anspruch abgewiesen, so kann sich der Dritte nicht auf die Anrechnung berufen. Es besteht dann nämlich nicht, wie vom Gesetz verlangt, ein Vollstreckungstitel gegen den Dritten, also ein Titel, mit dem gegen den Dritten vollstreckt werden kann (→ Rn. 32 ff.).[31]

35 **Nicht rechtskräftiger Titel.** Das Gesetz verlangt nicht, dass der Titel rechtskräftig ist. Ist der Beklagte zur Zahlung einer 1,3 Geschäftsgebühr verurteilt worden, so ist im Kostenfestsetzungsverfahren eine 0,65 Gebühr bei der Verfahrensgebühr auch dann abzuziehen, wenn wegen der Geschäftsgebühr gegen das Urteil Berufung eingelegt ist. Wird dann in der Berufungsinstanz die Klage wegen der 1,3 Geschäftsgebühr abgewiesen, so gibt es hinsichtlich der noch offenen 0,65 Verfahrensgebühr uU die **Nachliquidation,** wenn vorher in der Kostenfestsetzung nur eine 0,65 Verfahrensgebühr geltend gemacht war (→ Rn. 89).

36 **Titulierung einer von Anrechnung betroffenen Gebühr.** Sowohl die Titulierung der Gebühr, die angerechnet werden soll, als auch die der Gebühr, auf die angerechnet werden soll, reichen aus.

37 **Teilweise Titulierung.** Erfolgt nur hinsichtlich eines Teils der Geschäftsgebühr eine Titulierung (statt einer 1,3 Geschäftsgebühr aus 10.000,– EUR wird zB nur eine 1,3 aus 6.000,– EUR tituliert), so kann nur die Hälfte einer Geschäftsgebühr aus 6.000,– EUR angerechnet werden.[32] Wird statt einer 2,0 Geschäftsgebühr aus 10.000,– EUR nur eine 1,3 aus 5.000,– EUR tituliert, so ist nur eine 0,65 Geschäftsgebühr aus 5.000,– EUR anzurechnen.

---

[25] OLG Frankfurt a. M. RVGreport 2012, 104; AGS 2012, 399 Rn. 10.
[26] *Hansens* RVGreport 2009, 201 (203).
[27] Wegen Zahlung des Erblassers OLG Koblenz JurBüro 2016, 522.
[28] OLG Köln AGS 2011, 619.
[29] *Hansens* RVGreport 2009, 201 (203).
[30] *Hansens* RVGreport 2009, 201 (204).
[31] BGH NJW 2011, 861 = AnwBl 2011, 226 Rn. 11 ff.
[32] OLG München RVGreport 2009, 467.

Titulierung vor Berufungsinstanz. Hat der Kläger in der ersten Instanz die außergerichtlichen Kosten erfolgreich miteingeklagt und trotzdem eine 1,3 Verfahrensgebühr im Kostenfestsetzungsbeschluss zuerkannt bekommen, so kann er in der Berufung des Beklagten nur noch einen Schadensersatzanspruch in Höhe der Geschäftsgebühr geltend machen, die nach der Anrechnung übrig bleibt.[33] 38

Titel gegen Rechtsschutzversicherer. Hat der Kläger im Urteil Zahlung der vorgerichtlichen Geschäftsgebühr an den Rechtsschutzversicherer erreicht, so steht ihm in der Kostenfestsetzung nur noch ein Erstattungsanspruch einer um die Anrechnung reduzierten Verfahrensgebühr zu, obgleich der Kläger keinen Titel hinsichtlich der Geschäftsgebühr besitzt. Andernfalls würde der Beklagte insgesamt zu hoch belastet.[34] 39

d) Beide Gebühren in demselben Verfahren. Weiter kann sich der Dritte auf die Anrechnung berufen, wenn beide Gebühren in demselben Verfahren gegen ihn geltend gemacht werden (§ 15a Abs. 3 Alt. 3 RVG). 40

aa) Ergänzung des Vollstreckungsbescheids. Das ist der Fall, wenn der Antragsteller es unterlassen hat, im Mahnbescheidsantrag neben der vollen Geschäftsgebühr eine Verfahrensgebühr nach VV 3305 RVG geltend zu machen, und eine Ergänzung des Vollstreckungsbescheids wegen der 1,0 Verfahrensgebühr verlangt. Darüber hinaus hat in diesem Fall der Antragsteller bereits wegen der Geschäftsgebühr einen Vollstreckungstitel. Somit sind die Alt. 2, 3 von Abs. 2 gegeben.[35] 41

bb) In einem Kostenfestsetzungsverfahren Geschäfts- und Verfahrensgebühr. Es gibt in der Kostenfestsetzung Fälle, in denen außergerichtlich angefallene Geschäftsgebühren von der Kostenentscheidung der nachfolgenden gerichtlichen Entscheidungen mit erfasst werden, zB Verwaltungsprüfungsverfahren, Güte- und ähnliche Verfahren, Verfahren vor der Vergabekammer (→ Anh. X Rn. 66 ff.). Es können dann in einem Kostenfestsetzungsverfahren sowohl die Geschäftsgebühr des Vorverfahrens und die Verfahrensgebühr des gerichtlichen Verfahrens geltend gemacht werden. Damit ist die Alt. 3 von § 15a Abs. 3 RVG (Geltendmachung beider Gebühren in demselben Verfahren) gegeben. Die in diesen Verfahren angefallene Geschäftsgebühr sind im Innenverhältnis gem. VV Vorb. 3 Abs. 4 RVG anzurechnen, auch die im Verfahren vor der Vergabekammer angefallene Geschäftsgebühr (→ RVG VV Vorb. 3 Rn. 291). Im Außenverhältnis gegenüber dem Erstattungspflichtigen ist die Anrechnung gem. der Alt. 3 von § 15a RVG zu berücksichtigen.[36] 42

Das wurde von der Rspr. anerkannt, 43

– wenn das **Verwaltungsgericht** entschieden hat, dass die Zuziehung eines Anwalts im Vorverfahren notwendig war und der Erstattungsberechtigte nebeneinander eine Geschäftsgebühr nach VV 2300 RVG und eine Verfahrensgebühr gem. VV 3100 RVG zur Kostenfestsetzung anmeldet.[37] Für diesen Fall haben auch schon mehrere OVG bzw. VGH vor der Einführung von § 15a RVG eine Berücksichtigung der Anrechnung bejaht,[38]
– wenn in einer **Vergabesache** das Beschwerdegericht entschieden hat, dass auch die Kosten des Verfahrens vor der Vergabekammer zu erstatten sind und sowohl eine Geschäftsgebühr als auch eine Verfahrensgebühr zur Kostenfestsetzung angemeldet wird.[39]

cc) In einem Kostenfestsetzungsverfahren zwei Verfahrensgebühren. Werden in einem Kostenfestsetzungsverfahren zwei Verfahrensgebühren geltend gemacht, die auf einander anzurechnen sind, so ist die Alt. 3 von § 15a Abs. 3 RVG gegeben und eine Anrechnung vorzunehmen. 44

Das ist zB der Fall

– wenn nach vorausgegangenem **Mahnverfahren** der Kläger in der Kostenfestsetzung trotz der Anrechnung gem. VV 3305 RVG sowohl die 1,0 Verfahrensgebühr des VV 3305 RVG, als auch die 1,3 Verfahrensgebühr des Hauptsacheverfahrens geltend macht,[40]
– wenn in einem Kostenfestsetzungsverfahren trotz der Anrechnung gem. VV Vorb. 3 Abs. 5 RVG sowohl die Verfahrensgebühr für das **selbständige Beweisverfahren** als auch die Hauptsache geltend gemacht wird.[41]

---

[33] OLG Karlsruhe AGS 2011, 356.
[34] *Hansens* RVGreport 2011, 209.
[35] *Hansens* RVGreport 2009, 201 (205).
[36] BGH NJW 2014, 3163 = AnwBl 2014, 865; NJW 2010, 76 = AnwBl 2009, 876 = WRP 2009, 1554.
[37] BGH AGS 2009, 540 (542) Ziff. IV 2d; OLG München RVGreport 2009, 467.
[38] OVG Lüneburg RVGreport 2008, 117; OVG Magdeburg JurBüro 2008, 140 = NVwZ-RR 2008, 501 = RVG-report 2008, 119 mzustAnm *Hansens;* VGH München JurBüro 2008, 26.
[39] BGH NJW 2014, 3163 = AnwBl 2014, 865; NJW 2010, 76 = AnwBl 2009, 876 = WRP 2009, 1554.
[40] BGH NJW 2011, 1368; OLG München RVGreport 2009, 467.
[41] OLG München RVGreport 2009, 467.

45 ***dd) Beide Gebühren im Hauptsache- und Kostenfestsetzungsverfahren.*** Zweifelhaft ist, ob dasselbe Verfahren iSv § 15a Abs. 3 Alt. 3 RVG gegeben ist, wenn der Kläger neben der Kaufpreisforderung die vorprozessual angefallene 1,3 Geschäftsgebühr eingeklagt hat und in der Kostenfestsetzung eine 1,3 Verfahrensgebühr geltend macht.[42] Die Frage ist allenfalls relevant, wenn die Klage hinsichtlich des Ersatzes der Geschäftsgebühr abgewiesen wurde, dies aber noch nicht rechtskräftig ist.[43] Wurde hingegen der Klage stattgegeben, so liegt bereits die Alt. 2 vor. Wurde aber die Klage rechtskräftig abgewiesen, so wird dieser Ersatzanspruch nicht mehr geltend gemacht, sodass wieder die Alt. 3 ausscheidet. Ist die Abweisung jedoch noch nicht rechtskräftig, so kann der Anspruch in der 2. Instanz weiter verfolgt werden. Die nächste Instanz ist aber nicht mehr dasselbe Verfahren iSv § 15a Abs. 3 RVG. Es besteht dann kein Unterschied mehr zu dem Fall, in dem die 1,3 Geschäftsgebühr in einem gesonderten Verfahren geltend gemacht wird, in welchem Fall eindeutig ist, dass nicht dasselbe Verfahren gegeben ist. Hauptsache- und Kostenfestsetzungsverfahren sind daher unbeschadet dessen, dass die Motive gerade das Kostenfestsetzungsverfahren als Beispiel für die Alt. 3 nennen, nicht dasselbe Verfahren. Der BGH verneint eine Anrechnung jedenfalls dann, wenn in der Hauptsache ein Ersatzanspruch für die Geschäftsgebühr verneint wurde, da dann eine Anrechnung in der Kostenfestsetzung ohnehin ausscheide.[44]

46 **Geltendmachung beider Gebühren.** Das Gesetz lässt es genügen, dass beide Ansprüche geltend gemacht werden. Es verlangt nicht, dass dies mit Erfolg geschieht. Dafür spricht bereits der Wortlaut. Der Gesetzgeber hat in der Alt. 3 allein auf die Geltendmachung abgestellt. Darüber hinaus wäre andernfalls die Alt. 3 gegenstandslos, da bei erfolgreicher Geltendmachung immer bereits die Alt. 2, die keinen rechtskräftigen Titel verlangt, gegeben ist.

Verzichtet RA auf den zunächst eingeklagten Anspruch auf Erstattung der Geschäftsgebühr, so macht er ihn nicht mehr geltend. Er kann in der Kostenfestsetzung die volle Verfahrensgebühr geltend machen.[45] Dasselbe gilt, wenn der Kläger die Klage hinsichtlich der zuvor miteingeklagten Geschäftsgebühr zurücknimmt – sie wird dann nicht mehr im selben Verfahren geltend gemacht.[46]

47 **e) Gesamtvergleich.** ***aa) Höhe der zuerkannten Geschäftsgebühr zweifelhaft***

Beispiel:

K hatte neben dem Kaufpreis auch eine 1,3 Geschäftsgebühr gegen B gerichtlich geltend gemacht. Man einigt sich auf einen einheitlichen Betrag. B trägt die Kosten des Verfahrens K meldet die volle Verfahrensgebühr zur Kostenfestsetzung an.

48 **Keine Anrechnung.** Häufig ist bei einem Gesamtvergleich, der auch die Geschäftsgebühr mit erfasst, zweifelhaft, ob bzw. in welcher Höhe die Geschäftsgebühr in dem Gesamtbetrag enthalten ist. Dann scheidet eine Anrechnung aus.[47] Voraussetzung für die Alt. 2 von § 15a Abs. 3 RVG ist, dass ein zuerkennender Vollstreckungstitel besteht und die Höhe der zuerkannten Geschäftsgebühr feststeht.[48] Es genügt nicht, dass über die Geschäftsgebühr eine abschließende Entscheidung oder Vereinbarung vorliegt. Wird zB die Klage hinsichtlich der Geschäftsgebühr teilweise abgewiesen, so steht sogar fest, dass hinsichtlich dieses Teils kein Vollstreckungstitel besteht. Steht aber nicht fest, in welcher Höhe ein Vollstreckungstitel existiert, scheidet eine Anrechnung aus, weil ungewiss ist, aus welchen Beträgen die Anrechnung vorzunehmen ist.

49 **Generelle Abgeltungsklausel.** An der Rechtslage ändert sich auch nichts, wenn in den Vergleich auch noch eine generelle Abgeltungsklausel aufgenommen wird. Auch diese führt

---

[42] *Hansens* äußert Zweifel, spricht sich aber für dasselbe Verfahren aus RVGreport 2009, 201 (204); offen gelassen BGH NJW 2011, 861 = AnwBl 2011, 226; bejahend VGH Mannheim AGS 2011, 465.

[43] Nach BGH NJW 2011, 861 = AnwBl 2011, 226 Rn. 15 ist jedenfalls bei dieser Konstellation keine Anrechnung vorzunehmen.

[44] BGH NJW 2011, 861= AnwBl 2011, 226 = RVGreport 2011, 65 Rn. 15 mzustAnm *Hansens.*

[45] OLG Frankfurt JurBüro 2018, 428 = AGS 2018, 354 = RVGreport 2018, 464.

[46] OLG Frankfurt WRP 2020, 771 = AGS 2020, 542.

[47] BGH NJW 2011, 861 = AnwBl 2011, 226 = RVGreport 2011, 65 mzustAnm *Hansens;* OLG Bamberg JurBüro 2014, 132; OLG Celle RVGreport 2010, 465 Rn. 23 ff.; OLG Karlsruhe AGS 2010, 209; OLG Koblenz JurBüro 2014, 134; OLG Naumburg JurBüro 2010, 299; OLG Nürnberg JurBüro 2010, 582; OLG Stuttgart JurBüro 2010, 470; OLG Zweibrücken NJW-RR 2011, 502; ebenso zur vergleichbaren Rechtslage bei der Zwangsvollstreckung, wenn ein Urteil durch einen Gesamtvergleich ersetzt wird BGH JurBüro 2010, 319 = NJW-RR 2010, 1005 (→ RVG VV 3309 Rn. 125); **aA** OLG Stuttgart AnwBl 2010, 723 = NJW-RR 2011, 504 mablAnm *Hansens.*

[48] BGH NJW 2011, 861 = AnwBl 2011, 226 Rn. 11 ff.

nicht dazu, dass die Geschäftsgebühr bezifferbar tituliert wird.[49] Es ist daher unzutreffend, wenn in der Rspr. teilweise im Falle einer einheitlichen Vergleichssumme davon ausgegangen ist, dass die gesamte miteingeklagte Geschäftsgebühr als tituliert anzusehen ist.[50] Es berücksichtigt dabei nicht, dass nicht darauf abzustellen ist, ob eine Entscheidung oder Regelungen hinsichtlich der Geschäftsgebühr gegeben ist, sondern darauf ob ein den Anspruch anerkennender, der Höhe nach feststehender Vollstreckungstitel geschaffen wurde.

Zahlung, wenn laut Vereinbarung „Geschäftsgebühr mitumfasst und abgegolten" ist. Wird die Vergleichssumme bezahlt, so ist auch bei einer solchen Klausel nicht die Alt. 1 von § 15a Abs. 3 RVG gegeben.[51] Es steht nicht fest, in welcher Höhe die Zahlung auf die Geschäftsgebühr erfolgt. Demgegenüber nimmt hier OLG Stuttgart an, dass damit die gesamte zunächst geltend gemachte Geschäftsgebühr erfüllt ist. Dies begründet es damit, dass laut Duden abgelten so viel wie bezahlen bedeute.[52] Das würde nur stimmen, wenn mit der Abgeltungsvereinbarung gemeint wäre, dass die volle geltend gemachte Geschäftsgebühr bezahlt sein soll. Unabhängig von einem allgemeinen Verständnis in der Umgangssprache des Begriffes Abgelten wird er jedenfalls im Rahmen eines gerichtlichen oder außergerichtlichen Vergleichs von niemandem so verstanden. Vielmehr bedeutet er in diesem Zusammenhang, dass ein Teil des geltend gemachten Anspruchs anerkannt wird und andere darüber hinausgehende Ansprüche nicht mehr geltend gemacht werden können.[53] Es wird gerade nicht anerkannt, dass der gesamte geltend gemachte Anspruch besteht. Dementsprechend kann auch eine nachfolgende Zahlung nicht als eine Zahlung der gesamten geltend gemachten Geschäftsgebühr angesehen werden. 50

Änderung des ursprünglichen Rechtsverhältnisses. Es ändert sich auch nichts, wenn man in dem Vergleich eine Änderung des ursprünglichen Rechtsverhältnisses[54] sieht. Auch dann gilt, dass nur in der Höhe, in der die Leistung vereinbart ist, eine Erfüllung angenommen werden kann. Wird ein neues Rechtsgeschäft dahingehend geschaffen, dass anstelle einer Geschäftsgebühr von 900,– EUR nur eine solche von 300,– EUR geschuldet ist, so ändert das nichts daran, dass eine Erfüllung iHv 300,– EUR nicht dazu führen kann, dass die Hälfte von 900,– EUR erfüllt ist. Eine Anrechnung setzt also auch unter diesen Aspekt voraus, dass feststeht, in welcher Höhe eine Erfüllung erfolgt ist. 51

bb) Höhe der zuerkannten Geschäftsgebühr steht fest. **Ausdrückliche Bestimmung.** Anders ist es, wenn in dem Vergleich ausdrücklich bestimmt ist, in welcher Höhe ein Anspruch hinsichtlich der Geschäftsgebühr zuerkannt wird. Dann ist gem. der Alt. 2 von § 15a Abs. 3 RVG (Titulierung) in entsprechender Höhe (→ Rn. 37) eine Anrechnung der Geschäftsgebühr auf die Verfahrensgebühr vorzunehmen.[55] 52

Bestimmung aus den Umständen. Auch aus den gesamten Umständen kann sich ergeben, dass die Geschäftsgebühr aus einem bestimmten Wert tituliert ist. Wurde ein Hauptsacheanspruch von 10.000,– EUR und eine 1,3 Geschäftsgebühr aus 10.000,– EUR eingeklagt und einigt man sich dann in der Hauptsache auf 6.000,– EUR und einen weiteren Betrag, der genau einer 1,3 Geschäftsgebühr aus 6.000,– EUR entspricht, so ergibt sich daraus, dass eine 1,3 Geschäftsgebühr aus 6.000,– EUR tituliert ist.[56] Das genügt nach OLG Düsseldorf und OLG München, um eine 1,3 Geschäftsgebühr aus dem Wert von 6.000,– EUR zur Hälfte anzurechnen.[57] Nach dem BGH jedoch kann in diesem Fall jedenfalls nicht die Alt. 2 von § 15a Abs. 3 RVG als gegeben angesehen werden. Bei einem Vergleich als Vollstreckungstitel sei allein der protokollierte Inhalt des Vergleichs maßgebend.[58] Dieses Argument greift aber jedenfalls nicht für die Alt. 1 von § 15a Abs. 3 RVG (Erfüllung). Für diese genügt, dass sich der hinsichtlich der Geschäftsgebühr als erfüllt anzusehende Betrag bestimmen lässt. Hat also der 53

[49] BGH NJW 2011, 861 = AnwBl 2011, 226 Rn. 11 ff.; OLG Koblenz JurBüro 2010, 584 Rn. 18 ff.; OLG Köln JurBüro 2010, 526; OLG Stuttgart JurBüro 2010, 470 Rn. 19 ff.

[50] OLG Saarbrücken JurBüro 2010, 194 Rn. 23 ff.

[51] OLG Karlsruhe AGS 2010, 209 Rn. 24 ff.

[52] OLG Stuttgart AnwBl 2010, 723 = AGS 2010, 512.

[53] BGH NJW 2011, 861 = AnwBl 2011, 226 Rn. 10.

[54] Palandt/*Sprau* BGB § 779 Rn. 2.

[55] OLG Düsseldorf JurBüro 2012, 141 = AGS 2012, 357 mzustAnm *N. Schneider;* OLG Karlsruhe AGS 2010, 209 Rn. 32; OLG München FamRZ 2010, 831 Rn. 9 ff.; OLG Oldenburg AnwBl 2011, 228 = JurBüro 2011, 85 Rn. 15; *Hansens* RVGreport 2010, 228; offen gelassen in BGH NJW 2011, 861 = AnwBl 2011, 226.

[56] OLG München FamRZ 2010, 831 Rn. 9 ff.

[57] OLG Düsseldorf JurBüro 2012, 141 = AGS 2012, 357 mzustAnm *N. Schneider;* OLG München FamRZ 2010, 831 Rn. 9 ff.

[58] BGH NJW 2011, 861 = AnwBl 2011, 226 Rn. 12.

Schuldner aufgrund des Vergleichs gezahlt, so kann bei Bestimmbarkeit eine Anrechnung erfolgen.

54 *cc) Klarstellung im Vergleich.* **Hinweis für RA:** Der RA, der den Erstattungspflichtigen vertritt, muss darauf achten, dass im Vergleich ausdrücklich bestimmt wird, in welcher Höhe ein Ersatzanspruch für die Geschäftsgebühr in der Vergleichssumme enthalten ist. Unterlässt er dies und unterbleibt deshalb jede Anrechnung auf die Verfahrensgebühr, so kann er sich schadensersatzpflichtig machen.

55 **Formulierungen:** Zum Schutz des Erstattungspflichtigen wird in der Lit. vorgeschlagen, in den Vergleich folgenden Passus aufzunehmen: „Mit Zahlung des Vergleichsbetrags sind sämtliche Ansprüche aus dem … Vorfall einschließlich der für die vorgerichtliche Tätigkeit seines Prozessbevollmächtigten angefallenen Geschäftsgebühr erfüllt." Damit sei klargestellt, dass mit der Zahlung die Geschäftsgebühr in voller Höhe bezahlt ist. Dieser Passus passt jedenfalls dann nicht, wenn mit dem Vergleich nur ein Ersatzanspruch hinsichtlich eines Teils der Geschäftsgebühr anerkannt werden soll.

56 Besser ist mE folgende Fassung: „In dem Vergleichsbetrag ist ein Betrag von … (zB 1068, 60 EUR) als Ersatz für eine … Geschäftsgebühr (zB 1,3 Geschäftsgebühr) aus … EUR (zB 20.000,– EUR) enthalten."

57 **f) Geltendmachung. Nicht von Amts wegen.** Der Erstattungspflichtige kann sich auf einen der Ausnahmefälle berufen. Die Anrechnung ist grds. nicht von Amts wegen zu beachten. Auch aus diesem Grund muss dem Erstattungspflichtigen immer Gelegenheit zur Stellungnahme zu einem Kostenfestsetzungsantrag gegeben werden.[59]

58 **g) Keine falsche Entscheidung sehenden Auges.** Es gilt aber auch der Grundsatz, dass der Rechtspfleger oder Urkundsbeamte nicht sehenden Auges eine falsche Entscheidung treffen darf. Ist deshalb im Urteil, auf Grund dessen die Kostenfestsetzung betrieben wird, ein Ersatzanspruch hinsichtlich der Geschäftsgebühr rechtskräftig zuerkannt, so muss er, auch wenn der Gegner keine Anrechnung verlangt, von sich aus anrechnen.[60] Dasselbe gilt, wenn auch ein selbständiges Beweisverfahren durchgeführt wurde und der Erstattungsberechtigte trotz VV Vorb. 3 Abs. 5 RVG die Verfahrensgebühr beider Verfahren geltend macht.[61]

59 Macht im **Mahnbescheidsantrag** der Antragsteller sowohl eine Geschäfts- als auch eine Verfahrensgebühr geltend, so muss von Amts wegen aus den vorgenannten Gründen eine Anrechnung erfolgen bzw. zumindest der Antragsteller zu einer Stellungnahme aufgefordert werden (→ RVG VV 3305 Rn. 118). Das gilt umso mehr, als der Antragsgegner nicht in der Lage ist, die Anrechnung geltend zu machen, da er vor Erlass des Mahnbescheids nicht gehört wird. Ist eine Anrechnung unterblieben, so muss der Antragsgegner, der ansonsten gegen den Mahnbescheid nicht vorgehen will, hinsichtlich der unterlassenen Anrechnung Widerruf gem. § 694 ZPO[62] einlegen.[63]

4. Berufung des Dritten auf vom Anwalt getroffene Wahl

60 Der Dritte kann sich nicht auf eine vom RA getroffene Wahl berufen.

Beispiele:

(1) Der RA des Klägers hat von diesem zunächst die Zahlung der Verfahrensgebühr des selbständigen Beweisverfahrens verlangt und auch erhalten. Der Kläger macht in der Kostenfestsetzung die Verfahrensgebühr der Hauptsache geltend. Nach der Kostenentscheidung werden die Kosten des selbständigen Beweisverfahrens gegeneinander aufgehoben und trägt der Beklagte die Kosten der Hauptsache. Für den Beklagten wäre es günstig, wenn er sich darauf berufen könnte, dass, da der RA gegenüber seinem Auftragsgeber die Erfüllung der Verfahrensgebühr des selbständigen Beweisverfahrens gewählt habe, es bei der Erstattung nur auf diese ankomme, hinsichtlich dieser aber kein Erstattungsanspruch gegen ihn bestehe.

(2) Der RA hat zunächst die Zahlung einer 1,3 Geschäftsgebühr erhalten. Er meldet eine 1,3 Verfahrensgebühr zur Kostenerstattung an.

61 Der Erstattungspflichtige kann sich im Beispiel (1) trotz des Vorliegens der Alt. 3 von § 15a Abs. 3 RVG nicht darauf berufen, dass die Verfahrensgebühr des selbständigen Beweisverfahrens schon bezahlt ist. „Sichergestellt werden soll …" durch § 15a Abs. 3 RVG, wie die Motive ausführen, „dass ein Dritter nicht über den Betrag hinaus auf Ersatz oder Erstattung in Anspruch

---

[59] *Hansens* AnwBl 2009, 535 (539) Ziff. III 2d.
[60] KG JurBüro 2010, 527 Rn. 18.
[61] *Hansens* AnwBl 2009, 535 (539) Ziff. III 2d; *Hansens* RVGreport 2009, 201 (204).
[62] Was zulässig ist: Thomas/Putzo/*Hüßtege* ZPO § 694 Rn. 5.
[63] *Hansens* RVGreport 2009, 201 (205).

genommen wird, den der RA von seinem Auftraggeber verlangen kann. Insbesondere ist zu verhindern, dass insgesamt mehr als dieser Betrag gegen den Dritten tituliert wird.“[64] Um diese Ziele zu erreichen, insbes. um zu verhindern, dass der Dritte mehr zahlen muss, als der Auftragsgeber seinem RA schuldet, ist es nicht nötig, dass der Dritte sich darauf berufen kann, wie iE intern abgerechnet wurde.

62 Dieses Ergebnis wird durch Beispiel (2) gestützt. Hier scheidet eine Berufung des Dritten auf die erfolgte Zahlung schon deshalb aus, weil keiner der drei abschließenden Fälle gegeben ist, in denen der Dritte sich auf eine Anrechnung berufen kann. Die materielle Rechtslage ist also insoweit irrelevant. Es kann aber in dieser Beziehung keine unterschiedliche Handhabung bloß deshalb angebracht sein, weil der Erstattungsberechtigte durch die Geltendmachung beider Gebühren in demselben Verfahren überhaupt die Möglichkeit einer Anrechnung eröffnet hat.

63 Für dieses Ergebnis spricht weiter, dass mit § 15a RVG die Rechtslage wieder hergestellt werden soll, die vor der Anrechnungsrechtsprechung des BGH gegolten halt (→ Rn. 7). Früher hat aber niemand die Ansicht vertreten, dass es im Verhältnis zum Dritten darauf ankommt, auf welche Gebühr bereits eine Zahlung durch den Mandanten des Anwalts erfolgt ist.

5. Bestimmungsrecht des Dritten über Art der Anrechnung

64 Aus den zuvor genannten Gründen kann der Dritte auch nicht von sich aus bestimmen, auf welche Gebühr die Anrechnung zu erfolgen hat. Für ein Bestimmungsrecht des Dritten gibt das Gesetz auch sonst nichts her. Der Dritte „kann sich … auf die Anrechnung berufen“, er kann sie nicht gestalten.

65 Bei der Kostenfestsetzung ist, wenn im Kostenfestsetzungsantrag keine Bestimmung enthalten ist, was auf was anzurechnen ist, die für den Erstattungsberechtigten günstigere Anrechnung zu wählen bzw. ist der Kostenfestsetzungsantrag in diesem Sinn auszulegen.

Beispiel:

Im vom späteren Kläger beantragten selbständigen Beweisverfahren geht es um Mängel von 20.000,– EUR, im Hauptsacheverfahren nur noch um 15.000,– EUR. Die Kosten des selbständigen Beweisverfahrens werden im Verhältnis 3/4 zu 1/4 zugunsten des Klägers verteilt. Die Kosten der Hauptsache trägt wieder der Beklagte in vollem Umfang. Der Kläger macht in der Kostenfestsetzung sowohl die 1,3 Verfahrensgebühr des selbständigen Beweisverfahrens als auch die der Hauptsache geltend. Der Beklagte meldet nur seine 1,3 Verfahrensgebühr aus dem selbständigen Beweisverfahren an. Er beruft sich, da beide Verfahrensgebühren vom Kläger geltend gemacht sind, darauf, dass die Verfahrensgebühr des selbständigen Beweisverfahrens auf die Verfahrensgebühr der Hauptsache anzurechnen ist.

Kläger.

Insgesamt hatte der Klägervertreter an Verfahrensgebühr verdient	
selbständiges Beweisverfahren 1,3 Verfahrensgebühr aus 20.000,– EUR	1.068,60 EUR
Hauptsache 1,3 Verfahrensgebühr 1,3 aus 15.000,– EUR	933,40 EUR
Anrechnung gem. VV Vorb. 3 Abs. 5 RVG	– 933,40 EUR
Gesamt	1.068,60 EUR
Aufgrund der Kostenentscheidung in der Hauptsache kann er Erstattung von verlangen	933,40 EUR
Es bleibt dann noch ein Betrag von 135,20 EUR (1.068,60 EUR – 933,40 EUR), von denen 3/4 =	101,40 EUR
er für das selbständigen Beweisverfahren anmelden kann.	
Insgesamt also für die Verfahrensgebühr	1.034,80 EUR
Beklagter. Dem steht gegenüber ein Erstattungsanspruch des Beklagten iHv ¼ aus 1.068,60 EUR =	– 267,15 EUR
Es **verbleibt ein Anspruch des Klägers** iHv	**767,65 EUR**

66 Nicht zu folgen ist folgender **abweichender Berechnungsweise von *Hansens*[65]** in diesem Fall: Danach kann der Kläger wegen der Berufung des Beklagten auf die Anrechnung nicht mehr die Verfahrensgebühr des Hauptsacheverfahrens geltend machen. Es sind jetzt für die Kostenfestsetzung nur noch die Verfahrensgebühren des selbständigen Beweisverfahrens relevant. Deshalb ergibt sich folgender Kostenausgleich:

Dem Kläger steht ein Kostenerstattungsanspruch zu iHv 3/4 aus dem selbständigen Beweisverfahren 1.068,60 EUR =	801,45 EUR
Dem Beklagten steht ein Kostenerstattungsanspruch zu iHv 1/4 aus 1.068,60 EUR =	267,15 EUR
Der Beklagte muss dem Kläger die Differenz erstatten	**534,30 EUR**

[64] BT-Drs. 16/12717, 68; → Rn. 1, 2.
[65] *Hansens* RVGreport 2009, 201 (206), Bsp. 18.

67 Das bedeutet, dass nach Ansicht von *Hansens* der Kläger dadurch, dass er auch die Verfahrensgebühr des selbständigen Beweisverfahrens angemeldet hat, dem Beklagten die Möglichkeit eingeräumt hat, zu bestimmen, welche Verfahrensgebühr auf welche angerechnet wird.

68 **Hinweis für den RA.** Solange diese Frage noch nicht geklärt ist, muss der RA bei dem Kostenfestsetzungsantrag darauf achten, dass er nur die Verfahrensgebühr anmeldet, die für seinen Mandanten günstig ist. Im vorigen Fall wäre es sehr gefährlich, beide Verfahrensgebühren in vollem Umfang in den Antrag aufzunehmen. Sicherheitshalber hätten eine 1,3 Verfahrensgebühr aus der Hauptsache und ein Restbetrag von 135,20 EUR aus der Verfahrensgebühr des selbständigen Beweisverfahrens geltend gemacht werden müssen.

6. Anwaltswechsel

69 **a) Vor dem Gerichtsverfahren.** Es ist nie missbräuchlich, wenn der Erstattungsberechtigte vorgerichtlich und gerichtlich unterschiedliche RA genommen und dadurch eine Anrechnung verhindert hat. Eine fiktive Anrechnung, weil kein sachlicher Grund für die Mandatierung unterschiedlicher Anwälte gegeben ist, kommt nicht in Betracht. Daran ändert auch **§ 91 Abs. 2 S. 2 ZPO** nichts, da er sich nur auf einen Anwaltswechsel innerhalb des gerichtlichen Verfahrens bezieht.[66]

70 Hingegen ist aber nach VGH Mannheim § 91 Abs. 2 S. 2 ZPO im **Verwaltungsrecht** für das Vorverfahren und das Gerichtsverfahren analog anwendbar, weil das erfolglose Vorverfahren Sachentscheidungsvoraussetzung für eine Anfechtungs- oder Leistungsklage ist und weil die Kosten des Vorverfahrens grds. zu den erstattungsfähigen Kosten des gerichtlichen Verfahrens gehören, wenn das Gericht die Hinzuziehung eines RA für erforderlich erklärt hat.[67]

71 **b) Innerhalb des Gerichtsverfahrens.** Waren bei dem ersten Prozessbevollmächtigten, der bereits vorprozessual tätig war, die Anrechnungsvoraussetzungen gegeben, so kann nicht nach einem Anwaltswechsel unter Berufung auf § 91 Abs. 2 S. 2 ZPO eine Anrechnung auf die Verfahrensgebühr des zweiten Prozessbevollmächtigten vorgenommen werden, da der Anwaltswechsel nicht notwendig gewesen sei.[68] Aus § 91 Abs. 2 S. 2 ZPO ergibt sich dies nicht. Er besagt lediglich, dass die Gebühren von zwei Anwälten im Prozess nicht zu erstatten sind („als sie die Kosten eines Rechtsanwalts … übersteigen"). Da die Partei grds. frei in der Wahl ihres Prozessbevollmächtigten ist, kann sie auch frei wechseln. Sie muss nur in Kauf nehmen, dass sie nicht die Gebühren von zwei Anwälten erstattet bekommt. Die Gebühren eines (!) Anwalts sind aber uneingeschränkt zu erstatten. Etwas anderes mag im Einzelfall einmal gelten, wenn ein Wechsel missbräuchlich ist, zB nur erfolgt, um die Kosten des Gegners zu erhöhen. Das folgt dann aber aus dem allgemeinen Missbrauchsverbot und nicht aus § 91 Abs. 2 S. 2 ZPO, → RVG VV 1008 Rn. 382 ff.; → Anh. X Rn. 239 ff.

7. Konsequenzen für materiell-rechtlichen Ersatzanspruch

72 **a) Wahlrecht.** Hat eine Partei sowohl einen materiell-rechtlichen Ersatzanspruch für die Geschäftsgebühr als auch einen prozessrechtlichen Erstattungsanspruch für die Verfahrensgebühr, so stehen ihr bei zB einer 1,3 Geschäftsgebühr insgesamt Ansprüche gegen den Dritten wegen Gebühren iHv 1,95 zu. Sie kann wählen, ob sie eine 1,3 Geschäftsgebühr einklagt und bei der Kostenfestsetzung eine 0,65 Verfahrensgebühr anmeldet oder ob sie umgekehrt nur eine 0,65 Geschäftsgebühr einklagt und bei der Kostenfestsetzung eine 1,3 Verfahrensgebühr geltend macht.[69] Demgegenüber musste sie nach der Anrechnungsrechtsprechung des BGH die volle 1,3 Geschäftsgebühr einklagen, da sie in der Kostenfestsetzung nur eine 0,65 Verfahrensgebühr geltend machen konnte. Unzutreffender Weise spricht OLG Düsseldorf nur die Hälfte der Geschäftsgebühr im Urteil zu, wenn und weil die andere Hälfte bei der Kostenerstattung geltend gemacht werden könne.[70] Zum einen gibt das Gesetz hierfür nichts her. Zum anderen steht der Mandant uU auf Grund seines materiell-rechtlichen Ersatzanspruchs besser als bei einer Anrechnung im Kostenfestsetzungsverfahren (→ Rn. 73).

73 **Gründe für Geltendmachung der ganzen Geschäftsgebühr.** § 15a RVG ändert aber nichts daran, dass in vielen Fällen gute Gründe dafür sprechen, die ganze Geschäftsgebühr ein-

---

[66] BGH JurBüro 2010, 190; OLG Koblenz JurBüro 2009, 309; OLG Köln AGS 2009, 461; OLG München NJW 2009, 1220; *Hansens* RVGreport 2007, 243; **aA** AG Nürtingen AGS 2010, 306 mablAnm *N. Schneider.*

[67] VGH Mannheim AGS 2011, 465 Rn. 9.

[68] So aber zu Wechsel von gemeinsamem RA von Streitgenossen zu jeweils einem eigenen Hamm OLGR 2007, 771 = AGS 2007, 476.

[69] *Hansens* Anm. zu OLG Düsseldorf RVGreport 2012, 227.

[70] OLG Düsseldorf MDR 2012, 522 = RVGreport 2012, 227 mablAnm *Hansens* = AGS 2012, 543; abl. Anm. *Schneider/Thiel* Editorial AGS 2012 Heft 11.

zuklagen. Bei Geltendmachung im Kostenfestsetzungsverfahren beginnt der Verzug später und fallen Zinsen in geringerer Höhe an. Außerdem besteht das Risiko, dass die Kostenentscheidung hinsichtlich der Verfahrensgebühr ungünstiger ist als ein Titel über den Ersatzanspruch für die Geschäftsgebühr, zB weil beim Verbundverfahren gem. § 150 FamFG die Kosten gegeneinander aufgehoben werden, obgleich materiell-rechtlich ein Anspruch auf Ersatz der gesamten Geschäftsgebühr bestanden hätte.

b) Anwaltswechsel. Wechselt der Mandant nach der vorgerichtlichen Vertretung den Rechtsanwalt, so reduziert sich der Ersatzanspruch für die Geschäftsgebühr gegen einen Dritten nicht. Es kann nicht argumentiert werden, dass ohne den Wechsel die Geschäftsgebühr auf die Verfahrensgebühr anzurechnen gewesen wäre; der Wechsel verstoße gegen die Schadensminderungspflicht iSv § 254 BGB und sei nicht notwendig iSv § 249 S. 1 BGB. Gegen eine solche Argumentation spricht, dass eine Partei nicht verpflichtet ist, durch die Auswahl ihres Anwalts dafür zu sorgen, dass eine Anrechnungslage herbeigeführt wird (→ Rn. 69). Darüber hinaus kann die Geschäftsgebühr allein schon deshalb nicht betroffen sein, weil sie auf die Verfahrensgebühr angerechnet wird, eine Reduzierung also überhaupt nur bei der Verfahrensgebühr in Betracht kommt,[71] was aber auch nicht der Fall ist (→ Rn. 69). 74

8. Vergütungsvereinbarung

a) Grundsatz. Eine **vereinbarte Vergütung für eine außergerichtliche Vertretung** ist im Verhältnis zum Auftraggeber nicht gem. VV Vorb. 3 Abs. 4 RVG anzurechnen (→ RVG VV Vorb. 3 Rn. 283). Eine andere Frage ist aber, ob sich der Erstattungsanspruch gegen einen Dritten reduziert. Vor der Schaffung des § 15a RVG war es[72] und auch danach[73] ist es allgM, dass eine Anrechnung einer vereinbarten Vergütung in der Kostenfestsetzung ausscheidet. Geht man hiervon aus, so gilt das in allen in § 15a Abs. 3 RVG genannten Fällen. 75

Nichts Entgegengesetztes ist einer Entscheidung des BGH zu entnehmen, in der er doch einmal eine Anrechnung einer vereinbarten Vergütung vorgenommen hat. Es handelt sich um einen Fall, in dem der BGH ausnahmsweise die Festsetzung einer Geschäftsgebühr im Kostenfestsetzungsverfahren anerkannt hat (die im Vergabeverfahren bei der Vergabekammer angefallene Geschäftsgebühr mit nachfolgendem gerichtlichem Verfahren beim OLG). Anstelle einer Geschäftsgebühr war für das Verfahren vor der Vergabekammer eine Vergütung vereinbart. Der BGH hat einen Erstattungsanspruch in Höhe einer gesetzlichen Geschäftsgebühr anerkannt. Sodann nimmt er ohne weitere Erläuterung eine Anrechnung der Geschäftsgebühr vor.[74] Im Ergebnis ist dem jedenfalls für diesen speziellen Fall zu folgen. Wenn man eine an sich nicht zu erstattende vereinbarte Vergütung mit Hilfe einer fiktiven gesetzlichen Gebühr als erstattungsfähig anerkennt, dann muss aber auch das gelten, was sonst für diese gesetzliche Gebühr gilt. Der Erstattungsberechtigte kann nicht einerseits die Vorteile einer solchen Fiktion für sich in Anspruch nehmen, ohne auch deren Nachteile (Anrechenbarkeit) hinzunehmen. 76

Von der hM ungeklärte Fragen. Nur von der Seite des VV Vorb. 3 Abs. 4 RVG, insbes. von seinem Wortlaut her gesehen ist die Rechtslage im Sinne der hM eindeutig. Die „Geschäftsgebühr" ist anzurechnen. Was aber bisher zu wenig diskutiert wurde, ist, inwieweit das Ergebnis mit den allgemeinen Grundsätzen des prozess- und materiell-rechtlichen Erstattungsrechts vereinbar ist. Sowohl für prozessrechtliche als auch für materiell-rechtliche Erstattungsansprüche gilt nach der hM (→ § 3a Rn. 74 ff.; wo teilweise eine aA vertreten wird) der Grundsatz, dass bei höherer Vergütung des RA aufgrund einer Vergütungsvereinbarung ein Erstattungsanspruch nur in Höhe der gesetzlichen Ansprüche besteht. Die Vergütungsvereinbarung soll, weil im Regelfall nicht notwendig, also nicht zu einer Erhöhung eines Erstattungsanspruchs führen. Der ganz herrschend angenommene Aufrechnungsausschluss führt jedoch dazu, dass dank einer Vergütungsvereinbarung der Gegner einen höheren Betrag als bei gesetzlichen Gebühren erstatten muss. Es wäre wünschenswert, wenn der BGH sich auch dazu äußern würde, ob auch bei Berücksichtigung dieses Aspekts weiterhin von einem Anrechnungsausschluss auszugehen ist oder ob sich nicht der Erstattungsberechtigte so behandeln lassen muss, als ob eine Geschäftsgebühr angefallen wäre. 77

---

71 *Hansens* RVGreport 2012, 365 (368) Ziff. IV 2.

72 BGH NJW-RR 2010, 359 = FamRZ 2009, 2082; NJW 2009, 3364 = AnwBl 2009, 878; OLG Bremen JurBüro 2009, 420; OLG Frankfurt a. M. AGS 2009, 157, Stundenhonorar; KG JurBüro 2010, 528; OLG München FamRZ 2009, 1783; AnwBl 2009, 725 = RVGreport 2009, 266, Pauschalhonorar mzustAnm *Hansens;* OLG Stuttgart FamRZ 2009, 1346.

73 BGH ZfS 2015, 105 = RVGreport 2015, 72 mzustAnm *Hansens;* BGH NJW 2014, 3163.

74 BGH NJW 2014, 3163.

78 Dabei ist auch zu berücksichtigen, dass der Zusammenhang zwischen dem materiellrechtlichen und dem prozessualen Erstattungsanspruch im Verhältnis zur alten BGH-Rechtsprechung zur Anrechnung viel enger geworden ist. Solange der BGH davon ausging, dass eine Anrechnung der Geschäftsgebühr unabhängig davon, ob die Geschäftsgebühr gegenüber dem Gegner geltend gemacht wird, anzurechnen ist, bestand diese Bindung in vielen Fällen nicht. Nachdem aber nunmehr durch § 15a Abs. 3 RVG klargestellt ist, dass eine Anrechnung nur in Betracht kommt, wenn gegen den prozessrechtlich Erstattungspflichtigen auch der Ersatz der Geschäftsgebühr geltend gemacht wird, besteht eine enge Verbindung. Deshalb entfällt zB auch die vom BGH angeführte Argumentation, bei einer Pauschgebühr könne häufig eine Zuordnung zu einem speziellen Schadensfall nicht erfolgen.[75] Ist eine solche Zuordnung nicht möglich, scheidet ein materiell-rechtlicher Ersatzanspruch ohnehin aus.

79 Probleme mit niedrigen vereinbarten Vergütungen, die in der Lit. teilweise gesehen werden,[76] bestehen nicht. Eine Anrechnung der vereinbarten Vergütung hätte nur in der Höhe zu erfolgen, in der sie zu höheren Beträgen käme als bei einer unterstellten Geschäftsgebühr nach Vornahme der Anrechnung.

80 Der BGH stützt seine Meinung noch darauf, dass bereits zu Zeiten des § 118 Abs. 2 BRAGO herrschend eine Anrechnung einer vereinbarten Vergütung abgelehnt worden sei und dass der Gesetzesbegründung zum RVG nicht zu entnehmen sei, dass der Gesetzgeber hiervon abrücken wollte.[77] Eine Auskunft bei dem für das RVG zuständigen Referenten im Bundesjustizministerium ergab, dass man keinen Anlass gesehen hatte, zu dieser Frage Stellung zu nehmen. Man sei davon ausgegangen sei, dass dies über das materielle Recht, insbes. über die Schadensminderungspflicht zu regeln sei, wobei man angenommen habe, dass diese letztlich dazu führe, dass nicht die volle Geschäfts- und Verfahrensgebühr nebeneinander vom Gegner verlangt werden können. Ob dieses Verständnis richtig ist, kann dahinstehen. Jedenfalls kann ihm nicht entnommen werden, dass es dem Willen des Gesetzgebers entsprochen habe, dass im Fall einer Vergütungsvereinbarung die Geschäftsgebühr und die Verfahrensgebühr ungeschmälert vom Gegner zu erstatten ist. Nach OLG Hamburg scheidet eine Anrechnung jedenfalls dann aus, wenn der Erstattungsberechtigte mit der Klage bereits eine vereinbarte Vergütung geltend gemacht hat und der Beklagte diesen Anspruch anerkannt hat.[78]

81 **b) Bloßer Ausschluss der Anrechnung.** Von der hM ausgehend nimmt das KG an, dass die bloße Vereinbarung, dass die Anrechnung der Geschäftsgebühr ausgeschlossen sein soll, einer Anrechnung nicht entgegenstehe.[79] Das ist nicht zwingend. Grundsätzlich bleibt bei dieser Vereinbarung die gesetzliche Geschäftsgebühr bestehen. Darauf, dass im Innenverhältnis eine Anrechnung nicht erfolgen kann, kann sich aber der Erstattungsberechtigte, da dieser Ausschluss nicht erforderlich war, nicht berufen.

82 **c) Bloße Vereinbarung einer Geschäftsgebühr.** Auch auf der Grundlage der hM steht einer Anrechnung jedenfalls nicht entgegen, wenn vereinbart ist, dass eine Geschäftsgebühr anfallen soll. Bereits im Innenverhältnis besteht kein Anrechnungsausschluss (→ RVG VV Vorb. 3 Rn. 286).

83 **d) Zwei Verfahrensgebühren in einem Kostenfestsetzungsverfahren.** Dieselben Grundsätze wie bei der Geschäftsgebühr gelten, wenn ohne die vereinbarte Vergütung zwei Verfahrensgebühren, zB bei vorangegangenem selbständigen Beweisverfahren, anzurechnen wären.

84 **e) Missbrauch. Missbräuchliche Umgehung der Anrechnungsbestimmungen.** Ob in Fällen, in denen an sich keine Anrechnung vorzunehmen ist, eine solche dann zu erfolgen hat, wenn mit der Vereinbarung die Anrechnungsregelung missbräuchlich zulasten eines Dritten umgangen werden soll, wurde in der Rspr. offen gelassen.[80] Bei Pauschal- und Stundensatzvereinbarungen wird ein solcher Missbrauch kaum einmal in Betracht kommen.

85 **Missbrauch bei Vergleich.** Derjenige, der ausdrücklich eine Geschäftsgebühr geltend gemacht hat, weshalb der Gegner bei Abschluss eines Vergleichs von einer solchen und einer Anrechenbarkeit ausgehen durfte, kann sich nicht nachher darauf berufen, dass wegen einer Vergütungsvereinbarung eine Anrechnung ausscheide.[81]

---

[75] BGH NJW 2009, 3364 = AnwBl 2009, 878.

[76] Schneider/Wolf/*Onderka/Schneider* RVG VV Vorb. 3 Rn. 232.

[77] BGH NJW 2009, 3364.

[78] OLG Hamburg Rpfleger 2015, 303 = AGS 2015, 198.

[79] KG JurBüro 2010, 528 = RVGreport 2010, 343 mzustAnm *Hansens.*

[80] BGH NJW 2009, 3364 = AnwBl 2009, 878; OLG Frankfurt a. M. AGS 2009, 157 = OLGR 2009, 847.

[81] BGH ZfS 2015, 105 = RVGreport 2015, 72 mzustAnm *Hansens;* OLG Köln JurBüro 2014, 363 = RVGreport 2014, 199 mkritAnm *Hansens.*

Verurteilung wegen einer Geschäftsgebühr. Entgegen OLG Frankfurt a. M. liegt jedoch kein Rechtsmissbrauch vor, wenn der Kläger eine Verurteilung wegen einer Geschäftsgebühr erreicht hat und sich dann in der Kostenfestsetzung auf eine Honorarvereinbarung, die im Verhältnis zur Geschäftsgebühr zu einer höheren Gebühr geführt hätte, beruft. Hier hat der Beklagte, da kein Vergleich stattgefunden hat, nichts im Vertrauen auf den Anfall einer Geschäftsgebühr getan. 85a

9. Darlegung und Glaubhaftmachung

Macht der Ersatzpflichtige **materiell-rechtlich** eine Anrechnung geltend, so muss er deren Voraussetzungen (Entstehen einer Geschäftsgebühr, Vorliegen der Voraussetzungen von § 15a Abs. 3 RVG) darlegen und glaubhaft machen. 86

Vergütungsvereinbarung. Der Ersatzpflichtige muss, wenn er eine Anrechnung geltend macht, die Entstehung einer Geschäftsgebühr auch dann darlegen und beweisen, wenn feststeht, dass der Verfahrensbevollmächtigte bereits vorgerichtlich tätig war, der Ersatzberechtigte aber eine der gesetzlichen Anrechnung nicht zugängliche (→ RVG VV Vorb. 3 Rn. 253) Vergütungsvereinbarung behauptet. Dem kann auch nicht entgegengehalten werden, dass bei einer vorgerichtlichen Tätigkeit in der Regel eine gesetzliche Geschäftsgebühr anfällt, weshalb nach allgemeinen Grundsätzen der Ersatzberechtigte für eine Abweichung von der Regel beweis- bzw. glaubhaftmachungspflichtig sei.[82] Hiergegen spricht, dass eine Vergütungsvereinbarung für eine vorgerichtliche Tätigkeit heute keine Ausnahme mehr bildet. Jedoch muss der Ersatzberechtigte, der meistens allein über eine solche Vereinbarung informiert ist, aufgrund seiner sekundären Behauptungslast[83] konkret vortragen, welche Vergütungsvereinbarung getroffen wurde. 87

10. Sozialgerichtsbarkeit

→ § 3 Rn. 166 ff. 87a

VI. Altfälle

1. Anwendbarkeit von § 15a Abs. 3 RVG

Inzwischen ist es ganz hM dass § 15a Abs. 3 RVG auch anzuwenden ist, wenn der Auftrag für das anwaltliche Mandat vor dem **25.8.2009** erteilt wurde **(sog. Altfälle).**[84] § 15a Abs. 3 RVG beinhaltet nur eine **Klarstellung** des bisher schon geltenden Rechts und keine neue gesetzliche Regelung.[85] Die früher vertretene **Gegenansicht**[86] ist überholt. Soweit Senate des BGH in der Vergangenheit die Gegenansicht vertreten haben, war diese Auffassung nicht die Grundlage der Entscheidung,[87] sodass wegen dieser Abweichungen der große Sen. nicht angerufen werden musste. Es ist zu erwarten, dass auch die anderen Gerichtsbarkeiten, insbes. die Verwaltungsgerichtsbarkeit, zukünftig § 15a RVG auf Altfälle anwenden werden. 88

Wegen unter § 15a Abs. 2 RVG fallender Altfälle → RVG VV Vorb. 3 Rn. 295.

2. Nachliquidation

Da auch die Altfälle gem. § 15a Abs. 3 RVG zu behandeln sind, kann auch bei bereits abgeschlossenen Kostenfestsetzungsverfahren der nicht anzurechnende Betrag im Wege der Nachliquidation geltend gemacht werden. Voraussetzung dafür ist allerdings, dass zunächst im Kostenfestsetzungsantrag nur eine unter Berücksichtigung der Anrechnung reduzierte Verfah- 89

[82] Zur Beweislast beim Regel-Ausnahmeverhältnis Thomas/Putzo/*Seiler* ZPO Vor § 284 Rn. 24.

[83] Wegen dieser Thomas/Putzo/*Seiler* ZPO Vor § 284 Rn. 18a.

[84] BGH AnwBl 2009, 798 mzustAnm *Schons* = FamRZ 2009, 1822; BGH AGS 2010, 474 (475); FamRZ 2010, 1248; AGS 2011, 259; AGS 2010, 459; AGS 2011, 7; RVGreport 2011, 27; JurBüro 2011, 21; JurBüro 2010, 358; JurBüro 2012, 420; RVGreport 2010, 425; AGS 2010, 54 (106, 256); FamRZ 2010, 1431; OLG Celle RVGreport 2010, 266, unter Aufgabe seiner früheren abw. Rspr.; OLG Dresden AGS 2010, 203, OLG Düsseldorf AGS 2009, 372; OLG Hamm RVGreport 2010, 467; OLG Frankfurt a. M. RVGreport 2010, 150; OLG Karlsruhe AGS 2010, 209; OLG Koblenz AGS 2009, 420; OLG Köln AGS 2009, 512; OLG München MDR 2009, 1417; OLG Oldenburg RVGreport 2010, 305 mwN für beide Ansichten; OLG Naumburg AGS 2010, 211; OLG Saarbrücken RVGreport 2010, 266; OLG Stuttgart AGS 2009, 371; AGS 2010, 25; OLG Zweibrücken RVG-report 2010, 266; LAG Hamm AGS 2010, 336; OVG NRW AGS 2009, 447; ebenso ganz überwiegend die Lit.

[85] Zur näheren Begr. für die Anwendung auf Altfälle Gerold/Schmidt/*Müller-Rabe,* 19. Aufl. 2010, RVG § 15a Rn. 37 ff.

[86] BGH AnwBl 2009, 876; OLG Bamberg RVGreport 2010, 227; OLG Düsseldorf AGS 2010, 26; KG RVGreport 2010, 426; HessLAG RVGreport 2010, 265; OVG Bremen RVGreport 2010, 150; VGH München RVGreport 2010, 306; weitere Fundstellen in BGHZ AGS 2009, 54.

[87] BGH NJW 2010, 76 = AnwBl 2009, 876 Rn. 25.

rensgebühr geltend gemacht wurde. Dann liegt noch keine Entscheidung hinsichtlich des nicht geltend gemachten Teils der Verfahrensgebühr vor, so dass der Nachliquidation keine rechtskräftige Entscheidung entgegensteht.[88] Wurde jedoch der Antrag ohne diese Kürzung gestellt und insoweit abgelehnt, so scheidet eine spätere Nachliquidation aus, da dann durch den Kostenfestsetzungsbeschluss[89] eine rechtskräftige Entscheidung vorliegt.[90]

90 **Zinsen.** Der mit der Nachliquidation geltend gemachte Anspruch ist gem. § 104 Abs. 1 S. 2 ZPO ab Eingang des Nachliquidationsantrags zu verzinsen.

VII. Rechtsschutz- und Haftpflichtversicherer

1. Versicherer des Gegners

91 Der Rechtsschutz- und Haftpflichtversicherer des erstattungspflichtigen Gegners sind Dritte.[91]

2. Versicherer des Auftraggebers

92 **Dritter.** Der Rechtsschutzversicherer des Auftraggebers ist Dritter. Dasselbe gilt für den Haftpflichtversicherer, wenn sich der Versicherungsnehmer einen eigenen RA nimmt. Beauftragt allerdings der Versicherer den RA, so ist jener nicht Dritter.

Zahlung des Rechtsschutzversicherten auf Geschäftsgebühr. Der Rechtsschutzversicherer des Auftraggebers, der nur für die Kosten eines Gerichtsverfahrens haftet, kann sich nicht darauf berufen, dass der Versicherte seinem RA bereits eine Geschäftsgebühr bezahlt habe und der RA deshalb nur Anspruch auf eine um die Anrechnung reduzierten Anspruch auf die Verfahrensgebühr habe. Der Versicherer muss dem Versicherungsnehmer die ganze Verfahrensgebühr ersetzen.[92]

93 **Ersatzansprüche des Gegners des Rechtsschutzversicherten.** Wurde der Gegner des Versicherungsnehmers vorgerichtlich und gerichtlich vom selben RA vertreten und ist der Versicherungsnehmer sowohl für die Geschäftsgebühr (aus Verzug) als auch für die Verfahrensgebühr des Gegners ersatzpflichtig, so haftet die Rechtsschutzversicherer nur für die Verfahrensgebühr, nicht aber für die Geschäftsgebühr.[93] Dann kann aber ein ganz unterschiedliches Ergebnis herauskommen, je nachdem ob der Gegner die Geschäftsgebühr erfolgreich mit eingeklagt hat oder nicht. Im ersten Fall kann in der Kostenfestsetzung nur noch eine 0,65 Verfahrensgebühr geltend gemacht werden, da aufgrund der Titulierung der Geschäftsgebühr der Gegner vom Versicherungsnehmer nur noch die reduzierte Verfahrensgebühr verlangen kann. Dann könnte man zu dem Ergebnis kommen, dass der Rechtsschutzversicherer nur eine 0,65 Verfahrensgebühr erstatten muss. Wäre hingegen die Geschäftsgebühr nicht mit eingeklagt worden, so hätte der Gegner eine 1,3 Verfahrensgebühr zur Erstattung anmelden können und der Rechtsschutzversicherer den Versicherungsnehmer hinsichtlich einer 1,3 Verfahrensgebühr freistellen müssen. Das AG München meint, dass der Erstattungsanspruch des Versicherungsnehmer nicht davon abhängen könne, welchen Weg der Gegner wählt und gewährt immer einen Erstattungsanspruch in Höhe einer 1,3 Verfahrensgebühr.[94] Dem ist iErg allein schon deshalb zu folgen, weil gem. § 15a Abs. 1 RVG beide Gebühren uneingeschränkt anfallen und der RA nur soweit eingeschränkt ist, als er nicht insgesamt mehr als den nach der Anrechnung verminderten Gesamtbetrag verlangen kann. Es reduziert sich also durch die Anrechnung nicht die Verfahrensgebühr.

---

[88] BGH NJW 2011, 1367 = AnwBl 2011, 149; OLG Celle AGS 2010, 584 = NJW-RR 2011, 711; *Hansens* RVGreport 2009, 417; **aA** OLG Dresden RVGreport 2010, 193 = AGS 2010, 307 mablAnm *N. Schneider.*

[89] BGH NJW 2003, 1462 = FamRZ 2003, 925.

[90] OLG Köln RVGreport 2009, 354; OVG Lüneburg NVwZ-RR 2010, 661; *Hansens* RVGreport 2009, 418 (419); *N. Schneider* NJW-Spezial 2009, 683.

[91] *N. Schneider* AGK 2012, 26.

[92] *N. Schneider* ZAP Fach 24, 1265 ff. Teil 9.

[93] BGH NJW 1985, 1466 = AnwBl 1985, 329 Rn. 21.

[94] AG München AGS 2011, 414 Rn. 34 ff. mablAnm *Hanke.*

Abschnitt 3. Angelegenheit

§ 16 Dieselbe Angelegenheit

Dieselbe Angelegenheit sind

1. das Verwaltungsverfahren auf Aussetzung oder Anordnung der sofortigen Vollziehung sowie über einstweilige Maßnahmen zur Sicherung der Rechte Dritter und jedes Verwaltungsverfahren auf Abänderung oder Aufhebung in den genannten Fällen;

2. das Verfahren über die Prozesskostenhilfe und das Verfahren, für das die Prozesskostenhilfe beantragt worden ist;

3. mehrere Verfahren über die Prozesskostenhilfe in demselben Rechtszug;

3a. das Verfahren zur Bestimmung des zuständigen Gerichts und das Verfahren, für das der Gerichtsstand bestimmt werden soll; dies gilt auch dann, wenn das Verfahren zur Bestimmung des zuständigen Gerichts vor Klageerhebung oder Antragstellung endet, ohne dass das zuständige Gericht bestimmt worden ist;

4. eine Scheidungssache oder ein Verfahren über die Aufhebung einer Lebenspartnerschaft und die Folgesachen;

5. das Verfahren über die Anordnung eines Arrests, zur Erwirkung eines Europäischen Beschlusses zur vorläufigen Kontenpfändung, über den Erlass einer einstweiligen Verfügung oder einstweiligen Anordnung, über die Anordnung oder Wiederherstellung der aufschiebenden Wirkung, über die Aufhebung der Vollziehung oder die Anordnung der sofortigen Vollziehung eines Verwaltungsakts und jedes Verfahren über deren Abänderung, Aufhebung oder Widerruf;

6. das Verfahren nach § 3 Abs. 1 des Gesetzes zur Ausführung des Vertrages zwischen der Bundesrepublik Deutschland und der Republik Österreich vom 6. Juni 1959 über die gegenseitige Anerkennung und Vollstreckung von gerichtlichen Entscheidungen, Vergleichen und öffentlichen Urkunden in Zivil- und Handelssachen in der im Bundesgesetzblatt Teil III, Gliederungsnummer 319-12, veröffentlichten bereinigten Fassung, das zuletzt durch Artikel 23 des Gesetzes vom 27. Juli 2001 (BGBl. I S. 1887) geändert worden ist, und das Verfahren nach § 3 Abs. 2 des genannten Gesetzes;

7. das Verfahren über die Zulassung der Vollziehung einer vorläufigen oder sichernden Maßnahme und das Verfahren über einen Antrag auf Aufhebung oder Änderung einer Entscheidung über die Zulassung der Vollziehung (§ 1041 der Zivilprozessordnung);

8. das schiedsrichterliche Verfahren und das gerichtliche Verfahren bei der Bestellung eines Schiedsrichters oder Ersatzschiedsrichters, über die Ablehnung eines Schiedsrichters oder über die Beendigung des Schiedsrichteramts, zur Unterstützung bei der Beweisaufnahme oder bei der Vornahme sonstiger richterlicher Handlungen;

9. das Verfahren vor dem Schiedsgericht und die gerichtlichen Verfahren über die Bestimmung einer Frist (§ 102 Abs. 3 des Arbeitsgerichtsgesetzes), die Ablehnung eines Schiedsrichters (§ 103 Abs. 3 des Arbeitsgerichtsgesetzes) oder die Vornahme einer Beweisaufnahme oder einer Vereidigung (§ 106 Abs. 2 des Arbeitsgerichtsgesetzes);

10. im Kostenfestsetzungsverfahren und im Verfahren über den Antrag auf gerichtliche Entscheidung gegen einen Kostenfestsetzungsbescheid (§ 108 des Gesetzes über Ordnungswidrigkeiten) einerseits und im Kostenansatzverfahren sowie im Verfahren über den Antrag auf gerichtliche Entscheidung gegen den Ansatz der Gebühren und Auslagen (§ 108 des Gesetzes über Ordnungswidrigkeiten) andererseits jeweils mehrere Verfahren über
a) die Erinnerung,
b) den Antrag auf gerichtliche Entscheidung,
c) die Beschwerde in demselben Beschwerderechtszug;

11. das Rechtsmittelverfahren und das Verfahren über die Zulassung des Rechtsmittels; dies gilt nicht für das Verfahren über die Beschwerde gegen die Nichtzulassung eines Rechtsmittels;

12. das Verfahren über die Privatklage und die Widerklage und zwar auch im Fall des § 388 Abs. 2 der Strafprozessordnung und

13. das erstinstanzliche Prozessverfahren und der erste Rechtszug des Musterverfahrens nach dem Kapitalanleger-Musterverfahrensgesetz.

Schrifttum: *Onderka,* Die Regelungen zum Begriff der Angelegenheit im RVG, AGS 2004, 461.

Übersicht

A. Motive

1 Motive zum KostRMoG

„Zu § 16

Nach § 15 Abs. 2 S. 1 RVG-E kann der Rechtsanwalt die Gebühren in derselben Angelegenheit nur einmal fordern. Mit der vorgeschlagenen Vorschrift sollen bestimmte Tätigkeiten einer Angelegenheit zugeordnet werden, bei denen es ohne diese Vorschrift zumindest zweifelhaft wäre, ob sie eine gemeinsame Angelegenheit bilden.

Nr. 1 ist im Zusammenhang mit der Regelung in § 17 Nr. 1 RVG-E zu sehen. Danach sollen künftig das Verwaltungsverfahren, das einem gerichtlichen Verfahren vorausgehende und der Nachprüfung des Verwaltungsakts dienende weitere Verwaltungsverfahren (Vorverfahren, Einspruchsverfahren, Beschwerdeverfahren, Abhilfeverfahren), das Verwaltungsverfahren auf Aussetzung oder Anordnung der sofortigen Vollziehung sowie über einstweilige Maßnahmen zur Sicherung der Rechte Dritter und ein gerichtliches Verfahren verschiedene Angelegenheiten sein. Nach der vorgeschlagenen Nr. 1 sollen das Verwaltungsverfahren auf Aussetzung oder Anordnung der sofortigen Vollziehung sowie über einstweilige Maßnahmen zur Sicherung der Rechte Dritter und jedes Verwaltungsverfahren auf Abänderung oder Aufhebung jedoch zu derselben Angelegenheit gehören.

Das Verfahren über die Prozesskostenhilfe gehört derzeit nach § 37 Nr. 3 BRAGO zu dem Rechtszug des Verfahrens, für das die Prozesskostenhilfe beantragt wurde. Das Prozesskostenhilfeverfahren ist ein eigenständiges Verfahren. Deshalb soll in Nr. 2 bestimmt werden, dass das Prozesskostenhilfeverfahren mit dem Hauptsacheverfahren dieselbe Angelegenheit bildet. Inhaltlich ändert sich damit gegenüber dem geltenden Recht nichts.

Nr. 3 entspricht § 51 Abs. 1 S. 2 BRAGO.

Die Nr. 4, 5 entsprechen § 7 Abs. 3 BRAGO.

Nr. 6 übernimmt die Regelung des § 40 Abs. 2 BRAGO für den Arrest und die einstweilige Verfügung und die Regelung des § 114 Abs. 6 BRAGO, der auf § 40 BRAGO verweist, für die einstweilige Anordnung in Verfahren vor den Gerichten der öffentlich-rechtlichen Gerichtsbarkeiten. Die Formulierung ist so gewählt, dass die Regelung auch Verfahren nach den §§ 80, 80a VwGO erfasst.

Die Regelung soll künftig auch in Verfahren der freiwilligen Gerichtsbarkeit gelten, soweit dort einstweilige Anordnungen vorgesehen sind. Ferner soll die Vorschrift für vorläufige Anordnungen gelten, weil diese nach § 17 Nr. 4 RVG-E gegenüber der Hauptsache eine besondere Angelegenheit bilden sollen.

Nach § 47 Abs. 3 BRAGO gilt das Verfahren nach § 3 Abs. 2 des Gesetzes zur Ausführung des Vertrages zwischen der Bundesrepublik Deutschland und der Republik Österreich vom 6. Juni 1959 über die gegenseitige Anerkennung und Vollstreckung von gerichtlichen Entscheidungen, Vergleichen und öffentlichen Urkunden in Zivil- und Handelssachen in der im Bundesgesetzblatt Teil III, Gliederungsnummer 319-12, veröffentlichten bereinigten Fassung, das zuletzt durch Artikel 23 des Gesetzes vom 27. Juli 2001 (BGBl. I S. 1887) geändert worden ist, als besondere Angelegenheit. Die Prozessgebühr, die der RA für das Verfahren nach § 3 Abs. 1 des genannten Gesetzes erhält, wird zu zwei Dritteln auf die gleiche Gebühr des Verfahrens nach § 3 Abs. 2 angerechnet. Gemäß Nr. 7 sollen künftig die Verfahren nach § 3 Abs. 1 und nach § 3 Abs. 2 des genannten Gesetzes dieselbe Angelegenheit bilden. Damit kann die Anrechnung von Gebühren entfallen.

Nach § 45 BRAGO entstehen im Aufgebotsverfahren neben der Prozessgebühr jeweils gesonderte Gebühren für den Antrag auf Erlass des Aufgebots sowie den Antrag auf Anordnung der Zahlungssperre nach § 1020 ZPO in Höhe von jeweils $^{5}/_{10}$. Nunmehr ist eine Vergütung nach den Nr. 3324 und 3331 VV RVG-E vorgesehen. Auf eine Sonderregelung für das Aufgebotsverfahren soll iÜ verzichtet werden. Durch Nr. 8 soll sichergestellt werden, dass die Gebühren nur einmal anfallen.

Nr. 9 entspricht § 46 Abs. 3 S. 2 BRAGO.

Nr. 10 übernimmt die Regelung aus § 46 Abs. 4 BRAGO, wonach der RA im schiedsrichterlichen Verfahren eine Vergütung für die Tätigkeit in gerichtlichen Verfahren bei der Bestellung eines Schiedsrichters oder Ersatzschiedsrichters, über die Ablehnung eines Schiedsrichters oder über die Beendigung des Schiedsrichteramtes, zur Unterstützung bei der Beweisaufnahme oder bei der Vornahme sonstiger richterlicher Handlungen nur dann erhält, wenn seine Tätigkeit auf diese Verfahren beschränkt ist.

Nr. 11 übernimmt die Regelung aus § 62 Abs. 3 BRAGO. Danach erhält der RA in Arbeitssachen für seine Tätigkeit, die eine gerichtliche Entscheidung über die Bestimmung einer Frist (§ 102 Abs. 3 ArbGG), die Ablehnung eines Schiedsrichters (§ 103 Abs. 3 ArbGG) oder die Vornahme einer Beweisaufnahme oder einer Vereidigung (§ 106 Abs. 2 ArbGG) betrifft, nur dann eine Vergütung, wenn seine Tätigkeit auf diese Verfahren beschränkt ist.

Nr. 12 entspricht § 61 Abs. 2 BRAGO, soweit er die Erinnerung gegen den Kostenansatz oder gegen den Kostenfestsetzungsbeschluss betrifft. Neu in die Vorschrift aufgenommen werden soll die Beschwerde. Nach § 11 Abs. 1 RPflG idF des Dritten Gesetzes zur Änderung des Rechtspflegergesetzes und anderer Gesetze vom 6. August 1998 (BGBl. I S. 2030) ist gegen die Entscheidung des Rechtspflegers das Rechtsmittel gegeben, das nach den allgemeinen verfahrensrechtlichen Vorschriften zulässig ist. Zulässiges Rechtsmittel gegen die Kostenfestsetzung in der ordentlichen Gerichtsbarkeit und in der Arbeitsgerichtsbarkeit ist die Beschwerde. Soweit der Beschwerdewert nicht erreicht ist, ist die Erinnerung gegeben.

Nr. 13 entspricht § 14 Abs. 2 BRAGO.

Nr. 14 übernimmt den Regelungsinhalt von § 94 Abs. 2 BRAGO. Danach erhöhen sich die Gebühren des Rechtsanwalts als Beistand oder Vertreter des Privatklägers und des Widerbeklagten sowie des Verteidigers des Angeklagten durch die Widerklage auch dann nicht, wenn der Privatkläger nicht der Verletzte ist. Damit ist der Fall gemeint, in dem der RA nicht nur den Privatkläger, sondern auch den Verletzten, der nicht mit dem Privatkläger identisch ist (§ 374 Abs. 2 StPO), gegen eine Widerklage des Beschuldigten verteidigt (vgl. § 388 Abs. 2 StPO). Da der Anwalt in diesem Fall in einer Angelegenheit zwei Personen als Auftraggeber hat, wäre jedoch Nr. 1008 VV RVG-E anwendbar. Danach erhöhen sich der Mindest- und der Höchstbetrag der Verfahrensgebühr um 30 %.[1]

B. Allgemeines

Mit § 16 RVG sollen bestimmte Tätigkeiten einer Angelegenheit zugeordnet werden, bei denen es ohne diese Vorschrift zumindest zweifelhaft wäre, ob sie eine gemeinsame Angelegenheit bilden. 2

§ 15 Abs. 5 S. 2 RVG gilt auch im Rahmen von § 16 RVG. Wird also nach Ablauf von zwei Kalenderjahren die Abänderung einer einstweiligen Verfügung beantragt, so liegt trotz § 16 Nr. 5 RVG eine neue Angelegenheit vor.[2] 2a

C. Einzelne Nummern

I. Verwaltungsverfahren (Nr. 1)

1. Überblick über Bestimmungen zum Eilverfahren

→ Rn. 84 ff. 3

2. Behördliche Eilmaßnahmen und deren Änderung

Nr. 1 betrifft das Verhältnis der behördlichen Eilmaßnahmen zu deren Änderung oder Aufhebung durch die Verwaltungsbehörde. Die Eilmaßnahme und deren Änderung oder Aufhebung stellen eine Angelegenheit dar. Zu den von Nr. 1 erfassten Eilmaßnahmen gehören 4

– Aussetzung oder Anordnung der sofortigen Vollziehung
– einstweilige Maßnahmen zur Sicherung der Rechte Dritter
– Abänderung oder Aufhebung von Eilmaßnahmen.

Im Übrigen wegen Angelegenheit → Anh. IV Rn. 33.

3. Anwendungsbereich

Nr. 1 gilt für Verwaltungsverfahren 5

– des Verwaltungsrechts §§ 80 Abs. 4, 80a Abs. 1, 2 VwGO
– des Steuerrechts § 69 Abs. 2 FGO
– des Sozialrechts § 86a SGG.

4. Gebühren und Kostenerstattung

→ Anh. IV Rn. 8 ff., 47 ff. 6

II. PKH-Antragsverfahren und Hauptsache (Nr. 2)

Motive. Die Motive führen aus: 7

„Das Verfahren über die Prozesskostenhilfe gehört derzeit nach § 37 Nr. 3 BRAGO zu dem Rechtszug des Verfahrens, für das die Prozesskostenhilfe beantragt wurde. Das Prozesskostenhilfeverfahren ist ein eigenständiges

[1] BT-Drs. 15/1971, 190.
[2] OLG Hamm AGS 2015, 166.

Verfahren. Deshalb soll in Nr. 2 bestimmt werden, dass das Prozesskostenhilfeverfahren mit dem Hauptsacheverfahren dieselbe Angelegenheit bildet. Inhaltlich ändert sich damit gegenüber dem geltenden Recht nichts."

8 **Eine Angelegenheit.** Das PKH-Antragsverfahren und das dazugehörige Hauptsacheverfahren stellen eine Angelegenheit dar. Zu Einzelheiten → RVG VV 3335 Rn. 64 ff. Dasselbe gilt für das Verhältnis VKH-Antragsverfahren gem. §§ 76 ff. FamFG und Hauptsache. Lehnt das zunächst angerufene Gericht den Bewilligungsantrag ab und wird dann die Klage vor dem zuständigen Gericht neu eingereicht, so handelt es sich nicht um dieselbe Angelegenheit.[3]

III. Mehrere PKH-Antragsverfahren (Nr. 3)

9 Mehrere PKH-Antragsverfahren im selben Rechtszug stellen eine Angelegenheit dar, → RVG VV 3335 Rn. 60 ff. Dasselbe gilt für mehrere VKH-Antragsverfahren gem. §§ 76 ff. FamFG.

IV. Bestimmung des zuständigen Gerichts (Nr. 3a)

1. Motive zum 2. KostRMoG

10 Die Motive zu **Nr. 3a führen aus:**

Die Frage, ob die Regelung des § 19 Abs. 1 S. 2 Nr. 3 RVG, nach der die Bestimmung des zuständigen Gerichts zum Rechtszug gehört, auch dann anzuwenden ist, wenn das Verfahren nicht zur Bestimmung des Gerichtsstands führt, ist umstritten (*Schneider* AGS 2007, 67). Mit der nunmehr vorgeschlagenen neuen Nr. 3a (lit. b) soll dieser Streit dahingehend entschieden werden, dass das Gerichtsstandsbestimmungsverfahren mit dem betroffenen Verfahren immer dieselbe Angelegenheit bildet. Dies erscheint schon deshalb sachgerecht, weil bereits bei Beginn eines Verfahrens feststehen sollte, ob es sich hierbei um eine besondere oder um dieselbe Angelegenheit handelt. Für den Aufwand des Rechtsanwalts wird es in der Regel keinen Unterschied machen, ob das Verfahren zur Bestimmung des Gerichtsstands vor oder nach Klageerhebung oder Antragstellung durchgeführt wird. Im Übrigen handelt es sich um redaktionelle Anpassungen.[4]

2. Anwendungsbereich

11 Die Bestimmung des zuständigen **Schiedsgerichts** fällt nicht unter § 16 Nr. 3a RVG und stellt eine selbständige Angelegenheit dar.[5]

3. Eine Angelegenheit

12 Die Bestimmung des zuständigen Gerichts (zB § 36 ZPO, § 5 FamFG) gehört zum Rechtszug. Die Tätigkeit des Verfahrensbevollmächtigten, aber auch die des Verkehrsanwalts, wird deshalb durch die Verfahrensgebühr mit abgegolten. Hat hingegen der RA die Bestimmung des zuständigen Gerichts als Einzelauftrag erhalten, erhält er hierfür die Gebühr nach VV 3403 ff. RVG.

13 **Erfolgloses Zuständigkeitsverfahren vor Klageerhebung.** Dabei bestimmt das 2. KostRMoG ausdrücklich, dass das auch dann gilt, wenn das Bestimmungsverfahren vor der Klageerhebung oder Antragstellung erfolgt, ohne dass das zuständige Gericht bestimmt worden ist. Damit ist die entgegengesetzte Rspr. des BGH[6] jedenfalls überholt, falls man sie jemals als richtig angesehen haben sollte.[7]

14 **Erfolgloses Zuständigkeitsverfahren nach Klageerhebung.** Erst recht ist jetzt nicht mehr der – auch schon vorher unzutreffenden – Meinung zu folgen, die sogar dann zwei Angelegenheiten annahm, wenn nach Klageerhebung das Bestimmungsverfahren betrieben und abgelehnt oder zurückgenommen wurde.[8]

---

[3] OLG Bamberg AGS 2015, 119 Nr. 1.

[4] BT-Drs. 17/11471, 267.

[5] OLG Hamburg AGS 2009, 576 = OLGR 2009, 795.

[6] BGH NJW-RR 1987, 757 = MDR 1987, 735; OLG Köln JurBüro 2007, 302 = AGS 2007, 67 mablAnm *N. Schneider;* AG 08, 114; ebenso zu einer erst beabsichtigten Klage BayObLG NJW-RR 2000, 141 = AnwBl 1999, 354 = Rpfleger 1999, 321; **aA** OLG Dresden RPfleger 06, 44 = OLGR 2006, 233; OLG Düsseldorf MDR 1983, 846; in diese Richtung tendierend auch (31. ZS, früher BayObLG) OLG München MDR 2007, 1153 = OLGR 2007, 783.

[7] Gerold/Schmidt/*Müller-Rabe,* 20. Aufl. 2012, RVG § 19 Rn. 39 ff.

[8] OLG Celle AGS 2009, 475; wohl auch OLG Karlsruhe AGS 2008, 223 = MDR 2008, 473 und 09, 137 = OLGR 2009, 267; OLG Köln AGS 2003, 205, das aber inzwischen diese Meinung aufgegeben hat (OLG Köln AGS 2007, 607 sowie OLG Köln AGS 2008, 114). **Gegen diese Meinung schon vor dem 2. KostRMoG** OLG München FamRZ 2008, 627; MDR 2007, 1153 = OLGR 2007, 783; unter Aufgabe seiner früher anderen Ansicht; Gerold/Schmidt/*Müller-Rabe,* 20. Aufl. 2012, RVG § 19 Rn. 41.

4. Anfallende Gebühren

Meistens wird der RA bereits einen Verfahrensauftrag haben. Stellt er dann zunächst einmal nur den Antrag auf Bestimmung des zuständigen Gerichts, so fällt eine 0,8 Verfahrensgebühr gem. VV 3101 Nr. 1 RVG an. Erhebt er gleichzeitig mit dem Antrag Klage, so entsteht eine 1,3 Verfahrensgebühr gem. VV 3100 RVG. Hatte er noch keinen Verfahrensauftrag, sondern soll er nur den Antrag auf Bestimmung des zuständigen Gerichts stellen, so ist ein Einzeltätigkeitsauftrag gegeben, der zu einer 0,8 Verfahrensgebühr gem. VV 3403 RVG führt. Weg. Gegenstandswert → Anh. VI Rn. 74. 15

V. Familiensachen (Nr. 4)

1. Anwendungsbereich

Nr. 4 gilt für die **Scheidung** bzw. die Aufhebung der **Lebenspartnerschaft** und die Folgesachen, auch im Rahmen eines VKH-Bewilligungsverfahrens.[9] Die Aufhebung der Lebenspartnerschaft und der dazu gehörigen Folgesachen waren vor dem FGG-ReformG in § 16 Nr. 5 RVG geregelt und sind nunmehr in Nr. 4 eingefügt. 16

2. Angelegenheit

a) Gerichtliche Verfahren. ***aa) Verbundverfahren.*** Werden Folgesachen mit dem Scheidungsverfahren geltend gemacht, so ist dies eine Angelegenheit. Die Gebühren entstehen somit nur einmal aus den zusammengerechneten Werten. 17

Folgesachen können sein gem. § 137 Abs. 1, 2 FamFG die Regelung der elterlichen Sorge, des Umgangsrechts, die Herausgabe des Kindes, der Versorgungsausgleich, die gesetzliche Unterhaltspflicht gegenüber dem Kind und dem Ehegatten, die Regelung der Rechtsverhältnisse an der Ehewohnung und den an Haushaltsgegenständen, die Ansprüche aus dem ehelichen Güterrecht. 18

Den Verbund nicht auflösende Abtrennung von Folgesachen → § 21 Rn. 7. 19

Fortführung von Folgesachen als selbständige Angelegenheit → § 21 Rn. 25. 20

Zurückverweisung an die Vorinstanz → § 21. 21

bb) Isolierte Folgesachen. **Familienstreitsachen.** Die meisten Folgesachen können auch außerhalb des Verbunds in isolierten Gerichtsverfahren geltend gemacht werden. Dann liegt pro Gerichtsverfahren eine Angelegenheit vor. Werden zB Unterhalt und Zugewinnausgleich in gesonderten Verfahren geltend gemacht, so handelt es sich um mehrere Angelegenheiten. Werden sie aber in nur einer Antragsschrift geltend gemacht (§ 113 Abs. 1 S. 2 FamFG, § 260 ZPO), so liegt eine Angelegenheit vor. 22

Abtrennungen und Verbindungen. Trennt das Gericht sie voneinander ab, so handelt es sich ab der Trennung um zwei Angelegenheiten (→ RVG VV 3100 Rn. 61 ff.). Verbindet das Gericht mehrere isolierte Verfahren, so liegt ab der Verbindung nur noch eine Angelegenheit vor, iÜ → RVG VV 3100 Rn. 40 ff. 23

FG-Familiensachen. Unterschiedliche FG-Familiensachen können in einem oder in verschiedenen Verfahren geltend gemacht werden. Je nach dem handelt es sich um eine oder mehrere Angelegenheiten. Wenn teilweise behauptet wurde, FG-Sachen könnten nicht in einem Verfahren betrieben werden,[10] so war das schon immer unzutreffend[11] und gilt das jedenfalls nach neuem Recht wegen § 20 FamFG nicht. 24

cc) Einstweilige Anordnung und Arrest. Sie sind im **Verhältnis zur Hauptsache** gem. § 17 Nr. 1, 4 RVG verschiedene Angelegenheiten → § 17 Rn. 82 ff. 25

b) Außergerichtliche Tätigkeit in Scheidungssachen. ***aa) Beratung.*** Folgt man der hier vertretenen Auffassung, dass selbst bei einer außergerichtlichen Vertretung eine Angelegenheit gegeben ist (→ Rn. 27 ff.), so muss das für die Beratung erst recht gelten. 26

bb) Außergerichtliche Vertretung. **Eine Angelegenheit.** Erhält zB der RA den Auftrag, hinsichtlich der vorgesehenen Scheidung den Mandanten hinsichtlich Unterhalt, elterlicher Sorge, Umgangsrecht und ehelicher Wohnung außergerichtlich zu vertreten, so liegt hinsichtlich aller Folgesachen nur eine Angelegenheit vor.[12] Alle Voraussetzungen für eine einheitliche Angele- 27

---

[9] *N. Schneider* Anm. zu OLG Celle AGS 2011, 495.

[10] KLBR/*Lappe* KostO § 94 Rn. 38.

[11] BayObLGZ 1967, 29; OLG Köln JurBüro 1981, 1564; OLG Oldenburg FamRZ 1997, 383 für Vergleich; iE Gerold/Schmidt/*Müller-Rabe,* 18. Aufl. 2008, RVG § 16 Rn. 15.

[12] OLG Düsseldorf JurBüro 1989, 1400; OLG München MDR 1988, 330; LG Mönchengladbach JurBüro 2002, 421; *Mümmler* JurBüro 1985, 251.

genheit (→ § 15 Rn. 5ff.)[13] sind gegeben. Der RA hat einen einheitlichen Auftrag erhalten. Er soll im gleichen Rahmen tätig werden (außergerichtlich gegenüber dem anderen Ehegatten). Der innere Zusammenhang zwischen den einzelnen Gegenständen ist ganz offensichtlich. Hinzu kommen noch die gesetzlichen Wertungen. Nach ihnen ist der Zusammenhang derart stark,

- dass alle Familiensachen, obgleich sie teilweise nach ganz unterschiedlichen Verfahrensregeln zu behandeln sind (Ehe- und Familienstreitsachen einerseits und FG-Familiensachen andererseits), zusammen verhandelt und entschieden werden können (§ 137 Abs. 1 FamFG, früher § 623 ZPO aF),
- dass der Richter der Scheidungssache für alle Folgesachen zuständig ist bzw. an ihn abgegeben werden muss (§§ 152 Abs. 1, 153, 201 Nr. 1, §§ 202, 218 Nr. 1; § 232 Abs. 1 Nr. 1, §§ 233, 262 Abs. 1, 263 usw; früher § 621 Abs. 2, 3, §§ 623, 624 Abs. 1 ZPO aF).
- dass sich die Vollmacht für die Scheidungssache automatisch auf weitere Folgesachen erstreckt (§ 114 Abs. 5 S. 2 FamFG, früher § 624 Abs. 1 ZPO aF).

Es gibt keinen Grund, warum diese Wertung nicht bei der außergerichtlichen Vertretung in gleicher Weise gelten sollte.

28 **Gegenmeinung.** Soweit die Gegenmeinung den inneren Zusammenhang teilweise bezweifelt, geschieht dies fast ausnahmslos im **Zusammenhang mit Beratungshilfe** (→ Rn. 42ff.) und erfolgt wohl, um dort zu nicht zu niedrigen Gebühren zu kommen. Dieses wünschenswerte Ergebnis lässt sich aber auch mit verfassungsrechtlichen Gesichtspunkten erreichen, ohne dass man in dogmatisch falscher Weise den Zusammenhang der Folgesachen bezweifeln muss (→ Rn. 42ff.).

29 Wenn aus **Nr. 4** geschlossen wird, dass sie eine Fiktion für das gerichtliche Verbundverfahren darstelle und daher bei einer außergerichtlichen Tätigkeit mehrere Angelegenheiten vorlägen,[14] so wird die Bedeutung von Nr. 4 missverstanden. Der Vorgänger dieser Bestimmung war § 7 Abs. 3 BRAGO. Zu diesem haben die Motive ausgeführt:

„Es sollte wie in § 16a GKG des Entwurfs auch in der Bundesrechtsanwaltsordnung in § 7 klargestellt werden, dass die Scheidungssache und die mit ihr gem. § 623 Abs. 1, 4 ZPO zusammenverhandelten Folgesachen als dieselbe und nicht als mehrere Angelegenheiten gelten, um gem. § 7 Abs. 2 BRAGebO eine Zusammenrechnung der Gegenstandswerte der Scheidungs- und Folgesachen für die Berechnung der Gebühren des § 31 BRAGebO zu ermöglichen."[15]

30 Zu § 16a GKG des damaligen Entwurfs, der dem heutigen § 46 Abs. 1 S. 1 GKG entspricht, führten die Motive aus:

„... Eine Verbindung der Verfahren über die Scheidungssache und die Folgesache ist jedoch gem. § 610Abs. 2 ZPO idF des Entwurfs nicht statthaft, da § 623 ZPO keine Verfahrensverbindung, sondern nur eine gemeinsame Verhandlung und Entscheidung der Scheidungs- und der Folgesachen vorsieht ... Es bedarf daher, um die mit § 16a GKG gegenüber dem bisherigen Recht beabsichtigte Herabsetzung der Gerichtsgebühren zu erreichen, außer der Zusammenrechnung der Streitwerte der Fiktion, dass die Scheidungssache und die mit ihr gem. § 623 Abs. 1, 4 ZPO zusammen verhandelten Folgesachen kostenrechtlich als ein Verfahren gelten."[16]

31 Die Fiktion der seinerzeitigen § 7 Abs. 3 BRAGO, § 16a GKG war also nötig wegen einer Besonderheit des gerichtlichen Verfahrensrechts. Die Scheidungssache und die Folgesachen sind verfahrensmäßig trotz des Verbundes zwei Verfahren. Dennoch sollten sie gebührenrechtlich als eine Angelegenheit angesehen werden, um die Gebühren niedrig zu halten.

32 Daraus ergibt sich zum einen, dass für die Folgesachen untereinander die Fiktion der § 16 Nr. 4 RVG, § 44 Abs. 1 FamGKG überhaupt nicht eingreift. Sie gilt nur für das Verhältnis der Scheidungssache zur den Folgesachen.

33 Zum anderen ist den Motiven zu entnehmen, dass sich aus § 16 Nr. 4 RVG nichts dagegen ergibt, Scheidung und Folgesachen bei einer außergerichtlichen Vertretung als eine Angelegenheit anzusehen. Die verfahrensmäßigen Besonderheiten, die das Gesetz zu der Fiktion veranlasst haben, sind bei einer außergerichtlichen Vertretung, für die es keine besonderen Verfahrensvorschriften gibt, bedeutungslos.

34 Die mit § 16 Nr. 4 RVG verfolgte Absicht des Gesetzes ist allerdings bei der außergerichtlichen Vertretung mit zu berücksichtigen. Das Gesetz wollte, obgleich verfahrensrechtlich zwei

[13] Grds. zu der Voraussetzung einer Angelegenheit BGH MDR 2009, 1073.
[14] OLG Braunschweig AnwBl 1984, 514; OLG Düsseldorf AnwBl 1986, 162; OLG Düsseldorf FamRZ 2009, 1244 = NJW-RR 2009, 430 zu Beratungshilfe; *Enders* JurBüro 2000, 337 (339); HBS VergütungsR/*Schneider* Teil 10 Rn. 50.
[15] BT-Drs. 7. Wahlperiode Nr. 650, 284; ebenso OLG München MDR 1988, 330.
[16] BT-Drs. 7. Wahlperiode Nr. 650, 283.

Verfahren gegeben sind, dennoch, dass gebührenrechtlich eine Angelegenheit vorliegt. Dieser Rechtsgedanke muss erst recht für außergerichtliche Vertretungen gelten, bei denen keine verfahrensrechtlichen Barrieren der Annahme einer Angelegenheit entgegenstehen.[17]

Weiter kann man auch noch lesen, dass ein Indiz für oder gegen eine Angelegenheit sei, ob mehrere Gegenstände in **einem gerichtlichen Verfahren geltend gemacht werden könnten,** wobei dies in Familiensachen teilweise gegen eine Angelegenheit sprechen soll.[18] Hieraus lässt sich nichts gegen die Annahme einer Angelegenheit herleiten. **35**

Zum einen kann man generell daraus, ob verschiedene Gegenstände nicht in einem Verfahren verfolgt werden können, nichts dafür herleiten, ob bei einer Beratung oder außergerichtlichen Vertretung eine Angelegenheit vorliegt oder nicht.[19] Wenn zB ZPO-Sachen und FG-Sachen jedenfalls in der Vergangenheit außer im Verbund nicht zusammen geltend gemacht werden konnten, so liegt das daran, dass es sich um zwei verschiedene Prozessarten handelt und § 260 ZPO für diesen Fall eine Klagehäufung untersagt. Es soll damit verhindert werden, dass innerhalb eines Verfahrens das Gericht verschiedene Verfahrensordnungen anwenden muss. Dieser Aspekt spielt bei einer Beratung oder außergerichtlichen Vertretungen, bei der keine unterschiedlichen Verfahrensordnungen eingreifen können, keine Rolle. **36**

Im Übrigen würde dieses Argument lediglich dazu führen, dass hinsichtlich Familienstreitsachen einerseits und FG-Familiensachen andererseits unterschiedliche Gegenstände anzunehmen wären. Die einzigen Gegenstände, die jedenfalls in der Vergangenheit in Familiensachen nicht in einem Verfahren verfolgt werden konnten, waren bei isolierten Verfahren ZPO-Sachen einerseits und FG-Sachen andererseits. Hingegen können auch mehrere FG-Sachen untereinander in einem Verfahren verfolgt werden (→ Rn. 24). **37**

Allerdings kann, wie oben dargelegt, andersherum, wenn das Gesetz trotz verschiedener Verfahren oder verschiedener Verfahrensordnungen bei Gerichtsverfahren eine einheitliche Angelegenheit annimmt, auch für die außergerichtliche Vertretung geschlossen werden, dass hier eine Angelegenheit zu bejahen ist. Deshalb spricht es für eine Angelegenheit, dass der Gesetzgeber das Verbundverfahren gebührenrechtlich als eine Angelegenheit behandelt (→ Rn. 17).[20] **38**

Ganz unerheblich ist es, ob, worauf aber auch teilweise abgestellt wird,[21] die verschiedenen Gegenstände eines Auftrags **auseinander laufen** können. Sind mehrere Gegenstände in einer Angelegenheit verbunden, so können sie meistens auseinander laufen. Dann müsste man bei mehreren Gegenständen nahezu immer eine einheitliche Angelegenheit vergessen. Im Übrigen wird auch von der Gegenmeinung anerkannt, dass zB der durch die Mutter geltend gemachte Unterhalt für mehrere Kinder eine Angelegenheit darstellt. Auch diese können auseinander laufen. **39**

Ob **mehrere Schriftsätze**[22] notwendig sind, wird bei Scheidungssachen, bei denen es um eine Auseinandersetzung zwischen den Eheleuten geht, keine Rolle spielen. **40**

Zu beachten ist, dass selbst diejenigen, die grds. von mehreren Angelegenheiten ausgehen, teilweise hinsichtlich einiger Folgesachen eine Angelegenheit annehmen. Das ist der Fall **41**
- bei Unterhalt für mehrere Kinder,[23]
- bei Unterhalt der Mutter und der Kinder, wenn die Mutter den Kindesunterhalt im eigenen Namen geltend macht,[24]
- bei Sorge- und Umgangsrecht für mehrere Kinder,[25]
- bei Ehewohnung und Haushaltssachen.[26]

cc) Beratungshilfe. **Unbillige Ergebnisse bei Beihilfe,** → § 15 Rn. 45. Durch die Beratungshilfe ist viel Verwirrung in die Diskussionen über die Angelegenheit in Familiensachen gekommen. Teilweise wird dort ein Ausweg gesucht in dem richtigen Empfinden, dass einem RA schlechthin unzumutbar ist, in mehreren Familiensachen nur einmal die sehr geringen Gebühren der Beratungshilfe zu verdienen. Diesen findet man darin, dass man mehrere Angelegenheiten annimmt. Um zu diesem Ergebnis kommen, meint man unter angeblicher An- **42**

---

[17] OLG Düsseldorf AnwBl 1989, 1400.
[18] OLG Braunschweig AnwBl 1984, 514; *Greißinger* AnwBl 1993, 11 (14).
[19] Ebenso zur Beratung Madert/Müller-Rabe Fam-HdB/*Madert* Kap. I Rn. 14.
[20] BayObLGZ 1967, 29; OLG Köln JurBüro 1981, 1564; OLG Oldenburg FamRZ 1997, 383 für Vergleich.
[21] OLG Düsseldorf AnwBl 1986, 162; OLG Braunschweig JurBüro 1985, 250, zu Trennung; *Greißinger* AnwBl 1993, 11 (12).
[22] *Greißinger* AnwBl 1993, 11 (12).
[23] HBS VergütungsR/*Schneider* Teil 10 Rn. 52.
[24] OLG Braunschweig AnwBl 1984, 514.
[25] HBS VergütungsR/*Schneider* Teil 10 Rn. 46.
[26] HBS VergütungsR/*Schneider* Teil 10 Rn. 46.

wendung der allg. Grundsätze, die für das Vorliegen einer Angelegenheit gelten,[27] einen inneren Zusammenhang leugnen zu müssen. Man konstruiert deshalb, dass die Trennung oder Scheidung nur der gemeinsame äußere Anlass für die einzelnen familienrechtlichen Gegenstände sei.[28] Wie oben dargestellt kann der innere Zusammenhang nicht geleugnet werden. Es ist vielmehr dem – allerdings auch nicht sehr eleganten – Weg des **BVerfG** zu folgen.[29] Danach kann es aus verfassungsrechtlichen Gründen im Einzelfall sein, dass mehrere Angelegenheiten anzunehmen sind, weil sonst der RA durch die unzumutbare Vergütung unnötig belastet würde. Das BVerfG hatte zu entscheiden, ob Kinderunterhalt und elterliche Sorge eine Angelegenheit sind. Es kam zu dem Ergebnis, dass aus verfassungsrechtlichen(!) Gründen sehr viel für zwei Angelegenheiten spricht. Es hat im konkreten Fall jedoch keine Verfassungswidrigkeit ausgesprochen, weil es im Einzelfall im Hinblick auf den zeitlichen und sachlichen Zusammenhang verfassungsrechtlich vertretbar sein kann, nur eine Angelegenheit anzunehmen.[30]

43 **Generalisierende Betrachtungsweise.** Ich habe bisher vertreten, dass bei der Beratungshilfe bei mehreren familienrechtlichen Gegenständen in jedem Einzelfall iSd BVerfG zu prüfen ist, ob die Belastung des Rechtsanwalts derart groß ist, dass es nicht mehr vertretbar ist, ihn mit nur einmaligen Gebühren der Beratungshilfe zu vergüten. Dabei habe ich darauf hingewiesen, dass dies ein sehr unglücklicher Weg ist. Einige OLG sind im Grundsatz der hier vertretenen Ansicht nicht gefolgt, weil es für den Urkundsbeamten nicht praktikabel ist, eine derartige Einzelfallprüfung durchzuführen.[31]

44 Diese Bedenken greifen jedoch nicht, wenn man nicht mehr eine Einzelfallprüfung vornimmt, sondern die vom BVerfG aufgestellten Grundsätze im Rahmen einer generalisierenden Betrachtungsweise berücksichtigt. Das führt dazu, dass bestimmte Gruppen gebildet werden, die zu verschiedenen Angelegenheiten führen. In dieser Weise sind letztlich mehrere OLG verfahren.[32] Die von ihnen gebildeten Gruppen sind überzeugend. Es bilden jeweils eine Angelegenheit, also insgesamt maximal vier Angelegenheiten,

– Scheidung,
– Angelegenheiten im Zusammenhang mit dem persönlichen Verhältnis zu Kindern,
– Angelegenheiten im Zusammenhang mit der Ehewohnung und dem Hausrat
– sowie sonstige finanzielle Auswirkungen von Trennung und Scheidung (Unterhaltsansprüche, Güterrecht und Vermögensauseinandersetzung).

Wenn es gleichzeitig um Fragen der Trennung und Scheidung geht, verdoppeln sich die Angelegenheiten dadurch nicht.[33]

Diese Handhabung hat zwei Vorteile. Einerseits vermeidet sie bei der Beratungshilfe unbillige Ergebnisse und ist einfach anzuwenden. Andererseits stellt sie nicht die Dogmatik der Angelegenheit auf den Kopf, sondern ergänzt diese verfassungsrechtlich, wo dies wegen Art. 12 GG erforderlich ist. Damit wird anerkannt, dass die Dogmatik der Angelegenheit außerhalb der Beratungshilfe unverändert bestehen bleibt mit dem sicherlich dogmatisch richtigeren und dem allgemeinen Rechtsempfinden mehr entsprechenden Ergebnis, dass außerhalb der Beratungshilfe die Folgesachen eine Einheit bilden. Für Anwälte ist es fast ausnahmslos „selbstverständlich", dass hier außerhalb der Beratungshilfe nur eine Angelegenheit gegeben ist.[34]

45 **Vergebliche Änderungsbemühungen in Referentenentwürfen.** Der Gesetzgeber hat bereits früher in einem Referentenentwurf und auch im Referentenentwurf, der dem 2. KostRMoG zugrunde liegt, versucht, eine gesetzliche Regelung zu treffen, die dogmatisch sauber wäre, gleichzeitig aber auch den berechtigten Interessen der RA Rechnung trägt. Die Gebühren für die Beihilfe sollten sich nach diesen Entwürfen erhöhen, wenn der RA mit

---

[27] Es ist einhM, dass für die Beratungshilfe die allgemeinen Grundsätze zur Angelegenheit anzuwenden sind OLG Brandenburg FamRZ 2010, 1187; OLG Düsseldorf FamRZ 2009, 1244 = NJW-RR 2009, 430; OLG Köln FamRZ 2009, 1345.

[28] OLG Düsseldorf AnwBl 1986, 163.

[29] BVerfG NJW 2002, 429 (Ls.); OLG Celle NJW 2011, 3109; OLG Nürnberg NJW 2011, 3108 = FamRZ 2011, 1687.

[30] Das LG Mönchengladbach (JurBüro 2002, 421) hat in Kenntnis der Entscheidung des BVerfG für Kindesunterhalt und Umgangsrecht in dem von ihm zu entscheidenden konkreten Fall weiter eine Angelegenheit angenommen.

[31] OLG Düsseldorf FamRZ 2009, 1244; OLG Köln FamRZ 2009, 1345.

[32] OLG Celle NJW 2011, 3109; OLG Düsseldorf JurBüro 2016, 579 = NJW-Spezial 2016, 732; OLG München AGS 2015, 173; OLG Nürnberg NJW 2011, 3108 = FamRZ 2011, 1687; OLG Stuttgart AGS 2012, 589.

[33] OLG Celle NJW 2011, 3109; OLG München AGS 2015, 173; OLG Nürnberg NJW 2011, 3108 = FamRZ 2011, 1687; OLG Stuttgart AGS 2012, 589.

[34] Das Ergebnis der Befragung zahlreicher RA bei Fortbildungsveranstaltungen.

mehreren Familiensachen befasst wird. Gegen den ersten Entwurf haben sich die Bundesländer erfolgreich gewandt; damals hatten die Gerichte überwiegend auch bei mehreren Familiensachen nur eine Beihilfeangelegenheit angenommen. Inzwischen hat sich die Rspr. zugunsten der RA geändert (→ Rn. 42 ff.); und nunmehr hat die Anwaltschaft diese Regelung mit Erfolg abgelehnt. Das ist zum einen im Interesse einer sauberen Dogmatik zu bedauern. Zum anderen ist es verständlich, da die pro weitere Familiensache vorgesehene Erhöhung von 10,– EUR bei der Beratungsgebühr bzw. 25,– EUR bei der Geschäftsgebühr bzw. 45,– EUR bei der Einigungs- oder Erledigungsgebühr zu keiner angemessenen Anwaltsvergütung geführt hätte. Erhöhungen von 20,– EUR bzw. 45,– EUR bzw. 90,– EUR wären eher geeignet gewesen, dieses Ergebnis zu erreichen.

dd) Rechtsprechungsübersicht. Da noch nicht abzusehen ist, wie sich die Rspr. weiter entwickeln wird, sei sie hier zusammengestellt, wobei sich zeigt, dass in der Vergangenheit eine einheitliche Linie gefehlt hat. Folgendes wurde entschieden: 46

Scheidungsfolgesachen untereinander. 47

- Die Scheidungsfolgesachen sind eine einheitliche Angelegenheit.[35]
- Die Scheidung und die dazugehörigen Folgesachen Versorgungsausgleich, Zugewinnausgleich und nachehelicher Unterhalt sind dieselbe Angelegenheit.[36]
- Scheidungs- und Scheidungsfolgesachen sind unterschiedliche Angelegenheiten.[37]
- Scheidung, Kindschaftssachen, Ehewohnung zusammen mit Haushaltssachen, Versorgungsausgleich, Unterhalt (sowohl Kindes- als auch Ehegattenunterhalt) sowie Güterrecht und sonstige Vermögensauseinandersetzung sind jeweils verschiedene Angelegenheiten, also insgesamt sechs.[38]
- Der Ehegatten- und der Kindesunterhalt, die Ehewohnung und die Haushaltsgegenstände, Sorgerechtsregelungen sowie der Zugewinnausgleich sind selbständige Angelegenheiten, also vier Angelegenheiten.[39]
- Die Beratung in Fragen des Ehegattenunterhalts, des Kindesunterhalts, des Umgangsrechts und des ehelichen Güterrechts einschließlich Hausrat und Vermögensauseinandersetzung ist eine Beratung in vier verschiedenen Angelegenheiten.[40]
- „Ehescheidung“, „Hausrat/Wohnungszuweisung“ und „Umgangsrecht/Sorgerecht“ führen zu drei eigenen Angelegenheiten,[41]
- Ehescheidung, Unterhalt, Umgang und Vermögensausgleich einschließlich der Ehewohnung stellen vier verschiedene Angelegenheiten dar.[42]
- **immer öfter vertreten:** Scheidung, Kindschaftssachen, Ehewohnung und Hausrat, finanzielle Auswirkungen (Unterhalt, Güterrecht, Vermögensauseinandersetzung) stellen jeweils eine Angelegenheit dar, also vier Angelegenheiten.[43]
- Zugewinnausgleich und Vermögensauseinandersetzung im Hinblick auf ein ehegemeinsames Anwesen sind zwei verschiedene Angelegenheiten.[44]
- **Unterhaltssachen untereinander.** Eine Angelegenheit ist gegeben, wenn der RA die Unterhaltsansprüche zweier Kinder errechnen soll.[45] Wegen Erhöhung der Geschäftsgebühr → RVG VV 1008 Rn. 94. Zwei Angelegenheiten liegen jedoch vor, wenn der RA den Kindsvater wegen des Unterhalts gegen mehrere Kinder verschiedener Mütter vertritt.[46]

ee) Abgeschlossene Sache. Ist eine Angelegenheit abgeschlossen, zB wegen elterlicher Sorge, und erfolgt dann ein weiterer Auftrag, zB wegen Unterhalt, so sind zwei Angelegenheiten gegeben. Anders ist es, wenn die Tätigkeit für die elterliche Sorge noch fortdauert, als der Auftrag 48

---

[35] OLG Brandenburg AGS 2009, 593; OLG Düsseldorf JurBüro 1989, 1400 ua unter Berufung auf § 620 ZPO; OLG München MDR 1988, 330.

[36] OLG Brandenburg FamRZ 2010, 1187; OLG Stuttgart FamRZ 2007, 574.

[37] OLG Düsseldorf AnwBl 1986, 162; FamRZ 2009, 1244 = NJW-RR 2009, 430.

[38] OLG Hamm NZFam 2017, 35 = AGS 2016, 539; OLG Naumburg FamRZ 2014, 238 = Rpfleger 2013, 625 = AGS 2013, 353.

[39] OLG Braunschweig AnwBl 1984, 514, für Trennungs- und Scheidungsfolgesachen; OLG Köln FamRZ 2009, 1345.

[40] OLG Köln FamRZ 2009, 1345.

[41] KG AGS 2010, 612 = RVGreport 2010, 141.

[42] OLG Rostock FamRZ 2011, 834.

[43] OLG Düsseldorf JurBüro 2018, 522 mwN; AGS 2018, 193; OLG Frankfurt a. M. NJW-RR 2014, 1351; OLG München AGS 2015, 173; OLG Schleswig FamRZ 2014, 241 = JurBüro 2013, 468.

[44] OLG Saarbrücken AGS 2011, 123.

[45] AG Koblenz AGK 11, 7.

[46] AG Mühlheim AGS 2009, 510.

für den Unterhalt dazukommt.[47] Ist die Angelegenheit hinsichtlich elterlicher Sorge oder Umgangsrechts abgeschlossen, zB durch Beschluss oder Einigung in der Hauptsache, kommt es aber bzgl. dieses Rechts einige Zeit später wieder zu Schwierigkeiten und soll der RA erneut tätig werden, so sind zwei Angelegenheit gegeben[48] (anders bei Eilentscheidung wegen § 16 Nr. 5 RVG). Berät der RA den Mandanten wegen einer Scheidung und nimmt dieser von der Scheidung abstand, vertritt der RA dann aber denselben Mandanten später wieder, weil dessen Frau sich jetzt scheiden lassen will, so sind zwei Angelegenheiten gegeben.[49]

49 ***ff) Prüfung im Festsetzungsverfahren.*** Die Frage, ob eine oder mehrere Angelegenheiten vorliegen, muss bei der Vergütungsfestsetzung der Urkundenbeamte selbst prüfen; dabei ist es unerheblich, ob eine oder mehrere Berechtigungsscheine ausgestellt waren.[50]

50 **c) Außergerichtliche Tätigkeit in Trennungssachen.** ***aa) Eine Angelegenheit.*** Die obigen Grundsätze (→ Rn. 27 ff.) gelten auch für Trennungssachen untereinander. Insbesondere kann hier wieder der innere Zusammenhang nicht in Frage gestellt werden. Ebenso wenig handelt es sich um zwei Angelegenheiten, wenn der RA vor und nach der Trennung wegen der Trennung konsultiert wird,[51] es sei denn die Vertretung wegen der Trennung war zwischenzeitlich abgeschlossen. *Hansens* hingegen nimmt für die Trennungszeit beim Ehegatten- und Kindesunterhalt einerseits und beim Umgangsrecht andererseits zwei verschiedene Angelegenheiten an, weil die Klammer des § 16 Nr. 4 RVG nicht eingreife und es sich um zwei verschiedene Lebensvorgänge handele.[52]

51 ***bb) Rechtsprechungsübersicht.*** Abweichend von der hier vertretenen Meinung werden in der Rspr. folgende Ansichten vertreten:
- Trennungssachen sind unterschiedliche Angelegenheiten,[53] zB Umgangsrecht und Unterhalt bzw. Haushaltsgegenstände und Unterhalt. Die Klammer des § 16 Nr. 4 RVG gilt nicht für Trennungssachen.[54]
- Ehegatten- und Kindesunterhalt einerseits und das Umgangsrecht andererseits sind zwei verschiedene Angelegenheiten,[55]
- Unterhalt, Haushaltsgegenstände und Umgang sind eine Angelegenheit,[56]
- Trennungsunterhalt, Kindesunterhalt, Versorgungsausgleich, Vermögensauseinandersetzung, Scheidung, Besuchsrecht bei Kindern, elterliche Sorge und Hausrat sind jeweils eine Angelegenheit (also acht Angelegenheiten insgesamt).[57]

52 **d) Außergerichtliche Tätigkeit in Scheidungs- und Trennungssachen.** ***aa) Eine Angelegenheit.*** Soll der RA den Mandanten gleichzeitig wegen Trennungs- und Scheidungssachen außergerichtlich **vertreten,** so ist das der Fall, bei dem man am ehesten zweifeln könnte, ob nur eine Angelegenheit gegeben ist. Dennoch ist auch hier wieder aus den oben genannten Gründen eine Angelegenheit anzunehmen. Auch hier ist wieder der innere Zusammenhang gegeben[58] und zwar auch bei Trennungs- und nachehelichem Unterhalt. Dafür spricht auch, dass bei vielen Folgesachen nicht zwischen Trennungs- und Scheidungsregelungen differenziert wird. ZB wird in aller Regel die elterliche Sorge schlechthin und nicht gesondert für die Trennungs- und nacheheliche Zeit geregelt. Da dann aber die elterliche Sorge sowohl mit dem Trennungs- als auch mit dem nachehelichen Unterhalt zu einer Angelegenheit verbunden sind, besteht hierdurch auch eine Klammer zwischen den beiden Unterhaltsgegenständen. Im Übrigen sind viele Trennungssachen nach Rechtshängigkeit einer Ehesache an das Gericht der Ehesache zu verweisen oder abzugeben (zB §§ 153, 202 FamFG). Auch hier kommt der innere Zusammenhang dieser Gegenstände im Gesetz zum Ausdruck.

---

[47] FA-FamR/*Keske* Kap. 17 Rn. 473.
[48] *Enders* JurBüro 2005, 294.
[49] OLG Karlsruhe Die Justiz 1982, 335.
[50] OLG Köln FamRZ 2009, 1345; LG Düsseldorf FamRZ 2007, 1113.
[51] **AA** *Greißinger* AnwBl 1993, 11 (13).
[52] *Hansens* RVGreport 2006, 466 (467) unter Berufung auf OLG Hamm.
[53] OLG Frankfurt a. M. AGS 2010, 192; FamRZ 2010, 230.
[54] OLG Dresden NJW-RR 2011, 713 = FamRZ 2011, 1684; OLG Düsseldorf FamRZ 2009, 713 = AnwBl 2009, 69 = AGS 2008, 556 mzustAnm *Schons;* OLG Frankfurt a. M. AGS 2009, 593; LG Düsseldorf FamRZ 2007, 1113; ähnlich *Hansens* Anm. zu OLG Stuttgart RVGreport 2006, 466.
[55] Hamm FamRZ 2005, 532.
[56] LG Osnabrück JurBüro 2007, 586.
[57] OLG Düsseldorf AGS 2012, 591.
[58] Zur Beratungshilfe OLG Nürnberg FamRZ 2005, 740; **aA** AG Brandenburg FamRZ 2006, 638 mwN; AG Wetzlar Rpfleger 2006, 477; *Enders* JurBüro 2000, 337 (339).

Addition der Gegenstandswerte. Zu beachten ist aber, dass die Trennungs- und die Scheidungssache zwei Gegenstände sind, die zu addieren sind. 53

bb) Rechtsprechungsübersicht. In der Rspr. werden – teilweise abweichend von der hier vertretenen Meinung – folgende Ansichten vertreten: 54

- Betreffen Sachen sowohl das Getrenntleben als auch die Scheidung, so führt das nicht zu verschiedenen Angelegenheiten.[59]
- Regelungen für die Zeit vor Rechtskraft der Scheidung einerseits und die Scheidung samt den Folgesachen andererseits sind jeweils eine Angelegenheit, also insgesamt zwei Angelegenheiten.[60] Das Getrenntleben der Ehegatten und die beabsichtigte Ehescheidung stellen zwei unterschiedliche Lebenssachverhalte dar. Die Trennung haben die Eheleute bereits vollzogen. Der Trennung von Eheleuten mag deren Scheidung zwar im Allgemeinen folgen, jedoch ist dies nicht zwangsläufig so. Vielmehr muss sich mindestens einer der Eheleute zur Ehescheidung entschließen. Dieser Entschluss kann unabhängig von einer bereits vollzogenen Trennung der Eheleute gefasst werden.[61]
- Trennungs- und Scheidungsfolgesachen sind verschiedene Angelegenheiten, wobei die Scheidung und die Folgesachen untereinander auch wieder auf bis zu sechs verschiedene Angelegenheiten aufgeteilt werden können (→ Rn. 47).[62] Sieht man dann auch noch die Trennung als eigene Angelegenheit an, so sind 12 Angelegenheiten möglich.

e) Außergerichtliche Tätigkeit auch zu anderen als Familiensachen. ***aa) Verhältnis zu Dritten.*** Ganz eindeutig sind mehrere Angelegenheiten gegeben, wenn der RA neben der familienrechtlichen Sache auch noch wegen anderer, nicht familienrechtlicher Gegenstände, den Mandanten gegenüber Dritten vertreten soll. Das ist der Fall, wenn neben der familienrechtlichen Sache der RA einen Auftrag erhält 55

- wegen Sozialhilfe,[63]
- wegen Streitigkeiten mit dem Vermieter der Ehewohnung,[64]
- wegen Beschaffung eines Darlehens bei der Bank.[65]

Hier fehlt bereits der gleiche Rahmen. Der einheitliche Rahmen ist allerdings bei einer Beratung gegeben. Hier wird aber uU der innere Zusammenhang fehlen. 56

bb) Verhältnis zum Ehegatten. Aber auch wenn es um das Verhältnis der Ehegatten untereinander geht, können hinsichtlich Gegenständen, die nicht unmittelbar zu den familienrechtlichen Fragen gehören, mehrere Angelegenheiten vorliegen. 57

Teilweise wird hier wie folgt differenziert. Es liegen verschiedene Angelegenheiten vor, wenn zB der Anwalt neben dem Zugewinnausgleich auch mit der Auseinandersetzung des gemeinsamen Grundvermögens der Eheleute beauftragt wird.[66] Hingegen ist eine Angelegenheit gegeben, wenn kein gesonderter Auftrag zur Auseinandersetzung der Eigentumsgemeinschaft bestand und im Rahmen eines Vergleichs über den Zugewinnausgleich im Wege der Gesamtbereinigung das gemeinsame Eigentum gleichzeitig auseinander gesetzt werden soll, wobei dann der Gegenstandswert der Tätigkeit um den Wert des Miteigentumsanteils zu erhöhen ist.[67] 58

ME sollte die Abgrenzung wie folgt vorgenommen werden: Soll die Regelung bzgl. eines gemeinsamen Grundstücks nur Teil der Regelung zum Zugewinnausgleich sein, so ist eine Angelegenheit mit den anderen familienrechtlichen Sachen gegeben.[68] Dasselbe muss gelten, wenn die familienrechtlichen Fragen (zB des Zugewinnausgleichs oder des Unterhalts) und die Auseinandersetzung des gemeinsamen Grundstücks voneinander abhängen. 59

Nur wenn die familienrechtlichen Fragen und die Frage der Auseinandersetzung tatsächlich voneinander unabhängig sind, wird man zwei Angelegenheiten annehmen können. Soll der 60

[59] OLG Celle NJW 2011, 3109; OLG Frankfurt a. M. NJW-RR 2014, 1351; OLG München AGS 2015, 173; OLG Nürnberg NJW 2011, 3108 = FamRZ 2011, 1687; OLG Schleswig FamRZ 2014, 241 = JurBüro 2013, 468.

[60] OLG Brandenburg FamRZ 2010, 1187; KG AGS 2010, 612 = RVGreport 2010, 141; OLG Stuttgart FamRZ 2007, 574 = RVGreport 2006, 466 mit teilweise abl. Anm. *Hansens.*

[61] OLG Brandenburg FamRZ 2010, 1187; OLG Stuttgart FamRZ 2007, 574.

[62] OLG Naumburg FamRZ 2014, 238 = AGS 2013, 353.

[63] *Enders* JurBüro 2000, 337 (339).

[64] *Hansens* JurBüro 1987, 27.

[65] HBS VergütungsR/*Schneider* T 10 Rn. 53.

[66] HBS VergütungsR/*Schneider* T 10 Rn. 54.

[67] HBS VergütungsR/*Schneider* T 10 Rn. 54.

[68] HBS VergütungsR/*Schneider* T 10 Rn. 55.

RA bei einer Veräußerung an einen Dritten mitwirken, so handelt es sich jedenfalls um eine weitere selbständige Angelegenheit.

61 **f) Teils gerichtliche, teils außergerichtliche Tätigkeit.** Mehrere Angelegenheiten sind gegeben, wenn ein Teil der Familiensachen gerichtlich, ein Teil außergerichtlich geregelt werden soll, auch wenn der RA gleichzeitig in beiden Angelegenheiten tätig sein soll. Der RA soll hier in unterschiedlichen Rahmen tätig werden. ZB Zugewinnausgleich und Unterhalt sollen beim Notar beurkundet werden, während die Scheidung, Versorgungsausgleich und elterliche Sorge gerichtlich geregelt werden soll. Oder der Trennungsunterhalt soll außergerichtlich vereinbart, der nacheheliche Unterhalt gerichtlich protokolliert werden.

3. Auftrag

62 Dazu wann ein Auftrag für eine außergerichtliche und eine gerichtliche Tätigkeit vorliegt, → RVG VV Vorb. 3 Rn. 15 ff.

4. Gebühren im gerichtlichen Verfahren

63 **a) VV Teil 3 RVG auch für FG-Familiensachen.** Auch in FG-Familiensachen fallen die Gebühren von VV Teil 3 RVG, also von VV 3100 ff. RVG an, wie sich aus der ursprünglichen Überschrift zum VV Teil 3 RVG ergab, in der die FGG-Verfahren ausdrücklich genannt waren. Dass sie nunmehr nicht mehr gesondert erwähnt sind, ändert nichts. Genannt sind nunmehr „Zivilsachen". Zu diesen gehören gem. § 13 GVG auch die Familiensachen und Angelegenheiten der freiwilligen Gerichtsbarkeit.

64 **b) Übersicht über anzuwendende Vorschriften.** Im Folgenden sind die bei familienrechtlichen Gerichtsverfahren anzuwendenden Gebührenvorschriften zusammengestellt.

- 1. Instanz Hauptsache und Eilverfahren VV 3100 ff. RVG
- Beschwerde gegen Endentscheidung wegen des Hauptgegenstands, egal ob Ehe- und Familienstreitsache oder FG-Familiensache VV Vorb. 3.2.1 Nr. 2b, VV 3200 ff. RVG (→ RVG Vorb. 3.2.1 Rn. 25 ff.).
- Beschwerde gegen Endentscheidung in Eilverfahren VV Vorb. 3.2.1 Nr. 2b, VV 3200 ff. RVG
- Rechtsbeschwerden VV Vorb. 3.2.2 Nr. 1a, VV 3208 ff. RVG
- Vereinfachtes Unterhaltsverfahren (mit Anrechnung gem. VV 3100 Anm. Abs. 1 RVG) VV 3100 ff. RVG
- befristete Beschwerde nach § 256 FamFG (→ RVG VV Vorb. 3.2.1 Rn. 30), VV 3200 ff. RVG
- Vermittlungsverfahren VV 3100 ff. RVG
- Vollstreckbarerklärung eines ausländischen Unterhaltstitels, VV 3100 ff. RVG
- Anerkennung einer Scheidungsentscheidung, VV 2300 ff. RVG
- Anhörung zur elterlichen Sorge. Keine zusätzlichen Gebühren (→ Rn. 65).

65 **c) Anhörung zur elterlichen Sorge gem. § 128 Abs. 2 FamFG.** Die Frage, ob im Falle einer Anhörung gem. § 128 Abs. 2 FamFG zusätzliche Gebühren, insbes. eine Beweisgebühr hinsichtlich der nicht rechtshängigen Sorgerechtssache anfällt, war zur BRAGO hinsichtlich § 613 Abs. 1 S. 2 ZPO aF höchst umstritten,[69] wobei diejenigen, die eine Beweisgebühr bejahten, konsequenter Weise auch zu einer Prozessgebühr und zu einer Erhöhung des Gegenstandswerts kommen mussten. Die Frage, die für die Verfahrens- und Terminsgebühr des RVG relevant bleibt, war und ist zu verneinen. Es handelt sich bei der Anhörung gem. § 128 Abs. 2 FamFG um einen unselbständigen Annex zur Scheidungssache, die hinsichtlich der nicht rechtshängigen Sorgerechtssache weder eine Verfahrens- oder Terminsgebühr auslöst, noch zu einer Erhöhung des Gegenstandswerts führt. Das galt schon zur BRAGO. Das gilt erst recht im Rahmen des RVG, nachdem dieses eine dem § 31 Abs. 1 Nr. 3 BRAGO entsprechende Vor-

[69] **1. Meinung.** Die Anhörung löst in jedem Fall eine Beweisgebühr aus KG JurBüro 1999, 634; Koblenz AGS 1999, 138 = Rpfleger 1999, 463; Rpfleger 2000, 426; FamRZ 2001, 1390; OLG Köln FamRZ 2000, 1383; AG Euskirchen AGS 1999, 139; AG Rendsburg MDR 1999, 445; *Hansens* ZAP 1999, 1057 Fach 24, 485; *Krause* JurBüro 1999, 118; *Mock* JurBüro 1999, 469. **2. Meinung.** Wenn kein Sorgerechtsverfahren anhängig ist, dann jedenfalls keine Beweisgebühr OLG Brandenburg JurBüro 2000, 361; OLG Düsseldorf FamRZ 2000, 1518 (1519); JurBüro 2009, 644; OLG Hamm FamRZ 2001, 509; OLG Koblenz FamRZ 2001, 509 (1390); OLG Köln FamRZ 2004, 1739; OLG Nürnberg FamRZ 2002, 1206 = JurBüro 2001, 637; OLG Oldenburg JurBüro 2001, 362; OLG Saarbrücken FamRZ 2000, 1385. **3. Meinung.** Beweisgebühr fällt an, wenn Sorgerechtsverfahren im Verbund anhängig ist OLG Celle FamRZ 2000, 1383; KG FamRZ 2004, 1739; OLG Stuttgart FamRZ 1999, 1359; *Enders* JurBüro 1998, 618. **4. – zutreffende – Meinung.** Eine Anhörung nach § 613 Abs. 1 S. 2 ZPO löst nie eine Beweisgebühr aus OLG Frankfurt a. M. FamRZ 2001, 506; Hamm FamRZ 2001, 694; Rpfleger 2001, 323; OLG Jena FamRZ 2004, 130; OLG Zweibrücken FamRZ 2001, 1391; *Hofrath* JurBüro 1999, 8; *Müller-Rabe* FamRZ 2000, 137 f.

schrift nicht mehr kennt, § 31 Abs. 1 Nr. 3 BRAGO aber das stärkste Argument für die Gegenmeinung war.[70] Dass eine anwaltliche Vertretung bei einer Anhörung gem. § 128 Abs. 2 FamFG hinsichtlich des rechtshängigen Gegenstands der Scheidung eine Terminsgebühr auslöst (→ RVG VV Vorb. 3 Rn. 75), steht nicht entgegen. Denn im vorliegenden Zusammenhang geht es darum, ob hinsichtlich eines weiteren, nicht rechtshängigen Gegenstands Gebühren anfallen.

Rechtshängige Sorgerechtssache. Ist die Sorgerechtssache aber rechtshängig, so fällt – allerdings nicht wegen § 128 Abs. 2 FamFG, sondern weil das Sorgerecht rechtshängig ist – eine Verfahrensgebühr auch aus dem Wert der Sorgerechtssache an. Wenn in der Sorgerechtssache zB ein Erörterungstermin stattfindet, kommt eine Terminsgebühr aus diesem Wert dazu.[71] Dabei sind der Wert der Scheidungssachen und der des Sorgerechts zu addieren (§ 44 Abs. 2 S. 2 FamGKG). 66

Einigungsgespräche. Werden auftragsgemäß[72] vor Gericht Gespräche über eine Einigung zur nicht anhängigen elterlichen Sorge geführt, so fallen hinsichtlich dieser eine 0,8 Gebühr nach VV 3101 Nr. 2 RVG und eine Terminsgebühr nach VV 3104 RVG, → RVG VV Vorb. 3 Rn. 126)[73] an. Wird dann eine Einigung erzielt, so kommt eine 1,5 Einigungsgebühr gem. VV 1000 Anm. Abs. 5 S. 3 RVG hinzu. 67

5. Fälligkeit und Verjährung

Abtrennungen und Fortführungen, → § 21 Rn. 16. 68
Eilverfahren, → Anh. II Rn. 214 ff.

6. Reisekosten

→ RVG VV 7003 ff. 69

7. Kostenerstattung

a) Allgemeines. Wegen Titel → Anh. X Rn. 14 ff., 70
– wegen Notwendigkeit eines Anwalts → Anh. X Rn. 187 ff.,
– wegen Kostenfestsetzung nur bzgl. rechtshängiger Ansprüche → Anh. X Rn. 41 ff.,
– wegen einstweiliger Anordnung → Anh. II Rn. 91 ff.,
– wegen willkürlicher Trennung → Anh. X Rn. 244 ff.

b) Prozess-/Verfahrenskostenvorschuss. Ein gem. § 1360a Abs. 4 BGB bezahlter Vorschuss ist grds. in der Kostenfestsetzung nicht erstattungsfähig. Der Empfänger muss sich den Vorschuss jedoch bei seinem Erstattungsanspruch anrechnen lassen. 71

1. Meinung

Nach einer Meinung ist der Prozesskostenvorschuss dabei zu Lasten des Empfängers nur insoweit zu berücksichtigen, als die Summe aus Erstattungsbetrag und Vorschuss die gesamten Prozesskosten des Vorschussempfängers übersteigt.[74] 72

Beispiel:

Nach der Kostenentscheidung trägt der Vorschussempfänger 2/5, der Vorschusspflichtige 3/5 der Kosten
Der Empfänger des Vorschusses hat insgesamt gezahlt

Rechtsanwaltskosten	2.200,– EUR
Gerichtskosten	800,– EUR
Summe	3.000,– EUR
Er hat einen Vorschuss erhalten von	1.000,– EUR
Er hat einen Erstattungsanspruch von	1.200,– EUR
Summe	2.200,– EUR

[70] Allerdings sprach § 31 Abs. 1 Nr. 3 BRAGO bei richtiger Gesetzesauslegung auch nicht für eine Beweisgebühr. Soweit § 31 Abs. 1 Nr. 3 BRAGO auf § 613 ZPO insgesamt Bezug nahm und nicht nur auf § 613 Abs. 1 S. 1 ZPO, handelte es sich um ein Redaktionsversehen. Dies ergab sich aus den Gesetzesmaterialien sowie daraus, dass die Anhörung zur elterlichen Sorge iSv § 613 Abs. 1 S. 2 ZPO mit einer Beweisaufnahme nichts zu tun hat und Probleme der Abgrenzung zur Beweisaufnahme, die bei der Anhörung zur Ehesache zur Aufnahme in den § 31 Abs. 1 Nr. 3 BRAGO geführt haben, nicht bestehen. Ausf. zur gesamten Problematik *Müller-Rabe* FamRZ 2000, 137 f.

[71] *Müller-Rabe* FamRZ 2000, 137 f.

[72] Ein solcher Auftrag ist nicht ohne weiteres zu unterstellen BGH NJW 2002, 3712 (3713) Nr. 2.

[73] *N. Schneider* AGS 2004, 69.

[74] BGH NJW 2010, 372 = FamRZ 2010, 189 mwN; OLG Bamberg FamRZ 1999, 724 = JurBüro 1999, 28 = OLGR 1999, 42; OLG Hamm FamRZ 1999, 728; OLG Nürnberg FamRZ 1999, 1217 = NJW-RR 1999, 1088 = JurBüro 1999, 248 mwN.

Da die Gesamtkosten des Empfängers (3.000,– EUR) durch den Vorschuss (1.000,– EUR) und den Erstattungsanspruch (1.200,– EUR) noch nicht gedeckt sind, findet keine Anrechnung statt. Der Erstattungsanspruch von 1.200,– EUR bleibt bestehen. Erst wenn der Erstattungsanspruch 2.000,– EUR überstiegen hätte, wäre eine Anrechnung vorzunehmen gewesen.

2. Meinung

73 Nach der in der Rspr. zunehmend vertretenen Gegenmeinung wird der Prozesskostenvorschuss auf den Kostenerstattungsanspruch des Empfängers bis zur Höhe des sich bei einem Kostenausgleich ergebenden Betrages angerechnet.[75]

Beispiel:

Im vorigen Beispiel (→ Rn. 72) bedeutet das, dass von dem Kostenerstattungsanspruch iHv 1.200,– EUR der Prozesskostenvorschuss iHv 1.000,– EUR abgezogen wird. Es verbleibt somit nur noch ein Erstattungsanspruch von 200,– EUR. Der Empfänger trägt also letztlich 1.800,– EUR selbst.

74 Die erste Meinung, ist **zutreffend.** Der Anspruch auf Prozesskostenvorschuss und der auf Kostenerstattung sind zwei grundverschiedene, streng voneinander zu trennende Ansprüche mit ganz anderen Voraussetzungen. Der Anspruch auf Prozesskostenvorschuss ist ein unterhaltsrechtlicher Anspruch. Er ergibt sich aus der Unterhaltspflicht des Ehegatten. Der Kostenerstattungsanspruch ist ein kostenrechtlicher Anspruch, der sich aus dem Prozessrechtsverhältnis, aus dem Obsiegen und Unterliegen der Parteien ergibt.[76] Die hier vertretene Meinung hat keine dogmatischen Schwierigkeiten zu einer Anrechnung zu kommen. Der Prozesskostenvorschuss ist ein Vorschuss.[77] Stellt sich heraus, dass der Berechtigte mehr erhalten hat, als er Kosten durch das Verfahren hatte, so muss er den überschießenden Vorschuss zurückzahlen.[78] Diese Auffassung entspricht auch der Rspr. des BGH,[79] wonach die Tatsache allein, dass der Empfänger im Verfahren ganz oder teilweise unterlegen ist, einen Anspruch auf Rückzahlung des Vorschusses nicht rechtfertigen kann.

75 Die Gegenmeinung kann keine dogmatisch saubere Konstruktion für die Anrechnung liefern. Auch Billigkeitserwägungen tragen ihr Ergebnis nicht. War der Empfänger des Vorschusses bei dessen Beantragung zu bescheiden oder waren die Prozesskosten in der Höhe nicht vorhersehbar, weshalb ein zu niedriger Vorschuss zuerkannt wurde, so ist nichts Unbilliges darin, wenn der Pflichtige den Berechtigten doch ganz von Kosten freistellt, nachdem er zugleich auch Prozessgegner ist und teilweise verloren hat. Teilweise muss er zahlen, weil er unterhaltspflichtig ist, teilweise weil er kostenerstattungspflichtig ist. Im Übrigen ist auch nicht einzusehen, warum der Empfänger bei einem Verfahren gegen einen Dritten besser stehen sollte als bei einem Verfahren gegen den Ehegatten. Bei einem Verfahren gegen einen Dritten hätte der Empfänger einerseits den Prozesskostenvorschuss des Ehegatten, andererseits einen Erstattungsanspruch gegen den Gegner. Letzterer würde nicht ohne weiteres zu einem Rückzahlungsanspruch bzgl. des Prozesskostenvorschusses führen, sondern nur hinsichtlich des Betrages, der die Gesamtkosten des Empfängers übersteigt.

76 **Ausnahme.** Eine besondere Situation ergibt sich, wenn bewusst von vornherein ein Vorschuss nur hinsichtlich eines Teils der Prozesskosten gewährt wird, zB weil der Empfänger die Kosten teilweise aus eigenem Einkommen selbst tragen kann. Dann lautet die Regel: Anrechnung nur, soweit der Prozesskostenvorschuss und Erstattungsanspruch die Gesamtkosten des Empfängers abzgl. des eigenen Anteils übersteigt. Diese Frage wird allerdings im Kostenfestsetzungsverfahren in aller Regel keine Rolle spielen, da materiell-rechtliche Gegenansprüche in diesem Verfahren nur dann berücksichtigt werden können, wenn sie eindeutig feststehen. Nur wenn Einigkeit im Kostenfestsetzungsverfahren über den eigenen Anteil besteht, kommt dessen Berücksichtigung bei der Anrechnung in Betracht. Ansonsten bleibt es bei den oben dargestellten allgemeinen Grundsätzen.

77 **Feststehen der Zahlung.** Eine Anrechnung im Kostenfestsetzungsverfahren setzt voraus, dass feststeht, dass der Pflichtige einen Vorschuss in der behaupteten Höhe geleistet hat. Dies folgt daraus, dass im Kostenfestsetzungsverfahren materiell-rechtliche Einwendungen nur ausnahmsweise dann berücksichtigt werden können, wenn feststeht, dass ein materiell-rechtlicher

[75] OLG Braunschweig FamRZ 2005, 1190; OLG Düsseldorf JurBüro 2005, 314; OLG München FamRZ 1994, 1605 = OLGR München 94, 179 = Rpfleger 1995, 84; OLG Stuttgart FamRZ 1987, 968; OLG Zweibrücken NJW-RR 1998, 1535 = Rpfleger 1998, 261 = MDR 1998, 862.

[76] BGHZ 56, 92 ff.

[77] BGHZ 56, 92 ff. (96).

[78] Zum Rückzahlungsanspruch BGHZ 56, 92 ff.

[79] BGHZ 56, 92 ff. (97).

Gegenanspruch besteht. Wann dies feststeht, wird unterschiedlich beantwortet. Die einen verlangen ein ausdrückliches Zugeständnis des Empfängers. Andere lassen zutreffender Weise ein Nichtbestreiten des Empfängers gem. § 138 Abs. 3 ZPO,[80] ja sogar ein offensichtlich unbegründetes Bestreiten[81] genügen.

c) Vereinfachtes Unterhaltsverfahren, → RVG VV 3100 Rn. 73 ff. 78

8. VKH

Sondervorschriften für Familiensachen. Familiensachen betreffende Sondervorschriften zur Verfahrenskostenhilfe 79

- § 149 FamFG (früher § 624 Abs. 2 ZPO aF) Erstreckung der VKH für Scheidung auf Versorgungsausgleich,
- § 48 Abs. 3 RVG Erstreckung der VKH in Ehesache bei Vergleich auf weitere Familiensachen,
- § 48 Abs. 5 S. 2 Nr. 4 RVG Erstreckung der VKH in Ehesache auf Widerantrag.

9. Zwangsvollstreckung

→ RVG VV 3309 Rn. 270. 80

10. Rechtsschutzversicherung

→ § 1 Rn. 304 ff. 81

VI. Eilverfahren (Nr. 5)

1. Motive

Motive zum KostRMoG

Die Motive führen zu § 16 Nr. 6 RVG, der schließlich Nr. 5 wurde, aus: 82

„Nr. 6 übernimmt die Regelung des § 40 Abs. 2 BRAGO für den Arrest und die einstweilige Verfügung und die Regelung des § 114 Abs. 6 BRAGO, der auf § 40 BRAGO verweist, für die einstweilige Anordnung im Verfahren vor den Gerichten der öffentlich-rechtlichen Gerichtsbarkeiten. Die Formulierung ist so gewählt, dass die Regelung auch Verfahren nach den §§ 80, 80a VwGO erfasst.

Die Regelung soll künftig auch in Verfahren der freiwilligen Gerichtsbarkeit gelten, soweit dort einstweilige Anordnungen vorgesehen sind. Ferner soll die Vorschrift für vorläufige Anordnungen gelten, weil diese nach § 17 Nr. 4 RVG-E gegenüber der Hauptsache eine besondere Angelegenheit bilden sollen."[82]

Motive zum 2. KostRMoG

Die Motive führen **zu Nr. 5** aus: 83

„Die Regelung betrifft sämtliche Verfahren über den einstweiligen Rechtsschutz. Der Wortlaut geht grds. von Antragsverfahren aus. Nach dem Gesetz über das Verfahren in Familiensachen und in den Angelegenheiten der freiwilligen Gerichtsbarkeit gibt es aber auch Entscheidungen im einstweiligen Rechtsschutz, die von Amts wegen ergehen (zB § 156 Abs. 3 FamFG). Diesem Umstand soll die vorgeschlagene Formulierung Rechnung tragen."[83]

2. Angelegenheit bei Eilverfahren – Überblick

Eilverfahren und vorgerichtliche Tätigkeit. Es gibt keine spezielle gesetzliche Regelung (zwei Angelegenheiten → § 17 Rn. 91). 84

Eilverfahren und Hauptsache. Das Verhältnis der Eilverfahren zur Hauptsache ergibt sich 85

- für behördliche Verfahren aus § 17 Nr. 1a RVG (verschiedene Angelegenheiten),
- für Gerichtsverfahren aus § 17 Nr. 4 RVG (verschiedene Angelegenheiten),
- für Schiedsverfahren und gerichtliche Zulassung der Vollziehung aus § 17 Nr. 6 RVG (verschiedene Angelegenheiten).

Mehrere Eilverfahren untereinander. Es gibt keine spezielle Bestimmung mehr für das Verhältnis mehrerer Eilverfahren untereinander. Soweit bisher in § 18 Abs. 1 Nr. 1, 2 RVG für einstweilige Anordnungen Spezialvorschriften enthalten waren, wurden diese mit dem FGG- 86

[80] OLG Köln JurBüro 1998, 309.
[81] Zöller/*Herget* ZPO § 104 Rn. 21 „Prozesskostenvorschuss".
[82] BT-Drs. 15/1971, 190.
[83] BT-Drs. 17/11471, 267.

ReformG gestrichen. Aus allgemeinen Regeln ergibt sich, dass es eine oder mehrere Angelegenheiten sein können (→ Rn. 96 ff.).

87 **Abänderungen oder Aufhebungen von Eilmaßnahmen.** Das Verhältnis von Eilverfahren zu Abänderungen oder Aufhebungen wird geregelt in § 16 Nr. 1 für behördliche Eilmaßnahmen und in Nr. 5 für gerichtliche Eilmaßnahmen (eine Angelegenheit). Das Widerspruchsverfahren gem. §§ 924 ff. ZPO ist Teil des Anordnungsverfahrens und gehört schon deshalb zu dieser Angelegenheit (→ Anh. II Rn. 72).[84]

88 **Wiederholung von Eilanträgen.** Es fehlt eine spezielle gesetzliche Regelung. Soweit für das frühere Recht Sonderregelungen für einstweilige Anordnungen angenommen wurden,[85] sind diese durch die Streichung von § 18 Abs. 1 Nr. 1, 2 RVG weggefallen, → Rn. 98.

89 **Vollziehung oder Vollstreckung einer Eilmaßnahme.** Bei der Vollziehung eines Arrestes oder einer einstweiligen Verfügung und bei der Vollstreckung einer einstweiligen Anordnung ist jede Vollziehungs- bzw. Vollstreckungsmaßnahme eine besondere Angelegenheit (§ 18 Abs. 1 Nr. 1, 2 RVG).

3. Grundsatz

90 Die Abänderung oder Aufhebung einer Eilmaßnahme und die Eilmaßnahme selbst sind gem. Nr. 5 eine Angelegenheit. Hingegen ist ein Verfahren über die Abänderung einer Endentscheidung im Hauptsacheverfahren eine neue Angelegenheit. DAV und BRAK haben in ihrem gemeinsamen, der Justizministerin überreichten Katalog zur Verbesserung des RVG vorgeschlagen, dass das Verfahren über den Erlass einer einstweiligen Verfügung oder Anordnung und das Verfahren über deren Abänderung oder Aufhebung als gesonderte Angelegenheit behandelt werden.[86]

4. Anwendungsbereich

91 Nr. 5 gilt für folgende **Rechtsgebiete:**
- ZPO-Sachen
- FamFG-Sachen
- Verwaltungssachen[87]
- Finanzsachen
- Sozialsachen

92 Nr. 5 gilt für folgende **Verfahren:**
- **Arrest** (§§ 916 ff. ZPO), Erwirkung eines Europäischen Beschlusses für vorläufige Kostenpfändung[88] und **einstweilige Verfügung** (§§ 935 ff. ZPO) einschließlich dem Aufhebungsverfahren (§§ 927, 936, 939 ZPO), dem Verfahren auf Anordnung der Klageerhebung (§ 926 ZPO), dem Widerspruchsverfahren (§§ 925 ff., 936 ZPO),
- **einstweilige Anordnung** (zB §§ 49 ff. FamFG). Soweit die hM für das frühere Recht aufgrund von § 18 Abs. 1 Nr. 1, 2 RVG Abweichendes für einstweilige Anordnungen angenommen hatte,[89] sind diese durch die Streichung dieser Bestimmung weggefallen,
- das Verfahren über die Anordnung der aufschiebenden Wirkung nach § 80 Abs. 5 **VwGO** und das Verfahren über den Antrag auf Änderungen oder Aufhebung einer solchen Entscheidung nach § 80 Abs. 7 VwGO.[90] Das gilt auch, wenn über den ersten Antrag ein OVG und über den zweiten das BVerwG zu entscheiden hat,[91]
- Aufhebung (§ 80 Abs. 7 VwGO) der aufschiebenden Wirkung (§ 80 Abs. 5 VwGO) und zwar auch dann, wenn die Anordnung durch das Verwaltungsgericht und die Aufhebung durch das OVG als erstinstanzlichem Gericht erfolgt ist[92] (auch → Anh. IV Rn. 33).
- **Einstweilige Anordnung von Amts wegen.** Motive zu 2. KostRMoG → Rn. 83.

---

[84] Schneider/Wolf/*Volpert/Fölsch/Schneider/Thiel* RVG § 16 Rn. 100.
[85] Gerold/Schmidt/*Müller-Rabe,* 18. Aufl. 2008, RVG § 18 Rn. 18 ff.
[86] *Hansens* RVGreport 2018, 202 Ziff. II 2.
[87] OVG NRW AGS 2015, 168.
[88] Eingefügt in Nr. 5 durch G für Durchführung der VO (EU) Nr. 655/2014 v. 21.11.2016, in Kraft seit 18.1.2017.
[89] Gerold/Schmidt/*Müller-Rabe,* 18. Aufl. 2008, RVG § 18 Rn. 20 ff.
[90] OVG NRW 2015, 168; VG Münster AGS 2014, 329 mzustAnm *N. Schneider.*
[91] VGH München NJW 2007, 2715 = RVGreport 2007, 343 mzustAnm *Hansens.*
[92] OVG NRW AGS 2018, 433.

5. Angelegenheit

a) Verhältnis zur abgeänderten/aufgehobenen Eilmaßnahme. Nr. 5 betrifft nur das Verhältnis der Abänderung oder Aufhebung einer Eilmaßnahme durch ein Gericht zur ursprünglichen Eilmaßnahme. Beide bilden eine Angelegenheit.[93] 93

Beispiele für nur eine Angelegenheit:

- Nachdem ein Arrest (Gegenstandswerts 10.000,– EUR) ergangen ist, beantragt derselbe RA, der bereits im Antragsverfahren tätig war, die Aufhebung gem. § 927 ZPO wegen veränderter Umstände.[94]
- Der RA ist tätig im Verfahren auf Aussetzung der sofortigen Vollziehung nach § 80 Abs. 5 VwGO und anschließend im Verfahren auf Abänderung der zuvor ergangenen Entscheidung.[95]

Abänderungsverfahren in höherer Instanz. Auch wenn das Abänderungsverfahren in höherer Instanz durchgeführt wird, bleibt die Einheit der Angelegenheit gewahrt.[96] Anders, wenn das Gericht über eine Beschwerde entscheidet → § 18 Rn. 17. 94

Keine Addition der Gegenstandswerte. Es findet, auch keine Addition der Gegenstandswerte statt,[97] da das Abänderungs- bzw. Aufhebungsverfahren denselben Gegenstand wie die Hauptsache betrifft. Das gilt auch bei einstweiligen Anordnungen. 95

b) Verhältnis verschiedener Eilmaßnahmen zueinander. ***aa) Selbständige Angelegenheiten.*** Nr. 5 ist hingegen nicht dahingehend zu verstehen, dass alle in ihr aufgeführten Eilmaßnahmen eine Angelegenheit bilden würden. Alle Eilverfahren, die vor dem Wort „und" stehen, sind verschiedene Angelegenheiten. Das ergibt sich daraus, dass nach dem „und" nur noch die Abänderung oder Aufhebung aufgeführt ist. Des Weiteren ergibt es sich aus § 17 Nr. 4 RVG, wo geregelt ist, dass die Eilmaßnahmen selbst verschiedene Angelegenheiten sind. 96

bb) Einheitlicher Antrag oder getrennte Anträge. Werden in getrennten Anträgen einstweilige Verfügungen auf Unterlassung gegen A und B beantragt, so liegen jeweils zwei Angelegenheiten vor. Werden die Anträge aber zusammen in einem Schriftsatz gestellt, so liegt nur eine Angelegenheit vor. Der Antragsteller hat durch die Art und Weise seiner Antragstellung zum Ausdruck gebracht, dass er beide Anträge in einem Verfahren behandelt haben will. Der Antragsteller hat es also durch seine Antragstellung in der Hand, ob er zwei oder nur ein Verfahren betreibt mit der Folge, dass im ersten Fall zweimal Gebühren entstehen. Eine andere Frage ist, ob im Einzelfall eine getrennte Antragstellung, ohne dass dafür ein sachlicher Grund erkennbar ist, einer Geltendmachung dieser Gebühren entgegensteht (→ RVG VV 3100 Rn. 199 ff.). 97

cc) Wiederholung von Anträgen. Entscheidungen in Eilverfahren, mit denen einem Antrag stattgegeben oder ein solcher abgewiesen bzw. verworfen wird, sind das Verfahren abschließende Endentscheidungen.[98] Wird erneut der gleiche Antrag gestellt, so wird damit ein neues Verfahren eingeleitet. Gem. § 17 Nr. 1 RVG entstehen die Gebühren und die Auslagenpauschale neu. Wird aber lediglich die Abänderung einer bereits ergangenen Entscheidung, zB nach § 927 ZPO oder § 54 FamFG begehrt, so greift § 16 Nr. 5 RVG ein und es ist nur eine Angelegenheit gegeben. 98

c) Einstweilige Anordnung in Familiensachen. ***aa) Selbständige Angelegenheit.*** Diese Grundsätze gelten seit dem 1.9.2009 aufgrund des FGG-ReformG auch für einstweilige Anordnungen in Familiensachen. Durch dieses Gesetz hat sich das Verhältnis der einstweiligen Anordnungen in Familiensachen untereinander gravierend geändert. § 18 Abs. 1 Nr. 1, 2 RVG, der unter bestimmten Voraussetzungen dazu führte, dass Verfahren über mehrere Anträge auf einstweilige Anordnung nur eine Angelegenheit darstellten, wurde ersatzlos gestrichen. Das war eine notwendige Konsequenz daraus, dass nach dem FamFG verfahrensrechtlich die einstweiligen Anordnungen in Familiensachen selbständige Verfahren sind (§ 51 Abs. 2 FamFG) und nicht mehr, wie vorher, ein unselbständiger Teil des Hauptsacheverfahrens. Einstweilige Anordnungen in Familiensachen folgen nunmehr gebührenrechtlich den gleichen Grundsätzen wie zB einstweilige Verfügungen. 99

bb) Einheitlicher Antrag oder getrennte Anträge. Wird also eine einstweilige Anordnung zu Haushaltsgegenständen beantragt und später in einem gesonderten Schriftsatz eine einstweilige Anordnung zur elterlichen Sorge, so sind zwei Verfahren und zwei Angelegenheiten im Sinne 100

---

93 OLG Frankfurt a. M. AGS 2015, 26 mzustAnm *N. Schneider.*
94 KG JurBüro 2009, 423.
95 VGH München AGK 2013, 104.
96 VGH München NJW 2007, 2715.
97 *N. Schneider* NJW-Spezial 2009, 61.
98 Die auch rechtskraftfähig sind Thomas/Putzo/*Seiler* ZPO § 922 Rn. 8 ff.

des Gebührenrechts gegeben. Das gilt auch dann, wenn hinsichtlich beider Gegenstände ein einheitliches Hauptsacheverfahren rechtshängig ist. Beantragt aber der Antragsteller in einem Schriftsatz einstweilige Anordnungen zu beiden Gegenständen, so liegen nur ein Verfahren und nur eine Angelegenheit vor (→ Rn. 97).

101 *cc) Wiederholung von Anträgen.* Soweit hinsichtlich einstweiliger Anordnungen zum Recht vor dem 1.9.2009 aufgrund von § 18 Abs. 1 Nr. 1, 2 RVG aF vertreten wurde, dass die Wiederholung von Anträgen zu einer Erhöhung des Verfahrenswerts geführt hat,[99] gilt dies nicht mehr, nachdem diese Bestimmung gestrichen wurde. Im Übrigen → Rn. 98.

102 *dd) Verlängerungen einer Eilanordnung zum Gewaltschutz.* Ist eine Eilmaßnahme zum Gewaltschutz für einen bestimmten Zeitraum ergangen und wird deren Verlängerung beantragt, so stellt das einen neuen Antrag und keinen Antrag auf Abänderung der ursprünglichen einstweiligen Anordnung iSv § 16 Nr. 5 RVG dar.[100] An der von mir bis zur 20. Aufl. 2012 vertretenen abweichenden Meinung halte ich nicht fest.

6. Sonstige gebührenrechtliche Fragen

103 Sonstige gebührenrechtliche Fragen im Zusammenhang mit Eilverfahren sind in → Anh. II Rn. 1 ff. dargelegt.

VII. Deutsch-österreichische Anerkennung und Vollstreckung (Nr. 6)

1. Angelegenheit

104 Nr. 6 bestimmt, dass das Verfahren nach § 3 Abs. 2 des deutsch-österreichischen Anerkennungs- und Vollstreckungsgesetzes (Vollstreckbarerklärung unter Wegfall der Sicherungseinschränkung) mit demjenigen nach § 3 Abs. 1 dieses Gesetzes (Vollstreckbarerklärung nur zur Sicherung) eine Angelegenheit ist.

2. Gebühren

105 **1. Instanz.** VV 3100 ff. RVG **Beschwerdeverfahren.** Der RA verdient die Gebühren des Berufungsverfahrens (→ RVG VV Vorb. 3.2.1 Nr. 2a Rn. 13 ff.).

VIII. Eilmaßnahmen im Schiedsverfahren (Nr. 7)

Schrifttum: *Enders,* Die Vergütung des Anwalts für eine Tätigkeit im schiedsrichterlichen Verfahren, JurBüro 1998, 169 ff. (281 ff.).

1. Überblick über Bestimmungen zum Schiedsverfahren

106 Folgende Bestimmungen des RVG betreffen das Schiedsverfahren:
§ 16 Nr. 7–9 RVG eine Angelegenheit
§ 17 Nr. 6 RVG Verschiedene Angelegenheiten bei Eilmaßnahmen
§ 36 RVG Gebühren im Schiedsverfahren
VV 3326 RVG Gebühren bei gerichtlichen Maßnahmen des Arbeitsgerichts
VV 3327 RVG Gebühren bei gerichtlichen Maßnahmen des Gerichts.

2. Begriffe Anordnungs- und Zulassungsverfahren

107 → § 17 Rn. 97.

3. Anwendungsbereich und Angelegenheit

108 **Abänderung der gerichtlichen Zulassungsentscheidung.** Nr. 7 betrifft nur das Verhältnis der gerichtlichen Zulassungsentscheidung (§ 1041 Abs. 2 ZPO) zum Verfahren über die Änderung oder Aufhebung der Vollziehungsentscheidung (§ 1041 Abs. 3 ZPO). Verschiedene Maßnahmen innerhalb des Zulassungsverfahrens sind somit eine Angelegenheit.

109 Zum Verhältnis
– des Schiedsverfahrens zum Anordnungsverfahren,
– des Anordnungsverfahrens zum Zulassungsverfahren,
– des Schiedsverfahrens zum Zulassungsverfahren, → § 17 Rn. 98 ff.

Zum Verhältnis des Schiedsverfahrens zur Vollstreckbarerklärung des Schiedsspruchs → § 36 Rn. 10.

---

[99] Gerold/Schmidt/*Müller-Rabe,* 18. Aufl. 2008, RVG § 18 Rn. 18 ff.

[100] OLG Zweibrücken RVGreport 2012, 377 mzustAnm *Hansens* = AGS 2012, 461 mzustAnm *N. Schneider,* AG Kreuznach AGS 2008, 596 mzustAnm *N. Schneider;* ebenso zum entsprechenden § 40 Abs. 2 BRAGO OLG Hamburg JurBüro 1991, 1084.

4. Gebühren

→ § 17 Rn. 104. 110

IX. Zivilgerichtliche Unterstützung im Schiedsverfahren (Nr. 8)

1. Angelegenheit

Die in Nr. 8 iE aufgeführten Unterstützungshandlungen des staatlichen Gerichts stellen mit dem Schiedsverfahren eine Angelegenheit dar. Der RA, der bereits in Schiedsverfahren tätig ist, kann also die Gebühren gem. VV 3327, 3332 RVG nicht zusätzlich geltend machen, wenn er bereits im Schiedsverfahren eine Verfahrens- und Terminsgebühr gem. VV 3100 ff. RVG verdient hat. Zu den einzelnen von Nr. 8 erfassten Vorgängen → RVG VV 3327 Rn. 2. 111

2. Terminsgebühr

Hat der RA im Schiedsverfahren jedoch nur die Verfahrensgebühr verdient, fällt aber im Unterstützungsverfahren durch das staatliche Gericht eine Terminsgebühr gem. VV 3332 RVG an, so steht ihm diese Gebühr zu. 112

X. Arbeitsgerichtliche Unterstützung im Verfahren vor dem Schiedsgericht (Nr. 9)

Die Ausführungen zu Nr. 8 treffen auch auf das arbeitsrechtliche Schiedsverfahren und die gerichtlichen Unterstützungshandlungen zu. Im Übrigen s. VV 3326 RVG. 113

XI. Beschwerde oder Erinnerung (Nr. 10)

1. Motive

Motive zum KostRMoG

Die Motive führen zu § 16 Nr. 12 RVG aF, nunmehr Nr. 10 aus: 114

„Nr. 12 entspricht § 61 Abs. 2 BRAGO, soweit er die Erinnerung gegen den Kostenansatz oder gegen den Kostenfestsetzungsbeschluss betrifft. Neu in die Vorschrift aufgenommen werden soll die Beschwerde. …“[101]

Zu § 18 Abs. 1 Nr. 5 RVG aF, nunmehr Nr. 3 erläutern die Motive: 115

„In Nr. 5 soll klargestellt werden, dass Beschwerde- und Erinnerungsverfahren grds. eine besondere Angelegenheit bilden. Hiervon sollen jedoch mehrere Verfahren über die Beschwerde und die Erinnerung gegen die Kostenfestsetzung und den Kostenansatz in demselben Rechtszug ausgenommen werden (§ 16 Nr. 10 RVG-E). Die Vorschrift soll auch nicht für Straf- und Bußgeldsachen gelten.“[102]

Motive zum 2. KostRMoG

Die Motive zu Nr. 10 führen aus: 116

„Die vorgeschlagene Änderung dient der Klarstellung, dass Verfahren über einen Antrag auf gerichtliche Entscheidung gegen einen Kostenfestsetzungsbescheid und den Ansatz der Gebühren und Auslagen in Bußgeldsachen der Erinnerung oder Beschwerde beim Kostenansatz und in der Kostenfestsetzung gleichstehen.“[103]

2. Allgemeines

Allgemeines. Grundsätzlich sind Beschwerden und Erinnerungen gegen Rechtspflegerentscheidungen besondere Angelegenheiten, soweit es um Verfahren geht, deren Gebühren sich nach VV Teil 3 RVG richten (§ 18 Abs. 1 Nr. 3 RVG). Für das Kostenfestsetzungs- und das Kostenansatzverfahren enthält Nr. 10 eine Ausnahme. 117

Eine Angelegenheit sind hier alle Verfahren untereinander, die unter einen der nachfolgenden Buchstaben fallen: 118

(a) mehrere Beschwerden im Kostenfestsetzungsverfahren,
(b) mehrere Beschwerden im Kostenansatzverfahren,
(c) mehrere Erinnerungen im Kostenfestsetzungsverfahren,
(d) mehrere Erinnerungen im Kostenansatzverfahren.

---

[101] BT-Drs. 15/1971, 191.
[102] BT-Drs. 15/1971, 193.
[103] BT-Drs. 17/11471, 267.

119 **Mehrere Angelegenheiten** sind gegeben, wenn die zuvor genannten Rechtsbehelfe unterschiedlichen Buchstaben zugehörig sind, also zB mehrere Beschwerden im Kostenfestsetzungsverfahren im Verhältnis zur Erinnerung- oder Beschwerde im Kostenansatzverfahren.

3. Anwendungsbereich

120 Nr. 10 gilt
- für alle Kostenfestsetzungs- und Kostenansatzverfahren,
- für in § 108 OWiG vorgesehene Verfahren.

Nr. 10 ist nicht anwendbar für die **Vergütungsfestsetzung** gem. § 11 RVG. Diese ist in § 16 Nr. 10 RVG nicht aufgeführt. Sie ist der Kostenfestsetzung auch nicht derart ähnlich (→ § 11 Rn. 6 ff.), dass § 16 Nr. 10 RVG analog herangezogen werden müsste, iÜ → § 18 Rn. 15.

4. Kostenfestsetzung

121 **a) Kostenfestsetzung und Hauptsache.** Gem. § 19 Abs. 1 S. 2 Nr. 14 RVG gehört das Kostenfestsetzungsverfahren zum Hauptsacheverfahren.

122 **b) Beschwerde/Erinnerung und Hauptsache. Beschwerde.** Die Hauptsache einerseits und die sofortige Beschwerde andererseits sind zwei Angelegenheiten (§ 18 Abs. 1 Nr. 3 RVG).

123 **Erinnerung.** Gem. § 18 Abs. 1 Nr. 3 RVG sind ganz bestimmte Erinnerungen, nicht aber die Erinnerung schlechthin, besondere Angelegenheiten. § 18 Abs. 1 Nr. 3 RVG betrifft nur die Erinnerung gegen eine Entscheidung des Rechtspflegers in Angelegenheiten, in denen sich die Gebühren nach VV Teil 3 RVG richten. Dennoch ist entgegen der Auffassung einiger Verwaltungsgerichte, die sich auf § 18 Abs. 1 Nr. 3 RVG berufen,[104] auch dann eine besondere Angelegenheit gegeben, wenn der angegriffene Kostenfestsetzungsbeschluss von einem **Urkundsbeamten,** wie zB im Verwaltungsgerichtsverfahren stammt (§ 164 VwGO). Wie später dargelegt werden wird, ist jedenfalls bei der Erinnerung gegen eine Kostenansatzentscheidung des Urkundsbeamten eine besondere Angelegenheit anzunehmen (→ Rn. 139). Es kann aber kaum angenommen werden, dass beim Kostenfestsetzungsverfahren etwas anderes gelten soll. Es läge sonst ein nicht hinzunehmender Wertungswiderspruch vor. Darüber hinaus fiel in § 61 BRAGO eine gesonderte Gebühr bei einer Beschwerde und einer Erinnerung gegen den Kostenfestsetzungsbeschluss an, ohne dass zwischen Kostenfestsetzungsbeschluss des Rechtspflegers und des Urkundsbeamten unterschieden wurde. Dass sich das ändern sollte, ist nicht ersichtlich. Im Gegenteil ist in den Motiven, wenn es darum geht, dass zwei Angelegenheiten vorliegen, immer von Beschwerden bzw. Erinnerungen gegen den Kostenfestsetzungsbeschluss die Rede, ohne dass darauf abgestellt wird, von wem der Kostenfestsetzungsbeschluss erlassen wurde (→ Rn. 115; → RVG § 19 Rn. 136). § 16 Nr. 10 RVG ist damit hinsichtlich Kostenfestsetzung und Kostenansatz die speziellere Bestimmung gegenüber § 18 Abs. 1 Nr. 3 RVG. Dasselbe Problem stellt sich in der Finanz- und Sozialgerichtsbarkeit, in denen auch der Urkundsbeamte die Kostenfestsetzung vornimmt (§ 149 Abs. 1 FGO, § 197 Abs. 2 SGG).

Beispiel:

Der RA der Hauptsache legt Erinnerung (§ 567 Abs. 2 ZPO, § 11 Abs. 2 RPflG) gegen Kostenfestsetzungsbeschluss ein. Beschwerdewert 300,– EUR.

Der RA verdient neben der Vergütung für das Hauptsacheverfahren

0,5 Gebühr gem. VV 3500 RVG aus bis 500,– EUR	24,50 EUR
Pauschale gem. VV 7002 RVG (20 % aus 24,50,– EUR)	4,90 EUR
Summe	29,40 EUR

124 **c) Mehrere Beschwerden bzw. Erinnerungen gegen denselben Kostenfestsetzungsbeschluss.** Ergeht nur ein Kostenfestsetzungsbeschluss, so ist unproblematisch, dass mehrere Erinnerungen bzw. Beschwerden immer nur zu einer Angelegenheit führen. Dabei ist unerheblich, ob nur eine Partei oder beide Parteien sofortige Beschwerde einlegen oder ob in ihm die Kosten mehrerer Instanzen zusammengefasst sind.[105] Entscheidend ist, dass sich alle Rechtsbehelfe gegen denselben Kostenfestsetzungsbeschluss richten.[106] Das gilt auch, wenn die Erinnerung oder Beschwerde des einen erst eingelegt wird, wenn über die Erinnerung oder Beschwerde des anderen bereits entschieden ist. Eine Angelegenheit ist auch gegeben, wenn die eine Seite sofortige Beschwerde und die andere Erinnerung einlegt.[107]

---

[104] VGH München JurBüro 2005, 595; VG Regensburg RVGreport 2005, 382.
[105] Schneider/Wolf/*Volpert/Fölsch/Schneider/Thiel* RVG § 16 Rn. 214.
[106] Schneider/Wolf/*Volpert/Fölsch/Schneider/Thiel* RVG § 16 Rn. 211.
[107] *Onderka* AGS 2004, 461 (465).

d) Aus Beschwerde wird Erinnerung gegen denselben Kostenfestsetzungsbeschluss. Legt der RA sofortige Beschwerde gegen einen Kostenfestsetzungsbeschluss ein und hilft der Rechtspfleger teilweise so ab, dass nur noch ein Beschwerdewert von unter 200,– EUR bleibt, so wird aus der sofortigen Beschwerde gem. § 11 Abs. 2 RpflG eine Erinnerung, über die der Richter zu entscheiden hat. Es handelt sich dennoch weiterhin um nur eine Angelegenheit.[108] Wäre es eine Beschwerde geblieben, so hätte nur eine Angelegenheit vorgelegen. Der Charakter als nur eine Angelegenheit kann sich nicht dadurch ändern, dass wegen des geringeren Beschwerdewerts nur noch eine Erinnerung gegeben ist. 125

Beispiel:

Der Kläger legt sofortige Beschwerde gegen Kostenfestsetzungsbeschluss ein. Beschwerdewert 500,– EUR. Der Rechtspfleger hilft iHv 350,– EUR ab. Über den Rest entscheidet der Richter der ersten Instanz

Der RA verdient

0,5 Gebühr gem. VV 3500 RVG aus bis 500,– EUR	24,50 EUR
Pauschale gem. VV 7002 RVG (20 % aus 24,50 EUR)	4,90 EUR
Summe	29,40 EUR

e) Beschwerden/Erinnerungen gegen mehrere Kostenfestsetzungsbeschlüsse. *aa) Eine Angelegenheit.* In einem gerichtlichen Verfahren gibt es bzgl. der Kostenfestsetzung nur ein einziges Beschwerde- oder Erinnerungsverfahren, selbst wenn sich mehrere Beschwerden oder Erinnerungen gegen mehrere Kostenfestsetzungsbeschlüsse richten. Dabei ist es unerheblich, ob sich die Kostenfestsetzungsbeschlüsse auf die Kosten verschiedener Instanzen beziehen.[109] 126

Wortlaut des Gesetzes. Dies ergibt sich bereits aus dem Wortlaut von Nr. 10. Nur auf die Beschwerde bezogen ist diese wie folgt zu lesen: Dieselbe Angelegenheit sind im Kostenfestsetzungsverfahren mehrere Verfahren über die Beschwerde in demselben Beschwerderechtszug. Der Begriff Beschwerderechtszug dient dabei zur Abgrenzung gegenüber dem neuen Beschwerderechtszug, der durch eine Rechtsbeschwerde ausgelöst wird. Nr. 10 bedeutet damit, dass auf der Ebene der Beschwerde unerheblich ist, wie viele Verfahren innerhalb der Kostenfestsetzung betrieben werden. Sie sollen immer nur eine Angelegenheit darstellen. Dafür spricht auch, dass auf das Kostenfestsetzungsverfahren insgesamt und nicht auf den Kostenfestsetzungsbeschluss abgestellt wird. Dafür spricht weiter, dass man, wenn man bei mehreren Kostenfestsetzungsbeschlüssen keine einheitliche Angelegenheit annimmt, sich fragt, was dann noch die Bedeutung von Nr. 10 sein soll, soweit er das interne Verhältnis der Kostenfestsetzung betrifft. Dass mehrere Angriffe gegen denselben Kostenfestsetzungsbeschluss, also zB einer des Erstattungsberechtigten und einer des -verpflichteten eine Angelegenheit sind, ergibt sich bereits aus allgemeinen Grundsätzen und hätte keiner Sonderregelung bedurft. Auch für Berufungen des Klägers und des Beklagten gegen dasselbe Urteil wird allgemein angenommen, dass es sich um eine Angelegenheit handelt, es sei denn das Rechtsmittelgericht trennt sie (vgl. § 45 Abs. 2 GKG). 127

Historische Auslegung. Nr. 10 will die Regelung in § 61 Abs. 2 BRAGO, die nur für die Erinnerung galt, auf die Beschwerde erweitern. Dass für die Erinnerung – außer hinsichtlich der Frage des Verhältnisses der Kostenfestsetzung zum Kostenansatz – etwas Neues gelten solle, ist den Motiven nicht zu entnehmen. Das bedeutet, dass die Grundsätze, die in der Vergangenheit für die Erinnerung innerhalb der Kostenfestsetzung galten, nunmehr für die Beschwerde gelten sollen. 128

§ 61 Abs. 2 BRAGO wurde gleich bei der Neuschaffung der BRAGO 1957 ins Gesetz aufgenommen. Die seinerzeitigen Motive führen hierzu aus: 129

„… Die Gebühren für das Kostenfestsetzungsverfahren, die der Entwurf grds. beseitigt (vgl. …), sind in Nr. 2 für das Erinnerungsverfahren aufrechterhalten und auf das Verfahren über die Erinnerung gegen den Kostenansatz … ausgedehnt. Wegen des engen Zusammenhangs zu der Erinnerung gegen den Kostenansatz und der Erinnerung gegen den Kostenfestsetzungsbeschluss bestimmt Abs. 2, dass die Gebühren in derselben Angelegenheit nur einmal entstehen können.“[110]

Die Motive sagen somit unmittelbar nur etwas über das Verhältnis der Erinnerung im Kostenfestsetzungsverfahren zur Erinnerung im Kostenansatzverfahren aus. Unmittelbar ist ihnen nichts über mehrere Erinnerungen nur innerhalb der Kostenfestsetzung zu entnehmen. Sie 130

[108] Schneider/Wolf/*Volpert/Fölsch/Schneider/Thiel* RVG § 16 Rn. 160.

[109] Gerold/Schmidt/*von Eicken,* 16. Aufl. 2004, RVG § 16 Rn. 22; Riedel/Sußbauer/*Schütz* RVG VV 3500 Rn. 16; **aA** Schneider/Wolf/*Volpert/Fölsch/Schneider/Thiel* RVG § 16 Rn. 213, 215.

[110] BT-Drs. 1956 Nr. 2545 S. 248 zu § 60 des Entwurfs, der dann zu § 61 RVG geworden ist.

sagen aber ganz eindeutig, dass Erinnerungen gegen Kostenfestsetzungsbeschlüsse sowie gegen den Kostenansatz zu einer Angelegenheit verbunden werden. Soweit zur BRAGO teilweise die Auffassung vertreten wurde, Erinnerungen gegen Kostenfestsetzungsbeschlüsse einerseits und Kostenansatz andererseits seien immer zwei Angelegenheiten,[111] war dies mit der Intention des Gesetzes unvereinbar. Es mag sein, dass es Gründe gibt, die dagegen sprechen, durch das Gesetz das Erinnerungsverfahren im Kostenfestsetzungs- und Kostenansatzverfahren zu einer Angelegenheit zu verknüpfen, was dann ja auch zu der neuen Regelung in Nr. 10, der Trennung dieser beiden Angelegenheiten geführt hat. Wenn der Gesetzgeber sich seinerzeit trotzdem für eine Angelegenheit entschieden hat, so war dem für die BRAGO zu folgen.

131 Indirekt ergibt sich aber auch etwas für das Verhältnis mehrerer Erinnerungen untereinander innerhalb der Kostenfestsetzung bzw. des Kostenansatzes. Wenn seinerzeit das Gesetz sogar so weit ging, dass es das Erinnerungsverfahren betreffend Kostenfestsetzung und Kostenansatz zu einer Angelegenheit verbunden hat, so ergibt sich daraus auch, dass dann mehrere Erinnerungen gegen mehrere Kostenfestsetzungsbeschlüsse eine Angelegenheit sein sollten. Insoweit handelt es sich um ein Minus gegenüber der weitergehenden Regelung für das Verhältnis Kostenfestsetzung und Kostenansatz. Dies wird dadurch bestätigt, dass diese Auffassung schon in der ersten Auflage von *Riedel/Sußbauer* vertreten wurde, also von Autoren, die maßgeblich an der Schaffung der BRAGO von 1957 beteiligt waren.

132 Diese Auslegung hat Folgen auf die Auslegung zu Nr. 10, die, wie dargelegt, für das interne Verhältnis innerhalb des Kostenfestsetzungs- bzw. des Kostenansatzverfahrens lediglich eine Änderung vornehmen wollte, nämlich die Erweiterung der Grundsätze für die Erinnerung auf die Beschwerden. Das, was bisher für das Erinnerungsverfahren innerhalb der Kostenfestsetzung bzw. des Kostenansatzes gegolten hat, soll jetzt auch für die Beschwerde gelten. Hinzu kommt, dass, sowie in einem Verfahren es auch eine Kostenansatzerinnerung gegeben hat, automatisch mehrere Erinnerungen gegen mehrere Kostenfestsetzungsbeschlüsse auch eine Angelegenheit sein mussten, da jede von ihnen mit der Kostenansatzerinnerung eine Angelegenheit bildete. Es kann aber nicht darauf ankommen, ob in einem Fall zu den mehreren Erinnerungen gegen die Kostenfestsetzung noch eine Kostenansatzerinnerung hinzukommt oder nicht.

133 ***bb) Unterschiedliche Kostenentscheidungen.*** Mehrere Beschwerden oder Erinnerungen gegen Kostenfestsetzungen bilden auch dann eine Angelegenheit, wenn sie auf verschiedenen Kostenentscheidungen beruhen oder sich auf mehrere Instanzen beziehen. Die Kostenfestsetzung ist einheitlich in der ersten Instanz vorzunehmen. Alle Beschwerden oder Erinnerungen gehören damit zu einem Kostenfestsetzungsverfahren. Für eine Differenzierung je nachdem, ob mehrere Kostenentscheidungen vorliegen oder mehrere Instanzen betroffen sind, geben weder der Wortlaut noch eine historische Auslegung etwas her. Schon zu § 61 Abs. 2 BRAGO war nicht zu differenzieren.[112] Eine Angelegenheit ist auch gegeben, wenn die eine Seite sofortige Beschwerde und die andere Erinnerung einlegt.[113]

Beispiel 1:

Zwei Kostenfestsetzungsbeschlüsse sind ergangen, je einer zu Gunsten des Klägers und des Beklagten. Beide Parteien sind zu 50 % erstattungsberechtigt. Der RA des Klägers legt sofortige Beschwerde gegen den für ihn ergangenen Kostenfestsetzungsbeschluss ein, weil Reisekosten von 600,– EUR nicht anerkannt wurden. Der Beklagte legt sofortige Beschwerde ein gegen den anderen Kostenfestsetzungsbeschluss wegen dort nicht berücksichtigter Privatgutachterkosten von 800,– EUR

Eine Angelegenheit. Gegenstandswert 600,– EUR + 800,– EUR : 2 (50 %)	700,– EUR
Beide Anwälte verdienen	
0,5 Gebühr gem. VV 3500 RVG aus 700,– EUR	44,00 EUR
Pauschale gem. VV 7002 RVG (20 % aus 44,– EUR)	8,80 EUR
Summe	52,80 EUR

Beispiel 2:

Wendet sich der zu 100 % Erstattungsberechtigte dagegen, dass eine Terminsgebühr von 1.440,– EUR nicht anerkannt wurde und greift der Zahlungspflichtige Reisekosten iHv 400,– EUR an, so beträgt der Beschwerdewert 1.840,– EUR. Aus diesem ist die Beschwerdegebühr zu errechnen.

---

[111] *Hansens* BRAGO § 61 Rn. 17; Gebauer/Schneider/*Schneider* BRAGO § 61 Rn. 86; **aA** Gerold/Schmidt/*von Eicken,* 15. Aufl. 2002, BRAGO § 61 Rn. 25; Riedel/Sußbauer/*Keller,* 8. Aufl. 2000, BRAGO § 61 Rn. 21.

[112] Gerold/Schmidt/*von Eicken,* 15. Aufl. 2002, BRAGO § 61 Rn. 25; Riedel/Sußbauer/*Keller,* 8. Aufl. 2000, BRAGO § 61 Rn. 21, beide zu Kosten verschiedener Instanzen.

[113] *Onderka* AGS 2004, 461 (465).

134 ***cc) Kostenentscheidung im zweiten Beschwerdeverfahren.*** Gelegentlich wird über die erste Beschwerde bereits mit einer Kostenregelung entschieden sein, wenn eine neue Beschwerde eingelegt wird, die zur selben Angelegenheit gehört. Dann muss die Kostenentscheidung des ersten Beschlusses aufgehoben und eine neue, die gesamten Kosten beider Beschwerden einheitlich regelnde Kostenregelung getroffen werden.

Beispiel 1:

Der zu 75 % erstattungsberechtigte Kläger legt sofortige Beschwerde ein, weil Reisekosten iHv 800,– EUR nicht anerkannt wurden. Er gewinnt. Die Kosten des Beschwerdeverfahrens wurden aus einem Gegenstandswert von 600,– EUR dem Beklagten auferlegt. Einige Zeit später legt der Beklagte gegen den zu seinen Gunsten ergangenen gesonderten Kostenfestsetzungsbeschluss mit Erfolg sofortige Beschwerde ein, weil Privatgutachterkosten iHv 1.200,– EUR nicht anerkannt wurden.

Die Kostenentscheidung des ersten Beschlusses ist aufzuheben. Die Kostenentscheidung im zweiten Beschwerdebeschluss errechnet sich wie folgt:

Gegenstandswert	
Beschwerde des Klägers (75 % aus 800,– EUR)	600,– EUR
Beschwerde des Beklagten (25 % aus 1.200,– EUR)	300,– EUR
Gesamt	900,– EUR

Die Kostenentscheidung im zweiten Beschwerdeverfahren lautet:

Der Kläger trägt $^1/_3$ ($^{300}/_{900}$), der Beklagter $^2/_3$ ($^{600}/_{900}$) der außergerichtlichen Kosten.

Beide RA verdienen jeweils	
0,5 Verfahrensgebühr gem. VV 3500 RVG aus 900,– EUR	44,00 EUR
Pauschale gem. VV 7002 RVG (20 % aus 44,– EUR)	8,80 EUR

Gerichtskosten fallen keine an, da beide sofortigen Beschwerden in vollem Umfang erfolgreich waren.

Beispiel 2:

Im obigen Beispiel waren die beiden sofortigen Beschwerden nur teilweise erfolgreich. Der Erstattungsanspruch des Klägers erhöhte sich nur um 400,– EUR (statt 600,– EUR), der des Beklagten nur um 200,– EUR (statt 300,– EUR)

Der Beschwerdewert für die außergerichtlichen Kosten bleibt unverändert.

der Beschwerdewert für die Gerichtskosten beträgt	
Beschwerde des Klägers (600,– EUR – 400,– EUR)	200,– EUR
Beschwerde des Beklagten (300,– EUR – 200,– EUR)	100,– EUR
Gesamt	300,– EUR

Die Kostenentscheidung

Der Kläger hat verloren

hinsichtlich der außergerichtlichen Kosten iHv 200,– EUR + 200,– EUR = 400,– EUR

hinsichtlich der Gerichtskosten iHv 200,– EUR

Die Kostenentscheidung lautet im zweiten Beschwerdeverfahren

Von den außergerichtlichen Kosten tragen

der Kläger $^4/_9$, der Beklagte $^5/_9$.

Von den Gerichtskosten iHv 66,– EUR (KV 1812 GKG) tragen

der Kläger $^2/_3$, der Beklagte $^1/_3$.

Es findet eine Verrechnung mit den früheren Zahlungen statt. UU besteht auch ein Rückzahlungsanspruch gem. § 91 Abs. 4 ZPO.

135 Eine Handhabung wie im Fall des § 927 ZPO bei der Aufhebung eines Arrestes wegen veränderter Umstände scheidet hier aus. Dort ergeht eine eigene Entscheidung für das Aufhebungsverfahren, die die Kostenentscheidung des Anordnungsverfahrens unberührt lässt. Damit bestehen zwei Kostenentscheidungen neben einander, bei der jede Partei aus der für sie günstigeren die Erstattung betreiben kann.[114] Diese Verfahrensweise beruht jedoch gerade darauf, dass die Eilmaßnahme wegen veränderter Umstände aufgehoben wurde, was bei nacheinander ergehenden Beschwerdeentscheidungen nicht der Fall ist. Eine Regelung dahingehend, dass in dem zweiten Beschluss nur noch über die durch das zweite Verfahren verursachten Mehrkosten entschieden wird, würde zum einen zu keinen gerechten Ergebnissen führen und würde die Sache obendrein noch komplizierter machen.

136 **f) Beschwerde gegen Abhilfeentscheidung.** Wenn schon mehrere Beschwerden gegen mehrere Kostenfestsetzungsbeschlüsse eine Angelegenheit bilden, so muss das erst recht gelten, wenn eine Partei gegen einen Kostenfestsetzungsbeschluss Beschwerde einlegt, der das Erstgericht abhilft, und der Gegner dann gegen den Abhilfebeschluss Beschwerde einlegt.[115] Das gilt umso mehr, als es letztlich um denselben Kostenfestsetzungsbeschluss geht.

---

114 OLG Schleswig NJW-RR 2016, 1470 Rn. 19, 21.

115 OLG Schleswig JurBüro 1987, 1680; Gerold/Schmidt/*von Eicken,* 16. Aufl. 2004, RVG VV 3500 Rn. 35; Schneider/Wolf/*Volpert/Fölsch/Schneider/Thiel* RVG § 16 Rn. 211; *Onderka* AGS 2004, 461 (465); **aA** Schneider/Wolf/*N. Schneider* RVG VV 3500 Rn. 67; *Hansens* BRAGO § 61 Rn. 17.

137 **g) Zurückverweisung an Erstgericht,** → § 18 Rn. 27.

138 **h) Kostenfestsetzung nach Kostenentscheidung im Beschwerdeverfahren.** Erfolgt aufgrund des Beschlusses über eine Beschwerde gegen einen Kostenfestsetzungsbeschluss eine Kostenfestsetzung hinsichtlich der Kosten des Beschwerdeverfahrens und wird auch gegen diese sofortige Beschwerde eingelegt, so ist eine zweite Angelegenheit gegeben. Hier geht es nicht mehr um die Kosten des Hauptsacheverfahrens, die hinsichtlich der Kostenfestsetzung nach Nr. 10 zu einer Angelegenheit verbunden werden sollen, sondern um die Kosten des Beschwerde- oder Erinnerungsverfahrens.[116]

Beispiel:

Der RA des Klägers hat im Verfahren über die sofortige Beschwerde gegen einen Kostenfestsetzungsbeschluss nebst Pauschale 300,– EUR verdient. Hierüber hat der Kläger einen Kostenfestsetzungsbeschluss erhalten. Hiergegen legt der Gegner sofortige Beschwerde ein.

Der RA verdient weitere

0,5 Gebühr gem. VV 3500 RVG aus 300,– EUR	24,50 EUR
Pauschale gem. VV 7002 RVG (20 % aus 24,50 EUR)	4,90 EUR
Summe	29,40 EUR

5. Kostenansatz

139 **a) Erinnerung/Beschwerde im Verhältnis zum Kostenansatz.** Aus dem Wortlaut des § 18 Abs. 1 Nr. 3 RVG ergibt sich nicht, dass eine **Erinnerung** gegen den Kostenansatz eine besondere Angelegenheit ist. Diese Bestimmung betrifft nur eine Entscheidung des Rechtspflegers. Über den Kostenansatz entscheidet aber der Kostenbeamte und nicht der Rechtspfleger. Dennoch liegt auch in diesem Fall eine besondere Angelegenheit vor. § 19 Abs. 1 S. 2 Nr. 5 RVG bestimmt, dass Erinnerungen gem. § 573 ZPO und die Rüge wegen Verletzung des Anspruchs auf rechtliches Gehör (§ 321a ZPO) zum Rechtszug der Hauptsache gehören. Eine entsprechende Bestimmung fehlt für die Erinnerung im Kostenansatzverfahren. Im Gegenteil wird in Nr. 10 geregelt, dass mehrere Verfahren über eine Erinnerung im Kostenansatzverfahren untereinander dieselbe Angelegenheit sind. Das setzt aber voraus, dass die Erinnerung im Kostenansatzverfahren im Verhältnis zum Ansatzverfahren eine eigene Angelegenheit ist.

140 Erst Recht ist eine **Beschwerde** gegen den Kostenansatz eine besondere Angelegenheit.

141 **b) Erinnerungen untereinander.** ***aa) Kostenansatz einer Instanz.*** Mehrere Erinnerungen gegen Kostenrechnungen derselben Instanz bilden eine Angelegenheit[117] und zwar auch dann, wenn die eine Erinnerung erst eingelegt wird, nachdem über die vorausgehende bereits entschieden ist.[118] Dasselbe gilt, wenn der Urkundsbeamte einer Erinnerung gegen den Kostenansatz abgeholfen hat und dann der Gegner hiergegen Erinnerung einlegt.

Beispiel:

Der Klägervertreter legt Erinnerung gegen eine gerichtliche Kostenrechnung über 280,– EUR ein und später eine weitere wegen einer anderen Kostenrechnung des gleichen Gerichts über 220,– EUR. Die Urkundsbeamtin hilft in beiden Fällen nicht ab, so dass das Gericht entscheiden muss.

Gegenstandswert 280,– EUR + 220,– EUR	500,00 EUR
Der RA verdient	
0,5-Gebühr gem. VV 3500 RVG aus 500,– EUR	24,50 EUR
Pauschale gem. VV 7002 RVG (20 % aus 24,50 EUR)	4,90 EUR
Summe	29,40 EUR

142 ***bb) Kostenansätze für mehrere Instanzen.*** Bei den Kostenansätzen für unterschiedliche Instanzen erfolgt – anders als bei der Kostenfestsetzung – der Ansatz nicht einheitlich durch ein Gericht. Das Gericht der jeweiligen Instanz stellt für sein Verfahren eine eigene Kostenrechnung. Es sind auch ganz andere Gerichte für die Entscheidung über die Erinnerung zuständig. Deshalb greift hier Nr. 10 nicht ein und liegen zwei Angelegenheiten vor.[119]

Beispiel:

Der RA legt Erinnerungen ein
- gegen eine Kostenrechnung des Landgerichts über 500,– EUR,
- gegen eine Kostenrechnung des Oberlandesgerichts über 800,– EUR.

Der RA verdient

---

[116] BPatGE 27, 235 (240); *Hansens* BRAGO § 61 Rn. 17.

[117] Gerold/Schmidt/*von Eicken,* 16. Aufl. 2004, RVG VV 3500 Rn. 38; Riedel/Sußbauer/*Schütz* RVG VV 3500 Rn. 16.

[118] Schneider/Wolf/ *Volpert/Fölsch/Schneider/Thiel* RVG § 16 Rn. 211.

[119] Gerold/Schmidt/*von Eicken,* 16. Aufl. 2004, RVG § 16 Rn. 24.

Kostenrechnung über 500,– EUR	
0,5-Gebühr gem. VV 3500 RVG aus 500,– EUR	24,50 EUR
Pauschale gem. VV 7002 RVG (20 % aus 24,50 EUR)	4,90 EUR
Summe	29,40 EUR
Kostenrechnung über 800,– EUR	
0,5-Gebühr gem. VV 3500 RVG aus 800,– EUR	44,00 EUR
Pauschale gem. VV 7002 RVG (20 % aus 44,- EUR)	8,80 EUR
Summe	52,80 EUR
Insgesamt	82,20 EUR

c) Erinnerung und dann Beschwerde gegen Kostenansatz. Wird gegen den Kostenansatz zunächst Erinnerung und dann Beschwerde eingelegt, so handelt es sich um zwei verschiedene Instanzen, sodass sich schon aus § 17 Nr. 1 RVG ergibt, dass zwei Angelegenheiten vorliegen.[120] Das Erinnerungsverfahren ist mit der Entscheidung des Instanzrichters beendet. Mit der Beschwerde beginnt ein neuer Rechtszug. Darüber hinaus ergibt sich aus der Unterteilung in a) und b) in Nr. 10, dass in beiden Verfahren, auch wenn sie aufeinander folgen, zweimal Gebühren anfallen können. 143

Beispiel:

Der RA legt Erinnerung gegen eine gerichtliche Kostenrechnung über 500,– EUR ein. Das Erstgericht weist die Erinnerung zurück. Dagegen legt der RA Beschwerde ein.
Der RA verdient

Erinnerungsverfahren	
0,5 Gebühr gem. VV 3500 RVG aus 500,– EUR	24,50 EUR
Pauschale gem. VV 7002 RVG (20 % aus 24,50 EUR)	4,90 EUR
Summe	29,40 EUR
Beschwerdeverfahren	
0,5 Gebühr gem. VV 3500 RVG aus 500,– EUR	24,50 EUR
Pauschale gem. VV 7002 RVG (20 % aus 24,50 EUR)	4,90 EUR
Summe	29,40 EUR
Insgesamt also	58,80 EUR

d) Mehrere Beschwerden gegen mehrere Erinnerungsentscheidungen. Wurde sowohl der Kostenansatz der 1. als auch der der 2. Instanz angegriffen und wird dann gegen beide Erinnerungsentscheidungen jeweils Beschwerde eingelegt, so sind zwei Angelegenheit gegeben.[121] 144

6. Kostenfestsetzung und Kostenansatz

a) Angriff gegen Kostenansatz und Kostenfestsetzungsbeschluss. Greift der RA sowohl den Kostenfestsetzungsbeschluss als auch den Kostenansatz an, so sind nach Nr. 10 zwei verschiedene Angelegenheiten gegeben.[122] Das folgt aus dem Wortlaut von Nr. 10, aus den Motiven des Gesetzesentwurfs (→ Rn. 115) sowie aus den Motiven des Rechtsausschusses des Deutschen Bundestages: Dort wird ausgeführt: 145

„… damit soll klargestellt werden, das Erinnerungs- und Beschwerdeverfahren im Kostenfestsetzungsverfahren einerseits und Rechtsbehelfsverfahren im Kostenansatzverfahren andererseits nicht dieselbe Angelegenheit bilden."[123]

Beispiel:

Der RA legt Erinnerung gegen eine gerichtliche Kostenrechnung über 500,– EUR ein. Das Erstgericht weist die Erinnerung zurück. Dagegen legt der RA Beschwerde ein. Außerdem legt er sofortige Beschwerde gegen den Kostenfestsetzungsbeschluss wegen 1.000,– EUR ein.
Der RA verdient

Erinnerung bzgl. Kostenansatz	
0,5 Gebühr gem. VV 3500 RVG aus 500,– EUR	24,50 EUR
Pauschale gem. VV 7002 (20 % aus 24,50 EUR)	4,90 EUR
Summe	29,40 EUR

[120] Gerold/Schmidt/*von Eicken,* 16. Aufl. 2004, RVG § 16 Rn. 19; Riedel/Sußbauer/*Schütz* RVG VV 3500 Rn. 16; HBS VergütungsR/*Schneider* Teil 8 Rn. 557.
[121] HBS VergütungsR/*Schneider* Teil 8 Rn. 557.
[122] Riedel/Sußbauer/*Schütz* RVG VV 3500 Rn. 16; Bischof/*Bräuer/Bischof* RVG § 16 Rn. 25 ff.; *Onderka* AGS 2004, 461 (465). Die frühere Streitfrage hierzu ist damit geklärt. Vgl. zum alten Recht Gerold/Schmidt/*von Eicken,* 15. Aufl. 2002, BRAGO § 61 Rn. 25 einerseits; *Hansens* BRAGO § 61 Rn. 17 andererseits.
[123] BT-Drs. 15/2487, 173.

Beschwerde bzgl. Kostenansatz

0,5 Gebühr gem. VV 3500 RVG aus 500,– EUR	24,50 EUR
Pauschale gem. VV 7002 RVG (20 % aus 24,50 EUR)	4,90 EUR
Summe	29,40 EUR
Sofortige Beschwerde bzgl. Kostenfestsetzungsbeschluss	
0,5 Gebühr gem. VV 3500 RVG aus 1.000,– EUR	44,00 EUR
Pauschale gem. VV 7002 RVG (20 % aus 44,– EUR)	8,80 EUR
Summe	52,80 EUR
Insgesamt	111,60 EUR

146 **b) Rüge der Gerichtskosten im Kostenfestsetzungsbeschluss.** Es kann sein, dass der Kostenansatz nicht gesondert, sondern nur der Kostenfestsetzungsbeschluss angegriffen und dabei gerügt wird, dass die dem Gegner zugesprochenen Gerichtskosten von der Staatskasse beim Gegner zu Unrecht geltend gemacht worden seien.

147 Teilweise wird angenommen, dass hier in Wahrheit zugleich eine Kostenansatzerinnerung erhoben ist, über die auf getrennten Wegen zu entscheiden ist, nämlich bzgl. des Kostenansatzes durch den Urkundsbeamten (Abhilfe) und dann den Richter der ersten Instanz, bzgl. der Kostenfestsetzung durch den Rechtspfleger (Abhilfe) und dann das Beschwerdegericht.[124] Dann liegen sowohl eine sofortige Beschwerde gegen den Kostenfestsetzungsbeschluss als auch eine Kostenansatzerinnerung, also zwei Angelegenheiten vor.

Beispiel:

Der in vollem Umfang erstattungspflichtige Beklagte rügt in seiner sofortigen Beschwerde gegen einen Kostenfestsetzungsbeschluss, dass zu Gunsten des Gegners zum einen in Wahrheit nicht angefallene Gerichtskosten iHv 500,– EUR sowie nicht zu erstattende Reisekosten des Beklagtenvertreters iHv 1.000,– EUR berücksichtigt worden seien. Das Erstgericht entscheidet über die Kostenansatzerinnerung und nachfolgendentscheidet das Beschwerdegericht über die beiden Beschwerden im Ansatz- und Kostenfestsetzungsverfahren.

Der RA verdient

Erinnerungsverfahren Kostenansatz	
0,5 Verfahrensgebühr gem. VV 3500 RVG aus 500,– EUR	24,50 EUR
Pauschale gem. VV 7002 RVG (20 % aus 24,50 EUR)	4,90 EUR
Summe	29,40 EUR
Beschwerdeverfahren Kostenansatz	
0,5 Verfahrensgebühr gem. VV 3500 RVG aus 500,– EUR	24,50 EUR
Pauschale gem. VV 7002 RVG (20 % aus 24,50 EUR)	4,90 EUR
Summe	29,40 EUR
Sofortige Beschwerde Kostenfestsetzung	
0,5 Verfahrensgebühr gem. VV 3500 RVG aus 1.000,– EUR	44,00 EUR
Pauschale gem. VV 7002 RVG (20 % aus 44,– EUR)	8,80 EUR
Summe	52,80 EUR
Insgesamt	111,60 EUR

148 Geht man hingegen mit der ganz überwiegenden Meinung davon aus, dass nur eine sofortige Beschwerde gegen den Kostenfestsetzungsbeschluss vorliegt und die Gerichtskosten dabei nur ein Faktor sind,[125] über die der Rechtspfleger (Abhilfe) und dann der Richter des Beschwerdegerichts entscheiden muss, so sind nur ein Rechtsmittel und eine Angelegenheit gegeben. Entscheidet das Beschwerdegericht im Rahmen der Entscheidung über den Kostenfestsetzungsbeschluss die Kostenansatzfrage mit, so hat es damit zum Ausdruck gebracht, dass nur ein Rechtsmittel und eine Angelegenheit gegeben sind.

Beispiel:

Im vorigen Beispiel ergeht nur eine Entscheidung.

Der RA verdient

0,5 Verfahrensgebühr gem. VV 3500 RVG aus 1.500,– EUR	63,50 EUR
Pauschale gem. VV 7002 RVG (20 % aus 63,50 EUR)	12,70 EUR
Insgesamt	76,20 EUR

7. Auslagen

149 Soweit eine besondere Angelegenheit anzunehmen ist, können Auslagenpauschalen mehrfach anfallen zB die Kommunikationspauschale gem. VV 7002 RVG. Andererseits ist aber auch bei den Kopierkosten, soweit eine Erstattung erst bei mehr als 100 Kopien stattfindet (VV 7000 Nr. 1b, c RVG), eine gesonderte Zählung vorzunehmen.

[124] OLG München AnwBl 1990, 396.

[125] OLG Dresden NJW-RR 2001, 861 = MDR 2001, 476; OLG Koblenz Rpfleger 1985, 333.

XII. Rechtsmittelzulassung durch Rechtsmittelgericht (Nr. 11)

1. Überblick über Zulassungsverfahren

Zu unterscheiden sind Rechtsmittel 150

- die durch das **Ausgangsgericht zugelassen** werden, also durch das Gericht, gegen dessen Entscheidung Rechtsmittel eingelegt werden soll (§ 17 Nr. 9 RVG),
- die durch das **Rechtsmittelgericht zugelassen** werden, wobei der Zulassungsantrag,
  - teilweise beim Ausgangsgericht (teils § 16 Nr. 11 RVG, teils § 19 Abs. 1 S. 2 Nr. 10 RVG),
  - teilweise beim Rechtsmittelgericht zu stellen ist (§ 16 Nr. 11 RVG).

2. Allgemeines

Allgemeines. Nr. 13 betrifft die Verfahren, in denen von vornherein das Rechtmittelgericht über die Zulassung des Rechtsmittels entscheidet. Nr. 13 besagt nur etwas über das Verhältnis des Zulassungsverfahrens zum Rechtsmittelverfahren, nicht aber zum Ausgangsverfahren. Das Zulassungs- und das Rechtsmittelverfahren sind eine Angelegenheit. 151

3. Anwendungsbereich

Vom Rechtsmittelgericht zuzulassen sind zB 152

- Sprungrevision gem. § 566 ZPO; zur Einwilligungserklärung → § 19 Rn. 96; Sprungbeschwerde gem. § 75 FamFG.
- Berufungen gegen Endurteile der Verwaltungsgerichte (§ 124 Abs. 1 VwGO); es entscheidet das Obergericht (§ 124a Abs. 5 S. 1 VwGO), obgleich der Antrag beim VG zu stellen ist (§ 124a Abs. 4 S. 2 VwGO).

Nicht von Nr. 11 erfasst sind bestimmte in § 19 Abs. 1 S. 2 Nr. 10 RVG aufgeführte Rechtsmittel in Straf-, Bußgeld- und sonstige Verfahren iSv VV Teil 6 RVG. 153

4. Zulassungs- und Ausgangsverfahren

Das Zulassungsverfahren stellt, im Verhältnis zur vorigen Instanz einen neuen Rechtszug und damit eine neue Angelegenheit dar (§ 17 Nr. 1 RVG),[126] da eine höhere Instanz entscheidet. Das ergibt sich auch aus einem Umkehrschluss aus § 19 Abs. 1 S. 2 Nr. 10 RVG. Das gilt auch für den RA des Antragsgegners, wenn dieser sich bereits im Zulassungsverfahren vertreten lässt. 154

Das gilt auch für Verfahren, bei denen der Zulassungsantrag noch beim Ausgangsgericht gestellt werden muss, das Rechtsmittelgericht aber über die Zulassung entscheiden muss wie zB im Verwaltungsrecht. Das folgt daraus, dass der Antrag das Zulassungsverfahren einleitet und damit bereits Teil der nächsten Instanz ist. Das Zulassungsverfahren beginnt, da das Obergericht entscheiden muss, bereits mit der Stellung des Zulassungsantrags beim Verwaltungsgericht. Des Weiteren folgt es wieder aus einem Umkehrschluss aus § 19 Abs. 1 S. 2 Nr. 10 RVG. 155

5. Zulassungs- und Rechtsmittelverfahren

Das Zulassungsverfahren und das sich anschließende Rechtsmittelverfahren sind gem. Nr. 11 eine Angelegenheit. Gebühren fallen nicht noch einmal an. Das Zulassungsverfahren und das Rechtsmittelverfahren gelten als ein Rechtszug iSv § 15 Abs. 2 RVG.[127] Das gilt unabhängig davon, ob der Zulassungsantrag beim Ausgangs- oder Rechtsmittelgericht zu stellen ist. 156

6. Gebühren

Gem. VV Vorb. 3.2 Abs. 1 RVG sind bei vom Rechtsmittelgericht zu entscheidenden Zulassungen VV 3200 ff. RVG anzuwenden → RVG VV Vorb. 3.2 Rn. 8). 157

XIII. Privatklage und die Widerklage (Nr. 12)

1. Motive

Die Motive führen zu Nr. 14 aF, nunmehr Nr. 12 aus: 158

„Nr. 14 übernimmt den Regelungsgehalt von § 94 Abs. 2 BRAGO. Danach erhöhen sich die Gebühren des Rechtsanwalts als Beistand oder Vertreter des Privatklägers und des Widerbeklagten sowie des Verteidigers des Angeklagten durch die Widerklage auch dann nicht, wenn der Privatkläger nicht der Verletzte ist. Damit ist der Fall gemeint, in dem der RA nicht nur den Privatkläger, sondern auch den Verletzten, der nicht mit dem Privatkläger identisch ist (§ 374 Abs. 2 StPO), gegen eine Widerklage des Beschuldigten verteidigt (vgl. § 388 Abs. 2 StPO). Da der Anwalt in diesem Fall in einer Angelegenheit zwei Personen als Auftraggeber hat, wäre jedoch

[126] Schneider/Wolf/*Volpert/Fölsch/Schneider/Thiel* RVG § 16 Rn. 242.

[127] OVG NRW AGS 2000, 147; VGH Kassel NVwZ-RR 2000, 19.

Nr. 1008 VV RVG-E anwendbar. Danach erhöhen sich der Mindest- und der Höchstbetrag der Verfahrensgebühr um 30 %."[128]

2. Allgemeines

159 **Allgemeines.** Nr. 12 bestimmt, dass die Privatklage und die Widerklage des Beschuldigten eine Angelegenheit sind, wobei es unerheblich ist, ob die Widerklage sich gem. § 388 Abs. 1 StPO gegen den Privatkläger (Nr. 12 Alt. 1) oder, was gem. § 388 Abs. 2 Alt. 1, § 374 Abs. 2 StPO auch zulässig ist, gegen den Verletzten, der nicht Privatkläger ist, richtet (Nr. 12 Alt. 2). VV 1008 RVG ist anwendbar, wie sich auch aus den Motiven ergibt (→ Rn. 158).

3. Persönlicher Anwendungsbereich

160 Nr. 12 gilt sowohl für den RA als Vertreter als auch als Beistand (§ 378 StPO).[129]

4. Widerklage

161 **a) Angelegenheit.** Das Verfahren über die Privatklage und die Widerklage sind eine Angelegenheit (Nr. 12). Gebühren fallen nur einmal an. Vertritt der RA des Privatklägers auch den Verletzten, so handelt es sich ebenfalls nur um eine Angelegenheit, wie sich aus der Einbeziehung des Falls des § 388 StPO ergibt. In diesem Fall handelt es sich auch für den RA des Verletzten und Widerklägers um nur eine Angelegenheit. Voraussetzung für eine Angelegenheit ist allerdings, dass der Beschuldigte der Privatklage den Weg der Widerklage wählt und nicht gesonderte Privatklage erhebt. Nimmt der widerbeklagte Verletzte einen eigenen RA, so ist für diesen RA eine besondere Angelegenheit gegeben.

162 **b) Gebühren.** ***aa) Widerklage gegen Privatkläger.*** Der Rahmen der Gebühren gem. VV 4100 ff. RVG erhöht sich nicht. Allerdings ist im Rahmen von § 14 RVG zu berücksichtigen, dass sich in vielen Fällen der Arbeitsumfang des Anwalts und die Bedeutung der Sache für den Mandanten erhöhen werden. Die durch die Widerklage verursachte Mehrtätigkeit des RA ist innerhalb des Gebührenrahmens gem. § 14 RVG zu beachten. VV 1008 RVG kommt, da der RA nicht mehrere Auftraggeber vertritt, nicht in Betracht.

163 Diese Grundsätze gelten egal, ob der RA
– den widerbeklagten Privatkläger
– oder den widerklagenden Beschuldigten vertritt.

164 ***bb) Widerklage gegen Verletzten.*** **RA des Privatklägers und Verletzten.** Es erhöht sich der Rahmen der Verfahrensgebühr gem. VV 1008 RVG um 30 %, nicht auch der der Grundgebühr (→ RVG VV 1008 Rn. 23). Zu § 94 Abs. 2 BRAGO war allerdings noch hM,[130] dass eine Erhöhung gem. § 6 Abs. 1 S. 2 BRAGO nicht erfolgte. Dies beruhte darauf, dass § 94 Abs. 2 BRAGO bestimmte, dass sich durch die Widerklage „die Gebühren nicht erhöhen". Dieses Argument entfällt, nachdem in Nr. 12 nur noch bestimmt ist, dass die Klage und Widerklage eine Angelegenheit sind, über die Gebührenhöhe damit nichts gesagt ist. Unerheblich ist auch, dass es sich bei der Vertretung des Privatklägers und des widerbeklagten Verletzten nicht um denselben Gegenstand handelt. Auf denselben Gegenstand kommt es gem. VV 1008 Anm. Abs. 1 RVG nur an, wenn es sich um Wertgebühren handelt. Im Privatklageverfahren entstehen jedoch Betragsrahmengebühren (VV Vorb. 4 Abs. 1 RVG). Zur Berechnung → RVG VV 1008 Rn. 257 ff.

165 **RA des Beschuldigten und Widerklägers.** Für ihn erhöht sich die Gebühr nicht gem. VV 1008 RVG, da der RA nur einen Auftraggeber vertritt. Allerdings ist innerhalb des Gebührenrahmens ggf. ein größerer Umfang, eine größere Schwierigkeit, Bedeutung usw gem. § 14 RVG zu berücksichtigen.

5. Selbständige Privatklage des Beschuldigten

166 **a) Angelegenheit.** Der Beschuldigte hat es auch in der Hand, seinerseits in einem **neuen** Verfahren Privatklage zu erheben. Dann sind zwei verschiedene Verfahren und damit zwei Angelegenheiten gegeben. Nur wenn das Gericht beide Verfahren nach § 237 StPO verbindet, wird ab der Verbindung aus den zwei Angelegenheiten eine.

167 **b) Gebühren.** Die Gebühren gem. VV 4100 ff. RVG fallen in beiden Angelegenheiten neben einander an. Werden später die beiden Verfahren verbunden, so gelten die gleichen Grund-

---

[128] BT-Drs. 15/1971, 191.

[129] Mayer/Kroiß/*Rohn* RVG § 16 Rn. 58.

[130] Gerold/Schmidt/*Madert,* 15. Aufl. 2002, BRAGO § 94 Rn. 6; *Hartmann,* 33. Aufl. 2003, BRAGO § 94 Rn. 8; Riedel/Sußbauer/*Fraunholz,* 8. Aufl. 2000, BRAGO § 94 Rn. 5.

sätze wie für die Widerklage (→ Rn. 162 ff.). Der RA kann, wie auch sonst bei einer Verfahrensverbindung wählen, ob er die Gebühren vor oder nach der Verbindung gelten macht.

XIV. Kapitalanleger-Musterverfahren (Nr. 13)

Nach dem KapMuG (Gesetz zur Einführung von Kapitalanleger-Musterverfahren)[131] kann in einem erstinstanzlichen Verfahren unter bestimmten Voraussetzungen ein Musterfeststellungsverfahren beantragt werden, über das das OLG zu entscheiden hat. Das erstinstanzliche Verfahren wird unterbrochen. Das erstinstanzliche Prozessverfahren und das Musterverfahren bilden gem. Nr. 13 eine Angelegenheit,[132] mit Addition der Streitwerte (→ § 23b Rn. 2).[133] **168**

Auch beim OLG fallen Gebühren nur gem. VV 3100 ff. RVG an, da es nicht um eine Berufung geht und eine Sondervorschrift, die auf die Vergütung im Berufungsverfahren verweist, fehlt.[134] **169**

Beispiel:[135]
Der RA vertritt in getrennten Verfahren A mit Streitwert 10.000,– EUR und B mit Streitwert 15.000,– EUR. Nach mündlicher Verhandlung in beiden Verfahren wird hinsichtlich beider ein einheitliches Musterentscheidsverfahren eingeleitet.

Der RA verdient vor dem Musterentscheidsverfahren

im Verfahren A	
1,3 Verfahrensgebühr gem. VV 3100 RVG aus 10.000,– EUR	798,20 EUR
1,2 Terminsgebühr gem. VV 3104 RVG aus 10.000,– EUR	736,80 EUR
Kommunikationspauschale	20,00 EUR
im Verfahren B	
1,3 Verfahrensgebühr gem. VV 3100 RVG aus 15.000,– EUR	933,40 EUR
1,2 Terminsgebühr gem. VV 3104 RVG aus 15.000,– EUR	861,60 EUR
Kommunikationspauschale	20,00 EUR
Summe	3.370,00 EUR

Der RA kann aufgrund des Musterentscheidsverfahrens keine zusätzlichen Gebühren geltend machen. Es fällt auch kein Mehrvertretungszuschlag an, da mehrere Gegenstände gegeben sind. Jeder macht sein ihm auch allein zustehendes Recht geltend, weshalb auch die Werte zu addieren sind.

Variante: Hätte aber im Verfahren A und B noch keine mündliche Verhandlung stattgefunden, so hätte der RA im Musterentscheidsverfahren verdient

1,2 Terminsgebühr gem. VV 3104 RVG aus 25.000,– EUR	1.048,80 EUR

Variante: Hätte der RA im Verfahren A zwei Mandanten, die einen ihnen gemeinsam (!) zustehenden Anspruch von 10.000,– EUR geltend machen, vertreten, so käme im Ausgangsfall noch eine 0,3 Erhöhung gem. VV 1008 RVG aus 10.000,– EUR hinzu.

Variante: Hätte hingegen der RA im Verfahren A nicht nur einen, sondern zwei Auftraggeber wegen unterschiedlicher (!) Ansprüche, zB den einen wegen 10.000,– EUR, den anderen wegen 30.000,– EUR vertreten, so würde er im Ausgangsfall vor dem Musterentscheidsverfahren verdienen im Verfahren A

1,3 Verfahrensgebühr gem. VV 3100 RVG aus 40.000,– EUR	1.452,10 EUR
1,2 Terminsgebühr gem. VV 3104 RVG aus 40.000,– EUR	1.340,40 EUR
Kommunikationspauschale	20,00 EUR

Im Verfahren B würde sich nichts ändern.
Würde erstmals im Musterentscheidsverfahren eine Terminsgebühr anfallen, so wäre diese aus einem Streitwert von 40.000,– EUR zu errechnen.

Zur Rechtsbeschwerde → RVG VV Vorb. 3.2.2 Nr. 1b. **170**

§ 17 Verschiedene Angelegenheiten

Verschiedene Angelegenheiten sind

1. das Verfahren über ein Rechtsmittel und der vorausgegangene Rechtszug, soweit sich aus § 19 Absatz 1 Satz 2 Nummer 10a nichts anderes ergibt,

1a. jeweils das Verwaltungsverfahren, das einem gerichtlichen Verfahren vorausgehende und der Nachprüfung des Verwaltungsakts dienende weitere Verwaltungsverfahren (Vorverfahren, Einspruchsverfahren, Beschwerdeverfahren, Abhilfeverfahren), das Ver-

[131] BGBl. 2005 I 2437.
[132] BGH JurBüro 2016, 245 = WM 2016, 254; NJW 2014, 2126.
[133] *Mock* RVG-B 2005, 172 (173).
[134] *Mock* RVG-B 2005, 172 (173).
[135] Die nachfolgenden Berechnungen stimmen überein mit denen von *Mock* in RVG-B 2005, 172 (173).

fahren über die Beschwerde und die weitere Beschwerde nach der Wehrbeschwerdeordnung, das Verwaltungsverfahren auf Aussetzung oder Anordnung der sofortigen Vollziehung sowie über einstweilige Maßnahmen zur Sicherung der Rechte Dritter und ein gerichtliches Verfahren,

2. das Mahnverfahren und das streitige Verfahren,

3. das vereinfachte Verfahren über den Unterhalt Minderjähriger und das streitige Verfahren,

4. das Verfahren in der Hauptsache und ein Verfahren

a) auf Anordnung eines Arrests oder zur Erwirkung eines Europäischen Beschlusses zur vorläufigen Kontenpfändung,

b) auf Erlass einer einstweiligen Verfügung oder einer einstweiligen Anordnung,

c) über die Anordnung oder Wiederherstellung der aufschiebenden Wirkung, über die Aufhebung der Vollziehung oder über die Anordnung der sofortigen Vollziehung eines Verwaltungsakts sowie

d) über die Abänderung, die Aufhebung oder den Widerruf einer in einem Verfahren nach den Buchstaben a bis c ergangenen Entscheidung,

5. der Urkunden- oder Wechselprozess und das ordentliche Verfahren, das nach Abstandnahme vom Urkunden- oder Wechselprozess oder nach einem Vorbehaltsurteil anhängig bleibt (§§ 596, 600 der Zivilprozessordnung),

6. das Schiedsverfahren und das Verfahren über die Zulassung der Vollziehung einer vorläufigen oder sichernden Maßnahme sowie das Verfahren über einen Antrag auf Aufhebung oder Änderung einer Entscheidung über die Zulassung der Vollziehung (§ 1041 der Zivilprozessordnung),

7. das gerichtliche Verfahren und ein vorausgegangenes

a) Güteverfahren vor einer durch die Landesjustizverwaltung eingerichteten oder anerkannten Gütestelle (§ 794 Abs. 1 Nr. 1 der Zivilprozessordnung) oder, wenn die Parteien den Einigungsversuch einvernehmlich unternehmen, vor einer Gütestelle, die Streitbeilegung betreibt (§ 15a Abs. 3 des Einführungsgesetzes zur Zivilprozessordnung),

b) Verfahren vor einem Ausschuss der in § 111 Abs. 2 des Arbeitsgerichtsgesetzes bezeichneten Art,

c) Verfahren vor dem Seemannsamt zur vorläufigen Entscheidung von Arbeitssachen und

d) Verfahren vor sonstigen gesetzlich eingerichteten Einigungsstellen, Gütestellen oder Schiedsstellen,

8. das Vermittlungsverfahren nach § 165 des Gesetzes über das Verfahren in Familiensachen und in den Angelegenheiten der freiwilligen Gerichtsbarkeit und ein sich anschließendes gerichtliches Verfahren,

9. das Verfahren über ein Rechtsmittel und das Verfahren über die Beschwerde gegen die Nichtzulassung des Rechtsmittels,

10. das strafrechtliche Ermittlungsverfahren und

a) ein nachfolgendes gerichtliches Verfahren und

b) ein sich nach Einstellung des Ermittlungsverfahrens anschließendes Bußgeldverfahren,

11. das Bußgeldverfahren vor der Verwaltungsbehörde und das nachfolgende gerichtliche Verfahren,

12. das Strafverfahren und das Verfahren über die im Urteil vorbehaltene Sicherungsverwahrung und

13. das Wiederaufnahmeverfahren und das wiederaufgenommene Verfahren, wenn sich die Gebühren nach Teil 4 oder 5 des Vergütungsverzeichnisses richten.

Übersicht

I. Motive

Die Motive zum KostRMoG führen zu § 17 RVG allgemein aus: 1

„Diese Bestimmung bildet das Gegenstück zu § 16 RVG-E. In ihr sollen die Fälle abschließend aufgeführt werden, bei denen es ohne diese Vorschrift zumindest zweifelhaft wäre, ob sie verschiedene Angelegenheiten darstellen."[1]

Weitere Angaben zu den Motiven befinden sich zu den einzelnen Nummern von § 17 RVG.

[1] BT-Drs. 15/1971, 191.

II. Jeder Rechtszug eine Angelegenheit (Nr. 1)

1. Motive

2 Die Motive zum 2. KostRMoG führen aus

zu § 15 Abs. 2 S. 2 RVG aF:

„Die Vorschrift kann wegen der vorgeschlagenen Änderung zur Einfügung einer neuen Nr. 1 in § 17 RVG (…) aufgehoben werden. Darin soll künftig bestimmt werden, dass jeder Rechtszug eines gerichtlichen Verfahrens gebührenrechtlich eine eigene Angelegenheit bildet. Dies soll jedoch nichts daran ändern, dass mehrere parallele Rechtsstreitigkeiten in jedem Fall jeweils gesonderte Angelegenheiten bilden. Damit reicht die Regelung in § 15 Abs. 2 S. 1 RVG aus, dass der RA die Gebühren in derselben Angelegenheit nur einmal fordern kann."

3 Zu § 17 Nr. 1 RVG:

„… Das geltende Recht wird bereits unter Berufung auf § 15 Abs. 2 S. 2 RVG so ausgelegt, dass mehrere Rechtszüge verschiedene Angelegenheiten sind (Gerold/Schmidt/*Müller-Rabe,* 19. Aufl. 2010, RVG VV 7001, 7002 Rn. 22). Es soll nunmehr in der neuen Nr. 1 des § 17 RVG klargestellt werden, dass jeder Rechtszug und die übrigen Rechtszüge verschiedene Angelegenheiten sind."[2]

2. Ein Rechtszug – eine Angelegenheit

4 **Jeder Rechtszug** eines gerichtlichen Verfahrens gilt nach § 17 Nr. 1 RVG als besondere Angelegenheit. Es ist nunmehr in § 17 Nr. 1 RVG geregelt, was bisher in § 15 Abs. 2 S. 2 RVG enthalten war. Dabei ergibt sich aus den Motiven (→ Rn. 2), dass die Verlagerung nach § 17 Nr. 1 RVG aus systematischen Gründen erfolgt ist, ohne dass sich in der Sache etwas ändern sollte.[3] Etwas anderes gilt gem. §§ 17 Nr. 1, 19 Abs. 1 S. 2 Nr. 10a RVG teilweise für Beschwerden, deren Gebühren sich aus VV Teil 4–6 RVG ergeben → § 19 Rn. 133.

3. Anwendungsbereich

5 **Alle gerichtlichen Verfahren.** § 17 Nr. 1 RVG gilt für alle Gerichtsverfahren und nicht nur für den Zivilprozess und die ihm ähnlichen Verfahren.

6 **Nicht gerichtliche Tätigkeit.** § 17 Nr. 1 RVG regelt nur das Verhältnis gerichtlicher Verfahren untereinander. Hingegen besagt § 17 Nr. 1 RVG nichts
- zu dem Verhältnis der vorgerichtlichen Tätigkeit zur Tätigkeit in einem Gerichtsverfahren (zB RA fordert erst zur Zahlung auf und klagt dann),
- zu anderen als Gerichtsverfahren, also zB nichts zum Verhältnis Widerspruchsverfahren bei höherer Verwaltungsbehörde und Verwaltungsprozess,
- zum Verhältnis Schieds-, Güte- und ähnliche Verfahren zum gerichtlichen Verfahren.

7 **Verfassungsbeschwerde.** § 17 Nr. 1 RVG ist nicht anwendbar. Sie ist kein Rechtsmittel. Dass sie im Verhältnis zu den vorausgegangenen Verfahren eine selbständige Angelegenheit darstellt, folgt bereits daraus, dass eine neue Gerichtsbarkeit betroffen ist.[4]

4. Unterschiedliche Instanzen

8 Jede Instanz ist ein Rechtszug. Wird die Entscheidung der ersten Instanz (ein Rechtszug) Gegenstand eines Berufungsverfahrens (neuer Rechtszug), so sind zwei Rechtszüge gegeben. Im Regelfall führen Rechtsmittel zu einem neuen Rechtszug. Das gilt nicht nur für Berufungen und Revisionen, sondern auch für **Beschwerden.** Dabei ist es gleichgültig ob die angegriffene Entscheidung eine die Instanz beendende Entscheidung oder nur eine Zwischenentscheidung ist.[5] Hingegen begründet ein **Rechtsbehelf** (zB Einspruch gegen Versäumnisurteil) nicht eine neue Angelegenheit, da er zu einer Tätigkeit der gleichen Instanz führt.

9 Der RA kann gem. Nr. 1, wenn er in mehreren Rechtszügen, zB im erstinstanzlichen und im Berufungsverfahren tätig wird, die gleichen Gebühren und die Pauschale des VV 7002 RVG, die er bereits im niedrigeren Rechtszug erhalten hat, im höheren Rechtszug nochmals in Rechnung stellen, und zwar im Berufungs- und Revisionsverfahren die nach VV 3200, 3202 RVG (VV 3208 RVG) erhöhten Gebühren.

10 Der RA, der einen **Angeklagten** durch drei Instanzen verteidigt, erhält sonach drei Verteidigungsgebühren, zunächst die Gebühr VV 4112 RVG, sodann die Gebühr VV 4124 RVG und schließlich die Gebühr VV 4130 RVG. Verweist das Revisionsgericht die Sache unter Aufhe-

---

[2] BT-Drs. 17/11471, 267.

[3] *Hansens* Anm. zu BGH RVGreport 2016, 94 und zu BGH RVGreport 2016, 215.

[4] Für analoge Anwendung von § 17 Nr. 1 RVG *Hansens* Anm. zu OLG Celle RVGreport 2015, 95.

[5] *Schmidt* Büro 1962, 264.

bung des angefochtenen Urteils an die Strafkammer zurück, stellt das erneute Berufungsverfahren eine weitere – die vierte – Instanz dar, in der eine Gebühr nach VV 4112 RVG erneut anfällt. Wird wiederum Revision eingelegt, erwächst auch die Gebühr nach VV 4130 RVG zum zweiten Mal. Die Pauschale gem. VV 7002 RVG fällt jedes Mal neu an.

5. Ein Verfahren – eine Angelegenheit

Bislang war es allgemeine Auffassung, dass in einem Rechtszug geltend gemachte unterschiedliche Ansprüche, auch wenn sie von einer Mehrheit von Personen geltend gemacht werden, immer[6] bzw. im allgemeinen[7] bzw. im Regelfall[8] eine Angelegenheit darstellen. Auf einen inneren Zusammenhang der Gegenstände wurde nicht abgestellt. Etwas anderes galt nur, wenn sich aus dem RVG ergab, dass verschiedene Abschnitte eines einheitlichen prozessualen Rechtszugs verschiedene Angelegenheiten darstellen sollen (→ Rn. 15). 11

Der BGH hingegen verlangt bei mehreren Gegenständen auch in einem Rechtszug, dass ein einheitlicher Auftrag, gleicher Rahmen und innerer Zusammenhang besteht.[9] Dennoch kommt er zu dem Ergebnis, dass „regelmäßig" das gerichtliche Verfahren in einem Rechtszug eine Angelegenheit ist. Der innere Zusammenhang wird nach seiner Meinung schon dadurch hergestellt, dass das Gericht von einer Trennung des Verfahrens wegen ihres Sachzusammenhangs absieht bzw. zwar ursprünglich getrennte Verfahren wegen ihres Sachzusammenhangs verbindet. Im Ergebnis weicht der BGH damit von der allgemeinen Meinung nicht ab. 12

In der Lit. wird nunmehr die Auffassung vertreten, dass die bisher zutreffende Auffassung, dass ein Rechtszug immer nur eine Angelegenheit ist, durch die Neufassung von § 17 Nr. 1 RVG neu überprüft werden muss.[10] 13

Da durch die Verlagerung des § 15 Abs. 2 S. 2 RVG aF in den § 17 Nr. 1 RVG inhaltlich sich nichts ändern sollte (→ Rn. 2), muss es dabei bleiben, dass ein Rechtszug immer nur eine Angelegenheit ist, es sei denn im Gesetz ist etwas anderes geregelt. 14

Mehrere Angelegenheiten innerhalb der gleichen Instanz. Aber auch innerhalb der prozessrechtlich gleichen Instanz können aufgrund besonderer gesetzlicher Regelung mehrere Angelegenheiten im Sinne des RVG gegeben sein zB das Mahn- und das streitige Verfahren (§ 17 Nr. 2 RVG), das Eil- und Hauptsacheverfahren (§ 17 Nr. 4 RVG), der Urkundenprozess und das ordentliche Verfahren (§ 17 Nr. 5 RVG). 15

6. Beginn und Ende des Rechtszugs

Der Begriff des Rechtszugs in einem gerichtlichen Verfahren, wie er für die Rechtsanwaltsgebühren gilt, deckt sich nicht völlig mit dem Instanzenbegriff der Prozessordnungen und des GKG. Der Rechtszug iSd Verfahrensrechts wird bei dem Gericht mit der Erhebung der Klage eingeleitet. Dagegen beginnt für die Rechtsanwaltsgebühr der Rechtszug schon mit jeder Tätigkeit nach Annahme des Auftrags zur Einleitung des Verfahrens (→ RVG VV 3100 Rn. 15 ff.). Verfahrensrechtlich endet der Rechtszug mit der Zustellung des Urteils, ferner durch Vergleich, Rücknahme der Klage. Gebührenrechtlich umfasst er alle Tätigkeiten, die in § 19 einzeln aufgeführt sind. Dazu gehören auch Tätigkeiten, die nach der Zustellung des Urteils liegen, wie zB die meisten der in § 19 Abs. 1 S. 2 Nr. 9 RVG aufgeführten Tätigkeiten. 16

7. Umfang des Rechtszugs

Gesetzliche Regelungen des Umfangs der Instanz sind in zahlreichen Bestimmungen enthalten, zB in §§ 16–21 RVG. Die Gebühren für die Tätigkeit im Rechtszug gelten zugleich auch die Vorbereitungshandlungen, Abwicklungstätigkeiten und Nebentätigkeiten ab (→ RVG § 19 Rn. 1 ff.). Zugleich bestimmt das Gesetz aber auch, dass bestimmte Verfahren oder Tätigkeiten einer neuen Angelegenheit zuzurechnen sind. Darunter sind auch Fälle, die verfahrensrechtlich zum selben Rechtszug gehören, zB in § 17 Nr. 5 RVG. Das ordentliche Verfahren, das nach Abstandsnahme vom Urkunden- oder Wechselprozess oder nach einem Vorbehaltsurteil anhängig bleibt, gehört gebührenrechtlich nicht zum Rechtszug, wohl aber verfahrensrechtlich. Dazu, dass eine Anrechnung immer für zwei Angelegenheiten spricht → § 15 Rn. 34. 17

---

[6] OLG Köln AGS 2015, 284 Rn. 11; Schneider/Wolf/*N. Schneider* RVG § 15 Rn. 179; *N. Schneider* Anm. zu BGH AGS 2016, 61; *Hansens* Anm. zu OLG Köln RVGreport 2015, 458; Anm. zu BGH RVGreport 2016, 94; Anm. zu BGH RVGreport 2016, 215.

[7] Hartmann/Toussaint/*Toussaint* RVG § 15 Rn. 16; Bischof/*Bischof* RVG § 15 Rn. 14.

[8] OLG München JurBüro 1995, 138.

[9] BGH AGS 2016, 61 = ZfS 2016, 225 = RVGreport 2016, 94 mAnm *Hansens;* BGH NJW-RR 2016, 883 = NZM 2016, 552 = RVGreport 2016 Rn. 215 mAnm *Hansens.*

[10] *Hansens* Anm. zu BGH RVGreport 2016, 94 und zu BGH RVGreport 2016, 215.

8. Einheitlicher Auftrag

17a Der RA muss auf Grund eines einheitlichen Auftrags tätig geworden sein. Hierzu zunächst → § 15 Rn. 8.

17b **Umfang des Auftrags.** Dabei ist davon auszugehen, dass der Auftrag zur Erledigung eines bestimmten Verfahrens stets den Auftrag enthält, die Angelegenheit bis zum völligen Abschluss der in Frage kommenden gebührenpflichtigen Tätigkeit zu erledigen. Es wird also nicht schon dadurch eine neue gebührenpflichtige Instanz eröffnet, dass der Auftraggeber im Laufe einer gerichtlichen Instanz oder sonst in derselben Angelegenheit den RA noch mit einer Einzeltätigkeit oder einer Klageerweiterung beauftragt, die unter die gleiche Gebührenvorschrift fällt.

Beispiel:

Der Kläger, der zunächst nur einen Teilbetrag eingeklagt hat, beauftragt seinen Prozessbevollmächtigten, die Klage auf den Gesamtbetrag zu erweitern.

17c **Zeitlich versetzte Aufträge.** Der Auftrag braucht nicht zur gleichen Zeit erteilt zu sein. Auch dann, wenn zwei Streitgenossen den RA nacheinander zu ihrem Prozessbevollmächtigten bestellen, liegt ein einheitlicher Auftrag vor.

17d **Änderung oder Erweiterung des Auftrags.** Bei der Tätigkeit des RA für eine Partei, die zuerst Streitgehilfin, nach Klageausdehnung aber Partei ist, handelt es sich gebührenmäßig um ein und dieselbe Angelegenheit.[11]

9. Einzelfälle

17e **a) Erste Instanz.** Hier werden nicht aufgeführt solche Fragen, für die sich in §§ 16–21 RVG spezielle Regelungen finden.

17f **Abtretung.** Der gemeinsame Prozessbevollmächtigte des Klägers und des dem Rechtsstreit zum Zwecke des Vergleichsschlusses beitretenden Zedenten der streitgegenständlichen Forderung ist für beide Auftraggeber in derselben Angelegenheit tätig.[12] Dasselbe gilt, wenn derselbe RA nach der Abtretung den Rechtsstreit für den Zessionar fortführt (→ RVG VV 1008 Rn. 163 ff.).

18 **Akteneinsicht,** → § 15 Rn. 32.

19 **Arbeitsrecht,** → § 15 Rn. 36 ff.

20 **Auswärtige Beweisaufnahme.** Der Auftrag an einen auswärtigen RA zur **Wahrnehmung eines Beweistermins** enthält mitunter zugleich den Auftrag, etwa später im gleichen Rechtszug am gleichen Orte noch stattfindende weitere Beweistermine wahrzunehmen, so dass dieser RA, wenn er nach Abschluss der ersten Beweisaufnahme im gleichen Rechtszug erneut mit der Wahrnehmung eines Beweistermins beauftragt wird, nur einmal die Gebühr nach VV 3401 RVG erhält. Aber selbst wenn man einen so weitgehenden Auftrag nicht annimmt, vielmehr von zwei verschiedenen Aufträgen ausgeht, ist das Ergebnis das Gleiche. § 15 Abs. 5 verhindert in diesem Falle das mehrfache Entstehen der Gebühren. Dagegen hat auch der Beweisanwalt Anspruch auf mehrere Gebühren, wenn er in verschiedenen Instanzen tätig wird, also zB je eine Beweisaufnahme im ersten Rechtszug und im Berufungsverfahren wahrnimmt.

21 **Dauerverfahren.** Die Abänderung eines Unterhalts-, Sorgerechts- oder Umgangsrechtstitels stellt eine neue Angelegenheit dar.

Drittwiderklage und Klage sind eine Angelegenheit.[13]

22 **Ehesachen.** Dieselbe Angelegenheit ist gegeben, wenn der RA den Antrag auf Scheidung zurücknimmt und später, weil auch der andere Ehegatte gleichzeitig die Scheidung beantragt hatte, in demselben Verfahren den Antrag erneut stellt. Dagegen liegen zwei verschiedene Verfahren vor, wenn zB der Ehemann seinen Scheidungsantrag zurücknimmt, womit das Verfahren beendet ist, und dann nach Stellung eines selbständigen Scheidungsantrags der Ehefrau ebenfalls die Scheidung der Ehe begehrt.

Reichen die Prozessbevollmächtigten von Eheleuten selbständige Antragsschriften auf Scheidung ein, werden durch diese Antragsschriften zwei Rechtszüge in Gang gesetzt, in denen – bis zur notwendigen Verbindung – eigene Gebühren entstehen.[14]

---

[11] KG Rpfleger 1962, 37.

[12] OLG Nürnberg MDR 2008, 352 = BeckRS 2008, 02123 mAnm *Mayer* FD-RVG 2008, 255264; Mayer/Kroiß/*Winkler* RVG § 15 Rn. 16; Hartmann/Toussaint/*Toussaint* RVG § 15 Rn. 32 „Abtretung".

[13] BGH AGS 2016, 61 = ZfS 2016, 225 = RVGreport 2016, 94 mAnm *Hansens;* OLG Celle 30.12.2014 – 2 W 279/14 BeckRS 2015, 02264 mAnm *Mayer* FD-RVG 2015, 366879; OLG Köln AGS 2015, 284 Rn. 11; *N. Schneider* Anm. zu BGH AGS 2016, 61; **aA** OLG Stuttgart NJW-RR 2013, 63 = JurBüro 2013, 136.

[14] OLG München AnwBl 1957, 22.

Elterliche Sorge, → Rn. 21. 23

Fortsetzung eines unterbrochenen oder ausgesetzten Verfahrens. Das Verfahren nach der Aufnahme eines nach §§ 239 ff. ZPO unterbrochenen oder ausgesetzten Verfahrens bildet mit dem unterbrochenen Verfahren zusammen eine einheitliche Instanz.[15] 24

Fortsetzung nach Vergleich. Wird ein Verfahren nach Vergleichsschluss fortgesetzt, etwa weil der Vergleich angefochten oder widerrufen wird, so bleibt der Rechtszug derselbe. Wird jedoch über die Anfechtung eines Vergleichs in einem neuen Rechtsstreit oder in einem neuen Rechtszug (etwa im Berufungsverfahren) entschieden, so entstehen neue Gebühren. Es kann dann auch eine neue Einigungsgebühr anfallen.[16] 25

Irrige Annahme der Erledigung. Auch bei irriger Annahme, die Instanz sei völlig beendet, fällt, wenn später eine Wiederaufnahme der Tätigkeit des Anwalts zum endgültigen Abschluss der vermeintlich beendeten Instanz erforderlich wird, die erneute Tätigkeit unter den ursprünglichen Auftrag, selbst wenn der RA seine Akten weggelegt und die Kosten abgerechnet hatte, zB bei Ausübung des in einem Vergleich vorbehaltenen Rücktrittsrechts.[17] 26

Klageänderung. Bei einer Klageänderung ist der Rechtsstreit auch nach der Änderung dieselbe Angelegenheit.[18] 27

Mediation, gerichtsnahe, → § 19 Rn. 29; → RVG VV Vorb. 3 Rn. 238. 28

Mehrere vom RA vertretene Personen. Auch bei in einem Verfahren anhängigen unterschiedlichen Ansprüchen gegen mehrere Beklagte liegt eine Angelegenheit vor.[19] Vgl. „Streitgenossen" → Rn. 36; „Drittwiderklage" → Rn. 21. 29

Nebenintervention, → § 19 Rn. 25c, d. 30

Neuerhebung von Klage nach Rücknahme. Eine neue Instanz liegt vor, wenn eine Klage zurückgenommen und dann neu erhoben wird,[20] aber auch → Rn. 22. 31

Parteiwechsel, → RVG VV 1008 Rn. 104 ff. 32

Prozesshindernde Einreden. Das Verfahren hierüber und das Hauptsacheverfahren sind ein Rechtszug. 33

Rechtsnachfolge. Der Streit über die Rechtsnachfolge in einem nach Urteilsverkündung, aber vor Rechtskraft, durch den Tod einer Partei unterbrochenen Verfahren ist eine Angelegenheit. Die Fortsetzung des Rechtsstreits für die **Erben** durch den Prozessbevollmächtigten des Erblassers ist eine Angelegenheit. Durch den Tod des Auftraggebers erlöschen weder der Auftrag noch die Vollmacht. Wird der Rechtsstreit versehentlich gegen einen unbeteiligten Dritten als „Erben" aufgenommen, der in Wirklichkeit kein Erbe ist, so wurde vertreten, dass es sich dann für den Anwalt, der bisher den Erblasser vertreten hatte, um eine neue Angelegenheit handelt.[21] Dem ist aus den zum Parteiwechsel dargelegten Gründen (→ RVG VV 1008 Rn. 104 ff.) nicht zu folgen. 34

Selbständiges Beweisverfahren, → Anh. III Rn. 23. 35

Streitgenossen. Das **Vorhandensein mehrerer Streitgenossen** ändert nichts an der Einheit der Instanz, und zwar selbst dann nicht, wenn die geltend gemachten Ansprüche nicht gleichartig sind. Das gilt auch dann, 36

- wenn auf Seiten des Klägers oder des Beklagten ein Dritter dem Rechtsstreit zwecks Abschlusses eines Vergleiches beitritt,
- wenn erst über die Klage gegen den einen rechtskräftig entschieden wird, das Verfahren gegen den anderen Streitgenossen zunächst ruht und erst später auch über den Anspruch gegen den anderen Streitgenossen verhandelt und entschieden wird.

Sa mehrere vom RA vertretene Personen → Rn. 36; Drittwiderklage → Rn. 21.

Teilurteil. Eine Angelegenheit ist gegeben, wenn nach Erlass eines Teilurteils das Verfahren bei dem gleichen Gericht wegen des noch nicht entschiedenen Teils fortgesetzt wird. 37

Umgangsrecht, → Rn. 21. 38

Unterhalt, → Rn. 21. Wegen vereinfachtem Unterhaltsverfahren → Rn. 72 ff. 39

Verfahrenstrennung, → RVG VV 3100 Rn. 61 ff. 40

Verfahrensverbindung, → RVG VV 3100 Rn. 40 ff. 41

---

[15] OLG Hamm MDR 1970, 61 = JurBüro 1969, 1171.
[16] OLG Nürnberg JurBüro 1963, 233 = Rpfleger 1963, 137.
[17] OLG Hamm JurBüro 1986, 293 = Rpfleger 1985, 415.
[18] OLG Hamburg JurBüro 1978, 1807.
[19] BGH NJW-RR 2016, 883 = NZM 2016, 552 = RVGreport 2016 Rn. 215 mAnm *Hansens.*
[20] OLG Hamm AnwBl 1978, 425 = JurBüro 1978, 1655.
[21] OLG Köln JMBlNRW 62, 272 = Rpfleger 1963, 361.

42 **Verfassungsbeschwerden.** Das BVerfG vertritt die Auffassung, dass die Verbindung mehrerer gleichgelagerter Verfassungsbeschwerden und die gemeinsame Entscheidung über sie die mehreren Verfassungsbeschwerden nicht zu einer Angelegenheit zusammenfassen.[22]

43 **Vergleich nach Erlass des Urteils.** Ein Vergleich nach Erlass des Urteils und vor Eintritt der Rechtskraft, gehört zur unteren Instanz.

44 **Versäumnisurteil.** Bei einem Einspruch gegen ein Versäumnisurteil liegt dieselbe Angelegenheit mit der Hauptsache vor.[23]

45 **Verschiedene Kammern oder Senate.** Bei Verfahren vor verschiedenen Kammern oder Senaten desselben Gerichts, zB erst vor der Zivilkammer, dann vor der Kammer für Handelssachen, ist ein Rechtszug gegeben.

46 **Vollstreckungsabwehrklage,** → RVG VV 3309 Rn. 296.

47 **Vorbehaltsurteil gem. § 302 ZPO.** Wird nach Erlass eines Vorbehaltsurteils gem. § 302 ZPO das Nachverfahren über die Aufrechnung durchgeführt, liegt nur eine Angelegenheit vor. § 17 Nr. 5 RVG ist nicht entsprechend anwendbar.[24]

48 **Wechsel vom Verkehrsanwalt zum Verfahrensbevollmächtigten,** → RVG VV 3400 Rn. 83.

49 **Wiederaufnahmeverfahren.** Das Wiederaufnahmeverfahren gem. §§ 578 ff. RVG bildet im Verhältnis zum wiederaufgenommenen Verfahren eine neue Instanz.[25] Im Verhältnis zum Wiederaufnahmeverfahren bildet der sich anschließende, die Hauptsache selbst betreffende Verfahrensteil keinen neuen selbständigen Rechtszug.[26] Wegen der Gebührenhöhe → RVG VV Vorb. 3.2.1 Rn. 63.

50 **Wiedereinsetzung.** Das Wiedereinsetzungsverfahren ist keine neue Angelegenheit.[27]

51 **Wiedereröffnung abgeschlossener Verfahren,** → Rn. 24.

52 **Zwangsversteigerung und Zwangsverwaltung,** → RVG VV 3311, 3312 Rn. 21 ff.

53 **Zwangsvollstreckung,** → RVG VV 3309 Rn. 46 ff.

54 **b) Rechtsmittelverfahren. Mehrere Rechtsmittel gegen dasselbe Urteil.** Wird **dasselbe Urteil** angefochten, so liegt auch dann eine einheitliche Rechtsmittelinstanz vor, wenn von beiden Parteien oder von mehreren **Streitgenossen** die Berufung gesondert eingelegt worden ist. Voraussetzung ist, dass die Rechtsmittel zeitlich zusammentreffen, dh, dass das erste Rechtsmittel noch nicht entschieden, verglichen, erledigt erklärt oder zurückgenommen ist, wenn das zweite Rechtsmittel eingelegt wird. Gleichzeitige Einlegung der Rechtsmittel ist nicht erforderlich.

55 Streitig ist, ob verschiedene Angelegenheiten anzunehmen sind, wenn die Richtung der Berufung nicht die Gleiche ist (zB Berufung des Klägers gegen den Beklagten zu 1 und Berufung des Beklagten zu 2 gegen den Kläger).[28] Jedenfalls dann, wenn beide Berufungen von Anfang an unter demselben Aktenzeichen geführt werden, liegt eine Angelegenheit vor.[29]

56 **Mehrere Rechtsmittel gegen mehrere Urteile.** Werden mehrere Rechtsmittel gegen unterschiedliche Urteile eingelegt, so liegen mehrere Angelegenheiten vor.[30] Das gilt

- bei mehreren **Teilurteilen** auch, wenn die Rechtsmittel für die gleiche Partei eingelegt worden sind oder das eine Teilurteil die Klage, das andere die Widerklage betrifft, und zwar selbst dann, wenn die Berufung gegen mehrere Teilurteile im selben Schriftsatz eingelegt wird; das gilt auch dann, wenn gegen **Streitgenossen** getrennte Teilurteile ergangen sind, weil durch die Berufung gegen jedes Teilurteil ein eigenes Berufungsverfahren (mit eigenen Gebühren) eröffnet wird,
- beim **Urkunden- oder Wechselprozess** bei Berufung sowohl gegen das Vorbehaltsurteil als auch gegen das Urteil im Nachverfahren,
- bei getrennten Berufungen gegen **Grund- und Betragsurteil,**
- bei **erneuter Berufung gegen das nach Zurückverweisung** ergangene zweite erstinstanzliche Urteil,

---

[22] AnwBl 1976, 163.
[23] Hartmann/Toussaint/*Toussaint* RVG § 15 Rn. 32 „Einspruch".
[24] OLG Nürnberg JurBüro 1972, 404; OLG Stuttgart KostRspr BRAGO § 13 Nr. 23.
[25] BGH 18.5.1995 – X ZR 52/93, BeckRS 1995, 04076.
[26] OLG Stuttgart JurBüro 1981, 698.
[27] Schneider/Wolf/*N. Schneider* RVG § 15 Rn. 200.
[28] Zum Meinungsstand KG KGR 2003, 313.
[29] KG KGR 2003, 313.
[30] OLG Bamberg JurBüro 1989, 1544.

– bei Berufung gegen das Urteil in der Hauptsache, nachdem bereits gegen ein **prozesshindernde Einreden** betreffendes Urteil Berufung eingelegt und der Rechtsstreit vom Berufungsgericht an das erste Gericht zurückverwiesen worden war,
– wenn die Berufung gegen ein **Zwischenurteil zurückgenommen** worden war und eine weitere Berufung gegen ein Endurteil eingelegt wird.[31]

Dagegen sind die Berufung gegen das die Hauptsache betreffende Teilurteil und danach gegen das **nur die Kosten betreffende Schlussurteil** keine neue Angelegenheit. Auch das Ergänzungsurteil nach § 321 ZPO steht zu dem ergänzten Urteil im gleichen Verhältnis wie das Teilurteil zum Schlussurteil (eine Angelegenheit). 57

Prozesskostenhilfebeschwerdeverfahren. Dieses und das Hauptverfahren sind verschiedene Angelegenheiten.[32] 58

Strafrechtliche Besonderheiten. Dazu, dass Beschwerden von den Gebühren nach VV 4104, 4106 RVG mitabgegolten sind → RVG VV 4104 Rn. 7. 59

Streitgenossen, → Rn. 54 ff. 60

Trennung eines Rechtsmittelverfahrens, → RVG VV 3200 Rn. 25. 61

Verbindung von Rechtsmittelverfahren, → RVG VV 3200 Rn. 26. 62

Vorlage an gemeinsamen Senat. Die Vorlage an einen gemeinsamen Senat eines Obersten Gerichtshofes oder an den Großen Senat der Obersten Gerichtshöfe des Bundes begründet keinen neuen Rechtszug. 63

Vorlage an Bundesverfassungsgericht und Gerichtshof der Europäischen Gemeinschaften. Sie leiten einen neuen Rechtszug ein.[33] 64

Wiederholung des Rechtsmittels. Es liegt nur ein Rechtsmittelverfahren vor, wenn ein Rechtsmittel nochmals eingelegt wird, weil Zweifel an der Zulässigkeit des ersten Rechtsmittels entstanden sind. Das gilt auch dann, wenn das erste Rechtsmittel zurückgenommen wird.[34] Das gilt nach dem BGH sogar dann, wenn nach Ablauf der Berufungsfrist, jedoch vor rechtskräftiger Entscheidung des Landesgerichts, erneut beim Oberlandesgericht Berufung eingelegt wird, weil Zweifel an der Zulässigkeit der Berufungseinlegung beim Landesgericht bestehen, und wenn sodann beide Berufungen als unzulässig verworfen werden.[35] Ebenso liegt nur ein einheitliches Berufungsverfahren vor, wenn eine Berufung nach Rücknahme und selbständiger Berufung des Gegners **als Anschlussberufung wiederholt** wird.[36] 65

Dagegen liegen zwei Berufungsverfahren vor, wenn **nach der Verwerfung der Berufung** als unzulässig innerhalb der Berufungsfrist **erneut** Berufung eingelegt wird.[37] 66

III. Verwaltungsverfahren (Nr. 1a)

Aus der bisherigen Nr. 1 wurde mit dem 2. KostRMoG die Nr. 1a, nachdem eine neue Nr. 1 eingefügt worden ist. Im Übrigen → Anh. IV Rn. 10 ff. 67

IV. Mahn-/Streitverfahren (Nr. 2)

Motive. Die Motive führen aus: 68

„Da die §§ 17 und 18 RVG-E als abschließende Aufzählung ausgestaltet sind, soll in den Nummern 2 und 3 ausdrücklich bestimmt werden, dass das Mahnverfahren bzw. das vereinfachte Verfahren über den Unterhalt Minderjähriger einerseits und der streitige Verfahren andererseits verschiedene Angelegenheiten darstellen. Nach geltendem Recht ergibt es sich lediglich aus den Anrechnungsbestimmungen in § 43 Abs. 2 und § 44 Abs. 2 BRAGO, dass es sich um verschiedene Angelegenheiten handelt."

Das **Mahn- und Streitverfahren** sind zwei Angelegenheiten. Das galt schon bisher,[38] ergab sich aber nur aus der Anrechnungsbestimmung des § 43 Abs. 2 BRAGO, Motive RVG → Rn. 68. Im Übrigen → RVG VV 3305 Rn. 35. 69

---

[31] OLG Düsseldorf AnwBl 1988, 414 = MDR 1988, 508.
[32] Mayer/Kroiß/*Winkler* RVG § 15 Rn. 63.
[33] Wegen der Gebühren vgl. §§ 37, 38 RVG.
[34] OLG Frankfurt a. M. MDR 1957, 305; OLG Hamburg MDR 1972, 877; JurBüro 1976, 615; KG JurBüro 1987, 541; OLG Düsseldorf JurBüro 1988, 865.
[35] BGH NJW-RR 2007, 1000 = AGS 2007, 392 mablAnm *N. Schneider.*
[36] OLG Bamberg JurBüro 1978, 866; JurBüro 1981, 381 mAnm *Mümmler;* OLG München AnwBl 1978, 108, nach Verwerfung der Berufung durch Teilanteil unselbständige Anschlussberufung an das Rechtsmittel des Gegners.
[37] *Schmidt* JR 1968, 259, der Anwalt des Berufungsbeklagten, der in beiden Berufungen auftritt, hat wohl Anspruch auf doppelte Gebühren; der Anwalt des Berufungsklägers, der die Verwerfung verschuldet hat, wird die Gebühren nur einmal fordern dürfen; OLG Bamberg JurBüro 1989, 1544; **aA** KG JurBüro 1989, 1542.
[38] BGH FamRZ 2004, 1720 = JurBüro 2004, 649 = NJW-RR 2004, 1656; JurBüro 2005, 142.

70 Die **vorgerichtliche Vertretung und das Mahnverfahren** sind, wenn der RA zunächst noch keinen unbedingten Auftrag für das Mahnverfahren hatte, nach allgemeinen Regeln ebenfalls zwei Angelegenheiten, da der RA in verschiedenen Rahmen tätig werden soll, einmal ohne gerichtliche Hilfe und einmal mit.

71 Der RA kann also nebeneinander verdienen
- eine Geschäftsgebühr gem. VV 2300 ff. RVG,
- eine Mahngebühr gem. VV 3305 RVG,
- eine Vollstreckungsbescheidsgebühr gem. VV 3308 RVG
- und eine Verfahrensgebühr gem. VV 3100 ff. RVG,

wobei jedoch die jeweiligen Anrechnungsbestimmungen (VV Vorb. 3 Abs. 4, 3305 Anm. RVG) zu beachten sind. Dazu können noch Terminsgebühren, auch im Mahnverfahren (VV Vorb. 3.3.2 RVG), und eine Einigungsgebühr kommen.

V. Vereinfachtes Unterhaltsverfahren/Streitverfahren (Nr. 3)

72 Das **vereinfachte Unterhalts- und das Streitverfahren** sind zwei Angelegenheiten. Im Übrigen → RVG VV 3100 Rn. 75.

73 Die **vorgerichtliche Vertretung und das vereinfachte Verfahren** sind, wenn der RA zunächst noch keinen unbedingten Auftrag für das letztere hatte, nach allgemeinen Regeln ebenfalls zwei Angelegenheiten, da der RA in verschiedenen Rahmen tätig werden soll, einmal ohne gerichtliche Hilfe und einmal mit.

74 Der RA kann also **nebeneinander verdienen**
- eine Geschäftsgebühr gem. VV 2300 ff. RVG,
- eine Verfahrensgebühr im vereinfachten Verfahren gem. VV 3100 ff. RVG,
- eine Verfahrensgebühr im Streitverfahren gem. VV 3100 ff. RVG,

wobei jedoch die jeweiligen Anrechnungsbestimmungen (VV Vorb. 3 Abs. 4 RVG bzw. VV Vorb. 3.1 Abs. 3 RVG) zu beachten sind. Dazu können noch Terminsgebühren, auch im vereinfachten Verfahren (VV 3104 ff. RVG), und eine Einigungsgebühr kommen.

VI. Eilverfahren und Hauptsache (Nr. 4)

1. Überblick über Eilverfahren

75 → § 16 Rn. 84 ff.

2. Motive

76 Die **Motive zum KostRMoG** führen aus:

„Nr. 4 entspricht § 40 Abs. 1 BRAGO für den Arrest und die einstweilige Verfügung und § 114 Abs. 6 S. 1 iVm § 40 Abs. 1 BRAGO für die einstweilige Anordnung in der Verwaltungs- und Finanzgerichtsbarkeit. Daneben sollen künftig auch einstweilige sowie vorläufige Anordnungen in Verfahren der freiwilligen Gerichtsbarkeit besondere Angelegenheiten bilden. Die Beschränkung der vorläufigen Anordnung auf FGG-Verfahren ist notwendig, weil es „vorläufige Anordnungen" auch in Verfahren nach der StPO gibt, für die diese Vorschrift jedoch nicht gelten soll.

Die meisten einstweiligen oder vorläufigen Anordnungen in FGG-Verfahren ergehen auf Antrag oder Anregung eines Beteiligten und sind oft mit der Bewilligung von Prozesskostenhilfe und der Beiordnung eines Rechtsanwalts verbunden. Dieser muss dafür eine erhebliche Vorarbeit leisten, die durchaus mit den Vorbereitungen eines gerichtlichen Hauptsacheverfahrens vergleichbar ist. Neben dem „Verfügungsanspruch" muss er noch die Voraussetzungen eines „Verfügungsgrundes" eingehend untersuchen, darlegen und glaubhaft machen.

In FGG-Verfahren sind vorläufige Anordnungen nur ausnahmsweise gesetzlich geregelt, so zB in § 39 des Gesetzes über das gerichtliche Verfahren in Landwirtschaftssachen. Die vorläufigen Anordnungen bilden bislang zusammen mit der Hauptsache dieselbe Angelegenheit (§ 13 Abs. 2 BRAGO), lösen also keine zusätzlichen Gebühren aus. Wenngleich die vorläufigen Anordnungen nur ausnahmsweise gesetzlich geregelt sind, ist in der Rspr. anerkannt, dass im Verfahren der freiwilligen Gerichtsbarkeit grds. vorläufige Anordnungen ergehen können (vgl. § 24 Abs. 3 FGG, wonach das Beschwerdegericht vor der Entscheidung eine vorläufige Anordnung erlassen kann).

Nach geltendem Recht ist der Mehraufwand für einstweilige oder vorläufige Anordnungen in FGG-Verfahren bei der Bestimmung der konkreten Gebühren innerhalb des bestehenden Rahmens berücksichtigt worden (Gerold/Schmidt/*von Eicken/Madert*[39]). Da künftig in FGG-Verfahren keine Rahmengebühren, sondern Festgebühren vorgesehen sind, kann der Mehraufwand nur durch eigene Gebühren berücksichtigt werden. Aus diesen Gründen ist die gebührenmäßige Verselbständigung der vorläufigen Anordnung gerechtfertigt. Wenn sich der für die Gebühren maßgebende Gegenstandswert nicht nach den für die Gerichtsgebühren geltenden Wertvorschriften richtet, weil die Kostenordnung für die einstweilige oder vorläufigen Anordnung keine Gebühr vorsieht,

[39] Gerold/Schmidt/*von Eicken/Madert*, 15. Aufl. 2002, BRAGO § 41 Rn. 23.

wäre nach § 23 Abs. 3 S. 2 RVG-E der Wert nach billigen Ermessen zu bestimmen. Dabei wird wohl in der Regel ein Bruchteil des für die Hauptsache maßgebenden Werts und nur ausnahmsweise der volle Wert in Betracht kommen.“[40]

Motive zum 2. KostRMoG 77

Die Motive führen zu Nr. 4 aus:

„Die Regelung betrifft sämtliche Verfahren über den einstweiligen Rechtsschutz. Der Wortlaut geht grds. von Antragsverfahren aus. Nach dem Gesetz über das Verfahren in Familiensachen und in den Angelegenheiten der freiwilligen Gerichtsbarkeit gibt es aber auch Entscheidungen im einstweiligen Rechtsschutz, die von Amts wegen ergehen (zB § 156 Abs. 3 FamFG). Diesem Umstand soll die vorgeschlagene Formulierung Rechnung tragen.“[41]

3. Allgemeines

Alle in Nr. 4 genannten Eilmaßnahmen stellen im Verhältnis zur Hauptsache eine verschiedene Angelegenheit dar. Insbesondere soll die Verselbständigung der Eilmaßnahmen auch auf Verfahren der freiwilligen Gerichtsbarkeit ausgedehnt werden, da auch diese Verfahren einen erheblichen Aufwand für den RA mit sich bringen und dieser nicht mehr innerhalb der Satzrahmengebühren ausgeglichen werden kann, nachdem in FamFG-Verfahren nunmehr Festgebühren anfallen, s. RVG Motive Rn. 76). 78

Nr. 4 betrifft nur das Verhältnis der **Eilmaßnahmen zum Hauptsacheverfahren,** nicht aber mehrere Verfahren innerhalb einer Eilsache zB Aufhebung einer zuvor angeordneten Eilmaßnahme. Hierfür gilt § 16 Nr. 5 RVG (eine Angelegenheit → § 16 Rn. 93). 79

4. Anwendungsbereich

Nr. 4 gilt für 80

- Arreste, Verfahren zur Erwirkung eines Europäischen Beschlusses zur vorläufigen Kostenpfändung,[42] einstweilige Verfügungen im Zivilrecht sowie in der Finanzgerichtsbarkeit (Nr. 4a, b).
- einstweilige Anordnungen zB solche nach §§ 49 ff. FamFG, § 123 VwGO (Nr. 4b), auch solche nach § 86b Abs. 2 S. 1 SGG,[43]
- einstweilige Maßnahmen bzgl. der Vollziehbarkeit von Verwaltungsakten (Nr. 4c),
- die Abänderung oder Aufhebung der Eilmaßnahme,
- einstweilige Anordnungen nach § 114 StVollzG (analog).[44]

Nr. 4 **gilt nicht** 81

- für die Vollstreckbarkeit oder Vollziehbarkeit einer gerichtlichen Endentscheidung (zB §§ 707, 712, 719, 721 ZPO),
- für Eilmaßnahmen nach der StPO.

Sie sind Teil des jeweiligen Hauptsacheverfahrens.

5. Angelegenheit

a) Eilmaßnahme und Hauptsache. ***aa) Grundsatz.*** Die von Nr. 4 erfassten Verfahren stellen im Verhältnis zur Hauptsache eine verschiedene Angelegenheit dar. Gebühren fallen also erneut und ohne Anrechnung an. Dasselbe gilt für die Pauschale gem. VV 7002 RVG. Unabhängig davon, ob es zulässig ist, vom Eilverfahren in das ordentliche Verfahren überzugehen, wird gem. § 16 Nr. 4 RVG ein neuer Rechtszug begründet, wenn das Gericht einen solchen zulässt. Dies gilt auch dann, wenn – wie vor allem in Wettbewerbssachen – das Rechtsschutzziel beider Verfahren identisch ist. 82

bb) Eilverfahren von Amts wegen. Nr. 4 aF stellte noch darauf ab, dass es sich um ein Verfahren über einen Antrag (!) auf eine Eilmaßnahme handelt. Schon diese Fassung war nicht dahingehend zu verstehen, dass eine gesonderte Angelegenheit vorliegt, wenn das Gericht eine Eilmaßnahme von Amts wegen anordnet.[45] Mit der Neufassung stellt das Gesetz klar, dass Nr. 4 auch für einstweilige Anordnungen von Amts wegen gilt. 83

cc) § 156 Abs. 3 S. 2 FamFG, → Anh. II Rn. 51 ff. 84

[40] BT-Drs. 15/1971, 191 ff.
[41] BT-Drs. 17/11471, 267.
[42] Eingefügt durch G zur Durchführung der VO (EU) Nr. 655/2014 v. 21.11.2016, in Kraft seit 18.1.2017.
[43] SG Schleswig AGS 2010, 238 mwN auch zur Gegenmeinung.
[44] KG NJW-Spezial 2008, 285 = StV 2008, 374.
[45] Gerold/Schmidt/*Müller-Rabe,* 20. Aufl. 2012, RVG § 17 Rn. 16.

Kein Annex. Gem. § 156 Abs. 3 FamFG muss das Gericht in bestimmten Kindschaftssachen (Aufenthaltsbestimmung, Umgang und Kindesherausgabe) unter bestimmten Voraussetzungen von Amts wegen den Erlass einer einstweiligen Anordnung erörtern (§ 156 Abs. 3 S. 1 FamFG) bzw. soll es bei Umgangsrechtsachen uU sogar eine einstweilige Anordnung von Amts wegen erlassen (§ 156 Abs. 3 S. 2 FamFG).

85 Aus § 17 Nr. 1 RVG folgt, dass eine selbständige Angelegenheit gegeben ist und zwar auch dann, wenn das Gericht dieses Verfahren von Amts wegen einleitet (→ Rn. 83).[46] Erst recht liegt jedenfalls dann eine selbständige Angelegenheit vor, wenn im Rahmen der vom Gericht gem. § 156 Abs. 3 S. 1 FamFG von Amts wegen einzuleitenden Erörterung über eine einstweilige Anordnung einer der Beteiligten einen Antrag auf einstweilige Anordnung stellt.

86 **Zeitpunkt, ab dem ein neues Verfahren beginnt. Ein Beteiligter stellt Antrag auf einstweilige Anordnung.** Schneidet das Gericht gem. § 156 Abs. 3 S. 1 FamFG die Frage an, ob eine einstweilige Anordnung zu erlassen ist, und stellt ein Beteiligter einen Antrag auf Erlass einer einstweiligen Anordnung, so hat das Eilverfahren begonnen.

87 **Beide Beteiligte halten einstweilige Anordnung für unnötig.** Antworten alle Beteiligten jedoch sofort, dass eine einstweilige Anordnung nicht nötig ist, und gibt sich das Gericht damit zufrieden, so wird kein Eilverfahren eingeleitet. Die Frage des Gerichts ist dahingehend zu verstehen, ob wenigstens ein Beteiligter die Einleitung eines Eilverfahrens wünscht. Ist dies nicht der Fall und unternimmt daraufhin das Gericht nichts Weiteres in Richtung einer einstweiligen Anordnung, so wird das Eilverfahren nicht begonnen. Die Tätigkeit der Anwälte der Beteiligten in diesem Vorstadium gehört noch zur Hauptsache und löst keine zusätzlichen Gebühren aus.

88 **Konsequenzen für VKH.** Vertritt der RA einen bedürftigen Mandanten, so ergibt sich aus dem Vorstehenden, dass er auch bei einem einstweiligen Anordnungsverfahren von Amts wegen einen neuen VKH-Antrag stellen muss (→ § 48 Rn. 10). Das bedeutet, dass, wenn das Familiengericht von sich aus eine Erörterung über eine einstweilige Anordnung einleitet, der einen Bedürftigen vertretende RA, auch wenn er in der Hauptsache bereits beigeordnet ist, als erstes einen VKH- und Beiordnungsantrag für das Eilverfahren stellen muss.

89 **§ 64 Abs. 3 FamFG.** Das zu § 156 Abs. 3 S. 2 FamFG Dargelegte gilt auch im Rahmen von § 64 Abs. 3 FamFG (einstweilige Anordnung durch Beschwerdegericht, insbes. Aussetzung der Vollziehung eines angefochtenen Beschlusses).

90 **b) Eilmaßnahmen untereinander.** Sie sind nicht in Nr. 4, sondern in § 16 Nr. 5 RVG geregelt. Diese Bestimmung gilt auch für das Verhältnis der Abänderung oder Aufhebung zur ursprünglichen Eilmaßnahme.

91 **c) Vorgerichtliche Vertretung und das Eilverfahren.** Sie sind, wenn der RA zunächst noch keinen unbedingten Auftrag für das Eilverfahren hatte, nach allgemeinen Regeln ebenfalls zwei Angelegenheiten, da der RA in verschiedenen Rahmen tätig werden soll, einmal ohne gerichtliche Hilfe und einmal mit. Eine andere Frage ist, ob die vorgerichtliche Tätigkeit in der Hauptsache und die Vertretung im gerichtlichen Eilverfahren denselben Gegenstand betreffen, was bisweilen für die Anrechnung der Geschäftsgebühr auf die Verfahrensgebühr → Anh. II Rn. 133 ff.) von Bedeutung ist.

92 **d) Mögliche Gebühren nebeneinander.** Der RA kann also nebeneinander verdienen
- eine Geschäftsgebühr gem. VV 2300 ff. RVG,
- eine Verfahrensgebühr gem. VV 3100 ff. RVG im Eilverfahren
- und eine Verfahrensgebühr gem. VV 3100 ff. RVG im Hauptsacheverfahren, wobei jedoch die Anrechnungsbestimmung von VV Vorb. 3 Abs. 4 RVG zu beachten ist. Hinzu können noch Termins- und eine Einigungsgebühren kommen.

6. Sonstige gebührenrechtliche Fragen

93 Sonstige gebührenrechtliche Fragen im Zusammenhang mit Eilverfahren sind in → Anh. II Rn. 1 ff. dargelegt.

VII. Urkunden- und Wechselprozess/Nachverfahren (Nr. 5)

94 → RVG VV Vorb. 3 Rn. 372 ff.

[46] Für selbständige Angelegenheit, allerdings gem. § 17 Nr. 4 RVG *Thiel* AGS 2010, 157.

VIII. Eilmaßnahme im Schiedsverfahren (Nr. 6)

Schrifttum: *Enders,* Die Vergütung des Anwalts für eine Tätigkeit im schiedsrichterlichen Verfahren, JurBüro 1998, 169 ff. (281 ff.).

1. Überblick über Bestimmungen zum Schiedsverfahren

→ § 16 Rn. 106. 95

2. Allgemeines

Gem. Nr. 6 sind das Schiedsverfahren und das gerichtliche Verfahren über die Zulassung der 96 Vollziehung von Eilmaßnahmen (§ 1041 ZPO) zwei Angelegenheiten. Zum Verfahren gem. § 1041 ZPO, → § 16 Rn. 108.

3. Begriffe Anordnungs- und Zulassungsverfahren

Teilweise kommt Verwirrung auf, weil nicht ausreichend zwischen dem Anordnungsverfahren beim Schiedsgericht und dem Zulassungsverfahren beim Gericht unterschieden wird. 97 Nach § 1041 ZPO kann das Schiedsgericht auf Antrag einer Partei vorläufige oder sichernde Maßnahmen anordnen **(Anordnungsverfahren),** deren Vollziehung das staatliche Gericht nach § 1041 Abs. 2 ZPO auf Antrag einer Partei zulassen kann **(Zulassungsverfahren).** Nach § 1041 Abs. 3 ZPO kann das Gericht seinen Beschluss auf Antrag aufheben oder ändern.

4. Angelegenheit

Schiedsverfahren und Zulassungsverfahren. Nur dieses Verhältnis ist in § 17 Nr. 6 RVG 98 geregelt. Es handelt sich um zwei Angelegenheiten.

Schieds- und Anordnungsverfahren. Das Anordnungsverfahren ist im Verhältnis zum 99 Schiedsverfahren keine besondere Angelegenheit und löst für den in diesem beauftragten RA keine zusätzlichen Gebühren aus.[47] Dies folgt daraus, dass es anders als zB in § 17 Nr. 1a RVG oder § 17 Nr. 4 RVG keine Bestimmung gibt, die hieraus eine eigene Angelegenheit machen würde, und dass § 17 Nr. 6 RVG nur für das Verfahren auf Zulassung der Vollziehung eine selbständige Angelegenheit vorsieht.

Auch eine analoge Anwendung von § 17 Nr. 1a, 4 RVG ist abzulehnen, obgleich eine Vergleichbarkeit mit den dort behandelten Eilmaßnahmen nahe liegt. 100 Nachdem sich das Gesetz in § 16 Nr. 7–9 RVG und vor allem in § 17 Nr. 6 RVG, also kurz nach § 17 Nr. 1a, 4 RVG mit Eilmaßnahmen im Schiedsverfahren befasst und trotzdem keine diesen Bestimmungen entsprechende Regelung für das Verhältnis des Schieds- zum Anordnungsverfahren schafft, liegt ein Versehen, das durch eine Analogie geschlossen werden müsste, fern. Aus der allgemein gehaltenen Bezugnahme in § 36 RVG auf VV 3100 ff., 3200 ff. RVG lässt sich auch nichts herleiten, nachdem diese nur Gebührenvorschriften betreffen, also nicht auch die Vorschriften über die Angelegenheit umfassen. Ein Grund für die unterschiedliche Handhabung könnte darin zu finden sein, dass sonst der RA Gebühren im Schiedsverfahren dreimal verdienen würde, was möglicherweise dem Gesetzgeber zu viel war.

Anordnungs- und Zulassungsverfahren. Nr. 6 betrifft nicht das Verhältnis des gerichtlichen Zulassungsverfahrens zum Verfahren über die Anordnung der Eilmaßnahme durch das Schiedsgericht (§ 1041 Abs. 1 ZPO). 101

Abänderung der gerichtlichen Zulassungsentscheidung. § 16 Nr. 7 RVG regelt das 102 Verhältnis der gerichtlichen Zulassungsentscheidung (§ 1041 Abs. 2 ZPO) zum Verfahren über die Änderung oder Aufhebung der Vollziehungsentscheidung (§ 1041 Abs. 3 ZPO). Verschiedene Maßnahmen innerhalb des Zulassungsverfahrens sind somit eine Angelegenheit.

Die **vorgerichtliche Vertretung und das Schiedsverfahren** sind, wenn der RA zunächst 103 noch keinen unbedingten Auftrag für das Schiedsverfahren hatte, nach allgemeinen Regeln ebenfalls zwei Angelegenheiten, da der RA in verschiedenen Rahmen tätig werden soll, einmal ohne Schiedsgericht und einmal mit.

5. Gebühren

Aus den Ausführungen zur Angelegenheit folgt, dass der RA also **nebeneinander verdienen** kann 104

- eine Geschäftsgebühr gem. VV 2300 ff. RVG,
- eine Verfahrensgebühr gem. § 36, VV 3100 ff. RVG im Schiedsverfahren einschließlich des Anordnungsverfahrens. Sollte man entgegen der hier vertretenen Ansicht im Verhältnis zum

[47] **AA** *Enders* JurBüro 1998, 281 (283) Ziff. 7, der aber nicht ausreichend zwischen dem Anordnungsverfahren durch das Schiedsgericht und dem Zulassungsverfahren durch das Gericht differenziert.

Schiedsverfahren eine besondere Angelegenheit annehmen, so gälte für die Gebühren wieder über § 36,VV 3100ff. RVG,
- eine Verfahrensgebühr gem. VV 3100ff. RVG im Zulassungsverfahren, wobei jedoch die Anrechnungsbestimmung von VV Vorb. 3 Abs. 4 RVG zu beachten ist. Daneben können noch Termins- und Einigungsgebühren anfallen.
- **Vollstreckbarerklärung des Schiedsspruchs** → § 36 Rn. 10.
- **Zulassung der Vollziehung einer Eilmaßnahme,** → RVG VV 3327 Rn. 3ff.

105 **Einzelauftrag.** Soll der RA nur hinsichtlich der Anordnung oder der Abänderung einer Zulassungsentscheidung tätig sein, so hat er einen Einzelauftrag gem. VV 3403 RVG und verdient die in VV 3403ff. RVG vorgesehenen Gebühren.

6. Gegenstandswert

106 Er richtet sich nach dem Wert der angeordneten Maßnahme. Bei dieser ist wegen der Vorläufigkeit wie bei sonstigen Eilmaßnahmen, etwa der einstweiligen Verfügung, ein Abschlag vorzunehmen → Anh. VI Rn. 23ff.). Geht es nur um eine Abänderung der Vollziehungsentscheidung, so kommt es auf den Umfang der angestrebten Abänderung an.

IX. Güteverfahren oder ähnliche Verfahren (Nr. 7)

107 **Güte- und Gerichtsverfahren.** Nach § 17 Nr. 7 RVG bilden die verschiedenen Güte- und Schlichtungsverfahren und ein nachfolgendes gerichtliches Verfahren verschiedene Angelegenheiten. Wegen der unter diese Bestimmung fallenden Güte- und Schlichtungsverfahren und wegen der Gebühren s. Kommentierung zu VV 2303 RVG.

108 **Güteverfahren und vorausgehende Tätigkeit.** Über das Verhältnis Güte- bzw. Schlichtungsverfahren einerseits und einer diesen Verfahren vorausgehenden Tätigkeit, sagt Nr. 7 nichts. ZB der RA vertritt seinen Auftraggeber zunächst einmal, ohne dass an ein Güte- oder Schlichtungsverfahren gedacht wurde. Nachdem keine Einigung zu Stande kommt, wird ein Güte- oder Schlichtungsverfahren betrieben. Da hier der RA in unterschiedlichem Rahmen tätig werden soll, nämlich zunächst einmal ohne und dann mit Hilfe eines gesetzlich geregelten Verfahrens, sind zwei Angelegenheiten gegeben. Das wird bestätigt durch die Anrechnungsbestimmung in VV Vorb. 2.3 Abs. 6 RVG.

109 Der RA kann also nebeneinander verdienen
- Geschäftsgebühr gem. VV 2300 RVG für außerverfahrensmäßige Tätigkeit
- Geschäftsgebühr gem. VV 2303 RVG für zB Güteverfahren mit Anrechnung VV Vorb. 2.3 Abs. 6 RVG
- Verfahrensgebühr gem. VV 3100 RVG für gerichtliches Verfahren, wobei die Anrechnungsbestimmungen (VV Vorb. 3 Abs. 4 RVG) zu beachten sind. Hinzukommen können Termins- und Einigungsgebühren.

110 Wegen ärztlicher Schlichtungsstelle s. *Enders* JurBüro 2008, 225, wegen Schlichtungsausschuss bei Berufsausbildungsstreitigkeiten s. *Hergenröder* AGS 2007, 16, wegen Vergütungsfestsetzung und Kostenerstattung → § 11 Rn. 62; → RVG Anh. X Rn. 66ff.; wegen kirchlicher Vermittlungsstelle → RVG VV 2303 Rn. 9 und BGH JurBüro 2011, 247 (es fällt keine Gebühr nach VV 2303 Nr. 4 RVG an).

X. Vermittlungsverfahren nach § 165 FamFG (Nr. 8)

111 **Vermittlungs- und gerichtliches Verfahren.** Das Vermittlungsverfahren und das nachfolgende gerichtliche Verfahren sind zwei Angelegenheiten (Nr. 8).

112 **Vermittlungsverfahren und vorausgehende Tätigkeit.** Dass hier zwei Angelegenheiten gegeben sind, folgt schon daraus, dass unterschiedliche Gebühren anfallen, zunächst eine Geschäftsgebühr und dann gem. VV 3100 RVG eine Verfahrensgebühr.

113 Der RA kann also **nebeneinander verdienen**
- Geschäftsgebühr gem. VV 2300 RVG für außerverfahrensmäßige Tätigkeit
- Verfahrensgebühr gem. VV 3100 RVG für Vermittlungsverfahren
- Verfahrensgebühr gem. VV 3100 RVG für gerichtliches Verfahren, wobei die Anrechnungsbestimmungen (VV Vorb. 3 Abs. 4, 3100 Anm. Abs. 3 RVG) zu beachten sind. Hinzukommen können Termins- und Einigungsgebühren.

Im Übrigen → RVG VV 3100 Rn. 82ff.

XI. Nichtzulassungsbeschwerde (Nr. 9)

1. Überblick über Zulassungen von Rechtsmitteln

→ § 16 Rn. 150. 114

2. Allgemeines

Nr. 9 betrifft das Verhältnis des Verfahrens über die Nichtzulassungsbeschwerde zum Rechtsmittelverfahren nach erfolgreicher Beschwerde. Es sind zwei Angelegenheiten gegeben. Nr. 9 besagt nichts über das Verhältnis des Verfahrens über die Nichtzulassungsbeschwerde zum Ausgangsverfahren. 115

3. Anwendungsbereich

Nr. 9 ist immer anzuwenden, wenn das Rechtsmittel vom Ausgangsgericht nicht zugelassen wird und hiergegen die Nichtzulassungsbeschwerde zum höheren Gericht eingelegt wird. Das gilt auch dann, wenn eine Nichtzulassungsbeschwerde nicht vorgesehen ist, wie im FamFG, aber dennoch eine solche – unzulässige – eingelegt wird. 116

Vom Ausgangsgericht zuzulassen sind zB

- Berufung gegen Urteile eines Zivilgerichts mit Beschwerdewert bis zu 600,– EUR (§ 511 Abs. 2 Nr. 2 **ZPO**) ohne Nichtzulassungsbeschwerde,
- Revision gegen Urteile des Berufungsgerichts in Zivilsachen (§ 543 Abs. 1 Nr. 1 ZPO) mit Nichtzulassungsbeschwerde (§ 544 ZPO) mit Anrechnung (Anm. zu VV 3506 RVG),
- Rechtsbeschwerde gem. § 574 ZPO ohne Nichtzulassungsbeschwerde (Ausnahme § 74 Abs. 2 GWB s. unten),
- Rechtsbeschwerde in Familiensachen gem. § 70 FamFG, früher § 621e Abs. 2 ZPO aF,
- Berufungen gegen Urteile des Arbeitsgerichts mit Beschwerdewert nicht über 600,– EUR (§ 64 Abs. 2a **ArbGG**) ohne Nichtzulassungsbeschwerde,
- Revision gegen Endurteile der Landesarbeitsgerichte (§ 72 ArbGG) mit Nichtzulassungsbeschwerde (§ 72a Abs. 1 ArbGG) und Anrechnung (VV 3506 RVG),
- Rechtsbeschwerde gegen das Verfahren beendende Beschlüsse eines Landesarbeitsgerichts (§ 92 Abs. 1 ArbGG) mit Nichtzulassungsbeschwerde (§ 92a ArbGG),
- Revision gegen Urteile nach § 49 Nr. 1 VwGO bzw. gegen Beschlüsse nach § 47 Abs. 5 S. 1 **VwGO** der OVG bzw. VGH (§ 132 Abs. 1 VwGO) mit Nichtzulassungsbeschwerde (§ 133 Abs. 1 VwGO) und Anrechnung (Anm. zu VV 3506 RVG),
- Revision gegen Urteile des Finanzgerichts (§ 115 **FGO**) mit Nichtzulassungsbeschwerde (§ 116 Abs. 1 FGO) und Anrechnung ge m. Anm. zu VV 3506 RVG,
- Berufung gegen Urteile von Sozialgerichten in besonderen Fällen (§ 144 Abs. 1 **SGG**) mit Nichtzulassungsbeschwerde (§ 145 Abs. 1 SGG) und Anrechnung ge m. Anm. zu VV 3504 RVG bzw. Anm. zu VV 3511 RVG,
- Revision gegen Urteil des LSG (§ 160 SGG) mit Nichtzulassungsbeschwerde (§ 160a SGG) und Anrechnung gem. Anm. zu VV 3506 RVG bzw. Anm. zu VV 3512 RVG,
- Rechtsbeschwerde gegen Beschlüsse des Oberlandesgerichts in **GWB-Sachen** (§ 74 GWB) mit Nichtzulassungsbeschwerde gem. § 75 Abs. 1 GWB, aber mangels einer entsprechenden Vorschrift ohne Anrechnung,
- Beschwerde bei Gerichtskosten bis zu 200,– EUR (§ 66 Abs. 2 S. 2 GKG) ohne Nichtzulassungsbeschwerde,
- Streitwertbeschwerde bei Beschwerdewert bis zu 200,– EUR (§ 33 Abs. 3 S. 2 RVG) ohne Nichtzulassungsbeschwerde (§ 33 Abs. 4 S. 4 Hs. 2 RVG),
- weitere Beschwerde gegen Streitwertbeschluss (§ 33 Abs. 6 RVG) ohne Nichtzulassungsbeschwerde (§ 33 Abs. 4 S. 4 Hs. 2; Abs. 6 S. 4 RVG).

4. Zulassungsverfahren beim Erstgericht

Eine Angelegenheit. Hat die Zulassung durch das Ausgangsgericht zu erfolgen, so gehören alle Handlungen, die sich bei diesem Gericht auf die Zulassung richten, gem. § 19 Abs. 1 S. 2 Nr. 1 RVG zum dortigen Rechtszug und lösen keine zusätzlichen Gebühren aus.[48] Das gilt auch, wenn die Zulassung im Wege der Berichtigung oder Ergänzung gem. § 319 ZPO geltend gemacht wird. 117

[48] Schneider/Wolf/*Fölsch/Schneider/Thiel* RVG § 16 Rn. 220.

5. Nichtzulassungsbeschwerde

118 **Neuer Rechtszug.** Hat das Ausgangsgericht die Zulassung nicht ausgesprochen, so begründet eine Nichtzulassungsbeschwerde zum höheren Gericht einen neuen Rechtszug und ist daher eine neue Angelegenheit (§ 17 Nr. 1 RVG). Legen sowohl der Kläger als auch der Beklagte Nichtzulassungsbeschwerde ein, so ist eine Angelegenheit gegeben, wenn das Gericht beide in einem Verfahren behandelt.[49]

6. Rechtsmittelverfahren nach Zulassung im Beschwerdeverfahren

119 **Neue Angelegenheit.** Ist die Nichtzulassungsbeschwerde erfolgreich, so stellt das nachfolgende Rechtsmittelverfahren im Verhältnis zum Verfahren der Nichtzulassungsbeschwerde eine verschiedene Angelegenheit dar (§ 17 Nr. 9 RVG). In vielen Fällen ist allerdings die Verfahrensgebühr des Nichtzulassungsverfahrens auf die des Rechtsmittelverfahrens anzurechnen (zB VV 3504, 3506 RVG).

7. Zusammenschau der denkbaren Angelegenheiten

120 Der RA kann also nebeneinander verdienen
- Ausgangsverfahren Gebühren gem. VV 3100 ff. RVG
- Nichtzulassungsbeschwerde Gebühren gem. VV 3504 ff. RVG,
- Rechtsmittelverfahren nach Zulassungsgebühren gem. VV 3200 ff. RVG, wobei Anrechnungsbestimmungen (zB VV 3504, 3506 RVG) zu beachten sind.

8. Gebühren

121 Die Gebühren richten sich
- für die Nichtzulassungsbeschwerde nach VV 3504 ff., 3511 ff., 3516 ff. RVG,
- für das Rechtsmittelverfahren nach erfolgreicher Nichtzulassungsbeschwerde nach VV 3200 ff., 3206 ff. RVG, wobei die im Beschwerdeverfahren angefallene Verfahrensgebühr gem. den Anm. zu VV 3504, 3506, 3511, 3512 RVG auf die Verfahrensgebühr in Berufungs- bzw. Revisionsverfahren anzurechnen ist.

XII. Straf- und Bußgeldsachen (Nr. 10)

1. Motive

Motive zum KostRMoG

122 Die Motive führen zu Nr. 10 aus:

„Mit Nr. 10 soll klargestellt werden, dass das strafrechtliche Ermittlungsverfahren und ein nach dessen Einstellung sich anschließendes Bußgeldverfahren verschiedene Angelegenheiten bilden. Dies entspricht der Auffassung eines Teils der Lit. schon nach geltender Rechtslage (Gerold/Schmidt/*von Eicken/Madert;*[50] *Riedel/Sußbauer*[51]). In der Rspr. wird die Frage unterschiedlich beantwortet. In diesen Fällen soll jedoch im Bußgeldverfahren die Grundgebühr nicht mehr besonders entstehen (vgl. Abs. 2 der Anm. zu Nr. 5100 VV RVG-E).“[52]

Motive zum 2. KostRMoG

123 Die Motive führen zu Nr. 10, 11 aus:

„Mit den Vorschlägen soll die in der Rspr. und in der Lit. unterschiedliche Auffassung darüber, ob das strafrechtliche Ermittlungsverfahren und das nachfolgende Strafverfahren sowie das Bußgeldverfahren vor der Verwaltungsbehörde und das nachfolgende gerichtliche Bußgeldverfahren jeweils unterschiedliche Angelegenheiten sind, einer Klärung zugeführt werden. Die Beantwortung dieser Frage dahingehend, dass es sich um verschiedene Angelegenheiten handelt, hat in erster Linie Einfluss auf die in jeder Angelegenheit entstehende Postauslagenpauschale.“[53]

2. Allgemeines

124 Mit Nr. 10 wird klargestellt, dass das strafrechtliche Ermittlungsverfahren und ein nach dessen Einstellung sich anschließendes Bußgeldverfahren verschiedene Angelegenheiten bilden. Im Übrigen enthält Nr. 10 keine unmittelbare, wohl aber eine mittelbare Aussage zur Frage der Angelegenheit in Straf- und Bußgeldsachen.

[49] OLG München JurBüro 2016, 634 = AGS 2016, 566.
[50] Gerold/Schmidt/*von Eicken/Madert,* 15. Aufl. 2002, BRAGO § 105 Rn. 20.
[51] *Riedel/Sußbauer* 8. Aufl. 2000, BRAGO § 105 Rn. 1.
[52] BT-Drs. 15/1971, 192.
[53] BT-Drs. 17/471, 267.

3. Angelegenheit

Strafrechtliches Ermittlungsverfahren und Bußgeldverfahren. Schließt sich nach der Einstellung des strafrechtlichen Ermittlungsverfahrens ein Bußgeldverfahren an – Nr. 10 regelt nur diesen Fall –, so sind zwei Angelegenheiten gegeben.[54] 125

Es fallen, wenn der RA im Ermittlungsverfahren fördernd mitgewirkt hat, folgende Gebühren an, wobei immer Mittelgebühren eingesetzt werden.

Vorbereitendes Verfahren		
Grundgebühr gem. VV 4100 RVG	220,00 EUR	
Verfahrensgebühr gem. VV 4104 RVG	181,50 EUR	
Einstellungsgebühr nach VV 4141 RVG	181,50 EUR	
Pauschale	20,00 EUR	
Summe		603,00 EUR
Bußgeldverfahren		
Grundgebühr, keine wegen VV 5100 Anm. Abs. 2 RVG		
Verfahrensgebühr VV 5101 RVG	71,50 EUR	
Pauschale (20 % aus 71,50 EUR)	14,30 EUR	
Summe		85,80 EUR
EUR		
Insgesamt		688,80 EUR

Straf- und Bußgeldsachen generell. Auch hier sind mehrere Angelegenheiten gegeben, nachdem es sich um zwei ganz verschiedene Verfahren handelt[55] und eine im Bußgeldverfahren angefallene Grundgebühr gem. VV 4100 Anm. Abs. 2 RVG auf die Grundgebühr des Strafverfahrens anzurechnen ist, was zwei Angelegenheiten voraussetzt. Deshalb sind auch zwei Angelegenheiten gegeben, wenn die Bußgeldsache eingestellt wird und sich ein Strafverfahren anschließt. 126

Strafrechtliches Ermittlungs- und Strafverfahren. Bedeutung der Frage. Die Frage der Angelegenheit spielt nur eine Rolle für die Abrechnung von Kopien nach VV 7000 RVG, für das Übergangsrecht (§ 60 RVG) sowie dafür, ob die Kommunikationspauschale nur einmal oder zweimal nach VV 7002 RVG entsteht.[56] Dass mehrere Verfahrensgebühren im Ermittlungs- und im nachfolgenden Strafverfahren anfallen, ergibt sich bereits daraus, dass VV 4104 RVG eine eigene Verfahrensgebühr für das Ermittlungsverfahren und VV 4106 RVG eine eigene Verfahrensgebühr für den ersten Rechtszug vorsieht und eine Regelung fehlt, dass die eine Gebühr die andere ausschließen würde. Es gibt nicht einmal eine Anrechnung. Dass die Grundgebühr nur einmal anfällt, folgt aus der Anm. zu VV 4100 RVG. 127

Zwei Angelegenheiten. Zum bisherigen Recht, zu dem diese Frage streitig war, habe ich mich für nur eine Angelegenheit ausgesprochen.[57] Den Streit hat die Neufassung der Nr. 10 durch das 2. KostRMoG beendet. Das Ermittlungs-, das Straf- und das Bußgeldverfahren sind jeweils eine eigene Angelegenheit.[58] 128

Strafsachen untereinander, → RVG VV Einl. Vorb. 4.1 Rn. 2. 129

XIII. Verwaltungsrechtliches Bußgeld- und gerichtliches Verfahren (Nr. 11)

→ RVG Einl. VV Teil 5 Rn. 4; → Anh. IV Rn. 10. 130

XIV. Strafverfahren und Sicherungsverwahrung (Nr. 12)

Zwei Angelegenheiten. Das Verfahren über die Sicherungsverwahrung kann nach § 275a StPO im Urteil vorbehalten werden. Nr. 12 (bis zum 2. KostRMoG Nr. 11) bestimmt, dass dann das Verfahren über die Sicherungsverwahrung und das dieser zugrunde liegende Verfahren verschiedene Angelegenheiten bilden. Eine Anrechnung findet in Ermangelung einer Anrechnungsbestimmung nicht statt. 131

Gebühren. Das Verfahren gem. § 275a StPO gehört nicht zur Vollstreckung. Es fallen die Gebühren der VV 4100 ff. RVG und nicht die der VV 4200 ff. RVG an (VV Vorb. 4.1 Abs. 1 RVG). Hingegen fällt ein Verfahren über die Erledigung oder Aussetzung der Unterbringung in 132

[54] *Burhoff* RVGreport 2008, 463.

[55] Schneider/Wolf/*Mock/Fölsch/Schneider/Thiel* RVG § 17 Rn. 481.

[56] *Schneider/Thiel* Rn. 96 ff.

[57] Gerold/Schmidt/*Müller-Rabe,* 20. Aufl. 2012, RVG § 17 Rn. 59 ff.; ebenso zuletzt BGH RVGreport 2013, 105.

[58] Sa Motive S. 418; OLG Frankfurt a. M. NStZ-RR 2015, 359 = AGS 2015, 383.

der Sicherungsverwahrung unter VV 4200 RVG (VV 4200 Nr. 1a RVG) und stellt eine besondere Angelegenheit dar.[59]

XV. Wiederaufnahmeverfahren (Nr. 13)

133 **Wiederaufnahme- und wiederaufgenommenes Verfahren.** Nr. 13 (bis zum 2. KostRMoG Nr. 12) bestimmt ausdrücklich, dass das Wiederaufnahmeverfahren und das wieder aufgenommene, neue Straf- oder Bußgeldverfahren verschiedene Angelegenheiten bilden.

134 **Wiederaufnahmeverfahren und vorausgegangenes Straf- und Bußgeldverfahren.** Das Wiederaufnahmeverfahren stellt aber auch im Verhältnis zum vorausgegangenen Straf- und Bußgeldverfahren eine neue Angelegenheit dar.[60]

135 **Wiederaufgenommenes und früheres Straf- und Bußgeldverfahren.** Auch in diesem Verhältnis liegen zwei Angelegenheiten vor.[61] Dafür spricht auch, dass sonst in Nr. 13 nur das Verhältnis des Wiederaufnahmeverfahrens zum ursprünglichen Verfahren hätte geregelt werden können.

136 **Gebühren und die Auslagenpauschale** des VV 7002 RVG können also bis zu dreimal anfallen. Anrechnungen gibt es nicht.

137 **Wiederaufnahme nach § 154 Abs. 3, 4 StPO.** Nr. 13 gilt nicht für sie, weshalb bei ihr nur eine Angelegenheit gegeben ist.[62]

§ 18 Besondere Angelegenheiten

(1) **Besondere Angelegenheiten sind**

1. **jede Vollstreckungsmaßnahme zusammen mit den durch diese vorbereiteten weiteren Vollstreckungshandlungen bis zur Befriedigung des Gläubigers; dies gilt entsprechend im Verwaltungszwangsverfahren (Verwaltungsvollstreckungsverfahren);**
2. **jede Vollziehungsmaßnahme bei der Vollziehung eines Arrests oder einer einstweiligen Verfügung (§§ 928 bis 934 und 936 der Zivilprozessordnung), die sich nicht auf die Zustellung beschränkt;**
3. **solche Angelegenheiten, in denen sich die Gebühren nach Teil 3 des Vergütungsverzeichnisses richten, jedes Beschwerdeverfahren, jedes Verfahren über eine Erinnerung gegen einen Kostenfestsetzungsbeschluss und jedes sonstige Verfahren über eine Erinnerung gegen eine Entscheidung des Rechtspflegers, soweit sich aus § 16 Nummer 10 nichts anderes ergibt;**
4. **das Verfahren über Einwendungen gegen die Erteilung der Vollstreckungsklausel, auf das § 732 der Zivilprozessordnung anzuwenden ist;**
5. **das Verfahren auf Erteilung einer weiteren vollstreckbaren Ausfertigung;**
6. **jedes Verfahren über Anträge nach den §§ 765a, 851a oder 851b der Zivilprozessordnung und jedes Verfahren über Anträge auf Änderung oder Aufhebung der getroffenen Anordnungen, jedes Verfahren über Anträge nach § 1084 Absatz 1, § 1096 oder § 1109 der Zivilprozessordnung und über Anträge nach § 31 des Auslandsunterhaltsgesetzes;**
7. **das Verfahren auf Zulassung der Austauschpfändung (§ 811a der Zivilprozessordnung);**
8. **das Verfahren über einen Antrag nach § 825 der Zivilprozessordnung;**
9. **die Ausführung der Zwangsvollstreckung in ein gepfändetes Vermögensrecht durch Verwaltung (§ 857 Abs. 4 der Zivilprozessordnung);**
10. **das Verteilungsverfahren (§ 858 Abs. 5, §§ 872 bis 877, 882 der Zivilprozessordnung);**
11. **das Verfahren auf Eintragung einer Zwangshypothek (§§ 867, 870a der Zivilprozessordnung);**
12. **die Vollstreckung der Entscheidung, durch die der Schuldner zur Vorauszahlung der Kosten, die durch die Vornahme einer Handlung entstehen, verurteilt wird (§ 887 Abs. 2 der Zivilprozessordnung);**
13. **das Verfahren zur Ausführung der Zwangsvollstreckung auf Vornahme einer Handlung durch Zwangsmittel (§ 888 der Zivilprozessordnung);**

---

[59] BT-Drs. 15/1971, 192.

[60] Gerold/Schmidt/*Madert,* 15. Aufl. 2002, BRAGO § 90 Rn. 2; Mayer/Kroiß/*Rohn* RVG § 17 Rn. 92.

[61] Gerold/Schmidt/*Madert,* 15. Aufl. 2002, BRAGO § 90 Rn. 2; Mayer/Kroiß/*Rohn* RVG § 17 Rn. 42; Riedel/Sußbauer/*Fraunholz,* 8. Aufl. 2000, BRAGO § 19 Rn. 6.

[62] AG Osnabrück JurBüro 2008, 588.

14. jede Verurteilung zu einem Ordnungsgeld gemäß § 890 Abs. 1 der Zivilprozessordnung;
15. die Verurteilung zur Bestellung einer Sicherheit im Fall des § 890 Abs. 3 der Zivilprozessordnung;
16. das Verfahren zur Abnahme der Vermögensauskunft (§§ 802f und 802g der Zivilprozessordnung);
17. das Verfahren auf Löschung der Eintragung im Schuldnerverzeichnis (§ 882e der Zivilprozessordnung);
18. das Ausüben der Veröffentlichungsbefugnis;
19. das Verfahren über Anträge auf Zulassung der Zwangsvollstreckung nach § 17 Abs. 4 der Schifffahrtsrechtlichen Verteilungsordnung;
20. das Verfahren über Anträge auf Aufhebung von Vollstreckungsmaßregeln (§ 8 Abs. 5 und § 41 der Schifffahrtsrechtlichen Verteilungsordnung) und
21. das Verfahren zur Anordnung von Zwangsmaßnahmen durch Beschluss nach § 35 des Gesetzes über das Verfahren in Familiensachen und in den Angelegenheiten der freiwilligen Gerichtsbarkeit.

(2) **Absatz 1 gilt entsprechend für**

1. die Vollziehung eines Arrestes und
2. die Vollstreckung

nach den Vorschriften des Gesetzes über das Verfahren in Familiensachen und in den Angelegenheiten der freiwilligen Gerichtsbarkeit.

Literatur: *Giers,* Die Vollstreckung in Familiensachen ab dem 1.9.2009, FamRZ 2009, 87; *N. Schneider,* Erstattungsfähigkeit der Gebühren einer weiteren vollstreckbaren Ausfertigung, AGS 2010, 442; *N. Schneider,* Anwaltsgebühren im Verfahren über die Erinnerung nach § 766 ZPO – bisheriges und neues Recht, RVGreport 2007, 87; *N. Schneider,* Erstattungsfähige Kosten im Erinnerungs- und Beschwerdeverfahren, DAR extra 2008, 759.

Übersicht

A. Allgemeines

I. Motive

Die Motive zum KostRMoG führen vorweg zu § 18 RVG aus: 1

„In dieser Vorschrift sollen solche Tätigkeiten abschließend aufgezählt werden, die grds. selbständige Angelegenheiten bilden sollen, gleichgültig mit welchen anderen Tätigkeiten des Anwalts sie im Zusammenhang stehen.“[1]

[1] BT-Drs. 15/1971, 192.

Weitere Wiedergaben der Motive befinden sich bei den einzelnen Nummern.

II. Abschließende Aufzählung

2 Wie die Motive ausführen (→ Rn. 1), soll § 18 RVG eine abschließende Zusammenfassung bringen.

III. Änderung der Nummerierung

3 Im Rahmen des FGG-ReformG hat sich die Nummerierung geändert, weil die Ziff. 1, 2, die sich mit dem Verhältnis von einstweiligen und vorläufigen Anordnungen untereinander befasst hatten, entfallen sind. Soweit in Zukunft diese beiden Nummern noch von Bedeutung sind, wird auf die Kommentierung in Gerold/Schmidt/*Müller-Rabe,* 18. Aufl. 2008, RVG § 18 Rn. 3 ff. verwiesen.

B. Einzelne Nummern

I. Vollstreckungsmaßnahmen (Nr. 1)

4 → RVG VV 3309 Rn. 46 ff.

II. Vollziehung bei Arrest und einstweiliger Verfügung (Nr. 2)

5 → RVG VV 3309 Rn. 171 ff.

III. Beschwerde- und Erinnerungsverfahren (Nr. 3)

1. Motive

6 Die Motive zum KostRMoG führen zu Nr. 5 aF, nunmehr Nr. 3 aus:

„In Nr. 5 soll klargestellt werden, dass Beschwerde- und Erinnerungsverfahren grds. eine besondere Angelegenheit bilden. Hiervon sollen jedoch mehrere Verfahren über die Beschwerde und die Erinnerung gegen die Kostenfestsetzung und den Kostenansatz in demselben Rechtszug ausgenommen werden (§ 16 Nr. 12 RVG-E[2]). Die Vorschrift soll auch nicht für Straf- und Bußgeldsachen gelten. Die vorgeschlagene Regelung entspricht damit geltendem Recht (für die derzeit im dritten Abschnitt der BRAGO geregelten Verfahren vgl. Gerold/Schmidt/*von Eicken/Madert;*[3] *Riedel/Sußbauer*[4])."[5]

7 Die Motive zum KostRMoG führen zu § 19 Abs. 1 S. 2 Nr. 5 RVG aus:

„Die Nr. 5 entspricht § 37 Nr. 5 BRAGO und betrifft das Verfahren über die Erinnerung (§ 573 ZPO) und die Rüge wegen Verletzung des Anspruchs auf rechtliches Gehör (§ 321a ZPO), jedoch wird die Erinnerung nach § 11 Abs. 2 RPflG nicht mehr genannt. Durch das Dritte Gesetz zur Änderung des Rechtspflegergesetzes und anderer Gesetze vom 6. August 1998 (BGBl. I S. 2030) wurde die Durchgriffserinnerung abgeschafft und durch das nach den allgemeinen Vorschriften gegebene Rechtsmittel ersetzt. Nur dann, wenn gegen die Entscheidung nach den allgemeinen Vorschriften kein Rechtsmittel gegeben wäre, findet nach § 11 Abs. 2 RPflG die Erinnerung statt. Die Erinnerung gebührenrechtlich anders zu behandeln als die Beschwerde erscheint nicht sachgerecht. Die Arbeit des Anwalts ist mit der Vorbereitung und Einreichung der Beschwerde vergleichbar."[6]

8 Die Motive zum 2. KostRMoG führen zu Nr. 3 aus:

„Mit diesem Vorschlag soll eine Entscheidung des Bundesverwaltungsgerichts vom 21. Juni 2007 (AGS 2007, 406) in die Gesetzesformulierung aufgenommen werden. In dieser Entscheidung hat das Gericht die Auffassung vertreten, die jetzt zu ändernde Vorschrift sei „im Wege berichtigender Auslegung" entgegen dem Wortlaut auch auf Erinnerungen gegen die Kostenfestsetzung durch den Urkundsbeamten beim Verwaltungsgericht anzuwenden. Die Auffassung des Gerichts, dass es für den Aufwand des Rechtsanwalts unerheblich sei, ob er die Erinnerung gegen eine Rechtspflegerentscheidung oder gegen eine Entscheidung des Urkundsbeamten der Geschäftsstelle einlegt und begründet, erscheint überzeugend. Unter einer „Erinnerung gegen einen Kostenfestsetzungsbeschluss" sind nur Kostenfestsetzungsbeschlüsse und nicht Vergütungsfestsetzungsbeschlüsse zu verstehen. In Verfahren zur Festsetzung der Vergütung nach § 11 RVG, auf das grds. die Vorschriften der jeweiligen Verfahrensordnung über das Kostenfestsetzungsverfahren anzuwenden sind, findet mit Ausnahme der Kosten für

---

[2] Jetzt § 16 Nr. 10 RVG.
[3] Gerold/Schmidt/*von Eicken/Madert,* 15. Aufl. 2002, BRAGO § 37 Rn. 7.
[4] Riedel/Sußbauer, 8. Aufl. 2000, BRAGO § 37 Rn. 11.
[5] BT-Drs. 15/1971, 193.
[6] BT-Drs. 15/1971, 194.

die Zustellung keine Kostenerstattung statt (§ 11 Abs. 2 S. 6 RVG). Vergütungsfestsetzungsverfahren nach Abschnitt 8 RVG fallen schon vom Begriff her nicht unter die vorgeschlagene Regelung. In der Formulierung ist bei der Erinnerung gegen Kostenfestsetzungsbeschlüsse bewusst auf das Wort „jeder" verzichtet worden, weil gerade für Kostenfestsetzungsverfahren in § 16 Nr. 10 RVG bestimmt ist, dass mehrere Verfahren über die Erinnerung oder die Beschwerde im selben Beschwerderechtszug eine Angelegenheit sind."[7]

2. Allgemeines

Nr. 3 enthält die Grundaussage für alle Beschwerden und Erinnerungen gegen Rechtspflegerentscheidungen im Regelungsbereich des VV Teil 3 RVG, soweit nicht speziellere Bestimmungen (§ 16 Nr. 10, § 19 Abs. 1 S. 2 Nr. 5 RVG) etwas anderes bestimmen. Beschwerden und Erinnerungen sind besondere Angelegenheiten. Zu Beschwerde und Erinnerung in der Zwangsvollstreckung → RVG VV 3309 Rn. 76 ff. 9

Während Beschwerden auch unter der BRAGO besondere Angelegenheiten waren, galt das für Erinnerungen nicht, da sie zu keinem neuen Rechtszug iSv § 13 Abs. 2 S. 2 BRAGO führten, sondern noch zum alten Rechtszug gehörten. Eine Ausnahme galt für Erinnerungen gegen einen Kostenfestsetzungsbeschluss, die gem. § 37 Nr. 7 RVG eine neue Angelegenheit darstellten. 10

3. Anwendungsbereich

a) VV Teil 3 RVG. Nr. 3 gilt für Angelegenheiten, in denen sich die Gebühren nach VV Teil 3 RVG richten, also auch für Beschwerden in der Sozialgerichtsbarkeit.[8] 11

Beschwerden in Straf- und Bußgeldsachen (zB Beschwerde gegen Beschluss nach § 111a StPO) sowie in Verfahren nach VV Teil 6 RVG werden nicht erfasst. Sie gehören zur Hauptsache.[9] 12

b) Beschwerden und Erinnerungen. Beschwerden. Nr. 3 gilt für alle Beschwerden. Obwohl Nr. 3 umgeben ist von Bestimmungen über die Zwangsvollstreckung und Maßnahmen, die eine solche vorbereiten sollen, beschränkt sich seine Aussage nicht auf diesen Bereich, sondern gilt grds. für alle Beschwerden. Das ergibt sich aus dem allgemein gehaltenen Wortlaut der Bestimmung, sowie aus den Motiven (→ Rn. 6).[10] 13

Erinnerungen. Bis zum 2. KostRMoG galt Nr. 3 nach dem Gesetzeswortlaut nur für Erinnerungen gegen Entscheidungen des Rechtspflegers, also nicht zB gegen Entscheidungen des Urkundsbeamten. Dennoch wurde bei richtiger Auslegung etwas anderes angenommen, wenn es sich zwar um eine Erinnerung gegen eine Entscheidung eines Urkundsbeamten handelt, diese sich jedoch gegen einen Kostenfestsetzungsbeschluss richtet, wie dies in der Verwaltungs- und Finanzgerichtsbarkeit sowie der Sozialgerichtsbarkeit der Fall ist, soweit sich die Gebühren nach dem Gegenstandswert richten.[11] Dem trägt das 2. KostRMoG durch eine Umformulierung des § 18 Abs. 1 Nr. 3 RVG Rechnung, in dem nur noch auf eine Erinnerung gegen einen Kostenfestsetzungsbeschluss abgestellt wird, egal durch wen dieser ergangen ist. Bei sonstigen Erinnerungen, also nicht gegen einen Kostenfestsetzungsbeschluss gerichtete Erinnerungen, bleibt es dabei, dass sie nur dann eine besondere Angelegenheit begründen, wenn sie sich gegen eine Entscheidung des Rechtspflegers richten. Zu Erinnerungen gegen Vollstreckungsmaßnahmen → RVG VV 3309 Rn. 89. 14

Vergütungsfestsetzung. Die Reglung über die Erinnerungen gegen Kostenfestsetzungsbeschlüsse ist nicht anwendbar auf Erinnerungen gegen Vergütungsfestsetzungsbeschlüsse im Rahmen von § 11 RVG (→ § 16 Rn. 120) oder der PKH-Vergütung, da diese keine Kostenfestsetzungsbeschlüsse sind.[12] Diese gehören zum Rechtszug (→ § 56 Rn. 4). Eine Beschwerde im Vergütungsfestsetzungsverfahren fällt aber unter die Alt. 1 von § 18 Abs. 1 Nr. 3 RVG und führt daher zu einer besonderen Angelegenheit. 15

Abweichende Bestimmungen. Nr. 3 gilt nicht, wenn für bestimmte Beschwerden und Erinnerungen besondere gesetzliche Regelungen vorgesehen sind, also im Fall des § 16 Nr. 10 RVG (Kostenfestsetzung und Kostenansatz) und des § 19 Abs. 1 S. 2 Nr. 5 RVG (beauftragter oder ersuchter Richter, Urkundsbeamter, Gehörsrüge). Rechtsbehelfe gegen die Vergütungs- 16

---

[7] BT-Drs. 17/11471, 267.

[8] LSG Nds-Brem RVGreport 2007, 262 mzustAnm *Hansens.*

[9] BT-Drs. 15/1971, 193; Schneider/Wolf/ *Volpert/Mock/Schneider* RVG § 18 Rn. 86.

[10] BT-Drs. 15/1971, 193.

[11] BVerwG JurBüro 2007, 534 = NVwZ-RR 2007, 717 = RVGreport 2007, 342 mzustAnm *Hansens;* SG Berlin NJW-Spezial 2008, 93; **aA** VG Regensburg JurBüro 2005, 595.

[12] Ebenso Motive BT-Drs. 17/11471, 267.

festsetzung gem. § 11 RVG fallen nicht unter § 16 Nr. 10 RVG (→ § 16 Rn. 120), sondern unter § 18 Abs. 1 Nr. 3 RVG).

4. Angelegenheit

17 **a) Verhältnis zur Hauptsache.** Beschwerde- und von § 18 Abs. 1 Nr. 3 RVG erfasste Erinnerungsverfahren begründen einen neuen Rechtszug und sind gem. Nr. 3 besondere Angelegenheiten. Der RA erhält zusätzliche Gebühren selbst dann neben seinen sonstigen Gebühren, wenn die Tätigkeit, die den Anlass zu der Beschwerde bildet, durch die Verfahrensgebühr des Hauptverfahrens abgegolten wird, zB wenn sich die Beschwerde gegen einen die Prozessleitung betreffenden Beschluss richtet.

18 **b) Beschwerden und Erinnerungen untereinander. Gegen mehrere Entscheidungen.** Richten sich die mehreren Beschwerden/Erinnerungen gegen **verschiedene Entscheidungen,** so sind mehrere Angelegenheiten gegeben,[13] möge über sie auch in einem Beschluss entschieden werden.[14] Aus der Entscheidung in einem Beschluss allein ergibt sich keine Verbindung der Verfahren gem. § 147 ZPO. Eine Verbindung allein zu gemeinsamer Entscheidung wäre auch nicht zulässig (vgl. § 147 ZPO „zum Zwecke der gleichzeitigen Verhandlung und Entscheidung"). Zu den Besonderheiten bei Beschwerden oder Erinnerungen in Kostenfestsetzungs- bzw. Kostenansatzverfahren → § 16 Rn. 126ff.

19 **Gegen dieselbe Entscheidung.** Dagegen liegt nur ein Beschwerdeverfahren vor, wenn sich beide Parteien gleichzeitig gegen dieselbe Entscheidung beschweren.[15] Hier gilt dasselbe wie bei einer Berufung von beiden Seiten gegen dasselbe Urteil.

Beispiel:

Das Landgericht hat die Kosten des Rechtsstreits gem. § 91a ZPO gegeneinander aufgehoben. Beide Parteien legen gegen den Beschluss Beschwerde ein mit dem Antrag, die gesamten Kosten jeweils der Gegenpartei aufzuerlegen.

20 Ist allerdings eine Beschwerde erledigt, bevor die andere eingelegt wird, liegen zwei Beschwerdeverfahren vor.[16]

21 Wegen mehrerer Erinnerungen gegen mehrere Maßnahmen innerhalb derselben Vollstreckungsangelegenheit → RVG VV 3309 Rn. 83.

22 **Mehrere Beschlüsse zur selben Frage.** Teilweise wird nur eine Angelegenheit angenommen, wenn die mehreren angegriffenen Beschlüsse sachlich dieselbe Frage betreffen; zB bei Zurückweisung der Berufung nach § 522 ZPO und Versagung der Wiedereinsetzung (beide Beschlüsse betreffend die Frage der Zulässigkeit der Berufung).[17] ME ist hier, wenn zwei getrennte Beschlüsse ergangen sind, eine formale Betrachtungsweise angebracht. Es handelt sich um mehrere angegriffene Beschlüsse. Andernfalls müsste man auch bei einem Rechtsbehelf gegen eine abhelfende Abhilfeentscheidung, bei der es um dieselbe Frage geht, die vorher schon Gegenstand vorausgegangenen Rechtsbehelfs war, entgegen der hM (→ Rn. 23) zu einer Angelegenheit kommen.[18]

23 **Beschwerde gegen abhelfenden Abhilfebeschluss.** Er ist ein neuer selbständiger Beschluss, weshalb zwei Angelegenheiten gegeben sind.[19] Anders aber bei Kostenfestsetzung und Kostenansatz (→ § 16 Rn. 136).

24 **Erinnerung und nachfolgende Beschwerde.** Wird gegen eine Erinnerungsentscheidung Beschwerde eingelegt, zB sofortige Beschwerde gem. § 573 Abs. 2 ZPO, so ist die Beschwerde eine neue Angelegenheit.

25 **Fälschlich Zurückweisung statt Nichtabhilfe.** Wird über eine Erinnerung oder Beschwerde – fälschlich – durch zurückweisenden Beschluss statt durch Nichtabhilfe entschieden und legt der RA nunmehr Beschwerde ein, so sind zwei Angelegenheiten gegeben.[20] Hinge-

---

[13] OVG NRW AGS 2015, 168 = RVGreport 2015, 301 mzustAnm *Hansens,* Beschwerden gegen Beschlüsse nach § 80 Abs. 5 VwGO und nach § 80 Abs. 7 VwGO; Riedel/Sußbauer/*Schütz* RVG VV 3500 Rn. 13, HBS VergütungsR/*Schneider* Teil 8 Rn. 558.

[14] Riedel/Sußbauer/*Schütz* RVG VV 3500 Rn. 13.

[15] Riedel/Sußbauer/*Schütz* RVG VV 3500 Rn. 14; HBS VergütungsR/*Schneider* Teil 8 Rn. 559.

[16] Riedel/Sußbauer/*Schütz* RVG VV 3500 Rn. 14.

[17] Für eine Angelegenheit Riedel/Sußbauer/*Schütz* RVG VV 3500 Rn. 13; *Hartmann,* 33. Aufl. 2003, BRAGO § 61 Rn. 15.

[18] Auch Riedel/Sußbauer/*Schütz* RVG VV 3500 Rn. 15 spricht sich hier für eine Angelegenheit aus.

[19] Riedel/Sußbauer/*Schütz* RVG VV 3500 Rn. 15; HBS VergütungsR/*Schneider* Teil 8 Rn. 558.

[20] LG Krefeld AnwBl 1979, 240 = JurBüro 1979, 204; Gerold/Schmidt/*Madert,* 15. Aufl. 2002, BRAGO § 96 Rn. 4.

gen liegt eine Angelegenheit vor, wenn das Gericht der Erinnerung oder Beschwerde nicht abhilft und dem Beschwerdegericht vorlegt.

26 **Weitere Beschwerde und Rechtsbeschwerde.** Das Verfahren der weiteren bzw. der Rechtsbeschwerde ist als Rechtsmittelinstanz eine neue gebührenrechtliche Angelegenheit[21] und zwar unabhängig davon, ob die Beschwerden zulässig waren.

27 **Zurückverweisung.** Weist das Beschwerdegericht die Sache an die Vorinstanz zurück und wird gegen deren Entscheidung erneut Beschwerde eingelegt, so sind unter Berücksichtigung von § 21 **drei** Angelegenheiten gegeben (**1** × 1. Instanz, **2** × Beschwerdeinstanz).[22] Entsprechendes gilt, wenn auf weitere Beschwerde an das Beschwerdegericht zurückverwiesen wird. Allerdings ist die Anrechnung gem. VV Vorb. 3 Abs. 6 RVG zu beachten.

28 **Zurückverweisung innerhalb desselben Gerichts.** Weist der Instanzrichter eine Erinnerung an den Rechtspfleger des gleichen Gerichtes zurück, so ist das keine Zurückweisung iSv § 21, da durch die Erinnerung keine neue Instanz eingeschaltet wurde.[23]

29 **Zurückverweisung nach Aufhebung der Abhilfeentscheidung.** Hebt das Gericht im Beschwerde- bzw. Erinnerungsverfahren die Nichtabhilfeentscheidung ganz oder teilweise auf und gibt das Verfahren an den Rechtspfleger zur erneuten Abhilfeentscheidung zurück, so begründet dies keine neue Angelegenheit. Das gilt auch, wenn die Sache nach erneuter Nichtabhilfe wieder dem Gericht vorgelegt wird. Es fehlt bereits an einem neuen Rechtsmittel. Die Sache ist nach erneuter Nichtabhilfe ohne weitere Beschwerde oder Erinnerung dem Gericht wieder vorzulegen.[24]

Beispiel:

Der Rechtspfleger hat der sofortigen Beschwerde des in vollem Umfang erstattungsberechtigten Klägers wegen der Terminsgebühr (Wert 1500,– EUR) nicht abgeholfen. Das Beschwerdegericht hebt die Abhilfeentscheidung wegen unzureichender Auseinandersetzung mit den Argumenten des Beschwerdeführers auf. Nach erneuter Nichtabhilfe muss das Beschwerdegericht erneut entscheiden.

Der RA verdient

0,5 Gebühr gem. VV 3500 RVG aus 1.500,– EUR	63,50 EUR
Pauschale gem. VV 7002 RVG (20 % aus 83,– EUR)	12,70 EUR
Summe	76,20 EUR

30 **Aussetzung der Vollziehung.** Das Verfahren über die Aussetzung der Vollziehung der angefochtenen Entscheidung (§ 570 Abs. 2, 3 ZPO; § 64 Abs. 3 FamFG) gehört zum Beschwerdeverfahren und ist keine selbständige Angelegenheit (§ 19 Abs. 1 S. 2 Nr. 11, 12 RVG).

IV. Nr. 4–18

31 Nr. 4 ff. betreffen Einzelfälle, die zur Zwangsvollstreckung gehören. Alle sind bei den alphabetisch geordneten Einzelfällen in VV 3309 RVG unter den nachfolgend angegebenen Rn. kommentiert.

Nr. 4 Einwendungen gegen Erteilung der Vollstreckungsklausel → RVG VV 3309 Rn. 407.
Nr. 5 Weitere vollstreckbare Ausfertigung → RVG VV 3309 Rn. 403.
Nr. 6 Anträge nach §§ 765a, 851a, 851b, 1084 Abs. 1 ZPO → RVG VV 3309 Rn. 409 ff.
Nr. 7 Austauschpfändung → RVG VV 3309 Rn. 195 ff.
Nr. 8 Andere Verwertungsart → RVG VV 3309 Rn. 385 ff.
Nr. 9 Verwaltung eines gepfändeten Vermögensrechts → RVG VV 3309 Rn. 381 ff.
Nr. 10 Verteilungsverfahren → RVG VV 3333 Rn. 13 ff.
Nr. 11 Zwangshypothek → RVG VV 3309 Rn. 278 ff.
Nr. 12 Vorauszahlung der Kosten einer Ersatzvornahme → RVG VV 3309 Rn. 263 ff.
Nr. 13 Zwangsmittel → RVG VV 3309 Rn. 354 ff.
Nr. 14 Ordnungsgeld → RVG VV 3309 Rn. 355 ff.
Nr. 15 Sicherheitsleistung bei Unterlassung und Duldung → RVG VV 3309 Rn. 362 ff.
Nr. 16 Eidesstattliche Versicherung → RVG VV 3309 Rn. 235 ff.
Nr. 17 Löschung im Schuldnerverzeichnis → RVG VV 3309 Rn. 337 ff.
Nr. 18 Veröffentlichungsbefugnis → RVG VV 3309 Rn. 377 ff.

---

[21] Gerold/Schmidt/*von Eicken,* 16. Aufl. 2004, RVG VV 3500 Rn. 19; HBS VergütungsR/*Schneider* Teil 8 Rn. 558.
[22] HBS VergütungsR/*Schneider* Teil 8 Rn. 560.
[23] Schneider/Wolf/*N. Schneider* RVG VV 3500 Rn. 68.
[24] OLG Köln AGS 1998, 183.

V. Vollstreckung nach SVertO (Nr. 19, 20)

32 § 18 Abs. 1 Nr. 19 RVG entspricht der früheren Regelung in § 81 Abs. 2 S. 1 Nr. 3 BRAGO. § 18 Abs. 1 Nr. 20 RVG gleicht der früheren Regelung in § 81 Abs. 2 S. 1 Nr. 2 BRAGO.

VI. Zwangsmaßnahme nach § 35 FamFG (Nr. 21)

33 Gem. § 35 FamFG kann das Gericht Zwangsgelder verhängen, wenn ein Verpflichteter einer gerichtlichen Anordnung zu einem Verhalten während des Verfahrens (nicht bei der Vollstreckung eines Titels – dort gelten §§ 86 ff., 120 FamFG, § 18 Abs. 2 RVG) nicht Folge leistet. Das Zwangsmittelverfahren ist nach Nr. 21 eine besondere Angelegenheit. Wegen Gebühren → RVG VV 3309 Rn. 270. Hingegen gehören zB Maßnahmen nach § 33 Abs. 3 FamFG zur Hauptsache, was sich daraus ergibt, dass sie in Nr. 21 nicht genannt sind.

VII. Vollziehung und Vollstreckung nach FamFG (Abs. 2)

34 Gem. § 18 Abs. 2 RVG gilt Abs. 1 entsprechend für die Vollziehung des Arrests (§ 119 Abs. 2 FamFG) und für die Vollstreckung nach §§ 86 ff. FamFG.

§ 19 Rechtszug; Tätigkeiten, die mit dem Verfahren zusammenhängen

(1) [1] **Zu dem Rechtszug oder dem Verfahren gehören auch alle Vorbereitungs-, Neben- und Abwicklungstätigkeiten und solche Verfahren, die mit dem Rechtszug oder Verfahren zusammenhängen, wenn die Tätigkeit nicht nach § 18 eine besondere Angelegenheit ist.** [2] **Hierzu gehören insbesondere**

1. die Vorbereitung der Klage, des Antrags oder der Rechtsverteidigung, soweit kein besonderes gerichtliches oder behördliches Verfahren stattfindet;
1a. die Einreichung von Schutzschriften und die Anmeldung von Ansprüchen oder Rechtsverhältnissen zum Klageregister für Musterfeststellungsklagen sowie die Rücknahme der Anmeldung;
1b. die Verkündung des Streits (§ 72 der Zivilprozessordnung);
2. außergerichtliche Verhandlungen;
3. Zwischenstreite, die Bestellung von Vertretern durch das in der Hauptsache zuständige Gericht, die Ablehnung von Richtern, Rechtspflegern, Urkundsbeamten der Geschäftsstelle oder Sachverständigen, die Entscheidung über einen Antrag betreffend eine Sicherungsanordnung, die Wertfestsetzung, die Beschleunigungsrüge nach § 155b des Gesetzes über das Verfahren in Familiensachen und in den Angelegenheiten der freiwilligen Gerichtsbarkeit;
4. das Verfahren vor dem beauftragten oder ersuchten Richter;
5. das Verfahren
a) über die Erinnerung (§ 573 der Zivilprozessordnung),
b) über die Rüge wegen Verletzung des Anspruchs auf rechtliches Gehör,
c) nach Artikel 18 der Verordnung (EG) Nr. 861/2007 des Europäischen Parlaments und des Rates vom 13. Juni 2007 zur Einführung eines europäischen Verfahrens für geringfügige Forderungen,
d) nach Artikel 20 der Verordnung (EG) Nr. 1896/2006 des Europäischen Parlaments und des Rates vom 12. Dezember 2006 zur Einführung eines Europäischen Mahnverfahrens und
e) nach Artikel 19 der Verordnung (EG) Nr. 4/2009 über die Zuständigkeit, das anwendbare Recht, die Anerkennung und Vollstreckung von Entscheidungen und die Zusammenarbeit in Unterhaltssachen;
6. die Berichtigung und Ergänzung der Entscheidung oder ihres Tatbestands;
7. die Mitwirkung bei der Erbringung der Sicherheitsleistung und das Verfahren wegen deren Rückgabe;
8. die für die Geltendmachung im Ausland vorgesehene Vervollständigung der Entscheidung und die Bezifferung eines dynamisierten Unterhaltstitels;
9. die Zustellung oder Empfangnahme von Entscheidungen oder Rechtsmittelschriften und ihre Mitteilung an den Auftraggeber, die Einwilligung zur Einlegung der Sprungrevision oder Sprungrechtsbeschwerde, der Antrag auf Entscheidung über die Verpflichtung, die Kosten zu tragen, die nachträgliche Vollstreckbarerklärung eines

Urteils auf besonderen Antrag, die Erteilung des Notfrist- und des Rechtskraftzeugnisses;

9a. die Ausstellung von Bescheinigungen, Bestätigungen oder Formblättern einschließlich deren Berichtigung, Aufhebung oder Widerruf nach
a) § 1079 oder § 1110 der Zivilprozessordnung,
b) § 48 des Internationalen Familienrechtsverfahrensgesetzes,
c) § 57 oder § 58 des Anerkennungs- und Vollstreckungsausführungsgesetzes,
d) § 14 des EU-Gewaltschutzverfahrensgesetzes,
e) § 71 Absatz 1 des Auslandsunterhaltsgesetzes,
f) § 27 des Internationalen Erbrechtsverfahrensgesetzes und
g) § 27 des Internationalen Güterrechtsverfahrensgesetzes;

10. die Einlegung von Rechtsmitteln bei dem Gericht desselben Rechtszugs in Verfahren, in denen sich die Gebühren nach Teil 4, 5 oder 6 des Vergütungsverzeichnisses richten; die Einlegung des Rechtsmittels durch einen neuen Verteidiger gehört zum Rechtszug des Rechtsmittels;

10a. Beschwerdeverfahren, wenn sich die Gebühren nach Teil 4, 5 oder 6 des Vergütungsverzeichnisses richten und dort nichts anderes bestimmt ist oder keine besonderen Gebührentatbestände vorgesehen sind;

11. die vorläufige Einstellung, Beschränkung oder Aufhebung der Zwangsvollstreckung, wenn nicht eine abgesonderte mündliche Verhandlung hierüber stattfindet;

12. die einstweilige Einstellung oder Beschränkung der Vollstreckung und die Anordnung, dass Vollstreckungsmaßnahmen aufzuheben sind (§ 93 Abs. 1 des Gesetzes über das Verfahren in Familiensachen und in den Angelegenheiten der freiwilligen Gerichtsbarkeit), wenn nicht ein besonderer gerichtlicher Termin hierüber stattfindet;

13. die erstmalige Erteilung der Vollstreckungsklausel, wenn deswegen keine Klage erhoben wird;

14. die Kostenfestsetzung und die Einforderung der Vergütung;

15. *(aufgehoben)*

16. die Zustellung eines Vollstreckungstitels, der Vollstreckungsklausel und der sonstigen in § 750 der Zivilprozessordnung genannten Urkunden und

17. die Herausgabe der Handakten oder ihre Übersendung an einen anderen Rechtsanwalt.

(2) **Zu den in § 18 Abs. 1 Nr. 1 und 2 genannten Verfahren gehören ferner insbesondere**

1. gerichtliche Anordnungen nach § 758a der Zivilprozessordnung sowie Beschlüsse nach den §§ 90 und 91 Abs. 1 des Gesetzes über das Verfahren in Familiensachen und in den Angelegenheiten der freiwilligen Gerichtsbarkeit,
2. die Erinnerung nach § 766 der Zivilprozessordnung,
3. die Bestimmung eines Gerichtsvollziehers (§ 827 Abs. 1 und § 854 Abs. 1 der Zivilprozessordnung) oder eines Sequesters (§§ 848 und 855 der Zivilprozessordnung),
4. die Anzeige der Absicht, die Zwangsvollstreckung gegen eine juristische Person des öffentlichen Rechts zu betreiben,
5. die einer Verurteilung vorausgehende Androhung von Ordnungsgeld und
6. die Aufhebung einer Vollstreckungsmaßnahme.

Übersicht

A. Allgemeines

I. Motive

Die Motive führen aus: 1

„In § 19 RVG soll festgelegt werden, dass alle Vorbereitungs-, Neben- und Abwicklungstätigkeiten sowie Nebenverfahren zu dem jeweiligen Rechtszug oder jeweiligen Verfahren gehören. Die Vorschrift soll an die Stelle des § 37 BRAGO treten, soweit es sich um Prozessverfahren vor den ordentlichen Gerichten handelt. Soweit es sich um Tätigkeiten in der Zwangsvollstreckung handelt, soll sie an die Stelle des § 58 Abs. 2 BRAGO treten. Hinsichtlich der sonstigen Verfahren soll sie entsprechend ergänzt und aus diesem Grund insgesamt neu gefasst werden.

Mit dem neuen Abs. 1 S. 1 soll der Regelungszweck dieser Vorschrift allgemein umschrieben werden. Danach sollen zu dem Rechtszug oder zu dem Verfahren – hierher gehören auch Verfahren der Zwangsvollstreckung – auch alle Vorbereitungs-, Neben- und Abwicklungstätigkeiten und solche Verfahren, die mit den Rechtszug oder Verfahren zusammenhängen, gehören. S. 2 enthält eine nicht abschließende Aufzählung aller wesentlichen Tätigkeiten, die zu dem Rechtszug oder dem Verfahren gehören sollen."

1a **Zu § 19 Abs. S. 2 Nr. 1b**

„Mit der im Regierungsentwurf vorgeschlagenen Ergänzung des § 19 RVG soll ausdrücklich bestimmt werden, dass die Streitverkündung aus Sicht des Rechtsanwalts, der den Streit verkündet, in Bezug auf das Hauptsacheverfahren zum Rechtszug gehört. Durch die vom Ausschuss vorgeschlagene Formulierung wird klargestellt, dass dies – wie bisher – nicht nur für die Einreichung der Streitverkündung, sondern für alle mit der Verkündung des Streits zusammenhängenden anwaltlichen Tätigkeiten im Hauptsacheverfahren gilt."[1]

II. Grundsätze

2 **Verhältnis zu §§ 15–18 RVG.** § 19 RVG ergänzt § 15 Abs. 1, 2 RVG, nach dem die Gebühren, soweit das RVG nichts anderes bestimmt, die gesamte Tätigkeit des Anwalts vom Auftrag bis zur Erledigung der Angelegenheit abgelten soll und der RA die Gebühren in derselben Angelegenheit nur einmal fordern kann, in gerichtlichen Verfahren in jedem Rechtszug. § 19 RVG führt eine Reihe von Beispielen für Tätigkeiten auf, die zum Rechtszug gehören, die also nicht besonders zu vergüten sind und für den Verfahrensbevollmächtigten durch die jeweiligen Verfahrensgebühren abgegolten werden. Die §§ 17, 18 RVG enthalten Bestimmungen, welche Verfahren oder Verfahrensteile als verschiedene oder besondere Angelegenheiten zu behandeln sind.

3 **Kein abschließender Katalog.** Der Katalog in Abs. 1 S. 2 Nr. 1 ff. und Abs. 2 ist – anders als bei §§ 17, 18 RVG –, nicht abschließend, sondern beispielhaft, wie sich aus dem Wort „insbesondere" in Abs. 1 S. 2 ergibt.

4 **Folgen.** Die Zugehörigkeit iSv § 19 RVG hat zur Folge, dass für diese Tätigkeiten keine besonderen Gebühren zusätzlich zu den in dem jeweiligen Verfahren verdienten Gebühren entstehen und die Auslagenpauschale gem. VV 7002 RVG nur einmal verlangt werden kann.

III. Anwendungsbereich

5 **Gerichtsbarkeiten.** § 19 RVG betrifft alle Gerichtsbarkeiten also neben der Zivilgerichtsbarkeit, die Familiengerichtsbarkeit, die freiwillige Gerichtsbarkeit, die Arbeits-, Verwaltungs-, Sozial-, Finanz-, Strafgerichtsbarkeit und ähnliche Verfahren.

6 Zu **Verwaltungsverfahren** → Rn. 14.

IV. Rechtszug

1. Rechtszug im Sinne des Gebührenrechts

7 **Eigener Begriff des Rechtszugs.** § 19 RVG bestimmt, welche Tätigkeiten zum Rechtszug gehören. Der Rechtszug (Instanz) in diesem Sinne stimmt mit der Instanz im Sinne des Prozessrechts nicht überein. Zum Rechtszug → § 17 Rn. 4 ff.

8 **Beginn.** Der Gebührenrechtszug beginnt bereits mit dem Auftrag (§ 15 Abs. 1 RVG), also schon vor der Inanspruchnahme des Gerichts.

9 **Ende.** Er endet nicht schon mit dem Erlass der die Gerichtsinstanz abschließenden Entscheidung, da zum Gebührenrechtszug zB auch die Erwirkung der Vollstreckungsklausel und des Rechtskraftzeugnisses (Nr. 9) gehören. Auch Tätigkeiten nach der Urteilszustellung, die also nach Ende der gerichtlichen Instanz, zum Teil sogar nach Rechtskraft des Urteils liegen, können zum Rechtszug im Sinne des RVG gehören, zB die Berichtigung oder Ergänzung der Entscheidung (Nr. 6).

10 **Wiederaufleben.** Zu beachten ist, dass eine prozessual abgeschlossene Instanz wiederaufleben kann. Wird zB nach Abschluss eines **Prozessvergleiches** geltend gemacht, der Vergleich sei nichtig, so wird der Rechtsstreit fortgesetzt. Die Verfahren vor und nach Abschluss der Einigung bilden einen Rechtszug.[2] Gleiches gilt, wenn gegen das Versäumnisurteil Einspruch eingelegt worden ist und der Rechtsstreit nunmehr fortgesetzt wird.

[1] Rechtsausschuss zum KostRÄG 2021, 92.
[2] Einhellig hM OLG Hamm JurBüro 2000, 469 = AGS 2000, 170; OLG Schleswig OLGR 1997, 95.

Mehrere Aufträge. Für den Begriff des Rechtszuges ist es gleichgültig, ob der RA innerhalb des Rechtszuges auf Grund eines einheitlichen Auftrages tätig wird oder ob er mehrere Aufträge erhält (vgl. § 15 Abs. 5 RVG). 11

2. Derselbe Rechtszug bei Wechsel der Personen

Nachfolger. Derselbe Rechtszug bleibt auch dann bestehen, wenn auf Seiten einer Partei andere Personen in den Rechtsstreit eintreten (zB die Erben an die Stelle des verstorbenen Erblassers, der Insolvenzverwalter an Stelle des Gemeinschuldners). Der RA, der den Rechtsstreit für die Nachfolger weiterführt, erhält keine neuen Gebühren. Bei Eintritt mehrerer Erben anstelle des Erblassers erhöht sich jedoch die Verfahrensgebühr gem. VV 1008 RVG. Zu **Parteiwechsel** → RVG VV 1008 Rn. 104 ff. 12

V. Verfahren

Gerichts- und Vollstreckungsverfahren. § 19 RVG regelt auch, was zu einem Verfahren gehört. Verfahren iSv § 19 RVG sind Gerichts- und Vollstreckungsverfahren.[3] 13

Weitere Verfahren. Zu den Verfahren gehören noch weitere Verfahren, wie sich schon aus den Motiven ergibt, in denen neben dem Rechtszug und dem Vollstreckungsverfahren „die sonstigen Verfahren" angesprochen sind. Darüber hinaus fehlt von der Stellung im Gesetz her jeder Anhaltspunkt, dass nur Gerichtsverfahren und mit diesen in Verbindung stehende Verfahren wie das Vollstreckungsverfahren gemeint sein sollen. Wenn der allgemeine Begriff Verfahren verwendet ist, so sind alle Verfahren gemeint, also auch **behördliche Verfahren,** wie sich ua aus der Nennung auch eines behördlichen Verfahrens in Nr. 1 ergibt. Darüber hinaus sind auch sonst im dritten Abschnitt des RVG, also in §§ 16 ff. RVG wiederholt Verwaltungsverfahren ausdrücklich geregelt (zB § 16 Nr. 1; § 17 Nr. 1a RVG). 14

Verfahren iSv § 19 RVG sind weiter 15
- schiedsrichterliche Verfahren § 16 Nr. 8 RVG,
- Güte- und ähnliche in § 17 Nr. 7 RVG genannte Verfahren,
- strafrechtliche Ermittlungsverfahren.

B. Einzelne Nummern

I. Vorbereitung (Nr. 1)

1. Allgemeines

Allgemeines. Vorbereitungshandlungen betreffend die Klage, den Antrag oder die Rechtsverteidigung gehören zum Rechtszug bzw. Verfahren. Vorausgesetzt ist allerdings, dass der RA bereits einen Auftrag für dieses Verfahren hat und dass kein besonderes gerichtliches oder behördliches Verfahren stattfindet. 16

2. Verfahrensauftrag

Nr. 1 setzt voraus, dass der RA schon bei seinen ersten Tätigkeiten einen Verfahrensauftrag hatte. Hatte er hingegen zunächst einen außergerichtlichen Auftrag, so gehören seine Tätigkeiten zu diesem Auftragsverhältnis, auch wenn die Maßnahmen später einem Verfahrensauftrag zugutekommen, zB eine Darlehenskündigung. Die Gebühren richten sich ausschließlich nach VV 2300 ff. RVG. § 19 RVG greift nicht ein, wenn es dann später zu einer gerichtlichen Vertretung kommt. Zur Abgrenzung der Aufträge → RVG VV Vorb. 3 Rn. 15 ff. 17

Hat der RA einen unbedingten Auftrag zu außergerichtlichen Verhandlungen und einen bedingten zur Prozessführung erhalten, so wird der zweite Auftrag für die Gebührenberechnung erst maßgebend, wenn sich der erste Auftrag erledigt hat (Scheitern der Vergleichsverhandlungen, so dass nunmehr Klage erhoben werden soll).[4] Tritt die Bedingung ein, so sind zwei Angelegenheiten gegeben. 18

3. Vorbereitungsmaßnahmen

a) Vorbereitungsmaßnahmen. Hier handelt es sich um Tätigkeiten, die vor dem Beginn der gerichtlichen Instanz vorgenommen werden, aber, wenn schon ein Verfahrensauftrag be- 19

[3] Schneider/Wolf/*Mock/Volpert/Schneider/Fölsch/Thiel* RVG § 19 Rn. 1.
[4] BGH AnwBl 1969, 15; *H. Schmidt* AnwBl 1969, 73.

steht, zur Gebühreninstanz des RA gehören, weil diese schon mit der Annahme des Auftrags beginnt.

20 **Hierher gehören**

- Entgegennahme der Information, wobei es gleichgültig ist, ob die Information von dem Auftraggeber oder einem Dritten erteilt wird oder ob der RA sich die Information selbst besorgt (zB durch Aktenstudium, Einsicht in das Grundbuch, Registerakten usw),[5]
- Kündigungs- und Mahnschreiben, wenn bereits ein Verfahrensauftrag vorlag,
- Schreiben zur Ermittlung des gegnerischen Aufenthalts,[6]
- uU Auskunft und Beratung, → Rn. 21.

21 **b) Keine Vorbereitungsmaßnahmen. Auskunft oder Beratung.** Soll der RA erst einmal beraten, ob geklagt oder eine Klage abgewehrt werden soll, so hat er zunächst einmal einen Beratungsauftrag, der zu gesonderten Gebühren gem. § 34 RVG führt, wobei diese Gebühren auf die Gebühren im späteren Verfahren anzurechnen sind. Erhält der RA aber sofort den Auftrag, in einem gerichtlichen Verfahren tätig zu werden, so gehört eine Beratung zum Verfahren und ist gem. § 19 S. 2 Nr. 1 RVG keine selbständige Angelegenheit. Das ist zB der Fall, wenn der Mandant sofort den Auftrag erteilt, Klage zu erheben und der RA dann nach Prüfung der Unterlagen rät, von einer Klage Abstand zu nehmen. **Schriftliches Gutachten** → RVG VV 2100 Rn. 9.

22 **Prüfung der Erfolgsaussichten eines Rechtsmittels.** Dieser Auftrag wird in aller Regel erteilt werden, bevor der RA den Auftrag für die Durchführung des Rechtsmittels erhält. Es liegen dann mehrere Aufträge vor. Zur Anrechnung → VV 2100–2103 Rn. 6.

23 **Besonderes gerichtliches oder behördliches Verfahren.** Bisweilen findet vor oder im Zusammenhang mit einem Gerichtsverfahren ein weiteres selbständiges gerichtliches oder behördliches Verfahren statt zB vor dem Vormundschaftsgericht (die Bestellung eines Pflegers, Genehmigung eines Vergleichs)[7] oder der Hinterlegungsstelle. Dann ist kein Fall von § 19 Abs. 1 S. 2 Nr. 1 RVG gegeben, wie der Soweit-Satz dieser Bestimmung klarstellt, sondern es liegt ein weiterer Rechtszug vor, in dem besondere Gebühren entstehen. Ob, wenn vorher der RA auch schon außergerichtlich tätig war, eine Anrechnung (VV Vorb. 3 Abs. 4 RVG) stattfindet, wird davon abhängen, ob Gegenstandsgleichheit zu bejahen ist, was nur selten der Fall sein dürfte. Ein besonderes behördliches Verfahren liegt nicht vor, wenn auf der Gegenseite eine öffentlich-rechtliche Körperschaft steht und mit ihrer Vertretungsbehörde in dieser Angelegenheit verhandelt wird.

Beispiel:

Ein Landkreis soll auf Schadenersatz verklagt werden. Nach Erhalt des Auftrags, aber vor Einreichung der Klage, verhandelt der RA des Klägers mit dem Landrat, evtl. auch mit dem Regierungspräsidenten wegen einer außergerichtlichen Erledigung der Angelegenheit. Hier wird mit dem Gegner bzw. seiner Aufsichtsbehörde verhandelt, aber kein behördliches Verfahren betrieben. Die Verhandlungen führen nach Nr. 2 zu keiner neuen Angelegenheit.

24 **Verwaltungs- und das Widerspruchsverfahren** im Verwaltungsverfahren. Sie gehören nicht zum Rechtszug des verwaltungsgerichtlichen Verfahrens (§ 17 Nr. 1a RVG).

25 **c) Deckungszusage des Rechtsschutzversicherers,** → § 1 Rn. 324 ff.

II. Schutzschrift (Nr. 1a)

25a Durch Art. 8 des Gesetzes zur Änderung des Unterhaltsrechts und des Unterhaltsverfahrensrechts, in Kraft getreten am 1.1.2016,[8] wurde Nr. 1a eingefügt. Er stellt in Übereinstimmung damit, was bisher schon hM war,[9] klar, dass eine Angelegenheit für den RA vorliegt, der sowohl die Schutzschrift einreicht als auch im Gerichtsverfahren tätig ist.

25b Mit Gesetz zur Einführung einer zivilprozessualen Musterfeststellungsklage vom 12.7.2018 BGBl. I 1151 wurde in § 19 Abs. 1 S. 2 Nr. 1a RVG geregelt, dass die Anmeldungen zum Klageregister für Musterfeststellungsklagen sowie deren Rücknahmen eine Angelegenheit mit der Musterfeststellungsklage sind.

---

[5] BGH AGS 2005, 59 = BGHReport 2005, 133 = JurBüro 2005, 84.
[6] BGH NJW-RR 2004, 501 = JurBüro 2004, 315 = AGS 2004, 151.
[7] Mayer/Kroiß/*Ebert* RVG § 19 Rn. 10.
[8] BGBl. 2015 I 2018.
[9] OLG Bamberg AGS 2003, 537; OLG Hamm JurBüro 1989, 962.

III. Streitverkündung (Nr. 1b)

Unbeschadet der zusätzlichen anwaltlichen Belastung, auf die die Anwaltschaft immer wieder hingewiesen hat, stellt Nr. 1b klar, dass die Streitverkündung zum Rechtszug gehört und somit keine zusätzlichen Gebühren auslöst. Das gilt nicht nur für die Verkündungserklärung, sondern für alle mit der Verkündung des Streits zusammenhängenden anwaltlichen Tätigkeiten im Hauptsacheverfahren. Um letzteres klarzustellen, hat der Rechtsausschuss des Deutschen Bundestags die im Regierungsentwurf in § 19 Abs. 2 Nr. 1b RVG vorgesehene Formulierung „die Einreichung der Streitverkündung" abgeändert in „die Verkündung des Streits" (→ Rn. 1a). Sonstige anwaltliche Tätigkeiten bezüglich des durch die Streitverkündung betroffenen Anspruchs, die außerhalb des Hauptsacheverfahrens vorgenommen werden, gehören nicht zum Rechtszug,[10] zB der RA hat außergerichtlich den Streitverkündeten bezüglich außergerichtlich geltend gemachter Schadensansprüche vertreten, deretwegen die Streitverkündung erfolgt ist. **25c**

Eine Angelegenheit ist auch gegeben, **25d**
- wenn der Nebenintervenient den Beitritt auf der Seite der zunächst unterstützten Partei zurücknimmt und zugleich der anderen Partei beitritt,[11]
- wenn innerhalb derselben Instanz eine von mehreren beklagten Parteien durch ein gegen sie ergehendes Teilurteil aus dem Verfahren ausscheidet, ihr jedoch daraufhin der Streit verkündet wird und sie dem Rechtsstreit als Streithelferin der verbliebenen Beklagten beitritt,[12]
- wenn der RA im Verfahren der einstweiligen Verfügung den Auftraggeber im Widerspruchsverfahren als Partei und in einem zweiten Widerspruchsverfahren als Nebenintervenienten vertritt.[13]

Wegen VV 1008 RVG, → RVG VV 1008 Rn. 121.

IV. Außergerichtliche Verhandlungen (Nr. 2)

1. Allgemeines

Nr. 2 besagt, dass selbst außergerichtliche Verhandlungen zu dem Verfahren gehören, auf das sie sich beziehen. Voraussetzung ist jedoch, dass für das Verfahren bereits ein unbedingter Auftrag vorliegt. **26**

2. Anwendungsbereich

Nr. 2 gilt sowohl für gerichtliche als auch bestimmte nicht gerichtliche Verfahren (→ Rn. 13 ff.). **27**

3. Verfahrensauftrag

Verfahrensauftrag notwendig. Nr. 2 greift nur ein, wenn der RA, der die außergerichtlichen Verhandlungen führt, einen Verfahrensauftrag hat. Hat er hingegen einen Auftrag für eine außergerichtliche Vertretung, so gehört die Tätigkeit nicht zu einem etwa daneben noch laufenden Gerichtsverfahren. Zur Abgrenzung außergerichtlicher und gerichtlicher Auftrag → RVG VV Vorb. 3 Rn. 15 ff. **28**

4. Richterliche Mediation

Nimmt der Prozessbevollmächtigte an der richterlichen Mediation statt, so gehört dies zum Rechtszug und stellt keine neue Angelegenheit dar. Gebühren fallen daher nicht doppelt an.[14] Zur Entstehung von Gebühren durch Tätigkeiten bei richterlicher Mediation → RVG VV Vorb. 3 Rn. 238. **29**

V. Zwischenstreite und Ähnliches (Nr. 3)

1. Motive

Die Motive führen aus: **30**

---

[10] Referentenentwurf zum KostRÄG 2021, 54.
[11] KG Rpfleger 1983, 125 = JurBüro 1983, 1098; OLG Hamm JurBüro 1989, 401 = Rpfleger 1989, 127.
[12] OLG Stuttgart JurBüro 1983, 857.
[13] KG JurBüro 1969, 974.
[14] OLG Braunschweig Rpfleger 2007, 114, unter Berufung auf § 19 Abs. 1 S. 2 Nr. 2 RVG; OLG Rostock OLGR 2007, 159 = AGS 2007, 124 = RVGreport 2007, 28, unter Berufung auf § 17a RVG; JurBüro 2007, 194; *Enders* JurBüro 2006, 505; **aA** die Gebührenreferenten der Rechtsanwaltskammern bei ihrer 51. Tagung (24.9.2005) RVGreport 2007, 406.

„Die Nr. 3 übernimmt Teile des § 37 Nr. 3 BRAGO und erweitert gleichzeitig diese Vorschrift. Nicht mehr genannt werden das selbständige Beweisverfahren, das Verfahren über die Prozesskostenhilfe, die vorläufige Einstellung, Beschränkung oder Aufhebung der Zwangsvollstreckung, wenn nicht eine abgesonderte mündliche Verhandlung hierüber stattfindet, sowie das Verfahren wegen der Rückgabe einer Sicherheit.

Das selbständige Beweisverfahren soll künftig immer eine eigene Angelegenheit bilden. Soweit der Gegenstand eines selbständigen Beweisverfahrens auch Gegenstand eines Rechtsstreits ist oder wird, soll jedoch die Verfahrensgebühr des selbständigen Beweisverfahrens auf die Verfahrensgebühr des Rechtszugs angerechnet werden (Abs. 5 der Vorb. 3 … VV RVG-E) …. Das Verfahren beschränkt sich … nicht mehr auf die bloße Beweissicherung; vielmehr soll auch schon in diesem Verfahren eine endgültige Beilegung des Rechtsstreits angestrebt werden. Da nunmehr die Beweisgebühr entfallen soll, würde der RA im selbständigen Beweisverfahren nach der vorgeschlagenen Nr. 3100 VV RVG-E nur noch eine Gebühr mit einem Gebührensatz von 1,3 erhalten. Wenn eine mündliche Verhandlung, ein sonstiger Termin oder eine auf die Erledigung des Verfahrens gerichtete Besprechung ohne Beteiligung des Gericht stattfindet, soll der RA auch die Terminsgebühr nach Nr. 3104 VV RVG-E erhalten (siehe auch Abs. 3 der Vorbemerkung 3 VV RVG-E). Der Antrag auf Durchführung eines selbständigen Beweisverfahrens setzt dieselben Vorarbeiten voraus, die den Ansatz der Gebühr Nr. 3100 VV RVG-E im eigentlichen Rechtsstreit rechtfertigen. Ein solches Verfahren gibt Gelegenheit, schon frühzeitig über eine gütliche Beilegung des Rechtsstreits zu verhandeln und den weiteren Prozess über die Hauptsache möglichst zu vermeiden. Dieser Entlastungseffekt rechtfertigt es, das selbständige Beweisverfahren auch gebührenmäßig wie die Hauptsache zu behandeln."[15]

31 Wegen des **PKH-Antragsverfahrens** sind die Motive in § 16 RVG (→ § 16 Rn. 7) wiedergegeben. Zur **vorläufigen Einstellung, Beschränkung oder Aufhebung der Zwangsvollstreckung** weisen die Motive darauf hin, dass diese nunmehr in § 19 Abs. 1 S. 2 Nr. 11 RVG, zur Rückgabe der Sicherheit, dass diese nunmehr in § 19 Abs. 1 S. 2 Nr. 7 RVG geregelt sind.

2. Grundsätze

32 Nr. 3 regelt, dass bestimmte Verfahren Teile des Hauptsacheverfahrens sind, so dass der Verfahrensbevollmächtigte und ihm gleichgestellte Anwälte (zB Verkehrsanwalt, Terminsvertreter) Gebühren, die sie im Hauptsacheverfahren verdient haben, nicht noch einmal erwerben.

3. Zum Rechtsstreit gehörende Verfahren

33 **a) Zwischenstreite.** Hierher gehören zB Verfahren
- über den Antrag auf Zurückweisung der Nebenintervention (§ 71 ZPO),
- über Ausländersicherheit (§ 110 ZPO),
- über Aussetzung des Verfahrens,[16]
- Zwischenstreit über Rückgabe einer Urkunde (§ 135 Abs. 2 ZPO).[17]

34 **Zwischenstreit betreffend Zeugen oder Sachverständigen.** Für den RA des Hauptsacheverfahrens, der sich zB gegen das von einem Zeugen oder Sachverständigen in Anspruch genommene Verweigerungsrecht wendet (§§ 387 ff., 402 ZPO), handelt es sich um eine Angelegenheit mit der Hauptsache. Hingegen erhält der RA, der ausschließlich als Beistand einen Zeugen oder Sachverständigen zB im Streit über dessen Verweigerungsrecht vertritt, nach VV Vorb. 3 Abs. 1 S. 2 RVG die gleichen Gebühren wie ein Verfahrensbevollmächtigter in diesem Verfahren.

35 **b) Bestimmung des zuständigen Gerichts.** Früher war die Regelung über das Verfahren zur Bestimmung des zuständigen Gerichts in § 19 Abs. 1 S. 2 Nr. 3 RVG geregelt. Nunmehr ist sie in § 16 Nr. 3a RVG enthalten (→ § 16 Rn. 10 ff.). Gegenstandswert → Anh. VI Rn. 74.

36 **c) Bestellung von Vertretern.** Die Bestellung von Vertretern **durch das Hauptsachegericht oder das Vollstreckungsgericht** gehört zur Instanz. Auch wenn, anders als in § 37 Nr. 3 BRAGO, die Bestellung von Vertretern durch das Vollstreckungsgericht in § 19 Abs. 1 S. 2 Nr. 3 RVG nicht mehr aufgeführt ist, gilt diese Bestimmung auch hierfür. Es fehlt jeder Anhaltspunkt, dass sich insofern etwas ändern sollte. Auch die Motive weisen nicht auf eine diesbezügliche Veränderung hin, obgleich sie iE erwähnen, was sich geändert hat. Als Beispiele seien erwähnt die Bestellung eines Vertreters
- für nicht prozessfähige Partei (§ 57 ZPO)
- bei herrenlosem Grundstück oder Schiff (§ 58 ZPO bzw. in der Zwangsvollstreckung § 787 ZPO)
- für unbekannten Gegner (§ 494 Abs. 2 ZPO)
- für Erben bei Zwangsvollstreckung (§ 779 Abs. 2 ZPO).

---

[15] BT-Drs. 15/1971, 193.
[16] *N. Schneider* NJW-Spezial 11, 91.
[17] Mayer/Kroiß/*Ebert* RVG 19 Rn. 39; Thomas/Putzo/*Seiler* ZPO § 135 Rn. 2 ff.

Bestellung durch anderes Gericht. Wird aber der Vertreter nicht durch das Prozessgericht oder das Vollstreckungsgericht, sondern in einem gesonderten Verfahren bestellt, so liegt § 19 Abs. 1 S. 2 Nr. 1 RVG „…, soweit kein besonderes gerichtliches oder behördliches Verfahren stattfindet" vor. Es handelt sich um eine eigene Angelegenheit.[18] Das gilt auch dann, wenn der RA der Hauptsache sich selbst zum Pfleger bestellen lässt. 37

d) Ablehnung von Richtern, Rechtspflegern, Urkundsbeamten, Sachverständigen. Das Verfahren über die Ablehnung von Richtern, Rechtspflegern, Urkundsbeamten der Geschäftsstelle oder Sachverständigen gehört zum Rechtszug. Es handelt sich hier zB um die Fälle der §§ 42–49, 406 ZPO, § 6 FamFG, § 10 RPflG. Über die Ablehnung von Schiedsrichtern → § 16 Rn. 111. Gegenstandswert → Anh. VI Rn. 5 ff. 38

e) Wertfestsetzung. Sie gehört gleichfalls zum Rechtszug. Ob die Wertfestsetzung erst nach Urteilsverkündung oder gar erst nach Rechtskraft des Urteils beantragt wird, ist gleichgültig.[19] 39

f) Beschleunigungsrüge nach § 155b FamFG. Sie gehört nach der Ergänzung zu § 19 Abs. 1 Nr. 3 RVG[20] zum Rechtszug. Hingegen stellt die Beschleunigungsbeschwerde gem. § 155c FamFG einen gesonderten Rechtszug dar. 39a

4. Nicht zum Rechtsstreit gehörende Verfahren

Hauptintervention. Die Hauptintervention führt zu einem selbständigen Rechtsstreit (§ 64 ZPO) und fällt daher nicht unter § 19 RVG.[21] 40

Normenkontrollverfahren. Das Normenkontrollverfahren vor dem BVerfG ist ebenso wie ähnliche Verfahren vor den Verfassungsgerichten der Länder und den Verwaltungsgerichten ein selbständiges Verfahren (kein Zwischenstreit). Sie fallen damit nicht unter § 19 RVG.[22] 41

Einstweilige Anordnungen, → § 17 Rn. 75 ff. 42

5. Folgen für Gebühren

Gebühren im Rechtszug. Der Verfahrensbevollmächtigte und auch der Verkehrsanwalt[23] verdienen in den von Nr. 3 erfassten Fällen keine zusätzlichen Gebühren. Soweit jedoch eine Gebühr im Hauptsacheverfahren nicht entstanden ist, kann sie im Zwischenverfahren anfallen. Das ist zB denkbar bei der Terminsgebühr.[24] Wird ein RA tätig, der nur hinsichtlich des Zwischenstreits tätig sein soll, so verdient dieser Gebühren gem. VV 3403 RVG. 43

Rechtsmittelverfahren. Findet allerdings ein Rechtsmittelverfahren wegen einer in diesen Verfahren ergangenen Entscheidung über einen Zwischenstreit statt, so ist ein neuer Rechtszug gegeben und Gebühren entstehen neu und zwar bei Berufungen gegen Zwischenurteile gem. VV 3200 ff. RVG, bei Beschwerden gem. VV 3500 ff.[25] Vorb. 3.2.1 RVG kann nicht eingreifen, da es nicht um den Rechtszug beendende Entscheidungen oder eine Endentscheidung geht. 44

Legt der RA nach § 32 Abs. 2 RVG im eigenen Namen Rechtsmittel gegen einen Streitwertbeschluss ein, so kann er dafür von seiner Partei keine Gebühren erstattet verlangen, da er nicht für diese tätig ist. 45

Rechtsmittel gegen Zwischenurteil und Endurteil. Zwei Rechtszüge liegen vor, wenn Rechtsmittel gegen ein Zwischenurteil durch Entscheidung, Rücknahme oder Erledigung, abgeschlossen ist und dann das Endurteil angefochten wird, mit der Folge, dass die Gebühren in beiden nicht nur entstehen, sondern auch gefordert werden können.[26] 46

6. Kostenerstattung

a) Nebenintervention. Die in einem Zwischenurteil (zB Zurückweisung der Nebenintervention) getroffene Kostenentscheidung bezieht sich nur auf solche Mehrkosten (Gebühren 47

---

[18] LG Wiesbaden Rpfleger 1964, 61; *Stöber* Rpfleger 1964, 61; *Gerold* Das Büro 1956, 211; **aA** OLG Frankfurt a. M. Rpfleger 1970, 444 = JurBüro 1970, 965.

[19] Mayer/Kroiß/*Ebert* RVG § 19 Rn. 49.

[20] Eingefügt durch G zur Änderung des Sachverständigenrechts v. 11.10.2016, in Kraft seit 15.10.2016 (BGBl. 2016 I 2222).

[21] Mayer/Kroiß/*Ebert* RVG § 19 Rn. 40.

[22] Mayer/Kroiß/*Ebert* RVG § 19 Rn. 40.

[23] OLG Frankfurt a. M. JurBüro 1980, 1195.

[24] Mayer/Kroiß/*Ebert* RVG § 19 Rn. 41.

[25] BGH AGS 2018, 577; OLG Celle ZfS 2010, 641.

[26] OLG Düsseldorf AnwBl 1988, 414 = JurBüro 1988, 865 = MDR 1988, 508; Gerold/Schmidt/*von Eicken*, 16. Aufl. 2004, RVG § 19 Rn. 23.

und Auslagen), die in dem Verfahren über den Zwischenstreit entstanden sind, nicht auf die im Hauptsacheverfahren ohnehin erwachsenen Gebühren der Anwälte, auch wenn durch sie die Tätigkeit im Verfahren über den Zwischenstreit mit abgegolten wird. Solange ein identischer Gebührenanfall in der Hauptsache noch möglich ist, kann daher auf Grund der Kostenerstattung im Zwischenurteil keine Kostenfestsetzung durchgeführt werden.[27]

48 **b) Zeugnisverweigerung.** Der Zeuge, auch der sich beim Zwischenstreit über sein Zeugnisverweigerungsrecht selbst vertretende RA,[28] bzw. Sachverständige kann auf Grund einer Kostengrundentscheidung in einem zu seinen Gunsten ergehenden Zwischenurteil uU seine Anwaltskosten erstattet verlangen, wobei OLG Hamburg in dem von ihm zu entscheidenden Fall bei einem Steuerberater wegen der Bedeutung des Zeugnisverweigerungsrechts die Hinzuziehung eines Anwalts als erforderlich angesehen hat.[29]

49 **c) Bestimmung des zuständigen Gerichts,** → § 16 Rn. 10.

50 **d) Bestellung eines Vertreters.** Streitig ist, ob Anwaltskosten notwendig und damit zu erstatten sind, die durch ein gesondertes, bei einem anderen Gericht geführten Verfahren über eine Vertreterbestellung entstanden sind.[30] Generell zur Notwendigkeit anwaltlicher Hilfe → Anh. X Rn. 184 ff.

51 **e) Richterablehnung.** ***aa) Erstattungsfähigkeit.*** Höchst umstrittenen ist die Frage, ob die Kosten eines Beschwerdeverfahrens dem Gegner zu erstatten sind. Nahezu alles, was denkbar ist, wird auch vertreten.

52 Eine Gruppe lehnt grds. eine Erstattung ab, da es sich nicht um ein kontradiktorisches Verfahren handele, was sich insbes. darin zeige, dass der Antragsgegner kein Beschwerderecht hat.[31] Innerhalb der ersten Gruppe werden allerdings Ausnahmen zugelassen, wenn
– das Gericht den Gegner zur Stellungnahme aufgefordert hat[32]
– oder der Vortrag des Antragstellers derart war, dass er zu einer Stellungnahme des Gegners herausfordert.[33]

53 Dieser Auffassung ist nicht zu folgen. Das Argument des fehlenden kontradiktorischen Verfahrens ist formalistisch. Ein Erstattungsanspruch ist zu bejahen, weil von dem Ablehnungsverfahren auch die Interessen des Gegners ganz erheblich betroffen sind.[34] Dieser Auffassung hat sich der BGH angeschlossen.[35] Dasselbe gilt für die Beschwerde im Verfahren über die Ablehnung eines Sachverständigen.[36]

54 ***bb) Fehlende Kostenentscheidung im Beschwerdeverfahren.*** Ein unmittelbarer Erstattungsanspruch für die Kosten im Beschwerdeverfahren setzt allerdings voraus, dass über die Kosten des Beschwerdeverfahrens eine Entscheidung ergangen ist. Das ist nur der Fall, wenn die Beschwerde erfolglos ist. Ist sie erfolgreich, so ergeht keine gesonderte Kostenentscheidung. Die Kosten des Beschwerdeverfahrens sind dann Kosten der Hauptsache und von der Partei zu erstatten, die die Kosten der Hauptsache zu tragen hat.[37] War der Beschwerdeführer im Beschwerdeverfahren erfolgreich, unterliegt er aber in der Hauptsache, so muss er also die Kosten des Gegners im Beschwerdeverfahren tragen, obgleich dessen Argumente nicht durchgreifend waren.

55 ***cc) Vorhandene Kostenentscheidung.*** **Bindung an vorhandene Kostenentscheidung.** Hat das Gericht eine Entscheidung über „die Kosten des Beschwerdeverfahrens“ getroffen, so

---

[27] OLG Hamburg JurBüro 1983, 1515 (1516); OLG Koblenz AGS 2005, 130 mAnm *N. Schneider.*

[28] OLG Köln JurBüro 2018, 477.

[29] OLG Hamburg MDR 1987, 947.

[30] **Bejahend:** LG Wiesbaden Rpfleger 1964, 61; *Gerold* Das Büro 56, 211; **verneinend:** OLG Bamberg MDR 1963, 1021; *Stöber* Rpfleger 1964, 61.

[31] OLG Brandenburg MDR 2002, 1092 = OLGR 2002, 370; OLG Hamm MDR 1989, 917; OLG Karlsruhe FamRZ 2005, 1490 = OLGR 2005, 446; OLG Köln OLGR 1996, 256; OLG München AnwBl 1994, 426 = Rpfleger 1994, 382 = MDR 1994, 627.

[32] OLG Brandenburg MDR 2002, 1092; OLG Hamm MDR 1989, 917; **aA** OLG München AnwBl 1994, 426 = Rpfleger 1994, 382 = MDR 1994, 627.

[33] OLG Hamm MDR 1989, 917.

[34] OLG Celle ZfS 2010, 641 = RVGreport 2010, 350; OLG Düsseldorf AGS 2009, 268 = MDR 2009, 955; OLG Frankfurt a. M. NJW-RR 1986, 740; OLG Koblenz JurBüro 1991, 1509 = MDR 1992, 310 = VersR 1992, 1026, o allerdings noch eine richterliche Aufforderung zur Stellungnahme dazukam; OLG Köln Rpfleger 1989, 427.

[35] BGH NJW 2005, 2233 = FamRZ 2005, 1563.

[36] BGH AGS 2018, 577 = RVGreport 2019, 21 mzustAnm *Hansens;* OLG Celle ZfS 2010, 641 = RVGreport 2010, 350.

[37] BGH AGS 2018, 577 Rn. 11 = RVGreport 2019, 21 mzustAnm *Hansens.*

ist die Kostenfestsetzung unabhängig von dem oben dargestellten Streit hieran gebunden.[38] Die Kostenfestsetzung füllt nur die Kostengrundentscheidung aus. Ob etwas anderes gelten kann, wenn die Kostengrundentscheidung offensichtlich gesetzeswidrig ist,[39] kann dahinstehen. Nachdem vom BGH und von mehreren OLG die Auffassung vertreten wird, dass grds. bzw. unter bestimmten Voraussetzungen eine Kostengrundentscheidung zu treffen ist (→ Rn. 53), kann keine Rede davon sein, dass die Kostenentscheidung offensichtlich gesetzeswidrig ist.

Auslegung der Kostenentscheidung. Die Entscheidung über „die Kosten des Beschwerdeverfahrens" kann auch nicht dahingehend ausgelegt werden, dass nur die Gerichtskosten (KV 1812 GKG) gemeint seien. Unter Kosten werden in Kostenentscheidungen allgemein Gerichtskosten und außergerichtliche Kosten verstanden. Das ergibt es sich auch aus § 91 Abs. 1 S. 1 ZPO. Wenn der Richter über die „Kosten" eines Verfahrens entscheidet, so ist davon auszugehen, dass auch die außergerichtlichen Kosten erfasst sind. Das gilt umso mehr, als der BGH und mehrere Obergerichte die Auffassung vertreten, dass wegen der betroffenen Interessen des Beschwerdegegners eine Entscheidung auch über die außergerichtlichen Kosten zu treffen ist (→ Rn. 53). Dann kann man nicht unterstellen, der Richter der Kostenentscheidung folge nicht dieser Auffassung, sondern habe sich nur ungenau ausgedrückt. 56

Notwendigkeit. Allenfalls kann bei der Kostenfestsetzung noch geprüft werden, ob eine Tätigkeit des Beschwerdegegners im Beschwerdeverfahren notwendig war.[40] Deshalb wird die Erstattung von Anwaltskosten abgelehnt 57

- wenn diese nicht notwendig waren,
- wenn eine anwaltliche Tätigkeit nicht notwendig war, weil die Beschwerde nie begründet wurde,[41]
- wenn der RA keine Aktivitäten nach außen entwickelt hat.[42]

Da eine Partei in aller Regel nicht selbst beurteilen kann,[43] ob eine Reaktion von ihrer Seite erforderlich ist, und der RA bereits mit der internen Prüfung dieser Frage die Beschwerdegebühr verdient (→ RVG VV 3201 Rn. 27 ff.), ist, wenn eine solche Prüfung stattgefunden hat, die Gebühr des VV 3500 RVG zu erstatten.[44] 58

f) Verfahren über Gegenstandswert. Die Kosten eines Verfahrens über die Festsetzung des Gegenstandswerts und eines Beschwerdeverfahrens über diese werden gem. § 33 Abs. 9 S. 2 RVG nicht vom Gegner erstattet. 59

VI. Beauftragter oder ersuchter Richter (Nr. 4)

1. Teil des Rechtszugs

Gem. Nr. 4 gehört das Verfahren vor dem beauftragten oder ersuchten Richter (§§ 361, 362, ZPO; § 128 Abs. 3 FamFG; § 96 Abs. 2 VwGO) zum Rechtszug. Nimmt der Verfahrensbevollmächtigte am Termin vor dem beauftragten oder ersuchten Richter selbst teil, so verdient er hierdurch im Hauptsacheverfahren verdiente Gebühren nicht noch einmal. Ist allerdings die Terminsgebühr im Hauptsacheverfahren bei ihm nicht entstanden, so kann er diese durch eine Teilnahme am Termin beim beauftragten oder ersuchten Richter verdienen. Außerdem kann er Erstattung der Reisekosten verlangen. 60

2. Erinnerung und Beschwerde

→ § 19 Abs. 1 S. 2 Nr. 5. 61

3. Terminsvertreter

Wird neben dem Verfahrensbevollmächtigten ein Terminsvertreter beauftragt, so verdient dieser Gebühren gem. VV 3401 RVG. Wegen der Erstattung der Mehrkosten → RVG VV 3401 Rn. 85 ff. 62

[38] OLG Düsseldorf MDR 1985, 589; **aA** OLG Hamm MDR 1989, 917.

[39] Nach OLG Karlsruhe JurBüro 1996, 645 = Rpfleger 1996, 367 mwN sind auch offensichtlich falsche Kostenentscheidungen für die Kostenfestsetzung verbindlich; **aA** *Meyer* JurBüro 1996, 645.

[40] OLG Nürnberg NJW-RR 2002, 720 = OLGR München 02, 35.

[41] OLG Nürnberg NJW-RR 2002, 720 = OLGR 2002, 35.

[42] OLG Nürnberg NJW-RR 2002, 720 = OLGR 2002, 35.

[43] BGH NJW 2003, 756 (757) Ziff. 3c = AnwBl 2003, 242 = FamRZ 2003, 522 zur vergleichbaren Problematik bei der Berufung.

[44] BGH AGS 2018, 577 Rn. 13 ff.

VII. Erinnerung nach § 573 ZPO und Gehörsrüge (Nr. 5)

1. Motive

63 Die Motive führen aus:

„Die Nr. 5 entspricht § 37 Nr. 5 BRAGO und betrifft das Verfahren über die Erinnerung (§ 573 ZPO) und die Rüge wegen Verletzung des Anspruchs auf rechtliches Gehör (§ 321a ZPO), jedoch wird die Erinnerung nach § 11 Abs. 2 RPflG nicht mehr genannt. Durch das Dritte Gesetz zur Änderung des Rechtspflegergesetzes und anderer Gesetze vom 6. August 1998 (BGBl. I S. 2030) wurde die Durchgriffserinnerung abgeschafft und durch das nach den allgemeinen Vorschriften gegebene Rechtsmittel ersetzt. Nur dann, wenn gegen die Entscheidung nach den allgemeinen Vorschriften kein Rechtsmittel gegeben wäre, findet nach § 11 Abs. 2 RPflG die Erinnerung statt. Die Erinnerung gebührenrechtlich anders zu behandeln als die Beschwerde erscheint nicht sachgerecht. Die Arbeit des Anwalts ist mit der Vorbereitung und Einreichung der Beschwerde vergleichbar."[45]

2. Allgemeines

64 Durch das zum 1.1.2005 in Kraft getretene Anhörungsrügengesetz wurde der Anwendungsbereich der Gehörsrüge erheblich erweitert. Gem. § 12a RVG kann ua die Gehörsrüge jetzt auch im Vergütungsfestsetzungsverfahren erhoben werden. Hinsichtlich der Gehörsrüge sind Nr. 5b und § 37 Nr. 5 BRAGO wortgleich. Hinsichtlich der Erinnerung gibt es aber einen ganz erheblichen Unterschied. Während gem. § 37 Nr. 5 RVG neben der Erinnerung gem. § 573 ZPO auch noch die Erinnerung gem. § 11 Abs. 2 RPflG zum Rechtszug gehörte, ist diese Erinnerung in § 19 Abs. 1 S. 2 Nr. 5 RVG nicht mehr aufgeführt. Vielmehr bestimmt § 18 Abs. 1 Nr. 3 RVG, dass sie nicht mehr zum Rechtszug gehört. Zu den Gründen s. RVG Motive Rn. 63. Die BRAK und der DAV regen an, dass de lege ferrenda wegen des damit verbundenen Arbeitsaufwands das Verfahren gem. § 321a ZPO zu einer selbständigen Angelegenheit gemacht werden sollte.[46]

3. Gegenvorstellung

65 Für die im Gesetz nicht geregelte Gegenvorstellung gelten die gleichen Grundsätze wie für die Gehörsrüge,[47] → RVG VV 3330 Rn. 5.

4. Teil des Rechtszugs

66 Die Erinnerung nach § 573 ZPO (zB Erinnerung gegen Ordnungsgeldanordnung gem. § 380 ZPO gegen Zeugen durch ersuchten Richter oder Ablehnung der Erteilung einer vollstreckbaren Ausfertigung durch Urkundsbeamten gem. § 724 ZPO)[48] und die Gehörsrüge (§ 321a ZPO), obgleich häufig mit viel Arbeit verbunden, gehören beide zum Rechtszug, lösen also keine zusätzliche Gebühr neben der Verfahrensgebühr der Instanz aus.[49] Beide Rechtsbehelfe haben keinen Devolutiveffekt. Dasselbe gilt für die dem § 573 ZPO entsprechenden Erinnerungen nach § 151 VwGO und § 178 SGG, auch wenn sie nicht in § 19 Abs. 1 S. 2 Nr. 5 RVG genannt sind.[50] Gegenstandswert → Anh. VI Rn. 249 ff.

67 **Fortsetzung des Verfahrens.** Im Falle eines Erfolges des Rechtsbehelfs wird das Verfahren des Rechtszuges fortgesetzt (§ 321a Abs. 5 ZPO), wodurch ebenfalls keine zusätzlichen Gebühren entstehen.

5. Beschwerde

68 Wird eine – im Fall der Gehörsrüge gem. § 321a Abs. 4 S. 4 ZPO unzulässige – Beschwerde eingelegt, fallen zusätzliche Gebühren an (VV 3500, 3513 RVG), bei einer Rechtsbeschwerde Gebühren gem. VV 3502 RVG.

6. Nicht verfahrensbevollmächtigter RA

69 Wird ein RA nur bei der Erinnerung nach § 573 ZPO bzw. bei der Gehörsrüge tätig, so verdient er Gebühren gem. VV 3500, 3513 RVG bzw. bei der Gehörsrüge gem. VV 3331, 3331 RVG.

---

45 BT-Drs. 15/1971, 194.
46 *Henke* AGS 2011, 53 (55) Ziff. II 6.
47 FG Hmb RVG-B 2005, 2; Mayer/Kroiß/*Ebert* RVG § 19 Rn. 60.
48 Mayer/Kroiß/*Ebert* RVG § 19 Rn. 54 ff.
49 OLG Brandenburg OLGR 2008, 217 = AGS 2008, 223; LAG München AGS 2009, 24; LSG NRW AGS 2010, 422.
50 Riedel/Sußbauer/*Schütz* RVG VV 3500 Rn. 4.

7. Weitere von Nr. 5 erfasste Verfahren

Weiter werden von Nr. 5 erfasst folgende **EG-Verordnungen** 70
Art. 18 der VO (EG) Nr. 861/2007 **(geringfügige Forderungen)**
Art. 20 der VO (EG) Nr. 1896/2006 **(Mahnverfahren)**
Art. 19 der VO (EG) Nr. 4/2009 **(Unterhalt).**

VIII. Berichtigung oder Ergänzung (Nr. 6)

Teil des Rechtszugs. Für den Verfahrensbevollmächtigten gehört das Berichtigungs- bzw. Ergänzungsverfahren[51] zum Rechtszug, sodass er keine zusätzlichen Gebühren verdient. Dabei unterscheidet das Gesetz nicht, ob die Entscheidung, die berichtigt oder ergänzt werden soll, rechtskräftig ist oder nicht.[52] Findet allerdings nur im Berichtigungs- bzw. Ergänzungsverfahren eine mündliche Verhandlung statt, so verdient der Verfahrensbevollmächtigte hierdurch eine Terminsgebühr, allerdings nur nach dem Werte des Anspruchs, wegen dessen die Ergänzung beantragt wird. Die BRAK und der DAV regen an, dass de lege ferenda wegen des damit verbundenen Arbeitsaufwands die Verfahren gem. §§ 320, 321 ZPO zu einer selbständigen Angelegenheit gemacht werden.[53] 71

Beschwerde gegen den Berichtigungsbeschluss. Das Beschwerdeverfahren, das sich gegen einen Berichtigungsbeschluss richtet, ist eine besondere Angelegenheit.[54] Die Anwälte verdienen Gebühren gem. VV 3500, 3513 RVG. Der Gegenstandswert richtet sich nach dem Interesse, das mit der Aufhebung der Berichtigung angestrebt wird. Mangels anderweitiger Anhaltspunkte entspricht dieser dem Wert des Anspruchs, der Gegenstand des die Berichtigung aussprechenden Beschlusses ist.[55] 72

Nicht verfahrensbevollmächtigter RA. Betreibt der RA ausschließlich das Berichtigungs- oder Ergänzungsverfahren, so erhält er die Gebühren des VV 3403 RVG bzw. im Vollstreckungsverfahren gem. VV 3309 RVG,[56] jeweils nach dem Werte des Anspruchs, wegen dessen die Ergänzung beantragt wird. 73

Neuer Verfahrensbevollmächtigter. Wenn jedoch die Partei, zB weil ihr bisheriger Verfahrensbevollmächtigter verstorben ist oder seine Zulassung aufgegeben hat, einen anderen RA zum Verfahrensbevollmächtigten bestellt, erhält dieser die Gebühren als Verfahrensbevollmächtigter, insbes. die Verfahrensgebühr gem. VV 3100 RVG, auch wenn sich seine Tätigkeit auf die Urteils- oder Tatbestandsberichtigung beschränkt. Allerdings wird hier häufig der Auftrag dahin auszulegen sein, dass nur ein Auftrag für eine Einzeltätigkeit gegeben ist. 74

IX. Erbringung und Rückgabe einer Sicherheit (Nr. 7)

→ RVG VV 3309 Rn. 342 ff. 75

IX. Vervollständigung der Entscheidung fürs Ausland und Bezifferung eines Unterhaltstitels (Nr. 8)

Teil des Rechtszugs. Die für die Geltendmachung im Ausland vorgesehene Vervollständigung der Entscheidung[57] gehört zum Rechtszuge. Die hierauf gerichtete Tätigkeit des RA wird durch die im Rechtszug verdienten Gebühren mit abgegolten. Dasselbe gilt für die Bezifferung eines dynamisierten Unterhaltstitels. 76

Nicht verfahrensbevollmächtigter RA. Soll ein RA in einem der in Nr. 8 aufgeführten Verfahren tätig werden, der nicht Verfahrensbevollmächtigter war, so wird in aller Regel ein Auftrag für eine Einzeltätigkeit vorliegen. Der RA verdient die Gebühr des VV 3403 RVG. 77

X. Am Ende des Rechtsstreits (Nr. 9, 9a)

Schrifttum: *Enders,* Die anwaltliche Tätigkeit nach dem Urteil, JurBüro 113 ff., 169 ff., 225 ff.

---

51 Auch das nach § 120 VwGO VGH München JurBüro 2010, 29.
52 VGH München JurBüro 2010, 29.
53 Henke AGS 2011, 53 (55) Ziff. II 5, 6.
54 *Enders* JurBüro 1997, 169 (170) Ziff. 8.
55 *Enders* JurBüro 1997, 169 (171) Ziff. 8.
56 OLG Koblenz AnwBl 2002, 252 = JurBüro 2002, 273 = Rpfleger 2002, 227; *Enders* JurBüro 1997, 169 (171) Ziff. 8.
57 Die meisten Versäumnis- und Anerkenntnisurteile. Anwendungsfälle: Belgien (BGBl. 1959 I 425), Großbritannien (BGBl. 1961 I 301), Niederlande (BGBl. 1965 I 17).

1. Motive

78 Die Motive führen aus:

„Die Nr. 9 übernimmt die in § 37 Nr. 7 BRAGO genannten Tätigkeiten am Ende eines Rechtsstreits und für Verfahren der Zwangsvollstreckung einen Teil der Regelung in § 58 Abs. 2 Nr. 1 BRAGO in redaktionell angepasster Formen. Nicht mehr enthalten ist die erstmalige Erteilung der Vollstreckungsklausel, wenn deswegen keine Klage nach § 731 ZPO erhoben wird – diese Bestimmung soll Nr. 12 werden –, und die Kostenfestsetzung (§§ 104, 107 ZPO) ausschließlich der Erinnerung gegen den Kostenfestsetzungsbeschluss – diese Bestimmung soll Nr. 13 werden. Ebenso nicht mehr enthalten ist der Ausspruch, eines Rechtsmittels verlustig zu sein, weil dieser Ausspruch nach dem durch das ZPO-Reformgesetz von 27. Juli 2001 (BGBl. I S. 1887, 3138) neu gefassten § 516 ZPO keines Antrags mehr bedarf.“[58]

2. Allgemeines

79 Diese Bestimmung betrifft Maßnahmen, die am Ende eines Rechtszuges erfolgen, wobei sie teilweise die Zwangsvollstreckung vorbereiten. Maßnahmen, die der Vorinstanz zugeordnet sind, bleiben mit dieser eine Angelegenheit auch dann, wenn der RA schon für die Rechtsmittelinstanz einen Auftrag hat.[59] Das ist gerade der Fall, den das Gesetz im Auge hat. Hat er keinen Auftrag, so bedarf es der Nr. 9 nicht. Die Frage, welcher Instanz eine Tätigkeit zuzuordnen ist, stellt sich dann überhaupt nicht, da von vornherein ein Vergütungsanspruch für die nächste Instanz ausscheiden würde.

3. Empfang von Entscheidungen oder Rechtsmittelschriften und Ähnliches

80 **a) Zugehörigkeit zum Rechtszug. Allgemeines.** Für den Verfahrensbevollmächtigten der Vorinstanz gehören einige auf das Berufungsverfahren bezogene Tätigkeiten noch zur Vorinstanz. Dabei herrscht allgemein Einigkeit, dass gerade im Hinblick auf Rechtsmittelverfahren die Nennung der Zustellung oder Empfangnahme und Weiterleitung von Entscheidungen oder Rechtsmitteln in der Alt. 1 von Nr. 9 keine abschließende Aufzählung enthält, was durch das „insbesondere“ am Anfang von Abs. 1 S. 2 zum Ausdruck kommt. Viele weitere Tätigkeiten sind ebenfalls der Vorinstanz zuzuordnen. Dabei ist zu prüfen, ob es sich, wie es das Gesetz in Abs. 1 S. 1 formuliert, um „Neben- oder Abwicklungstätigkeiten“ handelt.[60]

81 Den in § 19 Abs. 1 S. 2 Nr. 9 RVG ausdrücklich genannten Fällen ist gemeinsam, dass es sich entweder um Abwicklungstätigkeiten oder um Nebentätigkeiten im Vorfeld des eigentlichen Rechtsmittelverfahrens handelt, die **mehr dem formalen als dem sachlichen Bereich zuzurechnen** sind und deren **Umfang,** auch in Bezug auf die sich daraus ergebende Verantwortlichkeit des Anwalts, nicht so hoch anzusetzen ist, dass ein besonderes Entgelt zur Abgeltung dieser Tätigkeit geboten wäre.[61] Sie werden in der Regel sowohl vom RA als auch von seinem Auftraggeber als ein Annex der Tätigkeit in der bisherigen Instanz verstanden, nicht als eine (vergütungspflichtige) Tätigkeit für die nächste Instanz.[62] Diese Kriterien sind bei der Abgrenzung, was zur Vor- und was zur Rechtsmittelinstanz gehört, heranzuziehen. Im Einzelnen herrscht Uneinigkeit und Unsicherheit, was noch zur Vorinstanz gehört.

82 **b) Zustellen, Empfangen, Weiterleiten.** Beschränkt sich die Tätigkeit auf Zustellen, Empfangen oder Weiterleiten, so gehört dies zur Vorinstanz und nicht zur Rechtsmittelinstanz. Deshalb gehören **noch zur Vorinstanz**

- **Zustellung** von Entscheidungen, auch die einer einstweiligen Verfügung, selbst wenn dadurch die Verfügung iSd § 929 ZPO vollzogen wird (→ RVG VV 3309 Rn. 452),
- Zustellung der Vollstreckungsklausel (→ RVG VV 3309 Rn. 450),
- **Empfangnahme**
  - der **Rechtsmittelschrift;**[63] weg. Prüfung, ob etwas veranlasst ist → Rn. 87,
  - der **Berufungsbegründung;**[64] weg. Prüfung, ob etwas veranlasst ist → Rn. 87,

---

[58] BT-Drs. 15/1971, 194.

[59] OLG Karlsruhe MDR 2007, 1226 = OLGR 2007, 543.

[60] OLG Karlsruhe MDR 2007, 1226 = OLGR 2007, 543.

[61] BGH NJW 2014, 557 Rn. 9; 2012, 2734; KG AnwBl 1986, 545 = JurBüro 1986, 1825; OLG Zweibrücken AGS 2018, 549.

[62] BGH NJW 2014, 557 Rn. 9.

[63] BGH RVGreport 2017, 215; BGH NJW 2014, 557 Rn. 9; NJW 2012, 2734; OLG Karlsruhe MDR 2018, 830 = FamRZ 2018, 378; OLG Naumburg JurBüro 2000, 362; OLG Koblenz AnwBl 1988, 415 (416) Nr. 4 = JurBüro 1988, 871.

[64] OLG Koblenz AnwBl 1988, 415 (416) Nr. 4b = JurBüro 1988, 871; Gerold/Schmidt/*von Eicken,* 16. Aufl. 2004, RVG § 19 Rn. 37. Die Rechtsmittelbegründung ist gem. § 172 Abs. 2 S. 1 ZPO dem RA der Vorinstanz zuzustellen, es sei denn es hat sich schon für die 2. Instanz ein anderer RA bestellt (Thomas/Putzo/*Reichold* ZPO § 521 Rn. 1).

– des gegnerischen **Antrags auf Verlängerung der Frist** für die Berufungsbegründung[65]
– der **Entscheidung über die Verlängerung der Begründungsfrist** (§ 520 Abs. 2 ZPO),[66]
– einer **nicht begründeten Nichtzulassungsbeschwerde** und des gleichzeitigen **Zurückweisungsbeschlusses des BGH** seitens des gegnerischen Prozessbevollmächtigten 2. Instanz sowie das Weiterleiten dieser Schriftstücke an den Mandanten,[67]
– eines im Berufungsverfahren ergangenen **Versäumnisurteils,** das ebenfalls dem Verfahrensbevollmächtigten des ersten Rechtszuges zugestellt werden muss, wenn noch kein Verfahrensbevollmächtigter für die höhere Instanz bestellt worden ist,[68]
– des die **Berufung verwerfenden oder zurückweisenden Beschlusses** (§ 522 ZPO),[69]
– der Beschwerdeentscheidung im **Richterablehnungsverfahren,**[70]
– eines **Kostenfestsetzungsbeschlusses** für den Auftraggeber, da Kostenfestsetzungsbeschlüsse stets dem für die erste Instanz bestellten Verfahrensbevollmächtigten zuzustellen sind, sofern dessen Verfahrensvollmacht nicht erloschen ist.

– **Entgegennahme und Weiterleitung** an Auftraggeber von der Rechtsmittelschrift,[71] der Entscheidung über die Verlängerung der Begründungsfrist und der Bitte, mit der Bestellung eines eigenen Vertreters noch abzuwarten,
– **Unterrichtung,** dass gegnerischer **Antrag auf Berufungszulassung** beim 1. instanzlichen Gericht eingegangen ist.[72]

c) Prüfungs- und sonstige Tätigkeiten, die Teil der Vorinstanz sind. Es besteht weitgehend Einigkeit, dass folgende Tätigkeiten noch zur Vorinstanz gehören 83

– **Besprechung des Urteils** ohne Beratung über die Erfolgsaussichten eines Rechtsmittels,[73] wegen Beratung zu Rechtsmitteln → Rn. 58,
– **Beratung,** welche Rechtsmittel überhaupt zulässig sind,[74]
– Beratung, **welcher RA** im Rechtsmittelverfahren beauftragt werden soll,[75]
– Beratung, ob für das Rechtsmittelverfahren der RA der Vorinstanz als **Einzeltätigkeits- oder Verkehrsanwalt** tätig sein soll,[76]
– Beratung, ob bei einer noch nicht begründeten Berufung einer **Stillhaltebitte** entsprochen werden soll;[77] hier hat dasselbe zu gelten wie bei der Prüfung, ob etwas veranlasst ist (→ Rn. 85),
– **Beauftragung eines Anwalts** für das Rechtsmittelverfahren.[78]

Soweit es vorstehend um Tätigkeiten **nach erfolgter Rechtsmitteleinlegung** geht, bei denen der RA, ohne sich mit der Sache selbst näher auseinandersetzen zu müssen, mehr tun muss als nur etwas in Empfang zu nehmen, zB **Überwachung der Fristen** lässt sich die Zuordnung zur Vorinstanz mit dem weiter oben dargelegten Gedanken (→ Rn. 81) rechtfertigen, dass es sich um Nebentätigkeiten im Vorfeld des eigentlichen Rechtsmittelverfahrens handelt, 84

[65] KG KGR Berlin 06, 413 = RVGreport 2006, 30.

[66] KG KGR Berlin 06, 413 = RVGreport 2006, 30; OLG Koblenz AnwBl 1988, 415 (416) Nr. 4 = JurBüro 1988, 871; OLG Schleswig SchlHA 1992, 83; Schneider/Wolf/*Wolf/Mock/Volpert/Schneider/Fölsch/Thiel* RVG § 19 Rn. 86.

[67] OLG Hamburg MDR 2005, 1018 = AGS 2005, 388 = OLGR 2005, 218.

[68] *Hansens* NJW 1992, 1148; Mayer/Kroiß/*Ebert* RVG § 19 Rn. 77.

[69] OLG Koblenz JurBüro 1988, 871; OLG Naumburg JurBüro 2000, 362; Schneider/Wolf/*Mock/Volpert/Schneider/Fölsch/Thiel* RVG § 19 Rn. 86.

[70] LG Berlin JurBüro 1984, 62.

[71] OLG Karlsruhe MDR 2018, 830 = FamRZ 2018, 378.

[72] OVG BB AGS 2018, 484.

[73] BGH NJW 2014, 557; 1991, 2084 (2085) Ziff. II 1 = JurBüro 1991, 1647 = MDR 1991, 798; Hamm AnwBl 2001, 371 = OLGR Hamm 2001, 168 = AGS 2001, 174; Gerold/Schmidt/*von Eicken* 15. Aufl. 2002, BRAGO § 37 Rn. 28; *Madert* JurBüro 1988, 802; *Hansens* NJW 1992, 1148; Mayer/Kroiß/*Ebert* RVG § 19 Rn. 119; *Enders* JurBüro 1997, 113.

[74] BGH NJW 2014, 557; 2012, 2734; 1991, 2084 (2085) Ziff. II 1 = JurBüro 1991, 1647 = MDR 1991, 798; KG KGR Berlin 06, 413 = RVGreport 2006, 30.

[75] BGH NJW 1991, 2084 (2085) Ziff. II 1; OLG Koblenz NJW-RR 1993, 695 (696) Ziff. II 1; OLG Zweibrücken AGS 2018, 549.

[76] Gerold/Schmidt/*von Eicken,* 15. Aufl. 2002, BRAGO § 37 Rn. 28.

[77] OLG Karlsruhe JurBüro 2001, 473.

[78] BGH NJW 1991, 2084 (2085) Ziff. II 1 = JurBüro 1991, 1647 = MDR 1991, 798; OLG Koblenz NJW-RR 1993, 695 (696) Ziff. II 1 = MDR 1993, 180; *Hansens* BRAGO § 37 Rn. 29; Mayer/Kroiß/*Ebert* RVG § 19 Rn. 120; **aA** OLG Düsseldorf JurBüro 1980, 1367, wenn der RA bereits einen Auftrag als Verkehrsanwalt für das Rechtsmittelverfahren hatte.

die mehr dem formalen als dem sachlichen Bereich zuzurechnen sind und deren Umfang und deren Verantwortlichkeit für den RA auch nicht so hoch anzusetzen sind, dass sie ein besonderes Entgelt zur Abgeltung dieser Tätigkeit geböten.

84a Das OLG Frankfurt hat in einem der freiwilligen Gerichtsbarkeit unterliegenden Verfahren eine 1,1 Verfahrensgebühr dem bereits erstinstanzlich tätigen RA dafür zuerkannt, dass von ihm „der Mandant über das weitere Verfahrensprozedere informiert" wurde.[79]

85 **d) Prüfung des gegnerischen Rechtsmittels.** ***aa) Zu begründendes, aber noch nicht begründetes Rechtsmittel.*** **Prüfung, ob etwas veranlasst ist.** Dem Prozessbevollmächtigten der Vorinstanz wird der Schriftsatz, mit dem der Gegner ein Rechtsmittel einlegt, das zu seiner Zulässigkeit einer Begründung bedarf (zB Berufung, Nichtzulassungsbeschwerde) zugestellt. Eine Begründung des Rechtsmittels ist nicht erfolgt. In diesem Fall wird der RA auf einen Blick erkennen, dass derzeit nichts weiteres veranlasst ist, eine Kopie kommentarlos oder begleitet mit dem schlichten Satz, dass, solange eine Begründung fehlt, nichts veranlasst ist, seinem Mandanten zuleiten. Auch wenn bereits ein Auftrag für die 2. Instanz gegeben sein sollte (→ RVG VV 3200 Rn. 2ff.), so lösen diese Tätigkeiten im Regelfall keine Verfahrensgebühr gem. VV 3200ff. RVG aus. Diese Tätigkeit gehört noch zur Vorinstanz. Es handelt sich um eine Tätigkeit, deren Umfang, auch im Bezug auf die sich daraus ergebende Verantwortlichkeit des RA nicht so hoch anzusetzen ist, dass ein besonderes Entgelt für diese Tätigkeit geboten wäre. Es handelt sich damit um einen Annex zur Tätigkeit in der Vorinstanz (→ Rn. 81).[80]

86 Der BGH ist nicht ganz eindeutig. Bei der Entgegennahme der Berufungsschrift lässt er nicht die Prüfung genügen, ob etwas zu veranlassen ist.[81] Anders soll es sein, wenn die Prüfung, ob etwas zu veranlassen ist, „sich gebührenrechtlich auf das Berufungsverfahren" bezieht.[82] Wo die Grenze zu ziehen ist, führt er nicht aus.

87 Wenn schon anerkannt ist, dass die Prüfung des fristgerechten Eingangs des gegnerischen Rechtsmittels noch als Annex zur Vorinstanz gehört (→ Rn. 84), so muss das erst recht für den routinemäßigen, auf keiner näheren Prüfung beruhenden Satz, dass vor einer Begründung des Rechtsmittels nichts veranlasst ist, gelten.

88 Abweichend von der hier vertretenen Meinung hat das KG in einem Fall entschieden, in dem der Beklagtenvertreter, der schon den Widerspruch gegen einen **Mahnbescheid** eingelegt hatte, sich nach Erhalt der Mitteilung, dass die Sache an das Streitgericht abgegeben wurde, Gedanken gemacht hatte, ob etwas für seine Mandantin veranlasst ist. Es hat sich dabei auf eine Entscheidung des BGH zur Beschwerde im Richterablehnungsverfahren berufen,[83] ohne sich jedoch damit auseinander zu setzen, dass etwas anderes zu gelten hat, wenn ohne eine Begründung der Gegner keinen Erfolg haben kann, wenn die unbegründete Klage vielmehr als unzulässig abzuweisen sein wird.[84]

89 **Prüfung der Erfolgsaussichten.** Der BGH hat entschieden, dass die Prüfung der Erfolgsaussichten des Rechtsmittels nicht mehr zur Vorinstanz gehören.[85] Gemeint ist damit wohl eine Prüfung, die über die Überlegung hinausgeht, dass in Ermangelung einer Rechtsmittelbegründung derzeit nichts veranlasst ist. In dem vom BGH entschiedenen Fall hatte der Prozessbevollmächtigte sich seinem Mandanten gegenüber dahingehend geäußert, dass das von der Gegenseite eingelegte Rechtsmittel auf Grund von Parallelentscheidungen des BGH keine Aussicht auf Erfolg hat. Für diesen Fall ist dem BGH zuzustimmen.

90 Dennoch wird der RA in vielen Fällen die an sich entstandene Gebühr gegen seinen Mandanten **nicht geltend machen** können. Dieser kann sie nämlich wegen Verletzung der Pflicht, die Kosten niedrig zu halten, in der Kostenfestsetzung nicht von seinem Gegner erstattet verlangen. Die Prüfung der Erfolgsaussichten ohne vorliegende Rechtsmittelbegründung ist überflüssig.[86] Hat der RA seinen Mandanten nicht darauf hingewiesen, dass in Ermangelung einer Rechtsmittelbegründung eine Überprüfung überflüssig ist, so kann er die Verfahrensgebühr wegen einer Schadensersatzpflicht aufgrund einer Nebenpflichtverletzung gem. § 242 BGB (dolo petit …) nicht geltend machen (→ § 1 Rn. 166).

---

[79] OLG Frankfurt NJW-RR 2020, 318 = RVGreport 2020, 306 mzustAnm *Hansens.*

[80] OLG Hamburg MDR 2005, 1018 = AGS 2005, 388; LAG Bln-Bbg AGS 2012, 517; vgl auch OVG BB AGS 2018, 484 zu Antrag auf Zulassung der Berufung.

[81] BGH NJW 2013, 312; ebenso LAG Bln-Bbg AGS 2012, 517.

[82] BGH NJW 2013, 312.

[83] KG JurBüro 2007, 307 unter bloßer Berufung auf BGH NJW 2005, 2233.

[84] Thomas/Putzo/*Hüßtege* ZPO § 697 Rn. 8.

[85] BGH NJW 2014, 557.

[86] BGH NJW 2014, 557.

bb) Nicht zu begründendes und auch noch nicht begründetes Rechtsmittel. Hier ist die Rechtslage insofern etwas anders, als nicht ohne weiteres mit einer Verwerfung des Rechtsmittels als unzulässig gerechnet werden kann, wenn nicht noch rechtzeitig eine Begründung vorgelegt wird. Das Gericht muss auch ohne Begründung in der Sache neu entscheiden. Auch wenn viele Gerichte dazu neigen, überhaupt nicht mehr oder nur sehr oberflächlich die Sach- und Rechtslage zu prüfen, so kann und muss sich ein Prozessbevollmächtigter nicht darauf verlassen, dass es bei der alten Entscheidung bleiben wird. Insofern besteht durchaus ein Anlass für den Prozessbevollmächtigten, sich Gedanken dazu zu machen, ob er von sich aus etwas schreiben soll, zB weil er die Begründung in dem angegriffenen Beschluss zwar richtig, aber nicht zwingend findet und meint, noch bessere Gründe vortragen zu können. 91

In der Rspr. wird zu Beschwerden, bei denen eine Begründung nicht Zulässigkeitsvoraussetzung ist, die Ansicht vertreten, dass die zu unterstellende interne Überprüfung, ob etwas veranlasst ist, eine Verfahrensgebühr im Beschwerdeverfahren auslöst,[87] also zur Beschwerdeinstanz gehört. Diesen Entscheidungen ist jedoch nicht zu entnehmen, ob die Beschwerden begründet waren. Nach OVG Berlin-Brandenburg gehört eine Besprechung zwischen Mandant und RA zu einer noch nicht vorliegenden – iÜ auch noch nicht begründeten – Beschwerde noch zur 1. Instanz.[88] 91a

ME sollte hier differenziert werden. Entscheidet der RA ohne längere Überlegung, dass er zuwarten will, ob noch eine Begründung erfolgt, so liegt nur ein Annex vor. Lässt er sich aber die ganze Problematik noch einmal durch den Kopf gehen, so ist kein bloßer Annex mehr gegeben. 92

cc) Begründetes Rechtsmittel. Ist das Rechtsmittel begründet und prüft der Prozessbevollmächtigte der Vorinstanz, der auch Prozessbevollmächtigter der Rechtsmittelinstanz ist, ob es veranlasst ist, zu der gegnerischen Begründung Stellung zu nehmen, so gehört dies zur Rechtsmittelinstanz. 92a

dd) Fristenüberwachung. Die Überwachung, ob die Gegenseite die **Fristen** für sein Rechtsmittel gewahrt hat, wird nach hM als zur Vorinstanz gehörig angesehen.[89] 92b

e) Sachliche Beratung. Meinungsstand. Es war **zur BRAGO höchst umstritten,** ob die Beratung über die Erfolgsaussichten eines Rechtsmittels durch den erstinstanzlichen Anwalt noch zur vorausgehenden Instanz gehört. Teilweise wurde dies bejaht.[90] Der BGH vertrat einmal auch diese Ansicht, hat jedoch hinzugefügt, dass dies jedenfalls dann gilt, wenn der RA von sich aus diese Beratung vornimmt.[91] Dem stehen einige OLG-Entscheidungen[92] und die fast einhM in der Lit.[93] gegenüber. Auch der BGH hat in einer noch zur BRAGO ergangenen anderen Entscheidung die Auffassung vertreten, dass die Beratung in Angelegenheiten der Rechtsmittelinstanz nicht zur vorausgehenden Instanz gehört.[94] Allerdings hat er sich mit der Frage nicht und auch nicht mit seiner entgegengesetzten früheren Entscheidung auseinandergesetzt. Nach der zweiten Meinung löste eine derartige Beratung eine Ratsgebühr aus. 92c

Zwei Angelegenheiten. Der zweiten Meinung ist jedenfalls im **RVG** zu folgen und zwar unabhängig davon, ob der RA den potentiellen Rechtsmittelkläger oder den Rechtsmittelbeklagten berät. Für sie spricht vor allem die Neufassung von VV 2100 RVG. Er stellt nicht mehr wie § 21 Abs. 2 BRAGO darauf ab, ob der RA vorher schon mit der Sache befasst war. Weiter spricht hierfür, dass § 19 RVG zwar keine abschließende Aufzählung enthält, den in ihm aufgeführten Fällen jedoch zu entnehmen ist, welcher Art die anwaltliche Tätigkeit sein muss, damit sie noch zum Rechtszug gehört (→ Rn. 81). Eine Beratung über die Erfolgsaussichten eines Rechtsmittels ist aber hinsichtlich Schwierigkeit und Haftungsrisiko weit entfernt von allem, was in § 19 RVG aufgeführt ist, insbes. von der in Ziff. 9 aufgeführten Zustellung oder Emp- 92d

---

[87] BGH NJW 2005, 2233 mwN, zur Beschwerde im Richterablehnungsverfahren; OLG Köln JurBüro 1986, 1663.

[88] OVG Berlin-Brandenburg RVGreport 2016, 19 mablAnm *Hansens.*

[89] BGH NJW 2014, 557; 2012, 2734; OLG Karlsruhe MDR 2007, 1226 = OLGR 2007, 543; FamRZ 2009, 2025; OLG Schleswig SchlHA 1992, 83; *Hansens* BRAGO § 37 Rn. 22; **aA** OLG Karlsruhe FamRZ 2010, 61.

[90] OLG Düsseldorf NJW 1970, 1802; OLG Hamburg MDR 2005, 1018; OLG Koblenz NJW-RR 1993, 695 (696) Ziff. II 1 = MDR 1993, 180.

[91] BGH NJW 1991, 2084 (2085) Ziff. II 1 = JurBüro 1991, 1647 = MDR 1991, 798.

[92] OLG Düsseldorf JurBüro 1992, 39; Hamm AnwBl 1992, 286; AnwBl 2001, 371 = OLGR Hamm 01, 168 = AGS 2001, 174, auch bei Beratung über die Aussichten einer vom Gegner eingelegten Berufung; OLG Koblenz AnwBl 1996, 412 = VersR 1996, 1170 = Schaden-Praxis 1996, 64, ohne Auseinandersetzung mit dem Problem.

[93] Gerold/Schmidt/*von Eicken,* 15. Aufl. 2002, BRAGO § 37 Rn. 28; *Madert* JurBüro 1988, 802; *Hansens* NJW 1992, 1148.

[94] BGH NJW 2003, 756 (757) Abs. 1 = AnwBl 2003, 242 = FamRZ 2003, 522.

fangnahme von Entscheidungen oder Rechtsmitteln und ihrer Mitteilung an den Auftraggeber. Am ehesten kommen noch die Einwilligung zur Sprungrevision bzw. -rechtsbeschwerde und die Rechtsmitteleinlegung in den Fällen der Nr. 10 in die Nähe einer Beratung über die Erfolgsaussichten eines Rechtsmittels. Hier handelt es sich aber um Sonderfälle, die dem Umstand Rechnung tragen, dass die Erklärung bzw. Rechtsmitteleinlegung beim Ausgangsgericht zu erfolgen hat. Nach dem BGH ist jedenfalls dann eine neue Angelegenheit gegeben, wenn der RA der Vorinstanz auf ausdrücklichen Wunsch seines Mandanten die Erfolgsaussichten der gegnerischen Nichtzulassungsbeschwerde prüft und sich sachlich damit auseinandersetzt[95] oder wenn er den Mandanten berät, ob er sich einer vom Gegner erklärten Erledigung der Hauptsache anschließen soll.[96]

92e Eine gesonderte Beratungsgebühr fällt an, wenn auf ausdrücklichen Auftrag des Mandanten der RA rät, für die gegnerische **Nichtzulassungsbeschwerde endgültig** keinen beim BGH zugelassenen RA zu beauftragen.[97] Hier muss sich der RA sachlich damit auseinandersetzen, ob der Ausgang des Beschwerdeverfahrens ungewiss ist und ob der Rechtsmittelbeklagte Argumente vortragen kann, die eine ihm günstige Entscheidung fördern können.

92f **Erstes Gespräch nach Kenntnisnahme von der gerichtlichen Entscheidung.** Es gibt jedoch eine Situation, in der das Gespräch über die Aussichten eines Rechtsmittels noch zur Instanz gehört, in dem die Entscheidung ergangen ist. Es ist üblich, dass nach der Kenntnisnahme einer Entscheidung sich der Prozessbevollmächtigte gegenüber dem Mandanten mündlich oder schriftlich äußert. Dabei nimmt der RA häufig dazu Stellung, ob er das Urteil für richtig hält und welche Aussichten ein Rechtsmittel hätte. Das geschieht häufig auch gegenüber dem zu 100% siegreichen Mandanten, den interessiert, ob zu erwarten ist, dass die Entscheidung Bestand haben wird. Bei dieser anwaltlichen Äußerung wird niemand auf die Idee kommen, diese Tätigkeit nicht der gerade zu Ende gegangenen Instanz zuzurechnen. Entsprechendes muss dann aber auch gelten, wenn eine entsprechende Äußerung gegenüber dem ganz oder teilweise unterlegenen Mandanten erfolgt.

92g **f) Bestellungsanzeige.** Bestellt sich der Prozessbevollmächtigte des Rechtsmittelbeklagten für die Rechtsmittelinstanz, so gehört diese Tätigkeit zu dieser. Im Übrigen → RVG VV 3201 Rn. 36.

92h **g) Rechtsmitteleinlegung** → Rn. 111 ff.

92i **h) PKH-Antrag zum BGH.** Bei einem PKH-Antrag, der wegen § 119 Abs. 1 S. 2 ZPO keine Begründung enthält, wird vertreten, dass diese Tätigkeit noch zur Vorinstanz gehört.[98]

93 **i) Auftrag.** Voraussetzung für die Entstehung einer Gebühr in der Rechtsmittelinstanz ist, dass der RA der Vorinstanz einen Auftrag für diesen Rechtszug hat. Fehlt ein solcher, so verdient er auch dann keine Gebühren für die genannten Tätigkeiten, wenn man sie dem Rechtsmittelverfahren zuordnet. Deswegen wird zB teilweise wegen eines fehlenden Auftrags eine Beratungsgebühr abgelehnt.[99] Der RA der Vorinstanz sollte auf den Anfall zusätzlicher Gebühren hinweisen, da sonst die Gefahr besteht, dass ein Auftrag verneint wird.[100] Denkbar ist auch, dass lediglich ein Auftrag für Einzeltätigkeiten erteilt wird. Dann richtet sich die Vergütung nach VV 3403 ff. RVG. Zum Auftrag für das Rechtsmittelverfahren → RVG VV 3200 Rn. 2 ff.

94 **j) Auslagen.** Zusätzliche Auslagen, die dem RA bei den noch zum Rechtszug gehörenden Tätigkeiten erwachsen, darf er von dem Auftraggeber fordern. § 19 besagt nur, welche Tätigkeit durch die Gebühren abgegolten wird. Er will aber nicht bestimmen, dass der RA die Auslagen selbst tragen soll. Die Auslagenpauschale darf allerdings nur einmal gefordert werden.

95 **k) Kostenerstattung.** Hamm[101] hat, wohl vom Anfall einer zusätzlichen Gebühr ausgehend, mangels Notwendigkeit einen Erstattungsanspruch dafür verneint, dass der Berufungsanwalt dem Revisionsgericht mitgeteilt hat, dass der Beklagte keinen Revisionsanwalt bestellen wolle.

---

[95] BGH NJW 2012, 2734.

[96] BGH NJW 2007, 1461.

[97] OLG Frankfurt a. M. JurBüro 2008, 538 = AGS 2009, 25; KG JurBüro 1998, 20 zu Annahme der Revision; **aA** OLG Stuttgart FamRZ 1920, 146 = OLGR 2008, 732, jedenfalls wenn nicht auch die Aussichten der Nichtzulassungsbeschwerde beurteilt werden; möglicherweise OLG Brandenburg MDR 2006, 1259, Prüfung, ob etwas veranlasst ist, gehört zur Vorinstanz; OLG Köln JurBüro 1986, 1035; OLG Schleswig SchlHA 1989, 130.

[98] OLG Zweibrücken AGS 2018, 549.

[99] OLG Hamm AnwBl 2001, 371 = OLGR Hamm 2001, 168 = AGS 2001, 174.

[100] BGH NJW 1991, 2084 (2085) Ziff. II 1 = JurBüro 1991, 1647 = MDR 1991, 798.

[101] OLG Hamm AnwBl 2001, 371 = OLGR Hamm 2001, 168 = AGS 2001, 174.

4. Einwilligung zur Einlegung der Sprungrevision oder -rechtsbeschwerde

a) Teil der Vorinstanz. Die Einwilligung des Anwalts des Revisionsgegners zur Sprungrevision (§ 566 ZPO) oder Sprungrechtsbeschwerde (§ 75 FamFG) gehört zum Rechtszug, und zwar zum Rechtszug der ersten Instanz, wenn der Verfahrensbevollmächtigte dieser Instanz die Einwilligung erklärt. Ist bereits ein Verfahrensbevollmächtigter des Gegners für die Revisionsinstanz bestellt, so kann auch dieser die Einwilligung erklären; dann gehört diese Tätigkeit zum Rechtszug der Revisionsinstanz. In beiden Fällen ist die Tätigkeit mit der jeweiligen Verfahrensgebühr abgegolten.[102] 96

b) Kostenerstattung. Wird der Antrag auf Zulassung der Sprungrevision kostenfällig abgelehnt, so sind die Kosten des Antragsgegners einschließlich der Anwaltskosten zu erstatten, wobei gem. § 91 Abs. 2 S. 1 ZPO unerheblich ist, dass die Einwilligung uU von der Partei selbst zu Protokoll hätte erklärt werden können (§ 566 Abs. 2 S. 4 ZPO). 97

5. Kostenantrag

Teil des Rechtszugs. Kostenanträge bzw. Sachvortrag zu den Kosten, auch nach übereinstimmender Erledigungserklärung, gehören für den Verfahrensbevollmächtigten zum Rechtszug. 98

Verweisungen. Zu § 269 Abs. 4 ZPO weg. Erforderlichkeit eines Antrags → Anh. X Rn. 120, 136; wegen Gebühren → Anh. VI Rn. 341 ff.; wegen Kostenerstattung → Anh. X Rn. 120, 136. 99

Zu Kostenantrag gem. § 516 Abs. 3 ZPO wegen Entstehung der Gebühr und Kostenerstattung → RVG VV 3201 Rn. 77 ff. 100

Zu Kostenantrag nach übereinstimmender Erledigungserklärung wegen Gebühren → Anh. VI Rn. 133. 101

6. Die nachträgliche Vollstreckbarerklärung

Sinn der Bestimmung. Die nachträglich Vollstreckbarerklärung für durch Rechtsmittelanträge nicht angefochtene Teile eines Urteils (§ 537 ZPO) kann gesonderte Gebühren gem. VV 3329, 3332 RVG auslösen. Wenn dennoch bestimmt wird, dass sie zum Rechtszug gehört, so betrifft das die Fälle, in denen nachträglich Teile, die bisher nicht angegriffen waren, noch Gegenstand des Rechtsmittelverfahrens werden, weshalb nunmehr auch für diesen Teil in der Hauptsache Gebühren anfallen. Die Aussage der Norm ist also, dass der RA die Gebühren nach VV 3329, 3332 RVG, auch wenn sie zunächst einmal angefallen waren, nicht zusätzlich zu gleichartigen Gebühren erhält, die der RA für Tätigkeiten im Rechtsmittelverfahren wegen desselben Wertteils verdient hat. 102

Beispiel: 103

Der Klägervertreter, der 10.000,– EUR eingeklagt hatte, legt Berufung ein, weil iHv 4.000,– EUR die Klage abgewiesen wurde. Außerdem beantragt er, die nachträgliche Vollstreckbarerklärung hinsichtlich der zugesprochenen 6.000,– EUR. Der Beklagtenvertreter, der auch im Vollstreckungserklärungsverfahren tätig war, legt anschließend hinsichtlich 6.000,– EUR Anschlussberufung ein.

Beide Rechtsanwälte haben im Vollstreckbarerklärungsverfahren zunächst verdient

0,5 Verfahrensgebühr gem. VV 3329 RVG aus 6.000,– EUR	195,– EUR
Pauschale gem. VV 7002 RVG	20,– EUR
Summe	215,– EUR

Dieser Anspruch entfällt anschließend wieder gem. § 19 Abs. 1 S. 2 Nr. 9 RVG, da die Anwälte nunmehr die höheren Gebühren des Hauptsacheverfahrens auch hinsichtlich dieser 6.000,– EUR verdienen. 104

Anwendbarkeit bei Einigung. Eine Angelegenheit ist auch gegeben, wenn die Parteien den gem. § 537 ZPO für vorläufig vollstreckbar erklärten Teil des erstinstanzlichen Urteils in eine Einigung einbeziehen, da dann hinsichtlich des nicht angefochtenen Teils eine Gebühr gem. VV 3101 Nr. 2 RVG anfällt.[103] 105

Fälle. Abs. 1 S. 2 Nr. 9 greift also hinsichtlich der nachträglichen Vollstreckbarerklärung, wenn 106

- entweder der Rechtsmittelkläger sein Rechtsmittel nach der Vollstreckbarerklärung auch auf den bisher nicht angefochtenen Teil des Urteils ausdehnt
- oder die Berechnung nach dem Gesamtwert erfolgt, weil das Urteil im Ganzen angefochten war und das Rechtsmittel erst später beschränkt wird

---

[102] Mayer/Kroiß/*Ebert* RVG § 19 Rn. 80.

[103] OLG Hamburg JurBüro 1982, 1512 = MDR 1982, 945; Mayer/Kroiß/*Ebert* RVG § 19 Rn. 85.

– oder durch Anschlussrechtsmittel auch der zunächst noch nicht angefochtene Teil des Urteils noch angefochten wird
– oder der zunächst nicht angegriffene Teil eines Urteils später in einem Gesamtvergleich mitgeregelt wird.

107 **Terminsgebühr.** Hat der RA im Verfahren über die Vollstreckbarerklärung bereits eine Terminsgebühr gem. VV 3332 RVG verdient und fällt diese ansonsten nicht mehr an, zB im Rechtsmittelverfahren wird nicht mündlich verhandelt, so bleibt diese Terminsgebühr dem RA erhalten.

7. Notfrist- und Rechtskraftzeugnis

108 → RVG VV 3309 Rn. 310 ff.

8. Ausstellung von Bescheinigungen, Bestätigungen oder Formblättern (Nr. 9a)

109 Gem. § 19 Abs. 1 S. 2 Nr. 9a RVG gehören die dort aufgeführten Ausstellungen von Bescheinigungen, Bestätigungen oder Formblättern zum Rechtszug. Es gilt das zum Notfrist- und Rechtskraftzeugnis Dargelegte entsprechend, → RVG VV 3309 Rn. 310 ff.

9. Bestätigung als Europäischer Vollstreckungstitel (§§ 1079 ff. ZPO)

110 Nach der EuVTVO (Verordnung (EG) 805/2004 zur Einführung eines Europäischen Vollstreckungstitels für unbestrittene Forderungen) kann ein nationaler Titel als „Europäischer Vollstreckungstitel" bestätigt werden. Dann kann in den anderen EU-Staaten direkt vollstreckt werden. Die Bestätigung kann auch berichtigt oder widerrufen werden. Die Ausstellung, die Berichtigung oder der Widerruf einer Bestätigung nach §§ 1079 ff. ZPO gehören zum Rechtszug des Titels, um dessen Bestätigung es geht.

XII. Einlegung von Rechtsmitteln (Nr. 10)

1. Motive

111 Die Motive führen aus:

„Die Nr. 10 übernimmt die Regelung aus § 87 BRAGO, nach der die Einlegung von Rechtsmitteln bei dem Gericht desselben Rechtszugs durch den Verteidiger, der in dem Rechtszug tätig war, zum selben Rechtszug gehört. Dagegen gehört die Begründung des Rechtsmittels zum nächsten Rechtszug. Für einen neuen Verteidiger gehört die Einlegung eines Rechtsmittels zum Rechtszug des Rechtsmittels. Dies entspricht insgesamt der zu § 87 BRAGO ergangenen Rspr."[104]

2. Allgemeines

112 Nr. 10 betrifft Rechtsmittel in Verfahren,
– in denen Gebühren nach VV Teil 4, 5, 6 RVG anfallen
– und bei denen Rechtsmittel beim Ausgangsgericht einzulegen sind.

Legt der RA bei dem Gericht, bei dem er seinen Mandanten zuvor noch in der Hauptsache vertreten hatte, Rechtsmittel ein, so gehört diese Tätigkeit noch zu dieser Instanz. Für einen neuen Verteidiger hingegen ist die Rechtsmitteleinlegung Teil des Rechtsmittelrechtszugs.

3. Sachlicher Anwendungsbereich

113 Nr. 10 findet nur Anwendung in Verfahren, in denen sich die Gebühren nach VV Teil 4, 5 RVG (oder VV Teil 6 RVG) richten. Das trifft zu bei
– Straf- und Bußgeldsachen (VV 4100 ff., 5100 ff. RVG),
– Verfahren nach dem Gesetz über die internationale Rechtshilfe in Strafsachen (VV 6100 ff. RVG),
– Disziplinarverfahren, berufsgerichtlichen Verfahren wegen Verletzung einer Berufspflicht (VV 6200 ff. RVG),
– gerichtlichen Verfahren bei Freiheitsentziehung und in Unterbringungssachen (VV 6300 ff. RVG),
– sowie den in VV Teil 6 RVG, Abschn. 4 genannten besonderen Verfahren und Einzeltätigkeiten (VV 6400 ff. RVG).

114 **Nicht hierher gehören** die in **VV Vorb. 4 Abs. 5 RVG** genannten Verfahren, bei denen sich die Gebühren nach den Vorschriften des VV Teil 3 RVG richten. Betroffen sind Verfahren zur Kostenfestsetzung und zum Kostenansatz (Abs. 5 Nr. 1) sowie betreffend vermögensrechtlicher Ansprüche oder Anspruch auf Mitwirkung bei Veröffentlichung (Abs. 5 Nr. 2).

[104] BT-Drs. 15/1971, 194.

4. Persönlicher Anwendungsbereich

Nr. 10 gilt für 115
- Vollverteidiger (→ Rn. 118), auch Pflichtverteidiger,
- Vertreter eines Neben- oder Privatklägers,[105]
- den Beistand eines Verletzten,
- den Vertreter eines Einziehungs- oder Nebenbeteiligten, vorausgesetzt er verdient Gebühren gem. VV Teil 4–6 RVG und der Mandant ist berechtigt, beim Gericht desselben Rechtszugs ein Rechtsmittel einzulegen.[106]

5. Rechtsmitteleinlegung

a) Betroffene Rechtsmittel. Nr. 10 gilt nur für Rechtsmittel (Berufung, Revision, Beschwerde, Rechtsbeschwerde, Nichtzulassungsbeschwerde).[107] Nicht nötig ist, dass der RA sofort erklärt, welches Rechtsmittel er einlegt.[108] Nr. 10 ist nicht für Rechtsbehelfe anzuwenden. Für diese gelten § 16 Nr. 10, § 18 Abs. 1 Nr. 3 RVG und § 19 Abs. 1 S. 2 Nr. 5 RVG. 116

b) RA der Vorinstanz. Die dargelegten Rechtsmitteleinlegungen gehören für den RA der Vorinstanz zu dieser Instanz. Das gilt auch dann, wenn der RA bereits einen Auftrag für das Rechtsmittelverfahren hat, wie sich aus Nr. 10 Hs. 2 ergibt, der nur für einen neuen Verteidiger etwas anderes bestimmt. 117

Vollverteidiger. Nr. 10 gilt nur, wenn der RA Vollverteidiger war, also nicht, wenn der RA in der Vorinstanz **nur einen Einzelauftrag** hatte. 118

Wahlweise Rechtsmitteleinlegung beim Rechtsmittelgericht. Es gibt Fälle, bei denen Rechtsmittel, die auch beim Gericht der Vorinstanz eingelegt werden könnten, auch beim Rechtsmittelgericht eingelegt werden können (zB Berufung gegen Strafurteil des Amtsgerichts verbunden mit einem Wiedereinsetzungsgesuch wegen Versäumung der Berufungsfrist, § 45 Abs. 1 S. 2 StPO). Nr. 10 greift nicht ein. In diesen Fällen kann der RA aber auch das Wiedereinsetzungsgesuch zusammen mit der Rechtsmitteleinlegung beim Gericht der Vorinstanz stellen. Dann wäre Nr. 10 einschlägig und zwar auch für den Wiedereinsetzungsantrag, da dieser zur Rechtsmitteleinlegung gehört. Der RA verstößt daher mit der Antragstellung beim Beschwerdegericht gegen seine Pflicht, bei gleicher Sicherheit den für den Mandanten billigeren Weg zu wählen, weshalb er zusätzliche Gebühren nicht geltend machen kann.[109] Allerdings kann es sein, dass wegen des Vortrags zu Wiedereinsetzung iRd VV 4106 RVG (44,– EUR bis 319,– EUR) eine höhere Gebühr anfällt. Diese Erhöhung steht dem RA zu, ggf. als fiktive Kosten.[110] 119

c) Nicht Verteidiger der Vorinstanz. Neuer Verteidiger. Wenn ein neuer Verteidiger bestellt wird, gehört für ihn die Rechtsmitteleinlegung zur Rechtsmittelinstanz (Nr. 10 Hs. 2). 120

RA der vorletzten Instanz. Legte der RA der ersten Instanz, der nicht auch in der zweiten Instanz tätig war, Revision gegen das Berufungsurteil ein, so ist diese Tätigkeit nicht Teil des ersten Rechtszuges. Der RA verdient zusätzlich Gebühren gem. VV 4130 RVG bzw. VV 4302 Nr. 1 RVG, da er nicht bei dem Gericht, bei dem das Rechtsmittel eingelegt wird, tätig war.[111] Dasselbe gilt, wenn der RA in erster Instanz tätig war, nach Aufhebung dieses Urteils erneut ein erstinstanzliches Verfahren stattfindet, in dem er nicht mehr tätig ist, und der RA dann gegen das zweite erstinstanzliche Urteil Berufung einlegt.[112] 121

Auftrag nur für Rechtsmitteleinlegung. Erhält ein RA, der in der Vorinstanz nicht tätig war, einen Auftrag beschränkt auf die Rechtsmitteleinlegung, so verdient er die Gebühr gem. VV 4302 Nr. 1 RVG bzw. VV 5200 RVG. 122

6. Sonstige Tätigkeiten

a) Beratung. ***aa) In Vorinstanz tätiger RA.*** **Beratung vor der Rechtsmitteleinlegung.** Wenn schon die Rechtsmitteleinlegung zur Vorinstanz gehört, so muss dies nach allgM auch 123

---

[105] Mayer/Kroiß/*Ebert* RVG § 19 Rn. 96; Schneider/Wolf/*Mock/Volpert/Schneider/Fölsch/Thiel* RVG § 19 Rn. 116.

[106] Schneider/Wolf/*Mock/Volpert/Schneider/Fölsch/Thiel* RVG § 19 Rn. 116.

[107] Wozu nach Schneider/Wolf/*Mock/Volpert/Schneider/Fölsch/Thiel* RVG § 19 Rn. 119 auch der Antrag auf gerichtliche Entscheidung zum BVerwG nach der WBO und WDO gehört.

[108] Schneider/Wolf/*Mock/Volpert/Schneider/Fölsch/Thiel* RVG § 19 Rn. 125.

[109] Mayer/Kroiß/*Ebert* RVG § 19 Rn. 98.

[110] Gebauer/Schneider/*Schneider* BRAGO § 87 Rn. 23.

[111] Mayer/Kroiß/*Ebert* RVG § 19 Rn. 93.

[112] Schneider/Wolf/*Mock/Volpert/Schneider/Fölsch/Thiel* RVG § 19 Rn. 124.

für eine Beratung über die Aussichten des Rechtsmittels gelten[113] und zwar auch für eine vorsorgliche Beratung hinsichtlich eines vom Gegner noch nicht eingelegten Rechtsmittels.[114] Die Beratung ist jedoch in beiden Fällen bei der Ausfüllung des Gebührenrahmens (§ 14 RVG) zu berücksichtigen.[115]

124 **Beratung nach der Rechtsmitteleinlegung.** Erfolgt die Beratung aber erst nach Einlegung des Rechtsmittels, so gehört die Tätigkeit nicht mehr zur Vorinstanz.[116] Das gilt auch dann, wenn sich die Beratung auf ein vom Gegner bereits eingelegtes Rechtsmittel bezieht.[117] In beiden Fällen hat mit der Rechtsmitteleinlegung die Rechtsmittelinstanz begonnen, sodass weitere Tätigkeiten zu dieser gehören. Berät der RA wegen eines vom Gegner bereits eingelegten Rechtsmittels sowie wegen eines von seinem Mandanten in Erwägung gezogenen Rechtsmittels, so gehört die Beratung wegen des gegnerischen Rechtsmittels zum Rechtsmittelzug, die wegen des beabsichtigten Gegenrechtsmittels des eigenen Mandanten zur Vorinstanz.[118]

125 ***bb) In Vorinstanz nicht tätiger RA.*** Die Tätigkeit kann nicht zur Vorinstanz gehören.

126 **Auftrag für das gesamte Rechtsmittelverfahren.** Hat der RA bereits einen Auftrag für das gesamte Rechtsmittelverfahren, so entstehen für eine Prüfung der Rechtsmittelaussichten keine zusätzlichen Gebühren. Die Tätigkeit wird durch die Gebühren gem. VV 4124, 4130 RVG (VV 5113 RVG) usw vergütet. Meistens werden hier aber zunächst nur ein unbedingter Prüfungsauftrag und ein bedingter Verteidigerauftrag gegeben sein.

127 **Nur Auftrag für Beratung und Rechtsmitteleinlegung.** Soll der RA (zunächst) nur die Erfolgsaussichten prüfen und das Rechtsmittel einlegen, im Rechtsmittelverfahren selbst aber nicht tätig sein, so verdient er Gebühren gem. VV 2102 ff. RVG und gem. VV 4302 Nr. 1 RVG bzw. gem. VV 5200 Anm. Abs. 1 RVG.

128 **Nachträglich Auftrag für das gesamte Rechtsmittelverfahren.** Erhält der RA nach der Prüfung der Erfolgsaussichten anschließend einen Auftrag als Vollverteidiger, so ist die Gebühr gem. VV 2102 RVG anzurechnen (Anm. zu VV 2102 RVG). Dasselbe gilt, wenn zunächst nur ein unbedingter Gutachtens- und ein bedingter Vollverteidigungsauftrag bestanden und die Bedingung eingetreten ist.

129 **b) Entgegennahme der Nachricht über Rechtsmitteleinlegung und Benachrichtigung des Mandanten.** Obgleich der RA tätig wird, nachdem das Rechtsmittelverfahren bereits begonnen hat, gehört die Entgegennahme der Nachricht über die Rechtsmitteleinlegung und Benachrichtigung des Mandanten für den schon in der Vorinstanz tätigen RA gem. § 19 Abs. 1 S. 2 Nr. 9 RVG noch zur Vorinstanz.[119] Hatte der RA aber bereits den Auftrag, im Falle eines Rechtsmittels den Mandanten auch in diesem Verfahren zu vertreten, so wird vertreten, dass die Empfangnahme und Benachrichtigung zum Rechtsmittelverfahren gehören.[120]

130 **c) Rechtsmittelbegründung und -rücknahme.** Die Rechtsmittelbegründung[121] sowie die Gegenerklärung zu einem gegnerischen Rechtsmittel, gehören zur Rechtsmittelinstanz. Dasselbe gilt für die Rücknahme des Rechtsmittels.[122]

131 **d) Einsichtnahme in die Strafakten.** Die Einsichtnahme in die Strafakten zur Vorbereitung der Hauptverhandlung gehört zum Rechtsmittelzug.

132 **e) Weitere zum Rechtszug gehörende Tätigkeiten.** Hinsichtlich weiterer Tätigkeiten, bei denen eine Zugehörigkeit zum vorigen Rechtszug in Betracht kommen könnte, wird auf die Ausführungen zu § 19 Abs. 1 S. 2 Nr. 9, 17 RVG verwiesen.

---

[113] OLG Zweibrücken Rpfleger 1978, 27; Mayer/Kroiß/*Ebert* RVG § 19 Rn. 105.

[114] Schneider/Wolf/*Mock/Volpert/Schneider/Fölsch/Thiel* RVG § 19 Rn. 131.

[115] Schneider/Wolf/*Mock/Volpert/Schneider/Fölsch/Thiel* RVG § 19 Rn. 122.

[116] Mayer/Kroiß/*Ebert* RVG § 19 Rn. 105.

[117] OLG Karlsruhe AnwBl 1978, 37; OLG Köln NJW 1969, 108; OLG Zweibrücken Rpfleger 1981, 411; **aA** OLG Düsseldorf Rpfleger 1980, 445.

[118] Mayer/Kroiß/*Ebert* RVG § 19 Rn. 106; Schneider/Wolf/*Mock/Volpert/Schneider/Fölsch/Thiel* RVG § 19 Rn. 137.

[119] OLG Düsseldorf JurBüro 1976, 635; Mayer/Kroiß/*Ebert* RVG § 19 Rn. 104.

[120] Mayer/Kroiß/*Ebert* RVG § 19 Rn. 104; Schneider/Wolf/*Mock/Volpert/Schneider/Fölsch/Thiel* RVG § 19 Rn. 134.

[121] BT-Drs. 15/1971, 194.

[122] OLG Frankfurt a. M. AnwBl 1966, 68; Mayer/Kroiß/*Ebert* RVG § 19 Rn. 92.

XIII. Beschwerdeverfahren nach VV Teil 4–6 RVG (Nr. 10a)

Mit dieser Bestimmung wird sichergestellt, dass trotz § 17 Nr. 1 RVG Beschwerden in Nebensachen gem. VV Vorb. 4.1 Abs. 2 S. 1, Vorb. 5.1 Abs. 1, Vorb. 6.2 Abs. 1 RVG – mit Ausnahme der in VV Vorb. 4 Abs. 4, Vorb. 5 Abs. 4, Vorb. 6.2 Abs. 3 RVG genannten Verfahren – zu keiner neuen Angelegenheit führen.[123] → RVG VV Vorb. 4 Rn. 14. 133

XIV. Vorläufige und einstweilige Maßnahmen zur Zwangsvollstreckung (Nr. 11, 12)

→ RVG VV 3309 Rn. 249 ff. 134

XV. Erteilung der Vollstreckungsklausel (Nr. 13)

→ RVG VV 3309 Rn. 310 ff.; 402. 135

XVI. Kostenfestsetzung und Einforderung der Vergütung (Nr. 14)

1. Motive

Die Motive führen aus: 136

„Die vorgeschlagene Nr. 13 ist derzeit in § 37 Nr. 7 BRAGO enthalten. Der ausdrückliche Ausschluss des Verfahrens über die Erinnerung gegen den Kostenfestsetzungsbeschlusses, wie dies in § 37 Nr. 7 BRAGO bestimmt ist, kann wegfallen, weil sich dies bereits aus § 18 Nr. 5 RVG-E ergibt."[124]

2. Allgemeines

Die Kostenfestsetzung und die Einforderung der Vergütung gehören zum Rechtszug und lösen keine gesonderten Gebühren aus, es sei denn der RA ist ausschließlich mit der Vertretung hinsichtlich der Kostenfestsetzung bzw. der Vergütungseinforderung beauftragt. Dann verdient er Gebühren gem. VV 3403 ff. RVG aus dem Kostenwert.[125] 137

3. Kostenfestsetzung

Anwendungsbereich. Mit Kostenfestsetzung ist die Festsetzung oder Kostenausgleichung gegen den in die Kosten verurteilten Gegner nach §§ 104–107 ZPO und den entsprechenden Vorschriften der anderen Verfahrensordnungen gemeint. 138

Nach ganz hM erhält der Verfahrensbevollmächtigte für das Kostenfestsetzungsverfahren auch dann keine zusätzlichen Gebühren, wenn er die Kostenfestsetzung für eine Instanz beantragt, in der er nicht tätig war, zB der Verfahrensbevollmächtigte der ersten Instanz für die Kosten der Berufung oder der Verfahrensbevollmächtigte der Berufung für die Kosten der ersten Instanz.[126] 139

Dem ist nicht zu folgen.[127] Vielmehr verdient der RA Gebühren gem. VV 3403 ff. RVG. § 19 RVG enthält generell die Regel, dass bestimmte Tätigkeiten dem RA, der in einem Rechtszug bereits tätig war, nicht gesondert vergütet werden. War er aber nicht sonst in der Instanz täglich, so besteht Einigkeit, dass der RA durchaus Gebühren für die in § 19 RVG aufgeführten Handlungen verdienen kann. Das hat auch für den Kostenfestsetzungsantrag zu gelten. Hierfür sprechen auch die Motive zur Gesetzesänderung v. 3.12.1976, die ausführen: 140

„Die gebotene Vereinfachung des Gebührenrechts erforderte es, Bagatellgebühren (§§ 23, 24 der alten Gebührenordnung) möglichst weitgehend zu beseitigen. Eine besondere Gebühr für das Kostenfestsetzungsverfahren ist auch nicht gerechtfertigt. Dieses Verfahren ist der gewöhnliche Abschluss der in einem Rechtszug entfalteten anwaltlichen Tätigkeit. Das Verfahren ist so einfach, dass es der RA häufig seinem Büropersonal überlässt. Da der RA eine Berechnung seiner Gebühren und Auslagen bereits für den Auftraggeber aufstellen muss (§ 18 RVG), ist die für den das Kostenfestsetzungsverfahren aufzuwendende Arbeit regelmäßig gering. Ähnliche Erwägungen waren später auch maßgeblich dafür, die neuen Tätigkeiten zur Festsetzung der Beiträge zur Rentenversicherung (Nr. 6) und zur Vervollständigung einer Entscheidung zur Vollstreckung im Ausland (Nr. 6a) zum Gebührenrechtszug zu zählen".[128]

---

[123] BT-Drs. 17/11471, 268.
[124] BT-Drs. 15/1971, 194.
[125] Mayer/Kroiß/*Ebert* RVG § 19 Rn. 115.
[126] VG Oldenburg JurBüro 1974, 1394; Gerold/Schmidt/*von Eicken,* 15. Aufl., BRAGO § 37 Rn. 26; Mayer/Kroiß/*Ebert* RVG § 19 Rn. 115;
[127] Schneider/Wolf/*Mock/Volpert/Schneider/Fölsch/Thiel* RVG § 19 Rn. 166.
[128] Zitiert nach Riedel/Sußbauer/*Keller,* 8. Aufl. 2000, BRAGO § 37 Rn. 4.

141 Hat der RA ansonsten keine Gebühren verdient, so entfällt keine Mehrarbeit wegen der Rechnung gegenüber dem Mandanten.

142 **Hinweispflicht.** Allerdings muss der RA den Mandanten, wenn dieser in einer Instanz von einem anderen RA vertreten war, darauf hinweisen, dass die Tätigkeit des anderen Anwalts im Kostenfestsetzungsverfahren unentgeltlich wäre.

143 **Abänderung des Kostenfestsetzungsbeschlusses.** Auch das Abänderungsverfahren im Anschluss an eine Änderung des Gegenstandswerts gehört zum Rechtszug, auch wenn, anders als in § 37 Nr. 7 BRAGO § 107 ZPO nicht mehr ausdrücklich genannt ist. Nr. 14 verzichtet ganz auf die Nennung von ZPO-Bestimmungen. Sie nennt nur das Kostenfestsetzungsverfahren und meint damit alles, was zum Kostenfestsetzungsverfahren gehört.[129]

144 **Erinnerung und Beschwerde.** Sie sind im Verhältnis zur Hauptsache eine besondere Angelegenheit (§ 18 Abs. 1 Nr. 3 RVG) Zum Verhältnis mehrerer Erinnerungen untereinander und mehrerer Beschwerden untereinander → § 16 Rn. 114ff.

4. Einforderung der Vergütung

145 **Anwendungsbereich.** Zur Einforderung der Vergütung iSv Nr. 14 gehören
– die außergerichtliche Geltendmachung gem. § 10 RVG,
– das gerichtliche Vergütungsfestsetzungsverfahren nach § 11 RVG,[130]
– der Antrag des beigeordneten oder bestellten Anwalts auf Festsetzung der aus der Staatskasse zu gewährenden Vergütung nach § 55 RVG,[131]

nicht jedoch die Vergütungsklage.

146 **Auslagen.** Passend zu Nr. 14 klärt die Anm. zu VV 7001 RVG entgegen teilweiser bisheriger anderer Handhabung, dass Auslagen, insbes. Briefporto, für die Gebührenrechnung nicht zu vergüten sind.

XVII. Zustellungen für Zwangsvollstreckung (Nr. 16)

147 → RVG VV 3309 Rn. 450ff.

XVIII. Handakten des Anwalts (Nr. 17)

148 **Allgemeines.** Die Herausgabe oder Übersendung von Handakten an einen anderen RA gehört zum Rechtszug. Das gilt unabhängig davon, ob die Handakten an einen RA der höheren oder der gleichen Instanz herausgegeben oder übersandt werden.[132] Dazu, wenn der RA mit der Übersendung eine gutachterliche Äußerung verbindet → RVG VV 3400 Rn. 120ff.

149 **Auslagen.** Die Portoauslagen können stets nach VV 7001 RVG in voller Höhe berechnet werden, aber nicht zusätzlich zu einer Pauschale nach VV 7002 RVG.

XIX. Abs. 2

1. Allgemeines

150 Abs. 2 bestimmt, dass die dort aufgeführten Verfahren zu den in § 18 Abs. 1 Nr. 1, 2 RVG genannten Verfahren, also zum Vollstreckungs- bzw. Vollziehungsverfahren gehören. Diese Verfahren sind nicht – auch nicht für den RA des Hauptsacheverfahrens – Teil des Erkenntnisverfahrens. Demgegenüber gehören die in § 19 Abs. 1 S. 2 Nr. 9, 16 RVG geregelten Vorgänge zum Rechtszug der ersten Instanz. Weiter ergibt sich aus Abs. 2, dass ein Rechtsanwalt, der weder im Erkenntnis- noch im Vollstreckungsverfahren einen umfassenden Auftrag erhalten hat, zwar Gebühren gem. VV 3403ff. RVG verdient. Da diese Verfahren jedoch zur Zwangsvollstreckung gehören und der RA für eine Einzeltätigkeit nicht mehr verdienen kann als der für das ganze Verfahren mandatierte Anwalt, die Einzeltätigkeitsgebühr gem. VV 3403, 3309 RVG nur 0,3 beträgt (→ RVG VV 3403 Rn. 49).[133]

---

[129] Mayer/Kroiß/*Ebert* RVG § 19 Rn. 115.

[130] Bischof/*Bischof* RVG § 19 Rn. 63; **aA** Gerold/Schmidt/*von Eicken,* 16. Aufl. 2004, RVG § 19 Rn. 48, da § 11 RVG ein eigenständiges Verfahren betreffe.

[131] Gerold/Schmidt/*von Eicken,* 16. Aufl. 2004, RVG § 19 Rn. 48.

[132] Mayer/Kroiß/*Ebert* RVG § 19 Rn. 118.

[133] Andere kommen letztlich zu demselben Ergebnis, indem sie unmittelbar VV 3309 RVG anwenden; Schneider/Wolf/*Mock/Volpert/Schneider/Fölsch/Thiel* RVG § 19 Rn. 165.

2. Die einzelnen Ziffern

Die sind, weil sie alle Einzeltätigkeiten in der Zwangsvollstreckung betreffen, in VV 3309 RVG kommentiert und zwar, 151
– Nr. 1 in → RVG VV 3309 Rn. 234,
– Nr. 2 in → RVG VV 3309 Rn. 79,
– Nr. 3 in → RVG VV 3309 Rn. 275,
– Nr. 4 in → RVG VV 3309 Rn. 168,
– Nr. 5 in → RVG VV 3309 Rn. 355 ff.,
– Nr. 6 in → RVG VV 3309 Rn. 189.

§ 20 Verweisung, Abgabe

[1] Soweit eine Sache an ein anderes Gericht verwiesen oder abgegeben wird, sind die Verfahren vor dem verweisenden oder abgebenden und vor dem übernehmenden Gericht ein Rechtszug. [2] Wird eine Sache an ein Gericht eines niedrigeren Rechtszugs verwiesen oder abgegeben, ist das weitere Verfahren vor diesem Gericht ein neuer Rechtszug.

Übersicht

Allgemeines

§ 20 RVG umreißt – wie § 21 RVG für die Zurückverweisung – den Begriff des Rechtszugs näher für den Fall der Verweisung. 1

I. Verweisung durch Gericht

§ 20 RVG findet – wie § 21 RVG – nur Anwendung bei Verweisung von einem Gericht an ein anderes Gericht. Die Vorschrift ist mithin unanwendbar, wenn eine Verwaltungsbehörde eine Sache (Akten) an eine andere Verwaltungsbehörde abgibt. Bei Abgabe innerhalb der Verwaltungsbehörden ist entscheidend, ob die Angelegenheit noch nach der Abgabe dieselbe Angelegenheit wie bisher ist. Die Frage ist im Allgemeinen zu bejahen. 2

II. Verweisungsarten

In § 20 RVG sind **zwei Arten** von Verweisungen (Abgaben) geregelt. S. 1 befasst sich mit der Verweisung (Abgabe) innerhalb der gleichen Instanz. S. 2 behandelt die Verweisung (Abgabe) der Sache durch ein Gericht der Rechtsmittelinstanz an ein Gericht des niedrigeren Rechtszugs. Ob die Abgabe oder Verweisung zu Recht erfolgte, ist gebührenrechtlich nicht relevant.[1] 3

III. Verweisung innerhalb des gleiches Rechtszugs (Horizontalverweisung)

Innerhalb des gleichen Rechtszugs sind zB folgende Verweisungen (Abgaben) möglich: 4
– innerhalb der gleichen Gerichtsbarkeit (zB der ordentlichen Gerichtsbarkeit)
– wegen örtlicher Unzuständigkeit,

[1] Hartmann/Toussaint/*Toussaint* RVG § 20 Rn. 6; Bischof/*Jungbauer* RVG § 20 Rn. 12.

Beispiel:

Amtsgericht A an Amtsgericht B.

– wegen sachlicher Unzuständigkeit,

Beispiele:

Das Amtsgericht verweist an das Landgericht, weil die landgerichtliche Zuständigkeit gegeben ist; ebenso umgekehrt.[2]
Das Landwirtschaftsgericht gibt eine Sache an das Prozessgericht ab.
Die Strafkammer eröffnet eine Strafsache vor dem Schöffengericht.
Das Landgericht verweist an das als Schifffahrtsgericht zuständige Amtsgericht.[3]

– aus Gründen der Geschäftsverteilung (funktionelle Zuständigkeit),

Beispiel:

Eine Zivilkammer gibt eine Sache an eine andere Zivilkammer oder an eine Kammer für Handelssachen ab, weil diese nach der Geschäftsordnung zuständig ist.

– wegen örtlicher und sachlicher Unzuständigkeit,

Beispiel:

Das AG München verweist eine Sache an das LG Stuttgart.

– von dem Gericht der einen Gerichtsbarkeit an ein Gericht der anderen Gerichtsbarkeit

Beispiele:

Verweisung vom Amts- (oder Land-)gericht an das Arbeitsgericht, vom Sozialgericht an ein Verwaltungsgericht.

– die Abgabe der Akten von einem Gericht an ein anderes Gericht auf Grund der Zuständigkeitsbestimmung des höheren Gerichts (vgl. zB § 36 ZPO),[4]
– vom OVG (VGH) als Berufungsgericht als truppendienstliche Angelegenheit an die Wehrdienstsenate des BVerwG.[5]

IV. Gebührenrechtliche Folgen

5 Die gebührenrechtlichen Folgen der Verweisung sind: Nach S. 1 sind die Verfahren vor dem verweisenden (abgebenden) Gericht und dem übernehmenden Gericht **ein Rechtszug.** Demgemäß sind auf diese beiden Verfahren die Vorschriften des § 15 anzuwenden. Vor allem gilt, dass der RA die Gebühren nur einmal beanspruchen kann.[6]

Beispiele:

Verweisung vom AG Frankfurt an das LG Frankfurt. Die Anwälte beider Parteien treten vor beiden Gerichten auf. Die Gebühren der Rechtsanwälte sind die gleichen wie im Falle des Verbleibs der Sache beim Amtsgericht oder dem Falle, dass die Klage sofort zum Landgericht erhoben worden wäre. Die Rechtsanwälte erhalten also keine zusätzliche Vergütung.
Verweisung vom AG München an das LG Frankfurt. Der bisherige Prozessbevollmächtigte wird Verkehrsanwalt. Er kann wegen der Gleichheit der Gebühren nur die Verfahrensgebühr oder nur die Verkehrsgebühr geltend machen.

Hat das Amtsgericht in einem dringenden Fall gem. § 942 Abs. 1 ZPO die einstweilige Verfügung erlassen, bilden das Verfahren vor dem Amtsgericht und das Rechtfertigungsverfahren vor dem Prozessgericht eine einheitliche Instanz. Der RA, der sowohl vor dem Amtsgericht als auch vor dem Prozessgericht tätig geworden ist, erhält deshalb die Gebühren nur einmal.[7] Verringert sich der Gegenstandswert nach der Verweisung, bleiben dem Anwalt die vor der Verweisung entstandenen Gebühren aus dem höheren Wert erhalten.[8] Erhöht sich der Wert nach der Verweisung, stehen dem Anwalt die Gebühren aus dem höheren Wert nur insoweit zu, als sie vor dem übernehmenden Gericht entstehen.[9]

---

[2] Hartmann/Toussaint/*Toussaint* RVG § 20 Rn. 9; OLH Hamm JMBlNRW 1979, 119.
[3] Schifffahrtsobergericht OLG Nürnberg JurBüro 1991, 1636.
[4] AA Hartmann/Toussaint/*Toussaint* RVG § 20 Rn. 9.
[5] BVerwG AnwBl 1982, 444 = Rpfleger 1982, 310.
[6] VGH München AnwBl 2000, 323; VGH Frankfurt = MDR 1979, 682 = VersR 1979, 578; BVerwG AnwBl 1981, 191.
[7] OLG Nürnberg Rpfleger 1966, 290.
[8] Schneider/Wolf/*N. Schneider* RVG § 20 Rn. 11.
[9] Schneider/Wolf/*N. Schneider* RVG § 20 Rn. 12; Bischof/*Jungbauer* RVG § 20 Rn. 22.

V. Gebührenrechtliche Besonderheiten

6 Gebührenrechtliche Besonderheiten ergeben sich, wenn die Tätigkeit des RA vor und nach der Verweisung nicht nach den gleichen Gebührenvorschriften vergütet wird.
– Änderung des Betragsrahmens.

Beispiel:

Verteidigung vor der großen Strafkammer, die jedoch vor dem Schöffengericht eröffnet wird, vor dem dann auch die Hauptverhandlung stattfindet.

Grundgebühr nach VV 4100 RVG	44,– EUR bis 396,– EUR
Verfahrensgebühr nach VV 4104 RVG	44,– EUR bis 319,– EUR
Verfahrensgebühr nach VV 4112 RVG	55,– EUR bis 352,– EUR
Terminsgebühr nach VV 4114 RVG	88,– EUR bis 616,– EUR

Weiteres Beispiel:

Die Staatsanwaltschaft ermittelt und klagt wegen gefährlicher Körperverletzung zum Schöffengericht an. Im Hauptverhandlungstermin wird die Sache wegen der Annahme eines hinreichenden Verdachts des versuchten Totschlags an das Schwurgericht verwiesen. Die Gebühr für die Hauptverhandlung beim Schöffengericht und nochmals für die Hauptverhandlung beim Schwurgericht ist zu entnehmen aus dem Schwurgerichtsrahmen nach VV 4118 RVG. Denn § 20 S. 1 RVG hat gebührenrechtlich zur Folge, dass für die Tätigkeit des Verteidigers für das Gesamtverfahren innerhalb des Rechtszugs sowohl vor dem abgebenden als auch vor dem übernehmenden Gericht nur eine einheitliche Verfahrensgebühr berechnet werden kann; aus dem Grundsatz der Einheitlichkeit des Rechtszugs ergibt sich weiterhin, dass das jeweils höchste Gericht, vor dem die Verteidigertätigkeit entfaltet wird, den Gebührenrahmen bestimmt.[10]

6a Die Gebühr für das vorbereitende Verfahren ist aber aus VV 4104 RVG zu entnehmen, weil die Tätigkeit während des Verfahrensabschnitts Vorverfahren bereits abgeschlossen gewesen ist, eine Wiederholung vor dem Schwurgericht nicht stattfinden kann.[11]
– Änderung von Wertgebühren zu Gebühren mit Betragsrahmen und umgekehrt.

Beispiele:

Eine Sache (Wert 500,– EUR) wird nach mündlicher Verhandlung vom Prozessgericht an das Sozialgericht verwiesen. Dort wird noch Beweis erhoben. Vor dem Prozessgericht sind erwachsen:

1,3 Verfahrensgebühr aus 500,– EUR	63,70 EUR
1,2 Terminsgebühr aus 500,– EUR	58,80 EUR
Vor dem Sozialgericht sind erwachsen	
nach VV 3102 RVG als Verfahrensgebühr	
60,– EUR bis 660,– EUR, Mittelgebühr	360,00 EUR
nach VV 3106 RVG eine Terminsgebühr,	
60,– EUR bis 610,– EUR, Mittelgebühr	335,00 EUR
zusammen:	695,00 EUR

Der RA muss mindestens erhalten die vor dem Sozialgericht verdienten 695,– EUR.[12]

Wird an ein Gericht verwiesen, für dessen Verfahren Rahmengebühren gelten, bleiben die vor dem verweisenden Gericht angefallenen Gebühren bestehen, der Anwalt kann aber für das weitere Verfahren nicht mehr den Gebührenrahmen vom Empfangsgericht uneingeschränkt ausschöpfen, sondern er erhält für seine Tätigkeit nur eine Erhöhung aus dem Betragsrahmen auf die insgesamt angemessene Gebühr.[13] Liegen die vor der Verweisung entstandenen Gebühren bereits über dem Höchstbetrag, erhält der Anwalt nach der Verweisung keine weiteren Gebühren.[14]

Wird umgekehrt vom Sozialgericht an ein Zivil- oder Verwaltungsgericht verwiesen, gilt entsprechendes; die vor dem Sozialgericht entstandenen Betragsrahmengebühren bleiben dem Anwalt erhalten, auch wenn sie über den entsprechenden Gebührentatbeständen der Wertgebühren liegen.[15] Die für die Wertgebühren geltenden Vergütungstatbeständen können zusätzlich nur dann geltend gemacht werden, wenn sich für sie nach der Berechnung

---

[10] OLG Düsseldorf JurBüro 1982, 1528 = JMBlNRW 1982, 251; OLG Hamm AnwBl 1966, 141; OLG Schleswig JurBüro 1984, 867; OLG Hamburg JurBüro 1990, 478 = Rpfleger 1990, 223 = KostRspr. BRAGO § 14 Nr. 15 (Aufgabe von AnwBl 1981, 202).

[11] *Mümmler* in Anm. zu OLG Düsseldorf JurBüro 1982, 1529; JurBüro 1984, 867; OLG Hamm JurBüro 1990, 478 = MDR 1990, 361 = Rpfleger 1990, 223.

[12] SG Stuttgart AnwBl 1979, 188; BVerwG AnwBl 1981, 191; hat der RA vor dem verweisenden Gericht bereits Wertgebühren verdient und entsteht ihm vor dem Gericht, an das verwiesen wird, eine Rahmengebühr, so ist für das ganze Verfahren die Rahmengebühr maßgeblich, die für die Tätigkeit vor der Verweisung angemessen zu erhöhen ist.

[13] Schneider/Wolf/*N. Schneider* RVG § 20 Rn. 27.

[14] Schneider/Wolf/*N. Schneider* RVG § 20 Rn. 27.

[15] Schneider/Wolf/*N. Schneider* RVG § 20 Rn. 28.

nach Gegenstandswert ein höherer Betrag ergibt oder wenn der entsprechende Gebührentatbestand vor dem Sozialgericht nicht verwirklicht worden ist.[16]
Wird ein Gebührentatbestand vor dem Gericht, an das verwiesen wird, nicht mehr realisiert, kann es vorkommen, dass in dieselbe Berechnung gegenüber dem Mandanten sowohl eine Wertgebühr als auch eine Betragsrahmengebühr nebeneinander eingestellt werden müssen.[17]

VI. Verweisung nach S. 2 (Diagonalverweisung)

7 Bis zur 24. Auflage war an dieser Stelle die Auffassung vertreten worden, dass eine Verweisung nach § 20 S. 2 (nur) erfolgt, wenn sich das zuerst angerufene Gericht als zuständig betrachtet. Diese Auffassung hat der BGH mit guten Gründen abgelehnt.[18] Zu Recht hat der BGH darauf hingewiesen, dass auch Verweisungsfälle, in denen zwar schon das zuerst angerufene Gericht seine Zuständigkeit verneint, aber – gleich aus welchem Grund – erst dass höhere Gericht die Sache an das zuständige Gericht verweist, vom Anwendungsbereich des § 20 S. 2 umfasst sind. Diese Vorschrift lege die Anzahl der Rechtszüge unabhängig davon fest, aus welchem Grund das höhere Gericht die Sache verweise. Für eine teleologische Reduktion finde sich keine Grundlage. Sinn und Zweck der Regelung verlangten hier keine vom Wortlaut abweichende Auslegung.[19] Richtig sei zwar, dass der Gesetzgeber mit der Regelung des § 20 S. 2 einen im Vergleich zur Horizontalverweisung nach § 20 S. 1 typischerweise erhöhten anwaltlichen Aufwand berücksichtigt habe. Zum einen sei jedoch die Annahme, wonach unter den Fällen der sogenannten Diagonalverweisung der anwaltliche Aufwand dann geringer ausfalle, wenn die Zuständigkeit bereits in erster Instanz streitig sei, nicht zwingend. Zum anderen widerspricht nach dem BGH eine solche Differenzierung dem Regelungszusammenhang; nach dem das RVG beherrschenden Grundsatz der Verfahrenspauschgebühr wird die anwaltliche Tätigkeit jeweils eine ganze Gruppe von Einzeltätigkeiten unabhängig vom Umfang und Grad der im Einzelnen aufgewandten Mühe vergütet.[20]

8 Im Fall des § 20 S. 2 RVG ist das erstinstanzliche Verfahren vor dem ursprünglich angerufenen Gericht und das Verfahren von dem nach der Verweisung erstinstanzlich zuständigen Gericht nicht dieselbe Angelegenheit im Sinne des § 15 Abs. 2 RVG.[21] Dies ergibt nach dem BGH eine Auslegung unter Berücksichtigung von Wortlaut, Systematik sowie Sinn und Zweck der Norm. Die Auslegung wonach die Regelung des § 20 S. 2 RVG auch im Verhältnis des nach dessen Verweisung durchzuführenden erstinstanzlichen Verfahrens zu dem ursprünglich erstinstanzlichen Verfahren einen neuen Rechtszug begründet, hält sich in den Grenzen des Wortlauts der Vorschrift. Die Vorschrift ist dahin zu verstehen, dass sie abschließend das Verhältnis zu allen Rechtszügen bis zur Verweisung regeln will.[22] Ein anderes Ergebnis führt nach dem BGH zudem zu Wertungswidersprüchen innerhalb der gesetzlichen Systematik. Danach könnten bei einer Diagonalverweisung im Sinne von § 20 S. 2 RVG die Verfahrens- und Terminsgebühr für die Ausgangsinstanz jeweils nur einmal anfallen, während sogar bei einer vertikalen Zurückverweisung im Sinne von § 21 Abs. 1 jedenfalls die Terminsgebühr zweimal anfallen kann.[23] § 21 Abs. 1 S. RVG regelt die gebührenrechtlichen Folgen einer sogenannten Vertikalverweisung, bei der das Obergericht die Sache an ein ihm untergeordnetes Gericht zurückverweist. Auch wenn das weitere Verfahren vor diesem Gericht einen neuen Rechtszug darstellt und demgemäß die Verfahrensgebühr (VV 3100 RVG) und gegebenenfalls die Terminsgebühr VV 3104 RVG für die erste Instanz jeweils zweifach anfallen können, bestimmt Vorbemerkung 3 Abs. 6 RVG, dass die bereits entstandene Verfahrensgebühr auf diejenige für das erneute Verfahren anzurechnen ist.[24]

8a Ginge man in den Fällen des § 20 S. 2 von der Gebühreneinheit der beiden Verfahren erster Instanz aus, würde dies nach dem BGH dazu führen, dass eine schon angefallene Terminsgebühr nicht erneut entstehen könne. Es sei jedoch nicht nachzuvollziehen, wenn die anwaltliche Tätigkeit bei einer Diagonalverweisung geringer vergütet würde, obwohl bei gänzlicher Neufassung des erstinstanzlichen Gerichts jedenfalls mit keinem geringeren Aufwand zu rechnen sei. Deshalb ist es auch systemgerecht, die anwaltlichen Gebühren im Fall des 20 S. 2

[16] Schneider/Wolf/*N. Schneider* RVG § 20 Rn. 28.
[17] Hartung/Schons/Enders/*Enders* RVG § 20 Rn. 12.
[18] BGH NJW 2020, 932 = RVGreport 2020, 132 = AGS 2020, 63 mAnm *Mayer* FD-RVG 2020, 424159.
[19] BGH NJW 2020, 932 = RVGreport 2020, 132 = AGS 2020, 63 [10] mAnm *Mayer* FD-RVG 2020, 424159.
[20] BGH NJW 2020, 932 = RVGreport 2020, 132 = AGS 2020, 63 [11] mAnm *Mayer* FD-RVG 2020, 424159.
[21] BGH NJW 2020, 932 = RVGreport 2020, 132 = AGS 2020, 63 [12].
[22] BGH NJW 2020, 932 = RVGreport 2020, 132 = AGS 2020, 63 [16].
[23] BGH NJW 2020, 932 = RVGreport 2020, 132 = AGS 2020, 63 [17].
[24] BGH NJW 2020, 932 = RVGreport 2020, 132 = AGS 2020, 63 [18].

RVG unabhängig davon neu entstehen zu lassen, ob sie vor der Verweisung bereits angefallen sind.[25]

Auch Sinn und Zweck des § 20 RVG unterstützen nach dem BGH diese Auslegung. Diese bestünden nicht einseitig darin, bei Verweisungen das Entstehen umfangreicher Anwaltsgebühren zu vermeiden. Regelungszweck sei nicht nur die Vermeidung einer zu hohen Vergütung, sondern auch die Sicherstellung einer angemessenen Vergütung in den im Einzelnen sehr verschiedenen Fallgruppen des § 20 S. 1 und 2 RVG, bei denen der Anwalt sehr unterschiedlich schwierige Aufgaben lösen müsse. Dieser typisierenden Betrachtung entspreche es, dass in dem Fall der Horizontalverweisung die erstinstanzlichen Gebühren lediglich einmal anfallen können, in dem Falle der Diagonalverweisung jedoch zweimal. Denn im ersten Fall finde die Verweisung noch vor Beendigung der Instanz – möglicherweise sogar zu Beginn des Verfahrens – statt, während diese Instanz im zweiten Fall bereits vollständig durchlaufen sei.[26] 8b

VII. Änderung des Gegenstandswertes

Ändert sich bei der Verweisung der Gegenstandswert, so gilt als Grundsatz: Mit der Erhöhung erhöhen sich auch die Gebühren; bei einer Verringerung des Gegenstandswertes verbleiben dem RA die aus dem höheren Wert verdienten Gebühren, in Zukunft erwachsen aber nur Gebühren aus dem geringen Wert. 9

VIII. Anwaltswechsel

§ 20 Abs. 1 RVG wird nur dann praktisch, wenn der RA auch nach der Verweisung (Abgabe) tätig bleibt. Dabei ist allerdings gleichgültig, in welcher Rolle er weiterhin tätig wird. Er kann zB Prozessbevollmächtigter bleiben. Er kann aber auch im gleichen Rechtszug eine andere Rolle übernehmen. Aus dem Prozessbevollmächtigten wird ein Verkehrsanwalt oder umgekehrt. Auch insoweit gilt der Grundsatz: Jede Gebühr kann nur einmal verdient werden. Der bisherige Prozessbevollmächtigte erhält mithin zu seiner Verfahrensgebühr nicht noch zusätzlich die Verkehrsgebühr. Die Gebühren entstehen zwar in voller Höhe neu (wesentlich, wenn die bisher entstandenen Gebühren verjährt sind). Der RA kann sie aber nur einmal fordern. 10

Beispiel:

Der RA wird zunächst nur mit der Wahrnehmung eines Beweistermins beauftragt. Nunmehr wird er – nach Verweisung – Prozessbevollmächtigter. Nach Verhandlung ergeht Urteil.

Es entstehen:
0,65 Verfahrensgebühr gem. VV 3401 RVG
1,2 Terminsgebühr nach VV 3104 RVG für den Beweistermin,
dann, als er nunmehr nach Verweisung Prozessbevollmächtigter geworden ist,
1,3 Verfahrensgebühr nach VV 3100 RVG,
1,2 Terminsgebühr gem. VV 3104 RVG. Der RA kann aber insgesamt nur eine 1,3 Verfahrensgebühr und eine 1,2 Terminsgebühr verlangen.

IX. Kostenerstattung

Die Kostenerstattung hängt – wie in allen Fällen – von der Kostenentscheidung ab. Ist eine Kostenentscheidung ergangen, ist sie zu beachten. 11

Beispiel:

Im Falle einer Verweisung von Hamburg nach München lautet die Kostenentscheidung beim Unterliegen des Beklagten: „Der Beklagte hat die Kosten des Rechtsstreits zu tragen. Die durch die Anrufung des unzuständigen Gerichts entstandenen Mehrkosten hat jedoch der Kläger zu tragen."

Hier hat der RA und mit ihm der Rechtspfleger bei der Kostenfestsetzung eine Vergleichsberechnung aufzustellen:

1. Welche Kosten wären entstanden, wenn das richtige Gericht sofort angerufen worden wäre?
2. Welche Kosten sind tatsächlich entstanden?

Der Betrag, um den 2. höher liegt als 1., ist nicht zu erstatten.[27]

---

[25] BGH NJW 2020, 932 = RVGreport 2020, 132 = AGS 2020, 63 [19].
[26] BGH NJW 2020, 932 = RVGreport 2020, 132 = AGS 2020, 63 [20].
[27] OLG Celle NdsRpfl. 1975, 123; OLG Düsseldorf JurBüro 1971, 947 = Rpfleger 1971, 409; und OLG Düsseldorf MDR 1980, 321 = JMBlNRW 80, 143, bei den zur Berechnung der Mehrkosten gegenüberzustellenden Kosten sind nur notwendige zu berücksichtigen. Notwendig ist ein Wechsel in der Person des Anwalts nicht, wenn der zunächst beauftragte Anwalt zugleich bei dem zuständigen Gericht zugelassen ist; Mehrkosten sind in

Der bisherige Prozessbevollmächtigte wird Verkehrsanwalt, der (hier unterstellt) nötig ist. Er hat den Verweisungsantrag schriftlich gestellt (Verweisung zB ohne Auftreten der Anwälte durch Beschluss nach Lage der Akten).

12 Es ist erwachsen die Verfahrensgebühr, neben der keine Verkehrsgebühr entsteht. Wäre die Sache sofort am zweiten Gericht anhängig geworden, wäre der RA sogleich Verkehrsanwalt geworden. Mehrkosten sind nur insoweit angefallen, als er als Prozessbevollmächtigter eine im Verhältnis zum Verkehrsanwalt um 0,3 höhere Verfahrensgebühr verdient hat.

Wird übersehen, die durch die Anrufung des ersten Gerichts entstandenen Mehrkosten dem Kläger aufzuerlegen, hat der unterlegene Beklagte auch die durch die Anrufung des unzuständigen Gerichts entstandenen Mehrkosten zu ersetzen. Der Rechtspfleger kann diese Kosten nicht als „nicht notwendig" absetzen. Es ist nicht Aufgabe des Kostenfestsetzungsverfahrens, falsche Kostenentscheidungen zu korrigieren.[28]

Das gilt auch für den Fall, dass in einem Vergleich vergessen wird, eine Vereinbarung über die durch die Anrufung des unzuständigen Gerichts entstandenen Mehrkosten zu treffen.[29]

Bei Verweisung vom Landgericht an das Verwaltungsgericht sind die Mehrkosten in entsprechend Anwendung des § 281 ZPO dem Kläger aufzuerlegen.[30]

13 Bei Verweisung vom Landgericht an das Arbeitsgericht sind gem. der Kostenentscheidung die bei dem Zivilgericht angefallenen Kosten erstattungsfähig.[31] Nach § 12a Abs. 1 S. 1 ArbGG besteht im arbeitsgerichtlichen Urteilsverfahren des ersten Rechtszugs kein Anspruch der obsiegenden Partei auf Erstattung der Kosten für die Zuziehung eines Prozessbevollmächtigten. Nach § 12a Abs. 1 S. 3 ArbGG gilt diese Bestimmung nicht für Kosten, die dem Beklagten dadurch entstanden sind, dass der Kläger ein Gericht der ordentlichen Gerichtsbarkeit, der allgemeinen Verwaltungsgerichtsbarkeit, der Finanz- oder Sozialgerichtsbarkeit angerufen und dieses dem Rechtsstreit an das Arbeitsgericht verwiesen hat. Erstattungsfähig sind die vor den Gerichten des anderen Rechtswegs entstandenen Kosten, also die Kosten, die ausschließlich vor den Gerichten des anderen Rechtswegs entstanden sind.[32] Verweist das Arbeitsgericht den Rechtsstreit an ein Gericht der ordentlichen Gerichtsbarkeit, so hat die – für das gesamte Verfahren maßgebende – Wertfestsetzung in gleicher Weise zu erfolgen, wie wenn die Sache von Amts wegen von Anfang an bei dem Gericht der ordentlichen Gerichtsbarkeit anhängig gewesen wäre.[33]

§ 21 Zurückverweisung, Fortführung einer Folgesache als selbständige Familiensache

(1) **Soweit eine Sache an ein untergeordnetes Gericht zurückverwiesen wird, ist das weitere Verfahren vor diesem Gericht ein neuer Rechtszug.**

(2) **In den Fällen des § 146 des Gesetzes über das Verfahren in Familiensachen und in den Angelegenheiten der freiwilligen Gerichtsbarkeit, auch in Verbindung mit § 270 des Gesetzes über das Verfahren in Familiensachen und in den Angelegenheiten der freiwilligen Gerichtsbarkeit, bildet das weitere Verfahren vor dem Familiengericht mit dem früheren einen Rechtszug.**

(3) **Wird eine Folgesache als selbständige Familiensache fortgeführt, sind das fortgeführte Verfahren und das frühere Verfahren dieselbe Angelegenheit.**

---

einem solchen Fall jedoch die zusätzlichen Reisekosten der Partei und des Anwalts; OLG Frankfurt a. M. AnwBl 1980, 362; OLG Hamm JurBüro 1970, 533 = Rpfleger 1970, 179; OLG Schleswig JurBüro 1981, 1388 = SchlHA 1981, 118.

[28] *Schmidt* NJW 1975, 984; OLG Bremen NJW 1972, 1206; OLG Hamburg JurBüro 1972, 419; 83, 771; KG Rpfleger 1976, 103 = MDR 1976, 405; OLG Köln JurBüro 1974, 98; OLG München AnwBl 1979, 432 = Rpfleger 1979, 465; JurBüro 1980, 298 mAnm *Mümmler;* OLG Schleswig SchlHA 1976, 13; OLG Stuttgart JurBüro 1973, 73; aA OLG Celle Rpfleger 1969, 170; OLG Frankfurt a. M. MDR 1981, 58 = Rpfleger 1981, 29; OLG Hamm JurBüro 1972, 70 = Rpfleger 1971, 442; KostRspr. ZPO § 276 Nr. 57; OLG Saarbrücken NJW 1975, 982 mablAnm *Schmidt;* OLG Zweibrücken JurBüro 1975, 1248; diff. Bischof/*Jungbauer* RVG § 20 Rn. 52, Korrektur im Kostenfestsetzungsverfahren möglich, wenn Kostenquotelung erfolgt.

[29] AA OLG Frankfurt a. M. JurBüro 1978, 594 mAnm *Mümmler.*

[30] OVG Berlin NJW 1972, 839.

[31] OLG Frankfurt a. M. AnwBl 1980, 157; LAG Mainz AnwBl 1971, 90; LAG Nürnberg AnwBl 1972, 49; ArbG Stuttgart AnwBl 1972, 364.

[32] BAG NZA 2005, 429; LAG Köln BeckRS 2010, 72972 mAnm *Mayer* FD-RVG 2010, 308715.

[33] OLG Frankfurt a. M. BeckRS 2017, 133688 = JurBüro 2018, 84.

Übersicht

I. Zurückverweisung

1 § 21 RVG regelt die Gebührenfrage bei einer **Zurückverweisung der Sache durch das Rechtsmittelgericht** an die untere Instanz dahin, dass das Verfahren nach der Zurückverweisung als neuer Rechtszug gilt; demzufolge erhält der RA, der vor und nach der Zurückverweisung tätig war, **mehrfach Gebühren.** Abs. 6 der VV Vorb. 3 RVG (VV Teil 3 RVG) schränkt insoweit S. 1 ein, als die bereits vor Zurückverweisung entstandene Verfahrensgebühr auf die Verfahrensgebühr für das erneute Verfahren anzurechnen ist.

Abs. 1 ist nur anzuwenden, wenn der RA in der gleichen Instanz bereits vor der Zurückverweisung tätig war und die Verfahrensgebühr verdient hat. Tritt ein anderer Anwalt neu auf, erhält der selbstverständlich auch die Verfahrensgebühr.

Abs. 2 bildet eine Ausnahme von Abs. 1. Wird ein Urteil aufgehoben, durch das der Scheidungsantrag abgewiesen ist, so ist die Sache gem. § 146 Abs. 1 FamFG an das Gericht zurückzuverweisen, das die Abweisung ausgesprochen hat, wenn bei diesem Gericht eine Folgesache zur Entscheidung ansteht. Nach der Zurückverweisung entstehen die bereits angefallenen Gebühren nicht zum zweiten Mal.

2 Eine **Zurückverweisung** liegt vor, wenn das Rechtsmittelgericht durch eine den Rechtszug beendende Entscheidung einem in dem Instanzenzug untergeordneten Gericht die abschließende Entscheidung überträgt.[1]

Ein Gericht eines höheren Rechtszugs muss auf Rechtsmittel – Berufung, Revision, Beschwerde – mit der Sache befasst gewesen sein. Das Rechtsmittelgericht darf die Sache nicht selbst endgültig entschieden haben, sondern muss die Sache zur weiteren Verhandlung und Entscheidung an das Untergericht verwiesen haben.

Beispiele:

a) Zurückverweisung.

Das Landgericht weist die Klage ab, das Oberlandesgericht erklärt den Anspruch dem Grunde nach für gerechtfertigt und verweist zur Verhandlung über die Höhe zurück.[2]

Eine Zurückverweisung (§ 21 RVG) mit anschließender Verweisung (§ 20 RVG) liegt vor, wenn das Landgericht ein Urteil des Arbeitsgerichts aufhebt und die Sache an das Arbeitsgericht zurückverweist, das die Sache anschließend an das Landgericht als erstinstanzliches Gericht abgibt.[3]

b) Keine Zurückverweisung.

Das Berufungs- oder Revisionsgericht weist das Rechtsmittel gegen ein Grundurteil zurück.

Das Landgericht weist einen Teil des Anspruchs durch Teilurteil ab. Die Berufung des Klägers wird zurückgewiesen. Nunmehr gehen die Akten zwar wieder an das Landgericht zurück, aber nur zur Verhandlung über den Rest-

---

[1] Riedel/Sußbauer/*Schütz* RVG § 21 Rn. 2; OLG Hamburg JurBüro 1983, 1515.

[2] Hartmann/Toussaint/*Toussaint* RVG § 21 Rn. 8; OLG Bamberg JurBüro 1978, 1184 mAnm *Mümmler;* OLG Frankfurt a. M. AnwBl 1978, 145; OLG Hamm AnwBl 2002, 112; aA OLG Schleswig JurBüro 1987, 1039 mablAnm *Mümmler;* OLG Hamburg JurBüro 1996, 136.

[3] OLG Hamm JurBüro 1979, 54.

anspruch. Der Teilanspruch, der durch das Teilurteil abgewiesen war, ist durch das Berufungsurteil endgültig erledigt.[4]

Das Beschwerdegericht kann eine Sache nur dann zurückverweisen, wenn die Beschwerde die Sache selbst in die zweite Instanz gebracht hat. Rückgabe der Akten nach Entscheidungen des Beschwerdegerichts über Zwischen- oder Nebenfragen (zB Richterablehnung, Beschwerde gegen die Versagung der Prozesskostenhilfe) stellen keine Zurückverweisung dar.

II. Instanzenzug

3 Die **Zurückverweisung** muss durch ein Gericht **an ein** im gegebenen Instanzenzuge **untergeordnetes Gericht** erfolgen.

Beispiele:

Der BGH verweist eine auf Sprungrevision an ihn gelangte Sache des LG Hamburg an das LG Hamburg zurück (Instanzenzug im gegebenen Falle: LG Hamburg, OLG Hamburg, BGH).

Verweist dagegen zB das OLG Frankfurt a. M. eine Sache des LG Wiesbaden an das LG Frankfurt, liegt eine Verweisung iSd § 20 RVG, nicht eine Zurückverweisung vor, da der Instanzenzug wechselt (LG Wiesbaden – OLG Frankfurt a. M. ist nicht LG Frankfurt – OLG Frankfurt a. M., mag auch in beiden Fällen das Obergericht das Gleiche sein).

Eine Zurückverweisung kann auch durch Versäumnisurteil ausgesprochen werden.[5]

Ebenso liegt eine Verweisung und keine Zurückverweisung vor, wenn das Landgericht als Berufungsgericht eine Sache an sich als Erstgericht verweist (der Instanzenzug ändert sich von Amtsgericht – Landgericht in Landgericht – Oberlandesgericht).

Eine Ausnahme gilt in den Fällen, in denen das Gesetz die Zurückverweisung an ein anderes Gericht kennt (vgl. § 354 Abs. 2 StPO).

Erfolgt im Verwaltungsgerichtsverfahren eine **Zurückverweisung an die Verwaltungsbehörde,** so ist § 21 nicht anwendbar.[6] Die Frage ist, ob die Gebühren vor der Verwaltungsbehörde neu entstehen.

Eine Ansicht[7] geht dahin: Die Gebühren des RA vor der Verwaltungsbehörde entstehen nicht neu, da es sich um die gleiche Angelegenheit handelt. Die Mehrarbeit ist innerhalb des Gebührenrahmens nach VV 2300 RVG zu berücksichtigen.

Eine andere Auffassung sagt: Nach Zurückverweisung beginnt grds. eine neue Angelegenheit. Da § 21 RVG für die Geschäftsgebühr nicht gilt, erhält der RA in vollem Umfange neue Gebühren.

Der zweiten Auffassung ist zuzustimmen. Für eine erweiternde Auslegung des § 17 Nr. 1a RVG ist kein Raum.[8]

Wird nach der Zurückverweisung der Verwaltungsakt wiederum angefochten, so entstehen in dem gerichtlichen Verfahren neue Gebühren.[9]

Eine Zurückverweisung iSd § 21 RVG liegt auch vor, wenn eine Sache vom BVerfG an das – mit der Sache schon einmal befasst gewesene – Gericht zurückverwiesen worden ist.[10] Diese zuvor bereits in Rspr. und Lit.[11] vertretene Auffassung hat der BGH nunmehr ausdrücklich bestätigt. Dafür sprächen Sinn und Zweck der Regelung. Zwar stünden Verfassungsgerichte des Bundes und der Länder, denen die Prüfung der Verfassungsmäßigkeit gerichtlicher Entscheidung übertragen sei, außerhalb des förmlichen Instanzenzuges, stellten sie eine Verfassungsverletzung fest, werde die angefochtene Entscheidung jedoch ebenso wie bei einem ordentlichen Rechtsmittel aufgehoben und die Sache an das Vordergericht zurückverwiesen, damit der Prozess fortgesetzt und einer abschließenden Entscheidung zugeführt werden könne. Im Umfang seines auf das Verfassungsrecht bezogenen Prüfungsmaßstabs nehme daher auch das Verfassungsgericht gegenüber dem Gericht, das die angefochtene Entscheidung erlassen habe, die Funktion eines übergeordneten Gerichts war.[12]

---

4 OLG München JurBüro 1981, 1677 = Rpfleger 1981, 456.
5 OLG Düsseldorf JurBüro 1978, 1808.
6 Hartmann/Toussaint/*Toussaint* RVG § 21 Rn. 8.
7 Riedel/Sußbauer/*Schütz* RVG § 21 Rn. 9; BFH NJW 1963, 1472.
8 Madert Anwaltsvergütung Verwaltungssachen Rn. 6.
9 Riedel/Sußbauer RVG/*Schütz* RVG § 21 Rn. 9.
10 OVG Lüneburg SchlHA 1966, 170 = NJW 1966, 468 = AnwBl 1966, 137.
11 Mayer/Kroiß/*Kroiß* RVG § 21 Rn. 3.
12 BGH NJW 2013, 3453 = AGS 2013, 453 = RVGreport 2013, 465 = JurBüro 2014, 20.

III. Fälle der Zurückverweisung

Ob die Zurückverweisung infolge einer **Aufhebung oder** einer **Bestätigung** des angefochtenen Urteils und ob sie mit ausdrücklichen Worten erfolgt ist, ist gleichgültig. Entscheidend ist allein, dass sich aus dem Urteil der höheren Instanz die Notwendigkeit einer weiteren Verhandlung vor dem untergeordneten Gericht ergibt und dass der RA nunmehr das Ergebnis der Erörterungen des zweiten Rechtszugs in den Kreis seiner Betrachtungen einbeziehen und auf die Entscheidung des höheren Rechtszugs sein weiteres Verhalten aufbauen muss. 4

Das ist aber dann nicht der Fall, wenn das höhere Gericht das Rechtsmittel gegen ein Urteil, das den Anspruch dem Grunde nach für begründet erklärt hatte (§ 304 ZPO) zurückgewiesen hat und nunmehr vor dem unteren Gericht über die Höhe des Anspruchs verhandelt werden muss.[13] Eine Zurückverweisung iSd Abs. 1 ist aber insoweit gegeben, als die Berufung gegen das Grundurteil erfolgreich war und sich daraus die Notwendigkeit einer neuen Verhandlung vor dem Erstgericht ergibt, bspw. dann, wenn das Rechtsmittelgericht auf das Rechtsmittel hin eine höhere Haftungsquote ausspricht; legt der Kläger bspw. gegen ein Grundurteil, das die Klaganträge zu 30% dem Grunde nach für gerechtfertigt erklärt hat, Berufung ein, um eine höhere Haftungsquote zu erreichen, und hatte damit zu weiteren 20% Erfolg, so liegt in Höhe dieser 20% eine Zurückverweisung vor.[14] Eine Zurückverweisung liegt auch vor, wenn nach erstinstanzlicher Klagabweisung das Berufungsgericht den Anspruch dem Grunde nach für gegeben erklärt und den Rechtsstreit zur Entscheidung über die Höhe an das Erstgericht zurückverweist.[15] Ebenfalls liegt eine Zurückverweisung vor, wenn – nach Abweisung der Klage durch das Berufungsgericht – das Revisionsgericht in Anspruch dem Grunde nach für gegeben erklärt und den Rechtsstreit zur Entscheidung über die Höhe an das Erstgericht zurückverweist.[16] Wird jedoch eine Revision gegen ein Grundurteil zurückgewiesen und die Sache an das Berufungsgericht zurückgegeben, liegt keine Zurückverweisung vor.[17]

IV. Sachentscheidung des Rechtsmittelgerichts

Notwendig ist **eine Sachentscheidung** des höheren Gerichts. Deshalb entstehen jedenfalls dann keine neuen Gebühren vor dem unteren Gericht, wenn das Rechtsmittel gegen ein Grundurteil zurückgenommen oder als unzulässig verworfen worden ist oder wenn sonst die Sache ohne Entscheidung des höheren Gerichts an das untere Gericht zurückgefallen ist.[18] 5

V. Fälle, in denen eine Zurückverweisung nicht vorliegt

Keine Zurückverweisung iSd § 21 RVG **liegt vor,** wenn im ersten Rechtszug der Klaganspruch nur zum Teil für begründet erklärt, zum anderen Teil abgewiesen worden ist, der Kläger gegen die Teilabweisung Berufung eingelegt hat und diese zurückgewiesen worden ist, und zwar auch dann nicht, wenn das Berufungsgericht unnötigerweise noch eine Zurückverweisung ausgesprochen hat.[19] 6

---

[13] Schneider/Wolf/*N. Schneider* RVG § 21 Rn. 25; Hartung/Schons/Enders/*Enders* RVG § 21 Rn. 11; Riedel/Sußbauer/*Schütz* RVG § 21 Rn. 3; BGH Rpfleger 2004, 521; JurBüro 2004, 479; KG Rpfleger 1962, 27; OLG Celle NdsRpfleger 81, 231; OLG Hamburg JurBüro 1987, 233; 1989, 388; 1996, 305 mablAnm *Mümmler;* OLG Schleswig MDR 1987, 417; OLG Saarbrücken JurBüro 1990, 338 (abl. *Mümmler*); OLG Düsseldorf JurBüro 1993, 672; OLG München JurBüro 1994, 543; MDR 1998, 1501; AnwBl 2001, 55; OLG Oldenburg JurBüro 2002, 474; aA Gerold/Schmidt/*Madert,* 16. Aufl. 2004, Rn. 18; Hartmann/Toussaint/*Toussaint* RVG § 21 Rn. 8; *Hansens* BRAGO § 15 Rn. 3; OLG Bamberg JurBüro 1969, 735 (zust. *Mümmler*) = MDR 1969, 231 (zust. *Schmidt*); OLG Bamberg JurBüro 1974, 604; 1978, 1184; OLG Düsseldorf JurBüro 1993, 728 = AGS 1993, 49; AGS 1995, 13; JurBüro 1997, 364; OLG Frankfurt a. M. AnwBl 1978, 145; AnwBl 84, 98; OLG Hamburg AnwBl 1966, 233; OLG Hamm JMBlNRW 1962, 273; Rpfleger 1966, 97; AnwBl 1979, 23; OLG Karlsruhe JurBüro 1996, 135; OLG Koblenz MDR 1996, 533; AGS 1997, 112 (113) mAnm *Madert;* JurBüro 1997, 642; OLG Schleswig AGS 1995, 63 mAnm *Madert;* OLG Stuttgart JurBüro 1984, 1672; OLG München AnwBl 1985, 589; OLG Zweibrücken JurBüro 1990, 479; OLG Oldenburg AGS 2000, 167.

[14] OLG Schleswig JurBüro 1996, 135; Schneider/Wolf/*N. Schneider* RVG § 21 Rn. 25; Hartung/Schons/Enders/*Enders* RVG § 21 Rn. 11.

[15] Schneider/Wolf/*N. Schneider* RVG § 21 Rn. 25; Hartung/Schons/Enders/*Enders* RVG § 21 Rn. 11.

[16] Schneider/Wolf/*N. Schneider* RVG § 21 Rn. 25.

[17] Schneider/Wolf/*N. Schneider* RVG § 21 Rn. 25; BGH NJW-RR 2004, 1224 = Rpfleger 2004, 521 = JurBüro 2004, 479.

[18] Riedel/Sußbauer/*Schütz* RVG § 21 Rn. 1.

[19] OLG Nürnberg JurBüro 1962, 467.

Ferner trifft § 21 RVG nicht zu, wenn gegen ein **Teilurteil** nach § 301 ZPO ein Rechtsmittel eingelegt und dann das Teilurteil durch Zurückweisung des Rechtsmittels rechtskräftig wird. Das weitere Verfahren vor dem untergeordneten Gericht über den noch offenen Teil ist also nicht als neuer Rechtszug zu behandeln.[20]

Wird ein klagabweisendes Urteil teilweise in ein Grundurteil abgeändert oder ein ergangenes Grundurteil teilweise in ein klagabweisendes Urteil geändert, liegt nur eine **teilweise Zurückverweisung** vor.[21]

Beispiele:

Klage über 6.000,– EUR vom Landgericht abgewiesen, vom Oberlandesgericht dem Grund nach zur Hälfte für gerechtfertigt erklärt. Zurückverweisung wegen 3.000,– EUR.

Anspruch über 6.000,– EUR vom Landgericht dem Grunde nach für gerechtfertigt erklärt. Vom Oberlandesgericht zur Hälfte bestätigt, zur anderen Hälfte abgewiesen. Zurückverweisung wegen 3.000,– EUR (hinsichtlich Bestätigung).[22]

Anspruch über 6.000,– EUR vom Landgericht dem Grunde nach für gerechtfertigt erklärt. Dagegen Berufung des Beklagten mit dem Antrag, den Anspruch nur zur Hälfte dem Grunde nach für gerechtfertigt zu erklären. Das Oberlandesgericht weist die Klage ab, soweit der Kläger mehr als die Hälfte seines Anspruchs fordert. Keine Zurückverweisung: Die eine Hälfte, die noch offen geblieben ist, ist nie in der Berufung gewesen, die andere Hälfte ist vom Oberlandesgericht durch Klagabweisung endgültig erledigt.

6a Eine Zurückverweisung liegt nicht vor, wenn gegen ein **Teilurteil,** das teils der Klage stattgibt, teils die Klage abweist, nur der Kläger Berufung einlegt und die Akten nach Zurückweisung der Berufung an das Gericht des ersten Rechtszugs zurückgeleitet werden.[23] Eine Zurückverweisung liegt aber vor, wenn das Berufungsgericht nach Erlass eines Teilurteils das gesamte Verfahren an sich zieht, zum Grund entscheidet und die Sache zur Entscheidung über die Höhe an das Erstgericht zurückverweist.[24] Hebt das Berufungsgericht ein Teilurteil auf und verweise die Sache zurück, liegt eine Zurückverweisung iSd Abs. 1 nur insoweit vor, als die Sache im Berufungsverfahren anhängig war.[25]

6b Keine Zurückverweisung liegt vor, wenn das Berufungsgericht auf eine **Stufenklage** (§ 254 ZPO) die zur Auskunft verurteilende Entscheidung des Erstgerichts bestätigt, so dass dieses nunmehr zur Höhe entscheidet.[26] Weist jedoch bei einer Stufenklage das Erstgericht den Auskunftsantrag ab, wird dagegen Berufung eingelegt und gibt das Berufungsgericht dem Auskunftsantrag statt und wird die Sache zur Verhandlung über die Höhe an das Erstgericht zurückverwiesen, liegt eine Zurückverweisung iSd Abs. 1 vor.[27] Gleiches gilt, wenn das Berufungsgericht die Auskunftsklage abgewiesen und das Revisionsgericht der Klage stattgibt und die Sache wegen der Höhe zurückgibt.[28] Hat das Ausgangsgericht die Stufenklage zurückgewiesen und gibt das Rechtsmittelgericht der Auskunftsklage teilweise statt und verweist insoweit zurück, liegt eine Zurückverweisung insoweit vor, als die erstinstanzliche Entscheidung abgeändert wird.[29] Eine Zurückverweisung liegt aber dann vor, wenn nach Erhebung der Stufenklage das Gericht in einem Teilurteil dem Begehren der ersten Stufe teilweise stattgibt, gegen diese selbst zum Teil Berufung eingelegt wird und das Berufungsverfahren durch einen Vergleich beendet und durch ein Verfahren in dem ersten Rechtszug betreffend die zweite Stufe der Klage fortgesetzt wird, und zwar insoweit, als der Vergleich die erstinstanzliche Entscheidung abändert.[30]

Verwirft das Rechtsmittelgericht die Berufung gegen ein Zwischenurteil und verweist es die Sache an das Erstgericht zurück, liegt keine Zurückverweisung vor.[31]

Verweist das **Revisionsgericht** eine Sache **nicht an das Berufungsgericht,** sondern an das Gericht erster Instanz zurück, so bildet ein etwaiges neues Berufungsverfahren kostenrechtlich eine neue Instanz.[32]

---

[20] OLG München Rpfleger 1981, 456; Mayer/Kroiß/*Kroiß* RVG § 21 Rn. 14.
[21] AA OLG Celle DAR 1962, 156 = NdsRpfl. 1963, 33 = Rpfleger 1964, 197.
[22] OLG Bamberg MDR 1969, 231 (zust. *Schmidt*).
[23] OLG Köln Rpfleger 1967, 68 = JVBl. 1966, 46; OLG Nürnberg Rpfleger 1963, 137.
[24] Schneider/Wolf/*N. Schneider* RVG § 21 Rn. 27; Hartung/Schons/Enders/*Enders* RVG § 21 Rn. 13.
[25] Schneider/Wolf/*N. Schneider* RVG § 21 Rn. 27; Hartung/Schons/Enders/*Enders* RVG § 21 Rn. 14.
[26] BGH NJW-RR 2004, 1294; Schneider/Wolf/*N. Schneider* RVG § 21 Rn. 26; Hartung/Schons/Enders/*Enders* RVG § 21 Rn. 15.
[27] Schneider/Wolf/*N. Schneider* RVG § 21 Rn. 26; Hartung/Schons/Enders/*Enders* RVG § 21 Rn. 15.
[28] Schneider/Wolf/*N. Schneider* RVG § 21 Rn. 26.
[29] Schneider/Wolf/*N. Schneider* RVG § 21 Rn. 26; Hartung/Schons/Enders/*Enders* RVG § 21 Rn. 15.
[30] Schneider/Wolf/*N. Schneider* RVG § 21 Rn. 26; OLG Hamm JurBüro 2000, 302.
[31] Schneider/Wolf/*N. Schneider* RVG § 21 Rn. 30.
[32] KG NJW 1969, 2151 = Rpfleger 1969, 360.

Schließen die Parteien im Berufungsverfahren einen Vergleich zum Haftungsgrund, woraus sich die Notwendigkeit einer weiteren Verhandlung von dem erstinstanzlichen Gericht über die Höhe ergibt, so dass die Sache an das erstinstanzliche Gericht zurückgegeben wird, liegt eine Zurückverweisung nur insoweit vor, als der Vergleich das vorangegangene Urteil abändert.[33]

VI. Neuer Rechtszug nach Zurückverweisung mit neuen Gebühren

Das weitere Verfahren vor dem Gericht, an das zurückverwiesen worden ist, bildet einen neuen Rechtszug iSd § 15 Abs. 2 S. 2 RVG. Die Folge ist, dass nach der Zurückverweisung neue Gebühren entstehen (wegen der Verfahrensgebühr → Rn. 8). 7

Die **Terminsgebühr** kann der RA nach der Zurückverweisung erneut berechnen, wenn nach der Zurückverweisung bei dem untergeordneten Gericht zB nochmals verhandelt und/oder Beweis erhoben wird. Selbstverständlich entstehen neue Gebühren nur für solche Tätigkeiten, die der RA erst nach der Zurückverweisung vorgenommen hat.

Der **Gegenstandswert** richtet sich nach dem Zeitpunkt des Entstehens der neuen Gebühr. Hat das Rechtsmittelgericht die Sache nur teilweise zurückverwiesen, entstehen die neue Terminsgebühr nur nach dem Werte dieses Teils.[34]

Erhöht sich der Gegenstandswert nach der Zurückverweisung (sei es durch Klagerweiterung, sei es durch Erhebung einer Widerklage), entsteht die neue Terminsgebühr aus dem erhöhten Gegenstandswert.

Auch dann, wenn nach dem Erlass eines Grundurteils schon zur Höhe verhandelt worden war und die Verhandlung nach Einlegung von Berufung unterbrochen und dann nach der Zurückverweisung fortgesetzt worden ist, entsteht die Terminsgebühr neu.

Eine Anrechnung der bereits früher verdienten **Einigungsgebühr** auf die für einen nach der Zurückverweisung geschlossenen Vergleich erwachsene Einigungsgebühr ist in § 21 RVG nicht vorgesehen.

VII. Behandlung der Verfahrensgebühr

§ 20 Abs. 1 RVG hebt für den Fall der Zurückverweisung § 15 Abs. 2 RVG auf. Also entsteht auch die Verfahrensgebühr nach Zurückverweisung. Aber nach VV Vorb. 3 Abs. 6 RVG (VV Teil 3 RVG) ist die vor dem untergeordneten Gericht bereits entstandene Verfahrensgebühr auf die Verfahrensgebühr für das erneute Verfahren anzurechnen. Auf den Umfang der Tätigkeit, die der RA, der schon vor dem unteren Gericht tätig war, nach der Zurückverweisung entwickelt werden muss, kommt es nicht an. Die Verfahrensgebühr entgeht der Anrechnung also auch dann nicht, wenn nunmehr eingehende Ausführungen zur Sache erforderlich werden. Daran ändert sich auch nichts, wenn auf Grund zwischenzeitlicher Änderung des landgerichtlichen Geschäftsverteilungsplans ein anderer Spruchkörper als zuvor mit der Sache befasst wird.[35] 8

Beispiel:

Klage vor dem Amtsgericht auf Zahlung von 1.000,– EUR. Nach mündlicher Verhandlung und Beweisaufnahme ergeht das Urteil auf Zahlung. Der Beklagte legt Berufung ein. Das Landgericht hebt das Urteil auf und verweist die Sache an das Amtsgericht zurück. Nach erneuter mündlicher Verhandlung und Beweisaufnahme weist das Amtsgericht die Klage ab. Für die Anwälte des Klägers und des Beklagten sind entstanden:

I. Ausgangsverfahren, Wert: 1.000,– EUR	
1. 1,3 Verfahrensgebühr VV 3100 RVG	114,40 EUR
2. 1,2 Terminsgebühr VV 3104 RVG	105,60 EUR
3. Auslagenpauschale VV 7002 RVG	20,00 EUR
Zwischensumme:	240,00 EUR
4. 19 % Umsatzsteuer VV 7008 RVG	45,60 EUR
Gesamt:	**285,60 EUR**
II. Berufungsverfahren, Wert: 1.000,– EUR	
1. 1,6 Verfahrensgebühr VV 3200 RVG	140,80 EUR
2. 1,2 Terminsgebühr VV 3202 RVG	105,60 EUR
3. Auslagenpauschale VV 7002 RVG	20,00 EUR
Zwischensumme:	266,40 EUR

[33] Schneider/Wolf/*N. Schneider* RVG § 21 Rn. 29.
[34] OLG Köln JurBüro 1979, 697.
[35] OLG Hamm OLGR 1995, 12 = KostRspr. BRAGO § 15 Nr. 30 mkritAnm *Lappe.*

4. 19 % Umsatzsteuer VV 7008 RVG	50,62 EUR
Gesamt:	**317,02 EUR**
III. Verfahren nach Zurückverweisung, Wert: 1.000,– EUR	
1. 1,3 Verfahrensgebühr VV 3100 RVG	114,40 EUR
2. 1,2 Terminsgebühr VV 3104 RVG	105,60 EUR
3. Auslagenpauschale VV 7002 RVG	20,00 EUR
4. Gem. VV Vorb. 3 Abs. 6 RVG anzurechnen 1,3 aus 1.000,– EUR	114,40 EUR
Zwischensumme:	125,60 EUR
5. 19 % Umsatzsteuer VV 7008 RVG	23,86 EUR
Gesamt:	**149,46 EUR**

Tritt aber ein anderer RA erstmals nach der Zurückverweisung auf, so kann er auch die Verfahrensgebühr fordern. Das gilt nicht nur bei Anwaltswechsel nach der Zurückverweisung, sondern auch dann, wenn die Partei vorher überhaupt noch nicht durch einen Anwalt vertreten war. Die durch die Beauftragung eines zweiten RA entstandenen Mehrkosten sind vom Gegner jedoch nur zu erstatten, wenn der Anwaltswechsel nötig war.[36] Die Anrechnung erfolgt aber nur aus dem ursprünglichen Wert.

8a **Erhöht sich** nach der Zurückverweisung **der Gegenstandswert,** zB durch Klagerweiterung, so ist der höhere Gegenstandswert auch für die Verfahrensgebühr maßgebend. Die bisher aus dem niedrigeren Gegenstandswert berechnete Verfahrensgebühr erhöht sich nunmehr auf den Betrag, der sich aus dem höheren Gegenstandswert ergibt.[37]

Für den im Wege der PKH beigeordneten RA spielt die Erhöhung dann keine Rolle, wenn er seine Gebühren bereits nach dem höchsten Satz des § 49 RVG erhalten hat.

Hat der RA die vor der Zurückverweisung verdiente Verfahrensgebühr nicht erhalten und kann er sie auch nicht mehr erhalten, weil sie zB zwischenzeitlich verjährt ist, so verdient er sie durch seine weitere Tätigkeit nach der Zurückverweisung neu.

Haben sich die Gebühren nach dem Abschluss des ersten Verfahrens erhöht, so hat der RA keinen Anspruch auf den Unterschied zwischen der Verfahrensgebühr in alter Höhe und der nunmehr erhöhten Verfahrensgebühr. § 15 Abs. 5 S. 2 RVG ist anzuwenden. Liegen also zwischen dem Ende des ersten Verfahrens und dem Beginn des Zweiten mehr als zwei Kalenderjahre, so greift die Anrechnungsbestimmung des VV Vorb. 3 Abs. 6 RVG nicht ein.[38]

§ 21 RVG gilt auch in **Finanzgerichtsverfahren.** Verweist der BFH die Sache an das erstinstanzliche Finanzgericht zurück, gilt auch hier VV Vorb. 3 Abs. 6 RVG (VV Teil 3 RVG).[39]

VIII. Zurückverweisung an ein noch nicht mit der Sache befasstes Gericht

9 War das Gericht, an das zurückverwiesen worden ist, mit der Sache noch nicht befasst, so erhält der RA für seine Tätigkeit nach der Zurückverweisung auch eine neue Verfahrensgebühr. Der Fall, dass die Zurückverweisung an einen anderen Spruchkörper des erstinstanzlichen Gerichts bei einer Sprungrevision erfolgt (§ 566 Abs. 8 ZPO),[40] ist keine Zurückverweisung an ein Gericht, das mit der Sache noch nicht befasst war.[41]

IX. Leistungs- und Feststellungsklage

10 War ein Leistungs- und ein Feststellungsanspruch erhoben und wird nach der Zurückverweisung nur der Leistungsanspruch, aber mit erweitertem Betrag, weiterverfolgt, so ist die Verfahrensgebühr so zu berechnen, als wenn von Anfang an der erweiterte Leistungsanspruch geltend gemacht worden wäre. Ist aber der Anspruch nur zu einem Bruchteil für begründet erklärt worden, so erhöht sich der Gegenstandswert nicht deshalb, weil der ursprünglich gefor-

---

[36] OLG Hamburg MDR 1975, 852.

[37] OLG Celle AnwBl 1971, 107; OLG Frankfurt a. M. AnwBl 1983, 519.

[38] OLG München FamRZ 2006, 1561 = AnwBl 2006, 588 = OLGR 2006, 681; OLG Düsseldorf NJOZ 2009, 2093; Hartmann/Toussaint/*Toussaint* RVG § 15 Rn. 63; Schneider/Wolf/*N. Schneider* RVG § 15 Rn. 298.

[39] BFHE 113, 45 = JurBüro 1972, 133; FG Berlin EFG 1970, 238.

[40] Bei einer Sprungrevision kann das Revisionsgericht nur an das erstinstanzliche Gericht, aber auch an einen anderen Spruchkörper oder Einzelrichter desselben zurückverweisen, nicht aber an das Berufungsgericht, Musielak/Voit/*Ball* ZPO § 566 Rn. 11.

[41] OLG Frankfurt a. M. JurBüro 1975, 473; OLG Hamm JurBüro 1995, 139 = KostRspr. BRAGO § 15 Nr. 15 mkritAnm *Lappe;* aA Schneider/Wolf/*N. Schneider* RVG Vor §§ 20, 21 Rn. 29, die Verfahrensgebühr soll Ausgleich für die Mehrarbeit des Anwalts sein, die dadurch entsteht, dass das Gericht mit dem Prozessstoff nicht vertraut ist und der Anwalt mehr Mühe aufbringen muss, ihm den Prozessstoff nahe zu bringen.

derte Betrag den ganzen Schaden, der erweiterte Anspruch nur noch den zuerkannten Bruchteil darstellt.

X. Verkehrsgebühr

Der Vergütungstatbestand VV 3400 RVG regelt die Verfahrensgebühr des Verkehrsanwalts. Bei einer Zurückverweisung nach § 21 Abs. 1 RVG liegt ein neuer Rechtszug vor, so dass die Verfahrensgebühr neu entsteht, allerdings erfolgt nach VV Vorb. 3 Abs. 6 RVG eine Anrechnung der vor der Zurückverweisung bereits entstandenen Verfahrensgebühr auf die nach der Zurückverweisung neu entstehende Verfahrensgebühr. 11

Etwas anderes gilt, wenn die Sache an ein Gericht zurückverwiesen worden ist, das mit der Sache noch nicht befasst war.

XI. Gebühren in Strafsachen

Auch bei Zurückverweisung von **Strafsachen** gilt § 21 Abs. 1 RVG. Nach der Zurückverweisung entstehen somit die Gebühren der unteren Instanz neu. Eine Anrechnung der Verfahrensgebühr in Straf- und Bußgeldsachen ist nicht vorgesehen.[42] 12

Beispiel:

Verhandlung vor dem Landgericht. Nach Revision Zurückverweisung durch Beschluss.
Neue Verhandlung vor dem Landgericht. Es sind folgende Gebühren für den Verteidiger erwachsen:

Landgericht:
Grundgebühr VV 4100 RVG
Verfahrensgebühr VV 4112 RVG
Terminsgebühr VV 4114 RVG
Post und Telekommunikationspauschale VV 7002 RVG
Revisionsverfahren:
Verfahrensgebühr VV 4130 RVG
Post und Telekommunikationspauschale VV 7002 RVG
Landgericht nach der Zurückverweisung:
Verfahrensgebühr VV 4112 RVG
Terminsgebühr VV 4114 RVG
Post und Telekommunikationspauschale VV 7002 RVG[43]
Die Grundgebühr nach VV 4100 RVG entsteht im Verfahren nach der Zurückverweisung[44] nicht noch einmal.

XII. Sozialgerichtsprozess

Auch im **Sozialgerichtsprozess** gilt § 21 S. 1 RVG. Der RA erhält also im Falle der Zurückverweisung die Gebühren des VV 3102 RVG nochmals. Die Gebühr aus VV 3102 RVG ist eine Verfahrensgebühr iSv VV Vorb. 3 Abs. 6 RVG. Die Vergütung ist deshalb anzurechnen. Dabei ist eine einheitliche Verfahrensgebühr zu bilden, die die Mehrarbeit nach der Zurückverweisung berücksichtigt, hierauf ist dann die im Ausgangsverfahren verdiente Verfahrensgebühr anzurechnen.[45] 13

XIII. Fälle des § 146 FamFG

Wird eine Entscheidung aufgehoben, durch die der Scheidungsantrag abgewiesen wurde, soll nach § 146 Abs. 1 S. 1 FamFG das Rechtsmittelgericht die Sache an das Gericht zurückverweisen, das die Abweisung ausgesprochen hat, wenn dort eine Folgesache zur Entscheidung ansteht. Entsprechendes gilt nach § 270 FamFG für Lebenspartnerschaftssachen. Nach der Zurückverweisung erwachsen zu den bereits angefallenen Gebühren die gleichen Gebühren nicht nochmals. Die Sache wird so behandelt, als wäre sie von Anfang an nur bei dem Familiengericht anhängig gewesen. Der RA erhält also die Terminsgebühr nicht zum zweiten Mal. Wird 14

42 OLG Düsseldorf Rpfleger 1994, 37; AGS 2002, 127.
43 Burhoff/Volpert RVG/*Burhoff* Zurückverweisung Rn. 2593.
44 Burhoff/Volpert RVG/*Burhoff* Zurückverweisung Rn. 2591.
45 Schneider/Wolf/*N. Schneider* RVG § 21 Rn. 71 ff.

allerdings über die Folgesachen nunmehr erstmals verhandelt und Beweis erhoben, erhöht sich der Gegenstandswert, aus dem die Gebühren errechnet werden. Damit erhöht sich auch die Terminsgebühr.

Das Gericht, an das die Sache zurückverwiesen wurde, kann, wenn gegen die Aufhebungsentscheidung Rechtsbeschwerde eingelegt wird, nach § 146 Abs. 2 FamFG auf Antrag anordnen, dass über die Folgesachen verhandelt wird. Dann liegt keine neue Angelegenheit vor.

XIV. Gebührenberechnung bei Zurückverweisung nach Ablauf von zwei Kalenderjahren

15 Das Verfahren nach Zurückverweisung gilt als neue Angelegenheit. Allerdings sind die Verfahrensgebühren auf einander anzurechnen, vorstehend → Rn. 8.

Da aber nach Ablauf der Zweijahresfrist des § 15 Abs. 5 S. 2 RVG eine Anrechnung nicht mehr in Betracht kommt, wird der RA also nach Ablauf von zwei Jahren die Verfahrensgebühr für das Verfahren nach Zurückverweisung erneut erhalten.[46]

XV. Abtrennung- und Fortführung einer Familiensache als selbständige Folgesache

1. Überblick

16 Bei Abtrennungen in Familiensachen sind zum einen Abtrennungen außerhalb des Verbundes und den Verbund auflösende Abtrennungen zu unterscheiden.

Abtrennungen außerhalb des Verbundes führen zu mehreren selbständigen Verfahren, zB Unterhalt und Zugewinnausgleich werden zunächst in einem Verfahren (nicht im Verbund) geltend gemacht und dann vom Gericht gem. § 20 FamFG abgetrennt; es gelten die allgemeinen Grundsätze, die sonst bei Abtrennungen gelten.

Bei Abtrennungen aus dem Verbund gilt zunächst, dass die meisten Abtrennungen (§ 140 FamFG) den Verbund nicht auflösen (§ 137 Abs. 5 S. 1 FamFG). Es bleibt also ein Verfahren und damit eine Angelegenheit.

Anders ist es aber zB, wenn die Voraussetzungen des § 137 Abs. 3 FamFG (Kindschaftssachen) gegeben sind, nach § 137 Abs. 5 S. 2 FamFG werden diese Folgesachen nach der Abtrennung als selbständige Verfahren fortgeführt.

2. Den Verbund nicht auflösende Abtrennungen

17 ***a) Abtrennung aus Verbund.*** Die meisten Abtrennungen (§ 140 FamFG) lösen den Verbund nicht auf (137 Abs. 5 S. 1 FamFG). Es bleibt also ein Verfahren und damit eine Angelegenheit.

18 ***b) Gebühren nur einmal.*** Bleibt es ein Verfahren und damit eine Angelegenheit, so fallen Gebühren und Kommunikationspauschale nur einmal an. Entstehen selbständige Verfahren, so fallen Gebühren und Kommunikationspauschale mehrfach an.

19 ***c) Fälligkeit, Verjährung.*** Wird über einen abgetrennten Teil des Verbundes vorweg entschieden, so werden die RA-Gebühren, die auf die bereits entschiedenen Gegenstände entfallen, gem. § 8 Abs. 1 RVG mit der Entscheidung und nicht erst mit deren Rechtskraft oder mit der Entscheidung über den Rest fällig und beginnt damit insoweit die Verjährung zu laufen.[47] Das ergibt sich aus § 8 Abs. 1 S. 2 Alt. 2 RVG und ist unabhängig davon, ob die erste Entscheidung mit einer Kostenentscheidung versehen wird. Hinsichtlich der entschiedenen Gegenstände ist der Rechtszug beendet.

Allerdings ist die Verjährung gem. § 8 Abs. 2 RVG gehemmt, bis das Verfahren nicht mehr anhängig ist.

20 **Hinweis für den RA.** Hier ist jedoch gerade bei Teilentscheidungen in Verbundsachen Vorsicht geboten. Noch ungeklärt, noch nicht einmal andiskutiert ist die Frage, ob die Hemmung dann teilweise nicht eingreift, wenn eine Teilentscheidung, insbes. eine mit einer Kostenentscheidung versehene, ergangen ist. Der RA sollte daher bei Teilentscheidungen den bereits fälligen Betrag sofort geltend machen.

21 Eine weitere Falle kann darin liegen, dass die Hemmung nicht dazu führt, dass hinsichtlich aller Vergütungsansprüche die Verjährungsfrist zur gleichen Zeit abläuft.

22 ***d) Kostenerstattung.*** Ob Entscheidungen über Folgesachen nach Abtrennungen, die die Zugehörigkeit zum Verbund nicht auflösen (§ 137 Abs. 5 S. 1 FamFG, → Rn. 4), mit einer Kos-

[46] *Schneider* MDR 2003, 727.

[47] So schon zum alten Recht Gerold/Schmidt/*Müller-Rabe,* 18. Aufl. 2008, RVG VV 3100 Rn. 102 ff., *von Eicken* AGS 1998, 82.

tenentscheidung zu versehen sind,[48] ist nicht eindeutig. Das alte Recht bejahte dies für Vorwegentscheidungen über den Scheidungsantrag nach § 628 ZPO aF und stützte sich dabei auf § 93a Abs. 1 S. 2 Hs. 2 ZPO aF. Hingegen wurde dies bei einer Vorwegentscheidung über einen Antrag nach § 1671 Abs. 1 BGB (elterliche Sorge) verneint. Eine dem § 93a Abs. 1 S. 2 Hs. 2 ZPO aF entsprechende Bestimmung kennt das FamFG nicht.[49]

Berechnung nach Differenzmethode. Sollte das Gericht sich der Meinung anschließen, dass eine Kostenentscheidung zu treffen ist, so betrifft der Erstattungsanspruch die Gebühren, die hinsichtlich der entschiedenen Gegenstände angefallen wären, wenn nur diese rechtshängig gewesen wären (sog. Differenzmethode).[50] Wenn es gewollt ist, dass bei der Abtrennung aus dem Verbund in Abweichung von sonst gültigen Grundsätzen ein Teilurteil zwischen denselben Parteien mit einer Kostenentscheidung versehen wird, so ist davon auszugehen, dass auch gewollt ist, dass auf diese Entscheidung eine Kostenerstattung gestützt werden kann und dass diese auch unabhängig von späteren Kostenentscheidungen richtig bleibt. Das kann aber nur über die Differenzmethode erreicht werden, da sich hinsichtlich des Teils, über den noch nicht entschieden wurde, der Streitwert erhöhen kann, die Quote also zur Zeit des Erlasses des Teilurteils häufig nicht endgültig feststeht.[51] Um zu verhindern, dass unterschiedliche Berechnungsmethoden anzuwenden sind, je nachdem ob über das Verbundverfahren durch ein einheitliches oder durch zwei Urteile entschieden wurde, muss nach der hM zum bisherigen Recht die Differenzmethode auch bei einem einheitlichen Urteil angewendet werden.[52] Dann ist auch eine Tenorierung zulässig, dass die Kosten des Verfahrens gegeneinander aufgehoben werden mit Ausnahme der Kosten der Folgesache X, die die Partei Y trägt.[53] 23

Beispiel:

Im Verbundverfahren wegen Scheidung (Wert 10.000,– EUR) und Unterhalt (Wert 5.000,– EUR) wird über die Scheidung vorweg entschieden. Mündliche Verhandlung hatte nur zur Scheidung stattgefunden. Im weiteren Verfahren über den Unterhalt wird mündlich verhandelt.

Entstandene RA-Gebühren insgesamt	
1,3 Verfahrensgebühr gem. VV 3100 RVG aus 15.000,– EUR	933,40 EUR.
1,2 Terminsgebühr gem. VV 3104 RVG aus 15.000,– EUR	861,60 EUR.
Pauschale gem. VV 7002 RVG	20,00 EUR.
Zusammenrechnung. Verbund bleibt bestehen.	
Fällige RA-Gebühren nach dem ersten Urteil	
1,3 Verfahrensgebühr gem. VV 3100 RVG aus 10.000,– EUR	798,20 EUR.
1,2 Terminsgebühr gem. VV 3104 RVG aus 10.000,– EUR	736,80 EUR.
Pauschale gem. VV 7002 RVG	20,00 EUR.
Und nicht etwa nur ⅔ der Verfahrensgebühr aus einem Wert von 15.000,– EUR = 933,40 EUR : 3 × 2 =	622,27 EUR.

Kostenaufhebung. Werden in einer Teilentscheidung über die Scheidung die Kosten gegeneinander aufgehoben und später hinsichtlich einer Folgesache die Kosten ganz oder überwiegend einer Partei auferlegt, so bezieht sich nach der anzuwendenden Differenzmethode die letztere Kostenentscheidung nur auf die Mehrkosten, die durch die betroffene Folgesache entstanden sind.[54] 24

3. Als selbständige Verfahren fortgeführte Folgesachen

Wird eine Folgesache als selbständige Familiensache fortgeführt, stellen das fortgeführte und das frühere Verfahren nach § 21 Abs. 3 RVG dieselbe Angelegenheit dar. Hintergrund der Regelung ist, dass das FamFG leichter als bisher die ZPO es erlaubt, eine Folgesache aus dem Verbund abzutrennen bzw. über die Ehesache vorweg zu entscheiden.[55] Nach § 137 Abs. 5 S. 1 FamFG bleiben abgetrennte Folgesachen nach § 137 Abs. 2 FamFG weiterhin Folgesachen, sind mehrere Folgesachen abgetrennt, besteht der Verbund auch unter ihnen fort. Wenn die abgetrennte Folgesache Folgesache bleibt, ändert sich gebührenrechtlich im Falle einer Abtren- 25

[48] Bejahend Musielak/Borth/*Borth/Grandel,* Familiengerichtliches Verfahren, 5. Aufl. 2015, FamFG § 140 Rn. 22; Keidel/*Weber* FamFG § 150 Rn. 10.

[49] Zum alten Recht Gerold/Schmidt/*Müller-Rabe,* 18. Aufl. 2008, RVG VV 3100 Rn. 102 ff.

[50] OLG München NJW-RR 1999, 146; **aA** früher OLG München AnwBl 1984, 203 sog. Quotenmethode.

[51] Zum alten Recht OLG München NJW-RR 1999, 146; FamRZ 1999, 1153.

[52] OLG Karlsruhe FamRZ 1997, 222; OLG Köln FamRZ 1997, 764; OLG München FamRZ 1999, 1153.

[53] Wie bei § 281 Abs. 3 ZPO und § 344 ZPO.

[54] OLG Koblenz FamRZ 1990, 82; KG JurBüro 1987, 290; OLG München NJW-RR 1999, 146; FamRZ 1999, 1153; OLG Nürnberg FuR 99, 44; OLG Schleswig JurBüro 1994, 748; **aA** die sog. Quotenmethode, so früher OLG München AnwBl 1984, 203.

[55] Schneider/*Thiel* AnwBl 2009, 630.

nung nichts. Das gesamte Verbundverfahren kann nur einheitlich abgerechnet werden, es können jedoch Teilfälligkeiten nach § 8 Abs. 1 S. 2 RVG eintreten.[56] Nach § 137 Abs. 5 S. 2 FamFG werden jedoch Folgesachen nach § 137 Abs. 3 FamFG nach der Abtrennung als selbständige Verfahren fortgeführt. § 21 Abs. 3 RVG ist so zu verstehen, dass eine Berechnung der Gebühren aus dem isolierten Wert der fortgeführten Folgesachen erfolgen kann. Dies ergibt sich aus den Motiven zu § 21 Abs. 3 RVG, die auf die Begründung zu § 6 Abs. 2 FamGKG verweisen.[57] Dort ist ausgeführt: „Die selbständige Familiensache soll so behandelt werden, als sei sie nie im Verbund gewesen. Dies bedeutet, dass diese Sache bei der Gebührenberechnung des Scheidungsverfahrens unberücksichtigt bleibt."[58]

Dies ist auch mit dem Wortlaut von § 21 Abs. 3 vereinbar. Das „frühere Verfahren" im Sinne dieser Vorschrift ist nicht das Verbundverfahren in seiner Gesamtheit, sondern nur das die fortgeführte Sache betreffende Verfahren. Dabei ist zu berücksichtigen, dass der Verbund nicht zu einem einheitlichen Verfahren führt, sondern nur dazu, dass über mehrere Verfahren gleichzeitig verhandelt und entschieden wird (§ 137 Abs. 1 FamFG), dass die jeweilige Folgesache trotz des Verbundes ein selbständiges Verfahren ist.

Unzutreffend ist es daher, dem Anwalt bei der Gebührenabrechnung ein Wahlrecht einzuräumen, ob die abgetrennte Folgesache im Rahmen des Verbundes oder als isoliertes Verfahren abgerechnet wird,[59] denn die Folgesache soll so behandelt werden, als hätte sie nie zum Verbund gehört.[60]

Abschnitt 4. Gegenstandswert

§ 22 Grundsatz

(1) **In derselben Angelegenheit werden die Werte mehrerer Gegenstände zusammengerechnet.**

(2) [1]**Der Wert beträgt in derselben Angelegenheit höchstens 30 Millionen Euro, soweit durch Gesetz kein niedrigerer Höchstwert bestimmt ist.** [2]**Sind in derselben Angelegenheit mehrere Personen wegen verschiedener Gegenstände Auftraggeber, beträgt der Wert für jede Person höchstens 30 Millionen Euro, insgesamt jedoch nicht mehr als 100 Millionen Euro.**

Schrifttum: *Maier-Reimer,* Grenzen für Streitwert und Gebühr bei mehreren Auftraggebern, NJW 2009, 3550; *Römermann,* Zur Frage der Verfassungsmäßigkeit der Begrenzung der gesetzlichen Anwaltsvergütung in Verfahren mit besonders hohen Streitwerten, BB 2007, 1184; *Thiel,* Zur Erhöhung der Wertgrenze bei mehreren Auftraggebern, AGS 2010, 215.

Übersicht

I. Motive

„Zu § 22

1 In Abs. 1 dieser Vorschrift soll der in § 7 Abs. 2 BRAGO enthaltene Grundsatz übernommen werden, dass in derselben Angelegenheit die Werte mehrerer Gegenstände zusammengerechnet werden.

[56] Schneider/*Thiel* AnwBl 2009, 630.
[57] BT-Drs. 16/6308, 340.
[58] BT-Drs. 16/6308, 304.
[59] Dieser Auffassung sind aber Schneider/Wolf/*N. Schneider* RVG § 21 Rn. 99; und Bischof/*Jungbauer* RVG § 21 Rn. 47.
[60] So auch jetzt Groß/Eder, Anwaltsgebühren in Ehe- und Familiensachen § 7 Rn. 19.

Mit Abs. 2 soll auch für das vorgeschlagene RVG eine allgemeine Wertgrenze eingefügt werden, wie sie für das Gerichtskostengesetz in Art. 1 (§ 39 GKG-E) vorgesehen ist. Danach soll der Wert in derselben Angelegenheit höchstens 30 Mio. EUR betragen. Sind in derselben Angelegenheit mehrere Personen Auftraggeber, soll die Höchstgrenze für jeden Auftraggeber so bemessen werden, als habe er den Auftrag allein erteilt. Insgesamt soll der Wert jedoch höchstens einen Betrag von 100 Mio. EUR nicht übersteigen. Eine Gebühr mit einem Gebührensatz von 1,0 aus 30 Mio. EUR beträgt 91.496,– EUR. Auf die Begründung zu Art. 1 (§ 39 GKG-E) wird Bezug genommen. In einem Verfahren, das mit einem streitigen Urteil endet, würden damit – bei einem Auftraggeber – Gebühren mit höchstens 228.740,– EUR anfallen.

Dieser Gebührenbegrenzung soll ein neuer Auslagentatbestand gegenüber gestellt werden. Nach der neuen VV 7007 RVG-E soll der Anwalt die im Einzelfall gezahlte Prämie für eine Vermögensschadenhaftpflichtversicherung, soweit die Prämie auf Haftungsbeträge oberhalb des jeweiligen Höchstwertes entfällt, fordern können.“[1]

II. Betroffene Gebühren

Nur bei den Wertgebühren ist der Gegenstandswert von Bedeutung (wegen der unterschiedlichen Gebührenarten → § 1 Rn. 101). Dabei zählen zu den Wertgebühren die Gebühren, die an einen Wert anknüpfen. Sie können einen bestimmten Gebührensatz vorsehen, wie zB die 1,3 Verfahrensgebühr gem. VV 3100 RVG, oder einen Satzrahmen, wie zB die 0,5–2,5 Geschäftsgebühr gem. VV 2300 RVG. 2

III. Zusammenrechnung mehrerer Werte

Grundsatz der Addition. Betrifft die Tätigkeit des RA in derselben Angelegenheit (§§ 15 ff. RVG) mehrere Gegenstände, so werden deren Werte gem. § 22 Abs. 1 RVG zusammengerechnet. Entsprechende Bestimmung kennen die Gesetze über die Gerichtskosten, zB § 39 Abs. 1 GKG, § 33 Abs. 1 FamGKG. Werden zum selben Gegenstand mehrere Anträge gestellt, ohne dass sich dadurch mehrere Gegenstände ergeben, so findet keine Addition statt.[2] 3

Weitere gesetzlich vorgesehene Additionen. In vielen Gesetzen über die Gerichtskosten befinden sich weitere Bestimmungen, die für bestimmte Konstellationen eine Addition vorsehen, zB § 45 GKG (Widerklage, Hilfsanträge, Aufrechnungen) bzw. der entsprechende § 39 FamGKG. Über § 23 Abs. 1 RVG gelten diese auch für die anwaltlichen Gebühren. 4

Addition bei wechselnden Gegenständen. Werden Gegenstände ausgewechselt, so kann eine Addition vorzunehmen sein, zB bei Klage auf Miete zuerst für März und dann stattdessen für April (→ Anh. VI Rn. 303 ff.). 5

Ausnahmen. Der Grundsatz der Zusammenrechnung der Werte gilt jedoch nicht ausnahmslos, vgl. zB § 48 Abs. 4 GKG (vermögensrechtliche Ansprüche, die aus nichtvermögensrechtlichen hergeleitet werden), § 44 GKG (Stufenklage), § 45 GKG (Klage und Widerklage, wechselseitig eingelegte Rechtsmittel). 6

Berechnung der Addition. Die Gebühren werden grds. aus den zusammengerechneten Werten entnommen, wobei die Gegenstände zunächst einzeln bewertet und dann addiert werden (Ausnahme im Markenrecht → Anh. VI Rn. 363). Dazu, wann mehrere Gegenstände gegeben sind → Anh. VI Rn. 367 ff.; → RVG VV 1008 Rn. 144 ff. 7

IV. Die Begrenzung des Gegenstandswertes auf 30 Mio. EUR

1. Grundsätzliches

Nach § 22 Abs. 2 S. 1 RVG beträgt der Wert in derselben Angelegenheit höchstens 30 Mio. EUR, soweit durch Gesetz kein niedriger Höchstwert bestimmt ist. Das gilt auch, wenn der Wert von 30 Mio. EUR infolge mehrerer Gegenstände, zB durch eine Widerklage übertroffen würde.[3] Diese Begrenzung ist nach dem BVerfG verfassungskonform.[4] 8

---

[1] BT-Drs. 15/1971, 194.

[2] LAG Köln AGS 2016, 425.

[3] BGH RVGreport 2011, 189 zu § 39 GKG, was aber auch für die Anwaltsgebühren gilt *Hansens* Anm. zu BGH RVGreport 2011, 189.

[4] BVerfG NJW 2007, 2098 mAnm *Mayer* FD-RVG 2007, 23 (1452).

2. Die Begrenzung bei mehreren Personen

9 Sind in derselben Angelegenheit mehrere Personen Auftraggeber, beträgt gem. § 22 Abs. 2 S. 2 RVG der Wert für jede Person höchstens 30 Mio. EUR, insgesamt jedoch nicht mehr als 100 Mio. EUR. Der Regelung liegt der Gedanke aus VV 1008 RVG zu Grunde.

9a **Mehrere Gegenstände nötig.** Ein Übersteigen der 30 Mio. EUR-Grenze findet dabei nur statt, wenn die mehreren Auftraggeber einen Auftrag wegen mehrerer Gegenstände erteilt haben. Dass bei Streitgenossen und gleichem Gegenstand nicht zu addieren ist, wurde im 2. KostRMoG-E dadurch klargestellt, dass in § 22 Abs. 2 S. 2 RVG noch die Wörter „wegen verschiedener Gegenstände" eingefügt wurden. Damit hat sich der Streit zu dieser Frage erledigt. Im Übrigen galt das bei richtiger Auslegung auch schon vorher.[5]

Beispiel Verschiedene Gegenstände:

Vertritt der RA vier Streitgenossen und geht es dabei hinsichtlich jedes Streitgenossen um einen anderen Gegenstand von jeweils 40 Mio. EUR, so sind für jeden Streitgenossen 30 Mio. EUR anzusetzen, die dann zu addieren sind. Die sich so ergebenden 120.000 Mio. EUR sind jedoch auf 100.000 Mio. EUR begrenzt.

Beispiel Derselbe Gegenstand:

Vertritt der RA im vorigen Beispiel die vier Streitgenossen wegen desselben Gegenstands, so ist der Verfahrenswert pro Streitgenosse wieder auf 30 Mio. EUR begrenzt. Eine Addition findet aber nicht statt, sodass der Gesamtwert 30 Mio. EUR beträgt.[6]

Anwendung der Kommentierung zu VV 1008 RVG. Zu der Frage, wann mehrere Auftraggeber und mehrere Gegenstände vorliegen, → RVG VV 1008 Rn. 36 ff., 144 ff.

3. Haftungsrisiko

10 Trotz der gesetzlich angeordneten Streit- und Gegenstandsbegrenzung bleibt das Haftungsrisiko des RA in der tatsächlichen Höhe bestehen.

Beispiel:

Der Gegenstandswert beträgt 200 Mio. EUR, gebührenmäßig wird er begrenzt gem. § 22 Abs. 2 S. 2 RVG auf 100 Mio. EUR. Die Haftung des Rechtsanwalts bleibt iHv 200 Mio. EUR bestehen.

11 Das Vergütungsverzeichnis hat der Gebührenbegrenzung den Auslagentatbestand der VV 7007 RVG entgegengestellt. Danach kann der RA die im Einzelfall gezahlte Prämie für eine Vermögenshaftpflichtversicherung, soweit die Prämie für Haftungsbeträge oberhalb des jeweiligen Höchstwertes anfällt, vom Auftraggeber fordern.

12 Das ist kein ausreichendes Äquivalent. Wenn der RA Risiken in manchmal nicht abschätzbarer Höhe vermeiden will, muss er auf eine Haftungsbegrenzung drängen und/oder eine **Vergütungsvereinbarung** in der Form des § 4 RVG abschließen, also die Deckelung des § 22 Abs. 2 RVG abbedingen.

4. Folgen der Begrenzung für Geschäftsgebühr

13 **Ausnutzung des Gebührenrahmens.** Der RA erhält bei einem Wert von 50 Mio. EUR wegen der Deckelung erheblich weniger als bei einer Berechnung aus 50 Mio. EUR. Bei der Bemessung der Geschäftsgebühr nach VV 2300 RVG muss er die Bemessungskriterien des § 14 Abs. 1 RVG beachten. Hier kommen bei hohen Werten vor allem die Bemessungskriterien Bedeutung der Angelegenheit und das besondere Haftungsrisiko zum Zuge. Die Bedeutung der Angelegenheit realisiert sich meistens im Gegenstandswert. Der RA trägt trotz der Deckelung der Gebühren auf den Wert von 30 Mio. EUR das volle Haftungsrisiko aus dem Wert von 50 Mio. EUR.

§ 23 Allgemeine Wertvorschrift

(1) [1] **Soweit sich die Gerichtsgebühren nach dem Wert richten, bestimmt sich der Gegenstandswert im gerichtlichen Verfahren nach den für die Gerichtsgebühren geltenden Wertvorschriften.** [2] **In Verfahren, in denen Kosten nach dem Gerichtskostengesetz oder dem Gesetz über Gerichtskosten in Familiensachen erhoben werden, sind die Wertvorschriften des jeweiligen Kostengesetzes entsprechend anzuwenden, wenn für das Verfahren keine Gerichtsgebühr oder eine Festgebühr bestimmt ist.** [3] **Diese Wertvorschriften gelten auch entsprechend für die Tätigkeit außerhalb eines gerichtlichen Verfahrens,**

[5] Gerold/Schmidt/*Müller-Rabe,* 20. Aufl. 2012, RVG § 22 Rn. 9; BGH RVGreport 2011, 189 zu § 39 GKG, was aber auch für die Anwaltsgebühren gilt *Hansens* Anm. zu BGH RVGreport 2011, 189.

[6] Schneider/Wolf/*Schneider* RVG § 22 Rn. 37.

wenn der Gegenstand der Tätigkeit auch Gegenstand eines gerichtlichen Verfahrens sein könnte. [4] § 22 Abs. 2 Satz 2 bleibt unberührt.

(2) **[1] In Beschwerdeverfahren, in denen Gerichtsgebühren unabhängig vom Ausgang des Verfahrens nicht erhoben werden oder sich nicht nach dem Wert richten, ist der Wert unter Berücksichtigung des Interesses des Beschwerdeführers nach Absatz 3 Satz 2 zu bestimmen, soweit sich aus diesem Gesetz nichts anderes ergibt. [2] Der Gegenstandswert ist durch den Wert des zugrunde liegenden Verfahrens begrenzt. [3] In Verfahren über eine Erinnerung oder eine Rüge wegen Verletzung des rechtlichen Gehörs richtet sich der Wert nach den für Beschwerdeverfahren geltenden Vorschriften.**

(3) **[1] Soweit sich aus diesem Gesetz nichts anderes ergibt, gelten in anderen Angelegenheiten für den Gegenstandswert die Bewertungsvorschriften des Gerichts- und Notarkostengesetzes und die §§ 37, 38, 42 bis 45 sowie 99 bis 102 des Gerichts- und Notarkostengesetzes entsprechend. [2] Soweit sich der Gegenstandswert aus diesen Vorschriften nicht ergibt und auch sonst nicht feststeht, ist er nach billigem Ermessen zu bestimmen; in Ermangelung genügender tatsächlicher Anhaltspunkte für eine Schätzung und bei nichtvermögensrechtlichen Gegenständen ist der Gegenstandswert mit 5.000 Euro, nach Lage des Falles niedriger oder höher, jedoch nicht über 500.000 Euro anzunehmen.**

Schrifttum: *Madert/von Seltmann,* Der Gegenstandswert in bürgerlichen Rechtsstreitigkeiten, 5. Aufl. 2008.

Übersicht

I. Motive

1 Die Motive zum **KostRMoG** führen zu § 23 RVG aus:

„In die Absätze 1 und 3 dieser Vorschrift sollen die allgemeinen Wertvorschriften des § 8 Abs. 1 und 2 S. 1 und 2 BRAGO übernommen werden.

Absatz 1 S. 2 ist zusätzlich aufgenommen worden, weil nach dem vorgeschlagenen neuen Gerichtskostengesetz zum Teil die Wertgebühren durch Festgebühren ersetzt werden sollen. Dies gilt zB für die in den Nrn. 1510 bis 1520 KV GKG-E bestimmten Gebühren für die Vollstreckbarerklärung ausländischer Titel und ähnliche Verfahren. In diesen Fällen sollen die Wertvorschriften des Gerichtskostengesetzes und, zB aufgrund der Verweisung in § 48 Abs. 1 GKG-E, auch die Wertvorschriften der Verfahrensgesetze entsprechend anwendbar sein. Damit würden in den betroffenen Fällen für die Rechtsanwaltsgebühren die gleichen Wertvorschriften anwendbar bleiben wie im geltenden Recht.

Der vorgeschlagene Absatz 2 ist neu. Die Regelung soll zusätzlich aufgenommen werden, weil es in der geltenden BRAGO keine generelle Wertvorschrift für Beschwerdeverfahren gibt, in denen Gerichtsgebühren unabhängig vom Ausgang des Verfahrens nicht erhoben werden oder sich die Gebühren nicht nach dem Wert richten. Wenn in einem Beschwerdeverfahren Gerichtsgebühren nur erhoben werden, soweit die Beschwerde verworfen oder zurückgewiesen wird (zB Gebühr Nr. 1811 KV GKG-E), ist Absatz 1 S. 1 auch dann anzuwenden, wenn im konkreten Fall keine Gebühr erhoben wird. Ebenfalls zusätzlich eingestellt werden soll eine Vorschrift über die Bestimmung des Gegenstandswerts für Erinnerungsverfahren, weil hierfür grds. keine Gerichtsgebühren erhoben werden, und für Verfahren über die Rüge wegen Verletzung des rechtlichen Gehörs, weil hierfür eine Festgebühr vorgesehen ist (Nr. 1700 KV GKG-E).

In Absatz 3 S. 1 soll für den Bereich der vorsorgenden Rechtspflege auf zwei weitere Wertvorschriften der Kostenordnung verwiesen werden und zwar auf § 39 Abs. 3 und § 46 Abs. 4 KostO. Nach § 39 Abs. 3 KostO bestimmt sich bei Eheverträgen der Geschäftswert nach dem zusammengerechneten Wert der gegenwärtigen Vermögen beider Ehegatten und, wenn der Ehevertrag nur das Vermögen eines Ehegatten betrifft, nach diesem. Bei Ermittlung des Vermögens werden die Schulden abgezogen. Betrifft der Ehevertrag nur bestimmte Gegenstände, so ist deren Wert maßgebend. Entsprechendes gilt für Lebenspartnerschaftsverträge. Nach § 46 Abs. 4 KostO ist bei Testamenten und Erbverträgen, wenn über den ganzen Nachlass oder einen Bruchteil davon verfügt wird, der Gebührenberechnung der Wert des nach Abzug der Verbindlichkeiten verbleibenden reinen Vermögens oder der Wert des entsprechenden Bruchteils des reinen Vermögens zugrunde zu legen. Vermächtnisse, Pflichtteilsrechte und Auflagen werden nicht abgezogen. Mit der weitergehenden Verweisung wird klar geregelt, wie in diesen Fällen der Gegenstandswert zu bestimmen ist. Sie führt dazu, dass auch für die Wertberechnung des Rechtsanwalts, anders als nach geltendem Recht, die Schulden in Abzug zu bringen sind.“[1]

2 Die Motive zum **2. KostRMoG** führen zu § 23 Abs. 3 RVG aus:

„Die Änderung passt die Verweisung zur Anwendung bestimmter Wertvorschriften an das neue Gerichts- und Notarkostengesetz an. Wesentliche Änderungen sind damit nicht verbunden.“[2]

II. Hinweis auf Streitwertkataloge

3 In → Anh. VI–XII befinden sich alphabetisch geordnete Gegenstandswertkataloge zu den verschiedenen Rechtsgebieten.

III. Allgemeines

1. Übersicht

4 Abs. 1 betrifft die anwaltliche Tätigkeit bei Gegenständen, die **Gegenstand eines gerichtlichen Verfahrens** sind (S. 1, 2) oder (bei einer außergerichtlichen Tätigkeit) sein könnten (S. 3).

Abs. 2 ist einschlägig für **Beschwerde- und Rechtsbehelfsverfahren,** bei denen es für die Gerichtsgebühren nicht auf den Gegenstandswert ankommt, weshalb die Gesetze über die Gerichtskosten keine Wertbestimmungen enthalten.

Abs. 3 gilt für die nicht von Abs. 1 oder Abs. 2 erfassten Angelegenheiten, also für Gegenstände, **die nicht Gegenstand eines gerichtlichen Verfahrens sein können.**

2. Reihenfolge der Prüfung

5 Daraus ergibt sich für die Fälle, in denen sich die anwaltlichen Gebühren nach dem Gegenstandswert richten, folgende Prüfungsreihenfolge:

(1) Greifen die spezielleren Bestimmungen des RVG zum Gegenstandswert ein (§§ 23a–31b; VV 1009 RVG)? Dann sind diese anzuwenden. Dass diese Vorrang haben, steht zwar nicht

[1] BT-Drs. 15/1971, 195.

[2] BT-Drs. 17/11471, 268.

in § 23 RVG, ergibt sich aber aus dem Grundsatz, dass speziellere Bestimmungen den allgemeineren gegenüber vorrangig sind.

(2) Wenn (1) zu verneinen ist: Handelt es sich um einen Gegenstand, der Gegenstand eines gerichtlichen Verfahren ist und welche Gerichtsbarkeit ist betroffen?
Dann sind die Bestimmungen, die für die Gerichtskosten dieses bestimmten Gerichtsverfahrens vorgesehen sind, heranzuziehen. Unerheblich ist, ob der RA gerichtlich oder außergerichtlich tätig ist. Immer sind die Bestimmungen für die Gerichtskosten heranzuziehen, bei gerichtlicher Tätigkeit gem. Abs. 1 S. 1, 2, bei außergerichtlicher gem. Abs. 1 S. 3.

(3) Wenn auch (2) zu verneinen ist: Liegt eines der in Abs. 2 aufgeführten Beschwerde- oder Rechtsbehelfsverfahren vor? Dann ist nach Abs. 2 vorzugehen.

(4) Sind die vorgenannten Fragen zu verneinen, ist Abs. 3 anzuwenden. Wegen der dann anzuwenden Reihenfolge → Rn. 29.

IV. Der Gegenstandswert in gerichtlichen Verfahren

1. Gerichtliche Verfahren

sind alle Verfahren, die vor einem Gericht stattfinden. Darunter fallen nicht nur die Verfahren der streitigen, sondern auch die der freiwilligen Gerichtsbarkeit sowie die Verfahren vor den Verfassungs-, Verwaltungs- und Finanzgerichten. 6

In Straf-, Bußgeld- und Sozialgerichtssachen (Ausnahme die Verfahren nach § 3 Abs. 1 S. 2 RVG) werden die Gerichtsgebühren nicht nach dem „Gegenstandswert", sondern teils nach festen Sätzen berechnet, teils werden sie Betragsrahmen entnommen. Für sie ist § 23 RVG nicht anwendbar. 7

Auch die anwaltliche Tätigkeit gegenüber dem Urkundsbeamten und dem Rechtspfleger wird nach den für die Gerichtsgebühren geltenden Wertvorschriften bewertet; ebenso die Tätigkeit gegenüber dem Gerichtsvollzieher im Rahmen einer Zwangsvollstreckung; nicht aber Tätigkeiten außerhalb der Zwangsvollstreckung, zB bei freiwilliger Versteigerung. 8

Vor Verwaltungsbehörden und Spruchkörpern, die keine Gerichte sind, gelten die für Gerichtsgebühren geltenden Wertvorschriften grds. nicht. Sie sind jedoch dann anzuwenden, wenn das RVG wegen der Anwaltsgebühren auf die Gebührenvorschriften für Tätigkeiten in gerichtlichen Verfahren verweist, zB für das schiedsrichterliche Verfahren (§ 36 RVG) sowie bestimmte ehrenrechtliche Verfahren (vgl. VV Vorb. 6.2 Abs. 3 RVG). 9

Für die Anwendbarkeit der gerichtlichen Wertvorschriften ist es unerheblich, ob der RA gegenüber dem Gericht tätig wird. Es genügt ein Tätigwerden im Rahmen eines gerichtlichen Verfahrens. Deshalb richtet sich zB auch die Gebühr des **Verkehrsanwalts,** von dessen Existenz das Gericht vielleicht niemals erfährt, nach den gerichtlichen Wertvorschriften.[3] 10

2. Geltung für Gebühren des RA.

Die für die Gerichtsgebühren maßgebenden Wertvorschriften gelten auch für die Anwaltsgebühren. Anders gesagt: Stellt ein Gesetz für ein gerichtliches Verfahren Wertvorschriften auf, so sind diese auch der Berechnung der Anwaltsgebühren zu Grunde zu legen. Diese Vorschriften eignen sich durchweg auch für die Bewertung der anwaltlichen Tätigkeit in einem entsprechenden gerichtlichen Verfahren, da die Besonderheiten des gerichtlichen Verfahrens, auf die die Wertvorschriften zugeschnitten sind, sich auch auf die anwaltlichen Tätigkeiten auswirken. Daher ist zunächst zu prüfen, welche Wertvorschriften für die Gerichtsgebühren gelten, bevor der für die anwaltliche Tätigkeit maßgebende Gegenstandswert festgesetzt werden kann. 11

3. Gegenstandswerte für Gebühren und Zuständigkeit

Für die Gebühren relevant sind zuerst die Werte für die gerichtlichen Gebühren (zB §§ 39 ff. GKG, §§ 33 ff. FamGKG) und, wenn sich in diesen für den zu behandelnden Einzelfall keine Regelung findet, die Werte für die Zuständigkeit (zB §§ 3 ff. ZPO). 12

4. Anzuwendende Kostengesetze

a) Bürgerliche Rechtsstreitigkeiten. Für bürgerliche Rechtsstreitigkeiten gelten die Vorschriften der §§ 39 ff. GKG und darüber hinaus auch die Vorschriften der §§ 3–9 ZPO sowie uU Vorschriften in weiteren Gesetzen wie zB § 182 InsO. 13

b) Freiwillige Gerichtsbarkeit. Für Verfahren der freiwilligen Gerichtsbarkeit, außer solchen der Familiengerichtsbarkeit, gilt nunmehr das GNotKG und nicht mehr wie bisher die KostO (§§ 18 ff. RVG). Voraussetzung ist, dass der Anwalt in einem gerichtlichen Verfahren vor 14

[3] Riedel/Sußbauer/*Potthoff* RVG § 23 Rn. 15.

Gerichten der freiwilligen Gerichtsbarkeit tätig geworden ist, zB in einem Verfahren vor dem Nachlassgericht.[4]

15 **c) Familiensachen.** Für sie richten sich die Gegenstandswerte nach dem FamGKG.

16 **d) Landwirtschaftssachen.** → Anh. VI Rn. 344 ff.[5]

17 **e) Wohnungseigentumssachen.** → Anh. VI Rn. 734.

18 **f) Hausratssachen.** → Anh. VI Rn. 265 ff.[6]

19 **g) Arbeitsgerichtsverfahren.** → Anh. I Rn. 36 ff.

20 **h) Verwaltungs-, Finanz-, Sozialgerichtsverfahren.** Verwaltungsgerichtsverfahren → Anh. IV Rn. 58 ff.; Finanzgerichtsverfahren → Anh. V Rn. 48 ff.; Sozialgerichtsverfahren → § 3 Rn. 177 ff.

21 **i) Verfahren vor den Verfassungsgerichten.** → Anh. IX.

V. Abs. 1 S. 2

22 Ein unter diesen Abs. fallender Fall ist die vorläufige Vollstreckbarerklärung des mit der Berufung nicht angegriffenen Teils eines Urteils gem. § 537 ZPO (→ RVG VV 3329 Rn. 9).

VI. Besondere Beschwerde- und Rechtsbehelfsverfahren (Abs. 2)

1. Rechtsmittel im Regelfall (Abs. 1).

23 Für Rechtsmittel gilt im Regelfall Abs. 1, also zB § 47 GKG.

2. Besondere Beschwerdeverfahren (Abs. 2 S. 1, 2)

24 Abs. 2 S. 1, 2 greift nur in den Fällen ein, in denen es keine Wertvorschriften für das Beschwerdeverfahren gibt, weil entweder Gerichtsgebühren unabhängig vom Verfahrensausgang nicht erhoben werden oder sich die Gebühren nicht nach dem Wert richten. Nach § 23 Abs. 2 S. 1 RVG ist dann der Wert unter Berücksichtigung des Interesses des Beschwerdeführers nach § 23 Abs. 3 S. 2 RVG zu bestimmen, also nach billigem Ermessen. Der Gegenstandswert ist nach oben begrenzt durch den Wert des zugrundliegenden Verfahrens.

25 Wenn in einem Beschwerdeverfahren **Gerichtsgebühren nur bei Verwerfung oder Zurückweisung** erhoben werden, ist § 23 Abs. 1 S. 1 RVG anzuwenden, und zwar auch dann wenn im konkreten Fall keine Gerichtsgebühr erhoben wird.[7]

3. Erinnerung und Gehörsrüge (Abs. 2 S. 3)

26 In Verfahren über eine Erinnerung oder eine Rüge wegen Verletzung des rechtlichen Gehörs, in denen keine Gerichtskosten bzw. nur Festgebühren (zB KV 1700 GKG) erhoben werden, richtet sich der Wert gem. § 23 Abs. 2 S. 3 RVG nach den für Beschwerdeverfahren geltenden Vorschriften, also primär nach Abs. 1 und, wenn dieser nicht eingreift, nach Abs. 2 S. 1, 2. Sie werden also hinsichtlich des Gegenstandswerts für die anwaltlichen Gebühren so behandelt, als wären sie Beschwerden.

Im Übrigen → Anh. VI Rn. 427 ff.

VII. Außergerichtliche Tätigkeiten, die Gegenstand eines gerichtlichen Verfahrens sein können (Abs. 1 S. 3)

27 **Anwendbarkeit der gerichtlichen Wertvorschriften.** Für anwaltliche Tätigkeiten, deren Gegenstand auch Gegenstand eines gerichtlichen Verfahrens sein könnte, gelten gem. Abs. 1 S. 3 sinngemäß die Wertvorschriften, die in dem in Frage kommenden gerichtlichen Verfahren vorgesehen sind.

VIII. Andere und nicht vermögensrechtliche Angelegenheiten (Abs. 3)

1. Andere Angelegenheit

28 Abs. 3 kommt in anderen Angelegenheiten zur Anwendung, also wenn weder die Voraussetzungen des Abs. 1, noch die des Abs. 2 gegeben sind. War die zuerst durchzuführende Prüfung,

---

[4] LG München I AnwBl 1983, 31.

[5] *Madert* AnwBl 1985, 5 ff., Rechtsanwaltsgebühren und Gegenstandswerte in gerichtlichen Verfahren in Landwirtschaftssachen.

[6] Einzelheiten Madert/Müller-Rabe Fam-HdB Kap. VII.

[7] Motive → Rn. 1; Mayer/Kroiß/*Mayer* RVG § 23 Rn. 29; Schneider/Wolf/*Mock* RVG § 23 Rn. 3.

ob einer der beiden ersten Absätze von § 23 RVG gegeben sind, negativ, so richtet sich der Gegenstandswert nach Abs. 3.

Beispiel: Ein solcher Fall ist zB gegeben,
- bei der Erstellung eines Entwurfs für einen Kaufvertrag
- bei der Überprüfung von Mietverträgen,[8]
- bei der Anfechtung eines Sozialplans.[9]

2. Vermögensrechtliche Angelegenheiten

a) Prüfungsreihenfolge. Sind Abs. 1, 2 nicht gegeben, so sind innerhalb von Abs. 3 folgende Prüfungen in dieser Reihenfolge durchzuführen: 29
- Gibt es eine Bestimmung im RVG („Soweit sich aus diesem Gesetz nichts anderes ergibt.")?
- Ergibt sich ein Wert aus Abs. 3 S. 1, also aus den genannten Bestimmungen des GNotKG?
- Steht der Wert sonst fest Abs. 3 S. 2 Hs. 1)?
- Lässt sich der Wert durch freies Ermessen bestimmen Abs. 3 S. 2 Hs. 1)?
- Wenn nach Verneinung dieser Fragen gem. Abs. 3 S. 2 Hs. 2 der Hilfswert von 5.000,– EUR anzusetzen ist:
  Ist von diesem Wert nach oben oder unten abzuweichen (§ 23 Abs. 3 S. 2 Hs. 2 RVG)?

b) Geltung der Bestimmungen im RVG. Soweit in dem RVG besondere Wertvorschriften für die Anwaltsgebühren enthalten sind, gelten diese auch in den Fällen, in denen Wertvorschriften für die gerichtlichen Gebühren fehlen („Soweit sich aus diesem Gesetz nichts anderes ergibt …"). 30

c) Gem. Abs. 3 S. 1 anzuwendende Bestimmungen des GNotKG. Folgende Bestimmungen des GNotKG sind anzuwenden: 31

§ 37 GNotKG. Früchte und andere Nebenleistungen. Nach § 37 GNotKG ist für die Bewertung der Hauptgegenstand maßgebend. Früchte und andere Nebenleistungen werden nur berücksichtigt, wenn sie Gegenstand eines besonderen Geschäfts sind.

§ 38 GNotKG. Kein Abzug von Verbindlichkeiten. Nach dem 2. KostRMoG ist nunmehr gem. § 23 Abs. 3 S. 1 RVG auch § 38 GNotKG entsprechend anwendbar. Nach § 38 S. 1 GNotKG werden Verbindlichkeiten, die auf einer Sache oder auf einem Recht lasten bei Ermittlung des Geschäftswerts nicht abgezogen, sofern nichts anderes bestimmt ist. Nach § 38 S. 2 GNotKG gilt dies auch für Verbindlichkeiten eines Nachlasses oder einer sonstigen Vermögensmasse und im Fall einer Beteiligung an einer Personengesellschaft auch für deren Verbindlichkeiten. § 38 GNotKG entspricht § 18 Abs. 1 KostO, der in § 23 Abs. 3 S. 1 RVG aF nicht für entsprechend anwendbar erklärt war. 32

§§ 42–45 GNotKG. In ihnen sind geregelt 33
Wohnungs- und Teileigentum § 42 GNotKG
Erbbaurechtsbestellung § 43 GNotKG
Mithaft § 44 GNotKG
Rangverhältnis und Vormerkungen § 45 GNotKG.

„**Bewertungsvorschriften** des GNotKG" iSv § 23 Abs. 3 S. 1 RVG befinden sich 34
für eine Sache in § 46 GNotKG
für eine Sache bei Kauf in § 47 GNotKG
für land- und forstwirtschaftliches Vermögen in § 48 GNotKG
für grundstücksgleiche Rechte in § 49 GNotKG
für bestimmte schuldrechtliche Verpflichtungen in § 50 GNotKG
für Erwerbs- und Veräußerungsrechte, Verfügungsbeschränkungen in § 51 GNotKG
für Nutzungs- und Leistungsrechte in § 52 GNotKG
für Grundpfandrechte und sonstige Sicherheiten in § 53 GNotKG
für bestimmte Geschäftsgesellschaftsanteile in § 54 GNotKG.

§§ 99–102 GNotKG In ihnen sind geregelt 35
Miet-, Pacht- und Dienstverträge in § 99 GNotKG
Güterrechtliche Angelegenheiten in § 100 GNotKG
Annahme als Kind in § 101 GNotKG
Erbrechtliche Angelegenheiten in § 102 GNotKG.

d) Nicht anzuwenden § 59 GNotKG. Maßgeblicher Zeitpunkt. Nicht für entsprechend anwendbar erklärt ist § 59 GNotKG. Die in dieser Bestimmung enthaltene Vorschrift, 36

---

[8] BGH FamRZ 2015, 847 = NJW-RR 2015, 643.
[9] BAG NZA 2005, 1136.

dass der Wert im Zeitpunkt der Antragstellung bzw. der Fälligkeit der Gebühren maßgebend ist, eignet sich für die Rechtsanwaltsgebühren nicht. Wegen Zeitpunkt für RA-Vergütung → § 25 Rn. 14; → RVG § 2 Rn. 19.

37 **e) Sonst feststehender Wert (Abs. 3 S. 2 Hs. 1 Alt. 2).** Der Wert kann auch „sonst feststehen". Das ist zB der Fall, wenn es um eine bestimmte Summe geht.

Beispiel: Der RA soll einen Darlehens- oder Schenkungsvertrag über 10.000,– EUR entwerfen. Der Gegenstandswert ist 10.000,– EUR.

38 **f) Billiges Ermessen (Abs. 3 S. 2 Hs. 1 Alt. 3).** Soweit sich der Gegenstandswert aus diesen Vorschriften nicht ergibt und auch sonst nicht feststeht, ist er nach § 23 Abs. 3 S. 2 Hs. 1 Alt. 3 nach billigem Ermessen zu bestimmen. **Ermessensentscheidungen wurden in der Rspr. zB** vorgenommen

bei Verfügungsbeschränkungen,[10]
bei Verzicht auf ein Rücktrittsrecht,[11]
bei Veräußerungsverpflichtung.[12]

39 **Pflichtgemäßes Ermessen.** Billiges Ermessen heißt in Wahrheit pflichtgemäßes Ermessen.[13]

40 **Maßgebende Faktoren.** Für eine Ermessensentscheidung genügen einige Anhaltspunkte, die eine wenigstens annäherungsweise Schätzung erlauben, weil diese dem Wert immer noch näher kommt als die Bewertung nach Abs. 3 S. 2 Hs. 2.

41 Maßgebende Faktoren hierbei sind ua das Ausmaß der Verantwortlichkeit des RA, der Umfang seines Haftungsrisikos, der Umfang seiner Tätigkeit sowie die Bedeutung der Sache für die Beteiligten.[14]

42 **Kein Regelwert und kein Höchstwert von 500.000,– EUR.** Bei der Wertbestimmung durch Schätzung nach freiem Ermessen gibt es keinen Regelwert und keine Beschränkung auf den in Abs. 3 S. 2 Hs. 2 vorgesehenen Höchstwert von 500.000,– EUR.

43 **g) Hilfswert 5.000,– EUR (Abs. 3 S. 2 Hs. 2 Alt. 1). Hilfswert.** Nur wenn sogar Anhaltspunkte für ein Ermessen fehlen, greift der in § 23 Abs. 3 S. 2 Hs. 2 vorgesehene Hilfswert von 5.000,– EUR ein. Er ist ein Regelwert, von dem also im Regelfall auszugehen ist.

44 **Abweichungen** nach oben oder unten können im Einzelfall angebracht sein. Der Wert kann jedoch nicht höher als 500.000,– EUR sein.

3. Nichtvermögensrechtliche Angelegenheiten (Abs. 3 S. 2 Hs. 2 Alt. 2)

45 Es gilt das zum Hilfswert von 5.000,– EUR Dargelegte entsprechend (→ Rn. 43 ff.).

46 **Nicht vermögensrechtlich** sind zB

Namensrechtliche Fragen
Patientenverfügungen
Volljährigkeitserklärungen

47 **Addition.** Treffen in einer Angelegenheit vermögensrechtliche und nicht vermögensrechtliche Gegenstände zusammen, so werden die Werte gesondert bestimmt und dann gem. § 22 Abs. 2 RVG zusammengerechnet.

IX. Vor ausländischen Gerichten

48 Schwierigkeiten ergeben sich, wenn der RA vor ausländischen Gerichten tätig wird und dort ein anderes Gebührenrecht praktiziert wird als in Deutschland. Einen Anhalt könnte bieten, ob und wie ein gleiches Verfahren in Deutschland durchgeführt wird.[15]

X. Vereinbarung zum Gegenstandswert

49 Besonders in den Fällen, in denen Unsicherheiten bei der Bestimmung des Gegenstandswertes bestehen können oder in denen der RA einen zu niedrigen Gegenstandswert erwartet, empfiehlt es sich, eine Vereinbarung zum Gegenstandswert zu treffen, wobei §§ 3a ff. RVG anzuwenden sind, also auch die Formvorschriften einzuhalten sind.

---

[10] BayObLG JurBüro 2000, 487.
[11] OLG Zweibrücken FGPrax 2000, 43.
[12] OLG Celle JurBüro 2002, 261.
[13] LAG Köln NZA 2007, 381.
[14] OLG Hamm FGPrax 2006, 36, zu Notarvergütung.
[15] BGHZ 54, 198 = NJW 1970, 1508 = MDR 1970, 836, amerikanisches Recht.

XI. Grundregeln zur Bestimmung des Gegenstandswerts

→ § 2 Rn. 5 ff. 50

§ 23a Gegenstandswert im Verfahren über die Prozesskostenhilfe

(1) **Im Verfahren über die Bewilligung der Prozesskostenhilfe oder die Aufhebung der Bewilligung nach § 124 Absatz 1 Nummer 1 der Zivilprozessordnung bestimmt sich der Gegenstandswert nach dem für die Hauptsache maßgebenden Wert; im Übrigen ist er nach dem Kosteninteresse nach billigem Ermessen zu bestimmen.**

(2) **Der Wert nach Absatz 1 und der Wert für das Verfahren, für das die Prozesskostenhilfe beantragt worden ist, werden nicht zusammengerechnet.**

Kommentierung → Anh. VI Rn. 410 ff. 1

§ 23b Gegenstandswert im Musterverfahren nach dem Kapitalanleger-Musterverfahrensgesetz

Im Musterverfahren nach dem Kapitalanleger-Musterverfahrensgesetz bestimmt sich der Gegenstandswert nach der Höhe des von dem Auftraggeber oder gegen diesen im Ausgangsverfahren geltend gemachten Anspruchs, soweit dieser Gegenstand des Musterverfahrens ist.

Übersicht

I. Ziel des Gesetzes

1 Das Gesetz zur Einführung für Kapitalanleger-Musterverfahren v. 16.8.2005 (BGBl. 2005 I 2437) hat zum Ziel:

Die ZPO ist auf die Geltendmachung von Einzelansprüchen zugeschnitten. Falsche Daten gegenüber dem Kapitalmarkt, wie zB unrichtige Meldungen über Gewinnerwartungen oder unrichtige Börsenprospekte, verursachen Streuschäden mit vielen Geschädigten und vergleichsweise geringe Schadensersatzsummen bei einzelnen Geschädigten. Der angerichtete Gesamtschaden kann dagegen durchaus im mehrstelligen Millionenbereich liegen. Die Geltendmachung solcher Schäden steht häufig in keinem wirtschaftlichen Verhältnis zum Aufwand. Wenn jeder einzelne Kapitalanleger einen relativ geringen Verlust erlitten hat, besteht bei ihm schon wegen des auch bei Obsiegen nicht erstattungsfähigen Privataufwands oft kein Interesse daran, seinen an sich bestehenden Anspruch gerichtlich durchzusetzen. Denn in jedem einzelnen Rechtsstreit sind meist aufwändige Beweisaufnahmen erforderlich, um die komplexen kapitalmarktrechtlichen Folgen zu klären. Das kann dazu führen, dass die Kapitalanleger sich von einer Klage abhalten lassen. Das Gesetz zur Einführung von Kapitalanleger-Musterverfahren schlägt zur Bündelung gleichgerichteter Ansprüche geschädigter Kapitalanleger die Einführung eines Kapitalanleger-Musterverfahrens vor, um eine in verschiedenen Prozessen gestellte Musterfrage einheitlich klären zu lassen. Dafür wird der vom Oberlandesgericht zu erlassene Musterentscheid geschaffen.[1]

II. Gegenstandswert

2 § 23b RVG (bis zum 2. KostRMoG § 23a RVG) bestimmt den Gegenstandswert in diesen Musterverfahren.

3 Er bestimmt sich nach der Höhe des von dem Auftraggeber oder gegen diesen im Prozessverfahren geltend gemachten Anspruchs, soweit dieser Gegenstand des Musterverfahrens ist. Gem. § 4 RVG können insgesamt zehn Prozessparteien ein Verfahren bilden. Gibt es im jeweiligen Verfahren mehrere Parteien, so sind die Ansprüche der Parteien zu addieren.[2]

---

[1] BT-Drs. 15/5091, 1. Auslöser waren mehrere tausend Anlegerklagen beim LG Frankfurt a. M. gegen die Deutsche Telekom AG und der Beschluss des BVerfG (NJW 2005, 2737).

[2] BGH JurBüro 2016, 245 = WM 2016, 254 = RVGreport 2016, 132 mzustAnm *Hansens.*

§ 24 Gegenstandswert im Sanierungs- und Reorganisationsverfahren nach dem Kreditinstitute-Reorganisationsgesetz

Ist der Auftrag im Sanierungs- und Reorganisationsverfahren von einem Gläubiger erteilt, bestimmt sich der Wert nach dem Nennwert der Forderung.

1 Die Bestimmung wurde durch das Restrukturierungsgesetz[1] eingefügt. Sie regelt, dass der Gegenstandwert des von einem Gläubiger eingeschalteten RA sich nach der Forderung des Mandanten richtet, obwohl auf den Nennwert abzustellen ist.

§ 25 Gegenstandswert in der Vollstreckung und bei der Vollziehung

(1) **In der Zwangsvollstreckung, in der Vollstreckung, in Verfahren des Verwaltungszwangs und bei der Vollziehung eines Arrests oder einer einstweiligen Verfügung bestimmt sich der Gegenstandswert**

1. nach dem Betrag der zu vollstreckenden Geldforderung einschließlich der Nebenforderungen; soll ein bestimmter Gegenstand gepfändet werden und hat dieser einen geringeren Wert, ist der geringere Wert maßgebend; wird künftig fällig werdendes Arbeitseinkommen nach § 850d Abs. 3 der Zivilprozessordnung gepfändet, sind die noch nicht fälligen Ansprüche nach § 51 Abs. 1 Satz 1 des Gesetzes über Gerichtskosten in Familiensachen und § 9 der Zivilprozessordnung zu bewerten; im Verteilungsverfahren (§ 858 Abs. 5, §§ 872 bis 877 und 882 der Zivilprozessordnung) ist höchstens der zu verteilende Geldbetrag maßgebend;

2. nach dem Wert der herauszugebenden oder zu leistenden Sachen; der Gegenstandswert darf jedoch den Wert nicht übersteigen, mit dem der Herausgabe- oder Räumungsanspruch nach den für die Berechnung von Gerichtskosten maßgeblichen Vorschriften zu bewerten ist;

3. nach dem Wert, den die zu erwirkende Handlung, Duldung oder Unterlassung für den Gläubiger hat, und

4. in Verfahren über die Erteilung der Vermögensauskunft (§ 802c der Zivilprozessordnung) sowie in Verfahren über die Einholung von Auskünften Dritter über das Vermögen des Schuldners (§ 802l der Zivilprozessordnung) nach dem Betrag, der einschließlich der Nebenforderungen aus dem Vollstreckungstitel noch geschuldet wird; der Wert beträgt jedoch höchstens 2 000 Euro.

(2) **In Verfahren über Anträge des Schuldners ist der Wert nach dem Interesse des Antragstellers nach billigem Ermessen zu bestimmen.**

Übersicht

[1] G zur Restrukturierung und geordneten Abwicklung von Kreditinstituten, zur Errichtung eines Restrukturierungsfonds für Kreditinstitute und zur Verlängerung der Verjährungsfrist der aktienrechtlichen Organhaftung v. 9.12.2010 mWv 1.1.2011, BGBl. 2011 I 1900.

I. Motive

Zu § 25

In diese Vorschrift sollen inhaltlich die in § 57 Abs. 2, 3 BRAGO enthaltenen Wertvorschriften für die Zwangsvollstreckung übernommen werden. Eine Regelung für Beschwerdeverfahren ist nicht mehr erforderlich, weil hierfür der vorgeschlagene § 23 Abs. 2 RVG-E anwendbar wäre.[3] 1

II. Allgemeines und Kommentierungshinweis

§ 25 RVG regelt den Gegenstandswert in der Zwangsvollstreckung und Vollziehung. 2
Nur dieser wird im Rahmen von § 25 RVG kommentiert. Weitere Erläuterungen zur Zwangsvollstreckung und Vollziehung (zB zu den Gebühren, zur Angelegenheit und anderes mehr) → RVG VV 3309.

III. Anwendungsbereich

1. Anwendbar

§ 25 RVG gilt für 3
- die gesamte Zwangsvollstreckung, soweit nicht §§ 26 f. RVG Sonderregelungen schaffen,
- die Vollstreckung
- das Verwaltungszwangsverfahren
- die Vollziehung im einstweiligen Rechtsschutz, auch des Arrests[4] und der vorläufigen Europäischen Kostenpfändung[5]

Was alles zu diesen gehört → RVG VV 3309 Rn. 8. Dabei dient die ausdrückliche Erwähnung all dieser Verfahren durch das 2. KostRMoG lediglich der Klarstellung dessen, was vorher schon galt;[6] das ist für Altfälle von Bedeutung. 4

2. Nicht anwendbar

In folgenden Verfahren ist § 25 RVG nicht anzuwenden 5
- Zwangsversteigerung (§ 26 RVG),

[3] Drs. 15/1971, 195.
[4] OLG Frankfurt a. M. JurBüro 1983, 1667 = MDR 1984, 64; OLG Hamburg JurBüro 1990, 116; OLG Karlsruhe Rpfleger 1999, 509; KG JurBüro 1991, 229 = MDR 1991, 66; OLG Köln Rpfleger 1993, 508 = AGS 1994, 20, nicht höher als Wert der Anordnung.
[5] *Volpert* RVGreport 2017, 122 ff. (125) Ziff. III 3b.
[6] Motive zum 2. KostRMoG S. 419; Gerold/Schmidt/*Müller-Rabe,* 20. Aufl. 2012, RVG § 25 Rn. 3.

– Zwangsverwaltung (§ 27 RVG),
– Insolvenzverfahren (§ 28 RVG),
– Schifffahrtsrechtliches Verteilungsverfahren (§ 29 RVG).

IV. Geldforderungen (Abs. 1 Nr. 1)

1. Grundsätze (Abs. 1 Nr. 1 Hs. 1)

6 **a) Zu vollstreckende Forderung.** Maßgeblich bei der Vollstreckung wegen Geldforderungen ist die Höhe des Betrages, für den die Vollstreckung betrieben wird. Erfolgt dies wegen der gesamten titulierten Forderung nebst Nebenkosten, so ist der Gegenstandswert mit dem Wert der titulierten Forderung zzgl. Nebenforderungen (→ Rn. 7) identisch. Wird jedoch nur wegen eines Teilbetrags vollstreckt, so ergibt sich der Gegenstandswert aus dem geltend gemachten Teil. Hat der Gläubiger einen Titel über 10.000,– EUR und vollstreckt er nur wegen eines Teilbetrages von 5.000,– EUR, so ist der Gegenstandswert 5.000,– EUR.[7] Entscheidend ist der **höchste** Wert, der in der einzelnen Angelegenheit zu irgendeinem Zeitpunkt bestand, in dem der RA durch seine Tätigkeit den Gebührentatbestand erfüllt hat.

7 **b) Nebenforderungen.** Werden Nebenforderungen mit vollstreckt, so erhöhen sie den Gegenstandswert. Unter die zu berücksichtigenden Nebenforderungen fallen die einzuziehenden Zinsen und Kosten. Dabei sind die **Zinsen** bis zu dem Tage zu berücksichtigen, an dem die Zwangsvollstreckung ausgeführt oder der Antrag zurückgenommen wird, nicht nur die Zinsen, die bis zur Entstehung des Vollstreckungstitels aufgelaufen sind. Die zu berücksichtigenden **Kosten** umfassen auch solche einer früheren Zwangsvollstreckung, nicht aber die gerichtlichen und außergerichtlichen Kosten des jeweils in Frage stehenden Vollstreckungsakts.[8]

8 **c) Zahlungsaufforderungen mit Vollstreckungsandrohung.** Der Gegenstandswert richtet sich nach der Leistung, zu deren Erbringung aufgefordert wird, einschließlich Zinsen und sonstiger Nebenforderungen (→ Rn. 7). Das kann auch nur ein Teil des zuerkannten Betrags sein, wenn nur zu dessen Zahlung aufgefordert wird. Wegen Zugehörigkeit der Zwangsvollstreckung → RVG VV 3309 Rn. 432.

9 **d) Zahlungsaufforderungen ohne Vollstreckungsandrohung.** Hatte der RA bereits einen Vollstreckungsauftrag (mit Gebühr gem. VV 3309 RVG → RVG VV 3309 Rn. 444), so gilt das zu Zahlungsaufforderungen mit Vollstreckungsandrohung Dargelegte entsprechend (→ Rn. 8). Hatte er noch keinen Vollstreckungsauftrag (mit Gebühr gem. VV 2300 RVG → RVG VV 3309 Rn. 445) greift § 25 RVG nicht ein, weshalb Nebenforderungen nicht zu berücksichtigen sind (→ Anh. VI Rn. 399 ff.).[9]

10 **e) Angelegenheit.** Der Wert ist für jedes einzelne Zwangsvollstreckungsverfahren, soweit es eine besondere Angelegenheit bildet (→ RVG VV 3309 Rn. 46 ff.; 166 ff.), besonders zu bestimmen.

2. Pfändung eines bestimmten Gegenstandes (Abs. 1 Nr. 1 Hs. 2)

11 Wegen einheitlichem Antrag gegen mehrere Drittschuldner → RVG VV 3309 Rn. 207.

12 **a) Obere Grenze Wert des Pfändungsgegenstandes.** Soll wegen einer Geldforderung nur ein bestimmter Gegenstand (bewegliche oder unbewegliche Sache, Forderung,[10] sonstiges Recht) gepfändet werden, so ist dessen Wert maßgebend, wenn er geringer als der Wert der Vollstreckungsforderung ist (§ 25 Abs. 1 Nr. 1 Hs. 2 RVG).[11] Hs. 2 enthält (ebenso wie Hs. 3) eine zusätzliche Begrenzung. Es greifen also zwei Begrenzungen ein: zum einen der Betrag der zu vollstreckenden Geldforderung einschließlich der Nebenforderungen (Hs. 1) und zum anderen der Wert des Pfändungsgegenstandes (Hs. 2). Der Wert kann nie höher sein als der geringere dieser beiden Werte.

Beispiel:

Hat der Gläubiger einen Titel über 10.000,– EUR und pfändet er ein Klavier im Wert von 5.000,– EUR, so ist der Gegenstandswert 5.000,– EUR.
Hätte er nur einen Titel über 3.000,– EUR gehabt, so wäre der Gegenstandswert nur 3.000,– EUR.

---

[7] OLG München NJW 1958, 1687 = AnwBl 1958, 76.
[8] Gerold/Schmidt/*von Eicken,* 15. Aufl. 2002, BRAGO § 57 Rn. 29; *Hansens* BRAGO § 57 Rn. 15.
[9] *Hansens* Buchbesprechung zu Gerold/Schmidt, 21. Aufl. 2013, *Hansens* RVGreport 2014, 13; Mayer/Kroiß/*Klees* RVG § 31b Rn. 12.
[10] OLG Köln Rpfleger 2001, 149.
[11] OLG Köln Rpfleger 2001, 149; *N. Schneider* AGS 2010, 469 (470).

Werden neben dem gegenwärtigen Bestand eines Kontos auch künftige Guthaben auf diesem gepfändet, so beschränkt sich der Gegenstandswert nicht auf das vorhandene Guthaben auf dem Konto, sondern richtet sich nach dem Wert der zu vollstreckenden Forderung.[12]

b) Geringwertiger oder wertloser Gegenstand. ***aa) Auf den Gegenstand beschränkter Auftrag.*** Stellt sich später heraus, dass der gepfändete Gegenstand weniger wert als erwartet oder wirtschaftlich wertlos ist, so werden folgende Meinungen vertreten: 13

(1) Es ist der geringere tatsächliche Wert bzw. der Mindestgegenstandswert von 500,– EUR zu Grunde zu legen,[13] vorausgesetzt, dass der Wert bereits bei der die Gebühr auslösenden Tätigkeit so gering war. Gem. § 40 GKG ist auf den Zeitpunkt der anwaltlichen Tätigkeit abzustellen. War zB das 10.000,– EUR wertvolle Klavier beim Vollstreckungsantrag des RA noch intakt und wurde es erst vor der Vollstreckungshandlung des Gerichtsvollziehers zerstört, so errechnet sich die Gebühr aus 10.000,– EUR. 14

(2) Es ist auf den Wert der zu vollstreckenden Forderung abzustellen,[14] zB wenn bei einer Vollstreckung wegen einer Geldforderung in eine Geldforderung letztere geringer als erwartet oder gar ganz wertlos ist. 15

(3) Es ist auf die subjektive Vorstellung des Vollstreckungsgläubigers vom gepfändeten Gegenstand zu Beginn der anwaltlichen Tätigkeit abzustellen, soweit diese plausibel ist und eine nachvollziehbare tatsächliche Basis hat.[15] 16

Richtig ist die 1. Auffassung. Gegen die 2. Meinung spricht der eindeutige Wortlaut des Gesetzes, wonach es, wenn der Vollstreckungsauftrag wirklich auf einen bestimmten Gegenstand beschränkt ist (→ Rn. 12, sonst → Rn. 20), auf den Wert des Gegenstandes ankommt. 17

Auch der 3. Meinung ist der Wortlaut des Gesetzes entgegenzuhalten. Nach diesem ist auf den objektiven Wert abzustellen. Irgendein Hinweis, dass hier subjektive Vorstellungen zu berücksichtigen wären, fehlt. Ein Abstellen hierauf ist dem Recht des Gegenstandswerts auch fremd. Wird die Auflassung eines Grundstücks verlangt, so kommt es auf dessen Verkehrswert und nicht auf die Vorstellung eines Beteiligten an (→ Anh. VI Rn. 43). Nicht stichhaltig ist auch der Einwand, es könne nicht auf den Erfolg der anwaltlichen Tätigkeit abgestellt werden. Entscheidend ist nicht, ob der RA erfolgreich war, sondern dass von Anfang an der vorgestellte Wert nicht gegeben war. Anders ist es allerdings, wenn der Wert bei Beginn der anwaltlichen Tätigkeit noch höher war – der zu pfändende PKW wurde erst danach durch einen Unfall wertlos. Dann ist, unbeschadet dessen, dass die Vollstreckung ins Leere geht und damit erfolglos ist, der ursprüngliche Wert heranzuziehen (→ Rn. 14). 18

Zu erwägen ist allenfalls, ob bei Pfändung einer **Geldforderung,** bei der ein bestimmter Geldbetrag gepfändet werden soll oder eine größenordnungsmäßige Vorstellung besteht, etwas anderes gelten kann. Hier könnten die gleichen Grundsätze wie bei einer Zahlungsklage oder wie bei einem unbestimmten Zahlungsantrag zB bei einer Stufenklage wegen Unterhalt angewandt werden. Man müsste dann unbeschadet des abweichenden Wortlauts des § 25 Abs. 1 Nr. 1 Hs. 2 RVG den Rechtsgedanken des § 6 ZPO mit einbeziehen. Dann käme es auf den im Pfändungsantrag genannten oder den vorgestellten Betrag an. 19

bb) Genereller Vollstreckungsauftrag. Ganz anders ist es, wenn zunächst einmal der RA einen generellen Vollstreckungsauftrag erhält und er nach Entgegennahme der Informationen, wodurch bereits die Verfahrensgebühr ansteht (→ RVG VV 3101 Rn. 66), seine weitere Tätigkeit auf die Pfändung eines bestimmten Gegenstandes beschränkt. Dann richtet sich der Gegenstandswert jedenfalls der Verfahrensgebühr gem. § 25 Abs. 1 Nr. 1 Hs. 1 RVG nach der Höhe der zu vollstreckenden Forderung, auch wenn der Wert des Gegenstandes, der schließlich gepfändet werden soll, niedriger ist.[16] Deshalb wird sich in vielen Fällen zumindest die Verfahrensgebühr nach dem zu vollstreckenden Anspruch richten. 20

c) Werthaltiger, aber für Vollstreckungsgläubiger nicht pfändbarer Anspruch. Weiter ist es auch anders, wenn der Gegenstand zwar werthaltig ist, aber bereits von einem anderen gepfändet ist. Dann hat der Gegenstand objektiv einen bestimmten Wert, der sich auch nicht dadurch vermindert, dass ein bestimmter Vollstreckungsgläubiger keinen Zugriff darauf hat.[17] 21

---

[12] BGH JurBüro 2017, 212 Rn. 20 = NJW-RR 2017, 510.

[13] OLG Brandenburg Rpfleger 2017, 42 = RVGreport 2016, 470 mablAnm *Hansens;* OLG Köln Rpfleger 2001, 149 Rn. 12; LG Hamburg ZMR 2009, 697; LG Stuttgart AGS 2013, 475.

[14] LG Düsseldorf RVGreport 2005, 358 mAnm *Volpert* = AGS 2006, 86 mAnm *Mock;* LG Hamburg AnwBl 2006, 499.

[15] OLG Karlsruhe NJW-RR 2011, 501 = AGS 2010, 539 mit abl. Anm. *N. Schneider.*

[16] *Hansens* in Anm. zu OLG Karlsruhe RVGreport 2011, 73.

[17] OLG Köln Rpfleger 2001, 149.

22 **d) Pfändung und Überweisung. Keine Addition bei einheitlichem Antrag.** Begehrt der RA in einem Antrag die Pfändung und Überweisung von mehreren Forderungen gegen mehrere Drittschuldner, so sind trotz einheitlicher Angelegenheit entgegen § 22 RVG die Werte wegen wirtschaftlicher Identität nicht zu addieren, wenn zumindest eine von ihnen denselben oder einen höheren Wert wie die zu vollstreckende Forderung hat (§ 25 Abs. 1 Nr. 1 Hs. 1 RVG).

Beispiel:

Wegen einer zu vollstreckenden Forderung von 10.000,– EUR wird vom RA die Pfändung und Überweisung von drei Forderungen (11.000,– EUR, 8.000,– EUR und 5.000,– EUR) in einem Antrag beantragt.
Der Gegenstandswert der anwaltlichen Tätigkeit beträgt 10.000,– EUR.

23 Wirtschaftliche Identität ist jedoch nicht gegeben, wenn die gepfändeten Forderungen geringwertiger als die zu vollstreckende Forderung sind. Dann bedeutet jede Pfändung für den Gläubiger solange einen Mehrwert, bis die zu vollstreckende Forderung erfüllt ist (§ 25 Abs. 1 Nr. 1 Hs. 2 RVG). Die Werte sind daher zu addieren, bis der Wert der (noch) zu vollstreckenden Forderung erreicht ist.[18]

Beispiel 1:

Wegen einer zu vollstreckenden Forderung von 10.000,– EUR wird vom RA die Pfändung und Überweisung von drei Forderungen (5.000,– EUR, 6.000,– EUR und 2.000,– EUR) in einem Antrag beantragt.
Der Gegenstandswert der anwaltlichen Tätigkeit beträgt 10.000,– EUR.

Beispiel 2:

Wegen einer zu vollstreckenden Forderung von 10.000,– EUR wird vom RA die Pfändung und Überweisung von drei Forderungen (3.000,– EUR, 2.000,– EUR und 1.000,– EUR) in einem Antrag beantragt.
Der Gegenstandswert der anwaltlichen Tätigkeit beträgt 6.000,– EUR.

24 **e) Austauschpfändung (§§ 811a, b ZPO, § 18 Abs. 1 Nr. 7 RVG).** Gegenstandswert ist der zu schätzende Überschuss des Versteigerungserlöses bis zur Höhe der Forderung, wegen der die Vollstreckung betrieben wird (§ 25 Abs. 1 Nr. 1 RVG). Wegen Angelegenheit → RVG VV 3309 Rn. 195.

25 **f) Verwertung gem. § 825 ZPO, § 18 Nr. 10.** Den Gegenstandswert bildet die Vollstreckungsforderung oder – falls geringer – der Übernahmepreis.

26 **g) Verwaltung, Vollstreckung durch Veräußerung (§ 857 Abs. 4 ZPO, § 18 Abs. 1 Nr. 9 RVG).** Der Wert richtet sich nach dem Betrage der Forderung, derentwegen die Verwaltung angeordnet worden ist, wenn nicht der Wert des Gegenstandes der Verwaltung geringer ist.

27 **h) Sicherungsvollstreckung (§ 720a ZPO).** Der Gegenstandswert richtet sich nach § 25 RVG und nicht nach § 23 RVG.[19]

28 **i) Vorpfändung (§ 845 ZPO).** Der Gegenstandswert entspricht dem Wert der angestrebten Pfändung.[20]

29 **j) Sicherungshypothek (§§ 867, 870a ZPO; § 18 Abs. 1 Nr. 11).** Bei der Löschung einer Sicherungshypothek ist auf die Valutierung und nicht den Nominalbetrag abzustellen.[21] Ist keine Valutierung vorhanden, so sind 20% des Nominalbetrags wegen der Einschränkung der Verkehrsfähigkeit des Grundstücks durch die Hypothek anzusetzen.[22] Ist die Valutierung und die Zahlungsverpflichtung des Schuldners unstreitig und wird zB Löschung Zug um Zug gegen Zahlung beantragt, so sind ebenfalls nur 20% anzusetzen.[23]

3. Künftiges Arbeitseinkommen (Abs. 1 Nr. 1 Hs. 3)

30 Wird künftig fällig werdendes Arbeitseinkommen (§ 850d Abs. 3 ZPO) gepfändet, so sind die noch nicht fälligen Ansprüche nach § 51 Abs. 1 S. 1 FamGKG (also mit dem Ein-Jahresbetrag) bzw. nach § 9 ZPO (mit dem $3^1/_2$fachen Jahresbetrag) und nicht mehr – wie bisher – gem. § 42 Abs. 1 GKG mit dem fünffachen Jahresbetrag zu bewerten. Hs. 3 enthält zusätzlich

[18] BGH JurBüro 2011, 434.

[19] **AA** OVG Magdeburg RVGreport 2012, 473 mAnm *Hansens,* der sich, wenn man schon § 23 RVG anwendet (ob er das für richtig hält, lässt er offen), dafür ausspricht, entsprechend der positiven Feststellungsklage einen Abschlag von 20% vorzunehmen.

[20] OLG Köln JurBüro 1989, 82.

[21] Str. wie hier Schneider/Herget/*Schneider* Rn. 3569.

[22] OLG Nürnberg MDR 2009, 217; OLG Stuttgart JurBüro 2010, 369; BVerfG NJW-RR 2000, 946.

[23] OLG Celle JurBüro 2000, 645; OLG Stuttgart JurBüro 2010, 369.

zu Hs. 1 eine Begrenzung des Wertes. Maßgeblich für die Berechnung des Jahresbetrages ist das Arbeitseinkommen, das der Schuldner nach der Darstellung des Gläubigers im Zeitpunkt der Antragstellung bezieht, abzgl. der dem Schuldner nach § 850d Abs. 1 S. 2 ZPO zu belassenden Beträge. Die geringste Gebührenstufe ist jedoch zu nehmen, wenn das Entstehen der gepfändeten zukünftigen Forderung völlig unwahrscheinlich ist, etwa weil das Arbeitsverhältnis schon vor Einleitung der Zwangsvollstreckung gelöst war.[24] Hs. 3 gilt nicht für die Pfändung gem. § 832 ZPO.[25]

Beispiel 1:

Der Gläubiger hat eine Forderung von 50.000,– EUR. Er pfändet das zukünftige Gehalt von monatlich 1.000,– EUR.

Der Gegenstandswert beträgt gem. § 9 ZPO 42 Monate × 1.000,– EUR, also 42.000,– EUR

Hätte der Gläubiger lediglich eine Forderung von 20.000,– EUR gehabt, so würde der Gegenstandswert nur 20.000,– EUR betragen.

Beispiel 2:

Gläubiger hat Unterhaltsanspruch von monatlich 500,– EUR seit 1.6.2003. Am 10.10.2003 ergeht Vollstreckungsauftrag. Der Gegenstandswert betätigt gem. § 25 Abs. 1 Nr. 1 Hs. 3 RVG; § 51 FamGKG 2.500,– EUR (5 × 500,– EUR + Nebenforderungen für Vergangenheit) zzgl. 6.000,– EUR (12 × 500,– EUR für Zukunft).

4. Verteilungsverfahren (Abs. 1 Nr. 1 Hs. 4)

Im Verteilungsverfahren (§§ 858 Abs. 5; 872–877, 882 ZPO) ist auch wieder von der zu vollstreckenden Forderung einschließlich Nebenforderungen auszugehen (→ Rn. 6, 7). Der zu verteilende Geldbetrag – abzgl. der Kosten des Verfahrens[26] – bildet jedoch die Höchstgrenze.[27] 31

Beispiel:

Der Gläubiger hat eine Forderung von 10.000,– EUR. Der zu verteilende Betrag beläuft sich nach Abzug der Verfahrenskosten auf 5.000,– EUR. Der Gegenstandswert beträgt 5.000,– EUR.

Wäre der zu verteilende Betrag 20.000,– EUR gewesen, so wäre der Gegenstandswert 10.000,– EUR gewesen.

V. Herausgabe, Räumung (Abs. 1 Nr. 2)

Herausgabe. Ist eine Sache oder eine Leistung herauszugeben, so bestimmt sich der Wert nach der herauszugebenden Sache. 32

Räumung. Auch hier ist zunächst der Wert der herauszugebenden Sache maßgebend. Er darf aber gem. § 25 Abs. 1 Nr. 2 Hs. 2 RVG den Wert nicht übersteigen, mit dem der Herausgabe- oder Räumungsanspruch nach den für die Berechnung der Gerichtskosten maßgeblichen Vorschriften zu bewerten ist. Das bedeutet, dass in den Fällen, in denen dem Schuldner auf Grund eines Nutzungsverhältnisses das Grundstück, Gebäude oder der Gebäudeteil überlassen worden war, der Gegenstandswert gem. § 41 Abs. 2 S. 1 GKG den für die Dauer eines Jahres zu entrichtenden Zins nicht überschreiten darf. Das gilt sowohl, wenn die Herausgabe oder Räumung wegen Beendigung eines Miet-, Pacht- oder ähnlichen Nutzungsverhältnisses verlangt wird, als auch dann, wenn sie auch aus einem anderen Rechtsgrunde (zB aus Eigentum) gefordert wird. (§ 41 Abs. 2 S. 2 GKG). 33

Beispiel:

Vollstreckt wird auf Grund eines Räumungstitels gegen den Mieter. Das Haus hat einen Wert von 500.000,– EUR, die monatliche Miete betrug 1.500,– EUR.

Der Gegenstandswert der Vollstreckung beträgt gem. § 25 Abs. 1 Nr. 2 RVG; § 41 Abs. 2 GKG 12 × 1.500,– EUR = 18.000,– EUR.

Beschränkungen können sich auch aus dem FamGKG ergeben, zB für die Ehewohnung aus § 48 Abs. 1 FamGKG, für Hausrat aus § 48 Abs. 2 FamGKG.[28] 34

Nur wenn das Grundstück usw dem zur Herausgabe verurteilten Schuldner nicht auf Grund eines Nutzungsverhältnisses überlassen worden war, er den Besitz vielmehr aus einem anderen Grund (zB als vermeintlicher Erbe oder auf Grund eines unwirksamen Kaufvertrages) 35

---

[24] OLG Köln JurBüro 1987, 1048; LG Kiel SchlHA 1990, 12; anders JurBüro 1991, 1198 mzustAnm *Mümmler* = KostRspr. BRAGO §§ 57, 58 Nr. 72 mkritAnm *Lappe.*

[25] Gerold/Schmidt/*von Eicken,* 15. Aufl. 2002, BRAGO § 57 Rn. 29; *Volpert* RVGreport 2005, 10 (12) Ziff. II 3.

[26] *Hartmann,* 48. Aufl., RVG § 25 Rn. 8; **aA** *N. Schneider* AGS 2010, 469 (470) Ziff. II, weil § 874 Abs. 2 ZPO im Rahmen von § 25 RVG nicht anwendbar sei.

[27] *Hansens* BRAGO § 57 Rn. 18.

[28] *N. Schneider* AGS 2010, 469 (471) Ziff. III.

erlangt hatte, ist der (Verkehrs-)Wert des Grundstücks usw für die RA-Gebühren in der Räumungsvollstreckung maßgeblich.[29] Das gilt auch bei einer Räumung und Herausgabe nach Beendigung einer nichtehelichen Lebensgemeinschaft.[30]

Wegen Zuständigkeits- und Rechtsmittelstreitwert (§§ 8, 9 ZPO) BGH Grundeigentum 2019, 596 = AGS 2019, 410.

VI. Handlung, Duldung, Unterlassung (Abs. 1 Nr. 3)

36 Bei der Vollstreckung von Ansprüchen auf Vornahme, Duldung oder Unterlassung von Handlungen ist der Wert maßgebend, den das zu erwirkende Schuldnerverhalten für den Gläubiger hat. Dieser Wert muss geschätzt werde. Er ist in der Regel ebenso hoch wie der Wert des Anordnungsverfahrens[31] (→ Anh. VI Rn. 656 ff.); bei einer einstweiligen Verfügung im Regelfall mit einem Abschlag im Verhältnis zu einer endgültigen Entscheidung. Er kann bei einer einstweiligen Verfügung im Einzelfall auch einmal dem Wert eines Hauptsacheverfahrens entsprechen, wenn zB nach einer Abschlusserklärung die Vorläufigkeit entfällt (→ Anh. VI Rn. 23 ff.).[32]

Nach der Gegenmeinung ist grds. lediglich ein Bruchteil des Wertes des Anordnungsverfahrens anzusetzen, da die Sanktionierung einzelner Verstöße einen geringeren Wert habe, als die dauerhafte Grundlage der Grundentscheidung.[33]

Der Wert richtet sich nach keiner dieser beiden Meinungen nach der Höhe des beantragten Zwangsgelds.[34] Auf letzteres ist aber abzustellen, wenn es um die Vollstreckung des Zwangsgeldes geht.[35]

37 **Ersatzvornahme (§ 887 ZPO, § 18 Abs. 1 Nr. 12 RVG).** Der Gegenstandswert für das Verfahren auf die Erteilung der Ermächtigung und auf die Verurteilung zur Vorauszahlung richtet sich nach dem Wert der zu erzwingenden Handlung. Dafür bildet der Betrag des verlangten Vorschusses nur einen Anhaltspunkt. Dagegen ist im Verfahren auf Beitreibung des Vorschusses der vorauszuzahlende Kostenbetrag der Gegenstandswert.

38 **Veröffentlichungsbefugnis.** Der Gegenstandswert ist nicht auf die Kosten der Veröffentlichung beschränkt; er richtet sich vielmehr nach dem Interesse des Gläubigers an der Bekanntmachung, das gem. § 3 ZPO zu schätzen ist.

39 **Ordnungsmittel gem. § 890 ZPO.** Der volle Wert[36] und nicht nur ein Bruchteil des Anordnungsverfahrens[37] ist anzusetzen.

40 **Beschwerde des Schuldners gegen Ordnungsgeld** (nicht nur dessen Höhe). Im Regelfall die Höhe des verhängten Ordnungsgeldes (str.);[38] aA die Gegenmeinung, die auf das Interesse des Schuldners abstellt, die Handlung nicht erfüllen zu müssen.[39]

VII. Vermögensauskunft (Abs. 1 Nr. 4)

41 Im Verfahren über die Erteilung der Vermögensauskunft nach § 802c ZPO ZPO sowie in Verfahren über die Einholung von Auskünften Dritter über das Vermögen des Schuldners gem.

---

[29] *Von Eicken* AGS 1998, 33; Hartmann/Toussaint/*Toussaint* RVG § 25 Rn. 17; *Volpert* RVGreport 2005, 10 (14) Ziff. II 2.

[30] OLG Brandenburg FamRZ 2010, 1096.

[31] BayObLG NZM 2002, 489; BayObLGZ 1988, 440 (444) = NJW-RR 1989, 462; OLG Celle AGS 2008, 189, bei Leistungsverfügung wegen verbotener Eigenmacht; OLG Hamm AGS 2015, 523; WRP 2014, 965 = AGS 2014, 518; OLG Köln OLGR 2005, 259 = AGS 2005, 262; JurBüro 1992, 251; OLG München JurBüro 2018, 247 = AGS 2018, 233; OLG Naumburg AGS 2015, 523; OLG Saarbrücken AGS 2012, 82.

[32] OLG Hamm AGS 2015, 523.

[33] OLG Celle JurBüro 2009, 441; OLG Frankfurt JurBüro 2019, 469; OLG München FamRZ 2011, 1686; OLG Stuttgart OLGR 2000, 430 Rn. 27; LAG Hamburg JurBüro 2015, 271.

[34] OLG Celle AGS 2008, 189; OLG München JurBüro 2018, 247 = AGS 2018, 233; FamRZ 2011, 1686.

[35] *Hansens* Anm. zu OLG Celle RVGreport 2014, 284; *N. Schneider* AGS 2010, 469 (471) Ziff. IV.

[36] OLG Köln OLGR 2005, 259; OLG Hamm GRUR-RR 2017, 359 = MDR 2017, 809; OLG Hamm AGS 2016, 296 mzustAnm *N. Schneider;* OLG Hamm WRP 2014, 965 = AGS 2014, 518 mwN, jedenfalls wenn sich die Androhung nach § 890 Abs. 2 ZPO auch auf zukünftige Ereignisse bezieht; LG Bonn AGS 2018, 23; LG Karlsruhe AGS 2018, 23; LG Konstanz AGS 2018, 22; *N. Schneider* AGK 2017, 76 ff.

[37] So aber die Gegenmeinung, die in der Regel 1/3 des Anordnungsverfahrens nimmt: OLG Celle OLGR 2009, 657 mwN für alle vertretenen Auffassungen; LAG Hamburg RVGreport 2015, 153; OLG München FamRZ 2011, 1686; OLG Saarbrücken 19.8.2009 5 W 181/09 BeckRS 2009, 27264.

[38] OLG Celle JurBüro 2014, 437 mit weiteren Fundstellen auch für die Gegenmeinung = RVGreport 2014, 284 mzustAnm *Hansens.*

[39] OLG München MDR 1983, 1029.

§ 802l ZPO richtet sich der Wert nach dem aus dem Vollstreckungstitel noch geschuldeten Betrag einschließlich der Nebenforderungen. Es gelten die obigen Grundsätze zur Vollstreckung aus Geldforderungen (→ Rn. 6f.). Der Wert beträgt gem. § 25 Abs. 1 Nr. 4 RVG jedoch höchstens 2.000,– EUR (bis zum 2. KostRMoG 1.500,– EUR). Entsprechendes gilt gem. § 25 Abs. 1 Abs. 1 Nr. 4 RVG aF, soweit der RA noch in einem Verfahren über die **eidesstattliche Versicherung** gem. §§ 807, 900ff. ZPO aF (dieses Verfahren wurde vom Verfahren über die Erteilung der Vermögensauskunft abgelöst) tätig war.

Löschung im Vermögensverzeichnis. Der Gegenstandswert der Löschung der Eintragung ist nach dem Interesse des Schuldners an der Löschung frei zu schätzen. 42

VIII. Vollziehung im vorläufigen Rechtsschutz

Dazu, dass § 25 RVG anwendbar ist, → Rn. 3. Der Wert für die Vollziehung einer einstweiligen Verfügung, die ein Gebot oder ein Verbot enthält, ist gem. § 3 ZPO zu schätzen (in der Regel auf den Wert des Anordnungsverfahrens).[40] 43

IX. Weitere Vollstreckungsklausel

Der Gegenstandswert im Verfahren auf Erteilung einer weiteren vollsteckbaren Ausfertigung entspricht dem Wert des zu vollstreckenden Anspruchs.[41] Zinsen und Kosten werden nicht berücksichtigt.[42] 44

X. Anträge des Schuldners (Abs. 2)

1. Allgemeines

Bei den in § 25 Abs. 2 RVG genannten Verfahren lässt sich der Gegenstandswert nicht nach feststehenden Kriterien gesetzlich festlegen, weil er von dem jeweiligen Antrag abhängt und nicht allgemein in eine bestimmte Relation zu dem zu vollstreckenden Anspruch zu bringen ist. Maßgeblich ist deshalb das nach billigem Ermessen zu schätzende Interesse des Antragstellers. Der Wert der Maßnahme, gegen die sich der Schuldner (zB bei Vollstreckungsschutzanträgen) wendet, ist nicht verbindlich, wird aber doch in vielen Fällen einen Anhalt geben, → Rn. 46ff.; zum Räumungsschutz → Rn. 49. 45

2. Vollstreckungsschutz und Ähnliches (§§ 765a, 851a, 851b, 1084 Abs. 1 ZPO)

Bruchteil des Hauptsachewerts bzw. Kostenwerts. Der Gegenstandswert des Vollstreckungsschutzbegehrens ist nicht nach dem Wert der Hauptsache oder des Teils der Hauptsache, hinsichtlich dessen die einstweilige Einstellung begehrt wird, sondern nach dem gem. § 3 ZPO zu schätzenden Interesse des Schuldners an der zeitlich begrenzten Verhinderung der Zwangsvollstreckung zu bemessen. Dieses wird von der inzwischen überwiegenden Rspr., der sich auch der BGH angeschlossen hat, mit einem Bruchteil des Wertes der Hauptsache,[43] ohne Zinsen und Kosten,[44] meistens mit $1/5$ des Hauptsachewerts angenommen,[45] bei einem klageabweisenden Urteil mit einem Bruchteil der zu erstattenden Kosten.[46] Abweichend von seiner eigenen Rspr. und ohne Auseinandersetzung mit dieser oder sonstiger Rspr. hat der BGH nunmehr die Hälfte des Hauptsachewerts für den Fall angenommen, dass ein Aufschub für sechs Monate angestrebt wurde.[47] 46

Nach den Umständen des Einzelfalls kommt ein höherer Bruchteil des Hauptsachewerts in Betracht, wenn der Schuldner befürchten muss, dass ihm bei alsbaldiger Durchführung der Zwangsvollstreckung ein endgültiger Schaden entsteht, etwa deshalb weil später vom Gläubiger nichts zurückzuholen sein wird. 47

---

[40] OLG Hamburg JurBüro 1990, 116; KG MDR 1991, 66 = JurBüro 1991, 229; OLG Köln AGS 1994, 20 = Rpfleger 1993, 508, nicht höher als Wert der Anordnung; ebenso OLG Karlsruhe Rpfleger 1999, 509.

[41] LG München JurBüro 1999, 326; *H. Schneider* JurBüro 2004, 632 Ziff. 2.

[42] *Enders* JurBüro 1997, 113 (114) Ziff. 3; *H. Schneider* JurBüro 2004, 632 Ziff. 2.

[43] BGH WM 1983, 968; KG JurBüro 1982, 1243.

[44] Da es sich um keine Zwangsvollstreckung handelt, Riedel/Sußbauer/*Keller*, 8.Aufl. 2000, BRAGO § 49 Rn. 13.

[45] BGH NJW 1991, 2280 Ziff. II c; OLG Hamm FamRZ 1980, 476; OLG München Rpfleger 1981, 371 = MDR 1981, 1029; OLG Bamberg JurBüro 1981, 919 (20% bis 30% des Hauptsachewerts, im konkreten Fall 20%).

[46] BGH NJW 1953, 1350, der allerdings seinerzeit noch die gesamten zu erstattenden Kosten ohne Bruchteil herangezogen hat.

[47] BGH RVGreport 2009, 477; AGS 2010, 541.

48 **Teilbetrag.** Geht es nur um die vorläufige Einstellung hinsichtlich eines abgrenzbaren Teilbetrages, so ist ein Bruchteil aus diesem Teilbetrag zu nehmen.[48]

49 **Räumungsschutzverfahren (§ 765a ZPO).** Der Gegenstandswert ist nach billigem Ermessen zu bestimmen (§ 25 Abs. 2 RVG). Abzustellen ist auf die laufende Nutzung. Der Zeitraum richtet sich danach, für wie lange Räumungsschutz begehrt wird. Ist dies für ein Jahr oder mehr der Fall, so ist unter Berücksichtigung von § 25 Abs. 1 Nr. 2 RVG, § 41 GKG ein Einjahresbetrag zu nehmen.[49] Soll nur ein kürzerer Aufschub erreicht werden, so richtet sich der Gegenstandswert nach dem auf diesen Zeitraum entfallenden Nutzungsentgelt.[50]

3. Einstweilige Einstellung der Zwangsvollstreckung (§§ 707, 719, 769 ZPO)

50 Der Gegenstandswert ist im Regelfall $^1/_5$ des Hauptsachewerts.[51] Das ist aber nur in den Fällen von Bedeutung, in denen für diese Verfahren eine besondere Gebühr anfällt. Ist dies nicht der Fall (→ RVG VV 3328), so erhöht sich der Gegenstandswert der Hauptsache nicht.[52]

51 **4. Drittwiderspruch, Drittschuldnerklage, Vollstreckungsabwehrklage** → RVG VV 3309 Rn. 227, 232, 397

XI. Beschwerden und Rechtsbehelfe (§ 23 Abs. 2 RVG)

52 Der diesbezügliche Gegenstandswert ist nicht in § 25 RVG, sondern in den allgemeinen Vorschriften in § 23 RVG geregelt.[53] Dabei ist in § 23 Abs. 2 S. 3 RVG bestimmt, dass bei Erinnerungen die Vorschriften zur Beschwerde anzuwenden sind. Auch bei Beschwerden und Erinnerungen lässt sich – ebenso wie bei den Anträgen des Schuldners – der Wert nicht nach feststehenden Kriterien gesetzlich festlegen, weil er von dem jeweiligen Antrag abhängig und nicht allgemein in eine bestimmte Relation zu dem zu vollstreckenden Anspruch zu bringen ist.

53 **Billiges Ermessen.** Der Wert ist gem. § 23 Abs. 2 S. 1 RVG unter Berücksichtigung der Interessen des Beschwerde- bzw. Erinnerungsführers gem. § 23 Abs. 3 S. 2 RVG zu bestimmen. Das bedeutet, dass der Wert, soweit er nicht feststeht, unter Berücksichtigung der Interessen des Beschwerde- bzw. Erinnerungsführers nach billigem Ermessen zu bestimmen ist. Der Wert der Maßnahme, gegen die sich Beschwerde- oder Erinnerungsführer wendet, ist nicht verbindlich, wird aber doch in vielen Fällen einen Anhalt geben. Der Gegenstandswert ist durch den Wert des zu Grunde liegenden Verfahrens begrenzt (§ 23 Abs. 2 S. 2 RVG).

XII. Festsetzung der Vollstreckungskosten

54 Der Gegenstandswert für den Antrag auf Festsetzung der Vollstreckungskosten gem. § 788 Abs. 2 ZPO bestimmt sich nach der Summe der festzusetzenden Vollstreckungskosten.[54]

XIII. Festsetzung des Gegenstandswerts

55 Da die Gerichtskosten wertorientiert sind und somit das GKG keine Wertbestimmungen enthält, kann der RA Festsetzung des Gegenstandswerts gem. § 33 RVG verlangen.[55]

§ 26 Gegenstandswert in der Zwangsversteigerung

In der Zwangsversteigerung bestimmt sich der Gegenstandswert

1. bei der Vertretung des Gläubigers oder eines anderen nach § 9 Nr. 1 und 2 des Gesetzes über die Zwangsversteigerung und die Zwangsverwaltung Beteiligten nach dem Wert des dem Gläubiger oder dem Beteiligten zustehenden Rechts; wird das Verfahren wegen einer Teilforderung betrieben, ist der Teilbetrag nur maßgebend, wenn es sich um einen nach § 10 Abs. 1 Nr. 5 des Gesetzes über die Zwangsversteigerung und die Zwangsverwaltung zu befriedigenden Anspruch handelt; Nebenforderungen sind mitzurechnen; der Wert des Gegenstands der Zwangsversteigerung (§ 66 Abs. 1, § 74a

[48] BGH NJW 1953, 1350.
[49] LG Görlitz AGS 2003, 408; *N. Schneider* AGS 2003, 409.
[50] OLG Koblenz FamRZ 2005, 1850 = JurBüro 2005, 384.
[51] BGH NJW 1991, 2280; OLG Köln BRAGOreport 2002, 143.
[52] OLG Karlsruhe NJW-RR 2018, 255 = JurBüro 2018, 137.
[53] HBS VergütungsR/*Volpert* Teil 18 Rn. 90; HBS VergütungsR/*Schneider* Teil 8 Rn. 586.
[54] *Enders* JurBüro 2003, 449 (451) Ziff. 2.2.
[55] *Volpert* RVGreport 2005, 10.

Abs. 5 des Gesetzes über die Zwangsversteigerung und die Zwangsverwaltung), im Verteilungsverfahren der zur Verteilung kommende Erlös, sind maßgebend, wenn sie geringer sind;

2. bei der Vertretung eines anderen Beteiligten, insbesondere des Schuldners, nach dem Wert des Gegenstands der Zwangsversteigerung, im Verteilungsverfahren nach dem zur Verteilung kommenden Erlös; bei Miteigentümern oder sonstigen Mitberechtigten ist der Anteil maßgebend;

3. bei der Vertretung eines Bieters, der nicht Beteiligter ist, nach dem Betrag des höchsten für den Auftraggeber abgegebenen Gebots, wenn ein solches Gebot nicht abgegeben ist, nach dem Wert des Gegenstands der Zwangsversteigerung.

Übersicht

I. Gegenstandswert, Allgemeines

Der **Gegenstandswert** bestimmt sich nicht gem. § 23 Abs. 1 S. 1 RVG nach den für die Gerichtsgebühren geltenden Wertvorschriften des GKG. § 26 RVG hat eigene Vorschriften über die Bestimmung des Gegenstandswertes geschaffen.[1] 1

II. Vertretung des Gläubigers oder eines nach § 9 Nr. 1, 2 ZVG Beteiligten

Der Gegenstandswert richtet sich gem. § 26 Nr. 1 RVG bei der **Vertretung des Gläubigers oder eines anderen nach § 9 Nr. 1, 2 ZVG Beteiligten** nach dem Wert des dem Gläubiger oder dem Beteiligten zustehenden Rechts. Gläubiger ist derjenige, der das Verfahren beantragt hat oder der dem Antrag später beigetreten ist. Beteiligte nach § 9 Nr. 1 ZVG sind diejenigen, für die zzt. der Eintragung des Vollstreckungsvermerks ein Recht im Grundbuch eingetragen oder durch Eintragung gesichert ist, nach § 9 Nr. 2 ZVG diejenigen, die ein der Zwangsvollstreckung entgegenstehendes Recht, ein Recht an dem Grundstück oder an einem das Grundstück belastenden Recht, einen Anspruch mit dem Recht auf Befriedigung aus dem Grundstück oder ein Miet- oder Pachtrecht, auf Grund dessen ihnen das Grundstück überlassen ist, anmelden. 2

Auszugehen ist hiernach grds. von dem Wert des dem Gläubiger oder dem anderen Beteiligten zustehenden Rechts.

III. Verfahren wegen Teilforderung

Wird das Verfahren wegen einer Teilforderung betrieben, so ist nach § 26 Nr. 1 Hs. 2 RVG der Teilbetrag nur maßgebend, wenn es sich um einen nach § 10 Abs. 1 Nr. 5 ZVG zu befriedigenden Anspruch handelt. § 10 Abs. 1 Nr. 5 ZVG betrifft die Ansprüche des Gläubigers, soweit er nicht in einer der in § 10 Abs. 1 Nr. 1–4 ZVG ihm vorgehenden Klassen zu befriedigen ist, also seine Ansprüche aus persönlichen Titeln. In diesen Fällen ist für den Gegenstandswert der Teilbetrag der Forderung maßgebend, wegen der die Zwangsversteigerung betrieben wird, weil dann von vornherein feststeht, dass der Gläubiger wegen des Mehrbetrags aus dem Erlös keine Befriedigung erlangt. In allen anderen Fällen ist der volle Wert des dem Gläubiger oder dem Beteiligten zustehenden Rechts auch dann maßgebend, wenn die Zwangsversteigerung nur wegen einer Teilforderung betrieben wird. 3

Vertritt der RA den Beteiligten wegen **mehrerer Forderungen,** so sind die Werte zusammenzurechnen.

[1] Zum Gegenstandswert OLG Nürnberg JurBüro 1967, 916.

IV. Nebenforderungen

4 Nebenforderungen, also namentlich Zinsen und Kosten, sind nach § 26 Nr. 1 Hs. 3 RVG **mitzurechnen.** Ihr Betrag ist also, wie auch sonst bei der Zwangsvollstreckung, dem Wert der Hauptforderung hinzuzuzählen.

Die Zinsen sind bis zum Erlass des Anordnungs- oder Beitrittsbeschlusses zu berechnen. Zu berücksichtigen sind ferner alle Prozesskosten und die Kosten früherer Zwangsvollstreckungen sowie die Kosten des Zwangsversteigerungsverfahrens, soweit sie angemeldet sind.

V. Wert des Gegenstandes der Zwangsversteigerung oder des zu verteilenden Erlöses

5 Der **Wert des Gegenstandes der Zwangsversteigerung** (§§ 66 Abs. 1, 74a Abs. 5 ZVG), im Verteilungsverfahren **der zur Verteilung kommende Erlös,** sind nach § 26 Nr. 1 Hs. 4 RVG maßgebend, wenn sie geringer sind. Diese Bestimmung entspricht der für Pfandrechte geltenden Wertvorschrift des § 6 ZPO.

Der Wert des Grundstücks, das den Gegenstand der Zwangsversteigerung bildet, wird nach § 66 Abs. 1 ZVG vom Gericht festgesetzt und im Versteigerungstermin bekannt gegeben. Ein Beschwerderecht steht dem RA insoweit nicht zu. Auf die Zwangsversteigerung von Schiffen und Schiffsbauwerken ist diese Bestimmung nach § 162 ZVG entsprechend anzuwenden. § 74a Abs. 5 ZVG betrifft die gerichtliche Festsetzung des Wertes des Grundstücks und der beweglichen Gegenstände, auf die sich die Versteigerung erstreckt, in dem Falle, dass der Zuschlag wegen eines zu geringen Meistgebots versagt wird. Ist eine Festsetzung nach § 74a Abs. 5 ZVG nicht erfolgt, ist der Verkehrswert des Grundstücks maßgebend.

Werden mehrere Grundstücke in einem Verfahren versteigert, so sind die Werte aller Grundstücke zusammenzurechnen, sofern sich die Tätigkeit des RA auf alle Grundstücke bezieht.

Der zur Verteilung kommende Erlös setzt sich zusammen aus dem Betrag, den der Ersteher zu zahlen hat, nämlich dem Bargebot mit Zinsen, dem Erlös anderer Gegenstände, die nach § 65 ZVG besonders versteigert und verwertet werden, den Versicherungsgeldern, auf die sich die Beschlagnahme erstreckt, und den Entschädigungsbeträgen, die an Stelle des Grundstücks oder seines Zubehörs getreten sind. Die Kosten des Verfahrens, die aus der Teilungsmasse vorweg zu entnehmen sind (§ 109 Abs. 1 ZVG), werden nicht abgezogen. Bestehenbleibende Rechte werden nicht hinzugezählt, weil über diese nicht zu befinden ist.

Höher als diese Werte kann also der Gegenstandswert nach § 26 Nr. 1 RVG niemals angenommen werden.

Soweit teilweise angenommen wird, der zur Verteilung kommende Erlös sei der auf den Gläubiger entfallende Erlös,[2] ist dies unrichtig. „Zur Verteilung kommender Erlös" ist der Gesamtbetrag, den der Ersteher zu leisten hat, nicht nur der auf den Gläubiger entfallende Anteil.

VI. Vertretung anderer Beteiligter und des Schuldners

6 **Bei der Vertretung eines anderen Beteiligten,** insbes. des **Schuldners,** Insolvenzverwalters, Miterben, Miteigentümers, eines eingetragenen Eigentümers, ist nach § 26 Nr. 2 RVG der Wert des Gegenstandes der Zwangsversteigerung, im Verteilungsverfahren der zur Verteilung kommende Erlös, also der Wert, der nach § 26 Nr. 1 RVG den Höchstbetrag des Gegenstandswerts bildet, stets der für die Berechnung der Rechtsanwaltsgebühren maßgebende Gegenstandswert.

Bei Miteigentümern oder sonstigen Mitberechtigten ist nach § 26 Nr. 2 RVG letzter Halbsatz der Anteil maßgebend. Das gilt auch für den Erlös.[3]

Vertritt der RA einen Gläubiger, der den Anspruch eines Miteigentümers auf Aufhebung der Gemeinschaft oder den Anteil an der Gesamthandsgemeinschaft hat pfänden und sich überweisen lassen, so ist nicht der Betrag der Forderung des Gläubigers, sondern der Anteil des Miteigentümers maßgebend.[4]

---

[2] *E. Schneider* MDR 1976, 182.

[3] *Mümmler* JurBüro 1978, 1462; LG Bonn JurBüro 1980, 887, Anteil des Miteigentümers bei Teilungsversteigerung.

[4] Schneider/Wolf/*Mock* RVG § 26 Rn. 13; Mayer/Kroiß/*Gierl* RVG § 26 Rn. 24; Hartung/Schons/Enders/*Enders* RVG § 26 Rn. 19; aA Hartmann/Toussaint/*Toussaint* RVG § 26 Rn. 11, Forderung des Gläubigers maßgebend.

Ist ein Auftraggeber Beteiligter iSd § 26 Nr. 1 RVG und gleichzeitig auch iSd Nr. 2, gelten für die Berechnung der Vergütung des beauftragten RA die Vorschriften der Nr. 1, 2 in gleicher Weise wie bei Alleinvertretung. Maßgebend ist der höhere Wert, der bei Mitberechtigten häufig in dem Wert des Grundstücks bestehen wird.

VII. Vertretung des nicht beteiligten Bieters

Bei der Vertretung eines Bieters, der nicht Beteiligter ist, ist nach § 26 Nr. 3 RVG der Betrag des höchsten für den Auftraggeber abgegebenen Gebots, wenn aber ein solches nicht abgegeben ist, der Wert des Gegenstandes der Zwangsversteigerung maßgebend. Die bestehenbleibenden Rechte sind dem Bargebot zuzurechnen. 7

§ 27 Gegenstandswert in der Zwangsverwaltung

[1] In der Zwangsverwaltung bestimmt sich der Gegenstandswert bei der Vertretung des Antragstellers nach dem Anspruch, wegen dessen das Verfahren beantragt ist; Nebenforderungen sind mitzurechnen; bei Ansprüchen auf wiederkehrende Leistungen ist der Wert der Leistungen eines Jahres maßgebend. [2] Bei der Vertretung des Schuldners bestimmt sich der Gegenstandswert nach dem zusammengerechneten Wert aller Ansprüche, wegen derer das Verfahren beantragt ist, bei der Vertretung eines sonstigen Beteiligten nach § 23 Abs. 3 Satz 2.

Übersicht

I. Gegenstandswert, Allgemeines

Der **Gegenstandswert,** nach dem diese Gebühren zu berechnen sind, bestimmt sich zufolge § 27 S. 1 RVG nach dem Anspruch, wegen dessen das Verfahren beantragt ist. Wird das Verfahren nur wegen eines Teiles der Forderung beantragt, so ist der Teilbetrag maßgebend. Für die Berechnung des Wertes des Anspruchs gelten die Vorschriften der §§ 41 ff. GKG. Nebenforderungen, besonders Zinsen und Kosten, sind, wie auch sonst bei der Zwangsvollstreckung, mitzurechnen. 1

II. Anspruch auf wiederkehrende Leistungen

Bei Ansprüchen auf wiederkehrende Leistungen ist nach § 27 S. 1 RVG letzter Halbsatz der Wert der Leistungen eines Jahres maßgebend. Das gilt abweichend von §§ 41, 42 GKG nicht nur bei Miet- oder Pachtzinsen oder ähnlichen Nutzungen und bei Ansprüchen auf gesetzlichen Unterhalt, sondern bei allen wiederkehrenden Leistungen einschließlich laufender Zinsen. Der Jahresbetrag ist nur der Höchstbetrag, also nicht maßgebend, wenn der Gesamtbetrag der wiederkehrenden Leistungen, wegen deren die Anordnung erfolgt ist, geringer ist als der Jahresbetrag.[1] Rückstände bis zur Anordnung der Zwangsverwaltung sind neben den laufenden wiederkehrenden Leistungen zusätzlich zu bewerten. Sie fallen nicht in den Jahresbetrag.[2] 2

III. Vertretung mehrerer Beteiligter

Vertritt der RA in einem Verfahren mehrere Beteiligte, liegt nur eine Angelegenheit vor. Er erhält die Gebühren jeweils nur einmal. Wegen der Anwendbarkeit von VV 1008 RVG, vgl. 3

[1] AA Mayer/Kroiß/*Gierl* RVG § 27 Rn. 9; Hartmann/Toussaint/*Toussaint* RVG § 27 Rn. 8; Hartung/Schons/Enders/*Enders* RVG § 27 Rn. 11; diff. Riedel/Sußbauer/*Potthoff* RVG § 27 Rn. 10.

[2] Mayer/Kroiß/*Gierl* RVG § 27 Rn. 9; aA Hartmann/Toussaint/*Toussaint* RVG § 27 Rn. 9; Schneider/Wolf/*Mock* RVG § 27 Rn. 4.

dort. Sind die mehreren Auftraggeber mit verschiedenen Gegenständen beteiligt, sind die Werte zusammenzurechnen.

IV. Gegenstandswert bei Vertretung des Schuldners

4 Der Gegenstandswert bei der Vertretung des Schuldners bestimmt sich nach dem zusammengerechneten Wert aller Ansprüche, wegen deren das Verfahren beantragt ist (§ 27 S. 2 RVG). Es werden also auch solche Ansprüche mitgerechnet, wegen deren das Verfahren zwar beantragt, aber nicht angeordnet worden ist, vorausgesetzt, dass sich der Auftrag des RA auch auf diese Ansprüche bezogen hat, er also zB nicht erst nach Rücknahme oder Ablehnung beauftragt worden ist.

V. Gegenstandswert bei Vertretung anderer Beteiligter

5 Der Gegenstandswert bei der Vertretung eines sonstigen Beteiligten bestimmt sich zufolge § 27 S. 2 Hs. 2 RVG nach § 23 Abs. 3 S. 2 RVG. Danach ist der Gegenstandswert, soweit er nicht feststeht, nach billigem Ermessen zu bestimmen; in Ermangelung genügender tatsächlicher Anhaltspunkte für eine Schätzung ist der Gegenstandswert auf 5.000,– EUR, nach Lage des Falles höher, jedoch nicht über 500.000,– EUR anzunehmen.

Vertritt der RA den **Insolvenzverwalter als Antragsteller,** so gilt insoweit § 23 Abs. 3 S. 2 RVG;[3] § 27 RVG ist nicht anwendbar, da der Insolvenzverwalter keinen Geldanspruch geltend macht.

§ 28 Gegenstandswert im Insolvenzverfahren

(1) **[1]Die Gebühren der Nummern 3313, 3317 sowie im Fall der Beschwerde gegen den Beschluss über die Eröffnung des Insolvenzverfahrens der Nummern 3500 und 3513 des Vergütungsverzeichnisses werden, wenn der Auftrag vom Schuldner erteilt ist, nach dem Wert der Insolvenzmasse (§ 58 des Gerichtskostengesetzes) berechnet. [2]Im Fall der Nummer 3313 des Vergütungsverzeichnisses beträgt der Gegenstandswert jedoch mindestens 4.000 Euro.**

(2) **[1]Ist der Auftrag von einem Insolvenzgläubiger erteilt, werden die in Absatz 1 genannten Gebühren und die Gebühr nach Nummer 3314 nach dem Nennwert der Forderung berechnet. [2]Nebenforderungen sind mitzurechnen.**

(3) **Im Übrigen ist der Gegenstandswert im Insolvenzverfahren unter Berücksichtigung des wirtschaftlichen Interesses, das der Auftraggeber im Verfahren verfolgt, nach § 23 Abs. 3 Satz 2 zu bestimmen.**

Schrifttum: *Madert,* in Nerlich/Römermann (Hrsg.), Insolvenzordnung, Kommentar, Loseblatt, Kommentierung der InsVV.

Übersicht

I. Allgemeines

1 § 28 RVG bestimmt in Abs. 1 den Gegenstandswert für die Gebühren des RA als Vertreter des Schuldners. In Abs. 2 wird der Gegenstandswert für die Gebühren des RA als Vertreter ei-

[3] Schneider/Wolf/*Mock* RVG § 27 Rn. 5.

nes Gläubigers geregelt. Abs. 3 regelt, dass iÜ der Gegenstandswert im Insolvenzverfahren unter Berücksichtigung der wirtschaftlichen Interessen, die der Auftraggeber im Verfahren verfolgt, nach § 23 Abs. 3 S. 2 RVG zu bestimmen ist.

Drei verschiedene Gegenstandswerte sind in § 28 RVG vorgesehen.

II. Betrag der Insolvenzmasse

Nach ihm werden die Gebühren des RA in allen Fällen berechnet, in denen er den 2 **Schuldner vertritt,** nämlich die Gebühr für das Eröffnungsverfahren nach VV 3313 RVG, die Gebühr für die Vertretung im Insolvenzverfahren gem. VV 3317 RVG und die Beschwerdegebühren nach VV 3500, 3513 RVG, wenn sich die Beschwerde gegen den Beschluss über die Eröffnung des Insolvenzverfahrens richtet. Das gilt nicht nur dann, wenn der Schuldner gegen die Eröffnung des Insolvenzverfahrens Beschwerde einlegt, sondern auch dann, wenn er sich im Verfahren über die Beschwerde eines Gläubigers gegen die Ablehnung des Eröffnungsantrags als Beschwerdegegner durch einen RA vertreten lässt.[1]

Zur **Insolvenzmasse** gehört nach §§ 35, 36 InsO das gesamte dem Schuldner zur Zeit der 3 Verfahrenseröffnung gehörende und während des Verfahrens von ihm erlangte, einer Zwangsvollstreckung unterliegende Vermögen.[2]

Aus dem in § 28 Abs. 1 RVG herangezogenen § 58 GKG folgt, dass bei der Berechnung der 4 Insolvenzmasse nach § 58 Abs. 1 S. 2 GKG Gegenstände, die zur **abgesonderten Befriedigung** dienen, nur in Höhe des für diese nicht erforderlichen Betrags angesetzt werden, und dass für die Berechnung der Masse die Zeit der Beendigung des Verfahrens maßgebend ist. Massekosten und Masseschulden werden nicht abgesetzt.[3]

Der **Aussonderung** unterliegende Gegenstände (§ 47 InsO) gehören überhaupt nicht zur 5 Insolvenzmasse.

Endet der Auftrag des RA vor der Beendigung des Insolvenzverfahrens, so ist für seine Tätigkeit der Wert zzt. der Beendigung seiner Tätigkeit maßgebend.[4]

§ 58 Abs. 2 GKG, wonach, wenn die Aktivmasse höher ist als die Schuldenmasse, der Betrag der Schuldenmasse maßgebend ist, ist anwendbar. § 28 RVG erwähnt zwar ausdrücklich nur die Aktivmasse. Aber auch die Anführung des § 58 GKG besagt, dass sich der Gegenstandswert nach der Schuldenmasse richten soll, wenn diese niedriger ist.[5]

Es besteht kein Anlass, den Gegenstandswert für die Gebühren des Anwalts des Schuldners höher anzunehmen als den Gegenstandswert für die Berechnung der Gerichtskosten.

Nach § 28 Abs. 1 S. 2 RVG beträgt der Gegenstandswert im Falle von VV 3313 RVG, also im Verfahren über einen Antrag auf Eröffnung des Insolvenzverfahrens bei der Vertretung des Schuldners, mindestens 4.000,– EUR.

III. Nennwert der Forderung

Der Nennwert der Forderung des Gläubigers (einschließlich Zinsen und Kosten bis zur In- 6 solvenzeröffnung) ist maßgebend, wenn der **Vertretungsauftrag** von einem **Insolvenzgläubiger** erteilt worden ist. Nach ihm werden berechnet: die Gebühr gem. VV 3314 RVG für die Vertretung im Eröffnungsverfahren, die Gebühr nach VV 3317 RVG für die Vertretung im Insolvenzverfahren, die Gebühr nach VV 3320 RVG für die Anmeldung einer Insolvenzforderung und die Beschwerdegebühr gem. VV 3500 RVG, wenn sich die Beschwerde gegen den Beschluss über die Eröffnung des Insolvenzverfahrens richtet.

IV. Teilbetrag der Forderung

Wird der Insolvenzantrag nur auf einen Teilbetrag der Forderung gestützt, so ist der geltend 7 gemachte Teilbetrag maßgebend.[6]

[1] Riedel/Sußbauer/*Potthoff* RVG § 28 Rn. 6; OLG Stuttgart NJW 1954, 1853.
[2] Hartmann/Toussaint/*Toussaint* RVG § 28 Rn. 5.
[3] Hartmann/Toussaint/*Toussaint* RVG § 28 Rn. 8; Riedel/Sußbauer/*Potthoff* RVG § 28 Rn. 11.
[4] Hartmann/Toussaint/*Toussaint* RVG § 28 Rn. 10; Riedel/Sußbauer/*Potthoff* RVG § 28 Rn. 9.
[5] Riedel/Sußbauer/*Potthoff* RVG § 28 Rn. 13.
[6] Mayer/Kroiß/*Gierl* RVG § 28 Rn. 17; Schneider/Wolf/*Mock* RVG § 28 Rn. 16; Riedel/Sußbauer/Potthoff RVG § 28 Rn. 21; aA Hartmann/Toussaint/*Toussaint* RVG § 28 Rn. 17; Riedel/Sußbauer/*Keller,* 9. Aufl. 2005, RVG § 28 Rn. 8, die gesamte Forderung ist maßgebend.

V. Forderungsanmeldung

8 Bei der Forderungsanmeldung ist ebenfalls nur der angemeldete Teilbetrag für die Gebühr gem. VV 3320 RVG maßgebend.

Hatte der RA den Auftrag, die ganze Forderung anzumelden, und ist auf seinen Rat nur ein Teilbetrag angemeldet worden, so hat der RA den Anspruch auf die Vergütung nach § 34 RVG nach dem Werte des nicht angemeldeten Teilbetrags.[7]

VI. Absonderungsberechtigter

9 Meldet ein Absonderungsberechtigter zunächst den Gesamtbetrag seiner Forderung als Ausfallforderung an, so ist dieser für die Berechnung der Gebühr gem. VV 3320 RVG maßgebend. Macht er nur die Ausfallforderung geltend, so ist diese der Gegenstandswert. Ist die ganze Forderung angemeldet worden und ergibt sich später ein Ausfall in geringerer Höhe, so berechnen sich die Gebühren bis zu diesem Zeitpunkt nach dem Nennbetrag der ganzen Forderung, von der Ermittlung des geringeren Ausfalls an nur nach der Höhe des Ausfalls.[8]

VII. Nebenforderung

10 Nebenforderungen, also besonders Zinsen und Kosten, sind nach § 28 Abs. 2 S. 2 RVG bei der Ermittlung der Forderung des Gläubigers sowohl dann, wenn ihr Nennbetrag, als auch dann, wenn nur die auf sie entfallende Insolvenzdividende den Gegenstandswert bildet, wie auch sonst im Zwangsvollstreckungsverfahren, mitzurechnen. Zinsen sind nur bis zur Insolvenzeröffnung zu bewerten. Kosten, die im Insolvenzverfahren nicht erstattet werden, sind ebenfalls außer Betracht zu lassen.

VIII. Bestimmung nach billigem Ermessen

11 Soweit der Gegenstandswert in Abs. 1, 2 nicht geregelt ist, bestimmt Abs. 3, dass iÜ der Gegenstandswert im Insolvenzverfahren unter Berücksichtigung des wirtschaftlichen Interesses, das der Auftraggeber im Verfahren verfolgt, nach § 23 Abs. 2 S. 2 RVG zu bestimmen ist. Entgegen dem Wortlaut „im" Insolvenzverfahren muss Abs. 3 auch im Eröffnungsverfahren gelten.[9] Der Gegenstandswert ist unter Berücksichtigung des wirtschaftlichen, also nicht des rechtlichen Interesses, das der Auftraggeber (nicht ein anderer Beteiligter) im Verfahren verfolgt, nach § 23 Abs. 2 S. 2 RVG zu bestimmen, also nach **billigem Ermessen.**

So ist bei der Vertretung eines Schuldners im Rahmen des Insolvenzplans, der den Erhalt eines Teils des Schuldnervermögens vorsieht, der Verkehrswert des zu erhaltenden Vermögens, bei Vertretung im Verfahren über den Antrag auf Rechtschuldbefreiung hingegen der Umfang der begehrten Befreiung von Verbindlichkeiten anzusetzen;[10] Bei völliger Ungewissheit der Entwicklung der Vermögensverhältnisse des Schuldners und des Umstands, ob bzw. in welchem Umfang er in Zukunft wieder in der Lage sein wird, Zahlungen zu leisten, ist für das wirtschaftliche Interesse des Schuldners am Erhalt der Restschuldbefreiung auf den Hilfswert des § 23 Abs. 3 S. 2 RVG abzustellen.[11] Bei Vertretung des Gläubigers im Rahmen eines Insolvenzplans entspricht die Differenz zwischen der im Insolvenzverfahren vorgesehenen und der vom Gläubiger begehrten höheren Quote dem Gegenstandswert.[12]

Bei der Festsetzung des Gegenstandswerts für die Rechtsanwaltsgebühren kann in Verfahren über die Rechtsbeschwerde betreffend den Antrag eines Gläubigers auf Versagung der Restschuldbefreiung der Wert von 4.000,– EUR herangezogen werden, wenn genügend tatsächliche Anhaltspunkte für eine Schätzung fehlen.[13] Nach Heraufsetzung des Hilfswerts in § 23 Abs. 3 S. 2 RVG durch das 2. KostRMoG ist insoweit nunmehr der Wert von 5.000,– EUR heranzuziehen.

---

[7] Hartmann/Toussaint/*Toussaint* RVG § 28 Rn. 19.
[8] Riedel/Sußbauer/*Potthoff* RVG § 28 Rn. 23.
[9] Mayer/Kroiß/*Gierl* RVG § 28 Rn. 21; Schneider/Wolf/*Mock* RVG § 28 Rn. 21.
[10] Mayer/Kroiß/*Gierl* RVG § 28 Rn. 23.
[11] OLG Düsseldorf JurBüro 2008, 32; Mayer/Kroiß/*Gierl* RVG § 28 Rn. 23.
[12] Mayer/Kroiß/*Gierl* RVG § 28 Rn. 23.
[13] BGH BeckRS 2007, 03803 = JurBüro 2007, 325.

IX. Allgemeine Bestimmungen

Die allgemeinen Bestimmungen über den Gegenstandswert **der §§ 2 Abs. 1, 22 ff. RVG** gelten an und für sich auch für die Gebühren des RA im Insolvenzverfahren. Da sie im Abschn. 1 enthalten sind, der für alle Verfahrensarten gilt, bedurfte das keiner besonderen Hervorhebung. Jedoch ist § 23 Abs. 1 S. 1 RVG, wonach in gerichtlichen Verfahren sich der Gegenstandswert auch für die Rechtsanwaltsgebühren nach den für die Gerichtsgebühren maßgebenden Wertvorschriften bestimmt, insoweit nicht anwendbar, als in § 28 RVG für die Rechtsanwaltsgebühren Sonderbestimmungen für die Berechnung des Gegenstandswerts enthalten sind.[14] 12

Für die gerichtliche Wertfestsetzung gilt insoweit § 33 RVG.

X. Der für die Gerichtsgebühren maßgebende Wert

Der für die Gerichtsgebühren maßgebende Wert gilt auch für die Berechnung der Anwaltsgebühren, soweit § 28 RVG keine Regelung enthält und auch sonst kein Grund für eine abweichende Bestimmung des Gegenstandswertes besteht. Für die Festsetzung des Gegenstandswertes gilt in diesem Falle § 32 RVG.[15] 13

§ 29 Gegenstandswert im Verteilungsverfahren nach der Schifffahrtsrechtlichen Verteilungsordnung

Im Verfahren nach der Schifffahrtsrechtlichen Verteilungsordnung gilt § 28 entsprechend mit der Maßgabe, dass an die Stelle des Werts der Insolvenzmasse die festgesetzte Haftungssumme tritt.

Übersicht

I. Allgemeines

Allgemeines. Die §§ 486 ff. HGB sehen vor, dass die Haftung des Reeders und der ihm gleichgestellten Personen für bestimmte Ansprüche durch ein gerichtliches Verteilungsverfahren beschränkt werden kann. Das Verfahren richtet sich nach der Schifffahrtsrechtlichen Verteilungsordnung. 1

Jeder Schuldner, der nach materiellem Recht beschränkbar haftet, kann die Festsetzung der Haftungssumme durch das Verteilungsgericht beantragen. Nach der Einzahlung bzw. Sicherstellung der Haftungssumme wird vor dem Gericht das Verteilungsverfahren eröffnet. Durch die Eröffnung wird die Haftung aller Schuldner, die aus dem gleichen Ereignis beschränkbar haften, beschränkt. 2

Die Gläubiger werden in einem insolvenzähnlichen Verfahren befriedigt. Es findet ein Aufgebot der Gläubiger und der nicht antragstellenden Schuldner statt. In einem Prüfungstermin werden die angemeldeten Ansprüche behandelt. Bei Widerspruch gegen die Teilnahmeberechtigung ist der Streit in einem Rechtsstreit auszutragen.

Vertritt der RA den antragstellenden oder einen anderen Schuldner im **Eröffnungsverfahren,** erhält er nach VV 3313 RVG eine 1,0 Verfahrensgebühr aus dem Wert der festgesetzten Haftungssumme. 3

Der Gläubiger wird am Eröffnungsverfahren nicht beteiligt.

Verteilungsverfahren. Vertritt der RA einen Schuldner oder einen Gläubiger, erhält er gem. VV 3317 RVG eine 1,0-Gebühr. Die Gebühr gilt die gesamte Tätigkeit im Verteilungsverfahren ab, beginnend mit der Entgegennahme der Information über die Anmeldung, Prüfung und Feststellung der Ansprüche, die Erhebung von Widersprüchen bis zur Vertretung bei der Verteilung einschl. etwaiger Nachtragsverteilungen. 4

Eine Ermäßigung der Gebühr bei vorzeitiger Erledigung findet nicht statt.

---

[14] Hartmann/Toussaint/*Toussaint* RVG § 28 Rn. 1 f.; Riedel/Sußbauer/*Potthoff* RVG § 28 Rn. 1.

[15] Riedel/Sußbauer/*Potthoff* RVG § 28 Rn. 27.

5 **Anmeldung.** Beschränkt sich die Tätigkeit auf die Anmeldung einer Forderung, so erhält er gem. VV 3320 RVG eine 0,5-Gebühr.

II. Der Gegenstandswert

6 Der **Gegenstandswert** ist entsprechend § 28 RVG mit der Maßgabe zu berechnen, dass an die Stelle des Wertes der Insolvenzmasse die festgesetzte Haftungssumme tritt.

Bei der Vertretung des Schuldners ist sonach die Haftungssumme, höchstens der Betrag sämtlicher Forderungen, maßgebend. Bei der Vertretung eines Gläubigers richtet sich der Gegenstandswert nach dem Nennbetrag der Forderung zzgl. der Nebenansprüche bis zum Tag vor der Eröffnung des Verteilungsverfahrens.[1]

Entsprechend § 28 Abs. 3 RVG und unter Berücksichtigung des wirtschaftlichen Interesses des jeweiligen Auftraggebers nach billigem Ermessen gem. § 23 Abs. 3 S. 2 RVG ist der Gegenstandswert in den sonstigen Fällen der Vertretung des Schuldners oder des Gläubigers zu berechnen, also bei Verfahren über Anträge auf Zulassung der Zwangsvollstreckung (§ 17 Abs. 4 SVertO), bei Anträgen auf Aufhebung von Vollstreckungsmaßregeln (§ 8 Abs. 5 und § 41 SVertO) sowie bei sonstigen Beschwerden und Erinnerungen im Rahmen der SVertO, die nicht bereits von § 28 Abs. 1, 2 RVG iVm § 29 RVG erfasst sind.[2]

§ 29a Gegenstandswert im Verfahren nach dem Unternehmensstabilisierungs- und -restrukturierungsgesetz

Der Gegenstandswert in Verfahren nach dem Unternehmensstabilisierungs- und -restrukturierungsgesetz ist unter Berücksichtigung des wirtschaftlichen Interesses, das der Auftraggeber im Verfahren verfolgt, nach § 23 Absatz 3 Satz 2 zu bestimmen.

I. Allgemeines

1 Die Vorschrift wurde durch das Gesetz zur Fortentwicklung des Sanierungs- und Insolvenzrechts (Sanierungs- und Insolvenzrechtsfortentwicklungsgesetz – SanInsFoG) vom 22.12. 2020[1] mit Wirkung zum 1.1.2021 eingeführt. Die Richtlinie (EU) 2019/1023 des Europäischen Parlaments und des Rates vom 20.6.2019 über präventive Restrukturierungsrahmen, über Entschuldung und über Tätigkeitsverbote sowie über Maßnahmen zur Steigerung der Effizienz von Restrukturierungs-, Insolvenz- und Entschuldungsverfahren und zur Änderung der Richtlinie (EU) 2017/1132 (Richtlinie über Restrukturierung und Insolvenz)[2] und die Evaluation[3] des Gesetzes zur weiteren Erleichterung der Sanierung von Unternehmen vom 7.12.2011 gaben für den Gesetzgeber Anlass zur Fortentwicklung und Ergänzung des Sanierungs- und Insolvenzrechts. Darüber hinaus forderten die wirtschaftlichen Folgen der COVID-19-Pandemie vorübergehende Anpassungen des fortzuentwickelnden und zu ergänzenden Sanierungs- und Insolvenzrechts an die durch die Krisenfolgen geprägte Sondersituation.[4]

2 Mit dem SanInsFoG wollte der Gesetzgeber einen Rechtsrahmen zur Ermöglichung insolvenzabwendender Sanierungen schaffen, der es Unternehmen ermöglicht, sich auf der Grundlage eines von den Gläubigern mehrheitlich angenommenen Restrukturierungsplans zu sanieren. Mit diesem Rechtsrahmen sollte die Lücke geschlossen werden, die das geltende Sanierungsrecht zwischen dem Bereich der freien, dafür aber auf den Konsens aller Beteiligten angewiesenen Sanierung einerseits und der insolvenzverfahrensförmigen Sanierung mit ihren Kosten und Nachteilen gegenüber der freien Sanierung gelassen hat.[5] Dieser Restrukturierungsrahmen soll es nach dem Willen des Gesetzgebers dem Unternehmen grundsätzlich ermöglichen, die Verhandlungen zu dem Plan selbst zu führen und den Plan selbst zur Abstimmung zu stellen.[6] Zudem sollen auch die Voraussetzungen für die Inanspruchnahme der Eigenverwaltung stärker an die Zwecke der Eigenverwaltung und die Interessen der Gläubigerschaft rückgebunden werden.[7]

---

[1] Riedel/Sußbauer/*Potthoff* RVG § 29 Rn. 9 ff.; Mayer/Kroiß/*Gierl* RVG § 29 Rn. 5 f.
[2] Mayer/Kroiß/*Gierl* RVG § 29 Rn. 7.

[1] BGBl 2020 I 3256.
[2] ABl. L 172 vom 26.6.2019 S. 18.
[3] BT-Drs. 19/4880 .
[4] BT-Drs. 19/24181, 1.
[5] BT-Drs. 19/24181, 1.
[6] BT-Drs. 19/24181, 1.
[7] BT-Drs. 19/24181, 2.

II. Persönlicher Anwendungsbereich

3 § 29 RVG gilt zunächst einmal nicht für die Tätigkeit eines Rechtsanwalts als Restrukturierungsbeauftragter im Sinne von §§ 73 ff. StaRUG, als Sanierungsmoderator im Sinne von §§ 94 ff. StaRUG und als Mitglied des Gläubigerbeirats im Sinne von § 93 StaRUG; denn diese Tätigkeiten wurden ebenfalls durch das SanInsFoG[8] in § 1 Abs. 2 S. 2 aufgenommen, sodass die Anwendung des RVG für den Restrukturierungsbeauftragten, den Sanierungsmoderator oder ein Mitglied des Gläubigerbeirats ausscheidet. Die Vergütung des Restrukturierungsbeauftragten richtet sich nach §§ 80 ff. StaRUG, die des Sanierungsmoderators nach § 98 StaRUG und die Mitglieder des Gläubigerbeirats werden nach § 93 Abs. 4 StaRUG vergütet.

4 § 29 RVG gilt somit in erster Linie für den für den Schuldner tätigen Rechtsanwalt, aber auch bei der Vertretung eines Gläubigers oder eines Planbetroffenen (vgl. § 8 StaRUG).

III. Bemessung des Gegenstandswerts

5 Nach § 29 ist der Gegenstandswert in Verfahren nach dem StaRUG unter Berücksichtigung des wirtschaftlichen Interesses, das der Auftraggeber im Verfahren verfolgt, nach § 23 Abs. 3 S. 2 zu bestimmen. Die Anknüpfung an das wirtschaftliche Interesse erschien dem Gesetzgeber sachgerecht, weil durch die vielfältigen Gestaltungsmöglichkeiten im Restrukturierungsplan, Restrukturierungskonzept oder Sanierungsvergleich nicht immer auf den vollen Nennbetrag der einbezogenen Forderungen, Rechte oder Beteiligung abgestellt werden könne.[9] Liegen nicht ausreichend tatsächliche Anhaltspunkte für eine Schätzung vor, ist der Gegenstandswert nach billigem Ermessen in dem in § 23 Abs. 3 S. 2 letzter Halbsatz genannten Rahmen anzunehmen.

IV. Festsetzung des Gegenstandswertes

6 Da in Verfahren nach dem Unternehmensstabilisierungs- und -restrukturierungsgesetz nach KV 2510 ff. GKG Festgebühren anfallen, scheidet eine Anbindung nach § 23 RVG aus, sodass die Festsetzung nach § 33 RVG zu erfolgen hat.

§ 30 Gegenstandswert in gerichtlichen Verfahren nach dem Asylgesetz

(1) **[1]In Klageverfahren nach dem Asylgesetz beträgt der Gegenstandswert 5 000 Euro, in Verfahren des vorläufigen Rechtsschutzes 2.500 Euro. [2]Sind mehrere natürliche Personen an demselben Verfahren beteiligt, erhöht sich der Wert für jede weitere Person in Klageverfahren um 1.000 Euro und in Verfahren des vorläufigen Rechtsschutzes um 500 Euro.**

(2) **Ist der nach Absatz 1 bestimmte Wert nach den besonderen Umständen des Einzelfalls unbillig, kann das Gericht einen höheren oder einen niedrigeren Wert festsetzen.**

Übersicht

[8] BGBl 2020 I 3256.
[9] BT-Drs. 19/24181, 220.

I. Änderungen durch das 2. KostRMoG

1 Im 2. KostRMoG[1] hat der Gesetzgeber mit der Änderung von § 30 RVG endlich auf die Kritik[2] an den seit langem unzureichenden Gegenstandswerten für die gerichtlichen Verfahren nach dem Asylverfahrensgesetz reagiert. Dabei hat der Gesetzgeber auch die Gelegenheit genutzt, die **Struktur der Norm** zu vereinfachen. Die frühere Unterscheidung zwischen Klageverfahren, die die Asylanerkennung einschließlich der Feststellung der Voraussetzungen des § 60 Abs. 1 AufenthG und die Feststellung von Abschiebungshindernissen einerseits betreffen und sonstigen Klageverfahren wurde aufgegeben. Stattdessen sieht die Neuregelung in Abs. 1 S. 1 für **Klageverfahren nach dem Asylgesetz** einen Gegenstandswert von 5.000,– EUR und für vorläufige Rechtsschutzverfahren einen Gegenstandswert von 2.500,– EUR vor. Die bislang in § 30 S. 3 RVG enthaltene Erhöhung des Gegenstandswertes, wenn mehrere natürliche Personen an demselben Verfahren beteiligt sind, wurde im Prinzip beibehalten, die Erhöhung für jede weitere Person im Klageverfahren wurde auch um 100,– EUR auf 1.000,– EUR angehoben, völlig unverständlich ist jedoch, weshalb die Erhöhung für jede weitere Person in Verfahren des vorläufigen Rechtsschutzes von früher 600,– EUR auf 500,– EUR abgesenkt wurde.

2 Zu **kritisieren** bleibt die gegenüber Hauptsacheverfahren **geringere Bewertung von Verfahren des vorläufigen Rechtsschutzes.** Denn entgegen der Auffassung des Gesetzgebers sind die vorläufigen Rechtsschutzverfahren – vom anwaltlichen Aufwand her gesehen – nicht einfacherer als Klageverfahren zu führen, sondern erfordern einen hohen, häufig unter Zeitdruck kurzfristig zu leistenden Arbeitsaufwand.

Beispiel:[3]

Eine vierköpfige Familie soll abgeschoben werden, der Streitwert der Klage gegen die Abschiebungsanordnung errechnet sich wie folgt:

Gegenstandswert für das Klageverfahren gem. § 30 Abs. 1 S. 1 RVG	5.000,– EUR
Erhöhung für drei Personen nach § 30 Abs. 1 S. 2 RVG	3.000,– EUR
Gesamtgegenstandswert	8.000,– EUR

II. Abweichende Wertfestsetzungen im Einzelfall

3 Die Regelung in § 30 Abs. 2 RVG ist neu. Für besonders einfach gelagerte und für die betroffenen weniger bedeutsamen Verfahren einerseits und für besonders umfangreiche und schwierige Verfahren andererseits wird dem Gericht die Möglichkeit eingeräumt, einen höheren oder einen niedrigeren Wert festzusetzen.[4]

4 Nach dem Wortlaut der Regelung und dem gesetzgeberischen Willen sind für eine solche abweichende Wertfestsetzung besondere **Umstände des Einzelfalls** erforderlich, die **nicht** dem **Streitgegenstand oder der Klageart geschuldet sind.**[5]

Trotz dieser eindeutigen Ausgangslage ist in der Rechtsprechung heftig umstritten, ob der Gegenstandswert in gerichtlichen Verfahren nach dem Asylgesetz bei Untätigkeitsklagen auf 2.500,– EUR herabzusetzen ist. Die zutreffende Auffassung lehnt dies ab, denn der Umstand, dass es sich um eine auf Durchführung des Asylverfahrens gerichtete Untätigkeitsklage nach § 75 VwGO handelt, genügt für sich genommen nicht, eine Abweichung vom Regelgegenstandswert (§ 30 Abs. 1 S. 1 RVG) in Form einer Halbierung nach § 30 Abs. 2 RVG zu rechtfertigen, weil der Gesetzgeber eine Differenzierung nach unterschiedlichen Klagezielen oder Klagearten aus Gründen der Vereinfachung gerade nicht mehr wollte.[6] Mittlerweile hat sich jedoch auch das Bundesverwaltungsgericht auf den Standpunkt gestellt, dass bei einer auf bloße Bescheidung beschränkten asylrechtlichen Untätigkeitsklage das begrenzte, asyluntypische „Prüfprogramm" für die Begründetheit der Klage die Halbierung des Gegenstandswertes nach

[1] BGBl. 2013 I 2586.
[2] Insoweit Mayer/Kroiß/*Mayer,* 5. Aufl. 2012, RVG § 30 Rn. 10.
[3] Nach *Mayer* Neues GebührenR § 3 Rn. 66.
[4] BT-Drs. 17/11471 (neu), 269.
[5] VG Düsseldorf BeckRS 2014, 50630 mAnm *Mayer* FD-RVG 2014, 358036.
[6] VG Gelsenkirchen BeckRS 2016, 55501; VG Ansbach BeckRS 2014, 54643; VG Trier BeckRS 2014, 59750; VG Lüneburg BeckRS 2017, 117735 mAnm *Mayer* FD-RVG 2017, 393741; VG Würzburg, BeckRS 2017, 128670; VG Berlin BeckRS 2017, 130024; OVG Berlin-Brandenburg BeckRS 2017, 129636 = NVwZ-RR 2018, 127 mAnm *Mayer* FD-RVG 2017, 396205; anderer Ansicht VG Karlsruhe BeckRS 2018, 4028; VG Oldenburg BeckRS 2017, 144280 mAnm *Mayer* FD-RVG 2014, 404698.

§ 30 Abs. 2 RVG rechtfertige.[7] Die Rechtsprechung folgt dieser Auffassung jedoch nicht ausnahmslos und betont, dass die Erhebung einer Untätigkeitsklage als Bescheidungsklage eines Asylantrags als solche keine Herabsetzung des Gegenstandswertes im Wege einer Billigkeitsentscheidung rechtfertige, weil damit allein keine besonderen Umstände des Einzelfalls im Sinne des § 30 Abs. 2 RVG begründet werden.[8]

§ 30 Abs. 2 RVG ist eine systematisch ausschließlich auf den Einzelfall beschränkte und damit einer generalisierenden Anwendung entgegenstehende Ausnahmeregelung, daher kann ihr Anwendungsbereich nicht generell auf Verfahren nach der Dublin II-Verordnung erweitert werden,[9] Unzutreffend ist auch die Auffassung, bei einer auf Mitteilung durch das Bundesamt nach § 24 Abs. 4 AsylG, bis wann über einen Asylantrag entschieden wird, gerichteten Klage, entspreche es der Billigkeit nach § 30 Abs. 2 den Gegenstandswert auf die Hälfte des Regelwerts nach § 30 Abs. 1 festzusetzen.[10] Auch bei Anfechtung eines Bescheids des Bundesamts für Migration und Flüchtlinge, mit dem gem. § 27a AsylVfG aF die Unzulässigkeit des Asylantrags festgestellt und gem. § 34a AsylG die Abschiebung angeordnet wird, beträgt der Gegenstandswert 5.000,– EUR.[11]

III. Altfälle

5 Für **Altfälle für die Zeit vor Inkrafttreten des 2. KostRMoG**[12] gilt § 30 RVG noch in folgender Fassung:

In Streitigkeiten nach dem Asylverfahrensgesetz beträgt der Gegenstandswert in Klageverfahren, die die Asylanerkennung einschließlich der Feststellung der Voraussetzungen nach § 60 Abs. 1 des Aufenthaltsgesetzes und die Feststellung von Abschiebungshindernissen betreffen, 3.000,– EUR, in sonstigen Klageverfahren 1.500,– EUR. In Verfahren des vorläufigen Rechtsschutzes wegen aufenthaltsbeendender Maßnahmen nach dem Asylverfahrensgesetz beträgt der Gegenstandswert 1.500,– EUR, im Übrigen die Hälfte des Werts der Hauptsache. Sind mehrere natürliche Personen an demselben Verfahren beteiligt, erhöht sich der Wert für jede weitere Person in Klageverfahren um 900,– EUR und in Verfahren des vorläufigen Rechtsschutzes um 600,– EUR.

6 In Streitigkeiten nach dem Asylverfahrensgesetz beträgt der Gegenstandswert in **Klageverfahren, die die Asylanerkennung einschließlich der Feststellung der Voraussetzungen des nach § 60 Abs. 1 AufenthG** und die Feststellung von Abschiebungshindernissen betreffen, 3.000,– EUR, **in sonstigen Klageverfahren** 1.500,– EUR, § 30 S. 1 RVG aF.

7 Der Streitwert von 3.000,– EUR gilt auch dann, wenn neben der Anerkennung als Asylberechtigter und die Feststellung von Abschiebungshindernissen eine Abschiebungsandrohung Gegenstand des Verfahrens ist. Denn der Gesetzgeber hat den Grundsatz aufgestellt, dass der Gegenstandswert bei einer auf die Asylanerkennung gerichteten Klage unabhängig von evtl. gestellten weiteren Anträgen 3.000,– EUR beträgt.[13]

8 Nach § 13 Abs. 2 AsylVfG aF wird mit jedem Asylantrag sowohl die Zuerkennung der Flüchtlingseigenschaft als auch, wenn der Ausländer dies nicht ausdrücklich ablehnt, die Anerkennung als Asylberechtigter beantragt. Auch muss das Bundesamt für die Anerkennung ausländischer Flüchtlinge nach Stellung eines Asylantrages entsprechend § 24 Abs. 2 AsylG die Entscheidung treffen, ob ein Abschiebungsverbot nach § 60 Abs. 5 AufenthG oder § 60 Abs. 7 AufenthG vorliegt. Nach dem Wortlaut der Regelung in § 30 RVG aF S. 1 ist der Gegenstandswert von 3.000,– EUR nur gegeben, wenn Gegenstand des Klageverfahrens sowohl die Asylanerkennung als auch die Feststellung der Voraussetzungen des § 60 AufenthG und die Feststellung von Abschiebungshindernissen nach § 60 Abs. 2–7 AufenthG sind; denn das „und" in § 30 S. 1 Hs. 2 RVG aF ist nach einer Auffassung kumulativ und nicht alternativ zu verstehen.[14] Nach Auffassung des Bundesverwaltungsgerichts ist jedoch § 30 RVG aF für die Zeit für Inkrafttreten des Zuwanderungsgesetzes,[15] also seit dem 1.1.2005, dahingehend auszulegen,

---

7 BVerwG BeckRS 2018, 19627 = NVwZ 2018, 1875 mAnm *Mayer* FD-RVG 2018, 408101.

8 VG Berlin BeckRS 2018, 27555 mAnm *Mayer* FD-RVG 2018, 411986.

9 VG Arnsberg BeckRS 2014, 52118.

10 So aber VG Gelsenkirchen BeckRS 2017, 104685.

11 VG Stuttgart JurBüro 2014, 481.

12 BGBl. 2013 I 2586.

13 OVG Münster AGS 1998, 120 f.; RBD/*Bergmann* AsylVfG § 83b Rn. 7; Schneider/Wolf/*Wahlen,* 6. Aufl. 2012, RVG § 30 Rn. 5.

14 Riedel/Sußbauer/*Potthoff* RVG § 30 Rn. 14; RBD/*Bergmann* AsylVfG § 83b Rn. 7.

15 BGBl. 2004 I 1950 ff.

dass Klageverfahren, die die Asylanerkennung und/oder die Flüchtlingsanerkennung nach § 60 AufenthG betreffen (ggf. einschließlich weiterer nachrangiger Schutzbegehren) mit einem Wert von 3.000,– EUR zu veranschlagen sind. Dies gilt auch dann, wenn zusätzlich Abschiebungsverbote geltend gemacht werden. Somit ist auch für Klageverfahren, die nicht die Asylanerkennung, sondern nur die Anerkennung als Konventionsflüchtling nach § 60 Abs. 1 AufenthG (ggf. einschließlich weiterer nachrangiger Schutzbegehren) zum Gegenstand haben ebenso wie für entsprechende Streitverfahren um den Widerruf oder die Rücknahme dieses Status ein Gegenstandswert von 3.000,– EUR anzusetzen.[16] An dieser Rspr. des Bundesverwaltungsgerichts ist auch nach der Änderung des § 30 RVG durch das 2. Justizmodernisierungsgesetz[17] festzuhalten, welches lediglich die zuvor versehentlich unterbliebene sprachliche Anpassung an das bereits zum 1.1.2005 in Kraft getretene AufenthG vornahm.[18] Denn aus der Gesetzesbegründung ergibt sich nicht, dass trotz der vom BVerwG zum Ausgangspunkt genommenen weitgehenden Gleichstellung des Asylberechtigten mit den Flüchtlingen iSd § 60 Abs. 1 AufenthG eine Ungleichbehandlung beider Personengruppen festgeschrieben bzw. bekräftigt werden sollte.[19] Der Wert des Gegenstandes der anwaltlichen Tätigkeit im Klageverfahren, die die Asyl- und/oder Flüchtlingsanerkennung betreffen, beträgt auch für das zweitinstanzliche Verfahren gem. § 30 S. 2 Hs. 2 RVG aF 3.000,– EUR.[20] Ist aber lediglich ein Schutzbegehren nach § 60 Abs. 2, Abs. 3, Abs. 5 AufenthG oder § 60 Abs. 7 AufenthG Gegenstand des Klageverfahrens, beträgt der Gegenstandswert nach § 30 S. 1 RVG aF letzter Halbsatz 1.500,– EUR.[21]

9 Nach § 30 S. 1 RVG aF letzter Halbsatz beträgt der Gegenstandswert in sonstigen Klageverfahren nach dem Asylverfahrensgesetz 1.500,– EUR.

IV. Vorläufiges Rechtsschutzverfahren wegen aufenthaltsbeendender Maßnahmen nach dem Asylverfahrensgesetz (Altfälle)

10 Nach § 30 S. 2 RVG aF beträgt der Gegenstandswert in Verfahren des vorläufigen Rechtsschutzes wegen aufenthaltsbeendender Maßnahmen nach dem Asylverfahrensgesetz 1.500,– EUR, iÜ die Hälfte des Werts der Hauptsache.

11 Geht es um aufenthaltsbeendende Maßnahmen nach dem Asylverfahrensgesetz beträgt der Gegenstandswert 1.500,– EUR. Aufnahmebeendende Maßnahmen sind Zurückschiebung (§§ 18 Abs. 3, 19 Abs. 3 AsylG), Abschiebungsandrohung (§§ 18a Abs. 2, 34 Abs. 1, 34a, 35 AsylG, 39 Abs. 1 AsylVfG aF) und Einreiseverweigerung (§ 18a Abs. 3 AsylG).[22] In sonstigen Angelegenheiten, bspw. im vorläufigen Rechtsschutzverfahren auf Erteilung der Sondergenehmigung nach § 58 AsylG oder auf Passherausgabe trägt der Streitwert nach § 30 S. 2 RVG aF die Hälfte des Werts der Hauptsache.[23]

V. Beteiligung mehrerer Personen (§ 30 S. 3 RVG) (Altfälle)

12 Sind an demselben Verfahren mehrere natürliche Personen beteiligt, so erhöht sich nach § 30 S. 3 RVG aF der Wert **für jede weitere Person im Klageverfahren um 900,– EUR** und **im Verfahren des vorläufigen Rechtsschutzes um 600,– EUR.** Die Erhöhung des Streitwerts im Klageverfahren für jede weitere Person um 900,– EUR differenziert nicht danach, ob es sich bei der Klage um ein Verfahren handelt, in dem ein Gegenstandswert von 3.000,– EUR nach § 30 S. 1 Hs. 1 RVG aF gilt, oder ob es sich um ein sonstiges Klageverfahren mit einem Streitwert von 1.500,– EUR nach § 30 S. 1 Hs. 2 RVG aF handelt.[24]

13 Im Verfahren des vorläufigen Rechtsschutzes erhöht sich der Gegenstandswert für jede weitere natürliche Person, die an demselben Verfahren beteiligt ist, um 600,– EUR. Ebenso kommt es im Verfahren des vorläufigen Rechtsschutzes für die weiteren Personen nicht darauf an, ob das Verfahren aufenthaltsbeendende Maßnahmen zum Gegenstand hat, vielmehr wird

---

16 BVerwG NVwZ 2007, 469 f mit Besprechung *Mayer* RVG Letter 2007, 33 f.
17 BGBl. 2006 I 3416.
18 VG Stuttgart BeckRS 2007, 23696.
19 BT-Drs. 16/3038, 55.
20 OVG Münster NVwZ-RR 2009, 904.
21 VGH München NVwZ-RR 2008, 740.
22 Riedel/Sußbauer/*Potthoff* RVG § 30 Rn. 24.
23 Hartung/Römermann/Schons/*Römermann* RVG § 30 Rn. 14.
24 *Zimmer* NVwZ 1995, 138 ff. 140, Riedel/Sußbauer/*Potthoff* RVG § 30 Rn. 33 f.

der Gegenstandswert im Verfahren des vorläufigen Rechtsschutzes für jede weitere Person um 600,– EUR erhöht.[25]

VI. Die Gebühren

Im Verwaltungsverfahren entstehen die Gebühren gem. VV 2300 ff. RVG. **14**
Im gerichtlichen Verfahren entstehen die Gebühren nach VV 3100 ff. RVG.

VII. Gebühren in Rechtsmittelverfahren

Nach § 78 Abs. 2 S. 1 AsylG steht den Beteiligten die Berufung gegen das Urteil des Verwaltungsgerichtes zu, wenn sie von dem Oberverwaltungsgericht zugelassen wird. **15**
Für das Berufungsverfahren gelten VV 3200 ff. RVG.
Über den Antrag auf Zulassung der Berufung entscheidet das Oberverwaltungsgericht durch Beschluss, § 78 Abs. 5 S. 1 AsylG.

VIII. Weitere Gebühren

Auch im Asylverfahren können Gebühren für außergerichtliche Tätigkeiten wie zB Beratung und Gutachten § 34, VV 2100 f. RVG sowie die Erledigungsgebühr (VV 1002 RVG) entstehen. **16**

IX. Beschwerdeausschluss

§ 80 AsylG schließt die Beschwerdemöglichkeit in Rechtsstreitigkeiten nach dem Asylgesetz gegen Entscheidungen des Verwaltungsgerichts generell aus, lediglich die revisionsrechtliche Nichtzulassungsbeschwerde gem. § 133 Abs. 1 VwGO bleibt davon unberührt.[26] **17**

Problematisch ist das Verhältnis dieser Regelung zu § 1 Abs. 3 RVG, wonach die Vorschriften des RVG über die Erinnerung und die Beschwerde den Regelungen der für das zugrundeliegende Verfahren geltenden Verfahrensvorschriften vorgehen. Bedeutung hat dies insbesondere für die Frage, ob auch in asylrechtlichen Streitigkeiten die Möglichkeit der Beschwerde nach § 33 Abs. 3 RVG eröffnet ist.[27] Nach zutreffender Auffassung ist der Vorrang von § 1 Abs. 3 RVG zu bejahen. Denn Zweck des Beschwerdeausschlusses in § 80 AsylG ist eine möglichst umfassende Beschleunigung des Asylverfahrens; bei der Festsetzung des Gegenstandswerts geht es aber um ein dem Asylverfahren nachgelagertes Verfahren, bei dem es einzig um die Höhe der Rechtsanwaltsvergütung geht, weshalb eine Beschleunigung nicht mehr erforderlich erscheint.[28] Ein gleichgelagertes Problem des „Vorrangs" stellt sich bei der Festsetzung der aus der Staatskasse zu zahlenden Vergütung nach § 55 RVG. Auch insoweit ist in asylrechtlichen Streitigkeiten die Beschwerde statthaft, § 80 AsylG wird durch §§ 1 Abs. 3, 56 Abs. 2 RVG verdrängt.[29]

X. Prozesskostenhilfevergütung bei eingeschränkter Prozesskostenhilfebewilligung

Wird in einem Klageverfahren nach dem Asylgesetz nicht für sämtliche Klageanträge oder bei mehreren Klägern nicht allen Klägern Prozesskostenhilfe bewilligt, ist umstritten, wie die aus der Staatskasse zu zahlende Vergütung zu berechnen ist. Ein Teil der Rechtsprechung stellt auf einen sogenannten besonderen Prozesskostenhilfegegenstandswert ab, dieser entspricht dem Wert, der den von der Prozesskostenhilfebewilligung umfassten Anträge im Verhältnis zum Gegenstandswert der Klage insgesamt zukommt.[30] Die Gegenauffassungen in der Rechtsprechung **18**

[25] Riedel/Sußbauer/*Potthoff* § 30 Rn. 34.
[26] BeckOK AuslR/Neundorf AsylG § 80 Überblick Rn. 1.
[27] Festsetzung des Gegenstandswerts in asylrechtlichen Verfahren unanfechtbar VG Karlsruhe BeckRS 2018, 4028; VGH Mannheim BeckRS 2017, 103950 mAnm *Mayer* FD-RVG 2017, 387824; VG Kassel BeckRS 2018, 24612; OVG Münster BeckRS 2019, 15029; VGH Kassel BeckRS 2018, 24612 = AGS 2018, 565; OVG Lüneburg BeckRS 2018, 13777; OVG Münster BeckRS 2020, 5460 = AGS 2020, 488 mAnm *Mayer* FD-RVG 2020, 428884; anderer Ansicht kein Beschwerdeausschluss gegen die Gegenstandswertfestsetzung in asylrechtlichen Streitigkeiten VG Lüneburg BeckRS 2017, 117735 mAnm *Mayer* FD-RVG 2017, 393741; VG Minden BeckRS 2017, 124063 mAnm *Mayer* FD-RVG 2017, 395114; OVG Berlin-Brandenburg BeckRS 2016, 49773 = NVwZ-RR 2017, 73 = AGS 2016, 534 = RVGreport 2016, 378; VGH Kassel BeckRS 2019, 19187 = NVwZ-RR 2020, 271 = AGS 2019, 530.
[28] So VG Lüneburg BeckRS 2017, 117735 mAnm *Mayer* FD-RVG 2017, 393741.
[29] OVG Berlin-Brandenburg NVwZ-RR 2017, 73.
[30] VG Kassel BeckRS 2010, 47335; VG Trier BeckRS 2014, 54762.

lehnt dies ab und führt nicht eine Quotelung auf der Ebene des zugrunde zulegenden Gegenstandswertes durch, sondern quotelt die auszuzahlende Prozesskostenhilfevergütung; wird z. B. mit einer asylrechtlichen Klage sowohl die Aufhebung eines „Dublinbescheides" als auch ein gerichtliches „Durchentscheiden" begehrt, beläuft sich der Gegenstandswert für die anwaltliche Tätigkeit nach § 30 Abs. 1 RVG auf 5.000,– EUR, bei Bewilligung von Prozesskostenhilfe für nur eines des Begehren kann der Verfahrensbevollmächtigte nur die Hälfte der Vergütung beanspruchen, die er bei uneingeschränkter PKH-Bewilligung erhalten hätte,[31] ebenfalls 50%, wenn eine Asylklage lediglich in Bezug auf die Gewährung subsidiären Schutzes Erfolg hat.[32] Wird nur einzelnen Klägern Prozesskostenhilfe bewilligt, erfolgt nach dieser Auffassung eine Quotelung der Vergütung aus der Staatskasse nach Kopfteilen.[33] Die einen besonderen Prozesskostenhilfegegenstandswert ablehnende Auffassung ist zutreffend. Der durch das 2. Kostenrechtsmodernisierungsgesetz neu eingeführte Gebührentatbestand des § 30 RVG sollte zu einer Vereinfachung der bis zu diesem Zeitpunkt geltenden Rechtslage beitragen, indem nach § 30 Abs. 1 RVG nunmehr für alle asylrechtlichen Klageverfahren einheitlich und unabhängig vom Streitgegenstand stets 5.000,– EUR zugrunde gelegt werden, wobei sich dieser Wert bei mehreren Klägern für jede Person nach § 30 Abs. 1 S. 2 RVG um 1.000,– EUR erhöht.[34] Der Einführung eines „besonderen Prozesskostenhilfegegenstandswertes" steht nicht nur der eindeutige Wortlaut von § 30 RVG, sondern auch die Absicht des Gesetzgebers entgegen, einen einheitlichen Streitwert für alle asylrechtlichen Klageverfahren zu bestimmen. Die notwendige Differenzierung bei eingeschränkter Prozesskostenhilfe ist daher zu Recht durch eine quotale Kürzung der aus der Staatskasse zu zahlenden Vergütung durchzuführen.

§ 31 Gegenstandswert in gerichtlichen Verfahren nach dem Spruchverfahrensgesetz

(1) [1] **Vertritt der Rechtsanwalt im Verfahren nach dem Spruchverfahrensgesetz einen von mehreren Antragstellern, bestimmt sich der Gegenstandswert nach dem Bruchteil des für die Gerichtsgebühren geltenden Geschäftswerts, der sich aus dem Verhältnis der Anzahl der Anteile des Auftraggebers zu der Gesamtzahl der Anteile aller Antragsteller ergibt.** [2] **Maßgeblicher Zeitpunkt für die Bestimmung der auf die einzelnen Antragsteller entfallenden Anzahl der Anteile ist der jeweilige Zeitpunkt der Antragstellung.** [3] **Ist die Anzahl der auf einen Antragsteller entfallenden Anteile nicht gerichtsbekannt, wird vermutet, dass er lediglich einen Anteil hält.** [4] **Der Wert beträgt mindestens 5.000 Euro.**

(2) **Wird der Rechtsanwalt von mehreren Antragstellern beauftragt, sind die auf die einzelnen Antragsteller entfallenden Werte zusammenzurechnen; Nummer 1008 des Vergütungsverzeichnisses ist insoweit nicht anzuwenden.**

Übersicht

I. Allgemeines

1 Das Spruchverfahrensgesetz (SpruchG) hat die auf mehrere Gesetze verteilten Regelungen zum gesellschaftsrechtlichen Spruchverfahren (Aktiengesetz, Umwandlungsgesetz) zusammengefasst.

Das Spruchverfahren soll, den von einer gesellschaftsbezogenen Strukturmaßnahme (zB Abschluss eines Unternehmensvertrages, Eingliederung, „Squeeze-out", Umwandlungen, Delisting) betroffenen Gesellschaften – in den meisten Fällen Minderheitsaktionäre – eine angemessene Kompensationsleistung garantieren (Ausgleichsleistungen, Zuzahlungen, Abfindungen), ohne dass sie die Maßnahme selbst – etwa durch eine Anfechtungsklage – angreifen müssen. Dementsprechend blockiert das Spruchverfahren die Durchführung der Strukturänderung auch nicht, sondern lässt diese unberührt und regelt bzw. korrigiert allein die Höhe der Kompensation.

---

[31] OVG Berlin-Brandenburg NVwZ-RR 2017, 73.
[32] VG Freiburg BeckRS 2018, 15064.
[33] VG Würzburg BeckRS 2018, 6620 mAnm *Mayer* FD-RVG 2018, 405463.
[34] OVG Berlin-Brandenburg NVwZ-RR 2017, 73.

Sofern im Spruchverfahrensgesetz nichts anderes bestimmt ist, finden auf das Verfahren nach § 17 Abs. 1 SpruchG die Vorschriften des Gesetzes über das Verfahren in Familiensachen und in den Angelegenheiten der freiwilligen Gerichtsbarkeit Anwendung. Nach § 74 S. 1 GNotKG[1] ist als Geschäftswert der Betrag anzunehmen, der von allen in § 3 SpruchG genannten Antragsberechtigten nach der Entscheidung des Gerichts zusätzlich zu dem ursprünglich angebotenen Betrag insgesamt gefordert werden kann; er beträgt mindestens 200.000,– EUR und höchstens 7,5 Mio. EUR. Der Mindeststreitwert von 200.000,– EUR ist dem Antrag auch dann zugrunde zu legen, wenn der Antrag erfolglos ist, das Gericht keine Erhöhung festgesetzt hat und der Geschäftswert somit eigentlich „Null" beträgt.[2] **2**

II. Regelungsgehalt

Der Grundsatz, dass die vom Gericht vorgenommene Festsetzung des Geschäftswerts nach § 32 Abs. 1 RVG auch für die Gebühren des Rechtsanwalts maßgeblich ist, gilt im Spruchverfahren uneingeschränkt nur für den Vertreter des **Antragsgegners.**[3] Für die Gebühren des Antragstellervertreters im Spruchverfahren gilt dieser Grundsatz nur dann, wenn **das** Spruchverfahren nur von einem einzigen Antragsteller betrieben wird.[4] Vertritt der RA im Verfahren nach dem Spruchverfahrensgesetz einen von mehreren Antragstellern, so bestimmt sich nach § 31 Abs. 1 S. 1 RVG der für die Gebührenberechnung zugrunde zu legende Gegenstandswert nach dem Bruchteil des für die Gerichtsgebühren geltenden Geschäftswerts, der sich aus dem Verhältnis der Anzahl der Anteile des Auftraggebers zu der Gesamtzahl der Anteile aller Antragsteller ergibt. **3**

Es gilt daher die Formel: **4**

Anzahl der Anteile des Auftraggebers dividiert durch Gesamtzahl der Anteile aller Antragsteller mal Geschäftswert der Gerichtsgebühren = Gegenstandswert des Anwalts des Auftraggebers.[5]

Im Einzelnen ist **in folgenden Schritten vorzugehen:**[6]

a) die Anzahl der Anteile des Auftraggebers müssen ermittelt werden
b) die Gesamtzahl der Anteile sämtlicher Antragsteller ist zu ermitteln; soweit die Anzahl der auf einen Antragsteller entfallenden Anteile nicht gerichtsbekannt ist, wird nach § 31 Abs. 1 S. 3 RVG vermutet, dass er lediglich einen Anteil hält
c) sodann ist der Bruchteil a)/b) zu ermitteln
d) der Geschäftswert des gesamten Verfahrens ist nach § 74 GNotKG zu ermitteln
e) sodann ist der nach d) festgesetzte oder ermittelte Wert mit dem sich aus c) ergebenden Bruch zu multiplizieren
f) sofern sich danach ein geringer Wert als 5.000,– EUR ergibt, gilt nach § 31 Abs. 1 S. 4 RVG der Mindeststreitwert von 5.000,– EUR.[7]

Maßgeblich für die Berechnung des Gegenstandswerts ist nach Abs. 1 S. 2 die Anzahl der Anteile des Auftraggebers des Anwalts zum Zeitpunkt der jeweiligen Antragstellung; damit soll erreicht werden, dass der einmal ermittelte Wert während der gesamten Dauer des Verfahrens gilt und unabhängig davon ist, ob und ggf. wie sich der Bestand der in Rede stehenden Anteile bis zur Entscheidung verändert.[8] Unter „Antragstellung" ist der Eingang des Antrags beim Gericht zu verstehen.[9] Maßgeblich sind die Angaben der Antragsteller zum jeweiligen Aktienbesitz, nach denen sich auch die Gesamtzahl der von allen Antragstellern gehaltenen Aktien bestimmt; grds. ist kein Raum für die Berücksichtigung etwaiger Erkenntnisse des Antragsgegners zum jeweiligen Aktienbesitz wie auch zur Gesamtzahl der Aktien, zu der die des jeweiligen Antragstellers ins Verhältnis zu setzen sind.[10] **5**

Wenn die Anzahl der auf den Antragsteller entfallenden Anteile nicht gerichtsbekannt ist, wird vermutet, dass er lediglich einen Anteil hält. Die Regelung in § 31 Abs. 1 S. 3 RVG wird **6**

---

[1] Die kostenrechtlichen Regelungen des § 15 Abs. 1, 3 SpruchG wurden iRd 2. KostRMoG in das GNotKG übernommen, BT-Drs. 17/11471 (neu), 285.
[2] Mayer/Kroiß/*Kießling* RVG § 31 Rn. 3.
[3] Mayer/Kroiß/*Kießling* RVG § 31 Rn. 5.
[4] Mayer/Kroiß/*Kießling* RVG § 31 Rn. 5.
[5] Schneider/Wolf/*Thiel* RVG § 31 Rn. 13.
[6] Schneider/Wolf/*Thiel* RVG § 31 Rn. 13.
[7] Schneider/Wolf/*Thiel* RVG § 31 Rn. 13.
[8] Mayer/Kroiß/*Kießling* RVG § 31 Rn. 13.
[9] Schneider/Wolf/*Thiel* RVG § 31 Rn. 15.
[10] OLG Düsseldorf BeckRS 2017, 112091 mAnm *Mayer* FD-RVG 2017, 392657.

zu Recht einschränkend dahingehend ausgelegt, dass die Vorschrift nicht im Verhältnis zwischen RA und Auftraggeber für die Zahl seiner Anteile gelten kann. Denn der Mandant ist auf Grund des Mandatsvertrages verpflichtet, dem RA die für seine Gebührenbemessung relevanten Informationen zur Verfügung zu stellen, also im Fall des § 31 RVG die Anzahl seiner Anteile. Kommt der Mandant dieser Verpflichtung nicht ordnungsgemäß nach, würde sich die daraus ergebende Unklarheit bei Anwendung des § 31 Abs. 1 S. 3 RVG stets zu Lasten des RA auswirken, da die Grundlage für die Gebührenbemessung auf den Auffangwert von 5.000,– EUR reduziert würde. Nach dieser Auffassung ist dem RA unabhängig von der gesetzlichen Vermutung in § 31 Abs. 1 S. 3 RVG eine Schätzung zu gestatten, wobei es dem Mandanten selbstverständlich freisteht, das Ergebnis der Schätzung zu widerlegen, indem er die tatsächliche Anzahl seiner Anteile nachweist.[11]

7 Abs. 2 enthält eine **Sonderregelung für die Berechnung des Gegenstandswerts, wenn ein RA mehrere Antragsteller vertritt.** So sind in einem solchen Fall die auf die einzelnen Antragsteller entfallenden Werte zusammenzurechnen, VV 1008 RVG, wonach sonst eine Erhöhung der Verfahrens- oder Geschäftsgebühr für jede weitere Person 30% erfolgt, ist nach Abs. 2 letzter Halbsatz nicht anzuwenden. Der Anwalt erhält somit seine Gebühren nur einmal, allerdings aus der Summe der auf die von ihm vertretenen Antragsteller entfallenden Werte.[12] Zu beachten ist in diesem Zusammenhang haben § 7 Abs. 2 RVG; jeder Auftraggeber schuldet die Gebühren, die anfallen würden, wenn der Anwalt nur für ihn tätig geworden wäre; insgesamt kann der Anwalt aber nicht mehr fordern als die Gebühren aus den zusammengerechneten Werten.[13] Vertritt der Anwalt mehrere Personen, die Anteile gemeinschaftlich halten wie zB Ehegatten, gibt es zwar mehrere Auftraggeber, aber nur einen Antragsteller.[14] Eine Wertaddition findet nicht statt, allerdings fällt ein Mehrvertretungszuschlag nach VV 1008 RVG an.[15]

Eine Berücksichtigung der Gesamtzahl der Anteile aller Antragsberechtigten, also auch diejenigen, die keinen Antrag gestellt haben, kommt als Referenzgröße für den Streitwert nicht in Betracht.[16]

Ein Rechtsanwalt, der Antragsteller in einem Spruchverfahren ist, kann nicht die Erstattung von in eigener Sache angefallenen Gebühren nach dem RVG verlangen, für eine entsprechende Anwendung von § 91 Abs. 1 S. 3 ZPO ist in FamFG-Angelegenheiten und in Spruchverfahren im Besonderen kein Raum.[17]

V. Änderungen durch das Gesetz zur Verbesserung des Verbraucherschutzes im Inkassorecht und zur Änderung weiterer Vorschriften

13 Durch das Gesetz zur Verbesserung des Verbraucherschutzes im Inkassorecht und zur Änderung weiterer Vorschriften[18] wird § 31b erneut geändert, und zwar an zwei Stellen; so beträgt der Gegenstandswert nicht mehr nur 20% des Anspruchs, sondern 50% des Anspruchs. Zum anderen entfällt die Einschränkung, dass Gegenstand der Einigung nur eine Zahlungsvereinbarung sein darf. Die Regelung tritt am 1.10.2021 in Kraft.

1. Gegenstandswert

14 Die Heraufsetzung des Gegenstandswerts von 20 auf 50% des Anspruchs steht im Zusammenhang mit der gleichzeitigen Absenkung des Werts der Einigungsgebühr bei Zahlungsvereinbarungen im Sinne von VV 1000 Nr. 2 von 1,5 auf 0,7 bei Zahlungsvereinbarungen. Hintergrund dieser Änderung ist, dass dem Gesetzgeber die Kosten, die Schuldnern im Inkassobereich für den Abschluss von Stundungs- oder Ratenzahlungsvereinbarungen entstehen, bei geringwertigen Forderungen deutlich überhört erschienen. In diesen Fällen werde von den Rechtsanwältinnen und Rechtsanwälten in der Regel eine Einigungsgebühr nach VV 1000 RVG mit einem Gebührensatz von 1,5 in Ansatz gebracht, beim Gegenstandswert von

[11] Hartung/Römermann/Schons/*Römermann* RVG § 31 Rn. 14; Schneider/Wolf/*Thiel* RVG § 31 Rn. 19; Mayer/Kroiß/*Kießling* RVG § 31 Rn. 15; aA keine Schätzung, sondern § 31 Abs. 1 S. 3 RVG anwendbar Bischof/*Hellstab/Jungbauer* RVG § 31 Rn. 17.

[12] Mayer/Kroiß/*Kießling* RVG § 31 Rn. 9.

[13] Mayer/Kroiß/*Kießling* RVG § 31 Rn. 10.

[14] Hartung/Römermann/Schons/*Römermann* RVG § 31 Rn. 24; Mayer/Kroiß/*Kießling* RVG § 31 Rn. 12.

[15] Hartung/Römermann/Schons/*Römermann* RVG § 31 Rn. 24; Schneider/Wolf/*Thiel* RVG § 31 Rn. 25; Mayer/Kroiß/*Kießling* RVG § 31 Rn. 12; Bischof/*Hellstab/Jungbauer* RVG § 31 Rn. 20.

[16] Mayer/Kroiß/*Kießling* RVG § 31 Rn. 8.

[17] OLG München NJOZ 2007, 583; BGH NJW-RR 2014, 610 mAnm *Mayer* FD-RVG 2014, 355814; Bischof/*Hellstab/Jungbauer* RVG § 31 Rn. 21.

[18] BGBl 2020 I, 3320.

500 € belaufe sich die Einigungsgebühr – bereits noch nach den nicht durch das Kostenrechtsänderungsgesetz 2021[19] erhöhten Werten – auf 67,50 € (netto).[20] Nach Auffassung des Gesetzgebers dürfte dies den der Rechtsanwaltschaft durch solche Vereinbarungen entstehenden Aufwand regelmäßig übersteigen. Denn gerade wenn Gegenstand der Vereinbarung nur ein geringer Betrag sei und die Vereinbarung einen weitgehend standardisierten und teilweise automatisierten Vorgang darstelle, entstehe der Rechtsanwältin oder dem Rechtsanwalt nur ein verhältnismäßig geringer Aufwand.[21] Dies habe zwar der Gesetzgeber bereits bei der Änderung von VV 1000 RVG durch das 2. Kostenrechtsmodernisierungsgesetz erkannt und deshalb in § 31b RVG bestimmt, dass insoweit der Gegenstandswert nur 20% des Anspruchs betrage, Problem dieses Regelungsansatzes sei jedoch, dass er sich in der untersten Wertstufe nicht kostensenkend auswirke und deshalb die Beträge dort in Relation zu den übrigen Wertstufen übermäßig hoch seien.[22] Der Gesetzgeber löst dieses Problem nunmehr dadurch, dass er den Gebührensatz, der beim Abschluss einer Stundungs- oder Ratenzahlungsvereinbarung verlangt werden kann, von 1,5 auf 0,7 absenkt, im Gegenzug wird der Gegenstandswert durch die Änderung § 31b von 20 auf 50% des Anspruchs erhöht. Dies führe im Ergebnis dazu, dass sich die für Zahlungsvereinbarungen entstehenden Gebühren in der untersten Wertstufe deutlich verringerten, im Übrigen aber die Absenkung des Gebührensatzes zu einem großen Teil ausgeglichen werde.[23]

2. Weitere Vereinbarungen

Die zweite Änderung besteht in einer Erweiterung des Anwendungsbereichs von § 31b RVG. Bislang griff die Vorschrift nur in den Fällen, in denen Gegenstand der Einigung ausschließlich eine Zahlungsvereinbarung ist. Künftig soll nach dem Willen des Gesetzgebers die Vorschrift in allen Angelegenheiten, in denen die Gebühr VV 1000 Nr. 2 RVG anfalle, auch dann anzuwenden sein, wenn neben der Regelung der Zahlungsmodalitäten noch weitere Vereinbarungen getroffen werden wie z.B. Sicherungsabreden, ein teilweiser Forderungs- oder Zinsverzicht des Gläubigers oder die Übernahme der mit der Einigung verbundenen Kosten durch den Schuldner.[24] Diese Erweiterung des Anwendungsbereichs der Regelung ändert aber nichts daran, dass dann, wenn in derselben Angelegenheit eine Einigung im Sinne von VV 1000 Nr. 1 RVG geschlossen wird und damit im Zusammenhang auch eine Zahlungsvereinbarung, es bei Gebührensatz von 1,5 und dem ungekürzten Gegenstandswert bleibt.[25] 15

§ 31a Ausschlussverfahren nach dem Wertpapiererwerbs- und Übernahmegesetz

[1] Vertritt der Rechtsanwalt im Ausschlussverfahren nach § 39b des Wertpapiererwerbs- und Übernahmegesetzes einen Antragsgegner, bestimmt sich der Gegenstandswert nach dem Wert der Aktien, die dem Auftraggeber im Zeitpunkt der Antragstellung gehören. [2] § 31 Abs. 1 Satz 2 bis 4 und Abs. 2 gilt entsprechend.

Übersicht

I. Allgemeines

Vertritt der RA im Ausschlussverfahren nach § 39b des Wertpapiererwerbs- und Übernahmegesetzes (WpÜG) einen Antragsgegner, bestimmt sich der Gegenstandswert nach dem Wert der Aktien, die dem Auftraggeber im Zeitpunkt der Antragstellung gehören. § 31 Abs. 1 S. 2–4, Abs. 2 RVG gilt entsprechend. 1

[19] BGBl. 2020 I, 3329.
[20] BT-Drs. 19/20348, 61.
[21] BT-Drs. 19/20348, 61.
[22] BT-Drs. 19/20348, 61.
[23] BT-Drs. 19/20348, 61.
[24] BT-Drs. 19/20348, 62.
[25] siehe hierzu näher → Rn. 10ff.

2 § 31a RVG wurde durch das Gesetz zur Umsetzung der RL 2004/25/EG des Europäischen Parlaments und des Rates v. 21.4.2004 betreffend Übernahmeangebote (Übernahmerichtlinie-Umsetzungsgesetz) v. 8.7.2006 eingeführt.[1] Mit dieser Richtlinie verfolgt der Europäische Gesetzgeber das Ziel, gemeinschaftsweit ein angemessenes Schutzniveau für Aktionäre zu gewährleisten, aber auch die europäischen Unternehmen im Hinblick auf mögliche Übernahmen gleichzustellen sowie nationale Hemmnisse für Übernahmen abzubauen und grenzüberschreitende Übernahmen zu vereinfachen.[2] So führte das Übernahmerichtlinie-Umsetzungsgesetz in das Wertpapiererwerbs- und Übernahmegesetz den sog. kapitalmarktrechtlichen Squeeze-Out (§§ 39aff. WpÜG) ein.[3] Unter „Squeeze-Out" wird der Ausschluss der Minderheitsaktionäre durch den Mehrheitsaktionär verstanden, der bislang lediglich als gesellschaftsrechtliches Squeeze-Out nach den §§ 327aff. AktG ausgestaltet war.[4]

3 Nach § 39a Abs. 1 S. 1 WpÜG sind nach einem Übernahme- oder Pflichtangebot dem Bieter, dem Aktien der Zielgesellschaft iHv mindestens 95% des stimmberechtigten Grundkapitals gehören, auf seinen Antrag die übrigen stimmberechtigten Aktien gegen Gewährung einer angemessenen Abfindung durch Gerichtsbeschluss zu übertragen. Nach § 39a Abs. 5 WpÜG entscheidet über den Antrag ausschließlich das LG Frankfurt a. M. Auf das Verfahren für den Ausschluss nach § 39a WpÜG ist nach § 39b Abs. 1 WpÜG das Gesetz über das Verfahren in Familiensachen und in den Angelegenheiten der freiwilligen Gerichtsbarkeit anzuwenden, soweit in den Absätzen 2 bis 5 des § 39b WpÜG nichts anderes bestimmt ist. Nach § 39b Abs. 3 S. 1 WpÜG entscheidet das Landgericht durch einen mit Gründen versehenen Beschluss. Gegen die Entscheidung des Landgerichts findet nach § 39b Abs. 3 WpÜG die Beschwerde statt.

4 Die bisher in § 39b Abs. 6 S. 5 WpÜG aF enthaltene Regelung des Geschäftswerts in Ausschlussverfahren nach § 39b WpÜG ist mit dem 2. KostRMoG in das GNotKG übernommen worden.[5] Nach § 73 GNotKG ist maßgebend für die Bewertung des gerichtlichen Ausschlussverfahrens der Betrag, der dem Wert aller Aktien entspricht, auf die sich der Ausschluss bezieht. Der Mindestwert beträgt 200.000,– EUR, der Höchstwert 7,5 Mio. EUR.[6] Umstritten ist, ob bei Zurückweisung oder Rücknahme des Antrags stets der Mindestwert von 200.000,– EUR festzusetzen ist.[7]

II. Regelungsinhalt

5 § 31a RVG regelt einen **Ausnahmetatbestand** zu dem allgemeinen Grundsatz, dass sich nach § 23 Abs. 1 S. 1 RVG der Gegenstandswert für die Rechtsanwaltsgebühren nach den für die Gerichtsgebühren geltenden Wertvorschriften richtet und die gerichtliche Festsetzung des für die Gerichtsgebühren maßgebenden Wertes nach § 32 Abs. 1 RVG auch für die Gebühren des RA maßgebend ist.[8]

6 § 73 GNotKG sieht bei dem gerichtlichen Ausschlussverfahren der Minderheitsaktionäre vor, dass als Geschäftswert der Betrag anzunehmen ist, der dem Wert aller Aktien entspricht, auf die sich der Ausschluss bezieht. Dies ist für die Gerichtsgebühren und für den RA, der den Antragsteller, also den Mehrheitsaktionär, der beantragt, dass ihm die übrigen stimmberechtigten Aktien gegen Gewährung einer angemessenen Abfindung durch Gerichtsbeschluss übertragen werden, vertritt, sachgerecht.[9] Denn die Entscheidung im Ausschlussverfahren wirkt nach § 39b Abs. 5 S. 2 WpÜG für und gegen alle von dem Ausschluss betroffenen Aktionäre. Nach § 39b Abs. 5 S. 3 WpÜG gehen mit rechtskräftiger Entscheidung alle Aktien der übrigen Aktionäre auf den zum Ausschluss berechtigten Aktionär über. Gegenstand des Verfahrens sind demnach alle zu übertragenden Aktien.[10]

7 Vertritt jedoch der RA auf der **Antragsgegnerseite** nicht alle Aktionäre, erscheint die Anknüpfung an den Wert für die Gerichtsgebühren, die sich nach dem Wert aller Aktien richten, auf die sich der Ausschluss bezieht, unangemessen. § 31a Abs. 1 RVG bestimmt daher, dass sich

---

1 BGBl. 2006 I 1426.
2 *Diekmann* NJW 2007, 17 ff.
3 *Diekmann* NJW 2007, 17 ff. (19).
4 *Diekmann* NJW 2007, 17 ff. (19); BGH DStR 2006, 198 f.; MüKoAktG/*Grunewald* § 327a Rn. 2 ff.
5 Schneider/Wolf/*Thiel* RVG § 31a Rn. 6.
6 Schneider/Wolf/*Thiel* RVG § 31a Rn. 6.
7 NK-GK/*Jäckel* GNotKG § 73 Rn. 5.
8 Vgl. BT-Drs. 16/1003, 24.
9 BT-Drs. 16/1003, 24.
10 BT-Drs. 16/1003, 24.

der Gegenstandswert für den RA, der im Ausschlussverfahren nach § 39b WpÜG einen Antragsgegner vertritt, nach dem Wert der Aktien bemisst, die dem Auftraggeber im Zeitpunkt der Antragstellung im Ausschlussverfahren gehören. Maßgebend ist der Kurswert der zu übertragenden Aktien im Zeitpunkt der Antragstellung, also dem Zeitpunkt, zu dem der Ausschließungsantrag beim LG Frankfurt a. M eingeht.[11] Ist die genaue Eingangszeit des Antrags nicht vermerkt, ist der Kurs zum Börsenschluss des Tages maßgebend.[12]

Nach § 31a S. 2 RVG gelten § 31 Abs. 1 S. 2–4, Abs. 2 RVG entsprechend. Für den den Antragsgegner im Ausschlussverfahren nach § 39b WpÜG vertretenden RA ist somit bei der Gegenstandswertbemessung auf den Zeitpunkt der Antragstellung abzustellen,[13] und zwar auf den Zeitpunkt der Antragstellung durch den eigenen Auftraggeber.[14] Unter „Antragstellung" ist dabei der Eingang des Antrags bei Gericht zu verstehen.[15] **8**

§ 31 Abs. 1 S. 3 RVG, den § 31a S. 2 RVG ebenfalls für entsprechend anwendbar erklärt, enthält eine **Vermutungsregelung.** Wenn die Anzahl der auf den Antragsteller entfallenden Aktien nicht gerichtsbekannt ist, wird vermutet, dass er lediglich eine Aktie hält. Die Regelung in § 31a Abs. 1 S. 3 RVG wird zu Recht einschränkend dahingehend ausgelegt, dass die Vorschrift nicht im Verhältnis zwischen RA und Auftraggeber für die Zahl seiner Anteile gelten kann. Denn der Mandant ist auf Grund des Mandatsvertrages verpflichtet, dem RA die für seine Gebührenbemessung relevanten Informationen zur Verfügung zu stellen, also im Fall des § 31 RVG die Anzahl seiner Anteile. Kommt der Mandant dieser Verpflichtung nicht ordnungsgemäß nach, würde sich die daraus ergebende Unklarheit bei Anwendung des § 31 Abs. 1 S. 3 RVG stets zu Lasten des RA auswirken, da die Grundlage für die Gebührenbemessung auf den Auffangwert von 5.000,– EUR reduziert würde. Nach dieser Auffassung ist dem RA unabhängig von der gesetzlichen Vermutung in § 31 Abs. 1 S. 3 RVG eine Schätzung zu gestatten, wobei es dem Mandanten selbstverständlich freisteht, das Ergebnis der Schätzung zu widerlegen, indem er die tatsächliche Anzahl seiner Anteile nachweist.[16] Entsprechendes dürfte auch bei § 31a S. 2 RVG gelten. **9**

Der Gegenstandswert bei Vertretung eines Antragsgegners im Ausschlussverfahren nach § 39b WpÜG beträgt nach § 31a S. 2 RVG iVm § 31 Abs. 1 S. 4 RVG mindestens 5.000,– EUR. **10**

§ 31a Abs. 2 S. 2 RVG, der auch ua § 31 Abs. 2 RVG für entsprechend anwendbar erklärt, enthält eine Ausnahme zu VV 1008 RVG. Denn dann, wenn der RA im Ausschlussverfahren nach § 39b WpÜG mehrere Antragsgegner vertritt, erhält er auf Grund der Verweisung auf § 31 Abs. 2 RVG in S. 2 von § 31a RVG die Gebühren nur einmal aus der Summe der auf die von ihm vertretenen Antragsgegner entfallenden Werte. VV 1008 RVG, der für diesen Fall eine Erhöhung des Gebührensatzes vorsieht, findet keine Anwendung.[17] **11**

III. Gebührentatbestände im gerichtlichen Verfahren

Für das erstinstanzliche Verfahren vor dem Landgericht nach § 39b WpÜG gelten nach VV Vorb. 3.1 Abs. 1 RVG die Gebühren nach VV Teil 3 Abschn. 1 RVG (VV 3100 ff. RVG).[18] Für das Beschwerdeverfahren nach § 39b Abs. 3 WpÜG gelten nach VV Vorb. 3.2.1 Nr. 2j RVG die Gebühren nach VV Teil 3 Abschn. 2 UAbschn. 1 RVG (VV 3200 ff. RVG). **12**

[§ 31b bis 30.9.2021:]

§ 31b Gegenstandswert bei Zahlungsvereinbarungen

Ist Gegenstand einer Einigung nur eine Zahlungsvereinbarung (Nummer 1000 des Vergütungsverzeichnisses), beträgt der Gegenstandswert 20 Prozent des Anspruchs.

---

[11] Mayer/Kroiß/*Kießling* RVG § 31a Rn. 4.

[12] Mayer/Kroiß/*Kießling* RVG § 31a Rn. 4; aA Hartmann/Toussaint/*Toussaint* RVG § 31a Rn. 3, Kurs um zwölf Uhr mittags maßgebend.

[13] Mayer/Kroiß/*Kießling* RVG § 31 Rn. 13; Schneider/Wolf/*Thiel* RVG § 31 Rn. 15.

[14] Schneider/Wolf/*Thiel* RVG § 31 Rn. 15.

[15] Schneider/Wolf/*Thiel* RVG § 31 Rn. 15.

[16] Hartung/Römermann/Schons/*Römermann* RVG § 31 Rn. 14; Schneider/Wolf/*Thiel* RVG § 31 Rn. 19; Mayer/Kroiß/*Kießling* RVG § 31 Rn. 15.

[17] BT-Drs. 16/1003, 24.

[18] BT-Drs. 16/1003, 24.

[§ 31b ab 1.10.2021:]

§ 31b Gegenstandswert bei Zahlungsvereinbarungen

Ist Gegenstand der Einigung eine Zahlungsvereinbarung (Gebühr 1000 Nummer 2 des Vergütungsverzeichnisses), beträgt der Gegenstandswert 50 Prozent des Anspruchs.

I. Allgemeines

1 Die durch das 2. KostenrechtsmodernisierungsG[1] eingeführte Wertvorschrift für Zahlungsvereinbarungen ist im **Zusammenhang mit der Neufassung des Abs. 1 der Anmerkung zur VV 1000 RVG** zu sehen. Denn nach Abs. 1 der Anmerkung zu VV 1000 RVG entsteht die Einigungsgebühr auch für die Mitwirkung beim Abschluss eines Vertrages, durch den die Erfüllung des Anspruchs bei gleichzeitigem vorläufigen Verzicht auf die gerichtliche Geltendmachung und, wenn bereits ein zur Zwangsvollstreckung geeigneter Titel vorliegt, bei gleichzeitigem vorläufigen Verzicht auf Vollstreckungsmaßnahmen geregelt wird. Mit der ebenfalls vorgenommenen Neufassung der Anmerkung zu Abs. 1 zur der VV 1000 RVG hat der Gesetzgeber den bereits schon anlässlich des Übergangs von der Vergleichsgebühr der BRAGO zur Einigungsgebühr des RVG vorhandenen Willen durchgesetzt, dass eine Einigungsgebühr auch für die Mitwirkung bei einer Ratenzahlungsvereinbarung anfällt.[2] Allerdings ist die Höhe der Gebühr durchaus überschaubar, weil bei der Vereinbarung ausschließlich von Zahlungsmodalitäten anstelle der sofortigen gerichtlichen Durchsetzung oder Vollstreckung nur der in § 31b RVG geregelte Bruchteil des Anspruchs Gegenstandswert sein soll.[3]

II. Berechnung

2 Maßgeblich sind 20 % des „Anspruchs". Gemeint ist „Anspruch" im Gegensatz zur „Hauptsache".[4]

1. Forderung noch nicht tituliert

2a Wird die Zahlungsvereinbarung vor einer Titulierung abgeschlossen, ist daher **nur** auf den Wert der **Hauptforderung** anzustellen, Zinsen und Kosten bleiben als Nebenforderungen unberücksichtigt (§ 23 Abs. 3 S. 1 RVG iVm § 43 Abs. 1 GKG, § 37 Abs. 1 FamGKG, § 37 Abs. 1 GNotKG).[5]

Beispiel:

Der Anwalt wird beauftragt, eine Forderung iHv 10.000,– EUR nebst Zinsen und vorgerichtlichen Kosten geltend zu machen. Wird dann eine Zahlungsvereinbarung geschlossen, beläuft sich der Gegenstandswert auf 20 % der Hauptforderung, also auf 2.000,– EUR.

2. Forderung bereits tituliert

3 Ist die Forderung bereits tituliert, sind auch **Zinsen** und **Kosten hinzuzurechnen,** da sich der Gegenstandswert einer Forderung in der Vollstreckung nicht allein in der Hauptsache richtet, sondern Zinsen und Kosten hinzuzurechnen sind (§ 25 Abs. 1 Nr. 1 RVG).[6]

Beispiel:

Ist eine Forderung von 10.000,– EUR tituliert und belaufen sich Zinsen und bisherige Kosten auf weitere 1.000,– EUR, so beträgt der Gegenstandswert einer Zahlungsvereinbarung gem. § 31b RVG 20 % von 11.000,– EUR, also 2.200,– EUR.

3. Einzelfälle

4 **a) Forderung zunächst streitig.** Die Einigungsgebühr in der Entstehungsvariante von VV 1000 Anm. Abs. 1 S. 1 Nr. 1 RVG greift ein, wenn bis zur Einigung der Anspruch streitig war (→ RVG VV 1000 Rn. 231).

[1] BGBl. 2013 I 2586.
[2] BT-Drs. 17/11471 (neu), 271.
[3] BT-Drs. 17/11471 (neu), 269.
[4] Schneider/Wolf/*N. Schneider* RVG § 31b Rn. 15.
[5] Schneider/Wolf/*N. Schneider* RVG § 31b Rn. 18.
[6] Schneider/Wolf/*N. Schneider* RVG § 31b Rn. 17.

Beispiel:[7]

Gegen den Schuldner wurde eine Zahlungsforderung iHv 10.000,– EUR außergerichtlich geltend gemacht. Der Schuldner bestreitet zunächst die Forderung, schließlich lenkt er ein und es wird eine Vereinbarung des Inhalts geschlossen, dass er den Betrag von 10.000,– EUR in Raten zurückzahlt. Folgende Gebühren sind angefallen:

1,3 Geschäftsgebühr nach VV 2300 RVG (Wert 10.000,– EUR)	798,20 EUR
1,5 Einigungsgebühr nach VV 1000 Anm. Abs. 1 Nr. 1 RVG (Wert 10.000,– EUR)	921,00 EUR
Auslagenpauschale VV 7002 RVG	20,00 EUR
Zwischensumme	1.739,20 EUR
Umsatzsteuer nach VV 7008 RVG	330,45 EUR
Gesamtsumme	**2.069,65 EUR**

b) Forderung unstreitig. Anders ist die Berechnung, wenn der in Rede stehende Anspruch gegen den Schuldner unstreitig ist. 5

Beispiel:

Gegen den Schuldner wird eine Zahlungsaufforderung iHv 10.000,– EUR außergerichtlich geltend gemacht. Der Schuldner bestreitet diese Forderung nicht, verpflichtet sich, die Forderung in monatlichen Raten zu gleichen, im Gegenzug ist der Gläubiger bereit, solange auf die Titulierung zu verzichten, wie die Raten pünktlich bezahlt werden.

Entstanden sind somit für den Anwalt des Gläubigers eine Geschäftsgebühr nach VV 2300 RVG sowie eine Einigungsgebühr in der Entstehungsvariante von Abs. 1 Nr. 2 der Anm. zu VV 1000 RVG. Problematisch ist der Gegenstandswert der Geschäftsgebühr. Für die Einigungsgebühr bestimmt sich der Gegenstandswert nach § 31b RVG. Fraglich könnte sein, ob diese Regelung auch ausstrahlt auf die im Zusammenhang mit der Aushandlung der Einigung entstandene Geschäftsgebühr. Wenn jedoch bei Beauftragung des Rechtsanwalts des Gläubigers noch unsicher ist, ob der Schuldner sich gegen die Forderung streitig stellt, ist bei der Geschäftsgebühr der volle Wert des Anspruchs als Gegenstandswert zugrunde zu legen.[8] 6

Beispiel:

Es ergibt sich somit folgende Abrechnung:

1,3 Geschäftsgebühr nach VV 2300 RVG (Wert 10.000,– EUR)	798,20 EUR
1,5 Einigungsgebühr nach VV 1000 RVG (Wert 2.000,– EUR)	249,00 EUR
Auslagepauschale nach VV 7002 RVG	20,00 EUR
Zwischensumme	1067,20 EUR
Umsatzsteuer nach VV 7008 RVG	202,77 EUR
Gesamtsumme	**1.269,97 EUR**

Liegt bereits ein Vollstreckungsbescheid über die Forderung von 10.000,– EUR vor und treffen der Anwalt des Gläubigers und der Schuldner die Regelung, dass der Schuldner die titulierte Forderung in monatlichen Raten abträgt und vom Gläubiger keine Vollstreckungsmaßnahmen ergriffen werden, solange die monatlichen Raten bezahlt werden, liegt eine Einigungsgebühr nach Abs. 1 Nr. 2 der Anm. zu VV 1000 RVG vor, der Gegenstandswert bemisst sich nach § 31b RVG. Für den Anwalt des Gläubigers ergibt sich somit folgende Abrechnung:[9] 7

Beispiel:

0,3 Verfahrensgebühr nach VV 3309 RVG (Wert 10.000,– EUR)	184,20 EUR
1,5 Einigungsgebühr nach VV 1000 RVG (Wert 2.000,– EUR)	249,00 EUR
Auslagenpauschale nach VV 7002 RVG	20,00 EUR
Zwischensumme	453,20 EUR
Umsatzsteuer nach VV 7008 RVG	86,11 EUR
Gesamtsumme	**539,31 EUR**

c) Zahlungsvereinbarung unter der Bedingung vorheriger Titulierung. Häufig in der Praxis anzutreffen, insbes. dann, wenn der Anwalt des Gläubigers für seinen Mandanten den 8

[7] Mayer Neues GebührenR § 2 Rn. 4.
[8] Mayer Neues GebührenR § 2 Rn. 6.
[9] Mayer Neues GebührenR § 2 Rn. 7.

sichersten Weg gehen möchte, ist die Sachverhaltsgestaltung, dass die Erfüllung des Anspruchs zwar unstreitig ist und die Bereitschaft auf Seiten des Schuldners gegeben ist, Ratenzahlungen zu leisten, dass aber der Gläubiger darauf besteht, dass seine Forderung tituliert wird, bevor er mit dem Verzicht auf Zwangsvollstreckungsmaßnahmen vorläufig, solange die Raten fristgerecht bezahlt werden, sich einverstanden erklärt.

Beispiel:[10]

Der Gläubiger macht gegen den Schuldner eine Forderung iHv 10.000,– EUR geltend. Der Schuldner bestreitet die Forderung nicht, der Gläubiger ist unter der Bedingung damit einverstanden, keine Zwangsvollstreckungsmaßnahmen gegen den Schuldner zu ergreifen, solange dieser monatliche Raten zahlt und zuvor hinsichtlich der Forderung ein Mahnverfahren ohne Gegenwehr zur Titulierung des Anspruchs hinnimmt.

9 Fraglich in dieser Konstellation könnte zunächst sein, ob jetzt eine Einigungsgebühr in der Entstehungsvariante nach Abs. 1 Nr. 1 oder nach Abs. 1 Nr. 2 der Anm. zu VV 1000 RVG vorliegt. Die Regelung, dass der Schuldner hinsichtlich der Forderung von 10.000,– EUR einen Vollstreckungstitel ohne Gegenwehr gegen sich schaffen lässt, bspw. bei Durchführung eines Mahnverfahrens, löst keine Einigungsgebühr in der Entstehungsvariante von Abs. 1 Nr. 1 der Anm. zur VV 1000 RVG aus, denn insoweit beschränkt sich der Vertrag ausschließlich auf ein Anerkenntnis iSv Abs. 1 S. 2 der Anm. zum Vergütungstatbestand VV 1000 RVG. Hinsichtlich der weitergehenden Regelung, dass monatliche Raten bei gleichzeitigem vorläufigem Verzicht auf Vollstreckungsmaßnahmen vereinbart werden, gilt, dass eine Einigungsgebühr in Entstehungsvariante Abs. 1 Nr. 2 der Anm. zum Vergütungstatbestand VV 1000 RVG aus einem Streitwert nach § 31b RVG entstanden ist.[11]

IV. Zusammentreffen von Einigung zur Hauptsache und Zahlungsvereinbarung[12]

10 Wird in derselben Angelegenheit zunächst eine Einigung iSv Abs. 1 Nr. 1 der Anm. zu VV 1000 RVG geschlossen und damit im Zusammenhang auch eine Zahlungsvereinbarung iSv Abs. 1 S. 1 Nr. 2 der Anm. zu VV 1000 RVG, kommt eine Wertaddition nicht in Betracht, soweit die Zahlungsvereinbarung eine Forderung betrifft, für die die Einigungsgebühr bereits aus dem vollen Wert angefallen ist.[13]

11 Die Gegenstandswerte der Einigung (hier: 10.000,– EUR) und der Zahlungsvereinbarung (hier: 20% aus 5.000,– EUR) werden nicht zusammengerechnet, da insoweit eine wirtschaftliche Identität besteht, die die Addition ausschließt.[14]

Beispiel:

Der Gläubiger macht gegen den Schuldner eine Forderung iHv 10.000,– EUR geltend. Im Klageverfahren vergleichen sie die Parteien auf eine Zahlung des Beklagten von 5.000,– EUR, dabei wird ihm gestattet, die 5.000,– EUR in zehn monatlichen Raten zu bezahlen.

12 Betreffen hingegen Einigung und Zahlungsvereinbarung verschiedenen Gegenstände, sind die Werte zu addieren.[15]

Beispiel:

Der Gläubiger macht gegen den Schuldner in einem gerichtlichen Verfahren sowohl einen Schadensersatzanspruch aus unerlaubter Handlung als auch einen Darlehensrückzahlungsanspruch geltend. Der Schuldner erkennt den Darlehensrückzahlungsanspruch sofort an, insoweit wird ihm auch eine Ratenzahlung nachgelassen, was die Schadensersatzforderung anbelangt, so vergleichen sich die Parteien schließlich nach einer Beweisaufnahme.
Hier ist hinsichtlich der Schadensersatzforderung aus unerlaubter Handlung eine Einigungsgebühr nach Abs. 1 S. 1 Nr. 1 der Anm. zu VV 1000 RVG entstanden, bzgl. des Darlehensrückzahlungsanspruchs liegt eine Zahlungsvereinbarung vor mit dem Streitwert gem. § 31b RVG.

[10] Mayer Neues GebührenR § 2 Rn. 10.
[11] Mayer Neues GebührenR § 2 Rn. 10.
[12] → RVG VV 1000 Rn. 240 ff.
[13] Schneider/Wolf/*N. Schneider* RVG § 31b Rn. 22.
[14] Schneider/Wolf/*N. Schneider* RVG § 31b Rn. 22.
[15] Schneider/Wolf/*N. Schneider* RVG § 31b Rn. 23.

V. Änderungen durch das Gesetz zur Verbesserung des Verbraucherschutzes im Inkassorecht und zur Änderung weiterer Vorschriften

Durch das Gesetz zur Verbesserung des Verbraucherschutzes im Inkassorecht und zur Änderung weiterer Vorschriften[16] wird § 31b erneut geändert, und zwar an zwei Stellen; so beträgt der Gegenstandswert nicht mehr nur 20% des Anspruchs, sondern 50% des Anspruchs. Zum anderen entfällt die Einschränkung, dass Gegenstand der Einigung nur eine Zahlungsvereinbarung sein darf. Die Regelung tritt am 1.10.2021 in Kraft. 13

1. Gegenstandswert

Die Heraufsetzung des Gegenstandswerts von 20 auf 50% des Anspruchs steht im Zusammenhang mit der gleichzeitigen Absenkung des Werts der Einigungsgebühr bei Zahlungsvereinbarungen im Sinne von VV 1000 Nr. 2 von 1,5 auf 0,7 bei Zahlungsvereinbarungen. Hintergrund dieser Änderung ist, dass dem Gesetzgeber die Kosten, die Schuldnern im Inkassobereich für den Abschluss von Stundungs- oder Ratenzahlungsvereinbarungen entstehen, bei geringwertigen Forderungen deutlich überhört erschienen. In diesen Fällen werde von den Rechtsanwältinnen und Rechtsanwälten in der Regel eine Einigungsgebühr nach VV 1000 RVG mit einem Gebührensatz von 1,5 in Ansatz gebracht, beim Gegenstandswert von 500 € belaufe sich die Einigungsgebühr – bereits noch nach den nicht durch das Kostenrechtsänderungsgesetz 2021[17] erhöhten Werten – auf 67,50 € (netto).[18] Nach Auffassung des Gesetzgebers dürfte dies den der Rechtsanwaltschaft durch solche Vereinbarungen entstehenden Aufwand regelmäßig übersteigen. Denn gerade wenn Gegenstand der Vereinbarung nur ein geringer Betrag sei und die Vereinbarung einen weitgehend standardisierten und teilweise automatisierten Vorgang darstelle, entstehe der Rechtsanwältin oder dem Rechtsanwalt nur ein verhältnismäßig geringer Aufwand.[19] Dies habe zwar der Gesetzgeber bereits bei der Änderung von VV 1000 RVG durch das 2. Kostenrechtsmodernisierungsgesetz erkannt und deshalb in § 31b RVG bestimmt, dass insoweit der Gegenstandswert nur 20% des Anspruchs betrage, Problem dieses Regelungsansatzes sei jedoch, dass er sich in der untersten Wertstufe nicht kostensenkend auswirke und deshalb die Beträge dort in Relation zu den übrigen Wertstufen übermäßig hoch seien.[20] Der Gesetzgeber löst dieses Problem nunmehr dadurch, dass er den Gebührensatz, der beim Abschluss einer Stundungs- oder Ratenzahlungsvereinbarung verlangt werden kann, von 1,5 auf 0,7 absenkt, im Gegenzug wird der Gegenstandswert durch die Änderung § 31b von 20 auf 50% des Anspruchs erhöht. Dies führe im Ergebnis dazu, dass sich die für Zahlungsvereinbarungen entstehenden Gebühren in der untersten Wertstufe deutlich verringerten, im Übrigen aber die Absenkung des Gebührensatzes zu einem großen Teil ausgeglichen werde.[21] 14

2. Weitere Vereinbarungen

Die zweite Änderung besteht in einer Erweiterung des Anwendungsbereichs von § 31b RVG. Bislang griff die Vorschrift nur in den Fällen, in denen Gegenstand der Einigung ausschließlich eine Zahlungsvereinbarung ist. Künftig soll nach dem Willen des Gesetzgebers die Vorschrift in allen Angelegenheiten, in denen die Gebühr VV 1000 Nr. 2 RVG anfalle, auch dann anzuwenden sein, wenn neben der Regelung der Zahlungsmodalitäten noch weitere Vereinbarungen getroffen werden wie z. B. Sicherungsabreden, ein teilweiser Forderungs- oder Zinsverzicht des Gläubigers oder die Übernahme der mit der Einigung verbundenen Kosten durch den Schuldner.[22] Diese Erweiterung des Anwendungsbereichs der Regelung ändert aber nichts daran, dass dann, wenn in derselben Angelegenheit eine Einigung im Sinne von VV 1000 Nr. 1 RVG geschlossen wird und damit im Zusammenhang auch eine Zahlungsvereinbarung, es bei Gebührensatz von 1,5 und dem ungekürzten Gegenstandswert bleibt.[23] 15

---

[16] BGBl 2020 I 3320.
[17] BGBl 2020 I 3329.
[18] BT-Drs. 19/20348, 61.
[19] BT-Drs. 19/20348, 61.
[20] BT-Drs. 19/20348, 61.
[21] BT-Drs. 19/20348, 61.
[22] BT-Drs. 19/20348, 62.
[23] Siehe hierzu näher → Rn. 10 ff.

§ 32 Wertfestsetzung für die Gerichtsgebühren

(1) **Wird der für die Gerichtsgebühren maßgebende Wert gerichtlich festgesetzt, ist die Festsetzung auch für die Gebühren des Rechtsanwalts maßgebend.**

(2) [1]**Der Rechtsanwalt kann aus eigenem Recht die Festsetzung des Werts beantragen und Rechtsmittel gegen die Festsetzung einlegen.** [2]**Rechtsbehelfe, die gegeben sind, wenn die Wertfestsetzung unterblieben ist, kann er aus eigenem Recht einlegen.**

Schrifttum: *Madert/von Seltmann,* Der Gegenstandswert in bürgerlichen Rechtsangelegenheiten, 5. Aufl. 2008; *Oestreich/Winter/Hellstab,* Gerichtskostengesetz, Loseblattsammlung; *Volpert,* Die Bedeutung der Wertfestsetzung bei den Gerichtsgebühren für die Anwaltsgebühren – § 32 RVG, RVGreport 2004, 170.

Übersicht

I. Bedeutung der gerichtlichen Wertfestsetzung für die Anwaltsgebühren

1. Der Grundsatz des Abs. 1

1 Nach dem **Grundsatz des § 32 Abs. 1 RVG** ist, wenn der für die Gerichtsgebühren maßgebende Wert gerichtlich festgesetzt wird, die Festsetzung auch für die Gebühren des RA maßgebend. Er zieht die Folgerung aus § 23 Abs. 1 RVG, wonach sich in gerichtlichen Verfahren der Gegenstandswert nach den für die Gerichtskosten geltenden Wertvorschriften bestimmt, und gilt selbstverständlich nur für solche Anwaltsgebühren, die durch eine Tätigkeit des Anwalts in einem gerichtlichen Verfahren entstanden sind.

2 **Der Gegenstandswert zur Berechnung der Gebühren des Rechtsanwalts** ist je nach der Tätigkeit des RA auf drei verschiedene Arten zu ermitteln:

3 **a)** Richten sich in gerichtlichen Verfahren die Gerichtsgebühren nach dem Wert der Angelegenheit, so gilt § 32 RVG, sofern der Gegenstand der gerichtlichen und der anwaltlichen Tätigkeit der Gleiche ist.

4 **b)** Richten sich in gerichtlichen Verfahren die Gerichtsgebühren nicht nach dem Wert oder ist der Gegenstand der Tätigkeit des RA mit dem der gerichtlichen Tätigkeit nicht identisch (er ist zB geringer), so ist der Gegenstandswert gem. § 33 RVG zu bestimmen.

5 **c)** Betrifft die Tätigkeit des RA kein bei Gericht anhängiges Verfahren, so ist für eine Festsetzung des Gegenstandswertes der Anwaltstätigkeit kein Raum. Der Wert ist in diesem Falle, falls sich der RA und der Auftraggeber nicht auf einen bestimmten Gegenstandswert einigen, in dem Gebührenprozess zwischen Anwalt und Auftraggeber von dem Prozessgericht des Gebührenprozesses als Vorfrage zu entscheiden. Hierher gehört auch der Fall, dass der Wert des Gegenstandes, auf den sich die Tätigkeit des RA erstreckt, höher ist als der Wert des Gegenstandes, auf den sich das gerichtliche Verfahren bezieht.

Beispiel:

Klageauftrag über 10.000,– EUR. Da 4.000,– EUR vor Klageinreichung gezahlt werden, wird Klage nur über 6.000,– EUR erhoben. Die gezahlten 4.000,– EUR können bei der gerichtlichen Streitwertfestsetzung nicht beachtet werden. Der Streitwert wird nur für die gerichtlich geltend gemachten 6.000,– EUR festgesetzt.

2. Wertfestsetzung aller Gerichte

6 § 32 RVG gilt nicht nur für die Festsetzung des Streitwertes durch die Gerichte der Zivilgerichtsbarkeit. Die Vorschrift des § 32 RVG ist vielmehr auch anwendbar auf die **Wertfestsetzungen anderer Gerichte,** zB der Arbeits-, Verwaltungs- oder Finanzgerichte.

In der Sozialgerichtsbarkeit findet § 32 RVG keine Anwendung, soweit Betragsrahmengebühren entstehen. Fallen keine Rahmen-, sondern Wertgebühren an (§ 3 Abs. 1 S. 2 RVG), ist dennoch § 32 RVG nicht anwendbar, weil nach § 184 SGG als Gerichtsgebühren nur Festgebühren erhoben werden. Insoweit ist dann § 33 RVG einschlägig.[1]

II. Übereinstimmung der gerichtlichen und anwaltlichen Tätigkeit

1. Übereinstimmung

7 Voraussetzung der Bindung des Gegenstandswertes der Anwaltstätigkeit an die Festsetzung des Wertes für das gerichtliche Verfahren ist aber **Übereinstimmung der gerichtlichen und der anwaltlichen Tätigkeit.** Die Tätigkeit des RA muss sich also auftragsgemäß auf denselben Gegenstand bezogen haben, auf den sich die gerichtliche Tätigkeit bezogen hat. Der RA muss ins-

[1] *Volpert* RVGreport 2004, 170.

bes. im gleichen Rechtszug tätig gewesen sein, für den der Wert festgesetzt worden ist. Der erstinstanzliche Prozessbevollmächtigte ist deshalb an den – von ihm etwa für unrichtig gehaltenen – Beschluss des Berufungsgerichts nicht gebunden, es sei denn, das Erstgericht übernimmt den Streitwert, oder das Berufungsgericht ändert den Streitwert der ersten Instanz gem. § 63 Abs. 3 GKG ab. Ebenso ist der vorprozessual tätig gewesene RA an die Streitwertbeschlüsse der Gerichte nicht gebunden (er muss aber die Bestimmungen des § 23 RVG beachten).[2]

Wird ein **Streitpatent** von mehreren Klägern in demselben Umfang angegriffen, ist für eine Aufteilung des Streitwerts auf die einzelnen Klagen und eine gesonderte Wertfestsetzung für den Wert des Gegenstands der anwaltlichen Tätigkeit des Prozessbevollmächtigten des einzelnen Klägers jedoch kein Raum. Dies ist Folge der Ausgestaltung der **Patentnichtigkeitsklage** als Popularklage.[3] **8**

2. Gerichtliche und anwaltliche Tätigkeit

Diese stimmen zB nicht überein, **9**

a) wenn der eingeklagte Betrag höher oder niedriger war als der, mit dessen Geltendmachung der Anwalt beauftragt war, zB wenn der Anwalt den Auftrag hatte, nur einen Teilbetrag einzuklagen, er aber den ganzen Betrag einklagt, ohne dass der Auftraggeber dies genehmigt, oder wenn umgekehrt der RA den Auftrag hatte, den ganzen Anspruch geltend zu machen, er aber zunächst nur einen Teilbetrag einklagt. **9a**

b) wenn der RA einen von mehreren **Streitgenossen** vertritt, die Ansprüche in verschiedener Höhe geltend machen oder die auf verschiedene Beträge in Anspruch genommen werden, oder bei der Widerspruchsklage gegen mehrere Pfändungspfandgläubiger, die durch mehrere RA vertreten werden. In diesen Fällen werden nach § 5 ZPO die Gerichtsgebühren und die Gebühren für den RA des Klägers nach den zusammengerechneten Streitwerten berechnet, während der RA jedes Beklagten die Gebühr nur nach dem Werte beanspruchen kann, mit dem der von ihm vertretene Streitgenosse an dem Rechtsstreit beteiligt ist. **10**

Beispiel:

Ein Unfallgeschädigter hat Halter und Fahrer des Kfz als Gesamtschuldner auf Zahlung von 6.000,– EUR Sachschaden und den Fahrer zusätzlich auf Zahlung von 4.000,– EUR Schmerzensgeld verklagt. Der Streitwert beträgt für den Anwalt des Geschädigten 10.000,– EUR, für den des Halters 6.000,– EUR und für den Anwalt des Fahrers 10.000,– EUR.

Werden in einem Rechtsstreit nach § 771 ZPO mehrere Beklagte durch verschiedene RA vertreten, so kann jeder Anwalt seine Gebühr nur nach dem Streitwert liquidieren, der sich aus der Beteiligung seiner Partei am Rechtsstreit ergibt. Die Gerichtsgebühren und die Gebühren des Anwalts des Klägers sind aus den zusammengerechneten Werten zu bestimmen.[4] **11**

Gleiches gilt, wenn mehrere Beklagte auf Einwilligung in die Auszahlung eines hinterlegten Betrages verklagt worden sind.[5] **12**

Zu beachten ist, dass die niedrigeren Streitwerte gem. § 33 RVG nur auf Antrag, nicht von Amts wegen festzusetzen sind.

c) wenn sich der dem RA erteilte **Auftrag vor Klagerhebung zT erledigt** hat. Dann ist für die Gerichtsgebühren der Wert des rechtshängig gewordenen Anspruchs, für die Verfahrensgebühr des RA, die allerdings nach VV 3101 hinsichtlich des Mehrbetrags nur iHv 0,8 entsteht (vgl. § 15 Abs. 3 RVG), der höhere Gegenstand des Auftrags maßgebend. Vgl. das bei → Rn. 5 am Ende gebildete Beispiel. **13**

d) wenn sich nach Klagerhebung, aber **vor Beauftragung des Rechtsanwalts** durch den Beklagten, **der Anspruch zT erledigt hat.** Dann ist umgekehrt für die Gerichtsgebühren der ganze Streitwert, für die Gebühren des RA des Beklagten nur der ermäßigte Streitwert maßgebend. **14**
Dasselbe gilt, wenn ein Rechtsmittel zT zurückgenommen worden ist, bevor der Rechtsmittelbeklagte einen RA beauftragt hat.

e) wenn ein außergerichtlicher Vergleich über einen den Gegenstand des Rechtsstreits übersteigenden Betrag abgeschlossen wird, weil in diesem Falle für den höheren Wert des Vergleichs keine Gerichtsgebühr erhoben wird. **15**

---

[2] Vgl. auch OVG Berlin JurBüro 1982, 1503; Riedel/Sußbauer/*Potthoff* RVG § 32 Rn. 22.
[3] BGH BeckRS 2013, 1746 = JurBüro 2014, 25 mAnm *Mayer* FD-RVG 2013, 352662.
[4] OLG Düsseldorf AnwBl 1978, 422 = Rpfleger 1978, 426; OLG München Rpfleger 1973, 257 = MDR 1973, 771.
[5] OLG Frankfurt a. M. JurBüro 1970, 770 = Rpfleger 1970, 353.

Dasselbe gilt, wenn ein in einem gerichtlichen Vergleich mitverglichener Anspruch in einem anderen Rechtsstreit anhängig ist.

16 Sonst wird beim gerichtlichen Vergleich eine Gerichtsgebühr auch insoweit erhoben, als der Wert des Vergleichsgegenstandes den Wert des Streitgegenstandes übersteigt. Dann ist der festgesetzte Vergleichswert auch für die Rechtsanwaltsgebühren maßgebend.

17 f) wenn die **Gebühreninstanz früher endet als die Gerichtsinstanz,** zB bei Tod des RA, Verlust seiner Zulassung oder Kündigung des Auftrags, und sich der Streitwert danach erhöht hat.

18 g) bei einer unzulässigen Klageerweiterung; denn nach einer in der Rspr. vertretenen Auffassung führt eine unzulässige Klageerweiterung nicht zu einer Erhöhung des Streitwerts.[6]

3. Besondere Wertvorschriften

19 **Gelten für die Anwaltsgebühren besondere Wertvorschriften** (vgl. Erläuterungen zu § 23 RVG), so kann § 32 Abs. 2 RVG gleichfalls nicht angewendet werden. Beispiel: In Beschlüssen, durch die Beschwerden in Verfahren über die PKH zurückgewiesen werden, finden sich häufig Festsetzungen des Beschwerdewertes (berechnet gemäß der üblichen Gerichtspraxis nach den Kosten, von denen die Partei befreit sein will). Dieser Beschwerdewert gilt gem. § 23a RVG nicht für die Berechnung der Anwaltsgebühren. Die Gerichte sollten bei der Festsetzung des Beschwerdewertes zum Ausdruck bringen, dass dieser nur für die Berechnung der Gerichtsgebühren maßgebend ist.

4. Abweichende Vereinbarung

20 Die Beteiligten sind nicht gehindert, einen abweichenden Gegenstandswert zu vereinbaren. Vereinbaren der RA und der Auftraggeber, dass der Gebührenberechnung zB ein Streitwert von 50.000,– EUR zu Grunde gelegt wird, so ist der RA berechtigt, seine Gebühren aus 50.000,– EUR zu berechnen, auch wenn das Gericht den Streitwert auf 25.000,– EUR festsetzt. Erstattungsfähig sind aber nur die aus dem Streitwertbeschluss des Gerichts errechneten Gebühren.[7]

Die Vereinbarung hat jedoch keinen Einfluss auf die Wertfestsetzung für die Gerichtsgebühren. Ebenso betrifft sie an der Vereinbarung nicht beteiligte frühere Prozessbevollmächtigte nicht.[8]

III. Das gerichtliche Wertfestsetzungsverfahren

1. Allgemeines

21 Nach welchen Bestimmungen die Wertfestsetzung für die Gerichtsgebühren zu erfolgen hat, richtet sich nach den für das jeweils in Frage kommende Verfahren geltenden Vorschriften. Mit Rücksicht darauf, dass auch dem RA ein Antragsrecht eingeräumt ist, soll auf diese Vorschriften näher eingegangen werden.

22 In **bürgerlichen Rechtsstreitigkeiten** gelten für das Wertfestsetzungsverfahren die §§ 61–64 GKG.

2. § 61 GKG

23 § 61 GKG betrifft die Angabe des Wertes. Er lautet:

„Bei jedem Antrag ist der Streitwert, sofern dieser nicht in einer bestimmten Geldsumme besteht, kein fester Wert bestimmt ist oder sich nicht aus früheren Anträgen ergibt, und nach Aufforderung auch der Wert eines Teils des Streitgegenstands schriftlich zu Protokoll der Geschäftsstelle anzugeben. Die Angabe kann jederzeit berichtigt werden."

3. Angabe des Wertes

24 Die Angabe des Wertes des nicht in einer bestimmten Geldsumme bestehenden Streitgegenstandes ist für die Klage schon in § 253 Abs. 3 Nr. 2 ZPO für den Fall vorgeschrieben, dass die Zuständigkeit des Gerichts vom Wert des Streitgegenstandes abhängt. § 61 GKG erweitert diese Verpflichtung auf alle Anträge und für die Klage auch auf die Fälle, in denen die Zuständigkeit nicht vom Streitwert abhängt.

---

[6] OLG Schleswig BeckRS 2001, 30188354; OLG Bamberg 13, 03206 mAnm *Mayer* FD-RVG 2013, 343460; OVG Hamburg NVwZ-RR 12, 46 = RVGreport 2012, 397 mkritAnm *Hansens;* vgl. in diesem Zusammenhang auch BeckOK ZPO/*Bacher* § 263 Rn. 331.

[7] OLG Frankfurt a. M. JurBüro 1980, 579; OLG Hamm AnwBl 1975, 95.

[8] OLG Frankfurt a. M. JurBüro 1980, 579.

4. Antrag

Unter Antrag ist jeder Antrag zu verstehen, der ein selbständiges gebührenpflichtiges Verfahren einleitet. Außer Klage und Widerklage kommen zB der Antrag auf Anordnung eines Arrestes oder einer einstweiligen Verfügung, auf Einleitung eines selbständigen Beweisverfahrens oder eines Zwangsvollstreckungsverfahrens in Frage. Eine wesentliche Rolle spielen weiter die Rechtsmittelverfahren (vgl. §§ 520 Abs. 3, 551 Abs. 3 ZPO); Rechtsmittel sind Anträge iSd § 61 GKG. Antragsteller ist der Rechtsmittelführer (zB der Berufungs- oder Revisionskläger). 25

5. Wertangabe für Teile

Eine Wertangabe für einen **Teil des Streitgegenstandes** kann nötig sein, wenn ein gebührenpflichtiger Akt einen Teil des Streitgegenstandes betrifft (§ 61 GKG). Eine Verpflichtung dazu besteht nur „auf Erfordern". 26

6. Entbehrlichkeit der Wertangabe

Entbehrlich ist die Streitwertangabe, wenn der Streitgegenstand in einer bestimmten Geldsumme besteht, weil er sich dann aus dem Antrag unmittelbar ergibt. Gemeint ist eine bestimmte Geldsumme deutscher Währung. Bei ausländischer Währung ist der Umrechnungskurs anzugeben. Ferner bedarf es nicht der Angabe, wenn sich der Wert aus früheren Anträgen ergibt, dh, wenn er bereits in einem den gleichen Streitgegenstand betreffenden Verfahren angegeben oder sogar schon festgesetzt worden ist. 27

7. Verpflichtung des Antragstellers

Verpflichtet zur Angabe ist der Antragsteller. Der Gegner braucht sich dazu nicht zu erklären.[9] 28

Der Antragsteller oder, falls er durch einen RA vertreten wird, sein Anwalt hat also zunächst selbst die zur Ermittlung des Streitwertes erforderlichen Feststellungen zu treffen, zB bei einer Herausgabeklage den Wert des herausverlangten Gegenstandes zu schätzen oder bei einer Unterlassungsklage das Interesse anzugeben, das der Kläger an der begehrten Unterlassung hat. Bei der Wertangabe hat er die Vorschriften der §§ 3–9 ZPO, §§ 40–53a GKG zu Grunde zu legen. Der Prozessbevollmächtigte darf die Wertangabe nicht deshalb ablehnen, weil seine Ansicht und sein Interesse von dem seines Auftraggebers abweichen. Er ist aber berechtigt, neben der Wertangabe der Partei seine eigene Auffassung zum Ausdruck zu bringen (etwa in der Form: Der Kläger gibt den Streitwert mit 5.000,– EUR an. Ich selbst halte 10.000,– EUR für angemessen). Das Gericht kann auch, wenn die Partei durch einen RA vertreten wird, eine Äußerung der Partei selbst einholen.

Den Anwälten kann nur empfohlen werden, der Wertangabe ihre ganze Aufmerksamkeit zu widmen, sonst laufen sie Gefahr, für ihre Kostenberechnung an einem zu geringen Streitwert festgehalten zu werden. Zwar kann ein Wertansatz nachträglich geändert oder mit der Beschwerde angegriffen werden. Aber es ist nicht zu verkennen, dass die Rspr. sich zunehmend dagegen wehrt, später, wenn nämlich feststeht, welche Partei obsiegt hat, die bis dahin nicht beanstandete Wertfestsetzung in einem Umfang zu ändern, dass der anfänglichen Kostenberechnung der Parteien die Grundlage entzogen wird.[10] Auch lässt die Rspr., wenn die Bedeutung der Sache für die Streitwertbemessung maßgeblich ist, nach unanfechtbarem Abschluss des Verfahrens ein Nachschieben streitwertrelevanter Erklärungen nicht mehr zu.[11]

8. Glaubhaftmachung

Eine **Begründung der Schätzung** ist zweckmäßig, aber nicht vorgeschrieben. **Glaubhaft gemacht** zu werden braucht die Wertangabe nur dann, wenn ein Rechtsmittel eingelegt wird. Eine Versicherung an Eides Statt ist zur Glaubhaftmachung nicht zugelassen. Für Beschwerden ergibt sich die Verpflichtung zur Glaubhaftmachung aus der sinngemäßen Anwendung dieser Vorschriften. In anderen Fällen ist weder eine Glaubhaftmachung noch die Angabe von Beweismitteln für die Höhe des Streitwertes nötig. 29

---

[9] Vgl. den vom BGH NJW 1963, 1606 = BB 1963, 996 entschiedenen Fall, in dem sich der Revisionsbeklagte zum Streitwert in der Revisionsinstanz nicht geäußert und nach der Verwerfung der Revision (weil die Revisionssumme nicht erreicht sei) Ansprüche geltend gemacht hat, die die Revisionssumme weit überstiegen.

[10] BGH NJW-RR 1997, 884; OLG Köln JurBüro 1979, 1474; KostRspr § 15 GKG Nr. 1 mAnm *E. Schneider/Lappe;* OLG Düsseldorf KostRspr ZPO § 3 Nr. 722 mAnm *E. Schneider.*

[11] VGH München BeckRS 2011, 46574 mkritAnm *Mayer* FD-RVG 2011, 317681.

9. Kein Anwaltszwang

30 Dem Anwaltszwang unterliegt die Streitwertangabe nicht, da sie schriftlich oder zu Protokoll der Geschäftsstelle erfolgen darf.

10. Unterbliebene Wertangabe

31 Unterbleibt die Wertangabe, wie das in der Praxis häufig vorkommt, so kann sie vom Gericht nicht erzwungen werden. Der Antragsteller läuft nur Gefahr, dass ein zu hoher oder zu niedriger Streitwert vom Gericht angenommen oder eine Abschätzung durch Sachverständige nach § 64 GKG angeordnet wird.

Letzteres kann das Gericht aber auch dann tun, wenn der Wert angegeben worden ist, das Gericht jedoch Zweifel an der Richtigkeit der Angabe hat.

Das Gericht oder der Kostenbeamte kann auch zur Erläuterung der Wertangabe noch weitere Angaben fordern. Kommt die Partei dieser Aufforderung nicht nach, so können ihr nicht schon deshalb die Schätzungskosten nach § 64 S. 2 GKG auferlegt werden. Das ist nur dann möglich, wenn die Partei durch Unterlassung der ihr obliegenden Wertangabe oder durch unrichtige Angabe die Schätzung veranlasst hat.

11. Keine Bindung des Gerichts

32 Bindend für das Gericht ist die Wertangabe nicht, auch nicht dann, wenn der Streitwert von beiden Parteien übereinstimmend angegeben wird. Sie bietet lediglich einen wichtigen Anhalt für die gerichtliche Wertfestsetzung. Wohl zu weitgehend ist jedoch die Auffassung des OLG Düsseldorf, bei zu niedrigen Streitwertangaben der Parteien von einem versuchten Betrug zu Lasten der Landeskasse zu sprechen.[12]

12. Berichtigung

33 Berichtigung der Wertangabe durch den Antragsteller ist nach § 61 S. 2 GKG jederzeit möglich. Dass das Gericht die Berichtigung nicht zu beachten braucht, ergibt sich schon daraus, dass die Wertangaben überhaupt nicht bindend sind.

IV. Verfahrensstreitwert

1. § 62 GKG

34 § 62 GKG betrifft die Wertfestsetzung für die Zuständigkeit des Prozessgerichts oder die Zulässigkeit des Rechtsmittels. Er lautet:

> „Ist der Streitwert für die Entscheidung über die Zuständigkeit des Prozessgerichts oder die Zulässigkeit des Rechtsmittels festgesetzt, ist die Festsetzung auch für die Berechnung der Gebühren maßgebend, soweit die Wertvorschriften dieses Gesetzes nicht von den Wertvorschriften des Verfahrensrechts abweichen. Satz 1 gilt nicht in Verfahren vor den Gerichten für Arbeitssachen."

2. Entscheidung über die Zuständigkeit des Prozessgerichts oder die Zulässigkeit des Rechtsmittels

35 Zur Entscheidung über die Zuständigkeit des Prozessgerichts oder die Zulässigkeit des Rechtsmittels ist eine Festsetzung des Streitwertes in allen Fällen nötig, in denen die Zuständigkeit des Gerichts oder die Zulässigkeit des Rechtsmittels von der Höhe des Streitgegenstandes oder des Beschwerdegegenstandes abhängt. Dazu bedarf es allerdings keiner genauen Ermittlung des Wertes, sondern nur der Festsetzung, dass das Gericht den für seine Zuständigkeit vorgeschriebenen Streitwert oder die Höhe der vorgeschriebenen Beschwerdesumme für vorliegend oder nicht für vorliegend ansieht. Diese Wertfestsetzung erfolgt mit bindender Wirkung nicht durch besonderen Streitwertbeschluss, sondern in den Gründen des in der Sache selbst entscheidenden Urteils. Sie liegt auch in einem Verweisungsbeschluss wegen sachlicher Unzuständigkeit oder in einem Beschluss, durch den ein Rechtsmittel wegen Fehlens der vorgeschriebenen Beschwerdesumme als unzulässig verworfen worden ist.

3. Anfechtung dieser Entscheidung

36 Anfechtbar ist die Entscheidung über den Wert des Streitgegenstandes nach § 62 GKG nur mit dem Rechtsmittel, das gegen die in der Sache selbst ergangene Entscheidung zulässig ist, außerdem nur mit dem Ziel, die Entscheidung in der Sache selbst aufzuheben.

---

[12] OLG Düsseldorf BeckRS 2011, 18112 = NJW 2011, 2979 mAnm *Mayer* FD-RVG 2011, 321964.

Beispiel:

Bejaht das Landgericht entgegen der Auffassung des Beklagten, der das Amtsgericht für sachlich zuständig hält, seine sachliche Zuständigkeit durch Zwischenurteil (§ 280 ZPO), so ist gegen dieses Urteil nur die Berufung gegeben (§ 280 Abs. 2 ZPO). Mit ihr kann begehrt werden, die Klage abzuweisen, weil das Landgericht nicht zuständig sei. Dagegen wäre ein allein gestelltes Begehren, den Streitwert zB auf 500,– EUR herabzusetzen, unzulässig. Ist die Sachentscheidung unanfechtbar (zB das Berufungsurteil des Landgerichts), ist auch die Streitwertfestsetzung unangreifbar.

Ist die Berufung nach § 522 ZPO vom Oberlandesgericht durch Beschluss verworfen worden, so ist nach § 522 Abs. 1 S. 4 ZPO Rechtsbeschwerde zulässig.

Erfolgt die Entscheidung durch Verweisungsbeschluss, so ist sie nach § 281 Abs. 2 ZPO unanfechtbar.

Umstritten ist, ob eine Streitwertfestsetzung nach § 62 S. 1 GKG hinsichtlich der Gebührenhöhe jedoch beschwerdefähig ist. Nach einer Auffassung wird der Anwalt infolge der Reflexwirkung des § 32 Abs. 1 RVG in der Berechnung seiner Vergütung gegenüber dem Mandanten beschränkt. Weder dieser noch der Anwalt könnten die Entscheidung des Gerichts über die Zuständigkeit oder die Rechtsmittelzulässigkeit mit der Beschwerde anfechten. Er sei hinsichtlich des Zwanges, nach dem Zuständigkeits- oder Rechtsmittelwert abzurechnen, schutzwürdig, wenn ihn das gebührenrechtlich benachteilige. Soweit durch diese Festsetzung sein Gebührenanspruch betroffen werde, stünden ihm die Rechte aus § 68 Abs. 1 S. 1 GKG und § 32 Abs. 2 RVG zu.[13] Gegen diese Auffassung spricht jedoch, dass der Wortlaut der gesetzlichen Regelung eindeutig ist und dass die erwähnte Auffassung das von § 62 S. 1 ZPO verfolgte Ziel, eine unterschiedliche Festsetzung von Zuständigkeits- und Gebührenstreitwert zu vermeiden, unterläuft.[14]

4. Wertfestsetzung auf einen bestimmten Betrag

Ist in der Entscheidung der Streitwert auf einen bestimmten Betrag festgesetzt, so gilt dieser 37 Betrag nach § 62 GKG auch für die **Berechnung der Gebühren.** Voraussetzung ist jedoch, dass die Wertberechnung für die Gebühren nicht nach anderen Grundsätzen zu erfolgen hat als die Wertberechnung zur Bestimmung der Zuständigkeit oder der Zulässigkeit des Rechtsmittels. Sind für die Gebühren andere Vorschriften maßgebend, so ist für sie eine abweichende Festsetzung zulässig. Gelten die gleichen Grundsätze, so wird ein etwa vor der Entscheidung in der Sache nach § 63 GKG ergangener Wertfestsetzungsbeschluss durch die abweichende Wertfestsetzung in der Entscheidung der Hauptsache wirkungslos.

5. Abweichende Gebührenvorschriften

Die Bindungswirkung entfällt, soweit im GKG Gebührenermäßigungen vorgesehen sind, 38 meist aus sozialen Gründen.

Abweichende Vorschriften für die Gebührenberechnung kommen in folgenden Fällen in 39 Frage:[15]

a) § 47 GKG. Er bestimmt, dass sich im **Berufungs- und Revisionsverfahren** der 40 Streitwert grds. nach den Anträgen des Rechtsmittelklägers bestimmt und dass nur dann, wenn das Verfahren endet, ohne dass solche Anträge gestellt werden, oder wenn innerhalb der Frist für die Berufungs- oder Revisionsbegründung Berufungs- oder Revisionsanträge nicht eingereicht werden, die Beschwer maßgebend ist.

Dabei bestimmt sich der gerichtlich festzusetzende Streitwert im Rechtsmittelverfahren einheitlich nach den Anträgen des Rechtsmittelführers, auch wenn das Rechtsmittel zunächst unbeschränkt eingelegt und erst in der Rechtsmittelbegründung beschränkt wurde,[16]

b) § 40 GKG, Zeitpunkt der Wertberechnung. Hier ist bestimmt, dass für die Wertbe- 41 rechnung der Zeitpunkt der die Instanz einleitenden Antragstellung entscheidend ist. Damit sollen Neuberechnungen des Wertes bei Beendigung des Verfahrens weitgehend überflüssig werden. Im Falle der Klageerweiterung oder der Widerklage ist Zeitpunkt für die Wertberechnung die Einreichung des die Klageerweiterung oder Widerklage ankündigenden Schriftsatzes oder der mündliche Antrag im Verhandlungstermin.

[13] Schneider/Wolf/*Thiel* RVG § 32 Rn. 188; Bischof/*Bischof* RVG § 32 Rn. 17 f.; Hartung/Schons/Enders/*Enders* RVG § 32 Rn. 7.

[14] OLG Frankfurt a. M. BeckRS 2006, 13196.

[15] Einzelheiten s. *Madert/von Seltmann,* Der Gegenstandswert in bürgerlichen Rechtsangelegenheiten, 5. Aufl. 2008.

[16] BGH BeckRS 2013, 17709 = AGS 2013, 524 mAnm *Mayer* FD-RVG 2013, 351696.

42 **c) § 41 GKG, Miet-, Pacht- und ähnliche Nutzungsverhältnisse und § 42, wiederkehrende Leistungen.** In den §§ 41, 42 GKG ist für die darin erwähnten Streitigkeiten über Miet-, Pacht- und ähnliche Nutzungsverhältnisse und über wiederkehrende Leistungen bei Ansprüchen von Richtern, Beamten und Arbeitnehmern der Streitwert für die Gebühren abweichend von den Vorschriften der §§ 8, 9 ZPO geregelt.

43 **d) § 43 GKG, Nebenforderung.** § 43 GKG regelt den Streitwert für Nebenforderungen.

44 **e) § 44 GKG, Stufenklage.** Betrifft die Wertberechnung für die Stufenklage.

45 **f) § 45 GKG, Klage und Widerklage, Hilfsanspruch, wechselseitige Rechtsmittel, Aufrechnung.** Er betrifft die in der Überschrift genannten Materien.

46 **g) § 44 FamGKG, Verbund.** § 44 FamGKG bestimmt, dass die **Scheidungssache und die Folgesachen** als ein Verfahren gelten, so dass deren Gebühren nach den zusammengerechneten Werten der Gegenstände zu berechnen sind.

6. Nichtvermögensrechtliche Streitigkeiten

47 In nichtvermögensrechtlichen Streitigkeiten kommt eine Festsetzung des Streitwertes weder für die Entscheidung über die Zuständigkeit noch über die Zulässigkeit eines Rechtsmittels in Frage. Die Gebühren sind nach § 48 Abs. 2, 3 GKG zu berechnen. Eine Erwähnung dieser Bestimmung in § 62 GKG war aus den angegebenen Gründen nicht erforderlich. Den Wert für den **Versorgungsausgleich** regelt § 50 FamGKG.

7. Nicht bezifferter Streitwert

48 Ist in der Entscheidung der Streitwert nicht mit einer bestimmten Summe angegeben, sondern nur gesagt, dass er mehr oder weniger betrage, als für die Zuständigkeit oder für die Zulässigkeit des Rechtsmittels vorgeschrieben ist, so ist für die Gebühren lediglich diese Feststellung bindend. Ist die Zuständigkeit oder die Zulässigkeit des Rechtsmittels bejaht, so dürfen die Gebühren nach keinem niedrigeren Wert, ist sie verneint, nach keinem höheren Wert berechnet werden.[17]

Zur Ermittlung des innerhalb dieser Grenzen liegenden genauen Betrags ist anderweitige Streitwertfestsetzung zulässig, die auch an die Begründung der Sachentscheidung nicht gebunden ist. Hat das Gericht nur stillschweigend seine Zuständigkeit oder die Zulässigkeit des Rechtsmittels angenommen, so liegt darin eine – ebenfalls stillschweigende – Festsetzung nach § 62 GKG. Hat zB das Berufungsgericht die Berufung für zulässig erachtet und über sie sachlich entschieden, kann der Streitwert des Berufungsverfahrens nicht nachträglich auf 500,– EUR festgesetzt werden. Die Berufungssumme muss mindestens gewahrt bleiben. Etwas anderes wird nur gelten, wenn das Gericht erkennbar falsch entschieden hat, zB über eine Berufung von 650,– EUR, weil es noch an die Berufungssumme von 600,– EUR gedacht hat.

Auch wenn in der Entscheidung der Streitwert mit einer bestimmten Summe angegeben ist, kann er in den in vorgenannten Grenzen geändert werden.

Beispiel:
Das Amtsgericht verweist den Rechtsstreit an das Landgericht, wobei es den Streitwert im Verweisungsbeschluss auf 10.000,– EUR festsetzt. Das Landgericht (und mit ihm die Rechtsmittelgerichte) ist an diese Entscheidung nur insoweit gebunden, als der die landgerichtliche Zuständigkeit begründende Streitwert (mehr als 5.000,– EUR) auf jeden Fall gewahrt bleiben muss. Das Landgericht ist aber nicht gehindert, den Streitwert zB auf 6.000,– EUR festzusetzen.[18]

8. Zuständigkeit des Amtsgerichts

49 Hat das Amtsgericht sich für **sachlich** zuständig erklärt, obgleich der Beklagte die Unzuständigkeit wegen des die Zuständigkeit des Landgerichts begründenden Streitwertes gerügt hat, kann der Streitwert nicht über 5.000,– EUR festgesetzt werden. Der Beklagte kann nur mit der Berufung einen höheren Streitwert erreichen.

9. Besonderer Wertfestsetzungsbeschluss

50 Zur Entscheidung über die Zuständigkeit oder die Zulässigkeit eines Rechtsmittels kann mit bindender Wirkung ein gesonderter Wertfestsetzungsbeschluss nicht erlassen werden. Eine Festsetzung iSd § 62 GKG findet nur in der Sachentscheidung statt.

Doch sind solche gesonderten Wertfestsetzungsbeschlüsse nicht unüblich, im Gegenteil gelegentlich anzuraten. Erlässt zB das Rechtsmittelgericht alsbald nach Rechtsmitteleinlegung ei-

[17] OLG Celle NJW 1957, 1640; OLG Nürnberg JurBüro 1960, 168.
[18] OLG Celle NJW 1957, 1640; OLG Nürnberg Büro 1960, 168 = JVBl. 59, 84.

nen Streitwertbeschluss mit einem die Rechtsmittelsumme nicht erreichenden Betrag, ist das Schicksal des Rechtsmittels zu erkennen. Der RA des Rechtsmittelführers kann das Rechtsmittel zurücknehmen und damit seiner Partei weitere Kosten sparen.

Eine **Beschwerde** ist gegen solche Beschlüsse nicht gegeben. Sie stellen sich vor der Sachentscheidung nur als Meinungsäußerung des Rechtsmittelgerichts dar.[19] 51

Jedoch bindet ein zur Vorbereitung einer Verweisung ergangener Wertfestsetzungsbeschluss des Amtsgerichts das Landgericht nur insoweit, als es später den Wert nicht unter den seine sachliche Zuständigkeit begründenden Betrag festsetzen kann. Hat das Landgericht die Festsetzung später geändert, so ist dagegen Beschwerde zulässig. Es kann jeder Betrag oberhalb der amtsrichterlichen Zuständigkeit mit der Beschwerde begehrt werden. Dagegen ist eine Beschwerde, die die Herabsetzung auf 5.000,– EUR oder darunter fordert, unzulässig.[20]

10. Rechtsmittelgericht

Das Rechtsmittelgericht hat den Wert des Beschwerdegegenstandes selbst nach dem Werte zB der Einlegung des Rechtsmittels festzusetzen. 52

V. Festsetzung des Gebührenstreitwertes

1. Wertfestsetzung für die Gerichtsgebühren, § 63 GKG

Festsetzung des Gebührenstreitwertes. § 63 GKG enthält die Vorschriften über die Wertfestsetzung für die Gerichtsgebühren. Er lautet: 53

„(1) Sind Gebühren, die sich nach dem Streitwert richten, mit der Einreichung der Klage-, Antrags-, Einspruchs- oder Rechtsmittelschrift oder mit der Angabe der entsprechenden Erklärung zu Protokoll fällig, setzt das Gericht sogleich den Wert ohne Anhörung der Parteien durch Beschluss vorläufig fest, wenn Gegenstand des Verfahrens nicht eine bestimmte Geldsumme in Euro ist oder gesetzlich kein fester Wert bestimmt ist. Einwendungen gegen die Höhe des festgesetzten Wertes können nur im Verfahren über die Beschwerde gegen den Beschluss, durch den die Tätigkeit des Gerichts aufgrund dieses Gesetzes von der vorherigen Zahlung von Kosten abhängig gemacht wird, geltend gemacht werden. Die Sätze 1 und 2 gelten nicht in Verfahren vor den Gerichten der Finanzgerichtsbarkeit.

(2) Soweit eine Entscheidung nach § 62 S. 1 nicht ergeht oder nicht bindet, setzt das Prozessgericht den Wert für die zu erhebenden Gebühren durch Beschluss fest, sobald eine Entscheidung über den gesamten Streitgegenstand ergeht oder sich das Verfahren anderweitig erledigt. In Verfahren vor den Gerichten für Arbeitssachen oder der Finanzgerichtsbarkeit gilt dies nur dann, wenn ein Beteiligter oder die Staatskasse die Festsetzung beantragt oder das Gericht sie für angemessen hält.

(3) Die Festsetzung kann von Amts wegen geändert werden

1. von dem Gericht, das den Wert festgesetzt hat, und
2. von dem Rechtsmittelgericht, wenn das Verfahren wegen der Hauptsache oder wegen der Entscheidung über den Streitwert, den Kostenansatz oder die Kostenfestsetzung in der Rechtsmittelinstanz schwebt.

Die Änderung ist nur innerhalb von sechs Monaten zulässig, nachdem die Entscheidung in der Hauptsache Rechtskraft erlangt oder das Verfahren sich anderweitig erledigt hat."

§ 67 GKG lautet: 54

„(1) Gegen den Beschluss, durch den die Tätigkeit des Gerichts nur aufgrund dieses Gesetzes von der vorherigen Zahlung von Kosten abhängig gemacht wird, und wegen der Höhe des in diesem Fall im Voraus zu zahlenden Betrages findet stets die Beschwerde statt. § 66 Abs. 3 S. 1 bis 3, Abs. 4, 5 S. 1 und 5, Abs. 6 und 8 ist entsprechend anzuwenden. Soweit sich die Partei in dem Hauptsacheverfahren vor dem Gericht, dessen Entscheidung angefochten werden soll, durch einen Prozessbevollmächtigten vertreten lassen muss, gilt dies auch im Beschwerdeverfahren.

(2) Im Falle des § 17 Abs. 2 ist § 66 entsprechend anzuwenden."

2. Streitwertfestsetzung

Eine Streitwertfestsetzung für die **Berechnung der Gerichtsgebühren** und deshalb auch für die Rechtsanwaltsgebühren findet statt: 55

– Bei Gebühren, die sich nach dem Streitwert richten, im Voraus zu zahlen sind und wenn Gegenstand des Verfahrens nicht eine bestimmte Geldsumme in Euro ist. Dann setzt gem. § 63 Abs. 1 S. 1 GKG das Gericht den Wert durch Beschluss von Amts wegen vorläufig fest.

[19] KG MDR 1987, 852; OLG Köln NJW-RR 1998, 279; OLGR 2002, 154; OLG Karlsruhe MDR 2003, 1071; aA OLG Bremen AnwBl 1988, 71, Beschwerde zulässig, wenn der Streitwert gem. § 9 Abs. 1 BRAGO auch für die Gebühren des RA maßgebend ist; OLG Bremen NJW-RR 1993, 191.

[20] OLG Frankfurt a. M. MDR 1964, 246 = Rpfleger 1965, 162; OLG Nürnberg JVBl. 1959, 84 = Büro 1960, 168 = Rpfleger 1963, 179.

Nach S. 2 können Einwendungen gegen die Höhe des festgesetzten Wertes nur im Verfahren nach § 67 GKG geltend gemacht werden.
- Soweit eine Entscheidung nach § 62 S. 1 GKG nicht ergeht, also eine Entscheidung über den Streitwert für die Zuständigkeit des Prozessgerichts oder die Zulässigkeit des Rechtsmittels, oder eine solche nach § 62 S. 2 GKG nicht bindend ist, setzt das Prozessgericht gem. § 63 Abs. 2 S. 1 GKG von Amts wegen den Wert durch Beschluss fest, sobald eine Entscheidung über den gesamten Streitgegenstand ergeht oder sich das Verfahren anderweitig erledigt.
- Gem. § 32 Abs. 2 RVG kann der RA aus eigenem Recht die Festsetzung des Wertes beantragen.

Gelegentlich gibt auch das Gericht den Streitwert formlos am Kopfe oder unter der von ihm erlassenen Entscheidung an. In beiden Fällen handelt es sich nicht um einen Festsetzungsbeschluss iSd § 63 GKG, sondern nur um einen Hinweis.

Auch wenn das Gericht einer Entscheidung einen bestimmten Wert zu Grunde legt, zB der Entscheidung über eine Erinnerung gegen einen Kostenfestsetzungsbeschluss, liegt darin selbst dann keine Wertfestsetzung, wenn der Beschluss mit der Begründung geändert wird, die Gebühren seien nach einem unrichtigen Werte berechnet, oder wenn das Gericht den gleichen Wert annimmt.

Über die Rechtsbehelfe in solchen Fällen → Rn. 81 ff.

Wohl aber liegt ein Festsetzungsbeschluss iSd § 63 GKG vor, wenn der Wert im Urteilstenor oder in einem mit dem Urteilstenor verbundenen Beschluss festgesetzt ist.

3. Festsetzung von Amts wegen

56 Von Amts wegen erfolgt die Festsetzung in den Fällen → Rn. 55, 1. u. 2. Spiegelstrich. Das frühere Antragsrecht einer Partei, eines Beteiligten oder der Staatskasse ist mit dem KostRÄndG 1994 entfallen.

4. Antrag des Rechtsanwalts

57 Das Antragsrecht hat keine Bedeutung, wenn der Gegenstand des Verfahrens eine bestimmte Geldsumme in Euro ist, § 63 Abs. 1 S. 1 GKG. So fehlt das Rechtsschutzbedürfnis für eine Streitwertfestsetzung durch das Gericht als Spruchkörper, wenn sich die Höhe des Streitwerts eindeutig aus den gestellten Sachanträgen sowie aus dem von der Rspr. zur Bemessung des Streitwerts in gleichartigen Fällen entwickelten Grundsätzen ermitteln lässt.[21] Ansonsten kann der RA nach § 32 Abs. 2 S. 1 RVG die Festsetzung aus eigenem Recht beantragen. Von Bedeutung ist das besonders dann, wenn die Parteien des Rechtsstreits Gebührenfreiheit genießen oder wenn ihnen PKH bewilligt ist und daher weder sie noch das Gericht an der Festsetzung des für die Gebühren maßgebenden Streitwertes ein Interesse haben.

5. Antragsfrist

58 Eine Frist ist für den Antrag nach § 32 Abs. 2 S. 1 RVG nicht vorgeschrieben.

Auch nach rechtskräftiger Erledigung des Verfahrens und nach Einziehung der Gerichtskosten kann der Antrag noch gestellt werden. Das Berufungsgericht hat dem Antrag selbst dann zu entsprechen, wenn es schon als Beschwerdegericht über den Streitwert des ersten Rechtszugs entschieden hat.

In § 63 GKG ist von einer Befristung abgesehen worden, weil nach § 66 GKG auch die Erinnerung gegen den Kostenansatz des Kostenbeamten nicht befristet ist. Das Recht der Staatskasse auf Nachforderung von Gebühren, das nach § 20 GKG überdies befristet ist, und das Recht auf Rückerstattung zu viel bezahlter Gebühren unterliegen aber nach § 5 Abs. 1, 2 GKG der Verjährung. Eine Befristung der Erinnerung gegen den Kostenansatz ist nicht zweckmäßig, weil eine solche Befristung auch für die Staatskasse gelten müsste und die Überprüfung der Kostenrechnung durch die Rechnungsprüfungsstellen zu sehr einengen würde.

6. Verwirkung des Antragsrechts

59 Eine Verwirkung des Antragsrechts kann aber dann angenommen werden, wenn die Geltendmachung so lange verzögert worden ist, dass die Kostenberechnung längst abgeschlossen ist und alle Beteiligten sich auf sie eingestellt haben. Die Möglichkeit einer Verwirkung wird neuerdings mit der Begründung bestritten, § 68 GKG enthalte in Abs. 2 Fristen für die Änderung bzw. Beschwerde, so dass für eine Verwirkung kein Bedürfnis bestehe.

---

[21] BFH BeckRS 2012, 95000 = RVGreport 2012, 472.

Die Fristen versagen jedoch, wenn eine Streitwertfestsetzung bisher nicht erfolgt ist (weil sich alle Beteiligten mit dem vom Urkundsbeamten angenommenen Streitwert abgefunden haben) und nunmehr – vielleicht nach Jahren – erstmals Antrag auf Festsetzung des Streitwertes gestellt wird (etwa weil sich inzwischen eine bisher feststehende Rspr. geändert hat).

Zur Verwirkung genügt aber noch nicht, dass die Rückzahlung von Gebühren §§ 42, 45 ff. RVG für den Anwalt eine Härte bedeutet, wenn die Herabsetzung des Wertes nur neun Monate nach Zahlung erfolgt.

Im Allgemeinen wird man davon ausgehen können, dass für einen Antrag kein Raum mehr ist, wenn der Anspruch des RA gegen den Auftraggeber oder ein Rückforderungsanspruch des Auftraggebers gegen den RA verjährt ist und zu erwarten steht, dass die Verjährungseinrede erhoben wird.

7. Zuständigkeit des Prozessgerichts

Zuständig für die Festsetzung ist das Prozessgericht desjenigen Rechtszugs, für den der Wert **60** festgesetzt werden soll. Das ist für den ersten Rechtszug das Prozessgericht erster Instanz, für das Berufungsverfahren das Berufungsgericht, für das Revisionsverfahren das Revisionsgericht. Die Wertfestsetzung gilt auch grds. nur für den Rechtszug, für den sie getroffen worden ist.

Abgesehen von der Festsetzung des Wertes durch das Oberlandesgericht für die Revision kann die untere Instanz niemals den Streitwert für die höhere Instanz festsetzen.

Ebenso wenig kann das Gericht des höheren Rechtszugs den Wert für den niedrigeren Rechtszug erstmals festsetzen; es kann nur eine bereits erfolgte Festsetzung der unteren Instanz ändern.[22]

Die Frage, ob das Rechtsmittelgericht bei Festsetzung des Streitwertes für die eigene Instanz verpflichtet ist, den Streitwert der unteren Instanz zu überprüfen, ist zu verneinen.[23]

Durch die Zurückweisung einer Beschwerde gegen einen Festsetzungsbeschluss der unteren Instanz ist das Berufungsgericht nicht gehindert, den Wert für das Berufungsverfahren anders festzusetzen. Erweist sich hierbei der Beschwerdeentscheid als unrichtig, wird das Berufungsgericht von der Möglichkeit der Berichtigung Gebrauch machen müssen.

Über die Änderung der Streitwertfestsetzung der unteren Instanz → Rn. 72 ff.

Hat das Amtsgericht den Rechtsstreit an das Landgericht verwiesen, so ist dieses für die Festsetzung des Streitwerts auch dann zuständig, wenn sich der Rechtsstreit zT schon bei dem Amtsgericht durch Vergleich erledigt hat oder wenn das Amtsgericht schon über den Grund des Anspruchs entschieden hat und erst im Betragsverfahren den Rechtsstreit an das Landgericht verwiesen hatte.

Auch im Falle des § 942 ZPO darf das Amtsgericht den Streitwert nicht mehr festsetzen, wenn das Landgericht als Gericht der Hauptsache mit der Sache befasst ist.

8. Vollstreckungsgericht

Das Vollstreckungsgericht ist für die Wertfestsetzung zuständig, wenn es sich um den Gegen- **61** standswert des Zwangsvollstreckungsverfahrens handelt. Maßgebend ist der Wert im Zeitpunkt der Einleitung des in Frage kommenden Abschnitts der Zwangsvollstreckung. Eine frühere Wertfestsetzung des Prozessgerichts ist für das Vollstreckungsgericht nicht bindend. Regelmäßig wird aber das Vollstreckungsgericht von der Festsetzung des Prozessgerichts nicht ohne sachlichen Grund abweichen, falls nicht aus der Verschiedenheit des maßgebenden Zeitpunkts auch eine Änderung des Wertes folgt.

9. Einzelrichter

Der Einzelrichter ist für die Streitwertfestsetzung nur dann zuständig, wenn er in der Sache **62** selbst entscheidet oder nach Lage der Akten erkennt oder wenn dies im Interesse der raschen Erledigung des Rechtsstreits zweckmäßig ist, zB wenn vor dem Einzelrichter ein Vergleich, sei es über Hauptsache und Kosten, sei es nach Erledigung der Hauptsache nur über die Kosten, abgeschlossen werden soll.

Auch der Vorsitzende einer Kammer für Handelssachen kann allein den Streitwert festsetzen (§ 349 Abs. 2 Nr. 11 ZPO).

---

[22] Hillach/Rohs Streitwert-HdB § 96 Kap. D; *E. Schneider* JurBüro 1969, 705; MDR 1972, 99.

[23] BGH VersR 1972, 440; OLG Köln VersR 1972, 205; OLG Hamburg MDR 1958, 699; OLG Celle OLGR 2002, 188, das Berufungsgericht kann in analoger Anwendung von § 25 Abs. 2 S. 2 GKG den Streitwert für die erste Instanz dann erstmalig festsetzen, wenn der Streitgegenstand in den Instanzen unverändert geblieben ist und eine erstinstanzliche Kostenentscheidung noch nicht vorliegt; aA *Schneider* MDR 1972, 99.

10. Rechtspfleger

63 Der Rechtspfleger kann den Streitwert festsetzen, wenn er in der Sache selbst zu entscheiden hat.[24]

Über die Rechtsbehelfe gegen seine Festsetzung → Rn. 91 ff.

11. Schiedsrichter

64 Sollen Schiedsrichter vereinbarungsgemäß den Streitwert festsetzen, so ist deren Beschluss wirksam, wenn er nicht offenbare Unrichtigkeiten enthält. Ohne Vereinbarung können die Schiedsrichter den Streitwert nicht festsetzen, soweit die Höhe ihrer Vergütung vom Streitwert abhängt.

12. Ablehnung des Antrags

65 Eine Ablehnung des Antrags darf auch dann nicht erfolgen, wenn sich der Streitwert aus dem Antrag oder aus dem Gesetz ohne weiteres ergibt und der geltend gemachte Anspruch zu Zweifeln über den Wert keinen Anlass gibt. Das Gericht darf eine beantragte Wertfestsetzung nicht wegen Offensichtlichkeit des Wertes als überflüssig ablehnen. Die Ablehnung würde auch dem Gericht meist mehr Arbeit machen als eine ohne weiteres zu treffende Wertfestsetzung, die in solch glatten Fällen selbstverständlich nicht begründet zu werden braucht.

Auch für das Verfahren über den Widerspruch gegen eine einstweilige Verfügung muss eine besondere Streitwertfestsetzung erfolgen.

13. Festsetzung von Amts wegen

66 Von Amts wegen kann das Gericht den Streitwert festsetzen (§ 63 GKG), wenn es dies für angemessen erachtet. Grundsätzlich soll dem die Kosten berechnenden Beamten die Bestimmung des Streitwertes überlassen bleiben, also dem Rechtspfleger bei der Kostenfestsetzung und dem Urkundsbeamten bei der Feststellung der Gebühren der § 45 GKG. Nur falls dem Rechtspfleger oder Urkundsbeamten die Wertfestsetzung nicht zuzumuten ist, weil ein tieferes Eindringen in den Prozessstoff erfolgen muss, oder wenn der Rechtspfleger oder der Urkundsbeamte schon einen offenbar unrichtigen Wert angenommen hat, soll das Gericht den Wert von Amts wegen festsetzen.

Die Festsetzung von Amts wegen kann auch von dem Kostenbeamten, zB wenn er Zweifel hat, oder von der Partei oder vom Anwalt angeregt werden.

14. Festsetzungsbeschluss

67 Die Festsetzung des Streitwertes erfolgt durch Beschluss. Auch wenn die Streitwertfestsetzung in das Urteil aufgenommen wird, handelt es sich um einen Streitwertfestsetzungsbeschluss.[25] Der Beschluss kann auch in Verbindung mit einer anderen Entscheidung ergehen. Es muss dann aber klar zum Ausdruck kommen, dass eine Wertfestsetzung beabsichtigt ist. Eine vorherige mündliche Verhandlung über die Höhe des Streitwertes ist zulässig, aber äußerst selten. Innerhalb von Vergleichsverhandlungen wird häufig auch über den Streitwert gesprochen, um die Kostenlast der Parteien für den Vergleichsabschluss klarzustellen. Das ist aber keine Verhandlung über den Streitwert im Sinne der vorstehenden Ausführungen.

68 Der **Beschluss** muss regelmäßig auch **begründet** werden; die Begründung ist nur bei übereinstimmenden Parteiangaben oder sonstiger Zweifelsfreiheit entbehrlich. In der Praxis werden allerdings erstmalige Streitwertfestsetzungsbeschlüsse meist nicht begründet. Das ist so lange unbedenklich, als sich alle Beteiligten (Parteien, Rechtsanwälte, Staatskasse) mit dem Beschluss abfinden.[26] Wird allerdings gegen den Festsetzungsbeschluss Beschwerde eingelegt, ist es geboten, die Festsetzung nachträglich zu begründen. Das geschieht zweckmäßigerweise – falls das Erstgericht der Beschwerde nicht stattgibt – in dem Nichtabhilfebeschluss, der den Beteiligten bekannt gegeben werden sollte.[27]

Ist in den Fällen, in denen sich die Höhe des Streitwertes nicht eindeutig aus dem Sachverhalt ergibt, weder Streitwertbeschluss noch der Nichtabhilfebeschluss mit Gründen versehen, liegt ein Verfahrensverstoß vor, der das Beschwerdegericht berechtigt, den Streitwertbeschluss aufzuheben und die Sache zur anderweiten Entscheidung zurückzuverweisen.[28]

---

[24] Hillach/Rohs Streitwert-HdB § 95 Kap. B VI.
[25] OLG Koblenz KostRspr GKG § 25 Nr. 28 mAnm *Schneider.*
[26] OLG Jena FamRZ 2001, 780.
[27] OLG Düsseldorf MDR 1971, 495; KG AnwBl 1974, 394; OLG Bamberg JurBüro 1981, 1863.
[28] OLG Bamberg JurBüro 1987, 256; OLG Köln JurBüro 1991, 1689.

Beschlüsse, die den Streitwert nur teilweise, zB nur für die Widerklage, festsetzen, sind unzweckmäßig. Sie sollten – wenn überhaupt – nur dann erlassen werden, wenn der Streitwert wegen der übrigen Punkte zweifelsfrei feststeht (zB Klage auf Zahlung von 100,– EUR, Widerklage auf Herausgabe eines Bildes).

Ist der Streitwert in einzelnen Verfahrensabschnitten verschieden hoch, ist dies bei der Streitwertfestsetzung zu beachten. Beispiel: Der Streitwert wird festgesetzt auf 5.000,– EUR, für das Beweisaufnahmeverfahren jedoch nur auf 3.000,– EUR.[29]

15. Zustellung

Eine förmliche Zustellung des Festsetzungsbeschlusses ist nicht erforderlich (§ 329 Abs. 2 69
ZPO), es sei denn, dass bereits eine Kostenfestsetzung nach einem niedrigeren oder höheren Streitwert erfolgt ist, da dann von der Zustellung ab die Monatsfrist für den Änderungsantrag nach § 107 ZPO läuft.

16. Keine Gerichtsgebühr

Eine Gerichtsgebühr wird für die Streitwertfestsetzung nicht erhoben. Über die Auferlegung 70
von Abschätzungskosten → Rn. 111.

17. Wirkung des Beschlusses

Die Wirkung des Beschlusses ist, da es sich um einen konstitutiven Verwaltungsakt handelt, 71
nicht auf den Antragsteller oder, wenn es sich um einen auf Beschwerde ergangenen Beschluss handelt, nicht auf den Beschwerdeführer beschränkt. Vielmehr wirkt er für und gegen alle Beteiligten, nicht aber gegen eine Partei, die im Rechtsstreit überhaupt nicht vertreten war, falls die Klage zurückgenommen worden ist.

Das Gesetz kennt nur eine einheitliche Festsetzung des Streitwertes. Daher wirkt auch die Festsetzung, die nur auf Antrag eines Anwalts ergangen ist, sowohl für die Gerichtskosten als für die Gebühren des Gegenanwalts, vorausgesetzt, dass sich dessen Tätigkeit auf denselben Gegenstand bezogen hat, auch für die Berechnung der dem im Wege der PKH beigeordneten RA aus der Staatskasse zu erstattenden Kosten sowie für den Anspruch eines Ehegatten auf Prozesskostenvorschuss und für die von der Gegenpartei zu erstattenden Kosten.

Er ist, solange er nicht geändert worden ist, auch für das Gericht und für den Urkundsbeamten selbst dann bindend, wenn in der Zwischenzeit eine Änderung eingetreten ist.

Auch alle anderen auf den Streitwert aufbauenden Entscheidungen haben den festgesetzten Streitwert zu Grunde zu legen, zB die Entscheidung über den Gebührenanspruch des RA gegen seine Partei oder die Kostenfestsetzung gem. §§ 103 ff. ZPO. Der Festsetzungsbeamte darf nicht an Stelle des in dem Festsetzungsbeschluss genannten Streitwertes einen abweichenden – von ihm für richtig erachteten – Streitwert der Gebührenberechnung zu Grunde legen.

Der Festsetzungsbeschluss wirkt aber grds. nur für diejenige Instanz, für die die Festsetzung erfolgt ist. Die Festsetzung des Rechtsmittelgerichts gilt für die untere Instanz nur dann, wenn sie erkennbar als eine Änderung der Festsetzung der unteren Instanz von Amts wegen anzusehen ist.

VI. Änderungsbefugnis, Streitwertänderung

Der Festsetzungsbeschluss kann nach § 63 Abs. 3 S. 1 GKG **von Amts wegen** geändert 72
werden. Die Vorschrift wurde durch das 2. KostRMoG inhaltlich unverändert an den Text in § 79 Abs. 2 GNotKG angepasst.[30]

1. Zulässigkeit

Die Änderung ist selbst dann zulässig, wenn auf Grund der Festsetzung, zB im Gebühren- 73
streit zwischen RA und Partei, bereits eine rechtskräftige Entscheidung erfolgt ist.

Voraussetzung der Änderung ist selbstverständlich, dass bereits ein Streitwertfestsetzungsbeschluss ergangen ist. Berechtigt zur Änderung ist nicht nur das gleiche Gericht, das den Festsetzungsbeschluss erlassen hat, sondern auch das Rechtsmittelgericht, das also nicht nur seinen eigenen Festsetzungsbeschluss, sondern auch den der unteren Instanz ändern kann, wenn die Sache bei ihm schwebt.

Das untere Gericht kann dagegen stets nur seinen eigenen Festsetzungsbeschluss, niemals einen solchen der höheren Instanz ändern.

[29] OLG Celle NdsRpfl. 1962, 257.
[30] BT-Drs. 17/11471 (neu), 246.

Die untere Instanz kann ihre Wertfestsetzung auch dann noch ändern, wenn schon ein Antrag auf Festsetzung für die höhere Instanz gestellt wurde, was allerdings nicht zweckmäßig ist. Sie kann aber nicht die vom Rechtsmittelgericht auf Beschwerde oder von Amts wegen für die untere Instanz getroffene Wertfestsetzung ändern, und zwar auch dann nicht, wenn das Rechtsmittelgericht die Beschwerde gegen den Beschluss des unteren Gerichts zurückgewiesen hatte.[31]

Eine anderweitige Festsetzung kann in solchen Fällen nur durch das Beschwerdegericht erfolgen.

2. Änderungspflicht

74 Das Gericht ist zur Änderung verpflichtet, wenn sich die Wertfestsetzung nachträglich als unrichtig herausstellt oder wenn der Wert sich später erhöht hat. Obwohl das Gesetz davon spricht, dass die Festsetzung geändert werden „kann", ist die Änderung nicht in das Belieben oder in das freie Ermessen des Gerichts gestellt.[32]

Verstöße gegen die richtige Wertfestsetzung infolge Verletzung der Pflicht zur Änderung des Wertansatzes können Schadensersatzansprüche aus Amtshaftung begründen.[33]

Die Verpflichtung zur Änderung gilt selbst dann, wenn hierdurch Schwierigkeiten entstehen, weil die Kosten bereits nach dem früher festgesetzten Werte eingezogen worden sind und bei Herabsetzung des Streitwertes teilweise zurückgezahlt werden müssen. Deshalb ist sorgfältig festzusetzen und nur dann abzuändern, wenn dies wirklich geboten erscheint. Unzulässig ist die Änderung, wenn die Grundlage der Ermessensausübung unverändert ist, also weder neue Gesichtspunkte hervorgetreten sind noch schon früher bekannte wesentliche Umstände unberücksichtigt gelassen worden waren.

3. Entscheidung nach § 62 GKG

75 Ist eine Entscheidung aus § 62 GKG nach der Wertfestsetzung aus § 63 GKG ergangen, die den Wert auf einen bezifferten Betrag festgesetzt hat, so ist eine Änderung jedenfalls insoweit unzulässig, als dadurch die Entscheidung über die Zuständigkeit oder die Zulässigkeit des Rechtsmittels berührt wird. Hat das Gericht ausgesprochen, dass der Wert seine Zuständigkeitsgrenze übersteigt, so ist Herabsetzung unter den für die Zuständigkeit maßgebenden Betrag unzulässig. Das Gleiche gilt, wenn das Landgericht den Wert auf einen zur Zuständigkeit des Amtsgerichts gehörigen Betrag festgesetzt hat. Hier ist eine Erhöhung über den Betrag der amtsgerichtlichen Zuständigkeit hinaus unzulässig. Ebenso ist eine Änderung der Streitwertentscheidung des Rechtsmittelgerichts insoweit unzulässig, als nunmehr entgegen der ergangenen Sachentscheidung die Zulässigkeit des Rechtsmittels mit Rücksicht auf den Streitwert zu bejahen oder zu verneinen wäre.

4. Zuständigkeit für die Änderung

76 Zuständig für die Änderung ist einmal das Gericht, das die Entscheidung getroffen hat, andererseits das Rechtsmittelgericht. Das Gericht, das die Entscheidung getroffen hat, kann sowohl das Gericht der unteren Instanz als auch das Berufungs- oder Revisionsgericht sein, falls es den Streitwert für das Berufungs- oder Revisionsverfahren festgesetzt hat. Ausschlaggebend ist, dass die eigene Entscheidung geändert werden soll. Hat der Einzelrichter oder der Rechtspfleger den Streitwert festgesetzt (→ Rn. 63), so ist er auch für die Abänderung zuständig.

Es braucht nicht der gleiche Richter, die gleiche Kammer oder der gleiche Senat den Streitwert festgesetzt zu haben, sofern es sich nur um dasselbe Gericht handelt.

Hat sich die Zuständigkeit des Gerichts, zB durch Verweisung, geändert, so ist das zur Zeit der Änderung zuständige Gericht zur Änderung berechtigt.

5. Rechtsmittelgericht

77 Das Rechtsmittelgericht ist nach der ausdrücklichen Vorschrift des § 63 Abs. 3 GKG nur so lange zur Änderung der vom Gericht des niedrigeren Rechtszugs getroffenen Festsetzung befugt, wie das Verfahren wegen der Hauptsache oder wegen der Entscheidung über den Streitwert, den Kostenansatz oder die Kostenfestsetzung in der Rechtsmittelinstanz schwebt.[34]

---

[31] OLG Frankfurt a. M. JurBüro 1982, 747 = MDR 1982, 589.
[32] *Wenzel* MDR 1980, 14; OLG Nürnberg JurBüro 1968, 543.
[33] BGHZ 36, 144; VersR 1964, 146; OLG Köln JurBüro 1971, 1080; OVG Münster NJW 1975, 1183.
[34] BGH AnwBl 1990, 44.

Das Beschwerdegericht kann den Streitwert nicht mehr von Amts wegen oder auf Gegenvorstellung neu festsetzen, wenn es die erstinstanzliche Festsetzung bereits auf Beschwerde bestätigt hatte.[35]

Ob das Rechtsmittel Erfolg hat oder nicht, ist gleichgültig, es sei denn, dass ein prozessual unzulässiges Rechtsmittel eingelegt worden ist. Ist das Rechtsmittel unzulässig, ist das Rechtsmittelgericht an einer Sachentscheidung gehindert. Ihm muss deshalb auch die Änderungsbefugnis des § 63 Abs. 3 GKG versagt bleiben.

6. In der Rechtsmittelinstanz schwebendes Verfahren

Nur dann, wenn das Verfahren in der Rechtsmittelinstanz schwebt, kann das Rechtsmittelgericht die von dem unteren Gericht getroffene Wertfestsetzung ändern. **78**

Richtet sich das Rechtsmittel gegen ein Teilurteil, so beschränkt sich die Änderungsbefugnis auf den Teilanspruch.

Ist das Verfahren vor dem Rechtsmittelgericht in der Hauptsache beendet, so ist die Änderung nur zulässig, wenn das Verfahren noch wegen der Entscheidung über den Streitwert, den Kostenansatz oder die Kostenfestsetzung in der Rechtsmittelinstanz schwebt. Dagegen genügt nicht, wenn noch ein Beschwerdeverfahren anderer Art bei dem Beschwerdegericht anhängig ist, zB wegen einer Beschwerde gegen die Ablehnung eines Sachverständigen oder über einen sonstigen Nebenpunkt.

Nicht erwähnt wird in § 68 GKG auch die Beschwerde gegen einen Beschluss über die Erinnerung des RA oder der Bundes- bzw. Landeskasse, welche die Festsetzung der dem beigeordneten RA aus der Bundes- oder Landeskasse zu gewährenden Vergütung betrifft. Es ist daher anzunehmen, dass auch die Anhängigkeit eines solchen Beschwerdeverfahrens das Änderungsrecht nicht begründen soll.

Dann genügt aber auch nicht, wenn das Beschwerdegericht als Gericht des Rechtszugs über eine Erinnerung gegen die Festsetzung der aus der Bundes- oder Landeskasse zu gewährenden Vergütung zu entscheiden hat.

In beiden Fällen handelt es sich um eine Entscheidung über einen „sonstigen Nebenpunkt" iSd vorstehenden Ausführungen.

Nimmt allerdings das Rechtsmittelgericht die Entscheidung zum Anlass, seine eigene Streitwertentscheidung zu überprüfen und zu ändern, kann es selbstverständlich – nunmehr liegt ein klarer Fall des § 68 GKG vor – auch die Streitwertentscheidung der unteren Instanz ändern.

Ist eine Beschwerde nach Fristablauf eingelegt, so besteht kein Änderungsrecht, ebensowenig wenn die Streitwertbeschwerde wegen Nichterreichung der Beschwerdesumme unzulässig ist, da sonst der Zweck der die Beschwerde einschränkenden Bestimmungen vereitelt werden würde.

Wird das Rechtsmittel zurückgenommen, so ist die Änderung noch zulässig bis zur Entscheidung über die Verlustigkeit oder die Kosten, sofern eine solche beantragt wird. Andernfalls dürfte die Instanz mit der Rücknahme des Rechtsmittels beendet sein.

7. Befristung des Änderungsrechts

Das **Änderungsrecht ist befristet,** und zwar auch das Recht zur Änderung der eigenen Entscheidung. Die Änderung darf nach § 63 Abs. 3 S. 2 GKG nur innerhalb von sechs Monaten, nachdem die Entscheidung in der Hauptsache Rechtskraft erlangt oder das Verfahren sich anderweit erledigt hat, erfolgen. Anderweitige Erledigung ist auch die übereinstimmende Erledigungserklärung der Parteien oder ihre Mitteilung über eine außergerichtliche Einigung.[36] **79**

Ist über einen Kostenfestsetzungsantrag rechtskräftig entschieden worden und ist eine Änderung der Streitwertfestsetzung aufgrund der Ausschlussfrist des § 63 Abs. 3 S. 2 GKG nicht mehr möglich, ist auch eine Nachfestsetzung von Kosten aufgrund eines anderen Gegenstandswertes ausgeschlossen.[37]

Ist das Verfahren in der Hauptsache durch Rücknahme der Klage oder des Rechtsmittels erledigt und dann noch Verlustigkeits- oder Kostenbeschluss ergangen, so ist die Frist von diesem Zeitpunkt an zu berechnen.[38]

Nach rechtskräftiger Vorabentscheidung im Scheidungsverbund und Festsetzung von Teilstreitwerten für den entschiedenen Verfahrensteil gilt für die Änderung der festgesetzten Teil-

---

[35] BGH MDR 1986, 654; OLG Hamm MDR 1990, 63.
[36] BGHZ 70, 365 = NJW 1978, 1263.
[37] VGH Kassel BeckRS 2012, 47860.
[38] BGH NJW 1961, 1819 = Rpfleger 1962, 53 = JVBl. 1962, 10.

streitwerte bzw. für die Beschwerde gegen die betreffende Wertfestsetzung die Sperrfrist des § 63 Abs. 3 GKG ohne Rücksicht darauf, ob oder wann die abgetrennten Folgesachen endgültig erledigt werden.[39]

Ein Arrestverfahren ist endgültig abgeschlossen, wenn entweder der Arrestantrag endgültig zurückgewiesen oder dem Antrag auf Aufhebung des Arrestes rechtskräftig stattgegeben oder im Falle der Aufrechterhaltung der Hauptprozess endgültig abgeschlossen ist.[40]

Wird der Streitwert erstmals nach Ablauf der Sechsmonatsfrist der §§ 63, 68 GKG festgesetzt, dann darf er noch entsprechend § 68 Abs. 1 S. 3 GKG innerhalb der Frist eines Monats ab Festsetzung antragsgemäß geändert werden.[41]

8. Zustellung des Änderungsbeschlusses

80 Förmliche Zustellung des Änderungsbeschlusses ist nötig, wenn der Beschluss nicht verkündet worden ist, da von der Zustellung an die Frist des § 107 Abs. 2 ZPO für den Antrag auf Änderung des Kostenfestsetzungsbeschlusses läuft (§ 329 Abs. 2 ZPO).

Wegen des Interessenwiderstreits ist der Beschluss regelmäßig den Parteien selbst und außerdem ihren Anwälten zuzustellen.

Zustellung an den RA ist auch dann nötig, wenn dieser sich durch Antragstellung in das Verfahren eingeschaltet hatte.

Hat aber der RA namens seiner Partei eine niedrigere Festsetzung beantragt und sich damit eines entgegengesetzten Verlangens begeben, so ist er auch für das Festsetzungsverfahren als Prozessbevollmächtigter iSd § 172 ZPO anzusehen.[42]

Erlässt das Rechtsmittelgericht den Änderungsbeschluss, so ist er den für diesen Verfahrenszug bestellten Prozessbevollmächtigten zuzustellen.

Sind die Kosten noch nicht festgesetzt, liegen also die Voraussetzungen des § 107 ZPO nicht vor, bedarf es der Zustellung nicht. Hier genügt die formlose Bekanntgabe.

Mitteilung an den Vertreter der Staatskasse ist stets nötig, wenn eine niedrigere Festsetzung erfolgt und dagegen Beschwerde zulässig ist, uU auch bei höherer Festsetzung.

VII. Streitwertbeschwerde

1. Allgemeines

81 **Beschwerde gegen den Streitwertfestsetzungsbeschluss** ist zufolge § 68 Abs. 1 GKG unter den dort aufgeführten Voraussetzungen zulässig. Der RA hat ein eigenes Beschwerderecht nach § 32 Abs. 2 RVG.

Voraussetzung der Beschwerde ist, dass ein förmlicher Streitwertfestsetzungs- oder Streitwertänderungsbeschluss vorliegt. Ein Beschluss liegt auch dann vor, wenn der Streitwert für die Gebühren im Urteil festgesetzt ist (→ Rn. 66–68).

Auch wird als Streitwertbeschluss die Wertfestsetzung am Ende der Urteilsgründe vor den richterlichen Unterschriften angesehen.

Die Beschwerde ist keine Rechtsbeschwerde, ermöglicht mithin dem Beschwerdegericht die Nachprüfung in vollem Umfange. Bei der Festsetzung des Streitwertes nach freiem Ermessen tritt deshalb das Beschwerdegericht voll an die Stelle des erstinstanzlichen Gerichts. Es hat sonach den Streitwert nach seinem eigenen Ermessen zu bestimmen und nicht nur nachzuprüfen, ob das Erstgericht den Begriff des freien Ermessens verkannt hat.[43]

Die vorläufige Festsetzung des Gebührenstreitwertes gem. § 63 GKG kann nach der seit dem 1.7.1994 geltenden Rechtslage nicht mehr mit der Streitwertbeschwerde gem. § 68 GKG angefochten werden.[44] So wird teilweise vertreten, dass der Ausschluss der Streitwertbeschwerde nur die Partei selbst betrifft, der Anwalt hingegen auch gegen eine vorläufige Streitwertfestsetzung gem. § 32 Abs. 2 S. 1 RVG Streitwertbeschwerde einlegen kann. Denn andernfalls würde er das Insolvenzrisiko in Bezug auf seine Partei tragen. Er werde bereits durch die vor-

---

[39] OLG München JurBüro 1991, 951; aA Anm. *Lappe* KostRspr GKG § 25 Nr. 50, 114.

[40] *Schneider* JurBüro 1968, 171; OLG Frankfurt a. M. Rpfleger 1958, 287.

[41] BGH MDR 1979, 577; OLG Koblenz JurBüro 1981, 572 = KostRspr GKG § 25 Nr. 48 mAnm *Schneider;* OLG Düsseldorf JurBüro 1990, 914 = Rpfleger 1990, 272.

[42] LG Gießen Rpfleger 1952, 501.

[43] OLG Nürnberg JurBüro 1961, 37; OLG Hamm JMBlNRW 63, 98, OLG Köln JurBüro 1969, 265; OLG Bamberg JurBüro 1978, 1061; Hartmann/Toussaint/*Toussaint* GKG § 68 Rn. 34; aA OLG Köln JMBlNRW 1965, 154 = JurBüro 1965, 753 und VersR 1964, 1261 = JurBüro 1965, 408 (abl. *Schmidt*), nur auf grobe Ermessensfehler nachprüfbar; OLG Frankfurt a. M. JurBüro 1968, 313 mablAnm *Tschischgale.*

[44] OLG Köln JurBüro 1996, 195.

läufige Streitwertfestsetzung beschwert, solange nämlich der gerichtliche Beschluss, also auch der vorläufige Bestand habe, könne ein RA nur nach diesem Wert gegenüber seiner Partei abrechnen.[45] Richtiger Auffassung nach steht jedoch dem Anwalt kein eigenes Beschwerderecht zum Zwecke der Gebührenerhöhung gegen die vorläufige Streitwertfestsetzung zu. § 32 Abs. 2 RVG ist einschränkend dahingehend auszulegen, dass eine Beschwerde nur im Rahmen der Regeln des GKG stattfinden soll. Eine Ausnahme von dem Grundsatz, dass § 32 Abs. 2 RVG dem Anwalt keine weitergehende Beschwerdemöglichkeit eröffnet als sie nach den Vorschriften über Wertfestsetzungsverfahren der ihm vertretenen Partei zustehen, ist nicht gerechtfertigt.[46]

2. Formlose Wertangabe

Gegen formlose Streitwertannahmen gibt es nicht die Beschwerde nach § 68 GKG. Die Beschwerde der Partei gegen einen Kostenfestsetzungsbeschluss ist – anders als die Streitwertbeschwerde – auch deshalb zulässig, weil sie sich gegen die Herabsetzung des Streitwertes wendet. **82**

Ist der Streitwert noch nicht festgesetzt, so hat ihn das über die Beschwerde gegen den Kostenfestsetzungsbeschluss entscheidende Gericht zu ermitteln.

Der RA hat das Recht zur Erinnerung und Beschwerde gegen einen Kostenfestsetzungsbeschluss, wenn er als beigeordneter RA die Kostenfestsetzung nach § 126 ZPO auf seinen Namen erwirkt hat oder wenn er selbst die erstattungsberechtigte Partei ist. Sonst kann er gegen einen Kostenfestsetzungsbeschluss auch dann nicht im eigenen Namen Erinnerung oder Beschwerde einlegen, wenn er sich gegen die Annahme eines zu niedrigen Streitwertes wendet.

Er kann aus eigenem Recht nur die gerichtliche Festsetzung des Streitwertes beantragen.

Hat das Gericht den Streitwert nur formlos auf seiner Entscheidung angegeben, so muss erst eine förmliche Wertfestsetzung herbeigeführt werden, bevor eine Beschwerde eingelegt werden kann.

3. Ablehnung der Festsetzung

Ist die Streitwertfestsetzung abgelehnt worden, so gilt § 68 GKG nicht, da diese Bestimmung nur eine Beschwerde gegen einen Wertfestsetzungsbeschluss zulässt. **83**

Da aber die Antragsberechtigten einen Anspruch auf die Festsetzung haben, wenn deren Voraussetzungen vorliegen, ist gegen den Ablehnungsbeschluss sofortige Beschwerde nach § 567 Abs. 1 Nr. 2 ZPO zulässig.[47]

Die Ablehnung einer Anregung auf Änderung des Streitwertes kann nicht mit Beschwerde angefochten werden.[48]

In diesen Fällen kann man aber gegen den Festsetzungsbeschluss sofortige Beschwerde einlegen. In der Regel kann auch die Beschwerde gegen den Ablehnungsbeschluss in eine solche gegen den Festsetzungsbeschluss umgedeutet werden.

4. Beschluss zur Vorbereitung der Entscheidung über Zuständigkeit oder Rechtsmittelzulässigkeit

Beschlüsse, die den Wert zur Vorbereitung der Entscheidung über die Zuständigkeit oder die Zulässigkeit eines Rechtsmittels festsetzen, sind nach zutreffender Auffassung nicht anfechtbar. **84**

5. Beschluss des Rechtsmittelgerichts

Eine Beschwerde gegen die Festsetzung durch das Oberlandesgericht ist nicht zulässig, da eine Beschwerde zum BGH nicht gegeben ist.[49] **Umstritten** ist, ob eine **Beschwerde** gegen die **Festsetzung des Landgerichts als Berufungsgericht** möglich ist. So wird teilweise die Auffassung vertreten, eine Streitwertbeschwerde zum Oberlandesgericht gegen Wertfestsetzungen des Landgerichts als Berufungsgericht unzulässig ist, da das nächsthöhere Gericht als Beschwerdegericht iSd § 66 Abs. 3 S. 2 GKG – nur im Fall der Rechtsmittelzulassung – der BGH **85**

---

[45] Bischof/*Bischof* RVG § 32 Rn. 23 f.; Schneider/Wolf/*Thiel* RVG § 32 Rn. 213 ff.; Hartung/Schons/Enders/*Enders* RVG § 32 Rn. 9.

[46] OLG Dresden BeckRS 2008, 04306 mAnm *Mayer* FD-RVG 2008, 256187; OLG Koblenz BeckRS 2018, 41711 mit Anm. *Mayer* FD-RVG 2019, 417157 (vorl. Streitwertbestimmung zum Zwecke der Bestimmung der sachlichen Zuständigkeit).

[47] Hillach/Rohs Streitwert-HdB § 97 Kap. B III; OLG Frankfurt a. M. Das Büro 1953, 493; KG Rpfleger 1962, 121; Hartmann/Toussaint/*Toussaint* GKG § 68 Rn. 4.

[48] OLG Zweibrücken JurBüro 1979, 405.

[49] Hartmann/Toussaint/*Toussaint* RVG § 68 GKG Rn. 29; BeckOK KostenR/*Laube* GKG § 68 Rn. 141; Schneider/Herget/*Schneider* Rn. 230.

ist.[50] Die **weit überwiegende Gegenauffassung** geht jedoch davon aus, dass § 66 Abs. 3 S. 2 GKG mit dem „nächsthöheren Gericht" nicht das im konkreten Instanzenzug übergeordnete nächsthöhere Gericht, sondern vielmehr das Gericht meint, das allgemein nach der Gerichtsorganisation das nächsthöhere Gericht ist.[51]

6. Weitere Beschwerde

86 Eine weitere Beschwerde ist gem. § 68 Abs. 1 S. 5 GKG zulässig.

Hinweis für den RA: Der RA kann nur eine sonst zulässige Beschwerde aus eigenem Recht erheben. Sein Beschwerderecht geht nicht weiter als das der Parteien. Ist für diese die weitere Beschwerde nicht gegeben, so hat sie auch der RA nicht.[52]

Das Beschwerdegericht darf aber auch hier seinen Beschluss auf Gegenvorstellungen ändern.

7. Wertfestsetzung nach § 144 PatG, § 26 GebrMG

87 Gegen Festsetzungsbeschlüsse nach § 144 PatG, § 142 MarkenG, § 26 GebrMG ist die Beschwerde in gleicher Weise zulässig wie gegen andere Wertfestsetzungsbeschlüsse. Sie kann auch durch die nicht begünstigte Partei oder den Anwalt der begünstigten Partei eingelegt werden, beide jedoch nur mit dem Ziel einer Erhöhung des Streitwertes bis zur Höhe des sonst gültigen Streitwertes. Die nicht begünstigte Partei verliert allerdings das Beschwerderecht, sobald sie rechtskräftig zur Tragung der Kosten des Rechtsstreits verurteilt ist. Denn dann hat sie kein Interesse mehr daran, ob der Streitwert für den Gegner niedrig oder auch für ihn auf den Regelwert festgesetzt ist. Sie muss auf jeden Fall die Kosten aus dem höheren Streitwert tragen.

8. Späterer Änderungsbeschluss

88 Ist der Festsetzungsbeschluss später geändert worden, so kann die Beschwerde auch gegen den Änderungsbeschluss eingelegt werden.

9. Beschluss des Rechtspflegers

89 Gegen einen Festsetzungsbeschluss des Rechtspflegers ist zunächst die Erinnerung und erst gegen den darauf ergangenen Gerichtsbeschluss Beschwerde zulässig (vgl. § 11 RPflG).

10. Verweisung vom Amts- an das Landgericht

90 Bei Verweisung des Rechtsstreits vom Amtsgericht an das Landgericht hat das Oberlandesgericht auch über einen vor der Verweisung vom Amtsgericht erlassenen Festsetzungsbeschluss zu entscheiden, weil die Festsetzung als solche des Landgerichts anzusehen ist. Auf jeden Fall kann das Landgericht den Festsetzungsbeschluss des Amtsgerichts ändern. Voraussetzung ist in jedem Falle, dass der Festsetzungsbeschluss ein solcher nach § 63 GKG und kein Beschluss gem. § 62 GKG ist.

11. Beschwer und Beschwerdeberechtigung

91 Beschwer ist dasjenige, was einem Verfahrensbeteiligten durch die Streitwertfestsetzung aberkannt wird; im Verfahren der §§ 32, 33 RVG berechnet sie sich nach dem Unterschiedsbetrag der Gebühren zwischen dem erstrebten und dem festgesetzten Streitwert.[53]

92 **Beschwerdeberechtigt** für die Beschwerde nach § 68 GKG sind die Parteien, die Staatskasse und der RA. Das Beschwerderecht steht jedem Anwalt zu, der in der Instanz einen Gebührenanspruch erworben hat, also auch dem Anwalt, der vor Verweisung des Rechtsstreits nach § 281 ZPO tätig war.

Voraussetzung ist eine **Beschwer,** die bei der **Partei** in der Regel in einer **zu hohen,** bei dem **RA** nur **in einer zu niedrigen Bemessung** des Streitwertes bestehen kann.

Der RA hat auch dann ein schutzwürdiges rechtliches Interesse an der Erhöhung des festgesetzten Streitwertes, wenn er mit seinem Auftraggeber eine Vergütung in Höhe der Gebühren vereinbart hat, die sich aus einem wesentlich höheren Streitwert ergibt.[54]

Auch die auf Erhöhung des Streitwertes gerichtete Beschwerde einer Partei ist zulässig, wenn die Partei mit ihrem RA eine Vergütungsvereinbarung getroffen hat, die von einem hö-

---

[50] OLG Celle BeckRS 2006, 00123 = LSK 2008, 020011 (Ls.).

[51] OLG Stuttgart BeckRS 2012, 02011; OLG Celle BeckRS 2007, 00340; KG BeckRS 2011, 25671; OLG Rostock BeckRS 2006, 10645; OLG München BeckRS 2009, 13515; OLG Zweibrücken BeckRS 2008, 24585; OLG Düsseldorf NJOZ 2007, 1794; OLG Koblenz BeckRS 2008, 04611; BeckRS 2012, 24998 mAnm *Mayer* FD-RVG 2013, 341105; BeckOK KostenR/*Laube* GKG § 68 Rn. 140.

[52] OLG Celle JurBüro 1970, 150 = Rpfleger 1970, 103.

[53] Schneider/Wolf/*Thiel* RVG § 32 Rn. 192.

[54] BFH BB 1975, 1321.

heren als dem festgesetzten Streitwert ausgegangen ist[55] oder zu einer höheren als der gesetzlichen Vergütung führt.[56] Die auf die Erhöhung des Streitwerts gerichtete Beschwerde eines Beteiligten ist aber wegen Verstoß gegen das **prozessuale Schikaneverbot** dann unzulässig, wenn sie nur dem Zweck dient, die Kostentragung des Unterliegenden zu erhöhen.[57]

Ist der RA allerdings gleichzeitig Partei, kann er sowohl eine zu hohe (als Partei) als auch eine zu niedrige (als RA) Streitwertfestsetzung mit der Beschwerde angreifen. Der RA wird in seiner Beschwerde angeben müssen, ob er sie im eigenen Namen oder im Namen der Partei einlegt. Die nicht ausdrücklich namens des Auftraggebers eingelegte Erhöhungsbeschwerde ist im Allgemeinen als eigene Streitwertbeschwerde des RA anzusehen.[58]

Die im Namen der Partei auf Erhöhung des Streitwertes gerichtete Beschwerde ist als unzulässig zu verwerfen, falls nicht ein Ausnahmetatbestand vorliegt. Es ist jedoch ein nobile officium, wenn nicht sogar eine wirkliche Amtspflicht des Gerichts (§ 139 ZPO), bei dem Anwalt rückzufragen, ob die Beschwerde wirklich im Namen der Partei erhoben werden soll. Bei **missverständlichen Formulierungen** sind diese **auszulegen.** So ist auch eine von einem an dem Verfahren, dessen Streitwert in Frage steht, unmittelbar beteiligten RA mit dem Ziel der Erhöhung des Streitwerts, jedoch ausdrücklich „für" die Partei und unter Verwendung der Formulierung „aus Sicht" der Partei eingelegte Streitwertbeschwerde im Hinblick darauf, dass es an einer Beschwer der Partei fehlt, regelmäßig dahin auszulegen, dass sie von deren Prozessbevollmächtigten aus eigenem Recht gem. § 32 Abs. 2 RVG eingelegt wurde.[59] Die Grenzen der Auslegung werden aber dann erreicht, wenn der Rechtanwalt des Verfahrens, um dessen Streitwert es geht, im Beschwerdeverfahren gar nicht beteiligt ist, so zB, in einem Rechtsbeschwerdeverfahren.[60]

Allerdings ist der Formulierung „in dem Rechtstreit … lege ich gegen den Beschluss vom … Streitwertbeschwerde ein" genügend deutlich zu entnehmen, dass der RA die Beschwerde im eigenen Namen eingelegt hat und nicht etwa eine unzulässige Beschwerde für die Partei einlegen wollte.[61]

Die **Staatskasse** ist regelmäßig nur durch eine zu niedrige Bemessung des Wertes beschwert, durch eine zu hohe jedoch auch dann, wenn sie dem im Wege der PKH beigeordneten RA Gebühren zu erstatten hat.

Haben sich die **Parteien mit dem festgesetzten Streitwert einverstanden erklärt,** zB ihn selbst vorgeschlagen, so liegt darin nach Auffassung mancher Gerichte ein Verzicht auf die Einlegung der Beschwerde.[62]

Die Auffassung ist abzulehnen. Denn nach §§ 61, 63 GKG sind übereinstimmende Angaben der Parteien weder für diese noch für das Gericht bindend, außerdem kann das Gericht auf Gegenvorstellung den Wert ändern.[63]

Auch die ohne Kosten aus dem Rechtsstreit hervorgegangene Partei kann durch die Festsetzung eines zu hohen Streitwertes beschwert sein. Denn ihr Kostenerstattungsanspruch gegen den Gegner enthebt sie nicht der Zahlungspflicht gegenüber dem eigenen RA und auch wegen ihrer Haftung als Antragsteller aus § 22 Abs. 1 S. 1 GKG.[64]

Dasselbe gilt für die Personen, die nach §§ 29, 31 GKG Zweitschuldner für die Kosten sind.[65]

Der Beklagte, der im Rechtsstreit nicht vertreten war, weil der Kläger die Klage zurückgenommen hat, hat ein Beschwerderecht, wenn er in einem außergerichtlichen, dem Gericht nicht mitgeteilten Vergleich die Kosten des Rechtsstreits übernommen hat. Mit der Klagerhebung ist er in den Prozess einbezogen worden. Er verliert seine Stellung als Beteiligter auch

---

55 VGH München NVwZ-RR 1997, 195.

56 OVG Bautzen NVwZ-RR 2006, 654; OLG Frankfurt a. M. BeckRS 2009, 26390 mAnm *Mayer* FD-RVG 2009, 290781.

57 VGH Mannheim BeckRS 2011, 51177 mAnm *Mayer* FD-RVG 2011, 319337.

58 OLG Köln MDR 1968, 852.

59 OLG Stuttgart BeckRS 2013, 04342 mAnm *Mayer* FD-RVG 2013, 343925.

60 BGH BeckRS 2012, 03303; vgl. Anm. *Mayer* FD-RVG 2013, 343925.

61 OLG Hamm BeckRS 2011, 18636 mAnm *Mayer* FD-RVG 2011, 321365.

62 OLG Bamberg JurBüro 1975, 463; OLG Hamburg MDR 1977, 407; OLG Neustadt JurBüro 1960, 307; *Schneider* BRAGOreport 2001, 115.

63 OLG Stuttgart Justiz 1969, 226; OLG München JurBüro 1981, 892; OLG Koblenz KostRspr ZPO § 3 Nr. 351, Abweichung von der Wertangabe in der Klageschrift macht eine Streitwertbeschwerde nicht unzulässig; OLG Köln AGS 2000, 154.

64 OLG Nürnberg Rpfleger 1956, 269; OLG Saarbrücken KostRspr GKG § 25 Nr. 115.

65 OLG Karlsruhe Justiz 1974, 89; OLG Frankfurt a. M. JurBüro 1975, 367.

nicht dadurch, dass die erhobene Klage wieder zurückgenommen worden ist. Anders mag die Rechtslage sein, wenn die Klage eingereicht, dem Beklagten aber nicht zugestellt worden ist. Hier ist der Beklagte in das Prozessverhältnis nicht einbezogen worden.

Sonst ist nur derjenige beschwerdeberechtigt, der unmittelbar auf Grund des GKG oder nach §§ 103ff. ZPO für die Kosten einzustehen hat, nicht aber, wer nur aus anderen Gründen für die Kosten eines Beteiligten haftet. Der Ehegatte, der gem. § 1360a Abs. 4 S. 1 BGB einen Prozesskostenvorschuss zahlen soll, oder die Rechtsschutzversicherung, gegen die die Partei einen Anspruch auf Tragung der Prozesskosten hat, haben also kein eigenes Beschwerderecht.[66]

Abgetreten oder gepfändet werden kann das Beschwerderecht nicht.

12. Kein Anwaltszwang

93 Dem Anwaltszwang unterliegt die Beschwerde nicht, da sie nach dem in § 68 Abs. 1 S. 5 GKG herangezogenen § 66 Abs. 5 GKG in allen Fällen durch Erklärung zu Protokoll der Geschäftsstelle oder schriftlich ohne Mitwirkung eines RA eingelegt werden kann.

13. Beschwerdesumme

94 Beschwerde ist nur zulässig bei einer **Beschwerdesumme** von über **200,– EUR,** § 68 Abs. 1 S. 1 GKG. Die Wertgrenze gilt auch für Streitwertbeschwerden von Rechtsanwälten.[67] Beschwerdewert ist die Differenz zwischen der Gesamtvergütung des Rechtsanwalts aufgrund der bisherigen Wertfestsetzung und der voraussichtlichen Gesamtvergütung nach dem von ihm erstrebten Wert.[68]

Um feststellen zu können, ob diese Beschwerdesumme vorhanden ist, muss die Beschwerde einen **bestimmten Antrag** enthalten, aus dem die Höhe des für zutreffend gehaltenen Streitwertes hervorgeht. Ein Antrag auf angemessene Festsetzung genügt nicht. Fehlt ein bestimmter Antrag, so ist die Beschwerdesumme nach § 3 ZPO zu schätzen.

Bei Beschwerden der Partei ist der Unterschied zwischen den ihr zur Last fallenden Gesamtkosten, berechnet nach dem festgesetzten, und dem mit der Beschwerde erstrebten Streitwert die Beschwerdesumme.

Dasselbe gilt für die Beschwerde der im Rechtsstreit unterlegenen Gegenpartei.

Beispiel:

Der RA geht von einem Streitwert von 10.000,– EUR aus, während das Gericht 5.000,– EUR festgesetzt hat. Die Beschwer ergibt sich dann aus der Differenz der Gebührenbeträge nach dem Streitwert 10.000,– EUR und 5.000,– EUR.

Beispiel:[69]

In einem Zivilverfahren wird der Streitwert vom Gericht auf 1.500,– EUR festgesetzt. Der RA des Klägers legt gegen die Festsetzung Beschwerde ein und beantragt, den Streitwert auf 3.000,– EUR festzusetzen. Der RA hat an dem Verhandlungstermin teilgenommen.

a) Berechnung der Gebühren nach dem festgesetzten Wert:

1. 1,3 Verfahrensgebühr, VV 3100 RVG (Wert: 1.500,– EUR)	165,10 EUR
2. 1,2 Terminsgebühr, VV 3104 RVG (Wert: 1.500,– EUR)	152,40 EUR
3. Auslagenpauschale nach VV 7002 RVG	20,00 EUR
zusammen	337,50 EUR
4. 19 % Umsatzsteuer VV 7008 RVG	64,13 EUR
insgesamt	**401,63 EUR**

Summe:

b) Berechnung der Gebühren nach dem mit der Beschwerde angestrebten Wert:

1. 1,3 Verfahrensgebühr, VV 3100 RVG (Wert 3.000,– EUR)	288,60 EUR
2. 1,2 Terminsgebühr, VV 3104 RVG (Wert: 3.000,– EUR)	266,40 EUR
3. Auslagenpauschale VV 7002 RVG	20,00 EUR
zusammen	575,00 EUR
4. 19 % Umsatzsteuer VV 7008 RVG	109,25 EUR
insgesamt	**684,25 EUR**

Die Differenz zwischen den Summen beträgt 282,62 EUR. Die nach § 68 Abs. 1 GKG erforderliche Beschwerdesumme von über 200,– EUR ist damit erreicht.

Ist die beschwerdeführende Partei nur teilweise unterlegen, so ist der auf sie entfallende Anteil der Gesamtkosten maßgebend.

---

[66] OLG Hamm Rpfleger 1956, 77.
[67] OLG Düsseldorf BeckRS 2012, 05270.
[68] OLG Düsseldorf BeckRS 2012, 05270.
[69] *Volpert* RVGreport 2004, 175.

Abzustellen ist dabei auf sämtliche Gebühren, für die der Beschwerdeführer einzustehen hat. Bei der unterlegenen Partei also auf alle Gerichtskosten, die sie zu tragen hat, auch die Kosten, die sie dem Gegner und ihrem eigenen Anwalt schuldet.[70]

Beschwert sich eine Partei, die voll obsiegt hat, so kann es sich für sie nur um eine Minderung der Gebühren ihres Anwalts und der Gerichtskosten insoweit handeln, als sie diese als Antragsteller der Instanz nach § 22 Abs. 1 S. 1 GKG oder infolge einer wieder aufgehobenen Entscheidung nach § 29 Nr. 1 GKG gezahlt hat und nicht nach § 30 S. 2 GKG zurückerhält.

Da sich die **Umsatzsteuer,** welche die Partei dem Anwalt erstatten muss, nach der Höhe 95
der zu zahlenden Vergütung und daher auch nach dem Streitwert richtet, ist auch sie in die Beschwerdesumme einzurechnen.[71] Ist der Anwalt im Rahmen der Prozesskostenhilfe oder anderweitig beigeordnet worden, ist gleichwohl auf die Differenz der Wahlanwaltsgebühren abzustellen, da dem Anwalt insoweit ein weitergehender Anspruch gegen die Staatskasse zustehen kann, der unter den Voraussetzungen des § 50 RVG ggf. noch zu einem späteren Zeitpunkt geltend gemacht werden kann.[72]

Bei **Beschwerden der Staatskasse** ist der Unterschied der Gerichtsgebühren oder der zu erstattenden Vergütung des beigeordneten RA maßgebend.

Wenn im selben Rechtsstreit der RA im eigenen Namen gem. § 32 Abs. 2 RVG Beschwerde einlegt mit dem Antrag, den Streitwert zu erhöhen, die Partei aber selbst Beschwerde einlegt mit dem Ziel, den Streitwert zu ermäßigen, so ist der Wert des Beschwerdegegenstandes für beide Beschwerden gem. § 45 Abs. 2 GKG zusammenzurechnen, wenn das Beschwerdegericht über sie gemeinsam entscheidet.[73]

Andererseits ist zu beachten, dass die Beschwerdewerte nicht zusammengerechnet werden, wenn mehrere Anwälte beschwert sind. Sind der Prozessbevollmächtigte und der Verkehrsanwalt um je 110,– EUR beschwert, beträgt die Beschwerdesumme nicht 220,– EUR, sondern nur je 110,– EUR.

14. Beschwerdefrist

Die Streitwertbeschwerde ist befristet. Sie ist nach § 68 Abs. 1 S. 3 GKG nur zulässig, wenn 96
sie innerhalb der in § 63 Abs. 3 S. 2 GKG bestimmten Frist eingelegt wird, also innerhalb von **sechs Monaten,** nachdem die Entscheidung in der Hauptsache Rechtskraft erlangt oder das Verfahren sich anderweit erledigt hat. In einem Rechtsstreit gegen Gesamtschuldner beginnt die Beschwerdefrist erst, wenn der Rechtsstreit gegen alle Gesamtschuldner wegen aller erhobenen Ansprüche voll erledigt ist. Über die Beendigung eines Arrestverfahrens → Rn. 79.[74]

In Scheidungssachen läuft keine isolierte Frist, solange noch abgetrennte Folgesachen anhängig sind, denn gem. § 44 FamGKG haben Scheidungssache und Folgesache nur einen Streitwert. Wenn sich die Notwendigkeit einer Wertänderung erst nach Beendigung der abgetrennten Folgesache herausstellt, dann könnte eine wegen Zeitablaufs endgültige Teilwertfestsetzung zu irreparablen Fehlern führen.[75]

Ist aber der Streitwert später als einen Monat vor Ablauf dieser Frist festgesetzt worden, so kann die Beschwerde nur noch innerhalb eines Monats nach Zustellung oder formloser Mitteilung des Festsetzungsbeschlusses eingelegt werden. Als Festsetzung in diesem Sinne ist auch die Änderung des Festsetzungsbeschlusses anzusehen.[76]

15. Änderungsmöglichkeiten

Das **Gericht,** dessen Entscheidung angefochten worden ist, **kann der Beschwerde abhel-** 97
fen. Wegen teilweiser Abhilfe → Rn. 100.

Eine weitere Beschwerde liegt nicht vor, wenn die Gegenpartei gegen den Abhilfebeschluss Beschwerde einlegt.

Änderung zu Ungunsten des Beschwerdeführers ist zulässig, weil das Rechtsmittelge- 98
richt auch dann, wenn die Sache nur infolge einer Streitwertbeschwerde bei ihm schwebt, die Festsetzung von Amts wegen ändern kann. Das Beschwerdegericht hat den richtigen Streitwert auch dann festzusetzen, wenn dadurch der Beschwerdeführer schlechter gestellt wird. Ein all-

[70] VGH Mannheim MDR 1976, 609; vgl. Anm. *Schneider* AGS 2012, 305 f.
[71] Schneider/Wolf/*Thiel* RVG § 32 Rn. 195.
[72] Schneider/Wolf/*Thiel* RVG § 32 Rn. 196.
[73] OLG Schleswig Rpfleger 1962, 393.
[74] OLG Karlsruhe Die Justiz 1963, 60.
[75] Schneider/Herget/*Schneider* Rn. 530a; aA OLG Schleswig KostRspr GKG § 25 Nr. 50 mkritAnm *Lappe;* OLG München KostRspr GKG § 25 Nr. 114 mablAnm *Lappe.*
[76] OLG Düsseldorf JurBüro 1990, 914.

gemeines Verbot der reformatio in peius ist im Gesetz nirgends enthalten. Bei der Kostenregelung ist das Gericht, anders als bei der Sachentscheidung, nicht an die Parteianträge gebunden.[77] Es gilt das Gebot der Streitwertwahrheit.[78]

Hat also das Landgericht den Streitwert auf 15.000,– EUR festgesetzt, will der RA mit seiner Beschwerde Erhöhung auf 20.000,– EUR erreichen, dann ist das Oberlandesgericht nicht gehindert, den Streitwert auf 12.000,– EUR festzusetzen.

Das Gericht kann andererseits auch zu Gunsten des Beschwerdeführers über dessen Antrag hinausgehen. Wenn das Landgericht den Streitwert auf 11.000,– EUR festsetzt, der RA mit der Beschwerde Erhöhung auf 20.000,– EUR begehrt, kann das Oberlandesgericht den Streitwert auf 30.000,– EUR festsetzen.

16. Änderung des Streitwertes mit Einfluss auf die Kostenentscheidung

99 Ob der Streitwert – auf Beschwerde oder von Amts wegen – geändert werden kann, wenn die Änderung zur Folge hat, dass die Kostenentscheidung unrichtig ist, ist streitig.

Beispiel:

Ein verletzter Kraftfahrer klagt 5.000,– EUR Sachschaden und ein angemessenes Schmerzensgeld ein, dass das Landgericht auf 10.000,– EUR beziffert. Das Landgericht gibt der Klage hinsichtlich des Sachschadens voll statt, weist die Klage wegen des Schmerzensgeldes ab, weil der Beklagte nur nach § 7 StVG haftet. Dann muss die Kostenentscheidung lauten: „Von den Kosten des Rechtsstreits trägt der Kläger $^2/_3$, der Beklagte $^1/_3$." Kann auf Streitwertbeschwerde das Beschwerdegericht den Streitwert für den zweiten Klageantrag auf 5.000,– EUR herabsetzen? Dann müsste die Kostenentscheidung richtigerweise lauten: „Die Kosten des Rechtsstreits werden gegeneinander aufgehoben."

Eine Mindermeinung verneint die Zulässigkeit der Änderung, da die Streitwertfestsetzung (eine Nebenfrage) nicht eine Hauptentscheidung (das Urteil hinsichtlich der Kostenentscheidung) unrichtig machen könne.[79]

Nach überwiegender Meinung ist eine Streitwertkorrektur möglich, denn der richtige Streitwert muss von Amts wegen ermittelt werden. Folglich muss der Streitwert auf den richtigen korrigiert werden ohne Rücksicht auf die Kostenentscheidung des Urteils. Diese selbst muss bestehen bleiben, weil sie gem. § 99 Abs. 1 ZPO unanfechtbar ist, mag sie sich im Nachhinein infolge der Streitwertänderung auch als falsch erweisen.[80]

Nach einer Mindermeinung, die abzulehnen ist, kann der Kostennachteil durch die Streitwertänderung auf Beschwerde in der Regel durch eine weitherzige Auslegung des § 319 ZPO berichtigt werden.[81]

17. Abhilferecht

100 Das **Gericht,** dessen Entscheidung angefochten worden ist, **kann der Beschwerde abhelfen.** Geschieht dies nur teilweise, so ist die Beschwerde, soweit nicht abgeholfen worden ist, dem Beschwerdegericht vorzulegen. Es bleibt dann die ursprüngliche Beschwerdesumme maßgebend.[82]

Eine weitere Beschwerde liegt nicht vor, wenn die Gegenpartei gegen den Abhilfebeschluss Beschwerde einlegt.

---

[77] AllgM, OLG Nürnberg Rpfleger 1956, 269; OLG Bremen Rpfleger 1957, 272; OLG Köln MDR 1968, 593; OLG Hamm JurBüro 1978, 1583; OLG München JurBüro 1977, 1421; OLG Düsseldorf JurBüro 1985, 225; OLG Brandenburg JurBüro 1997, 196; LAG Köln BeckRS 2012, 76220 = AGS 2013, 288.

[78] Schneider/Wolf/*Thiel* RVG § 32 Rn. 231.

[79] BGH MDR 1977, 925; OLG Stuttgart NJW 1957, 147; OLG Celle NJW 1969, 279; OLG Nürnberg MDR 1969, 853; OLG Köln JurBüro 1977, 1134; so auch BGH MDR 1977, 925 mablAnm *Schneider,* der darauf hinweist, es handele sich um ein obiter dictum mit einer Begründung, die auf die Problematik nicht eingeht.

[80] BGH BeckRS 2008, 19209 mAnm *Mayer* FD-RVG 2008, 266348, keine unmittelbare oder analoge Anwendung von § 319 Abs. 1 ZPO; KG JurBüro 1969, 1165; OLG Zweibrücken JZ 1970, 582; OLG Frankfurt a. M. NJW 1970, 436; OLG Celle NJW 1974, 371; OLG Köln MDR 1977, 584 = Rpfleger 1977, 187; 935; OLG Düsseldorf JurBüro 1977, 707; NJW-RR 1992, 1407; JurBüro 1990, 388; OLG Karlsruhe Justiz 1985, 167 = KostRspr GKG § 25 Nr. 88; OVG Bremen JurBüro 1984, 1376; OLG Hamm JurBüro 1987, 1201; OLG Köln JurBüro 1993, 741; VGH Kassel AnwBl 1988, 179; Schneider/Herget/*Schneider* Rn. 853 f.; *Tschischgale* Rpfleger 1963, 75; *Speckmann* NJW 1972, 232.

[81] OLG Frankfurt a. M. NJW 1970, 436; OLG Düsseldorf NJW-RR 1992, 1407; Hartmann/Toussaint/*Toussaint* GKG § 63 Rn. 69, 70, § 68 Rn. 37, Berichtigung der Kostenentscheidung.

[82] Hillach/Rohs Streitwert-HdB § 97 Kap. B VIII; *Gubelt* MDR 1970, 895; *Schmidt* NJW 1971, 503; KG NJW 1958, 2023 = MDR 1959, 49; OLG Nürnberg JurBüro 1968, 242; aA OLG Hamm JurBüro 1970, 47 mzustAnm *Schneider* = JVBl. 1970, 34; OLG Koblenz JurBüro 1986, 893; OLG Frankfurt a. M. Rpfleger 1988, 30.

18. Verfahren

Rechtliches Gehör ist allen Beteiligten vor der Entscheidung über die Beschwerde zu gewähren. Bei Erhöhungsbeschwerden sind beide Parteien, uU die Staatskasse (falls Gebühren nach §§ 42, 45 ff. in Frage stehen), bei Beschwerden auf Herabsetzung des Streitwertes die beteiligten Rechtsanwälte (zB auch der Verkehrsanwalt, falls dieser dem Gericht bekannt ist) und der Vertreter der Staatskasse (wegen der Auswirkung auf die Gerichtsgebühren) zu hören. 101

19. Zustellung

Eine förmliche Zustellung der Beschwerdeentscheidung ist erforderlich, wenn die frühere Festsetzung geändert wird, vorausgesetzt, dass eine Zustellung mit Rücksicht auf § 107 ZPO geboten ist (ein Kostenfestsetzungsbeschluss liegt vor, der nunmehr geändert werden muss). Andernfalls genügt formlose Mitteilung. 102

20. Kosten

Gerichtsgebühren werden im Beschwerdeverfahren gem. § 68 Abs. 3 GKG nicht erhoben, und zwar auch dann nicht, wenn die Beschwerde als unzulässig verworfen oder als unbegründet zurückgewiesen wird. 103

Der RA, der allein im Streitwertverfahren des ersten Rechtszugs tätig wird (zB als Parteivertreter gegen die Interessen des Prozessbevollmächtigten), hat Anspruch auf die Gebühr gem. VV 3100 RVG.[83] Wird er im Beschwerdeverfahren tätig, so erhält er die Gebühr nach VV 3500 RVG.

Außergerichtliche Kosten werden im Streitwertbeschwerdeverfahren nicht erstattet, § 68 Abs. 3 GKG. Jeder Beteiligte hat also die im Beschwerdeverfahren ihm erwachsenen Kosten selbst zu tragen, also auch die Partei, die sich gegen eine Beschwerde ihres Prozessbevollmächtigten wehrt, sowie der Prozessbevollmächtigte, der sich gegen die Beschwerde seiner Partei wehrt.

21. Gegenvorstellungen

Gegen Beschlüsse, die nicht anfechtbar sind (Beschwerdebeschlüsse, Beschlüsse der Rechtsmittelgerichte), können – formlos – Gegenvorstellungen erhoben werden. Zweck der Gegenvorstellung ist, das Gericht zur Überprüfung seiner Entscheidung zu veranlassen. Ist das Gericht wegen Ablaufs der Frist des § 68 GKG gehindert, seine Entscheidung zu ändern, sind Gegenvorstellungen unzulässig.[84] 104

VIII. Schätzung des Wertes, § 64 GKG

1. Allgemeines

§ 64 GKG betrifft die Schätzung des Wertes. Er bestimmt: 105

„Wird eine Abschätzung durch Sachverständige erforderlich, ist in dem Beschluss, durch den der Wert festgesetzt wird (§ 63 GKG), über die Kosten der Abschätzung zu entscheiden. Diese Kosten können ganz oder teilweise der Partei auferlegt werden, welche die Abschätzung durch Unterlassen der ihr obliegenden Wertangabe, durch unrichtige Angabe des Wertes, durch unbegründetes Bestreiten des angegebenen Werts oder durch eine unbegründete Beschwerde veranlasst hat."

2. Anwendbarkeit im Falle des § 62 GKG

Auf den Fall des § 62 GKG bezieht sich § 64 GKG nicht, da nur § 63 GKG herangezogen ist. 106

3. Zuständigkeit für Schätzungsanordnung

Zuständig für die Anordnung einer Schätzung ist das Gericht und, soweit der Rechtspfleger entscheidet, auch dieser, nicht aber der Urkundsbeamte der Geschäftsstelle, da er ja auch für die Streitwertfestsetzung nicht zuständig ist. 107

4. Angabe von Beweismitteln

Beweismittel für die Höhe des Streitwertes braucht die Partei nicht anzugeben. 108

Unterbleibt eine Angabe, so muss das Rechtsmittelgericht gleichwohl den Wert des Beschwerdegegenstandes prüfen. Nach § 3 Hs. 2 ZPO kann das Gericht auf Antrag eine Beweisaufnahme sowie von Amts wegen die Einnahme des Augenscheins und die Begutachtung durch Sachverständige anordnen.

[83] AA Gerold/Schmidt/*Madert,* 18. Aufl. 2008, RVG § 32 Rn. 98 (VV 3401, 3402 RVG).
[84] BGH JurBüro 1986, 1027; OLG Köln JurBüro 1986, 1221.

Die Anordnung einer förmlichen Beweisaufnahme anderer Art ohne entsprechenden Parteiantrag ist unstatthaft. Allerdings ist auch die Staatskasse Partei im Sinne dieser Ausführungen. Ihr Vertreter kann deshalb auch eine „Beweisaufnahme beantragen".

5. Schätzung durch Sachverständige

109 Schätzung durch Sachverständige ist, wie aus § 64 GKG folgt, nur dann zulässig, wenn die Wertfestsetzung zum Zwecke der Berechnung der Kosten erfolgt. Voraussetzung ist, dass sie erforderlich ist. Selbst auf übereinstimmenden Parteiantrag braucht die Schätzung oder eine Beweisaufnahme nicht angeordnet zu werden.

Erforderlich ist eine Schätzung durch Sachverständige nur selten, so wenn dem Gericht jeder Anhalt zur Ermittlung des ungefähren Wertes fehlt, zB bei besonders schwierigen Fällen des gewerblichen Rechtsschutzes, in denen das Gericht den Wert des Patents, den Umfang der Beeinträchtigung durch einen Wettbewerber und ähnliches nicht selbst beurteilen kann, aber anzunehmen ist, dass die Parteien den Wert zu niedrig angegeben haben, oder wenn eine Beschwerde eine genauere Ermittlung des Wertes erforderlich macht.

6. Anordnung durch Beweisbeschluss

110 Die Anordnung hat durch Beweisbeschluss zu erfolgen.

7. Kosten

111 Die Kosten der **Schätzung** trägt grds. der Staat, da die Schätzung in seinem Interesse erfolgt. Sie können, müssen aber nicht, ganz oder teilweise der Partei auferlegt werden, wenn sie die Schätzung schuldhaft veranlasst hat.

8. Verschulden der Partei

112 Ein Verschulden der Partei ist zwar nach dem Wortlaut des § 64 GKG nicht erforderlich, da nur davon die Rede ist, dass die Partei sie veranlasst hat. Der Sinn ist aber, dass die Partei schuldhaft die Schätzung veranlasst haben muss. Ein solches Verschulden kann in der Unterlassung der durch § 61 GKG vorgeschriebenen Wertangabe liegen, setzt aber voraus, dass die Partei zur Wertangabe noch ausdrücklich aufgefordert worden ist. Unrichtige Wertangabe ist nur dann ein Verschulden, wenn der Wert bewusst oder doch grob fahrlässig unrichtig angegeben worden ist.

Ferner kann das Verschulden auch in unbegründetem Bestreiten oder unbegründeter Beschwerde liegen, kann also auch den Gegner der antragstellenden Partei oder den Streithelfer treffen, wenn seine Erklärung statt oder neben der Erklärung der Partei gilt.

9. Verschulden des gesetzlichen Vertreters oder des Prozessbevollmächtigten

113 Trifft das Verschulden den gesetzlichen Vertreter oder den Prozessbevollmächtigten, so sind gleichwohl die Kosten der Partei selbst aufzuerlegen.

Dem RA können sie nur dann auferlegt werden, wenn er die Schätzung im eigenen Interesse durch unbegründete Beschwerde schuldhaft veranlasst hat.[85]

Kosten, die durch Unterlassung der Wertangabe veranlasst sind, können ihm, auch wenn er die Beschwerde im eigenen Namen eingelegt hat, nicht auferlegt werden, da die Wertangabe nicht dem RA, sondern der Partei obliegt.

10. Keine Beweisgebühr

114 Eine gerichtliche Gebühr entsteht durch Anordnung der Schätzung nicht.

Auch für den RA entstehen nach § 19 Abs. 1 Nr. 3 RVG keine besonderen Gebühren, vorausgesetzt, dass die entsprechenden Gebühren bereits im Rechtsstreit erwachsen sind. Hat aber zB im Rechtsstreit keine Beweisaufnahme stattgefunden, erhält der im Streitwertfestsetzungsverfahren beschäftigte RA, falls es in diesem Verfahren zu einer Beweisaufnahme kommt und er in einem Termin iSd VV Vorb. 3 Abs. 3 RVG tätig wird, die Terminsgebühr (allerdings nur aus dem Wert der streitigen Kosten).

11. Entscheidung über Kostenauferlegung

115 Die Entscheidung über die Auferlegung der Kosten hat nach § 64 S. 1 GKG in dem Beschluss zu erfolgen, durch den der Wert festgesetzt wird. Ist das nicht geschehen, so kann ein Ergänzungsbeschluss ergehen. Da nur die Staatskasse daran Interesse haben kann, kann allein sie die Ergänzung anregen. Ein solcher Ergänzungsbeschluss ist auch dann noch zulässig, wenn die

[85] OLG Nürnberg JurBüro 1968, 242.

Kosten zunächst ohne ausdrückliche Auferlegung von der Partei gefordert worden waren und die Partei dagegen Erinnerung nach § 66 GKG eingelegt hatte. Der Beschluss ist der Partei, der die Kosten der Schätzung nachträglich auferlegt worden sind, formlos mitzuteilen.

12. Beschwerde

Eine Beschwerde gegen die Auferlegung der Schätzungskosten ist nach § 99 Abs. 1 ZPO nur dann zulässig, wenn sie sich zugleich gegen die Höhe des festgesetzten Wertes richtet. **116**

Eine Beschwerde ist dann nicht zulässig, wenn das Gericht, trotz des Antrags der Partei, die Kosten nicht der Gegenpartei auferlegt hat, denn die Partei hat kein schutzwürdiges Interesse, dass die Kosten der Schätzung der Gegenpartei auferlegt werden und nicht der Staatskasse zur Last fallen.

Die Angemessenheit der Schätzungskosten, besonders die Höhe der dem Sachverständigen gezahlten Vergütung, kann nicht mit der Beschwerde, sondern nur mit der Erinnerung gegen den Kostenansatz gerügt werden.

Eine Beschwerde ist ohne die Beschränkung des § 99 Abs. 1 ZPO statthaft, soweit der Beschwerdeführer einen ihn von den Kosten nach § 64 entlastenden Beschluss beantragt hatte und soweit das Gericht einen solchen Beschluss überhaupt nicht erlassen hat, da dann der Beschwerdeführer mit der Beschwerde das Fehlen einer Kostenentscheidung bemängelt.[86]

IX. Arbeitsgerichtsverfahren, Kostenordnung, andere Gesetze

1. Keine Streitwertfestsetzung für die Zuständigkeit

Im Verfahren vor den Arbeitsgerichten kommt eine Streitwertfestsetzung für die Zuständigkeit nicht in Frage, da die Arbeitsgerichte ohne Rücksicht auf den Wert des Streitgegenstandes in den ihnen zugewiesenen Sachen zuständig sind. **117**

2. Bedeutung des Streitwertes für die Zulässigkeit der Berufung

Von Bedeutung ist aber der Streitwert für die Zulässigkeit der Berufung. Nach § 64 Abs. 2 ArbGG findet, soweit nicht nach § 78 ArbGG das Rechtsmittel der sofortigen Beschwerde gegeben ist, gegen die Urteile der Arbeitsgerichte die Berufung an das Landesarbeitsgericht ua statt, wenn der Wert des Beschwerdegegenstands 600,– EUR übersteigt. Nach § 72 Abs. 1 ArbGG findet gegen die Urteile der Landesarbeitsgerichte die Revision an das Bundesarbeitsgericht statt, wenn sie in dem Urteil des Landesarbeitsgerichts oder in dem Beschluss des Bundesarbeitsgerichts nach § 72a Abs. 5 S. 2 ArbGG zugelassen worden ist. **118**

3. Festsetzung des Streitwertes

Die Festsetzung des Streitwertes erfolgt nach § 61 Abs. 1 ArbGG im Urteil des Arbeitsgerichts. Die Streitwertfestsetzung nach § 61 ArbGG ist lediglich für die Zulässigkeit der Berufung von Bedeutung;[87] ist der Kläger in der ersten Instanz in vollem Umfang unterlegen, stimmen bei uneingeschränkter Berufungseinlegung der Streit- und der Beschwerdewert überein.[88] **119**

Für die Wertbemessung gelten die §§ 3 ff. ZPO, §§ 39 ff. GKG.

4. Streitwertfestsetzung für die Gebühren

Eine Bindung des im Urteil festgesetzten Streitwerts für die Berechnung der Gerichtsgebühren besteht nicht. Vielmehr ist der Streitwert nach § 63 GKG gesondert festzusetzen. Dementsprechend besteht auch keine Bindungswirkung iSd § 32 Abs. 1 RVG hinsichtlich der Rechtsanwaltsgebühren.[89] **120**

Nach § 63 Abs. 2 S. 1, 2 GKG hat das Gericht durch Beschluss den Wert für die zu erhebenden Gebühren festzusetzen, wenn eine Entscheidung über den gesamten Streitgegenstand ergangen ist oder sich das Verfahren sonst erledigt hat und ein Antragsberechtigter dies beantragt bzw. das Gericht die Festsetzung für angemessen hält.[90] Voraussetzung für eine Entscheidung nach § 63 Abs. 2 GKG ist jedoch, dass überhaupt Gerichtsgebühren und nicht nur Auslagen anfallen.[91]

---

[86] Hartmann/Toussaint/*Toussaint* GKG § 64 Rn. 24.

[87] ErfK/*Koch* ArbGG § 61 Rn. 2; BeckOK ArbR/*Hamacher* ArbGG § 61 Rn. 18; GMP/*Schleusener* ArbGG § 61 Rn. 13.

[88] BAG AP ArbGG 1979 § 64 Nr. 11.

[89] BeckOK ArbR/*Hamacher* ArbGG § 61 Rn. 18; aA Gerold/Schmidt/*Madert*, 18. Aufl. 2008, RVG § 32 Rn. 115.

[90] ErfK/*Koch* ArbGG § 12 Rn. 10.

[91] ErfK/*Koch* ArbGG § 12 Rn. 10.

5. Arbeitsgerichtliches Beschlussverfahren

121 Im arbeitsgerichtlichen Beschlussverfahren erfolgt keine Wertfestsetzung in der Entscheidung, da der Streitwert für die Zulässigkeit des Rechtsmittels ohne Bedeutung ist und auch Gerichtskosten nicht entstehen.

6. Kostenordnung

Schrifttum: *Korintenberg/Bengel/Reimann/Lappe,* Kostenordnung, 15. Aufl. 2002.

122 Für den Geltungsbereich der Kostenordnung bestimmte **§ 31 Abs. 1–3 KostO** aF die Festsetzung des Geschäftswertes. Er lautet:

„(1) Das Gericht setzt den Geschäftswert durch Beschluss gebührenfrei fest, wenn ein Zahlungspflichtiger oder die Staatskasse dies beantragt oder es sonst angemessen erscheint. Die Festsetzung kann von dem Gericht, das sie getroffen hat, und, wenn das Verfahren wegen der Hauptsache oder wegen der Entscheidung über den Geschäftswert, den Kostenansatz oder die Kostenfestsetzung in der Rechtsmittelinstanz schwebt, von dem Rechtsmittelgericht von Amts wegen geändert werden. Die Änderung ist nur innerhalb von sechs Monaten zulässig, nachdem die Entscheidung in der Hauptsache Rechtskraft erlangt oder das Verfahren sich anderweitig erledigt hat.

(2) Das Gericht kann eine Beweisaufnahme, insbesondere die Begutachtung durch Sachverständige auf Antrag oder von Amts wegen anordnen. Die Kosten können ganz oder teilweise einem Beteiligten auferlegt werden, der durch Unterlassen der Wertangabe, durch unrichtige Angabe, unbegründetes Bestreiten oder unbegründete Beschwerde die Abschätzung veranlasst hat.

(3) Gegen den Beschluss nach Absatz 1 findet die Beschwerde statt, wenn der Wert des Beschwerdegegenstands 200,– Euro übersteigt. Die Beschwerde findet auch statt, wenn sie das Gericht, das die angefochtene Entscheidung erlassen hat, wegen der grundsätzlichen Bedeutung der zur Entscheidung stehenden Frage in dem Beschluss zulässt. Die Beschwerde ist nur zulässig, wenn sie innerhalb Absatz 1 Satz 3 bestimmten Frist eingelegt wird; ist der Geschäftswert später als einen Monat vor Ablauf dieser Frist festgesetzt worden, kann sie noch innerhalb eines Monats nach Zustellung oder nach § 14 Abs. 4, 5, 6 Satz 1 und 3 und Abs. 7 sind entsprechend anzuwenden. Die weitere Beschwerde ist innerhalb eines Monats nach Zustellung der Entscheidung des Beschwerdegerichts einzulegen."

Die Kostenordnung ist durch Art. 45 des 2. KostRMoG aufgehoben worden. Maßgeblich sind nunmehr §§ 79, 83 GNotKG.[92] Diese Bestimmungen lauten:

§ 79 Festsetzung des Geschäftswerts

(1) [1] Soweit eine Entscheidung nach § 78 nicht ergeht oder nicht bindet, setzt das Gericht den Wert für die zu erhebenden Gebühren durch Beschluss fest, sobald eine Entscheidung über den gesamten Verfahrensgegenstand ergeht oder sich das Verfahren anderweitig erledigt. [2] Satz 1 gilt nicht, wenn

1. Gegenstand des Verfahrens eine bestimmte Geldsumme in Euro ist,
2. zumindest für den Regelfall ein fester Wert bestimmt ist oder
3. sich der Wert nach den Vorschriften dieses Gesetzes unmittelbar aus einer öffentlichen Urkunde oder aus einer Mitteilung des Notars (§ 39) ergibt.

[3] In den Fällen des Satzes 2 setzt das Gericht den Wert nur fest, wenn ein Zahlungspflichtiger oder die Staatskasse dies beantragt, oder wenn es eine Festsetzung für angemessen hält.

(2) [1] Die Festsetzung kann von Amts wegen geändert werden

1. von dem Gericht, das den Wert festgesetzt hat, und
2. von dem Rechtsmittelgericht, wenn das Verfahren wegen des Hauptgegenstands oder wegen der Entscheidung über den Geschäftswert, den Kostenansatz oder die Kostenfestsetzung in der Rechtsmittelinstanz schwebt.

[2] Die Änderung ist nur innerhalb von sechs Monaten zulässig, nachdem die Entscheidung wegen des Hauptgegenstands Rechtskraft erlangt oder das Verfahren sich anderweitig erledigt hat.

§ 83 Beschwerde gegen die Festsetzung des Geschäftswerts

(1) [1] Gegen den Beschluss, durch den der Geschäftswert für die Gerichtsgebühren festgesetzt worden ist (§ 79), ist die Beschwerde statthaft, wenn der Wert des Beschwerdegegenstands 200,– Euro übersteigt. [2] Die Beschwerde ist auch statthaft, wenn sie das Gericht, das die angefochtene Entscheidung erlassen hat, wegen der grundsätzlichen Bedeutung der zur Entscheidung stehenden Frage in dem Beschluss zulässt. [3] Die Beschwerde ist nur zulässig, wenn sie innerhalb der in § 79 Absatz 2 Satz 2 bestimmten Frist eingelegt wird; ist der Geschäftswert später als einen Monat vor Ablauf dieser Frist festgesetzt worden, kann sie noch innerhalb eines Monats nach Zustellung oder formloser Mitteilung des Festsetzungsbeschlusses eingelegt werden. [4] Im Fall der formlosen Mitteilung gilt der Beschluss mit dem dritten Tag nach Aufgabe zur Post als bekannt gemacht. [5] § 81 Absatz 3 bis 5 Satz 1 und 4 und Absatz 6 ist entsprechend anzuwenden. [6] Die weitere Beschwerde ist innerhalb eines Monats nach Zustellung der Entscheidung des Beschwerdegerichts einzulegen.

(2) [1] War der Beschwerdeführer ohne sein Verschulden verhindert, die Frist einzuhalten, ist ihm auf Antrag von dem Gericht, das über die Beschwerde zu entscheiden hat, Wiedereinsetzung in den vorigen Stand zu gewähren,

[92] BGBl. 2013 I 2586.

wenn er die Beschwerde binnen zwei Wochen nach der Beseitigung des Hindernisses einlegt und die Tatsachen, welche die Wiedereinsetzung begründen, glaubhaft macht. [2] Ein Fehlen des Verschuldens wird vermutet, wenn eine Rechtsbehelfsbelehrung unterblieben oder fehlerhaft ist. [3] Nach Ablauf eines Jahres, von dem Ende der versäumten Frist an gerechnet, kann die Wiedereinsetzung nicht mehr beantragt werden. [4] Gegen die Entscheidung über den Antrag findet die Beschwerde statt. [5] Sie ist nur zulässig, wenn sie innerhalb von zwei Wochen eingelegt wird. [6] Die Frist beginnt mit der Zustellung der Entscheidung. [7] § 81 Absatz 3 Satz 1 bis 3, Absatz 5 Satz 1, 2 und 4 sowie Absatz 6 ist entsprechend anzuwenden.

(3) [1] Die Verfahren sind gebührenfrei. [2] Kosten werden nicht erstattet.

Diese Bestimmungen entsprechen im Wesentlichen denen des GKG.

7. Andere Gesetze

In anderen **Verfahrensgesetzen** findet sich vielfach nur die Bestimmung, dass das Gericht den Wert von Amts wegen festsetzt, zB in § 34 Abs. 2 LwVG aF. 123

Im Verfahren vor den Verfassungsgerichten kann der Streitwert in entsprechender Anwendung des § 63 GKG festgesetzt werden, wenn aus besonderen Gründen ein Bedürfnis dazu besteht.[93]

Für die Wertfestsetzung in Verwaltungsprozessen gilt § 52 GKG.[94]

Das BVerwG ist für die Entscheidung von Beschwerden gegen Streitwertfestsetzungsbeschlüsse des Verwaltungsgerichts in Lastenausgleichssachen nicht zuständig.[95]

X. Recht des Anwalts zur Antragstellung und Rechtsmitteleinlegung

1. Antragsrecht des Rechtsanwalts

Ein Recht des Anwalts zur **Antragstellung und Rechtsmitteleinlegung** begründet § 32 Abs. 2 RVG. Der RA hat nicht nur die Beschwerdebefugnis, sondern auch das Recht, die Wertfestsetzung zu beantragen. Dieses Recht ist besonders für diejenigen Fälle von praktischer Bedeutung, in denen die Parteien an einer solchen Wertfestsetzung kein Interesse haben, zB weil sie Gebührenfreiheit genießen. 124

Das Antragsrecht des RA besteht in allen Fällen, in denen das in Frage kommende Verfahrensrecht eine gerichtliche Festsetzung des Wertes auf Antrag einer Partei oder der Staatskasse vorsieht, zB auch in Landwirtschaftssachen.

Auch der RA des Gegners der Partei kann die Festsetzung des Wertes der Beschwerde über die Versagung der PKH beantragen, da er einen Vergütungsanspruch gegen seine eigene Partei hat.

Wenn die Festsetzung von Amts wegen erfolgen muss, aber versehentlich unterblieben ist, kann sie der RA beantragen. In § 33 RVG wird das Antragsrecht auch auf diejenigen Fälle ausgedehnt, in denen sich die Gebühren für die anwaltliche Tätigkeit nicht nach dem für die Gerichtsgebühren maßgebenden Wert errechnen oder es an einem solchen Werte fehlt. Näheres bei § 33 RVG.

2. Rechtsmittel

Ein Rechtsmittel gegen einen gerichtlichen Wertfestsetzungsbeschluss kann der RA immer dann einlegen, wenn die in Frage kommende Verfahrensordnung ein solches zulässt.[96] Für sein Beschwerderecht gelten die gleichen Voraussetzungen wie für das Beschwerderecht der Partei oder Staatskasse. Es gilt dafür vor allem die Vorschrift des § 68 GKG. 125

Das Rechtsmittel des Anwalts ist fristgerecht eingelegt, solange die Frist für einen der unmittelbar Beteiligten noch nicht abgelaufen ist. Solange über ein von einem anderen Beteiligten fristgerecht eingelegtes Rechtsmittel noch nicht entschieden ist, kann der RA auch noch nach Fristablauf eine Anschlussbeschwerde einlegen.

3. Eigenes Interesse

Voraussetzung eines Beschwerderechts ist ein eigenes Interesse an der Änderung der Festsetzung. Ein solches besteht nur an einer höheren Festsetzung. Deshalb ist die Beschwerde des RA nur zulässig, wenn er eine Erhöhung des Streitwertes verlangt und diese Erhöhung Einfluss auf seine Gebühren hat. An einer niedrigeren Festsetzung kann nur die Partei selbst ein Interesse haben, während bei ihr das Interesse an einer höheren Festsetzung in der Regel fehlt. 126

[93] BVerfG NJW 1954, 913.
[94] *Schatte* Das Büro 1960, 3.
[95] BVerwG MDR 1960, 72.
[96] OLG Rostock BeckRS 2014, 01700 = JurBüro 2014, 194.

Deshalb kann im Allgemeinen weder die Partei selbst noch der RA für die Partei eine Beschwerde mit dem Ziele einer Erhöhung des Streitwertes einlegen. Eine solche Beschwerde ist unzulässig, und zwar auch dann, wenn die Partei ein Rechtsmittel einlegen will, weil ja die Streitwertfestsetzung nach § 63 GKG durch die untere Instanz für die Entscheidung des Rechtsmittelgerichts über das Vorliegen der Beschwerdesumme nicht maßgebend ist. Es genügt auch nicht das Interesse der Partei, die von ihr an ihren RA nach einem höheren Streitwert gezahlten Gebühren von der Gegenpartei erstattet zu erhalten. Eine Ausnahme wird dann gelten müssen, wenn die Partei mit ihrem Anwalt eine bestimmte höhere Vergütung oder die Berechnung der Gebühren nach einem bestimmten höheren Streitwert vereinbart hat. Dann ist sie daran interessiert, die gesetzlichen Gebühren ihres Anwalts (§ 91 Abs. 2 S. 1 ZPO) in die Nähe der vereinbarten Vergütung zu bringen. Die Partei wird diesen Ausnahmefall bei Einlegung der eigenen Beschwerde behaupten und durch Vorlegung der Vergütungsvereinbarung (§ 3a RVG) dartun müssen.[97]

Der Beklagte kann nicht Beschwerde mit dem Ziele einer höheren Wertfestsetzung einlegen, wenn er einen Antrag auf Sicherheitsleistung für die Prozesskosten gestellt hat.[98]

4. Angabe, ob Beschwerde im eigenen Namen oder für Partei

127 Aus der Beschwerde muss hervorgehen, ob der RA sie im eigenen Namen oder für die Partei eingelegt hat. Ist dies **nicht klar ersichtlich,** so ist eine auf Herabsetzung des Streitwertes gerichtete Beschwerde als für die Partei, eine auf Erhöhung gerichtete als im eigenen Namen eingelegt anzusehen. Nötigenfalls ist der RA zu befragen.[99] Bei missverständlichen Formulierungen sind diese auszulegen. So ist auch eine von einem an dem Verfahren, dessen Streitwert in Frage steht, unmittelbar beteiligten RA mit dem Ziel der Erhöhung des Streitwerts, jedoch ausdrücklich „für" die Partei und unter Verwendung der Formulierung „aus Sicht" der Partei eingelegte Streitwertbeschwerde im Hinblick darauf, dass es an einer Beschwer der Partei fehlt, regelmäßig dahin auszulegen, dass die von deren Prozessbevollmächtigten aus eigenem Recht gem. § 32 Abs. 2 RVG eingelegt wurde.[100] Die Grenzen der Auslegung werden aber dann erreicht, wenn der Rechtanwalt des Verfahrens, um dessen Streitwert es geht, im Beschwerdeverfahren gar nicht beteiligt ist, so zB, in einem Rechtsbeschwerdeverfahren.[101]

Allerdings ist der **Formulierung** „in dem Rechtstreit … lege ich gegen den Beschluss vom … Streitwertbeschwerde ein" genügend deutlich zu entnehmen, dass der RA die Beschwerde im eigenen Namen eingelegt hat und nicht etwa eine unzulässige Beschwerde für die Partei einlegen wollte.[102]

5. RA selbst Partei

128 Ist der RA selbst Partei, so kann er sowohl auf Herabsetzung als auch auf Heraufsetzung Beschwerde einlegen.

6. Unabhängigkeit von Partei

129 Das Beschwerderecht der Partei und das des RA sind voneinander unabhängig. So kann die Partei Herabsetzung verlangen, nachdem der RA im eigenen Namen eine Erhöhung erwirkt hat, und umgekehrt.

7. Beschwerdesumme

130 Beschwerdesumme für die Beschwerde des RA ist der Unterschied zwischen den Gebühren, die er in der in Frage kommenden Instanz nach dem festgesetzten Streitwert erhalten würde, und den Gebühren, die sich bei dem Werte ergeben, dessen Festsetzung mit der Beschwerde begehrt wird. In Betracht kommen nur solche Gebühren, die angefallen sind oder angefallen sein können. Vom RA etwa angesetzte Gebühren, die mit Sicherheit nicht angefallen sind, bleiben unberücksichtigt.[103]

---

[97] Hillach/Rohs Streitwert-HdB § 97 Kap. X; *Tschischgale* MDR 1964, 97.
[98] Hillach/Rohs Streitwert-HdB § 97 Kap. X; *Schneider* JurBüro 1970, 277; KG Das Büro 1957, 231.
[99] AA OLG Nürnberg JurBüro 1963, 476.
[100] OLG Stuttgart BeckRS 2013, 04342 mAnm *Mayer* FD-RVG 2013, 343925.
[101] BGH BeckRS 2012, 03303; vgl. Anm. *Mayer* FD-RVG 2013, 343925.
[102] OLG Hamm BeckRS 2011, 18636 mAnm *Mayer* FD-RVG 2011, 321365.
[103] Hillach/Rohs Streitwert-HdB § 97 Kap. B VII; KG Rpfleger 1970, 254 = MDR 1970, 854 = JurBüro 1970, 682; LG Stade AnwBl 1982, 438 mAnm *Chemnitz;* aA OLG Düsseldorf MDR 1968, 934 mablAnm *Schmidt.*

Auch in Verfahren, in denen Prozesskostenhilfe gewährt worden ist, ist der Berechnung der Wert der vollen nach dem RVG berechneten Gebühr zu Grunde zu legen.[104]

8. Umsatzsteuer bei der Berechnung der Beschwerdesumme

Die Frage, ob die Umsatzsteuer bei der Berechnung der Beschwerdesumme beachtet werden muss, ist zu bejahen. Einmal haftet der RA persönlich für die Steuer. Zum anderen kann er den erhaltenen Betrag gelegentlich behalten (nämlich dann, wenn die Freigrenze nicht überschritten wird). Schließlich schlägt das Gegenargument, es handele sich nur um durchlaufende Gelder, nicht durch; es ist unerheblich, ob der RA die Gelder behalten darf oder nicht, seine Forderung ist „Gebühr + Umsatzsteuer"; auch im Kostenfestsetzungsverfahren nach §§ 103 ff. ZPO handelt es sich vielfach um durchlaufende Gelder, ohne dass diese durchlaufenden Gelder bei der Berechnung der Beschwerdesumme abgesetzt werden.[105] **131**

Ändert sich bei der begehrten Erhöhung des Streitwertes auch der Betrag der begehrten Postgebührenpauschale, ist der Unterschiedsbetrag bei der Berechnung der Beschwerdesumme ebenfalls zu berücksichtigen.

Die Gerichtsgebühren und die Gebühren des Gegenanwalts bleiben außer Betracht. Die Beschwerde der beiderseitigen Rechtsanwälte ist auch dann nicht zusammenzurechnen, wenn die Beschwerde von beiden Prozessbevollmächtigten eingelegt worden ist. Ebenso wenig kann die Beschwerde des Prozessbevollmächtigten einer Partei und ihres Verkehrsanwalts zusammengerechnet werden.

Unerheblich ist, ob der RA auch noch in einer höheren Instanz tätig ist und ob die Wertfestsetzung der unteren Instanz für die Berechnung seiner Gebühren für die höhere Instanz von Bedeutung werden kann.

9. Kein Anwaltszwang

Dem Anwaltszwang unterliegt die Beschwerde des Anwalts ebenso wenig wie die der Partei, da ja für ihn dieselben Bestimmungen gelten. **132**

Der RA kann für eine im eigenen Interesse eingelegte Streitwertbeschwerde von seinem Mandanten keine Gebühren verlangen.[106] Jeder am Beschwerdeverfahren Beteiligte hat seine außergerichtlichen Kosten selbst zu tragen.[107]

10. Rechtsbehelfe gegen unterbliebene Wertfestsetzung

Auch Rechtsbehelfe, die gegeben sind, wenn die Wertfestsetzung unterblieben ist, stehen nach § 32 Abs. 2 S. 2 RVG dem RA aus eigenem Recht zu. **133**

11. RA der in Frage kommenden Instanz

Nur dem RA, der in demjenigen Rechtszug tätig war, dessen Gegenstandswert festgesetzt werden soll oder festgesetzt worden ist, steht das Recht aus § 32 Abs. 2 RVG zu, nicht aber dem RA, der nur in einem höheren oder einem niedrigeren Rechtszug oder ausschließlich vorgerichtlich tätig war. **134**

Im Übrigen hat nicht nur der Prozessbevollmächtigte, sondern jeder das Recht aus § 32 Abs. 2 RVG, der in dem in Frage kommenden Rechtszug einen Gebührenanspruch erworben hat, der sich nach den für die Gerichtsgebühren maßgebenden Wertvorschriften richtet, also zB auch der Verkehrsanwalt oder ein RA, der sich selbst vertreten hat, soweit ihm ein Erstattungsanspruch zusteht.

12. Anwaltswechsel

Bei Anwaltswechsel steht dem neuen RA ein Beschwerderecht dann nicht zu, wenn bereits eine Beschwerdeentscheidung vorliegt und sich seit ihr die Verhältnisse nicht geändert haben. Die einmal ergangene Beschwerdeentscheidung wirkt für und gegen alle Beteiligten, mögen sie auch erst später in das Verfahren eintreten. Hat der neue RA gute Gründe, wird das Be- **135**

[104] Hillach/Rohs Streitwert-HdB § 97 Kap. B VIII; OLG Frankfurt a. M. BeckRS 2012, 10061 mAnm *Mayer* FD-RVG 2012, 332600; OLG Celle BeckRS 2008, 09936; aA OLG Rostock BeckRS 2011, 11720; LAG RhPf BeckRS 2009, 72184 wenn PKH ohne Ratenzahlungsverpflichtung bewilligt wurde.

[105] Hillach/Rohs Streitwert-HdB § 97 Kap. B VIII; *Tschischgale* Das Büro 1956, 1; OLG Düsseldorf JurBüro 1964, 280; OLG Hamm JVBl. 1961, 20 = Das Büro 1960, 346 sowie Rpfleger 1969, 64; KG MDR 1958, 701 = Rpfleger 1960, 179 (zust. *Lappe*); LG Limburg AnwBl 1972, 56; OVG Hamburg AnwBl 1981, 501 mAnm *Schmidt*.

[106] Mayer/Kroiß/*Kießling* RVG § 32 Rn. 100.

[107] Mayer/Kroiß/*Kießling* RVG § 32 Rn. 102.

schwerdegericht auf eine **Gegenvorstellung** seine Entscheidung gemäß den besseren Gründen des neuen Anwalts ändern.

13. Erloschene Zulassung

136 Auch ein RA, dessen Zulassung erloschen ist, behält das Recht aus § 32 Abs. 2 RVG. Der Erlass eines Vertretungsverbots unterbricht ein Streitwertbeschwerdeverfahren nicht.

§ 33 Wertfestsetzung für die Rechtsanwaltsgebühren

(1) **Berechnen sich die Gebühren in einem gerichtlichen Verfahren nicht nach dem für die Gerichtsgebühren maßgebenden Wert oder fehlt es an einem solchen Wert, setzt das Gericht des Rechtszugs den Wert des Gegenstands der anwaltlichen Tätigkeit auf Antrag durch Beschluss selbstständig fest.**

(2) **1 Der Antrag ist erst zulässig, wenn die Vergütung fällig ist. 2 Antragsberechtigt sind der Rechtsanwalt, der Auftraggeber, ein erstattungspflichtiger Gegner und in den Fällen des § 45 die Staatskasse.**

(3) **1 Gegen den Beschluss nach Absatz 1 können die Antragsberechtigten Beschwerde einlegen, wenn der Wert des Beschwerdegegenstands 200 Euro übersteigt. 2 Die Beschwerde ist auch zulässig, wenn sie das Gericht, das die angefochtene Entscheidung erlassen hat, wegen der grundsätzlichen Bedeutung der zur Entscheidung stehenden Frage in dem Beschluss zulässt. 3 Die Beschwerde ist nur zulässig, wenn sie innerhalb von zwei Wochen nach Zustellung der Entscheidung eingelegt wird.**

(4) **1 Soweit das Gericht die Beschwerde für zulässig und begründet hält, hat es ihr abzuhelfen; im Übrigen ist die Beschwerde unverzüglich dem Beschwerdegericht vorzulegen. 2 Beschwerdegericht ist das nächsthöhere Gericht, in Zivilsachen der in § 119 Abs. 1 Nr. 1 des Gerichtsverfassungsgesetzes bezeichneten Art jedoch das Oberlandesgericht. 3 Eine Beschwerde an einen obersten Gerichtshof des Bundes findet nicht statt. 4 Das Beschwerdegericht ist an die Zulassung der Beschwerde gebunden; die Nichtzulassung ist unanfechtbar.**

(5) **1 War der Beschwerdeführer ohne sein Verschulden verhindert, die Frist einzuhalten, ist ihm auf Antrag von dem Gericht, das über die Beschwerde zu entscheiden hat, Wiedereinsetzung in den vorigen Stand zu gewähren, wenn er die Beschwerde binnen zwei Wochen nach der Beseitigung des Hindernisses einlegt und die Tatsachen, welche die Wiedereinsetzung begründen, glaubhaft macht. 2 Ein Fehlen des Verschuldens wird vermutet, wenn eine Rechtsbehelfsbelehrung unterblieben oder fehlerhaft ist. 3 Nach Ablauf eines Jahres, von dem Ende der versäumten Frist an gerechnet, kann die Wiedereinsetzung nicht mehr beantragt werden. 4 Gegen die Ablehnung der Wiedereinsetzung findet die Beschwerde statt. 5 Sie ist nur zulässig, wenn sie innerhalb von zwei Wochen eingelegt wird. 6 Die Frist beginnt mit der Zustellung der Entscheidung. 7 Absatz 4 Satz 1 bis 3 gilt entsprechend.**

(6) **1 Die weitere Beschwerde ist nur zulässig, wenn das Landgericht als Beschwerdegericht entschieden und sie wegen der grundsätzlichen Bedeutung der zur Entscheidung stehenden Frage in dem Beschluss zugelassen hat. 2 Sie kann nur darauf gestützt werden, dass die Entscheidung auf einer Verletzung des Rechts beruht; die §§ 546 und 547 der Zivilprozessordnung gelten entsprechend. 3 Über die weitere Beschwerde entscheidet das Oberlandesgericht. 4 Absatz 3 Satz 3, Absatz 4 Satz 1 und 4 und Absatz 5 gelten entsprechend.**

(7) **1 Anträge und Erklärungen können ohne Mitwirkung eines Bevollmächtigten schriftlich eingereicht oder zu Protokoll der Geschäftsstelle abgegeben werden; § 129a der Zivilprozessordnung gilt entsprechend. 2 Für die Bevollmächtigung gelten die Regelungen der für das zugrunde liegende Verfahren geltenden Verfahrensordnung entsprechend. 3 Die Beschwerde ist bei dem Gericht einzulegen, dessen Entscheidung angefochten wird.**

(8) **1 Das Gericht entscheidet über den Antrag durch eines seiner Mitglieder als Einzelrichter; dies gilt auch für die Beschwerde, wenn die angefochtene Entscheidung von einem Einzelrichter oder einem Rechtspfleger erlassen wurde. 2 Der Einzelrichter überträgt das Verfahren der Kammer oder dem Senat, wenn die Sache besondere Schwierigkeiten tatsächlicher oder rechtlicher Art aufweist oder die Rechtssache grundsätzliche**

Bedeutung hat. [3]Das Gericht entscheidet jedoch immer ohne Mitwirkung ehrenamtlicher Richter. [4]Auf eine erfolgte oder unterlassene Übertragung kann ein Rechtsmittel nicht gestützt werden.

(9) **[1]Das Verfahren über den Antrag ist gebührenfrei. [2]Kosten werden nicht erstattet; dies gilt auch im Verfahren über die Beschwerde.**

Übersicht

I. Wertfestsetzung nur für die Anwaltsgebühren

1. Allgemeines

§ 33 RVG schließt einige Lücken, die § 32 RVG für die Wertfestsetzung offen gelassen hat. 1
Eine – auch für die Berechnung der Rechtsanwaltsgebühren bindende – Festsetzung des Wertes ist nach § 32 RVG nicht möglich,

a) wenn das Verfahren **gerichtsgebührenfrei** ist oder wenn sich die Gerichtsgebühren 2
nicht nach dem Wert richten (hier findet nach § 32 RVG überhaupt keine Festsetzung statt).

Beispiel:

Verfahren vor den Sozialgerichten sind gerichtsgebührenfrei; im arbeitsgerichtlichen Beschlussverfahren werden Kosten nicht erhoben.

b) wenn sich die Gegenstandswerte der **gerichtlichen und der anwaltlichen Tätigkeit** 3
nicht decken (hier findet zwar eine Streitwertfestsetzung nach § 32 RVG statt; sie ist jedoch für die Berechnung der Anwaltsgebühren nicht maßgebend).

Beispiele:

Die Gebühren eines RA, der einen Miterben im Erbscheinserteilungsverfahren vertritt, sind grds. nach dem Wert des von dem Vertretenen beanspruchten Erbteils zu berechnen, nicht nach der gesamten Erbschaft.[1]

Ein Hauseigentümer verklagt drei Mieter auf Zahlung von je 500,– EUR Mietzins. Die Mieter werden getrennt durch je einen Anwalt vertreten. Festsetzung des Wertes für das Gericht und den Anwalt des Klägervertreters auf 1.500,– EUR. Für jeden RA der Mieter beträgt der Streitwert 500,– EUR.

In den Fällen a) u. b) füllt § 33 RVG die offen gelassene Lücke aus.[2]

Er ermöglicht auf einfache, billige und für alle Gerichte brauchbare Weise, den Wert zur Berechnung der Rechtsanwaltsgebühren in diesen Verfahren festzusetzen. Das Wertfestsetzungsverfahren des § 33 RVG hat einige Eigenheiten, durch die es sich von dem Wertfestsetzungsverfahren des § 32 RVG unterscheidet:

---

[1] BGH NJW 1968, 2334 = Rpfleger 1968, 390; OLG Bremen NJOZ 2012, 1002 = AGS 2012, 304.

[2] BayObLG JurBüro 1979, 1505.

a) Der Wert wird nur auf Antrag, nie von Amts wegen festgesetzt.
b) Die Wertfestsetzung gilt nur für die Gebühren des Anwalts, der den Antrag gestellt hat oder der in dem Antrag (des Auftraggebers oder der erstattungspflichtigen Gegenpartei) genannt ist. Sie erstreckt sich nicht – im Gegensatz zu der Wertfestsetzung des § 32 RVG, die für alle an dem Gerichtsverfahren Beteiligten gilt – auf andere Anwälte, zB den Verkehrsanwalt, wenn der Prozessbevollmächtigte den Antrag gestellt hat.
c) Der Beschluss unterliegt – was häufig übersehen wird – der befristeten Beschwerde. Er kann allerdings im Rechtsmittelwege sowohl von dem Erstgericht als auch von dem Beschwerdegericht geändert werden.
d) Bei Zulassung durch das Beschwerdegericht findet die weitere Beschwerde – eine Rechtsbeschwerde – statt.

Ist der Anwalt nicht in einem gerichtlichen Verfahren tätig gewesen, ist für eine Wertfestsetzung durch ein Gericht kein Raum. Es verbleibt dabei, dass in solchen Fällen der Gegenstandswert im Gebührenprozess vom Prozessgericht ermittelt werden muss.

Zwischen den Festsetzungsverfahren nach § 32 RVG und nach § 33 RVG besteht keine Wahlmöglichkeit. Ist die Festsetzung nach § 32 RVG möglich, ist für eine solche nach § 33 RVG kein Raum (vorausgesetzt, dass die Gegenstände der Tätigkeit von Gericht und Anwalt übereinstimmen).[3]

2. Voraussetzung

4 Voraussetzung einer Festsetzung des Wertes gem. § 33 RVG ist, dass es sich um Gebühren für eine anwaltliche Tätigkeit **in einem gerichtlichen Verfahren** handelt und dass sich die Gebühren entweder nicht nach dem für die gerichtlichen Gebühren maßgebenden Wert berechnen oder dass es an einem solchen Werte überhaupt fehlt. Gerichtsgebühren fallen zB im Verfahren über die PKH des ersten Rechtszugs nicht an, wohl aber Gebühren der an diesem Verfahren beteiligten Rechtsanwälte, VV 3335 RVG. Die Festsetzung des Wertes für die Rechtsanwaltsgebühren erfolgt mithin gem. § 33 RVG.[4]

Antragsberechtigt gem. § 33 Abs. 1 RVG ist aber nur ein Rechtsanwalt, dessen Gebühren in Frage stehen, nur dann, wenn sich diese nach einem bestimmten Gegenstandswert bemessen; so bestimmen sich die Gebühren eines gem. § 7 ThUG beigeordneten Beistands nach einer vom Gegenstandswert unabhängige Festgebühr.[5]

5 Dagegen ist ein gerichtliches Verfahren als solches nicht gebührenfrei, wenn nur die Parteien aus besonderen Gründen (vgl. zB § 2 GKG) Gebührenfreiheit genießen. Ist zB in einem Prozess zwischen dem Bund und einem Lande der Streitwert festzusetzen, hat die Festsetzung gem. § 32 zu erfolgen.

Eine Tätigkeit in einem gerichtlichen Verfahren liegt auch vor, wenn die Prozessbevollmächtigten in einem anhängigen Rechtsstreit einen außergerichtlichen Vergleich schließen, in den nichtrechtshängige Ansprüche einbezogen werden. Der Wert des Vergleichsgegenstandes ist nach § 33 RVG festzusetzen, da wegen des überschießenden Vergleichsgegenstandes eine gerichtliche Vergleichsgebühr nicht anfällt.[6] Eine Festsetzung des Wertes der Tätigkeit eines Prozessbevollmächtigten für die Verhandlung von nicht rechtshängigen Gegenständen, über die kein Vergleich zustande kommt, ist jedoch nicht nach § 33 RVG möglich, da kein Wahlrecht zwischen dem Antrag nach § 32 Abs. 2 S. 1 RVG iVm § 63 Abs. 2 GKG und dem Antrag nach § 33 Abs. 1 RVG besteht.[7]

Eine Wertfestsetzung nach § 33 Abs. 1 RVG kommt auch dann in Betracht, wenn ein RA in einem gerichtlichen Verfahren tätig geworden ist, ohne dem Gericht gegenüber tätig geworden zu sein (Bsp.: der Verkehrsanwalt). In diesem Falle hat jedoch der RA darzutun, dass er überhaupt tätig geworden ist. Geschieht dies nicht, ist für eine Wertfestsetzung auf Antrag des RA

[3] Riedel/Sußbauer/*Potthoff* RVG § 33 Rn. 19.

[4] Riedel/Sußbauer/*Potthoff* RVG § 33 Rn. 2; BayObLG Rpfleger 1979, 434, deckt sich der Gegenstand der gerichtlichen Tätigkeit mit der anwaltlichen Tätigkeit nicht, so ist deren Wert auf Antrag gesondert festzusetzen; BayObLG JurBüro 1982, 1510; KG Rpfleger 1962, 37; BVerwG NJW 1968, 1298, die Gebührenfreiheit des Verfahrens nach der Wehrbeschwerdeordnung steht der Festsetzung des Gegenstandswertes nach der BRAGO nicht entgegen.

[5] OLG Nürnberg NJW-RR 2012, 1407 = RVGreport 2012, 382 = AGS 2012, 473.

[6] Riedel/Sußbauer/*Potthoff* RVG § 33 Rn. 21; *Schmidt* JurBüro 1963, 155; OLG Bremen Rpfleger 1965, 97; KG Rpfleger 1965, 321; JurBüro 1970, 853 = Rpfleger 1970, 407; OLG München MDR 1961, 780 = Rpfleger 1961, 417; aA Düsseldorf JurBüro 1963, 154 mablAnm *Schmidt*.

[7] LAG BW BeckRS 2011, 74936 für das arbeitsgerichtliche Urteil.

kein Raum. Voraussetzung für die Festsetzung nach § 33 ist jedoch, dass sich die Streitwerte für die Tätigkeit des Gerichts und des Verkehrsanwalts nicht decken (sonst gilt § 32 RVG).

Dagegen ist für eine Festsetzung nach § 33 RVG kein Raum, wenn der RA vorzeitig ausscheidet, wenn iÜ die Voraussetzungen des § 32 RVG gegeben sind. Der Beweisanwalt kann also nicht deshalb den Wert gem. § 33 RVG festsetzen lassen, weil seine Gebühren mit der Durchführung der Beweisaufnahme fällig geworden sind. Er kann aber selbstverständlich einen Antrag aus § 32 RVG stellen.[8]

Nicht erforderlich ist, dass der RA dem Gericht gegenüber tätig geworden ist. Voraussetzung der Anwendung des § 33 RVG ist nur, dass der zu bewertende Gegenstand bei Gericht anhängig ist oder gewesen ist. § 33 RVG gilt deshalb ua für den Verkehrsanwalt und den Beweisanwalt (Die Benennung des Beweisanwalts in den vorstehenden Ausführungen steht nicht entgegen; § 33 RVG kommt – wie oben aufgeführt – in Betracht, wenn sich die Gegenstandswerte nicht decken. Der Beweisanwalt, der einen Beklagten vertritt, der nur auf einen Teil des rechtshängigen Anspruchs verklagt ist, kann die Festsetzung des Gegenstandswertes seiner Tätigkeit gem. § 33 RVG betreiben).

3. Beschluss des Gerichts des Rechtszugs

Die Festsetzung erfolgt durch Beschluss des Gerichts des Rechtszugs, dh also desjenigen Gerichts, bei dem das Verfahren in dem Rechtszug anhängig war, für den der RA einen Vergütungsanspruch geltend macht. Ist der Rechtspfleger für die Entscheidung der Hauptsache zuständig, obliegt ihm auch die Wertfestsetzung nach § 33 RVG. Das Gericht des höheren Rechtszugs ist – anders als bei der Festsetzung des § 32 RVG – nicht befugt, bei Festsetzung des Wertes für das eigene Verfahren den Festsetzungsbeschluss der unteren Instanz zu ändern. 6

4. Prozesskostenhilfe

Auch das Verfahren auf Bewilligung der PKH ist als gerichtliches Verfahren iSd § 33 RVG anzusehen. War der RA nur in diesem Verfahren tätig, so erfolgt die Wertfestsetzung durch das Gericht, das über das Gesuch entschieden hat. Den Wert des Beschwerdeverfahrens setzt das Beschwerdegericht fest. 7

Der Gegenstandswert richtet sich gem. § 23a RVG nach den Anträgen, die in dem künftigen Rechtsstreit gestellt werden sollen.

Der Wert kann sowohl für den Anwalt der Partei wie auch für den Anwalt der Gegenpartei festgesetzt werden.

II. Die Verfahrensvorschriften des § 33 Abs. 2, 3, 7, 9 RVG

1. Allgemeines

Die Verfahrensvorschriften des **§ 33 Abs. 2, 3, 7, 9 RVG** gelten einheitlich für alle Gerichte. Sie gelten aber nur bei der Wertfestsetzung lediglich für die Anwaltsgebühren, also nicht dann, wenn eine Festsetzung für die Gerichtsgebühren möglich ist, die auch für die Rechtsanwaltsgebühren maßgebend ist. Dann gelten die Vorschriften des jeweils in Frage kommenden Verfahrensrechts. 8

Die Wertfestsetzung muss für jeden Rechtszug besonders erfolgen. Ist der RA in mehreren Instanzen tätig gewesen, sind mehrere Festsetzungsbeschlüsse nötig, und zwar jeweils des Gerichts einer Instanz für das bei ihm anhängige Verfahren.

2. Antrag

Nur auf Antrag – niemals von Amts wegen – erfolgt die Festsetzung nach § 33 RVG. Der Antrag ist erst zulässig, wenn die Vergütung fällig ist. Wann Fälligkeit eintritt, bestimmt § 8. 9

Der Antrag muss die zur Begründung der Zulässigkeit und der sachlichen Berechtigung der Festsetzung erforderlichen tatsächlichen Behauptungen und die für eine Schätzung nötigen Angaben enthalten. Ein bestimmter Streitwert braucht dagegen nicht genannt zu werden.

Der Antrag kann auch noch nach Zahlung gestellt werden, zB wenn der Auftraggeber einen Teil zurückfordert oder die Gegenpartei im Kostenfestsetzungsverfahren den Wert beanstandet.

3. Antragsberechtigte

Antragsberechtigt ist nicht nur der RA, dessen Gebühren in Frage stehen. Das Antragsrecht ist vielmehr allen **Beteiligten** zuerkannt, deren Rechte und Pflichten sich nach dem für die Berechnung der Anwaltsgebühren maßgebenden Gegenstandswert bestimmen, daher auch dem 10

[8] AA LG München I AnwBl 1963, 88.

Auftraggeber und einem erstattungspflichtigen Gegner, wenn PKH bewilligt ist ferner der Bundes- oder Landeskasse. Die nach § 33 RVG erfolgende Wertfestsetzung ist, ebenso wie die nach § 63 GKG, sowohl für das Kostenfestsetzungsverfahren nach §§ 103 ff. ZPO wie für das Festsetzungsverfahren gegen den Auftraggeber nach § 11 RVG als auch für die Gebührenklage und die Festsetzung der Vergütung des PKH-Anwalts maßgebend.

Die Wertfestsetzung beschränkt sich jedoch auf den Anwalt, dessen Gebühren in Frage stehen. Eine von dem Prozessbevollmächtigten oder gegen ihn betriebene Wertfestsetzung berührt deshalb zB den Verkehrsanwalt nicht, es sei denn, dass er als Antragsteller oder Antragsgegner an dem Wertfestsetzungsverfahren ebenfalls teilnimmt.

4. Gehör der Beteiligten

11 Vor Erlass einer ihnen nachteiligen Entscheidung sind die Beteiligten zu hören, wobei sich der Umfang der Anhörungspflicht nach dem Streitstoff richtet und sich auch auf Rechtsfragen erstrecken kann.[9]

5. Gebühren

12 Das Wertfestsetzungsverfahren **erster Instanz** ist **gerichtsgebührenfrei.** Für das Beschwerdeverfahren wird eine Gebühr nur erhoben, wenn die Beschwerde verworfen oder zurückgewiesen wird, KV 1812 GKG.[10]

§ 33 Abs. 9 RVG bestimmt: Das Verfahren über den Antrag ist gebührenfrei. Kosten werden nicht erstattet; dies gilt auch im Verfahren über die Beschwerde. Der Beschluss über die Wertfestsetzung hat deshalb keine Kostenentscheidung zu enthalten.[11]

Wenn aber für den Auftraggeber oder für die Gegenpartei nicht ihre Prozessbevollmächtigten in der Wertfestsetzung tätig sind, sondern andere Anwälte, erhalten die letzteren die Gebühren nach VV 2302 bzw. im Beschwerdeverfahren nach VV 3500 RVG.

Aber auch für die Prozessbevollmächtigten entstehen im Beschwerdeverfahren Gebühren nach VV 3500 RVG.

Soweit Gebühren bei Gericht oder einem RA anfallen, ist Gegenstandswert der Betrag der Gebühren, der sich aus dem Unterschied der Gebühren zwischen dem beantragten und dem festgesetzten Wert ergibt.

6. Beschluss, sofortige Beschwerde

13 Die Entscheidung über den Antrag ergeht gem. Abs. 1 durch Beschluss. Gegen die Entscheidung ist nach Abs. 3 die **Beschwerde** zulässig, also nicht, wie gegen den Beschluss, der den für die Gerichtsgebühren maßgebenden Streitwert festsetzt, nach § 63 GKG die einfache Beschwerde. Die befristete Beschwerde ist binnen einer Frist von zwei Wochen, die mit der Zustellung der Entscheidung beginnt, einzulegen.[12] Der Wertfestsetzungsbeschluss nach § 33 Abs. 1 RVG ist – auch – der Partei des antragstellenden Rechtsanwalts zuzustellen. Legt die Partei Beschwerde gegen den Wertfestsetzungsbeschluss ein, bestimmt sich der Lauf der Beschwerdefrist nach dem Zeitpunkt dieser Zustellung, die Zustellung des Beschlusses an den Prozessbevollmächtigten der Partei ist insoweit ohne Bedeutung.[13] Die Entscheidung muss stets den Beteiligten zugestellt werden, soweit es sich nicht um einen Beschluss der letzten Instanz handelt, der nicht angefochten werden kann. Bei ihm genügt formlose Mitteilung, es sei denn, die Voraussetzungen des § 107 ZPO liegen vor.

Die Frist von zwei Wochen ist auch dann maßgebend, wenn für das Gericht sonst andere Beschwerdefristen gelten, zB bei Geltendmachung vermögensrechtlicher Ansprüche im Strafverfahren.

Liegen die Voraussetzungen für eine Wiederaufnahme des Verfahrens vor, kann die Beschwerde auch noch innerhalb der für die Wiederaufnahme bestimmten Frist erhoben werden.

Der Verfahrensgegner kann sich der befristeten Beschwerde auch nach Fristablauf anschließen, also zB der RA mit dem Antrag auf Erhöhung des Streitwertes, wenn der Auftraggeber sofortige Beschwerde mit dem Antrag auf Herabsetzung eingelegt hat.[14]

---

[9] Riedel/Sußbauer/*Potthoff* RVG § 33 Rn. 38.

[10] LAG Nds JurBüro 1988, 998; aA BayObLG JurBüro 1987, 382 = Rpfleger 1987, 37; KG JurBüro 1988, 327.

[11] BayObLG Rpfleger 1960, 99.

[12] LAG RhPf BeckRS 2012, 71363 mAnm *Mayer* FD-RVG 2012, 335447.

[13] LAG Berlin-Brandenburg BeckRS 2017, 104821 = AGS 2017, 230 mAnm *Mayer* FD-RVG 2017, 388219.

[14] OLG Hamburg MDR 1963, 318; KG NJW 1963, 1556; OLG Nürnberg MDR 1959, 1020 = JZ 1959, 711 = BayJMBl 1959, 172 = Büro 62, 691; aA BayObLG JurBüro 1982, 1024, aber: Da nach Auffassung des Bay-

Die unbefristete Beschwerde ohne Erfordernisse einer Beschwerdesumme ist zulässig, wenn die Wertfestsetzung aus verfahrensrechtlichen Gründen abgelehnt worden ist.[15]

7. Beschwerdegegenstand

Nur wenn der Beschwerdegegenstand **200,– EUR** übersteigt, ist nach Abs. 3 S. 1 die Beschwerde zulässig. Beschwerdegegenstand für die Beschwerde des RA ist wie bei der Beschwerde nach § 63 GKG der Unterschied der nach dem festgesetzten und dem mit der Beschwerde erstrebten Werte berechneten Gebühren zzgl. Umsatzsteuer. Die Gerichtskosten zählen nicht mit.[16] Bei der Beschwerde eines im PKH-Verfahren beigeordneten Rechtsanwalts gegen die Festsetzung des Gegenstandswertes ist für die Berechnung des Beschwerdewerts nach § 33 Abs. 3 S. 1 RVG dann auf die reduzierten Gebühren aus § 49 RVG abzustellen, wenn Prozesskostenhilfe ohne Ratenzahlung bewilligt worden ist, wurde dagegen Prozesskostenhilfe mit Ratenzahlung bewilligt, sind die Regelgebühren maßgebend.[17] Unabhängig vom Wert des Beschwerdegegenstandes ist die Beschwerde gem. § 33 Abs. 3 S. 2 RVG auch zulässig, wenn sie das Gericht, das die angefochtene Entscheidung erlassen hat, wegen der grundsätzlichen Bedeutung der zur Entscheidung stehenden Frage in dem Beschluss zulässt. 14

Auch hier ist anzunehmen, dass der RA die Beschwerde **nur mit dem Ziele einer Erhöhung des Wertes,** die anderen Beteiligten im allgemeinen (wegen der Ausnahme für den Auftraggeber → RVG § 32 Rn. 126) **nur mit dem Ziele einer Herabsetzung** des Wertes einlegen können. Bei der Beschwerde des Auftraggebers ist Beschwerdewert der Betrag der Anwaltsgebühren, um den sich diese bei der erstrebten Herabsetzung des Gegenstandswertes vermindern. Dasselbe gilt für die Beschwerde des erstattungspflichtigen Gegners. Für die Bundes- oder Landeskasse kommt als Beschwerdegegenstand der Unterschied der dem Anwalt aus der Bundes- oder Landeskasse zu gewährenden Vergütung in Frage. Zur Feststellung, ob der Beschwerdegegenstand vorhanden ist, ist wie bei der Streitwertbeschwerde ein bestimmter Antrag erforderlich.

8. Beschwerdeentscheidung

Bei der Beschwerde nach § 33 RVG handelt es sich nicht um eine sofortige Beschwerde mit der Folge, dass die Vorschriften der sofortigen Beschwerde gem. § 567 ZPO anwendbar sind. Es liegt eine einfache fristgebundene Beschwerde vor mit der Folge, dass das Gericht erster Instanz, welches auf eine Beschwerde über die Festsetzung des Wertes den Beschluss erlassen hat, zunächst über eine beabsichtigte Nichtabhilfe durch begründeten Beschluss zu entscheiden hat, bevor es die Beschwerde dem Gericht der zweiten Instanz vorlegt.[18] 15

Für das Beschwerdeverfahren gilt das Verschlechterungsverbot (reformatio in peius).[19]

9. Beschlüsse des Oberlandesgerichts und des Landgerichts als Berufungsgericht

Gegen **Festsetzungsbeschlüsse** des Oberlandesgerichts ist somit eine Beschwerde unzulässig. Festsetzungsbeschlüsse des Landgerichts als Berufungsgericht können dagegen, anders als nach § 63 GKG, mit der befristeten Beschwerde an das Oberlandesgericht angefochten werden, wenn die Festsetzung nicht den Wert für die Gerichtsgebühren, sondern nur für die Anwaltsgebühren betrifft. 16

Unzulässig ist die Beschwerde ferner gegen Beschlüsse der Landesarbeitsgerichte, Finanzgerichte, Oberverwaltungsgerichte, da bei diesen Gerichten als Beschwerdegericht ein Oberster Gerichtshof des Bundes in Frage käme (vgl. Abs. 4 S. 3).

Eine Entscheidung des Bundespatentgerichts nach § 144 PatG, die sich allein auf die Verpflichtung zur Tragung der Rechtsanwaltsgebühren auswirkt, kann nicht mit der Beschwerde an den BGH angefochten werden.[20]

10. Sonstige Verfahrensvorschriften

An sonstigen Verfahrensvorschriften gilt für neues Vorbringen § 571 Abs. 2 ZPO. Nach § 572 ZPO kann über die Beschwerde ohne mündliche Verhandlung entschieden werden. Auch die Vorschriften des § 572 ZPO über die Prüfung und Zulässigkeit und über die Übertragung der 17

ObLG das Verbot der reformatio in peius nicht gilt, sind die Einwendungen des Beschwerdegegners im Rahmen einer fristgerecht eingelegten Beschwerde von Amts wegen zu berücksichtigen.

[15] KG NJW 1966, 1369 = JurBüro 1966, 218.

[16] LAG RhPf BeckRS 2012, 66389.

[17] LAG RhPf BeckRS 2012, 65982 = RVGreport 2012, 196.

[18] LAG LSA MDR 1998, 741.

[19] AA BayObLG JurBüro 1982, 1024.

[20] BGH JurBüro 1982, 1828 = MDR 1983, 129.

erforderlichen Anordnungen auf das Gericht, das die Entscheidung erlassen hat, sind entsprechend anzuwenden.

11. Kein Anwaltszwang

18 Anwaltszwang besteht auch für das Beschwerdeverfahren nicht, da nach Abs. 7 Anträge und Erklärungen ohne Mitwirkung eines Bevollmächtigten zu Protokoll der Geschäftsstelle gegeben oder schriftlich eingereicht werden können. § 33 Abs. 7 S. 1 RVG wurde durch das Gesetz zur Modernisierung von Verfahren im anwaltlichen und notariellen Berufsrecht, zur Errichtung einer Schlichtungsstelle der Rechtsanwaltschaft sowie zur Änderung der Verwaltungsgerichtsordnung, der Finanzgerichtsordnung und kostenrechtlicher Vorschriften[21] neu gefasst. Denn durch das Gesetz zur Neuregelung des Rechtsberatungsrechts v. 12.12.2007[22] war in § 33 Abs. 7 RVG ein S. 2 eingefügt worden, der bestimmte, dass für die Bevollmächtigung die Regelungen der für das zu Grunde liegende Verfahren geltenden Verfahrensordnung entsprechend gelten. Obwohl der Wortlaut dieser Regelung bereits deutlich macht, dass diese nur „für die Bevollmächtigung", nicht aber für die Vertretung im Verfahren insgesamt gelten soll, sah sich der Gesetzgeber veranlasst klarzustellen, dass die neu eingeführte Regelung nicht so interpretiert werden kann, dass Bestimmungen über den Vertretungszwang in den Prozessordnungen im kostenrechtlichen Verfahren entsprechend heranzuziehen sind.[23] Deshalb wurde § 33 Abs. 7 S. 1 RVG klarstellend dahingehend gefasst, dass Anträge und Erklärungen „ohne Mitwirkung eines Bevollmächtigten" schriftlich eingereicht oder zu Protokoll der Geschäftsstelle abgegeben werden können, selbst wenn in der Hauptsache nach den Regelungen der jeweiligen Prozessordnung ein Vertretungszwang besteht.[24]

§ 67 Abs. 4 VwGO verlangt aber für die Erhebung einer Beschwerde gegen eine Kostenfestsetzung nach § 164 VwGO trotz der vorgenannten Gesetzesänderung die Vertretung des Beschwerdeführers durch einen Rechtsanwalt.[25]

12. Weitere Beschwerde

19 Eine weitere Beschwerde ist nach § 33 Abs. 6 RVG statthaft. Da nach § 33 Abs. 4 S. 3 RVG Beschwerden an einen obersten Gerichtshof des Bundes nicht zulässig sind, wird nach § 33 Abs. 6 RVG regelmäßig die weitere Beschwerde nur gegen solche Beschlüsse in Frage kommen, die das Landgericht als Beschwerdegericht erlassen hat.

Voraussetzung einer weiteren Beschwerde ist, dass sie das Beschwerdegericht wegen der grundsätzlichen Bedeutung der zur Entscheidung stehenden Frage zulässt. Ist das geschehen, so kommt es auf einen bestimmten Wert des Beschwerdegegenstandes nicht an.[26]

Die weitere Beschwerde kann nach § 33 Abs. 6 RVG nur darauf gestützt werden, dass die Entscheidung auf einer Verletzung des Gesetzes beruht. Wann dies der Fall ist, richtet sich nach den §§ 546, 547 ZPO.

Die Zulassung erfolgt in der Beschwerdeentscheidung. Sie kann, abgesehen von einer Berichtigung nach § 319 ZPO, nicht nachgeholt werden. Die Nichtzulassung ist unanfechtbar.[27]

Das Gericht der weiteren Beschwerde ist an die Zulassung gebunden, ist aber nicht auf die Nachprüfung der Frage beschränkt, wegen deren die Zulassung erfolgt ist.

Auch die weitere Beschwerde ist eine befristete. Sie unterliegt ebenfalls nicht dem Anwaltszwang.

III. Fehlen eines gerichtlichen Verfahrens

20 Fehlt es an einem Gericht des Rechtszugs, so kann auch eine Festsetzung des Gegenstandswertes für die Anwaltsgebühren nicht erfolgen. Das trifft besonders dann zu, wenn ein gerichtliches Verfahren weder anhängig ist noch anhängig war, zB wenn der RA nur eine ein gerichtliches Verfahren vorbereitende Tätigkeit vorgenommen hat und es dann zu keinem gerichtlichen Verfahren gekommen ist (§ 23 Abs. 1 S. 3 RVG) oder wenn die Tätigkeit weder in einem gerichtlichen Verfahren vorgenommen wurde noch ein solches Verfahren vorbereitet hat (§ 23 Abs. 3 RVG). Da in solchen Fällen auch eine Festsetzung der Vergütung im Verfahren gegen

[21] BGBl. 2009 I 2449.
[22] BGBl. 2007 I 2840.
[23] BT-Drs. 16/11385, 98.
[24] BT-Drs. 16/11385, 56.
[25] VGH Kassel BeckRS 2009, 39304 = NVwZ 09, 1445.
[26] Riedel/Sußbauer/*Potthoff* RVG § 33 Rn. 64.
[27] Köln JurBüro 1997, 474.

den Auftraggeber nach § 11 RVG nicht möglich ist, bleibt dem RA, der sich mit seinem Auftraggeber über die Höhe seiner Vergütung und über den ihr zu Grunde zu legenden Gegenstandswert nicht einigen kann, nur der Weg der Gebührenklage. Es hat dann das Gericht des Gebührenstreits auch über die Höhe des Gegenstandswertes zu entscheiden.

IV. Nicht erfolgte Wertfestsetzung

21 Ist eine nach § 32 RVG oder § 33 RVG zulässige Wertfestsetzung nicht erfolgt und wird im Festsetzungsverfahren nach **§ 11 RVG** der vom RA angegebene Gegenstandswert von einem Beteiligten bestritten, so ist nach § 11 Abs. 4 RVG das Verfahren auszusetzen, bis das Gericht nach §§ 32, 33 RVG über den Gegenstandswert entschieden hat. Ist das Festsetzungsverfahren nach § 11 RVG nicht zulässig, zB weil der RA nur mit einer Einzeltätigkeit beauftragt war, und ist der RA deshalb auf die Gebührenklage angewiesen, so wird in sinngemäßer Anwendung des § 11 Abs. 4 RVG auch das für die Gebührenklage zuständige Gericht sein Verfahren auszusetzen haben, bis eine Festsetzung nach §§ 32, 33 RVG erfolgt. Die nach §§ 32, 33 RVG erfolgte Wertfestsetzung ist sowohl für das Festsetzungsverfahren nach § 11 RVG als auch für die Gebührenklage bindend.

Wird während des Gebührenstreits der Wert des Hauptprozesses herabgesetzt, so ist der RA wegen der Zuvielforderung dann nicht kostenpflichtig, wenn er insoweit seine Forderung alsbald herabsetzt oder Erledigung anzeigt.

V. Nachträgliche Streitwertfestsetzung

22 Bei nachträglicher Änderung der Wertfestsetzung entsteht, wenn der Wert heraufgesetzt wird, ein **vertraglicher Nachforderungsanspruch** des RA, wenn der Wert herabgesetzt wird, ein **vertraglicher Rückgewährungsanspruch** des Auftraggebers. Diese Ansprüche werden auch durch ein vorher im Gebührenstreit ergangenes rechtskräftiges Urteil nicht ausgeschlossen. Der erstattungspflichtigen Gegenpartei steht die Herabsetzung des Wertes, dem rechtskräftigen Festsetzungsbeschluss oder dem rechtskräftigen Urteil gegenüber die Vollstreckungsgegenklage und, wenn sie schon gezahlt hat, ein Bereicherungsanspruch zu.[28]

Über die Änderung einer Kostenfestsetzung s. § 107 ZPO.

Abschnitt 5. Außergerichtliche Beratung und Vertretung

§ 34 Beratung, Gutachten und Mediation

(1) [1]**Für einen mündlichen oder schriftlichen Rat oder eine Auskunft (Beratung), die nicht mit einer anderen gebührenpflichtigen Tätigkeit zusammenhängen, für die Ausarbeitung eines schriftlichen Gutachtens und für die Tätigkeit als Mediator soll der Rechtsanwalt auf eine Gebührenvereinbarung hinwirken, soweit in Teil 2 Abschnitt 1 des Vergütungsverzeichnisses keine Gebühren bestimmt sind.** [2]**Wenn keine Vereinbarung getroffen worden ist, erhält der Rechtsanwalt Gebühren nach den Vorschriften des bürgerlichen Rechts.** [3]**Ist im Fall des Satzes 2 der Auftraggeber Verbraucher, beträgt die Gebühr für die Beratung oder für die Ausarbeitung eines schriftlichen Gutachtens jeweils höchstens 250 Euro; § 14 Abs. 1 gilt entsprechend; für ein erstes Beratungsgespräch beträgt die Gebühr jedoch höchstens 190 Euro.**

(2) **Wenn nichts anderes vereinbart ist, ist die Gebühr für die Beratung auf eine Gebühr für eine sonstige Tätigkeit, die mit der Beratung zusammenhängt, anzurechnen.**

Schrifttum: *Buschbell,* DAR 2003, 55; *Toussaint,* Formbedürftigkeit der Gebührenvereinbarung für anwaltliche Beratung, AnwBl 2007, 67; *Enders,* Anrechnung der Vereinbarten Gebühr für eine Beratung, JurBüro 2006, 561, 2006, 617; *Hansens,* Die Anrechnung der Beratungsgebühr nach § 34 Abs. 2 RVG, RVGreport 2007, 323.

[28] KG JurBüro 1970, 853 = Rpfleger 1970, 407; OLG Hamm JurBüro 1983, 1719, keine Nachprüfung der Gebühren dem Grunde nach.

Übersicht

I. Allgemeines

1 Beratung und Gutachten waren in der bis zum 30.6.2006 geltenden Fassung des RVG in VV 2100–2103 RVG geregelt, Mediation in § 34 RVG aF. § 34 RVG nF fasst alle drei Rechtsgebiete nunmehr zusammen. Für die Vergütung dieser Tätigkeitsbereiche kommt es auf den Abschluss einer Gebührenvereinbarung an und, wenn keine Gebührenvereinbarung getroffen wird, auf das BGB, also für die Beratung auf § 612 Abs. 2 BGB und die Gutachtenerstellung auf § 632 Abs. 2 BGB. Ist keine Gebührenvereinbarung getroffen und ist der Auftraggeber Verbraucher, sieht § 34 Abs. 1 S. 2 RVG eine Kappungsgrenze vor, nämlich für die Beratung oder für die Ausarbeitung eines schriftlichen Gutachtens 250,– EUR, für ein erstes Beratungsgespräch maximal 190,– EUR.[1]

II. Begriff der Gebührenvereinbarung

2 § 34 Abs. 1 S. 1 RVG legt dem Anwalt den Abschluss einer Gebührenvereinbarung nahe, ohne diesen Begriff zu definieren.[2] **Abzugrenzen** ist der Begriff der Gebührenvereinbarung von der **Vergütungsvereinbarung.**

[1] Kritisch zur Neuregelung Bischof/Bischof RVG § 34 Rn. 1 ff.
[2] Schneider/Wolf/*Onderka/Thiel* RVG § 34 Rn. 7.

In der Lit. wird vielfach zwischen Gebühren- und Vergütungsvereinbarung nicht differenziert und § 34 RVG dahingehend verstanden, dass der Anwalt auf eine Vergütungsvereinbarung hinwirken soll.[3] Andere wiederum erklären die signifikant unterschiedliche Terminologie mit einem in der Hektik eines kontroversen Gesetzgebungsverfahrens zu Stande gekommenen Redaktionsversehen[4] oder begründen die unterschiedliche Wortwahl mit der Legaldefinition der Vergütung als Gebühren und Auslagen in § 1 Abs. 1 RVG mit der Folge, dass neben der Gebührenvereinbarung nach § 34 Abs. 1 S. 1 RVG sich der Anspruch des Anwalts auf Auslagenerstattung weiterhin nach den VV 7000 ff. RVG richtet.[5] 3

Beide Begriffe lassen sich aber systematisch klar voneinander unterscheiden: Das Gesetz verwendet den Begriff **„Vergütungsvereinbarung"** dann, wenn eine höhere oder eine niedrigere als die **gesetzlich festgelegte Vergütung** zwischen Anwalt und Mandant vereinbart werden soll. Im Anwendungsbereich des § 34 Abs. 1 S. 1 RVG fehlt es jedoch an gesetzlich festgelegten Gebühren, so dass die von § 34 Abs. 1 S. 1 RVG geforderte **primäre Vereinbarung des Honorars** zwischen Anwalt und Mandant folgerichtig als **„Gebührenvereinbarung"** vom Gesetzgeber bezeichnet wird.[6] 4

Dem steht auch nicht entgegen, dass nach § 3a Abs. 1 S. 4 RVG die Regelungen in § 3a Abs. 1 S. 1, 2 RVG nicht für eine Gebührenvereinbarung nach § 34 RVG gelten sollen. Zwar könnte man aus der Tatsache, dass der Gesetzgeber sich veranlasst gesehen hat, diese klarstellende Regelung aufzunehmen, den Schluss ziehen, dass der Gesetzgeber die Gebührenvereinbarung doch als eine Art Unterfall der Vergütungsvereinbarung ansieht.[7] Allerdings findet sich in den Gesetzesmaterialien kein Hinweis darauf, was der Gesetzgeber mit der Regelung des § 3a Abs. 1 S. 4 RVG beabsichtigt hatte. Auch wirft die Klarstellung in § 3a Abs. 1 S. 4 RVG mehr Fragen auf, als sie Klärung bringt. Da nämlich lediglich die S. 1, 2 nicht für eine Gebührenvereinbarung gelten sollen, liegt der Schluss nahe, dass dann zumindest aber die Regelung in § 3a Abs. 1 S. 3 RVG für eine Gebührenvereinbarung nach § 34 RVG gilt. Dies wiederum ist schwer möglich, da ein Hinweis auf die Erstattungspflicht in Höhe der gesetzlichen Vergütung gerade im Bereich des § 34 RVG nicht möglich ist, weil im Anwendungsbereich des § 34 RVG eine gesetzliche, taxmäßige Vergütung nicht vorgesehen ist. Nach anderer Auffassung sollen die nach § 3a Abs. 1 S. 4 RVG nicht ausgenommenen Regelungen für eine Gebührenvereinbarung gelten, so die Möglichkeit der Herabsetzung einer unangemessen hohen Vergütung nach § 3a Abs. 3 RVG und die Möglichkeit der Vereinbarung eines Erfolgshonorars nach § 4a RVG.[8] Dem ist jedoch entgegenzuhalten, dass es in dem Anwendungsbereich von § 34 RVG gerade keine gesetzliche Vergütung gibt, die sowohl bei der Herabsetzung einer unangemessen hohen Vergütung als auch bei der Vereinbarung eines Erfolgshonorars den notwendigen Vergleichsmaßstab darstellt.[9] 5

III. Beratung

§ 34 Abs. 1 S. 1 RVG fasst unter dem Begriff der Beratung die Erteilung eines mündlichen oder schriftlichen Rats oder einer Auskunft zusammen. 6

1. Rat

Rat ist die **Empfehlung des RA,** wie sich der Auftraggeber in einer bestimmten Lage verhalten soll. Der Rat darf sich aber nicht nur auf nebensächliche Punkte, sondern muss sich auf solche Punkte beziehen, die für die Beurteilung einer Rechtsangelegenheit von Einfluss und Bedeutung sind. Rat ist auch ein Abraten.[10] 7

Der Rat kann schriftlich – hierunter fällt auch die elektronische oder Textform (§§ 126a, 126b BGB)[11] –, mündlich oder fernmündlich erteilt werden. Der schriftlich erteilte Rat ist vom schriftlichen Gutachten abzugrenzen. Ein Rat liegt vor, wenn es dem Auftraggeber nur auf das Ergebnis der Untersuchung und nicht auf die rechtlichen Erwägungen, die zu ihm 8

---

[3] Lutje RVG A-Z S. 298; *Henssler* NJW 2005, 1537 ff.; *von Seltmann* NJW-Spezial 2006, 141 f.

[4] Mayer/Kroiß/*Teubel/Winkler,* 2. Aufl. 2006, RVG § 34 Rn. 76 f.

[5] Schneider/Wolf/*Onderka/Thiel* RVG § 34 Rn. 8; Schneider Vergütungsvereinbarung Rn. 1311; HBS/*Hansens* Teil 8 Rn. 62; gegen diese Argumentation Mayer/Kroiß/*Winkler* RVG § 34 Rn. 64.

[6] *Mayer* AnwBl 2006, 160 ff. (167); Mayer Gebührenformulare Teil 1 § 1 Rn. 224.

[7] Mayer/Kroiß//*Winkler* RVG § 34 Rn. 62.

[8] Mayer/Kroiß/*Winkler* RVG § 34 Rn. 62.

[9] So auch Bischof/*Bischof* RVG § 34 Rn. 32.

[10] *Schumann* MDR 1968, 891.

[11] Mayer/Kroiß/*Winkler* RVG § 34 Rn. 7.

geführt haben, ankommt. Allerdings kann ein Rat auch eine schriftliche Begründung enthalten.[12]

9 Der Rat muss eine Rechtsangelegenheit betreffen. Eine Vergütung für Beratung entsteht deshalb zB nicht, wenn der RA in einer Angelegenheit nach § 1 Abs. 2 RVG tätig wird (es sei denn, es wird ein rechtlicher Rat erteilt).

10 Der Rat muss sich auf eine **Rechtsangelegenheit** beziehen. Ein allgemeiner Lebensrat ohne rechtlichen Hintergrund fällt nicht unter den gebührenrechtlich relevanten Beratungsbegriff.[13] Für die Behauptung, es sei kein Rechtsrat, sondern ein allgemeiner Lebensrat erteilt worden, ist der Mandant im Streitfall beweisbelastet, weil grds. davon auszugehen ist, dass der RA aufgrund seines Berufsverständnisses Rechtsrat erteilt.[14]

11 Die Erteilung eines Rats oder einer Auskunft im Wege der Beratungshilfe wird nicht durch die Gebühr nach § 34 RVG, sondern gem. VV 2500–2502 RVG abgegolten.

2. Auskunft

12 Die Auskunft unterscheidet sich vom Rat dadurch, dass es sich nicht um die Empfehlung des RA über das Verhalten des Auftraggebers in einer bestimmten Lage handelt, sondern um die **Antwort auf bestimmte Fragen** allgemeiner Art, zB, welche Rechtsvorschriften auf einem bestimmten Gebiet bestehen oder welche Rechtslage bei einem bestimmten Sachverhalt gegeben ist.

3. Beratungs- und Auskunftsvertrag

13 Der Beratungs- oder Auskunftsvertrag kommt **ausdrücklich oder stillschweigend** durch die Befragung des RA zustande. Der Auftrag muss auf den Rat oder die Auskunft gerichtet sein. Wird ein weitergehender Auftrag, zB ein Prozessauftrag, erteilt, wird die Rats- bzw. Auskunftserteilung durch die für den weitergehenden Auftrag entstandene Gebühr mit abgegolten.

Bei der durch den weitergehenden Auftrag entstandenen Gebühr (zB der Verfahrensgebühr) verbleibt es auch dann, wenn der Auftraggeber auf das Abraten des RA hin von der Prozessführung absieht (entstanden ist die 0,8-Gebühr gem. VV 3101 RVG). Mehrere in einer Angelegenheit gleichzeitig um Rat oder Auskunft fragende Personen haften regelmäßig als Gesamtschuldner.

4. Abgrenzung von Beratung und Geschäftstätigkeit

14 Die Geschäftsgebühr VV 2300 RVG ist in dem die außergerichtliche Vertretung des Mandanten betreffenden Abschnitt des Vergütungsverzeichnisses geregelt. Nach dem BGH kommt eine Vertretung begrifflich nur gegenüber Dritten in Betracht. Deshalb setzt das Betreiben eines Geschäfts, das eine Geschäftsgebühr auslöst, einen Auftrag des Mandanten voraus, der auf eine Tätigkeit des Rechtsanwalts nach außen gerichtet ist. Eine solche Ausrichtung ist nicht lediglich ein – sicheres – Indiz für eine nach VV 2300 RVG zu vergütende Tätigkeit.[15] Fehlt es an ihr und soll der Rechtsanwalt ausschließlich nach innen gegenüber dem Mandanten tätig werden, liegt eine Beratung im Sinne des § 34 RVG vor.[16] Der Auftrag an den Anwalt, eine nach außen gerichtete Tätigkeit auszuführen, ist somit nicht lediglich ein Indiz für eine nach VV 2300 RVG zu vergütende Tätigkeit, sondern conditio sine qua non dafür. Deshalb ist die auftragsgemäß auf den Entwurf eines Testaments beschränkte Tätigkeit eines Rechtsanwalts als Beratung und nicht als Betreiben eines Geschäfts zu vergüten.[17]

Die Unterscheidung ist insbes. wichtig, wenn für die Beratung eine Rechtsschutzversicherung eintreten soll. Denn ua nach § 2k ARB 2010 besteht Versicherungsschutz für eine (reine) Rechtsberatung oder Auskunft aus dem iÜ von der Deckung ausgenommenen Bereich des Familien-, Lebenspartnerschafts- und Erbrechts.[18]

5. Besprechung

15 Besprechung und Erteilung eines Rates oder einer Auskunft sind auseinander zu halten. Die Besprechung kann zu einem Rat oder einer Auskunft führen, sich aber auch auf eine Erörterung beschränken. Eine sog. **Konferenzgebühr** kennt das RVG nicht.

---

[12] AG Wiesbaden AnwBl 1962, 51.
[13] Mayer/Kroiß/*Winkler* RVG § 34 Rn. 8.
[14] Mayer/Kroiß/*Winkler* RVG § 34 Rn. 8.
[15] Die in der Vorauflage an dieser Stelle vertretene Gegenauffassung wird hiermit aufgegeben.
[16] BGH NJW 2018, 1479 mAnm *Mayer* FD-RVG 2018, 404661.
[17] BGH NJW 2018, 1479 mAnm *Kroiß* NJW-Spezial 2018, 1482; Anm. *Mayer* FD-RVG 2018, 404661.
[18] Harbauer/*Obarowski* ARB 2010 § 2 Rn. 331 ff.

Nimmt der RA die Information entgegen, um zu prüfen, ob der Auftrag angenommen wird, entsteht kein Vergütungsanspruch.

Beispiel:

Der Auftraggeber will beraten werden und gibt dem RA die nötigen Informationen. Der RA erkennt, er darf den Rat nicht erteilen, weil er schon die Gegenpartei vertritt, oder er will den Auftrag nicht annehmen, etwa weil ihm die Angelegenheit nicht liegt. Dann kommt kein Vertrag zustande, der RA kann die Vergütung nach § 34 RVG nicht beanspruchen. Lehnt der RA einen Prozessauftrag ab, weil er die Sache für aussichtslos hält, so liegt darin uU die Erteilung eines Rates, die Prozessführung wegen Aussichtslosigkeit zu unterlassen.[19]

Der Erteilung eines Rates oder einer Auskunft können mehrere Besprechungen vorausgehen. Auch in einem solchen Falle besteht nur Anspruch auf eine einmalige Vergütung. Eine Besprechung kann aber auch zu mehreren verschiedenen Ratschlägen führen. Dann entsteht ein Anspruch auf mehrere Vergütungen. Voraussetzung ist allerdings, dass der Rat verschiedene Angelegenheiten betrifft. Dabei ist zu beachten, dass in einer Angelegenheit verschiedene Gegenstände besprochen werden können. Angelegenheit und Gegenstand ist nicht das Gleiche (→ § 15 RVG Rn. 6). Erteilt der RA in einer Angelegenheit über mehrere Gegenstände einen Rat, entsteht nur ein Anspruch auf eine einmalige Vergütung. Mehrere Angelegenheiten liegen jedoch vor, wenn die Gegenstände – zB in einer Klage – nicht verbunden werden können. 16

Beispiel:

Die Beratung eines Unfallverletzten, ob er sich einem Strafverfahren als Nebenkläger anschließen soll und welche zivilrechtlichen Ansprüche er geltend machen kann, betrifft zwei Angelegenheiten. Das Gleiche gilt, wenn sich der Auftraggeber wegen der Scheidung seiner Ehe und wegen der weiteren Frage beraten lässt, ob er im Falle einer Scheidung ein Darlehen zurückzahlen muss, das die Schwiegereltern gewährt haben.

6. Angelegenheit, die den Rat oder die Auskunft betrifft

Sie muss unter die Berufstätigkeit des RA fallen, die nach dem RVG vergütet wird. Darunter fällt auch der Rat oder die Auskunft in verwaltungs-, finanz- oder wirtschaftsrechtlichen Fragen. 17

7. Entstehungsvoraussetzung

Voraussetzung für den Vergütungsanspruch ist, dass der Anwalt einen Auftrag zur Beratung erhalten hat[20] sowie die Informationen zur Beratung entgegengenommen hat.[21] Die Gebühr entsteht mit der Beratung, kommt es nicht zur Beratung, weil sich der Auftrag vorher erledigt, entsteht kein Gebührenanspruch.[22] 18

8. Zusammenhang mit anderen Tätigkeiten

Hängt der Rat oder die Auskunft mit einer anderen gebührenpflichtigen Tätigkeit zusammen, so kann eine Vergütung nach § 34 RVG. nicht berechnet werden.[23] 19

Vielmehr wird der Rat oder die Auskunft durch die für die Angelegenheit vorgesehene Gebühr abgegolten.

Beispiel:

Der RA rät ab, einen Prozess zu führen, da er wenig aussichtsreich sei. Der Auftraggeber beharrt aber auf der Führung des Rechtsstreits. Wenn nun der RA die Prozessführung übernimmt, wird seine Beratung durch die Verfahrensgebühr abgegolten, VV 3100 RVG.

Es kann weder der Prozessbevollmächtigte noch der Verkehrsanwalt der abgeschlossenen Instanz eine besondere Ratsgebühr dafür beanspruchen, dass er die Partei über die gegen das Urteil **zulässigen Rechtsmittel belehrt.** Dagegen fällt die sachliche Prüfung der **Aussichten eines Rechtsmittels** und die entsprechende Beratung nicht unter die Verfahrensgebühr des Prozessbevollmächtigten des ersten Rechtszugs. Er kann dafür Vergütung nach VV 2100 ff. RVG beanspruchen, die jedoch anzurechnen ist, wenn der gleiche RA mit der Einlegung des Rechtsmittels beauftragt oder im Rechtsmittelverfahren Verkehrsanwalt oder Beweisanwalt

[19] *Madert* AGS 1996, 82; LG Köln AnwBl 1973, 117.
[20] Schneider/Wolf/*Onderka/Thiel* RVG § 34 Rn. 27.
[21] Mayer/Kroiß/*Winkler* RVG § 34 Rn. 22.
[22] Mayer/Kroiß/*Winkler* RVG § 34 Rn. 22.
[23] OLG Schleswig JurBüro 1981, 1347 = SchlHA 1981, 207, eine Ratsgebühr nach § 20 BRAGO ist nicht entstanden, wenn der Rat mit einer anderen gebührenpflichtigen Tätigkeit des RA zusammenhängt (hier mit einer außergerichtlichen Tätigkeit iSd § 118 Abs. 1 Nr. 1 BRAGO); OLG Düsseldorf AnwBl 1999, 287.

wird, dh, wenn er eine Betriebsgebühr (Verkehrsgebühr, Verfahrensgebühr, wenn auch nur ermäßigt) erhält.[24]

Der mit der Wahrnehmung eines Beweistermins beauftragte RA kann keine gesonderte Vergütung nach § 34 RVG beanspruchen, wenn er die Partei berät, wie sie sich in dem Beweistermin verhalten soll. Auch der nur mit der Anfertigung eines Schriftsatzes beauftragte RA erhält für einen damit zusammenhängenden Rat keine Vergütung nach § 34 RVG. Der Vergütungstatbestand betrifft nur den Fall, dass sich die Tätigkeit des RA auf die Erteilung eines Rates oder einer Auskunft beschränkt.

9. Rat oder Auskunft geht über den Gegenstand der anderen Tätigkeit hinaus

20 Geht der Rat oder die Auskunft über den Gegenstand der anderen gebührenpflichtigen Tätigkeit hinaus, so ist die Ratserteilung, die sich auf diesen Teil der Ansprüche beschränkt, nach § 34 RVG zu vergüten. Das ist zB der Fall, wenn der mit der Wahrnehmung eines Beweistermins beauftragte RA um Rat wegen der weiteren Behandlung des Rechtsstreits befragt wird oder wenn dem RA, seinem Rate entsprechend, Klageauftrag nur wegen eines Teiles des Anspruchs erteilt worden ist oder wenn bei einem Sukzessivlieferungsvertrag auf Zahlung einer Teillieferung geklagt wird und der Prozessbevollmächtigte des Beklagten diesem auf seinen Wunsch einen Rat erteilt, ob er durch sein Verhalten dem Kläger ein Recht zum Rücktritt von dem ganzen Lieferungsvertrag gegeben habe.

Ist aber der RA wegen des ganzen Anspruchs zum Prozessbevollmächtigten bestellt worden mit der Weisung, vorläufig unter Vorbehalt der Erweiterung des Klagantrags nur einen Teilbetrag einzuklagen, so erhält er wegen des nicht eingeklagten Betrags nicht eine Vergütung nach § 34 RVG, sondern nach VV 3101 RVG eine 0,8 Verfahrensgebühr.

10. Mehrere Ratserteilungen

21 Werden mehrere Ratschläge oder Auskünfte erteilt, so kann die Vergütung nach § 15 Abs. 1 RVG nur einmal berechnet werden, wenn es sich um die gleiche Angelegenheit handelt und ein einheitlicher Auftrag vorliegt. Bei rasch hintereinander stattfindenden Besprechungen ist im Zweifel ein einheitlicher Auftrag anzunehmen. Liegen dagegen die Besprechungen so weit auseinander, dass dem RA erneut die ganze Arbeit erwächst, so handelt es sich um verschiedene Angelegenheiten, so dass mehrere Vergütungen beansprucht werden können. Gleiches gilt nach § 15 Abs. 5 S. 2 RVG bei mehr als zwei Jahre auseinander liegenden Beratungen, welche die gleiche Angelegenheit betreffen.[25]

11. Stellvertretung

22 Für die Stellvertretung bei der Rats- oder Auskunftserteilung gilt § 5 RVG. Erteilt ein nicht zu den in § 5 RVG aufgeführten Personen gehörender Kanzleiangestellter mit Wissen und Willen des RA einen Rat, so haftet dafür der RA, er kann aber die Vergütung nicht nach dem RVG berechnen; → § 5 Rn. 10 ff.

23 Die Vergütung des § 34 RVG kann aber natürlich dann berechnet werden, wenn der Kanzleiangestellte dem Auftraggeber lediglich den vom Anwalt selbst erteilten Rat oder die von diesem selbst erteilte Auskunft als Bote übermittelt.

IV. Schriftliches Gutachten

1. Allgemeines

24 Das Gutachten ist vom Rat zu unterscheiden. Der Rat kann, das Gutachten muss **schriftlich** erstattet werden. Beim Rat kommt es ausschlaggebend auf das Ergebnis an. Der Rat braucht daher nicht oder nur kurz begründet zu werden. Es reicht die Mitteilung einer Empfehlung aus. Das Gutachten soll dagegen die rechtlichen Erwägungen klarlegen. Es muss des-

[24] *Madert* JurBüro 1988, 101; *Schmidt* AnwBl 1979, 474; *Hansens* NJW 1992, 1148; *Hansens* Rn. 4; *Enders* JurBüro 1997, 115; OLG Hamm AnwBl 1992, 286; OLG Düsseldorf JurBüro 1992, 39; AGS 1993, 27; aA BGH NJW 1991, 2084. So ist anerkannt, dass die Bespr. des Urteils mit dem Auftraggeber und die Belehrung über das zulässige Rechtsmittel noch dem abgeschlossenen Rechtszug zuzuordnen sind. Das Gleiche muss gelten, wenn der RA dem Mandanten – etwa in Form eines zusammenfassenden Prozessberichts oder auch in einer Besprechung – seine Ansicht über die Richtigkeit der ergangenen Entscheidung und über die Aussichten eines Rechtsmittels mitteilt. Jedenfalls dann, wenn er dies unaufgefordert tut, wie es einer verbreiteten und begrüßenswerten Praxis entspricht …, entsteht insoweit auch keine Gebühr nach § 20 BRAGO (Bemerkung hierzu: Man beachte die Einschränkung „unaufgefordert").

[25] Mayer/Kroiß/*Winkler* RVG § 34 Rn. 29.

halb **schriftlich begründet** werden. Die Vereinbarung über die Ausarbeitung eines Gutachtens ist in der Regel kein Dienst-, sondern ein **Werkvertrag.**[26]

2. Inhalt des Gutachtens

Das Gutachten hat in der Regel zu enthalten: Eine geordnete Darstellung des zu beurteilenden Sachverhalts, die Herausstellung der rechtlichen Probleme, die Stellungnahme von Rspr. und Schrifttum zu diesen Problemen und schließlich – als wesentlichsten Teil des Gutachtens – das eigene Urteil unter Würdigung der Stimmen aus Rspr. und Schrifttum.[27] **25**

Das Gutachten muss so abgefasst sein, dass es dem Auftraggeber möglich ist, das Gutachten in tatsächlicher und rechtlicher Beziehung nachzuprüfen oder nachprüfen zu lassen.

Das Gutachten darf sich nicht von Zweckmäßigkeitserwägungen leiten lassen, sondern muss die Rechtslage ohne Parteinahme so darstellen, wie sie der Gutachter beurteilt. Dagegen spielen beim Rat, der meist auch eine juristische Begründung nicht entbehren und sich auf schwierige Fragen beziehen kann, stets Zweckmäßigkeitserwägungen die ausschlaggebende Rolle. Der Unterschied zwischen Gutachten und Rat liegt in der Intensität der Vorarbeiten für das Gutachten und in der Eindringlichkeit seiner Begründung.

Um ein Gutachten wird in der Regel nur ein auf dem in Frage kommenden Gebiete besonders erfahrener RA ersucht, wobei nicht selten die Anregung von dem prozessbevollmächtigten RA ausgehen wird, der selbst nicht die nötigen Spezialkenntnisse besitzt. Oft werden Gutachten von Firmen oder Gesellschaften eingeholt, bei denen ähnlich liegende Fälle häufiger vorkommen.

Schriftsatz und Gutachten sind voneinander nicht nach ihrem Inhalt zu unterscheiden, sondern von ihrer Funktion her. Der Schriftsatz ist an das Gericht gerichtet und kündigt diesem und dem Gegner den demnächst in der mündlichen Verhandlung zu erwartenden Vortrag an. Das Gutachten dagegen hat als Adressaten die Partei, die es bestellt. Es zielt darauf ab, dem Auftraggeber Entscheidungselemente als Entscheidungshilfen an die Hand zu geben.[28]

3. Fehlen eigener Stellungnahme

Fehlt eine eigene Stellungnahme des RA, so liegt kein Gutachten vor, sondern nur eine Auskunft vor. **26**

4. Gutachten mit Ratserteilung

Die mit der zusätzlichen Ratserteilung verbundene Mehrarbeit ist beim Abschluss der Gebührenvereinbarung bei der Höhe der zu vereinbarenden Vergütung zu berücksichtigen. Fehlt es an einer Gebührenvereinbarung und ist der Mandant Verbraucher, so sprechen systematische Gründe dafür, dass die auf 250,– EUR gekappte Vergütung zweimal anfällt, nämlich einmal für das Gutachten und ein zweites Mal für die Beratungsleistung.[29] **27**

5. Anwendungsgebiet

Das Anwendungsgebiet für eine Gutachtenerstattung erstreckt sich auf Rechtsangelegenheiten jeder Art. Das Gutachten kann sowohl Fragen des ausländischen Rechts wie auch Probleme des inländischen Rechts behandeln. **28**

6. Auftrag

Ein Auftrag muss zur Erstattung gerade eines Gutachtens erteilt worden sein. Im Allgemeinen wird der Auftraggeber nur die Erteilung eines Rates seitens des RA wünschen. Es muss deshalb **zweifelsfrei feststehen,** dass sich der Auftraggeber nicht mit der Erteilung eines Rates oder einer Auskunft begnügen, sondern ein wirkliches Gutachten erhalten will. **29**

7. Auslagen und Umsatzsteuer

Auslagen sind zu erstatten; soweit das Gutachten versandt wird oder bspw. im Rahmen der Informationsbeschaffung Portokosten angefallen sind, können entweder die Einzelentgelte für Post- und Telekommunikationsdienstleistungen nach VV 7001 RVG oder die Pauschale für Entgelte für Post- und Telekommunikationsdienstleistungen VV 7002 RVG dem Mandanten in Rechnung gestellt werden.[30] **30**

---

[26] BGH NJW 1965, 106; LG Hamburg AnwBl 1975, 237.

[27] OLG München MDR 1992, 193; AnwBl 1999, 228.

[28] OLG Köln JurBüro 1978, 870.

[29] AA für das Zusammentreffen unterschiedlicher Beratungsgegenstände Mayer/Kroiß/*Winkler* RVG § 34 Rn. 35 f.

[30] Mayer/Kroiß/*Winkler* RVG § 34 Rn. 155.

Wünscht der Auftraggeber das Gutachten in mehreren Ausfertigungen, kann der RA für die zusätzlichen Exemplare Schreibauslagen berechnen. Das Gleiche gilt, wenn der Mandant Kopien der dem Gutachten zu Grunde gelegten Gerichtsentscheidungen oder Literaturveröffentlichungen wünscht oder Auszüge aus den Behördenakten dem Gutachten beigefügt sehen möchte.[31]

Die **MwSt** ist gem. VV 7008 RVG neben der Gebühr des § 34 RVG zu entrichten.[32]

8. Unvollendetes Gutachten

31 Hat der RA mit der Ausarbeitung des Gutachtens **begonnen,** es aber nicht fertig gestellt, zB weil sich vorher die Angelegenheit durch Kündigung des Auftraggebers erledigt hatte, so ist ihm dafür eine angemessene Gebühr unter Berücksichtigung seiner bisherigen Arbeitsleistung zu gewähren (§ 649 BGB). Stirbt dagegen der RA vor der Erstattung des Gutachtens oder unterlässt er die Erstattung des Gutachtens aus anderen Gründen (zB Aufgabe der Zulassung), kann der Vergütungsanspruch gegen den Auftraggeber entfallen (→ § 15 Rn. 121).

9. Fälligkeit

32 Die Vergütung wird mit Ablieferung des Gutachtens fällig, eine Abnahme nach § 640 BGB ist nicht erforderlich.[33]

V. Tätigkeit als Mediator

1. Allgemeines

33 Nach § 34 Abs. 1 RVG soll der RA auch für seine Tätigkeit als Mediator auf eine Gebührenvereinbarung hinwirken. Wenn keine Vereinbarung getroffen worden ist, erhält auch hier der RA die Gebühr nach den Vorschriften des BGB. § 34 RVG sieht für die Tätigkeit des Anwalts als Mediator keine bestimmten Gebühren vor.

34 Bereits die bis 30.6.2004 geltende Fassung des § 34 RVG sah vor, dass der RA für die Tätigkeit als Mediator auf eine Gebührenvereinbarung hinwirken soll. Mit dieser Regelung hatte der Gesetzgeber lediglich die in der Mediationspraxis zuvor geltenden Gepflogenheiten übernommen.[34]

35 Der RA als Mediator muss die **Gebührenvereinbarung mit beiden Parteien** abschließen. Sie sollte möglichst vom Streitwert unabhängig sein, zB durch Vereinbarung eines Zeithonorars.[35] Sie sollte möglichst auch klarstellen, unter welchen Voraussetzungen und in welcher Höhe im Falle des Erfolges der Mediation eine Einigungs- oder entsprechende Erfolgsgebühr geschuldet wird.

2. Begriff

36 Im allgemein akzeptierten Sinn ist Mediation als ein strukturiertes, außergerichtliches Verfahren anzusehen, in dem ein besonders geschulter, neutraler Dritter versucht, ohne eigene Entscheidungskompetenz eine Einigung mit den Konfliktparteien zu erarbeiten.[36] Die **Abgrenzung zwischen Beratung und Mediation** ist in der Weise vorzunehmen, dass Beratung Interessenwahrnehmung des einzelnen Auftraggebers ist gegen einen vom Anwalt nicht vertretenen Gegner, während die Mediation dem gleichgerichteten Interesse der an der Mediation Beteiligten dient, gerichtet auf das Ziel einer einvernehmlichen Regelung.[37]

37 § 34 RVG regelt nur die Vergütung für den Mediator selbst, nicht aber die Vergütung der als Parteivertreter an der Mediation beteiligten Anwälte.[38]

Die in der Mediation als Parteivertreter beteiligten Anwälte erhalten ihre Vergütung nach VV 2300 RVG.[39] Die Mediation nach dem Mediationsgesetz fällt jedoch unter VV 2303 Nr. 4 RVG – Verfahren vor sonstigen gesetzlich eingerichteten Einigungsstellen, Gütestellen oder

---

[31] Schneider/Wolf/*Onderka/Thiel* RVG § 34 Rn. 64.
[32] *Oswald* MDR 1967, 554; *Schumann* NJW 1967, 867.
[33] Mayer/Kroiß/*Winkler* RVG § 34 Rn. 148.
[34] Schneider/Wolf/*Onderka/Thiel* RVG § 34 Rn. 72.
[35] *Henssler* RAK-Mitteilungen Düsseldorf S. 99, 103; zum Zeithonorar Madert/Schons Vergütungsvereinbarung Teil A Rn. 23.
[36] Schneider/Wolf/*Onderka/Thiel* RVG § 34 Rn. 74.
[37] Mayer/Kroiß/*Winkler* RVG § 34 Rn. 55.
[38] Mayer/Kroiß/*Winkler* RVG § 34 Rn. 56.
[39] Mayer/Kroiß/*Winkler* RVG § 34 Rn. 56a.

Schnittstellen,[40] sodass dort für die als Parteivertreter beteiligten Rechtsanwälte eine 1,5 Geschäftsgebühr nach VV 2303 Nr. 4 RVG anfällt.[41]

Bei der sog. **gerichtsnahen Mediation**[42] entsteht grds. keine gesonderte Geschäfts- oder Verfahrensgebühr.[43] Hierunter sind die Fälle zu verstehen, in denen nach Klageerhebung das Gericht anbietet, zunächst ein Mediationsverfahren durchzuführen, regelmäßig durch einen Richter; während dieses Mediationsverfahrens wird das gerichtliche Verfahren unterbrochen.[44] Die gerichtsnahe Mediation ist keine eigene gebührenrechtliche Angelegenheit, sie ist vielmehr als außergerichtliche Verhandlung zu werten, die nach § 19 Abs. 1 S. 1 Nr. 2 RVG zum Rechtszug gehört.[45] Durch das Mediationsgespräch entsteht die Terminsgebühr nach VV 3104 RVG, sofern sie nicht bereits angefallen ist.[46] Die im Rahmen einer gerichtsnahen Mediation anfallenden Kosten sind allerdings im verwaltungsgerichtlichen Verfahren gem. § 162 Abs. 1, 2 S. 1 VwGO erstattungsfähig.[47]

3. Vergütung

Seit jeher üblich bei der Mediation ist eine Zeitvergütung nach **Stundensätzen.**[48] Die Höhe der Vergütung hängt ua auch davon ab, auf welchem Rechtsgebiet eine Mediation durchzuführen ist; im Bereich der **Wirtschaftsmediation** werden in die höchsten Honorare gezahlt, verbreitet sind hier Nettostundensätze ab 200,– EUR.[49] Bei einer Untersuchung aus dem Jahre 2006 wurde bei der Mediation von den Befragten am häufigsten ein Stundensatz von 150,– EUR genannt.[50] Für die Wirtschaftsmediation werden aber auch Tagessätze von 2.000,– EUR bzw. Stundensätze von 180 EUR bis zu 420,– EUR/450,– EUR netto genannt.[51] Selbstverständlich kann der Mediator jedoch ohne weiteres unter Heranziehung des Vergütungstatbestandes VV 2300 RVG vereinbaren, dass für eine Mediation aus einem bestimmten Wert eine Geschäftsgebühr, bspw. mit dem Satz von 1,5 Gebühren, anfällt.[52] Denkbar sind **auch weitere Varianten,** nämlich Vereinbarung einer Geschäftsgebühr mit dem Gebührensatz von 2,5, der Anfall einer zweiten Geschäftsgebühr von 2,5 ab einer Verhandlungsdauer von mehr als 20 Stunden, eine Erhöhungsgebühr von 0,3 entsprechend der Anzahl der Medianten neben der Geschäftsgebühr von 2,5, der Anfall einer Einigungsgebühr VV 1000 RVG mit einem Satz von 1,5 für die schriftliche Formulierung der Abschlussvereinbarung neben der Geschäftsgebühr für das Mediationsverfahren.[53] 38

Wird die Partei in der Mediation durch einen **Anwalt ihres Vertrauens** begleitet,[54] richten sich dessen Gebühren nach VV 2300 RVG.[55] Da die anwaltliche Betreuung im Mediationsverfahren spezifische Kenntnisse dieses Verfahrens voraussetzt und auch juristisch anspruchsvoll ist, wird vertreten, dass dann, wenn auch die übrigen Kriterien des § 14 Abs. 1 S. 1 RVG im oberen Bereich liegen, ein Ansatz des höchsten Gebührensatzes von 2,5 als zulässig anzusehen ist.[56]

4. Rechtsschutzversicherung

Eine Deckungszusage der Rechtsschutzversicherung kann für eine geplante Mediation nach § 5 Abs. 1d ARB 94/00/08/2010 in Betracht kommen.[57] Soll im Einvernehmen des rechtsschutzversicherten Auftraggebers mit seinem Gegner eine Mediation durchgeführt werden, so fallen die Kosten des Mediators unter den Versicherungsschutz des § 5 Abs. 1d ARB 94/00/08/2010.[58] Voraussetzung für Rechtsschutz aber ist, dass uneingeschränkter Rechtsschutz be- 39

[40] Mayer/Kroiß/*Teubel* RVG VV 2303 Rn. 8; Hartung/Schons/Enders/*Hartung* RVG § 34 Rn. 29.
[41] Hartung/Schons/Enders/*Hartung* RVG § 34 Rn. 29.
[42] Nach § 9 MediationsG nur bis 1.8.2013 zulässig.
[43] Hartung/Schons/Enders/*Hartung* RVG § 34 Rn. 29; OLG Braunschweig JurBüro 2007, 196.
[44] Mayer/Kroiß/*Teubel* RVG VV 2303 Rn. 9.
[45] Hartung/Schons/Enders/*Hartung* RVG § 34 Rn. 29.
[46] Hartung/Schons/Enders/*Hartung* RVG § 34 Rn. 29.
[47] OVG Lüneburg BeckRS 2011, 55314.
[48] Schneider/Wolf/*Onderka/Thiel* RVG § 34 Rn. 77 mwN.
[49] Schneider/Wolf/*Onderka/Thiel* RVG § 34 Rn. 78.
[50] *Hommerich/Kilian,* Vergütungsvereinbarungen deutscher Rechtsanwälte, S. 73.
[51] Bischof/*Bischof* RVG § 34 Rn. 96.
[52] Bischof/*Bischof* RVG § 34 Rn. 100.
[53] Bischof/*Bischof* RVG § 34 Rn. 101.
[54] „Außenanwalt" nach Bischof/*Bischof* RVG § 34 Rn. 106.
[55] Bischof/*Bischof* RVG § 34 Rn. 106.
[56] Bischof/*Bischof* RVG § 34 Rn. 106.
[57] Schneider/Wolf/*Onderka/Thiel* RVG § 34 Rn. 79.
[58] Schneider/Wolf/*Onderka/Thiel* RVG § 34 Rn. 79; Harbauer/*Schneider* ARB 2010 § 5 Rn. 122.

steht, so dass die in der Mediationspraxis besonders häufigen Fälle aus dem Familienrecht und Erbrecht von vornherein ausscheiden, weil sich für sie der Rechtsschutz auf einen Rat oder eine Auskunft beschränkt.[59]

VI. Vergütung nach § 34 RVG

1. Systematik

40 Nach § 34 Abs. 1 S. 1 RVG soll der RA für einen mündlichen oder schriftlichen Rat oder eine Auskunft, die nicht mit einer anderen gebührenpflichtigen Tätigkeit zusammenhängen, für die Ausarbeitung eines schriftlichen Gutachtens und für die Tätigkeit als Mediator auf eine Gebührenvereinbarung hinwirken, soweit in VV Teil 2 Abschn. 1 RVG keine Gebühren bestimmt sind.

41 Abschnitt 1 von VV Teil 2 RVG umfasst die Vergütungstatbestände VV 2100–2103 RVG. Nach VV 2100 RVG entsteht eine Gebühr mit dem Gebührensatz von 0,5–1,0 für die Prüfung der Erfolgsaussicht eines Rechtsmittels, soweit im Vergütungstatbestand VV 2102 RVG nichts anderes bestimmt ist. Der Vergütungstatbestand VV 2102 RVG sieht eine Rahmengebühr für die Prüfung der Erfolgsaussicht eines Rechtsmittels in sozialrechtlichen Angelegenheiten vor, in denen im gerichtlichen Verfahren Betragsrahmengebühren entstehen, und in Angelegenheiten, für die nach den VV Teil 4–6 RVG Betragsrahmengebühren entstehen. Die Vergütungstatbestände VV 2101, 2103 RVG treffen jeweils ergänzende Regelungen für den Fall, dass die Prüfung der Erfolgsaussicht eines Rechtsmittels mit der Ausarbeitung eines schriftlichen Gutachtens verbunden ist.

42 Wenn keine Gebührenvereinbarung getroffen worden ist, erhält nach § 34 Abs. 1 S. 2 RVG der RA Gebühren nach den Vorschriften des bürgerlichen Rechts, eine Sonderregelung für den Fall, dass der Auftraggeber Verbraucher ist, enthält § 34 Abs. 1 S. 3 RVG.

2. Form der Gebührenvereinbarung

43 Die Formvorschriften des § 3a Abs. 1, 2 RVG gelten nach § 3a Abs. 1 S. 4 RVG für eine Gebührenvereinbarung nicht. Sie bedarf daher insbes. auch nicht der Textform, sondern ist **formfrei wirksam.**

Eine formfreie Gebührenvereinbarung für eine außergerichtliche Beratung liegt nach dem BGH nur vor, wenn sich den Abreden der Parteien entnehmen lässt, dass und in welchem Umfang die vereinbarte Vergütung ausschließlich Leistungen nach § 34 RVG umfasst.[60] Empfohlen wird daher, dass der Rechtsanwalt, der mit dem Auftraggeber eine an sich formfreie Gebührenvereinbarung nach § 34 Abs. 1 S. 1 RVG schließt, überlegen sollte, ob er nicht vorsorglich auch die Formerfordernisse des § 3a Abs. 1 S. 2 RVG einhält.[61] Allerdings muss berücksichtigt werden, dass in dem der Entscheidung des BGH zugrundeliegenden Ausgangsfall sowohl eine Beratungs- wie auch eine Geschäftstätigkeit umfassende Vereinbarung eines Pauschalhonorars vorlag. Ob bei einer reinen Zeithonorarvereinbarung, die Beratungs- wie auch Geschäftstätigkeit umfasst, zumindest der die reine Beratungstätigkeit abdeckende Teil als formfreie Gebührenvereinbarung wirksam bleiben könnte, dürfte nach wie vor diskussionswürdig sein.

3. Gebühren nach den Vorschriften des bürgerlichen Rechts

44 Wenn der Anwalt dem Appell[62] des Gesetzgebers nicht folgt, in den in § 34 Abs. 1 S. 1 RVG genannten Bereichen eine Gebührenvereinbarung herbeizuführen, soll der Anwalt nach § 34 Abs. 1 S. 2 RVG Gebühren nach den Vorschriften des bürgerlichen Rechts erhalten. Gleiches gilt, wenn zwar eine Gebührenvereinbarung abgeschlossen, diese aber unwirksam ist.[63]

45 Maßgeblich sind somit **§ 612 Abs. 2 BGB** bei einer Beratung, da insoweit ein Dienstvertrag vorliegt,[64] bzw. **§ 632 Abs. 2 BGB** bei einem als Werkvertrag zu qualifizierenden Mandat auf Erstattung eines Gutachtens.[65] Nach beiden Normen ist zunächst die taxmäßige Vergütung

[59] Harbauer/*Schneider* ARB 2010 § 5 Rn. 122.

[60] BGH BeckRS 2016, 01091 = NJW 2016, 1596.

[61] Vgl. die Besprechung von *Hansens* RVGreport 2016, 91.

[62] Hartung/Schons/Enders/*Hartung* RVG § 34 Rn. 38.

[63] Hartung/Römermann/Schons/*Hartung* RVG § 34 Rn. 69; Schneider/Wolf/*Onderka/Thiel* RVG § 34 Rn. 88.

[64] Mayer/Kroiß/*Winkler* RVG § 34 Rn. 65; Hartung/Römermann/Schons/*Hartung* RVG § 34 Rn. 71; Schneider/Wolf/*Onderka/Thiel* RVG § 34 Rn. 89.

[65] Mayer/Kroiß/*Winkler* RVG § 34 Rn. 66; Hartung/Römermann/Schons/*Hartung* RVG § 34 Rn. 72; Schneider/Wolf/*Onderka/Thiel* RVG § 34 Rn. 89.

maßgeblich. Eine solche Taxe besteht jedoch nach Streichung der einschlägigen Vergütungstatbestände des RVG im Bereich der Beratung und Gutachtenerstattung gerade nicht mehr.[66]

Nach den § 612 Abs. 2 BGB bzw. § 632 Abs. 2 BGB ist daher die übliche Vergütung maßgeblich, also das, was normalerweise am gleichen Ort in gleichen oder ähnlichen Gewerben oder Berufen für entsprechende Dienstleistungen gezahlt zu werden pflegt.[67] **46**

Was nun die **„übliche" Vergütung** bei Beratung und Gutachtenerstattung ist bzw. wie eine solche festgestellt werden kann, ist strittig. Teilweise wird vertreten, dass die „übliche Vergütung" das ist, was am 1.7.2006 üblich war, also die Abrechnung nach den außer Kraft getretenen Vergütungstatbeständen VV 2100 ff. RVG,[68] nach anderer – richtiger – Auffassung kann es jedoch nicht Sinn der durch § 34 RVG gewollten Abkoppelung der Beratungsgebühr von den bisherigen streitwertbezogenen Vergütungssystem sein, auf dem Umweg über die Feststellung von üblichen Vergütungen wiederum zum bisherigen Vergütungssystem zurückzukehren, so dass allenfalls für eine mehrmonatige Übergangszeit noch angenommen werden konnte, dass die bisherige Gebühr nach VV 2100 RVG aF noch üblich war.[69] Diese Übergangszeit ist mittlerweile längst abgelaufen.[70] **47**

Auch für die Zeit nach dieser allenfalls mehrmonatigen Übergangszeit hat sich noch kein praktikabler Vorschlag herausgebildet, wie die übliche Vergütung in diesem Sinne festgestellt werden soll. Sie reichen von einer Befragung aller Rechtsanwälte am konkreten Ort,[71] wobei unter Ort, für den die übliche Vergütung zu ermitteln ist, teilweise auch der OLG-Bezirk verstanden wird, in welchem der betreffende RA seine Kanzlei unterhält,[72] bis hin zur Sammlung und Auswertung einschlägigen Datenmaterials für den betreffenden Kammerbezirk.[73] Allerdings wird in diesem Zusammenhang zu Recht bezweifelt, ob nach dem gebotenen empirischen Verständnis der Abschluss von Gebührenvereinbarungen überhaupt in statistisch verwertbarer Zahl erfolgt, was insbes. für den Sektor der Mediation fraglich ist.[74] Immerhin wird ein Stundensatz von 150,– EUR „im Zweifel" als üblich angesehen.[75] Teilweise wird auch vertreten, für die Klärung der üblichen Vergütung sei von den Grundsätzen auszugehen, die der BGH für die Honorarbestimmung von Kfz-Unfallschadensgutachtern aufgestellt hat.[76]

Scheitert die Ermittlung einer „üblichen Vergütung", so gilt nach überwiegender Meinung die **Vergütungsbestimmung des Rechtsanwalts nach den §§ 315, 316 BGB.**[77] **48**

Nach wie vor ungeklärt ist, nach welchen Maßstäben das dem Anwalt durch § 315 BGB eingeräumte **billige Ermessen** auszuüben ist.[78] Teilweise wird für die Heranziehung der **Kriterien des § 14 RVG** plädiert[79] oder auf die aufgehobenen Vergütungstatbestände VV 2100 ff. RVG als Maßstab für die richtige Gebührenbestimmung verwiesen.[80] Am sinnvollsten erscheint der Vorschlag, bei der Bestimmung der Üblichkeit im Wege des § 315 BGB die durch § 14 RVG hervorgehobenen Umstände des Umfangs und der Schwierigkeit der anwaltlichen Tätigkeit, der Bedeutung der Angelegenheit, der Einkommens- und Vermögensverhältnisse und des Haftungsrisikos einschließlich des Streitwerts sowie sonstige wichtige Umstände des Einzelfal- **49**

---

[66] Mayer/Kroiß/*Winkler* RVG § 34 Rn. 67; Hartung/Römermann/Schons/*Hartung* RVG § 34 Rn. 74; Schneider/Wolf/*Onderka/Thiel* RVG § 34 Rn. 94.

[67] BeckOK BGB/*Baumgärtner* BGB § 612 Rn. 12; MüKoBGB/*Müller-Glöge* § 612 Rn. 29; Mayer/Kroiß/*Winkler* RVG § 34 Rn. 68; Hartung/Schons/Enders/*Hartung* RVG § 34 Rn. 66; Schneider/Wolf/*Onderka/Thiel* RVG § 34 Rn. 95.

[68] Schneider Vergütungsvereinbarung Rn. 1317.

[69] Mayer/Kroiß/*Teubel*, 3. Aufl. 2008, RVG § 34 Rn. 85 f.

[70] Mayer/Kroiß/*Teubel/Winkler* 6. Aufl. 2013 RVG § 34 Rn. 60.

[71] Hartung/Schons/Enders/*Hartung* RVG § 34 Rn. 66.

[72] HBS VergütungsR/*Hansens* Teil 8 Rn. 70.

[73] Schneider/Wolf/*Onderka/Thiel* RVG § 34 Rn. 96 f.

[74] Schneider/Wolf/*Onderka/Thiel* RVG § 34 Rn. 98.

[75] Schneider/Wolf/*Onderka/Thiel* RVG § 34 Rn. 98; AG Lübeck NJW 2007, 3789, für Anwaltsmediation.

[76] Mayer/Kroiß/*Winkler* RVG § 34 Rn. 73.

[77] Hartung/Römermann/Schons/*Hartung* RVG § 34 Rn. 77; HBS VergütungsR/*Hansens* Teil 8 Rn. 74; Mayer/Kroiß/*Winkler* RVG § 34 Rn. 81; aA Schneider/Wolf/*Onderka/Thiel* RVG § 34 Rn. 99 ff. die ein einseitiges Gebührenbestimmungsrecht des Anwalts auf Grund des Charakters als gegenseitiger Vertrag als ausgeschlossen ansehen und stattdessen auf ergänzende Vertragsauslegung zurückgreifen; Hartung/Schons/Enders/*Hartung* RVG § 34 Rn. 69.

[78] Schneider/Wolf/*Onderka/Thiel* RVG § 34 Rn. 101; HBS VergütungsR/*Hansens* Teil 8 Rn. 74.

[79] Hartung/Römermann/Schons/*Hartung* RVG § 34 Rn. 77; so wohl auch Mayer/Kroiß/*Winkler* RVG § 34 Rn. 80; zurückhaltend insoweit HBS VergütungsR/*Hansens* Teil 8 Rn. 75.

[80] Gerold/Schmidt/*Madert*, 18. Aufl. 2008, § 34 Rn. 5.

les abzuwägen und dann im Rahmen einer wertenden Betrachtung die übliche Gebühr mit einem gewissen Ermessensfreiraum festzusetzen.[81]

50 Die **Rspr.** orientiert sich vielfach an den Kriterien des § 14 RVG und **greift** in diesem Zusammenhang bei dem Merkmal der Bedeutung der Angelegenheit für den Auftraggeber **verstärkt auf den Streitwert zurück.**[82] Eine reine zeitabhängige Gebührenbestimmung ohne Berücksichtigung des Gegenstandswerts gegenüber einem Verbraucher entspreche nicht der Billigkeit,[83] der stattdessen gewählte Ansatz einer Gebührenbemessung in Anlehnung an den Vergütungstatbestand VV 2100 RVG ist jedoch ebenfalls nicht überzeugend. Nach dem BGH ist in diesem Zusammenhang auch ein Angebot einer kostenlosen Erstberatung nach einem Verkehrsunfall zulässig. Schreibe das RVG keine bestimmte Gebühr für eine Erstberatung vor, gebe es auch keine Mindestgebühr, die unter Verstoß gegen § 49 Abs. 1 S. 1 BRAO unterschritten werden könnte, dies gelte auch hinsichtlich der nach § 34 Abs. 1 S. 2 RVG, § 612 BGB bei Fehlen einer Vereinbarung maßgeblichen „üblichen" Vergütung.[84]

Diese Bemessungsschwierigkeiten dürften es umso mehr nahelegen, **auf formfrei abzuschließende Gebührenvereinbarungen zurückzugreifen.**

4. Sonderregelung für Verbraucher

51 Nach § 34 Abs. 1 S. 3 RVG beträgt die Gebühr dann, wenn **keine Vereinbarung** getroffen worden ist und der **Auftraggeber Verbraucher** ist, für die Beratung oder für die Ausarbeitung eines schriftlichen Gutachtens höchstens **250,– EUR,** für ein erstes Beratungsgespräch höchstens **190,– EUR.** Zu Recht wird in diesen Kappungsregelungen der eigentliche Sprengsatz des § 34 Abs. 1 RVG gesehen.[85]

52 Nach der Gesetzesbegründung ist auf die Verbraucherdefinition in § 13 BGB zurückzugreifen.[86] Nach § 13 BGB ist Verbraucher jede natürliche Person, die ein Rechtsgeschäft zu einem Zwecke abschließt, der weder ihrer gewerblichen noch ihrer selbständigen beruflichen Tätigkeit zugeordnet werden kann.

53 Teilweise wurde in diesem Zusammenhang problematisiert, ob der Auftraggeber Verbraucher in Bezug auf den Beratungsgegenstand oder Verbraucher in Bezug auf den Abschluss des Anwaltsvertrages sein müsse.[87] Allerdings dürfte es sich bei der kritisierten Unklarheit, ob der Auftraggeber Verbraucher in Bezug auf den Beratungsgegenstand oder -Verbraucher in Bezug auf den Abschluss des Anwaltsdienstvertrages sein müsse, um ein Scheinproblem handeln. Denn wenn der Auftraggeber Verbraucher ist in Bezug auf den Beratungsgegenstand, schlägt dies auch auf den Abschluss des Anwaltsdienstvertrages durch.[88] Nur wenn die Beratung den privaten Rechtsbereich des Auftraggebers betrifft, gilt dieser als Verbraucher.[89] Faktisch entscheidend ist, in welcher Eigenschaft der Auftraggeber gegenüber dem Anwalt auftritt. Schließt der Auftraggeber den Anwaltsvertrag zu einem Zweck, der seiner gewerblichen oder selbständigen Tätigkeit zuzurechnen ist, ist er sowohl im Verhältnis zum Rechtsanwalt[90] als auch in Bezug auf den Beratungsgegenstand kein Verbraucher.

54 Eine erheblich praktische Bedeutung hat die Regelung überdies im Arbeitsrecht, da das BAG den **Arbeitnehmer im Rahmen des Arbeitsvertrages** als **Verbraucher** iSd § 13 BGB eingeordnet hat,[91] so dass das arbeitsrechtliche Mandat für den Arbeitnehmer grds. auf einem Verbrauchervertrag zwischen Anwalt und Mandant beruht.[92] Entscheidend ist aber, in welcher Funktion der Auftraggeber den Anwalt mit der Wahrnehmung seiner rechtlichen Interessen im Einzelfall betraut, so dass bspw. die Beratung des selbständigen Unternehmers über die arbeitsrechtlichen Möglichkeiten, eine Kündigung gegenüber einem seiner Arbeitnehmer auszusprechen, nicht unter die Regelung des § 34 Abs. 1 S. 3 RVG fällt.[93]

55 Ist der Auftraggeber Verbraucher, also bspw. bei der Beratung eines Arbeitnehmers in einer sein Arbeitsverhältnis betreffenden Angelegenheit, hat der Anwalt bei Fehlen einer Vereinba-

---

[81] Bischof/*Bischof* RVG § 34 Rn. 48 ff.
[82] AG Dannenberg R&S 2013, 469 = AGS 2013, 510; AG Essen BeckRS 2013, 07987 = AGS 2014, 61.
[83] AG Stuttgart BeckRS 2014, 08583 = AGS 2014, 381 mAnm *Mayer* FD-RVG 2014, 358037.
[84] NJW 2017, 2554 mAnm *Mayer* FD-RVG 2017, 393704.
[85] Bischof/*Bischof* RVG § 34 Rn. 51.
[86] Vgl. BT/Drs. 15/1971, 206.
[87] Burhoff/Volpert RVG/*Burhoff* Rn. 326.
[88] *Mayer* RVG-Letter 2004, 111 ff. zu VV Nr. 2102 aF; Mayer Gebührenformulare § 1 Rn. 232.
[89] Mayer/Kroiß/*Winkler* RVG § 34 Rn. 88.
[90] Schneider/Wolf/*Onderka/Thiel* RVG § 34 Rn. 114.
[91] BAG NJW 2005, 3305; krit. Hartung/Römermann/Schons/*Hartung* RVG § 34 Rn. 82.
[92] Mayer/Kroiß/*Winkler* RVG § 34 Rn. 90; Schneider/Wolf/*Onderka/Thiel* RVG § 34 Rn. 116.
[93] Schneider/Wolf/*Onderka/Thiel* RVG § 34 Rn. 114.

rung eine angemessene Gebühr nach den §§ 612 Abs. 2, 315, 316 BGB zu berechnen, wobei aber die Kappungsgrenze nach § 34 Abs. 1 S. 3 RVG iHv 250,– EUR[94] und bei einem ersten Beratungsgespräch auf 190,– EUR eingreift.[95] Auch bei einem Vertrag über ein anwaltliches erstes Beratungsgespräch gilt nach § 612 Abs. 1 BGB eine Vergütung im Regelfall stillschweigend vereinbart, auf die Entgeltlichkeit der Erstberatung muss der Anwalt jedoch bei erkennbarer Fehlvorstellung oder wirtschaftlichen Problemen des Mandanten hinweisen, s. näher zu Hinweispflichten → § 1 Rn. 143 ff.[96]

5. Erhöhung bei mehreren Auftraggebern

Richtiger Auffassung nach **erhöhen** sich die in § 34 Abs. 1 S. 3 RVG genannten Höchstbeträge für Beratung und die Ausarbeitung eines schriftlichen Gutachtens von 250,– EUR bzw. von 190,– EUR für ein erstes Beratungsgespräch bei mehreren Auftraggebern **gem. VV 1008 RVG um 30 %,** wobei mehrere Erhöhungen das Doppelte des Höchstbetrages nicht übersteigen dürfen.[97] Der Wortlaut des Vergütungstatbestandes VV 1008 RVG erwähnt ausdrücklich nur die Geschäfts- und die Verfahrensgebühr, ist aber auch – um den entsprechenden Mehraufwand des Anwalts abzudecken – auch auf die in § 34 Abs. 1 S. 3 RVG genannten Höchstwerte anzuwenden.[98] 56

Die Erhöhung der Gebühr für das **erste Beratungsgespräch** nach § 34 Abs. 1 S. 3 RVG bei mehreren Auftraggebern führt zu folgenden Werten:[99] 57

Auftraggeber	Erstberatungsgebühr
1	190,– EUR
2	247,– EUR
3	304,– EUR
4	361,– EUR
5	418,– EUR
6	475,– EUR
7	532,– EUR
ab 8	570,– EUR

Die Höchstgebühr für Beratung und Abfassung eines **schriftlichen Gutachtens** nach § 34 Abs. 1 S. 3 RVG erhöht sich bei mehreren Auftraggebern wie folgt:[100] 58

Auftraggeber	Gebühr gem. § 34 Abs. 1 S. 3 RVG iVm VV 1008 RVG
1	250,– EUR
2	325,– EUR
3	400,– EUR
4	475,– EUR
5	550,– EUR
6	625,– EUR
7	700,– EUR
ab 8	750,– EUR

[94] Mayer/Kroiß/*Winkler* RVG § 34 Rn. 92.
[95] Mayer/Kroiß/*Winkler* RVG § 34 Rn. 107.
[96] AG Wiesbaden NJOZ 2013, 82 = RVGreport 2012, 378.
[97] Mayer/Kroiß/*Winkler* RVG § 34 Rn. 115 f.; Schneider/Wolf/*Onderka/Thiel* RVG § 34 Rn. 118 f., 121 f.; HBS VergütungsR/*Hansens* Teil 8 Rn. 81, 83; aA *Müller-Rabe* → RVG VV 1008 Rn. 19 f.
[98] HBS VergütungsR/*Hansens* Teil 8 Rn. 81; allg. zu den durch den Mehrvertretungszuschlag nach VV 1008 RVG erhöhungsfähigen Gebühren *Mayer* RVG-Letter 2004, 86 f.; aA *Müller-Rabe* → RVG VV 1008 Rn. 19 f.; auch der Gesetzgeber hat im Zusammenhang mit der Änderung von Vorbemerkung 1 durch das KostRÄG 2021 im Rahmen der Gesetzesbegründung ausdrücklich darauf hingewiesen, dass nur Geschäfts- und Verfahrensgebühren erhöhungsfähig seien und eine Beratungsgebühr nach § 34 RVG nicht (BT-Drs. 19/23484, 82).
[99] Mayer/Kroiß/*Winkler* RVG § 34 Rn. 116.
[100] Mayer/Kroiß/*Winkler* RVG § 34 Rn. 116.

VII. Anrechnung nach § 34 Abs. 2 RVG

1. Anwendungsbereich

59 Nach § 34 Abs. 2 RVG ist die Gebühr für die Beratung, wenn nichts anderes vereinbart ist, auf eine Gebühr für eine sonstige Tätigkeit, die mit der Beratung zusammenhängt, anzurechnen. Von der Anrechnung werden die vereinbarte Beratungsgebühr nach § 34 Abs. 1 S. 1 RVG, die übliche Beratungsgebühr nach § 34 Abs. 1 S. 2 RVG sowie die gekappte Beratungsgebühr nach § 34 Abs. 1 S. 3 RVG erfasst.[101] Eine **Anrechnung der Gebühr** für die Ausarbeitung eines **schriftlichen Gutachtens** ist gesetzlich **nicht bestimmt.**[102]

2. Beweislast

60 **Strittig** ist die Darlegungs- und Beweislast. So trägt nach einer Auffassung der Anwalt die Darlegungs- und Beweislast, sofern er sich auf einen Anrechnungsausschluss nach Abs. 2 beruft.[103] Die andere Auffassung betont, dass die gesetzliche Anrechnungsregel nach § 34 Abs. 2 RVG allerdings nur dann gelte, wenn nichts anderes vereinbart ist, also nur hilfsweise. Derjenige, der sich auf die gesetzliche Anrechnung beruft (in der Regel der Mandant) müsse darlegen und beweisen, dass keine Vereinbarung getroffen worden ist, allerdings müsse dazu der Anwalt substantiiert die Vereinbarung darlegen.[104] Richtig dürfte es jedoch sein, in diesem Zusammenhang auf die einzelnen in § 34 RVG vorgesehenen Vergütungsmöglichkeiten abzustellen. Wurde eine **Gebührenvereinbarung formfrei abgeschlossen,** so trägt derjenige die Darlegungs- und Beweislast, der sich auf eine ihm günstige Regelung der Gebührenvereinbarung beruft; kann der Anwalt zwar nachweisen, dass eine bestimmte Vergütung der Höhe nach vereinbart wurde, nicht aber, dass auch Einigkeit über einen Anrechnungsausschluss erzielt wurde, greift die Anrechnungsregelung des Abs. 2. Wurde beim Abschluss der **Gebührenvereinbarung** jedoch eine – an sich nicht erforderliche – **Form eingehalten,** so gilt der schriftliche Inhalt der Gebührenvereinbarung, wenn dort kein Anrechnungsausschluss aufgenommen worden ist, bleibt es bei der Anrechnung nach Abs. 2. Kam es nicht zu einer Gebührenvereinbarung, sondern schuldet der Mandant die **übliche Vergütung,** greift die Anrechnungsregelung, es sei denn, dem Anwalt gelingt es nachzuweisen, dass ein – auch bei der üblichen Vergütung theoretisch denkbarer – Anrechnungsausschluss vereinbart wurde.

3. Auslagenpauschale

61 Die Pauschale nach VV 7002 RVG ist, sofern sie anlässlich der Beratung entstanden ist und in der Gebührenvereinbarung als abrechenbar vereinbart wurde, nicht anzurechnen, da eine Anrechnungsvorschrift fehlt und zudem die Anmerkung zu VV 7002 RVG bestimmt, dass die Pauschale in jeder Angelegenheit an Stelle der tatsächlichen Auslagen gefordert werden kann; die Beratung ist aber im Verhältnis zur Vertretung eine eigene selbständige Angelegenheit, was sich bereits daraus ergibt, dass ansonsten die Anrechnungsvorschrift des § 34 Abs. 2 RVG überflüssig wäre.[105]

4. Berechnung

62 Die Anrechnungsvorschrift des § 34 Abs. 2 RVG wirft insbes. dann erhebliche praktische Schwierigkeiten auf, wenn für die Beratung nach § 34 RVG ein **Vergütungssystem** vereinbart wird, das **nicht streitwertabhängig** ist (Stundensätze oder Pauschalen), es bei der Vergütung für die Vertretung nach VV 2300 RVG oder VV 3100 RVG bei der gesetzlichen Vergütung bleibt und der Gegenstand der Beratung nur teilweise deckungsgleich mit dem Gegenstand der Vertretung ist.[106] Fraglich ist dann, in welchem Umfang die vereinbarte Beratungsgebühr nach § 34 Abs. 2 RVG auf die streitwertabhängige Geschäfts- bzw. Verfahrensgebühr anzurechnen ist.[107] Die in diesem Zusammenhang vertretenen **Berechnungsmethoden** sind **allesamt letztlich nicht überzeugend.** So wird vorgeschlagen, die gesetzliche Degression der Gebührentabelle als bestimmenden Faktor zu betrachten, dh, es wird anhand der Gebührentabelle bestimmt, um welchen Prozentsatz sich die gesetzlichen Gebühren erhöhen, wenn sich der Streitwert erhöht; im selben Verhältnis verbleibt dann anteilsmäßig die Pauschale bzw. die nach

---

101 Schneider/Wolf/*Onderka/Thiel* RVG § 34 Rn. 126.
102 HBS VergütungsR/*Hansens* Teil 8 Rn. 85.
103 *Hansens* RVGreport 2007, 323 (324); Schneider/Wolf/*Onderka/Thiel* RVG § 34 Rn. 137.
104 Mayer/Kroiß/*Winkler* RVG § 34 Rn. 119.
105 Mayer/Kroiß/*Winkler* RVG § 34 Rn. 120.
106 Mayer/Kroiß/*Winkler* RVG § 34 Rn. 121.
107 Mayer/Kroiß/*Winkler* RVG § 34 Rn. 121.

Stunden berechnete Vergütung für die Beratung beim Anwalt, iÜ solle dann angerechnet werden, allerdings nur bis zur Höhe der gesetzlichen Gebühren, so dass ein überschießender Betrag noch beim Anwalt verbleiben kann.[108] Ferner wird vorgeschlagen, nach dem Verhältnis der Streitwerte anzurechnen, also wenn lediglich $^1/_{10}$ des Streitwerts, über den vorgerichtlich beraten wurde, außergerichtlich oder gerichtlich geltend gemacht wird, auch nur $^1/_{10}$ der für die Beratung vereinbarten Vergütung auf die später anfallenden Geschäftsgebühr oder Verfahrensgebühr anzurechnen ist.[109]

Grundsätzlich gilt, dass nicht auf sämtliche weiteren Gebühren angerechnet wird, sondern nur auf diejenige Gebühr, die bei einem umfassenden Mandat auch die Beratungstätigkeit abdeckt, etwa die Geschäftsgebühr nach VV 2300 RVG oder die Verfahrensgebühr nach VV 3100 RVG.[110] **63**

Eine Gebührenanrechnung kommt aber nur einmal in Betracht, auch wenn der RA nacheinander mehrere Gebühren berechnet, die mit der Beratung zusammenhängen.[111] **64**

Allgemein wird daher empfohlen, die Anrechnung nach § 34 Abs. 2 RVG durch Vereinbarung auszuschließen oder zumindest zu regeln.[112] **65**

Die Gebührenanrechnung kann einmal in der nach § 34 Abs. 1 S. 1 RVG zu schließenden Gebührenvereinbarung ausgeschlossen werden; jedoch auch dann, wenn der RA mit dem Auftraggeber keine Gebührenvereinbarung getroffen hat, kann durch eine gesonderte Vereinbarung die Anrechnung der üblichen Gebühr oder der einseitig bestimmten Gebühr ausgeschlossen werden.[113] **66**

5. Form

Teilweise wird problematisiert, ob der Anrechnungsausschluss nach § 34 Abs. 2 RVG einem Formzwang unterliegt und empfohlen, den Ausschluss der Anrechnung schriftlich zu fixieren.[114] Die in § 3a Abs. 1 S. 4 RVG vorgesehene **Formfreiheit** einer Gebührenvereinbarung gilt aber **auch für den Anrechnungsausschluss** nach § 34 Abs. 2 RVG. **67**

VIII. Kostenerstattung

s. hierzu → Anh. X Rn. 79 ff., 172 ff. **68**

§ 35 Hilfeleistung in Steuersachen

(1) **Für die Hilfeleistung bei der Erfüllung allgemeiner Steuerpflichten und bei der Erfüllung steuerlicher Buchführungs- und Aufzeichnungspflichten gelten die §§ 23 bis 39 der Steuerberatervergütungsverordnung in Verbindung mit den §§ 10 und 13 der Steuerberatervergütungsverordnung entsprechend.**

(2) [1] **Sieht dieses Gesetz die Anrechnung einer Geschäftsgebühr auf eine andere Gebühr vor, stehen die Gebühren nach den §§ 23, 24 und 31 der Steuerberatervergütungsverordnung, bei mehreren Gebühren deren Summe, einer Geschäftsgebühr nach Teil 2 des Vergütungsverzeichnisses gleich.** [2] **Bei der Ermittlung des Höchstbetrags des anzurechnenden Teils der Geschäftsgebühr ist der Gegenstandswert derjenigen Gebühr zugrunde zu legen, auf die angerechnet wird.**

Übersicht

[108] Mayer/Kroiß/*Winkler* RVG § 34 Rn. 122.
[109] Mayer/Kroiß/*Winkler* RVG § 34 Rn. 122 ff.
[110] HBS VergütungsR/*Hansens* Teil 8 Rn. 86; Hartung/Schons/Enders/*Hartung* RVG § 34 Rn. 94; aA Schneider Vergütungsvereinbarung Rn. 831c, der Wortlaut des § 34 Abs. 2 RVG schließt es jedenfalls nicht aus, auch auf die Terminsgebühr anzurechnen.
[111] HBS VergütungsR/*Hansens* Teil 8 Rn. 87.
[112] Mayer/Kroiß/*Winkler* RVG § 34 Rn. 126 ff.; Schneider/Wolf/*Onderka/Thiel* RVG § 34 Rn. 137; Schneider Vergütungsvereinbarung Rn. 831d.
[113] HBS VergütungsR/*Hansens* Teil 8 Rn. 188.
[114] Schneider/Wolf/*Onderka/Thiel* RVG § 34 Rn. 135.

I. Allgemeines

1 Die Vorschrift wurde durch das 1. KostRMoG[1] eingeführt und durch das 2. KostRMoG[2] um Abs. 2 ergänzt. Da nach § 3 Nr. 1 StBerG auch Rechtsanwälte zur unbeschränkten geschäftsmäßigen Hilfeleistung in Steuersachen befugt sind und dementsprechende viele Anwälte steuerberatend tätig sind, und zwar nicht nur die derzeit mehr als 4.000 Fachanwälte für Steuerrecht, sondern eine Vielzahl von Anwälten, die ohne diese Fachanwaltsbezeichnung zu führen steuerberatend tätig werden, wollte der Gesetzgeber mit dieser Regelung der Tatsache Rechnung tragen, dass die steuerberatende Tätigkeit immer mehr auch zum tatsächlich in Anspruch genommenen Dienstleistungsangebot der Rechtsanwälte sich entwickelt hatte.[3]

Die sachgerechte Gebührenbemessung in Steuersachen war früher auf schwer überwindbare Hindernisse gestoßen; jedenfalls vor Erlass von Steuerbescheiden war der Gegenstandswert nur äußerst schwer zu bestimmen, da das Interesse des Mandanten dahin ging, keine Steuern zu zahlen und die dem Mandanten drohende Steuer, die er ohne Hilfe des RA hätte zahlen müssen, nur schwer bestimmbar war.[4]

§ 35 RVG klärt nunmehr, welche Vorschriften der **Steuerberatervergütungsverordnung ohne ausdrückliche Vereinbarung** sinngemäß bei entsprechender anwaltlicher Tätigkeit **anzuwenden** sind.[5] Da der Gesetzgeber eine generelle Umstellung der Rahmengebühren auf ein Anrechnungssystem im 2. KostRMoG[6] vornimmt, wurde eine Regelung für die Fälle erforderlich, in denen vorgerichtlich Gebühren nach § 35 RVG unter Anwendung der Steuerberatervergütungsverordnung entstanden sind.[7] So sieht § 23 StBVV eine Rahmengebühr für sonstige Einzeltätigkeiten vor, § 24 StBVV für Steuererklärungen und § 31 RVG eine Rahmengebühr für Besprechungen mit Behörden oder Dritten in abgaberechtlichen Sachen. § 35 Abs. 2 S. 1 RVG bestimmt daher, dass diese Gebühren einer Geschäftsgebühr nach VV Teil 2 RVG gleichstehen, mithin also nach VV Vorb. 2.3 Abs. 4 S. 1 RVG auf eine andere Gebühr anzurechnen sind.

Mit der Regelung in § 35 Abs. 2 S. 2 RVG, dass bei der Ermittlung des Höchstbetrages des anzurechnenden Teils der Geschäftsgebühr der Gegenstandswert derjenigen Gebühr zugrunde zu legen ist, auf die angerechnet wird, trägt der Gesetzgeber dem Umstand Rechnung, dass der Gegenstandswert im Verwaltungsverfahren (Besteuerungsverfahren) in der Regel höher ist als der Gegenstandswert nach dem RVG im Nachprüfungsverfahren.[8] Nach § 35 Abs. 2 S. 1 stehen die Gebühren nach den §§ 23, 24 und 31 StBVV einer Geschäftsgebühr nach Teil 2 VV gleich, d. h. diese Gebühren- bei mehreren Gebühren deren Summe – sind hälftig höchstens mit einem Satz von 0,75 gemäß VV Vorbem. 2.3 Abs. 4 S. 1 RVG und Vorbem. 3 Abs. 4 RVG anzurechnen, wobei nach § 35 Abs. 2 S. 2 RVG bei der Ermittlung des Höchstbetrags des anzurechnenden Teils diese Gebühren der Gegenstandswert derjenigen Gebühr zugrunde zu legen ist, auf die angerechnet wird, also die Geschäftsgebühr nach VV 2300 RVG oder die Verfahrensgebühr nach VV 3200 RVG.[9]

II. Persönlicher Anwendungsbereich

2 § 35 RVG setzt eine **steuerberatende Tätigkeit durch einen RA** voraus.[10] Verfügt der RA über eine **Mehrfachqualifikation** – zB zugleich als Steuerberater oder Wirtschaftsprüfer –, ist § 35 RVG nur einschlägig, wenn er den Auftrag als RA angenommen und somit anwaltliche Hilfeleistung in Steuersachen erbracht hat.[11]

---

[1] BGBl. 2004 I 718.
[2] BGBl. 2013 I 2586.
[3] BT-Drs. 15/1971, 196.
[4] Mayer/Kroiß/*Teubel* RVG § 35 Rn. 2.
[5] Mayer/Kroiß/*Teubel* RVG § 35 Rn. 2.
[6] BGBl. 2013 I 2586.
[7] BT-Drs. 17/11471 (neu), 269.
[8] Hartung/Schons/Enders/*Hartung* § 35 Rn. 26.
[9] Hartung/Schons/Enders/*Hartung* § 35 Rn. 27.
[10] Riedel/Sußbauer/*Potthoff* RVG § 35 Rn. 5.
[11] Riedel/Sußbauer/*Potthoff* RVG § 35 Rn. 5.

Für die nicht in § 35 RVG genannten steuerberatenden Betätigungen verbleibt es bei den Regelungen des RVG, § 21 StBVV (Rat, Auskunft) und § 22 StBVV (Gutachten) werden nicht im RVG für entsprechend anwendbar erklärt; insoweit verbleibt es bei der bisherigen Rechtslage und dem überwiegend dem RA und Steuerberater zugebilligten Gebührenwahlrecht.[12]

Für die in § 35 RVG erfassten steuerberatenden Betätigungen scheidet ein Gebührenwahlrecht nunmehr aus.[13]

Klärt der RA den Auftraggeber nicht darüber auf, dass er in verschiedenen beruflichen Eigenschaften tätig werden kann, verletzt er eine vorvertragliche Sorgfaltspflicht mit der Folge, dass er bei konkurrierenden Gebührenordnungen ggf. nur das geringere der nach diesen Gebührenordnungen in Betracht kommenden Honorare beanspruchen kann.[14]

III. Entsprechende Anwendung der §§ 23–39 StBVV

Die §§ 23–39 StBVV regeln nach der Vorstellung des Gesetzgebers die für die Hilfeleistung in Steuersachen in Betracht kommenden Tatbestände umfassend und sollen so auch für diese eine angemessene Vergütung ermöglichen.[15] Der Gesetzgeber wollte aber die Vorschriften der StBVV nur insoweit anwenden, soweit sich keine entsprechenden Bestimmungen im RVG finden, deshalb wurden aus Abschn. 4 der StBVV die § 21 StBVV (Rat, Auskunft), § 22 StBVV (Gutachten) nicht in Bezug genommen.[16] 3

IV. Entsprechende Anwendung der §§ 23–39 StBVV iVm den §§ 10, 13 StBVV

Die §§ 23–39 StBVV umfassen eine Aufzählung von Einzeltätigkeiten des steuerlichen Beraters. Im Einzelnen handelt es sich um folgende Fälle: 4
- § 23 StBVV Sonstige Einzeltätigkeiten
- § 24 StBVV Steuererklärungen
- § 25 StBVV Ermittlung des Überschusses der Betriebseinnahmen über die Betriebsausgaben
- § 26 StBVV Ermittlung des Gewinns aus Land- und Forstwirtschaft nach Durchschnittssätzen
- § 27 StBVV Ermittlung des Überschusses der Einnahmen über die Werbungskosten
- § 28 StBVV Prüfung von Steuerbescheiden
- § 29 StBVV Teilnahme an Prüfungen
- § 30 StBVV Selbstanzeige
- § 31 StBVV Besprechungen
- § 32 StBVV Einrichtung einer Buchführung
- § 33 StBVV Buchführung
- § 34 StBVV Lohnbuchführung
- § 35 StBVV Abschlussarbeiten
- § 36 StBVV Steuerliches Revisionswesen
- § 37 StBVV Vermögensstatus, Finanzstatuts für steuerliche Zwecke
- § 38 StBVV Erteilung von Bescheinigungen
- § 39 StBVV Buchführungs- und Abschlussarbeiten für land- und fortwirtschaftliche Betriebe

Des Weiteren erklärt § 35 RVG die §§ 10, 13 StBVV für entsprechend anwendbar. § 10 Abs. 1 S. 1 StBVV bestimmt, dass sich die Wertgebühren nach den der Verordnung als Anlage beigefügten Tabellen A–D bestimmen. Ähnlich der Vorschrift des § 13 RVG sieht die StBVV Wertgebühren für eine Vielzahl von Tätigkeiten vor, diese sind als Anlagen der StBVV angefügt. Gegenstandswert ist, soweit die Verordnung nichts anderes vorsieht, der Wert des Interesses.[17] Problematisch ist, ob die allgemeine Wertgrenze des § 22 Abs. 2 RVG auch gilt, wenn der Anwalt nach § 35 RVG seine Tätigkeit nach der StBVV abrechnen kann; diese sieht nämlich eine solche Begrenzung nicht vor.[18] Richtig dürfte die Auffassung sein, dass in den Fällen, in denen nach § 35 RVG iVm den Vorschriften der StBVV die anwaltliche Abrechnung erfolgt, 5

[12] Mayer/Kroiß/*Mayer* RVG § 1 Rn. 64; Schneider/Wolf/*Volpert* RVG § 1 Rn. 135.
[13] Riedel/Sußbauer/*Potthoff* RVG § 35 Rn. 5.
[14] Riedel/Sußbauer/*Potthoff* RVG § 35 Rn. 5; Schneider/Wolf/*Volpert* RVG § 1 Rn. 135.
[15] BT-Drs. 15/1971, 197.
[16] BT-Drs. 15/1971, 197.
[17] Schneider/Wolf/*Griesel* RVG § 35 Rn. 15.
[18] *Schneider* AGS 2005; 322 f.

die allgemeine Wertgrenze des § 22 Abs. 2 S. 1 RVG nicht gilt.[19] Allerdings ist das zur Begründung dieser Auffassung vorgetragene Argument, § 22 Abs. 2 S. 1 RVG enthalte durch die Wendung „soweit durch Gesetz nichts anderes bestimmt ist" eine Öffnung für eine Verweisung des § 35 RVG auf § 10 StBVV, durch das 2. Gesetz zur Modernisierung der Justiz[20] obsolet geworden, da vom Gesetzgeber § 22 Abs. 2 S. 1 RVG geändert und mit der Wendung „soweit durch Gesetz kein niedrigerer Höchstwert bestimmt ist" aus Sicht des Gesetzgebers präziser gefasst wurde.[21] Es bleibt aber unabhängig davon das systematische Argument, dass die Regelung des § 35 RVG mit dem Verweis auf die Vorschriften der StBVV als speziellere Regelungen der allgemeinen Wertgrenze des § 22 Abs. 2 S. 1 RVG vorgeht.[22]

6 § 13 StBVV regelt die Zeitgebühren. Soweit in den §§ 23–39 StBVV die Zeitgebühr Anwendung findet, soll diese nach den Vorstellungen des Gesetzgebers auch für entsprechende Tätigkeiten der Anwälte Anwendung finden.[23] Dies betrifft die Tätigkeiten nach[24]

- § 24 Abs. 4 StBVV (insbes. Arbeiten zur Feststellung des verrechenbaren Verlusts gem. § 15a EStG),
- § 25 Abs. 2 StBVV (Vorarbeiten zur Ermittlung des Überschusses der Betriebseinnahmen über die Betriebsausgaben, die über das übliche Maß erheblich hinausgehen),
- § 28 StBVV (Prüfung eines Steuerbescheids),
- § 29 Nr. 1 StBVV (Teilnahme an Prüfungen),
- § 32 StBVV (Hilfeleistung bei der Einrichtung einer Buchführung),
- § 33 Abs. 7 StBVV (Hilfeleistung bei sonstigen Tätigkeiten im Zusammenhang mit der Buchführung),
- § 34 Abs. 5 StBVV (Hilfeleistung für sonstige Tätigkeiten im Zusammenhang mit dem Lohnsteuerabzug und der Lohnbuchführung),
- § 35 Abs. 3 StBVV (Anfertigung oder Berichtigung von Inventurunterlagen und sonstige Abschlussvorarbeiten bis zur abgestimmten Saldenbilanz),
- § 36 Abs. 1, 2 StBVV (Prüfung einer Buchführung, einzelner Konten, einzelner Posten des Jahresabschlusses, eines Inventars, einer Überschussrechnung oder von Bescheinigungen für steuerliche Zwecke und Berichterstattung hierüber sowie Prüfung einer Bilanz, einer Gewinn- und Verlustrechnung, eines Anhangs, eines Lageberichts oder einer sonstigen Vermögensrechnung für steuerliche Zwecke) sowie
- § 38 Abs. 2 StBVV (Mitwirkung an der Erteilung von Steuerbescheinigungen).

V. Berechnung der Anrechnung

7 **Beispiel:**

Es wird eine Schenkungssteuererklärung abgegeben über eine Schenkung von 120.000,– EUR. Im Besteuerungsverfahren fällt für den Anwalt an Gebühren an:

0,6 Gebühr, § 35 RVG iVm § 24 Abs. 1 Nr. 12 StBVV (Wert 120.000,– EUR)	1009,80 EUR
Postpauschale VV 7002 RVG	20,00 EUR
Umsatzsteuer 19 % VV 7008 RVG	195,66 EUR
Gesamtsumme	1225,46 EUR

8 Ist nun ein Steuerbescheid iHv 40.000,– EUR ergangen, so fallen im Einspruchsverfahren folgende Gebühren an:

1,3 Geschäftsgebühr nach VV 2300 RVG (Wert 40.000,– EUR)	1.452,10 EUR
Hierauf anzurechnen gem. § 35 Abs. 2 RVG iVm VV Vorb. 2.3 Abs. 4 S. 1 RVG 0,3 aus 40.000,– EUR nach Tabelle A StBVV	318,30 EUR
Auslagenpauschale VV 7002 RVG	20,00 EUR
Zwischensumme	1.153,80 EUR
Umsatzsteuer 19 % VV 7008 RVG	219,22 EUR
Gesamtsumme	1.373,02 EUR

---

[19] *Schneider* AGS 2005, 322 f.
[20] BGBl. 2006 I 3416.
[21] Vgl. BT-Drs. 16/38, 51, 55.
[22] In diesem Zusammenhang *Schneider* AGS 2005, 322 f.
[23] BT-Drs. 15/1971, 197.
[24] Vgl. BT-Drs. 15/1971, 197.

§ 36 Schiedsrichterliche Verfahren und Verfahren vor dem Schiedsgericht

(1) **Teil 3 Abschnitt 1, 2 und 4 des Vergütungsverzeichnisses ist auf die folgenden außergerichtlichen Verfahren entsprechend anzuwenden:**

1. schiedsrichterliche Verfahren nach Buch 10 der Zivilprozessordnung und
2. Verfahren vor dem Schiedsgericht (§ 104 des Arbeitsgerichtsgesetzes).

(2) **Im Verfahren nach Absatz 1 Nr. 1 erhält der Rechtsanwalt die Terminsgebühr auch, wenn der Schiedsspruch ohne mündliche Verhandlung erlassen wird.**

Schrifttum: *Enders,* Die Vergütung des Anwalts für eine Tätigkeit im schiedsrichterlichen Verfahren, JurBüro 1998, 169 ff.; 1998, 281 ff.; *Schwab/Walter,* Schiedsgerichtsbarkeit, 7. Aufl. 2005.

Übersicht

I. 2. KostRMoG

Durch das 2. KostRMoG[1] wurde § 36 RVG lediglich redaktionell geändert, in Abs. 1 wurde nämlich zusätzlich Abschnitt 4 des Vergütungsverzeichnisses erwähnt. Der Gesetzgeber wollte klarstellen, dass im schiedsrichterlichen Verfahren nach dem Buch 10 der ZPO und in Verfahren vor dem Schiedsgericht (§ 104 des ArbGG) auch Abschnitt 4 des Vergütungsverzeichnisses, der die Gebühren für Einzeltätigkeiten enthält, anzuwenden ist.[2] 1

II. Allgemeines

1. Schiedsrichterliches Verfahren

Schiedsrichterliche Verfahren iSd § 36 RVG sind in erster Linie die Verfahren vor privaten Schiedsgerichten, die bürgerliche Rechtsstreitigkeiten betreffen. Bei der Schiedsgerichtsbarkeit handelt es sich um die Ausübung privater Gerichtsbarkeit. Das Schiedsgericht tritt im Rahmen seiner Tätigkeit an die Stelle der Organe der staatlichen Gerichtsbarkeit. Auch soweit das Schiedsverfahren staatlicher Aufsicht und Nachprüfung unterliegt, wird es nicht zum staatlichen Gericht.[3] 2

Schiedsgerichte entstehen durch die Schiedsvereinbarung der Parteien (§§ 1029–1033 ZPO) oder die Anordnung im Wege letztwilliger bzw. anderer nicht auf Vereinbarung beruhender Verfügung (§ 1066 ZPO).[4]

---

[1] BGBl. 2013 I 2586.
[2] BT-Drs. 17/11471 (neu), 269.
[3] KG AGS 1998, 75.
[4] HK-ZPO/*Saenger* ZPO § 1066 Rn. 1; Schneider/Wolf/*Thiel* RVG § 36 Rn. 1; Hartmann/Toussaint/*Toussaint* RVG § 36 Rn. 5.

§ 36 ist weiter auf Verfahren vor Schiedsgerichten anzuwenden, die durch Gesetz errichtet sind, sofern auf diese Verfahren die Vorschriften des 10. Buches der ZPO Anwendung finden.[5] Bei internationalen Schiedsgerichten kann eine entsprechende Anwendung des § 36 RVG in Betracht kommen.[6]

3 Das **schiedsrichterliche Verfahren** ist im 10. Buche der ZPO (§§ 1025–1066) geregelt. Gem. § 1042 Abs. 3 ZPO können die Parteien vorbehaltlich der zwingenden Vorschriften des 10. Buches der ZPO das Verfahren selbst oder durch Bezugnahme auf eine schiedsrichterliche Verfahrensordnung regeln.

2. Schiedsgericht nach §§ 101, 104 ff. ArbGG

4 § 101 Abs. 1 ArbGG lautet: Für bürgerliche Rechtsstreitigkeiten zwischen Tarifvertragsparteien aus Tarifverträgen oder über das Bestehen oder Nichtbestehen von Tarifverträgen können die Parteien des Tarifvertrags die Arbeitsgerichtsbarkeit allgemein oder für den Einzelfall durch die ausdrückliche Vereinbarung ausschließen, dass die Entscheidung durch ein Schiedsgericht erfolgen soll.

§ 101 Abs. 2 ArbGG bestimmt: Für bürgerliche Rechtsstreitigkeiten aus einem Arbeitsverhältnis, das sich nach einem Tarifvertrag bestimmt, können die Parteien des Tarifvertrags die Arbeitsgerichtsbarkeit im Tarifvertrag durch die ausdrückliche Vereinbarung ausschließen, dass die Entscheidung durch ein Schiedsgericht erfolgen soll, wenn der persönliche Geltungsbereich des Tarifvertrags überwiegend Bühnenkünstler, Filmschaffende oder Artisten umfasst. Die Vereinbarung gilt nur für tarifgebundene Personen. Sie erstreckt sich auf Parteien, deren Verhältnisse sich aus anderen Gründen nach dem Tarifvertrag regeln, wenn die Parteien dies ausdrücklich und schriftlich vereinbart haben; der Mangel der Form wird durch Einlassung auf die schiedsgerichtliche Verhandlung zur Hauptsache geheilt.

Schließlich lautet § 101 Abs. 3 ArbGG: Die Vorschriften der Zivilprozessordnung über das schiedsrichterliche Verfahren finden in Arbeitssachen keine Anwendung.

Das Verfahren vor dem Schiedsgericht regelt sich nach §§ 105–110 ArbGG und dem Schiedsvertrag.[7]

3. Schiedsgutachten

5 § 36 RVG ist nicht anzuwenden, wenn sich die Beteiligten auf die Einholung eines **Schiedsgutachtens** geeinigt haben. Insoweit erhält der RA die Gebühren nach VV 2300 RVG.[8]

4. Tätigkeit als Schiedsrichter

6 Die Tätigkeit des Rechtanwalts als **Schiedsrichter** fällt nicht unter § 36 RVG. Dafür erhält der RA die im Schiedsrichtervertrag vereinbarte und in Ermangelung einer Vereinbarung die angemessene Vergütung. Wegen der Einzelheiten → § 1 Rn. 751 ff.[9]

III. Rechtszug des schiedsrichterlichen Verfahrens

1. Allgemeines

7 Der **Rechtszug beginnt** auch im schiedsrichterlichen Verfahren mit der Erteilung des Auftrags. Er endet mit dem endgültigen Schiedsspruch oder durch den Beschluss, mit dem das Schiedsgericht das Ende des schiedsrichterlichen Verfahrens feststellt (Rücknahme der Klage, eines Vergleichs und dergleichen), § 1056 ZPO.

2. Gerichtliches Verfahren im Falle des § 1050 ZPO

8 Das gerichtliche Verfahren im Falle des § 1050 ZPO gilt nach § 16 Nr. 8, 9 RVG für die Berechnung der Gebühren des zum Prozessbevollmächtigten bestellten RA mit dem schiedsrichterlichen Verfahren als ein Rechtszug. Nach § 1050 ZPO ist eine von den Schiedsrichtern für erforderlich erachtete richterliche Handlung, zu deren Vornahme die Schiedsrichter nicht befugt sind, zB die Vernehmung von Zeugen und Sachverständigen, die nicht freiwillig vor dem Schiedsgericht erscheinen, ihre Beeidigung oder die Beeidigung einer Partei, auf Antrag einer

[5] Riedel/Sußbauer/*Potthoff* RVG § 36 Rn. 3; Hartmann/Toussaint/*Toussaint* RVG § 36 Rn. 5; Hartung/Römermann/Schons/*Hartung* RVG § 36 Rn. 6; Schneider/Wolf/*Thiel* RVG § 36 Rn. 1; Hartung/Schons/Enders/*Hartung* RVG § 36 Rn. 7.

[6] Riedel/Sußbauer/*Potthoff* RVG § 36 Rn. 3.

[7] Schneider/Wolf/*Thiel* RVG § 36 Rn. 6; Riedel/Sußbauer/*Potthoff* RVG § 36 Rn. 8.

[8] Riedel/Sußbauer/*Potthoff* RVG § 36 Rn. 4.

[9] Madert/Schons Vergütungsvereinbarung Teil C Muster 14.

Partei von dem zuständigen Gericht vorzunehmen. Der RA, der als Prozessbevollmächtigter einer Partei einen solchen Termin wahrnimmt, kann also dafür keine Gebühren berechnen, die er schon im schiedsrichterlichen Verfahren verdient hat.[10]

3. Gerichtliche Entscheidung über die Ernennung oder Ablehnung eines Schiedsrichters

Betrifft die Tätigkeit des Prozessbevollmächtigten die Herbeiführung einer gerichtlichen Entscheidung über die **Ernennung oder Ablehnung eines Schiedsrichters** (§§ 1035–1037 ZPO), findet § 36 RVG keine Anwendung.[11] Ist die Tätigkeit des RA auf diese Verfahren vor dem staatlichen Gericht beschränkt, greift der Vergütungstatbestand VV 3327 RVG ein.[12] Ist der RA zugleich Verfahrensbevollmächtigter des gesamten Schiedsverfahrens, liegt für ihn nach § 16 Nr. 8 RVG dieselbe Angelegenheit vor.[13] 9

4. Vollstreckbarerklärung

Das Verfahren über die Vollstreckbarerklärung von Schiedssprüchen ist dagegen eine besondere Angelegenheit, für die der Prozessbevollmächtigte des schiedsrichterlichen Verfahrens nach § 36 RVG die Gebühren der VV 3100 ff. RVG besonders erhält. Insbesondere gelten nicht die Vergütungstatbestände VV 3327, 3332, 3337 RVG.[14] So erhält der Rechtsanwalt im Verfahren über die Vollstreckbarkeitserklärung von Schiedssprüchen eine 1,3 Verfahrensgebühr.[15] Für Rechtsbeschwerden nach § 1065 ZPO gelten nach Vorbem. 3.2.2. Nr. 1c VV RVG die Gebührensätze nach VV 3206 ff. RVG.[16] 10

IV. Gebühren des Prozessbevollmächtigten

1. Verfahrensgebühr

In den in Abs. 1 genannten schiedsrichterlichen Verfahren und in Verfahren vor dem Schiedsgericht erhält der RA die gleichen Gebühren wie in einem gerichtlichen Verfahren. 11

Die **Gebühren des Prozessbevollmächtigten** im schiedsrichterlichen Verfahren sind nach § 36 Abs. 1 RVG in sinngemäßer Anwendung der Vorschriften des VV Teils 3 Abschn. 1 RVG (Erster Rechtszug) und VV Teil 2 RVG (Berufung, Revision, bestimmte Beschwerden) des Vergütungsverzeichnisses zu bestimmen. Der RA erhält also vor allem die Regelgebühren nach VV 3100–3211 RVG.

Die **Verfahrensgebühr** wird durch jede in Ausführung des Auftrags vorgenommene Tätigkeit verdient, kann sich aber nach VV 3101 RVG auf 0,8 ermäßigen.[17] Eine Wahrnehmung eines Termins iSv VV 3101 Nr. 1 RVG liegt aber auch dann vor, wenn der Anwalt in einem vom Schiedsgericht anberaumten Termin erscheint, selbst wenn der Gegner hierzu nicht geladen worden ist.[18]

2. Terminsgebühr

Es kann eine Terminsgebühr anfallen. Zur Entstehung → RVG VV Vorb. 3 Rn. 1 ff. 12

Die Terminsgebühr erhält der Prozessbevollmächtigte nach § 36 Abs. 2 RVG im schiedsrichterlichen Verfahren nach Buch 10 der ZPO auch dann, wenn der Schiedsspruch ohne mündliche Verhandlung erlassen wird. Abs. 1 Nr. 1 zu VV 3104 RVG findet daher keine Anwendung.[19] Hintergrund ist, dass für das schiedsrichterliche Verfahren eine mündliche Verhandlung nicht vorgeschrieben, sondern nach § 1042 ZPO nur das Gehör der Parteien vor Erlass des Schiedsspruchs notwendig ist.[20] Voraussetzung für die Entstehung der Terminsgebühr ist jedoch, dass ein Schiedsspruch erlassen wurde. Dann entsteht die Terminsgebühr stets voll. Die in diesem Zusammenhang vertretene Auffassung, das Erwachsen der Terminsgebühr verlange in dieser

---

[10] Schneider/Wolf/*Thiel* RVG § 36 Rn. 4.
[11] Riedel/Sußbauer/*Potthoff* RVG § 36 Rn. 6.
[12] Riedel/Sußbauer/*Potthoff* RVG § 36 Rn. 6; → RVG VV 3327 Rn. 1 ff.
[13] Riedel/Sußbauer/*Potthoff* RVG § 36 Rn. 7.
[14] Riedel/Sußbauer/*Schütz* RVG VV 3324–3338 Rn. 19; Hartung/Römermann/Schons/*Hartung* RVG § 36 Rn. 18 ff.
[15] OLG Hamburg GRUR-RS 2017, 149686 = BeckRS 2017, 149686 = AGS 2018, 464 mAnm *Mayer* FD-RVG 2018, 407628.
[16] OLG München NJW 2013, 3186.
[17] Schneider/Wolf/*Thiel* RVG § 36 Rn. 9.
[18] Schneider/Wolf/*Thiel* RVG § 36 Rn. 9.
[19] Schneider/Wolf/*Thiel* RVG § 36 Rn. 14.
[20] Schneider/Wolf/*Thiel* RVG § 36 Rn. 14, die auf die Vorschrift des § 1047 ZPO abstellt.

Konstellation ein **Mehr an Tätigkeit** als das bloße Betreiben des Geschäfts,[21] findet im Gebührensystem keine Stütze und wurde inzwischen aufgegeben.[22] Auch in den von Abs. 1 Nr. 2 der Anmerkung zu VV 3104 RVG erfassten Fällen ist ausschließliche Voraussetzung für das Entstehen der vollen Terminsgebühr, dass es zu einer Entscheidung in der vorgesehenen Form kommt.[23]

3. Einigungsgebühr

13 Für die Einigungsgebühr gilt VV 1000 RVG. Die Gebühr entsteht sowohl bei einem vor dem Schiedsgericht geschlossenen Vergleich als auch bei einem außergerichtlichen Vergleich iHv 1,5. Denn im schiedsgerichtlichen Verfahren ist der Gegenstand des Vergleichs nicht anhängig iSv VV 1003 RVG.[24]

4. Einzeltätigkeiten

14 Gebühren für Einzeltätigkeiten können entstehen, wenn der RA nicht zum Prozessbevollmächtigten bestellt worden ist, sondern nur Einzelaufträge erhalten hat, zB zur Anfertigung eines Schriftsatzes oder Wahrnehmung eines Termins. Dann sind die VV 3400 ff. RVG anzuwenden.

5. Berufungs- und Revisionsverfahren

15 Die Parteien können einen Instanzenzug vereinbaren, was nicht selten geschieht. Die Rspr. hat die Vereinbarung eines Instanzenzuges niemals beanstandet.

Die Schiedsvereinbarung bzw. eine von ihr in Bezug genommene Schiedsordnung kann eine Oberinstanz vorsehen. Vereinbaren die Parteien eine solche durch Änderung der Schiedsvereinbarung nach Beendigung des Schiedsverfahrens, also nach Erfüllung der Förmlichkeiten des § 1054 ZPO, so ist das in Wahrheit eine Aufhebung des Schiedsspruchs und die Vereinbarung eines neuen Schiedsgerichtsverfahrens.[25]

Das vereinbare Rechtsmittel, ganz gleich welcher Art, kann immer nur an ein Oberschiedsgericht gehen, nie an ein staatliches Gericht.

Ein Oberschiedsgericht kann als Berufungs- oder als Revisionsinstanz vereinbart werden, also zur Tatsachennachprüfung oder zu reinen Rechtsnachprüfung. Zweifel darüber, was gemeint ist, muss durch Auslegung ermittelt werden.

Die Beschränkung der Berufung durch eine Berufungssumme (§ 511 ZPO) oder durch das Vorlegen einer Entscheidung in der Hauptsache im Gegensatz zur bloßen Kostenentscheidung tritt nicht ein, es sei denn, die Parteien haben etwas anderes vereinbart.[26]

Im schiedsrichterlichen Berufungs- und Revisionsverfahren erhält der RA die Gebühren nach VV 3200 ff. RVG bzw. VV 3206 ff. RVG.

6. Gegenstandswert

16 Soweit in dem Verfahren vor dem Schiedsgericht nach der Schiedsvereinbarung, §§ 1029, 1042 ZPO, wertabhängige Gebühren entstehen, sind die allgemeinen Werteregeln entsprechend anwendbar. Wird allerdings der Wert von den Parteien im Einverständnis ihrer Rechtsanwälte mit einem bestimmten Betrag angegeben und sodann von dem Schiedsgericht mit diesem Betrag festgesetzt, so liegt in diesem Vorgang die rechtsgeschäftliche Vereinbarung des Gegenstandswertes durch alle Verfahrensbeteiligten, die bindend ist.[27]

Kommt es zwischen dem Schiedsgericht einerseits und den Parteien andererseits (wegen der Vergütung des Schiedsgerichts) oder den Parteien einerseits und ihren Rechtsanwälten andererseits (wegen der Vergütung der Rechtsanwälte) zu keiner Einigung, so hat das im Gebührenprozess angerufene Gericht den Gegenstandswert zu bestimmen.

7. Kostentragung und -erstattung

17 Sofern die Parteien nichts anderes vereinbart haben, hat das Schiedsgericht gem. § 1057 Abs. 1 ZPO in einem Schiedsspruch darüber zu entscheiden, zu welchem Anteil die Parteien die Kosten des schiedsrichterlichen Verfahrens einschließlich der den Parteien erwachsenen und zur zweckentsprechenden Rechtsverfolgung notwendigen Kosten zu tragen haben. Hier-

[21] Schneider/Wolf/*Wahlen/Wolf,* 6. Aufl. 2012, RVG § 36 Rn. 9.
[22] Schneider/Wolf/*Thiel* RVG § 36 Rn. 14.
[23] Mayer/Kroiß/*Mayer* RVG VV 3104 Rn. 32, 35.
[24] Schneider/Wolf/*Thiel* RVG § 36 Rn. 25; Riedel/Sußbauer/*Potthoff* RVG § 36 Rn. 14.
[25] Schwab/Walter/*Walter* Kap. 22 Rn. 3.
[26] Schwab/Walter/*Walter* Kap. 22 Rn. 6.
[27] Schneider/Wolf/*Thiel* RVG § 36 Rn. 48.

bei entscheidet das Schiedsgericht nach pflichtgemäßem Ermessen unter Berücksichtigung der Umstände des Einzelfalles, insbes. nach dem Ausgang des Verfahrens.

Soweit die Kosten des schiedsrichterlichen Verfahrens feststehen, hat das Schiedsgericht gem. § 1057 Abs. 2 ZPO auch darüber zu entscheiden, in welcher Höhe die Parteien diese zu tragen haben. Ist die Festsetzung der Kosten unterblieben oder erst nach Beendigung des schiedsrichterlichen Verfahrens möglich, wird hierüber in einem gesonderten Schiedsspruch entschieden.

Die dem RA für die Vertretung im schiedsrichterlichen Verfahren entstandene Vergütung kann nicht nach § 11 RVG durch das staatliche Gericht festgesetzt werden.[28]

Im Verfahren vor dem Schiedsgericht (§ 104 ArbGG) ist im Schiedsspruch nach § 108 ArbGG, wenn sich aus dem Schiedsvertrag nichts Gegenteiliges ergibt, auch über die Verfahrenskosten zu entscheiden.[29] Der Inhalt der Kostenentscheidung bestimmt sich in erster Linie nach dem Schiedsvertrag, enthält dieser keine Regelungen zur Kostentragungspflicht und Kostenverteilung, sind die §§ 91 ff. ZPO entsprechend anzuwenden, wobei allerdings im Verfahren vor dem Schiedsgericht im ersten Rechtszug auch die Regelung des § 12a Abs. 1 ArbGG entsprechend anzuwenden ist.[30]

Im Schiedsvertrag kann weiter geregelt werden, dass der Schiedsspruch eine Festsetzung des Streit- bzw. Gegenstandswerts enthalten soll.[31] Der Streit- bzw. Gegenstandswert ist dann in entsprechender Anwendung von § 42 Abs. 3 GKG und den §§ 3 ff. ZPO festzusetzen.[32]

Abschnitt 6. Gerichtliche Verfahren

§ 37 Verfahren vor den Verfassungsgerichten

(1) **Die Vorschriften für die Revision in Teil 4 Abschnitt 1 Unterabschnitt 3 des Vergütungsverzeichnisses gelten entsprechend in folgenden Verfahren vor dem Bundesverfassungsgericht oder dem Verfassungsgericht (Verfassungsgerichtshof, Staatsgerichtshof) eines Landes:**

1. Verfahren über die Verwirkung von Grundrechten, den Verlust des Stimmrechts, den Ausschluss von Wahlen und Abstimmungen,
2. Verfahren über die Verfassungswidrigkeit von Parteien,
3. Verfahren über Anklagen gegen den Bundespräsidenten, gegen ein Regierungsmitglied eines Landes oder gegen einen Abgeordneten oder Richter und
4. Verfahren über sonstige Gegenstände, die in einem dem Strafprozess ähnlichen Verfahren behandelt werden.

(2) **¹In sonstigen Verfahren vor dem Bundesverfassungsgericht oder dem Verfassungsgericht eines Landes gelten die Vorschriften in Teil 3 Abschnitt 2 Unterabschnitt 2 des Vergütungsverzeichnisses entsprechend. ²Der Gegenstandswert ist unter Berücksichtigung der in § 14 Abs. 1 genannten Umstände nach billigem Ermessen zu bestimmen; er beträgt mindestens 5.000 Euro.**

Schrifttum: *Burhoff,* Verfahren vor den Verfassungsgerichten – So werden sie richtig abgerechnet, RVGprofessionell 2010, 138; *Burhoff,* Anwaltsvergütung im Verfassungsbeschwerdeverfahren, RVGreport 2013, 298; *Burhoff* in Burhoff/Kotz (Hrsg.), Handbuch für die strafrechtlichen Rechtsmittel und Rechtsbehelfe, 2. Aufl. 2016, Teil D Verfassungsbeschwerde, Abrechnung, Rn. 456 ff.; *Meyer,* Der Gegenstandswert und die Abrechnung in besonderen Gerichtsbarkeiten und Sondergerichtsbarkeiten, in: Schwerpunktheft Rechtsanwaltsvergütungsgesetz 2004, 263; *Zuck,* Gegenstandswert im Verfassungsbeschwerdeverfahren, AnwBl 1974, 34; *Zuck,* Die Festsetzung des Gegenstandswertes im Verfassungsbeschwerdeverfahren, AnwBl 1978, 333; *Zuck,* Der Zugang vom BVerfG – Was läßt das 5. Änderungsgesetz zum Gesetz über das BVerfG von der Verfassungsbeschwerde noch übrig?, NJW 1993, 2641.

---

[28] KG AGS 1998, 75.
[29] Schneider/Wolf/*Thiel* RVG § 36 Rn. 52.
[30] Schneider/Wolf/*Thiel* RVG § 36 Rn. 52.
[31] Schneider/Wolf/*Thiel* RVG § 36 Rn. 53.
[32] Schneider/Wolf/*Thiel* RVG § 36 Rn. 53.

Übersicht

I. Allgemeines

1 In § 37 RVG werden die Gebühren des RA in Verfahren vor Verfassungsgerichten geregelt. Erfasst werden jede Art von Verfahren und jede Art von anwaltlicher Tätigkeit im Verfahren vor dem BVerfG und den Verfassungsgerichten der Länder. Die Regelung erfasst **nicht** die Verfahren vor dem Europäischen Gerichtshof für Menschenrechte **(EGMR).** Diese werden nach den Ergänzungen durch das 2. KostRMoG in § 38a RVG geregelt.[1]

2 Das Verfahren vor dem BVerfG ist durch das Gesetz über das Bundesverfassungsgericht **(BVerfGG)** geregelt. § 13 BVerfGG zählt unter Nr. 1–15 die Fälle auf, in denen das BVerfG zuständig ist. Nach § 22 BVerfGG können sich die Beteiligten in jeder Lage des Verfahrens durch einen bei einem deutschen Gericht zugelassenen RA oder durch einen Lehrer des Rechts an einer deutschen Universität vertreten lassen. In der mündlichen Verhandlung müssen sie sich in dieser Weise vertreten lassen. Nach § 25 Abs. 1 BVerfGG entscheidet das BVerfG, soweit nichts anderes bestimmt ist, auf Grund mündlicher Verhandlung, es sei denn, dass alle Beteiligten ausdrücklich auf sie verzichten. Nach § 26 Abs. 1 BVerfGG erhebt das BVerfG die zur Erforschung der Wahrheit erforderlichen Beweise. Das Verfahren vor dem Verfassungsgericht eines Landes (Verfassungsgerichtshof, Staatsgerichtshof) wird durch ein Landesgesetz des jeweiligen Landes geregelt.

3 Für die **Gebühren** des RA ist zu **unterscheiden** zwischen Verfahren, die in einem dem strafprozessähnlichen Verfahren behandelt werden (§ 37 Abs. 1 RVG)[2] und den sonstigen Verfahren (§ 37 Abs. 2 RVG).[3] In den ersteren erhält der RA Gebühren wie ein Verteidiger, in den sonstigen Verfahren erhält er Gebühren wie im Verwaltungsrechtsstreit.[4]

II. Strafprozessähnliche Verfahren (§ 37 Abs. 1 RVG)

1. Anwendungsbereich

4 **a) Sachlich.** § 37 Abs. 1 RVG enthält eine **Aufzählung** strafprozessähnlicher Verfahren. Dabei handelt es sich um Verfahren, für welche allgemein oder für einzelne Abschnitte, wie zB nach § 28 Abs. 1 BVerfGG für die Vernehmung von Zeugen und Sachverständige, die Vorschriften der StPO anzuwenden sind. Diese sind einem Strafverfahren insoweit ähnlich, als von dem Gericht über die angeklagte Person oder Personengruppe wegen verfassungswidrigen Verhaltens Rechtsnachteile verhängt werden sollen.[5]

[1] → § 38a Rn. 1 ff.
[2] → Rn. 4 ff.
[3] → Rn. 10 ff.
[4] Zu allem auch Burhoff/Kotz StrafR-Rechtsmittel-HdB/*Burhoff* Teil D Rn. 456 ff.
[5] Schneider/Wolf/*N. Schneider* RVG § 37 Rn. 5; Mayer/Kroiß/*Mayer* RVG § 37 Rn. 5; Burhoff/Volpert RVG/*Burhoff* RVG § 37 Rn. 5.

Im Einzelnen werden **folgende Verfahren** genannt: 5

1. Verfahren über die Verwirkung von Grundrechten, den Verlust des Stimmrechts, den Ausschluss von Wahlen und Abstimmungen (§ 13 Nr. 1 BVerfGG),
2. Verfahren über die Verfassungswidrigkeit von Parteien (§ 13 Nr. 2 BVerfGG),
3. Verfahren über Anklagen gegen den Bundespräsidenten, gegen ein Regierungsmitglied eines Landes oder gegen einen Abgeordneten oder Richter (§ 13 Nr. 4, 9 BVerfGG) und
4. Verfahren über sonstige Gegenstände, die in einem dem Strafprozess ähnlichen Verfahren behandelt werden.

Die Aufzählung ist – wie Abs. 1 Nr. 4 zeigt – **nicht abschließend.** Das soll die Möglichkeit eröffnen, die Gebühren in ähnlichen Verfahren vor den Verfassungsgerichten, wenn solche, zB durch Landesrecht, neu geschaffen werden, ohne Änderung des RVG in gleicher Weise zu behandeln. Als ähnliches Verfahren kommt zB das Verfahren gegen ein Mitglied des Rechnungshofes nach § 14 Nr. 8 Gesetz über das Hamburgische Verfassungsgericht v. 23.3.1982[6] in Betracht.[7]

b) Persönlich. Die Vorschrift gilt nicht nur für den **Wahlanwalt,** sondern auch für den im Wege der PKH **beigeordneten RA,**[8] für den die §§ 45 ff. RVG gelten. Für den **Pflichtverteidiger,** der in dem einer Verfassungsbeschwerde vorausgehenden Strafverfahren bestellt war, sind die Tätigkeiten, die er zB im Hinblick auf eine Verfassungsbeschwerde erbringt, nicht von der Pflichtverteidigerbestellung umfasst.[9] Er erhält die Gebühren nach § 37 RVG, die neben den Gebühren nach VV Teil 4 Abschn. 1 RVG entstehen also nur, wenn er im Wege der PKH für das Verfassungsbeschwerdeverfahren ausdrücklich beigeordnet worden ist.[10] 6

2. Gebührentatbestände

Für die strafprozessähnlichen Verfahren ist die **sinngemäße Anwendung** der Vorschriften für die **Revision** in **Strafsachen** in VV Teil 4 Abschn. 1 UAbschn. 3 RVG bestimmt. Das bedeutet, dass nicht nur auch die VV Vorb. 4.1 Abs. 2 S. 1 RVG Anwendung findet und daher durch die anfallenden Gebühren die gesamte Tätigkeit des RA abgegolten wird.[11] Anwendung findet ggf. auch die VV Vorb. 4 Abs. 5 RVG. 7

Folgende Gebühren können **entstehen:**[12] Der RA erhält eine Grundgebühr nach VV 4100 RVG für die Einarbeitung in das Verfahren.[13] Er erhält daneben die Verfahrensgebühr VV 4130 RVG[14] und ggf. die Terminsgebühr VV 4132 RVG. Wenn sich der Mandant nicht auf freiem Fuß befindet, entstehen diese gem. VV Vorb. 4 Abs. 4 RVG mit Zuschlag,[15] also nach VV 4101, 4131, 4133 RVG. Die Vorverfahrensgebühr nach VV 4104, 4105 RVG fällt nicht an. Die Verfahren nach §§ 37, 45, 58 Abs. 1, 54 BVerfGG sind nicht Vorverfahren iSd VV 4104, 4105 RVG, sondern gerichtliche Zwischenverfahren, die nach Anhängigkeit beim BVerfG durchgeführt werden.

An Gebühren erhält der RA also als Verfahrensgebühr nach VV 4130 RVG eine Gebühr iHv 132,– EUR bis 1.221,– EUR (Mittelgebühr 676,50 EUR) und mit Zuschlag nach VV 4131 RVG eine Gebühr von 132,– EUR bis 1.526,00 EUR (Mittelgebühr 829,00 EUR). Als Terminsgebühr erhält er je (Haupt-)Verhandlungstag nach VV 4132 RVG eine Gebühr von 132,– EUR bis 616,– EUR (Mittelgebühr 374,00 EUR) und mit Zuschlag nach VV 4133 RVG eine Gebühr von 132,– EUR bis 770,– EUR (Mittelgebühr 451,– EUR). Bei Vertretung mehrerer Personen gilt ggf. **VV 1008 RVG.**[16] Verfassungsbeschwerden mehrerer Auftraggeber, die sich 8

---

[6] HmbGVBl. S. 59.

[7] Schneider/Wolf/*N. Schneider* RVG § 37 Rn. 6; Burhoff/Volpert RVG/*Burhoff* RVG § 37 Rn. 7.

[8] Burhoff/Volpert RVG/*Burhoff* RVG § 37 Rn. 3; Burhoff/Volpert RVG/*Volpert* Teil A Rn. 2360; zur PKH → Rn. 24.

[9] OLG Rostock RVGreport 2010, 380 = StRR 2010, 479 mAnm *Burhoff* = RVG prof. 2010, 137; LG Neubrandenburg RVGreport 2010, 380 = StRR 2010, 479 mAnm *Burhoff* = RVG prof. 2010, 137.

[10] OLG Rostock RVGreport 2010, 380 = StRR 2010, 479 mAnm *Burhoff* = RVG prof. 2010, 137; LG Neubrandenburg RVGreport 2010, 380 = StRR 2010, 479 mAnm *Burhoff* = RVG prof. 2010, 137; Burhoff/Volpert RVG/*Volpert* Teil A Rn. 2247.

[11] Wegen der Einzelheiten vgl. die Kommentierung bei → RVG VV Vorb. 4.1 Rn. 4 ff.

[12] Burhoff/Volpert RVG/*Burhoff* § 37 Rn. 9.

[13] Allgemein zur Grundgebühr VV 4100 die Kommentierung bei → RVG VV 4100 Rn. 1 ff.

[14] Zum Verhältnis Grundgebühr und Verfahrensgebühr s. Vorb. 4 VV Rn. 11 und VV 4100, 4101 Rn. 9 ff.

[15] Vgl. wegen der Voraussetzungen VV Vorb. 4 Rn. 44 ff.

[16] Vgl. aber BVerfG RVGreport 2014, 304 mAnm *Hansens,* nicht, wenn jeweils die Verletzung der eigenen Grundrechte geltend gemacht wird.

gegen denselben Akt der öffentlichen Gewalt richten, betreffen nicht denselben Gegenstand.[17] Es fällt also keine erhöhte Gebühr an.[18]

9 Wird der RA seinem Auftraggeber **beigeordnet,**[19] erhält er die oa Gebühren als gesetzliche Gebühren, also als Verfahrensgebühr 541,– EUR (mit Zuschlag 663,– EUR) und als Terminsgebühr 300,– EUR (mit Zuschlag 361,– EUR). Für eine (Haupt-)Verhandlung von mehr als fünf Stunden entstehen die Längenzuschläge nach VV 4134 RVG (150,– EUR) bzw. VV 4135 RVG (300,– EUR).

III. Sonstige verwaltungsprozessähnliche Verfahren (Abs. 2)

1. Anwendungsbereich

10 Für sonstige Verfahren vor dem BVerfG oder dem VerfG eines Landes gilt § 37 Abs. 2 RVG. Gemeint sind damit alle Verfahren, die nicht unter den Begriff und den Anwendungsbereich der strafprozessähnlichen Verfahren nach Abs. 1 fallen, also insbes. alle die Verfahren aus **§ 13 BVerfGG,** die in Abs. 1 nicht genannt sind.[20] Das sind zB Verfassungsstreitigkeiten, die abstrakte Normenkontrolle, das Normenkontrollverfahren auf Antrag des Gerichts nach Art. 100 GG, das **Verfassungsbeschwerdeverfahren,** das Wahlprüfungsverfahren, öffentlich-rechtliche Streitigkeiten zwischen Bund und Ländern, zwischen Ländern oder innerhalb eines Landes usw. Sie unterscheiden sich ihrem Gegenstand nach nicht wesentlich von Verfahren, die vor Verwaltungsgerichte gehören. Sie werden idR prozessual ähnlich wie Verfahren vor den Verwaltungsgerichten ablaufen. Daher sind die Gebühren des RA wie im **Verfahren** vor den **Verwaltungsgerichten sinngemäß** nach den für den Zivilprozess gegebenen Vorschriften des VV Teil 3 Abschn. 2 UAbschn. 2 RVG entsprechend bemessen worden.

Der RA erhält also in solchen Verfahren die **Verfahrens-** und **Terminsgebühr.**[21]

11 Jedes Verfahren ist eine eigene **Angelegenheit** iSd § 15 Abs. 2 RVG. Das gilt auch für das Normenkontrollverfahren nach Art. 100 Abs. 1 GG.[22]

2. Gebührentatbestände (Abs. 2 S. 1)

12 **a) Verfahrensgebühr (VV 3206 RVG).** Nach dem Wortlaut von Abs. 2 S. 1 entstehen die (Verfahrens-)Gebühren für die Revision nach VV Teil 3 Abschn. 2 UAbschn. 2 RVG entsprechend.[23] Das RVG verweist damit pauschal auf die VV 3206–3213 RVG. Das führt zu der Frage, welche der dort geregelten Verfahrensgebühren anwendbar ist. Zutreffend ist es, darin nur eine Verweisung auf die VV 3206, 3207 RVG zu sehen.[24] Das entspricht dem Wortlaut der Regelung der VV 3208 RVG und dem gesetzgeberischen Willen.[25] Die VV 3212, 3213 RVG, aber auch die VV 3208, 3209 RVG sind Spezialregelungen, die bestimmte Verfahren oder bestimmte persönliche Eigenschaften der RA voraussetzen.[26] Der nicht beim BGH zugelassene Rechtsanwalt, der den Mandanten vertritt, erhält also nicht die 2,3 Verfahrensgebühr nach VV 3208 RVG.[27]

13 Für das **Entstehen** der Verfahrensgebühr gelten die Erläuterungen bei VV 3206 RVG. Endet der Auftrag des RA vorzeitig oder erbringt der RA nur eine eingeschränkte Tätigkeit,[28] entsteht nur eine 1,1 Verfahrensgebühr nach VV 3207 RVG. Auch insoweit kann auf die Erläuterungen bei VV 3207 RVG verwiesen werden.

---

[17] Zuletzt BVerfG RVGreport 2011, 59 = AGS 2011, 428 mzustAnm *Volpert.*

[18] BVerfG RVGreport 2011, 59 = AGS 2011, 428 mzustAnm *Volpert,* Ausgleich über die Erhöhung des Gegenstandswertes; → Rn. 17.

[19] → Rn. 6.

[20] → Rn. 4.

[21] → Rn. 12 ff.

[22] BVerfGE 53, 332; BVerfG NJW-RR 2001, 139; Hartmann/*Toussaint* RVG § 37 Rn. 1; Burhoff/Volpert RVG/*Burhoff* § 37 Rn. 13.

[23] Zur Bemessung unter Berücksichtigung der Kriterien des § 14 RVG FG Hamburg AGS 2018, 178.

[24] BVerfG NJW 2013, 676 = AGS 2012, 568 = RVGreport 2013, 15 mAnm *Hansens;* BGH NJW 2012, 2118 = AGS 2012, 281 = Rpfleger 2012, 583 = JurBüro 2012, 470 (Ls.). Mayer/Kroiß/*Mayer* RVG § 37 Rn. 12 ff.; Schneider/Wolf/*N. Schneider* RVG § 37 Rn. 16; Burhoff/Volpert RVG/*Burhoff* § 37 Rn. 15; aA RVG § 37 Rn. 5; Hartung/Schons/Enders/*Hartung* RVG § 37 Rn. 11 f.; Riedel/Sußbauer RVG/*Pankatz* § 37 Rn. 13.

[25] BVerfG NJW 2013, 676 = AGS 2012, 568 = RVGreport 2013, 15 mAnm *Hansens* unter ausdrücklicher Ablehnung der in der Lit. vertretenen aA.

[26] BVerfG NJW 2013, 676 = AGS 2012, 568 = RVGreport 2013, 15 mAnm *Hansens;* BGH NJW 2012, 2118 = AGS 2012, 281 = Rpfleger 2012, 583 = JurBüro 2012, 470 (Ls.).

[27] BVerfG NJW 2013, 676 = AGS 2012, 568 = RVGreport 2013, 15 mAnm *Hansens.*

[28] → RVG VV 3207 Rn. 3.

In einem konkreten Normenkontrollverfahren nach Art. 100 GG gibt das BVerfG nach § 82 Abs. 3 BVerfGG den Beteiligten des ausgesetzten Ausgangsverfahrens Gelegenheit zur Äußerung. Bei Verfassungsbeschwerden gegen eine gerichtliche Entscheidung erhält der durch die Entscheidung Begünstigte nach **§ 94 Abs. 3 BVerfGG** ebenfalls Gelegenheit zur Äußerung. Lässt der Äußerungsberechtigte durch einen RA einen Schriftsatz mit Rechtsausführungen beim BVerfG einreichen, so erhält dieser RA die Verfahrensgebühr nach VV 3206 RVG. Denn der Bevollmächtigte des Äußerungsberechtigten hat eine dem Prozessbevollmächtigten vergleichbare Rechtsstellung.[29] **14**

Vertritt der RA **mehrere Auftraggeber,** erhöht sich die Verfahrensgebühr gem. VV 1008 RVG je weiteren Auftraggeber um 0,3. Wegen der Einzelheiten s. die Erläuterungen zu RVG VV 1008 Rn. 1 ff.[30] **15**

Für den RA, der mehrere Beschwerdeführer in einer von diesen **gegen** eine **Rechtsnorm** erhobenen Verfassungsbeschwerde vertritt, fällt keine nach VV 1008 RVG erhöhte Verfahrensgebühr an.[31]

b) Terminsgebühr (VV 3210 RVG). Entscheidet das Verfassungsgericht aufgrund einer mündlichen Verhandlung, entsteht eine Terminsgebühr VV 3210 RVG.[32] Auf die Terminsgebühr ist nach der Anmerkung zu VV 3210 RVG ua auch VV 3104 Abs. 1 Nr. 1 RVG anzuwenden. Das bedeutet, dass die Gebühr auch dann entsteht, wenn in einem Verfahren, in dem mündliche Verhandlung vorgeschrieben ist (vgl. §§ 25, 94 Abs. 5 BVerfGG), im Einverständnis mit allen Beteiligten ohne mündliche Verhandlung entschieden wird.[33] Ist die mündliche Verhandlung nicht vorgeschrieben (wie zB bei Verfassungsbeschwerden), ist VV 3104 nicht anzuwenden.[34] Auf die Frage, ob das Verfassungsgericht zu Recht ohne mündliche Verhandlung entschieden hat, kommt es für die Terminsgebühr nicht an.[35] IdR fällt in der Praxis nur eine Verfahrensgebühr an, denn die Verfassungsgerichte entscheiden nur ausnahmsweise auf Grund mündlicher Verhandlung. Daher **empfiehlt** sich der **Abschluss** einer **Vergütungsvereinbarung.**[36] **16**

3. Gegenstandswert (Abs. 2 S. 2)

Abs. 2 S. 2 enthält eine eigenständige Regelung für die **Bemessung** des Gegenstandswertes für Verfahren vor den Verfassungsgerichten. Der Gegenstandswert ist nach § 37 Abs. 2 S. 2 Hs. 1 RVG unter Berücksichtigung der in § 14 Abs. 1 S. 1 RVG genannten Umstände, insbes. also des Umfangs und der Schwierigkeit der anwaltlichen Tätigkeit,[37] der – hohen oder geringen – Bedeutung der Angelegenheit,[38] sowie der Vermögens- und Einkommensverhältnisse des Auftraggebers nach **billigem Ermessen** zu bestimmen.[39] Ausgangspunkt für die Bewertung ist für das BVerfG die „Bedeutung der Angelegenheit". Dem Umstand, dass § 14 Abs. 1 S. 1 RVG die früher in § 12 BRAGO enthaltene „gesetzliche Reihenfolge" der Kriterien geändert hat und – anders als § 113 Abs. 2 S. 3 BRAGO aF – nunmehr den anwaltlichen Arbeitsaufwand an erster Stelle nennt, hat nach Auffassung des BVerfG keine inhaltliche Änderung bewirkt.[40] **17**

---

[29] Schneider/Wolf/*N. Schneider* RVG § 37 Rn. 18; Burhoff/Volpert RVG/*Burhoff* § 37 Rn. 15.

[30] BayVGH AnwBl 1992, 499.

[31] BVerfG Rpfleger 1998, 82; RVGreport 2011, 59; zum Gegenstandswert → Rn. 17 ff.

[32] Zur Bemessung unter Berücksichtigung der Kriterien des § 14 Abs 1. FG Hamburg AGS 2018, 178.

[33] Dazu FG Hamburg AGS 2018, 178 für ein Normenkontrollverfahren nach Art. 100 GG.

[34] BVerfGE 35, 34 = Rpfleger 1973, 243; BVerfGE 41, 228.

[35] FG Hamburg AGS 2018, 178.

[36] So auch Schneider/Wolf/*N. Schneider* RVG § 37 Rn. 18; Burhoff/Volpert RVG/*Burhoff* § 37 Rn. 17.

[37] BVerfG NJW 2012, 1346, 7.000,– EUR wegen Gehörsverletzung; Minderung des Gegenstandswertes wegen nur geringer Schwierigkeit.

[38] 250.000,– EUR von BVerfG BeckRS 2020, 310 im Verfahren BVerfG NJW 2020, 300 betreffend „Recht auf Vergessen I"; datenschutzrechtliches Medienprivileg; Verbreitung personenbezogener Berichte durch Suchmaschinen; 230.000,- EUR von BeckRS 2019, 23183 im Verfahren NJW 2019, 842 bzw. von BVerfG BeckRS 2020, 3042 im Verfahren BVerfG NJW 2019, 827 betreffend automatisierte Kraftfahrzeugkennzeichenkontrolle als Eingriff in das Grundrecht auf informationelle Selbstbestimmung.

[39] *Meyer,* Schwerpunktheft Rechtsanwaltsvergütungsgesetz, 2004, 263 ff.; BVerfG 20.11.2011 – 1 BvR 611/07, 35.000,– EUR in einem Verfahren, das nur noch für eine geringe Zahl von (Erb)Fällen von Bedeutung ist, im Einzelfall aber erhebliche wirtschaftliche Relevanz haben kann; 16.3.2020 – 1 BvR 3087/14, BeckRS 2020, 2020, 7402, in Orientierung am subjektiven Interesse von ca. 26.500,– EUR) sowie unter Berücksichtigung der erhöhten objektiven Bedeutung und des Umfangs bzw. der Schwierigkeit der anwaltlichen Tätigkeit 35.000,– EUR; VerfG Bbg AGS 2012, 249 mablAnm *N. Schneider;* VerfG Bbg BeckRS 2016, 45336; VerfG Bbg BeckRS 2020, 27731, insoweit nicht in NJW 2020, 3579 vgl. auch noch FG Hamburg AGS 2018, 178.

[40] BVerfG NJW 2013, 2378 mwN; BVerfG RVGreport 2017, 352 = RVG prof. 2017, 104.

18 Der Gegenstandswert beträgt nach Abs. 2 S. 2 Hs. 2 ab 1.7.2013 infolge der Änderungen durch das 2. KostRMoG v. 23.7.2013[41] **mindestens 5.000,– EUR.** Der Gegenstandswert ist nach dem Wortlaut der Vorschrift „unter Berücksichtigung der in § 14 Abs. 1 RVG genannten Umstände nach billigem Ermessen" zu bestimmen. Gemeint ist damit eine Bestimmung im Einzelfall. Deshalb ist es verfehlt, wenn bei der Bemessung grds. von dem Mindestwert ausgegangen wird.[42] Das gilt bei Normenkontrollverfahren auch dann, wenn das ausgesetzte Verfahren einen erheblich geringeren Wert besitzt.[43] Für den RA, der mehrere Beschwerdeführer in einer von diesen gegen eine Rechtsnorm erhobenen Verfassungsbeschwerde vertritt, fällt keine erhöhte Prozessgebühr nach VV 1008 RVG an.[44] Der Verfahrensgegenstand wird durch die jeweilige subjektive verfassungsrechtliche Beschwer jedes einzelnen Beschwerdeführers bestimmt.[45] Einer darüber hinausgehenden objektiven Bedeutung des Verfahrens kann aber ggf. durch eine Erhöhung des Gegenstandswerts im Rahmen der Gegenstandswertfestsetzung Rechnung getragen werden,[46] eine geringere objektive Bedeutung kann aber auch zu einer Verringerung des Gegenstandswertes führen.[47] Die besondere anwaltliche Förderung des Verfahrens kann zu einer Anhebung des Gegenstandwertes führen.[48] Im **einstweiligen Anordnungsverfahren** wird der Gegenstandswert idR geringer als im Hauptverfahren festzusetzen sein.[49] **IdR** beträgt der Gegenstandswert bei **stattgebenden Kammerentscheidungen** nach der stRspr der Kammer **25.000,– EUR.**[50]

19 **Allgemeine Anhaltspunkte** zur Bemessung des Gegenstandswerts der anwaltlichen Tätigkeit im Verfassungsbeschwerdeverfahren können sein, welche subjektive Bedeutung der Auftraggeber der Sache beimisst, und auf der objektive Seite, ob eine bindende Wirkung der Entscheidung für alle Verfassungsorgane des Bundes und der Länder besteht oder ob die Entscheidung Gesetzeskraft hat, wenn ein Gesetz als mit dem Grundgesetz vereinbar oder unvereinbar oder für nichtig erklärt wird.[51] Auch kann von (mindernder) Bedeutung eine zwischenzeitliche Änderung der Rspr. der Fachgerichte im Sinne des Beschwerdeführers sein[52] oder auch, wenn die Entscheidung nur durch eine Kammer des BVerfG getroffen worden ist.[53] Der Mindestwert von 5.000,– EUR ist für Verfassungsbeschwerden, denen durch Entscheidung der Kammer stattgegeben wird, angemessen zu erhöhen.[54] Insoweit hatte sich beim BVerfG unter Geltung des alten Mindestgegenstandswertes von 4.000,– EUR ein Gegenstandswert von 8.000,– EUR herauskristallisiert.[55] Nach Anhebung des Mindestgegenstandswertes durch das 2. KostRMoG hat das BVerfG die Höhe der Gegenstandswerte angehoben und geht jetzt von einem „Regelgegenstandswert" von 10.000,– EUR aus.[56] Wird die Verfassungsbeschwerde

---

[41] BGBl. 2013 I 2586.

[42] So aber VerfG Bbg AGS 2012, 249 mablAnm *N. Schneider* für die Individualverfassungsbeschwerde.

[43] *Zuck* AnwBl 1974, 34; 1978, 333; BVerfG AnwBl 1980, 358.

[44] → Rn. 8; BVerfG NJW 1989, 2047 = Rpfleger 1998, 82; NJW 2013, 2738, wonach die vom BVerfG zu § 113 Abs. 2 S. 3 BRAGO aF entwickelten Maßstäbe bei Anwendung der § 14 Abs. 1, § 37 Abs. 2 S. 2 RVG fortgelten; BVerfG RVGreport 2011, 59 = AGS 2011, 428 mzustAnm *Volpert*.

[45] BVerfG NVwZ 2014, 211.

[46] BVerfG NVwZ 2014, 211 unter Hinweis auf BVerfG NJW-RR 2001, 139; NJW 2013, 2738.

[47] BVerfG NJW 2013, 2738.

[48] BVerfG 13.1.2020 – 1 BvR 1155/18, BeckRS 2020, 325.

[49] → Anh. XII Rn. 1 ff.

[50] BVerfG RVGreport 2017, 352 = RVG prof. 2017, 104; zur Festsetzung des Gegenstandswertes in einem Verfahren mit großer „Flächenwirkung" VerfGH RhPf BeckRS 2020, 7535, „Blitzerurteil" im Bußgeldverfahren.

[51] BVerfG NJW 1989, 2047; Burhoff/Volpert RVG/*Burhoff* § 37 Rn. 16.

[52] BVerfG NJW 2013, 2738.

[53] BVerfG NJW 2013, 2738.

[54] Dazu die Zusammenstellung bei → Anh. IX Rn. 1 ff., Verfassungsgerichtsbarkeit.

[55] Vgl. aus der Zeit vor Anhebung des Mindestgegenstandswertes ua BVerfG GewArch 2009, 487; AnwBl 2009, 801; NJW 2012, 1498; NJW 2012, 1346; s. a. Mayer/Kroiß/*Mayer* RVG § 37 Rn. 21.

[56] Vgl. aus der Zeit nach Anhebung des Mindestgegenstandswertes ua BVerfG FuR 2016, 587, 10.000,– EUR, Fortdauer langdauernder Unterbringung in einem psychiatrischen Krankenhaus; BVerfG BeckRS 2016, 48110, 10.000,– EUR, Verletzung des Anspruchs auf Rechtsschutzgleichheit durch Versagung von PKH; BVerfG BeckRS 2016, 48582, 10.000,– EUR, Verletzung des Anspruchs auf effektiven Rechtsschutz im Zivilverfahren; BVerfG NVwZ 2016, 1243, 10.000,– EUR, Verletzung des Anspruchs auf effektiven Rechtsschutz im Verwaltungsprozess; BVerfG BeckRS 2017, 107842, 10.000,– EUR, Durchsuchung von Geschäftsräumen; BVerfG 29.8.2017 – 2 BvR 863/17, 10.000,– EUR, Sorgerechtsverfahren; BVerfG BeckRS 2017, 130787, 10.000,– EUR, Aufstockungsklage eines Asylsuchenden; BVerfG 8.11.2017 – 2 BvR 809/17, 10.000,– EUR, Rechtsschutz im Abschiebungsverfahren; BVerfG BeckRS 2017, 136740, 10.000,– EUR, Untersuchungshaftfall; 4.2.2020 –

nicht zur Entscheidung angenommen, über sie also nicht inhaltlich befunden, gilt der Mindestwert von 5.000,– EUR.[57] In den Fällen sieht es das BVerfG idR in ständiger Rechtsprechung als nicht gerechtfertigt an, über den gesetzlichen Mindestwert hinauszugehen.[58]

Die **Festsetzung** des Gegenstandswertes hat nach §§ 32, 33 RVG durch das Verfassungsgericht zu erfolgen. Dieses ist an den Antrag nicht gebunden; es gilt vielmehr der Grundsatz der Wahrheit des Gegenstandswertes.[59] Ist vom Mindestgegenstandswert auszugehen, besteht nach der Rspr. des BVerfG kein Rechtsschutzbedürfnis für die Festsetzung des Gegenstandswerts.[60] Zur Geltendmachung von VKH zur Begründung einer Verfassungsbeschwerde muss der Beschwerdeführer jedenfalls den Sachverhalt schildern und wenigstens im Kern deutlich machen, welche verfassungsrechtlichen Beanstandungen er gegen die angegriffene Entscheidung erheben will.[61] Die Festsetzung des Gegenstandswerts durch das BVerfG setzt voraus, dass eine anwaltliche Tätigkeit im verfassungsgerichtlichen Verfahren stattgefunden hat; fehlt es hieran, besteht kein Rechtsschutzinteresse für eine gerichtliche Festsetzung des Gegenstandswerts.[62] Entsprechendes gilt, wenn für eine Überschreitung des gesetzlichen Mindestwertes sprechende Umstände nicht vorgetragen wurden.[63] **20**

Ein Rechtsmittel gegen die **Festsetzung** des **Gegenstandswertes** durch das Verfassungsgericht ist idR nicht gegeben.[64] Vereinzelt wird die Zulässigkeit einer **Gegenvorstellung** gegen die Festsetzung des Gegenstandswertes bejaht, wenn sich die Festsetzung unter Missachtung wesentlicher Verfahrensvorschriften als grob rechtswidrig erweist.[65] **20a**

IV. Exkurs: Prüfung der Erfolgsaussicht einer Verfassungsbeschwerde

Nicht ganz eindeutig ist, wie der RA abrechnet, wenn er nach der letztinstanzlichen Entscheidung den Auftrag zur Prüfung der Erfolgsaussichten einer Verfassungsbeschwerde erhält. Die insoweit erbrachten Tätigkeiten werden jedenfalls nicht mehr von den Gebühren des Rechtsmittelverfahrens abgegolten.[66] Die Tätigkeiten werden aber auch nicht von den Gebühren nach § 37 Abs. 2 RVG erfasst. Das folgt schon daraus, dass überhaupt noch kein Auftrag vorliegt, das Verfassungsbeschwerdeverfahren durchzuführen. Es liegt also eine **eigene Angelegenheit** vor. Der Verteidiger erhält also besondere Gebühren.[67] **21**

Es bietet sich in diesen Fällen an, entweder eine Gebühr **VV 2100**[68] oder eine Beratungsgebühr nach **§ 34 RVG** abzurechnen. Geht man davon aus, dass die VV 2100 entsteht, kann eine Gebühr iHv 0,5–1,0 nach dem Gegenstandswert abgerechnet werden. Dieser richtet sich gem. § 23 Abs. 1 S. 3, Abs. 2 RVG nach dem Wert des in Aussicht genommenen Verfassungsbeschwerdeverfahrens, der sich aus § 37 Abs. 2 S. 2 RVG ergibt.[69] In der Regel wird der Gegenstandswert geringer als der des Ausgangsverfahrens festzusetzen sein. Geht man vom Entstehen einer Beratungsgebühr aus, gelten die allgemeinen Regeln zu § 34 RVG. **22**

---

2 BvR 305/19, BeckRS 2020, 2207, 10.000,- EUR, Vollstreckungsschutz im Zwangsversteigerungsverfahren bei Suizidgefahr.

[57] BVerfG NJW 2000, 1399; 22.1.2020 – 1 BvR 1908/17, BeckRS 2020, 2217.

[58] Ua BVerfG NJW 2000, 1399; BeckRS 2010, 54606; BeckRS 2016, 110261; BeckRS 2019, 1173; 22.1.2020 – 1 BvR 1908/17, BeckRS 2020, 2217.

[59] BVerfG AGS 2009, 403.

[60] BVerfGE 79, 365; BVerfG NJW 2000, 1399; BeckRS 2019, 26882; BeckRS 2010, 54606; 12.2.2020 – 2 BvR 718/18, BeckRS 2020, 2655; 21.1.2021 – 2 BvR 1912/20 (Erledigungserklärung).

[61] VerfGH Berlin RVGreport 2013, 208.

[62] BVerfG BeckRS 2012, 45913; BeckRS 2013, 59934; BeckRS 2018, 29191.

[63] BVerfGE 79, 365 (369); BVerfG 2.5.2017 – 2 BvR 572/17.

[64] BVerfG BeckRS 2014, 51220; RhPfVerfGH NVwZ-RR 2019, 439; SächsVerfGH 29.9.2011 – Vf. 94-IV-IO; VerfGH Saarland BeckRS 2012, 45017; RVGreport 2020, 111; *Graßhoff* in: Maunz/Schmidt-Bleibtreu/Klein/Bethge [Hrsg.], BVerfGG, Losebl., 28. EL April 2008, § 34a Rn. 116; *Schenk* in: Burkiczak/Dollinger/Schorkopf [Hrsg.], BVerfGG, 2015, § 34a Rn. 65.

[65] Vgl. *Graßhoff* aaO, § 34a Rn 116; ablehnend demgegenüber SächsVerfGH aaO; offengelassen u. a. von BVerfGE 137, 345, 349; BeckRS 2013, 59933; BeckRS 2014, 59296.

[66] Burhoff/Volpert RVG/*Burhoff* § 37 Rn. 23 für das strafverfahrensrechtliche Revisionsverfahren.

[67] Burhoff/Volpert RVG/*Burhoff* § 37 Rn. 23.

[68] So auch *Kleine-Cosack,* Verfassungsbeschwerden und Menschenrechtsbeschwerden, 3. Aufl. 2014, Rn. 1082; *Kleine-Cosack* AG kompakt 2013, 17; Burhoff/Volpert RVG/*Burhoff* § 37 Rn. 24.

[69] Burhoff/Volpert RVG/*Burhoff* § 37 Rn. 25; zum Gegenstandswert → Rn. 17 ff.

V. Auslagen (VV 7000 ff. RVG)

23 Der RA hat Anspruch auf die nach den **VV 7000 ff. RVG** entstehenden Auslagen. Dazu gehört auch die Postentgeltpauschale VV 7002 RVG, da es sich bei den Verfahren vor den Verfassungsgerichten, insbes. auch bei Verfassungsbeschwerdeverfahren, um eine vom Ausgangsverfahren **verschiedene Angelegenheit** handelt.[70]

VI. Prozesskostenhilfe

24 PKH kann auch für Verfahren vor dem BVerfG – vor allem für Verfahren über Verfassungsbeschwerden – bewilligt werden. Beigeordnet werden kann jeder vor einem deutschen Gericht zugelassene RA, auch im schriftlichen Verfahren.[71] Insoweit gelten die Vorschriften der **§§ 45 ff. RVG entsprechend.** Zu den Anforderungen an die Begründung des PKH-Antrages hat der VerfGH Berlin Stellung genommen.[72] Danach sind eine Sachverhaltsschilderung und die Anführung der verfassungsrechtlichen Beanstandungen – zumindest im Kern – erforderlich.

VII. Kostenerstattung

25 Für die Kostenerstattung in Verfahren vor dem Bundesverfassungsgericht gilt **§ 34a BVerfGG:**[73]

(1) Erweist sich der Antrag auf Verwirkung der Grundrechte (§ 13 Nr. 1), die Anklage gegen den Bundespräsidenten (§ 13 Nr. 4) oder einen Richter (§ 13 Nr. 9) als unbegründet, so sind dem Antragsgegner oder dem Angeklagten die notwendigen Auslagen einschließlich der Kosten der Verteidigung zu ersetzen.

(2) Erweist sich eine Verfassungsbeschwerde als begründet, so sind dem Beschwerdeführer die notwendigen Auslagen ganz oder teilweise zu erstatten.

(3) In den übrigen Fällen kann das Bundesverfassungsgericht volle oder teilweise Erstattung der Auslagen anordnen.

26 Von der in **Abs. 3** gewährten Befugnis macht das BVerfG verhältnismäßig zurückhaltenden Gebrauch.[74]

Eine Erstattung der Auslagen gem. Abs. 2 kommt aber etwa dann **in Frage,** wenn die öffentliche Gewalt von sich aus den mit der Verfassungsbeschwerde angegriffenen Akt beseitigt und mangels anderweitiger Gründe davon auszugehen ist, dass sie das Begehren des Beschwerdeführers selbst für berechtigt erachtet hat.[75] Eine Auslagenerstattung aus Billigkeitsgründen kommt ua auch dann in Betracht, wenn die Verfassungsbeschwerde bei überschlägiger Beurteilung offensichtlich Aussicht auf Erfolg gehabt hätte und im Rahmen der kursorischen Prüfung zu verfassungsrechtlichen Zweifelsfragen nicht Stellung genommen zu werden braucht.[76] Auch wenn eine Verfassungsbeschwerde nach § 93b BVerfGG nicht zur Entscheidung angenommen wird oder aus einem sonstigen Grund nicht erfolgreich ist, kann aus **Billigkeitsgründen** die

---

[70] Inzidenter OLG Rostock RVGreport 2010, 380 = StRR 2010, 479 mAnm *Burhoff* = RVG prof. 2010, 137; LG Neubrandenburg RVGreport 2010, 380 = StRR 2010, 470 mAnm *Burhoff* = RVG prof. 2010, 137.

[71] BVerfG AnwBl 1997, 233.

[72] VerfGH Berlin RVGreport 2013, 208.

[73] Schneider/Wolf/*N. Schneider* RVG § 37 Rn. 30 ff.; Burhoff/Volpert RVG/*Burhoff* § 37 Rn. 28 ff.; zur (bejahten) Frage, ob die Kosten eines RA, der im Verfassungsbeschwerdeverfahren den Beschwerdeführer im Hinblick auf die Formulierung einer Verfassungsbeschwerde oder eines Antrags auf Erlass einer einstweiligen Anordnung sowie die Durchführung des Verfahrens vor dem Verfassungsgericht nur beraten hat, ohne zum Verfahrensbevollmächtigten bestellt worden zu sein, erstattungsfähig sind, VerfGH Berlin Rpfleger 2011, 568 = RVGreport 2011, 265 = JurBüro 2011, 370.

[74] Vgl. zB BVerfGE 14, 121; 18, 133; 20, 119; 22, 118; NJW 1977, 751; 1992, 816, Erledigung der Verfassungsbeschwerde, die Erfolg gehabt hätte; BVerfG BeckRS 2012, 58890, Wegfall der Beschwer nach Selbstabhilfe durch das Fachgericht nach Versagung von Verfahrenskostenhilfe für Vaterschaftsfeststellung infolge Änderung der Rechtsansicht des Fachgerichts; vgl. dazu aus neuerer Zeit BVerfG JurBüro 2015, 484, keine Billigkeitsentscheidung bei wegen fehlender Rechtswegerschöpfung unzulässiger Verfassungsbeschwerde; BeckRS 2019, 20703; BeckRS 2019, 24676, Gewährung von PKH durch das Fachgericht; BeckRS 2019, 30949, Einstweilige Anordnung gegen Auslieferung zur Strafverfolgung nach Russland bei Flüchtlingsanerkennung; BeckRS 2019, 26882; BeckRS 2019, 33890; wegen weiterer Beispiele Schneider/Wolf/*N. Schneider* RVG § 37 Rn. 22 ff.

[75] BVerfGE 87, 394 (397); BeckRS 2016, 43573; BeckRS 2019, 24676.

[76] BVerfGE 85, 109 (114 ff.); BeckRS 2016, 40531.

Auslagenerstattung angeordnet werden.[77] Das gilt aber nicht bei wegen fehlender Rechtswegerschöpfung unzulässiger Verfassungsbeschwerde.[78]

Bei erfolgreichen Verfassungsbeschwerden muss nach Abs. 2 die Erstattung der Auslagen, zumindest teilweise, angeordnet werden.[79]

Verfügt das Bundesverfassungsgericht eine **Auslagenerstattung nicht,** werden die Kosten von einzelnen Gerichten als **Bestandteil** der Kosten des vor diesen Gerichten **anhängigen Verfahrens** angesehen.[80]

Eine nur teilweise Erstattung sollte nur dann angeordnet werden, wenn die Verfassungsbeschwerde teilweise Erfolg hatte. Im Falle eines vollen Erfolgs sind die Kosten ganz zu ersetzen.[81]

§ 34 BVerfGG lautet: 27

(1) Das Verfahren des Bundesverfassungsgerichts ist kostenfrei.

(2) Das Bundesverfassungsgericht kann eine Gebühr bis zu 2.600,– € auferlegen, wenn die Einlegung der Verfassungsbeschwerde oder der Beschwerde nach Art. 41 Abs. 2 des Grundgesetzes einen Missbrauch darstellt oder wenn ein Antrag auf Erlass einer einstweiligen Anordnung (§ 32) missbräuchlich gestellt ist.

(3) Für die Einziehung der Gebühr gilt § 59 Abs. 1 der Bundeshaushaltsordnung entsprechend.[82]

Aus den bisher veröffentlichten Fällen zur **Missbrauchsregelung** des Abs. 2 des § 34 28
BVerfGG ergibt sich, dass sich die entsprechende Maßregel regelmäßig gegen anwaltlich vertretene Beschwerdeführer wandte; dabei fehlt nicht der Hinweis, der Beschwerdeführer könne ggf. bei seinem Verfahrensbevollmächtigten Rückgriff nehmen.[83] Die Verhängung einer Missbrauchsgebühr ist unanfechtbar.[84]

VIII. Kostenfestsetzung

Zuständig ist nach § 21 Nr. 1 RPflG der Rechtspfleger. Vergütungsfestsetzung gem. § 11 29
gegen den eigenen Auftraggeber ist zulässig.

Gegen die Entscheidung des Rechtspflegers ist nach § 21 Abs. 2 RPflG binnen einer Notfrist von zwei Wochen **Erinnerung** beim Verfassungsgericht selbst zulässig. Der Erstattungsbetrag ist gem. § 104 Abs. 1 S. 2 ZPO zu verzinsen.

§ 38 Verfahren vor dem Gerichtshof der Europäischen Gemeinschaften

(1) [1]**In Vorabentscheidungsverfahren vor dem Gerichtshof der Europäischen Gemeinschaften gelten die Vorschriften in Teil 3 Abschnitt 2 Unterabschnitt 2 des Vergütungsverzeichnisses entsprechend.** [2]**Der Gegenstandswert bestimmt sich nach den Wertvorschriften, die für die Gerichtsgebühren des Verfahrens gelten, in dem vorgelegt wird.** [3]**Das vorlegende Gericht setzt den Gegenstandswert auf Antrag durch Beschluss fest.** [4]**§ 33 Abs. 2 bis 9 gilt entsprechend.**

(2) **Ist in einem Verfahren, in dem sich die Gebühren nach Teil 4, 5 oder 6 des Vergütungsverzeichnisses richten, vorgelegt worden, sind in dem Vorabentscheidungsverfahren die Nummern 4130 und 4132 des Vergütungsverzeichnisses entsprechend anzuwenden.**

(3) **Die Verfahrensgebühr des Verfahrens, in dem vorgelegt worden ist, wird auf die Verfahrensgebühr des Verfahrens vor dem Gerichtshof der Europäischen Gemeinschaften**

[77] Riedel/Sußbauer/*Pankatz* RVG § 37 Rn. 28; BVerfGE 36, 89; 39, 169; vgl. zB BVerfG BeckRS 2014, 51473; s. aber BVerfG BeckRS 2014, 51474, nicht, wenn die öffentliche Gewalt den angegriffenen Akt selbst beseitigt, NSU-Verfahren.

[78] BVerfG JurBüro 2015, 484; 2.5.2017 – 2 BvR 572/17.

[79] Wegen der Einzelheiten *Lechner/Zuck* BVerfGG § 34; *Zuck* Rpfleger 1964, 333; *Engler* NJW 1965, 996; *Rupprecht* NJW 1971, 169; BVerfG AnwBl 1987, 333; NJW 1990, 2124.

[80] LG München I AnwBl 1964, 51; 66, 329; AG München AnwBl 1963, 180; aA BFH BStBl. III 1965, 519; FG Düsseldorf EFG 1964, 63; FG Stuttgart EFG 1964, 84; OLG Hamm NJW 1966, 2073.

[81] *Lechner/Zuck* BVerfGG Anm. zu § 34 Abs. 4 RVG.

[82] Wegen Einzelheiten vgl. *Fritz* AnwBl 1986, 358 (360); sowie *Zuck* NJW 1986, 2093; BVerfG NVwZ 1985, 335 = NJW 1985, 1151, Missbrauchsgebühr bei verspäteter Verfassungsbeschwerde; BVerfG NJW 2020, 3305, Androhung für weitere Verfassungsbeschwerdeverfahren.

[83] Vgl. zB BVerfGE 60, 253; NJW 1986, 2101; 1996, 1373; 1999, 1856; 2901, 120; AGS 2001, 19; *Zuck* NJW 1993, 2645, der dem BVerfG jede Kompetenz für einen dahingehenden Rechtsrat abspricht; zu Fällen der Missbrauchsgebühr Schneider/Wolf/*N. Schneider* RVG § 37 Rn. 48 ff.

[84] BVerfG RVGreport 2017, 435 = RVG professionell 2017, 187 = FA 2017, 305.

angerechnet, wenn nicht eine im Verfahrensrecht vorgesehene schriftliche Stellungnahme gegenüber dem Gerichtshof der Europäischen Gemeinschaften abgegeben wird.

Schrifttum: *Burhoff,* Die anwaltliche Vergütung in Verfahren vor dem Gerichtshof der Europäischen Gemeinschaften, RVGreport 2013, 454; *Kokott/Henze,* Verfahren vor dem Europäischen Gerichtshof, AnwBl 2007, 309; *Meyer,* Der Gegenstandswert und die Abrechnung in besonderen Gerichtsbarkeiten und Sondergerichtsbarkeiten, in: Schwerpunktheft Rechtsanwaltsvergütungsgesetz 2004, 263; *Mohsseni,* Kostentragung und Erstattung für Kosten im Vorabentscheidungsverfahren vor dem EuGH, JurBüro 2012, 340.

Übersicht

I. Allgemeines

1. Anwendungsbereich

1 Der Gerichtshof der Europäischen Gemeinschaften kann in (Klage-)Rechtsstreitigkeiten im sog. Vorabentscheidungsverfahren auf **Vorlage** von Gerichten der Mitgliedsstaaten tätig werden. § 38 RVG befasst sich – entgegen seiner weiter gehenden Überschrift – nur mit den Gebühren des RA, der in einem Vorabentscheidungsverfahren tätig wird. Die Tätigkeit des RA im Verfahren vor dem Europäischen Gerichtshof für Menschenrechte wird über § 38a RVG honoriert. § 38 RVG erfasst seinem Wortlaut nach auch nicht Verfahren vor dem Europäischen Gericht (EuG), einem dem EuGH nachgeordneten Gericht. Insoweit kann der RA für seine Tätigkeiten allenfalls in entsprechender Anwendung des § 38 RVG abrechnen bzw. sollte eine Vergütungsvereinbarung (§ 3a RVG) abgeschlossen werden.

2 § 38 RVG **unterscheidet** hinsichtlich der entstehenden Gebühren: Nach Abs. 1 S. 1 entstehen grds. die Gebühren nach VV Teil 3 Abschn. 2 RVG.[1] Handelt es sich um ein Verfahren nach den VV Teil 4, 5, 6 RVG (Straf-, Bußgeld- und sonstige Verfahren) sind nach § 38 Abs. 2 RVG ausnahmsweise die VV 4130, 4132 RVG anzuwenden.[2] Das bedeutet also, dass in allen anderen Verfahren Gebühren nach VV Teil 3 RVG entstehen.

2. Vorabentscheidungsverfahren (Art. 267 AEUV)

3 Das Vorabentscheidungsverfahren ist geregelt in Art. 267 AEUV,[3] in Art. 20 des Protokolls über die Satzung des Gerichtshofes und in Art. 103 der Verfahrensordnung.[4] Nach Art. 267 AEUV **entscheidet** der **Gerichtshof** im Wege der Vorabentscheidung

- über die Auslegung des EG-Vertrages,
- über die Gültigkeit und die Auslegung von Handlungen der Organe der Gemeinschaft und der EZB und
- über die Auslegung der Satzungen der durch den Rat geschaffenen Einrichtungen, soweit diese Satzungen dies vorsehen.

4 Wird eine derartige Frage einem Gericht eines Mitgliedstaates gestellt und hält dieses Gericht eine Entscheidung darüber zum Erlass seines Urteils für erforderlich, kann es diese Frage dem Gerichtshof zur Entscheidung vorlegen. Letztinstanzliche Gerichte sind gem. Art. 267 Abs. 2 AEUV zur Vorlage verpflichtet.

---

[1] → Rn. 7 ff.

[2] → Rn. 14 ff.

[3] Vertrag über die Arbeitsweise der Europäischen Union – Amtsblatt der Europäischen Union v. 9.5.2008 – C-115/47; früher Art. 234 EGV.

[4] BGBl. 1960 II 451; BGBl. 1962 II 1030.

Die Parteien des vor einem Gericht eines Mitgliedstaates anhängigen Verfahrens sind nicht berechtigt, die Fragen dem Gerichtshof vorzulegen. Sie können nur versuchen, auf das Gericht, bei dem ihr Verfahren anhängig ist, einzuwirken, dass dieses die Frage dem Gerichtshof vorlegt.

Sobald der Vorlagebeschluss bei dem Gerichtshof eingegangen ist, beginnt das **Vorabentscheidungsverfahren.** Der Kanzler des Gerichtshofes stellt den Vorlagebeschluss den Parteien des Ausgangsverfahrens, den Mitgliedsstaaten, der Kommission und – falls es um die Gültigkeit oder Auslegung einer Handlung des Rates geht – dem Rat zu. Die Genannten können binnen zwei Monaten Schriftsätze einreichen. Nach Fristablauf beraumt der Gerichtshof einen Verhandlungstermin an, in dem durch Urteil entschieden wird. 5

Falls erforderlich, kann der Gerichtshof eine **Beweisaufnahme** durchführen (zB durch Einholung von Auskünften).

Die Anhörungsberechtigten, insbes. die Parteien des Ausgangsrechtsstreits, besitzen keine prozessualen Initiativrechte; sie können vor allem keine Anträge stellen.

3. Kostenentscheidung/Kostenerstattung

Die in den Vorentscheidungsverfahren ergehenden Urteile des Europäischen Gerichtshofes enthalten folgende Entscheidung: 6

„Die Auslagen der Regierung der …, des Rates und der Kommission der Europäischen Gemeinschaften, die Erklärungen vor dem Gerichtshof abgegeben haben, sind nicht erstattungsfähig. Für die Parteien des Ausgangsverfahrens ist das Verfahren ein Zwischenstreit in dem vor dem nationalen Gericht anhängigen Rechtsstreit. Die Kostenentscheidung obliegt daher diesem Gericht.“[5]

Die **Kosten** des Vorabentscheidungsverfahrens sind somit **Bestandteil** der **Kosten(grund)-entscheidung** des Gerichts des **Ausgangsverfahrens** nach Abschluss des Vorentscheidungsverfahrens. Nach dieser Entscheidung richtet sich auch die Frage der Kostenerstattung der im Vorabentscheidungsverfahren entstandenen Aufwendungen der Parteien; sie treffen also – zumindest teilweise – den Unterlegenen.[6]

II. Anwendung der Vorschriften von VV Teil 3 Abschnitt 2 Unterabschnitt 2 (Abs. 1 S. 1)

1. Anwendbare Vorschriften

Durch das 2. KostRMoG[7] ist in Abs. 1 S. 1 die Formulierung „Unterabschnitt 2“ eingefügt worden. Die Anwendung der Revisionsvorschriften aus „Unterabschnitt 2“ folgt damit unmittelbar aus dem Gesetz. Bis zu dieser Änderung wurde anders als in § 37 Abs. 2 S. 1 RVG nur auf die Vorschriften in „VV Teil 3 Abschnitt 2 RVG“ verwiesen, ohne dass der zur Anwendung kommende Unterabschnitt konkret benannt wurde.[8] Die hM in Rspr. und Lit. ist allerdings schon zu dieser früheren Regelung davon ausgegangen, dass für das Vorabentscheidungsverfahren nicht etwa die Regelungen über die Berufung in UAbschn. 1, sondern die für die **Revision** in UAbschn. 2 anzuwenden sind.[9] 7

Damit können nach § 38 Abs. 1 S. 1 RVG **folgende Gebühren entstehen:**[10]

Es entstehen die **Verfahrensgebühren** nach VV 3206, 3207 RVG. Für das Entstehen der Verfahrensgebühr gelten die Erläuterungen bei VV 3206 RVG. Die Verweisung in Abs. 1 S. 1 erfasst aber nicht auch die VV 3208 RVG.[11] Das hat zur Folge, dass einem beim BGH zugelassenen RA in einem auf eine Vorabentscheidungsvorlage des BGH geführten Vorabentschei- 8

[5] Vgl. noch BT-Drs. 15/1971, S. 193, 197; BGH NJW 2012, 2118 = AGS 2012, 281 = Rpfleger 2012, 583 = RVGreport 2012, 462 = JurBüro 2012, 470 (Ls.); LG Ravensburg BeckRS 2016, 18065 – „verschiedene Rechtszüge“.

[6] Schneider/Wolf/*N. Schneider* RVG § 38 Rn. 21 f.; Burhoff/Volpert RVG/*Burhoff* § 38 Rn. 17; BGH NJW 2012, 2118 = AGS 2012, 281 = Rpfleger 2012, 583 = JurBüro 2012, 470 (Ls.); LG Ravensburg BeckRS 2016, 18065; *Burhoff* RVGreport 2013, 454 ff.; aA *Mohsseni* JurBüro 2012, 340, wonach jede Partei ihre Kosten selbst übernehmen muss.

[7] BGBl. 2013 I 2586.

[8] Schneider/Wolf/*Wahlen,* 6. Aufl. 2012, RVG § 38 Rn. 7, der das für ein gesetzgeberisches Versehen gehalten hat.

[9] Vgl. zu § 38 Abs. 1 S. 1 aF BGH NJW 2012, 2118 = AGS 2012, 281 = Rpfleger 2012, 583 = RVGreport 2012, 462 mwN; s. a. noch Mayer/Kroiß/*Mayer,* 5. Aufl. 2012, RVG § 38 Rn. 12 ff.; Riedel/Sußbauer RVG/*Schneider,* 9. Aufl. 2005, RVG § 38 Rn. 9 ff.

[10] *Burhoff* RVGreport 2013, 454 ff.

[11] BGH NJW 2012, 2118 = AGS 2012, 281 = Rpfleger 2012, 583 = RVGreport 2012, 462 = JurBüro 2012, 470 (L).

dungsverfahren für die Vertretung des Mandanten auch im Vorabentscheidungsverfahren nur eine 1,6-fache Verfahrensgebühr zusteht.[12] Bei vorzeitiger Beendigung des Auftrags des RA bzw. bei eingeschränkter Tätigkeit,[13] entsteht nur eine 1,1 Verfahrensgebühr nach VV 3207 RVG. Auch insoweit kann auf die Erläuterungen bei VV 3207 RVG verwiesen werden. Handelt es sich um ein Vorabentscheidungsverfahren, das seinen Ausgang in einem Rechtsstreit der Sozialgerichtsbarkeit iSv § 3 Abs. 1 S. 1 RVG hat, entsteht eine Verfahrensgebühr nach VV 3212 RVG.

9 Es entsteht ggf. auch die **Terminsgebühr** nach VV 3210 RVG bzw. in einem Rechtsstreit der Sozialgerichtsbarkeit iSv § 3 Abs. 1 S. 1 RVG eine Terminsgebühr nach VV 3213 RVG.[14] Findet im Vorabentscheidungsverfahren die in Art. 104 § 4 S. 1 VerfO EuGH vorgesehene mündliche Verhandlung nicht statt, entsteht ebenfalls die VV 3210 RVG. Insoweit wird die Anmerkung zu VV 3104 RVG entsprechend angewendet.[15]

10 Vertritt der RA **mehrere Auftraggeber,** gilt die Erhöhung nach VV 1008 RVG.

2. Gegenstandswert (Abs. 2 S. 2–4)

11 Obwohl die Bedeutung des Urteils des Gerichtshofes weit über die Bedeutung für den Einzelfall, in dem die Vorlage erfolgt ist, hinausgehen kann, bestimmt sich der Gegenstandswert gem. § 38 Abs. 1 S. 2 RVG nach den **Wertvorschriften,** die für die Gerichtsgebühren des **Verfahrens** gelten, in dem **vorgelegt** wird.[16] Er kann sogar unter dem Wert des Ausgangsverfahrens liegen, zB wenn die Vorlage nur wegen eines Teilkomplexes erfolgt ist.[17]

12 Die **Festsetzung** des Gegenstandswertes erfolgt nach S. 3 durch das vorlegende Gericht. Gem. S. 4 gelten § 33 Abs. 2–9 RVG entsprechend.

3. Prozesskostenhilfe/PKH

13 Wurde der klagenden Partei PKH für das **Revisionsverfahren** bewilligt und ein BGH-Anwalt beigeordnet, so **umfasst** die Beiordnung auch die Vertretung im Vorabentscheidungsverfahren vor dem Gerichtshof der Europäischen Union.[18] Eine Entpflichtung kommt iÜ nur bei Vorliegen eines wichtigen Grundes in Betracht. Ein Anwaltswechsel ist insbes. dann nicht veranlasst, wenn die Vorlage bereits bei Beiordnung absehbar war.[19]

III. Betragsrahmengebühren in Verfahren nach VV Teil 4, 5, 6 RVG (Abs. 2)

14 In einem Vorabentscheidungsverfahren vor dem Gerichtshof der Europäischen Gemeinschaften, in welchem sich die Gebühren im Ausgangsrechtsstreit nach den Vorschriften in VV Teil 4, 5 RVG (oder VV Teil 6 RVG) richten, sind die VV 4130, 4132 RVG entsprechend anzuwenden. Das gilt also für **Straf-** und **Bußgeldsachen** sowie für die sonstigen in **VV Teil 6 RVG** aufgeführten Verfahren, wie zB Disziplinarverfahren.

15 Die Regelung gilt für den **Wahlanwalt.** Sie gilt aber auch für den im Wege der PKH **beigeordneten** bzw. **bestellten RA.** Beim **Pflichtverteidiger,** der für das Straf-/Bußgeldverfahren bestellt ist, in dem das Vorabentscheidungsverfahren durchgeführt wird, sind die Tätigkeiten, die er im Hinblick auf das Vorabentscheidungsverfahren erbringt, von der Pflichtverteidigerbestellung umfasst.[20] Denn anders als die Verfassungsbeschwerde[21] ist das Vorabentscheidungsverfahren Teil des Strafverfahrens, auf dessen Einleitung der Angeklagte keinen Einfluss hat.[22] Der Pflichtverteidiger sollte aber dennoch zur Sicherheit ausdrücklich die Er-

---

[12] BGH NJW 2012, 2118 = AGS 2012, 281 = Rpfleger 2012, 583 = RVGreport 2012, 462 = JurBüro 2012, 470 (Ls.); Schneider/Wolf/*Wahlen,* 6. Aufl. 2012, RVG § 38 Rn. 8; Mayer/Kroiß/*Mayer,* 5. Aufl. 2012, RVG § 38 Rn. 13; Bischof/*Jungbauer,* 5. Aufl. 2013, RVG § 38 Rn. 25, 28; aA Hartung/Schons/Enders/*Hartung* RVG § 38 Rn. 10; Riedel/Sußbauer RVG/*Pankatz* § 38 Rn. 2.

[13] → RVG VV 3207 Rn. 3.

[14] Schneider/Wolf/*N. Schneider* RVG § 38 Rn. 12, 14.

[15] BGH NJW 2012, 2118 = AGS 2012, 281 = Rpfleger 2012, 583 = RVGreport 2012, 462 = JurBüro 2012, 470 (Ls.); Schneider/Wolf/*N. Schneider* RVG § 38 Rn. 13.

[16] BFHE 119, 397; zur Bestimmung des Gegenstandswertes s. *Meyer,* Schwerpunktheft Rechtsanwaltsvergütungsgesetz, 2004, 263.

[17] BFH NJW 2012, 2118 = AGS 2012, 281 = Rpfleger 2012, 583 = RVGreport 2012, 462 = JurBüro 2012, 470 (L), Riedel/Sußbauer RVG/*Schneider* § 38 Rn. 14.

[18] BGH NJW 2014, 1539 = RVGreport 2015, 351.

[19] BGH NJW 2014, 1539 = RVGreport 2015, 351.

[20] Inzidenter BGH NJW 2014, 1539 = RVGreport 2015, 351.

[21] OLG Rostock RVGreport 2010, 380 = StRR 2010, 479 = RVG prof. 2010, 137; LG Neubrandenburg RVGreport 2010, 380 = StRR 2010, 479 = RVG prof. 2010, 137; → § 37 Rn. 5.

[22] Burhoff/Volpert RVG/*Burhoff* § 38 Rn. 8; Burhoff/Volpert RVG/*Volpert* Teil A Rn. 2265.

weiterung der Pflichtverteidigerbestellung oder Klarstellung dahin beantragen, dass diese auch das Vorabentscheidungsverfahren umfasst. Die Tätigkeiten sind aber **nicht** durch die gesetzlichen Pflichtverteidigergebühren **abgegolten.** Das ergibt sich aus der sonst überflüssigen Regelung des § 38 Abs. 2 RVG.[23]

Der RA erhält als Wahlanwalt in den Vorabentscheidungsverfahren Abs. 2 eine **Verfahrensgebühr** nach VV 4130 RVG iHv 132,– EUR bis 1.221,– EUR (Mittelgebühr 676,50 EUR) und ggf. nach VV 4132 RVG eine **Terminsgebühr** iHv 132,– EUR bis 616,– EUR (Mittelgebühr 374,– EUR) je Verhandlungstag. Als beigeordneter oder bestellter RA erhält er gesetzliche Gebühren nach VV 4130 RVG iHv 541,– EUR und als Terminsgebühr nach VV 4132 RVG 300,– EUR. Eine Grundgebühr nach VV 4100 RVG entsteht nicht. Das RVG bestimmt in § 38 Abs. 2 RVG, anders als in § 37 Abs. 1 RVG, iE, welche Gebühren entstehen. 16

Die jeweilige Gebühr entsteht, wenn sich der Auftraggeber nicht auf freiem Fuß befindet, mit **Zuschlag.**[24] Zwar wird auf die Tatbestände der VV 4131, 4133 RVG nicht ausdrücklich verwiesen. Diese sind aber auch keine eigenen Gebührentatbestände, sondern sie enthalten nur die jeweilige „Grundgebühr" die wertmäßig um den sich aus VV Vorb. 4 Abs. 4 RVG ergebenden Zuschlag erhöht ist. Es entstehen danach nach VV 4131 RVG eine Gebühr von 132,– EUR bis 1.526,– EUR (Mittelgebühr 829,– EUR) und nach VV 4133 RVG eine Gebühr von 132,– EUR bis 770,– EUR (Mittelgebühr 451,– EUR). Für den Pflichtverteidiger entstehen mit Zuschlag nach VV 4131 RVG 663,– EUR und als Terminsgebühr nach VV 4133 RVG 361,– EUR. Für eine Verhandlung von mehr als fünf bzw. acht Stunden entstehen die Längenzuschläge nach VV 4134 RVG (150,– EUR) bzw. VV 4135 RVG (300,– EUR). 17

Bei der **Bemessung** der Verfahrensgebühr VV 4130 RVG für den Wahlanwalt (§ 14 RVG) wird ggf. eine erforderliche Einarbeitung des RA zu berücksichtigen sein. IÜ ist bei der Bemessung der Gebühren über das Merkmal „Bedeutung der Angelegenheit" gebührenerhöhend zu berücksichtigen, dass eine Vorlage zum Gerichtshof der Europäischen Gemeinschaften erfolgt. Das verdeutlicht den objektiven Wert der Angelegenheit. Im Zweifel wird der Betragsrahmen auszuschöpfen sein.[25] 18

IV. Anrechnung der Verfahrensgebühr (Abs. 3)

Abs. 3 enthält eine **besondere Anrechnungsregelung.**[26] Danach wird die Verfahrensgebühr des Verfahrens, in welchem vorgelegt worden ist, auf die Verfahrensgebühr des Vorabentscheidungsverfahrens angerechnet, wenn der RA nicht eine im Verfahrensrecht vorgesehene schriftliche Stellungnahme gegenüber dem Gerichtshof der Europäischen Gemeinschaften abgegeben hat. Die Anrechnung unterbleibt, wenn der RA nach Zustellung des Vorlagebeschlusses des vorlegenden Gerichts durch den Kanzler des Gerichtshofs der Europäischen Gemeinschaften innerhalb der zwei Monate umfassenden Frist nach Art. 23 der Satzung des Gerichtshofs der Europäischen Gemeinschaften einen Schriftsatz oder eine schriftliche Erklärung abgegeben hat. Die Versäumung dieser Frist zur Einreichung eines Schriftsatzes oder zur Abgabe einer schriftlichen Erklärung führt zur Anrechnung der Verfahrensgebühr des Ausgangsrechtsstreits auf die Verfahrensgebühr des Vorabentscheidungsverfahrens.[27] 19

Die Anrechnung gilt für **alle Verfahren,** also auch für die, in denen Betragsrahmengebühren entstehen (vgl. Abs. 2). Die früher andere Regelung in § 113 Abs. 2 S. 2 BRAGO ist entfallen.[28] 20

V. Auslagen (VV 7000 ff. RVG)

Der RA hat Anspruch auf die nach den VV 7000 ff. RVG entstehenden Auslagen. Dazu gehört auch die Postentgeltpauschale **VV 7002 RVG,** da es sich bei dem Vorabentscheidungsverfahren um eine vom Ausgangsverfahren **verschiedene Angelegenheit** handelt.[29] Dafür spricht iÜ schon die Anrechnungsregelung in Abs. 3. 21

---

[23] Vgl. noch BT-Drs. 15/1971, S. 193, 197; BGH NJW 2012, 2118 = AGS 2012, 281 = Rpfleger 2012, 583 = RVGreport 2012, 462 = JurBüro 2012, 470 (Ls.); LG Ravensburg BeckRS 2016, 18065.

[24] Burhoff/Volpert RVG/*Burhoff* § 38 Rn. 13.

[25] Schneider/Wolf/*N. Schneider* RVG § 38 Rn. 19.

[26] Allg. zur Anrechnung § 15a RVG (→ § 15a Rn. 1 ff.).

[27] Schneider/Wolf/*N. Schneider* RVG § 38 Rn. 20.

[28] Mayer/Kroiß/*Mayer* RVG § 38 Rn. 21.

[29] Inzidenter OLG Rostock RVGreport 2010, 380 = StRR 2010, 479 mAnm *Burhoff* = RVG prof. 2010, 137; LG Neubrandenburg RVGreport 2010, 380 = StRR 2010, 470 mAnm *Burhoff* = RVG prof. 2010, 137; Burhoff/Volpert RVG/*Burhoff* § 38 Rn. 1.

§ 38a Verfahren vor dem Europäischen Gerichtshof für Menschenrechte

[1]In Verfahren vor dem Europäischen Gerichtshof für Menschenrechte gelten die Vorschriften in Teil 3 Abschnitt 2 Unterabschnitt 2 des Vergütungsverzeichnisses entsprechend. [2]Der Gegenstandswert ist unter Berücksichtigung der in § 14 Absatz 1 genannten Umstände nach billigem Ermessen zu bestimmen; er beträgt mindestens 5.000 Euro.

Schrifttum: *Burhoff,* Verfahren vor den Verfassungsgerichten – So werden sie richtig abgerechnet, RVG prof. 2010, 138; *Burhoff,* Anwaltsvergütung in Verfahren vor dem EGMR, RVGreport 2013, 421; *Burhoff* in Burhoff/Kotz (Hrsg.), Handbuch für die strafrechtlichen Rechtsmittel und Rechtsbehelfe, 2. Aufl. 2016, Menschenrechtsbeschwerde, Abrechnung, Teil D Rn. 314, und Verfassungsbeschwerde, Abrechnung, Teil D Rn. 456; *Eschelbach* in MAH StrafR, § 29; *Gruber,* Prozessvertretung durch Rechtslehrer und das Erfolgshonorar, NJ 2018, 56; *Hagmann/Oerder* in Burhoff/Kotz (Hrsg.), Handbuch für die strafrechtlichen Rechtsmittel und Rechtsbehelfe, 2. Aufl. 2016, Menschenrechtsbeschwerde, Teil D Rn. 1 ff.; *Karpenstein/Mayer,* EMRK – Konvention zum Schutz der Menschenrechte und Grundfreiheiten, 2012; *Meyer-Ladewig,* EMRK Europäische Menschenrechtskonvention, 4. Aufl. 2016; *Rogge,* Die Einlegung einer Menschenrechtsbeschwerde, EuGRZ 1996, 341; *Rudolf/von Raumer,* Die Beschwerde vor dem Europäischen Gerichtshof für Menschenrechte – Eine kaum genutzte Chance, AnwBl 2009, 313; *Wittinger,* Die Einlegung einer Individualbeschwerde vor dem EGMR, NJW 2001, 1238; vgl. auch die Hinweise bei → § 37 Rn. 1.

Übersicht

I. Allgemeines

1 In der Vergangenheit ist immer wieder kritisiert worden, dass das RVG keine ausdrückliche Regelung für Verfahren vor dem Europäischen Gerichtshof für Menschenrechte (EGMR) enthielt. Die Vorschrift des § 37 RVG, die die Gebühren des RA in Verfahren vor den Verfassungsgerichten regelt, erfasste nämlich nach allgemeiner Meinung nicht die Verfahren vor dem Europäischen Gerichtshof für Menschenrechte (EGMR), wie zB die Menschenrechtsbeschwerde nach Art. 34 EMRK.[1] Für sie galt auch nicht § 38 RVG, da dieser nur Vorabentscheidungsverfahren beim EuGH regelt.[2] Durch das **2. KostRMoG**[3] ist diese Lücke durch Aufnahme des § 38a RVG geschlossen worden. Danach gelten in Verfahren vor dem Europäischen Gerichtshof für Menschenrechte die Vorschriften in VV Teil 3 Abschn. 2 UAbschn. 2 RVG entsprechend. Diese Regelung entspricht der **Regelung** für Verfahren vor dem BVerfG, die für **Ver-**

[1] → § 37 Rn. 1; Burhoff/Volpert RVG/*Burhoff* § 37 Rn. 1; Mayer/Kroiß/*Mayer* RVG § 37 Rn. 22.
[2] → § 37 Rn. 1; Burhoff/Volpert RVG/*Burhoff* § 37 Rn. 1; Mayer/Kroiß/*Mayer* RVG § 37 Rn. 22; OLG Düsseldorf NJW-RR 2016, 313 = JurBüro 2016, 79 = MDR 2016, 58.
[3] BGBl. 2013 I 2586.

fassungsbeschwerden anzuwenden ist (§ 37 Abs. 2 RVG).[4] Das ist einerseits wegen der Ähnlichkeit der Verfahren vor dem EGMR und dem BVerfG sachgerecht, andererseits aber im Hinblick darauf, dass der EGMR keinen Gegenstandswert festsetzt,[5] nachteilig. Es wäre besser gewesen, der Gesetzgeber wäre, um Schwierigkeiten insofern zu vermeiden, dem Vorschlag der BRAK und des DAV zum 2. KostRMoG gefolgt, die eine Ergänzung des § 37 Abs. 1 RVG vorgeschlagen hatten,[6] oder er hätte – wie bei dem als Kontaktperson beigeordneten RA in VV 4304 RVG – eine Festbetragsgebühr eingeführt.

Trotz der Neuregelung wird die anwaltliche Tätigkeit im Rahmen eines EGMR-Verfahrens im Zweifel im Hinblick auf die idR hohe Bedeutung, den großen Umfang und die erhebliche Schwierigkeit der Verfahren immer noch nicht ausreichend honoriert werden. Hinzukommen die Schwierigkeiten bei der Bestimmung und Festsetzung des maßgeblichen Gegenstandswertes.[7] Deshalb wird es sich für den RA nach wie vor empfehlen, eine **Vergütungsvereinbarung** (§ 3a RVG) zu schließen, was in der Praxis auch üblich sein dürfte. Möglich und zulässig sind insoweit Pauschalhonorare für ganze Verfahren beim EGMR. Die Vergütung kann aber auch für Verfahrensabschnitte wie Einreichung der Beschwerdeschrift, das Verfahren bis zur Entscheidung über die Zulässigkeit, das Verfahren ohne mündliche Verhandlung vor der Kammer oder der Großen Kammer oder auch die mündliche Verhandlung vereinbart werden. Möglich ist auch die Vereinbarung einer zeitbezogenen Abrechnung nach Stunden zu bestimmten Stundensätzen. Zulässig ist auch die Vereinbarung eines bestimmten Gegenstandswertes oder – bei einem Hochschullehrer – die Vereinbarung eines Erfolgshonorars.[8] 2

II. Organisation und Verfahren beim EGMR

1. Organisation des EGMR

Der EGMR sichert nach Art. 19 EMRK die Einhaltung der Verpflichtungen der Vertragsstaaten aus der EMRK. Er ist ein **ständig tagendes Gericht** mit Sitz in Straßburg. Der Gerichtshof besteht aus fünf sog. Sektionen, die nach geographischen Gesichtspunkten und einer gleichmäßigen Verteilung der Geschlechter für drei Jahre zusammengestellt werden. Als Sektionspräsidenten fungieren die zwei Vizepräsidenten und drei weitere vom Plenum ernannte Richter. Unterstützt und vertreten werden sie von den Vizepräsidenten der Sektionen.[9] 3

Nach Art. 26 EMRK tagt der EGMR in **Einzelrichterbesetzung,** Ausschüssen, **Kammern** und einer **Großen Kammer.** Der Ausschuss ist mit drei Richtern besetzt, die Kammer mit sieben Richtern und die Große Kammer mit 17 Richtern.[10] 4

Der EGMR wird von einem **Präsidenten** und zwei Vizepräsidenten, die von den Richtern aus ihrer Mitte für eine Amtsperiode für drei Jahre gewählt werden, geleitet. Der Präsident vertritt den Gerichtshof nach außen und führt den Vorsitz im Plenum des Gerichtshofs, der Großen Kammer und den Ausschüssen von fünf Richtern. 5

Die **Verwaltungsgeschäfte** des Gerichtshofs führt nach Art. 24 EMRK eine **Kanzlei,** die von einem Kanzler geleitet wird, der seinerseits an die Weisungen des Präsidenten gebunden ist. Der Kanzler und seine Stellvertreter werden von den Richtern für eine fünfjährige Funktionsperiode gewählt. Aufgabe der Kanzlei ist es nach Art. 17 VerfO-EGMR den Gerichtshof bei der Erfüllung seiner Aufgaben zu unterstützen (vgl. dazu Art. 15–18a VerfO-EGMR). 6

2. Verfahren beim EGMR

a) Allgemeines. In der EMRK sind **drei Verfahrensarten** vorgesehen, in denen der EGMR mit einem Sachverhalt befasst werden kann: Das ist zunächst in Art. 34 EMRK das sog. Individualbeschwerdeverfahren bzw. die sog. Menschenrechtsbeschwerde.[11] In Art. 33 EMRK 7

---

[4] → § 37 Rn. 10; → Rn. 24 ff.; für eine analoge Anwendung des § 37 RVG schon nach früherem Recht Karpenstein/Mayer/*Thienel* EMRK Art. 50 Rn. 7 f.

[5] → Rn. 29 ff.

[6] AnwBl 2011, 120 (122).

[7] → Rn. 29 ff.

[8] OLG Düsseldorf NJW-RR 2016, 313 = JurBüro 2016, 79 = MDR 2016, 58; dazu auch *Gruber* NJ 2018, 56 ff.; vgl. dazu die Erläuterungen zu → § 4a Rn. 1 ff.

[9] Wegen Aufbau und Besetzung des EGMR auch Karpenstein/Mayer/*Lenski* EMRK Art. 19 Rn. 1 ff.; MAH StrafR/*Eschelbach* § 29 Rn. 10 ff.; Burhoff/Kotz StrafR-Rechtsmittel-HdB/*Hagmann*/*Oerder* Teil C Rn. 104 ff.

[10] Zum Verfahren → Rn. 7 ff.

[11] Eing. Karpenstein/Mayer/*Schäfer* EMRK Art. 34 Rn. 1 ff.; MAH StrafR/*Eschelbach* § 30 Rn. 16 ff.; Burhoff/Kotz StrafR-Rechtsmittel-HdB/*Hagmann*/*Oerder* Teil C Rn. 1 ff.

ist das sog. Staatenbeschwerdeverfahren geregelt und in Art. 47 EMRK das Gutachtenverfahren.

8 Das Verfahren beim EGMR ist in der EMRK und in der Verfahrensordnung des EGMR **(VerfO-EGMR)** v. 1.12.2012 geregelt, die allerdings nur in englischer Sprache vorliegt. Eine amtliche deutsche Übersetzung existiert derzeit nicht. Eine nicht amtliche Übersetzung der VerfO-EGMR findet man auf der Homepage des BMJ.

9 **b) Individualbeschwerde (Art. 34 EMRK).** Die Individualbeschwerde hat von den drei in der EMRK vorgesehenen Verfahrensarten die größte Bedeutung als Instrument des Menschenrechtsschutzes. Sie steht allen natürlichen Personen und nichtstaatlichen Organisationen sowie Personengruppen zu. Diese können den EGMR mit der Behauptung anzurufen, in einem Recht aus der Konvention verletzt zu sein.

10 Das Verfahren wird durch Einreichung einer **Beschwerdeschrift** eingeleitet.[12]

11 Der **Gang** des **Verfahrens** ist dann wie folgt gestaltet.[13] Die Beschwerde wird gem. Art. 52 Abs. 1 VerfO-EGMR vom Präsidenten des Gerichtshofs einer der fünf Sektionen des EGMR zugewiesen. Innerhalb der Sektion kann die Beschwerde entweder einem Einzelrichter (Art. 27 EMRK), einem Ausschuss (Art. 28 EMRK) oder der Kammer (Art. 29 EMRK) vorgelegt werden. Erscheint die Prüfung durch einen Ausschuss oder eine Kammer gerechtfertigt, benennt der Sektionspräsident gem. Art. 49 Abs. 2 VerfO-EGMR einen Berichterstatter aus dem Kreis der Richter. Dieser kann die Beschwerde selbst an einen Einzelrichter, einen Ausschuss oder die Kammer delegieren, wenn der Sektionspräsident weder die Prüfung durch den Ausschuss noch durch die Kammer anordnet.

12 Wird die Beschwerde an den **Einzelrichter** weitergeleitet, kann dieser sie für unzulässig erklären oder aus dem Register streichen, wenn eine solche Entscheidung ohne weitere Prüfung getroffen werden kann (Art. 27 Abs. 1 EMRK; Art. 49 Abs. 1 VerfO-EMGR). Liegt die Beschwerde dem mit drei Richtern besetzten **Ausschuss** vor, kann dieser entweder nach Art. 28 Abs. 1a EMRK die Beschwerde für unzulässig erklären oder sie aus dem Register streichen, wenn diese Entscheidung ohne weitere Prüfung getroffen werden kann, oder sie nach Art. 28 Abs. 1b EMRK für zulässig erklären und zugleich über ihre Begründetheit entscheiden.

13 Haben weder der Einzelrichter noch ein Ausschuss über die Beschwerde entschieden, werden Zulässigkeit und Begründetheit gem. Art. 29 Abs. 1 EMRK von einer siebenköpfigen **Kammer** des EGMR beurteilt.[14] IdR erfolgt die Entscheidung auf Grundlage der Schriftsätze, eine mündliche Verhandlung (Art. 40 EMRK) ist nach Art. 54 Abs. 3, 59 Abs. 3 VerfO-EGMR möglich, allerdings der Ausnahmefall. Ebenso wie im schriftlichen Verfahren nach Zustellung der Beschwerdeschrift (Art. 36 Abs. 2 VerfO-EGMR) muss der Beschwerdeführer in einer ggf. stattfindenden mündlichen Verhandlung grds. rechtlich vertreten sein, wenn ihm nicht der Kammerpräsident erlaubt, seine Interessen – ggf. mit rechtlicher Unterstützung – selbst zu vertreten (Art. 36 Abs. 3 VerfO-EGMR).

14 Die **Große Kammer** des EGMR kann im Individualbeschwerdeverfahren nach Art. 30, 43 EMRK-EGMR mit einer Individualbeschwerde befasst werden.[15] Nach Art. 30 EMRK-EGMR kann die Kammer, schon bevor sie ein Urteil fällt, die Sache an die Große Kammer abgeben. Es können aber auch die Parteien gem. Art. 43 Abs. 1 EMRK-EGMR innerhalb von drei Monaten nach einem Urteil der Kammer die Verweisung an die Große Kammer beantragen. Ein fünfköpfiger Ausschuss entscheidet über diesen Antrag. Gibt er ihm statt, entscheidet die Große Kammer gem. Art. 43 Abs. 3 EMRK-EGMR durch Urteil. IdR wird aufgrund einer **mündlichen Verhandlung** entschieden. In dieser muss der Beschwerdeführer nach Art. 36 Abs. 3 VerfO-EGMR vertreten sein.

15 **c) Staatenbeschwerde.** Die Staatenbeschwerde ist in **Art. 33 EMRK** geregelt.[16] Sie spielt in der Praxis keine große Rolle. Die Staatenbeschwerde gewährt einem Konventionsstaat das

---

[12] Zu den formalen Anforderungen Art. 47 VerfO-EGMR; Burhoff/Kotz StrafR-Rechtsmittel-HdB/*Hagmann/Oerder* Teil C Rn. 80 ff.; *Wittinger* NJW 2001, 1238; *Rogge* EuGRZ 1996, 341; zu den Zulässigkeitsvoraussetzungen s. Art. 35 EMRK und Burhoff/Kotz StrafR-Rechtsmittel-HdB/*Hagmann/Oerder* Teil C Rn. 423 ff. mwN.

[13] Burhoff/Kotz StrafR-Rechtsmittel-HdB/*Hagmann/Oerder* Teil C Rn. 367 ff. mwN.

[14] Vgl. zum Verfahren bei der Kammer Karpenstein/Mayer/*Schaffrin* EMRK Art. 29 Rn. 1 ff.; Burhoff/Kotz StrafR-Rechtsmittel-HdB/*Hagmann/Oerder* Teil C Rn. 482 ff.

[15] Zum Verfahren bei der großen Kammer Karpenstein/Mayer/*Schaffrin* EMRK Art. 30 Rn. 1 ff.; Burhoff/Kotz StrafR-Rechtsmittel-HdB/*Hagmann/Oerder* Teil C Rn. 383 ff.

[16] Karpenstein/Mayer/*Karpenstein/Johann* EMRK Art. 33 Rn. 1 ff.

Recht, den EGMR mit der Behauptung anzurufen, ein anderer Konventionsstaat verletze die in der Konvention oder ihren Protokollen garantierten Rechte. Die genauen Anforderungen an die Beschwerde ergeben sich aus Art. 46 VerfO-EGMR.

Das **Verfahren** weicht in einigen Punkten von dem der Individualbeschwerde ab.[17] Der **16** Mitgliedsstaat, gegen den sich die Beschwerde richtet, ist nach ihrer Erhebung unverzüglich von ihr in Kenntnis zu setzen (Art. 51 Abs. 1 VerfO-EGMR). Es ist weder die Zuständigkeit eines Einzelrichters noch eines Ausschusses gegeben, sondern ausschließlich die Kammer wird mit der Beschwerde befasst. Eine mündliche Verhandlung hat bereits dann stattzufinden, wenn eine der Parteien sie beantragt (Art. 51 Abs. 5, Art. 58 Abs. 2 VerfO-EGMR). In einem Staatenbeschwerde-Verfahren wird **idR kein RA** tätig werden.

d) Gutachtenverfahren. Von noch geringerer praktischer Bedeutung als die Staatenbe- **17** schwerde ist das in Art. 47 EGMR geregelte Gutachtenverfahren. In diesem kann der EGMR auf Antrag des Ministerkomitees Gutachten über Rechtsfragen erstatten, welche die Auslegung der EMRK betreffen. Auch in diesen Verfahren wird idR die Tätigkeit eines **RA nicht** in Betracht kommen.

III. Anwendungsbereich

1. Angelegenheiten

Jedes Verfahren beim EGMR ist eine **selbständige Angelegenheit** iSd § 15 Abs. 2 **18** RVG.[18] Das Verfahren beim Einzelrichter (Art. 27 EMRK), einem Ausschuss (Art. 28 EMRK) oder der Kammer (Art. 29 EMRK) sind dieselbe Angelegenheit iSd § 15 Abs. 2 RVG. Die Gebühr nach § 38a RVG entsteht nur einmal. Es empfiehlt sich daher der Abschluss einer Vergütungsvereinbarung nach § 3a RVG.[19] Wird das Verfahren an die Große Kammer verwiesen (Art. 30, 43 EMRK), wird man von einem neuen Rechtszug und damit von einer neuen Angelegenheit ausgehen müssen mit der Folge, dass die Gebühren nach § 15 Abs. 2 RVG noch einmal entstehen.[20]

Das Verfahren beim EGMR und das **Ausgangsverfahren,** in dem es nach der Behauptung **19** des Beschwerdeführers zu einer Menschenrechtsverletzung gekommen ist, sind verschiedene Angelegenheiten iSd § 15 RVG.[21] In beiden entstehen also für den RA die jeweils für das Verfahren vorgesehenen Gebühren. Das gilt auch für ein ggf. vorgeschaltete Verfassungsbeschwerdeverfahren beim BVerfG.

2. Sachlich

§ 38a RVG gilt für „Verfahren vor dem Europäischen Gerichtshof für Menschenrechte". **20** Das sind das Individualbeschwerdeverfahren bzw. die sog. **Menschenrechtsbeschwerde** (Art. 34 EMRK),[22] das in Art. 33 EMRK geregelte **Staatenbeschwerdeverfahren**[23] und das in Art. 47 EMRK geregelte **Gutachtenverfahren.**[24] Für diese gelten die Vorschriften in VV Teil 3 Abschn. 2 UAbschn. 2 RVG entsprechend. Die Regelung entspricht damit der Regelung in **§ 37 Abs. 2 RVG,** die ua für Verfassungsbeschwerden beim BVerfG anzuwenden ist.[25] Der Gesetzgeber geht also davon aus, dass die Verfahren beim EGMR sich ihrem Gegenstand nach nicht wesentlich von Verfassungsbeschwerdeverfahren unterscheiden. Das ist zumindest für die Individualbeschwerde nach Art. 34 EMRK, die in der Praxis die größte Rolle spielt, zutreffend.

Die Verweisung auf die Vorschriften in VV Teil 3 Abschn. 2 UAbschn. 2 RVG führt dazu, dass **21** die Gebühren des RA, der in einem EGMR-Verfahren tätig wird, wie im Verfahren vor den Verwaltungsgerichten **singgemäß** nach den für den Zivilprozess gegebenen Vorschriften des **VV Teil 3 Abschn. 2 UAbschn. 2 RVG** entsprechend entstehen.

Der RA erhält also in solchen Verfahren eine **Verfahrens**- und ggf. eine **Terminsge- 22** **bühr.**[26]

---

[17] → Rn. 9 ff.
[18] Burhoff/Volpert RVG/*Burhoff* § 38a Rn. 20.
[19] → Rn. 2.
[20] Zur früheren Rechtslage Karpenstein/Mayer/*Thienel* EMRK Art. 50 Rn. 14.
[21] Burhoff/Volpert RVG/*Burhoff* § 38a Rn. 22.
[22] → Rn. 9 ff.
[23] → Rn. 15 ff.
[24] → Rn. 17; s. a. Burhoff/Volpert RVG/*Burhoff* § 38a Rn. 13 ff.
[25] Zum Anwendungsbereich des § 37 Abs. 2 RVG → § 37 Rn. 10.
[26] → Rn. 24 ff.; Burhoff/Volpert RVG/*Burhoff* § 38a Rn. 23 ff.

3. Persönlich

23 Die Vorschrift gilt für jeden **Wahlanwalt,** der in einem EGMR-Verfahren tätig wird. IdR wird es sich um eine Individualbeschwerde nach Art. 34 EMRK handeln. Die Vorschrift gilt nur für einen Wahlanwalt. Die **Bestellung** oder Beiordnung eines RA ist in der VerfO-EGMR **nicht** vorgesehen. Allerdings kann nach Art. 100 ff. VerfO-EGMR die Gewährung von PKH in Betracht kommen.[27]

IV. Gebührentatbestände (S. 1)

1. Verfahrensgebühr (VV 3206 RVG)

24 Nach dem Wortlaut von S. 1 entstehen die (Verfahrens-)Gebühren für die Revision nach VV Teil 3 Abschn. 2 UAbschn. 2 RVG entsprechend. § 38a S. 1 RVG verweist damit pauschal auf die VV 3206–3213 RVG. Das führt hier – ebenso wie bei § 37 Abs. 2 S. 1 RVG[28] – zu der Frage, welche der dort geregelten Verfahrensgebühren anwendbar ist. Zutreffend ist es auch hier, darin nur eine **Verweisung** auf die **VV 3206, 3207 RVG** zu sehen.[29] Das entspricht dem Wortlaut der Regelung der VV 3208 RVG und dem gesetzgeberischen Willen.[30] Die VV 3212, 3213 RVG, aber auch die VV 3208, 3209 RVG sind Spezialregelungen, die bestimmte Verfahren oder bestimmte persönliche Eigenschaften der RA voraussetzen.[31]

25 Für das **Entstehen** der Verfahrensgebühr gelten die Erläuterungen bei VV 3206 RVG. Endet der Auftrag des RA vorzeitig oder erbringt der RA nur eine eingeschränkte Tätigkeit,[32] entsteht nur eine 1,1 Verfahrensgebühr nach VV 3207 RVG. Auch insoweit kann auf die Erläuterungen bei VV 3207 RVG verwiesen werden.

26 Die Verfahrensgebühr deckt alle vom RA in dem jeweiligen EGMR-Verfahren erbrachten **Tätigkeiten** ab. Dies sind die Vorbereitung und Erstellung der Individualbeschwerde, die Entgegennahme von Schriftstücken des EGMR, die Fertigung von Stellungnahmen und alle sonstigen Tätigkeiten, die der RA im Verfahren erbringt.

27 Für den RA, der **mehrere Beschwerdeführer** in einer von diesen erhobenen Menschenrechtsbeschwerde vertritt, fällt keine erhöhte Prozessgebühr nach VV 1008 RVG an.[33] Wegen der Einzelheiten s. die Erläuterungen zu VV 1008 RVG.[34]

2. Terminsgebühr (VV 3210 RVG)

28 In der Regel wird in der Praxis nur eine Verfahrensgebühr anfallen, da der EGMR nur ausnahmsweise auf Grund mündlicher Verhandlung entscheidet.[35] Findet beim EGMR allerdings bei der Kammer bzw. bei der Großen Kammer eine **mündliche Verhandlung** statt,[36] an der der RA teilnimmt, wird das mit eine Terminsgebühr VV 3210 RVG honoriert. Auf diese Terminsgebühr ist nach der Anmerkung zu VV 3210 RVG ua auch VV 3104 Abs. 1 Nr. 1 RVG anzuwenden. Das bedeutet, dass diese Gebühr grds. auch dann entsteht, wenn in einem Verfahren, in dem mündliche Verhandlung vorgeschrieben ist, im Einverständnis mit allen Beteiligten ohne mündliche Verhandlung entschieden wird. Ist die mündliche Verhandlung allerdings nicht vorgeschrieben, was bei EGMR-Verfahren der Fall ist, ist VV 3104 RVG jedoch nicht anzuwenden.[37]

---

[27] → Rn. 34 ff.

[28] → § 37 Rn. 12.

[29] Burhoff/Volpert RVG/*Burhoff* § 38a Rn. 23 ff.; Schneider/Wolf/*N. Schneider* RVG § 38a Rn. 4; Mayer/Kroiß/*Mayer* RVG § 38a Rn. 2; s. für die Verfassungsbeschwerde BVerfG NJW 2013, 676 = AGS 2012, 568 = RVGreport 2013, 15 mAnm *Hansens;* BGH NJW 2012, 2118 = AGS 2012, 281 = Rpfleger 2012, 583 = JurBüro 2012, 470 (Ls.); Mayer/Kroiß/*Mayer* RVG § 37 Rn. 12 ff.; Schneider/Wolf/*N. Schneider* RVG § 37 Rn. 16; Burhoff/Volpert RVG/*Burhoff* § 37 Rn. 13; aA *Hartmann/Toussaint* RVG § 37 Rn. 5; Hartung/Schons/Enders/*Hartung* RVG § 37 Rn. 11.

[30] BVerfG NJW 2013, 676 = AGS 2012, 568 = RVGreport 2013, 15 mAnm *Hansens* unter ausdrücklicher Ablehnung der in der Lit. teilweise vertretenen aA.

[31] BVerfG NJW 2013, 676 = AGS 2012, 568 = RVGreport 2013, 15 mAnm *Hansens;* BGH NJW 2012, 2118 = AGS 2012, 281 = Rpfleger 2012, 583 = JurBüro 2012, 470 (Ls.).

[32] → RVG VV 3207 Rn. 3.

[33] Burhoff/Volpert RVG/*Burhoff* § 38a Rn. 26; für die Verfassungsbeschwerde BVerfG Rpfleger 1998, 82; RVGreport 2011, 59 = AGS 2011, 428 mAnm *Volpert.*

[34] BayVGH AnwBl 1992, 499.

[35] → Rn. 9 ff.

[36] → Rn. 13 f.

[37] So für die Verfassungsbeschwerde BVerfGE 35, 34 = Rpfleger 1973, 243; BVerfGE 41, 228.

V. Gegenstandswert (S. 2)

1. Bemessung

§ 38a S. 2 RVG enthält eine **eigenständige Regelung** für die Bemessung des Gegenstandswertes für Verfahren vor dem EGMR. Der Gegenstandswert ist danach unter Berücksichtigung der in § 14 Abs. 1 S. 1 RVG genannten Umstände, insbes. also des Umfangs und der Schwierigkeit der anwaltlichen Tätigkeit, der Bedeutung der Angelegenheit, sowie der Vermögens- und Einkommensverhältnisse des Auftraggebers nach billigem Ermessen zu bestimmen.[38] Er beträgt nach S. 2 Hs. 2 mindestens 5.000,– EUR. 29

Für die **Bemessung** des Gegenstandswerts der anwaltlichen Tätigkeit im EGMR-Verfahren wird man wegen der Vergleichbarkeit der Verfahren die Grundsätze für die Bemessung des Gegenstandswertes im innerstaatlichen Verfassungsbeschwerdeverfahren entsprechend anwenden können,[39] so dass auf die Ausführungen bei § 37 RVG verwiesen werden kann.[40] Von Gewicht ist also insbes., welche subjektive Bedeutung der Auftraggeber der Sache beimisst und die Schwere des geltend gemachten Konventionsverstoßes. Wird über die Menschenrechtsbeschwerde nicht inhaltlich befunden, sie also als unzulässig erklärt bzw. aus dem Register gestrichen,[41] wird man – entsprechend der Rspr. des BVerfG zur Verfassungsbeschwerde[42] – vom gesetzlichen Mindestgegenstandswert ausgehen müssen.[43] 30

2. Festsetzung

Während im innerstaatlichen Verfassungsbeschwerdeverfahren die **Festsetzung** des Gegenstandswertes nach §§ 32, 33 RVG durch das Verfassungsgericht erfolgt,[44] ist eine Festsetzung des Gegenstandswertes durch den **EGMR nicht möglich.**[45] Den innerstaatlichen Vorschriften entsprechende Vorschriften sind in der EMRK bzw. der VerfO-EGMR nämlich nicht vorgesehen. Das ist bei der Einführung des § 38a RVG durch das 2. KostRMoG[46] offenbar übersehen worden. Der RA hat also keine andere Möglichkeit, als selbst den Gegenstandswert unter Berücksichtigung der Vorgaben des S. 2 nach billigem Ermessen zu bestimmen (vgl. auch § 23 Abs. 3 RVG). Dabei wird grds. der vom BVerfG im Verfassungsbeschwerdeverfahren, das idR dem EGMR-Verfahren voraus gegangen ist, festgesetzte Gegenstandswert Anhaltpunkt sein.[47] In der Höhe ist – wegen der noch höheren Bedeutung des EGMR-Verfahrens – der Gegenstandswert auf jeden Fall anzunehmen. Im Zweifel wird er darüber liegen. 31

Entsteht Streit über die Höhe des Gegenstandswertes und damit über Höhe der darauf basierenden Vergütung, muss der RA diese ggf. **einklagen.**[48] Letztlich entscheidet damit im Streitfall das Gericht, das über die Vergütungsklage entscheidet, auch über die Höhe des Gegenstandswertes. Diese Lücke spricht noch mehr dafür, dass der RA eine Vergütungsvereinbarung abschließt. 32

VI. Auslagen (VV 7000 ff. RVG)

Der RA hat Anspruch auf die nach den VV 7000 ff. RVG entstehenden Auslagen. Dazu gehört auch die Postentgeltpauschale **VV 7002 RVG,** da es sich bei den EGMR-Verfahren um eine vom Ausgangsverfahren verschiedene Angelegenheit handelt.[49] 33

---

[38] Burhoff/Volpert RVG/*Burhoff* § 38a Rn. 29.
[39] Burhoff/Volpert RVG/*Burhoff* § 38a Rn. 30.
[40] → § 37 Rn. 17 ff.; so auch zur früheren Rechtslage vor Einführung des § 38a RVG Karpenstein/Mayer/*Thienel* EMRK Art. 50 Rn. 9 ff.
[41] → Rn. 9 ff.
[42] BVerfG NJW 2000, 1399.
[43] BVerfG NJW 2000, 1399; BeckRS 2010, 54606.
[44] → § 37 Rn. 20.
[45] Karpenstein/Mayer/*Thienel* EMRK Art. 50 Rn. 8.
[46] BGBl. 2013 I 2586.
[47] Karpenstein/Mayer/*Thienel* EMRK Art. 50 Rn. 8.
[48] Ähnlich *N. Schneider/Thiel* Das neue Gebührenrecht für Rechtsanwälte 2013 § 3 Rn. 256; Schneider/Wolf/*N. Schneider* RVG § 38a Rn. 10 „in vollem Umfang gerichtlich überprüfbar".
[49] → Rn. 19 f.

VII. Prozesskostenhilfe

34 Die Gewährung von PKH in EGMR-Verfahren ist grds. in den **Art. 100 ff. VerfO-EGMR** vorgesehen.[50] Danach kann im Individualbeschwerdeverfahren[51] auf Antrag oder von Amts wegen PKH gewährt werden. Art. 100 Abs. 1 VerfO-EGMR sieht vor, dass der Kammerpräsident PKH bewilligen kann, nachdem der belangte Vertragsstaat zur Zulässigkeit der Beschwerde hatte Stellung nehmen können. Für die Einlegung der Menschenrechtsbeschwerde und das Verfahren vor Zustellung der Beschwerdeschrift an die gegnerische Partei wird PKH **nicht** gewährt.

35 Die Bewilligung wirkt nach Art. 100 Abs. 2 VerfO-EGMR grds. im Verfahren vor der **Großen Kammer**[52] fort. Liegen die Bewilligungsvoraussetzungen nicht mehr vor, kann der Kammerpräsident nach Art. 105 VerfO-EGMR die Bewilligung der PKH jederzeit zurücknehmen oder abändern.

36 Die **Voraussetzungen** für die Bewilligung der Gewährung von PKH sind in Art. 101 VerfO-EGMR geregelt. Die Bewilligung setzt voraus, dass sie für die ordnungsgemäße Prüfung der Rechtssache vor der Kammer notwendig ist und der Beschwerdeführer über nicht genügend eigene finanzielle Mittel verfügt, um die anfallenden Kosten ganz oder teilweise zu begleichen.[53]

37 Die Bewilligung von PKH umfasst nach Art. 103 Abs. 2 VerfO-EGMR die **Vergütung** des **Rechtsbeistands** und kann darüber hinaus auch Fahrt- und Aufenthaltskosten sowie andere notwendige Auslagen des Beschwerdeführers oder seines bestellten Vertreters wie etwa Übersetzungskosten umfassen. Vergütungen werden allerdings nur an Rechtsbeistände oder sonst gem. Art. 36 Abs. 4a VerfO-EGMR als Rechtsvertreter zugelassene Person ausgezahlt. Die Höhe der Auszahlung bestimmt der Kanzler nach Art. 104 VerfO-EGMR der Kanzler „entsprechend der geltenden Tarife". Derzeit beträgt die Vergütung im Rahmen der PKH für das schriftliche Verfahren 850,– EUR.[54]

VIII. Kostenerstattung

38 Bei der Frage nach der Kostenerstattung ist zu trennen zwischen den **Kosten des Gerichtshofs** und den **Kosten und Auslagen** des Beschwerdeführers vor den innerstaatlichen Gerichten und dem EGMR. Im Einzelnen gilt:[55]

1. Kosten des Gerichtshofs (Art. 50 EMRK)

39 Allgemein wird davon ausgegangen, dass das das Verfahren vor dem Gerichtshof für den Beschwerdeführer **gerichtskostenfrei** ist. Das wird mit dem Schweigen der Vorschrift des **Art. 50 EMRK** zu dieser Frage begründet.[56]

40 Eine **Missbrauchsgebühr** ist in der EMRK, anders als im innerstaatlichen Verfassungsbeschwerdeverfahren in § 34a BVerfGG nicht vorgesehen. Nach Art. 44d VerfO-EGMR kann allerdings der Vertreter des Beschwerdeführers vom Verfahren ausgeschlossen werden, wenn er eine unangemessene Stellungnahme, zu solchen zählen nach dem Wortlaut der Vorschrift auch missbräuchliche, abgibt.

2. Gerechte Entschädigung (Art. 41 EMRK)

41 Die Erstattung von Rechtsanwaltskosten kommt im Verfahren nach **Art. 41 EMRK** in Betracht.[57] Die Vorschrift sieht eine „gerechte Entschädigung" des Beschwerdeführers vor. Bestandteil einer solchen kann der Ersatz der im Verfahren über die Menschenrechtsbeschwerde und vor den innerstaatlichen Gerichten entstandenen Kosten und Auslagen sein. Hierzu gehören neben den Gerichtskosten für die Verfahren vor den nationalen Gerichten, Reise- und Aufenthaltskosten, Übersetzungskosten, Portokosten vor allem Anwaltskosten. Erstattet werden diese allerdings nur, wenn sie **tatsächlich angefallen** sind und **notwendig** waren, um die

---

[50] Eing. Burhoff/Kotz StrafR-Rechtsmittel-HdB/*Hagmann/Oerder* Teil C Rn. 234 ff. mwN.

[51] → Rn. 9 ff.

[52] → Rn. 14.

[53] Wegen der Einzelheiten Burhoff/Kotz StrafR-Rechtsmittel-HdB/*Hagmann/Oerder* Teil C Rn. 234 ff. mwN.

[54] Burhoff/Kotz StrafR-Rechtsmittel-HdB/*Hagmann/Oerder* Teil C Rn. 303 ff. mwN.

[55] Burhoff/Volpert RVG/*Burhoff* § 38a Rn. 34 ff.; HK-EMRK/*Meyer-Ladewig* Art. 41 Rn. 28 ff.; auch Burhoff/Kotz StrafR-Rechtsmittel-HdB/*Hagmann/Oerder* Teil C Rn. 193 ff. mwN.

[56] Burhoff/Kotz StrafR-Rechtsmittel-HdB/*Hagmann/Oerder* Teil C Rn. 193 ff. mwN; Karpenstein/Meyer/*Schäfer* EMRK Art. 34 Rn. 9 und Art. 50 Rn. 3.

[57] Wegen der Einzelheiten Karpenstein/Mayer/*Wenzel* EMRK Art. 41 Rn. 47 ff.

festgestellte Konventionsverletzung abzuwenden oder ihr abzuhelfen und sie der **Höhe** nach **angemessen** sind.[58] Im Verfahren müssen die Kosten als Bestandteil der Entschädigung – soweit bereits möglich – innerhalb der Frist des Art. 60 Abs. 2 VerfO-EGMR unter Beifügung einschlägiger Belege geltend gemacht werden.

Tatsächlich angefallen sind die Kosten des Beschwerdeführers nur, wenn er vertraglich oder gesetzlich zu deren Tragung verpflichtet ist. Eine Kostenerstattung setzt zudem voraus, dass die Kosten und Auslagen im Zusammenhang mit der Beseitigung, Verhinderung oder Wiedergutmachung der Konventionsverletzung entstanden sind.[59] Hierdurch werden insbes. Kosten für innerstaatliche Verfahren ausgeschlossen, die ohnehin – also auch ohne den Eintritt der Konventionsverletzung – angefallen wären. 42

Auslagen werden schließlich nur erstattet, wenn sie **angemessen** sind. Dabei ist die innerstaatliche Gebührenordnung, also (jetzt) § 38a RVG, für den EGMR bei der Beurteilung dieser Frage Orientierungshilfe.[60] Der EGMR prüft nach eigenem Ermessen.[61] Das Honorar für das Verfahren vor dem Gerichtshof wird in angemessener Höhe erstattet. Durchschnittlich kann hier von einem „Gebührenrahmen" zwischen 2.000,– EUR und 5.000,– EUR ausgegangen werden.[62] Maßgeblich sind im Wesentlichen die Komplexität der Sach- und Rechtslage sowie der hiermit einhergehende tatsächliche zeitliche Aufwand an Arbeit. 43

§ 39 Von Amts wegen beigeordneter Rechtsanwalt

(1) **Der Rechtsanwalt, der nach § 138 des Gesetzes über das Verfahren in Familiensachen und in den Angelegenheiten der freiwilligen Gerichtsbarkeit, auch in Verbindung mit § 270 des Gesetzes über das Verfahren in Familiensachen und in den Angelegenheiten der freiwilligen Gerichtsbarkeit, dem Antragsgegner beigeordnet ist, kann von diesem die Vergütung eines zum Prozessbevollmächtigten bestellten Rechtsanwalts und einen Vorschuss verlangen.**

(2) **Der Rechtsanwalt, der nach § 109 Absatz 3 oder § 119a Absatz 6 des Strafvollzugsgesetzes einer Person beigeordnet ist, kann von dieser die Vergütung eines zum Verfahrensbevollmächtigten bestellten Rechtsanwalts und einen Vorschuss verlangen.**

Übersicht

[58] Vgl. im Fall *Gäfgen* EGMR EuGRZ 2010, 417 = NJW 2010, 3145.

[59] Vgl. wegen der Einzelheiten Karpenstein/Mayer/*Wenzel* EMRK Art. 41 Rn. 48 f.; Burhoff/Kotz StrafR-Rechtsmittel-HdB/*Hagmann/Oerder* Teil C Rn. 248 f. mwN.

[60] EGMR NJW 2001, 1995.

[61] Vgl. zu den Kriterien Burhoff/Kotz StrafR-Rechtsmittel-HdB/*Hagmann/Oerder* Teil C Rn. 251 ff. mwN.

[62] Karpenstein/Mayer/*Wenzel* EMRK Art. 41 Rn. 51 f. mwN.

Schrifttum: *Burhoff,* Vorschuss vom Auftraggeber (§ 9 RVG), RVGreport 2011, 365; *Burhoff,* Vorschuss aus der Staatskasse (§ 47 RVG), RVGreport 2011, 327; *Burhoff,* So verlangen Sie vom Auftraggeber das Richtige, RVG prof. 2014, 116; *H. Schneider,* Beiordnung eines Anwalts nach § 138 FamFG im Scheidungsverfahren, FamRZ 2010, 384; *Vogel,* Ehesachen (und Lebenspartnerschaftssachen) in erster Instanz nach dem FamFG, FF 2009, 396; *Wolf,* Sicherungsverwahrung – neue Regelungen für Rechtspfleger, Rpfleger 2013, 365.

I. Allgemeines

1 Gem. § 39 **Abs. 1** RVG kann ein RA, der nach §§ 138, 270 Abs. 1 S. 1 FamFG in einer **Scheidungs-** oder **Lebenspartnerschaftssache** dem Antragsgegner beigeordnet wurde, von diesem die Vergütung eines zum Prozessbevollmächtigten bestellten Anwalts und einen Vorschuss verlangen. Diese Bestimmung ist im Zusammenhang mit § 45 Abs. 2 RVG und § 47 Abs. 1 S. 2 RVG zu sehen. Danach kann der RA von der Staatskasse die Vergütung und einen Vorschuss verlangen, wenn der Antragsgegner mit der Zahlung der Vergütung bzw. des Vorschusses in **Verzug** ist. Die Vorschrift ist durch die FGG-Reform geändert worden.

2 Für einen RA, der nach § 109 Abs. 3 oder § 119 Abs. 6 **StVollzG** beigeordnet worden ist, gilt § 39 **Abs. 2** RVG.[1] Danach kann der RA vom Gefangenen/Untergebrachten die Vergütung eines zum Verfahrensbevollmächtigten bestellten RA und einen Vorschuss verlangen. Diese Regelung ist durch das Gesetz zur bundesrechtlichen Umsetzung des Abstandsgebotes im Recht der Sicherungsverwahrung v. 5.12.2012 mWv 1.6.2013 eingefügt worden.[2]

II. Scheidungs- und Lebenspartnerschaftssachen (Abs. 1)

1. Anwendungsbereich

3 **a) Scheidungs- und Lebenspartnerschaftssache.** § 39 RVG gilt für den in einem **Scheidungsverfahren** gem. § 138 FamFG bzw. für den gem. §§ 138, 270 Abs. 1 S. 1 FamFG in einer **Lebenspartnerschaftssache** (§ 269 FamFG) **beigeordneten** RA. Dieser wird in einer Scheidungs-/Lebenspartnerschaftssache, in der nur der Antragsteller von einem RA vertreten wird, vom Gericht von Amts wegen dem Antragsgegner beigeordnet, wenn diese Maßnahme nach Überzeugung des Gerichts zum Schutz des Antragsgegners dringend erforderlich erscheint. Der RA hat dann die Stellung eines Beistandes nach § 90 ZPO (§ 138 Abs. 2 FamFG), der den Antragsgegner zunächst nur über die Folgen der Scheidung aufzuklären und zu beraten hat.[3] Die Vertretung obliegt ihm erst, wenn ihm Prozessvollmacht erteilt wird.[4]

4 **b) Analoge Anwendung.** Hat ein im Wege der PKH als **Korrespondenzanwalt** beigeordneter, nicht postulationsfähiger Anwalt in einem Scheidungsverbundverfahren umfassend beraten, alle Schriftsätze gefertigt und eingereicht und sämtliche Korrespondenz mit dem Ge-

---

[1] → Rn. 38 ff.
[2] BGBl. I 2425, vgl. dazu BT-Drs. 17/9874; vgl. dazu *Wolf* Rpfleger 2013, 365.
[3] Schneider/Wolf/*Thiel* RVG § 39 Rn. 4; Mayer/Kroiß/*Ebert* RVG § 39 Rn. 14; *H. Schneider* FamRB 2010, 384 (386); Bumiller/Harders/Schwamb/*Bumiller/Harders,* 12. Aufl. 2019, FamFG § 130 Rn. 3.
[4] OLG Naumburg FamRZ 2002, 248 (Ls.); *H. Schneider* FamRB 2010, 384 (386).

richt, das von der Beiordnung eines Hauptbevollmächtigten abgesehen hatte, geführt, dann kann er zwar nicht die Korrespondenzgebühr nach VV 3400 RVG geltend machen, da ein zweiter RA fehlt, mit dem korrespondiert werden könnte. Nach Auffassung des OLG Koblenz fällt jedoch, wenn die von dem Anwalt ausgeübte Tätigkeit zur zweckentsprechenden Rechtsverfolgung der Partei notwendig und sinnvoll war, die Verfahrensgebühr VV 3100 RVG an, die im Rahmen der PKH in entsprechender Anwendung von § 138 FamFG, § 39 RVG von der Staatskasse zu erstatten ist.[5]

2. Umfang der Beiordnung

a) Scheidungs- und Kindschaftssachen. Gem. § 138 Abs. 1 S. 1 FamFG erfasst die Beiordnung die Scheidungssache (§ 121 Nr. 1 FamFG) und eine Kindschaftssache (§ 151 FamFG), wenn zu dieser ein Antrag gestellt wurde.[6] Nur aus den Werten der Gegenstände der insoweit anhängigen Verfahren berechnen sich die Gebühren, die der RA gem. § 39 geltend machen kann. Sind **weitere Gegenstände** anhängig, so erhält er aus deren Werten keine Gebühren, weder von der Staatskasse noch von dem Antragsgegner. Beim Antragsgegner ist es jedoch anders, wenn er dem zunächst beigeordneten RA für das gesamte Verfahren Auftrag erteilt. 5

b) Lebenspartnerschaftssachen. Dasselbe gilt für Lebenspartnerschaftssachen, soweit sie den zuvor genannten Gegenständen bei der Scheidung entsprechen, also für ein Verfahren iSv § 269 Abs. 1 Nr. 1 FamFG und von zusammen mit diesem durchgeführte Kindschaftssachen (§ 269 Abs. 1 Nr. 1, § 138 Abs. 1 S. 1, § 151 FamFG). 6

c) Einstweiliges Anordnungsverfahren. Das einstweilige Anordnungsverfahren wird von der Beiordnung **nicht erfasst.** Die Gefährdung der Interessen des Antragsgegners sind bei einer vorläufigen Regelung nicht vergleichbar mit der bei einer endgültigen Regelung.[7] IÜ gilt auch sonst, dass eine Beiordnung für die Hauptsache nicht automatisch das Eilverfahren erfasst. Tenoriert aber das Gericht, dass auch für das einstweilige Anordnungsverfahren die Beiordnung erfolgt, so ist das unabhängig davon, ob man eine solche Beiordnung für zulässig hält, jedenfalls für die Staatskasse verbindlich.[8] 7

3. Anspruch gegen die Partei

a) Ohne Vollmacht der Partei. ***aa) Beistand oder Verfahrensbevollmächtigter.*** Der beigeordnete RA hat gem. § 138 Abs. 2 FamFG **zunächst** nur die **Stellung** eines **Beistandes** (§ 90 ZPO). Der RA wird erst Verfahrensbevollmächtigter, wenn ihm der Antragsgegner Vollmacht zu seiner Vertretung erteilt.[9] Dabei kann der Antragsgegner wählen, ob er den RA überhaupt nicht, nur im Umfang der Beiordnung oder umfassend bevollmächtigt. Im ersten Fall bleibt der RA Beistand. 8

bb) Gebühren. Auch wenn ihm der Antragsgegner keine Vollmacht erteilt, hat der RA gegen ihn einen Gebührenanspruch, selbst wenn dieser mit der Beiordnung nicht einverstanden ist.[10] **Auch ohne Vollmacht** wird der RA **gebührenrechtlich wie** ein **Verfahrensbevollmächtigter** behandelt. Er kann damit alle in VV Teil 3 RVG (VV 3100 ff. RVG) bestimmten Gebühren erlangen. Allerdings kann der nicht bevollmächtigte RA nicht alle Tätigkeiten vornehmen wie ein Bevollmächtigter[11] und steht ihm ein Anspruch nur zu, soweit er eine von der Beiordnung gedeckte Tätigkeit ausübt. Hat das Beschwerdegericht aber festgestellt, dass eine Beiordnung nicht statthaft war, weil die Voraussetzungen des § 138 FamFG überhaupt nicht vorgelegen haben, besteht kein Vergütungsanspruch des RA gegenüber dem Antragsgegner.[12] 9

Als bloßer Beistand kann der RA bspw. unter folgenden Bedingungen folgende Gebühren verdienen:[13]

Nimmt der RA nur die Information entgegen und beschränkt er seine weitere Tätigkeit auf eine Beratung, so verdient er gem. **VV 3101 Nr. 1 RVG** eine **0,8 Verfahrensgebühr.**[14] 10

---

[5] OLG Koblenz FamRZ 1999, 390.

[6] *H. Schneider* FamRB 2010, 384.

[7] Bumiller/Harders/Schwamb/*Bumiller/Harders* 12. Aufl. 2019 FamFG § 130 Rn. 1; zum früheren Recht OLG Koblenz FamRZ 1985, 618; Zöller/*Philippi* ZPO § 625 Rn. 6; aA Johannsen/Heinrich/*Sedemund/Treiber* ZPO § 625 Rn. 3.

[8] → § 46 Rn. 33 ff.; zu allem auch *H. Schneider* FamRB 2010, 384.

[9] OLG Naumburg FamRZ 2002, 248 (Ls.); Bumiller/Harders/Schwamb/*Bumiller/Harders,* 12. Aufl. 2019, FamFG § 130 Rn. 3.

[10] Schneider/Wolf/*Thiel* RVG § 39 Rn. 5; *H. Schneider* FamRB 2010, 384 (387).

[11] IE zum früheren Recht BLAH/*Hartmann;* Zöller/*Philippi;* Musielak/Voith/*Borth* ZPO § 625 Rn. 7.

[12] *H. Schneider* FamRB 2010, 384 (387).

[13] *H. Schneider* FamRB 2010, 384.

[14] Schneider/Wolf/*Thiel* RVG § 39 Rn. 6.

11 Er hat hingegen Anspruch auf die **1,3 Verfahrensgebühr** nach VV 3100 RVG, wenn er „das Geschäft betreibt" (VV Vorb. 3 Abs. 2 RVG) oder zB auch, wenn er in einem Verhandlungstermin dem Antragsgegner beisteht oder, wenn dieser nicht erschienen ist, dessen Rechte wahrnimmt.[15] Da der Beistand auch ohne Vollmacht zur Sache vortragen kann[16] und gem. VV 3101 Nr. 1 RVG auch Sachvortrag für eine 1,3 Verfahrensgebühr genügt, kann der RA auch ohne Vollmacht eine 1,3 Verfahrensgebühr verdienen, nicht jedoch durch einen bloßen Abweisungsantrag, da ohne Vollmacht der RA keine Prozesshandlungen vornehmen kann.[17]

12 Der RA kann auch ohne Vollmacht durch eine Mitwirkung in einem Verhandlungs-, Erörterungs- oder Beweisaufnahmetermin eine **Terminsgebühr** nach **VV 3104 RVG** verdienen.[18] Nach *N. Schneider* kann er auch durch ein Vermeidungs- oder Erledigungsgespräch ohne das Gericht oder durch die Mitwirkung an einem Sachverständigentermin gem. VV Vorb. 3 Abs. 3 Nr. 2, 3 RVG die Terminsgebühr verdienen.[19]

13 Eine **Einigungsgebühr** kann anfallen,[20] aber idR nur hinsichtlich einer Kindschaftssache im Rahmen der elterlichen Sorge, des Umgangsrechts und der Kindesherausgabe. Hinsichtlich der Scheidungssache scheidet eine Einigungsgebühr wegen VV 1000 Anm. Abs. 5 S. 1 RVG aus (keine Einigungsgebühr in Ehesachen). Hinsichtlich sonstiger Einigungsgegenstände kommt eine Einigungsgebühr nicht in Betracht. Diese Gegenstände werden von der Beiordnung nicht erfasst.[21]

14 Die Einigungsgebühr kann zB dadurch entstehen, dass der Beistand mit dem Antragsteller eine Vereinbarung **vorbereitet,** die der Antragsgegner dann akzeptiert. Die Einigung selbst wirksam vereinbaren, kann er ohne Vollmacht des Antragsgegners nicht.[22]

15 Der RA kann auch eine **Aussöhnungsgebühr** gem. VV 1001, 1003 RVG verdienen.[23]

16 Die Gebühren errechnen sich aus der **Gebührentabelle** für den **Wahlanwalt.**

17 ***cc) Auslagen.*** Der RA hat wie ein Verfahrensbevollmächtigter auch Anspruch auf Ersatz für seine **Auslagen.**

18 ***dd) Vorschuss.*** Der beigeordnete RA kann – auch wenn der Antragsgegner mit der Beiordnung nicht einverstanden war – von diesem einen Vorschuss nach § 9 RVG fordern. Zur Höhe → RVG § 9 Rn. 7 ff.[24]

19 ***ee) Gegenstandswert.*** Erteilt der Antragsgegner dem RA keine oder nur eine Vollmacht im Umfang der Beiordnung, so kann der RA Gebühren nur aus den Gegenständen verdienen, die von der Beiordnung erfasst sind.[25]

20 ***ff) Fälligkeit der Vergütung.*** Die Fälligkeit richtet sich nach § 8 RVG. Sie tritt ua auch ein, wenn die Beiordnung aufgehoben wird.[26]

21 ***gg) Vergütungsfestsetzung.*** Die Vergütungsfestsetzung kann gem. § 11 RVG im vereinfachten Verfahren erfolgen. Es handelt sich um eine gesetzliche Vergütung, die zu den Kosten des gerichtlichen Verfahrens gehört.[27]

22 **b) Mit Vollmacht der Partei.** Hat der beigeordnete RA vom Antragsgegner eine Vollmacht erhalten, so ist er zu behandeln wie jeder andere Verfahrensbevollmächtigte.

Beispiel:

Gegenstandswert von Scheidung (10.000,– EUR), elterlicher Sorge (900,– EUR), Versorgungsausgleich (1.000,– EUR), Unterhalt 5.000,– EUR, zusammen 16.900,– EUR. Der Antragsgegner bevollmächtigt den RA hinsichtlich aller Gegenstände. Es wurde auch mündlich verhandelt.

Anspruch gegen den Antragsgegner

1,3 Verfahrensgebühr aus 16.900,– EUR	+1.001,00 EUR

---

[15] OLG Bamberg JurBüro 1979, 246 mAnm *Mümmler; Mümmler* JurBüro 1981, 1453; Schneider/Wolf/*Thiel* RVG § 39 Rn. 7.

[16] Zum früheren Recht Zöller/*Philippi* ZPO § 625 Rn. 7.

[17] BGH FamRZ 1995, 416.

[18] OLG Bamberg JurBüro 1979, 246; *Mümmler* JurBüro 1981, 1459, beide zur Verhandlungs- bzw. Erörterungsgebühr des § 31 BRAGO; Schneider/Wolf/*N. Schneider* RVG § 39 Rn. 7.

[19] Schneider/Wolf/*Thiel* RVG § 39 Rn. 8.

[20] Schneider/Wolf/*Thiel* RVG § 39 Rn. 9.

[21] → Rn. 4, 5.

[22] Zum früheren Recht Musielak/Borth/*Borth* ZPO § 625 Rn. 7.

[23] Schneider/Wolf/*Thiel* RVG § 39 Rn. 10.

[24] *H. Schneider* FamRB 2010, 384 (387).

[25] → Rn. 4, 5.

[26] Mayer/Kroiß/*Ebert* RVG § 39 Rn. 24; Schneider/Wolf/*Thiel* RVG § 39 Rn. 12.

[27] Mayer/Kroiß/*Ebert* RVG § 39 Rn. 25; Schneider/Wolf/*Thiel* RVG § 39 Rn. 14.

1,2 Terminsgebühr aus 16.900,– EUR	924,00 EUR
Pauschale	20,00 EUR
19 % USt	369,55 EUR
Summe	2.314,55 EUR

4. Anspruch gegen die Staatskasse (§ 45 Abs. 2 RVG)

a) Gebühren. ***aa) Voraussetzung Verzug (§ 43 Abs. 2 RVG):*** Der RA muss sich wegen seiner Vergütung zunächst an den Antragsgegner halten. Kommt dieser mit der Zahlung – auch nur eines Teilbetrages – in **Verzug,** zahlt er also auf Mahnung oder auf Festsetzung gem. § 11 nicht,[28] so kann der RA seine restliche Vergütung, dh soweit er sie noch nicht von der Partei oder vorschussweise aus der Staatskasse erhalten hat, nach § 45 Abs. 2 RVG auch aus der Staatskasse verlangen. Das gilt auch dann, wenn der Antragsgegner dem RA eine Vollmacht erteilt hat.[29] 23

bb) Betroffene Gebühren: Grundsätzlich kann der RA **alle Gebühren,** die ihm gegen den Mandanten zustehen, einschließlich der Einigungsgebühr bei Verzug gegen die Staatskasse geltend machen. Es ist also zunächst einmal zu prüfen, ob im Verhältnis zur Partei eine Gebühr angefallen ist. 24

§ 48 Abs. 3 RVG gilt auch für den nach § 138 FamFG beigeordneten RA. Denn auch er ist dem Antragsgegner für die Ehesache beigeordnet. Dass seine Beiordnung für andere Folgesachen als die elterliche Sorge nicht zulässig ist, schließt die Erstreckung der Beiordnung für den Abschluss einer Scheidungsvereinbarung nicht aus.[30] Voraussetzung für einen Anspruch gegen die Staatskasse ist aber, dass gegen die Partei eine Einigungsgebühr angefallen ist und diese auch die Folgesachen erfasst.[31] 25

cc) Höhe: Der Gebührenanspruch besteht jedoch, wie sich aus der Stellung des § 45 Abs. 2 RVG im Abschn. 8 ergibt, nur in der **Höhe,** die ein zum PKH-Anwalt bestellter RA beanspruchen kann, also mit der Begrenzung nach § 49 RVG.[32] Für die **Differenz zwischen** der **Wahlanwaltsvergütung** und der nach § 49 RVG berechneten Vergütung bleibt der Antragsgegner weiterhin dem RA verpflichtet; die Differenz kann im Wege der Klage oder der Festsetzung nach § 11 RVG geltend gemacht werden.[33] Beispiel zur Berechnung der Differenz → § 58 Rn. 11 ff. 26

Hat der **Antragsgegner Zahlungen** an den beigeordneten RA geleistet, ist in der Höhe dessen Anspruch gegenüber der Staatskasse erloschen, allerdings nur insoweit, wie der Vergütungsanspruch befriedigt worden ist.[34] Bei Teilzahlungen kann also die Staatskasse für die noch offenstehende Vergütung in Anspruch genommen werden.[35] Schuldet der Antragsgegner dem Anwalt verschiedene Forderungen, gilt § 366 BGB. Erfolgen also Zahlungen, bei denen der Antragsgegner nicht bestimmt, auf welche Forderung gezahlt wird, sind diese zunächst auf diejenige Forderung zu verrechnen, die dem RA die geringere Sicherheit bietet, so dass zunächst nur auf solche Beträge anzurechnen ist, für die aus der Staatskasse keine Zahlung verlangt werden kann.[36] 27

b) Auslagen. Welche Auslagen zu vergüten sind, ergibt sich aus **VV 7000 ff. RVG.** Voraussetzung ist, dass sie notwendig iSv § 46 RVG waren.[37] 28

c) Vorschuss. Der nach § 138 FamFG dem Antragsgegner in einer Ehesache beigeordnete RA hat nicht nur einen Vergütungs- sondern auch einen Vorschussanspruch gegen die Partei.[38] Allerdings entsteht ein Anspruch gegen die Landeskasse erst, wenn der Verpflichtete mit der Zahlung auch nur teilweise in **Verzug** ist (§ 47 Abs. 1 S. 2 RVG). Zur Geltendmachung muss der RA nachweisen, mindestens aber glaubhaft machen, dass er den Verpflichteten vergeblich 29

---

28 *H. Schneider* FamRB 2010, 384 (387).

29 Hartung/Schons/Enders/*Hartung* RVG § 39 Rn. 17.

30 OLG München AnwBl 1979, 440 = JurBüro 1979, 1672; Mayer/Kroiß/*Ebert* RVG § 39 Rn. 29; Mayer/Kroiß/*Ebert* RVG § 48 Rn. 115.

31 OLG München AnwBl 1979, 440 = JurBüro 1979, 1672; Mayer/Kroiß/*Ebert* RVG § 48 Rn. 118 ff.

32 Hartung/Römermann/Schons/*Hartung* RVG § 39 Rn. 18; Schneider/Wolf/*Thiel* RVG § 39 Rn. 14.

33 *H. Schneider* FamRB 2010, 384 (388) mit Bsp.

34 Schneider/Wolf/*Thiel* RVG § 39 Rn. 15 f. mit Bsp.; Mayer/Kroiß/*Ebert* RVG § 39 Rn. 35 ff.; *H. Schneider* FamRB 2010, 384 (388) mit Beispiel.

35 *H. Schneider* FamRB 2010, 384 (388) mit Bsp.

36 *H. Schneider* FamRB 2010, 384 (388) mit Bsp.

37 Mayer/Kroiß/*Ebert* RVG § 39 Rn. 33.

38 Vgl. *Burhoff* RVGreport 2011, 327 ff.

zur Zahlung des Vorschusses aufgefordert hat. Dazu wird die Übersendung einer Ablichtung der an den Antragsgegner gerichteten Berechnung und des Mahnschreibens genügen.[39]

30 **d) Gegenstandswert.** Gegen die Staatskasse können **nur** hinsichtlich der Gegenstände Ansprüche entstehen, die von der **Beiordnung erfasst** sind.[40]

Beispiel:

Gegenstandswert von Scheidung (10.000,– EUR), elterlicher Sorge (900,– EUR), Versorgungsausgleich (1.000,– EUR), Unterhalt 5.000,– EUR. Der Antragsgegner ist mit der Zahlung in Verzug.
Anspruch gegen die Staatskasse,
(wobei es unerheblich ist, in welchem Umfang der Antragsgegner den RA bevollmächtigt hat)

1,3 Verfahrensgebühr aus 10.900,– EUR aus PKH-Tabelle	460,20 EUR
1,2 Terminsgebühr aus 10.900,– EUR aus PKH-Tabelle	424,80 EUR
Pauschale	20,00 EUR
19 % USt	171.95 EUR
Summe	1.076,95 EUR

31 **e) Anrechnung von Teilzahlungen. § 58 Abs. 2 RVG** ist **entsprechend** anzuwenden, so dass die Teilzahlung zuerst auf die Wahlanwaltsvergütung erfolgt.[41]

32 **f) Fälligkeit und Festsetzung.** Die Fälligkeit richtet sich nach **§ 8 RVG.** Die Festsetzung erfolgt gem. **§ 55 RVG.**[42]

33 **g) Forderungsübergang.** Der Anspruch des Anwalts gegen die Partei, der er beigeordnet ist, geht in Höhe der Zahlung der **Staatskasse** gem. § 59 Abs. 1 RVG auf diese über.[43]

34 **h) Hindernisse für Geltendmachung. § 54 RVG** ist anzuwenden.

35 **i) Aufhebung der Beiordnung/Erteilung des Auftrags.** Wird die Beiordnung aufgehoben, zB weil der Antragsgegner einen neuen RA beauftragt hat, so **bleibt** der **Anspruch** des beigeordneten RA gegen die Staatskasse hinsichtlich zuvor bei ihm angefallener Gebühren und Auslagen **bestehen.**[44] Der Vergütungsanspruch gegen die Staatskasse erlischt auch nicht dadurch, dass der Antragsgegner dem RA einen Verfahrensauftrag erteilt.[45]

5. Ansprüche gegen Verfahrensgegner

36 Der nach § 138 FamFG beigeordnete RA erlangt **keinen Anspruch gegen** den **Antragsteller** des Verfahrens, auch nicht, wenn dieser in die Kosten des Rechtsstreits verurteilt worden ist. Im Gegensatz zu § 41 RVG verweist § 39 RVG nicht auf § 126 ZPO.[46]

6. Prozesskostenhilfe

37 Ist die Partei bedürftig, so kann ihr auf Antrag PKH bewilligt und der RA beigeordnet werden. Dann gelten **uneingeschränkt** die Vorschriften für den beigeordneten PKH-Anwalt (§§ 45 ff. RVG).

III. Nach § 109 Abs. 3 StVollzG oder § 119 Abs. 6 StVollzG beigeordneter RA (Abs. 2)

1. Anwendungsbereich

38 Nach Abs. 2 kann der im Rahmen von Strafvollzugsmaßnahmen nach den § 109 Abs. 3 StVollzG oder § 119a Abs. 6 StVollzG von Amts wegen beigeordnete RA die Vergütung eines zum Verfahrensbevollmächtigten bestellten RA und einen Vorschuss verlangen.[47]

2. Umfang der Beiordnung

39 Durch eine Beiordnung nach § 109 Abs. 3 StVollZG oder nach § 119a Abs. 6 StVollZG wird der beigeordnete RA nicht lediglich Beistand. Er wird vielmehr Vertreter des Gefangenen/Untergebrachten.[48]

---

[39] *H. Schneider* FamRB 2010, 384 (388); *Burhoff* RVGreport 2011, 327 (328).
[40] → Rn. 4, 5.
[41] Schneider/Wolf/*Thiel* RVG § 39 Rn. 16.
[42] Mayer/Kroiß/*Ebert* RVG § 39 Rn. 34; *H. Schneider* FamRB 2010, 384 (388).
[43] Schneider/Wolf/*Thiel* RVG § 39 Rn. 17; *H. Schneider* FamRB 2010, 384 (388).
[44] Hartung/Schons/Enders/*Hartung* RVG § 39 Rn. 10.
[45] *H. Schneider* FamRB 2010, 384 (389).
[46] Mayer/Kroiß/*Ebert* RVG § 39 Rn. 38; Schneider/Wolf/*Thiel* RVG § 39 Rn. 22; *H. Schneider* FamRB 2010, 384 (387).
[47] *Wolf* Rpfleger 2013, 365 ff.
[48] BT-Drs. 17/9874, 27; Mayer/Kroiß/*Ebert* RVG § 39 Rn. 11; Schneider/Wolf/*Thiel* RVG § 39 Rn. 26.

Die Beiordnung erfolgt nur für einen **bestimmten Antrag** in einem bereits anhängigen gerichtlichen Verfahren nach § 109 Abs. 1 StVollzG. Sie endet mit der rechtskräftigen Entscheidung über diesen Antrag oder andernfalls mit dessen Rücknahme. Dies gilt entsprechend hinsichtlich der Beiordnung für eine konkrete strafvollzugsbegleitende gerichtliche Kontrolle nach § 119 a Abs. 1 StVollzG, die jedoch von Amts wegen durchgeführt wird. Eine Antragsrücknahme scheidet demzufolge aus.[49] 40

3. Anspruch gegen den Gefangenen/Untergebrachten

a) Gebühren/Auslagen. Infolge der Beiordnung steht dem beigeordneten RA die Vergütung eines zum Verfahrensbevollmächtigten bestellten RA zu. Die wird nach VV Teil 3 RVG berechnet. Er kann also folgende Gebühren geltend machen: Verfahrensgebühr VV 3100 RVG oder VV 3101 RVG, Terminsgebühr VV 3104 RVG oder VV 3105 RVG. Gegebenenfalls eine Erledigungsgebühr VV 1002 RVG oder VV 1004 RVG. Eine Einigungsgebühr VV 1000 RVG kann nicht anfallen.[50] Der RA erhält auch seine **Auslagen.** 41

b) Vorschuss. Der beigeordnete RA **kann** einen Vorschuss nach § 9 RVG von dem Vertretenen verlangen. 42

c) Gegenstandswert. Der Gegenstandswert bestimmt sich nach den §§ 60, 52 Abs. 1–3 GKG. Entscheidend ist die Bedeutung der Angelegenheit für den Vertretenen wie zB die Auswirkungen eines Erfolges des Antrags.[51] Der Streitwert in Strafvollzugssachen wird angesichts der geringen finanziellen Leistungsfähigkeit der meisten Gefangenen eher niedrig festgesetzt, muss aber andererseits so hoch bemessen sein, dass die Tätigkeit des RA wirtschaftlich vertretbar erscheint. Liegen für die Bestimmung des Wertes keine genügenden Anhaltspunkte vor, ist ein Streitwert von 5.000,– EUR anzunehmen. Fraglich ist, ob es im Hinblick auf § 52 Abs. 2 GVK zulässig ist, stets diesen Auffangwert in Ansatz zu bringen.[52] 43

4. Vergütung aus der Staatskasse (§ 45 Abs. 2 RVG)

Der beigeordnete RA kann seine Vergütung nach § 45 Abs. 2 RVG aus der Staatskasse verlangen. Voraussetzung ist jedoch, dass Verzug vorliegt (§ 45 Abs. 2 RVG). Dem RA steht gegen die Staatskasse allerdings nur ein Anspruch auf Vergütung eines PKH-Anwaltes zu. Seine Vergütung richtet sich nach Abschnitt 8 des RVG, so dass ab einem Gebührenwert von mehr als 4.000,– EUR die **Tabelle** des **§ 49 RVG** gilt.[53] 44

Erhaltene Teilzahlungen sind nach **§ 58 Abs. 2 RVG** anzurechnen.[54] 45

§ 40 Als gemeinsamer Vertreter bestellter Rechtsanwalt

Der Rechtsanwalt kann von den Personen, für die er nach § 67a Abs. 1 Satz 2 der Verwaltungsgerichtsordnung bestellt ist, die Vergütung eines von mehreren Auftraggebern zum Prozessbevollmächtigten bestellten Rechtsanwalts und einen Vorschuss verlangen.

Schrifttum: *Burhoff,* Vorschuss vom Auftraggeber (§ 9), RVGreport 2011, 365; *Burhoff,* Vorschuss aus der Staatskasse (§ 47), RVGreport 2011, 327; *Burhoff,* So verlangen Sie vom Auftraggeber das Richtige, RVG prof. 2014, 116; *Hansens,* Die Änderungen der BRAGO aufgrund des Rechtspflege-Vereinfachungsgesetzes und des Vierten Gesetzes zur Änderung der VwGO, NJW 1991, 1137.

Übersicht

49 Mayer/Kroiß/*Ebert* RVG § 39 Rn. 11, 17.

50 Zu allem Mayer/Kroiß/*Ebert* RVG § 39 Rn. 21; Schneider/Wolf/*Thiel* RVG § 39 Rn. 27.

51 KG RVGreport 2014, 32 = StRR 2014, 262; RVGreport 2015, 34; OLG Celle AGS 2010, 224; OLG Koblenz StraFo 2013, 305; zum Gegenstandswert in Strafvollzugssachen → Anh. VII Rn. 24 ff.

52 Vgl. – verneinend – KG RVGreport 2007, 312 = AGS 2007, 353 mAnm *Volpert;* RVGreport 2014, 323 = StRR 2014, 262; Mayer/Kroiß/*Ebert* RVG § 39 Rn. 22.

53 Schneider/Wolf/*Thiel* RVG § 39 Rn. 31.

54 Schneider/Wolf/*Thiel* RVG § 39 Rn. 32.

I. Allgemeines

1 Nach § 67a Abs. 1 S. 1 VwGO kann das Gericht, wenn an einem Rechtsstreit **mehr als zwanzig Personen** im gleichen Interesse beteiligt sind, ohne durch einen Prozessbevollmächtigten vertreten zu sein, den Beteiligten durch Beschluss aufgeben, innerhalb einer angemessenen Frist einen gemeinsamen Bevollmächtigten zu bestellen, wenn sonst die ordnungsgemäße Durchführung des Rechtsstreits beeinträchtigt wäre. Bestellen die Beteiligten einen gemeinsamen Bevollmächtigten nicht innerhalb der gesetzten Frist, so kann das Gericht gem. § 67a Abs. 1 S. 2 VwGO einen RA als gemeinsamen Vertreter durch Beschluss bestellen. Die Beteiligten können dann Verfahrenshandlungen nur durch den gemeinsamen Vertreter vornehmen (§ 67a Abs. 1 S. 3 VwGO). Die Vertretungsmacht erlischt, sobald der Vertreter oder der Vertretene dies dem Gericht erklärt; gibt der Vertretene eine solche Erklärung ab, so erlischt die Vertretungsmacht nur, wenn zugleich die Bestellung eines anderen Bevollmächtigten angezeigt wird (§ 67 Abs. 2 VwGO).

II. Anwendungsbereich

2 § 40 RVG bestimmt, dass der nach § 67a VwGO zum gemeinsamen Vertreter bestellte RA von den Personen, für die er bestellt ist, die Vergütung eines von mehreren Auftraggebern zum Prozessbevollmächtigten bestellten RA verlangen kann. Der Vergütungsanspruch des RA richtet sich **unmittelbar gegen** die **Vertretenen,** obwohl er von ihnen nicht beauftragt ist.[1] Dies gilt auch dann, wenn die Vertretenen dem RA keine Vollmacht erteilen, selbst wenn sie mit der Bestellung nicht einverstanden sind.[2]

III. Vergütungsanspruch gegen die Vertretenen

3 Der RA kann **alle Gebühren** nach VV 3100 ff. RVG verlangen, soweit durch seine Tätigkeit die Tatbestandsvoraussetzungen erfüllt sind.[3] Nach § 40 RVG kann der RA die „Vergütung eines von mehreren Auftraggebern zum Prozessbevollmächtigten bestellten RA verlangen". Damit ist die in § 7 RVG geregelte Vergütung gemeint, die ein Prozessbevollmächtigter als Wahlanwalt fordern kann.[4] Nach § 7 Abs. 1 RVG erhält der RA, der in derselben Angelegenheit für mehrere Auftraggeber tätig wird, die Gebühren nur einmal. Da der RA nach § 67a Abs. 1 S. 2 VwGO aber für mindestens zwanzig Beteiligte bestellt wird, erhöht sich die Verfahrensgebühr nach VV 1008 RVG um 2,0 soweit der Gegenstand der anwaltlichen Tätigkeit derselbe ist. Diese Voraussetzung ist bei der Anwendung von § 67a Abs. 1 S. 2 VwGO erfüllt.[5] Der RA erhält also in der ersten Instanz eine Verfahrensgebühr iHv 3,3 (1,3 Verfahrensgebühr VV 3100 RVG zzgl. 2,0 Erhöhungsgebühr VV 1008 RVG).

IV. Vergütungsanspruch gegen die Landeskasse (§ 45 Abs. 2 RVG)

4 Nach § 45 Abs. 2 RVG kann der RA eine Vergütung aus der Landeskasse verlangen, wenn der Vertretene mit der Zahlung der Vergütung in **Verzug** ist. Der RA muss sich wegen seiner Vergütung also zunächst an den Vertretenen halten. Es genügt der Verzug eines Vertretenen.[6] Kommt dieser in Verzug, zahlt er auf Mahnung oder auf Festsetzung gem. § 11 nicht, kann der RA eine Vergütung aus der Landeskasse verlangen. Die Landeskasse muss die Vergütung nach Maßgabe von § 7 Abs. 2 RVG zahlen.

---

[1] *Hansens* NJW 1991, 1137 (1140).
[2] *Hansens* NJW 1991, 1137 (1140); Schneider/Wolf/*N. Schneider* RVG § 40 Rn. 4; *H. Schneider* FamRB 2010, 384 (387) für § 39.
[3] *Hansens* NJW 1991, 1137; Hartung/Schons/Enders/*Hartung* RVG § 40 Rn. 7.
[4] Schneider/Wolf/*N. Schneider* RVG § 40 Rn. 5; Mayer/Kroiß/*Mayer* RVG § 40 Rn. 5.
[5] Schneider/Wolf/*N. Schneider* RVG § 40 Rn. 5; Mayer/Kroiß/*Mayer* RVG § 40 Rn. 5.
[6] *von Eicken* AnwBl 1991, 187; Schneider/Wolf/*N. Schneider* RVG § 40 Rn. 8; Mayer/Kroiß/*Mayer* RVG § 40 Rn. 5.

Die Landeskasse ist jedoch nicht verpflichtet, die vollen Wahlanwaltskosten zu zahlen. Der RA hat gegen die Landeskasse nur Anspruch auf eine Vergütung wie ein PKH-Anwalt. Es gelten die Vorschriften des **§ 49 RVG.** 5

Wegen weiterer Einzelheiten vgl. die Erläuterungen zu §§ 45 Abs. 2, 49 RVG.

V. Vorschuss

Von den Vertretenen kann der bestellte RA nach § 40 RVG einen Vorschuss fordern.[7] 6

Für den Anspruch gegen die **Landeskasse** nach § 45 Abs. 2 RVG gilt: Hat der RA von den Vertretenen, für die er nach § 67a VwGO bestellt worden ist, nach § 40 RVG einen Vorschuss verlangt und befindet sich eine der zur Zahlung verpflichteten Personen, für die er bestellt worden ist, mit der Zahlung des Vorschusses in Verzug, so kann der RA nach § 47 Abs. 1 S. 2 RVG einen angemessenen Vorschuss für die entstandenen Gebühren und für die entstandenen und voraussichtlich entstehenden Auslagen aus der Landeskasse fordern.[8] 7

VI. Fälligkeit und Festsetzung der Vergütung

Ist die Vergütung gem. **§ 8 RVG** fällig geworden, kann der RA seine Vergütung von den Vertretenen fordern. Die Vergütung ist die Vergütung, die ein Prozessbevollmächtigter als Wahlanwalt fordern kann. 8

Die Festsetzung der Vergütung gegen die Landeskasse richtet sich nach **§ 55.** 9

VII. Auslagen

Neben seinem Vergütungsanspruch hat der RA nach § 7 Abs. 2 RVG gegen die Personen, für die er bestellt worden ist, Anspruch auf die Erstattung von Auslagen nach **VV Teil 7 RVG.** Gegen die Landeskasse folgt der Auslagenanspruch aus § 46 RVG. Es gilt § 7 Abs. 2 RVG. 10

VIII. Weitere Ansprüche – Prozesskostenhilfe

Auch nach Zahlung der Vergütung aus der Landeskasse kann der RA den Unterschied zwischen der Wahlanwaltsvergütung und der Vergütung nach den Sätzen des § 49 RVG von dem Vertretenen fordern. 11

Will der Vertretene die Inanspruchnahme wegen der Anwaltskosten **vermeiden,** weil er zur Zahlung nicht in der Lage ist, muss er die Bewilligung von **PKH** beantragen.[9]

§ 41 Prozesspfleger

[1] Der Rechtsanwalt, der nach § 57 oder § 58 der Zivilprozessordnung dem Beklagten als Vertreter bestellt ist, kann von diesem die Vergütung eines zum Prozessbevollmächtigten bestellten Rechtsanwalts verlangen. [2] Er kann von diesem keinen Vorschuss fordern. [3] § 126 der Zivilprozessordnung ist entsprechend anzuwenden.

Übersicht

---

[7] Vgl. zum Vorschuss nach § 9 RVG *Burhoff* RVGreport 2011, 365.

[8] Vgl. die Kommentierung zu § 47 RVG; Schneider/Wolf/*N. Schneider* RVG § 40 Rn. 8ff. mwN zur Frage, ob es ausreicht, wenn nur eine der vertretenen Personen in Verzug ist; *Burhoff* RVGreport 2011, 327.

[9] Hartung/Schons/Enders/*Hartung* RVG § 40 Rn. 18.

I. Allgemeines

1 Soll eine nicht prozessfähige Partei verklagt werden, die ohne gesetzlichen Vertreter ist, so hat ihr gem. § 57 Abs. 1 ZPO der Vorsitzende des Prozessgerichtes, falls mit dem Verzug Gefahr verbunden ist, auf Antrag bis zum Eintritt des gesetzlichen Vertreters einen besonderen Vertreter zu bestellen. Denn **Gefahr in Verzug** ist Voraussetzung für die Bestellung eines besonderen Vertreters und dass die verklagte Partei überhaupt keinen gesetzlichen Vertreter hat oder dieser – etwa durch Doppelvertretung – rechtlich verhindert ist.[1]

§ 57 Abs. 2 ZPO lässt die Bestellung eines Vertreters nach dem Ermessen des Vorsitzenden des Prozessgerichts zu, wenn ein Prozessunfähiger an seinem Aufenthaltsort verklagt werden soll, der (ggf. existente) gesetzliche Vertreter sich jedoch dort nicht aufhält.[2]

§ 58 Abs. 1 ZPO betrifft den Fall, dass ein Recht an einem Grundstück, das von dem bisherigen Eigentümer nach § 928 BGB aufgegeben und von einem Aneignungsberechtigten noch nicht erworben ist, im Wege der Klage geltend gemacht wird; der Vorsitzende des Prozessgerichtes hat auf Antrag einen Vertreter zu bestellen, dem bis zur Eintragung des neuen Eigentümers die Wahrnehmung der sich aus dem Eigentum ergebenden Rechte und Verpflichtungen obliegt.

Nach § 58 Abs. 2 ZPO gilt Abs. 1 des § 58 ZPO entsprechend, wenn im Wege der Klage ein Recht an einem eingetragenen Schiff oder Schiffsbauwerk geltend gemacht wird, das von dem bisherigen Eigentümer aufgegeben und von dem Aneignungsberechtigten noch nicht erworben worden ist.

Der Gesetzgeber beabsichtigte mit der Regelung des § 41, für den nach den § 57 ZPO oder § 58 ZPO bestellten Prozesspfleger einen gesetzlichen Vergütungsanspruch vergleichbar mit den Regelungen in den §§ 39, 40 RVG gegen den von ihm vertretenen Beklagten zu begründen.[3]

Strittig ist, ob eine **berufsrechtliche Verpflichtung** besteht, die Aufgaben eines Prozesspflegers zu übernehmen.[4]

II. Vergütung im Verfahren auf Bestellung

2 Die auf Bestellung des Vertreters gerichtete Tätigkeit des RA gehört nach § 19 Abs. 1 S. 2 Nr. 3 RVG zum Rechtszug und begründet für den in der Hauptsache später bestellten Prozesspfleger keine besonderen Gebühren, seine Tätigkeit wird durch die Vergütung in der Hauptsache abgegolten.[5]

Kommt es nicht zur Bestellung, liegt ein Auftrag zur Einzeltätigkeit vor, der nach VV 3403 RVG zu vergüten ist.[6]

III. Die Gebühren des Vertreters

3 Sobald ein RA nach § 57 ZPO oder § 58 ZPO als Vertreter bestellt worden ist, entsteht sein **Vergütungsanspruch kraft Gesetzes.**[7] Der bestellte Vertreter kann von dem Beklagten die Vergütung eines zum Prozessbevollmächtigten bestellten Rechtsanwalts verlangen; es gelten die Gebühren nach VV Teil 3 RVG unmittelbar,[8] auch Regelungen der §§ 2, 5, 8, 10, 13 ff. RVG gelten entsprechend.[9]

Auch wenn der Beklagte dem Vertreter keine Vollmacht erteilt, selbst wenn er mit der Beiordnung nicht einverstanden ist, hat der Vertreter gegen ihn einen Vergütungsanspruch.

---

[1] Mayer/Kroiß/*Ebert* RVG § 41 Rn. 1; Schneider/Wolf/*N. Schneider* RVG § 41 Rn. 2.
[2] Mayer/Kroiß/*Ebert* RVG § 41 Rn. 2; Schneider/Wolf/*N. Schneider* RVG § 41 Rn. 2.
[3] BT-Drs. 15/1971, 198.
[4] Keine Verpflichtung Hartung/Schons/Enders/*Hartung* RVG § 41 Rn. 5; aA wohl Hartmann/Toussaint/*Toussaint* RVG § 41 Rn. 5, RA als Organ der Rechtspflege darf sein Handeln nicht von einem Vorschuss abhängig machen und Riedel/Sußbauer/Pankatz RVG § 41 Rn. 4.
[5] Schneider/Wolf/*N. Schneider* RVG § 41 Rn. 5.
[6] Schneider/Wolf/*N. Schneider* RVG § 41 Rn. 6.
[7] Mayer/Kroiß/*Ebert* RVG § 41 Rn. 5.
[8] Schneider/Wolf/*N. Schneider* RVG § 41 Rn. 8.
[9] Mayer/Kroiß/*Ebert* RVG § 41 Rn. 5; Schneider/Wolf/*Schneider* RVG § 41 Rn. 9.

IV. Kein Vorschuss

Der beigeordnete RA kann nach § 41 S. 2 RVG vom Vertretenen **keinen Vorschuss** fordern, er muss vielmehr die Fälligkeit seiner Vergütung abwarten. Insoweit unterscheidet sich die Stellung des Prozesspflegers von derjenigen des nach § 138 FamFG, auch iVm § 270 FamFG beigeordneten oder nach § 67a Abs. 1 S. 2 VwGO bestellten RA, die nach § 39 S. 1 RVG bzw. § 40 RVG jeweils einen Vorschuss verlangen dürfen.[10] Strittig ist, ob diese Differenzierung sachlich gerechtfertigt ist.[11] 4

Hat der Beklagte dem beigeordneten RA Prozessvollmacht erteilt, kann dieser nunmehr Vorschuss fordern. Wird der Vorschuss aber nicht gezahlt, kann der RA zwar seine Vollmacht niederlegen, er bleibt aber verpflichtet, weiterhin als Beistand tätig zu werden.

V. Fälligkeit der Vergütung

Ist die Vergütung gem. § 8 RVG fällig geworden, kann der RA seine Vergütung von dem Beklagten fordern. Die Vergütung als Prozessbevollmächtigter wird aber nicht fällig, wenn der RA – zB nach Niederlegung der Prozessvollmacht, weil kein Vorschuss gezahlt worden ist – weiterhin als Beistand tätig bleiben muss. Denn dann würde die Einforderung der Vergütung das Verlangen auf Zahlung eines Vorschusses als Beistand darstellen, was unzulässig ist. 5

Die Vergütung des beigeordneten RA ist die Vergütung, die ein Prozessbevollmächtigter als Wahlanwalt fordern kann.

VI. Vergütungsfestsetzung

Unter der Voraussetzung, dass ein gesetzlicher Vertreter mittlerweile vorhanden ist, kann der RA auch im Falle des § 41 RVG die Vergütung gegen den eigenen Mandanten nach § 11 RVG festsetzen lassen.[12] 6

VII. Beitreibung der Rechtsanwaltskosten beim Kläger

Nach § 41 S. 3 ist § 126 ZPO entsprechend anzuwenden. Nach § 126 Abs. 1 ZPO sind die für eine Partei bestellten Rechtsanwälte berechtigt, ihre Gebühren und Auslagen von dem in die Prozesskosten verurteilten Gegner im eigenen Namen beizutreiben. Nach Abs. 2 S. 1 des § 126 ZPO ist eine Einrede aus der Person der Partei nicht zulässig, nach § 126 Abs. 2 S. 2 ZPO kann der Gegner mit Kosten aufrechnen, die nach der in demselben Rechtsstreit über die Kosten erlassenen Entscheidung von der Partei zu erstatten sind. 7

VIII. Anspruch gegen die Staatskasse

Nach § 45 Abs. 1 RVG hat ein nach § 57 ZPO oder § 58 ZPO zum Prozesspfleger bestellter RA einen Anspruch auf die gesetzliche Vergütung gegen die Staatskasse. Voraussetzung für die Inanspruchnahme der Staatskasse ist hier nicht, dass der Beklagte mit der von ihm geschuldeten Zahlung in Verzug ist, dies beruht darauf, dass dieser bspw. im Falle des § 57 ZPO prozessunfähig ist und somit, solange er nicht einen gesetzlichen Vertreter hat, nicht gemahnt werden kann.[13] 8

Die Höhe der Vergütung aus der Staatskasse richtet sich nach § 49 RVG; es gelten somit die im Vergleich zu den Gebühren des Wahlanwaltes geringeren Gebühren der Prozesskostenhilfe.[14]

Unter den Voraussetzungen des § 47 Abs. 1 S. 1 RVG hat der RA gegen die Staatskasse auch einen Anspruch auf Zahlung eines Vorschusses.[15]

Die Festsetzung der Vergütung gegen die Staatskasse[16] und des Vorschusses[17] erfolgen nach § 55 RVG.

---

[10] Mayer/Kroiß/*Ebert* RVG § 41 Rn. 10.

[11] Differenzierung konsequent, da ein Anspruch auf Kostenvorschuss gegen eine prozessunfähige Person ohnehin nicht durchsetzbar wäre Mayer/Kroiß/*Ebert* RVG § 41 Rn. 10; Riedel/Sußbauer/*Pankatz* RVG § 41 Rn. 7; aA Hartung/Römermann/Schons/*Hartung* RVG § 41 Rn. 7 ff; Hartung/Schons/Enders/*Hartung* RVG § 41 Rn. 16.

[12] Mayer/Kroiß/*Ebert* RVG § 41 Rn. 8; Schneider/Wolf/*N. Schneider* RVG § 41 Rn. 14.

[13] Schneider/Wolf/*N. Schneider* RVG § 41 Rn. 17.

[14] Schneider/Wolf/*N. Schneider* RVG § 41 Rn. 18.

[15] Mayer/Kroiß/*Ebert* RVG § 41 Rn. 14; Schneider/Wolf/*N. Schneider* RVG § 41 Rn. 21.

[16] Mayer/Kroiß/*Ebert* RVG § 41 Rn. 13; Schneider/Wolf/*N. Schneider* RVG § 41 Rn. 20.

[17] Schneider/Wolf/*N. Schneider* RVG § 41 Rn. 23.

§ 41a Vertreter des Musterklägers

(1) [1]Für das erstinstanzliche Musterverfahren nach dem Kapitalanleger-Musterverfahrensgesetz kann das Oberlandesgericht dem Rechtsanwalt, der den Musterkläger vertritt, auf Antrag eine besondere Gebühr bewilligen, wenn sein Aufwand im Vergleich zu dem Aufwand der Vertreter der beigeladenen Kläger höher ist. [2]Bei der Bemessung der Gebühr sind der Mehraufwand sowie der Vorteil und die Bedeutung für die beigeladenen Kläger zu berücksichtigen. [3]Die Gebühr darf eine Gebühr mit einem Gebührensatz von 0,3 nach § 13 Absatz 1 nicht überschreiten. [4]Hierbei ist als Wert die Summe der in sämtlichen nach § 8 des Kapitalanleger-Musterverfahrensgesetzes ausgesetzten Verfahren geltend gemachten Ansprüche zugrunde zu legen, soweit diese Ansprüche von den Feststellungszielen des Musterverfahrens betroffen sind, höchstens jedoch 30 Millionen Euro. [5]Der Vergütungsanspruch gegen den Auftraggeber bleibt unberührt.

(2) [1]Der Antrag ist spätestens vor dem Schluss der mündlichen Verhandlung zu stellen. [2]Der Antrag und ergänzende Schriftsätze werden entsprechend § 12 Absatz 2 des Kapitalanleger-Musterverfahrensgesetzes bekannt gegeben. [3]Mit der Bekanntmachung ist eine Frist zur Erklärung zu setzen. [4]Die Landeskasse ist nicht zu hören.

(3) [1]Die Entscheidung kann mit dem Musterentscheid getroffen werden. [2]Die Entscheidung ist dem Musterkläger, den Musterbeklagten, den Beigeladenen sowie dem Rechtsanwalt mitzuteilen. [3]§ 16 Absatz 1 Satz 2 des Kapitalanleger-Musterverfahrensgesetzes ist entsprechend anzuwenden. [4]Die Mitteilung kann durch öffentliche Bekanntmachung ersetzt werden, § 11 Absatz 2 Satz 2 des Kapitalanleger-Musterverfahrensgesetzes ist entsprechend anzuwenden. [5]Die Entscheidung ist unanfechtbar.

(4) [1]Die Gebühr ist einschließlich der anfallenden Umsatzsteuer aus der Landeskasse zu zahlen. [2]Ein Vorschuss kann nicht gefordert werden.

Übersicht

I. Allgemeines

1 Die Vorschrift wurde mWv 1.11.2012 durch das **Gesetz zur Reform des Kapitalanleger-Musterverfahrensgesetzes und zur Änderung anderer Vorschriften** v. 19.10.2012[1] eingeführt. Im Rahmen der Evaluation des KapMuG war nämlich festgestellt worden, dass dem Musterkläger eine herausragende Bedeutung für die Führung des Musterverfahrens zukommt. In der Praxis hatte sich erwiesen, dass die Beigeladenen selbst kaum aktiv an dem Musterverfahren teilnehmen und sich stattdessen weitgehend auf die Prozessführung des Musterklägers verlassen.[2] Auf den Prozessbevollmächtigten des Musterklägers **(Musterklägervertreter)** entfällt daher der überwiegende Arbeitsanteil im Musterverfahren auf Klägerseite, von dem die Beigeladenen profitieren. Der Musterklägervertreter erhielt jedoch bis dato keine gesonderte Gebühr für das Musterverfahren, da das erstinstanzliche Verfahren und der erste Rechtszug des Musterverfahrens nach § 16 Nr. 13 RVG dieselbe Angelegenheit bilden.[3] Dem Gesetzgeber erschien es daher angemessen, dem Musterklägervertreter eine **zusätzliche Vergütung** zukommen zu lassen.[4]

2 Da der Arbeitsaufwand des Musterklägervertreters nicht nur dem Musterkläger, sondern allen Beteiligten auf Klägerseite zu Gute kommt, war es nach Auffassung des Gesetzgebers sach-

[1] BGBl. 2012 I 2182.
[2] BT-Drs. 17/8799, 28.
[3] BT-Drs. 17/8799, 28.
[4] BT-Drs. 17/8799, 28.

gerecht, eine Lösung zu wählen, die **sämtliche Kläger an der Finanzierung einer zusätzlichen Vergütung** für den Vertreter des Musterklägers **angemessen beteiligt.** Es wurde daher für den Musterklägervertreter eine aus der Staatskasse zu zahlende zusätzliche Gebühr eingeführt, die nach Abschluss des Musterverfahrens als gerichtliche Auslage auf die einzelnen zugrunde liegenden Verfahren verteilt wird.[5] Da die für den Musterkläger zu zahlende zusätzliche Gebühr zzgl. anteiliger Umsatzsteuer aus der Staatskasse bezahlt wird, wird der gezahlte Betrag zu einer Auslage des Musterverfahrens (vgl. KV 9007 GKG),[6] nach KV 9018 GKG werden die Auslagen des Musterverfahrens im Verhältnis der geltend gemachten Forderungen auf die einzelnen Verfahren verteilt. Auf diese Weise werden die zusätzlichen Rechtsanwaltskosten des Musterverfahrens in gleicher Weise wie zB eventuelle Sachverständigenkosten auf alle Kläger verteilt, ohne dass sich das Kostenrisiko des Einzelnen über Gebühr erhöht.[7]

Auf das Rechtsbeschwerdeverfahren nach § 20 KapMuG ist die Regelung des § 41a RVG nicht entsprechend anwendbar.[8] Weder besteht eine planwidrige Regelungslücke noch ist die Interessenlage vergleichbar. Der Gesetzgeber wollte mit § 41a Abs. 1 S. 1 RVG einen Ausgleich dafür schaffen, dass das Musterverfahren beim Oberlandesgericht keine gesonderte Gebühr auslöst, weil es mit dem ausgesetzten Ausgangsverfahren dieselbe Angelegenheit im Sinne des § 16 Nr. 13 RVG bildet. Hieraus wird nach dem BGH deutlich, dass der Gesetzgeber die Bewilligungsmöglichkeit der besonderen Gebühr nach § 41a RVG nicht auch auf das Rechtsbeschwerdeverfahren erstrecken wollte, denn dieses bildet bezogen auf das Ausgangsverfahren gebührenrechtlich eine neue, hiervon verschiedene Angelegenheit (§ 17 Nr. 1 RVG).[9] 2a

II. Voraussetzungen für die zusätzliche Gebühr (Abs. 1 S. 1)

Nach § 41a Abs. 1 S. 1 RVG kann für das erstinstanzliche Musterverfahren nach Kapitalanleger-Musterverfahrensgesetz das Oberlandesgericht dem RA, der den Musterkläger vertritt, **auf Antrag eine besondere Gebühr** bewilligen, wenn sein Aufwand im Vergleich zu dem Aufwand der Vertretung der beigeladenen Kläger höher ist. 3

1. Ermessensentscheidung

Nach dem Vergütungstatbestand kann das Oberlandesgericht dem RA eine besondere Gebühr bewilligen. Das Oberlandesgericht hat somit den nötigen Ermessensspielraum, um allen Fallgestaltungen gerecht werden zu können. So kann das Gericht auch angemessen reagieren, wenn ein Musterkläger während des Verfahrens ausscheidet und das Verfahren von einem anderen Musterkläger fortgesetzt wird und bspw. einem der Musterklägervertreter keine oder beiden eine niedrigere Gebühr zuerkennen.[10] 4

2. Erhöhter Aufwand des Musterklägervertreters

Die Ermessensentscheidung des Oberlandesgerichts, eine besondere Gebühr zu bewilligen, setzt voraus, dass der Aufwand des Musterklägervertreters im Vergleich zu dem Aufwand der Vertreter der beigeladenen Kläger höher ist. Die Gebühr soll somit nur bewilligt werden, soweit der Musterklägervertreter tatsächlich im Vergleich zu den Vertretern der Beigeladenen auf Klägerseite einen **vergütungsrechtlich relevanten Mehraufwand** hatte.[11] Die Zusatzgebühr scheidet daher aus, wenn sich die Vertreter der Beigeladenen in vergleichbarer Weise an dem Musterverfahren beteiligen wie der RA des Musterklägers. In diesen Fällen ist nach Auffassung des Gesetzgebers eine höhere Vergütung für den Musterklägervertreter nicht gerechtfertigt.[12] 5

3. Antrag

Die besondere Gebühr kann nur auf Antrag bewilligt werden, § 41a Abs. 1 S. 1 RVG. Antragsberechtigt ist der RA, der den Musterkläger vertritt.[13] 6

---

[5] BT-Drs. 17/8799, 28.
[6] BT-Drs. 17/8799, 28.
[7] BT-Drs. 17/8799, 29.
[8] BGH Beschl. v. 22.11.2016 – XI ZB 9/13, BeckRS 2016, 113930 = NZG 2017, 378.
[9] BGH Beschl. v. 22.11.2016 – XI ZB 9/13, BeckRS 2016, 119393 = NZG 2017, 378.
[10] BT-Drs. 17/8799, 29.
[11] BT-Drs. 17/8799, 29.
[12] BT-Drs. 17/8799, 29.
[13] *Fölsch* NJW 2013, 507 ff. (509).

III. Bemessung der zusätzlichen Gebühr

7 Nach § 41a Abs. 1 S. 2 RVG ist bei der konkreten Bemessung der Zusatzgebühr der Mehraufwand des Musterklägervertreters sowie der Vorteil und die Bedeutung des Musterverfahrens für die beigeladenen Kläger zu berücksichtigen. Hierbei ist insbes. einzubeziehen, mit welchem Anteil der Musterkläger am Gesamtgegenstand des Musterverfahrens beteiligt ist. Repräsentiert der Musterkläger auf den Gesamtgegenstand bezogen bereits einen großen Anteil, ist die Bedeutung für die übrigen Kläger geringer einzuschätzen als in den Fällen, in denen die Mehrheit der Anteile auf die beigeladenen Kläger entfallen.[14] Teilweise wird auch vertreten, dass neben den in § 41 Abs. 1 S. 2 RVG genannten Bemessungskriterien, nämlich Mehraufwand des Musterklägervertreters, Vorteil und Bedeutung für die Beigeladenen auch **die übrigen Bemessungskriterien** aus § 14 Abs. 1 RVG, also insbes. Umfang und Schwierigkeit der anwaltlichen Tätigkeit, Einkommens- und Vermögensverhältnisse des Auftraggebers und besonderes Haftungsrisiko des Rechtsanwalts als weitere Bemessungsgrundsätze herangezogen werden können.[15] Dem steht jedoch entgegen, dass der Gesetzgeber mit der in § 41a RVG geregelten Gebühr lediglich zu der Bedeutung der Tätigkeit des Musterklägervertreters für die beigeladenen Kläger einen Ausgleich schaffen wollte. Denn die in § 41 Abs. 1 S. 2 RVG genannten Bemessungskriterien Vorteil und Bedeutung stellen ausschließlich auf die beigeladenen Kläger ab, das Kriterium des Mehraufwands auf den Musterklägervertreter. Eine zusätzliche Anknüpfung an die auf den Auftraggeber des Musterklägervertreters abstellenden Bemessungskriterien des § 14 Abs. 1 RVG läuft diesseitiger Auffassung nach **der Intention des Gesetzgebers zuwider** – daher sind die in § 41 Abs. 1 S. 2 RVG genannten drei Bemessungskriterien (Mehraufwand, Vorteil und Bedeutung für die beigeladenen Kläger) als die allgemeinen Bemessungskriterien des § 14 Abs. 1 RVG verdrängende Spezialregelung zu verstehen.[16]

IV. Obergrenze

8 Die konkrete Höhe der im Einzelfall zu bewilligenden Gebühr wird durch das Oberlandesgericht festgelegt.[17] Dieses entscheidet durch den mit drei Richtern vollbesetzten Senat.[18] In § 41a Abs. 1 S. 3, 4 RVG ist die Höchstgebühr bestimmt, diese bemisst sich nach einer Gebühr mit einem Gebührensatz von 0,3 nach dem Gesamtgegenstandswert des Musterverfahrens, wobei dieser auf 30 Mio. EUR begrenzt ist.[19] Der maximale Gebührensatz von 0,3 erschien dem Gesetzgeber im Hinblick auf die häufig hohen Gegenstandswerte ausreichend.[20]

V. Verfahrensrecht

9 Die Abs. 2, 3 von § 41a RVG regeln die zur Anwendung gelangenden Verfahrensvorschriften. Diese orientieren sich an den Regelungen des Kapitalanleger-Musterverfahrensgesetzes.[21] Eine Anhörung der Staatskasse wird in Abs. 2 S. 4 ausdrücklich ausgeschlossen, nach Auffassung des Gesetzgebers dient dies der Vermeidung einer Verfahrensverzögerung und ist dadurch gerechtfertigt, dass die Grundlagen für die Bemessung der Zusatzgebühr regelmäßig nur durch das Gericht und die Verfahrensbeteiligten beurteilt werden können.[22]

10 Nach § 41a Abs. 4 S. 1 RVG ist die Gebühr einschließlich der anfallenden Umsatzsteuer aus der Landeskasse zu zahlen, ein Vorschussanspruch wird durch Abs. 4 S. 2 ausdrücklich ausgeschlossen.

[14] BT-Drs. 17/8799, 29.
[15] *Fölsch* NJW 2013, 507 ff. (508); Schneider/Wolf/*Fölsch* RVG § 41a Rn. 17.
[16] So iErg auch Riedel/Sußbauer/*Pankatz* RVG § 41a Rn. 11.
[17] BT-Drs. 17/8799, 29.
[18] *Fölsch* NJW 2013, 507 ff. (509).
[19] BT-Drs. 17/8799, 29.
[20] BT-Drs. 17/8799, 29.
[21] BT-Drs. 17/8799, 29.
[22] BT-Drs. 17/8799, 29.

Abschnitt 7. Straf- und Bußgeldsachen sowie bestimmte sonstige Verfahren

§ 42 Feststellung einer Pauschgebühr

(1) [1]**In Strafsachen, gerichtlichen Bußgeldsachen, Verfahren nach dem Gesetz über die internationale Rechtshilfe in Strafsachen, in Verfahren nach dem IStGH-Gesetz, in Freiheitsentziehungs- und Unterbringungssachen sowie in Verfahren nach § 151 Nummer 6 und 7 des Gesetzes über das Verfahren in Familiensachen und in den Angelegenheiten der freiwilligen Gerichtsbarkeit stellt das Oberlandesgericht, zu dessen Bezirk das Gericht des ersten Rechtszugs gehört, auf Antrag des Rechtsanwalts eine Pauschgebühr für das ganze Verfahren oder für einzelne Verfahrensabschnitte durch unanfechtbaren Beschluss fest, wenn die in den Teilen 4 bis 6 des Vergütungsverzeichnisses bestimmten Gebühren eines Wahlanwalts wegen des besonderen Umfangs oder der besonderen Schwierigkeit nicht zumutbar sind.** [2]**Dies gilt nicht, soweit Wertgebühren entstehen.** [3]**Beschränkt sich die Feststellung auf einzelne Verfahrensabschnitte, sind die Gebühren nach dem Vergütungsverzeichnis, an deren Stelle die Pauschgebühr treten soll, zu bezeichnen.** [4]**Die Pauschgebühr darf das Doppelte der für die Gebühren eines Wahlanwalts geltenden Höchstbeträge nach den Teilen 4 bis 6 des Vergütungsverzeichnisses nicht übersteigen.** [5]**Für den Rechtszug, in dem der Bundesgerichtshof für das Verfahren zuständig ist, ist er auch für die Entscheidung über den Antrag zuständig.**

(2) [1]**Der Antrag ist zulässig, wenn die Entscheidung über die Kosten des Verfahrens rechtskräftig ist.** [2]**Der gerichtlich bestellte oder beigeordnete Rechtsanwalt kann den Antrag nur unter den Voraussetzungen des § 52 Abs. 1 Satz 1, Abs. 2, auch in Verbindung mit § 53 Abs. 1, stellen.** [3]**Der Auftraggeber, in den Fällen des § 52 Abs. 1 Satz 1 der Beschuldigte, ferner die Staatskasse und andere Beteiligte, wenn ihnen die Kosten des Verfahrens ganz oder zum Teil auferlegt worden sind, sind zu hören.**

(3) [1]**Der Senat des Oberlandesgerichts ist mit einem Richter besetzt.** [2]**Der Richter überträgt die Sache dem Senat in der Besetzung mit drei Richtern, wenn es zur Sicherung einer einheitlichen Rechtsprechung geboten ist.**

(4) **Die Feststellung ist für das Kostenfestsetzungsverfahren, das Vergütungsfestsetzungsverfahren (§ 11) und für einen Rechtsstreit des Rechtsanwalts auf Zahlung der Vergütung bindend.**

(5) [1]**Die Absätze 1 bis 4 gelten im Bußgeldverfahren vor der Verwaltungsbehörde entsprechend.** [2]**Über den Antrag entscheidet die Verwaltungsbehörde.** [3]**Gegen die Entscheidung kann gerichtliche Entscheidung beantragt werden.** [4]**Für das Verfahren gilt § 62 des Gesetzes über Ordnungswidrigkeiten.**

Schrifttum: *Burhoff,* Die Pauschgebühr in Straf- und Bußgeldsachen (§§ 42, 51 RVG), RVGreport 2006, 125; *Burhoff,* Die Pauschgebühr des Strafverteidigers nach den §§ 42, 51 RVG, StraFo 2008, 192; *Burhoff,* Rechtsprechungsübersicht zum RVG betreffend die §§ 42, 51 RVG, StRR 2008, 371; *Burhoff,* Rechtsprechungsübersicht zur Pauschgebühr des Strafverteidigers nach den §§ 42, 51 RVG für die Jahre 2008–2011, StraFo 2011, 381; *Burhoff,* Pauschgebühr in Straf- und Bußgeldsachen: 38 Fragen – 38 Antworten, RVG prof. 2012, 86; *Burhoff,* Rechtsprechungsübersicht zu den Teilen 4–7 VV RVG aus dem Jahr 2013 – Teil 1, RVGreport 2014, 90; *Burhoff,* Rechtsprechungsübersicht zur Pauschgebühr des Strafverteidigers nach den §§ 42, 51 RVG für die Jahre 2011–2014, StraFo 2014, 279; *Burhoff,* Rechtsprechungsübersicht zu den Teilen 4–7 VV RVG aus dem Jahr 2014, RVGreport 2015, 122; *Burhoff,* Rechtsprechungsübersicht zu den Teilen 4–7 VV RVG aus dem Jahr 2014/2015 – Teil 1, StRR 2015, 330; *Burhoff,* Rechtsprechungsübersicht zu den Teilen 4–7 VV RVG aus dem Jahr 2015/2016 – Teil 1, RVGreport 2016, 166; *Burhoff,* Rechtsprechungsübersicht zur Pauschgebühr des Strafverteidigers nach den §§ 42, 51 RVG für die Jahre 2014–2016, StraFo 2016, 448; *Burhoff,* Rechtsprechungsübersicht zu den Teilen 4–7 VV RVG aus dem Jahr 2016/2017 – Teil 1, RVGreport 2017, 166; *Burhoff,* Die Pauschgebühr des Pflichtverteidigers, eine Bestandsaufnahme der Rechtsprechung zu § 51 RVG für die Jahre etwa ab 2011, Rpfleger 2016, 515; *Burhoff,* Rechtsprechungsübersicht zu den Teilen 4–7 VV RVG aus dem Jahr 2016/2017 – Teil 1. RVGreport 2017, 166; *Burhoff,* Die Rechtsprechung zur Abrechnung im Straf- und Bußgeldverfahren, insbesondere nach den Teilen 4 und 5 VV RVG, in den Jahren 2016–2018 – Teil 1, StraFo 2018, 140; *Burhoff,* Rechtsprechungsübersicht zu den Teilen 4–7 VV RVG aus den Jahren 2017/2018 – Teil 1, RVGreport 2018, 322; *Burhoff,* Rechtsprechungsübersicht zu den Teilen 4–7 VV RVG aus den Jahren 2018/2019 – Teil 1, RVGreport 2019, 282; *Burhoff,* Rechtsprechungsübersicht zu den Teilen 4–7 VV RVG aus den Jahren 2019/2020 – Teil 1, RVGreport 2020, 202; *Volpert,* Die Rechtsbehelfsbelehrung gem. § 12c RVG, RVGreport 2013, 210; *Volpert,* Rechtsbehelfsbelehrungen gem. § 12c RVG und § 5b GKG in den strafrechtlichen Kostenverfahren, StRR 2014, 244; s. iÜ die Hinweise bei → § 51 Rn. 1 ff.

Übersicht

I. Allgemeines

1 § 51 RVG sieht nur die Bewilligung einer Pauschgebühr für den beigeordneten oder gerichtlich bestellten RA vor. § 42 Abs. 1 RVG sieht hingegen vor, dass in Verfahren, die insgesamt oder teilweise besonders umfangreich oder besonders schwierig waren, auch für den **Wahlanwalt** auf Antrag eine Pauschgebühr für das ganze Verfahren oder einzelne Verfahrensabschnitte festgestellt werden kann. Damit kann auch ein erhöhter Arbeitsaufwand des Wahlverteidigers angemessener berücksichtigt werden, was nach der BRAGO nicht möglich war.[1] Allerdings stellt nach der Rspr. der OLG (auch) die Feststellung einer Pauschgebühr nach § 42 RVG eine Ausnahme dar.[2]

2 § 42 RVG führt dazu, dass die **Erstattung** vereinbarter Honorare, die höher als die gesetzlichen Gebühren sind, teilweise möglich ist.[3] Das war nach der Rspr. zu § 464a Abs. 2 Nr. 2 StPO früher nicht der Fall.[4]

3 Die Pauschgebühr nach § 42 RVG wird nicht festgesetzt, sondern **festgestellt.**[5]

II. Anwendungsbereich (Abs. 1, 5)

1. Sachlich

4 Nach § 42 Abs. 1 RVG gilt die Vorschrift für das gesamte **Strafverfahren** (VV Teil 4 RVG), also zB auch für eine Einzeltätigkeit nach VV Teil 4 Abschn. 3 RVG,[6] das **gerichtliche Buß-**

---

[1] MAH VergütungsR/*Stähler* § 23 Rn. 365 ff.

[2] Vgl. OLG Celle AGS 2017, 390 = RVGreport 2017, 414 mit dem unzutreffenden Hinw. darauf, dass die Bewilligung nur in „exorbitanten Fällen" in Betracht komme.

[3] Burhoff/Volpert RVG/*Burhoff* § 42 Rn. 1; Hartung/Schons/Enders/*Hartung* RVG § 42 Rn. 2; Schneider/Wolf/*N. Schneider* RVG § 42 Rn. 4.

[4] Meyer-Goßner/Schmitt/*Schmitt* StPO § 464a Rn. 11 mwN; zur verneinten Erstattungspflicht für eine gem. § 3a RVG vereinbarte Vergütung, soweit diese die gesetzliche Vergütung übersteigt, BGH NJW 2018, 1477 = AGS 2018, 200 = JurBüro 2018, 253 = RVG prof. 2018, 94 = MDR 2018, 557 = RVGreport 2018, 182; für ein über die gesetzliche Vergütung hinausgehendes Honorar vgl. auch noch KG AGS 2015, 490 = MDR 2015, 756.

[5] → Rn. 21.

[6] S. für die Bewilligung einer Pauschgebühr ggf. nach § 51 RVG für eine Einzeltätigkeit nach VV 4301 Ziff. 4 RVG für den nach § 68b StPO einem Zeugen als Vernehmungsbeistand beigeordneten RA KG NStZ-RR 2013,

geldverfahren (VV Teil 5 RVG)[7] und nach Abs. 5 im Bußgeldverfahren vor der Verwaltungsbehörde entsprechend.[8] Die Vorschrift gilt zudem im strafrechtlichen Rehabilitierungsverfahren, für das nach VV Vorb. 4 Abs. 1 RVG Teil 4 Abschn. 1 RVG gilt.[9] § 42 RVG erfasst auch die Verfahren nach dem IRG bzw. nach dem IStGH-Gesetz **(VV Teil 6 Abschn. 1 RVG).** Nach den Erweiterungen durch das 2. KostRMoG[10] sind auch die in **VV Teil 6 Abschn. 3 RVG** geregelten Freiheitsentziehungs- und Unterbringungssachen nach §§ 312, 415 FamFG sowie in Verfahren nach § 151 Nr. 6, 7 FamFG erfasst.[11] Das war bis dahin aufgrund eines gesetzgeberischen Versehens bei Schaffung des RVG nicht der Fall.[12] Eine entsprechende Anwendung der Vorschrift in Freiheitsentziehungs-/Unterbringungssachen nach VV 6300–6303 RVG wurde unter Hinweis auf den eindeutigen Wortlaut des Abs. 1 S. 1 abgelehnt.[13]

Nicht erfasst werden aber nach wie vor nach dem Wortlaut des Abs. 1 S. 1 die Verfahren 5
nach dem **StrEG.**[14] Ebenfalls nicht erfasst werden Verfahren nach der Wehrdisziplinarordnung, die nach VV Teil 6 Abschn. 2 RVG abgerechnet werden. Zwar sah auch hier § 109 Abs. 1 BRAGO aF bis zum 30.6.2004 vor, dass in diesen Verfahren die Vorschriften des Sechsten Abschnitts der BRAGO sinngemäß gelten sollten. § 99 BRAGO war Teil des Sechsten Abschnitts der BRAGO, so dass hiernach nach früherem Recht die Festsetzung einer Pauschgebühr möglich war. Für Disziplinarverfahren und Verfahren nach der Wehrdisziplinarordnung fehlt es im RVG aber an einer Nachfolgeregelung zu § 109 Abs. 1 BRAGO. Daher ist die Feststellung einer Pauschgebühr in diesen Verfahren nicht möglich.[15]

2. Persönlich

§ 42 RVG gilt nach Abs. 1 S. 1 unmittelbar für den **Wahlverteidiger**[16] sowie für den RA, 6
der den Privatkläger oder -beklagten, den Nebenkläger, den Antragsteller im Klageerzwingungsverfahren oder einen Zeugen als Beistand vertritt.[17] Sie gilt auch für den Wahlverteidiger im Strafvollstreckungsverfahren (VV Teil 4 Abschn. 2 RVG) und den Vertreter des Verurteilten in Gnadensachen.[18] Nach Auffassung des OLG Frankfurt a. M. gilt sie nicht im Verfahren nach dem StrEG.[19] Sie hat ggf. **mittelbar** auch für den gerichtlich bestellten **(Pflichtverteidiger)** oder beigeordneten RA Bedeutung, und zwar dann, wenn er nach §§ 52, 53 RVG den Beschuldigten oder einen anderen Vertreter unmittelbar in Anspruch nehmen kann.[20] Liegt der Beschluss nach § 52 Abs. 2 RVG vor, kann auch eine Pauschgebühr nach § 42 RVG beantragt werden.[21]

III. Feststellungsvoraussetzungen (Abs. 1)

1. „Besonders schwieriges" oder „besonders umfangreiches" Verfahren

Die Feststellung der Pauschgebühr setzt nach Abs. 1 S. 1 voraus, dass der Wahlanwalt in ei- 7
nem **„besonders schwierigen"** oder **„besonders umfangreichen"** Verfahren tätig gewe-

---

232 = RVGreport 2013, 229 = JurBüro 2013, 360; OLG Jena BeckRS 2009, 11629; JurBüro 2011, 473 = AGS 2011, 483; OLG Saarbrücken BeckRS 2013, 198421.

[7] OLG Düsseldorf NStZ-RR 2012, 264 = JurBüro 2012, 424 = RVGreport 2012, 378 = AGS 2012, 566 für ein kartellrechtliches Bußgeldverfahren.

[8] → Rn. 28 f.

[9] OLG Jena RVGreport 2007, 119.

[10] BGBl. 2013 I 2586.

[11] *N. Schneider/Thiel* Das neue Gebührenrecht für Rechtsanwälte 2013, § 3 Rn. 259 ff.

[12] BR-Drs. 517/12, 418 = BT-Drs. 17/11741, 269.

[13] OLG Celle RVGreport 2009, 139 = AGS 2008, 548 = RVG prof. 2008, 213 = NJW-RR 2008, 1599; ähnlich OLG München RVGreport 2015, 18; OLG Nürnberg RVGreport 2013, 144.

[14] OLG Frankfurt a. M. RVGreport 2007, 390 = NStZ-RR 2007, 223 = AGS 2007, 619.

[15] BVerwG AGS 2016, 118 = RVGreport 2017, 454 unter Hinweis auf die hM in der Lit. Schneider/Wolf/*N. Schneider* RVG § 51 Rn 1 aE; HK-FamGKG/*Stollenwerk* RVG § 51 Rn 6 aE; → RVG VV 6202 Rn. 6.

[16] Vgl. zB OLG Düsseldorf NStZ-RR 2012, 264 = JurBüro 2012, 424 = RVGreport 2012, 378 = AGS 2012, 566 für ein kartellrechtliches Bußgeldverfahren.

[17] Burhoff/Volpert RVG/*Burhoff* § 42 Rn. 3 ff.

[18] Mayer/Kroiß/*Kroiß* RVG § 42 Rn. 5; Schneider/Wolf/*N. Schneider* RVG § 42 Rn. 5.

[19] Frankfurt a. M. RVGreport 2007, 390 = AGS 2007, 619 = NStZ-RR 2007, 223.

[20] Burhoff/Volpert RVG/*Volpert* § 52 Rn. 1 ff.; Burhoff/Volpert RVG/*Burhoff* § 42 Rn. 3; Schneider/Wolf/*N. Schneider* RVG § 42 Rn. 7 ff.; OLG Düsseldorf NStZ-RR 2013, 63 = RVGreport 2013, 54 mAnm *Burhoff* = JurBüro 2013, 80 = StRR 2013, 238; OLG Jena 10.3.2008 – 1 AR (s) 14/07; s. a. die Kommentierung zu → § 52 Rn. 1 ff.

[21] Burhoff/Volpert RVG/*Burhoff* § 42 Rn. 3 f.; Hartung/Schons/Enders/*Hartung* RVG § 42 Rn. 6.

sen und die Gebühren der VV Teil 4–6 RVG nicht zumutbar sind.[22] Damit wird die gleiche Terminologie wie in § 51 RVG verwandt. Somit entsprechen die Anspruchsvoraussetzungen denen für die Bewilligung einer Pauschgebühr für die Tätigkeit des beigeordneten RA nach § 51 RVG. Es kann daher insoweit im Wesentlichen auf die Kommentierung zu § 51 RVG verwiesen werden.[23] Eine Pauschgebühr kann nach Abs. 1 S. 2 – ebenso wie bei § 51 RVG – **nicht** für Tätigkeiten festgestellt werden, für die der RA keine Betragsrahmengebühr nach dem Vergütungsverzeichnis erhält, sondern eine **Wertgebühr.** Das sind die Gebühren nach VV 4142–4146 RVG.

2. Unzumutbarkeit der gesetzlichen Gebühren

8 Eine Pauschgebühr wird für den Wahlanwalt – ebenso wie für den Pflichtverteidiger – nur festgestellt, wenn die gesetzlichen Gebühren **„unzumutbar"** sind. Dazu kann ebenfalls auf die Kommentierung bei § 51 verwiesen werden.[24] Es gilt also grds. auch die Rspr. des BVerfG zu Vergütung des Pflichtverteidigers, wonach eine kostendeckende und zu einem angemessenen Gewinn führende Vergütung des RA erforderlich ist.[25]

9 Bei der Beurteilung der „Zumutbarkeit" ist allerdings ein **anderer Maßstab** als bei der Pauschgebühr des Pflichtverteidigers nach § 51 Abs. 1 RVG zugrunde zu legen, da der Wahlanwalt die Möglichkeit hat, zunächst innerhalb des Betragsrahmens über § 14 RVG eine (höhere) Gebühr zu bestimmen.[26] Daher wird man für die Feststellung einer Pauschgebühr nach § 42 Abs. 1 RVG von **strengeren Voraussetzungen** als beim Pflichtverteidiger auszugehen haben,[27] so dass die Unzumutbarkeit bei § 42 RVG seltener vorliegen wird als bei § 51 RVG.[28] Das OLG Celle geht davon aus, dass die Feststellung einer Pauschgebühr nach § 42 RVG über die gesetzlichen. Wahlverteidigerhöchstgebühren hinaus eine Ausnahme darstellt.[29] Das wird mit dem Hinweis darauf begründet, dass bereits eine Pauschgebühr nach § 51 RVG nur bewilligt werden könne, wenn sich die anwaltliche Tätigkeit bei einer Gesamtbetrachtung aller Umstände des Einzelfalls von sonstigen – auch überdurchschnittlichen Sachen – in exorbitanter Weise abhebe,[30] was unzutreffend ist.[31]

9a Von Bedeutung bei der Beurteilung der „Zumutbarkeit" sind vor allem die **weiteren Umstände,** die nach § 14 Abs. 1 S. 1 RVG bei der Bemessung der Rahmengebühren durch den Verteidiger maßgeblich sind, wie die Bedeutung der Angelegenheit sowie die Einkommens- und Vermögensverhältnisse des Auftraggebers.[32] Nur wenn man die kennt, kann man beurteilen, ob (auch) der Höchstbetrag der Rahmengebühr für den Verteidiger unzumutbar ist. Damit kommt für den Wahlanwalt eine Pauschgebühr nach § 42 Abs. 1 RVG vor allem dann in Betracht, wenn bereits die Bedeutung der Sache für den Angeklagten und/oder die Einkommens- und Vermögensverhältnisse des Auftraggebers überdurchschnittlich sind, sowie zusätzlich ein besonderer Umfang der anwaltlichen Tätigkeit bzw. eine besondere Schwierigkeit derselben gegeben ist.[33] Andererseits kann es aber auch Fälle geben, in denen dem Wahlanwalt eher

---

[22] → Rn. 8 ff.

[23] → § 51 Rn. 15 ff.; zur Pauschgebühr nach § 42 RVG in einem strafrechtlichen Rehabilitierungsverfahren OLG Jena RVGreport 2007, 119 = NJOZ 2007, 2961.

[24] → § 51 Rn. 32 ff. mwN.

[25] Dazu ua BVerfG NJW 2001, 1269 = AGS 2001, 63; StRR 2009, 318 = RVGreport 2009, 299 = RVG prof. 2009, 156 = StraFo 2009, 323.

[26] Hartung/Schons/Enders/*Hartung* RVG § 42 Rn. 12, deutlicher Unterschied.

[27] KG RVGreport 2010, 23; OLG Jena NJW 2006, 933 = RVGreport 2006, 146 = AGS 2006, 172; RVGreport 2007, 119 = NJOZ 2007, 2961; so auch Burhoff/Volpert RVG/*Burhoff* § 42 Rn. 9; Schneider/Wolf/*N. Schneider* RVG § 42 Rn. 15 f.; *Burhoff* RVGreport 2006, 146 in der Anm. zu OLG Jena NJW 2006, 933 = RVGreport 2006, 146 = AGS 2006, 172.

[28] BGH RVGreport 2007, 264 = JurBüro 2007, 531; BGH BeckRS 2007, 13307 mwN; OLG Celle AGS 2017, 390 = RVGreport 2017, 414; OLG Jena NJW 2006, 933 = RVGreport 2006, 146 = AGS 2006, 173; RVGreport 2007, 119; Rpfleger 2010 107 = RVGreport 2010, 24 = StRR 2010, 199; vgl. aber auch BGH BeckRS 2007, 17103, Einzelfall der Bewilligung einer Pauschgebühr allein wegen der besonderen Schwierigkeit; sa KG RVGreport 2010, 23, auf seltene Fälle beschränkt; zu allem auch Burhoff/Volpert RVG/*Burhoff* § 42 Rn. 9 f.

[29] OLG Celle AGS 2017, 390 = RVGreport 2017, 414.

[30] OLG Celle AGS 2017, 390 = RVGreport 2017, 414.

[31] → § 51 Rn. 9 mwN.

[32] OLG Düsseldorf NStZ-RR 2012, 264 = JurBüro 2012, 424 = RVGreport 2012, 378 = AGS 2012, 566 für ein kartellrechtliches Bußgeldverfahren; OLG Jena NJW 2006, 933 = RVGreport 2006, 146 = AGS 2006, 173; MAH VergütungsR/*Stähler* § 23 Rn. 366.

[33] OLG Jena NJW 2006, 933 = RVGreport 2006, 146 = AGS 2006, 173; Burhoff/Volpert RVG/*Burhoff* § 42 Rn. 9 f.; zu verneinten Feststellung einer Pauschgebühr im Auslieferungsverfahren OLG Karlsruhe RVG prof. 2010, 115.

als dem Pflichtverteidiger eine Pauschgebühr zu gewähren ist. Das ist zB der Fall, wenn der RA an besonders langen Hauptverhandlungsterminen teil genommen hat, da ihm – anders als dem Pflichtverteidiger – Längenzuschläge nicht zustehen.[34] Auch wird man das für Bußgeldverfahren, die erstinstanzlich vor dem OLG verhandelt werden, annehmen müssen; die werden als in der Regel bedeutend angesehen.[35]

Teilweise wird auch eine Prüfung in **zwei Schritten** vorgenommen:[36] Zunächst wird geprüft, ob (jeweils) im oberen Bereich angesiedelte Rahmengebühren des Wahlverteidigers angemessen gewesen wären, wenn die anwaltliche Tätigkeit iÜ durchschnittlich schwierig und durchschnittlich umfangreich zu beurteilen wäre. Danach wird dann die „besondere Schwierigkeit" und/oder der „besondere Umfang" der anwaltlichen Tätigkeit untersucht. Eine Pauschgebühr wird festgestellt, wenn diese Merkmale zu bejahen sind. 10

3. Feststellung für einzelne Verfahrensabschnitte

Die Pauschgebühr kann nach Abs. 1 S. 1 entweder für das ganze Verfahren oder, wenn nur einzelne Verfahrensabschnitte „besonders umfangreich" oder „besonders schwierig" gewesen sind, für diese einzelnen Verfahrensabschnitte festgestellt werden. Auf die Kommentierung zu § 51 RVG wird verwiesen.[37] Das RVG **definiert** in Abs. 1 S. 1 selbst **nicht** ausdrücklich, was unter einem **„Verfahrensabschnitt"** zu verstehen ist. Das lässt sich allerdings Abs. 1 S. 3 entnehmen. Danach sind bei verfahrensabschnittsweiser Feststellung einer Pauschgebühr die Gebühren des Vergütungsverzeichnisses, an deren Stelle die Pauschgebühr treten soll, zu bezeichnen. Daraus folgt, dass unter „Verfahrensabschnitt" immer ein Teil des Verfahrens zu verstehen ist, für den besondere Gebühren bestimmt sind.[38] Das entspricht auch der Gesetzesbegründung zum RVG.[39] Die Bundesländer hatten iÜ in ihrer Stellungnahme zum Regierungsentwurf zum 2. KostRMoG vorgeschlagen, eine Legaldefinition des Begriffs des Verfahrensabschnitts in § 58 Abs. 3 S. 5 RVG-E.[40] – „jeder Teil des Verfahrens, für den besondere Gebühren bestimmt sind" aufzunehmen, was jedoch nicht Gesetz geworden ist.[41] Das hat aber auf die vorstehende Auslegung dieses Begriffs bei § 42 RVG keine Auswirkungen. 11

IV. Verfahren

1. Antrag

Nach Abs. 1 S. 1 wird die Pauschgebühr (nur) auf Antrag des RA festgestellt. Das RVG verlangt **keine Antragsbegründung.** Der RA sollte/muss den Antrag aber auf jeden Fall begründen und dabei vor allem die von ihm erbrachten Tätigkeiten/Umstände vortragen, die sich nicht aus der Akte ergeben.[42] Handelt es sich bei dem Verteidiger um einen Pflichtverteidiger, der von seinem Mandanten nach § 52 RVG die Zahlung der Gebühren eines Wahlverteidigers verlangen will, muss er in der Antragsbegründung auch die Voraussetzungen des § 52 Abs. 1 S. 1, Abs. 2 RVG darlegen.[43] Denn er kann nach § 42 Abs. 2 S. 2 RVG „nur unter den Voraussetzungen des § 52 Abs. 1 S. 1, Abs. 2 RVG" einen Antrag auf Feststellung der Pauschge- 12

---

[34] Schneider/Wolf/*N. Schneider* RVG § 42 Rn. 20.

[35] OLG Düsseldorf NStZ-RR 2012, 264 = JurBüro 2012, 424 = RVGreport 2012, 378 = AGS 2012, 566 für ein kartellrechtliches Bußgeldverfahren.

[36] OLG Düsseldorf NStZ-RR 2012, 264; OLG Jena NJW 2006, 933 = RVGreport 2006, 146 = AGS 2006, 173; OLG Köln RVGreport 2009, 136 = JurBüro 2009, 254; Burhoff/Volpert RVG/*Burhoff* § 42 Rn. 10f.; ähnlich OLG Karlsruhe RVG prof. 2010, 115.

[37] → § 51 Rn. 37ff.

[38] AA für Hauptverhandlungstermine KG JurBüro 2016, 13 = RVGreport 2013, 303.

[39] Vgl. auch BT-Drs. 15/1971, 198; Burhoff/Volpert RVG/*Burhoff* § 42 Rn. 12; Burhoff/Volpert RVG/*Volpert* § 58 Abs. 3 Rn. 16ff.; zum Begriff des Verfahrensabschnitts wie hier OLG Hamm JurBüro 2005, 649; OLG Düsseldorf StraFo 2006, 473 = NStZ-RR 2006, 391 = JurBüro 2006, 641; OLG Frankfurt a. M. NJW 2007, 219 = AGS 2007, 193 mAnm *Volpert* = StV 2007, 476; OLG Karlsruhe StV 2006, 205 = Rpfleger 2005, 694 = RVGreport 2005, 420; **aA,** aber unzutreffend, KG RVG prof. 2008, 207 = StRR 2008, 477 = StraFo 2009, 84 mit abl. Anm. *Burhoff;* OLG Dresden 18.7.2007 – 3 Ws 37/07; OLG Düsseldorf NStZ-RR 2011, 192 = StRR 2011, 43 (Ls.); OLG Hamm BeckRS 2008, 23523; AGS 2013, 332; OLG Köln StraFo 2008, 399; AGS 2009, 585; OLG München AGS 2010, 325 = StRR 2010, 319 = RVGreport 2010, 219; Oldenburg StRR 2007, 159 = JurBüro 2007, 415 = StV 2007, 477; OLG Stuttgart StraFo 2007, 437; LG Berlin 20.8.2007 – (515) 68 Js 29/04 KLs (22/05); LG Osnabrück StRR 2007, 158, jeweils zu § 58 Abs. 3 RVG.

[40] → § 58 Rn. 70.

[41] Zu den Gründen BT-Drs. 17/11471, 357.

[42] Burhoff/Volpert RVG/*Burhoff* § 42 Rn. 17.

[43] OLG Jena 10.3.2008 – 1 AR (S) 14/07.

bühr stellen.[44] Stellt der Pflichtverteidiger einen Pauschgebührenantrag nach § 42 RVG, ohne auf die Vorschrift des § 52 RVG hinzuweisen, wird sein Antrag ggf. als ein Antrag nach § 51 RVG ausgelegt.[45] Entsprechendes gilt in den Fällen des § 53 RVG.[46]

13 Eine **Frist** ist für die Antragstellung **nicht** vorgesehen. Nach Abs. 2 S. 1 ist der Antrag aber erst zulässig, wenn die Entscheidung über die Kosten des Verfahrens rechtskräftig ist. Erst zu diesem Zeitpunkt steht nämlich fest, wer an dem Feststellungsverfahren beteiligt werden muss. Also kann der Antrag, wenn gegen die gerichtliche Kostenentscheidung sofortige Beschwerde eingelegt worden ist (§ 464b Abs. 3 StPO), erst nach der Entscheidung des Beschwerdegerichts gestellt werden.[47] Zum Teil geht die obergerichtliche Rspr. davon aus, dass der **Antrag** schon dann **nicht mehr** gestellt werden kann, wenn der RA das ihm in § 14 RVG eingeräumte Ermessen ausgeübt und Kostenfestsetzung beantragt hat.[48] Jedenfalls kann der Antrag dann nicht mehr gestellt werden, wenn die gesetzlichen Gebühren bereits festgesetzt worden sind.[49] Bei einem gleichzeitigem Antrag auf Feststellung einer Pauschgebühr nach § 42 RVG und Antrag auf Kostenfestsetzung muss der RA daher ggf. durch Einlegen von Rechtsmitteln im Kostenfestsetzungsverfahren sicherstellen, dass zunächst das vorrangige Verfahren nach § 42 RVG durchgeführt wird.[50]

2. Anhörung der Betroffenen

14 Nach Abs. 2 S. 3 sind der Auftraggeber, in den Fällen des § 52 Abs. 1 S. 1 RVG der Beschuldigte, ferner die Staatskasse und andere Beteiligte, wenn ihnen die Kosten des Verfahrens ganz oder teilweise aufgelegt worden sind (zB dem Nebenkläger), zu hören. Diese weitgehende **Anhörungspflicht** ist erforderlich, wenn die Entscheidung, wie Abs. 4 vorsieht, Bindungswirkungen für Gebührenstreitigkeiten entfalten soll.[51] Die Stellungnahmen sind dem RA vor einer Entscheidung zur Kenntnis zu geben, damit er ihnen ggf. entgegentreten kann.[52] Der RA sollte von dieser Möglichkeit Gebrauch machen, vor allem, wenn sein zeitlicher Aufwand bestritten wird.[53]

15 **Einwendungen,** die den Grund der Vergütungsentscheidung betreffen, können von den Beteiligten nicht geltend gemacht werden, denn das OLG stellt nur die Höhe der Pauschgebühr fest.[54] Die Einwendungen müssen auf dem ordentlichen Rechtsweg erhoben werden.

3. Zuständiges Gericht

16 Über den Antrag entscheidet nach Abs. 1 S. 1 grds. das **OLG,** zu dessen Bezirk das Gericht des ersten Rechtszugs gehört. Die Entscheidungszuständigkeit ist damit ebenso geregelt wie bei der Pauschgebühr des gerichtlich bestellten RA nach § 51 Abs. 2 RVG. Dort ist ebenfalls die Zuständigkeit des OLG vorgesehen. Damit kann es in einem Verfahren nicht zu divergierenden Entscheidungen hinsichtlich der Frage des „besonderen Umfangs“ oder der „besonderen Schwierigkeit“ beim Wahlverteidiger und beim gerichtlich bestellten RA kommen. Ist das Verfahren nicht gerichtlich anhängig geworden, weil es zB von der Staatsanwaltschaft noch während des vorbereitenden Verfahrens eingestellt worden ist, ist – in entsprechender Anwendung des Rechtsgedankens des § 59a RVG – das Oberlandesgericht zuständig, in dessen Bezirk die Staatsanwaltschaft ihren Sitz hat.[55]

---

[44] Burhoff/Volpert RVG/*Burhoff* § 42 Rn. 17; Burhoff/Volpert RVG/*Volpert* § 52 Rn. 103 ff.

[45] OLG Jena 10.3.2008 – 1 AR (S) 14/07.

[46] Burhoff/Volpert RVG/*Burhoff* § 42 Rn. 17; Burhoff/Volpert RVG/*Volpert* § 53 Rn. 60.

[47] Burhoff/Volpert RVG/*Burhoff* § 42 Rn. 18; Schneider/Wolf/*N. Schneider* RVG § 42 Rn. 25.

[48] KG AGS 2012, 336; RVGreport 2016, 303 = JurBüro 2016, 132 = Rpfleger 2016, 109; OLG Celle StraFo 2008, 398 = RVGreport 2008, 382 = AGS 2008, 546 = NStZ-RR 2009, 31; OLG Düsseldorf NStZ-RR 2013, 63 = RVGreport 2013, 54 = JurBüro 2013, 80 = StRR 2013, 238; OLG Hamm 26.6.2012 – III-5 RVGs 80/12; Burhoff/Volpert RVG/*Burhoff* § 42 Rn. 18.

[49] OLG Bamberg AGS 2011, 228 = RVGreport 2011, 176 = StRR 2011, 240 mzustAnm *Burhoff;* OLG Celle 20.3.2008 – 1 ARs 20/08 P; OLG Jena JurBüro 2008, 82 = RVGreport 2008, 25 = AGS 2008, 154 = NStZ-RR 2008, 96 (Ls.) = StRR 2008, 158 mkritAnm *Burhoff;* OLG Karlsruhe RVGreport 2013, 188; OLG Köln RVGreport 2009, 218.

[50] OLG Jena JurBüro 2010, 642 = NStZ-RR 2010, 392 = RVGreport 2010, 414 = StRR 2011, 79 mAnm *Burhoff* = AGS 2011, 287; vgl. auch noch KG RVGreport 2016, 303 = JurBüro 2016, 132 = Rpfleger 2016, 109; krit. insoweit die 19. Aufl. unter Hinweis auf Meyer-Goßner/Schmitt/*Schmitt* StPO § 464b Rn. 9; LG Hamburg NJW 1971, 2183 (2185); LG Dortmund NJW 1967, 897.

[51] → Rn. 25.

[52] Burhoff/Volpert RVG/*Burhoff* § 42 Rn. 26; BVerfG AnwBl 1964, 254 = Rpfleger 1964, 210.

[53] Burhoff/Volpert RVG/*Burhoff* § 42 Rn. 26.

[54] Burhoff/Volpert RVG/*Burhoff* § 42 Rn. 27; Schneider/Wolf/*N. Schneider* RVG § 42 Rn. 36.

[55] Zu § 59a RVG s. die dortige Kommentierung → § 59a Rn. 1 ff.

17 Nach § 42 Abs. 1 S. 5 RVG ist der **BGH** zuständig, wenn er für „das Verfahren zuständig" ist. § 42 Abs. 1 S. 5 RVG ist damit anders formuliert als die Regelung in § 51 Abs. 2 RVG, wonach der BGH nur für die Entscheidung zuständig ist, „soweit er den Rechtsanwalt bestellt hat".[56] Insoweit gilt nach den am 13.12.2019 in Kraft getretenen Neuregelungen, dass nach § 143 Abs. 1 StPO[57] die Pflichtverteidigerbestellung nun auch das Revisionsverfahren umfasst. Das bedeutet: In Verfahren, in denen der **BGH** bis zum 13.12.2019 den Pflichtverteidiger **bestellt** hat, stellt der BGH beim Wahlanwalt also (noch) nicht nur wie beim Pflichtverteidiger die Pauschgebühr für die HV fest, sondern für die gesamte Tätigkeit des Wahlanwalts im Verfahren beim BGH.[58] Das kann die gesamte Tätigkeit im Revisionsverfahren sein, also vor allem Revisionsbegründung und ggf. Teilnahme an der Revisions-HV. Ist der BGH auch erstinstanzlich zuständig (§ 169 Abs. 1 S. 2 StPO), entscheidet er darüber hinaus auch insoweit über die Pauschgebühr, also ggf. auch für das Ermittlungsverfahren.[59] Ab 13.12.2019 ist der BGH nur noch zuständig, wenn er **ausnahmsweise** den Pflichtverteidiger bestellt haben sollte, was kaum noch in Betracht kommen dürfte.[60]

18 Abs. 3 sieht für die Entscheidung den **Einzelrichter** vor. Nur wenn es zur Sicherung einer einheitlichen Rspr. geboten ist, soll der Einzelrichter die Sache auch auf den Senat übertragen. Die Regelung entspricht teilweise der in § 80a Abs. 3 OWiG.[61] Beim BGH entscheidet jedoch – anders als beim OLG – immer eine Spruchgruppe, die mit fünf Richtern besetzt ist.[62]

4. Gerichtliche Entscheidung

19 **a) Höhe der Pauschgebühr.** Die Höhe der festzustellenden Pauschgebühr wird in § 42 Abs. 1 S. 4 RVG **begrenzt.** Sie darf das Doppelte der Höchstbeträge nach VV Teil 4–6 RVG nicht übersteigen. Darüber hinausgehende Vergütungen muss der Verteidiger mit seinem Mandanten in der Form des § 3a RVG vereinbaren.[63] Das OLG Hamm wendet bei der **Bemessung** der Gebühr die Grundsätze zu § 51 RVG entsprechend an und billigt eine Pauschgebühr in Höhe der doppelten Wahlanwaltshöchstgebühr nur zu, wenn es sich um einen Sonderfall handelt, wenn also die (gesetzliche) Gebühr in einem grob unbilligen Missverhältnis zu der Tätigkeit des Verteidigers stand oder das Verfahren die Arbeitskraft des RA für längere Zeit ausschließlich oder fast ausschließlich in Anspruch genommen hat.[64] Der BGH ist in dem Zusammenhang großzügiger; er gewährt – ohne nähere Begründung – Pauschgebühren in Höhe des Doppelten der Wahlanwaltsgebühren.[65] Nach Auffassung des OLG Jena[66] soll es ausgeschlossen sein, dass ein Wahlanwalt nach § 42 RVG eine höhere Vergütung erhält als ein Pflichtverteidiger nach § 51 RVG. Das ist mE unzutreffend, weil von unterschiedlichen Bemessungsgrundlagen ausgegangen wird.[67]

---

[56] Vgl. dazu die Ausführungen bei → § 51 Rn. 57 ff. und dort auch zu den Änderungen die Neuregelung des Rechts der Pflichtverteidigung am 13.12.2019 durch das „Gesetz zur Neuregelung des Rechts der notwendigen Verteidigung v. 10.12.2019" (BGBl I S. 2128).

[57] Vgl. BGBl. I 2128.

[58] So wohl auch BGH NJW 2006, 1535 = NStZ 2006, 409; vgl. dazu auch noch BGH RVGreport 2005, 383; s. auch OLG Hamm JurBüro 2007, 529; Schneider/Wolf/*N. Schneider* RVG § 42 Rn. 31.

[59] Schneider/Wolf/*N. Schneider* aaO; Burhoff/Volpert RVG/*Burhoff* § 42 Rn. 21.

[60] Vgl. wegen der Einzelheiten → § 51 Rn. 57 ff.

[61] Burhoff/Volpert RVG/*Burhoff* § 42 Rn. 23 f.; wegen der Rspr. zu § 80a OWiG s. Göhler/*Seitz/Bauer* OWiG § 80a Rn. 5.

[62] BGH NStZ 2006, 239 = RVGreport 2005, 345 = AGS 2006, 120.

[63] Hartung/Schons/Enders/*Hartung* RVG § 42 Rn. 17; Hartmann/*Toussaint* RVG § 42 Rn. 12; MAH VergütungsR/*Stähler* § 23 Rn. 370.

[64] OLG Hamm 29.5.2008 – 5 (s) Sbd. X 36/08; vgl. dazu zB OLG Hamm StraFo 1998, 215 = AGS 1998, 87 = JurBüro 1998, 413; StraFo 2000, 285 = NStZ 2000, 555 = AGS 2001, 13 und auch noch OLG Celle AGS 2017, 390 = RVGreport 2017, 414.

[65] Vgl. ua BGH RVGreport 2005, 383; BeckRS 2007, 17103; BeckRS 2011, 25184, (damals) 600,– EUR für Vorbereitung und Wahrnehmung eines Revisionshauptverhandlungstermins, in dem sich der Verteidiger mit mehreren umfangreichen Verfahrensrügen und schwierigen sachlich-rechtlichen Fragen zu befassen hatte; BGH BeckRS 2013, 00839, (damals) 2.400,– EUR im Verfahren BGHSt 53, 145; BeckRS 2014, 9019; s. aber auch den Beschluss in BeckRS 2010, 10468, in dem der BGH, weil der Verteidiger schon in der Tatsacheninstanz mit den materiell-rechtlichen Fragen befasst war, die doppelte Höchstgebühr für die Verfahrensgebühr des Revisionsverfahrens als nicht angemessen angesehen hat, sondern nur eine Gebühr von (damals) 1.600,– EUR; ähnlich BGH BeckRS 2013, 21214; RVGreport 2016, 339.

[66] OLG Jena Rpfleger 2010, 107 = RVGreport 2010, 24 = StRR 2010, 199; zur Bemessung sa noch OLG Köln JurBüro 2009, 254.

[67] Burhoff/Volpert RVG/*Burhoff* § 42 Rn. 15.

20 **Umsatzsteuer** und **Auslagen** werden in Verfahren nach § 42 RVG nicht berücksichtigt. Soweit Umsatzsteuer angefallen ist und Auslagen entstanden sind, werden sie in den entsprechenden Festsetzungsverfahren festgesetzt oder müssen im Rechtsstreit zusätzlich miteingeklagt werden.[68]

21 **b) Feststellung der Pauschgebühr.** Anders als es in § 51 RVG für den Pflichtverteidiger vorgesehen ist, wird die Pauschgebühr nicht bewilligt, sondern nur der Höhe nach **festgestellt.** Die Entscheidung ist daher kein Vollstreckungstitel. Die Festsetzung der Vergütung unter Einschluss der Auslagen erfolgt nach den allgemeinen Vorschriften in den darin vorgesehenen Verfahren. Hierfür kommen sowohl ein Vergütungsfestsetzungsverfahren nach § 11 RVG, ein Kostenfestsetzungsverfahren oder ein Vergütungsrechtsstreit in Betracht. Deshalb sieht § 42 RVG vor, dass sich das Verfahren vor dem Oberlandesgericht allein auf die Feststellung der Höhe beschränkt.

22 **c) Begründung des Beschlusses.** Obwohl ein Rechtsmittel gegen die Entscheidung nicht gegeben ist,[69] wird die Entscheidung über die Feststellung der Pauschgebühr – zumindest **kurz** – zu begründen sein.[70] Nur dann kann der RA auch entscheiden, ob er eine Gegenvorstellung einreichen soll.

23 Einer **Rechtsbehelfsbelehrung** nach § 12c RVG bedarf es wegen der Unanfechtbarkeit des Feststellungsbeschlusses[71] **nicht.**[72] Die gegen den Beschluss möglichen Gegenvorstellungen[73] führen nicht zu einer Belehrungspflicht, weil keine Belehrungspflicht für außerordentliche Rechtsbehelfe besteht.[74]

5. Unanfechtbarkeit des Beschlusses des Oberlandesgerichts

24 Der Beschluss des Oberlandesgerichts nach Abs. 1 S. 1 ist unanfechtbar. Das dient der Verfahrensvereinfachung und -beschleunigung. Gegen den Beschluss sind jedoch **Gegenvorstellungen zulässig.**[75] Es gelten die Ausführungen zu § 51 RVG entsprechend.[76]

V. Bindung des Feststellungsbeschlusses (Abs. 4)

25 Abs. 4 bestimmt, dass die Feststellung der Pauschgebühr nach § 42 RVG für das Kostenfestsetzungsverfahren, das Vergütungsfestsetzungsverfahren (§ 11 RVG) und für einen Rechtsstreit des RA auf Zahlung der Vergütung **bindend** ist. Damit soll vermieden werden, dass ggf. in einem dieser Verfahren nachträglich divergierende Entscheidungen ergehen.[77] Die mit diesen Entscheidungen befassten Stellen müssen zudem nicht mehr die Frage des „besonderen Umfangs" oder der „besonderen Schwierigkeit" entscheiden. Sie müssen ihrer Entscheidung die Feststellung des Oberlandesgerichts zu Grunde legen. Das dient der Verfahrensvereinfachung und -beschleunigung.[78] In diesen Verfahren können also Einwendungen wegen der Höhe der Gebühren nicht mehr erhoben werden. Zulässig sind nur noch materiell-rechtliche Einwendungen.[79] Ob dazu auch die Einrede der Verjährung gehört oder ob diese bereits im Feststellungsverfahren geltend zu machen ist, ist umstritten. Das Letztere wird vom OLG Hamm bejaht.[80]

VI. Vorschuss

26 § 51 Abs. 1 S. 5 RVG sieht für den Pflichtverteidiger die Möglichkeit der Bewilligung eines Vorschusses vor. § 42 RVG enthält eine entsprechende Regelung nicht. Die Bewilligung eines

[68] Burhoff/Volpert RVG/*Burhoff* § 42 Rn. 16; Schneider/Wolf/*N. Schneider* RVG § 42 Rn. 43.
[69] → Rn. 24.
[70] Burhoff/Volpert RVG/*Burhoff* § 42 Rn. 30; Hartung/Schons/Enders/*Hartung* RVG § 42 Rn. 36 unter Hinweis auf § 304 Abs. 4 StPO.
[71] → Rn. 24.
[72] *Volpert* RVGreport 2013, 210; StRR 2014, 244; Burhoff/Volpert RVG/*Burhoff* § 42 Rn. 29.
[73] → Rn. 24.
[74] BT-Drs. 17/10490, S. 13 zu § 232 ZPO.
[75] OLG Nürnberg AnwBl 1974, 356 = JurBüro 1975, 201 für Beschluss nach § 99 BRAGO; Burhoff/Volpert RVG/*Burhoff* § 42 Rn. 28.
[76] → § 51 Rn. 63 mwN.
[77] Mayer/Kroiß/*Kroiß* RVG § 42 Rn. 23; Burhoff/Volpert RVG/*Burhoff* § 42 Rn. 32 f.
[78] Vgl. BT-Drs. 15/1971, 199.
[79] Schneider/Wolf/*N. Schneider* RVG § 42 Rn. 47.
[80] OLG Hamm NStZ-RR 2001, 190 = AGS 2001, 251 = BRAGOreport 2001, 170 mablAnm *N. Schneider;* aA Schneider/Wolf/*N. Schneider* RVG § 42 Rn. 47; Hartung/Römermann/Schons/*Hartung* RVG § 42 Rn. 36.

Vorschusses im Verfahren nach § 42 RVG ist daher **nicht möglich.**[81] Die Regelung des § 9 RVG bleibt aber unberührt.[82]

VII. Verjährung

27 Der Pauschgebührenanspruch des Wahlanwalts verjährt nach § 195 BGB innerhalb von **drei Jahren.** Die Verjährung beginnt mit dem Ende des Kalenderjahres, in dem die Pauschvergütung erstmals fällig geworden ist.[83] Der Antrag auf Bewilligung der Pauschvergütung beim zuständigen Gericht hemmt den Ablauf der Verjährung. Maßgebend ist das Datum des Eingangs des Antrags.[84]

VIII. Entsprechende Anwendung im Bußgeldverfahren

28 Nach Abs. 5 des § 42 RVG gelten die Abs. 1–4 im Bußgeldverfahren vor der Verwaltungsbehörde **entsprechend.** Über den Antrag entscheidet die Verwaltungsbehörde.

29 Gegen die Entscheidung kann gerichtliche Entscheidung beantragt werden. Für das Verfahren gilt **§ 62 OWiG.**[85] Die Zuständigkeit ergibt sich aus § 68 Abs. 1 S. 1 OWiG. Zuständig ist das Gericht, in dessen Bezirk die Verwaltungsbehörde ihren Sitz hat. Es gilt der normale Instanzenzug, so dass das Amtsgericht für die Entscheidung über den Antrag zuständig ist, nicht etwa das Oberlandesgericht. Der Beschluss ist unanfechtbar, soweit das OWiG nichts anderes bestimmt (§ 62 Abs. 2 S. 3 OWiG). Das ist nicht der Fall. Die in § 100 Abs. 2 S. 2, § 108 Abs. 1 S. 2 Hs. 2, § 110 Abs. 2 S. 2 OWiG aufgeführten Ausnahmen betreffen die Feststellung einer Pauschgebühr nicht.

IX. Vollstreckung der Pauschvergütung

30 Die Pauschvergütung wird durch die Entscheidung des zuständigen Gerichts[86] nur festgestellt. Die ergehende Entscheidung stellt **keinen Vollstreckungstitel** dar.[87] Diesen muss sich der RA, wenn nicht freiwillig, zB vom Mandanten, gezahlt wird, erst noch beschaffen. Dazu wird entweder ein Vergütungsfestsetzungsverfahren nach § 11 RVG, oder ein Kostenfestsetzungsverfahren betrieben oder ein Vergütungsprozess geführt.[88]

X. Rechtsschutzversicherung

31 Die Pauschvergütung nach § 42 RVG ist eine gesetzliche Vergütung. Da nach den ARB die gesetzliche Vergütung versichert ist, ist die Pauschvergütung von der Rechtsschutzversicherung zu **ersetzen.** Es handelt sich nicht um ein vereinbartes Honorar.[89]

§ 43 Abtretung des Kostenerstattungsanspruchs

[1] Tritt der Beschuldigte oder der Betroffene den Anspruch gegen die Staatskasse auf Erstattung von Anwaltskosten als notwendige Auslagen an den Rechtsanwalt ab, ist eine von der Staatskasse gegenüber dem Beschuldigten oder dem Betroffenen erklärte Aufrechnung insoweit unwirksam, als sie den Anspruch des Rechtsanwalts vereiteln oder beeinträchtigen würde. [2] Dies gilt jedoch nur, wenn zum Zeitpunkt der Aufrechnung eine Urkunde über die Abtretung oder eine Anzeige des Beschuldigten oder des Betroffenen über die Abtretung in den Akten vorliegt.

Schrifttum: *Burhoff,* Die Abtretung des Kostenerstattungsanspruchs (§ 43 RVG), RVGreport 2014, 450; *Burhoff,* Abtretung des Kostenerstattungsanspruchs – einige Hinweise zu § 43 RVG, RVGreport 2018, 442; *Enders,* Fragen der Aufrechnung gegen die an den Rechtsanwalt abgetretene Mandantenforderung, JurBüro 2004, 535; *Hansens,* Zur Aufrechnung durch die Staatskasse bei Anwendung des § 96a BRAGO, Rpfleger 1992, 39;

---

[81] Schneider/Wolf/*N. Schneider* RVG § 42 Rn. 49.

[82] Burhoff/Volpert RVG/*Burhoff* § 42 Rn. 34; Schneider/Wolf/*N. Schneider* RVG § 42 Rn. 49.

[83] → § 51 Rn. 52 ff.

[84] OLG Hamm AnwBl 1996, 478 = JurBüro 1996, 624, wonach § 193 BGB analog gilt.

[85] Wegen der Einzelheiten des Verfahrens s. Burhoff/Volpert RVG/*Burhoff* § 42 Rn. 37; Hartung/Schons/Enders/*Hartung* RVG § 42 Rn. 40.

[86] → Rn. 16, 28 f.

[87] Mayer/Kroiß/*Kroiß* RVG § 42 Rn. 25; Schneider/Wolf/*N. Schneider* RVG § 42 Rn. 53.

[88] Zur Bindungswirkung des zur Pauschgebühr ergangenen Beschlusses → Rn. 25.

[89] So wohl auch Schneider/Wolf/*N. Schneider* RVG § 42 Rn. 63.

Hansens, Die Unwirksamkeit der Abtretung des Kostenerstattungsanspruchs in Strafsachen gem. § 96a BRAGO, StV 1991, 44; *Mümmler,* Beschränkung der Aufrechnungsbefugnis der Staatskasse nach § 96a BRAGO, JurBüro 1978, 1447; *Volpert,* Die Abtretung des Kostenerstattungsanspruchs an den Verteidiger, RENOpraxis 2004, 4; *Volpert,* Abtretung von Kostenerstattungsansprüchen in der Strafprozessvollmacht, VRR 2007, 457 = StRR 2007, 174; *Volpert,* Die Abtretung von Kostenerstattungsansprüchen in Strafsachen, AG Kompakt 2009, 34; *Volpert,* Praktische Fragen und Probleme bei der Vergütung gerichtlich bestellter oder beigeordneter Rechtsanwälte, StRR 2011, 378.

Übersicht

I. Allgemeines

1 Es kommt im Strafverfahren häufig vor, zB im Fall des Teilfreispruchs (§ 467 StPO) sowie vor allem beim Teilerfolg eines Rechtsmittels (§ 473 Abs. 3, 4 StPO), dass dem Anspruch des Angeklagten auf Ersatz seiner notwendigen Auslagen gegen die Staatskasse ein **Anspruch** der **Staatskasse** gegen ihn auf Zahlung einer Geldstrafe und der Gerichtskosten **gegenübersteht.** In der Regel wird die Staatskasse dann mit ihrem Anspruch gegen den Anspruch auf Erstattung der notwendigen Auslagen aufrechnen. Ist die Aufrechnung wirksam, wird der als Verteidiger tätige RA um die Möglichkeit gebracht, sich wegen seiner Vergütung aus dem Anspruch des Angeklagten gegenüber der Staatskasse ganz oder wenigstens teilweise zu befriedigen.

2 Dieser Nachteil wird durch § 43 RVG beseitigt.[1] Danach ist eine von der Staatskasse gegenüber dem Beschuldigten oder dem Betroffenen erklärte **Aufrechnung** insoweit **unwirksam,** als sie den Anspruch des RA vereiteln oder beeinträchtigen würde, wenn der Beschuldigte den Anspruch gegen die Staatskasse auf Erstattung von Anwaltskosten als notwendige Auslagen an den RA abtritt. Die Schuldnerschutzbestimmungen der §§ 406, 407 BGB sind nicht anzuwenden.[2] Es empfiehlt sich daher für den RA, sich bei jeder Übernahme eines Mandats in Strafsachen oder in Bußgeldsachen frühzeitig einen eventuellen **Erstattungsanspruch abtreten** zu lassen und die Abtretungsurkunde **alsbald** bei Gericht oder bei der Verwaltungsbehörde **einzureichen.** Allerdings ist der RA nicht verpflichtet, sich den Kostenerstattungsanspruch abtreten zu lassen. Ihm kann daher später von der Staatskasse nicht vorgehalten werden, er habe sich durch die versäumte Abtretung des Erstattungsanspruchs des Beschuldigten selbst dem Schutz des § 43 RVG entzogen.[3]

[1] Eing. zu der Regelung *Burhoff* RVGreport 2014, 450 ff.; RVGreport 2018, 442.

[2] Zum Regelungsgehalt des § 43 RVG eing. Burhoff/Volpert RVG/*Volpert* § 43 Rn. 2 ff. mit Beispielen; Hartung/Schons/Enders/*Hartung* RVG § 43 Rn. 1 ff.; Schneider/Wolf/*N. Schneider* RVG § 43 Rn. 1 ff.

[3] BVerfG AnwBl 2009, 551 = RVGreport 2009, 260 = StRR 2009, 276 mzustAnm *Burhoff* im Zusammenhang mit der Frage des Erlöschens von Pflichtverteidigergebührenansprüchen; Burhoff/Volpert RVG/*Volpert* § 43 Rn. 8.

II. Anwendungsbereich

1. Sachlich

a) Straf- und Bußgeldverfahren. Die Vorschrift ist in Abschn. 7 des RVG enthalten: Sie gilt daher **(nur)** für das **Strafverfahren** und für das **Bußgeldverfahren.** Dies ergibt sich auch aus dem Gesetzeswortlaut, der (nur) sowohl den Beschuldigten als auch den Betroffenen nennt. 3

b) (Gesetzliche) Vergütung des Rechtsanwalts. § 43 RVG gilt nur für die Anwaltskosten, die sich der Angeklagte/Betroffene gem. **§ 464a Abs. 2 Nr. 2 StPO,** § 91 Abs. 2 ZPO als **notwendige Auslagen** von der Staatskasse erstatten lassen kann. Dazu gehören nach § 1 Abs. 1 S. 1 RVG die Gebühren und Auslagen des RA. Erfasst sind daher nicht nur die nach dem RVG berechneten Gebühren und Auslagen, sondern auch die in VV Vorb. 7 Abs. 1 RVG genannten und nach § 670 BGB zu ersetzenden Aufwendungen des RA, wie also zB die Aktenversendungspauschale nach KV 9003 GKG.[4] § 43 RVG gilt zudem für die durch Anbringung des Kostenfestsetzungs- und des Verzinsungsantrags im Kostenfestsetzungsverfahren angefallenen Zinsen, obwohl der in der Vorgängervorschrift § 96a BRAGO enthaltene redaktionelle Klammerhinweis auf §§ 464b, 464a Abs. 2 Nr. 2 StPO nicht mehr enthalten ist.[5] 4

§ 43 RVG gilt nicht für **andere** dem Angeklagten/Betroffenen entstandene notwendige Auslagen, wie zB die Entschädigung für Zeitversäumnis, Reisekosten, Verdienstausfall, Kosten für Privatgutachten, für die **§ 464a Abs. 2 Nr. 1 StPO** gilt.[6] Auch für an den RA abgetretene Entschädigungsforderungen nach dem StrEG gilt § 43 RVG nicht.[7] Sind die insoweit bestehenden Ansprüche an den Verteidiger abgetreten worden, kann die Staatskasse wirksam aufrechnen. 5

Eine nach **§ 42 RVG** festgestellte Pauschgebühr kann einen Anspruch auf Erstattung iSd § 43 RVG darstellen, mit der Folge, dass zur Feststellung der Tragweite einer Aufrechnung das Verfahren nach § 42 RVG durchgeführt werden muss.[8] 6

Zwischen dem Vergütungsanspruch und dem abgetretenen Anspruch muss **Deckungsgleichheit** bestehen. Dh, dass die Erstattungsforderung des Auftraggebers gerade aus denjenigen Forderungen des RA stammen muss, die dem RA gegen den Auftraggeber noch zustehen. Andere Ansprüche können nicht über § 43 RVG gesichert werden.[9] 7

c) Vereinbarte Vergütung. Für die vereinbarte Vergütung gilt § 43 RVG **nur teilweise.** Die vereinbarte Vergütung wird von der Vorschrift nämlich nur insoweit erfasst, als sie die nach dem RVG berechnete gesetzliche Vergütung nicht übersteigt. Der Auftraggeber kann nämlich nach § 464 Abs. 2 Nr. 2 StPO und § 91 Abs. 2 ZPO sowie § 46 OWiG nur Erstattung der gesetzlichen und nicht einer mit seinem Verteidiger vereinbarten Vergütung verlangen.[10] 8

d) Forderungen der Staatskasse. Die Staatskasse muss aus dem vorliegenden oder auch einem anderen (früheren) Verfahren eine **fällige** (vgl. dazu § 449 StPO, § 8 GKG) Forderung haben.[11] Dabei kann es sich um Ansprüche aus der Verurteilung in der Hauptsache handeln, also auf Zahlung einer Geldstrafe, und/oder um Verfahrenskosten oder um Gerichtskosten aus einer Zivilsache oder einem anderen gerichtlichen Verfahren.[12] 9

---

[4] Schneider/Wolf/*N. Schneider* RVG § 43 Rn. 22; *Burhoff* RVGreport 2014, 450.

[5] Schneider/Wolf/*N. Schneider* RVG § 43 Rn. 17; Burhoff/Volpert RVG/*Volpert* § 43 Rn. 16; vgl. zur Abtretung von Zinsen auch OLG Düsseldorf JurBüro 2006, 260.

[6] Burhoff/Volpert RVG/*Volpert* § 43 Rn. 17, 36 mit Bsp.; Hartmann/Toussaint RVG § 43 Rn. 5; Schneider/Wolf/*N. Schneider* RVG § 43 Rn. 19.

[7] LG Saarbrücken AGS 2010, 221 = RVGreport 2010, 381 = StRR 2010, 240.

[8] Mayer/Kroiß/*Kroiß* RVG § 43 Rn. 5; Schneider/Wolf/*N. Schneider* RVG § 43 Rn. 21, Burhoff/Volpert RVG/*Volpert* § 43 Rn. 15.

[9] Schneider/Wolf/*N. Schneider* RVG § 43 Rn. 23; vgl. auch Burhoff/Volpert RVG/*Volpert* § 43 Rn. 25; *Burhoff* RVGreport 2014, 450.

[10] KG Rpfleger 1992, 39; OLG München AnwBl 1991, 71; OLG Koblenz Rpfleger 1984, 286; Burhoff/Volpert RVG/*Volpert* § 43 Rn. 15; Schneider/Wolf/*N. Schneider* RVG § 43 Rn. 21; Hartmann/*Toussaint* RVG § 43 Rn. 5; Mayer/Kroiß/*Kroiß* RVG § 43 Rn. 5; *Burhoff* RVGreport 2014, 450, 451.

[11] OLG Nürnberg JurBüro 1990, 1167; Burhoff/Volpert RVG/*Volpert* § 43 Rn. 18; Hartmann/*Toussaint* RVG § 43 Rn. 4; Schneider/Wolf/*N. Schneider* RVG § 43 Rn. 14.

[12] Schneider/Wolf/*N. Schneider* RVG § 43 Rn. 15; zur Zulässigkeit der Aufrechnung mit einer Geldstrafe AG Hannover NJW 1975, 178; Palandt/*Grüneberg* BGB § 395 Rn. 1.

2. Persönlich

10 Die Vorschrift gilt ihrem Wortlaut nach **nur,** wenn der Erstattungsanspruch an einen RA als **Verteidiger** abgetreten wird. Sie gilt nicht für die Abtretung an sonstige Vertreter.[13] Erfasst wird aber der als Verteidiger nach § 138 Abs. 2 StPO zugelassene Kammerrechtsbeistand.[14] Die Vorschrift ist allerdings nicht auf den Vollverteidiger im straf- oder bußgeldverfahrensrechtlichen Erkenntnisverfahren (VV Teil 4 Abschn. 1 RVG bzw. VV Teil 5 Abschn. 1 RVG) beschränkt, sondern gilt auch für den Verteidiger im (Straf)Vollstreckungsverfahren (VV Teil 4 Abschn. 2 RVG bzw. VV 5200 Anm. 4 RVG)[15] und den RA, der lediglich mit einer Einzeltätigkeit nach VV Teil 4 Abschn. 3 RVG oder nach VV 5200 RVG beauftragt war.[16] Tritt der RA nach **Abtretung** des Erstattungsanspruchs des Beschuldigten diesen an einen **anderen RA** ab,[17] wird sich auch der neue RA unter den Voraussetzungen von § 43 RVG auf die Abtretung berufen können.[18] Die Schutzwirkung der Vorschrift tritt nach ihrem Wortlaut aber nicht ein, wenn der Erstattungsanspruch an einen Nicht-Rechtsanwalt abgetreten wird.[19] Das gilt auch dann, wenn der Beschuldigte zunächst an den RA und dieser an die Verrechnungsstelle abtritt.[20]

III. Abtretung des Erstattungsanspruchs

1. Allgemeines

11 Der Erstattungsanspruch des Beschuldigten/Betroffenen auf Ersatz seiner notwendigen Auslagen aus der Staatskasse muss gem. § 398 BGB **formwirksam** an den RA abgetreten worden sein.[21] Dafür reicht nach allgemeiner Meinung eine Geldempfangs- bzw. Inkassovollmacht nicht aus. Erforderlich ist eine ausdrückliche Abtretung des Erstattungsanspruchs.[22] Wird der Beschuldigte/Betroffene von **mehreren Rechtsanwälten** vertreten, hängt es vom Umfang der Abtretungen ab, welche Gebührenforderung in welchem Umfang geschützt wird. Kommt es im Verlauf eines Verfahrens zum Anwaltswechsel, so verliert eine Abtretung an den ersten Bevollmächtigten ihre Wirksamkeit auch dann nicht, wenn der Beschuldigte/Betroffene seine Ansprüche erneut an den neuen RA abtritt.[23] **Abtretungsverbote** – zB nach § 13 Abs. 2 StrEG für die Haftentschädigungsforderung – sind zu beachten.[24] Die Wirksamkeit der Abtretung wird auch durch die spätere **Kündigung** des anwaltlichen **Geschäftsbesorgungsvertrags** und den Widerruf der Vollmacht nicht berührt. Insoweit ist zwischen der vertraglich vereinbarten Forderungsabtretung einerseits (§ 398 BGB) und der einseitig erteilten Verteidigervollmacht andererseits zu unterscheiden (§ 168 Satz 2 BGB). Während die Vollmacht auch durch einseitige Erklärung des Angeklagten gegenüber dem Gericht wirksam widerrufen werden konnte (§ 167 Abs. 1, § 168 Satz 3 BGB), gilt dies für die Abtretungsvereinbarung nicht.[25] Die Abtretung kann schon vor Rechtskraft des Verfahrens und damit vor Fälligkeit des Kostenerstattungsanspruchs erfolgen.[26]

---

[13] Burhoff/Volpert RVG/*Volpert* § 43 Rn. 11 mwN; Schneider/Wolf/*N. Schneider* RVG § 43 Rn. 11; Mayer/Kroiß/*Kroiß* RVG § 43 Rn. 4; zu sonstigen Verteidigern Meyer-Goßner/Schmitt/*Schmitt* StPO § 138 Rn. 1 ff.; *Burhoff* StrafREV-HdB Rn. 4515 ff.

[14] Vgl. § 1 Abs. 1 S. 3, Art. IX RPflege-Anpassungsgesetz v. 26.6.1992; BGBl. I 1147; Burhoff/Volpert RVG/*Volpert* § 43 Rn. 10; Schneider/Wolf/*N. Schneider* RVG § 43 Rn. 10.

[15] Inzidenter OLG Nürnberg RVGreport 2014, 436 = StRR 2014, 513 = Rpfleger 2014, 694.

[16] Burhoff/Volpert RVG/*Volpert* § 43 Rn. 11; Schneider/Wolf/*N. Schneider* RVG § 43 Rn. 9.

[17] Eing. Burhoff/Volpert RVG/ *Burhoff* Teil A Rn. 14 ff.; zur Zulässigkeit ua BGH NJW 2007, 1196 = AGS 2007, 334 = RVGreport 2007, 197 = AnwBl 2007, 453.

[18] Burhoff/Volpert RVG/*Volpert* § 43 Rn. 12.

[19] Burhoff/Volpert RVG/*Volpert* § 43 Rn. 12.

[20] Burhoff/Volpert RVG/*Volpert* § 43 Rn. 12.

[21] Burhoff/Volpert RVG/*Volpert* § 43 Rn. 25 mwN; Schneider/Wolf/*N. Schneider* RVG § 43 Rn. 25.

[22] KG Rpfleger 1980, 402 = JurBüro 1980, 1200; OLG Braunschweig NdsRpfl 1985, 147; AG Osnabrück JurBüro 2004, 535; Burhoff/Volpert RVG/*Volpert* § 43 Rn. 25; Hartung/Schons/Enders/*Hartung* RVG § 43 Rn. 17; Schneider/Wolf/*N. Schneider* RVG § 43 Rn. 23.

[23] OLG Rostock NStZ-RR 2018, 232 (LS) = JurBüro 2018, 353 = AGS 2018, 330 = RVGreport 2018, 308; LG Düsseldorf AGS 2007, 34.

[24] LG Saarbrücken AGS 2010, 221 = RVGreport 2010, 381 = StRR 2010, 240.

[25] OLG Rostock NStZ-RR 2018, 232 (LS) = JurBüro 2018, 353 = AGS 2018, 330 mAnm *Volpert* = RVGreport 2018, 308.

[26] LG Köln AGS 2019, 504 = RVGreport 2020, 69 = RVG prof. 2019, 184; Riedel/SußbauerRVG/*Kremer,* § 43 Rn. 9.

2. Zulässigkeit der Abtretung in der Strafprozessvollmacht

Umstritten ist, ob die Abtretung bereits in der Strafprozessvollmacht erfolgen kann. Das wird teilweise wegen eines Verstoßes gegen § 305c BGB als unzulässig mit der Folge der Unwirksamkeit der Abtretung angesehen.[27] Das ist jedoch nicht zutreffend; die Abtretung in der Strafprozessvollmacht kann schon deshalb nicht überraschend sein, weil § 43 RVG ausdrücklich regelt, dass der Anspruch auf Erstattung notwendiger Auslagen abgetreten werden kann.[28] Die Möglichkeit der Abtretung des Kostenerstattungsanspruchs ist in § 43 RVG gesetzlich ausdrücklich vorgesehen. Es besteht auch keine gesetzliche Regelung, gegen die durch Aufnahme der Abtretung des Kostenerstattungsanspruchs in eine Strafprozessvollmacht verstoßen würde. Die Abtretung in der Vollmacht ist daher **zulässig.**[29] Allerdings sollte der Verteidiger einen **deutlichen Hinweis** auf die Abtretung in die Vollmacht aufzunehmen. Liegt der vor, wird die Abtretung auf jeden Fall als wirksam angesehen.[30] 12

3. Nachweis der Abtretung durch Abtretungsurkunde/-anzeige (S. 2)

Nach § 43 S. 2 RVG ist die Aufrechnung nur dann unwirksam, wenn zum Zeitpunkt der Aufrechnungserklärung eine Abtretungsurkunde bzw. Abtretungsanzeige des Beschuldigten **in den Akten** vorhanden ist. Dies dient Beweiszwecken. Das hat zur Folge, dass es sich nicht um die Akten des Verfahrens handeln muss, in dem die Aufrechnung erklärt wird. Anderenfalls müsste nämlich bei Verfahrenstrennung erneut eine Abtretungsurkunde eingereicht bzw. die Abtretung angezeigt werden.[31] Eine Kopie ist ausreichend.[32] 13

Statt einer Abtretungsurkunde reicht auch eine **schriftliche Abtretungsanzeige** des **Betroffenen.** Eine **mündliche Abtretungsanzeige** oder ein über eine mündliche Abtretungsanzeige gefertigter **Aktenvermerk** reichen nicht aus.[33] Nach dem eindeutigen Wortlaut des § 43 S. 2 RVG wird auch eine Abtretungsanzeige des **Verteidigers** nicht erfasst.[34] Es ist aber ausreichend, wenn der RA eine von dem Beschuldigten/Betroffenen unterschriebene Erklärung zu den Akten gibt, dass Ansprüche auf Erstattung an den RA abgetreten sind. Der Beschuldigte muss diese Anzeige nicht selbst zur Akte geben.[35] Eine Abtretungsurkunde liegt iÜ auch bei fehlender Unterschrift des RA vor, wenn die Voraussetzungen des § 151 S. 1 BGB bejaht werden.[36] 14

4. Zeitpunkt der Abtretung (S. 2)

Für die Vorgängervorschrift des § 96a BRAGO war umstritten, ob die Abtretung auch noch **nach der Aufrechnung** wirksam erfolgen konnte. Teilweise wurde das in Rspr. und Lit. bejaht. Man ging davon aus, dass die bereits durch Aufrechnung erloschene Erstattungsforderung 15

---

[27] OLG Koblenz VersR 2009, 1348 für Zivilsachen; LG Düsseldorf AGS 2007, 55; LG Konstanz Rpfleger 2008, 596; LG Nürnberg-Fürth AnwBl 1976, 166; RVGreport 2015, 256 = RVG prof. 2015, 119; OVG Münster NJW 1987, 3029 für das Verwaltungsstreitverfahren; Mayer/Kroiß/*Mayer* RVG § 43 Rn. 7; *Mertens/Stuff/Mück,* Verteidigervergütung, 2. Aufl. 2016, Rn. 960; s. a. OLG Nürnberg AGS 2015, 274 = RVGreport 2015, 256 = StraFo 2015, 305 = JurBüro 2015, 405.

[28] LG Köln AGS 2019, 504 = RVGreport 2020, 69 = RVG prof. 2019, 184.

[29] OLG Koblenz Rpfleger 1974, 403 = MDR 1974, 1038; OLG Nürnberg AGS 2015, 274 = RVGreport 2015, 256 = StraFo 2015, 305 = JurBüro 2015, 405; OLG Rostock NStZ-RR 2018, 232 (LS) = RVGreport 2018, 308 = JurBüro 2018, 353 = AGS 2018, 330 m. Anm. *Volpert;* LG Köln AGS 2019, 504 = RVGreport 2020, 69 = RVG prof. 2019, 184; LG Hamburg AnwBl 1977, 70; LG Leipzig AGS 2010, 129 = StRR 2010, 239 = RVGreport 2010, 185; Burhoff/Volpert RVG/*Volpert* § 43 Rn. 27; Hartung/Schons/Enders/*Hartung* RVG § 43 Rn. 18; Schneider/Wolf/*N. Schneider* RVG § 43 Rn. 26; *Volpert* VRR 2007, 57 = StRR 2007, 174; AG Kompakt 2009, 34; *Burhoff* RVGreport 2014, 450, 452; RVGreport 2018, 442.

[30] OLG Nürnberg AGS 2015, 274 = RVGreport 2015, 256 = StraFo 2015, 305 = JurBüro 2015, 405; OLG Rostock NStZ-RR 2018, 232 (LS) = RVGreport 2018, 308 = JurBüro 2018, 353 = AGS 2018, 330 m. Anm. *Volpert;* LG Köln AGS 2019, 504 = RVGreport 2020, 69 = RVG prof. 2019, 184; zu Hinweisen zur Abtretung des Kostenerstattungsanspruchs *Burhoff* RVGreport 2018, 442.

[31] Ebenfalls Burhoff/Volpert RVG/*Volpert* § 43 Rn. 30; Mayer/Kroiß/*Kroiß* RVG § 43 Rn. 10; Schneider/Wolf/*N. Schneider* RVG § 43 Rn. 35; vgl. auch BT-Drs. 15/1971, 199, wonach die Abtretungsurkunde bzw. Abtretungsanzeige bei dem Gericht oder der Verwaltungsbehörde eingegangen sein muss; aA Hartung/Römermann/Schons/*Hartung* RVG § 43 Rn. 20.

[32] KG JurBüro 2006, 387; Hartung/Schons/Enders/*Hartung* RVG § 43 Rn. 21; Schneider/Wolf/*N. Schneider* RVG § 43 Rn. 36.

[33] Burhoff/Volpert RVG/*Volpert* § 43 Rn. 31 f.; Riedel/Sußbauer/*Kremer* § 43 Rn. 13.

[34] Riedel/Sußbauer/*Kremer* § 43 Rn. 13; aA Schneider/Wolf/*N. Schneider* RVG § 43 Rn. 37.

[35] LG Würzburg StraFo 2013, 40 = AGS 2013, 277 = RVGreport 2013, 55 = VRR 2013, 199; Burhoff/Volpert RVG/*Volpert* § 43 Rn. 32 f.

[36] LG Köln AGS 2019, 504 = RVGreport 2020, 69 = RVG prof. 2019, 184.

aufgrund der Abtretung wieder auflebe.[37] Von anderen Stimmen wurde demgegenüber darauf hingewiesen, dass nach bürgerlichem Recht eine bereits erloschene Forderung nicht mehr abgetreten werden könne.[38]

16 Dieser **Streit** ist durch die Regelung in **S. 2 beigelegt.** Danach ist die Aufrechnung nur dann unwirksam, wenn zum Zeitpunkt der Aufrechnung eine Urkunde über die Abtretung oder eine Abtretungsanzeige des Beschuldigten oder des Betroffenen in den Akten vorliegt.[39] Dies entspricht ausdrücklich der Systematik des bürgerlichen Recht, dh, die Erstattungsforderung muss im Zeitpunkt der Abtretung noch bestehen. Um Zweifel an der Wirksamkeit einer Aufrechnungserklärung auszuschließen, wird darauf abgestellt, ob zum Zeitpunkt **der** Aufrechnung die Abtretungsurkunde oder eine Abtretungsanzeige des Beschuldigten oder Betroffenen in den Akten des Gerichts bzw. der Verwaltungsbehörde vorlag (→ Rn. 13). Mit dem „Zeitpunkt der Aufrechnung" ist der Zeitpunkt der **Aufrechnungserklärung** der Staatskasse und nicht der Zeitpunkt gemeint, an dem sich die Forderungen erstmals aufrechenbar gegenübergestanden haben.[40]

17 Das bedeutet, dass eine **nach** der **Aufrechnung** der Staatskasse **erfolgte Abtretung** des Erstattungsanspruchs immer **unwirksam** ist, weil zum Zeitpunkt der Aufrechnungserklärung der Staatskasse in den Akten eine Abtretungsurkunde oder eine Anzeige des Beschuldigten oder Betroffenen über die Abtretung nicht vorliegt.

IV. Beeinträchtigung oder Vereitelung des Vergütungsanspruchs (S. 1)

1. Allgemeines

18 Nach S. 1 ist die Aufrechnung der Staatskasse insoweit unwirksam,[41] als sie den Anspruch des Verteidigers vereitelt oder beeinträchtigt. Dass ist dann der Fall, wenn Ansprüche auf gesetzliche Gebühren des Verteidigers **noch nicht vollständig erfüllt** sind und somit im Falle der Wirksamkeit der Aufrechnung der Anspruch auf die gesetzliche Vergütung vereitelt oder beeinträchtigt würde. Der Anspruch des Verteidigers ist der Honoraranspruch des RA als Verteidiger in dieser Sache, nicht der abgetretene Anspruch auf Erstattung notwendiger Auslagen (zum Vergütungsanspruch → Rn. 4 ff.).[42]

2. Beeinträchtigung/Vereitelung

19 Beeinträchtigung ist jede **nicht nur unerhebliche Erschwerung** bei der Einziehung des Honorars. Der Verteidiger braucht also weder eine Verzögerung, wie zB durch Stundung, noch eine besondere Mühe bei der Einziehung seines Honorars hinzunehmen.[43] Er muss sich nicht auf Ratenzahlungen des Mandanten verweisen lassen.[44] § 43 RVG greift allerdings nicht ein, wenn und soweit der RA einen Vorschuss von seinem Mandanten erhalten hat, da der RA verrechnen kann und muss.[45] Die Schutzwirkung des § 43 RVG greift auch nicht ein, wenn der Vergütungsanspruch des Verteidigers/RA bereits anderweitig erfüllt ist.[46]

3. Rechtsfolgen

20 Die von der Staatskasse erklärte Aufrechnung ist (nur) insoweit unwirksam, als sie den Anspruch des RA vereiteln würde. Es muss also im **Einzelfall geprüft** werden, in welcher Höhe eine Beeinträchtigung/Vereitelung vorliegt. Nur insoweit ist die Aufrechnung unwirksam.[47] Ist

[37] Vgl. ua OLG Frankfurt a. M. AnwBl 1992, 394; OLG Karlsruhe JurBüro 1994, 486; Gerold/Schmidt/v. Eicken/Madert/*Madert,* Bundesgebührenordnung für Rechtsanwälte, 15. Aufl. 2001, BRAGO § 96a Rn. 2 mwN.

[38] Vgl. ua OLG Düsseldorf JurBüro 1993, 730; OLG Schleswig JurBüro 1997, 313; OLG Stuttgart JurBüro 1990, 1463; LG Mainz JurBüro 2001, 93.

[39] Schneider/Wolf/*N. Schneider* RVG § 43 Rn. 27 f.; Riedel/Sußbauer/*Kremer* 43 Rn. 14; Mayer/Kroiß/*Kroiß* RVG § 43 Rn. 9.

[40] Burhoff/Volpert RVG/*Volpert* § 43 Rn. 35; Hartung/Schons/Enders/*Hartung* RVG § 43 Rn. 21; Schneider/Wolf/*N. Schneider* RVG § 43 Rn. 27 f.

[41] Vgl. dazu zuletzt OLG Rostock NStZ-RR 2018, 232 (Ls.] = JurBüro 2018, 353 = AGS 2018, 330 m. Anm. *Volpert* = RVGreport 2018, 307.

[42] Riedel/Sußbauer RVG/*Kremer* § 43 Rn. 17.

[43] Burhoff/Volpert RVG/*Volpert* § 43 Rn. 36; Hartung/Schons/Enders/*Hartung* RVG § 43 Rn. 25; Schneider/Wolf/*N. Schneider* RVG § 43 Rn. 38 ff.; *Burhoff* RVGreport 2014, 450, 453.

[44] Burhoff/Volpert RVG/*Volpert* § 43 Rn. 36; Hartung/Schons/Enders/*Hartung* RVG § 43 Rn. 25; Schneider/Wolf/*N. Schneider* RVG § 43 Rn. 40.

[45] Burhoff/Volpert RVG/*Volpert* § 43 Rn. 42 ff.; Schneider/Wolf/*N. Schneider* RVG § 43 Rn. 41.

[46] Burhoff/Volpert RVG/*Volpert* § 43 Rn. 36; Schneider/Wolf/*N. Schneider* RVG § 43 Rn. 38.

[47] Schneider/Wolf/*N. Schneider* RVG § 43 Rn. 46 f.

also der Vergütungsanspruch des RA nur noch teilweise offen, ist die Aufrechnung nur in Höhe dieses Betrages unwirksam. Ist die Aufrechnung wirksam, kann der RA von der Staatskasse die Gebühren eines gewählten Verteidigers nicht mehr geltend machen. Der gesetzliche Anspruch des RA auf Festsetzung und Auszahlung einer ihm ggf. zustehenden Pflichtverteidigervergütung ist jedoch nicht erloschen; denn hinsichtlich dieses eigenständigen Anspruchs kommt der von der Staatskasse gegen den Kostenerstattungsanspruch des freigesprochenen Angeklagten erklärten Aufrechnung keine Wirkung zu.[48] Auch eine ggf. eintretende „Doppelbelastung" der Staatskasse rechtfertigt nicht die Versagung des Pflichtverteidigerhonorars.[49] Durch die Aufrechnung der Staatskasse erlischt in diesen Fällen also nur der Anspruch auf Erstattung der Differenz zwischen den Pflicht- und Wahlverteidigergebühren.[50]

Umstritten ist, wie bei einer **Vergütungsvereinbarung** mit einer Restforderung umzugehen ist, wenn der Mandant einen **Vorschuss** gezahlt hat. Teilweise wird dazu vertreten, dass der Vorschuss nur auf die gesetzliche Vergütung anzurechnen ist mit der Folge, dass die Staatskasse in Höhe des Vorschusses aufrechnen kann.[51] Eine aA verrechnet den Vorschuss auf den Betrag, um den die vereinbarte Vergütung die gesetzliche Vergütung übersteigt.[52] Das hätte zur Folge, dass die Aufrechnung der Staatskasse nur insoweit wirksam ist, als der Vorschuss über die Differenz zwischen vereinbartem Honorar und gesetzlicher Vergütung hinausgeht und daher auch auf die gesetzliche Vergütung anzurechnen ist. Eine dritte Ansicht differenziert schließlich danach, ob bei der Vorschusszahlung eine Tilgungsbestimmung gem. § 366 BGB getroffen worden ist.[53] Im Hinblick auf den mit § 43 RVG bezweckten Schutz des anwaltlichen Vergütungsanspruchs dürfte der 2. Ansicht der Vorrang zu geben sein.[54] 21

V. Gerichtliche Überprüfung der Aufrechnung

1. Allgemeines

Wird dem vom Verteidiger geltend gemachten Kostenerstattungsanspruch entgegengehalten, der Anspruch sei durch die von der Staatskasse erklärte Aufrechnung erloschen und wird deswegen die Zahlung an den Verteidiger verweigert, muss der RA hiergegen im **Verfahren** nach **§ 30a EGGVG** vorgehen.[55] In diesem muss die Aufrechnung der Staatskasse durch einen Antrag auf gerichtliche Entscheidung angefochten werden.[56] 22

2. Verfahrensfragen

Der Antrag auf gerichtliche Entscheidung ist **schriftlich** oder zu Protokoll der **Geschäftsstelle** bei dem **AG** zu stellen, in dessen Bezirk die Kasse ihren Sitz hat, die die Aufrechnung erklärt hat (§ 30a Abs. 2 S. 1 EGGVG). 23

Eine **abweichende** Zuständigkeit besteht nach der Rspr. des BGH für die Entscheidung über Einwendungen gegen die Wirksamkeit der Aufrechnung bei Vollstreckung einer **Geldstrafe** durch Aufrechnung mit einem Kostenerstattungsanspruch.[57] Dann gilt § 462a StPO. Zuständig zur Entscheidung über die Einwendungen des Verteidigers gegen die Aufrechnung ist dann die **Strafvollstreckungskammer,** in deren Bezirk die Strafanstalt liegt, die für die 24

---

[48] BVerfG AnwBl 2009, 551 = RVGreport 2009, 260 = StRR 2009, 276 mzustAnm *Burhoff;* Burhoff/Volpert RVG/*Volpert* § 52 Rn. 42; *Volpert* StRR 2011, 378 (381); aA LG Koblenz JurBüro 2010, 646 = RVGreport 2010, 461.

[49] BVerfG AnwBl 2009, 551 = RVGreport 2009, 260.

[50] Burhoff/Volpert RVG/*Volpert* § 52 Rn. 42.

[51] KG JurBüro 1992, 99; *Hansens* StV 1991, 44.

[52] Burhoff/Volpert RVG/*Volpert* § 43 Rn. 46 mit Bsp.; Schneider/Wolf/*N. Schneider* RVG § 43 Rn. 48 ff.

[53] Schneider/Wolf/*N. Schneider* RVG § 43 Rn. 48 ff. mit Bsp.

[54] So auch Burhoff/Volpert RVG/*Volpert* § 43 Rn. 46 aE.

[55] LG Saarbrücken AGS 2010, 221 = RVGreport 2010, 381 = StRR 2010, 240; bis 24.4.2006 nach Art. XI § 1 KostRÄndG 1957 (G zur Änderung und Ergänzung kostenrechtlicher Vorschriften), BGBl. 1957 I 861; vgl. dazu OLG Dresden NStZ-RR 2005, 284; OLG Koblenz ZfS 1993, 28; OLG Nürnberg NStZ 2000, 466; AnwBl 1990, 49 = JurBüro 1989, 1685; eing. Burhoff/Volpert RVG/*Volpert* § 43 Rn. 50 ff.; Hartung/Schons/Enders/*Hartung* RVG § 43 Rn. 29; Schneider/Wolf/*N. Schneider* RVG § 43 Rn. 58; Riedel/Sußbauer/*Kremer* § 43 Rn. 20 ff.; Mayer/Kroiß/*Kroiß* RVG § 43 Rn. 18; **aA** OLG Bamberg JurBüro 1990, 1172, Verfahren entsprechend § 5 GKG aF bzw. § 66 GKG nF; LG Würzburg StraFo 2013, 40 = AGS 2013, 277 = RVGreport 2013, 55 = VRR 2013, 199, inzidenter § 66 GKG; AG Hamm AGS 2011, 592 = StRR 2011, 403 mit abl. Anm. *Volpert,* § 8 JBeitrO; AGS 2013, 522 mablAnm *Volpert;* Hartmann/Toussaint EGGVG § 30a Rn. 4, Stichwort: Aufrechnung; vgl. auch OLG Hamm 2.12.2013 – III-3 (s) Sbd. I – 6/13 [n. v.], das weder § 66 GKG noch § 30a EGGVG für einschlägig hält.

[56] Das Muster eines Antrags befindet sich bei Burhoff/Volpert RVG/*Volpert* § 43 Rn. 63.

[57] BGH NJW 1998, 2066 = Rpfleger 1998, 304; Burhoff/Volpert RVG/*Volpert* § 43 Rn. 59.

Vollstreckung der Ersatzfreiheitsstrafe im Falle der Nichtzahlung der Geldstrafe zuständig wäre.[58]

25 **Antragsberechtigt** ist nur der Verteidiger, da nur sein Anspruch durch die Aufrechnung vereitelt oder vereitelt wird. Der Antrag darf daher nicht für den Mandanten gestellt werden.

26 Der Antrag kann nur darauf gestützt werden, dass die Aufrechnung rechtswidrig sei, weil sie den Antragsteller in seinen Rechten beeinträchtigt (→ Rn. 19). Dies ist **glaubhaft** zu machen.[59] Es muss **dargelegt** und glaubhaft gemacht werden, dass noch Ansprüche auf Gebühren und Auslagen aus dem vorliegenden Verfahren bestehen.[60] Der RA sollte in dem Antrag angeben, ob und welche Vorschüsse der Verteidiger von seinem Mandanten in diesem Verfahren erhalten hat.[61] Er muss jedoch nicht darlegen, warum ein Vorschuss nicht gefordert worden ist.[62]

27 Entschieden wird durch **begründeten Beschluss,** der zu verkünden oder zuzustellen ist.[63]

28 Gegen die Entscheidung ist die **Beschwerde** und ggf. die weitere Beschwerde nach § 30a Abs. 2 S. 3 EGGVG iVm § 81 Abs. 2–4 GNotKG zulässig.

29 Für das Verfahren werden **Gerichtskosten** nicht erhoben. Eine Kostenerstattung findet nicht statt.[64]

VI. Kostenfestsetzung nach Abtretung des Erstattungsanspruchs

30 **Umstritten** ist, ob, wenn der Erstattungsanspruch des Beschuldigten an den RA abgetreten worden ist,– wie in Zivilsachen[65] – die Auslagenentscheidung entsprechend § 727 ZPO **umgeschrieben** werden muss oder ob das nicht erforderlich ist.[66] Zutreffend dürfte es sein, keine Umschreibung zu fordern. Voraussetzung für die Kostenfestsetzung gem. § 464b StPO ist lediglich eine Entscheidung darüber, wer die notwendigen Auslagen trägt (§ 464 Abs. 2 StPO).[67] Nach einer Abtretung ist deshalb der Zessionar selbst antragsberechtigt und die Kostenfestsetzung somit für den Verteidiger vorzunehmen, dieser also statt des Freigesprochenen als erstattungsberechtigter Gläubiger im Rubrum des Kostenfestsetzungsbeschlusses aufzuführen.[68]

31 Der Verteidiger kann sich ggf. auch im eigenen Namen **beschweren,** wenn im Kostenfestsetzungsbeschluss seinem Antrag nicht bzw. nicht vollständig entsprochen wird.[69] Im Fall der Zurückweisung der Beschwerde und Auferlegung der Kosten gem. § 29 Nr. 1 GKG ist er dann allerdings auch Kostenschuldner der Gebühr nach KV Vorb. 3.6, KV 1812 GKG.[70]

Abschnitt 8. Beigeordneter oder bestellter Rechtsanwalt, Beratungshilfe

§ 44 Vergütungsanspruch bei Beratungshilfe

[1]Für die Tätigkeit im Rahmen der Beratungshilfe erhält der Rechtsanwalt eine Vergütung nach diesem Gesetz aus der Landeskasse, soweit nicht für die Tätigkeit in Bera-

[58] Burhoff/Volpert RVG/*Volpert* § 43 Rn. 59; Schneider/Wolf/*N. Schneider* RVG § 43 Rn. 59; aA Riedel/Sußbauer RVG/*Kremer* § 43 Rn. 21.

[59] Schneider/Wolf/*N. Schneider* RVG § 43 Rn. 54.

[60] Burhoff/Volpert RVG/*Volpert* § 43 Rn. 45; Schneider/Wolf/*N. Schneider* RVG § 43 Rn. 54 ff.

[61] Burhoff/Volpert RVG/*Volpert* § 43 Rn. 45.

[62] Burhoff/Volpert RVG/*Volpert* § 43 Rn. 45.

[63] BGH NJW 1998, 2066 = Rpfleger 1998, 304.

[64] Burhoff/Volpert RVG/*Volpert* § 43 Rn. 58; Schneider/Wolf/*N. Schneider* RVG § 43 Rn. 60; Riedel/Sußbauer/*Kremer* § 43 Rn. 22.

[65] Zuletzt BGH MDR 2010, 838 = RVGreport 2010, 267 = VRR 2010, 399; OLG Karlsruhe JurBüro 1992, 747; OLG München JurBüro 1993, 222.

[66] Für Umschreibung OLG Saarbrücken StV 2000, 433 = AGS 2000, 203 = JurBüro 1999, 592; LG Duisburg AGS 2007, 57 = VRR 2007, 79 = StRR 2007, 79; Schneider/Wolf/*N. Schneider* RVG § 43 Rn. 48; gegen Umschreibung OLG Düsseldorf StRR 2010, 276; OLG Koblenz Rpfleger 1974, 403 = MDR 1974, 1038; LG Düsseldorf AGS 2007, 34; 8.7.2019 – 61 Qs 42/19; LG Duisburg JurBüro 2006, 373; Meyer-Goßner/Schmitt/*Schmitt* StPO § 464b Rn. 2; KK-StPO/*Gieg* § 464b Rn. 3a; Burhoff/Volpert RVG/*Volpert* § 43 Rn. 60; iErg wohl auch KG RVGreport 2006, 71; OLG Düsseldorf JurBüro 2006, 260 = JMBl. NRW 06, 126.

[67] KK-StPO/*Gieg* § 464b Rn. 1; Burhoff/Volpert RVG/*Volpert* §§ 43 Rn. 60; *Burhoff* RVGreport 2014, 450, 454.

[68] Burhoff/Volpert RVG/*Volpert* § 43 Rn. 60.

[69] OLG Rostock NStZ-RR 2018, 232 (LS) = RVGreport 2018, 308 = JurBüro 2018, 353 = AGS 2018, 330; AG Passau StraFo 2011, 419.

[70] LG Düsseldorf RVGreport 2017, 194.

tungsstellen nach § 3 Abs. 1 des Beratungshilfegesetzes besondere Vereinbarungen getroffen sind. [2]Die Beratungshilfegebühr (Nummer 2500 des Vergütungsverzeichnisses) schuldet nur der Rechtsuchende.

Übersicht

I. Tätigkeit in Beratungsstellen

1 Soweit der RA in Beratungsstellen, die auf Grund einer Vereinbarung mit der Landesjustizverwaltung eingerichtet sind, tätig wird, verbleibt es hinsichtlich der Vergütung bei den getroffenen Vereinbarungen. Eine darüber hinausgehende oder abweichende Vergütung wird aus der Staatskasse auf Grund des Beratungshilfegesetzes nicht gewährt.

II. Tätigkeit auf Grund des Beratungshilfegesetzes

2 Gewährt der RA, dem ein Berechtigungsschein vorgelegt worden ist, Beratungshilfe durch Beratung oder Vertretung, richten sich seine Vergütungsansprüche gegen die Landeskasse nach VV 2501 bis 2508. Denn VV 2501 bis 2508 regeln ausschließlich den Entschädigungsanspruch des RA, der nach dem Beratungshilfegesetz tätig geworden ist, gegen die Landeskasse. Daneben gelten ergänzend die allgemeinen Vorschriften des ersten Abschnitts. Der Anspruch gegen den Rechtsuchenden auf die Schutzgebühr bleibt daneben bestehen.

III. Rat oder Vertretung ohne Vorlage eines Berechtigungsscheines

3 Erbittet ein Rechtsuchender Rat oder Vertretung ohne Vorlage eines Berechtigungsscheines, dann kommen folgende Möglichkeiten in Betracht:

(1) Der Rechtsuchende erklärt, in seiner Person seien die Voraussetzungen für die Gewährung von Beratungshilfe gegeben. Dann kann der RA dem Rechtsuchenden erklären, er möge sich erst beim Amtsgericht einen **Berechtigungsschein** besorgen. Wird der Berechtigungsschein erteilt und gewährt der RA darauf die Beratungshilfe, dann hat er den Anspruch auf Vergütung gem. VV 2501 bis 2508 gegen die Landeskasse. Diese kann gegen den Anspruch des RA nicht mehr einwenden, die Voraussetzungen der Beratungshilfe hätten nicht vorgelegen. Denn die Voraussetzungen sind vor Erteilung des Berechtigungsscheines vom Rechtspfleger zu prüfen.

Der RA kann aber auch die **Beratungshilfe sofort leisten,** ohne dass er die Vorlage des Berechtigungsscheines abwartet. Nach § 6 Abs. 2 S. 1 BerHG in der durch das Gesetz zur Änderung des Prozesskostenhilfe- und Beratungshilferechts[1] mit Wirkung zum 1.1.2014 in Kraft tretenden Fassung kann der Antrag auf Bewilligung von Beratungshilfe nachträglich gestellt werden, allerdings muss nach § 6 Abs. 2 S. 2 BerHG der **Antrag spätestens 4 Wochen nach Beginn der Beratungshilfetätigkeit gestellt** werden. Das noch im Regierungsentwurf bei der nachträglichen Antragstellung enthaltene zusätzliche Erfordernis der besonderen Eilbedürftigkeit wurde auf Empfehlung des Rechtsausschusses[2] wieder fallen gelassen.

4 **(2)** Bittet ein Rechtsuchender um Rat oder Vertretung, ohne auf Beratungshilfe hinzuweisen, liegen aber **Anhaltspunkte** dafür vor, dass beim Rechtsuchenden die Voraussetzungen der Beratungshilfe gegeben sein können, so ist der **Anwalt verpflichtet,** den Rechtsuchenden auf die Möglichkeit der Beratungshilfe aufmerksam zu machen.[3] Anschließend gibt es wieder die zwei Möglichkeiten wie vorstehend → Rn. 3. Versäumt er diese Pflicht, kann er von seinem Mandanten allenfalls die Zahlung der Beratungshilfegebühr nach VV 2500 RVG, § 44 S. 2 RVG, nicht aber die einer Geschäftsgebühr nach VV 2300 RVG verlangen.[4]

---

[1] BGBl. I 3533.

[2] BT-Drs. 17/13538 27.

[3] *Greißinger* AnwBl 1982, 289; *Klinge* AnwBl 1982, 291; so auch OLG Düsseldorf AnwBl 1984, 444 für Prozesskostenhilfe.

[4] OLG Oldenburg NJW-RR 2009, 431 mAnm *Mayer* FD-RVG 2008, 264342.

5 **(3)** Es kann aber auch sein, dass der Rechtsuchende erklärt, er wünsche Rat oder Vertretung auch für den Fall, dass ihm „nachträglich" der Berechtigungsschein **verweigert** werde. Nur in diesem Fall kann der RA die Regelgebühren fordern, wenn der Berechtigungsschein verweigert wird.

IV. Vertretung bei der Gewährung der Beratungshilfe

6 Lässt sich der RA bei der Gewährung der Beratungshilfe vertreten, so erhält er die Vergütung nur, wenn er sich durch die in § 5 Genannten vertreten lässt.[5]

V. Anzahl der Angelegenheiten

7 Während der Referentenentwurf zum 2. Kostenrechtsmodernisierungsgesetz noch deutliche strukturelle Änderungen im Bereich der Beratungshilfe vorsah, so sollte mit einem neu eingeführten Abs. 2 der Vorbemerkung 2.5 der Auffassung in der Rechtsprechung entgegengewirkt werden, wonach für die Frage, wie viele Angelegenheiten im Bereich der Beratungshilfe vorliegen, auf § 16 Nr. 4 zurückgegriffen wird, wurden diese beabsichtigten Änderungen nicht Gesetz. Es bleibt somit derzeit bei der **Kasuistik,** die sich in der **Rechtsprechung** entwickelt hat. So sind nach mittlerweile wohl überwiegender Auffassung in der Rechtsprechung bei Beratungshilfe in **familienrechtlichen Fragen,** wenn ein Beratungshilfeschein für die Angelegenheiten „Getrenntleben", „Scheidung mit Folgesachen" erteilt worden ist bei einer anschließenden umfassenden Beratung die Komplexe Scheidung, das persönliche Verhältnis zu Kindern, Fragen im Zusammenhang mit der Ehewohnung und dem Hausrat und sonstige finanzielle Auswirkungen von Trennung und Scheidung (Unterhaltsansprüche, Güterrecht und Vermögensauseinandersetzungen) jeweils als gesonderte gebührenrechtliche Angelegenheiten zu behandeln, sodass im Rahmen der Beratungshilfe bis zu 4 Angelegenheiten geltend gemacht werden können.[6] Wurde bei einem Beratungsschein für „Getrenntleben und Ehescheidung" antragsgemäß nur eine Gebühr festgesetzt, scheitert die nach einer geänderten OLG-Rechtsprechung erfolgte Geltendmachung weiterer Beratungshilfegebühren nicht an Verwirkung.[7]

§ 45 Vergütungsanspruch des beigeordneten oder bestellten Rechtsanwalts

(1) **Der im Wege der Prozesskostenhilfe beigeordnete oder nach § 57 oder § 58 der Zivilprozessordnung zum Prozesspfleger bestellte Rechtsanwalt erhält, soweit in diesem Abschnitt nichts anderes bestimmt ist, die gesetzliche Vergütung in Verfaahren vor Gerichten des Bundes aus der Bundeskasse, in Verfahren vor Gerichten eines Landes aus der Landeskasse.**

(2) **Der Rechtsanwalt, der nach § 138 des Gesetzes über das Verfahren in Familiensachen und in den Angelegenheiten der freiwilligen Gerichtsbarkeit, auch in Verbindung mit § 270 des Gesetzes über das Verfahren in Familiensachen und in den Angelegenheiten der freiwilligen Gerichtsbarkeit, nach § 109 Absatz 3 oder § 119a Absatz 6 des Strafvollzugsgesetzes beigeordnet oder nach § 67a Abs. 1 Satz 2 der Verwaltungsgerichtsordnung bestellt ist, kann eine Vergütung aus der Landeskasse verlangen, wenn der zur Zahlung Verpflichtete (§ 39 oder § 40) mit der Zahlung der Vergütung im Verzug ist.**

(3) [1]**Ist der Rechtsanwalt sonst gerichtlich bestellt oder beigeordnet worden, erhält er die Vergütung aus der Landeskasse, wenn ein Gericht des Landes den Rechtsanwalt bestellt oder beigeordnet hat, im Übrigen aus der Bundeskasse.** [2]**Hat zuerst ein Gericht des Bundes und sodann ein Gericht des Landes den Rechtsanwalt bestellt oder beigeordnet, zahlt die Bundeskasse die Vergütung, die der Rechtsanwalt während der Dauer**

---

[5] OLG Saarbrücken JurBüro 1984, 1668; LAG Düsseldorf JurBüro 1989, 796.

[6] OLG Bamberg BeckRS 2017, 147191; OLG Frankfurt BeckRS 2014, 16739 = NJW-RR 2014, 1351 mAnm *Mayer* FD-RVG 2014, 361758; OLG Nürnberg NJW 2011, 3108; OLG Celle NJW 2011, 3109; OLG Koblenz BeckRS 2011, 28631; OLG Stuttgart BeckRS 2012, 22641 = AGS 2012, 589 mAnm *Mayer* FD-RVG 2012, 339839; OLG Schleswig BeckRS 2013, 09394 = NJOZ 2014, 126 mAnm *Mayer* FD-RVG 2013, 347015; OLG München BeckRS 2015, 05916 = NJW 2015, 2435 mAnm *Mayer* FD-RVG 2015, 369320; OLG Düsseldorf BeckRS 2016, 15174 mAnm *Mayer* FD-RVG 2016, 380779; OLG Karlsruhe LSK 2019, 38840 = FamRZ 2020, 360; das OLG Hamm unterscheidet sechs verschiedene beratungshilferechtliche Angelegenheiten, da es im Komplex finanzielle Auswirkungen von Trennung und Scheidung noch zwischen Unterhaltssachen, Versorgungsausgleichssachen sowie dem Güterrecht unterscheidet, die im Regelfall jeweils als eigenständige Angelegenheit bewertet werden sollen, BeckRS 2016, 11374 mAnm *Mayer* FD-RVG 2016, 379451.

[7] OLG Köln NJW-RR 2011, 1294 = AGS 2012, 240.

der Bestellung oder Beiordnung durch das Gericht des Bundes verdient hat, die Landeskasse die dem Rechtsanwalt darüber hinaus zustehende Vergütung. [3]Dies gilt entsprechend, wenn zuerst ein Gericht des Landes und sodann ein Gericht des Bundes den Rechtsanwalt bestellt oder beigeordnet hat.

(4) **[1]Wenn der Verteidiger von der Stellung eines Wiederaufnahmeantrags abrät, hat er einen Anspruch gegen die Staatskasse nur dann, wenn er nach § 364b Abs. 1 Satz 1 der Strafprozessordnung bestellt worden ist oder das Gericht die Feststellung nach § 364b Abs. 1 Satz 2 der Strafprozessordnung getroffen hat. [2]Dies gilt auch im gerichtlichen Bußgeldverfahren (§ 85 Abs. 1 des Gesetzes über Ordnungswidrigkeiten).**

(5) **[1]Absatz 3 ist im Bußgeldverfahren vor der Verwaltungsbehörde entsprechend anzuwenden. [2]An die Stelle des Gerichts tritt die Verwaltungsbehörde.**

Schrifttum: *Hansens,* Verwaltungsvorschriften für Prozesskostenhilfe und Beratungshilfe, RVGreport 2005, 405; *Kindermann,* Anwalts- und Gerichtsgebühren im Prozesskostenhilfeverfahren und die Beratungshilfe, FPR 2005, 390.

Übersicht

A. Vorbemerkung zur Kommentierung wegen VKH

Bei der Kommentierung von §§ 45 ff. RVG wird meistens nur der Begriff PKH und nicht auch der der VKH verwendet, obgleich diese Bestimmungen gem. § 12 RVG auch für die VKH, insbes. auch für die in der Praxis so häufig vorkommende VKH in Familiensachen anzuwenden sind. Es soll die ständige Wiederholung der Formulierung PKH bzw. VKH vermieden werden. Wenn von der PKH die Rede ist, so gilt dasselbe für die VKH. Wenn sich Besonderheiten für die letztere ergeben, wird darauf hingewiesen 1

B. Überblick

§ 45 begründet einen **Vergütungsanspruch gegen die Staatskasse** und bestimmt zugleich, **welche Kasse** (Bundes- oder Landeskasse) zur Zahlung verpflichtet ist. 2

Folgende Anwälte werden in den einzelnen Absätzen von § 45 behandelt: 3

a) – im Wege der Prozesskostenhilfe (Abs. 1) bzw. nach § 4a InsO beigeordneter RA (§ 12 RVG),
– nach § 57 ZPO oder § 58 ZPO für den Beklagten bestellter Prozesspfleger (Abs. 1),

b) – nach § 138 FamFG (früher § 625 ZPO aF) beigeordneter RA (Abs. 2),
– nach § 67a VwGO für eine Mehrheit von Verfahrensbeteiligten bestellter RA (Abs. 2),

c) – Rechtsanwälte, die sonst gerichtlich bestellt oder beigeordnet wurden (Abs. 3). Darunter fallen insbes. die die in Familiensachen beigeordneten VKH-Anwälte und Pflichtverteidiger.

d) Verteidiger, der von einem Wiederaufnahmeantrag abrät (Abs. 4).

e) RA, der in einem Bußgeldverfahren vor der Verwaltungsbehörde von einem Wiederaufnahmeantrag absieht (Abs. 5).

C. Im Wege der PKH beigeordneter RA

I. Persönlicher Anwendungsbereich

1. RA

a) Überblick. Beiordnung eines Anwalts. §§ 45 ff. RVG und die nachfolgende Kommentierung unter B sind grds. immer anzuwenden, wenn im Weg der Prozess- bzw. Verfahrens- 4 kostenhilfe ein RA beigeordnet wird, egal ob unmittelbar nach §§ 114 ff. ZPO oder auf Grund einer Verweisung in einem anderen Gesetz auf die Regeln der Prozesskostenhilfe nach der ZPO. Sie gelten also bei einer Beiordnung

- im streitigen Verfahren nach der ZPO (§§ 114 ff. ZPO)
- im PKH-Antragsverfahren, soweit dort überhaupt eine Beiordnung erfolgt (→ RVG VV 3335 Rn. 35 ff.)
- im Verfahren nach dem FamFG (§§ 76 ff. bzw. § 113 Abs. 1 S. 2 FamFG iVm §§ 114 ff. ZPO)
- im Verfahren nach der InsO (§§ 4, 4a InsO)
- im arbeitsgerichtlichen Verfahren (§ 11a ArbGG; auch § 12 RVG)
- im verwaltungsgerichtlichen Verfahren (§ 166 VwGO)
- im sozialgerichtlichen Verfahren (§ 73a SGG)
- im finanzgerichtlichen Verfahren (§ 142 FGO)
- im Privatklageverfahren (§ 379 Abs. 3 StPO);
- im Adhäsionsverfahren (§ 404 Abs. 5 StPO)
- im Klageerzwingungsverfahren (§ 172 Abs. 3 S. 2 Hs. 2 StPO)

5 **b) RA in eigener Sache und als gesetzlicher Vertreter.** In eigener Sache kann dem RA zwar PKH bewilligt und ein anderer RA beigeordnet werden; er kann aber nicht sich selbst beigeordnet werden.[1] Streitig ist, ob dem RA aber dann ein Vergütungsanspruch gegen die Staatskasse zusteht, wenn er – wenn auch in unzulässiger Weise – beigeordnet wurde.[2]

6 Eine Partei, deren gesetzlicher Vertreter ein RA ist, ist im gerichtlichen Verfahren von der Bewilligung der PKH nicht ausgeschlossen. Der RA kann ihr auch beigeordnet werden.

7 **c) Sozietät.** Nach bisher hM konnte nur ein bestimmter RA und nicht eine Sozietät beigeordnet werden.[3] Nunmehr hat der BGH entschieden, dass seine Rspr. zur Teilrechts- und Teilparteifähigkeit der GbR auch dazu führt, dass eine Sozietät beigeordnet werden kann, sodass der Vergütungsanspruch gegen die Staatskasse der gesamten Sozietät und nicht nur einem einzelnen RA zusteht.[4] Der Gefahr, dass bei einer Sozietät mit weit vom Gerichtsort entfernt ansässigen Mitgliedern ein RA von weit her anreist, kann nach Ansicht des BGH dadurch entgegengewirkt werden, dass die Beiordnung von einer Verzichtserklärung hinsichtlich der Reisekosten eines weit entfernten Anwalts abhängig gemacht wird oder der Beiordnungsantrag bereits dahin ausgelegt wird, dass er einen solchen Verzicht enthält.[5]

8 **d) Anwalts-GmbH oder -Partnerschaft.** Beide können als solche beigeordnet werden,[6] und zwar auch dann wenn zur Geschäftsführung auch andere Personen als Rechtsanwälte gehören.[7]

2. Patentanwalt

9 Patentanwälte können in bestimmten Verwaltungsverfahren bzw. Streitverfahren beigeordnet werden Ihre Vergütung regelt sich dann nach dem Gesetz über die Beiordnung von Patentanwälten bei Prozesskostenhilfe v. 5.2.1938 (RGBl. 1938 I 116) idF des Gesetzes v. 7.9.1966 (BGBl. 1966 I 557, 585) und v. 13.6.1980 (BGBl. 1980 I 677), zuletzt geändert durch Art. 5 Abs. 15 des Gesetzes v. 10.10.2013 (BGBl. 2013 I 3799).

§ 1

(1) Wird in einem Rechtsstreit, in dem ein Anspruch aus einem der im Patentgesetz, im Gebrauchsmustergesetz, Halbleiterschutzgesetz, im Markengesetz, im Gesetz über Arbeitnehmererfindungen, im DesignG oder im Sortenschutzgesetz geregelten Rechtsverhältnisse geltend gemacht wird, einer Partei Prozesskostenhilfe bewilligt, so kann ihr auf ihren Antrag zu ihrer Beratung und zur Unterstützung des Rechtsanwalts ein Patentanwalt beigeordnet werden, wenn und soweit es zur sachgemäßen Rechtsverfolgung oder Rechtsverteidigung erforderlich erscheint.

(2) Das Gleiche gilt für sonstige Rechtsstreitigkeiten, soweit für die Entscheidung eine Frage von Bedeutung ist, die ein Patent, ein Gebrauchsmuster, den Schutz einer Topographie, eine Marke oder ein sonstiges nach dem Markengesetz geschütztes Kennzeichen, ein eingetragenes Design, eine nicht geschützte Erfindung oder eine

---

1 BAG NJW 2008, 604; OLG München FamRZ 2009, 899.

2 **Bejahend** KG NJW 2009, 2754; **aA** *Hansens* RVGreport 2008, 156 (157).

3 OLG Nürnberg MDR 2002, 1219; Zöller/*Philippi*, 26. Aufl. 2007, ZPO § 121 Rn. 2.

4 BGH NJW 2009, 440 = FamRZ 2009, 37 = AnwBl 2009, 74; ebenso OVG NRW AGS 2019, 34; gegen BGH LSG BW JurBüro 2010, 39.

5 BGH NJW 2009, 440 = FamRZ 2009, 37 = AnwBl 2009, 74.

6 OLG Nürnberg MDR 2002, 1219; MDR 2002, 1459 für GmbH; BGH NJW 2009, 440 = FamRZ 2009, 37 = AnwBl 2009, 74 für Partnerschaft; **aA** LSG Sachsen NZS 2012, 679.

7 OLG Nürnberg NJW 2013, 948 = FamRZ 2013, 1243.

sonstige, die Technik bereichernde Leistung, einen Sortenschutz oder eine nicht geschützte, den Pflanzenbau bereichernde Leistung auf dem Gebiet der Pflanzenzüchtung betrifft, oder soweit für die Entscheidung eine mit einer solchen Frage unmittelbar zusammenhängende Rechtsfrage von Bedeutung ist.

(3) Die Vorschriften des § 117 Abs. 1, des § 119 Abs. 1 S. 1, des § 121 Abs. 2 und 3, des § 122 Abs. 1 Nr. 1b und Nr. 3 und der §§ 124, 126 und 127 der Zivilprozessordnung gelten entsprechend.

§ 2

Auf die Erstattung der Gebühren und Auslagen des beigeordneten Patentanwalts sind die Vorschriften des Rechts-Anwaltsvergütungsgesetzes, die für die Vergütung bei Prozesshilfe gelten, sinngemäß mit folgender Maßgabe anzuwenden:

1. Der Patentanwalt erhält eine Gebühr mit einem Gebührensatz von 1,0 und, wenn er eine mündliche Verhandlung oder einen Beweistermin wahrgenommen hat, eine Gebühr mit einem Gebührensatz von 2,0 nach § 49 des RVG.
2. Reisekosten für die Wahrnehmung einer mündlichen Verhandlung oder eines Beweistermins werden nur ersetzt, wenn das Prozessgericht vor dem Termin die Teilnahme des Patentanwalts für geboten erklärt hat.

3. Steuerberater

Für den Steuerberater, der nach § 142 Abs. 2 FGO im Wege der PKH beigeordnet ist, gelten §§ 45 ff. RVG ebenfalls sinngemäß, § 46 StBGebVV. 10

4. Rechtsbeistände

Rechtsbeistände, gleichgültig ob sie eine umfassende oder nur eine auf bestimmte Sachbereiche beschränkte Erlaubnis zur geschäftsmäßigen Rechtsbesorgung besitzen und ob sie Mitglied einer Rechtsanwaltskammer (§ 209 BRAO) sind, können nicht im Wege der PKH beigeordnet werden. Ein gleichwohl beigeordneter Rechtsbeistand erhält jedoch dieselben Gebühren wie ein RA aus der Staatskasse.[8] Anders ist es jedoch in einem Anwaltsprozess → Rn. 23. 11

5. Nichtanwälte

Sonstige Nichtanwälte (Nur-Notare, Hochschullehrer und ausländische Rechtsanwälte, auch wenn sie berechtigt sind, vor deutschen Gerichten aufzutreten) können nicht im Wege der PKH beigeordnet werden. 12

II. Beiordnung

1. Beiordnung als Voraussetzung

§§ 45 ff. RVG setzen eine wirksame Beiordnung voraus. Unter welchen Voraussetzungen eine solche zu erfolgen hat, ist keine Frage des RVG, sondern der jeweiligen Verfahrensordnung, zB des § 121 ZPO. Insoweit wird auf die Erläuterungen in Kommentaren zur ZPO bzw. den anderen Verfahrensordnungen verwiesen. 13

2. Beschluss

a) Gerichtlicher Beschluss. Nur durch gerichtlichen Beschluss kann eine Beiordnung erfolgen[9] (Ausnahme Pflichtverteidiger → Rn. 17). 14

Grundsätzlich gibt es **keine stillschweigende Beiordnung.**[10] Das Gesetz sieht in § 48 Abs. 2, 3 RVG eine Erstreckung des für bestimmte Gegenstände bereits beigeordneten Anwalts auf weitere Gegenstände vor, stellt aber in § 48 Abs. 5 RVG ganz klar, dass es iÜ einer ausdrücklichen Beiordnung bedarf. Damit ist der Konstruktion einer stillschweigenden Beiordnung eine klare Absage erteilt. Wenn es schon für Angelegenheiten, die mit dem Hauptprozess nur zusammenhängen, einer ausdrücklichen Beiordnung bedarf, so muss erst recht die Beiordnung für die Hauptsache ausdrücklich erfolgen. 15

Stillschweigende Erweiterung oder Rückwirkung. Zur Frage, ob bei einem Vergleich über Gegenstände, die bislang von der Beiordnung nicht erfasst sind, eine stillschweigende Erweiterung der Beiordnung in Betracht kommt → § 48 Rn. 155. Zur Frage der stillschweigenden Rückwirkung der Beiordnung → § 48 Rn. 96. 16

---

[8] OLG Düsseldorf JurBüro 1983, 715, ob Beiordnung zu Recht erfolgt ist, darf im Festsetzungsverfahren nicht überprüft werden.

[9] Riedel/Sußbauer/*Ahlmann* RVG § 45 Rn. 11.

[10] **AA** OLG Hamm JurBüro 1998, 643; OLG Koblenz NStZ-RR 1997, 384 = AnwBl 1998, 218; Schneider/Wolf/*Fölsch* § 45 Rn. 27 unter Berufung auf diese Entscheidungen, die beide den Pflichtverteidiger betreffen.

17 **Pflichtverteidiger.** Er kann stillschweigend bestellt werden, da die StPO für die Bestellung keine besondere Form vorsieht.[11] Eine stillschweigende Bestellung ist anzunehmen, wenn der Richter in einem Fall, in dem die Mitwirkung eines Verteidigers geboten erscheint, den Pflichtverteidiger der Vorinstanz vom Termin benachrichtigt, obwohl er nicht als gewählter Verteidiger ausgewiesen ist, und der RA dann an der Hauptverhandlung teilnimmt.[12]

18 **b) Formlose Mitteilung.** Es genügt eine formlose Mitteilung des Beschlusses an den RA (§ 329 Abs. 2 S. 1 ZPO), auch telefonisch oder per Fax oder durch Überlassung der Akte zur Einsicht[13] oder durch Mitteilung der Geschäftsstelle, dass der Beiordnungsbeschluss erlassen wurde. Nach einer solchen Mitteilung ist der RA, solange er gutgläubig ist, selbst dann wie ein beigeordneter RA zu behandeln, wenn in Wahrheit kein Beiordnungsbeschluss ergangen ist. Der RA muss nicht davon ausgehen, dass das Gericht – unzulässiger Weise – nur ein Internum bekannt geben wollte.[14] Nicht genügt jedoch die bloße Ladung zum Termin.[15]

19 **c) Abweichung der Ausfertigung von der Urschrift.** Bei Abweichung der Ausfertigung von der Urschrift des Beiordnungsbeschlusses ist zu Gunsten des Anwalts die Ausfertigung maßgeblich, wenn er nach den Umständen auf deren Richtigkeit vertrauen durfte. Das ist nicht der Fall, wenn die Ausfertigung ernste Zweifel an ihrer Richtigkeit aufkommen lässt und der RA sich nicht erkundigt. Der Staat als Vergütungsschuldner handelt treuwidrig, wenn er sich auf die Unrichtigkeit des durch seine Bediensteten verursachten Rechtsscheins beruft. Der Vertrauensschutz gilt aber nur für vergütungserhebliche Umstände, die bereits verwirklicht wurden, bevor der RA Kenntnis von der Urschrift erlangte.

20 **d) Auslegung des Beiordnungsbeschlusses.** Die Auslegung des Beiordnungsbeschlusses durch das Prozessgericht ist für den Vergütungsanspruch nicht verbindlich. Wohl aber kann in der „Auslegung" eine neue Entscheidung über die Beiordnung liegen. Beispiel: Legt das Gericht seinen Beiordnungsbeschluss dahin aus, dass er Rückwirkung habe, so liegt jedenfalls in dem Auslegungsbeschluss die Anordnung der Rückwirkung, die auch nachträglich zulässig ist.

3. Wirksamkeit

21 **a) Grundsatz.** Die Beiordnung ist nicht wirksam, wenn sie nichtig ist. Das ist sie etwa, wenn sie für jedermann erkennbar grob gesetzeswidrig ist[16] und auch Grundsätze der Rechtssicherheit nicht die Anerkennung der Wirksamkeit erfordern.[17] Nicht genügt jedoch, wenn die Beiordnung lediglich fehlerhaft ist. Im Zweifel ist zu Gunsten des Anwalts von der Gültigkeit der Beiordnung auszugehen.[18]

22 **b) Unwirksamkeit.** Eine solche wurde in der Rspr. angenommen,

– **(Beiordnung ohne PKH)** wenn ein RA beigeordnet wird, obgleich keine PKH gewährt worden ist, da das beiordnende Gericht irrig davon ausging, dass die PKH-Bewilligung bereits erfolgt ist, weshalb auch nicht der Wille des Gerichts unterstellt werden konnte, dass das Gericht auch PKH gewähren wollte,[19]
– **(nicht existierende Partei)** wenn die Partei, der der RA beigeordnet wurde, nicht (mehr) existiert,[20] → § 48 Rn. 106 ff.
– **(Beiordnung durch Gericht für Verwaltungsbehörde)** wenn ein Gericht die Beiordnung für ein Verfahren bei einer Verwaltungsbehörde anordnet.

23 **Rechtsbeistand in einem Anwaltsprozess.** In der Lit. wird zutreffend angenommen, dass die Beiordnung eines Rechtsbeistands in einem Anwaltsprozess wegen der fehlenden Postulationsfähigkeit unwirksam ist.[21] Der Rechtsbeistand genießt auch keinen Vertrauensschutz, da er erkennen muss, dass er nicht postulationsfähig ist.

24 **c) Bloße Fehlerhaftigkeit.** Sie wurde in der Rspr. angenommen,

– wenn an sich die Voraussetzungen für eine PKH-Gewährung nicht gegeben gewesen wären, weil ein **billigeres Verfahren** zur Verfügung gestanden hätte,[22]

---

[11] OLG Hamm RVG-Letter 2005, 44; JurBüro 1998, 643; OLG Koblenz AnwBl 1998, 218.
[12] BGH NStZ 1997, 299.
[13] Hartmann/Toussaint/*Toussaint* RVG § 45 Rn. 10 „Mitteilung".
[14] Riedel/Sußbauer/*Ahlmann* RVG § 45 Rn. 16; **aA** OLG Hamm MDR 1968, 156.
[15] Hartmann/Toussaint/*Toussaint* RVG § 45 Rn. 10 „Mitteilung".
[16] Mayer/Kroiß/*Kießling* RVG § 45 Rn. 19.
[17] Riedel/Sußbauer/*Ahlmann* RVG § 45 Rn. 19.
[18] Mayer/Kroiß/*Kießling* RVG § 45 Rn. 19.
[19] LG Berlin JurBüro 1964, 127; **aA** Riedel/Sußbauer/*Ahlmann* RVG § 45 Rn. 6 ff., 21.
[20] KG JurBüro 1969, 243; Riedel/Sußbauer/*Ahlmann* RVG § 45 Rn. 20.
[21] Schneider/Wolf/*Fölsch* RVG § 45 Rn. 26.
[22] OLG Zweibrücken Rpfleger 1995, 364.

– wenn zu Unrecht eine **Rückwirkung** oder eine zu weitgehende Rückwirkung angeordnet wurde,[23]
– wenn die Beiordnung **ohne Antrag** erfolgt ist,[24]

d) Bedingte Beiordnung. ***aa) Aufschiebende Bedingung.*** Sie ist zulässig. Bei ihr ist der RA bis zu deren Eintritt nicht zum Tätigwerden verpflichtet. **25**

bb) Auflösende Bedingung. Die auflösend bedingte Beiordnung, zB für den Berufungsbeklagten unter der Bedingung, dass die Berufung nicht zurückgenommen oder als unzulässig verworfen wird, ist unzulässig. Eine trotzdem angeordnete auflösende Bedingung ist rechtsunwirksam, während die Beiordnung wirksam bleibt. Das Gericht kann die Beiordnung nur aus im Gesetz bestimmten Gründen aufheben (§ 124 ZPO). Staatliche Hoheitsakte sind nach Möglichkeit aufrechtzuerhalten.[25] **26**

4. Beschränkung der Beiordnung

→ § 46 Rn. 4 ff. (Beiordnung zu den Bedingungen eines ortsansässigen Anwalts) und → § 54 Rn. 29 ff. (Gebührenbeschränkung bei neuem PKH-Anwalt). **27**

5. Zeitliche Wirkung der Beiordnung

→ § 48 Rn. 90 ff. **28**

III. Auftrag durch Partei

1. Voraussetzung für Vergütungsanspruch

Der RA bedarf eines Auftrags durch die Partei, der er beigeordnet wurde. Anders als beim gerichtlich bestellten Pflichtverteidiger (→ Rn. 131 ff.) setzt bei dem im Wege der PKH beigeordneten RA die Entstehung eines Vergütungsanspruchs gegen die Staatskasse voraus, dass dem RA gegen den Bedürftigen, dem er beigeordnet ist, nach bürgerlichem Recht ein privatrechtlicher Vergütungsanspruch erwachsen ist. Die Beiordnung ersetzt weder den Auftrag der Partei[26] noch die Vollmacht. Ein Vergütungsanspruch entsteht daher nicht, wenn der RA anzeigt, die Partei habe die Auftragserteilung verweigert. Auch die für das Zustandekommen des Auftrags entfaltete Tätigkeit (zB Bemühungen um Ermittlung der Anschrift der Partei) begründen noch keinen Vergütungsanspruch gegen die Staatskasse.[27] **29**

Nachweis. Der RA braucht aber den Nachweis, dass ihm ein Auftrag erteilt worden ist, nicht zu erbringen, sofern nicht konkrete Umstände gegen die Auftragserteilung sprechen.[28] **30**

Das OVG Hamburg[29] hat einen Verfahrensauftrag verneint in folgendem Fall: Der RA hatte für seinen Mandanten Widerspruch gem. § 68 VwGO gegen die Nichtzulassung zum Universitätsstudium erhoben und gleichzeitig einen Eilantrag auf vorläufige Zulassung zum Studium an das Verwaltungsgericht gestellt. Zwischen dem Rechtsanwalt und dem Prozessbevollmächtigten der Universität wurde außergerichtlich ein schriftlicher Vergleich dahingehend geschlossen, dass die Universität den Mandanten endgültig zum Studium zulässt. Das Gericht war in keiner Weise am Zustandekommen des Vergleichs beteiligt, hat aber den RA für den Vergleich beigeordnet. Das OVG Hamburg hat übereinstimmend mit dem VG einen Erstattungsanspruch gegen die Staatskasse wegen einer 0,8 Verfahrensgebühr abgelehnt. Wegen einer Einigungsgebühr hatte das VG einen Erstattungsanspruch gegen die Staatskasse anerkannt. **30a**

2. Auftragserteilung

In aller Regel ergibt sich der Auftrag aus einem zwischen dem RA und der bedürftigen Partei abgeschlossenen Geschäftsbesorgungsvertrag mit entsprechender Prozess- bzw. Verfahrensvollmacht. **31**

Häufig ist der Auftrag der Partei schon vor der Beiordnung – unbedingt oder bedingt für den Fall der erwarteten Beiordnung – erteilt. Das wird insbes. dann anzunehmen sein, wenn der RA schon von der Partei beauftragt war, den **Antrag auf Bewilligung der PKH** einzureichen. Stellt die Partei selbst den Antrag, so liegt darin noch keine Auftragserteilung, wenn sie **32**

---

[23] OLG Köln FamRZ 1997, 683; OLG München JurBüro 1986, 769 = MDR 1986, 242.
[24] OLG Zweibrücken Rpfleger 2002, 627.
[25] Riedel/Sußbauer/*Ahlmann* RVG § 45 Rn. 21.
[26] OVG Hamburg AGS 2020, 471.
[27] OLG Bamberg JurBüro 1978, 886; OLG München Rpfleger 1967, 135, Beiordnung in Unkenntnis, dass bedürftige Partei bereits verstorben ist.
[28] LG Berlin JurBüro 1978, 1222.
[29] OVG Hamburg AGS 2020, 471.

die Auswahl des beizuordnenden RA dem Gericht überlässt. Wohl aber kann die Vollmacht schon in dem Antrag ausdrücklich erklärt werden.

33 **Stillschweigende Erteilung des Auftrags und der Vollmacht** genügt. Sie liegt in der Information des Anwalts bzw. in der stillschweigenden Genehmigung der Tätigkeit des RA,[30] zB im Erscheinen der Partei neben dem RA im Termin, in der nachträglichen Ausstellung einer Prozessvollmacht oder in der Übersendung der Handakten des erstinstanzlichen Prozessbevollmächtigten an den für das Berufungsverfahren beigeordneten RA.

3. Geschäftsführung ohne Auftrag

34 Bei **Vornahme unaufschiebbarer Handlungen** durch den beigeordneten RA vor Auftragserteilung, zB der Einsicht der Gerichtsakten zur Feststellung, ob eiliges Handeln geboten ist, bei der Wahrnehmung eines Verhandlungstermins zur Verhütung eines Versäumnisurteils oder bei Einlegung eines Rechtsmittels zur Fristwahrung kann dem RA ein Vergütungsanspruch gegen die Staatskasse aus dem Gesichtspunkt der Geschäftsführung ohne Auftrag entstehen.[31] Dabei ist zu berücksichtigen, dass die Beiordnung zwar kein Vertragsverhältnis zwischen RA und Partei, wohl aber gewisse Fürsorge-, Belehrungs- und Betreuungspflichten begründet, deren Verletzung den beigeordneten RA schadensersatzpflichtig machen kann. So muss er die rechtsunkundige Partei – auch wenn diese ihm noch keinen Auftrag erteilt hat – über nunmehr zu ergreifende Maßnahmen, vor allem über einzuhaltende Fristen belehren und zu verhindern versuchen, dass sie aus Rechtsunkenntnis Schaden erleidet.[32] Um seinen Fürsorge-, Belehrungs- und Betreuungspflichten nachkommen zu können, muss sich der beigeordnete RA über den Stand des Prozesses informieren. Er muss die Handakten des Prozessbevollmächtigten der Vorinstanz anfordern und die ihm vom Gericht übersandten Gerichtsakten sorgfältig durchsehen, insbes. feststellen, ob und wann Fristen ablaufen.[33]

35 **Übliche Vergütung.** Auch wenn der RA mangels Verfahrensvollmacht dann keinen der Gebührentatbestände des RVG unmittelbar erfüllt, erhält er für solche Tätigkeiten doch eine in entsprechender Anwendung dieser Tatbestände bemessene übliche Vergütung als Aufwandsentschädigung (§§ 683, 684, 812 BGB).[34]

36 Eine Tätigkeit **gegen den Willen der Partei,** selbst wenn er unvernünftig ist, steht einem Anspruch aus GoA entgegen,[35] es sei denn es ist ein Fall des § 679 BGB gegeben (Erfüllung einer Pflicht des Geschäftsherrn, die im öffentlichen Interesse liegt oder eine gesetzlichen Unterhaltspflicht des Geschäftsherrn erfüllt).

4. Ungerechtfertigte Bereicherung

37 Ein Vergütungsanspruch kann sich auch aus ungerechtfertigter Bereicherung ergeben (§ 684 BGB).[36] Hierfür ist aber erforderlich, dass sich die Vermögenslage der Partei durch die anwaltliche Tätigkeit verbessert hat.[37]

IV. Tätigkeit

1. Tätigkeit für die Partei

38 Dem beigeordneten RA erwächst ein Anspruch gegen die Staatskasse nur für Tätigkeiten, die er für die Partei vornimmt.

2. Handelnde Personen

39 **a) Vertreter iSv § 5 RVG.** Die Tätigkeit kann nicht nur durch den beigeordneten RA, sondern auch durch dessen Stellvertreter erfolgen, soweit sich der beigeordnete RA durch eine der in § 5 RVG genannten Personen vertreten lässt.[38] Darauf, ob der Mandant mit der Vertretung einverstanden war, kommt es nicht an, da § 5 RVG nicht auf dessen Einverständnis abstellt.

---

[30] BGH FamRZ 2005, 261 = NJW-RR 2005, 494.

[31] KG AnwBl 1985, 218 = RPfleger 1985, 39; wohl auch BAG BB 1980, 1428.

[32] BGHZ 30, 226 = NJW 1959, 1732 = MDR 1959, 733.

[33] Riedel/Sußbauer/*Ahlmann* RVG Vor § 45 Rn. 26.

[34] BAG ZIP 1980, 804 = BB 1980, 1428 (Ls.); KG AnwBl 1985, 218 = JurBüro 1985, 404, halbe Prozessgebühr gem. § 32 Abs. 1 BRAGO für Akteneinsicht zur Feststellung, ob unaufschiebbare Maßnahmen erforderlich; aber keine weitere Gebühr für Wahrnehmung eines Verhandlungstermins in Ehesache.

[35] BGHZ 138, 281 (287).

[36] Schneider/Wolf/*Fölsch* RVG § 45 Rn. 34.

[37] BGH NJW 1990, 2542; Bay. LSG AGS 2016, 94.

[38] OLG Brandenburg AGS 2008, 194; OLG Köln AGK 10, 110.

Gesamte Tätigkeit durch Vertreter. Überlässt der RA dem Vertreter die gesamte Tätigkeit, so entsteht ihm dennoch ein Anspruch gegen die Staatskasse. § 5 RVG kennt keine Einschränkung, dass er nur bei teilweiser Vertretung gilt. 40

Rechtsreferendar. Ausreichend ist gem. § 5 RVG auch, wenn ein dem beigeordneten RA zur Ausbildung zugewiesener Referendar tätig wird. Hingegen reicht es nicht, wenn der Referendar bei ihm tätig ist, aber keinem RA zur Ausbildung zugewiesen ist.[39] Ist der Referendar einem anderen RA zugewiesen, so kann er dennoch den beigeordneten RA wirksam vertreten.[40] Das ergibt sich aus dem Wortlaut des § 5 RVG („einen zur Ausbildung zugewiesenen Referendar" und nicht ein „dem RA" zugewiesenen Referendar) und aus der Entstehungsgeschichte („dem RA zugewiesen" wurde im Entwurf gestrichen, um eine Vertretung durch einen einem anderen RA zugewiesenen Referendar zu ermöglichen[41]). Da jedoch in der obergerichtlichen Rspr. das Gegenteil vertreten wird,[42] sollte der beigeordnete RA den RA, dem der Referendar zugewiesen ist, mit der Vertretung beauftragen. Dieser RA kann dann wieder seinen Referendar als Vertreter einschalten mit der Wirkung, dass auch der beigeordnete RA durch den Referendar vertreten ist.[43] 41

Assessor. Nunmehr ist in § 5 RVG auch der Assessor bei einem RA genannt, so dass der frühere Streit, ob eine Tätigkeit eines Assessors für den beigeordneten RA Gebührenansprüche gegen die Staatskasse auslösen kann,[44] überholt ist. 42

Rechtsbeistand. Der Rechtsbeistand ist in § 5 RVG nicht genannt. Lässt sich der beigeordnete RA durch einen Rechtsbeistand vertreten, so entsteht dem RA hierdurch kein Gebührenanspruch gegen die Staatskasse.[45] Dass der Rechtsbeistand, wenn er selbst mandatiert wird, Gebühren wie ein RA verdient, bedeutet noch nicht, dass er hinsichtlich der Vertretung eines Anwalts einem RA gleichsteht. § 5 RVG enthält eine abschließende Aufzählung. 43

b) Sozietät. Ist die Sozietät beigeordnet (→ Rn. 7), so kann jeder Sozius durch seine Tätigkeit die Gebühr auslösen. Ist nur ein Sozius beigeordnet, so ist es für die Vergütung aus der Staatskasse ebenfalls ohne Belang, dass die Partei nicht nur dem beigeordneten RA, sondern der Sozietät, der dieser angehört, Prozessvollmacht erteilt hat und dann außer dem beigeordneten RA auch ein anderes Sozietätsmitglied für die Partei tätig geworden ist.[46] Hier vertritt zwar der nicht beigeordnete Sozius nicht den beigeordneten Sozius. Der Fall ist aber dem einer Vertretung gleich zu behandeln. Jedenfalls kann nur der beigeordnete Sozius einen Anspruch gegen die Staatskasse haben, weil nur er beigeordnet ist (→ Rn. 7) und die Beiordnung Anspruchsvoraussetzung ist. 44

c) Vertretung durch nicht von § 5 RVG erfasste Personen. Lässt sich der RA im Einverständnis der Partei durch andere als die in § 5 RVG genannten Personen vertreten, so bemisst sich die Vergütung nicht nach dem RVG, Es entsteht dem beigeordneten RA also durch Handlungen des Vertreters kein Anspruch auf die gesetzliche Vergütung. Hat er aber hierfür etwas bezahlt, so kann er diese Kosten – maximal bis zur Höhe der gesetzlichen Vergütung – als Auslagen gem. § 46 RVG geltend machen.[47] 45

d) Abwickler. Der Abwickler der Kanzlei eines im Wege der PKH beigeordneten Verfahrensbevollmächtigten bedarf für die Dauer seiner Bestellung keiner erneuten Beiordnung. Nach § 55 Abs. 3 BRAO iVm § 53 Abs. 9 BRAO steht der Vergütungsanspruch gegen die Staatskasse aber nicht ihm, sondern den Erben des verstorbenen RA zu, auch soweit nicht dieser, sondern der Abwickler die Gebührentatbestände erstmals erfüllt hat. Ist die Angelegenheit bei Ablauf der Bestellung als Abwickler noch nicht beendet, so bedarf es für die weitere Tätigkeit einer persönlichen Beiordnung und Beauftragung des Abwicklers. Für eine danach entfaltete Tätigkeit erlangt er eigene Vergütungsansprüche gegen die Staatskasse. 46

3. Zeitpunkt der Tätigkeit

→ § 48 Rn. 113 ff. 47

---

[39] OLG Stuttgart Rpfleger 1996, 83.
[40] Schneider/Wolf/*Schneider* RVG § 5 Rn. 39.
[41] OLG Düsseldorf JurBüro 2005, 364.
[42] OLG Düsseldorf JurBüro 2005, 364; OLG Hamburg RPfleger 1988, 548 zu Pflichtverteidiger.
[43] *Hansens* RVGreport 2006, 56.
[44] Übersicht zum Streit LG Mainz MDR 1997, 406.
[45] OLG Düsseldorf JurBüro 1985, 1495; *Hansens* BRAGO § 4 Rn. 5; **aA** *Mümmler* JurBüro 1984, 1023; Schneider/Wolf/*Schneider* RVG § 5 Rn. 76.
[46] OLG Frankfurt a. M. MDR 1988, 874; vgl. auch OLG Düsseldorf JurBüro 1991, 979 = KostRspr ZPO § 121 Nr. 132 mkritAnm *von Eicken/Lappe.*
[47] LG Frankenthal AnwBl 1985, 162; Schneider/Wolf/*Schneider* RVG § 5 Rn. 75.

V. Gebühren und Auslagen

48 Dazu welche Gebühren und Auslagen betroffen sind
Gebühren → § 48 Rn. 113 ff.
Auslagen § 46 RVG
Gebührenhöhe. Wegen Gebühren allg. § 49 RVG
Mehrvertretungszuschlag → RVG VV 1008 Rn. 250 ff.
Wegen Beiordnung für nur einen Streitgenossen → § 49 Rn. 11
Anrechnungen → § 58 Rn. 28 ff.
Beschränkung des Vergütungsanspruchs hinsichtlich betroffener Gebühren im Beiordnungsbeschluss → § 54 Rn. 29 ff.

VI. Anspruch gegen Staatskasse

1. Unmittelbarer Anspruch gegen Staatskasse

49 Der Anspruch begründet eine unmittelbare Schuldnerschaft der Staatskasse, **nicht lediglich eine Haftung für die Schuld der bedürftigen Partei.** Die Staatskasse ist deshalb auch nicht iSd § 14 Abs. 1 S. 4 RVG Dritter, der eine Gebühr dem eigentlichen Gebührenschuldner „zu ersetzen" hat.

2. Keine Subsidiarität. Wahlrecht des Anwalts

50 Der öffentlich-rechtliche Vergütungsanspruch ist **nicht subsidiär** gegenüber Ansprüchen, die dem RA für seine Tätigkeit in derselben gebührenrechtlichen Angelegenheit gegen den Mandanten, weitere Auftraggeber, den in die Kosten verurteilten Gegner oder sonstige ersatzpflichtige Dritte zustehen.

51 **Wahlrecht des Anwalts.** Dem RA steht es deshalb frei, ob er wegen seiner Vergütung zuerst die Staatskasse oder die erstattungspflichtige Gegenpartei in Anspruch nehmen will oder beide zu einem Teil, solange nicht der Gesamtbetrag seine gesetzliche Vergütung übersteigt.

VII. Einwendungen

52 Wegen Notwendigkeit von Auslagen → § 46 Rn. 86 ff.
Wegen Notwendigkeit von Gebühren → § 55 Rn. 51.
Wegen positiver Vertragsverletzung → § 55 Rn. 47.
Wegen Handeln zum Nachteil der Staatskasse → § 55 Rn. 53.

VIII. Fälligkeit und Verjährung

1. Fälligkeit

53 Für die Fälligkeit des Vergütungsanspruchs gilt § 8 RVG. Es wird auf die dortige Kommentierung Bezug genommen. Fälligkeit tritt etwa ein, wenn
- der Auftrag erledigt oder die Angelegenheit beendet ist, für den der Rechtsanwaltsbeigeordneten war,
- die Beiordnung aufgehoben wird,
- die PKH-Bewilligung aufgehoben wird,
- die begünstigte Partei stirbt (→ Rn. 22),

Vor der Fälligkeit kann der RA aber einen **Vorschuss** gem. § 47 RVG von der Staatskasse verlangen.

2. Verjährung

54 **a) Verjährungsfrist. Drei Jahre.** Der Vergütungsanspruch gegen die Staatskasse unterliegt den gleichen Verjährungsfristen wie der Anspruch gegen den Mandanten und beträgt gem. § 195 BGB drei Jahre (→ § 8 Rn. 33).[48] Das gilt auch dann, wenn man in dem Anspruch einen Aufopferungsanspruch[49] sieht, da nach fast einhellig hM zum neuen Verjährungsrecht auch der Aufopferungsanspruch unter die Dreijahresfrist des § 195 BGB fällt.[50]

---

[48] OLG Düsseldorf JurBüro 2008, 209 (Ls.); OLG Stuttgart JurBüro 2002, 538 mwN.

[49] Riedel/Sußbauer/*Ahlmann* RVG § 45 Rn. 35; dagegen ausf. Gerold/Schmidt/*von Eicken,* 16. Aufl. 2004, RVG § 45 Rn. 5. Teilweise wird ein öffentlich-rechtlicher Entschädigungsanspruch (HBS VergütungsR/*Schneider* Teil 3 Rn. 6), teilweise eine bürgschaftsähnliche Verpflichtung der Staatskasse (Mayer/Kroiß/*Pukall* RVG 6. Aufl. 2013 § 45 Rn. 7) angenommen.

[50] Palandt/*Ellenberger* BGB § 195 Rn. 20 mwN.

30 Jahre. Ist der Anspruch aber rechtskräftig festgestellt, so beträgt die Verjährungsfrist gem. § 197 Abs. 1 Nr. 3 BGB 30 Jahre. 55

Beginn. §§ 199 ff. BGB. 56

b) Für jede gebührenrechtliche Angelegenheit besonders. Die Fälligkeit und damit auch der Beginn der Verjährungsfrist treten für jede gebührenrechtliche Angelegenheit gesondert ein.[51] Vorsicht ist deshalb geboten, wenn neben einem Hauptverfahren gebührenrechtlich selbständige weitere Verfahren laufen zB ein einstweiliges Verfügungsverfahren oder ein – nunmehr gem. § 51 Abs. 3 S. 1 auch verfahrensrechtlich selbständiges – einstweiliges Anordnungsverfahren, (§ 17 Nr. 1, § 18 RVG) oder wenn eine Sache gleichzeitig in zwei Rechtszügen anhängig und der RA in beiden beigeordnet ist. 57

c) Hemmung. § 8 Abs. 2 RVG, wonach die Verjährung der Vergütung für eine Tätigkeit in einem gerichtlichen Verfahren gehemmt wird, solange das Verfahren anhängig ist, gilt auch für den Vergütungsanspruch gegen die Staatskasse. 58

d) Absehen von Verjährungseinrede. Das Land **Nordrhein-Westfalen** hat die mit den Ländern und dem Bund abgesprochenen Regelungen über die Festsetzung der aus der Staatskasse zu gewährenden Vergütungen (AV des Justizministeriums v. 30.6.2005, JMBl. NW 2005, 181) dahingehend ergänzt, dass von der Erhebung der Verjährungseinrede regelmäßig abgesehen werden soll, wenn der Anspruch zweifelsfrei begründet ist und die Verjährungsfrist entweder erst verhältnismäßig kurze Zeit abgelaufen oder aus verständlichen Gründen, die in Zusammenhang mit dem Erstattungsantrag stehen müssen, nicht beachtet worden ist.[52] Dies ist nur für Nordrhein-Westfalen verbindlich, wo die Erhebung der Verjährungseinrede deshalb wegen Willkürlichkeit gem. § 242 BGB unbeachtlich sein kann.[53] Hieraus ergibt sich kein allgemein gültiger Rechtsgedanke, auf den sich der RA in einem anderen Bundesland mit zwingendem Erfolg berufen könnte.[54] Versuchen sollte er es trotzdem, da nicht ausgeschlossen werden kann, dass im Einzelfall ein Gericht auch in einem anderen Bundesland entsprechend verfährt, wenn es erst einmal auf die Handhabung in Nordrhein-Westfalen hingewiesen wird. 59

Weiter ist zu beachten, dass nach OLG Frankfurt a. M. die Staatskasse gem. **Treu und Glauben** bei der Geltendmachung der Verjährung gehalten ist, die Belange des beigeordneten Anwalts angemessen zu berücksichtigen. Deshalb darf nach diesem Gericht Verjährung nicht eingewandt werden, wenn die verspätete Geltendmachung des Anspruchs verständlich ist, was zB der Fall ist, wenn nach einem Grundurteil das Verfahren nicht weiter betrieben wird, weil auf die Berufungsentscheidung zum Grundurteil gewartet wird, oder wenn in einer Stufenklage die Vollstreckung hinsichtlich des Auskunftsanspruchs Schwierigkeiten bereitet. OLG Frankfurt a. M. sieht sich in seiner Auffassung durch die Richtlinien von NRW bestätigt.[55] 60

e) Hinweis für RA. Urkundsbeamte sind sehr aufmerksam, was die Verjährung angeht. Um eine solche zu vermeiden, sollte der RA von der Staatskasse einen **Vorschuss** verlangen. Bei mehreren Verfahren nebeneinander, zB Hauptsache und einstweilige Anordnung, sollten **zwei Handakten** geführt werden, die daran erinnern, dass unterschiedliche Verjährungsfristen laufen. Besonders bei **einstweiligen Anordnungen** passiert es nicht selten, dass das diesbezügliche Verfahren bereits beendet ist, während das dazugehörige Hauptsacheverfahren noch lange läuft. Hier ist die Verjährungsgefahr besonders groß. 61

IX. Landes- oder Bundeskasse

Schuldner der Vergütung ist in Verfahren vor Gerichten des Bundes die Bundeskasse, in Verfahren vor Gerichten eines Landes die Landeskasse (Abs. 1). Zur Zuständigkeit auch § 6 RVG der Kostenverfügung. Wird der RA zunächst von einem Bundesgericht und danach einem Gericht eines Landes beigeordnet oder bestellt, so hat er für die Tätigkeit während der Beiordnung oder Bestellung durch das Bundesgericht gegen den Bund einen Anspruch und danach für darüber hinaus(!) anfallende Gebühren und Auslagen gegen die Landeskasse. Entsprechendes gilt für den umgekehrten Fall, dass der RA zunächst von einem Gericht eines Landes bei- 62

[51] OLG Düsseldorf AnwBl 1990, 324, zu einstweiliger Anordnung.
[52] Schneider/Wolf/*Fölsch* RVG § 45 Rn. 55.
[53] OLG Düsseldorf JurBüro 2009, 209 L.
[54] **AA** wohl Schneider/Wolf/*Fölsch* RVG § 45 Rn. 55.
[55] OLG Frankfurt a. M. JurBüro 1988, 1010 = FamRZ 1988, 1184; ebenso Hartmann/Toussaint/*Toussaint* RVG § 45 Rn. 32.

geordnet wird. Ansprüche gegen die Bundeskasse entstehen dann nur hinsichtlich der nach der Beiordnung durch das Bundesgericht entstandenen zusätzlichen Vergütung.[56]

X. Ansprüche des RA gegen den Mandanten

63 Hier behandelt wird, inwieweit der beigeordnete RA **für Tätigkeiten im Hauptsacheverfahren** Ansprüche gegen den Mandanten haben kann. Zu den Ansprüchen des beigeordneten Anwalts, wenn er zunächst im **PKH-Bewilligungsverfahren** tätig ist → RVG VV 3335 Rn. 32 ff.

1. Entstehung der Gebühr

64 Ist der RA in der Hauptsache tätig, so entsteht unabhängig davon, ob er zur Zeit der die Vergütung auslösenden Tätigkeit schon beigeordnet ist oder nicht, gegenüber dem Mandanten der gesetzliche Vergütungsanspruch aus der Wahlanwaltstabelle. § 122 Abs. 1 Nr. 3 ZPO steht nicht entgegen. Diese Vorschrift hindert den RA nur, den ihm gegen den Mandanten erwachsenen Vergütungsanspruch gegen diesen auch „geltend machen" zu können.

2. Verbot der Geltendmachung

65 **a) Grundsatz.** Gem. § 122 Abs. 1 Nr. 3 ZPO darf der beigeordnete RA Ansprüche auf Vergütung gegen die Partei nicht geltend machen. Zur Vergütung gehören Gebühren und Auslagen (§ 1 RVG).

66 **Gegen Staatskasse verjährte Ansprüche.** Das Verbot der Geltendmachung gegen den Mandanten gilt auch, wenn der Anspruch gegen die Staatskasse verjährt ist.[57]

67 **b) Geltendmachung.** Eine Geltendmachung iSd § 122 Abs. 1 Nr. 3 ZPO liegt nicht nur in der gerichtlichen oder außergerichtlichen Einforderung der Wahlanwaltsvergütung, sondern in jeglicher Rechtshandlung mit dem Ziel, die Befriedigung des Vergütungsanspruchs durch den Mandanten zu erlangen.

68 **Ver- und Aufrechnungen.** Daher liegt ein Geltendmachen auch in der **Verrechnung** von Guthaben aus anderen Sachen, von Vorschüssen, die nicht auf die Wahlanwaltsvergütung geleistet worden waren, von Zahlungen, die der Prozessgegner zu Händen des RA geleistet hat, und in der Aufrechnung mit dem Vergütungsanspruch gegen sonstige Ansprüche des Mandanten. Zulässig ist dagegen die Annahme freiwilliger Zahlungen des Mandanten.

69 **c) Zeitliche Grenze.** ***aa) Gleiche Gebühren vor und nach der Beiordnung.*** Das Verbot des § 122 Abs. 1 Nr. 3 ZPO, den Vergütungsanspruch gegen den Mandanten geltend zu machen, gilt grds. auch für die vor der Beiordnung bereits angefallene Wahlanwaltsvergütung, vorausgesetzt dass sie im Beiordnungszeitraum noch einmal entsteht. Dies ist ganz hM.[58] Der RA kann von seinem Mandanten auch nicht die Differenz zwischen den PKH- und den Wahlanwaltsgebühren verlangen.[59]

Beispiel:

Der RA erhebt Zahlungsklage über 30.000,– EUR am 20.5.2006. Erst während des Verfahrens stellt sich heraus, dass sein Mandant PKH berechtigt ist. Es wird ihm ab 15.9.2006 PKH gewährt und der RA beigeordnet. Vor und nach der Beiordnung findet eine mündliche Verhandlung statt.

Der RA hat zwar an sich einen Vergütungsanspruch gegen den Mandanten
aus der Wahlanwaltstabelle für
1,3 Verfahrensgebühr gem. VV 3100 RVG aus 10.000,– EUR
1,2 Terminsgebühr gem. VV 3104 RVG aus 10.000,– EUR
Pauschale gem. VV 7002 RVG
Der RA kann aber wegen § 122 Abs. 1 Nr. 3 ZPO diesen Anspruch nicht gegen den Mandanten geltend machen.

70 ***bb) Rückwirkung der Beiordnung.*** Dasselbe gilt, wenn die Bewilligung und Beiordnung rückwirkend erfolgen und die die Gebühr auslösende Tätigkeit nach dem Rückwirkungszeitpunkt erstmals oder nochmal vorgenommen wird.

---

[56] Mayer/Kroiß/*Kießling* RVG § 45 Rn. 51.

[57] OLG Köln FamRZ 1995, 239 = NJW-RR 1995, 634; Zöller/*Schultzky* ZPO § 122 Rn. 11.

[58] OLG Köln NJW-RR 1995, 634; OLG München MDR 1991, 62; OLG Stuttgart JurBüro 1997, 649; Zöller/*Schultzky* ZPO § 122 Rn. 12; **aA** OLG Hamburg MDR 1985, 416.

[59] BGH AGS 1997, 141, inzidenter, indem er einen Anspruch auf eine 5/10-Prozessgebühr gegen die Staatskasse anerkennt; OLG Köln NJW-RR 1995, 634; OLG München MDR 1991, 62; **aA** OLG Hamburg MDR 1985, 416 = KostRspr ZPO § 122 Nr. 17 mkritAnm *von Eicken.*

cc) Gebühren nur vor Beiordnung. Das Verbot der Geltendmachung trifft nur den „beigeordneten" RA. Ist daher vor der Beiordnung eine Gebühr angefallen, die später nicht mehr entsteht, so kann der RA diese (Wahlanwalts-)Gebühr gegen den Mandanten, nicht aber gegen die Staatskasse geltend machen.[60] 71

Beispiel:

Dem vom später beigeordneten RA gestellten PKH-Antrag wegen 10.000,– EUR wird in vollem Umfang stattgegeben. Danach kommt es nur noch zu einem informativen Gespräch. Dann endet das Mandat. Von der zunächst nach VV 3335 entstandenen 1,0 Verfahrensgebühr aus 10.000,– EUR = 614,– EUR gehen 0,8 aus 10.000,– EUR in der 0,8 Verfahrensgebühr des VV 3101 aus 10.000,– EUR auf, die die Staatskasse aus der PKH-Tabelle trägt. Daneben kann der RA von dem Mandanten noch die Differenz zwischen einer 1,0 und einer 0,8 Verfahrensgebühr aus 10.000,– EUR nach der Wahlanwaltstabelle verlangen, also

1,0 Verfahrensgebühr gem. VV 3335 RVG aus 10.000,– EUR aus Wahlanwaltstabelle	614,00 EUR
0,8 Verfahrensgebühr gem. VV 3101 Nr. 1 RVG aus 10.000,– EUR aus Wahlanwaltstabelle	– 491,20 EUR
Differenz	122,80 EUR

Der RA hat somit einen Anspruch gegen die Staatskasse:

0,8 Verfahrensgebühr gem. VV 3101 Nr. 1 RVG aus 10.000,– EUR aus der PKH-Tabelle iHv	271,20 EUR
zzgl. Pauschale gem. VV 7002 RVG	20,00 EUR
gegen Mandanten iHv	122,80 EUR
Gesamt	414,00 EUR

dd) Aufhebung der PKH-Bewilligung. **Anspruch gegen Staatskasse.** Durch eine Aufhebung der PKH-Bewilligung und Beiordnung verliert der RA seinen Anspruch auf Vergütung der vorher angefallenen Gebühren und Auslagen nicht.[61] 72

Anspruch gegen Mandanten. Mit der Aufhebung der PKH-Bewilligung gem. § 124 ZPO endet die Forderungssperre gegenüber dem Mandanten. Der RA kann gegen ihn die Wahlanwaltsgebühren geltend machen.[62] Die Sperre entfällt aber nicht schon mit der Aufhebung der Beiordnung (!)[63] oder der Anordnung von Nachzahlungen der Partei gem. § 120a Abs. 4 ZPO,[64] es sei denn der Mandant hat die Beiordnung erschlichen.[65] 73

d) Gegenständliche Grenze. Nur teilweise Beiordnung. Wird der RA **nur wegen eines Teils des Gegenstandes** beigeordnet, so greift das Verbot hinsichtlich des Teils, für den er nicht beigeordnet worden ist, nicht ein, da er insoweit nicht beigeordneter RA iSv § 122 Abs. 1 Nr. 3 ZPO ist.[66] Zur Berechnung → RVG VV 3335 Rn. 69 ff. 74

e) Auslagen. Das Verbot des § 122 Abs. 1 Nr. 3 ZPO gilt auch für Auslagen, da sie Teil der Vergütung sind (§ 1 RVG). 75

Von Staatskasse nicht zu erstattende Auslagen, → § 11 Rn. 93. 76

MwSt. Ist der Mandant vorsteuerabzugsberechtigt und kann er dieses Recht auch noch ausüben, so kann der RA ihm die MwSt in Rechnung stellen (→ Rn. 88). 77

f) Gesetzliche Anrechnungen, → § 58 Rn. 28 ff. 78

g) Zahlungen des Mandanten, → § 58 Rn. 5 ff. 79

h) Vergütungsvereinbarung, → § 3a Rn. 74 ff. 80

XI. Ansprüche des RA gegen Dritte

Neben dem Vergütungsanspruch gegen die Staatskasse und gegen den Mandanten können dem beigeordneten RA auch Ansprüche gegen Dritte zustehen 81

1. Prozessualer Erstattungsanspruch gegen Verfahrensgegner

a) Grundsätze. Der beigeordnete **RA** hat das Recht, aufgrund einer Kostenentscheidung oder Kostenvereinbarung zu Gunsten seiner Partei vom Prozessgegner Kostenerstattung im eigenen Namen geltend zu machen (§ 126 Abs. 1 ZPO). 82

---

[60] BGH AGS 1997, 141; OLG Düsseldorf OLGR 1999, 388 = AGS 1999, 108.

[61] OLG Köln FamRZ 2005, 2007.

[62] KG MDR 2011, 627.

[63] OLG Bamberg JurBüro 1984, 292; KG MDR 1984, 410; OLG Nürnberg JurBüro 1984, 293; Zöller/*Geimer* ZPO § 122 Rn. 11; **aA** OLG Hamburg MDR 1985, 416 = KostRspr ZPO § 122 Nr. 17 mablAnm *von Eicken*.

[64] Zöller/*Schultzky* ZPO § 122 Rn. 11.

[65] Hartmann/Toussaint/*Toussaint* RVG § 45 Rn. 18 „Zahlungsunfähigkeit".

[66] BGH AGS 1997, 141; OLG Düsseldorf OLGR 1999, 388 = AGS 1999, 108.

83 Daneben hat nach hM die **Partei,** unbeschadet dessen, dass der beigeordnete RA Ansprüche gegen sie nicht geltend machen kann, im Falle einer zu ihren Gunsten ergehenden Kostenentscheidung oder Kostenvereinbarung im gerichtlichen Verfahren einen Kostenerstattungsanspruch gegen den Gegner. Der Erstattungsanspruch der Partei und des Anwalts stehen selbständig neben einander.[67] Rechnet der Mandant mit dem ihm im Kostenfestsetzungsbeschluss zuerkannten Betrag gegenüber dem Dritten auf, so steht dem RA kein bereicherungsrechtlicher Anspruch gegen seinen Mandanten zu.[68]

84 Für das Beitreibungsrecht des Anwalts gilt § 91 ZPO. Es ist insbes. auf das zur zweckmäßigen Rechtsverfolgung oder -verteidigung Notwendige beschränkt.

85 Es besteht ferner nur hinsichtlich derjenigen Gebühren und Auslagen, die dem beigeordneten RA als solchem, dh gegenständlich im Rahmen und zeitlich innerhalb der Beiordnung erwachsen sind (→ Rn. 69ff.). Er ist nicht auf den Vergütungsanspruch gegen die Staatskasse begrenzt, umfasst also auch die Wahlanwaltsvergütung.

86 **b) Nach Zahlung durch Staatskasse.** Hat der RA zunächst die Vergütung nach §§ 45ff. aus der Staatskasse beantragt und erhalten, so geht sein Beitreibungsrecht insoweit nach § 59 RVG auf die Staatskasse über. Die Differenz zu der Wahlanwaltsvergütung kann er jedoch gegen den Gegner festsetzen lassen, iÜ § 59 RVG.

87 **c) Streitgenossen.** Hat der RA mehrere Antragsgegner vertreten, so kann er nur den Teil im eigenen Namen gegen den Gegner geltend machen, der im Innenverhältnis auf die PKH-berechtigte Partei entfällt. Es gilt dasselbe wie beim Erstattungsanspruch mehrerer Streitgenossen (→ RVG VV 1008 Rn. 312ff.). Wegen Höhe des Anspruchs gegen Staatskasse → § 49 Rn. 11.

88 **d) MwSt.** Ist der Mandant vorsteuerabzugsberechtigt, so kann der RA gegenüber dem Dritten keine MwSt geltend machen, da er Erstattung nur so wie sein Mandant verlangen kann. Er kann aber trotz § 122 Abs. 1 Nr. 3 ZPO die MwSt gem. VV 7008 RVG seinem Mandanten in Rechnung stellen. Dieser ist dadurch nicht benachteiligt, da es sich für ihn um einen Durchlaufposten handelt.[69] Wegen Anspruch gegen die Staatskasse → § 46 Rn. 77.

89 **e) Beschränkte Einwendungen des Gegners.** ***aa) Grundsätze.*** Der Gegner kann Einwendungen, die er einem Erstattungsanspruch der Partei entgegensetzen könnte, gem. § 126 Abs. 2 ZPO dem RA nicht entgegenhalten. Das gilt auch gegenüber einem Dritten, der den Erstattungsanspruch gepfändet hat.[70]

90 ***bb) Anrechnung nach § 15a Abs. 3 RVG.*** Liegen allerdings die Anrechnungsvoraussetzungen des § 15a Abs. 3 RVG vor, so muss diese der RA auch gegen sich gelten lassen.[71] Dies verlangt der Schutzzweck von VV Vorb. 3 Abs. 4, § 15a Abs. 3 RVG. Der Gegner soll nicht entgegen den Anrechnungsbestimmungen mehr zahlen müssen, als dem RA im Verhältnis zu seinem Mandanten zusteht.

91 ***cc) Verzicht des Mandanten auf Kostenerstattung.*** Hat der Auftraggeber des Anwalts auf Kostenerstattung verzichtet, so entsteht kein Erstattungsanspruch, der auf den RA übergehen könnte. Ergeht nachfolgend trotzdem eine Kostengrundentscheidung zu Lasten des Prozessgegners, so bleibt es dennoch dabei, dass kein Erstattungsanspruch entstanden ist. Da die Berufung auf einen Verzicht jedoch eine materiell-rechtliche Einwendung darstellt, ist sie im Kostenfestsetzungsverfahren nur zu beachten, wenn die tatsächlichen Voraussetzungen des Verzichts feststehen.[72]

92 ***dd) Kostenfestsetzungsbeschluss zu Gunsten des Auftraggebers auf Antrag des RA.*** Hat der RA einen Kostenfestsetzungsbeschluss erst einmal im Namen der Partei erwirkt, so greifen vom Gegner geltend gemachte Einwendungen, zB Zahlung an den Mandanten oder eine Aufrechnung diesem gegenüber durch und bleiben auch im Fall einer späteren Umschreibung,[73]

---

[67] BGH FamRZ 2016, 206; NJW 2009, 2962 = FamRZ 2009, 1577 = AnwBl 2009, 727; FamRZ 2007, 710 = NJW-RR 2007, 1147; BGHZ 5, 251 (253); OLG Celle JurBüro 2014, 30; OLG Hamm FamRZ 2019, 1154 = AGS 2019, 482; AGS 2014, 93 = ZfS 2014, 48.
OLG Schleswig NJW-RR 2004, 717; OLG Naumburg JurBüro 2008, 373; **aA** OLG Koblenz Rpfleger 1996, 252.

[68] OLG Köln RVGreport 2010, 236.

[69] BGH JurBüro 2007, 88 = NJW-RR 2007, 285.

[70] BGH FamRZ 2016, 206 = MDR 2016, 175 = RVGreport 2016, 73 mzustAnm *Hansens.*

[71] *Hansens* RVGreport 2009, 241 (245).

[72] BGH NJW-RR 2007, 422 = RVGreport 2007, 111 mzustAnm *Hansens.*

[73] Zum Streit über deren Zulässigkeit Zöller/*Schultzky* ZPO § 126 Rn. 14.

soweit sie vor dieser erhoben wurden,[74] wirksam.[75] **Hinweis für RA.** Deswegen ist es wichtig, dass der RA von vornherein im eigenen Namen die Kostenfestsetzung betreibt (→ Rn. 93).

Solange aber kein Kostenfestsetzungsbeschluss zugunsten der Partei ergangen ist, sind Einwendungen ausgeschlossen, und zwar selbst dann, wenn der RA zunächst im Namen der Partei einen Kostenfestsetzungsantrag gestellt hatte.[76]

f) Eindeutige Formulierung zugunsten des RA nötig. Der RA muss deutlich zum Ausdruck bringen, dass er die Kostenfestsetzung im eigenen Namen beantragt. Im Zweifelsfall gehen viele Gerichte davon aus, dass der Antrag im Namen der Partei gestellt ist.[77] Das gilt auch, wenn es in dem Antrag heißt „beantrage ich Kostenfestsetzung".[78] 93

g) Rückforderung gegen RA. Hat der RA aufgrund eines im eigenen Namen erlangten Kostenfestsetzungsbeschlusses Zahlung erhalten und wird die zu Grunde liegende Entscheidung aufgehoben, so kann der Gegner vom RA Rückzahlung im Kostenfestsetzungsverfahren gem. § 91 Abs. 4 ZPO verlangen.[79] 94

2. Materiell-rechtliche Ansprüche

Für materiell-rechtliche Kostenerstattungsansprüche des Mandanten, auch solche gegen eine Versicherung, gibt es kein gesetzliches eigenes Beitreibungsrecht des Anwalts. 95

3. Vergütungsansprüche gegen Streitgenossen und Streithelfer

Vergütungsansprüche des beigeordneten RA gegen Streitgenossen und Streithelfer der bedürftigen Partei sowie gegen sonstige Beteiligte, die er gleichzeitig vertreten hat, bestehen unabhängig sowohl von dem Vergütungsanspruch gegen die Staatskasse wie von dem privatrechtlichen Vergütungsanspruch gegen die bedürftige Partei. Die Grenze des § 7 Abs. 2 S. 2 RVG gilt jedoch. 96

XII. Erstattungsansprüche des Gegners gegen PKH-Berechtigten

1. Prozessualer Erstattungsanspruch des Gegners

Die PKH-Bewilligung hindert den Gegner nicht, bei einer entsprechenden Kostengrundentscheidung seine Kosten gegen den PKH-Berechtigten gem. §§ 103, 104 ZPO geltend zu machen (§ 123 ZPO). 97

2. Haftungsfalle für RA bei Vergleich wegen § 31 Abs. 3, 4 GKG

a) Kostenbefreiung gem. § 31 Abs. 3, 4 GKG. Zu diesen Kosten gehören neben den Anwaltskosten auch die Gerichtskosten. Hat der Gegner solche gegenüber der Staatskasse zu tragen, so kann er grds. diese vom PKH-Berechtigten erstattet verlangen. Da das Gesetz verhindern will, dass auf diese Weise ein PKH-Berechtigter letztlich doch Gerichtskosten zahlen muss, sehen § 31 Abs. 3, 4 GKG, ebenso § 26 Abs. 3, 4 FamGKG, § 33 Abs. 2, 3 GNotKG; unter bestimmten Voraussetzungen vor, dass die Staatskasse den Gegner insoweit nicht in Anspruch nehmen darf, als diesem dann ein Erstattungsanspruch gegen den PKH-Berechtigten zustehen würde bzw. dass die Staatskasse, wenn bereits bezahlt ist, einen entsprechenden Betrag an den Gegner zurückzahlen muss. 98

b) Altes Recht. Nur bei Kostenentscheidung durch das Gericht. Das gilt aber nach dem bis zum 2. KostRMoG geltenden Recht, das gem. § 71 GKG in Altfällen fortgilt,[80] nur, wenn eine Kostenentscheidung gem. § 29 Nr. 1 GKG bzw. § 24 Nr. 1 FamGKG oder § 27 Nr. 1 GNotKG, also eine Kostenentscheidung durch das Gericht ergangen ist. 99

---

[74] OLG Hamm NJW-RR 2013, 1408 = MDR 2013, 1273.

[75] BGH FamRZ 2007, 710 = NJW-RR 2007, 1147 = RVGreport 2007, 351 mzustAnm *Hansens;* OLG Koblenz FamRZ 2012, 1968 = JurBüro 2012, 475; OLG Naumburg JurBüro 2008, 373; OVG NRW RVGreport 2014, 320; wegen Zeitpunkt, ab dem der RA Einwendungen gegenüber der Partei gegen sich gelten lassen muss BGH FamRZ 2007, 710.

[76] BGH FamRZ 2016, 206 = MDR 2016, 175 = RVGreport 2016, 73 mzustAnm *Hansens.*

[77] OLG Celle JurBüro 2014, 30 = RVGreport 13, 2013, 480 mzustAnm *Hansens;* OLG Düsseldorf AnwBl 1980, 376; OLG Hamm AnwBl 1982, 383; OLG Koblenz JurBüro 2006, 646; OLG Rostock MDR 2006, 418; **aA** OLG Rostock MDR 2006, 418; Zöller/*Schultzky* ZPO § 126 Rn. 10, im Zweifel muss das Gericht nachfragen.

[78] OLG Koblenz JurBüro 2006, 646.

[79] BGH VersR 2013, 376; OLG Hamburg FamRZ 2012, 736 = JurBüro 2012, 146 = RVGreport 2012, 117 mzustAnm *Hansens,* OLG München Rpfleger 2013, 276.

[80] OLG Naumburg NJW-RR 2015, 1210 = AGS 2015, 470.

100 Der Gegner wird nach altem Recht hingegen nicht frei bzw. erhält nichts von der Staatskasse zurück, wenn die Kostenregelung in einem **Vergleich** enthalten ist.[81] Dies ist verfassungskonform, da das Gesetz auf diese Weise Vereinbarungen zu Lasten der Staatskasse verhindern will.[82] Der Gegner wird also nicht von Gerichtskosten befreit und kann dementsprechend vom PKH-Berechtigten die Erstattung von Gerichtskosten verlangen. Hierdurch steht der PKH-Berechtigte schlechter, als wenn er keinen Vergleich geschlossen hätte. Ein solcher Vergleich kann auch nicht wegen eines Irrtums über die Kostenfolgen angefochten werden, da lediglich ein unbeachtlicher Motivirrtum gegeben ist.[83]

101 Die Parteien müssen, um dies zu vermeiden, nach altem Recht im Vergleich auf eine Kostenregelung verzichten und die Kostenentscheidung nach übereinstimmender Erledigungserklärung gem. § 91a ZPO dem Gericht überlassen. Dabei kann die gerichtliche Verfahrensgebühr gem. KV 1211 Nr. 4 GKG auf eine einfache Gebühr reduziert werden, wenn dem Gericht eine Einigung der Beteiligten oder eine Kostenübernahmeerklärung eines Beteiligten mitgeteilt wird und das Gericht dem in der Kostenentscheidung folgt. Dieser Weg kann auch weiterhin verfolgt werden. Daran ändert die nachfolgend dargestellte Möglichkeit, über einen Vergleich zu demselben Ergebnis zu kommen, nichts. Es bleibt dabei, dass das Gericht eine Kostenentscheidung trifft, womit die Voraussetzungen der Kostenbefreiung des Gegners erfüllt sind. Dieser Weg ist auch nicht teurer als der über einen Vergleich, nachdem auch bei einem Vergleich eine einfache gerichtliche Verfahrensgebühr anfällt (KV 1211 Nr. 3 GKG).

102 **c) Neues Recht.** ***aa) Erweiterung auf Vergleich.*** Das Gesetz hat nunmehr in § 31 GKG, § 26 FamGKG einen Abs. 4 und in § 33 GNotKG einen Abs. 3 angehängt. Nach diesen tritt die Kostenbefreiung gem. § 31 Abs. 3 GKG, § 26 Abs. 3 FamGKG, § 33 Abs. 2 GNotKG auch ein, wenn bei einem Vergleich, der auch die Kosten regelt, **drei Voraussetzungen kumulativ** gegeben sind:

– der Kostenschuldner muss die Kosten in einem vor dem Gericht abgeschlossenen oder gegenüber dem Gericht angenommenen Vergleich übernommen haben,
– der Vergleich muss einschließlich der Kostenregelung von dem Gericht vorgeschlagen sein und
– das Gericht muss in seinem Vergleichsvorschlag ausdrücklich festgestellt haben, dass die Kostenregelung der sonst zu erwartenden Kostenentscheidung entspricht.

103 Dass diese Voraussetzungen kumulativ gegeben sein müssen, ergibt sich aus dem „und" am Ende von § 31 Abs. 4 Nr. 2 GKG und den entsprechenden Bestimmungen des FamGKG und GNotKG.

104 ***bb) Vergleich vor oder gegenüber Gericht.*** **Nur ganz bestimmte gerichtliche Vergleiche.** Erste Voraussetzung gem. § 31 Abs. 4 Nr. 1 GKG und die entsprechenden Bestimmungen im FamGKG und GNotKG ist, dass der Vergleich vor dem Gericht abgeschlossen ist oder der Vergleich gegenüber dem Gericht angenommen wurde. Eine weitere Alternative neben diesen beiden gibt es nicht.[84]

105 **Vor dem Gericht abgeschlossen** ist ein Vergleich, wenn er in einem gerichtlichen Termin geschlossen wird. Ein schriftlicher Vergleich kann nicht vor dem Gericht geschlossen werden, sondern nur gegenüber diesem.

106 **Annahme eines schriftlichen Vergleichsvorschlags gegenüber dem Gericht.** Der schriftliche Vergleich iSv § 278 Abs. 6 ZPO ist in der zweiten Alternative geregelt. Er kommt nur in der Form in Betracht, dass die Parteien einen schriftlichen Vergleichsvorschlag des Gerichts gegenüber dem Gericht annehmen (§ 278 Abs. 6 Alt. 2 ZPO). Dies passt dazu, dass gem. § 31 Abs. 4 Nr. 2 GKG der Vergleich auf Vorschlag des Gerichts zu Stande kommen muss. Damit scheidet die Alt. 1 von § 278 Abs. 6 ZPO aus, bei der der Vergleichsvorschlag von den Parteien kommt.

107 ***cc) Vom Gericht vorgeschlagener Vergleich.*** Hierzu wird vertreten, dass es wohl reichen dürfte, dass der Vergleichsvorschlag von den Parteien ausgeht und das Gericht ihn billigt und ihn als

---

[81] OLG Celle JurBüro 2012, 431; OLG Frankfurt a. M. NJW 2011, 2147; OLG Hamm NJW-RR 2011, 1436 Rn. 12; OLG Naumburg NJW-RR 2014, 189.

[82] BVerfG NJW 2000, 3271.

[83] OLG Hamm NJW-RR 2011, 1436.

[84] Es ist deshalb nicht ganz richtig, wenn *Schneider/Thiel,* Neues GebührenR § 4 Rn. 17 ohne Einschränkung, jedoch eine gewisse Unsicherheit andeutend meinen, dass der schriftliche Vergleich nach § 278 Abs. 6 ZPO ausreichen dürfte.

eigenen übernimmt.[85] Hier ist Vorsicht geboten. Es dürfte nicht reichen, dass das Gericht den Vorschlag der Parteien einfach übernimmt. Denn dann hätte man das Erfordernis von Nr. 2 gleich ganz fallen lassen können. Die ganze Konstruktion zeigt, dass es dem Gesetzgeber ganz wesentlich darauf ankommt, dass das Gericht einen Vorschlag unterbreitet. Dahinter steht wohl die Befürchtung, dass ein Missbrauch der Vergleichsmöglichkeit näher liegt, wenn das Gericht einem Vorschlag der Parteien nur zustimmen muss, dass es dem Gericht psychologisch weitaus schwerer fallen wird, von sich aus eine die Staatskasse schädigende, nicht sachgerechte Kostenregelung vorzuschlagen. Geht die Initiative von den Parteien aus, so sollten sie, um auf der sicheren Seite zu sein, eine Vergleichsanregung dem Gericht unterbreiten und es darum bitten, einen entsprechenden Vergleichsvorschlag zu machen, auch → Rn. 109.

dd) Feststellung der Entsprechung einer Kostenentscheidung. Bereits in dem Vergleichsvorschlag des Gerichts muss ausdrücklich[86] die gerichtliche Feststellung enthalten sein, dass die Kostenregelung der sonst zu erwartenden Kostenentscheidung entspricht. Es genügt deshalb nicht, dass das Gericht zu einem zunächst ohne eine solche Feststellung geschlossenen Vergleich nachträglich eine solche Feststellung erklärt.[87] Ob die Kostenregelung wirklich einer zu erwartenden Kostenentscheidung entspricht oder ob das Gericht in dem Bestreben, einen Vergleich nicht scheitern zu lassen, eine derartige Feststellung, die objektiv nicht richtig ist, abzugeben bereit ist, ist unerheblich. Das Gesetz stellt nur auf die ausdrückliche Feststellung durch das Gericht ab. Die Feststellung ist in das Sitzungsprotokoll aufzunehmen. Ist dies unterblieben, obwohl das Gericht eine solche Feststellung getroffen hat, kann Protokollberichtigung verlangt werden.[88] 108

ee) Anregung der Parteien für gerichtlichen Vorschlag. Wollen die Parteien die Initiative ergreifen, so empfiehlt sich folgendes Schreiben oder folgender mündlicher Antrag an das Gericht: 109

„Die Parteien regen an, dass das Gericht folgenden Vergleichsvorschlag den Parteien unterbreitet.

Der Beklagte zahlt an den Kläger einen Betrag X.

Von den Kosten des Rechtsstreits tragen der Kläger $^3/_4$ und der Beklagte $^1/_4$.

Das Gericht stellt fest, dass die Kostenregelung der sonst zu erwartenden Kostenentscheidung entspricht."

d) Haftung des RA wegen Schlechterfüllung. Wählt der RA nicht einen Weg, der zu § 31 Abs. 3, 4 GKG; § 26 Abs. 3, 4 FamGKG; § 33 Abs. 2, 3 GNotKG führt, so kann er sich wegen Schlechterfüllung haftbar machen.[89] 110

Dabei ist zu beachten, dass das Vorstehende auch für den Anwalt der nichtbedürftigen Partei gilt. Gegenüber einem PKH-Berechtigten wird deren Erstattungsanspruch oft nicht realisierbar sein. Hingegen ist eine Befreiung von Gerichtskosten bzw. ein Rückzahlungsanspruch gegen die Staatskasse eine sichere Sache. 111

Beispiel:

Der dem Beklagten beigeordnete PKH-Anwalt schließt, nachdem der Kläger für Gerichtskosten einschließlich Gutachtervergütung 8.000,– EUR an die Staatskasse gezahlt hat, einen Gerichtsvergleich, in dem die Kosten gegeneinander aufgehoben werden, was dem Ergebnis der Regelung zur Hauptsache entspricht. Die Voraussetzungen der § 31 Abs. 4 GKG, § 26 Abs. 4 FamGKG wurden nicht eingehalten.

Der Kläger hat einen Erstattungsanspruch iHv 4.000,– EUR, den der Beklagte im Zweifel nicht zahlen kann. Hätte das Gericht auf Kostenaufhebung entschieden oder wären die Voraussetzungen der § 31 Abs. 4 GKG, § 26 Abs. 4 FamGKG beachtet worden, so hätte der Kläger von der Staatskasse die Rückzahlung von 4.000,– EUR verlangen können.

Die oben dargelegten **Voraussetzungen müssen penibelst eingehalten** werden. Insbesondere darf auf keinen Fall von dem Kostenvorschlag des Gerichts abgewichen werden, weil sonst, worauf die Motive hinweisen,[90] die Schutzwirkung der § 31 Abs. 3, 4; § 26 Abs. 3, 4 FamGKG; § 33 Abs. 2, 3 GNotKG entfällt. 112

[85] OLG Naumburg NJW-RR 2015, 1210 = AGS 2015, 470; *Schneider/Thiel,* Neues GebührenR 1. Aufl. 2013 § 4 Rn. 18.

[86] Auf Ausdrücklichkeit in einem Fall verzichtend, weil ansonsten hinreichend eindeutig OLG Jena JurBüro 2018, 150 = FamRZ 2018, 522.

[87] OLG Bamberg NJW-RR 2015, 127 = RVGreport 2014, 446 mzustAnm *Hansens;* OLG Jena JurBüro 2018, 150 = FamRZ 2018, 522.

[88] *Hansens* Anm. zu OLG Bamberg RVGreport 2014, 446.

[89] *Hansens* RVGreport 2010, 315 Ziff. IV 3.

[90] BT-Drs. 17/11471, 244.

113 **e) Kein Anspruch der Staatskasse gegen PKH-Berechtigten.** Die vorstehenden Ausführungen ändern nichts daran, dass auch bei einem Vergleich mit Kostenübernahme, der nicht den Anforderungen der § 31 Abs. 3, 4 GKG, § 26 Abs. 3, 4 FamGKG; § 33 Abs. 2, 3 GNotKG genügt, die Staatskasse selbst wegen § 122 Abs. 1 Nr. 1a ZPO vom PKH-Berechtigten nicht die Zahlung von Kosten verlangen kann.[91]

XIII. Verhältnis der verschiedenen Ansprüche zueinander

1. Gesetzliche Bestimmungen

114 Über das Verhältnis der verschiedenen Ansprüche zueinander enthält das Gesetz nur punktuelle Aussagen:
Übergang auf die Staatskasse, § 59 Abs. 1 RVG.
Vorschüsse und Zahlungen, § 58 RVG.

2. Kein echtes Gesamtschuldverhältnis

115 Wenn auch letztlich alle Ansprüche auf Befriedigung des beigeordneten RA wegen seiner Wahlanwaltsvergütung zielen, so besteht doch zwischen den Schuldnern kein echtes Gesamtschuldverhältnis, weil nicht alle gleichzeitig verpflichtet sind, die ganze Leistung zu bewirken, sich die Beträge, hinsichtlich deren eine gemeinsame Verpflichtung besteht, auch nicht in jedem Fall decken und die einzelnen Ansprüche auch nicht gleichstufig sind. Der gemeinsame Zweck aller Ansprüche wirkt sich dahin aus, dass der RA insgesamt nicht mehr als seine volle Wahlanwaltsvergütung unter Beachtung der Anrechnungsbestimmungen erhalten darf.

3. Wahlrecht des Anwalts

116 Ein Rangverhältnis zwischen den verschiedenen dem beigeordneten RA zustehenden Ansprüchen ist dem Gesetz weder unmittelbar noch mittelbar zu entnehmen. Es steht dem RA deshalb frei, in welcher Reihenfolge er die Ansprüche geltend macht. Insbesondere ist er nicht gehalten, zunächst etwaige weitere Vergütungsschuldner und/oder den in die Kosten verurteilten Gegner in Anspruch zu nehmen, bevor er die Vergütung aus der Staatskasse beansprucht.[92]

XIV. Rückzahlungsanspruch der Staatskasse

117 Hat der RA aufgrund eines Vergütungsfestsetzungsbeschlusses mehr erhalten als ihm zusteht, so besteht gegen ihn ein Rückzahlungsanspruch. Dieser setzt aber voraus, dass der ursprüngliche Festsetzungsbeschluss geändert worden ist. Zu einer solchen Änderung ist das Gericht – außer im Falle der offensichtlichen Unrichtigkeit iSv § 319 ZPO – nicht von Amts wegen, sondern nur nach Anfechtung berechtigt.

XV. Abtretung und Pfändung

1. Abtretung

118 **a) Zulässigkeit.** Es gilt hinsichtlich der Abtretung des anwaltlichen Anspruchs gegen die Staatskasse das Gleiche wie hinsichtlich des Anspruchs gegen den Mandanten (→ § 1 Rn. 220 ff.). § 49b Abs. 4 BRAO ist anzuwenden.[93] An einen anderen RA oder eine rechtsanwaltschaftliche Berufsausübungsgemeinschaft kann ohne Einwilligung des Mandanten, an jemand anderen nur mit dessen Einwilligung abgetreten werden. § 49b Abs. 4 BRAO gilt für „Vergütungsforderungen". Auch der Anspruch gegen die Staatskasse ist eine solche. Die Bestimmung passt auch nach ihrem Sinn. Der RA muss uU dem Zessionar Interna des Mandanten preisgeben (§ 402 BGB). Es ist daher erforderlich, dass der Mandant seine Einwilligung erklärt.[94] Anders ist es bei einer Abtretung an einen RA, da dieser ebenfalls zur Verschwiegenheit verpflichtet ist, weshalb es keiner Einwilligung des Mandanten bedarf (§ 49b Abs. 4 S. 1 BRAO).

119 **b) Bestimmbarkeit.** Zum prozessualen Kostenerstattungsanspruch der Partei gegen den Prozessgegner hat der BGH entschieden, dass er als ein aufschiebend bedingter, also künftiger

---

[91] OLG Celle JurBüro 2012, 431; KG AGS 2012, 287; **aA** OLG Frankfurt a. M. AGS 2011, 545.

[92] Hartmann/Toussaint/*Toussaint* RVG § 45 Rn. 19; **aA** OLG Celle JurBüro 1984, 1248, weiterer Gebührenschuldner muss zunächst in Anspruch genommen werden.

[93] OLG Düsseldorf NJW 2009, 1614; OLG Hamm MDR 2008, 654 = RVGreport 2008, 219; OLG Saarbrücken JurBüro 2013, 415 = BeckRS 2013, 14172.

[94] Zum höchstpersönlichen Vertrauensverhältnis zwischen Mandant und RA BGH NJW 1995, 2026.

Anspruch wirksam abgetreten werden kann, wenn er bei der Abtretung so beschrieben wird, dass er spätestens bei seiner Entstehung nach Gegenstand und Umfang bestimmbar, mithin die auf Grund der Abtretung in Anspruch genommene Forderung genügend individualisierbar ist.[95] Dasselbe gilt für den Anspruch des beigeordneten RA gegen die Staatskasse. Es ist deshalb zu weitgehend, wenn teilweise verlangt wird, dass im Zeitpunkt der Abtretung der RA bereits beigeordnet sein muss.[96] Auch schon vorher kann eine wirksame Abtretung erfolgen, vorausgesetzt dass der abgetretene Anspruch ausreichend bestimmbar ist, was zB gegeben ist, wenn der RA beabsichtigt, hinsichtlich eines ganz bestimmten Verfahrens PKH und seine Beiordnung zu beantragen, und den sich hieraus ergebenden Anspruch gegen die Staatskasse abtritt.

c) Vergütungsfestsetzung durch Zessionar. Der Abtretungsgläubiger kann, wenn die Zession wirksam ist (→ Rn. 118), die Festsetzung der Vergütung nach § 55 RVG geltend machen,[97] Und zwar nur er und nicht auch der Zedent.[98] Ihm stehen auch die Rechtsbehelfe des § 56 RVG zu. Der Staatskasse müssen in jedem Einzelfall die Einwilligung des Mandanten, wenn diese erforderlich ist, sowie die Abtretungsurkunde (im Original[99]) bzw. eine Abtretungsanzeige des Anwalts vorgelegt werden (§§ 409, 410 BGB). Nur so kann sichergestellt werden, dass in jedem konkreten Einzelfall die Voraussetzungen für eine wirksame Abtretung und eine schuldbefreiende Zahlung an den Zessionar vorliegen.[100] Nach Ansicht von OLG Saarbrücken genügt hinsichtlich der Einwilligungserklärung die Vorlage einer einfachen Kopie. Bestehen im Einzelfall ausnahmsweise konkrete Anhaltspunkte, die Zweifel an der Forderungsberechtigung begründen können, so verlangt es die Vorlage einer beglaubigten Kopie.[101] **120**

2. Pfändung

Gem. § 851 ZPO ist der Vergütungsanspruch gegen die Staatskasse, da nicht übertragbar, grds. nicht pfändbar (Ausnahme Pfändung durch RA). Hinsichtlich der Bestimmbarkeit und der Vergütungsfestsetzung gilt dasselbe wie zur Abtretung (→ Rn. 119, 120). **121**

XVI. Schadensersatzanspruch der Partei

1. Grundsatz

Ist der Partei durch Verschulden des RA ein Schaden entstanden, so kann sie vom beigeordneten RA in gleicher Weise Schadensersatz verlangen, wie wenn er sie als Wahlanwalt vertreten hätte. **122**

Beispiel:

Der beigeordnete RA versäumt die Frist für den Antrag auf Wiedereinsetzung, nachdem seinem Mandanten PKH gewährt und er beigeordnet worden ist. Bei rechtzeitigem Handeln hätte der Mandant den Prozess gewonnen. Den hieraus entstehenden Schaden muss der RA dem Mandanten ersetzen.

2. Unterlassener PKH- und Beiordnungsantrag

→ § 1 Rn. 158. **123**

D. Sonstige Anwälte mit Ansprüchen gegen Staatskasse

I. Zum Prozesspfleger bestellter RA (Abs. 1 Alt. 2)

1. Anwendbarkeit von § 45 RVG

§ 45 RVG gilt auch für den nach §§ 57, 58 ZPO zum Prozesspfleger bestellten RA. Er hat einen Vergütungsanspruch gegen die Staatskasse. **124**

---

[95] BGH NJW 1988, 3204.

[96] So aber Hartmann/Toussaint/*Toussaint* RVG § 45 Rn. 18 „Abtretung".

[97] OLG Hamm MDR 2008, 654 = RVGreport 2008, 218.

[98] LSG NRW AGS 2016, 351 mzustAnm *N. Schneider;* nach OLG Düsseldorf Rpfleger 1997, 532 = NJW-RR 1997, 1493 sind Zedent und Zessionar antragsberechtigt.

[99] KG FamRZ 2009, 1781; OLG Saarbrücken JurBüro 2013, 415; LG Saarbrücken RVGreport 2013, 56, zu Beratungshilfe.

[100] OLG Düsseldorf JurBüro 2008, 650; KG FamRZ 2009, 1781.

[101] OLG Saarbrücken JurBüro 2013, 415 = RVGreport 2013, 271 mAnm *Hansens.*

2. Bestellung

125 Der RA muss durch ein Gericht bestellt sein (§§ 57, 58 ZPO) Die Bestellung kann auch stillschweigend erfolgen. Ob die Bestellung auf Antrag oder von Amts wegen erfolgt, ist unerheblich.[102]

3. Gutglaubensschutz

126 Wird der RA vom Gericht versehentlich über seine Bestellung informiert, obgleich eine solche nicht erfolgt ist, so ist der gutgläubige RA so zu stellen, als ob er bestellt worden wäre.[103]

4. Umfang

127 § 48 RVG.

5. Ansprüche gegen den Mandanten

128 § 41 RVG.

II. §§ 138, 270 FamFG, 67a Abs. 1 S. 2 VwGO (Abs. 2)

129 Für den RA, der dem Antragsgegner nach § 138 FamFG bzw. § 270 FamFG beigeordnet ist oder der gem. § 67a Abs. 1 S. 2 VwGO bestellt ist, gilt § 45 RVG nur dann sinngemäß, wenn der Antragsgegner mit der Zahlung der von ihm geschuldeten Wahlanwaltsvergütung in Verzug ist (Abs. 2). Im Übrigen § 39 RVG.

130 Der entgegenstehende Wille der Partei ist bei einer Bestellung nach **§ 67a Abs. 1 S. 2 VwGO** unbeachtlich, weil ein Fall des § 679 BGB gegeben ist.[104] Im Übrigen gilt das für den Prozesspfleger zuvor Dargelegte entsprechend.

III. Sonst bestellter oder beigeordneter RA (Abs. 3)

131 **Anwendungsbereich.** Hierher gehören zB
- der nach §§ 76ff. **FamFG** beigeordnete VKH-Anwalt,
- der nach § 141 StPO bestellte **Pflichtverteidiger,**
- der nach § 397a StPO für den **Nebenkläger** bestellte RA, bei dem sich die Vergütung nach der rechten Spalte von VV 4104, 4105 RVG richtet. Wegen Beiordnung nicht durch Gericht, sondern durch Justizbehörden § 59a RVG.

132 **Bestellung.** Der entgegenstehende Wille der Partei ist unbeachtlich, wenn ein Fall des § 679 BGB vorliegt.[105] Das ist bei einer Bestellung zum Pflichtverteidiger der Fall.[106]

IV. Abraten von der Stellung eines Wiederaufnahmeantrags (Abs. 4)

133 § 45 Abs. 4 S. 1 RVG begründet einen Anspruch gegen die Staatskasse, wenn der RA
- von der Stellung eines Wiederaufnahmeantrags abrät
- und gem. § 364b Abs. 1 S. 1 StPO bestellt ist oder das Gericht die Feststellung nach § 364b Abs. 1 S. 2 StPO getroffen hat.

134 Dasselbe gilt gem. § 45 Abs. 4 S. 2 RVG für das gerichtliche Bußgeldverfahren, bei dem gem. § 85 Abs. 1 OWiG die §§ 359–373a StPO entsprechend anzuwenden sind.

V. Bußgeldverfahren vor der Verwaltungsbehörde (Abs. 5)

135 § 45 Abs. 5 RVG erstreckt den Abs. 3 des § 45 RVG auf das Bußgeldverfahren vor der Verwaltungsbehörde.

VI. Beigeordnete oder bestellte Anwälte ohne Anspruch gegen Staatskasse

1. Notanwalt (§ 78b ZPO)

136 Die Partei ist Vergütungsschuldner, sobald sie dem RA den Auftrag erteilt hat. Es besteht kein Anspruch gegen die Staatskasse.[107] Der Notanwalt kann trotz seiner Beiordnung die

[102] Hartmann/Toussaint/*Toussaint* RVG § 45 Rn. 12 „Von Amts wegen".
[103] Hartmann/Toussaint/*Toussaint* RVG § 45 Rn. 12 „Gerichtsfehler".
[104] *Hansens* NJW 1991, 1137 (1140).
[105] *Hansens* NJW 1991, 1137 (1140).
[106] Schneider/Wolf/*Fölsch* RVG § 45 Rn. 32.
[107] Zöller/*Herget* ZPO § 78b Rn. 10.

Übernahme der Vertretung davon abhängig machen, dass die Partei ihm einen Vorschuss in zulässiger Höhe (§ 9 RVG) zahlt (§ 78c Abs. 2 ZPO). Damit ist er ausreichend gesichert; zahlt die Partei den Vorschuss nicht, kann er die Aufhebung seiner Beiordnung beantragen.

2. §§ 276, 317 FamFG

Keinen Anspruch gegen die Staatskasse besteht für den nach § 276 FamFG in Betreuungssachen und nach § 317 FamFG in Unterbringungssachen bestellten RA. Deren Vergütung richtet sich nach §§ 277, 318 FamFG. **137**

§ 46 Auslagen und Aufwendungen

(1) **Auslagen, insbesondere Reisekosten, werden nicht vergütet, wenn sie zur sachgemäßen Durchführung der Angelegenheit nicht erforderlich waren.**

(2) [1] **Wenn das Gericht des Rechtszugs auf Antrag des Rechtsanwalts vor Antritt der Reise feststellt, dass eine Reise erforderlich ist, ist diese Feststellung für das Festsetzungsverfahren (§ 55) bindend.** [2] **Im Bußgeldverfahren vor der Verwaltungsbehörde tritt an die Stelle des Gerichts die Verwaltungsbehörde.** [3] **Für Aufwendungen (§ 670 des Bürgerlichen Gesetzbuchs) gelten Absatz 1 und die Sätze 1 und 2 entsprechend; die Höhe zu ersetzender Kosten für die Zuziehung eines Dolmetschers oder Übersetzers ist auf die nach dem Justizvergütungs- und -entschädigungsgesetz zu zahlenden Beträge beschränkt.**

(3) [1] **Auslagen, die durch Nachforschungen zur Vorbereitung eines Wiederaufnahmeverfahrens entstehen, für das die Vorschriften der Strafprozessordnung gelten, werden nur vergütet, wenn der Rechtsanwalt nach § 364b Abs. 1 Satz 1 der Strafprozessordnung bestellt worden ist oder wenn das Gericht die Feststellung nach § 364b Abs. 1 Satz 2 der Strafprozessordnung getroffen hat.** [2] **Dies gilt auch im gerichtlichen Bußgeldverfahren (§ 85 Abs. 1 des Gesetzes über Ordnungswidrigkeiten).**

Übersicht

I. Motive

Zum KostRMoG

„Zu § 46

1 Abs. 1 entspricht § 126 Abs. 1 S. 1 BRAGO auch iVm § 97 Abs. 2 S. 2 1. Hs. BRAGO. Die negative Fassung des § 126 Abs. 1 S. 1 BRAGO wurde beibehalten. Diese begründet eine Beweislast für die Staatskasse, dass Auslagen zur sachgemäßen Wahrnehmung der Interessen der Partei nicht erforderlich waren. Hieran soll festgehalten werden. Im Zweifel ist die Notwendigkeit der Auslagen anzuerkennen. Es ist nicht Aufgabe des Urkundsbeamten oder des auf die Erinnerung entscheidenden Gerichts, seine eigene Auffassung an die Stelle der Meinung des Rechtsanwalts zu setzen. Der Rechtsanwalt hat den Rechtsstreit geführt; nur er ist für die sachgemäße Wahrnehmung der Interessen der Partei verantwortlich.

Abs. 2 S. 1 übernimmt inhaltlich die Regelung des § 126 Abs. 2 und § 97 Abs. 2 S. 2 1. Hs. BRAGO. Die Vorschrift soll jedoch redaktionell anders gefasst werden, um klarzustellen, dass von dieser Regelung die Möglichkeit der Festsetzung von Reisekosten im Festsetzungsverfahren nach § 55 RVG-E unberührt bleibt, auch wenn kein Antrag zur Feststellung der Erforderlichkeit der Reise vor deren Antritt gestellt worden ist. S. 2 weist diese Feststellungsbefugnis im Bußgeldverfahren der Verwaltungsbehörde zu. S. 3 erstreckt den Anwendungsbereich der

Sätze 1 und 2 auf andere Auslagen in solchen Angelegenheiten, in denen sich die Gebühren nach den Teilen 4 bis 6 VV RVG-E bestimmen. Dies entspricht dem § 97 Abs. 2 S. 2 2. Hs. BRAGO.

Abs. 3 entspricht der Regelung des § 97 Abs. 2 S. 3 BRAGO.

Die Regelung des § 126 Abs. 1 S. 2 BRAGO soll nicht übernommen werden, weil diese Vorschrift wegen § 121 Abs. 3 ZPO entbehrlich erscheint. Nach dieser Vorschrift kann ein bei dem Prozessgericht nicht zugelassener Rechtsanwalt nur beigeordnet werden, wenn dadurch weitere Kosten nicht entstehen."[1]

II. Allgemeines

Gem. § 45 Abs. 1 RVG erhält der im Wege der PKH beigeordnete RA aus der Staatskasse die „gesetzliche Vergütung", soweit nichts anderes bestimmt ist. Zur gesetzlichen Vergütung gehören gem. § 1 RVG außer den Gebühren grds. auch Auslagen. 2

Die Vergütung von Auslagen aus der Staatskasse ist insoweit eingeschränkt, als es maßgeblich nicht auf den Auftrag oder das Einverständnis des Auftraggebers ankommt, sondern darauf, ob die Auslagen zur sachgemäßen Durchführung der Angelegenheit **erforderlich** waren. 3

Wegen Anspruch gegen Mandanten für Auslagen, die die Staatskasse nicht zahlt → § 11 Rn. 92 ff.

III. Reisekosten des auswärtigen RA

1. § 121 Abs. 3, 4 ZPO

a) Keine Reisekosten. § 121 Abs. 3 ZPO schränkt die Erstattung von Reisekosten des auswärtigen beigeordneten Verfahrensbevollmächtigten erheblich ein. Daran hat auch der Wegfall des Lokalisationsprinzips nichts geändert.[2] Wenn in § 46 RVG eine dem § 126 Abs. 1 S. 2 BRAGO (Ausschluss von Reiskosten bei auswärtigem RA) entsprechende Regelung fehlt, so bedeutet das nicht, dass Reisekosten eines auswärtigen beigeordneten Anwalts grds. zu erstatten wären. Die Übernahme einer Beschränkung ins RVG ist unterblieben, weil dem Gesetzgeber die bisherige Regelung in § 126 BRAGO wegen der Vorschrift des § 121 Abs. 3 ZPO entbehrlich erschien.[3] 4

b) Im Gerichtsbezirk oder nahe bei diesem niedergelassener RA. Dabei ist aber zu beachten, dass § 121 Abs. 3 ZPO nicht eingreift bei einem im Bezirk des Prozessgerichts niedergelassenen RA. Dessen Reisekosten sind grds. zu erstatten.[4] Seine Beiordnung darf deshalb hinsichtlich der Reisekosten nicht eingeschränkt werden.[5] 5

Beispiel:

Ein Ingolstädter RA muss einer Ingolstädter Partei also ohne eine Beschränkung durch § 121 Abs. 3 ZPO für ein Berufungsverfahren beim OLG München beigeordnet werden.

Die Reisekosten des auswärtigen RA sind zu erstatten, ohne dass es insoweit eines besonderen Ausspruchs im Beiordnungsbeschluss bedarf, wenn die Reisekosten nicht höher sind als die eines im Gerichtsbezirk des Prozessgerichts niedergelassenen RA. Das ist immer dann der Fall, wenn der Sitz der Kanzlei des auswärtigen RA nicht weiter vom Gerichtsort entfernt ist als der entfernteste Ort des Gerichtsbezirks, egal ob dort ein RA ansässig ist oder nicht.[6] Behilflich bei der Findung dieses Orts ist www.gerichtsbezirke.de. 6

c) Verkehrsanwalt. Gem. § 121 Abs. 4 ZPO kann beim Vorliegen besonderer Umstände ein Verkehrsanwalt beigeordnet werden. 6a

2. Bindung an Beiordnungsbeschluss

a) Grundsatz. Für die Vergütungsfestsetzung ist der Inhalt des Beiordnungsbeschlusses bindend, auch wenn er im Widerspruch zu § 121 Abs. 3, 4 ZPO steht und damit falsch ist (→ Rn. 8 ff., 12, 95; § 54 Rn. 32). Es ist also im Vergütungsfestsetzungsverfahren nicht mehr zu prüfen, ob bei Beachtung von § 121 Abs. 3, 4 ZPO der Beschluss hätte anders lauten müssen. 7

b) Unbeschränkte Beiordnung. Das gilt nach zutreffender ganz hM, wenn der Beschluss eine unbeschränkte Beiordnung enthält.[7] Eine Einschränkung lässt sich nicht allein wegen 8

[1] BT-Drs. 15/1971, 200.

[2] OLG Dresden OLGR 2007, 49 = AGS 2007, 251 mwN.

[3] OLG Braunschweig FamRZ 2006, 1855; **aA** OLG Celle FamRZ 2006, 1552.

[4] OLG Brandenburg FamRZ 2009, 1236; OLG Celle JurBüro 2008, 261; OLG Dresden AGS 2006, 393.

[5] OLG Brandenburg FamRZ 2009, 1236.

[6] OLG Brandenburg AGS 2015, 584 = NJW-Spezial 2015, 763 = NZFam 2016, 87.

[7] OLG Brandenburg MDR 2009, 175; OLG Celle FamRZ 2008, 162 = MDR 2007, 865; OLG Dresden JurBüro 2009, 368; OLG Düsseldorf AGS 2014, 196 mzustAnm *Thiel;* FamRZ 2008, 1767; KG FamRZ 2011, 835;

§ 121 Abs. 3 ZPO in einen Beschluss, der keine Erklärung zur Einschränkung enthält, nachträglich hineinlesen.[8]

9 Der Gegenmeinung, eine unbeschränkte Beiordnung hindere nicht, bei der Vergütungsfestsetzung zu prüfen, ob die Voraussetzungen, unter denen Reise- oder Verkehrsanwaltskosten zu vergüten sind, gegeben sind,[9] ist nicht zu folgen.

10 Die Folge ist, dass grds. (aber auch → Rn. 21) sämtliche Reisekosten des RA unter Beachtung der in VV 7003 dargelegten Voraussetzungen (→ RVG VV 7003 Rn. 108 ff.) von der Staatskasse zu erstatten sind.

11 Es gibt auch keine Obergrenze dahingehend, dass nur maximal die Kosten zu erstatten wären, die bei Beauftragung eines **Verkehrsanwalts** angefallen wären. Zwar kommt es bei der Prüfung, ob eine Beschränkung erfolgen darf, wesentlich darauf an, ob ein Verkehrsanwalt hätte beigeordnet werden müssen (→ Rn. 26 ff.). Spricht aber der Beiordnungsbeschluss keine Einschränkung auf maximal die Kosten eines Verkehrsanwalts aus, so kann eine solche Einschränkung nicht in ihn hineingelesen werden. Dazu, wenn eine solche Einschränkung in den Beschluss aufgenommen wird, → Rn. 19 ff.

12 **c) Beschränkung auf ortsansässigen RA.** ***aa) Eingeschränkte Beiordnung.*** Ist eine Einschränkung, zB zu den Bedingungen eines ortsansässigen Anwalts erfolgt, so besteht ebenfalls eine Bindung hieran, weshalb eine unmittelbare Erstattung von Reisekosten des Anwalts ausscheidet.[10] Ob sich der RA mit einer Einschränkung **einverstanden** erklärt hat, ist unerheblich.[11] Diese Bindung besteht auch dann, wenn der RA im Gerichtsbezirk des Gerichts niedergelassen ist und der Beschluss damit dagegen verstößt, dass § 121 Abs. 3 ZPO für diesen keine Einschränkung vorsieht. „Ortsansässiger Anwalt" bedeutet nach allgemeinem Verständnis ansässig am Gerichtsort selbst und nicht im Gerichtsbezirk ansässig. Dass es das Gericht so gemeint hat, ergibt sich auch daraus, dass es sonst bei einem im Gerichtsbezirk niedergelassenen RA keine Einschränkung aussprechen würde.

13 ***bb) Verkehrsanwaltskosten.*** Es ist dann auch kein Platz für fiktive Berechnungen dahingehend, dass die Voraussetzungen des § 121 Abs. 4 ZPO gegeben gewesen wären.

14 ***cc) Hinweis für RA.*** Ist nur eine beschränkte Beiordnung erfolgt, so muss der Beiordnungsbeschluss, wenn er nicht richtig ist (→ Rn. 24 ff.), unbedingt angegriffen werden, da zumindest die Gefahr besteht, dass sich das Gericht bei der Vergütungsfestsetzung auf den Standpunkt stellt, dass mit dem Beiordnungsbeschluss bindend eine Erstattung von Reisekosten unmittelbar oder mittelbar ausgeschlossen ist.

15 **d) Beiordnung zu den Bedingungen eines im Gerichtsbezirk ansässigen RA.** Immer mehr Gerichte nehmen im Hinblick auf den seit dem 1.6.2007 geänderten § 121 Abs. 3 ZPO nunmehr eine Einschränkung dahingehend vor, dass die Beiordnung zu den Bedingungen eines im Gerichtsbezirk ansässigen Anwalts erfolgt. Damit wird dem Umstand Rechnung getragen, dass gem. § 121 Abs. 3 ZPO die Partei berechtigt ist, ohne Einschränkung innerhalb des Gerichtsbezirks jeden Anwalt zu wählen und nicht etwa verpflichtet ist, einen am Ort des Prozessgerichts selbst ansässigen RA zu beauftragen. Deshalb kommt nur eine Einschränkung dahingehend in Betracht, dass eine Beiordnung zu den Bedingungen eines im Gerichtsbezirk ansässigen Anwalts erfolgt.[12]

16 Die Folge einer im vorigen Sinne eingeschränkten Beiordnung ist, dass Reisekosten nur soweit nicht zu erstatten sind, als sie höher sind als die, die angefallen wären, wenn der RA vom am vom Gericht weitest entfernten Ort des Gerichtsbezirks angereist wäre, und zwar unab-

---

MDR 2004, 474; OLG Koblenz AnwBl 2002, 117 = JurBüro 2002, 84; OLG München Rpfleger 2002, 159 = MDR 2002, 543; OLG Naumburg MDR 2009, 234 = AGS 2009, 75; OLG Nürnberg MDR 2008, 112; OLG Oldenburg JurBüro 2004, 324 = MDR 2004, 842; OLG Stuttgart FamRZ 2008, 1011.

[8] OLG Brandenburg MDR 2009, 175; OLG Dresden JurBüro 2009, 368.

[9] OLG Hamm FamRZ 2005, 1264; OLG Naumburg MDR 2002, 177; OLG Stuttgart FamRZ 2005, 2007.

[10] OLG Celle MDR 2007, 865; OLG Düsseldorf AGS 2008, 195, auch bei RA, der beim Prozessgericht zugelassen ist; OLG Frankfurt a. M. AGS 2010, 33, Verzicht auf Erstattung der Reisekosten; OLG München FamRZ 2001, 511 = Rpfleger 2001, 86. Der gleichen Meinung müssten alle sein, die bei einer unbeschränkten Beiordnung unabhängig von § 121 Abs. 3 ZPO allein auf den Beiordnungsbeschluss abstellen und Reisekosten anerkennen.

[11] **AA** OLG Hamm FamRZ 1995, 748; OLG Karlsruhe MDR 2001, 1315.

[12] OLG Brandenburg AGS 2015, 584; OLG Frankfurt a. M. FamRZ 2009, 1615; OLG Oldenburg JurBüro 2010, 433; HessLAG AGS 2010, 299 = NJW-Spezial 2010, 380, Kurzwiedergabe; LAG Nds AGS 2011, 553.

hängig davon, ob an diesem Ort überhaupt ein RA residiert.[13] Behilflich bei der Findung dieses Orts ist www.gerichtsbezirke.de. Das gilt auch, wenn der beigeordnete RA nicht vom Wohnsitz der Partei aus angereist ist, sondern von einem weiter entfernten.[14] Das folgt aus der Bindung an den Beiordnungsbeschluss (→ Rn. 7).

Beispiel:

Die tatsächlich angefallenen Reisekosten betragen einschließlich MwSt	500,– EUR
Der am weitesten vom Gericht entfernte Ort des Gerichtsbezirks X ist 20 km entfernt.	
Von diesem Ort aus wären lediglich Reisekosten angefallen einschl. MwSt von	100,– EUR
Gegen die Staatskasse besteht ein Anspruch von	100,– EUR

Wegen der gleichen Problematik, allerdings ohne Bindung an einen Beiordnungsbeschluss, bei der Kostenerstattung durch den unterlegenen Verfahrensgegner → RVG VV 7003 Rn. 102ff.

Ist die Entfernung größer, die Fahrzeit wegen der besseren Straßenverhältnisse aber nicht länger, so ist das Abwesenheitsgeld voll zu erstatten.[15] Letztlich muss eine Vergleichsrechnung mit allen Positionen einer Reise erstellt werden. Nur soweit dann höhere Kosten als bei einer Reise vom weitest entfernten Ort des Gerichtsbezirks anfallen, sind diese abzuziehen. 17

Maßgeblicher Gerichtsbezirk. Zu beachten ist, dass es um den Bezirk des jeweiligen Gerichts geht, zB beim Amtsgericht also um dessen kleineren, beim Oberlandesgericht um dessen viel größeren Gerichtsbezirk.[16] In der Arbeitsgerichtsbarkeit stellt sich nicht die gleiche Frage, da nach der Rspr. des BAG auf die Ansässigkeit des RA am Ort des Gerichts abzustellen ist, nachdem es eine Zulassung in einem bestimmten Bezirk anders als bei der Zivilgerichtsbarkeit beim Arbeitsgericht nicht gibt.[17] 18

e) Beiordnung mit Beschränkung auf die Kosten eines Verkehrsanwalts. Da der BGH seine Rspr., mit der die bis dahin übliche Beiordnung zu den Bedingungen eines ortsansässigen RA weitgehend beseitigt hat, im Wesentlichen darauf gestützt hat, dass in sehr vielen Fällen die Partei einen Anspruch darauf gehabt hätte, dass ihr ein Verkehrsanwalt beigeordnet worden wäre (→ Rn. 25ff.), ziehen viele Gerichte die Konsequenz, im Beiordnungsbeschluss die Erstattung von Reisekosten auf die Kosten zu beschränken, die bei Beauftragung eines Verkehrsanwalts angefallen wären.[18] 19

Dann sind die tatsächlich angefallenen Reisekosten und die Kosten, die bei Einschaltung eines Verkehrsanwalts entstanden wären zu ermitteln. Sind letztere höher als die ersten, so sind nur die nach der zweiten Berechnung anfallenden Kosten zu erstatten. Sind die tatsächlichen niedriger, so sind nur sie zu erstatten. 20

Beispiel:

Tatsächlich angefallen sind inkl. MwSt Reisekosten von	500,00 EUR
Bei Einschaltung eines Verkehrsanwalts wären aber nur angefallen	
1,3 Gebühr gem. VV 3400 RVG aus 3.000,– EUR aus Tabelle gem. § 49 RVG	288,60 EUR
+ Pauschale	20,00 EUR
+ 19 % MwSt aus 308,60 EUR	58,63 EUR
Summe 367,23 EUR	

Die Staatskasse muss nur 367,23 EUR zahlen.

Hätten die tatsächlichen Reisekosten inkl. MwSt nur 250,– EUR betragen, so bestünde nur in dieser Höhe ein Anspruch gegen die Staatskasse.

f) Notwendigkeitsprüfung der einzelnen Reisekosten. Auch wenn eine unbeschränkte oder teilweise beschränkte Beiordnung vorliegt, bedeutet das nur, dass grds. Reisekosten zu erstatten sind. Ob die jeweilige einzelne (!) Reise erforderlich war, ist aber immer noch gem. § 46 RVG zu prüfen. Die Notwendigkeit ist bei Wahrnehmung eines Gerichtstermins durch einen beigeordneten RA stets zu bejahen,[19] es sei denn es handelt sich um einen reinen Verkündungstermin. 21

---

13 BGH NJW 2018, 2572, zu Kostenerstattung außerhalb von PKH = RVGreport 2018, 341 mzustAnm *Hansens;* OLG Bamberg NJW-RR 2015, 187; OLG Celle RVGreport 2016, 300 = AGS 2016, 437; LSG NRW RVGreport 2015, 39 mzustAnm *Hansens.*

14 OLG Schleswig NJW 2015, 3311; wohl auch *Hansens* Anm. zu OLG Schleswig RVGreport 2015, 385; **aA** OLG Celle NJW-RR 2016, 766.

15 LAG Bln-Bbg AGS 2014, 289.

16 OLG Frankfurt JurBüro 2019, 23 = RVGreport 2019, 144 mzust Anm *Hansens.*

17 BAG NJW 2005, 3083 = NZA 2005, 1078.

18 LAG Nürnberg AGS 2013, 135.

19 OLG Oldenburg NJW 2006, 851; OLG Stuttgart FamRZ 2008, 1011 = JurBüro 2008, 261.

22 **g) Höhe der Reisekosten.** Die Höhe der zu erstattenden Reisekosten richtet sich nach VV 7003–7006 RVG. Die Reisekosten können nicht mit dem Argument gekürzt werden, es hätte ein Terminvertreter geschickt werden müssen, weil dieser billiger gewesen wäre.[20] Denn sonst würde eine PKH-berechtigte Partei schlechter stehen als eine andere Partei, bei der grds. die Reisekosten zu erstatten sind (→ RVGVV 7003 Rn. 114ff.).

23 **h) Fiktive Reisekosten der Partei.** Sind aufgrund des Beiordnungsbeschlusses Reisekosten des RA nicht unmittelbar von der Staatskasse zu tragen, so sind die fiktiven Parteireisekosten zu erstatten, die zur Besprechung mit einem RA, den sie nach dem Beiordnungsbeschluss hätte einschalten können, angefallen wären.

3. Rechtmäßigkeit des Beiordnungsbeschlusses

24 Da der Beiordnungsbeschluss bindend (→ Rn. 7ff.) bestimmt, ob und in welchem Umfang die Reisekosten von der Staatskasse erstattet werden, muss der RA prüfen, ob der Beschluss nicht zu Unrecht eine Einschränkung oder eine zu hohe Einschränkung enthält und ob er nicht gegen den Beiordnungsbeschluss Rechtsmittel einlegen soll. Im Folgenden wird der derzeitige Stand der Rspr. dazu wiedergegeben, wann eine Beschränkung der Reisekosten in den Beiordnungsbeschluss aufgenommen werden darf.

25 **a) Reisekostenerstattung über § 121 Abs. 4 ZPO.** ***aa) Änderung der Rspr.*** Durch die Rspr. des BGH (→ Rn. 26) hat sich die Rechtslage erheblich geändert. Während früher eine Beiordnung des RA zu den Bedingungen eines ortsansässigen RA die Regel war, gibt es heute weit häufiger Beiordnungsbeschlüsse, die auf jede Einschränkung bzgl. der Reisekosten verzichten oder aber diese nur in geringerem Umfang einschränken. Rspr. aus der Zeit vor 2004 ist daher nur noch teilweise relevant.

26 ***bb) Fiktive Kosten eines Verkehrsanwalts.*** Bei der Erstattung von Reisekosten (§ 121 Abs. 3 ZPO) ist nach der Rspr. des BGH[21] der die anderen Gerichte folgen,[22] § 121 Abs. 4 ZPO zu beachten, wonach ein Verkehrsanwalt beigeordnet werden kann, wenn besondere Umstände vorliegen. Sind solche gegeben, so ist die Beauftragung eines auswärtigen Prozessbevollmächtigten jedenfalls dann nicht mit Mehrkosten iSv § 121 Abs. 3 ZPO verbunden, wenn die Reisekosten des auswärtigen Anwalts die Verkehrsanwaltskosten nicht wesentlich übersteigen.[23] Dabei ist – wie beim Terminsvertreter (→ VV 3401 Rn. 99ff., 105ff.) – die unbeschränkte Beiordnung des auswärtigen Verfahrensbevollmächtigten vorzunehmen, wenn bei einer ex ante Beurteilung die Mehrkosten des reisenden Verfahrensbevollmächtigten die Kosten des Verkehrsanwalts um weniger als 10% übersteigen.[24]

27 **b) Besondere Umstände iSv § 121 Abs. 4 ZPO.** ***aa) Besondere Umstände regelmäßig gegeben.*** Einerseits führt der BGH aus, dass besondere, die Einschaltung eines Verkehrsanwalts rechtfertigende Umstände gegeben sind,

– wenn die Partei schreibungewandt ist und ihr auch eine Informationsreise zu einem RA am Sitz des Prozessgerichts nicht zugemutet werden kann,
– wenn der Partei eine schriftliche Information wegen des Umfangs, der Schwierigkeit oder der Bedeutung der Sache nicht zuzumuten ist und eine persönliche Information unverhältnismäßigen Aufwand verursacht.

28 Andererseits ist nach dem BGH im Rahmen der Auslegung des unbestimmten Rechtsbegriffs der besonderen Umstände mit zu berücksichtigen, dass das BVerfG die Angleichung von Bemittelten und Unbemittelten bei der Verwirklichung ihres Rechtsschutzes fordert. Bei der Auslegung zieht der BGH daher auch seine Rspr. zur Erstattung der Reisekosten des Verfahrensbevollmächtigten einer bemittelten Partei mit heran.[25] Aus dieser ergibt sich aber, dass es

[20] OLG Dresden FamRZ 2008, 164; **aA** OLG Stuttgart FamRZ 2008, 1011 = JurBüro 2008, 261 mit Angaben zur Vergleichsrechnung.

[21] BGH NJW 2004, 2749 = FamRZ 2004, 1362 = JurBüro 2004, 604, unter Berufung auf BVerfG NJW 2004, 1789.

[22] BAG NJW 2005, 3083; OLG Düsseldorf AGS 2005, 513; OLG Hamm FamRZ 2005, 1264 = OLGR 2005, 179; NJW 2005, 1724; FamRZ 2005, 2006; OLG Karlsruhe NJW 2005, 2718; OLG Köln FamRZ 2005, 2008 = MDR 2005, 1130; OLG Nürnberg NJW 2005, 687; OLG Saarbrücken JurBüro 2006, 96; OLG Stuttgart FamRZ 2005, 2007, das allerdings in seinem Fall § 121 Abs. 4 ZPO verneint, weil das Gericht und der Kanzleisitz der Anwältin nahe beieinander liegen; LAG Hamm AGS 2018, 573; HessLAG AGS 2005, 513.

[23] BGH NJW 2004, 2749 = FamRZ 2004, 1362 = JurBüro 2004, 604, unter Berufung auf BVerfG NJW 2004, 1789.

[24] LAG Hamm AGS 2018, 573.

[25] Dabei zitiert der 12. Senat des BGH ausschließlich Entscheidungen, die nicht zum Verkehrsanwalt, sondern zu den Reisekosten des Verfahrensbevollmächtigten bzw. den Kosten eines Unterbevollmächtigten ergangen sind.

auf Schreibgewandtheit der Partei und Schwierigkeit des Verfahrens im Regelfall und die übrigen oben genannten Aspekte nicht ankommt, sondern von wenigen Ausnahmen abgesehen die Reisekosten zu erstatten sind (→ RVG VV 7003 Rn. 114 ff.).

Nahezu immer Verkehrsanwalt notwendig. Nicht klargestellt hat der BGH, was letztlich ausschlaggebend ist. Kommt es noch auf besondere Umstände im Einzelfall an oder ist im Regelfall die Einschaltung eines Verkehrsanwalts anzuerkennen, nachdem die Rspr. des BGH zur bemittelten Partei regelmäßig die Erstattung der Reisekosten des Anwalts mit sich bringt? Der BGH führt in dem von ihm entschiedenen Fall besondere Schwierigkeiten an, die für die Anerkennung eines Verkehrsanwalts sprechen. Andererseits erklärt er, dass im Falle der Bevollmächtigung eines Anwalts am Sitz des Gerichts **regelmäßig** die Zuziehung eines Verkehrsanwalts als notwendig zur zweckentsprechenden Rechtsverfolgung oder Rechtsverteidigung iSv § 91 Abs. 1 S. 1 Hs. 2 ZPO anzusehen ist. 29

ME führt die Rspr. des BGH dazu, dass im Regelfall und ohne das Vorliegen besonderer Umstände das Recht auf einen RA in der Nähe des PKH-Berechtigten anerkannt wird. ME ist der BGH auch in diesem Sinn zu verstehen. Nur so kann die vom BGH angestrebte und vom BVerfG[26] geforderte weitgehende Gleichstellung erreicht werden, nachdem nach der Rspr. des BGH in fast allen Fällen bei der bemittelten Partei die Reisekosten des Anwalts zu erstatten sind. 30

Kritik. Damit dreht der BGH das in § 121 Abs. 3, 4 ZPO mit eindeutigen Worten festgelegte Verhältnis von Regel und Ausnahme ins Gegenteil um. Nach § 121 Abs. 4 ZPO ist ein Verkehrsanwalt nur beizuordnen, „wenn besondere Umstände dies erfordern". 31

bb) Besondere Umstände bejahende Rspr. Besondere Umstände iSv § 121 Abs. 4 ZPO wurden angenommen 32
- im Regelfall,[27]
- in Verfahren, in denen der Umfang und die Schwierigkeit im Zeitpunkt der Bevollmächtigung noch nicht feststehen,[28]
- in Familiensachen, weil sie häufig sehr emotional beladen sind, weshalb eine bloß schriftliche Korrespondenz mit dem RA nicht zumutbar ist,[29]
- bei Ehescheidungsverfahren wegen der Komplexität und der weitreichenden Rechtsfolgen,[30] es sei denn es handelt sich um eine einvernehmliche Scheidung,[31]
- bei einem Unterhaltsverfahren eines nicht fachkundigen Beteiligten,[32]
- in einem Sorgerechtsverfahren,[33]
- bei einer Klage auf Leistung aus einer Berufsunfähigkeitszusatzversicherung, da sie rechtlich schwierig ist und die Information nicht ausschließlich schriftlich erfolgen kann,[34]
- bei einem Kündigungsschutzprozess, wenn der Gerichtssitz vom Wohnsitz 80 km entfernt ist und für die einfache Fahrt ein Zeitaufwand von eineinhalb Stunden erforderlich wäre,[35]
- in einfachen Scheidungsverfahren bei 400 km Entfernung vom Gericht.[36]

cc) Besondere Umstände verneinende Rspr. Besondere Umstände iSv § 121 Abs. 4 ZPO wurden verneint 33
- bei einem einverständlichen Scheidungsverfahren, bei dem hinsichtlich des Aufenthaltsbestimmungsrechts für die Kinder bereits eine vorläufige Einigung vorliegt und eine endgültige Sorgerechtsreglung sich im Mediationsverfahren abzeichnet und der Versorgungsausgleich nach den gesetzlichen Bestimmungen durchgeführt werden soll,[37]

Inzidenter bringt er damit zum Ausdruck, dass er für die Verkehrsanwaltskosten jedenfalls im vorliegenden Zusammenhang die gleichen Grundsätze wie für die Reisekosten eines Anwalts gelten lassen will. Dazu, dass diese Gleichsetzung nicht von allen Senaten des BGH vorgenommen wird → RVG VV 3400 Rn. 89.

[26] BVerfG AGS 2010, 494 Rn. 13.

[27] BGH NJW 2006, 3783; OLG Hamm FamRZ 2005, 1264; OLG Saarbrücken JurBüro 2006, 96; OLG Zweibrücken FamRZ 2006, 1137 = JurBüro 2006, 432; vgl. auch OLG Stuttgart (11. Senat) AGS 2006, 351; offen gelassen OLG Köln FamRZ 2005, 2008 = JurBüro 2005, 429.

[28] OLG Hamm NJW 2005, 1724.

[29] OLG Dresden FamRZ 2008, 164.

[30] OLG Celle FamRZ 2006, 1552; OLG Dresden OLGR 2007, 49 = AGS 2007, 251 (es sei denn einverständliche Scheidung); OLG Hamm RPfleger 2007, 33, auch bei schreibgewandter Partei.

[31] OLG Dresden OLGR 2007, 49.

[32] OLG Nürnberg AnwBl 2007, 800; OLG Saarbrücken JurBüro 2006, 96.

[33] OLG Karlsruhe FamRZ 2008, 163 = MDR 2008, 51.

[34] OLG Hamburg Rpfleger 2006, 661 mAnm *Eberhardt.*

[35] LAG Hmb AGS 2007, 203.

[36] OLG Köln MDR 2008, 352.

[37] OLG Braunschweig FamRZ 2006, 1855.

– bei einem einfach gelagerten Rechtsstreit, der ohne Weiteres eine ausschließlich schriftliche Information des Prozessbevollmächtigten zulässt,[38] zB wenn es nur darum geht, ob ein gebrauchter PKW mit schriftlichem Vertrag im eigenen oder fremden Namen gekauft wurde, und die Klageschrift kaum eine Seite umfasst,[39]
– bei einem zum Insolvenzverwalter bestellten RA, der einen Prozess für die Masse bei einem auswärtigen Gericht führt, weil er den Verfahrensbevollmächtigten schriftlich informieren kann.[40] Demgegenüber hat der BGH einem zum Insolvenzverwalter bestellten RA für eine Insolvenzanfechtung bei einem im Bezirk des LG Görlitz befindlichen AG einen Dresdner RA beigeordnet, ohne jedoch auf die Frage einzugehen, ob die Voraussetzungen für die Beiordnung eines auswärtigen Anwalts gegeben sind,[41]
– bei einer solchen Nähe des Wohnsitzes der Partei zum Gerichtsort, dass die Einschaltung eines Verkehrsanwalts fern liegt (→ Rn. 37 ff.).

34 Der BGH hat eine Beiordnung nur zu den Bedingungen eines beim Gericht ansässigen Anwalts gebilligt, weil es der Partei auf ein persönliches Informationsgespräch nicht angekommen ist. Die Partei wohnte 100 Kilometer südlich von München und hatte für den Prozess beim LG München I einen Berliner Prozessbevollmächtigten beauftragt.[42]

35 **Kritik.** Viele der zuvor aufgeführten Entscheidungen hätten sich die Frage stellen müssen, ob die verfassungsrechtlich gebotene Gleichstellung des Bemittelten und Unbemittelten noch gewährt ist. ME hätten sie dann zu anderen Ergebnissen kommen müssen. Die bemittelte Partei kann grds. einen RA in ihrer Nähe einschalten. Diese Entscheidungen führen zu einer gravierenden Ungleichbehandlung.

36 Lediglich vereinzelt wird diese Frage behandelt und die Auffassung vertreten, dass die bemittelte und unbemittelte Partei nicht vollständig gleichgestellt werden müssen. Deshalb müsse auch nicht in allen Fällen, in denen eine bemittelte Partei einen Prozessbevollmächtigten an ihrem Heimatort beauftragen kann, das gleiche Recht einer unbemittelten Partei zustehen.[43]

37 ***dd) Verfahrensbevollmächtigter in geringer Entfernung vom Gericht.*** **Unmittelbare Erstattung der anwaltlichen Reisekosten.** Teilweise wird angenommen, dass die Beauftragung eines Verkehrsanwalts und damit die Erstattung von Reisekosten ausscheiden, wenn die Partei zwar außerhalb des Bezirks des Gerichts, aber dennoch so nah am Gerichtsort ansässig ist, dass niemand einen Verkehrsanwalt einschalten würde. Das wurde angenommen,
– wenn der Sitz der Partei und des Anwalts sich 20 km[44] oder weniger als 50 km[45] vom Gerichtsort entfernt befindet,
– wenn die Entfernung des Beteiligten zum Gericht lediglich **70 km** beträgt und der tatsächlich gewählte RA immerhin auch 20 km entfernt residiert.[46]

38 Hingegen wurde die Beiordnung eines Verkehrsanwalts als erforderlich angesehen, wenn eine notwendige Informationsreise der Partei zu dem Anwalt im Bezirk des Prozessgerichts mehr als einen **halben Arbeitstag** erfordert, was in der Regel vermutet wird, wenn die Entfernung **über 50 km** beträgt.[47]

39 OLG Karlsruhe hat die Erstattung von Reisekosten des Anwalts in einem Fall bejaht, in dem die Partei 33 km, der Anwalt 28 km vom Gerichtsitz entfernt ansässig waren.[48]

40 ME erfordert auch hier über § 121 Abs. 4 ZPO hinaus das Verfassungsrecht, den Unbemittelten einem Bemittelten gleichzustellen. Bei Letzterem kann kein Zweifel bestehen, dass er im Regelfall ohne Nachteil bei der Erstattung trotz der Nähe zum Gericht einen Prozessbevollmächtigten an seinem Wohnsitz beauftragen kann. Dasselbe muss einer unbemittelten Partei zugestanden werden. Dem hält die Gegenmeinung entgegen, dass das BVerfG keine vollständige Gleichstellung verlangt.[49]

41 ***ee) Besonderheit im verwaltungsgerichtlichen Verfahren.*** Im verwaltungsgerichtlichen Verfahren wird angenommen,

[38] OLG Frankfurt a. M. AGS 2010, 33; OLG Stuttgart AGS 2006, 351.
[39] OLG Frankfurt a. M. AGS 2010, 33.
[40] BGH NJW-RR 2005, 1591; OLG Koblenz JurBüro 2006, 322; *Hansens* RVGreport 2006, 238 Ziff. III.
[41] BGH NJW 2006, 1597.
[42] BGH NJW 2006, 3783.
[43] OLG Braunschweig FamRZ 2006, 800 = OLGR 2006, 303; OLG Düsseldorf FamRZ 2006, 1613.
[44] OLG Stuttgart FamRZ 2005, 2007 = OLGR 2006, 412.
[45] OLG Frankfurt a. M. FamRZ 2008, 1355.
[46] OLG Frankfurt a. M. AGS 2010, 33.
[47] OLG Frankfurt a. M. FamRZ 2009, 1615.
[48] OLG Karlsruhe FamRZ 2008, 163 = MDR 2008, 51.
[49] OLG Frankfurt a. M. FamRZ 2009, 1615.

– dass Reisekosten des in der Nähe der Partei ansässigen Anwalts stets zu erstatten sind, da § 162 Abs. 1 VwGO nicht eine § 91 Abs. 2 S. 1 Hs. 2 ZPO entsprechende Einschränkung enthält,[50]
– dass dies über § 166 VwGO auch für den PKH-Anwalt gilt.[51]

c) Einverständnis des Anwalts mit Einschränkung. Verwirrung hat eine Entscheidung des BGH geschaffen, wonach der auswärtige RA, der seine Beiordnung beantragt, sein konkludentes Einverständnis damit zum Ausdruck bringen soll, dass seine Reisekosten nicht vergütet werden.[52] **42**

Es ist klarzustellen, dass diese Entscheidung nicht im Widerspruch zu der zuvor dargelegten Rspr. des BGH steht.[53] Auf das Einverständnis kann es, wenn überhaupt,[54] wie der BGH auch ausdrücklich erklärt,[55] nur in den Fällen ankommen, in denen kein Anspruch auf eine unbeschränkte Beiordnung im oben dargelegten Sinn besteht.[56] Im vom BGH entschiedenen Fall hat der BGH die Voraussetzungen des § 121 Abs. 4 ZPO als nicht gegeben angesehen. Von Bedeutung ist die Frage weiter in den Fällen, in denen eine Beschränkung auf die Kosten eines Verkehrsanwalts erfolgen könnte. OLG Nürnberg hat für diesen Fall ein stillschweigendes Einverständnis angenommen.[57] **43**

Bei der Unterstellung des BGH, es liege ein konkludentes Einverständnis vor, handelt es sich in Wahrheit um eine Fiktion. Eine solche Unterstellung mag zu Zeiten, als generell die Erstattung von Reisekosten ausgeschlossen wurde, berechtigt gewesen sein.[58] Nach der heutigen Rechtslage, bei der im Regelfall die Reisekosten des beigeordneten Anwalts zu erstatten sind, hat ein RA nicht den geringsten Grund, zum Ausdruck zu bringen, er sei damit einverstanden, dass seine Reisekosten nicht vergütet werden.[59] **44**

Ein stillschweigendes Einverständnis mit einer Beschränkung auf die Kosten eines Verkehrsanwalts[60] kann jedenfalls solange nicht angenommen werden, als die Frage, ob eine solche Beschränkung überhaupt zulässig ist, noch ungeklärt ist. **45**

Nach OLG Dresden kann sich ein Einverständnis auch aus den Umständen ergeben, zB weil der RA von sich aus von vornherein nur die Beiordnung zu den Bedingungen eines ortansässigen Anwalts beantragt hatte oder sich auf Nachfrage des Gerichts mit einer solchen Einschränkung einverstanden erklärt hatte.[61] **46**

d) Beschränkung auf Kosten eines Verkehrsanwalts. Beschränkende Rspr. Nachdem der BGH und generell die Rspr. die regelmäßige Erstattung von Reisekosten im Wesentlichen mit § 121 Abs. 4 ZPO begründet haben, liegt es nahe, im Beiordnungsbeschluss die Reisekosten ausdrücklich auf die Kosten zu beschränken, die durch einen Verkehrsanwalt anfallen würden. Diese Konsequenz ziehen auch mehrere Gerichte.[62] **47**

Beschränkung nicht verfassungskonform. Das führt zu einer Benachteiligung des Unbemittelten gegenüber einem Bemittelten. Diese Benachteiligung ist mE auch derart wesentlich, dass sie nicht mehr verfassungskonform ist.[63] Deshalb hat eine Beschränkung auf die Kosten eines Verkehrsanwalts zu unterbleiben. Gegen eine eingeschränkte Beiordnung hat sich der BFH ausgesprochen, weil er eine Terminswahrnehmung durch einen „Verkehrsanwalt" als **48**

[50] VGH München JurBüro 2007, 150 mwN.
[51] VGH München JurBüro 2007, 150.
[52] BGH NJW 2006, 3783.
[53] OLG Celle RPfleger 2007, 402 = MDR 2007, 865.
[54] Zum Meinungsstreit, ob ein Einverständnis überhaupt erforderlich ist, s. die Nachw. in BGH NJW 2006, 3783; in neuerer Entscheidung schlechthin gegen die Notwendigkeit einer Einverständniserklärung OLG Düsseldorf FamRZ 2006, 1613.
[55] BGH NJW 2006, 3783 Ziff. II 1b aE.
[56] Das zu prüfen, hat zB OLG Celle FamRZ 2011, 1745 unterlassen.
[57] OLG Nürnberg AnwBl 2007, 800.
[58] Die Entscheidungen, auf die sich der BGH zur Stützung seiner Meinung beruft, stammen alle aus dieser Zeit.
[59] OLG Köln JurBüro 2005, 429 = FamRZ 2005, 2008; gegen stillschweigendes Einverständnis auch OLG Dresden JurBüro 2009, 368; OLG Rostock FamRZ 2008, 1356.
[60] Wie von OLG Nürnberg AnwBl 2007, 800 angenommen.
[61] OLG Dresden JurBüro 2009, 368.
[62] BAG NJW 2005, 3083; OLG Braunschweig FamRZ 2006, 800 = OLGR 2006, 303; OLG Hamburg OLGR 2007, 163 = Rpfleger 2006, 661; OLG Hamm FamRZ 2005, 1724; OLG Karlsruhe NJW 2005, 2718; OLG Koblenz FamRZ 2007, 1754; OLG Nürnberg AnwBl 2007, 800; OLG Dresden FamRZ 2008, 164 hält eine solche Begrenzung jedenfalls für zulässig.
[63] Dazu, dass der Unbemittelte dem Bemittelten weitgehend angeglichen werden muss hinsichtlich seines Rechtsschutzes BVerfG JurBüro 2009, 547.

nicht sachdienlich ansieht, vielmehr die Vertretung durch den Verfahrensbevollmächtigten für erforderlich hält.[64]

49 Teilweise wird versucht, die Beschränkung auf die Kosten eines Verkehrsanwalts damit zu rechtfertigen, auch eine bemittelte Parteien wäre nicht ohne weiteres bereit, die höheren Reisekosten eines Verfahrensbevollmächtigten zu tragen, wenn es durch Einschaltung eines Verkehrsanwalt eine billigere Lösung gebe.[65] Diese Unterstellung steht in Widerspruch zur täglichen Praxis, weshalb heute der Verkehrsanwalt nur noch selten vorkommt.

50 An anderer Stelle wird diese Einschränkung damit begründet, dass sie zur Sicherstellung der Einhaltung des § 121 Abs. 3 ZPO notwendig sei, der darauf abziel, unnötig hohe Kosten zur Erhaltung der Funktionsfähigkeit des Prozesskostenhilfesystems zu vermeiden.[66] Damit lässt sich eine erhebliche Schlechterstellung eines Unbemittelten verfassungsrechtlich nicht rechtfertigen.

51 **e) Beiordnung zu den Bedingungen eines Anwalts im Gerichtsbezirk.** Heute im Vordringen ist die zutreffende Ansicht, dass, soweit überhaupt eine Einschränkung zulässig ist, diese höchstens dahin gehen darf, dass die Beiordnung zu den Bedingungen eines im Gerichtsbezirk(!) niedergelassenen Anwalts erfolgt (und nicht zu denen eines am Gerichtsort(!) ansässigen Anwalts).[67] Dies ergibt sich aus § 121 Abs. 3 ZPO, wonach die Reisekosten eines im Gerichtsbezirk ansässigen Anwalts immer zu erstatten sind. Es sind dann, wenn der Prozessbevollmächtigte von weiter her anreist, wenigstens die fiktiven Kosten zu erstatten, die angefallen wären, wenn ein im Gerichtsbezirk niedergelassener Anwalt mandatiert worden wäre (→ Rn. 16). Der Gedanke der fiktiven Reisekosten ist hier in gleicher Weise wie bei der Rspr. des BGH zur Erstattung fiktiver Verkehrsanwaltskosten (→ Rn. 26 ff.) anzuwenden.

52 **f) Beiordnung zu den Bedingungen eines ortsansässigen Anwalts.** Aus den unter e) genannten Gründen (→ Rn. 51) sollte im Fall eines auswärtigen RA ein Beschluss, der nur zu den Bedingungen eines ortsansässigen RA beiordnet, nicht hingenommen werden.

53 **g) Treu und Glauben.** Nach OLG Celle kann ein einschränkender Bewilligungsbeschluss auch deshalb aufzuheben sein, weil er im Einzelfall gegen den Grundsatz des fairen Verfahrens verstößt. Das soll gegeben sein, wenn über den vorher schon entscheidungsreifen PKH-Antrag erst nach dem Termin entschieden wird und vorher kein Hinweis auf eine etwaige Beschränkung erfolgt ist.[68] Dem ist, wenn überhaupt, nur in Ausnahmefällen zu folgen und dann nur mit der Maßgabe, dass die Mehrkosten von der Staatskasse zu ersetzen sind, die bei einem rechtzeitigen Hinweis beim PKH-Berechtigten nicht angefallen wären. Hierzu hat OLG Celle nichts festgestellt.

4. Sofortige Beschwerde gegen Beiordnungsbeschluss

54 **a) Sofortige Beschwerde.** Es ist die sofortige Beschwerde gegeben (§ 127 ZPO).[69]

55 **b) Beschwerdeberechtigter.** Ob der RA oder die Partei beschwerdeberechtigt ist, ist str. Teilweise wird das Beschwerderecht **nur dem RA** zuerkannt, da die Partei nicht beschwert sei, da der RA die Reisekosten ihr nicht in Rechnung stellen könne,[70] teilweise jedenfalls dem RA,[71] teilweise **nur der Partei** und nicht auch dem RA, da im Beiordnungsbeschluss noch nicht verbindlich über die Reisekosten entschieden werde,[72] teilweise **beiden,** da in Betracht komme, dass bei Nichterstattung durch die Staatskasse der RA Reisekosten gegen die Partei geltend mache.[73] Das **BAG** hat dem Prozessbevollmächtigten ein Beschwerderecht zuerkannt, weil der Umfang der Beiordnung für den dem RA zustehenden Vergütungsanspruch maßgeblich ist.[74] Der **BGH** hat, ohne die Frage zu problematisieren, ohne weiteres der Partei ein Be-

---

[64] BFH/NV 2007, 2139 = RVGreport 2008, 33.

[65] OLG Braunschweig FamRZ 2006, 800 = OLGR 2006, 303; OLG Hamburg Rpfleger 2006, 661.

[66] OLG Hamburg Rpfleger 2006, 661.

[67] OLG Celle FamRZ 2011, 1745; OLG Oldenburg JurBüro 2010, 433; HessLAG AGS 2010, 299 = NJW-Spezial 2010, 380, Kurzwiedergabe; LSG NRW AGS 2015, 92; *N. Schneider,* Gebühren in Familiensachen, 2. Aufl. 2018, Rn. 1293.

[68] OLG Celle FamRZ 2012, 1237.

[69] Thomas/Putzo/*Seiler* ZPO § 127 Rn. 2 ff.

[70] OLG Stuttgart FamRZ 2007, 1111.

[71] OLG Düsseldorf AGS 2008, 195; LAG Hmb AGS 2007, 203.

[72] OLG Düsseldorf FamRZ 2006, 1613.

[73] OLG Brandenburg FamRZ 2000, 1385.

[74] BAG NJW 2005, 3083.

schwerderecht zuerkannt.[75] Ob daneben ein Beschwerderecht des jeweils anderen gegeben sein kann, wird in beiden Entscheidungen des BGH und BAG nicht behandelt.

Richtig ist, auch dem RA ein Beschwerderecht zuzuerkennen. **56**

c) Verschlechterungsverbot. Ist der RA zu den Bedingungen eines gerichtsansässigen Anwalts beigeordnet und ist das Beschwerdegericht der Auffassung, dass eine Einschränkung nicht erfolgen durfte, so kann es nicht die Beiordnung insgesamt aufheben, sondern nur die Einschränkung, da es sonst gegen das Verschlechterungsverbot verstoßen würde. Es gilt das zur Beschränkung der Vergütung bei Anwaltswechsel Dargelegte entsprechend (→ § 54 Rn. 36). **57**

5. Verkehrsanwalt

Unter besonderen Umständen (→ Rn. 26) kann gem. § 121 Abs. 4 ZPO auch ein Verkehrsanwalt beigeordnet werden. Die Gebühr des VV 3400 RVG aus der Tabelle des § 49 RVG ist dann nebst Pauschale und MwSt von der Staatskasse zu erstatten. **58**

6. Terminsvertreter

a) Beiordnungsbeschluss. ***aa) Unmittelbare Beiordnung für Beweisaufnahme.*** Gem. § 121 Abs. 4 ZPO kann unter besonderen Umständen der Partei ein Terminsvertreter zur Wahrnehmung eines Termins zur Beweisaufnahme vor dem ersuchten Gericht beigeordnet werden. Der RA verdient dann die gleichen Gebühren wie sonst ein Terminsvertreter, allerdings aus der Tabelle gem. § 49 RVG. **59**

bb) Unmittelbare Beiordnung anstelle eines Verkehrsanwalts. Von diesem speziellen Fall abgesehen kennt das Gesetz nur die Beiordnung eines Verkehrsanwalts, nicht die eines Terminsvertreters. **60**

Deshalb wird überwiegend vertreten, dass sonst ein Terminsvertreter nicht beigeordnet werden kann.[76] **61**

Abweichend davon hat der BGH in einem Fall, in der der auswärtige Prozessbevollmächtigte unangefochten zu den Bedingungen eines ortsansässigen RA beigeordnet war, zusätzlich einen Terminsvertreter beigeordnet unter Hinweis darauf, dass die Reisekosten des Verfahrensbevollmächtigten annähernd die Kosten des Terminsvertreters erreichen würden.[77] In diesem Fall stand fest, dass die Kosten des Terminsvertreters in etwa gleich hoch waren wie die fiktiven Reisekosten eines auswärtigen Anwalts, dass also eine Beiordnung des Terminsvertreters nicht zu Mehrkosten im Verhältnis zu Reisekosten führen würde. **62**

Die Entscheidung des BGH geht nicht darauf ein, dass ein Vergleich mit den Reisekosten des beigeordneten auswärtigen Prozessbevollmächtigten nicht mehr möglich war, da feststand, dass der Prozessbevollmächtigte nur zu den Bedingungen eines ortsansässigen RA beigeordnet ist, weshalb seine Reisekosten nicht zu erstatten gewesen wären. Das scheint der BGH nicht gesehen zu haben. **63**

b) Erstattung ersparter Kosten.→ RVG VV 3401 Rn. 137a ff. **64**

IV. Sonstige Reisekosten des Anwalts

1. Allgemeines

Es gibt eine Anzahl von Fällen, in denen auch der am Gericht ansässige RA eine Reise unternimmt, zB zu einem Beweisaufnahmetermin bei einem anderen Gericht. Für sie gilt, wie für andere Auslagen, der Grundsatz des § 46 Abs. 1 S. 1 RVG. Sie werden erstattet, wenn die Reise zur sachgemäßen Durchführung der Angelegenheit erforderlich war. **65**

2. Auswärtige Gerichts- oder Sachverständigentermine

a) Termin des Prozessgerichts an einem anderen Ort. Hält das Prozessgericht einen Termin an einem anderen Ort ab, so ist die Anwesenheit des beigeordneten Anwalts immer erforderlich. Er kann daher die dadurch entstehenden Reisekosten stets erstattet verlangen.[78] **66**

b) Termin vor dem beauftragten oder ersuchten Richter. Die Teilnahme an Terminen, die beim beauftragten oder ersuchten Richter stattfinden, gehört in aller Regel zu den **67**

---

[75] BGH NJW 2006, 3783 = FamRZ 2007, 37.

[76] OLG Brandenburg AnwBl 2007, 728 = MDR 2007, 1287; OLG Zweibrücken FamRZ 2004, 707; LAG Nds NZA-RR 2006, 597 = MDR 2007, 182.

[77] BGH NJW 2004, 2749 = FamRZ 2004, 1362.

[78] OLG Nürnberg JurBüro 1994, 32, Reisekosten des am Ort einer Zweigstelle des Prozessgerichts residierenden RA.

Aufgaben des als Prozessbevollmächtigten beigeordneten RA.[79] Unerheblich ist, ob die Teilnahme mit hohen Kosten verbunden ist.[80] Das gilt auch dann, wenn die dadurch entstehenden Reisekosten höher sind als die Kosten, die durch Beauftragung eines auswärtigen RA anfallen würden, sofern sie nicht in einem auffälligen Missverhältnis zu der Bedeutung des Streitstoffs stehen.[81] Ein Ausnahmefall wird nur ganz selten vorkommen. Er ist nur gegeben, wenn von Anfang an feststeht, dass die Anwesenheit des Verfahrensbevollmächtigten nicht erforderlich sein wird. Ein solcher Ausnahmefall ist nicht schon dann anzunehmen, wenn es sich um ein „lediglich durchschnittliches" Beweisthema handelt. Welche Schwierigkeiten sich ergeben, ist weder für die Partei noch für sonst jemanden in der Regel vorhersehbar.[82]

68 **c) Ortstermin des Sachverständigen.** Beraumt der Sachverständige einen Ortstermin an, so kommt es darauf an, ob die Anwesenheit des Anwalts erforderlich war. → RVG VV Vorb. 3 Rn. 242.

69 **d) Nicht beigeordneter Terminsvertreter.** Hier gilt dasselbe, wie beim Bemittelten. Kosten eines Terminsvertreters sind zu vergüten, wenn sie nicht erheblich höher als die Reisekosten des beigeordneten Verfahrensbevollmächtigten sind (→ RVG VV 3401 Rn. 85 ff.).

3. Informationsreisen

70 Informationsreisen des beigeordneten Anwalts können als erforderlich angesehen werden, wenn die Partei durch Krankheit an der Reise zum RA verhindert und eine Aussprache nach Lage der Sache geboten ist. Ebenso kann es im Einzelfall geboten sein, dass der RA eine Unfallstelle besichtigt, wenn besondere Umstände bei dem Unfall eine Rolle spielen.

V. Sonstige Auslagen

1. Kosten des Terminvertreters

71 Als Auslagen → RVG VV 3401 Rn. 85 ff.

2. Dokumentenpauschale (VV 7000 RVG)

72 Sie kann der beigeordnete RA der Staatskasse ebenfalls in Rechnung stellen, wenn die Kopien zur sachgemäßen Durchführung der Angelegenheit erforderlich waren. Im Übrigen → die Kommentierung zu VV 7000 RVG, die weitgehend auch für den beigeordneten RA und den Pflichtverteidiger gilt, allerdings mit der Besonderheit, dass diese hinsichtlich der Beweislast privilegiert sind (→ Rn. 87; → RVG VV 7000 Rn. 231 ff.).

3. Kommunikationspauschale (VV 7001, 7002 RVG)

73 → RVG VV 7001 Rn. 37 ff.

4. Aktenversendung

74 Kosten für die antragsgemäße Versendung oder Rücksendung von Gerichtsakten oder Beiakten sind – auch in Form der Pauschale nach KV 9003 GKG – zu erstatten, wenn die Einsichtnahme geboten war (zB für den nach Verweisung des Rechtsstreits neu beigeordneten RA).[83]

5. Dolmetscherkosten

75 Kosten eines vom RA im eigenen Namen beauftragten Dolmetschers, der notwendig war, damit der RA überhaupt Informationen erlangen konnte, muss die Staatskasse nach den Sätzen des JVEG ersetzen (Abs. 2 S. 3). In diesem Zusammenhang ist die Entscheidung des BVerfG zu beachten, dass der fremdsprachige Angeklagte in jedem Stadium des Verfahrens berechtigt ist, einen Dolmetscher hinzuziehen und dass ein förmliches Antragsverfahren vor Inanspruchnahme des Dolmetschers mit den Grundsätzen des fairen Verfahrens und dem Diskriminierungsverbot nicht vereinbar ist.[84] Nach Ansicht des bayerischen LSG gelten diese Grundsätze nicht im Vorfeld eines sozialgerichtlichen Verfahrens. Es sei hier vielmehr in jedem Einzelfall zu prüfen, ob die Einschaltung eines Dolmetschers erforderlich war. Dies sei zu verneinen, wenn mit Hilfe einer anderen Person, etwa eines Verwandten oder Arbeitskollegen, eine Kommunikation

[79] BGH NJW-RR 2005, 725 = BGHReport 2005, 813 = MDR 2005, 657.
[80] BGH NJW-RR 2005, 725 = BGHReport 2005, 813 = MDR 2005, 657.
[81] OLG Stuttgart JurBüro 1974, 735.
[82] BGH NJW-RR 2005, 725 = BGHReport 2005, 813 = MDR 2005, 657 mit ausführlichen Darlegungen.
[83] KG JurBüro 1980, 1198.
[84] BVerfG NJW 2004, 50.

mit dem RA hätte ermöglicht werden können. Auch wenn das Gericht für die mündliche Verhandlung einen Dolmetscher bestellt habe, könne daraus nicht geschlossen werden, dass es auch bereits vorgerichtlich eines Dolmetschers bedurft hätte.[85]

Hinweis für den RA: Dem RA ist in einem solchen Fall zu empfehlen, vor Beauftragung des Dolmetschers einen Antrag auf Feststellung von dessen Erforderlichkeit beim Gericht in analoger Anwendung von § 46 Abs. 2 S. 1 RVG zu stellen.[86]

6. Übersetzungskosten

Kosten der Übersetzung ausländischer Urkunden, Protokolle usw sind nach den Sätzen des JVEG zu erstatten, wenn nicht bereits das Gericht die Übersetzung veranlasst hatte (Abs. 2 S. 3). 76

7. MwSt

Vom RA zu zahlende MwSt ist von der Staatskasse zu erstatten, und zwar auch dann, wenn der Mandant vorsteuerabzugsberechtigt ist.[87] Der RA, der ohnehin meistens nur reduzierte Gebühren verdient, ist nicht auch noch mit dem Risiko zu belasten, die MwSt bei seinem bedürftigen, oft nicht zahlungsfähigen Mandanten einzuziehen. Wegen MwSt bei Erstattungsanspruch gegen Gegner → § 45 Rn. 88. 77

8. Privatgutachterkosten

→ Rn. 82. 78

9. Von der Partei aufzuwendende Auslagen

Grundsatz. Kosten der Beschaffung von Prozessstoff sind grds. nicht zu ersetzen, da dies Sache der Partei ist, zB Kosten für die Beschaffung der Anschriften von Zeugen. Ausnahmsweise ist es anders, wenn dem RA eine kurze Frist gesetzt und der Ausschluss des Beweismittels zu besorgen ist.[88] 79

Beträge, die der Pflichtverteidiger zur Führung der Verteidigung, insbes. zur Beschaffung von Beweismaterial, verauslagt hat, sind keine von der Staatskasse zu erstattenden Auslagen des Pflichtverteidigers, sondern Auslagen des Beschuldigten, für deren Erstattung allein § 467 StPO maßgebend ist.[89] 80

Hat der RA Bedenken gegen die Angaben seiner Partei, der Gegner sei unbekannten Aufenthalts, kann sich eine Anfrage beim Meldeamt als zweckmäßig erweisen, die der RA uU nicht der Partei überlassen, sondern selbst einholen kann und sollte.[90] 81

Auslagen des RA für Mandanten. Aufwendungen des Rechtsanwalts, die er tätigt, weil seine Partei hierzu nicht in der Lage ist, wie zB die Bezahlung von Privatgutachterkosten, stellen zu erstattende Auslagen des RA dar.[91] 82

10. Gewährung von Vorschüssen an die Partei

Hierfür kann der beigeordnete RA keinen Ersatz aus der Staatskasse verlangen. Eine Ausnahme kann dann gemacht werden, wenn der RA der Partei die Kosten für eine Informationsreise vorgeschossen hat, die sie nicht aufbringen konnte. Voraussetzung hierfür ist allerdings, dass die Partei sonst eine Reiseentschädigung gem. den bundeseinheitlichen Verwaltungsanweisungen v. 1.8.1977, geändert am 1.9.2009, aus der Staatskasse erhalten hätte. 83

11. Ersparte Aufwendungen

Ersparte Aufwendungen sind niemals zu erstatten, zB nicht Portokosten, die durch Einlegung in die Abholfächer des Gerichts erspart wurden. Erstattbar können nur wirklich gemachte Aufwendungen sein, durch die erforderliche andere Kosten erspart worden sind. 84

---

[85] BayLSG RVGreport 2015, 177 mkritAnm *Hansens.*

[86] *Hansens* Anm. zu BayLSG RVGreport 2015, 177.

[87] OLG Bamberg AGS 2018, 420; OLG Braunschweig NJW 2017, 3535; OLG Düsseldorf JurBüro 2016, 580; OLG Frankfurt JurBüro 2018, 264; OLG Hamburg RVGreport 13, 2013, 348 mzustAnm *Hansens* = AGS 2013, 428 mzustAnm *N. Schneider* = MDR 2013, 1194; OLG München JurBüro 2016, 632 = RVGreport 2016, 456 mzustAnm *Hansens;* LAG Mainz FamRZ 1997, 947 = JurBüro 1997, 29; **aA** OLG Celle JurBüro 2014, 31 = RVGreport 2014, 20 mablAnm *Hansens.*

[88] OLG Celle NJW 1962, 1922.

[89] OLG Hamm JMBl. NRW 1966, 69 = Rpfleger 1966, 282.

[90] OLG Hamm JurBüro 1967, 138, das die Einholung der Auskunft verlangt.

[91] OLG Hamm AnwBl 2013, 771 = RVGreport 2013, 307 mzustAnm *Hansens;* KG Rpfleger 1985, 39; *Herget* MDR 1985, 619, 620: *Schneider* MDR 1985, 530; **aA** KG JurBüro 1984, 1850; OLG Frankfurt a. M. KostRspr BRAGO § 121 Nr. 18.

VI. Vor der Beiordnung entstandene Auslagen

85 Zeitlich vor PKH-Bewilligung und Beiordnung entstandene Auslagen sind grds. nicht von der Staatskasse zu vergüten. Anders ist es aber, wenn dieselbe Auslage sonst zwangsläufig nach PKH-Bewilligung und Beiordnung angefallen wäre.[92]

VII. Notwendigkeit und Beweislast

1. Ex ante Beurteilung

86 Nur notwendige Auslagen sind zu erstatten. Für die Beurteilung kommt es auf den Zeitpunkt an, zu dem der Anwalt die Aufwendung gemacht hat, nicht auf den Zeitpunkt der Festsetzung. Hinterher erscheinen Aufwendungen oft als überflüssig, die der RA im Zeitpunkt ihrer Entstehung für notwendig halten durfte.

2. Beweislast

87 Die negative Formulierung des Abs. 1 („nicht vergütet, wenn … nicht erforderlich") soll nicht eine negative, einschränkende Einstellung des Gesetzes zur Frage der Erstattung von Auslagen ausdrücken, sondern soll im Gegenteil eine Regelung der Darlegungs- und Beweislast zu Lasten der Staatskasse begründen. Im Zweifel ist die Notwendigkeit der Auslagen daher anzuerkennen.[93] Zu der häufig zweifelhaften und umstrittenen Frage, ob eine bestimmte Aufwendung zur sachgemäßen Durchführung der Angelegenheit erforderlich war, kann es nicht Aufgabe des festsetzenden Urkundsbeamten oder des gegen dessen Entscheidung angerufenen Gerichts sein, ihre im Nachhinein gebildete Auffassung an die Stelle derjenigen des verantwortlichen RA zu setzen.[94] Der Vertreter der Staatskasse muss dartun und ggf. beweisen, dass die Aufwendung zur sachgemäßen Durchführung der Angelegenheit nicht erforderlich war, und nicht umgekehrt der RA, dass sie erforderlich war. Der RA ist beigeordnet, um der bedürftigen Partei zum Erreichen ihres Prozessziels, für das die Prozesskostenhilfe bewilligt worden ist, zu verhelfen. Das ist die Angelegenheit, die er sachgemäß durchzuführen hat. Ihm ist es in erster Linie übertragen, aber auch überlassen, zu entscheiden, was zur Erfüllung dieser Aufgabe erforderlich ist. Es liegt in der Natur der Sache, dass er sich dabei auch irren oder über das Ziel hinausschießen kann. Das im konkreten Fall darzutun und ggf. zu beweisen ist Sache des Vertreters der Staatskasse. Als Richtschnur kann dabei die Antwort auf die Frage dienen: Hätte eine nicht bedürftige Partei in gleicher Lage die Auslage auch gemacht?

88 Die Beweislast ist also umgekehrt zu derjenigen beim Kostenerstattungsanspruch gegen den unterliegenden Prozessgegner. Dort muss der Erstattungsberechtigte die Notwendigkeit glaubhaft machen. Soweit OLG Rostock hinsichtlich von Kopierkosten die Meinung vertreten hat, die Darlegungs- und Beweislast liege angesichts der in VV 7000 RVG verwendeten positiven Formulierung beim Pflichtverteidiger,[95] ist das unzutreffend. § 46 RVG, der für alle Auslagen gilt, hat als die speziellere Bestimmung den Vorrang.

89 **Missbrauch.** Ergeben sich aber Anhaltspunkte für einen Missbrauch, so kann die Darlegungs- und Beweislast auf den Verteidiger verlagert werden.[96] Mangels Vorliegens weiterer Gesichtspunkte begründet die Durchführung von acht Haftbesuchen über einen Zeitraum von acht Monaten noch nicht die Annahme eines Missbrauchs, wenn es sich um ein umfangreiches Verfahren mit weiteren Angeklagten handelt.[97] Hat der RA aber eine elektronische Datei, die 80 Aktenordner erfasst, ohne Prüfung, welche Teile er zur ordnungsgemäßen Bearbeitung benötigt, komplett ausgedruckt, so dreht sich die Beweislast.[98] Nachweis, das Auslagen **tatsächlich angefallen** sind → § 55 Rn. 33ff.

---

[92] OLG Koblenz Rpfleger 1981, 246; **aA** LG Bielefeld AnwBl 1979, 185, Ablichtungen von Strafakten vor Beiordnung sind stets zu erstatten.

[93] OLG Brandenburg RVGreport 2014, 308; AGS 2007, 400; LSG Berlin-Brandenburg AGS 2020, 422 mwN auch für die Gegenmeinung.

[94] OLG Brandenburg AGS 2007, 400.

[95] OLG Rostock JurBüro 2014, 637 = AGS 2014, 553.

[96] OLG Brandenburg RVGreport 2014, 309; KG RVGreport 2008, 302; OLG Zweibrücken StRR 2012, 399; LSG Berlin-Brandenburg AGS 2020, 422.

[97] OLG Brandenburg RVGreport 2014, 309; strenger LG Stuttgart RVGreport 2013, 433 mablAnm *Burhoff*.

[98] Deshalb ist OLG Rostock JurBüro 2014, 637 = AGS 2014, 553 = RVGreport 2014, 471 (teilweise mkritAnm *Burhoff*), iErg richtig, wenn es einen Erstattungsanspruch verneint hat.

VIII. Anspruch gegen Mandanten

Dazu, ob der RA hinsichtlich nicht von der Staatskasse zu erstattender Auslagen einen Anspruch gegen seinen Mandanten hat, → § 11 Rn. 92 ff. 90

IX. Gerichtliche Feststellung der Erforderlichkeit (Abs. 2)

1. Zweck des Abs. 2

Gerichtliche Feststellung. Bisweilen ist es für den beigeordneten Anwalt schwer vorhersehbar, ob Auslagen vom Gericht als notwendig angesehen werden. In diesen Fällen hilft eine für das Vergütungsfestsetzungsverfahren bindende Feststellung des Gerichts gem. Abs. 2. 91

Gleiches Ergebnis durch Vorschuss. Das gleiche Ergebnis kann aber durch einen Antrag auf Vorschuss für entstandene Auslagen nach § 47 Abs. 1 S. 1 RVG erreicht werden. 92

2. Anwendungsbereich

§ 46 Abs. 2 S. 1 RVG betrifft Reisekosten. S. 3 sieht eine Feststellung auch für die übrigen Aufwendungen iSv VV Teil 7 RVG vor; § 126 Abs. 2 BRAGO hatte dies noch nicht ausdrücklich bestimmt. 93

3. Antrag

Der Antrag auf Feststellung ist an das Prozessgericht des Rechtszugs, im Bußgeldverfahren gem. § 46 Abs. 2 S. 2 RVG an die Verwaltungsbehörde zu stellen. Antragsberechtigt ist nur der beigeordnete RA, nicht die Partei. Ein erst nach Durchführung der Reise gestellter Antrag ist unzulässig. 94

4. Bindung

a) Bindung an stattgebende Entscheidung. Die Feststellung der Erforderlichkeit durch das Gericht ist nach § 46 Abs. 2 S. 1 RVG für das Festsetzungsverfahren nach § 55 bindend. Der Urkundsbeamte darf also die Festsetzung der Kosten auch dann nicht ablehnen, wenn nach der gerichtlichen Entscheidung etwa neue Gesichtspunkte hervorgetreten sein sollten, die ein anderes Ergebnis zuließen. Wurde der Komplettausdruck „der übersandten e-Akte" genehmigt, so besteht nur für den Ausdruck dieser e-Akte eine Bindung, nicht aber für den Ausdruck weiterer Datenträger.[99] Streitig ist, ob eine Entscheidung nach § 46 Abs. 2 RVG auch bindend zu einer Vergütung der Reisekosten führt, wenn der RA nur zu den Bedingungen eines im Gerichtsbezirk ansässigen Anwalts beigeordnet ist.[100] 95

b) Keine Bindung an negative Entscheidung. Die negative Entscheidung des Gerichts, dh die Antragszurückweisung, hat dagegen keine bindende Wirkung. Der Urkundsbeamte darf also einem Festsetzungsantrag stattgeben, wenn der Verlauf des wahrgenommenen Termins ergeben hat, dass die Anwesenheit des beigeordneten RA entgegen der Erwartung des Gerichts sich als für eine sachgemäße Durchführung der Angelegenheit nützlich, wenn nicht sogar notwendig erwiesen hat.[101] Wegen dieses vorläufigen Charakters der Antragsabweisung ist sie als unanfechtbar anzusehen.[102] 96

X. Nachforschungen im Straf- und Bußgeldverfahren (Abs. 3)

§ 46 Abs. 3 RVG entspricht der Regelung des § 97 Abs. 2 S. 3 BRAGO. Kosten für Nachforschungen zur Vorbereitung des Wiederaufnahmeverfahrens werden nur vergütet wenn der RA 97

- entweder nach § 364b Abs. 1 S. 1 StPO bestellt worden ist
- oder vom Gericht eine Feststellung nach § 364 Abs. 1 S. 2 StPO getroffen wurde.

Dies gilt gem. § 46 Abs. 3 S. 2 RVG auch im gerichtlichen Bußgeldverfahren.

§ 47 Vorschuss

(1) [1] **Wenn dem Rechtsanwalt wegen seiner Vergütung ein Anspruch gegen die Staatskasse zusteht, kann er für die entstandenen Gebühren und die entstandenen und voraussichtlich entstehenden Auslagen aus der Staatskasse einen angemessenen Vorschuss for-**

---

[99] OLG Düsseldorf NStZ-RR 2015, 64 Rn. 23.

[100] Bejahend *Stein* FamFR 2010, 31; **aA** *Hansens* RVGreport 2010, 329.

[101] OLG Celle JurBüro 2012, 528 = AS 2012, 480.

[102] OLG Celle JurBüro 2012, 528 = AS 2012, 480.

dern. [2]Der Rechtsanwalt, der nach § 138 des Gesetzes über das Verfahren in Familiensachen und in den Angelegenheiten der freiwilligen Gerichtsbarkeit, auch in Verbindung mit § 270 des Gesetzes über das Verfahren in Familiensachen und in den Angelegenheiten der freiwilligen Gerichtsbarkeit, nach § 109 Absatz 3 oder § 119a Absatz 6 des Strafvollzugsgesetzes beigeordnet oder nach § 67a Abs. 1 Satz 2 der Verwaltungsgerichtsordnung bestellt ist, kann einen Vorschuss nur verlangen, wenn der zur Zahlung Verpflichtete (§ 39 oder § 40) mit der Zahlung des Vorschusses im Verzug ist.

(2) **Bei Beratungshilfe kann der Rechtsanwalt aus der Staatskasse keinen Vorschuss fordern.**

Übersicht

I. Vorschuss für Gebühren

1 **Bereits entstandene Gebühren.** Gem. § 47 RVG kann der RA von der Staatskasse einen angemessenen Vorschuss fordern, soweit Gebühren bereits entstanden sind.[1] Anders als bei den Auslagen gibt es auf noch nicht entstandene, nur voraussichtlich noch entstehende Gebühren keinen Vorschuss, deshalb auch nicht auf eine weitere Vergütung nach § 50 RVG, da der Anspruch auf diese erst nach Abschluss des Verfahrens entstehen kann, wenn feststeht, welche Kosten iSv § 122 Abs. 1 Nr. 1 ZPO, die gem. § 50 RVG Vorrang haben, angefallen sind.

2 **Volle Höhe.** Angemessen ist der Vorschuss, wenn er in voller Höhe der bisher entstandenen Gebühren gewährt wird (nicht nur in Höhe eines Teilbetrages).

Beispiel:

Mit der Einreichung der Klage ist die Verfahrensgebühr nach VV 3100 RVG aus der PKH-Tabelle (§ 49 RVG) angefallen. In ihrer Höhe kann der RA Vorschuss aus der Staatskasse fordern.

3 **Rahmengebühr.** Auch bei Rahmengebühren kann Vorschuss gefordert werden;[2] im Regelfall iH der Mittelgebühr; jedoch ein höherer Betrag, wenn schon Anhaltpunkte für überdurchschnittliche Kriterien erkennbar sind.[3]

II. Vorschuss für Auslagen

4 **Voraussichtlich entstehende Auslagen.** Bei den Auslagen, wozu auch private notwendige[4] Sachverständigenkosten zählen (→ § 46 Rn. 82),[5] kann ein Vorschuss nicht nur für bereits entstandene Aufwendungen, sondern auch für voraussichtlich entstehende (stets in voller Höhe) verlangt werden. Es ist nicht zu prüfen, ob der RA in der Lage ist, die Auslagen bis zur Fälligkeit seiner Vergütung selbst zu tragen.

5 Der RA darf eine erforderliche Aufwendung nicht deshalb zurückhalten, weil die Staatskasse die Auslagen nicht vorgeschossen hat.

III. RA iSv §§ 138, 270 FamFG, 67a Abs. 1 S. 2 VwGO

6 → § 39 Rn. 18. Die dortigen Ausführungen gelten entsprechend auch für den nach § 67a Abs. 1 S. 2 VwGO bestellten RA.

IV. Verfahrensrecht

7 **Zuständigkeit.** Der Vorschuss ist gem. § 55 RVG gegenüber dem Urkundsbeamten geltend zu machen.

[1] OLG Jena RVGreport 2014, 423; AG Koblenz AGS 2005, 352 mAnm *N. Schneider.*
[2] LSG BW JurBüro 1990, 883, regelmäßig Mittelgebühr zzgl. Pauschale gem. VV 7002 RVG.
[3] BSG AGS 2018, 290 = RVGreport 2018, 415.
[4] OLG Dresden MDR 2016, 397.
[5] OLG Dresden MDR 2016, 397; OLG Hamm AnwBl 2013, 771 = RVGreport 2013, 307 mzustAnm *Hansens.*

Rechtsbehelfe. Gegen eine ablehnende Entscheidung ist Erinnerung und ggf. Beschwerde nach § 56 RVG gegeben. 8

Untätigkeitserinnerung und -beschwerde. Seit Einführung des Entschädigungsanspruchs gem. § 198 GVG gibt es die Untätigkeitserinnerung und Beschwerde nicht mehr.[6] 9

V. Rückforderung

Stellt sich nachträglich heraus, dass die Staatskasse einen zu hohen Vorschuss gezahlt hat, so kann sie den zu viel gezahlten Betrag zurückfordern.[7] Für das Verfahren gelten §§ 55, 56 RVG. Der Rückzahlungsanspruch kann durch Kürzung einer weiteren Vorschusszahlung in derselben Angelegenheit durchgesetzt werden.[8] 10

§ 48 Umfang des Anspruchs und der Beiordnung

(1) **[1]Der Vergütungsanspruch gegen die Staatskasse ist auf die gesetzliche Vergütung gerichtet und bestimmt sich nach den Beschlüssen, durch die die Prozesskostenhilfe bewilligt und der Rechtsanwalt beigeordnet oder bestellt worden ist, soweit nichts anderes bestimmt ist. [2]Erstreckt sich die Beiordnung auf den Abschluss eines Vertrags im Sinne der Nummer 1000 des Vergütungsverzeichnisses oder ist die Beiordnung oder die Bewilligung der Prozesskostenhilfe hierauf beschränkt, so umfasst der Anspruch alle gesetzlichen Gebühren und Auslagen, die durch die Tätigkeiten entstehen, die zur Herbeiführung der Einigung erforderlich sind.**

(2) **[1]In Angelegenheiten, in denen sich die Gebühren nach Teil 3 des Vergütungsverzeichnisses bestimmen und die Beiordnung eine Berufung, eine Beschwerde wegen des Hauptgegenstands, eine Revision oder eine Rechtsbeschwerde wegen des Hauptgegenstands betrifft, wird eine Vergütung aus der Staatskasse auch für die Rechtsverteidigung gegen ein Anschlussrechtsmittel und, wenn der Rechtsanwalt für die Erwirkung eines Arrests, einer einstweiligen Verfügung oder einer einstweiligen Anordnung beigeordnet ist, auch für deren Vollziehung oder Vollstreckung gewährt. [2]Dies gilt nicht, wenn der Beiordnungsbeschluss ausdrücklich etwas anderes bestimmt.**

(3) **[1]Die Beiordnung in einer Ehesache erstreckt sich im Fall des Abschlusses eines Vertrags im Sinne der Nummer 1000 des Vergütungsverzeichnisses auf alle mit der Herbeiführung der Einigung erforderlichen Tätigkeiten, soweit der Vertrag**

1. den gegenseitigen Unterhalt der Ehegatten,
2. den Unterhalt gegenüber den Kindern im Verhältnis der Ehegatten zueinander,
3. die Sorge für die Person der gemeinschaftlichen minderjährigen Kinder,
4. die Regelung des Umgangs mit einem Kind,
5. die Rechtsverhältnisse an der Ehewohnung und den Haushaltsgegenständen,
6. die Ansprüche aus dem ehelichen Güterrecht oder
7. den Versorgungsausgleich

betrifft. [2]Satz 1 gilt im Fall der Beiordnung in Lebenspartnerschaftssachen nach § 269 Abs. 1 Nr. 1 und 2 des Gesetzes über das Verfahren in Familiensachen und in den Angelegenheiten der freiwilligen Gerichtsbarkeit entsprechend.

(4) **[1]Die Beiordnung in Angelegenheiten, in denen nach § 3 Absatz 1 Betragsrahmengebühren entstehen, erstreckt sich auf Tätigkeiten ab dem Zeitpunkt der Beantragung der Prozesskostenhilfe, wenn vom Gericht nichts anderes bestimmt ist. [2]Die Beiordnung erstreckt sich ferner auf die gesamte Tätigkeit im Verfahren über die Prozesskostenhilfe einschließlich der vorbereitenden Tätigkeit.**

(5) **[1]In anderen Angelegenheiten, die mit dem Hauptverfahren nur zusammenhängen, erhält der für das Hauptverfahren beigeordnete Rechtsanwalt eine Vergütung aus der Staatskasse nur dann, wenn er ausdrücklich auch hierfür beigeordnet ist. [2]Dies gilt insbesondere für**

1. die Zwangsvollstreckung, die Vollstreckung und den Verwaltungszwang;
2. das Verfahren über den Arrest, den Europäischen Beschluss zur vorläufigen Kontenpfändung, die einstweilige Verfügung und die einstweilige Anordnung;

---

[6] BGH NJW 2013, 385.
[7] OLG Celle JurBüro 2020, 356.
[8] OLG Celle JurBüro 2020, 356.

3. das selbstständige Beweisverfahren;
4. das Verfahren über die Widerklage oder den Widerantrag, ausgenommen die Rechtsverteidigung gegen den Widerantrag in Ehesachen und in Lebenspartnerschaftssachen nach § 269 Abs. 1 Nr. 1 und 2 des Gesetzes über das Verfahren in Familiensachen und in den Angelegenheiten der freiwilligen Gerichtsbarkeit.

(6) [1]**Wird der Rechtsanwalt in Angelegenheiten nach den Teilen 4 bis 6 des Vergütungsverzeichnisses im ersten Rechtszug bestellt oder beigeordnet, erhält er die Vergütung auch für seine Tätigkeit vor dem Zeitpunkt seiner Bestellung, in Strafsachen einschließlich seiner Tätigkeit vor Erhebung der öffentlichen Klage und in Bußgeldsachen einschließlich der Tätigkeit vor der Verwaltungsbehörde.** [2]**Wird der Rechtsanwalt in einem späteren Rechtszug beigeordnet, erhält er seine Vergütung in diesem Rechtszug auch für seine Tätigkeit vor dem Zeitpunkt seiner Bestellung.** [3]**Werden Verfahren verbunden und ist der Rechtsanwalt nicht in allen Verfahren bestellt oder beigeordnet, kann das Gericht die Wirkungen des Satzes 1 auch auf diejenigen Verfahren erstrecken, in denen vor der Verbindung keine Beiordnung oder Bestellung erfolgt war.**

Schrifttum: *Burhoff,* Umfang der Beiordnung des Pflichtverteidigers im Strafverfahren und Erstreckung nach § 48 Abs. 5 RVG, RVGreport 2004, 411; *Burhoff,* Neues zur Erstreckung der Beiordnung und Bestellung nach § 48 Abs. 5 RVG, RVGreport 2008, 129; *Enders,* Verbindung von mehreren Strafverfahren/Bestellung des Rechtsanwalts zum Pflichtverteidiger, JurBüro 2009, 113; N. *Schneider,* Gilt § 45 Abs. 3 RVG auch für die Terminsgebühr bei Abschluss einer Folgenvereinbarung im Verbundverfahren?, AGS 2004, 380.

Übersicht

I. Motive

1 .....

Es ist streitig, ob Rechtsanwältinnen und Rechtsanwälten, die (nur) für den Abschluss eines Vergleichs beigeordnet wurden, nur die Einigungsgebühr aus der Staatskasse zu erstatten ist oder ob alle durch die Einigung und den Abschluss des Vertrags entstehenden Gebühren, also auch die Differenzverfahrens- und die Differenzterminsgebühr, aus der Staatskasse gezahlt werden. Mit der Neufassung von § 48 Abs. 3 S. 1 RVG durch Artikel 8 Nummer 25 Buchstabe b des 2. KostRMoG sollte klargestellt werden, dass im Falle eines Vertragsabschlusses alle in diesem Zusammenhang anfallenden Gebühren zu erstatten sind. Diese Regelung wird von einem Teil der gerichtlichen Praxis dahingehend ausgelegt, der Gesetzgeber habe mit dieser Neuregelung klargestellt, dass nur im Falle eines Vergleichsabschlusses in Ehesachen alle in diesem Zusammenhang anfallenden Gebühren zu erstatten seien. Da sich die Vorschrift ausdrücklich nur auf die Beiordnung in Ehesachen beziehe, sei im Umkehrschluss daraus abzuleiten, dass bei sonstigen selbständigen Familiensachen eine automatische Erstreckung auf andere Verfahren nicht erfolge.

1a ......

Da die gesetzliche Vergütung von Rechtsanwältinnen und Rechtsanwälten für die Mitwirkung an einem (Mehr-)Vergleich sich nicht in der Einigungsgebühr aus dem erhöhten Vergleichswert erschöpft, sondern sich auch auf die Differenzverfahrens- und Differenzterminsgebühr erstreckt, widerspricht eine Beschränkung der Erstattungspflicht der Staatskasse auf die Einigungsgebühr nicht nur dem Grundsatz des § 45 Abs. 1 RVG, wonach beigeordnete Rechtsanwältinnen und Rechtsanwälte die gesetzliche Vergütung aus der Staatskasse erhalten. Es bleibt auch unberücksichtigt, dass die zuletzt genannten Differenzgebühren in einem engen Zusammenhang mit dem Abschluss des Mehrvergleichs stehen. Unbemittelte Verfahrensbeteiligte dürfen darauf vertrauen, aufgrund der für den Abschluss des Mehrvergleichs bewilligten Prozesskostenhilfe von sämtlichen Gebührenansprüchen freigestellt zu werden, die ihren beigeordneten Rechtsanwältinnen und Rechtsanwälten zustehen.

1b Im Hinblick auf diese Grundsätze wird eine Regelung in § 48 Abs. 1 RVG vorgeschlagen, die alle Fälle des Mehrvergleichs für sämtliche Verfahrensordnungen erfasst. Der vorgeschlagene neue § 48 Abs. 1 RVG formuliert den allgemein gültigen Grundsatz, dass der Anspruch von bestellten oder beigeordneten Rechtsanwältinnen und Rechtsanwälten auf die gesamte gesetzliche Vergütung gerichtet ist, die durch die von der Beiordnung erfassten Tätigkeiten entstanden ist. Die Vorschrift konkretisiert damit die Regelung des § 45 Abs. 1 RVG. Durch den Einschub „soweit nichts anderes bestimmt ist" soll der Hinweis gegeben werden, dass es im RVG Abweichungen von diesem Grundsatz gibt (z. B. § 49 RVG, besondere Gebühren für Pflichtverteidigerinnen und Pflichtverteidiger etc.).

Im vorgeschlagenen § 48 Abs. 1 Satz 2 RVG wird nunmehr allgemein für alle Verfahrensarten bestimmt, dass der Vergütungsanspruch gegen die Staatskasse im Falle der einer Erstreckung der Beiordnung auf den Abschluss eines Vergleichs alle gesetzlichen Gebühren und Auslagen umfasst, die durch die Tätigkeiten entstehen, die zur Herbeiführung der Einigung erforderlich sind. Dies soll auch dann gelten, wenn sich die Beiordnung oder die Bewilligung der Prozesskostenhilfe auf den Abschluss eines Vergleichs beschränkt. Durch die Regelung ist gewährleistet, dass dies auch gilt, wenn die Bewilligung oder Beiordnung in einem PKH-Bewilligungsverfahren erfolgt. **1c**

Durch die vorgeschlagene allgemeine Regelung ist eine Anpassung des § 48 Abs. 3 Satz 1 RVG notwendig.

Die vorgeschlagene Ergänzung des § 48 Abs. 1 Satz 2 RVG um eine neue Nummer 7 dient in erster Linie der Klarstellung. Nach § 149 FamFG erstreckt sich die Bewilligung von Verfahrenskostenhilfe für die Scheidungssache grundsätzlich auch heute schon auf eine Versorgungsausgleichsfolgesache. Für die Beiordnung einer Rechtsanwältin oder eines Rechtsanwalts gilt dies entsprechend (Prütting/Helms, FamFG, 5. Auflage, § 149 Rn. 1). Vor diesem Hintergrund soll die Aufzählung in § 48 Abs. 3 Satz 1 RVG, die bereits die übrigen Folgesachen umfasst, vervollständigt werden. Neu ist lediglich, dass der Versorgungsausgleich von der Erstreckungswirkung auch dann erfasst werden soll, wenn er nicht als Folgesache anhängig ist, etwa bei ausländischen Anwartschaften.[1] **1d**

II. Allgemeines

2 Die Vorschrift regelt den **gegenständlichen Umfang** der Beiordnung.

Im Nachfolgenden werden nicht nur der gegenständliche Umfang kommentiert (→ Rn. 3 ff.), sondern auch
- der **zeitliche** Umfang (→ Rn. 90 ff.)
- sowie die von der Beiordnung erfassten **Tätigkeiten und Gebühren** (→ Rn. 113 ff.),

also alles was zum Umfang der Beiordnung gehört. Eine Ausnahme gilt für die Auslagen, die zu § 46 RVG dargestellt werden.

III. Gegenständlicher Umfang

1. Grundsätze

Grundsätzlich ist für den gegenständlichen Umfang der Beiordnung der Beiordnungsbeschluss maßgeblich. Enthält dieser keine näheren Angaben über den Umfang, so ist die Beiordnung im Umfang der PKH-Bewilligung angeordnet. Enthält auch der Beschluss über die Bewilligung der PKH-Bewilligung keine näheren Angaben, so sind die PKH und damit auch die Beiordnung im Umfang des Antrages auf PKH-Bewilligung angeordnet. **3**

2. Mit Hauptsache zusammenhängende Verfahren

Ausdrückliche Erstreckung erforderlich. § 48 Abs. 5 S. 1 RVG stellt klar, dass grds. der RA in Angelegenheiten, die mit dem Hauptprozess nur zusammenhängen, Vergütung aus der Staatskasse nur dann erhält, wenn er für sie ausdrücklich beigeordnet ist. Die in Abs. 5 S. 2 aufgeführten Angelegenheiten sind, wie das Wort „insbesondere" zeigt, nur häufig vorkommende Beispiele. Dieser Abs. enthält keine abschließende Aufzählung. **4**

Gesetzliche Erstreckung. Allerdings gibt es gesetzliche Bestimmungen, die die Bewilligung und die Beiordnung auf weitere Gegenstände erstrecken. Hierher gehören **5**
- § 149 FamFG (früher § 624 Abs. 2 ZPO aF) – Erstreckung bei Scheidungssache auch auf Versorgungsausgleich,
- § 48 Abs. 2, 3 RVG.

3. Gesetzliche Erstreckung gem. Abs. 2

Erstreckung bei Anschlussrechtsmittel und Eilverfahren. Abs. 2 sieht eine automatische Erstreckung der Vergütungspflicht der Staatskasse vor. Betroffen sind **6**

[1] Rerierungsentwurf zum KostRÄG 2020 S. 91ff

Anschlussrechtsmittel → Rn. 51 ff.
Eilverfahren → Anh. II Rn. 122 ff.

7 **Ausschluss der Erstreckung.** Die Erstreckung gilt nach Abs. 2 S. 2 aber nicht, wenn sie im Beiordnungsbeschluss ausdrücklich ausgeschlossen ist.

4. Gesetzliche Erweiterungen gem. Abs. 3 bei Ehesachen

8 **a) Keine automatische Erstreckung auf alle Folgesachen.** Ist VKH gewährt worden und werden nachträglich weitere Folgesachen anhängig gemacht, so erstreckt sich die Beiordnung nicht ohne weiteres auf Letztere.[2] Das gilt auch für die **elterliche Sorge.** Eine Ausdehnung auf sie kann nicht durch Auslegung des die Verfahrenskostenhilfe bewilligenden Beschlusses angenommen werden.[3] Ist VKH für das Sorgerecht gewährt und wird dann das **Umgangsrecht** anhängig, so erfasst die VKH nicht automatisch das Umgangsrechtsverfahren.[4] **Achtung:** Antrag auf Erstreckung der VKH auch auf diese Sachen nicht vergessen. Nur der Versorgungsausgleich wird gem. § 149 FamFG (früher § 624 Abs. 2 ZPO aF) automatisch von der VKH und der Beiordnung erfasst (→ Rn. 32).

9 **Auch für Antragsgegner.** Das gilt für den Anwalt des Antragstellers wie den des Antragsgegners.

10 **Hinweis für RA:** Der RA, auch der des Antraggegners, darf also auf keinen Fall vergessen, in diesen Fällen einen weiteren VKH Antrag zu stellen.

11 **b) Erweiterung bei Einigung (Abs. 3). Für Einigung.** Abs. 3 enthält eine gesetzliche Erstreckung der Beiordnung auf den Abschluss eines Einigungsvertrages iSd VV 1000 RVG bzgl. mehrerer Folgesachen (§ 48 Abs. 3 RVG).

12 **Nicht für Erkenntnisverfahren.** Abs. 3 gilt nicht für das gesamte Erkenntnisverfahren. Er ist also insbes. für solche Folgesachen nicht anwendbar, die zwar in Abs. 3 genannt sind, über die die Eheleute sich aber nicht einigen können oder wollen.

13 **c) Sachlicher Anwendungsbereich. Ehesache.** Abs. 3 setzt eine Ehesache iSv § 121 FamFG, also ein Verfahren auf Scheidung, Aufhebung der Ehe usw voraus. Er gilt also nicht bei isolierten Familiensachen.[5]

Lebenspartnerschaften iSv § 269 Abs. 1 Nr. 1, 2 FamFG. Gem. Abs. 3 S. 2 ist Abs. 3 S. 1 auch bei diesen anzuwenden.

14 **d) Persönlicher Anwendungsbereich.** ***aa) Nach §§ 138, 270 ZPO beigeordneter RA.*** Vgl. § 39 RVG.

15 ***bb) Beigeordneter Verkehrsanwalt.*** Auch für den für die Ehesache beigeordneten Verkehrsanwalt soll nach ganz hM Abs. 3 S. 1 gelten. Erforderlich ist danach nur, dass er durch Verkehrstätigkeit ursächlich am Zustandekommen der Vereinbarung mitgewirkt hat; auf die für die Kostenfestsetzung nach §§ 103 ff. ZPO erhebliche Frage, ob seine Mitwirkung notwendig war, kommt es für die Erstreckung der Beiordnung nicht an.[6] Die hM bewertet den Vergütungsanspruch des Verkehrsanwalts gegen die Staatskasse für eine Einigungsgebühr also im Rahmen von Abs. 3 anders als sonst (→ Rn. 137).

16 **e) Von Abs. 3 erfasste Gegenstände.** ***aa) Aufzählung.*** Soweit die Aufzählung der Gegenstände mit dem 2. KostRMoG redaktionell etwas anders gefasst wurde, hat sich inhaltlich im Verhältnis zum früheren Recht nichts geändert. Über Abs. 3 S. 1 werden Einigungen über folgende Gegenstände erfasst:

– gegenseitiger Unterhalt der Ehegatten,
– Unterhalt gegenüber Kindern im Verhältnis der Ehegatten zueinander,
– elterliche Sorge,
– Regelung des Umgangs mit einem Kind,
– Rechtsverhältnisse an der Ehewohnung und Haushaltsgegenständen,
– Ansprüche aus dem ehelichen Güterrecht,
– Versorgungsausgleichssache. Letzteres wird durch das KostRÄG in § 48 Abs. 3 S. 1 Nr. 7 RVG zur Klarstellung ausdrücklich erwähnt, galt aber wegen § 149 FamGKG auch schon vorher. Neu ist insofern lediglich, dass der Versorgungsausgleich auch dann von der Erstre-

[2] OLG Zweibrücken FamRZ 2006, 133.
[3] OLG Zweibrücken FamRZ 2001, 1466 = OLGR 2001, 382.
[4] KG FamRZ 2010, 1586.
[5] OLG München JurBüro 1999, 589.
[6] OLG Düsseldorf JurBüro 1981, 563; OLG Frankfurt a. M. JurBüro 1986, 1829; OLG Koblenz JurBüro 2004, 134; OLG Oldenburg JurBüro 1992, 100; OLG Stuttgart JurBüro 1979, 865; **aA** OLG München MDR 2003, 1262 = AGS 2003, 511 mit abl. Anm. *N. Schneider.*

ckung erfasst sein soll, wenn er nicht als Folgesache anhängig ist, etwa bei ausländischen Anwartschaften.[7]

bb) Abschließende Aufzählung. Die Aufzählung der dort genannten Gegenstände ist abschließend und kann nicht erweiternd auch auf andere Regelungen, die die Eheleute aus Anlass der Eheauflösung treffen, angewandt werden. Für diese bedarf es vielmehr nach Abs. 5 S. 1 einer besonderen Bewilligung der VKH und ausdrücklicher Beiordnung. Abs. 2, 3 stellt die in ihnen geregelten Fälle allen anderen Angelegenheiten, die mit dem Hauptverfahren zusammenhängen, gegenüber. Diese klare gesetzliche Trennung wird nicht dadurch eingeschränkt, dass in Abs. 5 S. 2 einige Fälle solcher mit dem Hauptverfahren nur zusammenhängender Angelegenheiten besonders benannt werden; denn diese Aufzählung ist nur beispielhaft gemeint, wie sich aus dem Wort „insbesondere" ergibt (→ Rn. 4). **17**

Natürlich ist es den Eheleuten nicht verboten, sich in dem Einigungsvertrag auch über andere Fragen, die ihnen regelungsbedürftig erscheinen, zu einigen. Die dabei mitwirkenden Anwälte erhalten insoweit aber keine Vergütung aus der Staatskasse, wenn sie nicht besonders für den betreffenden Gegenstand beigeordnet worden sind. **18**

cc) Auch nicht anhängige Ansprüche. Unerheblich ist, ob die miteinbezogenen, von der VKH nicht gedeckten Gegenstände anhängig sind oder nicht.[8] **19**

dd) Umfang des ehelichen Güterrechts. Was alles zum ehelichen Güterrecht iSv Abs. 3 gehört, war umstritten und wird es auch bleiben. Das FamFG hat keine Klärung gebracht. Teilweise erfolgte eine enge Auslegung. Danach war der Begriff genauso auszulegen wie in § 23b Abs. 1 S. 2 Nr. 9, 10 GVG aF,[9] dessen Inhalt sich nach geltendem Recht in § 261 FamFG wiederfindet, weshalb sich aus dem FamFG nichts Neues ergibt. Das gilt auch unter Berücksichtigung dessen, dass gem. § 266 FamFG weitere Verfahren den Familiensachen zugeordnet wurden. Sie wurden aber nicht zu Sachen des ehelichen Güterrechts erklärt und können darüber hinaus auch nicht in den Verbund aufgenommen werden (§ 137 Abs. 2, 3 FamFG). Es wird daher von der einen Meinung weiter wie folgt argumentiert werden: Der Begriff kann nicht durch analoge oder großzügige Anwendung erweitert werden. Wenn auch die Regelung anderer vermögensrechtlicher Beziehungen zwischen den Ehegatten (zB arbeits- oder gesellschaftsrechtliche Ansprüche, Miteigentum an Grundstücken[10] usw, Abtragung gemeinsamer Schulden) hätten erfasst werden sollen, so konnte als Sammelbezeichnung kaum etwas ferner liegen, als ein so spezieller und anderweitig besetzter Begriff wie „Ansprüche aus dem ehelichen Güterrecht". Ein derartiger terminologischer Fehlgriff kann dem Gesetzgeber nicht unterstellt werden. **20**

Andere nehmen eine weitere Auslegung an.[11] In der **jüngeren Rspr.** wurde eine Zugehörigkeit zum ehelichen Güterrecht **bejaht** in einem Fall, **21**
- in dem die Verpflichtung zur Übertragung eines Miteigentumsanteils an einem Grundstück und zur Übernahme der mit dem Grundstück verbundenen Schuldverpflichtungen vereinbart wurde. Der Begriff „Ansprüche aus dem ehelichen Güterrecht" sei weit auszulegen, um den Abschluss von Scheidungsvereinbarungen zu erleichtern,[12]
- in dem im Zusammenhang mit einer Regelung zum Kindesunterhalt und nachehelichen Unterhalt eine Einigung getroffen wurde über die Aufhebung der Miteigentumsgemeinschaft am Hausgrundstück der Beteiligten, welches als Ehewohnung diente.[13]

Eine Einbeziehung wurde **abgelehnt,** wenn in eine Einigung eine Vereinbarung über die in der Ehe eingegangenen Schulden einbezogen wurde.[14] **22**

Teil einer güterrechtlichen Regelung. Allgemein anerkannt ist jedoch, dass zur Auseinandersetzung güterrechtlicher Beziehungen (zB zur Regelung des Zugewinnausgleichs) vertragliche Ansprüche auch in Form eines Einigungsvertrages begründet werden können.[15] Sol- **23**

---

[7] Referentenentwurf zum KostRÄG 2021 S. 55.

[8] OLG Koblenz NJW 2009, 237.

[9] OLG Stuttgart JurBüro 1976, 1062; KG Rpfleger 1980, 78 = JurBüro 1980, 400 = MDR 1980, 326; OLG Düsseldorf JurBüro 1981, 70 u. 563; OLG München JurBüro 1983, 716; **aA** OLG Hamburg JurBüro 1976, 1211; OLG Hamm Rpfleger 1979, 228 = JurBüro 1979, 700; OLG Zweibrücken FamRZ 1984, 74 = JurBüro 1983, 1522 (1531).

[10] Dafür, dass die Regelung des Miteigentums zum ehelichen Güterrecht gehört OLG Dresden NJW 2014, 2804 = FamRZ 2014, 1879.

[11] OLG Köln FamRZ 2005, 1851.

[12] OLG Köln FamRZ 2005, 1851; Übertragung des Miteigentumsanteils im Rahmen der Regelung des Zugewinnausgleichs OLG Bamberg FamRZ 2017, 1956 = AGS 2018, 32 mzustAnm *N. Schneider.*

[13] OLG Rostock OLGR 2007, 83 = AGS 2007, 145.

[14] OLG Koblenz FamRZ 2004, 1804 = AGS 2004, 157; HBS VergütungsR/*Hansens* Teil 6 Rn. 50.

[15] BGH NJW 1978, 1923; 80, 2529 = FamRZ 1980, 878; NJW 1981, 128 = FamRZ 1980, 1106.

len mit der Scheidungsvereinbarung (auch) die güterrechtlichen Ansprüche geregelt werden, so fallen auch die dazu gehörenden allgemeinen vermögensrechtlichen Regelungen unter den Begriff „Ansprüche aus dem ehelichen Güterrecht". Dabei ist zu vermuten, dass die allgemeinen vermögensrechtlichen Regelungen in einem Abhängigkeitsverhältnis zur güterrechtlichen Regelung stehen.

24 **Hinweis für den RA.** Der RA sollte sich in dieser Hinsicht nicht auf eine iErg unsichere Auslegung verlassen, sondern sich „für die in dem Vergleich mitgeregelten Gegenstände" ausdrücklich beiordnen lassen.[16]

25 ***ee) Umfang des Umgangsrechts.*** Die Regelung des Umgangs mit einem Kind ist sprachlich auffällig weit gefasst, zumal die elterliche Sorge nur für gemeinschaftliche minderjährige Kinder der Eheleute betroffen ist. Eine Begründung für die Wortwahl ist der amtlichen Begründung nicht zu entnehmen. In der gerichtlichen Praxis sind aber Fälle nicht selten, in denen Spannungen zwischen Eheleuten betreffend den Umgang mit Kindern, die nicht aus der Ehe hervorgegangen, sondern nichtehelich geboren, aus einer früheren Ehe eingebracht oder an Kindes Statt angenommen worden sind, oder die nicht nur den Umgang mit einem Elternteil, sondern auch den mit anderen Personen, zB Großeltern oder erwachsenen Geschwistern betreffen. Mangels gegenteiliger Anhaltspunkte muss nach dem Wortlaut angenommen werden, dass auch solche Fälle unter die Regelung fallen sollen, wenn es sich um eine Abmachung der Eheleute handelt. An dieser Rechtslage hat sich im Zusammenhang des FamFG nichts geändert, da § 48 Abs. 3 RVG insoweit unverändert geblieben ist und der Begriff des Umgangsrechts im FamFG (§ 151 Nr. 2) auch nicht im Verhältnis zu § 23b Abs. 1 Nr. 3 GVG aF einengend definiert ist.

26 **f) Einigungsvertrag.** Das RVG verlangt keinen Vergleich mit gegenseitigem Nachgeben, sondern nur einen Einigungsvertrag nach VV 1000 RVG.

27 ***aa) Einigung vor Gericht ohne Anwalt.*** Dem beigeordneten RA steht ein Vergütungsanspruch gegen die Staatskasse für den Abschluss einer Scheidungsvereinbarung vor dem Verfahrensgericht auch dann zu, wenn der Gegner nicht anwaltlich vertreten war. Es genügt, dass die Vereinbarung materiell-rechtlich wirksam ist. Auf die Frage, ob sie auch als vollstreckbarer Schuldtitel anzusehen ist,[17] kommt es nicht an.

28 ***bb) Außergerichtliche Einigung.*** Entgegen der hier früher vertretenen Ansicht fällt auch eine außergerichtliche Einigung unter Abs. 3.[18] Hierfür spricht § 19 Abs. 1 S. 2 Nr. 2 RVG sowie der Umstand, dass im Falle einer außergerichtlichen Einigung über einen von der VKH erfassten Gegenstand die so entstandene Einigungsgebühr von der Staatskasse zu vergüten ist (→ Rn. 132). Es gibt auch von der Sache her keinen Grund, im Fall des § 48 Abs. 3 RVG die Anwendung auszuschließen. Es soll eine möglichst umfassende Regelung in der Ehesache gefördert werden. Ob dies durch eine gerichtliche oder außergerichtliche Einigung geschieht, macht unter diesem Aspekt keinen Unterschied. Allein mit der Sorge vor Missbrauch lässt sich kein anderes Ergebnis rechtfertigen. Außerdem kann Missbrauch entgegengewirkt werden, indem verlangt wird, dass ein schriftlicher Einigungsvertrag vorgelegt wird.

29 ***cc) Wirksamkeit des Einigungsvertrags.*** Abs. 3 S. 1 verlangt, dass die abgeschlossene Einigung auch wirksam wird. Bei Unwirksamkeit (zB weil die Ehegatten sich versöhnen) ist auch die 0,8 Verfahrensgebühr des VV 3101 Nr. 2 RVG für die Protokollierung der Einigung nicht von der Staatskasse zu vergüten. Abs. 3 stellt auf einen Vertrag ab. Ein Vertrag kommt aber nur zu Stande, wenn er auch wirksam ist.

30 **g) Vereinbarung für die Dauer des Scheidungsverfahrens.** § 48 Abs. 3 S. 1 RVG besagt nicht, dass nur eine für den Fall der Rechtskraft der Scheidung geschlossene Einigung die Erstreckung der Beiordnung bewirkt. Diese tritt auch ein, wenn die Vereinbarung nur für die Dauer des Scheidungsverfahrens geschlossen wird. Die Vorschrift greift zB auch ein, wenn der für die Ehesache beigeordnete RA einen Einigungsvertrag über den während des Scheidungsverfahrens zu zahlenden Trennungsunterhalt abschließt. Er muss dazu nicht für ein Verfahren der einstweiligen Anordnung beigeordnet sein. Wird der Vergleich allerdings in einem bereits anhängigen Verfahren der einstweiligen Anordnung geschlossen, erhält der RA die Einigungs-

---

[16] Wegen Zulässigkeit einer derart weitgehenden Beiordnung OLG Nürnberg AGS 2009, 331.

[17] Diese Frage bejaht OLG München AnwBl 1988, 124 = JurBüro 1986, 1377 mwN.

[18] OLG Brandenburg FamRZ 2005, 1264; OLG Hamburg FamRZ 1991, 469; OLG Celle JurBüro 2006, 319; OLG Frankfurt a. M. FamRZ 2009, 137; OLG Köln AGS 2006, 138; OLG Rostock FamRZ 2008, 708; *N. Schneider* Anm. zu OLG Rostock AGS 2007, 145; **aA** OLG Karlsruhe OLGR 2008, 151 = MDR 2008, 293 bei Vergleich über nicht anhängige Gegenstände wegen Missbrauchsgefahr.

gebühr aus der Staatskasse nur, wenn er für diese besondere Angelegenheit ausdrücklich beigeordnet war.[19]

h) Einbeziehung nicht mutwillig. Es ist nicht mutwillig, wenn in eine Einigung nicht anhängige Folgesachen miteinbezogen werden.[20] Mit § 48 Abs. 3 RVG hat das Gesetz ja gerade zum Ausdruck gebracht, dass es eine solche Einbeziehung fördern will. 31

5. Gesetzl. Erweiterung gem. § 149 FamFG (Versorgungsausgleich)

Die VKH und die Beiordnung erstreckt sich bei einer Scheidungssache gem. § 149 FamFG (früher § 624 Abs. 2 ZPO aF) auch auf den Versorgungsausgleich, es sei denn dieser ist ausdrücklich ausgeschlossen. Das gilt natürlich auch für eine Einigung zum Versorgungsausgleich. Deshalb bedurfte der Versorgungsausgleich in § 48 Abs. 3 RVG auch keiner Erwähnung. 32

6. Andere mit dem Hauptverfahren nur zusammenhängende Angelegenheiten (Abs. 5)

§ 48 Abs. 5 S. 1 RVG (bis zum 2. KostRMoG Abs. 4) enthält den Grundsatz, dass andere Angelegenheiten, die mit dem Hauptverfahren nur zusammenhängen (damit sind andere Angelegenheiten als die zuvor genannten Familiensachen gemeint), nicht von der Beiordnung erfasst werden. Anders ist es nur, wenn die Beiordnung ausdrücklich auch für diese erfolgt. In § 48 Abs. 5 S. 2 RVG werden dann einige von diesen nicht umfassten Angelegenheiten besonders aufgeführt. Die dort genannten Fälle werden behandelt 33

- Zwangsvollstreckung, Vollstreckung und Verwaltungszwang → Rn. 80 ff.,
- Eilverfahren → Anh. II Rn. 122,
- Selbständiges Beweisverfahren → Anh. III Rn. 100 ff.,
- Widerantrag → Rn. 74 ff.

7. Einzelfälle

a) Aussöhnung. Die Beiordnung für die Ehesache umfasst auch die Bemühungen des RA um die Aussöhnung der Ehegatten, ohne dass es hierfür einer besonderen Beiordnung bedarf. Der beigeordnete RA, der bei der Aussöhnung mitgewirkt hat, erhält die Aussöhnungsgebühr (VV 1001 RVG) aus der Staatskasse. 34

b) Dritter, Einbeziehung in Einigung. Bei Einbeziehung von Ansprüchen Dritter ist die Ausdehnung der Beiordnung auf diese Ansprüche nicht möglich. 35

c) Eheverfahren, → Rn. 8 ff. 36

d) Eilverfahren und Vollziehung. → Anh. II Rn. 122. 37

e) Klageänderung. Ist dem Kläger PKH für eine Kaufpreisklage über 3.000,– EUR bewilligt worden, so wirkt die Bewilligung und damit die Beiordnung nicht mehr, wenn die Klage dahin geändert wird, dass nunmehr 3.000,– EUR aus Darlehen gefordert werden. Die PKH muss für die Darlehensklage neu bewilligt werden.[21] 38

Hinweis für RA: Neuen PKH Antrag nicht vergessen. 39

Übergang von der Feststellungs- zur Leistungsklage. Er ist auch eine Klageänderung. Sofern die PKH nicht für einen Zahlungsanspruch und einen alle weiteren Schäden umfassenden Feststellungsantrag bewilligt worden war, bedarf es daher ebenfalls erneuter PKH-Bewilligung und Beiordnung. 40

Beklagter. Das Gleiche gilt für den Beklagten, dem zur Rechtsverteidigung PKH bewilligt und ein RA beigeordnet worden ist. Auch er muss im Falle einer Klageänderung eine Erstreckung der Bewilligung und Beiordnung beantragen.[22] 41

f) Klageerweiterung. Für eine Klageerweiterung und die Verteidigung gegen eine solche muss die PKH besonders bewilligt und die Beiordnung besonders angeordnet werden.[23] Wegen Erhebung einer Widerklage → Rn. 74 ff. 42

g) Kostenfestsetzungsverfahren. Das Kostenfestsetzungsverfahren gehört nach § 19 Abs. 1 S. 2 Nr. 14 RVG zum Rechtszug. 43

Erinnerung. Das Erinnerungsverfahren gegen einen Kostenfestsetzungsbeschluss ist gem. § 18 Abs. 1 Nr. 3 RVG eine besondere Angelegenheit. Mithin muss PKH und Beiordnung be- 44

---

[19] OLG Stuttgart Rpfleger 1980, 120 = JurBüro 1980, 727; OLG Karlsruhe JurBüro 1990, 231.
[20] OLG Rostock OLGR 2007, 83 = AGS 2007, 145 mzustAnm *N. Schneider,* gegen Vorinstanz; OLG Zweibrücken NJW-RR 2007, 6 gegen OLG Karlsruhe FamRZ 2004, 550.
[21] BGH AnwBl 2006, 75; OLG München OLGR 2006, 318.
[22] BGH JurBüro 2006, 151 = AnwBl 2006, 75 = NJW-RR 2006, 429 = FamRZ 2006, 37 Ls.
[23] OLG Koblenz FamRZ 2008, 67; LAG Bln-Bbg AGS 2014, 140.

sonders beantragt werden, um einen Anspruch auf die Gebühr des Erinnerungs- oder Beschwerdeverfahrens gegen die Staatskasse zu begründen.

45 **h) Lebenspartnerschaft,** → Rn. 13.

46 **i) Mahnverfahren.** Die Beiordnung im nachfolgenden Streitverfahren erfasst nicht die Tätigkeit des Anwalts im vorausgegangenen Mahnverfahren.[24]

47 **j) Mediation. Außergerichtliche Mediation.** Die Beiordnung erfasst nicht die Kosten einer außergerichtlichen Mediation, auch wenn diese auf Vorschlag des Gerichts vorgenommen wird. Das Gericht kann sie auch nicht durch einen erweiternden Bewilligungsbeschluss auf diese erstrecken.[25]

48 **Gerichtsnahe Mediation.** Sieht man mit der hier vertretenen Ansicht die beim Gericht durchgeführte Mediation als Teil des gerichtlichen Verfahrens an (→ RVG VV Vorb. 3 Rn. 238), so erstreckt sich die PKH-Bewilligung und Beiordnung auch auf die durch sie anfallenden Gebühren und Auslagen.

49 **k) Mehrvergleich,** → Rn. 11 ff., 141 ff., 152 ff.

50 **l) Gehörsrüge gem. § 321a ZPO.** Nach Ansicht des BGH und des BSG umfasst die PKH-Bewilligung und Beiordnung für das Hauptsacheverfahren nicht auch das Verfahren wegen Verletzung des rechtlichen Gehörs.[26]

51 **m) Rechtsmittelinstanz. Anschlussberufung oder -revision.** Ist der RA in bestimmten Rechtsmittelverfahren dem Rechtsmittelführer beigeordnet und legt nun der Gegner Anschlussrechtsmittel ein, so erstreckt sich die Beiordnung gem. Abs. 2 kraft Gesetzes auch auf die Verteidigung gegen das Anschlussrechtsmittel. Bislang galt das nach dem Wortlaut von § 48 Abs. 2 RVG nur im Falle einer Beiordnung für eine Berufung oder eine Revision. Abweichend vom Wortlaut wurde auch schon bislang angenommen, dass dasselbe für bestimmte **Beschwerdeverfahren** gelten muss, da es keinen Grund für eine abweichende Behandlung gibt. Nunmehr ist Abs. 2 durch das 2. KostRMoG so gefasst, dass auch Beschwerden oder Rechtsbeschwerden wegen des Hauptgegenstandes erfasst sind. Unerheblich ist, ob das Anschlussrechtsmittel selbständig oder unselbständig ist. Dem Gericht bleibt aber die Möglichkeit, die Erfolgsaussicht zu prüfen und bei deren Verneinung die ausdrückliche Bestimmung zu treffen, dass die Erstreckung nicht stattfinden soll (Abs. 2 S. 2).

52 **Einlegung von Anschlussrechtsmitteln.** Der Rechtsmittelbeklagte bedarf dagegen zur Einlegung eines Anschlussrechtsmittels oder eines selbständigen Rechtsmittels stets einer besonderen PKH-Bewilligung und Beiordnung.

53 **Berufung gegen Zwischenurteil.** Die Beiordnung für die Berufung gegen ein Zwischenurteil erstreckt sich nicht auf die Berufung gegen das Urteil in der Hauptsache. Hier handelt es sich um zwei vollständig getrennte Rechtsmittelverfahren.

54 **Rechtsmittelerweiterung.** Es gilt das zur Klageerweiterung Dargelegte entsprechend (→ Rn. 42).

55 **n) Scheidung,** → Rn. 8 ff.

56 **o) Selbständiges Beweisverfahren.** → Anh. III Rn. 100 ff.

57 **p) Stufenklage. Umfang.** Bei der Stufenklage erstrecken sich Bewilligung und Beiordnung, falls sie nicht ausdrücklich auf einzelne Stufen beschränkt sind,[27] auf alle anhängig gemachten Ansprüche, also auch auf den noch nicht bezifferten Zahlungsanspruch.[28]

58 **Beschränkung nach Auskunft.** Dazu, was gilt, wenn sich aus der Auskunft ein niedrigerer Leistungsanspruch als ursprünglich erwartet ergibt, werden unterschiedliche Meinungen vertreten.

59 Nach einer Meinung beschränkt sich die Bewilligung- und Beiordnung dann automatisch auf einen Leistungsanspruch, wie er sich aus der Auskunft ergibt. Das kann durch einen Beschluss klargestellt werden.[29] Was diese Meinung für die Vergütung bedeutet, wird nicht darge-

---

[24] OLG Naumburg FamRZ 2009, 1238.

[25] OLG Dresden MDR 2007, 277.

[26] BGH NJW-Spezial 2014, 477 = AGS 2014, 290 = RVGreport 2014, 167 mzustAnm *Hansens;* BSG RVGreport 2016, 397.

[27] OLG Naumburg FamRZ 1994, 1042; 2009, 1848 gewährt zunächst PKH nur für Stufenklage.

[28] OLG Brandenburg FamRZ 2008, 1354; OLG Köln NJW-RR 1995, 707 = OLGR 1995, 157; OLG Hamm FamRZ 2006, 133; OLGR 1996, 114; OLG Jena FamRZ 2005, 1186; OLG München OLGR 1994, 130 = FamRZ 1994, 1184; **aA** OLG Naumburg OLGR 2009, 835 = AGS 2010, 29.

[29] OLG Brandenburg FamRZ 2007, 1028 mwN; 2008, 1354; OLG Hamm FamRZ 2006, 133; OLG Naumburg FamRZ 2007, 1755.

legt, insbes. nicht, ob die automatische Beschränkung zurückwirkt, so dass für die Gebühren, die vor der Auskunft für den Leistungsanspruch angefallen sind, die PKH nur den niedrigeren Wert erfasst.

Richtiger und eindeutiger ist die Ansicht, dass nach der Auskunftserteilung von Amts wegen **60** für alle in Zukunft anfallende Gebühren neu über die Bewilligung- und Beiordnung entschieden wird.[30] Für diese Auffassung bleibt es dabei, dass zB eine vor der Auskunft für die Leistungsstufe angefallene Verfahrensgebühr in vollem Umfang von der Bewilligung- und Beiordnung (!) erfasst wird. Aus welchem Gegenstandswert (!) der RA dann allerdings für eine vor der Auskunft angefallene Gebühr für die Leistungsklage eine Vergütung von der Staatskasse verlangen kann, hängt von dem Meinungsstreit zum Gegenstandswert bei der ganz oder teilweise steckengebliebenen Stufenklage ab (→ Anh. VI Rn. 553 ff.). Geht man mit der heute ganz hM davon aus, dass sich der Gegenstandswert nicht ändert, so muss die Staatskasse unbeschadet der späteren Änderung der Bewilligung die vorher angefallene Verfahrensgebühr aus dem ursprünglichen Gegenstandswert des Leistungsantrags vergüten.[31]

Für die nach der Auskunft anfallenden Gebühren greift die Bewilligung- und Beiordnung **61** dann nur in dem anerkannten Umfang.

Beispiel:

Der RA wird für eine Stufenklage, bei der eine Leistung von 10.000,– EUR erwartet wird, beigeordnet. In der ersten mündlichen Verhandlung stellt er Antrag nur zur Auskunft. Nach der Auskunft wird die Bewilligung- und Beiordnung auf einen Betrag von 5.000,– EUR beschränkt. Es kommt im gerichtlichen Termin zu einer Einigung.

Anspruch des Anwalts gegen die Staatskasse aus PKH-Tabelle

Basis: Keine rückwirkende Änderung des Gegenstandswerts:	
1,3 Verfahrensgebühr gem. VV 3100 RVG aus 10.000,– EUR	440,70 EUR
1,2 Terminsgebühr gem. VV 3104 RVG aus 5.000,– EUR	340,80 EUR
1,0 Einigungsgebühr gem. VV 1003 RVG aus 5.000,– EUR	284,00 EUR
Kommunikationspauschale	20,00 EUR
Basis: Rückwirkende Änderung des Gegenstandswerts für Leistungsstufe	
1,3 Verfahrensgebühr gem. VV 3100 RVG aus 5.000,– EUR	369,20 EUR
1,2 Terminsgebühr gem. VV 3104 RVG aus 5.000,– EUR	340,80 EUR
1,0 Einigungsgebühr gem. VV 1003 RVG aus 5.000,– EUR	284,00 EUR
Kommunikationspauschale	20,00 EUR

Zu beachten ist, dass sich hinsichtlich des Auskunftsanspruchs nach ganz allgM der Gegen- **62** standswert nicht reduziert.

q) Herabgesetzter Streitwert im gewerblichen Rechtsschutz. In verschiedenen Ver- **63** fahren des gewerblichen Rechtsschutzes kann das Gericht einen Teilstreitwert festsetzen, um das Kostenrisiko der gegen einen wirtschaftlich überlegenen Gegner prozessierenden Partei zu mildern (§ 144 PatG, § 23b UWG, § 26 GebrMG, § 142 MarkenG). Das hat nicht zur Folge, dass der dieser Partei beigeordnete RA seine Gebühren aus der Staatskasse nur nach dem herabgesetzten Wert erhält. Er kann die Gebühren des § 49 vielmehr nach dem vollen Streitwert beanspruchen.[32]

r) Teilweise PKH, → RVG VV 3335 Rn. 71. **64**

s) Unterhalt. Vereinfachtes und streitiges Verfahren. Beide Verfahren sind verschiedene **64a** Angelegenheiten (§ 17 Nr. 3 RVG). Die VKH für das vereinfachte Verfahren erfasst nicht das streitige Verfahren.[33]

t) Umgangsrecht. Ist VKH für das Sorgerecht bewilligt, wird davon das Umgangsrecht **64b** nicht erfasst.

u) Verfahrensverbindung. Eine Verbindung wirkt erst für die Zukunft. Eine stillschwei- **65** gende Verbindung ist zwar möglich, liegt aber idR nicht in einem einheitlichen PKH-Bewilligungs- und Beiordnungsbeschluss. Der Vergütungsanspruch gegen die Staatskasse richtet sich danach, ob die Beiordnung vor oder nach der Verbindung erfolgt ist. Wird der RA erst nach der Verbindung tätig, so erhält er die Gebühren nur einmal.[34] War er schon vorher in beiden Verfahren beigeordnet, so kann er Vergütung für die in den getrennten Verfahren angefalle-

---

[30] OLG Zweibrücken FamRZ 2007, 1109.
[31] OLG Zweibrücken FamRZ 2007, 1109.
[32] BGH AnwBl 1953, 332.
[33] OLG Koblenz AGS 2020, 200 = NJW-Spezial 2020, 253 = FamRZ 2020, 1024.
[34] OLG Hamm JurBüro 1979, 865, bei Zweifel, ob Verbindung vor oder nach Beiordnung, ist für Berechnung der Gebühren von getrennten Prozessen auszugehen.

nen Gebühren und Auslagen (zB doppelte Kommunikationspauschale) verlangen, was in aller Regel für ihn günstiger ist, iÜ → RVG VV 3100 Rn. 40 ff.

66 Besteht nur für eines der beiden verbundenen Verfahren eine Beiordnung, so bleibt es für den im anderen Verfahren rechtshängigen Anspruch auch nach der Verbindung dabei, dass für ihn keine Beiordnung besteht. Die Berechnung erfolgt dann wie bei einer teilweisen PKH (→ RVG VV 3335 Rn. 71).

67 **v) Verfahrenstrennung. Familiensachen.** In der Rspr. zur Abtrennung von Folgesachen aus dem Verbund wird allg. angenommen, dass eine für den Verbund gewährte VKH nicht fortwirkt, wenn eine Folgesache abgetrennt und dadurch zur selbständigen Angelegenheit wird.[35]

68 Soweit hinsichtlich des Versorgungsausgleichs für Verfahren, die nach Art. 111 Abs. 4 FGG-ReformG zu „selbständigen" Verfahren wurden, ein Fortbestand der VKH angenommen wurde,[36] hat das diesen Grundsatz nicht in Frage gestellt, sondern wurde davon ausgegangen, dass die Selbständigkeit in diesem Fall nichts daran ändert, dass der Versorgungsausgleich eine Folgesache bleibt. Der BGH hat aber inzwischen entschieden, dass er keine Folgesache bleibt.[37] Es ist daher zu erwarten, dass zukünftig ein Fortbestand der VKH allgemein verneint werden wird.[38]

69 **Sonstige Sachen.** Da nicht ersichtlich, warum bei anderen als Familiensachen anderes zu gelten hätte, ist davon auszugehen, dass auch in anderen Sachen für eine abgetrennte Sache die zur Zeit der Verbindung gewährte PKH nicht fortwirkt.

70 Auch wenn nicht ohne weiteres nachvollziehbar ist, warum allein die Abtrennung dazu führen soll, dass bei einer Sache, bei der alle Voraussetzungen für eine PKH-Gewährung gegeben waren, kein Fortbestand gegeben sein soll, muss sich der RA auf die Rspr. einstellen und einen neuen Antrag stellen. Er kann sich auch nicht darauf verlassen, dass das Gericht der Rspr. des LSG NRW folgen wird, wonach der PKH-Bewilligungsantrag des einheitlichen Verfahrens auch nach der Trennung als gestellt gilt.[39]

Wegen Berechnung der Gebühren nach Abtrennung → RVG VV 3100 Rn. 61 ff. und für Familiensachen → § 21 Rn. 16 ff.

71 **Nach Grundurteil.** Es handelt sich aber nicht um eine Verfahrenstrennung, sondern um die Fortführung eines einheitlichen Verfahrens, wenn nach Anfechtung eines Grundurteils das Betragsverfahren im ersten Rechtszug gem. § 304 Abs. 2 ZPO fortgesetzt wird. Die Beiordnung gilt auch für das weitere Verfahren.

72 **w) Vorabentscheidungsverfahren vor EuGH.** Die Beiordnung für das Revisionsverfahren umfasst auch die Vertretung im Vorabentscheidungsverfahren vor dem EuGH.[40]

73 **x) Vorprozessuale Kosten wie zB Geschäftsgebühr.** Werden vorprozessuale Kosten wie zB die Geschäftsgebühr mit eingeklagt, so erstreckt sich die PKH automatisch auch hierauf.

74 **y) Widerantrag. Gesonderte Bewilligung und Beiordnung.** Bislang war in § 48 Abs. 4 Nr. 4 RVG aF nur von der Widerklage und dem Klageantrag die Rede. Um klarzustellen, dass das auch für Anträge und Wideranträge in Familiensachen und in der freiwilligen Gerichtsbarkeit gilt, wurde § 48 Abs. 5 Nr. 4 RVG sprachlich geändert.

Der für die Verteidigung gegen eine Klage oder einen Antrag beigeordnete RA erhält für das Verfahren über einen von ihm erhobenen Widerantrag eine Vergütung aus der Staatskasse nur, wenn er ausdrücklich auch für diesen beigeordnet ist. Das Gleiche gilt beim Klägervertreter für die Verteidigung gegen den Widerantrag (Abs. 5 Nr. 4).[41]

75 **Folgen fehlender Erweiterung.** Ohne eine ausdrückliche besondere Beiordnung hat der beigeordnete RA keinen Vergütungsanspruch gegen die Staatskasse, soweit die Gebühren allein durch den Widerantrag veranlasst sind (zB eine mündliche Verhandlung erfolgt nur wegen des

---

[35] BGH NJW 2011, 1141 = FamRZ 2011, 635 Rn. 16 ff.; OLG Brandenburg FamRZ 2010, 2002; AGS 2003, 167 mablAnm *N. Schneider;* OLG Braunschweig 16.3.2010, 3 WF 23/10 BeckRS 2010, 17468; OLGR 2003, 5; OLG Celle NJW 2010, 3791 = FamRZ 2011, 240; OLG Jena AGS 2011, 444; OLG Naumburg FamRZ 2011, 391; 01, 1469 = BRAGOreport 2001, 189.

[36] OLG Brandenburg FamRZ 2011, 53; 2002, 10; OLG Braunschweig 16.3.2010, 3 WF 23/10 BeckRS 2010, 17468; OLG Celle NJW 2010, 3791 = FamRZ 2011, 240; OLG Naumburg FamRZ 2011, 125; **aA** OLG Dresden FamRZ 2011, 662; OLG Jena FamRZ 2011, 585; OLG Naumburg FamRZ 2011, 391.

[37] BGH NJW 2011, 1141 = FamRZ 2011, 635 Rn. 16 ff.

[38] So OLG Brandenburg RVGreport 2012, 317; OLG Jena FamRZ 2011, 1677.

[39] LSG NRW AGS 2014, 244.

[40] BGH NJW 2014, 1539.

[41] OLG Koblenz FamRZ 2008, 67.

Widerantrags). Soweit eine Gebühr nach dem zusammengerechneten Wert von Antrag und Widerantrag erwachsen ist, kann er aus der Staatskasse die Gebühr nur nach dem Wert des Antrags beanspruchen (Berechnungsweise wie bei teilweiser PKH → RVG VV 3335 Rn. 71). Das Gleiche gilt für den Ersatz von Auslagen, die allein durch den Widerantrag verursacht sind.

Wider-Widerantrag. Das Gleiche wie bei dem Widerantrag gilt auch für den Wider-Widerantrag. 76

Widerantrag in Ehesache. Etwas anderes gilt gem. Abs. 5 Nr. 4 für einen Widerantrag in Ehe- und bestimmten Lebenspartnerschaftssachen. Auch die Tätigkeit hinsichtlich des Widerantrags ist von der Beiordnung erfasst. 77

Das ändert sich auch dann nicht, wenn der Antragsteller nach Erhebung des Widerantrags seinen eigenen Antrag zurücknimmt. Denn mit der Erhebung des Widerantrags hat sich die Bewilligung der VKH und die Beiordnung kraft Gesetzes auf die Verteidigung gegen den Widerantrag erstreckt. Diese einmal eingetretene Wirkung entfällt nicht.[42] 78

z) Zurückverweisung. Die für die gesamte Instanz (zB Berufungsinstanz) ausgesprochene Bewilligung von Prozesskostenhilfe wirkt bei einer Zurückverweisung der Sache durch das Rechtsmittelgericht an das Gericht des unteren Rechtszugs fort.[43] 79

z1) Zwangsvollstreckung, Vollstreckung, Verwaltungszwang. Besondere Beiordnung. Die der Partei für den Rechtsstreit bewilligte PKH bzw. VKH und Beiordnung erstrecken sich gem. der ausdrücklichen Regelung in § 48 Abs. 5 S. 2 Nr. 1 RVG nicht auf die Zwangsvollstreckung, die Vollstreckung (zB nach §§ 86 ff. FamFG) und den Verwaltungszwang. Beide müssen für diese besonders beantragt und bewilligt werden. Wenn im Folgenden von Vollstreckung die Rede ist, so gilt dasselbe auch für die Zwangsvollstreckung und den Verwaltungszwang. 80

Für Gläubiger und Schuldner. Einer besonderen Beiordnung bedarf es nicht nur für den Gläubiger, sondern auch für den Schuldner, der sich gegen Vollstreckungsmaßnahmen wehren will. 81

Zuständigkeit für Bewilligung und Beiordnung. Zuständig ist grds. das Vollstreckungsgericht.[44] Das kann das Prozessgericht sein, wenn es gem. §§ 887, 888 ZPO Vollstreckungsgericht ist. 82

Für eine oder mehrere Vollstreckungsmaßnahmen. PKH-Bewilligung. Gem. § 119 Abs. 2 ZPO umfasst die Bewilligung der PKH für die Vollstreckung in das bewegliche Vermögen alle Vollstreckungshandlungen im Bezirk des Vollstreckungsgerichts einschließlich des Verfahrens auf Abgabe der eidesstattlichen Versicherung. Daraus ergibt sich im Gegenschluss, dass für die Vollstreckung in das unbewegliche Vermögen und Vollstreckungshandlungen außerhalb des Bezirks des Vollstreckungsgerichts die PKH besonders beantragt und bewilligt werden muss. 83

Beiordnung. Aus der umfassenden PKH-Bewilligung für die Vollstreckung in das bewegliche Vermögen folgt aber nicht, dass auch die Beiordnung eines Anwalts nur umfassend angeordnet werden kann. Da in der Mobiliarvollstreckung eine Vertretung durch Anwälte nicht vorgeschrieben ist, gilt für die Beiordnung § 121 Abs. 2 ZPO. Danach erfolgt die Beiordnung nur auf Antrag, wenn die Vertretung durch einen RA erforderlich ist oder der Gegner auch durch einen RA vertreten ist. 84

Beiordnungsbeschluss bindend. Für die Vergütung aus der Staatskasse ist jedenfalls die Beiordnung so, wie sie angeordnet wurde, bindend. 85

Umfang einer Vollstreckungsmaßnahme. Wenn nur für eine einzelne Maßnahme beigeordnet wurde, umfasst das diejenigen Handlungen des RA, die deren Vorbereitung dienen, zB die Aufforderung an den Gegner, zur Vermeidung der Vollstreckung zu zahlen, oder die Erwirkung einer Durchsuchungserlaubnis (§ 18 Abs. 1 Nr. 1 RVG iVm § 19 Abs. 2 Nr. 1 RVG). 86

Erinnerung nach § 766 ZPO. Sie gehört zur Instanz der Vollstreckung. Also erfasst die Beiordnung für die Vollstreckung auch das Erinnerungsverfahren. Das gilt für den Anwalt des Erinnerungsführers ebenso wie für den des Gegners. 87

Beschwerdeverfahren. Das Beschwerdeverfahren ist dagegen auch in der Vollstreckung ein neuer Rechtszug und eine besondere gebührenrechtliche Angelegenheit. Es erfordert eine besondere Bewilligung und Beiordnung. 88

---

[42] OLG Nürnberg NJW 1970, 2301 = AnwBl 1971, 19.
[43] BVerwG NJW 2008, 3157; OLG Schleswig NJW-RR 2015, 192 = RVGreport 2015, 158 mzustAnm *Hansens;* OLG Schleswig NJW-RR 2015, 192 = AGS 2015, 139.
[44] BGH NJW 1979, 1048 = MDR 1979, 564.

89 **Vollstreckungsgegen- und Widerspruchsklage.** Es handelt sich um besondere Angelegenheiten, die einer neuen Bewilligung und Beiordnung bedürfen.

IV. Zeitlicher Umfang der Beiordnung

1. Wirksamwerden des Beiordnungsbeschlusses

90 Ist keine Rückwirkung angeordnet oder sonst erkennbar gewollt, wird die Beiordnung mit der **Bekanntmachung an den beigeordneten RA** wirksam, die entweder durch Verkündung oder durch formlose Bekanntmachung erfolgt (§ 329 Abs. 2 ZPO; § 45 Rn. 18 RVG). Nicht maßgeblich ist der Zeitpunkt des Erlasses des Beiordnungsbeschlusses, dh der Zeitpunkt, in dem das Gericht den Beschluss aus seiner Verfügungsgewalt entlässt. Gegenteiliges lässt sich auch nicht aus § 127 Abs. 3 S. 5 ZPO herleiten, wonach die Beschwerdefrist für die Staatskasse mit dem Zeitpunkt beginnt, in dem die unterschriebene Entscheidung der Geschäftsstelle übergeben wird. Diese Regelung beruht darauf, dass nach § 127 Abs. 3 S. 6 ZPO die Entscheidung der Staatskasse nicht von Amts wegen mitgeteilt wird.

2. Beim Beiordnungsbeschluss anhängige Gegenstände

91 **a) Grundsatz.** Grundsätzlich ist auf den Zeitpunkt des Beiordnungsbeschlusses abzustellen. Die Beiordnung betrifft nur die Gegenstände, die zu diesem Zeitpunkt bereits anhängig sind. Die Beiordnung enthält keinen Blankoscheck auch für erst später anhängig gemachte Ansprüche.[45]

92 **b) Anhängigkeit zwischen Antrag und Beschluss. Stillschweigende Erstreckung.** Kommen zwischen dem Antrag und der gerichtlichen Entscheidung über ihn neue Gegenstände hinzu, so ist in aller Regel stillschweigend davon auszugehen, dass der Antrag und der Beschluss auch diese erfassen sollen.[46]

Beispiele:

Der Beiordnungsantrag wird vor der Erhebung einer Widerklage gestellt. Über die Beiordnung wird aber erst danach entschieden. Die Widerklage ist von der Bewilligung und Beiordnung umfasst.[47]

Der Beiordnungsantrag war schon lange vor einem Mehrvergleich gestellt, der Beiordnungsbeschluss ergeht aber erst nach Abschluss des Vergleiches. Hier kann der Antrag als konkludent auch dahingehend gestellt angesehen werden, dass sich der Antrag auch auf den gesamten Vergleich bezieht. Eine uneingeschränkte Beiordnung kann dahingehend ausgelegt werden, dass der gesamte Vergleich miterfasst ist.[48]

3. Rückwirkende Beiordnung

93 **Zulässigkeit.** Das Gericht kann auf einen rechtzeitig – uU auch stillschweigend – gestellten Antrag die Bewilligung der PKH und die Beiordnung **mit rückwirkender Kraft** aussprechen.[49]

94 **Voraussetzungen.** Voraussetzung ist, dass die bedürftige Partei einen zulässigen, dh vollständigen oder ohne ihr Verschulden nicht ganz vollständigen Antrag so rechtzeitig gestellt hatte, dass das Gericht über ihn schon früher hätte entscheiden können.

95 Sind diese Voraussetzungen gegeben, so kann eine Beiordnung auch noch nach Abschluss der Instanz oder sogar nach rechtskräftiger Erledigung der Angelegenheit angeordnet werden.

96 **Stillschweigende Rückdatierung.** Lagen die Voraussetzungen für einen früheren Beiordnungsbeschluss vor und ist eine Beiordnung ohne nähere Bezeichnung des Zeitpunkts ihrer Gültigkeit erfolgt, so ist dies stillschweigend dahin zu verstehen, dass der Beiordnungsbeschluss rückwirkend auf diesen Zeitpunkt wirkt. Verzögerungen bei Gericht dürfen nicht zu Lasten der bedürftigen Partei oder ihres RA gehen.[50]

97 **Datierung der Rückwirkung.** Besser ist es, wenn der Beschluss den Rückwirkungszeitpunkt festlegt. Ist das zunächst nicht geschehen, so empfiehlt es sich, um Streit über den Zeitpunkt der Rückwirkung zu vermeiden, eine Ergänzung des Beschlusses zu beantragen.

---

[45] LAG Hessen AGS 2020, 294; LAG Köln AGS 2007, 318 mzustAnm *N. Schneider.*

[46] BAG JurBüro 2015, 35 = NZA-RR 2014, 382; OLG Koblenz AGS 2020, 293 = NZFam 2020, 496; LAG Hessen AGS 2020, 294.

[47] LAG LSA JurBüro 2006, 320.

[48] OLG Zweibrücken NJW-RR 2007, 6; LAG Köln AGS 2007, 318.

[49] BGH NJW 1982, 446 = JurBüro 1982, 52; BAG NZA-RR 2014, 382 Rn. 9 ff. = JurBüro 2015, 35.

[50] OLG Brandenburg FamRZ 2008, 1963; OLG Zweibrücken JurBüro 1982, 1259; 83, 454; VGH München BayVBl. 1983, 220; **aA** LAG Bremen AnwBl 1982, 443, auch wenn Bedürftiger Unterlagen erst nach Beendigung der Instanz beigebracht hat; OVG Koblenz NJW 1982, 2834 = AnwBl 1983, 278 mkritAnm *Bönke,* nicht nach rechtskräftigem Verfahrensabschluss.

Strafsachen (Abs. 5). Zur Rückwirkung in Strafsachen → Rn. 194. 98

4. Nur für jeweiligen Rechtszug

Ohne dass es einer diesbezüglichen ausdrücklichen Anordnung bedarf, gilt die PKH-Bewilligung und damit auch die Beiordnung nur für den jeweiligen Rechtszug (§ 119 Abs. 1 S. 1 ZPO). **Verweist das Rechtsmittelgericht** an die Vorinstanz **zurück,** gilt die früher in der Vorinstanz gewährte PKH und Beiordnung für das Verfahren nach der Zurückverweisung fort, da das ursprüngliche Verfahren der Vorinstanz fortgesetzt wird.[51] 99

PKH-Bewilligungsverfahren für nächste Instanz. Reicht der in der ersten Instanz beigeordnete RA für den höheren Rechtszug einen Antrag auf PKH-Bewilligung ein, so erwächst ihm dafür zwar gegen den Auftraggeber ein Vergütungsanspruch (VV 3335 RVG), nicht aber – auch bei Bewilligung – gegen die Staatskasse, auch nicht etwa auf eine Verkehrsgebühr. Das gilt ebenso, wenn der RA zum PKH-Antrag der Gegenpartei für den höheren Rechtszug Stellung nimmt. 100

Außergerichtliche Tätigkeit zwischen den Instanzen. Die Beiordnung erfasst auch nicht die außergerichtliche Tätigkeit zwischen den Instanzen, zB die Prüfung der Erfolgsaussicht eines Rechtsmittels iSv VV 2100 RVG.[52] 101

5. Ende

a) Aufhebung. ***aa) Abhängigkeit, Bewilligung und Beiordnung.*** Die Beiordnung entfällt ohne weiteres, wenn die PKH Bewilligung aufgehoben wird (§ 124 ZPO). Die Abhängigkeit der Beiordnung von der Bewilligung ergibt sich aus § 124 Abs. 1 ZPO („Der im Wege der Prozesskostenhilfe beigeordnete …“).[53] 102

bb) Rückwirkende Aufhebung. **Verhältnis zur Staatskasse.** Die Aufhebung der PKH (§ 124 ZPO) beseitigt den bis zur Aufhebung bereits erwachsenen Vergütungsanspruch des beigeordneten RA gegen die Staatskasse nicht,[54] und zwar auch dann nicht, wenn die Aufhebung ausdrücklich rückwirkend erfolgt.[55] Etwas anderes gilt nur dann, wenn der RA die ungerechtfertigte Bewilligung der PKH selbst durch bewusst unrichtige Sachdarstellung herbeigeführt hat. Dann verstößt er gegen Treu und Glauben, wenn er sich auf die erschlichene Beiordnung beruft.[56] 103

Verhältnis zum Mandanten. Mit der Aufhebung der PKH endet die Sperrwirkung des § 122 Abs. 1 Nr. 3 ZPO, weshalb der RA die gesetzliche Vergütung gegenüber dem Mandanten selbst geltend machen kann,[57] und zwar auch Gebühren, die vor der Aufhebung entstanden sind. Der Auftrag und die Vollmacht des Mandanten erlöschen nicht mit der Aufhebung der PKH, da Letztere in § 87 ZPO nicht als Erlöschensgrund genannt ist.[58] 104

cc) Tätigkeit nach Aufhebung. Für Tätigkeiten nach Aufhebung der Beiordnung steht dem RA kein Anspruch gegen die Staatskasse zu. 105

b) Tod der Partei. Ende der Beiordnung. Die Beiordnung endet mit dem Tod des Mandanten. 106

Nachfolgende Tätigkeiten. Handelt der beigeordnete RA in Unkenntnis des Todes seiner Partei, so ist auf seinen Vergütungsanspruch gegen die Staatskasse § 674 BGB entsprechend anzuwenden. Es gilt hier Entsprechendes wie bei einer Tätigkeit des Anwalts in unverschuldeter Unkenntnis von der Klagerücknahme. Es besteht ein Vergütungsanspruch gegen die Staatskasse,[59] der auch gem. § 55 geltend gemacht werden kann.[60] Hat der RA jedoch für eine Tätigkeit einen Wahlanwaltsvergütungsanspruch gegen den Erben erlangt, so entfällt sein Anspruch gegen die Staatskasse.[61] Wird der RA in Kenntnis des Todes der Partei tätig, so entsteht 107

[51] BVerwG NJW 2008, 3157; vgl. iÜ dazu, was zu einem Rechtszug gehört Thomas/Putzo/*Seiler* ZPO § 119 Rn. 9.
[52] BGH FamRZ 2007, 1088.
[53] OLG Düsseldorf JurBüro 1982, 1407; Schneider/Wolf/*Fölsch* RVG § 45 Rn. 29; **aA** Riedel/Sußbauer/*Ahlmann* RVG § 45 Rn. 9.
[54] OLG Düsseldorf AnwBl 1983, 94 = Rpfleger 1982, 396 = JurBüro 1982, 1407; OLG Koblenz FamRZ 1997, 755 (Ls.); OLG Köln JurBüro 2005, 544.
[55] OLG Zweibrücken Rpfleger 1984, 115 = JurBüro 1984, 237.
[56] Zöller/*Schultzky* ZPO § 124 Rn. 26; *Enders* JurBüro 1995, 169 (172) mwN.
[57] Zöller/*Schultzky* ZPO § 124 Rn. 25.
[58] Zöller/*Schultzky* ZPO § 124 Rn. 26.
[59] Hartmann/Toussaint/*Toussaint* RVG § 45 Rn. 30.
[60] Riedel/Sußbauer/*Ahlmann* § 45 Rn. 20 gem. § 674 BGB.
[61] Hartmann/Toussaint/*Toussaint* RVG § 45 Rn. 30.

ein Vergütungsanspruch gegen die Staatskasse nur bei Vornahme unaufschiebbarer Geschäfte, zB dem Antrag auf Aussetzung des Verfahrens gem. § 246 ZPO.

108 **Fortsetzung durch die Erben.** Setzen die Erben den Rechtsstreit fort, so bedarf es einer neuen Bewilligung der PKH und Beiordnung.[62] Wird der RA erneut beigeordnet, so können bereits erwachsene Gebühren nur einmal gefordert werden, weil es sich um dieselbe gebührenrechtliche Angelegenheit handelt (§ 15 Abs. 3 RVG). Wird der RA als Wahlanwalt für die Rechtsnachfolger tätig, so hat er die Wahl: Er kann die bis zum Tod der bedürftigen Partei entstandenen Gebühren aus der Staatskasse und den Rest von den Rechtsnachfolgern fordern. Er kann sich aber auch allein an die Rechtsnachfolger wenden. Die Staatskasse kann ihn jedoch nicht auf die Rechtsnachfolger verweisen.

109 **c) Tod des beigeordneten RA.** Mit dem Tod des Anwalts endet die Beiordnung. War eine Sozietät beigeordnet (→ § 45 Rn. 7), so beendet der Tod des die Sache bearbeitenden Sozius die Beiordnung nicht.

109a **d) Ende des Verfahrens.** Die Beiordnung endet mit dem endgültigen Abschluss des Verfahrens in dem jeweiligen Rechtszug,[63] wobei auf den Rechtszug im kostenrechtlichen Sinn abzustellen ist.[64] Der Rechtszug endet mit der abschließenden Gerichtsentscheidung oder anderweitigen endgültigen Erledigung.

6. Besonderheiten in Sozialgerichtsbarkeit (Abs. 4)

110 **a) Motive.** Die Motive zum 2. KostRMoG führen aus zum neu eingefügten Abs. 4: „Der Aufwand, der im Verfahren über den Antrag auf Bewilligung von Prozesskostenhilfe entsteht, wird nach Auffassung einiger Gerichte der Sozialgerichtsbarkeit vom jetzigen Gesetzeswortlaut bei der Festsetzung der aus der Staatskasse zu zahlenden Rahmengebühren nicht berücksichtigt, weil nur die Tätigkeit ab der Bewilligung zu Grunde zu legen sei (SchlHLSG NZS 2009, 534). Damit bestünde für den Rechtsuchenden eine Lücke für die kostenlose Inanspruchnahme eines Rechtsanwalts, die dadurch geschlossen werden soll, dass auch die Tätigkeit im PKH-Bewilligungsverfahren von der bewilligten PKH erfasst wird. Wird der Antrag auf Bewilligung der Prozesskostenhilfe gleichzeitig mit der Einreichung der Klage gestellt, dient die Fertigung der Klageschrift auch der Begründung des Prozesskostenhilfeantrags und ist daher bei der Bemessung der Gebühren zu berücksichtigen. Auch die Tätigkeit in dem Klageverfahren nach Stellung des Antrags auf Bewilligung von Prozesskostenhilfe bis zur Bewilligung soll grds. in die Bemessung der Gebühr einbezogen werden. Dem Gericht bleibt jedoch die Möglichkeit, im Bewilligungsbeschluss nach § 48 Abs. 1 RVG etwas anderes zu bestimmen. Hierfür muss jedoch ein besonderer rechtfertigender Grund vorliegen. Dies kann zB der Fall sein, wenn der Antragsteller durch sein Verhalten hierfür Anlass gegeben hat. In Verfahren mit Betragsrahmengebühren ist die gesamte Tätigkeit bei der Bestimmung der konkreten Gebühr innerhalb des Rahmens zu berücksichtigen. Bei Wertgebühren spielt die Art Problematik keine Rolle, weil die zuvor im PKH Bewilligungsverfahren entstandenen Gebühren entweder anzurechnen sind, oder in der Regel nach Bewilligung neu entstehen."[65]

111 **b) Anwendungsbereich.** § 48 Abs. 4 RVG, der durch das 2. KostRMoG neu eingefügt wurde, gilt nur für Verfahren der Sozialgerichtsbarkeit, in denen nach § 3 Abs. 1 RVG Betragsrahmengebühren anfallen. Nur in diesen Fällen besteht, wie die Motive darlegen (→ Rn. 110), ein Bedürfnis, auch den Aufwand vor der PKH-Bewilligung, der zu einer höheren Gebühr innerhalb des Rahmens führen kann, mit zu erfassen.

112 **c) Folgen.**

Beispiel:

In einem sozialgerichtlichen Verfahren mit Betragsrahmengebühren ist die Formulierung der Klageschrift, die dem PKH-Antrag beigefügt wird, mit einem erheblichen Aufwand verbunden. Das Gericht verlangt auch noch weitere Erläuterungen, bevor es über die PKH entscheidet. Nach Gewährung der PKH erledigt sich das Verfahren sehr schnell.

Wäre nur auf den Aufwand nach der Bewilligung der PKH abzustellen, so wäre möglicherweise nur von einer Gebühr von 360,– EUR (Rahmen gem. VV 3102 RVG von 60,– EUR bis 660,– EUR) auszugehen, während unter Berücksichtigung des vorausgegangenen Aufwandes 500,– EUR anzusetzen sind.

---

[62] OLG Frankfurt a. M. FamRZ 2007, 1995.

[63] ThürLSG NZS 2016, 240 = RVGreport 2016, 154; Mayer/Kroiß/*Ebert* RVG § 48 Rn. 52.

[64] BGH NJW 2004, 3260 Rn. 16 = FamRZ 2004, 1707.

[65] BT-Drs. 17/11471, 270.

V. Betroffene Gebühren

1. Tätigkeit während der Beiordnung

a) Tätigkeit nach Beiordnung. Nur Handlungen während der Beiordnung können den Anspruch auf Vergütung gegen die Staatskasse begründen. Es genügt auch eine Tätigkeit in dem von einer rückwirkenden Beiordnung erfassten Zeitraum. 113

b) Tätigkeit vor und nach der Beiordnung. Nur Anspruch gegen Staatskasse. Sind die gleichen Gebühren schon vorher angefallen (zB der RA war zunächst als Wahlanwalt tätig), so kann er die Gebühren, die nach der Wirksamkeit seiner Beiordnung noch einmal anfallen, gegenüber der Staatskasse geltend machen[66] und zwar nur dieser gegenüber, also **nicht mehr gegen den Mandanten.** 114

Beispiel:

Der RA erhebt am 20.5.2006 Zahlungsklage. Erst während des Verfahrens stellt sich heraus, dass sein Mandant PKH-berechtigt ist. Es wird ihm ab 15.9.2006 PKH gewährt und der RA beigeordnet. Danach findet erneut eine mündliche Verhandlung statt.

Der RA kann von der Staatskasse aus der PKH-Tabelle verlangen

1,3 Verfahrensgebühr gem. VV 3100 RVG (Terminsteilnahme VV 3101 Nr. 1 RVG)

1,2 Terminsgebühr gem. VV 3104 RVG

Pauschale gem. VV 7002 RVG

Dazu, wenn RA zunächst im PKH-Bewilligungsverfahren und dann nach der Beiordnung im Hauptsacheverfahren tätig war, → RVG VV 3335 Rn. 32 ff.

Widerruflicher Vergleich. Wird ein widerruflicher Vergleich geschlossen und PKH für einen Zeitpunkt nach dem Abschluss gewährt, so kommt es darauf an, ob der RA vor dem maßgeblichen Zeitpunkt oder danach noch einmal tätig war, ob er also mit dem Mandanten erst danach besprochen hat, ob der Vergleich angenommen werden soll.[67] 115

Betragsrahmengebühr. Ist die Verfahrensgebühr eine Betragsrahmengebühr, wie zB im Fall des VV 3102 RVG, so ist, wenn die Beiordnung erst im laufenden Verfahren erfolgt, nach dem BayLSG die gesamte Tätigkeit des RA bei der Ausfüllung des Rahmens zu berücksichtigen und nicht nur die nach der Beiordnung noch vorgenommene.[68] 116

c) Tätigkeit nur vor Beiordnung. Ist hingegen vor der Beiordnung eine Gebühr angefallen, die später nicht mehr entsteht, so hat der RA für diese keinen Anspruch gegen die Staatskasse, dafür aber gegen den Mandanten.[69] 117

So hat der BGH entschieden, dass ein unbedingter Revisionszurückweisungsantrag, der vor dem Zeitpunkt gestellt wurde, ab dem die Beiordnung des Anwalts wirksam ist, keine volle Verfahrensgebühr auslöst, da der RA im Verhältnis zur Staatskasse so gestellt wird, als ob er erst mit der Beiordnung in den Rechtsstreit eingetreten wäre.[70] Weiter ist anerkannt, dass kein Anspruch gegen die Staatskasse besteht, wenn der RA Berufung einlegt, dann erst ohne Rückwirkung beigeordnet und danach nicht mehr tätig wird.[71] Der RA muss somit nach dem Zeitpunkt, ab dem seine Beiordnung wirkt, noch etwas tun, was den Gebührentatbestand erfüllt. 118

Beispiel:

Der RA erhebt Zahlungsklage über 30.000,– EUR am 20.5.2006. Erst während des Verfahrens stellt sich heraus, dass sein Mandant PKH berechtigt ist. Es wird ihm ab 15.9.2006 PKH gewährt und der RA beigeordnet. Eine mündliche Verhandlung hat nur vor dem 15.9.2006 stattgefunden. Allerdings hat der RA nach dem 15.9.2006 noch einmal schriftliche Ausführungen zur Sache gemacht.

Der RA kann geltend machen

Anspruch gegen Staatskasse

1,3 Verfahrensgebühr (VV 3100 RVG) aus 30.000,– EUR aus PKH-Tabelle (§ 49 RVG).

Pauschale gem. VV 7002 RVG

---

66 OLG Naumburg JurBüro 1982, 1213; 85, 1193; aber auch JurBüro 1987, 1859; 1988, 901 = Rpfleger 1988, 334; 1995, 423; OLG Oldenburg Rpfleger 2007, 401.

67 LAG Nürnberg AGS 2015, 42 mzustAnm *N. Schneider;* so wohl auch *N. Schneider* in Anm. zu LAG Bln-Bbg AGS 2012, 481; **aA** LAG Bln-Bbg AGS 2012, 481, das grds. Anspruch wegen Einigungsgebühr gegen Staatskasse verneint.

68 BayLSG AGS 2011, 376.

69 BGH AGS 1997, 141; KG KGR Berlin 2008, 806 = RVGreport 2008, 307; **aA** Nds. OVG NJW 2019, 3536 = RVGreport 2020, 14 mablAnm *Hansens* (zu Terminsgebühr).

70 BGH NJW 1970, 757; JurBüro 1983, 1021 = MDR 1983, 744; OLG Schleswig JurBüro 1991, 227.

71 OLG Hamm JurBüro 1974, 1392.

Anspruch gegen Mandanten
1,2 Terminsgebühr (VV 3104 RVG) aus 30.000,– EUR gem. Wahlanwaltstabelle (§ 13 RVG).

Variante: Im vorigen Beispiel hat der RA nach der Beiordnung auch keinen Sachantrag mehr gestellt und auch zur Sache nichts mehr vorgetragen.

Der RA kann geltend machen
Anspruch gegen Staatskasse
0,8 Verfahrensgebühr (VV 3101 Nr. 1 RVG) aus 30.000,– EUR aus PKH-Tabelle (§ 49 RVG).
Pauschale gem. VV 7002 RVG
Anspruch gegen Mandanten
0,5 Verfahrensgebühr (Differenz zu 1,3) aus 30.000,– EUR gem. Wahlanwaltstabelle
1,2 Terminsgebühr gem. VV 3104 RVG) aus 30.000,– EUR gem. Wahlanwaltstabelle (§ 13 RVG).

119 **Hinweis für RA.** Der RA sollte nach der Bewilligung und der Beiordnung den Hauptsacheantrag wiederholen. Ausreichend ist, wenn der RA Bezug nimmt auf einen früheren Schriftsatz, der einen Sachantrag enthält. Dem steht auch nicht entgegen, dass die bewusste Herbeiführung eines Gebührentatbestandes mit dem alleinigen Ziel, Gebühren zu erlangen, sittenwidrig ist.[72] Denn hier gebietet der Schutz des Mandanten eine solche Handhabung. Ansonsten müsste dieser Gebühren trotz seiner Mittellosigkeit und PKH-Berechtigung aus eigener Tasche zahlen. Der RA hat die Interessen seines Mandanten zu vertreten. Dazu gehört auch, dass er dafür sorgt, dass die PKH-berechtigte Partei nicht Gebühren aus eigener Tasche zahlen muss. Ausreichend ist die Erklärung, die Klage solle nunmehr als eingereicht gelten.

120 **d) Durch PKH-Bewilligung bedingte Klage.** Sollte die Klage nur für den Fall der antragsgemäßen Bewilligung der PKH und Beiordnung als eingereicht angesehen werden, ist fraglich, ob der Anspruch auf die volle Verfahrensgebühr gegen die Staatskasse allein durch Erlass des bewilligenden Beschlusses entsteht,[73] oder ob es noch einer den Tatbestand des VV 3101 Nr. 1 RVG erfüllenden Handlung des RA nach seiner Beiordnung bedarf (zB Einreichung einer unterzeichneten Klageschrift oder eines Schriftsatzes, dass die bereits eingereichte Klage nunmehr zugestellt werden soll).[74] Folgt man dem BGH, dass es keine bedingte Klageerhebung gibt,[75] so ist die erste Auffassung unzutreffend.

121 **Hinweis für den RA.** Der RA wird sicherheitshalber– auch im Interesse des Auftraggebers – gut daran tun, alsbald nach Wirksamwerden seiner Beiordnung eine der in VV 3101 Nr. 1 RVG aufgeführten Tätigkeiten vorzunehmen. Dazu, dass hiergegen keine Bedenken wegen Gebührenschneiderei bestehen → Rn. 119.

122 **e) RA des Beklagten oder Antragsgegners.** Die obigen Grundsätze gelten auch für den dem Beklagten oder Antragsgegner beigeordneten RA. Wenn dieser vor der Beiordnung einen Schriftsatz eingereicht hat, der einen Sachantrag enthält, oder seinen Auftraggeber in einem Termin vertreten hat, nachher aber nichts mehr getan hat, so kann er von der Landeskasse nichts, von seinem Auftraggeber aber eine 1,3 Verfahrensgebühr und uU eine 1,2 Terminsgebühr nebst Auslagen verlangen, wenn bereits ein unbedingter Verfahrensantrag vorlag.

123 **f) Beweisfragen.** Etwaige Zweifel darüber, ob der RA nach der Beiordnung zur Hauptsache tätig geworden ist, gehen zu Lasten des Anwalts.

2. Ausschluss von einzelnen Gebühren

124 → § 54 Rn. 29 ff.

3. Verfahrensgebühr

125 **a) Abgeltungsbereich.** Die Verfahrensgebühr entsteht für den beigeordneten RA nach den gleichen Grundsätzen wie für den Wahlanwalt. Der Abgeltungsbereich der Verfahrensgebühr ist der Gleiche wie beim Wahlanwalt. Der beigeordnete RA, der seinen Schriftwechsel mit der Partei in ausländischer Sprache führt, erhält deshalb dafür keine zusätzliche Vergütung.

126 **b) Mehrvergleich,** → Rn. 141 ff.

---

[72] OLG Hamm JurBüro 1974, 1392.

[73] OLG München MDR 1988, 972 = JurBüro 1988, 1713 = KostRspr BRAGO § 31 Ziff. 1 Nr. 97 (für den Fall der antragsgemäßen PKH-Bewilligung in vollem Umfang) mkritAnm *Lappe; Hansens* BRAGO § 32 Rn. 6.

[74] OLG München MDR 1988, 972 = JurBüro 1988, 1713; *Hansens* BRAGO § 32 Rn. 6, beide für den Fall, dass die PKH nur teilweise bewilligt wurde.

[75] BGH NJW 1972, 1373; so auch Thomas/Putzo/*Seiler* ZPO § 253 Rn. 1.

4. Terminsgebühr

a) Grundsätze. Die Terminsgebühr fällt beim beigeordneten RA unter den gleichen Voraussetzungen wie bei einem Wahlanwalt an und wird dann auch von der Beiordnung erfasst. Der RA kann also die Terminsgebühr zB auch durch ein außergerichtliches Gespräch iSv VV Vorb. 3 Abs. 3 RVG oder durch einen schriftlichen Vergleich gem. VV 3104 Anm. Abs. 1 Nr. 1 RVG letzte Alternative verdienen.[76] **127**

b) Terminsgebühr bei Mehrvergleich, → Rn. 141 ff. **128**

5. Beweisaufnahmegebühr

Unter den Voraussetzungen des VV 1010 RVG kann auch eine Beweisaufnahmegebühr von der Staatskasse zu vergüten sein. **129**

6. Einigungsgebühr

a) Grundsatz. Die Einigungsgebühr (VV 1000 ff. RVG) kann der beigeordnete RA aus der Staatskasse beanspruchen, wenn nach seiner Beiordnung unter seiner Mitwirkung ein Vergleich zustande gekommen ist, der den Gegenstand betrifft, wegen dessen er beigeordnet worden ist.[77] **130**

b) Gerichtliche Protokollierung unnötig. Die zeitweise vertreten Auffassung, eine Einigungsgebühr könne gegenüber der Staatskasse nur dann festgesetzt werden, wenn eine Einigung ausdrücklich protokolliert worden sei,[78] ist überholt.[79] Diese Auffassung stützte sich auf die zeitweilige Ansicht des BGH zur Kostenfestsetzung gem. § 104 ZPO, dass er eine gerichtliche Protokollierung voraussetze. Diese Ansicht hat der BGH aber inzwischen aufgegeben. **131**

c) Außergerichtliche Einigung. Unerheblich ist, wo der Einigungsvertrag geschlossen worden ist. Der RA erhält deshalb nach heute einhM – entgegen einer früher stark vertretenen Ansicht[80] – die Einigungsgebühr für eine außergerichtlich geschlossene Einigung über Gegenstände, für die er beigeordnet ist.[81] **132**

d) Einigung vor Beiordnung. Ist die Einigung bereits vor dem Wirksamwerden der Beiordnung zustande gekommen, hat der RA keinen Anspruch auf die Einigungsgebühr gegen die Staatskasse.[82] **133**

e) Einigung nach Instanzende. Vor Rechtsmitteleinlegung. Kommt die Einigung erst nach Beendigung der Instanz, für die der RA beigeordnet ist, unter seiner Mitwirkung zustande, bevor ein Rechtsmittel eingelegt ist, so hat er gegen die Staatskasse Anspruch auf die Einigungsgebühr. Eine nach Urteilszustellung, aber vor Rechtsmitteleinlegung geschlossene Einigung gehört noch zum unteren Rechtszug. **134**

Nach Rechtsmitteleinlegung. Wird dagegen die Einigung erst geschlossen, nachdem ein Rechtsmittel eingelegt ist, kann der nur für die untere Instanz beigeordnete RA für seine Mitwirkung beim Abschluss des Einigungsvertrages keine Vergütung aus der Staatskasse beanspruchen. Das gilt auch, wenn seine Partei für die Rechtsmittelinstanz noch keinen neuen RA bestellt hatte. **135**

f) Mehrvergleich, → Rn. 141 ff., 152 ff. **136**

g) Mitwirkung des Verkehrsanwalts. HM in Rspr. In der Rspr. ist es nahezu einellig hM, dass der beigeordnete Verkehrsanwalt nur dann einen Vergütungsanspruch gegen die Staatskasse für eine Einigungsgebühr haben kann, wenn die Beiordnung ausdrücklich auch auf die Einigungsgebühr erstreckt ist.[83] Das gilt auch dann, wenn die Mitwirkung durch den Ver- **137**

---

[76] Zu PKH-Bewilligungsverfahren KG RVGreport 2007, 458.

[77] OLG Düsseldorf AnwBl 1982, 378 = JurBüro 1981, 1825; JurBüro 1982, 569.

[78] OLG Nürnberg AnwBl 2006, 145 = RVGreport 2005, 478 mablAnm *Hansens* unter Berufung auf BGH NJW 1988, 494; **aA** OLG Zweibrücken FamRZ 2007, 231 = RVGreport 2006, 383 mzustAnm *Hansens;* KG RVG-report 05, 418.

[79] OVG Hamburg NJW 2008, 538.

[80] OLG Koblenz Rpfleger 1996, 32; OLG München JurBüro 1991, 945.

[81] BGH NJW 1988, 494 = Rpfleger 1988, 83 mablAnm *E. Schneider;* OLG Brandenburg AGS 2007, 146; OLG Braunschweig OLGR 2006, 773 = RVGreport 2007, 141; OLG Celle JurBüro 2006, 319; OLG Düsseldorf MDR 2003, 415; KG RVGreport 2005, 418; OLG Köln AGS 2006, 138; OLG Nürnberg AnwBl 2003, 373 = JurBüro 2003, 367; OLG Schleswig; NJW-RR 2004, 422 = MDR 2003, 657; LAG Erfurt JurBüro 1997, 588; LAG Köln JurBüro 1998, 359; VGH München RVGreport 2009, 357.

[82] OLG Schleswig SchlHA 1982, 48.

[83] OLG Naumburg MDR 1999, 569; KG JurBüro 1995, 420; OLG München MDR 2003, 1262 = AGS 2003, 511 mablAnm *N. Schneider;* LAG Düsseldorf JurBüro 2006, 260 = RVGreport 2006, 198 mAnm *Hansens;* LAG

kehrsanwalt zweckmäßig oder die billigste Lösung war. Zur abweichenden hM im Rahmen von § 48 Abs. 3 RVG → Rn. 15.

138 **Gegenmeinung.** Die Vermittlung des Verkehrs der Partei mit dem Prozessbevollmächtigten beschränkt sich nicht auf die eigentliche Prozessführung, sondern umfasst auch Einigungsbemühungen (§ 19 Abs. 1 S. 2 Nr. 2 RVG). Falls diese Tätigkeit ursächlich für einen Einigungsabschluss war, erhält er auch ohne ausdrückliche Erstreckung der Beiordnung hierauf die Einigungsgebühr von der Staatskasse.

139 **Hinweis für RA:** Mit Rücksicht auf die hM in der Rspr. hat der Verkehrsanwalt ohne eine ausdrückliche Erstreckung der Beiordnung auf die Einigungsgebühr kaum eine Chance, von der Staatskasse die Einigungsgebühr vergütet zu bekommen. Er muss deshalb eine ausdrückliche Beiordnung auch für den Vergleichsabschluss beantragen.

140 **h) Einigung im PKH-Bewilligungsverfahren,** → RVG VV 3335 Rn. 53 ff.

VI. Mehrvergleich

1. Mehrvergleich in Ehesachen gem. § 48 Abs. 3 RVG

141 **a) Motive.** Die Motive zum 2. KostRMoG führen zur Neufassung von § 48 Abs. 3 RVG aus:

„… In der Rechtsprechung ist umstritten, ob diese Regelung *(gemeint ist die Regelung des § 48 Abs. 3 aF Vermerk vom Kommentator)* dazu führt, dass nur die Einigungsgebühr aus der Staatskasse zu erstatten ist, oder ob alle durch die Einigung und den Abschluss des Vertrages entstehenden Gebühren, also auch die Differenzverfahrensgebühr und die Differenzterminsgebühr aus der Staatskasse zu erstatten sind (zum Stand der unterschiedlichen Rspr. s. RVGreport 2010, 445 (447)). Mit der nunmehr vorgeschlagenen Neufassung des Abs. 3 S. 1 soll klargestellt werden, dass im Falle eines Vertragsabschlusses alle in diesem Zusammenhang anfallenden Gebühren zu erstatten sind. Nur auf diese Weise erhalten Parteien mit geringem Einkommen die gleiche Möglichkeit, ihre Streitigkeiten möglichst umfangreich beizulegen, wie Parteien mit ausreichend hohem Einkommen.“[84]

142 Die Motive führen in **Erwiderung zu einem abweichenden Vorschlag des Bundesrats,** nach dem nur die Einigungsgebühr erfasst sein sollte, folgendes aus:

„Die Begrenzung auf einen Teil der durch die Einigung entstandenen Gebühren steht nicht im Einklang mit der Zielsetzung der Gesetzesregelung.

Die Beiordnung in einer Ehesache soll sich kraft Gesetzes auf den Abschluss eines Einigungsvertrages iSd VV 1000 RVG (1,5 Einigungsgebühr) bzgl. der dort genannten Folgesachen erstrecken. Sowohl die geltende Regelung wie auch der klarstellende Änderungsvorschlag im Regierungsentwurf verfolgen das Ziel, eine umfassende Einigung in Familiensachen zu fördern. Nur durch eine Erstreckung auf alle Rechtsanwaltskosten, die im Zusammenhang mit einer Einigung anfallen können, erhalten auch bedürftige Verfahrensbeteiligte die Möglichkeit, ihre Streitigkeiten möglichst umfänglich beizulegen.“[85]

143 **b) Betroffene Gegenstände,** → Rn. 16 ff.

144 **c) Von § 48 Abs. 3 RVG betroffene Gebühren.** Zur alten Fassung des § 48 Abs. 3 RVG war streitig, welche Gebühren von der gesetzlich vorgesehenen Erweiterung der Beiordnung betroffen waren.[86] Diese Frage hat die Neufassung geklärt. Erfasst sind alle Gebühren, die im Zusammenhang mit dem Vergleichsabschluss entstanden sind, also zB in erster Instanz, falls entstanden, eine 0,8 Verfahrensgebühr gem. VV 3101 Nr. 2 RVG, eine 1,2 Terminsgebühr gem. VV 3104 Anm. Abs. 2 RVG und eine 1,5 Einigungsgebühr gem. VV 1000 RVG.[87] Dazu, ob überhaupt eine Verfahrensgebühr entstanden ist → § 45 Rn. 29 ff.

145 Dies gilt nicht nur für Neufälle, sondern auch für **Altfälle.** Dies ergibt sich aus den Motiven, die ausdrücklich darlegen, dass die Neufassung schon dem geltenden Recht, also dem Recht vor dem 2. KostRMoG entspricht und die Neufassung lediglich eine Klarstellung enthält (→ Rn. 141, 142). Damit sollte sich auch der Meinungsstreit zum alten § 48 Abs. 3 RVG erledigt haben.

Nürnberg NJW-Spezial 2016, 604 = AGS 2016, 432 mablAnm *N. Schneider* = RVGreport 2016, 346 mablAnm *Hansens;* **aA** OLG Oldenburg JurBüro 1993, 155; OLG Zweibrücken JurBüro 1994, 607.

[84] BT-Drs. 17/11471, 270.

[85] BT-Drs. 17/11471, 270.

[86] Gerold/Schmidt/*Müller-Rabe,* 20. Aufl. 2012, RVG § 48 Rn. 103 ff.

[87] OLG Dresden NJW 2014, 2804 = FamRZ 2014, 1879.

d) Gebühren nur einmal. Alle Gebühren fallen nur einmal und in dem Verfahren an, in dem die Einigung erzielt wird. Das gilt auch dann, wenn die in die Einigung miteinbezogenen Gegenstände in einem anderen Verfahren anhängig sind. Das gilt auch für die Einigungsgebühr (→ RVG VV 1003 Rn. 71). Soweit Gegenstände in einem anderen Verfahren anhängig und dort die gleichen Gebühren ebenfalls angefallen sind, etwa weil in dem anderen Verfahren früher schon einmal verhandelt wurde, ist eine Anrechnung vorzunehmen, zB in der ersten Instanz gem. VV 3101 Anm. Abs. 1, VV 3104 Anm. Abs. 2 RVG. 146

e) Gebührenhöhe. Es fallen an und sind von der Beiordnung erfasst 147
- eine reduzierte Verfahrensgebühr, zB in der ersten Instanz eine 0,8 Verfahrensgebühr gem. VV 3101 Nr. 2 RVG,
- eine Terminsgebühr, falls eine Terminsgebühr auslösende Tätigkeit vorliegt, zB in erster Instanz eine 1,2 Terminsgebühr gem. VV 3104 Anm. Abs. 2 RVG,
- eine 1,5 Einigungsgebühr gem. VV 1000 RVG (→ RVG VV 1003 Rn. 81).

Beispiel:

Rechtshängig sind eine Ehesache (Gegenstandswert 10.000,– EUR) und der Versorgungsausgleich (Gegenstandswert 5.000,– EUR). Nach einer Besprechung im Termin wird ein Vergleich geschlossen, der neben dem Versorgungsausgleich auch noch den Ehegattenunterhalt (Gegenstandswert 8.000,– EUR) und die Wohnungszuweisung (Gegenstandswert 4.000,– EUR) regelt.

Anspruch gegen die Staatskasse		
Alle Gebühren aus der PKH Tabelle gem. § 49 RVG		
1,3 Verfahrensgebühr gem. VV 3100 RVG aus 15.000,– EUR	479,70 EUR	
0,8 Verfahrensgebühr gem. VV 3101 Nr. 2 RVG aus 12.000,– EUR	283,20 EUR	
zusammen	762,90 EUR	
maximal § 15 Abs. 3 1,3 Verfahrensgebühr aus 27.000,– EUR		588,90 EUR
1,2 Terminsgebühr aus 27.000,– EUR		543,60 EUR
1,0 Einigungsgebühr gem. VV 1003 RVG aus 5.000,– EUR	284,00 EUR	
1,5 Einigungsgebühr gem. VV 1000 RVG aus 12.000,– EUR	531,00 EUR	
zusammen	815,00 EUR	
maximal gem. § 15 Abs. 3 1,5 Einigungsgebühr aus 17.000,– EUR		576,00 EUR
Pauschale		20,00 EUR
Insgesamt		1.728,50 EUR

Höchstgebühren des § 49 RVG bei Mehrvergleich. Ist die Höchstgebühr des § 49 RVG schon durch einen der mitverglichenen Ansprüche entstanden, so erhöhen sich durch die Einbeziehung weiterer Ansprüche die aus der Staatskasse zu fordernden Gebühren nicht. 148

f) Gegenstandswert. Der Staatskasse gegenüber sind die Gegenstandswerte in vollem Umfange zu Grunde zu legen, soweit sie von der Beiordnung erfasst sind. 149

Teil-Beiordnung. Bezieht sich die Einigung auch auf Gegenstände, die von der Beiordnung nicht erfasst sind, so ist der Anspruch gegen die Staatskasse so zu berechnen, als ob die Gebühren sich allein auf die von der Beiordnung erfassten Gegenstände beziehen würden; es ist also die Differenzmethode und nicht die Quotenmethode anzuwenden, auch → RVG VV 3335 Rn. 70. 150

g) Wirksamer Vergleich. Wird ein widerruflicher Vergleich widerrufen, so treten die Wirkungen des § 48 Abs. 3 RVG nicht ein. Diese Bestimmung setzt voraus, dass ein wirksamer Vergleich geschlossen wird. 151

2. Mehrvergleich außerhalb von Ehesachen

Weg. **Entstehung** der Verfahrensgebühr → RVG VV 3101 Rn. 81 ff., Terminsgebühr → RVG VV 3104 Rn. 93 ff., Einigungsgebühr → RVG VV 1003 Rn. 71 ff. 152

a) Begriff. Unter einem Mehrvergleich ist hier ein Vergleich zu verstehen, der nicht nur die Gegenstände umfasst, für die der RA bereits beigeordnet ist. 153

b) Ohne Erweiterung der Beiordnung. Werden von der Beiordnung nicht erfasste Gegenstände mitverglichen, ohne dass die Beiordnung hierfür erweitert wird, so sind außerhalb von Ehesachen die durch die Einbeziehung zusätzlich anfallenden Gebühren von der Beiordnung nicht betroffen und nicht von der Staatskasse zu vergüten (Ausnahme → Rn. 141 ff. für bestimmte Folgesachen in Ehesachen).[88] Anders ist es, wenn die Bewilligung und Beiordnung ausdrücklich erweitert wird. 154

[88] LAG Nürnberg JurBüro 2009, 263; OVG Saarbrücken NJW 2013, 1019.

155 Eine **stillschweigende Erweiterung** ist ausgeschlossen.[89] Sie ist auch dann nicht zu bejahen, wenn der Vergleich einem gerichtlichen Vorschlag entspricht. Das gilt für die Verfahrens-, die Terminsgebühr[90] und die Einigungsgebühr.

156 **Entscheidung über Bewilligungsantrag nach Abschluss des Mehrvergleichs** → Rn. 92.

157 **c) Beiordnung für „nicht anhängige, mitverglichene Gegenstände".** Wird die Beiordnung auf die „nicht anhängigen, mitverglichenen Gegenstände" erstreckt, so werden neben der Einigungs- auch die Verfahrens- und Terminsgebühr hinsichtlich dieser Gegenstände hiervon erfasst, und zwar in der vollen Höhe, in der sie angefallen sind. Die Folgen sind dieselben wie bei Abs. 3 (→ Rn. 141 ff.). Dabei ist es unerheblich, ob man eine so weitgehende Erweiterung für zulässig hält. Entscheidend und bindend ist der Beiordnungsbeschluss (→ § 46 Rn. 7). Bei der gewählten, allumfassenden Formulierung steht auch fest, dass die Beiordnung nicht eingeengt auf nur einige im Zusammenhang mit dem Vergleichsabschluss anfallende Gebühren beschränkt ist. Dasselbe gilt, wenn Beiordnung erfolgt „für den 1. Rechtszug in vollem Umfang"

158 **Teilbeiordnung für nur einige Gegenstände.** Erfolgt die Beiordnung nur für einen Teil der mit verglichenen Gegenstände, so ist wie folgt zu rechnen.

Beispiel:

Für die Klage iHv 10.000,– EUR ist der RA beigeordnet. Mitverglichen werden ein Darlehen (Wert 4.000,– EUR) und eine Kaufsache (Wert 8.000,– EUR). Die Beiordnung wird erweitert auf die mitverglichene Kaufsache.

Ansprüche des RA gegen die Staatskasse			
1,3 Verfahrensgebühr gem. VV 3100 RVG aus 10.000,– EUR aus PKH-Anwaltstabelle	440,70 EUR		
0,8 Verfahrensgebühr gem. VV 3101 Nr. 2 RVG aus 8.000,– EUR aus PKH-Anwaltstabelle	253,60 EUR		
Zusammen	694,30 EUR		
Maximal 1,3 Verfahrensgebühr gem. VV 3100 RVG aus 18.000,– EUR aus PKH-Anwaltstabelle		499,20 EUR	
1,2 Terminsgebühr gem. VV 3104 RVG aus 18.000,– EUR aus PKH-Anwaltstabelle		460,80 EUR	
1,0 Einigungsgebühr gem. VV 1003 RVG aus 10.000,– EUR aus PKH-Anwaltstabelle	339,00 EUR		
1,5 Einigungsgebühr gem. VV 1000 RVG aus 8.000,– EUR aus PKH-Anwaltstabelle	475,50 EUR		
Zusammen	814,50 EUR		
Maximal 1,5 Einigungsgebühr aus 18.000,– EUR aus PKH-Anwaltstabelle		576,00 EUR	
Pauschale		20,00 EUR	
Insgesamt gegen Staatskasse			**1556,00 EUR**
Ansprüche des RA gegen Mandant			
1,3 Verfahrensgebühr gem. VV 3100 RVG aus 10.000,– EUR aus Wahlanwaltstabelle	798,20 EUR		
+ 0,8 Verfahrensgebühr gem. VV 3101 RVG aus 12.000,– EUR aus Wahlanwaltstabelle	532,80 EUR		
Summe Verfahrensgebühr	1331,00 EUR		
Maximal 1,3 Verfahrensgebühr gem. VV 3100 RVG aus 22.000,– EUR aus Wahlanwaltstabelle		1.068,60 EUR	
1,2 Terminsgebühr gem. VV 3104 RVG aus 22.000,– EUR aus Wahlanwaltstabelle		986,40 EUR	
1,0 Einigungsgebühr gem. VV 1003 RVG aus 10.000,– EUR aus Wahlanwaltstabelle	614,00 EUR		
+ 1,5 Einigungsgebühr gem. VV 1000 RVG aus 12.000,– EUR aus Wahlanwaltstabelle	999,00 EUR		
Summe Einigungsgebühr	1.613,00 EUR		
Maximal 1,5 Einigungsgebühr aus 22.000,– EUR aus Wahlanwaltstabelle		1.233,00 EUR	
Davon abzuziehen			
– 1,3 Verfahrensgebühr gem. VV 3100 RVG aus 10.000,– EUR aus Wahlanwaltstabelle	– 798,20 EUR		

[89] LAG Bln-Bbg JurBüro 2009, 369.

[90] BGH NJW 2004, 2595 = FamRZ 2004, 1708; OLG Hamburg JurBüro 1996, 26; KG FamRZ 2010, 1586; OLG Saarbrücken JurBüro 1989, 80; OLG München 10.6.2008 11 WF 927/08, BeckRS 2009, 13972.

– 0,8 Verfahrensgebühr gem. VV 310 Nr. 2 RVG aus 8.000,– EUR aus Wahlanwaltstabelle	– 401,60 EUR
Summe Verfahrensgebühr	– 1.199,80 EUR
– maximal 1,3 Verfahrensgebühr gem. VV 3100 RVG aus 18.000,– EUR aus Wahlanwaltstabelle	– 1001,00 EUR
– 1,2 Terminsgebühr gem. VV 3104 RVG aus 18.000,– EUR aus Wahlanwaltstabelle	– 924,00 EUR
1,0 Einigungsgebühr gem. VV 1003 RVG aus 10.000,– EUR aus Wahlanwaltstabelle	– 614,00 EUR
+ 1,5 Einigungsgebühr Gem. VV 1000 RVG aus 8.000,– EUR – 753,00	
Summe Einigungsgebühr	– 1367,00 EUR
Max. 1,5 Einigungsgebühr aus 18.000,– EUR	– 1155,00 EUR
Insgesamt gegen Mandanten	**208,00 EUR**
Gegen Staatskasse und Mandanten zusammen	**1.764,00 EUR**

d) Beiordnung für „Einigungsgebühr". Hier erfolgt die Beiordnung eindeutig nur für die Einigungsgebühr. Nur diese wird von der Staatskasse vergütet. Auch hier ist wieder der Beiordnungsbeschluss, auch wenn er falsch ist, bindend für die Vergütungsfestsetzung (→ § 46 Rn. 7). Daran hat das KostRÄG 2021 nichts geändert. **159**

e) Beiordnung für „Abschluss eines Vergleichs". Bis zum KostRÄG 2021 bestand Streit, welche Gebühren von der Beiordnung umfasst sind, wenn „für den Abschluss eines Vergleichs" die Beiordnung anerkannt wurde; ob nur die Einigungsgebühr oder nur diese und eine 0,8 Verfahrensgebühr oder ob alle Gebühren, die im Zusammenhang mit der Einigung angefallen sind.[91] **160**

Diese Streitfrage hat das KostRÄG 2021 durch die Einfügung von § 48 Abs. 1 Satz 2 RVG geklärt. Die Beiordnung oder die Bewilligung der Prozesskostenhilfe umfasst alle gesetzlichen Gebühren und Auslagen, die durch die Tätigkeit entstehen, die zur Herbeiführung der Einigung erforderlich sind. Das bedeutet, dass im Falle einer Beiordnung alle Gebühren, die zuvor im Zusammenhang mit der Herbeiführung der Einigung angefallen sind, also auch die Verfahrens- und Terminsgebühr und nicht nur die Einigungsgebühr von der Beiordnung umfasst sind. **161**

Beispiel:

Beigeordnet ist der RA für ein Verfahren mit einem Verfahrenswert von 10.000,– EUR. Weiter schwelt noch ein Streit über 5.000,– EUR. Es werden beide Streitpunkte im anhängigen Verfahren verglichen. Der RA wird „für den Abschluss des Vergleichs" beigeordnet.

1,3 Verfahrensgebühr	aus 10.000,– EUR	440,70 EUR	
0,8 Verfahrensgebühr	aus 5.000,– EUR	227,20 EUR	
Summe		667,90 EUR	
Maximal § 15 Abs. 3 RVG 1,3	aus 15.000,– EUR		479,70 EUR
1,2 Terminsgebühr	aus 15.000,– EUR		442,80 EUR
1,0 Einigungsgebühr	aus 10.000,– EUR	339,00 EUR	
1,5 Einigungsgebühr	aus 5.000,– EUR	426,00 EUR	
Summe		765,00 EUR	
Maximal § 15 Abs. 3 RVG 1,5	aus 15.000,– EUR		553,50 EUR
Pauschale			20,00 EUR
19 % MwSt			284,24 EUR
Summe			**1.780,24 EUR**

PKH-Bewilligungsverfahren. Dieser weite Umfang der Beiordnung gilt auch in Verfahren über die Bewilligung der PKH iSv VV 3335. Dies erklären die Motive zum KostRÄG ausdrücklich (→ Rn. 1 ff.). Außerdem kann ohnehin nicht eine unterschiedliche Auslegung angenommen werden, je nachdem in welchem Verfahren man sich gerade befindet.[92] **162**

Altfälle. Das gilt auch für Altfälle aus der Zeit vor dem KostRÄG 2021. Schon vorher ergab sich aus dem Gesetz mit eindeutiger Sicherheit diese weitreichende Beiordnung.[93] Das hat auch der Gesetzgeber so gesehen, wenn es in den Motiven heißt, dass bereits durch die Neufassung von § 48 Abs. 3 Satz 1 RVG im 2. KostRMoG klargestellt werden sollte, dass alle im Zusammenhang mit der Einigung anfallenden Gebühren zu erstatten sind (→ Rn. 1). **163**

---

[91] Ausführlich hierzu Gerold/Schmidt/*Müller-Rabe* RVG 24. Aufl. RVG § 48 Rn. 160 ff.
[92] Hierzu Gerold/Schmidt/*Müller-Rabe* RVG 24. Aufl. RVG § 48 Rn. 160 ff.
[93] Ausführlich hierzu Gerold/Schmidt/*Müller-Rabe* RVG 24. Aufl. RVG § 48 Rn. 160 ff.

164 **f) Zeitlicher Umfang der Beiordnung.** Auch im Rahmen des Mehrvergleichs gelten die allgemeinen Grundsätze zum zeitlichen Umfang einer Beiordnung. Damit gilt grundsätzlich, dass Gebühren, die ausschließlich vor der Beantragung der Beiordnung entstanden sind, nicht vom Beiordnungsbeschluss erfasst sind (→ Rn. 90 ff.), auch für den Vergleich. Es muss also darauf geachtet werden, dass der Antrag nicht zu spät gestellt wird.

165 **Zurückweisung eines verspäteten Beiordnungsantrags.** In der Rspr. ist hinsichtlich des Mehrvergleichs nicht geklärt, ob ein erst nach dem Vergleichsabschluss gestellter Antrag überhaupt noch dazu führen kann, dass für den Vergleich der RA beigeordnet wird. Teilweise wird dies – zu Recht (→ Rn. 94) – verneint.[94] Teilweise, auch vom BAG, wird vertreten, dass noch bis zum Ende der mündlichen Verhandlung der Antrag gestellt werden kann.[95] Dabei geht allerdings das BAG nicht auf den eigentlich entscheidenden Punkt ein, nämlich darauf, dass grds. für Tätigkeiten, die vor der Antragstellung liegen, keine Beiordnung zu erfolgen hat (→ Rn. 90 ff.). Eine Begründung, warum dies im Falle eines Mehrvergleichs nicht gelten soll, fehlt in der Entscheidung des BAG. Unzweifelhaft ist, dass nach Abschluss des Verfahrens kein Antrag mehr gestellt werden kann.[96]

166 **Auslegung einer Beiordnung nach verspätetem Antrag.** Wurde der Antrag erst nach dem Vergleichsabschluss gestellt, erlässt das Gericht aber dennoch einen Beiordnungsbeschluss „für den Vergleich“ oder „für mitverglichene Gegenstände“, so ist dies dahingehend zu verstehen, dass unbeschadet der Verspätung des Antrages die Beiordnung sich auf alle im Zusammenhang mit dem Vergleich entstandenen Gebühren bezieht. Andernfalls ginge der Beschluss ins Leere; es kann nicht unterstellt werden, dass der Richter eine Beiordnung in der Weise vornehmen will, dass sie folgenlos ist. Auch hier gilt wieder, dass der tatsächlich getroffene Beiordnungsbeschluss bindend ist (→ § 46 Rn. 7), und zwar auch dann, wenn der Beschluss so nicht hätte ergehen dürfen. Nach OLG Köln kann das Gericht nachträglich durch einen Beschluss klarstellen, welchen Umfang die Beiordnung haben sollte.[97]

167 **Hinweis für den Rechtsanwalt.** Im Hinblick auf die zuvor gemachten Ausführungen sollte der RA den Erweiterungsantrag **sofort** stellen, wenn über die Einbeziehung weiterer Ansprüche gesprochen wird, jedenfalls aber spätestens vor dem Abschluss des Vergleiches.

168 **g) Keine Hinweispflicht des Gerichts.** Es besteht keine Verpflichtung des Gerichts, die Parteien oder den Verfahrensbevollmächtigten darauf hinzuweisen, dass die PKH-Bewilligung und die Beiordnung die nicht anhängigen Ansprüche nicht erfasst, weshalb insoweit ein neuer Antrag gestellt werden müsste.[98]

169 **h) Wirksamer Vergleich.** Voraussetzung für einen Anspruch gegen die Staatskasse ist, dass ein wirksamer Vergleich zu Stande kommt. Wird ein widerruflicher Vergleich widerrufen, so wird eine für den Abschluss des Vergleichs zuerkannte Beiordnung gegenstandslos.[99]

VII. Hebegebühr

170 Ein Anspruch auf die Hebegebühr entsteht dem beigeordneten RA gegen die Staatskasse nur dann, wenn Zahlungen für die bedürftige Partei, zu deren Geltendmachung er beigeordnet ist, unaufgefordert an ihn geleistet werden.

VIII. Straf-/Bußgeldsachen/sonstige Verfahren (Abs. 6)

Schrifttum: *Burhoff,* Umfang der Beiordnung des Pflichtverteidigers im Strafverfahren Erstreckung nach § 48 Abs. 5 RVG, RVGreport 2004, 411; *Burhoff,* Neues zur Erstreckung der Beiordnung und Bestellung nach § 48 Abs. 5 RVG, RVGreport 2008, 129; *Burhoff,* Die Abrechnung der anwaltlichen Tätigkeit in mehreren Strafverfahren Teil 1: Verbindung von Verfahren, RVGreport 2008, 405; *Burhoff,* Verbindung von Verfahren: So wirkt sie sich auf die Gebühren aus, RVG prof. 2012, 189; *Burhoff,* Erst Wahlanwalt, dann Pflichtverteidiger: Welche gesetzliche Gebühren bekomme ich?, StraFo 2014, 454; *Burhoff,* Erst Wahlanwalt, dann Pflichtverteidiger, oder: Wirkt die Pflichtverteidigerbestellung zurück?, RVG prof. 2016, 151; *Burhoff,* Checklisten: Erst Wahl-, dann Pflichtverteidiger – wirkt die Pflichtverteidigerbestellung zurück?, RVG prof. 2016, 159; *Burhoff,* Pflichtverteidiger und Erstreckung – ein Update, RVG prof. 2020, 10; *Burhoff,* Erstreckungsantrag – ein Update, RVG prof. 2020, 31; *Burhoff,* Geplante Änderungen bei der Anwaltsvergütung durch das KostRÄG 2021 – Teil 2, RVGreport 2020, 402;

---

[94] OLG Brandenburg JurBüro 2009, 369 Rn. 13; LAG Hamm NZA-RR 2007, 601 Rn. 6.
[95] BAG NJW 2012, 2828; OLG Nürnberg AGS 2016, 493.
[96] BAG NJW 2012, 2828.
[97] OLG Köln OLGR 2008, 65 = AGS 2008, 247.
[98] LAG Nürnberg JurBüro 2009, 262 Rn. 20; LAG RhPf. 14.6.2007 – 8 Ta 139/07 Rn. 7, BeckRS 2007, 46027.
[99] LAG Bln-Bbg JurBüro 2009, 369 Rn. 13.

Burhoff, Änderungen bei der Verteidigervergütung durch das KostRÄG 2021, StRR 1/2021, 5; *Burhoff,* Änderungen bei der Vergütung der Verteidiger/Rechtsanwälte in Straf- und Bußgeldsachen durch das KostRÄG 2021, StraFo 2021, 8; *Burhoff,* Änderungen bei der Vergütung der Verteidiger/Rechtsanwälte in Straf- und Bußgeldsachen durch das KostRÄG 2021, S. 1815; *Burhoff,* Änderungen bei der Vergütung der Verteidiger/Rechtsanwälte durch das KostRÄG 2021 betreffend Teile 4 und 5 VV, AGS 2021, 49; *Enders,* Verbindung von mehreren Strafverfahren/Bestellung des Rechtsanwalts zum Pflichtverteidiger, JurBüro 2009, 113; *Fromm,* Gebührentechnische Besonderheiten im Bußgeldrechtlichen Verbundverfahren, JurBüro 2013, 228; *H. Schneider,* Kostenrechtliche Auswirkungen des Gesetzes zur Umsetzung des Rahmenbeschlusses über die Anwendung des Grundsatzes der gegenseitigen Anerkennung von Geldstrafen und Geldbußen, JurBüro 2011, 67; *H. Schneider,* Vergütung bei Bewilligung von Prozesskosten- und Beratungshilfe – Aktuelle Rechtsprechung, AGS 2019, 53; *N. Schneider,* Umfang der Rückwirkung einer Pflichtverteidigerbestellung, StraFo 2014, 410; *N. Schneider,* KostRÄG 2021 – das neue Übergangsrecht nach § 60 RVG, ZAP 24 S. 1782; *N. Schneider,* KostRÄG 2021: Das neue Übergangsrecht nach § 60 RVG, AGS 2021, 1; vgl. auch die Hinweise bei → RVG VV Vorb. 4 Vor Rn. 1; *Volpert,* Vergütungsanspruch gegen die Staatskasse bei Prozesskostenhilfe in Strafsachen (§§ 45 Abs. 1, 48 Abs. 6 RVG), AGS 2020, 365; *Volpert,* Kostenrechtsänderungsgesetz 2021 – Die wichtigsten geplanten Änderungen im RVG, AGS 2020, 445; *Volpert,* KostRÄG 2021: Neues Übergangsrecht in Strafsachen nach § 60 RVG, StRR 2/2021, 5.

1. Allgemeines

Vergütungsansprüche des RA gegen die Staatskasse entstehen erst für Tätigkeiten ab dem Zeitpunkt der Bestellung oder Beiordnung des RA.[100] § 48 Abs. 6 RVG enthält als **Ausnahme** von diesem **Grundsatz** besondere Regelungen für den Umfang des Vergütungsanspruchs des in Angelegenheiten nach VV Teil 4–6 RVG beigeordneten oder bestellten RA.[101] Die Regelung war bis zum 31.7.2013 in § 48 Abs. 5 RVG enthalten. Dieser ist nach Einfügung des neuen Abs. 4 durch das 2. KostRMoG[102] Abs. 6 geworden. Redaktionelle Änderungen sind durch das 2. KostRMoG aber nicht eingetreten. **Sinn** und **Zweck** der Regelung ist es, Streit und Unklarheiten zu vermeiden, die durch eine in der Praxis nicht seltene späte Bestellungsentscheidung entstehen[103] und die Effektivität der Pflichtverteidigung beeinträchtigen können. Die Rückwirkungsfiktion und die mit ihr umfassend abgesicherte – zumindest vorläufige – Kostenübernahme durch den Staat wird „nicht als vergütungsrechtlicher Selbstzweck [angesehen], sondern stellt sich als Ausprägung rechtsstaatlich garantierter Pflichtverteidigung dar“.[104] 171

§ 48 Abs. 6 **S. 1 RVG** enthält die frühere Regelung des § 97 Abs. 3 BRAGO. Im RVG neu ist/war die Regelung in **S. 2,** die die Bestellung/Beiordnung in einem späteren Rechtszug betrifft, und die in **S. 3,** die für den Fall der Verfahrensverbindung gilt. Das KostRÄG 2021 v. 21.12.2020[105] hat S. 3 um den Einschub. „und ist der Rechtsanwalt nicht in allen Verfahren bestellt oder beigeordnet worden“ ergänzt. Damit ist der in Rspr. und Lit. bis zu dieser Ergänzung bestehende Streit, ob ein anwaltlicher Vergütungsanspruch für frühere Tätigkeiten in Verfahren, die vor der Beiordnung hinzuverbunden wurden, bereits aus § 46 Abs. 6 S. 1 RVG folgt und ob demgemäß der Anwendungsbereich des § 48 Abs. 6 S. 3 RVG entsprechend auf Fälle beschränkt ist, in denen nach einer Beiordnung noch weitere Verfahren hinzuverbunden werden, in den Verfahren, in denen die Neuregelung gilt, erledigt.[106] 172

2. Allgemeiner Anwendungsbereich

a) Persönlich/Sachlich. Abs. 6 gilt für **alle Angelegenheiten** nach den **VV Teil 4–6 RVG.**[107] Sie ist damit grds. auch im Bereich der Tätigkeiten nach dem Europäischen Geldsanktionsgesetz anwendbar,[108] allerdings ergibt sich ein Vergütungsanspruch gegen die Staatskasse hinsichtlich der Verfahrensgebühr VV 6100 RVG (Tätigkeit gegenüber der Bewilligungsbehörde) nur dann, wenn der RA in dem dem Bewilligungsverfahren gem. § 87g IRG oder § 87i 173

---

100 OLG Düsseldorf NStZ-RR 1996, 171; OLG Hamburg NStZ-RR 2012, 390 = RVGreport 2012, 457; OLG Hamm AnwBl 1995, 562.

101 Eing. zu dieser Vorschrift die Kommentierung bei Burhoff/Volpert RVG/*Burhoff* § 48 Abs. 6 mit zahlreichen Beispielen; s. a. *Burhoff* RVGreport 2008, 129; StraFo 2014, 454; RVG prof. 2016, 151 (159).

102 BGBl. I 2586.

103 OLG Hamburg NStZ-RR 2012, 390 = RVGreport 2012, 457; BeckOK RVG/*Sommerfeld/Sommerfeld* § 48 Rn. 95.

104 OLG Hamburg NStZ-RR 2012, 390 = RVGreport 2012, 457.

105 BGBl. I 3229.

106 Wegen der Einzelh → Rn. 180 ff.

107 Zum Bußgeldverfahren *Fromm* JurBüro 2013, 228; zum Auslieferungsverfahren OLG Hamm RVGreport 2017, 52.

108 Vgl. VV Vorb. 6.1.1 ff. RVG.

IRG nachfolgenden gerichtlichen Verfahren zum Beistand bestellt wird.[109] Die Vorschrift gilt auch im Bereich der ThUG.[110] Die Vorschrift gilt für das **gesamte Verfahren.** Sie gilt insbes. auch im Strafvollstreckungsverfahren.[111]

174 Die Vorschrift gilt für den bestellten bzw. beigeordneten RA, idR also für den **Pflichtverteidiger.**[112] Über VV Vorb. 4 Abs. 1 RVG gilt sie aber zB auch für den nach § 68b StPO bestellten Zeugenbeistand und den im Wege der PKH beigeordneten Nebenklägerbeistand.[113] Ist der Pflichtverteidiger gem. § 142 Abs. 4 StPO von der Staatsanwaltschaft bestellt, gilt § 48 RVG über § 59a Abs. 1 RVG.[114] Ist der Zeugenbeistand durch die Staatsanwaltschaft nach § 163 Abs. 4 S. 1 Nr. 3 StPO bzw. § 161a Abs. 4 StPO oder im Verfahren über die Vollstreckung einer ausländischen Geldsanktion nach §§ 87e, 53 IRG vom Bundesamt für Justiz, gilt die Vorschrift über § 59a Abs. 2, 3 RVG entsprechend.[115]

175 **b) Inhaltlich.** Abs. 6 **erstreckt** die vergütungsrechtlichen Wirkungen einer Bestellung/Beiordnung des RA, nämlich den Anspruch auf gesetzliche Gebühren aus der Staatskasse (§ 45 Abs. 3 RVG) auf die vor seiner Bestellung/Beiordnung erbrachten Tätigkeiten. Das bedeutet, der RA erhält die gesetzliche Vergütung auch für solche Tätigkeiten, die er vor seiner Beiordnung/Bestellung als Wahlanwalt erbracht hat. Der RA hat aber nur dann einen Anspruch auf Vergütung aus der Staatskasse für den vor der Bestellung bzw. Beiordnung liegenden Zeitraum, wenn er vor der Bestellung bzw. Beiordnung auch tatsächlich tätig geworden ist. Abs. 6 gewährt **keinen Vergütungsanspruch** für **nicht erbrachte** Tätigkeiten.[116] Nach einer in der Rspr. vertretenen Auffassung soll die Rückwirkung der Beiordnung **dann nicht** greifen, wenn in dem gerichtlichen **Beiordnungsbeschluss** ausdrücklich eine **abweichende Bestimmung** der **zeitlichen Geltung** der Beiordnung getroffen worden ist. Das ist mE fraglich, da es für die Gerichte die Tür zu „vergütungsrechtlichen Manipulationen" öffnet.[117] Der RA sollte auf jeden Fall auch aus diesem Grund von zeitlich beschränkten Beiordnungsanträgen absehen bzw. sich gegen gebührenbeschränkende Beiordnungen wehren.

176 Die Tätigkeit muss jedoch **nicht gegenüber dem Gericht** erfolgt sein bzw. sich aus der Akte ergeben.[118] Ausreichend ist also zB auch (nur) ein erstes Gespräch mit dem Mandanten. Liegen dann die Voraussetzungen des § 48 Abs. 6 S. 3 RVG vor, erhält der RA später auch die Grundgebühr VV 4100 RVG als gesetzliche Gebühr des hinzuverbundenen Verfahrens.

177 § 48 Abs. 6 RVG erstreckt sich nicht nur auf die Gebühren, sondern auch auf die **Auslagen.** Es ist ausdrücklich von Vergütung die Rede. Der Begriff umfasst auch die Auslagen (vgl. § 1 Abs. 1 RVG).

Für den **allgemeinen Umfang** des Anspruchs und der Beiordnung gelten **Abs. 1, 5.**

3. Erster Rechtszug (Abs. 6 S. 1)

178 Nach Abs. 6 S. 1 enthält der RA, der im Laufe des ersten Rechtszugs bestellt/beigeordnet wird, die gesetzliche Vergütung auch für die **gesamte Tätigkeit vor** dem **Zeitpunkt** der **Bestellung/Beiordnung,** also zB in davor liegenden Hauptverhandlungsterminen.[119] Vor der

---

[109] Vgl. VV Vorb. 6.1.1 RVG; Burhoff/Volpert RVG/*Burhoff* § 48 Abs. 6 Rn. 5; Burhoff/Volpert RVG/*Volpert* VV Vorb. 6.1.1 Rn. 16 f.; **aA** wohl *H. Schneider* JurBüro 2011, 61.

[110] Burhoff/Volpert RVG/*Burhoff* § 48 Abs. 6.

[111] Burhoff/Volpert RVG/*Burhoff* § 48 Abs. 6 Rn. 9, 20 mit Bsp. bei Rn. 21.

[112] Zur Geltung für den beigeordneten Nebenklägervertreter OLG Koblenz AGS 2007, 507 = JurBüro 2007, 644 = RVGreport 2008, 139 = StRR 2008, 40; zum Bußgeldverfahren *Fromm* JurBüro 2013, 228.

[113] OLG Koblenz AGS 2007, 507 = JurBüro 2007, 644 = RVGreport 2008, 139 = StRR 2008, 40; Burhoff/Volpert RVG/*Burhoff* § 48 Abs. 6 Rn. 6; BeckOK RVG/*Sommerfeldt/Sommerfeldt* § 48 Rn. 99; HSE/*Hartung* RVG § 48 Rn. 61; Mayer/Kroiß/*Kroiß* RVG § 48 Rn. 122; *Volpert* AGS 2020, 365, 366 ff.; aA nur OLG Celle RVGreport 2019, 59 = AGS 2019, 35; offen *H. Schneider* AGS 2019, 53.

[114] → § 59a Rn 9a ff.

[115] So auch Schneider/Wolf/*Fölsch/Schaffhausen/N. Schneider/Thiel* RVG § 48 Rn. 123.

[116] OLG Hamm AGS 2005, 437 = RVGreport 2005, 273 = JurBüro 2005, 532; OLG Rostock AGS 2014, 179 = StRR 2014, 266 = JurBüro 2014, 300 = RVGreport 2014, 268; LG Berlin AGS 2005, 401; LG Koblenz Rpfleger 2005, 278 = JurBüro 2005, 225 mAnm *Enders; Enders* JurBüro 2009, 113 (114); *N. Schneider* StraFo 2104, 401; Burhoff/Volpert RVG/*Burhoff* § 48 Abs. 6 Rn. 4; *Burhoff* StraFo 2014, 454 f.

[117] OLG Düsseldorf AGS 2019, 508; LG Düsseldorf AGS 2019, 507

[118] Burhoff/Volpert RVG/*Burhoff* § 48 Abs. 6 Rn. 4.

[119] OLG Schleswig SchlHA 2006, 301 bei *Döllel/Dreßen;* vgl. zu § 97 Abs. 3 BRAGO noch OLG Köln NJW 2003, 38 = StraFo 2006, 106 = StV 2004, 36; Burhoff/Volpert RVG/*Burhoff* § 48 Abs. 6 Rn. 11 mit Bsp.; *Burhoff* StraFo 2014, 454 f.; Burhoff RVG prof. 2016, 159; *N. Schneider* StraFo 2104, 410, 401 mit Bsp.; KG JurBüro 2009, 531 = RVGreport 2010, 64; OLG Jena RVGreport 2008, 458 = StRR 2008, 479 = RVG prof. 2009, 2; LG Dresden RVGreport 2008, 140 = StRR 2008, 80 = RVG prof. 2008, 75.

Beiordnung oder Bestellung muss aber bereits eine Tätigkeit erfolgt sein.[120] Auf den Zeitpunkt der Beiordnung kommt es nicht an.[121] Nach der ausdrücklichen Regelung werden auch Tätigkeiten des RA erfasst, die er im Strafverfahren vor der Erhebung der öffentlichen Klage, also im vorbereitenden Verfahren, bzw. im Bußgeldverfahren im Verfahren vor der Verwaltungsbehörde erbracht hat. Nach Auffassung des OLG Hamburg erfasst der Regelungsbereich des § 48 Abs. 6 RVG **(ausnahmsweise)** nicht den Vergütungsanspruch eines während laufender Hauptverhandlung zum zweiten Pflichtverteidiger bestellten früheren Wahlverteidigers, sofern damit allein in der Person eines bereits bestellten, in der Hauptverhandlung ebenfalls durchgehend anwesenden Pflichtverteidigers liegende vorübergehende körperliche Einschränkungen, namentlich mangelnde Schreib- und Nachschlagefähigkeiten, kompensiert werden sollen.[122] Diese Auffassung wird vom Wortlaut des Abs. 6 Abs. 1 zwar nicht gedeckt, dürfte aber im Hinblick auf den Sinn und Zweck der Regelung zutreffend sein.[123] In den Fällen handelt es sich nicht um eine gebührenmäßige Absicherung des Pflichtverteidigers. Insoweit handelt es sich also um eine „Ausnahme von der Ausnahme". Ist der RA für den Mandanten zunächst im Bußgeldverfahren (VV Teil 5 RVG) tätig und wird von diesem gem. **§ 81 OWiG** ins Strafverfahren übergegangen, in dem der RA dann als Pflichtverteidiger bestellt wird, werden von § 48 Abs. 6 S. 1 RVG auch die von RA im Bußgeldverfahren erbrachten Tätigkeiten erfasst.

4. Spätere Rechtszüge (Abs. 6 S. 2)

Abs. 6 S. 2 erfasst die späteren Rechtszüge, also in VV Teil 4 RVG die Berufung und/oder Revision, in VV Teil 5 RVG die Rechtsbeschwerde, in VV Teil 6 RVG die in den dort geregelten Verfahren jeweils vorgesehenen Rechtsmittel.[124] Allerdings bezieht sich der Anwendungsbereich **nur** auf die **Tätigkeit „in diesem Rechtszug"**. Erfasst werden also – über § 48 Abs. 6 S. 1 RVG – die Tätigkeiten des RA, die er in diesem Rechtszug vor dem Zeitpunkt seiner Bestellung erbracht hat.[125] Erfasst werden nicht die Tätigkeiten, die der RA im vorbereitenden Verfahren und/oder in einem der vorhergehenden Rechtszüge erbracht hat. Das bedeutet zB, dass der RA, der erst im Berufungsrechtszug als Pflichtverteidiger bestellt wird, aber schon im ersten Rechtszug für den Mandanten tätig geworden ist, als gesetzliche Gebühr nicht auch die Grundgebühr VV 4100 RVG verlangen kann. Die zu deren Entstehen führenden Tätigkeiten sind bereits im vorbereitenden Verfahren bzw. in den vorhergehenden Rechtszügen erbracht.[126] Ist ein Verfahren an ein untergeordnetes Gericht zurückverwiesen worden, ist das weitere Verfahren vor diesem Gericht ein neuer Rechtszug (§§ 15, 21 Abs. 1 RVG). Wird der Wahlanwalt, der den Mandanten im ersten Rechtszug sowie im anschließenden Rechtsmittelverfahren vertreten hat, nach Zurückverweisung des Verfahrens als Pflichtverteidiger bestellt, so hat er für seine Tätigkeiten vor dieser Bestellung keinen Gebührenanspruch gegen die Staatskasse. Hieran ändert auch § 48 Abs. 6 S. 2 RVG nichts.[127] 179

5. Verbindung von Verfahren (Abs. 6 S. 3)

a) Allgemeines. Eine für die Praxis der Pflichtverteidigung **wesentliche Regelung** enthält Abs. 6 S. 3. Er regelt die Frage der Erstreckung im Fall der Verbindung von Verfahren.[128] Die Regelung in S. 3 ist gegenüber dem Gesetzesstand der BRAGO neu. Zu § 97 Abs. 3 BRAGO war in der Rspr. hM, dass im Fall der Verbindung von Verfahren der als Pflichtverteidiger beigeordnete RA die gesetzliche Vergütung für die verbundenen Verfahren ohne weiteres auch dann erhielt, wenn er in den einzelnen Verfahren als Wahlverteidiger tätig gewesen war, er aber erst nach der Verbindung der Verfahren gerichtlich bestellt oder beigeordnet worden ist.[129] § 48 Abs. 6 S. 3 RVG bestimmt im RVG **(ausdrücklich)**, dass die Wirkungen 180

[120] → Rn. 198.

[121] OLG Schleswig SchlHA 2006, 301 bei *Döllel/Dreßen*.

[122] OLG Hamburg NStZ-RR 2012, 390 = RVGreport 2012, 457.

[123] → Rn. 194.

[124] *Burhoff* StraFo 2014, 454 (456); *N. Schneider* StraFo 2014, 410 (411).

[125] Burhoff/Volpert RVG/*Burhoff* § 48 Abs. 6 Rn. 14; HBS VergütungsR/*N. Schneider* Teil 15 Rn. 77; *N. Schneider* StraFo 2104, 401, 411 mit Bsp.

[126] So auch Burhoff/Volpert RVG/*Burhoff* § 48 Abs. 6 Rn. 16 mit Bsp. bei Rn. 17.

[127] Burhoff/Volpert RVG/*Burhoff* § 48 Abs. 6 Rn. 15; zur BRAGO LG Köln JurBüro 1996, 531; LG Nürnberg-Fürth JurBüro 1986, 573.

[128] Eing. *Burhoff* RVGreport 2004, 411; 2008, 129; StraFo 2014, 454 (456 f.); RVG prof. 2016, 159; *N. Schneider* StraFo 2104, 410 (412 ff.) mit Beispielen.

[129] Vgl. ua OLG Hamm JurBüro 2002, 302 = Rpfleger 2002, 379 = StV 2003, 178; OLG Düsseldorf JurBüro 1985, 413 = StV 1985, 71; zum Streitstand Gerold/Schmidt/v. Eicken/Madert/*Madert*, BRAGO, 15. Aufl. 2002, BRAGO § 83 Rn. 22 mwN.

des S. 1 nicht mehr automatisch eintreten, wenn Verfahren verbunden werden, sondern nur, wenn die Wirkungen des S. 1 (ausdrücklich)[130] auch auf diejenigen Verfahren **erstreckt** werden, in denen vor der Verbindung keine Bestellung oder Beiordnung erfolgt war.[131]

181 **b) Verfahrensverbindung.** Abs. 6 S. 3 gilt aber nur für **echte Verfahrensverbindungen.** Die Verbindung nach § 237 StPO zum Zwecke gleichzeitiger Verhandlung ist keine echte Verbindung, da die Verfahren nicht zu einem neuen Verfahren verschmolzen werden.[132] Erfasst werden nur die Verbindungen, die zu einer Verschmelzung der Verfahren führen, wie zB nach §§ 4, 13 Abs. 2 StPO.[133]

Für die **Anwendung** der Vorschrift ist auf zwei Punkte zu **achten:**

182 Zunächst ist die **zeitliche Abfolge** von **Verbindung** und **Bestellung**/Beiordnung von **Bedeutung.** Die Frage der Erstreckung nach § 48 Abs. 6 S. 3 RVG stellt sich nur, wenn der RA in einem von mehreren Verfahren bereits als Pflichtverteidiger beigeordnet ist und zu diesem Verfahren dann weitere Verfahren, in denen er nicht als Pflichtverteidiger beigeordnet ist, hinzu verbunden werden.[134] Werden jedoch die Verfahren zunächst verbunden und erfolgt danach die Bestellung/Beiordnung in dem (verbundenen) (Gesamt-)Verfahren, gilt hinsichtlich der der von dem RA in den verbundenen Verfahren zuvor erbrachten Tätigkeiten § 48 Abs. 6 S. 1 RVG.[135] Teilweise ist das aber in der Vergangenheit in der OLG-Rechtsprechung anders gesehen und auch in den Fällen ein ausdrücklicher Erstreckungsantrag verlangt worden.[136] Diese Auffassung war falsch und ließ sich nicht mit der Entstehungsgeschichte des § 48 Abs. 6 S. 3 RVG begründen.[137] Inzwischen hat sich dieser **Streit** durch das **KostRÄG 2021** v. 21.12.2020[138] **erledigt.** Durch den vom KostRÄG 2021 vorgenommenen Einschub in S. 3 – „und ist der Rechtsanwalt nicht in allen Verfahren bestellt oder beigeordnet" – ist jetzt gesetzlich klargestellt, dass dann, wenn Verfahren zunächst verbunden werden und erst danach die anwaltliche Bestellung oder Beiordnung in dem nunmehr verbundenen Verfahren erfolgt, § 48 Abs. 6 S. 1 RVG unmittelbar gilt.[139] Die Gesetzesbegründung[140] geht davon aus, dass keine Gründe ersichtlich seien, warum das Gericht in den Fällen ausdrücklich nach § 48 Abs. 6 S. 3 RVG die Erstreckungswirkung anordnen sollte. Damit ist der Anwendungsbereich des § 48 Abs. 6 S. 3 RVG auf die Fälle der nach der Beiordnung oder Bestellung erfolgten Verfahrensverbindungen beschränkt und es ist damit indirekt auch klar gestellt, dass die Anordnung einer Erstreckungswirkung bei einer anwaltlichen Bestellung oder Beiordnung nach der Verbindung deshalb nicht erforderlich ist, weil § 48 Abs. 6 S. 1 RVG unmittelbar gilt.[141] Diese Neuregelung

---

[130] S. wohl OLG Jena RVGreport 2009, 459 = StRR 2008, 479 = RVG prof. 2009, 2; **aA** LG Koblenz StraFo 2007, 525.

[131] Vgl. die Gesetzesbegründung BT-Drs. 15/1971, 201; KG JurBüro 2009, 531 = NStZ-RR 2009, 360 (Ls.).

[132] Meyer-Goßner/*Schmitt* StPO § 237 Rn. 1; *Enders* JurBüro 2007, 395; zur Verbindung sa Burhoff StrafRHV-HdB Rn. 2777 ff.

[133] *Enders* JurBüro 2007, 395; Burhoff/Volpert RVG/*Burhoff* § 48 Abs. 6 Rn. 26 ff. mit Beispielen in Rn. 29 ff.; zu den Begriffen auch *Burhoff* RVGreport 2008, 405; RVG prof. 2012, 189; StraFo 2014, 454.

[134] Schneider/Wolf/*Fölsch/Schaffhausen/N. Schneider/Thiel* RVG § 48 Rn. 150.

[135] KG JurBüro 2009, 531 = NStZ-RR 2009, 360 (Ls.) = RVGreport 2010, 64; OLG Bremen RVGreport 2013, 14 = StRR 2012, 436 mAnm *Burhoff* = RVG prof. 2012, 186; OLG Hamm RVGreport 2005, 273 = AGS 2005, 437 = JurBüro 2005, 532; OLG Hamm StraFo 2017, 391 = AGS 2017, 457 = RVGprof. 2019, 190 = StRR 912617, 24; OLG Jena Rpfleger 2009, 171 = StRR 2009, 43; LG Dortmund StraFo 2006, 358; LG Aurich RVGreport 2011, 221 = StRR 2011, 244; LG Bonn 30.8.2006 – 37 Qs 22/06; Burhoff/Volpert RVG/*Burhoff* § 48 Abs. 6 Rn. 29 ff.; Schneider/Wolf/*Fölsch/Schaffhausen/N. Schneider/Thiel* RVG § 48 Rn. 145; *Burhoff* StraFo 2014, 454 (456 ff.); *N. Schneider* StraFo 2014, 410 (413); vgl. noch die Beispiele bei *Burhoff* RVG prof. 2016, 151.

[136] So (unzutreffend) OLG Braunschweig NStZ-RR 2014, 232 = AGS 2014, 402; OLG Celle StraFo 2019, 526 = JurBüro 2019, 577 = AGS 2019, 554 = RVGreport 2020, 93; OLG Hamburg JurBüro 2018, 17 = RVGreport 2018, 50 = StraFo 2018, 41; OLG Koblenz NStZ-RR 2012, 295 = StraFo 2012, 290 = AGS 2012, 390 = StRR 2012, 319 mablAnm *Burhoff* = JurBüro 2012, 522; OLG Oldenburg NStZ-RR 2011, 261 = RVGreport 2011, 220 = StRR 2011, 323; ähnlich OLG Celle BeckRS 2007, 01822; OLG Rostock StRR 2009, 279 = RVGreport 2009, 304 = RVG prof. 2009, 155; OLG Zweibrücken NStZ-RR 2018, 64 = RVGreport 2018, 14 = JurBüro 2018, 79; LG Dessau-Roßlau JurBüro 2015, 643 = AGS 2015, 513; LG Hannover BeckRS 2019, 19693; LG Kaiserslautern BeckRS 2019, 726 *Fromm* JurBüro 2013, 228 (230) für VV Teil 5 RVG; so wohl auch Bischof/*Mathias* RVG § 48 Rn. 39; wie hier Schneider/Wolf/*Fölsch/Schaffhausen/N. Schneider/Thiel* RVG § 48 Rn. 145 ff.

[137] So aber OLG Oldenburg NStZ-RR 2011, 261 = RVGreport 2011, 220 = StRR 2011, 323.

[138] BGBl. I 3229.

[139] So bisher schon die Voraufl. § 48 Rn 205; *N. Schneider* StraFo 2014, 410 (413).

[140] Vgl. BT-Drs. 19/23484, 78 f.

[141] *Burhoff* RVGreport 2020, 402 (403 f.); *Volpert* AGS 2020, 445, (450 f.). Zur Neuregelung *Burhoff* StraFo 2021, 8 und AGS 2021, 49.

gilt wegen der Übergangsregelung in § 60 RVG aber erst in den Fällen der Beiordnung/Bestellung des RA ab 1.1.2021.[142] In „Altfällen“ sollte der RA auf diese Neuregelung hinweisen. Die davon abweichende frühere Rspr. ist nicht mehr haltbar. Im Hinblick auf die zum alten Recht teilweise von den OLG vertretene Auffassung ist aber zu empfehlen, dass sicherheitshalber in allen Altfällen der Verbindung die Erstreckung noch ausdrücklich beantragt werden sollte, wenn in einem der hinzuverbundenen Verfahren als Wahlanwalt Tätigkeiten erbracht worden sind.

IÜ ist eine Erstreckung nach Abs. 6 S. 3 nur erforderlich, wenn der RA in dem hinzuver- **183**
bundenen Verfahren bereits **Tätigkeiten erbracht** hat. Die Erstreckung führt nicht dazu, dass ggf. nicht erbrachte Tätigkeiten vergütet werden.[143] Die Wirkungen des § 48 Abs. 6 S. 1 RVG[144] treten aufgrund der (Neu)Regelung in § 48 Abs. 6 S. 3 RVG aber nicht mehr automatisch[145] ein, wenn Verfahren verbunden werden, sondern nur wenn die Wirkungen des § 48 Abs. 6 S. 1 RVG (ausdrücklich) auch auf diejenigen Verfahren erstreckt werden, in denen vor der Verbindung keine Bestellung oder Beiordnung erfolgt war.[146] Die Vorschrift gilt auch, wenn der RA schon in einem (Ermittlungs-)Verfahren von der Staatsanwaltschaft zum Pflichtverteidiger/Beistand bestellt worden ist und nun von der Staatsanwaltschaft zu diesem Verfahren weitere Verfahren, in denen er Tätigkeiten erbracht hat, hinzuverbunden werden. Auch hier muss (später vom Gericht) erstreckt werden, wenn der RA für die Tätigkeit in den hinzuverbundenen Verfahren gesetzliche Gebühren abrechnen will.[147]

6. Verfahren

a) Voraussetzung der Erstreckung. Die Erstreckung steht grds. im **Ermessen** des **Ge-** **184**
richts, nach S. 3 – **„kann“** sie erfolgen. Die Gesetzesbegründung geht davon aus, dass die Erstreckung auszusprechen ist, wenn eine Beiordnung oder Bestellung unmittelbar bevorgestanden hätte, falls die Verbindung unterblieben wäre.[148] Nicht erforderlich ist, dass bereits vor Verbindung ein Antrag auf Bestellung als Pflichtverteidiger gestellt war.[149]

Bei der Beurteilung der Frage, ob zu erstrecken ist, ist eine **Gesamtwürdigung** aller Um- **185**
stände vorzunehmen.[150] Der Umfang der in dem hinzuverbundenen Verfahren erbrachten Tätigkeiten ist ohne Bedeutung.[151] Voraussetzung wird idR sein, dass auch im hinzuverbundenen Verfahren die Voraussetzungen für eine Pflichtverteidigerbestellung vorgelegen haben.[152]

b) Antragstellung. Die Erstreckung wird idR nur auf Antragstellung hin erfolgen,[153] zuläs- **186**
sig ist aber auch die Erstreckung von Amts wegen.[154] Die Antragstellung kann grds. **kon-**

---

[142] Vgl. *N. Schneider* AGS 2021, 1 und ZKP F.24 S.1782.

[143] OLG Hamm AGS 2005, 437 = RVGreport 2005, 273 = JurBüro 2005, 532; OLG Rostock AGS 2014, 179 = StRR 2014, 266 = JurBüro 2014, 300 = RVGreport 2014, 268.

[144] → Rn. 178 ff.

[145] → Rn. 178.

[146] KG JurBüro 2009, 531 = RVGreport 2010, 64; LG Dresden RVGreport 2008, 140 = StRR 2008, 80 = RVG prof. 2008, 75; s. a. BT-Drs. 15/1971, 201.

[147] **AA,** aber unzutreffend, offenbar LG Aurich RVGreport 2014, 69 = StRR 2014, 80; AG Aurich 21.10.2013 – 5 LS 210 Js 8603/12 (27/13).

[148] BT-Drs. 15/1971, 201; s. a. KG StraFo 2012, 292 = RVGreport 2012, 56 = StRR 2012, 78; OLG Hamm 18.1.2011 5 Ws 394/10 BeckRS 2011, 07227; LG Düsseldorf StraFo 2012, 117.

[149] Burhoff/Volpert RVG/*Burhoff* § 48 Abs. 6 Rn. 37; *Burhoff* StraFo 2014, 454 (457 f.); *N. Schneider* StraFo 2014, 410 (414); KG StraFo 2012, 292 = RVGreport 2012, 56 = StRR 2012, 78 = RVG prof. 2012, 6; OLG Celle StraFo 2019, 526 = JurBüro 2019, 577 = AGS 2019, 554 = = RVGreport 2020, 93; LG Cottbus StRR 2013, 305 = RVG prof. 2013, 44; LG Kiel RVG prof. 2006, 202; *Enders* JurBüro 2009, 113 (115); unzutreffend **aA** LG Berlin RVGreport 2006, 144 = JurBüro 2006, 29; LG Bielefeld RVG prof. 2008, 154 = StRR 2008, 360; LG Osnabrück NdsRpfl RVGreport 2019, 335 = 2016, 350; offen gelassen OLG Hamm BeckRS 2011, 07227.

[150] OLG Düsseldorf RVGreport 2008, 140 = RVG prof. 2007, 175; LG Bielefeld 4.1.2006 – Qs 731/05 III; LG Dortmund 19.12.2006 – 1 Qs 87/06.

[151] OLG Düsseldorf RVGreport 2008, 140 = RVG prof. 2007, 175; **aA** AG Hof 8.3.2007 – 7 Ls, 28 Js 5186/06.

[152] OLG Düsseldorf RVGreport 2008, 140 = RVG prof. 2007, 175; OLG Hamm BeckRS 2011, 07227; OLG Oldenburg NStZ-RR 2011, 261 = RVGreport 2011, 220 = StRR 2011, 323; LG Cottbus StRR 2013, 305 = RVG prof. 2013, 44; vgl. die Fallgestaltung bei KG StraFo 2012, 292 = RVGreport 2012, 56 = StRR 2012, 78 = RVG prof. 2012, 6.

[153] So wohl OLG Jena RVGreport 2008, 459 = StRR 2008, 479 = RVG prof. 2009, 2; **aA** LG Koblenz StraFo 2007, 525.

[154] Inzidenter KG JurBüro 2009, 531 = RVGreport 2010, 64.

kludent erfolgen.[155] Die Antragstellung ist auch noch nach rechtskräftigem Verfahrensabschluss zulässig,[156] allerdings sollte der Verteidiger/Vertreter davon nur in Ausnahmefällen Gebrauch machen.[157] Der RA sollte den Antrag **begründen.**[158]

187 **c) Entscheidung/Rechtsmittel.** Über den Erstreckungsantrag wird das Gericht idR durch **Beschluss** entscheiden, der im Fall der Ablehnung zu begründen ist. Umstritten ist, ob eine konkludente Erstreckung möglich ist.[159]

188 Wird der Erstreckungsantrag abgelehnt, kann der RA dagegen aus eigenem Recht **Beschwerde** einlegen;[160] der Beschuldigte hat kein eigenes Beschwerderecht, da er nicht unmittelbar beschwert ist.[161] Für die Beschwerde gelten die **allgemeinen Regeln.**[162] Hat über den Erstreckungsantrag ggf. der Vorsitzende anstelle der funktionell zuständigen Strafkammer entschieden und die Erstreckung abgelehnt, erlässt der Beschwerdesenat des Oberlandesgerichtes als das auch der Strafkammer übergeordnete Beschwerdegericht die in der Sache erforderliche Entscheidung gem. § 309 Abs. 2 StPO selbst.[163] Eine weitere Beschwerde ist nach § 310 Abs. 2 StPO ausgeschlossen. Im Verfahren über eine weitere Beschwerde nach § 56 Abs. 2 S. 1, § 33 Abs. 6 RVG wird die Richtigkeit einer Erstreckungsentscheidung nicht überprüft.[164]

§ 49 Wertgebühren aus der Staatskasse

Bestimmen sich die Gebühren nach dem Gegenstandswert, werden bei einem Gegenstandswert von mehr als 4.000 Euro anstelle der Gebühr nach § 13 Absatz 1 folgende Gebühren vergütet:

Gegenstandswert bis … Euro	Gebühr Euro	Gegenstandswert bis … Euro	Gebühr Euro
5.000	284	22.000	399
6.000	295	25.000	414
7.000	306	30.000	453
8.000	317	35.000	492
9.000	328	40.000	531
10.000	339	45.000	570
13.000	354	50.000	609
16.000	369	über	
19.000	384	50.000	659

[155] OLG Celle BeckRS 2007, 01822; LG Freiburg RVGreport 2006, 183 = RVG prof. 2006, 93, Antragstellung im Vergütungsfestsetzungsantrag.

[156] KG StraFo 2012, 292 = RVGreport 2012, 56 = StRR 2012, 78 = RVG prof. 2012, 6; (inzidenter) KG BeckRS 2013, 13934; OLG Düsseldorf RVGreport 2008, 140 = RVG prof. 2007, 175; OLG Hamm BeckRS 2008, 09210; OLG Zweibrücken NStZ-RR 2018, 64 = RVGreport 2018, 14 = JurBüro 2018, 79; LG Braunschweig StraFo 2015, 349 = RVGreport 2015, 374 = StRR 2015, 398; LG Cottbus StRR 2013, 305 = RVG prof. 2013, 44; LG Dresden RVGreport 2008, 140 = RVG prof. 2008, 75; LG Düsseldorf StraFo 2012, 117; LG Freiburg RVGreport 2006, 183 = RVG prof. 2006, 93; einschränkend LG Leipzig 19.1.2021 – 13 Q 38/21; offen gelassen von KG JurBüro 2009, 531 = NStZ-RR 2009, 360 (Ls.); eing. Burhoff/Volpert RVG/*Burhoff* § 48 Abs. 6 Rn. 36.

[157] So auch Burhoff/Volpert RVG/*Burhoff* § 48 Abs. 6 Rn. 34.

[158] So auch Burhoff/Volpert RVG/*Burhoff* § 48 Abs. 6 Rn. 38.

[159] Zutr. bejahend LG Koblenz StraFo 2007, 525; LG Dresden 1.3.2007 – 2 Qs 95/06; Burhoff/Volpert RVG/*Burhoff* § 48 Abs. 6 Rn. 42f. mwN; verneinend OLG Jena RVGreport 2008, 458 = StRR 2008, 479 = RVG prof. 2009, 2.

[160] Nach wie vor zutr KG StraFo 2012, 292 = RVGreport 2012, 56 = StRR 2012, 78 = RVG prof. 2012, 6; OLG Düsseldorf RVGreport 2007, 140 = RVG prof. 2007, 175; OLG Hamm BeckRS 2008, 09210; OLG Hamm BeckRS 2011, 07227; LG Bielefeld 4.1.2006 – Qs 731/05 III; LG Cottbus StRR 2013, 305 = RVG prof. 2013, 44; LG Dortmund 19.12.2006 – Qs 87/06; LG Freiburg RVGreport 2006, 183 = RVG prof. 2006, 93; Burhoff/Volpert RVG/*Burhoff* § 48 Abs. 6 Rn. 39; *Enders* JurBüro 2009, 113 (115); aA jetzt OLG Bremen RVGreport 2020, 298 (mit unzutr Hinweis auf § 1 Abs. 3 RVG) = StRR 10/2020, 35 mablAnm *Burhoff* = JurBüro 2020, 481 = AGS 2020, 470 = RVG prof. 2020, 215.

[161] KG StraFo 2012, 292 = RVGreport 2012, 56 = StRR 2012, 78 = RVG prof. 2012, 6.

[162] KG StraFo 2012, 292 = RVGreport 2012, 56 = StRR 2012, 78 = RVG prof. 2012, 6; LG Cottbus RVG prof. 2013, 44; sa Burhoff StrafREV-HdB Rn. 1054ff. mwN.

[163] OLG Düsseldorf RVGreport 2007, 140 = RVG prof. 2007, 175.

[164] OLG Braunschweig NStZ-RR 2014, 232 = AGS 2014, 402.

Übersicht

I. Allgemeines

Spezielle, meistens niedrigere Gebühren. Gem. § 45 RVG erhält der im Wege der PKH beigeordnete RA aus der Staatskasse die gesetzliche Vergütung – soweit in Abschn. 8 des RVG nicht anderes bestimmt ist. Solche abweichenden Bestimmungen für die von der Staatskasse zu zahlenden Gebühren enthält § 49 RVG. Überwiegend sind die Gebühren niedriger als die eines Wahlanwalts. 1

Vereinbarkeit mit GG. Diese Beschränkung der Gebühren ist nach dem BVerfG jedenfalls dann mit dem Grundgesetz vereinbar, wenn der RA seine Bereitschaft zur Übernahme des Mandats als beigeordneter RA erklärt hat. Ob etwas anders gilt, wenn ein RA ohne eine solche Bereitschaft gem. § 121 Abs. 5 ZPO beigeordnet wird, hat das BVerfG offen gelassen.[1] 2

II. Anwendungsbereich

Die gesetzlichen Gebühren, also zB Gebühren gem. § 49 RVG erhält der beigeordnete RA auch bei **Geschäftsführung ohne Auftrag** gem. § 683 BGB, die auch gegeben ist, 3
– wenn der RA von einer vertraglichen Verpflichtung ausgeht, weil er die Unwirksamkeit des Vertrages nicht erkannt hat,[2] es sei denn es liegt ein Verstoß gegen §§ 45 ff. BRAO vor; dann hat der RA überhaupt keinen Gebührenanspruch,[3]
– wenn der RA sich keinen Auftrag hat erteilen lassen, weil er davon ausgegangen ist, dass dies neben der Beiordnung nicht nötig ist.[4]

§ 49 RVG betrifft nicht **Satzrahmengebühren,** so dass es bei ihnen bei den Wahlanwaltsgebühren bleibt.

III. Gebührenhöhe

1. Grundsätze

3 Stufen. Aus § 49 RVG ergibt sich, dass der beigeordnete RA bei Werten bis zu 4.999,99 EUR die gleichen Gebühren wie der Wahlanwalt, bei solchen ab 5.000,– EUR niedrigere Gebühren, bei Werten über 50.000,– EUR eine Festgebühr erhält. 4

Verfassungskonformität. Diese Höchstgebühren sind, jedenfalls wenn der RA das PKH-Mandat freiwillig übernommen hat, auch bei einem Gegenstandswert von ca. 25.000.000,– EUR nicht verfassungswidrig.[5] 5

2. Höchstgrenze Gegenstandswert über 50.000,– EUR

a) Unterschiedliche Gebührensätze. Die Höchstgebühr gilt auch dann, wenn für Teile des Gegenstandes gem. § 15 Abs. 3 RVG verschiedene Gebührensätze anzuwenden sind. 6

---
[1] BVerfG NJW 2008, 1063.
[2] BGH NJW 1997, 47 Ziff. I 1c; 88, 132 Ziff. II 1.
[3] OLG Köln AnwBl 1980, 70; OLG Stuttgart JurBüro 1999, 314.
[4] Schneider/Wolf/*Fölsch* RVG § 45 Rn. 33.
[5] BVerfG NJW 2008, 1063 = AnwBl 2008, 75.

Beispiele:

In einem Rechtsstreit über 8.000,– EUR (Teilanspruch) wird in einer Einigung der Gesamtanspruch von 60.000,– EUR bereinigt (die Beiordnung für den weitergehenden Anspruch ist erfolgt!). Die Verfahrensgebühr des beigeordneten RA errechnet sich wie folgt:

1,3 Verfahrensgebühr aus	8.000,– EUR	412,10 EUR
0,8 Verfahrensgebühr aus	52.000,– EUR	527,20 EUR
		939,30 EUR

jedoch nach § 15 Abs. 3 RVG nicht mehr als 1,3 aus über 60.000,– EUR = 856,70 EUR.

Der RA erhält also eine Verfahrensgebühr von 856,70 EUR, zu der noch die Termins- und die Einigungsgebühr sowie die Kommunikationspauschale gem. VV 7002 RVG hinzukommen.

7 Erhält der RA bereits für den geltend gemachten Teilanspruch (zB über 60.000,– EUR) die Höchstgebühr, so erhöht sich die Gebühr auch durch Einbeziehung weiterer Ansprüche nicht (zB bei Vergleich über 70.000,– EUR).

8 **b) Einigung über verschiedene Angelegenheiten.** Werden verschiedene Prozesse durch einen Einigungsvertrag nach VV 1000 RVG gemeinsam beendet, so erhält der in allen Verfahren beigeordnete RA nur eine Einigungsgebühr.

3. Mindestbetrag

9 Der Mindestbetrag einer Gebühr beträgt nach § 13 Abs. 2 RVG auch für den gerichtlich bestellten oder beigeordneten RA 15,– EUR.

4. Teilbeiordnung

9a → RVG VV 3335 Rn. 71.

5. Mehrere Auftraggeber

10 **a) Beiordnung für alle Auftraggeber,** → RVG VV 1008 Rn. 250.

11 **b) Beiordnung für nur einen Streitgenossen.** Vertritt der RA zwei Streitgenossen und wird er nur einem von beiden beigeordnet, so beschränkt sich sein Vergütungsanspruch gegen die Staatskasse nicht auf den Mehrvertretungszuschlag. Er umfasst vielmehr die vollen, durch die Vertretung der bedürftigen Partei nach § 49 RVG ausgelösten Gebühren,[6] also auch die Termins-[7] und Einigungsgebühr. Wegen Regressanspruch der Staatskasse gegen nichtbedürftigen Streitgenossen → § 59 Rn. 37.

Beispiel:

Der RA vertritt zwei Kläger (Gegenstandswert 10.000,– EUR). Er wird nur einem beigeordnet.

Der Vergütungsanspruch gegen die Staatskasse beträgt

1,3 Verfahrensgebühr gem. VV 3100 RVG aus 10.000,– EUR aus PKH-Tabelle	440,70 EUR
1,2 Terminsgebühr gem. VV 3104 RVG aus 10.000,– EUR aus PKH-Tabelle	406,80 EUR
Pauschale gem. VV 7002 RVG	20,00 EUR
Insgesamt	867,50 EUR

12 Für die Gegenmeinung, ua BGH,[8] die im obigen Beispiel nur einen Vergütungsanspruch für den Mehrvertretungszuschlag gem. VV 1008 RVG, also 0,3 aus 10.000,– EUR aus der PKH-Tabelle, somit 101,70 EUR anerkennt, fehlt es an einer Grundlage im Gesetz. Im Gegenteil widerspricht sie diesem sogar, ua dem § 7 Abs. 2 RVG.[9] Ebenso abzulehnen ist eine Quotelung der Kosten entsprechend der Beteiligung der Streitgenossen.[10]

---

[6] OLG Bamberg OLGR 2001, 28; OLG Brandenburg JurBüro 2007, 259; OLG Celle Rpfleger 2007, 151 = AGS 2007, 250; OLG Düsseldorf NJW-RR 1997, 1493; OLG Hamm Rpfleger 2003, 447 = AGS 2003, 509; OLG Karlsruhe JurBüro 2012, 593; OLG Köln NJW-RR 1999, 725; OLG München FamRZ 2011, 836; NJW-RR 1997, 191; OLG Schleswig JurBüro 1998, 476; OLG Stuttgart JurBüro 1997, 200; OLG Zweibrücken AGS 2009, 126; Bay. LSG AGS 2013, 478 = RVGreport 2013, 467 mzustAnm *Hansens;* SächsLSG RVGreport 2015, 17 = AGS 2014, 577; LSG BB AGS 2018, 421 = RVGreport 2018, 297; Hartmann/Toussaint/*Toussaint* RVG § 45 Rn. 20; *Rönnebeck* NJW 1994, 2273; so wohl auch OLG Karlsruhe AGS 2007, 584 für den Fall, dass die Streitgenossen unterschiedliche Gegenstände in dem Verfahren geltend machen.

[7] BayLSG AGS 2013, 478 = = RVGreport 2013, 467 mzustAnm *Hansens.*

[8] BGH AGS 2020, 240; MDR 2019, 758 = AGS 2019, 527 mkritAnm *N. Schneider;* NJW 1993, 1715; OLG Koblenz FamRZ 2002, 473 = JurBüro 2001, 652; 2004, 384 = MDR 2004, 1206; OLG Naumburg OLG 2004, 175 = Rpfleger 2004, 168.

[9] Wie ua in OLG Celle Rpfleger 2007, 151 = AGS 2007, 250; und OLG München NJW-RR 1997, 191 überzeugend dargelegt ist.

[10] Für Quotelung OLG Jena OLGR 2007, 163 = Rpfleger 2006, 663; LSG Nds-Brem AGS 2017, 91; OLG Köln AGS 2010, 496; NJW-RR 1999, 725.

Nach OLG München soll, wenn der PKH-Berechtigte Raten zahlen muss, der Anspruch des RA gegen die Staatskasse der Höhe nach auf denjenigen Anteil der Wahlanwaltsvergütung einschließlich Mehrvertretungszuschlag begrenzt sein, welcher der Beteiligung des bedürftigen Streitgenossen am Rechtsstreit entspricht. Andernfalls müsste der Bedürftige mehr zahlen als seinem Anteil im Innenverhältnis entspricht. Er müsste dann Ansprüche gem. § 426 BGB gegen die anderen Streitgenossen geltend machen, was „mit dem Sinn und Zweck der Prozesskostenhilfe schwerlich vereinbar" sei.[11] 13

Bindung an Beiordnungsbeschluss. Ist bereits im Beiordnungsbeschluss bestimmt, dass die Beiordnung nur hinsichtlich des Erhöhungsbetrags erfolgt, so ist fraglich, ob dies bindend ist.[12] Zur unterschiedlichen Handhabung der Bindungswirkung je nach der betroffenen Regelung → § 46 Rn. 7 (Reisekosten) und → § 54 Rn. 32 (Beiordnung eines neuen RA). 14

IV. Anrechnungen

Hierzu → § 58 Rn. 1 ff. 15

§ 50 Weitere Vergütung bei Prozesskostenhilfe

(1) [1]**Nach Deckung der in § 122 Absatz 1 Nummer 1 der Zivilprozessordnung bezeichneten Kosten und Ansprüche hat die Staatskasse über die auf sie übergegangenen Ansprüche des Rechtsanwalts hinaus weitere Beträge bis zur Höhe der Regelvergütung einzuziehen, wenn dies nach den Vorschriften der Zivilprozessordnung und nach den Bestimmungen, die das Gericht getroffen hat, zulässig ist.** [2]**Die weitere Vergütung ist festzusetzen, wenn das Verfahren durch rechtskräftige Entscheidung oder in sonstiger Weise beendet ist und die von der Partei zu zahlenden Beträge beglichen sind oder wegen dieser Beträge eine Zwangsvollstreckung in das bewegliche Vermögen der Partei erfolglos geblieben ist oder aussichtslos erscheint.**

(2) **Der beigeordnete Rechtsanwalt soll eine Berechnung seiner Regelvergütung unverzüglich zu den Prozessakten mitteilen.**

(3) **Waren mehrere Rechtsanwälte beigeordnet, bemessen sich die auf die einzelnen Rechtsanwälte entfallenden Beträge nach dem Verhältnis der jeweiligen Unterschiedsbeträge zwischen den Gebühren nach § 49 und den Regelgebühren; dabei sind Zahlungen, die nach § 58 auf den Unterschiedsbetrag anzurechnen sind, von diesem abzuziehen.**

Schrifttum: *Mock,* Anmeldung der weiteren Vergütung im Insolvenzverfahren, AGS 2005, 372.

Übersicht

---

[11] OLG München FamRZ 2011, 836 Rn. 13 ff.

[12] Für eine Bindung: BayLSG AGS 2013, 478 = RVGreport 2013, 467; *Hansens* Anm zu BGH RVGreport 2020, 35.

I. Allgemeines

1 Gem. § 50 RVG kann der beigeordnete RA von der Staatskasse eine weitere Vergütung verlangen. Das setzt voraus, dass die bedürftige Partei zur Ratenzahlungen gem. § 120 ZPO verpflichtet wurde und Zahlungen auch eingegangen sind. Aus diesen Zahlungen werden zunächst die Gerichts- und Gerichtsvollzieherkosten gedeckt. Hinsichtlich des Restes hat der RA einen Anspruch auf Zahlung der ihm nach der Wahlanwaltstabelle zustehenden Vergütung (weitere Vergütung).

2 Eine weitere Möglichkeit für den beigeordneten RA, eine Wahlanwaltsvergütung zu erlangen, sieht § 126 ZPO vor (Kostenfestsetzung im eigenen Namen gegen den unterlegenen Gegner).

Wegen Insolvenzverfahren vgl. *Mock* AGS 2005, 372.

II. Verwendung der eingegangenen Beträge

1. Tatsächlich eingegangene Zahlungen

3 Auszuzahlen ist nur, was die Staatskasse tatsächlich erhalten hat. Nicht einziehbare Beträge hat die Staatskasse nicht von sich aus zu erstatten.

2. Vortritt der Gerichtskosten

4 Eingegangene Zahlungen werden zunächst auf die Gerichts- und Gerichtsvollzieherkosten sowie auf die von der Staatskasse nach der PKH-Tabelle an den beigeordneten RA zu zahlende Vergütung verrechnet. Nur wenn dann noch ein Überschuss bleibt, wird dieser auf die weitere Vergütung verwendet und an den RA ausbezahlt.

5 **Mehrere Instanzen.** Dabei ist jede Instanz gesondert zu behandeln.

Beispiel:

Ist nur für die erste Instanz Ratenzahlung angeordnet, so sind eingehende Beträge nur auf die Kosten der ersten Instanz anzurechnen, also erst auf die Gerichtskosten und die von der Staatskasse gezahlten PKH-Vergütung der ersten Instanz. Wenn dann noch etwas bleibt, steht das dem RA für seine Wahlvergütung zu.

Die von manchem Urkundsbeamten geschätzte Vorgehensweise, vor der Wahlanwaltsvergütung die Zahlungen auch auf die Gerichtskosten der zweiten Instanz anzurechnen, widerspricht dem Gesetz. Die Anordnung der Ratenzahlung bezieht sich immer nur auf eine Instanz. Der RA sollte gegen eine solche Entscheidung des Urkundsbeamten Erinnerung einlegen.

3. Vergütung

6 **a) Nach Wahlanwaltstabelle.** Dem RA steht ein Anspruch gegen die Staatskasse bis zur Höhe der Vergütung zu, die ihm unter Anwendung der Wahlanwaltstabelle zustehen würde.

6a **b) Auslagen.** Auch sie gehören gem. § 1 Abs. 1 S. 1 RVG zur Vergütung.[1]

4. RA für mehrere Auftraggeber

7 War der RA mehreren Parteien beigeordnet, von denen nur eine Ratenzahlungen zu leisten hat, so ist die weitere Vergütung auf die von dieser Partei geschuldete Regelvergütung begrenzt.[2]

5. Beiordnung mehrerer Rechtsanwälte

8 **a) Innerhalb einer Instanz.** Sind der Partei für dieselbe Instanz mehrere Anwälte beigeordnet (zB wegen Tod des ersten Anwalts oder Beiordnung eines Verkehrsanwalts), so ist bei jedem RA der Unterschiedsbetrag zwischen den Gebühren nach § 49 RVG und den Regelgebühren festzustellen.

Beispiel:

Eingegangen von der Partei sind 6.000,– EUR

Die Differenz zwischen der Vergütung nach der Wahlanwaltstabelle und der PKH-Anwaltstabelle ergeben Unterschiedsbeträge bei RA A von 2.000,– EUR, bei RA B von 3.000,– EUR und bei RA C 4.000,– EUR. Die Gesamtdifferenz beträgt 9.000,– EUR.

Hiervon entfallen auf RA A 2.000,– EUR 9.000,– EUR, also 22,2 %
Hiervon entfallen auf RA B 3.000,– EUR 9.000,– EUR, also 33,3 %
Hiervon entfallen auf RA C 4.000,– EUR 9.000,– EUR, also 44,5 %

RA A erhält 22,2 % aus 6.000,– EUR, also 1.332,– EUR

[1] OLG Koblenz NJW-Spezial 2020, 572 = AGS 2020, 489.
[2] OLG Saarbrücken JurBüro 1988, 368.

RA B erhält 33,3 % aus 6.000,– EUR, also 1.998,– EUR
RA C erhält 44,5 % aus 6.000,– EUR, also 2.670,– EUR

b) Mehrere Instanzen. Für den Fall, dass in erster Instanz PKH ohne, in zweiter Instanz mit Ratenzahlung bewilligt war, so ist der erstinstanzlich beigeordnete RA in die Auszahlung nicht mit einzubeziehen. Die Anordnung der Ratenzahlung bezieht sich immer nur auf eine Instanz (→ Rn. 5).[3] 9

6. Zahlungen des Mandanten oder eines Dritten an RA

Soweit der Mandant unmittelbar an den RA Zahlungen geleistet hat bzw. solche durch einen Dritten erfolgt sind, zB durch den unterlegenen Prozessgegner, reduzieren diese den Anspruch nach § 50 RVG gegen die Staatskasse. Der RA soll nicht mehr als die ihm unter Berücksichtigung der Wahlanwaltstabelle zustehende Vergütung erhalten. Nicht abzuziehen ist jedoch ein Erstattungsanspruch gegen den Gegner, der nicht realisiert werden kann.[4] 10

III. Verfahren

1. Mitteilung der Wahlanwaltsvergütung

Um dem Gericht Klarheit über den Anspruch des Anwalts auf die weitere Vergütung, aber auch für die etwaige Einstellung der Zahlungen der Partei nach § 120 Abs. 3 ZPO, zu verschaffen, soll der RA eine Berechnung seiner (Wahlanwalts-)Vergütung unverzüglich, dh alsbald nach Eintritt der Fälligkeit als Wahlanwaltskosten (§ 8 RVG), zu den Prozessakten mitteilen. Die Einreichung kann nach § 55 Abs. 6 RVG von dem Urkundsbeamten der Geschäftsstelle erzwungen werden. 11

2. Zeitpunkt der Festsetzung

Die Festsetzung der weiteren Vergütung ist erst zulässig, wenn sowohl 12

(1) das Verfahren durch rechtskräftige Entscheidung oder in sonstiger Weise (zB durch Klagerücknahme oder Vergleich) beendet ist.[5] Das auch längere Ruhen des Verfahrens reicht nicht, da für die Staatskasse weitere Kosten anfallen können, weshalb der dem RA zustehende Überschuss nicht berechnet werden kann.[6]

(2) als auch alle Zahlungen, die der Partei aufgegeben sind, eingegangen sind oder feststeht, dass weitere Zahlungen von der Partei entweder nicht mehr benötigt werden oder von der Partei nicht zu erlangen sind, zB weil die Zwangsvollstreckung in das bewegliche Vermögen erfolglos geblieben ist oder aussichtslos erscheint.[7]

3. §§ 55, 56 RVG

Diese Bestimmungen gelten auch für die weitere Vergütung. 13

IV. Einziehungspflicht der Staatskasse

Abs. 1 verpflichtet die Staatskasse, die vom Gericht bei PKH-Bewilligung oder nachträglich (§ 120a ZPO) angeordneten Raten aus dem Einkommen (nach § 115 Abs. 2 ZPO höchstens 48 Raten) oder weitere Beträge aus dem Vermögen (§ 115 Abs. 3 ZPO) einzuziehen, bis nicht nur die in § 122 Abs. 1 Nr. 1 ZPO bezeichneten Gebühren und Auslagen, sondern auch die weitere Vergütung des beigeordneten RA gedeckt sind. Einzuziehen sind auch zusätzliche Auslagen wie zB die Auslagenpauschale nach VV 7002 RVG und Auslagen, die nicht von der Staatskasse zu erstatten sind.[8] 14

---

[3] OLG München JurBüro 1995, 532 = AnwBl 1997, 356; Mayer/Kroiß/*Klees* RVG § 50 Rn. 27; Schneider/Wolf/*Fölsch* RVG § 50 Rn. 32; **aA** OLG Hamm Rpfleger 1994, 469 mit Nachw. auch für die Gegenmeinung.

[4] Schneider/Wolf/*Fölsch* RVG § 50 Rn. 23.

[5] OLG Düsseldorf Rpfleger 1983, 176 = JurBüro 1983, 719, bei Abtrennung des Verfahrens über den Versorgungsausgleich kann die weitere Vergütung für das gesamte Verbundverfahren erst festgesetzt werden, wenn auch das abgetrennte Verfahren abgeschlossen ist; ebenso OLG Koblenz JurBüro 2000, 414 = MDR 2000, 851, auch dann, wenn im Einzelfall wegen besonderer Umstände erst nach einem extrem langen Zeitraum mit der Verfahrensbeendigung zu rechnen ist.

[6] OLG Düsseldorf MDR 1991, 550; Mayer/Kroiß/*Klees* RVG § 50 Rn. 22.

[7] OLG Oldenburg JurBüro 1995, 536, erst dann wird Anspruch fällig.

[8] Motive zu 2. KostRMoG BT-Drs. 17/11471, 270 zu § 50 RVG.

15 **Amtspflicht.** Die Staatskasse trifft eine Amtspflicht, deren Verletzung zu Schadensersatzansprüchen führen kann.[9]

16 **Vorzeitige Einstellung der angeordneten Zahlungen.** Sind die angeordneten Zahlungen vorzeitig nach § 120 Abs. 3 ZPO eingestellt worden, ist deren Wiederaufnahme anzuordnen, wenn die weitere Vergütung des beigeordneten RA noch nicht gedeckt ist.[10]

§ 51 Festsetzung einer Pauschgebühr

(1) **[1]In Strafsachen, gerichtlichen Bußgeldsachen, Verfahren nach dem Gesetz über die internationale Rechtshilfe in Strafsachen, in Verfahren nach dem IStGH-Gesetz, in Freiheitsentziehungs- und Unterbringungssachen sowie in Verfahren nach § 151 Nummer 6 und 7 des Gesetzes über das Verfahren in Familiensachen und in den Angelegenheiten der freiwilligen Gerichtsbarkeit ist dem gerichtlich bestellten oder beigeordneten Rechtsanwalt für das ganze Verfahren oder für einzelne Verfahrensabschnitte auf Antrag eine Pauschgebühr zu bewilligen, die über die Gebühren nach dem Vergütungsverzeichnis hinausgeht, wenn die in den Teilen 4 bis 6 des Vergütungsverzeichnisses bestimmten Gebühren wegen des besonderen Umfangs oder der besonderen Schwierigkeit nicht zumutbar sind. [2]Dies gilt nicht, soweit Wertgebühren entstehen. [3]Beschränkt sich die Bewilligung auf einzelne Verfahrensabschnitte, sind die Gebühren nach dem Vergütungsverzeichnis, an deren Stelle die Pauschgebühr treten soll, zu bezeichnen. [4]Eine Pauschgebühr kann auch für solche Tätigkeiten gewährt werden, für die ein Anspruch nach § 48 Absatz 6 besteht. [5]Auf Antrag ist dem Rechtsanwalt ein angemessener Vorschuss zu bewilligen, wenn ihm insbesondere wegen der langen Dauer des Verfahrens und der Höhe der zu erwartenden Pauschgebühr nicht zugemutet werden kann, die Festsetzung der Pauschgebühr abzuwarten.**

(2) **[1]Über die Anträge entscheidet das Oberlandesgericht, zu dessen Bezirk das Gericht des ersten Rechtszugs gehört, und im Fall der Beiordnung einer Kontaktperson (§ 34a des Einführungsgesetzes zum Gerichtsverfassungsgesetz) das Oberlandesgericht, in dessen Bezirk die Justizvollzugsanstalt liegt, durch unanfechtbaren Beschluss. [2]Der Bundesgerichtshof ist für die Entscheidung zuständig, soweit er den Rechtsanwalt bestellt hat. [3]In dem Verfahren ist die Staatskasse zu hören. [4]§ 42 Abs. 3 ist entsprechend anzuwenden.**

(3) **[1]Absatz 1 gilt im Bußgeldverfahren vor der Verwaltungsbehörde entsprechend. [2]Über den Antrag nach Absatz 1 Satz 1 bis 3 entscheidet die Verwaltungsbehörde gleichzeitig mit der Festsetzung der Vergütung.**

Schrifttum: *Burhoff,* Die Pauschvergütung nach § 99 BRAGO – ein Rechtsprechungsüberblick mit praktischen Hinweisen, StraFo 1999, 261; *Burhoff,* Neue Rechtsprechung zur Pauschvergütung nach § 99 BRAGO – mit praktischen Hinweisen, StraFo 2001, 9; *Burhoff,* Pauschvergütung des Pflichtverteidigers nach § 99 BRAGO für die Verteidigung des inhaftierten Mandanten, StraFo 2001, 230; *Burhoff,* Pauschvergütung des Pflichtverteidigers nach § 99 BRAGO für die Verteidigung des inhaftierten Mandanten, AGS 2001, 219; *Burhoff,* Bewilligungsvoraussetzungen der Pauschvergütung, BRAGOprofessionell 2001, 103; *Burhoff,* Antrag und Verfahren zur Bewilligung einer Pauschvergütung, AGS 2001, 266; *Burhoff,* Antrag zur Bewilligung einer Pauschvergütung, BRAGOreport 2003, 2; *Burhoff,* Voraussetzungen für die Bewilligung einer Pauschvergütung, BRAGOreport 2003, 42; *Burhoff,* Die Pauschgebühr in Straf- und Bußgeldsachen (§§ 42, 51 RVG), RVGreport 2006, 125; *Burhoff,* Die Pauschgebühr des Strafverteidigers nach den §§ 42, 51 RVG, StraFo 2008, 192; *Burhoff,* Rechtsprechungsübersicht zum RVG betreffend die §§ 42, 51, StRR 2008, 371; *Burhoff,* Vorschuss auf eine Pauschgebühr (§ 51 Abs. 1 S. 5 RVG), RVGreport 2011, 407; *Burhoff,* Rechtsprechungsübersicht zur Pauschgebühr des Strafverteidigers nach den §§ 42, 51 RVG für die Jahre 2008–2011, StraFo 2011, 381; *Burhoff,* Pauschgebühr in Straf- und Bußgeldsachen: 38 Fragen – 38 Antworten, RVG prof. 2012, 86; *Burhoff,* Rechtsprechungsübersicht zur Pauschgebühr des Strafverteidigers nach den §§ 42, 51 RVG für die Jahre 2011–2014, StraFo 2014, 279; *Burhoff,* Rechtsprechungsübersicht zu den Teilen 4–7 VV RVG aus dem Jahr 2014, RVGreport 2015, 122; *Burhoff,* Rechtsprechungsübersicht zu den Teilen 4–7 VV RVG aus dem Jahr 2014/2015 – Teil 1, StRR 2015, 330, *Burhoff,* Rechtsprechungsübersicht zu den Teilen 4–7 VV RVG aus dem Jahr 2015/2016 – Teil 1, RVGreport 2016, 166; *Burhoff,* Die Pauschgebühr des Pflichtverteidigers, eine Bestandsaufnahme der Rechtsprechung zu § 51 RVG für die Jahre etwa ab 2011, Rpfleger 2016, 515; *Burhoff,* Rechtsprechungsübersicht zur Pauschgebühr des Strafvertei-

---

[9] Schneider/Wolf/*Fölsch* RVG § 50 Rn. 22.

[10] OLG München AnwBl 1984, 105 = JurBüro 1984, 892; OLG Stuttgart AnwBl 1985, 49 = JurBüro 1985, 1724; OLG Schleswig JurBüro 1988, 744 = SchlHA 1988, 90, der beigeordnete RA kann die Wiederaufnahme nicht verlangen, wenn er seine Differenzkosten namens der Partei hat festsetzen lassen und der Gegner diese Forderung durch Aufrechnung getilgt hat.

digers nach den §§ 42, 51 RVG für die Jahre 2014–2016, StraFo 2016, 448; *Burhoff,* Rechtsprechungsübersicht zu den Teilen 4–7 VV RVG aus dem Jahr 2016/2017 – Teil 1, RVGreport 2017, 166; *Burhoff,* Die Rechtsprechung zur Abrechnung im Straf- und Bußgeldverfahren, insbesondere nach den Teilen 4 und 5 VV RVG, in den Jahren 2016–2018 – Teil 1, StraFo 2018, 140; *Burhoff,* Rechtsprechungsübersicht zu den Teilen 4–7 VV RVG aus den Jahren 2017/2018 – Teil 1, RVGreport 2018, 322; *Burhoff,* Rechtsprechungsübersicht zu den Teilen 4–7 VV RVG aus den Jahren 2018/2019 – Teil 1, RVGreport 2019, 282; *Burhoff,* Rechtsprechungsübersicht zu den Teilen 4–7 VV RVG aus den Jahren 2019/2020 – Teil 1, RVGreport 2020, 202; *Eisenberg/Classen,* Beeinträchtigung der notwendigen Verteidigung, dargestellt am Beispiel der Judikatur zu § 99 BRAGO, NJW 1990, 1021; *Fromm,* Vergütung des Verteidigers in Mammutprozessen, NJW 2013, 357; *Fromm,* Vergütung des Strafverteidigers für Bemühungen zur Schadenswiedergutmachung, NJW 2013, 1720; *Fromm,* Neues zur Pauschgebühr bei strafrechtlichen Großverfahren Kein „Sonderopfer" des Pflichtverteidigers, StraFo 2014, 52; *Fromm,* Die Vergütung des gerichtlich bestellten oder beigeordneten Rechtsanwalts in Strafsachen, JurBüro 2015, 173; *Fromm,* Die Vergütung des Strafverteidigers im Großverfahren – ein Praxiseinblick nach über 200 Hauptverhandlungstagen, JurBüro 2016, 3; *Gaede,* Pauschvergütung Ade? – Die Zumutbarkeit bei der Vergütung des Pflichtverteidigers, StRR 2007, 89; *Gaier,* Die Angemessenheit anwaltlicher Vergütung als Grundrechtsproblem, AnwBl. 2010, 73; *Hannover,* Ein leidiges Thema: Pauschvergütung in Großverfahren, StV 1981, 487; *Marberth,* Die Gebühren des Pflichtverteidigers – neue Entwicklungen, StraFo 1997, 229; *Stollenwerk,* Die Vergütung des Pflichtverteidigers bei Konfliktverteidigung, DRiZ 2014, 66; Stahl, Die Festsetzung einer Pauschvergütung für das vorbereitende Verfahren, in: Festschrift zum 70. Geburtstag von *Detlef Burhoff,* S. 279; *Volpert,* Die Rechtsbehelfsbelehrung gem. § 12c RVG, RVGreport 2013, 210; *Volpert,* Rechtsbehelfsbelehrungen gem. § 12c RVG und § 5b GKG in den strafrechtlichen Kostenverfahren, StRR 2014, 244.

Übersicht

I. Allgemeines

1 Die gesetzliche Vergütung, die der Pflichtverteidiger für seine Tätigkeit aus der Staatskasse erhält, liegt – wie die Vergütung des im Wege der PKH beigeordneten RA – unter den Normalgebühren. Sie beträgt – auch nach den Anhebungen der Betragsrahmen durch das 2. KostRMoG[1] – nach wie vor (nur) 80% der sog. Mittelgebühren des Wahlanwalts. Für den Regelfall kann diese geringere Vergütung hingenommen werden. In besonders umfangreichen oder schwierigen Verfahren kann sich diese Vergütung jedoch als unzumutbar niedrig erweisen. § 51 RVG gewährt deshalb die Möglichkeit, dem Pflichtverteidiger eine Pauschgebühr zu bewilligen, die über den gesetzlichen Gebühren des Pflichtverteidigers liegt. **Zweck** der Vorschrift ist es, eine Ausgleichsmöglichkeit für solche Fälle zu schaffen, in denen die gesetzlichen Gebühren die Arbeit des bestellten Verteidigers nicht ausreichend abgelten.[2] Der praktische Anwendungsbereich der Vorschrift ist inzwischen aber gegenüber der Vorgängervorschrift des § 99 BRAGO eingeschränkt.[3] Dies ist die Folge davon, dass das RVG einige der Tätigkeiten des Pflichtverteidigers, die früher von den Oberlandesgerichten bei der Bewilligung einer Pauschvergütung berücksichtigt worden sind, nun als eigenständige Gebührentatbestände enthält und die Pauschgebühr nach dem Willen des Gesetzgebers nur noch Ausnahmecharakter haben soll.[4] Die vom Gesetzgeber verfolgten Einschränkungen gehen aber nicht so weit, wie die Rechtsprechung des BGH und der Oberlandesgerichte BGH meint, unter Hinweis auf eine angeblich erforderliche „exorbitante Mühewaltung" einschränken zu müssen.[5] Der Gesetzgeber hat die Vorschrift des § 51 RVG nämlich im Hinblick auf die Rspr. des BVerfG[6] dennoch weiterhin als erforderlich angesehen, um die Fälle, die durch gesetzliche Gebührenregelungen nicht bzw. immer noch nicht ausreichend honoriert werden, ausreichend erfassen zu können. Das wird bei der Anwendung nicht in allen Fällen ausreichend beachtet;[7] die Oberlandesgerichte und auch der BGH machen mE von der Vorschrift zu restriktiv Gebrauch.[8] Das gilt insbes. in „Mammutverfahren".[9] In meinen Augen „erschreckende" Beispiele sind zB ein Beschluss des OLG Frankfurt a. M.[10] oder auch des OLG Stuttgart[11]

2 **Umstritten** ist die Frage, ob die Vergütung des Pflichtverteidigers **kostendeckend** sein muss.[12] Teilweise ist das in der obergerichtlichen Rspr. zu § 99 BRAGO verneint worden,[13] was in der Lit.[14] aber auch in der Rspr.[15] zu Recht kritisiert worden ist. Geht man davon aus, dass nach der Rspr. des BVerfG und anderer Verfassungsgerichte[16] die Tätigkeit des RA ange-

[1] BGBl. 2013 I 2586.

[2] BVerfGE 47, 285 (321); BVerfG RVGreport 2007, 263 = AGS 2007, 504 = NStZ-RR 2007, 351; RVGreport 2009, 59 = AGS 2009, 66 = StRR 2009, 77 mAnm *Burhoff;* s. a. noch BVerfG NJW 2011, 3079 = RVGreport 2011, 378 = JurBüro 2011, 585 = AnwBl 2011, 701 zur Frage der Vorschussgewährung; so grds. auch die Rspr der OLG, vgl. ua aus neuerer Zeit OLG Nürnberg RVGreport 2015, 181 = AGS 2015, 173 = Rpfleger 2015, 335 = StRR 2015, 157; OLG Saarbrücken 11.5.2015 – 1 AR 2/15, nur teilweise in RVG prof. 2015, 206; zur Angemessenheit anwaltlicher Vergütung als Grundrechtsproblem *Gaier* AnwBl 2010, 73.

[3] Burhoff/Volpert RVG/*Burhoff* § 51 Rn. 1 mwN.

[4] BT-Drs. 15/1971, 201.

[5] Vgl. die Nachweise bei Fn. 46.

[6] BVerfGE 68, 237 (255).

[7] Zu weitgehend daher OLG Rostock NStZ-RR 2010, 326 = RVGreport 2010, 415 = StRR 2011, 242, das davon ausgeht, dass eine Pauschgebühr nur noch in „außergewöhnlichen Strafverfahren" gewährt werden soll.

[8] Krit. Burhoff/Volpert RVG/*Burhoff* § 51 Rn. 1 unter Hinweis auf den im NSU-Verfahren ergangenen Beschluss des OLG München v. 9.9.2013 – 6 St (K) 1/13, „erschreckend".

[9] Zu Umfangsverfahren *Fromm* JurBüro 2016, 3 ff.

[10] OLG Frankfurt a. M. StraFo 2016, 305 mAnm *von Stetten* = RVG prof. 2017, 60 (keine Pauschgebühr trotz Einarbeitung in rund 24.000 Blatt Akten); ähnlich OLG Frankfurt a. M. NJW-RR 2017, 1406.

[11] OLG Stuttgart RVGreport 2015, 98 = StRR 2014, 453 = Rpfleger 2014, 692; RVGreport 2016, 374; 26.6.2014 – 2 ARs 27/14.

[12] BVerfGE 54, 251 (271); 47, 285 (325); 68, 237 (255) = NJW 1978, 1473; BVerfG RVGreport 2007, 263 = AGS 2007, 504 = NStZ-RR 2007, 351; zuletzt BVerfG RVGreport 2009, 59 = AGS 2009, 66 = StRR 2009, 77 mAnm *Burhoff;* allg. zur kostendeckenden Vergütung des Verteidigers HSE/*Hartung* RVG Einl. VV Teil 4 Rn. 20.

[13] Zuletzt so ua OLG Bamberg JurBüro 1992, 327; OLG Bremen StraFo 2000, 323; ähnlich OLG Düsseldorf AGS 1999, 71.

[14] Vgl. ua *Madert* Rechtsanwaltsvergütung Rn. 92, 312 mwN.

[15] OLG Schleswig SchlHA 1987, 14 mwN; stRspr des OLG Hamm, vgl. zB OLG Hamm StV 1998, 616 = AGS 1998, 142 = Rpfleger 1998, 487 = AnwBl 1998, 613 betr. Vorschuss; vgl. zum Sonderopfer des Pflichtverteidigers zuletzt auch noch BVerfG AGS 2001, 63; NJW 2005, 3699 = RVGreport 2005, 467.

[16] Vgl. zB VerfGH Berlin NStZ-RR 2020, 190 = RVGreport 2020, 299 = RVG prof. 2020, 134.

messen vergütet werden muss,[17] lässt sich feststellen, dass eine nicht kostendeckende Vergütung nicht angemessen ist.[18] Allerdings gehen die Obergerichte zT davon aus, dass die Pauschgebühr dem Pflichtverteidiger nicht einen zusätzlichen Gewinn verschaffen soll.[19] Dieser Ansatz mag zutreffend sein. Andererseits kann mit dieser Formulierung aber eine angemessene, ein Sonderopfer des Pflichtverteidigers ausgleichende Pauschgebühr nicht verwehrt werden.[20]

Der Streit hat sich unter Geltung des RVG inzwischen auf die Auslegung des Begriffs der **„Unzumutbarkeit"** verlagert. Fraglich ist, wie weit der Anwendungsbereich des § 51 RVG gegenüber § 99 BRAGO aF durch diese neue Formulierung im Gesetz eingeschränkt worden ist.[21] Teilweise wird der Anwendungsbereich der Vorschrift aufgrund dieser Formulierung sehr weit/zu weit eingeschränkt und eine Pauschgebühr nur noch in Ausnahmefällen bewilligt.[22] Diese Sichtweise ist jedoch nicht zutreffend, da damit die Fälle, die durch die gesetzlichen Gebührenregelungen nicht bzw. immer noch nicht ausreichend honoriert werden, nicht ausreichend erfassen werden.[23] Das gilt insb, wenn man – wie die Rspr. des BGH[24] und einiger OLG[25]– unzutreffend darauf abstellt, dass eine Pauschgebühr nur noch bei „exorbitanter anwaltlicher Mühewaltung" bewilligt werden kann. 3

II. Anwendungsbereich

1. Persönlich (Abs. 1)

Die Pauschgebühr steht dem gerichtlich **beigeordneten** und **bestellten** RA zu, also vor allem dem Pflichtverteidiger, dem einem oder mehreren Nebenkläger(n) beigeordneten RA (§ 397a Abs. 1 StPO; § 397b StPO), aber auch dem RA, der nach § 68b Abs. 2 StPO einem Zeugen als Vernehmungsbeistand beigeordnet worden ist. Letzteres ist (zutreffend) auch dann angenommen worden, wenn man die Tätigkeit des Zeugenbeistands nach VV Teil 4 Abschn. 3 RVG als Einzeltätigkeit abgerechnet hat.[26] Sie kann auch entstehen für den „Opferanwalt" (§ 406h Abs. 3 S. 1 StPO) oder für den RA, der dem Privatkläger oder dem Antragsteller im Klageerzwingungsverfahren (§§ 172 ff. StPO) beigeordnet worden ist. § 51 RVG ist ferner zB[27] auch anwendbar für den im strafrechtlichen **Rehabilitierungsverfahren** tätigen RA, da auch seine Tätigkeit in einer Strafsache erfolgt[28] sowie für den nach § 34a EGGVG als Kontaktperson beigeordneten RA. Grundsätzlich könnte nach dem Wortlaut der Vorschrift auch im Gnadenverfahren eine Pauschgebühr gewährt werden; hier wird jedoch ein RA nicht beigeordnet. 4

Der **gerichtlich bestellte RA** oder sein allgemeiner Vertreter oder – mit Zustimmung des Gerichts – ein anderer in § 5 RVG genannter Vertreter muss die Verteidigung geführt haben. 5

---

[17] BVerfGE 54, 251 (271); 68, 237 (255) = NJW 1978, 1473.

[18] Aber BVerfG RVGreport 2007, 263 = AGS 2007, 504 = NStZ-RR 2007, 351 zum Begriff der „Unzumutbarkeit"; s. a. OLG Frankfurt a. M. NJW 2006, 457 = RVGreport 2006, 145 = NStZ-RR 2006, 63; OLG München JurBüro 2017, 410; OLG Nürnberg RVGreport 2018, 140; *Gaier* AnwBl 2010, 73.

[19] Vgl. zB OLG Frankfurt a. M. NJW 2006, 457 = RVGreport 2006, 145; OLG Hamm BeckRS 2006, 11757; OLG Nürnberg RVGreport 2015, 181 = AGS 2015, 173 = Rpfleger 2015, 335 = StRR 2015, 157; OLG Rostock NStZ-RR 2010, 326 = RVGreport 2010, 415 = RVG prof. 2010, 156; OLG Stuttgart RVGreport 2015, 98 = StRR 2014, 453 = Rpfleger 2014, 692; 26.6.2014 – 2 ARs 27/14.

[20] Burhoff/Volpert RVG/*Burhoff* § 51 Rn. 4, 38 ff., 62 f.

[21] Eing. *Gaede* StRR 2007, 89; die Ausführungen bei → Rn. 32 ff.

[22] Vgl. zB OLG Frankfurt a. M. NJW 2006, 457 = RVGreport 2006; OLG Rostock NStZ-RR 2010, 326 = RVGreport 2010, 415 = StRR 2011, 242; OLG Stuttgart RVGreport 2015, 98 = StRR 2014, 453 = Rpfleger 2014, 692; RVGreport 2016, 374; 26.6.2014 – 2 ARs 27/14; (wohl auch) OLH Nürnberg RVGreport 2018, 140; weitere Nachw. bei → Rn. 34.

[23] Burhoff/Volpert RVG/*Burhoff* § 51 Rn. 1 ff.; *Burhoff* RVGreport 2006, 125 (127 f.); StraFo 2008, 192 (194 f.).

[24] Ua BGH StRR 2014, 39 = RVGreport 2013, 472; NJW 2015, 2437 = AGS 2016, 5 = RVGreport 215, 375; weitere Nachweise bei Burhoff/Volpert RVG/*Burhoff* § 51 Rn. 3.

[25] OLG Celle AGS 2017, 390 = RVGreport 2017, 414 (Pauschgebühr nach § 42 RVG); OLG Naumburg BeckRS 2019, 26445; OLG Nürnberg RVGreport 2015, 181 = AGS 2015, 173 = Rpfleger 2015, 335 = StRR 2015, 157; OLG Rostock NStZ-RR 2010, 326 = RVGreport 2010, 415 = RVG prof. 2010, 156.

[26] BVerfG NJW 2019, 3370 = RVGreport 2020, 13 = JurBüro 2019, 573; KG RVGreport 2013, 271 = NStZ-RR 2013, 232 = JurBüro 2013, 360; OLG Jena AGS 2011, 483 = StraFo 2011, 292 (Ls.) = JurBüro 2011, 473; OLG Saarbrücken StRR 2015, 196 = RVGreport 2013, 216; 6.5.2013 – 1 AR 3/13, für zwei Zeugen; vgl. zum Streitstand der Abrechnung der Tätigkeit des Zeugenbeistands die Ausführungen bei VV Teil 4 Abschn. 1 RVG. Gebühren des Verteidigers → Rn. 5 ff.

[27] Vgl. wegen weiterer Beispiele Burhoff/Volpert RVG/*Burhoff* § 51 Rn. 6 f.

[28] OLG Jena RVGreport 2007, 119.

Hat – mit Zustimmung des Gerichts – ein anderer RA den gerichtlich bestellten RA vertreten, so steht die Vergütung dem Vertretenden zu.[29]

6 Für den **Wahlverteidiger,** den frei gewählten RA eines Privatklägers oder Nebenklägers oder den im Klageerzwingungsverfahren frei gewählten RA kann eine Pauschgebühr nach § 51 RVG **nicht** gewährt werden.[30] Diese haben die Möglichkeit, innerhalb des Gebührenrahmens des Vergütungsverzeichnisses gem. § 14 Abs. 1 RVG die angemessene Gebühr selbst zu bestimmen oder die Übernahme des Mandats von einer Vergütungsvereinbarung (§ 3a RVG) abhängig zu machen. Der Wahlanwalt hat aber die Möglichkeit, sich nach **§ 42 Abs. 1 RVG** unter den dort bestimmten Voraussetzungen eine Pauschgebühr feststellen zu lassen.[31]

2. Sachlich (Abs. 1, 3)

7 Die Vorschrift gilt für das **Strafverfahren** (VV Teil 4 RVG) und gem. § 51 Abs. 3 RVG auch für das **Bußgeldverfahren** (VV Teil 5 RVG), wenn dem Betroffenen dort gem. § 60 OWiG ein Pflichtverteidiger bestellt worden ist.[32] Die Vorschrift gilt auch im strafrechtlichen Rehabilitierungsverfahren, für das nach VV Vorb. 4 Abs. 1, VV Teil 4 Abschn. 1 RVG gilt.[33] § 51 RVG erfasst zudem die in **VV Teil 6 Abschn. 1 RVG** geregelten Verfahren nach dem IRG bzw. nach dem IStGH-Gesetz. Damit kann auch dem im Rahmen der Vollstreckung einer ausländischen Geldsanktion nach den §§ 87e, 53 IRG bestellten Beistand eine Pauschgebühr gewährt werden, allerdings wohl nur, wenn eine gerichtliche Bestellung vorliegt.[34] Nach den Erweiterungen durch das 2. KostRMoG[35] sind auch die in **VV Teil 6 Abschn. 3 RVG** geregelten Freiheitsentziehungs- und Unterbringungssachen nach §§ 312, 415 FamFG sowie in Verfahren nach § 151 Nr. 6, 7 FamFG erfasst. Das war früher aufgrund eines gesetzgeberischen Versehens bei Schaffung des RVG nicht der Fall.[36] **Nicht** erfasst werden aber nach wie vor nach dem Wortlaut des Abs. 1 S. 1 die Verfahren nach dem **StrEG.**[37] Die Vorschrift gilt auch nicht in den Verfahren, die nach VV Teil 6 Abschn. 2 RVG abgerechnet werden; eine Nachfolgeregelung zur Vorschrift des § 109 Abs. 1 BRAGO aF gibt es im RVG (bislang) nicht.[38]

8 § 51 RVG gilt nach **Abs. 1 S. 2** nur, wenn Festgebühren entstehen. Erhält (auch) der Pflichtverteidiger **Wertgebühren** – also zB nach VV 4142 ff. RVG – scheidet die Gewährung einer Pauschgebühr hingegen aus.[39] Fraglich ist, inwieweit die insoweit erbrachten Tätigkeiten bei der Bemessung der Pauschgebühr mit herangezogen werden können. Das wird inzwischen weitgehend verneint.[40]

III. Anspruchsvoraussetzungen

1. Allgemeines

9 **a) Überblick.** Nach § 51 RVG kann eine Pauschgebühr gewährt werden, wenn das Verfahren „besonders umfangreich“ oder „besonders schwierig“ war.[41] Nicht erforderlich ist, dass die Strafsache „besonders umfangreich“ und „besonders schwierig“ ist. Ausreichend ist, dass eine

---

[29] OLG Hamburg MDR 1964, 170.

[30] Auch nicht entsprechend OLG Hamm AnwBl 1989, 686 = MDR 1989, 568.

[31] Vgl. § 42 RVG.

[32] Burhoff StrafREV-HdB Rn. 1408 ff. mwN; OLG Saarbrücken NJW 2007, 309; OLG Bremen VRR 2009, 356 = StRR 2009, 343 = NStZ-RR 2009, 353 (Ls.); LG Mainz NZV 2009, 404 = VRR 2009, 395 = StRR 2009, 307; → Rn. 65 f.

[33] OLG Jena RVGreport 2007, 119.

[34] Burhoff/Volpert RVG/*Volpert* VV Vorb. 6.1.1 Rn. 16.

[35] BGBl. 2013 I 2586.

[36] BR-Drs. 517/12, 418 = BT-Drs. 17/11741, 269 (270).

[37] OLG Frankfurt a. M. RVGreport 202007, 390 = NStZ-RR 2007, 223 = AGS 2007, 619.

[38] Sa BVerwG AGS 2016, 118 = RVGreport 2017, 454 unter Hinweis auf die hM in der Lit., wie zB hier → RVG VV 6202 Rn. 6; Schneider/Wolf/*N. Schneider* RVG § 51 Rn. 1 aE; HK-FamGKG/*Stollenwerk* RVG § 51 Rn. 6 aE; Burhoff/Volpert RVG/*Volpert* VV Vorb. 6.4 Rn. 36.

[39] OLG Karlsruhe RVGreport 2015, 215 = StRR 2015, 156 = NStZ-RR 2015, 96; LG Rostock AGS 2011, 24 = RVGreport 10, 417.

[40] Schneider/Wolf/*N. Schneider* RVG § 51 Rn. 45; *Fromm* NJW 2013, 1720 zu VV 4143, 4144 RVG; Karlsruhe NStZ-RR 2015, 96 = RVGreport 2015, 215; wohl auch OLG Karlsruhe RVGreport 2015, 215 = StRR 2015, 156 = NStZ-RR 2015, 96; LG Rostock AGS 2011, 24 = RVGreport 2010, 417 mAnm *Burhoff* für eine Gebühr nach VV 4142 RVG, die nicht auf eine Pauschgebühr angerechnet werden soll; einschränkend Burhoff/Volpert RVG/*Burhoff* § 51 Rn. 113.

[41] Zur Rspr. der letzten Jahre *Burhoff* Rpfleger 2016, 515 ff.; StraFo 2016, 448 ff. mit Hinweisen auf frühere Übersichten.

der beiden Voraussetzungen **alternativ** erfüllt ist.[42] Zudem erwähnt Abs. 1 noch die Unzumutbarkeit.[43] § 51 RVG gilt damit nicht für durchschnittliche Strafverfahren und auch nicht für die Strafverfahren, die nur etwas über dem Durchschnitt liegen. Es muss sich aber auch nicht um ein „außergewöhnliches Strafverfahren" handeln.[44] Davon scheint man aber zT in der Lit. auszugehen, wenn dort ausgeführt wird, dass die anwaltliche Tätigkeit sich – auch in überdurchschnittlichen Sachen – in „exorbitanter Weise" von anderen Sachen abheben müsse.[45] Auch die Rspr., vor allem die des BGH, formuliert teilweise so unzutreffend.[46] Diese Auffassung wäre allenfalls dann zutreffend, wenn die Pauschgebühr ein „besonders schwieriges und umfangreiches Verfahren" voraussetzen würde.[47]

Ist **keine** der **beiden Voraussetzungen** – „besonderer Umfang" oder „besondere Schwierigkeit" – jeweils für sich allein gesehen erfüllt, bedingten jedoch Umfang und Schwierigkeit in ihrer Gesamtheit eine besondere Inanspruchnahme und Mühewaltung des Pflichtverteidigers, so rechtfertigt auch dies die Bewilligung einer Pauschvergütung.[48] 10

Auf das **Ergebnis** des Verfahrens kommt es **nicht** an. Die Voraussetzungen des § 51 RVG können also zB auch dann erfüllt sein, wenn nach umfangreichen Ermittlungen das Verfahren noch im vorbereitenden Verfahren eingestellt wird. 11

b) Anwendung der Rspr. zu § 99 BRAGO. Allgemein wird davon ausgegangen, dass die zu **§ 99 BRAGO** ergangene umfangreiche, zT unübersichtliche und widersprüchliche **Rspr.** der Oberlandesgerichte für die Gewährung einer Pauschgebühr nach § 51 RVG grds. noch **anwendbar** ist.[49] Diese Frage stellt sich insbes. im Hinblick darauf, dass die Bewilligung einer Pauschgebühr nach § 51 RVG gegenüber § 99 BRAGO dadurch eingeschränkt worden ist, dass nach § 51 RVG eine Pauschgebühr nur noch bewilligt wird, wenn die Gebühren der VV Teil 4–6 RVG „nicht zumutbar" sind. Diese Einschränkung geht auf die vom RVG eingeführten gesetzlichen Gebührentatbestände zurück und soll den „Ausnahmecharakter" der Pauschgebühr betonen.[50] Sie hat zur Folge, dass die Tätigkeiten des Pflichtverteidigers, für die gesetzliche Gebührentatbestände neu geschaffen worden sind und die früher allein- oder mitbestimmend für die Gewährung einer Pauschvergütung nach § 99 BRAGO gewesen sind (vgl. zB VV 4102, 4110, 4111 RVG usw), keine bzw. allenfalls noch eine untergeordnete Bedeutung für die Bewilligung einer Pauschgebühr nach § 51 RVG haben.[51] 12

Darauf muss also die „ältere" Rspr., die angewendet werden soll, **sorgfältig untersucht** werden.[52] Das gilt vor allem, wenn besonderer Zeitaufwand des Pflichtverteidigers zur Gewährung einer Pauschvergütung nach § 99 BRAGO geführt hat, wie zB bei langen Hauptverhandlungen und/oder der Teilnahme an Vernehmungen und Hftterminen. Für diese Tätigkeiten sind im RVG besondere Gebühren vorgesehen (vgl. die Längenzuschläge für den Pflichtverteidiger zB in VV 4116, 4117 RVG[53] oder die Vernehmungsterminsgebühr in 13

---

[42] OLG Hamm MDR 1991, 1206; OLG Karlsruhe AnwBl 1978, 358; Burhoff/Volpert RVG/*Burhoff* § 51 Rn. 12; Schneider/Wolf/*N. Schneider* RVG § 51 Rn. 17.

[43] → Rn. 32 ff.

[44] AA offenbar OLG Rostock NStZ-RR 2010, 326 = RVGreport 2010, 415 = RVG prof. 2010, 156 = StRR 2011, 242.

[45] BeckOK RVG/*Sommerfeldt* § 51 Rn. 3, 8.

[46] Vgl. zB – ohne nähere Begründung – BGH RVGreport 2013, 472 = StRR 2013, 39 mablAnm *Burhoff;* BGH StRR 2014, 198 = RVGreport 2014, 269; ähnlich OLG Celle RVGreport 2017, 414 = AGS 2017, 390; OLG Düsseldorf RVGreport 2016, 99 = StRR 2015, 359 = JurBüro 2015, 637 = Rpfleger 2015, 668; OLG Naumburg BeckRS 2019, 26445; OLG Nürnberg RVGreport 2015, 181 = AGS 2015, 173 = Rpfleger 2015, 335 = StRR 2015, 157; OLG Stuttgart RVGreport 2016, 374.

[47] Burhoff/Volpert RVG/*Burhoff* § 51 Rn. 12; *Burhoff* Rpfleger 2016, 515, 518.

[48] KG Rpfleger 2015, 48 = JurBüro 2015, 26 = RVGreport 2015, 137; OLG München AnwBl 1976, 178 = Rpfleger 1976, 226.

[49] Burhoff/Volpert RVG/*Burhoff* § 51 Rn. 13, 40; aA – aber ohne nähere Begr. – offenbar BGH RVGreport 2014, 269 = StRR 2014, 198, jeweils mAnm *Burhoff.*

[50] Vgl. ua BVerfG NJW 2007, 3420 = AGS 2007, 504 = RVGreport 2007, 263; OLG Hamm NStZ-RR 2006, 392 (Ls.); eing. → Rn. 34 ff.

[51] OLG Düsseldorf JurBüro 2009, 532; RVGreport 2016, 99 = StRR 2015, 359 = JurBüro 2015, 637 = Rpfleger 2015, 668; OLG Hamm StraFo 2005, 263; 2005, 130 = RVGreport 2005, 68 = AGS 2005, 117; NJW 2006, 74 = JurBüro 2006, 137; OLG Jena StV 2006, 202 = StraFo 2005, 273 = RVGreport 2005, 103; OLG Karlsruhe RVGreport 2005, 315; StV 2006, 205 = RVGreport 2006, 420; OLG Köln StraFo 2008, 442; OLG Nürnberg RVGreport 2015, 181 = AGS 2015, 173 = Rpfleger 2015, 335 = StRR 2015, 157; vgl. auch BGH RVGreport 2013, 472 = StRR 2014, 39 mAnm *Burhoff.*

[52] Burhoff/Volpert RVG/*Burhoff* § 51 Rn. 13 f.; und die Rechtsprechungshinweise bei → Rn. 26.

[53] ZB OLG Nürnberg RVGreport 2018, 140 = Sonderausgabe StRR 12/2018, 18.

VV 4102 RVG). Diese Tätigkeiten werden daher nur noch eingeschränkt iRd § 51 RVG herangezogen werden können.[54] Allerdings bleiben diese Tätigkeiten auch nicht völlig außer Betracht. Entscheidend ist ggf. auch das **Gesamtgepräge** des Verfahrens.[55]

14 **Unproblematisch** ist die Anwendung älterer Rspr. zur Frage der **„besonderen Schwierigkeit“.** Insoweit hat das RVG keine Änderung gegenüber der BRAGO gebracht. Das bedeutet, dass die von der Rspr. der Oberlandesgerichte in der Vergangenheit unter der Geltung des § 99 Abs. 1 BRAGO schon als „besonders schwierig“ angesehenen Verfahren auf jeden Fall auch „besonders schwierig“ iSd § 51 Abs. 1 RVG sind.[56]

2. Besonders umfangreiche Strafsache

15 **a) Zeitaufwand.** Beim „besonderen Umfang“ ist der **zeitliche Aufwand** zu berücksichtigen, den der RA auf die Sache verwenden musste.[57] Darüber hinaus erbrachte, außerhalb des Umfangs der Beiordnung/Bestellung liegende Tätigkeiten sind bei der Festsetzung einer Pauschgebühr nicht zu berücksichtigen.[58] Der erbrachte Aufwand muss **erheblich** über dem Zeitaufwand liegen, den der RA einer normalen Sache zu widmen hat, denn nur dann ist die Strafsache „besonders umfangreich“. Er muss aber nicht „außergewöhnlich“ sein.[59] Als Maßstab dienen nur gleichartige Verfahren, also zB für eine Schwurgerichtssache die normalen Schwurgerichtsverfahren, für eine Sache vor der großen Strafkammer die üblicherweise vor den großen Strafkammern durchgeführten Verfahren usw.[60] Die Anforderungen dürfen aber nicht zu hoch gestellt werden.[61] Werden besondere Umstände geltend gemacht, muss sich deren Bewältigung in einem zeitlichen Mehraufwand niedergeschlagen haben.[62] Das können zB ein besonderer Betreuungsaufwand sein[63] oder Tätigkeiten im Hinblick auf die Anordnung eines dinglichen Arrestes,[64] aber nicht allein der Umstand, dass der RA mehreren Geschädigten beigeordnet worden ist,[65] da der dadurch entstehende Mehraufwand durch die VV 1008 RVG abgegolten wird. Eine Pauschgebühr kann auch nicht mit grds. zu den gewöhnlichen Aufgaben eines beigeordneten bzw. bestellten RA gehörenden Tätigkeiten begründet werden.[66] Ob es ausreicht, wenn der RA durch besondere persönliche Fähigkeiten, wie zB Sprachkenntnisse, der Staatskasse Aufwendungen erspart, ist umstritten.[67]

---

[54] OLG Düsseldorf RVGreport 2016, 99 = StRR 2015, 359 = JurBüro 2015, 637 = Rpfleger 2015, 668; OLG Nürnberg RVGreport 2015, 181 = AGS 2015, 173 = Rpfleger 2015, 335 = StRR 2015, 157; unzutreffend BGH StRR 2014, 198 = RVGreport 2014, 269, der die Dauer der Hauptverhandlung überhaupt nicht mehr berücksichtigen will.

[55] OLG Hamm JurBüro 2007, 308; BeckRS 2007, 01282; OLG Celle JurBüro 2013, 301 = RVG prof. 2013, 81 = StRR 2013, 199 mAnm *Burhoff;* OLG Stuttgart RVGreport 2008, 383 = StRR 2008, 359 mAnm *Burhoff* = Rpfleger 2008, 441; → Rn. 26.

[56] OLG Celle StraFo 2005, 273 = RVGreport 2005, 142 = AGS 2005, 393; OLG Hamm StraFo 2005, 130 = RVGreport 2005, 68 = AGS 2005, 117; OLG Jena RVGreport 2005, 103 = Rpfleger 2005, 276 = JurBüro 2005, 258 = StV 2006, 204; OLG Karlsruhe StraFo 2006, 205 = NStZ-RR 2005, 286 = RVGreport 2005, 315; Burhoff/Volpert RVG/*Burhoff* § 51 Rn. 16.

[57] Vgl. zB ua KG RVGreport 2015, 137 = JurBüro 2015, 26 = Rpfleger 2015, 48; OLG Düsseldorf JurBüro 2009, 532; OLG Koblenz JurBüro 2008, 312.

[58] OLG Jena BeckRS 2009, 11629; AGS 2011, 483 = StraFo 2011, 292 (Ls.) = JurBüro 2011, 473 für die Pauschgebühr eines nach § 68b StPO beigeordneten Vernehmungsbeistandes, wenn dessen Tätigkeit nur nach VV Teil 4 Abschn. 3 RVG abgerechnet wird.

[59] → Rn. 9.

[60] BGH Rpfleger 1996, 169; NStZ 1997, 98; grdl. OLG Hamm JurBüro 1999, 194 = Rpfleger 1999, 235; OLG Zweibrücken StRR 2009, 123 (Ls.); OLG Zweibrücken 11.5.2015 – 1 AR 2/15, nur teilweise in RVG prof. 2015, 206; Burhoff/Volpert RVG/*Burhoff* § 51 Rn. 18.

[61] BVerfG NJW 2005, 1264; BGH Rpfleger 1996, 169; NStZ 97, 98; OLG Hamm Rpfleger 1999, 235; OLG Koblenz Rpfleger 1985, 508; OLG München AnwBl 1976, 178; OLG Koblenz NStZ 1988, 371; Burhoff/Volpert RVG/*Burhoff* § 51 Rn. 17 f.

[62] OLG Düsseldorf JurBüro 2009, 532 = BeckRS 2009, 19051.

[63] OLG Hamm BeckRS 2008, 22212, für Nebenklägerbeistand; OLG Koblenz RVGreport 2017, 413 für das Auslieferungsverfahren.

[64] OLG Karlsruhe RVGreport 2015, 215 = StRR 2015, 156 = NStZ-RR 2015, 96.

[65] Zum alten Recht OLG Köln BeckRS 2008, 05438; vgl. jetzt § 397b StPO.

[66] OLG Saarbrücken 22.5.2013 – 1 AR 1/13; 6.5.2013 – 1 AR 3/13, für nach § 68b Abs. 2 StPO beigeordneten Zeugenbeistand.

[67] Verneint von KG RVGreport 2013, 271, für Zeugenbeistand; OLG Celle AGS 2007, 74 = RVGreport 2007, 64 = NStZ 2007, 342; OLG Düsseldorf JurBüro 2009, 532; bejaht von OLG Köln RVGreport 2006, 221 = StraFo 2006, 258 = AGS 2006, 74 = NStZ-RR 2006, 192 (Ls.) = RVG-Letter 2006, 53 mAnm *Kroiß.*

Maßgeblich für die Prüfung, ob eine Pauschgebühr zu gewähren ist, ist der **Zeitraum** seit Beginn der Bestellung des Pflichtverteidigers bis zum Ende der Beiordnung.[68] Nicht berücksichtigt werden Tätigkeiten, die der RA zB nach einer gem. § 153 Abs. 2 StPO erfolgten Einstellung des Verfahrens noch in Zusammenhang mit Entschädigungsfragen erbracht hat.[69] § 51 Abs. 1 S. 3 RVG regelt aber ausdrücklich, dass eine Pauschgebühr auch für solche Tätigkeiten gewährt werden kann und solche Tätigkeiten zu berücksichtigen sind, für die der RA einen Anspruch nach § 48 Abs. 6 RVG hat.[70] Stehen dem Pflichtverteidiger für einen Verfahrensabschnitt/eine Tätigkeit keine (gesetzlichen) Gebühren zu – sei es, dass eine Gebühr gar nicht entstanden ist oder sei es, dass auf eine entsprechende Gebühr verzichtet worden ist – kann dieser Verfahrensabschnitt bei der Bewilligung einer Pauschgebühr nicht berücksichtigt werden.[71] Das gilt zB für den Abschluss eines arbeitsgerichtlichen Vergleichs in der Hauptverhandlung.[72] Berücksichtigungsfähig ist auch immer nur der Zeitaufwand, der aus verfahrensbezogenen Tätigkeiten des Pflichtverteidigers herrührt, nicht hingegen solcher, der seinen Grund in nur verteidigerbezogenen/persönlichen Umständen hat.[73] 16

b) Ausgesuchte Kriterien. Die zum Merkmal des „besonderen Umfangs" vorliegende Rspr. ist umfangreich und nicht immer einheitlich. Einige Oberlandesgerichte haben in der letzten Zeit die maßgeblichen Kriterien zusammengestellt.[74] Hier kann aber nicht auf alle Einzelheiten eingegangen werden; die Darstellung muss sich vielmehr auf einige **wesentliche Punkte beschränken.**[75] 17

Allgemein von Bedeutung für die Einordnung eines Strafverfahrens als „besonders umfangreich" sind der Umfang der **Akten,** insbes. auch der Beiakten, die Zahl der Zeugen und Sachverständigen, die **Dauer** der **Hauptverhandlung,** die wiederholte Erstreckung der Hauptverhandlung in Zeiten, in denen ein RA üblicherweise in seiner Kanzlei zu tun hat, umfangreiche Vorbereitungstätigkeit,[76] besonders mit längeren Schriftsätzen sowie die Erstreckung des Verfahrens über Jahre mit großen Zeitabständen usw.[77] Auch der Zeitpunkt eines Hauptverhandlungstermins kann von Bedeutung sein[78] bzw. die Erforderlichkeit der Einarbeitung in 18

---

[68] OLG Hamm AnwBl 1998, 614 = AGS 1998, 139 mAnm *Madert;* OLG Jena RVGreport 2008, 458 = StRR 2008, 283 = RVG prof. 2009, 2; [grds.] a. OLG München 22.1.2021 – 1 AR 251/20 u. a. für das Ermittlungsverfahren betreffend das „Oktoberfestattentat"; OLG Rostock RVGreport 2018, 334 für mehrere Überprüfungsverfahren nach § 57a Abs. 1 StGB; Burhoff/Volpert RVG/*Burhoff* § 51 Rn. 21.

[69] OLG Hamm AnwBl 1998, 614 = AGS 1998, 139 mAnm *Madert.*

[70] Zum früheren Streit zur Frage der Anwendbarkeit des § 97 Abs. 3 BRAGO im Bereich der Pauschvergütung nach § 99 BRAGO zuletzt OLG Düsseldorf NStZ-RR 2001, 158 = AGS 2001, 129 = StV 2002, 92; OLG Hamm NStZ 2001, 498 = AGS 2001, 199 = JurBüro 2001, 526; Schneider/Wolf/*N. Schneider* RVG § 51 Rn. 18.

[71] So zutreffend OLG Hamm StraFo 2012, 161 mAnm *Burhoff* = RVGreport 2012, 458 = StRR 2012, 359 mAnm *Burhoff* unter (angekündigter) Aufgabe der aA in OLG Hamm BeckRS 2012, 07235; und in OLG Hamm BeckRS 2012, 06495; ähnlich für Fahrtzeiten BGH StraFo 2015, 349 = StRR 2015, 358 = RVGreport 2015, 375 = NJW 2015, 2437 = AGS 2016, 5; StraFo 2020, 174 = RVGreport 2020, 168 = RVG prof. 2020, 79 = NStZ-RR 2020, 160.

[72] OLG Karlsruhe RVGreport 2015, 215 = StRR 2015, 156 = NStZ-RR 2015, 96.

[73] Grds. zutr. BGH NJW 2015, 2437 = StraFo 2015, 349 = StRR 2015, 358 = NStZ-RR 2015, 295 = RVGreport 2015, 375 = AGS 2016, 5; StraFo 2020, 174 = RVGreport 2020, 168 = RVG prof. 2020, 79 = NStZ-RR 2020, 160.

[74] KG RVGreport 2015, 137 = JurBüro 2015, 26 = Rpfleger 2015, 48; OLG Nürnberg RVGreport 2015, 181 = AGS 2015, 173 = Rpfleger 2015, 335 = StRR 2015, 157; OLG Saarbrücken 11.5.2015 – 1 AR 2/15, nur teilweise in RVG prof. 2015, 206; s. a. die Einschränkungen bei OLG Düsseldorf RVGreport 2016, 99 = StRR 2015, 359 = JurBüro 2015, 637 = Rpfleger 2015, 668.

[75] Ein alphabetischer Nachweisschlüssel findet sich bei *Burhoff* StraFo 1999, 261; StraFo 2001, 119; RVGreport 2006, 261 und im ABC bei Burhoff/Volpert RVG/*Burhoff* § 51 Rn. 103–195; sa noch Schneider/Wolf/*N. Schneider* RVG § 51 Rn. 25 ff.

[76] Vgl. aber OLG Saarbrücken 11.5.2015 – 1 AR 2/15, nur teilweise in RVG prof. 2015, 206, wonach 4,5 Stunden Vorbereitungsbesprechungen keinen besonderen Zeitaufwand darstellen sollen.

[77] Vgl. zB OLG Zweibrücken StV 1991, 123 (54), Diebstähle; OLG Hamm AGS 1998, 140, Teilnahme an der polizeilichen Beschuldigtenvernehmung, fünfstündiger Haftprüfungstermin, längere Gespräche mit dem Angeklagten und den Angehörigen seiner Sippe; BayObLG AnwBl 1987, 619, Revisionsverfahren deshalb besonders umfangreich, weil der RA zur Vorbereitung der Revisionsbegründung 195 Seiten Urteilsbegründung und das 188 Seiten umfassende erstinstanzliche Sitzungsprotokoll bearbeiten musste; s. aber auch OLG Koblenz AGS 2008, 30, Hauptverhandlung am Sonntag.

[78] OLG Koblenz AGS 2008, 30 für Hauptverhandlungstermin an einem Samstag.

eine Vielzahl weiterer Verfahren nach Verbindung.[79] Im Einzelnen ist darüber hinaus auf folgende Umstände besonders hinzuweisen:[80]

19 Der **Aktenumfang** kann ein **gewichtiges Indiz** dafür sein, dass ein Verfahren als „besonders umfangreich" einzustufen ist. Das gilt insbes. für das Ermittlungsverfahren. Die Gesetzesbegründung zum RVG 2004 geht nämlich gerade davon aus, dass durch § 51 RVG insbes. noch die Fälle erfasst werden, in denen der Pflichtverteidiger im Ermittlungsverfahren in weit überdurchschnittlichem Ausmaß tätig geworden ist, so zB beim Studium besonders umfangreicher Akten und Beiakten.[81] Allerdings gibt es kein verlässlichen Grundsätze, ab wann eine Pauschgebühr aufgrund des Aktenumfangs gerechtfertigt ist.[82] Dabei wird es sicherlich auch darauf ankommen, ob es sich um ein amtsgerichtliches Verfahren beim Strafrichter, beim Schöffengericht oder um eine umfangreiche Wirtschaftsstrafsache oder ein „Terroristen-Verfahren" handelt.[83] Das OLG Düsseldorf ist früher davon ausgegangen, dass angesichts der nur geringen Höhe der Grundgebühr vom (Pflicht)Verteidiger dafür nicht mehr als das Studium einer Akte von idR 500 Blatt erwartet werden kann, was zu einem am Aktenumfang ausgerichteten Multiplikator für eine Pauschgebühr führte.[84] Allerdings bezog sich diese sog. **„500 Blatt-Formel"** weder pauschal auf sämtliches zu den Akten gelangtes Papier noch auf solche Aktenteile, die nur kursorisch und stichprobenartig gelesen werden mussten. Dass und welche Teile der Nebenakten nach Sichtprüfung zur Vorbereitung einer ordnungsgemäßen Verteidigung genauer studiert werden mussten, musste der Pflichtverteidiger auch substantiiert dartun.[85] Inzwischen hat das OLG Düsseldorf diese Rspr./pauschale Betrachtungsweise aufgegeben.[86] Die Pauschgebühr wird nun auch im Bereich der Grundgebühr (wieder) durch Bewertung der konkreten Vorbereitungstätigkeit des Pflichtverteidigers – insbesondere durch die erstmalige Einarbeitung in den Rechtsfall – bemessen.

20 Zahlreiche und ggf. langwierige **Besprechungen** mit dem Angeklagten, seinen Familienangehörigen und/oder anderen Verfahrensbeteiligten können das Verfahren zu einem besonders

---

[79] OLG Jena 17.3.2008 – 1 ARs 3/08.

[80] IÜ das ABC bei Burhoff/Volpert RVG/*Burhoff* § 51 Rn. 103–195 mwN; sowie bei Schneider/Wolf/*N. Schneider* RVG § 51 Rn. 25 ff.

[81] BT-Drs. 15/1971, 201.

[82] Vgl. zur Berücksichtigung des Aktenumfangs aus neuerer Zeit VerfGH Berlin NStZ-RR 2020, 190 = RVGreport 2020, 299 = RVGprof. 2020, 134; OLG Düsseldorf RVGreport 2016, 99 = StRR 2015, 359 = JurBüro 2015, 637 = Rpfleger 2015, 668; RVGreport 2016, 138; 2016, 178; OLG Koblenz JurBüro 2017, 195 = RVGreport 2017, 217; OLG Nürnberg RVGreport 2015, 181 = AGS 2015, 173 = Rpfleger 2015, 335 = StRR 2015, 157; RVGreport 2018, 140; aber auch OLG Frankfurt a. M. StraFo 2016, 305 mablAnm *von Stetten* = RVG prof. 2017, 60, das bei einem Aktenumfang von rund 24.000 Blatt, in die sich der RA einarbeiten musste, eine Pauschgebühr abgelehnt hat, oder ähnlich OLG Frankfurt a. M. NJW-RR 2017, 1406.

[83] Vgl. wegen der Einzelheiten und der Zusammenstellung der Rspr. Burhoff/Volpert RVG/*Burhoff* § 51 Rn. 114 f. mwN; s. zB KG AGS 2006, 26, 30 Bände Akten zzgl. Beiakten sind nicht durchschnittlich; KG JurBüro 2015, 26 = Rpfleger 2015, 48 = RVGreport 2015, 138, Staatsschutzsache; OLG Celle RVGreport 2011, 177 = StRR 2011, 240, 40.000 Blatt Akten weit überdurchschnittlich; JurBüro 2013, 301 = RVG prof. 2013, 81 = StRR 2013, 199; OLG Dresden RVGreport 2020, 62, Einarbeitung des Nebenklägerbeistands in 23.000 Blatt Akten; Erhöhung der gesetzlichen Gebühren um 700 EUR; OLG Düsseldorf RVGreport 2007, 470, 3.600 Blatt bei Anklageerhebung führen zu eine Pauschgebühr von 2.000,– EUR anstelle der gesetzlichen Grund- und Verfahrensgebühr; OLG Düsseldorf RVGreport 2013, 228, bei rund 560 Stehordner Akten das nahezu 20-Fache der gesetzlichen Grund- und Verfahrensgebühren; OLG Hamm StV 1998, 619 = StraFo 1998, 321, 500 Blatt Akten bei einem amtsgerichtlichen Verfahren schon komplex; OLG Koblenz RVGreport 2017, 413, etwa 550 Blatt Akten im Auslieferungsverfahren überdurchschnittlich; OLG München RVGreport 2019, 336 = StRR 8/2019, 31 = RVG prof. 2020, 27, im NSU-Verfahren 20.000 EUR (= das 151-Fache der gesetzlichen Gebühr) für die Einarbeitung in die umfangreichen Akten, die bis zur Anklageerhebung aus mehr als 580 Sachaktenbände bestanden haben, wobei das OLG von „jedenfalls mehrere hundert Stunden Einarbeitungszeit" ausgeht für den Vertreter mehrerer Nebenkläger; OLG Nürnberg 10.5.2011 – 1 AR 15/11, Verfahren beim AG mit einem Aktenumfang von über 3.900 Seiten zzgl. drei Bände Beweismittelakten; OLG Nürnberg RVGreport 2015, 181 = AGS 2015, 173 = Rpfleger 2015, 335 = StRR 2015, 157, erstinstanzliche Strafkammersache, 2.000 Seiten Hauptakte, 15.000 Seiten Beiakte und 34.000 Seiten TKÜ-Verschriftungen; OLG Nürnberg RVGreport 2018, 140; Umfang der Ermittlungsakten (Hauptakte) bis zur Anklageerhebung 1.733 Blätter, zu Beginn der Hauptverhandlung bei der Strafkammer knapp 3.500 Blätter; vgl. schließlich auch noch die „Sätze" des OLG Dresden AGS 2000, 109 und des OLG Brandenburg AGS 1997, 4; OLG Hamm AGS 1996, 125; 1998, 140 = StV 1998, 619 = AGS 2000, 110; OLG Stuttgart AnwBl 1992, 89.

[84] OLG Düsseldorf RVGreport 2016, 99 = StRR 2015, 359 = JurBüro 2015, 637 = Rpfleger 2015, 668; RVGreport 2016, 138; 2016, 178; abl. schon früher OLG Stuttgart RVGreport 2017, 56.

[85] OLG Düsseldorf RVGreport 2017, 10.

[86] OLG Düsseldorf RVGreport 2018, 213 = StRR 5/2018, 4 (Ls.).

umfangreichen machen bzw. dieser Umstand ist zu berücksichtigen,[87] und zwar auch beim Zeugenbeistand.[88] Entsprechendes gilt für Besprechungen zwecks Abgabe eines Geständnisses.[89] Auch die vom RA in Zusammenhang mit (der Vorbereitung) einer **Verständigung** nach § 257c StPO erbrachten Tätigkeiten (§§ 160b, 202a, 212, 257b StPO) sind ggf. zu berücksichtigen.[90] Das folgt schon daraus, dass mit Einführung des § 257c StPO das RVG nicht geändert worden ist, was zur Folge hat, dass zB die Teilnahme des RA an sog. Erörterungen des Verfahrens (§§ 160b, 202a, 212, 257b StPO) – mit Ausnahme einer Erörterung nach § 257b StPO – nicht besonders vergütet wird.[91] Das OLG Düsseldorf hat zB die aktive Teilnahme des Verteidigers an dem Bemühen um eine Abkürzung des Verfahrens mit einer Erhöhung der HV-Terminsgebühren um jeweils 50,– EUR honoriert.[92] Auch Abstimmungsgespräche nach § 213 Abs. 22 StPO, für die eine besondere Terminsgebühr nicht vorgesehen ist, können bei der Gewährung einer Pauschgebühr von Bedeutung sein.[93]

Eine Rolle spielen können umfangreiche **Schriftsätze**[94] oder zahlreiche Drohungen gegenüber dem Verteidiger, da er die zur Kenntnis nehmen und wegen der Frage von Sicherheitsmaßnahmen auch mit den Ermittlungsbehörden erörtern muss.[95] Trotz der VV 4102 RVG kann die Teilnahme des Verteidigers an **Vernehmungen** seines Mandanten im Ermittlungsverfahren bei der Gewährung einer Pauschgebühr zu berücksichtigen sein. So hat zB das OLG Düsseldorf[96] die Teilnahme an einer ganztägigen BKA-Vernehmung einem HV-Termin gleich gestellt.[97] Auch eigene Ermittlungen des Verteidigers können zu einer Pauschgebühr bzw. deren Erhöhung führen.[98]

Steht dem Pflichtverteidiger, weil er erst kurz vor Beginn der Hauptverhandlung bestellt 21
wird, eine nur **kurze Einarbeitungszeit** zu, kann das wegen der erforderlichen schnellen und deshalb idR arbeitsaufwändigen Vorbereitung des Verfahrens zur Bejahung des „besonderen Umfangs" führen.[99] Das OLG Celle[100] stellt zB auf einen Aktenumfang von 40.000 Blatt und einen zu Beginn eines Verfahrens mit über 100 Hauptverhandlungstagen erhöhten Einarbeitungsaufwand ab. Dieser Zeitaufwand soll ggf. dadurch relativiert werden, wenn dem Beschuldigten **mehrere Verteidiger** beigeordnet sind.[101] Ob das allgemein zutreffend ist, ist mE äußerst fraglich. Denn auch dann, wenn mehrere Verteidiger bestellt sind, muss sich jeder in die

---

[87] OLG Hamm StV 1998, 619; OLG Dresden 29.4.2013 – 2 (S) AR 8/13 für Konsultation eines verfahrensunbeteiligten Rechtsmediziners; Burhoff/Volpert RVG/*Burhoff* § 51 Rn. 117.

[88] OLG Saarbrücken 6.5.2015 – 1 AR 3/13.

[89] OLG Koblenz AGS 2008, 30; vgl. aber OLG Koblenz JurBüro 2008, 312; vgl. a. OLG Jena (S) 26.5.2020 – AR 75/19, BeckRS 2020, 14092.

[90] Burhoff/Volpert RVG/*Burhoff* § 51 Rn. 197; ausdrücklich OLG Köln NStZ-RR 2014, 392 (Ls.) = RVGreport 2015, 107 = StRR 2015, 158.

[91] Zu den vergütungsrechtlichen Auswirkungen der Verständigung Burhoff/Volpert RVG/*Burhoff* Teil A Rn. 2412; *Burhoff* RVGreport 2010, 401; zur Berücksichtigung von Tätigkeiten im Rahmen einer verfahrensabkürzenden Verständigung OLG Nürnberg RVGreport 2015, 181 = AGS 2015, 173 = Rpfleger 2015, 335 = StRR 2015, 157.

[92] OLG Düsseldorf RVGreport 2013, 228.

[93] Vgl. *Burhoff,* RVGreport 2017, 402; Burhoff/Volpert RVG/*Burhoff* § 51 Rn. 113.

[94] OLG Köln StraFo 2008, 442 für 25-seitigen Beschwerdeschriftsatz zur Pflichtverteidigerbestellung und 100-seitigen Befangenheitsantrag sowie 268-seitige Revisionsbegründung.

[95] OLG Köln JMBlNRW 2009, 84.

[96] OLG Düsseldorf RVGreport 2013, 228.

[97] Vgl. aber OLG München StRR 2015, 116 = RVGreport 2015, 179, das für die Teilnahme an drei Vernehmungsterminen außerhalb der Hauptverhandlung nur die Wahlanwaltshöchstgebühr der VV 4102, 4103 RVG gewährt hat.

[98] OLG München StRR 2015, 116 = RVGreport 2015, 179.

[99] Vgl. ua OLG Hamm StraFo 2000, 251; AGS 2000, 248; 2006, 498; ähnlich OLG Celle RVGreport 2011, 177 = StRR 2011, 240; OLG Nürnberg RVGreport 2015, 181 = AGS 2015, 173 = Rpfleger 2015, 335 = StRR 2015, 157; OLG Stuttgart RVGreport 2016, 374; aA OLG Karlsruhe StraFo 1997, 319; OLG Zweibrücken StV 1991, 123, besondere Schwierigkeit; krit. Schneider/Wolf/*N. Schneider* RVG § 51 Rn. 34, wonach dieser Zeitaufwand durch die Grundgebühr VV 4100 RVG abgedeckt werden soll.

[100] OLG Celle RVGreport 2011, 177 = StRR 2011, 240.

[101] OLG Düsseldorf RVGreport 2016, 99 = StRR 2015, 358 = JurBüro 2015, 635 = Rpfleger 2015, 668; OLG Frankfurt a. M. StraFo 2016, 305 mablAnm *von Stetten* = RVG prof. 2017, 60 für Einarbeitung in 24.000 Blatt Akten; ähnlich OLG Frankfurt a. M. NJW-RR 2017, 1406; OLG Hamm StraFo 1998, 215, für nur teilweise Teilnahme an den Hauptverhandlungen; OLG Hamm StraFo 1998, 431; OLG Köln III 1 RVGs 39/19; OLG München JurBüro 2018, 409 = RVGreport 2018, 450; OLG Nürnberg RVGreport 2015, 181 = AGS 2015, 173 = Rpfleger 2015, 335 = StRR 2015, 157; OLG Rostock RVGreport 2010, 415 = RVG prof. 2010, 156 = NStZ-RR 2010, 326 (Ls.); OLG Stuttgart RVGreport 2015, 98 = StRR 2014, 453 = Rpfleger 2014, 692; 26.6.2014 – 2 ARs 27/14.

Akte einarbeiten,[102] es wird ja auch nicht nur „Teilakteneinsicht" beantragt/gewährt. Auch bei der Teilnahme an der Hauptverhandlung führt ein zweiter Verteidiger allenfalls bei der Vorbereitung der Hauptverhandlung zur Entlastung, teilnehmen muss grds. jeder Verteidiger an jedem Hauptverhandlungstermin.

22 Umstritten ist, ob und ggf. in welchem Umfang **Fahrtzeiten** zur Bewilligung einer Pauschgebühr führen und/oder wie sie bei der Höhe der Pauschgebühr zu berücksichtigen sind. Teilweise wird die Fahrtzeit, die für die Anreise vom auswärtigen Kanzleisitz des RA zum Gerichtsort aufgewendet werden muss,[103] berücksichtigt, teilweise wird dies grds. überhaupt abgelehnt.[104] Zutreffend ist es zu **differenzieren:** Geht es um die Frage, ob dem Pflichtverteidiger überhaupt eine Pauschgebühr zu bewilligen ist, sind Fahrtzeiten nicht zu berücksichtigen.[105] Ist hingegen bereits aus anderen Gründen eine Pauschgebühr zu gewähren, werden die Fahrtzeiten bei der Bemessung der Pauschgebühr mit herangezogen.[106] Bei Besuchen des Mandanten in der JVA bzw. bei der Teilnahme an Haftprüfungsterminen sind jedoch auch die vom Verteidiger für die Anreise von seinem (auswärtigen) Kanzleisitz zur Justizvollzugsanstalt bzw. zum Haftprüfungsgericht aufgewendeten Fahrtzeiten ggf. pauschgebührbegründend anzuerkennen.[107]

23 Die **Zahl** der **Hauptverhandlungstage** ist ein **wesentliches Kriterium** für die Gewährung einer Pauschgebühr. Allerdings gibt es in der Bewilligungspraxis der Oberlandesgerichte keinen sicheren Maßstab.[108] Von Bedeutung ist in dem Zusammenhang auch immer, dass der RA für jeden weiteren Hauptverhandlungstag eine Terminsgebühr erhält, die jedoch den ggf. erforderlichen erheblichen zusätzlichen Zeitaufwand für die Vorbereitung der Hauptverhandlung nicht vollständig abgilt. So geht das OLG Hamm für umfangreiche Wirtschaftsstrafverfahren davon aus, dass für zwei Hauptverhandlungstage/Woche idR ein zusätzlicher Vor-/Nachbereitungstag zu berücksichtigen sein wird.[109] Erheblich ist in diesem Zusammenhang auch die **Terminsfolge.**[110] In der Rspr. der OLG[111] wird allerdings inzwischen von einem anderen Maßstab ausgegangen. Es wird geprüft, ob die Arbeitskraft des Pflichtverteidigers für längere Zeit ausschließlich oder fast ausschließlich in Anspruch genommen worden ist; dann gewinne die Höhe des Entgelts für den Pflichtverteidiger existenzielle Bedeutung. Zur Beantwortung dieser Frage wird dann im Kern auf die Dichte der Hauptverhandlungstage abgestellt – und zwar mit Blick auf die hiervon abhängenden Möglichkeiten des Pflichtverteidigers zum Engagement in anderen Mandaten. Insoweit geht z.B. das OLG Düsseldorf[112] davon aus, dass eine jedenfalls fast ausschließliche Inanspruchnahme durch die Hauptverhandlung unter Zugrundelegung einer fünftägigen Arbeitswoche grds. nicht schon bei Prozesswochen mit zwei ganztägigen Verhandlungen, sondern erst bei solchen mit jedenfalls drei ganztägigen Verhandlungen in Betracht komme. In Wochen mit dreitägiger Verhandlung ergebe sich unter Zubilligung einer

---

[102] AA offenbar OLG Frankfurt a. M. StraFo 2016, 305 mablAnm *von Stetten* = RVG prof. 2017, 60; ähnlich OLG Frankfurt a. M. NJW-RR 2017, 1406; wie hier zutr. *von Stetten* in der Anm. zu OLG Frankfurt a. M.

[103] OLG Bremen StV 1998, 621 = StraFo 1998, 358; OLG Karlsruhe StV 1990, 369; OLG Köln NJW 1964, 1334; Schneider/Wolf/*N. Schneider* RVG § 51 Rn. 38 unter Hinweis auf BVerfG NJW 2001, 1269 = StV 2001, 241 = AGS 2001, 63.

[104] Zum RVG ua BGH NJW 2015, 2437 = StraFo 2015, 349 = NStZ-RR 2015, 295 = RVGreport 2015, 375 = AGS 2016, 5; StraFo 2020, 174 = RVGreport 2020, 168 = RVG prof. 2020, 79 = NStZ-RR 2020, 160; OLG Celle StraFo 2005, 273 = RVGreport 2005, 142; OLG Köln RVGreport 2006, 75; OLG Stuttgart RVGreport 2017, 56; s. a. BayObLG AnwBl 1987, 619; OLG Bamberg JurBüro 1982, 90; 87, 1681; 87, 1989; OLG Karlsruhe StraFo 1997, 254; wohl auch, allerdings ohne nähere Begr., BGH BRAGOreport 2003, 11.

[105] OLG Hamm RVGreport 2005, 70; NJW 2007, 311 = RVGreport 2007, 63; zuletzt OLG Hamm BeckRS 2007, 15312; OLG Köln StraFo 2006, 130; OLG München JurBüro 2018, 409 = RVGreport 2018, 450; OLG Nürnberg RVGreport 2016, 256 = RVG prof. 2016, 86; zur BRAGO noch OLG Nürnberg StV 2000, 441.

[106] Zuletzt OLG Hamm RVGreport 2005, 70; NJW 2007, 311 = RVGreport 2007, 63; auch insoweit aA BayObLG, OLG Bamberg, jeweils JurBüro 1982, 90; 1987, 1681; 1987, 1989; wie hier Burhoff/Volpert RVG/*Burhoff* § 51 Rn. 139f.

[107] OLG Hamm NStZ-RR 2001, 95; OLG Hamm BeckRS 2007, 15312; Burhoff/Volpert RVG/*Burhoff* § 51 Rn. 139f.

[108] Einerseits OLG Brandenburg StV 1998, 92, andererseits OLG Hamm AGS 2001, 153.

[109] OLG Hamm StV 1998, 616; StraFo 2000, 285.

[110] Vgl. ua OLG Bamberg JurBüro 1989, 965; OLG Hamm JurBüro 1994, 101 mwN; OLG Hamm StraFo 1996, 189.

[111] Vgl. ua OLG Düsseldorf RVGreport 2016, 99 = StRR 2015, 358 = JurBüro 2015, 635 = Rpfleger 2015, 668; RVGreport 2016, 138; 2016, 178, jeweils für Staatsschutzsachen: ähnlich OLG Koblenz JurBüro 2017, 195 = RVGreport 2017, 217.

[112] OLG Düsseldorf RVGreport 2016, 99 = StRR 2015, 358 = JurBüro 2015, 635 = Rpfleger 2015, 668; RVGreport 2016, 138; 2016, 178.

Vor- und Nachbereitungszeit von insgesamt einem weiteren Tag, der in derartigen Umfangsverfahren auch grds. angemessen erscheint, eine etwa 80%ige – und damit fast ausschließliche – Auslastung als Pflichtverteidiger.[113]

Die durchschnittliche **Dauer** der **Hauptverhandlung/Tag** kann auch im RVG noch zur Gewährung einer Pauschgebühr herangezogen werden.[114] Allerdings ist gerade in diesem Bereich zu berücksichtigen, dass das RVG neue Gebührentatbestände, wie zB den Längenzuschlag eingeführt hat, die den Zeitaufwand des Pflichtverteidigers besonders honorieren.[115] Gerade hier ist das „Gesamtgepräge" des Verfahrens zu berücksichtigen.[116] So hat unter Hinweis darauf das OLG Hamm in einem Verfahren, in dem an fünf zeitlich verhältnismäßig dicht aufeinander folgenden Tagen Hauptverhandlungstermine durchgeführt worden sind, von denen drei mehr als acht Stunden, einer mehr als sieben und einer sogar fast elf Stunden gedauert haben, die dadurch entstandene zeitliche Belastung als nicht mehr durch die entstandenen Zuschlagsgebühren abgegolten angesehen.[117] Darüber hinaus kann die Dauer der Hauptverhandlung/Tag aber auch in dem Bereich der Hauptverhandlungen bis zu fünf Stunden, für die ein Zuschlag auf die Terminsgebühr nach dem VV nicht gezahlt wird, nicht völlig unberücksichtigt bleiben. Schließlich kann sie auch noch im Bereich zwischen fünf und acht Stunden weiter(e) Bedeutung erlangen, da es schon ein Unterschied ist, ob die Hauptverhandlung gerade eben mehr als fünf Stunden oder schon fast acht Stunden gedauert hat.[118] Nach Auffassung des OLG Düsseldorf[119] ist – auch bei einer größeren Zahl von Hauptverhandlungstagen – immer auch die durchschnittliche Hauptverhandlungsdauer/Tag zu berücksichtigen. Das OLG München hat schließlich im NSU-Verfahren für den Vertreter mehrerer Nebenkläger die Wahlanwaltshöchstgebühr festgesetzt. Das hat es ua mit der Verfahrenskonstellation mit mehr als 70 Rechtsanwälten in der Hauptverhandlung und den juristischen Meinungsverschiedenheiten, die in der Hauptverhandlung ausgetragen worden sind, begründet.[120] 24

Grundsätzlich wird es auf den Einzelfall ankommen, wobei von folgenden **Richtsätzen** auszugehen und zu berücksichtigen ist, dass allgemein eine Tendenz zu kürzeren Verhandlungszeiten festzustellen ist:[121] In **Schwurgerichtsverfahren** wird eine durchschnittliche Verhandlungsdauer von bis zu fünf Stunden grds. noch als „normal" angesehen werden können.[122] Auch bei der **Strafkammer** sind ganztägige Verhandlungen n sich nichts Besonderes, allerdings wird die übliche Dauer der Hauptverhandlung hier etwa drei bis vier Stunden betragen,[123] bei der **Berufungskammer** etwa drei Stunden.[124] In Staatsschutzsachen wird eine Hauptverhandlungsdauer von drei Stunden als unterdurchschnittlich angesehen.[125] Beim **AG** ist eine ganztägige Verhandlung auf jeden Fall besonders lang, die übliche Dauer beträgt hier beim Schöffengericht etwa zwei bis drei Stunden, beim Einzelrichter wird sie erheblich darunter liegen. Bei der Feststellung der täglichen Verhandlungsdauer sind **Verhandlungspausen** grds. nicht verhandlungszeitmindernd zu berücksichtigen. Andererseits sind **Wartezeiten** des Pflichtverteidigers bei unpünktlichem Beginn der Hauptverhandlung aufgrund Verzögerung der vorausgegangenen Sache oder weil kurzfristig noch eine andere (Unterbrechungs-)Hauptverhandlung eingeschoben worden ist, bei der Feststellung der zu berücksichtigenden Haupt- 25

[113] Offen gelassen von OLG München JurBüro 2018, 409 = RVGreport 2018, 450.

[114] AA aber ohne nähere Begr. offenbar BGH RVGreport 2013, 472 = StRR 2014, 39; RVGreport 2014, 269 = StRR 2014, 198, jeweils mit abl. Anm. *Burhoff;* ihm folgend OLG Stuttgart RVGreport 2016, 374; BeckOKRVG/*Sommerfeldt* § 51 Rn. 10.

[115] → Rn. 12; vgl. zur Rspr. zu § 99 BRAGO die Nachw. bei *Burhoff* StraFo 1999, 264 (271); StraFo 2001, 119 (123), StraFo 2003, 158 (161).

[116] OLG Celle RVGreport 2011, 177 = StRR 2011, 240; OLG Düsseldorf RVGreport 2016, 99 = StRR 2015, 358 = JurBüro 2015, 635 = Rpfleger 2015, 668; OLG Hamm JurBüro 2007, 308; BeckRS 2007, 01282; BeckRS 2007, 5608; auch OLG Stuttgart RVGreport 2008, 383 = StRR 2008, 359 mAnm *Burhoff* = Rpfleger 2008, 441.

[117] OLG Hamm JurBüro 2007, 308; OLG Hamm BeckRS 2007, 01282.

[118] So auch Burhoff/Volpert RVG/*Burhoff* § 51 Rn. 148 f.

[119] OLG Düsseldorf RVGreport 2016, 99 = StRR 2015, 358 = JurBüro 2015, 635 = Rpfleger 2015, 668.

[120] OLG München RVGreport 2019, 336 = StRR 8/2019, 31 = RVG prof. 2020, 27.

[121] Burhoff/Volpert RVG/*Burhoff* § 51 Rn. 148 f.

[122] OLG Brandenburg StV 1998, 92, bis maximal sieben; s. a. OLG Hamm JurBüro 2009, 194, durchschnittliche Verhandlungsdauer von sieben Stunden schon überdurchschnittlich.

[123] OLG Saarbrücken 11.5.2015 – 1 AR 2/15, nur teilweise in RVG prof. 2015, 206, wo von einer durchschnittlichen Dauer von sechs bis acht Stunden für ein Wirtschaftsstrafverfahren ausgegangen wird, was mE zu hoch ist.

[124] Vgl. zB OLG Jena StV 1997, 427 = AnwBl 1997, 125; s. a. Burhoff/Volpert RVG/*Burhoff* § 51 Rn. 148 f.

[125] OLG Düsseldorf RVGreport 2016, 99 = StRR 2015, 358 = JurBüro 2015, 635 = Rpfleger 2015, 668.

verhandlungsdauer mit heranzuziehen.[126] Hat der RA an einem ganztägigen Hauptverhandlungstermin nur kurz teilgenommen, ist nach Auffassung des OLG Stuttgart[127] die für diesen Termin anfallende Terminsgebühr von der Pauschgebühr wieder abzuziehen, was mE unzutreffend ist.[128]

26 Allein der Umstand, dass der Angeklagte in **Untersuchungshaft** inhaftiert ist, rechtfertigt nicht die Bewilligung einer Pauschgebühr.[129] Erbringt der beigeordnete RA allerdings in Zusammenhang mit der Untersuchungshaft des Angeklagten besondere Tätigkeiten, kann das die Gewährung einer Pauschgebühr rechtfertigen bzw. erhöhen. In Betracht kommen hier insbes. häufige Besuche des inhaftierten Angeklagten durch den Pflichtverteidiger in der JVA,[130] grds. nicht aber allein die Einlegung von Rechtsbehelfen gegen Haftentscheidungen.[131]

27 **c) Unnötige/"sachwidrige" Anträge. Umstritten** ist die Frage, ob der Zeitaufwand für umfangreiche Verfahrens- und Beweisanträge, die aus der Sicht des Gerichts unnötig und/oder nur der Verfahrensverzögerung dienen (Stichwort: Konfliktverteidigung), zu berücksichtigen sind. Die Rspr. geht teilweise dahin, dass solche Anträge und der dafür erbrachte Zeitaufwand nicht zu berücksichtigen sind,[132] in der Lit. wird diese Auffassung weitgehend abgelehnt.[133] Die Auffassung der Rspr. und teilweise der Lit.[134] ist äußerst bedenklich, weil sie dazu führen kann, dass der Pflichtverteidiger sich durch die mögliche Versagung einer Pauschvergütung in seiner Verteidigungsstrategie beeinflussen lässt und es zudem grds. nicht dem OLG obliegt, nachträglich über die Frage der Sachwidrigkeit eine Verteidigerantrags zu befinden. Die Entscheidung über die Pauschgebühr ist kein Mittel zur nachträglichen Sanktionierung dem Gericht lästigen/unliebsamen Verteidigerverhaltens. Zutreffend ist daher die Auffassung des OLG Hamm (zur BRAGO) gewesen, das nur im Fall des Missbrauchs die Anträge nicht berücksichtigen will.[135] Davon ist das OLG Hamm zum RVG aber – allerdings ohne sich mit seiner früheren entgegenstehenden Rspr. auseinander zu setzen – abgerückt,[136] wenn es eine Pauschgebühr nicht gewährt, weil der Pflichtverteidiger nach Ansicht des Oberlandesgerichts objektiv sachwidrige Anträge gestellt hatte.[137] Zutreffend ist es (nach wie vor) die Grenze (erst) dort zu ziehen, wo der Bereich angemessener und sinnvoller Verteidigung überschritten wird, insbesondere wenn Anträge gestellt werden, bei denen ein ernst gemeintes Aufklärungsbemühen fernliegt.[138] Durch solche Anträge kann der besondere Umfang i. S. d. § 51 Abs. 1 S. 1 RVG jedenfalls nicht herbeigeführt werden.[139]

---

[126] → RVG VV 4108–4111 Rn. 23 ff.

[127] OLG Stuttgart RVGreport 2015, 98 = StRR 2014, 453 = Rpfleger 2014, 692; 26.6.2014 – 2 ARs 27/14.

[128] Zur Kritik s. a. Burhoff/Volpert RVG/*Burhoff* § 51 Rn 65.

[129] Burhoff/Volpert RVG/*Burhoff* § 51 Rn. 194.

[130] Aus der Rspr. OLG Hamm StV 1998, 619; 2000, 439 = AGS 2000, 90 = NStZ-RR 2000, 318; JurBüro 2001, 194 = StV 2002, 93 = NStZ-RR 2002, 95; JurBüro 2005, 649; OLG Karlsruhe StV 2006, 205 = RVGreport 2005, 420; OLG Saarbrücken 11.5.2015 – 1 AR 2/15, nur teilweise in RVG prof. 2015, 206; zur Pauschgebühr beim inhaftierten Mandanten s. a. *Burhoff* StraFo 2001, 230 = AGS 2001, 219.

[131] OLG Koblenz JurBüro 2008, 312; zur Pauschgebühr im Auslieferungsverfahren OLG Köln RVGreport 2009, 218.

[132] So wohl zum RVG OLG Dresden 6.12.2006 – 1 ARs 35/06; OLG Hamm RVGreport 2013, 269; BeckRS 2012, 19409; zur BRAGO OLG Hamburg JurBüro 1988, 598 = MDR 1988, 254; StV 1991, 120; OLG Schleswig SchlHA 1987, 14; NStZ 1996, 443 mAnm *Widmaier* = StraFo 1997, 157 mAnm *Marberth;* OLG Karlsruhe JurBüro 1981, 721; s. a. die Nachw. bei *Hannover* StV 1981, 498; aus neuerer Zeit NK-GK/*Stollenwerk* RVG § 51 Rn. 17.

[133] *Eisenberg/Classen* NJW 1990, 1021; *Thomas,* Pflichtverteidigung und Rechtsstaat, 1995, 66, 67; *Zaczyk* Anm. zu OLG Hamburg StV 1991, 123; *Marberth* StraFo 1997, 229; *Burhoff* StraFo 1999, 261 (264); Burhoff/Volpert RVG/*Burhoff* § 51 Rn. 23 ff.

[134] NK-GK/*Stollenwerk* RVG § 51 Rn. 17.

[135] OLG Hamm JurBüro 2001, 194 = StV 2002, 93 = NStZ-RR 2002, 95; s. a. Burhoff/Volpert RVG/*Burhoff* § 51 Rn. 23 f.; KG RVGreport 2008, 302 = RVG prof. 2008, 171 = StRR 2008, 398; StRR 2009, 239; OLG Brandenburg AGS 2007, 400 = RVGreport 2007, 182; OLG Düsseldorf RVGreport 2008, 259 = RVG prof. 2008, 189 = StRR 2008, 399; LG Bad Kreuznach RVGreport 2011, 25 = RVG prof. 2010, 171; LG Frankfurt an der Oder RVGreport 2007, 109, zu der vergleichbaren Frage, inwieweit im Kostenfestsetzungsverfahren die Erforderlichkeit der vom Verteidiger veranlassten Auslagen, wie zB gefertigte Kopien, überprüft werden kann/darf.

[136] Vgl. OLG Hamm RVGreport 2013, 269; BeckRS 2012, 19409.

[137] S. wohl auch *Stollenwerk* DRiZ 2014, 66.

[138] OLG München JurBüro 2018, 409 = RVGreport 2018, 450 unter Hinw. auf Burhoff/Volpert RVG/*Burhoff* § 51 Rn. 24.

[139] OLG München JurBüro 2018, 409 = RVGreport 2018, 450 für Rechtshilfeersuchen an al Baghdadi und Vernehmung einer Zeugin durch den Sharia-Richter des IS in Raqqa.

3. Besonders schwierige Strafsache

a) Allgemeines. „Besondere Schwierigkeit" liegt vor, wenn das Verfahren aus besonderen Gründen – sei es rechtlichen, sei es tatsächlichen – **über** das **Normalmaß** hinaus **verwickelt** ist.[140] Auch hier ist nötig, dass die Schwierigkeit erheblich ist. Es reicht also nicht aus, dass die Strafsache etwas verwickelter als üblich ist.[141] Zur Beurteilung der „besonderen Schwierigkeit" kann die zu § 99 Abs. 1 BRAGO ergangene Rspr. der Oberlandesgerichte weiterhin angewendet werden.[142] Alle Verfahren, die in der Vergangenheit schon als „besonders schwierig" eingestuft worden sind, sind auch „besonders schwierig" iSd § 51 Abs. 1.[143] 28

Folgende **allgemeine Kriterien** können einen Anhaltspunkt für die „besondere Schwierigkeit" sein:[144] Die Frist, die das Gericht benötigt hat, um das Urteil abzusetzen, eine umfangreiche und schwierige Beweiswürdigung,[145] die Bestellung des Pflichtverteidigers nach § 140 Abs. 2 StPO wegen der Schwierigkeit der Sach- und Rechtslage.[146] Allein der Umstand, dass der Wahlverteidiger, „neben" dem Pflichtverteidiger verteidigt und er „federführend" die Verteidigung bearbeitet hat, führt nicht zur Verneinung des Merkmals „besondere Schwierigkeit".[147] 29

Zur **Beurteilung** der **„besonderen Schwierigkeit"** des Verfahrens wird in der Praxis allgemein auf die Einschätzung des Vorsitzenden des (Tat-)Gerichts zurückgegriffen. Diese schließen sich die Oberlandesgerichte idR an.[148] Ist die Einschätzung allerdings nach Aktenlage nicht nachvollziehbar, scheidet ein Anschluss an die Einschätzung des Vorsitzenden aus.[149] 30

b) Besondere Kriterien. Auf folgende besondere Kriterien, die ein Verfahren zu einem „besonders schwierigen" machen können, ist **hinzuweisen:**[150] 31

- Besonders schwierig ist eine Strafsache nicht bereits deshalb, weil gem. **§ 265 StPO** auf eine Veränderung des rechtlichen Gesichtspunktes hingewiesen worden ist.
- Ebenso reicht für sich allein nicht aus, dass in der Verhandlung ein **Psychiater** oder ein Psychologe beigezogen worden ist.
- Die „besondere Schwierigkeit" kann sich aus der **problematischen Persönlichkeit** des Angeklagten ergeben, wenn deshalb der Pflichtverteidiger zB mit hohem und überdurchschnittlichem Aufwand erst Kontakt zu dem verschlossenen Mandanten herstellen musste.[151]
- Bei **schwierigen Rechtsfragen** (in einer Staatsschutzsache),[152] so zB wenn Zeugen keine oder nur beschränkte Aussagegenehmigungen erteilt worden sind[153] oder ggf., wenn es in einem **Auslieferungsverfahren** erforderlich war, sich mit Einzelheiten einer ausländischen Rechtsordnung zu befassen.[154]
- Bei **schwieriger Beweislage** kann ein Verfahren „besonders schwierig" sein,[155] was zB der Fall sein kann, wenn die Verwertbarkeit umfangreicher Ermittlungsergebnisse, die unter Einsatz technischer Mittel gewonnen worden sind, zu prüfen war[156] oder bei einem 30 Jahre zu-

---

[140] KG RVGreport 2015, 137 = JurBüro 2015, 26 = Rpfleger 2015, 48.

[141] *Burhoff* StraFo 1999, 264 mwN; Burhoff/Volpert RVG/*Burhoff* § 51 Rn. 27 f. mwN.

[142] → Rn. 14.

[143] KG Rpfleger 2015, 48 = JurBüro 2015, 26 = RVGreport 2015, 137; OLG Celle RVGreport 2005, 142 = StraFo 2005, 273; OLG Hamm JurBüro 2006, 255 (Ls.) = OLGSt RVG § 51 Nr. 1; RVGreport 2006, 101 = AGS 2006, 229 = JurBüro 2006, 200; *Burhoff* RVGreport 2006, 125.

[144] Burhoff/Volpert RVG/*Burhoff* § 51 Rn. 27 ff.; zur „besonderen Schwierigkeit" s. a. Schneider/Wolf/*N. Schneider* RVG § 51 Rn. 56 ff. mwN.

[145] Vgl. die Nachw. bei Burhoff/Volpert RVG/*Burhoff* § 51 Rn. 32 unter „schwierige Beweislage".

[146] OLG Hamm AGS 1998, 104 = AnwBl 1998, 416.

[147] OLG Hamm AGS 1998, 138 = StV 1998, 618.

[148] OLG Hamm JurBüro 2006, 255 (Ls.) unter Hinweis auf OLG Hamm AnwBl 1998, 416 = AGS 1998, 104.

[149] OLG Hamm JurBüro 2006, 255 unter Hinweis auf OLG Hamm JurBüro 1999, 194 = AnwBl 2000, 56 mwN.

[150] Wegen weiterer Beispiele s. Burhoff/Volpert RVG/*Burhoff* § 51 Rn. 30 ff. mwN; *Burhoff* RVGreport 2006, 261 ff.

[151] OLG Hamm AnwBl 1998, 416; OLG Nürnberg JurBüro 2000, 476 = StV 2000, 441; OLG Stuttgart RVGreport 2008, 383 = StRR 2008, 359 mAnm *Burhoff* = Rpfleger 2008, 441.

[152] KG JurBüro 2015, 26 = Rpfleger 2015, 48 = RVGreport 2015, 138.

[153] KG RVGreport 2015, 137 = JurBüro 2015, 26 = Rpfleger 2015, 48.

[154] OLG Koblenz RVGreport 2017, 413.

[155] Für Indizienprozess OLG Hamm StV 1998, 612 = AGS 1998, 136; NJW 2007, 857 = StraFo 2007, 128; für Wiedererkennungsproblematik/Gegenüberstellung OLG Hamm AGS 2003, 113; für „Aussage gegen Aussage-Problematik" OLG Hamm AGS 2003, 453 = JurBüro 2003, 356.

[156] KG RVGreport 2015, 137 = JurBüro 2015, 26 = Rpfleger 2015, 48; vgl. aber OLG Nürnberg, RVGreport 2015, 181 = AGS 2015, 173 = Rpfleger 2015, 335 = StRR 2015, 157.

rückliegenden Tötungsdelikt, das mangels Geständnis des Angeklagten innerhalb von 42 Verhandlungstagen erstinstanzlich aufgeklärt werden musste, wobei umfangreicher Zeugen- und Sachverständigenbeweis erhoben werden musste[157] oder, wenn komplexe Strukturen in rechtsextremen Zusammenhängen, die teilweise Jahrzehnte alt waren, zu durchdringen sind/waren.[158]
- Muss sich der Verteidiger mit der **Schuldfähigkeit** beschäftigen und sich zu diesem Zweck intensiv mit einer Vielzahl psychiatrischer Fachbegriffe auseinandersetzen, ist eine Pauschgebühr ggf. angezeigt;[159] dies Kriterium kann aber auch für „besonderen Umfang" sprechen.
- Wenn tatsächliche und rechtlich schwierige Fragen der **Abfallbeseitigung,**[160] des **Außenwirtschaftsrechts**[161] oder des **Patentrechts**[162] zu behandeln sind, kann es sich um ein besonders schwieriges Verfahren handeln. Entsprechendes gilt für **ausländerrechtliche** Fragen.[163]
- Zur Pauschvergütung für einen RA als **Zeugenbeistand** vgl. die einschlägige Entscheidung ua des OLG Hamm.[164]
- Eine besondere Schwierigkeit kann vorliegen, wenn der Angeklagte der deutschen Sprache nicht mächtig ist und mit ihm nur über einen **Dolmetscher** verkehrt werden kann.[165]
- Eine Strafsache kann auch dadurch besonders schwierig werden, dass sich der Angeklagte in hohem Maße **uneinsichtig** zeigt und eine ordnungsgemäße Verteidigung erheblich behindert.[166]
- Besondere Schwierigkeit kann aber nicht durch das Stellen von **Anträgen** in der Hauptverhandlung herbeigeführt werden, die den Bereich **angemessener** und sinnvoller Verteidigung überschreiten.[167]
- Ebenso kann die Strafsache besonders schwierig sein, wenn **besondere Kenntnisse** erforderlich sind. Als besonders schwierig sind zB solche Sachen anzusehen, für die sich der RA die Kenntnis ausländischen Rechts verschaffen muss, oder bei denen über das normale Maß hinausgehende wirtschaftliche, buchhalterische oder steuerrechtliche Kenntnisse erforderlich sind, die sich der RA nur schwierig verschaffen kann.[168]
- Bei **Schwurgerichts-** und **Wirtschaftsstrafverfahren** sowie bei **Strafvollstreckungsverfahren** aus dem Katalog der VV 4200 RVG,[169] auch bei **Staatsschutzsachen,**[170] ist zu berücksichtigen, dass dem idR höheren Schwierigkeitsgrad vom Gesetzgeber hier bereits durch die entstehenden erheblichen höheren Gebühren Rechnung getragen worden ist.[171]
- **Auslieferungsverfahren** sind häufig schwierig,[172] allerdings führt allein die Ausländereigenschaft des Verfolgten nicht zur Bejahung der „besonderen Schwierigkeit", da der Umstand ist bereits bei den gesetzlichen Gebühren des VV Teil 6 RVG berücksichtigt ist.[173]

---

157 OLG Dresden BeckRS 2019, 33290.

158 OLG München 22.1.2021 – 1 AR 251/20 u. a. für das Ermittlungsverfahren betreffend das „Oktoberfestattentat".

159 OLG Brandenburg AGS 1999, 41 mAnm *Herrmann.*

160 OLG Hamm AGS 2000, 26 = StraFo 2000, 35.

161 OLG Hamm AGS 1998, 138 = StV 1998, 618.

162 OLG Hamm StV 1998, 614.

163 OLG Hamm BeckRS 2008, 04463.

164 OLG Hamm AGS 2001, 81.

165 OLG Bamberg JurBüro 1988, 1178; OLG Hamm JurBüro 1995, 531; Burhoff/Volpert RVG/*Burhoff* § 51 Rn. 126; OLG Köln StraFo 2006, 258 = RVGreport 2006, 221 = AGS 2007, 74; OLG Celle AGS 2007, 74 = RVGreport 2007, 64.

166 OLG Bamberg JurBüro 1974, 862; OLG München AnwBl 1981, 462.

167 OLG München JurBüro 2018, 409 = RVGreport 2018, 450.

168 OLG BayObLG AnwBl 1987, 619; OLG Koblenz Rpfleger 1985, 508; zu streitigen Fragen des Glücksspiels OLG Köln 10.4.2019 – 1 RVGs 5/19.

169 OLG Hamm BeckRS 2006, 11756; AGS 2007, 618 = AGS 2008, 176 = RVGreport 2007, 426.

170 OLG München JurBüro 2017, 410; JurBüro 2018, 244; JurBüro 2018, 409 = RVGreport 2018, 450; s für das NSU-Verfahren OLG München RVGreport 2019, 336 = StRR 8/2019, 31 = RVG prof. 2020, 27.

171 OLG Hamburg RVGreport 2018, 373; OLG Hamm NJW 2007, 857 = StraFo 2007, 128 und OLG Zweibrücken StRR 2009, 123 (Ls.), für Schwurgerichtsverfahren; OLG Hamm NJW 2006, 74 = JurBüro 2006, 137 und Beschl. v. 27.10.2020 – 5 RVGs 63/20 BeckRS 2020, 32938 für Wirtschaftsstrafverfahren, zu letzteren sa OLG Celle StraFo 2005, 273 = RVGreport 2005, 142; OLG München JurBüro 2017, 410; JurBüro 2018, 244; JurBüro 2018, 409 = RVGreport 2018, 450.

172 OLG Koblenz RVGreport 2017, 413; OLG Köln AGS 2006, 380 = NJW-RR 2007, 71; RVGreport 2009, 218 mwN.; vgl. auch OLG Karlsruhe StraFo 2019, 394.

173 OLG Celle RVGreport 2007, 64; ähnlich OLG Koblenz RVGreport 2017, 413.

– Ein **Revisionsverfahren** kann „besonders schwierig" sein, wenn erstmals höchstrichterlich grundlegende Fragen entschieden werden müssen oder sich der RA zur Vorbereitung seines Plädoyers mit weit überdurchschnittlich umfangreichen Revisionsbegründungen der Staatsanwaltschaft und der Nebenkläger auseinandersetzen muss,[174] aber nicht, wenn eine grundsätzliche Frage bereits Gegenstand des Verfahrens im ersten Rechtszug war und in der Revision keiner vertieften zusätzlichen Einarbeitung bedurfte[175] und auch nicht bei nur verhältnismäßig kurzer Dauer des Revisionshauptverhandlungstermins von knapp zwei Stunden und einer Revisionsbegründung von nur 26 Seiten.[176]
– Bei einem **Zeugenbeistand** kann die gesamte, für den Zeugen bedrohliche Verfahrenssituation das Verfahren „besonders schwierig" machen,[177] allerdings gehört die Tätigkeit als Beistand eines wegen zu befürchtender Repressalien gefährdeten Zeugen nach § 68b Abs. 2 StPO beigeordneten Zeugenbeistands grds. zu den »normalen« Tätigkeiten.[178]
– Nach Auffassung des OLG Nürnberg soll die Aufdeckung von **Verfahrensverstößen** gem. § 160a StPO bei Überprüfung von **TKÜ-Verschriftungen** durch den Verteidiger eine besondere Schwierigkeit ebenso wenig begründen wie der Umstand, dass die Strafkammer wegen des Umfangs und/oder der Schwierigkeit der Sache gem. § 76 Abs. 2 GVG mit drei Berufsrichtern besetzt wurde[179]

4. Unzumutbarkeit der gesetzlichen Gebühren (Abs. 1 S. 1)

Nach § 51 Abs. 1 S. 1 RVG ist eine Pauschgebühr zu bewilligen, wenn die gesetzlichen Gebühren des Pflichtverteidigers aus VV Teil 4–6 RVG wegen des besonderen Umfangs und der besonderen Schwierigkeit „nicht zumutbar sind". Abzustellen ist allein auf die gesetzlichen Gebühren. Ob der Pflichtverteidiger ggf. gem. § 52 Abs. 1 RVG vorgegangen ist, ist ohne Bedeutung.[180] Diese ausdrückliche **Betonung** des **Zumutbarkeitsgesichtspunkts** in § 51 Abs. 1 S. 1 RVG ist gegenüber der früheren Regelung in § 99 BRAGO neu. Sie soll den Ausnahmecharakter der Pauschgebühr betonen, die diese wegen der neu geschaffenen Gebührentatbestände haben soll.[181] Der Gesetzgeber hat mit dieser Formulierung die (ausnahmsweise) Gewährung von Pauschgebühren darüber hinaus aber nicht noch weiter einschränken wollen.[182] Demgemäß wird in der Gesetzesbegründung daher auch ausdrücklich auf die frühere Rspr. des BVerfG zum Sonderopfer hingewiesen.[183] 32

Die **obergerichtliche Rspr.** hat inzwischen in einigen Entscheidungen zur „Unzumutbarkeit" Stellung genommen,[184] teilweise wird aber in den Entscheidungen des BGH oder der Oberlandesgerichte auf die Frage der Zumutbarkeit bei der Bewilligung einer Pauschgebühr mit keinem Wort besonders eingegangen.[185] 33

---

[174] BGH NJW 2012, 167 = StRR 2012, 77 mAnm *Burhoff;* vgl. auch noch BGH StraFo 2004, 254; 14.9.2010 – 3 StR 552/08, im Verfahren BGHSt 54, 12 = NJW 2009, 3448; BeckRS 2015, 09403 im Verfahren BGHSt 58, 218; BeckRS 2015, 09402; 7.9.2015 – 1 StR 182/14 – betr. die Problematik im Verfahren NJW 2014, 1831; RVGreport 2016, 374 im Verfahren BGHSt 59, 16; BeckRS 2016, 08872 im Verfahren BGH NJW 2016, 884; BeckRS 2016, 13780; 12.8.2016 – 4 StR 72/15 im Verfahren BGH NStZ 2016, 211; zur besonderen Schwierigkeit auch noch BGH NStZ-RR 2020, 296 = RVGreport 2020, 380.

[175] BGH JurBüro 2007, 531 = RVGreport 2007, 264; OLG München RVGreport 2018, 450 = JurBüro 2018, 409.

[176] BGH NStZ-RR 2020, 160 = StraFo 2020, 174 = RVGreport 2020, 168 = RVG prof. 2020, 79.

[177] OLG Hamm StraFo 2001, 107 = JurBüro 2001, 134.

[178] OLG Saarbrücken 22.5.2013 – 1 AR 1/13.

[179] OLG Nürnberg RVGreport 2015, 181 = AGS 2015, 173 = Rpfleger 2015, 335 = StRR 2015, 157.

[180] Unzutreffend aA OLG Schleswig JurBüro 2021, 31 = RVGreport 2020, 381.

[181] BT-Drs. 15/1971, 201 f.; zur Zumutbarkeit HSE/*Hartung* RVG Einl.VV Teil 4 Rn. 20.

[182] Burhoff/Volpert RVG/*Burhoff* § 51 Rn. 23; aA und zur restriktiv OLG Frankfurt a. M. NJW 2006, 457 = RVGreport 2006, 145; StraFo 2016, 305 mablAnm *von Stetten* = RVG prof. 2017, 60, keine Pauschgebühr trotz Einarbeitung in rund 24.000 Blatt Akten; ähnlich OLG Frankfurt a. M. NJW-RR 2017, 1406; OLG Nürnberg RVGreport 2015, 181 = AGS 2015, 173 = Rpfleger 2015, 335 = StRR 2015, 157; OLG Rostock RVGreport 2010, 415 = RVG prof. 2010, 156 = StRR 2011, 242 = NStZ-RR 2010, 326 (Ls.); OLG Stuttgart RVGreport 2015, 98 = StRR 2014, 453 = Rpfleger 2014, 692; 26.6.2014 – 2 ARs 27/14; offenbar auch BVerfG RVGreport 2007, 263 = AGS 2007, 504 = NStZ-RR 2007, 351.

[183] BT-Drs. 15/1971, 201; eing. Burhoff/Volpert RVG/*Burhoff* § 51 Rn. 40; → Rn. 1 ff.

[184] KG Rpfleger 2015, 48 = JurBüro 2015, 26 = RVGreport 2015, 137; OLG Hamm StraFo 2005, 173 = AGS 2005, 112; NJW 2007, 857 = StraFo 2007, 128; OLG Frankfurt a. M. NJW 2006, 457 = RVGreport 2006, 145; OLG Karlsruhe BeckRS 2006, 5414; OLG Jena BeckRS 2006, 05281.

[185] So zB ua in BGH NJW 2006, 1535 = NStZ 2006, 409; OLG Düsseldorf RVGreport 2006, 470; OLG Jena StraFo 2005 = Rpfleger 2005, 276 = RVGreport 2005, 103.

34 Soweit in der Rspr. Stellung genommen wird, besteht hinsichtlich der **Auslegung** des **Merkmals** der **„Unzumutbarkeit“ Streit:** Nach Auffassung des OLG Hamm sind die Voraussetzungen der „Unzumutbarkeit“ iSd § 51 Abs. 1 S. 1 RVG offenbar ganz weitgehend schon durch die Prüfung des „besonderen Umfangs“ und der „besonderen Schwierigkeit“ vorgezeichnet, die bis auf die Einbeziehung der neuen Gebührentatbestände nach der bisherigen Praxis vorzunehmen sein soll. Danach wird „Unzumutbarkeit“ zumindest immer schon zu bejahen sein, wenn das Verfahren bzw. der Verfahrensabschnitt sowohl als „besonders schwierig“ als auch als „besonders umfangreich“ anzusehen ist,[186] allerdings kann die Zumutbarkeitsgrenze auch dann überschritten sein, wenn nur eins der beiden Kriterien erfüllt ist.[187] Zudem ist auch dann, wenn der RA entscheidend zur Abkürzung des Verfahrens beigetragen hat, im Hinblick auf die Zumutbarkeit nach wie vor ein großzügiger Maßstab bei der Bewilligung der Pauschgebühr heranzuziehen.[188] Ein grds. strengerer Maßstab als bei einem RA soll allerdings angesichts der regelmäßigen Einkünfte und des im Vergleich zu einem RA fehlenden entsprechenden Kostenapparates anzulegen sein bei einem Hochschullehrer, der zum Verteidiger bestellt worden ist.[189] Demgegenüber plädieren andere Oberlandesgerichte für eine **strenge**(re) **Auslegung** des Merkmals der Unzumutbarkeit;[190] auch der BGH scheint – wenn auch ohne nähere Begründung – dieser Auffassung zu sein.[191] (Über)Betont wird – ebenfalls unter Hinweis auf die Rspr. des BVerfG zum Sonderopfer[192] – der Ausnahmecharakter, den die Pauschgebühr nach Auffassung des Gesetzgebers haben soll. Ausreichend sei, dass es nicht zu einem Sonderopfer des als Pflichtverteidiger tätigen RA komme.[193]

35 Dieser strengeren Auffassung scheint auch das **BVerfG** zu sein.[194] Allerdings hat es konkrete Kriterien, anhand derer die Frage der „Unzumutbarkeit“ entschieden werden kann, den Oberlandesgerichten nicht an die Hand gegeben.[195] Es geht aber offenbar davon aus, dass die „Unzumutbarkeit“ ein eigenständiges Tatbestandsmerkmal ist, eine Pauschgebühr also nur gewährt werden kann, wenn das Verfahren „besonders schwierig“ oder „besonders umfangreich“ war und außerdem die dem Pflichtverteidiger zustehenden gesetzlichen Gebühren „unzumutbar“ sind.[196] Das hat zwar, worauf das BVerfG hinweist, den Wortlaut für sich, aber zugleich die (eigene) Rspr. des BVerfG gegen sich. Denn, wenn die Regelung in § 51 RVG – wie früher § 99 BRAGO – herangezogen wird, um ein unzumutbares Sonderopfer des RA, der als Pflichtverteidiger bestellt wird, zu verneinen, dann kann die Regelung aber, will man keinen Zirkelschluss machen, nicht auch noch zusätzlich herangezogen werden, um das in § 51 Abs. 1 S. 1 RVG ausdrücklich erwähnte Merkmal der „Unzumutbarkeit“ auszuschließen.[197]

---

[186] OLG Hamm StraFo 2005, 173 = AGS 2005, 112; NJW 2007, 857 = StraFo 2007, 128; noch weitgehend offen gelassen von OLG Hamm StraFo 2005, 130 = AGS 2005, 117 = RVGreport 2005, 68.

[187] OLG Hamm BeckRS 2008, 04463.

[188] OLG Düsseldorf RVGreport 2013, 228, wo die aktive Teilnahme des Verteidigers an dem Bemühen um eine Abkürzung des Verfahrens mit einer Erhöhung der HV-Terminsgebühren um jeweils 50,– EUR honoriert wird; OLG Hamm NJW 2006, 75 = StV 2006, 203 = JurBüro 2006, 138; zur Zumutbarkeit in diesen Fällen auch OLG Karlsruhe RVGreport 2005, 315 = NStZ-RR 2005, 286, das allerdings keine näheren Ausführungen macht; vgl. aber OLG Hamm BeckRS 2006, 30367039, wonach dann, wenn das Verfahren nur „besonders schwierig“ ist, die Gewährung einer Pauschgebühr nicht in Betracht kommen soll; sa noch OLG Jena 26.5.2020 – (S) AR 75/19.

[189] OLG Hamm BeckRS 2012, 24675.

[190] Vgl. ua KG Rpfleger 2015, 48 = JurBüro 2015, 26 = RVGreport 2015, 137; OLG Düsseldorf RVGreport 2016, 99 = StRR 2015, 358 = JurBüro 2015, 635 = Rpfleger 2015, 668; RVGreport 2016, 138; 2016, 178; OLG Frankfurt a. M. NJW 2006, 457 = RVGreport 2006, 145; NStZ-RR 2009, 296 = AGS 2009, 537; OLG München JurBüro 2017, 410; JurBüro 2018, 244; 16.3.2018 – 8 St (K) 3/17; OLG Rostock RVGreport 2010, 415 = RVG prof. 2010, 156 = StRR 2011, 242 = NStZ-RR 2010, 326 (Ls.); OLG Stuttgart RVGreport 2015, 98 = StRR 2014, 453 = Rpfleger 2014, 692; 26.6.2014 – 2 ARs 27/14; vgl. auch OLG Karlsruhe BeckRS 2006, 5414; wohl auch OLG Jena BeckRS 2006, 05281; OLG Frankfurt a. M. BeckRS 2009, 19595; Mayer/Kroiß/*Kroiß* RVG § 51 Rn. 13 ff.

[191] BGH RVGreport 2013, 472 = StRR 2014, 39 mablAnm *Burhoff;* BGH BeckRS 2014, 05300.

[192] → Rn. 1 ff.

[193] Exemplarisch ua OLG Düsseldorf RVGreport 2016, 138; 2016, 178; OLG München 22.1.2021 – 1 AR 251/20; OLG Nürnberg RVGreport 2015, 181 = AGS 2015, 173 = Rpfleger 2015, 335 = StRR 2015, 157.

[194] BVerfG NJW 2007, 3420 = RVGreport 2007, 263 = AGS 2007, 504 = NStZ-RR 2007, 351.

[195] Krit. *Burhoff* StRR 2007, 118 in der Anm. zu BVerfG NJW 2007, 3420.

[196] Zumindest offen gelassen OLG Hamm NJW 2006, 75 = StV 2006, 203; 2006, 74 = JurBüro 2006, 137; aA auch Hartung/Schons/Enders/*Hartung* RVG § 51 Rn. 28.

[197] S. a. Burhoff/Volpert RVG/*Burhoff* § 51 Rn. 45; *Gaede* StRR 2007, 89; *Burhoff* StraFo 2008, 192 (194), jeweils zugleich auch zu der zu verneinenden Frage, ob es sich bei der „Unzumutbarkeit überhaupt um ein eigenständiges Tatbestandsmerkmal handelt.

Im Hinblick auf den Streit in der obergerichtlichen Rspr. empfiehlt es sich für den RA, auf jeden Fall die von ihm **aufgewendete Zeit** iE **darzulegen.**[198] 36

IV. Vergütung für das ganze Verfahren oder für einzelne Teile des Verfahrens

§ 51 Abs. 1 S. 1 RVG **erlaubt ausdrücklich** die Gewährung einer Pauschgebühr für einen einzelnen Verfahrensabschnitt, wenn nur dieser „besonders umfangreich" oder „besonders schwierig" war. Von dieser Möglichkeit wird in der Rspr. auch Gebrauch gemacht.[199] Nach Abs. 1 S. 2 sind, wenn sich die Bewilligung auf einzelne Verfahrensabschnitte beschränkt, die Gebühren nach dem Vergütungsverzeichnis, an deren Stelle die Pauschgebühr tritt, zu bezeichnen. Damit ist zugleich bestimmt, was als „Verfahrensabschnitt" anzusehen ist: Jeder Teil des Verfahrens, für den besondere Gebühren bestimmt sind.[200] Das sind auch einzelne Hauptverhandlungstage.[201] Wird eine Pauschgebühr nur für einen Verfahrensabschnitt geltend gemacht, muss nur dieser Verfahrensabschnitt „besonders umfangreich" oder „besonders schwierig" gewesen sein und nicht etwa das gesamte Verfahren.[202] 37

Diese Regelung führt dazu, dass die Oberlandesgerichte die Bewilligung von Pauschgebühren für einzelne **Verfahrensabschnitte großzügiger** handhaben müssen, da gerade nicht mehr grds. eine Gesamtbetrachtung vorzunehmen ist.[203] Zudem ist damit dem sog. „Kompensationsgedanken" im Wesentlichen eine Absage erteilt. Denn ist eine Bewilligung der Pauschgebühr für einzelne Verfahrensabschnitte nicht nur möglich, sondern erwünscht, scheidet insoweit eine **Kompensation** der in diesem bestimmten Verfahrensabschnitt erbrachten umfangreichen Tätigkeit durch geringeren Tätigkeitsumfang in anderen Verfahrensabschnitten aus. Eine Kompensation ist daher allenfalls noch innerhalb eines Verfahrensabschnitts zulässig.[204] Eine Pauschgebühr für einen Verfahrensabschnitt kommt grds. aber **erst nach** dessen **Abschluss** in Betracht.[205] Erhebt die Staatsanwaltschaft Anklage, nimmt diese wieder zurück und die Ermittlungen wieder auf, kann jedoch dem Pflichtverteidiger gleichwohl für die bisherige Tätigkeit (schon) eine Pauschgebühr bewilligt werden. Er muss nicht stattdessen einen mit einem erhöhten Begründungsaufwand verbundenen Antrag auf Bewilligung eines Vorschusses auf die Pauschgebühr stellen.[206] 38

V. Höhe der Pauschgebühr

1. Allgemeines

Der RA erhält unter den Voraussetzungen des § 51 RVG keine – über die Sätze des Vergütungsverzeichnisses hinaus – erhöhten Gebühren für einzelne Tätigkeiten, sondern für seine gesamte Tätigkeit, die abgegolten werden soll, einen **festen Pauschbetrag.** Dieser Pausch- 39

---

[198] Burhoff/Volpert RVG/*Burhoff* § 51 Rn. 46 ff. mit einem Formulierungsbeispiel.

[199] OLG Celle JurBüro 2013, 301 = RVG prof. 2013, 81 = StRR 2013, 199; OLG Jena StV 2006, 202 = StraFo 2006, 172 = AGS 2005, 341, StV 2006, 204 = RVGreport 2006, 423; OLG Hamm AGS 2006, 498 = JurBüro 2006, 591; OLG Karlsruhe StV 2006, 205 = RVGreport 2005, 420; grds. a. KG RVGreport 2016, 303 = JurBüro 2016, 132.

[200] KG RVGreport 2016, 303 = JurBüro 2016, 132; BT-Drs. 15/1971, 198 (Begr. zu § 42 RVG); s. a. → § 42 Rn. 10.

[201] Unzutreffend aA KG RVGreport 2016, 303.

[202] OLG Jena StV 2006, 202 = StraFo 2005, 172 = AGS 2005, 341 zugleich auch zur zweistufigen Prüfung; dazu auch Burhoff/Volpert RVG/*Burhoff* § 51 Rn. 20; OLG Hamm StraFo 2012, 161 mAnm *Burhoff* = RVGreport 2012, 458 = StRR 2012, 359 mAnm *Burhoff* unter (angekündigter) Aufgabe von OLG Hamm BeckRS 2012, 07235; BeckRS 2012, 06495; OLG Hamm 27.4.2020 – III 5 RVGs 19/20.

[203] Burhoff/Volpert RVG/*Burhoff* § 51 Rn. 51; aA KG RVGreport 2016, 303 = JurBüro 2016, 132; OLG Bamberg 28.6.2016 – 10 AR 19/16; OLG Düsseldorf RVGreport 2006, 470; und auch wohl (noch) OLG Hamm BeckRS 2012, 06495; OLG Nürnberg RVGreport 2015, 181 = AGS 2015, 173 = Rpfleger 2015, 335 = StRR 2015, 157.

[204] Unzutreffend aA KG RVGreport 2016, 303; OLG Köln 6.3.2015 – III-1 RVGs 9/15; OLG Nürnberg RVGreport 2015, 181 = AGS 2015, 173 = Rpfleger 2015, 335 = StRR 2015, 157; OLG Saarbrücken 11.5.2015 – 1 AR 2/15, nur teilweise in RVG prof. 2015, 206; OLG Stuttgart RVGreport 2015, 98 = StRR 2014, 453 = Rpfleger 2014, 692; 26.6.2014 – 2 ARs 27/14; vgl. auch noch BVerfG NJW 2005, 1264; wohl auch zB VerfGH Berlin NStZ-RR 2020, 190 = RVGreport 2020, 299 = RVGprof. 2020, 134, der die Zulässigkeit der Kompensation grundsätzlich bejaht; dagegen offener BVerfG NJW 2011, 3079 = StRR 2011, 327 = RVGreport 2011, 378.

[205] OLG Bamberg 26.8.2016 – 10 AR 19/16; NStZ-RR 2017, 392 = JurBüro 2017, 631 = RVGreport 2018, 50; OLG Celle JurBüro 2013, 301 = StRR 2013, 199 mAnm *Burhoff* = RVG prof. 2013, 81.

[206] OLG Celle JurBüro 2013, 301 = StRR 2013, 199 mAnm *Burhoff* = RVG prof. 2013, 81.

betrag wird allerdings idR in der Weise gefunden, dass die einzelnen Tätigkeiten bewertet werden. Zuerkannt wird aber der Pauschbetrag. Es ist also nicht die entstandene Pflichtverteidigergebühr zu bestimmen und zu erhöhen. Es ist vielmehr die nach Zeitaufwand und Schwierigkeit angemessene Vergütung zu ermitteln. Das erfolgt idR im Rahmen einer **Gesamtbetrachtung** der erbrachten Tätigkeiten,[207] und zwar nach Auffassung der Rspr. auch, wenn nur für einen Verfahrensabschnitt eine Pauschgebühr beantragt worden ist.[208] Das OLG Stuttgart zieht – mE unzutreffend –, wenn der RA an einem ganztägigen Hauptverhandlungstag weniger als eine Stunde lang teilgenommen, die Terminsgebühr für diesen Tag von der Pauschgebühr ab, weil der Verteidiger dadurch bereits selbst für seine finanzielle Entlastung gesorgt und damit das Ausmaß der Unzumutbarkeit der gesetzlichen Gebühren verringert habe.[209]

40 **Zahlungen Dritter** bleiben bei der Bemessung der Gebühr außer Betracht, sie spielen erst im Rahmen der Festsetzung über § 58 Abs. 3 RVG eine Rolle.[210] Das folgt aus dem Wortlaut von Abs. 1 S. 1 und daraus, dass sonst ggf., wenn der RA nachträglich Zahlungen erhält oder er erhaltene Zahlungen an den Geber erstatten muss, eine nochmalige Festsetzung der Pauschgebühr erfolgen müsste.[211] Auch aus der Staatskasse erhaltene Wertgebühren, wie zB nach VV 4142 RVG, werden nicht berücksichtigt.[212] Ebenso werden solche Verfahrensteile nicht berücksichtigt, für die dem RA keine (gesetzlichen) Gebühren zustehen – sei es, dass eine Gebühr gar nicht entstanden ist oder sei es, dass auf eine entsprechende Gebühr verzichtet worden ist.[213]

41 Die **Höhe** der **Pauschgebühr** lässt sich nicht für alle Fälle gleichmäßig bestimmen. Einheitliche **Richtlinien** zur Bemessung der Pauschgebühr gibt es nicht.[214] Von den Oberlandesgerichten sind (zu § 99 BRAGO) zwar unterschiedliche Leitlinien und Grundsätze aufgestellt worden, die idR aber nicht veröffentlicht worden sind.[215] Nach § 51 Abs. 1 S. 1 RVG muss die Pauschgebühr über den Gebühren des Vergütungsverzeichnisses liegen. Sie kann die gesetzlichen **Höchstgebühr** übersteigen,[216] obwohl sich die Oberlandesgerichte damit schwer tun.[217]

---

[207] KG RVGreport 2015, 137 = JurBüro 2015, 26 = Rpfleger 2015, 48; OLG Jena StraFo 1999, 323; OLG Nürnberg RVGreport 2015, 181 = AGS 2015, 173 = Rpfleger 2015, 335 = StRR 2015, 157; OLG Saarbrücken 11.5.2015 – 1 AR 2/15, nur teilweise in RVG prof. 2015, 206.

[208] KG RVGreport 2016, 16 = JurBüro 2016, 133 = Rpfleger 2016, 243 = StRR 2015, 476; OLG Bamberg 26.8.2016 – 10 AR 10/16; NStZ-RR 2017, 392 = JurBüro 2017, 631 = RVGreport 2018, 50; OLG Hamm StraFo 2012, 161 mAnm *Burhoff* = RVGreport 2012, 458 = StRR 2012, 359 mAnm *Burhoff*; RVGreport 2017, 135; aA Burhoff/Volpert RVG/*Burhoff* § 51 Rn. 51, 158 f.

[209] OLG Stuttgart RVGreport 2015, 96 = StRR 2014, 453.

[210] OLG Hamm JMBlNRW 1959, 44 = Rpfleger 1959, 200; OLG Karlsruhe StraFo 2012, 290 = AGS 2013, 173; OLG Saarbrücken 11.5.2015 – 1 AR 21/15, nur teilweise in RVG prof. 2015, 206; OLG Stuttgart Justiz 1983, 421; aA jetzt – allerdings ohne nähere Begründung – OLG Hamm StRR 2013, 119 mablAnm *Burhoff* = RVGreport 2013, 144.

[211] Zutr. OLG Hamm JMBlNRW 1959, 44 = Rpfleger 1959, 200.

[212] OLG Karlsruhe RVGreport 2015, 215 = StRR 2015, 156 = NStZ-RR 2015, 96; LG Rostock AGS 2011, 24 = RVGreport 2010, 417 mAnm *Burhoff*.

[213] OLG Hamm StraFo 2012, 161 mAnm *Burhoff* = RVGreport 2012, 458 = StRR 2012, 359 mAnm *Burhoff* unter (angekündigter) Aufgabe der aA in OLG Hamm BeckRS 2012, 07235; und OLG Hamm BeckRS 2012, 06495.

[214] Zur Bemessung einer Pauschgebühr für den für die Revisionshauptverhandlung bestellten Pflichtverteidiger BGH RVGreport 2008, 149, anstelle der Terminsgebühr VV 4132 RVG iHv 228,– EUR eine Pauschgebühr von 500,– EUR; zur Bemessung einer Pauschgebühr im Auslieferungsverfahren OLG Köln RVGreport 2009, 218 u. OLG Karlsruhe BeckRS 2019, 2545.

[215] S. aber OLG Brandenburg StV 1998, 92; OLG Celle StraFo 2005, 219 = AGS 2005, 393; OLG Dresden StV 1998, 619 = NStZ-RR 1998, 320; OLG Düsseldorf RVGreport 2013, 228; 2016, 138; 2016, 178 für Verteidigung in Staatsschutzverfahren; OLG Schleswig StraFo 1998, 393.

[216] Zur Auswirkung der (Neu-)Regelung in § 42 RVG auf die Höhe der Pauschgebühr nach § 51 RVG s. Burhoff/Volpert RVG/*Burhoff* § 51 Rn. 60 ff.; KG NStZ-RR 2013, 232 = RVGreport 2013, 229, für Pauschgebühr für einen Zeugenbeistand bei mehrtägiger Vernehmung; OLG Düsseldorf RVGreport 2013, 228, für Staatsschutzsachen; OLG Koblenz JurBüro 2017, 195 = RVGreport 2017, 217, für ein außergewöhnlich umfangreiches Verfahren; OLG Saarbrücken 22.5.2013 – 1 AR 1/13; OLG Schleswig RVGreport 2019, 13 = JurBüro 2019, 248 für besonders umfangreiches Verfahren.

[217] Vgl. die Entscheidungen KG RVGreport 2015, 137 = JurBüro 2015, 26 = Rpfleger 2015, 48; RVGreport 2016, 16 = JurBüro 2016, 133 = Rpfleger 2016, 243 = StRR 2015, 476; OLG Hamm RVGreport 2017, 135; OLG Koblenz RVGreport 2017, 413; OLG München RVGreport 2017, 11; RVGreport 2019, 336 = StRR 8/2019, 31 = RVG prof. 2020, 27, im NSU-Verfahren allerdings deutliche Überschreitung; OLG München 22.1.2021 – 1 AR 251/20 u. a. im Ermittlungsverfahren betreffend das Oktoberfestattentat allerdings deutlich überschritten; OLG Nürnberg RVGreport 2015, 181 = AGS 2015, 173 = Rpfleger 2015, 335 = StRR

Dem RVG lässt sich allerdings nicht entnehmen, dass die sog. Wahlverteidigerhöchstgebühr eine Grenze für die Höhe der Pauschgebühr darstellt.[218] Vielmehr zeigt die Regelung in § 42 Abs. 1 S. 4 RVG, dass die Pauschgebühr die Wahlanwaltshöchstgebühr überschreiten darf.[219] Die Regelung in § 42 Abs. 1 S. 4 RVG kann zudem auch nicht herangezogen werden, um in entsprechender Anwendung die Pauschgebühr auf das Doppelte der Höchstgebühr eines Wahlverteidigers zu begrenzen.[220] Die Regelungen in § 42 RVG und in § 51 RVG sind insoweit nicht vergleichbar. Zudem hat der Pflichtverteidiger nicht – wie der Wahlanwalt – die Möglichkeit eine über das Doppelte der Wahlanwaltshöchstgebühr hinausgehende Vergütung zu vereinbaren. Das war aber nach der Gesetzesbegründung der (mit)entscheidende Grund für die Beschränkung der Höhe der Pauschgebühr für den Wahlanwalt nach § 42 RVG.[221]

Wenn die Rspr. der Oberlandesgerichte – wie auch schon zu § 99 BRAGO – weiterhin dahin zu gehen scheint, dass die (anwaltliche) (Pausch-)Vergütung nicht **kostendeckend** sein muss,[222] ist dem für das RVG im Hinblick auf das Anliegen des Gesetzgebers, eine angemessene Vergütung insbes. auch im Bereich der Strafverteidigung sicher zu stellen, zu widersprechen.[223] Verfehlt ist daher auch die Auffassung von *Stollenwerk,*[224] wonach sich die Pauschgebühr am unteren Ende des Angemessenen zu bewegen habe und nur dem RA „gerade noch zumutbar" sein müsse. Diese Sicht ist mit der Rspr. des BVerfG nicht mehr vereinbar. Das gilt insbes. für sog. **„Mammutverfahren"**, in denen der Pflichtverteidiger häufig über eine lange Zeit tätig gewesen ist, was bei ihm nicht selten zu erheblichen Einnahmeeinbußen geführt hat, ohne dass das dann durch eine angemessen hohe oder höhere Pauschgebühr ausgeglichen wird.[225] 42

2. Auslagen

Durch die Pauschgebühr wird nur der Gebührenanspruch des RA abgegolten. Die Auslagen sind gesondert – nicht vom OLG, sondern von dem Urkundsbeamten im Kostenfestsetzungsverfahren – festzusetzen.[226] Der RA hat also neben der Pauschgebühr Anspruch auf Ersatz seiner **Postgebühren** (VV 7001, 7002 RVG), seiner **Schreibauslagen** (VV 7000 Nr. 1a RVG) und seiner **Reisekosten** (VV 7003–7006 RVG).[227] 43

Die Pauschvergütung ist eine gesetzliche Vergütung. Der RA kann deshalb die **Umsatzsteuer** (VV 7008 RVG) neben ihr berechnen.[228] 44

3. Verzinsung

Die Pauschvergütung wird **nicht** verzinst.[229] Zinsen können daher vom OLG nicht bewilligt werden. Wenn die Entscheidung des Oberlandesgerichts über die Pauschvergütung (zu) 45

2015, 157; 10.5.2011 – 1 AR 15/11; OLG Rostock RVGreport 2010, 415 = RVG prof. 2010, 156 = StRR 2011, 242 = NStZ-RR 2010, 326 (Ls.); sa noch BVerfG NJW 2019, 3370 = RVGreport 2020, 13 = JurBüro 2019, 573.

[218] Vgl. aber OLG Nürnberg RVGreport 2015, 181 = AGS 2015, 173 = Rpfleger 2015, 335 = StRR 2015, 157.

[219] Burhoff/Volpert RVG/*Burhoff* § 51 Rn. 60 ff.; zu den Eckpunkten der Bemessung s. Burhoff/Volpert RVG/*Burhoff* § 51 Rn. 60, 152 ff. im „ABC der Pauschgebühr"; OLG Köln RVGreport 2009, 218, Anweisung der VV 6100 RVG um das Sechsfache; krit. zur Praxis der OLG auch Schneider/Wolf/*N. Schneider* RVG § 51 Rn. 114 ff.

[220] Zutr. OLG Nürnberg RVGreport 2015, 181 = AGS 2015, 173 = Rpfleger 2015, 335 = StRR 2015, 157; OLG Stuttgart RVGreport 2008, 383 = StRR 2008, 359 mAnm *Burhoff* = Rpfleger 2008, 441; Burhoff/Volpert RVG/*Burhoff* § 51 Rn. 60 f.; Riedel/Sußbauer/*Kremer* § 51 Rn. 28; aA OLG München RVGreport 2017, 291; auch ohne nähere Begr. Hartmann/*Toussaint* RVG § 51 Rn. 33; relativierend OLG München 22.1.2021 – AR 251/20.

[221] BT-Drs. 15/1971, 198.

[222] Ua OLG Frankfurt a. M. NJW 2006, 457 = RVGreport 2006, 145; OLG Koblenz JurBüro 2008, 312; OLG Nürnberg RVGreport 2015, 181 = AGS 2015, 173 = Rpfleger 2015, 335 = StRR 2015, 157; OLG Rostock NStZ-RR 2010, 326 = RVGreport 2010, 415 = RVG prof. 2010, 156; OLG Stuttgart RVGreport 2015, 98 = StRR 2014, 453 = Rpfleger 2014, 692; 26.6.2014 – 2 ARs 27/14; noch zu § 99 BRAGO ua OLG Bamberg JurBüro 1972, 327; OLG Bremen JurBüro 1987, 391; OLG Düsseldorf AGS 1991, 71.

[223] Schneider/Wolf/*N. Schneider* RVG § 51 Rn. 115; zur Angemessenheit der anwaltlichen Vergütung *Gaier* AnwBl. 2010, 70.

[224] NK-GK/Stollenwerk RVG § 51 Rn. 37.

[225] Eing. Burhoff/Volpert RVG/*Burhoff* § 51 Rn. 60 ff. mwN; s. a. *Fromm* JurBüro 2016, 3 ff.

[226] Zuletzt BGH BeckRS 2007, 01931.

[227] OLG Düsseldorf Rpfleger 1961, 414, für Aktenauszug; Burhoff/Volpert RVG/*Burhoff* § 51 Rn. 67.

[228] BGH Rpfleger 1962, 261; OLG Koblenz JurBüro 1985, 417; Schneider/Wolf/*N. Schneider* RVG § 51 Rn. 152; Burhoff/Volpert RVG/*Burhoff* § 51 Rn. 67.

[229] OLG Frankfurt a. M. NJW 1972, 1481; OLG Koblenz Rpfleger 1974, 269.

lange auf sich warten lässt, ist das allerdings für den RA ungünstig. Das OLG Hamm hat deshalb in einem Verfahren, in dem der RA mehr als 18 Monate auf die Bewilligung der Pauschvergütung warten musste, diesen Umstand und den dadurch eingetretenen Zinsverlust bei der Bemessung der Pauschvergütung erhöhend berücksichtigt.[230] Gegebenenfalls bietet sich die **Verzögerungsrüge** nach den §§ 197, 198 GVG an.[231]

VI. Bewilligungsverfahren

1. Antrag

46 **a) Begründung.** Die Pauschvergütung wird **nur auf Antrag bewilligt.**[232] Der RA muss demgemäß einen entsprechenden Antrag stellen. In diesem Antrag muss er den begehrten Betrag sowie die Umstände, die die Bewilligung der Pauschvergütung rechtfertigen sollen, angeben.[233] Das gilt insbes. für die Umstände, die sich nicht aus der Akte ergeben.[234] Es empfiehlt sich die Angabe eines Mindestbetrages. Das ermöglicht dem OLG leichter, ggf. über den Antrag des RA, an den es nicht gebunden ist,[235] hinaus zu gehen.[236]

47 **Muster** eines Antrages:[237]
An das
Oberlandesgericht …
über
das Land-/Amtsgericht …
(das Gericht einsetzen, vor dem die Verteidigung durchgeführt worden ist)
Betreff: Bewilligung einer Pauschvergütung gem. § 51 RVG
hier:
Strafsache gegen … wegen …
… gericht … Az. …

Der Antrag kann unmittelbar an das OLG gestellt werden. Dieses kann aber ohne die Instanzakten nicht entscheiden. Daher **empfiehlt** es sich, den Antrag über das Instanzgericht zu stellen, damit dieses bei Weiterleitung des Antrags die Akten sofort beifügen kann.

beantrage ich,
mir gem. § 51 RVG eine Pauschgebühr … EUR zzgl. gesetzlicher MwSt zu bewilligen.[238]
Gründe:
Durch Beschluss v. … bin ich zum Pflichtverteidiger bestellt worden. Vor dem Zeitpunkt meiner Bestellung war ich – nicht – tätig.[239]

Meine Pflichtverteidigergebühren nach dem Vergütungsverzeichnis betragen … Insoweit verweise ich auf meinen Festsetzungsantrag vom … In dem Antrag auf Festsetzung der Gebühren nach dem Vergütungsverzeichnis ist kein Verzicht auf meine Pauschgebühr nach § 51 RVG zu sehen.

Es ist zweckmäßig, die **ungenügende Pflichtverteidigervergütung anzugeben.** Wenn ein Festsetzungsantrag schon gestellt ist, kann auf diesen verwiesen werden.

Durch diese Gebühren ist meine Tätigkeit nicht ausreichend vergütet, weil es sich um eine besonders umfangreiche und/oder schwierige Strafsache gehandelt hat. Zur Begründung führe ich aus: …

---

[230] OLG Hamm AGS 2001, 154; s. a. Generalstaatsanwaltschaft Karlsruhe StV 2004, 40; Burhoff/Volpert RVG/*Burhoff* § 51 Rn. 68; aA OLG Jena RVGreport 2008, 458 = StRR 2008, 283 = RVG prof. 2009, 2.

[231] Zum Entschädigungsanspruch wegen verzögerter Bearbeitung eines Antrags auf Pflichtverteidigervergütung OLG Karlsruhe RVGreport 2019, 279 = AGS 2019, 556 = StRR 4/2019, 24 = MDR 2019, 99.

[232] OLG Jena 17.3.2008 – 1 ARs 3/08.

[233] OLG Koblenz BeckRS 2012, 17773; OLG Rostock RVGreport 2010, 415 = RVG prof. 2010, 156 = StRR 2011, 205 = NStZ-RR 2010, 326 (Ls.); zur Bedeutung der Antragsbegründung BGH NStZ-RR 2020, 296 = RVGreport 2020, 380..

[234] OLG Hamm JurBüro 2005, 650; AGS 2007, 618 = AGS 2008, 176 = RVGreport 2007, 426; OLG Koblenz BeckRS 2012, 17773; s. a. OLG Düsseldorf RVGreport 2017, 10 zur Darlegungslast betr. die Einarbeitung in umfangreiche Akten.

[235] BGH BeckRS 2016, 13780; 12.6.2016 – 4 StR 72/15; OLG Hamm NStZ-RR 2001, 256 = JurBüro 2001, 413 = AGS 2002, 229; OLG Jena 17.3.2008 – 1 ARs 3/08.

[236] Burhoff/Volpert RVG/*Burhoff* § 51 Rn. 72 f.; OLG Hamm NStZ-RR 2001, 256 = JurBüro 2001, 413 = AGS 2002, 229.

[237] Ein ausführliches Beispiel eines Antrags findet sich bei Burhoff/Volpert RVG/*Burhoff* § 51 Rn. 74; zum Antrag s. a. noch *Burhoff* AGS 2001, 266; BRAGOreport 2003, 2.

[238] Zur Gewährung der Umsatzsteuer s. die Erläuterung zu VV 7008 RVG mwN aus der Rspr.

[239] Wichtig wegen der Regelung in § 48 Abs. 6; → Rn. 16.

Wenn der Verteidiger vor dem Bestellungsbeschluss schon tätig war, muss die **Tätigkeit** hier **geschildert** werden. Danach sollten Ausführungen zum Umfang folgen, Dauer des jeweiligen Hauptverhandlungstags, Pausen, Fahrtzeiten. Besonders sorgfältig alle Umstände schildern, möglichst auch mit genauen Zeitangaben, die sich nicht unmittelbar aus den Strafakten ergeben. Beispiele: Anzahl und Umfang der Besprechungen mit dem Mandanten, die Besuche in der Haftanstalt, notwendige Besprechungen mit Dritten, Besichtigung des Tatorts.[240] Es folgen dann ggf. Ausführungen zur Schwierigkeit der Strafsache.

Vorschüsse und Zahlungen habe ich weder vom Angeklagten noch von Dritten in dieser Sache erhalten.
Aus der Staatskasse habe ich keinen/einen … Vorschuss von … erhalten.
Als gesetzliche Vergütung nach dem Vergütungsverzeichnis habe ich … erhalten.
Falls der Vertreter der Staatskasse meinem Antrag entgegentritt, ist mir vor Entscheidung seine Äußerung zur Stellungnahme zuzuleiten (BVerfGE 18, 49 = Rpfleger 1964, 210).

b) Antragszeitpunkt. Das RVG nennt keinen Zeitpunkt für die Stellung des Antrags. 48
Nach allgemeiner Meinung kann der Pauschgebührenantrag grds. erst gestellt werden, wenn die zu vergütende Tätigkeit abgeschlossen ist und dafür die gesetzliche Gebühr gem. § 8 RVG fällig ist. IdR wird das dann sein, wenn **zumindest** die **Instanz abgeschlossen** ist.[241] Etwas anderes muss aber gelten, wenn die Pauschgebühr nur für einen bereits abgeschlossenen Verfahrensabschnitt geltend gemacht wird. Denn dann kommt es auf die erforderliche Gesamtschau des Verfahrens nicht an.[242] Es muss dann nicht die Instanz abgeschlossen sein, aber zumindest der Verfahrensabschnitt, für den die Pauschgebühr geltend gemacht wird.[243] Voraussetzung für den Antrag nach § 51 RVG ist nicht der vorherige Antrag auf Festsetzung oder etwa die Auszahlung der gesetzlichen Pflichtverteidigergebühren.[244] Der Pauschgebührenantrag kann iÜ auch noch nach Festsetzung der gesetzlichen Gebühren gestellt werden. Der Pflichtverteidiger eines freigesprochenen Angeklagten kann den Antrag allerdings nicht mehr stellen, wenn er gem. §§ 52 Abs. 1, 2, 14 RVG die Festsetzung der Gebühren eines Wahlverteidigers gegen die Staatskasse beantragt hat und diesem Antrag entsprochen worden ist; ein danach gestellter Antrag auf Bewilligung einer Pauschgebühr soll unzulässig sein.[245] Das Verfahren nach § 51 RVG dient auch nicht dazu, eine rechtskräftige Kostenfestsetzung, die vom RA als zu niedrig empfunden wird, nachträglich zu korrigieren. Das OLG ist an diese gebunden,[246] wenn nicht die Voraussetzungen für die Gewährung einer Pauschgebühr vorliegen.[247] Der Pauschgebührenantrag hat iÜ nicht zur Folge, dass ein ggf. verwirkter Erinnerungsrecht der Landeskasse gegen die Festsetzung der Pflichtverteidigervergütung wieder auflebt.[248]

c) Auszahlung der Pflichtverteidigergebühren. Die **Auszahlung** der Pflichtverteidi- 49
gergebühren **hindert** die Stellung eines **Antrages** auf Bewilligung der Pauschgebühr **nicht.** Es empfiehlt sich vielmehr für den RA, sich zunächst die Gebühren nach dem VV auszahlen zu lassen, da bis zur Bewilligung der Pauschgebühr häufig längere Zeit vergeht, da das Protokoll und das Urteil zunächst gefertigt werden (müssen) und die Akten bei Rechtsmitteleinlegung meist vor der Entscheidung über das Rechtsmittel nicht entbehrlich sind.

Der Festsetzung einer Pauschgebühr steht aber nicht entgegen, dass die Pflichtverteidigerge- 50
bühren noch nicht festgesetzt sind.[249]

---

[240] Zum Umfang der Antragsbegründung s. a. Burhoff/Volpert RVG/*Burhoff* § 51 Rn. 70 mwN.

[241] OLG Bamberg JurBüro 1990, 1282; OLG Düsseldorf JurBüro 1993, 538; aA – regelmäßig erst nach Rechtskraft – OLG Bamberg 26.8.2016 – 10 AR 19/16; NStZ-RR 2017, 392 = JurBüro 2017, 631 = RVGreport 2018, 50; OLG Düsseldorf RVGreport 2006, 470 und die stRspr des OLG Hamm, vgl. ua OLG Hamm StraFo 1996, 158.

[242] Sa Burhoff/Volpert RVG/*Burhoff* § 51 Rn. 75; aA KG JurBüro 2016, 133 = RVGreport 2016, 16 = StRR 2015, 476; OLG Bamberg 26.8.2016 – 10 AR 10/16; NStZ-RR 2017, 392 = JurBüro 2017, 631 = RVGreport 2018, 50; OLG Düsseldorf RVGreport 2006, 470.

[243] OLG Celle JurBüro 2013, 301 = RVG prof. 2013, 81 = StRR 2013, 199 mAnm *Burhoff,* wonach dann, wenn die Staatsanwaltschaft Anklage erhebt, diese wieder zurücknimmt und die Ermittlungen wieder aufnimmt, dem beigeordneten Verteidiger gleichwohl für die bisherige Tätigkeit eine Pauschgebühr bewilligt werden kann.

[244] → Rn. 48.

[245] OLG Karlsruhe RVGreport 2013, 188 = StRR 2013, 303 mablAnm *Burhoff,* der darauf hinweist, dass das OLG verkennt, dass es sich bei dem Anspruch aus § 51 um einen eigenen Anspruch des Pflichtverteidigers handelt; s. wegen der insoweit hM zu § 42 die Nachw. bei → § 42 Rn. 12.

[246] OLG Köln JurBüro 2002, 303 f.

[247] OLG Jena Rpfleger 2009, 171 = JurBüro 2009, 138 (Ls.) = StRR 2009, 43 (Ls.).

[248] OLG Hamm BeckRS 2010, 11737.

[249] OLG Nürnberg JurBüro 1987, 245.

51 Die ausgezahlten Pflichtverteidigergebühren sind bei Bewilligung einer Pauschvergütung von dem Urkundsbeamten bei Fertigung der Zahlungsanweisung von der bewilligten Pauschvergütung **abzusetzen.** Denn die Pauschgebühr wird nicht zusätzlich zu den gesetzlichen Pflichtverteidigergebühren, sondern an deren Stelle bewilligt.[250]

2. Verjährung

52 Der Anspruch auf Bewilligung einer Pauschgebühr verjährt nach § 196 BGB in **drei Jahren.**[251]

53 Die Verjährungsfrist **beginnt** gem. §§ 201, 198 BGB mit dem Abschluss des Jahres, in dem die Vergütung fällig ist. Der Fälligkeitszeitpunkt bestimmt sich grds. nach Abschluss des Verfahrens.[252] Ist der RA vorzeitig entpflichtet worden, beginnt die Verjährungsfrist noch während des laufenden Verfahrens.[253] Der RA sollte in den Fällen sofort die Bewilligung einer Pauschgebühr beantragen.

54 Der Lauf der Verjährungsfrist ist während des **Festsetzungsverfahrens** der allgemeinen Pflichtverteidigergebühren **nicht gehemmt.** Der Verteidiger sollte daher mit seinem Pauschvergütungsantrag nicht zu lange warten.[254] Die Verjährungsfrist wird durch den (fristgerechten) Eingang des Pauschgebührenantrags beim zuständigen OLG **unterbrochen/gehemmt,** [255] der Eingang des Antrags bei einem unzuständigen Gericht unterbricht/hemmt nicht. [256] Die Beweislast für den (fristgemäßen) Eingang des Antrags trägt der RA.[257] Dieser Antrag ist auch dann erforderlich, wenn der RA zuvor einen Vorschussantrag gestellt hatte.[258] Nach Ablauf der Verjährungsfrist ist ein Antrag auf „Wiedereinsetzung in den vorigen Stand" für die Stellung eines Pauschvergütungsantrags nicht statthaft.[259]

3. Zuständigkeit (Abs. 2)

55 Über den Antrag auf Bewilligung einer Pauschgebühr entscheidet das **OLG,** zu dessen Bezirk das Gericht gehört, bei dem das Verfahren in erster Instanz anhängig war. Im Fall der Beiordnung einer Kontaktperson nach § 34a EGGVG entscheidet nach § 51 Abs. 2 S. 1 Hs. 2 RVG das OLG, in dessen Bezirk die JVA liegt. Zur Zuständigkeit zur Entscheidung über den Antrag des durch die Staatsanwaltschaft im Rahmen der Eilzuständigkeit nach § 142 Abs. 4 StPO bestellten Pflichtverteidigers wird auf § 59a Abs. 1 S. 2 RVG,[260] zur Zuständigkeit zur Entscheidung über den Antrag des durch die Staatsanwaltschaft bestellten Zeugenbeistandes (§ 163 Abs. 3 S. 2 Hs. 1 StPO bzw. 161a Abs. 1 S. 2 StPO jeweils iVm § 68b Abs. 2 StPO) wird auf § 59a Abs. 2 S. 2 RVG verwiesen,[261] zur Zuständigkeit im Fall des Antrags des nach §§ 87e, 53 IRG bestellten Beistands auf § 59a Abs. 3 S. 3 RVG.[262]

---

[250] KG NJW 2009, 456 = AGS 2009, 178 = StraFo 2008, 529 = JurBüro 2009, 31; OLG Koblenz Rpfleger 2000, 182 = NStZ-RR 2000, 128.

[251] KG RVGreport 2011, 109 = JurBüro 2011, 255 = StRR 2011, 118; OLG Köln RVGreport 2006, 148; Schneider/Wolf/*N. Schneider* RVG § 51 Rn. 139; Burhoff/Volpert RVG/*Burhoff* § 51 Rn. 91; *Burhoff* AGS 2002, 98.

[252] Inzwischen hM in der Rspr der OLG, vgl. ua KG RVGreport 2015, 257 = StRR 2015, 237; OLG Bamberg 26.8.2016 – 10 AR 10/16; NStZ-RR 2017, 392 = JurBüro 2017, 631 = RVGreport 2018, 51; OLG Braunschweig RVGreport 2016, 302 = JurBüro 2016, 358 = NStZ-RR 2016, 232 (Ls.); OLG Celle RVGreport 2016, 416 = StRR 2016, Nr. 10 S. 21 1 Ars 34/16 P; OLG Düsseldorf, NStZ-RR 2006, 224; OLG Köln, RVGreport 2006, 148; OLG Hamm StraFo 1996, 189 = JurBüro 1996, 642 = NStZ 1997, 41; OLG Jena StraFo 1997, 253 = AGS 1998, 87; OLG Köln RVGreport 2006, 148; früher aA – Beendigung der Instanz ist Zeitpunkt des Verjährungsbeginns – OLG Braunschweig JurBüro 2000, 475, inzwischen aufgegeben; OLG Hamburg JurBüro 1991, 233; KG JurBüro 1999, 26 und auch noch KG RVGreport 2011, 176 = JurBüro 2011, 254 = StRR 2011, 162, allerdings zur BRAGO; Burhoff/Volpert RVG/*Burhoff* § 51 Rn. 92 ff.; eing. zur Fälligkeit noch Schneider/Wolf/*N. Schneider* RVG § 51 Rn. 130 ff.

[253] OLG Hamm BRAGOreport 2001, 140 mAnm *N. Schneider.*

[254] OLG Hamm AnwBl 1998, 220 = Rpfleger 1998, 38; *Madert* ZfS 1997, 32.

[255] Inzidenter OLG Braunschweig RVGreport 2016, 302 = JurBüro 2016, 358 = NStZ-RR 2016, 232 (Ls.).

[256] OLG Braunschweig RVGreport 2019, 214 = JurBüro 2019, 298 = BeckRS 2019, 6031.

[257] KG RVGreport 2011, 176 mwN = JurBüro 2011, 254 = StRR 2011, 162 mAnm *Burhoff; Hansens* RVGreport 2009, 294 (295) für den entsprechenden Fall des Eingangs eines Kostenfestsetzungsantrags.

[258] KG RVGreport 2011, 109 = JurBüro 2011, 255 = StRR 2011, 118, noch zu § 99 BRAGO; vgl. zum Vorschuss Rn. 67 ff.

[259] KG NStZ-RR 2011, 181 = RVGreport 2011, 176 = JurBüro 2011, 254 = StRR 2011, 162 mAnm *Burhoff.*

[260] → § 59a Rn. 9a ff.

[261] → § 59a Rn. 16.

[262] → § 59a Rn. 24.

Für die Entscheidung über den Pauschgebührenantrag ist nach § 51 Abs. 2 S. 4 RVG iVm § 42 Abs. 3 RVG der Strafsenat des Oberlandesgerichts zuständig, der mit nur **einem Richter besetzt** ist. Dieser Richter überträgt die Sache dem Senat in der Besetzung mit drei Richtern, wenn es zur Sicherung einer einheitlichen Rspr. geboten ist.[263] **56**

Der **BGH** ist **zuständig,** soweit er den RA bestellt hat **(§ 51 Abs. 2 S. 2 RVG).**[264] Insoweit ist wegen der in 2018[265] und 2019 erfolgten **Gesetzesänderungen** zu **unterscheiden:** **57**

Ist der Pflichtverteidiger ggf. gem. **§ 350 StPO aF** (noch) bis zum Inkrafttreten der allgemeinen Neuregelung des Rechts der Pflichtverteidigung durch das „Gesetz zur Neuregelung des Rechts der notwendigen Verteidigung v. 10.12.2019[266] am 13.12.2019 vom BGH für die Revisionshauptverhandlung bestellt worden, muss m. E. dieser nach § 51 Abs. 2 S. 2 auch über die Gewährung der Pauschgebühr entscheiden, soweit es um die Tätigkeit vor dem BGH – Wahrnehmung der Revisionshauptverhandlung – und deren Vorbereitung geht.[267] Für die Bewilligung einer Pauschgebühr für die Revisionsbegründung bleibt in den Fällen dann aber das OLG (weiterhin) zuständig, und zwar auch dann, wenn im Revisionsverfahren eine Hauptverhandlung vor dem BGH stattgefunden hat.[268] Hat der Generalbundesanwalt einen Zeugenbeistand bestellt, ist zur Entscheidung über dessen Pauschgebührantrag ebenfalls nach § 59a Abs. 2 S. 3 der BGH (weiterhin) zuständig.[269] **57a**

Nach dem **Inkrafttreten** der **Neuregelung** des **Rechts** der **Pflichtverteidigung** im Revisionsverfahren durch das „Gesetz zur Stärkung des Rechts des Angeklagten auf Anwesenheit in der Verhandlung" v. 17.12.2018[270] und durch das „Gesetz zur Neuregelung des Rechts der notwendigen Verteidigung v. 13.12.2019"[271] wird es infolge der Änderung des § 350 StPO und des § 143 Abs. 1 StPO **ab 13.12.2019** kaum noch Pflichtverteidigerbestellungen durch den BGH geben bzw. gegeben haben. Denn nach dem neuen § 143 Abs. 1 StPO dauern die erstinstanzlichen Pflichtverteidigerbestellungen, die in den beim BGH anhängigen Verfahren im Zweifel nach § 140 Abs. 1 Nr. 1 StPO bereits beim LG/OLG/Schöffengericht erfolgt sind, nunmehr bis zum rechtskräftigen Abschluss des Verfahrens fort, erfassen also auch das Revisionsverfahren beim BGH. Für die Bewilligung gelten dann hinsichtlich der Zuständigkeit die **allgemeinen Regeln.**[272] Der **BGH** ist nur noch zuständig, wenn **ausnahmsweise** in dem bei ihm anhängigen Verfahren in der ersten Instanz kein Pflichtverteidiger bestellt worden sein sollte, was in der Praxis **kaum vorstellbar** ist. **57b**

Die gegebenenfalls vorliegende **(Zuständigkeits)Ausnahme** des § 51 Abs. 2 S. 2 RVG erfasst jedoch **nicht** die Fälle, in denen der **BGH** während des **Ermittlungsverfahrens** mit einer Strafsache befasst war, und zwar selbst dann nicht, wenn der RA vom Ermittlungsrichter des BGH bestellt worden ist.[273] Insoweit verbleibt es bei der Zuständigkeit des Oberlandesgerichts gem. § 51 Abs. 2 S. 1 RVG[274]; daran hat sich durch die Änderungen im Recht der Pflichtverteidigung (erst recht) nichts geändert. Hat der **Generalbundesanwalt** einen **Zeugenbeistand bestellt,** ist zur Entscheidung über dessen Pauschgebührantrag ebenfalls nach § 59a Abs. 1 S. 3 RVG der BGH zuständig.[275] **57c**

Ist der RA nicht von den ordentlichen Gerichten bestellt worden, haben diese auch über die Pauschvergütung nicht zu entscheiden. In **Ehrengerichtsverfahren** gegen einen RA obliegt die Entscheidung dem Ehrengerichtshof.[276] Im **Dienststrafverfahren** ist zur Bewilligung **58**

---

263 → § 42 Rn. 17; Burhoff/Volpert RVG/*Burhoff* § 42 Rn. 20 f. jeweils mwN.

264 BGHSt 23, 324 = NJW 1970, 2223; zuletzt NJW 2012, 167 = StRR 2012, 77 mAnm *Burhoff*.

265 Zur Neuregelung des Rechts der Pflichtverteidigung im Revisionsverfahren s. das „Gesetz zur Stärkung des Rechts des Angeklagten auf Anwesenheit in der Verhandlung" v. 17.12.2018; BGBl. I, S. 2517; dazu BT-Drs. 19/4467, S. 24 f.

266 BGBl. I 2128.

267 Wegen der Einzelh. BGHSt 23, 324 = NJW 1970, 2223; BGH NJW 2012, 167 = StRR 2012, 77 = RVGreport 2012, 101, jeweils für § 350 Abs. 3 StPO aF.

268 BGHSt 23, 324 = NJW 1970, 2223; BGH NJW 2012, 167 = StRR 2012, 77 = RVGreport 2012, 101; OLG Hamm AGS 2002, 36 = JurBüro 2003, 24.

269 Vgl. auch die Kommentierung zu → § 59a Rn. 1 ff.

270 BGBl. I 2517; dazu BT-Drs. 19/4467, S. 24 f.

271 BGBl. I 128.

272 → § 51 Rn. 55 f.

273 BGH NJW 2016, 2351 = RVGreport 2016, 454 =AGS 2016, 398 = JurBüro 2016, 469; sa schon BGH NJW 1977, 1644; Mayer/Kroiß/*Kroiß* RVG § 51 Rn. 26; Hartmann/*Toussaint* RVG § 51 Rn. 27.

274 BGH NJW 2016, 2351.

275 → § 59a Rn. 29.

276 OLG Hamm JMBlNRW 64, 264 = NJW 1964, 1915; OLG Stuttgart AnwBl 1965, 90.

einer Pauschvergütung an den im ersten Rechtszug beigeordneten RA das Truppendienstgericht, nicht das Bundesverwaltungsgericht zuständig.[277]

4. Verfahren

59 Das Verfahren auf Bewilligung der Pauschvergütung ist ein formales gerichtliches Verfahren, in dem den Beteiligten das **rechtliche Gehör** gewährt werden muss.[278] Gem. § 51 Abs. 2 S. 3 RVG ist die Staatskasse zu hören.

60 Die Äußerung des Vertreters der Staatskasse ist dem RA vor der Entscheidung über seinen Antrag zur Kenntnis- und **Stellungnahme** zuzuleiten, vor allem wenn dem Antrag in der Höhe oder in der Begründung entgegengetreten wird.[279]

61 Der Verteidiger sollte die Möglichkeit zur **Stellungnahme nutzen.** Vor allem wenn der Vertreter der Staatskasse den vom Verteidiger geltend gemachten zeitlichen Aufwand bestritten hat, kann dem nur der Pflichtverteidiger entgegnen. Das gilt insbes. für Tätigkeiten, die sich nicht unmittelbar aus den Akten ergeben, zB Besuche des Beschuldigten in der Haftanstalt.[280] Nimmt der Verteidiger nicht Stellung, wird das OLG im Zweifel davon ausgehen, dass die Einwände des Vertreters der Staatskasse zutreffend sind.[281] Es besteht kein Anspruch auf Erteilung von Zwischenbescheiden oder Hinweisbeschlüssen.[282]

5. Entscheidung des Gerichts/Rechtsmittel

62 Die Entscheidung des Gerichts ergeht durch Beschluss. Die Entscheidung wird trotz des nicht gegebenen Rechtsmittels[283] idR – zumindest kurz – **begründet.** Einer **Rechtsbehelfsbelehrung** nach § 12c RVG bedarf es wegen der Unanfechtbarkeit des Feststellungsbeschlusses[284] **nicht.**[285] Die gegen den Beschluss möglichen Gegenvorstellungen[286] führen nicht zu einer Belehrungspflicht, weil keine Belehrungspflicht für außerordentliche Rechtsbehelfe besteht.[287]

63 Die Entscheidung ist unanfechtbar ist.[288] **Gegenvorstellungen** sind jedoch zulässig.[289] Der RA kann **Verfassungsbeschwerde** einlegen.[290]

6. Festsetzung

64 Nach Bewilligung der Pauschgebühr wird diese vom **Urkundsbeamten** der Geschäftsstelle gem. § 55 Abs. 1 S. 1 RVG festgesetzt.[291] Für Wertgebühren erhaltene gesetzliche Gebühren werden bei der Festsetzung nicht angerechnet.[292] § 55 Abs. 5 S. 2 RVG gilt für den Festsetzungsantrag entsprechend.[293] Eine unberechtigt zu hoch, also zB unter Nichtberücksichtigung der bereits ausgezahlten Pflichtverteidigergebühren, festgesetzte Pauschgebühr kann **zurückgefordert** werden.[294] Der RA kann sich auf einen Wegfall der Bereicherung nicht berufen.[295] Pauschgebühren sind keine außerordentlichen Einkünfte iS von § 34 Abs. 2 Nr. 4 EStG.[296]

---

277 BGH NJW 1960, 1218 = MDR 1960, 864.

278 Burhoff/Volpert RVG/*Burhoff* § 51 Rn. 81; Schneider/Wolf/*N. Schneider* RVG § 51 Rn. 94.

279 BVerfG Rpfleger 1964, 210 = AnwBl 1964, 254 mAnm *Jünnemann*.

280 OLG Hamm AGS 2007, 618 = AGS 2008, 176 = RVGreport 2007, 426; OLG Koblenz BeckRS 2012, 17773.

281 *Burhoff* StraFo 1999, 261, 266; Burhoff/Volpert RVG/*Burhoff* § 51 Rn. 83.

282 OLG Rostock RVGreport 2010, 415 = RVG prof. 2010, 156 = StRR 2011, 242 = NStZ-RR 2010, 326 (Ls.).

283 → Rn. 62.

284 → Rn. 23.

285 *Volpert* RVGreport 2013, 210; StRR 2014, 244; Burhoff/Volpert RVG/*Burhoff* § 42 Rn. 29.

286 → Rn. 23.

287 BT-Drs. 17/10490, 13 zu § 232 ZPO.

288 BGH NJW 1960, 1218 = MDR 1960, 864; vgl. aber → § 59a Rn. 28.

289 KG 10.12.2009 – 1 ARS 1 1/07; OLG München 7.8.2017 – 8 St (K) 2/17 (2); OLG Nürnberg AnwBl 1974, 356 = JurBüro 1975, 201; inzidenter auch OLG Hamm StraFo 1996, 189 = JurBüro 1996, 642 = NStZ 1997, 41.

290 Zu den Begründungsanforderungen BVerfG RVGreport 2009, 59 = AGS 2009, 66 = StRR 2009, 77 mAnm *Burhoff*.

291 KG NJW 2009, 456 = StraFo 2008, 529 (530) = AGS 2009, 178.

292 LG Rostock AGS 2011, 24 = RVGreport 2010, 417.

293 Zur Festsetzung Schneider/Wolf/*N. Schneider* RVG § 51 Rn. 148 ff.; Burhoff/Volpert RVG/*Burhoff* § 51 Rn. 88.

294 KG NJW 2009, 456 = AGS 2009, 178 = StraFo 2008, 529 = JurBüro 2009, 31.

295 KG NJW 2009, 456 mwN.

296 BFH RVGreport 2020, 278 = RVG prof. 2020, 98.

Zahlungen des Angeklagten oder dritter Personen sind iRd § 58 Abs. 3 RVG auf die gewährte Pauschvergütung anzurechnen.[297] Bei der Entscheidung gem. § 51 Abs. 1 S. 1 RVG sind die Zahlungen allerdings nicht zu beachten.[298] 65

Gegen die Festsetzung der Pauschgebühr durch den Urkundsbeamten ist die **Erinnerung** nach § 56 RVG, gegen die weiteren Entscheidungen ggf. die Beschwerde und die weitere Beschwerde nach § 56 Abs. 2 S. 1, § 33 gegeben RVG.[299] 66

VII. Bußgeldverfahren

Gem. § 51 Abs. 3 RVG gilt § 51 Abs. 1 RVG im Bußgeldverfahren vor der Verwaltungsbehörde **entsprechend.**[300] 67

Über den Antrag nach Abs. 1 S. 1–3 **entscheidet** die Verwaltungsbehörde gleichzeitig mit der Festsetzung der Vergütung. 68

VIII. Vorschuss (Abs. 1 S. 5)

1. Allgemeines

In § 51 Abs. 1 S. 5 RVG ist dem RA ausdrücklich ein Anspruch auf **angemessenen Vorschuss** auf eine Pauschgebühr eingeräumt.[301] Das RVG definiert nicht, was unter einem „angemessenen Vorschuss" zu verstehen ist. Insoweit gilt:[302] Die angemessene Höhe des Vorschusses wird von den Umständen des Einzelfalls abhängen. **Maßstab** für den zu gewährenden Vorschuss ist auf jeden Fall aber (nur) die vom Pflichtverteidiger bereits erbrachte Leistung.[303] Auf erst noch zu erbringende Leistungen wird kein Vorschuss gewährt. 69

2. Anspruchsvoraussetzungen

Die Gewährung eines Vorschusses setzt nach Abs. 1 S. 5 voraus, dass dem RA, insbes. wegen der langen Dauer des Verfahrens und der Höhe der zu erwartenden Pauschgebühr, nicht zugemutet werden kann, die Festsetzung der Pauschgebühr abzuwarten.[304] Zur Auslegung der Vorschrift kann die **alte Rspr.** zu § 99 BRAGO, auf die die Neuregelung zurückgeht, herangezogen werden.[305] 70

Entscheidend für die Gewährung eines Vorschusses ist zunächst eine **längere Dauer** des **Verfahrens,** da die Pauschgebühr (bereits) „deutlich" über den gesetzlichen Gebühren liegen muss.[306] Außerdem muss eine höhere Pauschgebühr mit Sicherheit zu erwarten sein[307] und darf durch den weiteren Verfahrensverlauf nicht mehr nach unten beeinflusst werden. Schließlich muss es für den Pflichtverteidiger **unzumutbar** sein, die **Festsetzung** der endgültigen Pauschgebühr abwarten zu müssen.[308] Auf der Grundlage der Rspr. der Oberlandesgerichte zum Vorschuss unter Geltung der BRAGO wird man eine Verfahrensdauer von einem Jahr und/oder 50 Verhandlungstage für die Gewährung eines Vorschusses fordern müssen.[309] In dem Zusammenhang ist von Bedeutung, dass der Pflichtverteidiger nach § 47 Abs. 1 RVG einen Anspruch auf angemessenen Vorschuss auf seine gesetzlichen Gebühren hat.[310] Dieser kann die 71

---

[297] OLG Karlsruhe StraFo 2012, 290 = AGS 2013, 173.

[298] OLG Hamm JMBlNRW 1959, 44 = Rpfleger 1959, 200; OLG Karlsruhe StraFo 2012, 290 = AGS 2013, 173; OLG Saarbrücken 11.5.2015 – 1 AR 21/15, nur teilweise in RVG prof. 2015, 206; OLG Stuttgart Justiz 1983, 421; aA OLG Hamm StRR 2013, 119 mablAnm *Burhoff* = RVGreport 2013, 144; → Rn. 39.

[299] Schneider/Wolf/*N. Schneider* RVG § 51 Rn. 154; Burhoff/Volpert RVG/*Burhoff* § 51 Rn. 88.

[300] Schneider/Wolf/*N. Schneider* RVG § 51 Rn. 157 ff.; Burhoff/Volpert RVG/*Burhoff* § 51 Rn. 90.

[301] Eing. *Burhoff* RVGreport 2011, 407; zur Rechtslage nach der BRAGO s. *Burhoff* StraFo 1999, 261 (267) mwN; aus der Rspr. zB OLG Bamberg JurBüro 1982, 94; OLG Düsseldorf JurBüro 1980, 392; OLG Hamburg NJW 1967, 2220; OLG Hamm AGS 1996, 125 mAnm *Madert* AnwBl 1998, 219.

[302] *Burhoff* RVGreport 2011, 407 (409).

[303] BVerfG NJW 2011, 3079 = RVGreport 2011, 378 = JurBüro 2011, 585 = AnwBl 2011, 701.

[304] BVerfG NJW 2011, 3079; OLG München RVGreport 2017, 291.

[305] KG AGS 2006, 26 = RVGreport 2007, 455; Burhoff/Volpert RVG/*Burhoff* § 51 Rn. 95; vgl. somit BT-Drs. 15/1971, 202.

[306] BT-Drs. 15/1971, 202; OLG Frankfurt a. M. NStZ-RR 2009, 296 = AGS 2009, 537.

[307] OLG Frankfurt a. M. NStZ-RR 2009, 296 = AGS 2009, 537.

[308] BVerfG NJW 2011, 3079 = RVGreport 2011, 378 = JurBüro 2011, 585 = AnwBl 2011, 701.

[309] Burhoff/Volpert RVG/*Burhoff* § 51 Rn. 95; *Burhoff* RVGreport 2011, 407 (408).

[310] Zu den Voraussetzungen eing. Burhoff/Volpert RVG/*Burhoff* § 51 Rn. 95 ff.; zum neuen Recht KG AGS 2006, 26 = RVGreport 2007, 455; s. a. zum alten Recht OLG Hamm AGS 1996, 125; StV 1998, 616; AnwBl 1998, 219; OLG Köln StraFo 1995, 91; Düsseldorf JurBüro 1980, 392; OLG Karlsruhe StraFo 2001, 339; OLG Jena StraFo 2002, 305.

Unzumutbarkeit entfallen lassen.[311] Allerdings muss der Pflichtverteidiger eine drohende Existenzgefährdung nicht hinnehmen und muss sich auch nicht auf eigene Anstrengungen zu deren Abwendung verweisen lassen, wenn die Existenzgefährdung allein durch seine hohe Arbeitsbelastung als Pflichtverteidiger verursacht worden ist.[312]

72 Ein Vorschuss kann auch dann in Betracht kommen, wenn das Verfahren zwar schon abgeschlossen ist, aufgrund des vorliegenden Aktenmaterials der Umfang der Tätigkeit, insbes. in der **Revisionsinstanz,** aber noch nicht vollständig abschließend beurteilt werden kann. Steht zu diesem Zeitpunkt die grundsätzliche Bewilligung einer Pauschgebühr jedoch fest, muss sich der Verteidiger nicht bis zur Vorlage aller Akten vertrösten lassen.[313] Auch in den Fällen der (vorläufigen) Einstellung nach **§ 205 StPO** haben die Obergerichte in der Vergangenheit eine Abschlagszahlung gewährt, wenn das Verfahren auch nach längerem Zeitablauf nicht fortgesetzt werden kann. Hier wird nun ein Vorschuss zu bewilligen sein.[314] Allerdings kommt seine Bewilligung nur dann in Betracht, wenn das Verfahren zu dem Zeitpunkt schon als „besonders schwierig" und/oder als „besonders umfangreich" anzusehen ist.[315]

73 Nach Gewährung eines ersten Zuschusses kann ein **weiterer Vorschuss** auf die Pauschgebühr gewährt werden, wenn danach die Voraussetzungen des Abs. 1 S. 5 erneut vorliegen.[316]

3. Verfahren

74 Der Vorschuss wird nur auf **Antrag** gewährt. Ein einmal abgelehnter Antrag kann später wiederholt werden.[317] Der RA muss den Antrag **begründen** und in der Begründung zu den Anspruchsvoraussetzungen konkret Stellung nehmen, damit das OLG beurteilen kann, ob die Gewährung eines Vorschusses der Billigkeit entspricht bzw. die Verweigerung eine „unzumutbare Härte" darstellt.[318] In der Antragsbegründung sollte sich der RA insbes. mit der Frage auseinandersetzen, warum trotz der Möglichkeit eines Vorschusses auf die gesetzlichen Gebühren gem. § 47 Abs. 1 S. 1 RVG ein Vorschuss auf eine Pauschgebühr erforderlich ist.[319] Das BVerfG verlangt sogar die Vorlage einer detaillierten Einnahmen- und Ausgabenaufstellung des Kanzleibetriebs.[320]

75 **Zuständig** für die Entscheidung über den Vorschussantrag ist nach § 51 Abs. 2 RVG das Gericht, das später auch über die Gewährung der endgültigen Pauschgebühr zu befinden hat. Es entscheidet auch hier idR der Einzelrichter.[321]

76 Die **Höhe** des Vorschusses ist die bis dahin vom Pflichtverteidiger erbrachte Leistung. Auf erst noch zu erbringende Leistungen wird kein Vorschuss gezahlt.[322]

4. Rückforderung

77 Wird nach Gewährung eines Vorschusses eine Pauschgebühr nicht oder nicht in der Höhe bewilligt, wie ein Vorschuss gezahlt worden ist, kann dieser (teilweise) zurückgefordert werden.[323] Gegenüber dem Rückzahlungsanspruch kann sich der RA nicht auf Wegfall der **Be-**

---

311 BVerfG NJW 2005, 3699 = RVGreport 2005, 467.

312 Instruktiv und deutlich BVerfG NJW 2011, 3709 = RVGreport 2011, 378 = JurBüro 2011, 585 = AnwBl 2011, 701 zu einem unverständlichen Ablehnungsbeschluss des OLG Dresden; wie hier auch *Burhoff* RVGreport 2011, 407.

313 OLG Hamm JurBüro 1999, 639 = AGS 2000, 9; ähnlich OLG Hamm StV 1998, 616; s. aber OLG Bamberg JurBüro 1990, 1282; s. a. JurBüro 2000, 586 = AGS 2001, 65 = AnwBl 2001, 244.

314 Zu allem Burhoff/Volpert RVG/*Burhoff* § 51 Rn. 98 mwN; s. a. KG AGS 2006, 26.

315 KG AGS 2006, 26; OLG Frankfurt a. M. NStZ-RR 2009, 296 = AGS 2009, 537; OLG Hamm AGS 2000, 178.

316 Vgl. zum alten Recht OLG Hamm AnwBl 1998, 616; AGS 1998, 141; JurBüro 2000, 586 = AGS 2001, 65 = AnwBl 2001, 244.

317 OLG Hamm StV 1998, 616.

318 OLG Frankfurt a. M. BeckRS 2009, 19595; zum alten Recht OLG Hamm StV 1997, 427; AGS 2000, 202; *Marberth* StraFo 1997, 229.

319 BVerfG NJW 2005, 3699 = RVGreport 2005, 467; OLG Celle JurBüro 2013, 301 = RVG prof. 2013, 81 = StRR 2013, 199; OLG Frankfurt a. M. AGS 2009, 537 = NStZ-RR 2009, 296.

320 BVerfG NJW 2007, 1445; wohl auch OLG Celle JurBüro 2013, 301 = RVG prof. 2013, 81 = StRR 2013, 199; ebenso Hartmann/*Toussaint* RVG § 51 Rn. 37.

321 Wegen der Einzelheiten → Rn. 54 ff. mwN.

322 BVerfG NJW 2011, 3079 = RVGreport 2011, 378 = JurBüro 2011, 585 = AnwBl. 2011, 701 zur Frage der Vorschussgewährung; OLG Hamm StV 1997, 427; 1998, 616; OLG Naumburg BeckRS 2019, 26445; ähnlich OLG Düsseldorf JurBüro 1980, 392; zur Höhe OLG Hamm StV 1998, 616.

323 Vgl. zB KG NJW 2009, 456 = AGS 2009, 178 = StraFo 2008, 529 = JurBüro 2009, 31, allerdings für unberechtigt festgesetzte Pauschgebühr; RVGreport 2011, 109 = JurBüro 2011, 255 = StRR 2011, 118, für Pauschgebühr nach § 99 BRAGO; OLG Düsseldorf RVGreport 2020, 338 = StRR Sonderausgabe 11/2020, 20 =

reicherung (§ 818 Abs. 3 BGB) berufen, weil nach allgemeiner Meinung § 818 Abs. 3 BGB auf den öffentlich-rechtlichen Erstattungsanspruch nicht entsprechend anwendbar ist.[324] Der RA kann sich aber ggf. darauf berufen, dass der Vorschussgewährung eine für ihn günstigere Rspr. des Oberlandesgerichts zur Pauschgebühr zugrunde gelegen hat.[325]

Der Rückzahlungsanspruch **verjährt** gem. §§ 197, 199 Abs. 1 Nr. 1 BGB in drei Jahren. Die Verjährungsfrist beginnt mit Eintritt der Verjährung eines dem RA ggf. zustehenden, aber nicht geltend gemachten Pauschgebührenanspruchs[326] oder mit der Versagung einer Pauschvergütung.[327] **78**

Gegen den Beschluss, durch den festgestellt wird, dass der Vorschuss zurückzuzahlen ist, und die Verfügung, mit der der RA dann von der Staatskasse zur Rückzahlung aufgefordert wird, kann **Erinnerung** nach § 56 eingelegt werden.[328] **79**

Gegebenenfalls kann der Rückforderungsanspruch **verwirkt** sein, wenn die Rückforderung lange Zeit nach Abschluss des Verfahrens geltend gemacht wird. Allerdings ist bei der Frage, ob beim Verteidiger das für die Annahme einer Verwirkung erforderliche Vertrauensmoment vorliegt, darauf abzustellen, dass Pauschgebührverfahren idR länger dauern und häufig erst längere Zeit nach Abschluss des Erkenntnisverfahren beendet sind; zudem wird mit der Gewährung eines Vorschusses auf die Pauschvergütung keine rechtlich geschützte Erwartung auf deren spätere Bewilligung geschaffen, da idR auch erst nach Abschluss des Verfahrens in einer Gesamtschau der anwaltlichen Tätigkeit endgültig über die Bewilligung Pauschgebühr entschieden wird.[329] **80**

§ 52 Anspruch gegen den Beschuldigten oder den Betroffenen

(1) [1]**Der gerichtlich bestellte Rechtsanwalt kann von dem Beschuldigten die Zahlung der Gebühren eines gewählten Verteidigers verlangen; er kann jedoch keinen Vorschuss fordern.** [2]**Der Anspruch gegen den Beschuldigten entfällt insoweit, als die Staatskasse Gebühren gezahlt hat.**

(2) [1]**Der Anspruch kann nur insoweit geltend gemacht werden, als dem Beschuldigten ein Erstattungsanspruch gegen die Staatskasse zusteht oder das Gericht des ersten Rechtszugs auf Antrag des Verteidigers feststellt, dass der Beschuldigte ohne Beeinträchtigung des für ihn und seine Familie notwendigen Unterhalts zur Zahlung oder zur Leistung von Raten in der Lage ist.** [2]**Ist das Verfahren nicht gerichtlich anhängig geworden, entscheidet das Gericht, das den Verteidiger bestellt hat.**

(3) [1]**Wird ein Antrag nach Absatz 2 Satz 1 gestellt, setzt das Gericht dem Beschuldigten eine Frist zur Darlegung seiner persönlichen und wirtschaftlichen Verhältnisse; § 117 Abs. 2 bis 4 der Zivilprozessordnung gilt entsprechend.** [2]**Gibt der Beschuldigte innerhalb der Frist keine Erklärung ab, wird vermutet, dass er leistungsfähig im Sinne des Absatzes 2 Satz 1 ist.**

(4) [1]**Gegen den Beschluss nach Absatz 2 ist die sofortige Beschwerde nach den Vorschriften der §§ 304 bis 311a der Strafprozessordnung zulässig.** [2]**Dabei steht im Rahmen des § 44 Satz 2 der Strafprozessordnung die Rechtsbehelfsbelehrung des § 12c der Belehrung nach § 35a Satz 1 der Strafprozessordnung gleich.**

(5) [1]**Der für den Beginn der Verjährung maßgebende Zeitpunkt tritt mit der Rechtskraft der das Verfahren abschließenden gerichtlichen Entscheidung, in Ermangelung einer solchen mit der Beendigung des Verfahrens ein.** [2]**Ein Antrag des Verteidigers hemmt den Lauf der Verjährungsfrist.** [3]**Die Hemmung endet sechs Monate nach der Rechtskraft der Entscheidung des Gerichts über den Antrag.**

(6) [1]**Die Absätze 1 bis 3 und 5 gelten im Bußgeldverfahren entsprechend.** [2]**Im Bußgeldverfahren vor der Verwaltungsbehörde tritt an die Stelle des Gerichts die Verwaltungsbehörde.**

RVGprof. 2020, 170, nicht bei Antragstellung nach Abschluss des erstinstanzlichen Verfahrens; Burhoff/Volpert RVG/*Burhoff* § 51 Rn. 105 ff.

[324] KG NJW 2009, 456 = AGS 2009, 178 = StraFo 2008, 529 = JurBüro 2009, 31 mwN.

[325] OLG Düsseldorf RVGreport 2020, 338; = RVG prof. 2020, 170 aA OLG Düsseldorf RVGreport 2016, 138 = 5/2016, 14).

[326] → Rn. 50 ff.; KG RVGreport 2011, 109 = JurBüro 2011, 255 = StRR 2011, 118 = RVG prof. 2011, 121.

[327] KG 7.2.2011 – 1 Ws 7/11; BeckRS 2013, 04186.

[328] KG AGS 2010, 295 = JurBüro 2010, 364 = RVGreport 2010, 339; Burhoff/Volpert RVG/*Burhoff* § 51 Rn. 105 f.

[329] KG BeckRS 2013, 04186; OLG Düsseldorf RVGreport 2016, 138.

Schrifttum: *Volpert,* Wahlanwaltsgebühr für gerichtlich bestellte oder beigeordnete Anwälte nach §§ 52, 53 RVG, RVGreport 2004, 173; *Volpert,* Abrechnung der Wahlanwaltsgebühren durch den Pflichtverteidiger bei Freispruch des Mandanten, RVGreport 2004, 214; *Volpert,* Praktische Fragen und Probleme bei der Vergütung gerichtlich bestellter oder beigeordneter Rechtsanwälte, StRR 2011, 378; *Volpert,* Pflichtverteidiger und Freispruch – Worauf ist bei der Geltendmachung von Wahlverteidigergebühren zu achten?, RVGreport 2012, 162; *Volpert,* Die Rechtsbehelfsbelehrung gem. § 12c RVG, RVGreport 2013, 210; *Volpert,* Rechtsbehelfsbelehrungen gem. § 12c RVG und § 5b GKG in den strafrechtlichen Kostenverfahren, StRR 2014, 244; *Volpert,* Die Vergütung bei der psychosozialen Prozessbegleitung, RVGreport 2017, 202.

Übersicht

I. Allgemeines

1 § 52 RVG gewährt dem gerichtlich bestellten RA, also dem **Pflichtverteidiger,** unter bestimmten Umständen einen Anspruch gegen den Beschuldigten auf Zahlung der angemessenen Wahlverteidigergebühr. Diese Vorschrift ist aufgrund der gegenüber dem Zivilverfahren anderen Rechtslage erforderlich. Im Zivilprozess besteht zwischen dem im Wege der PKH beigeordneten RA und der Partei ein bürgerlich-rechtliches Verhältnis (idR ein Dienstvertrag, uU auch Geschäftsführung ohne Auftrag), das den PKH-Anwalt zur Tätigkeit veranlasst. Demgegenüber ist der Pflichtverteidiger allein auf Grund des öffentlich-rechtlichen Verhältnisses seiner Bestellung zur Verteidigung des Beschuldigten verpflichtet. Er hat auch ohne, ja sogar gegen den Willen des Beschuldigten tätig zu werden. Fehlt es aber an einem bürgerlich-rechtlichen Verhältnis zwischen Verteidiger und Beschuldigtem, kann der Verteidiger gegen den Beschuldigten keine gesetzlichen Gebührenansprüche erwerben. Das wäre aber in den Fällen unbillig, in denen der Beschuldigte in der Lage ist, die Gebühren eines Wahlverteidigers zu zahlen. § 52 RVG schafft deshalb für diese Fälle eine **gesetzliche Verpflichtung.** Andererseits soll der Beschuldigte an seinen Pflichtanwalt nicht mehr als die Gebühren eines Wahlanwalts zahlen müssen und erhält der RA aufgrund der Verrechnung nach Abs. 1 S. 2 auch nicht mehr als die Wahlanwaltsgebühren.[1] Der Anspruch entfällt deshalb insoweit, als die Staatskasse bereits Zahlungen geleistet hat. § 52 RVG gilt allgemein, somit also **auch** für den im **Jugendgerichtsverfahren** gerichtlich bestellten Verteidiger.

2 Auch dann, wenn der Pflichtverteidiger **neben** einem **Wahlanwalt** – selbst gegen den Willen der Beschuldigten – bestellt worden ist, hat er einen Anspruch gegen den Beschuldigten.[2]

---

[1] OLG Düsseldorf Rpfleger 1978, 233.
[2] OLG Düsseldorf AnwBl 1978, 358.

Der Anspruch auf Wahlanwaltsgebühren für im Wege der **PKH** beigeordnete oder als Beistand bestellte Rechtsanwälte ist in **§ 53 RVG** geregelt. Das kann in den Fällen der §§ § 172 Abs. 3 S. 2 StPO § 379 Abs. 3 StPO, § 404 Abs. 5 StPO von Bedeutung sein oder wenn der RA im Wege der PKH zugezogen ist (§ 397a Abs. 2 StPO, § 406h Abs. 3 Nr. 2, Abs. 4 StPO). 3

Der **Verzicht** des Pflichtverteidigers auf den Anspruch nach § 52 RVG ist gem. § 49b Abs. 1 S. 1 BRAO unzulässig.[3] 4

II. Anwendungsbereich

Der **gerichtlich bestellte Verteidiger** kann nach § 52 Abs. 1 RVG von dem Beschuldigten die Zahlung der **Gebühren eines gewählten Verteidigers** verlangen. Der Gebührenanspruch gegen den Beschuldigten tritt kraft Gesetzes neben den Vergütungsanspruch gegen die Staatskasse. Es handelt sich um unterschiedliche Ansprüche.[4] Anders als beim im Wege der PKH beigeordneten RA entspringt der Gebührenanspruch des bestellten Verteidigers gegen den Beschuldigten nicht einem Geschäftsbesorgungsvertrag, sondern hat seine Grundlage im öffentlichen Recht.[5] Anders als bei dem Anspruch des gewählten Verteidigers muss die Tätigkeit des Pflichtverteidigers nicht von einem Auftrag, sondern nur von der gerichtlichen Bestellung umfasst sein. Abgesehen davon richtet sich aber der Anspruch nach den Vorschriften, die für den gewählten Verteidiger gelten. Er ist, wenn er nach Abs. 2 erhoben werden kann, im ordentlichen Rechtsweg zu verfolgen. Die Rechtsfolgen des Verzugs und die Aufrechnung richten sich nach dem BGB. **§ 126 ZPO** ist auf das Verhältnis des Pflichtverteidigers zur Staatskasse aber nicht anwendbar, da keine PKH vorliegt.[6] 5

Die Vorschrift gilt auch für den gem. **§ 7 Abs. 1 ThUG** als Beistand im Verfahren nach dem ThUG gerichtlich beigeordneten RA. § 20 Abs. 2 S. 1 ThUG erklärt § 52 Abs. 1–3, 5 RVG für entsprechend anwendbar.[7] Zwar hat der beigeordnete RA gem. § 7 Abs. 2 S. 1 ThUG die Stellung eines Beistandes, § 53 Abs. 2 gilt aber schon deshalb nicht, weil keine Beistandsbestellung für den in § 53 Abs. 2 RVG genannten Personenkreis vorliegt.[8] 6

Ist gem. § 406g Abs. 3 StPO ein psychosozialer Prozessbegleiter beigeordnet, erhält er gem. § 6 PsychPbG für die Wahrnehmung seiner Aufgaben aus der Staatskasse für eine psychosoziale Prozessbegleitung eine Vergütung für Tätigkeiten im Vorverfahren i. H. v. 520,00 EUR, im gerichtlichen Verfahren im ersten Rechtszug i. H. v. 370,00 EUR und nach Abschluss des erstinstanzlichen Verfahrens i. H. v. 210,00 EUR. In § 8 PsychPbG wird auf verschiedene Regelungen des RVG verwiesen. § 52 RVG ist dort nicht genannt und daher nicht anwendbar.[9] 6a

§ 52 RVG ist **unanwendbar,** soweit der RA aus einer **Vergütungsvereinbarung** eine Forderung erhebt.[10] Das gilt sowohl für die vor der Bestellung zum Pflichtverteidiger zustande gekommene Vereinbarung als auch für eine der Bestellung nachfolgende.[11] Ist eine Vergütungsvereinbarung rechtswirksam zustande gekommen, kann der RA die vereinbarte Vergütung also fordern, ohne erst eine Entscheidung nach § 52 Abs. 2 RVG herbeiführen zu müssen.[12] 7

III. Anspruch gegen den Beschuldigten (Abs. 1)

1. Gebühren eines gewählten Verteidigers

Nach Abs. 1 S. 1 kann der gerichtlich bestellte RA von dem Beschuldigten die Zahlung der Gebühren eines gewählten Verteidigers verlangen. Der Pflichtverteidiger kann also seine Ge- 8

[3] Zum Gebührenverzicht s. a. Burhoff/Volpert RVG/*Burhoff* Teil A Rn. 972 mwN aus der Rspr.

[4] BVerfG NJW 2009, 2735 = AnwBl 2009, 551 = RVGreport 2009, 260 = JurBüro 2009, 418 = StRR 2009, 276 mzustAnm *Burhoff* im Zusammenhang mit der Frage des Erlöschens von Pflichtverteidigergebührenansprüchen infolge Aufrechnung der Staatskasse nach § 43; so auch OLG Nürnberg RVGreport 2014, 436 = StRR 2014, 513 = Rpfleger 2014, 694; LG Magdeburg RVGreport 2014, 343 = StRR 2014, 269; → § 43 Rn. 20.

[5] OLG Bamberg StraFo 2009, 350 = AGS 2009, 320 = StRR 2009, 243 (Ls.); OLG München BeckRS 2009, 46209.

[6] OLG Nürnberg RVGreport 2014, 436 = StRR 2014, 513 = Rpfleger 2014, 694.

[7] Inzidenter OLG Nürnberg AGS 2012, 473 = RVGreport 2012, 382.

[8] Burhoff/Volpert RVG/*Volpert* § 52 Rn. 3.

[9] Burhoff/Volpert RVG/*Volpert* § 52 Rn. 4; *Volpert* RVGreport 2017, 202).

[10] Schneider/Wolf/*N. Schneider* RVG § 52 Rn. 1, 16; Burhoff/Volpert RVG/*Volpert* § 52 Rn. 2, 10; zur Vergütungsvereinbarung s. § 3a RVG; → Rn. 19.

[11] Hartmann/*Toussaint* RVG § 52 Rn. 5 mwN; BGHZ 86, 100 = NJW 1983, 1047 = JurBüro 1983, 689; Burhoff/Volpert RVG/*Volpert* § 52 Rn. 6 ff., 12, 87.

[12] BGH Rpfleger 1979, 412 = MDR 1979, 1004 = AnwBl 1980, 465; Burhoff/Volpert RVG/*Volpert* § 52 Rn. 12, 88.

bühren innerhalb des für seine Tätigkeit vorgeschriebenen Gebührenrahmens unter **Beachtung** des **§ 14 Abs. 1 S. 1 RVG** fordern, ohne auf die Mindestsätze beschränkt zu sein.[13] In dem Zusammenhang darf der Pflichtverteidiger dann nicht übersehen, dass er nach § 42 Abs. 2 S. 2 RVG auch einen Antrag auf Feststellung einer Pauschgebühr nach § 42 RVG stellen kann.[14]

9 Für den **Umfang des Anspruchs** gilt: Der durch § 52 RVG gewährte gesetzliche Anspruch auf Gebühren besteht nur in dem Rahmen, in dem die Bestellung als Pflichtanwalt erfolgt ist.[15] Für Tätigkeiten, die gem. §§ 45–48 RVG keinen Anspruch gegen die Staatskasse auslösen, kann der Pflichtverteidiger auch keine Gebührenansprüche gegen den Beschuldigten gem. § 52 RVG stellen. Da sich zB die Bestellung des Pflichtverteidigers nicht auf die Vertretung im Gnadenverfahren erstreckt, kann der Verteidiger die Gebühr nach VV 4303 RVG also nicht aus der Staatskasse und demgemäß auch nicht kraft Gesetzes (§ 52 RVG) von dem Beschuldigten fordern.

10 Dagegen ist nicht ausgeschlossen – in der Praxis sogar die Regel –, dass zwischen dem Pflichtverteidiger und dem Beschuldigten auch ein Dienstvertrag abgeschlossen wird. Der Beschuldigte beauftragt und bevollmächtigt den Pflichtanwalt mit seiner Verteidigung, nämlich wie die Partei den im Wege der PKH beigeordneten RA. In diesem Fall tritt zu dem öffentlich-rechtlichen Verhältnis zwischen Staat und Pflichtverteidiger noch der bürgerlich-rechtliche Auftrag des Beschuldigten an den RA. Soweit dem RA Ansprüche auf Gebühren und Auslagen aus dem **erteilten Auftrag** erwachsen, kann er sie **ohne** die **Beschränkungen** des **§ 52 RVG** gegen den Beschuldigten geltend machen. Dies gilt auch dann, wenn der vertragliche Gebührenanspruch – etwa wegen der Rückwirkungsanordnung des § 48 Abs. 6 RVG – seine Grundlage in demselben Gebührensachverhalt hat.[16] Vertritt der RA den Beschuldigten also zB in einer Gnadensache, kann er von ihm die Gebühren nach VV 4303 RVG fordern, ohne dass erst die Leistungsfähigkeit des Beschuldigten festgestellt werden muss. Entsprechendes gilt, wenn der im Erkenntnisverfahren tätige Pflichtverteidiger den Verurteilten dann auch im Strafvollstreckungsverfahren (VV Teil 4 Abschn. 2 RVG) vertritt, das von der Pflichtverteidigerbestellung nicht mehr umfasst wird, was sich nach den Änderungen im Recht der Pflichtverteidigung durch „Gesetz zur Neuregelung des Rechts der notwendigen Verteidigung v. 10.12. 2019", das am 13.12.2029 in Kraft getreten ist,[17] jetzt ausdrücklich aus § 143 Abs. 1 StPO ergibt.[18]

2. (Allgemeine) Auslagen

11 Auslagen werden in § 52 RVG nicht erwähnt. Der Gesetzgeber hat also davon abgesehen, dem gerichtlich bestellten Verteidiger unter den Voraussetzungen des § 52 Abs. 2 RVG auch die Geltendmachung der Auslagen eines Wahlverteidigers gegen den Beschuldigten zuzubilligen. Denn der gerichtlich bestellte RA hat gem. § 46 Abs. 2 RVG bereits Anspruch auf Ersatz seiner Auslagen gegen die Staatskasse mit der Folge, dass ein **Anspruch** auf Zahlung der Auslagen nach VV Teil 7 RVG gegen den Beschuldigten **nicht besteht.**[19]

12 Hat der Pflichtverteidiger auf Veranlassung des Beschuldigten Auslagen aufgewendet, für die er Erstattungsansprüche gegen die Staatskasse nicht hat (zB vom Beschuldigten gewünschte Abschriften, die nicht als notwendig angesehen werden), kann er diese – ebenso wie Gebühren aus einem neben der Pflichtverteidigerbestellung erteilten Auftrag – gegen den Beschuldigten geltend machen.[20]

---

[13] Burhoff/Volpert RVG/*Volpert* § 52 Rn. 22.

[14] Eing. die Kommentierung bei → § 42 Rn. 1 ff.; zur Antragsbegründung → § 42 Rn. 11.

[15] Burhoff/Volpert RVG/*Volpert* § 52 Rn. 6, Schneider/Wolf/*N. Schneider* RVG § 52 Rn. 11.

[16] OLG Düsseldorf AnwBl 1984, 265 mAnm *Chemnitz;* Schneider/Wolf/*N. Schneider* RVG § 52 Rn. 13; Burhoff/Volpert RVG/*Volpert* § 52 Rn. 10; aA OLG Koblenz OLGSt § 100 BRAGO 33; zur Berechnung in diesen Fällen OLG Hamm BeckRS 2009, 21635.

[17] BGBl I 2128.

[18] Vgl. zB Meyer-Goßner/Schmitt/*Schmitt* StPO § 140 Rn. 33 mwN; Burhoff/Volpert RVG/*Volpert* § 52 Rn. 8 f.

[19] OLG Düsseldorf Rpfleger 2001, 46; StRR 2010, 276; BeckRS 2013, 04075; OLG Frankfurt a. M. NStZ-RR 2008, 264; OLG Hamm BeckRS 2009, 21635; OLG Jena Rpfleger 2006, 434 = JurBüro 2006, 366; OLG Koblenz MDR 1980, 163 (Ls.); OLG Oldenburg JurBüro 2004, 547 = NStZ-RR 2004, 384; OLG Oldenburg StraFo 2007, 127 = RVGreport 2007, 469 = StRR 2007, 278; OLG Rostock NStZ-RR 2018, 232 (Ls.] = JurBüro 2018, 353 = AGS 2018, 330 mAnm *Volpert* = RVGreport 2018, 307; LG Düsseldorf StRR 2010, 118; LG Essen, RVGreport 2013, 391 = StRR 2013, 309 = RVG prof. 2013, 138; Burhoff/Volpert RVG/*Volpert* § 52 Rn. 24 mwN.

[20] Burhoff/Volpert RVG/*Volpert* § 52 Rn. 24; Schneider/Wolf/*N. Schneider* RVG § 52 Rn. 20.

3. Umsatzsteuer

13 Sinn und Zweck der Regelung des § 52 RVG gebieten eine **Ausnahme** hinsichtlich der Umsatzsteuer. Obgleich die dem Wahlverteidiger bzw. Pflichtverteidiger zustehende gesetzliche Umsatzsteuer nach VV 7008 RVG den Auslagen zugeordnet ist, kann auch der gerichtlich bestellte Verteidiger unter den Voraussetzungen des § 52 Abs. 2 RVG die auf den Differenzbetrag zwischen Pflicht- und Wahlverteidigergebühren entfallende gesetzliche Umsatzsteuer von dem Beschuldigten fordern. Die auf den Gebührenanspruch entfallende gesetzliche MwSt steht in Abhängigkeit und in einem unlösbaren Zusammenhang mit dem Gebührenanspruch. Zudem wird durch die Vorschrift des § 52 RVG der gerichtlich bestellte Verteidiger gebührenrechtlich einem von Anfang an gewählten Verteidiger gleichgestellt. Nach dem Sinn und Zweck der Vorschrift ist daher die Einbeziehung der MwSt bei der Gebührengegenüberstellung geboten, um eine vom Gesetzgeber ersichtlich nicht gewollte Benachteiligung des RA abzuwenden.[21]

4. Vorschuss (Abs. 1 S. 1 Hs. 2)

14 Vorschuss auf die Wahlverteidigergebühren kann der bestellte Verteidiger nach § 52 Abs. 1 Hs. 2 RVG von dem Beschuldigten **nicht** fordern. Er kann also seine Tätigkeit auch nicht von der Vorschusszahlung abhängig machen.[22] Rein freiwillige Zuwendungen des Beschuldigten darf der Pflichtverteidiger dagegen als Vorschuss annehmen, sofern diese Zahlungen nicht durch schillernde Erklärungen, Versprechungen, Unmutsäußerungen oder dergleichen herbeigeführt worden sind[23] und der Beschuldigte freiwillig zahlt.[24]

Soweit allerdings ein vom Beschuldigten erteilter Auftrag über den Rahmen der **Bestellung** zum **Pflichtverteidiger hinausgeht,** kann der RA jedoch auch Vorschuss fordern. Vertritt der RA den Beschuldigten zB in einem Gnadenverfahren, kann er für die Gebühr nach VV 4303 RVG einen Vorschuss fordern. Abs. 1 S. 1 Hs. 2 gilt auch nicht bei einer Vergütungsvereinbarung.[25]

Vorschüsse, die der RA vor und nach der gerichtlichen Bestellung erhalten hat, sind nach § 58 Abs. 3 RVG auf die von der Staatskasse zu zahlenden Gebühren **anzurechnen.** Näheres bei § 58 RVG.

5. Entfallen des Anspruchs (Abs. 1 S. 2)

15 Der Anspruch auf Wahlverteidigergebühren gegen den Beschuldigten entfällt nach § 52 Abs. 1 S. 2 RVG insoweit, als die **Staatskasse Gebühren gezahlt** hat. Insoweit ist der Anspruch auf die Staatskasse übergegangen, die die gezahlten Beträge später als Verfahrenskosten/Auslagen von dem Beschuldigten erhebt. Anzurechnen sind alle aus der Staatskasse nach § 45 RVG gezahlten Pflichtverteidigergebühren, wozu auch eine Pauschgebühr nach § 51 RVG zählt.[26] Der bestellte Verteidiger kann von dem Beschuldigten nur die Zahlung des Unterschiedsbetrags zwischen den Gebühren des Wahlanwalts und den aus der Staatskasse erhaltenen Gebühren fordern, da er nicht mehr als höchstens die Wahlanwaltsgebühren erhalten soll.[27] Es kommt auch nicht in Betracht, die jeweils vorteilhaften Elemente aus dem Gebührenrecht des Pflichtverteidigers und des Wahlverteidigers im Sinne einer Meistbegünstigung relektiv herauszugreifen und miteinander zu kombinieren (sog. **„Rosinentheorie"**).[28]

16 Die Frage, ob das auch gilt, wenn die Staatskasse noch **keine Pflichtverteidigergebühren gezahlt** hat, ob sich also der Anspruch des Pflichtverteidigers gegen den Beschuldigten gem. § 52 Abs. 1 RVG von vornherein auf die Differenz zwischen den Pflicht- und den Wahlverteidigergebühren beschränkt oder ob vom Beschuldigten die Wahlverteidigergebühren grds. in

---

[21] OLG Celle NJW 2004, 2936 = RVGreport 2004, 397 = StV 2006, 33 (noch zur BRAGO); OLG Düsseldorf Rpfleger 2001, 46; StRR 2010, 276; OLG Hamm BeckRS 2009, 21635; OLG Oldenburg StraFo 2007, 127 = RVGreport 2007, 469 = StRR 2007, 278 mAnm *Volpert;* OLG Rostock NStZ-RR 2018, 232 (Ls.] = JurBüro 2018, 353 = AGS 2018, 330 mAnm *Volpert* = RVGreport 2018, 307; OLG Stuttgart MDR 1985, 959 = Rpfleger 1985, 458; Burhoff/Volpert RVG/*Volpert* § 52 Rn. 26; Schneider/Wolf/*N. Schneider* RVG § 52 Rn. 21.

[22] Burhoff/Volpert RVG/*Volpert* § 52 Rn. 27; Schneider/Wolf/*N. Schneider* RVG § 52 Rn. 22.

[23] Burhoff/Volpert RVG/*Volpert* § 52 Rn. 27 ff.; BGH NJW 1980, 1394.

[24] BGH JurBüro 1979, 1793 = NJW 1980, 1394.

[25] So wohl auch Burhoff/Volpert RVG/*Volpert* § 52 Rn. 29; aA Schneider/Wolf/*Onderka/N. Schneider* RVG § 3a Rn. 26.

[26] OLG Jena Rpfleger 2010, 107 = StRR 2010, 199 = RVGreport 2010, 24; OLG Köln JurBüro 2002, 595 = Rpfleger 2003, 97; Burhoff/Volpert RVG/*Volpert* § 52 Rn. 30; Schneider/Wolf/*N. Schneider* RVG § 52 Rn. 24.

[27] OLG Düsseldorf 14.1.2021 – 2 Ws 267/20, BeckRS 2021, 265; OLG Jena Rpfleger 2010, 107 = StRR 2010, 199 = RVGreport 2010, 24 mwN; OLG Hamm JurBüro 2017, 638; Burhoff/Volpert RVG/*Volpert* § 52 Rn. 10, 30; vgl. a. noch die bei Fn. 53 zitierte Rspr.

[28] OLG Düsseldorf 14.1.2021 – 2 Ws 267/20, BeckRS 2021, 265.

voller Höhe verlangt werden können, wenn die Staatskasse noch keine Pflichtverteidigungsgebühren gezahlt hat, ist umstritten.[29] Sie ist vor allem dann von Bedeutung, wenn dem Angeklagten ein Kostenerstattungsanspruch gegen die Staatskasse zusteht (§§ 464a Abs. 2 Nr. 2, 464b StPO). Macht in diesen Fällen der RA zunächst den Anspruch auf Erstattung notwendiger Auslagen gem. §§ 464a, 464b StPO und erst danach seine gesetzlichen Gebühren als Pflichtverteidiger geltend, wird in der Praxis von der wohl hM ausgegangen, dass sich Abs. 1 S. 2 nicht nur auf tatsächlich erhaltene Zahlungen, sondern von vornherein nur auf die Gebührendifferenz zwischen den Pflicht- und den Wahlverteidigergebühren bezieht.[30] Das dürfte im Hinblick darauf, dass der letztlich zur Zahlung verpflichtete Angeklagte nicht mehr als die Wahlverteidigergebühren zahlt[31] und dass die doppelte Inanspruchnahme der Staatskasse ausgeschlossen sein soll, zutreffend sein. Das gilt jedenfalls dann, wenn die Staatskasse zur Vermeidung einer doppelten Inanspruchnahme vom Pflichtverteidiger erfolglos einen Verzicht auf die Pflichtverteidigergebühren verlangt hat.[32] Das Verlangen eines solchen **Verzichts** ist nach hM **zulässig** und verfassungsrechtlich unbedenklich.[33] Wird der Verzicht vom RA erklärt, muss das unbedingt geschehen, kann also nicht unter der Einschränkung erfolgen, dass die Wahlverteidigervergütung antragsgemäß festgesetzt wird.[34]

17 Abs. 1 S. 2 spricht ausdrücklich von „Gebühren". **Nicht** angerechnet werden also (vgl. § 1 Abs. 1 S. 1 RVG) **Auslagen** (VV Teil 7 RVG).[35]

18 **Mehr** als die **Vergütung** des **Wahlverteidigers** insgesamt kann der RA **nicht** fordern.[36] Wird dem Verteidiger eine Pauschvergütung in Höhe der angemessenen Gebühr eines Wahlverteidigers (oder darüber) bewilligt, hat er keinen Anspruch gegen den Auftraggeber.[37] Der RA kann aber noch einen Antrag nach § 42 RVG stellen.[38]

IV. Leistungsfähigkeit/Erstattungsanspruch des Beschuldigten (Abs. 2 S. 1)

1. Allgemeines

19 Die **Voraussetzungen,** unter denen der Pflichtverteidiger einen Anspruch gegen den Beschuldigten geltend machen kann, sind in Abs. 2 S. 1 geregelt. Dies sind entweder die Leistungsfähigkeit des Beschuldigten (S. 1 Alt. 2)[39] oder das Bestehen eines Erstattungsanspruchs gegen die Staatskasse (S. 1 Alt. 1).[40]

2. Erstattungsanspruch gegen die Staatskasse (Alt. 1)

20 Steht dem Beschuldigten ein Anspruch gegen die Staatskasse auf Erstattung seiner notwendigen Auslagen zu, so kann der Pflichtverteidiger den Beschuldigten in Höhe dieses Erstat-

[29] Eing. Burhoff/Volpert RVG/*Volpert* § 52 Rn. 33 ff.; *Volpert* StRR 2011, 378 (381); OLG Frankfurt a. M. JurBüro 2011, 34 = VRR 2010, 403; LG Duisburg JurBüro 2006, 425; LG Chemnitz StRR 2008, 118; LG Dortmund Rpfleger 2005, 479; LG Düsseldorf StRR 2010, 118; vgl. wegen des Schutzes der Staatskasse vor doppelter Inanspruchnahme auch BVerfG NJW 2009, 2735 = AnwBl 2009, 551 = RVGreport 2009, 260 = JurBüro 2009, 418 = StRR 2009, 276 mzustAnm *Burhoff.*

[30] Burhoff/Volpert RVG/*Volpert* § 52 Rn. 37; OLG Frankfurt a. M. JurBüro 2011, 34 = VRR 2010, 403; LG Düsseldorf StRR 2010, 118; LG Duisburg JurBüro 2006, 425; LG Saarbrücken NStZ-RR 2011, 328 (Ls.) = RVGreport 2012, 193 = StRR 2011, 363 = RVG prof. 2011, 158.

[31] Burhoff/Volpert RVG/*Volpert* § 52 Rn. 35, der davon ausgeht, dass § 52 Abs. 1 S. 2 RVG eine Schutzvorschrift zugunsten des Beschuldigten ist.

[32] OLG Frankfurt a. M. JurBüro 2011, 34 = VRR 2010, 403.

[33] BVerfG NJW 2009, 2735 = StRR 2009, 276 = RVGreport 2009, 260; vgl. iÜ OLG Frankfurt a. M. JurBüro 2011, 34 = VRR 2010, 403; LG Dortmund Rpfleger 2005, 479; LG Duisburg JurBüro 2006, 425; LG Saarbücken NStZ-RR 2011, 328 (Ls.) = RVGreport 2012, 193 = StRR 2011, 363 = RVG prof. 2011, 158; zur Frage, wie zu verfahren ist, wenn die Staatskasse von ihrem Leistungsverweigerungsrecht keinen Gebrauch gemacht hat, BVerfG NJW 2009, 2735; OLG Frankfurt a. M. JurBüro 2011, 34 = VRR 2010, 403; Burhoff/Volpert RVG/*Volpert* § 52 Rn. 32; *Volpert* StRR 2011, 378 (381).

[34] LG Saarbrücken NStZ-RR 2011, 328 (Ls.) = RVGreport 2012, 193 = StRR 2011, 363 = RVG prof. 2011, 158.

[35] OLG Düsseldorf JurBüro 1986, 574 = Rpfleger 1986, 71 = StV 1986, 167 (Ls.); OLG Jena Rpfleger 2010, 107 = StRR 2010, 199 = RVGreport 2010, 24; OLG Oldenburg JurBüro 2004, 547 = NStZ-RR 2004, 384; Burhoff/Volpert RVG/*Volpert* § 52 Rn. 25 mwN.

[36] OLG Jena Rpfleger 2010, 107 = StRR 2010, 199 = RVGreport 2010, 24.

[37] Schneider/Wolf/*N. Schneider* RVG § 52 Rn. 26; Burhoff/Volpert RVG/*Volpert* § 52 Rn. 2.

[38] Burhoff/Volpert RVG/*Volpert* § 52 Rn. 32 und § 52 Rn. 106.

[39] → Rn. 24 f.

[40] → Rn. 20 ff.

tungsanspruchs in Anspruch nehmen.[41] Da der Pflichtverteidiger Auslagen von seinem Mandanten im Verfahren nach § 52 RVG nicht verlangen kann,[42] besteht insoweit allerdings auch im Rahmen der Erstattung der notwendigen Auslagen keine Erstattungspflicht der Staatskasse.[43] Die Grundlage dieses Anspruchs ist ohne Belang. Sie kann sich also aus § 467 Abs. 1 StPO, aus §§ 153 Abs. 1, 467 Abs. 1, 473 Abs. 3 StPO bzw. aus § 473 Abs. 2 S. StPO ergeben. Ein Erstattungsanspruch gegen einen Dritten reicht wegen der nicht sicheren Realisierbarkeit nicht aus.[44]

Der Anspruch besteht **auch** bei **Freisprechung** des Angeklagten.[45] Zwar ist nicht zu verkennen, dass dies für den Beschuldigten, dem ohne seinen Willen – vielleicht sogar gegen seinen Willen – ein Verteidiger bestellt worden ist, Härten mit sich bringen kann. Auf der anderen Seite würde es unbillig sein, dem RA dann, wenn seine Verteidigung zu einem Freispruch geführt hat, einen geringeren Gebührenanspruch zu gewähren, als im Falle der Verurteilung. Auch andere Erwägungen sprechen dafür, den Gebührenanspruch gegen den Beschuldigten ohne Rücksicht auf den Ausgang des Verfahrens zu gewähren. Würde im Falle der Freisprechung des Beschuldigten dem RA kein Anspruch gegen diesen zustehen, so könnten dann Schwierigkeiten entstehen, wenn der Beschuldigte bereits einen Vorschuss gezahlt hat oder im ersten Rechtszug zunächst verurteilt wurde. Die Begründung eines Rückzahlungsanspruchs des Beschuldigten gegen seinen Verteidiger würde hier eine wenig zufrieden stellende Lösung bieten. § 52 RVG sieht daher vor, dem RA in allen Fällen gegen den Beschuldigten einen Anspruch zu gewähren. Eine unbillige Belastung des freigesprochenen Angeklagten mit dem Gebührenanspruch seines Verteidigers wird durch die Vorschrift des § 467 StPO vermieden. Danach sind im Falle des Freispruchs die notwendigen Auslagen der Staatskasse aufzuerlegen. 21

Soweit dem Beschuldigten ein Erstattungsanspruch gegen die Staatskasse zusteht, ist ein **Feststellungsbeschluss** gem. § 52 Abs. 2 S. 1 RVG **nicht erforderlich.**[46] 22

Der RA kann den Anspruch nach Alt. 1 **„insoweit“** geltend machen, als dem Beschuldigten ein Kostenerstattungsanspruch zusteht. Das bedeutet, dass nur in Höhe desjenigen Teils oder derjenigen Quote der Wahlverteidigergebühren, für die ein Erstattungsanspruch besteht, der Pflichtverteidiger seinen Anspruch geltend machen kann, was beim Teilfreispruch von Bedeutung ist.[47] Die hM geht zutreffend davon aus, dass in den Fällen gezahlte Pflichtverteidigergebühren vollständig und nicht nur teilweise angerechnet werden.[48] Waren **nacheinander** ein **Wahl**- und dann ein anderer RA als **Pflichtverteidiger** tätig, so wird dem (teilweise) freigesprochenen Angeklagten von den Gebühren des Wahlverteidigers nur der (anteilige) Unterschiedsbetrag zu den Kosten des Pflichtverteidigers erstattet.[49] Das gilt grundsätzlich auch in den Fällen der sog. „kostenneutralen Umbeiordnung“.[50] Etwas anderes kann aber gelten, wenn es sich um einen sog. **Sicherungsverteidiger** (§ 144 StPO)[51] gehandelt hat oder das Gericht 23

---

[41] OLG Düsseldorf StRR 2010, 276; BeckRS 2013, 04075; OLG Frankfurt a. M. JurBüro 2011, 34 = VRR 2010, 403; OLG Hamm BeckRS 2009, 21635; Burhoff/Volpert RVG/*Volpert* § 52 Rn. 59.

[42] → Rn. 11.

[43] OLG Düsseldorf BeckRS 2013, 04075

[44] Burhoff/Volpert RVG/*Volpert* § 52 Rn. 64; Schneider/Wolf/*N. Schneider* RVG § 52 Rn. 28.

[45] OLG Düsseldorf StRR 2010, 276; BeckRS 2013, 04075; OLG Frankfurt a. M. JurBüro 2011, 34 = VRR 2010, 403; OLG Hamm BeckRS 2009, 21635; zur Frage, worauf im Fall des Freispruchs bei der Geltendmachung von Wahlverteidigergebühren durch den Pflichtverteidiger zu achten ist, *Volpert* RVGreport 2012, 162.

[46] Burhoff/Volpert RVG/*Volpert* § 52 Rn. 65 mwN.

[47] Ua OLG Rostock NStZ-RR 2018, 232 (Ls.] = JurBüro 2018, 353 = AGS 2018, 330 mAnm *Volpert* = RVGreport 2018, 307.

[48] Vgl. dazu Schneider/Wolf/*N. Schneider* RVG § 52 Rn. 30 ff.; Burhoff/Volpert RVG/*Volpert* § 52 Rn. 75 ff.; für vollständige Anrechnung OLG Braunschweig RVGreport 2014, 317 = NStZ-RR 2014, 263 = StRR 2014, 510 mAnm *Burhoff;* OLG Celle RVGreport 2016, 429 = RVGprofessionell 2016, 219; NdsRpfl 2017, 75; OLG Düsseldorf StRR 2010, 276; OLG Frankfurt a. M. NStZ-RR 2008, 264; OLG Hamburg BeckRS 2007, 18237; OLG Jena 28.2.2014 – 1 Ws 403/13; OLG Köln NStZ-RR 2013, 127 = StraFo 2013, 173 = RVGreport 2013, 190 = StRR 2013, 239; 6.3.2014 – 2 Ws 61/14; OLG München NStZ-RR 2017, 96 (Ls.) = RVGreport 2017, 231; OLG Nürnberg RVGreport 2017, 24 = AGS 2017, 217; OLG Saarbrücken RVGreport 2016, 139; LG Düsseldorf StRR 2010, 118 mAnm *Volpert;* LG Osnabrück JurBüro 2014, 83; für nur teilweise/quotenmäßige Anrechnung OLG Celle NJW 2004, 2396 = NStZ 2004, 692 = StV 2006, 33 = RVGreport 2004, 397 = NdsRpfl. 2004, 155 (inzwischen aufgegeben); OLG Oldenburg StraFo 2007, 127 = StRR 2007, 278 = RVGreport 2007, 469.

[49] OLG Düsseldorf JurBüro 1984, 724; Rpfleger 1986, 444; OLG Karlsruhe NStZ 1981, 404; OLG Rostock NStZ-RR 2018, 232 (Ls.] = JurBüro 2018, 353 = AGS 2018, 330 mAnm *Volpert* = RVGreport 2018, 307.

[50] Wegen der Einzelheiten Burhoff/Volpert RVG/*Volpert* § 52 Rn. 119 ff. mwN.

[51] Vgl. dazu OLG Celle StraFo 2018, 525 = RVGreport 2019, 109 = Sonderausgabe StRR 12/2018, 2 = JurBüro 2018, 593; JurBüro 2019, 363 = Rpfleger 2019, 544; OLG Hamm RVGreport 2015, 29; OLG Jena StraFo

die Pflichtverteidigerbestellung nicht gem. § 143 Abs. 2 StPO, § 143a Abs. 1 StPO, § 144 Abs. 2 StPO zurückgenommen worden ist.[52] Der Anspruch kann **erst nach Rechtskraft** der das Verfahren abschließenden Entscheidung geltend gemacht werden, weil vorher noch nicht feststeht, ob dem Beschuldigten ein Erstattungsanspruch gegen die Staatskasse zusteht.[53]

3. Leistungsfähigkeit des Beschuldigten (Alt. 2)

24 Ein Anspruch auf Zahlung der Gebühren eines gewählten Verteidigers kann nach Abs. 2 S. 1 Alt. 2 auch bestehen, wenn der Beschuldigte leistungsfähig ist. Danach kann ein Anspruch insoweit geltend gemacht werden, als das Gericht des ersten Rechtszugs auf Antrag des RA nach Anhörung des Beschuldigten feststellt, dass dieser ohne Beeinträchtigung des für ihn und seine Familie notwendigen Unterhalts zur Zahlung in der Lage ist. Maßgebend sind die **wirtschaftlichen Verhältnisse** des **Beschuldigten** im Zeitpunkt der **Entscheidung** des **Gerichts.**[54] Dafür spricht der Gesetzeswortlaut „… zur Zahlung oder zur Leistung von Raten in der Lage ist", also nicht „war". Zur Begründung der Leistungsfähigkeit kann sich der Pflichtverteidiger auf keine Rechtshandlungen des Beschuldigten berufen, die vor der Feststellung der Leistungsfähigkeit vorgenommen worden sind, zB nicht auf ein Anerkenntnis oder ein Schuldversprechen.

25 Bei der Feststellung der Leistungsfähigkeit des Beschuldigten ist auch zu prüfen, ob dem Beschuldigten **Ansprüche gegen dritte Personen** zustehen.[55] Hat zB in einem Privatklageverfahren der unterlegene Privatkläger die Kosten des Beschuldigten zu tragen und ist er in der Lage, die Kosten zu erstatten, ist die Leistungsfähigkeit des Beschuldigten auch dann gegeben, wenn er selbst arm ist. Der Beschuldigte kann die Wahlverteidigergebühren durch Beitreibung von der Gegenseite zahlen. Das Gleiche gilt, wenn ein beschuldigter Ehegatte gegen den anderen Ehegatten gem. § 1360a Abs. 4 BGB Anspruch auf vorschussweise Zahlung der Strafverfahrenskosten hat. Wegen der Verpflichtung der Eltern, die Kosten für die Verteidigung der Kinder zu tragen, vgl. § 1610 BGB.

V. Feststellungsverfahren

1. Antrag

26 Die Feststellung der Leistungsfähigkeit setzt nach Abs. 2 S. 1 einen **Antrag** des RA voraus. Diesen wird der RA idR **begründen** müssen.[56] Das gilt insbes., wenn man davon ausgeht, dass das Gericht die Pflicht trifft, die wirtschaftlichen Verhältnisse des Beschuldigten zu ermitteln. Denn enthält der Feststellungsantrag des Pflichtverteidigers nicht gewisse Mindestangaben über seinen Mandanten, wie zB Hinweise auf seine derzeitige berufliche Tätigkeit oder wenigstens Tatsachen, aus denen sich Schlüsse auf die Einkommens- und Vermögensverhältnisse ziehen lassen, wird sich dessen Leistungsfähigkeit nicht beurteilen lassen.[57]

27 Der RA ist allerdings **nicht verpflichtet,** in seinem Antrag anzugeben, **welchen Betrag** er dem Beschuldigten innerhalb des Gebührenrahmens in Rechnung stellen will. Das Gericht hat nicht über die Höhe seines Anspruchs zu entscheiden. Stellt das Gericht fest, dass der Beschuldigte die gesetzliche Höchstgebühr nicht zahlen kann, so hat es zu bestimmen, bis zu welcher Höhe er zahlungsfähig ist. IdR wird auch ein Höchstbetrag nicht zu nennen sein, wenn der Beschuldigte auf Grund seiner Einkommensverhältnisse in der Lage ist, Ratenzahlungen auf längere Zeit zu leisten. Der RA kann jedoch auch erklären, dass er nicht die Höchstbeträge, sondern geringere Gebühren (etwa die Mittelgebühren) fordern will. Dann kann sich das Ge-

2012, 163 = JurBüro 2012, 148; OLG Rostock RVGreport 2017, 63; wegen weiterer Einzelheiten Burhoff/Volpert RVG/*Volpert* § 52 Rn. 111 ff. mwN; zu zwei Wahlverteidigern OLG Braunschweig StraFo 2019, 439 = JurBüro 2020, 29 = AGS 2020, 204 = RVGreport 2019, 391 = StRR Sonderausgabe 12/2019, 4.

[52] Vgl. OLG Celle JurBüro 2019, 363 = Rpfleger 2019, 544; OLG Oldenburg NStZ-RR 2010, 63 = StRR 2009, 443; OLG Rostock, RVGreport 2017, 63; wegen weiterer Einzelheiten Burhoff/Volpert RVG/*Volpert* § 52 Rn. 117 ff. mwN.

[53] Burhoff/Volpert RVG/*Volpert* § 52 Rn. 65.

[54] Burhoff/Volpert RVG/*Volpert* § 52 Rn. 61; s. a. Schneider/Wolf/*N. Schneider* RVG § 52 Rn. 32, 44 ff., 65; OLG Bamberg JurBüro 1990, 482; OLG Düsseldorf AnwBl 1974, 88; 1985, 594 = Rpfleger 1985, 327; OLG Hamm MDR 1971, 601; OLG Stuttgart AnwBl 1973, 148; aA Hartmann/Toussaint RVG § 52 Rn. 26; OLG Hamburg MDR 1978, 164 mablAnm *Schmidt;* OLG Koblenz Rpfleger 1995, 83 = JurBüro 1995, 139; OLG Oldenburg Rpfleger 1972, 328; OLG Saarbrücken NJW 1973, 2313.

[55] Burhoff/Volpert RVG/*Volpert* § 52 Rn. 62; Schneider/Wolf/*N. Schneider* RVG § 52 Rn. 60 ff.

[56] Burhoff/Volpert RVG/*Volpert* § 52 Rn. 50; s. a. KG StRR 2007, 239 mAnm *Volpert.*

[57] OLG Düsseldorf JurBüro 1985, 725; OLG München AnwBl 1974, 283; vgl. aber OLG Düsseldorf Rpfleger 1973, 445 = AnwBl 1973, 404 = JMBlNRW 1974, 11.

richt darauf beschränken zu entscheiden, ob der Beschuldigte in der Lage ist, die geforderten Beträge zu zahlen.[58]

2. Zeitpunkt der Antragstellung

28 § 52 enthält keine Regelung über den **zulässigen Zeitpunkt** der Antragstellung. Zeitliche Grenzen sind nicht gesetzt. Die Verjährungsfrist läuft jedoch von dem Zeitpunkt an, in dem das Verfahren beendet ist (zB die das Verfahren beendende Entscheidung rechtskräftig wird). Der Antrag sollte also so rechtzeitig gestellt werden, dass über ihn noch vor Ablauf der Verjährung entschieden und die Verjährung durch Klageerhebung noch unterbrochen werden kann. Der Antrag kann allerdings nicht vor dem in § 8 RVG genannten Zeitpunkt gestellt werden.[59] Auf die Rechtskraft der das Verfahren abschließenden Entscheidung kommt es jedoch nicht an.[60] Der Eintritt der Verjährung hindert nicht, eine Entscheidung gem. § 52 Abs. 2 RVG zu treffen. Die Verjährung ist erst im Gebührenprozess zwischen Anwalt und Mandanten zu prüfen, wenn die Einrede erhoben wird.[61]

29 In dem Antrag auf Feststellung der Zahlungspflicht, in dem nicht einmal die Höhe der beanspruchten Vergütung angegeben zu werden braucht, liegt noch keine Einforderung der Vergütung. Das gilt auch dann, wenn die Höhe der beanspruchten Vergütung angegeben ist.

30 Die **Wiederholung** eines abgelehnten Antrags bei Änderung der Verhältnisse ist zulässig.[62]

31 Hat der der **Pflichtverteidiger** eines freigesprochenen Angeklagten den Antrag gem. §§ 52 Abs. 1, 2, 14 RVG auf Festsetzung der Gebühren eines Wahlverteidigers gegen die Staatskasse gestellt und ist diesem Antrag entsprochen worden, ist ein danach gestellter Antrag auf Bewilligung einer Pauschgebühr nach den §§ 42, 51 RVG unzulässig.[63]

3. Anhörung des Beschuldigten/Amtsermittlung/Fristsetzung

32 Der Beschuldigte ist gem. Art. 103 Abs. 2 S. 1 GG zu **hören,** damit er sein Unvermögen zur Tragung der Gebühren ggf. selbst dartun kann. Dazu setzt das Gericht dem Beschuldigten gem. Abs. 3 nach Eingang des Antrages des Pflichtverteidigers eine **Frist** zur Darlegung seiner Einkommens- und Vermögensverhältnisse. Darauf ist § 117 Abs. 2–4 ZPO anwendbar, so dass der Beschuldigte wie bei einem Antrag auf Bewilligung von PKH die Erklärung über seine persönlichen und wirtschaftlichen Verhältnisse auf dem amtlichen Vordruck abgeben und dieser Erklärung die entsprechenden Belege beifügen muss.[64] Kommt der Beschuldigte der Aufforderung des Gerichts nicht innerhalb der festgesetzten Frist nach, wird gem. Abs. 3 S. 2 seine Leistungsfähigkeit vermutet und festgestellt, dass er ohne Beeinträchtigung des für ihn und seine Familie notwendigen Unterhalts zur Zahlung der Wahlverteidigergebühren in der Lage ist.[65] Fraglich ist, ob darüber hinaus für das Gericht die Pflicht besteht, die wirtschaftlichen Verhältnisse des Beschuldigten von **Amts wegen** zu ermitteln. Das dürfte im Hinblick auf die dem Beschuldigten in § 52 Abs. 3 S. 1 RVG auferlegten Darlegungs- und Nachweispflichten fraglich sein.[66]

4. Entscheidung des Gerichts

33 **Zuständig** für die Entscheidung über die Leistungsfähigkeit des Beschuldigten ist nach § 52 Abs. 2 S. 1 RVG das Gericht des **ersten Rechtszugs.** Dieses entscheidet auch über die in der höheren Instanz entstandenen Gebührenansprüche, selbst wenn der Verteidiger von der höheren Instanz bestellt worden ist. Bei Abgabe oder Verweisung ist das Gericht zuständig, an das abgegeben oder verwiesen worden ist.[67]

---

[58] *Schueler* AnwBl 1960, 87; LG Essen AnwBl 1960, 227.

[59] Burhoff/Volpert RVG/*Volpert* § 52 Rn. 52.

[60] KG StRR 2007, 239 mAnm *Volpert.*

[61] OLG Hamm JMBlNRW 1968, 201 = VRS 34, 464.

[62] Schneider/Wolf/*N. Schneider* RVG § 52 Rn. 80; Burhoff/Volpert RVG/*Volpert* § 52 Rn. 61; aA KG JR 1967, 309, das seine abwM damit begründet, es komme ausschlaggebend auf die wirtschaftlichen Verhältnisse zur Zeit der Tätigkeit des Pflichtverteidigers an, eine spätere Besserung der wirtschaftlichen Verhältnisse sei unerheblich; zum maßgeblichen Zeitpunkt für die Beurteilung der wirtschaftlichen Verhältnisse → Rn. 20.

[63] OLG Karlsruhe RVGreport 2013, 188 = StRR 2013, 302; wegen der insoweit hM zu § 42 RVG die Nachw. bei → § 42 Rn. 12; zu § 51 RVG bei → § 51 Rn. 48.

[64] Burhoff/Volpert RVG/*Volpert* § 52 Rn. 43; Riedel/Sußbauer/*Schmahl* § 52 Rn. 21.

[65] OLG Köln AGS 2017, 107 = RVGreport 2017, 339 = StRR 2017, 5 mAnm *Burhoff.*

[66] Burhoff/Volpert RVG/*Volpert* § 52 Rn. 54; s. a. KG StRR 2007, 237; aA offenbar – ohne nähere Begr. – Schneider/Wolf/*N. Schneider* RVG § 52 Rn. 58; Mayer/Kroiß/*Kroiß* RVG § 52 Rn. 13.

[67] Hartmann/*Toussaint* RVG § 52 Rn. 23; Burhoff/Volpert RVG/*Volpert* § 52 Rn. 54.

34 Ist das Verfahren **nicht gerichtlich anhängig** geworden, so entscheidet nach § 52 Abs. 2 S. 2 RVG das Gericht, das den Verteidiger bestellt hat.

35 Das Gericht entscheidet durch **Beschluss.** Das Gericht hat in diesem nicht zu entscheiden, ob die Forderung des RA den Grundsätzen des § 14 RVG entspricht. Es hat nur festzustellen, bis zu welcher Höhe die Leistungsfähigkeit des Beschuldigten besteht.[68] Das Gericht kann feststellen, dass der Beschuldigte nur in der Lage ist, den Anspruch durch Ratenzahlungen zu befriedigen, § 52 Abs. 2 S. 1 Alt. 2 RVG. Dann sind die Teilbeträge der Raten und die Zahlungstermine in dem Beschluss zu bestimmen.[69]

Auf eine **Verurteilung** zur **Zahlung** darf der Beschluss **nicht** lauten. Die Feststellung der Zahlungsfähigkeit schafft keinen vollstreckbaren Titel. Lehnt der Beschuldigte die Zahlung ab, muss der RA, da eine Festsetzung der Vergütung nach § 11 RVG nicht zulässig ist, auf Leistung klagen.

36 Die rechtskräftige Feststellung der Leistungsfähigkeit kann nicht wegen **späterer Änderung** der **Verhältnisse** aufgehoben werden.[70] Der Beschuldigte hätte ja in der Zeit, in der er für zahlungsfähig gehalten worden ist, zahlen können. Etwas anderes wird gelten, wenn auf die Leistungsfähigkeit in der Zukunft abgestellt wird, zB bei der Feststellung, dass nur Ratenzahlungen geleistet werden können. Verändern sich hier die Verhältnisse, kann die Änderung der bisherigen Entscheidung für die Zukunft – sei es zu Gunsten des Anwalts (höhere Raten oder sofortige Zahlung), sei es zu Gunsten des Beschuldigten (zB Verneinung der Leistungspflicht für die zukünftigen Raten etwa wegen Arbeitslosigkeit) – begehrt werden.

37 Nach § 12c RVG hat jede anfechtbare Entscheidung im RVG eine **Belehrung** über den statthaften **Rechtsbehelf** zu enthalten. Das gilt auch für die vom Rechtspfleger zu treffenden Feststellungsentscheidung gem. § 52 Abs. 2 RVG, weil sie gem. §§ 52 Abs. 4 S. 1 RVG mit der Beschwerde gem. § 304 StPO gefochten werden kann.[71] Durch den zum 1.1.2014 neu eingefügten S. 2 in Abs. 4 wird klargestellt, dass im Rahmen der Wiedereinsetzungsvorschriften der §§ 44 ff. StPO die Versäumung einer Rechtsbehelfsfrist über die in § 44 S. 2 StPO genannten Fälle hinaus auch dann als unverschuldet anzusehen ist, wenn die Belehrung nach § 12c RVG unterblieben bzw. fehlerhaft ist.[72] Denn nach Abs. 4 S. 2 steht iRd § 44 S. 2 StPO die Rechtsbehelfsbelehrung des § 12c RVG der Belehrung nach § 35a S. 1 StPO gleich.[73]

5. Beschwerdeverfahren (Abs. 4)

38 Gegen den Beschluss ist nach § 52 Abs. 4 RVG die **sofortige Beschwerde** nach den Vorschriften der §§ 304–311a StPO zulässig. Hat das OLG entschieden, ist nach § 304 Abs. 4 StPO keine Beschwerde zulässig.[74]

39 **Beschwerdeberechtigt** sind der Pflichtverteidiger und der Beschuldigte. Fraglich ist, ob der auf Kosten der Staatskasse freigesprochene Angeklagte ein Rechtsschutzinteresse an der Beschwerde hat.[75] Dagegen sind erstattungspflichtige Dritte nicht beschwerdeberechtigt, da sie nur mittelbar berührt werden. Das gilt auch für die Staatskasse, der nach § 467 StPO die notwendigen Auslagen des Beschuldigten auferlegt worden sind.[76]

40 Die **Beschwerdefrist** beträgt nach § 311 Abs. 2 StPO eine Woche von der Bekanntmachung der Entscheidung an gerechnet.

41 Zum Teil wird angenommen, dass es sich bei der Beschwerde um eine solche über Kosten handelt, Das hat zur Folge, dass die Beschwerde gem. § 304 Abs. 3 StPO nur zulässig wäre, wenn der **Wert** des Beschwerdegegenstandes 200,– EUR übersteigt.[77] Dagegen wird zutref-

---

[68] OLG Frankfurt a. M. OLGSt § 100 BRAGO; vgl. aber KG JR 1977, 172.

[69] Zu allem auch Burhoff/Volpert RVG/*Volpert* § 52 Rn. 58.

[70] *Schueler* AnwBl 1960, 87.

[71] → Rn. 39 ff.

[72] BT-Drs. 17/10490, 22.

[73] Zur Rechtsbehelfsbelehrung gem. § 12c RVG iÜ die Kommentierung bei → § 12c Rn. 1 ff.; zu allem auch *Volpert* RVGreport 2013, 210; StRR 2014, 244.

[74] Schneider/Wolf/*N. Schneider* RVG § 52 Rn. 75; Burhoff/Volpert RVG/*Volpert* § 52 Rn. 89.

[75] Verneint von OLG Hamm JMBlNRW 1972, 136 = AnwBl 1972, 288; bejaht von OLG Hamm JMBlNRW 1972, 183.

[76] Hartmann/*Toussaint* RVG § 52 Rn. 38; OLG Düsseldorf JMBlNRW 1979, 67; OLG Hamm Rpfleger 1962, 187 mAnm *Tschischgale* = AnwBl 1962, 181; KG JR 1967, 472 = OLGSt § 100 BRAGO; OLG Karlsruhe NJW 1968, 857 = Justiz 1968, 181; OLG Köln MDR 1971, 240 (Ls.) = JMBlNRW 1970, 304; OLG Oldenburg AnwBl 1972, 331 = NJW 1972, 2323 = NdsRpfl. 1972, 228; LG Würzburg JurBüro 1981, 1836; aA OLG Düsseldorf Rpfleger 1979, 393 = JMBlNRW 1979, 211, MDR 1979, 1045 = OLGSt § 100 BRAGO, Staatsanwaltschaft ist beschwerdeberechtigt.

[77] Hartung/Römermann/Schons/*Hartung* RVG § 52 Rn. 71: Hartmann/*Toussaint* RVG § 52 Rn. 39.

fend eingewandt, dass durch die Entscheidung des Gerichts über die Leistungsfähigkeit noch nicht über die Kosten selbst entschieden werde, dass mithin „eine Entscheidung über Kosten usw." iSd § 304 Abs. 3 StPO gar nicht vorliege.[78]

Die Entscheidung ergeht **gebührenfrei.** Für die Zurückweisung der Beschwerde wird eine Gebühr erhoben. Außergerichtliche Kosten werden nicht erstattet. 42

Die **weitere** Beschwerde ist ausgeschlossen (§ 310 Abs. 2 StPO).[79] 43

VI. Verjährung (Abs. 5)

Der **Lauf** der **Verjährungsfrist** ist nach § 52 Abs. 5 RVG von der in § 52 Abs. 2 S. 1 RVG vorgesehene Feststellung des Gerichts über die Leistungsfähigkeit des Beschuldigten nicht abhängig. Die Verjährungsfrist beträgt drei Jahre und beginnt mit der Beendigung des Verfahrens, idR mit der Rechtskraft der das Verfahren abschließenden gerichtlichen Entscheidung. Die Verjährungsfrist beginnt auch dann nicht früher, wenn der RA vorzeitig aus dem Verfahren ausscheidet. 44

Der bestellte Verteidiger muss also den Antrag so rechtzeitig stellen, dass er den Anspruch noch vor Ablauf dieser drei Jahre gerichtlich geltend machen kann. Durch die Stellung des Antrags nach § 52 Abs. 2 RVG tritt die **Hemmung** des Laufs der **Verjährungsfrist** ein (Abs. 5 S. 2). Die Hemmung endet sechs Monate nach dem Zeitpunkt, an dem die Entscheidung des Gerichts nach § 52 Abs. 2 RVG rechtskräftig geworden ist (Abs. 5 S. 3).[80] 45

§ 52 Abs. 2, 5 RVG finden auf Ansprüche eines RA, die dieser vor seiner Bestellung zum Pflichtverteidiger bereits als Wahlverteidiger aus einer **Vergütungsvereinbarung** erworben hatte, **keine Anwendung.** Die Verjährung der Ansprüche aus einer solchen Vergütungsvereinbarung ist im Zweifel für die Dauer der Pflichtverteidigung gehemmt.[81] 46

VII. Privatklage, Nebenklage, Klageerzwingungsverfahren, sonst beigeordneter RA

1. Privatklage und dergleichen

Auch für den dem **Privatkläger,** dem **Nebenkläger,** dem **Antragsteller im Klageerzwingungsverfahren** oder sonst **beigeordneten RA** gilt nach § 53 Abs. 1 RVG die Vorschrift des § 52 RVG. Diese Regelung geht der Bestimmung des § 379 Abs. 3 StPO und des § 172 Abs. 3 StPO vor, nach denen im Privatklageverfahren und im Klageerzwingungsverfahren für die PKH dieselben Vorschriften gelten wie für bürgerliche Rechtsstreitigkeiten. 47

2. Verfahren nach dem Gesetz über die internationale Rechtshilfe in Strafsachen

Für den im Verfahren nach dem Gesetz über die internationale Rechtshilfe in Strafsachen dem Verfolgten bestellten RA gilt § 52 RVG **nicht.**[82] 48

VIII. Bußgeldverfahren (Abs. 6)

Die Abs. 1–3, 5 des § 52 RVG gelten nach Abs. 6 in Bußgeldverfahren **entsprechend.** Im Bußgeldverfahren vor der Verwaltungsbehörde tritt an die Stelle des Gerichts die Verwaltungsbehörde. 49

§ 53 Anspruch gegen den Auftraggeber, Anspruch des zum Beistand bestellten Rechtsanwalts gegen den Verurteilten

(1) **Für den Anspruch des dem Privatkläger, dem Nebenkläger, dem Antragsteller im Klageerzwingungsverfahren oder des sonst in Angelegenheiten, in denen sich die Gebühren nach Teil 4, 5 oder 6 des Vergütungsverzeichnisses bestimmen, beigeordneten Rechtsanwalts gegen seinen Auftraggeber gilt § 52 entsprechend.**

(2) [1]**Der dem Nebenkläger, dem nebenklageberechtigten Verletzten oder dem Zeugen als Beistand bestellte Rechtsanwalt kann die Gebühren eines gewählten Beistands auf-**

[78] Burhoff/Volpert RVG/*Volpert* § 52 Rn. 93; Schneider/Wolf/*N. Schneider* RVG § 52 Rn. 79; Hartung/Schons/Enders/*Hartung* RVG § 52 Rn. 66; OLG Köln AGS 2017, 107 = RVGreport 2017, 339 mwN = = StRR 2017, 5 mAnm *Burhoff;* OLG München AnwBl 1978, 265.

[79] OLG Hamm MDR 1998, 185.

[80] Burhoff/Volpert RVG/*Volpert* § 52 Rn. 102.

[81] BGH NJW 1983, 1047 = MDR 1983, 471 = Rpfleger 1983, 293.

[82] Burhoff/Volpert RVG/*Volpert* § 53 Rn. 12; Hartung/Schons/Enders/*Hartung* RVG § 53 Rn. 15.

grund seiner Bestellung nur von dem Verurteilten verlangen. [2]Der Anspruch entfällt insoweit, als die Staatskasse die Gebühren bezahlt hat.

(3) [1]**Der in Absatz 2 Satz 1 genannte Rechtsanwalt kann einen Anspruch aus einer Vergütungsvereinbarung nur geltend machen, wenn das Gericht des ersten Rechtszugs auf seinen Antrag feststellt, dass der Nebenkläger, der nebenklageberechtigte Verletzte oder der Zeuge zum Zeitpunkt des Abschlusses der Vereinbarung allein auf Grund seiner persönlichen und wirtschaftlichen Verhältnisse die Voraussetzungen für die Bewilligung von Prozesskostenhilfe in bürgerlichen Rechtsstreitigkeiten nicht erfüllt hätte. [2]Ist das Verfahren nicht gerichtlich anhängig geworden, entscheidet das Gericht, das den Rechtsanwalt als Beistand bestellt hat. [3]§ 52 Absatz 3 bis 5 gilt entsprechend.**

Schrifttum: *Burhoff,* Klarstellung/Änderungen im RVG ab 25.7.2015, VRR 8/2015, 4; *Burhoff,* Aktuelle Änderungen im RVG ab 25.7.2015, RVGreport 2015, 328; *Burhoff,* Änderungen im RVG, ZAP Fach 24, 1423; *Burhoff,* Anpassungen Punktereform und Klarstellung für Nebenklägerbeistand, RVG prof. 2015, 157; *Burhoff,* Klarstellung/Änderungen im RVG ab 25.7.2015, StRR 2015, 408; *Kaster,* PKH für Verletzte und andere Berechtigte im Strafverfahren, MDR 1994, 1073; *Madert,* Zur Erstattung der Kosten eines Wahlverteidigers und eines Pflichtverteidigers nach Freispruch, AGS 2003, 419; *Ruppert,* PKH bei Nebenklage im Revisionsverfahren, MDR 95, 556, *Schwab,* PKH und Nebenklage, MDR 83, 810; *Volpert,* Wahlanwaltsgebühren für gerichtlich bestellte oder beigeordnete Rechtsanwälte nach §§ 52, 53 RVG, RVGreport 2004, 133; *Volpert,* Abrechnung der Wahlanwaltsgebühren durch den Pflichtverteidiger bei Freispruch des Mandanten – § 52 RVG, RVGreport 2004, 214; *Volpert,* Pflichtverteidiger und Freispruch – Worauf ist bei der Geltendmachung von Wahlverteidigergebühren zu achten?, RVGreport 2012, 162; *Volpert,* Vergütungsanspruch des Nebenklagevertreters gegen die Staatskasse bei Prozesskostenhilfe, RVGreport 2020, 409; *Volpert,* Vergütungsanspruch gegen die Staatskasse bei Prozesskostenhilfe in Strafsachen (§§ 45 Abs. 1, 48 Abs. 6 RVG), AGS 2020, 365; *Volpert,* Prozesskostenhilfe in Strafsachen – Vergütungsansprüche gegen die Staatskasse, in: Festschrift zum 70. Geburtstag von Detlef Burhoff, 2020, S. 293; sa die Hinweise bei → § 52 Rn. 1 (Schrifttum).

Übersicht

I. Allgemeines

1 § 53 Abs. 1, 2 RVG gelten im **Straf-** im **Bußgeldverfahren** und in den in **VV Teil 6** enthaltenen Verfahren. Sie gelten allerdings nicht in Verfahren nach dem IRG, da in den dort genannten Fällen der RA nicht iSd § 53 Abs. 1 RVG beigeordnet wird und er nicht als Beistand für die in § 53 Abs. 2 RVG genannten Verfahrensbeteiligten bestellt wird.[1] § 53 RVG gilt nicht für den Wahlanwalt, so dass sich reine Vergütungsansprüche nach dem Wahlanwaltsvertrag richten und durch § 53 RVG nicht berührt werden.[2]

2 In **Abs. 1** der Vorschrift wird geregelt, inwieweit der RA, der einem Privatkläger, einem Nebenkläger, einem Antragsteller im Klageerzwingungsverfahren oder einem sonstigen Beteiligten in Angelegenheiten, in denen sich die Gebühren nach VV Teil 4, 5 RVG oder VV Teil 6 RVG bestimmen, beigeordnet worden ist, den Vertretenen in Anspruch nehmen kann.[3] Verwiesen wird insoweit auf § 52 RVG. Der Beiordnung steht die Hinzuziehung eines RA nach § 397a Abs. 1 S. 1 StPO bzw. nach § 406h Abs. 3 Nr. 2 StPO gleich, für den hinzugezogenen RA geltend die nachstehenden Ausführungen also entsprechend.[4] Wegen der Bestellung oder Beiordnung eines gemeinschaftlichen Beistands für mehrere Nebenkläger wird auf den durch das „Gesetz zur Modernisierung des Strafverfahrens v. 10.12.2019"[5] eingefügten § 397b StPO und auf die Kommentierung zu dem ebenfalls neuen § 53a RVG verwiesen.

[1] Burhoff/Volpert RVG/*Volpert* § 53 Rn. 37; Hartung/Schons/Enders/*Hartung* RVG § 53 Rn. 15.
[2] OLG Düsseldorf JurBüro 1984, 567 = Rpfleger 1984, 287 = StV 1984, 290 = AnwBl. 1984, 264.
[3] Zum Regelungsinhalt s. a. Burhoff/Volpert RVG/*Volpert* § 53 Rn. 13 ff.
[4] Burhoff/Volpert RVG/*Volpert* § 53 Rn. 7 ff.
[5] BGBl I 2121.

In **Abs. 2** wird für den RA, der einem Nebenkläger, dem nebenklageberechtigten Verletzten oder einem Zeugen als Beistand bestellt worden ist, die Anwendung des § 52 RVG hingegen ausgeschlossen. Dieser kann sich die Wahlanwaltsvergütung nur unmittelbar gegen den verurteilten Angeklagten festsetzen lassen, wobei aus der Staatskasse erhaltene Zahlungen anzurechnen sind (Abs. 2 S. 2).[6] Durch Art. 5 des Gesetzes zur Stärkung des Rechts des Angeklagten auf Vertretung in der Berufungsverhandlung und über die Anerkennung von Abwesenheitsentscheidungen in der Rechtshilfe v. 17.7.2015,[7] das am 25.7.2015 in Kraft getreten ist, sind in Abs. 2 S. 1 RVG nach den Wörtern „eines gewählten Beistands" die Wörter „aufgrund seiner Bestellung" eingefügt worden. Diese Klarstellung war erforderlich, weil in Rspr. und Lit. Streit bestand, ob das Verbot des § 53 Abs. 2 S. 1 RVG für den RA nur in seiner Eigenschaft als bestellter Beistand oder generell gilt. Die Frage ist jetzt eindeutig klargestellt.[8] 3

Abs. 3 ist schließlich durch das 2. OpferRRG[9] in das RVG eingefügt worden. Er enthält eine Regelung, wonach in den in Abs. 2 genannten Fällen der RA Vergütungsforderungen aus einer zwischen ihm und dem Nebenkläger, dem nebenklageberechtigten Verletzten oder Zeugen geschlossenen Vergütungsvereinbarung nur geltend machen kann, wenn das Gericht vorher festgestellt hat, dass der Vertragspartner nicht bedürftig ist. Die Regelung entspricht § 52 RVG und stellt die bedürftigen Vertragspartner iErg kostenrechtlich denjenigen gleich, die für die Kosten der Beiordnung eines Opferanwalts Prozesskostenhilfe nach § 397a Abs. 2 StPO erhalten und bei denen eine Vergütungsvereinbarung nach § 3a Abs. 3 RVG nichtig ist.[10] 4

II. Vergütungsanspruch gegen den Vertretenen im Fall der Beiordnung (Abs. 1)

Für die Frage, ob und inwieweit ein Vergütungsanspruch gegen den Vertretenen besteht, muss **unterschieden** werden, ob eine Beiordnung/Hinzuziehung[11], dann Anwendung von Abs. 1, oder eine Bestellung, dann Anwendung von Abs. 2,[12] vorliegt. In **Abs. 1** werden als Fälle der Beiordnung genannt die Beiordnung für einen Privatkläger (§ 397 Abs. 3 StPO), für einen Nebenkläger (§ 397a Abs. 2 StPO)[13] und für einen Antragsteller im Klageerzwingungsverfahren (§ 172 Abs. 3 S. 2 StPO). Außerdem kommen die einem sonstigen Beteiligten in Angelegenheiten, in denen sich die Gebühren nach VV Teil 4, 5 RVG oder VV Teil 6 RVG bestimmen, „beigeordneten" RA in Betracht Dies sind insbes. der einem nebenklageberechtigten Verletzten nach § 406g Abs. 3 Nr. 2 StPO iVm § 397a StPO „beigeordnete" RA.[14] Auch die Beiordnung im Wege der PKH für den Antragsteller oder den Angeklagten im Adhäsionsverfahren nach § 404 Abs. 5 StPO führt ggf. zur Anwendung des § 53 RVG, ebenso wie die des RA nach §§ 76, 415 FamFG. Der einem Zeugen als Vernehmungsbeistand gem. § 68b Abs. 2 StPO beigeordnete RA fällt nicht unter Abs. 1, sondern kraft ausdrücklicher Regelung unter Abs. 2.[15] Für den nach § 7 Abs. 1 **ThUG** als Beistand im Verfahren nach dem ThUG gerichtlich beigeordneten RA gilt nach der ausdrücklichen Regelung in § 20 Abs. 2 S. 1 ThUG § 52 Abs. 1–3, 5 RVG entsprechend. Schließlich dürfte auch der gem. §§ 87e, 53 **IRG** in einem Verfahren auf Bewilligung der Vollstreckung einer europäischen Geldsanktion (§§ 86 ff. IRG) beigeordnete RA unter Abs. 1 fallen. Zwar erfolgt nach dem Wortlaut des § 53 Abs. 2 IRG keine Beiordnung, sondern eine Bestellung: Andererseits sind in den Verfahren nach den §§ 86 ff. IRG Auftraggeber und Verurteilter identisch, so dass schon von daher nur § 53 Abs. 1 RVG anwendbar ist. Zudem sind in Abs. 1 die Gebühren nach VV Teil 6 RVG ausdrücklich genannt.[16] 5

Für die in → Rn. 5 genannten Beistände ist **§ 52 RVG entsprechend** anwendbar. Danach kann der RA den Vertretenen also unmittelbar in Anspruch nehmen, wenn die Voraussetzungen des § 52 RVG vorliegen, also dem Vertretenen ein Erstattungsanspruch zusteht (§ 52 Abs. 2 6

[6] Zum Regelungsinhalt s. a. Burhoff/Volpert RVG/*Volpert* § 53 Rn. 27 ff.
[7] BGBl. 2015 I 1332.
[8] *Burhoff* VRR 8/2015, 4; RVGreport 2015, 328; ZAP Fach 24, 1423; RVG prof. 2015, 157; StRR 2015, 408; sa BT-Drs. 18/3562, 99; → Rn. 9 f.
[9] BGBl. 2009 I 2280.
[10] → § 3a Rn. 39 ff.
[11] → Rn. 2.
[12] → Rn. 6 ff.
[13] OLG Koblenz AGS 2007, 507 = StRR 2008, 40 = RVGreport 2008, 13.
[14] Wegen weiterer Fälle Burhoff/Volpert RVG/*Volpert* § 53 Rn. 18.
[15] Zum früheren Recht KG NStZ-RR 2009, 327 = StRR 2009, 398 = RVGreport 2009, 310.
[16] Zu allem Burhoff/Volpert RVG/*Volpert* § 53 Rn. 39.

S. 1 Hs. 1 RVG) oder das Gericht die Feststellung der Leistungsfähigkeit nach § 52 Abs. 2 S. 1 Hs. 2 RVG trifft. Wegen der Einzelheiten wird auf die Erläuterungen zu § 52 RVG verwiesen.[17] Soweit die Leistungsfähigkeit festgestellt wird, kann der RA auch eine Pauschgebühr nach § 42 RVG beantragen.[18] § 48 Abs. 6 RVG findet Anwendung.[19]

7 **Vorschüsse** und **Zahlungen Dritter** hat sich der beigeordnete RA anrechnen zu lassen. Die Anrechnung richtet nach § 58 Abs. 3 RVG.[20]

III. Vergütungsanspruch gegen den Vertretenen im Fall der Bestellung (Abs. 2)

8 Abs. 2 erfasst die Fälle, in denen dem Vertretenen ein **Beistand bestellt** wird.[21] Wird im Wege der PKH beigeordnet, findet Abs. 2 keine Anwendung.[22] Das ist für den Nebenkläger in den in § 397a Abs. 1 StPO genannten Fällen und für den nebenklageberechtigten Verletzten nach § 406g Abs. 3 Nr. 1, 397a StPO der Fall.[23] § 68b Abs. 2 StPO spricht beim Zeugenbeistand zwar von „Beiordnung", gemeint ist aber – wie die Gesetzesbegründung zur Neuregelung des Abs. 2 durch das 2. OpferRRG zeigt – die (gebührenrechtliche) Bestellung iSd § 53 Abs. 2 RVG.[24] Es dürfte sich insoweit um ein Redaktionsversehen handeln. Der vorläufig als Beistand für den nebenklageberechtigten Verletzten nach § 406g Abs. 4 StPO bestellte RA fällt ebenfalls unter § 53 Abs. 2 RVG.[25] Abs. 2 gilt nicht für den nach dem ThUG beigeordneten RA, da er keine Beistandsleistung für den in Abs. 2 genannten Personenkreis erbringt.[26]

9 Abs. 2 gilt nur für den **RA,** der lediglich **beigeordnet** ist, **ohne** dass ein **Wahlmandat** besteht. Nach Abs. 2 scheidet ein unmittelbarer Vergütungsanspruch gegen den Vertretenen grds. aus. Die Anwendung von **§ 52 RVG** wird **ausdrücklich ausgeschlossen.** Der Vertretene kann daher vom RA auch dann nicht in Anspruch genommen werden, wenn ein Erstattungsanspruch gegen den verurteilten Angeklagten besteht.[27] Der beigeordnete RA wird auf den **Verurteilten** als Schuldner verwiesen (Abs. 2 S. 1).[28]

10 Allerdings steht einem beigeordneten Vertreter, der bis zur Niederlegung des Mandats als Wahlanwalt tätig war, ein **Anspruch** auf **Bezahlung** seiner bis zur **Niederlegung** des **Mandats entstandenen Wahlanwaltsgebühren** zu.[29] Ein so wirksam entstandener vertraglicher Gebührenanspruch entfällt nicht durch eine spätere Beiordnung des RA zum Beistand.[30] Das gilt auch im Hinblick auf § 48 Abs. 6 S. 1 RVG.[31] Klargestellt worden ist das 2015 durch die Einfügung des Zusatzes „aufgrund seiner Bestellung" durch Art. 5 des Gesetzes zur Stärkung des Rechts des Angeklagten auf Vertretung in der Berufungshauptverhandlung und über die Anerkennung von Abwesenheitsurteilen in der Rechtshilfe v. 17.7.2015.[32] Darauf weist die

---

[17] IÜ OLG Hamm AGS 2013, 254 = RVGreport 2013, 71 = StRR 2012, 438; RVGreport 2017, 468 = NStZ-RR 2017, 380 (Ls.) = AGS 2018, 390; Schneider/Wolf/*N. Schneider* § 53 Rn. 3; Burhoff/Volpert RVG/*Volpert* § 53 Rn. 22 ff.

[18] Burhoff/Volpert RVG/*Volpert* § 53 Rn. 22; Schneider/Wolf/*N. Schneider* § 53 Rn. 4.

[19] OLG Koblenz AGS 2007, 507 = JurBüro 2007, 644 = RVGreport 2008, 139 = StRR 2008, 40.

[20] Schneider/Wolf/*N. Schneider* § 53 Rn. 13.

[21] Eing. Burhoff/Volpert RVG/*Volpert* § 53 Rn. 32 ff.

[22] LG Itzehoe AGS 2008, 233.

[23] BT-Drs. 16/12098, 15.

[24] BT-Drs. 16/12098, 15; zum Unterschied zwischen den Begriffen der „Beiordnung" und der „Bestellung" Burhoff/Volpert RVG/*Volpert* § 53 Rn. 10 ff.

[25] Burhoff/Volpert RVG/*Volpert* § 53 Rn. 34 ff.

[26] Burhoff/Volpert RVG/*Volpert* § 53 Rn. 20.

[27] KG JurBüro 2009, 656; Burhoff/Volpert RVG/*Volpert* § 53 Rn. 40; OLG Düsseldorf JurBüro 2012, 358 = RVGreport 2013, 232 = StRR 2012, 397; OLG Hamm AGS 2013, 254 = RVGreport 2013, 71 = StRR 2012, 438; RVGreport 2017, 468 = NStZ-RR 2017, 380 (Ls.) = AGS 2018, 390; LG Meiningen 11.1.2013 – 2 Qs 2/13.

[28] OLG Celle StraFo 2019, 525 = JurBüro 2019, 657 = NdsRpfl 2020, 98–99 = RVGreport 2020, 61; OLG Düsseldorf JurBüro 2012, 358 = RVGreport 2013, 232 = StRR 2012, 397; OLG Hamm AGS 2013, 254 = RVGreport 2013, 71 = StRR 2012, 438; RVGreport 2017, 468 = NStZ-RR 2017, 380 (Ls.) = AGS 2018, 390; Burhoff/Volpert RVG/*Volpert* § 53 Rn. 32 ff.

[29] OLG Celle StraFo 2019, 525 = JurBüro 2019, 657 = NdsRpfl 2020, 98–99 = RVGreport 2020, 61; so schon/auch OLG Düsseldorf JurBüro 1984, 567 = Rpfleger 1984, 287 = StV 1984, 290 = AnwBl. 1984, 264 für Wahlverteidiger/Pflichtverteidiger.

[30] OLG Düsseldorf JurBüro 1984, 567.

[31] OLG Düsseldorf JurBüro 1984, 567 für § 97 Abs. 3 BRAGO.

[32] BGBl. 2015 I 1332.

Gesetzesbegründung in der BR-Drs. 491/14, 99 ausdrücklich hin.[33] Hinzuweisen ist in dem Zusammenhang zudem auf Abs. 3, der dem Verletztenvertreter unter den dort geregelten Voraussetzungen sogar die Geltendmachung eines über die Wahlanwaltsvergütung hinausgehenden Anspruchs aus einer Vergütungsvereinbarung gewährt.

11 Der RA kann vom Verurteilten die Gebühren insoweit verlangen, als die **Staatskasse keine Gebühren bezahlt** hat (Abs. 2 S. 2). Der im Wege der PKH dem Nebenkläger beigeordnete RA kann seine über die aus der Staatskasse gezahlten Beträge hinausgehende Vergütung gegen den verurteilten Angeklagten gem.§ 126 ZPO selbst beitreiben und gem. § 464b StPO selbst festsetzen lassen. Das gleiche Recht hat auch der gem. § 397a Abs. 1 StPO dem Nebenkläger als Beistand bestellte RA, wobei dieses Recht entweder unmittelbar aus § 53 Abs. 2 S. 1 RVG hergeleitet[34] oder auf eine entsprechende Anwendung des § 126 ZPO gestützt wird.[35] Es gilt das Vergütungsverzeichnis.[36] Die Ausführungen zur gleich lautenden Regelung in § 52 Abs. 1 S. 2 RVG gelten iÜ entsprechend.[37]

12 **Vorschüsse** und **Zahlungen Dritter** hat sich der als Beistand bestellte Anwalt anrechnen zu lassen. Die Anrechnung richtet nach § 58 Abs. 3 RVG.[38]

IV. Festsetzung gegen den verurteilten Angeklagten

13 Die von Abs. 1 erfassten RA können ihre Wahlanwaltsgebühren unter den Voraussetzungen von §§ 53 Abs. 1, 52 RVG **vom Auftraggeber** verlangen. Der im Wege der PKH beigeordnete RA kann darüber hinaus seine über die aus der Staatskasse gezahlten Beträge hinausgehenden Gebühren gegen den **verurteilten Angeklagten** festsetzen lassen.[39] Ihm steht insoweit ein eigenes Recht in entsprechender Anwendung des § 126 ZPO (§§ 379 Abs. 3, 397a Abs. 2 StPO) zu. Das gleiche Recht hat iErg auch der bestellte RA. Die dem § 126 ZPO vergleichbare Regelung ergibt sich insoweit aus Abs. 2 S. 1. Der Kostenerstattungsanspruch des Nebenklägerbeistands gegen den Verurteilten gem. § 53 Abs. 2 S. 1 RVG verjährt in dreißig Jahren.[40]

14 § 53 Abs. 2 S. 1 RVG gewährt dem Beistand aber **keinen Anspruch** auf Erstattung von **Auslagen** iSv VV Teil 7 RVG gegen den Verurteilten. Der eindeutige Wortlaut des § 53 Abs. 2 S. 1 RVG lässt nur die Geltendmachung von Gebühren eines gewählten Beistands gegen den Verurteilten zu.[41] Seine Auslagen nebst Umsatzsteuer erhält der Beistand im Festsetzungsverfahren gem. §§ 45 Abs. 3, 55 RVG aus der Staatskasse.

15 Die **Festsetzung** erfolgt nicht nach § 55 RVG, sondern nach **§ 464b StPO.**[42] Die Festsetzung ist nicht auf den Betrag beschränkt, der die gesetzliche Vergütung des Pflichtverteidigers übersteigt. Aus der Anrechnungsvorschrift des Abs. 2 S. 2 ergibt sich im Umkehrschluss, dass die Festsetzung der vollen Gebühren möglich ist und der Anspruch erst mit der Zahlung der Staatskasse – nicht schon mit der Zahlungspflicht oder Festsetzung – teilweise entfällt.[43]

---

33 *Burhoff* VRR 8/2015, S. 4; RVGreport 2015, 328; ZAP Fach 24, 1423; RVG prof. 2015, 157; StRR 2015, 408; sa BT-Drs. 18/3562 S. 99, jeweils mit Bsp.

34 Schneider/Wolf/*N. Schneider* § 53 Rn. 9.

35 Mayer/Kroiß/*Kroiß* RVG § 53 Rn. 12; zu allem auch Burhoff/Volpert RVG/*Volpert* § 53 Rn. 42; sa noch OLG Hamm StRR 2012, 438 mAnm *Volpert* = RVGreport 2013, 71 mAnm *Hansens.*

36 Burhoff/Volpert RVG/*Volpert* § 53 Rn. 42 f.

37 → § 52 Rn. 15 f.; Burhoff/Volpert RVG/*Volpert* § 53 Rn. 50 ff.

38 Schneider/Wolf/*N. Schneider* § 53 Rn. 13.

39 KG StRR 2007, 119; OLG Hamm AGS 2013, 254 = RVGreport 2013, 71 mAnm *Hansens* StRR 2012, 438; RVGreport 2017, 468 = NStZ-RR 2017, 380 (Ls.) = AGS 2018, 390; LG Itzehoe AGS 2008, 233; AnwKomm RVG/*N. Schneider* § 53 Rn. 2, 7, 9; Burhoff/Volpert RVG/*Volpert* § 53 Rn. 50.

40 KG JurBüro 2017, 129 = RVGreport 2017, 226 = Sonderausgabe, StRR 5/2017, 2 = AGS 2017, 305 = RVG prof. 2018, 101.

41 Burhoff/Volpert RVG/*Volpert* § 53 Rn. 7, 13; OLG Düsseldorf JurBüro 2012, 358 = Rpfleger 2012, 463 ff.; OLG Hamm AGS 2013, 254 = StRR 2012, 438 mAnm *Volpert* = RVGreport 2013, 71 mAnm *Hansens;* RVGreport 2017, 468 = NStZ-RR 2017, 380 (Ls.) = AGS 2018, 390; sa auch OLG Celle StraFo 2019, 525 = JurBüro 2019, 657 = NdsRpfl 2020, 98–99 = RVGreport 2020, 61.

42 KG StRR 2007, 119; OLG Hamm AGS 2013, 254 = StRR 2012, 438 mAnm *Volpert* = RVGreport 2013, 71 mAnm *Hansens;* RVGreport 2017, 468 = NStZ-RR 2017, 380 (Ls.) = AGS 2018, 390; LG Itzehoe AGS 2008, 233.

43 Zu allem Schneider/Wolf/*N. Schneider* § 53 Rn. 11; Burhoff/Volpert RVG/*Volpert* § 53 Rn. 36; OLG Hamm AGS 2013, 254 = RVGreport 2013, 71 = StRR 2012, 438; RVGreport 2017, 468 = NStZ-RR 2017, 380 (Ls.) = AGS 2018, 390.

V. Vergütungsvereinbarung (Abs. 3)

16 Abs. 3[44] bezweckt – ebenso wie § 3a Abs. 3 RVG – den **Schutz** der in **Abs. 2 genannten** Personen.[45] Danach kann der RA Honorarforderungen aus einer zwischen ihm und den in Abs. 2 genannten Personen geschlossenen Vergütungsvereinbarung nur geltend machen, wenn das Gericht vorher festgestellt hat, dass der Vertragspartner nicht bedürftig ist, dh, dass er nach seinen persönlichen und wirtschaftlichen Verhältnissen keinen Anspruch auf PKH gehabt hätte.

17 Die Regelung **lehnt** sich an die **Regelung** in **§ 52 Abs. 2 RVG an.** Es muss also nicht bei jeder Bestellung eines RA geprüft werden, ob dem der in Abs. 2 genannten Person dem Grunde nach PKH zu gewähren wäre oder nicht, sondern nur in den Fällen, in denen der RA Forderungen aus einer Vergütungsvereinbarung geltend machen möchte. Dh: Will der RA gegenüber einer der in Abs. 2 genannten Personen eine Forderung aus einer Vergütungsvereinbarung geltend machen, muss er zuvor nach § 53 Abs. 3 RVG vorgehen.

18 Der RA muss nach Abs. 3 S. 1 einen entsprechenden **Feststellungsantrag** stellen. Über den entscheidet das Gericht des ersten Rechtszuges. Ist das Verfahren nicht gerichtlich anhängig geworden, was zB der Fall sein kann, wenn ein Zeuge im Ermittlungsverfahren vernommen worden, das Verfahren dann aber vor Anklageerhebung eingestellt worden ist, entscheidet nach Abs. 3 S. 2 das Gericht, das den RA als Beistand bestellt hat. Nicht geregelt ist der Fall des bei einer polizeilichen oder staatsanwaltschaftlichen Vernehmung bestellten Beistandes. Zuständig zur Bestellung ist in den Fällen die Staatsanwaltschaft (§ 163 Abs. 4 S. 1 Nr. 3 StPO bzw. 161a Abs. 1 S. 2 StPO jeweils iVm § 68b Abs. 2 StPO).[46] Also wird sie auch die Entscheidung nach Abs. 3 zu treffen haben (vgl. auch § 59a RVG).

19 Bei der Entscheidung sind „allein" die persönlichen und wirtschaftlichen Verhältnisse der in Abs. 2 genannten Person zu berücksichtigen. Das Gericht prüft ausschließlich diese Verhältnisse nach den für **bürgerliche Rechtsstreitigkeiten** geltenden Vorschriften.[47] Die Vorschriften der §§ 114 ff. ZPO sind also insoweit entsprechend anwendbar. Nicht geprüft werden Erfolgsaussichten und/oder Mutwilligkeit.

20 Nach § 52 Abs. 3 S. 3 RVG gilt für das **Verfahren** § 52 Abs. 3–5 RVG entsprechend. Es kann daher auf die Erläuterungen bei → § 52 Rn. 24 ff. verwiesen werden.

§ 53a Vergütungsanspruch bei gemeinschaftlicher Nebenklagevertretung

[1] Stellt ein Gericht gemäß § 397b Absatz 3 der Strafprozessordnung fest, dass für einen nicht als Beistand bestellten oder beigeordneten Rechtsanwalt die Voraussetzungen einer Bestellung oder Beiordnung vorgelegen haben, so steht der Rechtsanwalt hinsichtlich der von ihm bis zu dem Zeitpunkt der Bestellung oder Beiordnung eines anderen Rechtsanwalts erbrachten Tätigkeiten einem bestellten oder beigeordneten Rechtsanwalt gleich. [2] Der Rechtsanwalt erhält die Vergütung aus der Landeskasse, wenn die Feststellung von einem Gericht des Landes getroffen wird, im Übrigen aus der Bundeskasse.

Schrifttum: *Burhoff,* Modernisierung des Strafverfahrens – Teil 2: Hauptverhandlung, ZAP F 22 S. 1009; *Burhoff,* Vergütungsanspruch bei gemeinschaftlicher Nebenklagevertretung (§ 397b Abs. 3 StPO; § 53a RVG), Sonderheft StRR 11/2020, 2; *Volpert,* Der neue § 53a RVG – Der mehreren Nebenklägern als Beistand bestellte gemeinschaftliche Rechtsanwalt, AGS 2020, 209; *Volpert,* Vergütungsanspruch des Rechtsanwalts gegen die Staatskasse bei Bündelung der Nebenklagevertretung – der neue § 53a RVG, RVGreport 2020, 282; sa die Hinweise bei → § 53 Rn. 1 (Schrifttum).

Übersicht

[44] Eingefügt durch das 2. OpferRRG v. 29.7.2009; BGBl. 2009 I 2280.
[45] BT-Drs. 16/12098, 69; Burhoff/Volpert RVG/*Volpert* § 53 Rn. 54.
[46] Burhoff StrafREV-HdB Rn. 3956 ff.
[47] BT-Drs. 16/12098, 70.

I. Allgemeines

1 Durch das „Gesetz zur Modernisierung des Strafverfahrens" v. 10.12.2019[1] ist mit Wirkung v. 13.12.2019 § 53a RVG in das RVG eingefügt worden. Diese Einfügung geht zurück auf den (neuen) **§ 397b StPO,** der ebenfalls durch das „Gesetz zur Modernisierung des Strafverfahrens v. 10.12.2019"[2] in die StPO aufgenommen worden ist. Vorgesehen ist in dieser Vorschrift jetzt ausdrücklich eine **gemeinschaftliche Nebenklagevertretung.** Hintergrund dieser (Neu)Regelung ist,[3] dass in Strafverfahren mit einer Vielzahl von Nebenklägern, die jeweils durch eigene RA vertreten sind, die Durchführung der Hauptverhandlung schwierig ist. Neben der Bereitstellung ausreichender Räumlichkeiten – Stichwort: zB Loveparade-Verfahren – muss das Gericht gewährleisten, dass die Verfahrensrechte der Verfahrensbeteiligten, wie des Angeklagten und der Nebenkläger, gewahrt werden. Durch eine Vervielfachung der Nebenklagevertretungen kann sich auch die Dauer des Verfahrens erheblich verlängern. Zugleich wird man davon ausgehen können, dass in vielen Fällen bei Nebenklägern gleichgerichtete Interessen bestehen, die insbesondere bei familiären Nähebeziehungen unter den Nebenklägern gegeben sein dürften.

2 Deshalb ist in § 397b StPO eine **Bündelung** der **Nebenklagevertretung** eingeführt worden. Das soll der **Verfahrensvereinfachung** dienen, *„ohne die wirksame Wahrnehmung der Nebenklageinteressen zu beeinträchtigen. Es sollen etwaige Verfahrensverzögerungen vermieden und eine faire Verfahrensführung sichergestellt werden. Die Bündelung der Nebenklagevertretung soll zudem die Chance des Verurteilten auf Resozialisierung verbessern, die durch die Auferlegung der Kosten einer großen Zahl von Nebenklägern gemindert sein könnte."*[4] Diese (Neu)Regelung **knüpft** an die **frühere Rechtsprechung an.** Die hatte das Verbot der Mehrfachverteidigung gemäß § 146 StPO nicht auch als ein Verbot der Mehrfachvertretung angesehen.[5] Die Einzelheiten, unter denen Voraussetzungen die Bestellung oder Beiordnung eines Vertreters für mehrere Nebenkläger nach früherem Recht zulässig war, waren in der Rechtsprechung zwar umstritten. Einhellig ist sie jedoch davon ausgegangen, dass eine Mehrfachvertretung insbesondere bei mehreren Hinterbliebenen eines getöteten Tatopfers in Betracht kommen kann.[6]

II. Inhalt

3 Nach der (Neu)Regelung des § 397b StPO kann das Gericht nun **mehreren Nebenklägern,** bei denen gleichgelagerte Interessen vorliegen, **denselben Beistand** beiordnen.[7] Es kann dabei auch mehrere Gruppen von Nebenklägern bilden, die jeweils gleichgelagerte Interessen verfolgen, und jeder Gruppe jeweils einen gemeinschaftlichen Nebenklagevertreter beiordnen. Als Beistand kann das Gericht einen schon mit der Sache befassten RA bestellen, es kann aber auch einen anderen RA wählen. [8] Wird für mehrere Nebenkläger ein RA als gemeinschaftlicher Beistand bestellt oder beigeordnet und wählt das Gericht einen nicht als Beistand bestellten oder beigeordneten RA, muss es gemäß § 397b Abs. 3 StPO feststellen, ob die Voraussetzungen der Bestellung oder Beiordnung vorgelegen haben. § 53a RVG knüpft an diese (Neu) Regelung an und **regelt** die **vergütungsrechtlichen Folgen** eines Beschlusses gemäß **§ 397b Abs. 3 StPO.**

4 Die gemeinschaftliche Nebenklagevertretung erstreckt sich bei der Bestellung eines Beistands (§ 397a Abs. 1 StPO) auf das **gesamte Verfahren,**[9] während sie im Fall der bewilligten Prozesskostenhilfe (§ 397a Abs. 2 StPO) auf den **jeweiligen Rechtszug** beschränkt ist.[10]

[1] BGBl I 2121.
[2] BGBl I 2121.
[3] Vgl. dazu BT-Drs. 19/14747, 38.
[4] Vgl. dazu BT-Drs. 19/14747, 38.
[5] *Burhoff* StrafREV HB Rn. 4576 ff., 4583 mwN.
[6] Siehe nur OLG Hamburg NStZ-RR 2013, 153, 154; OLG Köln StV 2014, 277 und 278 mAnm Pues StV 2014, 304; OLG Düsseldorf StRR 2015, 264; *Burhoff* StrafREV Rn. 4367.
[7] Eingehend zur Neuregelung *Burhoff* ZAP F 22 S. 1009.
[8] Zum sog. Auswahlermessen *Burhoff* ZAP F 22 S. 1009.
[9] Ua BGH NJW 2000, 3222; StraFo 2008, 131; 2009, 349.
[10] Ua BGH NStZ-RR 215, 351; StraFo 2008, 131; 2009, 349; KG RVGreport 2011, 142.

III. Gleichstellung mit bestelltem oder beigeordnetem RA (S. 1)

1. Allgemeiner Anwendungsbereich

5 § 397b StPO erfasst **zwei Fälle,** und zwar: Nach § 397a Abs. 1 StPO können die mehreren Nebenkläger Anspruch auf Bestellung eines Beistands oder gem. § 397a Abs. 2 StPO Anspruch auf Bewilligung von PKH für die Zuziehung eines RA haben. Beide Fälle werden von § 397b StPO erfasst.[11]

6 In **beiden Fällen** steht dem bestellten/beigeordneten RA ein **Vergütungsanspruch** gegen die **Staatskasse** (§ 45 RVG) zu. Dies folgt für den gem. § 397a Abs. 1 StPO bestellten RA nach § 45 Abs. 3 RVG aus der gerichtlichen Bestellung. Das gilt aber auch für den RA, der von einem Nebenkläger gem. § 397a Abs. 2 StPO bei bewilligter PKH hinzugezogen worden ist. Die Bewilligung von PKH für die Zuziehung eines RA steht vergütungsrechtlich einer Beiordnung gleich. Der Vergütungsanspruch gegen die Staatskasse erfasst gem. § 48 Abs. 6 RVG auch Tätigkeiten, die der RA vor dem Zeitpunkt seiner Bestellung oder Beiordnung erbracht hat.[12]

7 Wird nun gem. § 397b Abs. 1 StPO für mehrere Nebenkläger ein RA als **gemeinschaftlicher Beistand** beigeordnet oder bestellt, steht der Vergütungsanspruch gegen die Staatskasse nach § 45 Abs. 3 RVG nur diesem gemeinschaftlichen Beistand zu. Auch dieser RA erhält über § 48 Abs. 6 RVG aus der Staatskasse eine Vergütung für Tätigkeiten, die er vor dem Zeitpunkt seiner Bestellung oder Beiordnung – Zuziehung im Wege der PKH – erbracht hat (siehe dazu ausf. Teil A: Umfang des Vergütungsanspruchs [§ 48 Abs. 1], Rn. 2234 ff.).

8 Die nicht bestellten oder beigeordneten RA der Nebenkläger, die ggf. in der Vergangenheit tätig gewesen sind, haben mangels Bestellung oder Beiordnung keinen Vergütungsanspruch gegen die Staatskasse aus § 45 Abs. 3 RVG. Um nun den Nebenkläger, dessen RA nicht bestellt oder beigeordnet worden ist, durch die gemeinschaftliche Nebenklagevertretung kostenrechtlich nicht schlechter zu stellen, muss das Gericht nach **§ 397b Abs. 3 StPO** feststellen, ob bei dem nicht bestellten oder beigeordneten RA die Voraussetzungen für eine Bestellung oder Beiordnung vorgelegen hätten.[13] Ergeht diese Feststellung stellt **§ 53a S. 1 RVG** den aufgrund der Bündelung mehrerer Nebenklagevertretungen nicht als Beistand bestellten oder beigeordneten RA **vergütungsrechtlich** einem bestellten oder beigeordneten RA **gleich.** Dadurch erwirbt dieser RA einen Vergütungsanspruch gegen die Staatskasse. Der entspricht dem Vergütungsanspruch, den der RA gem. § 45 Abs. 3 RVG im Fall seiner Bestellung oder Beiordnung gehabt hätte.

2. Zeitlicher Anwendungsbereich

9 Für den Fall einer Feststellung gem. § 397b Abs. 3 StPO wird in § 53a S. 1 RVG angeordnet, dass der (nicht bestellte/beigeordnete) RA hinsichtlich der von ihm bis zu dem Zeitpunkt der Bestellung oder Beiordnung eines anderen RA erbrachten Tätigkeiten einem bestellten oder beigeordneten RA gleichsteht. In **zeitlicher Hinsicht** bedeutet dies, dass der Anspruch gegen die Staatskasse also **nur** solche **Tätigkeiten** erfasst, die der **RA vor** dem **Zeitpunkt** erbracht hat, zu dem für den von ihm vertretenen Nebenkläger ein anderer RA als Beistand bestellt oder beigeordnet wurde. Ab diesem Zeitpunkt hat dieser RA kein schützenswertes Vertrauen mehr darauf, dass er für die von ihm erbrachten Tätigkeiten aus der Staatskasse vergütet wird.[14]

3. Auswirkungen auf frühere Bestellungen und Beiordnungen

10 Wird gem. § 397b Abs. 1 StPO ein gemeinschaftlicher RA als Beistand bestellt, müssen gem. § 397b Abs. 2 S. 2 StPO bereits **erfolgte Bestellungen** oder Beiordnungen anderer RA **aufgehoben** werden. Grund für die Regelung ist, dass derselbe Nebenklagevertreter nicht zugleich als Mehrfach- und Einzelvertreter bestellt oder beigeordnet sein soll bzw. nicht neben dem bestellten oder beigeordneten gemeinschaftlichen Nebenklagevertreter doppelte Einzelbestellungen oder -beiordnungen zulasten der Staatskasse bestehen bleiben sollen.[15] Bereits **entstandene Vergütungsansprüche** bleiben aber nach § 15 Abs. 4 RVG von dieser Aufhebung **unberührt.**[16]

---

[11] Zum Anwendungsbereich a. *Volpert* AGS 2020, 209; *ders.* RVGreport 2020, 282.

[12] → § 48 Rn. 194 ff.

[13] BT-Drs. 19/14747, 40.

[14] BT-Drs. 19/14747, 51; *Volpert* AGS 2020, 209, 210 m. Beispiel; *ders.,* RVGreport 2020, 282; sa Burhoff/Volpert RVG/*Volpert* § 53a Rn. 10.

[15] BT-Drs. 19/14747, 40.

[16] *Volpert* AGS 2020, 209, 211; *ders.,* RVGreport 2020, 282, 284; Burhoff/Volpert RVG/*Volpert* Teil A Rn. 2487; vgl. a. LG Kaiserslautern JurBüro 2019, 245 = RVGreport 2019, 135 = RVG prof. 2019, 111 (Aufhebung der Pflichtverteidigerbestellung).

4. Mehrfachvertretung (VV 1008 RVG)

Der gem. § 397b Abs. 1 StPO als gemeinschaftlicher Beistand für mehrere Nebenkläger bestellte RA **hat Anspruch** auf die in VV 1008 RVG vorgesehene Gebührenerhöhung. Das gilt auch für den von einer Feststellung nach § 397b Abs. 3 StPO betroffenen RA, dem nach § 53a S. 1 RVG iVm § 45 Abs. 3 RVG ein Vergütungsanspruch gegen die Staatskasse zusteht.[17] 11

5. Pauschgebühr (§ 51 RVG)

Liegen die Voraussetzungen vor, **kann** der nicht bestellte oder beigeordnete RA einen Antrag auf Festsetzung einer Pauschgebühr gem. § 51 RVG **stellen.**[18] Das ist durch § 53a RVG nicht ausgeschlossen. Es gelten die allgemeinen Regeln.[19] 12

III. Anspruchsgegner (S. 2)

Wer Anspruchsgegner des nicht bestellten oder beigeordneten RA ist, richtet sich danach wer die Feststellungen nach § 397b Abs. 3 StPO getroffen hat. War es das Gericht eines Landes muss sich der RA an die **Landeskasse** wenden. Hat der BGH die Feststellung getroffen, ist die **Bundeskasse** verpflichtet.[20] 13

IV. Anspruch auf Wahlanwaltsgebühren gegen die Auftraggeber und den Verurteilten (§ 53 RVG)

Der/die Nebenkläger können sich im Verfahren entweder unter Verzicht auf einen Bestellungs- oder Beiordnungsantrag oder zusätzlich zu dem gemeinschaftlichen Nebenklagevertreter (§ 397b StPO) durch einen Wahlbeistand auf eigene Kosten vertreten zu lassen.[21] Die **Beschränkungen** des § 53 RVG[22] **gelten** für diesen RA **nicht.**[23] 14

Für Ansprüche des nach § 397a Abs. 1 StPO bestellten oder nach § 397a Abs. 2 StPO im Wege der PKH zugezogenen/beigeordneten RA gegen den Nebenkläger oder den Verurteilten gelten die Beschränkungen des § 53 RVG unmittelbar (dort → Rn. 13 ff., Rn. 27 ff. und Rn. 47 ff.). Liegen die Voraussetzungen des § 53a S. 1 RVG vor, gelten für die Geltendmachung von Wahlanwaltsgebühren gegen die Nebenkläger oder den Verurteilten auch für den mehreren Nebenklägern nicht als Beistand bestellten oder beigeordneten RA die **Beschränkungen** des **§ 53 RVG** ebenfalls. 15

Voraussetzung ist, dass das Gericht gem. § 397b Abs. 3 StPO festgestellt hat, dass die Voraussetzungen für eine Bestellung oder Beiordnung als Beistand vorgelegen haben. Da aber der zeitliche Anwendungsbereich der Gleichstellung nur bis zu dem Zeitpunkt der Bestellung oder Beiordnung eines anderen gilt[24] und der RA danach kein schützenswertes Vertrauen mehr darauf hat, dass er für die von ihm erbrachten Tätigkeiten aus der Staatskasse vergütet wird,[25] gelten ab diesem Zeitpunkt auch die Beschränkungen des § 53 nicht mehr.[26] 16

§ 54 Verschulden eines beigeordneten oder bestellten Rechtsanwalts

Hat der beigeordnete oder bestellte Rechtsanwalt durch schuldhaftes Verhalten die Beiordnung oder Bestellung eines anderen Rechtsanwalts veranlasst, kann er Gebühren, die auch für den anderen Rechtsanwalt entstehen, nicht fordern.

Übersicht

[17] BT-Drs. 19/14747, 40; *Volpert* AGS 2020, 209, 210; *ders.*, RVGreport 2020, 282, 284.
[18] BT-Drs. 19, 14747, 40.
[19] → § 51 Rn. 1 ff.
[20] *Volpert* AGS 2020, 209 (211); *ders.* RVGreport 2020, 282 (284).
[21] BT-Dr. 19/14747, 39.
[22] → § 53 Rn. 1 ff.
[23] BT-Drs. 19/14747, 40 (51); *Volpert* AGS 2020, 209 (211) mit Beispiel; *ders.* RVGreport 2020, 282 (284).
[24] → § 53 Rn. 9.
[25] BT-Drs. 19/14747, 51.
[26] Vgl. BT-Drs. 19/14747, 39.

I. Allgemeines

1 **Zweck.** § 54 RVG will verhindern, dass die Staatskasse die gleichen Gebühren an mehrere Anwälte bezahlen muss, wenn die Beiordnung eines weiteren Anwalts wegen Verschuldens des zuerst Beigeordneten erforderlich wird.

2 **Umfang.** Nur diese spezielle Frage wird von ihm erfasst. Die Vorschrift behandelt nicht die Frage, ob dem zunächst tätig gewordenen RA aus anderen Gründen, zB wegen Schlechterfüllung kein Vergütungsanspruch zusteht (→ § 55 Rn. 47).

3 **Verhältnis zum Prozessgegner.** Ob die Staatskasse einen Rückgriffsanspruch gegen die erstattungspflichtige Gegenpartei hat, ob diese also für die Kosten mehrerer Anwälte haftet, ist im Rahmen von § 54 RVG nicht entscheidend.

4 **Voraussetzungen.** § 54 RVG setzt voraus
– Beiordnung eines neuen Anwalts
– Verschulden des bisherigen Anwalts
– Mehrkosten

5 **Verzögerung der Festsetzung.** Vielfach wird sich erst am Ende der Instanz erweisen, welche Gebühren in der Person des Nachfolgers nochmals entstehen. Ist dies der Fall, kann eine frühere Festsetzung der Gebühren des ersten Anwalts abgelehnt werden, wenn ihn ein Verschulden trifft.[1]

II. Beiordnung eines anderen RA

6 Die Anwendung des § 54 RVG setzt voraus, dass anstelle des zunächst beigeordneten/bestellten RA ein anderer RA beigeordnet bzw. bestellt worden ist.

III. Verschulden

7 Der beigeordnete/bestellte RA muss es verschuldet haben, dass er entpflichtet und an seiner Stelle ein anderer RA beigeordnet/bestellt wurde.

1. Verschuldensgrad

8 Einfaches Verschulden genügt. Das Verschulden eines Erfüllungsgehilfen reicht aus.

2. Zeitpunkt

9 **a) Verschulden anlässlich der Beiordnung.** Ein schuldhaftes Verhalten des RA kann bereits anlässlich der Beiordnung vorliegen, wenn der RA nicht auf Umstände hinweist, die ihn voraussichtlich hindern werden, die Angelegenheit zu Ende zu führen.[2]

---

[1] OLG Frankfurt a. M. JurBüro 1975, 1612.
[2] OLG Oldenburg Rpfleger 1968, 314 (Ls.), einer Partei im Eheverfahren musste ein anderer RA beigeordnet werden, weil der zunächst beigeordnete RA in früheren, fünf und sieben Jahren zurückliegenden Verfahren die Gegenpartei vertreten hatte. Da er wusste, dass früher schon einmal die Ehesache zwischen den Parteien anhän-

b) Späteres Verschulden. Er kann auch durch späteres schuldhaftes Verhalten die Beiordnung eines anderen Anwalts veranlassen, zB wenn er das Vertrauensverhältnis zu der Partei schuldhaft stört. 10

3. Einzelfälle

a) Kündigung durch Mandanten. Entzieht der Mandant dem RA ohne ausreichenden Grund die Vollmacht, so ist kein Verschulden des Anwalts gegeben.[3] Anders ist es, wenn der Anwalt schuldhaft einen Grund für die Kündigung gesetzt hat. Ob das gegeben ist, beurteilt sich danach, ob sich in der gleichen Situation eine Partei, die keine Prozesskostenhilfe in Anspruch nimmt, von dem bisherigen RA getrennt hätte.[4] 11

b) Kündigung durch Anwalt. Aufhebung der Beiordnung erforderlich. Der RA darf das Mandatsverhältnis nicht kündigen, ohne vorher die Aufhebung der Beiordnung aus von ihm darzulegenden, wichtigen Gründen zu erwirken. Kündigt der RA, ohne die Aufhebung seiner Beiordnung zu betreiben, so ist die Kündigung des Mandatsverhältnisses dennoch wirksam.[5] Allerdings liegt in diesem Procedere bereits ein schuldhafter Verstoß gegen das vom Gesetz vorgesehene Verfahren. Dieser Verstoß allein genügt jedoch nicht, um von einem Verschulden auszugehen. Der RA ist daher aufzufordern, seine Gründe darzulegen, damit beurteilt werden kann, ob seine Beiordnung aufzuheben ist und damit uU der Weg für die Beiordnung eines neuen Anwalts frei wird.[6] 12

Fehlt ein ausreichender Grund für einen Anwaltswechsel, so ist die Beiordnung eines anderen RA abzulehnen. 13

Fehlende Information durch den Mandanten oder die Notwendigkeit, sich mit ausländischem Recht vertraut zu machen, sind kein Grund für die Aufhebung der Beiordnung, auch nicht Aussichtslosigkeit der Rechtsverfolgung oder Rechtsverteidigung. 14

Darlegungslast. Beantragt der RA die Aufhebung seiner Beiordnung, so muss er die Tatsachen darlegen, die ihn dazu veranlassen, widrigenfalls von seinem Verschulden auszugehen ist. 15

c) Ende der Zulassung. Verschulden. Das Ende der Zulassung ist einer der häufigsten Fälle, in denen ohne Schuld der Partei die Beiordnung eines anderen Anwalts erforderlich wird. Durch die Aufgabe seiner Zulassung macht der zunächst beigeordnete RA sich die Erfüllung der durch den Anwaltsvertrag übernommenen Verpflichtungen unmöglich. Da aber § 54 RVG dem RA nur dann den Vergütungsanspruch versagt, wenn er die Beiordnung eines anderen Anwalts durch sein schuldhaftes Verhalten veranlasst hat, ist es nicht entscheidend, ob der RA als Wahlanwalt von seinem Auftraggeber die Vergütung für seine bisherige Tätigkeit beanspruchen könnte. Der Vergütungsanspruch entfällt nur dann, wenn in der Aufgabe der Zulassung ein Verschulden des Anwalts zu finden ist. Ob das der Fall ist, hängt davon ab, ob man eine Pflicht des Anwalts annimmt, vor der Erledigung der Angelegenheit, für die er beigeordnet ist, seine Zulassung nicht aufzugeben. Eine solche Verpflichtung wird überwiegend abgelehnt. 16

Wirtschaftliche Gründe. Kanzleiwechsel. Die Rspr. sieht in der freiwilligen Aufgabe der Zulassung, auch wenn sie aus wirtschaftlichen Gründen erfolgt, im Allgemeinen kein Verschulden.[7] Entsprechendes wird für den Übertritt in die gegnerische Sozietät angenommen.[8] 17

Ende wegen Krankheit oder hohen Alters. Hier wird allgemein kein schuldhaftes Verhalten angenommen. 18

Verschweigen der Absicht, die Zulassung aufzugeben. Sie wird regelmäßig als schuldhaftes Verhalten angesehen. Dagegen wird im Verschweigen einer Bewerbung um Aufnahme in den Staatsdienst oder einer Aufstellung zur Wahl in ein Parlament ein Verschulden verneint, solange der RA über den Zeitpunkt seiner Einberufung oder seiner Wahl keine Gewissheit hat.[9] 19

Erschleichen der Zulassung. Ein RA, der seine Zulassung oder Beiordnung durch bewusst falsche Angaben erschlichen hat, kann auch dann keine Vergütung aus der Staatskasse verlangen, wenn keine Kosten eines anderen RA entstanden sind.[10] 20

---

gig war und dass die Parteien stets am gleichen Ort wohnten, musste der RA prüfen, ob er schon einmal die Gegenpartei vertreten hatte. Die unterlassene Prüfung hat die Beiordnung des anderen RA schuldhaft veranlasst.

[3] OLG Hamm Das Büro 1956, 385.

[4] OLG Frankfurt a. M. OLGR 2005, 594; OLG Karlsruhe FamRZ 2007, 645 = OLGR 2007, 107; 1998, 632.

[5] OLG Karlsruhe FamRZ 2007, 645 = OLGR 2007, 107.

[6] OLG Karlsruhe FamRZ 2007, 645 = OLGR 2007, 107.

[7] OLG Nürnberg JurBüro 1959, 72.

[8] OLG Düsseldorf JurBüro 1993, 731 = KostRspr BRAGO § 125 Nr. 3 mAnm *Herget*.

[9] OLG Frankfurt a. M. AnwBl 1984, 205 = JurBüro 1984, 764; OLG Bamberg JurBüro 1984, 1562.

[10] OLG Braunschweig NdsRpfl 1950, 60.

21 **d) Strafbare Handlung oder sonstiger wichtiger Kündigungsgrund.** Eine strafbare Handlung oder ein sonstiger wichtiger Kündigungsgrund ist als schuldhafte Verursachung der Beiordnung eines anderen RA anzusehen.

22 Das gilt besonders im Falle seiner **Ausschließung aus der Anwaltschaft** oder wenn er sich löschen lässt, um weiteren Unannehmlichkeiten infolge begangener Pflichtwidrigkeiten aus dem Wege zu gehen.

23 **e) Freitod, Unfalltod.** Der Freitod des Anwalts ist nicht ohne weiteres Verschulden. So ist der Freitod eines kranken RA in einem Zustand der Depression nicht als schuldhaft anzusehen. Anders ist die Lage zu beurteilen, wenn der RA Suizid begeht, weil er wegen schwerer Untreuehandlungen verhaftet werden soll. Es kommt also auch hier auf die Lage des Einzelfalles an.

24 Verunglückt der RA tödlich, weil er mit dem Kraftwagen zu schnell gefahren ist, stellt dies kein schuldhaftes Verhalten iSd § 54 RVG dar. Anders wird die Lage zu beurteilen sein, wenn der Verkehrsunfall auf Trunkenheit am Steuer zurückzuführen ist.

IV. Umfang des Gebührenverlustes

1. Gebühren und Auslagen

25 Obwohl das Gesetz nur von Gebühren spricht, gilt der Ausschluss der Vergütung auch für nochmals entstehende Auslagen.[11]

2. Doppelte Kosten

26 Der RA, der den Anwaltswechsel verschuldet hat, geht seines Anspruchs nur insoweit verlustig, als die Gebühren und Auslagen in der Person des zweiten RA nochmals erwachsen. Es sind also die Gebühren und Auslagen des ersten Anwalts und die des neuen zu errechnen. Sodann ist zu prüfen, ob beim ersten RA Gebühren und Anlagen angefallen sind, die bei den neuen nicht entstanden sind. Nur diese Gebühren und Auslagen sind dem ersten Anwalt zu erstatten.

Beispiel:

Der RA hat eine Verfahrens- und eine Terminsgebühr sowie eine Pauschale gem. VV 7002 RVG verdient. Beim neuen RA entsteht keine Terminsgebühr mehr, weil sich die Sache erledigt. Der erste RA behält seinen Anspruch hinsichtlich der Terminsgebühr, verliert aber seinen Anspruch hinsichtlich der Verfahrensgebühr und der Pauschale.

3. Höhere Gebühren des Nachfolgers

27 Der bisherige RA hat nicht die – zB wegen einer zwischenzeitlichen Gebührenerhöhung – höheren Gebühren seines Nachfolgers zu erstatten. § 54 RVG führt nur zum Verlust der eigenen Vergütung des Anwalts, nicht zu einem darüber hinausgehenden Schadensersatzanspruch der Staatskasse.

V. Ansprüche des neuen Anwalts

1. Eigener Vergütungsanspruch

28 Diesem steht ein eigener Vergütungsanspruch gegen die Staatskasse zu. Er kann also die durch seine Tätigkeit entstandenen Gebühren geltend machen. Auch wenn das Gericht ohne ausreichenden Grund einen neuen RA beiordnet, kann es diesem die Vergütung nicht deshalb versagen, weil die gleichen Gebühren bereits an den ersten RA bezahlt worden sind.[12]

2. Beschränkte Beiordnung des neuen Anwalts

29 **a) Einverständnis des Anwalts. Beschränkung nur mit Einverständnis.** Der Vergütungsanspruch des neu beigeordneten Anwalts kann nur dann auf die vom früheren Anwalt noch nicht verdienten Gebühren beschränkt werden, wenn der Anwalt zu einer entsprechenden Beiordnung sein Einverständnis erklärt hat.[13] Der Vergütungsanspruch des neu beigeordneten Anwalts ergibt sich kraft Gesetzes (§ 45 RVG) aus seiner eigenen Tätigkeit im Rechtsstreit und den dadurch erfüllten Gebührentatbeständen. Ihn treffen ohne jede Einschränkung die Pflichten zur ordnungsgemäßen Wahrnehmung des Mandats, weshalb ihm auch ohne jede Einschränkung die gesetzliche Vergütung zusteht. Deshalb muss das Gericht das Einverständnis des

---

[11] OLG Hamburg Rpfleger 1977, 420.

[12] LG Mönchengladbach AnwBl 1978, 358.

[13] OLG Hamm FamRZ 2006, 1551; 2010, 1268; OLG Karlsruhe FamRZ 1998, 632; OLG Köln FamRZ 2004, 123; OLG Oldenburg JurBüro 1995, 137; zur Wirksamkeit der Einverständniserklärung auch OLG Stuttgart FamRZ 2002, 1504.

neuen Anwalts einholen, dass er auf Vergütung ganz oder teilweise verzichtet. Es gibt keine gesetzliche Grundlage für eine gebührenrechtliche Beschränkung ohne Einverständnis des Anwalts.[14]

Unerheblich ist, ob der Anwaltswechsel mit oder ohne Verschulden des bisherigen RA stattfindet oder ob die Partei den Wechsel mutwillig verursacht hat, was zu einer Verwirkung ihres Anspruchs auf Beiordnung eines neuen Anwalts führen kann. Dann muss aber im Beiordnungsverfahren eine neue Beiordnung abgelehnt werden.[15] 30

Verzicht auf Rechtsmittel. Das Einverständnis des Anwalts kann nicht darin gesehen werden, dass der RA gegen den einschränkenden Beschluss kein Rechtsmittel einlegt.[16] 31

b) Bindung an einschränkenden Beschluss. Vertreten wird, dass eine Beschränkung ohne Einverständnis für das Festsetzungsverfahren nicht bindend sei, da gesetzeswidrig. Der neue RA behalte den Anspruch gegen die Staatskasse, wenn er auf ihn nicht wirksam verzichtet hat.[17] Dem ist nicht zu folgen. Es besteht kein Grund, hier von dem allgemeinen Grundsatz, dass das Vergütungsfestsetzungsverfahren der Grundentscheidung, hier dem Bewilligungsbeschluss zu folgen hat, ohne deren Richtigkeit zu überprüfen, abzuweichen (→ § 46 Rn. 7). Das Festsetzungsverfahren ist ein justizförmiges Verwaltungsverfahren, in dem nicht die Richtigkeit einer richterlichen Entscheidung, die es lediglich ausfüllen soll, zu überprüfen ist. Außerdem würde die Bestandskraft des Bewilligungsbeschlusses eingeschränkt. Da dem RA ein Beschwerderecht gegen den Bewilligungsbeschluss zusteht, bedarf er auch keines weiteren Schutzes.[18] 32

c) Rechtsmittel gegen Beiordnungsbeschluss. Beschwerderecht der Partei. Das Beschwerderecht gegen eine Beschränkung in der Beiordnung steht jedenfalls der Partei zu, weil diese materiell-rechtlich beschwert ist.[19] 33

Beschwerderecht des Anwalts. Auch dem RA steht ein Beschwerderecht zu,[20] allein schon um der Gefahr zu entgehen, dass in der Vergütungsfestsetzung eine Bindung an den Beschluss angenommen wird. 34

Achtung Beschwerdefrist: Die Beschwerdefrist beträgt einen Monat (§ 127 Abs. 2 S. 3 ZPO). 35

Verschlechterungsverbot. Hat nur die Partei wegen der Einschränkung im Beiordnungsbeschluss Beschwerde eingelegt, so kommt nur eine Aufhebung der Einschränkung in Betracht. Eine Aufhebung des gesamten Beiordnungsbeschlusses scheitert an dem Verschlechterungsverbot.[21] Dem gegenüber hat OLG Karlsruhe auf Beschwerde nur des Antragstellers die Sache an das Erstgericht zurückverwiesen, um zu klären, ob die Voraussetzungen für die Beiordnung eines neuen Anwalts gegeben sind.[22] 36

§ 55 Festsetzung der aus der Staatskasse zu zahlenden Vergütungen und Vorschüsse

(1) [1]**Die aus der Staatskasse zu gewährende Vergütung und der Vorschuss hierauf werden auf Antrag des Rechtsanwalts von dem Urkundsbeamten der Geschäftsstelle des Gerichts des ersten Rechtszugs festgesetzt.** [2]**Ist das Verfahren nicht gerichtlich anhängig geworden, erfolgt die Festsetzung durch den Urkundsbeamten der Geschäftsstelle des Gerichts, das den Verteidiger bestellt hat.**

(2) **In Angelegenheiten, in denen sich die Gebühren nach Teil 3 des Vergütungsverzeichnisses bestimmen, erfolgt die Festsetzung durch den Urkundsbeamten des Gerichts des Rechtszugs, solange das Verfahren nicht durch rechtskräftige Entscheidung oder in sonstiger Weise beendet ist.**

(3) **Im Fall der Beiordnung einer Kontaktperson (§ 34a des Einführungsgesetzes zum Gerichtsverfassungsgesetz) erfolgt die Festsetzung durch den Urkundsbeamten der Geschäftsstelle des Landgerichts, in dessen Bezirk die Justizvollzugsanstalt liegt.**

---

[14] OLG Hamm FamRZ 2006, 1551; OLG Karlsruhe FamRZ 1998, 632.
[15] OLG Köln FamRZ 2004, 123.
[16] OLG Köln FamRZ 2004, 123; OLG Oldenburg JurBüro 1995, 137.
[17] OLG Köln FamRZ 2004, 123; OLG Oldenburg JurBüro 1995, 137.
[18] OLG Düsseldorf FamRZ 2008, 1767 mzustAnm *Büttner.*
[19] OLG Hamm FamRZ 2006, 1551.
[20] OLG Schleswig FamRZ 2009, 1613.
[21] OLG Hamm FamRZ 2006, 1551; OLG Oldenburg NJW 2011, 1614; OLG Schleswig FamRZ 2009, 1613; LSG Thüringen RVGreport 2018, 417 = AGS 2018, 526.
[22] OLG Karlsruhe FamRZ 2007, 645 = OLGR 2007, 107.

(4) **Im Fall der Beratungshilfe wird die Vergütung von dem Urkundsbeamten der Geschäftsstelle des in § 4 Abs. 1 des Beratungshilfegesetzes bestimmten Gerichts festgesetzt.**

(5) [1]**§ 104 Absatz 2 Satz 1 und 2 der Zivilprozessordnung gilt entsprechend.** [2]**Der Antrag hat die Erklärung zu enthalten, ob und welche Zahlungen der Rechtsanwalt bis zum Tag der Antragstellung erhalten hat.** [3]**Bei Zahlungen auf eine anzurechnende Gebühr sind diese Zahlungen, der Satz oder der Betrag der Gebühr und bei Wertgebühren auch der zugrunde gelegte Wert anzugeben.** [4]**Zahlungen, die der Rechtsanwalt nach der Antragstellung erhalten hat, hat er unverzüglich anzuzeigen.**

(6) [1]**Der Urkundsbeamte kann vor einer Festsetzung der weiteren Vergütung (§ 50) den Rechtsanwalt auffordern, innerhalb einer Frist von einem Monat bei der Geschäftsstelle des Gerichts, dem der Urkundsbeamte angehört, Anträge auf Festsetzung der Vergütungen, für die ihm noch Ansprüche gegen die Staatskasse zustehen, einzureichen oder sich zu den empfangenen Zahlungen (Absatz 5 Satz 2) zu erklären.** [2]**Kommt der Rechtsanwalt der Aufforderung nicht nach, erlöschen seine Ansprüche gegen die Staatskasse.**

(7) [1]**Die Absätze 1 und 5 gelten im Bußgeldverfahren vor der Verwaltungsbehörde entsprechend.** [2]**An die Stelle des Urkundsbeamten der Geschäftsstelle tritt die Verwaltungsbehörde.**

Schrifttum: *von Eicken/Lappe/Madert,* Die Kostenfestsetzung, Abschn. H Festsetzung der Vergütung gegen die Staatskasse.

Übersicht

I. Motive

Die Motive führen zu § 55 Abs. 5 S. 2 RVG aus: 1

„**Zu Nummer 6 – neu** – (Änderung von § 55 Abs. 5 S. 2 RVG)
Die allgemeinen Vorschriften zur Anrechnung gelten auch für die Vergütung des Rechtsanwalts, der im Wege der Prozesskostenhilfe beigeordnet oder als Prozesspfleger bestellt ist. Im Antrag auf Festsetzung der aus der Staatskasse zu zahlenden Vergütung ist deshalb auch die Angabe erforderlich, welche Zahlungen auf etwaige anzurechnende Gebühren geleistet worden sind, wie hoch diese Gebühren sind und aus welchem Wert diese Gebühren entstanden sind. Damit stehen dem Urkundsbeamten für die Festsetzung der Vergütung alle Daten zur Verfügung, die er benötigt, um zu ermitteln, in welchem Umfang die Zahlungen nach § 58 Abs. 1 und 2 RVG auf die anzurechnende Gebühr als Zahlung auf die festzusetzende Gebühr zu behandeln sind."[1]

II. Allgemeines

Die Vorschrift regelt die Zuständigkeit und das Verfahren zur Festsetzung der an die gerichtlich beigeordneten oder bestellten Rechtsanwälte zu zahlenden Vergütung und der auf diese zu zahlenden Vorschüsse. Verwaltungsvorschriften über die Festsetzung der aus der Staatskasse zu gewährenden Vergütung betreffend das Festsetzungs- und Rechtsbehelfsverfahren, die den internen Ablauf bei der Staatskasse betreffen, aber auch Auswirkungen für die antragstellenden Anwälte haben,[2] sind abgedruckt im BAnz. 2009, 3232. Im Internet sind sie zu finden unter www.verwaltungsvorschriften – im-internet.de/bsvwvbund. 2

III. Verhältnis zur Kostenfestsetzung nach §§ 103 ff., 126 ZPO

Die in Kostenfestsetzungsverfahren nach §§ 103 ff., 126 ZPO oder § 11 RVG ergangenen Entscheidungen sind für das Verfahren nach § 55 RVG schon deshalb nicht bindend, weil sie zwischen anderen Beteiligten ergangen sind. Umgekehrt entfalten auch die nach § 56 RVG ergangenen Entscheidungen für das Kostenfestsetzungsverfahren zwischen den Parteien (§§ 103 ff. ZPO) und das Vergütungsfestsetzungsverfahren zwischen dem RA und dessen Auftraggeber (§ 11 RVG) keine bindende Wirkung. 3

IV. Antragsberechtigung

1. Antragsberechtigte

Antragsberechtigt nach Abs. 1 sind alle Rechtsanwälte, die in einem gerichtlichen Verfahren, gleich in welcher Gerichtsbarkeit und nach welcher Verfahrensordnung und nach Abs. 7 auch im Bußgeldverfahren vor der Verwaltungsbehörde, beigeordnet oder bestellt worden sind und denen deshalb eine Vergütung aus der Staatskasse zusteht. Die größte Gruppe der Antragsberechtigten sind die im Wege der Prozess- oder Verfahrenskostenhilfe beigeordneten Anwälte, denen nach § 12 RVG die nach § 4a InsO beigeordneten Anwälte ausdrücklich gleichgestellt sind, und die Pflichtverteidiger. Das Entsprechende gilt nach § 45 Abs. 1 RVG für den nach §§ 57, 58 ZPO dem Beklagten als Vertreter bestellten RA. Auch der nach §§ 138, 270 FamFG dem Antragsgegner beigeordnete und der nach § 67a Abs. 1 S. 2 VwGO für eine Mehrheit von 4

[1] BT-Drs. 16/12717, 59.
[2] *Hansens* RVGreport 2005, 405.

Beteiligten bestellte RA können einen Vorschuss (§ 47 RVG) und nach § 45 Abs. 2 RVG eine Vergütung aus der Staatskasse beanspruchen und diese im Wege des § 55 RVG geltend machen, wenn der in erster Linie Verpflichtete mit der Zahlung in Verzug ist.

5 Für Rechtsbeistände besteht ein Antragsrecht nur, wenn eine – wirksame, wenn auch unzulässige – gerichtliche Beiordnung vorliegt.[3]

6 **Antragsberechtigt nach Abs. 3.** Die einem Inhaftierten im Falle einer Kontaktsperre beigeordnete Kontaktperson ist auch antragsberechtigt. Abs. 3 begründet für sie jedoch eine besondere Zuständigkeit.

Antragsberechtigung bei Zession → § 45 Rn. 118 ff.

2. Nicht antragsberechtigt: Partei und Prozessgegner

7 Partei und Prozessgegner haben kein Antragsrecht. Sie sind am Festsetzungsverfahren überhaupt nicht beteiligt. Das hat zur Folge, dass die in diesem Verfahren ergehenden Entscheidungen für oder gegen sie auch keine Rechtskraftwirkung entfalten. Nimmt die Staatskasse gegen sie auf Grund des Anspruchsübergangs nach § 59 Abs. 1 RVG Rückgriff, können sie in diesem Verfahren geltend machen, dem RA sei zu viel vergütet worden.

V. Verfahren

1. AV Vergütungsfestsetzung

7a Es gibt eine bundeseinheitliche Verwaltungsvorschrift für die Vergütung von ua RA aus der Staatskasse, die von den Ländern wörtlich übernommen wurde, zB in Berlin in der „AV Vergütungsfestsetzung" v. 25.8.2009 (ABl. Bln 2009, 2243).[4]

2. Ohne Titel

8 Anders als das Kostenfestsetzungsverfahren nach §§ 103 ff. ZPO setzt das Verfahren keine **Kostengrundentscheidung** voraus. Der Inhalt einer etwa bereits vorliegenden Kostengrundentscheidung ist für den Vergütungsanspruch des beigeordneten RA gegen die Staatskasse ohne Belang.

3. Zuständigkeit

9 **a) Urkundsbeamter.** Die Festsetzungszuständigkeit ist im Gesetzestext iE festgelegt. Sie liegt immer bei dem Urkundsbeamten der Geschäftsstelle (UdG), mit Ausnahme des Bußgeldverfahrens vor der Verwaltungsbehörde (Abs. 7), bei der es keinen Urkundsbeamten der Geschäftsstelle gibt und an dessen Stelle deshalb die Behörde zuständig ist.

10 **Nicht Rechtspfleger.** Die Festsetzung ist, anders als das Vergütungsfestsetzungsverfahren nach § 11 und das Kostenfestsetzungsverfahren nach § 104 ZPO keine dem Rechtspfleger übertragene Aufgabe, was aber nicht ausschließt, dass bei kleinen Gerichten der Rechtspfleger auch Aufgaben des Urkundsbeamten wahrnimmt und insoweit als Urkundsbeamter handelt. Da nicht der Rechtspfleger zuständig ist, kommt auch das RPflG nicht zur Anwendung und zwar auch dann nicht, wenn der Urkundsbeamte zugleich Rechtspfleger ist.

11 **b) Zuständiges Gericht.** ***aa) Gericht der ersten Instanz.*** Grundsätzlich erfolgt die Festsetzung durch das Gericht der ersten Instanz, also auch für die in der höheren Instanz angefallene Vergütung (Abs. 1, 2).

12 ***bb) Ausnahmen.*** Etwas anderes gilt

(1) beim **Pflichtverteidiger,** wenn das Verfahren nicht anhängig wird. Dann erfolgt die Festsetzung durch den Urkundsbeamten des Gerichts, das den Verteidiger bestellt hat (Abs. 1 S. 2),

13 (2) beim RA, dessen **Gebühren sich nach VV Teil 3 RVG** bestimmen, solange das Verfahren nicht durch rechtskräftige Entscheidung oder in sonstiger Weise beendet ist. Dann entscheidet das Gericht des Rechtszugs, in dem die Vergütung des Anwalts angefallen ist (Abs. 2). Hat in diesem Fall das Rechtsmittelgericht PKH für die Rechtsmittelinstanz bewilligt und beigeordnet, ist das Rechtsmittelgericht Gericht des Rechtszuges. Sein UdG hat zu entscheiden.

14 Hat das Rechtsmittelgericht die Beiordnung für die erste Instanz angeordnet, so ist das Rechtsmittelgericht nur an die Stelle des erstinstanzlichen Gerichts getreten. Über die Festsetzung hat dessen UdG zu entscheiden.

---

[3] LG Bielefeld JurBüro 1989, 1256, nicht für gewährte Beratungshilfe.
[4] *Hansens* RVGreport 2014, 455 (456) Ziff. III 2.

Beispiel:

Nachdem das LG eine PKH-Bewilligung und Beiordnung abgelehnt hat, spricht das OLG auf Beschwerde die Bewilligung und Beiordnung für die erste Instanz aus. Zuständig für einen Vorschuss ist das Landgericht

(3) bei einer **Kontaktperson** iSv § 34a EGGVG. Zuständig ist das LG, in dessen Bezirk die JVA liegt (Abs. 3), 15

(4) bei **Beratungshilfe.** Zuständig ist das in § 4 BerHG bestimmte Gericht (Abs. 4). 16

cc) Verweisung oder Abgabe. Bei Verweisung oder Abgabe ist das Gericht, an das abgegeben wurde, zuständig, wenn der RA auch nach Verweisung noch beigeordnet geblieben ist. Endete die Beiordnung dagegen mit der Verweisung, so bleibt das bisherige Gericht zuständig. 17

dd) Zwangsvollstreckung. Kosten der Zwangsvollstreckung sind bei demjenigen Gericht festzusetzen, das die Beiordnung des Anwalts für die Zwangsvollstreckung oder die Zwangsvollstreckungsmaßnahme angeordnet hat, gleichgültig, ob es dafür zuständig war oder nicht.[5] 18

4. Antrag

a) Zeitpunkt. Eine Frist für die Antragstellung ist gesetzlich nicht bestimmt. Die Festsetzung kann beantragt werden, sobald die Vergütung fällig ist, § 8 RVG. Der Urkundsbeamte kann die Antragstellung durch Fristsetzung erzwingen, wenn die Festsetzung einer weiteren Vergütung (§ 50 RVG) in Betracht kommt (→ Rn. 35 ff.). 19

b) Form und Anzahl. Das Gesetz schreibt keine besondere Form für den Antrag vor.[6] Es gibt für viele Fälle amtliche Antragsformulare, die die Bearbeitung erleichtern und beschleunigen und deren Benutzung deshalb dringend zu empfehlen ist, schon damit nichts Wichtiges vergessen wird. Der Antrag wird in der Regel schriftlich gestellt, kann aber auch zu Protokoll der Geschäftsstelle erklärt werden. 20

Nach Kap. I. A. 1.1.1 der „AV Vergütungsfestsetzung" v. 25.8.2009 (→ Rn. 7a) ist der Festsetzungsantrag zweifach einzureichen. Fehlt ein zweites Exemplar und muss das Gericht deshalb für die Auszahlung eine Kopie anfertigen, so muss der RA die Kopiekosten zahlen.[7] Allerdings bedarf es in NRW für die Auszahlung keiner Zweitschrift, weshalb dort das Justizministerium bestimmt hat, dass eine solche nicht eingereicht werden muss.[8]

c) Inhalt. Der Antrag muss erkennen lassen, welche Vergütung für welche Tätigkeit beansprucht wird. Im Übrigen ist gem. § 55 Abs. 5 S. 1 RVG, § 104 Abs. 2 S. 1 und 2 ZPO anzuwenden. Näherer Substantiierung bedarf es jedoch nur bei Gebührentatbeständen und Auslagen, deren Entstehung sich nicht aus den Gerichtsakten ergibt, zB wenn eine Terminsgebühr aufgrund eines außergerichtlichen Gesprächs geltend gemacht wird. Auf § 104 Abs. 2 S. 3 ZPO verweist § 55 Abs. 5 S. 1 RVG nicht, da der RA grundsätzlich hinsichtlich seiner Vergütungsansprüche nicht vorsteuerabzugsberechtigt ist.[9] 21

d) Vorschüsse oder Zahlungen (Abs. 5 S. 2). Gem. § 58 RVG muss der beigeordnete RA sich Zahlungen, die er von dem Auftraggeber oder einem Dritten (zB auch dem unterlegenen Gegner) erhalten hat, in bestimmtem Umfang auf die aus der Staatskasse zu zahlende Vergütung anrechnen lassen. Der RA ist deshalb verpflichtet, bereits erhaltene Zahlungen in dem Festsetzungsantrag anzugeben. Das gilt auch bei Zahlungen auf eine Gebühr, die auf die von der Staatskasse zu zahlende Vergütung anzurechnen ist, insbes. also Zahlungen auf die Geschäftsgebühr wegen VV Vorb. 3 Abs. 4 RVG. Damit bei der Vergütungsfestsetzung festgestellt werden kann, in welcher Höhe eine Anrechnung vorzunehmen ist, muss nach dem neu eingefügten Abs. 5 S. 3 neben der Zahlung der Satz oder der Betrag der Gebühr und bei Wertgebühren der zugrunde gelegte Wert angegeben werden. Der RA hat auch solche Beträge anzugeben, die er nach § 58 RVG behalten darf. Hat der RA nach Antragstellung oder auch noch nach der Festsetzung Beträge erhalten, hat er die Zahlung unverzüglich anzuzeigen (Abs. 5 S. 4). Auch → § 58 Rn. 27. Ein Verstoß gegen diese Mitteilungspflicht führt nicht zu einem Verlust des Vergütungsanspruchs gegen die Staatskasse, und zwar auch nicht bei einem eklatanten Verstoß.[10] Im Übrigen zur Berechnung einer Anrechnung → § 58 Rn. 59 ff. 22

[5] OLG Schleswig SchlHA 1982, 112; **aA** OLG München JurBüro 1985, 1841, Vollstreckungsgericht zuständig, auch wenn Prozessgericht zu Unrecht für die Zwangsvollstreckung beigeordnet hatte.
[6] KG JurBüro 2015, 25 = AGS 2014, 405.
[7] *Hansens* RVGreport 2014, 455 (456, 457) Ziff. III 2b, IV.
[8] Schneider/Wolf/*Volpert* RVG § 55 Rn. 23.
[9] Regierungsentwurf zum KostRÄG 2021 S. 94.
[10] OLG Hamm NJW-RR 2016, 885 = MDR 2016, 1174 = RVGreport 2016, 342 mzustAnm *Hansens*.

5. Prüfung des Urkundsbeamten

23 **a) Unabhängigkeit des Urkundsbeamten.** Das Verfahren ist ein dem Urkundsbeamten der Geschäftsstelle übertragenes justizförmiges Justizverwaltungsverfahren, in dem sich der RA und die Staatskasse als Beteiligte gegenüberstehen. Als unabhängiges Entscheidungsorgan ist der Urkundsbeamte nicht zur Vertretung der Interessen der Staatskasse berufen; er entscheidet vielmehr, ohne an Weisungen gebunden zu sein,[11] im Rahmen der gestellten Anträge nach dem Gesetz. Als Justizverwaltungsbeamter kann er nur angewiesen werden, die Akten dem zur Vertretung der Staatskasse berufenen Beamten in bestimmten Fällen vorzulegen, damit dieser entscheiden kann, ob für die Staatskasse Einwendungen oder Einreden zu erheben, Rechtsbehelfe oder Rechtsmittel einzulegen sind.

24 **b) Bindung an Beiordnungsbeschluss.** Der Urkundsbeamte und die im Festsetzungsverfahren entscheidenden Gerichte sind an die Bewilligung der PKH und die Beiordnung gebunden. Sie dürfen diese nicht auf ihre Richtigkeit hin überprüfen.[12] Sie haben sie ungeprüft zur Grundlage der Festsetzung zu machen. Auch die Verfahrensgestaltung durch das Prozessgericht haben die Festsetzungsinstanzen ungeprüft hinzunehmen.[13]

25 **Nicht** mehr im Vergütungsfestsetzungsverfahren **zu prüfen** ist zB
– ob **überhaupt PKH** gewährt und ein RA beigeordnet werden durfte, was auch für eine – von vielen als unzulässig angesehene (→ RVG VV 3335 Rn. 92) – Beiordnung für das gesamte PKH-Bewilligungsverfahren gilt.[14] Anders ist es nur, wenn die Beiordnung nichtig ist, zB wenn im Anwaltsprozess ein Rechtsbeistand beigeordnet wird (→ § 45 Rn. 23),
– ob eine Beschränkung der Beiordnung unwirksam ist (→ § 54 Rn. 32),
– ob das **unzuständige Gericht** die Beiordnung, zB für die Zwangsvollstreckung, ausgesprochen hat,
– ob die Beiordnung unzulässigerweise **rückwirkend** auf einen zu frühen Zeitpunkt ausgesprochen wurde, zB auf einen Zeitpunkt vor der Stellung eines vollständigen Antrags,[15]
– ob eine **willkürliche Trennung** von Verfahren vorliegt,[16] zB weil die elterliche Sorge außerhalb vom Verbund geltend gemacht wird. Diejenigen, die diese Frage mit der hM bei der Bewilligung der PKH prüfen,[17] müssen zu einer Bindung in Vergütungsfestsetzungsverfahren kommen,[18]
– ob die Bewilligung durch **falsche Angaben erschlichen** wurde: Der Hauptsacherichter muss vielmehr entscheiden, ob die Bewilligung aufzuheben ist.

Wegen RA, der sich selbst beigeordnet wurde → § 45 Rn. 5.

26 **c) Bindung an den Antrag. Ne ultra petita.** Aus der Ausgestaltung des Festsetzungsverfahrens als antragsabhängiges Parteiverfahren folgt, dass eine über den von dem RA gestellten Antrag hinausgehende Festsetzung nicht zulässig ist.

27 **Austausch von Positionen.** Wohl aber darf der Urkundsbeamte innerhalb des insgesamt beantragten Betrages und im Rahmen des dem Antrag zu Grunde gelegten Sachverhalts einen Positionsaustausch dahin vornehmen, dass statt einer geforderten, aber nicht oder nicht in der geforderten Höhe entstandenen Gebühr eine andere, nicht geforderte, aber entstandene Ge-

---

[11] Riedel/Sußbauer/*Ahlmann* RVG § 55 Rn. 5; **aA** Riedel/Sußbauer/*Schmahl,* 9. Aufl. 2005, RVG § 55 Rn. 6; *Lappe* Anm. zu KostRspr BRAGO § 128 Nr. 12.

[12] OLG Köln AGS 2007, 362.

[13] OLG Bamberg JurBüro 1986, 219, über die Zulässigkeit einer vom Gericht angeordneten Prozessverbindung ist nicht zu befinden.

[14] OLG Saarbrücken JurBüro 1989, 80.

[15] OLG Düsseldorf JurBüro 1971, 697 = Rpfleger 1971, 267; OLG München Rpfleger 1986, 108 = JurBüro 1986, 769.

[16] OLG Hamm JurBüro 2013, 242; 2009, 98 = FamRZ 2009, 362; OLG Karlsruhe JurBüro 1992, 558; LAG Mecklenburg-Vorpommern JurBüro 2016, 524; **aA** LSG Thüringen AGS 2020, 85 = RVGreport 2020, 95 mAnm *Hansens.*

[17] BAG NJW 2011, 1161 Rn. 11; OLG Brandenburg FamRZ 2001, 1712; OLG Dresden FamRZ 2001, 230; OLG Frankfurt a. M. FamRZ 1997, 1411; OLG Hamm FamRZ 1992, 452; OLG Jena FamRZ 2000, 100; OLG Karlsruhe FamRZ 2009, 361; OLG Köln FamRZ 2000, 1021; OLG Oldenburg FamRZ 2001, 630; OLG Schleswig FamRZ 2000, 430; FamRZ 2000, 1021; **aA** OLG Düsseldorf JurBüro 1994, 547; OLG Hamm FamRZ 2009, 362; OLG Rostock FamRZ 1999, 597; LAG München JurBüro 2010, 26; LAG RhPf MDR 2008, 532, Prüfung erst bei Vergütungsfestsetzung.

[18] Ausdrücklich für Bindung OLG Frankfurt a. M. FamRZ 1997, 1411; OLG Hamm FamRZ 2017, 469 = AGS 2017, 141 mzustAnm *N. Schneider;* OLG Jena FamRZ 2000, 100; OLG Köln FamRZ 2000, 1021; OLG Schleswig FamRZ 2009, 537; 2000, 430 (1021); HessLAG AGS 2012, 409; *E. Schneider* Anm. in AGS 2009, 39; **aA** LAG München JurBüro 2010, 26 mablAnm *Enders.*

bühr berücksichtigt werden kann. Dabei ist, wenn nichts Gegenteiliges ersichtlich ist, davon auszugehen, dass der RA alle ihm durch seine aktenkundig im Rahmen und zeitlich nach der Beiordnung entfaltete Tätigkeit erwachsenen Gebühren und Auslagen berücksichtigt wissen will. Beantragt iSd § 308 Abs. 1 ZPO ist dabei der Betrag, dessen Festsetzung der RA nach dem Gesamtinhalt des Antrags unter Berücksichtigung erhaltener Vorschüsse und Zahlungen Dritter noch aus der Staatskasse erstrebt.

Hinweis nach § 139 ZPO. Der Urkundsbeamte ist aber nicht gehindert, nach § 139 ZPO und auch zur Vermeidung unnötiger Geschäftsbelastung durch spätere Nachliquidation auf sachgemäße Antragstellung hinzuwirken, den RA also auf von diesem offensichtlich übersehene Positionen aufmerksam zu machen. 28

d) Prüfungsumfang des Urkundsbeamten. Sie umfasst das Bestehen des Vergütungsanspruchs, besonders auch, 29

– ob die entfaltete Tätigkeit vom zeitlichen und gegenständlichen Umfang der Beiordnung gedeckt ist,
– ob die Vergütung nach § 49 RVG richtig berechnet ist,
– ob die angefallenen Kosten notwendig waren (→ Rn. 49 ff.),
– ob von der Staatskasse gem. § 47 RVG gezahlte Vorschüsse zu verrechnen sind,
– ob Zahlungen einschließlich Vorschüssen des Mandanten oder Dritten anzurechnen sind (§ 58 RVG),
– ob ein Verzicht des Anwalts vorliegt.

e) Gegenstandswert. Über den Gegenstandswert kann der Urkundsbeamte entscheiden, solange noch keine gerichtliche Festsetzung nach §§ 32, 33 RVG erfolgt ist. § 11 Abs. 4 RVG gilt nur bei der Festsetzung der Vergütung gegen den Auftraggeber. Ist allerdings der Gegenstandswert vom Gericht festgesetzt, ist der Urkundsbeamte an ihn gebunden. Er darf von ihm selbst dann nicht abweichen, wenn er ihn für unrichtig hält. Allenfalls kann er bei einem nach § 32 RVG festgesetzten Wert dessen Abänderung – sofern noch zulässig – beim Gericht anregen. 30

f) Rahmengebühren. Billigkeitskontrolle. Anders als im Vergütungsfestsetzungsverfahren sind auch Rahmengebühren festsetzbar, selbst wenn sie nicht auf den Mindestbetrag bestimmt worden sind. 31

§ 14 Abs. 1 S. 4 RVG ist nicht anwendbar, weil die Staatskasse nicht „Dritter", sondern Vergütungsschuldner ist. Dennoch findet zu ihren Gunsten eine Billigkeitskontrolle nach § 315 Abs. 3 S. 1 BGB statt, die der Urkundsbeamte vornehmen muss. Entspricht die Bestimmung der Rahmengebühr durch den RA nicht der Billigkeit, so ist sie entsprechend niedriger festzusetzen. § 315 Abs. 3 S. 2 BGB sieht zwar eine Bestimmung durch „Urteil" vor. Da es indessen für die Festsetzung der Vergütung gegen die Staatskasse kein Urteilsverfahren gibt, ist der Festsetzungsbeschluss der gegebene Ort für diese Entscheidung.[19] 32

6. Nachweis (Abs. 5 S. 1)

Anwendbarkeit von § 104 Abs. 2 S. 1 und 2 ZPO. Aus der entsprechenden Anwendung des § 104 Abs. 2 ZPO, die in Abs. 5 vorgeschrieben ist, folgt, dass zur Berücksichtigung eines Ansatzes die Glaubhaftmachung genügt, für Post- und Telekommunikationsdienstleistungsentgelte die Versicherung des RA, dass sie entstanden sind. Wählt der beigeordnete RA die Pauschale nach VV 7002 RVG, genügt der Hinweis, dass die Pauschale begehrt wird. Wegen der Mehrwertsteuer → § 46 Rn. 77. Die übrigen Auslagen müssen glaubhaft gemacht werden (§ 104 Abs. 2 S. 1 ZPO).[20] Wegen Vorsteuer → Rn. 21. 33

Zur Vorlage seiner Handakten ist der RA nicht verpflichtet.[21] Im Einzelfall kann bei Abrechnung von Kopierkosten über die anwaltliche Versicherung hinaus weitere Glaubhaftmachung, zB die Vorlage der Kopien verlangt werden.[22] 34

7. Aufforderung zu Festsetzungsantrag (Abs. 6 S. 1)

a) Fristsetzung. Vor der Festsetzung einer weiteren Vergütung (§ 50 RVG) muss der Urkundsbeamte feststellen, welche zur Deckung der in § 122 Abs. 1 Nr. 1 ZPO bezeichneten 35

---

[19] OLG Düsseldorf AnwBl 1982, 254; JurBüro 1982, 871.

[20] OLG Köln NStZ-RR 2014, 64 = RVGreport 2014, 105 mzustAnm *Hansens*.

[21] LG Hannover Rpfleger 1986, 72 = JurBüro 1986, 241; AG Braunschweig AnwBl 1985, 538 und 539; **aA** LG Göttingen JurBüro 1986, 242, Pflicht zur Glaubhaftmachung befreit dem Gericht gegenüber von der Verschwiegenheitspflicht.

[22] OLG Köln NStZ-RR 2014, 64 = RVGreport 2014, 105 mzustAnm *Hansens*.

Kosten und Ansprüche nicht benötigten Beträge gem. § 50 RVG auf die beteiligten beigeordneten Anwälte zu verteilen sind. Um die zu verteilende Masse feststellen zu können, müssen die dem beigeordneten RA aus der Staatskasse zu zahlenden Beträge feststehen. Hat ein RA sein Festsetzungsgesuch noch nicht eingereicht, kann er von dem Urkundsbeamten gem. Abs. 6 S. 1 aufgefordert werden, seinen Antrag binnen Monatsfrist einzureichen oder sich über empfangene Zahlungen zu erklären. Ist die Aufforderung unzulässiger Weise schon vor Abschluss des Verfahrens erfolgt, so ist sie nach OLG Koblenz dennoch wirksam und führt bei Nichteinhaltung der Frist zum Verlust von Erstattungsansprüchen.[23]

36 **Hinweispflicht.** Die Aufforderung hat den Hinweis auf die gesetzliche einmonatige Frist zu enthalten. Fehlt dieser Hinweis, tritt die nachfolgend dargestellte Ausschlusswirkung des Abs. 6 S. 2 nicht ein.[24]

36a **Voraussetzung Zahlungsanordnung gem. § 120 Abs. 1 ZPO.** In der Rspr. wird vertreten, dass Voraussetzung für eine wirksame Fristsetzung ist, dass zuvor eine Zahlungsanordnung nach § 120 Abs. 1 ZPO ergangen ist.[25]

37 **b) Fristablauf. Keine Wiedereinsetzung.** Die Frist von einem Monat ist gesetzlich festgelegt. Sie darf weder verlängert noch verkürzt werden. Sie ist auch keine Notfrist. Gegen ihre Versäumung gibt es daher keine Wiedereinsetzung in den vorigen Stand.

38 **c) Folgen der Fristversäumung.** Reicht der RA seinen Antrag nicht fristgerecht ein oder erklärt er sich nicht zu den empfangenen Zahlungen, so erlöschen seine Ansprüche auf Vergütung aus der Staatskasse, und zwar **sämtliche Ansprüche,** die sich aus der in Frage stehenden Beiordnung ergeben,[26] nicht nur derjenige auf eine weitere Vergütung.[27] Von dieser gesetzlichen Folge der Fristversäumung können die Festsetzungsinstanzen nicht aus Billigkeitsgründen absehen. Diese Folgen sollen nach OLG Koblenz auch dann eintreten, wenn die Festsetzung zum Zeitpunkt der Aufforderung mangels Abschluss des Verfahrens noch nicht zulässig war.[28]

39 **Ansprüche gegen Mandanten und Prozessgegner.** Die Vergütungsansprüche gegen den Auftraggeber und die Befugnis, diese von dem in die Kosten verurteilten Gegner beizutreiben (§ 126 ZPO), erlöschen nicht.

40 **d) Rechtsmittel.** Der Beschluss, der das Erlöschen der Ansprüche ausspricht, ist nach § 56 RVG anfechtbar.

41 **e) Vergütungsfestsetzung ohne Aufforderung.** Hat der Urkundsbeamte eine weitere Vergütung festgesetzt, ohne den beigeordneten RA nach Abs. 6 aufzufordern, so bleibt das ohne Folgerungen sowohl für etwa noch bestehende Vergütungsansprüche nach §§ 45, 49 RVG als auch für die ausgezahlte weitere Vergütung.[29]

41a **f) Insolvenz der bedürftigen Partei.** Sie führt nicht zur Unterbrechung des Festsetzungsverfahrens, da dieses nur das Verhältnis des RA zur Staatskasse betrifft.[30]

VI. Verjährung, Verwirkung

1. Einreden

42 Einreden wie zB Verjährung darf der Urkundsbeamte nicht von Amts wegen prüfen. Es ist Sache des Bezirksrevisors zu entscheiden, ob er eine Einrede auch geltend machen will. Verjährung tritt gem. § 195 BGB nach drei Jahren ein.[31]

2. Verwirkung

43 Eine Verwirkung des Antragsrechts tritt ein, wenn die Kostenberechnung längst abgewickelt ist und sich alle Beteiligten darauf eingestellt haben, dass sich die Kostenfrage erledigt hat.[32] § 20 Abs. 1 GKG, § 19 Abs. 1 FamGKG, § 20 Abs. 1 GNotKG sind in gleicher Weise wie bei der Erinnerung des RA (→ § 56 Rn. 8) nicht analog anwendbar.

---

[23] OLG Koblenz AGS 2013, 136.
[24] OLG Zweibrücken Rpfleger 2005, 445 = AGS 2005, 351 mAnm *Mock.*
[25] LAG Düsseldorf AGS 2017, 292 = RVGreport 2017, 100 mablAnm *Hansens.*
[26] OLG Koblenz AGS 2013, 136; OLG Zweibrücken AGS 2013, 530 = Rpfleger 2013, 625.
[27] OLG Koblenz NJW-Spezial 2020, 572 = AGS 2020, 489.
[28] OLG Koblenz AGS 2013, 136.
[29] OLG Koblenz KostRspr BRAGO § 128 Nr. 33.
[30] OLG Jena JurBüro 2014, 597 = RVGreport 2014, 423 mzustAnm *Hansens.*
[31] Hess. LAG RVGreport 2016, 458 mzustAnm *Hansens;* Hess. VGH NJW 2018, 2281.
[32] OLG Brandenburg AGS 2011, 280; LSG LSA RVGreport 2016, 376.

VII. Einwendungen

1. Im Bewilligungsverfahren nicht geprüfte Einwendungen

a) Grundsatz. Es geht hier grds. nur noch um solche Einwendungen, die nicht schon im Bewilligungsverfahren zu beurteilen waren und damit der Bindung an den Bewilligungsbeschluss unterliegen und deshalb im Vergütungsfestsetzungsverfahren nicht mehr zu prüfen sind. 44

b) Mutwillige Trennung. Allerdings besteht Streit, ob auch im Vergütungsfestsetzungsverfahren noch einmal zu prüfen ist, ob eine Geltendmachung mehrerer Rechte in getrennten Verfahren mutwillig war und deshalb der Vergütungsanspruch zu kürzen ist, obgleich bereits im Bewilligungsverfahren im Rahmen von § 114 ZPO dieser Gesichtspunkt zu einer teilweisen Versagung der Bewilligung und Beiordnung führen kann.[33] Dies lässt sich damit rechtfertigen, dass der Staatskasse die gleichen Einwände zustehen, die dem Mandanten, wenn er selbst zahlen müsste, zustehen würden (→ Rn. 47).[34] Lehnt man eine erneute Überprüfung ab, so führt das dazu, dass der gem. § 59 RVG auf die Staatskasse übergegangene Erstattungsanspruch vom Gegner nur teilweise zu befriedigen ist, da sich dieser jedenfalls auf die Mutwilligkeit berufen kann (→ Anh. X Rn. 244 ff.).[35] 45

2. § 54 RVG

Einwendungen können sich ergeben aus § 54 RVG. 46

3. Allgemeine Rechtsgrundsätze, zB positive Forderungsverletzung

Sie können sich aber auch aus allgemeinen Rechtsgrundsätzen herleiten. Dabei kann die Staatskasse dem RA die Einwendungen entgegenhalten, die der Partei, wenn sie zahlen müsste, zustünden (zu den Einwendungen der Partei → § 1 Rn. 165 ff.).[36] Auftraggeber ist die Partei. Die Staatskasse haftet nur für die Vergütung. So kann die Staatskasse **positive Forderungsverletzung** einwenden und mit einem Schadensersatzanspruch aufrechnen.[37] 47

Beispiel:

Der beigeordnete RA, der nach Bewilligung von PKH für die Berufungsinstanz die Frist zur Wiedereinsetzung in die Berufungsfrist versäumt hat, hat deshalb keinen Gebührenanspruch gegen die Staatskasse, wenn die verspätet eingelegte Berufung als unzulässig verworfen wird.[38]

Keine Prüfung von Amts wegen. Der Urkundsbeamte ist nicht Vertreter der Staatskasse. Er darf materiell-rechtliche Einwendungen nicht von Amts wegen, sondern nur dann berücksichtigen, wenn sie vom Vertreter der Staatskasse erhoben werden. 48

4. Fehlende Notwendigkeit

Der beigeordnete RA kann von der Staatskasse nur die notwendigen Kosten iSd § 91 Abs. 1 ZPO verlangen. 49

Auslagen. Der Urkundsbeamte hat von Amts wegen zu prüfen, ob die berechneten Gebühren und Auslagen zur sachgemäßen Durchführung der Angelegenheit erforderlich waren (§ 46 RVG). Im Übrigen → § 46 Rn. 86 ff. 50

Gebühren. Hinsichtlich der Gebühren ist grds. nicht zu prüfen, ob die sie auslösende Tätigkeit zur zweckentsprechenden Rechtsverfolgung oder Rechtsverteidigung notwendig war.[39] Etwas anderes gilt, wenn eine Prozesshandlung völlig überflüssig und bedeutungslos war, weshalb kein Vergütungsanspruch entstehen kann, zB der RA beantragt nach Rücknahme der Berufung durch den Gegner eine Kostenentscheidung gem. § 51 Abs. 3 RVG. 51

[33] **Bejahend** OLG Stuttgart MDR 2002, 117; LAG München AGS 2009, 36; LAG RhPf MDR 2008, 532; ebenso LSG Thüringen RVGreport 2020, 169 mit der falschen Begründung, dass nur eine Angelegenheit vorliege (*Hansens* Anm zu dieser Entscheidung in RVGreport 2020, 169); **verneinend** OLG Bremen NZFam 2015, 770 = AGS 2015, 337 = RVGreport 2015, 339 mzustAnm *Hansens;* OLG Hamm RVGreport 2017, 100 mzustAnm *Hansens,* unter Aufgabe der bisherigen entgegengesetzten Meinung in OLG Hamm JurBüro 2014, 147 = AGS 2014, 144 mablAnm *Thiel;* LAG Hamburg AGS 2016, 433; LAG Nürnberg AGS 2015, 578 = NZA-RR 2016, 36 mit ausführlicher Begr. *Hansens* RVGreport 2018, 7.

[34] **AA** *Thiel* AGS 2014, 194.

[35] *Hansens* Anm. zu LAG Hamburg RVGreport 2016, 344.

[36] BVerwG RPfleger 1995, 75; OLG Hamm JurBüro 2014, 147 = AGS 2014, 144; OLG Karlsruhe JurBüro 1992, 558.

[37] BVerwG RPfleger 1995, 75; OLG Karlsruhe JurBüro 1992, 558.

[38] BVerwG RPfleger 1995, 75; OLG Karlsruhe JurBüro 1992, 558.

[39] Bay. LSG RVGreport 2018, 337 mzustAnm *Hansens* = AGS 2018, 328.

52 **Zwangsvollstreckung.** Für nicht notwendige Maßnahmen der Zwangsvollstreckung hat der RA keinen Anspruch auf Vergütung gegen die Staatskasse. Wenn das Vollstreckungsgericht PKH und Beiordnung für eine einzelne Maßnahme bewilligt hat, kann die Notwendigkeit dieser Maßnahme aber im Festsetzungsverfahren nicht mehr in Frage gestellt werden. Aber auch bei pauschaler Beiordnung für die Mobiliarvollstreckung ist Zurückhaltung bei der Beurteilung einer Vollstreckungsmaßnahme als unnötig angebracht. Auch Vollstreckungsversuche von Gläubigern, die keine PKH genießen, bleiben häufig vergeblich. Nicht alles, was sich als erfolglos herausstellt, kann als von vornherein aussichtslos und damit unnötig bezeichnet werden.

5. Handeln zum Nachteil der Staatskasse

53 Ein solches kann die Staatskasse berechtigen, dem beigeordneten RA eine Vergütung ganz oder teilweise zu verweigern bzw. gezahlte Gebühren zurückzufordern. Ein solches kann darin liegen, dass der beigeordnete RA einen Rückgriff der Staatskasse gegen den Prozessgegner verhindert

– entweder durch eine Kostenvereinbarung mit dem Gegner zu Lasten der Staatskasse
– oder durch einen Kostenfestsetzungsantrag im Namen der Partei
– oder durch Verzicht auf eine Kostengrundentscheidung.[40]

Beispiel (nachteiliger Kostenvergleich):

Der Beklagte ist zur Zahlung und Tragung der Kosten verurteilt worden. Einen Tag vor Rechtskraft vereinbart der beigeordnete Klägervertreter mit dem Beklagten, dass die Anwaltskosten des Klägers nur in Höhe des nicht aus der Staatskasse zu zahlenden Betrages zu erstatten sind.

Beispiel (Kostenfestsetzungsantrag im Namen der Partei):

Der beigeordnete RA gibt sein Recht aus § 126 ZPO grundlos aus der Hand. Er lässt seine Vergütung zunächst auf den Namen der Partei festsetzen und ermöglicht damit die Aufrechnung des erstattungspflichtigen Gegners. Erst nach dem so bewirkten Erlöschen seines Vergütungsanspruchs fordert er seine Vergütung aus der Staatskasse. Grobe Fahrlässigkeit genügt.[41] Nach OLG Saarbrücken genügt es für grobe Fahrlässigkeit nicht, dass der RA einen Kostenfestsetzungsantrag ohne Angabe, in wessen Namen dieser gestellt wird, eingereicht hat, da er ohne grobe Fahrlässigkeit annehmen durfte, dass der Antrag als in seinem Namen gestellt angesehen würde.[42]

VIII. Entscheidung, Vollstreckung

1. Entscheidung

54 **Beschluss.** Die Entscheidung ergeht durch Beschluss.

55 **Zinsen.** Eine Verzinsung der festgesetzten Kosten ist – anders als in § 104 Abs. 1 ZPO, der in Abs. 5 nicht für entsprechend anwendbar erklärt ist – nicht auszusprechen,[43] auch nicht wegen Verzug.[44] Die BRAK und der DAV regen de lege ferenda an, dass entsprechend § 104 Abs. 1 ZPO eine Verzinsung ab Eingang des Festsetzungsantrags vorgesehen sein sollte.[45]

56 **Bekanntgabe.** Eine Bekanntgabe an den RA ist nicht üblich, wenn seinem Antrag ohne Änderung entsprochen worden ist. Von dieser Tatsache erfährt der RA durch die Anweisung des festgesetzten Betrages.

57 Weicht die Festsetzung dagegen von dem Antrag zu Ungunsten des RA ab, muss diesem der Beschluss mit Begründung für die teilweise oder volle Zurückweisung bekannt gemacht werden.

58 Dem Vertreter der Staatskasse wird die Entscheidung zur Vermeidung unnötigen Verwaltungsaufwandes nicht bekannt gegeben.

2. Vollstreckung

59 Im Allgemeinen wird der Staat den festgesetzten Betrag freiwillig auszahlen. Sollte der RA jedoch in die Lage kommen, seine Vergütung zwangsweise beitreiben zu müssen, muss er sich erst durch Klage zum Verwaltungsgericht einen Vollstreckungstitel verschaffen. Die im Verfahren nach § 55 RVG ergehenden Entscheidungen bieten keinen Vollstreckungstitel; sie bestimmen nur mit bindender Wirkung für das Verwaltungsgericht Grund und Höhe des Anspruchs.

---

[40] SG Berlin RVGreport 2015, 459.

[41] OLG München AGS 1998, 11 = MDR 1997, 786; AnwBl 1998, 282 = JurBüro 1997, 589 = NJW-RR 1998, 214; OLG Saarbrücken JurBüro 2005, 484.

[42] OLG Saarbrücken JurBüro 2005, 484.

[43] ThürLSG NJW-Spezial 2015, 604 = AGS 2015, 415.

[44] LAG Sachsen-Anhalt AGS 2021, 37 mzustAnm *Hansens.*

[45] AGS 2011, 53 (58) Ziff. II 16.

3. Verzögerte Bearbeitung

§ 198 ff. GVG gilt auch für die Vergütungsfestsetzung gem. § 55 RVG.[46] Im Übrigen gilt dasselbe wie zu § 11 RVG → § 11 Rn. 242a. 60

IX. Kostenfestsetzung gegen Gegner

→ § 45 Rn. 82 ff. 61

§ 56 Erinnerung und Beschwerde

(1) [1]**Über Erinnerungen des Rechtsanwalts und der Staatskasse gegen die Festsetzung nach § 55 entscheidet das Gericht des Rechtszugs, bei dem die Festsetzung erfolgt ist, durch Beschluss.** [2]**Im Fall des § 55 Abs. 3 entscheidet die Strafkammer des Landgerichts.** [3]**Im Fall der Beratungshilfe entscheidet das nach § 4 Abs. 1 des Beratungshilfegesetzes zuständige Gericht.**

(2) [1]**Im Verfahren über die Erinnerung gilt § 33 Abs. 4 Satz 1, Abs. 7 und 8 und im Verfahren über die Beschwerde gegen die Entscheidung über die Erinnerung § 33 Abs. 3 bis 8 entsprechend.** [2]**Das Verfahren über die Erinnerung und über die Beschwerde ist gebührenfrei.** [3]**Kosten werden nicht erstattet.**

Schrifttum: *Fölsch,* Beratungshilfe – ein kurzer Überblick, NJW 2010, 350; *Hansens,* Rechtsbehelfe bei Festsetzung der Beratungs- und Prozesskostenhilfe, RVGreport 2005, 2; *Volpert,* Rechtsbehelfe des beigeordneten oder bestellten Rechtsanwalts gem. § 56 RVG gegen die Vergütungsfestsetzung gem. § 55 RVG, AGK 2011, 87.

Übersicht

I. Allgemeines

§ 55 RVG regelt in Abs. 1 die Erinnerungsberechtigung und die Entscheidungszuständigkeit. 1

[46] OLG Karlsruhe MDR 2019, 99 = AGS 2019, 556.

2 In Abs. 2 regelt er das Verfahren für die Erinnerung und Beschwerde, wobei auf die Vorschriften über die Beschwerde gegen die Wertfestsetzung für die Rechtsanwaltsgebühren, nämlich § 33 Abs. 3–8 RVG, Bezug genommen wird. Außerdem enthält Abs. 2 S. 3 Regelungen zu den Kosten.

II. Anwendungsbereich

3 Auch in der Sozialgerichtsbarkeit ist § 56 RVG anzuwenden. Er ist die speziellere Norm gegenüber § 178 SGG.[1] Soweit dies früher von einigen Sozialgerichten anders gesehen wurde, kann das jedenfalls nach der Klarstellung durch § 1 Abs. 3 RVG (→ § 1 Rn. 797) nicht mehr aufrechterhalten werden.

III. Erinnerung

1. Derselbe Rechtszug

4 Die Erinnerung ist ein Antrag auf Entscheidung des Gerichts, dem der Urkundsbeamte, der die anzufechtende Entscheidung erlassen hat, angehört. Sie eröffnet also keinen neuen Rechtszug (→ § 18 Nr. 3).

2. Verfahren beim Urkundsbeamten

5 **a) Keine Änderung von Amts wegen.** Der Urkundsbeamte kann seinen Vergütungsfestsetzungsbeschluss – außer im Falle des § 319 Abs. 1 ZPO – nicht von Amts wegen ändern. Er kann das nur auf Erinnerung der Staatskasse oder des RA.[2]

6 Das gilt auch bei Erhöhung der Streit- oder Gegenstandswertfestsetzung. Der Urkundsbeamte ist weder berechtigt noch verpflichtet, von Amts wegen die festgesetzten Gebühren entsprechend der Erhöhung des Gegenstandswertes zu erhöhen. § 107 ZPO gilt nur für das Kostenfestsetzungsverfahren und ist in § 33 RVG nicht für entsprechend anwendbar erklärt worden.

7 **b) Erinnerungsberechtigung.** Das Recht zur Einlegung der Erinnerung steht dem beigeordneten RA und der Staatskasse zu, nicht aber der Partei und dem kostenpflichtigen Gegner.[3] Die Staatskasse kann nicht zu Gunsten des Anwalts Erinnerung einlegen. Hat der RA seinen Vergütungsanspruch gegen die Staatskasse wirksam abgetreten, zB an einen Kollegen oder eine Verrechnungsstelle, so ist nur der – allein antragsberechtigte (→ § 45 Rn. 120) – Zessionar erinnerungsberechtigt.

8 **c) Frist.** Der Rechtsbehelf ist – verfassungskonform[4] – nicht fristgebunden.[5] Das Erinnerungsrecht des RA kann aber verwirkt werden. Für **Erinnerungen des RA** sind § 20 Abs. 1 GKG, § 19 Abs. 1 FamGKG, § 20 Abs. 1 GNotKG, die zu einer weitergehenden Einschränkung der Erinnerungsrechts führen würden, nicht analog anwendbar.[6] Schwerlich vertretbar ist es, wenn das OLG Koblenz[7] sogar lediglich eine Frist von 3 Monaten zugesteht unter Berufung auf den nicht näher dargelegten Einwand der Rechtssicherheit. Letzterem ist mit dem Institut der Verwirkung ausreichend Genüge getan.

Hinsichtlich der **Staatskasse** ist zutreffend hM, dass nach Ablauf der in § 20 Abs. 1 GKG, § 19 Abs. 1 FamGKG, § 20 Abs. 1 GNotKG genannten Zeitpunkte kein Erinnerungsrecht mehr besteht.[8]

---

[1] So schon bislang zu Recht BayLSG RVGreport 2010, 216; LSG NRW BeckRS 2008, 57080; SG Berlin RVGreport 2011, 381.

[2] OLG Hamm NJW-RR 2016, 885; JurBüro 1982, 255; OLG München Rpfleger 1981, 412 = JurBüro 1981, 1692; OLG Frankfurt a. M. JurBüro 1991, 1649 = FamRZ 1991, 1462; *Lappe* Anm. zu KostRspr BRAGO § 128 Nr. 12.

[3] SG Berlin AGS 2011, 292.

[4] OLG Düsseldorf JurBüro 2017, 354.

[5] OLG Brandenburg RVGreport 2010, 218 = AGS 2011, 280; OLG Düsseldorf RVGreport 2016, 218; JurBüro 2017, 354; OLG Frankfurt a. M. RVGreport 2007, 100 mzustAnm *Hansens;* **aA** OLG Koblenz NStZ-RR 2005, 391 = RVGreport 2006, 60 mablAnm *Hansens.*

[6] OLG Zweibrücken NJW-RR 2006, 1439 = FamRZ 2006, 1473; OLG Düsseldorf RVGreport 2016, 218; KG FamRZ 2004, 1805.

[7] **AA** OLG Koblenz FamRZ 1999, 1362. Hiergegen auch *Burhoff* RVGreport 2010, 218.

[8] OLG Brandenburg JurBüro 2010, 307; OLG Saarbrücken, OLGR 2000, 199; OLG Düsseldorf – 1. Zivilsenat – FamRZ 2019, 2026 = RVGreport 2020, 258 mzustAnm Hansens; – 10. Zivilsenat – NJW-RR 1996, 441; BeckOK Kostenrecht/*Dörndorfer,* Stand: 1.6.2019, GKG § 20 Rn. 1; **aA** OLG Düsseldorf – 10. Zivilsenat – JurBüro 2017, 354.

d) Beschwer. Eine Beschwer des Erinnerungsführers ist erforderlich. Die muss aber im Gegensatz zu der Beschwerde keine bestimmte Erinnerungssumme erreichen. 9

e) Abhilfeentscheidung. Der Urkundsbeamte muss eine Abhilfeentscheidung treffen. Er muss der Erinnerung abhelfen, soweit er sie für begründet erachtet (§ 573 Abs. 1 S. 3 ZPO iVm § 572 Abs. 1 ZPO). Andernfalls muss er eine Nichtabhilfeentscheidung treffen und die Erinnerung unverzüglich dem zuständigen Richter vorlegen. 10

3. Verfahren beim Richter

a) Entscheidungszuständigkeit. PKH-Anwalt. Im Falle der Nichtabhilfe durch den Urkundsbeamten entscheidet über die Erinnerung das Gericht des Rechtszuges, bei dem die Festsetzung erfolgt ist, bei Kollegialgerichten durch eines seiner Mitglieder als Einzelrichter, der das Verfahren dem Kollegium überträgt, wenn die Sache besondere Schwierigkeiten aufweist oder die Rechtssache grundsätzliche Bedeutung hat (§ 33 Abs. 7 S. 2 RVG). Beim Arbeitsgericht entscheidet der Vorsitzende ohne Mitwirkung der Laienrichter. 11

Beratungshilfe. Betrifft die Festsetzung die Vergütung bei Beratungshilfe, so entscheidet nach § 4 Abs. 1 BerHG das Amtsgericht, in dessen Bezirk der Rechtssuchende seinen allgemeinen Gerichtsstand hat, in Ermangelung eines solchen im Inland das Amtsgericht, in dessen Bezirk das Bedürfnis der Beratungshilfe aufgetreten ist. 12

Kontaktperson. Betrifft die Festsetzung eine Kontaktperson, so ist nach § 55 Abs. 3 RVG die Strafkammer des Landgerichts zuständig, in dessen Bezirk die Justizvollzugsanstalt liegt. 13

Patent- oder Gebrauchsmustersachen. Ist vom Patentamt in Patent- oder Gebrauchsmustersachen ein RA beigeordnet worden, so entscheidet die für die Bewilligung der Verfahrenskostenhilfe zuständige Stelle. 14

b) Erinnerungsentscheidung. Das Gericht hat im Erinnerungsverfahren grds. selbst in der Sache zu entscheiden. Für eine Zurückverweisung ist in der Regel kein Raum.[9] Die Entscheidung ergeht durch Beschluss. 15

Einer Entscheidung über die Kosten des Erinnerungsverfahrens bedarf es nicht, weil das Verfahren nach Abs. 2 gebührenfrei ist und Kosten nicht erstattet werden. 16

IV. Beschwerde

1. Verfahren beim Erstgericht

a) Zulässigkeit. Der Wortlaut des § 56 RVG erklärt die Beschwerde gegen die Erinnerungsentscheidung nicht ausdrücklich für zulässig. Die Zulässigkeit ergibt sich aber aus der Überschrift des Paragrafen sowie daraus, dass Abs. 2 S. 1 die Abs. 3–8 des § 33 RVG für entsprechend geltend erklärt, nach § 33 Abs. 3 S. 1 RVG die Beschwerde zulässig ist und dessen Abs. 4–7 das Beschwerdeverfahren regeln.[10] Für die Sozialgerichtsbarkeit ist streitig, ob die Beschwerde zulässig ist → § 30 Rn. 17.[11] Im asylrechtlichen Verfahren ist trotz § 80 AsylG wegen § 1 Abs. 3 RVG die Beschwerde nach § 55 RVG zulässig. 17

b) Beschwerdeberechtigung. Hier gilt das oben (→ Rn. 7) zur Erinnerung Ausgeführte entsprechend. 18

c) Beschwerdewert. Mehr als 200,– EUR. Mit der entsprechenden Anwendbarkeit des § 33 Abs. 3 RVG wird auch für die Beschwerde nach § 56 RVG ein Wert des Beschwerdegegenstandes, der 200,– EUR übersteigt, gefordert. Das gilt auch für eine Beschwerde bzgl. der Vergütung bei Beratungshilfe.[12] 19

Beschwerdewert nach teilweiser Abhilfe. Hilft das Gericht teilweise ab und sinkt dadurch die Beschwer unter 200,– EUR, so wird das Rechtsmittel unzulässig.[13] 20

Beschwerdegegenstand ist der Vergütungsbetrag, gegen dessen Ablehnung oder Zubilligung sich der Beschwerdeführer wendet. Dabei kommt es auf die Höhe der dem beigeordne- 21

---

[9] **AA** OLG Düsseldorf JurBüro 1979, 48.

[10] *Hansens* Anm. zu LSG NRW RVGreport 2007, 139, das die Zulässigkeit ohne nähere Begründung angenommen hat.

[11] **Bejahend** BayLSG RVGreport 2010, 220; LSG NRW RVGreport 2008, 456; RVGreport 2010, 221 mzustAnm *Hansens;* SchlHLSG RVGreport 2008, 421 = NZS 2009, 534, weil § 56 als speziellere Vorschrift dem § 197 SGG vorgehe; **verneinend** OVG Thüringen 24.1.2019 – 3 VO 783/18 LSG Bln-Bbg RVGreport 2008, 420; LSG Nds-Brem RVGreport 2007, 99; SächsLSG AGS 2013, 235 = RVGreport 13, 2013, 201 mzustAnm *Hansens,* da § 197 SGG eine abschließende Regelung enthalte.

[12] KG JurBüro 2007, 543.

[13] OLG Hamm JurBüro 1982, 582; OLG Stuttgart JurBüro 1988, 1504; Zöller/*Heßler* ZPO § 567 Rn. 45.

ten RA aus der Staatskasse zu erstattenden Vergütung, nicht auf die Höhe der Wahlanwaltsgebühren an. Die Umsatzsteuer ist beim Beschwerdegegenstand mitzurechnen.

22 **d) Zulassung der Beschwerde bei bis zu 200,– EUR.** Dass grds. bedeutsame Fragen trotzdem zur obergerichtlichen Entscheidung gelangen können, wird durch die entsprechende Anwendung des § 33 Abs. 3 S. 2 RVG erreicht, nach der das Gericht, das die angefochtene Entscheidung erlassen hat, die Beschwerde auch dann wegen der grundsätzlichen Bedeutung der zur Entscheidung stehenden Frage zulassen kann, wenn der Beschwerdewert nicht erreicht wird.

23 **e) Frist und Einlegungsgericht.** Die Beschwerde ist binnen einer Notfrist von zwei Wochen (§ 56 Abs. 2 S. 1 RVG iVm § 33 Abs. 3 S. 3 RVG) bei dem Gericht, dessen Entscheidung angegriffen wird (§ 56 Abs. 2 S. 1 RVG iVm § 33 Abs. 7 S. 1 RVG)[14] einzulegen. Die Einlegung beim falschen Gericht wahrt nicht die Frist.[15]

24 **f) Kein Anwaltszwang.** Anwaltszwang besteht in keinem Fall, auch nicht, wenn in der Hauptsache, deren Kosten festgesetzt worden sind, Anwaltszwang bestand.[16]

25 **g) Abhilfe, Wiedereinsetzung. Abhilfeentscheidung.** Das Gericht, das die angefochtene Erinnerungsentscheidung erlassen hat, kann und muss der Beschwerde abhelfen, soweit es sie für begründet hält (§ 33 Abs. 4 S. 1 RVG „hat es ihr abzuhelfen").

26 **Wiedereinsetzung.** Gegen eine unverschuldete Versäumung der Beschwerdefrist besteht die Möglichkeit der Wiedereinsetzung.[17] Die gesetzlichen Fristen richten sich nach §§ 56 Abs. 2 S. 1, 33 Abs. 5 RVG, die als die spezielleren Vorschriften den allgemeinen Bestimmungen über die Wiedereinsetzung vorgehen.[18] Über den Antrag hat zu entscheiden, wer über den Rechtsbehelf in der Sache zu entscheiden hat. Der Richter der Vorinstanz hat auch über den Wiedereinsetzungsantrag zu entscheiden, wenn er ihn und die Beschwerde für begründet hält und deshalb abhelfen will. Hält er entweder den Wiedereinsetzungsantrag oder die Beschwerde für unbegründet, darf er nicht über die Wiedereinsetzung entscheiden, sondern muss die gesamte Beschwerde ohne Abhilfe dem Richter vorlegen.

2. Verfahren beim Beschwerdegericht

27 **a) Entscheidungszuständigkeit.** Nach dem gem. Abs. 2 S. 1 entsprechend geltenden § 33 Abs. 4 S. 2 RVG hat über die Beschwerde das nächst höhere Gericht, in bürgerlichen Rechtsstreitigkeiten der in § 119 Abs. 1 Nr. 1, Abs. 2, 3 GVG bezeichneten Art das Oberlandesgericht zu entscheiden. Bezüglich einer Entscheidung des Sozialgerichts ist das LSG zuständig.[19] Das Gericht entscheidet nach Abs. 2 S. 1 iVm § 33 Abs. 8 S. 1 RVG durch eines seiner Mitglieder als Einzelrichter, wenn die angefochtene Entscheidung von einem Einzelrichter oder einem Rechtspfleger erlassen wurde. Der Einzelrichter überträgt das Verfahren der Kammer oder dem Senat, wenn die Sache besondere Schwierigkeiten tatsächlicher oder rechtlicher Art aufweist oder die Rechtssache grundsätzliche Bedeutung hat (Abs. 2 S. 1 iVm § 33 Abs. 8 S. 2 RVG). Das Gericht entscheidet jedoch immer ohne Mitwirkung ehrenamtlicher Richter (Abs. 2 S. 1 iVm § 33 Abs. 8 S. 3 RVG).

28 **b) Beschwerdeentscheidung. Beschluss.** Die Entscheidung ergeht durch Beschluss.

29 **Verschlechterungsverbot.** Es greift ein. Auf die Beschwerde der Staatskasse braucht deshalb nur geprüft zu werden, ob der festgesetzte Betrag die berechtigte Forderung des beigeordneten RA übersteigt. Ob die Vergütung des beigeordneten RA etwa zu niedrig festgesetzt worden ist, darf nicht geprüft werden.[20] Umgekehrt hat das Beschwerdegericht auf die Beschwerde des RA sich nur damit zu befassen, ob der festgesetzte Betrag zu erhöhen ist.

30 **Zurückverweisung.** Wenn eine zulässige Beschwerde vorliegt, sollte das Beschwerdegericht grds. selbst in der Sache entscheiden. Dabei muss es den aus der Staatskasse zu zahlenden Betrag beziffern. Eine Entscheidung lediglich des Inhalts, dass dem Änderungsbegehren des Antragstellers stattgegeben wird, ist unzulässig.[21] Eine Zurückverweisung ist zulässig, aber nur dann am Platze, wenn erhebliche Verfahrensverstöße vorliegen oder weitere Ermittlungen anzustellen sind.

---

14 ThürLSG RVGreport 2015, 103.
15 ThürLSG RVGreport 2015, 103 mzustAnm *Hansens.*
16 OVG Hamburg NJW 2008, 538 Ls.
17 LSG NRW RVGreport 2017, 454 mzustAnm *Hansens.*
18 LSG Erfurt RVGreport 2018, 452 = AGS 2018, 86.
19 LSG NRW RVGreport 2007, 139.
20 Thür. LSG RVGreport 2020, 301 mzustAnm *Hansens.*
21 OLG Brandenburg FamRZ 2008, 708.

Kosten. Einer Entscheidung über die Kosten des Erinnerungsverfahrens bedarf es nicht, weil das Verfahren nach Abs. 2 gebührenfrei ist und Kosten nicht erstattet werden. 31

V. Rechtsbehelfe gegen Beschwerdeentscheidung

1. Weitere Beschwerde

Es gibt nur die weitere Beschwerde. Sie setzt nach Abs. 2 iVm § 33 Abs. 6. S. 1 RVG voraus, dass das Landgericht als Beschwerdegericht entschieden hat und die weitere Beschwerde wegen der grundsätzlichen Bedeutung der zur Entscheidung stehenden Frage zugelassen hat. Sie kann nur darauf gestützt werden, dass die Entscheidung auf einer Verletzung des Rechts beruht; die §§ 546, 547 ZPO gelten entsprechend. Über die weitere Beschwerde entscheidet das Oberlandesgericht. 32

2. Keine Rechtsbeschwerde

Es gibt keine Rechtsbeschwerde zum BGH, wie aus der Verweisung in Abs. 2 S. 1 auf § 33 Abs. 4 S. 3 RVG folgt.[21] An der Unzulässigkeit ändert sich auch nichts, wenn das Oberlandesgericht die Rechtsbeschwerde zugelassen hat.[22] 33

3. Gegenvorstellung

Gegenvorstellungen sind sowohl gegen erstinstanzliche Entscheidungen als auch gegen Beschwerdebeschlüsse zulässig. 34

§ 57 Rechtsbehelf in Bußgeldsachen vor der Verwaltungsbehörde

[1] Gegen Entscheidungen der Verwaltungsbehörde im Bußgeldverfahren nach den Vorschriften dieses Abschnitts kann gerichtliche Entscheidung beantragt werden. [2] Für das Verfahren gilt § 62 des Gesetzes über Ordnungswidrigkeiten.

Übersicht

I. Allgemeines

§ 57 RVG regelt die gerichtliche Überprüfung von Entscheidungen im Zusammenhang mit der Festsetzung der Rechtsanwaltsvergütung gegen die Staatskasse im Bußgeldverfahren vor der Verwaltungsbehörde. Angegriffen werden können **sämtliche Entscheidungen der Verwaltungsbehörden,** die diese im Bereich von Abschn. 8 erlässt. Anders als § 56 RVG enthält § 57 RVG keine Einschränkung auf die Erinnerung nur gegen die Entscheidung im Rahmen des Vergütungsfestsetzungsverfahrens.[1] 1

Die Vorschrift regelt nicht die Anfechtungsmöglichkeiten gegen die eigentliche Kostenentscheidung im OWi-Verfahren. Diese richten sich nach den allgemeinen Regeln, also zB nach § 46 OWiG iVm § 464 Abs. 2 S. 1 StPO.[2] 2

---

[21] BGH FamRZ 2010, 1327; *Hansens* RVGreport 2007, 100; Anm. zu OLG Frankfurt a. M. RVGreport 2007,100; **aA** OLG Karlsruhe OLGR 2008, 150.

[22] BGH FamRZ 2010, 1327.

[1] Burhoff/Volpert RVG/*Burhoff* § 57 Rn. 2; Schneider/Wolf/*N. Schneider* RVG § 57 Rn. 4.

[2] Göhler/*Gürtler* OWiG Vor § 105 Rn. 21 ff.

3 Nach S. 2 gilt für das Verfahren **§ 62 OWiG.** Die Regelung entspricht der **Rechtswegzuweisung** des § 108 Abs. 1 OWiG.

II. Anwendungsbereich

1. Persönlich

4 Die Vorschrift gilt für jeden im Bußgeldverfahren bestellten oder beigeordneten RA, idR also für den **Pflichtverteidiger** oder einen ggf. bestellten Zeugenbeistand.

2. Sachlich

5 Der Rechtsbehelf greift nur dann ein, wenn das Verfahren **ausschließlich** vor der **Verwaltungsbehörde** stattfindet und dort auch endet.[3] Wird das Verfahren nach § 69 Abs. 4 OWiG nach Einspruch an das AG abgegeben, ist ab diesem Zeitpunkt das Amtsgericht zur Entscheidung berufen. Anwendbar ist dann § 56 RVG.[4]

6 **Anfechtbar** sind folgende Entscheidungen:[5]
- Entscheidungen der Verwaltungsbehörde im Festsetzungsverfahren nach **§ 55 RVG,**
- Entscheidungen der Verwaltungsbehörde über die Notwendigkeit von **Reisekosten** nach § 46 Abs. 2 S. 1, 2 RVG,
- Entscheidungen der Verwaltungsbehörde über **sonstige Auslagen** nach § 46 Abs. 2 S. 3 RVG,
- Entscheidungen über die Bewilligung einer **Pauschvergütung** nach § 51 Abs. 3 S. 2 RVG,
- Entscheidungen über die Bewilligung eines **Vorschusses** nach § 51 Abs. 1 S. 5 RVG.
- Entscheidungen über die **Inanspruchnahme** des **Betroffenen** oder eines anderweitig Vertretenen nach § 52 Abs. 6 S. 2 RVG,
- Entscheidungen über **unmittelbare** Inanspruchnahme des **anderweitig Vertretenen** nach § 53 RVG iVm § 52 Abs. 6 S. 2 RVG,
- **nachträgliche Anrechnung** von Zahlungen nach § 58 Abs. 3 RVG iVm § 55 RVG.[6]

III. Verfahren (S. 2)

1. Gesetzliche Verweisung

7 Das Verfahren über den Antrag auf gerichtliche Entscheidung richtet sich gem. § 57 S. 2 RVG nach **§ 62 OWiG.**[7]

2. Antrag

8 Der Antrag auf gerichtliche Entscheidung ist bei der **Verwaltungsbehörde** einzureichen, die die anzufechtende Entscheidung erlassen und im Zweifel auch den RA bestellt hat (§ 62 Abs. 2 S. 2 OWiG iVm § 306 Abs. 1 StPO). Der Antrag kann auf einzelne Punkte beschränkt werden.[8]

3. Form

9 Der Antrag muss **schriftlich** oder zu Protokoll der Geschäftsstelle erklärt werden (§ 62 Abs. 2 S. 2 OWiG iVm § 306 Abs. 1 StPO).

4. Antragsbegründung

10 Eine Antragsbegründung ist nicht erforderlich, sie **empfiehlt** sich aber, da der bearbeitende Richter beim Amtsgericht die Sache nicht kennt.[9]

5. Frist/Form

11 Für den Antrag auf gerichtliche Entscheidung ist eine **Frist** nicht vorgesehen. Der Antrag ist also **unbefristet** zulässig. In Betracht kommen kann aber ggf. eine Verwirkung des Antrags, wenn dieser zu lange nach der beanstandeten Festsetzung gestellt wird.[10] Der Antrag bedarf der

---

[3] Schneider/Wolf/*N. Schneider* RVG § 57 Rn. 5.
[4] Burhoff/Volpert RVG/*Burhoff* § 57 Rn. 3; Schneider/Wolf/*N. Schneider* § 57 Rn. 5 f.
[5] Schneider/Wolf/*N. Schneider* RVG § 57 Rn. 8 ff.; Burhoff/Volpert RVG/*Burhoff* § 57 Rn. 7; HSE/*Hartung* RVG § 57 Rn. 6.
[6] Schneider/Wolf/*N. Schneider* RVG § 57 Rn. 9–15.
[7] Wegen der Einzelheiten auch HSE/*Hartung* RVG § 57 Rn. 7 ff.
[8] Schneider/Wolf/*N. Schneider* RVG § 57 Rn. 17.
[9] Schneider/Wolf/*N. Schneider* RVG § 57 Rn. 19.
[10] Schneider/Wolf/*N. Schneider* RVG § 57 Rn. 21; HSE/*Hartung* RVG § 57 Rn. 15; Burhoff/Volpert RVG/*Burhoff* § 57 Rn. 9 mwN; NK-GK/*Kotz* RVG § 57 Rn. 9 mwN; zB OLG Düsseldorf JurBüro 1996, 144, ein

Schriftform er kann nach § 62 Abs. 2 S. 2 OWiG iVm § 306 Abs. 1 StPO aber auch zu Protokoll der Geschäftsstelle erklärt werden.

6. Antragsberechtigung

Eine ausdrückliche Regelung für die Antragsberechtigung fehlt. Also kann derjenige den Antrag stellen, der durch die anzufechtende Entscheidung der Verwaltungsbehörde **beschwert** ist. Das wird idR der RA sein, der durch die Entscheidung der Verwaltungsbehörde beschwert ist, soweit die festgesetzte Vergütung nicht seinem Antrag entspricht. Handelt es sich um einen Beschluss, durch den der Betroffene in Anspruch genommen wird, kann auch er den Antrag auf gerichtliche Entscheidung stellen.[11] 12

Eine Mindestbeschwer ist nicht vorgesehen, also gilt nicht die **Wertgrenze** der sonstigen Verfahrensordnungen von 200,– EUR.[12] Die Auszahlung der festgesetzten Vergütung führt nicht zum Wegfall der Beschwer.[13] 13

7. Abhilfemöglichkeit

Gem. § 62 Abs. 2 S. 2 OWiG, § 306 Abs. 2 StPO ist die Verwaltungsbehörde berechtigt, dem Antrag auf gerichtliche Entscheidung **abzuhelfen,** entweder insgesamt oder auch teilweise bzgl. einzelner Angriffspunkte.[14] Das Verschlechterungsverbot ist zu beachten, weil die Verwaltungsbehörde dem Antrag nur abhelfen kann. Eine Änderung zum Nachteil des Antragsgegners ist dagegen möglich, § 308 Abs. 1 StPO ist zu beachten. Dem Antragsgegner muss rechtliches Gehör eingeräumt werden.[15] 14

8. Gerichtliches Verfahren

Zuständig ist das Amtsgericht, in dessen Bezirk die Verwaltungsbehörde ihren Sitz hat. Das folgt aus § 62 Abs. 2 S. 1, § 68 Abs. 1 OWiG. 15

Das **Verfahren** ergibt sich aus § 57 S. 2 RVG, der auf § 62 OWiG verweist. Dort wiederum wird verwiesen auf die §§ 297–300, 306–309, 311a StPO. 16

9. Gerichtliche Entscheidung

Die gerichtliche Entscheidung ergeht nach § 62 Abs. 2 S. 2 OWiG iVm § 309 Abs. 1 StPO durch zu begründenden **Beschluss.** Die Entscheidung ist nach § 62 Abs. 2 S. 3 OWiG **unanfechtbar.** Sie bedarf daher keiner Rechtsbehelfsbelehrung nach § 12c RVG.[16] 17

Der Beschluss muss idR keine **Kostenentscheidung** enthalten.[17] Soweit unter Hinweis darauf, dass die in § 62 Abs. 2 S. 2 OWiG enthaltene Verweisung auf die Vorschriften der StPO über die Auferlegung der Kosten vertreten wird, dass eine Kostenentscheidung (immer) entfalle,[18] weil es sich bei § 57 RVG um einen Rechtsbehelf handle, wird übersehen, dass nach § 62 Abs. 2 S. 2 OWiG die Vorschriften der StPO nur „sinngemäß" anwendbar sind. Die Frage, ob der Beschluss eine Kostenentscheidung enthalten muss, hat aber in der Praxis keine große Bedeutung. Das Verfahren ist gerichtsgebührenfrei. Eine Erstattung der Anwaltskosten kommt schon deshalb nicht in Betracht, weil der RA meist in eigener Sache tätig wird und das Einfordern der Vergütung gem. § 19 Abs. 1 S. 2 Nr. 13 RVG zum Rechtszug gehört. Nur, wenn Auslagen anfallen, weil der RA einen anderen Beteiligten vertritt, ist eine Kostenentscheidung erforderlich.[19] 18

Jahr nach Festsetzung; OLG Koblenz FamRZ 1999, 1362, drei Monate für Erinnerung; LSG Thüringen BeckRS 2015, 66761, keine Verwirkung nach 29 Monaten; s. a. noch OLG Düsseldorf RVGreport 2016, 218; OLG Koblenz NJW-RR 2016, 1216 = JurBüro 2016, 315 = AGS 2016, 251 = Rpfleger 2016, 608 = RVGreport 2016, 227.

[11] Burhoff/Volpert RVG/*Burhoff* § 57 Rn. 3, 11; HSE/*Hartung* RVG § 57 Rn. 13; Schneider/Wolf/*N. Schneider* RVG § 57 Rn. 13, 28, 29; aA für Festsetzung einer Pauschgebühr nach § 51 Abs. 3 RVG und für die Festsetzung der Vergütungen und Vorschüsse nach § 55 Abs. 1, 7 RVG BeckOK-RVG/*Sommerfeldt* § 57 Rn. 4.

[12] Schneider/Wolf/*N. Schneider* RVG § 57 Rn. 22–24; Burhoff/Volpert RVG/*Burhoff* § 57 Rn. 12.

[13] HSE/*Hartung* RVG § 57 Rn. 14; Schneider/Wolf/*N. Schneider* RVG § 57 Rn. 26.

[14] Schneider/Wolf/*N. Schneider* RVG § 57 Rn. 33, 34.

[15] Schneider/Wolf/*N. Schneider* RVG § 57 Rn. 35, 36.

[16] Zur Rechtsbehelfsbelehrung die Kommentierung bei → § 12c Rn. 1 ff.

[17] Zutr. Schneider/Wolf/*N. Schneider* RVG § 57 Rn. 41; vgl. iÜ zu § 62 OWiG Göhler/*Seitz/Bauer* OWiG § 62 Rn. 32 f.

[18] HSE/*Hartung* RVG § 57 Rn. 27; Mayer/Kroiß/*Pukall* RVG § 57 Rn. 11.

[19] Schneider/Wolf/*N. Schneider* RVG § 57 Rn. 41; Burhoff/Volpert RVG/*Burhoff* § 57 Rn. 14.

§ 58 Anrechnung von Vorschüssen und Zahlungen

(1) **Zahlungen, die der Rechtsanwalt nach § 9 des Beratungshilfegesetzes erhalten hat, werden auf die aus der Landeskasse zu zahlende Vergütung angerechnet.**

(2) [1]**In Angelegenheiten, in denen sich die Gebühren nach Teil 3 des Vergütungsverzeichnisses bestimmen, sind Vorschüsse und Zahlungen, die der Rechtsanwalt vor oder nach der Beiordnung erhalten hat, zunächst auf die Vergütungen anzurechnen, für die ein Anspruch gegen die Staatskasse nicht oder nur unter den Voraussetzungen des § 50 besteht.** [2]**Ist eine Gebühr, für die kein Anspruch gegen die Staatskasse besteht, auf eine Gebühr anzurechnen, für die ein Anspruch gegen die Staatskasse besteht, so vermindert sich der Anspruch gegen die Staatskasse nur insoweit, als der Rechtsanwalt durch eine Zahlung auf die anzurechnende Gebühr und den Anspruch auf die ohne Anrechnung ermittelte andere Gebühr insgesamt mehr als den sich aus § 15a Absatz 1 ergebenden Gesamtbetrag erhalten würde.**

(3) [1]**In Angelegenheiten, in denen sich die Gebühren nach den Teilen 4 bis 6 des Vergütungsverzeichnisses bestimmen, sind Vorschüsse und Zahlungen, die der Rechtsanwalt vor oder nach der gerichtlichen Bestellung oder Beiordnung für seine Tätigkeit in einer gebührenrechtlichen Angelegenheit erhalten hat, auf die von der Staatskasse für diese Angelegenheit zu zahlenden Gebühren anzurechnen.** [2]**Hat der Rechtsanwalt Zahlungen empfangen, nachdem er Gebühren aus der Staatskasse erhalten hat, ist er zur Rückzahlung an die Staatskasse verpflichtet.** [3]**Die Anrechnung oder Rückzahlung erfolgt nur, soweit der Rechtsanwalt durch die Zahlungen insgesamt mehr als den doppelten Betrag der ihm ohne Berücksichtigung des § 51 aus der Staatskasse zustehenden Gebühren erhalten würde.** [4]**Sind die dem Rechtsanwalt nach Satz 3 verbleibenden Gebühren höher als die im Vergütungsverzeichnis vorgesehenen Höchstgebühren eines Wahlanwalts, ist auch der die Höchstgebühren übersteigende Betrag anzurechnen oder zurückzuzahlen.**

Schrifttum: *Al-Jumaílí,* Vorschuss und dessen Anrechnung auf die Pflichtverteidigervergütung, JurBüro 2000, 565; *Enders,* Honorarvereinbarung des Strafverteidigers und spätere Bestellung zum Pflichtverteidiger, JurBüro 2002, 409; *Enders,* Anrechnung der Geschäftsgebühr bei Prozesskostenhilfe im nachfolgenden Rechtsstreit, JurBüro 2005, 281; *Kindermann,* Anwalts- und Gerichtsgebühren im Prozesskostenhilfeverfahren und die Beratungshilfe, FPR 2005, 390.

Übersicht

I. Motive zum KostRÄG 2021

Zu § 58 Abs. 2 S. 2 RVG: In der Rechtsprechung ist trotz der Regelung des § 15a Abs. 1 RVG umstritten, ob beispielsweise der Anfall einer vorgerichtlichen Geschäftsgebühr wegen der in Vorbemerkung 3 Abs. 4 VV RVG normierten Anrechnung stets zu einer Reduzierung der aus der Staatskasse zu zahlenden Verfahrensgebühr führt. Um eine einheitliche Handhabung zu gewährleisten, wird eine Klarstellung in § 58 Abs. 2 RVG vorgeschlagen. 1

Nach der vorgeschlagenen Regelung soll eine Anrechnung einer auf eine vorgerichtliche Geschäftsgebühr erfolgten Zahlung nur dann in Betracht kommen, wenn die Zahlung dazu führt, dass die Differenz zwischen der Wahlanwaltsvergütung und dem insgesamt nach § 49 RVG bestehenden Anspruch völlig beglichen ist.

Die Regelung berücksichtigt die Interessen der Partei, der eine Rechtsanwältin oder ein Rechtsanwalt beigeordnet wurde, und entspricht der Kernaussage des § 15a Abs. 1 RVG. Es sind keine Gründe ersichtlich, warum eine Zahlung einer PKH-Partei nach der Beiordnung zunächst auf diejenigen Vergütungen anzurechnen sein sollte, für die ein Anspruch gegen die Staatskasse nicht besteht (§ 58 Abs. 2 RVG), während eine Zahlung auf eine vor der Beiordnung entstandene Geschäftsgebühr über die Anrechnungsbestimmungen unmittelbar die Vergütung aus der Staatskasse mindern soll.

Die vorgeschlagene Regelung ist so gestaltet, dass sie alle Anrechnungsfälle erfasst und nur zum Tragen kommen kann, wenn tatsächlich eine Zahlung auf die anzurechnende Gebühr erfolgt ist. Die Regelungen des § 55 Abs. 5 Satz 3 und 4 RVG gewährleisten, dass dem Gericht im Rahmen der Festsetzung der aus der Staatskasse zu zahlenden Vergütung die zur Umsetzung der Regelung notwendigen Angaben vorliegen.[1]

II. Allgemeines

§ 58 RVG regelt, wie Zahlungen an den RA anzurechnen sind. Es betreffen dabei 1a
– Abs. 1 Zahlungen gem. § 9 BerHG,

[1] Regierungsentwurf zu KostRÄG 2021 S. 94.

– Abs. 2 Zahlungen in den Fällen, in denen sich die Vergütung des Anwalts nach VV Teil 3 RVG richtet,
– Abs. 3 Zahlungen in den Fällen, in denen sich die Vergütung des Anwalts nach VV Teil 4–6 RVG richtet.

III. Zahlungen bei Beratungshilfe

1. Anspruch gegen Gegner

2 Der RA hat gegen den Rechtssuchenden, sofern dieser ihn bei gewährter Beratungshilfe in Anspruch genommen hat, über die Schutzgebühr von 15,– EUR nach VV 2500 RVG hinaus keinen Gebührenanspruch. Hat aber der Rechtssuchende einen materiell-rechtlichen Kostenersatzanspruch gegen den Gegner, so geht gem. § 9 BerHG dieser Anspruch auf den RA über. Der Kostenersatzanspruch des Rechtssuchenden besteht in Höhe der gesetzlichen Vergütung, also nach den Gebühren und Auslagen eines Wahlanwalts.

2. Anrechnungen zugunsten der Staatskasse

3 § 58 Abs. 3 S. 1 RVG übernimmt die Regelung, die sich früher in § 9 S. 4 BerHG befand. Die Zahlungen des Gegners werden angerechnet auf die Gebühren, die der RA auf Grund der VV 2501–2508 RVG aus der Staatskasse erhält. Alle Zahlungen sind nach § 9 BerHG anzurechnen, auch wenn sie den vollen Gebührenanspruch eines Wahlanwalts nicht erreichen.[2]

4 Eine Anrechnung der Beratungshilfegebühr (Schutzgebühr) gem. VV 2500 RVG ist nicht vorgesehen. Die Schutzgebühr verbleibt dem Anwalt mithin zusätzlich.[3] Er braucht auch die Schutzgebühr nicht an den Mandanten zurückzuzahlen, wenn er die gesetzliche Vergütung vom kostenpflichtigen Gegner erhalten hat.

IV. Zahlungen auf Gebühren des VV Teil 3 RVG

1. Allgemeines

5 Abs. 2 enthält eine gesetzliche Zweckbestimmung. Vorschüsse und Zahlungen sind nach Abs. 2 zunächst auf die Vergütungsansprüche anzurechnen, für die ein Anspruch gegen die Staatskasse nicht besteht, wozu auch der Anspruch gem. § 50 RVG auf die Differenz zwischen Wahl- und PKH-Anwaltsgebühren gehört. Der Vergütungsanspruch des beigeordneten RA zerfällt damit in zwei Teile, einmal den durch die Haftung der Staatskasse gedeckten Teil und andererseits den hiervon nicht gedeckten. Auf den letzteren erfolgt die Anrechnung zuerst.

Beispiel:

→ Rn. 12 ff.

2. Vorrang der Zweckbestimmung durch Zahlenden

6 **a) Vorrang.** Abs. 2 greift nur ein, wenn der Zahlende nicht eine abweichende Zweckbestimmung vorgenommen hat. Eine solche geht der Regelung des Abs. 2 vor.[4]

Beispiel:

Bestimmt der Mandant, dass ein Vorschuss nur für solche Ansprüche gezahlt wird, für die die Staatskasse nicht eintreten muss, und ist die Vorschusszahlung höher, als der sich so ergebende Betrag, so ist der Rest an den Mandanten zurückzuzahlen und nicht auf den Anspruch gegen die Staatskasse anzurechnen.[5]

7 **b) Zahlung für bestimmte Vorgänge.** Erfolgt die Zahlung nicht generell auf die Vergütung des Anwalts, sondern für einen ganz bestimmten Vorgang, so ist sie nicht auf die gesamte Vergütung des Anwalts anzurechnen, sondern nur auf den vorgesehenen Anspruch.[6]

Beispiele:

Der RA erhält eine Zahlung zur Weiterleitung an einen Verkehrsanwalt oder zur Begleichung der Gerichtskosten.[7]

Oder:

Es wird PKH nur für einen Teil des Anspruchs gewährt. Die Zahlungen sollen nur die für die Geltendmachung des Restes anfallenden Anwaltskosten betreffen.

---

[2] OLG Bamberg NJOZ 2010, 989; OLG Celle NJW-RR 2011, 719; OLG Saarbrücken BeckRS 2011, 06050.
[3] Hartmann/Toussaint/*Toussaint* RVG § 58 Rn. 8.
[4] Schneider/Wolf/*Fölsch/Schneider* RVG § 58 Rn. 4, 24, 30 ff.
[5] BGH NJW 1985, 376 Ziff. A I 2.
[6] Schneider/Wolf/*Fölsch/Schneider* RVG § 58 Rn. 26.
[7] Hartmann/Toussaint/*Toussaint* RVG § 58 Rn. 10.

c) Nachträgliche Zweckbestimmung. Vor Tilgungseintritt. Ist ein Vorschuss zunächst ohne einschränkende Zweckbestimmung gezahlt worden, so kann grds. auch später noch eine einschränkende Zweckbestimmung vorgenommen werden. 8

Nach Tilgungseintritt. Ist aber erst einmal Tilgung erfolgt, so kann dies nicht rückgängig gemacht werden.[8] Der RA kann in diesem Fall nicht durch eine Rückzahlung an den Mandanten eine Anrechnung zugunsten der Staatskasse verhindern. Tilgung tritt ein, wenn ein Anspruch des Anwalts erfüllbar wird, was mit der Entstehung des Anspruchs, also mit der ersten einen Gebührentatbestand erfüllenden Tätigkeit des Anwalts, und nicht erst mit der Fälligkeit, gegeben ist. 9

Rückwirkende Beiordnung. Hiervon ist nur dann eine Ausnahme zu machen, wenn der RA rückwirkend beigeordnet wird. Dann ist es ihm unbenommen, sich so stellen zu lassen, als sei er bereits im Zeitpunkt der Rückwirkung beigeordnet worden. Er kann dann Vorschüsse, die er nach dem Rückwirkungszeitpunkt erhalten hat, an den Auftraggeber, sofern diesem keine Ratenzahlungen auferlegt worden waren, zurückzahlen und die ungekürzte Vergütung aus der Staatskasse verlangen.[9] 10

3. Anrechnung einer Zahlung nach dem Gesetz

a) Differenz zur weiteren Vergütung. Liegt keine Zweckbestimmung durch den Zahlenden vor, so ist die gesetzliche Regelung des Abs. 2 anzuwenden. Unbeschadet seiner Beiordnung und seines Anspruchs gegen die Staatskasse hat der RA einen eigenen Anspruch gegen den Mandanten für Gebühren aus der Wahlanwaltstabelle und auf Auslagenersatz. Er ist durch die Beiordnung nur daran gehindert, diesen geltend zu machen. 11

Erhält er eine Zahlung, so ergibt sich aus Abs. 2, dass diese Zahlung erst auf die Differenz zwischen seinem gesetzlichen Anspruch auf Wahlanwaltsgebühren und seinem Anspruch gegen die Staatskasse aus der PKH-Tabelle zu verrechnen ist.[10] 12

Beispiel:

Beim beigeordneten RA ist eine 1,3 Verfahrensgebühr und eine 1,2 Terminsgebühr aus 10.000,– EUR nach der Wahlanwaltstabelle angefallen. Er hat vom Mandanten einen Vorschuss von 500,– EUR erhalten.

Wahlanwaltsvergütung	
1,3 Verfahrensgebühr gem. VV 3100 RVG aus 10.000,– EUR aus Tabelle § 13 RVG	798,20 EUR
1,2 Terminsgebühr gem. VV 3104 RVG aus 10.000,– EUR aus Tabelle § 13 RVG	736,80 EUR
Pauschale gem. VV 7002 RVG	20,00 EUR
19 % MwSt	295,45 EUR
Summe	**1.850,45 EUR**
PKH-Anwaltsvergütung	
1,3 Verfahrensgebühr gem. VV 3100 RVG aus 10.000,– EUR aus Tabelle § 49 RVG	440,70 EUR
1,2 Terminsgebühr gem. VV 3104 RVG aus 10.000,– EUR aus Tabelle § 49 RVG	406,80 EUR
Pauschale gem. VV 7002 RVG	20,00 EUR
19 % MwSt	164,83 EUR
Summe	**1.032,33 EUR**
Differenz	**818,13 EUR**

Die gezahlten 500,– EUR sind auf diese 818,13 EUR anzurechnen. Der Anspruch gegen die Staatskasse reduziert sich nicht, da die Differenz durch den Vorschuss von 500,– EUR nicht ganz gedeckt ist.

Variante: Der Mandant hatte 1.000,– EUR bezahlt. 13

Davon gehen 818,13 EUR auf die Differenz. Die restlichen 181,87 EUR reduzieren den Anspruch des Anwalts gegen die Staatskasse. Diese schuldet dem RA somit nur noch 850,46 (1.032,33 – 181,87) EUR.

Hätte der Mandant aber bestimmt, dass der Vorschuss nur auf die Differenz verwendet werden soll, so reduziert sich der Anspruch gegen die Staatskasse nicht. Vielmehr müsste der RA dem Mandanten 181, 87 EUR zurückzahlen (→ Rn. 6 ff.).

b) Zahlung auf Gebühren im PKH-Bewilligungsverfahren. Da das Bewilligungs- und das Hauptsacheverfahren gem. § 16 Nr. 2 RVG eine Angelegenheit darstellen, sind Zahlungen auf Gebühren des Bewilligungsverfahrens in gleicher Weise zu behandeln wie Zahlungen auf Gebühren im Hauptsacheverfahren. Sie sind also ebenfalls anzurechnen. Im Beispiel → Rn. 12 macht es also keinen Unterschied, ob die Zahlung schon im Bewilligungsverfahren auf dort 13a

[8] Schneider/Wolf/*Fölsch/Schneider* RVG § 58 Rn. 33.

[9] BGH JurBüro 1963, 533; OLG Düsseldorf AnwBl 1982, 382 = JurBüro 1982, 1210; OLG Bamberg JurBüro 1985, 730.

[10] VGH München AGS 2017, 421.

angefallene Gebühren erfolgt ist oder im Hauptsacheverfahren auf die dort entstehenden Gebühren.

14 **c) Teilweise Bewilligung und Beiordnung**

Beispiel (Trotz nur teilweiser Bewilligung und Beiordnung wird in vollem Umfang geklagt):

Für die Rechtsverteidigung gegen eine Klage von 10.000,– EUR ist dem Beklagten PKH unter Beiordnung seines RA nur iHv 5.000,– EUR bewilligt worden. Er beauftragt den RA gleichwohl, Klageabweisung in vollem Umfang zu beantragen. Der Beklagte hat 1.000,– EUR Vorschuss gezahlt.

Wahlanwaltsvergütung	
1,3 Verfahrensgebühr gem. VV 3100 RVG aus 10.000,– EUR	798,20 EUR
1,2 Terminsgebühr gem. VV 3104 RVG aus 10.000,– EUR	736,80 EUR
Pauschale gem. VV 7002 RVG	20,00 EUR
19 % MwSt	295,45 EUR
Summe	**1.850,45 EUR**
PKH-Anwaltsvergütung	
1,3 Verfahrensgebühr gem. VV 3100 RVG aus 5.000,– EUR	369,20 EUR
1,2 Terminsgebühr gem. VV 3104 RVG aus 5.000,– EUR	340,80 EUR
Pauschale gem. VV 7002 RVG	20,00 EUR
19 % MwSt	138,70 EUR
Summe	**868,70 EUR**
Differenz	**981,75 EUR**

Mit den 1.000,– EUR wird zuerst die Differenz von 981,75 EUR getilgt.
Um den Rest von 18,25 reduziert sich der Anspruch gegen die Staatskasse auf 850,45 (868,70 – 18,25) EUR.[11]

15 Zur Rechtslage, wenn nur der Teil eingeklagt wird, für den PKH gewährt wurde → RVG VV 3335 Rn. 69 ff.

16 **d) Beiordnung erst im Laufe der Instanz.** Auch hier ist der Vorschuss zuerst wieder auf die weitere Vergütung zu verrechnen. Dabei ist bei der Vergleichsrechnung aber darauf zu achten, dass die Staatskasse eine Gebühr, die ausschließlich vor der Beiordnung angefallen ist, nicht zu vergüten hat.

Beispiel:

In einem Rechtsstreit über 10.000,– EUR wird der RA erst nach der mündlichen Verhandlung und nach Erhalt eines Vorschusses von 1.400,– EUR beigeordnet. Danach findet keine mündliche Verhandlung mehr statt, es wird aber noch schriftlich zur Sache vorgetragen. Es sind eine 1,3 Verfahrensgebühr und eine 1,2 Terminsgebühr entstanden. Folgende Berechnung ist vorzunehmen:

Wahlanwaltsvergütung	
1,3 Verfahrensgebühr gem. VV 3100 RVG aus 10.000,– EUR	798,20 EUR
1,2 Terminsgebühr gem. VV 3104 RVG aus 10.000,– EUR	736,80 EUR
Pauschale gem. VV 7002 RVG	20,00 EUR
19 % MwSt	295,45 EUR
Summe	**1.850,45 EUR**
PKH-Anwaltsvergütung	
1,3 Verfahrensgebühr gem. VV 3100 RVG aus 10.000,– EUR	440,70 EUR
Pauschale gem. VV 7002 RVG	20,00 EUR
19 % MwSt	87,53 EUR
Summe	**548,23 EUR**
Differenz	**1.302,22 EUR**

Von den 1.400,– EUR gehen 1.302,22 EUR auf die Differenz und der Rest von 97,78 EUR auf den Anspruch gegen die Staatskasse, die nur noch 450,45 (548,23 – 97,78) EUR zahlen muss.

4. Zahlung bei mehreren Angelegenheiten

17 **a) Grundsatz.** Zahlungen sind nur in der Angelegenheit anzurechnen, in der sie erfolgt sind, nicht auch für eine Vertretung in einer anderen Angelegenheit. Dabei ist der Begriff der „anderen Angelegenheit" kostenrechtlich zu verstehen. Was gebührenrechtlich selbständig ist, stellt eine eigene – andere – Angelegenheit dar, so zB das einstweilige Anordnungsverfahren (§ 17 Nr. 4 RVG) neben der Ehesache, das selbständige Beweisverfahren neben dem Hauptsacheverfahren (→ Anh. III Rn. 23).

18 **b) Zahlung ohne Zweckbestimmung. § 366 BGB.** Für Zahlungen, die nicht für eine bestimmte Angelegenheit geleistet worden sind, gilt § 366 BGB.[12]

---

[11] VGH München AGS 2017, 421.
[12] Schneider/Wolf/*Fölsch/Schneider* RVG § 58 Rn. 25.

Fällig. Es ist zunächst auf die fälligen Gebühren anzurechnen. 19

Beispiel:

Beim beigeordneten RA ist für die erste Instanz eine 1,3 Verfahrensgebühr und eine 1,2 Terminsgebühr aus 10.000,– EUR angefallen. Danach wird der RA auch für die teilweise eingelegte Berufung beauftragt. In dieser beträgt die Differenz zwischen Wahlanwalts- und PKH-Vergütung 300,– EUR. Er hat vom Mandanten während des Berufungsverfahrens ohne nähere Bestimmung eine Zahlung von 1.000,– EUR aus Dankbarkeit für seinen bisherigen Einsatz erhalten.

Da die Vergütung für die erste Instanz bereits fällig ist, die für die zweite aber noch nicht, ist die Anrechnung gem. § 366 BGB zuerst auf die erste Instanz anzurechnen, wobei wieder die weitere Vergütung vorgeht. Nur wenn danach noch etwas übrig bleibt, ist dies auf die zweite Instanz anzurechnen.

Weniger sicher. Sind alle Ansprüche hinsichtlich der Fälligkeit gleichwertig, so ist auf die Ansprüche anzurechnen, für die die Staatskasse die Vergütung nicht schuldet. Diese sind für den Anwalt, den Gläubiger, weniger sicher, eben weil für sie ihm nicht die sichere Staatskasse einstehen muss. 20

Beispiel:

Der RA vertritt den Mandanten, der zwei Personen verletzt hat, gegen den einen außergerichtlich (ohne Beratungshilfe), gegen den anderen in einem Prozess, in dem der Mandant PKH mit Ratenzahlung erhält und der RA beigeordnet wird. Der RA erhält ohne eine ausdrückliche Zuordnung einen Vorschuss von 1.000,– EUR.

Der Vorschuss ist zuerst auf die außergerichtliche Vertretung, sodann auf die weitere Vergütung im gerichtlichen Verfahren und erst dann auf den Anspruch gegen die Staatskasse anzurechnen.

c) Zahlung mit Zweckbestimmung 21

Beispiel:

Im vorigen Beispiel wurde eine ausdrückliche oder stillschweigende Bestimmung getroffen, dass der Vorschuss nur für die außergerichtliche Tätigkeit gelten soll.

Der Vorschuss kann nur auf die außergerichtliche Vertretung angerechnet werden. Bleibt ein Überschuss, so muss der RA diesen an den Mandanten zurückzahlen. Aufrechnen mit einem Anspruch auf die weitere Vergütung im gerichtlichen Verfahren kann er nicht, da auch eine Aufrechnung unter das Verbot des § 122 Abs. 1 Nr. 3 ZPO fällt.

5. Vereinbarte Vergütung

Streitig war zum alten § 4 RVG, ob eine Zahlung vorrangig vor der Staatskasse auf eine vereinbarte Vergütung, die die gesetzlichen Gebühren nach der Wahlanwaltstabelle übersteigt, anzurechnen ist.[13] Nachdem nunmehr gem. § 3a Abs. 3 S. 1 RVG eine solche Vergütungsvereinbarung nichtig ist, ist diese Frage zu verneinen. 22

Daran ändert sich auch nichts, wenn für das PKH Bewilligungsverfahren eine Gebühr vereinbart wird, die dazu führt, dass der RA bei Hinzurechnung der Wahlanwaltsvergütung im Hauptsacheverfahren zu einer die Wahlanwaltsvergütung übersteigenden Vergütung gelangt. Dabei kann dahingestellt bleiben, ob die Vereinbarung überhaupt mit § 3a Abs. 3 S. 1 RVG vereinbar ist.[14] Jedenfalls greift dann der Grundsatz des § 52 Abs. 2 RVG ein, dass alle Zahlungen, die über die Wahlanwaltsgebühren hinausgehen, anzurechnen sind. Dem kann auch nicht entgegengehalten werden, dass zu VV Vorb. 3 Abs. 4 RVG allgemein anerkannt sei, dass vereinbarte Vergütungen anders als gesetzliche nicht anzurechnen sind (→ RVG VV Vorb. 3 Rn. 286).[15] Die Grundsätze zu VV Vorb. 3 Abs. 4 RVG können hier nicht herangezogen werden. In VV Vorb. 3 Abs. 4 RVG ist eine Anrechnung einer „Geschäftsgebühr nach Teil 2", also einer gesetzlichen Gebühr geregelt. § 58 Abs. 2 RVG sieht aber eine generelle Anrechnung von Vorschüssen und Zahlungen in der gleichen Angelegenheit vor. Dass es sich dabei um Zahlungen auf gesetzliche Gebühren handeln müsste, ist nicht vorgesehen. § 58 Abs. 2 RVG sieht generell eine Anrechnung vor mit der einzigen Ausnahme, dass die Wahlanwaltsgebühren nicht geschmälert werden dürfen.[16] 22a

---

[13] **Verneinend:** OLG Düsseldorf RPfleger 96, 368; OLG Hamm AnwBl 1996, 176, beide zu § 101 BRAGO Verteidiger.

[14] Was *Hansens* Anm. zu LSG NRW RVGreport 2016, 333 bejaht, da die Gebühren im Bewilligungsverfahren von § 3 RVG nicht betroffen seien; **aA** LSG NRW RVGreport 2016, 333 = NZS 2016, 119.

[15] So aber *Hansens* Anm. zu LSG NRW RVGreport 2016, 333.

[16] LSG NRW RVGreport 2016, 333 = NZS 2016, 119; ebenso zum alten Recht OLG Düsseldorf RPfleger 1996, 368; OLG Hamm AnwBl 1996, 176, beide zu § 101 BRAGO Verteidiger.

23 Ist eine Vergütungsvereinbarung nichtig, weil die Wahlanwaltsvergütung überstiegen wird, besteht kraft Gesetzes ein Vergütungsanspruch des Anwalts in Höhe der Wahlanwaltsvergütung. Zahlungen sind deshalb zuerst auf die Wahlanwaltsvergütung anzurechnen.

24 Eine Anrechnung auf die verabredete Vergütung ist vorzunehmen, wenn die Vereinbarung sich auf Kosten bezieht, die nicht von der Staatskasse zu tragen sind.

Beispiel:

Das Gericht stellt fest, dass eine Reise nicht erforderlich ist. Der Mandant wünscht aber dennoch, dass der RA die Reise durchführt. Geht man davon aus, dass der RA einen Anspruch auf Ersatz der Reisekosten gegen seinen Mandanten hat (→ § 11 Rn. 93 ff.), so ist die hierfür erfolgte Zahlung nicht auf die aus der Staatskasse für den Rechtsstreit zu zahlende Vergütung anzurechnen.

6. Zahlender

25 Als Zahlender kommen in Betracht
- der **Mandant,**
- ein **Dritter,** für den Mandanten Zahlender zB Arbeitgeber, Tante,
- der **Prozessgegner,** egal ob er freiwillig oder auf Grund eines Kostenfestsetzungsbeschlusses zahlt,
- der **Streitgenosse** des PKH-Berechtigten, der auf Vergütungsansprüche, für die eine gesamtschuldnerische Haftung besteht, zahlt. Die Zahlung ist anzurechnen. Das gilt auch für solche, die der Sozius des beigeordneten RA, der die anderen Streitgenossen vertritt, erhalten hat. Das gilt jedoch nicht, wenn vereinbart ist, dass der eine RA nur die Partei, der Prozesskostenhilfe bewilligt worden ist, und der andere RA nur den anderen Streitgenossen vertritt. Hier sind mehrere Anwälte nebeneinander tätig, von denen jeder einen selbständigen Gebührenanspruch hat. (Ob eine derartige Vereinbarung mit dem Standesrecht kollidiert, ist eine andere Frage.)

7. Ausschluss des Abs. 2 im Bewilligungsbeschluss

26 Eine Bewilligung der Prozesskostenhilfe mit der einschränkenden Maßgabe, dass sich der Anspruch des beigeordneten RA gegen die Staatskasse um den Betrag der von der Partei gezahlten Vorschüsse vermindere, ist unzulässig. Da man aber darüber streiten kann, ob, solange dieser Beschluss Bestand hat, die Vergütungsfestsetzung an ihn gebunden ist, muss er unbedingt mit der Beschwerde angegriffen werden.

8. Mitteilungspflicht

27 Der RA hat nach § 55 Abs. 5 S. 2 RVG eine **Mitteilungspflicht** gegenüber der Staatskasse, ob und welche Vorschüsse oder Zahlungen er erhalten hat. Die Mitteilung, er habe keine „anrechnungspflichtigen" Beträge erhalten, genügt nicht. Vielmehr sind die erhaltenen Beträge ziffernmäßig anzugeben. Erhält der RA nach der Zahlung der Gebühren des § 49 RVG aus der Staatskasse Beträge von der Partei, dem Gegner oder sonstigen Dritten, so hat er diese Beträge dem Urkundsbeamten mitzuteilen, und zwar auch dann, wenn eine Abführungspflicht nicht besteht. Der Urkundsbeamte muss selbständig prüfen können, ob eine Rückzahlungspflicht besteht; → § 55 Rn. 22.

V. Gesetzliche Anrechnung von Gebühren

1. Anrechnung nach Beratungshilfe

28 **a) Beratungsgebühr gem. VV 2501 RVG.** Im Gegensatz zur 15,– EUR Beratungshilfegebühr (VV 2500 RVG → Rn. 32) ist die 38,50 EUR Beratungsgebühr des VV 2501 RVG gem. dessen Anm. Abs. 2 anzurechnen. Im Übrigen → RVG VV 2500 Rn. 35 ff.

29 **b) Geschäftsgebühr gem. VV 2503 RVG.** Gem. VV 2503 Anm. Abs. 2 RVG ist die 93,50 EUR Geschäftsgebühr der Beratungshilfe auf ein anschließendes gerichtliches Verfahren grds. zur Hälfte bzw. zu einem Viertel anzurechnen.

30 Dazu, ob die Anrechnung zuerst auf die Differenz zwischen Wahlanwaltsvergütung und PKH-Vergütung oder auf die Gebühren nach § 49 RVG zu erfolgen hat → RVG VV 2500 Rn. 36.

31 **Anrechnung nicht nur auf Verfahrensgebühr.** Anders als bei VV Vorb. 3 Abs. 4 RVG erfolgt die Anrechnung nicht nur auf eine Verfahrensgebühr in einem gerichtlichen Verfahren, sondern auf alle in einem anschließenden gerichtlichen oder behördlichen Verfahren anfallenden Gebühren.[17]

---

[17] HBS VergütungsR/*Hansens* Teil 7 Rn. 94.

32 **c) Anrechnung von Zahlungen gem. § 9 BerHG.** Ist der Gegner verpflichtet, gem. § 9 BerHG dem Rechtssuchenden die Kosten der Rechtswahrnehmung zu erstatten, so schuldet er die gesetzliche Vergütung nach der Wahlanwaltstabelle. Eine Zahlung ist gem. § 58 Abs. 1 RVG auf den Anspruch gegen die Landeskasse anzurechnen. Dabei ist § 58 Abs. 2 RVG nicht anzuwenden. Die Zahlung vermindert also vom ersten Cent an den Anspruch gegen die Landeskasse.[18] Das ergibt sich bereits aus dem Wortlaut von § 58 Abs. 1 RVG („auf die von der Landeskasse zu zahlende Vergütung angerechnet"). Es folgt weiter daraus, dass § 58 Abs. 2 RVG ausdrücklich nur für Gebühren nach VV Teil 3RVG, also nach VV 3100 ff. RVG gilt, also nicht für Gebühren nach VV 2500 ff. RVG. Es ist deshalb unzutreffend, wenn die Gegenmeinung[19] aufgrund eines allgemeinen Grundsatzes des Gläubigerschutzes, der sich aus § 58 Abs. 2 RVG ergeben soll, die Zahlung erst auf die dem RA nach der Wahlanwaltstabelle zustehenden Gebühren vornimmt. § 58 Abs. 2 RVG enthält keinen allgemeinen Gläubigerschutz, sondern nur einen für Gebühren nach VV 3100 ff. RVG.

2. Anrechnung der Geschäftsgebühr (VV Vorb. 3 Abs. 4 RVG)

33 **a) Einfluss auf Anspruch gegen Mandanten.** Soweit vorprozessuale Gebühren (zB für Beratung oder außergerichtliche Vertretung) auf von der Beiordnung erfasste Gebühren anzurechnen sind, zB gem. VV Vorb. 3 Abs. 4 RVG, hindert das den beigeordneten RA trotz § 122 Abs. 1 Nr. 3 ZPO nicht, die vorprozessualen Gebühren in vollem Umfang gegen seinen Mandanten geltend zu machen. Die Beiordnung erfasst nur die Gebühren des gerichtlichen Verfahrens und hindert daher auch nur hinsichtlich dieser Gebühren den RA an der Geltendmachung.

34 **b) Einfluss auf Anspruch gegen Staatskasse.** Eine andere Frage ist, welche Auswirkungen die gesetzlich vorgesehene Anrechnung auf die gerichtliche Verfahrensgebühr hat. Die Rechtslage ist insoweit durch die Neuregelungen in § 15a RVG und § 55 Abs. 5 S. 2–4 RVG erheblich klarer geworden.

35 ***aa) Wahlrecht gegenüber der Staatskasse.*** Das im Verhältnis zum Auftraggeber generell bestehende Wahlrecht des RA, welche Gebühr er geltend macht (→ § 15a Rn. 12), besteht auch gegenüber der Staatskasse.[20]

36 ***bb) Anwendbarkeit von VV Vorb. 3 Abs. 4 RVG.*** Diese Bestimmung ist auch auf die Gebühren des beigeordneten PKH-Anwalts anzuwenden, wie die Motive ausdrücklich erklären, → § 55 Rn. 1.[21]

37 ***cc) Anrechnung nur bei Zahlung.*** Ohne Zahlung ist keine Anrechnung vorzunehmen.[22] Das wurde schon vor der Änderung des § 55 Abs. 5 S. 2–4 RVG von einem Teil der Rspr. und Lit.[23] auch in diesem Kommentar,[24] entgegen einer im Anschluss an den BGH stark verbreiteten Ansicht[25] vertreten. Dass nur auf die Zahlung abzustellen ist, wird jetzt durch § 55 Abs. 5 S. 2–4 RVG klargestellt.

---

18 OLG Celle NJW-RR 2011, 719; OLG Naumburg Rpfleger 2012, 155 = RVGreport 2012, 102 mzustAnm *Hansens;* AG Mosbach NJW-RR 2011, 698 = AGS 2011, 243 unter Berufung auf OLG Bamberg BeckRS 2011, 08003.

19 Schneider/Wolf/*Fölsch/Schneider* RVG § 58 Rn. 10.

20 OLG Frankfurt a. M. JurBüro 2013, 467; 2013, 21; HessFG RVGreport 2011, 377 mzustAnm *Hansens.*

21 OLG Brandenburg JurBüro 2011, 580; OLG Hamm RVGreport 2009, 458; OLG Stuttgart FamRZ 2008, 1013 = AnwBl 2008, 301; LAG Köln RVGreport 2007, 457; LAG Nürnberg AGS 2012, 346; OLG München BeckRS 2009, 38209.

22 OLG Brandenburg JurBüro 2011, 580 = RVGreport 2011, 376 mzustAnm *Hansens;* OLG Celle AGS 2014, 142 = MDR 2014, 188; OLG Frankfurt a. M. AGS 2012, 399; OLG Köln EFG 2010, 1640 = RVGreport 2010, 393; LAG Nürnberg AGS 2012, 346; OVG Münster AGS 2009, 447; LSG München AGS 2019, 456; Mayer/Kroiß/*Winkler* RVG § 15a Rn. 23.

23 OLG München JurBüro 2009, 472, allerdings später dahingehend abgeändert, dass auch eine Titulierung ausreicht – JurBüro 2009, 473; OLG Stuttgart FamRZ 2008, 1013 = AnwBl 2008, 301; *Enders* JurBüro 2005, 281; *Kindermann* FPR 2005, 390; *Volpert* VRR 2008, 171.

24 Gerold/Schmidt/*Müller-Rabe,* 18. Aufl. 2008, RVG § 58 Rn. 38 ff.

25 OLG Bamberg RVGreport 2008, 343; JurBüro 2008, 640; AGS 2009, 281; OLG Braunschweig AGS 2008, 606; OLG Düsseldorf RVGreport 2009, 69; AGS 2009, 123; OLG Frankfurt a. M. RVGreport 2009, 143; OLG Hamm FamRZ 2009, 1347; OLG Koblenz MDR 2009, 773; OLG München JurBüro 2009, 473; OLG Oldenburg MDR 2008, 1185; OLG Schleswig MDR 2008, 947; OLG Stuttgart RVGreport 2009, 106; LAG Düsseldorf AGS 2009, 235; HessLAG JurBüro 2009, 586; OVG Hamburg RVGreport 2009, 105; OVG Lüneburg RVGreport 2009, 71.

38 Der Antrag hat gem. § 55 Abs. 5 S. 2 RVG nur die Erklärung zu enthalten, ob und welche Zahlung der RA erhalten hat. Spätere Zahlungseingänge muss der RA unverzüglich anzeigen. Er muss nicht angeben, ob er auch vorgerichtlich tätig war.[26]

39 § 55 Abs. 5 S. 2–4 RVG gilt auch für die Geschäftsgebühr. Er wurde im Zusammenhang mit der Neuregelung von § 15a RVG modifiziert. Bei § 15a RVG stand die Anrechnung der Geschäftsgebühr im Vordergrund. Die diesbezügliche Rspr. des BGH zur Anrechnung der Geschäftsgebühr sollte korrigiert werden. Aus den Motiven folgt, dass durch diese Vorschrift der Urkundsbeamte in die Lage versetzt werden soll, die Anrechnungen vorzunehmen. Die weitaus am häufigsten in Betracht kommende Anrechnung ist die der Geschäftsgebühr. Wäre § 55 Abs. 5 S. 2–4 RVG nicht auch bei der Geschäftsgebühr anzuwenden, so wäre das Ergebnis, dass nicht einmal die bezahlte Geschäftsgebühr zu melden wäre mit dem Ergebnis, dass sie in der Praxis häufig mangels Kenntnis des Urkundsbeamten nicht angerechnet würde.

40 Wenn § 55 Abs. 5 S. 2–4 RVG auch hinsichtlich der Geschäftsgebühr nur eine Anzeige von Zahlungen vorsieht, so bringt es dadurch zum Ausdruck, dass im Zusammenhang mit Anrechnungen nur die bezahlte Gebühr von Bedeutung ist. Andernfalls hätte es verlangt, dass angefallene Geschäftsgebühren generell oder zumindest, wenn sie tituliert sind, angegeben werden müssen. Zu einer vollständigen Anrechnung hätte dann der Urkundsbeamte auch diese Gebühren kennen müssen. Somit ist § 55 Abs. 5 S. 2–4 RVG im Verhältnis zu § 15a Abs. 3 RVG die speziellere Vorschrift.

41 Insbesondere gilt daher nicht die Alt. 2 von § 15a Abs. 3 RVG. Es genügt für eine Anrechnung also nicht eine **Titulierung** des Anspruchs auf die Geschäftsgebühr, iÜ auch nicht eine Titulierung hinsichtlich der Verfahrensgebühr, zB ein Kostenfestsetzungsbeschluss gem. § 126 ZPO gegen den Gegner.[27] Die unterschiedliche Regelung ist auch gerechtfertigt.[28] Die Alt. 2 schützt davor, dass gegen dieselbe Person eine doppelte Inanspruchnahme erfolgen kann. Bei der PKH geht es aber nicht um einen doppelten Titel gegen die Staatskasse. Wenn nur auf die Zahlung und nicht auf einen Titel abgestellt wird, so trägt das außerdem dem Umstand Rechnung, dass bei einem PKH-Berechtigten trotz eines Titels häufig eine freiwillige oder erzwungene Zahlung nicht erfolgen wird. Der Gefahr, dass der RA letztlich zu viel erhält,[29] beugt das Gesetz dadurch vor, dass der RA auch Zahlungen, die er erst nach der Antragstellung erhalten hat, gem. § 55 Abs. 5 S. 4 RVG anzeigen muss.

42 Das Gesetz stellt nur auf die Zahlung ab. Es ist deshalb unerheblich, **durch wen sie erfolgt.**[30] Einer Zahlung stehen andere Arten der Erfüllung wie zB **Aufrechnung** gleich.[31]

43 Unerheblich ist, ob der **Mandant eine Zahlung von Dritten** erhalten hat.[32] Das ergibt sich daraus, dass nur die Zahlungen, die der RA erhalten hat, anzugeben sind.

44 ***dd) Anrechnung auf Wahlanwaltsvergütung.*** Keine Stellungnahme ist § 55 Abs. 5 S. 2–4 RVG zu der streitigen Frage zu entnehmen, ob die Anrechnung auf die Vergütung nach der Wahlanwaltstabelle oder auf die nach der Tabelle für beigeordnete Anwälte zu erfolgen hat.[33]

45 Nach einer **zum alten Recht** stark vertretenen Meinung hat die Anrechnung **auf die Verfahrensgebühr nach der PKH-Tabelle** zu erfolgen. § 58 Abs. 1, 2 RVG sei danach nicht anzuwenden, da er nur die Verrechnungen von Zahlungen regele, aber nicht die Entstehung von Vergütungsansprüchen, um die es bei der Anrechnung gehe.[34] Dieser Ansicht war und ist nicht zu folgen. Innerhalb dieser Auffassung ist noch streitig, ob die anzurechnende Geschäftsgebühr aus der Wahlanwaltstabelle[35] oder der PKH-Anwaltstabelle[36] zu errechnen ist. **Zutreffend** war[37] auch schon vor der Neuregelung von §§ 15a, 55 Abs. 5 S. 2–4 RVG und ist erst

---

[26] *Hansens* AnwBl 2009, 535 (540) Ziff. III 3.

[27] Hansens RVGreport 2009, 241 (243); 457 Ziff. IV 2; **aA** OLG München JurBüro 2009, 473 zum alten Recht.

[28] **AA** OLG München JurBüro 2009, 473 zum alten Recht.

[29] Diese Gefahr sieht OLG München JurBüro 2009, 473 zum alten Recht.

[30] *Hansens* RVGreport 2009, 241.

[31] *Hansens* RVGreport 2009, 241.

[32] *Hansens* RVGreport 2009, 241 (243).

[33] *Hansens* RVGreport 2009, 241 (242).

[34] OLG Bamberg FamRZ 2009, 1238; OLG Braunschweig FamRZ 2009, 718; OLG Hamm RVGreport 2009, 458; OLG Koblenz MDR 2009, 773; OLG Stuttgart Rpfleger 2009, 343 = OLGR 2009, 222; HessLAG JurBüro 2009, 586; OVG Hamburg NJW 2009, 1432.

[35] OVG Lüneburg NJW 2009, 1226.

[36] OLG Bamberg FamRZ 2009, 1238.

[37] OLG Frankfurt a. M. JurBüro 2007, 149; KG JurBüro 2009, 187; OLG Schleswig MDR 2008, 947; OLG Stuttgart FamRZ 2008, 1013 = AnwBl 2008, 301; *Enders* JurBüro 2005, 281; 08, 561 (563) Ziff. 3; *Hansens*

recht jetzt[38] die Meinung, nach der die gesamten Wahlanwaltsgebühren und Auslagen zu ermitteln sind, wobei auch die Anrechnung einer Geschäftsgebühr zu berücksichtigen ist. Nur wenn die Zahlung auf die Geschäftsgebühr dazu führt, dass die Differenz der Wahlanwaltsvergütung zu dem insgesamt nach § 49 RVG bestehenden Anspruch völlig beglichen ist, kommt ein Abzug von dem Anspruch gegen die Staatskasse in Betracht. Die Anrechnung erfolgt danach also nicht zuerst auf die nach § 49 RVG anfallende Vergütung.

Jedenfalls **seit dem 4.8.2009** entspricht nur noch diese Auffassung dem Gesetz. Diesem ist keine Einschränkung dahingehend zu entnehmen, dass § 58 Abs. 2 RVG nicht schlechthin für alle Zahlungen und Vorschüsse anzuwenden sein sollte. Das entscheidende Argument derjenigen, die § 58 Abs. 2 RVG nicht für einschlägig hielten, war, dass diese Bestimmung nur die Zahlung, nicht aber die Entstehung der Verfahrensgebühr betreffe. Die Verfahrensgebühr entstehe aber von vornherein nur in der um die Anrechnung reduzierten Höhe. Nunmehr steht aber auf Grund von § 15a Abs. 1 RVG fest, dass die Verfahrensgebühr unbeschadet irgendeiner Anrechnung in voller Höhe entsteht. Der 18. Zivilsenat OLG Frankfurt a. M., der vor der der Gesetzesänderung noch die Gegenmeinung vertreten hatte,[39] hat diese inzwischen aufgegeben.[40] Noch eindeutiger ist diese Rechtslage seit dem KostRÄG 2021, in dem durch die Einfügung von § 58 Abs. 2 S. 2 RVG die hier vertretene Anrechnungsweise ausdrücklich so geregelt wird. 46

Altfälle. Die Einfügung von § 50 As. 2 S. 2 RVG diente nach den Motiven zum KostRÄG 2021 der Klarstellung → Rn. 1. Er ist also auch auf Altfälle anzuwenden. 46a

ee) Ermittlung der Geschäftsgebühr aus der Wahlanwaltstabelle. Bei der hier gewählten Anrechnungsweise ist die anzurechnende Geschäftsgebühr aus der Wahlanwaltstabelle zu entnehmen, da es hinsichtlich der Verfahrensgebühr auch auf die nach der Wahlanwaltstabelle ankommt. 47

ff) Berechnungsbeispiele 48

1. Beispiel (ohne Herabsetzung des Anspruchs gegen Staatskasse): Der RA hat eine Partei bei einem Gegenstandswert von 10.000,– EUR außergerichtlich vertreten und eine 1,3 Geschäftsgebühr gem. VV 2300 RVG von 798,20 EUR und eine Pauschale von 20,– EUR gem. VV 7002 RVG zusätzlich 19 % MwSt (zusammen 973,66 EUR) bezahlt bekommen. Im anschließenden Prozess mit gleichem Gegenstandswert wird er als PKH-Anwalt beigeordnet. Dort entsteht nur eine Verfahrensgebühr.

Anspruch nach Wahlanwaltstabelle		
1,3 Geschäftsgebühr gem. VV 2300 RVG aus 10.000,– EUR aus Wahlanwaltstabelle	798,20 EUR	
Pauschale gem. VV 7002 RVG	20,00 EUR	
1,3 Verfahrensgebühr gem. VV 3100 RVG aus 10.000,– EUR	798,20 EUR	
Anrechnung 0,65 Geschäftsgebühr gem. VV Vorb. 3 Abs. 4 RVG aus 10.000,– EUR	– 399,10 EUR	
Pauschale gem. VV 7002 RVG	20,00 EUR	
19 % MwSt	235,09 EUR	
Insgesamt		**1.472,39 EUR**
Der RA erhält		
von der Staatskasse		
1,3 Verfahrensgebühr gem. VV 3100 RVG aus 10.000,– EUR aus PKH-Tabelle	440,70 EUR	
Pauschale gem. VV 7002 RVG	20,00 EUR	
19 % MwSt	87,53 EUR	
Zusammen		**548,23 EUR**
vom Mandanten		
1,3 Geschäftsgebühr gem. VV 2300 RVG aus 10.000,– EUR aus Wahlanwaltstabelle	798,20 EUR	
Pauschale gem. VV 7002 RVG	20,00 EUR	
19 % MwSt	155,46 EUR	
Zusammen		**973,66 EUR**
Summe beider Zahlungen		**1.521,89 EUR**

RVGreport 2008, 1 (2); HBS VergütungsR/*Schneider* Teil 3 Rn. 45 ff.; *Kindermann* FPR 2005, 390 Ziff. I 2; *Volpert* VRR 2008, 171.

[38] OLG Brandenburg JurBüro 2011, 580; OLG Braunschweig FamRZ 2011, 1683; OLG Frankfurt a. M. NJW-RR 2013, 319; KG JurBüro 2009, 187; OLG Koblenz JurBüro 2013, 186; OLG München FamRZ 2010, 923; OLG Oldenburg FamRZ 2012, 244 = AGS 2011, 611; OLG Zweibrücken FamRZ 2011, 138; HessLSG AGS 2019, 343 mzustAnm *Volpert;* **aA** auch zum neuen Recht OLG Bamberg AGS 2018, 472; OLG Dresden NJW 2017, 1185 = FamRZ 2017, 994; OVG Berlin-Brandenburg NVwZ-RR 2019, 1071 = RVGreport 2019, 256 mablAnm *Hansens.*

[39] OLG Frankfurt a. M. RVGreport 2012, 104 mablAnm *Hansens.*

[40] OLG Frankfurt a. M. JurBüro 2013, 467.

Da der RA durch die Zahlungen von insgesamt 1.521,89 EUR (973,66 EUR vom Mandanten + 548,23 EUR von der Staatskasse) mehr erhalten würde, als ihm als Wahlanwalt zugestanden hätte (1.472,39 EUR), reduziert sich der Anspruch gegen die Staatskasse um 49,50 EUR (1.521,89 – 1.472,39 EUR) von 548,23 EUR auf 498,73 EUR. Hätte der Mandant lediglich 800,– EUR bezahlt, würde sich der Anspruch gegen die Staatskasse nicht reduzieren.

49 **c) MwSt.** Die Anrechnung erfolgt bei beiden Gebühren anhand der Nettogebühren, also ohne MwSt.

50 **d) Altfälle.** Für die hier vertretene Auffassung (→ Rn. 33ff.) hat sich durch § 15a und die Neufassung von § 55 Abs. 5 S. 2–4 RVG hinsichtlich der Anrechnung beim beigeordneten RA nichts geändert. Für die Gegenmeinung stellt sich jedoch, wie schon im Rahmen von § 15a RVG die Frage (→ § 15a Rn. 88ff.), wie Altfälle zu behandeln sind. Hier führen die gleichen Überlegungen wie bei § 15a dazu, dass die sich aus §§ 15a, 55 Abs. 5 S. 2–4 RVG ergebenden Konsequenzen auch für die Altfälle gelten.[41]

51 Wer das anders sieht, wird sich auch damit auseinandersetzen müssen, dass in den Fällen, in denen der RA seinen Mandanten dahin hätte beraten müssen, dass er Beratungshilfe hätte in Anspruch nehmen können, die Geschäftsgebühr wegen eines Beratungsfehlers beim Mandanten nicht geltend gemacht werden kann. Es schließt sich dann die Frage an, ob das Auswirkungen auf die Anrechnung hat. OLG Dresden folgert, dass dann nicht bzw. nur nach Maßgabe von VV 2503 Anm. Abs. 2. S. 1 RVG anzurechnen ist.[42]

52 **e) Nachliquidation.** Ebenso wie bei der Kostenfestsetzung (→ § 15a Rn. 89) kann bei der Vergütungsfestsetzung des PKH-Anwalts eine Nachliquidation geltend gemacht werden, wenn zunächst einmal die Verfahrensgebühr nur teilweise angemeldet worden war.[43]

3. Anrechnung einer Verfahrensgebühr auf Verfahrensgebühr

53 An mehreren Stellen sieht das Gesetz eine Anrechnung einer Verfahrensgebühr auf eine nachfolgende Verfahrensgebühr vor (zB VV Vorb. 3 Abs. 5 RVG – selbständiges Beweisverfahren – VV 3100 Anm. Abs. 2 RVG – Urkundenprozess). Es gelten die gleichen Grundsätze wie hinsichtlich der Anrechnung der Geschäftsgebühr (→ Rn. 33ff.).

Beispiel (ohne Zahlung): In einem Prozess über 10.000,– EUR wurde der RA nach Verkündung eines Urkundenvorbehaltsurteils erst für das Nachverfahren beigeordnet. Der Mandant hat die im Urkundenprozess angefallene Verfahrensgebühr nicht bezahlt.

Es erfolgt keine Anrechnung auf den Vergütungsanspruch gegen die Staatskasse. Der sich aus § 49 RVG ergebende Anspruch steht dem RA in voller Höhe gegen die Staatskasse zu.

Der RA erhält also aus der Staatskasse	
für das Nachverfahren	
1,3 Verfahrensgebühr gem. VV 3100 RVG aus der PKH-Tabelle	440,70 EUR
Pauschale	20,00 EUR
Insgesamt	460,70 EUR

Beispiel (mit Zahlung): In einem Prozess über 10.000,– EUR wurde der RA nach Verkündung eines Urkundenvorbehaltsurteils erst für das Nachverfahren beigeordnet. Der Mandant hat die im Urkundenprozess angefallene Verfahrensgebühr bezahlt.

Vergütung im Urkundenverfahren nach Wahlanwaltstabelle	
1,3 Verfahrensgebühr gem. VV 3100 RVG aus 10.000,– EUR	798,20 EUR
Vergütung im Nachverfahren nach PKH-Tabelle	
1,3 Verfahrensgebühr gem. VV 3100 RVG aus 10.000,– EUR aus PKH-Tabelle	440,70 EUR
Vergütung im Nachverfahren nach Wahlanwaltstabelle	
1,3 Verfahrensgebühr gem. VV 3100 RVG aus 10.000,– EUR	798,20 EUR

Da der RA die ihm insgesamt nach der Wahlanwaltstabelle zustehende Verfahrensgebühr bereits erhalten hat, schuldet ihm die Staatskasse für die Verfahrensgebühr nichts. Es bleibt ein Anspruch auf Zahlung der Pauschale von 20,– EUR für das Nachverfahren, da die Pauschale des Urkundenverfahrens nicht anzurechnen ist (→ RVG VV 7001 Rn. 41).

VI. Zahlungen in Angelegenheiten nach VV Teil 4–6 RVG (Abs. 3)

Schrifttum: *Al-Jumaili,* Vorschuss und dessen Anrechnung auf die Pflichtverteidigervergütung, JurBüro 2000, 565; Brockhaus, Die Übernahme von Verteidigerkosten durch Dritte, StraFo 2019, 133; *Burhoff,* Was ist nach dem 2. KostRMoG neu bei der Abrechnung im Straf-/Bußgeldverfahren?, VRR 2013, 287 = StRR 2013, 284; *Burhoff,* Neuerungen für die Abrechnung im Straf-/Bußgeldverfahren nach dem 2. KostRMoG, RVGreport 2013, 330; *Burhoff,* Die wichtigsten Änderungen und Neuerungen für die Abrechnung im Straf-/Bußgeld-

[41] OLG Bamberg JurBüro 2010, 25; **aA** OVG Lüneburg RVGreport 2010, 20 mablAnm *Hansens.*

[42] OLG Dresden FamRZ 2009, 1858.

[43] *Hansens* RVGreport 2012, 252; *N. Schneider* Anm. zu OLG Celle AGS 2010, 582.

verfahren durch das 2. KostRMoG, StraFo 2013, 397; *Burhoff,* Wehret den Anfängen, oder: Unschönes aus der Praxis zum neuen § 58 Abs. 3 S. 1 RVG, RVGreport 2014, 370; *Burhoff,* Fragen aus der Praxis zu Gebührenproblem in Straf- und Bußgeldverfahren aus dem Jahr 2014, StRR 2015, 52; *Burhoff,* Fragen aus der Praxis zu Gebührenproblemen in Straf- und Bußgeldverfahren aus dem Jahr 2014, RVGreport 2015, 244; *Burhoff,* Geplante Änderungen bei der Anwaltsvergütung durch das KostRÄG 2021 – Teil 2, RVGreport 2020, 402; *Burhoff,* Änderungen bei der Verteidigervergütung durch das KostRÄG 2021, StRR 1/2021, 5; *Burhoff,* Änderungen bei der Vergütung der Verteidiger/Rechtsanwälte in Straf- und Bußgeldsachen durch das KostRÄG 2021, StraFo 2021, 8; *Burhoff,* Änderungen bei der Vergütung der Verteidiger/Rechtsanwälte in Straf- und Bußgeldsachen durch das KostRÄG 2021, S. 1815; *Burhoff,* Änderungen bei der Vergütung der Verteidiger/Rechtsanwälte durch das KostRÄG 2021 betreffend Teile 4 und 5 VV, AGS 2021, 49; *Brieske,* Zur Anrechnungspflicht aus § 101 Abs. 2 BRAGO, StV 1995, 331; *Enders,* Honorarvereinbarung des Strafverteidigers und spätere Bestellung zum Pflichtverteidiger, JurBüro 2002, 409; *Enders,* Anrechnung der Geschäftsgebühr bei Prozesskostenhilfe im nachfolgenden Rechtsstreit, JurBüro 2005, 281; *Enders,* Das 2. KostRMoG – Änderung bei der Vergütung des Pflichtverteidigers – Behandlung von Vorschüssen und Zahlungen des Mandanten oder eines Dritten, JurBüro 2014, 1957; *Klüsener,* Gesetz zur Änderung des Justizkosten- und des Rechtsanwaltsvergütungsrecht (Kostenrechtsänderungsgesetz) 2021 – KostRÄG 2021, JurBüro 2020, 505; *N. Schneider/Thiel,* Ausblick auf das Zweite Kostenrechtsmodernisierungsgesetz Die Neuerungen in Strafsachen, AGs 2012, 105; *N. Schneider,* KostRÄG 2021 – das neue Übergangsrecht nach § 60 RVG, ZAP 24 S. 1782; *N. Schneider,* KostRÄG 2021: Das neue Übergangsrecht nach § 60 RVG, AGS 2021, 1; *Volpert,* Die Anrechnung von Zahlungen und Vorschüssen, StRR 2007, 136; *Volpert,* Kostenrechtsänderungsgesetz 2021 – Die wichtigsten geplanten Änderungen im RVG, AGS 2020, 445; *Volpert,* KostRÄG 2021: Neues Übergangsrecht in Strafsachen nach § 60 RVG, StRR 2/2021, 5.

1. Allgemeines

54 § 58 Abs. 3 RVG regelt die **Anrechnung** von Vorschüssen und Zahlungen, die der Pflichtverteidiger oder der beigeordnete RA von dem Beschuldigten oder einem Dritten erhalten hat. Die Regelung stellt den Pflichtverteidiger bzw. beigeordneten RA erheblich schlechter, als der PKH-Anwalt in § 58 Abs. 2 RVG gestellt ist. Während § 58 Abs. 2 RVG nämlich für den im Wege der PKH beigeordneten RA bestimmt, dass Vorschüsse und Zahlungen zunächst auf die Vergütungen anzurechnen sind, für die ein Anspruch gegen die Bundes- oder Landeskasse nicht besteht (den sog. Differenzbetrag), bestimmt § 58 Abs. 3 RVG das Gegenteil, nämlich dass Zahlungen, die der Pflichtverteidiger erhalten hat, grds. auf die aus der Staatskasse zu zahlenden Gebühren anzurechnen sind. In § 58 Abs. 3 S. 2 RVG wird die **Rückzahlung** von aus der Staatskasse erhaltenen Gebühren geregelt, wenn der RA nach der Gebührenzahlung der Staatskasse von anderer Seite Zahlungen erhalten hat.

55 **Eingeschränkt** wird dieses Anrechnungs- und Rückzahlungsgebot im Abs. 3 **S. 3** insoweit, als dem Pflichtverteidiger über die gesetzliche Pflichtverteidigergebühr hinaus gewisse Beträge verbleiben dürfen.[44] In Abs. 3 **S. 4** ist eine Regelung enthalten, wie damit umzugehen ist, wenn die dem RA nach gem. S. 3 erfolgter Anrechnung verbleibenden Gebühren über die Höchstgebühren hinausgehen. Durch das KostRÄG 2021 v. 21.12.2020[45] ist jetzt klargestellt, wie dieser Begriff zu verstehen ist.[46]

56 Die Anrechnung oder Rückzahlung ist eine echte **Rechtspflicht** des RA. Sie kann nicht durch Sondervereinbarungen zwischen ihm und dem Beschuldigten oder einem Dritten ausgeschlossen werden.[47] Daher ist auch eine vor der Bestellung zwischen dem RA und dem Zahlenden getroffene Vereinbarung, dass im Falle der Bestellung als Pflichtverteidiger der RA die erhaltenen Zahlungen an den Beschuldigten oder an den Dritten zurückzuzahlen habe, unwirksam.[48]

2. Anwendungsbereich

57 § 58 Abs. 3 RVG ist anzuwenden in Angelegenheiten, in denen sich die Gebühren nach VV Teil 4 RVG **(Strafsachen),** VV Teil 5 RVG **(Bußgeldsachen)** oder VV Teil 6 RVG **(Sonstige Verfahren)** bestimmen.

58 Die Vorschrift gilt sowohl für den gerichtlich bestellten RA, also den **Pflichtverteidiger,** als auch für den beigeordneten RA, wie zB den Zeugenbeistand iSd § 68b Abs. 2 StPO oder den im Wege der PKH beigeordneten RA (§ 397a Abs. 1 und 2 StPO, § 406h Abs. 3 Nr. 2 StPO).

[44] → Rn. 71 f.
[45] BGBl. I 3229.
[46] → Rn. 81 f.
[47] Burhoff/Volpert RVG/*Volpert* § 58 Abs. 3 Rn. 546; Schneider/Wolf/*N. Schneider/Fölsch* RVG § 58 Rn. 62; OLG Köln AGS 2009, 585; OLG Oldenburg StV 2007, 477 = RVGreport 2007, 344 = StRR 2007, 159; zur BRAGO OLG Düsseldorf JurBüro 1996, 472 = Rpfleger 1996, 368; OLG Hamm JurBüro 1996, 191 = StV 1996, 334.
[48] Burhoff/Volpert RVG/*Volpert* § 58 Abs. 3 Rn. 56.

War der RA zunächst Wahlverteidiger und ist er später zum Pflichtverteidiger bestellt worden, gilt Abs. 3 ebenfalls.[49]

3. Anzurechnende Vorschüsse und Zahlungen (S. 1)

59 **a) Zahlungen und Vorschüsse.** Anzurechnen auf die aus der Staatskasse zu zahlenden Gebühren, wozu auch eine Pauschgebühr nach § 51 RVG gehört,[50] sind Vorschüsse und Zahlungen, die der RA vor oder nach der gerichtlichen Bestellung für seine Tätigkeit in der Strafsache von dem Beschuldigten oder einem Dritten nach dem RVG oder auf Grund einer Vereinbarung erhalten hat.[51] Erfasst wird **jede Art** von **Zahlungen.** Auch Zahlungen, die nach Feststellung der Leistungsfähigkeit (§§ 52, 53 RVG) erfolgt sind, sind anzurechnen.[52] Anzurechnen sind grundsätzlich auch Vorschüsse, für die ausdrücklich oder stillschweigend eine Rückzahlung vereinbart ist; allerdings unterbleibt die Anrechnung, wenn die Rückzahlung eines Vorschusses oder einer „Sicherheitsleistung" vor Abrechnung einer Pflichtverteidigervergütung erfolgt.[53] Der Zeitpunkt der Zahlung ist ohne Bedeutung. Es ist also unerheblich, ob der RA die Zahlungen oder Vorschüsse vor oder nach der der gerichtlichen Bestellung oder Beiordnung erhalten hat.[54] Auch der Zahlungsgrund ist ohne Belang, so dass also auch Zahlungen, die aufgrund einer Vergütungsvereinbarung geleistet werden, angerechnet werden können.[55] Ein Vorschuss, den der RA nach § 47 RVG aus der Staatskasse erhalten wird, wird allerdings nicht über § 58 Abs. 3 RVG berücksichtigt, sondern im Kostenfestsetzungsverfahren nach § 55 RVG in voller Höhe angerechnet.[56]

60 Es sind jedoch nur solche Zahlungen anzurechnen, die Tätigkeiten betreffen, für die dem bestellten/beigeordneten RA überhaupt auch ein **Gebührenanspruch gegen** die **Staatskasse** zusteht.[57] Insoweit ist § 48 Abs. 6 RVG von Bedeutung, der dem Pflichtverteidiger bzw. dem beigeordneten RA auch eine gesetzliche Vergütung für seine Tätigkeit vor dem Zeitpunkt der Bestellung/Beiordnung gewährt.[58] Das kann dazu führen, dass, wenn der Pflichtverteidiger zB erst im Laufe des erstinstanzlichen Verfahrens bestellt wird, auch Zahlungen des Angeklagten auf die Vergütung für das vorbereitende Verfahren anzurechnen sind.[59] Die Staatskasse kann sich iÜ nicht auf eine Anrechnung berufen, wenn sie für den betroffenen Verfahrensurteil/die Angelegenheit überhaupt nichts zu zahlen hat, weil dem RA dafür keine gesetzlichen Gebühren zustehen, wie zB für Tätigkeiten des RA im Adhäsionsverfahren, wenn die Pflichtverteidigerbestellung darauf nicht erstreckt worden ist.[60]

61 Betreffen Wahlverteidigung und Pflichtverteidigung **unterschiedliche Delikte,** sind Vorschüsse, die ausschließlich auf die Wahlverteidigervergütung geleistet sind, nicht anzurechnen.[61] Angerechnet werden nach § 58 Abs. 3 RVG auch nur Zahlungen, die der **jeweilige RA** erhalten hat. Zahlungen an einen anderen RA, der derselben Sozietät angehört, werden nicht angerechnet.[62]

62 **b) Zahlungen Dritter.** Anders als früher § 101 Abs. 2 BRAGO verzichtet § 58 Abs. 3 RVG darauf, den Beschuldigten oder Dritten ausdrücklich als denjenigen zu nennen, von dem der RA eine Zahlung erhalten hat, weil es keine weitere Variante geben kann.[63] Also werden

---

[49] OLG Dresden BRAGOreport 2002, 186; OLG Düsseldorf MDR 1995, 965; OLG Zweibrücken StV 1968, 93 = Rpfleger 1998, 126; Burhoff/Volpert RVG/*Volpert* § 58 Abs. 3 Rn. 5; sa → Rn. 79.

[50] Burhoff/Volpert RVG/*Volpert* § 58 Abs. 3 Rn. 56 ff. mit Berechnungsbeispielen.

[51] OLG Düsseldorf MDR 1993, 808 = Rpfleger 1993, 369.

[52] Burhoff/Volpert RVG/*Volpert* § 58 Abs. 3 Rn. 16; Hartung/Schons/Enders/*Hartung* RVG § 58 Rn. 55 f.

[53] LG Deggendorf AGS 2019, 333 = RVGreport 2019, 216 = StRR 7/2019, 21.

[54] OLG Düsseldorf JurBüro 1993, 537 = Rpfleger 1993, 369; Burhoff/Volpert RVG/*Volpert* § 58 Abs. 3 Rn. 17.

[55] OLG Frankfurt a. M. AGS 2007, 193 = StRR 2007, 158 mAnm *Volpert* = StraFo 2007, 119 = StV 2007, 476; Schneider/Wolf/*N. Schneider/Fölsch* RVG § 58 Rn. 42; Burhoff/Volpert RVG/*Volpert* § 58 Abs. 3 Rn. 14.

[56] Schneider/Wolf/*N. Schneider/Fölsch* RVG § 58 Rn. 39; Burhoff/Volpert RVG/*Volpert* § 58 Abs. 3 Rn. 8.

[57] OLG Bamberg JurBüro 1991, 1347; OLG Düsseldorf JurBüro 1987, 1800; OLG München AnwBl 1979, 399 = Rpfleger 1979, 354; vgl. auch *Burhoff* StRR 2015, 52, 54.

[58] Vgl. noch OLG Dresden BRAGOreport 2002, 186; OLG Düsseldorf MDR 1995, 965; OLG Zweibrücken JurBüro 1998, 75 = StV 1998, 93 = NStZ-RR 1998, 63; Burhoff/Volpert RVG/*Volpert* § 58 Abs. 3 Rn. 24 ff.; Schneider/Wolf/*N. Schneider/Fölsch* RVG § 58 Rn. 47.

[59] OLG Dresden BRAGOreport 2002, 186; Burhoff/Volpert RVG/*Volpert* § 58 Abs. 3 Rn. 32 f.; sa auch AG Osnabrück RVGreport 2019, 258.

[60] Burhoff/Volpert RVG/*Volpert* § 58 Abs. 3 Rn. 25 ff.

[61] KG AnwBl 1971, 291 = NJW 1971, 2000; OLG Hamm JurBüro 1965, 132.

[62] *Burhoff* RVGreport 2015, 244 (247).

[63] OLG Jena Rpfleger 2010, 107 = StRR 2010, 199 = RVGreport 2010, 24 = AGS 2011, 282.

auch Zahlungen Dritter auf die Pflichtverteidigergebühren angerechnet. Es ist daher gleichgültig, ob der Beschuldigte selbst oder für ihn ein Dritter die Zahlungen an den Pflichtverteidiger erbringt, wie zB der Ehemann an den Verteidiger seiner Ehefrau. Auch die Rechtsschutzversicherung kann Dritter sein.[64]

Es sind auch Zahlungen, die **erstattungspflichtige Dritte** an den Pflichtverteidiger auf dessen Gebührenansprüche leisten, anzurechnen.[65] 63

Beispiel: 64

Das Rechtsmittel des Nebenklägers ist verworfen worden. Er hat die dem Angeklagten entstandenen notwendigen Auslagen zu erstatten. Leistet nun der Nebenkläger an den Pflichtverteidiger des Angeklagten Zahlungen, sind diese Zahlungen auf die aus der Staatskasse zu zahlende Pflichtverteidigergebühr anzurechnen.

Strittig ist, ob auch solche Zahlungen anzurechnen sind, die Dritte in der Strafsache auf eigene Verpflichtungen leisten. 65

Beispiel:

Der RA verteidigt einen Angeklagten als Pflichtverteidiger und vertritt dessen Ehefrau als Wahlanwalt – Nebenklägervertreter. Die Ehefrau zahlt an den RA.

Nach der einen Ansicht[66] ist auch der andere Auftraggeber (hier: die Ehefrau) Dritter iSd § 58 Abs. 3 RVG. Nach einer zweiten Meinung[67] sind Zahlungen der Nebenklägerin an ihren Wahlanwalt auf die Pflichtverteidigergebühren des Angeklagten niemals anzurechnen. Beiden Auffassungen kann nicht zugestimmt werden. Die aufgeworfene Frage ist nicht über § 58 Abs. 3 RVG, sondern aus § 7 Abs. 2, VV 1008 RVG zu lösen.[68]

Ein Fall des § 58 Abs. 3 RVG liegt nur vor, wenn der Dritte die **Zahlungen in** der **Strafsache** gegen den Beschuldigten, maW für den Beschuldigten leistet. Dagegen ist § 58 Abs. 3 RVG nicht anwendbar, wenn der Dritte die Zahlungen auf eine eigene Gebührenschuld leistet. Allerdings können sich die Zahlungen auch zu Gunsten der Staatskasse auswirken, weil die Vergütung für die Verteidigung eines Angeklagten und die Vertretung eines Nebenklägers in der Regel niedriger ist als zwei Vergütungen für die Verteidigung eines Angeklagten und eines Nebenklägers.[69] 66

Für eine **„Anrechnung“** ist selbstverständlich **kein Raum,** wenn der Beschuldigte oder ein erstattungspflichtiger Gegner (etwa der im Rechtsmittelverfahren unterlegene Nebenkläger) die **Pflichtverteidigergebühr** der **Staatskasse erstattet** hat. Auf mehr als auf die Rückzahlung verauslagter Pflichtverteidigergebühren hat die Staatskasse keinen Anspruch. 67

4. Vorschüsse und Zahlungen „in einer gebührenrechtlichen Angelegenheit“ (Abs. 3 S. 1)

Nach § 58 Abs. 3 RVG sind Zahlungen und Vorschüsse, die der RA – wie nach den Änderungen durch das 2. KostRMoG[70] formuliert wird – „in einer gebührenrechtlichen Angelegenheit“ erhalten hat, auf die von der Staatskasse für diese Angelegenheit zu zahlenden Gebühren anzurechnen. Bei einer pauschalen Zahlung bzw. einer Zahlung ohne Zahlungsbestimmung ist im Zweifel auf die Gesamtvergütung iSv § 1 RVG, also auch auf Auslagen[71] gezahlt worden.[72] Zahlungsbestimmungen des Mandanten sind bei der Anrechnung zu berücksichtigen.[73] IÜ gilt: 68

---

64 Schneider/Wolf/*N. Schneider/Fölsch* RVG § 58 Rn. 40, 42; *Mertens/Stuff/Mück,* Verteidigervergütung, 2. Aufl. 2016, Rn. 456; Burhoff/Volpert RVG/*Volpert* § 58 Abs. 3 Rn. 8.

65 Burhoff/Volpert RVG/*Volpert* § 58 Abs. 3 Rn. 8 mit Beispiel; *Brockhaus* StraFo 2019, 133; LG Bochum AGS 2017, 370 = RVGreport 2017, 91.

66 OLG Düsseldorf Rpfleger 1962, 354.

67 *Schumann/Geißinger,* Bundesgebührenordnung für Rechtsanwälte, 2. Aufl. 1900, BRAGO § 102 Rn. 5; OLG Düsseldorf AnwBl 1974, 56 = Rpfleger 1973, 375; OLG Hamm Rpfleger 1965, 53.

68 IE *H. Schmidt* JVBl. 1966, 25; Schneider/Wolf/*N. Schneider/Fölsch* RVG § 58 Rn. 58 ff.; Burhoff/Volpert RVG/*Volpert* § 58 Abs. 3 Rn. 13.

69 Wie hier Schneider/Wolf/*N. Schneider/Fölsch* RVG § 58 Rn. 41, 58 f.; Burhoff/Volpert RVG/*Volpert* § 58 Abs. 3 Rn. 10.

70 BGBl. 2013 I 2586; zum früheren Rechtszustand → Rn. 70.

71 → Rn. 72.

72 OLG Frankfurt a. M. StraFo 2007, 219 = AGS 2007, 193 mAnm *Volpert* = StV 2007, 476; Köln StraFo 2008, 399; OLG München AGS 2010, 325 = RVGreport 2010, 219 = StRR 2010, 319.

73 LG Düsseldorf StRR 2010, 358; Schneider/Wolf/*N. Schneider/Fölsch* RVG § 58 Rn. 55; Burhoff/Volpert RVG/*Volpert* § 58 Abs. 3 Rn. 35.

69 Zunächst ist von Bedeutung, dass die Zahlung oder der Vorschuss, damit die Anrechnung überhaupt erfolgen kann, in **derselben gebührenrechtlichen Angelegenheit** geleistet worden sein muss. Handelt es sich also um verschiedene Verfahren/Angelegenheiten, wie zB erstinstanzliche gerichtliche Verfahren und das Berufungs- oder Revisionsverfahren (vgl. § 17 Nr. 1 RVG), die Strafvollstreckung oder das (gesamte) Wiederaufnahmeverfahren,[74] besteht keine Anrechnungsmöglichkeit.[75] Entsprechendes gilt nach der ausdrücklichen gesetzlichen Regelung durch das 2. KostRMoG[76] in § 17 Nr. 10a RVG im Strafverfahren für das vorbereitende und das gerichtliche Verfahren[77] und nach § 17 Nr. 11 RVG im Bußgeldverfahren für das Verfahren vor der Verwaltungsbehörde und das gerichtliche Verfahren;[78] etwas anderes folgt auch nicht aus S. 4.[79] Ebenso sind Zahlungen nicht anzurechnen, mit denen Vergütungsansprüche für Tätigkeiten getilgt werden sollen, die von der Beiordnung als Pflichtanwalt nicht erfasst werden, wie zB die Tätigkeit in der Strafvollstreckung oder im Gnadenverfahren[80], oder die einen von dem Gebührenanspruch des RA nicht abgedeckten besonderen Gegenstand betreffen.[81]

70 Bis zum Inkrafttreten des 2. KostRMoG war § 58 Abs. 3 S. 1 RVG anders formuliert. Anstelle des jetzt angeführten Begriffs der „Angelegenheit" wurde der **Begriff** des **„Verfahrensabschnitts"** verwendet. Es war allerdings in Abs. 3 nicht erläutert, was unter einem Verfahrensabschnitt zu verstehen war. Das war in Rspr. und Lit. heftig umstritten.[82] Zur Behebung dieses Streits[83] hatten die Länder in ihrer Stellungnahme zum Regierungsentwurf zum 2. KostRMoG vorgeschlagen, in einem neuen S. 5 zu definieren, was unter einem Verfahrensabschnitt zu verstehen ist. Danach sollte ein Verfahrensabschnitt „jeder Teil des Verfahrens, für den besonderen Gebühren bestimmt sind", sein,[84] um den in Rspr. und Lit. bestehende Streit zu erledigen. Damit hätte das RVG die auch hier bis zur 20. Auflage vertretene Auffassung,[85] die iÜ auch der Gesetzesbegründung zu §§ 42, 51 RVG 2004 entsprach,[86] übernommen.[87] Die Bundesregierung hat demgegenüber aber in ihrer Stellungnahme zum Vorschlag des Bundesrates die Fassung vorgeschlagen, die Gesetz geworden ist.[88] Auch diese hat aber den Streit in Rspr. und Lit. erledigt. Sie gewährleistet zudem, dass damit auch die Frage geklärt ist, in welchen Bereich die sog. allgemeinen Gebühren (VV 4100–4103 RVG) einzuordnen sind, was bei dem Regelungsvorschlag des Bundesrates ggf. weiterhin streitig geblieben wäre. Die vom Bundesrat vorgeschlagene Neuregelung hätte nämlich dazu geführt, dass zB in Strafsachen der Verfahrensteil, der mit der Grundgebühr VV 4100 RVG honoriert wird, ebenso als ein Verfahrensabschnitt iSv § 58 Abs. 3 S. 5 RVG-E anzusehen gewesen wäre wie das vorbereitende Verfahren, für das in VV 4104, 4105 RVG eine Verfahrensgebühr vorgesehen ist. Durch das Abstellen auf den Begriff der „Angelegenheit" kommt es auf die Frage nicht mehr an. Die allgemeinen Gebühren sind der Angelegenheit zuzuordnen, in der sie entstanden sind.[89] IÜ wird aber auch durch die Gesetz gewordene Formulierung erreicht, dass im Strafverfahren zB für die Angelegenheit „vorbereitendes Verfahren" (§ 17 Nr. 10a RVG) gezahlten Vorschüsse nicht auf die Angelegenheit „gerichtliches Verfahren" (§ 17 Nr. 10a RVG) angerechnet werden dürfen.[90] Entsprechendes

---

[74] Vgl. die Kommentierung bei den VV 4136 ff. RVG.

[75] OLG Düsseldorf JurBüro 1991, 808; Schneider/Wolf/*N. Schneider/Fölsch* RVG § 58 Rn. 43 ff.; Burhoff/Volpert RVG/*Volpert* § 58 Abs. 3 Rn. 15.

[76] BGBl. 2013 I 2586.

[77] KG NStZ-RR 2017, 159 = JurBüro 2017, 192 = StraFo 2017, 172; LG Berlin RVGreport 2016, 258.

[78] Zum früheren Streit in dieser Frage die Nachw. bei → RVG VV Teil 4 Rn. 2.

[79] KG NStZ-RR 2017, 159 = JurBüro 2017, 192.

[80] Vgl. die Beispiele bei Schneider/Wolf/*N. Schneider/Fölsch* RVG § 58 Rn. 43, 54; und Burhoff/Volpert RVG/*Volpert* § 58 Abs. 3 Rn. 24 ff.

[81] AG Osnabrück RVGreport 2019, 258.

[82] Vgl. die Nachw. aus Rspr. und Lit. bei der nachfolgenden → Rn. 81.

[83] BR-Drs. 517/12 (B), 89 f.

[84] BR-Drs. 517/12 (B), 89.

[85] Gerold/Schmidt/*Burhoff*, 20. Aufl. 2012, RVG § 58 Rn. 64; ebenso zum Begriff des Verfahrensabschnitts OLG Düsseldorf StraFo 2006, 473 = NStZ-RR 2006, 391 = JurBüro 2006, 641 = RVGreport 2006, 470; OLG Hamm JurBüro 2005, 649; OLG Karlsruhe StV 2006, 205 = RVGreport 2005, 420; *Burhoff* FS ARGE Strafrecht, 2009, 107 (113); Burhoff/Volpert RVG/*Volpert* § 58 Abs. 3 Rn. 16 ff.

[86] BT-Drs. 15/1971, 198 f. und 201 f.

[87] Vgl. dazu die Kommentierung zu den §§ 60, 61 RVG.

[88] BT-Drs. 17/11471, 387; sa BT-Drs. 17/13537, 15 (304).

[89] Vgl. KG NStZ-RR 2017, 159 = JurBüro 2017, 192 = StraFo 2017, 172; LG Berlin RVGreport 2016, 258.

[90] So – iErg – auch KG NStZ-RR 2017, 159 = JurBüro 2017, 192 = StraFo 2017, 172; LG Berlin RVGreport 2016, 258.

gilt – allerdings auch schon nach der alten Fassung – für das Berufungs- und Revisionsverfahren. Im Bereich der Strafvollstreckung ist zB das Beschwerdeverfahren gegenüber dem erstinstanzlichen Verfahren eine besondere Angelegenheit, da für sie in VV Vorb. 4.2 RVG eine besondere Beschwerdegebühr vorgesehen ist. Für diese Angelegenheiten geleistete Zahlungen können also **nicht** auf die Gebühren aus anderen Angelegenheiten **angerechnet** werden.[91] Die alte Rspr. ist in Verfahren, die sich nach neuem Recht richten, nicht mehr anwendbar.[92]

71 Der Rechtszustand vor dem 2. KostRMoG lässt sich für die Staatskasse auch **nicht** dadurch wiederherstellen bzw. die (Neu)**Regelung** durch das 2. KostRMoG **umgehen,** dass die (neue) Regelung in § 58 Abs. 3 S. 4 RVG entsprechend auf § 58 Abs. 3 S. 1 RVG angewendet wird, wenn durch eine vereinbarte Zahlung des Mandanten, zB auf die Gebühren des Ermittlungsverfahrens, die Höchstgebühren eines Wahlverteidigers deutlich überschritten wird.[93] Teilweise wird in diesen Fällen argumentiert, dass dann eine Anrechnung auf die Gebühren im Ermittlungsverfahren nur insoweit zu erfolgen habe, als die Höchstgebühren eines Wahlverteidigers zu berücksichtigen seien, und iÜ eine Anrechnung auf die Gebühren des erstinstanzlichen Verfahrens vorgenommen werden könne.[94] Denn eine analoge Anwendung einer gesetzlichen Vorschrift erfordert eine planwidrige Regelungslücke des Gesetzes. Von einer solchen planwidrigen Lücke kann aber angesichts des Umstandes, dass der Gesetzgeber bei Neufassung der § 17 Nr. 10, § 58 Abs. 3 RVG die frühere Streitfrage, ob das Ermittlungs- und das Strafverfahren einen „Verfahrensabschnitt" bildeten, dahingehend klargestellt hat, dass es sich um verschiedene gebührenrechtliche Angelegenheiten handelt, so dass eine Anrechnung nicht in Betracht kommt, nicht die Rede sein. § 58 Abs. 3 S. 4 RVG bezieht sich zudem ausdrücklich auf § 58 Abs. 3 S. 3 RVG und setzt damit voraus, dass eine Anrechnung oder Rückzahlung überhaupt in Betracht zu ziehen sei, was gem. § 58 Abs. 3 S. 1 RVG nur bei einer gebührenrechtlichen Angelegenheit der Fall ist, nicht aber bei verschiedenen gebührenrechtlichen Angelegenheiten. Zudem sollte durch die Neuregelung nicht eine allgemeine wirtschaftliche Obergrenze eingeführt werden.[95] So sieht es iErg auch das KG,[96] das allerdings nicht zu der Frage der ggf. analogen Anwendung Stellung nimmt, sondern in § 58 Abs. 3 S. 4 RVG keine weitere Anrechnungsvorschrift sieht und zudem darauf verweist, dass durch eine Anrechnung eines ggf. verbleibenden Vorschussrestes auf andere Angelegenheiten der Wille des Gesetzgebers konterkariert würde.

72 In den Verfahren/**„Altfällen",** in denen die durch das 2. KostRMoG[97] erfolgte Änderung des S. 1 aufgrund der Übergangsregelungen in § 60 RVG (ggf. noch) nicht gilt, was inzwischen aber die Ausnahme sein dürfte, wird sich der **frühere Streit** im Zweifel **fortsetzen.** Das hat zur Folge, dass sich RA ggf. noch länger mit der Problematik, wie der **Begriff** des **Verfahrensabschnitts** zu verstehen ist, werden auseinander setzen müssen. Daher soll die Diskussion auch hier noch einmal (kurz) dargestellt werden. Ausgangspunkt war der bereits zur Vorgängervorschrift des § 101 Abs. 1, 2 BRAGO bestehende Streit in Rspr. und Lit. in der Frage der Zulässigkeit der Anrechnung nach Verfahrensabschnitten. Sie wurde von der hM damals verneint, weil unter dem verwendeten Begriff „Strafsache" die gesamte Instanz zu verstehen sei.[98] Obwohl das RVG die Terminologie geändert hatte und es hieß, dass für bestimmte Verfahrensabschnitte erfolgte Zahlungen auch nur auf die für diese Verfahrensabschnitte aus der Staatskasse zu zahlenden Gebühren anzurechnen sind, ist die hM der Obergerichte weiter von der früheren Auffassung ausgegangen.[99] Zur Begründung dieser Auffassung und zu den Gegenar-

---

[91] Sa *Burhoff* VRR 2013, 287 = StRR 2013, 284; RVGreport 2013, 330; StraFo 2013, 397; RVGreport 2014, 370; *Enders* JurBüro 2014, 57; Burhoff/Volpert RVG/*Volpert* § 58 Abs. 3 Rn. 20 ff.; Schneider/Wolf/*N. Schneider/Fölsch* RVG § 58 Rn. 43 ff.; Mayer/Kroiß/*Kießling* RVG § 58 Rn. 27 ff.

[92] *Burhoff* RVGreport 2014, 370; immer noch **aA** Bischof/*Bräuer* RVG § 58 Rn. 19.

[93] Sa Burhoff/Volpert RVG/*Volpert* § 58 Abs. 3 Rn. 21.

[94] Vgl. die Fallgestaltung bei KG NStZ-RR 2017, 159 = JurBüro 2017, 192 = StraFo 2017, 172; LG Berlin RVGreport 2016, 258.

[95] LG Berlin RVGreport 2016, 258 mzustAnm *Burhoff*.

[96] KG NStZ-RR 2017, 159 = JurBüro 2017, 192.

[97] BGBl. 2013 I 2586.

[98] OLG Hamm StV 1996, 619; StraFo 1997, 287; wegen weiterer Nachw. Burhoff/Volpert RVG/*Volpert* § 58 Abs. 3 Rn. 16; aA schon früher *Brieske* StV 1995, 331.

[99] Vgl. dazu KG StraFo 2009, 84 mablAnm *Burhoff* = RVG prof. 2008, 207 = StRR 2008, 477; OLG Dresden 18.7.2007 – 3 Ws 37/07; OLG Düsseldorf NStZ-RR 2011, 192 = StRR 2011, 43 (Ls.); OLG Hamm RVGreport 2013, 269 = AGS 2013, 332; BeckRS 2008, 23523; OLG Köln StraFo 2008, 399; AGS 2009, 585; OLG München AGS 2010, 325 = StRR 2010, 319 = RVGreport 2010, 219; OLG Oldenburg StRR 2007, 159 mablAnm *Volpert* = RVGreport 2007, 344 = StV 2007, 477; OLG Stuttgart StraFo 2007, 437 = NStZ-RR 2008, 31 = AGS 2008, 120; LG Osnabrück StRR 2007, 158; so wohl auch, allerdings ohne nähere Begr., Mayer/

gumenten wird auf die Ausführungen bei Gerold/Schmidt/*Burhoff,* 20. Aufl. 2012, RVG § 58 Rn. 64 verwiesen.[100] Der RA sollte in „Altfällen" auf die **geänderte Fassung** in S. 1 **hinweisen** und versuchen, ggf. auch in diesen Verfahren eine Angleichung an den „neuen" Gesetzeszustand zu erreichen. Dabei sollte er sich darauf berufen, dass es sich um eine „Klarstellung"[101] und nicht um eine Gesetzesänderung handelt, so dass die Frage der Übergangsregelung in § 60 RVG keine Bedeutung hat.[102]

5. Anrechnung auf Auslagen (S. 1)

73 Eine **Anrechnung** auf Auslagen findet nach der ausdrücklichen gesetzlichen Regelung in Abs. 3 S. 1 **nicht** statt. Die Anrechnung erfolgt nur auf die aus der Staatskasse zu zahlenden Gebühren (vgl. zum Begriff § 1 Abs. 1 S. 1 RVG).[103] Die Auslagenpauschale wird aus den Wahlverteidigergebühren berechnet und nach erfolgter Anrechnung nicht gekürzt.[104] Eine Anrechnung findet allerdings dann statt, wenn der Pflichtverteidiger einen Anspruch auf Zahlung von Auslagen gegen seinen Mandanten hat.[105] Auch insoweit gilt aber, dass für bestimmte Verfahrensabschnitte[106] geleistete Zahlungen auf Auslagen auch nur auf die von der Staatskasse zu zahlenden Auslagen aus diesem Verfahrensabschnitt anzurechnen sind.[107] Vorschusszahlungen, die zB für Reisekosten des Verteidigers geleistet wurden, sind anzurechnen.[108]

6. Berechnung der Anrechnung oder Rückzahlung (Abs. 3 S. 2, 3)

74 **a) Grundsätze.** Die Anrechnung oder Rückzahlung erfolgt nach § 58 Abs. 3 S. 3 RVG nur, soweit der RA durch die Zahlungen insgesamt **mehr** als den **doppelten Betrag** der ihm ohne Berücksichtigung des § 51 RVG aus der Staatskasse zustehenden Gebühren erhalten würde. Durch diese Bestimmung wird versucht, die Interessen des RA und des Staates in einen gerechten Einklang zu bringen. Der bestellte Verteidiger hat also, anders als der im Wege der PKH beigeordnete RA, nicht ohne weiteres Anspruch darauf, dass ihm einschließlich der aus der Staatskasse zu zahlenden oder gezahlten Beträge der Gesamtbetrag verbleibt, den er als gewählter Verteidiger zu fordern hätte. Hat der RA durch die Zahlungen weniger als das Doppelte der ihm als Pflichtverteidiger zustehenden Gebühr erhalten, so kann er den Restbetrag noch aus der Staatskasse verlangen, falls diese noch nicht gezahlt hat. Bei der Entscheidung über die Anrechnung oder Rückzahlung nach S. 3 wird eine **Pauschgebühr** nach dem eindeutigen Wortlaut von S. 3 nicht berücksichtigt.[109] Das hat zur Folge, dass nicht nur die doppelte Pauschgebühr, sondern das Doppelte der die gesetzlichen Pflichtverteidigergebühren übersteigenden Vorschüsse und Zahlungen angerechnet werden.[110]

Kroiß/*Kießling,* 5. Aufl. 2012, RVG § 58 Rn. 16; die Verfassungsbeschwerde gegen die Entscheidung des OLG Oldenburg StRR 2007, 159, ist vom BVerfG 20.9.2007 – 2 BvR 1278/07, wegen nicht ausreichender Begr. nicht zur Entscheidung angenommen worden.

[100] Zur Gegenargumentation Burhoff/Volpert RVG/*Volpert,* 3. Aufl. 2012, § 58 Abs. 3 Rn. 14 ff.; bereits früher zutr. aA OLG Düsseldorf StraFo 2006, 473 = NStZ-RR 2006, 391 = JurBüro 2006, 641 = RVGreport 2006, 470; OLG Hamm JurBüro 2005, 649; OLG Karlsruhe StV 2006, 205 = RVGreport 2005, 420; *Burhoff* FS ARGE Strafrecht, 2009, 107 (113).

[101] So ausdrücklich BT-Dr. 11/11471, 329.

[102] Ähnlich Burhoff/Volpert RVG/*Volpert* § 58 Abs. 3 Rn. 22.

[103] OLG Oldenburg StRR 2007, 159 mablAnm *Volpert* = RVGreport 2007, 344 = StV 2007, 477; insoweit unzutreffend daher OLG Frankfurt a. M. NJW 2007, 219 = AGS 2007, 193 mablAnm *Volpert* = StV 2007, 476.

[104] OLG Stuttgart AnwBl 1979, 195 = Rpfleger 1979, 78; OLG Düsseldorf Rpfleger 1996, 365.

[105] OLG Frankfurt a. M. NJW 2007, 219 = AGS 2007, 193 mablAnm *Volpert* = StV 2007, 476; OLG Köln StraFo 2008, 399; OLG Oldenburg StRR 2007, 159 mablAnm *Volpert* = RVGreport 2007, 344 = StV 2007, 477; Schneider/Wolf/*N. Schneider/Fölsch* RVG § 58 Rn. 78 ff.; Mayer/Kroiß/*Kießling* RVG § 58 Rn. 25; Burhoff/Volpert RVG/*Volpert* § 58 Abs. 3 Rn. 49 f.

[106] Zum Begriff → Rn. 70.

[107] Insoweit wieder zutreffend OLG Frankfurt a. M. NJW 2007, 219 = AGS 2007, 193 mAnm *Volpert* = StV 2007, 476; Burhoff/Volpert RVG/*Volpert* § 58 Abs. 3 Rn. 49.

[108] KG StraFo 2009, 84 = StRR 2008, 477; OLG Oldenburg StRR 2007, 159 mablAnm *Volpert* = RVGreport 2007, 344 = StV 2007, 477; OLG Stuttgart Rpfleger 1979, 78 = AnwBl 1979, 195; Schneider/Wolf/*N. Schneider/Fölsch* RVG § 58 Rn. 78 ff.; Burhoff/Volpert RVG/*Volpert* § 58 Abs. 3 Rn. 49; *Hartmann*/Toussaint RVG § 58 Rn. 19.

[109] OLG Jena Rpfleger 2010, 107 = RVGreport 2010, 24 = StRR 2010, 199 = AGS 2011, 282; Schneider/Wolf/*N. Schneider/Fölsch* RVG § 58 Rn. 63; Hartung/Römermann/Schons/*Hartung* RVG § 58 Rn. 65; Burhoff/Volpert RVG/*Volpert* § 58 Abs. 3 Rn. 58; vgl. a. bei LG Zweibrücken StraFo 2020, 435.

[110] OLG Jena Rpfleger 2010, 107 = RVGreport 2010, 24 = StRR 2010, 199 = AGS 2011, 282; Burhoff/Volpert RVG/*Volpert* § 58 Abs. 3 Rn. 58.

Zur Durchführung der Anrechnung werden verschiedene Methoden/Formeln vertreten,[111] die jedoch zu denselben Ergebnissen führen. Zutreffend dürfte es sein in folgenden **drei Schritten** vorzugehen:[112] Im ersten Schritt werden die Gesamtgebühren berechnet, die dem RA zustehen würden, wenn keine Vorschüsse und Zahlungen geleistet worden wären. Im zweiten Schritt wird der sog. Kontrollbetrag berechnet, den der RA erhalten würde, wenn sich die Gebühren aus Schritt 1 verdoppelt würden. Im dritten Schritt wird dann ermittelt, ob die anrechenbaren/gezahlten Vorschüsse und Zahlungen zzgl. des einfachen Betrages aus Schritt 1 den Kontrollbetrag aus Schritt 2 übersteigen. Ist das der Fall, sind die Vorschüsse und Zahlungen, die dieselbe Angelegenheit betreffen, anzurechnen. Damit verbleiben dem RA also Zahlungen und Vorschüsse bis zur Höhe des Differenzbetrages zwischen dem sog. Kontrollbetrag und dem Betrag der vollen Pflichtverteidigervergütung.[113] 75

Bei der Berechnung sind **nur Netto-Gebühren** zu berücksichtigen; Auslagen sind nicht zu berücksichtigen.[114] Der erhaltene Vorschuss muss um die MwSt vermindert werden, da der RA diese schon an den Fiskus abgeführt hat.[115] Die Umsatzsteuer wird erst auf den Betrag berechnet, der nach der Anrechnung verbleibt.[116] Der Kontrollbetrag wird ohne **Auslagenpauschale** bzw. ohne das Doppelte der Auslagenpauschale ermittelt. Abs. 3 S. 3 spricht von Gebühren (vgl. § 1 Abs. 1 RVG).[117] 76

b) Beispiel einer Anrechnung/Berechnung 77

Schritt 1: Ermittlung der Pflichtverteidigergebühren	
Grundgebühr VV 4100 RVG	176,– EUR
Vorbereitendes Verfahren VV 4104 RVG	145,– EUR
Verfahrensgebühr VV 4106 RVG	145,– EUR
Terminsgebühr VV 4108 RVG	242,– EUR
zusammen:	708,– EUR
Schritt 2: Ermittlung des sog. Kontrollbetrages	
Das Doppelte der Pflichtverteidigergebühren beträgt	1.416,– EUR
Schritt 3: Festlegung des anrechnungsfreien Betrages	
Der Unterschied beträgt	– 708,– EUR
verbleiben	708,– EUR

Zahlungen bis zu 708,– EUR werden nicht angerechnet. Darüber hinausgehende Zahlungen kürzen den Gebührenanspruch gegen die Staatskasse bzw. verpflichten den RA zu Rückzahlungen.

Anders ausgedrückt: Zahlung des Beschuldigten + (einfache) Pflichtverteidigergebühr – doppelte Pflichtverteidigergebühr = Anrechnungsbetrag; einfache Pflichtverteidigergebühr – Anrechnungsbetrag = Restanspruch gegen Staatskasse.

Hat zB der Beschuldigte freiwillig 800,– EUR gezahlt, hat er 92,– EUR (= 800,– EUR/708,– EUR) anrechnungspflichtig gezahlt.

Der RA erhält aus der Staatskasse nur noch	708,– EUR
minus	92,– EUR
also	616,– EUR

Hat er bereits 800,– EUR erhalten, muss er 92,– EUR zurückzahlen. Die Rückzahlung entfällt nur, wenn der Beschuldigte bereits die Pflichtanwaltsgebühr an die Staatskasse zurückvergütet hat.[118]

7. Verfahren der Anrechnung bzw. Rückzahlung

a) Anrechnung. Der beigeordnete RA muss gem. § 55 Abs. 5 S. 2 RVG in seinem Festsetzungsantrag die Erklärung abgeben, ob und welche Zahlungen er bis zum Tag der Antragstellung erhalten hat. Anzugeben sind alle Zahlungen/Vorschüsse und nicht etwa nur solche, die auf die Höhe der aus der Staatskasse zu erfolgenden Zahlung Einfluss haben (können); das folgt 78

---

[111] Burhoff/Volpert RVG/*Volpert* § 58 Abs. 3 Rn. 38 ff.; Schneider/Wolf/*N. Schneider/Fölsch* RVG § 58 Rn. 63 ff.; vgl. auch die Berechnung bei LG Aachen JurBüro 2020, 298 = RVGreport 2020, 303 und bei LG Zweibrücken StraFo 2020, 435.

[112] Schneider/Wolf/*N. Schneider/Fölsch* RVG § 58 Rn. 63 ff.; OLG Jena Rpfleger 2010, 107 = RVGreport 2010, 24 = StRR 2010, 199 = AGS 2011, 282; Burhoff/Volpert RVG/*Volpert* § 58 Abs. 3 Rn. 42 ff.

[113] Schneider/Wolf/*N. Schneider/Fölsch* RVG § 58 Rn. 64 ff.

[114] KG StraFo 2009, 84 = StRR 2008, 477; OLG Köln StraFo 2008, 399; LG Düsseldorf StRR 2010, 358; Schneider/Wolf/*N. Schneider/Fölsch* RVG § 58 Rn. 65 f.; Burhoff/Volpert RVG/*Volpert* § 58 Abs. 3 Rn. 39 mwN zur Rspr. betr. die BRAGO.

[115] KG StraFo 2009, 84 = StRR 2008, 477; zur BRAGO OLG Hamm StV 1996, 344 mAnm *Neuhaus;* Schleswig StV 1996, 335 (Ls.); s. a. Burhoff/Volpert RVG/*Volpert* § 58 Abs. 3 Rn. 39.

[116] OLG Köln StraFo 2008, 399.

[117] Schneider/Wolf/*N. Schneider/Fölsch* RVG § 58 Rn. 66.

[118] Wegen weiterer Berechnungsbeispiele Schneider/Wolf/*N. Schneider/Fölsch* RVG § 58 Rn. 67 ff.; Burhoff/Volpert RVG/*Volpert* § 58 Abs. 3 Rn. 42 ff.

aus dem eindeutigen Wortlaut des § 55 Abs. 5 S. 2 RVG.[119] Eine Versicherung, zukünftige Zahlungseingänge unverzüglich anzuzeigen, ist für den Vergütungsfestsetzungsantrag allerdings nicht vorgesehen; § 55 Abs. 5 S. 4 RVG bestimmt lediglich, dass Zahlungen, die der RA nach der Antragstellung erhalten hat, unverzüglich anzuzeigen sind.[120] Die Anrechnung von ggf. erfolgten Zahlungen und Vorschüssen erfolgt dann im Festsetzungsverfahren nach § 55 RVG.[121] Rechtsmittel richten sich nach § 56 RVG. Der RA sollte seiner Verpflichtung aus § 55 Abs. 5 S. 2 RVG nachkommen, selbst wenn nach der Rspr. auch ein (eklatanter) Verstoß gegen die Mitteilungspflicht nicht (zwingend) zu einem Wegfall oder einer Kürzung der aus der Staatskasse festzusetzenden Vergütung führt.[122]

79 **b) Rückzahlung.** Zahlungen, die der RA nach dem Zeitpunkt der Antragstellung erhalten hat, muss er nach § 55 Abs. 5 S. 2 RVG unverzüglich **anzeigen.** Führen diese Zahlungen zu einer Rückzahlung, wird darüber ebenfalls im Verfahren nach § 55 RVG entschieden.[123] Rechtsmittel richten sich nach § 56 RVG.[124] Die Einziehung erfolgt nach der § 1 Abs. 1 Nr. 8 JBeitrO. Auf Entreicherung kann sich der RA nicht berufen, da auf den öffentlich-rechtlichen Rückzahlungsanspruch der Staatskasse § 818 Abs. 3 BGB nicht anwendbar ist.[125]

8. Beschränkung der Gesamtvergütung auf die Wahlverteidigergebühren (Abs. 3 S. 4)

80 **Umstritten** war für die bis zum 30.6.2013 geltende Fassung des Abs. 3, ob mit § 58 Abs. 3 RVG auch erreicht werden soll, dass der RA, der zunächst als Wahlverteidiger und später als Pflichtverteidiger tätig geworden ist, insgesamt nicht mehr an Gebühren erhalten soll, als er erhalten würde, wenn er bis zum Schluss Wahlverteidiger geblieben wäre.[126] Die wohl überwiegende Auffassung ging davon aus, dass bei der Festsetzung der Pflichtverteidigervergütung zu berücksichtigen sei, dass der Pflichtverteidiger neben den vollen Pflichtverteidigergebühren zusammen mit den bereits erhaltenen Zahlungen und Vorschüssen nicht mehr erhält, als ihm als Wahlverteidigervergütung zustehen würde.[127] In der (älteren) Rspr.[128] wurde demgegenüber aber zT in Kauf genommen, dass der RA in bestimmten Fällen mehr als die Wahlverteidigervergütung erhält.[129] Dieser Streit ist durch die Einfügung des S. 4 durch das 2. KostRMoG[130] im Sinne der hM **erledigt** worden. Nach dieser Einfügung ist nämlich, wenn die dem RA nach S. 3 verbleibenden Gebühren höher als die „Höchstgebühren" eines Wahlanwalts sind, auch der die "Höchstgebühren" übersteigende Betrag anzurechnen oder zurückzuzahlen.[131] Durch diese ausdrückliche Regelung wird erreicht, dass der RA nicht mehr als die Wahlverteidigergebühren erhält.[132] Eine analoge Anwendung des § 58 Abs. 3 S. 4 RVG auf § 58 Abs. 3 S. 1 RVG kommt nicht in Betracht.[133]

81 In diesem Zusammenhang war bis zu den Änderungen in S. 4 durch das KostRÄG 2021 v. 21.12.2020[134] **fraglich,** was unter dem in § 58 Abs. 3 S. 4 RVG früher (nur) verwendeten **Begriff** der „**Höchstgebühr** eines Wahlanwalts" zu verstehen war. Denn zwischen diesem Wortlaut und dem vom Gesetzgeber mit der Neuregelung des § 58 Abs. 3 S. 4 RVG durch das 2

---

[119] Schneider/Wolf/*N. Schneider/Fölsch* RVG § 58 Rn. 85 f.; Burhoff/Volpert RVG/*Volpert* § 58 Abs. 3 Rn. 67; → § 55 Rn. 22.

[120] AG Braunschweig RVGreport 2018, 215 = AGS 2018, 175.

[121] Burhoff/Volpert RVG/*Volpert* § 58 Abs. 3 Rn. 76; Schneider/Wolf/*N. Schneider/Fölsch* RVG § 58 Rn. 85 ff.

[122] OLG Hamm NJW-RR 2016, 885 = RVGreport 2016, 342 = AGS 2016, 530.

[123] Burhoff/Volpert RVG/*Volpert* § 58 Abs. 3 Rn. 78.

[124] Burhoff/Volpert RVG/*Volpert* § 58 Abs. 3 Rn. 78.

[125] KG NJW 2009, 456 = StraFo 2008, 529 = AGS 2009, 178; Burhoff/Volpert RVG/*Volpert* § 58 Abs. 3 Rn. 78; Schneider/Wolf/*N. Schneider/Fölsch* RVG§ 58 Rn. 91.

[126] *N. Schneider/Thiel* AGS 2012, 105; *Burhoff* StraFo 2013, 397; RVGreport 2013, 330.

[127] Schneider/Wolf/*N. Schneider/Fölsch,* 6. Aufl. 2012, RVG § 58 Rn. 77; Burhoff/Volpert RVG/*Volpert,* 3. Aufl., § 58 Abs. 3 Rn. 36.

[128] OLG Hamm JurBüro 1979, 71.

[129] *Mertens/Stuff/Mück,* Verteidigervergütung, 2. Aufl. 2016, Rn. 1035 ff.

[130] BGBl. 2013 I 2586.

[131] *N. Schneider/Thiel* Rn. 317f; *Burhoff* StraFo 2013, 397; RVGreport 2013, 330 f.

[132] So auch schon zur früheren Rechtslage Schneider/Wolf/*N. Schneider/Fölsch,* 6. Aufl. 2012, RVG § 58 Rn. 77; Burhoff/Volpert RVG/*Volpert,* 3. Aufl., § 58 Abs. 3 Rn. 38 mwN; Jena Rpfleger 2010, 107 = StRR 2010, 199 = RVGreport 2010, 24.

[133] LG Berlin RVGreport 2016, 258; → Rn. 71.

[134] BGBl. I 3229.

KostRMoG[135] verfolgten Zweck der Neuregelung bestand keine Konformität.[136] Während der Wortlaut von den „Höchstgebühren eines Wahlanwalts" sprach, was den Hinweis auf die jeweilige Rahmenhöchstgebühr nahe legte, ging die Gesetzesbegründung zu der Regelung durch das 2. KostRMoG[137] davon aus, dass die Regelung sicher stellen sollte, dass der RA inklusive erhaltener Zahlungen nicht mehr erhalten soll, als er erhalten würden, wenn er von vornherein als Wahlverteidiger tätig geworden wäre. Legte man das zugrunde konnte Anknüpfungspunkt für die Berechnung/Anrechnung nur die dem RA konkret als Wahlverteidiger ggf. zustehende höchste Gebühr, also seine „Höchstgebühr", in Betracht kommen.[138]

Diese Unklarheit ist durch das **KostRÄG 2021** v. 21.12.2020 nun mit Wirkung ab 1.1.2021 **82**
in Richtung der erstgenannten Auslegung **klargestellt** worden.[139] Dazu sind die Wörter „als die Höchstgebühren" durch die Wörter *„als die im Vergütungsverzeichnis vorgesehenen Höchstgebühren"* ersetzt worden. Diese Klarstellung erledigt die o. a. Diskussion in der Praxis. Die Regelung erfolgt vor dem Hintergrund, dass es nach Auffassung des Gesetzgebers eine im Einzelfall angemessene „Höchstgebühr" nicht gibt, angemessen sei immer nur eine konkrete, der Höhe nach feststehende Gebühr.[140] Zudem würde die Ermittlung der im Einzelfall entstandenen Wahlanwaltsgebühr das Festsetzungsverfahren erheblich verkomplizieren und sehr streitanfällig sei. Schließlich wird darauf verwiesen, dass die für die Ermittlung der jeweiligen Gebühr maßgeblichen Bemessungskriterien des § 14 Abs. 1 S. 1 RVG dem Gericht häufig nicht vollständig bekannt sind und durch die Mitwirkung des Verteidigers/RA aufwändig ermittelt werden müssten. Hierdurch würde das in § 14 Abs. 1 S- 1 RVG dem RA eingeräumte Bestimmungsrecht missachtet werden. I. Ü. wäre u. U. zu prüfen, ob dem Verteidiger/RA eine Pauschgebühr nach § 42 RVG zustehe.[141] Deshalb ist eine Anrechnung oder Zurückzahlung jetzt gesetzlich ausdrücklich nur für solche Fälle vorgesehen, in denen die **höchste denkbare** sich aus dem VV RVG ergebende **Wahlanwaltsvergütung überschritten** wird. Mit der Formulierung *„im Vergütungsverzeichnis vorgesehenen ..."* ist zudem klargestellt, dass eine Pauschgebühr nach **§ 42 RVG keine Berücksichtigung** findet.

§ 59 Übergang von Ansprüchen auf die Staatskasse

(1) **¹Soweit dem im Wege der Prozesskostenhilfe oder nach § 138 des Gesetzes über das Verfahren in Familiensachen und in den Angelegenheiten der freiwilligen Gerichtsbarkeit, auch in Verbindung mit § 270 des Gesetzes über das Verfahren in Familiensachen und in den Angelegenheiten der freiwilligen Gerichtsbarkeit, beigeordneten oder nach § 67a Abs. 1 Satz 2 der Verwaltungsgerichtsordnung bestellten Rechtsanwalt wegen seiner Vergütung ein Anspruch gegen die Partei oder einen ersatzpflichtigen Gegner zusteht, geht der Anspruch mit der Befriedigung des Rechtsanwalts durch die Staatskasse auf diese über. ²Der Übergang kann nicht zum Nachteil des Rechtsanwalts geltend gemacht werden.**

(2) **¹Für die Geltendmachung des Anspruchs sowie für die Erinnerung und die Beschwerde gelten die Vorschriften über die Kosten des gerichtlichen Verfahrens entsprechend. ²Ansprüche der Staatskasse werden bei dem Gericht des ersten Rechtszugs angesetzt. ³Ist das Gericht des ersten Rechtszugs ein Gericht des Landes und ist der Anspruch auf die Bundeskasse übergegangen, wird er insoweit bei dem jeweiligen obersten Gerichtshof des Bundes angesetzt.**

(3) **Absatz 1 gilt entsprechend bei Beratungshilfe.**

Schrifttum: *Wielgoß,* Prozesskostenhilfe für beide Parteien, JurBüro 2006, 185.

---

135 BGBl. 2013 I 2586.

136 OLG Jena Rpfleger 2018, 231 = RVGreport 2018, 95 mzustAnm *Burhoff;* LG Aachen JurBüro 2020, 298 = RVGreport 2020, 303; LG Bad Kreuznach RVGreport 2019, 14.

137 BT-Drs. 17/11471, 270 f.

138 S. a. OLG Jena Rpfleger 2018, 231 = RVGreport 2018, 95; OLG Koblenz RVGreport 2019, 421= StRR 10/2019, 26; LG Bad Kreuznach RVGreport 2019, 14.

139 *Burhoff* RVGreport 2020, 402 (404); StraFo 2021, 8 (2); *Volpert* AGS 2020, 445 (452).

140 BT-Drs. 19/23484, 79 (80).

141 BT-Drs. 19/23484, 79 (80).

Übersicht

I. Allgemeines

1 § 59 RVG, der auch Anwälte iSv §§ 138, 270 FamFG und § 67a VwGO betrifft, soll der Staatskasse einen Ausgleich für ihre Aufwendungen zu Gunsten der Partei gewähren. Ebenso wie die Forderung des Gläubigers gegen den Schuldner gem. § 774 Abs. 1 S. 1 BGB auf den Bürgen, der den Gläubiger ganz oder teilweise befriedigt, übergeht, so geht der Anspruch des RA gegen seine Partei, einen erstattungspflichtigen Gegner oder etwaige sonstige Dritte auf Erstattung seiner Vergütung insoweit auf die Staatskasse über, als diese die Vergütung ganz oder teilweise leistet. Es handelt sich um einen gesetzlichen Übergang iSd § 412 BGB.

2 Den übergegangenen Anspruch kann die Staatskasse nicht zum Nachteil des Anwalts geltend machen. Die Ansprüche des Anwalts gehen also denen der Staatskasse vor (Abs. 1 S. 1).

II. Befriedigung des RA

3 Erst mit der Befriedigung des RA durch die Staatskasse gehen die dem RA wegen seiner Vergütung zustehenden Ansprüche gegen die Partei und einen ersatzpflichtigen Gegner maximal iHd Bezahlten auf die Staatskasse über. Es kommt auf die Zahlung an. Zahlung eines Vorschusses reicht aus.[1] Die Festsetzung genügt noch nicht.

III. Anspruch gegen unterlegenen Gegner

1. Erstattungsanspruch gegen Gegner

4 Nach § 126 ZPO steht dem beigeordneten RA ein eigener Erstattungsanspruch gegen die Gegenpartei zu, soweit dieser die Kosten auferlegt oder von ihr übernommen worden sind (§ 45 RVG Rn. 81 ff.). Dieser Anspruch geht auf die Staatskasse über, wenn und soweit sie den beigeordneten RA befriedigt hat.[2]

[1] VG Berlin RVGreport 2018, 251.

[2] OLG Köln JurBüro 1987, 920 = KostRspr BRAGO § 130 Nr. 19 mkritAnm *Lappe;* OLG München AnwBl 1991, 167; OLG Koblenz Rpfleger 1994, 423; OLG Bremen JurBüro 1990, 749; **aA** OLG Zweibrücken JurBüro

2. Gegenpartei mit Kostenfreiheit oder PKH

a) Kostenfreiheit. Ist die Gegenpartei von Gerichtskosten freigestellt, so hat das auf den Erstattungsanspruch gegen sie keinen Einfluss. Der Gegner ist daher auch in diesem Fall verpflichtet, die auf die Staatskasse übergegangenen Ansprüche zu begleichen. 5

Die zwischen Bund und Ländern vereinbarten haushaltsrechtlichen Bestimmungen, nach denen Zahlungen zu unterbleiben haben, gelten allerdings auch hier.[3] 6

b) Gegner mit PKH. Ist auch der Gegenpartei PKH bewilligt, so ist streitig, ob die Beitreibung der von ihr zu erstattenden Kosten durch die Staatskasse zulässig ist.[4] 7

3. Übergang nur der PKH-Anwaltsvergütung

Der Forderungsübergang erfasst nur die PKH-Anwaltsvergütung, nicht auch die Differenz zwischen dieser und der höheren Wahlanwaltsvergütung. Das gilt auch, wenn der Gegner nur zu einem Bruchteil, zB zu $^1/_5$ erstattungspflichtig ist.[5] 8

4. Zustand des übergehenden Anspruchs

a) Grundsatz. Die Staatskasse erwirbt den Anspruch **in dem Zustand,** in dem er sich zzt. des Übergangs befindet. Dabei gelten, da es sich um einen gesetzlichen Forderungsübergang handelt, gem. § 412 BGB die §§ 399–404, 406–410 BGB entsprechend. Weiter gilt § 126 Abs. 2 ZPO. Verjährung → Rn. 39. 9

b) Sicherungsrechte. Mit der Forderung gehen gem. § 401 BGB bestehende Sicherungsrechte über. Solche Sicherung liegt zB vor, wenn ein Ausländer für die Kosten Sicherheit geleistet hat. Ebenso geht ein Pfändungspfandrecht über, wenn wegen der Vergütung des Anwalts Gegenstände des erstattungspflichtigen Gegners gepfändet worden sind. 10

c) Einwendungen. Einwendungen, welche die Gegenpartei im Zeitpunkt des Übergangs dem beigeordneten RA entgegensetzen konnte, können auch der Staatskasse entgegengesetzt werden. Macht die Staatskasse die Anwaltskosten des beigeordneten RA gegen den unterlegenen Gegner geltend, kann dieser zB einwenden, es seien zu hohe Gebührensätze berechnet worden.[6] 11

d) Aufrechnung. Sie ist zwar gem. § 406 BGB zulässig, kann aber, soweit es sich um Ansprüche des Gegners gegen die PKH-berechtigte Partei handelt, nur mit Kosten erfolgen, die nach der in demselben Rechtsstreit erlassenen Kostenentscheidung von der mittellosen Partei zu erstatten sind (§ 126 Abs. 2 ZPO).[7] Der Gegner kann nicht mit einem titulierten Erstattungsanspruch gegen die Staatskasse aus einer anderen Sache aufrechnen.[8] Wird gegen einen auf den Namen der mittellosen Partei lautenden Kostenfestsetzungsbeschluss durch den Prozessgegner gegenüber der mittellosen Partei wirksam aufgerechnet, so kann die Staatskasse den auf sie übergegangenen Anspruch nicht mehr geltend machen.[9] Wegen Zahlung an Partei → Rn. 25. 12

e) § 15a Abs. 3 RVG. Auf Anrechnungen kann sich der Erstattungspflichtige berufen, wenn die Voraussetzungen von § 15a Abs. 3 RVG gegeben sind.[10] 13

1984, 1044 mablAnm *Mümmler,* Gegner kann auch mit Erstattungsanspruch aus anderem Rechtsstreit aufrechnen.

[3] BGH NJW 1965, 538 = JurBüro 1965, 209.

[4] **Bejahend** BGH FamRZ 1997, 1141 = JurBüro 1997, 648; OLG Hamm RVGreport 2017, 136 = AGS 2017, 237; OLG Karlsruhe FamRZ 2005, 2002; KG JurBüro 1988, 746; OLG Koblenz FamRZ 2008, 805; OLG Köln JurBüro 1987, 920 = KostRspr BRAGO § 130 Nr. 19 mkritAnm *Lappe;* OLG Nürnberg FamRZ 2008, 803 = NJW-RR 2008, 885; OLG Schleswig AG Kompakt 2010, 79 = SchlHA 2010, 204; OLG Zweibrücken FamRZ 2008, 2140; **aA** *Mümmler* Anm. JurBüro 1984, 1046 unter Hinweis auf die Begr. zu dem Entwurf des PKH-Gesetzes, BT-Drs. 8/3068, 30 zu k, Einziehung nur nach § 122 Abs. 1 Nr. 1 ZPO; OLG Zweibrücken Rpfleger 1989, 114 = JurBüro 1989, 237; OLG München JurBüro 2014, 29 = AnwBl 2013, 830 = FamRZ 2014, 1880; FamRZ 2001, 1156 = JurBüro 2001, 310, im Hinblick auf § 122 Abs. 1 Nr. 1b ZPO.

[5] BVerwG RVGreport 2008, 155.

[6] BGH MDR 1978, 214 = JurBüro 1978, 517 = KostRspr BRAGO § 130 Nr. 7 mkritAnm *Lappe.*

[7] OLG Schleswig FamRZ 2007, 752 = OLGR 2006, 840; **aA** OLG Zweibrücken JurBüro 1984, 1044 mablAnm *Mümmler.*

[8] BGH FamRZ 2006, 190.

[9] LG Berlin JurBüro 1983, 878 mAnm *Mümmler* = KostRspr BRAGO § 130 Nr. 13 mAnm *Lappe;* LG Braunschweig NdsRpfl 2000, 313, Staatskasse kann dem beigeordneten RA, der dennoch Vergütung aus der Staatskasse fordert, den Arglisteinwand entgegenhalten.

[10] *Hansens* RVGreport 2009, 241 (245).

5. Kostentitel

14 **a) Erforderlichkeit. Abhängigkeit von Titel.** Der Erstattungsanspruch des Anwalts gegen den Verfahrensgegner geht über. Dieser wiederum leitet sich aus dem Erstattungsanspruch der Partei her. Es kommt daher darauf an, welcher Erstattungsanspruch zugunsten der unbemittelten Partei bestand. Es muss also eine Kostenentscheidung oder Vereinbarung zu Gunsten der bedürftigen Partei existieren, damit die Staatskasse gegen den Gegner vorgehen kann.

15 **Klage- oder Rechtsmittelrücknahme.** Beruht der Anspruch auf einer Klage- oder Rechtsmittelrücknahme, so bedarf es auch für die Staatskasse eines Kostenausspruchs nach §§ 269 Abs. 4, 516 Abs. 3 ZPO.[11] Das Recht, einen solchen Kostenausspruch zu beantragen, steht nur der Partei, nicht dem beigeordneten RA zu.[12]

16 **Keine Veranlasserhaftung.** Durch den Übergang auf die Staatskasse werden die Ansprüche des Anwalts nicht zu Gerichtskosten, so dass die für diese geltenden Vorschriften keine Anwendung finden. Der obsiegende Prozessgegner haftet daher auch dann nicht, wenn er das Verfahren veranlasst hat.

17 **b) Vorläufige Vollstreckbarkeit.** Beruht der Erstattungsanspruch des RA auf einer Kostenentscheidung und ist diese nur vorläufig vollstreckbar, so gilt das auch im Verhältnis zur Staatskasse.[13]

18 **Vollstreckung gegen Sicherheitsleistung.** Ist die vorläufige Vollstreckbarkeit von einer Sicherheitsleistung abhängig, so gilt das auch für den von dem RA auf die Staatskasse übergegangenen Anspruch.

19 **Abwendung mit Sicherheitsleistung.** Macht die Gegenpartei von der Befugnis zur Sicherheitsleistung Gebrauch, so kann der Anspruch von der Staatskasse nicht geltend gemacht werden, bevor nicht die Entscheidung rechtskräftig ist.

20 **c) Änderung des Kostentitels.** ***aa) Grundsätze.*** Ist die Entscheidung nur vorläufig vollstreckbar, so ist der Erstattungsanspruch auflösend bedingt. Wird sie später aufgehoben oder geändert, so gilt sie so, wie sie danach ist. Nimmt die unbemittelte Partei, die im ersten Rechtszug obsiegt hatte, im zweiten Rechtszug die Klage zurück, so geht kein Erstattungsanspruch auf die Staatskasse über.

21 **Rückzahlung.** Hatte die Staatskasse die an den bisherigen beigeordneten RA gezahlte Vergütung bereits von der Gegenpartei eingezogen, so muss sie die erhaltenen Beträge zurückzahlen.

22 ***bb) Änderung durch Einigung.*** **Vor Rechtskraft der Kostenentscheidung.** Das Verfügungsrecht der Partei bleibt trotz des Übergangs bestehen, so dass vor Rechtskraft der Kostenentscheidung durch Vergleich der Erstattungsanspruch gegen die Gegenpartei beseitigt werden kann. Das gilt auch für eine vor Rechtskraft des Urteils geschlossene **außergerichtliche** Einigung, und zwar selbst dann, wenn das Urteil später rechtskräftig geworden ist.[14]

23 **Nach Rechtskraft der Kostenentscheidung.** Das Verfügungsrecht endet mit der Rechtskraft des Urteils. Durch einen später abgeschlossenen Vergleich kann der Staatskasse der auf sie übergegangene Erstattungsanspruch nicht mehr entzogen werden.[15] Das gilt auch dann, wenn die Staatskasse die Vergütung des beigeordneten RA erst nach Abschluss des Vergleichs gezahlt hat.

6. Mehrere beigeordnete Anwälte

24 Bei Anwaltswechsel kann, wenn die Staatskasse für die Vergütung mehrerer beigeordneter Anwälte haftet, die Gegenpartei aber nur die Kosten eines Anwalts zu erstatten braucht, nur der Anspruch auf Erstattung der Kosten des einen Anwalts auf die Staatskasse übergehen.

7. Ausschluss bei Zahlung des Gegners an Partei

25 Hat der Gegner die von ihm zu erstattenden Kosten bereits an die Partei gezahlt, weil sie auf deren Namen festgesetzt worden waren, so hat der beigeordnete RA seinen Anspruch an den Gegner verloren, so dass ein Übergang an die Staatskasse nicht mehr stattfinden kann.

---

[11] KG JurBüro 1988, 746 mkritAnm *Mümmler;* **aA** LG Frankenthal JurBüro 1986, 1383, förmlicher Kostenbeschluss nicht nötig.

[12] BGH AGS 1998, 174 = MDR 1998, 1248; OLG Nürnberg JurBüro 1989, 803; OLG Zweibrücken JurBüro 1989, 694; OLG Köln Rpfleger 1998, 129 = OLGR 1998, 108; **aA** LG Osnabrück JurBüro 1987, 1379; LG Aschaffenburg JurBüro 1990, 1020 = KostRspr ZPO § 269 Nr. 78 mkritAnm *Lappe.*

[13] VG Berlin RVGreport 2018, 251 mzustAnm *Hansens.*

[14] OLG Frankfurt a. M. NJW 1969, 144; OLG Bamberg JurBüro 1988, 1676; LG Bayreuth JurBüro 1974, 1403 mAnm *Mümmler.*

[15] OLG Stuttgart NJW 1956, 1405.

8. Geltendmachung: Nicht zum Nachteil des Anwalts

Vom gesetzlichen Übergang ist die Geltendmachung zu unterscheiden. Wie beim Bürgen (§ 774 Abs. 1 S. 2 BGB) kann der Übergang nicht zum Nachteil des Gläubigers, hier des Anwalts, geltend gemacht werden (Abs. 1 S. 1). 26

Auch die Gegenpartei kann sich darauf berufen, dass die Ansprüche des Anwalts denen der Staatskasse vorgehen. 27

a) Nur teilweise Befriedigung der Wahlanwaltsvergütung. Deckt der aus der Staatskasse gezahlte Betrag nur einen Teil der dem RA als Wahlanwalt gegen seinen Auftraggeber zustehenden Vergütung (Gebühren plus Auslagen), so kann der RA die Zahlungen der Staatskasse zunächst auf diejenigen Kosten verrechnen, für welche die Gegenpartei nicht haftet.[16] Der RA darf sich aus dem ihm nach § 126 ZPO zustehenden Anspruch auf Erstattung der Kosten durch die unterlegene Gegenpartei zunächst befriedigen, ehe die Staatskasse den Forderungsübergang geltend machen darf. Das gilt auch dann, wenn die Festsetzung auf den Namen der Partei erfolgt ist. Die Staatskasse darf also ihre Rechte aus § 59 RVG erst dann ausüben, wenn der RA voll befriedigt ist. Zum Wahlrecht des Anwalts, wen er in Anspruch nehmen will → § 45 Rn. 51. 28

Hat der Gegner sich vergleichsweise zur Zahlung einer Quote oder eines Betrages verpflichtet, der nur für die Deckung des durch die Haftung der Staatskasse nicht gedeckten Teils der RA-Vergütung ausreicht, so geht der Anspruch nicht auf die Staatskasse über. 29

b) Zusammentreffen von Vollstreckungsmaßnahmen. Treffen Vollstreckungsmaßnahmen der Staatskasse und des RA zusammen, so kann sich die Staatskasse aus den Pfandgegenständen nur im Range nach dem Pfandrecht des Anwalts befriedigen. Entsprechendes gilt für die auf die Staatskasse übergegangenen Sicherungsrechte. Das gilt aber nur für Vollstreckungsmaßnahmen des Staates, die übergegangene RA-Kosten betreffen. Vollstreckt der Staat wegen der Gerichtskosten, besteht kein Vorrang des Anwalts. 30

c) Kostenquotelung. Kostenausgleich. Sind die Kosten unter den Parteien nach Quoten verteilt, so hängt der Erstattungsanspruch der Staatskasse von der nach § 106 ZPO vorzunehmenden Kostenausgleichung ab. Diese ist zunächst so vorzunehmen, als ob keine PKH bewilligt worden wäre.[17] Die Vergütung, für die der beigeordnete RA von der Staatskasse befriedigt worden ist, ist nur dann von dem sich zu Gunsten der bedürftigen Partei ergebenden Saldo abzuziehen und statt auf den Namen des Anwalts für die Staatskasse festzusetzen, wenn dieser Saldo den Unterschied zwischen der Wahlanwaltsvergütung und den aus der Staatskasse gezahlten Vergütung des Anwalts übersteigt. Der Übergang auf die Staatskasse wird dadurch an sich nicht berührt, sondern es wird nur seine Berücksichtigung bis zur Befriedigung des Anwalts ausgeschlossen.[18] 31

Beispiel:

Bei einem Verfahrenswert von 10.000,– EUR wurde dem Kläger ein RA beigeordnet. In dem Urteil nach mündlicher Verhandlung werden die Kosten zu 1/6 dem Kläger und 5/6 dem Beklagten auferlegt.

Die **Staatskasse** hat gezahlt		
2,5 Gebühren (1,3 Verfahrens- und 1,2 Terminsgebühr) aus 10.000,– EUR aus PKH-Tabelle	847,50 EUR	
Pauschale gem. VV 7002 RVG	20,00 EUR	
19 % MwSt	164,83 EUR	
Summe		**1.032,33 EUR**
Wahlanwaltsgebühren beider (!) Parteien		
5,0 Gebühren (2 × 1,3 + 2 × 1,2 = 2 × 2,5) aus 10.000,– EUR aus Wahlanwaltstabelle	3.070,00 EUR	
2 × Pauschale gem. VV 7002 RVG	40,00 EUR	
19 % MwSt	590,90 EUR	
Summe		**3.700,90 EUR**
Beklagter trägt von Gesamtkosten 5/6	3.084,08 EUR	
Kläger trägt von Gesamtkosten 1/6	616,82 EUR	
Erstattungsanspruch des Klägers gegen Beklagten (3.700,90 EUR : 2 – 616,82 EUR)	1.233,63 EUR	
Zahlung der Staatskasse an Klägervertreter	1.032,33 EUR	

[16] OLG Brandenburg JurBüro 2007, 259; LAG Nürnberg AnwBl 1988, 181, für einen Fall des § 12a Abs. 1 S. 1 ArbGG; vgl. aber OLG Schleswig AnwBl 1994, 304, dies gilt nicht, soweit der Gegner außerhalb einer Quote bestimmte Kosten, zB Säumniskosten, voll zu erstatten hat.

[17] OLG Brandenburg JurBüro 2007, 259.

[18] OLG München AnwBl 1982, 115 = JurBüro 1982, 417; OLG Oldenburg JurBüro 1980, 1052 mkritAnm *Mümmler; Hansens* Anm. zu FG Düsseldorf RVGreport 2017, 137.

Kläger würde insgesamt erhalten	2265,96 EUR
Klägervertreter hätte als Wahlanwalt nur verdient	1.850,45 EUR
Er würde also zu viel erhalten	415,51 EUR
die auf die Staatskasse übergehen	
Der Erstattungsanspruch des Kläger gegen den Beklagten von 1.233,63 EUR	
reduziert sich um 415,51 EUR auf	**818,12 EUR**
Auf die Staatskasse gehen über	**415,51 EUR**

32 **Amtswegiger Kostenausgleich.** Wird die Kostenausgleichung von den Parteien nicht beantragt und bleibt auch eine Anregung des Urkundsbeamten erfolglos, so hat der Urkundsbeamte von sich aus den Saldo zu ermitteln.

9. Verlust des Festsetzungsrechts der Partei oder des Anwalts

33 Hinsichtlich des auf die Staatskasse bereits übergegangenen Anspruchs kann weder die Partei noch der beigeordnete RA das Kostenfestsetzungsverfahren gegen die Gegenpartei betreiben.

34 Etwas anderes gilt nur, wenn und soweit die Partei nach Aufhebung der PKH (§ 124 ZPO) oder wegen Anordnungen nach § 115 ZPO oder § 120a Abs. 4 ZPO Zahlungen an die Staatskasse tatsächlich geleistet hat. In dieser Höhe erlöschen dann nämlich die auf die Staatskasse übergegangenen Ansprüche, und die Partei kann ihre dafür gemachten Aufwendungen von dem in die Prozesskosten verurteilten Gegner nach §§ 103 ff. ZPO erstattet verlangen. Voraussetzung ist aber, dass die Partei die Beträge der Staatskasse nicht nur schuldet, sondern sie auch tatsächlich entrichtet hat.[19]

IV. Ansprüche gegen Mandanten oder Streitgenossen

1. Gegen Mandanten

35 Auch dem beigeordneten RA erwächst ein **Anspruch gegen seine Partei** auf die gesetzliche Vergütung, dh die Wahlanwaltsgebühr, der mit der Befriedigung in Höhe des dem RA gezahlten Betrages auf die Staatskasse übergeht (→ § 45 Rn. 64 ff.).

36 Die Staatskasse kann diesen Anspruch gegen die bedürftige Partei aber nur unter den Voraussetzungen des § 122 Abs. 1 Nr. 1b ZPO oder § 122 Abs. 1 Nr. 3 ZPO geltend machen, dh nur, wenn entweder die Bewilligung der PKH gem. § 124 ZPO aufgehoben oder die Zahlung von Raten oder Beträgen aus dem Vermögen gem. § 120 Abs. 1 ZPO oder § 120 Abs. 4 ZPO festgesetzt worden ist.

2. Gegen Streitgenossen

37 Gegen den Streitgenossen der Partei, der PKH bewilligt worden ist, erwirbt die Staatskasse, die nach der hier vertretenen Ansicht dem beigeordneten RA die vollen, durch die Vertretung der bedürftigen Partei ausgelösten Gebühren und nicht nur den Mehrvertretungszuschlag zu vergüten hat (→ § 49 Rn. 11 ff.), keinen Erstattungsanspruch. Sie kann nur den bürgerlichrechtlichen Ausgleichsanspruch der Partei analog § 426 BGB erwerben, soweit sie an deren Stelle den beigeordneten RA befriedigt hat.[20] Voraussetzung ist, dass die Staatskasse mehr als den Anteil des Streitgenossen, dem PKH bewilligt worden ist, bezahlt hat. Dieser Anspruch kann nur durch Klage, nicht nach § 59 Abs. 2 RVG geltend gemacht werden. Nach aA, die aber zum gleichen Ergebnis kommt, findet analog § 59 Abs. 1 S. 1 RVG ein Forderungsübergang von Gesetzes wegen statt.[21] Der Unterschied ist, dass nach dieser Auffassung der Anspruch nach der JBeitrO (→ Rn. 38) durchgesetzt werden kann, während der Anspruch analog § 426 BGB eingeklagt werden muss.

V. Geltendmachung des übergegangenen Anspruchs

38 Nach Abs. 2 gelten für den Ansatz der übergegangenen Ansprüche als auch für die Rechtsbehelfe gegen die Geltendmachung dieser Ansprüche die jeweiligen Kostengesetze (GKG, FamGKG, GNotKG). Die Geltendmachung erfolgt also im Bereich der ordentlichen Gerichtsbarkeit nach der JBeitrO[22] (Ausnahme → Rn. 37). Einen Schuldtitel braucht sich die Staatskas-

[19] KG AnwBl 1983, 324 = JurBüro 1983, 1056.
[20] Dürbeck/Gottschalk/*Dürbeck,* Prozess- und Verfahrenskostenhilfe, Beratungshilfe, 8. Aufl. 2016, Rn. 940.
[21] BayLSG AGS 2013, 478.
[22] Schönfelder Deutsche Gesetze Nr. 122.

se nicht zu beschaffen. In der Gerichtskostenrechnung ist die dem beigeordneten RA gezahlte Vergütung gesondert aufzuführen.

Verjährung. Anspruch gegen Mandanten. Da der Anspruch so auf die Staatskasse übergeht, wie er dem RA zusteht, gilt für die Verjährung des übergegangenen Anspruchs gegen den Mandanten die Dreijahresfrist des § 195 BGB. Daran ändert ein Beschluss über die von der Staatskasse an den RA zu zahlende Vergütung nichts (nicht § 197 Abs. 1 Nr. 3 BGB), da dieser nicht das Verhältnis des Mandanten zum RA betrifft.[23] Die 4 jährige Verjährung des § 5 Abs. 1 S. GKG greift trotz des § 59 Abs. 2 S. 1 RVG nicht ein, da § 5 GKG nur für Gerichtskosten (Gebühren und Auslagen) gilt.[24] **39**

Anspruch gegen den Gegner. Soweit die Staatskasse den übergegangenen Anspruch des RA gegen den Gegner geltend macht, tritt Verjährung ein in 30 Jahren gem. § 197 Abs. 1 S. 3 BGB, wenn eine rechtskräftige Kostengrundentscheidung zulasten des Gegners vorliegt,[25] wodurch der prozessuale Kostenerstattungsanspruch bereits rechtskräftig festgestellt wird (→ Anh. X Rn. 306).

Rechtsbehelfe. Auch sie richten sich nach den jeweiligen Kostengesetzen (GKG, FamGKG, GNotKG).[26] Die Heranziehung des GKG scheidet aber in den Fällen aus, in denen das GKG nicht anwendbar ist, weil speziellere Kostenregelungen wie zB §§ 183 ff. SGG gelten. Deshalb ist im Anwendungsbereich der §§ 183 ff. SGG die Beschwerde ausgeschlossen.[27] **40**

§ 59a Beiordnung und Bestellung durch Justizbehörden

(1) [1]**Für den durch die Staatsanwaltschaft bestellten Rechtsanwalt gelten die Vorschriften über den gerichtlich bestellten Rechtsanwalt entsprechend.** [2]**Ist das Verfahren nicht gerichtlich anhängig geworden, tritt an die Stelle des Gerichts des ersten Rechtszugs das Gericht, das für die gerichtliche Bestätigung der Bestellung zuständig ist.**

(2) [1]**Für den durch die Staatsanwaltschaft beigeordneten Zeugenbeistand gelten die Vorschriften über den gerichtlich beigeordneten Zeugenbeistand entsprechend.** [2]**Über Anträge nach § 51 Absatz 1 entscheidet das Oberlandesgericht, in dessen Bezirk die Staatsanwaltschaft ihren Sitz hat.** [3]**Hat der Generalbundesanwalt einen Zeugenbeistand beigeordnet, entscheidet der Bundesgerichtshof.**

(3) [1]**Für den nach § 87e des Gesetzes über die internationale Rechtshilfe in Strafsachen in Verbindung mit § 53 des Gesetzes über die internationale Rechtshilfe in Strafsachen durch das Bundesamt für Justiz bestellten Beistand gelten die Vorschriften über den gerichtlich bestellten Rechtsanwalt entsprechend.** [2]**An die Stelle des Urkundsbeamten der Geschäftsstelle tritt das Bundesamt.** [3]**Über Anträge nach § 51 Absatz 1 entscheidet das Bundesamt gleichzeitig mit der Festsetzung der Vergütung.**

(4) [1]**Gegen Entscheidungen der Staatsanwaltschaft und des Bundesamts für Justiz nach den Vorschriften dieses Abschnitts kann gerichtliche Entscheidung beantragt werden.** [2]**Zuständig ist das Landgericht, in dessen Bezirk die Justizbehörde ihren Sitz hat.** [3]**Bei Entscheidungen des Generalbundesanwalts entscheidet der Bundesgerichtshof.**

Übersicht

[23] Hess.VGH NJW 2018, 2281.
[24] Hess.VGH NJW 2018, 2281 = AGS 2018, 293; Hartmann/Toussaint/*Toussaint* GKG § 5 Rn. 1.
[25] VG Berlin RVGreport 2012, 418 mzustAnm *Hansens.*
[26] BSG RVGreport 2018, 52; *Hansens* Anm. zu LSG NRW RVGreport 2015, 219.
[27] BSG RVGreport 2018, 54 mzustAnm *Hansens;* LSG BB RVGreport 2019, 136 mzustAnm *Hansens.*

I. Allgemeines

1 Im gerichtlichen Strafverfahren wird ein Zeugen- bzw. Vernehmungsbeistand nach § 68b StPO durch das (zuständige) Gericht beigeordnet. Dieser „gerichtliche beigeordnete" Zeugenbeistand hat dann gem. § 45 Abs. 3 RVG einen Anspruch auf seine Vergütung gegen die Staatskasse. Inzwischen sehen aufgrund von Änderungen in der StPO bzw. durch Neuregelungen im IRG die Verfahrensordnungen aber auch **Bestellungen** bzw. **Beiordnungen** von **Beiständen nicht nur** durch das **Gericht** vor. So kann nach Änderungen in der StPO durch das 2. OpferRRG[1] die Staatsanwaltschaft einem Zeugen für eine polizeiliche Vernehmung nach § 163 Abs. 4 S. 1 Nr. 3 StPO einen RA als Zeugenbeistand beiordnen; für die staatsanwaltschaftliche Vernehmung folgt die Möglichkeit aus § 161a Abs. 1 S. 2 StPO iVm § 68b StPO. Nach § 87e IRG iVm § 53 IRG kann im Verfahren auf Bewilligung der Vollstreckung von Geldstrafen und Geldbußen im Rechtshilfeverkehr mit den Mitgliedstaaten der Europäischen Union (§§ 87 ff. IRG) das Bundesamt für Justiz einen anwaltlichen Beistand bestellen.

2 Bei diesen Änderungen bzw. Neuregelungen war (zunächst) übersehen worden, dass der Vergütungsanspruch nach § 45 Abs. 3 RVG voraussetzt, dass der RA „gerichtlich bestellt oder beigeordnet worden" ist und damit für den von der Staatsanwaltschaft beigeordneten Zeugenbeistand schon vom Wortlaut her nicht gilt.[2] Einen Vergütungsanspruch gegen die Staatskasse erlangt(e) dieser also **allenfalls** über eine **entsprechende Anwendung** der Vorschrift.[3] Entsprechendes galt für den Fall der Bestellung durch das Bundesamt für Justiz nach §§ 87e, 53 IRG, da eine § 45 Abs. 5 RVG entsprechende Regelung für das Bundesamt für Justiz fehlt.[4] Das galt auch für die Bewilligung einer Pauschgebühr nach § 51 RVG, da eine § 51 Abs. 3 RVG entsprechende Regelung ebenfalls nicht in das RVG aufgenommen worden ist.[5]

3 Diese Lücken sind durch das **2. KostRMoG**[6] und die darauf zurück gehende Einfügung des § 59a RVG in das RVG geschlossen worden. Durch das „Gesetz zur **Neuregelung** des Rechts der **notwendigen Verteidigung** v. 10.12.2019", das am 13.12.2019 in Kraft getreten ist,[7] wurde § 59a RVG a. F. ein neuer **Abs. 1** vorangestellt. Danach gelten für den durch die Staatsanwaltschaft bestellten Rechtsanwalt nach Abs. 1 die Vorschriften über den gerichtlich bestellten RA; ist das Verfahren nicht gerichtlich anhängig geworden, tritt an die Stelle des Gerichts des ersten Rechtszugs das Gericht, das für die gerichtliche Bestätigung der Bestellung zuständig ist. In **Abs. 2** S. 1 sind für den von der Staatsanwaltschaft beigeordneten Zeugenbeistand die Vorschriften über den gerichtlich beigeordneten Zeugenbeistand als entsprechend anwendbar erklärt worden.[8] Abs. 2 S. 2, 3 regeln die Zuständigkeiten für die Gewährung einer Pauschgebühr. In **Abs. 3** S. 1 wird für den nach §§ 87e, 53 IRG bestellten Beistand auf die Vorschriften über den gerichtlich bestellten RA verwiesen. **Abs. 4** regelt schließlich die Fragen des Rechtsbehelfs gegen Vergütungsentscheidungen in den Fällen des Abs. 1, 2.[9]

---

[1] BGBl. 2009 I 2280.
[2] Burhoff/Volpert RVG/*Volpert,* 3. Aufl. 2012, Teil A Rn. 1479; Schneider/Wolf/*Volpert* RVG § 59a Rn. 1 ff.; Burhoff/Volpert RVG/*Volpert* § 59a Rn. 1 ff.
[3] LG Düsseldorf StRR 2012, 400 mAnm *Burhoff* = RVGreport 2013, 226 = RVG prof. 2013, 9; inzidenter OLG Düsseldorf BeckRS 2012, 212183.
[4] Burhoff/Volpert RVG/*Volpert,* 3. Aufl. 2012, Teil A Rn. 1500; Burhoff/Volpert RVG/*Volpert,* 3. Aufl. 2012, VV Vorb. 6.1.1 Rn. 12.
[5] Burhoff/Volpert RVG/*Volpert,* 3. Aufl. 2012, Teil A Rn. 1500.
[6] BGBl. I 2586.
[7] BGBl I 2128.
[8] → Rn. 10 ff.
[9] → Rn. 18 ff.

II. Anwendungsbereich

1. Persönlich

Die Vorschrift des **Abs. 1** gilt für den durch die Staatsanwaltschaft im Rahmen der Eilzuständigkeit nach § 142 Abs. 4 StPO als Pflichtverteidiger bestellten RA. 4

Abs. 2 gilt für den RA, der einem Zeugen von der Staatsanwaltschaft für eine polizeiliche Vernehmung nach § 163 Abs. 4 S. 1 Nr. 3 StPO bzw. für eine staatsanwaltschaftliche Vernehmung nach § 161a Abs. 1 S. 2 StPO iVm § 68b StPO als Vernehmungs-/Zeugenbeistand beigeordnet wird.[10] 4

Abs. 3 gilt für den RA, der im Verfahren auf Bewilligung der Vollstreckung von Geldstrafen und Geldbußen im Rechtshilfeverkehr mit den Mitgliedstaaten der Europäischen Union (§§ 87 ff. IRG) nach § 87e iVm § 53 IRG vom Bundesamt für Justiz für den Betroffenen als anwaltlicher Beistand bestellt worden ist.[11] 5

2. Sachlich

Die Vorschrift des § 59a RVG regelt in Abs. 1, 2 und 3, nach welchen Bestimmungen die nicht von einem Gericht beigeordneten bzw. bestellten RA/Pflichtverteidiger und (Zeugen-/Vernehmungs-)Beistände ihren Vergütungsanspruch gegen die Staatskasse geltend machen können. Sie verweist ua auf § 45 RVG.[12] Die Vorschrift gewährt also einen Vergütungsanspruch dieser RA und Beistände gegen die Staatskasse.[13] 6

Die (materiellen) **Voraussetzungen** dieses Vergütungsanspruchs richten sich nach den **allgemeinen Regeln.** Sie setzen also eine Bestellung/Beiordnung durch die Staatsanwaltschaft als Pflichtverteidiger/Zeugenbeistand voraus.[14] Entsprechendes gilt für die Bestellung eines Beistandes nach §§ 87e, 53 IRG. Auch für die **Höhe** der Vergütung dieses RA/Zeugenbeistandes[15] bzw. für die des Beistandes nach §§ 87e, 53 IRG[16] gelten die allgemeinen Regeln. 7

Abs. 4 regelt den **Rechtsbehelf** gegen Vergütungsentscheidungen in den Fällen der nicht gerichtlichen Bestellung bzw. Beiordnung eines Pflichtverteidigers/Beistandes.[17] 8

Die Vorschrift gilt in allen (Straf)Verfahren, und zwar auch in denen, in denen die Beiordnung/Bestellung vor Inkrafttreten des 2. KostRMoG[18] v. 23.7.2013 erfolgt bzw. des „Gesetzes zur Neuordnung des Rechts der notwendigen Verteidigung v. 10.12.2019[19] ist. Es handelt sich um Verfahrensrecht, so dass das **Rückwirkungsverbot nicht** gilt.[20] 9

III. Pflichtverteidigerbestellung durch die Staatsanwaltschaft (Abs. 1)

1. Allgemeines

Durch das „Gesetz zur Neuregelung des Rechts der notwendigen Verteidigung v. 10.12.2019, ist mit Wirkung ab 13.12.2019,[21] in § 142 Abs. 4 StPO eine **Eilzuständigkeit** der Staatsanwaltschaft für die Bestellung eines Pflichtverteidigers eingeführt worden.[22] Bei besonderer Eilbedürftigkeit kann auch die Staatsanwaltschaft über die Bestellung entscheiden. Sie muss unverzüglich, spätestens innerhalb einer Woche nach ihrer Entscheidung, die gerichtliche Bestätigung der Bestellung oder der Ablehnung des Antrags des Beschuldigten beantragen. Der Beschuldigte kann jederzeit die gerichtliche Entscheidung beantragen. 9a

---

[10] Burhoff StrafREV-HdB Rn. 4398 ff.; Schneider/Wolf/*Volpert* RVG § 59a Rn. 5; Burhoff/Volpert RVG/*Volpert* § 59a Rn. 7 f.

[11] Schneider/Wolf/*Volpert* RVG § 59a Rn. 6; Burhoff/Volpert RVG/*Volpert* § 59a Rn. 9.

[12] BR-Drs. 517/12, 430 = BT-Drs. 17/11471, 271.

[13] Zu den Voraussetzungen → Rn. 7.

[14] Wegen der Voraussetzungen Burhoff StrafREV-HdB Rn. 4398 ff.; Schneider/Wolf/*Volpert* RVG § 59a Rn. 9; Burhoff/Volpert RVG/*Volpert* § 59a Rn. 10 ff.

[15] → RVG Einl. VV Vorb. 4.1 Rn. 5 ff. mwN auch zur Streitfrage, ob der Zeugenbeistand nach VV Teil 4 Abschn. 1 RVG oder nach VV Teil 4 Abschn. 3 RVG abrechnet.

[16] VV Vorb. 6 RVG, → RVG VV 6100–6102 Rn. 1 ff.

[17] → Rn. 26 ff.

[18] BGBl. I 2586.

[19] BGBl. I 2128.

[20] Meyer-Goßner/Schmitt/*Schmitt* StPO § 354a Rn. 4 mwN; iErg Schneider/Wolf/*Volpert* RVG § 59a Rn. 8; Burhoff/Volpert RVG/*Volpert* § 59a Rn. 7.

[21] BGBl. I 2128.

[22] BT-Drs. 19/13829, 42.

2. Anwendung des § 45 Abs. 3 RVG

9b Durch die Einführung dieser Eilzuständigkeit der Staatsanwaltschaft für die Bestellung des Pflichtverteidigers war eine Ergänzung des § 59a RVG um den neu eingefügten Abs. 1 erforderlich. **Abs. 1 S. 1 verweist** nun für den durch die Staatsanwaltschaft bestellten Pflichtverteidiger auf die entsprechend geltenden Vorschriften über den gerichtlich bestellten RA. Das sind die **§§ 45 ff. RVG.** Aufgrund dieser Verweisung gilt insbesondere auch § 45 **Abs. 3 RVG.** Dadurch ist sichergestellt, dass auch der durch die Staatsanwaltschaft bestellte Pflichtverteidiger seinen Vergütungsanspruch gegen die Staatskasse geltend machen kann.

3. Zuständigkeit bei nicht gerichtlich anhängigen Verfahren

9c **Abs. 1 S. 2** trifft eine Zuständigkeitsregelung für Entscheidungen über Anträge, die grundsätzlich dem Gericht des ersten Rechtszuges obliegen. Ist das Verfahren **nicht gerichtlich anhängig** geworden, tritt an die Stelle des Gerichts des ersten Rechtszugs das Gericht, das für die gerichtliche Bestätigung der Bestellung (§ 142 Abs. 4 StPO) zuständig ist. Diese Regelung erfasst insbesondere das Festsetzungsverfahren nach § 55 Abs. 1 RVG und das Feststellungsverfahren nach § 52 Abs. 2 RVG.[23]

IV. Beiordnung durch die Staatsanwaltschaft (Abs. 2)

1. Entsprechende Anwendung von § 45 Abs. 3 RVG

10 In Abs. 2 wird der **gesetzliche Vergütungsanspruch** des RA geregelt, der einem Zeugen von der Staatsanwaltschaft entweder nach § 163 Abs. 4 S. 1 Nr. 3 StPO für eine polizeiliche Vernehmung bzw. nach § 161a Abs. 1 S. 2 StPO iVm § 68b StPO für eine staatsanwaltschaftliche Vernehmung als Vernehmungs-/Zeugenbeistand beigeordnet worden ist. Für diesen „gelten die Vorschriften über den gerichtlich beigeordneten Zeugenbeistand entsprechend". Das ist insbes. die Vorschrift des § 45 Abs. 3 RVG.[24] Die Vorschrift spricht zwar nur von der „Staatsanwaltschaft", sie erfasst aber auch die Beiordnung durch den Generalbundesanwalt, wenn er gem. §§ 142 f. GVG die Ermittlungen führt. Das ergibt sich aus Abs. 2 S. 3.

11 Die entsprechende Anwendung des § 45 Abs. 3 RVG führt dazu, dass der RA die Vergütung aus der **Landeskasse** erhält, wenn eine Staatsanwaltschaft ihn beigeordnet hat. Hat der Generalbundesanwalt den RA beigeordnet erhält er die Vergütung aus der **Bundeskasse** (vgl. § 45 Abs. 3 S. 1 RVG). Hat zuerst der Generalbundesanwalt und sodann für eine spätere Vernehmung eine Staatsanwaltschaft den RA beigeordnet, zahlt nach § 45 Abs. 3 S. 2 RVG die Bundeskasse die Vergütung, die der RA während der Dauer der Beiordnung durch das Gericht des Bundes verdient hat, die Landeskasse die dem RA darüber hinaus zustehende Vergütung. Dies gilt nach § 45 Abs. 3 S. 2 RVG entsprechend, wenn zuerst eine Staatsanwaltschaft und sodann der Generalbundesanwalt den RA beigeordnet hat.

12 Die entsprechende Anwendung „der Vorschriften über den gerichtlich beigeordneten Zeugenbeistand" in Abs. 2 S. 1 führt dazu, dass der Zeugenbeistand nicht nur seine Vergütung aus der Staatskasse erhält, sondern gem. **§ 46 RVG** auch seine Auslagen und Aufwendungen oder nach **§ 47 RVG** einen Vorschuss ersetzt verlangen kann. Er kann zudem die Bewilligungen einer Pauschgebühr (§ 51 RVG) beantragen.[25] Für ihn gilt schließlich auch **§ 58 Abs. 3 RVG.**

2. Festsetzungsverfahren (§ 55 RVG)

13 Nach Abs. 2 „gelten die Vorschriften über den gerichtlich beigeordneten Zeugenbeistand entsprechend". Erfasst wird von dieser Formulierung – ebenso wie beim durch das Bundesamt für Justiz nach den §§ 87e, 53 IRG bestellten RA[26] – auch die Festsetzung der dem Zeugenbeistand zustehenden Vergütung. Die richtet sich beim gerichtlich beigeordneten Zeugenbeistand nach § 55 RVG.[27]

14 Damit gilt grds. auch für die Festsetzung der Vergütung des von der Staatsanwaltschaft beigeordneten Zeugenbeistand **§ 55 RVG entsprechend.** Auf die dortigen Erläuterungen kann

---

[23] BT-Drs. 19/13829, 43.

[24] → § 45 Rn. 2; Schneider/Wolf/*Volpert* RVG § 59a Rn. 9 ff.; Burhoff/Volpert RVG/*Volpert* § 59a Rn. 11.

[25] Zur Bewilligung einer Pauschgebühr für den gerichtlich beigeordneten Zeugenbeistand KG NStZ-RR 2013, 232 = RVGreport 2013, 229; OLG Jena AGS 2011, 483 = JurBüro 2011, 473 = StraFo 2011, 292 (Ls.); OLG Saarbrücken StRR 2015, 196 = RVGreport 2015, 216.

[26] → Rn. 21.

[27] → § 55 Rn. 2 ff.; Burhoff/Volpert RVG/*Volpert* Teil A Rn. 849.

daher verwiesen werden.[28] Das gilt insbes. für Form und Zeitpunkt der Antragstellung, aber auch für seinen Inhalt. Es gilt auch § 55 Abs. 5 S. 2 RVG.[29]

15 Für die **Zuständigkeit** gilt § 55 Abs. 1 S. 2 RVG. Zuständig ist danach der Urkundsbeamte der Geschäftsstelle der Staatsanwaltschaft, die den RA beigeordnet hat.[30]

3. Pauschgebühr (Abs. 2 S. 2, 3)

16 § 59a Abs. 2 S. 2, 3 RVG schließen die Lücke, die hinsichtlich der Gewährung einer Pauschgebühr für den von der Staatsanwaltschaft als Zeugenbeistand beigeordneten RA dadurch entstanden ist, dass § 51 RVG nicht an die Neuregelungen durch das 2. OpferRRG[31] angepasst worden ist. Über Pauschgebührenanträge entscheidet danach – abweichend von der Zuständigkeitsregelung in § 55 Abs. 1 S. 2 RVG[32] – das OLG, in dessen Bezirk die Staatsanwaltschaft, die den RA beigeordnet hat, ihren Sitz hat (S. 2). Hat der Generalbundesanwalt den Zeugenbeistand beigeordnet, entscheidet nach S. 3 der BGH. Diese Regelung ist im Hinblick auf die Gleichbehandlung der beigeordneten RA sachgerecht.[33]

17 Für das **Verfahren** über die Bewilligung einer Pauschgebühr in diesen Fällen gelten die allgemeinen Regeln. Insoweit wird daher auf die Erläuterungen bei → § 51 Rn. 45 ff. verwiesen.

V. Bestellung durch das Bundesamt für Justiz (Abs. 3)

1. Entsprechende Anwendung von § 45 Abs. 3 RVG

18 Abs. 3 regelt den **gesetzlichen Vergütungsanspruch** des RA der vom Bundesamt für Justiz im Verfahren der Vollstreckung ausländischer Geldsanktionen nach den §§ 87 ff. IRG gem. den §§ 87e, 53 IRG für den Betroffene als Beistand bestellt worden ist. Für diesen „gelten die Vorschriften über den gerichtlich bestellten Rechtsanwalt". Das ist ua die Vorschrift des § 45 Abs. 3 RVG.[34] Die entsprechende Anwendung „der Vorschriften über den gerichtlich bestellten Rechtsanwalt" führt zudem dazu, dass der Zeugenbeistand nicht nur seine Vergütung aus der Staatskasse erhält, sondern gem. **§ 46 RVG** auch seine Auslagen und Aufwendungen oder nach **§ 47 RVG** einen Vorschuss ersetzt verlangen kann. Er kann zudem die Bewilligungen einer Pauschgebühr (§ 51 RVG) beantragen.[35] Für ihn gilt schließlich auch **§ 58 Abs. 3 RVG.**

19 Ist der RA nicht vom Bundesamt für Justiz im Bewilligungsverfahren bestellt, sondern zB vom Amtsgericht oder Oberlandesgericht im **Rechtsmittelverfahren** (vgl. §§ 87g ff. IRG), richtet sich der Vergütungsanspruch nicht nach § 59a, sondern unmittelbar nach § 45 Abs. 3 S. 1 RVG, da dann eine gerichtliche Bestellung vorliegt. In den Fällen gilt § 48 Abs. 6 S. 1 RVG bzw. § 48 Abs. 6 S. 2 RVG.[36]

20 Die entsprechende Anwendung des § 45 Abs. 3 RVG führt dazu, dass der RA die Vergütung aus der **Bundeskasse** erhält (vgl. § 45 Abs. 3 S. 1 RVG). Die Frage nach einer Vergütung aus der Landeskasse stellt sich nicht, da das Bundesamt für Justiz nach § 1 des Gesetzes zur Errichtung und zur Regelung der Aufgaben des Bundesamts für Justiz v. 17.12.2006[37] eine obere Bundesoberbehörde ist.

2. Festsetzungsverfahren (§ 55 RVG)

21 Nach Abs. 3 „gelten die Vorschriften über den gerichtlich den gerichtlich bestellten RA **entsprechend**". Erfasst wird von dieser Formulierung – ebenso wie in Abs. 1 beim durch die Staatsanwaltschaft beigeordneten Zeugenbeistand[38] – auch die Festsetzung der dem vom Bun-

---

[28] Schneider/Wolf/*Volpert* RVG § 59a Rn. 12; Burhoff/Volpert RVG/*Volpert* § 59a Rn. 18.

[29] Zu allem → § 55 Rn. 19 ff.

[30] OLG Düsseldorf BeckRS 2012, 212183 für den Rechtszustand vor Inkrafttreten des § 59a; zur Zuständigkeit im Vergütungsfestsetzungsverfahren → § 55 Rn. 9 ff.

[31] BGBl. 2009 I 2280.

[32] → Rn. 15.

[33] So auch Schneider/Wolf/*Volpert* RVG § 59a Rn. 13, 21; Burhoff/Volpert RVG/*Volpert* § 59a Rn. 21 f., 30.

[34] → § 45 Rn. 2; Schneider/Wolf/*Volpert* RVG § 59a Rn. 15; Burhoff/Volpert RVG/*Volpert* § 59a Rn. 23 ff.

[35] Zur Bewilligung einer Pauschgebühr für den gerichtlich beigeordneten Zeugenbeistand KG NStZ-RR 2013, 232 = RVGreport 2013, 229; OLG Jena AGS 2011, 483 = JurBüro 2011, 473 = StraFo 2011, 292 (Ls.); OLG Saarbrücken StRR 2015, 196 = RVGreport 2015, 216.

[36] → § 48 Rn. 171 ff.; Schneider/Wolf/*Volpert* RVG § 59a Rn. 16; Burhoff/Volpert RVG/*Volpert* § 59a Rn. 26 ff.

[37] BGBl. 2006 I 3171.

[38] → Rn. 10 ff.

desamt beigeordneten Beistand zustehenden Vergütung. Die richtet sich ebenfalls nach § 55 RVG.[39]

22 Damit gilt grds. auch für die Festsetzung der Vergütung des vom Bundesamt für Justiz nach §§ 87e, 53 IRG beigeordneten Beistandes **§ 55 RVG entsprechend.** Auf die dortigen Erläuterungen kann also verwiesen werden.[40] Das gilt vor allem für Form, Inhalt und Zeitpunkt der Antragstellung. Es gilt insbes. auch § 55 Abs. 5 S. 2 RVG.[41]

23 Für die **Zuständigkeit** gilt § 59a Abs. 3 S. 2 RVG. An die Stelle des Urkundsbeamten der Geschäftsstelle tritt das Bundesamt.

3. Pauschgebühr (Abs. 3 S. 3)

24 § 59a Abs. 3 S. 3 RVG schließt die Lücke, die für den vom Bundesamt für Justiz bestelltem RA hinsichtlich der Gewährung einer Pauschgebühr dadurch entstanden ist, dass § 51 RVG nicht an die Neuregelungen im IRG durch das sog. Geldsanktionsgesetz v. 18.10.2010[42] angepasst worden ist. Über Pauschgebührenanträge entscheidet danach jetzt gleichzeitig mit der Festsetzung der Vergütung das **Bundesamt für Justiz.**[43]

25 Für das **Verfahren** über die Bewilligung einer Pauschgebühr in diesen Fällen gelten die allgemeinen Regeln. Insoweit wird daher auf die Erläuterungen bei → § 51 Rn. 45 ff. verwiesen.

VI. Rechtsbehelf (Abs. 4)

1. Anwendungsbereich

26 Abs. 4 regelt den Rechtsbehelf gegen Entscheidungen der Staatsanwaltschaft und des Bundesamtes für Justiz „nach den Vorschriften dieses Abschnitts". Die Regelung des § 59a Abs. 4 RVG ist in Abschn. 8 enthalten, so dass von Abs. 4 also **alle Entscheidungen** der Staatsanwaltschaft oder des Bundesamtes für Justiz in Zusammenhang mit dem Vergütungsanspruch des von ihnen beigeordneten Zeugenbeistandes bzw. bestellten Beistandes erfasst werden. Die Erläuterungen bei → § 57 Rn. 4 f. gelten entsprechend.[44] Will sich der RA gegen eine solche Entscheidungen wenden, ist dafür der Antrag auf gerichtliche Entscheidung vorgesehen.

2. Verfahren (§ 55 RVG)

27 Abs. 4 S. 1 bestimmt nur, dass „gerichtliche Entscheidung beantragt werden kann". Weitere Regelungen zur näheren Ausgestaltung dieses Antrags auf gerichtliche Entscheidung, wie zB Form, Frist, Inhalt und Abhilfemöglichkeit enthält die gesetzliche Regelung – mit Ausnahme zur Zuständigkeit[45] – nicht. In der Gesetzesbegründung[46] wird allerdings ausgeführt, dass „nach dem Vorbild des § 57 RVG der Rechtsbehelf gegen Entscheidungen der Justizbehörde geregelt werden" soll. Auch daraus lässt sich aber eine Verweisung auf § 57 RVG und damit über dessen S. 2 wegen des Verfahrens auch auf § 62 OWiG nicht ableiten, da in § 57 RVG Rechtsbehelfe in Bußgeldsachen vor der Verwaltungsbehörde geregelt sind. Um Bußgeldsachen handelt es sich bei § 59a RVG aber nicht. Abs. 1 regelt Bestellung des Pflichtverteidigers im Rahmen der Eilzuständigkeit der Staatsanwaltschaft (§ 142 Abs. 4 StPO). Abs. 2 regelt die Beiordnung des Zeugenbeistandes durch die Staatsanwaltschaft im strafrechtlichen Ermittlungsverfahren. Abs. 3 regelt die Bestellung des Beistandes durch das Bundesamt für Justiz im Verfahren nach den §§ 87 ff. IRG, die auch keine Bußgeldsachen sind.[47] Damit bietet sich für den Antrag auf gerichtliche Entscheidung gegen Entscheidungen der Staatsanwaltschaft das Verfahren nach **§ 161a Abs. 3 StPO** an.[48] Da nach § 53 Abs. 3 IRG für die Bestellung des Beistandes in den IRG-Verfahren im Wesentlichen auch auf die Vorschriften der StPO verwiesen wird, wird man für Anträge auf gerichtliche Entscheidung gegen Entscheidungen des Bundesamt für Justiz

---

[39] → § 55 Rn. 1 ff.; Schneider/Wolf/*Volpert* RVG § 59a Rn. 21; Burhoff/Volpert RVG/*Volpert* § 59a Rn. 29.
[40] Burhoff/Volpert RVG/*Volpert* Teil A Rn. 838 ff.
[41] Zu allem → § 55 Rn. 19 ff.
[42] BGBl. 2010 I 1408.
[43] Schneider/Wolf/*Volpert* RVG § 59a Rn. 21; Burhoff/Volpert RVG/*Volpert* § 59a Rn. 30.
[44] Schneider/Wolf/*Volpert* RVG § 59a Rn. 23 ff.; Burhoff/Volpert RVG/*Volpert* § 59a Rn. 32 ff.
[45] → Rn. 28.
[46] BR-Drs. 517/12, 420 = BT-Drs. 17/11471, 424.
[47] Zum Begriff der Bußgeldsache → RVG VV Vorb. 5 Rn. 2.
[48] Vgl. dazu die Kommentierung bei Meyer-Goßner/Schmitt/*Schmitt* StPO § 161a Rn. 19 ff.; Burhoff StrafREV-HdB Rn. 585 ff.; wie hier Schneider/Wolf/*Volpert* RVG § 59a Rn. 27; Burhoff/Volpert RVG/*Volpert* § 59a Rn. 38.

auch das Verfahren nach § 161a Abs. 3 StPO anwenden können, auch wenn § 161a Abs. 3 StPO nicht in Bezug genommen ist.[49]

Damit gelten über § 161a Abs. 3 S. 3 StPO für das Verfahren die **§§ 297–300, 302, 306–309, 311a, 473a StPO** jeweils entsprechend.[50] Geht man davon aus, dass der in § 59a Abs. 3 RVG iVm §§ 163 Abs. 3 S. 3, 306 StPO geregelte Antrag als ein Rechtsbehelf iSv § 12c RVG anzusehen ist, muss die Entscheidung der Staatsanwaltschaft oder des Bundesamtes eine Rechtsbehelfsbelehrung enthalten.[51] 28

Die von dem nach § 161a Abs. 3 S. 2, 3 StPO zuständigen LG getroffene gerichtliche Entscheidung ist gem. § 161a Abs. 3 S. 4 StPO **unanfechtbar.** Eine Rechtsbehelfsbelehrung bedarf es insoweit daher nach § 12c RVG nicht.

Abs. 4 S. 2, 3 bestimmen die (örtliche) **Zuständigkeit** zur Entscheidung über den Antrag auf gerichtliche Entscheidung. Zuständig ist nach S. 2 grds. das LG, in dessen Bezirk die Justizbehörde ihren Sitz hat. Das ist in den Fällen der Beiordnung des RA durch die Staatsanwaltschaft (vgl. Abs. 1) das LG, bei dem die Staatsanwaltschaft ihren Sitz hat (vgl. §§ 141, 143 GV). Ist der RA durch das Bundesamt für Justiz bestellt worden, ist nach S. 2 Hs. 2 das LG Bonn zuständig, da nach § 1 Abs. 2 des Gesetzes zur Errichtung und zur Regelung der Aufgaben des Bundesamts für Justiz v. 17.12.2006[52] das Bundesamt für Justiz seinen Sitz in Bonn hat. Hat der Generalbundesanwalt den Zeugenbeistand beigeordnet, entscheidet der BGH. 29

Abschnitt 9. Übergangs- Schlussvorschriften

§ 59b Bekanntmachung von Neufassungen

[1]Das Bundesministerium der Justiz und für Verbraucherschutz kann nach Änderungen den Wortlaut des Gesetzes feststellen und als Neufassung im Bundesgesetzblatt bekannt machen. [2]Die Bekanntmachung muss auf diese Vorschrift Bezug nehmen und angeben
1. den Stichtag, zu dem der Wortlaut festgestellt wird,
2. die Änderungen seit der letzten Veröffentlichung des vollständigen Wortlauts im Bundesgesetzblatt sowie
3. das Inkrafttreten der Änderungen.

I. Allgemeines

1 § 59b RVG wurde eingeführt wurde eingeführt durch Art. 16 des Gesetzes zur Umsetzung der Dienstleistungsrichtlinie und zur Änderung weiterer Vorschriften v. 22.12.2010 und trat am 28.12.2010 in Kraft.[1] Die Vorschrift ermöglicht es dem Bundesministerium der Justiz und für Verbraucherschutz, nach Änderungen den Wortlaut des RVG festzustellen und als Neufassung im Bundesgesetzblatt bekannt zu machen.

II. Inhalt

2 § 59b RVG ist eine technische Regelung, die vom Gesetzgeber geschaffen wurde, um eine Aktualität und Übersichtlichkeit des Gesetzes zu gewährleisten. Die Gesetzesbegründung nimmt Bezug auf die parallele Vorschrift in dem neu eingefügten § 70a GKG und verweist darauf, dass, wenn der Wortlaut des RVG mehrfach und in größerem Umfang geändert worden ist, dem Bundesministerium der Justiz und für Verbraucherschutz erlaubt werden soll, das RVG bei Bedarf in der neuen Fassung bekannt zu machen. Denn das Gesetz unterliege wegen seiner Abhängigkeit von zahlreichen Verfahrensgesetzen einer häufigen Änderung, oft seien mehrere Änderungen gleichzeitig im Gesetzgebungsverfahren und es lasse sich nicht abschätzen, welches Gesetz als letztes verabschiedet wird und somit Anlass für eine Neubekanntmachungserlaubnis gebe.[2]

---

[49] Daher auch insoweit die Kommentierung bei Meyer-Goßner/Schmitt/*Schmitt* StPO § 163a Rn. 19 ff.; Burhoff StrafREV-HdB Rn. 585 ff.

[50] Vgl. die Kommentierung bei Meyer-Goßner/Schmitt/*Schmitt* StPO § 161a Rn. 19 ff.; Burhoff StrafREV-HdB Rn. 585 ff.

[51] So wohl Schneider/Wolf/*Volpert* RVG § 59a Rn. 29 f.; Burhoff/Volpert RVG/*Volpert* § 59a Rn. 38.

[52] BGBl. I 3171.

[1] BGBl. 2010 I 2248.

[2] BT-Drs. 17/3356, 20.

3 Die Vorschrift des § 59a RVG ist sicherlich sinnvoll, zeigt aber auch augenfällig, welche häufigen Korrektur- und Anpassungsmaßnahmen notwendig werden; dies gilt umso mehr als vielfach auch Änderungen im Vergütungsrecht im sog. Huckepackverfahren im Zusammenhang mit der Änderung anderer gesetzlicher Vorschriften mit verabschiedet werden. § 59a RVG soll die Übersichtlichkeit der aktuellen Rechtslage weiter gewährleisten.

§ 60 Übergangsvorschrift

(1) [1]**Für die Vergütung ist das bisherige Recht anzuwenden, wenn der unbedingte Auftrag zur Erledigung derselben Angelegenheit vor dem Inkrafttreten einer Gesetzesänderung erteilt worden ist.** [2]**Dies gilt auch für einen Vergütungsanspruch gegen die Staatskasse (§ 45, auch in Verbindung mit § 59a).** [3]**Steht dem Rechtsanwalt ein Vergütungsanspruch zu, ohne dass ihm zum Zeitpunkt der Beiordnung oder Bestellung ein unbedingter Auftrag desjenigen erteilt worden ist, dem er beigeordnet oder für den er bestellt wurde, so ist für diese Vergütung in derselben Angelegenheit bisheriges Recht anzuwenden, wenn die Beiordnung oder Bestellung des Rechtsanwalts vor dem Inkrafttreten einer Gesetzesänderung wirksam geworden ist.** [4]**Erfasst die Beiordnung oder Bestellung auch eine Angelegenheit, in der der Rechtsanwalt erst nach dem Inkrafttreten einer Gesetzesänderung erstmalig beauftragt oder tätig wird, so ist insoweit für die Vergütung neues Recht anzuwenden.** [5]**Das nach den Sätzen 2 bis 4 anzuwendende Recht findet auch auf Ansprüche des beigeordneten oder bestellten Rechtsanwalts Anwendung, die sich nicht gegen die Staatskasse richten.** [6]**Die Sätze 1 bis 5 gelten auch, wenn Vorschriften geändert werden, auf die dieses Gesetz verweist.**

(2) **Sind Gebühren nach dem zusammengerechneten Wert mehrerer Gegenstände zu bemessen, gilt für die gesamte Vergütung das bisherige Recht auch dann, wenn dies nach Absatz 1 nur für einen der Gegenstände gelten würde.**

(3) **In Angelegenheiten nach dem Pflegeberufegesetz ist bei der Bestimmung des Gegenstandswerts § 52 Absatz 4 Nummer 4 des Gerichtskostengesetzes nicht anzuwenden, wenn der unbedingte Auftrag zur Erledigung derselben Angelegenheit vor dem 15. August 2019 erteilt worden ist.**

Schrifttum: *Müller-Rabe,* Übergangsrecht nach § 61 RVG in Zivilsachen, NJW 2005, 1609; *N. Schneider,* Übergangsrecht, AGS 2004, 221.

Übersicht

I. Allgemeines

1 §§ 60, 61 RVG enthalten Übergangsregelungen. Der Unterschied besteht im Folgenden: § 61 RVG enthält die Übergangsvorschrift aus „Anlass des Inkrafttretens dieses Gesetzes", also des 1. KostRMoG, welches am 1.7.2004 in Kraft getreten ist, betrifft damit ausschließlich den einmaligen Fall der Ablösung[1] der BRAGO durch das RVG. § 60 RVG enthält die Übergangsvorschrift für künftige Gesetzesänderungen, ist also die Dauerübergangsvorschrift.[2]

2 **Verfahrensvorschriften.** Nach einer Auffassung ist die Übergangsvorschrift des § 61 RVG nur auf Gebühren zugeschnitten, nicht auf sonstige Regelungen. Dies werde deutlich in § 60a. F. RVG, der nur von der „Berechnung der Vergütung" spreche. Verfahrensvorschriften, wie etwa § 11 RVG oder § 14 Abs. 3 RVG, seien daher ab dem 1.7.2004 anzuwenden, unabhängig davon, nach welchem Recht sich die abzurechnende Vergütung richte.[3] Eine Konsequenz dieser Auffassung ist, dass bspw. in einem Kostenfestsetzungsverfahren, welches die Festsetzung der Vergütung des im Rahmen der Prozesskostenhilfe einer Partei beigeordneten RA gegen die Staatskasse zum Gegenstand hat, die Beschwerde gem. den § 56 Abs. 2 S. 1, § 33 Abs. 3 S. 1 RVG nur zulässig ist, wenn der Wert des Beschwerdegegenstandes 200,– EUR übersteigt, auch wenn die zu Grunde liegende Vergütung sich nach der BRAGO berechnet.[4]

Nach überwiegender Meinung jedoch kommen die Verfahrensvorschriften der BRAGO in vollem Umfang zur Anwendung, wenn es um Mandate geht, deren Vergütung sich nach der BRAGO richtet.[5] Ob allerdings die zur Begründung dieser Auffassung herangezogene Parallele zu § 72 GKG tragfähig ist,[6] muss bezweifelt werden, da es keinen automatischen Gleichlauf von GKG und RVG beim Übergangsrecht gibt.[7]

II. Neuregelung des Übergangsrechts des das KostRÄG 2021

3 Durch das Kostenrechtsänderungsgesetz 2021[8] wurde das Übergangsrecht neu geregelt und klarer gefasst. Denn § 60 Abs. 1 aF war in seiner Struktur nicht völlig stringent.[9] So wurde zwar in § 60 Abs. 1 S. 1 aF auf den Grundsatz der Auftragserteilung abgestellt, § 60 Abs. 1 Satz 2 a. F. stellte jedoch für die Gebühren des Rechtsmittels nicht auf den Zeitpunkt des Auftrags zur Einlegung des Rechtsmittels, sondern auf den Zeitpunkt der Einlegung des Rechtsmittels ab, dies allerdings nur in persönlicher Hinsicht für den bereits für die Partei im gerichtlichen Verfahren tätigen Rechtsanwalt, also weder für den bislang noch nicht beauftragten Rechtsanwalt, der mit der Einlegung des Rechtsmittels beauftragt wird, noch für den Rechtsanwalt, der mit der Abwehr des Rechtsmittels vom Gegner beauftragt wird.[10]

---

1 Begriff nach Hartung/Römermann/Schons/*Hartung* RVG § 61 Rn. 4.
2 BT-Drs. 15/1971, 203.
3 *Schneider* AGS 2004, 221 (228); anders aber derselbe in HBS VergütungsR/*N. Schneider* Teil 20 Rn. 103; und Schneider/Wolf/*N. Schneider,* 7. Aufl. 2014, RVG § 61 Rn. 159, BRAGO-Verfahrensvorschriften bei BRAGO-Vergütung.
4 OLG Dresden JurBüro 2004, 593; OLG Hamm NStZ-RR 2005, 390; LAG Bremen NZA 2004, 1179.
5 *Müller-Rabe* NJW 2005, 1609 (1617); Burhoff/Volpert/*Volpert* RVG Übergangsvorschriften Rn. 2084; Schneider/Wolf/*N. Schneider,* 7. Aufl. 2014, RVG § 61 Rn. 159; HBS VergütungsR/*N. Schneider* Teil 20 Rn. 103; LSG NRW RVGreport 202005, 36 f.; Jena JurBüro 2006, 368.
6 *Müller-Rabe* NJW 2005, 1609 (1617).
7 OLG Frankfurt a. M. BeckRS 2007, 08983 mAnm *Mayer* FD-RVG 2007, 226580.
8 BGBl. 2020 I 3229.
9 *N. Schneider* in Schneider/Wolff § 60 Rn. 14.
10 *Klees* in Mayer/Kroiß § 60 Rn. 17.

Nach § 60 Abs. 1 S. 1 ist nunmehr für die Vergütung das bisherige Recht anzuwenden, wenn der unbedingte Auftrag zur Erledigung derselben Angelegenheit vor Inkrafttreten einer Gesetzesänderung erteilt worden ist. Dass der Zeitpunkt der Auftragserteilung maßgeblich ist, wird nunmehr mithin festgeschrieben und gilt auch im Rechtsmittelverfahren.[11] Es kommt daher für die Frage des anwendbaren Rechts grundsätzlich in jeder Instanz allein auf den Zeitpunkt der Auftragserteilung an.[12] **3a**

§ 60 Abs. 1 S. 2–4 wurden gegenüber dem Regierungsentwurf aufgrund einer Empfehlung des Rechtsausschusses[13] klarer strukturiert. § 60 Abs. 1 S. 2 stellt ausdrücklich klar, dass der Grundsatz, dass sich das anwendbare Recht grundsätzlich nach dem Zeitpunkt des unbedingten Auftrags bestimmt, auch für den beigeordneten und bestellten Rechtsanwalts gilt.[14] Dies hat insbesondere Bedeutung für die Bereiche der Prozesskosten- und der Beratungshilfe.[15] **3b**

§ 60 Abs. 1 S. 3 regelt die Beiordnungs- und Bestellungsfälle ohne Auftrag. So bestimmt § 60 Abs. 1 S. 3, dass, wenn dem Rechtsanwalt ein Vergütungsanspruch zusteht, ohne dass ihm zum Zeitpunkt der Beiordnung oder Bestellung ein unbedingter Auftrag desjenigen erteilt worden ist, dem er beigeordnet oder für den er bestellt worden ist, für diese Vergütung in derselben Angelegenheit bisheriges Recht anzuwenden ist, wenn die Beiordnung oder Bestellung des Rechtsanwalts vor Inkrafttreten einer Gesetzesänderung wirksam geworden ist. Maßgeblich ist daher grundsätzlich das Wirksamwerden des zugrunde liegenden Beschlusses.[16] Der Regierungsentwurf hatte für diese Fallkonstellationen hingegen auf den frühesten Zeitpunkt des Entstehens einer Gebühr abgestellt.[17] **3c**

§ 60 Abs. 1 S. 4 regelt den Fall, dass eine Beiordnung oder Bestellung auch für künftige weitere Angelegenheiten gilt.[18] So bestimmt § 60 Abs. 1 S. 4, dass dann, wenn die Beiordnung oder Bestellung auch eine Angelegenheit erfasst, in der der Rechtsanwalt erst nach dem Inkrafttreten einer Gesetzesänderung erstmalig beauftragt oder tätig wird, insoweit für die Vergütung neues Recht anzuwenden ist. Mit der Regelung will der Gesetzgeber erreichen, dass der beigeordnete oder bestellte Rechtsanwalt weitestgehend einem mandatierten Rechtsanwalt gleichgestellt wird, sodass es sachgerecht ist, hier auf das erste Tätigwerden abzustellen.[19] Für den mandatierten Rechtsanwalt ist nach § 60 Abs. 1 S. 1 der Zeitpunkt der Auftragserteilung maßgeblich, für den bestellten oder beigeordneten Rechtsanwalt der Zeitpunkt des ersten Tätigwerdens.

Neu eingeführt wurde auch § 60 Abs. 1 S. 5, welcher bestimmt, dass das nach den S. 2–4 anzuwendende Recht auch auf die Ansprüche des beigeordneten oder bestellten Rechtsanwalts Anwendung findet, die sich nicht gegen die Staatskasse richten. Mit dieser Regelung will der Gesetzgeber einen Gleichlauf der Ansprüche des beigeordneten oder bestellten Rechtsanwalts gegenüber der Staatskasse einerseits und gegen sonstige Personen (§§ 52 und 53 RVG) andererseits erreichen.[20] **3d**

Der bisherige § 60 Abs. 1 S. 3 wird nunmehr zu § 60 Abs. 1 S. 6. Er regelt den Fall, wenn sich nicht das RVG ändert, sondern ein anderes Gesetz, auf das eine Vorschrift des RVG verweist. Dies gilt beispielsweise für das GKG.[21]

III. Auftrag

In erster Linie maßgebend für die Frage, ob altes oder neues Gebührenrecht anzuwenden ist, ist der **Zeitpunkt der Auftragserteilung.** Wurde der Auftrag vor dem 1.1.2021 erteilt, gilt nach § 60 altes Gebührenrecht; wurde der Auftrag nach dem 31.12.2020 erteilt, gilt neues Gebührenrecht. Dies gilt sowohl für außergerichtliche als auch für gerichtliche Tätigkeit. Das Auftragsverhältnis kommt nicht mit dem Auftragsschreiben, sondern erst mit der Annahme des Auftrags zu Stande.[22] Ging zB das Auftragsschreiben am 31.12.2020 beim RA ein und nahm er **4**

[11] BT-Drs. 19/23484, 82.
[12] *Burhoff* RVGreport 2020, 402 (405).
[13] BT-Drs. 19/24740, 78.
[14] BT-Drs. 19/24740, 78.
[15] BT-Drs. 19/24740, 78.
[16] BT-Drs. 19/24740, 78.
[17] BT-Drs. 19/23474, 82.
[18] BT-Drs. 19/24740, 78.
[19] BT-Drs. 19/24740, 78.
[20] BT-Drs. 19/24740, 78.
[21] Mayer/Kroiß/*Klees* RVG § 60 Rn. 20.
[22] *Von Eicken* AnwBl 1975, 339; Bischof/*Jungbauer* RVG § 61 Rn. 9; Burhoff/Volpert RVG/*Volpert* Übergangsvorschriften Rn. 2088; Mayer/Kroiß/*Klees* RVG § 60 Rn. 9; *H. Schneider* AGS 2014, 53.

den Auftrag am 1.1.2021 an, ist neues Gebührenrecht anzuwenden. Für eine Gesetzesänderung zum 1.7.2022 lauten zB dementsprechend die Daten: Auftrag nach dem 30.6.2022 bzw. vor dem 1.7.2022.

5 Erteilt ein Auftraggeber **mehrere gesonderte Aufträge** und handelt es sich nicht nur um eine **Auftragserweiterung** (→ Rn. 9), so ist für jeden gesondert zu beurteilen, welches Recht gilt. Das gilt auch dann, wenn zwischen den Aufträgen ein Zusammenhang besteht, wie zB bei einem Eil- und Hauptsacheverfahren. Es kommt auf den Zeitpunkt an, zu dem der einzelne Auftrag wirksam wird. Werden Aufträge zur Prozessführung und zur Zwangsvollstreckung erteilt, wird der Vollstreckungsauftrag erst wirksam, wenn ein Vollstreckungstitel erwirkt ist.[23]

6 Es kommt nicht selten vor, dass gleichzeitig für mehrere Rechtssachen „ein“ Auftrag erteilt wird. In Wahrheit handelt es sich dann aber oft um mehrere Aufträge, zB

– gleichzeitig zwei unbedingte Aufträge sind gegeben, wenn gleichzeitig ein Auftrag für ein Eil- und ein Hauptsacheverfahren (zwei Angelegenheiten gem. § 17 Nr. 4 RVG) erteilt wird und der RA sofort in beiden tätig werden soll,
– wenn gleichzeitig ein Auftrag für ein Scheidungsverfahren und für eine außergerichtliche Einigung zum Trennungsunterhalt erteilt wird. Es handelt sich um Aufträge für zwei Angelegenheiten, da der RA in zwei verschiedenen Rahmen (Gerichtsverfahren bzw. außergerichtliche Tätigkeit) tätig sein soll. Wird der Auftrag vor den Stichtag erteilt, sind beide Angelegenheiten nach altem Recht abzurechnen.
– Gleichzeitig ein unbedingter und ein bedingter Auftrag liegen zB bei einem gleichzeitigen Auftrag für ein Mahnverfahren und das Streitverfahren (gem. § 17 Nr. 2 RVG zwei Angelegenheiten) vor. Der Auftrag für das Streitverfahren steht unter der Bedingung, dass gegen den Mahnbescheid Widerspruch eingelegt wird. Für dieses liegt ein unbedingter Auftrag erst vor, wenn Widerspruch eingelegt wird. Ist die Bedingung nach dem Stichtag eingetreten, so richtet sich das Streitverfahren auch dann nach dem neuen Recht, wenn das Mahnverfahren noch dem alten Recht zuzuordnen war bzw. im Falle des Übergangs der BRAGO auf das RVG das Streitverfahren auch dann schon nach dem RVG, wenn für das Mahnverfahren noch die BRAGO galt.[24] Hierzu gehören auch in aller Regel das Urkunden-, Wechsel-, Scheckverfahren einerseits und das Nachverfahren andererseits und der generelle Vollstreckungsauftrag.

Aufträge zur außergerichtlichen Tätigkeit und evtl. Prozessführung stellen sich als unbedingter Auftrag zur außergerichtlichen Tätigkeit und als bedingter (bedingt durch das Scheitern der außergerichtlichen Tätigkeit) Auftrag zur Prozessführung dar. Ist der Auftrag vor dem Stichtag erteilt, tritt aber die Bedingung (Scheitern der außergerichtlichen Bemühungen) erst nach dem Stichtag ein, so sind die Gebühren nach VV 2300 RVG nach altem Recht, die nach VV 3100 RVG nach neuem Gebührenrecht zu bemessen.[25]

7 Maßgebend ist der Zeitpunkt des Auftrags, **nicht der Zeitpunkt der Vollmachtserteilung.**[26] Die Vollmachtserteilung kann jedoch als Indiz für einen Auftrag gewertet werden.[27]

Auch auf den Zeitpunkt der Tätigkeit kommt es nicht an. Ist der Prozessauftrag vor dem Stichtag erteilt, fertigt der RA die Klage aber erst nach dem Stichtag an, gilt altes Gebührenrecht.

8 Wurde die Klage vor dem 1.1.2021 erhoben und wurde sie dem Beklagten erst nach diesem Zeitpunkt zugestellt, so stehen dem Anwalt des Klägers Gebühren nach altem, dem Anwalt des Beklagten Gebühren nach neuem Recht zu (sog. gespaltenes Gebührenrecht).[28] Dem Anwalt des Beklagten stehen auch dann Gebühren nach neuem Recht zu, wenn er schon vor dem Stichtag für den Fall der Klageerhebung Prozessauftrag erhalten hatte; denn dann lag ein bedingter Klageauftrag vor, der erst mit Zustellung der Klageschrift zu einem unbedingten Auftrag wurde.[29]

Hinsichtlich außergerichtlicher Angelegenheiten und gerichtlich anhängiger Verfahren kommt es darauf an, ob der Auftrag zum Tätigwerden vor oder nach dem Stichtag erteilt wor-

---

[23] *Von Eicken* AnwBl 1975, 339.

[24] Schneider/Wolf/*N. Schneider* RVG § 60 Rn. 43. HBS VergütungsR Teil 20 Rn. 67; Hartung/Römermann/Schons/*Hartung* RVG § 60 Rn. 72.

[25] *Von Eicken* AnwBl 1975, 339; Schneider/Wolf/*N. Schneider* RVG § 60 Rn. 40 ff.; OLG Nürnberg JurBüro 1976, 1643; OLG Bamberg JurBüro 1989, 497; LG Saarbrücken AGS 1999, 102.

[26] Mayer/Kroiß/*Klees* RVG § 60 Rn. 9; Burhoff/Volpert RVG/*Volpert* Übergangsvorschriften Rn. 2088.

[27] Mayer/Kroiß/*Klees* RVG § 60 Rn. 9; AG Berlin-Tempelhof/Kreuzberg JurBüro 2005, 196.

[28] Bischof/*Jungbauer* RVG § 61 Rn. 25; OLG München MDR 1995, 967; OLG Saarbrücken JurBüro 1996, 311.

[29] Bischof/*Jungbauer* RVG § 61 Rn. 27; aA OLG Hamburg BeckRS 2005, 30352830.

den ist. Wurde er nach dem Stichtag erteilt, richten sich die Gebühren nach neuem Recht, mag auch das gerichtliche Verfahren vor dem Stichtag anhängig geworden sein.[30]

Vom Gesetzgeber nicht ausdrücklich geregelt wurde das **Übergangsrecht bei dem sich selbst vertretenden RA.** Nach der in der Lit. und in der Rspr. sich herauskristallisierenden hM kommt es insoweit nicht auf einen Auftrag oder den inneren Entschluss des Anwalts an, sondern auf den Zeitpunkt des ersten Tätigwerdens.[31] Selbst eine vorgerichtliche Anwaltstätigkeit vor dem 1.7.2004 rechtfertigt nicht die Anwendung der BRAGO für die Berechnung von Gebühren im gerichtlichen Verfahren.[32]

IV. Auftrag und Angelegenheit

1. Auftrag und eine Angelegenheit

Einen allgemeinen Grundsatz, dass mehrere Aufträge im Rahmen derselben Angelegenheit in Wahrheit lediglich einen Auftrag darstellen, gibt es nicht. Vielmehr ist zu unterscheiden. Allgemein wird ein einheitlicher Auftrag durch **Auftragserweiterung** angenommen, wenn der weitere Auftrag zu den gleichen Gebühren führt, die ohne die Erweiterung angefallen wären. Das gilt zB für die Klageerweiterung, die Widerklage, das selbständige Beweisverfahren und Hauptsacheverfahren nach der BRAGO (nicht nach dem RVG), die Erweiterung eines außergerichtlichen Vertretungsauftrags. Diese Vorgänge lösen keine neue Gebührenart aus, sondern wirken sich nur gebührenerhöhend bzw. gar nicht auf die auch sonst anfallenden Gebühren aus. Anerkannt ist, dass dieselbe Gebühr sich nicht teilweise nach der BRAGO und teilweise nach dem RVG richten kann.[33] Um dem Rechnung zu tragen, bleibt nichts anderes übrig, als eine Auftragserweiterung anstelle von mehreren Aufträgen vorzunehmen. 9

Diese Notwendigkeit besteht aber nicht, wenn es sich zwar weiterhin um die gleiche Angelegenheit handelt, aber andere Gebühren anfallen. So stellen das PKH-Antrags- und das Hauptsacheverfahren nach § 16 Nr. 2 RVG eine Angelegenheit dar, lösen aber unterschiedliche Gebühren aus, die Verfahrensgebühr des Antragsverfahrens gem. VV 3335 RVG einerseits und die Verfahrensgebühr gem. VV 3100 RVG für das Hauptsacheverfahren andererseits. Hier besteht kein Grund, einen einheitlichen Auftrag zu konstruieren, die Aufträge können das bleiben, was sie in Wahrheit sind, mehrere gesonderte Aufträge.[34] Dementsprechend wird zutreffend überwiegend angenommen, dass zwei selbständige Aufträge vorliegen, wenn zunächst nur ein Auftrag für das PKH-Antragsverfahren und erst später ein unbedingter Auftrag für das Hauptsacheverfahren erteilt wird, weshalb für beide unterschiedliche Gebührensätze Anwendung finden können.[35]

Die Worte in § 60 Abs. 1 S. 1 aF RVG „Wenn der unbedingte Auftrag zur Erledigung derselben Angelegenheit iSv § 15 … erteilt ist" stehen nicht entgegen. Daraus ergibt sich nicht, dass bei einer Angelegenheit immer nur von einem Auftrag auszugehen ist, oder anders ausgedrückt, dass das alte Recht auch dann Anwendung finden muss, wenn nicht nur ein, sondern mehrere Aufträge für eine Angelegenheit vorliegen. Auch der Grundgedanke des Übergangsrechts steht nicht entgegen. Stellt ein Übergangsrecht nicht auf das Ende einer Angelegenheit ab, sondern auf den Auftrag, so soll damit eine Rückwirkung des neuen Gebührenrechtes in bestehende Geschäftsbesorgungsverträge vermieden werden.[36] Das bedeutet aber nicht, dass das auch dann gilt, wenn für einen Teil der Angelegenheit der Auftrag erst nach dem Stichtag erteilt wurde.[37]

Daher können auch für die Verfahrensgebühr bei der Vertretung des Antragstellers im Mahnverfahren gem. VV 3305 RVG und für die Verfahrensgebühr für die Vertretung des Antragstel-

[30] Schneider/Wolf/*N. Schneider* RVG § 60 Rn. 7.

[31] Mayer/Kroiß/*Klees* RVG § 60 Rn. 14; HBS VergütungsR/*N. Schneider* Teil 20 Rn. 31; Schneider/Wolf/*N. Schneider* RVG § 60 Rn. 30; Bischof/*Jungbauer* RVG § 61 Rn. 86; OLG München NJOZ 2005, 4038 mit Besprechung *Mayer* RVG/Letter 2005, 87; LG Mönchengladbach NJW-RR 2005, 863 mit Besprechung *Mayer* RVG/Letter 2005, 51 f.

[32] LG Mönchengladbach NJW-RR 2005, 863; Bischof/*Jungbauer* RVG § 61 Rn. 87.

[33] *Von Eicken* AnwBl 1975, 339 (341); *Müller-Rabe* NJW 2005, 1609 (1610).

[34] *Von Eicken* AnwBl 1975, 339 (341).

[35] OLG Düsseldorf AnwBl 1989, 62; AG Berlin/Tempelhof/Kreuzberg JurBüro 2005, 365; KG AGS 2006, 79; *von Eicken* AnwBl 1975, 339 (343); *Hansens* RVGreport 2004, 10 (14); Mayer/Kroiß/*Klees* RVG § 60 Rn. 13; Bischof/*Jungbauer* RVG § 61 Rn. 37; *Enders* JurBüro 1995, 1 (2); *Müller-Rabe* NJW 2005, 1609 (1610); aA OLG Köln AGS 2005, 448 mAnm *Schneider;* OLG Zweibrücken AGS 2006, 81; OLG Koblenz AGS 2006, 183 mAnm *Schneider;* HBS VergütungsR/*N. Schneider* Teil 20 Rn. 73 ff.; Schneider/Wolf/*N. Schneider* RVG § 60 Rn. 64.

[36] *Mümmler* JurBüro 1977, 289, *von Eicken* AnwBl 1975, 339 (341); *Müller-Rabe* NJW 2005, 1609 (1610).

[37] *Müller-Rabe* NJW 2005, 1609 (1610).

lers im Verfahren über den Erlass eines Vollstreckungsbescheids gem. VV 3308 RVG andererseits unterschiedliche Gebührengesetze zur Anwendung kommen;[38] denn die Mahngebühr gem. VV 3305 RVG und die Vollstreckungsbescheidsgebühr gem. VV 3308 RVG stellen zwei unterschiedliche Gebühren dar. Deshalb fallen beide Gebühren nach unterschiedlichen Gesetzen an, wenn für den Vollstreckungsbescheid der Auftrag erst nach dem Stichtag erteilt wird, obgleich es sich um eine einheitliche Angelegenheit handelt.[39] Unterschiedliche Gebührengesetze können auch beim Wechsel vom Terminsvertreter zum Verfahrensbevollmächtigten zur Anwendung kommen;[40] denn wird derselbe RA vor dem Stichtag als Terminsvertreter und nach dem Stichtag als Verfahrensbevollmächtigter beauftragt, so liegen, auch wenn man von einer Angelegenheit ausgeht, zwei selbständige Aufträge vor, die zu ganz unterschiedlichen Gebühren führen.[41]

2. Mehrere Angelegenheiten

10 Handelt es sich um mehrere Angelegenheiten, so ist in den meisten Fällen auch ein neuer Auftrag anzunehmen. Allerdings kann es auch sein, dass eine neue Angelegenheit vorliegt und dennoch kein neuer Auftrag erteilt wird, zB bei der Hebegebühr bei Zahlung in mehreren Raten (→ Rn. 45). Fehlt es an einem neuen Auftrag, so gilt, wenn der Auftrag vor dem Stichtag erteilt ist, auch für die neue Angelegenheit altes Recht. Denn dann ist auch für die neue Angelegenheit der Auftrag vor dem Stichtag erteilt.[42]

3. Angelegenheit im Sinne von BRAGO oder RVG?

11 In den meisten Fällen stimmen die BRAGO und das RVG bei der Frage überein, ob eine oder mehrere Angelegenheiten vorliegen.

Vereinzelt kommen aber Abweichungen vor. So war nach der BRAGO das selbständige Beweisverfahren eine Angelegenheit mit dem Hauptsacheverfahren (§ 37 Nr. 3 BRAGO), während nach dem RVG das selbständige Beweisverfahren und das Hauptsacheverfahren zwei Angelegenheiten darstellen (vgl. VV Vorb. 3 Abs. 5 RVG). § 61 Abs. 1 S. 1 RVG stellt darauf ab, ob es sich um dieselbe Angelegenheit iSv § 15 RVG handelt. Da die §§ 16 ff. RVG des Näheren bestimmen, was eine Angelegenheit iSv § 15 RVG ist, wird in § 61 Abs. 1 S. 1 RVG über § 15 RVG hinaus noch auf die §§ 16 ff. RVG Bezug genommen. Es kommt daher darauf an, ob eine oder mehrere Angelegenheiten im Sinne des RVG vorliegen.[43] Diese Regelung wird vielfach kritisch gesehen.[44] Die Kritik reicht von verfassungsrechtlichen Bedenken[45] bis zur Annahme eines redaktionellen Versehens des Gesetzgebers mit der Folge, dass nur auf den Angelegenheitsbegriff nach § 13 BRAGO abzustellen ist.[46] Die Kritik an dieser Vorschrift vermag jedoch nicht zu überzeugen. So ist die Regelung nicht systemwidrig. Zu früheren, gleichartigen Übergangsregelungen und zum neuem Übergangsrecht war und ist es ganz hM, dass eine Rückwirkung in ein Mandatsverhältnis nur soweit vermieden werden soll, als nur **ein** Auftrag für eine Angelegenheit vorlag.[47] Deshalb wurde und wird bei einem unbedingten Auftrag für das PKH-Antragsverfahren und einem Auftrag in einer bedingten Hauptsache ganz überwiegend angenommen, dass die Vergütung sich bei beiden nach unterschiedlichem Recht richten kann.[48] Auch ein Redaktionsversehen ist nicht anzunehmen. Verfassungsrechtliche Bedenken, womit die Rückwirkung des RVG auch auf vor dem Stichtag angefangene Mandatsverhältnisse gemeint ist, bestehen nicht.[49] Auch hat das Übergangsrecht zum anwaltlichen Gebührenrecht darüber hinaus in der Vergangenheit wiederholt derartige Rückwirkungen vorgesehen; das war in all den Fällen so, in denen auf die Beendigung der Angelegenheit abgestellt wurde, als verfassungswidrig wurden diese Regelungen nicht angesehen.[50] Auch der angebliche „Zirkelschluss" in der Vorschrift, dass es, um zu beurteilen, um das RVG anwendbar sei oder nicht, auf

---

[38] *Müller-Rabe* NJW 2005, 1609 (1610).
[39] *Müller-Rabe* NJW 2005, 1609 (1613).
[40] *Müller-Rabe* NJW 2005, 1609 (1610).
[41] *Müller-Rabe* NJW 2005, 1609 (1613); → Rn. 54.
[42] *Müller-Rabe* NJW 2005, 1609 (1611); Burhoff/Volpert/*Volpert* RVG Übergangsvorschriften Rn. 2105.
[43] *Müller-Rabe* NJW 2005, 1609 (1611).
[44] Schneider/Wolf/*N. Schneider,* 7. Aufl. 2014, RVG § 61 Rn. 2; *Hansens* RVGreport 2004, 10 (11); Bischof/*Jungbauer* RVG § 61 Rn. 12.
[45] *Hansens* RVGreport 2004, 10 (11).
[46] LG Düsseldorf JurBüro 2005, 344 f.
[47] *Müller-Rabe* NJW 2005, 1609 (1611).
[48] → Rn. 9.
[49] *Müller-Rabe* NJW 2005, 1609 (1611).
[50] *Müller-Rabe* NJW 2005, 1609 (1611); *Mümmler* JurBüro 1969, 1121; JurBüro 1977, 289.

den Begriff der Angelegenheit iSd § 15 RVG ankomme, ob § 15 RVG aber überhaupt anwendbar sei, solle die Vorschrift aber gerade erst beurteilen, erweist sich nicht als tragfähiger Einwand. § 61 Abs. 1 S. 1 RVG benötigt als Übergangsvorschrift lediglich einen eindeutigen Anknüpfungspunkt. Wie dieser definiert wird, ist im Grunde beliebig. Entscheidend ist nur, dass die Übergangsvorschrift an objektive Kriterien anknüpft, anhand derer Lebenssachverhalte sich messen lassen, und diese jeweils eindeutig dem alten oder dem neuen Recht zuweist. Ob das Anknüpfungskriterium – in § 61 Abs. 1 S. 1 RVG dieselbe Angelegenheit iSd § 15 RVG – aus dem neuen oder aus dem alten Recht stammt, ist gesetzestechnisch nicht entscheidend und begründet keine Unstimmigkeit[51] der Vorschrift.

Für das selbständige Beweisverfahren und das Hauptsacheverfahren ergeben sich, wenn man auf die Angelegenheit iSv § 15 RVG abstellt, folgende Konsequenzen: Wird vor dem Stichtag gleichzeitig mit dem Auftrag für das selbständige Beweisverfahren ein bedingter Auftrag für das Hauptsacheverfahren erteilt und tritt die Bedingung, zB der erfolgreiche Abschluss des selbständigen Beweisverfahrens, erst nach dem Stichtag ein, so liegt ein neuer unbedingter Auftrag für das Streitverfahren erst nach dem Stichtag vor. Der RA verdient also zweimal Gebühren, einmal im selbständigen Beweisverfahren nach der BRAGO, zum anderen im Streitverfahren nach dem RVG.[52] Dabei ist die Prozessgebühr aus dem selbständigen Beweisverfahren auf die Verfahrensgebühr des Hauptsacheverfahrens anzurechnen.[53]

V. Auftrag, erneuter

Erhält der RA in der gleichen Angelegenheit den Auftrag, weiter tätig zu sein, nachdem die Angelegenheit zunächst beendet war, verdient der RA die Gebühren nur einmal (§ 15 Abs. 5 S. 1 RVG). Er wird so gestellt, als ob er nur einen Auftrag erhalten hätte.[54] Sind jedoch **mehr als zwei Kalenderjahre** verstrichen, so liegen eine neue Angelegenheit und ein neuer Auftrag vor (§ 15 Abs. 5 S. 2 RVG).[55] Wurde der zweite Auftrag nach dem Stichtag erteilt, so ist für diesen neues Recht anzuwenden.[56] 12

VI. Auftraggeber, mehrere

1. Einheitliche Gebühren

Vertritt ein RA **mehrere Auftraggeber in einem Gerichtsverfahren** und beauftragt ihn der eine vor dem Stichtag, der andere danach, so ist dies wie eine Auftragserweiterung in derselben Angelegenheit zu behandeln mit der Folge, dass einheitlich altes Recht anzuwenden ist.[57] Der RA verdient gem. § 7 Abs. 1 RVG die Gebühren nur einmal und erhält lediglich einen Mehrvertretungszuschlag. Bei einer Gebühr können nicht gleichzeitig die BRAGO und das RVG angewandt werden.[58] Die Gegenauffassung, wonach der RA vom ersten Auftraggeber Gebühren gem. der BRAGO und vom zweiten gem. dem RVG verlangen kann,[59] ist mit § 7 Abs. 1 RVG nicht zu vereinbaren.[60] Es fallen nicht mehrere unterschiedliche Gebühren an, sondern jede Gebühr nur einmal. Das wirkt sich auch auf § 7 Abs. 2 S. 1 RVG dahin aus, dass der RA von dem später hinzugekommenen Mandanten nur die Gebühren verlangen kann, die sich aus der BRAGO ergeben hätten.[61] Die Gegenmeinung kommt auch zu merkwürdigen Ergebnissen. Findet zB nach dem Eintritt des zweiten Auftraggebers eine mündliche Verhandlung und eine Beweisaufnahme statt, so fällt beim ersten Mandanten eine $^{10}/_{10}$ Beweisgebühr an, bei dem zweiten nicht. Insgesamt würde dem RA zustehen eine 1,6 Verfahrensgebühr, eine 1,2 Verhandlungs- bzw. Terminsgebühr und eine $^{10}/_{10}$ Beweisgebühr. Gebührengesetze stellen eine Einheit dar, so dass dieselbe Tätigkeit im Verhältnis zu demselben Mandanten nicht teilweise nach der BRAGO und teilweise nach dem RVG vergütet werden kann.[62] 13

---

51 So aber Schneider/Wolf/*N. Schneider*, 7. Aufl. 2014, RVG § 61 Rn. 2.
52 *Müller-Rabe* NJW 2005, 1609 (1611).
53 BGH BeckRS 2007, 08435 = NJW 2007, 3578 mAnm *Mayer* FD-RVG 2007, 225667.
54 *Müller-Rabe* NJW 2005, 1609 (1612).
55 *Müller-Rabe* NJW 2005, 1609 (1612).
56 *Müller-Rabe* NJW 2005, 1609 (1612); HBS VergütungsR/*N. Schneider* Teil 20 Rn. 58.
57 HBS VergütungsR/*N. Schneider* Teil 20 Rn. 58; Schneider/Wolf/*N. Schneider* RVG § 60 Rn. 57; *Müller-Rabe* NJW 2005, 1609 (1613); *H. Schneider* AGS 2014, 53.
58 *Müller-Rabe* NJW 2005, 1609 (1613).
59 OLG Karlsruhe MDR 1976, 676; MDR 1976, 1492; *Hansens* RVGreport 2004, 10 (13).
60 *Müller-Rabe* NJW 2005, 1609 (1613).
61 *Müller-Rabe* NJW 2005, 1609 (1613).
62 *Müller-Rabe* NJW 2005, 1609 (1613).

2. Mehrvertretungszuschlag

14 Der **Mehrvertretungszuschlag** richtet sich, wenn der zweite Auftrag erst nach dem Stichtag erfolgt ist, nach einer Meinung nach neuem Recht, da diese Gebühr erst durch den Auftrag nach dem Stichtag ausgelöst werde.[63] Dieser Auffassung ist jedenfalls dann nicht zu folgen, wenn man der im vorigen Absatz vertretenen Auffassung folgt. Es liegt dann nur eine Angelegenheit vor und es handelt sich um eine Erweiterung des ursprünglichen Auftrages, so dass sich auch der Mehrvertretungszuschlag nach der BRAGO richtet.[64] Die Obergrenze richtet sich nach § 6 Abs. 1 S. 2 Hs. 2 BRAGO.[65]

3. Drittwiderklage, Streithelfer

15 Die vorstehenden Grundsätze gelten auch dann, wenn der RA gleichzeitig einen Drittwiderbeklagten[66] oder gleichzeitig einen Streithelfer[67] vertritt.

4. Jeder Beteiligte mit eigenem RA

16 Tritt nach dem Stichtag ein neuer Beteiligter, zB ein Streitgenosse, in ein Verfahren ein und lässt er sich von einem anderen RA vertreten, so richtet sich dieses Verhältnis nach neuem Recht. Jedes Mandatsverhältnis ist gesondert zu betrachten.[68] Dies gilt auch, wenn ein Drittwiderbeklagter oder Streithelfer einen eigenen RA nimmt.[69]

5. Auftrag für besondere Angelegenheiten

17 Geht der Auftrag dahin, dass der weitere Auftraggeber in einem gesonderten Verfahren vertreten werden soll, so liegt ein neuer Auftrag zu einer neuen Angelegenheit vor.[70]

Beispiel:

Im Bauprozess gegen den Generalunternehmer stellt sich kurz vor Entscheidungsreife heraus, dass auch der Architekt für Mängel verantwortlich ist. Um schnell an einen Titel gegen den Generalunternehmer zu kommen, soll der Architekt in einem gesonderten Verfahren verklagt werden.

6. Parteiwechsel

18 Vertritt der RA gleichzeitig im Rechtsstreit beide Parteien für einen Moment – und sei er noch so kurz –, so handelt es sich um eine Angelegenheit. Dabei ist es unerheblich, ob es sich um den Kläger- oder Beklagtenvertreter handelt. Es gelten dann die Grundsätze für den RA, der in derselben Angelegenheit von mehreren Auftraggebern, sei es auch nacheinander, beauftragt wird. Wird der RA von der neuen Partei aber erst beauftragt, nachdem die bisherige Partei aus dem Verfahren ausgeschieden ist, so handelt es sich um zwei Angelegenheiten und zwei selbständige Aufträge. Hat die erste Partei den Anwalt vor dem Stichtag beauftragt, so gilt für ihn altes Recht, hat die neue Partei den Anwalt danach beauftragt, so gilt für ihn neues Recht.[71]

Für den Gegenanwalt der wechselnden Parteien bleibt es immer eine Angelegenheit, unabhängig davon, ob er einen neuen Auftrag (Auftragserweiterung) erhält, es bleibt dabei, dass er die Gebühren nur einmal verdient, da er die gleichen Gebühren nicht nach der BRAGO und dem RVG verdienen kann.[72]

---

63 Mayer/Kroiß/*Klees* RVG § 61 Rn. 3; *Hansens* RVGreport 2004, 10 (13).

64 HBS VergütungsR/*N. Schneider* Teil 20 Rn. 63; Schneider/Wolf/*N. Schneider* RVG § 60 Rn. 57; *Müller-Rabe* NJW 2005, 1609 (1613).

65 *Müller-Rabe* NJW 2005, 1609 (1613).

66 HBS VergütungsR/*N. Schneider* Teil 20 Rn. 118; *Müller-Rabe* NJW 2005, 1609 (1613).

67 HBS VergütungsR/*N. Schneider* Teil 20 Rn. 91; Schneider/Wolf/*N. Schneider* RVG § 60 Rn. 74; *Müller-Rabe* NJW 2005, 1609 (1613).

68 *Müller-Rabe* NJW 2005, 1609 (1613).

69 HBS VergütungsR/*N. Schneider* Teil 20 Rn. 91, Streithelfer; HBS VergütungsR/*N. Schneider* Teil 20 Rn. 118, Drittwiderbeklagter; Schneider/Wolf/*N. Schneider* RVG § 60 Rn. 74, Streithelfer; *Müller-Rabe* NJW 2005, 1609 (1613).

70 HBS VergütungsR/*N. Schneider* Teil 20 Rn. 63; Schneider/Wolf/*N. Schneider* RVG § 60 Rn. 57; *Müller-Rabe* NJW 2005, 1609 (1613).

71 OLG Hamburg MDR 2002, 1359; OLG Hamm JurBüro 2002, 192; OLG Koblenz JurBüro 2002, 191; *Müller-Rabe* NJW 2005, 1609 (1613f.).

72 *Müller-Rabe* NJW 2005, 1609 (1614); aA – zwei verschiedene Angelegenheiten – OLG München JurBüro 1995, 37.

VII. Anordnungen, einstweilige

Verfahren über einstweilige Anordnungen in Ehesachen galten gegenüber der Ehesache bereits nach altem Recht als besondere Angelegenheiten, § 18 Nr. 1, 2 RVG aF. Dies gilt nach §§ 49, 51 Abs. 3 FamFG erst recht. Die Gebühren für jedes einzelne Anordnungsverfahren, mit dessen Einleitung der Anwalt erst nach dem Stichtag beauftragt wird, richten sich nach neuem Recht, mag auch der Auftrag für die Ehesache bereits vor dem Zeitpunkt erteilt worden sein.[73] 19

VIII. Arrest- und einstweiliges Verfügungsverfahren

Arrest- und einstweiliges Verfügungsverfahren sind gegenüber der Hauptsache selbständige Angelegenheiten, § 17 Nr. 4 RVG. Ist der Auftrag zum Antrag auf Erlass einer einstweiligen Verfügung vor, der Klagauftrag dagegen erst nach dem Stichtag erteilt worden, so ist das Verfügungsverfahren nach dem bisherigen, das Klageverfahren nach neuem Gebührenrecht abzurechnen. Ebenso ist es im umgekehrten Fall.[74] 20

IX. Auslagen

Auslagen werden erst fällig im Zeitpunkt der Entstehung. Daher wäre es gerecht, ihre Höhe vom Zeitpunkt der Fälligkeit abhängig zu machen. Aber nach § 60 RVG wird für die Vergütung auf den Zeitpunkt des Auftrags abgestellt. Da **Vergütung** nach § 1 Abs. 1 RVG auch die Auslagen umfasst, sind die Auslagen nach bisherigem Recht zu berechnen, wenn der Auftrag vor dem Stichtag erteilt ist, mögen die Auslagen selbst erst lange nach dem Stichtag entstanden sein. Also ist die alte Kilometerpauschale mit 0,30 EUR für jeden Kilometer in Rechnung zu stellen, mag die Reise auch nach dem Stichtag stattgefunden haben.[75] 21

X. Außergerichtliche und gerichtliche Tätigkeit

War der RA mit außergerichtlicher Tätigkeit vor dem Stichtag und mit gerichtlicher Tätigkeit erst nach dem Stichtag beauftragt, gilt für die außergerichtliche Tätigkeit altes Gebührenrecht und für die gerichtliche Tätigkeit neues Gebührenrecht.[76] 22

Ist der Auftrag zur gerichtlichen Tätigkeit bedingt erteilt und tritt die Bedingung erst nach dem Stichtag ein, gilt für die gerichtliche Tätigkeit neues Gebührenrecht.[77]

XI. Aussetzung

Wird ein Verfahren ausgesetzt und erst nach dem Stichtag wieder aufgenommen, bleibt es beim bisherigen Recht. Auf die Wiederaufnahme kommt es nicht an.[78] Eine Ausnahme gilt aber dann, wenn zwischenzeitlich zwei Kalenderjahre vergangen sind, § 15 Abs. 5 S. 2 RVG.[79] 23

XII. Beiladung

Im Verwaltungsrechtsstreit kommt es für den Beigeladenen auf die Auftragserteilung, nicht auf den Erlass des Beiladungsbeschlusses an.[80] 24

XIII. Beratungshilfe

Es kommt ausschließlich auf den Auftrag des Mandanten an. Die Sondervorschrift des § 60 Abs. 1 S. 3 RVG greift nicht ein. In der Beratungshilfe wird der RA nicht beigeordnet.[81] 25

---

[73] KG JurBüro 1958, 206 = Rpfleger 1958, 930; OLG Koblenz MDR 1958, 615; *von Eicken* AnwBl 1975, 339; Bischof/*Jungbauer* RVG § 61 Rn. 58.

[74] *Von Eicken* AnwBl 1975, 339; Schneider/Wolf/*N. Schneider* RVG § 60 Rn. 32 f.; HBS VergütungsR/*N. Schneider* Teil 20 Rn. 34.

[75] Koblenz JurBüro 1989, 208; Bischof/*Jungbauer* RVG § 61 Rn. 98; HBS VergütungsR/*N. Schneider* Teil 20 Rn. 35; Schneider/Wolf/*N. Schneider* RVG § 60 Rn. 36.

[76] OLG Stuttgart AnwBl 1976, 49 = JurBüro 1976, 793; OLG Koblenz JurBüro 1996, 310.

[77] OLG Bamberg JurBüro 1989, 497; OLG Saarbrücken JurBüro 1996, 190.

[78] *N. Schneider* AGS 2004, 221 (223); LG Berlin JurBüro 1988, 601; HBS VergütungsR/*N. Schneider* Teil 20 Rn. 37.

[79] *N. Schneider* AGS 2004, 221 (223); aA HBS VergütungsR/*N. Schneider* Teil 20 Rn. 37.

[80] *N. Schneider* AGS 2004, 221 (223); HBS VergütungsR/*N. Schneider* Teil 20 Rn. 41.

[81] *N. Schneider* AGS 2004, 221 (223); HBS VergütungsR/*N. Schneider* Teil 20 Rn. 44; Schneider/Wolf/*N. Schneider* RVG § 60 Rn. 47.

XIV. Terminsgebühr für den Terminsvertreter

26 Für ihn gilt neues Gebührenrecht, wenn er nach dem Stichtag beauftragt worden ist, auch wenn der Rechtsstreit vor dem Stichtag begonnen wurde.[82] Dies gilt auch dann, wenn der RA vor dem 1.1.2021 als Verkehrsanwalt beauftragt worden ist. Die Aufträge, als Verkehrsanwalt und als Terminsvertreter tätig zu werden, sind zwei verschiedene Aufträge, die nicht zu einem Auftrag zusammengefasst werden können.

XV. Selbständiges Beweisverfahren, Hauptsacheverfahren

27 Näher → Rn. 11.

XVI. Eil- und Hauptsacheverfahren

28 Es handelt sich gem. § 17 Nr. 4 RVG um zwei Aufträge. Für beide Verfahren ist gesondert zu prüfen, wann der unbedingte Auftrag erteilt worden ist.[83]

XVII. Eilverfahren, mehrere untereinander

29 Soweit sie besondere Angelegenheiten sind, liegen mehrere Aufträge vor. Soweit sie jedoch eine Angelegenheit darstellen, liegt auch dann nur ein Auftrag vor, wenn nacheinander mehrere Aufträge erteilt werden,[84] da dieselben Gebühren nur einmal anfallen.[85] Soweit § 16 Nr. 5 RVG eingreift, handelt es sich um eine Angelegenheit, die zu den gleichen Gebühren führt.[86] Wurde zB vor dem Stichtag der Auftrag zur Beantragung der einstweiligen Anordnung erteilt, aber erst danach der Auftrag, die vom Gegner beantragte Aufhebung der Vollziehung abzuwehren, so liegt dennoch ein Auftrag (Auftragserweiterung) vor.[87]

XVIII. Einspruch gegen Versäumnisurteil

30 Wird vor dem Stichtag ein Klageauftrag erteilt, umfasst dieser in aller Regel das gesamte Verfahren einschließlich des Verfahrens nach dem Einspruch gegen ein Versäumnisurteil. Dass § 38 BRAGO normierte, dass nach einem Einspruch das Verfahren als neue Angelegenheit gelte, ändert nichts daran, dass nach dem Einspruch kein neuer Auftrag erteilt wurde. Der RA holte sich keinen neuen Auftrag. Er sah sein weiteres Tun als von dem alten Auftrag erfasst an. Da also der Auftrag auch für das Verfahren nach dem Einspruch vor dem Stichtag erteilt ist und es auf den Auftrag ankommt, gilt auch für diesen Teil des Verfahrens die BRAGO, also § 38 BRAGO. Auf die Frage, ob es eine Angelegenheit im Sinne der BRAGO oder des RVG ist, kommt es nicht an.[88]

XIX. Erinnerung

31 Die Erinnerung ist kein Rechtsmittel, sondern nur ein Rechtsbehelf, so dass § 61 Abs. 1 S. 2 RVG a. F. nicht einschlägig ist.[89] Was das Übergangsrecht anbelangt, ist bei der Erinnerung zu differenzieren; gehört die Erinnerung nach § 19 Abs. 1 S. 2 Nr. 5 RVG zum Rechtszug, gilt § 61 Abs. 1 S. 1 RVG. Der Auftrag zur Hauptsache umfasst auch das Erinnerungsverfahren. In ihm entstehen keine gesonderten Gebühren.[90] Wenn aber die Erinnerung eine eigene Angelegenheit darstellt (Erinnerung gegen eine Entscheidung des Rechtspflegers – § 18 Nr. 3 RVG), gilt für sie neues Recht, wenn der Auftrag nach dem Stichtag erteilt wurde.[91]

---

[82] *N. Schneider* AGS 2004, 221 (227).

[83] *Müller-Rabe* NJW 2005, 1609 (1611).

[84] HBS VergütungsR/*N. Schneider* Teil 20 Rn. 52; Schneider/Wolf/*N. Schneider* RVG § 60 Rn. 50.

[85] *Müller-Rabe* NJW 2005, 1609 (1611).

[86] *Müller-Rabe* NJW 2005, 1609 (1612).

[87] *Müller-Rabe* NJW 2005, 1609 (1612).

[88] *Müller-Rabe* NJW 2005, 1609 (1611); *N. Schneider* AGS 2004, 221 (228); iErg ebenso HBS VergütungsR/*N. Schneider* Teil 20 Rn. 49; Schneider/Wolf/*N. Schneider* RVG § 60 Rn. 49.

[89] HBS VergütungsR/*N. Schneider* Teil 20 Rn. 56; Schneider/Wolf/*N. Schneider* RVG § 60 Rn. 52; Mayer/Kroiß/*Klees* RVG § 60 Rn. 17.

[90] *Müller-Rabe* NJW 2005, 1609 (1614).

[91] *N. Schneider* AGS 2004, 221 (224); HBS VergütungsR/*N. Schneider* Teil 20 Rn. 56; Schneider/Wolf/*N. Schneider* RVG § 60 Rn. 52; *Müller-Rabe* NJW 2005, 1609 (1614).

XX. Familiensachen

1. Verbundverfahren

Nach § 16 Nr. 4 RVG gelten eine Scheidungssache oder ein Verfahren über die Aufhebung einer Lebenspartnerschaft und die Folgesachen als dieselbe Angelegenheit. Ist der erste Auftrag vor dem Stichtag erteilt, so stellen Anträge nach dem Stichtag, weitere Verbundsachen geltend zu machen, eine Auftragserweiterung dar, da die gleichen Gebühren anfallen. Das gesamte Verbundverfahren fällt unter die BRAGO.[92] Teilentscheidungen gem. § 140 Abs. 2 FamFG ändern nichts daran, dass weiterhin eine Angelegenheit und ein Auftrag vorliegen, es handelt sich nicht um echte Abtrennungen.[93] 32

2. Echte Abtrennungen

Allerdings gibt es auch in Familiensachen echte Abtrennungen, wenn Folgesachen nach § 137 Abs. 3 FamFG vom Verbundverfahren abgetrennt werden, § 137 Abs. 5 FamFG. Es gelten dann die Grundsätze für die Abtrennung.[94] 33

3. Außergerichtliche Einigungsbemühungen

Ist ein Scheidungsverfahren anhängig oder vorgesehen und soll der RA einige Folgesachen zunächst einmal außergerichtlich regeln, eine Einigung dann aber beim Gericht im Scheidungsverfahren protokollieren lassen, so hat er einen einheitlichen Verfahrensauftrag. Für einen **Verfahrensauftrag** genügt, dass in irgendeiner Weise gerichtliche Hilfe in Anspruch genommen werden soll. Ausreichend ist, dass die gerichtliche Hilfe in der Protokollierung bestehen soll.[95] Es besteht eine Vermutung dafür, dass eine Scheidungsvereinbarung im Scheidungsverfahren beim Gericht protokolliert werden soll.[96] Ist der Auftrag für das Scheidungsverfahren vor dem Stichtag gegeben, der für die Folgesachen erst danach, so greift für die gesamte anwaltliche Tätigkeit altes Recht ein. Anders ist es, wenn eine gerichtliche Protokollierung nicht (auch nicht im Wege einer Vermutung) vorgesehen war. Dann liegen ein Verfahrensauftrag und daneben ein gesonderter Auftrag für eine außergerichtliche Vertretung vor, also zwei Angelegenheiten und zwei Aufträge, die differenziert zu bewerten sind.[97] Erfolgte der Auftrag für das Scheidungsverfahren vor dem Stichtag, der für die außergerichtliche Vertretung danach, so gilt für das Scheidungsverfahren altes Recht, für die außergerichtliche Vertretung neues Recht. Kommt es später, entgegen der ursprünglichen Erwartung, doch zu einer Protokollierung beim Gericht, so gehört die Prozessdifferenzgebühr bzw. die Verfahrensdifferenzgebühr nach VV 3101 Nr. 2 RVG zum Scheidungsverfahren. Wurde der Auftrag für dieses vor dem Stichtag erteilt, ist altes Recht anzuwenden.[98] 34

4. Isolierte Familiensachen

Bei isolierten Familiensachen, die in unterschiedlichen Verfahren geltend gemacht werden, handelt es sich um unterschiedliche Angelegenheiten. Werden zu verschiedenen Zeitpunkten Aufträge erteilt, so kommt es für jedes Verfahren auf den Zeitpunkt der Auftragserteilung an.[99] 35

5. Stufenklage

Sie stellt mit dem Verfahren über die Leistungsklage eine Angelegenheit dar; es besteht von vornherein der Auftrag, einen unbezifferten Leistungsantrag zu stellen.[100] Es kommt es nur auf 36

---

[92] OLG Düsseldorf JurBüro 1996, 253; OLG Nürnberg RVGreport 2005, 220, für den Fall der PKH/Beiordnung vor dem 1.7.2004; HBS VergütungsR/*N. Schneider* Teil 20 Rn. 100; *N. Schneider* AGS 2004, 221 (227); Schneider/Wolf/*N. Schneider* RVG § 60 Rn. 82; Bischof/*Jungbauer* RVG § 61 Rn. 102; *Müller-Rabe* NJW 2005, 1609 (1612).

[93] Madert/Müller-Rabe Fam-HdB/*Müller-Rabe* Kap. E Rn. 4, 12; *Müller-Rabe* NJW 2005, 1609 (1612); Bischof/*Jungbauer* RVG § 61 Rn. 103 noch zu §§ 627, 628 ZPO.

[94] Madert/Müller-Rabe Fam-HdB/*Müller-Rabe* Kap. E Rn. 18; HBS VergütungsR/*N. Schneider* Teil 20 Rn. 100; *N. Schneider* AGS 2004, 221 (227); *Müller-Rabe* NJW 2005, 1609 (1612).

[95] *Müller-Rabe* NJW 2005, 1609 (1612).

[96] HM: BGHZ 48, 336; OLG Düsseldorf AnwBl 1985, 388; OLG München AnwBl 82, 115; Madert/Müller-Rabe Fam-HdB/*Madert* Kap. I Rn. 4 mwN auch für die Gegenmeinung.

[97] *Müller-Rabe* NJW 2005, 1609 (1612); HBS VergütungsR/*N. Schneider* Teil 20 Rn. 100; *N. Schneider* AGS 2004, 221 (227).

[98] *Müller-Rabe* NJW 2005, 1609 (1612); HBS VergütungsR/*N. Schneider* Teil 20 Rn. 100; *N. Schneider* AGS 2004, 221 (227).

[99] *Müller-Rabe* NJW 2005, 1609 (1612); HBS VergütungsR/*N. Schneider* Teil 20 Rn. 100; Schneider/Wolf/*N. Schneider* RVG § 60 Rn. 82; *N. Schneider* AGS 2004, 221 (227); Bischof/*Jungbauer* RVG § 61 Rn. 104.

den Zeitpunkt des Klageauftrages an. Unerheblich ist, ob und wann der Leistungsanspruch beziffert und verlesen wird.[101]

6. Zurückverweisung im Scheidungsverfahren

37 Liegen die besonderen Voraussetzungen des § 146 FamFG vor (Zurückverweisung an das Gericht, bei dem eine Folgesache zur Entscheidung ansteht), so handelt es sich gem. § 21 Abs. 2 RVG bei dem weiteren Verfahren um einen Rechtszug mit den vorausgegangenen Verfahren der gleichen Instanz. Soweit überhaupt ein neuer Auftrag erteilt wird, handelt es sich demnach um eine Auftragserweiterung, das alte Gebührenrecht ist anzuwenden.[102]

XXI. Gegenstandswerte

1. Kein Gleichlauf von GKG und RVG

38 Auch das GKG enthält Übergangsvorschriften, nämlich § 72 GKG als Spezialvorschrift für die Gesetzesänderung durch das Kostenrechtsmodernisierungsgesetz[103] und § 71 GKG als allgemeine Übergangsvorschrift bei sonstigen Gesetzesänderungen im GKG. Da die Übergangsvorschriften des GKG und des RVG unterschiedliche Anknüpfungspunkte aufweisen, kann in einer Angelegenheit für den Streitwert der Gerichtskosten noch altes Recht, für die Anwaltsgebühren hingegen neues Recht gelten, so bspw. wenn ein Scheidungsverfahren vor dem 1.7.2004 anhängig war, so dass sich der Streitwert für die Gerichtskosten noch nach § 17a GKG aF und nicht nach § 49 Nr. 1, 3 GKG aF richtet, während für die Anwaltsgebühren bspw. auf Grund er erst nach dem 1.7.2004 erfolgten Auftragserteilung oder Beiordnung bereits das RVG gilt.[104] Da aber zumindest die Änderungen im GKG durch das 1. KostRMoG, kombiniert mit dem Inkrafttreten des RVG eine in sich geschlossene Einheit darstellen, spricht vieles auch dafür, dass die Verweisung in § 23 Abs. 1 S. 1 auf die für die Gerichtsgebühren geltenden Wertvorschriften nicht zwangsläufig auch die Verweisung auf die Übergangsvorschrift des § 72 GKG mit einschließt, sondern dass diese Verweisung als eine Art statische Verweisung auf die parallel geltenden Wertvorschriften des GKG in seiner aktuellen Fassung zu verstehen ist.[105] Zum selben Ergebnis führt auch § 60 Abs. 1 S. 6 RVG. Danach gelten die S. 1 bis 5 von Abs. 1 auch dann, wenn sich nicht das RVG ändert, sondern ein anderes Gesetz, auf das eine Vorschrift des RVG verweist, also insbes. das GKG.[106] Weichen Anknüpfungspunkte des in Bezug genommenen Gesetzes und des § 60 RVG voneinander ab, gilt dennoch § 60 RVG als lex specialis für die Anwaltsgebühren.[107] Diese Grundsätze gelten auch bei den durch das KostRÄG 2021[108] eingetretenen Änderungen im RVG, GKG und FamGKG. Wurde der unbedingte Auftrag vor dem 1.1.2021 erteilt, berechnet sich die Anwaltsvergütung auch nach noch den bis zum 31.12.2020 geltenden Wertvorschriften von GKG, FamGKG oder Kostenordnung, wenn es sich um ein gerichtliches Verfahren handelt und sich auch die Gerichtsgebühren nach dem Wert bestimmen (§ 23 Abs. 1 RVG).[109]

2. Außergerichtliche Vertretung

39 Wurde der Auftrag vor dem Stichtag erteilt, so richten sich die Gegenstandswerte nach altem Recht, bei einem Auftrag nach dem Stichtag nach dem neuen GKG (§ 23 Abs. 1 S. 3 RVG).[110]

3. Gerichtsverfahren 1. Instanz

40 Der Gegenstandswert richtet sich nach § 23 Abs. 1 S. 1 RVG nach dem Gegenstandswert des Gerichtsverfahrens. Hier stellt sich dann die Frage des Gleichlaufs von RVG und GKG beim Übergangsrecht. Nach einer Auffassung gilt für die Gegenstandswerte selbst dann das neue GKG, wenn der Rechtsstreit erst nach dem Stichtag anhängig gemacht wurde, der RA aber

---

[100] *Müller-Rabe* NJW 2005, 1609 (1615); AG Koblenz BeckRS 2008, 01475.
[101] *N. Schneider* AGS 2004, 221 (227); OLG Koblenz JurBüro 1990, 613; HBS VergütungsR/*N. Schneider* Teil 20 Rn. 92; Schneider/Wolf/*N. Schneider* RVG § 60 Rn. 75; *Müller-Rabe* NJW 2005, 1609 (1615).
[102] *Müller-Rabe* NJW 2005, 1609 (1612).
[103] BGBl. 2004 I 718; Hartmann/Toussaint/*Toussaint* GKG § 72 Rn. 1.
[104] OLG Frankfurt a. M. BeckRS 2007, 08983 mAnm *Mayer* FD-RVG 2007, 226580.
[105] Vgl. Anm. *Mayer* FD-RVG 2007, 226580.
[106] Mayer/Kroiß/*Klees* RVG § 60 Rn. 20.
[107] Mayer/Kroiß/*Klees* RVG § 60 Rn. 21.
[108] BGBl. 2020 I 3229.
[109] *H. Schneider* AGS 2014, 53 (54) zum Inkrafttreten des 2. KostRMoG.
[110] *Müller-Rabe* NJW 2005, 1609 (1617).

bereits schon vor dem Stichtag den Auftrag erhalten hat.[111] Richtiger Auffassung nach gilt nach § 60 Abs. 1 S. 6 RVG auch die neue Streitwertvorschrift für die Anwaltsgebühren, wenn sich diese nach neuem Recht bemessen und umgekehrt; zwischen Gerichtskosten und Anwaltsgebühren kann es somit zu gespaltenem Recht kommen.[112]

4. Rechtsmittel

§ 72 Nr. 1 Hs. 2 GKG und § 71 Abs. 1 S. 2 GKG stellen auf den Zeitpunkt der Rechtsmitteleinlegung ab. In § 60 Abs. 1 S. 1 ist nunmehr der Zeitpunkt der Auftragserteilung maßgeblich, dies gilt auch im Rechtsmittelverfahren.[113] Für das RVG kann dann noch altes Recht gelten, wenn die Auftragserteilung vor dem Stichtag erfolgte, während für das GKG bereits das neue Recht gilt, weil das Rechtsmittel nach dem Stichtag eingelegt wurde. 41

XXII. Geschäftsgebühr

1. Mehrere Geschäftsgebühren

Soll der RA seinen Mandanten in mehreren Angelegenheiten außergerichtlich vertreten, so liegen mehrere Aufträge vor. Für jeden einzelnen kommt es darauf an, wann er erteilt worden ist. Handelt es sich hingegen um eine Angelegenheit, so kommt nur ein Auftrag in Betracht, da die gleichen Gebühren anfallen.[114] 42

2. Geschäftsgebühr und nachfolgende Verfahrensgebühr

a) Zwei Aufträge. Der RA erhält den Auftrag zu einer außergerichtlichen Vertretung vor dem Stichtag. Zugleich bekommt er den Auftrag, wenn eine gütliche Regelung scheitert, zu klagen. Nachdem ein Einigungsgespräch nach dem Stichtag scheitert, erhebt er die Klage. Für die außergerichtliche Vertretung gilt das alte Recht, für die gerichtliche Vertretung das neue. Im Regelfall ist der Auftrag hier so zu verstehen, dass ein unbedingter Auftrag vor dem Stichtag nur für eine außergerichtliche Vertretung gegeben ist und der Verfahrensauftrag bedingt ist für den Fall, dass die außergerichtliche Vertretung nicht zum Erfolg führt. Tritt die Bedingung erst nach dem Stichtag ein, ist das neue Recht anzuwenden.[115] 43

b) Anrechnung. Nach wie vor nicht völlig ohne Bedeutung ist die Streitfrage der Anrechnung einer BRAGO-Geschäftsgebühr in den Übergangsfällen, in denen noch unter der Geltung der BRAGO eine Geschäftsgebühr nach § 118 Abs. 1 Nr. 1 BRAGO entstanden ist, bei denen jedoch der Prozessauftrag erst nach Inkrafttreten des RVG erteilt wurde, so dass für das gerichtliche Verfahren das RVG gilt. Überwiegend wird im Schrifttum die Auffassung vertreten, dass in solchen Übergangsfällen die Anrechnung nach der BRAGO vorzunehmen ist, so dass die Geschäftsgebühr nach § 118 Abs. 1 Nr. 1 BRAGO vollständig auf die Verfahrensgebühr nach VV 3100 RVG anzurechnen ist.[116] Auch die Rspr. ist dieser Auffassung zunächst gefolgt.[117] Die Gegenauffassung jedoch, wonach, da sich die Vergütung im gerichtlichen Verfahren nach dem RVG richtet, auch die Anrechnungsvorschriften des RVG – zumal sie gesetzessystematisch in die Vorb. 3 des VV Teil 3 RVG, also des Teils, der sich den gerichtlichen Verfahren widmet, eingeordnet ist – zur Anwendung zu bringen ist, ist jedoch die überzeugendere Argumentation.[118] 44

---

[111] *Müller-Rabe* NJW 2005, 1609 (1617); Gerold/Schmidt/*Madert*, 17. Aufl. 2006, RVG § 60 Rn. 39, beide zum Übergang anlässlich des Inkrafttretens des Kostenrechtsmodernisierungsgesetzes; OLG Frankfurt a. M. BeckRS 2007, 08983 für den umgekehrten Fall Gegenstandswerte nach altem Recht, bei Geltung des neuen Rechts für die RA-Vergütung.

[112] Mayer/Kroiß/*Klees* RVG § 60 Rn. 20.

[113] BT-Drs. 19/23484, 82.

[114] *Müller-Rabe* NJW 2005, 1609 (1612); zur Frage, wann bei einer außergerichtlichen Vertretung ein oder mehrere Angelegenheiten vorliegen → § 15 Rn. 5 ff.

[115] *Müller-Rabe* NJW 2005, 1609 (1612); OLG München OLGReport 2005, 600.

[116] Mayer/Kroiß/*Klees* RVG § 61 Rn. 1; Schneider/Mock GebührenR/*Schneider* § 34 Rn. 27; Schneider/Wolf/*Onderka*/*N. Schneider* RVG VV Vorb. 3 Rn. 258; *Hansens* RVGreport 2004, 12; *Hansens* RVGreport 2004, 242 ff.; HBS VergütungsR/*N. Schneider* Teil 8 Rn. 140 f.; Rehberg/*Hellstab* Übergangsregelung Ziff. 3.1; *Müller-Rabe* NJW 2005, 1609 (1612); Gerold/Schmidt/*Madert*, 17. Aufl. 2006, RVG § 60 Rn. 43.

[117] OLG München NJOZ 2005, 4842 f. mit Besprechung *Mayer* RVG/Letter 2004, 87 f.; AG Freiburg JurBüro 2005, 82.

[118] Bischof/*Jungbauer* RVG § 61 Rn. 111; Mayer Gebührenformulare Teil 1 § 4 Rn. 60; *Mayer* NJW 2004, 490 (493); LG Köln NJOZ 2006, 443 f. mit Besprechung *Mayer* RVG/Letter 2006, 5 f.; in diesem Zusammenhang VGH Mannheim BeckRS 2008, 33466 mAnm *Mayer* FD-RVG 2008, 257153, keine Anrechnung der BRAGO/Geschäftsgebühr aus dem Verwaltungsverfahren auf die RVG-Verfahrensgebühr.

XXIII. Hebegebühr

45 Gem. VV 1009 Anm. Abs. 3 RVG stellt die Auszahlung oder Zurückzahlung in mehreren Beträgen mehrere Angelegenheiten dar, insoweit ist auch die Anwendung des maßgebenden Gebührenrechtes jeweils gesondert zu prüfen.

Beispiel:

Der Haftpflichtversicherer zahlt auf den Schaden aus einem Verkehrsunfall vor dem Stichtag einen Vorschuss, nach dem Stichtag den Restbetrag. Für die erste Zahlung gilt das bisherige Recht, für die Zweite neues Recht.[119]

Bedingung ist, dass für jede Auszahlung ein besonderer Auftrag vorliegt.

Wenn aber der RA von Anfang an den Auftrag erhalten hat, den gesamten Betrag einzuziehen, so gilt: Lag dieser Auftrag vor dem Stichtag, so kann zwar der RA für jeden Zahlungsvorgang gesonderte Gebühren verlangen. Diese richten sich jedoch alle nach altem Recht.[120]

XXIV. Hilfsanträge

46 Hilfsanträge gehören zum Rechtszug des Hauptsacheantrages. Wird der RA, der vor dem Stichtag mandatiert war, erst nach dem Stichtag wegen eines Hilfsantrages beauftragt, so handelt es sich insgesamt nur um einen Auftrag. Für das gesamte Verfahren gilt altes Gebührenrecht.[121]

XXV. Klageerweiterung

47 Wird in einem vor dem Stichtag begonnenen Rechtsstreit die Klage nach dem Stichtag erweitert, so gilt § 60 Abs. 2 RVG. Danach gilt, wenn Gebühren nach dem zusammengerechneten Wert mehrerer Gegenstände zu bemessen sind, für die gesamte Vergütung das bisherige Recht auch dann, wenn dies nach Abs. 1 nur für einen der Gegenstände gelten würde. Für den Übergang der BRAGO auf das RVG enthält § 61 Abs. 1 S. 3 RVG eine entsprechende Verweisungsvorschrift. Trotz der Erweiterung handelt es sich um eine Angelegenheit.[122] Da auch nur die gleichen Gebühren, allerdings aus einem erhöhten Gegenstandswert, anfallen, kommt bei demselben RA nur eine Auftragserweiterung und nicht ein neuer Auftrag in Betracht.[123] § 61 Abs. 1 S. 3, § 60 Abs. 2 RVG enthalten somit lediglich eine Klarstellung.[124]

Wird allerdings **durch die Klageerweiterung erstmals ein Dritter** in den Rechtsstreit **einbezogen,** kann für den Anwalt des Dritten neues Gebührenrecht gelten, wenn er den Auftrag zum Tätigwerden erst nach dem Stichtag erhalten hat.[125]

Beispiel:

Ein Verkehrsunfallprozess richtet sich gegen den Halter des gegnerischen Fahrzeuges. Der Kläger erweitert die Klage nach dem Stichtag gegen den Fahrer, um diesen als Zeugen auszuschließen. Der Fahrer bestellt einen eigenen RA.

Für den RA des Fahrers gilt neues Gebührenrecht. Für den RA des Klägers ändert sich nichts.[126]

XXVI. Kostenerstattung

48 Wechselt eine Partei den Verfahrensbevollmächtigten nach dem Stichtag, berechnen sich die Gebühren des ersten RA nach altem Recht, die des zweiten nach neuem Recht. Unproblematisch sind die Fälle, in denen der Anwaltswechsel notwendig war; dann sind nämlich die Kosten beider Anwälte zu erstatten.[127] Strittig ist jedoch die Erstattungsfrage dann, wenn der Wechsel nicht notwendig war. Nach einer Auffassung besteht, wenn der erste Anwalt nur niedrigere

---

119 Schneider/Wolf/*N. Schneider,* 7. Aufl. 2014, RVG § 61 Rn. 79.

120 *Müller-Rabe* NJW 2005, 1609 (1612 f.).

121 *Müller-Rabe* NJW 2005, 1609 (1613).

122 *Müller-Rabe* NJW 2005, 1609 (1613).

123 *Müller-Rabe* NJW 2005, 1609 (1613); Mayer/Kroiß/*Klees* RVG § 60 Rn. 22, § 61 Rn. 2.

124 *Müller-Rabe* NJW 2005, 1609 (1613); HBS VergütungsR/*N. Schneider* Teil 20 Rn. 66; *N. Schneider* AGS 2004, 221 (225).

125 HBS VergütungsR/*N. Schneider* Rn. 66; *N. Schneider* AGS 2004, 221 (225); Schneider/Wolf/*N. Schneider* RVG § 60 Rn. 58.

126 HBS VergütungsR/*N. Schneider* Teil 20 Rn. 66; Schneider/Wolf/*N. Schneider* RVG § 60 Rn. 59; *N. Schneider* AGS 2004, 221 (225).

127 Schneider/Wolf/*N. Schneider,* 7. Aufl. 2014, RVG § 61 Rn. 153; *Müller-Rabe* NJW 2005, 1609 (1617).

Gebühren hätte geltend machen können, ein Erstattungsanspruch nur für dessen Gebühren;[128] andere wiederum halten nur die fiktiven Kosten des ursprünglich beauftragten RA für erstattungsfähig.[129] Nach anderer Auffassung sind stets die höheren Kosten zu erstatten, da es dem Mandanten freisteht zu entscheiden, ob und wann er anwaltliche Hilfe in Anspruch nimmt und der Kostenschuldner sich nicht darauf berufen kann, dass der Fortbestand des ursprünglichen Mandats für ihn letztlich günstiger gewesen wäre.[130]

XXVII. Gespaltenes Kostenrecht

Wird in einem Rechtsstreit der Klägervertreter vor dem Stichtag beauftragt, der Beklagtenvertreter jedoch nach dem Stichtag, erhält der Klägervertreter die Gebühren nach altem Recht, der Beklagtenvertreter nach neuem Recht. 49

Das gilt für den Beklagtenvertreter auch dann, wenn der Beklagte ihn auch schon vor dem Stichtag hätte beauftragen können.[131]

XXVIII. Mahnverfahren und Rechtsstreit

1. Gläubigervertreter

Aus § 17 Nr. 2 RVG ergibt sich, dass das Mahnverfahren gegenüber dem nachfolgenden Rechtsstreit eine eigene Angelegenheit ist, zumal der Gläubiger nach Widerspruch des Schuldners regelmäßig selbst entscheiden kann, ob er durch Einzahlung der weiteren Gerichtsgebühren dem Verfahren Fortgang geben will. Hat der Auftraggeber vor dem Stichtag den Auftrag zur Erwirkung eines Mahnbescheids gegeben, erteilt er nach dem Stichtag, nachdem Widerspruch gegen den Mahnbescheid erhoben worden ist, den Auftrag für das Streitverfahren, so gilt für das Mahnverfahren altes und für den Rechtsstreit neues Gebührenrecht.[132] 50

Hat der RA vor dem Stichtag Klageauftrag erhalten, hat er jedoch zunächst ohne Auftrag einen Mahnbescheid beantragt, gilt auch dann für den Rechtsstreit altes Gebührenrecht, wenn das Mahnverfahren erst nach dem Stichtag in das Prozessverfahren übergegangen ist.[133]

Wurde vor dem Stichtag ein unbedingter Mahnauftrag und gleichzeitig für den Fall des Widerspruchs ein – dann bedingter – Klageauftrag erteilt und erfolgt der Widerspruch erst nach dem Stichtag, so richten sich die Gebühren für das Mahnverfahren nach altem, die für das Streitverfahren nach neuem Recht.[134]

2. Schuldnervertreter

Erhält der RA gleichzeitig den Auftrag, Widerspruch bzw. Einspruch einzulegen und ggf. im Streitverfahren tätig zu werden, liegt im Regelfall wieder ein unbedingter Widerspruchs- oder Einspruchsauftrag und ein bedingter für das Streitverfahren vor.[135] Ob es zu einem Streitverfahren kommt, steht bei der Einlegung des Rechtsbehelfs noch nicht fest. Es hängt davon ab, ob der Gläubiger weitere Gerichtskosten einbezahlt (§ 12 Abs. 3 S. 3 GKG). Allerdings ist auch ein gleichzeitiger unbedingter Auftrag für das Streitverfahren denkbar, nämlich dann, wenn der Auftrag von vornherein dahingeht, dass der Schuldner gem. § 696 Abs. 1 S. 1 ZPO seinerseits die Abgabe an das Streitgericht verlangen soll, wenn der Gläubiger keine Abgabe beantragt oder keinen Vorschuss zahlt. 51

XXIX. Mehrere Anwälte

1. Kläger- und Beklagtenvertreter

Wird der RA des Klägers vor dem Stichtag, der des Beklagten danach beauftragt, so gilt für den Klägervertreter altes Recht, für den Beklagtenvertreter neues.[136] Dasselbe gilt bei einer 52

---

[128] *Müller-Rabe* NJW 2005, 1609 (1617); Gerold/Schmidt/*Madert,* 17. Aufl. 2006, RVG § 60 Rn. 47.

[129] Mayer/Kroiß/*Klees* RVG § 60 Rn. 23; LG Duisburg AGS 2005, 446 ff.

[130] Schneider/Wolf/*N. Schneider,* 7. Aufl. 2014, RVG § 61 Rn. 154.

[131] KG JurBüro 1976, 1195; Hamm AnwBl 1988, 359 = MDR 1988, 593.

[132] *Müller-Rabe* NJW 2005, 1609 (1613); HBS VergütungsR/*N. Schneider* Teil 20 Rn. 67; *N. Schneider* AGS 2004, 221 (225); Schneider/Wolf/*N. Schneider* RVG § 60 Rn. 60; Bischof/*Jungbauer* RVG § 61 Rn. 60; OLG Köln BeckRS 2006, 02144.

[133] *Von Eicken* AnwBl 1975, 339.

[134] *Müller-Rabe* NJW 2005, 1609 (1613); Bischof/*Jungbauer* RVG § 61 Rn. 64; HBS VergütungsR/*N. Schneider* Teil 20 Rn. 67; Schneider/Wolf/*N. Schneider* RVG § 60 Rn. 60; OLG Köln BeckRS 2006, 02144.

[135] *Müller-Rabe* NJW 2005, 1609 (1613); zur Frage der Anrechenbarkeit der Gebühr für die Erhebung des Widerspruchs OLG Düsseldorf NJOZ 2005, 4125.

[136] *Müller-Rabe* NJW 2005, 1609 (1613).

außergerichtlichen Vertretung, wenn zB der RA des Gläubigers vor und der des Schuldners nach dem Stichtag beauftragt wurde.

2. Mehrere Anwälte eines Mandanten

53 Der Mandant kann mehrere Anwälte in einer Angelegenheit beauftragen. Jeder erhält einen gesonderten Auftrag, so dass zB für den Verfahrensbevollmächtigten und den Terminsvertreter oder Verkehrsanwalt unterschiedliche Gebührengesetze anwendbar sein können. Wird der Verfahrensbevollmächtigte vor dem Stichtag, der Terminsvertreter nach dem Stichtag beauftragt, verdient Ersterer Gebühren nach altem Recht, für Letzteren gilt das neue Gebührenrecht.[137]

3. Wechsel vom Terminsvertreter zum Verfahrensbevollmächtigten

54 Wird derselbe RA vor dem Stichtag als Terminsvertreter und nach dem Stichtag als Verfahrensbevollmächtigter beauftragt, so liegen, auch wenn man hier von einer Angelegenheit ausgeht, zwei selbständige Aufträge vor. Für die eine Tätigkeit kann daher altes Gebührenrecht, für die andere das neue Gebührenrecht gelten, wobei allerdings beide Gebühren nicht nebeneinander geltend gemacht werden können. Der RA kann die für ihn günstigeren Gebühren in Rechnung stellen.[138]

XXX. Parteiwechsel

55 → Rn. 18.

XXXI. Prozesskostenhilfe, beigeordneter Rechtsanwalt

56 § 60 Abs. 1 S. 2 stellt ausdrücklich klar, dass der Grundsatz, dass sich das anwendbare Recht grundsätzlich nach dem Zeitpunkt des unbedingten Auftrags bestimmt, auch für den beigeordneten und bestellten Rechtsanwalt gilt.[139]

56a Zwar stellen das PKH-Antrags- und das Hauptsacheverfahren nach § 16 Nr. 2 RVG eine Angelegenheit dar, lösen aber unterschiedliche Gebühren aus, nämlich die Verfahrensgebühr für das Antragsverfahren gem. VV 3335 RVG einerseits und die Verfahrensgebühr gem. VV 3100 RVG für das Hauptsacheverfahren andererseits. Da kein Grund besteht, einen einheitlichen Auftrag zu konstruieren, können die Aufträge das bleiben, was sie in Wirklichkeit sind, mehrere gesonderte Aufträge.[140]

56b Also ist zu unterscheiden zwischen dem Auftrag, zunächst nur PKH zu beantragen, und dem durch die Beiordnung bedingten Prozessauftrag. Geht der vor dem Stichtag erteilte Auftrag dahin, die Klage auf jeden Fall durchzuführen und lediglich zu versuchen, für sie PKH zu erlangen, so liegt ein unbedingter Prozessauftrag vor, das PKH-Bewilligungsverfahren gehört gem. § 16 Nr. 2 RVG zur Instanz. Die Gebühren des RA richten sich daher auch dann nach bisherigem Recht, wenn die Beiordnung erst nach dem Inkrafttreten erfolgt.[141]

56c Etwas anderes muss gelten, wenn die Klage nur für den Fall der Gewährung der Prozesskostenhilfe durchgeführt werden soll. Dann liegt ein unbedingter Auftrag nur für das PKH-Bewilligungsverfahren vor, und die Gebühr nach VV 3335 RVG richtet sich nach altem Recht, gleichgültig ob die Beiordnung vor oder nach dem Stichtag erfolgt. Der Prozessauftrag ist dagegen durch die Beiordnung bedingt und wird erst mit Eintritt der Bedingung, also durch die Beiordnung, wirksam. Ein Antrag gilt nur dann als unter die Bedingung der Prozesskostenhilfebewilligung gestellt, wenn der Antragsteller eindeutig klarstellt, dass er den Antrag nur unter dieser Voraussetzungen stellen will, etwa indem er dies im Text unmissverständlich kundtut oder die Antragsschrift/Klageschrift nur als Anlage zum Prozesskostenhilfegesuch einreicht, als Entwurf bezeichnet oder nicht unterschreibt.[142] Liegt die Beiordnung nach dem Stichtag, so richten sich die Gebühren des § 49 RVG nach neuem Recht.[143] Wird die Prozesskostenhilfe

---

137 *Müller-Rabe* NJW 2005, 1609 (1613).

138 *Müller-Rabe* NJW 2005, 1609 (1613); HBS VergütungsR/*N. Schneider* Teil 20 Rn. 68; Schneider/Wolf/*N. Schneider*, 7. Aufl. 2014, RVG § 61 Rn. 88.

139 BT-Drs. 19/24740, 78.

140 *Von Eicken* AnwBl 1975, 339 (341); *Müller-Rabe* NJW 2005, 1609 (1610).

141 *Von Eicken* AnwBl 1975, 339; OLG Koblenz JurBüro 1976, 1058; OLG Bamberg JurBüro 1976, 1336; OLG Saarbrücken BeckRS 2014, 11141 = AGS 2014, 275 = RVGreport 2014, 310 mAnm *Mayer* FD-RVG 2014, 358927.

142 OLG Saarbrücken, BeckRS 2014, 11141 = AGS 2014, 275 = RVGreport 2014, 3110 mAnm *Mayer* FD-RVG 2014, 358927.

143 KG AGS 2006, 79; AG Berlin-Tempelhof/Kreuzberg JurBüro 2005, 365; Mayer/Kroiß/*Klees* RVG § 60 Rn. 13.

verweigert und entscheidet sich der Auftraggeber dennoch zur Durchführung der Klage, so kommt es nur auf den Zeitpunkt dieses Auftrags an.[144]

XXXII. Pflichtverteidiger

Die Vergütung des Pflichtverteidigers richtet sich nach dem Tag der Bestellung (§ 60 Abs. 1 S. 3), es sei denn, ihm war zuvor bereits in der betreffenden Angelegenheit ein Auftrag erteilt worden (§ 60 Abs. 2 S. 2).[145] **57**

XXXIII. RA in eigener Sache

→ Rn. 8. **58**

XXXIV. Rechtsmittel

1. Grundsätze

Maßgeblich ist der Zeitpunkt der Auftragserteilung, und zwar auch im Rechtsmittelverfahren. In jeder Instanz kommt es für die Frage des anwendbaren Rechts grundsätzlich alleine auf den Zeitpunkt der Auftragserteilung an. Aus allgemeinen Grundsätzen folgt, dass ein neuer Auftrag vorliegt. Es handelt sich um eine neue Angelegenheit (§ 17 Nr. 1 RVG). Sollte von Anfang an auch ein Auftrag für ein Rechtsmittelverfahren erteilt sein, so handelt es sich um einen bedingten Auftrag. Entscheidend ist daher, wann der Auftrag für das Rechtsmittelverfahren erteilt wurde bzw. wann die Bedingung eingetreten ist. Soweit § 61 Abs. 1 S. 2 RVG etwas anderes regelt, handelt es sich um eine Sonderregelung für einen Spezialfall, der nichts daran ändert, dass in allen anderen Fällen auf den Auftrag abzustellen ist.[146] **59**

Diese Grundsätze gelten für alle Rechtsmittel, also für Berufung, Revision, Beschwerde, Rechtsbeschwerde, Nichtzulassungsbeschwerde, Verfahren auf Zulassung eines Rechtsmittels.[147]

[derzeit nicht belegt] **60–62**

2. Verfahren auf Zulassung eines Rechtsmittels

Wird der Auftrag für das Zulassungsverfahren nach dem Stichtag erteilt, ist für dieses das neue Recht anzuwenden. Das Zulassungsverfahren bildet mit dem nachfolgenden Rechtsmittelverfahren gem. § 16 Nr. 11 RVG eine Angelegenheit, gehört also zum Rechtsmittelverfahren. Daher fallen im Zulassungs- wie im anschließenden Rechtsmittelverfahren die gleichen Gebühren an. Es liegt damit auch nur ein Auftrag vor. Wird der Auftrag für das Zulassungsverfahren vor dem Stichtag, der für die Durchführung des Rechtsmittelverfahrens nach dem Stichtag gegeben, richtet sich das gesamte Verfahren nach altem Recht.[148] **63**

3. Nichtzulassungsbeschwerde

Im Verhältnis zur vorhergehenden Instanz handelt es sich ebenso um eine besondere Angelegenheit (neuer Rechtszug) wie im Verhältnis zum nachfolgenden Rechtsmittelverfahren nach § 17 Nr. 9 RVG, wenn die Nichtzulassungsbeschwerde erfolgreich war.[149] Es ist daher für jede Angelegenheit gesondert zu prüfen, wann der Auftrag erteilt worden ist.[150] **64**

4. Anschlussrechtsmittel

Es handelt sich um eine Angelegenheit mit dem Rechtsmittelverfahren, zu dem das Anschlussrechtsmittel eingelegt wird. **65**

Für den Anschlussrechtsmittelführer entstehen die gleichen Gebühren. Auch der Auftrag zur Abwehr des Anschlussrechtsmittels stellt eine Erweiterung des Auftrags zur Rechtsmitteleinlegung dar. Umgekehrt gilt dasselbe für den Rechtsmittelgegner. Hat er vor dem Stichtag

---

[144] *Von Eicken* AnwBl 1975, 339; *Mümmler* JurBüro 1987, 11; *Hansens* BRAGO § 134 Rn. 11; OLG Düsseldorf AnwBl 1989, 62; aA *N. Schneider* AGS 2004, 135.

[145] *Schneider,* Das neue Gebührenrecht für Rechtsanwälte 2021, § 3 Rn. 112.

[146] *Müller-Rabe* NJW 2005, 1609 (1614).

[147] *Müller-Rabe* NJW 2005, 1609 (1614).

[148] *Müller-Rabe* NJW 2005, 1609 (1614); Schneider/Wolf/*N. Schneider* RVG § 60 Rn. 93; HBS VergütungsR/*N. Schneider* Teil 20 Rn. 120; BSG RVGreport 2005, 219 (Bei Einlegung der Nichtzulassungsbeschwerde nach dem Stichtag ist das RVG anwendbar).

[149] *Müller-Rabe* NJW 2005, 1609 (1614).

[150] *Müller-Rabe* NJW 2005, 1609 (1614); Schneider/Wolf/*N. Schneider* RVG § 60 Rn. 93 f.; HBS VergütungsR/*N. Schneider* Teil 20 Rn. 121.

den Auftrag zur Verteidigung gegen das Rechtsmittel erhalten und wird sein Auftrag dahin erweitert, dass er seinerseits Rechtsmittel einlegen soll, handelt sich um eine Auftragserweiterung.[151]

XXXV. Scheidungsvereinbarung

66 Es kommt darauf an, wann der Auftrag zum Abschluss einer Scheidungsvereinbarung (zum Führen der entsprechenden Verhandlungen) erteilt worden ist. Auf den Zeitpunkt, zu dem der Auftrag zur Führung des Scheidungsrechtsstreits erteilt worden ist, kommt es nicht an. Es gilt mithin neues Gebührenrecht, wenn die Parteien nach dem Stichtag ihre Anwälte beauftragen, eine Scheidungsvereinbarung auszuhandeln. Altes Gebührenrecht gilt dagegen, wenn die Parteien die Anwälte vor dem Stichtag insoweit beauftragt haben. Darauf, dass die vor dem Stichtag erteilte Prozessvollmacht zur Führung des Eheverfahrens zugleich zum Abschluss einer Scheidungsvereinbarung ermächtigt, kommt es nicht an. **Maßgebend** ist der Auftrag, **nicht die Vollmacht.**[152]

XXXVI. Straf- und Bußgeldsachen

67 Das vorbereitende Verfahren (VV 4104 RVG) und das gerichtliche Verfahren (VV 4106 ff. RVG) sind verschiedene Angelegenheiten.[153] Somit ist in Straf- und Bußgeldsachen die Übergangsvorschrift zu beachten, wenn der Auftrag zur Verteidigung im Ermittlungsverfahren bereits vor dem Stichtag erteilt worden ist, der für das gerichtliche Verfahren aber erst nach dem Stichtag.[154]

XXXVII. Streitverkündung

68 Die Erklärung der Streitverkündung bildet keine neue Angelegenheit. Der RA des Streitverkündeten erhält, sofern er bisher im Rechtsstreit noch nicht tätig war, seine Gebühren nach neuem Recht, wenn er den Auftrag zum Tätigwerden erst nach dem Stichtag erhalten hat.[155]

XXXVIII. Streitgenossen

69 Wird in einem Rechtsstreit, der vor dem Inkrafttreten einer Gesetzesänderung anhängig geworden ist, nach diesem Zeitpunkt Klage gegen einen Streitgenossen erhoben, so sind die Gebühren seines Prozessbevollmächtigten nach neuem Recht zu berechnen.[156]

XXXIX. Terminsvertreter

70 Die Gebühren des Terminsvertreters nach VV 3401 RVG bemessen sich nach neuem Recht, wenn er nach dem Stichtag beauftragt worden ist, auch wenn der Verfahrensbevollmächtigte vor dem Stichtag beauftragt wurde und deshalb seine Vergütung nach altem Recht zu bestimmen ist.[157]

Die Verfahrensgebühr des Terminsvertreters richtet sich nach VV 3401 RVG „nach der Hälfte der dem Verfahrensbevollmächtigten zustehenden Verfahrensgebühr". Problematisch sind die Fälle, in denen sich die Gebühren des Verfahrensbevollmächtigten nach altem Recht, bspw. noch nach der BRAGO, und die für den Terminsvertreter nach neuem Recht bestimmen. In diesem Fall ist auf die Verfahrensgebühr abzustellen, die der Verfahrensbevollmächtigte verdient hätte, wenn für ihn das neue Recht bereits gelten würde.[158] Dies soll auch dann gelten, wenn man der Ansicht folgt, dass es grds. bei der Bestimmung der Höhe der Verfahrensgebühr des Terminsver-

---

[151] *Müller-Rabe* NJW 2005, 1609 (1614); vgl. auch Schneider/Wolf/*N. Schneider,* 7. Aufl. 2014, RVG § 61 Rn. 48; HBS VergütungsR/*N. Schneider* Teil 20 Rn. 30; OLG Bamberg JurBüro 1977, 1373.

[152] OLG Hamm AnwBl 1977, 31; OLG Saarbrücken AnwBl 1976, 217.

[153] *Schneider* AGS 2004, 221 (226), zur früheren Rechtslage; jetzt ausdrücklich in § 17 Nr. 10a, 11 RVG geregelt.

[154] *Schneider* AGS 2004, 221 (226); HBS VergütungsR/*N. Schneider* Teil 20 Rn. 86; Schneider/Wolf/*N. Schneider* RVG § 60 Rn. 71; s. a. Burhoff/Volpert/*Volpert* RVG Übergangsvorschriften Rn. 2108 ff.

[155] *Schneider* AGS 2004, 221 (227); Schneider/Wolf/*N. Schneider* RVG § 60 Rn. 74; HBS VergütungsR/*N. Schneider* Teil 20 Rn. 95.

[156] OLG Düsseldorf AnwBl 1989, 61.

[157] OLG Nürnberg JurBüro 1977, 346; LG Berlin JurBüro 1987, 1827.

[158] *Müller-Rabe* NJW 2005, 1609 (1615); *Hansens* RVGreport 2004, 369 (379); Schneider/Wolf/*N. Schneider* RVG VV 3401–3402 Rn. 95.

treters darauf ankommt, welche Verfahrensgebühr der Verfahrensbevollmächtigte im konkreten Fall verdient hat.[159] VV 3401 RVG stellt auf die Hälfte der aktuellen Verfahrensgebühr ab und bezieht sich nicht auf eine nicht mehr vorgesehene Gebühr.[160] Für diese Auffassung spricht auch der Gesichtspunkt der Einheitlichkeit des Gesetzes, dass also, wenn auf Gebühren im gleichen Gesetz Bezug genommen wird, die in diesem Gesetz vorgesehene Gebühr und nicht eine Gebühr eines anderen oder bereits außer Kraft getretenen Gesetzes gemeint ist.[161]

XL. Urkunden-(Wechsel-) oder Scheckprozess und Nachverfahren

Der Urkunden-(Wechsel-)Prozess ist gem. § 17 Nr. 5 RVG gegenüber dem ordentlichen Verfahren eine besondere Angelegenheit. Ist hiernach der Auftrag zum Urkundenprozess vor dem Stichtag und der Auftrag für das ordentliche Verfahren erst nach dem Stichtag erteilt, gilt für den Urkundenprozess altes Gebührenrecht und für das ordentliche Verfahren neues Gebührenrecht.[162] **71**

XLI. Verfahrensverbindung

Bei der Verbindung von Verfahren kommt es darauf an, **wann für das jeweilige Verfahren der Auftrag erteilt** wurde. Hat der RA in einem Verfahren bis zur Verbindung Gebühren nach der BRAGO bzw. nach altem Recht verdient und in einem anderen Verfahren nach dem RVG bzw. neuem Recht, so gilt nach der Verbindung gem. § 61 Abs. 1 S. 6, § 60 Abs. 2 RVG für das gesamte verbundene Verfahren die BRAGO bzw. altes Recht.[163] **72**

Beispiel:[164]

RA K wird von R am 20.6.2004 beauftragt, ein Darlehn von 20.000,– EUR gegen P einzuklagen. Am 10.8.2004 erhält er den Auftrag, für R gegen P auf Herausgabe eines PKWs (Wert: 10.000,– EUR) in einem gesonderten Verfahren zu klagen. In der Herausgabesache wird vor der Verbindung mündlich verhandelt, in der Darlehenssache noch nicht. Der Richter verbindet beide Verfahren. Danach wird hinsichtlich beider Gegenstände verhandelt.

Darlehen	
10/10 Prozessgebühr gem. § 31 Nr. 1 BRAGO aus 20.000,– EUR	646,00 EUR
Pauschale gem. § 26 BRAGO	20,00 EUR
Herausgabe	
1,3 Verfahrensgebühr gem. VV 3100 RVG aus 10.000,– EUR	631,80 EUR[165]
1,2 Terminsgebühr gem. VV 3104 RVG aus 10.000,– EUR	583,20 EUR[166]
Pauschale gem. VV 7002 RVG	20,00 EUR
Nach Verbindung	
10/10 Prozessgebühr gem. § 31 Nr. 1 BRAGO aus 30.000,– EUR	758,00 EUR
10/10 Verhandlungsgebühr gem. § 31 Abs. 1 Nr. 2 BRAGO aus 30.000,– EUR	758,00 EUR
Pauschale § 26 BRAGO	20,00 EUR

Der RA kann die Betriebskosten aus den getrennten Verfahren berechnen, also 1.277,80 EUR (646,– EUR + 631,80 EUR)

Die Terminsgebühr gem. VV 3104 RVG von 583,20 EUR ist grds. bei einer Verbindung voll anzurechnen.[167] Dann ginge aber verloren, dass der RA eine 1,2 Terminsgebühr, also eine um 0,2 höhere Gebühr als im verbundenen Verfahren schon verdient hat. Einmal verdiente Gebühren kann der RA aber nicht mehr verlieren. Er kann neben der Verhandlungsgebühr von 758,– EUR noch eine 0,2 Terminsgebühr aus 10.000,– EUR = 97,20 EUR, also insgesamt 855,20 EUR geltend machen, die Pauschale von 20,– EUR steht ihm zweimal zu.[168]

---

159 *Müller-Rabe* NJW 2005, 1609 (1615); in diesem Zusammenhang *Hansens* RVGreport 2004, 369 (378); aA Schneider/Wolf/*N. Schneider* RVG VV 3401–3402 Rn. 95 f., Terminsvertreter erhält die Hälfte der Verfahrensgebühr, die er als Verfahrensbevollmächtigter verdient hätte.

160 *Müller-Rabe* NJW 2005, 1609 (1615); *Hansens* RVGreport 2004, 369 (379), beide zum Übergang BRAGO auf RVG.

161 *Müller-Rabe* NJW 2005, 1609 (1615).

162 *Müller-Rabe* NJW 2005, 1609 (1615); HBS VergütungsR/*N. Schneider* Teil 20 Rn. 95; Schneider/Wolf/*N. Schneider* RVG § 60 Rn. 78; KG RVGreport 2005, 223; aA Koblenz JurBüro 1990, 54.

163 *Müller-Rabe* NJW 2005, 1609 (1615); Schneider/Wolf/*N. Schneider* RVG § 60 Rn. 79; HBS VergütungsR/*N. Schneider* Teil 20 Rn. 97.

164 *Müller-Rabe* NJW 2005, 1609 (1615).

165 Aufgrund des gewählten Datums in dem Bsp. noch der bis 31.7.2013 geltenden Gebührentabelle entnommen.

166 Aufgrund des gewählten Datums in dem Bsp. noch der bis 31.7.2013 geltenden Gebührentabelle entnommen.

167 Str., → RVG VV 3100 Rn. 40 ff.

168 *Müller-Rabe* NJW 2005, 1609 (1615 f.).

XLII. Verfahrenstrennung

73 Beide Verfahren bilden nach der Abtrennung untereinander zwei Angelegenheiten. Im Verhältnis zum Verfahren vor der Abtrennung handelt es sich jedoch um eine Angelegenheit. Auch fehlt es an einem neuen Auftrag. Also ist maßgebend der alte, vor dem Stichtag erteilte Auftrag mit der Folge, dass auch nach der Trennung das alte Recht weiter anzuwenden ist.[169]

XLIII. Vergütungsvereinbarung

1. Wirksamkeitsvoraussetzungen

74 § 61 Abs. 2 RVG enthält eine Regelung für das auf Gebührenvereinbarungen beim Übergang der BRAGO auf das RVG anwendbare Recht. Nach dem Willen Gesetzgebers sollen die Regelungen über die Gebührenvereinbarung auch dann Anwendung finden, wenn zwar der Auftrag vor dem Inkrafttreten des RVG erteilt worden ist, die Willenserklärungen zum Abschluss einer Vergütungsvereinbarung nach diesem Zeitpunkt abgegeben werden.[170] Maßgebend ist somit der Zeitpunkt der Abgabe der Willenserklärungen. Ist nur eine von beiden vor dem 1.7.2004 abgegeben worden, greift § 3 BRAGO ein. Erfolgen aber beide am[171] 1.7.2004 oder später, so richtet sich die Vereinbarung nach § 3a RVG.[172] Abgegeben iSv § 61 Abs. 2 RVG bedeutet, da es sich um eine empfangsbedürftige Erklärung handelt, dass die Erklärung mit Willen des Erklärenden in den Verkehr gebracht (zB abgeschickt) worden sein muss.[173] Nicht erforderlich ist, dass die Erklärung vor dem 1.7.2004 dem Erklärungsempfänger zugegangen sein muss.[174]

74a Die Regelung des § 61 Abs. 2 RVG enthält nach ihrem Wortlaut eine Sonderregelung für Vergütungsvereinbarungen bezogen ausschließlich auf den Übergang von der BRAGO auf das RVG zum 30.6.2004, was die Auffassung nahelegt, dass bei sonstigen Gesetzesänderungen auf § 60 Abs. 1 S. 1 RVG, also den Zeitpunkt der Auftragserteilung durch den Mandanten zurückzugreifen ist.[175] Der BGH hat sich jedoch auf den Standpunkt gestellt, dass es sich bei § 61 Abs. 2 RVG zwar um eine Übergangsvorschrift aus Anlass der Ablösung der BRAGO durch das RVG handele, dass ihr Regelungsgehalt jedoch auf spätere Gesetzesänderungen übertragen werden könne. In § 61 Abs. 2 RVG komme der allgemeine Rechtsgedanke zum Ausdruck, dass der Anwaltsauftrag und die Vereinbarung über die Vergütung für diesen Auftrag nicht so eng miteinander verknüpft seien, dass die Regelungen über die Vergütung zwangsläufig an den Zeitpunkt der Auftragserteilung geknüpft sein müssen, wenn die Vereinbarung über die Vergütung auf dem freien Willensentschluss des Auftraggebers beruht. Nach dem BGH sind daher für den Abschluss einer Vergütungsvereinbarung nicht die im Zeitpunkt der unbedingten Auftragserteilung, sondern die im Zeitpunkt des Zustandekommens der Vereinbarung geltenden rechtlichen Regelungen maßgeblich.[176]

2. Anzuwendende Gebühren

75 Welches Recht für die Gebühren anzuwenden ist, wenn in der Vereinbarung auf die gesetzlichen Gebühren Bezug genommen wird (zB das Doppelte der gesetzlichen Gebühren), richtet sich nicht nach § 61 Abs. 2 RVG, sondern wieder danach, wann der Auftrag erteilt worden ist.[177] War der Auftrag also vor dem 1.7.2004 erteilt und wird nach dem 1.7.2004 eine Erhöhung der gesetzlichen Gebühren vereinbart, so ist das dahin zu verstehen, dass die für das vorliegende Mandat geltenden gesetzlichen Gebühren, also in diesem Fall die Gebühren nach der

---

[169] *Müller-Rabe* NJW 2005, 1609 (1615 f.); *N. Schneider* AGS 2004, 221 (228); jeweils zum Übergang BRAGO zum RVG; Schneider/Wolf/*N. Schneider* RVG § 60 Rn. 84; HBS VergütungsR/*N. Schneider* Teil 20 Rn. 102.

[170] BT-Drs. 15/1971, 204.

[171] Die Wendung „nach" dem 1.7. im Gesetzeswortlaut dürfte ein Redaktionsfehler sein – *N. Schneider* AGS 2004, 221 (228) Fn. 47; HBS VergütungsR/*N. Schneider* Teil 20 Rn. 109; Schneider/Wolf/*N. Schneider,* 7. Aufl. 2014, RVG § 61 Rn. 118.

[172] *Müller-Rabe* NJW 2005, 1609 (1616); HBS VergütungsR/*N. Schneider* Teil 20 Rn. 109; Schneider/Wolf/*N. Schneider,* 7. Aufl. 2014, RVG § 61 Rn. 119.

[173] BGHZ 65, 13 (14); OLG Hamm NJW-RR 87, 260.

[174] Mayer/Kroiß/*Klees* RVG § 61 Rn. 6.

[175] So *Mayer* AnwBl 1988, 479 (483).

[176] BGH BeckRS 2011, 26367 = AGS 2012, 118 mAnm *Mayer* FD-RVG 2011, 325631.

[177] *Müller-Rabe* NJW 2005, 1609 (1616); HBS VergütungsR/*N. Schneider* Teil 20 Rn. 110; Schneider/Wolf/*N. Schneider* RVG § 60 Rn. 109.

BRAGO, gemeint sind.[178] Dies gilt jedoch nur dann, wenn nicht die Parteien in der Vergütungsvereinbarung selbst eine ausdrückliche Regelung getroffen haben, welcher Rechtsstand zur Berechnungsgrundlage genommen werden soll.[179]

3. Unwirksame Vereinbarungen

Ist die Vergütungsvereinbarung unwirksam, so gelten die gesetzlichen Gebühren. Es gelten die allgemeinen Regeln, es kommt also wieder darauf an, wann der Auftrag erteilt wurde.[180] **76**

4. Nachträgliche Gebührenvereinbarung

Auch wenn nach der Übergangsregelung bisheriges Recht für die Anwaltsgebühren maßgeblich bleibt, ist es zulässig, eine Gebührenvereinbarung zu treffen, wonach die Gebühren nach neuem Recht berechnet werden sollen. **77**

Es ist zu unterscheiden zwischen dem Recht, das für die Wirksamkeit der Vereinbarung gilt und dem Recht, nach dem sich die Gebühren richten.

XLIV. Vergütungsfestsetzung

Für das Verfahren der Vergütungsfestsetzung gilt altes Recht, wenn es um Mandate geht, deren Vergütung sich nach altem Recht richtet.[181] **78**

XLV. Verkehrsanwalt

Es gelten die gleichen Grundsätze wie beim Terminsvertreter, maßgebend ist der Zeitpunkt der Auftragserteilung.[182] Wurde der Verkehrsanwalt nach dem Stichtag, der Verfahrensbevollmächtigte davor beauftragt, ist bei der Bemessung der Höhe der Verfahrensgebühr des Verkehrsanwalts auf die Verfahrensgebühr abzustellen, die der Verfahrensbevollmächtigte verdient hätte, wenn auch für ihn das neue Recht anzuwenden wäre.[183] **79**

XLVI. Verweisung bzw. Abgabe

a) Gleicher Rechtszug. Erfolgt die Verweisung oder Abgabe an ein Gericht des gleichen Rechtszuges, so bleibt es eine Angelegenheit, § 20 S. 1 RVG. Ein neuer Auftrag wird nicht erteilt und wenn doch, so handelt es sich, da weiter die gleichen Gebühren anfallen, um eine Auftragserweiterung.[184] **80**

b) Niedrigerer Rechtszug. Erfolgt eine Verweisung oder Abgabe an ein Gericht des niedrigeren Rechtszuges, so liegt gem. § 20 S. 2 RVG eine neue Angelegenheit vor. Es sind die gleichen Grundsätze anzusetzen wie bei der Zurückverweisung gem. § 21 Abs. 1 RVG.[185] Anrechnungsprobleme kann es allerdings im Fall des § 20 S. 2 RVG nicht geben, da eine Anrechnung nicht stattfindet.[186] Auch eine analoge Anwendung von VV Vorb. 3 Abs. 6 RVG scheidet aus, da die Verweisung immer an ein anderes Gericht, das bisher mit der Sache noch nicht befasst war, erfolgt.[187] **80a**

XLVII. Widerklage

Es gilt dasselbe wie bei der Klageerweiterung, es liegt eine Angelegenheit und ein Auftrag vor.[188] Es gilt einheitlich altes Recht, auch wenn der Auftrag zur Widerklage nach dem Stichtag erteilt worden ist.[189] Dies gilt auch bei der Hilfswiderklage.[190] **81**

---

[178] *Müller-Rabe* NJW 2005, 1609 (1616); HBS VergütungsR/*N. Schneider* Teil 20 Rn. 110; Schneider/Wolf/*N. Schneider* RVG § 60 Rn. 109.

[179] HBS VergütungsR/*N. Schneider* Teil 20 Rn. 110; Schneider/Wolf/*N. Schneider,* 7. Aufl. 2014, RVG § 61 Rn. 122.

[180] *Müller-Rabe* NJW 2005, 1609 (1616); Mayer/Kroiß/*Klees* RVG § 61 Rn. 5.

[181] → Rn. 3 und die dortigen Nachweise zum Übergang von BRAGO auf RVG.

[182] *Müller-Rabe* NJW 2005, 1609 (1616).

[183] *Müller-Rabe* NJW 2005, 1609 (1616).

[184] *Müller-Rabe* NJW 2005, 1609 (1616); HBS VergütungsR/*N. Schneider* Teil 20 Rn. 130; Schneider/Wolf/*N. Schneider* RVG § 60 Rn. 87.

[185] *Müller-Rabe* NJW 2005, 1609 (1616).

[186] *Müller-Rabe* NJW 2005, 1609 (1616).

[187] *Müller-Rabe* NJW 2005, 1609 (1616).

[188] *Müller-Rabe* NJW 2005, 1609 (1616).

[189] Schneider/Wolf/*N. Schneider* RVG § 60 Rn. 92; HBS VergütungsR/*N. Schneider* Teil 20 Rn. 118.

[190] *Müller-Rabe* NJW 2005, 1609 (1616).

Wird aber eine bislang nicht beteiligte Partei einbezogen, also durch eine Drittwiderklage, gilt für deren Anwalt neues Gebührenrecht, wenn er bislang noch nicht tätig war.[191]

XLVIII. Zurückverweisung

82 Wird in einem vor dem Stichtag begonnenen Rechtsstreit die Sache von dem Rechtsmittelgericht nach dem Stichtag an die Vorinstanz zurückverwiesen, so gilt für das Verfahren nach der Verweisung neues Gebührenrecht.[192]

Zu beachten ist die Anrechnungsvorschrift nach VV Vorb. 3 Abs. 6 RVG. Beim Übergang der BRAGO auf das RVG ist die zuvor nach der BRAGO angefallene Prozessgebühr auf die neu entstehende 1,3 Verfahrensgebühr anzurechnen.[193]

XLIX. Zusammenrechnung

83 Wenn Gebühren nach dem zusammengerechneten Wert mehrerer Gegenstände zu bemessen sind, gilt nach Abs. 2 für die gesamte Vergütung das bisherige Recht auch dann, wenn dies nach Abs. 1 nur für einen der Gegenstände gelten würde.

Nach § 16 Nr. 4 RVG gelten eine Scheidungssache oder ein Verfahren über die Aufhebung einer Lebenspartnerschaft und die Folgesachen als dieselbe Angelegenheit im Sinne des RVG. Nach § 44 FamGKG sind die Gebühren nach dem zusammengerechneten Wert der Gegenstände zu berechnen. Ist somit der Anwalt vor dem Stichtag in der Scheidungssache tätig, dann berechnen sich die Gebühren in Folgesachen auch dann nach altem Gebührenrecht, wenn er den Auftrag zur Anhängigmachung einer Folgesache erst nach dem Stichtag erhalten hat.[194]

Weitere Fälle der Zusammenrechnung sind zB Klage und Widerklage, soweit sie nicht denselben Streitgegenstand betreffen (§ 45 Abs. 1 S. 3 GKG) sowie die Hilfsaufrechnung (§ 45 Abs. 3 GKG).

L. Zwangsvollstreckung

84 Für die Durchführung einer Zwangsvollstreckung wird dem RA im Allgemeinen kein besonderer Auftrag erteilt werden. Der Auftrag wird in der Regel lauten: „Verhelfen Sie mir zu meinem Geld." Auch wenn dieser Auftrag vor dem Stichtag erteilt wurde, gilt für den Vollstreckungsauftrag neues Gebührenrecht, wenn der Vollstreckungstitel erst nach dem Stichtag erwirkt worden ist. Denn der Vollstreckungsauftrag ist bedingt durch das Vorliegen eines Vollstreckungstitels.[195]

85 Es ist möglich, dass der Gläubiger dem RA einen generellen Vollstreckungsauftrag dahin erteilt, so lange Vollstreckungsmaßnahmen zu ergreifen, bis eine Befriedigung erreicht ist. Dann besteht ein unbedingter Auftrag für die erste Vollstreckungsmaßnahme und weitere bedingte Aufträge für den Fall, dass die vorausgegangenen Maßnahmen erfolglos sind. Für jede weitere Maßnahme, soweit sie gem. § 18 Abs. 1 Nr. 1 ff. RVG eine neue Angelegenheit darstellt, ist ein neuer Auftrag gegeben, so dass für einen Teil der Vollstreckungsmaßnahmen altes, für einen anderen Teil neues Recht zur Anwendung kommen kann.[196] Zu beachten ist aber, dass auch ein unbedingter Auftrag zur gleichzeitigen Vornahme mehrerer Vollstreckungsmaßnahmen bestehen kann, wurde dieser vor dem Stichtag erteilt, gilt nur altes Recht.[197]

LI. Übergangsregelung zur Streitwertgrenze für das Pflegeberufegesetz

86 § 60 Abs. 3 RVG wurde durch das Gesetz für mehr Sicherheit in der Arzneimittelversorgung vom 9.8.2019[198] neu eingeführt. Die Regelung bestimmt, dass in Angelegenheiten nach dem Pflegeberufegesetz bei der Bestimmung des Gegenstandswerts § 52 Abs. 4 Nr. 4 GKG nicht

[191] Schneider/Wolf/*N. Schneider* § 60 Rn. 92; HBS VergütungsR/*N. Schneider* Teil 20 Rn. 118.
[192] *Müller-Rabe* NJW 2005, 1609 (1616); HBS VergütungsR/*N. Schneider* Teil 20 Rn. 123; Schneider/Wolf/*N. Schneider* RVG § 60 Rn. 95.
[193] *Müller-Rabe* NJW 2005, 1609 (1616); Schneider/Wolf/*N. Schneider* RVG § 60 Rn. 95; HBS VergütungsR/*N. Schneider* Teil 20 Rn. 123.
[194] OLG Düsseldorf JurBüro 1996, 253.
[195] *Von Eicken* AnwBl 1975, 339; *Müller-Rabe* NJW 2005, 1609 (1616).
[196] *Müller-Rabe* NJW 2005, 1609 (1616) zum Übergang BRAGO RVG; Schneider/Wolf/*N. Schneider* RVG § 60 Rn. 98 f.; HBS VergütungsR/*N. Schneider* Teil 20 Rn. 125.
[197] *Müller-Rabe* NJW 2005, 1609 (1616) zum Übergang BRAGO RVG.
[198] BGBl 2019 I, S. 1202

anzuwenden ist, wenn der unbedingte Auftrag zur Erledigung derselben Angelegenheit vor dem 15.8.2019 erteilt worden ist.

Hintergrund der Regelung ist, dass der Gesetzgeber durch das Gesetz für mehr Sicherheit in der Arzneimittelversorgung in § 52 Abs. 4 GKG eine Streitwertgrenze eingeführt hatte für Rechtsstreitigkeiten nach § 36 Abs. 6 S. 1 des Pflegeberufegesetzes und bestimmt hatte, dass in solchen Verfahren der Streitwert nicht über 1.500.000 EUR angenommen werden kann. Denn verwaltungsgerichtliche Klagen gegen den Schiedsstellenbeschluss nach § 36 Abs. 6 S. 1 des Pflegeberufesgesetzes unter anderem zur Vereinbarung des Ausbildungsbudgets können im Einzelfall für die an der Schiedsstelle beteiligten Organisationen mit einem erheblichen Kostenrisiko verbunden sein. Mit der Einfügung einer neuen Nr. 4 in § 52 Abs. 4 GKG wurde vom Gesetzgeber für Klagen gegen den Schiedsstellenbeschluss eine Streitwertbegrenzung auf 1,5 Million EUR in Anlehnung an die Regelung in Nr. 2 für Rechtsstreitigkeiten nach dem Krankenhausfinanzierungsgesetz eingeführt.[199] Die Streitwertbegrenzung wirkt sich nach § 23 Abs. 1 RVG auch auf die Gebühren der Rechtsanwälte für außergerichtliche und gerichtliche Tätigkeiten aus. Zudem trat die Streitwertbegrenzung nach § 52 Abs. 4 Nr. 4 GKG nach § 21 Abs. 2 des Gesetzes für mehr Sicherheit in der Arzneimittelversorgung vom 9.8.2019 rückwirkend am 1.1.2019 in Kraft. Mit der neuen Übergangsvorschrift in § 60 Abs. 3 RVG will der Gesetzgeber verhindern, dass dem Rechtsanwalt, der in einer Angelegenheit nach dem Pflegeberufegesetz vor Verkündung dieses Gesetzes zu einem höheren Gegenstandswert beauftragt worden war, der bereits entstandene Gebührenanspruch teilweise wieder entzogen wird.[200] 87

§ 61 Übergangsvorschrift aus Anlass des Inkrafttretens dieses Gesetzes

(1) [1]**Die Bundesgebührenordnung für Rechtsanwälte in der im Bundesgesetzblatt Teil III, Gliederungsnummer 368-1, veröffentlichten bereinigten Fassung, zuletzt geändert durch Artikel 2 Abs. 6 des Gesetzes vom 12. März 2004 (BGBl. I S. 390), und Verweisungen hierauf sind weiter anzuwenden, wenn der unbedingte Auftrag zur Erledigung derselben Angelegenheit im Sinne des § 15 vor dem 1. Juli 2004 erteilt oder der Rechtsanwalt vor diesem Zeitpunkt gerichtlich bestellt oder beigeordnet worden ist.** [2]**Ist der Rechtsanwalt am 1. Juli 2004 in derselben Angelegenheit und, wenn ein gerichtliches Verfahren anhängig ist, in demselben Rechtszug bereits tätig, gilt für das Verfahren über ein Rechtsmittel, das nach diesem Zeitpunkt eingelegt worden ist, dieses Gesetz.** [3]**§ 60 Abs. 2 ist entsprechend anzuwenden.**

(2) **Auf die Vereinbarung der Vergütung sind die Vorschriften dieses Gesetzes auch dann anzuwenden, wenn nach Absatz 1 die Vorschriften der Bundesgebührenordnung für Rechtsanwälte weiterhin anzuwenden und die Willenserklärungen beider Parteien nach dem 1. Juli 2004 abgegeben worden sind.**

Abs. 1 der ausschließlich das Inkrafttreten des Kostenrechtsmodernisierungsgesetzes[1] betreffenden Übergangsvorschrift entspricht im Grundsatz § 60 Abs. 1 S. 1, 2 RVG.[2] Abs. 2 enthält eine Sonderregelung für das für Vergütungsvereinbarungen maßgebliche Recht.[3] 1

Die Stichtagsregelung in § 61 RVG ist verfassungsgemäß; beim Übergang von der BRAGO auf das RVG war der Gesetzgeber nicht gehindert, eine Stichtagsregelung, die ua auf den Zeitpunkt der Beiordnung abstellt, einzuführen, auch wenn dies bei längeren Strafverfahren dazu führte, dass ein Pflichtverteidiger noch längere Zeit über den Stichtag hinaus nach der BRAGO vergütet wurde, während später beigeordnete Anwälte in demselben Verfahren bereits die höheren Gebühren nach dem RVG erhielten.[4] 2

Wegen der Strukturgleichheit mit § 60 RVG wird iÜ auf die dortigen Ausführungen verwiesen.

§ 62 Verfahren nach dem Therapieunterbringungsgesetz

Die Regelungen des Therapieunterbringungsgesetzes zur Rechtsanwaltsvergütung bleiben unberührt.

---

[199] BT-Drs. 19/10681, 83.
[200] BT-Drs. 19/10681, 83.
[1] BGBl. 2004 I 718.
[2] BT-Drs. 15/1971, 203.
[3] Vgl. Mayer/Kroiß/*Klees* § 61 Rn. 5.
[4] BVerfG BeckRS 2008, 40233 mAnm *Mayer* FD-RVG 2008, 271031.

I. Allgemeines

1 § 62 RVG wurde[1] durch das **Gesetz zur Neuordnung des Rechts der Sicherungsverwahrung und zu begleitenden Regelungen v. 22.12.2010** in das RVG eingeführt. Die Vorschrift wurde notwendig, weil § 20 ThUG die Anwaltsvergütung in Verfahren der Unterbringung psychisch gestörter Gewalttäter regelt, § 1 RVG aber hinsichtlich seines Geltungsbereichs keinen Vorbehalt für andere bundesgesetzlichen Regelungen enthielt.[2]

Wesentliche Teile des Gesetzes zur Neuordnung des Rechts der Sicherheitsverwahrung und zu begleitenden Regelungen v. 22.10.2010 wurden vom BVerfG für verfassungswidrig erklärt, dem Gesetzgeber wurde eine Frist zur Neuregelung längstens bis 31.5.2013 gesetzt.[3]

II. Vergütung nach dem Therapieunterbringungsgesetz

2 § 20 Abs. 1 ThUG unterscheiden die Fälle der **Anordnung,** der **Verlängerung** und der **Aufhebung der Therapieunterbringung** und verweist für die Anwaltsvergütung auf eine entsprechende Anwendung von VV Teil 6 Abschn. 3 RVG, also auf die Vergütungstatbestände VV 6300–6303 RVG.

1. Anordnung der Unterbringung

3 **a) Verfahrensgebühr (§ 20 ThUG iVm VV 6300 RVG).** Der Anwalt verdient im gerichtlichen Verfahren eine Verfahrensgebühr nach § 20 ThUG iVm VV 6300 RVG; die Gebühr entsteht mit der Aufnahme der ersten Information nach Abschluss des Mandatsvertrages und gilt sämtliche Tätigkeiten mit Ausnahme der mit der Wahrnehmung eines gerichtlichen Termins zusammenhängenden ab.[4] In der gleichen Angelegenheit, dh im selben Verfahren, entsteht die Gebühr insgesamt nur einmal.[5]

Dem **Wahlanwalt** steht ein Gebührenrahmen von 44,– EUR bis 517,– EUR zur Verfügung, dem **Pflichtbeistand** eine Festgebühr von 224,– EUR.[6]

4 **b) Terminsgebühr (§ 20 ThUG iVm VV 6301 RVG).** Bei der Anhörung des von der Maßnahme Betroffenen oder eines sonstigen Beteiligten durch das Gericht oder auch bei der Vernehmung eines Zeugen oder Sachverständigen durch das Gericht entsteht ferner die Terminsgebühr nach § 20 ThUG iVm VV 6301 RVG.[7] Die Terminsgebühr entsteht mit der vertretungsbereiten[8] Teilnahme an einem gerichtlichen Termin, die Terminsgebühr kann aber nur einmal verdient werden, auch wenn mehrere Anhörungen stattfinden.[9] Dies folgt aus der Anmerkung zum Vergütungstatbestand VV 6301 RVG, die bestimmt, dass die Gebühr für die Teilnahme „an gerichtlichen Terminen" entsteht, auch kann nach § 15 Abs. 2 RVG in derselben Angelegenheit eine Gebühr nur einmal entstehen.[10]

Die Terminsgebühr kann nach VV Vorb. 6 Abs. 3 S. 2 RVG auch bei einem sog. „geplatzten" Termin anfallen.[11]

Der Vergütungstatbestand VV 6301 RVG sieht für den **Wahlanwalt** einen Gebührenrahmen von 44,– EUR bis 517,– EUR und für den **Pflichtbeistand** eine Festgebühr von 224,– EUR vor.

2. Anordnung der Maßnahme durch einstweilige Anordnung (§ 14 ThUG)

5 Nach § 14 Abs. 1 S. 1 ThUG kann das Gericht im Hauptsacheverfahren durch einstweilige Anordnung für die Dauer von drei Monate eine vorläufige Unterbringung anordnen, wenn

1. Gründe für die Annahme bestehen, dass die Voraussetzungen für die Anordnung einer Therapieunterbringung nach § 1 gegeben sind oder in dringendes Bedürfnis für ein sofortiges Tätigwerden besteht, und
2. der Betroffene persönlich und ein ihm beigeordneter RA gehört worden sind.

---

[1] BGBl. 2010 I 2300.
[2] BT-Drs. 17/3403, 60.
[3] BVerfG NJW 2011, 1931.
[4] *Kotz* JurBüro 2011, 348 (349).
[5] *Kotz* JurBüro 2011, 348 (349).
[6] *Kotz* JurBüro 2011, 348 (349).
[7] *Kotz* JurBüro 2011, 348 (349).
[8] Missverständlich insoweit *Kotz,* der von „körperlicher" Teilnahme spricht.
[9] *Kotz* JurBüro 2011, 348 (349); Schneider/Wolf/*Thiel* RVG VV 6300–6303 Rn. 30.
[10] Schneider/Wolf/*Thiel* RVG VV 6300–6303 Rn. 30.
[11] *Kotz* JurBüro 2011, 348 (349).

Bei dem Verfahren einer einstweiligen Anordnung handelt es sich um eine **gesonderte Angelegenheit,**[12] sodass auch hier der Anwalt die Verfahrens und die Terminsgebühr verdienen kann.[13] Auch die Post- und Telekommunikationspauschale nach VV 7002 RVG fällt im Verfahren der einstweiligen Anordnung nochmals gesondert an.[14]

Das auf das einstweilige Anordnung-Verfahren folgende Hauptsacheverfahren, in dem über die Aufrechterhaltung der Maßnahme endgültig entschieden wird, bleibt vergütungsrechtlich dennoch ein Verfahren der erstmaligen Anordnung der Unterbringung, sodass sowohl im Hauptsacheverfahren wie im einstweiligen Anordnungsverfahren die Verfahrensgebühr nach VV 6300 RVG und die Terminsgebühr nach VV 6301 RVG entstehen kann.[15]

3. Verlängerung und Aufhebung der Unterbringung

Nach § 12 Abs. 1 ThUG endet die Unterbringung spätestens mit Ablauf von 18 Monaten, wenn sie nicht vorher verlängert wird, nach § 13 S. 1 ThUG hebt das Gericht die Unterbringung von Amts wegen auf, wenn ihre Voraussetzungen wegfallen. Die ebenfalls in § 20 Abs. 1 ThUG genannten Verfahren der Verlängerung oder Aufhebung der Therapieunterbringung werden vergütungsrechtlich als Tätigkeiten „in sonstigen Fällen" iSv VV Teil 6 Abschn. 3 RVG eingeordnet, so dass in diesen Verfahren der Anwalt eine Verfahrensgebühr nach § 20 ThUG iVm VV 6302 RVG verdienen kann, welche für den Wahlanwalt einen Gebührenrahmen von 22,– EUR bis 330,– EUR und für den beigeordneten Anwalt eine Festgebühr von 141,– EUR vorsieht, sowie die Terminsgebühr nach § 20 Abs. 1 ThUG iVm VV 6303 RVG, welche für den Wahlanwalt einen Gebührenrahmen von 22,– EUR bis 330,– EUR und für den beigeordneten RA eine Festgebühr von 141,– EUR bestimmt.[16] 6

4. Beschwerdeverfahren

Nach § 16 Abs. 1 ThUG steht das Recht der Beschwerde dem Betroffenen, dem beigeordneten Rechtsanwalt, der zuständigen unteren Verwaltungsbehörde sowie dem Leiter der Einrichtung nach § 5 Abs. 1 S. 3 ThUG zu, sofern er einen Antrag nach dieser Vorschrift gestellt hat. Dem RA stehen für das Beschwerdeverfahren die Gebühren aus den VV 6300 ff. RVG zu.[17] Verweist das Beschwerdegericht die Sache an das Ausgangsgericht zurück, verdient der RA für die dort anfallenden Tätigkeiten erneut sowohl die Verfahrens- als auch die Terminsgebühr, weil in VV Vorb. 6 RVG anders als in VV Vorb. 3 Abs. 6 RVG eine Anrechnung der Verfahrensgebühr nicht vorgesehen ist.[18] 7

5. Zusätzliche Verfahrensgebühr nach § 20 Abs. 3 ThUG

Da die Beiordnung des Rechtsanwalts nach § 7 Abs. 1 ThUG für die gesamte Dauer der Therapieunterbringung fortbesteht, hat der Gesetzgeber in § 20 Abs. 3 ThUG für den beigeordneten RA für seine Tätigkeit nach rechtskräftigem Abschluss eines Verfahrens nach § 20 Abs. 1 ThUG bis zum ersten Tätigkeit in einem weiteren Verfahren eine Verfahrensgebühr nach VV 6302 RVG zugebilligt und in § 20 Abs. 3 S. 2 ThUG zusätzlich ausdrücklich vorgesehen, dass die Tätigkeit nach S. 1 als besondere Angelegenheit gilt.[19] Der beigeordnete RA verdient also in diesem Verfahrensstadium eine Verfahrensgebühr iHv 141,– EUR. 8

6. Festgebühren

Die Gebühren des nach § 7 ThUG beigeordneten Beistandes bestimmen sich nach einer vom Gegenstandswert unabhängigen Festgebühr, ein Antrag gem. § 33 Abs. 1 RVG scheidet daher aus.[20] 9

7. Anwendung weiterer Regelungen des RVG

§ 20 Abs. 2 S. 1 ThUG erklärt die Regelungen des § 52 Abs. 1 bis 3 und 5 RVG entsprechend anwendbar. So kann der beigeordnete Rechtsanwalt von dem Betroffenen unter den Voraussetzungen des § 52 Abs. 2 RVG die Gebühren eines gewählten Verteidigers verlangen.[21] 10

---

12 BT-Drs. 17/3403, 60.
13 So auch *Volpert* RVGreport 2011, 402 (403).
14 *Schneider* AGS 2011, 209 (210); *Volpert* RVGreport 2011, 402 (404).
15 *Kotz* JurBüro 2011, 348 (349).
16 Riedel/Sußbauer/*Potthoff* § 62 Rn. 21 f.
17 *Kotz* JurBüro 2011, 348 (349).
18 *Kotz* JurBüro 2011, 348 (349).
19 BT-Drs. 17/3403, 60.
20 OLG Nürnberg BeckRS 2012, 16642 = NJW-RR 2012, 1407.
21 Mayer/Kroiß/*Kroiß* RVG § 62 Rn. 3.

Teilweise wird problematisiert, ob neben § 52 Abs. 1 bis 3 und 5 RVG noch weitere Regelungen des RVG entsprechend anwendbar sind.[22] Dies ist zu bejahen, denn durch § 62 RVG und § 20 ThUG wird die Geltung anderer Bestimmungen des RVG in Verfahren nach dem ThUG nicht ausgeschlossen, insoweit gilt das RVG bei anwaltlicher Tätigkeit bereits aufgrund von § 1 Abs. 1 RVG.[23] Auslagen des Rechtsanwalts in Verfahren nach dem ThUG bestimmen sich somit unmittelbar nach VV Teil 7 RVG,[24] können jedoch von dem Betroffenen nicht gefordert werden, § 52 Abs. 1 S. 1 spricht nur von „Gebühren".[25]

[22] Hartung/Schons/Enders/*Hartung* § 62 Rn. 9.
[23] So zutreffend Schneider/Wolf/*Volpert* RVG § 62 Rn. 9.
[24] Schneider/Wolf/*Volpert* RVG § 62 Rn. 9.
[25] Riedel/Sußbauer/*Potthoff* RVG § 62 Rn. 30.

Teil C.
Kommentar zum Vergütungsverzeichnis

Anlage 1
(zu § 2 Abs. 2)

Vergütungsverzeichnis

Teil 1. Allgemeine Gebühren

Nr.	Gebührentatbestand	Gebühr oder Satz der Gebühr nach § 13 RVG
Vorbemerkung 1: Die Gebühren dieses Teils entstehen neben den in anderen Teilen bestimmten Gebühren oder einer Gebühr für die Beratung nach § 34 RVG.		
	[Bis 30.9.2021:]	
1000	Einigungsgebühr	1,5
	(1) Die Gebühr entsteht für die Mitwirkung beim Abschluss eines Vertrags, durch den 1. der Streit oder die Ungewissheit über ein Rechtsverhältnis beseitigt wird oder 2. die Erfüllung des Anspruchs bei gleichzeitigem vorläufigem Verzicht auf die gerichtliche Geltendmachung und, wenn bereits ein zur Zwangsvollstreckung geeigneter Titel vorliegt, bei gleichzeitigem vorläufigem Verzicht auf Vollstreckungsmaßnahmen geregelt wird (Zahlungsvereinbarung). Die Gebühr entsteht nicht, wenn sich der Vertrag ausschließlich auf ein Anerkenntnis oder einen Verzicht beschränkt. Im Privatklageverfahren ist Nummer 4147 anzuwenden. (2) Die Gebühr entsteht auch für die Mitwirkung bei Vertragsverhandlungen, es sei denn, dass diese für den Abschluss des Vertrags im Sinne des Absatzes 1 nicht ursächlich war. (3) Für die Mitwirkung bei einem unter einer aufschiebenden Bedingung oder unter dem Vorbehalt des Widerrufs geschlossenen Vertrag entsteht die Gebühr, wenn die Bedingung eingetreten ist oder der Vertrag nicht mehr widerrufen werden kann. (4) Soweit über die Ansprüche vertraglich verfügt werden kann, gelten die Absätze 1 und 2 auch bei Rechtsverhältnissen des öffentlichen Rechts. (5) Die Gebühr entsteht nicht in Ehesachen und in Lebenspartnerschaftssachen (§ 269 Abs. 1 Nr. 1 und 2 FamFG). Wird ein Vertrag, insbesondere über den Unterhalt, im Hinblick auf die in Satz 1 genannten Verfahren geschlossen, bleibt der Wert dieser Verfahren bei der Berechnung der Gebühr außer Betracht. In Kindschaftssachen ist Absatz 1 Satz 1 und 2 auch für die Mitwirkung an einer Vereinbarung, über deren Gegenstand nicht vertraglich verfügt werden kann, entsprechend anzuwenden.	
	[ab 1.10.2021:]	
1000	*Einigungsgebühr für die Mitwirkung beim Abschluss eines Vertrags*	
	1. durch den der Streit oder die Ungewissheit über ein Rechtsverhältnis beseitigt wird	*1,5*
	2. durch den die Erfüllung des Anspruchs geregelt wird bei gleichzeitigem vorläufigem Verzicht auf seine gerichtliche Geltendmachung oder, wenn bereits ein zur Zwangsvollstreckung geeigneter Titel vorliegt, bei gleichzeitigem vorläufigem Verzicht auf Vollstreckungsmaßnahmen (Zahlungsvereinbarung)	*0,7*
	(1) Die Gebühr nach Nummer 1 entsteht nicht, wenn der Hauptanspruch anerkannt oder wenn auf ihn verzichtet wird. Im Privatklageverfahren ist Nummer 4147 anzuwenden. *(2) Die Gebühr entsteht auch für die Mitwirkung bei Vertragsverhandlungen, es sei denn, dass diese für den Abschluss des Vertrags im Sinne dieser Vorschrift nicht ursächlich war.*	

Nr.	Gebührentatbestand	Gebühr oder Satz der Gebühr nach § 13 RVG
	(3) Für die Mitwirkung bei einem unter einer aufschiebenden Bedingung oder unter dem Vorbehalt des Widerrufs geschlossenen Vertrag entsteht die Gebühr, wenn die Bedingung eingetreten ist oder der Vertrag nicht mehr widerrufen werden kann. *(4) Bei Rechtsverhältnissen des öffentlichen Rechts entsteht die Gebühr, soweit über die Ansprüche vertraglich verfügt werden kann. Absatz 1 Satz 1 und Absatz 2 sind anzuwenden.* *(5) Die Gebühr entsteht nicht in Ehesachen und in Lebenspartnerschaftssachen (§ 269 Abs. 1 Nr. 1 und 2 FamFG). Wird ein Vertrag, insbesondere über den Unterhalt, im Hinblick auf die in Satz 1 genannten Verfahren geschlossen, bleibt der Wert dieser Verfahren bei der Berechnung der Gebühr außer Betracht. In Kindschaftssachen entsteht die Gebühr auch für die Mitwirkung an einer Vereinbarung, über deren Gegenstand nicht vertraglich verfügt werden kann. Absatz 1 Satz 1 ist entsprechend anzuwenden.*	

Schrifttum: *Clausnitzer,* Streitwert bei Vergleich über einstweilige Verfügung und nicht anhängige Hauptsache, ZAP Fach 24, 609; *Mock,* Die Einigungsgebühr in der Zwangsvollstreckung, AGS 2010, 417; *Mock,* Zwei Einigungsgebühren bei Vergleich durch Terminsvertreter, NJW-Spezial 2010, 27.

Übersicht

I. Motive

1 Die Motive führen zu VV 1000 RVG aus:

„Die Einigungsgebühr soll an die Stelle der bisherigen außergerichtlichen Vergleichsgebühr des § 23 Abs. 1 S. 1 und 2 BRAGO treten. Die Höhe der Gebühr soll mit einem Gebührensatz von 1,5 unverändert bleiben.

Zielrichtung der Neugestaltung ist es, die streitvermeidende oder -beendende Tätigkeit des Rechtsanwalts weiter zu fördern und damit gerichtsentlastend zu wirken.

Die in Absatz 1 Satz 1 der Anmerkung umgestalteten Voraussetzungen für die Entstehung der Einigungsgebühr sollen ferner die bisher häufigen kostenrechtlichen Auseinandersetzungen über die Frage, ob ein Vergleich im Sinne von § 779 BGB vorliegt, vermeiden. Die neue Fassung stellt sowohl durch die Änderung der Bezeichnung „Vergleichsgebühr" in „Einigungsgebühr" wie auch durch die neu formulierten Voraussetzungen klar, dass es nicht mehr auf den Abschluss eines echten Vergleichs ankommt, vielmehr soll es genügen, wenn durch Vertrag der Streit oder die Ungewissheit der Parteien über ein Rechtsverhältnis beseitigt wird. Ein vollständiges Anerkenntnis oder vollständiger Verzicht sollen jedoch nicht für den zusätzlichen Anfall einer Einigungsgebühr ausreichen. Diese Einschränkung ist notwendig, damit nicht schon die Erfüllung des geltend gemachten Anspruchs oder der Verzicht auf Weiterverfolgung eines Anspruchs die Gebühr auslösen kann. Satz 2 übernimmt im Ergebnis die Regelung des § 65 Abs. 2 Satz 1 BRAGO.

Absatz 2 der Anmerkung entspricht § 23 Abs. 1 S. 2 BRAGO, Absatz 3 dem § 23 Abs. 2 BRAGO und Absatz 4 dem § 23 Abs. 3 BRAGO Absatz 5 übernimmt die Regelung § 36 Abs. 1 BRAGO.[1]

Mit dem neuen Absatz 5 Satz 2 soll nunmehr im Gesetz ausdrücklich zum Ausdruck gebracht werden, dass die Einigungsgebühr in Kindschaftssachen auch dann entstehen kann, wenn die Beteiligten nicht vertraglich über den Gegenstand der Einigung verfügen können. Dies unterstreicht die besondere Bedeutung der streitvermeidenden Einigung gerade in Kindschaftssachen und entspricht der derzeitigen Rechtsprechung."[2]

Motive zum KostRÄG 2021 **1a**

Zu VV Vorb. 1: Nach Vorbemerkung 1 VV RVG entstehen die Einigungsgebühr sowie die sonstigen Gebühren nach Teil 1 VV RVG neben den in den anderen Teilen des VV RVG bestimmten Gebühren. Die Gebühren für die Beratung waren ursprünglich in Teil 2 VV RVG geregelt. Zum 1. Juli 2006 fiel diese Regelung weg; eine Neuregelung wurde in § 34 RVG aufgenommen. Mit der nun vorgeschlagenen Ergänzung der Vorbemerkung 1 VV RVG soll klargestellt werden, dass die Gebühren des Teil 1 VV RVG auch weiterhin neben einer Gebühr für die Beratung entstehen können. –

Die Mandanten sind durch § 49b Abs. 5 der Bundesrechtsanwaltsordnung vor einem für sie überraschenden Anfall der Gebühr geschützt. Nach dieser Vorschrift haben Rechtsanwältinnen und Rechtsanwälte in denjenigen Fällen, in denen sich die zu erhebenden Gebühren nach dem Gegenstandswert richten (wie dies bei der Einigungsgebühr regelmäßig der Fall ist), vor Übernahme des Auftrags hierauf hinzuweisen. **1b**

Darüber hinaus soll klargestellt werden, dass neben den ebenfalls in § 34 RVG genannten Gebühren für die Mediation und die Gutachtenerstellung eine Anwendung der Vorschriften des Teil 1 VV RVG nicht in Betracht kommt.

Die vorgeschlagene Regelung soll indes nicht bewirken, dass neben der Beratungsgebühr nach § 34 RV G auch der so genannte Mehrvertretungszuschlag nach Nummer 1008 VV RVG entsteht. Nach deren Gebührentatbestand sind nur Geschäfts- und Verfahrensgebühren erhöhungsfähig. Eine solche ist die Beratungsgebühr nach § 34 RV G nicht.[3]

II. Allgemeines

1. Gründe für Einigungsgebühr

Streit wird durch eine gütliche Vereinbarung der Beteiligten oft besser als durch einen Richterspruch bereinigt. Für den RA bringt allerdings der Abschluss einer Einigung bisweilen eine Mehrbelastung, in jedem Falle aber eine erhöhte Verantwortung mit sich. Er muss genau prüfen, ob den Interessen seiner Partei besser durch den Abschluss einer Einigung gedient ist als durch eine gerichtliche Entscheidung. Deshalb und weil die gütliche Einigung der Beteiligten auch die Belastung der Gerichte mindert, billigt das Gesetz den Rechtsanwälten, die an der Einigung ursächlich mitgewirkt haben, auch weiterhin eine besondere Gebühr – die Einigungsgebühr – zu, die zusätzlich zu den Tätigkeitsgebühren erwächst. Unerheblich ist, ob durch die Einigung im Einzelfall eine konkrete Entlastung des Gerichts eintritt, da eine solche nicht zu den Voraussetzungen der Einigungsgebühr gehört.[4] **2**

2. Erfolgsgebühr

Ebenso wie die bisherige Vergleichsgebühr ist auch die Einigungsgebühr eine Erfolgsgebühr. Sie entsteht also nicht schon durch den Versuch, eine Einigung herbeizuführen, sondern erst, wenn eine Einigung auch tatsächlich zu Stande kommt. **3**

3. Zusätzliche Gebühr

Nach VV Vorb. 1 RVG entsteht die Gebühr zusätzlich zu in anderen Teilen des Vergütungsverzeichnisses bestimmten Gebühren, also insbes. zusätzlich zu den dort geregelten Tätigkeitsgebühren wie zB der Geschäfts- und der Verfahrensgebühr. Die Einigungsgebühr kann bei einem RA also nie allein anfallen. Auch wenn sich die Tätigkeit des Anwalts allein auf die **4**

---

[1] BT-Drs. 15/1971, 204.
[2] BT-Drs. 16/6308, 341.
[3] Regierungsentwurf zum KostRÄG 2021, 96.
[4] BGH FamRZ 2009, 43.

Mitwirkung an der Einigung beschränkt, so muss immer neben der Einigungsgebühr auch eine Tätigkeitsgebühr (zB Geschäfts- oder Verfahrensgebühr) entstehen.

4. Ohne gegenseitiges Nachgeben

5 Für eine Einigung, die eine Einigungsgebühr auslöst, ist anders als für die Vergleichsgebühr gem. § 23 BRAGO kein gegenseitiges Nachgeben mehr erforderlich.

III. Anwendungsbereich

1. Anwendbar

6 **a) Neben Gebühren des Vergütungsverzeichnisses (VV Vorb. 1 RVG).** VV 1000 RVG steht im VV Teil 1 RVG mit dem Titel „Allgemeine Gebühren". In VV Vorb. 1 RVG ist bestimmt, dass die Gebühren des Teiles 1 „neben den in anderen Teilen bestimmten Gebühren" anfallen.

7 Damit ist zunächst einmal geklärt, dass unabhängig davon, in welchem Teil des Vergütungsverzeichnisses zum RVG die Vergütung des Anwalts geregelt ist, die Einigungsgebühr entstehen kann. Sie kann zB im Zusammenhang mit einer außergerichtlichen Vertretung nach VV 2300 ff. RVG, bei einem Prozessbevollmächtigten gem. VV 3100 ff. RVG, in der Zwangsvollstreckung gem. VV 3309 RVG, bei einem Verkehrsanwalt (→ RVG VV 3400 Rn. 65 ff.) oder Terminsvertreter (→ RVG VV 3401 Rn. 80) anfallen. Wegen Gebühr für Beratung gem. § 34 RVG → Rn. 10.

8 **b) Güteverfahren und ähnliche Verfahren.** Bis zum 2. KostRMoG wurde in VV 1000 Anm. Abs. 1 S. 2 RVG vermerkt, dass die Einigungsgebühr auch für die Mitwirkung bei einer Einigung in einem der in § 36 RVG bezeichneten Güteverfahren anfällt. Dieser Satz wurde mit dem 2. KostRMoG gestrichen; zum einen weil in § 36 RVG kein Güteverfahren geregelt ist; zum anderen weil sich bereits aus der Stellung von VV 1000 RVG im Teil 1 Allgemeine Gebühren ergibt, dass diese Bestimmung auch für Güteverfahren und ähnliche Verfahren gilt.[5]

9 **c) Verweisungen auf Vergütungsverzeichnis.** Im Paragrafenteil werden wiederholt bestimmte Verfahrens- und Terminsgebühren des Vergütungsverzeichnisses für anwendbar erklärt (§§ 36 ff. RVG), zB beim **Schiedsverfahren.** Dann kann auch neben diesen Gebühren des Vergütungsverzeichnisses eine Einigungsgebühr anfallen, soweit in diesen Verfahren überhaupt eine Einigung zulässig ist (→ § 1 Rn. 187; → § 36 Rn. 13).[6]

10 **d) Beratung.** ***aa) Ohne Vergütungsvereinbarung.*** Entgegen der hM in der Lit.[7] habe ich bis zur 22. Auflage die Meinung vertreten, dass im Rahmen eines Beratungsmandats eine Einigungsgebühr nicht anfallen kann, es sei denn es wird etwas anderes vereinbart.[8] Diese Auffassung hatte ich ab der 23. Auflage in Anbetracht von VV 1005 Anm. Abs. 1 S. 4 RVG, eingeführt durch das 2. KostRMoG, aufgegeben.

11 Mit dem KostRÄG 2021 wurde diese Frage endgültig iSd hM geklärt, indem VV Vorb. 1 RVG ausdrücklich bestimmt, dass die Gebühren des Teils 1 des VV RVG auch neben einer Gebühr für die Beratung nach § 34 RVG gelten.

12 Wegen Auftrag → Rn. 31 ff.

13 Wegen Mitwirkung → Rn. 246 ff.

14 ***bb) Mit Vergütungsvereinbarung.*** Eine Einigungsgebühr scheidet aus, wenn ein Stundensatz oder eine Pauschale vereinbart ist. Aus dieser Vereinbarung ergibt sich, dass nicht zusätzlich noch eine Einigungsgebühr verlangt werden kann. Vereinbart ist, dass der RA nur für die von ihm erbrachten Stunden oder insgesamt mit der Pauschale vergütet wird.

15 Anders ist es aber, wenn vereinbart wird, dass zusätzlich zu dem Stundensatz oder zur Pauschale im Falle einer Einigung eine gesetzliche Einigungsgebühr anfällt.

16 **e) Erfasste Rechtsgebiete (Anm. Abs. 4).** Anm. Abs. 4 besagt ausdrücklich, dass die Einigungsgebühr auch im öffentlichen Recht anfallen kann, soweit die Parteien über die Ansprüche wirksam verfügen können. Allgemeiner lässt sich sagen, dass auf allen Rechtsgebieten eine Einigungsgebühr anfallen kann, vorausgesetzt, dass die Parteien überhaupt einen wirksamen Einigungsvertrag schließen können. Zur Dispositionsbefugnis → Rn. 65 ff.

---

[5] Motive BT-Drs. 17/11471, 271.

[6] Schneider/Wolf/*Thiel* RVG § 36 Rn. 25.

[7] Schneider/Wolf/*Schafhausen/Schneider/Thiel* RVG VV 1000 Rn. 15; Mayer/Kroiß/*Klees* RVG VV 1000 Rn. 2; Hartung/Schons/Enders/*Enders* RVG VV Vorb. 1 Rn. 2 ff.; Bischof/*Bischof* RVG VV 1000 Rn. 24.

[8] Gerold/Schmidt/*Müller-Rabe,* 22. Aufl. 2015, RVG VV 1000 Rn. 12 ff.

f) In jedem Verfahrensstadium. Die Einigungsgebühr kann in allen Stadien der anwaltlichen Tätigkeit, zB der außergerichtlichen Vertretung, der Vertretung im Mahnverfahren, im Streitverfahren, im selbständigen Beweisverfahren bis zur Zwangsvollstreckung verdient werden. 17

2. Unanwendbar

a) Mediation. Keine Einigungsgebühr. Eine Einigungsgebühr kann nicht anfallen. Gem. VV Vorb. 1 RVG kann die Einigungsgebühr auch neben einer Gebühr gem. § 34 für eine Beratung entstehen. Der Umkehrschluss ergibt, dass für die anderen Tätigkeiten, die § 34 RVG erfasst, eine Einigungsgebühr ausgeschlossen ist. Dass das auch so gemeint war, ergibt sich aus den Motiven zum KostRÄG 2021 (→ Rn. 1a). Anders natürlich beim RA, der einen Beteiligten in der Mediation vertritt. 18

b) Schriftliches Gutachten (§ 34 RVG). Eine Einigungsgebühr kann nicht anfallen. Es gilt das zur Mediation Dargelegte (→ Rn. 18) entsprechend. 19

c) Ehe- und Lebenspartnerschaftssachen (Anm. Abs. 5). ***aa) Bestand der Ehe oder Lebenspartnerschaft.*** Anm. 5 schließt die Entstehung einer Einigungsgebühr aus, soweit es um Ehesachen bzw. Lebenspartnerschaftssachen iSv §§ 121, 269 Abs. 1 Nr. 1, 2 FamFG geht, also zB bei einer Vereinbarung über die Gültigkeit der Ehe. Die Wiederherstellung einer zerrütteten Ehe oder Lebenspartnerschaft kann aber zu einer Aussöhnungsgebühr gem. VV 1001 RVG führen. 20

bb) Folgesachen. Aus S. 2 von Anm. Abs. 5 ergibt sich, dass vertragliche Einigungen zu Folgesachen sehr wohl eine Einigungsgebühr auslösen können.[9] Wenn nur der Unterhalt als Beispiel solcher vertraglicher Regelungen genannt ist, so ergibt das Wort „insbesondere", dass vertragliche Abmachungen auch über andere Folgen der Ehe- bzw. Partnerschaftsauflösung wie schon unter Geltung der BRAGO selbstverständlich zu einer Einigungsgebühr führen. Wegen der Einigungsgebühr bei elterlicher Sorge bzw. Umgangsrecht (→ Rn. 66 ff.) und beim Versorgungsausgleich (→ Rn. 73). Da die Ehe/Partnerschaft als solche nicht Gegenstand einer Einigungsgebühr sein kann, bleibt ihr Wert bei derartigen Einigungen über die Auflösungsfolgen außer Betracht. 21

d) Speziellere Gesetzesbestimmungen für Einigungsgebühr (Anm. Abs. 1 S. 3). Wenn speziellere Bestimmungen für die Einigungsgebühr existieren, so schließen sie die Anwendbarkeit von VV 1000 ff. RVG aus. Ausdrücklich ist das in VV 1000 Anm. Abs. 1 S. 3 RVG für die Einigungsgebühr im **Privatklageverfahren** gem. VV 4147 geregelt. Dasselbe gilt für die Einigungsgebühr in der **Beratungshilfe** gem. VV 2508 RVG. 22

e) RA als Insolvenzverwalter, Vormund usw ***aa) Grundsatz.*** Der RA muss in seiner Funktion als RA an der Einigung mitwirken, da er nur dann Gebühren gem. dem Vergütungsverzeichnis, neben denen gem. VV Vorb. 1 RVG nur die Einigungsgebühr entstehen kann, verdienen kann. 23

Deshalb kann der RA, wenn er in einer der in § 1 Abs. 2 RVG genannten Funktionen tätig ist, zB als Insolvenzverwalter, Vormund, Testamentsvollstrecker usw, grds. die Einigungsgebühr nicht verdienen.[10] 24

bb) Ausnahmen bei anwaltsspezifischer Tätigkeit. Es gibt aber Fälle, in denen der RA in einer solchen Funktion Gebühren nach dem RVG verdient, wenn er eine Tätigkeit ausgeübt hat, die ein Nichtanwalt einem RA übertragen würde. 25

Insolvenzverwalter. Das ist zB für den RA als Insolvenzverwalter in § 5 InsVV vorgesehen (→ § 1 Rn. 622 ff.). In diesem Rahmen kann dem RA eine Einigungsgebühr entstehen (→ RVG VV § 3313 Rn. 25). 26

Vormund oder Betreuer. Ein RA als Vormund oder Betreuer kann über § 1835 Abs. 3 BGB, der gem. § 1 Abs. 2 S. 3 RVG auch beim RA gilt, nach anwaltlichem Gebührenrecht, also nach den Gebühren des Vergütungsverzeichnisses abrechnen, wenn die zu bewältigende Aufgabe sich als eine für den Beruf des Rechtsanwalts spezifische Tätigkeit darstellt. Das ist anzunehmen, wenn die Tätigkeit besondere rechtliche Fähigkeiten erfordert und deshalb eine originäre anwaltliche Dienstleistung darstellt.[11] Sind diese Voraussetzungen gegeben, so kann der RA auch eine Einigungsgebühr verdienen. 27

---

[9] OLG Koblenz FamRZ 2005, 1846 = NJW-RR 2005, 1160; OLG Nürnberg AnwBl 2005, 296 (Ls.) = FamRZ 2005, 741 = JurBüro 2005, 190.

[10] Hartmann/Toussaint/*Forbringer* RVG VV 1000 Rn. 30.

[11] BayObLG NJW 2002, 1660 = AnwBl 2002, 250 = FamRZ 2002, 573 mit Ausführungen dazu, wann eine spezifisch anwaltliche Tätigkeit vorliegt.

IV. Auftrag

1. Auftrag

28 **a) Erforderlichkeit.** Die Entstehung der Einigungsgebühr setzt voraus, dass der RA einen ausdrücklichen oder stillschweigenden Auftrag hat, an einer Einigung mitzuwirken, oder dass der Auftraggeber die Mitwirkung des RA wirksam genehmigt.[12]

29 **b) Auftrag für Vertretung.** Dabei umfasst ein Auftrag für eine außergerichtliche oder gerichtliche Vertretung regelmäßig auch den Abschluss eines Einigungsvertrages. Der RA soll alles tun, was zur Erreichung eines für den Auftraggeber guten Ergebnisses erforderlich ist.

30 **Vom Mandanten unerwünschte Mitwirkung.** Kein Auftrag liegt aber vor, wenn der Mandant erklärt oder sich aus den Umständen ergibt, dass er keine Mitwirkung des Anwalts bei einer Einigung wünscht.[13]

31 **c) Auftrag für Beratung.** Nicht ohne weiteres kann ein Auftrag für eine Einigung unterstellt werden, wenn der Mandant lediglich eine Beratung wünscht. Bittet der Mandant in dem Bewusstsein, dass eine Erstberatung ihn lediglich 250,– EUR, beim Verbraucher sogar nur 190,– EUR kostet, um eine Stellungnahme zu einem mitgebrachten Vergleich, so will er im Regelfall keine Mitwirkung an einer Einigung. Er will lediglich eine Beratung. Dasselbe gilt, wenn der RA nach einer Darlegung der Rechtslage den Rat erteilt, sich mit dem Gegner in einer bestimmten Weise zu einigen, was dann auch ohne weiteres Zutun des RA geschieht. Es liegt auch keine nachträgliche Genehmigung vor. Andernfalls wäre der Mandant gezwungen, aus dem zutreffenden Rat, für den er bezahlt hat, keine Konsequenzen zu ziehen. Zur Frage der Mitwirkung → Rn. 246 ff.

31a **Hinweispflicht gem. § 49b Abs. 5 BRAO.** Gerade bei einem Beratungsauftrag kommt der Hinweispflicht des RA gem. § 49b Abs. 5 BRAO eine besondere Bedeutung zu. Hat der RA diesen Hinweis nicht gegeben, so spricht mehr gegen einen Einigungsauftrag. Das entspricht auch dem bei der Einfügung der Beratungsgebühr in § 34 RVG vom Gesetzgeber angestrebten Ziel,[14] dem Auftraggeber (insbes. dem Verbraucher) bei einem Beratungsauftrag transparent werden zu lassen, was er dem RA für dessen Tätigkeit schuldet.

2. Geschäftsführung ohne Auftrag

32 Ein Anspruch auf die Einigungsgebühr kann sich auch aus Geschäftsführung ohne Auftrag ergeben.[15]

3. Abweichung von Weisungen

33 Keine Einigungsgebühr entsteht, wenn der RA von den Weisungen der Partei zum Inhalt der Einigung in wesentlicher Weise abweicht. Die Tätigkeit des RA ist dann durch den erteilten Auftrag nicht gedeckt.[16]

V. Einigungsvertrag

1. Einigungsvertrag

34 **a) Grundsätze.** VV 1000 Anm. Abs. 1 RVG verlangt einen wirksamen Einigungsvertrag. Dieser kann auch stillschweigend geschlossen werden.[17] Die Vereinbarung muss nicht bei Gericht erfolgen. Eine außergerichtliche Vereinbarung genügt.[18]

35 **b) Einseitige Erklärungen.** Bloße einseitige Erklärungen, auch einseitige Erledigungserklärungen,[19] auch wenn sie von beiden Seiten abgegeben werden und zur Beendigung eines Rechtsstreits führen, genügen nicht.[20] Wird nach unstreitiger Erfüllung des Klageanspruchs[21] oder aus sonstigen Gründen von beiden Seiten der Rechtsstreit für erledigt erklärt, so sind das einseitige Erklärungen, sodass schon in Ermangelung einer Vereinbarung keine Einigungsge-

---

[12] Hartmann/Toussaint/*Forbringer* RVG VV 1000 Rn. 6.
[13] Hartmann/Toussaint/*Forbringer* RVG VV 1000 Rn. 40.
[14] Wiedergegeben bei Bischof/*Bischof* RVG § 34 Rn. 3.
[15] Hartmann/Toussaint/*Forbringer* RVG VV 1000 Rn. 40.
[16] Gerold/Schmidt/*von Eicken,* 17. Aufl. 2006, RVG VV 1000 Rn. 35.
[17] BGH NJW 2006, 1523 Ziff. II 2 = AnwBl 2006, 585.
[18] KG JurBüro 2019, 354 = AGS 2019, 267.
[19] KG JurBüro 2019, 354 = AGS 2019, 267.
[20] KG JurBüro 2019, 354 = AGS 2019, 267; *Hansens* RVGreport 2008, 386.
[21] OLG Köln AGS 2010, 218 Rn. 18.

bühr entstehen kann,[22] → Rn. 128, 129. An dem Fehlen einer Vereinbarung ändert sich auch nichts, wenn die Kostenentscheidung dem Gericht überlassen wird.[23] Ist aber der einseitigen Erklärung, zB Erledigungserklärung, eine Einigung, auch eine außergerichtliche, vorausgegangen, so fällt eine Einigungsgebühr an.[24]

Gibt der Unterlassungsbeklagte einseitig die Erklärung ab, die angegriffene Behauptung nicht mehr aufzustellen und erklären daraufhin beide Parteien den Rechtsstreit übereinstimmend für erledigt, so ergibt sich daraus noch nicht ohne weiteres, dass ein Vertrag geschlossen wurde.[25] Wegen teilweiser Klagerücknahme und teilweisem Anerkenntnis → Rn. 44 ff. **36**

c) Bloße Erfüllungshandlungen. Sie allein führen noch nicht zu einem Vertrag. Erbringt der Gegner de facto die Leistung, zu der aufgefordert worden ist, so fehlt es an einem Vertrag.[26] ZB der Schuldner bezahlt den gesamten geforderten Betrag. Dasselbe gilt, wenn als Nachbesserung ein Nachfolgemodell eines Telefons verlangt und ein solches geliefert wird.[27] **37**

d) Teilzahlungen. Rechnet die KFZ-Haftpflichtversicherung des Unfallverursachers mit dem Geschädigten einen niedrigeren als den geforderten Schadensbetrag ab, so ergibt sich daraus kein Angebot auf eine gütliche Einigung. Daher kann auch die ausdrückliche Erklärung des Bevollmächtigten des Geschädigten, diese Regulierung zur Erledigung der Angelegenheit ausdrücklich annehmen zu wollen, zu keinem Einigungsvertrag führen.[28] Das gilt jedenfalls, wenn die Versicherung den ihrer Meinung nach geschuldeten Betrag genau ausgerechnet hat, wie es in einem vom BGH entschiedenen Fall war.[29] **38**

e) Abfindungsvertrag. Eine Erfüllungshandlung kann aber auch verbunden sein mit einem Antrag zu einem Abfindungsvertrag. Dabei können bei der Abgrenzung zwischen einer bloßen Erfüllungshandlung und einer Abfindungsvereinbarung Schwierigkeiten auftreten. Wird zB mit dem Haftpflichtversicherer vereinbart, dass mit einer bestimmten Leistung sämtliche Ansprüche abgegolten sind, so liegt eine Einigung vor. Fordert der Versicherer auf, eine Abfindungserklärung abzugeben, so stellt dies ein Angebot zu einer Einigung dar.[30] Zum Gegenstandswert → Anh. VI Rn. 91 ff. **39**

Vertreten wird, dass inzidenter ein Angebot zu einem Abfindungsvertrag vorliegt, wenn der Versicherer **nicht genau den Betrag** auszahlt, den er seiner Auffassung nach schuldet, sondern einen (meistens abgerundeten) Betrag zahlt, der nach seiner Auffassung im Bereich des Vertretbaren liegt, weil er die Sache abschließen will.[31] Dem ist nur dann zu folgen, wenn der Versicherer zum Ausdruck gebracht hat, dass die Zahlung davon abhängen soll, dass keine weiteren Ansprüche geltend gemacht werden. Das ist zB gegeben, wenn die Zahlung unter dem Vorbehalt erfolgt, dass sich der Gläubiger damit zufrieden gibt. Ansonsten handelt es sich wiederum um eine einseitige Zahlung, die unabhängig vom Verhalten des Gläubigers Bestand haben soll. Dass der Schuldner dabei hofft, dass sich der Gläubiger mit der Zahlung zufriedengibt, reicht nicht für einen Vertrag, da es trotz der Entgegennahme der Zahlung im Belieben des Gläubigers steht, ob er weitere Ansprüche stellt. **40**

f) Klage- bzw. Antragsrücknahme. ***aa) Einseitig oder vertraglich.*** Eine **einseitige prozessuale Gestaltungserklärung** enthält als solche keine Vereinbarung und zwar auch dann nicht, wenn sie eine Mitwirkung des Prozessgegners erfordert (zB Zustimmung zur Klagerücknahme).[32] Die Parteien können aber auch eine **Vereinbarung** treffen, dass der Kläger die Klage zurücknimmt und der Beklagte zustimmt. Dann ist ein Vertrag gegeben.[33] **41**

bb) Vollständige Rücknahme. Für eine Vereinbarung spricht bei vollständiger Klagerücknahme, **42**

---

[22] OLG Hamm AGS 2014, 166 = MDR 2014, 839, zu elterliche Sorge; SG Frankfurt RVGreport 2013, 469.

[23] **AA** OLG Köln JurBüro 2016, 464 = RVGreport 2016, 463 mablAnm *Hansens* = AGS 2016, 457 mkritAnm *Schons.*

[24] KG JurBüro 2019, 354 = AGS 2019, 267.

[25] OLG Hamm MDR 2014, 839; OLG Schleswig JurBüro 1983, 1818.

[26] BGH NJW-Spezial 2007, 168 = NJW-RR 2007, 530.

[27] KG AGS 2006, 71 = KGR Berlin 2006, 122.

[28] BGH JurBüro 2007, 73 = NJW-RR 2007, 359; NJW 1970, 1123.

[29] BGH JurBüro 2007, 73 = NJW-RR 2007, 359.

[30] Hartmann/Toussaint/*Forbringer* RVG VV 1000 Rn. 27 „Abfindung".

[31] Schneider/Wolf/*Schafhausen/Schneider/Thiel* RVG VV 1000 Rn. 79 unter Berufung auf einige Amtsgerichte.

[32] OLG Düsseldorf JurBüro 2009, 25; OLG Koblenz JurBüro 2006, 638.

[33] OLG Koblenz JurBüro 2006, 638; OLG München JurBüro 1992, 322 = AnwBl 1993, 43.

– wenn der Kläger die Klage oder das Rechtsmittel zurücknimmt und der Gegner auf Kostenerstattung verzichtet,[34]
– wenn der Beklagte verspricht, für den Fall der Klagerücknahme einen bestimmten Teilbetrag zu zahlen, und der Kläger dann die gesamte Klage zurücknimmt;[35] Es handelt sich selbst dann nicht um ein bloßes Anerkenntnis, wenn der Beklagte sich zur Zahlung der gesamten Klageforderung verpflichtet, da der Kläger, obgleich er vollständig gesiegt hat, gem. § 269 Abs. 4 ZPO die Kosten tragen muss.

43 Hat der Beklagte aber zuerst einseitig die Klagerücknahme erklärt (!) und wird danach vereinbart, dass der Beklagte unter der Bedingung einwilligt, dass der Kläger auf den Klageanspruch verzichtet, so liegt ein **bloßer Verzicht** des Klägers vor.[36]

44 *cc) Teilrücknahme und -anerkenntnis.* Erkennt der Beklagte in der mündlichen Verhandlung den Klageanspruch teilweise an und nimmt der Kläger iÜ den Klageanspruch zurück, so kommt es darauf an: Haben beide **unabhängig von der Erklärung des anderen** ihre Prozesshandlung vorgenommen, so fehlt es an einer Vereinbarung. Wurde aber **vereinbart,** dass der eine seine Erklärung abgibt, wenn der andere seinerseits eine entsprechende Erklärung folgen lässt, so liegt diesen Erklärungen eine Vereinbarung zu Grunde.[37]

45 **Welche von beiden Alternativen** gegeben ist, wird sich häufig aus den gesamten Umständen ergeben. Wenn vertreten wird, dass voneinander unabhängige Erklärungen beider Parteien eher eine theoretische Ausnahme bilden und deshalb zumindest von einer stillschweigenden Vereinbarung auszugehen sei,[38] so ist dem nicht zu folgen. Weist der Richter überzeugend daraufhin, dass die Klage teilweise unbegründet und teilweise begründet ist, so wird es nicht nur ausnahmsweise vorkommen, dass jede Partei für sich die Konsequenzen daraus zieht, ua auch aus Kostengesichtspunkten. Deshalb kann aus dem Vermerk, dass die Parteien nach Erörterung der Sach- und Rechtslage die beiden Erklärungen abgeben, kein Argument für eine Einigung hergeleitet werden.[39] Auch der BGH geht offensichtlich nicht davon aus, dass nur eine theoretische Möglichkeit einseitiger Erklärungen besteht.[40] Nicht richtig ist es, wenn das OLG Jena es für die Entstehung einer Einigungsgebühr ohne weiteres genügen lässt, dass der Beklagtenvertreter nach Erörterung des Sach- und Streitstandes für den Fall einer – auch teilweisen – Klagerücknahme erklärt, er werde einer solchen zustimmen und insoweit keinen Kostenantrag stellen und der Kläger die Klage hinsichtlich eines Teilbetrages sodann zurücknimmt und dann der Beklagtenvertreter dem zustimmt und hinsichtlich des Restes die Klageforderung anerkennt. Das OLG Jena hätte sich noch dazu äußern müssen, ob es sich hier um einseitige Erklärungen oder um eine Vereinbarung handelt. Die Tatsache, dass man hier nicht ausdrücklich einen Vergleich gewählt hat, spricht eher für das erstere.

46 Von einem **Vertrag** ist **auszugehen,**
– wenn darüber diskutiert wird, dass bestimmte Ungewissheiten bestehen und dass man das Verfahren durch ein gegenseitiges Entgegenkommen beenden solle; das gilt auch, wenn diese Vereinbarung außergerichtlich erfolgt und dann entsprechende Erklärungen dem Gericht gegenüber abgegeben werden,[41]
– wenn der Beklagte bei Teilanerkenntnis und -rücknahme die gesamten Kosten übernimmt,[42]
– wenn protokolliert wird, dass der Kläger Zug um Zug gegen Anerkenntnis einer Teilforderung die Klage auf die restliche Forderung zurücknehmen wird.[43]

47 Ein **gewisser Anhaltspunkt** für eine Vereinbarung ist gegeben,
– wenn der Kläger ohne ersichtlichen Grund und ohne dass die Rechtslage dies zwingend geboten hätte, auf die Geltendmachung genau der Hälfte seiner restlichen Forderung durch

---

[34] OLG Düsseldorf JurBüro 2009, 28 = AnwBl 2009, 72 = FamRZ 2010, 63; OLG Hamm JurBüro 2002, 364; KG JurBüro 2009, 35; OLG Zweibrücken AGS 2015, 168; **aA** OLG Köln JurBüro 1982, 553. Es ging um den Vergütungsanspruch eines beigeordneten PKH-Anwalts. Hier waren offensichtlich fiskalische Gesichtspunkte für das Gericht ausschlaggebend.

[35] BGH NJW 2007, 2187 = AnwBl 2007, 551 = FamRZ 2007, 1096.

[36] OLG Düsseldorf AGS 2005, 494 = RVGreport 2005, 469 mzustAnm *Hansens;* OLG Köln JurBüro 2012, 22 = AGS 2012, 129 = RVGreport 2012, 28 mzustAnm *Hansens;* OLG München AGS 2010, 423.

[37] OLG Stuttgart FamRZ 2011, 997.

[38] Schneider/Wolf/*Schafhausen/Schneider/Thiel* RVG VV 1000 Rn. 87.

[39] **AA** OLG Frankfurt JurBüro 2018, 465 = RVGreport 2018, 419 mablAnm *Hansens; N. Schneider* ErbR 2018, 636.

[40] BGH NJW 2002, 3713 = FamRZ 2003, 88, zur BRAGO; BGH NJW 2006, 1523 = AnwBl 2006, 585, zum RVG; ebenso OLG München AnwBl 1996, 476 = MDR 1996, 1194.

[41] OLG Hamburg JurBüro 1995, 196 = MDR 1995, 322.

[42] OLG Frankfurt JurBüro 2018, 465; OLG Nürnberg JurBüro 2000, 583 = MDR 2000, 908.

[43] Schneider/Wolf/*Schafhausen/Schneider/Thiel* RVG VV 1000 Rn. 90.

teilweise Klagerücknahme verzichtet und der Beklagte seine Einwände gegen den weiterverfolgten Teil der Klageforderung fallen lässt,[44]
– wenn die Klage auf einen „glatten" Betrag reduziert wird.[45]

g) Rechtsmittelrücknahme und -verzicht. Das zur Klagerücknahme Dargelegte (→ Rn. 41 ff.) gilt entsprechend für die Rechtsmittelrücknahme. 48

Einseitige Erklärung. Die bloße Rücknahme des Rechtsmittels ohne eine sonstige Vereinbarung führt zu keiner Einigungsgebühr.[46] 49

Vertrag. Ein Einigungsvertrag ist anzunehmen, wenn die Parteien vereinbaren, 50
– dass der Beklagte seine Berufung zurücknimmt bzw. auf eine Einlegung verzichtet und der Kläger daraufhin für den Fall pünktlicher Zahlung auf einen Teil seiner in erster Instanz zugesprochenen Forderung verzichtet bzw. verspricht, für eine bestimmte Zeit nicht zu vollstrecken,[47]
– das Berufungsverfahren durch die Rücknahmen der wechselseitig eingelegten Berufungen zu beenden,[48]
– dass der Berufungskläger die Berufung zurücknimmt und der Berufungsbeklagte auf Kostenerstattung verzichtet[49] bzw. die Kosten sonst wie abweichend vom Gesetz geregelt werden.[50]

h) Gemeinsamer Vorschlag an das Gericht. Die Parteien müssen den Willen haben, eine verbindliche Regelung zu treffen. Überlassen sie die Entscheidung dem Gericht und machen sie nur einen **gemeinsamen Vorschlag,** so reicht das nicht,[51] zB die Parteien beantragen eine Kostenentscheidung gem. § 91a ZPO und unterbreiten dem Gericht einen gemeinsamen Vorschlag.[52] 51

i) Bindungswillen. Es muss sich um einen **Vertrag** handeln, also nicht nur um Absichtserklärungen, sondern um ein mit **Rechtsbindungswillen** geschlossenes Übereinkommen. Ein Bindungswille kann gegeben sein, obgleich ein wesentlicher Punkt nicht geregelt wird, zB bei einem Arbeitsverhältnis bleibt die Kündigungsfrist offen.[53] 52

j) Form. ***aa) Erforderlichkeit einer bestimmten Form.*** Der Vertrag iSv VV 1000 RVG bedarf grds. keiner Form.[54] Anders ist jedoch, wenn auf Grund materiell-rechtlicher Bestimmungen eine bestimmte Form erforderlich ist; zB Schriftform gem. § 623 BGB bei Kündigung eines Arbeitsverhältnisses, notarielle Beurkundung gem. § 311b BGB bei Grundstücken oder gem. § 1378 Abs. 3 S. 2 BGB beim Zugewinnausgleich. 53

bb) Gerichtliche Protokollierung (§ 127a BGB). Ist eine notarielle Beurkundung erforderlich, so kann diese gem. § 127a BGB bei einem gerichtlichen Vergleich durch die Aufnahme der Erklärungen in ein nach den Vorschriften der ZPO errichtetes Protokoll ersetzt werden. 54

Einigung genügt. Entgegen der hM[55] und dem Wortlaut von § 127a BGB („bei einem gerichtlichen Vergleich") muss es sich nicht um einen **Vergleich** mit gegenseitigem Nachgeben handeln. Es genügt also eine bloße Einigung.[56] Es ist nicht einzusehen, warum im Hinblick auf die Einhaltung von Formvorschriften es auf das gegenseitige Nachgeben ankommen soll. 55

Vollstreckbarer Inhalt unnötig. Es ist nicht nötig, dass der Vergleich einen vollstreckbaren Inhalt hat. § 127a BGB spricht nur von einem gerichtlichen Vergleich, nicht aber von einem solchen iSd § 794 Abs. 1 Nr. 1 ZPO. Es gibt auch keinen Grund hinsichtlich der Einhaltung von Formvorschriften zwischen noch zu vollstreckenden und mit der Einigung bereits vollzogenen Vergleichen zu unterscheiden. 56

---

[44] OLG Frankfurt a. M. AnwBl 1990, 101 = Rpfleger 1990, 91.
[45] OLG Zweibrücken FamRZ 1999, 799.
[46] Mayer/Kroiß/*Klees* RVG VV 1000 Rn. 45.
[47] LG Berlin VersR 1989, 409; LG Tübingen AnwBl 1998, 346; Schneider/Wolf/*Schafhausen/Schneider/Thiel* RVG VV 1000 Rn. 100.
[48] OLG Hamm JurBüro 2000, 528.
[49] OLG Hamm JurBüro 2002, 364.
[50] OLG Düsseldorf AnwBl 2009, 72 = FamRZ 2010, 63.
[51] OLG Köln MDR 2006, 539.
[52] Was wegen KV 1211 Nr. 4, KV 1222 Nr. 4 GKG Gerichtsgebühren ersparen kann.
[53] BAG DB 1980, 934.
[54] BGH NJW 2006, 1523 Ziff. II 2 = AnwBl 2006, 585.
[55] Palandt/*Ellenberger* BGB § 127a Rn. 3.
[56] Hartmann/Toussaint/*Forbringer* RVG VV 1000 Rn. 16.

57 **Vergleich gem. § 278 Abs. 6 ZPO.** Ob die Schriftform oder notarielle Beurkundung dadurch ersetzt werden kann. dass das Gericht das Zustandekommen eines Vergleichs gem. § 278 Abs. 6 ZPO feststellt, ist höchst umstritten.[57] Das BAG hat dies zu Recht bejaht in einem Fall, in dem die Alt. 2 von § 278 Abs. 6 S. 1 ZPO gegeben war, der Vergleichsvorschlag also vom Gericht kam (das allerdings seinerseits auch wieder einen Vorschlag übernahm, auf den sich die Parteien außergerichtlich geeinigt hatten).[58]

58 **Anwaltsvergleich gem. § 796a ZPO** Dieser ersetzt das Formerfordernis nicht. Eine analoge Anwendung von § 127a BGB scheitert an der durch § 796a Abs. 3 ZPO begrenzten Prüfungskompetenz des Gerichts.

59 ***cc) Folgen eines Formverstoßes.*** Fehlt es an der erforderlichen Form, so fällt mangels eines wirksamen Vertrags keine Einigungsgebühr an.

60 **k) Genehmigungsbedürftigkeit.** Genehmigungsbedürftige Rechtsgeschäfte (zB § 1812 BGB – Vormund) werden nur wirksam, wenn die Genehmigung vorliegt. Ohne Genehmigung wird keine Einigungsgebühr ausgelöst.[59] Wegen Versorgungsausgleich → Rn. 73.

61 **l) Materiell-rechtliche Einigung ohne wirksame Prozesseinigung.** Es ist möglich, dass kein wirksamer Prozessvergleich zustande gekommen ist, wohl aber eine materiell-rechtliche Einigung. Letztere genügt für die Entstehung einer Einigungsgebühr. Voraussetzung ist, dass es dem mutmaßlichen Willen der Parteien entspricht, dass eine aus prozessrechtlichen Gründen unwirksame Einigung als außergerichtliche Einigung aufrechterhalten wird.[60] Weiter erforderlich ist, dass nicht irgendwelche Formerfordernisse entgegenstehen. Ein prozessrechtlich nicht wirksamer Vertrag kann nicht über § 127a BGB die notarielle Beurkundung ersetzen.

Beispiele:

- In einem Anwaltsprozess einigt sich der Klägervertreter mit dem anwaltlich nicht vertretenen Beklagten.
- Ein Prozessvergleich ist nicht zustande gekommen, weil die Einigung zwar laut diktiert und genehmigt, nicht aber vorgelesen wurde.[61]

Handelt es sich dabei um eine Einigung, die keiner besonderen Form bedarf, so ist zwar kein Prozessvergleich, aber eine wirksame materiell-rechtliche Einigung erfolgt, wenn davon auszugehen ist, dass die Parteien unbeschadet der prozessrechtlichen Unwirksamkeit den materiell-rechtlichen Bestand der Vereinbarung gewollt haben.

62 **m) Anwaltsvergleich nach § 796a ZPO.** Der Anwaltsvergleich nach § 796a ZPO wird schon mit seinem Abschluss und nicht erst mit der Vollstreckbarerklärung wirksam. Er ist nicht allein deshalb iSd VV 1000 Anm. Abs. 3 RVG aufschiebend bedingt, weil er zur Vollstreckbarkeit noch einer Vollstreckbarkeitserklärung bedarf.

63 **n) Vertrag mit Drittem.** Der Vertrag kann auch mit einem Dritten geschlossen werden, wenn dadurch der Streit oder die Ungewissheit beseitigt wird.[62] Das ist zB der Fall, wenn der Dritte für den Gegner vertretungsberechtigt ist,[63] wie etwa der Haftpflichtversicherer für den Versicherungsnehmer, oder wenn die Parteien einverstanden sind, dass ein Dritter den Vertrag schließt und damit die Sache zwischen den Parteien erledigt ist.

Beispiel:

Ein Freund oder der Arbeitgeber[64] verpflichtet sich zur Zahlung eines Teilbetrages, womit die ganze Forderung abgegolten sein soll.

64 Ausreichen kann uU auch ein Beitritt zu einem zwischen anderen geschlossenen Vertrag.[65]

2. Dispositionsbefugnis der Parteien

65 **a) Grundsatz.** Ein wirksamer Vertrag kann nur zu Stande kommen, wenn die Parteien über den Gegenstand der Einigung verfügen können. In Anm. 4 wird dies für Rechtsverhältnisse des öffentlichen Rechts ausdrücklich ausgesprochen. Es gilt aber darüber hinaus nach allgemeinem Vertragsrecht generell, dass ein wirksamer Vertrag voraussetzt, dass die Parteien dispositionsbefugt sind.

---

[57] Übersicht über den Meinungsstand in BAG NJW 2007, 1831.
[58] BAG NJW 2007, 1831.
[59] OLG Koblenz JurBüro 1982, 1829.
[60] Schneider/Herget/*Kurpat* Rn. 5463 mwN.
[61] OLG Düsseldorf FamRZ 1992, 1209.
[62] BGH NJW 1962, 1621.
[63] BGH NJW 1962, 1621; Schneider/Wolf/*Schafhausen/Schneider/Thiel* RVG VV 1000 Rn. 35.
[64] Schneider/Wolf/*Schafhausen/Schneider/Thiel* RVG VV 1000 Rn. 36.
[65] Hartmann/Toussaint/*Forbringer* RVG VV 1000 Rn. 12.

b) Elterliche Sorge und Umgangsrecht. ***aa) Elterliche Sorge.*** Auch schon vor der Änderung des RVG durch das FGG-ReformG war es hM, dass grds. die Einigungsgebühr anfallen kann, wenn sich die Beteiligten hinsichtlich der elterlichen Sorge oder des Umgangsrechts einigen[66] und erst durch diese Einigung die Grundlage für die auf ihr aufbauende Entscheidung des Gerichts geschaffen wird.[67] Diese Ansicht hat jetzt auch im RVG in VV 1000 Anm. Abs. 5 S. 3 RVG ihren Niederschlag gefunden. Wegen Zwischenvergleich → Rn. 164 ff. 66

§§ 1666, 1696 BGB. Bevor VV 1000 Anm. Abs. 5 S. 2 RVG und die VV 1003, 1004 Anm. Abs. 2 RVG ins Gesetz aufgenommen wurden, hielten einige Oberlandesgerichte eine Einigungsgebühr in Verfahren gem. §§ 1666,[68] 1696[69] BGB für unmöglich, da hier keine Dispositionsbefugnis der Beteiligten besteht und das Gericht in seiner Entscheidung nicht an eine Einigung der Eltern gebunden ist.[70] Auch heute wird trotz VV 1000 Anm. Abs. 5 S. 3 RVG noch von der hM die gleiche Ansicht vertreten[71] – zu Unrecht.[72] Folgt das Gericht in seiner Entscheidung der Vereinbarung der Beteiligten, so besteht entgegen dieser Ansicht kein Grund, eine Einigungsgebühr zu verneinen. Außerdem ist der Wortlaut von VV 1000 Anm. Abs. 5 S. 2 RVG eindeutig und differenziert nicht zwischen den einzelnen Kindschaftssachen. Dem steht auch nicht entgegen, dass beim Vorliegen neuer Umstände das Verfahren von Amts wegen ohne Bindung an die Absprache neu aufzunehmen oder neu einzuleiten wäre.[73] Es ist nichts Ungewöhnliches, dass der Inhalt einer Einigung wegen veränderter Umstände keinen Bestand hat, zB bei einem Unterhaltsvergleich oder einer Einigung zur elterlichen Sorge in einem Verfahren nach § 1671 BGB. Trotzdem liegt eine Einigung iSv VV 1000 RVG vor. Dass das Verfahren von Amts wegen neu aufzunehmen oder einzuleiten wäre, rechtfertigt keine unterschiedliche Handhabung. Wegen Zwischeneinigung → Rn. 168a. 67

Ist **kein gerichtliches Verfahren anhängig,** so führt trotz der fehlenden Dispositionsbefugnis eine Einigung zu einer Einigungsgebühr (VV 1000 Anm. Abs. 5 S. 3 RVG). ZB der Vater, der die Übertragung des alleinigen Sorgerechts bei Gericht zu beantragen beabsichtigt, vereinbart mit der Mutter, dass er davon Abstand nimmt, dafür aber ein großzügigeres Umgangsrecht erhält. 68

bb) Umgangsrecht und Kindesherausgabe. Auch hinsichtlich des Umgangsrechts und der Kindesherausgabe kann eine Einigungsgebühr anfallen. VV 1000 Anm. Abs. 5 S. 2 RVG und VV 1003, 1004 Anm. Abs. 2 RVG gelten für Kindschaftssachen, wozu auch das Umgangsrecht und die Kindesherausgabe gehören (§ 151 Nr. 2, 3 FamFG). Wegen Zwischenvergleich → Rn. 164 ff. 69

cc) Vermittlungsverfahren gem. § 165 FamFG. Auch hier kann, da es um das Umgangsrecht geht, eine Einigungsgebühr aus dem vollen Gegenstandswert entstehen.[74] 70

c) Unterhalt. Die Beteiligten können grds. Vereinbarungen zum Unterhalt treffen, auch auf Unterhaltsansprüche verzichten. 71

Zukünftiger Kindes- und Trennungsunterhalt. Auf diesen kann jedoch gem. §§ 1614 Abs. 1, 1361 Abs. 4 S. 3, § 1360a Abs. 3 BGB nicht wirksam verzichtet werden. Ist in einer Vereinbarung gleichzeitig auf den zukünftigen Trennungs- und den nachehelichen Unterhalt verzichtet worden, so ist gem. § 139 BGB festzustellen, ob anzunehmen ist, dass die Vereinbarung für den nachehelichen Unterhalt auch ohne die Trennungsvereinbarung vorgenommen wor- 72

---

[66] OLG Brandenburg FamRZ 2006, 1473 = NJW-RR 2006, 1439; OLG Bremen FamRZ 2009, 2110; OLG Dresden FamRZ 2008, 1009; OLG Koblenz MDR 2006, 237 = OLGR 2005, 766; OLG Hamm AGS 2012, 562 Rn. 13; OLG Stuttgart NJW 2007, 3218 = FamRZ 2007, 1832; OLG Zweibrücken FamRZ 2006, 219 = NJW-RR 2006, 1007.

[67] OLG Braunschweig FamRZ 2008, 1465; wegen älterer abweichender Rspr. s. Gerold/Schmidt/*Müller-Rabe,* 18. Aufl. 2008, RVG VV 1000 Rn. 66.

[68] OLG Karlsruhe OLGR 2007, 923; OLG Koblenz FamRZ 2006, 720 = NJW-RR 2006, 1151; OLG Stuttgart MDR 2011, 698 = Rpfleger 2011, 463 = AGS 2011, 276 mablAnm *Thiel.*

[69] OLG Koblenz FamRZ 2006, 720 = NJW-RR 2006, 1151.

[70] **AA** *Groß* Anwaltsgebühren Rn. 549.

[71] OLG Brandenburg NZFam 2019, 594 = AGS 2019, 268; OLG Düsseldorf JurBüro 2017, 308; KG FamRZ 2011, 245; OLG Koblenz FamRZ 2006, 720; OLG München Beschl. v. 21.9.2018 11 WF 1139/18; OLG Stuttgart MDR 2011, 698 = Rpfleger 2011, 463 = AGS 2011, 276 mablAnm *Thiel; Bischof* RVG VV 1000 Rn. 100.

[72] OLG Karlsruhe NJW 2019, 2948 = FamRZ 2020, 364; Schneider/Wolf/*Schafhausen/Schneider/Thiel* RVG VV 1000 Rn. 145; Riedel/Sußbauer/*Schütz* RVG VV 1003 Rn. 7.

[73] Entgegen OLG Stuttgart MDR 2011, 698 = Rpfleger 2011, 463.

[74] OLG Brandenburg FamRZ 2006, 1473 = NJW-RR 2006, 1439.

den wäre.[75] Ist dies zu bejahen, so fällt die Einigungsgebühr an, allerdings nur aus dem Gegenstandwert des nachehelichen Unterhalts.

73 **d) Versorgungsausgleich.** Bei ihm kann eine Einigungsgebühr anfallen.[76] Das galt schon zu Zeiten des § 1587o BGB aF, gem. dem eine Vereinbarung genehmigt werden musste (§ 1587o Abs. 2 S. 3 BGB). Denn die Vereinbarung war trotzdem grds. verbindlich. Das Gericht durfte nur unter ganz besonderen Voraussetzungen die für die Wirksamkeit des Einigungsvertrags erforderliche Genehmigung verweigern (§ 1587o Abs. 2 S. 4 BGB). Erst Recht fällt nach neuem Recht eine Einigungsgebühr an, nachdem das Genehmigungserfordernis in §§ 6 ff. VersAusglG nicht mehr existiert und die Vereinbarung nur noch einer Inhalts- und Ausübungskontrolle (§ 8 VersAusglG) standhalten muss. Die Situation weist damit eine gewisse Ähnlichkeit zur Vereinbarung zum Sorgerecht auf (→ Rn. 66 ff.).

74 **e) Öffentliches Recht (Anm. Abs. 4).** ***aa) Grundsatz.*** Ein Einigungsvertrag und damit eine Einigungsgebühr können nur zu Stande kommen, soweit die Vertragsparteien nach dem materiellen Recht des betreffenden Rechtsgebiets über die Ansprüche vertraglich verfügen können (Anm. Abs. 4; § 106 VwGO, § 101 SGG).[77]

75 Im öffentlichen Recht ist immer auch zu prüfen, ob nicht statt einer Einigungsgebühr eine Erledigungsgebühr gem. VV 1002 RVG entsteht.

76 ***bb) Verwaltungs- und Sozialrecht.*** Im Verwaltungs- und Sozialrecht ist die Dispositionsbefugnis bejaht worden bei einer

– Einigung über einen Erschließungsbeitrag[78] (nach Hansens ist diese Frage ungeklärt);[79] zB die Behörde reduziert den Erschließungsbeitrag in der vom Gericht vorgeschlagenen Weise und der Kläger nimmt die Klage, die auf Aufhebung des gesamten Festsetzungsbeschlusses gerichtet war, zurück,[80]
– Einigung zwischen Gemeinde und den Grundstückseigentümern im Umlegungsverfahren nach dem BauGB wegen des mit einer Verfügungsbeschränkung belegten Grundstücks,[81]
– Einigung nach Einleitung eines Enteignungsverfahrens,[82]
– Einigung mit dem Kläger, der die Bescheidung seines Antrags auf Erteilung einer unbefristeten Aufenthaltserlaubnis vom Zeitpunkt der Antragstellung an begehrt hat, dass die Beklagte über seinen Antrag lediglich mit Wirkung für die Zukunft entscheiden muss,[83]
– Einigung über die Kostenverteilung,[84]
– Einigung über Grad der Behinderung,[85]
– Einigung vor SG hinsichtlich eines Aufhebungs- und Erstattungsbescheids.[86]

77 ***cc) Steuerrecht.*** Hier besteht seltener eine Dispositionsbefugnis. Völlig ausgeschlossen ist sie aber nicht.[87] Gegeben ist sie zB bei einer Einigung über Sicherungen für eine Steuerforderung zur Beseitigung einer Arrestanordnung.[88]

78 Die Verständigung in einem Abgabenstreit über die Frage, auf welchen Prozentsatz vom Umsatz der Gewinn zu schätzen ist, löst keine Einigungsgebühr, sondern eine Erledigungsgebühr aus.[89]

79 ***dd) Strafrecht.*** Hier kann eine Einigungsgebühr gem. VV 1000 ff. RVG anfallen, wenn eine Einigung über **vermögensrechtliche Ansprüche** zB im Adhäsionsverfahren erzielt wird, nicht jedoch mangels einer Verfügungsbefugnis im Rahmen von VV 4142 RVG.[90] Wegen Privatklageverfahren VV 4147 RVG.

---

[75] OLG Koblenz NJW 2007, 2052 = FamRZ 2007, 479.
[76] OLG Nürnberg NJW 2007, 1071 = FamRZ 2007, 573.
[77] Dazu, wann eine solche Verfügungsbefugnis besteht, wird auf die Kommentare zu § 54 VwVfG, § 106 VwGO, § 101 SGG, Bezug genommen.
[78] OVG NRW AnwBl 1993, 639; Mayer/Kroiß/*Klees* RVG VV 1000 Rn. 9.
[79] HBS VergütungsR/*Hansens* Teil 6 Rn. 10.
[80] OVG NRW AnwBl 1993, 639.
[81] OLG Köln AnwBl 1974, 396.
[82] OLG Frankfurt a. M. NJW 1972, 166.
[83] OVG Bremen AGS 2001, 7.
[84] Hartmann/Toussaint/*Forbringer* RVG VV 1000 Rn. 27.
[85] SchlHLSG AGS 2006, 555 = RVGreport 2006, 188.
[86] LSG NRW RVGreport 2007, 139.
[87] FG Saarl EFG 2006, 928.
[88] HBS VergütungsR/*Hansens* Teil 6 Rn. 15; aber auch FG Saarl EFG 2006, 928.
[89] FG Düsseldorf EFG 1987, 582; Schneider/Wolf/*Schafhausen/Schneider/Thiel* RVG VV 1000 Rn. 137.
[90] Mayer/Kroiß/*Klees* RVG VV 1000 Rn. 6.

80 ***ee) Abänderungen von gerichtlichen Entscheidungen.*** Die Parteien können gerichtliche Entscheidungen einverständlich abändern. Sie können ihr aber nicht die prozessuale Funktion als Festsetzungs- und Vollstreckungstitel nehmen, sondern sich nur im Verhältnis zueinander verpflichten, aus dem Urteil keine Kostenfestsetzung zu beantragen bzw. nicht zu vollstrecken. Ist gegen das Urteil aber noch ein Rechtsmittel zulässig, so können nach dessen Einlegung durch gerichtlich protokollierte Einigung auch die prozessualen Wirkungen geändert werden.[91]

3. Hinderungsgründe

81 **a) Aufschiebende Bedingung (Anm. Abs. 3).** Bei einer aufschiebenden Bedingung entsteht ge m. Anm. Abs. 3 die Einigungsgebühr erst, wenn die Bedingung eingetreten ist. Die aufschiebende Bedingung kann sich auch aus den Umständen ergeben. So ist bei einer Scheidungsvereinbarung über Folgesachen, auch einer einverständlichen Scheidung,[92] hM, dass sie unter der aufschiebenden Bedingung erfolgt, dass die Ehe auch rechtskräftig geschieden wird.[93]

Wegen Anwaltsvergleich gem. § 796a ZPO → Rn. 62.

82 **b) Widerrufsvorbehalt (Anm. Abs. 3).** Bei einem Widerrufsvorbehalt fällt die Einigungsgebühr ge m. Anm. Abs. 3 erst an, wenn der Vertrag nicht mehr widerrufen werden kann, obgleich hier zunächst ein wirksamer Einigungsvertrag zu Stande gekommen ist. Steht nur einer Partei das Widerrufsrecht zu, so fällt die Einigungsgebühr für beide Rechtsanwälte erst an, wenn das Widerrufsrecht ungenutzt entfallen ist.[94]

83 **Widerrufsrecht unter einer bestimmten Bedingung.** Das Widerrufsrecht kann auch vom Eintritt einer Bedingung abhängig gemacht werden, zB davon, dass bis zu einem bestimmten Termin keine Baugenehmigung erteilt ist oder bis zu einem bestimmten Zeitpunkt keine Löschungsbewilligungen für bestimmte Grundschulden erteilt sind. Wird es ausgeübt, so entsteht keine Einigungsgebühr. Im Maklerrecht gilt das zwar nicht ohne Weiteres.[95] Das kann jedoch nicht unbeschränkt auf die Einigungsgebühr übertragen werden; nachdem die Anm. Abs. 3 an den Vorbehalt des Widerrufs besondere Rechtsfolgen knüpft, die im Maklerrecht nicht vorgesehen sind, und nachdem jeder Hinweis in der Anm. Abs. 3 fehlt, dass das Widerrufsrecht unabhängig von einer Bedingung sein muss.

84 **c) Auflösende Bedingung.** Der Eintritt einer auflösenden Bedienung steht dem Anfall einer Einigungsgebühr nicht entgegen Es liegt eine wirksame Einigung vor, die die Einigungsgebühr auslöst. Diese entfällt auch nicht, wenn später die auflösende Bedingung eintritt (§ 15 Abs. 4 RVG).[96] Es gilt hier dasselbe wie beim Maklerlohn.[97]

85 Teilweise wird jedoch vertreten, ein Widerrufsvorbehalt liege auch vor, wenn eine auflösende Bedingung vereinbart wurde, die **nur vom Willen** einer oder beider Parteien **abhängig** ist.[98] Das soll zB der Fall sein, wenn vereinbart wird, dass die Einigung unwirksam wird, wenn nicht bis zu einem bestimmten Zeitpunkt bezahlt ist.[99] Dem ist nicht zu folgen. Unter einem Widerrufsvorbehalt versteht man eine ganz präzise Vereinbarung, nämlich die, dass eine oder beide Parteien bis zu einem bestimmten Zeitpunkt den Vergleich widerrufen können. Wenn der Gesetzgeber die Entstehung der Einigungsgebühr ausdrücklich nur bei einer aufschiebenden Bedingung und einem Widerrufsvorbehalt auf einen späteren Zeitpunkt hinausschiebt, so bedeutet das, dass in allen anderen Fällen die Einigungsgebühr sofort entsteht und auch nicht wieder entfällt. Dass der Gesetzgeber übersehen haben könnte, dass es auch willensabhängige auflösende Bedingungen gibt, ist fernliegend.

86 **d) Vereinbartes Rücktrittsrecht. Grundsatz.** Es gelten wieder die gleichen Grundsätze wie im Maklerrecht. Ein solches Recht lässt grds. den Anspruch des Anwalts auf eine Einigungsgebühr unberührt.[100] Es kann daher einen Unterschied machen, ob man ein „Widerrufsrecht" oder ein „Rücktrittsrecht" vereinbart.

---

[91] Hartmann/Toussaint/*Forbringer* RVG VV 1000 Rn. 27 „Rechtskraft".

[92] OLG Hamm AnwBl 1980, 507 = JurBüro 1981, 382.

[93] OLG Düsseldorf FamRZ 1999, 1683 = OLGR 1999, 279; OLG Hamm AnwBl 1980, 507 = JurBüro 1981, 382.

[94] OLG Frankfurt a. M. JurBüro 1979, 849.

[95] BGH NJW 1997, 1581.

[96] KG NJW-RR 2019, 1280 = JurBüro 2019, 353; Gerold/Schmidt/*von Eicken,* 17. Aufl. 2006, RVG VV 1000 Rn. 19.

[97] Zum Maklerrecht BGH NJW 1982, 2663.

[98] Gerold/Schmidt/*von Eicken,* 17. Aufl. 2006, RVG VV 1000 Rn. 19; Hartmann/Toussaint/*Forbringer* RVG VV 1000 Rn. 22.

[99] Hartmann/Toussaint/*Forbringer* RVG VV 1000 Rn. 22.

[100] BGH NJW 1997, 1581.

87 **e) Gesetzliches Rücktrittsrecht.** Das gesetzliche Rücktrittsrecht (zB Rücktritt wegen nicht erbrachter Leistung gem. § 323 BGB) ändert nichts daran, dass ein wirksamer Vertrag zu Stande gekommen ist. Dieser wird auch nicht rückwirkend unwirksam. Er wird lediglich rückabgewickelt (§ 346 BGB).[101] Die Anm. Abs. 3 gilt nur für das vereinbarte Widerrufsrecht.[102]

88 **f) Verwirkungsklausel.** Erst recht ist die Wirksamkeit der Einigung nicht in Frage gestellt, wenn vereinbart wird, dass bei nicht rechtzeitiger Zahlung ein höherer Betrag geschuldet ist (Vereinbarung einer Verfall- oder Verwirkungsklausel). Hier bleibt jedenfalls die Einigung wirksam. Es ändert sich nur eine rechtliche Folge.

89 **g) Anfechtung.** Wenn teilweise vertreten wird, dass eine anfechtbare Einigung zunächst wirksam zustande gekommen und damit die Einigungsgebühr entstanden ist und diese durch die Anfechtung auch nicht wieder entfällt,[103] so ist dem nicht zu folgen.[104] Es muss hier das gleiche gelten wie im Maklerrecht für die Anfechtung des Hauptvertrags; die Maklergebühr entfällt.[105] Das Gegenteil ergibt sich auch nicht aus § 15 Abs. 4 RVG[106] und dem Grundsatz, dass der RA einmal verdiente Gebühren nicht mehr verliert. Hieraus folgt nicht, dass der Gebührenanspruch auch bestehen bleibt, wenn die Voraussetzungen für seine Entstehung mit ex tunc-Wirkung entfallen sind. Diese Grundsätze besagen nur, dass eine einmal verdiente Gebühr nicht verloren geht, wenn der Auftrag vorzeitig beendet oder erledigt wird oder wenn später neue gebührenrechtlich relevante Umstände eingetreten sind, die das ursprüngliche Bestehen der Gebühr nicht berühren.

90 **h) Nichtigkeit.** Ist die Einigung von vornherein nichtig (zB wegen Sittenwidrigkeit oder Verstoßes gegen ein gesetzliches Verbot), ist niemals eine wirksame Einigung zustande gekommen.

91 **i) Scheingeschäft.** Keine Einigungsgebühr fällt an bei einem Scheingeschäft, da dieses gem. § 117 BGB nichtig ist (→ Rn. 90).

92 **Einigung über Prozesskosten bei beiderseitiger PKH.** Einigen sich die Parteien über die Kosten des Rechtsstreits, so ist die Einigung nicht allein deshalb eine Scheineinigung, weil beiden Parteien Prozesskostenhilfe bewilligt war. Ein Scheingeschäft ist jedenfalls dann zu verneinen, wenn das Einkommen einer Partei den pfändungsfreien Betrag übersteigt, so dass der RA des Gegners im Falle des Obsiegens seiner Partei seine Kosten gem. § 126 ZPO mit Erfolg beitreiben könnte.

93 **j) Störung der Geschäftsgrundlage.** Eine Störung der Geschäftsgrundlage lässt die Einigungsgebühr fortbestehen.[107] Sie führt zu einer Anpassung des Einigungsvertrages (§ 313 Abs. 1 BGB) oder zu einem gesetzlichen Rücktrittsrecht (§ 313 Abs. 3 BGB). Im ersten Fall bleibt der Vertrag bestehen. Im zweiten Fall gilt der Grundsatz, dass die Ausübung eines gesetzlichen Rücktrittsrechts zu keinem Wegfall der Einigungsgebühr führt (→ Rn. 87).

94 **k) Einvernehmliche Aufhebung.** Kommen die Parteien später überein, dass die Einigung aufgehoben wird, so hat das keine Auswirkungen auf die zuvor entstandene Einigungsgebühr.

95 **l) Nichtdurchführung der Vereinbarung.** Wird die Vereinbarung nicht durchgeführt, so beeinflusst das die zuvor entstandene Einigungsgebühr nicht.

VI. Beseitigen von Streit oder Ungewissheit

1. Rechtsverhältnis

96 Das Beseitigen muss sich auf ein Rechtsverhältnis beziehen.

97 **a) Begriff des Rechtsverhältnisses.** Der Begriff des Rechtsverhältnisses ist im weitesten Sinne zu verstehen. Es fallen darunter nicht nur schuld- oder sachenrechenrechtliche, sondern auch familienrechtliche, erbrechtliche und öffentlich-rechtliche (Abs. 4) Rechtsverhältnisse, auch kraft Gesetzes entstandene, auch Verträge zugunsten Dritter oder Naturalobligationen.[108]

---

[101] HBS VergütungsR/*Hansens* Teil 6 Rn. 24.

[102] Schneider/Wolf/*Schafhausen/Schneider/Thiel* RVG VV 1000 Rn. 58.

[103] OLG Karlsruhe OLGR 1999, 332; OLG Schleswig JurBüro 1991, 933; Hartmann/Toussaint/*Forbringer* RVG VV 1000 Rn. 25; HBS VergütungsR/*Hansens* Teil 6 Rn. 24.

[104] OLG Jena JurBüro 2012, 142 = AGS 2012, 127 mzustAnm *N. Schneider;* OLG München AnwBl 1991, 273 = MDR 1991, 263; Mayer/Kroiß/*Klees* RVG VV 1000 Rn. 47; Schneider/Wolf/*Schafhausen/Schneider/Thiel* RVG VV 1000 Rn. 57; Schneider/Herget/*Kurpat* Rn. 5481.

[105] BGH NJW 1980, 2460.

[106] So aber Hartmann/Toussaint/*Forbringer* RVG VV 1000 Rn. 25.

[107] Mayer/Kroiß/*Klees* RVG VV 1000 Rn. 47.

[108] Schneider/Wolf/*Schafhausen/Schneider/Thiel* RVG VV 1000 Rn. 60.

Auch nach ausländischem Recht begründete Rechtsverhältnisse reichen aus. Dazu, ob ein Prozessrechtsverhältnis reicht, → Rn. 129 ff.

b) Bestehendes Rechtsverhältnis. Das Rechtsverhältnis muss im Zeitpunkt der Einigung bereits bestehen oder, was auch genügt,[109] ein solches Bestehen muss zumindest von einer Partei behauptet werden. **98**

Es genügt nicht, dass durch die Einigung ein Rechtsverhältnis erst begründet werden soll. Eine Einigungsgebühr scheidet in diesem Fall selbst dann aus, wenn die Verhandlungen streitig waren und die Beteiligten von ihren ursprünglichen Vorstellungen Abstriche gemacht haben.[110] **99**

Beispiele für nicht bestehendes Rechtsverhältnis:

- der Verkäufer und der Käufer „streiten" in den **Verkaufsverhandlungen** um den Kaufpreis. Sie einigen sich schließlich auf $^2/_3$ des ursprünglich geforderten Kaufpreises,
- die Parteien schließen einen **Sozialplan** ab,[111]
- der Verkauf eines in einem förmlich festgelegten **Sanierungsgebiet** liegenden Grundstücks an einen Sanierungsträger vor Aufstellung oder mindestens Auslegung des Entwurfes eines Bebauungsplans, falls nicht aus besonderen Gründen die alsbaldige Inanspruchnahme des Grundstücks schon feststeht. Die Beziehung der Vertragspartner zueinander hat sich bis dahin in der Regel noch nicht zu einem Rechtsverhältnis verdichtet.[112]

Beispiele für bestehendes Rechtsverhältnis:

- der Käufer behauptet, es sei bereits ein **Vorvertrag** geschlossen worden, aus dem sich ein Anspruch auf Abschluss eines Kaufvertrages ergebe. Der Verkäufer bestreitet das. Hier wird vom Käufer ein bestehendes Rechtsverhältnis, ein Rechtsanspruch aus dem Vorvertrag, geltend gemacht,[113]
- in einem **Enteignungsverfahren** einigen sich der Enteignungsbegünstigte und der Grundstückseigentümer über die Landabgabe und die Entschädigung,[114]
- der Träger der **Straßenbaulast** einigt sich nach Abschluss des Planfeststellungsverfahrens mit einem der betroffenen Grundstückseigentümer über das für das Grundstück zu zahlende Entgelt.[115]

c) Rechtsverhältnis betreffend den Mandanten. ***aa) Grundsatz.*** Die Einigungsgebühr entsteht für den RA eines Mandanten nur insoweit, als durch die Einigung dessen Rechtverhältnis unmittelbar betroffen ist. **100**

bb) Einigung zwischen Gegner und Drittem. Wird ein Rechtsstreit um die Maklergebühren durch einen Vergleich beendet, in welchem der beklagte Käufer und der beigetretene Verkäufer den Kaufvertrag abändern und die Auflassung erklären und einigen sich die Parteien dann wegen des Maklerlohns, so erhält der Prozessbevollmächtigte des klagenden Maklers die Einigungsgebühr nur aus dem Wert des eingeklagten Maklerlohns.[116] **101**

cc) Prozessbevollmächtigter des Streithelfers. Es muss eine Regelung hinsichtlich eines Rechtsverhältnisses des Streithelfers erfolgen.[117] Die bloße Mitwirkung des Streithelfervertreters allein genügt nicht.[118] Ebenso reicht es nicht, dass der Streithelfer mittelbar betroffen ist.[119] **102**

Tritt bei einer Klage des Hauserbauers gegen den Generalunternehmer der Subunternehmer dem Rechtsstreit bei und einigen sich die Parteien, wobei sie sich Ansprüche gegen den Subunternehmer vorbehalten, so verdient der Anwalt des Subunternehmers, auch wenn er der Einigung beitritt, keine Einigungsgebühr, da das Rechtsverhältnis zum Subunternehmer gerade nicht geregelt wird.[120] **103**

Wird jedoch unter Mitwirkung der Streithelfers eine **Kostenvereinbarung** zu Gunsten des Streithelfers vereinbart, die mindestens teilweise von der gesetzlichen Kostenverteilung abweicht, so ist ein Rechtsverhältnis des Streithelfers betroffen und entsteht eine Einigungsgebühr, allerdings nur aus den insgesamt bei dem Streithelfer bis zur Vergleichsprotokollierung angefallenen Kosten.[121] Nach OLG Düsseldorf genügt auch eine Einigung über die Kosten, die **104**

---

[109] OLG Düsseldorf OLGR 2003, 242 = AGS 2003, 496.
[110] OLG Düsseldorf JurBüro 2001, 87.
[111] BAG NZA 1998, 900 = JurBüro 1999, 24; ArbG Berlin NZA-RR 2006, 543.
[112] BGH NJW 1980, 889 = MDR 1980, 128.
[113] Bischof/*Bischof* RVG VV 1000 Rn. 71.
[114] BGH NJW 1972, 157.
[115] BGH NJW 1972, 2264.
[116] OLG Stuttgart JurBüro 1996, 358 mzustAnm *Hansens.*
[117] OLG Düsseldorf JurBüro 2012, 301; OLG Hamm JurBüro 2002, 194; OLG Karlsruhe AnwBl 1996, 290 = NJW-RR 1996, 447; OLG München JurBüro 2013, 190; 90, 1619.
[118] OLG Hamm JurBüro 2002, 194; OLG Karlsruhe AnwBl 1996, 290 = NJW-RR 1996, 447.
[119] OLG Karlsruhe AnwBl 1996, 290 = NJW-RR 1996, 447.
[120] Schneider/Wolf/*Schafhausen/Schneider/Thiel* RVG VV 1000 Rn. 96.
[121] OLG Düsseldorf JurBüro 2009, 26; OLG Karlsruhe AnwBl 1996, 290 = NJW-RR 1996, 447; KG RVGreport 2007, 346; **aA** OLG Hamm JurBüro 2002, 194.

der gesetzlichen Regelung entspricht, da dadurch von einer an sich möglichen, vom Gesetz abweichenden Regelung abgesehen wird.[122]

105 **d) Einigung über Verhalten gegenüber einem Dritten.** Das geregelte Rechtsverhältnis muss den Vertragspartner unmittelbar betreffen. Übernimmt eine Partei in einem Prozessvergleich die Verpflichtung, das in einem gegen eine dritte Person gerichteten Verfahren eingelegte Rechtsmittel zurückzunehmen, so liegt darin keine den Streitwert des Vergleichs erhöhende Einigung.[123] Anders ist es, wenn der Dritte dem Vergleich beitritt.[124]

2. Streit oder Ungewissheit

106 **a) Streit.** Es genügen subjektive Zweifel tatsächlicher oder rechtlicher Art, die den Bestand oder den Umfang des Ausgangsrechtsverhältnisses betreffen.[125] Abzustellen ist auf die **subjektive Vorstellung** der Beteiligten und nicht auf die eines Dritten. Ein Streit besteht zB, wenn ein Gläubiger von dem Schuldner einen Betrag wegen Nichterfüllung eines Vertrages fordert, während der Schuldner behauptet, den Vertrag wirksam angefochten zu haben.

107 **Fehlender Streit.** Ist unstreitig, dass ein Rechtsverhältnis besteht und keiner Partei ein Recht zur Änderung dieses Rechtsverhältnisses zusteht, einigen sich die Parteien aber auf eine Beendigung oder Modifizierung dieses Rechtsverhältnisses, so wird keine Einigungsgebühr ausgelöst.

Beispiele:

Das ist zB in folgenden Fällen gegeben:

- Die Gesellschafter einer GbR sind sich einig, dass im Moment keiner der Parteien ein Recht zur Auflösung der Gesellschaft zusteht. Wegen des gestörten Vertrauensverhältnisses und aus wirtschaftlichen Gründen einigen sich die Gesellschafter auf das Ausscheiden eines Gesellschafters,[126]
- Einigung der Parteien auf Auseinandersetzung einer den Eheleuten gemeinsam gehörenden Immobilie[127] oder auf Aufhebung eines Mietvertrages, wobei kein Streit darüber besteht, dass ein Anspruch auf eine Auseinandersetzung bzw. Aufhebung nicht besteht. Hingegen würde eine Einigungsgebühr anfallen, wenn streitig gewesen wäre, ob ein Anspruch auf eine Aufhebung bestand.[128]

108 **b) Ungewissheit.** Eine Ungewissheit über ein Rechtsverhältnis ist gegeben, wenn die Parteien sich unsicher sind, wie die Rechtslage eigentlich ist. Auf die objektive Rechtslage kommt es nicht an. Für die Ungewissheit genügen subjektive Zweifel tatsächlicher oder rechtlicher Art, die den Bestand des Ausgangsrechtsverhältnisses betreffen, wobei dieser Begriff weit zu fassen ist und insbesondere ein kraft Gesetzes entstandenes Rechtsverhältnis ausreicht.[129] Die Ungewissheit kann zB sich auf den Eintritt einer Bedingung oder die künftige Rechtsentwicklung beziehen.[130] Dabei schadet es nicht, wenn für einen Dritten die Rechtslage klar ist.[131] Der Ungewissheit steht es gleich, wenn die Verwirklichung eines Anspruchs unsicher ist (§ 779 Abs. 2 BGB).[132]

109 **c) Gerichtliche Anhängigkeit unnötig.** Nicht nötig ist, dass der Streit oder die Ungewissheit Gegenstand eines gerichtlichen Verfahrens ist. Es genügt ein außergerichtlicher Streit oder eine solche Ungewissheit.[133]

3. Zeitpunkt des Streites

110 **a) Grundsatz.** Der Streit oder die Ungewissheit muss zum Zeitpunkt des Vergleichsabschlusses noch fortdauern und darf nicht zwischenzeitlich behoben sein.[134]

---

[122] OLG Düsseldorf JurBüro 2009, 26; **aA** OLG München JurBüro 2013, 190 = RVGreport 2013, 148 mablAnm *Hansens,* mit dem Hinweis, dass solange das Gericht über die Kosten nicht entschieden hat, eine Ungewissheit besteht.

[123] LAG Hamm MDR 1980, 613.

[124] LAG Hamm MDR 1980, 613.

[125] BGH NJW-RR 1992, 363; OLG Düsseldorf OLGR 2003, 242 = AGS 2003, 496.

[126] OLG Düsseldorf JurBüro 2001, 87; OLG München AGS 2018, 265 mzustAnm *N. Schneider.*

[127] *N. Schneider* Anm. zu AG Siegen AGS 2017, 502; **aA** AG Siegen AGS 2017, 502.

[128] LG Köln JurBüro 2001, 643 = AGS 2002, 64; HBS VergütungsR/*Hansens* Teil 6 Rn. 25.

[129] BGH NJW-RR 1992, 363.

[130] Palandt/*Sprau* BGB § 779 Rn. 4.

[131] Schneider/Wolf/*Schafhausen/Schneider/Thiel* RVG VV 1000 Rn. 71.

[132] BGH NJW-RR 2005, 1303 = JurBüro 2005, 309 = FamRZ 2005, 794.

[133] Bischof/*Bischof* RVG VV 1000 Rn. 56.

[134] OLG Frankfurt a. M. AnwBl 1990, 101; OLG Hamm JurBüro 1985, 739, zu Prozessvergleich; KG JurBüro 2007, 33.

Zu beachten ist aber, dass unter bestimmten Bedingungen auch für einen unstreitigen Anspruch eine Einigungsgebühr entstehen kann, zB wegen Titulierungsinteresse (→ Rn. 211 ff.). 111

b) Einigung nach Teilerledigung. Wird nach Zahlung die Hauptsache teilweise über einstimmend für erledigt erklärt und erfolgt danach hinsichtlich des Restes und der Kosten eine Einigung, so errechnet sich der Wert der Einigung nur aus dem Rest der Hauptsache (→ Anh. VI Rn. 208).[135] 112

Eine etwaige Kostenvereinbarung, die auch den erledigten Teil erfasst, erhöht den Gegenstandswert nicht. Anders ist es, wenn nach vollständiger Bezahlung nur noch die Kosten offen sind. Dann fällt eine Einigungsgebühr aus dem Kostenwert an. 113

Beispiel:

Eingeklagt sind 10.000,– EUR. Der Schuldner bezahlt 6.000,– EUR, weil er die Berechtigung des Anspruchs in dieser Höhe nicht mehr anzweifelt. Der Rechtsstreit wird übereinstimmend teilweise für erledigt erklärt. Hinsichtlich des Restes einigt man sich auf 1.000,– EUR.

Die Einigungsgebühr fällt aus einem Gegenstandswert von 4.000,– EUR an.

Einseitige Erledigungserklärung. Auch im Falle einer nur einseitigen Erledigungserklärung gilt jedenfalls dann das gleiche, wenn man, wie hier (→ Anh. VI Rn. 209 ff.) der Ansicht folgt, dass bei einseitiger Erledigungserklärung für die danach anfallenden Gebühren der erledigte Teil beim Gegenstandswert nicht mehr zu berücksichtigen ist.[136] 114

Ohne ausdrückliche Erledigungserklärung. Wird der Rechtsstreit nicht ausdrücklich für erledigt erklärt, zB weil dies versehentlich unterlassen wurde, besteht aber kein Zweifel, dass beide Parteien von einer Erfüllung ausgegangen sind, zB weil ein Teil unbestritten bezahlt wurde, so bleibt der erfüllte Teil bei der Einigungsgebühr unberücksichtigt.[137] Es wäre Förmelei, auch aus diesem Teil eine Einigungsgebühr entstehen zu lassen. Unabhängig davon sollte natürlich in einem solchen Fall vor der Einigung der Streit teilweise für erledigt erklärt werden. 115

Erledigungserklärung nach Einigung. Ganz anders ist die Rechtslage, wenn sich die Parteien erst in der Hauptsache einigen und dann den Rechtsstreit für erledigt erklären. Jetzt berechnet sich die Einigungsgebühr aus dem vollen Hauptsachewert. Kommt noch eine Vereinbarung über die Kosten hinzu, so erhöht das den Gegenstandswert der Einigungsgebühr nicht. Dazu, wann durch Erledigungserklärungen eine Einigungsgebühr anfällt → Rn. 128. 116

c) Anerkenntnis und nachfolgende Einigung. ***aa) Nicht anhängiger Anspruch.*** **Einseitiges Anerkenntnis.** Erkennt der Schuldner, dem im Rahmen des Einigungsgesprächs klar wird, dass ein nicht anhängiger Anspruch des Gegners teilweise berechtigt ist, einen Teil an und macht er das nicht abhängig von einer Einigung hinsichtlich des Rests, so gehört das Anerkenntnis nicht zur Einigung. Bei einer anschließenden Einigung über den Rest entsteht die Einigungsgebühr nur aus einem reduzierten Gegenstandswert. 117

Der Meinung, dass die Einigungsgebühr aus dem vollen Wert zu berechnen ist, wenn eine Position erst im Rahmen der Einigungsgespräche unstreitig wird,[138] ist nicht zu folgen, wenn damit gemeint sein sollte, dass es einer Partei nicht möglich sein solle, im Laufe eines Einigungsgesprächs den Anspruch ganz oder teilweise unstreitig zu stellen und dann erst eine Einigung zu treffen. Einer Partei kann nicht die Möglichkeit genommen werden als Ergebnis der Diskussion über den Anspruch diesen zur Minimierung der Kosten einseitig ganz oder teilweise voll anzuerkennen und zwar unabhängig davon, ob man sich anschließend über den Rest oder eine Ratenzahlung einigt. Am deutlichsten wird dies, wenn in einem Prozess der Anspruch einseitig und bedingungslos anerkannt wird, Anerkenntnisurteil ergeht und dann Ratenzahlung vereinbart wird. 118

Anerkenntnis als Teil der Einigung. Wird aber zB besprochen, dass der Schuldner den Anspruch anerkennt und als Gegenleistung dafür der Gläubiger Ratenzahlung gewährt, so ist das Anerkenntnis Teil der Vereinbarung. In diesem Fall entsteht die Einigungsgebühr aus dem vollen Wert des Anspruchs. 119

Abgrenzungskriterien. Es kommt also darauf an, ob das Anerkenntnis bereits Teil der Vereinbarung ist oder ob es unabhängig von der Vereinbarung abgegeben wird. Hier kann es im Einzelfall Abgrenzungsprobleme geben. 120

---

[135] KG JurBüro 2007, 33; Mayer/Kroiß/*Klees* RVG VV 1000 Rn. 53.

[136] KG JurBüro 2007, 33 = RVGreport 2006, 477 mzustAnm *Hansens.*

[137] OLG Bamberg JurBüro 1990, 1619; OLG Hamburg MDR 1982, 63. Auf die übereinstimmende Erledigungserklärung stellt KG MDR 1972, 431 ab, ohne dass jedoch zum Ausdruck kommt, dass etwas anderes gelten soll, wenn die übereinstimmende Erledigungserklärung unterlassen wurde.

[138] Bischof/*Bischof* RVG VV 1000 Rn. 110.

121 Ein Indiz für ein isoliertes Anerkenntnis ist es, wenn formuliert wird: „Der Schuldner erkennt den Anspruch ganz (oder teilweise) an. Sodann schließen die Parteien folgenden Vergleich."

122 Hingegen ist davon auszugehen, dass auch das Anerkenntnis Teil der Vereinbarung ist, wenn aufgenommen wird: „Die Parteien einigen sich dahingehend, dass der Schuldner den Anspruch ganz oder teilweise anerkennt und der Gläubiger iÜ auf den Anspruch verzichtet (bzw. Ratenzahlung einräumt)."

123 ***bb) Anhängige Ansprüche.*** **Einseitiges Anerkenntnis mit Anerkenntnisurteil.** Hinsichtlich anhängiger Ansprüche kommt es bei einem einseitigen Anerkenntnis darauf an, ob vor der Einigung ein Anerkenntnisurteil ergangen ist. Wenn ja, so entsteht die Einigungsgebühr nur aus dem dann noch offenen Teil.

124 **Einseitiges Anerkenntnis ohne Anerkenntnisurteil.** Wird aber lediglich der anhängige Anspruch teilweise anerkannt und wird dann eine Einigung getroffenen, bevor ein Anerkenntnisurteil ergangen ist, sei es weil es nicht beantragt worden ist, sei es weil das Gericht trotz eines Antrages kein Anerkenntnisurteil hat ergehen lassen, so richtet sich der Gegenstandswert der Einigungsgebühr nach dem gesamten Wert des Verfahrens.[139] Es gilt hier dasselbe wie in den Fällen, in denen ein von vornherein unstreitiger Anspruch mit eingeklagt wird (→ Rn. 198 ff.).

125 Teilweise wird hier vertreten, dass die Einigungsgebühr nur aus dem nicht anerkannten Betrag anfällt.[140] Dem ist nicht zu folgen. Man mag darüber streiten, ob hinsichtlich des anerkannten Betrages der volle Betrag oder nur ein reduzierter Betrag wegen des Titulierungsinteresses als Gegenstandswert heranzuziehen ist. Ein Titulierungsinteresse wird man aber in jedem Fall berücksichtigen müssen, da durch die Einigung der Gläubiger einen Vollstreckungstitel erhält.

Beispiel:

Eingeklagt sind 10.000,– EUR. Der Schuldner erkennt 8.000,– EUR an, ohne dass ein Anerkenntnisurteil ergeht. Die Parteien einigen sich auf insgesamt 9.000,– EUR.

Die Einigungsgebühr fällt aus einem Gegenstandswert von 10.000,– EUR, nach der Gegenmeinung nur aus einen Gegenstandswert von 2.000,– EUR an.

4. Beseitigung

126 **a) Materiell-rechtliche Regelung.** Eine materiell-rechtliche Regelung, mit der der Streit oder die Ungewissheit beseitigt wird, führt zweifelsfrei zu einer Einigungsgebühr. Die Parteien einigen sich zB über den eingeklagten Kaufpreis.

127 **b) Prozessuale Regelung mit materiell-rechtlicher Auswirkung.** Erfolgt die Vereinbarung (→ Rn. 35) zu einer prozessualen Frage, hat sie aber auch bindende materiellrechtliche Auswirkungen, so besteht kein Zweifel, dass eine Einigungsgebühr anfällt.[141] Dem hat sich auch der BGH angeschlossen. Er hat es genügen lassen, dass über die Beendigung des gerichtlichen Verfahrens hinaus das Ausgangsrechtsverhältnis zu einem von mehreren strittigen Punkt geregelt wurde.[142]

128 Materielle Auswirkungen sind zB gegeben, wenn die Parteien übereinkommen,
- **beiderseits kein Rechtsmittel** einzulegen, da damit vereinbart ist, dass es materiellrechtlich bei der im Urteil ausgesprochenen Rechtslage bleiben soll,[143]
- dass der Beklagte ein **Versäumnisurteil** gegen sich ergehen lässt.[144] Allerdings wird dann häufig ein reines Anerkenntnis vorliegen,
- ein **Schiedsgutachten** zu erholen, dessen Ergebnis für den Rechtstreit verbindlich sein soll[145] und zwar auch dann, wenn es letztlich wegen Klagerücknahme nicht auf das Schiedsgutachten ankommt,[146]

---

[139] OLG Bamberg JurBüro 1990, 1619, wo allerdings noch die Gewährung einer Zahlungsfrist zusätzlich vereinbart wurde; HBS VergütungsR/*Hansens* Teil 6 Rn. 49.

[140] Schneider/Wolf/*Schafhausen/Schneider/Thiel* RVG VV 1000 Rn. 202.

[141] Mayer/Kroiß/*Klees* RVG VV 1000 Rn. 18.

[142] BGH NJW-RR 2006, 644 = MDR 2006, 391, zu § 23 BRAGO.

[143] Gerold/Schmidt/*von Eicken,* 17. Aufl. 2006, RVG VV 1000 Rn. 72.

[144] Gerold/Schmidt/*von Eicken,* 17. Aufl. 2006, RVG VV 1000 Rn. 72.

[145] KG MDR 1979, 592 = KostRspr BRAGO § 23 Nr. 8 mAnm *E. Schneider;* JurBüro 1985, 1499; Gerold/Schmidt/*von Eicken,* 17. Aufl. 2006, RVG VV 1000 Rn. 74; Schneider/Wolf/*Schafhausen/Schneider/Thiel* RVG VV 1000 Rn. 119; LAG Düsseldorf JurBüro 2000, 528 = MDR 2000, 976; **aA** OLG Stuttgart JurBüro 1984, 550 mablAnm *Mümmler;* Riedel/Sußbauer/*Fraunholz,* 8. Aufl. 2000, BRAGO § 23 Rn. 15.

[146] KG MDR 1979, 592 = KostRspr BRAGO § 23 Nr. 8 mAnm *E. Schneider;* JurBüro 1985, 1499; Schneider/Wolf/*Schafhausen/Schneider/Thiel* RVG VV 1000 Rn. 119.

– dass die Parteien die Sache **übereinstimmend für erledigt** erklären und dies auf einer Vereinbarung auch zum materiellen Recht beruht, zB weil sie sich in der Sache geeinigt haben.[147] etwa wenn sich die Parteien darauf einigen, dass ein Polizist entgegen dem angegriffenen Versetzungsbescheid am alten Ort bleiben darf, auch wenn der Bescheid selbst nicht aufgehoben wird.[148] Ein solcher Fall ist nach OLG Stuttgart weiter gegeben, wenn in einer Wohnungszuweisungssache die Eheleute sich wieder versöhnen und deshalb den Rechtstreit für erledigt erklären.[149] → Rn. 35, 129,
– dass beide Parteien bei der Rücknahme oder Erledigungserklärung gleichzeitig auf die ihren Klagen zu Grunde liegenden Ansprüche verzichten oder diese wenigstens stunden,[150]
– dass die Parteien sich in der Hauptsache und hinsichtlich der Kosten einer rechtskräftigen Sachentscheidung in einer gleichzeitig anhängigen **Parallelsache** unterwerfen,[151] bzw. die in einem parallelen Verfahren zu entscheidende Rechtsfrage als verbindlich vorgreiflich anerkennen (aber auch → Rn. 161),
– dass ein **Eilverfahren erledigt** sein und die Kostenentscheidung sich nach der Hauptsacheentscheidung richten soll. Hier wird die Streiterledigung in dem Eilverfahren auch nicht lediglich hinausgeschoben, sondern dieses Verfahren beendet,[152]
– dass ein **Verfügungsverfahren ruhen** soll, bis in der Hauptsache entschieden ist, und die Kosten des Verfügungsverfahrens der Kostenentscheidung im Hauptsacheverfahren folgen sollen. Damit kann der Verfügungsanspruch nicht mehr weiter verfolgt werden,[153]
– dass der Beklagte eine **Unterlassungserklärung** abgibt und der Kläger dann die Unterlassungsklage zurücknimmt,[154]
– dass der Antragsgegner sich zur Unterlassung einer Behauptung verpflichtet und das Verfahren dann übereinstimmend für erledigt erklärt wird; es liegt kein reines Anerkenntnis vor, da der Antragsteller auf einen Titel und auf Bestrafung bei Zuwiderhandlung verzichtet,[155]
– dass ein Rechtsstreit über einen **Erschließungsbeitragsbescheid** auf Grund von übereinstimmenden Erledigungserklärungen der Parteien beendet wird,[156]
– dass der Kläger, der die Bescheinigung seines Antrages auf Erteilung einer **unbefristeten Aufenthaltserlaubnis** vom Zeitpunkt der Antragstellung an begehrt hat, damit einverstanden ist, dass der Beklagte über seinen Antrag lediglich mit Wirkung für die Zukunft entscheidet; er verzichtet damit auf die Erlaubniserteilung für die frühere Zeit,
– dass der den Arzt belastende Widerspruchsbescheid aufgehoben wird und damit ein sozialgerichtliches Verfahren gegen einen **Widerspruchsbescheid der kassenärztlichen Vereinigung** beendet wird. Es schadet nicht, dass Vorgaben für das neue Widerspruchsverfahren nicht vereinbart sind. Für die Einigung reicht, dass das Ausgangsrechtsverhältnis in einem strittigen Punkt geregelt wurde. Der Widerspruchsbescheid ist aufgehoben und die kassenärztliche Vereinigung muss neu entscheiden.[157]

c) Rein prozessuale Regelung. Aber auch eine Einigung (→ Rn. 35) unmittelbar nur über prozessuale Regelungen kann eine Einigungsgebühr auslösen. Das ist der Fall **129**
– bei einer **Rücknahme der Klage einerseits und der Widerklage andererseits** ohne gleichzeitige Verzichtserklärungen,
– bei einer **übereinstimmenden Erledigungserklärung,** weil die Fortführung des Prozesses zu unübersichtlich und zu kostspielig ist, ohne zur Sache selbst eine Einigung zu treffen, → Rn. 35, 128,
– bei einer Vereinbarung, dass der Antragsteller den Antrag auf **einstweilige Verfügung zurücknimmt** und der Antragsgegner keinen Kostenantrag stellt, obgleich materiell-rechtlich nichts geregelt wird.[158]

---

[147] OLG Köln JurBüro 2006, 588.
[148] **AA** OVG Berlin-Brandenburg RVGreport 2012, 147 mablAnm *Hansens.*
[149] OLG Stuttgart FamRZ 2009, 144.
[150] OLG Köln MDR 2006, 539; JurBüro 2006, 588, beide zu Erledigungserklärung.
[151] LAG Düsseldorf JurBüro 2000, 528 = MDR 2000, 976.
[152] LAG Düsseldorf JurBüro 2000, 528 = MDR 2000, 976: *E. Schneider* Anm. zu KostRspr § 23 BRAGO Nr. 8.
[153] OLG Düsseldorf WRP 79, 555.
[154] Riedel/Sußbauer/*Fraunholz,* 8. Aufl. 2000, BRAGO § 23 Rn. 15.
[155] OLG Frankfurt a. M. JurBüro 1979, 53; VGH München RVGreport 2008, 385.
[156] OVG Münster AnwBl 1993, 639 = JurBüro 1994, 485.
[157] BGH NJW-RR 2006, 644 = MDR 2006, 391 = Rpfleger 2006, 98, zu § 23 BRAGO.
[158] OLG Koblenz JurBüro 2003, 637 = MDR 2004, 356.

130 Teilweise wird vertreten, die Verpflichtung zu einem bestimmten prozessualen Verhalten genüge nur, wenn durch dieses auch die materielle Rechtslage beeinflusst werde.[159] Sonst könnten die zurückgenommenen oder erledigten Ansprüche jederzeit wieder zum Gegenstand eines neuen Verfahrens gemacht werden.

131 Dem ist nicht zu folgen.[160] Der Begriff „Rechtsverhältnis" kann auch ein **Prozess-„rechtsverhältnis"** erfassen. Nach dem Sinn der Einigungsgebühr muss eine Einigungsgebühr auch anfallen, wenn ein Prozessrechtsverhältnis beendet wird. Meistens ist nicht zu erwarten, dass es nachfolgend noch einmal zu einem Streit kommen wird. Das ist bei einer Klagerücknahme oder übereinstimmenden Erledigungserklärung regelmäßig der Fall. Auch die gesteigerte Verantwortung des RA spricht für dieses Ergebnis. Eine solche Erklärung hat Folgen. Meistens ist de facto materiell-rechtlich der Streit damit abgeschlossen. In jedem Fall treten Konsequenzen für die häufig nicht geringen Verfahrenskosten ein.

132 **Schiedsgerichtsvereinbarung.** Sie löst keine Einigungsgebühr aus, wenn damit kein Rechtsstreit beendet wird. Sie sagt nur, wie im Weiteren verfahrensrechtlich fortgefahren werden soll.[161] Materiell-rechtlich wird der Streit auch nicht de facto beendet. Wenn damit aber ein Rechtsstreit beendet wird, so entsteht wegen der prozessrechtlichen und kostenrechtlichen Folgen eine Einigungsgebühr.

5. Unerheblichkeit der Bezeichnung

133 Die bloße Bezeichnung des geschlossenen Vertrages als Einigung oder Vergleich reicht für die Entstehung der Einigungsgebühr nicht aus, wenn in Wahrheit kein einen Streit oder eine Ungewissheit beseitigender Vertrag geschlossen wurde.[162]

134 Umgekehrt steht einer eine Einigungsgebühr auslösenden Einigung nicht entgegen, dass der Vertrag nicht als Einigung oder Vergleich bezeichnet wird.[163]

6. Kenntnis von Einigung

135 Unerheblich ist, ob die Parteien sich bewusst waren, eine Einigung iSv VV 1000 ff. RVG getroffen zu haben. Die Einigungsgebühr entsteht selbst dann, wenn das Gericht oder die Parteien meinen, keinen Einigungsvertrag geschlossen zu haben, zB da es an einem vollstreckbaren Inhalt fehlt,[164] obgleich ein solcher nicht Voraussetzung für eine Einigung iSv VV 1000 RVG ist.

VII. Teil- und Zwischeneinigung

136 Erfolgt nur eine Einigung über einen Teil des Streites, so richtet sich der Gegenstandswert der Einigungsgebühr nur nach dem Teil, über den man sich geeinigt hat.[165]

1. Abgrenzung Teil- von Gesamteinigung

137 Vorweg ist die Teileinigung von einer Gesamteinigung abzugrenzen.

138 Zahlt zB eine Haftpflichtversicherung auf eine Gesamtforderung nur einen Teilbetrag und erfolgt dann eine Einigung, mit der der gesamte Anspruch abgegolten sein soll, so kann eine Teil- oder aber eine Gesamteinigung gegeben sein.

139 **Vorschuss.** Zahlt der Schuldner lediglich einen Vorschuss, ohne anzuerkennen, dass der Anspruch jedenfalls in dieser Höhe besteht, so ist damit der Anspruch nicht unstreitig gestellt. Die Einigungsgebühr entsteht aus dem Gegenstandswert des gesamten Anspruchs.

Beispiel für Gesamtregelung:

Der Schuldner zahlt auf eine Forderung von 10.000,– EUR einen Vorschuss von 5.000,– EUR, ohne jedoch zu erklären, dass diese Zahlung endgültig sein soll, weil er in dieser Höhe den Anspruch nicht in Frage stelle. Anschließend einigen sich die Parteien auf 7.500,– EUR. Die Einigungsgebühr fällt aus einem Gegenstandswert von 10.000,– EUR an.[166]

---

159 OLG Köln MDR 2006, 539; VGH München RVGreport 2008, 385 mzustAnm *Hansens;* Riedel/Sußbauer/*Fraunholz,* 8. Aufl. 2000, BRAGO § 23 Rn. 15.

160 OLG Koblenz MDR 2006, 237; LAG Düsseldorf JurBüro 2000, 528 = MDR 2000, 976; offen gelassen BGH RPfleger 2006, 98.

161 Hartmann/Toussaint/*Forbringer* RVG VV 1000 Rn. 27 „Schiedsvereinbarung".

162 LAG Nürnberg JurBüro 2002, 528 = MDR 2002, 544; LAG Nds JurBüro 2001, 413 = MDR 2001, 654; Mayer/Kroiß/*Klees* RVG VV 1000 Rn. 40; BGH FamRZ 2005, 794 = NJW-RR 2005, 1303 = AnwBl 2005, 365 zur Vergleichsgebühr.

163 OLG Hamm RPfleger 1981, 32; Schneider/Wolf/*Schafhausen/Schneider/Thiel* RVG VV 1000 Rn. 39.

164 Schneider/Wolf/*Schafhausen/Schneider/Thiel* RVG VV 1000 Rn. 39.

165 Schneider/Wolf/*Schafhausen/Schneider/Thiel* RVG VV 1000 Rn. 104.

166 HBS VergütungsR/*Hansens* Teil 6 Rn. 48.

Endgültige Zahlung eines Teilbetrags. Gibt der Schuldner zu erkennen, dass er die von ihm vorgenommene Teilzahlung als seine Schuld endgültig anerkennt, so findet eine Einigung nur noch über den Restbetrag statt. **140**

Beispiel für Teilvereinbarung:

Zahlt im vorigen Fall der Schuldner 7.823,89 EUR mit der Erklärung, dass das der von ihm geschuldete Betrag ist, und einigen sich die Parteien dann über den Rest, so errechnet sich die Einigungsgebühr nur aus dem Rest.

2. Endgültige Regelung

Hier geht es um Vereinbarungen, in denen hinsichtlich eines Teils eine endgültige Regelung, also nicht nur für eine Zwischenzeit, geschaffen wird. **141**

a) Teileinigung über einen von mehreren Ansprüchen. ***aa) Entstehung einer Einigungsgebühr.*** Betrifft die Einigung einen von mehreren Ansprüchen oder einen aussonderbaren Teil eines Anspruchs, so fällt insoweit nach allgA eine Einigungsgebühr an. Die Auffassung, dass keine Einigungsgebühr anfallen soll, wenn die Einigung nur einen „unerheblichen Teil des Verfahrensgegenstandes" betrifft,[167] ist mit dem Gesetz, das eine solche Einschränkung nicht kennt, unvereinbar. **142**

Beispiele:

- Bei einer Unfallregulierung einigen sich die Parteien hinsichtlich des Schmerzensgeldanspruchs. Der Sachschaden bleibt streitig.
- Nach einem Unfall einigen sich die Parteien über den Wertverlust, streiten aber weiter über die Reparaturkosten.
- Die Eheleute vereinbaren, dass der Versorgungsausgleich nur aufgrund der erteilten innerstaatlichen Auskünfte durchgeführt wird, im Ausland erworbene Anwartschaften unberücksichtigt bleiben sollen.[168]

Eine Einigungsgebühr entsteht daher, **143**

- wenn sich die Parteien nur über die Hauptsache einigen, während über die **Kosten** entschieden werden soll.[169] Einigungsgegenstand ist in diesem Fall sogar die ganze Streitsache. Denn über die Hauptsache ist nicht mehr zu entscheiden. Dass über die Kosten noch entschieden werden muss, ist unschädlich. Die Kostenentscheidung umfasst in diesem Fall auch die Einigungsgebühren der beteiligten Anwälte,
- wenn die Parteien sich endgültig einigen, wer die **Kosten** eines einzuholenden Sachverständigengutachtens trägt,
- wenn sich die Parteien über den **Hilfsanspruch,** nicht aber über den Hauptanspruch einigen[170] und die Einigung über den Hilfsanspruch unabhängig davon, was zum Hauptanspruch entscheiden wird, Bestand haben soll. Soll die Vereinbarung aber nur gelten, wenn der Hauptanspruch zurückgewiesen wird, so wird die Einigung erst mit einer negativen Entscheidung zu diesem wirksam und entsteht die Einigungsgebühr erst dann,
- wenn ein Anspruch teilweise erlassen wird,[171]
- wenn sich die Eltern über das Sorgerecht von zwei Kindern einigen, nicht aber auch für das dritte Kind.[172] Wegen Gegenstandswert → Rn. 145.
- wenn eine Einigung über mehrere Ansprüche nur hinsichtlich **eines Anspruchs unwirksam** ist und sich über § 139 BGB ergibt, dass die Einigung hinsichtlich des anderen Anspruchs Bestand haben soll.

bb) Gegenstandswert. Der Gegenstandswert der Einigungsgebühr errechnet sich nur aus dem Wert des Teils, über den man sich geeinigt hat. Der Gegenstandswert der Einigungsgebühr ist dann niedriger als der der Geschäfts- oder Verfahrensgebühr. Anders ist es, wenn nach der Einigung nur noch die Kostenfrage offen bleibt. Die Einigungsgebühr fällt aus dem vollen Hauptsachewert an. **144**

Beispiel:

Bei einem Verkehrsunfall werden 10.000,– EUR für Sachschäden und 5.000,– EUR für Schmerzensgeld geltend gemacht. Hinsichtlich des Schmerzensgeldes vergleichen sich die Parteien
Die Einigungsgebühr errechnet sich nur aus einem Gegenstandswert von 5.000,– EUR.[173]

---

[167] OLG Düsseldorf RVGreport 2016, 461 mablAnm *Hansens.*
[168] OLG Karlsruhe AGS 2015, 125.
[169] OLG Köln AGS 2010, 218.
[170] Riedel/Sußbauer/*Fraunholz,* 8. Aufl. 2000, BRAGO § 23 Rn. 16.
[171] OLG München JurBüro 1999, 634 = MDR 1999, 1286.
[172] **AA** OLG Zweibrücken JurBüro 2005, 645.
[173] Schneider/Wolf/*Schafhausen/Schneider/Thiel* RVG VV 1000 Rn. 74.

Beispiel:

Die Parteien streiten nur darüber, ob ein Mietverhältnis (monatliche Miete 1.000,– EUR) zum ersten April oder zum ersten Juli beendet ist.
Die Einigungsgebühr fällt aus 3.000,– EUR an.[174]

Beispiel:

Eingeklagt sind 10.000,– EUR. Widerklage ist erhoben wegen eines Anspruchs über 5.000,– EUR. Die Einigung erfolgt nur hinsichtlich der Widerklage. Über den Rest soll das Gericht entscheiden.
Die Einigungsgebühr fällt aus einem Gegenstandswert von 5.000,– EUR an.

145 **Teileinigung über Sorgerecht.** Einigen sich die Eltern über das Sorgerecht für zwei Kinder, nicht aber auch für das dritte Kind, so kommen, wenn man den Gesamtwert des Verfahrens mit 4.000,– EUR (§ 45 FamGKG) annimmt, zwei Berechnungsmethoden in Betracht. Entweder man nimmt $^{2}/_{3}$ vom Gesamtwert von zB 4.000,– EUR oder aber den vollen Wert von 4.000,– EUR, da das der Wert auch für nur ein Kind ist.[175] ME ist der Quotelung der Vorzug zu geben. Der RA hat eine gesteigerte Verantwortung nur für einen Teil übernommen, das Gericht ist nur hinsichtlich eines Teils entlastet. Hat das Gericht den Gesamtgegenstandswert wegen der Mehrheit der Kinder erhöht, so kommt nur die Quotelungsmethode in Frage.

146 **b) Teileinigung über einen von mehreren Klagegründen.** Eine Teileinigung, die eine Einigungsgebühr auslösen kann, ist auch gegeben, wenn die Parteien vereinbaren, dass einer von mehreren Klagegründen dem Grunde und der Höhe nach gegeben ist.

Beispiel:

Nach einem Unfall einigen sich die Parteien, dass § 7 StVG gegeben ist und sich daraus ein bestimmter Anspruch ergibt; der Anspruch aus unerlaubter Handlung bleibt aber offen.[176]

147 **c) Teileinigung über ein Anspruchselement.** ***aa) Entstehung einer Einigungsgebühr.*** **Meinungsstand.** Sehr umstritten ist die Frage, was zu gelten hat, wenn sich die Parteien nur über ein Anspruchselement, zB zum Grund, nicht aber zur Höhe einigen.

1. Meinung. Teilweise wird hier eine Einigungsgebühr anerkannt. Dabei muss nach dieser Auffassung die Einigung nicht durch einen Prozessvergleich erfolgen. Es genügt eine einfache Vereinbarung.[177] Eine Einigungsgebühr wurde in folgenden Fällen bejaht:
- Die Parteien treffen eine Vereinbarung hinsichtlich des **Grundes,** zB hinsichtlich der Haftungsquote bei einem Verkehrsunfall, lassen aber die Höhe des Schadens offen.[178]
- Die Parteien einigen sich zur **Höhe** eines Anspruchs, zB zur Höhe von behaupteten Mängeln, überlassen aber die Frage, ob ein Anspruch überhaupt besteht, der gerichtlichen Entscheidung. Es kommt zu einem Urteil zugunsten des Klägers, bei dem die Vereinbarung zur Höhe zu Grunde gelegt wird.[179]
- Die Parteien einigen sich auf die **Wirksamkeit eines privatschriftlichen Vertrages,** der die Basis des geltend gemachten Anspruchs ist.[180]
- Die Beteiligten einigen sich, dass bei der Berechnung des Versorgungsausgleichs von bestimmten Startgutschriften auszugehen ist.[181]

148 **2. Meinung.** Dem steht die Auffassung gegenüber, dass eine Einigungsgebühr nicht anfällt. Die Fundstellen beziehen sich zwar auf Fundstellen, in denen eine Vereinbarung zur Höhe von Schäden getroffen wurde. Die Gründe sind aber so, dass sie auch für eine Vereinbarung zum Grund gelten müssten. Es liege lediglich eine Vereinfachung des Verfahrens vor.[182] Das zeige sich auch darin, dass durch die Einigung sich an den zu stellenden Anträgen nichts ändere.[183]

---

[174] Schneider/Wolf/*Schafhausen/Schneider/Thiel* RVG VV 1000 Rn. 74.

[175] **AA** OLG Zweibrücken JurBüro 2005, 645 = RVGreport 2005, 421 mablAnm *Hansens.*

[176] Riedel/Sußbauer/*Fraunholz,* 8. Aufl. 2000, BRAGO § 23 Rn. 16.

[177] OLG Hamm JurBüro 2002, 27 = OLGR 2002, 39.

[178] OLG Frankfurt a. M. VersR 1971, 945; Schneider/Wolf/*Schafhausen/Schneider/Thiel* RVG VV 1000 Rn. 119.

[179] OLG Hamm RVGreport 2002, 38 mzustAnm *Hansens;* Schneider/Wolf/*Schafhausen/Schneider/Thiel* RVG VV 1000 Rn. 119; **aA** OLG Köln MDR 1974, 1026.

[180] Für Einigungsgebühr OLG Koblenz JurBüro 1986, 1526 = KostRspr 23 BRAGO Nr. 40 mzustAnm *Lappe;* Schneider/Wolf/*Schafhausen/Schneider/Thiel* RVG VV 1000 Rn. 119; *Hansens* Anm. zu OLG Hamm RVGreport 2002, 38.

[181] OLG Hamm MDR 2012, 1468 = AGS 2012, 464 = RVGreport 2012, 459.

[182] Gerold/Schmidt/*von Eicken,* 17. Aufl. 2006, RVG VV 1000 Rn. 21; Riedel/Sußbauer/*Fraunholz,* 8. Aufl. 2000, BRAGO § 23 Rn. 16; s. a. OLG Dresden AGS 2012, 459 Rn. 25.

[183] OLG Köln MDR 1974, 1026.

3. Meinung. Teilweise wird differenziert. Bei einer Einigung dem **Grunde** nach entstehe eine Einigungsgebühr, bei einer nur zur **Höhe** nicht. Dann fehle es an einer endgültigen Regelung, weil – bspw. – im weiteren Grundverfahren die Klage abgewiesen werden könne.[184] **149**

Eigene Meinung. Grundsätzlich kann eine Einigungsgebühr anfallen. **150**

Der **Wortlaut** von VV 1000 RVG ist nicht eindeutig. Zwar spricht die Beseitigung eines Streites „über ein Rechtsverhältnis" eher dafür, dass eine Vorfrage für das Rechtsverhältnis nicht genügt. Das Rechtsverhältnis selbst bleibt dadurch streitig. Andererseits ist eine Einbeziehung einer Einigung nur hinsichtlich eines Anspruchselements mit dem Wortlaut auch nicht ganz unvereinbar. Mit Rechtsverhältnis könnte auch ein Teilelement gemeint sein. **151**

Teleologische Auslegung. Entscheidend ist auf den Sinn und Zweck der Einigungsgebühr abzustellen. Sie honoriert, dass mit der Einigung der RA eine besondere Verantwortung übernimmt und er sein Haftungsrisiko erhöht. Er überlässt die Entscheidung nicht einem Dritten, dem Gericht, sondern entscheidet selbst. Die Einigungsgebühr dient darüber hinaus auch der Entlastung der Justiz und der Sicherung des Rechtsfriedens. **152**

Wird zB ein Anspruch dem Grunde nach unstreitig gestellt, so übernimmt der RA eine besondere Verantwortung und entlastet in vielen Fällen, in denen zB eine umfangreiche Beweisaufnahme nötig wäre, die Justiz. Es entspricht daher dem Sinn und Zweck der Einigungsgebühr, sie auch in diesen Fällen entstehen zulassen. **153**

Stellt man auf den Sinn und Zweck ab, so ist es auch nicht erforderlich, dass über den Teil der Einigung ein selbständiges Urteil oder ein Teilurteil hätte ergehen können. Könnte aber über einen Teil ein solches Urteil ergehen, so ist das ein weiteres Argument dafür, dass die Einigung über diesen Teil eine Einigungsgebühr auslöst. Das gilt zB für eine Einigung dem Grunde nach. Hier hätte auch eine Feststellungsklage erhoben werden oder ein **Grundurteil** ergehen können. **154**

Schadenshöhe. Wird jedoch eine Einigung über einen Teil getroffen, der erst eine Bedeutung gewinnt, wenn eine andere Frage geklärt ist, so ist die Vereinbarung dahingehend zu verstehen, dass die Vereinbarung erst wirksam sein soll, wenn vorher eine andere Frage in einem bestimmten Sinn entschieden oder geregelt ist. Das ist zB der Fall bei einer Einigung nur über die Schadenshöhe. Wenn hier wegen der Ungewissheit, ob es auf den Einigungsgegenstand überhaupt ankommt, teilweise eine Einigungsgebühr schlechthin abgelehnt wird,[185] so geht das über das Erforderliche hinaus. Andererseits würde eine sofortige Entstehung einer Einigungsgebühr dem Umstand nicht Rechnung tragen, dass ungewiss ist, ob diese Einigung überhaupt relevant wird. Die Einigungsgebühr entsteht daher nur, wenn die Einigung zum Tragen kommt. Wegen Einigung zum Hilfsanspruch → Anh. VI Rn. 275. **155**

bb) Abgrenzung zur einseitigen Erklärung. Betreffen die Erklärungen der Parteien nur ein Anspruchselement, so ist allerdings in jedem Einzelfall besonders sorgfältig zu prüfen, ob wirklich eine Einigung oder nicht lediglich ein einseitiges Nicht(mehr)bestreiten oder einseitiges Geständnis vorliegt. **156**

Beispiel:

Eine einseitige Erklärung ist gegeben, wenn ohne eine vorherige Absprache mit dem Gegner der Beklagte erklärt, dass er die Schadenshöhe nicht mehr bestreitet. Das gilt sogar, wenn er einseitig erklärt, dass er den Schaden bis zu einer gewissen Höhe nicht mehr bestreitet und der Kläger darauf einseitig hinsichtlich des weiter bestehenden Teils die Klage zurücknimmt.

Andererseits ist nicht erforderlich, dass sich aus dem Protokoll die Einigung ergibt. Eine Einigungsgebühr entsteht auch, wenn im Protokoll nur einseitige Erklärungen zu finden sind, diese aber auf einer außergerichtlichen oder im Termin getroffenen Vereinbarung zwischen den Parteien beruhen. Die erstattungsberechtigte Partei sollte aber sicherstellen, dass sich eine Einigung aus dem Protokoll ergibt, da andernfalls in der Kostenfestsetzung die Glaubhaftmachung Schwierigkeiten bereiten kann. **157**

cc) Gegenstandswert. Bei einer Einigung über ein Anspruchselement muss beim Gegenstandswert jedoch berücksichtigt werden, dass nicht das gesamte Verfahren erledigt ist.[186] Bei einer Einigung zum Grunde bietet sich ein 20%-Abschlag wie bei einer Feststellungsklage an.[187] **158**

d) Einigung über Rest eines Anspruchs. → Rn. 112 ff. **159**

---

[184] *E. Schneider* Anm. zu KostRspr § 23 BRAGO Nr. 8.
[185] OLG Köln MDR 1974, 1026; *E. Schneider* Anm. zu KostRspr § 23 BRAGO Nr. 8.
[186] OLG Hamm MDR 2012, 1468 = AGS 2012, 464; *Lappe* Anm. zu KostRspr § 23 BRAGO Nr. 40.
[187] *Lappe* Anm. zu KostRspr § 23 BRAGO Nr. 40.

160 **e) Zwischeneinigung mit endgültiger Regelung.** Werden für ein Zwischenstadium Vereinbarungen getroffen, die auch für den Fall der endgültigen Regelung ihre Gültigkeit behalten sollen, liegt nach einhM eine (ggf. Teil-)Einigung vor.

Beispiele:

- Während des Schwebens eines Herausgabeprozesses vereinbaren die Parteien, dass der Beklagte für die Nutzung des Gegenstandes, dessen Herausgabe begehrt wird, einen bestimmten Betrag entrichtet, bei dem es auch dann verbleiben soll, wenn der Klage stattgegeben oder wenn sie abgewiesen werden sollte.[188]
- Der Kläger hatte vom Beklagten, von dem er Eigentumswohnungen gekauft hatte, die Abgabe einer Hypothekenlöschungsbewilligung verlangt. Der Beklagte machte die Abgabe von der Zahlung von 250.000 DM abhängig. Streitig war ua, ob ein entscheidungserheblicher, nicht notariell beurkundeter Vertrag wirksam war und welchen Wert von der Klägerin durchgeführte Umbauarbeiten hatten. Die Parteien vereinbarten, dass der Kläger Zug um Zug gegen die Aushändigung einer Bankbürgschaft von 250.000 DM und der Herausgabe der Lösungsbewilligung durch den Beklagten 250.000 DM zahlt. Ein Rückzahlungsanspruch sollte bestehen, wenn und soweit sich ergeben sollte, dass durch den Umbau und den Verkauf der Eigentumswohnungen kein Gewinn entstanden ist.[189] Hier lag teilweise eine endgültige Regelung vor. Der Kläger sollte die Löschungsbewilligung unbedingt bekommen. Es blieb nur noch offen, ob dafür eine Gegenleistung von 250.000 DM geschuldet war oder nicht. Den Gegenstandswert hat OLG Karlsruhe mit dem vollen Wert der Hauptsache angenommen, da die Einigung den gesamten Streitwert des Verfahrens betroffen hat.[190]

161 **f) Vereinbarung zur Prozessführung ohne Verfahrensbeendigung.** Eine rein prozessuale Vereinbarung, die nicht den ganzen Rechtsstreit erledigt und keine Auswirkung auf das materielle Recht hat, löst keine Einigungsgebühr aus. Es genügt also nicht eine Vereinbarung,

- dass eine Partei **Berechnungsmaterial** vorlegt,[191]
- dass das Gericht zuständig ist,[192]
- dass der Streitstoff auf **bestimmte Angriffs- oder Verteidigungsmittel** (zB einen Zeugen) zwecks Vereinfachung des Rechtsstreits beschränkt wird (bloßes Vereinfachen des Verfahrens).[193]
- dass der Rechtsstreit einstweilen nicht weiter geführt wird oder dass ein besonderer Schwebezustand gelten soll;[194] was auch dann gilt, wenn der Kläger dabei eine Klagerücknahme in Aussicht gestellt hat und die Klage dann auch zurückgenommen wird,[195]
- dass der Rechtsstreit ruhen soll, bis in einem **Parallelverfahren**[196] oder Musterprozess entschieden ist (anders wenn eine Bindung an das Ergebnis des anderen Verfahrens vereinbart wird → Rn. 128),
- dass zunächst einmal Einigungsversuche beim Jugendamt unternommen werden sollen.[197]

162 Hier lässt sich schon rein begrifflich kaum noch von einer Beseitigung eines Streits oder einer Ungewissheit über ein Rechtsverhältnis reden.

3. Vorübergehende materiell-rechtliche Regelung

163 **a) Entstehung einer Einigungsgebühr.** Sollen Vereinbarungen zum materiellen Recht nur vorübergehend gelten, etwa bis zur Verkündung der Hauptsacheentscheidung, so sind die Meinungen geteilt.

164 **Meinungsstand.** Teilweise wird zB eine Einigungsgebühr abgelehnt, wenn das **Umgangsrecht** nur bis zur abschließenden Entscheidung des Gerichts in einer bestimmten Weise geregelt wird.[198] Etwas anderes soll nur gelten, wenn die vorübergehende Einigung zur beständigen

---

[188] Gerold/Schmidt/*von Eicken,* 17. Aufl. 2006, RVG VV 1000 Rn. 20; Hartmann/Toussaint/*Forbringer* RVG VV 1000 Rn. 27 „Zwischeneinigung"; *Hansens* Anm. zu OLG Hamm RVGreport 2002, 38.

[189] OLG Koblenz JurBüro 1986, 1526.

[190] OLG Koblenz JurBüro 1986, 1526.

[191] OLG Karlsruhe JurBüro 1988, 1665.

[192] Riedel/Sußbauer/*Fraunholz,* 8. Aufl. 2000, BRAGO § 23 Rn. 16; **aA** Hartmann/Toussaint/*Forbringer* RVG VV 1000 Rn. 27 „Zuständigkeit".

[193] OLG Hamm JurBüro 2002, 27 = OLGR 2002, 39; Gerold/Schmidt/*von Eicken,* 17. Aufl. 2006, RVG VV 1000 Rn. 76.

[194] Gerold/Schmidt/*von Eicken,* 17. Aufl. 2006, RVG VV 1000 Rn. 20.

[195] OLG Bamberg JurBüro 2008, 646.

[196] LAG Düsseldorf JurBüro 2000, 528 = MDR 2000, 976.

[197] KG FamRZ 2011, 245.

[198] **Verneinend** OLG Celle FamRZ 2009, 715 = NJW-RR 2009, 1230; OLG Düsseldorf JurBüro 2019, 23 = AGS 2019, 392; OLG Hamm JurBüro 2013, 242; zur BRAGO: OLG Brandenburg AGS 2003, 206 mablAnm *N. Schneider;* OLG Karlsruhe JurBüro 1998, 591 = FamRZ 1999, 388; OLG Köln AGS 2012, 62; **bejahend** OLG Oldenburg NJW 2013, 1613 = FamRZ 2014, 1939; OLG Saarbrücken FamRZ 2012, 1578 = NJW-RR 2012, 522 = RVGreport 2012, 180 mit zweifelnder Anm. *Hansens* bei Regelung und nachfolgender Mediation;

Grundlage für weitere zukünftige Umgangskontakte gemacht wurde und aktenkundig aus diesem Grund das Verfahren ohne eine abschließende Entscheidung des Gerichts geendet hat.[199] Eine Einigungsgebühr wird auch verneint bei einem Zwischenvergleich zur **elterlichen Sorge.**[200]

Hingegen wird eine Einigungsgebühr bejaht, **165**
- bei einer **Unterhaltsregelung** in einem Unterhaltsverfahren für die Zeit bis zur gerichtlichen Entscheidung,[201]
- bei einer Vereinbarung über die Aussetzung der **Verzinsung** bis zum Prozessende,[202]
- bei einer **Benutzungsregelung** bis zum Prozessende in einem Herausgaberechtsstreit;[203] die Benutzungsregelung stelle bereits eine teilweise Befriedigung des rechtshängigen Anspruchs dar,[204]
- bei einer Einigung, dass eine einstweilige Verfügung Bestand haben sollen, **bis in der Hauptsache** entschieden ist,[205]
- bei einem befristeten Verzicht auf die Einrede der **Verjährung.**[206]

Unerheblich soll dabei sein, ob sich die Parteien auch hinsichtlich der Kosten einigen.[207]

Eigene Meinung. Es ließe sich gegen eine Einigungsgebühr anführen, dass der RA nicht **166** in gleicher Weise wie bei einer endgültigen Regelung eine Verantwortung übernimmt und in vielen Fällen eine Erleichterung für das Gericht nicht eintritt. Dennoch ist jedenfalls dann eine Einigungsgebühr anzunehmen, wenn in Wahrheit eine Regelung hinsichtlich des gesamten Anspruchs getroffen wird, jedoch beschränkt auf einen bestimmten Zeitraum. Dann liegt ein Fall einer Teileinigung vor.

Erst recht ist eine Einigungsgebühr gerechtfertigt in den Fällen, in denen die vorübergehende Regelung zum Gegenstand eines besonderen Antrags (auf einstweilige Verfügung oder einstweilige Anordnung) hätte gemacht werden können, über den unabhängig von der Hauptsache hätte entschieden werden müssen.[208] Dann liegt auch eine Erleichterung für das Gericht vor. Außerdem spart in diesem Fall eine solche Vereinbarung den Parteien den Weg über ein gesondertes Eilverfahren, das eine besondere Angelegenheit darstellt (§ 17 Nr. 4 RVG) und damit zu weit höheren Kosten führt. **167**

Aus den vorgenannten Gründen fällt jedenfalls in den oben genannten Fällen des Unterhaltsrechts, der Benutzungsregelung und der Aussetzung der Verzinsung eine Einigungsgebühr an. **168**

Kindschaftssachen. Bei diesen ist streitig, ob in einem rechtshängigen Verfahren bei einer **168a** Zwischeneinigung über den rechtshängigen Gegenstand, die nicht in der Form eines gerichtlich gebilligten Vergleichs (§ 156 Abs. 2 FamFG) ergeht und auch nicht in einer Entscheidung des Gerichts übernommen wird, eine Einigungsgebühr anfällt. Dies kann zweifelhaft sein, weil VV 1003 Anm. 2 RVG für den Fall, dass der Vergleich nicht gerichtlich gebilligt wird oder keine mit dem Vergleich übereinstimmende Entscheidung ergeht als weitere Alternative vorsieht, dass durch die Einigung eine gerichtliche Entscheidung entbehrlich wird (VV 1003 Alt. 2 von Anm. 2 RVG). Mit der Begründung, dass ein Zwischenvergleich nicht zu dieser Entbehrlichkeit führe, wird teilweise die Entstehung einer Einigungsgebühr verneint.[209] Andere lassen hier eine 1,0 Einigungsgebühr entstehen.[210] Eine dritte Meinung stellt darauf ab, ob im konkreten

---

OLG Zweibrücken FamRZ 2014, 1939 = AGS 2014, 269 mzustAnm *Thiel;* wohl Schneider/Wolf/*Schafhausen/Schneider/Thiel* RVG VV 1003 Rn. 17 ff.; zur BRAGO: KG FamRZ 2004, 1736 = JurBüro 2004, 424.

[199] OLG Köln AGS 2009, 383 mablAnm *N. Schneider.*

[200] OLG Köln AGS 2012, 62.

[201] Hartmann/Toussaint/*Forbringer* RVG VV 1000 Rn. 27 „Zwischeneinigung"; Riedel/Sußbauer/*Fraunholz,* 8. Aufl. 2000, BRAGO § 23 Rn. 15, wenn kein Eilverfahren anhängig ist.

[202] Riedel/Sußbauer/*Fraunholz,* 8. Aufl. 2000, BRAGO § 23 Rn. 15.

[203] Riedel/Sußbauer/*Fraunholz,* 8. Aufl. 2000, BRAGO § 23 Rn. 15; *E. Schneider* Anm. zu KostRspr § 23 BRAGO Nr. 8.

[204] *E. Schneider* Anm. zu KostRspr § 23 BRAGO Nr. 8.

[205] Hartmann/Toussaint/*Forbringer* RVG VV 1000 Rn. 27 „Arrest, einstweilige Verfügung".

[206] Riedel/Sußbauer/*Fraunholz,* 8. Aufl. 2000, BRAGO § 23 Rn. 15.

[207] Hartmann/Toussaint/*Forbringer* RVG VV 1000 Rn. 27 „Teileinigung".

[208] OLG Koblenz FamRZ 2017, 319 = AGS 2017, 500; OLG Oldenburg NJW 2013, 1613 = FamRZ 2014, 1939; OLG Zweibrücken FamRZ 2014, 1939 = AGS 2014, 269 mzustAnm *Thiel.*

[209] OLG Hamm JurBüro 2013, 242 (zu Aufenthaltsbestimmungsrecht) = RVGreport 2013, 146 mzustAnm *Hansens* = AGS 2013, 226 mzustAnm *Thiel; Hansens* Anm. zu OLG Zweibrücken RVGreport 2014, 272; Gerold/Schmidt/*Müller-Rabe,* 21. Aufl. 2013, RVG VV 1000 Rn. 168a.

[210] OLG Celle AGS 2015, 446; OLG Dresden JurBüro 2016, 130 = NZFam 2016, 82 = RVGreport 2016, 60 mzustAnm *Hansens;* OLG Hamburg JurBüro 2020, 477 = RVGreport 2020, 382 mzustAnm *Hansens;* KG

Fall mit einer gewissen Wahrscheinlichkeit mit einem Verfahren, zB einem Verfahren auf einstweilige Anordnung speziell zu dem Gegenstand, über den man sich geeinigt hat, zu rechnen war. Die bloße abstrakte Möglichkeit, dass zu diesem Gegenstand auch ein Eilverfahren eingeleitet werden könnte, soll nicht genügen.[211]

168b Der zweiten Meinung, wonach eine 1,0 Einigungsgebühr anfällt, ist zu folgen. Gemeint mit der Alt. 2 der Anm. 2 zu VV 1003 RVG ist der Fall, dass sich die Parteien zB dahingehend einigen, dass der Antrag zurückgenommen wird, wofür dem Antragsgegner irgendeine Gegenleistung geboten wird. Hier will das Gesetz klarstellen, dass eine Einigungsgebühr angefallen ist, obwohl weder § 156 Abs. 2 FamFG gegeben noch eine korrespondierende Gerichtsentscheidung ergangen ist. Nicht soll damit bei einer Zwischeneinigung eine Einigungsgebühr ausgeschlossen werden. Die Frage einer Zwischeneinigung hat der Gesetzgeber dabei nicht gesehen. Dafür spricht, dass sonst ein sehr merkwürdiges Ergebnis herauskäme. Streiten die Eltern vorgerichtlich über das Sorgerecht und einigen sie sich dann, dass ein Gutachten erholt werden soll und dass bis dahin das Sorgerecht in einer bestimmten Weise geregelt werden soll, so wäre gem. VV 1000 Anm. 5 S. 2 RVG eine Einigungsgebühr angefallen. Diese Anm. kennt die Einschränkung, dass eine gerichtliche Entscheidung entbehrlich wird, nicht. Ebenso würde eine Einigungsgebühr anfallen, wenn in einem Sorgerechtsverfahren die Beteiligten sich hinsichtlich des Umgangsrechts für die Zeit bis zu einer Entscheidung zum Sorgerecht einigen würden. Auch hier wäre VV 1000 Anm. 5 S. 2 RVG und nicht VV 1003 Anm. Abs. 2 RVG anzuwenden, da ein Umgangsrechtsverfahren nicht anhängig ist. Es ist kaum möglich, einen Grund zu finden, warum in diesen beiden Fällen eine Einigungsgebühr entstehen soll, bei einem Zwischenvergleich über eine rechtshängige Kindschaftssache aber nicht.[212]

168c Auf jeden Fall ist die Meinung abzulehnen, die im Einzelfall prüfen will, wie nahe man an einem gesonderten Verfahren hinsichtlich des Einigungsgegenstandes war. Zum einen liegt es aus dem systematischen Zusammenhang heraus nahe, dass mit der gerichtlichen Entscheidung, die entbehrlich werden soll, eine Entscheidung in dem Verfahren, das anhängig ist, gemeint ist und nicht ein etwa noch einzuleitendes Verfahren. Sieht man das anders, so fehlt jeder Anhaltspunkt dafür, dass darauf abzustellen sein sollte, wie nah ein gerichtliches Verfahren bevorsteht. Außerdem ruft diese Meinung eine große Unsicherheit hervor, weil in vielen Fällen sehr unklar sein wird, wie nah man an einem weiteren Verfahren war.

169 **b) Gegenstandswert.** Hier kann eine Orientierung an den Gegenstandswerten in Eilverfahren erfolgen.[213] Diese sind jedoch etwas zu erhöhen. Bei einem Eilverfahren kann eine Entscheidung leichter abgeändert werden als bei einer verbindlichen Vereinbarung.

VIII. Anerkenntnis und Verzicht (Anm. Abs. 1 S. 1 letzter Halbsatz)

170 Nach Anm. Abs. 1 S. 1 letzter Halbsatz entsteht die Einigungsgebühr nicht, wenn sich der Vertrag ausschließlich auf ein Anerkenntnis oder einen Verzicht beschränkt.

1. Vertrag

171 **a) Ohne Vertrag.** Anerkenntnis und Verzicht können durch bloße einseitige Erklärungen erfolgen. Dann fehlt es an einem Vertrag, weshalb schon deshalb eine Einigungsgebühr nicht anfallen kann. In diesem Fall bedarf es nicht der Einschränkung, dass nur ein reines Anerkennen oder Verzichten keine Einigungsgebühr auslöst.

172 **b) Mit Vertrag.** Ein bloßes Anerkenntnis oder ein bloßer Verzicht kann aber auch Gegenstand eines Vertrages sein. Vereinbaren die Parteien, dass der Kläger die Klage zurücknimmt und der Beklagte dem die erforderliche Zustimmung erteilt, so ist ein Vertrag gegeben.[214] Hier kommt es jetzt noch darauf an, ob ein reines Anerkenntnis oder ein reiner Verzicht gegeben ist. Zur Abgrenzung einseitige Erklärung und Vertrag → Rn. 41 ff.

FamRZ 2014, 1940; OLG Koblenz FamRZ 2017, 319 = AGS 2017, 500; OLG Oldenburg NJW 2013, 1613, zu Aufenthaltsbestimmungsrecht = FamRZ 2014, 1939; *Thiel* Anm. I zu OLG Zweibrücken AGS 2014, 269, zu Umgangsrecht; OLG Saarbrücken FamRZ 2012, 1578; ebenso grds. OLG Celle RVGreport 2015, 260, vorausgesetzt, dass sich die vorläufige Einigung auf einen bestimmten Zeitraum zieht (zu Umgangsrecht).

[211] OLG Celle FamRZ 2016, 255, zu Aufenthaltsbestimmungsrecht.

[212] OLG Hamburg RVGreport 2020, 382.

[213] OLG Celle AGS 2015, 446.

[214] BGH NJW-RR 1987, 307.

2. Prozessual und materiell-rechtlich

Bei einem reinen Anerkenntnis oder reinen Verzicht scheidet eine Einigungsgebühr unabhängig davon aus, ob sie prozessualer oder materiell-rechtlicher Natur sind.[215] Betroffen ist also sowohl der Fall, in dem in einem gerichtlichen Verfahren ein prozessuales Anerkenntnis erklärt wird, als auch der Fall, in dem ohne eine solche prozessuale Erklärung (zB außergerichtlich) der Anspruch materiell anerkannt wird. **173**

3. „Nachgeben", „Entgegenkommen", „Zugeständnis" unerheblich

Abweichende Meinung. Zwar wird heute allgemein anerkannt, dass ein gegenseitiges Nachgeben nicht mehr erforderlich ist. Dennoch wird von vielen weiterhin vertreten, dass ein geringfügiges „Entgegenkommen" bzw. „Zugeständnis" nötig sei, da sonst ein bloßes Anerkenntnis oder ein bloßer Verzicht vorliege.[216] **174**

Argumente gegen diese Meinung. Dieser Auffassung ist nicht zu folgen. Das ergibt sich bereits daraus, dass sich sonst hinsichtlich des Nachgebens im Verhältnis zu § 23 BRAGO entgegen der erklärten Absicht des Gesetzes nichts ändern würde. Bereits beim gegenseitigen Nachgeben war allgemein anerkannt, dass keine zu hohen Anforderungen zu stellen sind. Es genügte jedes Zugeständnis der Parteien, mochte es auch ganz geringfügig gewesen sein.[217] Das geringfügige Entgegenkommen oder Zugeständnis wird heute aber genauso umschrieben wie bislang das gegenseitige Nachgeben.[218] Es wurde nur das Wort Nachgeben durch die Worte Entgegenkommen bzw. Zugeständnis ersetzt, ohne dass jemand zu erklären vermocht hätte, worin der Unterschied liegen soll. **175**

Gegen diese Meinung spricht weiter, dass bei der **Ratenzahlungsvereinbarung in der Zwangsvollstreckung** eine Einigungsgebühr entsteht und zwar auch dann, wenn der Schuldner keine neue Sicherung einräumt. Daran, dass dem so ist, kann nach der Neufassung des VV 1000 Anm. Abs. 1 S. 1 Nr. 2 RVG kein Zweifel mehr bestehen (→ Rn. 234). **176**

Dasselbe galt aber auch schon vor dem 2. KostRMoG (→ Rn. 245a). **177**

Völlige Unerheblichkeit eines Entgegenkommens. All diese Probleme entfallen, wenn man den Wortlaut und Sinn des Ausschlusses der Einigungsgebühr bei reinem Anerkenntnis oder Verzicht richtig versteht. Diese Regelung verlangt nur, dass etwas **inhaltlich anderes** als ein Anerkenntnis oder Verzicht vereinbart wird. Wird das Rechtsverhältnis inhaltlich durch die Vereinbarung geändert, wie das zB bei einer Ratenzahlungsvereinbarung der Fall ist, so ist eben mehr geschehen als anerkannt oder verzichtet worden. Es ist etwas Neues geschaffen worden. Es kann dann aber keine Rede davon sein, dass ausschließlich anerkannt oder verzichtet worden ist. Das Gesetz schließt eine Einigungsgebühr aber nur aus, wenn „ausschließlich" anerkannt oder verzichtet wurde. Das **BAG** drückt es zutreffend so aus: Ein bloßes Anerkenntnis oder ein bloßer Verzicht ist lediglich dann gegebenen, wenn die vertragliche Regelung materiell-rechtlich keine weitergehenden Wirkungen hat, als sie an ein Anerkenntnis- oder Verzichtsurteil nach den §§ 306, 307 ZPO geknüpft werden. Darüber hinausgehende Vereinbarungen lösen die Einigungsgebühr aus.[219] In die gleiche Richtung gehend fällt nach dem **BGH** eine Einigungsgebühr immer dann an, wenn ein Streit oder eine Uneinigkeit der Parteien über ein Rechtsverhältnis vertraglich beendet wird, ohne dass der Vertrag sich ausschließlich auf ein Anerkenntnis oder einen Verzicht beschränkt. Auf ein gegenseitiges Nachgeben kommt es nicht an.[220] **178**

So ausgelegt unterscheidet sich die Einigungsgebühr ganz erheblich von der früheren Vergleichsgebühr, wie es das Gesetz auch wollte. **179**

Rspr. und Lit. zu gegenseitigem Nachgeben. Da die Frage, ob nicht noch ein geringfügiges Entgegenkommen oder Nachgeben erforderlich ist, noch nicht abschließend geklärt ist und da Einigkeit besteht, dass jedenfalls ein geringfügiges Entgegenkommen für eine Einigungsgebühr ausreicht, kann die Rspr. und Lit. zum gegenseitigen Nachgeben auch heute noch weiterhelfen. Immer wenn hiernach ein gegenseitiges Nachgeben anzunehmen ist, liegt jedenfalls und unabhängig von den oben behandelten Meinungsunterschieden kein bloßes **180**

---

215 Bischof/*Bischof* RVG VV 1000 Rn. 88 ff.

216 OLG Koblenz JurBüro 2012, 469 = AGS 2012, 557; 2006, 638; LAG Köln NZA-RR 2006, 44; Schneider/Wolf/*Onderka/Schafhausen/Schneider/Thiel* RVG VV 1000 Rn. 31; Schneider/Herget/*Kurpat* Rn. 5476.

217 BGH AnwBl 2005, 365 = FamRZ 2005, 794 = JurBüro 2005, 309; OLG München JurBüro 1999, 634.

218 LAG Köln NZA-RR 2006, 44; Gerold/Schmidt/*von Eicken,* 17. Aufl. 2006, RVG VV 1000 Rn. 27; Schneider/Wolf/*Onderka/Schafhausen/Schneider/Thiel* RVG VV 1000 Rn. 64.

219 BAG NJW 2006, 1997 = NZA 2006, 693, zum RVG.

220 BGH FamRZ 2009, 43.

Anerkenntnis oder bloßer Verzicht vor. Es wird daher im Folgenden kurz diese Rspr. und Lit. dargestellt.[221]

181 Ein ausreichendes Entgegenkommen wurde angenommen,
- wenn der Kläger verspricht, die **Klage zurückzunehmen** für den Fall, dass der Beklagte sofort einen Teilbetrag zahlt oder eine andere Leistung erbringt,[222]
- wenn vereinbart (!) ist, dass der Kläger die Klage zurücknimmt und der Beklagte die erforderliche Zustimmung erteilt;[223] die Gegenleistung des Beklagten besteht darin, dass er dem Kläger die Möglichkeit einräumt, die Klage neu zu erheben,
- wenn hinsichtlich der **Zinsen oder Kosten** nachgegeben wird,[224] zB der Gegner des Anerkennenden übernimmt vereinbarungsgemäß auch einen Teil der Kosten,
- wenn in einem gerichtlichen Verfahren, in dem der Schuldner den Anspruch nicht bestreitet, sondern nur eine Ratenzahlung anstrebt, **ein Ratenzahlungsvergleich** vereinbart wird. Zwar kann der Schuldner den Erlass eines rechtskräftigen Urteils letztlich nicht verhindern. Er verzichtet jedoch darauf, mit prozessualen Mitteln zumindest vorübergehend einen Titel hinauszuzögern.[225] Demgegenüber hat OLG Hamm in der gleichen Situation eine Einigungsgebühr verneint, da allein die Regulierung unstreitiger Verbindlichkeiten nicht der Beilegung eines Streites diene,[226]
- wenn der Beklagte den Anspruch anerkennt, und ihm dafür der Kläger einen **Teil der Forderung erlässt,** wenn ein bestimmter Betrag bis zu einem bestimmten Zeitpunkt gezahlt wird; ob dann die Zahlung erfolgt, ist unerheblich,[227]
- wenn im Rahmen einer arbeitsrechtlichen **Kündigungsschutzklage** vereinbart wird, dass die Kündigung mit Zustimmung des Arbeitnehmers zurückgenommen und das Arbeitsverhältnis zu den bisherigen Bedingungen unverändert fortgesetzt wird.[228] Bei einer bloßen Rücknahme der Kündigung durch den Arbeitgeber kann der Arbeitnehmer grds. seine Kündigungsschutzklage fortführen und eine Auflösungsanklage nach § 9 KSchG erheben. Diese Möglichkeit ist dem Arbeitnehmer durch die Vereinbarung genommen,[229]
- wenn die Gegenleistung des Klägers lediglich darin besteht, dass er sein Ziel **aufgibt, eine der Rechtskraft fähige Entscheidung** zu erhalten,[230] wenn sich zB der Beklagte verpflichtet zu zahlen und die Kosten zu tragen und der Kläger verspricht, dafür die Klage zurückzunehmen,[231]

4. Berücksichtigung von Motiven bei Anerkenntnis oder Verzicht

182 OLG Stuttgart hat bei einer vollständigen Zustimmung zu einem Antrag (Umgangsrecht) eine Einigungsgebühr anerkannt, weil im Hintergrund der Einigung das Motiv gestanden habe, die Eltern-Kind-Beziehung aufrechtzuerhalten und zu verbessern. Dem ist nicht zu folgen. Derartige reine Motive, die auch in anderem Zusammenhang eine Rolle spielen können (zB Aufrechterhaltung der Geschäfts- oder Nachbarbeziehung) und iÜ auch häufig schwer feststellbar sind, ändern nichts daran, dass ein Anspruch voll anerkannt wird, ohne dass der Anspruch in irgendeiner Weise modifiziert wird.[232]

5. Gegenseitige Anerkenntnisse oder Verzichte

183 **a) Entstehung einer Einigungsgebühr.** Nur einseitige, nicht aber auch gegenseitige Anerkenntnisse oder Verzichte stehen einer Einigungsgebühr entgegen.[233]

---

[221] BGH FamRZ 2009, 43.

[222] OLG Koblenz JurBüro 2006, 638 = AGS 2006, 539.

[223] **AA** OLG München MDR 1985, 327.

[224] OLG Düsseldorf FamRZ 2010, 63 = AnwBl 2009, 72; Gerold/Schmidt/*von Eicken,* 17. Aufl. 2006, RVG VV 1000 Rn. 30.

[225] BGH AnwBl 2005, 365 = FamRZ 2005, 794 = JurBüro 2005, 309, zu § 23 BRAGO; BGH FamRZ 2009, 43.

[226] OLG Hamm JurBüro 2005, 588 = AGS 2005, 326, zu VV 1000 RVG, mablAnm *Madert;* die Entscheidung erging vor der Entscheidung des BGH AnwBl 2005, 365 = FamRZ 2005, 794 = JurBüro 2005, 309, zu § 23 BRAGO; HBS VergütungsR/*Hansens* Teil 6 Rn. 27.

[227] OLG München JurBüro 1999, 634.

[228] BAG NJW 2006, 1997 = NZA 2006, 69, zum RVG; AGS 2006, 170 = RVGreport 2006, 23, zu § 23 BRAGO; LAG Düsseldorf JurBüro 2006, 529 = RVGreport 2006, 385 mAnm *Hansens* mit weiteren Zitaten = AGS 2006, 324 mzustAnm *Schons;* SächsLAG MDR 2006, 1437, Fortsetzung des Arbeitsverhältnisses zu geänderten Bedingungen.

[229] BAG NJW 2006, 1997 = NZA 2006, 693, zum RVG.

[230] BGH NJW-RR 2006, 644 = MDR 2006, 391 = RPfleger 2006, 98.

[231] OLG Koblenz JurBüro 2006, 638.

[232] OLG Stuttgart FamRZ 2008, 2140.

[233] BGH NJW 2009, 922 = AnwBl 2009, 233 = FamRZ 2009, 324; MDR 2007, 492.

b) Unterhalt. Gegenseitiger Verzicht auf Unterhalt. Deshalb entsteht bei einem gegenseitigen Verzicht auf Unterhaltsansprüche eine Einigungsgebühr.[234] Das gilt selbst dann, wenn vorher nicht gegenseitige Unterhaltsansprüche geltend gemacht wurden.[235] Es genügt, wenn in der Zukunft Unterhaltsansprüche auf beiden Seiten möglich gewesen wären. Dafür reicht es, dass die Unterhaltstatbestände der §§ 1572, 1573, 1576 BGB (besondere Situationen wie zB Krankheit) theoretisch in Frage kommen. Dann liegt sogar ein gegenseitiges Nachgeben hinsichtlich potentieller Ansprüche vor. Für eine Einigung reicht aus, dass beide Seiten etwas anerkennen und auf etwas verzichten, was sie gefordert haben oder fordern könnten.[236] Wegen Wirksamkeit von Unterhaltsverzichten → Rn. 71 ff. **184**

Vermutung für Einigung. Es spricht sogar eine Vermutung für eine Einigung iSv VV 1000 ff. RVG. Wenn nicht lediglich ein Ehegatte verzichtet, sondern beide einen gegenseitigen Verzicht aussprechen, so ist zunächst einmal davon auszugehen, dass es einen Grund hat, dass man es nicht bei einem einseitigen Verzicht hat bewenden lassen. Wäre man sich völlig sicher gewesen, welchem Ehegatten nur ein Anspruch zustehen kann, so hätte man es bei einem einseitigen Verzicht bewenden lassen können. Offensichtlich will man sicherheitshalber einen gegenseitigen Verzicht vereinbaren. Die Beseitigung einer Ungewissheit ist aber gerade eine der Umstände, die nach VV 1000 RVG zu einer Einigungsgebühr führen.[237] **185**

c) Zugewinnausgleich. Gegenseitiger Verzicht auf Zugewinnausgleich. Auch hier ist entsprechend den Ausführungen zum gegenseitigen Unterhaltsverzicht (→ Rn. 184 ff.) im Regelfall von der Entstehung einer Einigungsgebühr auszugehen. **186**

d) Versorgungsausgleich. Gegenseitiger Verzicht auf Versorgungsausgleich. Meinungstand zum alten Recht. Umstritten war, ob bei einem gegenseitigen Verzicht auf einen Versorgungsausgleichsanspruch eine Einigungsgebühr anfällt. **187**

1. Meinung. Teilweise wurde vertreten, dass eine Einigungsgebühr ausscheidet, da nur auf die Durchführung des Versorgungsausgleichs verzichtet werde und letztlich nur einer verzichte, da nur einer einen Versorgungsausgleich haben könne.[238] Dabei sollte es keine Rolle spielen, ob zum Zeitpunkt der Vereinbarung unklar ist, wem der Versorgungsausgleichanspruch zusteht.[239] Eine Einigungsgebühr auch aus dem Wert des Versorgungsausgleichs konnte allerdings nach dieser Ansicht dann anfallen, wenn eine Einigung zu einer anderen Frage dazukommt, zB ein wechselseitiger Zugewinnausgleichsverzicht, wenn offen ist, wem ein Zugewinnausgleichsanspruch zusteht.[240]

2. Meinung. Dem stand die Auffassung gegenüber, **188**
- dass eine Einigungsgebühr auch entsteht, wenn unsicher ist, wem ein Versorgungsausgleichsanspruch zusteht,[241] zB weil noch nicht sämtliche Auskünfte der Versorgungsträger vorliegen.[242]
- dass sogar eine Einigungsgebühr anfällt, wenn sich aus der Auskunft des Versorgungsträgers ergibt, dass ein Ehegatte eine höhere Anwartschaft als der andere erworben hat, wenn nach den Umständen des konkreten Falls aber in Frage kommt, dass ein an sich bestehender Ausgleichsanspruch an § 27 VersAusglG scheitern könnte.[243]

ME fiel schon zum alten Recht aus den beim Unterhalt dargelegten Gründen im Regelfall eine Einigungsgebühr an. Das Argument, dass nur einem ein Versorgungsausgleichsanspruch zustehen kann, ist in jedem Fall hinsichtlich der Frage der Einigungsgebühr ohne Bedeutung. Dieser Umstand ändert nichts daran, dass es ungewiss sein kann, wem der Anspruch zusteht. **189**

---

[234] HBS VergütungsR/*Hansens* Teil 6 Rn. 30.

[235] BGH NJW 2009, 922 = AnwBl 2009, 233 = FamRZ 2009, 324.

[236] OLG Frankfurt a. M. FamRZ 2007, 843 = OLGR 2007, 1097, wo allerdings zu Unrecht nur eine 1,0 Einigungsgebühr berechnet wurde, obgleich die Unterhaltsansprüche nicht anhängig waren; OLG Koblenz NJW 2006, 850.

[237] BGH NJW 2009, 922 = AnwBl 2009, 233 = FamRZ 2009, 324.

[238] OLG Dresden FamRZ 2009, 1781; OLG Karlsruhe NJW 2007, 1072 = FamRZ 2007, 843; OLG Stuttgart NJW 2007, 1072 = FamRZ 2007, 232.

[239] OLG Karlsruhe NJW 2007, 1072 = FamRZ 2007, 843, das inzwischen diese Meinung aufgegeben hat FamRZ 2009, 2111.

[240] OLG Dresden FamRZ 2009, 1781.

[241] OLG Celle FamRZ 2007, 2001; OLG Düsseldorf FamRZ 2008, 1463 und 2142; OLG Karlsruhe FamRZ 2009, 2111; KG FamRZ 2011, 242 = JurBüro 2010, 359; OLG Köln NJW 2009, 237; OLG Zweibrücken AGS 2009, 486; für Einigungsgebühr ohne jede Einschränkung HBS VergütungsR/*Hansens* Teil 6 Rn. 30.

[242] OLG Oldenburg FamRZ 2011, 996 = AnwBl 2011, 229.

[243] OLG Düsseldorf FamRZ 2008, 2142; OLG Koblenz FamRZ 2008, 910; OLG Nürnberg NJW 2007, 1071 = FamRZ 2007, 573.

190 **Rechtslage nach neuem Recht.** Die zum alten Versorgungsausgleichsrecht ergangene Rspr. ist durch das Versorgungsausgleichsgesetz überholt. Nach §§ 10 ff. VersAusglG ist künftig ein **Hin- und Herausgleich für jedes einzelne Anrecht** der Beteiligten vorzunehmen, was heißt, dass das Prinzip des **Einmalausgleichs,** auf dem die bisherige hM beruhte, nicht mehr besteht. Deshalb fällt jedenfalls, wenn beide Seiten Anrechte erworben haben, eine Einigungsgebühr an. Nur wenn feststünde, dass gegen einen Ehegatten kein einzelner Ausgleichsanspruch in Betracht käme, könnte noch mit einem einseitigen Verzicht argumentiert werden.[244]

191 Das Vorstehende gilt nach OLG Frankfurt a. M.[245] auch, wenn die Entscheidung über den Versorgungsausgleich noch nach dem bis 31.8.2009 maßgeblichen Recht zu treffen war. Dies wird so begründet: Einigungen, die nach dem bisherigen Recht getroffen worden sind, können gem. § 51 Abs. 1, 2 VersAusglG einer Abänderung unterliegen. Bei einer wesentlichen Änderung des Ausgleichswertes für auch nur ein Anrecht ist dann im Wege einer Totalrevision nach dem neuen Recht zu entscheiden. Das bedeutet, dass bei einem generellen Verzicht beider Parteien auf die Durchführung des Versorgungsausgleichs es sich nicht nur um einen einseitigen Verzicht einer Partei handelt, sondern im Hinblick auf die ansonsten jederzeit noch denkbare Umstellung von Altentscheidungen auf das neue Recht immer ein wechselseitiger Verzicht zur Beseitigung einer Ungewissheit über ein Rechtsverhältnis gegeben ist.

191a **Teilweiser Verzicht.** Verzichten die Beteiligten gegenseitig lediglich hinsichtlich bestimmter Anrechte (zB nur hinsichtlich der betrieblichen Anrechte), so errechnet sich die Einigungsgebühr nur aus dem Wert dieser Anrechte.[246]

192 **Verzicht auf Versorgungsausgleich gegen Verzicht auf Unterhalt.** Unzweifelhaft liegt eine Einigung vor, wenn der eine Ehegatte auf den Versorgungsausgleich verzichtet, weil der andere dafür auf Unterhaltszahlungen verzichtet.

6. Kombination aus Anerkenntnis und Verzicht bzw. Klagerücknahme

193 Werden Anerkenntnis und Verzicht miteinander kombiniert, so entsteht eine Einigungsgebühr. Das ist zB der Fall, wenn die Parteien vereinbaren (!), dass die Klage teilweise anerkannt und teilweise zurückgenommen wird (→ Rn. 44 ff.).

7. Verfahrensbeendende Vereinbarung

194 Liegt zwar hinsichtlich des streitgegenständlichen Anspruchs materiell-rechtlich lediglich ein bloßes Anerkenntnis oder ein bloßer Verzicht vor, erfolgt dies aber in Form eines Vergleichs, so hat das bei einem gerichtlichen Verfahren zwar auch Auswirkungen auf die Gerichtsgebühren. Die Verfahrensgebühr reduziert sich gem. KV 1211 GKG auf eine einfache Gebühr. Das genügt aber nicht, um eine Einigungsgebühr entstehen zulassen.[247] Es bleibt inhaltlich ein bloßes Anerkenntnis. Im Übrigen würde Abs. 1 S. 1 letzter Halbsatz dann bei gerichtlichen Verfahren nie zur Anwendung kommen, was sicher nicht der Intention des Gesetzgebers entspricht.

8. Einzelfälle

195 **a) Reines Anerkenntnis.** Ein **reines Anerkenntnis** liegt zB vor

- wenn sich die Eltern zum **Sorgerecht** auf das einigen, was die Mutter von Anfang an beantragt hatte. Daran ändert sich auch nichts dadurch, dass zwischenzeitlich zum Umgangsrecht, das weder anhängig noch Gegenstand der Einigung war, Gesprächsbereitschaft signalisiert wurde,[248]
- wenn ein vor dem **Arbeitsgericht** abgeschlossener Vergleich identisch mit dem Klageantrag ist,[249]
- wenn der Beklagte die eingeklagte Unterlassungserklärung in der Klageerwiderung abgibt.[250]

Hingegen wurde ein **reines Anerkenntnis verneint** in einem Fall, in dem das Begehren des Antragstellers zum Umgangsrecht zugestanden wurde, aber noch zusätzlich Einzelheiten

---

[244] OLG Düsseldorf FamRZ 2013, 1422; OLG Frankfurt a. M. FamRZ 2010, 922 = RVGreport 2010, 296 mzustAnm *Hansens;* OLG Hamm AGS 2012, 137 = RVGreport 2011, 424; OLG Karlsruhe FamRZ 2012, 395; OLG München NJW 2012, 1089 = FamRZ 2012, 1580 = RVGreport 2012, 103 mzustAnm *Hansens.*

[245] OLG Frankfurt a. M. FamRZ 2010, 922 = RVGreport 2010, 296.

[246] OLG Karlsruhe AGS 2013, 169.

[247] ThürLSG AGS 2012, 72; **aA** LAG LSA AnwBl 2000, 696 = JurBüro 2000, 528.

[248] OLG Düsseldorf JurBüro 2001, 358; OLG Hamm AGS 2012, 562; **aA** OLG Stuttgart FamRZ 2008, 2140 (zu Unrecht → Rn. 182; iÜ gibt der Sachverhalt nichts für den Abschluss eines Vertrages her).

[249] LAG Düsseldorf JurBüro 2006, 589 = MDR 2007, 119.

[250] OLG München AGS 2019, 178 = RVGreport 2019, 177 mzustAnm *Hansens.*

der Betreuung durch eine Erzieherin – eine Betreuung durch eine Erzieherin hatte der Antragsteller in seiner Antragsschrift bereits selbst vorgeschlagen – vereinbart wurden.[251]

b) Verzicht. Ein **reiner Verzicht** ist gegeben bei einem **einseitigen** Verzicht auf Unterhalt,[252] Versorgungsausgleich oder Zugewinnausgleich ohne jede Gegenleistung des anderen. Wegen Verzichts bei Einwilligung in Antragsrücknahme → Rn. 43. Gegenseitiger Verzicht → Rn. 183 ff. Nimmt der Kläger seine (wohl unzulässige) Klage gegen einen Verwaltungsakt zurück und verspricht die Behörde, den Versorgungsausgleich noch einmal zu überprüfen, so ist das nach dem ThürLSG keine Einigung, da die Behörde nur verspricht, wozu sie ohnehin verpflichtet ist.[253] **196**

IX. Unstreitiger, nicht titulierter Anspruch

1. Grundsätze

Es gibt Fälle, in denen Einigungen über unstreitige, aber noch nicht titulierte Ansprüche eine Einigungsgebühr auslösen. Dabei ist es für die Entstehung und den Gegenstandswert von Bedeutung, ob der Einigungsgegenstand bei Gericht anhängig ist (→ Rn. 198 ff.) oder nicht (→ Rn. 206 ff.). **197**

Abgrenzung zur Zahlungsvereinbarung. Die im Folgenden behandelten Fälle unterscheiden sich von dem Regelfall der in → Rn. 229 ff. behandelten Zahlungsvereinbarung dadurch, dass bei ihnen die Erfüllung des Anspruchs in der Vergangenheit gesichert war und auch zum Zeitpunkt der Einigung der Schuldner zur Leistung in der Lage und bereit war und auch der Inhalt des Anspruchs durch die Einigung nicht geändert wird. In aller Regel erfolgt eine derartige Einigung im Zusammenhang mit einer Einigung über weitere Ansprüche. Demgegenüber ist der Regelfall der Zahlungsvereinbarung, dass der Schuldner erklärt, dass die sofortige vollständige Erfüllung des von ihm nicht bestrittenen Anspruchs ihm nicht möglich oder aus sonstigen Gründen nicht wünschenswert ist und außerdem dieser Anspruch auch noch durch die Gewährung von Raten oder ein anderes Entgegenkommen des Gläubigers inhaltlich geändert wird. **197a**

2. Anhängiger Anspruch

a) Gebühren aus vollem Wert. Verfahrensgebühr bzw. Terminsgebühr. Werden unstreitige Ansprüche, für die der Kläger noch keinen Vollstreckungstitel (zB gerichtliche Entscheidung, vollstreckbare notarielle Urkunde) hat, mit eingeklagt, so ist für die Verfahrensgebühr bzw. Terminsgebühr[254] ganz hM, dass der Gegenstandswert in ungeschmälerter Höhe auch den unstreitigen Anspruchsteil mit umfasst.[255] Das ergibt sich daraus, dass bei der Streitwertbemessung immer auf den Klageantrag und nicht auf die Reaktion des Beklagten abzustellen ist.[256] Es kommt sowohl für die Zuständigkeit als auch für die Gerichtsgebühren auf den Beginn des Verfahrens an (§ 4 ZPO, § 40 GKG). Ob ein Anspruch streitig ist oder nicht, stellt sich häufig erst später heraus. Beim Unterhalt widerspräche eine Herabsetzung auch § 51 Abs. 1 FamGKG, der nicht auf das wirtschaftliche Interesse, sondern auf den geltend gemachten Betrag abstellt.[257] **198**

Einigungsgebühr. Einigt man sich über den unstreitigen, aber mit eingeklagten Teil, so entsteht eine Einigungsgebühr[258] und zwar gem. VV 1000 Abs. 1 Nr. 1 RVG und nicht gem. Nr. 2, die auch dann nicht gegeben ist, wenn eine Zahlungsvereinbarung getroffen wird (→ Rn. 242d). Der Wert der Einigung entspricht daher dem Wert des Klageantrags.[259] **199**

---

[251] OLG Bamberg JurBüro 2017, 521 = FamRZ 2018, 375.
[252] OLG Koblenz NJW 2006, 850.
[253] ThürLSG AGS 2012, 72.
[254] Bzw. war früher für die Prozess-, Verhandlungs- und Beweisgebühr der BRAGO.
[255] So zu Unterhalt OLG Bamberg 88, 1504; OLG Braunschweig NJW-RR 1996, 256; OLG Celle FamRZ 2003, 465; OLG Hamburg FamRZ 2013, 2010 = AGS 2013, 184 mit iErg mzustAnm *N. Schneider* = RVGreport 2013, 244 mzustAnm *Hansens;* OLG Karlsruhe FamRZ 1991, 468; OLG München FamRZ 1990, 778; zur Auseinandersetzung einer Gütergemeinschaft; OLG Düsseldorf JurBüro 2006, 644; **aA** OLG Bamberg JurBüro 1985, 740 ($^1/_{10}$ wenn Unterhalt immer bezahlt wurde) mablAnm *Mümmler* OLG Stuttgart FamRZ 1987, 1280, nur 15 %, wenn bisher Unterhalt immer bezahlt wurde.
[256] OLG Braunschweig NJW-RR 1996, 256; OLG Karlsruhe FamRZ 1991, 468.
[257] OLG Karlsruhe FamRZ 1991, 468.
[258] OLG München AGS 2014, 411 = RVGreport 2014, 188 mkritAnm *Hansens,* OLG München lässt offen aus welchem Streitwert.
[259] OLG Düsseldorf JurBüro 2006, 644 = FamRZ 2007, 572; *E. Schneider* Anm. zu OLG Zweibrücken KostRspr § 17 GKG aF Nr. 7; OLG Hamburg KostRspr § 17 RVG aF Nr. 101 mzustAnm *E. Schneider; Mümmler* Anm. zu OLG Bamberg JurBüro 1985, 740.

200 Hier wird nicht nur für einen unstreitigen Anspruch ein Vollstreckungstitel geschaffen. Hier wird darüber hinaus durch die Einigung das ganze Prozessrechtsverhältnis geregelt. Wegen Einigung über Prozessrechtsverhältnis (→ Rn. 129 ff.). Der BGH hatte vor Inkrafttreten des § 31b RVG für einen Fall, in dem der ganze eingeklagte Anspruch unstreitig war und eine Ratenzahlungsvereinbarung getroffen wurde, die Einigungsgebühr aus dem vollen Wert des Anspruchs zuerkannt.[260]

200a *Hansens* hält VV 1000 RVG nicht für unmittelbar gegeben, da weder ein Streit noch eine Ungewissheit bestehe. Wenn überhaupt, komme nur eine analoge Anwendung von VV 1000 Abs. 1 Nr. 1 RVG in Betracht.[261] Die Rechtslage zur BRAGO und die zu dieser ergangenen Entscheidung des BGH könne nicht herangezogen werden.

200b Dem ist nicht zu folgen. Die Rspr. des BGH gilt unbeschadet dessen, dass VV 1000 RVG nicht mehr auf einen „Vergleich" abstellt. Damit, dass auf diesen verzichtet wurde, sollte keine Einengung der Voraussetzungen für eine Einigungsgebühr erfolgen, sondern sollten im Gegenteil alte Streitpunkte, die früher einer Vergleichsgebühr entgegenstehen konnten, beseitigt werden (Motive → Rn. 1). Der Anwendungsbereich sollte erweitert werden (Motive → Rn. 229). Obgleich nach dem Wegfall des Erfordernisses eines „Vergleichs" § 779 BGB nicht mehr unmittelbar angesprochen ist, besteht kein Grund bei der Auslegung des Begriffs der Ungewissheit eines Rechtsverhältnisses iSv VV 1000 Abs. 1 Nr. 1 RVG nicht § 779 Abs. 2 BGB heranzuziehen. Es genügt daher die Unsicherheit bei der Verwirklichung eines Anspruchs.

200c Dass hier eine Einigungsgebühr anfällt, folgt aber auch daraus, dass ansonsten ein unsinniges Wertungssystem herauskäme. Es ließe sich durch nichts rechtfertigen, dass bei einer Ratenzahlungsvereinbarung über eine titulierte Forderung eine Einigungsgebühr anfällt (Nr. 2), bei einer untitulierten, obendrein noch rechtshängigen aber nicht. Dementsprechend gab es vor der Einführung von VV 1000 Nr. 2 RVG (Ratenzahlungsvereinbarung) im Wesentlichen auch nur Streit, ob bei einer bereits titulierten Forderung eine Zahlungsvereinbarung eine Einigungsgebühr auslösen kann. Diesen sollte die Einfügung von Nr. 2 beseitigen (Motive → Rn. 229). Das Gesetz ging also davon aus, dass bei einer Einigung über einen unstreitigen, aber anhängigen Anspruch jedenfalls eine Einigungsgebühr entsteht.

Beispiele:

Die Ehefrau begehrt monatlich 1.000,– EUR Unterhalt. Der Ehemann zahlt nur 500,– EUR monatlich. Die Ehefrau macht 1.000,– EUR monatlich gerichtlich geltend. Die Eheleute einigen sich.

Der Gegenstandswert für alle Gebühren, auch die Einigungsgebühr, beträgt 12.000,– EUR (12 × 1.000,– EUR).

Bei der gerichtlich anhängigen Auseinandersetzung einer Gütergemeinschaft werden insgesamt 20.000,– EUR gerichtlich geltend gemacht. Streit besteht nur wegen 5.000,– EUR. Die Eheleute einigen sich.

Der Gegenstandswert für alle Gebühren, auch die Einigungsgebühr, beträgt 20.000,– EUR.

201 **b) Gerichtlich anhängig.** Wie unten (→ Rn. 206 ff.) dargelegt, macht es einen erheblichen Unterschied, ob die Einigung einen anhängigen oder nicht anhängigen Anspruch betrifft. Es kommt deshalb darauf an, wann etwas gerichtlich anhängig ist. Hat zB der Unterhaltspflichtige einen bestimmten Unterhaltsbetrag vorgerichtlich anerkannt oder immer freiwillig bezahlt, so kann es sein, dass der Berechtigte entweder einen Verfahrensantrag auch über den anerkannten bzw. freiwillig bezahlten Betrag oder aber nur einen wegen der streitigen Beträge stellt. Für beide Vorgehensweisen gibt es gute Gründe. Eine Entscheidung über den gesamten Anspruch zu verlangen, ist insofern vorteilhaft, als für die Zukunft, falls es einmal zu Zahlungsstockungen kommt, eine rechtskräftige Entscheidung und ein vollstreckbarer Titel besteht. Für eine Geltendmachung nur der Spitzenbeträge spricht, dass dadurch die Verfahrenskosten niedriger sind.[262]

202 Es ist auf die Anträge abzustellen.[263] Wird im Antrag der gesamte Betrag geltend gemacht, so spricht das dafür, dass eine Entscheidung über den gesamten Anspruch begehrt wird.[264] Allerdings kann sich auch in diesem Fall aus den Gründen ergeben, dass ausschließlich eine Entscheidung hinsichtlich der Spitzenbeträge begehrt wird.[265] Das hat OLG München in einem Fall angenommen, in dem in den Gründen dargelegt war, dass der Antrag entsprechend den freiwilligen Zahlungen des Zahlungspflichtigen abgefasst ist und im Falle der Nichtzahlung eine Antragsänderung erfolgen werde. Gerade die Ankündigung der Antragserweiterung

---

[260] BGH AnwBl 2005, 365 = FamRZ 2005, 794 = NJW-RR 2005, 1303 = JurBüro 2005, 309.

[261] *Hansens* Anm. zu OLG München RVGreport 2014, 188.

[262] BGH NJW 1985, 371.

[263] OLG Brandenburg JurBüro 1996, 589; *Mümmler* Anm. zu OLG Bamberg JurBüro 1985, 740.

[264] OLG Bamberg JurBüro 1985, 740.

[265] OLG Frankfurt a. M. JurBüro 1985, 424; OLG Brandenburg JurBüro 1996, 589.

hat OLG München zum Anlass genommen, von einem nur beschränkten Antrag auszugehen.[266]

Nur der weitere Betrag ist anhängig, 203
- wenn lediglich der streitige Betrag im Antrag genannt wird,[267]
- wenn beantragt wird, den Pflichtigen „über den freiwillig gezahlten Betrag von monatlich X hinaus zur Zahlung eines weiteren Betrages von Y zu verurteilen".[268]

Auch der unstreitige Betrag ist anhängig, wenn beantragt wird, zu entscheiden, dass der Pflichtige „über den freiwillig geleisteten Unterhaltsbetrag von 500,– EUR hinaus einen weiteren monatlichen Unterhaltsbetrag von 350,– EUR, also insgesamt 850,– EUR" zu zahlen hat.[269] Das folgt aus dem Also-Satz. 204

c) Teilweise Erledigung durch Erfüllung, → Rn. 112 ff. 205

3. Nicht anhängiger Anspruch

a) Grundsätze. Bei einer Einigung über einen nicht anhängigen, unstreitigen Anspruch entsteht eine Einigungsgebühr, wenn dadurch 206
- ein Vollstreckungstitel geschaffen (→ Rn. 211 ff.)
- oder die Rechtsposition des Berechtigten erheblich verbessert (→ Rn. 217) wird
- oder unter Veränderung seines Inhalts eine Gesamteinigung zu Stande kommt (→ Rn. 218).

Der Gegenstandswert ist allerdings herabzusetzen (→ Anh. VI Rn. 599 ff.). 207

Bei einer bloßen Klarstellung fällt keine Einigungsgebühr an (→ Rn. 219 ff.). 208

b) Unstreitig. Die nachfolgenden Ausführungen setzen voraus, dass zwischen den Parteien ein Anspruch unstreitig ist. Das ist gegeben, wenn der Anspruch, so wie er geltend gemacht wird, von keiner Partei in Frage gestellt wird bzw. wenn er rechtskräftig bzw. bestandskräftig in einem vollstreckbaren Titel festgestellt ist. 209

Nach Rechtskraft einer Entscheidung wird es idR zu keinem Streit und keiner Ungewissheit mehr kommen. Anders ist es, wenn danach neue Streitfragen aufgetreten sind, die zu einer Vollstreckungsgegenklage oder einer Wiederaufnahme führen können, oder wenn der Erfolg einer Vollstreckung ungewiss ist und der Schuldner gegen Gewährung eines Nachlasses sofort leistet.[270] 210

c) Schaffung eines Vollstreckungstitels – Titulierungsinteresse. Häufig werden Teile eines einheitlichen Anspruchs nicht eingeklagt, weil insofern kein Streit vorliegt und bei regelmäßigen Zahlungen wie zB Unterhalt ein gewisser Teilbetrag auch regelmäßig bezahlt wird. In den Prozessvergleich wird dann nicht selten ein einheitlicher Betrag aufgenommen, der auch den unstreitigen Teil umfasst. Daneben kommt es nicht selten vor, dass in einer Einigung nicht nur der streitgegenständliche Anspruch, sondern weitere unstreitige Ansprüche in die Einigung mit aufgenommen werden. Am häufigsten geschieht dies in Scheidungsverfahren (zB Einigung über nicht anhängige Haushaltsgegenstände usw). In all diesen Fällen stellt sich die Frage, ob hinsichtlich des unstreitigen, nicht anhängigen Teils oder Gegenstandes eine Einigungsgebühr angefallen ist. 211

Die heute ganz überwiegende Meinung in der ordentlichen Gerichtsbarkeit erkennt eine Einigungsgebühr an,[271] obgleich teilweise dogmatische Probleme gesehen werden.[272] Teilweise wird eine Analogie zu VV 1000 ff. RVG vorgenommen.[273] Als Begründung wird angeführt: Verschaffen sich die Parteien durch die Aufnahme unstreitiger Positionen einen Titel, zB durch einen Prozessvergleich oder eine vollstreckbare notarielle Urkunde, so geben die Parteien dadurch zu verstehen, dass sie unstreitige Beziehungen wie streitige behandeln wollen. Sie benutzen im Fall eines Prozessvergleiches ein prozessuales Instrument und lösen dementsprechend auch die vom Gesetz dafür bestimmten Vergütungsansprüche aus.[274] Sonst könnte sich eine Partei gratis einen Titel verschaffen. Es liegt sonst ein Verstoß gegen den Grundsatz vor, dass 212

---

266 OLG München FamRZ 1998, 573.
267 OLG Frankfurt a. M. JurBüro 1985, 424.
268 BGH NJW 1985, 371.
269 OLG Karlsruhe FamRZ 1991, 468.
270 Hartmann/Toussaint/*Forbringer* RVG VV 1000 Rn. 27 „Rechtskraft".
271 OLG Bamberg JurBüro 1990, 1619 = KostRspr § 23 BRAGO Nr. 58 mablAnm *Herget;* KG KGR Berlin 04, 310; OLG Köln NJW-RR 1999, 1303.
272 OLG Koblenz JurBüro 1984, 1218; OLG Köln NJW-RR 1999, 1303 = OLGR 1998, 419; *Mümmler* JurBüro 1978, 897.
273 OLG Köln NJW-RR 1999, 1303.
274 OLG Köln NJW-RR 1999, 1303.

der RA keine unentgeltliche Arbeit leisten muss.[275] In der Bereitschaft des Schuldners bei der Schaffung eines Vollstreckungstitels mitzuwirken, liegt ein Nachgeben.[276] Das Titulierungsinteresse muss nach dem RVG genügen, nachdem ein gegenseitiges Nachgeben nicht mehr erforderlich ist.

213 **ME** lässt sich die Entstehung einer Einigungsgebühr damit dogmatisch rechtfertigen, dass eine **Ungewissheit** hinsichtlich eines Rechtsverhältnisses beseitigt wird. Bei noch zu erfüllenden Ansprüchen besteht immer eine bestimmte Ungewissheit, ob auch wirklich geleistet wird. Der Gläubiger wird in eine viel sicherere Position versetzt.

214 **Vollstreckbarer Titel.** Hier wird der Fall behandelt, bei dem ein vollstreckbarer Titel geschaffen wird. In aller Regel erfolgt dies durch eine Einbeziehung in eine gerichtliche Einigung. Derselbe Erfolg kann aber auch durch eine Einbeziehung in eine vollstreckbare notarielle Urkunde herbeigeführt werden.

215 **Auslegung.** Im Einzelfall muss jedoch geprüft werden, ob tatsächlich ein Vollstreckungstitel für alle in der Einigung angesprochenen Ansprüche geschaffen wird. Das ist zB nicht der Fall, wenn in der Einigung nur „ein über den freiwillig geleisteten Betrag hinausgehender" Unterhalt vereinbart wird.[277]

216 **Objektive Auslegung.** Die Auslegung hat anhand des protokollierten Inhalts der Einigung zu erfolgen. Es ist nicht in erster Linie der übereinstimmende Wille der Beteiligten maßgebend, wenn die Erklärungen der Vertragspartner objektiv eine andere Bedeutung haben. Maßgebend ist dabei darauf abzustellen, wie das betreffende Vollstreckungsorgan oder auch ein Beschwerdegericht den Inhalt der zu erzwingenden Leistungen verständiger Weise versteht und festlegt.[278]

Wegen **Gegenstandswert** → Anh. VI Rn. 599 ff.

217 **d) Schriftliche Fixierung ohne Vollstreckbarkeit.** Besteht kein Streit über einen Anspruch und wird er in eine privatschriftliche Vereinbarung mit aufgenommen, so fällt dadurch eine Einigungsgebühr an, obgleich kein Vollstreckungstitel geschaffen wird. Die Position des Gläubigers verbessert sich. In aller Regel wird ein deklaratorisches Schuldanerkenntnis vorliegen. Dem Gläubiger wird die Rechtsverfolgung durch eine Beweislastumkehr erleichtert. In vielen Fällen werden auch Einwendungen für die Zukunft ausgeschlossen, die der Schuldner bei der Abgabe kannte oder mit denen er zumindest rechnete.[279]

218 **e) Veränderung eines unstreitigen Anspruchs im Gesamtvergleich. Entstehung einer Einigungsgebühr.** Unstreitige Ansprüche können zur Beilegung des gesamten Streits verändert und in die Einigung eingefügt werden. Bei einem unstreitigen Anspruch wird ein bisschen nachgegeben, um bei dem streitigen Anspruch zu einer Einigung kommen zu können.[280] In diesem Fall ist der Gegenstandswert des unstreitigen, aber abgeänderten Anspruchs, auch wenn er bereits tituliert ist, bei der Einigungsgebühr zu berücksichtigen. Es wird im Rahmen einer Einigung ein bestehendes Rechtsverhältnis geändert. Der RA übernimmt hier auch hinsichtlich des geänderten, unstreitigen Anspruchs eine besondere Verantwortung.

219 **f) Bloße Klarstellung.** Ist der unstreitige Teil nicht eingeklagt und wird er nur beiläufig und um der Klarstellung willen in den Vergleichstext mit aufgenommen, ohne dass ein vollstreckbarer Titel geschaffen wird, so ist nur der Wert der noch streitigen Ansprüche Gegenstand der Einigung.[281] Ein Titulierungsinteresse ist nicht gegeben. Es wird auch kein Prozessverhältnis beendet. Das gilt zB, wenn einbezogen werden

– ein bereits **bezahlter** Betrag,[282]
– ein **Unterhaltsverzicht,** bei dem eine früher vereinbarte Abfindung bereits bezahlt ist,[283]
– **Haushaltsgegenstände,** bzgl. deren etwaige Differenzen zwischen den Beteiligten über die Verteilung beim Vergleichsabschluss bereits beigelegt sind und die Verteilung auch bereits durchgeführt ist,[284]

---

275 *Mümmler* JurBüro 1978, 897.
276 OLG Koblenz JurBüro 1984, 1218.
277 BGH NJW 1993, 1995.
278 BGH NJW 1993, 1995.
279 Palandt/*Sprau* BGB § 781 Rn. 4.
280 Gerold/Schmidt/*von Eicken,* 17. Aufl. 2006, RVG VV 1000 Rn. 53.
281 KG KGR Berlin 2004, 310; OLG Köln NJW-RR 1999, 1303 = OLGR 1998, 419; OLG Schleswig JurBüro 1980, 411.
282 OLG Bamberg JurBüro 1990, 1619; OLG Hamburg MDR 1982, 63.
283 OLG Schleswig JurBüro 1980, 411.
284 OLG Bremen JurBüro 1980, 1667.

– eine unstreitige Rechtsposition als **Präambel** zur Erläuterung der in einem Vergleich geregelten Fragen zB wenn die Parteien aufnehmen, dass ein Arbeitsverhältnis betriebsbedingt beendet ist, was unstreitig war, und vor diesem Hintergrund sich die Parteien auf die Höhe der Abfindung einigen; die Einigungsgebühr errechnet sich nur aus dem Gegenstandswert des Streits über die Abfindung,[285]
– die Pflicht, dem Kläger ein **qualifiziertes Zeugnis** zu erteilen" in einem arbeitsrechtlichen Verfahren, in dem nur der Zeitpunkt der Beendigung des Arbeitsverhältnisses streitig ist. Hier wird mangels ausreichender Umschreibung des Inhalts des Zeugnisses kein vollstreckbarer Titel für das Zeugnis geschaffen.[286]

Teilweise wurde vertreten, dass auch in diesen Fällen der Einigungswert ähnlich wie beim Titulierungsinteresse wegen eines Klarstellungsinteresses zu erhöhen sei.[287] Dem ist nicht zu folgen. Beim Titulierungsinteresse und bei einer schriftlichen Fixierung, ohne dass der aufgenommene Anspruch bereits befriedigt ist, lässt sich die Entstehung einer Einigungsgebühr damit rechtfertigen, dass bei Ansprüchen, die noch nicht erfüllt sind, immer eine gewisse Ungewissheit iSv VV 1000 RVG besteht, ob sie auch erfüllt werden. Bei der Aufnahme in eine Einigung zur bloßen Klarstellung fehlt ein ausreichendes Maß an Ungewissheit. 220

Es kommt hier auch nicht darauf an, ob die Einbeziehung in einer **gerichtlichen oder außergerichtlichen** Einigung erfolgt. 221

Treffen Gegenstände, für die ein Streit beendet oder ein Titulierungsinteresse geschaffen werden soll, mit lediglich klarstellenden Positionen zusammen, so fällt nur teilweise eine Einigungsgebühr an.[288] 222

Beispiel:

Anhängig sind Scheidung (10.000,– EUR) und elterliche Sorge (4.000,– EUR). Die Beteiligten haben sich außergerichtlich endgültig geeinigt hinsichtlich des Unterhalts (6.000,– EUR). Mit aufgenommen in die Einigung werden unstreitige und bereits verteilte Haushaltsgegenstände (3.000,– EUR) sowie die elterliche Sorge. Die Einigung wird im Scheidungsverfahren gerichtlich protokolliert.

Lösung:

1,0 Einigungsgebühr gem. VV 1003 RVG aus 4.000,– EUR elterlicher Sorge	278,00 EUR
1,5 Einigungsgebühr gem. VV 1000 RVG aus 6.000,– EUR Unterhalt	585,00 EUR
Summe	863,00 EUR
Kontrollrechnung maximal 1,5 Einigungsgebühr gem. VV 1000 RVG aus 10.000,– EUR (§ 15 Abs. 3 RVG)	921,00 EUR

Die Haushaltsgegenstände bleiben bei der Einigungsgebühr unberücksichtigt.

g) PKH-Bewilligungsverfahren über unstreitigen Anspruch. Unter die Rubrik nicht anhängiger Anspruch gehört auch der Fall, dass PKH auch für einen unstreitigen Anspruch beantragt wird, der mit eingeklagt werden soll. Ist die Klage noch nicht erhoben, sondern zunächst nur PKH beantragt, so ist das nicht einem anhängigen Anspruch gleichzustellen. Hier wird mit einer Einigung, anders als bei einem anhängigen Anspruch (→ Rn. 198), nicht ein zwischen den Parteien bestehendes Prozessrechtsverhältnisses geregelt und beendet. Ein solches besteht nicht zwischen den Parteien, solange nur der PKH-Antrag gestellt ist. Wird ein derartiger unstreitiger Anspruch in eine im PKH-Bewilligungsverfahren vor Gericht geschlossenen Einigung aufgenommen, so ist wieder das Titulierungsinteresse hinsichtlich des unstreitigen Anspruchs zu berücksichtigen.[289] Dasselbe gilt für das VKH-Bewilligungsverfahren. 223

Gegenstandswert. Der Gegenstandswert ist in gleicher Weise wie sonst beim Titulierungsinteresse zu reduzieren (→ Anh. VI Rn. 599 ff.). 224

X. Einigung über titulierten Anspruch

1. Überblick

Ist ein Anspruch bereits vollstreckbar tituliert und ist davon auszugehen, dass der Titel Bestand haben wird, so führt seine Einbeziehung in eine Einigung über weitere Gegenstände für ihn zu keiner Einigungsgebühr (→ Rn. 226 ff.). Ist hingegen ungewiss, ob der Titel Bestand haben wird, besteht die Einigungsgebühr aus dem vollen Gegenstandswert dieses Anspruchs 225

[285] LAG RhPf NZA 1984, 99 = KostRspr § 12 ArbGG Nr. 91 mzustAnm *E. Schneider*, auch dazu, dass im Arbeitsrecht eine Abfindungsvereinbarung beim Streitwert nicht berücksichtigt wird.
[286] LAG BW DB 1984, 784.
[287] Schneider/Wolf/*Onderka/Schneider*, 6. Aufl. 2012, VV 1000 Rn. 219.
[288] OLG Brandenburg FamRZ 1996, 680.
[289] OLG Bamberg JurBüro 1992, 628.

(→ Rn. 228). Für die Abgrenzung zur Zahlungsvereinbarung gilt entsprechendes wie für die Abgrenzung des unstreitigen, nicht titulierten Anspruchs (→ Rn. 197a).

2. Sicherer Titel

226 Wird ein bereits vollstreckbar titulierter Anspruch in eine Gesamteinigung miteinbezogen und handelt es sich dabei um einen Titel, der bereits rechts- oder bestandskräftig ist, oder um einen solchen, bei dem davon auszugehen ist, dass er nicht angegriffen wird, so entsteht für diesen Teil keine Einigungsgebühr.[290] Da bereits ein Titel vorliegt, scheidet ein Titulierungsinteresse aus. Es liegt auch bereits eine Regelung bzgl. des Prozessrechtsverhältnisses vor.

227 Solche Fälle sind gegeben, wenn zB in einem Rechtsstreit ein streitiges **Teilurteil** oder ein Teilversäumnisurteil ergangen und die diesbezügliche Rechtsmittel- bzw. Rechtsbehelfsfrist abgelaufen ist. Hierher gehören aber auch die Fälle, in denen der Titel zwar noch nicht rechtskräftig ist, aber davon auszugehen ist, dass er nicht angegriffen werden wird. ZB es ist nach **teilweisem Anerkenntnis** ein Teilanerkenntnisurteil ergangen. Hierher gehört weiter der Fall, dass ein von Anfang an titulierter Anspruch mit eingeklagt wird.

Beispiel:

- Nachdem gegen ein Versäumnisurteil über 10.000,– EUR nur Einspruch wegen 4.000,– EUR eingelegt wurde, einigen sich die Parteien im Rahmen eines außergerichtlichen Gesprächs auf einen Gesamtbetrag von 8.000,– EUR.
- Eingeklagt sind 10.000,– EUR. Nachdem ein Teilanerkenntnisurteil über 6.000,– EUR ergangen ist, einigen sich die Parteien auf einen Gesamtbetrag von 8.000,– EUR.

Die 1,0 Einigungsgebühr gem. VV 1003 RVG errechnet sich jeweils aus 4.000,– EUR.

3. Unsicherer Titel

228 Kann aber noch ein Rechtsbehelf oder Rechtsmittel eingelegt werden und erkennt der Beklagte die Richtigkeit des Urteils nicht an, so ist der volle Wert der Klage auch bei der Einigungsgebühr anzusetzen. Der Streit besteht fort. Er wird durch die Einigung beigelegt.

Beispiel:

Unmittelbar nachdem ein Teilurteil (5.000,– EUR) ergangen ist, dessen Richtigkeit der Beklagte anzweifelt, und noch vor Ablauf der Berufungsfrist schließen die Parteien einen Vergleich über den gesamten anhängigen Anspruch (10.000,– EUR).
Die Einigungsgebühr fällt aus 10.000,– EUR an.

XI. Zahlungsvereinbarung (Anm. Abs. 1 S. 1 Nr. 2)

1. Motive

229 „Die Motive zum 2. KostRMoG führen zu VV 1000 RVG aus:

Der Übergang von der Vergleichsgebühr der BRAGO zur Einigungsgebühr des RVG durch das Kostenrechtsmodernisierungsgesetz vom 5.5.2004 (BGBl. 2004 I 718, 788) sollte den Anwendungsbereich der Gebühr erweitern. Dabei ist der Gesetzgeber davon ausgegangen, dass die Einigungsgebühr auch für die Mitwirkung bei einer Ratenzahlungsvereinbarung anfällt (Begründung zu Nummer 3310 VV RVG, BT-Drs. 15/1971, 215). In Rechtsprechung und Literatur wird die Ratenzahlungsvereinbarung insbesondere dann unterschiedlich behandelt, wenn bereits ein Titel vorliegt (zum Meinungsstand Gerold/Schmidt, 19. Aufl. 2010, RVG VV 1000 Rn. 232 ff.). Mit der vorgeschlagenen Neufassung soll die Frage im Sinne des gesetzgeberischen Willens bei der Beratung des Kostenrechtsmodernisierungsgesetzes gelöst werden. Die Höhe der Gebühr, um die es hier geht, wird in der Regel überschaubar sein, weil bei der Vereinbarung ausschließlich von Zahlungsmodalitäten anstelle der sofortigen gerichtlichen Durchsetzung oder Vollstreckung nur ein kleiner Teil des Anspruchs Gegenstandswert sein soll (Absatz 1 Nummer 17).“[291]

2. Zweck des VV 1000 Anm. Abs. 1 S. 1 Nr. 2 RVG

230 Der Streit, inwieweit eine Zahlungsvereinbarung, in der Vergangenheit häufig auch Ratenzahlungsvereinbarung genannt, eine Einigungsgebühr auslösen kann, soll durch die Einführung von VV 1000 Anm. Abs. 1 S. 1 Nr. 2 RVG grds. bejahend beendet werden. Gleichzeitig wurde § 31b ins Gesetz aufgenommen, wonach bei einer Zahlungsvereinbarung über einen unstreitigen Anspruch der Gegenstandswert 20 % des Anspruchs beträgt.

Wegen der Abgrenzung der Zahlungsvereinbarung zu sonstigen Vereinbarungen über unstreitige Ansprüche → Rn. 197a, 225.

---

[290] OLG Brandenburg JurBüro 1996, 589.
[291] BT-Drs. 17/11471, 271.

3. Unstreitiger Anspruch

Vorweg ist darauf hinzuweisen, dass der Anspruch selbst unstreitig sein muss. War hingegen der Anspruch bis zur Einigung streitig, ist nicht VV 1000 Anm. Abs. 1 S. 1 Nr. 2, § 31b RVG mit der Begrenzung des Gegenstandswertes auf 20 %, sondern VV 1000 Anm. Abs. 1 S. 1 Nr. 1 RVG gegeben ist. Das ergibt sich allerdings nicht unmittelbar aus dem Wortlaut dieser Bestimmungen. Dies folgt aber daraus, dass es nur bei einem unstreitigen Anspruch einen Grund gibt, den Gegenstandswert auf 20 % zu reduzieren. 231

4. Verzicht auf gerichtliche Geltendmachung (Alt. 1 von Nr. 2)

VV 1000 Anm. Abs. 1 S. 1 Nr. 2 RVG enthält zwei Alternativen. Die erste Alternative ist gegeben, wenn der Gläubiger noch keinen Titel hat und auf die Erlangung eines solchen verzichtet, was auch konkludent erfolgen kann. Dabei genügt ein vorläufiger Verzicht. Hierunter fällt auch ein bedingter Verzicht zB unter der Voraussetzung, dass die Raten pünktlich bezahlt werden.[292] 232

Beispiel:

Der Gläubiger macht außergerichtlich eine Forderung von 10.000,– EUR geltend, die der Schuldner nicht bestreitet. Er erklärt lediglich, nicht zahlen zu können. Vereinbart wird, dass der Schuldner monatlich 1.000,– EUR zahlt und der Gläubiger auf eine Klageerhebung verzichtet, wenn der Schuldner seinen Zahlungspflichten nachkommt. Es fallen eine Geschäftsgebühr gem. VV 2300 ff. RVG und eine 1,5 Einigungsgebühr gem. VV 1000 Anm. Abs. 1 S. 1 Nr. 2 Alt. 1 RVG an. Der Gegenstandswert für die Geschäftsgebühr beträgt 10.000,– EUR, der für die Einigung 2.000,– EUR (20 % von 10.000,– EUR gem. § 31b RVG).

Hätte der Schuldner die Forderung bestritten und hätte man sodann die gleiche Vereinbarung getroffen, so wäre VV 1000 Anm. Abs. 1 S. 1 Nr. 1 RVG gegeben und der Gegenstandswert würde auch für die Einigungsgebühr 10.000,– EUR betragen. 233

5. Verzicht auf Vollstreckung (Alt. 2 von Nr. 2)

Die **Alt. 2** von VV 1000 Anm. Abs. 1 S. 1 Nr. 2 RVG ist gegeben, wenn der Gläubiger schon einen Titel hat und auf die Vollstreckung aus diesem verzichtet, was auch konkludent erfolgen kann. Auch hier genügt wieder ein vorläufiger Verzicht, auch ein bedingter (→ Rn. 232). 234

Beispiel:

Der Gläubiger hat ein Urteil über eine Forderung von 10.000,– EUR. Der Schuldner erklärt lediglich, nicht liquide zu sein. Vereinbart wird, dass der Schuldner monatlich 1.000,– EUR zahlt und der Gläubiger auf eine Vollstreckung verzichtet, wenn der Schuldner ordnungsgemäß zahlt.

Es gilt dasselbe wie im Beispiel → Rn. 232.

Hätte hingegen der Schuldner behauptet, er habe zwischenzeitlich den titulierten Anspruch bezahlt, so würde die zuvor dargelegte Vereinbarung zu einer Einigungsgebühr gem. VV 1000 Anm. Abs. 1 S. 1 Nr. 1 RVG aus einem Gegenstandswert von 10.000,– EUR führen. 235

Nach Vollstreckungsbeginn. Auf Vollstreckungsmaßnahmen kann auch noch verzichtet werden, wenn die Vollstreckung bereits begonnen hat. Der Gläubiger kann mehrere Vollstreckungsmaßnahmen nacheinander durchführen, bis er befriedigt ist. Auf diese weiteren Vollstreckungsmaßnahmen kann er verzichten.[293] Auch wenn im Rahmen einer laufenden Vollstreckungsmaßnahme eine Ratenzahlung vereinbart wird, ohne dass die Vollstreckungsmaßnahme aufgehoben wird, greift Nr. 2 ein. Nach einem Pfändungs- und Überweisungsbeschluss wird zB Ratenzahlung vereinbart, ohne dass die Beschlüsse aufgehoben werden. Der Gläubiger verzichtet aber vorläufig auf die Einziehung der Forderung. Auch hier wird auf die Fortsetzung der Vollstreckung verzichtet.[294] 236

Befristeter Verzicht. Nr. 2 ist auch gegeben, wenn hinsichtlich einer titulierten Forderung zunächst hinsichtlich eines Teilbetrages Ratenzahlung vereinbart wird und über den Rest später verhandelt werden soll. Hinsichtlich der ganzen Forderung wird auf eine sofortige Vollstreckung verzichtet. 237

6. Verfahren anhängig, noch kein Vollstreckungstitel

Ist bereits ein Verfahren anhängig, dieses aber noch nicht abgeschlossen, so dass noch kein Vollstreckungstitel vorliegt, und treffen die Parteien eine Vereinbarung zB dahingehend, dass der Beklagte ein Versäumnisurteil gegen sich ergehen lässt und der Kläger Ratenzahlung ein- 238

---

[292] Hartung/Schons/Enders/*Enders* RVG VV 1000 Rn. 27.
[293] Mayer/Kroiß/*Klees* RVG § 31b Rn. 9.
[294] **AA** wohl Mayer/Kroiß/*Klees* RVG § 31b Rn. 9.

räumt, so greift VV 1000 Anm. Abs. 1 Nr. 2 RVG nicht ein. Weder der in dieser Bestimmung geforderte vorläufige Verzicht auf die gerichtliche Geltendmachung noch ein Vollstreckungstitel sind gegeben. Es fällt vielmehr eine Einigungsgebühr aus dem vollen Hauptsachewert an.[295] Dies war für die Zahlungsvereinbarung in einem laufenden Verfahren vor Einführung von VV 1000 Anm. Abs. 1 Nr. 2 RVG die vom BGH[296] und auch in diesem Kommentar[297] vertretene Auffassung. Nachdem VV 1000 Anm. Abs. 1 Nr. 2 RVG diese Konstellation nicht neu geregelt hat, bleibt es bei der bisherigen Handhabung. Das ist auch von der Sache her berechtigt. Die Beendigung eines gesamten Prozessrechtsverhältnisses (→ Rn. 129 ff.) ist mehr als die Vermeidung eines gerichtlichen Verfahrens und war schon nach dem bisherigen Recht der Grund dafür, warum eine Einigungsgebühr aus dem unverminderten Hauptsachewert angefallen ist.[298] An dieser Rechtslage hat das neue Recht nichts geändert. Etwas anderes könnte nur gelten, wenn die Einfügung von VV 1000 Anm. Abs. 1 Nr. 2 RVG eine abschließende Regelung für Zahlungsvereinbarungen enthielte. Das ist nicht der Fall. So kann es zB keinem Zweifel unterliegen, dass bei einer Zahlungsvereinbarung über einen streitigen Anspruch diese Bestimmung nicht einschlägig ist (→ Rn. 231).

239 **Mahnverfahren.** Nr. 1 – und nicht Nr. 2 – ist auch gegeben, wenn nach Erlass eines Mahnbescheids eine Zahlungsvereinbarung erfolgt.[299] Der Mahnbescheid ist kein Titel, aus dem vollstreckt werden könnte. Dasselbe gilt, wenn vereinbart wird, dass der Schuldner einen Mahn- und Vollstreckungsbescheid gegen sich ergehen lässt und der Gläubiger dafür mit Ratenzahlung einverstanden ist. Der Gläubiger verzichtet in diesem Fall gerade nicht auf gerichtliche Hilfe.[300] Liegt aber bereits ein Vollstreckungsbescheid vor, so kann die Alt. 2 von Nr. 2 gegeben sein.

7. Zahlungsvereinbarung mit weiteren Abreden

240 Streitig ist, ob Nr. 1 oder Nr. 2 einschlägig ist, wenn über die Zahlung in Raten hinaus Weiteres vereinbart wird, zB zusätzlich eine Sicherheit gewährt wird.

241 **a) Zusätzliche Sicherheitsleistung.** Gerade für den Fall der zusätzlichen Sicherheit wird ohne nähere Begründung ganz überwiegend angenommen, dass ein Fall der Nr. 1 gegeben ist.[301] Dem ist nicht zu folgen.[302] Nr. 1 passt allein schon deshalb nicht, weil die Gewährung einer zusätzlichen Sicherheit nichts daran ändert, dass kein Streit oder keine Ungewissheit über ein Rechtsverhältnis besteht, Nr. 1 also bereits vom Wortlaut her nicht passt. Dem gegenüber passt der Wortlaut von Nr. 2, der darauf abstellt, dass die Erfüllung eines Anspruchs bei gleichzeitigem vorläufigem Verzicht auf gerichtliche Geltendmachung oder sofortige Vollstreckung geregelt wird. Dass die Regelung sich ausschließlich auf diese zwei Punkte beschränken müsste, ist der Bestimmung nicht zu entnehmen. Es erscheint auch von der Sache her nicht gerechtfertigt, sich wegen der bloßen Hinzunahme einer Sicherheit an der Höhe des zu Grunde liegenden Anspruchs zu orientieren, obgleich der unverändert unstreitig ist.

242 **b) Zugleich Kürzung des Anspruchs.** Dasselbe gilt, wenn der Anspruch selbst geändert wird, zB der Gläubiger verzichtet auf einen Teil des Anspruchs. Auch hier wird kein Streit über den zugrunde liegenden Anspruch beigelegt, sondern lediglich eine Modalität für den Verzicht auf gerichtliche oder vollstreckungsrechtliche Geltendmachung beigefügt.

242a **c) Kostenabrede.** Wird eine ansonsten reine Zahlungsvereinbarung mit einer Kostenabrede verbunden, zB der Vereinbarung, dass der Schuldner die Kosten der Einigung tragen muss, so steht das der Anwendung von Nr. 2 nicht entgegen. Das gilt umso mehr, als insoweit lediglich ein Nebenpunkt betroffen ist.

---

[295] OLG München AGS 2014, 411 = RVGreport 2014, 188 hat offen gelassen, ob aus dem vollen oder auf 20% reduziertem Wert, da vom Berechtigten nur 20% verlangt waren.

[296] BGH AnwBl 2005, 365 = FamRZ 2005, 794 = JurBüro 2005, 309.

[297] Gerold/Schmidt/*Müller-Rabe,* 20. Aufl. 2012, RVG VV 1000 Rn. 197.

[298] Gerold/Schmidt/*Müller-Rabe,* 20. Aufl. 2012, RVG VV 1000 Rn. 131 ff.

[299] Mayer/Kroiß/*Klees* RVG § 31b Rn. 6.

[300] *Hansens* Buchbesprechung zu Gerold/Schmidt, 21. Aufl. 2013, RVGreport 2014, 13.

[301] LG Gera AGS 2020, 322; AG Vaihingen JurBüro 2015, 550; Mayer/Kroiß/*Klees* RVG § 31b Rn. 3; Hartmann/Toussaint/*Toussaint* RVG § 31b Rn. 3; Hartung/Schons/Enders/*Enders* RVG § 31b Rn. 6; Bischof/Jungbauer/*Bischof* RVG § 31b Rn. 3; *Hansens* Buchbesprechung zu Mayer/Kroiß RVG, 6. Aufl. 2013, RVGreport 2013, 427; bislang auch Gerold/Schmidt/*Müller-Rabe* RVG, 24. Aufl. 2019, RVG VV 1000 Rn. 240 ff.

[302] *N. Schneider* Anm zu LG Gera AGS 2020, 322.

8. Vereinbarungen zu Herausgabe, Räumung

Jedenfalls nach dem Wortlaut von Nr. 2 greift diese Bestimmung nicht ein, wenn andere Ansprüche als Zahlungsansprüche dahingehend geregelt werden, dass sie zu einem späteren Zeitpunkt, zB Räumung, oder in Raten, zB Herausgabe verschiedener Gegenstände, erfolgen können. Das folgt daraus, dass ausdrücklich von einer „Zahlungsvereinbarung" die Rede ist. Das bedeutet, dass für Einigungen über andere als Zahlungsansprüche Nr. 1 eingreift. Das bedeutet aber nicht, dass immer der volle Wert der Hauptsache anzusetzen ist, wenn es letztlich nur um eine Stundung geht. **242b**

9. Teilvereinbarungen

Bezieht sich die Zahlungsvereinbarung nur auf einen Teil eines Anspruchs, so entsteht die Einigungsgebühr gem. Nr. 2 nur aus diesem Teil. **242c**

Beispiel:

Von der Schuld von 10.000,– EUR zahlt der Schuldner 4.000,– EUR. Über den Rest wird eine Zahlungsvereinbarung getroffen.

10. Zusammentreffen von Nr. 1 und Nr. 2

Eine einheitliche Vereinbarung kann teilweise unter Nr. 1 und teilweise unter Nr. 2 fallen. **242d**

Beispiele:

- **Unterschiedliche Gegenstände bei Mehrvergleich.** In einem gerichtlichen Zahlungsvergleich wird einerseits ein rechtshängiger Zahlungsanspruch aus Kauf (10.000,– EUR) und andererseits gleichzeitig ein nicht anhängiger, unstreitiger bzw. ein bereits titulierter weiterer Zahlungsanspruch aus Darlehen (5.000,– EUR) mit geregelt. Nr. 1 ist hinsichtlich der Kaufforderung, Nr. 2 hinsichtlich der Darlehensforderung gegeben. Es entsteht nur eine Einigungsgebühr. Es fallen gem. § 15 Abs. 3 RVG an eine 1,0 Einigungsgebühr aus 10.000,– EUR = 614,– EUR und eine 1,5 Einigungsgebühr aus 1.000,– EUR (20 % aus 5.000,– EUR) = 132,– EUR, zusammen 746,– EUR. Die Kontrollrechnung gem. § 15 Abs. 3 RVG ergibt in diesem Fall keinen niedrigeren Betrag (1,5 Einigungsgebühr aus 11.000,– EUR = 999,– EUR).
- **Nach teilweisem Anerkenntnis.** Von eingeklagten 20.000,– EUR erkennt der Beklagte 14.000,– EUR an. Nach Anerkenntnisurteil einigen sich die Parteien hinsichtlich des Restes auf einen Betrag von 3.000,– EUR. Hinsichtlich des gesamten dann noch geschuldeten Betrags von 17.000,– EUR wird Ratenzahlung vereinbart. Hinsichtlich 6.000,– EUR ist Nr. 1 gegeben, hinsichtlich 11.000,– EUR (17.000,– EUR abzgl. 6.000,– EUR) Nr. 2. Soweit die beiden Vereinbarungen denselben Gegenstand betreffen, fällt die Einigungsgebühr nur einmal an und zwar aus Nr. 1 wegen des im Verhältnis zu dem im Fall von Nr. 2 wegen § 31b RVG höheren Gegenstandswerts.[303] Es **fällt** eine 1,0 Einigungsgebühr aus einem Gegenstandswert von 8.800,– EUR an (6.000,– EUR für Vergleich über streitigen Teil, 2.800,– EUR – 20 % aus 14.000,– EUR) für Zahlungsvergleich) an.
- **Verschiedene Angelegenheiten.** Im Prozess einigen sich die Parteien über eine Forderung von 8.000,– EUR auf 5.000,– EUR. In der nachfolgenden Zwangsvollstreckung vereinbaren sie Ratenzahlung. Die Einigungen erfolgen in verschiedenen Angelegenheiten, sodass die Einigungsgebühr zweimal anfällt, und zwar im Prozess gem. Nr. 1 aus 8.000,– EUR und in der Zwangsvollstreckung gem. Nr. 2 aus 1.000,– EUR.[304]

11. Gegenstandswert

→ § 31b Rn. 1 ff. **242e**

12. Absprache Gläubiger – Gerichtsvollzieher

§ 802b Abs. 1 ZPO. Keine Einigungsgebühr fällt an, wenn sich der Gläubiger **allgemein** dem Gerichtsvollzieher gegenüber mit der Gestattung von Ratenzahlungen durch den Schuldner gem. § 802b Abs. 1 ZPO einverstanden erklärt und der Gerichtsvollzieher dann dem Schuldner Ratenzahlung einräumt. Es kommt schon kein Vertrag zwischen dem Gläubiger und dem Schuldner zu Stande, da nicht der Gläubiger entscheidet, ob Ratenzahlung bewilligt wird, sondern der Gerichtsvollzieher. Da dieser dabei kraft des ihm verliehenen öffentlichen Amtes in Ausübung der staatlichen Vollstreckungsgewalt tätig wird, fehlt es auch an einer Mitwirkung des Anwalts.[305] Hieran ändert auch die Einfügung von S. 2 in die Anm. zu VV 1000 RVG nichts.[306] **243**

Der BGH musste nicht entscheiden, was gilt, wenn der RA im Laufe der Zwangsvollstreckung mit dem Gerichtsvollzieher über die Höhe der dem Schuldner einzuräumenden Raten **konkret** verhandelt. Aus der Begründung des BGH ergibt sich aber, dass auch in diesem Fall keine Einigungsgebühr anfällt.[307] **244**

---

303 Schneider/Wolf/*Schneider* § 31b Rn. 24.

304 Schneider/Wolf/*Schneider* § 31b Rn. 25.

305 BGH NJW 2006, 3640 = FamRZ 2006, 1372.

306 LG Duisburg AGS 2013, 577 = RVGreport 2013, 431 mzustAnm *Hansens;* **aA** *Jungbauer* JurBüro 2007, 173.

307 *Hansens* Anm. zu BGH RVGreport 2006, 382 (383).

245 **§ 802b Abs. 2 ZPO.** Dasselbe muss gelten, wenn sich der RA für den Gläubiger mit der **Einräumung einer Zahlungsfrist** gem. § 802b Abs. 2 ZPO (Zahlungsplan) gegenüber dem Gerichtsvollzieher einverstanden erklärt.[308] Darüber hinaus verlangt S. 2 der Anm. zu VV 1000 RVG einen vorläufigen Verzicht auf Vollstreckungsmaßnahmen. Der Zahlungsplan ist aber Teil der Zwangsvollstreckung.[309]

13. Altfälle

245a In den Motiven wird darauf hingewiesen, dass die Neufassung von VV 1000 Abs. 1 S. 1 Nr. 1 RVG und VV 1000 Abs. 1 S. 1 Nr. 2 RVG lediglich den gesetzgeberischen Willen durchzusetzen helfen soll, der bereits bei Einführung des RVG bestanden hat. Das bedeutet, dass auch für Altfälle die Neufassung anzuwenden ist. Soweit ich in diesem Kommentar bis zur 20. Auflage teilweise, insbes. hinsichtlich des Gegenstandswerts Abweichendes vertreten habe,[310] halte ich dies auch für Altfälle nicht aufrecht.

XII. Mitwirkung

1. Allgemeines

246 Der RA muss beim Abschluss des Einigungsvertrags mitwirken. Zwei Komponenten sind dabei erforderlich. Der RA muss zum einen eine auf das Zustandekommen der Einigung gerichtete Tätigkeit vornehmen. Zum anderen muss diese mitkausal für den Abschluss des Vertrages sein.

246a **Zusätzliche teleologische Schranke.** Darüber hinaus verlangt eine teleologische Auslegung, dass eine Tätigkeit gegeben sein muss, bei der der RA eine Verantwortung für die Einigung übernimmt. Die zusätzliche Einigungsgebühr findet ihre Rechtfertigung zum einen in dem Mehraufwand, zum andern in der gesteigerten Verantwortung.[311] Übernimmt der RA für die Einigung als solche überhaupt keine Verantwortung, so erhöht sich seine Verantwortung nicht. Es fällt deshalb zB keine Einigungsgebühr an, wenn der RA **lediglich Informationen** erholen soll, die die Partei benötigt, um selbständig oder mit Hilfe eines anderen Anwalts eine Einigung aushandeln zu können.[312] Dasselbe gilt abweichend von der bis zur 22. Auflage hier vertretenen Ansicht,[313] wenn die Aufgabe des RA ausschließlich ist, die erforderliche **Genehmigung** für eine vollständig ohne ihn ausgehandelte Einigung zu erwirken.[314] In diesen Fällen erhöht sich iÜ durch die Einigung auch nicht der Aufwand des RA. Zu weitgehend ist es allerdings, wenn der BGH (wohl der hier vertretenen teleologischen Einschränkung im Grundsatz folgend) die Entstehung einer Einigungsgebühr generell dann ablehnt, wenn der RA nur noch die Aufgabe hat, eine bereits bestehende, vollständige Willensübereinstimmung schriftlich niederzulegen.[315] Soll die Hilfe des RA jedenfalls dazu dienen, wie es oft der Fall sein wird, eine widerspruchsfreie, klar formulierte Einigung zu sichern, so wirkt der RA an der endgültigen Fassung der Einigung mit, wodurch eine Einigungsgebühr ausgelöst wird.

2. Tätigkeit

247 **a) Überblick.** Die Tätigkeit muss auf den Abschluss einer Einigung gerichtet sein. Sie kann erfolgen durch einen Rat oder durch die Mitwirkung beim Aushandeln bzw. beim Vertragsabschluss einschließlich der Protokollierung.

248 **b) Zielrichtung Einigung.** Die Tätigkeit des Rechtsanwalts muss auf den Abschluss einer Einigung ausgerichtet sein.[316] Dass er aus anderem Anlass – zB durch überzeugende Argumentation in einer Berufungsschrift oder in einem Rechtsgutachten – den Gegner bewogen hat, Einigungsverhandlungen mit der Partei oder einem anderen RA aufzunehmen, reicht nicht aus.[317] Ebenso kann eine Verjährungsunterbrechung durch den RA kausal für die Einigung sein, ohne dass diese Tätigkeit allein eine Einigungsgebühr auslöst.[318]

---

[308] AG Augsburg JurBüro 2014, 162 = DGVZ 2014, 25; AG Düsseldorf AGS 2014, 120 = DGVZ 2013, 219; **aA** *Mock* Anm. zu BGH AGS 2006, 496.

[309] *N. Schneider* Anm. zu AG Düsseldorf AGS 2014, 120.

[310] Gerold/Schmidt/*Müller-Rabe,* 20. Aufl. 2012, RVG VV 1000 Rn. 243 ff.

[311] BGH NJW 2009, 922 = FamRZ 2009, 324.

[312] OLG Frankfurt a. M. JurBüro 1983, 573; AG Halle-Saalkreis RVG prof. 2005, 135.

[313] Gerold/Schmidt/*Müller-Rabe,* 22. Aufl. 2015, RVG VV 1000 Rn. 269.

[314] **AA** Schneider/Wolf/*Schafhausen/Schneider/Thiel* RVG VV 1000 Rn. 127.

[315] BGH NJW 2009, 922 Rn. 11= FamRZ 2009, 324.

[316] Mayer/Kroiß/*Klees* RVG VV 1000 Rn. 51.

[317] OLG Celle AGS 2000, 146; Bischof/*Bischof* RVG VV 1000 Rn. 38.

[318] Mayer/Kroiß/*Klees* RVG VV 1000 Rn. 51.

c) Rat bei Vertretungsmandat. ***aa) Fördernder Rat.*** Für eine Mitwirkung des RA, der Mandanten nach außen vertreten soll, genügt, dass der Verfahrensbevollmächtigte oder Verkehrsanwalt oder Terminsvertreter (weg. RA nur mit Beratungsauftrag → Rn. 28) 249
- den Mandanten bei der Abgabe eines Vorschlags berät,[319]
- einen Vergleichsvorschlag in die Einigung fördernder Weise prüft und begutachtet,
- rät, ein Einigungsangebot anzunehmen,[320] zB der Verkehrsanwalt rät der Partei zur Annahme eines gerichtlichen Einigungsvorschlages,[321]
- rät, die Einigung nicht zu widerrufen;[322]

Dabei schadet es nicht, dass der Vertrag von einem Dritten, zB einem anderem RA oder dem Jugendamt vorbereitet wurde.[323] 250

bb) Nur allgemeiner Rat. Allerdings ist nicht jede, auf eine Einigung zielende Handlung des Anwalts, die mitkausal gewesen ist, ausreichend. Es genügt zB nicht, wenn der RA lediglich den allgemeinen Rat gibt, eine gütliche Einigung anzustreben, auch wenn er die Einigungsbereitschaft des Mandanten damit gefördert hat und damit kausal für die erfolgte Einigung gewesen ist.[324] Das gilt nach OLG Schleswig auch, wenn der RA nur die Grenze erwogen hat, von der ab ein Vergleich, der künftig vorgeschlagen werden könnte, nicht abgeführt werden sollte.[325] 251

cc) Abratender Rat. Es genügt weiter nicht, wenn der RA abrät, den Vertrag zu schließen, da dies den Abschluss der Einigung nicht fördert.[326] Anders ist es, wenn der Mandant dennoch auf einer Fortsetzung der Einigungsgespräche besteht und der RA dann bei diesen erfolgreich tätig ist. 252

dd) Beratung zu Einzelposten. Keine Einigungsgebühr entsteht, wenn die Einigung bereits feststeht und der RA lediglich mit tatsächlichen und rechtlichen Informationen hinsichtlich einer speziellen Frage zum Abschluss eines gegenständlich bereits ausgehandelten Vergleichs beigetragen hat. 253

Beispiel:

Die Eheleute hatten sich bereits auf die Übertragung eines Grundstücks geeinigt. Die Aufgabe des Anwalts war es ausschließlich, eine Bestandsaufnahme der auf dem Grundstück liegenden Belastungen und der daraus noch offen stehenden Beträge vorzunehmen und auf dieser Basis die Ausgleichszahlung zwischen den Eheleuten zu berechnen.[327]

d) Rat bei Beratungsmandat 254

Fall 1: Der RA berät den Ratsuchenden, dass der vom Gegner geltend gemachte Anspruch von 5.000,– EUR lediglich iHv 2.000,– EUR berechtigt ist. Der Mandant und der Gegner einigen sich vertraglich auf 2.000,– EUR.

Fall 2: Im vorigen Fall erklärt der Rechtsanwalt, dass einige Positionen des Gegners ungewiss seien. Der Mandant solle einfach 2.000,– EUR zahlen und schauen, ob der Gegner sich damit zufrieden gibt. Der Mandant informiert den Gegner hiervon. Sie einigen sich auf 2.000,– EUR.

Fall 3: Im vorigen Fall erklärt der RA, angesichts der ungewissen Positionen sei es vernünftig, wenn der Mandant sich mit dem Gegner auf 2.000,– EUR einige, was auch geschieht.

Fall 4: Die Gegenseite hat einen Einigungsvorschlag erarbeitet. Der Ratsuchende will nur wissen, ob er sich in dieser Weise einigen soll.

Fall 5: In einer Scheidungssache mit mehreren Folgesachen bittet der Ratsuchende, nachdem er beraten worden ist, den RA, schriftlich einen Einigungsvorschlag zu Papier zu bringen, der später von der Gegenseite angenommen wird.

Es muss eine Tätigkeit erfolgen, die **über den geforderten Rat hinausgeht.** Es gilt hier ähnliches wie bei der Erledigungsgebühr (→ RVG VV 1002 Rn. 40 ff.). Es muss eine Tätigkeit

[319] LSG Erfurt JurBüro 2001, 474.
[320] BGH VersR 1963, 826; OVG Münster NJW 2011, 3113.
[321] OLG Frankfurt a. M. JurBüro 1984, 59; LG Köln AnwBl 1999, 703 = JurBüro 1999, 528; **aA** OLG Düsseldorf AnwBl 1983, 187 = MDR 1983, 327.
[322] OLG Frankfurt a. M. AnwBl 1983, 186.
[323] OLG Bamberg FamRZ 1988, 1193 = JurBüro 1988, 1002 Ziff. II 5.
[324] Schneider/Wolf/*Schafhausen/Schneider/Thiel* RVG VV 1000 Rn. 128; Bischof/*Bischof* RVG VV 1000 Rn. 46, Kausalität fehlt.
[325] OLG Schleswig JurBüro 1980, 1668, für Verkehrsanwalt.
[326] Hartmann/Toussaint/*Forbringer* RVG VV 1000 Rn. 40 „Abraten von Einigung".
[327] OLG Frankfurt a. M. JurBüro 1983, 573 (576) Ziff. 3 mzustAnm *Mümmler; Hartmann/Toussaint* RVG VV 1000 Rn. 70; Schneider/Wolf/*Schafhausen/Schneider/Thiel* RVG VV 1000 Rn. 128.

erfolgen, die über die bloße Ratserteilung, die mit der Ratsgebühr vergütet ist, hinausgeht. Deshalb liegt in den Fällen 1, 2 und 4 keine eine Einigungsgebühr auslösende Tätigkeit vor. Im Fall 3 spricht mehr dafür, trotz des Gebrauchs des Wortes „einigen" die Entstehung einer Einigungsgebühr zu verneinen. Im Fall 5 fällt eine Einigungsgebühr an. Bei der Abgrenzung, ob eine Mitwirkung vorliegt, ist die Wertung des Gesetzgebers, dass neben der Erstellung eines schriftlichen Gutachtens eine Einigungsgebühr nicht anfallen kann (→ Rn. 19), mitzuberücksichtigen.

255 **e) Aushandeln.** Es reicht aus, dass der RA bei den Vertragsverhandlungen mitgewirkt hat, wie auch Anm. Abs. 2 zeigt, und dies mitkausal für den Abschluss war.[328] Es ist nicht erforderlich, dass der RA bei allen Vertragsverhandlungen zugegen war.[329]

255a Es genügt,
- dass der RA den Einigungsvertrag entworfen hat,[330]
- dass der RA einen bereits vorhandenen Entwurf modifiziert,[331]
- dass die Einigung ohne Zuziehung des Anwalts durch einen Gesamtrechtsnachfolger des Auftraggebers getroffen wird und dieser dabei die von dem RA für den Auftraggeber ausgehandelten Bedingungen übernimmt,[332]
- dass der RA einen Entwurf erarbeitet, der zunächst abgelehnt wird, die Parteien aber den gleichen oder einen im Großen und Ganzen entsprechenden Vergleich ohne RA oder mit einem anderen RA schließen.[333]

256 **f) Vertragsabschluss.** Die Mitwirkung beim Vertragsabschluss selbst reicht auch. Das gilt auch dann, wenn der RA an den vorausgehenden Vertragsverhandlungen selbst nicht beteiligt war.[334] Allerdings reicht die **bloße passive Anwesenheit** beim Vertragsschluss nicht.

257 **g) Protokollierung.** ***aa) Materiell-rechtliche Wirksamkeit erst mit Protokollierung.*** Problemlos ist die Rechtslage, wenn die Einigung materiell-rechtlich erst mit der Protokollierung wirksam werden sollte. In diesem Fall wirkt der RA unzweifelhaft durch sein Zutun bei der Protokollierung am Zustandekommen des Vertrages mit.[335]

258 **Vermutung des § 154 Abs. 2 BGB.** Hierbei ist § 154 Abs. 2 BGB zu beachten, wonach die widerlegbare Vermutung besteht, dass ein Vertrag erst mit der Beurkundung zu Stande kommt, wenn eine solche verabredet ist.[336] Die Protokollierung eines zuvor schon konzipierten Scheidungsfolgenvergleichs löst deshalb grds. eine Einigungsgebühr aus,[337] vorausgesetzt dass die Ehe nachher rechtskräftig geschieden wird (→ Rn. 81).

259 Erst recht wirkt der RA beim Abschluss des Einigungsvertrags mit, wenn im Anwaltsprozess nur der RA einen wirksamen Prozessvergleich schließen kann[338] oder ein Vertrag zu seiner Wirksamkeit der Beurkundung bedarf und diese durch § 127a BGB (→ Rn. 54) erfolgen soll.[339]

260 In diesen Fällen fällt eine Einigungsgebühr selbst dann an, wenn der RA den Vergleich zunächst abgelehnt hatte.[340]

261 Häufig wird im Zusammenhang mit der Protokollierung auch noch über den Inhalt der Einigung verhandelt, uU auch ein mitgebrachter Entwurf noch abgeändert. Dann liegt, wenn der RA auch hierbei mitwirkt, gleichzeitig auch noch ein Mitwirken beim Aushandeln vor.

262 ***bb) Materiell-rechtliche Wirksamkeit schon vor Protokollierung.*** Ist der materiell-rechtliche Einigungsvertrag bereits vor der Protokollierung wirksam, so wird ganz überwiegend angenommen, dass der allein an der Protokollierung mitwirkende RA die Einigungsgebühr nicht

---

328 Hartmann/Toussaint/*Forbringer* RVG VV 1000 Rn. 33.

329 Hartmann/Toussaint/*Forbringer* RVG VV 1000 Rn. 33.

330 BGH NJW 2009, 922 = AnwBl 2009, 233 = FamRZ 2009, 324.

331 OLG Karlsruhe AnwBl 2003, 115; LG Köln JurBüro 1999, 528 = AnwBl 1999, 703.

332 OLG Hamm AnwBl 1970, 290.

333 OLG München NJW 1997, 1313 = AnwBl 1997, 119.

334 Hartmann/Toussaint/*Forbringer* RVG VV 1000 Rn. 34.

335 Hartmann/Toussaint/*Forbringer* RVG VV 1000 Rn. 40 „Protokoll"; Schneider/Wolf/*Schafhausen/Schneider/Thiel* RVG VV 1000 Rn. 127.

336 Schneider/Wolf/*Schafhausen/Schneider/Thiel* RVG VV 1000 Rn. 127 verdreht mit seiner Ansicht, regelmäßig sei vor der Protokollierung die Einigung bereits zustande gekommen, § 154 Abs. 2 BGB ins Gegenteil.

337 OLG Brandenburg OLGR 1995, 186.

338 OLG Düsseldorf JurBüro 1993, 728.

339 OLG Brandenburg FamRZ 1996, 680; Schneider/Wolf/*Schafhausen/Schneider/Thiel* RVG VV 1000 Rn. 127.

340 Bischof/*Bischof* RVG VV 1000 Rn. 40.

verdienen kann, da er bei einem bereits zu Stande gekommenen Vertrag nicht mehr an dessen Entstehung mitwirken kann.[341] Dem ist in vielen Fällen nicht zu folgen.

263 **Beendigung des gerichtlichen Verfahrens.** Der Prozessvergleich hat eine Doppelnatur. Er soll einerseits die materielle Rechtslage klären, aber andererseits in vielen Fällen auch das gerichtliche Verfahren beenden. Ist letzteres der Fall, so wirkt der RA, der bei der Protokollierung mit tätig ist, bei dieser Beendigung mit. Nach der hier vertretenen Auffassung, dass die Beendigung eines gerichtlichen Verfahrens allein schon genügt, um eine Einigungsgebühr entstehen zu lassen (→ Rn. 129 ff.), verdient der RA dann eine Einigungsgebühr.[342]

264 Das gilt aber nur, soweit anhängige Ansprüche von der Einigung betroffen sind. Werden nicht anhängige Ansprüche miteinbezogen, so greift der Aspekt der Prozessbeendigung nicht ein.

265 **Vollstreckungstitel.** Außerdem kann es der Partei darum gehen, einen Vollstreckungstitel zu erwerben.[343] Dann besteht aus einem weiteren Grund eine Einigungsgebühr (Titulierungsinteresse → Rn. 211 ff.).

266 ***cc) Bloße Anwesenheit.*** Die bloße Anwesenheit bei der Protokollierung reicht nicht.[344] Deshalb wurde in einem Fall eine Einigungsgebühr verneint, in dem der RA erst im Gerichtstermin erscheint, als der Richter bereits den vorher vom Mandanten mit dem Gegner und dem Gericht ausgehandelten Vergleich diktiert und der Mandant den RA auch nicht mehr fragt, ob er den Vergleich abschließen soll.[345] Anders ist es aber, wenn der RA, wie es meistens der Fall sein wird, die Vereinbarung genehmigt. Dann übernimmt er die Verantwortung für den Inhalt und wirkt beim Zustandekommen der Vereinbarung mit.[346] Erst recht gilt dies in einem Anwaltsprozess, in dem nur der Anwalt das Verfahren durch den Vergleich beenden kann.

267 **Überwachung des Notars.** Es genügt nicht, wenn der RA bei einer notariellen Beurkundung einer ohne ihn ausgehandelten Einigung nur die Aufgabe hat, darauf zu achten, dass die formellen Erfordernisse eingehalten werden.[347]

268 **h) Genehmigungsbedürftige Verträge.** War der RA bei dem **Aushandeln** beteiligt und wird der Vertrag dann durch die Genehmigung wirksam, so hat er beim Zustandekommen mitgewirkt. Das gilt auch dann, wenn er an der Genehmigungserteilung nicht beteiligt ist.

269 Dazu, dass die Einigungsgebühr nicht anfällt, wenn der RA lediglich für eine ansonsten ohne sein Zutun zu Stande gekommene Einigung die Genehmigung erholt → Rn. 246.

270 **i) Nicht ausreichende Tätigkeiten. *aa) Mitteilungen an Mandanten.*** Nimmt der RA lediglich einen Vorschlag des Gerichts oder des Gegners entgegen und leitet er diesen kommentarlos an seinen Mandanten weiter[348] oder unterrichtet er die Partei über Einzelheiten eines gerichtlichen Einigungsvorschlags und dessen Folgen, ohne eine auf die Einigung hinzielende Beratung, so verdient er keine Einigungsgebühr.[349] Verbindet er die Weiterleitung mit einer Empfehlung, so greifen die Grundsätze über den Rat ein (→ Rn. 249 ff.).

271 ***bb) Mitteilung an Gericht.*** Weiter genügt nicht die bloße Mitteilung an das Gericht, dass sich die Parteien geeinigt haben.[350] Das gilt auch dann, wenn der RA gleichzeitig die Klagerücknahme oder die Erledigung erklärt.[351]

272 ***cc) Bloße Bestellung eines Unterbevollmächtigten.*** Die bloße Bestellung eines Unterbevollmächtigten, der die Einigung abschließt, genügt nicht.[352] Anders ist es, wenn ein in § 5 RVG genannter Vertreter im Namen des beauftragenden Anwalts den Einigungsvertrag abschließt und dadurch für diesen die Gebühr verdient.[353]

---

[341] HBS VergütungsR/*Hansens* Teil 6 Rn. 33.
[342] OLG Düsseldorf JurBüro 1993, 728.
[343] OLG Brandenburg FamRZ 1996, 680; OLG Düsseldorf JurBüro 1993, 728.
[344] Hartmann/Toussaint/*Forbringer* RVG VV 1000 Rn. 40 „Anwesenheit".
[345] LG Frankfurt RPfleger 1985, 166; Schneider/Wolf/*Schafhausen/Schneider/Thiel* RVG VV 1000 Rn. 128.
[346] Mayer/Kroiß/*Klees* RVG VV 1000 Rn. 37; Bischof/*Bischof* RVG VV 1000 Rn. 46.
[347] Mayer/Kroiß/*Klees* RVG VV 1000 Rn. 49.
[348] Hartmann/Toussaint/*Forbringer* RVG VV 1000 Rn. 40 „Mitteilung"; Bischof/*Bischof* RVG VV 1000 Rn. 46, Kausalität fehlt.
[349] Gerold/Schmidt/*von Eicken,* 17. Aufl. 2006, RVG VV 1000 Rn. 35.
[350] Hartmann/Toussaint/*Forbringer* RVG VV 1000 Rn. 40 „Mitteilung"; Bischof/*Bischof* RVG VV 1000 Rn. 46, Kausalität fehlt.
[351] Hartmann/Toussaint/*Forbringer* RVG VV 1000 Rn. 40 „Mitteilung".
[352] Bischof/*Bischof* RVG VV 1000 Rn. 46, Kausalität fehlt.
[353] Gerold/Schmidt/*von Eicken,* 17. Aufl. 2006, RVG VV 1000 Rn. 35.

273 **j) Streithelfer.** Dem RA des Streithelfers erwächst eine Einigungsgebühr nur, wenn er selbst an der Entstehung des Vertrages **mitwirkt,** zB der Einigung beitritt[354] oder zu einem Vergleichsvorschlag sein Einverständnis erklärt.[355] Dazu, dass noch hinzukommen muss, dass ein Rechtsverhältnis des Streithelfers unmittelbar geregelt wird → Rn. 102 ff.

3. Kausalität

274 **a) Mitursache.** Die auf die Herbeiführung der Einigung gerichtete Tätigkeit des RA muss mindestens mitursächlich[356] für das Zustande RVG kommen der Einigung gewesen sein. Der RA muss nicht die ausschlaggebende Ursache gesetzt haben.[357] Es genügt, dass er nur in irgendeiner nicht völlig unbedeutenden Weise kausal war.[358] Es reicht weiter, wenn später ein anderer RA die Einigungsgespräche zu Ende führt.[359]

275 **b) Abweichen vom Vorschlag des Anwalts.** Abweichungen in der Einigung vom Vorschlag des Anwalts stehen der Einigungsgebühr nicht entgegen,

– wenn die Einigung nur im Großen und Ganzen dem Rat oder Entwurf des Anwalts entspricht,
– wenn der Vertragskern fortbesteht.[360]

276 Damit wird auch der Versuch verhindert, durch kleine, unwesentliche Änderungen die Einigungsgebühr zu Fall zu bringen.

277 Die Mitkausalität ist aber **nicht mehr gegeben,** wenn die Parteien an Stelle der unter Mitwirkung des Anwalts vorbereiteten oder widerruflich abgeschlossenen und sodann widerrufenen Einigung eine wesentlich abweichende Einigung geschlossen haben und nicht nur geringfügige Änderungen vorgenommen haben.

Beispiele:

– **Mitkausalität:** Unter Mitwirkung des Anwalts wurde eine Auseinandersetzung zwischen Mitgesellschaftern angestrebt. Später kommt es ohne den Anwalt zu einer Vereinbarung, wobei aber wesentliche Teile, die der Anwalt **ausgehandelt** hatte, beibehalten wurden, zB hinsichtlich der Bilanzerstellung, der Feststellung stiller Reserven und der Auseinandersetzung über die Grundstücke der Gesellschaft. Abänderungen gab es hinsichtlich einer Konkurrenzklausel und der Abfindungssumme für das Ausscheiden aus der Gesellschaft.[361]
– **Ohne Kausalität:** In einem Rechtsstreit auf Räumung eines Grundstücks streiten die Parteien darüber, ob der **Mietvertrag** beendet ist oder noch über fünf Jahre läuft. Die Anwälte schlagen vor, den Mietvertrag noch zwei Jahre fortzusetzen. Die Parteien einigen sich – ohne Mitwirkung der Anwälte – dahin, dass der Beklagte das Mietgrundstück käuflich erwirbt. Hier liegt zweifelsfrei ein aliud vor.[362]

278 **c) Ursächlichkeit nach vorherigem Fehlschlagen.** Ursächlichkeit kann auch vorliegen, wenn die Einigungsverhandlungen zunächst gescheitert sind, die Parteien aber ohne RA oder mit einem anderen RA den gleichen oder einen im Großen und Ganzen entsprechenden Vergleich doch noch schließen[363] und zwar auch, wenn das erst nach dem Tode des RA geschieht,[364] selbst wenn ein neuer RA den Vertrag abschließt.[365] Anders ist es, wenn nicht geklärt ist, inwieweit der vom RA ausgehandelte Entwurf mit dem Inhalt der späteren Einigung übereinstimmt.[366]

279 **d) Unterbrechung.** Keine Einigungsgebühr entsteht, wenn die Kausalität unterbrochen ist. Dies ist zB gegeben, wenn ohne weitere Mitwirkung des Anwalts ein gleichlautender Vergleich erst in der höheren Instanz und erst nach Austausch umfangreicher Schriftsätze, nach

[354] OLG München JurBüro 2013, 190; Schneider/Wolf/*Schafhausen/Schneider/Thiel* RVG VV 1000 Rn. 96.
[355] OLG Düsseldorf AGS 2008, 296; OLG München JurBüro 2013, 190.
[356] Hartmann/Toussaint/*Forbringer* RVG VV 1000 Rn. 39.
[357] OLG Celle MDR 1962, 489.
[358] OLG Frankfurt a. M. JurBüro 1983, 573 (576) Ziff. 3.
[359] OLG Celle MDR 1962, 489; OLG München NJW 1997, 1313 (1315) Ziff. 4 = AnwBl 1997, 119.
[360] Bischof/*Bischof* RVG VV 1000 Rn. 42.
[361] OLG Celle MDR 1962, 489.
[362] BJBCKKU/*Bischof* RVG VV 1000 Rn. 45.
[363] OLG München NJW 1997, 1313 (1315) Ziff. 4 = AnwBl 1997, 119; Bischof/*Bischof* RVG VV 1000 Rn. 42; Hartmann/Toussaint/*Forbringer* RVG VV 1000 Rn. 40 „Scheitern der Verhandlungen"; Mayer/Kroiß/*Klees* RVG VV 1000 Rn. 50; unklar Schneider/Wolf/*Schafhausen/Schneider/Thiel* RVG VV 1000 Rn. 128 unter welchen Voraussetzungen er eine Einigungsgebühr ablehnt, ob nur unter den Voraussetzungen, die im Fall OLG Koblenz JurBüro 1992, 603, gegeben waren; er beruft sich auf diese Entscheidung.
[364] OLG München NJW 1997, 1313 (1315) Ziff. 4 = AnwBl 1997, 119.
[365] Hartmann/Toussaint/*Forbringer* RVG VV 1000 Rn. 40 „Scheitern der Verhandlungen".
[366] OLG Koblenz JurBüro 1992, 603, zust. jedenfalls für diese Konstellation Schneider/Wolf/*Schafhausen/Schneider/Thiel* RVG VV 1000 Rn. 128.

der Einvernahme eines Sachverständigen und der Einnahme eines Augenscheins zu Stande kommt.[367]

e) Abschluss durch Rechtsnachfolger des Mandanten. Schließt zB der Erbe den vom Prozessbevollmächtigten des Rechtsvorgängers ausgehandelten Vertrag ab, ohne selbst noch einmal den RA einzuschalten, so besteht die Kausalität fort und steht die Einigungsgebühr dem RA gegen den Erben zu.[368] **280**

4. Mehrere Anwälte

Entstehung. Mehrere Anwälte können beim Abschluss einer Einigung für denselben Auftraggeber mitwirken.[369] Das ist häufig der Fall, wenn ein **Terminsvertreter** eingeschaltet ist (→ RVG VV 3401 Rn. 66 ff.). Wegen Verkehrsanwalt → RVG VV 3400 Rn. 65 ff. **281**

Auch wenn ein **Anwaltswechsel** stattgefunden hat, kann die Einigungsgebühr beiden Anwälten zustehen, wenn der frühere RA bei den Vertragsverhandlungen ursächlich mitgewirkt hat. Das gilt auch für den Vergütungsanspruch des im Wege der Prozesskostenhilfe beigeordneten RA gegen die Staatskasse. **282**

Erstattung. Eine andere Frage ist es, ob die mehreren Einigungsgebühren auch zu erstatten sind. Im Einzelnen hierzu wegen Verkehrsanwalt → RVG VV 3400 Rn. 105 ff., wegen Terminsvertreter → RVG VV 3401 Rn. 132 ff. **283**

Vertretung gem. § 5 RVG. Von der mehrere Einigungsgebühren auslösenden Mitwirkung mehrerer Anwälte ist der Fall zu unterscheiden, bei dem der zweite mitwirkende RA als Vertreter iSv § 5 RVG handelt. Es fällt nur bei dem vertretenen Anwalt die Einigungsgebühr an. **284**

5. Beweislast

a) Tätigkeit. Nach allg. Beweislastgrundsätzen muss der RA beweisen, dass er mitgewirkt hat.[370] Jeder muss die ihm günstigen Anspruchsvoraussetzungen beweisen. Ist der RA beim Vertragsabschluss anwesend, so ist aber in Ermangelung entgegengesetzter Anhaltspunkte davon auszugehen, dass er zumindest beratend tätig war.[371] Aus der **Sitzungsniederschrift** muss sich nicht ergeben, dass der RA mitgewirkt hat.[372] **285**

b) Kausalität. Steht fest, dass der RA die Einigung fördernd tätig war, so dreht Anm. Abs. 2 hinsichtlich der Kausalität die Beweislast um. Aus den Worten „es sei denn" ergibt sich, dass die Ursächlichkeit dann vermutet wird. Der Auftraggeber muss also beweisen, dass die Mitwirkung des RA nicht ursächlich war. **286**

Erklärung des Scheiterns. An dieser Beweislastverteilung ändert sich auch nichts, wenn zwischenzeitlich die Einigungsbemühungen als gescheitert erklärt werden.[373] Der Gegenmeinung, die die Beweislast nach einer solchen Erklärung zu Lasten des Anwalts umdreht,[374] ist nicht zu folgen. Eine solche Erklärung ist zum einen kein ausreichendes Indiz für eine fehlende Kausalität. Nicht selten werden Einigungsgespräche als gescheitert erklärt und werden trotzdem nachfolgend Einigungen mit einem ganz ähnlichen Inhalt getroffen. Im Übrigen trägt auch die Beweislastregelung in der Anm. Abs. 2 dem Umstand Rechnung, dass es für den RA im Gegensatz zum Mandanten in aller Regel sehr schwierig ist, die Kausalität zu beweisen. Meistens kennt er den letztlich geschlossenen Vertrag nicht. Darüber hinaus wäre es für die Parteien gar zu leicht, mit einer Erklärung des Scheiterns den Anwalt um die Einigungsgebühr zu bringen. **287**

Die Beweislast des Mandanten bleibt selbst dann bestehen, wenn der RA einen gescheiterten Vergleichsvorschlag, zB zur elterlichen Sorge und Unterhalt, ausgearbeitet hat und später ohne sein Zutun eine Einigung zu diesen beiden Positionen sowie zusätzlich zu einem Verzicht auf eine vermögensrechtliche Auseinandersetzung zu Stande kommt. **288**

Die Einigungsgebühr fällt dann allerdings nur aus dem Gegenstandswert Unterhalt und elterliche Sorge an.[375] **289**

---

[367] OLG München RPfleger 1980, 201.
[368] KG JurBüro 1970, 775.
[369] OLG Düsseldorf JurBüro 1993, 728.
[370] Mayer/Kroiß/*Klees* RVG VV 1000 Rn. 50; Schneider/Wolf/*Schafhausen/Schneider/Thiel* RVG VV 1000 Rn. 133.
[371] LSG Erfurt JurBüro 2001, 474.
[372] LSG Erfurt JurBüro 2001, 474.
[373] OLG Braunschweig AnwBl 1968, 280.
[374] OLG Koblenz JurBüro 1992, 603; ähnlich Schneider/Wolf/*Schafhausen/Schneider/Thiel* RVG VV 1000 Rn. 135.
[375] OLG Braunschweig AnwBl 1968, 280.

290 Folgt man der Gegenmeinung, so muss man dem RA – in gleicher Weise wie dem Makler[376] – gegen seinen Auftraggeber einen Auskunftsanspruch zuerkennen, der ihm die Kausalitätsprüfung ermöglicht.

XIII. Gebührenhöhe

291 → RVG VV 1003, 1004 Rn. 1 ff.

XIV. Angelegenheit, Abgeltungsbereich

1. § 19 Abs. 1 S. 2 Nr. 2 RVG

292 Hat der RA einen Verfahrensauftrag und führt er außergerichtlich Einigungsgespräche, so handelt es sich gem. § 19 Abs. 1 S. 2 Nr. 2 RVG um eine Angelegenheit mit dem gerichtlichen Verfahren. Die Tätigkeitsgebühren richten sich damit nach VV 3100 ff., 3104 ff. RVG.

293 **Außergerichtliche und gerichtliche Einigung.** Einigen sich die Parteien außergerichtlich materiell-rechtlich und schließen sie dann noch einen Vergleich bei Gericht, so handelt es sich ebenfalls um eine Angelegenheit und fällt die Einigungsgebühr beim selben RA nur einmal an.

2. Streit über Wirksamkeit einer Einigung

294 **a) Über außergerichtliche Einigung.** Wird auf Feststellung der Wirksamkeit einer außergerichtlichen Einigung geklagt und einigen sich dann die Parteien, entsteht eine neue Einigungsgebühr,[377] da die ohne Prozessauftrag geführten außergerichtlichen Vergleichsverhandlungen und der Rechtsstreit verschiedene Angelegenheiten sind.

295 **b) Über gerichtliche Einigung.** Wird eine gerichtliche Einigung angefochten, der rechtzeitige Widerruf behauptet oder sonst wie über deren Wirksamkeit gestritten, so stellt dies eine Fortsetzung des Verfahrens dar, in dem die Einigung getroffen wurde. Es ist also keine neue Angelegenheit. Einigen sich die Parteien zur Beseitigung dieses Streits, so entsteht keine zweite Einigungsgebühr.[378] Das gilt auch, wenn darüber gestritten wird, ob eine Bedingung eingetreten ist.[379]

296 Eine neue Einigungsgebühr fällt aber an, wenn in einem anderen Rechtstreit, zB einer höheren Instanz, eine Einigung betreffend die Wirksamkeit der früheren Einigung getroffen wird.

3. Mehrere Parteien mit verschiedenen Gegenständen

297 → RVG VV 1008 Rn. 144.

4. Mehrvergleich, mehrere Vergleiche

298 → RVG VV 1003, 1004 Rn. 71 ff.; 102.

5. Beitritt eines Dritten zur Einigung

299 Tritt ein Dritter zum Abschluss eines Vergleiches dem Rechtstreit bei und lässt er sich dabei von demselben Anwalt vertreten wie eine der beiden Parteien, so liegt nur eine Angelegenheit vor und entsteht die Einigungsgebühr bei dem beide vertretenden Anwalt nur einmal.[380]

XV. Weitere Gebühren

1. Keine Einigungsgebühr ohne Tätigkeitsgebühr

300 Als Erfolgsgebühr kann die Einigungsgebühr niemals allein, sondern nur neben einer Betriebsgebühr entstehen. Im Übrigen → Rn. 4, 6 ff. Welcher Art diese ist, hängt von dem Auftrag ab. Bei einer außergerichtlichen Vertretung entsteht eine Geschäftsgebühr gem. VV 2300 ff. RVG, im gerichtlichen Verfahren eine Verfahrensgebühr gem. VV 3100 ff. RVG, im Vollstreckungsverfahren eine Verfahrensgebühr gem. VV 3309 RVG.

---

[376] OLG Düsseldorf NJW-RR 1996, 1464.

[377] Mayer/Kroiß/*Klees* RVG VV 1000 Rn. 17.

[378] Mayer/Kroiß/*Klees* RVG VV 1000 Rn. 17; Schneider/Wolf/*Schafhausen/Schneider/Thiel* RVG VV 1000 Rn. 148.

[379] BGH RPfleger 1972, 13, zu auflösender Bedingung.

[380] OLG Nürnberg MDR 2008, 352 = AGS 2008, 279.

2. Nicht neben VV 1001, 1002 RVG

Die Aussöhnungs- (VV 1001 RVG) und Erledigungsgebühr (VV 1002 RVG) können nicht neben der Einigungsgebühr anfallen. Diese entstehen vielmehr an Stelle der Einigungsgebühr.[381] 301

3. Vollstreckbarerklärung eines Anwaltsvergleichs

Für die anwaltliche Tätigkeit bei der Vollstreckbarerklärung gilt VV 3327 RVG. 302

XVI. Gegenstandswert

→ Anh. VI Rn. 87 ff. 302a

XVII. Kostenerstattung gem. §§ 103 ff. ZPO

1. Festsetzbare Einigungsgebühren

a) Entstandene Einigungsgebühr. Ein Kostenerstattungsanspruch setzt voraus, dass überhaupt eine Einigungsgebühr angefallen ist. Ist dies nicht der Fall, so besteht ein Erstattungsanspruch selbst dann nicht, wenn in der Kostengrundentscheidung oder -vereinbarung ausdrücklich ausgesprochen ist, dass eine Partei auch die Kosten der Einigung zu tragen hat. Beide können nicht darüber bestimmen, ob die Voraussetzungen einer Einigungsgebühr vorliegen.[382] 303

b) Nicht protokollierte Einigung. Eine Zeitlang vertrat der BGH die Auffassung, dass die Einigungsgebühr im Verfahren gem. §§ 103, 104 ZPO nur festsetzbar sei, wenn ein als Vollstreckungstitel tauglicher Vergleich nach § 794 Abs. 1 ZPO protokolliert worden ist.[383] Diese Auffassung wurde in der Lit. zu Recht kritisiert.[384] Inzwischen hat der BGH diese Auffassung mit der zutreffenden Begründung aufgegeben, dass es für die Notwendigkeit einer Protokollierung im Gesetz an einem Anhaltspunkt fehlt.[385] 304

c) Außergerichtliche Einigung. Da die Tätigkeit nicht gegenüber dem Gericht erfolgen muss (→ § 11 Rn. 49), wurde zur BRAGO und wird zum RVG zu Recht vertreten, dass auch die durch eine außergerichtlich getroffene Einigung verdiente Vergleichs- bzw. Einigungsgebühr, mit der ein gerichtliches Verfahren beendet wird, festsetzungsfähig ist,[386] was sich auch aus § 19 Abs. 1 S. 2 Nr. 2 RVG ergibt. Frühere BGH-Rechtsprechung steht nicht mehr entgegen, nachdem der BGH nicht mehr eine Protokollierung der Einigung voraussetzt (→ Rn. 304). 304a

2. Titel

a) Notwendigkeit eines vollstreckbaren Titels. Eine Kostenfestsetzung gem. §§ 103, 104 ZPO setzt nach § 103 ZPO einen vollstreckbaren Titel voraus.[387] 305

b) Mögliche Titel. ***aa) Gerichtliche Entscheidung.*** Das kann eine gerichtliche Entscheidung sein (zB gem. §§ 91 ff. ZPO). 306

bb) Gerichtliche Vereinbarung. Weiter genügt eine bei Gericht protokollierte Kostenvereinbarung (§ 794 Nr. 1 ZPO). Fehlt es an einer Protokollierung, so gibt es keinen vollstreckbaren Titel. 307

Vergleich mit gegenseitigem Nachgeben. Unzweifelhaft ist dies, wenn die Einigung in einem gerichtlichen Verfahren geschlossen ist und ein gegenseitiges Nachgeben enthält. Dann ist es keine Frage ist, dass ein Prozessvergleich iSv § 779 BGB vorliegt und damit § 794 Nr. 1 ZPO gegeben ist. 308

Einigung ohne gegenseitiges Nachgeben. Gerichtlich protokollierte Einigungen, die mangels eines gegenseitigen Nachgebens keinen Vergleich darstellen, genügen aber ebenfalls. Zwar fallen sie bei strenger Orientierung am Wortlaut eigentlich nicht unter § 794 Nr. 1 ZPO. 309

---

381 HBS VergütungsR/*Hansens* Teil 6 Rn. 10; Mayer/Kroiß/*Klees* RVG VV 1000 Rn. 1.

382 OLG Hamm JurBüro 2002, 194.

383 BGH NJW 2002, 3713, zur BRAGO; BGH NJW 2006, 1523, zum RVG; OLG Brandenburg Rpfleger 2005, 700; OLG Karlsruhe JurBüro 2006, 361 (Ls.); OLG Nürnberg NJW-RR 2006, 1367 = AnwBl 2006, 145 = JurBüro 2006, 75.

384 Gerold/Schmidt/*Müller-Rabe,* 17. Aufl. 2006, RVG VV Vorb. 3 Rn. 123; Bischof/*Bischof* RVG VV 1000 Rn. 8 ff.

385 BGH NJW 2007, 2187.

386 OLG Hamburg JurBüro 1980, 554; OLG Hamm AnwBl 2005, 76 = JurBüro 2005, 87; **aA** OLG München FamRZ 1999, 1674.

387 BGH NJW 2006, 1523 = AnwBl 2006, 585.

Der BGH hat jedoch zu § 98 ZPO entschieden, dass diese Bestimmung, obgleich sie einen Vergleich voraussetzt, auch auf Einigungen ohne vollstreckbaren Inhalt anzuwenden ist, weil insofern lediglich eine Redaktionsunterlassung des Gesetzesgebers vorliegt (→ Rn. 314). Entsprechendes gilt für § 794 Nr. 1 ZPO. Es gibt keinen Grund, warum für eine Einigung ohne gegenseitiges Nachgeben hinsichtlich der Kostenfestsetzung etwas anderes als für einen Vergleich gelten sollte. Im Übrigen müsste sonst, worauf der BGH auch bei § 98 ZPO abgestellt hat, im Rahmen der Kostenfestsetzung wieder geprüft werden, ob ein gegenseitiges Nachgeben vorliegt, was der Gesetzgeber gerade vermeiden wollte.

310 *cc) Außergerichtliche Vereinbarung.* Sie stellt keinen vollstreckbaren Titel dar.

311 **c) Mehrvergleich. Kostenfestsetzung nur aufgrund des Titels im Einigungsverfahren.** Werden in unterschiedlichen Gerichtsverfahren anhängige Gegenstände in einer Einigung geregelt, so entsteht nur eine Einigungsgebühr und zwar in dem Verfahren, in dem die Vereinbarung getroffen wird (→ RVG VV 1003 Rn. 71 ff.). Das bedeutet, dass eine Kostenerstattung nur auf Grund der Kostenentscheidung oder Kostenvereinbarung im Einigungsverfahren verlangt werden kann.[388]

3. Auslegung gem. § 98 ZPO

312 **a) Inhalt.** § 98 ZPO bestimmt zweierlei: Erstens – mit den Worten „wenn nicht die Parteien ein anderes vereinbart haben" – dass die freie Kostenvereinbarung der Parteien **Vorrang** vor § 98 ZPO hat. Zweitens dass, wenn eine Kostenvereinbarung **fehlt,** die Gerichtskosten geteilt und die Kosten der Einigung als gegeneinander aufgehoben angesehen werden sollen. Eine Kostenerstattung findet dann nur wegen der Gerichtskosten statt.

313 **Kosten der Einigung und Kosten des Rechtsstreits.** § 98 ZPO betrifft nicht nur die durch die Einigung entstandenen Kosten (S. 1), sondern auch die gesamten Kosten des Rechtsstreits, der durch die Einigung erledigt ist, soweit nicht bereits rechtskräftig über diese entschieden ist (S. 2).

314 **b) Anwendungsbereich.** ***aa) Einigung ohne gegenseitiges Nachgeben.*** § 98 ZPO betrifft dem Wortlaut nach nur den Prozessvergleich, bei dem ein gegenseitiges Nachgeben erforderlich ist. Dennoch ist anerkannt, dass die Regelung auch auf die Einigung iSv VV 1000 RVG anzuwenden ist, also auch wenn es an einem gegenseitigen Nachgeben fehlt. § 98 ZPO ist lediglich bei der Neufassung der Einigung durch das RVG nicht angepasst worden. Sonst müsste im Rahmen von § 98 ZPO wieder der Streit geklärt werden, ob ein gegenseitiges Nachgeben vorliegt, obwohl das Gesetz diesen Streit gerade beseitigen wollte.[389]

315 ***bb) Außergerichtliche Einigung.*** § 98 ZPO ist auch auf die Kosten einer außergerichtlichen Einigung anwendbar,[390] jedenfalls dann, wenn mit ihr ein Prozess beendet wird.[391] Ergibt sich dann aus dem Vergleich oder der gerichtlichen Entscheidung nichts anderes, so werden die Kosten eines außergerichtlichen Vergleichs gegeneinander aufgehoben.

Wegen Auslegung von Kostenentscheidungen oder -vereinbarungen bzgl. Kosten einer außergerichtlichen Einigung s. Einzelfälle → Rn. 323.

316 ***cc) Zwischeneinigung.*** § 98 ZPO ist auch auf eine Zwischeneinigung anzuwenden.[392]

4. Abweichungen von der Regel des § 98 ZPO

317 **a) Grundsätze. §§ 133, 157 BGB.** Ob in einer Einigung **§ 98 ZPO ausgeschlossen** ist und, wenn ja, **welchen Inhalt** die Kostenvereinbarung hat, ist anhand von §§ 133, 157 BGB zu ermitteln. Dabei kann eine Abweichung von § 98 ZPO auch stillschweigend erfolgen.[393] Werden Formulierungen in einer Vereinbarung benutzt, die in gerichtlichen Entscheidungen üblich sind, so haben diese in aller Regel die gleiche Bedeutung wie eine entsprechende gerichtliche Entscheidung.

318 **Protokollierter Inhalt.** Maßgebend ist der nach dem protokollierten Inhalt des Vergleichs erklärte objektivierte Wille der Parteien (§§ 133, 157 BGB). Es ist darauf abzustellen, was ein

---

[388] OLG Hamm JurBüro 2007, 200.
[389] BGH NJW 2007, 1213 = FamRZ 2007, 555.
[390] BGH NJW-RR 2006, 1000; 97, 510; OLG Frankfurt a. M. JurBüro 2005, 365; OLG Koblenz AGS 2015, 539 = MDR 2015, 975.
[391] BGH NJW 2009, 519 = FamRZ 2009, 40 = AnwBl 2009, 73.
[392] OLG Koblenz JurBüro 1991, 120.
[393] BGH NJW-RR 2006, 1000.

Erklärungsempfänger nach Treu und Glauben unter Berücksichtigung der Verkehrssitte unter dem erklärten Text verstehen musste.[394]

Eingeschränkte Auslegung in Kostenfestsetzung. Im Rahmen des Kostenfestsetzungsverfahrens ist eine Auslegung der Kostenvereinbarung im Allgemeinen nur in sehr beschränktem Umfang möglich. Eine Überprüfung sachlich-rechtlicher Vorgänge muss idR im auf schnelle und unkomplizierte Durchführung ausgerichteten Kostenfestsetzungsverfahren unterbleiben. Daher kann in einem Kostenfestsetzungsverfahren nicht nachgeprüft und entschieden werden, wie sich die Parteien die Kostenregelung gedacht haben und was sie iE darunter verstanden wissen wollten. Nicht protokollierte Vereinbarungen können auch nicht im Wege der Auslegung nachträglich zum Inhalt eines Prozessvergleichs gemacht werden.[395] Im Fall des § 278 Abs. 6 ZPO können die Einigungsvorschläge der Parteien selbst herangezogen werden. Dabei kann nur auf den aus diesen Urkunden erkennbar werdenden Willen abgestellt werden.[396] Aus all dem folgt, dass der RA bei der Fassung des Vergleichstextes sehr sorgfältig formulieren muss. **319**

Übereinstimmender wirklicher Wille. Der wahre, vom objektiven Erklärungswert der Einigung abweichende Wille der Parteien kann jedoch berücksichtigt werden, wenn beide Parteien ihn im Kostenfestsetzungsverfahren anerkennen. Hierfür sprechen schon Gründe der Prozessökonomie. **320**

b) Einzelfälle. Vorbemerkung. Im Folgenden geht es teilweise um Abweichungen von der Regel des § 98 S. 1 ZPO, also nur hinsichtlich der Kosten der Einigung, teilweise von der Regel des § 98 S. 2 ZPO, also hinsichtlich der gesamten Kosten des Rechtsstreits. Zuerst werden die Fälle behandelt, bei denen es nur um die Kosten der Einigung geht (→ Rn. 322–331). **321**

aa) Vereinbarung über „Kosten des Rechtsstreits bzw. des Verfahrens“. **Kosten eines Gerichtsvergleichs.** Treffen die Parteien hinsichtlich eines beim Gericht (!) getroffenen Vergleichs eine Vereinbarung über die „Kosten des Rechtsstreits bzw. des Verfahrens“ oder tenoriert das Gericht im Anschluss an eine solche Vereinbarung in dieser Weise, so werden die Kosten der Einigung von der Kostenentscheidung mit erfasst. Der Prozess- und Verfahrensvergleich gehört zum eigentlichen Verfahrensgeschehen, dessen Kosten von den Parteien und Beteiligten deshalb gewöhnlich als eine Einheit gesehen werden.[397] Anders ist es nur, wenn sich aus der Auslegung der Kostenabrede ergibt, dass die Parteien trotz der Verwendung des Begriffes „Kosten des Rechtsstreits“ die Regelung nicht auf die Kosten der Einigung erstreckt wissen wollten.[398] Wegen Kosten des selbständigen Beweisverfahrens → Anh. III Rn. 81. **322**

Kosten eines **außergerichtlichen Vergleichs.** Streitig ist, ob eine gerichtliche Entscheidung über die „Kosten des Rechtsstreits“ die durch eine außergerichtliche (!) Einigung entstandenen Einigungskosten regelmäßig mit umfasst[399] oder ob im Regelfall, wenn nichts Abweichendes vereinbart ist, diese von der Kostenentscheidung nicht erfasst und deshalb gegeneinander aufgehoben sind.[400] Der BGH hat sich nunmehr für die zweite Meinung ausgesprochen.[401] Der Streit sollte damit beendet sein. Ich halte an der in der 18. Auflage vertretenen entgegengesetzten Ansicht[402] nicht fest. Im Einzelfall ist dann aber immer noch zu prüfen, ob nicht ausdrücklich oder sich aus den Umständen ergebend etwas anderes von den Parteien bestimmt ist (→ Rn. 317 ff.). **Hinweis für den RA.** Ist gewollt, dass die Kosten des Vergleichs mit erfasst sein sollen, so muss das in dem Vergleich klar zum Ausdruck gebracht werden. **323**

Tritt ein **Dritter** dem Vergleich bei, gehören dessen Kosten – in gleicher Weise wie die eines Streithelfers (→ Anh. X Rn. 27 ff.) nicht zu den Kosten des Rechtsstreits oder Verfahrens.[403]

---

[394] BGH NJW 1993, 1995; KG KGR Berlin 2005, 795 = RVGreport 2005, 394 mAnm *Hansens.*

[395] OLG Koblenz NJW-RR 2016, 448 = JurBüro 2016, 150; OLG München JurBüro 1970, 881.

[396] OLG Brandenburg JurBüro 2006, 489.

[397] BGH NJW 2009, 519 = FamRZ 2009, 40 = AnwBl 2009, 73; OLG Brandenburg FamRZ 2014, 1220; 2009, 1171 = AGS 2009, 139; JurBüro 2006, 489; OLG Hamburg NJW 2014, 3046 = RVGreport 2015, 31 mzustAnm *Hansens;* OLG Koblenz JurBüro 2016, 656 = NJW-RR 2016, 1471; OLG Köln JurBüro 2006, 599 mwN; OLG Rostock JurBüro 2005, 655.

[398] OLG Brandenburg JurBüro 2006, 489; OLG Rostock JurBüro 2005, 655.

[399] OLG München AnwBl 1993, 43 = JurBüro 1992, 322; OLG Bamberg JurBüro 2003, 144.

[400] OLG Frankfurt a. M. NJW 2005, 2465 = FamRZ 2006, 353; OLG Hamm OLGR 2007, 738 = AGS 2007, 476; OLG München FamRZ 1999, 1674; weitere Nachw. für beide Ansichten befinden sich in BGH NJW 2009, 519 = FamRZ 2009, 40 = AnwBl 2009, 73.

[401] BGH NJW 2011, 1680; 2009, 519 = FamRZ 2009, 40 = AnwBl 2009, 73.

[402] Gerold/Schmidt/*Müller-Rabe,* 18. Aufl. 2008, RVG VV 1000 Rn. 376 ff.

[403] OLG Köln NJW-RR 2015, 447.

324 ***bb) Verzicht bei Teilrücknahme und Teilanerkenntnis.*** **Problem.** Seit jeher hat die Rspr. Probleme mit der Erstattung der Einigungsgebühr, wenn die Parteien sich nicht förmlich einigen, sondern teilweise die Klage zurücknehmen und teilweise anerkennen. Wie weiter oben dargelegt (→ Rn. 44 ff.) kommt es bei der Frage, ob überhaupt eine Einigungsgebühr angefallen ist, darauf an, ob die Erklärungen unabhängig voneinander oder auf Grund einer – möglicherweise auch stillschweigenden – Absprache abgegeben werden.

325 Bei der Erstattung liegt das Problem darin, dass der Weg über das teilweise Anerkennen und die teilweise Rücknahme in den allermeisten Fällen gewählt wird, um eine gütliche Erledigung des Verfahrens zu ermöglichen, ohne einen Erstattungsanspruch hinsichtlich der Einigungsgebühr zu begründen.

326 **Lösung.** OLG Stuttgart[404] und OLG Hamm[405] nehmen einen Verzichtsvertrag der beteiligten Parteien auf Erstattung von Vergleichskosten an, OLG Frankfurt a. M.[406] und OLG Zweibrücken[407] im Regelfall eine stillschweigende Vereinbarung, die getroffene materielle Regelung nicht zum Gegenstand eines Prozessvergleichs zu machen mit der Folge, dass ein Kostenerstattungsanspruch ausscheidet. OLG Köln nimmt noch weitergehend einen Verzicht der Rechtsanwälte gegenüber ihren Mandanten auf Geltendmachung der Einigungsgebühr an mit der Folge, dass dann eine Einigungsgebühr auch bei der Kostenfestsetzung nicht vom Gegner verlangt werden kann.[408]

327 Diesen Ansätzen hat der BGH seinerzeit im Zusammenhang mit seiner früheren Meinung, eine Protokollierung sei Voraussetzung für eine Festsetzung der Einigungsgebühr (→ Rn. 304) entgegengehalten, dass die Berufung auf einen Verzicht eine materiell-rechtliche Einwendung darstellt, die, wenn der Berechtigte den Verzicht bestreitet, im Kostenfestsetzungsverfahren nicht berücksichtigt werden kann.[409] In seiner neueren Entscheidung, in der er vom Protokollierungserfordernis Abstand nimmt (→ Rn. 304), behandelt der BGH diese Frage nicht. In einer weiteren Entscheidung hat der BGH erklärt, dass seine aufgegebene Rspr. zur erforderlichen Protokollierung von dem Gedanken getragen war, dass bei einer solchen Abstandnahme von einem – an sich nahe liegenden – Vergleich die Parteien möglicherweise darauf vertrauen, von der Berechnung einer Einigungsgebühr verschont zu bleiben. Dieses Vertrauen hat der BGH für schützenswert gehalten.[410] Ob und auf welche Weise er zukünftig dieses Vertrauen schützen will, brauchte der BGH in dieser Entscheidung nicht zu klären.

328 **ME** ist weiterhin mit der bei den Oberlandesgerichten hM im Regelfall einen Verzicht auf einen Erstattungsanspruch hinsichtlich der Einigungsgebühr anzunehmen. In aller Regel wird der Weg über eine teilweise Rücknahme und ein teilweises Anerkenntnis an Stelle einer förmlichen Einigung gewählt, um einen Erstattungsanspruch für die Einigungsgebühr zu vermeiden. Dies rechtfertigt eine Vermutung für einen Verzicht, wenn nicht besondere Umstände für das Gegenteil vorliegen. Die erstattungspflichtige Partei wird dieses Procedere in aller Regel dahingehend verstehen, dass sie die Einigungsgebühr nicht erstatten muss. Nach §§ 133, 157 BGB darf sie dies auch so verstehen.

329 Das steht in Übereinstimmung mit der Rspr. des BGH, dass materiell-rechtliche Einwände berücksichtigt werden können, wenn für sie keine Tatsachenaufklärung erforderlich ist, sie sich vielmehr mit den im Kostenfestsetzungsverfahren zur Verfügung stehenden Mitteln ohne weiteres klären lassen.[411] Dieser Fall ist bei Teilanerkenntnis und Teilrücknahme gegeben, bei dem eine Vermutung für einen Verzicht besteht, es sei denn der Erstattungsberechtigte trägt besondere Umstände vor, aus denen sich ergeben kann, dass kein Verzicht vorliegt. Er kann sich zB darauf berufen, dass er im Zusammenhang mit den Teilverzichts- und Teilrücknahmeerklärungen darauf hingewiesen habe, dass er trotz dieses Procederes eine Einigungsgebühr zur Kostenfestsetzung anmelden werde, womit ein Verzicht auf Kostenerstattung ausscheiden würde.[412] Macht der Erstattungsberechtigte dies geltend, so ist der Erstattungsanspruch im Kostenfestsetzungsverfahren anzuerkennen. Der Erstattungspflichtige muss Vollstreckungsabwehrklage erheben.

---

[404] OLG Stuttgart NJW 2020, 1823; NJW 2005, 2161.
[405] OLG Hamm JurBüro 2002, 364.
[406] OLG Frankfurt a. M. RPfleger 1990, 91.
[407] OLG Zweibrücken FamRZ 1999, 799.
[408] OLG Köln JurBüro 2006, 589 Ls.
[409] BGH NJW 2006, 1523; ebenso OLG Nürnberg JurBüro 2000, 583.
[410] BGH NJW 2007, 2493 = AnwBl 2007, 552.
[411] BGH NJW 2006, 1962.
[412] OLG Hamm JurBüro 2002, 364.

cc) Verkehrsanwalt. Hat eine Partei in einer Einigung ohne Vorbehalt die „Verkehrsanwaltskosten" übernommen, so ist auch die Einigungsgebühr des Verkehrsanwalts ohne Notwendigkeitsprüfung zu erstatten.[413] Dasselbe gilt, wenn die Kostenvereinbarung dahingeht, dass der Gegner „die gesamten gerichtlichen und außergerichtlichen Kosten des Verfahrens und der Einigung" übernimmt und für den Gegner offenkundig war, dass die Einigungsverhandlungen überwiegend vom Verkehrsanwalt geführt wurden.[414] Streitig ist, ob es genügt, dass eine Partei in der Einigung die „Kosten des Rechtsstreits" übernommen hat.[415] Das KG lehnt eine Erstattung ab, wenn vereinbart ist, dass der Gegner die Kosten „dieses Vergleichs" zu tragen hat, es sei denn es gibt zusätzliche Anhaltspunkte dafür, dass von den Parteien etwas anderes gewollt war.[416] **330**

dd) Sich selbst vertretender Anwalt. Dessen Einigungsgebühr wird, wenn die Einigungsgebühr eines anderen RA von der gerichtlichen oder vereinbarten Kostenregelung erfasst würde, ebenfalls mitgeregelt (§ 91 Abs. 2 S. 3 ZPO). **331**

ee) Kosten in Einigung nicht erwähnt. Wird in der Vereinbarung zur Kostentragung nichts gesagt, so bleibt es hinsichtlich aller Kosten des Rechtsstreits bei der Kostenaufhebung nach § 98 ZPO, da dies der typische Anwendungsfall des § 98 ZPO ist.[417] **332**

ff) Erledigung oder Klagerücknahme nach Einigung. **Erledigungserklärung nach außergerichtlicher Vereinbarung.** Haben sich die Parteien außergerichtlich geeinigt, dabei keine Kostenvereinbarung getroffen und dann den Rechtsstreit erledigt erklärt, so werden die Kosten des gesamten Rechtsstreits gegeneinander aufgehoben, wenn es keine Anhaltspunkte dafür gibt, dass die Parteien eine andere Kostenregelung gewollt haben.[418] Haben die Parteien sich in der außergerichtlichen Vereinbarung auf Kostenaufhebung geeinigt, so bedarf es keiner Kostenentscheidung mehr. § 98 ZPO greift ein.[419] **333**

Klagerücknahme nach Vereinbarung. Nimmt der Klägervertreter die Klage zurück, weil er sich in der Vereinbarung hierzu verpflichtet hat, so ist § 269 Abs. 3 ZPO (ebenso bei Rechtsmittelrücknahmen §§ 516 Abs. 3, 565 ZPO) zunächst einmal ausgeschlossen und § 98 ZPO anzuwenden. **334**

Abweichender Wille der Parteien. Allerdings kann es im Einzelfall sowohl bei der Klagerücknahme wie der Erledigungserklärung dem Willen der Parteien entsprechen, dass § 98 ZPO ausgeschlossen ist und die Kosten des Rechtsstreits sich nach § 269 Abs. 3 ZPO bzw. §§ 516 Abs. 3, 565 ZPO richten sollen. Das ist gegeben, wenn vereinbart ist, dass das Gericht gem. einer dieser Vorschriften entscheiden soll.[420] Die Aufhebung des § 98 ZPO kann sich auch aus dem mutmaßlichen Willen der Parteien ergeben, zB wenn der Vergleich in materieller Hinsicht im Wesentlichen den Klageanspruch bzw. die angegriffene Entscheidung anerkennt.[421] Ausreichende Anhaltspunkte für eine Abweichung von § 98 ZPO haben nach OLG Karlsruhe in einem Fall gefehlt, in dem beide Seiten nachgegeben haben.[422] Fehlt es an ausreichenden Anhaltspunkten, so bleibt es bei der in § 98 ZPO vorgesehenen Regel.[423] **335**

gg) Hinweis, sich zu Kosten nicht geeinigt zu haben. Streitig ist, ob die Kostenaufhebung abbedungen ist, wenn in die Vereinbarung aufgenommen wird, sich wegen der Kosten nicht geeinigt zu haben.[424] ME ist in dieser Formulierung jedenfalls dann eine Aufforderung an das Gericht zu einer Entscheidung gem. § 91a ZPO unter Ausschluss von § 98 ZPO zu sehen, wenn die anwaltlich vertretenen Parteien in die Vereinbarung aufnehmen, dass mit ihr der **336**

[413] OLG Saarbrücken JurBüro 1987, 700 (701) aE.

[414] OLG Koblenz FamRZ 2001, 842 = AnwBl 2001, 310 = JurBüro 2000, 476.

[415] **Verneinend** OLG Saarbrücken JurBüro 1987, 700 (701) aE; OLG Schleswig AnwBl 1996, 477, auch wenn Gegner von Mitwirkung des Verkehrsanwalts bei der Einigung wusste, aber nicht offenkundig war, dass der Verkehrsanwalt entscheidend an der Einigung mitgewirkt hat; **bejahend** OLG Düsseldorf MDR 1999, 119, wenn es für den Gegner offenkundig war, dass ein Verkehrsanwalt maßgeblich bei der Einigung mitgewirkt hat.

[416] KG NJW 2007, 853 (Ls.) = NJW-RR 2007, 212.

[417] BGH NJW-RR 2006, 1000; OLG Brandenburg FamRZ 2008, 529.

[418] OLG Karlsruhe FamRZ 2007, 1583.

[419] BGH RVGreport 2018, 194.

[420] BGH NJW 2007, 835 = FamRZ 2007, 552; OLG Brandenburg MDR 2008, 234.

[421] BGH NJW-RR 2006, 1000 = FamRZ 2006, 853 = MDR 2006, 1125; OLG Naumburg NJW 2014, 3255.

[422] OLG Karlsruhe FamRZ 2007, 1583.

[423] BGH NJW-RR 2006, 1000 = FamRZ 2006, 853 = MDR 2006, 1125.

[424] Bejahend *Mümmler* JurBüro 1993, 558; **aA** zutreffend Musielak/Voit/*Flockenhaus* ZPO § 98 Rn. 3; offen gelassen BGH NJW-RR 2006, 1000 = FamRZ 2006, 853 = MDR 2006, 1125.

Rechtsstreit beendet ist, bis auf die Entscheidung über die Kosten.[425] Hierdurch wird klargestellt, dass das Gericht mit Erledigung des Prozesses eine Kostenentscheidung nach § 91a ZPO treffen soll. Wenn man Kostenaufhebung gewollt hätte, hätte es keines Hinweises bedurft, dass die Kostenfrage noch offen ist.

337 ***hh) „Gericht mag Kostenentscheidung treffen".*** In dieser Vereinbarung hat zu Recht OLG Brandenburg eine Aufhebung von § 98 ZPO gesehen.[426]

338 ***ii) Teil-Einigung.*** Wird in einer Teil-Einigung vereinbart, dass die Kostenregelung der Schlussentscheidung vorbehalten sein soll, so ist dem nach OLG Stuttgart nicht zu entnehmen, dass sie von der Kostenregelung in § 98 ZPO hinsichtlich der Kosten des Rechtsstreits abweichen soll.[427]

339 ***jj) Vereinbarung nur über außergerichtliche Kosten.*** Treffen die Parteien lediglich eine Regelung über die „anwaltlichen" bzw. „außergerichtlichen" Kosten, so gilt für die Gerichtskosten § 98 ZPO. Allerdings kann sich auch in diesem Fall aus dem mutmaßlichen Willen wiederum eine Abweichung von § 98 ZPO ergeben.[428]

5. Sonstige Auslegungsfragen bei Kostenvereinbarungen

340 **a) Aufschiebend bedingte Kostenregelung.** Haben die Parteien in einem gerichtlichen Vergleich vereinbart, dass der Kläger 25 %, der Beklagte 75 % der Kosten trägt, dass aber der Beklagte 100 % tragen soll, wenn er bis zu einem bestimmten Zeitpunkt nicht gezahlt hat, so kann nach KG der Kläger nur Erstattung von 100 % verlangen, wenn der Eintritt der Bedingung nach Aktenlage feststeht oder vom Kläger glaubhaft gemacht ist. Ist streitig, ob die Zahlungsfrist verlängert wurde, so hat das das Gericht nicht zu prüfen. Es sind nur 75 % zuzuerkennen.[429]

341 Will der Kläger dieses Ergebnis vermeiden, so muss er umgekehrt formulieren. Der Beklagte trägt 100 % der Kosten. Hat er bis zu einem bestimmten Termin gezahlt, so tragen der Kläger 25 % und der Beklagte 75 %. Jetzt ist eine auflösende Bedingung gegeben, deren Eintritt der Beklagte beweisen muss.[430]

342 **b) „Kosten des Berufungsverfahrens".** Eine Einigung über die „Kosten des Berufungsverfahrens" erfasst auch die Kosten der Anschlussberufung. Das entspricht auch dem Grundsatz der Einheit der Kostenentscheidung.[431]

343 **c) Rechtskräftige Kostenentscheidung und Vereinbarung.** Ist in einem Rechtsstreit bereits eine rechtskräftige Kostengrundentscheidung (zB im Beschwerdeverfahren oder in einem Berufungsverfahren über ein Grund- oder Vorbehaltsurteil) ergangenen und wird anschließend (im Hauptsacheverfahren oder Betrags- bzw. Nachverfahren) eine Einigung über die Kosten des Rechtsstreits getroffen, so bleibt die rechtskräftige Kostenentscheidung davon unberührt (§ 98 S. 2 Hs. 2 ZPO), es sei denn sie wird ausdrücklich in die nachfolgende Einigung mit einbezogen,[432] oder aus den Begleitumständen (Interessenlage und späteres Verhalten der Beteiligten) ergibt sich etwas anderes. Das gilt auch, wenn in die Einigung eine Abgeltungsklausel aufgenommen wurde.[433] Wenn nicht rechtskräftig → Rn. 322.

344 **Vereinbarte Rechtsmittelrücknahme.** Wird vereinbart, dass das Rechtsmittel zurückgenommen wird, so kann das den Willen der Parteien beinhalten, dass es für die vorausgegangenen Instanzen bei den in ihnen ergangenen Kostenentscheidungen bleiben soll. Ein solcher Wille kann allerdings nur angenommen werden, wenn der Vergleich die angegriffene Entscheidung im Wesentlichen bestätigt, nicht jedoch, wenn etwas erheblich anderes vereinbart worden ist.[434] Ist das nicht der Fall, so bleibt es bei § 98 ZPO.

345 **Rechtsmittelverfahren ohne gerichtliche Kostenentscheidung.** Anders ist es, wenn in dem Rechtsmittelverfahren keine Kostenentscheidung ergangen ist. Wird in einer Stufenklage die Berufung hinsichtlich der Auskunft zurückgenommen und einigen sich die Parteien dann

[425] OLG Brandenburg MDR 2008, 234.
[426] OLG Brandenburg FamRZ 2009, 1171 = AGS 2009, 139.
[427] OLG Stuttgart JurBüro 2008, 604.
[428] BGH NJW-RR 2006, 1000 = FamRZ 2006, 853 = MDR 2006, 1125.
[429] KG RVGreport 2007, 308 mAnm *Hansens,* dem zufolge OLG Frankfurt a. M. anders entschieden hat.
[430] *Hansens* Anm. zu KG RVGreport 2007, 308.
[431] OLG München 19.3.2007 – 11 W 1107/97.
[432] OLG Frankfurt a. M. JurBüro 1981, 451; OLG München JurBüro 1982, 1263; OLG Schleswig JurBüro 1982, 445; OLG Stuttgart MDR 1989, 1108.
[433] LAG Köln ZfS 2019, 705 = RVGreport 2019, 466.
[434] BGH NJW-RR 2006, 1000 = FamRZ 2006, 853 = MDR 2006, 1125.

in der ersten Instanz über die Kosten des Rechtsstreits, ohne dass vorher im Berufungsverfahren eine Kostenentscheidung ergangen ist, so erfasst die Einigung auch die Kosten des Berufungsverfahrens.[435]

d) „Weitere Kosten" bei Vereinbarung nach Versäumnisurteil. Ist ein Versäumnisurteil mit einer Kostenentscheidung ergangen, einigen sich sodann die Parteien in der Hauptsache und vereinbaren dabei, dass die „weiteren Kosten" des Rechtsstreits in einer bestimmten Weise gequotelt werden, so stellt das Versäumnisurteil keinen Titel für eine Kostenfestsetzung dar. Das Versäumnisurteil und die ihm folgende Kostenentscheidung sind durch die Einigung in der Hauptsache gegenstandslos. Ein gerichtlicher Vergleich beseitigt ohne Weiteres ein noch nicht rechtskräftiges Urteil. Dieses ist als Kostentitel auch dann nicht geeignet, wenn die Kostenentscheidung im Vergleich wiederholt wird.[436] **346**

Ob die Kostenvereinbarung, die ihrem Wortlaut nach nur die weiteren Kosten regelt, einen Titel für eine Kostenfestsetzung der bis zum Erlass des Versäumnisurteils angefallenen Kosten darstellt, hängt vom Einzelfall ab. Jedenfalls wenn dies von einer Partei bestritten wird und für das Bestreiten nachvollziehbare Argumente vorgetragen werden, scheidet eine Kostenfestsetzung aus. Es bleibt dann hinsichtlich dieser Kosten bei der Regelung des § 98 ZPO.[437] **347**

e) Kosten der Säumnis. Wird, wenn ein Versäumnisurteil vorausgegangen war, zB vereinbart, dass die Kosten des Rechtsstreits aufgehoben werden mit Ausnahme der Kosten der Säumnis, die der Beklagte allein trägt, so gehören zu den letzteren, wie bei einer Kostenentscheidung nach § 344 ZPO, nur die durch die Säumnis entstandenen Mehrkosten. **348**

f) Vereinbarung im Nachverfahren zum Urkundenprozess. Treffen die Parteien im Nachverfahren eine Vereinbarung zu den Kosten des Verfahrens, so regelt diese auch die Kosten des Urkundenprozesses.[438] **349**

g) Selbständiges Beweisverfahren, → Anh. III Rn. 81. **350**

[derzeit unbesetzt] **351**

h) Streitgenossen. Aufteilung der Kosten nach Kopfteilen. Wird die Klage gegen den Beklagten zu 1 zurückgenommen und werden dem Kläger insoweit die Kosten vom Gericht auferlegt, so ist eine anschließende Einigung zwischen dem Kläger und dem Beklagten zu 2, dass „die Kosten des Rechtsstreits" in einer gewissen Weise gequotelt werden, dahingehend auszulegen, dass damit nicht die gesamten Kosten gemeint sind, sondern nur diejenigen, die unter Beachtung der Grundsätze der Kostentragung unter Streitgenossen (→ RVG VV 1008 Rn. 312 ff.) auf das Verhältnis des Klägers zum Beklagten zu 2 entfallen.[439] **352**

Jeder Streitgenosse mit eigenem RA. Haben die Streitgenossen jeder einen eigenen Prozessbevollmächtigten genommen, so ist bei einer Kostenvereinbarung über die „Kosten des Rechtsstreits" in aller Regel – anders als bei einer gerichtlichen Kostenentscheidung (→ RVG VV 1008 Rn. 366 ff.) – eine Erstattung für zwei Prozessbevollmächtigte vorzunehmen, ohne dass zu prüfen wäre, ob sachliche Gründe für die Beauftragung mehrerer Prozessbevollmächtigter bestanden haben.[440] Der Gegner, dem bekannt ist, dass jeder Streitgenosse einen eigenen Prozessbevollmächtigten beauftragt hat, muss, wenn er bei der Kostenerstattung so gestellt sein will, als wäre von der Gegenseite nur ein Prozessbevollmächtigter beauftragt worden, dies in der Einigung klarstellen. **353**

Kostenfestsetzung Streitgenosse gegen Streitgenossen. → Anh. X Rn. 34. **354**

i) Titel für Geschäftsgebühr. Wird in einem gerichtlichen Vergleich ausdrücklich geregelt, wie hoch die Geschäftsgebühr ist und wer die außergerichtlichen Kosten zu tragen hat, so kann nach OLG Bamberg im Kostenfestsetzungsverfahren neben der Verfahrensgebühr auch die Geschäftsgebühr nach Abzug eines Anrechnungsbetrags gem. VV Vorb. 3 Abs. 4 RVG geltend gemacht werden.[441] **355**

j) Kosten bei Güte- oder ähnlicher Stelle. Auch die bei der **Güte- oder einer ähnlichen Stelle** angefallenen Gebühren und Auslagen werden in den Fällen, in denen diese zu den Kosten des gerichtlichen Verfahrens gehören (→ § 11 Rn. 92 ff.), von der Einigung über die Kosten des Verfahrens erfasst.[442] **356**

[435] OLG Koblenz JurBüro 1991, 116.
[436] KG KGR Berlin 2005, 795 = RVGreport 2005, 394 mAnm *Hansens.*
[437] KG KGR Berlin 2005, 795 = RVGreport 2005, 394 mAnm *Hansens.*
[438] OLG Koblenz JurBüro 2012, 251 = AGS 2012, 428.
[439] OLG München 8.2.2002 – 11 WF 749/02.
[440] **AA** OLG München 17.12.1999 – 11 W 3188/99.
[441] OLG Bamberg MDR 2007, 1044 = RPfleger 2007, 288.
[442] OLG Köln JurBüro 2010, 206 = NJW-RR 2010, 431.

357 **k) Sonderregelung für Kosten der Einigung.** Zur Kostenfestsetzung, wenn in einer Einigung hinsichtlich der Kosten der Einigung eine von den übrigen Kosten abweichende Regelung getroffen wird, → Anh. X Rn. 55 ff.

6. Tipps für Kostenvereinbarung

358 Die vorstehenden Ausführungen zeigen, dass sich erhebliche Unklarheiten ergeben können, wenn hinsichtlich der Kosten keine eindeutigen Absprachen erfolgen. Die Parteien und der RA müssen hier also unbedingt auf klare Regelungen achten. Sie müssen bei Abschluss eines Vergleichs berücksichtigen, dass sie durch ihre vor Gericht protokollierten Erklärungen einen Titel schaffen, der Grundlage für die Zwangsvollstreckung sein kann und deshalb inhaltlich klar und unmissverständlich sein muss.

359 Auf Folgendes ist bei einer Kostenvereinbarung zu achten:[443]

Hinsichtlich der **Kosten der Einigung** sollte klargestellt werden, was für sie gelten soll.

Die Formulierung kann lauten:

– „Die Kosten des Rechtsstreits einschließlich dieser Einigung tragen der Kläger zu $^1/_3$, der Beklagte zu $^2/_3$."

oder aber:

– „Die Kosten der Einigung werden gegeneinander aufgehoben: Von den übrigen Kosten des Rechtsstreits tragen der Kläger $^1/_3$, der Beklagte. $^2/_3$."

360 Erfolgt eine Vereinbarung zur Hauptsache, mit der eine gerichtliche **Entscheidung gegenstandslos** wird, so muss es ausdrücklich in der Vereinbarung erwähnt werden, wenn diese Kostenentscheidung Bestand haben soll.

361 Ist eine **Verweisung** an ein anderes Gericht erfolgt, so sollte geregelt werden, was hinsichtlich der durch die Anrufung des falschen Gerichts entstandenen Kosten gelten soll.

362 War zunächst ein **Versäumnisurteil** ergangen, so soll vereinbart werden, was hinsichtlich der Kosten der Säumnis gelten soll.

363 Sind bereits **Vollstreckungsmaßnahmen** vorgenommen worden, so sollte auch eine Regelung über die insoweit angefallenen Kosten aufgenommen werden.

XVIII. Kostenfestsetzung gem. § 788 ZPO

1. Anwendbarkeit von § 788 ZPO

364 Haben sich die Parteien in der Zwangsvollstreckung geeinigt und hat der Schuldner hierbei die Kosten übernommen, so ist die Einigungsgebühr gem. § 788 ZPO zu erstatten.[444] Die Einigung dient ebenso wie eine Vollstreckungsmaßnahme unmittelbar der Durchsetzung und Befriedigung der titulierten Forderung des Gläubigers. Außerdem sprechen prozessökonomische Erwägungen für dieses Ergebnis. Mit § 788 ZPO wird dem Gläubiger ein vereinfachtes Verfahren für die Erstattung der ihm entstandenen Vollstreckungskosten zur Verfügung gestellt. Ohne dieses müssten uU die Kosten eingeklagt werden, was auch für den Schuldner mit weiteren Kosten verbunden wäre.[445]

2. § 98 ZPO

365 Diese Bestimmung gilt auch bei einer Einigung in der Zwangsvollstreckung.[446]

366 Allerdings kann sich hier wie auch sonst aus den Umständen ergeben, dass von den Parteien gewollt war, dass § 98 ZPO nicht gelten soll (→ Rn. 317 ff.). Das ist zB anzunehmen, wenn bei der Einigung im Wesentlichen dem Begehren des Gläubigers stattgegeben wird oder erkennbar der Gläubiger nur aus Kulanz dem Schuldner ein Stück entgegengekommen ist. Anders ist es aber, wenn zB bei Streit, ob bereits bezahlt ist, die Parteien sich auf die Hälfte des geltend gemachten Anspruchs einigen.

367 **Achtung:** Der RA des Gläubigers muss, um Zweifel zu vermeiden, unbedingt daran denken, in die Vereinbarung aufzunehmen, dass der Schuldner die Kosten des Vollstreckungsverfahrens einschließlich der Einigungsgebühr trägt.

368 Dabei ist zu beachten, dass, wenn von Kostenaufhebung auszugehen ist, dies nicht nur hinsichtlich der Einigungsgebühr, sondern hinsichtlich der gesamten Kosten des Vollstreckungsverfahrens gilt (§ 98 S. 2 ZPO).

---

[443] *Hansens* Anm. zu KG RVGreport 2005, 394 (395).

[444] BGH NJW 2006, 1598; MüKoZPO/*K. Schmidt/Brinkmann* § 788 Rn. 18.

[445] BGH NJW 2006, 1598.

[446] BGH NJW 2006, 1598; NJW 2007, 1213.

3. Notwendigkeit eines Anwalts

→ RVG VV 3309 Rn. 137 ff. 369

XIX. Materiell-rechtlicher Erstattungsanspruch

1. Entstehung des Anspruchs

Ein materiell-rechtlicher Erstattungsanspruch kann sich aus einer Vereinbarung ergeben. 370

Anwendbarkeit von § 98 ZPO. Auf außergerichtliche Einigungen ist die Auslegungsregel des § 98 ZPO entsprechend anzuwenden.[447] 371

Stillschweigende Aufhebung von § 98 ZPO. § 98 ZPO kann auch hier stillschweigend ausgeschlossen sein. Das ist idR der Fall, wenn bei einem außergerichtlichen Abfindungsvergleich mit dem Haftpflichtversicherer keine ausdrückliche Kostenregelung erfolgt. Der Versicherer muss auch die anwaltlichen Kosten des Versicherungsnehmers einschließlich der Einigungsgebühr erstatten,[448] allerdings nur aus dem Wert des Betrages, auf den man sich geeinigt hat. Dabei ist es unerheblich, ob man eine stillschweigende Übereinkunft dieses Inhalts annimmt oder die Anspruchsgrundlage in einem Schadensersatzanspruch (→ Rn. 374) sieht. 372

Hinweis für RA. Um hier aber Streitfragen zu vermeiden, empfiehlt es sich, in die Einigung eine Kostenvereinbarung aufzunehmen. 373

2. Schadensersatzanspruch

Ein Erstattungsanspruch kann sich aus einem Schadensersatzanspruch ergeben (→ § 1 Rn. 165 ff.). 374

3. Durchsetzung

→ § 1 Rn. 177 ff. 375

XX. Vergütungsfestsetzung

→ § 11 Rn. 66 ff. 376

XXI. Prozesskostenhilfe

1. Instanz → RVG VV 1003, 1004 Rn. 42 ff. 377

2. Instanz → RVG VV 1003, 1004 Rn. 66 ff. 378

XXII. Rechtsschutzversicherung

1. Erstattungsfähigkeit

Die **Einigungsgebühr** ist von der Rechtsschutzschutzversicherung grds. gedeckt. Erteilt der Rechtsschutzversicherer eine Zusage für das „erstinstanzliche gerichtliche Verfahren" und handelt der mit einem unbedingten Prozessauftrag versehene RA vor der Klageerhebung mit dem Gegner telefonisch eine Einigung aus, so sind die dann angefallenen Anwaltskosten (0,8 Verfahrensgebühr, 1,2 Terminsgebühr, 1,5 Einigungsgebühr, Pauschale, MwSt) von dem Versicherer zu erstatten, da sie dem gerichtlichen Verfahren zugerechnet werden (§ 19 Abs. 1 S. 2 Nr. 2 RVG).[449] 379

2. Mehrvergleich

Versicherungsschutz für alle Ansprüche. Endet ein mit Rechtsschutz geführter Rechtsstreit durch Vergleich, hat unter der Geltung von ARB 1994 der Versicherer dessen Kosten in Höhe der Misserfolgsquote des Versicherungsnehmers auch insoweit zu tragen, als im Vergleich weitere, bisher nicht streitige Gegenstände einbezogen sind, wenn der Versicherer auch für sie Rechtsschutz zu gewähren hat und sie rechtlich mit dem Gegenstand des Ausgangsrechtsstreits zusammenhängen.[450] 380

Ein solcher Zusammenhang ist gegeben, 381

– wenn in einem **Kündigungsschutzprozess** die Freistellung von Arbeitsleistungen, die Lohnfortzahlung, eine Abfindung für den Verlust des Arbeitsplatzes und das Zeugnis geregelt werden,[451]

---

447 OLG Frankfurt a. M. FamRZ 2006, 353.
448 Mayer/Kroiß/*Klees* RVG VV 1000 Rn. 57.
449 *Anonymus* AGS 2010, 525.
450 BGH NJW 2006, 513.
451 BGH NJW 2006, 513.

– wenn bei einer **Mietsache** im Zusammenhang mit einer Klage wegen Kündigung oder Räumung, Schönheitsreparaturen, Minderungen, Nebenkosten- und Kautionsabrechnungen und Ähnliches geregelt werden,[452]
– wenn nach einem **Verkehrsunfall** zunächst nur die Sachschäden eingeklagt waren und dann weitere Positionen, wie zB Personenschäden, Kosten für Ersatzfahrzeug usw in die Vereinbarung mit einbezogen werden.[453]

3. Einschränkung bei Kostenvereinbarung

382 **a) Grundsatz.** Die Versicherungsbedingungen (§ 2 Abs. 3a ARB 1975 = § 5 Abs. 3 ARB 1994/2000) sehen vor, dass eine Verpflichtung zur Übernahme der Kosten nur dann besteht, wenn die Kostenvereinbarung dem Verhältnis von Obsiegen und Unterliegen entspricht. Die Versicherer wollen sich hiermit dagegen schützen, dass der Versicherungsnehmer bei der Kostenregelung größere Zugeständnisse macht, als dem in der Sache erzielten Ergebnis entspräche.

383 **b) Gerichtliche wie außergerichtliche Vergleiche.** § 2 Abs. 3a ARB 1975 = § 5 Abs. 3 ARB 1994/2000 gilt für gerichtliche wie außergerichtliche Vergleiche.[454]

384 **c) Stillschweigende Vereinbarung von § 98 ZPO.** Der Ausschlusstatbestand des § 2 Abs. 3a ARB 1975 und des § 5 Abs. 3 ARB 1994/2000 ist auch dann anwendbar, wenn in einem außergerichtlichen **Vergleich keine ausdrückliche Regelung über die Kostenverteilung** getroffen worden ist, die Parteien aber vereinbart haben, dass mit der Erfüllung des Vergleichs alle gegenseitigen Ansprüche der Parteien abgegolten sind. Damit ist zugleich vereinbart, dass jede Partei ihre Kosten selbst trägt (strittig).[455]

385 **d) Enge Auslegung des Risikoausschlusses.** Der Risikoausschluss nach § 2 Abs. 3a ARB 1975, § 5 Abs. 3 ARB 1994/2000 ist zugunsten des Versicherungsnehmers eng auszulegen.[456] Deshalb greift er bei einer ausdrücklichen oder konkludenten Vereinbarung von Kostenaufhebung nicht ein, wenn erhebliche Schwierigkeiten bei der Ermittlung bestehen, wer in welchem Verhältnis gesiegt hat. Das ist zB gegeben, wenn bei der Rückabwicklung eines PKW-Kaufs statt der geltend gemachten Rückzahlung von ca. 16.000,– EUR vereinbart wird, dass der rechtsschutzversicherte Käufer beim Verkäufer einen anderen Wagen kauft und hierbei 12.000,– EUR als bereits bezahlt angerechnet werden.[457] Weiter greift der Risikoausschluss nicht ein, wenn bei einem außergerichtlichen Vergleich in einer nicht gerichtshängigen Sache Kostenaufhebung vereinbart wird und gegen den Gegner **ein materiell-rechtlicher Kostenerstattungsanspruch nicht bestand.**[458]

386 **e) Gerichtliche Kostenentscheidung nach § 91a ZPO.** Erklären die Parteien nach einem **Vergleichsschluss** die Hauptsache für erledigt und trifft das Gericht eine Kostenentscheidung gem. § 91a ZPO, so ist ein Erstattungsanspruch gegen die Rechtsschutzversicherung auch dann gegeben, wenn die Entscheidung nicht dem Verhältnis des gegenseitigen Obsiegens und Unterliegens entspricht.[459]

387 **f) Rechtsfolgen. Erstreckung auch auf Verfahrens- und Terminsgebühr.** Die Befreiung gilt nicht nur für die Einigungsgebühr, sondern für alle anderen Kosten, zB also auch für die Verfahrens- und Terminsgebühr.[460]

388 **Keine vollständige Befreiung.** Durch diese Bestimmung wird der Versicherer allerdings nicht völlig frei von seiner Freistellungspflicht. Er muss dem Versicherungsnehmer nur die Kosten ersetzen, die das Gericht ihm gem. §§ 91 ff. ZPO auferlegt hätte, wenn es ein Urteil zur Hauptsache mit demselben Inhalt wie in dem Vergleich erlassen hätte.[461]

389 Das gilt auch für einen **außergerichtlichen Vergleich** über eine nicht anhängige Sache. Die Ansicht, dass hier ein Ausschuss nur insoweit eingreife, als ein materiell-rechtlicher Ersatzanspruch bestanden hätte, wird von der hM abgelehnt.[462]

---

452 *N. Schneider* RVGreport 2006, 361 (363).
453 *N. Schneider* RVGreport 2006, 361 (363).
454 BGH NJW 2011, 2054 Rn. 12.
455 BGH NJW 2006, 1281 (1282) Ziff. III 2. Offen gelassen in BGH NJW 2011, 2054 Rn. 13 ff. mwN für die verschiedenen hierzu vertretenen Meinungen.
456 BGH NJW 2012, 1007.
457 BGH NJW 2011, 2054 Rn. 16 ff.
458 BGH NJW 2012, 1007.
459 OLG Hamm NJW-RR 2005, 331 = VersR 2005, 1142; *N. Schneider* Anm. zu BGH AGS 2006, 571 (573).
460 HBS VergütungsR/*Hansens* Teil 6 Rn. 62.
461 BGH NJW 2006, 1281.
462 Harbauer/*Bauer* ARB 2000 § 5 Rn. 198 mwN; inzidenter BGH NJW 2006, 1281.

g) Hinweis- und Schadensersatzpflicht des Anwalts. Den RA trifft bei einer vom Verhältnis des Siegens und Unterliegens abweichenden Kostenvereinbarung eine Hinweispflicht dahingehend, dass die Rechtsschutzversicherung nicht alle Kosten tragen wird. Ein RA, der § 2 Abs. 3a ARB 1975 bzw. § 5 Abs. 3 ARB 1994/2000 nicht berücksichtigt bzw. seiner Hinweispflicht nicht genügt, macht sich uU wegen positiver Forderungsverletzung schadensersatzpflichtig.[463] Voraussetzung für einen Schaden ist allerdings, dass bei einem entsprechenden Hinweis eine andere Einigung zu Stande gekommen wäre.[464] **390**

h) Quotenvorrecht. → § 1 Rn. 340 ff. **391**

i) Tipps für RA. Anhängige Verfahren. In Fällen, in denen nach dem Ergebnis der Hauptsache zweifelhaft sein könnte, wie die Kostenverteilung ergebnisorientiert ausfallen müsste, sollte hinsichtlich anhängiger Gegenstände auf eine Einigung zum Kostenpunkt verzichtet werden und diese gem. **§ 91a ZPO** dem Gericht überlassen werden. **392**

Nicht anhängige Ansprüche. Bei nicht anhängigen Ansprüchen, bei denen eine gerichtliche Entscheidung ausscheidet, kann der Vergleich **widerruflich** geschlossen werden und die Kostenfrage dann mit dem Versicherer abgestimmt werden.[465] Als weitere Möglichkeit kommt in Betracht, dass keine Kostenvereinbarung getroffen wird und sich beide Seiten die Geltendmachung materiell-rechtlicher Kostenerstattungsansprüche vorbehalten.[466] **393**

4. Verkehrsanwalt

→ RVG VV 3400 Rn. 142. **394**

Nr.	Gebührentatbestand	Gebühr oder Satz der Gebühr nach § 13 RVG
1001	Aussöhnungsgebühr Die Gebühr entsteht für die Mitwirkung bei der Aussöhnung, wenn der ernstliche Wille eines Ehegatten, eine Scheidungssache oder ein Verfahren auf Aufhebung der Ehe anhängig zu machen, hervorgetreten ist und die Ehegatten die eheliche Lebensgemeinschaft fortsetzen oder die eheliche Lebensgemeinschaft wieder aufnehmen. Dies gilt entsprechend bei Lebenspartnerschaften.	1,5

Übersicht

[463] LG Bielefeld ZfS 2003, 253 Ziff. II 1; Mayer/Kroiß/*Klees* RVG VV 1000 Rn. 61; HBS VergütungsR/*Hansens* Teil 6 Rn. 62; *N. Schneider* Anm. zu BGH AGS 2006, 571 (573); *Obarowski* NJW 2011, 2014.
[464] LG Bielefeld ZfS 2003, 253 Ziff. II 2; HBS VergütungsR/*Hansens* Teil 6 Rn. 63.
[465] *N. Schneider* Anm. zu BGH AGS 2006, 571 (573).
[466] *N. Schneider* Anm. zu BGH AGS 2006, 571 (573).

I. Allgemeines

1. Erfolgsgebühr

1, 2 Die Aussöhnungsgebühr des VV 1001 RVG ist ebenso wie bisher nach § 36 Abs. 2 BRAGO eine Erfolgsgebühr. Der honorierte Erfolg ist die erfolgreiche Mitwirkung bei der Erhaltung einer ernstlich gefährdeten Ehe.

2. Objektive Voraussetzungen

3 **a) Noch bestehende Ehe.** Voraussetzung für die Entstehung der Gebühr ist, dass die gefährdete Ehe bereits und noch besteht. Es reicht also nicht, dass bei einer beabsichtigten oder sogar angemeldeten Eheschließung ein Teil nicht mehr gewillt ist, die Ehe zu schließen.

4 **b) Bereits geschiedene Ehe.** Ist die Ehe bereits rechtskräftig geschieden, kann sie nicht wiederhergestellt werden. Die Geschiedenen können nur eine neue Ehe miteinander eingehen.

3. Gefährdete Ehe

5 Die Aussöhnungsgebühr ist eine mit der Einigungsgebühr verwandte, mit ihr aber nicht identische Erfolgsgebühr. Sie kann nur entstehen, wenn jedenfalls ein Ehegatte die Überzeugung gewonnen hat, die Ehe sei zerrüttet, und sein ernsthafter Wille, deshalb ein Verfahren auf Scheidung oder Aufhebung der Ehe einzuleiten, nach außen erkennbar hervorgetreten ist. Am deutlichsten tritt dieser Wille durch Einreichung eines Antrages auf Scheidung in Erscheinung. Es reicht aber auch ein Antrag auf Gewährung von Prozesskostenhilfe für ein Scheidungs- oder Aufhebungsverfahren. Auch die Beauftragung eines RA mit der Durchführung eines solchen Verfahrens reicht aus, nicht aber die bloße Einholung einer anwaltlichen Auskunft über die Voraussetzungen und Folgen der Ehescheidung oder ein Auftrag, den anderen Ehegatten abzumahnen. Denn aus beidem ergibt sich noch nicht, dass der Ehegatte bereits ernsthaft entschlossen ist, die Scheidung durchzuführen.

6 **Dauernd getrennt lebende, aber noch verheiratete Eheleute.** Wenn keiner von ihnen – aus welchen Gründen auch immer – den ernstlichen Willen erkennen lässt, die Scheidung oder Aufhebung der Ehe zu beantragen, bieten sie keine Zielgruppe für die anwaltliche Aussöhnungstätigkeit.

4. Der Gebührenentstehung entgegenstehende Umstände

7 Nach Rücknahme des Scheidungsantrages oder der Aufhebungsklage ist grds. kein Raum mehr für die Entstehung der Aussöhnungsgebühr. Jedoch kann in den Aussöhnungsbesprechungen vereinbart werden, dass der Antrag zurückgenommen oder ein abweisendes erstinstanzliches Urteil nicht angefochten wird. Wegen bereits geschiedener Ehe → Rn. 4.

II. Begriff der Aussöhnung

1. Kein Rechtsgeschäft

8 Die Aussöhnung ist kein Rechtsgeschäft, sondern ein tatsächlicher zweiseitiger Vorgang. Beide Eheleute müssen den Willen haben, die zerrüttet geglaubte Ehe miteinander ohne Bedingungen oder Vorbehalte fortzusetzen. Dieser Wille muss mit einer gewissen Nachhaltigkeit auch erkennbar in die Tat umgesetzt werden, so dass insgesamt wieder das Bild einer normalen, nicht mehr akut gefährdeten ehelichen Gemeinschaft entsteht.[1]

2. Typische Kriterien

9 Typische Kriterien dafür können sein, müssen aber nicht stets sämtlich vorliegen:

---

[1] OLG Koblenz OLGR 2000, 428.

– Rücknahme der auf Auflösung der Ehe zielenden Anträge, weil die Eheleute weiter zusammenleben wollen. Jedoch reicht allein die Antragsrücknahme nicht aus, um eine Aussöhnung anzunehmen, wenn die Eheleute zwar aus finanziellen, steuerlichen oder gesellschaftlichen Gründen verheiratet bleiben, aber weiterhin ohne Lebensgemeinschaft getrennt leben wollen.[2]
– Widerruf des dem RA erteilten Scheidungsauftrags, sofern noch kein gerichtliches Verfahren beantragt war. Hatten bereits beide Eheleute einen RA beauftragt, wird eine Aussöhnung idR nur angenommen werden können, wenn beide Aufträge widerrufen worden sind.
– Wiederherstellung der häuslichen Gemeinschaft; auch ohne eine solche kann jedoch in Ausnahmefällen eine Aussöhnung angenommen werden, zB wenn die Ehegatten aus beruflichen Gründen räumlich getrennt wohnen müssen oder wenn noch keine geeignete Wohnung vorhanden ist oder wenn ein Ehepartner zur Betreuung naher Angehöriger im Einverständnis mit dem anderen Ehegatten vorerst noch nicht in die eheliche Wohnung zurückkehrt.
– Auch die Aussöhnung während einer gemeinsamen längeren Urlaubsreise kann ausreichen.[3]
– Wiederaufnahme der gemeinschaftlichen Wirtschaft.
– Wiederaufnahme der geschlechtlichen Beziehungen, sofern nicht Alters- oder Krankheitsgründe entgegenstehen.

Nicht reicht die bloße Erklärung, „sich versöhnen zu wollen" und „die Angelegenheit gemeinsam klären zu wollen".[4]

3. Dauer der Aussöhnung

Zum Begriff der Aussöhnung gehört nicht, dass sie **von Dauer** oder in dem Sinne endgültig ist, dass die Gründe, die zur Zerrüttung geführt hatten, endgültig beseitigt sind.[5] Ist die Aussöhnung einmal eingetreten, so entsteht für den RA, der an ihr mitgewirkt hat, die Aussöhnungsgebühr. Nach § 15 Abs. 4 RVG fällt sie nicht dadurch weg, dass sich die Eheleute später aus denselben oder anderen Gründen wieder trennen. Jedoch muss der Wille, die eheliche Lebensgemeinschaft wieder aufzunehmen, länger als nur ganz kurze Zeit angehalten haben und über ein bloßes Versuchsstadium hinaus gediehen sein. Wo die zeitlichen Grenzen zu ziehen sind, lässt sich nur nach den Umständen des Einzelfalls beurteilen. **10**

4. Bedingungen oder Vorbehalte

Liegt der Aussöhnung eine Vereinbarung zugrunde – nötig ist das nicht – und enthält diese Bedingungen oder Vorbehalte, so ist die Gebühr nicht entstanden, solange die Bedingungen nicht erfüllt und die Vorbehalte nicht ausgeräumt sind.[6] **11**

5. Versuchsweise Wiederaufnahme der ehelichen Lebensgemeinschaft

Eine vollendete Aussöhnung wird man nur unter ganz besonderen Umständen annehmen können, wenn die Eheleute vereinbart hatten, für eine bestimmte Zeit versuchsweise wieder zusammen zu leben, und diese Zeit noch nicht abgelaufen ist. **12**

III. Mitwirkung des Rechtsanwalts

1. Die Mitwirkung des RA bei der Aussöhnung

Die Mitwirkung des RA bei der Aussöhnung ist die Voraussetzung für die Entstehung der Gebühr. Er muss also eine Tätigkeit in Richtung auf die Aussöhnung entfaltet haben, die sehr unterschiedlicher Art sein kann. Die Aussöhnungsgebühr vergütet jedoch nicht diese Tätigkeit, sondern den Erfolg, dass die Ehe ohne eine gerichtliche Entscheidung erhalten bleibt. Scheitern die Bemühungen des RA um die Aussöhnung, erhält er die Aussöhnungsgebühr nicht. Haben die Bemühungen Erfolg, so tritt – wie bei der Einigungsgebühr – neben die Gebühren, die der RA für seine Tätigkeit verdient hat, zusätzlich die Aussöhnungsgebühr. Es ist deshalb verfehlt, diese etwa an die Stelle der Verfahrens- oder der Terminsgebühr zu setzen. **13**

2. Umfang der anwaltlichen Tätigkeit

Einen bestimmten Umfang braucht die Mitwirkung des RA nicht gehabt zu haben. Sie muss nur die Aussöhnung gefördert haben. Der RA muss nicht bei der Aussöhnung zugegen **14**

---

[2] OLG Düsseldorf Rpfleger 1965, 380 = JurBüro 1965, 476 = MDR 1965, 496.
[3] OLG Hamburg AnwBl 1962, 151 = MDR 1962, 417.
[4] OLG Oldenburg AGS 2019, 270.
[5] OLG Celle NdsRpfl. 1961, 250; OLG Hamburg AnwBl 1962, 151 = MDR 1962, 417.
[6] KG Rpfleger 1967, 327; OLG Hamm Rpfleger 1966, 99 = JurBüro 1964, 733.

gewesen sein oder überhaupt mit dem anderen Ehegatten gesprochen haben. Es reicht zB, dass er seinen Auftraggeber für die Besprechung mit dessen Ehepartner mit Ratschlägen versehen hat.

3. Nicht ausreichende Handlungen

15 Nicht ausreichend ist aber ein allgemeiner Ratschlag („Wollen Sie sich nicht lieber versöhnen?"). Der RA muss durch konkrete Argumente die Bereitschaft des Auftraggebers zur Aussöhnung wecken oder eine schon vorhandene Bereitschaft so fördern, dass sie zur Aussöhnung führt. Die Initiative muss dabei nicht von dem RA ausgehen; sie kann zB auch vom Gericht kommen. Hat das Gericht ein Aussöhnungsgespräch geführt, das alsbald oder später zum Erfolg geführt hat, so schließt das eine Mitwirkung des bei diesem Gespräch anwesenden RA keineswegs aus. Vielmehr ist – auch ohne dass dies aus dem Protokoll hervorgeht –[7] davon auszugehen, dass der RA die Bemühungen des Gerichts unterstützt hat, sofern keine konkreten Anhaltspunkte für das Gegenteil vorliegen. Bleibt er allerdings im Termin völlig passiv und kann er auch nicht nachweisen, dass er später der Partei zur Aussöhnung zugeredet hat, so erhält er die Gebühr für die bloße Anwesenheit bei den gerichtlichen Bemühungen nicht. Ebenso wenig entsteht die Aussöhnungsgebühr, wenn die Parteien dem RA nur eine ohne seine Mitwirkung zustande gekommene Aussöhnung mitteilen und er daraufhin auftragsgemäß den Scheidungsantrag zurücknimmt oder der Rücknahme des gegnerischen Antrags zustimmt. Das gleiche gilt, wenn der Berufungsanwalt die ohne seine Mitwirkung erfolgte Aussöhnung dem Gericht mitteilt und beantragt, die Wirkungslosigkeit des Scheidungsurteils auszusprechen.[8]

4. Nachweis der Mitwirkung

16 Nicht selten bestreiten Ehegatten, die sich ausgesöhnt haben, nachträglich die Mitwirkung ihrer Anwälte an der Aussöhnung. Da der RA die Aussöhnungsgebühr jedoch nur erhält, wenn er seine Mitwirkung nachweisen kann, ist dringend zu raten, die Mitwirkungshandlungen aktenkundig zu machen.

17 Aus der Verwandtschaft mit der Einigungsgebühr nach VV 1000 RVG wird man folgern können, dass der Rechtsgedanke des VV 1000 Abs. 2 RVG auf die Aussöhnungsgebühr entsprechend anzuwenden ist. Der RA erhält sie somit auch dann, wenn er nachweisen kann, dass er bei vorausgegangenen Aussöhnungsverhandlungen zwischen den Parteien mitgewirkt hat, es sei denn – die Beweislast trifft nunmehr den Auftraggeber – dass die Mitwirkung nicht ursächlich für die Aussöhnung war.[9]

18 An den Nachweis der Mitwirkung dürfen keine hohen Anforderungen gestellt werden. Es reicht aus, wenn nach den gesamten Umständen des Falles die Überzeugung begründet ist, dass die Tätigkeit des RA irgendwie ursächlich für die Aussöhnung der Eheleute gewesen ist, auch wenn nicht glaubhaft gemacht ist, welches konkrete Verhalten des RA zu dem Erfolg beigetragen hat.[10]

IV. Gebührensatz der Aussöhnungsgebühr

1. 1,5 Gebühr

19 Dem RA steht eine 1,5 Aussöhnungsgebühr zu. Diese Erhöhung gegenüber § 36 Abs. 2 BRAGO soll die Aussöhnungsgebühr entsprechend der Bedeutung der Ehe und Lebenspartnerschaft der Einigungsgebühr nach VV 1000 RVG gleichstellen, deren Tatbestand nicht erfüllt wird, weil die Aussöhnung kein Rechtsgeschäft und damit auch keinen Vertrag iSv VV 1000 RVG darstellt.

2. Ermäßigung der Gebühr nach VV 1003, 1004 RVG

20 Ist allerdings, was häufig der Fall sein wird, im Zeitpunkt der Aussöhnung eine Ehesache oder ein auf sie bezogenes Prozesskostenhilfeverfahren zwischen den Eheleuten anhängig, so ermäßigt sie sich nach VV 1003 RVG oder VV 1004 RVG ebenso wie bei der Einigungsgebühr auf den Satz 1,0 (oder 1,3) Anhängigkeit fehlt, wenn nicht die Ehesache, sondern nur noch eine Folgesache anhängig ist. Erst recht fehlt sie, wenn nur eine isolierte Familiensache anhängig ist.

---

[7] OLG Bamberg JurBüro 1985, 233.
[8] OLG Hamm JurBüro 1964, 735 = JMBlNW 1964, 240.
[9] KG JurBüro 1971, 1029.
[10] OLG Bamberg JurBüro 1985, 233.

V. Weitere Gebühren

1. Zusätzliche Tätigkeits- und Terminsgebühr

a) Immer auch Tätigkeitsgebühr. Die Aussöhnungsgebühr entsteht als Erfolgsgebühr wie die Einigungsgebühr nie isoliert. Zu ihr muss immer noch eine Tätigkeitsgebühr hinzutreten. 21

b) Verfahrensgebühr und Terminsgebühr. Ist bereits ein gerichtliches Verfahren auf Scheidung oder Aufhebung der Ehe anhängig und hat der RA dafür Prozessauftrag erhalten, wird die auf die Aussöhnung entfaltete Tätigkeit einschließlich etwaiger außergerichtlicher Aussöhnungsverhandlungen (§ 19 Abs. 1 S. 2 Nr. 2 RVG) durch die Verfahrensgebühr und eine etwa entstandene Terminsgebühr abgegolten. Hatte der RA bereits Verfahrensauftrag, söhnen sich aber die Parteien unter seiner Mitwirkung vor Erfüllung eines der Tatbestände des VV 3101 Nr. 1 RVG aus, so erhält er neben der Aussöhnungsgebühr (Satz 1,5 weil das Eheverfahren noch nicht anhängig war) nur die 0,8 Verfahrensgebühr. Sind der Aussöhnung Gespräche mit dem Ziel, ein Scheidungsverfahren zu vermeiden oder zu erledigen, vorausgegangen, so entsteht eine Terminsgebühr gem. VV Vorb. 3 Abs. 3 S. 1 Alt. 3 RVG.[11] 22

c) Geschäftsgebühr. Es kann aber auch nur eine Geschäftsgebühr anfallen, wenn der RA ohne einen Verfahrensauftrag tätig wird. 23

2. Aussöhnung und Vergleich

Besonders, wenn schon ein Scheidungsverfahren mit Folgesachen anhängig ist, liegt es nahe, dass die Parteien aus Anlass ihrer Aussöhnung über die Folgesachen und andere Fragen, die sich aus der Fortführung der Ehe ergeben, eine vertragliche Vereinbarung treffen, die sich als Einigung nach VV 1000 RVG darstellt. Es fragt sich nun, ob für den RA, der bei dieser Einigung mitwirkt, zusätzlich zu der Aussöhnungsgebühr auch eine Einigungsgebühr entsteht, oder ob Aussöhnung und Einigung jedenfalls gebührenmäßig als eine Einheit (Aussöhnungsvergleich) zu behandeln sind. Das erste ist richtig.[12] 24

Das Gesetz hat nun einmal die Aussöhnungsgebühr als eine von der Einigungsgebühr gesonderte Gebühr ausgestaltet. Dafür sprechen auch innere Gründe. Die Aussöhnung ist, wie ausgeführt, kein Rechtsgeschäft, sondern ein tatsächlicher Vorgang. Sie kann zwar darauf beruhen, dass die Eheleute sich zunächst über ihre Differenzen einigen und in dem darüber geschlossenen Vertrag auch festlegen, wie die Aussöhnung erreicht werden soll. Notwendig ist das keineswegs. Die Aussöhnung braucht nicht auf einer Vereinbarung zu beruhen und wird nicht selten erst den Anlass abgeben, dass die Partner versuchen, sich auch über die noch anhängigen Folgesachen oder auch andere ihnen regelungsbedürftig erscheinende Fragen zu einigen. Die anwaltliche Aussöhnungs- und Einigungsgebühr honorieren nicht nur ganz unterschiedliche Erfolge, sondern können auch in der Tatbestandserfüllung erheblich auseinanderfallen. Es erscheint deshalb systemgerecht, beide Gebühren nebeneinander und unabhängig davon entstehen zu lassen, ob im Einzelfall die Aussöhnung auf einer umfassenden Vereinbarung beruht oder ob die „im Hinblick auf die Ehesache" geschlossene Einigung der Aussöhnung vorausgeht oder ihr erst nachfolgt. So wird auch der Widerspruch vermieden, der darin läge, dass bei der im Hinblick auf die Ehesache geschlossenen Einigung nach VV 1000 Anm. Abs. 5 RVG der Wert der Ehesache außer Betracht bleiben soll, während die Aussöhnungsgebühr sich gerade nach diesem Wert richtet. 25

Gewisse Schwierigkeiten bei der Bestimmung des Einigungswerts treten gleichermaßen bei der hier vertretenen Auffassung wie bei der Annahme einer einheitlichen „Versöhnungseinigungsgebühr" auf. Sie ergeben sich daraus, dass in allen Fällen passende Kriterien für die Abgrenzung, welche Regelungen als Bestandteil oder selbstverständliche Folgen der Fortsetzung der ehelichen Lebensgemeinschaft anzusehen und deshalb neben der Aussöhnung nicht besonders zu bewerten sind, und welchen Regelungen demgegenüber ein eigener Wert zukommt, kaum zu finden sind. 26

VI. Lebenspartnerschaften

Die vorstehenden Ausführungen zur Ehe gelten entsprechend auch zu Lebenspartnerschaften. 27

---

[11] OLG Düsseldorf JurBüro 2008, 195.

[12] Gerold/Schmidt/*von Eicken,* 17. Aufl. 2006, RVG VV 1001 Rn. 24 ff.; *N. Schneider* ZFE 2006, 431; **aA** offenbar OLG Frankfurt a. M. AnwBl 1970, 136, der Wert eines Aussöhnungsvergleichs ist höher als der Wert der Ehesache, wenn neben der reinen Aussöhnung noch weitere Verpflichtungen übernommen werden.

VII. Im Wege der Prozesskostenhilfe beigeordneter RA

28 Söhnen sich die Eheleute unter Mitwirkung eines für die Ehesache beigeordneten RA aus, erhält dieser die Aussöhnungsgebühr nach den Sätzen des § 49 RVG aus der Staatskasse. Einer besonderen Beiordnung für die Versöhnung bedarf es dazu nicht, denn die Beiordnung für die Ehesache umfasst auch die Aussöhnungstätigkeit.[13] Auch ein in der Ehesache noch nicht beauftragter RA kann für die Aussöhnung beigeordnet werden. Der beigeordnete PKH-Anwalt erhält jedoch die Aussöhnungsgebühr nicht aus der Staatskasse, wenn seine Mitwirkung an der Aussöhnung nur vor dem Wirksamwerden der Beiordnung stattgefunden hat.[14]

Nr.	Gebührentatbestand	Gebühr oder Satz der Gebühr nach § 13 RVG
1002	Erledigungsgebühr, soweit nicht Nummer 1005 gilt .... Die Gebühr entsteht, wenn sich eine Rechtssache ganz oder teilweise nach Aufhebung oder Änderung des mit einem Rechtsbehelf angefochtenen Verwaltungsakts durch die anwaltliche Mitwirkung erledigt. Das Gleiche gilt, wenn sich eine Rechtssache ganz oder teilweise durch Erlass eines bisher abgelehnten Verwaltungsakts erledigt.	1,5

Schrifttum: *Kapp,* BB 1991, 2085; *Schall,* Steuerberater 1990, 20; Steuerberater 1991, 62; *Hansens,* JurBüro 1989, 289.

Übersicht

[13] OLG Hamburg NJW 1963, 2331; OLG Düsseldorf AnwBl 1966, 323; OLG Bamberg JurBüro 1985, 233.
[14] AG Meppen NdsRpfl. 1995, 105, § 36 BRAGO findet im Rahmen der Beratungshilfe keine Anwendung.

I. Motive

Die Motive führen zu VV 1002 RVG aus: 1

„Die Erledigungsgebühr der Nr. 1002 VV RVG-E entstammt § 24 BRAGO. In der Anmerkung soll nunmehr ausdrücklich der Fall erwähnt werden, in dem sich eine Verwaltungsangelegenheit durch den Erlass eines früher abgelehnten Verwaltungsakts erledigt. Dies entspricht der in Rechtsprechung und Literatur bereits zu § 24 BRAGO vertretenen Auffassung (Gerold/Schmidt/*von Eicken/Madert* BRAGO § 24 Rn. 4).

Die Vergleichsgebühr beträgt seit dem Inkrafttreten des Kostenrechtsänderungsgesetzes 1994 vom 24.6.1994 (BGBl. 1994 I 1325, 2591, 3471) am 1.7.1994 $^{15}/_{10}$ der vollen Gebühr, soweit über den Gegenstand des Vergleichs kein gerichtliches Verfahren anhängig ist. Durch die Erhöhung der Vergleichsgebühr sollte das anwaltliche Bestreben, Streitigkeiten möglichst ohne Anrufung des Gerichts beizulegen, gefördert und belohnt werden. Aus den gleichen Gründen ist es gerechtfertigt, auch in dem Falle, dass sich eine Verwaltungsrechtssache ganz oder teilweise nach Zurücknahme oder Änderungen des mit einem Rechtsbehelf angefochtenen Verwaltungsakts erledigt, dem RA eine Gebühr mit einem Gebührensatz von 1,5 zuzubilligen, wenn dadurch der Verwaltungsrechtsstreit bzw. ein Verfahren über die Prozesskostenhilfe vermieden wird.“[1]

II. Allgemeines

1. Erfolgsgebühr

Die Erledigungsgebühr ist – wie die Einigungsgebühr (→ RVG VV 1000 Rn. 3) – eine Erfolgsgebühr. 2

2. Anstelle der Einigungsgebühr

Die Einigungsgebühr kann gem. VV 1000 Anm. Abs. 4 RVG bei Rechtsverhältnissen des öffentlichen Rechts nicht anfallen, soweit über sie vertraglich nicht verfügt werden kann (→ RVG VV 1000 Rn. 74ff.). Da jedoch ein besonderes anwaltliches Bemühen, eine solche Angelegenheit ohne eine gerichtliche Entscheidung zu einem günstigen Ende zu führen, für den Auftraggeber von besonderem Nutzen sein kann und zugleich damit auch die Gerichte entlastet werden, erkennt das Gesetz für die Mitwirkung bei einer Erledigung eine zusätzliche Gebühr an. Die Erledigungsgebühr soll in den Fällen, in denen eine Einigung wegen fehlender Dispositionsbefugnis nicht entstehen kann, das Bemühen des Anwalts um außergerichtliche Erledigung der Sache honorieren. 3

[1] BT-Drs. 15/1971, 204.

3. VV 1000 als Auslegungshilfe

4 **Auslegungshilfe.** Diese Funktion der Erledigungsgebühr ist bei ihrer Auslegung immer im Auge zu behalten. Die Regelungen bei der Einigung können daher Hilfe bei sich nicht eindeutig aus dem Wortlaut von VV 1002 RVG ergebenden Fragen leisten.

5 **Abweichung hinsichtlich Anerkennen oder Verzicht.** Dabei darf aber nicht verkannt werden, dass die Erledigungsgebühr in einem ganz erheblichen Punkt von der Einigungsgebühr abweicht. Letztere kann nicht anfallen bei einem bloßem Anerkennen oder Verzicht. Entsprechendes gilt nicht bei der Erledigungsgebühr. Auch wenn die Verwaltungsbehörde in vollem Umfang dem Begehren des Mandanten entspricht, entsteht sie. Es fehlt ein entgegenstehender Passus in VV 1002 RVG. Im Gegenteil ist dort als Entstehungsgrund der Fall genannt, dass der angefochtene Verwaltungsakt aufgehoben oder der begehrte Verwaltungsakt erlassen wird, wozu nach dem Wortlaut auch die vollständige Aufhebung oder Gewährung gehört.

4. Fortgeltung der Rspr. zu § 24 BRAGO

6 VV 1002 RVG entspricht § 24 BRAGO. Die bisherige Rspr. hierzu gilt weiter.[2] Die bisher schon allgemeine Meinung, dass die Regelung auch gilt, wenn sich eine Rechtssache durch Erlass eines bisher abgelehnten Verwaltungsakts erledigt, ist nunmehr in den Text der Vorschrift aufgenommen worden.

III. Anwendungsbereich

1. Alle Verwaltungsangelegenheiten

7 Die Erledigungsgebühr kann in allen Verwaltungsangelegenheiten anfallen, nicht nur in der inneren Verwaltung und Finanzverwaltung, sondern auch in der Sozialverwaltung (arg. VV 1005–1006 RVG, insoweit abweichend von § 24 Abs. 5 BRAGO), sowie bspw. auch bei:
- Verwaltungsakten, die der Nachprüfung durch die ordentliche Gerichtsbarkeit unterliegen (**Justizverwaltungsakte** iSd §§ 23 ff. EGGVG),
- Anrufung des Gerichts gegen Justizverwaltungsakte im Bereich der Justizbeitreibung,
- Erinnerungen gegen den **Kostenansatz,**
- **Patentangelegenheiten,** die der Nachprüfung des Patentgerichts unterliegen,
- Verwaltungsakte, die der Nachprüfung durch **Baulandkammern,** Kartellsenate usw unterliegen.

8 Es kommt ganz allgemein nicht darauf an, welchem Zweig der Gerichtsbarkeit das zur Entscheidung berufene Gericht angehört, wie schon die vorstehende Aufzählung zeigt.

2. Rechtsbehelfsverfahren bei übergeordneter Behörde

9 Die Bezeichnung Rechtssache wurde in Änderung einer früheren Gesetzesfassung (bis 1975 „Rechtsstreit") gewählt, um deutlich zu machen, dass die Erledigungsgebühr nicht nur im gerichtlichen Verfahren, sondern auch im Verfahren der Überprüfung durch eine Verwaltungsbehörde anfallen kann.[3]

3. Beratungshilfe

10 VV 1002 RVG ist wegen der spezielleren Vorschrift in VV 2508 RVG bei der Beratungshilfe nicht anzuwenden.

IV. Objektive Voraussetzungen der Gebühr

1. Verwaltungsakt

11 Es muss ein dem Auftraggeber des RA ungünstiger Verwaltungsakt ergangen[4] oder ein von diesem beantragter Verwaltungsakt ganz oder teilweise abgelehnt worden sein (S. 2). Nicht ausreichend ist es, wenn die Behörde lediglich Bedenken geäußert oder Vervollständigung des Vorbringens, Beibringung von Beweisen und dergleichen verlangt hat. Sie muss vielmehr abschließend einen dem Auftraggeber ungünstigen Standpunkt eingenommen haben. Wegen Untätigkeitsklage → Rn. 20. Da es im Normenkontrollverfahren nicht um einen Verwaltungsakt geht, kann in ihm keine Erledigungsgebühr entstehen, auch nicht analog.[5]

---

[2] BVerwG RVGreport 2012, 103; BSG RPfleger 2007, 346; BayLSG RVGreport 2006, 263; LSG NRW RVGreport 2006, 264; SchlHFG EFG 2007, 383 = AGS 2007, 244.

[3] Schneider/Wolf/*Schafhausen* RVG VV 1002 Rn. 7.

[4] VGH München NVwZ-RR 2007, 497 Ziff. II 4b.

[5] VGH Mannheim AGS 2018, 269 = BauR 2018, 1262.

2. Anfechtung des Verwaltungsakts mit Rechtsbehelf

Der Auftraggeber muss die getroffene Entscheidung mit einem Rechtsbehelf (zB Widerspruch gem. § 69 VwGO, Einspruch gem. § 347 AO; Anfechtungs-, Verpflichtungs- oder Nichtigkeitsklage) angegriffen haben.[6] Ob dieser Rechtsbehelf richtig (zB als Widerspruch) oder anders (zB Einspruch, Beschwerde, Protest, Berufung) bezeichnet worden ist, spielt keine Rolle, wenn nur zum Ausdruck gekommen ist, dass und warum der Betroffene eine Änderung des angefochtenen oder den Erlass des bisher abgelehnten Verwaltungsakts begehrt. 12

3. Aufhebung oder Änderung des Verwaltungsakts

a) Grundsatz. Es ist erforderlich, dass der angegriffene Verwaltungsakt aufgehoben oder geändert wird. Es reicht nicht, wenn die (wohl unzulässige) Klage gegen einen Verwaltungsakt gegen das behördliche Versprechen zurückgenommen wird, den Verwaltungsakt noch einmal zu überprüfen.[7] 13

b) Neuer Verwaltungsakt durch neu zuständige Behörde. Erlässt eine andere, nunmehr zuständige Behörde einen Verwaltungsakt zu Gunsten des Rechtsbehelfsführers, so ist streitig, ob hierdurch der angegriffene Verwaltungsakt aufgehoben oder geändert wird.[8] 14

Beispiel:
Dem Rechtsbehelfsführer wird nach dessen Umzug von der nunmehr zuständigen Behörde die Aufenthaltserlaubnis erteilt.

c) Rücknahme eines Rechtsmittels gegen Urteil. Die Rücknahme eines Rechtsmittels gegen ein den Verwaltungsakt aufhebendes Urteil ist kein Aufheben des Verwaltungsaktes durch die Behörde. Sie bringt deshalb die Erledigungsgebühr nicht zum Entstehen.[9] 15

d) Nichtvollstreckungserklärung der Behörde. Einer Aufhebung des Verwaltungsakts ist es gleichzustellen, wenn sich das Verfahren dadurch erledigt, dass die Behörde erklärt, aus diesem dauerhaft nicht zu vollstrecken.[10] 16

4. Einstweiliger Rechtsschutz

Erledigt sich das Verfahren auf Aussetzung der Vollziehung nach § 80 Abs. 5 VwGO oder § 80 Abs. 6 VwGO bzw. § 69 Abs. 3 FGO oder entsprechenden Verfahren des einstweiligen Rechtsschutzes dadurch, dass die Verwaltung die Vollziehung aussetzt, so ist jedenfalls bei streng am Wortlaut orientierter Auslegung kein Fall des VV 1002 RVG gegeben. Der Antrag an das Gericht richtet sich nicht unmittelbar gegen einen Verwaltungsakt, also nicht gegen die Ablehnung der Aussetzung der Vollziehung durch die Behörde. So ist die Aussetzung der Vollziehung durch die Verwaltungsbehörde nicht Gegenstand des Verfahrens nach § 69 Abs. 3 FGO. Es wird vielmehr eine eigenständige Maßnahme des Gerichts begehrt. Aus diesem Grund wird teilweise, in der Rspr. der Finanzgerichtsbarkeit sogar dem BFH folgend ganz überwiegend, die Anwendung von VV 1002 RVG auf diese Fälle abgelehnt.[11] Auch eine analoge Anwendung wird abgelehnt, weil das Gesetz bewusst die Erledigungsgebühr nur bei einer Änderung hinsichtlich des angegriffenen Verwaltungsakts entstehen lasse. Das Gesetz wolle erkennbar nicht für jedes Nachgeben der Behörde eine Erledigungsgebühr gewähren. Anders als bei der Einigungsgebühr, bei der eine bloße Einigung genügt, habe das Gesetz nicht den Wegfall einer gerichtlichen Entscheidung genügen lassen, sondern es verlange darüber hinaus auch noch, dass der angegriffene Verwaltungsakt geändert wird.[12] 17

Die **Gegenmeinung** bejaht demgegenüber zu Recht die Entstehung einer Erledigungsgebühr.[13] Für eine analoge Anwendung spricht: Der Sinn und Zweck von VV 1002 RVG greift voll ein. Die Wiederherstellung oder Herbeiführung der aufschiebenden Wirkung durch das Gericht ist der Aufhebung bzw. dem Erlass eines materiell-rechtlichen Verwaltungsakts gleichzusetzen. Es besteht eine Parallele zur Verpflichtungsklage, bei der auch der ablehnende Bescheid nicht unmittelbar aufgehoben wird, sondern lediglich durch die stattgebende Entscheidung der frühere Verwaltungsakt seine Wirkung verliert. Der Antrag zB gem. § 69 Abs. 3 FGO 18

[6] VGH München NVwZ-RR 2007, 497 Ziff. II 4b.
[7] ThürLSG AGS 2012, 72 Rn. 30.
[8] **Verneinend** OVG Hamburg NVwZ-RR 1994, 621; VGH München BayVBl. 2006, 740; **bejahend** OVG Bremen AnwBl 1992, 94 = JurBüro 1991, 1071.
[9] BVerwGE 17, 117 = DÖV 1964, 566 = DVBl 2064, 79; BFHE 73, 800; VGH Kassel AnwBl 1986, 411.
[10] OVG Koblenz NVwZ-RR 1989, 335.
[11] BFH NJW 1969, 344 = BFHE 93, 262; FG Köln EFG 1990, 268; VG Düsseldorf AnwBl 1962, 131.
[12] FG BW EFG 1986, 520; FG Köln EFG 1990, 268.
[13] HessLSG RVGreport 2010, 417 Rn. 15 ff.; VG Darmstadt NJW 1975, 1716; FG Bln EFG 1981, 526.

beinhaltet den Antrag, die Wirkung des die Aussetzung der Vollziehung ablehnenden Bescheid seiner Wirkung zu beheben.

19 **Gerichtsverfahren gegen von der Behörde abgelehnte Eilmaßnahme.** Zu beachten ist, dass der vorstehende Streit (→ Rn. 17, 18) nicht eingreift, wenn sich das gerichtliche Verfahren dagegen wendet, dass eine bei der Behörde beantragte Eilmaßnahme von dieser nicht erlassen wurde. Dann wird im gerichtlichen Verfahren der Erlass eines Verwaltungsakts begehrt, sodass unstreitig VV 1002 RVG anwendbar ist.[14]

5. Untätigkeitsklage

20 Nach überwiegender Ansicht[15] kann die Erledigungsgebühr auch anfallen, wenn ein ablehnender Verwaltungsakt noch nicht gegeben ist und nach Erhebung einer Untätigkeitsklage sich die Hauptsache nach außergerichtlichen Verhandlungen durch den Erlass des erstrebten Verwaltungsaktes erledigt hat. Lehnt die Behörde zunächst eine Entscheidung ab, zB nach dem Tod des Vaters eine Entscheidung über eine Entschädigungsrente, wird deshalb Untätigkeitsklage erhoben und entscheidet die Behörde dann doch, so ist VV 1002 RVG entsprechend anzuwenden. Das ergibt sich aus dem Sinn und Zweck von VV 1002 RVG, der einen Ersatz dafür bieten soll, wenn eine Einigungsgebühr nicht entstehen kann. Diese Situation ist auch bei einer Untätigkeitsklage gegeben. Hat das Verwaltungsgericht die Voraussetzungen einer Untätigkeitsklage angenommen, so darf der Kläger nicht schlechter gestellt werden, als wenn ein Verwaltungsakt bereits ergangen wäre. VV 1002 RVG soll gerade die das verwaltungsgerichtliche Verfahren entlastende außergerichtliche Erledigung fördern.

6. Erledigung der Rechtssache

21 **a) Rechtssache.** Es muss sich das Gerichts- oder Widerspruchsverfahren erledigt haben.

22 Nicht erforderlich ist, dass sich auch das Verfahren bei der Verwaltungsbehörde damit erledigt hat. Es genügt daher, dass nach Änderung des Verwaltungsakts das Rechtsbehelfsverfahren sich erledigt, und schadet nicht, wenn nach der Erledigung des Rechtsstreits zB ein neuer Steuerbescheid ergeht und der Mandant diesen wieder angreift.[16] Dem steht auch nicht entgegen, dass VV 1002 RVG auf die Erledigung der „Rechtssache" abstellt. § 24 BRAGO hatte früher auf die Erledigung des „Rechtsstreits" abgestellt. Mit der Änderung 1975 dahingehend, dass nunmehr auf die Rechtssache – wie heute in VV 1002 RVG – abgestellt wird, sollte nur klargestellt werden, dass § 24 BRAGO nicht nur für gerichtliche Verfahren gilt, sondern auch für Widerspruchsverfahren bei einer Verwaltungsbehörde gilt.[17] Die Rechtssache, die sich erledigen muss, ist damit nach wie vor nur das Rechtsbehelfsverfahren.

23 Nach einer Gegenmeinung ist jedoch VV 1002 RVG jedenfalls dann nicht gegeben, wenn der angefochtene Bescheid nur aus formellen Gründen aufgehoben wurde, sich das erste Klageverfahren dadurch erledigt und die Behörde dann aber einen neuen inhaltsgleichen, wieder angegriffenen Bescheid erlässt. Hier habe sich nur das Rechtsbehelfsverfahren erledigt, nicht aber das Verfahren bei der Verwaltungsbehörde.[18]

24 **b) Entscheidung erübrigt sich.** Die Rechtssache muss sich erledigt haben. Es muss also eine gerichtliche Entscheidung der mit dem Rechtsbehelf bzw. dem Rechtsmittel angerufenen Stelle (Gericht oder Rechtsbehelfsbehörde) zur Hauptsache unnötig geworden sein.[19]

25 **c) Keine Erledigung.** Wann immer diese Stelle noch eine eigene Entscheidung über den betroffenen Gegenstand treffen muss, ist keine Erledigung eingetreten. Das ist zB der Fall, wenn der Mandant sich auch mit dem zwischenzeitlich geänderten Verwaltungsakt nicht zufrieden gibt und das Rechtsbehelfsverfahren weiter betreibt. Dabei ist es unerheblich, ob er den alten Antrag beibehält oder diesen gem. § 114 Abs. 1 S. 4 VwGO auf die Feststellung umstellt, dass der Verwaltungsakt rechtswidrig war.[20]

26 **d) Vollständige Erledigung bei nur teilweiser Abänderung. Nach teilweiser Abänderung.** Die Rechtssache erledigt sich auch dann, wenn der geänderte Verwaltungsakt nur

[14] *Hansens* RVGreport 2010, 417 Ziff. III 2 in Anm. zu HessLSG RVGreport 2010, 417.

[15] VGH Mannheim JurBüro 1991, 1357; VG Ansbach AnwBl 1962, 228; LSG NRW AGS 2008, 550; **aA** FG Bln EFG 1981, 526, es fehle an einem Verwaltungsakt, gegen den sich der Rechtsbehelf richten könnte.

[16] FG Bln EFG 1985, 41.

[17] Schneider/Wolf/*Schafhausen* VV 1002 Rn. 7; *Hartmann* RVG, 18. Aufl., BRAGO § 24 Ziff. 1.

[18] NdsFG EFG 1997, 373; Schneider/Wolf/*Schafhausen* RVG VV 1002 Rn. 17.

[19] BVerwG AnwBl 1982, 26 = JurBüro 1981, 1824 = NVwZ 1982, 36.

[20] Schneider/Wolf/*Schafhausen* RVG VV 1002 Rn. 14.

teilweise dem Antrag des Mandanten entspricht, dieser sich aber damit zufrieden gibt, weshalb keine Entscheidung mehr ergehen muss.[21]

Empfehlung des Gerichts. Dass das Gericht oder die Widerspruchsbehörde der unteren Behörde empfohlen hat, den angegriffenen Verwaltungsakt aufzuheben, steht eine Erledigung der Rechtssache iSv VV 1002 RVG nicht entgegen. Der entgegengesetzten Auffassung des BVerwG[22] ist nicht zu folgen. Eine derartige Empfehlung kann nicht mit einer gerichtlichen Entscheidung gleichgestellt werden. Die Erledigungsgebühr belohnt auch, dass dem Gericht die mit einiger Mühe verbundene Abfassung eines Urteils oder eines Bescheids erspart bleibt. Darüber hinaus kann es sein, dass trotz der Empfehlung das Verfahren noch nicht entscheidungsreif war. Um eine solche herbeizuführen, wären uU noch umfangreiche Beweiserhebungen erforderlich gewesen, die auch erspart werden. 27

Kostenentscheidung. Die Erledigungsgebühr entsteht, wenn über die Kosten des Verfahrens weiter gestritten wird.[23] Es genügt daher, wenn die Rechtssache übereinstimmend für erledigt erklärt wird, das Gericht aber noch über die Kosten entscheiden muss. 28

e) Teilweise Erledigung. Es genügt auch eine teilweise Erledigung. Eine solche liegt vor, 29
- wenn mehrere Verwaltungsakte angegriffenen sind, die Behörde einen ändert und daraufhin die Rechtssache insoweit für erledigt erklärt wird,[24]
- wenn ein angegriffener Verwaltungsakt aufgehoben wird und insoweit Erledigungserklärung erfolgt, über eine zugleich erhobene Verpflichtungsklage das Gericht aber entscheiden muss.

Wegen Gegenstandswert → Anh. VI Rn. 233.

f) Auch ohne gegenseitiges Nachgeben. Nicht erforderlich für eine Erledigung ist ein gegenseitiges Nachgeben.[25] 30

V. Mitwirkung des Rechtsanwalts

1. Grundsätze

Der RA muss bei der Erledigung der Rechtssache mitgewirkt haben. Es dürfen – dem Zweck des Gesetzes entsprechend – keine zu hohen Anforderungen an die anwaltliche Tätigkeit gestellten werden.[26] 31

Ohne Aktenkundigkeit. Die Mitwirkung braucht nicht aktenkundig zu sein.[27]

Mitwirkung durch RA selbst. Die Mitwirkung muss durch den RA selbst erfolgen. Es genügt nicht, wenn nur sein Mandant mitwirkt. Der RA muss aber nicht allein tätig werden. Es schadet nicht, dass ein sachkundiger Dritter (zB Steuerberater) mit einbezogen ist, der bei der Besprechung mit der Behörde die zur Änderung des Verwaltungsakts entscheidenden Gesichtspunkte vorträgt.[28] 32

Schwierigkeit oder Umfang unerheblich. Unerheblich ist, ob die Tätigkeit des Anwaltes besondere rechtliche Schwierigkeiten bereitet oder ob ein Antrag qualifiziert begründet wird. Es kommt nicht auf die Qualität der Mitwirkung, sondern auf deren Erfolg an.[29] 33

Initiative des Gesprächs. Unerheblich ist, welche Seite die Initiative zu einer Erledigung ergriffen hat, zB wer wen angerufen hat. Demgegenüber hat das HessFG zur Verneinung einer Erledigungsgebühr ua auch darauf hingewiesen, dass die Initiative nicht vom RA, sondern vom Sachbearbeiter des FA ausgegangen ist.[30] 34

2. Zeitpunkt der Mitwirkung

a) Vor Änderung des Verwaltungsakts. Die Mitwirkung kann vor der Änderung des Verwaltungsakts liegen. Dass die Bemühungen bereits vor der Klageerhebung begonnen haben, steht nicht entgegen.[31] Wenn das LSG NRW aus dem Wortlaut von VV 1002 RVG schließt, dass die Mitwirkungshandlung nach der Aufhebung oder Änderung des angedrohten Verwaltungsaktes erfolgen müsse,[32] so trifft das nicht zu. Es ist schon nicht richtig, dass der Wortlaut 35

---

[21] VGH München NVwZ-RR 2007, 497; OVG Münster RVGreport 2015, 19 mzustAnm *Hansens.*
[22] BVerwG AnwBl 1982, 26 = JurBüro 1981, 1824 = NVwZ 1982, 36.
[23] Schneider/Wolf/*Schafhausen* RVG VV 1002 Rn. 16.
[24] Schneider/Wolf/*Schafhausen* RVG VV 1002 Rn. 16.
[25] BSG RVGreport 2011, 256.
[26] VGH München BayVBl. 2006, 740.
[27] FG BW EFG 1969, 504 = JurBüro 1969, 1054 (Ls.).
[28] FG Düsseldorf EFG 1985, 577.
[29] VGH München BayVBl. 2006, 740.
[30] HessFG RVGreport 2011, 377.
[31] VGH München NVwZ-RR 2007, 497.
[32] LSG NRW RVGreport 2006, 264.

von VV 1002 RVG dies nahe legen würde. Das „nach" in der Anm. bedeutet nur, dass die Erledigung der Rechtssache die Folge einer Aufhebung oder Änderung des Verwaltungsakts bzw. des Erlasses des begehrten Verwaltungsakts sein muss. Es bedeutet nicht, dass die Mitwirkungshandlung zeitlich nach der Änderung oder dem Erlass des Verwaltungsakts erfolgen muss. Im Übrigen würde diese Ansicht dazu führen, dass der RA, der intensiv auf die Verwaltungsbehörde eingewirkt und diese zu einer Aufhebung oder Änderung des Verwaltungsakts bewegt hat, die Erledigungsgebühr nicht verdienen würde. Das ist aber gerade ein Fall, in dem dem RA nach dem Sinn und Zweck der Vorschrift die Erledigungsgebühr nicht versagt werden kann. Im Übrigen wird in der Rspr. wiederholt eine Erledigungsgebühr für eine derartige Tätigkeit des Anwalts zuerkannt. Zu beachten ist, dass das LSG seine Ansicht zur Begründung dafür herangezogen hat, dass die bloße Widerspruchseinlegung zu keiner Erledigungsgebühr führt, was iErg richtig ist, aber nicht der vom LSG gewählten Begründung bedarf.

36 Die Mitwirkung kann während eines gerichtlich angeordneten Ruhens des Verfahrens erfolgen.[33]

37 **b) Nach Änderung des Verwaltungsakts.** Zu Unrecht wird teilweise angenommen, dass der RA bei der Aufhebung oder Abänderung des Verwaltungsakts mitgewirkt haben muss. Ein späteres Mitwirken soll nicht genügen. So soll zB das Abraten von einer Fortsetzungsfeststellungsklage nicht ausreichen.[34]

38 Der Wortlaut von VV 1002 RVG gibt hierfür nichts her. Im Gegenteil wird nur verlangt, dass sich die Rechtssache durch die Mitwirkung erledigt. Sie muss also nur vor der Erledigung der Rechtssache, also des Rechtsbehelfsverfahrens beim Gericht oder der Widerspruchsbehörde liegen. Auch von der Sache her gibt es keinen Grund für diese Meinung. Der Verdienst des Anwalts kann gerade darin liegen, dass er den durch den neuen Verwaltungsakt nicht voll befriedigten Mandanten dazu bewegt, das Rechtsbehelfsverfahren nicht weiter zu betreiben; → Rn. 52.

3. Mitwirken im konkreten Verfahren

39 Die Mitwirkung muss in dem Verfahren erfolgt sein, in dem die Erledigungsgebühr anfallen soll. Es genügt nicht, dass der RA in einem Parallelverfahren bei einem Urteil mitgewirkt hat, das die Behörde dann zur Änderung des Bescheids veranlasst hat.[35]

4. Besonderes Bemühen um außergerichtliche Erledigung

40 **a) Besonderes Bemühen.** Es ist heute ganz hM, dass eine Tätigkeit des Anwalts nicht ausreicht, die **nur allgemein** auf Verfahrensförderung gerichtet ist. Diese ist durch die Tätigkeitsgebühren abgegolten. Es muss vielmehr eine darüber hinausgehende Mitwirkung vorliegen. Es muss ein besonderes Bemühen um eine außergerichtliche Erledigung des Rechtsstreits gegeben sein.[36] Dass der RA sämtliche für seinen Mandanten sprechenden rechtlichen Argumente in möglichst überzeugender Weise vorträgt, ist bereits durch die Verfahrens- und uU Terminsgebühr abgegolten.[37] Das entspricht allein dem Gesetzeszweck, einen der Einigungsgebühr entsprechenden Tatbestand für die Fälle zu schaffen, in denen die Beteiligten sich nicht vergleichen können. Dass im Rahmen von VV 4141 RVG und VV 5115 RVG nach hM geringere Anforderungen an das Mitwirken gestellt werden, steht nicht entgegen, da diese Bestimmungen und VV 1002 RVG nicht die gleichen Voraussetzungen haben.[38]

41 Dieser Grundsatz gilt für Verfahren beim Gericht wie bei der Widerspruchsbehörde.[39]

42 Die BRAK und der DAV regen an, dass de lege ferenda im Gesetz klargestellt werden sollte, dass eine Erledigungsgebühr nur dann nicht anfällt, wenn eine auf die Förderung des Verfahrens gerichtete Tätigkeit nicht ersichtlich ist.[40]

---

[33] VGH Mannheim JurBüro 1992, 96 = NVwZ-RR 1992, 335.
[34] OVG Münster NVwZ-RR 1993, 111.
[35] HessFG EFG 1969, 255.
[36] BVerwG RVGreport 2012, 103; AnwBl 1986, 41 mkritAnm *Hamacher* = JurBüro 1986, 215; JurBüro 1994, 118; BSG RVGreport 2011, 256; NJW 2009, 3804; JurBüro 2007, 584; 1994, 673; BFH BStBl. II 1970, 251 f.; OVG Hamburg JurBüro 1999, 361; OVG Lüneburg NVwZ-RR 2008, 500 = DÖV 2008, 341; JurBüro 2009, 307; OVG Münster AnwBl 1999, 612 = NVwZ-RR 1999, 812; OVG Bautzen JurBüro 2003, 136; LSG BW JurBüro 2006, 422; BayLSG RVGreport 2006, 263; LSG NRW RVGreport 2006, 61; RVGreport 2006, 264, zu VV 1002 RVG; LSG RhPf AGS 2009, 179; SchlHFG EFG 2007, 383 = AGS 2007, 244; *Hansens* RVGreport 2007, 32 (33).
[37] BVerwG AnwBl 1982, 26 = JurBüro 1981, 1824 = NVwZ 1982, 36.
[38] BGH NJW 2009, 368 (12) = AnwBl 2008, 886.
[39] BVerwG AnwBl 1982, 26 = JurBüro 1981, 1824 = NVwZ 1982, 36.
[40] AGS 2011, 53 (55) Ziff. II 2.

b) Absicht der Erledigung. Die Tätigkeit muss auf die außergerichtliche Erledigung des Verfahrens gerichtet sein.[41] Das ist nicht der Fall, wenn der RA nach Umzug seines Mandanten bei der nunmehr zuständigen neuen Ausländerbehörde einen erfolgreichen Antrag auf Aufenthaltserlaubnis stellt, dabei aber erklärt, dass eine außergerichtliche Einigung gerade nicht erfolgen solle. Es solle vielmehr mit der Entscheidung der neuen Ausländerbehörde bis zur Entscheidung des Verwaltungsgerichts abgewartet werden.[42] Zu diesem Fall → Rn. 14. 43

c) Nicht genügende Tätigkeiten. ***aa) Ruhen oder Aussetzen des Verfahrens.*** Nicht genügt das Einverständnis mit dem Vorschlag des Gerichtes, das Verfahren bis zur rechtskräftigen Entscheidung über den Asylantrag des Klägers **auszusetzen.** Damit hat der RA überhaupt keine eigenständigen Bemühungen zur Erledigung unternommen.[43] Hat jedoch der RA auf ein laufendes Strafverfahren verwiesen, was zum Ruhen des Verfahrens führt, legt er dann das Strafurteil vor und nimmt daraufhin die beklagte Behörde den angegriffenen Bescheid zurück, so ist dies nach Ansicht des BSG für das Entstehen einer Erledigungsgebühr ausreichend.[44] 44

Dasselbe gilt, wenn der RA sein Einverständnis mit der Aussetzung oder Zurückstellung der Entscheidung bis zur Entscheidung im **Parallel- oder Musterprozess** mit anderen Beteiligten erklärt.[45] Genauso wenig wie anwaltliche Tätigkeiten, die allein das Prozessrecht betreffen und nicht zur Beendigung des Verfahrens führen, eine Einigungsgebühr auslösen können (→ RVG VV 1000 Rn. 161), reichen derartige Tätigkeiten für die Entstehung einer Erledigungsgebühr aus. Außerdem gilt hier, was auch sonst für die Zustimmung zum Aussetzen gilt. Der RA schafft zwar eine Voraussetzung für die spätere Erledigung, es liegt aber keine eigenständige Bemühung um eine Erledigung vor. 45

bb) Erledigungs- oder Rücknahmeerklärung. Erklärt der RA lediglich die Erledigung oder die Rücknahme des Widerspruchs oder der Klage, nachdem die Verwaltungsbehörde den Verwaltungsakt zurückgenommen oder aufgehoben hat, so genügt das nicht,[46] auch nicht, wenn er noch einen Kostenantrag stellt. Das gilt auch, wenn ein Teilanerkenntnis vorausgegangen ist.[47] Unklar ist insoweit VGH Mannheim, wenn es eine die Erledigungsgebühr auslösende Mitwirkung darin gesehen hat, dass der RA nach der Erklärung der Behörde, dass der Kläger auf Grund nachträglicher Vergrößerung der Stellflächen noch auf den Weihnachtsmarkt zugelassen werde, dem Mandanten geraten hat, das Verfahren durch Einigung ohne Entscheidung zu beenden.[48] Sollte damit gemeint sein, dass trotz des vollständigen Entgegenkommens der Behörde der Erledigungsrat ausreichen soll, so ist dem nicht zu folgen. Dazu, dass die Mitwirkung bei der Erledigungserklärung bei nur teilweiser Befriedigung des Mandanten ausreichen kann → Rn. 52 ff. Nach dem HessFG reicht nicht, dass der in dem Verfahren betraute Sachgebietsleiter den Erinnerungsführer telefonisch befragt hat, ob er „Zug um Zug“ wegen Erlass eines Abhilfebescheides die Klage zurücknehme.[49] 46

cc) Weitere Fälle. Weiter lösen keine Erledigungsgebühr aus 47
- **Einlegung** des Rechtsbehelfs,
- **Begründung** des Widerspruchs[50] oder der Klage[51] oder des Rechtsmittels,[52] auch nicht eine ausführliche,[53] auch nicht bei besonders überzeugendem schriftsätzlichem Vortrag, der die Behörde zu einer Abhilfe veranlasst,[54]

---

[41] LSG BW JurBüro 2006, 422.
[42] VGH München BayVBl. 2006, 740.
[43] BSG JurBüro 1994, 673.
[44] BSG RVGreport 2014, 149.
[45] VGH Kassel NVwZ-RR 1994, 300 = MDR 1994, 316; **aA** OVG NRW MDR 1983, 872 = KostRspr § 24 BRAGO Nr. 13 mzustAnm *Noll;* FG BW EFG 1982, 534, das aber abw. von der hM (→ Rn. 38) generell keine zusätzliche Tätigkeit verlangt; offen gelassen BSG JurBüro 1994, 673, nach dessen Begründung dazu, dass ein Einverständnis mit dem Ruhen des Verfahrens nicht reicht, es aber nahe liegt, dass es auch hier eine Erledigungsgebühr verneinen würde.
[46] BSG JurBüro 1994, 673; BayLSG RVGreport 2006, 263; OVG Münster NVwZ-RR 1993, 111.
[47] LSG BW AGS 2020, 67.
[48] VGH Mannheim AnwBl 2006, 497 = NVwZ-RR 2006, 735.
[49] HessFG RVGreport 2011, 377.
[50] BSG RPfleger 2007, 346; LSG BW JurBüro 2006, 422; LSG RhPf AGS 2009, 179.
[51] VGH Mannheim JurBüro 1994, 31 = NVwZ-RR 1993, 448; BayLSG RVGreport 2006, 263.
[52] BayLSG RVGreport 2006, 263.
[53] LSG BW JurBüro 2006, 422; LSG NRW RVGreport 2006, 427.
[54] BVerwG AnwBl 1982, 26 = JurBüro 1981, 1824 = NVwZ 82, 36; LSG NRW RVGreport 2006, 427.

– Hinweis auf einschlägige **höchstrichterliche Rspr.**, auch wenn dieser Hinweis nicht schon in der Klagebegründung, sondern durch gesonderten Schriftsatz erfolgt,[55]
– Telefonischer Hinweis auf einen **rechtlichen Gesichtspunkt** an das Gericht, auch wenn er nach Weitergabe an Behörde zur Erledigung führt,[56]
– Antrag auf Anordnung der **aufschiebenden Wirkung** gem. § 80 Abs. 5 VwGO, auch wenn die nachfolgende Aufschiebungsanordnung möglicherweise die Behörde zur Änderung ihres Verwaltungsakts bewegt hat,[57]
– **Annahme eines Anerkenntnisses,**[58]
– Einlegung der Beschwerde im **PKH-Bewilligungsverfahren.**[59]

48 **d) Ausreichende Tätigkeiten.** ***aa) Aushandeln einer Lösung beim Gericht.*** Eine Erledigungsgebühr entsteht, wenn der RA in der mündlichen Verhandlung dabei mitwirkt, eine einvernehmliche Lösung herbeizuführen. Hat der RA dort klargemacht, auf welcher Basis für ihn eine außergerichtliche Erledigung in Betracht kommt, unterbreitet das Gericht sodann auf dieser Basis einen Erledigungsvorschlag und erlässt dem folgend die Behörde einen neuen Bescheid, so hat der RA mitgewirkt.[60] Dasselbe gilt, wenn in der mündlichen Verhandlung die Behörde und der RA aushandeln, dass der geforderte Beitrag reduziert wird und dafür der Mandant die Klage für erledigt erklärt.

49 ***bb) Einwirken auf angegriffene Behörde.*** Wirkt der RA außerhalb des Gerichts- oder des Widerspruchsverfahrens auf die Verwaltungsbehörde erfolgreich ein, den angegriffenen Verwaltungsakt aufzuheben bzw. den begehrten Verwaltungsakt zu erlassen, so ist das eine Tätigkeit, die über die reine Tätigkeit im Gerichts- oder Widerspruchsverfahren hinausgeht.

50 Es genügt
– außergerichtliches erfolgreiches Bemühen um Erledigung,[61] zB in einem Rechtsstreit auf Feststellung der Rechtswidrigkeit des Einsatzes von verdeckten Ermittlern kommt es unter Mitwirkung des Anwalts zu einer Absprache mit der Behörde, dass die Daten des Mandanten gelöscht werden und der Mandant auf Schadensersatz verzichtet,[62]
– auf eine Erledigung gerichtetes Gespräch mit Behördenleiter, das zur Aufhebung des angegriffenen Verwaltungsakts[63] bzw. zum Erlass des erstrebten Verwaltungsakts[64] geführt hat,
– Gespräch des RA in einer Sitzungspause mit Mandanten und Gegnern, das zu beiderseitigem Nachgeben führt,[65]
– Beisteuern von Zahlen, die der Behörde bei der Änderung des angegriffenen Bescheids bei einem schwierigen Sachverhalt hilft.[66]

51 ***cc) Einwirken auf höhere Behörde.*** Ausreichend ist, wenn sich der RA an das Finanzministerium und die OFD wendet und deren Stellungnahme dazu führt, dass der angefochtene Steuerbescheid geändert wird.[67]

52 ***dd) Einwirken auf Mandanten.*** Ist der Rechtsstreit durch Änderung des Verwaltungsaktes materiell noch nicht erledigt, so kann der RA durch Beratung des Mandanten noch an der endgültigen Erledigung mitwirken (→ Rn. 37 ff.).[68] So kann der RA auf den Auftraggeber einwirken, sich mit einer **Teilaufhebung** zufrieden zu geben,[69] zB mit einem Vorschlag des

---

[55] FG BW KostRspr BRAGO § 24 Nr. 49 mzustAnm *Noll;* Mayer/Kroiß/*Mayer* RVG VV 1002 Rn. 18; **aA** FG Saarl EFG 1983, 253, wenn mit dem Hinweis an das Gericht auch Einfluss auf die Behörde genommen werden sollte; SG Köln JurBüro 1993, 606 mablAnm *Mümmler.*

[56] **AA** FG Saarl EFG 1989, 254 in einem Fall, in dem der gerichtliche Berichterstatter abgeraten hatte, den Hinweis unmittelbar dem FA zu erteilen.

[57] OVG Hamburg JurBüro 1999, 361; OVG Münster NVwZ-RR 1993, 111.

[58] Bay LSG RVGreport 2016, 13 mzustAnm *Hansens.*

[59] OVG Bremen JurBüro 1986, 1360; VGH Mannheim JurBüro 1990, 1450; SchlHVG SchlHA 1990, 40.

[60] HessFG EFG 1969, 504.

[61] VG Leipzig JurBüro 2001, 136.

[62] VGH Mannheim NVwZ-RR 2000, 329.

[63] OVG Lüneburg NJW 2007, 1995 (Ls.) = AnwBl 2007, 156 = NVwZ-RR 2007, 215 = JurBüro 2007, 78.

[64] VG Leipzig JurBüro 2001, 136.

[65] OVG Münster KostRspr BRAGO § 24 Nr. 20.

[66] HessFG EFG 1969, 503.

[67] FG Köln JurBüro 2000, 434.

[68] OVG Lüneburg AnwBl 1983, 282; FG Saarl EFG 1989, 652.

[69] VGH München 19.1.2007 – 24 C 06.2426, BeckRS 2007, 20648 Ziff. II 4b; VGH Kassel NJW 1966, 1092; VG Münster AnwBl 1981, 163; OVG Münster AGS 2000, 226 = AnwBl 1999, 612; FG Köln StE 2009, 572 = RVGreport 2009, 343.

Finanzamts[70] oder des Gerichts.[71] Dabei genügt ein Rat in einer Sitzungspause[72] oder eine telefonische Befürwortung eines gerichtlichen Vergleichsvorschlags.[73]

So liegt ein Mitwirken vor, wenn der RA seinen Mandanten dazu bewegt, 53

– sich mit einer befristeten Aufenthaltserlaubnis zufrieden zu geben und seine Asylklage zurücknehmen,[74]
– nach einer Herabsetzung des von ihm geforderten Beitrags der Erledigung des gesamten Rechtsstreits zuzustimmen.[75]

Das FG Bln-Bbg lässt es hierbei allerdings nicht genügen, dass der RA mit seinen Mandanten Rücksprache wegen eines gerichtlichen Vorschlags nimmt und mit ihm bespricht, wie der Mandant reagieren soll. Das gehöre zu den mit den anderen Gebühren abgegoltenen Tätigkeiten. Es seien besondere Bemühungen erforderlich.[76] Sollte der RA aber zur Annahme des Vorschlags geraten haben, was aus dem Sachverhalt nicht hervorgeht, so läge jedenfalls eine Mitwirkung vor. 54

ee) Eigenmächtige Entscheidung des Anwalts. Zu weitgehend ist es, wenn eine Erledigungsgebühr abgelehnt wurde, obgleich der RA nach einem teilweisen Entgegenkommen der Verwaltungsbehörde auf Grund seines eigenen Ermessensspielraums den ganzen Rechtsstreit für erledigt erklärt. Die Erledigungsgebühr soll daran scheitern, dass der RA nicht noch auf seinen Mandanten eingewirkt habe.[77] 55

Genauso wenig wie es einer Einigungsgebühr entgegensteht, dass der RA die Einigung getroffen hat, ohne seinen Mandanten zu fragen, hindert eine eigenmächtige Entscheidung des Anwalts, wenn sie für den Mandanten bindend ist, die Entstehung einer Erledigungsgebühr. Es kann auch keinem Zweifel unterstehen, dass die Entscheidung des Anwalts ganz maßgeblich zur Erledigung beigetragen hat. 56

e) Beschaffung von Beweismitteln, insbes. Gutachten. Ob eine weitere Tätigkeit vorliegt, wenn der RA seinen Mandanten veranlasst, ein Beweismittel, zB ein ärztliches Gutachten, erstellen zu lassen, und dieses dann dem Gericht vorlegt, hängt nach dem BVerwG davon ab, ob das Verfahrensrecht ein solches Verhalten von der Partei verlangt. Ist dies nicht der Fall, so ist ein besonderes Bemühen zu bejahen.[78] In gleicher Weise hat das BSG ein besonderes Bemühen angenommen, weil es nicht zu den Mitwirkungspflichten eines RA im sozialrechtlichen Vorverfahren gehört, selbst Beweismittel (zB ärztliche Befundberichte zum Grad der Behinderung des Mandanten) zu beschaffen oder erstellen zu lassen.[79] Es muss also immer im Einzelfall geprüft werden, ob die Beschaffung eines Beweismittels nach dem jeweiligen Verfahrensrecht dem Mandanten obliegt.[80] Die Vorlage eines neuen medizinisch-psychologischen **Gutachtens** für den abgelehnten Führerscheinbewerber beim Gericht reicht aus.[81] Hingegen genügt die bloße Vervielfältigung und Vorlage eines bereits vorhandenen Beweismittels (zB eines für einen privaten Versicherer erstellten Gutachtens) nicht.[82] Wegen Vorlage eines Strafurteils → Rn. 44. 57

5. Kausalität

a) Erforderlichkeit. Die Mitwirkung des Anwalts muss kausal für die Erledigung der Rechtssache gewesen sein.[83] 58

Nicht ganz unerheblicher Beitrag. Die Erledigung muss nicht überwiegend oder allein vom RA herbeigeführt werden. Es genügt ein nicht ganz unerheblicher Beitrag,[84] nicht jedoch eine nur unwesentliche Kausalität.[85] 59

---

[70] NdsFG EFG 1978, 289.
[71] HessFG EFG 1970, 58.
[72] OVG Münster AnwBl 1999, 612 = NVwZ-RR 1999, 348.
[73] HessFG EFG 1970, 58.
[74] OVG Bremen AnwBl 1992, 94 = JurBüro 1991, 1071.
[75] OVG Münster AnwBl 1999, 612 = NVwZ-RR 1999, 348.
[76] FG Bln-Bbg EFG 2011, 1551 = RVGreport 2011, 341.
[77] OVG Münster AnwBl 1999, 612 = NVwZ-RR 1999, 812.
[78] BVerwG RVGreport 2012, 103.
[79] BSG NJW 2009, 3804 Rn. 16.
[80] BVerwG RVGreport 2012, 103.
[81] OVG Lüneburg JurBüro 1990, 1449.
[82] BSG RVGreport 2009, 63 mablAnm *Hansens.*
[83] BSG RPfleger 2007, 346; OVG Bremen NJW 2015, 2602.
[84] VGH München NVwZ-RR 2007, 497; LSG BW JurBüro 2006, 422.
[85] OVG Bremen AnwBl 1992, 94 = JurBüro 1991, 1071; OLG Koblenz AGS 2008, 81.

60 **b) Vermutung für Ursächlichkeit der Mitwirkung des RA.** Im Gegensatz zu VV 1000 RVG enthält VV 1002 RVG keine rechtliche Vermutung für die Ursächlichkeit der Tätigkeit des Anwalts. Jedoch spricht eine tatsächliche Vermutung für die Ursächlichkeit des Handelns des RA, wenn der RA in Richtung Aufhebung des Verwaltungsakts tätig geworden ist und die Verwaltungsbehörde daraufhin den Verwaltungsakt aufhebt oder abändert.[86] Soll die Erledigungsgebühr versagt werden, muss der Sachverhalt einen Anhalt dafür geben, dass die Tätigkeit des Anwalts für die abändernde Entscheidung nicht ursächlich war.

61 **c) Fehlende Kausalität.** Die Kausalität wurde verneint
- wenn die Behörde bei der erneuten Überprüfung, uU auch im Anschluss an ein Erledigungsgespräch, einen bei diesem nicht angesprochenen, bisher von ihr übersehenen Gesichtspunkt feststellt, der sie zur Änderung des Verwaltungsaktes veranlasst,[87]
- wenn die Behörde ihre Meinung auf Grund eines gerichtlichen Hinweises geändert hat und ein Anruf des Anwalts bei der Behörde hierauf keinen Einfluss hatte,[88]
- wenn ohne die Mitwirkung des Anwalts eine behördliche Praxis geändert wird, was sich auf das Verfahren, in dem der RA tätig ist, auswirkt.[89]

6. Beigeladener

62 Eine zwischen den Hauptparteien gefundene einverständliche Änderung des angefochtenen Verwaltungsakts löst für den Prozessbevollmächtigten eines Beigeladenen, der die Erledigung nicht angeregt, sondern sie „abgenickt" hatte, keine Erledigungsgebühr aus, wenn die Zustimmung seines Mandanten nicht erforderlich war.[90]

VI. Gebührenhöhe

63 Die Gebühr entsteht zum Gebührensatz von 1,5. Liegen die Voraussetzungen des VV 1003 RVG oder VV 1004 RVG, die auch für die Erledigungsgebühr gelten, vor, ist also ein gerichtliches Verfahren anhängig, so ermäßigt sich die Gebühr ebenso wie die Einigungsgebühr nach VV 1000 RVG auf den Satz 1,0 (oder 1,3). Das gilt grds. auch im sozialrechtlichen Verfahren (→ RVG VV 1005, 1006). Wegen Finanzgerichtsbarkeit → RVG VV 1003, 1004 Rn. 58.

VII. Weitere Gebühren

1. Geschäfts- und Verfahrensgebühr oder Beratungsvergütung

64 Wie jetzt durch VV Vorb. 1 RVG ausdrücklich hervorgehoben ist, entsteht die Erledigungsgebühr nie allein, sondern immer neben, dh zusätzlich zu einer Tätigkeitsvergütung.

65 **Beratungsgebühr.** Es gilt hier dasselbe wie bei der Einigungsgebühr (→ RVG VV 1000 Rn. 10 ff.).

66 **Geschäftsgebühr.** Hatte der RA einen Auftrag für eine außergerichtliche Vertretung, zB im Widerspruchsverfahren bei der Verwaltungsbehörde, so fällt eine Geschäftsgebühr gem. VV 2300 ff. RVG an.

67 **Verfahrensgebühr.** Hatte er einen Auftrag zur Vertretung in einem gerichtlichen Verfahren, zB bei einer Anfechtungsklage, so erwächst eine Verfahrensgebühr gem. VV 3100 ff., 3200 ff. RVG.

2. Terminsgebühr

68 Die Terminsgebühr entsteht, wenn ihre Voraussetzungen gegeben sind, neben der Erledigungsgebühr. Sie kann auch unter den Voraussetzungen der VV Vorb. 3, Abs. 3 RVG letzte Alternative durch ein außergerichtliches Gespräch, zB mit einem Vertreter der Behörde, ausgelöst werden, wenn der RA einen Verfahrensauftrag hatte (→ RVG VV Vorb. 3 Rn. 189 ff.; 198).[91] Ein solcher scheidet aus im Verfahren vor der Widerspruchs- oder Einspruchsbehörde, nachdem hier kein gerichtliches Verfahren gegeben ist und nur eine Geschäftsgebühr entsteht.

---

[86] OVG Lüneburg JurBüro 2009, 307; VGH München NVwZ-RR 2007, 497 Ziff. II 4b.

[87] LSG NRW RVGreport 2006, 427; FG Bln EFG 1985, 517, Rücknahme des Verwaltungsakts ausdrücklich mit Rücksicht auf neue obergerichtliche Entscheidung.

[88] OVG Lüneburg JurBüro 2009, 307.

[89] OLG Koblenz AGS 2008, 81.

[90] OVG Lüneburg JurBüro 2001, 249.

[91] OVG Lüneburg NJW 2007, 1995 (Ls.) = AnwBl 2007, 156 = NVwZ-RR 2007, 215 = JurBüro 2007, 78.

3. Einigungsgebühr

Da die Erledigungsgebühr in den Fällen, in denen eine Einigung mangels Dispositionsbefugnis nicht möglich ist, an die Stelle der Einigungsgebühr treten soll, können hinsichtlich desselben Gegenstandes beide Gebühren nicht nebeneinander anfallen.[92] **69**

Sind aber **mehrere Gegenstände** gegeben und besteht hinsichtlich eines davon die Dispositionsbefugnis, so kann neben der Erledigungsgebühr eine Einigungsgebühr entstehen. Da es sich um zwei unterschiedliche Gebühren (und nicht um unterschiedliche Gebührensätze) handelt, greift in diesem Fall § 15 Abs. 3 RVG nicht ein. Es stehen die Erledigungsgebühr aus dem Gegenstandswert des erledigten Teils und die Einigungsgebühr aus dem Gegenstandswert des geeinigten Teils völlig unabhängig nebeneinander. **70**

4. Beratungshilfe

Sonderregelung in VV 2508 RVG für die Erledigungsgebühr. **71**

VIII. Kostenerstattung

Die Erledigungsgebühr gehört zu den Kosten, die durch das Betreiben der Angelegenheit entstanden sind. Werden diese Kosten der Behörde auferlegt, so hat diese auch die Erledigungsgebühr zu erstatten. **72**

IX. Prozesskostenhilfe

Für den im Wege der Prozesskostenhilfe beigeordneten RA gilt nichts Besonderes. Er erhält die Erledigungsgebühr aus der Staatskasse nach den Sätzen des § 49 RVG, soweit er für den Gegenstand der Erledigung beigeordnet ist und bei der Erledigung nach seiner Beiordnung mitgewirkt hat. **73**

Nr.	**Gebührentatbestand**	Gebühr oder Satz der Gebühr nach § 13 RVG
1003	Über den Gegenstand ist ein anderes gerichtliches Verfahren als ein selbständiges Beweisverfahren anhängig: ***[bis 30.9.2021:*** Die Gebühren 1000 bis 1002] ***[ab 1.10.2021:*** *Die Gebühr 1000 Nr. 1 sowie die Gebühren 1001 und 1002]* betragen .... (1) Dies gilt auch, wenn ein Verfahren über die Prozesskostenhilfe anhängig ist, soweit nicht lediglich Prozesskostenhilfe für ein selbständiges Beweisverfahren oder die gerichtliche Protokollierung des Vergleichs beantragt wird oder sich die Beiordnung auf den Abschluss eines Vertrags im Sinne der Nummer 1000 erstreckt (§ 48 Abs. 1 und 3 RVG). Die Anmeldung eines Anspruchs zum Musterverfahren nach dem KapMuG steht einem anhängigen gerichtlichen Verfahren gleich. Das Verfahren vor dem Gerichtsvollzieher steht einem gerichtlichen Verfahren gleich. (2) In Kindschaftssachen entsteht die Gebühr auch für die Mitwirkung am Abschluss eines gerichtlich gebilligten Vergleichs (§ 156 Abs. 2 FamFG) und an einer Vereinbarung, über deren Gegenstand nicht vertraglich verfügt werden kann, wenn hierdurch eine gerichtliche Entscheidung entbehrlich wird oder wenn die Entscheidung der getroffenen Vereinbarung folgt.	1,0
1004	Über den Gegenstand ist ein Berufungs- oder Revisionsverfahren, ein Verfahren über die Beschwerde gegen die Nichtzulassung eines dieser Rechtsmittel oder ein Verfahren vor dem Rechtsmittelgericht über die Zulassung des Rechtsmittels anhängig: ***[bis 30.9.2021:*** Die Gebühren 1000 bis 1002] ***[ab 1.10.2021:*** *Die Gebühr 1000 Nr. 1 sowie die Gebühren 1001 und 1002]* betragen .... (1) Dies gilt auch in den in den Vorbemerkungen 3.2.1 und 3.2.2 genannten Beschwerde- und Rechtsbeschwerdeverfahren. (2) Absatz 2 der Anmerkung zu Nummer 1003 ist anzuwenden.	1,3

[92] VGH Mannheim NVwZ-RR 2000, 329; Schneider/Wolf/*Schafhausen* RVG VV 1002 Rn. 2.

Übersicht

I. Motive

Motive zum KostRMoG

Zu VV 1003 RVG. „Der Vorschlag entspricht § 23 Abs. 1 S. 3 BRAGO, soll aber künftig auch für die Aussöhnungsgebühr und die Erledigungsgebühr gelten … Die Anhängigkeit eines selbständigen Beweisverfahrens soll den Anfall der höheren Einigungsgebühr nach Nr. 1000 VV RVG-E nicht mehr hindern. Dieser Vorschlag soll zu einer Vermeidung des streitigen Verfahrens beitragen. Der RA soll die Gebühr nach Nr. 1000 auch dann unvermindert erhalten, wenn die Prozesskostenhilfe nur zur Protokollierung des Vergleichs beantragt wird oder das Prozesskostenhilfeverfahren zwar anhängig ist, sich die Beiordnung in der Ehesache aber nach § 48 Abs. 3 auf den Vergleich erstreckt.[1] 1

Zu VV 1004 RVG. „Die Regelung sieht entsprechend der derzeitigen Regelung in § 11 Abs. 1 S. 4 BRAGO vor, dass die innerhalb eines anhängigen Berufungs- oder Revisionsverfahren anfallende Einigungs-, Aussöhnungs- oder Erledigungsgebühr um 0,3 höher ausfällt als in der ersten Instanz. Im Falle eines Mitvergleichs nicht anhängiger Ansprüche im Berufungs- oder Revisionsverfahren soll es bei dem in den Nummern 1000 bis 1002 VV RVG-E vorgesehenen Gebührensatz von 1,5 bleiben."[2]

Die Gründe für den Vorschlag des neuen Absatzes 5 Satz 2 der Anmerkung zu Nummer 1000 VV RVG gelten auch für das gerichtliche Verfahren. Entgegen der sonst üblichen Regelungstechnik, dass alle Voraussetzungen für das Entstehen der Einigungsgebühr in der Anmerkung zu Nummer 1000 zu finden sind, wird für Kindschaftssachen eine Regelung in der Anmerkung der für das gerichtliche Verfahren geltenden Gebührenregelung vorgeschlagen, weil das FamFG in seinem § 156 Abs. 2 das Institut des gerichtlich gebilligten Vergleichs einführt, der nur in einer laufenden Kindschaftssache hinsichtlich des Umgangsrechts geschlossen werden kann. Hinsichtlich der Vereinbarungen im Übrigen wird vorgeschlagen, das Anfallen der Einigungsgebühr davon abhängig zu machen, dass der Vorschlag durch die gerichtliche Entscheidung umgesetzt wird.[3]

Motive zum 2. KostRMoG 2

Zu VV 1004 RVG. „Die Einigungsgebühr ist im Berufungs- und Revisionsverfahren nach Nummer 1004 VV RVG im Vergleich zu Nummer 1003 VV RVG von 1,0 auf 1,3 erhöht. Diese Regelung korrespondiert mit den grundsätzlich höheren Verfahrensgebühren in diesen Rechtsmittelverfahren. Eine entsprechende Erhöhung der Verfahrensgebühren sieht das geltende Recht auch in Verfahren über die Nichtzulassungsbeschwerde (Nummern 3506 und 3508 VV RVG) und in Verfahren vor dem Rechtsmittelgericht über die Zulassung des Rechtsmittels (Vorbemerkung 3.2 VV RVG) vor. Die erhöhte Einigungsgebühr soll nunmehr auch auf diese Verfahren erstreckt werden, weil es für eine andere Behandlung der Einigungsgebühr keine Gründe gibt."[4]

---

[1] BT-Drs. 15/1971, 204.
[2] BT-Drs. 15/1971, 204.
[3] BT-Drs. 16/6308, 341.
[4] BT-Drs. 17/11471, 271.

II. Anwendungsbereich

3 VV 1003, 1004 RVG sind anwendbar auf
Einigungsgebühr des VV 1000 RVG,
Aussöhnungsgebühr des VV 1001 RVG,
Erledigungsgebühr des VV 1002 RVG, wie sich aus dem Passus in VV 1003 RVG „Die Gebühren 1000 bis 1002 betragen" ergibt.

4 In der nachfolgenden Kommentierung ist zur Vereinfachung meistens nur von der Einigungsgebühr die Rede. Für die Aussöhnungs- und Erledigungsgebühr gelten diese Ausführungen entsprechend.

III. Grundsätze zur Gebührenhöhe

1. Unterschiedliche Gebührensätze

5 VV 1000 ff., 1003, 1004 RVG differenzieren die Höhe der Einigungs-, Aussöhnungs- und Erledigungsgebühr. Der Grundgebührensatz von 1,5 gem. VV 1000–1002 RVG wird gem. VV 1003 RVG bei anhängigen Gegenständen auf 1,0 und bei Anhängigkeit in Berufungs-, bestimmten Beschwerde- oder Revisionsverfahren gem. VV 1004 RVG auf 1,3 reduziert.

2. Entscheidend, wo Gegenstand anhängig

6 Dabei kommt es nur darauf an, ob und ggf. wo der Einigungsgegenstand anhängig ist. Es ist damit eine sehr einfach zu handhabende und klare Regelung getroffen. Es muss nur noch geprüft werden, ob der Einigungsgegenstand anhängig ist und ggf. wo.

7 **Objektive Rechtslage entscheidet.** Das Gesetz stellt auf die objektive Rechtslage ab. Auch wenn der RA keine Kenntnis von der Anhängigkeit oder einem PKH-Antrag hat, tritt die Ermäßigung ein.[5]

8 **Irgendwo anhängig.** Unerheblich ist, ob der Gegenstand in dem Verfahren anhängig ist, in dem die Einigung vorgenommen wird, oder in einem anderen Verfahren.[6] Es reicht aus, dass es irgendwo in einem gerichtlichen Verfahren anhängig ist.

3. Auftrag unerheblich

9 Unerheblich ist, welchen Auftrag der RA hat, ob er außergerichtlich tätig sein oder gerichtlich vertreten soll. Entscheidend ist nur, ob der Einigungsgegenstand anhängig ist.

4. Keine Auswirkungen auf Tätigkeitsgebühren

10 Die Differenzierung der Gebührensätze gem. VV 1003 ff. RVG hat keine Auswirkungen auf die Sätze der nach VV Vorb. 1 RVG neben der Einigungsgebühr entstehenden Tätigkeitsgebühren (Geschäfts-, Verfahrens-, Terminsgebühr).

IV. 1,5 Einigungsgebühr gem. VV 1000 RVG

11 Eine 1,5 Einigungsgebühr gem. VV 1000 RVG fällt, an, wenn kein Fall von VV 1003, 1004 RVG gegeben ist.

V. 1,0 Einigungsgebühr gem. VV 1003 RVG

1. Überblick über Voraussetzungen

12 **Erstinstanzliche Anhängigkeit.** Eine 1,0 Einigungsgebühr gem. VV 1003 RVG entsteht,
– wenn hinsichtlich des Einigungsgegenstandes ein erstinstanzliches gerichtliches Verfahren zur Hauptsache anhängig ist
oder
– wenn ein PKH-Bewilligungsantrag für das beabsichtigte Hauptsacheverfahren gestellt ist (Anm. zu VV 1003 RVG).

13 Die Beschränkung auf 1,0 tritt **nicht** ein, wenn
– nur ein selbständiges Beweisverfahren anhängig ist
oder
– nur PKH für ein selbständiges Beweisverfahren bzw. für die Protokollierung einer Einigung beantragt wird. Im zweiten Fall ist das Gericht nur als Beurkundungsorgan tätig.[7]

---

[5] Mayer/Kroiß/*Mayer* RVG VV 1003 Rn. 9, zum PKH-Antrag.
[6] Mayer/Kroiß/*Mayer* RVG VV 1003 Rn. 3; Bischof/*Bischof* RVG VV 1003 Rn. 5.
[7] OLG Saarbrücken OLGR 2006, 750 = AGS 2008, 35.

2. Gerichtliches Verfahren

a) Gerichtliches Verfahren. Nur bei einem gerichtlichen Verfahren wird der Gebührensatz reduziert. 14

Alle Gerichtsbarkeiten. Gerichtliche Verfahren iSv VV 1003 RVG sind gerichtliche Verfahren aller Gerichtsbarkeiten, also zB auch verwaltungs-, sozial- und finanzgerichtliche Verfahren.[8] Dass ein **Strafverfahren** anhängig ist, reicht allerdings nicht,[9] es sei denn es ist über den Vergleichsgegenstand ein Adhäsionsverfahren anhängig.[10] 15

Gerichtsverfahren sind ua 16
- Beschwerdeverfahren,
- Eilverfahren,
- Erinnerungsverfahren,
- Mahnverfahren,[11]
- PKH-Bewilligungsverfahren,
- Vergütungsfestsetzungsverfahren gem. § 11 RVG (→ Rn. 18),
- Zwangsvollstreckungsverfahren mit Hilfe des Gerichts einschließlich des Gerichtsvollziehers (→ Rn. 19).

Keine gerichtlichen Verfahren sind 17
- Güteverfahren[12] und ähnliche Verfahren wie die in § 17 Nr. 7a–d RVG genannten Verfahren,
- die **Protokollierung einer Einigung bei Gericht;** allein die Tatsache, dass eine Einigung bei Gericht protokolliert wird, führt noch nicht zur Anhängigkeit des Einigungsgegenstandes.[13] Hierfür spricht auch die Anm. zu VV 1003 RVG, in der für die Prozesskostenhilfe die frühere Streitfrage dahingehend geklärt wird, dass ein bloßer Antrag auf Prozesskostenhilfe für eine Protokollierung zu keiner Herabsetzung der 1,5 Einigungsgebühr führt,
- Schiedsgerichtsverfahren und schiedsrichterliches Verfahren (→ § 36 Rn. 13),
- Verwaltungsverfahren bei Behörden, auch nicht wenn eine übergeordnete Behörde einen Verwaltungsakt überprüft (Widerspruchsverfahren).

Es fallen also eine 1,5 Gebühren an.

b) Rechtspfleger. Nachdem das Gesetz ein gerichtliches Verfahren genügen lässt und nicht ein richterliches gerichtliches Verfahren verlangt, werden die gerichtlichen Verfahren, in denen der Rechtspfleger entscheidet, von VV 1003 RVG erfasst. Das wird jetzt noch dadurch bestätigt, dass das Gesetz ausdrücklich bestimmt, dass Verfahren vor dem Gerichtsvollzieher einem gerichtlichen Verfahren gleichstehen. Es besteht kein Grund, dem Verfahren beim Rpfleger eine hinsichtlich der Einigungsgebühr weniger bedeutende Rolle beizumessen. Es ist daher anerkannt, dass zB das Vergütungsfestsetzungsverfahren gem. § 11 RVG, in dem der Rpfleger entscheidet, ein gerichtliches Verfahren darstellt.[14] 18

c) Musterverfahren. Ge m. Anm. Abs. 1 S. 2 steht die Anmeldung eines Anspruchs zum Musterverfahren nach dem KapMuG einem anhängigen gerichtlichen Verfahren gleich. 18a

d) Gerichtsvollzieher. Das Gesetz hat nunmehr hinsichtlich der früher streitigen Frage in Anm. Abs. 1 S. 3 klargestellt, dass das Verfahren vor dem Gerichtsvollzieher einem gerichtlichen Verfahren gleichsteht. 19

3. Anhängigkeit

a) Begriff. Eingang bei Gericht. Anhängig ist ein Gegenstand, wenn er durch Klage oder sonstige Antragstellung zur gerichtlichen Entscheidung gestellt ist und die Klage oder der 20

---

[8] OVG Lüneburg AnwBl 2007, 156 = AGS 2007, 32.

[9] **AA** sind die, die bereits mit der Protokollierung einer Einigung ein Verfahren als anhängig ansehen → Rn. 17, wie zB OLG Nürnberg AnwBl 2014, 93 = JurBüro 2014, 135 = AGS 2014, 18 mablAnm *N. Schneider.*

[10] *N. Schneider* Anm. zu OLG Nürnberg AGS 2014, 18.

[11] KG AGS 2006, 66; HBS VergütungsR/*Braun/Hansens* Teil 6 Rn. 39.

[12] Schneider/Wolf/*Schneider/Thiel* RVG VV 1003, 1004 Anh. Rn. 88.

[13] Schneider/Wolf/*Schneider/Thiel* RVG VV 1003, 1004 Anh. Rn. 105; **aA** OLG Jena NJW 2010, 455 Rn. 24; OLG Nürnberg JurBüro 2014, 135 = AGS 2014, 18 mablAnm *N. Schneider;* = RVGreport 2014, 72 mzustAnm *Burhoff;* HessLAG VersR 1998, 385; LAG 4.5.2009 – 5 Ta 97/09 RhPf 4.5.2009 – 5 Ta 97/09, BeckRS 2009, 66758.

[14] HBS VergütungsR/*Braun/Hansens* Teil 6 Rn. 39; Schneider/Wolf/*Schneider/Thiel* RVG VV 1003, 1004 Anh. Rn. 147; BJBCKKU/*Bischof* RVG VV 1003 Rn. 24, der es aber – mE zu Unrecht – für zweifelhaft hält, ob überhaupt eine Einigungsgebühr anfallen kann.

Antrag bei Gericht eingegangen ist.[15] Rechtshängigkeit, also Zustellung an den Gegner, ist nicht erforderlich.[16]

21 **b) Zeitpunkt.** ***aa) Anhängigkeit zum Zeitpunkt der Einigung.*** Wenn VV 1003, 1004 RVG darauf abstellen, wo ein Gegenstand anhängig ist, dann bedeutet das, dass dieser Gegenstand **bereits, aber auch noch** zum Zeitpunkt der Einigung in der betreffenden Instanz anhängig sein muss.[17] Ist zB ein Antrag in diesem Zeitpunkt bereits zurückgenommen, so entsteht die Gebühr nach VV 1000 RVG mit dem Satz 1,5.[18]

22 **Bereits titulierter Anspruch.** Dasselbe gilt auch, wenn eine Einigung über einen bereits gerichtlich titulierten Anspruch erfolgt. Dass der Anspruch früher einmal Gegenstand eines gerichtlichen Verfahrens war, führt zu keiner Ermäßigung.[19]

23 ***bb) Von Amts wegen einzuleitende Verfahren.*** Diese Verfahren werden mit der ersten Handlung des Richters oder Rechtspflegers anhängig, die auf Einleitung eines solchen Verfahrens gerichtet ist. Dass dieser Zeitpunkt den Beteiligten uU bei Abschluss der Einigung noch nicht bekannt ist, spielt keine Rolle (→ Rn. 7).

24 ***cc) Genehmigungsabhängige Einigungen.*** Wird vor der Anhängigkeit eines Verfahrens eine Einigung getroffen, so entsteht auch dann eine 1,5 Gebühr, wenn das Gericht über die Einigung noch eine Entscheidung treffen muss (zB über die Genehmigung gem. §§ 1819 ff. BGB). Dadurch ist das Verfahren zur Zeit der Einigung nicht anhängig. Anders ist es natürlich, wenn der Einigungsgegenstand selbst anhängig ist.

25 ***dd) Vor Einlegung des Rechtsmittels.*** Keine Anhängigkeit ist gegeben, wenn die Einigung erfolgt, nachdem ein erstinstanzliches Urteil ergangen ist, die Berufungsfrist noch läuft, Berufung aber noch nicht eingelegt ist. Der Einigungsgegenstand ist in dieser Phase nicht Gegenstand eines anhängigen Verfahrens.

26 **c) Hilfsantrag und Hilfsaufrechnung.** ***aa) Hilfsantrag.*** Für Hilfsanträge einschließlich der Hilfswiderklage ist allgM, dass es sich prozessrechtlich um auflösend bedingte Anträge handelt,[20] weshalb Anhängigkeit gegeben ist, bis die auflösende Bedingung eintritt. Bei einer Einigung vor Eintritt dieser Bedingung entsteht hinsichtlich des Hilfsanspruchs eine 1,0 bzw. 1,3 Einigungsgebühr.[21]

Beispiel (Einigung in 1. Instanz):

RA-Gebühren

Eingeklagt sind in 1. Instanz 10.000,– EUR aus Miete, hilfsweise 5.000,– EUR aus Darlehen. Bevor irgendeine Entscheidung ergeht, einigen sich die Parteien unter Einschluss des Hilfsanspruchs.

1,3 Verfahrensgebühr gem. VV 3100 RVG aus 10.000,– EUR	798,20 EUR	
0,8 Verfahrensgebühr gem. VV 3101 RVG aus 5.000,– EUR	267,20 EUR	
Summe		
	1.065,40 EUR	
Obergrenze gem. § 15 Abs. 3 RVG		
1,3 Verfahrensgebühr gem. VV 3100 RVG aus 15.000,– EUR		933,40,– EUR
1,2 Terminsgebühr gem. VV 3104 RVG aus 15.000,– EUR		861,60 EUR
1,0 Einigungsgebühr gem. VV 1003 RVG aus 15.000,– EUR		718,– EUR
Pauschale		20,– EUR
Insgesamt		2.533,00 EUR

27 Hinsichtlich des Hilfsanspruchs bleibt es bei einer 0,8 Verfahrensgebühr. Allerdings könnte man auch argumentieren, dass der Hilfsanspruch anhängig ist und somit ein gerichtlicher Termin wahrgenommen wird iSv VV 3101 Nr. 1 RVG. In den meisten Fällen kommt es aber auf diese Frage nicht an, weil die Addition der Gebühren überwiegend zu einem höheren Wert als dem nach § 15 Abs. 3 RVG führt.

28 ***bb) Hilfsaufrechnung.*** Bei ihr ist anerkannt, dass die Anhängigkeit erst entsteht, wenn die Klageforderung ganz oder teilweise vom Gericht als gegeben angesehen wird. Daher fällt bei einer Einigung vor dem Eintritt dieser Bedingungen eine 1,5 Einigungsgebühr an.[22]

---

[15] Thomas/Putzo/*Seiler* ZPO § 261 Rn. 1.
[16] Mayer/Kroiß/*Mayer* RVG VV 1003 Rn. 3.
[17] Mayer/Kroiß/*Mayer* RVG VV 1003 Rn. 4.
[18] Bischof/*Bischof* RVG VV 1003 Rn. 6.
[19] Bischof/*Bischof* RVG VV 1003 Rn. 21.
[20] Zöller/*Greger* ZPO § 260 Rn. 4a.
[21] Bischof/*Bischof* RVG VV 1003 Rn. 19; Mayer/Kroiß/*Mayer* RVG VV 1003 Rn. 5, 6.
[22] OLG Hamm JurBüro 1999, 470; Bischof/*Bischof* RVG VV 1003 Rn. 18; Mayer/Kroiß/*Mayer* RVG VV 1003 Rn. 5, 6.

Beispiel (Einigung in 1. Instanz):

Eingeklagt sind in 1. Instanz 10.000,– EUR. Der Beklagte rechnet hilfsweise mit einer Gegenforderung von 5.000,– EUR auf. Bevor irgendeine Entscheidung ergeht, einigen sich die Parteien unter Einschluss des Aufrechnungsanspruchs. 29

1,3 Verfahrensgebühr gem. VV 3100 RVG aus 10.000,– EUR	798,20 EUR	
0,8 Verfahrensgebühr gem. VV 3101 RVG aus 5.000,– EUR	267,20 EUR	
Summe		
	1.065,40 EUR	
Höchstens 1,3 Verfahrensgebühr gem. VV 3100 RVG aus 15.000,– EUR		933,40 EUR
1,2 Terminsgebühr gem. VV 3104 RVG aus 15.000,– EUR		861,60 EUR[23]
1,0 Einigungsgebühr gem. VV 1003 RVG aus 10.000,– EUR	614,– EUR	
1,5 Einigungsgebühr gem. VV 1000 RVG aus 5.000,– EUR	501,– EUR	
Summe	1.115,– EUR	
Jedoch höchstens		
1,5 Einigungsgebühr gem. VV 1000 RVG aus 15.000,– EUR		1.077,– EUR
Pauschale		20,– EUR
Insgesamt		2.892,– EUR

d) Einzelfälle. ***aa) Aufrechnung.*** Bei einer Primäraufrechnung ist die Aufrechnungsforderung sofort mit ihrer Geltendmachung anhängig. Wegen Hilfsaufrechnung → Rn. 28 ff. 30

bb) Feststellungsklage. Bei der **positiven Feststellungsklage** kommen nur zwei Möglichkeiten in Betracht.[24] Entweder sieht man auch den Leistungsgegenstand als anhängig an, wofür § 256 Abs. 2 ZPO sprechen könnte oder man sieht – mE zutreffend – den Gegenstandswert der Feststellungsklage, also 80% der angestrebten Leistung als anhängig an, die restlichen 20% nicht.[25] Dann fällt aus 80% des Gegenstandswerts einer Leistungsklage eine 1,0 und hinsichtlich 20% eine 1,5 Einigungsgebühr an. Beide Gebühren sind zu addieren und der Kontrolle nach § 15 Abs. 3 RVG zu unterziehen. Teilweise wird in der Lit. etwas anders vorgegangen, ohne dass in dem dort gewählten Beispiel ein anderes Ergebnis herauskäme.[26] 31

Bei der **negativen Feststellungsklage,** bei der der Gegenstandswert 100% der Leistungsklage ausmacht,[27] ist der Leistungsanspruch in vollem Umfang als anhängig zu behandeln. 32

cc) Folgesachen. Ist nur ein Scheidungsantrag gestellt, so sind die Folgesachen nicht anhängig. Anders ist es, wenn auch zu ihnen Anträge gestellt werden, zB zur elterlichen Sorge und zum Umgangsrecht.[28] Beim Versorgungsausgleich sowie im Fall von §§ 1666, 1696 BGB beim Sorge- und Umgangsrecht, bei denen das Gericht von Amts wegen tätig wird, kommt es darauf an, ob das Gericht bereits ein Verfahren eingeleitet hat (→ Rn. 23). 33

dd) Kindschaftssachen. **Erste Instanz.** Auch bei Kindschaftssachen (Sorgerecht, Umgang, Kindesherausgabe usw § 151 FamFG) kann grds. eine Einigungsgebühr anfallen (→ RVG VV 1000 Rn. 66 ff.). Ist bei ihnen ein erstinstanzliches gerichtliches Verfahren anhängig, so entsteht im Falle einer Einigung eine 1,0 Einigungsgebühr, wenn die Einigung gem. § 156 Abs. 2 FamFG gerichtlich gebilligt wird oder, bei fehlender Dispositionsbefugnis, wenn hierdurch eine gerichtliche Entscheidung entbehrlich wird oder das Gericht der getroffenen Vereinbarung folgt (VV 1003 Anm. Abs. 2 RVG). Einer Einigungsgebühr steht es nicht entgegen, dass die vereinbarte Regelung darauf hinausläuft, dass der vor dem Verfahrensbeginn bestehende Zustand fortgilt.[29] Wegen Zwischeneinigung → RVG VV 1000 Rn. 168a ff. 34

Beispiele 35

Eine Einigungsgebühr fällt zB an,

- wenn der Antragsteller den Antrag auf Übertragung des Rechts auf Bestimmung des Aufenthaltsorts vereinbarungsgemäß zurücknimmt, weil ihm ein großzügiges Umgangsrecht eingeräumt wurde.[30]

---

[23] → RVG VV Vorb. 3 Rn. 76.

[24] Bischof/*Bischof* RVG VV 1003 Rn. 14 ff.

[25] Einer von Bischof/*Bischof* RVG VV 1003 Rn. 14 ff. vorgeschlagenen Alternative folgend.

[26] Schneider/Wolf/*Schneider/Thiel* RVG VV 1003, 1004 Anh. Rn. 62; HBS VergütungsR/*Braun/Hansens* Teil 6 Rn. 39.

[27] Zöller/*Herget* ZPO § 3 Rn. 16 „Feststellungsklagen".

[28] Wenn OLG Düsseldorf FamRZ 1998, 114 = JurBüro 1997, 636 hinsichtlich elterlicher Sorge und Umgangsrecht einen Antrag nicht genügen lässt, sondern darauf abgestellt hat, ob das Gericht von Amts wegen das Verfahren eingeleitet hat, so ist das überholt, da nunmehr ein Antrag das Verfahren einleitet (§ 623 Abs. 2 S. 1 Nr. 1, 2 ZPO).

[29] OLG Dresden FamRZ 2008, 1009.

[30] OLG Dresden FamRZ 2008, 1009.

- wenn die Eltern übereinkommen, dass beide Eltern gemeinsam das Sorgerecht ausüben, der Aufenthaltsort aber bei einem Großelternteil sein soll,[31]
- wenn die Eltern vereinbaren, dass das Aufenthaltsbestimmungsrecht der Mutter zustehen soll, iÜ das Sorgerecht aber weiterhin beiden gemeinsam zusteht und das Gericht eine Entscheidung gleichen Inhalts trifft,[32]
- wenn ein Elternteil das alleinige Sorgerecht für zwei Kinder beantragt hat, auf Grund einer Einigung den Antrag für ein Kind zurücknimmt und der andere Elternteil dem Antrag hinsichtlich des zweiten Kindes zustimmt und für dieses das Gericht dann antragsgemäß entscheidet.[33]

36 **Zweite oder Dritte Instanz.** Ist eine Kindschaftssache in zweiter oder dritter Instanz anhängig, so entsteht unter den zuvor genannten Voraussetzungen eine 1,3 Einigungsgebühr (VV 1004 Anm. Abs. 2 RVG iVm VV 1003 Anm. Abs. 2 RVG).

37 **Bloße Einigung genügt.** Soweit in VV 1003 Anm. 2, 1004 Anm. Abs. 2 RVG iVm § 156 Abs. 2 FamFG auf einen Vergleich abgestellt wird, bedeutet das nicht, dass diese Bestimmungen nicht bei einer Einigung anzuwenden sind, die mangels eines gegenseitigen Nachgebens keinen Vergleich darstellt. Es gilt hier dasselbe wie zu § 127a BGB (→ RVG VV 1000 Rn. 54 ff.).

38 **Mehrvergleich.** Ist eine Kindschaftssache nicht anhängig, wird sie aber in einen Mehrvergleich einbezogen, so bleibt es dabei, dass hinsichtlich der Kindschaftssache eine 1,5 Einigungsgebühr anfällt (→ Rn. 80 ff.), und zwar auch dann, wenn der Vergleich gerichtlich gebilligt wird. Die bloße Billigung durch das Gericht führt noch nicht dazu, dass die Kindschaftssache anhängig wird (→ Rn. 24).

39 ***ee) Teilklage.*** Nur der eingeklagte Teil ist anhängig.[34]

Beispiel:

Von einer Darlehensforderung von 10.000,– EUR werden nur 4.000,– EUR eingeklagt. Man einigt sich hinsichtlich der gesamten Forderung auf 7.000,– EUR.

Es fallen hinsichtlich der Einigungsgebühr an

1,0 Einigungsgebühr aus 4.000,– EUR gem. VV 1003 RVG	278,– EUR	
1,5 Einigungsgebühr aus 6.000,– EUR gem. VV 1000 RVG	585,– EUR	
Summe		863,– EUR
Maximal gem. § 15 Abs. 3 RVG 1,5 aus 10.000,– EUR	921,– EUR	

40 ***ff) Titulierte Forderung,*** → VV 1000 Rn. 225 ff.

41 ***gg) Vollstreckbarerklärung gem. § 796a ZPO.*** Allein der Umstand, dass nach erfolgter Einigung diese für vollstreckbar erklärt werden soll, führt nicht dazu, dass der Gegenstand als zum maßgeblichen Zeitpunkt der Einigung anhängig behandelt wird.

4. Selbständiges Beweisverfahren

42 **1,5 Einigungsgebühr.** Trotz der Anhängigkeit eines selbständigen Beweisverfahrens entsteht gem. der Anm. zu VV 1003 RVG eine 1,5 Einigungsgebühr. Damit soll nach den Motiven die Bereitschaft der Anwälte zur Einigung bereits im selbständigen Beweisverfahren und damit zur Vermeidung eines streitigen Verfahrens gefördert werden (→ Rn. 1). Das führt dazu, dass der RA – der im selbständigen Beweisverfahren wie im Hauptsacheverfahren – eine 1,3 Verfahrens- und eine 1,2 Terminsgebühr verdient – im Falle einer Einigung mehr verdient als im Hauptsacheverfahren.[35]

43 **Selbständiges Beweisverfahren neben Hauptsacheverfahren.** Ist aber zur Zeit des Abschlusses der Einigung neben dem selbständigen Beweisverfahren die Hauptsache in 1. oder 2. Instanz anhängig und bezieht sich die Einigung auch auf die Hauptsache, so fällt nur einmal eine 1,0 bzw. 1,3 Einigungsgebühr an.[36]

5. PKH-Bewilligungsverfahren

44 **a) PKH für Hauptsacheverfahren.** Für die Einigung über Ansprüche, über die ein PKH-Bewilligungsverfahren anhängig ist, erhält der RA nach der Anm. zu VV 1003 RVG nur eine 1,0 Gebühr nach VV 1003 RVG.

---

[31] OLG Koblenz FamRZ 2005, 1846 = NJW-RR 2005, 1160.

[32] OLG Nürnberg FamRZ 2005, 741 = JurBüro 2005, 190; OLG Zweibrücken FamRZ 2006, 219 = NJW-RR 2006, 1007.

[33] OLG Zweibrücken FamRZ 2006, 219 = NJW-RR 2006, 1007.

[34] HBS VergütungsR/*Braun/Hansens* Teil 6 Rn. 39; Schneider/Wolf/*Schneider/Thiel* RVG VV 1003, 1004 Anh. Rn. 130.

[35] Bischof/*Bischof* RVG VV 1003 Rn. 44.

[36] Schneider/Wolf/*Schneider/Thiel* RVG VV 1003, 1004 Anh. Rn. 123.

b) Rücknahme des PKH-Antrags bei gleichzeitig anhängiger Hauptsache. Ist gleichzeitig mit dem Bewilligungsantrag unbedingt Klage erhoben worden, so ist darüber hinaus die Hauptsache anhängig. Wird in diesem Fall der PKH-Antrag zurückgenommen, so entsteht wegen der fortdauernden Anhängigkeit der Klage in erster Instanz weiterhin nur eine 1,0 Einigungsgebühr. 45

c) PKH-Antrag nur für Protokollierung. Wenn die Parteien keine gerichtliche Entscheidung beantragt haben und sie auch nicht beantragen wollen, sondern lediglich „den Vergleich" (gemeint ist wohl „die Einigung") im PKH-Bewilligungsverfahren zu gerichtlichem Protokoll geben wollen, tritt die Ermäßigung der Gebühr nicht ein, weil das Gericht damit nur als Beurkundungsorgan tätig werden soll und der Einigungsgegenstand nicht anhängig wird (Anm. zu VV 1003 RVG).[37] 46

Mitwirkung des Gerichts beim Aushandeln. Das gilt – in Übereinstimmung zu der schon zur BRAGO geltenden hM[38] – auch, wenn sich die gerichtliche Tätigkeit nicht auf die bloße Protokollierung des Mehrvergleichs beschränkt, sondern das Gericht zuvor am Aushandeln des Vergleichs mitgewirkt hat.[39] Es gilt weiter selbst dann, wenn der Antrag sich nicht auf die Beiordnung für die Einigungsgebühr, sondern auch auf die zusätzlich angefallene Verfahrens- und Terminsgebühr bezieht. Der Wortlaut von VV 1000 Anm. Abs. 1 S. 1 RVG („… lediglich für … die gerichtliche Protokollierung eines Vergleichs.") ist nicht im engen Sinn zu verstehen, sondern als Abgrenzung zu einem PKH-Antrag für ein Verfahren, in dem das Gericht uU eine streitige Entscheidung treffen muss. Hierfür spricht, dass Sinn der Ausnahmen in der Anm. Abs. 1 zu VV 1003 RVG ist, streitvermeidende und streitbeendende Tätigkeiten zu fördern und damit gerichtsentlastend zu wirken.[40] Eine Einigung vermeidet auch dann Streit, wenn sie erst nach tatkräftiger Mitwirkung des Gerichts zustande kommt. Auch die Prüfung des Bewilligungsantrags ist im Falle eines Vergleichsabschlusses erheblich erleichtert, und zwar unabhängig davon ob man mit dem BAG annimmt, dass die Erfolgsaussicht sich bereits daraus ergibt, dass eine Einigung zu erwarten ist[41] oder ob man eine weitergehende Prüfung vornimmt.[42] In der Praxis ist die Prüfung jedenfalls erheblich erleichtert. Auch bei einem PKH-Antrag im selbständigen Beweisverfahren ist der Prüfungsaufwand hinsichtlich der Voraussetzungen des § 485 ZPO erheblich höher als der Aufwand einer reinen Protokollierung einer Einigung. Dennoch führt dieser Antrag nicht zu einer 1,0 Einigungsgebühr, wobei die Chance, dass sich durch ein selbständiges Beweisverfahren ein streitiges Verfahren vermeiden lässt, dem Gesetz bereits genügt (Motive → Rn. 1). Um wieviel mehr muss dies gelten, wenn es infolge der Einigung zu keinem streitigen Verfahren mehr kommen kann. Dass das Ausmaß der Mitwirkung des Gerichts beim Zustandekommen unerheblich ist, ergibt sich ua auch daraus, dass im Fall des § 48 Abs. 3 RVG immer eine Herabsetzung der Einigungsgebühr auf 1,0 ausscheidet (→ Rn. 47), obwohl dort in vielen Fällen das Gericht ganz erheblich am Zustandekommen der Einigung mitgewirkt hat. Außerdem müsste, wenn es auf die gerichtliche Mitwirkung ankäme, auch wenn kein PKH-Antrag gestellt wird, die Einigungsgebühr auf 1,0 reduziert werden. 46a

d) § 48 Abs. 3 RVG. Ist einem Beteiligten im Scheidungsverfahren PKH gewährt und einigen sich die Beteiligten über Folgesachen, die gem. § 48 Abs. 3 RVG hinsichtlich der Einigung in die PKH einbezogen werden, so werden dadurch diese Folgesachen weder anhängig, noch gibt es ein PKH-Bewilligungsverfahren hinsichtlich dieser Folgesachen. Es entsteht somit eine 1,5 Einigungsgebühr gem. VV 1000 RVG. 47

Das gilt auch dann, wenn ausdrücklich für die Einigung eine Erstreckung der PKH auf diese Folgesachen beantragt wird. Dann ist lediglich ein PKH-Bewilligungsverfahren für die Protokollierung einer Einigung iSd Anm. zu VV 1000 RVG gegeben. 48

Das gilt für den Anwalt des Antragstellers und des Antragsgegners.[43] 49

---

[37] OLG Saarbrücken AGS 2008, 35; LAG BW AGS 2009, 58.

[38] Gerold/Schmidt/*von Eicken*, 15. Aufl. 2002, BRAGO § 23 Rn. 40b mwN.

[39] BGH NJW 2018, 1679 Rn. 19 ff. = FamRZ 2018, 602; LAG BW AGS 2016, 323 = NJW-Spezial 2016, 700; LAG Bln-Bbg AGS 2016, 561 Rn. 18ff; LAG Düsseldorf NZA-RR 2014, 661 Rn. 9 = NJW-Spezial 2014, 764 mwN auch für die stark vertretene Gegenmeinung; LAG Sachsen Anhalt AGS 2019, 210 mzustAnm *Volpert* = NJW-Spezial 2019, 381; **aA** OLG Bamberg JurBüro 2018, 578 = NJW-Spezial 2018, 669; OLG Dresden AGS 2020, 34 mablAnm *N. Schneider;* LAG BW AGS 2014, 508; LAG Nürnberg JurBüro 2020, 189; LAG RhPf AGS 2020, 111 = NJW-Spezial 2020, 188; AGS 2015, 371 mwN und mablAnm *Thiel.*

[40] LAG Düsseldorf NZA-RR 2014, 661 Rn. 9 = NJW-Spezial 2014, 764.

[41] BAG NJW 2012, 2828; ebenso LAG Düsseldorf NZA-RR 2014, 661 Rn. 9 = NJW-Spezial 2014, 764.

[42] Zum Meinungsstreit Zöller/*Schultzky* ZPO § 114 Rn. 38.

[43] Schneider/Wolf/*Schafhausen/Schneider/Thiel* RVG VV 1000 Rn. 172.

Wegen weiterer Gebühren → RVG VV 3335 Rn. 55 ff.
Über den Anspruch gegen die Staatskasse → § 48 Rn. 130 ff.

50 **e) § 149 FamFG.** Nach § 149 FamFG (früher § 624 Abs. 2 ZPO aF) erstreckt sich die Bewilligung der Prozesskostenhilfe für eine Scheidungssache automatisch auf den Versorgungsausgleich, es sei denn er ist ausdrücklich ausgenommen worden. Damit stellt sich die Frage, ob die Anhängigkeit eines PKH-Antrags für eine Scheidungssache gleichzeitig auch ein Bewilligungsverfahren für den Versorgungsausgleich anhängig macht. Die Konsequenz wäre, dass bei einer Einigung über den Versorgungsausgleich nur eine 1,0 Einigungsgebühr entstehen würde.

51 Eine Anhängigkeit ist zu verneinen. Gegen eine solche spricht,
– dass eine Bewilligung für den Versorgungsausgleich in diesem Fall in aller Regel nicht beantragt wird,
– dass nicht immer ein Versorgungsausgleichsverfahren zusammen mit dem Scheidungsverfahren anhängig wird,
– dass sich das Gericht mit der Frage, ob auch für den Versorgungsausgleich PKH zu gewähren ist, im Regelfall nicht beschäftigen muss und wird. Das gilt umso mehr, als beim Versorgungsausgleich kaum einmal ein Anlass bestehen wird, die PKH zu versagen.[44]

52 **f) Einbeziehung nicht anhängiger Ansprüche.** Werden im PKH-Bewilligungsverfahren Ansprüche, die nirgendwo anhängig sind und für die keine oder nur für die Protokollierung einer Einigung PKH beantragt wird, in die Einigung einbezogen, so entsteht nach deren Wert die Einigungsgebühr zum Satz von 1,5.

53 Das gilt auch dann, wenn die PKH für den gesamten Vergleich beantragt und bewilligt wurde. Dann ist lediglich ein PKH-Bewilligungsverfahren für die Protokollierung einer Einigung iSd Anm. zu VV 1000 RVG gegeben.

54 **g) PKH-Antrag für selbständiges Beweisverfahren.** Das Gesetz hat zum 31.12.2006 klargestellt, dass auch dann eine 1,5 Einigungsgebühr entsteht, wenn ein PKH-Bewilligungsverfahren für ein selbständiges Beweisverfahren anhängig ist. ME ergab sich dies bei teleologischer Auslegung auch schon aus der alten Gesetzesfassung.

VI. 1,3 Einigungsgebühr gem. VV 1004 RVG

55 Eine **1,3 Einigungsgebühr** gem. VV 1004 RVG steht dem RA zu, wenn hinsichtlich des Einigungsgegenstandes ein Berufungs-, Revisions- oder bestimmtes (nicht jedes) Beschwerdeverfahren anhängig ist.[45]

1. Anwendungsbereich

56 **a) Übersicht.** VV 1004 RVG ist **anwendbar** bei
– Berufungen
– Revisionen
– bei Verfahren vor dem Rechtsmittelgericht über die Zulassung des Rechtsmittels,
– bestimmten Beschwerden.
Zum erstinstanzlichen Verfahren beim BVerwG → RVG VV 3300 Rn. 9.

57 **b) Beschwerden iSv VV Vorb. 3.2.1, Vorb. 3.2.2 RVG.** Streitig war zum alten Recht, ob eine 1,0 oder 1,3 Einigungsgebühr anfällt, wenn die Einigung einen Gegenstand betrifft, der in einem in diesen Bestimmungen genannten Beschwerdeverfahren anhängig ist. In VV 1003 RVG war nur von Berufungs- und Revisionsverfahren die Rede, nicht aber auch von irgendwelchen Beschwerden.[46] Nunmehr ist durch die Einfügung von Abs. 1 zu VV 1004 RVG klargestellt, dass auch bei den in VV Vorb. 3.2.1, Vorb. 3.2.2 RVG genannten Beschwerden und Rechtsbeschwerden eine 1,3 Einigungsgebühr entsteht.

58 **c) Erstinstanz beim Finanzgericht.** Die noch in der 18. Auflage vertretene Ansicht, wonach viel dafür spreche, auch für eine Einigung oder Erledigung im erstinstanzlichen Verfahren

---

[44] Zöller/*Philippi*, 26. Aufl. 2007, ZPO § 624 Rn. 6.
[45] OLG Koblenz JurBüro 1991, 535.
[46] IE Gerold/Schmidt/*Müller-Rabe*, 18. Aufl. 2008, RVG VV 1003 Rn. 52, wo die Entstehung einer 1,3 Einigungsgebühr angenommen wird. Für 1,3 Einigungsgebühr hatten sich ausgesprochen: OLG Nürnberg FamRZ 2007, 1672; OLG Schleswig FamRZ 2008, 1876; FG BW JurBüro 2007, 198, zur Erledigungsgebühr; **aA** OLG Hamm RVGreport 2007, 223 mablAnm *Hansens* = AGS 2007, 238 mablAnm *N. Schneider;* AG Borken AGS 2007, 238.

beim Finanzgericht eine 1,3 Einigungsgebühr zu bejahen,[47] kann nach der Einfügung von VV 1004 Anm. Abs. 1 RVG nicht mehr aufrechterhalten werden.[48] Dort wird für das finanzgerichtliche Verfahren anders als für Beschwerden iSv VV Vorb. 3.2.1, Vorb. 3.2.2 RVG keine 1,3 Einigungsgebühr vorgesehen. Das kann kein Versehen sein und ist auch keines, wie aus dem Justizministerium mitgeteilt wurde.

d) Nichtzulassungsbeschwerde. Neues Recht. Das 2. KostRMoG hat VV 1004 RVG dahingehend ergänzt, dass „nunmehr", wie die Motive ausführen, auch eine Einigung im Verfahren über eine Nichtzulassungsbeschwerde eine 1,3 Einigungsgebühr auslöst, da grds. in diesem Verfahren eine erhöhte Verfahrensgebühr anfällt und es für eine andere Behandlung der Einigungsgebühr keine Gründe gibt (Motive → Rn. 2). 59

Altes Recht. Ich hatte zum alten Recht im Gegensatz zu einigen Autoren[49] die Meinung vertreten, dass im Verfahren über eine Nichtzulassungsbeschwerde nur eine 1,0 Einigungsgebühr anfallen kann.[50] Unbeschadet dessen, dass die Gesetzesänderung laut den Motiven „nunmehr" eine 1,3 Einigungsgebühr entstehen lässt, halte ich für Altfälle nicht an meiner bisherigen Meinung fest. Man konnte zum alten Recht gut unterschiedlicher Meinung sei. Das Argument, dass keine Gründe bestehen, hinsichtlich der grundsätzlichen Behandlung der Verfahrens- und der Einigungsgebühr unterschiedlich zu verfahren, galt schon immer. Darüber hinaus hat mein Argument, dass der Gesetzgeber diese Frage nicht übersehen haben dürfte, wohl nicht gestimmt, wie die Begründung der Änderung von VV 1004 RVG zeigt. 60

e) Verfahren vor Rechtsmittelgericht über Zulassung des Rechtsmittels. Eine Einigung in einem solchen Verfahren (zB § 124 Abs. 1 VwGO; Sprungrevision → RVG VV Vorb. 3.2 Rn. 7) führt zu einer 1,3 Einigungsgebühr, was VV 1004 RVG nunmehr ausdrücklich bestimmt. Dasselbe gilt auch für Altfälle, nachdem schon immer diese Verfahren durch VV Vorb. 3.2 Abs. 1 RVG in vollem Umfang VV Teil 3 Abschn. 2 RVG unterstellt waren. Deshalb wurde auch schon in den Vorauflagen vertreten, dass im Verfahren über die Sprungrevision eine 1,3 Einigungsgebühr anfällt.[51] 61

f) Rechtsbeschwerde. Auf keinen Fall kann VV 1004 RVG auf die Rechtsbeschwerde angewandt werden, nachdem bei dieser jede Nähe zu den Gebühren eines Berufungs- oder gar Revisionsverfahrens fehlt (VV 3502 RVG: 1,0 Verfahrensgebühr).[52] Dieses Ergebnis wird dadurch bestätigt, dass der 2. KostRMoG-E in die vorgesehene Erweiterung von VV 1004 RVG (→ Rn. 59) die Rechtsbeschwerde nicht aufnimmt. 62

2. Anhängigkeit

Es genügt Anhängigkeit. Das Rechtsmittel muss eingelegt, nicht aber schon dem Gegner zugestellt sein.[53] 63

Anhängigkeit ist auch gegeben, wenn der **Streithelfer** für eine Partei Rechtsmittel eingelegt hat.[54] 64

3. Selbständiges Beweisverfahren

Ist **nur** ein selbständiges Beweisverfahren anhängig, so stellt sich die Frage, ob eine 1,0 oder 1,3 Einigungsgebühr anfällt, nicht. Es bleibt bei einer 1,5 Einigungsgebühr. Dazu, wenn gleichzeitig ein Berufungsverfahren anhängig ist → Rn. 43. 65

4. PKH-Bewilligungsverfahren für höhere Instanz

a) Rechtsmittel bereits anhängig. Wird PKH für Gegenstände beantragt, für die bereits Berufung oder Revision eingelegt ist, so entsteht bei einer Einigung eine 1,3 Einigung. 66

b) Rechtsmittel noch nicht anhängig. Es fällt nur eine 1,0 Einigungsgebühr an, wenn lediglich ein Prozesskostenhilfe-Bewilligungsverfahren für eine höhere Instanz anhängig ist, in der Hauptsache aber noch kein Rechtsmittel eingelegt ist. Das ergibt sich daraus, dass VV 1004 67

[47] Gerold/Schmidt/*Müller-Rabe,* 18. Aufl. 2008, RVG VV 1003 Rn. 53; ebenso FG BW JurBüro 2007, 198; FG RhPf RVGreport 2008, 105 = AGS 2008, 181 mzustAnm *N. Schneider;* FG Saarl EFG 2006, 926; **aA** *Wolf* JurBüro 2007, 229.

[48] FG Köln AGS 2012, 522; FG München EFG 2011, 833 = AGS 2011, 235; Schneider/Wolf/*Schafhausen/Schneider/Thiel* RVG VV 1000 Rn. 168.

[49] Schneider/Wolf/*Schneider/Wolf,* 5. Aufl. 2010, RVG VV 1004 Rn. 4; HBS VergütungsR/*Hansens* Teil 6 Rn. 37.

[50] Gerold/Schmidt/*Müller-Rabe,* 20. Aufl. 2012, RVG VV 1004 Rn. 57 ff.

[51] Gerold/Schmidt/*Müller-Rabe,* 20. Aufl. 2012, RVG VV 3208 Rn. 13.

[52] Schneider/Wolf/*Schafhausen/Schneider/Thiel* RVG VV 1000 Rn. 167.

[53] Bischof/*Bischof* RVG VV 1004 Rn. 6.

[54] Bischof/*Bischof* RVG VV 1004 Rn. 6.

RVG keine spezielle Regelung für diesen Fall enthält. Es gilt dann VV 1003 RVG, da diese Bestimmung eine allgemeine Aussage für alle Fälle, in denen ein gerichtliches Verfahren anhängig ist, enthält und nicht beschränkt ist auf die erste Instanz.

68 Zu einer Abweichung vom eindeutigen Wortlaut von VV 1003, 1004 RVG besteht auch kein Anlass. Eine Gesetzeslücke kann nicht angenommen werden. Dem Gesetz ist es auch nicht fremd, die anwaltliche Tätigkeit im Bewilligungsverfahren niedriger zu vergüten als die Tätigkeit im Hauptsacheverfahren, wie VV 3335 RVG zeigt. Es entsteht gem. dieser Bestimmung höchstens eine 1,0 Verfahrensgebühr, die sich auch nicht erhöht, wenn sich das Bewilligungsverfahren auf eine höhere Instanz bezieht (→ RVG VV 3335 Rn. 45).[55]

69 **c) Bewilligung nur für Protokollierung.** Bezieht sich das Bewilligungsverfahren auch auf die Protokollierung einer Einigung über nirgendwo anhängige Ansprüche, so entsteht für diese eine 1,5 Einigungsgebühr. Das ergibt sich aus der Bewertung in Anm. 1 zu VV 1003 RVG, die auch für höhere Instanzen gilt.

70 **d) Erstreckung gem. § 48 Abs. 3 RVG.** Eine 1,5 Einigungsgebühr entsteht auch, wenn und soweit die Einigung Gegenstände betrifft, auf die sich die PKH kraft **§ 48 Abs. 3 RVG** erstreckt. Es gibt keinen Grund, warum in der zweiten Instanz etwas anderes als in erster Instanz gelten sollte (→ Rn. 47 ff.).

VII. Mehrvergleich

1. Grundsätze

71 **a) Einheitliche Angelegenheit.** Eine einheitliche Einigung führt immer nur zu einer Einigungsgebühr.[56] Dabei spielt es keine Rolle, ob in der Einigung Gegenstände mit geregelt werden, die iÜ zu unterschiedlichen Angelegenheiten gehören. Dabei ist es weiter unerheblich, ob die Gegenstände in verschiedenen gerichtlichen Verfahren anhängig sind, ob sie teilweise anhängig sind und teilweise nicht oder ob sie alle nicht anhängig sind und verschiedenen Lebenssachverhalten angehören. Es ist weiter unerheblich, ob die Einigung bei Gericht oder außergerichtlich erfolgt. Die Parteien bringen durch die Einbeziehung in eine Einigung zum Ausdruck, dass sie hinsichtlich der Einigungsgebühr alles als eine Angelegenheit behandeln wollen.[57]

72 **b) Gebührenhöhe.** Auch beim Mehrvergleich kommt es für die Gebührenhöhe nur darauf an, ob der Gegenstand der Einigung irgendwo anhängig ist und wenn ja, in welcher Instanz (→ Rn. 6).[58] Es kann deshalb sein, dass innerhalb einer Einigungsgebühr verschiedene Gebührensätze anfallen, die zu addieren sind. § 15 Abs. 3 RVG ist zu beachten.[59]

Beispiel:

RA A einigt sich mit Gegner über nicht anhängige Haushaltsgegenstände (2.000,– EUR), über in erster Instanz anhängen Zugewinn (20.000,– EUR) und über in zweiter Instanz anhängigen Unterhalt (8.000,– EUR).

Es fallen an

1,5 Einigungsgebühr gem. VV 1000 RVG aus 2.000,– EUR	249,00 EUR	
1,0 Einigungsgebühr gem. VV 1003 RVG aus 20.000,– EUR	822,00 EUR	
1,3 Einigungsgebühr gem. VV 1004 RVG aus 8.000,– EUR	652,60 EUR	
Summe	1.723,60 EUR	
Gem. § 15 Abs. 3 RVG		
max. 1,5 Einigungsgebühr aus 30.000,– EUR		1.432,50 EUR

73 **c) Kostenfestsetzung.** Die durch die Einigungstätigkeiten hervorgerufenen Gebühren entstehen dabei nur in dem Verfahren, in dem die Bemühungen erfolgen, nicht jedoch bei Einbeziehung anderweitig anhängiger Ansprüche in dem Verfahren, in dem der mit einbezogene Anspruch anhängig ist.[60] Die Kostenfestsetzung erfolgt nur in dem Verfahren, in dem die Eini-

---

[55] *N. Schneider* NJW-Spezial 2011, 283.

[56] OLG Düsseldorf OLGR 2009, 455 = AGS 2009, 269; OLG Köln MDR 1973, 324; OLG München AnwBl 1993, 530 = JurBüro 1993, 673; OLG Zweibrücken JurBüro 2005, 539; OVG Lüneburg AGS 2017, 382; 2016, 572; **aA** LSG Niedersachsen-Bremen AGS 2017, 268.

[57] OLG Düsseldorf OLGR 2009, 455 = AGS 2009, 269; OLG Hamburg JurBüro 1991, 1065; KG JurBüro 2019, 353 = NJW-RR 2019, 1280; OVG Lüneburg AGS 2016, 572; 2017, 382; OVG NRW AGS 2016, 269; LSG Berlin-Brandenburg NJW-Spezial 2019, 477; OLG Celle NdsRpfl 2014, 254, wenn zwischen den Vergleichsgegenständen ein naher Zusammenhang besteht und die Einigung zu dem einen nicht ohne die Einigung zu dem anderen erfolgt wäre (elterliche Sorge- und Umgangsrecht); Hartung/Schons/Enders/*Enders* Rn. 84; Maier/Kroiß/*Klees* Rn. 54; Bischof/*Bischof* Rn. 103 ff. 76; jeweils zu RVG VV 1000; **aA** LSG BW RVGreport 2019, 416 mzustAnm *Hansens* = AGS 2019, 402; Thür. LSG AGS 2019, 218; LSG Niedersachsen-Bremen AGS 2017, 268.

[58] OLG Zweibrücken JurBüro 2007, 78 = RVGreport 2007, 385 mAnm *Hansens*.

[59] OLG Naumburg FamRZ 2008, 1968.

[60] OLG Stuttgart NJW-RR 2005, 940.

gungsgebühr entstanden ist,[61] vorausgesetzt dass überhaupt eine die Einigungsgebühr erfassende Kostenentscheidung oder Kostenvereinbarung gegeben ist. Wegen Streitwertfestsetzung → § 33 Rn. 4 ff.

2. Einigungsgespräche und Einigung bei Gericht

a) Alle Gegenstände anhängig in gleicher Instanz. *aa) Einigung in erster Instanz*

Beispiel: 74

Im erstinstanzlichen Verfahren A über 10.000,– EUR wird eine Einigung ausgehandelt und protokolliert, die einen Anspruch über 5.000,– EUR, der Gegenstand eines anderen erstinstanzlichen Rechtsstreits B ist, mit einbezieht.

Gebühren im Verfahren A

1,3 Verfahrensgebühr gem. VV 3100 RVG aus 10.000,– EUR	798,20 EUR	
0,8 Verfahrensgebühr gem. VV 3101 RVG aus 5.000,– EUR	267,20 EUR	
Summe	1.065,40 EUR	
Höchstens jedoch		
1,3 Verfahrensgebühr gem. VV 3100 RVG aus 15.000,– EUR		933,40 EUR
1,2 Terminsgebühr gem. VV 3104 RVG aus 15.000,– EUR		861,60 EUR
1,0 Einigungsgebühr gem. VV 1003 RVG aus 15.000,– EUR		718,00 EUR[62]
Pauschale		20,00 EUR
Insgesamt		2.533,00 EUR

Gebühren im Verfahren B

1,3 Verfahrensgebühr gem. VV 3100 RVG aus 5.000,– EUR	434,20 EUR	
– Differenz aus 933,40 EUR und 798,20 EUR wegen VV 3101 Anm. Abs. 1 RVG	– 135,20 EUR	
Verfahrensgebühr also		299,– EUR
1,2 Terminsgebühr gem. VV 3104 RVG aus 5.000,– EUR	400,80 EUR	
– Differenz aus 861,60 EUR (1,2 Terminsgebühr aus 15.000,– EUR) und 736,80 EUR (1,2 Terminsgebühr aus 10.000,– EUR) wegen VV 3104 Anm. Abs. 2 RVG, also	– 124,80 EUR	
Terminsgebühr also		276,– EUR
Pauschale		20,00 EUR
Insgesamt		595,– EUR

bb) Einigung in zweiter Instanz

Beispiel: 75

Im zweitinstanzlichen Verfahren A über 10.000,– EUR wird eine Einigung ausgehandelt und protokolliert, die einen Anspruch über 5.000,– EUR mit einbezieht, der Gegenstand eines erstinstanzlichen Verfahrens B ist.

Gebühren im Verfahren A

1,6 Verfahrensgebühr gem. VV 3200 RVG aus 10.000,– EUR	982,40 EUR	
1,1 Verfahrensgebühr gem. VV 3201 RVG aus 5.000,– EUR	367,40 EUR	
Summe	1.349,80 EUR	
Höchstens gem. § 15 Abs. 3 RVG		
1,6 Verfahrensgebühr gem. VV 3200 RVG aus 15.000,– EUR		1.148,80 EUR
1,2 Terminsgebühr gem. VV 3202 RVG aus 15.000,– EUR		861,60 EUR
1,3 Einigungsgebühr gem. VV 1004 RVG aus 10.000,– EUR	798,20 EUR	
1,0 Einigungsgebühr gem. VV 1003 RVG aus 5.000,– EUR	334,00 EUR	
Summe	1.132,20 EUR	
Maximal gem. § 15 Abs. 3 RVG 1,3 Verfahrensgebühr aus 15.000,– EUR		933,40 EUR
Pauschale		20,00 EUR
Insgesamt		2.963,80 EUR

Gebühren im Verfahren B

1,3 Verfahrensgebühr gem. VV 3100 RVG aus 5.000,– EUR	434,20 EUR	
– Differenz aus 1.148,80 EUR und 982,40 EUR wegen VV 3101 Anm. Abs. 1 RVG	– 166,40 EUR	
Verfahrensgebühr also		267,80 EUR
1,2 Terminsgebühr gem. VV 3104 RVG aus 5.000,– EUR	400,80 EUR	
– Differenz aus 861,60 EUR (1,2 Terminsgebühr aus 15.000,– EUR) und 736,80 EUR (1,2 Terminsgebühr aus 10.000,– EUR) wegen VV 3104 Anm. Abs. 2 RVG, also	– 124,80 EUR	
Terminsgebühr also		276,00 EUR
Pauschale		20,00 EUR
Insgesamt		563,80 EUR

b) Gegenstände anhängig in unterschiedlichen Instanzen. Unterschiedliche Sätze. 76

Dass eine einheitliche Einigungsgebühr anfällt, ändert nichts daran, dass in verschiedenen In-

[61] OLG Hamm JurBüro 2007, 200; Bischof/*Bischof* RVG VV 1003 Rn. 32.
[62] OLG Zweibrücken JurBüro 2007, 78 = RVGreport 2007, 385 mAnm *Hansens.*

stanzen anhängige Gegenstände unterschiedlich hohe Gebührensätze auslösen. Dabei kommt es darauf an, wo die Ansprüche anhängig sind. Soweit der Gegenstand der Einigung im ersten Rechtszug anhängig ist, gilt der Gebührensatz von 1,0, auch wenn die Einigung vor dem Rechtsmittelgericht geschlossen oder protokolliert wird. Soweit der Gegenstand der Einigung im Berufungs- oder Revisionsverfahren anhängig ist, gilt der Gebührensatz von 1,3, auch wenn die Einigung vor einem Gericht der ersten Instanz zustande kommt.

aa) Einigung in erster Instanz

77 **Beispiel:**

Im erstinstanzlichen Verfahren A über 10.000,– EUR wird eine Einigung ausgehandelt und protokolliert, die einen Anspruch über 5.000,– EUR mit einbezieht, der Gegenstand eines Berufungsverfahrens B ist.

Gebühren im Verfahren A

1,3 Verfahrensgebühr gem. VV 3100 RVG aus 10.000,– EUR		798,20 EUR	
0,8 Verfahrensgebühr gem. VV 3101 RVG aus 5.000,– EUR		267,20 EUR	
Summe		1.065,40 EUR	
Höchstens gem. § 15 Abs. 3 RVG 1,3 Verfahrensgebühr gem. VV 3100 RVG aus 15.000 EUR			933,40 EUR
1,2 Terminsgebühr gem. VV 3104 RVG aus 15.000,– EUR			861,60 EUR
1,0 Einigungsgebühr gem. VV 1003 RVG aus 10.000,– EUR	614,00 EUR		
1,3 Einigungsgebühr gem. VV 1004 RVG aus 5.000,– EUR	434,20 EUR		
Summe	1.048,20 EUR		
Maximal gem. § 15 Abs. 3 RVG 1,3 aus 15.000,– EUR			933,40 EUR
Pauschale			20,00 EUR
Insgesamt			2.748,40 EUR

Gebühren im Verfahren B

1,6 Verfahrensgebühr gem. VV 3200 RVG aus 5.000,– EUR	534,40 EUR	
– Differenz aus 933,40 EUR und 798,20 EUR wegen VV 3101 Anm. Abs. 1 RVG	– 135,20 EUR	
Verfahrensgebühr also		399,20 EUR
1,2 Terminsgebühr gem. VV 3104 RVG aus 5.000,– EUR	400,80 EUR	
– Differenz aus 861,60 EUR (1,2 Terminsgebühr aus 15.000,– EUR) und 736,80 (1,2 Terminsgebühr aus 10.000,– EUR) wegen VV 3104 Anm. Abs. 2 RVG, also	– 124,80 EUR	
Terminsgebühr also		276,00 EUR
Pauschale		20,00 EUR
Insgesamt		695,20 EUR

bb) Einigung in zweiter Instanz

78 **Beispiel:**

Im zweitinstanzlichen Verfahren A über 10.000,– EUR wird eine Einigung ausgehandelt und protokolliert, die einen Anspruch über 5.000,– EUR mit einbezieht, der Gegenstand eines erstinstanzlichen Verfahrens B ist.

Gebühren im Verfahren A

1,6 Verfahrensgebühr gem. VV 3200 RVG aus 10.000,– EUR	982,40 EUR	
1,1 Verfahrensgebühr gem. VV 3201 RVG aus 5.000,– EUR	367,40 EUR	
Summe	1.349,80 EUR	
Höchstens gem. § 15 Abs. 3 RVG 1,6 Verfahrensgebühr gem. VV 3200 RVG aus 15.000,– EUR		1.148,80 EUR
1,2 Terminsgebühr gem. VV 3202 RVG aus 15.000,– EUR		861,60 EUR
1,3 Einigungsgebühr gem. VV 1004 RVG aus 10.000,– EUR	798,20 EUR	
1,0 Einigungsgebühr gem. VV 1003 RVG aus 5.000,– EUR	334,00 EUR	
Summe	1.132,20 EUR	
Maximal gem. § 15 Abs. 3 RVG 1,3 Einigungsgebühr aus 15.000,– EUR		933,40 EUR
Pauschale		20,00 EUR
Insgesamt		2.963,80 EUR

Gebühren im Verfahren B

1,3 Verfahrensgebühr gem. VV 3100 RVG aus 5.000,– EUR	434,20 EUR	
– Differenz aus 1.148,80 EUR und 982,40 EUR wegen VV 3101 Anm. Abs. 1 RVG	– 166,40 EUR	
Verfahrensgebühr also		267,80 EUR
1,2 Terminsgebühr gem. VV 3104 RVG aus 5.000,– EUR	400,80 EUR	
– Differenz aus 861,60 EUR (1,2 Terminsgebühr aus 15.000,– EUR) und 736,80 EUR (1,2 Terminsgebühr aus 10.000,– EUR) wegen VV 3104 Anm. Abs. 2 RVG,	– 124,80 EUR	
Terminsgebühr also		276,00 EUR
Pauschale		20,00 EUR
Insgesamt		563,80 EUR

cc) Grundurteil. Eine Ausnahme gilt beim Grundurteil. Ist dieses in 2. Instanz anhängig, der Leistungsanspruch über 10.000,– EUR aber noch in erster Instanz und einigen sich die Parteien insgesamt, so entsteht nur 1,3 Einigungsgebühr aus 10.000,– EUR,[63] da wirtschaftlich identische Gegenstände nicht addiert werden dürfen.[64] 79

c) Gegenstände teilweise nicht anhängig. Werden Einigungsgespräche vor Gericht teilweise zu anhängigen, teilweise zu anderen Ansprüchen geführt und hat der RA auch für die nicht anhängigen Gegenstände einen Verfahrensauftrag, so entsteht teilweise eine 1,0 bzw. 1,3 Einigungsgebühr, teilweise eine 1,5 Einigungsgebühr. Die Obergrenze des § 15 Abs. 3 RVG ist zu beachten.[65] Darüber hinaus fallen eine einheitliche Verfahrens- und Terminsgebühr an, wie sich aus. VV 3101 Anm. Abs. 1 RVG und VV 3104 Anm. Abs. 2 RVG ergibt (→ RVG VV 3101 Rn. 114; → RVG VV 3104 Rn. 94 ff.). 80

aa) Einigung in erster Instanz

Beispiel: 81

Rechtshängig sind in 1. Instanz 10.000,– EUR. In die gerichtliche Einigung wird auftragsgemäß ein nirgendwo anhängiger Anspruch über 5.000,– EUR mit einbezogen.

1,3 Verfahrensgebühr gem. VV 3100 RVG aus 10.000,– EUR		798,20 EUR	
0,8 Verfahrensgebühr gem. VV 3101 RVG aus 5.000,– EUR		267,20 EUR	
Summe		1.065,40 EUR	
Obergrenze gem. § 15 Abs. 3 RVG			
1,3 Verfahrensgebühr gem. VV 3100 RVG aus 15.000,– EUR			933,40 EUR
1,2 Terminsgebühr gem. VV 3104 RVG aus 15.000,– EUR			861,60 EUR[66]
1,0 Einigungsgebühr gem. VV 1003 RVG aus 10.000,– EUR	614,00 EUR		
1,5 Einigungsgebühr gem. VV 1000 RVG aus 5.000,– EUR	501,00 EUR		
Summe	1.115,00 EUR		
Jedoch höchstens 1,5 Einigungsgebühr gem. VV 1000 RVG aus 15.000,– EUR			1.077,00 EUR
Pauschale			20,00 EUR
Insgesamt			2.892,00 EUR

bb) Einigung in zweiter Instanz

Beispiel: 82

Rechtshängig sind in der Berufungsinstanz 10.000,– EUR. In die gerichtliche Einigung wird auftragsgemäß ein nirgendwo anhängiger Anspruch über 5.000,– EUR mit einbezogen.

1,6 Verfahrensgebühr gem. VV 3200 RVG aus 10.000,– EUR	982,40 EUR	
1,1 Verfahrensgebühr gem. VV 3201 RVG aus 5.000,– EUR	367,40 EUR	
Summe	1.349,80 EUR	
Obergrenze gem. § 15 Abs. 3 RVG		
1,6 Verfahrensgebühr gem. VV 3200 RVG aus 15.000,– EUR		1.148,80 EUR
1,2 Terminsgebühr gem. VV 3202 RVG aus 15.000,– EUR		861,60 EUR[67]
1,3 Einigungsgebühr gem. VV 1004 RVG aus 10.000,– EUR	798,20 EUR	
1,5 Einigungsgebühr gem. VV 1000 RVG aus 5.000,– EUR	501,00 EUR	
Summe	1.299,20 EUR	
Jedoch höchstens 1,5 Einigungsgebühr gem. VV 1000 RVG aus 15.000,– EUR		1.077,00 EUR
Pauschale		20,00 EUR
Insgesamt		3.107,40 EUR

cc) Teilweise Wechsel des Auftrags. Hatte der RA zunächst hinsichtlich des nicht anhängigen Anspruchs einen Auftrag für eine außergerichtliche Vertretung, erhält er dann aber den Auftrag, die gesamte Einigung bei Gericht auszuhandeln oder wenigstens dort protokollieren zu lassen, so verdient er hinsichtlich dieser Gegenstände zunächst eine Geschäftsgebühr und sodann, weil er nunmehr einen Verfahrensauftrag hat, Gebühren gem. VV 1001 ff. RVG. Der Satz der Einigungsgebühr beträgt wieder teilweise 1,5 und teilweise 1,0 oder 1,3. Die Geschäftsgebühr ist auf die Verfahrensgebühr anzurechnen. 83

---

63 Der Gegenstandswert des Grundurteils ist gleich hoch wie der des Leistungsantrags, Schneider/Herget/*Kurpat* Rn. 2904.

64 Schneider/Wolf/*Schafhausen/Schneider/Thiel* RVG VV 1000 Rn. 162.

65 OLG Celle AnwBl 1962, 261; OLG Düsseldorf AnwBl 1964, 20; OLG Hamburg NJW 1963, 664; KG NJW 1961, 1481; OLG Karlsruhe Rpfleger 1964, 1.

66 → RVG VV Vorb. 3 Rn. 126.

67 → RVG VV Vorb. 3 Rn. 126.

Beispiel:

Rechtshängig sind in 1. Instanz 10.000,– EUR. In die gerichtliche Einigung wird auftragsgemäß ein nirgendwo anhängiger Anspruch über 5.000,– EUR mit einbezogen. Hinsichtlich des nicht anhängigen Anspruchs war der RA zunächst auftragsgemäß nur außergerichtlich tätig.

Gebühren des Rechtsanwalts		
1,3 Geschäftsgebühr gem. VV 2300, § 14 RVG aus 5.000,– EUR		434,20 EUR
Pauschale		20,00 EUR
1,3 Verfahrensgebühr gem. VV 3100 RVG aus 10.000,– EUR	798.20 EUR	
0,8 Verfahrensgebühr gem. VV 3101 Nr. 2 RVG aus 5.000,– EUR	267,20 EUR	
Summe	1.065,40 EUR	
Höchstens gem. § 15 Abs. 3 RVG 1,3 aus 15.000,– EUR	933,40 EUR	
– Anrechnung 0,65 Geschäftsgebühr aus 5.000,– EUR	– 217,10 EUR	
Verfahrensgebühr also		716,30 EUR
1,2 Terminsgebühr aus 15.000,– EUR		861,60 EUR
1,0 Einigungsgebühr gem. VV 1003 RVG aus 10.000,– EUR	614,00 EUR	
1,5 Einigungsgebühr gem. VV 1000 RVG aus 5.000,– EUR	501,00 EUR	
Summe	1.115,00 EUR	
Jedoch höchstens 1,5 Einigungsgebühr gem. VV 1000 RVG aus 15.000,– EUR		1077,00 EUR
Pauschale		20,00 EUR
Insgesamt		3.129,10 EUR

83a **d) Einbeziehung von teils nicht gerichtlich, teils gerichtlich anhängigen Ansprüchen.**

Beispiel:

Rechtshängig sind in 1. Instanz 10.000,– EUR. In die gerichtliche Einigung wird dort auftragsgemäß ein nirgendwo anhängiger Anspruch über 5.000,– EUR mit einbezogen. Hinsichtlich des nicht anhängigen Anspruchs war der RA zunächst auftragsgemäß nur außergerichtlich tätig. Weiter wird mitverglichen ein Anspruch über 2.500,– EUR, der in der Berufungsinstanz anhängig ist (Verfahren B).

Gebühren des Rechtsanwalts		
Außergerichtliches Verfahren		
1,3 Geschäftsgebühr gem. VV 2300, § 14 RVG aus 5.000,– EUR		434,20 EUR
Pauschale		20,00 EUR
Summe		**454,20 EUR**
Gerichtliches Verfahren 1. Instanz.		
1,3 **Verfahrensgebühr** gem. VV 3100 RVG aus 10.000,– EUR	798,20 EUR	
0,8 Verfahrensgebühr gem. VV 3101 Nr. 2 RVG aus 7.500,– EUR	401,60 EUR	
Summe	1.199,80 EUR	
Höchstens gem. § 15 Abs. 3 RVG 1,3 aus 17.500,– EUR	1.001,00 EUR	
– Anrechnung 0,65 Geschäftsgebühr aus 5.000,– EUR gem. VV Vorb. 3 Abs. 4 RVG	– 217,10 EUR	
Verfahrensgebühr		783,90 EUR
1,2 **Terminsgebühr** aus 17.500,– EUR		924,00 EUR
1,0 **Einigungsgebühr** gem. VV 1003 RVG aus 10.000,– EUR	614,00 EUR	
1,3 Einigungsgebühr gem. VV 2003 RVG aus 2.500,– EUR	288,60 EUR	
1,5 Einigungsgebühr gem. VV 1000 RVG aus 5.000,– EUR	501,00 EUR	
Summe	1.403,60 EUR	
Jedoch höchstens 1,5 Einigungsgebühr gem. VV 1000 RVG aus 17.500,– EUR		1.155,00 EUR
Pauschale		20,– EUR
Insgesamt		**2.882,90 EUR**
Gebühren im Verfahren B		
1,6 **Verfahrensgebühr** gem. VV 3200 RVG aus 2.500,– EUR	355,20 EUR	
Anrechung gem. VV 3101 Anm. Abs. 1 RVG		
1,3 Verfahrensgebühr aus 10.000,– EUR	798,20 EUR	
Und 0,8 Verfahrensgebühr aus 2.500,– EUR	177,60 EUR	
Summe	975,80 EUR	
Maximal § 15 Abs. 3 RVG 1,3 aus 12.500,– EUR	865,80 EUR	
– Differenz 798,20 EUR zu 865,80 EUR	– 67,60 EUR	
Verfahrensgebühr also		287,60 EUR
Terminsgebühr aus 2.500,– EUR	266,40 EUR	
1,2 Terminsgebühr gem. VV 3104 RVG aus 12.500,– EUR	799,20 EUR	
– 1,2 Terminsgebühr gem. VV 3104 RVG aus 10.000,– EUR	736,80 EUR	
Differenz	– 62,40 EUR	
Terminsgebühr also		204,00 EUR
Pauschale		20,– EUR
Insgesamt		**511,60 EUR**
Die 3 Angelegenheiten zusammen		**3.848,70 EUR**

Verfahrensgebühren. Nicht kann wie folgt gerechnet werden. Insgesamt hat sich die erstinstanzliche Verfahrensgebühr von 798,20 EUR auf 1.001,00 EUR, also um 202,80 EUR erhöht. Dieser Betrag ist quotenmäßig (5.000,– EUR zu 2.500,– EUR, also $^2/_3$ zu $^1/_3$) auf die beiden Anrechnungen zu verteilen also zu $^2/_3$ auf die Verfahrensgebühr der 1. Instanz und $^1/_3$ auf die Verfahrensgebühr der 2. Instanz. Diese Variante scheidet aus, da die Anrechnung gem. VV Vorb. 3 Abs. 4 RVG ganz anders berechnet wird als die nach VV 3101 Anm. Abs. 1 RVG; im ersten Fall 50% der Geschäftsgebühr, im anderen Fall nur ein Betrag, um den sich die Verfahrensgebühr des VV 3100 RVG erhöht. Außerdem wäre dann das Ergebnis, dass dem RA die volle Verfahrensgebühr gem. VV 3100 RVG von 798,20 EUR erhalten bliebe, während sie, wenn nur die 5.000,– EUR mitverglichen worden wären, sich allein schon durch die Anrechnung der Geschäftsgebühr auf 716,30 EUR gesenkt hätte (1,3 Verfahrensgebühr gem. VV 3100 RVG i. V. m. § 15 Abs. 3 RVG aus 15.000,– EUR = 933,40 EUR abzüglich die Hälfte von 434,20 EUR = 217,10 EUR) und damit unter der Verfahrensgebühr von 1,3 Verfahrensgebühr aus 10.000,– EUR = 798,20 EUR gelegen hätte, wenn es in dem Verfahren nur um die 10.000,– EUR gegangen wäre. 83b

Hier sind vielmehr eine halbe Geschäftsgebühr (hier aus 5.000,– EUR) ungekürzt auf die Verfahrensgebühr der 1. Instanz anzurechnen. Bezüglich der Anrechung auf die Verfahrensgebühr der 2. Instanz ist zu ermitteln, wie groß die Differenz bei der Verfahrensgebühr der 1. Instanz hypothetisch gewesen wäre, wenn nur der 2.500,– EUR Anspruch in den erstinstanzlichen Vergleich einbezogen worden wäre. 83c

Zur Terminsgebühr der 2. Instanz. Analog zur Verfahrensgebühr wird errechnet, um wieviel sich die Terminsgebühr erhöht hätte, wenn nur die 2.500,– EUR in den Vergleich einbezogen worden wären. 83d

e) Eilverfahren und Hauptsache, → Anh. II Rn. 41 ff. 84

3. Einigungsgespräche und Einigung außergerichtlich

a) Über anhängige Ansprüche. ***aa) Anhängig in mehreren Verfahren gleicher Instanz.*** Erfolgen die Einigungsgespräche und die Einigung durch den Verfahrensbevollmächtigten außergerichtlich und betreffen sie bei Gericht in verschiedenen Verfahren anhängige Ansprüche, so gehört die anwaltliche Tätigkeit zu den gerichtlichen Verfahren. 85

Verfahrens- und Terminsgebühr. Deshalb gelten für die Verfahrens- und Terminsgebühr VV 3100 ff., 3104 ff. RVG. Soweit durch die Einigungsgespräche eine Verfahrensgebühr oder Terminsgebühr anfällt, entstehen nach der hier vertretenen Ansicht in jeder Angelegenheit gesonderte Gebühren (→ RVG VV 3101 Rn. 126; → RVG VV 3104 Rn. 134 ff.). Eine Anrechnung scheidet aus, da keine Gebühr zweimal hinsichtlich desselben Gegenstandes anfällt. 86

Einigungsgebühr. Die Einigungsgebühr fällt auch in diesem Fall nur einmal an, da eine Regelung in einer einheitlichen Einigung erfolgt ist (→ Rn. 71). Ihre Höhe richtet sich ausschließlich danach, wo die Ansprüche anhängig sind (→ Rn. 6, 72). 87

Kostenfestsetzung. Die Tätigkeitsgebühren werden jeweils in ihrem Verfahren festgesetzt. 88

Beispiel:

Außergerichtlich kommt es nach einer außergerichtlichen Besprechung zu einer Einigung, die einen in erster Instanz anhängigen Anspruch über 10.000,– EUR (Verfahren A) und einen in einem anderen erstinstanzlichen Verfahren anhängigen Anspruch über 5.000,– EUR (Verfahren B) erfasst.

Anfallende Gebühren

Verfahren A	
1,3 Verfahrensgebühr gem. VV 3100 RVG aus 10.000,– EUR	798,20 EUR
1,2 Terminsgebühr gem. VV 3104 RVG aus 10.000,– EUR	736,80 EUR
Pauschale	20,00 EUR
Verfahren B	
1,3 Verfahrensgebühr gem. VV 3100 RVG aus 5.000,– EUR	434,20 EUR
1,2 Terminsgebühr gem. VV 3104 RVG aus 5.000,– EUR	400,80 EUR
Pauschale	20,00 EUR
Zusätzlich	
1,0 Einigungsgebühr gem. VV 1003 RVG aus 15.000,– EUR	718,00 EUR
Insgesamt	3.128,00 EUR

bb) Anhängig in mehreren Verfahren verschiedener Instanzen

89 **Beispiel:**

Außergerichtlich kommt es nach einer außergerichtlichen Besprechung zu einer Einigung, die einen in erster Instanz anhängigen Anspruch über 10.000,– EUR (Verfahren A) und über einen in zweiter Instanz anhängigen Anspruch über 5.000,– EUR (Verfahren B) erfasst. Die Verfahrensgebühr hatte der RA bereits vorher verdient.

Anfallende Gebühren

Verfahren A		
1,3 Verfahrensgebühr gem. VV 3100 RVG aus 10.000,– EUR		798,20 EUR
1,2 Terminsgebühr gem. VV 3104 RVG aus 10.000,– EUR		736,80 EUR
Pauschale		20,00 EUR
Verfahren B		
1,6 Verfahrensgebühr gem. VV 3200 RVG aus 5.000,– EUR		534,40 EUR
1,2 Terminsgebühr gem. VV 3202 RVG aus 5.000,– EUR		400,80 EUR
Pauschale		20,00 EUR
Zusätzlich		
1,0 Einigungsgebühr gem. VV 1003 RVG aus 10.000,– EUR	614,00 EUR	
1,3 Einigungsgebühr gem. VV 1004 RVG aus 5.000,– EUR	434,20 EUR	
Summe Einigungsgebühr	1.048,20 EUR	
Einigungsgebühr gem. § 15 Abs. 3 RVG 1,3 Einigungsgebühr aus 15.000,– EUR		933,40 EUR
Insgesamt		3.443,60 EUR

90 **b) Teilweise nicht anhängige Ansprüche. Nicht anhängiger Anspruch.** Wenn keine gemeinsame gerichtliche Protokollierung der angestrebten Einigung vorgesehen ist, so liegt in aller Regel hinsichtlich des nirgendwo anhängigen Anspruchs lediglich ein Auftrag für eine außergerichtliche Tätigkeit vor (→ RVG VV Vorb. 3 Rn. 15 ff.). Für diesen Anspruch fällt daher nur eine Geschäftsgebühr an, bei der sich die außergerichtliche Besprechung auf die Ausfüllung des Rahmens von 0,5 bis 2,5 auswirken kann.

91 **Anhängiger Anspruch.** Es entsteht allein durch die Besprechung eine 0,8 Verfahrensgebühr aus dem Wert der anhängigen Sache (→ RVG VV 3100 Rn. 15), der aber dann keine Bedeutung zukommt, wenn, wie meistens, der RA schon vorher eine 1,3 Verfahrensgebühr verdient hat. Hinzukommt eine 1,2 Terminsgebühr gem. VV Vorb. 3 Abs. 3 S. 1 Alt. 3 RVG. Zwischen der Geschäftsgebühr (→ Rn. 90) und der Verfahrensgebühr findet keine Anrechnung gem. VV Vorb. 3 Abs. 4 RVG statt, da die Gegenstände nicht identisch sind.

92 **Einigungsgebühr.** Sie fällt hinsichtlich aller Gegenstände nur einmal an.

Beispiel:

Rechtshängig sind in 1. Instanz 10.000,– EUR. In die außergerichtliche Einigung wird nach einem außergerichtlichen Gespräch ein nirgendwo anhängiger Anspruch über 5.000,– EUR mit einbezogen. Eine gerichtliche Protokollierung oder Feststellung der Einigung nach § 278 Abs. 6 ZPO war nie vorgesehen.

1,3 Geschäftsgebühr gem. VV 2300, § 14 RVG aus 5.000,– EUR		434,20 EUR
Pauschale		20,00 EUR
1,3 Verfahrensgebühr gem. VV 3100 RVG aus 10.000,– EUR		798,20 EUR
1,2 Terminsgebühr gem. VV 3104 RVG aus 10.000,– EUR		736,80 EUR
1,0 Einigungsgebühr gem. VV 1003 RVG aus 10.000,– EUR	614,00 EUR	
1,5 Einigungsgebühr gem. VV 1000 RVG aus 5.000,– EUR	501,00 EUR	
Summe	1.115,00 EUR	
Höchstens gem. § 15 Abs. 3 RVG 1,5 Einigungsgebühr aus 15.000,– EUR		1.077,00 EUR
Pauschale		20,00 EUR
Insgesamt		3.086,20 EUR

4. Außergerichtliche Gespräche, gerichtliche Einigung

93 **a) Alle Ansprüche anhängig.** Sind Ansprüche in verschiedenen Verfahren anhängig und finden die Einigungsgespräche zunächst einmal außergerichtlich statt, wird dann aber die Einigung selbst bei Gericht protokolliert, so gilt:

94 **Verfahrens- und Terminsgebühr.** Die Verfahrensgebühr wird der RA meistens schon vorher verdient haben. Wenn nicht, entsteht sie durch das Gespräch in reduzierter Höhe, zB iHv 0,8 gem. VV 3101 Anm. Abs. 1 RVG. Weiter fällt durch das Gespräch eine Terminsgebühr gem. VV Vorb. 3 Anm. 3 Alt. 3 RVG an. Diese Gebühren entstehen in beiden Verfahren getrennt.

95 **Anwendung von VV 3101 Nr. 2, Anm. Abs. 1, VV 3104 Anm. Abs. 2 RVG bei Protokollierung.** Unbeschadet dessen, dass vor der Protokollierung bereits eine Verfahrens- und

Terminsgebühr angefallen sind, entsteht durch die Protokollierung der Einigung vor Gericht in dem Verfahren, in dem die Einigung erfolgt, hinsichtlich des in diesem Verfahren nicht anhängigen Anspruchs noch einmal eine 0,8 Verfahrensgebühr und eine 1,2 Terminsgebühr. Diese werden über VV 3101 Nr. 2, Anm. Abs. 1, VV 3104 Anm. Abs. 2 RVG mit den entsprechenden Gebühren des Verfahrens, in dem die Einigung erfolgt, zu jeweils einer einheitlichen Verfahrens- bzw. Terminsgebühr verbunden. Es gibt keinen Grund hier VV 3101 Nr. 2, Anm. Abs. 1, VV 3104 Anm. Abs. 2 RVG nicht anzuwenden. Als Folge hiervon muss dann im anderen Verfahren eine Anrechnung erfolgen

Die **Einigungsgebühr** entsteht nur einmal. Wird die Einigung erst in einem der beiden gerichtlichen Verfahren wirksam vereinbart, so fällt die einheitliche Einigungsgebühr in diesem Verfahren an. 96

Kostenfestsetzung. Die Verfahrensgebühr und Terminsgebühr werden jeweils in ihren Verfahren festgesetzt. Die Einigungsgebühr wird in dem Verfahren, in dem die Vereinbarung getroffen wurde, erstattet. 97

Beispiel:

Anhängig sind in erster Instanz ein Darlehen über 10.000,– EUR (Verfahren A) und in zweiter Instanz ein Mietrückstand von 5.000,– EUR (Verfahren B). In beiden Verfahren sind bereits eine volle Verfahrensgebühr, aber noch keine Terminsgebühr und keine Einigungsgebühr angefallen. Die in beiden Verfahren tätigen Anwälte führen erfolgreich außergerichtliche Einigungsgespräche. Die Einigung wird in dem erstinstanzlichen Verfahren A gerichtlich protokolliert.
Es fallen an

Verfahren A

1,3 Verfahrensgebühr gem. VV 3100 RVG aus 10.000,– EUR	798,20 EUR	
0,8 Verfahrensgebühr gem. VV 3101 Nr. 2 RVG aus 5.000,– EUR	267,20 EUR	
Summe Verfahrensgebühr	1.065,40 EUR	
1,3 Verfahrensgebühr gem. § 15 Abs. 3 RVG aus 15.000,– EUR		933,40 EUR
1,2 Terminsgebühr gem. VV 3104 RVG aus 15.000,– EUR		861,60 EUR
1,0 Einigungsgebühr gem. VV 1003 RVG aus 10.000,– EUR	614,00 EUR	
1,3 Einigungsgebühr gem. VV 1004 RVG aus 5.000,– EUR	434,20 EUR	
Summe beider Einigungsgebühren	1.048,20 EUR	
Höchstens 1,3 Einigungsgebühr gem. § 15 Abs. 3 RVG, aus 15.000,– EUR		933,40 EUR
Pauschale gem. VV 7002 RVG		20,00 EUR
Insgesamt Verfahren A		2.748,40 EUR

Verfahren B

1,6 Verfahrensgebühr gem. VV 3200 RVG aus 5.000,– EUR	534,40 EUR	
– Differenz aus 933,40 EUR und 798,20 EUR im Verfahren A	– 135,20 EUR	
Endbetrag Verfahrensgebühr		399,20 EUR
1,2 Terminsgebühr gem. VV 3202 RVG aus 5.000,– EUR	400,80 EUR	
– Differenz aus 861,60 EUR und 736,80 EUR (1,2 Terminsgebühr aus 10.000,– EUR) im Verfahren A	– 124,80 EUR	
Endbetrag Terminsgebühr		276,00 EUR
Pauschale gem. VV 7002 RVG		20,00 EUR
Insgesamt Verfahren B		695,20 EUR

b) Ansprüche nur teilweise anhängig. Auftrag. Ist schon bei dem Gespräch beabsichtigt, die Einigung bei Gericht protokollieren zu lassen, so liegt auch hinsichtlich des nicht anhängigen Anspruchs ein Verfahrensauftrag vor. 98

Verfahrens- und Terminsgebühr. Wegen des Verfahrensauftrags richten sich auch für den nicht anhängigen Anspruch die Tätigkeitsgebühren nach VV 3100 ff. RVG (→ RVG VV Vorb. 3 Rn. 15). Durch das außergerichtliche Gespräch entsteht auch hinsichtlich des nirgendwo anhängigen Anspruchs eine 0,8 Verfahrensgebühr gem. VV 3101 Nr. 1 RVG und eine 1,2 Terminsgebühr gem. VV Vorb. 3 Abs. 3 S. 1 Alt. 3 RVG. Wegen des engen Zusammenhangs mit dem Verfahren, in dem die Protokollierung erfolgen soll, entsteht nur eine einheitliche Verfahrensgebühr und Terminsgebühr aus dem Gegenstandswert des nicht anhängigen und des anhängigen Anspruchs. Eine Anrechnung kommt nicht in Betracht, nachdem in keinem anderen Verfahren Gebühren anfallen. 99

Einigungsgebühr. Sie fällt nur einmal einheitlich an. 100

Kostenfestsetzung. Ergeht nach der Protokollierung eine Kostenentscheidung über die Kosten des Rechtsstreits oder wird in der Vereinbarung eine Kostenregelung getroffen, so kann aus beiden auch die Erstattung der Einigungsgebühr verlangt werden. 101

Beispiel:

Anhängig ist in erster Instanz ein Darlehen über 10.000,– EUR (Verfahren A). Nach außergerichtlicher mündlicher Besprechung einigen sich die Parteien, dass sie unter Einbeziehung eines nicht anhängigen Mietrückstandes von 5.000,– EUR (Anspruch B) bei Gericht eine Einigung protokollieren lassen, was auch im Verfahren A geschieht, ohne dass dort noch einmal über die Einigung verhandelt würde. Schon bei Beginn des Gesprächs stand fest, dass eine etwaige Einigung bei Gericht protokolliert werden soll. Vereinbart wird, dass der Beklagte die Kosten des Rechtsstreits trägt.

Es fallen an

1,3 Verfahrensgebühr gem. VV 3100 RVG aus 10.000,– EUR	798,20 EUR	
0,8 Verfahrensgebühr gem. VV 3101 Nr. 2 RVG aus 5.000,– EUR	267,20 EUR	
Summe Verfahrensgebühr	1.065,40 EUR	
Verfahrensgebühr gem. § 15 Abs. 3 RVG 1,3 aus 15.000,– EUR		933,40 EUR
1,2 Terminsgebühr gem. VV 3104 RVG aus 15.000,– EUR		861,60 EUR
1,0 Einigungsgebühr gem. VV 1003 RVG aus 10.000,– EUR	614,00 EUR	
1,5 Einigungsgebühr gem. VV 1004 RVG aus 5.000,– EUR	501,00 EUR	
Summe beider Einigungsgebühren	1.115,00 EUR	
1,5 Einigungsgebühr gem. § 15 Abs. 3, VV 1004 RVG aus 15.000,– EUR		1.077,00 EUR
Pauschale gem. VV 7002 RVG		20,00 EUR
Insgesamt		2.892,00 EUR

VIII. Mehrere Vergleiche

102 Die Ausführungen zum Mehrvergleich gelten auch, wenn innerhalb eines Verfahrens mehrere Vergleiche geschlossen werden. Es fällt nur eine Einigungsgebühr an, wenn zB zum Umgangsrecht erst ein Zwischenvergleich und dann ein abschließender Vergleich geschlossen werden.[68]

Nr.	Gebührentatbestand	Gebühr oder Satz der Gebühr nach § 13 RVG
1005	Einigung oder Erledigung in einem Verwaltungsverfahren in sozialrechtlichen Angelegenheiten, in denen im gerichtlichen Verfahren Betragsrahmengebühren entstehen (§ 3 RVG):	
	Die Gebühren 1000 und 1002 entstehen	in Höhe der Geschäftsgebühr
	(1) Die Gebühr bestimmt sich einheitlich nach dieser Vorschrift, wenn in die Einigung Ansprüche aus anderen Verwaltungsverfahren einbezogen werden. Ist über einen Gegenstand ein gerichtliches Verfahren anhängig, bestimmt sich die Gebühr nach Nummer 1006. Maßgebend für die Höhe der Gebühr ist die höchste entstandene Geschäftsgebühr ohne Berücksichtigung einer Erhöhung nach Nummer 1008. Steht dem Rechtsanwalt ausschließlich eine Gebühr nach § 34 RVG zu, beträgt die Gebühr die Hälfte des in der Anmerkung zu Nummer 2302 genannten Betrags.	
	(2) Betrifft die Einigung oder Erledigung nur einen Teil der Angelegenheit, ist der auf diesen Teil der Angelegenheit entfallende Anteil an der Geschäftsgebühr unter Berücksichtigung der in § 14 Abs. 1 RVG genannten Umstände zu schätzen.	
1006	Über den Gegenstand ist ein gerichtliches Verfahren anhängig:	
	Die Gebühr 1005 entsteht	in Höhe der Verfahrensgebühr
	(1) Die Gebühr bestimmt sich auch dann einheitlich nach dieser Vorschrift, wenn in die Einigung Ansprüche einbezogen werden, die nicht in diesem Verfahren rechtshängig sind. Maßgebend für die Höhe der Gebühr ist die im Einzelfall bestimmte Verfahrensgebühr in der Angelegenheit, in der die Einigung erfolgt. Eine Erhöhung nach Nummer 1008 ist nicht zu berücksichtigen.	
	(2) Betrifft die Einigung oder Erledigung nur einen Teil der Angelegenheit, ist der auf diesen Teil der Angelegenheit entfallende Anteil an der Verfahrensgebühr unter Berücksichtigung der in § 14 Abs. 1 RVG genannten Umstände zu schätzen.	
1007	*(nicht belegt)*	

1 Kommentierung → § 3 Rn. 1 ff.

[68] OLG Frankfurt a. M. FamRZ 2017, 393 = AGS 2017, 499 mzustAnm *N. Schneider.*

Nr.	Gebührentatbestand	Gebühr oder Satz der Gebühr nach § 13 RVG
1008	Auftraggeber sind in derselben Angelegenheit mehrere Personen: Die Verfahrens- oder Geschäftsgebühr erhöht sich für jede weitere Person um. (1) Dies gilt bei Wertgebühren nur, soweit der Gegenstand der anwaltlichen Tätigkeit derselbe ist. (2) Die Erhöhung wird nach dem Betrag berechnet, an dem die Personen gemeinschaftlich beteiligt sind. (3) Mehrere Erhöhungen dürfen einen Gebührensatz von 2,0 nicht übersteigen; bei Festgebühren dürfen die Erhöhungen das Doppelte der Festgebühr und bei Betragsrahmengebühren das Doppelte des Mindest- und Höchstbetrags nicht übersteigen. (4) Im Fall der Anmerkung zu den Gebühren 2300 und 2302 erhöht sich der Gebührensatz oder Betrag dieser Gebühren entsprechend.	0,3 oder 30 % bei Festgebühren, bei Betragsrahmengebühren erhöhen sich der Mindest- und Höchstbetrag um 30 %

Schrifttum: *Hansens,* Die Gebührenerhöhung gem. § 6 Abs. 1 S. 2 BRAGO, AnwBl 2001, 581; *Hansens,* Gebührenerhöhung nach VV 1008 RVG bei Mindestgebühren, RVGreport 2005, 372; *Henssler/Deckenbrock,* Kostenerstattung bei Beauftragung mehrerer Rechtsanwälte, MDR 2005, 1321; *Lappe,* Anwaltsgebühren bei mehreren Auftraggebern, NJW 1976, 165; *Lappe,* Die Berechnung der Prozessgebühr bei mehreren Auftraggebern, Rpfleger 1981, 94; *H. Schmidt,* Anwaltsgebühren bei mehreren Auftraggebern, NJW 1976, 1438; *E. Schneider,* Die Gebührenerhöhung nach § 6 Abs. 1 S. 2 BRAGO wegen Auftraggebermehrheit in derselben Angelegenheit, JurBüro 1979, 1409; *E. Schneider,* Berechnung der Anwaltsgebühren im Verfahren auf Sicherheitsleistung des Konkursverwalters, Rpfleger 1982, 370; *C. Wolf,* Erhöhung für mehrere Auftraggeber, JurBüro 2004, 518; *Herold-Rudy,* Berechnung der „Erhöhungsgebühr" nach VV 1008 RVG bei Wertgebühren in Fällen mit unterschiedlicher Beteiligung JurBüro 2009, 506.

Übersicht

I. Motive

1 Die Motive führen aus:

Zu § 7 RVG

Die vorgeschlagene Vorschrift übernimmt wesentliche Teile des § 6 BRAGO über die Vergütung bei mehreren Auftraggebern. Absatz 1 entspricht § 6 Abs. 1 Satz 1 BRAGO. Die derzeit in § 6 BRAGO bestimmte Erhöhung der Geschäfts- und Prozessgebühr soll nunmehr in abgeänderter Form in Nummer 1008 VV RVG-E geregelt werden. Absatz 2 Satz 1 entspricht inhaltlich dem § 6 Abs. 2 Satz 1 BRAGO, ist jedoch inhaltlich der Nummer 7000 Nr. 1 Buchstabe c VV RVG-E angepasst worden. Auf die Begründung hierzu wird verwiesen.[1]

Zu Nummer 1008

Die Regelung übernimmt den Grundgedanken des § 6 Abs. 1 BRAGO und steht in einem engen Zusammenhang mit § 7 RVG-E. Ist der Gegenstand der anwaltlichen Tätigkeit derselbe, so erhöhen sich nach § 6 Abs. 1 Satz 2 BRAGO die Geschäftsgebühr und die Prozessgebühr durch jeden weiteren Auftraggeber um drei Zehntel. Die drei Zehntel werden jedoch auf die Höhe der zugrunde liegenden Gebühr bezogen. Dies bedeutet, dass sich zB eine $^{5}/_{10}$-Gebühr für einen zweiten Auftraggeber auf $^{6,5}/_{10}$ erhöht. Der nunmehr vorgeschlagene Erhöhungsfaktor von 0,3 erhöht jede Gebühr unabhängig von ihrem Gebührensatz um diesen Faktor. So erhöht sich zB eine Gebühr von 1,0 auf 1,3 und eine Gebühr von 0,5 auf 0,8. Mehrere Erhöhungen dürfen nach Absatz 3 der Anmerkung aber höchstens zu einer Erhöhung um 2,0 führen. Bei Festgebühren soll sich diese und bei Rahmengebühren der Mindest- und der Höchstbetrag um 30% erhöhen. Der Erhöhungsbetrag soll jedoch das Doppelte der Festgebühr bzw. des Mindest- und des Höchstbetrages nicht übersteigen. Sind Auftraggeber mehrere Personen, soll es nicht darauf ankommen, ob gegenüber dem Anwalt eine oder mehrere dieser Personen auftreten. Selbst wenn eine Personenmehrheit eine Person bevollmächtigt, gegenüber dem Anwalt aufzutreten, kann dies für den Anwalt zu einem erhöhten Haftungsrisiko führen. Die Neuregelung soll den bestehenden Streit über die Anwendung der Vorschrift beseitigen. Absatz 1 der Anmerkung entspricht der Voraussetzung des § 6 Abs. 1 Satz 2 Halbsatz 1 BRAGO, Absatz 2 der Anmerkung dem § 6 Abs. 1 Satz 2 Halbsatz 2 BRAGO und Absatz 3 der Anmerkung dem § 6 Abs. 1 Satz 2 Halbsatz 3 und Satz 3 Halbsatz 2 BRAGO.[2]

II. Gemeinsame Kommentierung von § 7, VV 1008 RVG

1a Da § 7, VV 1008 RVG eng zusammen gehören und um ein Hin- und Herblättern zu vermeiden, werden beide Bestimmungen hier zusammen kommentiert.

III. Allgemeines

1. Nur eine Gebühr

2 Während § 15 Abs. 2 S. 1 RVG bestimmt, dass der RA die Gebühren in derselben Angelegenheit nur einmal fordern kann, bestimmt § 7 Abs. 1 RVG, dass auch die Zahl der Auftraggeber nicht zu mehreren Gebühren führt. Für alle Auftraggeber, für die der RA in derselben gebührenrechtlichen Angelegenheit tätig wird, erhält er die Gebühren nur einmal. Das RVG berücksichtigt aber, dass eine Auftraggebermehrheit für den RA typischerweise zu einer Vermehrung der Arbeit und zu einer Erhöhung der Haftung führt.[3] Dem kann nicht durch einen höheren Gegenstandswert Rechnung getragen werden, wenn der RA seine Auftraggeber wegen desselben Gegenstands vertritt. Deshalb billigt bei Gegenstandsgleichheit VV 1008 RVG dem RA eine Erhöhung der Verfahrens- und Geschäftsgebühr zu. Da eine typisierende Betrachtungsweise vorzunehmen ist, kommt es nicht darauf an, ob sich im Einzelfall die Tätigkeit des Anwalts erschwert (→ Rn. 41).

2. Keine zusätzliche Gebühr, sondern Gebührenerhöhung

3 Es entsteht keine selbständige Gebühr, sondern die Verfahrens- bzw. Geschäftsgebühr werden erhöht (zur Gegenmeinung → Rn. 283). Es ist darum falsch, von einer Erhöhungsgebühr zu sprechen.

---

[1] BT-Drs. 15/1971/188.
[2] BT-Drs. 15/1971, 205.
[3] BSG NJW 2010, 3533 unter Berufung auf die Gesetzesmotive zu der Vorgängervorschrift des § 6 Abs. 1 BRAGO.

3. Eine Angelegenheit

Voraussetzung ist, dass eine Angelegenheit gegeben ist. Werden Aufträge mehrerer Personen von Anfang oder nach Abtrennung in getrennten Verfahren erledigt, so fehlt der einheitliche Rahmen.[4] Es handelt sich also nicht um dieselbe Angelegenheit. Werden zB gleichartige Ansprüche je in einem gesonderten Verfahren eingeklagt, so sind selbst dann mehrere Angelegenheiten gegeben, wenn die Schriftsätze in den verschiedenen Verfahren den gleichen Inhalt haben.[5] Im Übrigen zur Angelegenheit → § 15 Rn. 5 ff. 4

IV. Anwendungsbereich

§ 7 RVG steht in Abschn. 1, also unter den allgemeinen Vorschriften, VV 1008 RVG in Teil 1 des Verzeichnisses, also bei den allgemeinen Gebühren. Beide Bestimmungen gelten daher für alle Abschnitte und Teile des RVG bzw. des Verzeichnisses. 5

V. Erhöhungsfähige Gebühren

1. Geschäfts- und Verfahrensgebühr

Gem. VV 1008 RVG werden Geschäfts- oder Verfahrensgebühren erhöht. Wann immer im RVG eine Gebühr als Geschäfts- oder Verfahrensgebühr bezeichnet ist, ist diese erhöhungsfähig. Verdient der RA nacheinander eine Geschäfts- und eine Verfahrensgebühr, so sind beide zu erhöhen.[6] 6

a) Geschäftsgebühr. Eine Geschäftsgebühr ist zunächst die Gebühr gem. VV 2300 ff. RVG. Auch die **Einvernehmensgebühr** (VV 2200 ff. RVG) ist ausdrücklich als Geschäftsgebühr bezeichnet. VV 1008 RVG gilt auch bei der Geschäftsgebühr im Rahmen der **Beratungshilfe,** sodass sich die Geschäftsgebühr von 93,50 EUR gem. VV 2503 RVG je weiteren Auftraggeber um 30 % (28,05 EUR) bis maximal zusätzliche 187,– EUR auf dann insgesamt 280,50 EUR erhöht (→ RVG VV 2500 Rn. 40).[7] Wegen Beratungsgebühr → Rn. 13 ff. 7

b) Verfahrensgebühr. Da das RVG bei allen als Verfahrensgebühr in Betracht kommenden Gebühren ausdrücklich den Begriff der Verfahrensgebühr verwendet, haben sich frühere Streitfragen (zB hinsichtlich der Mahngebühr) erledigt. Verfahrensgebühren sind ua 8

- **Gebühren im Mahnverfahren** (in VV 3305, 3307, 3308 RVG als Verfahrensgebühr bezeichnet). Allerdings ist bei VV 3308 RVG die Einschränkung Anm. S. 2 zu beachten.
- Gebühren in der Zwangsvollstreckung.
- **Korrespondenzgebühr**
- **Terminsvertretungsgebühr** (VV 3401 RVG); nicht zu verwechseln mit der Terminsgebühr des VV Vorb. 3 Abs. 3 RVG (→ Rn. 273 ff.).
- **Einzeltätigkeitsgebühr** (VV 3403 RVG).
- Verfahrensgebühr des **PKH-Anwalts** → Rn. 33, 115.
- **Gebühren in Straf- und Bußgeldverfahren** und im Teil 6 des Vergütungsverzeichnisses, die als Verfahrensgebühren bezeichnet sind; auch Gebühren bei strafrechtlichen Einzeltätigkeiten (zB VV 4300 ff. RVG).

c) Geschäfts- und Verfahrensgebühr. Die Erhöhung entsteht, wenn nacheinander eine Geschäfts- und Verfahrensgebühr anfallen, bei beiden.[8] 9

d) Ermäßigte Gebühren. Auch soweit Geschäfts- oder Verfahrensgebühren ermäßigt werden, zB in VV 2301 RVG bzw. VV 3101 RVG, erhöhen sie sich.[9] Das gilt auch für die ermäßigte Einvernehmensgebühr gem. VV 2201 RVG.[10] 10

2. Nicht erhöhungsfähige Gebühren

Gebühren, die nicht als Geschäfts- oder Verfahrensgebühr bezeichnet sind, können nicht erhöht werden. 11

---

[4] SchlHLSG NZS 2008, 55 = AGS 2007, 407.
[5] OLG München AnwBl 1981, 155.
[6] *Enders* JurBüro 2005, 449 (450) Ziff. 3; *N. Schneider* AGS 2006, 528; **aA** AG Düsseldorf AGS 2006, 593.
[7] OLG Düsseldorf RVGreport 2006, 225; OLG Naumburg JurBüro 2010, 472; OLG Nürnberg FamRZ 2007, 844; OLG Oldenburg JurBüro 07, 140; LSG BW AGS 2009, 73; ThürLSG JurBüro 2012, 140 = AGS 2012, 141.
[8] LG Düsseldorf JurBüro 2007, 480; Ulm AnwBl 2008, 73; **aA** AG Düsseldorf AGS 2006, 593 mablAnm *Schons.*
[9] Schneider/Wolf/*Volpert* VV 1008 Rn. 46.
[10] Gerold/Schmidt/*von Eicken,* 16. Aufl. 2004, RVG VV 1008 Rn. 84.

12 **a) Erfolgs- und Hebegebühren.** Die Einigungs-, Aussöhnungs-, Erledigungsgebühr (VV 1000–1007 RVG) sowie die Hebegebühr fallen nicht unter VV 1008 RVG.[11]

13 **b) Beratungsgebühr.** ***aa) Bis 1.7.2006.*** Sie ist in VV 1008 RVG nicht neben der Geschäfts- und Verfahrensgebühr genannt. Schon zu § 6 Abs. 1 S. 2 BRAGO wurde von Erstgerichten und in der Lit.[12] gegen die obergerichtliche Rspr.[13] die Auffassung vertreten, dass die Beratungsgebühr, obgleich in § 6 BRAGO nicht aufgeführt, mit erfasst sei. Nunmehr wird auch zu VV 1008 RVG die Beratungsgebühr in der Lit. als erhöhungsfähig angesehen.[14] So auch → RVG VV 2500 Rn. 40 VV 1008 RVG solle generell die Betriebsgebühren erfassen und die Beratungsgebühr sei auch eine Betriebsgebühr. Die Beratungsgebühr stehe hinsichtlich des durch mehrere Auftraggeber bedingten Mehrs an Arbeit und Aufwand der Geschäfts- und Verfahrensgebühr gleich. Für eine Gleichbehandlung spreche auch die Anrechnungsbestimmung von VV 2100 Anm. Abs. 2 RVG aF, jetzt § 34 Abs. 2 RVG. Der Gesetzgeber habe die Beratungsgebühr in VV 1008 RVG übersehen.

14 Dem ist jedenfalls zu VV 1008 RVG nicht zu folgen. Der **Gesetzeswortlaut** ist sehr eindeutig. Erfasst werden die Geschäfts- und Verfahrensgebühr. Dass der Gesetzgeber diese Frage übersehen hätte, kann ausgeschlossen werden. Die Beratungsgebühr ist eine derart wichtige Gebühr, dass sie nicht übersehen werden kann, jedenfalls nicht, wenn der Gesetzgeber das gesamte Gesetz neu konstruiert und nicht nur eine Einfügung in ein bereits bestehendes Gesetz vorgenommen hat. Hinzu kommt, dass die Frage der Erhöhung der Beratungsgebühr eine jedem Kostenrechtler bekannte Streitfrage der BRAGO war, die dem Gesetzgeber nicht entgangen sein kann. Dementsprechend wurde von einem der Mitarbeiter des Justizministeriums, der das RVG mit formuliert hat, bestätigt, dass die Beratungs- wie auch die strafrechtlichen Grundgebühren absichtlich in VV 1008 RVG nicht aufgenommen wurden. Diese Gebühren bedürften keiner Erhöhung. In den Motiven sei zu dieser Frage nichts gesagt worden, weil man der Auffassung gewesen sei, dass die Verwendung der Begriffe Geschäfts- und Verfahrensgebühr hinreichend eindeutig ist und es deshalb keiner Kommentierung in den Motiven bedurft habe.

15 Darüber, ob **von der Sache** her eine unterschiedliche Handhabung im Verhältnis zu anderen Tätigkeitsgebühren gerechtfertigt ist, wie ich dies in der 17. Auflage[15] dargelegt habe, mag man streiten können. Darauf kommt es aber nicht an. Offensichtlich hat der Gesetzgeber ebenso wie *Bräuer*[16] Gründe für eine unterschiedliche Behandlung gesehen. Dann liegt aber auch keine Lücke vor, die durch eine Analogie geschlossen werden könnte. Die Vorstellung des Gesetzes ist zu respektieren.

16 Aus der Anrechnungsbestimmung des VV 2100 Anm. Abs. 2 RVG aF, § 34 Abs. 2 RVG lässt sich nichts zu Gunsten der Gegenmeinung herleiten. Zwar besteht eine gewisse Nähe der Beratungsgebühr zur Geschäfts- und Verfahrensgebühr, die wegen der ersparten Arbeit beim RA eine Anrechnung rechtfertigt. Wie dargelegt, sieht der Gesetzgeber aber hinsichtlich der für die Erhöhung maßgeblichen Gründe ausreichende Abweichungen, um in dieser Beziehung die Gebühren unterschiedlich zu behandeln.

17 Die Gegenmeinung kann sich auch nicht auf die Stimmen berufen, die zur BRAGO eine weite Anwendbarkeit auch auf einige nicht ausdrücklich als Geschäfts- bzw. Prozessgebühr bezeichnete Gebühren bejaht haben Hierbei ging es um die Frage, ob Gebühren, die der Prozessgebühr derart nahe standen, dass eine unterschiedliche Handhabung von der Sache her nicht mehr zu rechtfertigen war, wie zB bei der Mahngebühr,[17] der Gebühr des Verkehrsanwalts, der Einzeltätigkeitsgebühr.[18] Diese Frage hat sich durch die Bezeichnung dieser Gebühren als Verfahrensgebühr erledigt.

---

[11] Gerold/Schmidt/*von Eicken,* 16. Aufl. 2004, RVG VV 1008 Rn. 83, 85.

[12] LG Dortmund JurBüro 1991, 237 = Rpfleger 1990, 437; AG Potsdam JurBüro 2000, 22; *Herget* KostRspr § 20 Nr. 191; Chemnitz AnwBl 1984, 209; *Lappe* KostRspr § 6 Nr. 131. Zu Unrecht wird bisweilen OLG Saarbrücken JurBüro 1988, 860 für diese Meinung angeführt. OLG Saarbrücken hat lediglich auf die hM Bezug genommen und gemeint, dass die Partei bei der Errechnung fiktiver Kosten von der hM ausgehen durfte.

[13] OLG Köln JurBüro 1992, 237 = Rpfleger 1992, 223; OLG Stuttgart AnwBl 1984, 209 = JurBüro 1984, 53; ebenso *Hansens* BRAGO § 6 Rn. 8.

[14] **Zu VV 1008 RVG** Schneider/Wolf/*Schnapp/Volpert,* 5. Aufl. 2010, RVG VV 1008 Rn. 39; **aA** Bischof/*Bräuer* RVG VV 1008 Rn. 52; zweifelnd *Hansens* RVGreport 2005, 377.

[15] Gerold/Schmidt/*Müller-Rabe,* 17. Aufl. 2006, RVG VV 1008 Rn. 13 ff.

[16] Bischof/*Bräuer* RVG VV 1008 Rn. 52.

[17] *Lappe* Rpfleger 1996, 130.

[18] BGH NJW 1981, 1103.

Allerdings kann der RA bei der **Ermessensausübung gem. § 14 RVG** berücksichtigen, dass sich uU im konkreten Einzelfall durch die Mehrheit der Auftraggeber zB die Schwierigkeit oder der Umfang seiner Beratungstätigkeit erhöht hat. 18

Erstberatungsgebühr. Nach der hier vertretenen Auffassung scheidet eine Erhöhung der Erstberatungsgebühr aus. Die Vertreter der Gegenmeinung bejahen überwiegend die Erhöhungsfähigkeit auch der Erstgebühr.[19] Bei der Erstberatungsgebühr wird aber besonders deutlich, wie weit sie von einer Geschäfts- oder Verfahrensgebühr abweicht. Bei der Erstberatung, die auf eine mündliche Beratung abstellt, wird sich in vielen Fällen zumindest die Informationsbeschaffung, trotz mehrerer Auftraggeber nicht wesentlich erschweren. 19

bb) Ab 1.7.2006. Nach der am 1.7.2006 in Kraft getretenen Fassung kommt noch hinzu, dass es keine gesetzliche Gebühr mehr gibt, die erhöht werden könnte (aA → § 34 Rn. 56–58). Der RA soll auf den Abschluss einer Gebührenvereinbarung hinwirken. Kommt eine solche nicht zustande, so gelten gem. § 34 Abs. 1 S. 4 RVG die Vorschriften des bürgerlichen Rechts (also § 612 BGB). Mit der ausdrücklichen Erwähnung in VV Vorb. 1 RVG durch das KostRÄG 2021, dass auch neben der Beratungsgebühr eine Einigungsgebühr anfallen kann, wollte der Gesetzgeber laut den Motiven (→ RVG VV 1000 Rn. 1a) auch klarstellen, dass die Vergütungserhöhung des VV 1008 RVG bei der in VV 1008 nicht extra aufgeführten Beratungsgebühr nicht vorzunehmen ist. 20

c) Prüfung der Erfolgsaussicht eines Rechtsmittels und Gutachtensgebühr. Für die Gebühren nach VV 2100 ff. RVG gilt das für die Beratungsgebühr vor dem 1.7.2006 Dargelegte entsprechend (→ Rn. 14 ff.). Eine Erhöhung scheidet aus. Die Mehrvertretung ist bei der Ermessensausübung gem. § 14 RVG zu berücksichtigen.[20] 21

d) Beratungsgebühr gem. VV 2501. Es gilt hier das oben zur Rechtslage bei der Beratungsgebühr gem. VV 2100 RVG aF bis zum 1.7.2006 Dargelegte (→ Rn. 13 ff.). Diese Gebühr erhöht sich nicht.[21] Wegen Geschäftsgebühr gem. VV 2500 RVG → RVG VV 2500 Rn. 40. 22

e) Strafrechtliche Grundgebühr. Die strafrechtliche Grundgebühr (zB VV 4100, 5100, 6200 RVG) kann anders als die strafrechtliche Verfahrensgebühr[22] nicht erhöht werden. Es gilt das zur Beratungsgebühr dazu Dargelegte, dass kein Versehen angenommen werden kann, wenn die Beratungsgebühr bzw. Grundgebühr in VV 1008 RVG nicht genannt ist. Hinzu kommt noch, dass in sehr vielen Fällen neben der Grundgebühr auch noch ohne Anrechnung eine Verfahrensgebühr entsteht. Es wären dann gleich zwei Gebühren zu erhöhen, was dem RVG fremd ist und auch der BRAGO schon fremd war. 23

f) Gebühr als Kontaktperson. Bei der Gebühr für den als Kontaktperson beigeordneten Anwalt (VV 4304 RVG) ist eine Tätigkeit für mehrere Auftraggeber ausgeschlossen, so dass sich die Frage einer Erhöhung nicht stellt (→ RVG VV 4304 Rn. 5). 24

VI. Erhöhungsberechtigte Anwälte

1. Allgemeines

In welcher verfahrensrechtlichen Funktion der RA tätig geworden ist, spielt keine Rolle. VV 1008 RVG ist also auch für den **Verkehrsanwalt** (VV 3400 RVG)[23] und den **Terminsvertreter** (VV 3401 RVG) anzuwenden. 25

Beim **gegnerischen RA,** der nicht mehrere Auftraggeber vertritt, erhöhen sich die Gebühren nicht. 26

2. Verkehrsanwalt und Terminsvertreter

a) Auftraggeber des Verkehrsanwalts bzw. Terminsvertreters. Zu beachten ist, dass **der RA selbst** mehrere Auftraggeber haben muss. So reicht es für den Verkehrsanwalt und den Terminsvertreter nicht aus, dass der Hauptbevollmächtigte mehrere Auftraggeber hat.[24] Ebenso 27

---

[19] Schneider/Wolf/*Schneider,* 3. Aufl. 2006, VV 2102 aF Rn. 22; HBS VergütungsR/*Braun/Volpert* Teil 6 Rn. 159; Mayer/Kroiß/*Winkler,* 1. Aufl., RVG aF VV 2102 Rn. 18; **aA** Bischof/*Bräuer* RVG VV 1008 Rn. 52.

[20] **AA** Schneider/Wolf/*Volpert* VV 1008 Rn. 84.

[21] OLG Frankfurt NJW 2018, 1697 = RVGreport 2018, 216 mzustAnm *Hansens;* KG JurBüro 2007, 543 Ziff. 2b bb; AG Koblenz FamRZ 2008, 912.

[22] OLG Koblenz JurBüro 2005, 589.

[23] OLG Düsseldorf AnwBl 1981, 240; OLG Hamburg JurBüro 1979, 1310; OLG München Rpfleger 1978, 110 = JurBüro 1978, 370; OLG Stuttgart JurBüro 1988, 62 nur für Verkehrsanwalt.

[24] *Hansens* RVGreport 2004, 369 (373).

genügt es umgekehrt für den Hauptbevollmächtigten nicht, dass der Verkehrsanwalt oder Terminsvertreter mehrere Auftraggeber haben, während er nur einen vertritt.

Beispiel

1. Instanz: Verkehrsanwalt vertritt zwei Mandanten, die jeweils einen eigenen Verfahrensbevollmächtigte haben

Verfahrensbevollmächtigter:	1,3 Verfahrensgebühr gem. VV 3100 RVG, 1,2 Terminsgebühr gem. VV 3104 RVG
Verkehrsanwalt:	Erhöhte 1,3 Vorfahrensgebühr gem. VV 3400, 1008 RVG

Berufung: In der zweiten Instanz würden sie verdienen

Verfahrensbevollmächtigter:	1,6 Verfahrensgebühr gem. VV 3200 RVG, 1,2 Terminsgebühr gem. VV 3202 RVG
Verkehrsanwalt:	Erhöhte 1,3 Verfahrensgebühr gem. VV 3400, 1008 RVG

28 **b) Hauptbevollmächtigter als Auftragsgeber.** Ist der Terminsvertreter vom Hauptbevollmächtigten im eigenen Namen beauftragt worden zB weil dieser selbst verhindert war, so ist nur dieser sein Auftraggeber. Vertragsbeziehungen zwischen der Partei und dem Unterbevollmächtigten entstehen nicht. Eine Erhöhung der Verfahrensgebühr nach VV 1008 RVG tritt auch dann nicht ein, wenn der Unterbevollmächtigte in derselben Angelegenheit einen anderen Verfahrensbeteiligten als Hauptbevollmächtigter vertritt. Denn es handelt sich nicht um die Gebühren eines einzelnen, sondern um die mehrerer Anwälte. Der Unterbevollmächtigte handelt für den Hauptbevollmächtigten.[25]

29 Vertritt der RA mehrere Anwälte in Untervollmacht, die von mehreren am Strafverfahren Beteiligten mit ihrer Vertretung beauftragt sind, so erwirbt er durch seine Tätigkeit für jeden Hauptbevollmächtigten die Gebühren besonders, weshalb eine Erhöhung ausscheidet.[26]

30 **c) Gleichheit des Gegenstands.** Wenn VV 1008 Anm. Abs. 1 RVG bei Wertgebühren Gleichheit des Gegenstandes verlangt, so kommt es – wie auch sonst – auch beim Terminsvertreter auf das Recht oder Rechtsverhältnis an, das die Auftraggeber in der **Hauptsache** verfolgen, nicht etwa auf den Gegenstand der Beweisaufnahme.

Beispiel:

A und B klagen je 5.000,– EUR gegen S ein. S behauptet, an einen Dritten befreiend insgesamt 10.000,– EUR gezahlt zu haben. Darüber wird vor dem ersuchten Richter ein Zeuge vernommen. Ein Terminsvertreter nimmt im Auftrag von A und B den auswärtigen Beweistermin wahr. Obwohl der Gegenstand der Beweisaufnahme für A und B identisch ist, vertritt der Beweisanwalt sie nicht wegen desselben Gegenstandes, sondern wegen zwei verschiedenen Forderungen, also verschiedenen Gegenständen. Seine Verfahrensgebühr (VV 3401 RVG) erhöht sich nicht; er erhält vielmehr eine nicht erhöhte Verfahrensgebühr in Höhe der Hälfte der Verfahrensgebühr des Hauptbevollmächtigten aus den nach § 22 Abs. 1 RVG zusammengerechneten Werten der Klagen von A und B, also aus 10.000,– EUR.

3. Vertreter gem. § 5 RVG

31 Ist der Tatbestand der zu erhöhenden Gebühr nicht von dem RA persönlich, sondern durch einen von ihm beauftragten Vertreter der in § 5 RVG genannten Qualifikation erfüllt worden, so erlangt er durch dessen Tätigkeit auch den Mehrvertretungszuschlag, selbst wenn nur der Vertreter für den zusätzlichen Auftraggeber unmittelbar tätig geworden ist.

4. Anwaltssozietät als Auftragnehmerin

32 Ist einer Anwaltssozietät der Auftrag von mehreren Auftraggebern, sei es gleichzeitig, sei es nacheinander, übertragen worden, so gilt sie als der Anwalt. Die erhöhte Gebühr entsteht also bei Gleichheit von Angelegenheit und Gegenstand, selbst wenn die Sache des einen Auftraggebers ausschließlich von einem Mitglied der Sozietät bearbeitet und zu Ende geführt worden ist, diejenige des oder der anderen Auftraggeber dagegen von einem anderen Sozius. Denn die Ausführung der Aufträge schulden alle Mitglieder der Sozietät gesamtschuldnerisch. Anders ist es nur, wenn ausdrücklich getrennte Aufträge zur Bearbeitung durch jeweils ein Mitglied der Sozietät erteilt worden sind.

5. PKH- und gerichtlich bestellte Anwälte

33 Darauf, ob der RA seine Vergütung vom Auftraggeber oder aus der Staatskasse erhält, kommt es für die Anwendung von VV 1008 RVG nicht an. Die Vorschrift gilt also auch für beigeordnete oder gerichtlich bestellte Rechtsanwälte. Zur Frage, dass beim PKH-Anwalt trotz verschiedener Gegenstände eine Gebührenerhöhung gem. VV 1008 RVG in Betracht kommt, → Rn. 251 ff.

[25] *Hansens* RVGreport 2004, 369 (374); Riedel/Sußbauer/*Ahlmann* RVG § 7 Rn. 9 mwN.
[26] *Gerold* JurBüro 1960, 225 (226).

6. Patentanwalt

VV 1008 RVG ist auch auf den Patentanwalt anzuwenden, wenn bei der Kostenfestsetzung für ihn eine Gebühr nach dem RVG zu berücksichtigen ist.[27] Für ihn hat insoweit dasselbe wie für einen Verkehrsanwalt zu gelten. 34

VII. Auftraggebermehrheit iSv § 7 Abs. 2 RVG

Unterschiede bei § 7 Abs. 2, VV 1008 RVG. Wer Auftraggeber hinsichtlich der Verpflichtung zur Vergütungszahlung ist und wer Auftraggeber bzgl. Gebührenerhöhung ist, beantwortet sich nicht einheitlich. Auftraggeber iSv § 7 Abs. 2 RVG ist nur, wer verpflichtet ist, die **Vergütung zu zahlen.** Eine Regelung, in welchem Umfang mehrere Auftraggeber die Rechtsanwaltsvergütung schulden, kann sich nur an jemanden richten, der überhaupt die Vergütung schuldet.[28] Schließt also ein Vertreter den Anwaltsvertrag im Namen der Vertretenen ab, so sind diese Auftraggeber. Schließt er aber im eigenen Namen und für eigene Rechnung ab, so ist er selbst Auftraggeber, auch wenn der RA die Interessen der Vertretenen wahrnehmen soll. 35

VIII. Auftraggebermehrheit iSv VV 1008 RVG

1. Grundsätze

a) Auftraggebermehrheit. Eine Auftraggebermehrheit liegt vor, wenn derselbe RA für verschiedene natürliche oder juristische Personen auftragsgemäß in derselben Angelegenheit gleichzeitig tätig werden soll. 36

b) Auftraggeber. Sinn und Zweck. Es ist auf den Sinn und Zweck von VV 1008 RVG abzustellen. Nach dem Willen des Gesetzgebers soll mit der Erhöhung dem mit dem Vorhandensein mehrerer Beteiligter typischerweise verbundenen Mehr an Arbeit und Aufwand, insbes. durch die laufende Informationsaufnahme und Unterrichtung durch den RA, in genereller Weise Rechnung getragen werden.[29] Neuerdings wird in den Motiven auch noch die Erhöhung des Haftungsrisikos herangezogen.[30] Auf diesen Gedanken hatte sich auch schon der BGH berufen.[31] 37

Dessen Rechtsangelegenheit erledigt werden soll. Aus dem Gesetzeszweck wird allgemein gefolgert, dass Auftraggeber nur derjenige ist, dessen Rechtsangelegenheit erledigt werden soll.[32] Dabei ist es gleichgültig, ob er den Vertretungsauftrag persönlich oder durch einen Vertreter erteilt hat oder in den von einem Rechtsvorgänger erteilten Auftrag kraft Gesetzes eingetreten ist. Auftraggeber und Vertragspartner können verschiedene Personen sein. Mehrere Auftraggeber können daher auch dann gegeben sein, wenn nur eine Person den Anwaltsvertrag abschließt.[33] 38

Beispiele (Auftrag mehrerer Personen für sich):

- Zwei Gesamtschuldner beauftragen als Beklagte einen RA (zwei Auftraggeber)
- Beide Ehegatten beauftragen einen RA zu ihrer Vertretung wegen des Schulwegs ihres Kindes (zwei Auftraggeber).[34]

Beispiel (Vertretung):

- Die Mutter beauftragt den RA für ihre beiden Kinder (zwei Auftraggeber).

Vertreter, Zahlender oder Informant. Anders als bei § 7 Abs. 2 RVG kommt es nicht darauf an, wer vertragsgemäß die Anwaltsvergütung zahlen soll.[35] Ebenso wenig ist es entscheidend, wer mit dem RA den Mandatsvertrag abschließt.[36] Der Begriff des Auftraggebers iSv 39

---

[27] OLG Frankfurt a. M. Rpfleger 1993, 420.
[28] Schneider/Wolf/*Volpert* RVG § 7 Rn. 7 ff.
[29] BT-Drs. 7/2016, 99.
[30] BT-Drs. 15/1971, 205.
[31] NJW 1987, 2240 = Rpfleger 1987, 387.
[32] BGH JurBüro 2014, 140 = NJW-RR 2014, 186; NJW-RR 2004, 1006 = FamRZ 2004, 1193 = AnwBl 2004, 450; BSG NJW 2012, 877 Rn. 20; OLG Düsseldorf OLGR 2005, 58 = AGS 2004, 279; OLG Frankfurt a. M. AnwBl 1980, 260.
[33] BSG NJW 2012, 877 Rn. 20.
[34] BVerwG NJW 2000, 2288 = AGS 2000, 173.
[35] KG JurBüro 2007, 543 Ziff. 2b dd.
[36] Gerold/Schmidt/*von Eicken*, 16. Aufl. 2004, RVG VV 1008 Rn. 27; *Hansens* BRAGO § 6 Rn. 5.

VV 1008 RVG ist nicht identisch mit dem des Auftraggebers iSd bürgerlichen Rechts.[37] Es ist auch nicht auf den oder die Vertreter abzustellen, auch nicht auf den gesetzlichen (→ Rn. 131). Auch ein Dritter, der für die Vergütung des RA nur neben dem Auftraggeber haftet, ist nicht Auftraggeber. Im letzteren Falle richtet sich die Mithaftung nur nach den Vorschriften des die Mithaftung bestimmenden Rechtsverhältnisses.[38] Es kommt auch nicht auf die Anzahl der Personen an, die den RA informieren.[39]

40 **Rolle der Auftraggeber.** Unerheblich ist, in welcher Rolle die mehreren Auftraggeber an einer Angelegenheit beteiligt sind, zB ob als Partei, Streithelfer,[40] Beigeladener[41] oder als Dritter, der einer Einigung der Parteien beitritt.

Beispiele. Mehrere Auftraggeber.

RA vertritt A als Kläger und B als Streithelfer
RA vertritt mehrere Streithelfer

41 **Mehrbelastung im Einzelfall.** Unerheblich ist, ob im konkreten Einzelfall die mehreren Auftraggeber zu einer Mehrbelastung geführt haben. Mehrere Auftraggeber sind auch gegeben, wenn dies nicht der Fall ist. Wie auch sonst bei Pauschalgebühren ist eine generalisierende und typisierende Betrachtungsweise angebracht.[42] Deshalb darf das Gericht nicht im Einzelfall prüfen, ob tatsächlich eine Mehrbelastung erwachsen ist. Der RA muss hierzu auch nichts zur Rechtfertigung der Erhöhung vortragen. Das Gesetz geht dabei davon aus, dass sich untypische Fälle letztlich ausgleichen, indem der RA in dem einen Fall eine hohe Gebühr ohne wesentlichen Arbeitseinsatz erlangt, dafür aber in anderen Fällen eine Leistung erbringen muss, die durch die entstehende geringe Gebühr keineswegs angemessen vergütet wird. Die Bestimmung, welche Tatbestände welche Gebührenfolge haben sollen, ist Sache des Gesetzgebers. Sie darf nicht vom Richter mit der Begründung, der Wortlaut des Gesetzes entspreche nicht dessen Normzweck durch andere, engere Tatbestände, die dem Grundgedanken der gesetzlichen Regelung vermeintlich besser entsprechen, ersetzt werden.[43] Die Generalisierung ist nicht verfassungswidrig.[44] Der Gesetzgeber ist befugt, Pauschalierungen und Typisierungen vorzunehmen.[45]

42 **Keine Fallgruppen.** In der Vergangenheit wurde gelegentlich die Meinung vertreten, es dürften aber zumindest Fallgruppen gebildet werden, bei denen typischer Weise eine Erschwernis ausscheidet, zB bei einer von dem Verwalter vertretenen WEG. Das sei nicht mit einer Einzelfallprüfung gleichzusetzen.[46] Diese Ansicht wurde vom BGH und BVerwG[47] und anderen Obergerichten als mit der im RVG vorgesehenen Generalisierung und Typisierung unvereinbar abgelehnt und wird heute nicht mehr vertreten.

43 **Ohne bewusstes Zusammenwirken.** Gleichgültig ist, ob die mehreren Auftraggeber bewusst zusammenwirken. Die Erhöhung tritt auch dadurch ein, wenn zu einem bereits vorhandenen Auftraggeber ein weiterer Auftraggeber ohne Zusammenwirken mit dem ersten hinzutritt.[48]

44 **c) Eine Person in verschiedenen Rollen.** ***aa) Gleichzeitig im eigenen Namen und als Vertreter.*** Beauftragt der Vertreter den RA gleichzeitig im eigenen Namen und als Vertreter, so behandelt der RA die Rechtsangelegenheiten von mehreren Personen. Er hat mehrere Auftraggeber.

---

[37] OLG Bremen Rpfleger 1980, 310; OLG Köln JurBüro 1980, 542.

[38] OLG Köln AnwBl 1978, 65, ein Haftpflichtversicherer, der den Auftrag auch für den Halter erteilt, haftet auch für den Erhöhungsbetrag; OLG Köln JurBüro 1981, 1343 mAnm *Mümmler.*

[39] BSG NJW 2010, 3533; *Hansens* BRAGO § 6 Rn. 5.

[40] OLG Celle AGS 2014, 116 = MDR 2014, 117; OLG München JurBüro 1993, 727 = MDR 1993, 582, Partei und Nebenintervenient.

[41] VGH München JurBüro 1980, 1017, Partei und Beigeladener.

[42] BGH Rpfleger 1984, 202; BVerwG NJW 2000, 2288 = AGS 2000, 173; OLG Düsseldorf JurBüro 2002, 247 = RPfleger 2002, 227 = OLGR 2002, 331; BSG NJW 2010, 3533 unter Berufung auf die Gesetzesmotive zu der Vorgängervorschrift des § 6 Abs. 1 BRAGO.

[43] Gerold/Schmidt/*von Eicken,* 16. Aufl. 2004, RVG VV 1008 Rn. 3.

[44] OLG Düsseldorf JurBüro 2002, 247 = RPfleger 2002, 227 = OLGR 2002, 331.

[45] BVerfGE 78, 214 (227); 82, 126 (151 ff.); 97, 186 (194).

[46] OLG Köln JurBüro 1985, 66; AnwBl 1984, 208 = JurBüro 1984, 377 = MDR 1984, 561; wohl auch OVG Bremen Rpfleger 1980, 310.

[47] BGH Rpfleger 1984, 202; BVerwG NJW 2000, 2288 = AGS 2000, 173.

[48] BGH NJW-RR 2004, 1006 = FamRZ 2004, 1193 = AnwBl 2004, 450; Rpfleger 1987, 387 (388) Ziff. III; OLG Düsseldorf JurBüro 1990, 1614; 91, 70, zu Nebenkläger; OLG Schleswig JurBüro 1985, 394.

Beispiel:

Der Ehemann beauftragt den RA im eigenen Namen und im Namen seiner Frau.

bb) Gleichzeitig im eigenen Interesse und zu Gunsten Dritter. Dasselbe gilt beim Vertrag zu Gunsten Dritter.[49] 45

Beispiel:

In einem Schadensersatzprozess gegen Halter, Fahrer und Haftpflichtversicherung beauftragt diese den RA, für alle Beklagten Klageabweisung zu beantragen.[50] Der RA hat drei Auftraggeber.

cc) Eine Person gleichzeitig in mehreren Funktionen. Wird eine Person in Prozessstandschaft 46 oder als Partei kraft Amtes vom RA vertreten, so ist sie nicht Vertreter. Es ist daher auf sie abzustellen (→ Rn. 103). Es kann aber vorkommen, dass eine Person für sich persönlich und gleichzeitig als Partei kraft Amtes oder Prozessstandschafter den RA beauftragt. Oder es kann sein, dass eine Person als Partei kraft Amtes für mehrere, für die sie Partei kraft Amtes ist, den RA mandatiert.

Beispiele:

- Der gem. § 1422 BGB verwaltungsberechtigte Ehemann klagt für sich und – in Prozessstandschaft – seine Frau wegen einer der Gütergemeinschaft zustehenden Forderung.
- Ein Insolvenzverwalter, der für zwei Insolvenzschuldner bestellt wurde, beauftragt in beiden Funktionen den RA (hier wird teilweise nur ein Auftraggeber angenommen).
- Ein Insolvenzverwalter beauftragt den RA, weil er persönlich als auch als Insolvenzverwalter in Anspruch genommen wurde (hier werden allg. zwei Auftraggeber angenommen).

Diese Fälle können nur einheitlich behandelt werden. Folgt man der einhellig hM dazu, dass 47 bei dem Insolvenzverwalter, der persönlich und als Partei kraft Amtes in Anspruch genommen wird, zwei Auftraggeber anzunehmen sind,[51] so muss dies auch in den anderen Fällen gelten.[52]

dd) Dieselbe Person als Nebenintervenient und Partei. Wenn ein und dieselbe Person in ver- 48 schiedenen Verfahrensrollen am Verfahren teilnimmt, so bleibt sie doch ein einziger Auftraggeber,[53] zB als Kläger und Widerbeklagter, als Streithelfer und Drittwiderbeklagter, als Partei und Beigeladener, als Angeklagter und Nebenkläger.[54] Auch hier verbindet das einheitliche Verfahren zwei verschiedene Gegenstände zu einer Angelegenheit. Der Anwalt hat daher nur Anspruch auf eine Gebühr je Rechtszug.[55] Soweit durch die doppelte Verfahrensrolle die anwaltliche Tätigkeit umfangreicher oder rechtlich schwerer wird, kann dies bei Rahmengebühren durch Ansatz einer höheren Gebühr berücksichtigt werden.[56]

d) Gegner mehrerer Auftraggeber. Auf die Anzahl der Gegner kommt es nicht an. Der 49 RA ist also für nur einen Auftraggeber tätig, wenn er nur einen Privatkläger vertritt, obgleich sich die Privatklage gegen mehrere Beschuldigte richtet, oder wenn der RA nur einen Beschuldigten vertritt, obgleich er von mehreren Privatklägern verklagt wird.[57] Ebenso erhält der RA nur eine nicht erhöhte Gebühr, wenn er einen Angeklagten verteidigt und ihn gleichzeitig als Nebenkläger gegen einen Mitangeklagten vertritt.[58] Die Mehrarbeit ist in solchen Fällen durch höhere Bemessung der Gebühr innerhalb des Rahmens zu berücksichtigen. So kann die angemessene Gebühr in einem solchen Falle zB statt 500,– EUR 650,– EUR betragen.

---

[49] OLG München AnwBl 1977, 112 = JurBüro 1977, 196; OLG Köln AnwBl 1978, 65 = JurBüro 1978, 221; OLG Koblenz JurBüro 1990, 42, wahlweise verklagte GmbH und deren Geschäftsführer; OLG Oldenburg AnwBl 1993, 529 = NdsRpfl. 1993, 131; Gerold/Schmidt/*von Eicken,* 16. Aufl. 2004, RVG VV 1008 Rn. 31; **aA** OLG Zweibrücken JurBüro 1988, 354.

[50] In aller Regel ein Vertrag zu Gunsten Dritter OLG Köln NJW 1978, 897.

[51] OLG Frankfurt a. M. Rpfleger 1983, 499; OLG Köln JurBüro 2009, 308 = AGS 2008, 443; *Hansens* BRAGO § 6 Rn. 5.

[52] Beim RA, der für zwei Insolvenzverwalter bestellt wurde, ist dies jedoch str.; **für zwei Auftraggeber** OLG Köln JurBüro 2009, 308; Gerold/Schmidt/*von Eicken,* 16. Aufl. 2004, RVG VV 1008 Rn. 63; **für einen Auftraggeber** OLG Schleswig SchlHA 1991, 115, für Mitgläubiger gem. § 432 BGB; *Hansens* BRAGO § 6 Rn. 5.

[53] BGH NJW 2010, 1377 = AnwBl 2010, 295; OLG Hamburg MDR 1984, 413; OLG Koblenz JurBüro 2004, 484; OLG München JurBüro 1993, 727 = MDR 1993, 582, Partei und Nebenintervenient; VGH München JurBüro 1980, 1017, Partei und Beigeladener.

[54] OLG Celle Rpfleger 2011, 46 = AGS 2011, 25 mzustAnm *N. Schneider.*

[55] Madert Rechtsanwaltsvergütung Rn. 265a.

[56] OLG Celle Rpfleger 2011, 46 = AGS 2011, 25 mzustAnm *N. Schneider.*

[57] OLG Karlsruhe JurBüro 2019, 410 = AGS 2019, 330.

[58] LG Krefeld AnwBl 1979, 79 = JurBüro 1978, 1500; LG Verden JurBüro 1979, 1504; **aA** Riedel/Sußbauer/*Ahlmann* RVG § 7 Rn. 13 mwN, wenn § 14 keine angemessene Vergütung ergibt.

50 Hingegen ist VV 1008 RVG anwendbar, wenn der RA den Angeklagten A verteidigt und zugleich dessen Ehefrau als Nebenklägerin gegen den Mitangeklagten B vertritt.[59]

51 **e) Ausscheiden eines Auftraggebers.** Scheidet ein Auftraggeber vorzeitig aus dem Verfahren aus, so bleibt eine vorher verdiente Erhöhung bestehen. Einmal verdiente Gebühren kann der Anwalt nicht mehr verlieren.

51a **f) Falscher Auftraggeber.** Es ist nicht immer eindeutig, ob zB eine juristische Person oder ein Verband oder einzelne Personen klagen oder verklagt werden müssten. Es kann zB sein, dass der RA für einzelne Wohnungseigentümer tätig wird, obwohl das Ausübungsrecht in dem konkreten Fall nur der WEG zusteht oder umgekehrt. Dazu, wann dem RA, wenn er für den Falschen tätig wird, der Mehrvertretungszuschlag zusteht → Rn. 139b.

2. Einzelfälle

– Abtretung

52 Beauftragt der Zessionar den RA mit der Geltendmachung der zedierten Forderung, so ist nur er Auftraggeber, nicht auch der Zedent. Zur Sicherungsabtretung → Rn. 123.

– Anwalt vertritt sich und Auftraggeber

53 Hat der RA im Rechtsstreit sich selbst und einen Streitgenossen hinsichtlich desselben Gegenstands erfolgreich vertreten, so hat er zwar nur einen (Fremd-)Auftrag erhalten. Da er aber nach § 91 Abs. 2 S. 3 ZPO schon für die Selbstvertretung die volle Verfahrensgebühr vom unterlegenen Gegner erstattet verlangen kann, muss sich für die zusätzliche Mühewaltung die vom Gegner zu erstattende Verfahrensgebühr ebenfalls nach VV 1008 RVG erhöhen.[60]

– Anwaltskanzleien

54 **(1) Rechtsfähige GbR. Sozietät als Auftraggeber.** Die Anwaltssozietät ist eine BGB-Gesellschaft. Sie wird in aller Regel den Kriterien entsprechen, die der BGH für eine teilweise Rechtsfähigkeit der GbR voraussetzt. Sie wird sich als Zusammenschluss mehrerer Anwälte zur gemeinschaftlichen Berufsausübung nach außen darstellen, in der grds. alle Mitglieder aus dem zwischen der Sozietät und dem Auftraggeber bestehenden Vertragsverhältnis gesamtschuldnerisch haften (→ Rn. 65 ff.). Dass diese Haftung durch besondere Abrede auf das sachbearbeitende Sozietätsmitglied beschränkt werden kann, ändert am Charakter der Sozietät als Außengesellschaft nichts. Es gelten daher die gleichen Grundsätze wie sonst bei einer BGB-Gesellschaft (→ Rn. 65 ff.). Das hat zur Folge, dass ein von ihr beauftragter RA nur die Sozietät als Auftraggeber hat.[61] Dabei spielt es keine Rolle, ob der von ihr beauftragte RA ein Mitglied der Sozietät oder ein außenstehender RA ist oder ob die Sozietät sich als solche selbst vertritt. Werden aber die einzelnen Anwälte **als Individuen verklagt,** so richtet sich die Klage gegen eine Mehrheit von Auftraggebern. In diesem Fall kann der erstattungspflichtige Kläger auch nicht geltend machen, es hätte genügt, wenn einer der Anwälte einen Prozessbevollmächtigten beauftragt hätte.[62] Wegen Auslegung der Klageschrift gegen wen sie sich richtet → Rn. 71. Auch eine Außen-GbR ist wie eine BGB-Gesellschaft zu behandeln, sodass die vorausgehenden Ausführungen auch für sie gelten.[63]

55 **Jedes Sozietätsmitglied mit eigenem RA.** Jedes einzelne Mitglied der Sozietät kann sich von einem eigenen RA vertreten lassen, muss dann aber uU erstattungsrechtliche Nachteile hinnehmen (→ Rn. 366 ff.).

56 **Sozietätsmitglieder untereinander.** Streiten die Sozietätsmitglieder untereinander, zB wegen der Auseinandersetzung der Sozietät, so handeln sie als Individuen. Der RA, der mehrere Sozii vertritt, hat mehrere Auftraggeber.[64] Anders ist es, wenn die Sozietät als solche, also die BGB-Gesellschaft gegen ein Mitglied vorgeht, zB Schadensersatz gegen es geltend macht.[65]

57 **(2) Partnerschaftsgesellschaft.** Wird die Sozietät in der Form einer eingetragenen Partnerschaft betrieben, so ist sie zwar keine juristische Person, kann aber nach § 7 Abs. 2 PartGG iVm § 124 HGB unter ihrem Namen Rechte erwerben und Verbindlichkeiten eingehen, vor Gericht klagen und verklagt werden wie eine OHG. Sie ist dann für den sie vertretenden RA

[59] LG Bayreuth JurBüro 1971, 426; LG Krefeld AnwBl 1979, 79 = Rpfleger 1978, 462.

[60] OLG Hamburg JurBüro 1978, 1180; ihm zust. *E. Schneider* JurBüro 1979, 1409 (1415); OLG Bremen JurBüro 1987, 378, RA vertritt sich und seine Ehefrau.

[61] BGH AnwBl 2004, 251 = FamRZ 2004, 623 = JurBüro 2004, 375.

[62] OLG Köln JurBüro 2006, 248.

[63] BGH NJW 2007, 2490 = AnwBl 2007, 717; OLG Brandenburg JurBüro 2009, 644.

[64] OLG Hamburg MDR 1999, 381.

[65] OLG Hamm MDR 2002, 721.

nur ein Auftraggeber.[66] Wird der Vertretungsauftrag sowohl namens der Partnerschaft als auch von einem oder mehreren Partnern im eigenen Namen erteilt, was besonders dann der Fall sein wird, wenn ein oder mehrere Partner neben der Partnerschaft als Gesamtschuldner verklagt werden, so handelt es sich um mehrere Auftraggeber wie bei der OHG (→ Rn. 111).

(3) Anwalts-GmbH. Die Anwalts-GmbH ist als juristische Person nur ein Auftraggeber. 58

– Ärztegemeinschaft

Häufig wird eine BGB-Gesellschaft vorliegen,[67] so dass die hierzu aufgestellten Grundsätze gelten (→ Rn. 65 ff.). Der RA, der mehrere in einer BGB-Gesellschaft verbundene Zahnärzte (Gemeinschaftspraxis) vertritt, verdient daher keinen Mehrvertretungszuschlag.[68] 59

– Ausländer 60

Soll der RA mehrere Ausländer wegen einer Aufenthaltserlaubnis vertreten, so hat er selbst dann mehrere Auftraggeber, wenn es sich um eine Familie handelt und er neben den Eltern auch für vier minderjährige Kinder tätig sein soll (sechs Auftraggeber).[69]

– Bedarfsgemeinschaft

Erhebt der RA Klage für mehrere Kläger, die in einer Bedarfsgemeinschaft hinsichtlich des Anspruchs auf Leistungen zur Sicherung des Lebensunterhalts nach dem SGB II stehen, so vertritt er mehrere Auftraggeber.[70] Anders ist es, wenn der erwerbsfähige Hilfsbedürftige in Verfahrensstandschaft im eigenen Namen klagt. Die Bedarfsgemeinschaft ist allerdings erstattungsrechtlich nicht verpflichtet, zur Kostenersparung so zu verfahren.[71] 61

– Behörde

Auch wenn mehrere Behörden derselben Körperschaft den Auftrag oder getrennte Aufträge erteilt haben und getrennt informieren, ist nur ein Auftraggeber gegeben.[72] Darauf, ob ein Interessengegensatz zwischen den Behörden besteht, kommt es nicht an.

– Beigeladener 62

Vertritt der RA mehrere Beigeladene (zB gem. § 57 FGO, § 69 SGG, § 63 VwGO) bzw. einen Beigeladenen und die Hauptpartei in einem Verfahren, so ist er für mehrere Auftraggeber tätig.[73] Der RA vertritt aber nur einen Auftraggeber, wenn dieselbe Person sowohl Partei als auch Beigeladener ist (→ Rn. 48).

– Beitritt 63

Vertritt der RA neben einer Partei auch noch den zum Abschluss eines Vergleichs Beigetretenen, so ist VV 1008 RVG gegeben.[74]

– Betreuer

Der Betreuer ist gesetzlicher Vertreter (§ 1902 BGB). Es kommt daher auf die Zahl der Betreuten und nicht der Betreuer an (→ Rn. 131). 64

– BGB-Gesellschaft

(1) BGB-Gesellschaft als Auftraggeber. Bis zum Beginn des Jahres 2001 war es herrschende Auffassung, dass der Gesellschaft des bürgerlichen Rechts keine eigene Rechtspersönlichkeit neben ihren Gesellschaftern zukommt. Das hat sich durch die rechtsfortbildende Entscheidung des BGH[75] grdl. geändert. Danach ist die **nach außen bestehende GbR,** obgleich sie keine juristische Person ist, (beschränkt) **rechtsfähig** und – jedenfalls insoweit – im Zivilprozess auch aktiv und passiv **partei-** und **prozessfähig,** soweit sie in dem von ihr gewählten Rahmen eigene Rechte und Pflichten begründet. Sie kann unabhängig vom Wechsel der Gesellschafter Träger eigener Rechte und Pflichten sein, also durch ihre(n) gesellschaftsvertraglich bestimmten Vertreter auch selbst einen RA beauftragen. Liegen die vom BGH genannten Kri- 65

[66] LG Berlin JurBüro 1998, 141 = Rpfleger 1997, 190; Gerold/Schmidt/*von Eicken,* 16. Aufl. 2004, RVG VV 1008 Rn. 53; Hartmann/Toussaint/*Toussaint* RVG § 7 Rn. 13 „Partnergesellschaft".

[67] BSG RVGreport 2005, 219; OLG Köln MDR 1995, 1074; AG Schwabach AGS 2005, 244; Hartmann/Toussaint/*Toussaint* RVG § 7 Rn. 13 „Ärztegemeinschaft"; SG Dortmund JurBüro 1995, 586.

[68] OLG Köln RVGreport 2006, 264 = AGS 2006, 277.

[69] KG JurBüro 2007, 543 Ziff. 2b dd.

[70] BSG NJW 2012, 877; LSG MV AGS 2008, 286; SG Duisburg AnwBl 2006, 858 = RVGreport 2007, 347 mzustAnm *Hansens;* SG Düsseldorf AGS 2007, 617.

[71] LSG MV AGS 2008, 286; *Hansens* Anm. zu SG Duisburg RVGreport 2007, 347.

[72] VG Potsdam RVGreport 2013, 57; *Hansens* BRAGO § 6 Rn. 6.

[73] VGH München JurBüro 1980, 1017; Hartmann/Toussaint/*Toussaint* RVG § 7 Rn. 13 „Beigeladener".

[74] OLG Nürnberg MDR 2008, 352 = AGS 2008, 279.

[75] BGH NJW 2001, 1056 = MDR 2001, 459 = Rpfleger 2001, 246; BAG NJW 2005, 1004.

terien vor, so war zur BRAGO anerkannt, dass der im Namen der GbR beauftragte RA nur einen Auftraggeber hat, nämlich die Gesellschaft.[76]

66 Das gilt **auch für das RVG.**[77] Demgegenüber wird daraus, dass VV 1008 RVG nicht nur auf den Auftraggeber, sondern auch auf die Personen abstellt, geschlossen, dass iSd RVG mehrere Auftraggeber vorliegen, da hinter der Gesellschaft mehrere Gesellschafter stehen.[78] Das ist unzutreffend. In den Motiven heißt es hierzu:

> „Sind Auftraggeber mehrere Personen, so soll es nicht darauf ankommen, ob gegenüber dem Anwalt eine oder mehrere dieser Personen auftreten. Selbst wenn eine Personenmehrheit eine Person bevollmächtigt, gegenüber dem Anwalt aufzutreten, kann dies für den Anwalt zu einem erhöhten Haftungsrisiko führen. Die Neuregelung soll den bestehenden Streit über die Anwendung der Vorschrift beseitigen."[79]

67 Es geht also um einen ganz anderen Fall, nämlich um den, dass der RA tatsächlich mehrere Personen vertreten soll, diese mehrere Personen aber einen bevollmächtigen, der gegenüber dem RA auftritt. Bei der BGB Gesellschaft geht es aber darum, dass, nachdem ihre Rechts- und Parteifähigkeit bejaht ist, tatsächlich nur ein Auftraggeber und nur eine – einer juristischen Person ähnlich gestellte – Person vorhanden ist. Der RA vertritt ausschließlich die BGB-Gesellschaft. Die Gegenmeinung geht am Kern der Entscheidung des BGH zur Rechts- und Parteifähigkeit der BGB-Gesellschaft vorbei und verkennt die Bedeutung der Erwähnung der Personen in VV 1008 RVG. Die Gegenmeinung müsste dann bei der OHG und der KG auch zu einer Auftraggebermehrheit kommen, was allerdings bisher noch von niemandem vertreten wird.

68 **Berichtigung des Rubrums.** In anhängigen Verfahren, in denen entsprechend der früheren Rspr. die einzelnen Gesellschafter einer GbR eine Gesamthandsforderung eingeklagt haben, ist das Rubrum zu berichtigen. Eines Parteiwechsels bedarf es nach der Änderung dieser Rspr. nicht.[80] Wird durch eine Korrektur des Rubrums klargestellt, dass es sich um einen Aktivprozess einer BGB-Gesellschaft handelt, so tritt in Wahrheit nur die BGB-Gesellschaft auf und fällt kein Mehrvertretungszuschlag an.[81]

69 **(2) Gesellschafter als Auftraggeber.** Nicht ausgeschlossen ist allerdings, dass im Passivprozess ebenso wie bei der oHG allein oder neben der GbR auch deren Gesellschafter **verklagt** werden, um auf diese Weise die Möglichkeit zu erlangen, sowohl in das Gesellschaftsvermögen, als auch in das Privatvermögen der akzessorisch haftenden Gesellschafter zu vollstrecken.[82] In diesem Fall müssen auch die in Anspruch genommenen Gesellschafter einen RA beauftragen, so dass der schon von der GbR beauftragte RA zusätzliche Auftraggeber iSv VV 1008 RVG erhält, wenn die Gesellschafter ihn ebenfalls beauftragen.[83] Richtet sich die Klage zB gegen die Gesellschaft und vier Gesellschafter, so fällt der Erhöhungszuschlag vierfach, also iHv 1,2 an.

70 Natürlich können die Gesellschafter auch **Aktivprozesse** als Gesellschafter führen, in welchem Fall wieder mehrere Auftraggeber gegeben sind und der RA die Gebührenerhöhung verdient. Das wird aber selten vorkommen, da sich für die Gesellschafter hieraus meistens keine Vorteile ergeben, wohl aber bei der Erstattung Nachteile (→ Rn. 349).

71 **Auslegung, wer Partei ist.** Ob mehrere Gesellschafter oder die Gesellschaft klagen oder verklagt werden, richtet sich nach dem Rubrum und nicht danach, wer richtigerweise hätte klagen oder verklagt werden müssen.[84] Dabei können die Klage- oder Rechtsmittelbegründung zur Auslegung des Rubrums mit herangezogen werden.[85] Maßgeblich ist auf die Sicht des Empfängers der prozessualen Erklärung. abzustellen.[86] Liegt Parteifähigkeit nur bei einer der in Betracht kommenden Varianten vor, so ist als Kläger oder Beklagter anzusehen, wer par-

---

[76] **Zu § 6 BRAGO:** BGH AnwBl 2004, 251; OLG Frankfurt a. M. OLGR 2004, 394; OLG Hamm MDR 2002, 721; OLG Stuttgart MDR 2002, 1457; VGH Kassel DB 2004, 1719 = AGS 2004, 386.

[77] OLG Frankfurt a. M. OLGR 2004, 394, KG RVGreport 2005, 154; OLG Stuttgart NJW-RR 2006, 1005 = JurBüro 2006, 364; Hartmann/Toussaint/*Toussaint* RVG § 7 Rn. 13 „BGB-Gesellschaft"; wohl auch *Hansens* RVGreport 2005, 154.

[78] *Madert* AGS 2005, 244; Mayer/Kroiß/*Dinkat* RVG VV 1008 Rn. 3; *N. Schneider* AnwBl 2004, 129 (131).

[79] BT-Drs. 15/1971, 205 zu VV 1008 RVG.

[80] BGH NJW 2003, 1043.

[81] OLG Rostock OLGR 2006, 200.

[82] BGH NJW 2007, 2257.

[83] OLG Düsseldorf MDR 2005, 1257 = AGS 2005, 462; OLG Köln JurBüro 2006, 248; OLG Stuttgart NJW-RR 2006, 1005 = RPfleger 2006, 513.

[84] KG RVGreport 2007, 102.

[85] BGH NJW 2006, 3715 = FamRZ 2007, 41; OLG Rostock OLGR 2006, 200.

[86] BGH NJW 2006, 3715 = FamRZ 2007, 41; HessLAG AGS 2009, 529.

teifähig ist.[87] Klagt der RA das einer Arztgemeinschaft zustehende Behandlungshonorar ein und führt er im Rubrum alle Ärzte auf, so ist selbst dann, wenn nicht ausdrücklich die Gesellschaft im Rubrum genannt wird, seit der Änderungen der Rspr. des BGH davon auszugehen, dass ein Anspruch der Gesellschaft geltend gemacht wird. Etwas anderes gilt nur, wenn besondere Anhaltspunkte dafür bestehen, dass jeder Gesellschafter einen Individualanspruch durchsetzen will.[88] Werden Ansprüche gegen mehrere Rechtsanwälte geltend gemacht und werden die einzelnen Anwälte im Rubrum aufgeführt und ist in der Begründung immer von den Beklagten die Rede, so ist davon auszugehen, dass die einzelnen Anwälte, verklagt sind.[89] Wird „die Gesellschaft A mit den Gesellschaftern …" verklagt, so ist nur die Gesellschaft A Beklagte.[90]

(3) Gesellschafter gegeneinander. Streiten Gesellschafter untereinander und vertritt der RA mehrere Gesellschafter, so vertritt er nicht die Gesellschaft, sondern die Gesellschafter und damit eine Mehrheit von Auftraggebern.[91] Anders ist es wieder, wenn die Gesellschaft als solche gegen einen Gesellschafter vorgeht, zB von ihm Rechenschaft fordert.[92] 72

(4) BGB-Gesellschaften ohne „eigene Rechtspersönlichkeit". Nicht alle BGB-Gesellschaften erfüllen die vom BGH genannten Voraussetzungen einer jedenfalls beschränkten Rechts-, Partei- und Prozessfähigkeit.[93] Der BGH räumt allen BGB-Gesellschaften ausdrücklich die Freiheit ein, jede von ihnen gewollte Rechtsposition einzunehmen. So ist es vorstellbar, dass die Mitglieder mancher der unter den verschiedensten Bezeichnungen (etwa ARGE, Unternehmensgruppe, Architekturbüro oder ähnlich) betriebenen Zusammenschlüsse sich zwar zu einem beschränkten gemeinschaftlichen Zweck zusammenschließen (zB zur Unterhaltung eines gemeinsamen Büros mit erforderlichem Personal und Geräten) und (nur) insoweit gemeinschaftlich Rechte und Verpflichtungen begründen wollen, es aber den Gesellschaftern überlassen, mit Auftraggebern im eigenen Namen Rechtsbeziehungen einzugehen, ohne an den Einkünften der anderen Gesellschafter beteiligt zu sein und für deren Verbindlichkeiten zu haften. 73

Für diese BGB-Gesellschaften bleibt die frühere Rspr. von Bedeutung. Der RA, der beauftragt wird, für diese GbR tätig zu werden, hat so viele Auftraggeber, wie die Gesellschaft Gesellschafter hat und zwar auch dann, wenn diese Gesellschaft als solche klagt bzw. verklagt wird. Trotzdem können nur die Gesellschafter die Auftraggeber sein. Darauf, ob alle Gesellschafter persönlich den Auftrag erteilt haben oder ob einzelne Gesellschafter ihn auch für die anderen erteilt haben, kommt es nicht an. Auch der Zweck und die Dauer, für die der Gesellschaftsvertrag geschlossen war, wurden für unerheblich gehalten.[94] 74

– Bietergemeinschaft

Mehrere können gem. § 25 Nr. 6 VOB/A bzw. § 7 Nr. 1 Abs. 2 VOL/A als Gemeinschaft am Prüfverfahren teilnehmen. Beteiligt sich eine Bietergemeinschaft am Vergabeprüfverfahren, so tut sie das meistens als eine BGB-Gesellschaft oder sie nähert sich so weitgehend einer derartigen Gesellschaft an, dass eine Gleichbehandlung gerechtfertigt ist. Der RA hat dann nur einen Auftraggeber.[95] Wegen Kostenerstattung → Rn. 378 ff. 75

– Bruchteilsgemeinschaft

ZB Miteigentümer und Mitgläubiger. Hier werden die einzelnen Mitglieder der Gemeinschaft und nicht die Gemeinschaft als solche vertreten (also Auftraggebermehrheit). Mehrere Auftraggeber sind daher gegeben, wenn der RA 76

– Miteigentümer vertreten soll,
  – bei der Abwehr von Gefährdungen des gemeinschaftlichen Grundstücks,[96]

---

[87] BGH NJW 2006, 3715 = FamRZ 2007, 41.
[88] OLG Köln AGS 2006, 277.
[89] OLG Köln JurBüro 2006, 248.
[90] HessLAG AGS 2009, 529.
[91] *Hansens* RVGreport 2007, 102 (103) Ziff. III; Schneider/Wolf/*Volpert* VV 1008 Rn. 19.
[92] OLG Hamm MDR 2002, 721; Schneider/Wolf/*Volpert* VV 1008 Rn. 14.
[93] Schneider/Wolf/*Volpert* VV 1008 Rn. 19.
[94] OLG Frankfurt a. M. Rpfleger 1993, 420, auch für Patentanwalt; OLG Nürnberg JurBüro 1993, 288 = Rpfleger 1993, 215; OLG München JurBüro 1993, 418, Architekturbüro; OLG Koblenz JurBüro 1997, 583; OLG Köln JurBüro 1994, 157; OLG Bamberg JurBüro 1997, 583; OLG Hamm OLGR 1998, 348, Gesellschafter als Vermieter.
[95] OLG Düsseldorf NZBau 2007, 199; OLG Jena JurBüro 2001, 208; OLG Karlsruhe RPfleger 2007, 684 = OLGR 2007, 780; OLG Naumburg AGS 2011, 598 Rn. 14; OLG Saarbrücken AGS 2009, 393.
[96] OLG Hamm JurBüro 1978, 699.

– bei der Durchsetzung einer Löschungsbewilligung,[97]
– in einem flurbereinigungsrechtlichen Verfahren,[98]
– Gesamtgläubiger vertreten soll, wegen der Geltendmachung eines gemeinsamen Gewährleistungsanspruchs,[99]
– Bruchteilseigentümer vertreten soll, die als Gesamtschuldner belangt werden.[100]

Zur Frage, wann ein oder mehrere Gegenstände vorliegen, → Rn. 189 ff.

– Bußgeldverfahren, kartellrechtliches

77 Verteidigt der RA im kartellrechtlichen Bußgeldverfahren den Betroffenen und den Nebenbetroffenen, so entstehen nicht gesonderte Gebühren für den Betroffenen und den Nebenbetroffenen, sondern es fällt nur eine Gebühr aus dem nach VV 1008 RVG erhöhten Gebührenrahmen an.[101]

– Drittwiderbeklagter

Vertritt der RA den Kläger und den Drittwiderbeklagten, so vertritt er mehrere Auftraggeber.[102]

– Eheleute

78 Beauftragen Eheleute den RA, so handelt es sich nach jetzt fast einhelliger Rspr. um zwei Auftraggeber. Ohne Belang ist dabei, ob jeder Ehegatte den RA beauftragt oder ob der eine Ehegatte den Auftrag für sich und zugleich für den Ehepartner erteilt.[103] Weiter ist es unerheblich, ob die Eheleute als Gesamtschuldner in Anspruch genommen werden[104] oder als Gesamtgläubiger (Miteigentümer)[105] bzw. Gesamthandgläubiger (→ Rn. 81) klagen. Zum Verhältnis gegenüber ihren Kindern → Rn. 94.

– Eltern

79 Kinder.

– Erben

80 **(1) Alleinerbe als Rechtsnachfolger.** Vertritt der RA, der zunächst den Erblasser in einem Verfahren vertreten hatte, nach dem Erbfall den Alleinerben, so ist der Alleinerbe ein zusätzlicher Auftraggeber neben dem Erblasser. Dass der RA zu keinem Zeitpunkt beide nebeneinander vertreten hat, schadet nicht, nachdem nach neuer hM eine gleichzeitige Vertretung nicht mehr Voraussetzung für einen Mehrvertretungszuschlag ist (→ Rn. 104).[106]

81 **(2) Erbengemeinschaft.** Eine Erbengemeinschaft (Gesamthandsgemeinschaft) besteht aus mehreren Personen, stellt deshalb eine Auftraggebermehrheit dar und zwar auch dann, wenn ein Miterbe die Erbengemeinschaft vertritt.[107] Dabei ist es gleichgültig, ob es sich um ein Aktiv- oder ein Passivverfahren der Erbengemeinschaft handelt[108] oder ob einer der Miterben zugleich gesetzlicher Vertreter der anderen ist (→ Rn. 131).[109] Die Erbengemeinschaft ist nicht, auch nicht teilweise rechts- oder parteifähig. Sie kann nicht einer BGB-Gesellschaft gleichgestellt werden.[110] Etwas anderes gilt nur, wenn das Unternehmen des Erblassers wie ein selbständiges Rechtsgebilde in ungeteilter Erbengemeinschaft fortgeführt wird.[111]

Da bei der Erbengemeinschaft die Parteifähigkeit fehlt, ist im Zweifel davon auszugehen, dass die einzelnen Erben Partei sein sollen (→ Rn. 71).[112]

---

[97] OLG Düsseldorf AnwBl 1996, 475 = JurBüro 1996, 584.
[98] VGH München AGS 2008, 81 = RdL 2007, 266.
[99] OLG Düsseldorf AnwBl 1988, 70; OLG Frankfurt a. M. JurBüro 1983, 1191 = MDR 1983, 764.
[100] OLG München AnwBl 1988, 251 = JurBüro 1987, 1178 = Rpfleger 1987, 388.
[101] KG JurBüro 1991, 533.
[102] OLG Köln AGS 2015, 284.
[103] BVerwG NJW 2000, 2288; OLG Düsseldorf AGS 2000, 179; FG Brem EFG 1994, 316; FG BW JurBüro 1997, 584 mAnm *Hansens.*
[104] OLG Köln JurBüro 1980, 542.
[105] OLG Düsseldorf AnwBl 1988, 70.
[106] OLG Nürnberg AGS 2010, 167.
[107] BGH AnwBl 2004, 450 = FamRZ 2004, 1193 = RVGreport 2004, 394 mkritAnm *Hansens;* OLG Brandenburg JurBüro 2007, 524.
[108] OLG Düsseldorf AnwBl 1995, 376 = JurBüro 1995, 304; OLG Koblenz AGS 1998, 3 = JurBüro 1997, 583 = Rpfleger 1997, 453, Aufgabe früherer entgegengesetzter Rspr.; OLG Stuttgart MDR 1990, 1126 = Die Justiz 1991, 21; OLG Nürnberg JurBüro 1994, 26 = MDR 1993, 699.
[109] OLG Karlsruhe AnwBl 1981, 193.
[110] BGH NJW 2006, 3715 = FamRZ 2007, 41; Rpfleger 2002, 625; AnwBl 2004, 450 = FamRZ 2004, 1193 = RVGreport 2004, 394 mkritAnm *Hansens.*
[111] Schneider/Wolf/*Volpert* VV 1008 Rn. 26.
[112] BGH NJW 2006, 3715 = FamRZ 2007, 41.

(3) Fortführung eines Verfahrens des Erblassers. Nach einer verbreiteten Meinung soll aber nur ein Auftraggeber gegeben sein, wenn die Erbengemeinschaft den vom Erblasser beauftragten RA bittet, das Verfahren fortzuführen. In diesem Fall, so wird argumentiert, liege nur ein einziger Auftrag vor, nämlich derjenige des Erblassers; die Erben träten als dessen Rechtsnachfolger lediglich in den bestehenden Vertrag ein.[113] Dieser Argumentation ist nicht zu folgen. Es kommt nicht darauf an, wie viele Geschäftsbesorgungsverträge abgeschlossen worden sind, sondern darauf, für wie viele Personen der RA auftragsgemäß tätig werden soll (→ Rn. 38). Es kann aber kein Zweifel bestehen, dass Partei des Verfahrens nicht mehr der Erblasser ist, dass vielmehr an seine Stelle die Mitglieder der Erbengemeinschaft getreten sind und jeder einzelne Miterbe durch den RA vertreten wird.[114] 82

Erblasser zählt mit. Der Erblasser zählt als weiterer Auftraggeber mit (→ Rn. 80). 83

(4) Unbekannte Erben. Vertritt der RA zB als Nachlasspfleger unbekannte Erben, so liegt nach hM keine Mehrheit von Auftraggebern vor.[115] Dann mag sich zwar später herausstellen, dass er mehrere (inzwischen bekannte) Beteiligte vertreten hat; ebenso möglich ist es aber auch, dass nur ein oder gar kein Beteiligter ermittelt wird. Es besteht also bei Auftragserteilung keinerlei Anhalt dafür, dass der RA für mehrere Beteiligte tätig werden sollte. In diesem Fall kann nur der Pfleger selbst als Auftraggeber angesehen werden. Das wird auch dann angenommen, wenn bereits einige Erben bekannt sind.[116] Das ändert sich, sobald Erben als Partei in den Rechtsstreit eingeführt werden.[117] Solange der Pfleger neben den in dem Rechtsstreit eingetretenen Erben weiter unbekannte Erben vertritt, zählt er neben den eingetretenen Erben als ein weiterer Auftraggeber. 84

– **Fiskus** 85
→ Rn. 61.

– **Gebietskörperschaft.** Wird dieselbe Gebietskörperschaft (zB BRD) durch zwei unabhängige Organe vertreten (zB Präsident des BVerfG und Generalbundesanwalt), so vertritt der RA nur einen Auftraggeber.[118] 86

– **Gemeinsamer Bevollmächtigter gem. § 67a Abs. 1 VwGO**
→ § 40. 87

– **Gesamtgläubiger und -schuldner**
(§§ 421 ff.; 428 ff. BGB) Sie sind mehrere Auftraggeber,[119] → Rn. 76. 88

– **Gesamthandgläubiger und -schuldner**
Sie sind mehrere Auftraggeber (→ Rn. 81). 89

– **Gewerkschaften**
Sie sind aktiv- und passivlegitimiert,[120] weshalb der RA bei ihrer Vertretung nur einen Auftraggeber hat. 90

– **GmbH**
Auch eine Vor-GmbH ist parteifähig, und zwar auch nach Aufgabe der Eintragungsabsicht,[121] weshalb der RA nur einen Auftraggeber und nicht mehrere Vorgesellschafter vertritt. Wegen GmbH und Co. KG → Rn. 113. 91

– **Insolvenzverwalter**
Er ist Partei kraft Amtes[122] und damit alleiniger Auftraggeber (→ Rn. 103). 92

---

[113] OLG Frankfurt a. M. AnwBl 1981, 403; OLG Koblenz MDR 1993, 284; Hartmann/Toussaint/*Toussaint* RVG § 7 Rn. 13 „Erbengemeinschaft"; *Mümmler* JurBüro 1982, 190.

[114] BayObLG Rpfleger 2002, 588; OLG Bamberg JurBüro 1991, 821; OLG Brandenburg JurBüro 2007, 524 mzustAnm *N. Schneider;* OLG Düsseldorf MDR 1996, 1300 = Rpfleger 1997, 41; OLG Hamm JurBüro 1989, 192; OLG Köln JurBüro2014, 528 = AGS 2014, 451; OLG München JurBüro 1985, 1651; OLG Saarbrücken JurBüro 1990, 1612; OLG Schleswig JurBüro 1989, 1391; OLG Stuttgart MDR 1990, 1126; OLG Zweibrücken JurBüro 1995, 304).

[115] OLG Hamburg JurBüro 1982, 1505; KG JurBüro 2002, 248; OLG Koblenz KostRspr. § 6 BRAGO Nr. 140; OLG München MDR 1990, 933; Hartmann/Toussaint/*Toussaint* RVG § 7 Rn. 13 „Nachlasspfleger".

[116] OLG Hamburg MDR 1982, 1030.

[117] KG JurBüro 2002, 248.

[118] BGH MDR 2011, 391 = Rpfleger 2011, 348.

[119] OLG Köln JurBüro 1980, 542, Gesamtschuldner; OLG Düsseldorf AnwBl 1988, 70, Gesamtgläubiger.

[120] BGHZ 50, 325.

[121] BGH NJW 2008, 2441.

[122] BGH NJW 1997, 1445; BAG BB 2003, 261; OLG Köln JurBüro 2009, 308 = AGS 2008, 443.

– Juristische Personen

93 Juristische Personen (zB GmbH, AG) sind selbständig rechtsfähig. Der RA ist daher auch dann nur für einen Auftraggeber tätig, wenn mehrere gesetzliche Vertreter den Auftrag erteilen. Auf die Zahl der Personen, die dem RA die Information erteilen, kommt es nicht an. Das schließt nicht aus, dass juristische Personen einen Auftrag neben einer anderen juristischen oder natürlichen Person erteilen; dann liegt Auftraggebermehrheit vor und zwar auch dann wenn alle denselben (gesetzlichen) Vertreter haben. In diesem Fall bleibt es für die einmal entstandene erhöhte Gebühr ohne Einfluss, dass die juristische Person später liquidiert oder gelöscht wird.[123] Bilden jedoch die beiden juristischen Personen eine BGB-Gesellschaft, so gelten die Grundsätze für diese (→ Rn. 65 ff.). Es ist nur ein Auftraggeber gegeben.[124]

– Kinder

94 Minderjährige Kinder sind selbständige Auftraggeber, gleichviel durch wen sie gesetzlich vertreten sind oder ob sie in Vormundschafts- und Familiensachen nach § 60 FamFG selbständig verfahrensfähig sind. Sind die Eltern nur als gesetzliche Vertreter der Kinder tätig, so kommt es auf die Anzahl der Kinder an, für die der RA handeln soll.[125] Soll der RA sowohl die beiden Eltern als auch das Kind vertreten, so hat er drei Auftraggeber, bei zwei Kindern vier.[126] Dazu, dass bei Geltendmachung von Unterhaltsansprüchen der Mutter und der Kinder allerdings keine Identität der Gegenstände vorliegt, → Rn. 210. Bei der Geschäftsgebühr, sowohl der des VV 2300 RVG, als auch der des VV 2503 RVG ist dann aber eine Erhöhung vorzunehmen, da bei den Gebühren, die keine Wertgebühren sind, die Identität des Gegenstandes nicht erforderlich ist. Hier – im außergerichtlichen Bereich – ist auch keine Verfahrensstandschaft gem. § 1629 Abs. 3 S. 1 BGB gegeben, da diese nur das gerichtliche Verfahren kennt.[127]

– Mieter

95 Vertritt der RA mehrere Mieter in einem Verfahren gegen den Vermieter (zB wegen Räumung, Mieterhöhung, Reparaturen), so handelt es sich um mehrere Auftraggeber.[128] Zum Streit, ob ein Gegenstand vorliegt → Rn. 153. Macht der RA aber nur im Namen von einem Mieter zB Reparaturen geltend, so vertritt er nur einen Auftraggeber, auch wenn die Reparaturen auch den anderen Mietern zu Gute kommen.

– Miteigentum

96 → Rn. 72.

– Mitgläubiger

97 Mehrere Mitgläubiger sind mehrere Auftraggeber (→ Rn. 76).

– Nachlasspfleger

98 Er ist Vertreter → Rn. 114. Zum Nachlasspfleger für unbekannte Erben → Rn. 84.

– Nachlassverwalter

99 Er ist Partei kraft Amtes (→ Rn. 103).

– Nebenkläger

100 Mehrere Nebenkläger sind mehrere Auftraggeber.[129] Es liegt **eine Angelegenheit** vor, wenn der RA in dem gleichen Strafverfahren mehrere Nebenkläger, Privatkläger oder andere Verfahrensbeteiligte[130] vertritt. Ob die Interessen der von dem RA vertretenen Personen in verschiedene Richtungen gehen, ist unerheblich. Vertritt zB der RA einen Angeklagten, um dessen Freisprechung zu erreichen, und einen Nebenkläger, um die Verurteilung eines Mitangeklagten herbeizuführen, so ist VV 1008 RVG anwendbar. Teilweise wird allerdings eine abwegige Meinung vertreten. So sollen zwei Angelegenheiten vorliegen, wenn die Interessen der Auftraggeber auseinandergehen: der RA verteidigt den Ehemann und vertritt gleichzeitig die

---

[123] OLG Koblenz JurBüro 1992, 600 = DB 1992, 1232 (Ls.).

[124] OLG Koblenz JurBüro 1981, 378, Aktiengesellschaften, die gemeinsames Versicherungsunternehmen betreiben.

[125] OLG Düsseldorf OLGR 2005, 58 = AGS 2004, 279; OVG Bremen JurBüro 1988, 1162 = Rpfleger 1988, 427.

[126] **AA** OVG Bremen JurBüro 1980, 1658, das in Schulwegstreitigkeit die Eltern „zusammen" mit ihrem Kind als einen Auftraggeber ansieht.

[127] AG Heidenheim AGS 2009, 338.

[128] OLG Düsseldorf ZMR 1998, 491; Hartmann/Toussaint/*Toussaint* RVG § 7 Rn. 13 „Mieter".

[129] OLG Hamburg JurBüro 1997, 194; OLG Naumburg JurBüro 1994, 157; OLG Düsseldorf JurBüro 1990, 1614 = 91, 70; Gerold/Schmidt/*von Eicken*, 16. Aufl. 2004, RVG VV 1008 Rn. 90, 92.

[130] OLG Düsseldorf 16.9.2009 – 4 Ws 322/09, BeckRS 2009, 26520 mAnm *Mayer* FD-RVG 2009, 291759; Madert Rechtsanwaltsvergütung Rn. 265; LG Bayreuth JurBüro 1971, 426; LG Krefeld AnwBl 1979, 79 = Rpfleger 1978, 462 = DAR 1979, 143.

Ehefrau als Nebenklägerin gegen einen Mitangeklagten.[131] Diese Auffassung steht jedoch im Widerspruch zu § 15 Abs. 2 RVG, der bestimmt, dass in gerichtlichen Verfahren jeder Rechtszug eine Angelegenheit ist. Im Verfahren außerhalb der Hauptverhandlung kommt die Erhöhung nach VV 1008 RVG ebenfalls dann in Frage, wenn der RA für mehrere Auftraggeber (zB Nebenkläger) tätig wird. Dass es sich um **verschiedene Gegenstände** handelt, steht nicht entgegen, da der RA keine Wertgebühren verdient (VV 1008 Anm. Abs. 1, Vorb. 4 Abs. 1, VV 4100 ff. RVG). Vertritt der RA dieselbe Person gleichzeitig als Nebenklägervertreter und Verteidiger → Rn. 48.

Der RA hat mehrere Auftraggeber, wenn er nicht nur den Verletzten als Privatkläger oder als Nebenkläger, sondern noch einen Dritten vertritt, der ein selbständiges Recht zum Strafantrag hat (§ 194 Abs. 3 StGB), oder wenn er im Rechtsmittelverfahren sowohl den Angeklagten als auch dessen gesetzlichen Vertreter vertritt, die beide Rechtsmittel eingelegt haben (§ 298 StPO). **101**

– OHG → Rn. 111 ff. **102**

– Partei kraft Amtes

Die Partei kraft Amtes (zB Testamentsvollstrecker, Insolvenz-, Zwangs-, Nachlassverwalter)[132] ist nicht Vertreter, sondern Träger eines eigenen Amtes. Auftraggeber ist die Partei kraft Amtes. Es kommt daher nicht darauf an, wie viele Personen letztlich betroffen sind (zB bei Testamentsvollstreckung für mehrere Erben). Um mehrere Auftraggeber handelt es sich jedoch, wenn mehrere Parteien kraft Amtes zB mehrere Testamentsvollstrecker[133] oder mehrere Insolvenzverwalter den RA mandatieren und zwar auch dann, wenn gemeinschaftliche Testamentsvollstreckung angeordnet ist. **103**

– Parteiwechsel

(1) Anwalt der wechselnden Partei. Nach der Rspr. des BGH führt ein Parteiwechsel innerhalb eines gerichtlichen Verfahrens nie dazu, dass zwei Angelegenheiten vorliegen. Es bleibt eine Angelegenheit und der RA vertritt infolge des Parteiwechsels mehrere Auftraggeber in derselben Angelegenheit. Der Mehrvertretungszuschlag fällt an (wegen Identität des Gegenstandes → Rn. 162), und zwar unabhängig davon, ob der RA zeitweilig beide Parteien gleichzeitig oder nur nacheinander vertreten hat.[134] Das gilt auch, wenn der Wechsel auf einer Abtretung beruht (→ Rn. 163 ff.). Ist eine nicht (mehr) existierende Partei zunächst verklagt und bestellt sich der Beklagtenvertreter auch für diese, so ist er für mehrere Auftraggeber tätig (→ Rn. 386).[135] **104**

Mit der hM hatte ich in der 17. Auflage noch differenziert, je nachdem, ob eine gleichzeitige oder eine sich nicht überschneidende Vertretung vorlag.[136] Ich gebe diese Auffassung auf und schließe mich dem BGH an. **105**

Wegen Kostenerstattung bei neuem RA für neue Partei → Rn. 384 ff.

(2) Anwalt des Gegners. Für den Anwalt des Gegners, bei dem der Auftraggeber nicht ausgewechselt wird, scheidet eine Gebührenerhöhung gem. VV 1008 RVG aus, da er nach wie vor denselben Auftraggeber vertritt.[137] **106**

(3) Ausscheiden nur eines Streitgenossen. Kein Parteiwechsel, sondern bloße teilweise Klagerücknahme liegt vor, wenn die ursprünglich gegen eine Erbengemeinschaft gerichtete Klage nur noch gegen ein Mitglied derselben aufrecht erhalten, gegen den anderen dagegen zurückgenommen wird. Es bleibt auch für den Beklagtenanwalt die Angelegenheit dieselbe.[138] **107**

---

131 LG Göttingen NdsRpfl. 1966, 95; LG Hildesheim AnwBl 1966, 168; LG Ulm AnwBl 1960, 99; *Schneider* in Anm. zu LG Krefeld KostRspr BRAGO § 6 Nr. 3.

132 Palandt/*Ellenberger* BGB Einf. Vor § 164 Rn. 9.

133 BGH MDR 1994, 413 = Rpfleger 1994, 271 = KostRspr BRAGO § 6 Nr. 197 mkritAnm *Lappe;* OLG Düsseldorf AnwBl 1983, 518 = JurBüro 1983, 1034; OLG Hamburg JurBüro 1982, 1024; **aA** OLG Koblenz Rpfleger 1979, 75 = MDR 1979, 413.

134 BGH NJW 2007, 769 = AGS 2006, 583 mablAnm *N. Schneider;* ebenso OLG Oldenburg JurBüro 2018, 185; OLG Stuttgart AGS 2010, 8 = MDR 2010, 356; OLG Nürnberg AGS 2010, 167 = MDR 2010, 532; **aA** OLG Frankfurt a. M. JurBüro 2006, 30; OLG Köln JurBüro 2006, 249, beide zeitlich vor der BGH Entscheidung.

135 OLG Nürnberg AGS 2010, 167 = MDR 2010, 532.

136 Gerold/Schmidt/*Müller-Rabe,* 17. Aufl. 2006, RVG VV 1008 Rn. 95 ff.

137 OLG Celle MDR 1999, 1348; OLG Karlsruhe Die Justiz 1999, 102; OLG München OLGR 1997, 72 = AGS 1997, 113.

138 OLG Koblenz JurBüro 1988, 1162.

108 **(4) Unterschiedliche Anwälte.** Lassen sich die ausscheidende und die eintretende Partei durch verschiedene Anwälte vertreten, so liegen immer zwei Angelegenheiten vor.

109 **(5) Erkennbare Falschbezeichnung.** Ergibt sich trotz einer falschen Parteibezeichnung aufgrund einer Auslegung unzweifelhaft, wer in Wahrheit Partei sein soll, so ist nur Letztere Partei des Rechtsstreits. Auf Antrag des Scheinbeklagten ist dieser aber durch eine Entscheidung des Gerichts aus dem Rechtstreit zu entlassen.[139] Vertritt der RA auch den Scheinbeklagten, so vertritt er mehrere Auftraggeber und VV 1008 RVG ist wie beim Parteiwechsel gegeben. Wegen Kostenerstattung → Rn. 386.

– Partnerschaft

110 → Rn. 57.

– Personengesellschaften des Handelsrechts

111 Personengesellschaften des Handelsrechts (offene Handels-, Kommanditgesellschaft) können nach §§ 124, 161 HGB unter ihrer Firma Verbindlichkeiten eingehen, vor Gericht klagen und verklagt werden. Sie sind deshalb selbständige Auftraggeber des Anwalts ohne Rücksicht auf die Zahl der persönlich haftenden Gesellschafter, auch ohne Rücksicht darauf, wie viele Gesellschafter bei Auftragserteilung für die Gesellschaft handeln mussten oder gehandelt haben.[140]

112 **Mitverklagte Gesellschafter.** Da zur Zwangsvollstreckung in das Privatvermögen der Gesellschafter ein Titel gegen diese erforderlich ist, kommt es häufig vor, dass ein oder mehrere Gesellschafter neben der Gesellschaft auch persönlich in Anspruch genommen werden. Erteilt in solchem Fall der Gesellschafter dem RA den Auftrag sowohl im eigenen Namen als auch für die Gesellschaft, so handelt es sich um Auftraggebermehrheit (→ Rn. 69). Dem steht es nicht entgegen, dass die Information nur von ein und derselben Person erteilt wird. Voraussetzung für eine Gebührenerhöhung nach VV 1008 RVG ist auch hier, dass der Gegenstand der anwaltlichen Tätigkeit derselbe ist. Das wird meistens der Fall sein, ohne dass es darauf ankommt, ob die Haftung des Gesellschafters für die Verbindlichkeiten der Gesellschaft (§ 128 HGB) als (echtes) Gesamtschuldverhältnis anzusehen ist.

113 Auch die **GmbH & Co. KG** ist eine Kommanditgesellschaft. Bei ihr gilt für die Frage der Auftragserteilung nichts anderes als bei anderen Personengesellschaften des Handelsrechts. Ob der Auftrag für die KG von einer natürlichen oder einer juristischen Person als Komplementär erteilt wird, ist unerheblich. Denn in beiden Fällen soll der RA für die KG tätig werden. Erteilt der Geschäftsführer als gesetzlicher Vertreter der GmbH dem RA allerdings den Auftrag sowohl namens der GmbH wie namens der durch diese vertretenen KG, so liegt wieder Auftraggebermehrheit vor. Der RA soll auftragsgemäß sowohl für die beklagte KG als auch für die mitverklagte Komplementärin, die GmbH, tätig werden.[141]

– Pfleger

114 Er ist gesetzlicher Vertreter (§ 1915 BGB iVm § 1793 Abs. 1 S. 2 BGB). Es kommt also auf die Anzahl der Pflegebefohlenen und nicht die der Pfleger an (→ Rn. 131).[142] Etwas anderes gilt allerdings, wenn ein Pfleger für unbekannte Beteiligte bestellt wird (→ Rn. 84).

– PKH-Anwalt oder nach § 11a ArbGG beigeordneter RA

115 Auftraggeber ist immer nur die Partei, nicht der Bund oder das Land, aus deren Kasse der beigeordnete RA die Vergütung nach § 45 Abs. 1 RVG erhält. Die Staatskasse ist darum auch niemals zusätzlicher Auftraggeber iSv VV 1008 RVG. Möglich ist aber, dass derselbe RA mehreren beihilfeberechtigten Verfahrensbeteiligten beigeordnet wird. Geschieht das in derselben Angelegenheit und wegen desselben Gegenstandes, so erhält er aus der Staatskasse die nach VV 1008 RVG erhöhte Gebühr des § 49 RVG. Beim PKH-Anwalt kann sogar bei verschiedenen Gegenständen eine Gebührenerhöhung gem. VV 1008 RVG erfolgen (→ Rn. 251 ff.).

– Politische Partei

116 Die politischen Parteien sind durchweg als rechtsfähiger oder nicht rechtsfähiger Verein organisiert.[143] Sie sind gem. § 3 S. 1 ParteiG auch als nicht rechtsfähiger Verein aktiv- und passivlegitimiert. Dasselbe gilt für ihre Gebietsverbände der jeweils höchsten Stufe, sofern ihre Sat-

---

139 BGH NJW-RR 2008, 582 = MDR 2008, 524.

140 SG Dortmund JurBüro 1994, 731; Hartmann/Toussaint/*Toussaint* RVG § 7 Rn. 13 „Offene Handelsgesellschaft".

141 OLG Koblenz Rpfleger 1985, 253; OLG Bamberg JurBüro 1986, 721; Bischof/*Bräuer* RVG VV 1008 Rn. 33.

142 OLG Frankfurt a. M. AnwBl 1980, 260 = JurBüro 1980, 1019 = Rpfleger 1980, 310; Hartmann/Toussaint/*Toussaint* RVG § 7 Rn. 13 „Pfleger".

143 Palandt/*Ellenberger* BGB Einf. Vor § 21 Rn. 17.

zung nicht etwas anderes bestimmt (§ 3 S. 2 ParteiG). Der RA vertritt dann, wenn er für die Partei auftritt, nur einen Auftraggeber.[144] Generell wegen nicht rechtsfähigem Verein → Rn. 126.

– Privatkläger

Mehrere Privatkläger sind mehrere Auftraggeber.[145] Es gelten hier die gleichen Grundsätze wie beim Nebenkläger (→ Rn. 100). 117

– Prozessstandschaft

Der Prozessstandschafter handelt nicht als Vertreter. Nur er allein ist Auftraggeber.[146] Zu zwei Rollen in einer Person → Rn. 46 ff. 118

Beispiel:

Verwalter einer Wohnungseigentümergemeinschaft beauftragt den RA im eigenen Namen.

– Rechtsnachfolger

→ Rn. 80. 119

– Spruchverfahren 120

Der RA, der im Spruchverfahren die Antragsberechtigten, die selbst nicht Antragsteller sind, vertritt, hat die Stellung eines gesetzlichen Vertreters und vertritt damit nicht eine Mehrheit.[147]

– Streitgenossen 120a

Vertritt der RA in einem Verfahren mehrere Streitgenossen, so ist er für mehrere Auftraggeber tätig.

– Streithelfer

Vertritt der RA mehrere Streithelfer, so hat er mehrere Auftraggeber.[148] Dasselbe gilt, wenn er in derselben Angelegenheit gleichzeitig für eine Partei und einen Streithelfer tätig ist. Hingegen hat er nur einen Auftraggeber, wenn er dieselbe Person sowohl als Partei als auch als Streithelfer vertritt.[149] 121

– Testamentsvollstrecker

Auftraggeber ist der Testamentsvollstrecker als Partei kraft Amtes (→ Rn. 103). 122

– Treuhänder

Bei der Treuhand kann ein Fall mittelbarer Stellvertretung vorliegen – nach außen ist der Treuhänder Inhaber des Rechts. Es kann aber auch eine echte Stellvertretung gegeben sein.[150] Auf wen abzustellen ist, hängt davon ab, ob der Treuhänder den RA beauftragt, sein eigenes Recht geltend zu machen, was sowohl bei einer offenen als auch verdeckten Sicherungsabtretung der Fall sein kann, oder ob er als Vertreter des Treugebers den RA mandatiert, für den Treugeber tätig zu sein. Nur im letzten Fall ist auf den Treugeber abzustellen. Grundsätzlich zur Abtretung → Rn. 52. 123

– Unterhalt → Rn. 94. 124

– Verein

(1) Rechtsfähiger Verein. Er ist eine juristische Person, weshalb der RA nur einen Auftraggeber vertritt (→ Rn. 93). 125

(2) Nicht rechtsfähiger Verein nach Gesetz oder gefestigter Rspr. Auf den **nicht rechtsfähigen Verein** finden nach § 54 S. 1 BGB die Vorschriften über die Gesellschaft Anwendung. Nachdem der BGH nunmehr die Parteifähigkeit teilweise für die BGB-Gesellschaft anerkannt hat, muss dies erst recht für den nicht rechtsfähigen Verein gelten.[151] Deshalb gelten die Ausführungen oben zur BGB-Gesellschaft (→ Rn. 65 ff.).[152] 126

---

[144] Hartmann/Toussaint/*Toussaint* RVG § 7 Rn. 13 „Partei".

[145] Gerold/Schmidt/*von Eicken,* 16. Aufl. 2004, RVG VV 1008 Rn. 90, 91.

[146] BGH NJW 1987, 2240 = Rpfleger 1987, 387; OLG Koblenz JurBüro 2000, 529; LAG München AGS 2009, 212.

[147] BGH JurBüro 2014, 140 = NJW-RR 2014, 186.

[148] Hartmann/Toussaint/*Toussaint* RVG § 7 Rn. 13 „Streithelfer".

[149] OLG München JurBüro 1993, 727; Hartmann/Toussaint/*Toussaint* RVG § 7 Rn. 13 „Streithelfer"; *Hansens* BRAGO § 6 Rn. 5.

[150] Palandt/*Herrler* BGB § 903 Rn. 33 ff.

[151] BGH MDR 2007, 1446; KG MDR 2003, 1197.

[152] Daher jetzt überholt OLG Frankfurt a. M. JurBüro 1984, 865, Auftraggebermehrheit, wenn Mitglieder des Orchestervorstands als Prozessstandschafter urheberrechtliche Ansprüche geltend machen; OLG Schleswig Jur-

127 **(3) Zwangsvollstreckung.** Der nichtrechtsfähige Verein ist auch vollstreckungsfähig.[153] Bei einer Vollstreckung gegen das Vereinsvermögen vertritt der RA des Vereins nur einen Auftraggeber.

– Vergabeverfahren

128 → Rn. 75.

– Verteidiger

129 Ein Verteidiger darf nicht mehrere Beschuldigte oder Angeklagte verteidigen (§ 146 StPO). Wird deshalb das Mandat in Einzelmandate aufgeteilt, so findet keine Erhöhung statt.

– Vertrag zu Gunsten Dritter

130 Es kommt darauf, ob der RA einen oder mehrere Dritte vertritt (→ Rn. 39).

– Vertreter

131 Es kommt auf die Anzahl der Vertretenen und nicht die der Vertreter an. Vertritt der Vertreter mehrere Personen, so handelt es sich um mehrere Auftraggeber.[154] Der Vertreter zählt nicht mit.[155] Das gilt für jede Art von Vertreter, auch für den gesetzlichen.[156]

Beispiel:

Der Vater beauftragt im Namen seiner beiden Kinder den RA, einen diesen gemeinsam zustehenden Anspruch durchzusetzen (zwei Auftraggeber).

132 Beauftragt der Vertreter den RA **im eigenen und im fremden Namen,** dann hat der RA mehrere Auftraggeber (→ Rn. 44).

– Vormund

133 Der Vormund ist gesetzlicher Vertreter (§ 1793 Abs. 1 S. 1 BGB). Erteilt ein Vormund für mehrere Mündel den Auftrag, so ist nicht er, sondern sind die mehreren Mündel Auftraggeber.[157] Die Gebühr erhöht sich, sofern – worauf hier besonders zu achten ist – auch Gegenstandsgleichheit besteht.[158] Umgekehrt liegt bei Auftragserteilung durch mehrere Vormünder namens desselben Mündels, (§ 1797 BGB) keine Auftraggebermehrheit vor.

– Wohnungseigentümergemeinschaft

134 **Teilweise Rechts- und Parteifähigkeit.** Bis Mitte 2005 wurde die Wohnungseigentümergemeinschaft ganz überwiegend als weder rechts- noch parteifähig angesehen.[159] Dies hat der BGH mit einer grundlegenden Entscheidung[160] dahingehend geändert, dass die WEG unabhängig von ihrer Größe[161] als Verband sui generis[162] rechtsfähig ist, soweit sie an der Verwaltung des gemeinschaftlichen Eigentums teilnimmt, ohne dass es auf den aktuellen Mitgliederstand ankommt.[163] Mit Wirkung vom 1.7.2007 wurde hinsichtlich bestimmter Angelegenheiten in § 10 Abs. 6 Abs. 1 S. 1 WEG die Rechts- und Parteifähigkeit der WEG im Gesetz festgeschrieben. Eine entsprechende Regelung findet sich mit Modifikationen in § 9a Abs. 1 WEG, in Kraft seit dem 1.12.2020, wieder. Die WEG kann hinsichtlich bestimmter Angelegenheiten Rechte erwerben und Verbindlichkeiten eingehen und damit gem. § 50 Abs. 1 ZPO auch vor Gericht klagen und verklagt werden. Insoweit wird gem. § 9a Abs. 1 S. 2 WEG die WEG bereits mit der Anlegung der Wohnungsgrundbücher rechts- und prozessfähig.[164]

135 **Geborene Ausübungsbefugnis.** § 9a Abs. 2 WEG regelt, welche Rechte die WEG ausüben und welche Pflichten sie wahrnehmen kann (geborene Ausübungsbefugnis), wobei die

Büro 1992, 168, auch bei Eintragung des Vereins während des Verfahrens; OLG München AnwBl 1994, 471 = JurBüro 1994, 729 = MDR 1994, 735.

[153] Palandt/*Ellenberger* BGB § 54 Rn. 11.

[154] OLG Frankfurt a. M. JurBüro 1989, 1111; Hartmann/Toussaint/*Toussaint* RVG § 7 Rn. 13 „Vertreter".

[155] OLG Düsseldorf OLG 05, 58.

[156] OLG Düsseldorf OLGR 05, 58; OLG Karlsruhe AnwBl 1981, 193.

[157] OLG Frankfurt a. M. AnwBl 1980, 260 = JurBüro 1980, 1019 = Rpfleger 1980, 310, zu Pflegschaft.

[158] OLG Frankfurt a. M. JurBüro 1980, 1019 = Rpfleger 1980, 310, Abwesenheitspfleger für mehrere Personen.

[159] BGH JurBüro 1984, 377 = MDR 1984, 561; NJW 1987, 2240 = JurBüro 1988, 64 = Rpfleger 1987, 387; OLG Schleswig NJW-RR 2004, 804; KG KGR Berlin 2003, 262; 2004, 420; *Hansens* AnwBl 2001, 581 (582).

[160] BGH NJW 2005, 2061 = JurBüro 2005, 534; ebenso der 7. Sen. des BGH NJW 2007, 1952 Ziff. I 1.

[161] BGH NJW 2005, 2061 (2068) Ziff. 12.

[162] BGH NJW 2005, 2061 (2066) Ziff. 8c.

[163] BGH NJW 2005, 2061 (2065) Ziff. 6c.

[164] Damit ist die Rechtsprechung zur werdenden WEG überholt (Palandt/*Wicke* WEG § 9a Rn. 2).

Wohnungseigentümer in diesen Fällen von der Ausübung/Wahrnehmung ausgeschlossen sind.[165] Beauftragt die WEG den RA in den Fällen des 9a Abs. 2 WEG, steht dem RA kein Mehrvertretungszuschlag zu.

Aus gemeinschaftlichem Eigentum. Hierunter fallen zunächst gem. § 9a Abs. 2 Fall 1 WEG die sich aus dem gemeinschaftlichen Eigentum ergebenden Rechte und Pflichten. Hierzu gehören ua, 136

auf der Aktivseite

- Beseitigungs- oder Unterlassungsansprüche der WEG aus § 1004 BGB wegen Störung durch unzulässigen Gebrauch oder unzulässiger baulicher Veränderung durch Wohnungseigentümer oder Dritte,[166]
- Mängelgewährleistungsansprüche, die sich aus dem gemeinschaftlichen Eigentum ergeben,[167]
- Beitragsansprüche der Gemeinschaft gegen einen einzelnen Eigentümer.[168]

auf der Passivseite

- Schadensersatzansprüche eines Wohnungseigentümers gegen die WEG wegen Verletzung der Verkehrssicherungspflicht bzw. wegen Verletzung der korrespondierenden Pflicht zur ordnungmäßigen Instandhaltung des Gemeinschaftseigentums.[169]

Vorrangiges Interesse der WEG. Weiter steht gem. § 9a Abs. 2 Fall 2 WEG das Ausübungsrecht allein der WEG zu, wenn bei typisierender Betrachtungsweise schutzwürdige Belange der WEG an einheitlicher Geltendmachung das grundsätzlich vorrangige Interesse des Wohnungseigentümers an eigener Rechtsdurchsetzung deutlich überwiegen, zB bei Minderung und kleinem Schadensersatz.[170] Dies war bereits in § 10 Abs. 6 S. 3 WEG aF vorgesehen. Die Bestimmung entspricht somit dem schon vorher geltenden Recht.[171] 137

Gewillkürte Ausübungsbefugnis. Die noch in § 10 Abs. 6 S. 3 WEG aF vorgesehene „gekorene" Ausübungsbefugnis kennt § 9a Abs. 2 WEG nF nicht mehr. Die Rechtsprechung zum Bauträgervertragsrecht, wonach die WEG nach Beschlussfassung bestimmte Mängelrechte ausüben kann,[172] bleibt aber bestehen, da sie nicht auf § 10 Abs. 3 S. 3 WEG aF beruhte.[173] Hierfür bedarf es aber eines Mehrheitsbeschlusses.[174] 138

Darüber hinaus können in weiteren Fällen Ausübungsrechte nach den allgemeinen Regeln auf die WEG übertragen werden (zB durch Übertragung des Rechts oder durch Einräumung einer Prozessvollmacht).[175] ZB können die Eigentümer die WEG zur Durchsetzung ihrer Ansprüche wegen Mängeln am Sondereigentum ermächtigen; ebenso kann der Verwalter ermächtigt werden. als Prozessstandschafter Ansprüche einzelner Wohnungseigentümer im eigenen Namen geltend zu machen.[176] Dann liegt eine gewillkürte Prozessstandschaft vor[177] und der RA vertritt nur einen Auftraggeber. 139

Auftrag entscheidet. Es kommt darauf an, welchen Auftrag der RA tatsächlich erhalten hat. Soll er die einzelnen Eigentümer vertreten, so erhält er den Mehrvertretungszuschlag,[178] soll er hingegen die Gemeinschaft vertreten, so steht ihm der Mehrvertretungszuschlag nicht zu. 139a

Vertretung des Falschen. Dabei ist unerheblich, ob er den nach materiellem Recht Falschen vertritt, also zB für mehrere Eigentümer tätig wird, obgleich nach § 9a Abs. 2 WEG nur die Gemeinschaft ausübungs- oder wahrnehmungsbefugt ist. Entscheidend ist, für wen der RA tätig sein sollte und nicht, für wen er nach materiellen Recht hätte tätig sein müssen. Das gilt sowohl für Aktiv- wie für Passivverfahren. 139b

---

[165] Palandt/*Wicke* WEG § 9a Rn. 6.

[166] Regierungsentwurf zum WEMoG S. 50; Palandt/*Wicke* WEG § 9a Rn. 7 mit weiteren Beispielen.

[167] BGH NJW 2007, 1952 Ziff. I 2a; OLG Koblenz JurBüro 2006, 315.

[168] BGH NJW 2005, 2061; KG NJW 2006, 1983; NJW 2007, 2193.

[169] OLG München NJW 2006, 1293.

[170] Palandt/*Wicke* WEG § 9a Rn. 8 mit weiteren Beispielen.

[171] Regierungsentwurf zum WEMoG S. 51.

[172] Beispiele Palandt/*Wicke* WEG § 9a Rn. 10.

[173] Regierungsentwurf zum WEMoG S. 51.

[174] Palandt/*Wicke* WEG § 9a Rn. 10.

[175] Regierungsentwurf zum WEMoG S. 51; BGH NJW 2007, 1957.

[176] BGH JurBüro 1988, 64; BayObLG KostRspr § 6 BRAGO Nr. 226; OLG Schleswig JurBüro 2008, 365 = NJW-RR 2008, 1114.

[177] BGH NJW 2007, 1952 Ziff. I 3; JurBüro 1988, 64; BayObLG KostRspr § 6 BRAGO Nr. 226; OLG Schleswig JurBüro 2008, 365 = NJW-RR 2008, 1114.

[178] OLG Schleswig JurBüro 2008, 365 = NJW-RR 2008, 1114.

Beispiel 1:

Zwei Wohnungseigentümer und ihr RA meinen irrig, es läge ein Fall vor, in dem sie und nicht die WEG ausübungsberechtigt sind. Auf einen richterlichen Hinweis hin wird der Antrag dahingehend geändert, dass die WEG Klägerin ist.

Der Mehrvertretungszuschlag ist angefallen.

Allerdings kann der RA diesen uU nicht geltend machen, weil er hätte erkennen müssen, dass ausübungsberechtigt nur die WEG ist → § 1 Rn. 165 ff.

Beispiel 2a:

Der RA klagt auftragsgemäß im Namen der WEG, der aber in diesem Fall das Ausübungsrecht nicht zusteht. Er ändert den Klageantrag und klagt nunmehr im Namen der betroffenen Wohnungseigentümer.
Der Mehrvertretungszuschlag ist mit der Klageänderung angefallen.

Beispiel 2b:

Obwohl die WEG eigentlich nicht ausübungsberechtigt ist, spricht das Gericht, das das auch nicht erkennt, die Klage der WEG zu.

Der Mehrvertretungszuschlag ist nicht angefallen.

Beispiel 3:

Verklagt werden einzelne Wohnungseigentümer. Nachdem der Beklagtenvertreter erwidert hat, wird nach Umstellung des Antrags zutreffender Weise die WEG verklagt.
Der Mehrvertretungszuschlag ist beim Beklagtenvertreter angefallen.

139c **Auslegung des Auftrags.** Wen der RA vertreten soll, ist im Einzelfall durch Auslegung zu ermitteln. Dabei steht einer Vertretung der einzelnen Eigentümer nicht entgegen, dass der Verwalter den Mandatsauftrag erteilt hat, wenn erkennbar ist, dass er dies in Vollmacht der einzelnen Eigentümer getan hat.[179] Im Zweifel ist davon auszugehen, dass der RA für denjenigen tätig sein soll, dem das Ausübungsrecht wirklich zusteht.

140 Wegen **Zwangsvollstreckung** → RVG VV 3309 Rn. 428 ff., wegen **Kostenerstattung** → Rn. 351 ff.

141 – **Zeuge,** → Rn. 175.

– **Zwangsverwalter**

142 Er ist Partei kraft Amtes (→ Rn. 103).

143 – **Zwangsvollstreckung** → RVG VV 3309 Rn. 44 ff.

IX. Gegenstandsgleichheit bei Wertgebühren

1. Bedeutung für Wertgebühren

144 Bei den Wertgebühren **(Gebühren, die sich nach einem Gegenstandswert richten)** tritt eine Gebührenerhöhung nur ein, soweit der Gegenstand der anwaltlichen Tätigkeit derselbe ist (VV 1008 Anm. Abs. 1 RVG). Liegen hingegen verschiedene Gegenstände vor, so werden die Gegenstandswerte gem. § 22 RVG addiert, die Gebühr wird aber nicht erhöht.[180] **Günstiger für den RA** ist es manchmal, wenn derselbe Gegenstand, und manchmal, wenn mehrere Gegenstände vorliegen. Bei Teilgeldschulden ist eine Mehrheit von Gegenständen ungünstiger, da die Einzelwerte, die addiert werden, sich nur aus dem jeweiligen Anteil errechnen, die Gebühr aber nicht erhöht wird. Bei Herausgabeklagen wäre es günstiger, wenn man entgegen der hier vertretenen Ansicht (→ Rn. 153 ff.) mehrere Gegenstände annehmen würde, da sich der volle Wert des Gegenstands verdoppeln würde, was zu höheren Gebühren führt als eine 0,3 Gebührenerhöhung.

2. Allgemeine Grundsätze

145 → Anh. VI Rn. 367 ff.

3. Dasselbe Recht oder Rechtsverhältnis

146 Derselbe Gegenstand liegt nur vor, wenn der RA für mehrere Auftraggeber wegen desselben Rechts oder Rechtsverhältnisses tätig wird,[181] wenn die Auftraggeber insoweit eine Rechtsge-

[179] OLG Schleswig JurBüro 2008, 365 = NJW-RR 2008, 1114.

[180] OLG München MDR 1990, 560; VGH Mannheim Rpfleger 1990, 270.

[181] BVerfG NJW 1997, 3430 Ziff. II 2b = JurBüro 1998, 78 = MDR 1997, 1065; BVerfG NJW 2000, 3126 = AGS 2000, 239; BGH AnwBl 1991, 54 = FamRZ 1991, 51 = NJW-RR 1991, 119; OLG Köln JurBüro 1992, 165 (166) Ziff. II.

meinschaft oder eine dieser gleichgestellten Gemeinschaft sind. Steht hingegen jedem von mehreren Auftraggebern das Recht allein zu bzw. werden die Auftraggeber wegen Rechten in Anspruch genommen, von denen jeder Auftraggeber ganz allein betroffen ist, so handelt es sich um verschiedene Gegenstände.

4. Rechtsgemeinschaft

a) Rechtsgemeinschaft. Ein Gegenstand liegt vor, wenn der Anspruch einer Rechtsgemeinschaft zusteht bzw. sich gegen eine solche richtet, zB Gesamtschuldner (§ 421 BGB)[182] oder Gesamtgläubiger (§ 428 BGB). Bei Gesamtschuldnern schuldet jeder die gesamte Leistung, während der Gläubiger die Leistung nur einmal fordern kann. Jeder Gesamtgläubiger kann die ganze Leistung fordern, der Schuldner muss aber nur einmal leisten. Weiter gehören hierher Gesamthandsberechtigte wie Gesamthandseigentümer.[183] Ein Gegenstand ist gegeben, wenn die zusammen veranlagten Ehegatten, die gegenüber dem Finanzamt Gesamtschuldner (§ 44 AO) sind, wegen der Abzugsfähigkeit eines Arbeitszimmers des Ehemanns klagen.[184] 147

Ist bei einem **Verwaltungsakt** jeder einzelne Auftraggeber nur in seinem persönlichen Recht betroffen, so handelt es sich um verschiedene Gegenstände, deren Werte zu addieren sind,[185] zB → Rn. 152, 196, 202. Steht das Recht den mehreren aber als Rechtsgemeinschaft zu, so ist nur ein Gegenstand gegeben. Eine Rechtsgemeinschaft besteht bei Gesamtschuldnern (→ Rn. 185)[186] und kann bei Mitgläubigern gegeben sein (→ Rn. 158). Dabei ist es dann auch unerheblich, ob ein oder mehrere Verwaltungsakte ergangen sind, wenn nur in einem Verfahren gegen sie vorgegangen wird.[187] Ein Gegenstand ist gegeben, wenn sich beide Eltern dagegen wehren, dass das Jugendamt ihnen das ihnen gemeinsam zustehende Sorgerecht entziehen will. 148

Nicht reicht es jedoch für die Annahme nur eines Gegenstands aus, dass **ein Recht in materieller Hinsicht abhängt** von einem anderen im gleichen Verfahren geltend gemachten Recht, zB bei vier Asylantragsstellern, bei denen die Asylgewährung von dem Asylrecht eines Einzelnen abhängt.[188] 149

b) Rechtsgemeinschaft gleichgestellte Fälle. Es gibt der Rechtsgemeinschaft gleich zu behandelnde Fälle.[189] 150

(1) Verwaltungsrecht. Hierher gehören im Verwaltungsrecht zB 151
- der ausgewiesene Ausländer und seine deutsche Ehefrau verlangen gemeinsam die Befristung der Wirkung der Ausweisung oder die Erteilung einer **Aufenthaltserlaubnis,** um ihre Ehe (wieder) im Bundesgebiet führen zu können, obgleich es letztlich nur um die Aufenthaltserlaubnis des ausländischen Ehegatten geht,
- deutsche Adoptiveltern und ihr ausländisches Adoptivkind erstreben gemeinsam die Erteilung einer Aufenthaltserlaubnis für das Kind,[190] obgleich es letztlich nur um die Aufenthaltserlaubnis des Adoptivkindes geht,
- beide Eltern klagen aus eigenem Recht gegen die Veränderung des **Schulwegs** ihres Kindes; es geht um denselben Schulweg.[191]
- ein Pächter macht neben den Eigentümern wegen **Enteignung Ersatzland** (nicht Geld) geltend, wobei er dies aus dem Recht der Eigentümer herleitet; es geht um dasselbe Ersatzland.[192]

Mit diesen Fällen ist nicht der Fall zu verwechseln, dass mehrere Familienmitglieder jedes für sich eine **Aufenthaltserlaubnis** erstreben, also jeder sein gesondertes Recht auf Aufenthaltserlaubnis geltend macht. Insofern liegen mehrere Gegenstände vor,[193] und zwar selbst dann wenn die Aufenthaltserlaubnis für alle von der Erlaubnis für eine einzelne Person abhängt 152

---

[182] OLG Bamberg JurBüro 1983, 1813; OVG Lüneburg NVwZ-RR 1994, 703; VGH München BayVBl. 1986, 221.

[183] OLG Bamberg JurBüro 1983, 1813.

[184] FG Köln AGS 2010, 489 = EFG 2010, 1638.

[185] VGH München BayVBl. 1985, 444; 86, 221.

[186] OVG Lüneburg NVwZ-RR 1994, 703; VGH München BayVBl. 1986, 221.

[187] OVG Lüneburg NVwZ-RR 1994, 703; VGH München BayVBl. 1986, 221.

[188] OVG Bautzen AGS 2001, 58, Streitwert 4 × 4.000 DM; OVG Lüneburg JurBüro 1985, 867.

[189] BVerwG NVwZ-RR 1991, 669; OVG Bautzen AGS 2001, 58.

[190] BVerwG NVwZ-RR 1991, 669.

[191] Zu einem anderen Ergebnis ist OVG Bremen Rpfleger 1980, 310 gekommen, weil es bereits eine Mehrheit von Auftraggebern verneint hat.

[192] VGH München BayVBl. 1985, 444.

[193] OVG Bautzen JurBüro 2008, 535; VG Berlin RVGreport 2011, 460 mzustAnm *Hansens.*

(aber → RVG VV 2500 Rn. 31, wo im Falle der Beratungshilfe in Abweichung vom KG[194] von mehreren Angelegenheiten ausgegangen wird).[195]

153 **(2) Zivilrecht.** Der Rechtsgemeinschaft gleichzustellen sind auch **mehrere Mieter gegenüber einem Räumungsverlangen.** Zwar wird, wenn einer räumt, der andere von seiner Räumungspflicht nicht frei, weshalb teilweise verschiedene Gegenstände angenommen werden.[196] Demgegenüber bejaht die hM zutreffend nur einen Gegenstand und erkennt damit den Erhöhungszuschlag an.[197] Die beiden Räumungspflichten sind nämlich nicht ganz unabhängig, da der, der bereits geräumt hat, wegen der mietvertraglichen Rückgabepflicht weiter zur Rückgabe verpflichtet ist, wenn der andere noch nicht geräumt hat.[198] Die erste Meinung scheint von der Absicht geleitet zu sein, die Kosten niedrig zu halten. Sie geht nämlich wie selbstverständlich davon aus, dass der Gegenstandswert sich nur einmal aus der einjährigen Miete (§ 41 Abs. 2 S. 1 GKG) errechne. Dem ist aber nicht so. Nimmt man mehrere Gegenstände an, so müssten pro Mieter eine Jahresmiete genommen und diese Werte dann addiert werden. Der Intention des § 41 Abs. 2 S. 1 GKG entspricht es besser, wenn der Streitwert auch bei mehreren Mietern niedrig gehalten wird.[199] Andererseits ist es aber auch angemessen, die Mehrarbeit des Anwalts zusätzlich zu vergüten.

154 Diese Grundsätze gelten auch für das **Räumungsfristverfahren gem. § 721 ZPO**[200] oder wenn der Anwalt mehrere auf **Duldung oder Unterlassung** in Anspruch genommene Vermieter oder Mieter vertritt. Die Besonderheiten eines Mietverhältnisses rechtfertigen hier eine Abweichung von den sonstigen Grundsätzen bei Duldung oder Unterlassung (→ Rn. 211 ff.).[201]

155 **Herausgabe durch Mitbesitzer.** Auch hier besteht durch den gemeinsamen Besitz eine so enge Verbindung der Herausgabeansprüche untereinander, dass es gerechtfertigt ist, hier nur einen Gegenstand anzunehmen.

156 **Abnahme gemeinsam verkaufter Sache.** Dasselbe muss gelten, wenn mehrere Verkäufer eines Gegenstandes auf Abnahme klagen.[202]

5. Verschiedene Gegenstände bei Streitgenossen

157 Geht es um jeden Streitgenossen selbständig treffende **Verpflichtungen,** die jeder nur für sich selbst erbringen kann, oder anders ausgedrückt, die nicht dadurch für alle erfüllt sind, dass nur einer die Leistung erbracht hat, so liegen verschiedene Gegenstände vor, es sei denn es liegt eine der Rechtsgemeinschaft gleichgestellte Konstellation vor. Das gilt auch dann wenn eine inhaltsgleiche Leistung verlangt wird.[203] Bei **Rechten** der Streitgenossen sind verschiedene Gegenstände gegeben, wenn jeder Einzelne allein Leistung an sich verlangt und nicht an eine Gemeinschaft.[204] So sind verschiedene Gegenstände gegeben, wenn mehrere Reisende als Streitgenossen Schadensersatz gegen Flugverkehrsunternehmen einklagen.[205] Verschiedene Gegenstände sind bei Teilgläubigern bzw. Teilschuldnern gegeben.

6. Wahlmöglichkeit, insbes. Miteigentümer

158 Es gibt Rechtslagen, bei denen es die Gläubiger in der Hand haben, wie sie vorgehen wollen. Miteigentümer können bei Ansprüchen aus dem Eigentum (zB Klage auf Zahlung der Entschädigung nach Enteignung[206] (→ Rn. 179) oder Abwehr gegen Umlegungsverfahren

---

[194] KG JurBüro 2007, 543 Ziff. 2b.

[195] OVG Bautzen AGS 2001, 58; **aA** iErg KG JurBüro 2007, 543 Ziff. 2b, das allerdings nur prüft, ob eine Angelegenheit vorliegt, nicht aber, ob es sich um mehrere Gegenstände handelt.

[196] OLG Köln JurBüro 1992, 318, ohne Erhöhung des Gegenstandswerts; LG Köln JurBüro 1990, 857.

[197] BGH NJW 2005, 3786 = AnwBl 2006, 74 = WuM 2005, 792; OLG Düsseldorf JurBüro 1998, 535; OLG Hamm Rpfleger 2000, 40; LG Bonn Rpfleger 1990, 136; LG Aachen JurBüro 1982, 392; AG Dortmund Rpfleger 1994, 117; *N. Schneider* AGS 2004, 480.

[198] BGH NJW 1996, 515 (516) Ziff. III.

[199] Den gleichen Gedanken hat OVG Lüneburg NVwZ-RR 1994, 703 herangezogen für den Fall, dass Erschließungsbeiträge von mehreren Grundeigentümern verlangt werden.

[200] *N. Schneider* NZM 2006, 361 (365) Ziff. III 11 differenziert hier bei den Mietern, wenn diese sich auf unterschiedliche Gründe für ihr Verbleiben berufen.

[201] *N. Schneider* NZM 2006, 361 (363) Ziff. II 2d.

[202] **AA** OLG Köln JurBüro 1987, 1354 konsequenter Weise, da es auch bei Räumung verschiedene Gegenstände annimmt → Rn. 142.

[203] OLG Düsseldorf JurBüro 1998, 535; OLG Köln AnwBl 2000, 375.

[204] OLG Hamburg MDR 2007, 1044.

[205] BGH NJW 2019, 1373.

[206] OLG Düsseldorf AnwBl 1982, 529.

→ Rn. 209) nur hinsichtlich ihres Anteils klagen (verschiedene Gegenstände). Sie können aber gem. § 1011 BGB auch Ansprüche aus dem Eigentum hinsichtlich der ganzen Sache geltend machen (ein Gegenstand).[207] Es muss daher im Einzelfall geprüft werden, welche Ansprüche die Miteigentümer geltend machen. Der RA, der für seinen Mandanten Geld sparen will, wird klarstellen müssen, dass er nur den Anteil seiner Mandanten geltend macht. Im Zweifelsfall wird der Antrag so zu verstehen seien, wie er für die Auftraggeber kostengünstiger ist.[208] Einzelfälle → Rn. 190 ff.

7. Antrag entscheidet

Generell entscheidend ist, was die **Kläger/Antragsteller** begehren, und nicht, wie teilweise in der Lit. vertreten wird,[209] was sie an sich hätten geltend machen müssen. Im Prozessrecht richtet sich der Gegenstand nicht danach, was dem Gläubiger zusteht, sondern danach, was er verlangt. Auch für den RA ergibt sich der Gegenstand seiner Tätigkeit daraus, welchen Anspruch er durchsetzen oder abwehren soll. Machen die Kläger jeder einen ihnen allein zustehenden Unterlassungsanspruch geltend, müssen sie dann aber auf einen ihnen gemeinsam zustehenden Unterlassungsanspruch umstellen, so sind zunächst einmal (bis zur Umstellung) hinsichtlich der RA-Gebühren und der Gerichtskosten die Werte jedes einzelnen Anspruchs zu addieren.[210] 159

Dem kann nicht entgegengehalten werden, dass dann der RA entgegen der Absicht des Gesetzes doppelt begünstigt würde, nämlich zunächst mit einem höheren Gegenstandswert und dann mit der Gebührenerhöhung aus dem niedrigeren Gegenstandswert. Dieses Ergebnis kann dadurch verhindert werden, dass dem RA wahlweise nur entweder die erhöhte Gebühr aus dem niedrigeren Gegenstandswert oder die einfache Gebühr aus dem höheren Gegenstandswert zusteht. Darüber hinaus wird der RA in vielen Fällen ohnehin wegen Schlechterfüllung nicht die sich aus dem falschen Antrag ergebenden höheren Gebühren verlangen können, wenn er die falschen rechtlichen Konsequenzen hinsichtlich des Antrags gezogen hat. Des Weiteren ist der Antrag im Zweifel so auszulegen, wie er richtig gestellt wäre, soweit der Antrag im Zusammenhang mit dem Sachvortrag eine solche Auslegung zulässt. So ist OLG Düsseldorf verfahren, wenn es einen Antrag zweier Mitgläubiger über eine ihnen nur gemeinsam zustehende Forderung dahin verstand, dass Zahlung des gesamten Betrags an beide geltend gemacht ist, obgleich sie beantragt hatten, an die Bruchteilsgemeinschaft zu je $^1/_2$ den ganzen Schaden zu zahlen.[211] 160

Allgemein anerkannt ist, dass beim **Beklagten/Antragsgegner** der Gegenstand der anwaltlichen Tätigkeit durch den gegnerischen Angriff bestimmt wird. Danach liegt für ihn derselbe Gegenstand vor, wenn die mehreren Auftraggeber als Gesamtschuldner in Anspruch genommen worden sind, auch wenn er auftragsgemäß geltend machen soll, eine Gesamtschuld bestehe nicht[212] und wenn tatsächlich eine solche auch nicht besteht. Es besteht kein Grund, warum für die Angriffsseite etwas anderes gelten sollte. 161

8. Parteiwechsel

a) Allgemeines. Ein Parteiwechsel führt zu einem Mehrvertretungszuschlag gem. VV 1008 RVG (→ Rn. 104). Ohne dass dies immer ausdrücklich erwähnt wird, geht diese Meinung inzidenter davon aus, dass ein Parteiwechsel nicht zu einem Wechsel des Gegenstands führt, da sonst VV 1008 RVG in Ermangelung eines identischen Gegenstandes ausscheiden würde. An der Identität des Gegenstands ändert auch nichts, dass bei einem Anspruch, der sich von vornherein gegen verschiedene Personen richtet, auch dann mehrere Gegenstände anzunehmen sind, wenn diese Ansprüche weitgehende Parallelen aufweisen, wie zB bei Unterlassungsansprüchen gegen eine Gesellschaft und deren Geschäftsführer (→ Rn. 212). Der Unterschied ist, dass der RA beim Parteiwechsel mit dem Anspruch bereits befasst war und sich nur eine Partei ändert. Im anderen Fall hingegen sind es von vornherein unterschiedliche Ansprüche. Es gibt keine Überschneidung. 162

b) Zedent und Zessionar. Das gilt auch dann, wenn der Parteiwechsel darauf beruht, dass der Anspruch abgetreten wurde. Zum einen gibt es keinen Grund, hier etwas anderes gelten zu 163

---

[207] OLG Düsseldorf AnwBl 1982, 529; OLG München AnwBl 1988, 251.

[208] So verfährt auch die Rspr. stillschweigend zB OLG Bamberg JurBüro 1983, 1813.

[209] **AA** Gerold/Schmidt/*von Eicken,* 16. Aufl. 2004, RVG VV 1008 Rn. 68; *Hansens* BRAGO § 6 Rn. 3.

[210] Für eine Gleichstellung des Begriffs des Gegenstandes im Prozess- und Vergütungsrecht OLG Schleswig JurBüro 1980, 1505.

[211] OLG Düsseldorf AnwBl 1988, 70.

[212] Gerold/Schmidt/*von Eicken,* 16. Aufl. 2004, RVG VV 1008 Rn. 69.

lassen als sonst beim Parteiwechsel (→ Rn. 104). Darüber hinaus wird in der Rspr. im Zusammenhang mit der Anrechnung nach VV Vorb. 3 Abs. 4 RVG überwiegend und zu Recht angenommen, dass ein Gegenstand gegeben ist, wenn der RA zunächst den Zedenten vorgerichtlich und dann den Zessionar im Gerichtsverfahren wegen derselben Forderung vertritt[213] → Anh. VI Rn. 380 ff. Das muss auch im Zusammenhang mit VV 1008 RVG gelten, da sich bei der gebotenen wirtschaftlichen Betrachtungsweise und aus der Zielsetzung der VV Vorb. 3 Abs. 4 RVG, den geringeren Einarbeitungs- und Vorbereitungsaufwand des RA zu berücksichtigen, keine wesentlichen Unterschiede ergeben.

164 In der Lit. wird allerdings im Rahmen von VV Vorb. 3 Abs. 4 RVG diese Ansicht (im Zusammenhang mit der Abtretung) überwiegend abgelehnt, da es einerseits um den Anspruch des Zedenten und andererseits um den des Zessionars gehe und dabei zwei Anwaltsverträge vorlägen.[214]

Wegen Angelegenheit → § 17 Rn. 17 f.

9. Überprüfung aller Rechtsmöglichkeiten

165 Soll der RA „überprüfen, was der Auftraggeber wegen einer Verletzungshandlung des Gegners unternehmen kann", zB wegen unfertiger Wohnung, so handelt es sich um einen Gegenstand, obgleich der RA mehrere Anspruchsgrundlagen überprüfen muss. Der Wert richtet sich nach dem Anspruch mit dem höchsten Wert, den der RA auftragsgemäß prüfen durfte. War also Wandlung und Minderung zu prüfen, so richtet sich der Wert nach der Wandlung.[215]

10. Beschluss zum Gegenstandswert.

166 Ist der Gegenstandswert bestandskräftig dahingehend festgesetzt, dass mehrere Gegenstände gegeben sind, so ist ohne weitere Prüfung auch im Rahmen von VV 1008 RVG von mehreren Gegenständen auszugehen. Eine Gebührenerhöhung scheidet aus.[216] Umgekehrt ist eine Erhöhung vorzunehmen, wenn bindend entschieden ist, dass nur ein Gegenstand gegeben ist.

11. Einzelfälle

– Abmahnung

167 Gleich lautende Abmahnungen der gleichen Wettbewerbsverletzungen an selbständige Unternehmen eines Konzerns sind verschiedene Gegenstände.[217]

– Abtretung

168 → Rn. 163 ff.

– Abnahme gemeinsam verkaufter Sache

169 → Rn. 156.

– Auskunft

170 Der Auskunftsanspruch teilt als Nebenanspruch den rechtlichen Charakter des Hauptanspruchs. Verlangen die einzelnen **Unterhaltsgläubiger** Auskunft, so sind verschiedene Gegenstände gegeben. Der Wert der Auskunftsansprüche ist zu addieren.[218] Ebenso handelt es sich um verschiedene Gegenstände, wenn von mehreren Verletzern eine gleich lautende Auskunft im Zusammenhang mit einem **Unterlassungsbegehren** verlangt wird, da jeder gesondert zur Auskunftserteilung verpflichtet ist. Das gilt auch, wenn im Einzelfall einer der Streitgenossen tatsächlich in der Lage ist, die verlangte Auskunft umfassend zu erteilen.[219] Im Streitwertbeschluss muss deshalb auch für jeden Verletzer ein Streitwert festgesetzt werden.[220]

171 Ein Gegenstand ist jedoch gegeben, wenn hinsichtlich des Anspruchs, der mit der Auskunft vorbereitet werden soll, die Gegner Gesamtschuldner sind. Genauso wie ein Schuldner durch

---

[213] BGH FamRZ 2012, 366 Rn. 9 = JurBüro 2012, 190 = AGS 2012, 223 mablAnm *N. Schneider;* BGH NJW 2012, 781 Rn. 8 = JurBüro 2012, 188; OLG Düsseldorf 11.4.2011 – 17 W 14/11, BeckRS 2011, 22543; OLG Hamm NJW-RR 2011, 1566 = AGS 2012, 7; **aA** OLG Frankfurt a. M. 3.1.2011 – 23 U 259/09, BeckRS 2012, 01094, Entscheidung erging vor BGH-Rspr.

[214] *Mayer* NJW-Spezial 2011, 668; *Hansens* Anm. zu BGH RVGreport 2012, 118; *N. Schneider* Anm. 1 zu BGH AGS 2012, 223.

[215] Vgl. BGH JurBüro 2005, 141.

[216] OLG Koblenz JurBüro 2011, 596 Rn. 14; **aA** OVG Bremen JurBüro 1987, 566.

[217] OLG Düsseldorf AnwBl 1983, 31; ebenso BGH NJW 2005, 2927 zu gleichlautenden Schreiben an verschiedene Gläubiger wegen Unternehmenssanierung.

[218] OLG Düsseldorf JurBüro 1982, 712; unrichtig AG Neuss FamRZ 1995, 1282.

[219] OLG Düsseldorf GRUR 2000, 825; OLG Frankfurt a. M. JurBüro 2002, 139 = MDR 2002, 236; OLG München JurBüro 2004, 376.

[220] OLG München JurBüro 2004, 376.

Zahlung den gesamten Zahlungsanspruch erfüllen kann (§ 422 BGB), kann er dies auch durch eine erschöpfende Auskunft.[221] Werden zB wegen Verstoß gegen das MarkenG die Streitgenossen als Gesamtschuldner auf Schadensersatz in Anspruch genommen, so ist insoweit hinsichtlich des Leistungsanspruchs (→ Rn. 212) und damit auch hinsichtlich der Auskunft nur ein Gegenstand gegeben.[222]

– Ausländerrecht
→ Rn. 151, 152. 172

– Beamtenrecht
Beanstanden mehrere Beamte ihre Beurteilungen, so sind verschiedene Gegenstände gegeben.[223] 173

– Beigeladene
Werden mehrere beigeladen, zB in Flurbereinigungsverfahren, so geht es um verschiedene Gegenstände.[224] 174

– Beistand für Zeugen oder Sachverständige
Steht der RA mehreren Zeugen oder Sachverständigen bei, so ist er hinsichtlich verschiedener Gegenstände tätig, weshalb bei Wertgebühren (→ Rn. 144) eine Erhöhung gem. VV 1008 RVG ausscheidet, vielmehr eine Addition von Gegenstandswerten zu erfolgen hat.[225] Anders ist es, wenn Betragsrahmengebühren anfallen, wie zB beim Zeugenbeistand im Strafverfahren, da dann die Identität des Gegenstandes nicht Voraussetzung für eine Erhöhung ist.[226] Es gilt dann dasselbe wie bei der Vertretung von mehreren Nebenklägern (→ Rn. 100). 175

– Bruchteilseigentümer
→ Rn. 189 ff., 158 ff. 176

– Drittwiderspruchsklagen
gegen mehrere Pfändungsgläubiger, die wegen verschiedener Forderungen in denselben Gegenstand vollstrecken, stellen verschiedene Gegenstände dar. Es geht um das gesonderte Pfandrecht jedes einzelnen Gläubigers, das in keiner Verbindung mit dem der anderen steht.[227] 177

– Duldung der Zwangsvollstreckung
Wird gegen den einen auf Duldung der Zwangsvollstreckung, gegen den anderen auf Auszahlung des Versteigerungserlöses geklagt, so werden zwei ganz unterschiedliche Ansprüche geltend gemacht. Es geht also um verschiedene Gegenstände.[228] 178

– Enteignung
Wehren sich die Eigentümer mehrerer Grundstücke gegen die Enteignung, so handelt es sich um verschiedene Gegenstände. Ein Gegenstand ist hingegen gegeben, wenn Miteigentümer nach einer Enteignung auf Zahlung der gesamten Entschädigung an sie gemeinsam klagen,[229] da jeder gem. § 1011 BGB den ganzen Anspruch geltend machen kann und macht (→ Rn. 158 ff.). Anders wäre es nur, wenn jeder nur seinen Anteil geltend gemacht hätte.[230] Dazu, wenn Pächter neben Eigentümer Ersatzland verlangt → Rn. 151. 179

– Erben
Es handelt sich um **verschiedene** Gegenstände, 180
– wenn mehrerer Miterben die Zustimmung zur Verteilung des Versteigerungserlöses begehren, weil jeder nur den ihm zustehenden Anteil verlangt,[231]
– wenn bei mehreren Erben jeder einen Erbschein über seinen Anteil an der Erbschaft geltend macht,[232]

---

[221] OLG Düsseldorf JurBüro 1982, 712, wonach der Auskunftsanspruch den Charakter des Zahlungsanspruches teilt – zu Auskunft wegen Unterhaltsansprüchen.
[222] OLG Düsseldorf GRUR 2000, 825.
[223] OVG Saarlouis KostRspr § 6 BRAGO Nr. 7 (Ls.).
[224] VGH Mannheim KostRspr § 6 BRAGO Nr. 154.
[225] **AA** OLG Koblenz JurBüro 2005, 589 wegen Gleichbehandlung mit der Vertretung mehrerer Nebenkläger.
[226] OLG Düsseldorf AGS 2010, 71 = JurBüro 2010, 33; OLG Koblenz AnwBl 2006, 148 = JurBüro 2005, 589; LG Hamburg RVGreport 2011, 134 mzustAnm *Hansens.*
[227] OLG Düsseldorf AnwBl 1978, 422 = KostRspr § 6 BRAGO. Nr. 17 mAnm *E. Schneider.*
[228] OLG Köln AnwBl 1987, 242 = JurBüro 1987, 1182.
[229] OLG Düsseldorf AnwBl 1982, 529.
[230] OLG Düsseldorf AnwBl 1982, 529.
[231] OLG Karlsruhe JurBüro 1990, 334.
[232] LG Mannheim AGS 2012, 324; *N. Schneider* AGK 11, 32.

– wenn gegenüber mehreren Personen die Feststellung verlangt wird, dass die „Erben" nicht Erben sind; es wird gegen jeden Einzelnen geltend gemacht, dass er nicht Erbe ist.[233]

Hingegen handelt es sich um **denselben** Gegenstand,

– wenn mehrere in einem Erbschein als Erben genannte Erben sich dagegen wehren, dass der auf sie lautende Erbschein eingezogen wird. Die vom Gegner erstrebte Einziehung des Erbscheins konnte nämlich nur einheitlich zulasten der im Erbschein Genannten erfolgen,[234]

– wenn eine Erbengemeinschaft einen einheitlichen Erbschein für die Gemeinschaft beantragt.[235]

– Erschließungskosten

181 Wenden sich die Eigentümer derselben Straße gegen Erschließungsbeiträge, so liegen verschiedene Gegenstände vor. Jeder macht sein eigenes, von dem anderen unabhängiges Recht geltend.[236] Wenden sich Gesamtschuldner als Kläger gegen ihre Verpflichtung, Erschließungskosten zu tragen, so ist ein Gegenstand gegeben,[237] auch → Rn. 189 ff., 158 ff.

– Gegendarstellungsbegehren, gemeinsames gegen dieselbe Darstellung

182 Es gelten die gleichen Grundsätze wie bei Unterlassungsansprüchen,[238] → Rn. 211, 212.

– Gesamtgläubiger gem. § 428 BGB

183 Ihre Klage betrifft einen Gegenstand[239] (→ Rn. 147).

– Gesamthandsgläubiger

184 Sie sind Mitgläubiger, deshalb ist ein Gegenstand gegeben (→ Rn. 192).

– Gesamtschuldner

185 Werden sie als Gesamtschuldner verklagt, so liegt ein Gegenstand vor,[240] zB der RA vertritt nach einem Verkehrsunfall den Fahrzeugführer, den Fahrzeughalter und die gesetzliche Haftpflichtversicherung, die als Gesamtschuldner in Anspruch genommen werden. Das gilt auch dann, wenn Gesamtschuldner sich als Kläger gegen ihre Verpflichtung wehren, zB gegen Erschließungskosten[241] (→ Rn. 181).

– Hilfsantrag

186 Wird Hauptantrag nur gegen A (Freigabe eines Sparbuchs), ein höherer Hilfsantrag gegen A u. B gestellt (Zahlung), so sind der Hauptantrag und der Hilfsantrag zwei Gegenstände. Der Hilfsantrag führt auch zu keinem höheren Gegenstandswert, wenn über den Hilfsantrag nicht entschieden wird. Es fällt keine Gebühr hinsichtlich des Hilfsantrags an.[242] Anders wäre es, wenn das Gericht auch über den Hilfsantrag entschieden hätte. Dann wären bei A die Werte des Haupt- und Hilfsantrags zu addieren. Wären A und B im verbeschiedenen Hilfsantrag als Gesamtschuldner auf Zahlung verklagt worden, so würde aus dem Wert der Hilfsklage noch eine Gebührenerhöhung gem. VV 1008 RVG hinzukommen.

– Kostenerstattungsanspruch

187 Streitgenossen haften bei der Kostenerstattung grds. nach Kopfteilen (§ 100 Abs. 1 ZPO), was zu verschiedenen Gegenständen führt. Sind sie aber als Gesamtschuldner verurteilt, so sind sie Gesamtschuldner (§ 100 Abs. 4 ZPO). Dann ist ein Gegenstand gegeben (→ Rn. 185).

– Mitbesitzer, auf Räumung bzw. Herausgabe verklagte

188 → Rn. 153, 155.

– Miteigentümer

189 Es kommt auf den Einzelfall an. Dabei können die Miteigentümer teilweise wählen, wie sie vorgehen (→ Rn. 158 ff.).[243]

190 **(1) Verschiedene Gegenstände** werden angenommen,

– wenn mehrere auf Verschaffung ihres Anteils am Miteigentum klagen,[244]

---

233 *Hansens* BRAGO § 6 Rn. 4 unter Berufung auf OLG Hamm AGS 1994, 41.

234 LG München I RVGreport 2010, 65 mzustAnm *Hansens.*

235 *N. Schneider* AGK 2011, 32.

236 OVG Hamburg KostRspr § 6 BRAGO Nr. 155 mAnm *Lappe* wegen Angelegenheit.

237 VGH München BayVBl. 1986, 221.

238 OVG Hamburg JurBüro 1987, 1037.

239 OLG München AnwBl 1988, 251 = JurBüro 1987, 1178 = Rpfleger 1987, 388.

240 BGH NJW-RR 2005, 367 = FamRZ 2005, 265 = MDR 2005, 345, Freistellung von gesamtschuldnerischer Haftung; OLG München AnwBl 1988, 251 = JurBüro 1987, 1178 = Rpfleger 1987, 388.

241 VGH München BayVBl. 1986, 221.

242 LG Köln Rpfleger 1990, 477.

243 OLG München AnwBl 1988, 251 = Rpfleger 1987, 388 = JurBüro 1987, 1178.

244 OLG Koblenz JurBüro 2009, 249.

– wenn Miteigentümer eines Grundstücks sich gegen ein **Umlegungsverfahren** (→ Rn. 209) wehren und jeder die Tätigkeit des Anwalts nur für seinen Anteil veranlasst hat. Jeder ist dann nur für seinen Teil gegen den Beschluss vorgegangen.[245] Anders ist es, wenn jeder gem. § 1011 BGB hinsichtlich des ganzen Grundstücks gegen die Umlegung vorgeht,[246] → Rn. 181 zu Erschließungskosten.
– wenn sich Miteigentümer eines Grundstücks nur hinsichtlich ihres Anteils gegen einen **Planfeststellungsbeschluss** wenden.[247] Es gilt dasselbe wie beim Umlegungsverfahren (s. oben).
– wenn sich mehrere Verkäufer eines Grundstücks gegen eine Klage auf Feststellung der Unwirksamkeit des Vertrages verteidigen; jeder Beklagte ist als Verkäufer seines hälftigen Miteigentumsanteils betroffen,[248]

(2) Ein Gegenstand wird angenommen **191**
– wenn Miteigentümer einen Anspruch als **Mitgläubiger** geltend machen;[249] iE → Rn. 192,
– wenn Verkäufer eines Grundstücks einen einheitlichen Kaufpreis vereinbart haben und dann gemeinsam auf Feststellung der Wirksamkeit des Vertrages und auf Zustimmung zur Löschung einer Auflassungsvormerkung klagen,[250]
– wenn Miteigentümer auf eine **Löschungsbewilligung** klagen, da sie nur gemeinsam klagen können.[251]
– wenn Miteigentümer auf Einräumung einer **Grundschuld** verklagt werden,[252] da sie nur gemeinsam verklagt werden können.[253]

– Mitgläubiger (§ 432 BGB)

Fordern Mitgläubiger eine unteilbare Leistung an alle gemeinschaftlich, so ist ein Gegenstand gegeben. Auch tatsächlich teilbare Leistungen wie Geldforderungen können auf Grund des Innerverhältnisses zwischen den Gläubigern eine (rechtlich) unteilbare Leistung sein.[254] Haben zB Miteigentümer einen Auftrag erteilt und machen sie später Schadensersatz geltend, so sind sie Mitgläubiger. Beantragen sie, „an die Bruchteilsgemeinschaft zu je $^1/_2$ den ganzen Schaden zu zahlen", so ist dies nach OLG Düsseldorf im Zweifel dahin auszulegen, dass sie Zahlung des ganzen Schadens an beide zusammen verlangen, so dass nur ein Gegenstand vorliegt[255] (→ Rn. 159). Ein Gegenstand ist weiter gegeben, wenn mehrere Vermieter auf Räumung und Herausgabe klagen.[256] **192**

– Nebenklage

→ Rn. 100 ff. **193**

– Normenkontrollanträge

→ Rn. 216. **194**

– Pflichtteilsberechtigte

Jeder Pflichtteilsberechtigte hat einen eigenen Pflichtteilsanspruch gegen den Erben, also sind verschiedene Gegenstände betroffen.[257] **195**

– Planfeststellungsverfahren

Wehren sich die Eigentümer mehrerer Grundstücke gegen die Enteignung, so handelt es sich um verschiedene Gegenstände,[258] iÜ → Rn. 189 ff., 151, 158 ff. **196**

– Parteiwechsel

→ Rn. 162 ff. **197**

---

[245] OLG Bamberg JurBüro 1983, 1813.
[246] OVG Münster AGS 2012, 235.
[247] VGH Mannheim JurBüro 1990, 989.
[248] OLG Köln JurBüro 1992, 165 Rn. 7 ff.
[249] OLG Düsseldorf AnwBl 1988, 70.
[250] OLG München AnwBl 1988, 251.
[251] OLG Düsseldorf AnwBl 1996, 475 = JurBüro 1996, 584.
[252] OLG Düsseldorf AnwBl 1996, 475.
[253] BGH NJW-RR 1991, 333.
[254] Palandt/*Grüneberg* BGB § 432 Rn. 1 ff.
[255] OLG Düsseldorf AnwBl 1988, 70, die Miteigentümer können den ihnen als Gesamtgläubiger nur gemeinsam zustehenden Anspruch nur gemeinsam geltend machen; **aA** OLG Frankfurt a. M. JurBüro 1983, 1191, jeder ist nur iHv 40.000 DM am Gesamtstreitwert von 80.000 DM beteiligt.
[256] *N. Schneider* AGS 2004, 480.
[257] OLG Karlsruhe JurBüro 1990, 334; KG AGS 2006, 274; OLG Koblenz AnwBl 1983, 175 = JurBüro 1982, 1828; OLG Köln JurBüro 1994, 730, auch bei Klage auf Auskunft; OLG München JurBüro 1990, 602 = MDR 1990, 560 = Rpfleger 1990, 270.
[258] VGH Mannheim Rpfleger 1990, 270; VGH München BayVBl. 1991, 158.

– Privatklage

198 Jeder Privatkläger macht ein selbständiges Recht geltend, also verschiedene Gegenstände.[259] Bei der Privatklage ist zu berücksichtigen, dass von Anfang an nur eine Angelegenheit vorliegt, wenn wegen derselben Tat nacheinander Privatklagen erhoben werden. Das zweite Verfahren ist wie ein Beitritt gem. § 375 Abs. 2 StPO zu behandeln.[260]

– Räumungsklage

199 → Rn. 153.

– Rechtsgemeinschaft und Rechtsgemeinschaft gleichgestellte Fälle

200 → Rn. 147 ff.

– Schmerzensgeld und Sachschaden

201 Verschiedene Gegenstände liegen vor, wenn in einem Verfahren der RA Schmerzensgeldansprüche der Ehefrau und Sachschäden des Ehemannes geltend macht.

– Schule

202 – Überweisung an andere Schule. Es liegen mehrere Gegenstände bei Verwaltungsakt gegen Schule und mehrere Schüler vor, da jeder in seinem persönlichen Recht betroffen ist.[261]
– Schulwegschwierigkeiten → Rn. 151.

– Sozialhilfe

203 Wird Eingliederungshilfe für mehrere Personen bzw. von Waisenrenten für mehrere Kinder geltend gemacht, so geht es um verschiedene Gegenstände; jeder macht einen eigenständigen Anspruch geltend.[262] Das gilt auch bei einem gemeinsamen Widerspruch von Familienmitgliedern gegen einen einheitlichen Bescheid.[263]

– Stammeinlage

204 Werden mehrere GmbH-Gesellschafter auf Einzahlung der Stammeinlage in Anspruch genommen, so geht es um verschiedene Gegenstände.

– Steuerbescheid

205 Werden Eheleute gemeinsam veranlagt, und wenden sie sich gemeinsam gegen den Steuerbescheid, so geht es um einen Gegenstand.[264]

– Strafverfahren

206 → Rn. 280.

– Streitgenossen

207 → Rn. 157.

– Überprüfung aller Rechtsmöglichkeiten

208 → Rn. 165

– Umlegungsverfahren

209 Es handelt sich um verschiedene Gegenstände, wenn mehrere Grundstücke betroffen sind.[265] Dazu, wenn Miteigentümer eines Grundstücks gegen die Umlegung vorgehen → Rn. 189 ff., 158 ff.

– Unterhalt

210 Unterhaltsansprüche, die unterschiedlichen Personen zustehen, sind verschiedene Gegenstände, so zB wenn die Mutter Unterhaltsansprüche für sich und in Verfahrensstandschaft[266] für ihre beiden Kinder geltend macht (drei Gegenstände).[267] Zur Auskunft → Rn. 170. Der deliktische Unterhaltsanspruch aus einer vorsätzlichen Verletzung der Unterhaltspflicht und der gesetzliche Unterhaltsanspruch sind zwei Gegenstände.[268]

---

[259] **AA** LG Krefeld JurBüro 1980, 1825, das sich aber nur mit der Frage der Angelegenheit befasst und dabei übersehen hat, dass es noch den einheitlichen Gegenstand hätte prüfen müssen.

[260] LG Krefeld JurBüro 1980, 1825 = AnwBl 1981, 27 = Rpfleger 1981, 72; Löwe/Rosenberg/*Hilger* StPO § 375 Rn. 9.

[261] OVG SA NVwZ-RR 2018, 751 = RVGreport 2019, 98 mzustAnm *Hansens.*

[262] OVG Lüneburg JurBüro 1985, 868, Eingliederungshilfe; SG Münster AnwBl 1985, 387.

[263] **AA** LG Koblenz JurBüro 1997, 33, das aber nur geprüft hat, ob eine Angelegenheit vorliegt, nicht aber, ob auch nur ein Gegenstand gegeben ist.

[264] BFHE 119, 14.

[265] OLG Braunschweig MDR 1982, 241.

[266] Palandt/*Götz* BGB § 1629 Rn. 27.

[267] BGH AnwBl 1991, 54 = FamRZ 1991, 51 = NJW-RR 1991, 119; OLG Bamberg JurBüro 1983, 129; OLG Stuttgart Die Justiz 1982, 272 = JurBüro 1982, 1358.

[268] BGH NJW 2016, 1823 = FamRZ 2016, 896 = BeckRS 2016,07172.

– Unterlassung und Widerruf
sind verschiedene Gegenstände.[269]

– Unterlassungsansprüche von Streitgenossen
Unterlassungsansprüche von Streitgenossen, die sich durch die beanstandeten Behauptungen und Veröffentlichungen des Antraggegners alle in ihren Rechten verletzt fühlen, bestehen, auch wenn sie gleich lautend sind, selbständig und unabhängig nebeneinander, so dass verschiedene Gegenstände gegeben sind.[270] Anders ist es jedoch, wenn BGB-Gesellschafter als Streitgenossen einen der Gesellschaft[271] oder Gesamthänder einen der Gesamthand[272] zustehenden Unterlassungsanspruch geltend machen. Derselbe Gegenstand ist deshalb gegeben, **211**
- wenn eine Anwaltssozietät als GbR wettbewerbsrechtliche Unterlassungsansprüche geltend macht,[273]
- wenn mehrere Auftraggeber, denen das Markenrecht in Bruchteilsgemeinschaft zusteht, aufgrund ihrer einheitlichen, demselben Rechtsverhältnis entstammenden Rechtsposition das gleiche Ziel, die Unterlassung der Markenrechtsverletzung verfolgen,[274]
- wenn Streitgenossen in gesamthänderischer Verbundenheit ein Unterlassungsbegehren verfolgen zB Miterben ein Leistungsschutzrecht nach §§ 73 ff., 96, 97 UrhG.[275]

– Unterlassungsansprüche gegen Streitgenossen
Sie stehen, auch wenn sie gleichlautend sind, selbständig nebeneinander. Also sind verschiedene Gegenstände betroffen;[276] das gilt auch, wenn eine juristische Person und deren gesetzlicher Vertreter verklagt werden.[277] Werden aber die Streitgenossen als Gesamtschuldner auf Schadensersatz in Anspruch genommen, so ist insoweit ein Gegenstand gegeben.[278] Nur ein Gegenstand liegt vor, wenn die Zuwiderhandlung nur von den Streitgenossen gemeinsam begangen werden kann zB bei Untervermietung durch mehrere Mieter ohne Zustimmung des Klägers.[279] Zur Auskunft → Rn. 170 ff. **212**

– Teilgläubiger
Jeder Teilgläubiger macht nur den ihm zustehenden Teil geltend. Also geht es um verschiedene Gegenstände.[280] **213**

– Trennung
→ Rn. 281. **214**

– Verbindung
→ Rn. 278. **215**

– Verfassungsbeschwerde
Bei einer Verfassungsbeschwerde von mehreren Antragstellern gegen denselben Akt der öffentlichen Gewalt oder gegen dieselbe Rechtsnorm (trotz der Gültigkeit der verfassungsgerichtlichen Entscheidung für die Allgemeinheit), liegen verschiedene Gegenstände vor; zB die Eigentümer verschiedener Grundstücke wehren sich in einer Verfassungsbeschwerde gegen Enteignung.[281] Das gilt auch für Normenkontrollverfahren gegen Satzungen.[282] **216**

---

[269] OLG Frankfurt a. M. AGS 2016, 287.

[270] OLG Düsseldorf JurBüro 1994, 544; OLG Frankfurt GRUR Prax 2020, 571 = AGS 2020, 563; OLG Hamburg JurBüro 1998, 541; OLG Karlsruhe JurBüro 1992, 239; KG JurBüro 2005, 589 = AGS 2005, 495, Miterben in ungeteilter Erbengemeinschaft bei Leistungsschutzrecht eines verstorbenen Sängers; OLG Köln JurBüro 1993, 671; *Hansens* BRAGO § 6 Rn. 4.

[271] OLG Hamburg JurBüro 2000, 582 = MDR 2000, 727, Musikband; OLG Köln OLGR 1993, 187 = JurBüro 1994, 157, Urheberrechtsverletzung.

[272] KG JurBüro 2005, 589 = AGS 2005, 495.

[273] OLG Düsseldorf NJW-RR 2002, 645, gegen andere Anwaltssozietät; OLG Hamburg MDR 2001, 773.

[274] OLG Hamburg JurBüro 2019, 131.

[275] KG MDR 2006, 177.

[276] BGH AnwBl 2008, 638 = NJW-Spezial 2008, 412; OLG Düsseldorf GRUR 2000, 825; OLG Frankfurt a. M. JurBüro 2002, 139; OLG Karlsruhe JurBüro 2009, 430; OLG Stuttgart JurBüro 1998, 302; OLG Zweibrücken AnwBl 2000, 695.

[277] KG RVGreport 2011, 313.

[278] BGH AnwBl 2008, 638 = NJW-Spezial 2008, 412; OLG Düsseldorf GRUR 2000, 825.

[279] KG AGS 2007, 556.

[280] OLG Hamburg OLGR 2007, 533 = RVGreport 2008, 105; OVG Münster BRAGOreport 2003, 153.

[281] BVerfG NJW 1997, 3430 = JurBüro 1998, 78 = MDR 1997, 1065; NJW 2000, 3126 = AGS 2000, 239; AGS 2011, 428, mit Erhöhung des Gegenstandswerts.

[282] OVG Münster AGS 2012, 235; OVG Weimar NVwZ-RR 2001, 186 = AGS 2000, 175; **aA** OVG Lüneburg NVwZ-RR 1994, 703 = KostRspr § 13 GKG aF Nr. 104, Anm. von *Noll,* da es nicht nur um das subjektive Recht des einzelnen Antragstellers gehe; *Lappe* NJW 1985, 1880.

– Vermächtnisnehmer

217 Es gilt dasselbe wie bei Pflichtteilsberechtigten (→ Rn. 195). Also geht es um verschiedene Gegenstände.[283]

– Vermieter

218 Machen mehrere Vermieter Räumung geltend, so ist ein Gegenstand gegeben.[284]

– Versicherungsansprüche

219 Machen mehrere Versicherungsnehmer bei einer Transportversicherung in Gestalt einer offenen Mitversicherung jeder nur die auf ihn entfallende Quote geltend, so sind mehrere Gegenstände gegeben.[285]

– Verwaltungsakt

220 → Rn. 151.

– Wahlanfechtung

221 Klagen mehrerer mit dem Ziel, das Land zu verpflichten, eine Kommunalwahl für ungültig zu erklären, so macht jeder sein eigenes von den anderen unabhängiges Recht geltend, also verschiedene Gegenstände.[286]

– Wechselansprüche, selbständige

222 Wechselansprüche gegen verschiedene Personen sind verschiedene Gegenstände.[287]

– Wohnungseigentümer

223 Machen sie einen ihnen gemeinsam zustehenden Anspruch geltend, dann geht es um einen Gegenstand. Machen sie aber jeweils nur ihnen zustehende Ansprüche geltend, so handelt es sich um verschiedene Gegenstände.

– Zeugen

224 → Rn. 175.

X. Berechnung der Erhöhung

1. Ausgangsgebühr

225 Erhöht wird die Gebühr, die entstanden wäre, wenn der RA nur einen Auftraggeber gehabt hätte, die sogenannte Ausgangsgebühr. Die Berechnungsart variiert, je nach dem zu welchem Gebührentyp (Wert-, Satzrahmen-, Betragsrahmengebühr usw) diese Gebühr gehört.

2. Erhöhung bei Wertgebühren

226 **a) Grundsätze.** Bei Wertgebühren wird die Ausgangsgebühr nicht mehr – wie nach § 6 Abs. 1 S. 2 BRAGO – um $^{3}/_{10}$ pro weiteren Auftraggeber erhöht. Vielmehr kommt nunmehr pro weiteren Auftraggeber eine 0,3 Gebühr hinzu. Dabei spielt es keine Rolle, wie hoch die Ausgangsgebühr ist. Sowohl die Vollstreckungsgebühr von 0,3 oder Beschwerdegebühr von 0,5 als auch die Revisionsgebühr von 2,3 werden für jeden weiteren Auftraggeber um 0,3 erhöht, sodass bei zwei Auftraggebern zB die Vollstreckungsgebühr 0,6[288] und die Beschwerdegebühr 0,8[289] beträgt.

Beispiel:

Der RA vertritt drei Mitgläubiger in der Zwangsvollstreckung. Er verdient eine 0,3 + 0,6 Vollstreckungsgebühr gem. VV 3309, 1008 RVG.

Der beim BGH zugelassene RA vertritt drei Auftraggeber wegen desselben Gegenstands im Revisionsverfahren. Er verdient eine 2,3 + 0,6 Verfahrensgebühr gem. VV 3208, 1008 RVG.

227 **b) Teilweise Erhöhung.** ***aa) § 15 Abs. 3 RVG.*** Wird der RA in derselben Angelegenheit von mehreren Auftraggebern teils wegen desselben Gegenstandes, teils wegen verschiedener

---

[283] OLG München JurBüro 1990, 602 = MDR 1990, 560 = Rpfleger 1990, 270; OLG Köln JurBüro 1994, 730, auch bei Klage auf Auskunft; OLG Karlsruhe JurBüro 1990, 334, Klage mehrerer Miterben auf Zustimmung zur Verteilung des Versteigerungserlöses; Vermächtnisnehmer Feststellung des jedem zustehenden Vorausvermächtnisses; OLG Koblenz AnwBl 1983, 175 = JurBüro 1982, 1828.

[284] *N. Schneider* NZM 2006, 361 (363) Ziff. II 2c.

[285] OLG Hamburg MDR 2007, 1044.

[286] VGH Mannheim NVwZ-RR 1996, 480.

[287] OLG Düsseldorf AGS 1997, 133.

[288] OLG Stuttgart AGS 2007, 33; LG Frankfurt RVGreport 2005, 65; LG Hamburg AGS 2005, 497; LG Köln MDR 2005, 1318.

[289] OLG Dresden JurBüro 2005, 656; OLG München NJW-RR 2006, 1727 = JurBüro 2006, 312.

Gegenstände beauftragt, so war die Berechnungsweise zur BRAGO sehr umstritten. Diese Meinungen auf das RVG übertragen ergeben sich zwei Rechenwege.

Beispiel 1:

Der RA klagt für A und B eine diesen gemeinsam zustehende Forderung iHv 10.000,– EUR sowie einen nur A zustehenden Herausgabeanspruch (Wert 5.000,– EUR) ein.

Nach der **hM,** die in der Rspr. fast ausschließlich vertreten wird,[290] wird zunächst eine 1,3 Verfahrensgebühr aus dem gesamten Streitwert ermittelt und dann für den Teil mit demselben Gegenstand eine 0,3 Erhöhung vorgenommen. § 15 Abs. 3 RVG wird nicht angewendet. **228**

Der RA verdient also

1,3 Verfahrensgebühr gem. VV 3100 RVG aus 15.000,– EUR	933,40 EUR
0,3 Verfahrensgebühr gem. VV 1008 RVG aus 10.000,– EUR	184,20 EUR
Summe	1.117,60 EUR

Die **Gegenmeinung**[291] rechnet wie folgt: **229**

1,6 (1,3 + 0,3) Verfahrensgebühr gem. VV 3100, 1008 RVG aus 10.000,– EUR	982,40 EUR	
1,3 Verfahrensgebühr aus 5.000,– EUR	434,20 EUR	
Summe	1.416,60 EUR	
Aber höchstens 1,6 Verfahrensgebühr aus 15.000,– EUR		1.148,80 EUR

Hier werden die Grundsätze des § 15 Abs. 3 RVG herangezogen.

VV 1008 RVG entspricht hinsichtlich der Wertgebühren inhaltlich § 6 Abs. 1 S. 2 BRAGO, wenn er auch redaktionell etwas anders aufgebaut ist. VV 1008 RVG hat somit keine Klärung gebracht.[292] **230**

Der hM ist zu folgen. Wortlaut. § 15 Abs. 3 RVG setzt voraus, dass für Teile des Gegenstandes „verschiedene Gebührensätze" anzuwenden sind. Solche sind zB gegeben im Fall von VV 3100, 3101 RVG. Hier wird nicht eine Ausgangsgebühr erhöht oder erniedrigt, sondern hier treffen zwei unterschiedliche Gebührensätze zusammen, einer von 1,3 und einer von 0,8. Bei VV 1008 RVG geht das Gesetz jedoch anders vor. Es bildet für die Mehrvertretung keine festen Gebühren, sondern erhöht eine Ausgangsgebühr. Hätte der Gesetzgeber gewollt, dass § 15 Abs. 3 RVG zur Anwendung kommt, so hätte es nahe gelegen, in dieser Bestimmung entsprechende Formulierungen („verschiedenen Gebührensätzen") zu wählen oder auf § 15 Abs. 3 RVG zu verweisen. Die unterschiedliche Formulierung spricht dafür, dass unterschiedlich gerechnet werden soll. VV 1008 RVG ist lex specialis zu § 15 Abs. 3 RVG.[293] Fernliegend ist die Annahme, dass § 15 Abs. 3 RVG im Verhältnis zu VV 1008 RVG das speziellere Gesetz sei.[294] **231**

Für diese unterschiedliche Wortwahl gibt es auch **sachliche Gründe.** Die Anwendung von § 15 Abs. 3 RVG führt dazu, dass in sehr vielen Fällen die gleichen Gebühren anfallen würden, die bei mehreren Auftraggebern bzgl. des gesamten Gegenstandswertes entstehen würden, wie das obige Beispiel zeigt. Das wollte der Gesetzgeber nicht. Er wollte die Gebührendegression erhalten. Das wird auch eher dem Umstand gerecht, dass eben nur eine teilweise gemeinschaftliche Beteiligung gegeben ist. **232**

Durchschlagende **Gegenargumente** sind nicht zu erkennen. Daraus, dass es keine besondere Mehrvertretungsgebühr gibt, sondern dass die Geschäfts- bzw. Verfahrensgebühr erhöht wird und deshalb nur eine Geschäfts- bzw. Verfahrensgebühr vorliegt, ergibt sich nichts gegen die hM Sie geht auch von nur einer Gebühr aus, sogar einer solchen, die nicht einmal unterschiedliche Gebührensätze kennt. Es gibt auch keine Probleme mit der Errechnung der Obergrenze,[295] wie die nachfolgenden Berechnungsbeispiele zeigen. **233**

---

[290] OLG Celle AGS 2014, 165; OLG Düsseldorf JurBüro 1990, 601; OLG Hamburg MDR 2001, 56; OLG Köln JurBüro 1987, 692 = Rpfleger 1987, 175; OLG München MDR 1998, 1439; OLG Saarbrücken JurBüro 1988, 189; OLG Schleswig JurBüro 1994, 26; OVG Berlin-Brandenburg AGS 2006, 166 mablAnm *N. Schneider;* OVG Münster AGS 2012, 235 Rn. 7 ff.; im Schrifttum *Hansens* RVGreport 2012, 92; Anm. zu LG Saarbrücken AGS 2012, 56; *Enders* JurBüro 2005, 409 Ziff. 2.2.1; *E. Schneider* Rpfleger 1982, 370 (371) Ziff. III.

[291] LG Saarbrücken AGS 2012, 56; *N. Schneider* Anm. zu OVG Münster AGS 2012, 235; MDR 1998, 1439, innerfamiliäre Meinungsverschiedenheiten *E. Schneider* Rpfleger 1982, 370 (371) Ziff. III; *Hergenröder* AGS 2007, 53 (55) Ziff. V; *Engels* MDR 2001, 355; Hartung/Schons/Enders/*Enders* RVG VV 1008 Rn. 55; *Thiel* AGS 12/2016, IV.

[292] **AA** Gerold/Schmidt/*von Eicken,* 16. Aufl. 2004, RVG VV 1008 Rn. 13, wonach VV 1008 RVG noch deutlicher für die Anwendung von § 15 Abs. 3 RVG spreche.

[293] OLG Köln JurBüro 1987, 692 (693) letzter Absatz.

[294] So aber *Engels* MDR 2001, 356.

[295] *N. Schneider* Rpfleger 1995, 384.

234 ***bb) Unterschiedliche Auftraggebermehrheit***

Beispiel 1:[296]

G verklagt Schuldner S. 1, 2 u. 3 als Gesamtschuldner auf 30.000,– EUR, S. 1 u. 2 als Gesamtschuldner auf weitere 20.000,– EUR und S. 1 allein auf weitere 10.000,– EUR

Berechnung hM		
1,3 Verfahrensgebühr aus 60.000,– EUR		1.784,90 EUR
0,6 Verfahrensgebühr aus 30.000,– EUR		573,00 EUR
0,3 Verfahrensgebühr aus 20.000,– EUR		246,60 EUR
Summe		2.604,50 EUR
Berechnung Gegenmeinung		
1,9 Verfahrensgebühr aus 30.000,– EUR	1.814,50 EUR	
1,6 Verfahrensgebühr aus 20.000,– EUR	1.315,20 EUR	
1,3 Verfahrensgebühr aus 10.000,– EUR	798,20 EUR	
Summe	3.927,90 EUR	
Höchstens aber 1,9 aus 60.000,– EUR		2.608,70 EUR

Beispiel 2:[297]

G verklagt Eheleute als Gesamtschuldner S. 1 auf 30.000,– EUR, Eheleute S. 2 wegen anderer Forderung als Gesamtschuldner auf 20.000,– EUR und Junggesellen S. 3 wegen dritter Forderung auf 10.000,– EUR,

Berechnung hM	
1,3 Verfahrensgebühr aus 60.000,– EUR	1.784,90 EUR
0,3 Verfahrensgebühr aus 30.000,– EUR	286,50 EUR
0,3 Verfahrensgebühr aus 20.000,– EUR	246,60 EUR
Summe	2318,00 EUR

235 Es ist nicht eine Erhöhung um eine 0,6 Verfahrensgebühr aus 50.000,– EUR zu berechnen. Der RA vertritt nicht vier Auftraggeber wegen 50.000,– EUR, sondern nur zwei wegen 30.000,– EUR und zwei wegen 20.000,– EUR.

236 Es ist nicht eine 0,3 Verfahrensgebühr aus 50.000,– EUR zu errechnen. Dann würde der RA so behandelt, als hätte er hinsichtlich der 50.000,– EUR nur zwei Auftraggeber vertreten.

237 ***cc) Unterschiedliche Gebührensätze***

Beispiel:

Eheleute werden vom selben RA vertreten als Gesamtschuldner auf 60.000,– EUR verklagt (Stadium 1). Sodann soll RA nur für Ehemann Widerklageentwurf über 10.000,– EUR wegen einer anderen Forderung entwerfen, aber noch nicht einreichen (Stadium 2).

Stadium 1		
1,6 Verfahrensgebühr gem. VV 3100, 1008 RVG aus 60.000,– EUR	2.196,80 EUR	
Im Stadium 2		
Hier gibt es zwei Rechnungsmöglichkeiten		
1. Möglichkeit		
1,6 Verfahrensgebühr aus 60.000,– EUR	2.196,80 EUR	
0,8 Verfahrensgebühr aus 10.000,– EUR	491,20 EUR	
Summe	2.688,00 EUR	
Maximal 1,6 aus 70.000,– EUR		2.347,20 EUR
2. Möglichkeit		
1,3 Verfahrensgebühr aus 60.000,– EUR	1.784,90 EUR	
0,8 Verfahrensgebühr aus 10.000,– EUR	491,20 EUR	
Summe	2.276,10 EUR	
Höchstens 1,3 aus 70.000,– EUR		1.907,10 EUR
+ 0,3 aus 60.000,– EUR		411,90 EUR
Summe		2.319,00 EUR
Kontrolle gem. § 15 Abs. 3 RVG 1,6 aus 70.000,– EUR	2.347,20 EUR	

238 Nur der zweite Rechnungsweg kann zutreffen. Hätte nämlich der RA die Widerklage eingereicht, so hätte er nur noch verdient

1,3 aus 70.000,– EUR		1.907,10 EUR
0,3 aus 60.000,– EUR		411,90 EUR
Summe		2.319,00 EUR
Kontrolle gem. § 15 Abs. 3 RVG 1,6 aus 70.000,– EUR	2.347,20 EUR	

Es kann aber nicht sein, dass der RA für ein Weniger mehr verdient.

[296] Bsp. nach *Lappe* Rpfleger 1981, 94.
[297] Bsp. nach *Lappe* Rpfleger 1981, 94.

c) Obergrenze. Sowohl bei den Wert-, bei den Betragsrahmen –, wie auch bei den Festgebühren stellt VV 1008 Abs. 3 RVG Höchstgrenzen für mehrere Erhöhungen auf. Bei den Wertgebühren darf die **Erhöhung** einen Gebührensatz von 2,0 nicht überschreiten. 239

aa) 2,0 Gebührensätze. Dabei ist nicht gemeint, dass sich nur die Ausgangsgebühr verdreifachen kann, dass also zB bei der Vollstreckungsgebühr nur eine doppelte 0,3, also insgesamt höchstens eine 0,9 Vollstreckungsgebühr, dafür aber bei der Revisionsgebühr eine 6,9 Verfahrensgebühr anfallen könnte. Vielmehr stellt die Obergrenze eine Erhöhung um einen Gebührensatz von 2,0 dar, egal wie hoch die Ausgangsgebühr ist. Also kann sich die Vollstreckungsgebühr bis zu einer 2,3 (0,3 + 2,0),[298] die Revisionsgebühr bis zu einer 4,3 Gebühr (2,3 + 2,0) erhöhen. Der Gesetzeswortlaut (Gebührensatz von 2,0) ist ganz eindeutig. Das bedeutet, dass in allen Fällen ab dem achten Auftraggeber nur eine Erhöhung von 2,0 geltend gemacht werden kann (7 × 0,3 = 2,1). 240

Im Ergebnis kann sich damit die Vollstreckungsgebühr fast verachtfachen (von 0,3 auf 2,3), während sich die Gebühr des beim BGH zugelassenen Anwalts im Revisionsverfahren nicht einmal verdoppeln kann (von 2,3 auf 4,3). Diese Ungleichbehandlung ist aber dem System des RVG immanent (Erhöhung der Ausgangsgebühr, egal wie hoch sie ist, jeweils um 0,3). 241

Keine Begrenzung auf Verdoppelung der Ausgangsgebühr. Allerdings hatte der BGH zu § 6 BRAGO entschiedenen, dass die Obergrenze eine Verdoppelung der jeweiligen Ausgangsgebühr ist, dass also bei einer Ausgangsgebühr von $^{5}/_{10}$ die Obergrenze eine $^{10}/_{10}$ und nicht eine $^{20}/_{10}$ Gebühr ist. Der BGH sah sich an dieser Auslegung auch nicht dadurch gehindert, dass in § 6 Abs. 1 S. 2 Hs. 3 BRAGO bestimmt war, dass mehrere Erhöhungen den Betrag „von zwei vollen Gebühren" nicht übersteigen dürfen, was vom Wortlaut her an sich dafür sprach, auf zwei volle Gebühren und nicht bei Gebühren unter $^{10}/_{10}$ auf die Verdoppelung abzustellen. Der BGH hat dies damit begründet, dass sich die einzelne Erhöhung aus der konkreten Ausgangsgebühr im Einzelfall errechnet und bei der Obergrenze nichts anderes gelten könne. Darüber hinaus werde bei der Obergrenze für Betragsrahmengebühren auf die konkreten Gebühren abgestellt; es könne nicht angenommen werden, dass in einem Fall auf die konkrete Gebühr abgestellt werde, im anderen nicht.[299] 242

Diese Gedankenführung kann nicht auf VV 1008 RVG übertragen werden, weshalb der BGH zum neuen Recht entschieden hat, dass eine Erhöhung um mehr als das Doppelte der Ausgangsgebühr gesetzeskonform ist.[300] Neu in VV 1008 RVG ist, dass es bei der einzelnen Erhöhung nicht mehr auf die Höhe der Ausgangsgebühr ankommt, sondern unabhängig von dieser in allen Fällen eine 0,3 Erhöhung stattfindet. Der Ausgangspunkt der BGH-Entscheidung ist damit entfallen. Auch der Widerspruch im Verhältnis zu Betragsrahmengebühren, bei denen es weiterhin darauf ankommt, wie hoch der Ausgangsrahmen ist, lässt sich damit erklären, dass nach neuem Recht bei Wertgebühren und Betragsrahmengebühren ganz unterschiedliche Berechnungsmethoden vorliegen. 243

bb) Nur teilweise Erhöhung. Die 2,0 Gebühr wird nur aus dem Gegenstand errechnet, für den mehrere Auftraggeber mit demselben Gegenstand vorliegen. 244

Beispiel:

G verklagt S. 1–10 wegen 10.000,– EUR als Gesamtschuldner, darüber hinaus S. 1 allein wegen 5.000,– EUR.[301]
Die Obergrenze ist 2,0 aus 10.000,– EUR und nicht 2,0 aus 15.000,– EUR zu errechnen

RA verdient an Gebühren	
1,3 Verfahrensgebühr gem. VV 3100 RVG aus 15.000,– EUR	933,40 EUR
2,0 Gebührenerhöhung gem. VV 1008 RVG aus 10.000,– EUR	1.228,00 EUR
Summe	2.161,40 EUR

cc) Gleiche Auftraggeber wegen mehrerer Forderungen 245

Beispiel:

RA vertritt zehn Auftraggeber wegen einer Forderung über 10.000,– EUR und wegen einer weiteren von 5.000,– EUR. Alle zehn Auftraggeber sind Mitgläubiger beider Forderungen.

RA verdient an Gebühren	
1,3 Verfahrensgebühr gem. VV 3100 RVG aus 15.000,– EUR	933,40 EUR
2,0 Gebührenerhöhung gem. VV 1008 RVG aus 15.000,– EUR.	1436,00 EUR
Summe	2.369,40 EUR

---

[298] LG Frankfurt NJW 2004, 3642; LG Köln MDR 2005, 1318.
[299] BGH NJW 1981, 1103.
[300] BGH JurBüro 2019, 531 = AGS 2019, 433.
[301] **AA** OLG Hamburg MDR 1978, 767, das die Höchstgebühr aus dem Gesamtgegenstandswert errechnet.

246 ***dd) Mehrere Gruppen von Auftraggebern mit unterschiedlichen Gegenständen***

Beispiel:

RA vertritt zehn Mitgläubiger (G 1 bis G 10) wegen einer Forderung von 10.000,– EUR und andere acht Mitgläubiger wegen einer anderen Forderung über 5.000,– EUR.

Zwei Berechnungen sind denkbar.

1. Berechnungsart.

RA verdient an Gebühren

1,3 Verfahrensgebühr gem. VV 3100 RVG aus 15.000,– EUR	933,40 EUR
2,0 Gebührenerhöhung gem. VV 1008 RVG aus 10.000,– EUR	1.228,00 EUR
2,0 Gebührenerhöhung gem. VV 1008 RVG aus 5.000,– EUR	668,00 EUR
Summe	2.829,40 EUR

2. Berechnungsart

1,3 Verfahrensgebühr gem. VV 3100 RVG aus 15.000,– EUR	933,40 EUR
2,0 Gebührenerhöhung gem. VV 1008 RVG aus 15.000,– EUR	1.436,00 EUR
Summe	2.369,40 EUR

247 Für die zweite Lösung spricht, dass auch nur eine 2,0 Erhöhung aus 15.000,– EUR anfallen würde, wenn alle 18 Mandanten sowohl wegen der 10.000,– EUR Forderung als auch wegen der 5.000,– EUR Forderung Auftraggeber wären. Es macht aber von der Mehrbelastung her keinen Unterschied, ob der RA zehn Mitgläubiger wegen einer Forderung und acht andere Mitgläubiger in einer Forderung wie vertritt oder ob er 18 Mitgläubiger wegen der Forderungen A und B vertritt.

248 **Ehepaare**

Beispiel:

Ein Bauunternehmer wird von Wohnungseigentümern, 25 Ehepaaren, auf Schadensersatz in Anspruch genommen, wobei Gesamtgläubigerschaft immer nur bei jedem einzelnen Ehepaar vorliegt. Jedes Ehepaar klagt jeweils 10.000,– EUR ein. Daneben klagen noch zwei Junggesellen jeweils 10.000,– EUR ein.

Der RA verdient an Gebühren

1,3 Verfahrensgebühr gem. VV 3100 RVG aus 270.000,– EUR	3.399,50 EUR
Die Erhöhung beträgt 25 (Ehepaare) × 0,3 aus 10.000,– EUR, also 25 × 184,20 EUR	4.605,00 EUR[302]
Summe	8.004,50 EUR

249 Hier stellt sich die Frage der Obergrenze nicht, da die 2,0 Gebühr aus dem Gesamtwert für alle Gruppen immer höher ist als die Addition der einzelnen Erhöhungen. Die Obergrenze von 2,0 Gebühren aus 250.000,– EUR wäre 4.966,00 EUR. Eine Obergrenze von 2,0 aus 10.000,– EUR = 1.228,00 EUR scheidet aus. Das würde nicht der Mehrarbeit des Anwalts gerecht, der sich mit unterschiedlichen Forderungen befassen musste.

250 **d) PKH-Anwalt.** ***aa) Derselbe Gegenstand.*** Hier gibt es keine Besonderheiten. Die Verfahrensgebühr aus der PKH-Gebührentabelle (§ 49 RVG) wird um 0,3 erhöht.

Beispiel:

Der RA hat wegen desselben Gegenstandes (Wert: 10.000,– EUR) von vier Auftraggebern Klageauftrag erhalten und ist allen im Wege der PKH beigeordnet worden. Er hat eine Verfahrensgebühr nach VV 3100 RVG mit dem S. 1, 3 und die Terminsgebühr nach VV 3104 RVG mit dem S. 1, 2 erlangt. Für drei zusätzliche Auftraggeber erhöht sich die Verfahrensgebühr um 3 × 0,3 = 0,9 auf 2,2. Die Terminsgebühr erhöht sich nicht. Der Wert bleibt 10.000,– EUR, weil es sich für alle Auftraggeber um denselben Gegenstand handelt.

Nach § 49 RVG beträgt eine 1,0 Gebühr bei einem Wert von 10.000,– EUR 339,– EUR. Dieser Betrag ergibt multipliziert mit dem maßgeblichen Gebührensatz von 2,2 eine Verfahrensgebühr von 745,80 EUR, Die Terminsgebühr beträgt dagegen das 1,2fache von 339,– EUR = 406,80 EUR.

251 ***bb) Verschiedene Gegenstände.*** **Analoge Anwendung von VV 1008 RVG.** Wirkt sich die Mehrheit der Gegenstände wegen der Höchstgebühren in § 49 RVG nicht mehr auf die Gebühren aus, so ist VV 1008 RVG analog anzuwenden.[303]

252 Dabei ist die Erhöhung auf die Gebühr vorzunehmen, die bei einem Gegenstandswert von bis 30.000,– EUR anfällt und nicht auf die, die beim Gegenstandswert von über 30.000,– EUR entstehen würde. Denn sonst würde der Bereich über 30.000,– EUR doppelt berücksichtigt, einmal durch die höhere Grundgebühr und zum anderen durch die Gebührenerhöhung.

---

302 LG Berlin Rpfleger 1981, 123; *Hansens* BRAGO § 6 Rn. 12; **aA** *Lappe* Rpfleger 1981, 94.

303 BGH NJW 1981, 2757 = AnwBl 1981, 402; OLG Hamm AnwBl 2003, 179; VGH Mannheim AGS 2009, 501; VGH München AGS 2009, 547.

Sind die Werte jedes einzigen Gegenstandes mindestens 30.000,– EUR, so ist die sich aus dem Gegenstandswert von 30.000,– EUR ergebende Verfahrensgebühr um 0,3 zu erhöhen. 253

Beispiel: 254

Der PKH-Anwalt vertritt zwei Gläubiger wegen voneinander unabhängiger Forderungen von 30.000,– EUR bzw. 40.000,– EUR.

Der RA verdient an Gebühren

1,3 Verfahrensgebühr aus Tabelle zu § 49 RVG aus 30.000,– EUR	588,90 EUR
+ 0,3 Erhöhung gem. VV 1008 RVG aus Tabelle zu § 49 RVG aus 30.000,– EUR	135,90 EUR

Liegen die Einzelwerte beider oder eines Gegenstandes unter 30.000,– EUR, so ist die Erhöhung nur aus dem Wert vorzunehmen, um den die Addition beider Werte über 30.000,– EUR hinausgeht.[304] 255

Beispiel:

Der RA vertritt zwei Kinder wegen Unterhalt (Verfahrenswerte 15.000,– EUR bzw. 20.000,– EUR)

Der RA verdient an Gebühren

1,3 Verfahrensgebühr gem. VV 3100 RVG aus Tabelle zu § 49 RVG aus 30.000,– EUR	588,90 EUR
0,3 Erhöhung gem. VV 1008 RVG aus Tabelle zu § 49 RVG aus 5.000,– EUR	85,20 EUR

3. Erhöhung bei Satzrahmengebühren

a) 0,3 Erhöhung. Ob Satzrahmengebühren (Gebühren, die aus einem Mindest- und Höchstsatz zu berechnen sind, zB VV 2300 RVG 0,5–2,5) zu erhöhen sind, ist weder im RVG noch im Vergütungsverzeichnis ausdrücklich geregelt. Es besteht aber kein Zweifel, dass auch sie zu erhöhen sind. Da es an einer Sonderregel fehlt, gilt die Ausgangsregel, dass pro Auftraggeber ein Aufschlag von 0,3 vorzunehmen ist.[305] Die gesetzliche Regelung bzgl. Betragsrahmen (30% Aufschlag) kann nicht herangezogen werden. Bei vom Wert abhängigen Gebühren soll unabhängig davon, wie hoch die Ausgangsgebühr ist, eine Erhöhung von 0,3 stattfinden. 256

b) Berechnungsweise. Gleicher Aufwand pro Auftraggeber. Ist der Aufwand für alle Auftraggeber der gleiche, so ist zuerst die Gebühr im Einzelfall zu ermitteln und diese dann um 0,3 zu erhöhen. Hingegen sind nicht zuerst die Rahmengebühren jeweils um 0,3 zu erhöhen und dann aus diesem erhöhten Rahmen die Gebühr zu bilden. 257

Beispiel:

Der RA ist für zwei Auftraggeber außergerichtlich tätig. Für jeden Auftraggeber ist 1,5 angebracht.

Der RA verdient

1,8 (1,5 + 0,3) Geschäftsgebühr gem. VV 2300, 1008 RVG

Unterschiedlicher Aufwand pro Auftraggeber. Ist der Aufwand je Auftraggeber unterschiedlich, so ist auszugehen von der Gebühr, die entstehen würde, wenn der RA nur den Auftraggeber vertreten würde, bei dem die höhere Geschäftsgebühr anfallen würde. Die ist dann um 0,3 zu erhöhen. Dabei ist es unerheblich, ob die Tätigkeit hinsichtlich des weniger schwierigen Auftraggebers sehr leicht oder auch recht schwierig ist. Die Erhöhung beträgt genauso wie sonst bei den Wertgebühren unabhängig vom Schwierigkeitsgrad 0,3. 258

Beispiel:

Zwei Auftraggeber bei Geschäftsgebühr, hinsichtlich A sehr schwer, hinsichtlich B durchschnittlich, sodass für A eine 2,0, für B eine 1,3 Gebühr angebracht wäre.

Der RA verdient

2,0 Geschäftsgebühr gem. VV 2300 RVG
+ 0,3 Gebührenerhöhung gem. VV 1008 RVG

c) Teilweise Erhöhung. Orientiert man sich an der Regelung für Wertgebühren, so findet die Erhöhung auch wieder nur statt, soweit der RA die Auftraggeber wegen desselben Gegenstands vertritt. Die Berechnung erfolgt in gleicher Weise wie bei Wertgebühren → Rn. 227 ff. 259

d) Schwellengebühr des VV 2300 RVG Anm. Schon zum bisherigen Recht war zutreffend, wenn auch bestritten, dass die Kappungsgrenze auch bei mehreren Auftraggebern gilt, aber zu erhöhen ist, und zwar auch dann, wenn das Verfahren insgesamt weder umfangreich noch schwer ist.[306] Hierüber kann nunmehr nicht mehr gestritten werden, nachdem das 260

[304] VGH Mannheim JurBüro 2009, 490.

[305] Mayer/Kroiß/*Dinkat* RVG VV 1008 Rn. 5.

[306] Gerold/Schmidt/*Müller-Rabe,* 20. Aufl. 2012, RVG VV 1008 Rn. 236; BSG AGS 2014, 458 Rn. 22 = RVGreport 2014, 341 mzustAnm *Hansens;* BSG NJW 2010, 3533 = AGS 2010, 373 mzustAnm *N. Schneider* =

2. KostRMoG der Anm. zu VV 1008 RVG einen Abs. 4 angefügt hat, der klarstellt, dass sich die Kappungsgrenze erhöht. Bei zwei Auftraggebern kann daher der RA nur dann mehr als eine 1,6 Geschäftsgebühr berechnen, wenn die Tätigkeit umfangreich oder schwierig war. Der Umstand, dass der RA mehrere Auftraggeber vertritt, darf allerdings nicht als Argument dafür herangezogen werden, dass die Sache besonders umfangreich oder schwierig ist. Die Erschwerung durch die Doppelvertretung wird bereits durch den Mehrvertretungszuschlag abgegolten. Wäre also – jeder Auftraggeber isoliert betrachtet – die Sache nicht umfangreich und nicht schwierig, so kann der RA nicht mehr als eine 1,6 Geschäftsgebühr berechnen. Ist aber die Tätigkeit hinsichtlich eines Auftraggebers schwierig und umfangreich, während sie für den anderen durchschnittlich ist, so ist der RA nicht an die Kappungsgrenze von 1,6 gebunden.

Beispiel:

RA vertritt außergerichtlich ein Ehepaar, dass von einer Bank für eine Gesamtschuld von 10.000,– EUR in Anspruch genommen wird. Die Haftung des Mannes ist ganz eindeutig, die der Ehefrau problematisch.

Der RA verdient

1,8 Geschäftsgebühr gem. VV 2300 RVG aus 10.000,– EUR	1.105,20 EUR
+ 0,3 Gebührenerhöhung gem. VV 1008 RVG aus 10.000,– EUR	184,20 EUR

261 **e) Obergrenze.** Dass sich die Ausgangsgebühr maximal um 2 Gebührensätze erhöhen kann, gilt auch für die Satzrahmengebühren.

Beispiel:

Acht Auftraggeber bei Geschäftsgebühr. Mittelwert von 1,5 ist angebracht.

1,5 Geschäftsgebühr gem. VV 2300 RVG
2,0 Gebührenerhöhung gem. VV 1008 RVG
Insgesamt 3,5 Gebühren

4. Erhöhung bei Festgebühren

262 **a) 30 %.** Festgebühren (zB die Geschäftsgebühr der Beratungshilfe VV 2503 RVG) werden um 30 % für jeden zusätzlichen Auftraggeber angehoben, also

ZB erhöht sich bei zwei Auftraggebern die Geschäftsgebühr gem. VV 2503 RVG im Rahmen von Beratungshilfe von 93,50 EUR um 30 % auf 121,55 EUR.

263 Es kommt, da nicht auf den Gegenstandswert abgestellt wird, hier nicht darauf an, ob gleiche oder verschiedene Gegenstände vorliegen. VV 1008 Anm. Abs. 1 RVG gilt nur für Wertgebühren.

264 **b) Obergrenze.** Bei den Festgebühren darf die Erhöhung das Doppelte der Festgebühr nicht überschreiten. So kann also die 93,50 EUR Geschäftsgebühr des VV 2503 RVG sich maximal auf insgesamt 280,50 EUR (93,50 EUR Ausgangsgebühr + 187,00 EUR Erhöhung) erhöhen (→ Rn. 271).

5. Erhöhung bei Betragsrahmengebühren

265 **a) Grundsätze.** Bei Betragsrahmengebühren, die nicht nach dem Gegenstandswert berechnet werden, sondern für die nur ein Mindest- und ein Höchstbetrag bestimmt sind, (zB in sozialrechtlichen Fällen gem. VV 3102 RVG oder im Strafrecht) erhöht sich nach VV 1008 RVG der Mindest- und Höchstbetrag je weiter er Auftraggeber um 30 %. Bei insgesamt vier Auftraggebern erhöht sich der Rahmen also um 90 %.

266 Das RVG bestimmt ausdrücklich, dass **erst die Rahmengebühren erhöht** werden und dann aus diesem erhöhten Rahmen für den Einzelfall eine angemessene Gebühr unter Berücksichtigung von § 14 RVG gebildet wird.[307] Aus dem erhöhten Rahmen ist die im Einzelfall angemessene Vergütung zu bestimmen. Bei den wirtschaftlichen Verhältnissen sind die Verhältnisse aller Auftraggeber zu berücksichtigen.

266a **Schwellengebühr.** Für sie (Anm. zu VV 2302 RVG) gilt das zur Anm. zu VV 2300 RVG Dargelegte entsprechend → Rn. 260. Soweit das früher streitig war, ist durch die Anm. Abs. 4 zu VV 1008 RVG geklärt, dass auch diese Schwellengebühr bei mehreren Auftraggebern erhöht wird.

RVGreport 2010, 258 mzustAnm *Hansens;* Mayer/Kroiß/*Dinkat* RVG VV 1008 Rn. 8, zu VV 2300 RVG; **aA** LSG BW AGS 2009, 73 zu VV 2300 RVG.

[307] BSG AGS 2014, 458 Rn. 22 = RVGreport 2014, 341; SG Karlsruhe NJW-Spezial 2009, 685; Gerold/Schmidt/*von Eicken,* 16. Aufl. 2004, RVG VV 1008 Rn. 14; Mayer/Kroiß/*Dinkat* RVG VV 1008 Rn. 8; *Engels* MDR 2001, 355; LG Bonn Rpfleger 1995, 384.

Der erhöhte Rahmen bleibt auch maßgebend, wenn ein weiterer Auftraggeber erst später hinzutritt oder wenn ein Auftraggeber wegfällt. Dass der RA nicht die gesamte Zeit für mehrere Auftraggeber tätig war, ist bei der Bestimmung der Gebühr, die aus dem erhöhten Rahmen zu entnehmen ist, zu berücksichtigen. **267**

b) Gleiche Umstände iSv § 14 RVG bei allen Auftraggebern. Keine Probleme gibt es, wenn die Tätigkeit des Rechtsanwalts hinsichtlich Umfang, Schwierigkeit und der übrigen Kriterien des § 14 RVG in etwa gleich ist. **268**

Beispiel:

Der RA vertritt in einer sozialgerichtlichen Angelegenheit iSv VV 3102 RVG zwei Mandanten wegen des gleichen Gegenstandes. Bei beiden ist der Mittelwert angebracht.

Rahmen gem. VV 3102 RVG 60,– EUR bis 660,– EUR
Gem. VV 1008 RVG um 30 % erhöhter Rahmen 78,– EUR bis 858,– EUR Mittlerer Wert 936 : 2 = 468,– EUR.[308]
Man kann aber auch, ohne dass sich das Ergebnis ändert, rechnen
Mittelwert zwischen 60,– EUR und 660,– EUR (720,– EUR : 2) = 360,– EUR
+ 30 % = 468,– EUR.[309]

c) Unterschiedliche Umstände iSv § 14 RVG bei Auftraggebern. Probleme ergeben sich jedoch, wenn die Tätigkeit unterschiedlich schwierig ist und für beide Auftraggeber eine einheitliche Gebühr gefunden werden muss. Hier muss ein Durchschnittswert gefunden werden, der die unterschiedlichen Schwierigkeiten berücksichtigt,[310] wobei auch zu berücksichtigen sein kann, dass das Mandat hinsichtlich eines Auftraggebers vorzeitig beendet wurde.[311] **269**

Beispiel: **270**

Der RA vertritt zwei Auftraggeber außergerichtlich in einer sozialrechtlichen Angelegenheit. Die Tätigkeit ist derart, dass, wenn jeder Auftraggeber allein vertreten würde, gem. VV 2300 bei dem einen eine Gebühr von 400,– EUR, bei dem anderen eine von 300,– EUR anfallen würde.

Die erhöhte Gebühr des VV 2302 liegt im Rahmen zwischen 60,– EUR + 30 % und 768,– EUR + 30 %, also zwischen 78,– EUR und 998,40 EUR

d) Obergrenze. Die Obergrenze wird errechnet, indem der dreifache Betrag der Mindest- und der dreifache Betrag der Höchstgebühr genommen und aus diesem Rahmen die konkrete Gebühr errechnet wird.[312] Unzutreffend ist die Ansicht, bei Betragsrahmengebühren könnten sich die Mindest- und die Höchstgebühr maximal verdoppeln.[313] Im VV 1008 Anm. Abs. 3 RVG heißt es nicht, dass die Erhöhungen nicht zu einem höheren als dem doppelten Mindest- und Höchstbetrag führen dürfen, sondern dass die Erhöhungen(!) nicht das Doppelte übersteigen dürfen (auch → Rn. 240 ff.). **271**

Beispiel:

Der RA vertritt in einem sozialgerichtlichen Verfahren, in dem Betragsrahmengebühren erhoben werden acht Mandanten wegen des gleichen Gegenstandes.

Rahmen gem. VV 3102 RVG 60,– EUR bis 660,– EUR
Erhöhter Rahmen gem. VV 1008 RVG 180,– EUR bis 1.980,– EUR

6. Erhöhung bei Mindestgebühr

→ § 13 Rn. 11 ff. **272**

7. Verkehrsanwalt oder Terminsvertreter

Keine Berechnungsfrage stellt sich, wenn der Verfahrensbevollmächtigte mehrere Auftraggeber, der Verkehrsanwalt oder Terminsvertreter aber nur einen Auftraggeber vertreten, da dann dem Verkehrsanwalt bzw. Terminsvertreter keine Erhöhung zusteht (→ Rn. 27). **273**

Kappung vor Erhöhung. Vertreten der Verkehrsanwalt bzw. der Terminsvertreter mehrere Auftraggeber, so ist zunächst die Verfahrensgebühr des Verkehrsanwalts bzw. des Terminsvertreters zu errechnen, die bei ihm anfallen würde, wenn er nur einen Auftraggeber hätte. Diese Gebühr wird dann erhöht.[314] **274**

---

[308] *Hansens* Anm. zu SG Duisburg RVGreport 2007, 347.
[309] *Hansens* Anm. zu SG Duisburg RVGreport 2007, 347.
[310] Gerold/Schmidt/*von Eicken,* 16. Aufl. 2004, RVG VV 1008 Rn. 90.
[311] Gerold/Schmidt/*von Eicken,* 16. Aufl. 2004, RVG VV 1008 Rn. 91.
[312] SG Berlin JurBüro 2011, 25.
[313] LSG NRW RVGreport 2008, 303 mablAnm *Hansens.*
[314] *Wolf* JurBüro 2004, 518 (519); *Henke* AnwBl 2005, 135; *Hergenröder* AGS 2007, 53 (56).

Beispiel:

Der RA ist als Terminsvertreter für zwei Auftraggeber tätig (Streitwert 10.000,– EUR).
Ihm steht zu

½ aus 1,3 Verfahrensgebühr gem. VV 3100 RVG aus 10.000,– EUR	399,10 EUR
+ 0,3 Mehrvertretungszuschlag gem. VV 1008 RVG aus 10,000,– EUR	184,20 EUR
Endbetrag	583,30 EUR

275 Nicht ist zunächst die Gebühr einschließlich der Erhöhung zu errechnen und dann erst die in den VV 3400 RVG bzw. VV 3401 RVG vorgesehene Kappung auf eine halbe Gebühr vorzunehmen. Also ist **nicht** zu rechnen

1,3 Verfahrensgebühr gem. VV 3100 RVG aus 10.000,– EUR	798,20 EUR
+ 0,3 Mehrvertretungszuschlag gem. VV 1008 RVG aus 10,000,– EUR	184,20 EUR
Summe	982,40 EUR
Davon $^1/_2$	491,20 EUR

276 Das ergibt sich daraus, dass die Ausgangsgebühr zu erhöhen ist. Ausgangsgebühr ist aber die Gebühr, die ein RA, der nur einen Auftraggeber vertritt, verdienen würde. Im Übrigen würde sonst in sehr vielen Fällen beim Verkehrsanwalt und Terminsvertreter ohne rechtfertigenden Grund der Mehrvertretungszuschlag entfallen.

277 **Bei Verfahrensbevollmächtigten mit mehreren Auftraggebern.** Die Verfahrensgebühr der Verkehrsanwalts und des Terminsvertreters orientiert sich gem. VV 3400, 3401 RVG an den Gebühren des Verfahrensbevollmächtigten. Dabei ist die Verfahrensgebühr zu Grunde zu legen, die der Verfahrensbevollmächtigte verdienen würde, wenn er nur einen Auftraggeber vertreten würde. Andernfalls käme es, wenn sowohl der Verfahrensbevollmächtigte als auch der Terminsvertreter mehrere Auftraggeber vertreten würden, zu einer doppelten Erhöhung.

Beispiel:

Der Verkehrsanwalt und der Verfahrensbevollmächtigte vertreten vier Auftraggeber bei einem Streitwert von 10.000,– EUR. Der Hauptbevollmächtigte verdient gem. VV 3100, 1008 RVG eine 2,2 (1,3 + 0,9) Verfahrensgebühr.
Der Verkehrsanwalt verdient an Gebühren

1,0 Verfahrensgebühr gem. VV 3400 RVG aus 10.000,– EUR	614,00 EUR
+ 0,9 Gebührenerhöhung gem. VV 1008 RVG aus 10.000,– EUR	552,60 EUR

Beim Terminsvertreter würde im vorigen Beispiel anfallen

0,65 Verfahrensgebühr gem. VV 3401 RVG aus 10.000,– EUR	399,10 EUR
0,9 Gebührenerhöhung gem. VV 1008 RVG aus 10.000,– EUR	552,60 EUR

XI. Verfahrensverbindung und -trennung

1. Verfahrensverbindung

278 **a) Grundsatz.** Ist der RA zunächst in getrennten Verfahren jeweils für nur einen Auftraggeber tätig und werden diese Verfahren dann verbunden, so kann der RA, wenn der Gegenstand derselbe ist, wählen, ob er die Gebühren aus den getrennten Verfahren ohne Gebührenerhöhung oder die aus dem verbundenen Verfahren, jetzt aber mit Gebührenerhöhung, geltend macht. In aller Regel ist der erste Weg für ihn günstiger. Berechnungsbeispiel → RVG VV 3100 Rn. 46.

279 **b) Rechtsmittel.** Das gilt auch, wenn getrennte Verfahren über Rechtsmittel später mit einander verbunden werden. Lag in der vorherigen Instanz nur ein Gegenstand vor, so ist nach der Verbindung wieder nur ein Gegenstand gegeben. Gegenstand der Rechtsmittelverfahren sind nicht die Teilurteile, sondern die Rechte oder Rechtsverhältnisse, über die die vorherige Instanz entschieden hatte.

280 **c) Strafverfahren.** Hat der RA vor der Verbindung zwei Angeklagte, die wegen verschiedener – nicht in Verbindung stehender – Taten angeklagt sind, in der Hauptverhandlung vertreten, so handelt es sich vor der Verbindung um getrennt geführte Strafverfahren, also um verschiedene Angelegenheiten, für die der RA die Gebühren für jedes der früher selbständigen Verfahren besonders erhält.[315] Nach der Verbindung muss der RA ein **Mandat kündigen,** da er in einem Strafverfahren nur noch einen Angeklagten verteidigen darf.

2. Verfahrenstrennung

281 Hat der RA zwei Auftraggeber wegen desselben Gegenstandes in einem Verfahren vertreten und wird dann das Verfahren gegen einen der Auftraggeber abgetrennt, so entstehen von der

[315] LG Berlin JurBüro 1964, 814.

Trennung ab die Gebühren nach den Werten der getrennten Verfahren gesondert. Der RA kann wahlweise die Gebühren vor der Trennung einschließlich der Gebührenerhöhung oder aber die getrennt anfallenden Gebühren nach der Trennung, jetzt aber ohne Gebührenerhöhung, geltend machen. In aller Regel wird der zweite Weg für ihn der günstigere sein. Berechnungsbeispiel → RVG VV 3100 Rn. 61.

XII. Anrechnung

1. Anrechnung bei Geschäftsgebühr

a) Eine Geschäfts- und eine Verfahrensgebühr. Die Geschäftsgebühr ist gem. VV Vorb. 3 Abs. 4 RVG nur zur Hälfte, maximal aber in Höhe einer 0,75 Gebühr auf eine nachfolgende Verfahrensgebühr anzurechnen. 282

Es ist zunächst die Gebühr einschließlich des Mehrvertretungszuschlags zu errechnen. Davon ist dann die Hälfte abzuziehen, maximal aber 0,75.[316] Das ergibt sich daraus, dass VV 1008 RVG keine eigene Gebühr begründet, sondern lediglich eine Erhöhung der Ausgangsgebühr (Verfahrens- oder Geschäftsgebühr) vorsieht (→ Rn. 3).[317] Dies war schon bisher so, war allerdings bis zum 2. KostRMoG streitig.[318] Im Zusammenhang mit der Hinzufügung von Abs. 4 in die Anm. zu VV 1008 RVG (Erhöhung der Kappungsgrenze des VV 2301 RVG → Rn. 260) weist die Begründung zum 2. KostRMoG darauf hin, dass sich daraus, dass in der Novelle anders als bei der Kappungsgrenze des VV 2301 RVG keine Erhöhung des Höchstbetrages iSv VV Vorb. 3 Abs. 4 RVG vorgesehen ist, ergibt, dass sich die Anrechnungsgrenze nicht erhöht. Damit sollte sich dieser Streit erledigt haben. 283

Beispiel:

Die Geschäftsgebühr von 1,3 hat sich wegen sechs Auftraggebern um 1,5 auf insgesamt 2,8 erhöht.
Es ist lediglich eine 0,75 Geschäftsgebühr auf die später anfallende Verfahrensgebühr anzurechnen. Eine 2,05 Geschäftsgebühr ist anrechnungsfrei.

b) Eine Geschäftsgebühr und mehrere Verfahrensgebühren. → RVG VV Vorb. 3 Rn. 337 ff. 284

2. Anrechnung bei anderen Gebühren

Identische Personen. Ist im Gesetz vorgesehen, dass eine Verfahrensgebühr auf eine andere Verfahrensgebühr anzurechnen ist (zB VV Vorb. 3 Abs. 5, VV 3100 Anm. Abs. 3 RVG), so ist die erhöhte Verfahrensgebühr anzurechnen, wenn der RA im Anrechnungsverfahren wieder die gleichen Personen vertritt.[319] 285

Beispiel:

Der RA vertritt im selbständigen Beweisverfahren und im anschließenden Streitverfahren dieselben zwei Antragsteller bzw. Kläger.
Die 1,6 Verfahrensgebühr im selbständigen Beweisverfahren (VV 3100, 1008 RVG) ist in vollem Umfang auf die 1,6 Verfahrensgebühr im Streitverfahren (VV 3100, 1008 RVG) anzurechnen (VV Vorb. 3 Abs. 5 RVG).

Nicht identische Personen. Vertritt der RA im ersten oder zweiten Verfahren nur eine Person, in dem anderen aber zwei, so ist nur die Verfahrensgebühr ohne Mehrvertretungszuschlag anzurechnen. Dasselbe gilt, wenn er im zweiten Verfahren teilweise andere Personen vertritt. 286

Beispiel:

Der RA vertritt im selbständigen Beweisverfahren nur einen Antragsgegner. Mitverklagt wird eine weitere Person, die auch von dem RA vertreten wird.
Auf die im Streitverfahren anfallende erhöhte 1,6 Verfahrensgebühr (VV 3100, 1008 RVG) ist nur eine 1,3 Verfahrensgebühr aus dem selbständigen Beweisverfahren (VV 3100 RVG) anzurechnen (VV Vorb. 3 Abs. 5 RVG).

Beispiel:

RA R vertritt im selbständigen Beweisverfahren A und B. Verklagt werden A und C, der am selbständigen Beweisverfahren nicht beteiligt war. Beide werden im Streitverfahren von RA R vertreten.
Auf die im Streitverfahren anfallende erhöhte 1,6 Verfahrensgebühr (VV 3100, 1008 RVG) ist nur eine 1,3 Verfahrensgebühr aus dem selbständigen Beweisverfahren anzurechnen, obgleich dort auch eine 1,6 Verfahrensgebühr angefallen war (VV 3100, 1008 RVG). Hinsichtlich C fehlt es für eine Anrechnung an der erforderlichen Identität.

---

[316] KG JurBüro 2008, 585; LG Düsseldorf JurBüro 2007, 480 Ziff. 2.3; LG Saarbrücken AGS 2009, 315; JurBüro 2004, 404 (405) Ziff. 8; *Lappe* Rpfleger 2006, 583.

[317] Zur Anrechnung, wenn eine solche nur teilweise zu erfolgen hat *Enders* JurBüro 2005, 449 (451).

[318] Ausf. Gerold/Schmidt/*Müller-Rabe,* 20. Aufl. 2012, RVG VV 1008 Rn. 256 ff.

[319] OLG Stuttgart AGS 2010, 121 mzustAnm *N. Schneider.*

XIII. Gegenstandswert über 30 Mio. EUR

287 Vertritt der RA mehrere Auftraggeber hinsichtlich desselben Gegenstands, dessen Wert über 30 Mill. EUR liegt, so sind nicht die Werte zu addieren. Schon gar nicht sind die Werte zu addieren und dann noch ein Mehrvertretungszuschlag zu gewähren.[320] Vielmehr fällt nur eine 1,3 Verfahrensgebühr und ein Mehrvertretungszuschlag aus einem Gegenstandswert von 30 Mio. EUR an.[321] § 22 Abs. 2 RVG hebt nicht den Grundsatz von § 22 Abs. 1 RVG auf, wonach eine Addition von Gegenstandswerten nur zu erfolgen hat, wenn es sich um „mehrere“, also unterschiedliche Gegenstände handelt.

XIV. Haftung des Einzelnen gegenüber RA (§ 7 Abs. 2 RVG)

1. Übersicht

288 Die Frage, in welcher Höhe der RA seine Vergütung gegen den einzelnen seiner mehreren Auftraggeber geltend machen kann, ist in § 7 Abs. 2 RVG geregelt. Diese Bestimmung gilt auch für nach VV 1008 erhöhte Gebühren. Nicht besonders geregelt ist, wie die einzelnen Auftraggeber im Innenverhältnis haften und ob ihnen ggf. ein Ausgleichsanspruch untereinander zusteht. Diese Frage ist dem bürgerlichen Recht überlassen. Ebenso behandelt das RVG die Kostenerstattung durch den unterlegenen Gegner nicht, sondern überlässt sie der im Einzelfall getroffenen Kostenentscheidung.[322]

2. Grundsätze

289 Die folgenden Grundsätze gelten unabhängig davon, ob eine Gebührenerhöhung gem. VV 1008 RVG eingetreten ist oder nicht, also auch wenn der RA in einer Angelegenheit mehrere Auftraggeber wegen verschiedener Gegenstände vertritt.

290 **Haftung wie alleiniger Auftraggeber.** Jeder der Auftraggeber schuldet nach § 7 Abs. 2 S. 1 RVG dem RA die Gebühren und Auslagen, die er schulden würde, wenn der RA nur ihn allein vertreten hätte. Es ist also zu errechnen, welche Gebühren und Auslagen angefallen wären, wenn der RA nur für diesen einen Auftraggeber tätig geworden wäre. Für diesen Betrag kann der RA auch Festsetzung gem. § 11 RVG verlangen.

291 **Gesamtbegrenzung.** Gem. § 7 Abs. 2 S. 2 RVG kann er jedoch insgesamt von allen Auftraggebern zusammen nicht mehr als die nach § 7 Abs. 1, VV 1008 RVG entstandene Vergütung fordern.

Beispiel:

Rechtsanwalts klagt für zwei Kläger eine Gesamtforderung von 10.000,– EUR ein.

Insgesamt steht ihm zu

1,3 Verfahrensgebühr gem. VV 3100 RVG aus 10.000,– EUR	798,20 EUR
0,3 Erhöhung gem. VV 1008 RVG aus 10.000,– EUR	184,20 EUR
Pauschale gem. VV 7002 RVG	20,00 EUR
Summe	1.002,40 EUR

Von jedem der Kläger kann er mit der Einschränkung des § 7 Abs. 2 S. 2 RVG gem. § 7 Abs. 2 S. 1 RVG verlangen

1,3 Verfahrensgebühr gem. VV 3100 RVG aus 10.000,– EUR	798,20 EUR
Pauschale gem. VV 7002 RVG	20,00 EUR
Summe	818,20 EUR

292 **Verhältnis zu §§ 420 ff. BGB.** § 420 BGB (im Zweifel Haftung zu gleichen Teilen bei teilbarer Leistung) wird schon durch die Fassung des § 7 Abs. 2 S. 1 RVG ausgeschlossen. Ebenso ist auch ausdrücklich klargestellt, dass die Auftraggeber auch dann, wenn sie den Auftrag gemeinschaftlich erteilt haben, nicht schlechthin nach § 427 BGB für die Gesamtkosten haften, sondern jeder nur für die allein durch Ausführung seines Auftrags entstandenen Kosten.

Zu **teilweiser Gesamtschuld** → § 11 Rn. 267.

293 **Wahlrecht des Anwalts.** § 7 Abs. 2 RVG besagt nichts über die Reihenfolge, in der der RA seine mehreren Auftraggeber in Anspruch nehmen darf oder muss; sie zu bestimmen bleibt, wie bei jeder Gesamtschuld, dem Gläubiger, also dem RA überlassen. Da die Summe dessen, was die einzelnen Auftraggeber dem RA schulden, höher ist als das, was er insgesamt fordern darf, muss er notwendig eine Auswahl treffen, wenn er nicht alle Auftraggeber auf ei-

[320] **AA** OLG Dresden AGS 2007, 521 mablAnm *N. Schneider.*
[321] Schneider/Wolf/*Schneider* RVG § 22 Rn. 34 ff.
[322] OLG Frankfurt a. M. Rpfleger 1993, 420 = OLGR 1993, 187.

nen gleichen Teil in Anspruch nehmen will, wozu er berechtigt, aber nicht verpflichtet ist. Kein Auftraggeber kann also, solange ihm nicht mehr berechnet wird, als er nach Abs. 2 S. 1 an Gebühren und Auslagen schuldet, verlangen, der RA möge doch einen anderen Auftraggeber allein oder zumindest gleichzeitig in Anspruch nehmen. Der RA ist weiter nicht an die zeitliche Reihenfolge der Auftragserteilung gebunden. Er ist auch nicht verpflichtet, einen erhaltenen **Vorschuss** zu erstatten, solange dieser den Betrag nicht übersteigt, den der Vorschussgeber nach Abs. 2 S. 1 schuldet.

Zahlung durch einen Auftraggeber. Hat ein Auftraggeber zB seine 1,3 Verfahrensgebühr gezahlt, so hat der andere von der auch von ihm geschuldeten 1,3 Verfahrensgebühr nur den offenen Rest zu 1,6 also 0,3 zu begleichen.[323] 294

Besondere Leistungen nur für einen Auftraggeber. Hat der RA eine besondere Tätigkeit nur für einen seiner mehreren Auftraggeber entfaltet und hat sich dadurch die Vergütung des RA erhöht, so haftet für diese Erhöhung nur derjenige Auftraggeber, in dessen Interesse diese besondere Tätigkeit ausgeübt worden ist.[324] Das gilt auch für Auslagen. 295

Beispiele:

Hat nur einer der mehreren Auftraggeber einen Einigungsvertrag mit dem Gegner geschlossen, so schuldet nur er die Einigungsgebühr nach dem für ihn maßgebenden Gegenstandswert.

Ist eine auswärtige Beweisaufnahme nur im Hinblick auf einen der mehreren Auftraggeber nötig geworden, so sind anwaltlichen Reisekosten für die Wahrnehmung des Beweistermins nur diesem Auftraggeber zu berechnen.

Nachträglich eingetretene Auftraggeber. Treten nachträglich an die Stelle eines Auftraggebers mehrere Auftraggeber, zB mehrere Rechtsnachfolger eines Auftraggebers (zB Erben), oder werden nach § 147 ZPO mehrere Rechtsstreitigkeiten miteinander verbunden, so haften die nachträglich eingetretenen Auftraggeber für die ausschließlich vor ihrem Eintritt entstandenen Gebühren nach § 7 Abs. 1 RVG nicht. Vielmehr haftet dafür nur der bisherige Auftraggeber. Rechtsnachfolger können aber aus Gründen des materiellen Rechts, zB § 2058 BGB, dafür als Gesamtschuldner haften. 296

3. Verschiedene Gegenstände

Sind die Gegenstände, wegen derer der RA die Auftraggeber vertritt, verschieden, so steht das einer Anwendung von § 7 RVG nicht entgegen. Die Gegenstandswerte werden nach § 22 Abs. 1 RVG zusammengerechnet. Aus dem erhöhten Gegenstandswert fällt die Gebühr nur einmal an. Jeder Auftraggeber haftet nur für die nach dem Einzelwert seines Auftrags berechneten Gebühren. Da der RA aber seine Gebühren nicht getrennt, sondern nur einmal nach dem Gesamtwert berechnen darf, muss somit eine doppelte Berechnung erfolgen. Zu berechnen sind einerseits der dem RA zustehende Gesamtbetrag und andererseits diejenigen Gebühren und Auslagen, die für jeden Auftraggeber bei getrennter Ausführung der Aufträge entstanden wären. 297

Beispiel:

RA vertritt A und B, die verklagt sind A wegen 20.000,– EUR, B wegen 10.000,– EUR. Beide Forderungen bestehen gesondert.

RA verdient und kann insgesamt höchstens verlangen	
1,3 Verfahrensgebühr gem. VV 3100 RVG aus 30.000,– EUR	1.241,50 EUR
Pauschale gem. VV 7002 RVG	20,00 EUR
Summe	1.261,50 EUR
Von A kann er verlangen	
1,3 Verfahrensgebühr gem. VV 3100 RVG aus 20.000,– EUR	1.068,60 EUR
Pauschale gem. VV 7002 RVG	20,00 EUR
Summe	1.088,60 EUR
Von A kann er verlangen	
1,3 Verfahrensgebühr gem. VV 3100 RVG aus 10.000,– EUR	798,20 EUR
Pauschale gem. VV 7002 RVG	20,00 EUR
Summe	818,20 EUR

Nicht mit § 7 Abs. 1 S. 2 RVG wäre die Ansicht zu vereinbaren, A könne nur auf $^2/_3$ der Gesamtvergütung in Anspruch genommen werden, B dagegen auf nur auf $^1/_3$. Diese Aufteilung gilt nur für das Innenverhältnis zwischen den Auftraggebern und im Regelfall für die Kostenfestsetzung, aber nicht im Verhältnis zum RA. 298

[323] OLG Hamm JurBüro 1978, 62; OLG München MDR 1978, 854 = JurBüro 1978, 1175.
[324] OLG Frankfurt a. M. JurBüro 1977, 1227.

4. Nach VV 1008 RVG erhöhte Gebühr

299 **a) Wertgebühren.** Erhöht sich bei Aufträgen mit gleichem Gegenstand die Verfahrensgebühr nach VV 1008 RVG, so haftet jeder Auftraggeber nur für die nicht erhöhte Gebühr, die zu seiner Person entstanden ist.

Beispiel:

Der RA vertritt die Auftraggeber A und B, die als Gesamtschuldner wegen 10.000,– EUR verklagt wurden.

Er verdient insgesamt	
1,3 Verfahrensgebühr gem. VV 3100 RVG aus 10.000,– EUR	798,20 EUR
0,3 Erhöhung gem. VV 1008 RVG aus 10.000,– EUR	184,20 EUR
Pauschale gem. VV 7002 RVG	20,00 EUR
Summe	1002,20 EUR
Er kann von jedem Auftraggeber verlangen	
1,3 Verfahrensgebühr gem. VV 3100 RVG aus 10.000,– EUR	798,20 EUR
Pauschale gem. VV 7002 RVG	20,00 EUR
Summe	818,20 EUR
Insgesamt aber nur	1.002,20 EUR

300 **Haftung als Gesamtschuldner.** Teilweise haften die Auftraggeber dabei als Gesamtschuldner. Dieser Teil errechnet sich, indem die Ansprüche gegen die einzelnen Auftraggeber addiert und dann davon der dem RA zustehende Gesamtbetrag abgezogen wird.[325]

Im vorigen Beispiel also:		
Dem RA stehen insgesamt zu		1.002,20 EUR
1,3 Verfahrensgebühr gem. VV 3100 RVG aus 10.000,– EUR	798,20 EUR	
Pauschale	20,00 EUR	
1,3 Verfahrensgebühr gem. VV 3100 RVG aus 10.000,– EUR	798,20 EUR	
Pauschale	20,00 EUR	
Summe	1.636,40 EUR	
Abzgl. dem RA insgesamt zustehender Betrag	– 1.002,20 EUR	
Gesamtschuldnerische Haftung		634,20 EUR
Alleinschuld		
Gesamtanspruch des RA	1.002,20 EUR	
Gesamtschuld	– 634,20 EUR	
Alleinschuld jeweils Beklagte zu 1 und 2 ½ von		368,00 EUR

Der **richtige Klageantrag** lautet dann:
Es werden verurteilt,
die Beklagten als Gesamtschuldner zur Zahlung von 634,20 EUR,
der Beklagte zu 1 zur Zahlung von weiteren 184,00 EUR,
der Beklagte zu 2 zur Zahlung von weiteren 184,00 EUR,
insgesamt jedoch nur zur Zahlung von 1.002,20 EUR.[326]

301 **Anrechnung von Zahlungen.** Zahlt einer der Auftraggeber nur einen Teil der von ihm zu zahlenden Vergütung, so ist die Zahlung zuerst auf den von ihm allein geschuldeten Teil anzurechnen, da dies der für den RA, der insoweit nur einen Schuldner hat, der weniger sichere Teil iSv § 366 BGB ist.[327]

302 **b) Rahmengebühren.** Erhöhen sich bei Rahmengebühren der Mindest- und Höchstbetrag, so haftet jeder Auftraggeber nur für diejenige Gebühr, die sich für ihn nach den bei ihm vorliegenden Umständen aus dem nicht erhöhten Gebührenrahmen ergibt. Der RA hat hiernach zB für die Vertretung zweier Nebenkläger in einer Hauptverhandlung unter Beachtung des § 14 RVG mehrere Berechnungen aufzustellen:

a) für die Vertretung des Auftraggebers A,
b) für die Vertretung des Auftraggebers B,
c) für die Vertretung insgesamt.

Jeder Auftraggeber schuldet dem RA nur die ihn betreffende Vergütung, also A die Vergütung a), B die Vergütung b), beide jedoch zusammen höchstens nur die Vergütung c).

5. Auslagen

303 **Grundsatz.** Auch für die Auslagen gilt gem. § 7 Abs. 2 S. 1 RVG, dass jeder Auftraggeber nur hinsichtlich der Auslagen haftet, die auch angefallen wären, wenn er allein Auftraggeber des RA gewesen wäre.

---

325 OLG Düsseldorf JurBüro 2011, 592 = AGS 2011, 534 mzustAnm *N. Schneider.*
326 Anm. von *N. Schneider* zu OLG Düsseldorf AGS 2011, 536.
327 OLG Düsseldorf JurBüro 2011, 592 = AGS 2011, 536 mzustAnm *N. Schneider.*

Beispiel: Der RA ist für beide Auftraggeber zum Gerichtstermin gefahren (Kosten 150,– EUR). Zu einer Frage, die allein für den Auftraggeber B von Bedeutung war, hat er noch Recherchen angestellt (Kosten 200,– EUR).

Der Auslagenanspruch des RA insgesamt	
Reise- + Recherchekosten	350,– EUR
Kommunikationspauschale	20,– EUR
Insgesamt	370,– EUR
Anspruch gegen Auftraggeber A	
Reisekosten	150,– EUR
Kommunikationspauschale	20,– EUR
Insgesamt	170,– EUR
Anspruch gegen Auftraggeber B	
Reise- + Recherchekosten	350,– EUR
Kommunikationspauschale	20,– EUR
Insgesamt	370,– EUR

Dokumentenpauschale. Das gilt grds. auch für die Dokumentenpauschale des VV 7000 RVG (Beispiel → RVG VV 7000 Rn. 116). Nur für die Dokumentenpauschale gem. VV 7000 Nr. 1c RVG gilt gem. § 7 Abs. 2 S. 1 Hs. 2 RVG (Unterrichtung der Auftraggeber) etwas anderes → RVG VV 7000 Rn. 134. **304**

6. MwSt

Jeder Streitgenosse schuldet die MwSt, die aus dem Betrag anfällt, für den er einzustehen hat. **305**

7. Fälligkeit und Verjährung

Ist der Auftrag des einen Auftraggebers vor dem des anderen erledigt, zB weil die Klage gegen den einen zurückgenommen wird, so treten Fälligkeit und Verjährungsbeginn für die Auftraggeber zu unterschiedlichen Zeiten ein. **306**

Hinweis für den RA. Sowie hinsichtlich eines Auftraggebers Fälligkeit gegeben ist, sollte der RA mit ihm abrechnen oder zumindest einen Verjährungsvermerk in seiner Handakte anbringen. So kann Verjährung in den Fällen verhindert werden, in denen sich die Angelegenheit hinsichtlich des anderen Auftraggebers lange hinzieht.

8. Rechnungsstellung

Aus der Rechnung muss hervorgehen, wie viel jeder Auftraggeber allein zahlen muss und wie viel alle zusammen höchstens tragen müssen.[328] **307**

Beispiel:

Also Auftraggeber A bei insgesamt drei gesamtschuldnerischen Streitgenossen und einem Streitwert von 10.000,– EUR

Der Auftraggeber A muss zahlen	
1,3 Verfahrensgebühr aus 10.000,– EUR	798,20 EUR
1,2 Terminsgebühr aus 10.000,– EUR	736,80 EUR
Pauschale	20,00 EUR
19 % MwSt	295,45 EUR
Summe	**1.850,45 EUR**
Insgesamt müssen alle drei Auftraggeber aber nicht mehr zahlen als	
1,3 Verfahrensgebühr aus 10.000,– EUR	798,20 EUR
0,6 Erhöhung aus 10.000,– EUR	368,40 EUR
1,2 Terminsgebühr aus 10.000,– EUR	736,80 EUR
Pauschale	20,00 EUR
19 % MwSt	365,45 EUR
Summe	**2.288,85 EUR**

XV. Innenverhältnis der Auftraggeber (§ 426 BGB)

Für das **Verhältnis der Auftraggeber zueinander** gilt § 426 BGB. Sie sind zu gleichen Teilen verpflichtet, soweit nicht ein anderes bestimmt ist. Die andere Bestimmung kann sich aus dem Gesetz, einer Absprache, aber auch aus der Natur der Sache ergeben.[329] Fehlen eine gesetzliche Regelung oder Absprache, ergibt sich im Regelfall aus der Natur der Sache, dass die Auftraggeber entsprechend ihrer Beteiligung an der Angelegenheit im Innenverhältnis haften sollen. **308**

---

[328] *Hansens* Anm. zu LG Mannheim RVGreport 2012, 416.

[329] Palandt/*Grüneberg* BGB § 426 Rn. 9.

Beispiel 1:

A und B werden als Gesamtschuldner in Anspruch genommen, A iHv 20.000,– EUR, B nur iHv von 10.000,– EUR, A haftet im Innenverhältnis iHv von 2/3, B iHv 1/3.

Beispiel 2:

A klagt 30.000,– EUR, B 10.000,– EUR ein. Jede Forderung steht nur A bzw. B zu

A haftet im Innenverhältnis iHv von 3/4, B iHv 1/4.

309 **WEG.** Die Wohnungseigentümer haften gem. § 16 Abs. 2 S. 1 WEG nach ihrem Miteigentumsanteil, soweit nicht gem. § 16 Abs. 2 S. 2 WEG etwas anderes vereinbart ist. Dabei ist zu beachten, dass die Aufteilung nur unter den Eigentümern erfolgt, die an dem Streit beteiligt waren.[330]

310 Für den Fall, dass Kostenerstattung in Betracht kommt, wird die Ansicht vertreten, es sei eine stillschweigende Übereinkunft anzunehmen, nach der zuerst die Auftraggeber im Innenverhältnis haften sollen, die einen Erstattungsanspruch haben.[331] Dem ist nicht zuzustimmen.[332]

311 **Ausgleichsanspruch und Forderungsübergang.** Der Auftraggeber, der den vollen Betrag oder doch mehr als den auf ihn entfallenden Kopfteil bezahlt hat, kann von den übrigen Auftraggebern nach § 426 BGB Ausgleich verlangen. In Höhe seines Ausgleichsanspruchs geht nach § 426 Abs. 2 BGB die Forderung des RA auf ihn über. Ist die Höhe des Ausgleichsanspruchs streitig, so ist Klage vor dem ordentlichen Gericht zu erheben. Im Kostenfestsetzungsverfahren kann das nicht geklärt werden.

XVI. Kostenerstattung bei gemeinsamem RA

1. Anspruch nach Kopfteilen

312 **a) Wertgebühren bei demselben Gegenstand. Grundsatz.** Haben die Streitgenossen ganz oder teilweise obsiegt und hat deshalb zumindest einer von ihnen einen Erstattungsanspruch, so war streitig, ob jeder in Höhe des Betrages eine Erstattung verlangen konnte, den er gem. § 7 Abs. 2 RVG dem RA geschuldet hat, oder ob jeder nur den Teil der anwaltlichen Gesamtkosten geltend machen konnte, der seinem Anteil am Verfahren entsprach. Diese Frage ist von besonderer Bedeutung, wenn ein Streitgenosse allein einen Erstattungsanspruch oder einer von ihnen einen höheren Erstattungsanspruch hat.

Beispiel:

Streitgenosse A, siegt, B verliert. Beide waren als Gesamtschuldner wegen 10.000,– EUR verklagt. Gem. Urteil nach mündlicher Verhandlung trägt der Gegner die außergerichtlichen Kosten des A.

Nach der **1. Meinung** kann A geltend machen

1,3 Verfahrensgebühr gem. VV 3100 RVG aus 10.000,– EUR	798,20 EUR
1,2 Terminsgebühr gem. VV 3105 RVG aus 10.000,– EUR	736,80 EUR
Pauschale gem. VV 7002 RVG	20,00 EUR
Summe	1.555,00 EUR

Nach der **2. Meinung** kann A **lediglich die Hälfte** der gesamten Kosten erstattet verlangen

Also ist zu rechnen:

Gesamtkosten des Anwalts	
1,6 Verfahrensgebühr aus 10.000,– EUR	982,40 EUR
1,2 Terminsgebühr aus 10.000,– EUR	736,80 EUR
Pauschale gem. VV 7000 RVG	20,00 EUR
Summe	1.739,20 EUR
Davon kann A die Hälfte (gleiche Kopfteile) verlangen, also	869,60 EUR

313 Die zweite, ganz hM, trifft zu. Ihr hat sich nunmehr auch der BGH angeschlossen.[333] Soweit ersichtlich hat seit der Veröffentlichungen der BGH-Entscheidung nur noch ein Obergericht eine andere Meinung vertreten.[334] An dieser Berechnungsweise ändert sich auch nichts, wenn

[330] BGH NJW 2007, 1869 mwN auch für die Gegenmeinung.

[331] OLG Hamm JurBüro 1994, 420.

[332] BGH NJW 1992, 2286.

[333] BGH NJW 2006, 3571; 2003, 3419; OLG Düsseldorf NJW 2005, 1286 (Ls.) = NJW-RR 2005, 509 unter Aufgabe seiner bisherigen abweichenden Rspr.; OLG Dresden JurBüro 1998, 598; OLG Koblenz JurBüro 2014, 146; 2008, 428; KG KGR Berlin 2008, 486 = RVGreport 2008, 138; OLG Köln OLGR 2009, 526; OLG München MDR 1995, 856; OLG Schleswig JurBüro 1999, 29.

[334] OLG Hamm JurBüro 2005, 91.

der weitere Streitgenosse erst später in das Verfahren eingetreten ist (zB durch Klageerweiterung).[335]

OLG Köln verlangt, dass schon im Kostenfestsetzungsantrag erklärt werden muss, in welcher Höhe jeder Streitgenosse eine Erstattung geltend macht. Es lässt es nicht genügen, ohne Aufteilung nur die gesamten bei den Streitgenossen angefallenen Kosten anzumelden.[336] Das OLG München hat das bisher nie verlangt, ohne deshalb bei der Erstellung der jeweiligen Anteile Probleme zu bekommen. In der Rspr. u. Lit. ist bisher eine derartige Forderung nicht aufgestellt worden. Sollte sich ein Gericht der Ansicht von OLG Köln anschließen, so muss es bei einem Antrag, der nur die Gesamtkosten anmeldet, einen Hinweis geben. 314

Weitere Beispiele berechnet nach der hM 315

Beispiel 1:

Streitgenossen A und B wegen Gesamtschuld von 10.000,– EUR verklagt, gewinnen den Prozess. Der Gegner trägt die Kosten des Rechtsstreits

Gesamtkosten des Anwalts	
1,6 Verfahrensgebühr gem. VV 3100, 1008 RVG aus 10.000,– EUR	982,40 EUR
1,2 Terminsgebühr aus 10.000,– EUR	736,80 EUR
Pauschale gem. VV 7000 RVG	20,00 EUR
Summe	1.739,20 EUR
Davon können A und B jeweils die Hälfte (gleiche Kopfteile) verlangen, also	869,60 EUR

Beispiel 2:

Streitgenosse A siegt zu 70 %, B zu 20 %. Beide waren wegen einer Gesamtschuld von 10.000,– EUR verklagt. Die Kostenentscheidung lautet: Der Kläger trägt von den außergerichtlichen Kosten des A 70 %, von denen des B 20 %.

Gesamtkosten des Anwalts	
1,6 Verfahrensgebühr gem. VV 3100, 1008 RVG aus 10.000,– EUR	982,40 EUR
1,2 Terminsgebühr gem. VV 3104 RVG aus 10.000,– EUR	736,80 EUR
Pauschale gem. VV 7000 RVG	20,00 EUR
Summe	1.739,20 EUR
Davon entfallen auf A und B jeweils die Hälfte (gleiche Kopfteile), also	869,60 EUR

A steht ein Erstattungsanspruch iHv 70 % aus 869,60 EUR, also 608,72 EUR, B ein Erstattungsanspruch iHv 20 % aus 869,60 EUR, also 173,92 EUR zu.

b) Wertgebühren bei verschiedenen Gegenständen. Liegen mehrere Gegenstände vor, erhöht sich also der Gegenstandswert und nicht die Gebühr, so stellen sich die gleichen Fragen wie bei der erhöhten Wertgebühr. Es kommt wieder auf den Anteil des einzelnen Auftraggebers am Verfahren an. 316

Beispiel:

Die Wohnungseigentümer K 1 und K 2 klagen erfolgreich Forderungen von 10.000,– EUR (K 1) und 5.000,– EUR (K 2) ein, die jedem getrennt zustehen. Lt. Urteil trägt der Beklagte die außergerichtlichen Kosten des K 1 und K 2 in vollem Umfang.

Der RA hat insgesamt verdient	
1,3 Verfahrensgebühr gem. VV 3100 RVG aus 15.000,– EUR	933,40 EUR
1,2 Terminsgebühr gem. VV 3104 RVG aus 15.000,– EUR	861,60 EUR
Pauschale gem. VV 7002 RVG	20,00 EUR
Summe	1.815.00 EUR
Auf K 1 entfallen $^{10}/_{15}$ aus 1.815.00 EUR, also	1.210,00 EUR
Auf K 2 entfallen $^{5}/_{15}$ aus 1.815,00 EUR, also	605.00 EUR

A hat einen Erstattungsanspruch von 1.096,67 EUR, B einen von 548,33 EUR

Variante 1: Hätte K 1 in vollem Umfang gesiegt und wäre K 2 in vollem Umfang unterlegen und hätte der Beklagte dementsprechend nur die außergerichtlichen Kosten des K 1 zu tragen, so könnte K 1 $^{10}/_{15}$ aus 1.815,00 EUR, also 1.210,00 EUR verlangen, während K 2 keinen Erstattungsanspruch hätte.

c) Satzrahmengebühren 317

Beispiel:

RA vertritt in einem isolierten Vorverfahren gegenüber der Gemeinde (Gegenstandswert 20.000,– EUR) zwei Antragsteller hinsichtlich desselben Gegenstands. A 1, für den der Arbeitseinsatz überdurchschnittlich war, gewinnt, A 2 verliert. Nach dem Widerspruchbescheid trägt die Gemeinde die außergerichtlichen Kosten des A 1 (§ 72 VwGO oder § 80 Abs. 1 VwVfG).

---

[335] OLG Düsseldorf MDR 2008, 594 = OLGR 2008, 196.

[336] OLG Frankfurt a. M. 14.4.2011 – 18 W 68/11, BeckRS 2013, 22746; OLG Köln OLGR 2009, 526.

Der RA verdient ausgehend von einer 1,8 Geschäftsgebühr insgesamt

1,8 Geschäftsgebühr gem. VV 2300 RVG aus 20.000,– EUR	1.479,60 EUR
+ 30 % Erhöhung gem. VV 1008 RVG (1.479,60 EUR × 30 %) (→ Rn. 256 ff.)	443,88 EUR
Pauschale gem. VV 7002 RVG	20,00 EUR
Summe	1.943,48 EUR

Hätte der RA nur A 1 vertreten, so wären wegen des überdurchschnittlichen Aufwands angefallen

1,8 Geschäftsgebühr gem. VV 2300 RVG aus 20.000,– EUR	1.479,60 EUR
Pauschale gem. VV 7002 RVG	20,00 EUR
Summe	1.499,60 EUR

Hätte der RA nur A 2, für den er sich viel weniger Arbeit machen musste, vertreten, so wären angefallen

1,3 Geschäftsgebühr gem. VV 2300 RVG aus 20.000,– EUR	1.068,60 EUR
Pauschale gem. VV 7002 RVG	20,00 EUR
Summe	1.088,60 EUR

Die Beteiligung von A 1 entspricht 1.499,60 EUR : 2.588,20 EUR (1.499,60 EUR + 1.088,60 EUR), also 58 %, die von A 2 42 %. A 1 kann also erstattet verlangen 58 % aus 1.943,48 EUR = 1.127,22 EUR.

318 **d) Betragsrahmengebühren, insbes. Strafsachen.** Auch bei Betragsrahmengebühren, zB in Sozial-, Verwaltungs- und Strafsachen können die Auftraggeber Ansprüche auf Erstattung der aufgewendeten Anwaltskosten haben.

Beispiele:

a) Die Privatklage zweier Beleidigter ist erfolgreich.

b) Auf die Privatklage des einen Beleidigten wird der Angeklagte verurteilt, die Privatklage des anderen Privatklägers wird abgewiesen.

319 Die bei den Wertgebühren aufgestellten Grundsätze sind – auf die Besonderheiten der Betragsrahmengebühren angepasst – anzuwenden. Im Regelfall kann jeder Auftraggeber nur den auf ihn im Innenverhältnis entfallenden Betrag geltend machen. Also muss wieder die dem RA in der Angelegenheit insgesamt zustehende Vergütung ermittelt werden. Sodann müssen die Beträge, die die einzelnen Auftraggeber dem RA schulden (die Einzelvergütungen) festgestellt werden. Diese können nicht ohne weiteres aus Gegenstandswerten ermittelt werden. Sie müssen von dem RA für jeden einzelnen Auftraggeber zunächst nach § 14 RVG bestimmt werden. Anhand der Einzelwerte ist zu ermitteln, mit welcher Quote die einzelnen Auftraggeber an den Gesamtkosten beteiligt sind.

Beispiel:

Auf die Privatklage des einen Beleidigten (P 1) wird der Angeklagte verurteilt, die Privatklage des anderen Privatklägers (P 2) wird abgewiesen. Insgesamt sind angefallen

Grundgebühr gem. VV 4100 RVG (Mittelgebühr + 10 %, da zwei Auftraggeber)	242,00 EUR
Verfahrensgebühr gem. VV 4106, 1008 RVG (Mittelgebühr + 30 %)	235,95 EUR
Terminsgebühr VV 4108 RVG (Mittelgebühr + 10 %, da zwei Auftraggeber)	332,75 EUR
Pauschale gem. VV 7002 RVG	20,00 EUR
Summe	757,00 EUR

Hätte der RA nur P 1 bzw. P 2 vertreten, wären, da der Aufwand für beide etwa gleich hoch war, jeweils angefallen

Grundgebühr gem. VV 4100 RVG	220,00 EUR
Verfahrensgebühr gem. VV 4106 RVG	181,50 EUR
Terminsgebühr gem. VV 4108 RVG	302,50 EUR
Pauschale gem. VV 7002 RVG	20,00 EUR
Summe	724,00 EUR

Die Gesamtkosten des Anwalts haben in diesem Fall die Privatkläger im Innenverhältnis jeweils zur Hälfte zu zahlen. P 1 kann Erstattung iHv 362,00 EUR (724,00 EUR : 2) verlangen.

Die Grundgebühr und die Terminsgebühr sind niedriger, weil die Mehrbelastung durch zwei Auftraggeber entfällt, was im Rahmen von § 14 RVG zu berücksichtigen ist.

320 Im Erstattungsverfahren kann nicht eingewendet werden, die Beteiligung mehrerer Personen an dem Verfahren sei nicht erforderlich gewesen, es hätte – bei gleich gelagerten Interessen – genügt, dass sich eine Person an dem Verfahren beteiligt hätte (Bsp.: In dem Verfahren wegen fahrlässiger Tötung dürfen sich die Witwe und die minderjährigen Kinder dem Strafverfahren als Nebenkläger anschließen). Die Gleichheit der Interessen der mehreren Beteiligten kann indessen iRd § 14 RVG berücksichtigt werden.[337]

[337] OLG Hamm JurBüro 1967, 168; LG Kleve AnwBl 1969, 31; LG Koblenz AnwBl 1971, 92; LG Lüneburg AnwBl 1969, 143; LG Osnabrück AnwBl 1968, 331; **aA** LG Kaiserslautern JurBüro 1971, 1021 mAnm *Schalhorn.*

Wird ein auf eine Sozietät lautendes Mandat zur Verteidigung zweier Mitbeschuldigter in zwei Einzelmandate der Sozietätsanwälte „aufgeteilt", um den Anforderungen des § 146 StPO zu genügen, findet § 7 RVG keine Anwendung. Die bei den Beschuldigten getrennt entstehenden Verteidigerkosten sind aus der Staatskasse zu erstatten.[338] 321

2. Zahlungsunfähigkeit

Eine andere Berechnung ist vorzunehmen, wenn einer der Streitgenossen zahlungsunfähig ist. Die oben dargelegte hM für den Regelfall (→ Rn. 312) beruht auf der Annahme, dass im Innenverhältnis die Streitgenossen die Anwaltskosten entsprechend ihrer Beteiligung am Verfahren tragen, dass also letztlich jeder nur den seiner Beteiligung entsprechenden Anteil an den Kosten tragen muss. Ist aber ein Streitgenosse zahlungsunfähig, so kann der andere Streitgenosse, den der RA in vollem Umfang gem. § 7 Abs. 2 S. 1 RVG in Anspruch genommen hat, seinen Ausgleichsanspruch gem. § 426 BGB nicht realisieren. In diesem Fall kann er die gesamten Kosten, die er dem RA schuldet, bei der Erstattung anmelden.[339] Das gilt unabhängig davon, ob es sich um (erhöhte oder nicht erhöhte) Wertgebühren, um Satzrahmen-, Betragsrahmen- oder Fixgebühren handelt. Glaubhaft machen muss die Zahlungsunfähigkeit des anderen als einer Ausnahme zur Regel, wer seine gesamten Kosten erstattet haben will. Die Äußerung einer bloßen Befürchtung reicht nicht.[340] Steht die Zahlungsunfähigkeit des anderen jedoch fest, soll dieser aber nach der Behauptung des Erstattungspflichtigen dem RA einen Vorschuss gezahlt haben, so ist von keiner Vorschusszahlung auszugehen, wenn der RA erklärt, eine solche nicht erhalten zu haben.[341] 322

Beispiel für erhöhte Wertgebühr:

A siegt, B, der zahlungsunfähig ist und auch keinen Vorschuss gezahlt hat, verliert. Beide waren wegen einer Gesamtschuld von 10.000,– EUR verklagt. Der Gegner wird verurteilt die außergerichtlichen Kosten des A zu tragen.

A schuldet dem RA	
1,3 Verfahrensgebühr gem. VV 3100 RVG aus 10.000,– EUR	798,20 EUR
1,2 Terminsgebühr gem. VV 3104 aus 10.000,– EUR	736,80 EUR
Pauschale gem. VV 7002 RVG	20,00 EUR
Summe	1.555,00 EUR
A hat einen Erstattungsanspruch iHv	1.555,00 EUR

Beispiel für Wertgebühr bei verschiedenen Gegenständen:

Die Wohnungseigentümer K 1 und K 2 klagen erfolgreich Forderungen von 10.000,– EUR (K 1) und 5.000,– EUR (K 2) ein, die jedem getrennt zustehen. Laut Urteil trägt der Beklagte die außergerichtlichen Kosten des K 1 und K 2 in vollem Umfang. K 2 ist zahlungsunfähig.

Der RA kann K 1 in Rechnung stellen	
1,3 Verfahrensgebühr gem. VV 3100 RVG aus 10.000,– EUR	798,20 EUR
1,2 Terminsgebühr gem. VV 3104 RVG aus 10.000,– EUR	736,80 EUR
Pauschale gem. VV 7002 RVG	20,00 EUR
Summe	1.555,00 EUR
K 1 hat einen Erstattungsanspruch iHv	1.555,00 EUR

Ein Anspruch auf die volle Verfahrensgebühr iSv § 7 Abs. 2 RVG steht aber nicht einem RA zu, der **einerseits sich selbst** und daneben noch eine zahlungsunfähige Partei vertritt. Ein Erstattungsanspruch für die volle und nicht nur anteilige Verfahrensgebühr setzt voraus, dass der zahlungsfähige Streitgenosse den vollen Betrag aufgewendet hat oder aufwenden muss, was beim sich selbst vertretenden RA nicht der Fall ist.[342] 322a

Unterhalt eines minderjährigen Kindes. Das Vorstehende gilt auch, wenn in einem Unterhaltsverfahren ein Elternteil zugleich ein minderjähriges Kind vertritt und es sich um eine echte Vertretung iSv § 164 BGB handelt, also nicht um eine Geltendmachung von Unterhalt im eigenen Namen gem. § 1629 Abs. 3 BGB, das Kind mittellos und der Elternteil nicht aufgrund seiner eigenen Unterhaltspflicht verpflichtet ist, die Verfahrenskosten des Kindes zu tragen. Zahlt dann der Elternteil gem. § 7 Abs. 2 S. 1 RVG an den RA die vollen sich aus dem isolierten Verfahrenswert des Unterhaltsverfahrens des Elternteils ergebenden RA-Kosten, so 323

[338] LG Saarbrücken AnwBl 1975, 367 = JurBüro 1975, 1605.

[339] BGH MDR 2003, 1140 = Rpfleger 2003, 537; OLG Karlsruhe JurBüro 1994, 684; OLG Koblenz JurBüro 2007, 370, mittelloses Kind wird gemeinsam mit Eltern verklagt; OLG München MDR 1995, 856; OLG Schleswig JurBüro 1999, 29.

[340] OLG Koblenz JurBüro 2014, 146.

[341] OLG Koblenz JurBüro 2012, 429.

[342] BGH RVGreport 2017, 390.

kann er von dem zahlungsunfähigen Kind im Innenverhältnis keinen Ausgleich gem. § 426 BGB erhalten.[343]

3. Im Innenverhältnis abweichende Bestimmung

324 **a) Durch Vereinbarung.** ***aa) Zahlungspflichtiger.*** Von dem Fall der Zahlungsunfähigkeit ist der Fall zu unterscheiden, dass aufgrund zivilrechtlicher Vereinbarung ein Streitgenosse dem anderen gegenüber verpflichtet ist, dessen Prozesskosten zu tragen. Teilweise wird vertreten, dass dann der Erstattungsberechtigte über seinen Anteil am Verfahren hinaus Erstattung verlangen kann.[344] Zutreffend gibt demgegenüber die überwiegende Auffassung jedem Streitgenossen auch hier nur einen Erstattungsanspruch entsprechend seinem Anteil am Verfahren.[345] Hierfür sprechen folgende Gründe:

- Bei der Gegenmeinung geht der Zusammenhang zwischen der Kostenentscheidung und Kostenerstattung verloren. Wenn die sog. Baumbach'sche Formel in der Kostengrundentscheidung verwendet worden ist, dann muss sie auch im Kostenfestsetzungsverfahren durchgehalten werden.[346] Die Gegenmeinung führt zu einer Benachteiligung des Gegners im Gegensatz zur Kostengrundentscheidung. Dies zu vermeiden ist einer der Gründe, die der BGH[347] in seiner Entscheidung dafür anführt, dass im Regelfall der Erstattungsanspruch des einzelnen Streitgenossen sich nach seiner Beteiligung am Verfahren richtet.
- Der prozessuale Kostenerstattungsanspruch knüpft nicht an das Auftragsverhältnis der Partei zu ihrem Prozessbevollmächtigten an, sondern erfolgt aus dem Prozessrechtsverhältnis und wird allein bestimmt durch die Kostengrundentscheidung bzw. die Kostenregelung des Vergleichs.[348]
- Eine Vereinbarung unter den Streitgenossen kann nicht dazu führen, dass der unterliegende Prozessgegner dem Streitgenossen die Verpflichtung, die dieser gegenüber dem anderen Streitgenossen übernommen hat, abnimmt.
- Wäre der aus der Vereinbarung Verpflichtete nicht Partei des Verfahrens, so hätte die Vereinbarung unzweifelhaft keinen Einfluss auf die Kostenerstattung. Allein die Tatsache, dass er als Streitgenosse am Verfahren teilnimmt, stellt keine innere Rechtfertigung für ein anderes Ergebnis dar.
- Teilweise wird noch zur Begründung vorgetragen, dass es sich nicht mehr um notwendige Kosten iSv § 91 ZPO handele[349] und dass dann materiell-rechtliche Fragen beim Kostenfestsetzungsverfahren geprüft werden müssten.[350]

Beispiel:
Der Streitgenosse S 1 hat die Schuld des anderen Streitgenossen S 2 von 10.000,– EUR übernommen. S 2 hat ihm zugesagt, ihn von Prozesskosten freizustellen. Nach der Kostengrundentscheidung haben S 1 einen Erstattungsanspruch iHv 50 %, S 2 iHv 25 %.

Der RA verdient insgesamt

1,3 Verfahrensgebühr gem. VV 3100 RVG aus 10.000,– EUR	798,20 EUR
0,3 Erhöhung gem. VV 1008 RVG aus 10.000,– EUR	184,20 EUR
1,2 Terminsgebühr gem. VV 3104 RVG aus 10.000,– EUR	736,80 EUR
Pauschale	20,00 EUR
Summe	1.739,20 EUR
Auf jeden entfallen davon die Hälfte, also je 869,60 EUR	
S 1 hat einen Erstattungsanspruch iHv (50 % aus 869,60 EUR)	434,80 EUR
S 2 hat einen Erstattungsanspruch iHv (25 % aus 869,60 EUR)	217,40 EUR

325 ***bb) Abweichende BGH-Entscheidung zur MwSt.*** Der BGH hat zwischenzeitlich entschieden, dass der nicht vorsteuerabzugsberechtigte Haftpflichtversicherer trotz der Vorsteuerabzugsberechtigung des Versicherten in vollem Umfang Erstattung der MwSt verlangen kann, wenn

[343] OLG Koblenz FamRZ 2007, 1349, Eltern konnten volle Erstattung verlangen, obgleich sie dem Kind gegenüber unterhaltspflichtig waren; JurBüro 2000, 145.

[344] KG JurBüro 1984, 1090; wohl auch OLG Koblenz MDR 1994, 102; OLG Nürnberg Rpfleger 1994, 384; OLG Oldenburg MDR 1994, 416.

[345] OLG Düsseldorf JurBüro 1993, 355; OLG Karlsruhe JurBüro 1994, 684; OLG München MDR 1995, 856 = Rpfleger 1995, 519 = OLGR 1996, 23; OLG Schleswig JurBüro 1993, 677; 99, 29; OLG Stuttgart Rpfleger 1996, 82; OLG Zweibrücken Rpfleger 1988, 38; *Schulte* JurBüro 2001, 428 (429), der einen unzulässigen Vertrag zu Lasten Dritter annimmt.

[346] OLG Karlsruhe JurBüro 1994, 684; OLG Schleswig JurBüro 1993, 677; OLG Stuttgart JurBüro 1990, 626; OLG Zweibrücken Rpfleger 1988, 38.

[347] BGH Rpfleger 2003, 537.

[348] OLG Köln JurBüro 1991, 1337 Ziff. I.

[349] OLG München MDR 1995, 856; OLG Stuttgart Rpfleger 1996, 82.

[350] OLG München MDR 1995, 856.

er im Innenverhältnis die gesamten Kosten tragen muss.[351] Die Gründe sind so abgefasst, dass grds. ein Streitgenosse, der kraft Gesetzes oder auf Grund eines allgemein zugänglichen Vertragswerkes die Kosten des anderen Streitgenossen tragen muss, seine vollen Kosten erstattet verlangen kann, sie betreffen also nicht nur die MwSt. Dem BGH ist nicht zuzustimmen.[352]

Das zentrale Argument der hier und von mehreren OLG vertretenen Auffassung ist, dass die Kostengrundentscheidung verfälscht wird (→ Rn. 324).[353] Die Vereinbarkeit der Kostenerstattung mit der Kostenentscheidung war ein wesentlicher Grund für die neue Rspr. des BGH zur anteiligen Kostenerstattung bei Streitgenossen (→ Rn. 299). Siegt zB der Gegner in vollem Umfang gegen den Versicherten, während er gegen den Versicherer voll unterliegt, so muss er nach der hier besprochenen BGH-Entscheidung trotz seines 50%igen Teilerfolges die gesamten Kosten der Gegner tragen. Wodurch soll es gerechtfertigt sein, dass der Erstattungspflichtige nur deshalb mehr zahlt, weil im Innenverhältnis ein Streitgenosse die Pflicht übernommen hat, die Kosten des anderen Streitgenossen im Rechtsstreit mit zu tragen? Es gibt keinen Grund dafür, dass der Erstattungspflichtige seinem Prozessgegner dessen materiell-rechtliche Pflichten gegenüber einem Dritten abnehmen muss. **326**

Auf diese Frage geht der BGH nicht unmittelbar ein. Stattdessen beruft er sich auf Grundsätze, die im Zusammenhang mit ganz anderen Fragen aufgestellt wurden und keineswegs eine Erörterung der Kernfrage erübrigen. **327**

Der BGH beruft sich darauf, dass für die Kostenerstattung entscheidend ist, „welche Kosten die Partei bzw. die obsiegenden Streitgenossen tatsächlich aufwenden mussten." Alle diese Kosten müssten ihm, soweit sie erforderlich iSv § 91 Abs. 1 ZPO waren, erstattet werden. Das ist zwar grds. richtig. Insbesondere war es zutreffend in der vom BGH zitierten BGH-Entscheidung.[354] Dort ging es darum, dass bei einem zahlungsunfähigen Streitgenossen der Zahlungsfähige seine vollen Kosten und nicht nur den auf ihn im Innenverhältnis anfallenden Teil zur Erstattung anmelden kann. Damit ist aber nicht gesagt, dass dieser Grundsatz ausnahmslos und insbes. auch dann gelten muss, wenn die Pflicht zur Kostentragung im Innenverhältnis nur darauf beruht, dass der eine Streitgenosse auf Grund von Vereinbarung oder auf Grund von Gesetz verpflichtet ist, die Verbindlichkeiten des anderen zu tragen. **328**

Der BGH argumentiert weiter, dass „selbst tatsächliche Umstände im Innenverhältnis von Streitgenossen bei der Kostenfestsetzung zu berücksichtigen sind, wenn nur so erreicht werden kann, dass der obsiegende Streitgenosse auf Dauer und vollständig von außergerichtlichen Kosten befreit wird. Es besteht kein Grund zu einer abweichenden Beurteilung, wenn sich die Verpflichtung eines Streitgenossen, die gesamten Prozesskosten endgültig zu tragen, aus dem Gesetz bzw. allgemein zugänglichen Vertragswerken ergibt." Es besteht durchaus ein Grund zu einer unterschiedlichen Handhabung. Es ist selbstverständlich oder sollte es doch wenigstens sein, dass der zahlungsfähige Streitgenosse, der vom RA gem. § 7 Abs. 2 S. 1 RVG so in Anspruch genommen werden kann, als ob der RA ihn allein vertreten hätte, solche Kosten, die allein auf seiner Teilnahme am Prozess beruhen, dann auch zu 100% erstattet verlangen kann. Übernimmt er aber vertraglich die Verpflichtung, die Kosten des anderen zu tragen, so geht es nicht mehr nur um die durch seine eigene Parteirolle verursachten Kosten, sondern um Kosten eines anderen, die er nur tragen muss, weil er auf Grund von Vertrag oder Gesetz im Innenverhältnis verpflichtet ist, dessen Kosten zu tragen. Das führt zu einer ganz anderen Frage. So sieht das auch die Mehrheit der Oberlandesgerichte. Obgleich nahezu allgemein anerkannt ist, dass bei Zahlungsunfähigkeit eines Streitgenossen der andere seine vollen Kosten erstattet verlangen kann (→ Rn. 322), vertritt die Mehrheit der Oberlandesgerichte, dass mindestens bei einer vertraglichen Übernahme der Kosten der zahlende Streitgenosse nur entsprechend seinem Anteil am Verfahren seine Kosten ersetzt erhält (→ Rn. 324). **329**

Richtig ist das Argument des BGH, dass die hier vertretene Meinung „das Innenverhältnis der Streitgenossen außer Acht lässt." Wie aber dargelegt gibt es dafür gute Gründe. **330**

Der BGH beruft sich weiter darauf, dass die Gegenmeinung „der Sache nach eine Abrechnung fiktiver Kosten vornimmt." Gemeint ist damit wohl, dass nach der Gegenmeinung der Streitgenosse, der keine Kosten hat, einen Erstattungsanspruch haben müsse. Richtig ist, dass grds. fiktive Kosten nicht zu erstatten sind. Aber auch das gilt nicht ausnahmslos. Wenn in der vom BGH zitierten BGH-Entscheidung nur die tatsächlich angefallenen Kosten als erstat- **331**

---

351 BGH NJW 2006, 774.

352 **AA** KG JurBüro 2006, 373 für Rechtsanwalts-Partnergesellschaft im Verhältnis zu den mitverklagten Anwälten.

353 OLG Karlsruhe JurBüro 1994, 684, OLG Schleswig JurBüro 1993, 677; OLG Stuttgart Rpfleger 1996, 82, OLG Zweibrücken Rpfleger 1988, 38.

354 BGH NJW-RR 2003, 1507.

tungsfähig anerkannt wurden,[355] so bezog sich das darauf, dass der Erstattungsberechtigte sich nicht darauf berufen kann, dass er statt eines gemeinsamen Anwalts auch einen allein für sich hätte nehmen können, wodurch dann höhere zu erstattende Kosten angefallen wären. Bislang ist aber meines Wissens noch keine Entscheidung ergangen, wonach, wenn zB nur der Versicherte nach der Kostengrundentscheidung einen Erstattungsanspruch hat, dieser ins Leere läuft, da er keine Kosten gehabt habe, nachdem die Versicherung alles bezahlt hat. Der Verlierer des Prozesses müsste dann keine Kosten erstatten. Der voll unterlegene Versicherer hat zwar die Kosten, aber keinen Titel. Es wird interessant sein, ob der BGH demnächst eine Entscheidung in diesem Sinne treffen wird. Desgleichen müsste dann zukünftig ein Erstattungsanspruch abgelehnt werden, wenn nicht der Erstattungsberechtigte, sondern dessen Eltern oder Ehemann oder sonst jemand dessen Anwalt und dessen Gerichtskosten bezahlt haben.

332 **Mehrvertretungszuschlag.** Überhaupt nicht mehr einsehbar ist, warum, wie der BGH ausdrücklich hervorhebt, dem Versicherer auch noch der Mehrvertretungszuschlag zu erstatten ist, also der Mehrbetrag, der ausschließlich dadurch entstanden ist, dass der Rechtsstreit auch gegen den Streitgenossen geführt wurde, gegen den der Zahlungspflichtige uU in vollem Umfang gesiegt hat.

333 **Missbrauch.** Gegen den BGH spricht auch noch die Gefahr erheblichen Missbrauchs. Wenn sogar privatrechtliche Verträge ausreichen sollen, so lässt sich das Erstattungsergebnis gut manipulieren. Das kann man nachträglich oder aber schon vorher in die Wege leiten, zB weil man sich bewusst ist, dass das Prozessrisiko des einen Streitgenossen erheblich höher ist als das des anderen. Offensichtlich glaubt der BGH hier einen Riegel vorschieben zu können, indem er auf allgemein zugängliche Vertragswerke abstellt. Es ist aber schwer einzusehen, warum allein die allgemeine Zugänglichkeit einen so grundsätzlichen Unterschied machen soll, wenn man doch der Auffassung ist, dass eine innerparteiliche Vereinbarung zu berücksichtigen ist.

334 ***cc) Nichtzahlungspflichtiger.*** Die Kehrseite der hier vertretenen Auffassung ist, dass der nicht zahlende Streitgenosse trotzdem einen Kostenerstattungsanspruch hat, obgleich er nichts gezahlt hat. Das Innenverhältnis darf dem Gegner nicht schaden, es soll ihn aber auch nicht bevorteilen.[356] Das – materiell-rechtliche – Innenverhältnis bleibt einfach unberücksichtigt. Es gilt hier dasselbe wie bei einer Partei, für die ein Dritter, der nicht am Verfahren beteiligt ist, die Kosten zahlt, zB Haftpflicht- oder Rechtsschutzversicherer. Hier vertritt niemand den Standpunkt, dass die Partei keinen Erstattungsanspruch habe.[357]

335 **b) Kraft Gesetzes, zB Haftpflichtversicherer.** Dasselbe wie bei einer Vereinbarung muss gelten, wenn ein Streitgenosse auf Grund einer **gesetzlichen Verpflichtung** im Innenverhältnis die gesamten Kosten tragen muss.[358] So zB beim Haftpflichtversicherer oder beim mitklagenden Elternteil, der die gesamten RA-Kosten zahlt, weil er die Verfahrenskosten des Kindes aufgrund seiner Unterhaltspflicht tragen muss. Es bleibt dabei, dass sonst die Kostengrundentscheidung verfälscht wird und dass die Kostenerstattung nicht dazu führen kann, dass die Partei, die materiell-rechtliche Pflichten gegenüber dem Streitgenossen hat, diese auf den Verfahrensgegner abwälzt (→ Rn. 324). Zur entgegengesetzten BGH-Entscheidung → Rn. 325 ff.

Beispiel:

Der Versicherungsnehmer V und der Haftpflichtversicherer H werden auf 10.000,– EUR als Gesamtschuldner verklagt. Der gemeinsame Verfahrensbevollmächtigte wurde von H beauftragt. Nach der Kostengrundentscheidung haben V einen Erstattungsanspruch iHv 50 %, H iHv 25 %.

Der RA verdient

1,3 Verfahrensgebühr gem. VV 3100 RVG aus 10.000,– EUR	798,20 EUR
0,3 Erhöhung gem. VV 1008 RVG aus 10.000,– EUR	184,20 EUR
1,2 Terminsgebühr gem. VV 3104 RVG aus 10.000,– EUR	736,80 EUR
Pauschale	20,00 EUR
Summe	1.739,20 EUR
Auf jeden entfallen davon die Hälfte, also je 869,60 EUR	
V hat einen Erstattungsanspruch iHv (50 % aus 869,60 EUR)	434,80 EUR
H hat einen Erstattungsanspruch iHv (25 % aus 869,60 EUR)	217,40 EUR

[355] BGH NJW-RR 2003, 1507.

[356] OLG Karlsruhe Die Justiz 1994, 366; OLG München JurBüro 2013, 144 = RVGreport 2013, 279 mzustAnm *Hansens;* OLG Stuttgart JurBüro 1990, 626.

[357] Für Erstattungsanspruch OLG Köln JurBüro 1991, 1337.

[358] OLG Karlsruhe JurBüro 1994, 684; OLG Köln JurBüro 1991, 1337 Ziff. I; OLG München MDR 1995, 856, das als einzigen Ausnahmefall den der Zahlungsunfähigkeit eines Streitgenossen anerkennt; **aA** OLG Koblenz MDR 1994, 102; OLG Schleswig JurBüro 2019, 207 = AGS 2019, 256; RVGreport 2019, 189 mzustAnm *Hansens;* JurBüro 1999, 29.

4. Auslagen, ohne MwSt

Für die Auslagen gelten die oben dargelegten Grundsätze. Sind also beide Streitgenossen zu gleichen Anteilen am Verfahren beteiligt, so kann im Regelfall jeder die Hälfte der Auslagen anmelden, also zB die Hälfte der Pauschale gem. VV 7002 RVG, der Reisekosten, der Kopierkosten usw Eine Ausnahme gilt wieder nur bei Zahlungsunfähigkeit eines Auftraggebers. 336

Sind aber bestimmte Auslagen nur wegen eines Auftraggebers angefallen, so schuldet er dem RA insoweit allein Zahlung (→ Rn. 295). Diesen Posten kann er in vollem Umfang zur Kostenerstattung anmelden. 337

Beispiel:

Ist eine auswärtige Beweisaufnahme nur wegen der Forderung oder der Schuld eines der mehreren Auftraggeber nötig geworden, so kann die anwaltlichen Reisekosten für die Wahrnehmung des Beweistermins nur dieser Auftraggeber zur Erstattung anmelden.

5. MwSt

a) Aufteilung nach Kopfteilen. Wie oben dargelegt, hat kann jeder Streitgenosse nur den Teil der Gesamtkosten zur Erstattung anmelden, der seinem Anteil am Verfahren entspricht. (→ Rn. 312 ff., 336). MwSt kann jeder aus dem auf ihn entfallenden Teil erstattet verlangen. 338

Ein Streitgenosse vorsteuerabzugsberechtigt. Zahlt ein Streitgenosse keine MwSt oder ist einer vorsteuerabzugsberechtigt, so kann er keine MwSt erstattet verlangen. Zur entgegengesetzten BGH-Entscheidung → Rn. 325 ff. 339

Beispiel:

Die in gleicher Höhe verklagten Gesamtschuldner A und B, bei denen zusammen außergerichtliche Kosten von 1.160,– EUR einschließlich MwSt angefallen sind, haben voll gesiegt. Der Gegner muss alle Kosten tragen. A ist vorsteuerabzugsberechtigt, B nicht.

Es können erstattet verlangen
A 500,– EUR (ohne MwSt)
B 595,– EUR (einschließlich 19 % MwSt aus 500,– EUR)

b) Zahlungsunfähigkeit. Ist ein Streitgenosse vorsteuerabzugsberechtigt und zahlungsunfähig und hat deshalb der andere an den RA iRd § 7 Abs. 2 S. 1 RVG allein gezahlt, ohne beim Zahlungsunfähigen Regress nehmen zu können, so kann der Zahlende, wenn er nicht vorsteuerabzugsberechtigt ist, MwSt für seinen gesamten Erstattungsanspruch verlangen. 340

Beispiel:

Der Gegner der Streitgenossen A und B muss alle Kosten aus einem Streitwert von 10.000,– EUR tragen. A, der vorsteuerabzugsberechtigt ist, ist zahlungsunfähig.

Bei A und B sind insgesamt angefallen	
1,3 Verfahrensgebühr gem. VV 3100 RVG aus 10.000,– EUR	798,20 EUR
0,3 Gebührenerhöhung gem. VV 1008 RVG aus 10.000,– EUR	184,20 EUR
1,2 Terminsgebühr gem. VV 3104 RVG aus 10.000,– EUR	736,80 EUR
Pauschale gem. VV 7002 RVG	20,00 EUR
Summe	1.739,20 EUR
19 % MwSt aus 1.739,20 EUR	330,45 EUR
Insgesamt	2069,65 EUR
B, der nicht vorsteuerabzugsberechtigt ist, zahlt an RA gem. § 7 Abs. 2 S. 1 RVG	
1,3 Verfahrensgebühr gem. VV 3100 RVG aus 10.000,– EUR	798,20 EUR
1,2 Terminsgebühr gem. VV 3104 RVG aus 10.000,– EUR	736,80 EUR
Pauschale gem. VV 7002 RVG	20,00 EUR
Summe	1.555,00 EUR
19 % MwSt aus 1.415,– EUR	295,45 EUR
Insgesamt	1.850,45 EUR
B kann von dem Verfahrensgegner erstattet verlangen	1.850,45 EUR

c) Im Innenverhältnis abweichende Bestimmung. Anzulehnende Meinungen. Teilweise wird vertreten, dass der nicht vorsteuerabzugsberechtigte Streitgenosse, der auch Partei ist und im Innenverhältnis allein zahlen muss, hinsichtlich des vollen von ihm zu zahlenden Betrags MwSt verlangen kann, auch wenn seine Streitgenossen vorsteuerabzugsberechtigt sind.[359] Dieser Meinung hat sich der BGH für den Fall angeschlossen, dass sich die alleinige Zahlungspflicht des einen Streitgenossen aus dem Gesetz (dort Haftpflichtversicherer) oder einem all- 341

[359] OLG Karlsruhe Die Justiz 1994, 366; OLG Köln JurBüro 2001, 428; OLG Stuttgart Rpfleger 2001, 566, Haftpflichtversicherer.

gemein zugänglichen Vertragswerk ergibt.[360] Das soll zB wegen § 110 HGB auch gelten, wenn eine oHG und deren Gesellschafter wegen einer Gesellschaftsschuld in Anspruch genommen werden.[361] Es soll nicht ohne weiteres gelten, wenn eine GmbH und deren Geschäftsführer gemeinsam verklagt werden, da es an einer dem § 110 HGB entsprechenden Bestimmung fehlt; und schon gar nicht, wenn sich die Haftung der GmbH aus einer Straftat des Geschäftsführers ergeben soll.[362]

342 Andere wollen dem zahlenden Streitgenossen ebenfalls über seinen Anteil am Verfahren hinaus einen Erstattungsanspruch für die MwSt geben, davon jedoch den Mehrvertretungszuschlag ausnehmen.[363] Folgt man dem BGH, so muss im umgekehrten Fall, wenn der im Innenverhältnis allein Zahlende vorsteuerabzugsberechtigt ist, auch hinsichtlich der anderen Streitgenossen ein Erstattungsanspruch für MwSt ausscheiden.[364]

343 **d) Eigene Meinung.** Für die MwSt hat nichts anderes zu gelten wie für die sonstigen außergerichtlichen Kosten (→ Rn. 324 ff.). Auch hier würde sonst eine Diskrepanz zur Kostenentscheidung entstehen und es damit zu einem ungerechten Ergebnis kommen, wenn der Streitgenosse, der letztlich zahlt, MwSt auch über seinen Anteil am Verfahren hinaus geltend machen könnte.[365] Würde ein nicht vorsteuerabzugsberechtigter Dritter, der nicht an dem Verfahren beteiligt ist, zB der Haftpflichtversicherer oder Rechtsschutzversicherer, für die erstattungs- und vorsteuerabzugsberechtigte Partei die Anwaltskosten zahlen müssen, so würde wohl niemand auf die Idee kommen, dass die Partei MwSt geltend machen kann.[366] Wenn OLG Karlsruhe trotzdem aus Praktikabilitätsansprüchen der zahlenden Partei einen unbeschränkten Anspruch auf Erstattung von MwSt gibt, so trägt dieses Argument nicht. Praktikabilität kann nicht zu nach der Kostengrundentscheidung ungerechten Ergebnissen führen.

344 Richtig ist allerdings, dass dann bei dem zahlenden Streitgenossen ein Teil der von ihm zu zahlenden MwSt unausgeglichen bleibt. Das muss hingenommen werden. Die Gegenmeinung würde dazu führen, dass auf Grund einer internen Regelung zwischen den Streitgenossen der Erstattungspflichtige benachteiligt wäre. Es ist jedoch angemessen, dass, wenn wegen einer Regelung im Innenverhältnis sich ein Nachteil für einen der beiden Seiten nicht vermeiden lässt, diesen die Seite tragen zu lassen, in deren Interesse die Regelung besteht.

Beispiel:

Die Streitgenossen A und B haben voll gesiegt. Der Gegner muss die Anwaltskosten tragen. Der RA hat verdient 600,– EUR plus MwSt. Im Innenverhältnis muss aufgrund einer Vereinbarung der Streitgenosse A, der im Gegensatz zu B nicht vorsteuerabzugsberechtigt ist, die ganzen Anwaltskosten von 600,– EUR zzgl. MwSt tragen.

Es können erstattet verlangen
A 300,– EUR zzgl. MwSt
B 300,– EUR ohne MwSt

345 Das gilt auch, wenn ein nicht vorsteuerabzugsberechtigter **Haftpflichtversicherer** die Anwaltskosten des vorsteuerabzugsberechtigten Fahrers oder Halters allein zahlen muss.

6. Zwei Auftraggeber in einer Person

346 **Zwei unterschiedliche Vermögen haften.** Folgt man der Ansicht, dass zwei Auftraggeber gegeben sind, wenn eine Person als Partei kraft Amtes und auch im persönlichen eigenen Interesse oder wenn eine Person zweimal als Partei kraft Amtes einen RA beauftragt (→ Rn. 46), so muss hinsichtlich der Kostenerstattung in gleicher Weise wie sonst bei zwei Auftraggebern vorgegangen werden. Jedes Vermögen kann nur nach seinem „Kopfteil" Kostenerstattung verlangen.

347 **Verfahrensstandschaft.** Macht der Elternteil neben seinem eigenen Unterhalt zugleich den Unterhalt des Kindes gem. § 1629 Abs. 3 BGB im eigenen Namen geltend, so ist der Elternteil Schuldner der Vergütung hinsichtlich des gesamten Verfahrens. Ein Verfahrensgenossenproblem stellt sich also nicht.

7. PKH-Anwalt

348 → § 45 Rn. 87.

---

[360] BGH NJW 2006, 774.
[361] OLG Brandenburg AGS 2010, 361.
[362] OLG Brandenburg AGS 2010, 361.
[363] OLG Hamburg JurBüro 1991, 1081; OLG Hamm Rpfleger 1992, 220.
[364] OLG Nürnberg JurBüro 2007, 649, zu OHG und Gesellschafter wegen § 110 HGB.
[365] OLG München Rpfleger 1995, 519; OLG Stuttgart Rpfleger 1996, 82.
[366] Das räumt auch OLG Karlsruhe Die Justiz 1994, 366 ein.

8. Mehrere Auftraggeber unnötig

a) BGB-Gesellschaft. Die nunmehr teilweise rechts- und parteifähige BGB-Gesellschaft (→ Rn. 65 ff.) muss im Regelfall als solche **klagen,** um die Kosten niedrig zu halten. Klagen dennoch die Gesellschafter, so steht ihnen ein Erstattungsanspruch nur ohne den Erhöhungszuschlag zu. Das gilt aber nach der Rspr. des BGH erst ab dem Zeitpunkt, ab dem die neue Rspr. des BGH durch eine zweite Entscheidung desselben Senats vom 18.2.2002, also ein Jahr später abgesichert wurde und dem RA der Kläger bekannt sein musste.[367] Der maßgebliche Zeitpunkt ist ein Monat nach Veröffentlichung der zweiten BGH-Entscheidung in der NJW[368] (BGH v. 15.4.2002, NJW 2002, 1207), also der 15.5.2002. Vorher durfte ein RA noch ohne erstattungsrechtliche Nachteile davon ausgehen, dass er im Namen der einzelnen Gesellschafter klagen muss bzw. kann. Werden die Gesellschafter und nicht die Gesellschaft **verklagt,** so verdient der Beklagtenvertreter den Mehrvertretungszuschlag. Diesen können die Beklagten auch erstattet verlangen. Sie haben es nicht in der Hand, wer verklagt wird. 349

In der Zeit, da die BGB-Gesellschaft noch nicht als teilweise rechts- und prozessfähig angesehen wurde, vertrat der BGH die Meinung, dass Anwaltssozii, die eine ihnen gemeinsam zustehende Honorarforderung geltend machen, einen Sozius allein mit der Durchsetzung der Forderung beauftragen mussten.[369] Diese Frage hat sich durch die teilweise Rechts- und Prozessfähigkeit erledigt. 350

b) Wohnungseigentümergemeinschaft. Klagt in den Fällen des § 9a Abs. 2 WEG nicht die WEG, obgleich nur sie ausübungsbefugt ist,[370] klagen vielmehr die Wohnungseigentümer, so fällt zwar im Innenverhältnis zum RA der Mehrvertretungszuschlag an (→ Rn. 139b). Da dessen Anfall nicht notwendig war (→ Anh. X Rn. 106 ff.), muss ihn aber der unterliegende Gegner nicht erstatten.[371] 351

Willkürliches Ausübungsrecht. Ist hinsichtlich eines Anspruchs die WEG nicht von Gesetzes wegen ausübungsbefugt, könnte aber die WEG durch Mehrheitsbeschluss die Sache an sich ziehen (→ Rn. 139), macht sie aber hiervon keinen Gebrauch und klagen dann einzelne Wohnungseigentümer, so fällt ein Mehrvertretungszuschlag an und ist dieser auch zu erstatten. 352

Die WEG ist nicht verpflichtet, von der Möglichkeit, die Sache an sich zu ziehen, Gebrauch zu machen. Die einzelnen Wohnungseigentümer sind auch nicht verpflichtet, die Mehrheit der Wohnungseigentümer dazu zu bewegen, die Sache der WEG zu übertragen. 353

Die einzelnen Eigentümer sind auch nicht verpflichtet, den Verwalter zur Durchsetzung ihrer Ansprüche zu ermächtigen.[372] 354

Mehrere Wohnungseigentümer mit mehreren RA. Klagen mehrere Wohnungseigentümer in einer Sache, in der die WEG nicht ausübungsbefugt ist, so richtet sich die Frage, ob sie erstattungsrechtlich sich von einem RA vertreten lassen müssen, nach allgemeinen Regeln (→ Rn. 367 ff.). Nach diesen darf grundsätzlich jeder Wohnungseigentümer seinen eigenen RA beauftragen (→ Rn. 369 ff.). 355

Abweichend davon hatte § 50 WEG aF bestimmt, dass im Regelfall nur die Kosten für einen RA zu erstatten sind, es sei denn im konkreten Fall war eine Vertretung durch mehrere RA geboten. 356

Diese Bestimmung wurde durch das WEMoG ersatzlos gestrichen. Zu den Gründen hierfür äußert sich der Regierungsentwurf zum WEMoG nicht. Möglicherweise war der Grund dafür, dass § 50 WEG aF im Widerspruch zur Rspr. des BGH steht, wonach grundsätzlich jede Partei berechtigt ist, sich von einem eigenen RA vertreten zu lassen (→ Rn. 369 ff.). 357

Wegen Zwangsvollstreckung → RVG VV 3309 Rn. 428 ff. 358

c) Erbengemeinschaft. Grundsätzlich kann die Erbengemeinschaft nicht als solche klagen oder verklagt werden.[373] Das gilt auch, wenn der Auftrag noch vom Erblasser erteilt wurde und dann mehrere Erben den Rechtsstreit fortführen.[374] Die Erben sind auch nicht verpflichtet, 359

---

[367] BGH JurBüro 2004, 145; OLG Hamm OLGR 2005, 356 = AGS 2005, 362; ähnlich BGH NJW 2002, 2958 = JurBüro 2003, 385 = AGS 2003, 40.

[368] Ähnlich LG Berlin AnwBl 2001, 692 = JurBüro 2001, 646 = BRAGOreport 2001, 99 (101) mzustAnm *Hansens.*

[369] BGH AnwBl 2004, 251 = FamRZ 2004, 623 = JurBüro 2004, 375 mwN.

[370] Palandt/*Wicke* WEG § 9a Rn. 6.

[371] OLG Köln JurBüro 2020, 33 = AGS 2020, 203; KG NJW 2006, 1983.

[372] BGH NJW 2007, 1464; OLG Köln NJW 2006, 706.

[373] BGH NJW-RR 2004, 1006 = FamRZ 2004, 1193 = JurBüro 2004, 375; OLG Brandenburg JurBüro 2007, 524.

[374] OLG Brandenburg JurBüro 2007, 524.

einen Erben zu ermächtigen, ihre Ansprüche durchzusetzen. Eine solche Verpflichtung hat die Rspr. bei einer Anwaltssozietät hinsichtlich der Durchsetzung von Honoraransprüchen angenommen und dies mit den Besonderheiten der Honorarklage und dem besonderen Treueverhältnis aus dem Mandantschaftsverhältnis begründet.[375] Vergleichbare Gründe sind bei der Erbengemeinschaft nicht gegeben.

360 **d) Bedarfsgemeinschaft** → Rn. 61

9. Abtretung des Ausgleichsanspruchs

361 Tritt der eine Streitgenosse seinen Ausgleichsanspruch an den anderen ab und ist dies unstreitig, so kann der Zedent den Anspruch des Zessionars mit geltend machen.[376] Das gilt unabhängig davon, um welche Gebührenart es geht.

10. Kostenausgleich gem. § 106 ZPO

362 **a) Keine Gesamtschuldner.** Grundsätzlich haften Streitgenossen für Verfahrenskosten nach Kopfteilen und nicht als Gesamtschuldner (§ 100 Abs. 1 ZPO). Das bedeutet, dass für jeden Streitgenossen sein Anteil an den Kosten des Gegners zu errechnen ist.[377] Im Kostenfestsetzungsbeschluss ist ausdrücklich zu bestimmen, in welcher Höhe jedem einzelnen Streitgenossen ein Erstattungsanspruch zusteht.[378]

Beispiel:

A und B haben als Gesamtgläubiger 10.000,– EUR eingeklagt. Sie siegen iHv 7.000,– EUR. Das Gericht verteilt die Kosten des Rechtsstreits iHv $^{7}/_{10}$ zu $^{3}/_{10}$ zu Lasten des Beklagten.

Gesamtkosten der Kläger	
1,3 Verfahrensgebühr gem. VV 3100 RVG aus 10.000,– EUR	798.20 EUR
0,3 Gebührenerhöhung gem. VV 1008 RVG aus 10.000,– EUR	184,20 EUR
1,2 Terminsgebühr gem. VV 3104 RVG aus 10.000,– EUR	736,80 EUR
Pauschale gem. VV 7002 RVG	20,00 EUR
Summe	1.739,20 EUR
Auf jeden Kläger entfallen	859,60 EUR
Kosten des Beklagten	
1,3 Verfahrensgebühr gem. VV 3100 RVG aus 10.000,– EUR	798,20 EUR
1,2 Terminsgebühr gem. VV 3104 RVG aus 10.000,– EUR	736,80 EUR
Pauschale gem. VV 7002 RVG	20,00 EUR
Summe	1.555,00 EUR
A kann $^{7}/_{10}$ von 859,60 EUR erstattet verlangen	601,72 EUR
A muss von den Kosten des Beklagten tragen $^{3}/_{10}$ von 1.555,00 EUR	466,50 EUR
A hat einen Erstattungsanspruch iHv	135,22 EUR
Dieselbe Rechnung ist für B vorzunehmen	

Variante:

Laut Urteil tragen
der Beklagte die außergerichtlichen Kosten des A zu 50 %,
A 25 % der Kosten des Beklagten,
B 50 % der Kosten des Beklagten.
Im Übrigen tragen die Parteien ihre außergerichtlichen Kosten selbst.

A kann 50 % von 859,60 EUR erstattet verlangen	429,80 EUR
Er muss selbst erstatten 25 % aus 1.555.00 EUR	388,75 EUR
A bleibt ein Erstattungsanspruch iHv	41.05 EUR
Der Beklagte erhält von B	
50 % aus 1.555.00 EUR	777,50 EUR

363 **b) Gesamtschuldner hinsichtlich Erstattungspflicht.** ***aa) Streitgenossen nur als Gesamtschuldner.*** Gem. § 100 Abs. 4 S. 1 ZPO haften als Gesamtschuldner verurteilte Streitgenossen hinsichtlich der Kosten als Gesamtschuldner, ohne dass dies im Urteil ausdrücklich ausgesprochen werden muss.[379] Das gilt aber nur für die Haftung der Beklagten. Soweit ihnen Erstattungsansprüche zustehen, bleibt es dabei, dass jeder einen seinem Anteil am Verfahren entsprechenden Einzelanspruch anzumelden hat.

---

[375] BGH NJW 2007, 1464.

[376] OLG Koblenz JurBüro 1990, 42, Abtretung war dort ausdrücklich zugestanden.

[377] OLG Düsseldorf MDR 2012, 494 = RVGreport 2012, 385 mzustAnm *Hansens.*

[378] OLG Düsseldorf MDR 2012, 494 = RVGreport 2012, 385 mzustAnm *Hansens;* OLG Frankfurt a. M. AGS 2012, 250.

[379] Thomas/Putzo/*Hüßtege* ZPO § 100 Rn. 11.

Beispiel:

A und B werden auf 10.000,– EUR als Gesamtschuldner verklagt. Sie werden als Gesamtschuldner zur Zahlung von 7.000,– EUR verurteilt. Laut Urteil tragen der Kläger 30 %, die Beklagten 70 % der Kosten des Rechtsstreits.

Angefallene Kosten beim Kläger	
1,3 Verfahrensgebühr gem. VV 3100 RVG aus 10.000,– EUR	798,20 EUR
1,2 Terminsgebühr gem. VV 3104 RVG aus 10.000,– EUR	736,80 EUR
Pauschale gem. VV 7002 RVG	20,00 EUR
Summe	1.555,00 EUR
Angefallene Kosten bei den Beklagten	
1,3 Verfahrensgebühr gem. VV 3100 RVG aus 10.000,– EUR	798,20 EUR
0,3 Gebührenerhöhung gem. VV 1008 RVG aus 10.000,– EUR	184,20 EUR
1,2 Terminsgebühr gem. VV 3104 RVG aus 10.000,– EUR	736,80 EUR
Pauschale gem. VV 7002 RVG	20,00 EUR
Summe	1.739,20 EUR
Auf jeden Beklagten entfallen	869,60 EUR
Der Kläger erstattet beiden Beklagten jeweils (869,60 EUR × 30 %)	260,88 EUR
Die Beklagten erstatten als Gesamtschuldner dem Kläger (1.555,00 EUR × 70 %)	1.088,50 EUR

Die Tenorierung lautet: Die von den Beklagten dem Kläger gesamtschuldnerisch zu erstattenden Kosten werden auf 1.088,50 EUR, die von dem Kläger jedem Beklagten zu erstattenden Kosten werden auf jeweils 260,88 EUR festgesetzt.

Einen Kostenausgleich dahingehend, dass nur ein Betrag in einem einzigen Kostenfestsetzungsbeschluss festgesetzt wird, gibt es nicht, wenn Einzelansprüche auf der einen und gesamtschuldnerische Haftung auf der anderen Seite sich gegenüber stehen.[380] 364

bb) Streitgenosse teilweise als Gesamtschuldner, teilweise allein. Werden die Streitgenossen teilweise als Gesamtschuldner, teilweise aber auch einzeln verklagt, so ist zu differenzieren. 365

Beispiel:

A und B werden von C als Gesamtschuldner wegen 10.000,– EUR verklagt. Außerdem wird A noch allein wegen weiterer 5.000,– EUR verklagt. A und B verlieren als Gesamtschuldner mit einem Betrag von 7.000,– EUR. A allein verliert wegen weiterer 2.000,– EUR. Die Kostenentscheidung lautet hinsichtlich der außergerichtlichen Kosten: C trägt von den Kosten von A $^{6}/_{15}$, von denen von B $^{3}/_{10}$. Von den Kosten von C tragen A und B zusammen $^{7}/_{15}$, A weitere $^{3}/_{15}$.

Der RA von C hat verdient	
1,3 Verfahrensgebühr gem. VV 3100 RVG aus 15.000,– EUR	933,40 EUR
1,2 Terminsgebühr gem. VV 3104 RVG aus 15.000,– EUR	861,60 EUR
Pauschale gem. VV 7002 RVG	20,00 EUR
Summe	1.815,00 EUR
Der RA von A und B hat verdient	
1,3 Verfahrensgebühr gem. VV 3100 RVG aus 15.000,– EUR	933,40 EUR
0,3 Gebührenerhöhung gem. VV 1008 RVG aus 10.000,– EUR	184,20 EUR
1,2 Terminsgebühr gem. VV 3104 RVG aus 15.000,– EUR	861,60 EUR
Pauschale gem. VV 7002 RVG	20,00 EUR
Summe	1.999,20 EUR
C erhält	
von A und B als Gesamtschuldner $^{7}/_{15}$ aus 1.815,– EUR	847,00 EUR
von A allein $^{3}/_{15}$ aus 1.815,– EUR	363,00 EUR
C zahlt an A $^{6}/_{15}$ aus 1.199,52 EUR	479,81 EUR

Diese 1.199,52 EUR errechnen sich wie folgt:

A ist am Verfahren beteiligt mit 15.000,– EUR, B mit 10.000,– EUR. Zusammen ergibt dies 25.000,– EUR. A ist also mit $^{15}/_{25}$ = $^{3}/_{5}$ am Verfahren beteiligt, B mit $^{10}/_{25}$ = $^{2}/_{5}$. Von den gemeinsamen Kosten von A und B von 1.999,20 EUR entfallen $^{3}/_{5}$ auf A, also 1.199,52 EUR, auf B $^{2}/_{5}$, also 799,68 EUR.

C zahlt an B $^{3}/_{10}$ aus 799,68 EUR ($^{2}/_{5}$ aus 1.9999,20 EUR), also 239,90 EUR.

Der Tenor lautet: C erstattet an A 479,81 EUR, an B 239,90 EUR. A und B erstatten an C als Gesamtschuldner 847,00 EUR. A erstattet an C weitere 363,00 EUR.

XVII. Kostenerstattung bei mehreren Anwälten

1. Notwendigkeit mehrerer Anwälte

a) Von Anfang an mehrere Anwälte. ***aa) Verhältnis Auftraggeber zu RA.*** Haben Streitgenossen keinen gemeinsamen Anwalt genommen, sondern lässt jeder sich von einem anderen RA vertreten, besteht kein Zweifel, dass jeder Streitgenosse seinem RA die vollen Gebühren 366

[380] OLG Köln JurBüro 1991, 1337.

ohne Erhöhung gem. VV 1008 RVG schuldet. Eine andere Frage ist es, ob die Streitgenossen dann bei der Kostenfestsetzung alles erstattet erhalten, was sie aufgewendet haben, oder ob sie so zu behandeln sind, als ob sie einen gemeinsamen RA genommen hätten.

367 ***bb) Erstattung. Änderung der Grundsätze.*** Auch erstattungsrechtlich darf grds. jeder Streitgenosse einen eigenen RA beauftragen.[381] Es ist jedoch auch anerkannt, dass dies nicht gilt, wenn die Beauftragung mehrere Anwälte wegen Verletzung der Pflicht, die Prozesskosten niedrig zu halten, rechtsmissbräuchlich ist.[382]

368 Dazu, **wann ein Missbrauch** vorliegt, dürfte sich die hM aufgrund einer Rspr. des 5. Zivilsenats des BGH ändern. **Bislang** wurde ein Rechtsmissbrauch immer dann angenommen, wenn es keinen sachlichen Grund für die Einschaltung mehrerer Anwälte gab, wenn feststand, dass ein eigener Prozessbevollmächtigter für eine interessengerechte Prozessführung nicht erforderlich war, was in jedem Einzelfall zu prüfen war.[383] Wenn auf Rechtsmissbrauch abgestellt wurde, so durfte man sich dadurch nicht in die Irre führen lassen. Es war durchaus nicht die Ausnahme, dass keine Erstattung für mehrere Anwälte gewährt wurde. Letztlich ausschlaggebend wurde immer darauf abgestellt, ob es sachliche Gründe für eine Beauftragung mehrerer Anwälte gab.[384]

369 Der 5. Zivilsenat des **BGH** hat Ende 2011 **neue Grundsätze** aufgestellt.[385] Danach ist eine „übermäßig differenzierende Betrachtungsweise" im Einzelfall im Kostenfestsetzungsverfahren als einem Masseverfahren nicht angebracht. Daher scheidet eine Erstattung für einen gesonderten Prozessbevollmächtigte nur in „besonderen atypischen Konstellationen" aus. Von einem Missbrauch kann nur dann ausgegangen werden, wenn feststeht, dass für die Beauftragung eines eigenen Prozessbevollmächtigten kein sachlicher Grund besteht. Das ist nicht der Fall, wenn der Streitgenosse auf plausible und schutzwürdige Belange hinweist. Im konkreten Fall hat es der 5. Zivilsenat genügen lassen, dass aus der Sicht einer verständigen Partei das Vertrauen in den RA erschüttert war, weshalb ein Streitgenosse von dem gemeinsamen Prozessbevollmächtigten der ersten Instanz in der zweiten Instanz zu einem anderen RA gewechselt ist.

370 Diese Rspr. ist insoweit zu begrüßen, als höhere Anforderungen an einen Missbrauch gestellt werden und als im Zweifelsfall ein Missbrauch zu verneinen sein wird. Die Tragweite dieser Entscheidung wird sich iÜ erst noch herausstellen. Insbesondere wird sich noch zeigen müssen, was der BGH unter einem Verzicht auf eine Einzelfallprüfung versteht. In dem von ihm zu entscheidenden Fall hat er jedenfalls darauf abgestellt, dass das Beschwerdegericht – in nur beschränkt überprüfbarer tatrichterlicher, aber doch wohl einzelfallbezogener Würdigung – eine Erschütterung des Vertrauensverhältnisses angenommen hat. Weiter wird noch zu klären sein, was unter einer atypischen Konstellation zu verstehen ist. In jedem Fall wird, wenn man dem 5. Zivilsenat folgt, nicht mehr in der gleichen Weise wie bisher darauf abzustellen sein, ob die Streitgenossen unterschiedliche Interessen verfolgen. Dieser Gesichtspunkt, dem bislang eine herausragende Bedeutung zukam (→ Rn. 374), spielte in der Entscheidung des 5. Zivilsenats des BGH keine Rolle. Die Störung des Vertrauensverhältnisses genügte.

371 Nicht begrüßt wird jedoch die Berufung des BGH auf den von ihm erfundenen und zuvor von keinem Richter, der mit Kostenfestsetzung befasst war, angewandten Grundsatz, dass bei der Kostenfestsetzung eine **übermäßig differenzierende Betrachtungsweise** (wann liegt die vor?) im Einzelfall **in keinem Verhältnis zum Gerechtigkeitsgewinn** stehen soll. Häufig geht es um nicht unerhebliche Beträge, zB bei der nachfolgenden Entscheidung von OLG Düsseldorf um ca. 6.600,– EUR mehr oder weniger.[386] Der Verfasser dieser Kommentierung war jahrelang als Richter mit Kostenfestsetzungen befasst. Er hatte nie das Gefühl und hat auch nie von seinen Kollegen Beschwerden gehört, durch Einzelfallprüfungen übermäßig in Anspruch genommen worden zu sein. Dabei hat sehr geholfen, dass im Kostenfestsetzungsverfahren Beweisaufnahmen in aller Regel nicht stattfinden. Etwas anderes war lediglich gelegentlich dann der Fall, wenn es um ganz geringe Beträge ging.

372 **Neuere Rspr.** Die Notwendigkeit mehrerer Verfahrensbevollmächtigter wurde **bejaht**

---

[381] BVerfG NJW 1990, 2124; BGH NJW 2012, 319 = FamRZ 2012, 214; WuM 2009, 186 = ZMR 2009, 442 = AGS 2009, 306.

[382] BGH WuM 2009, 186 = ZMR 2009, 442 = AGS 2009, 306.

[383] BGH NJW 2007, 2257, zu Mietklage gegen mehrere Anwälte; BGH NJW-RR 2004, 536 = JurBüro 2004, 323, zu Fahrer/Halter und Haftpflichtversicherer, mwN zu den unterschiedlichen Meinungen.

[384] OLG Koblenz JurBüro 2010, 599.

[385] BGH NJW 2012, 319 = FamRZ 2012, 214 = RVGreport 2012, 70 mablAnm *Hansens.*

[386] *Hansens* Anm. zu OLG Düsseldorf RVGreport 2012, 385 mzustAnm *Hansens.*

– wenn beruflich zusammengeschlossene **Rechtsanwälte und die RA-Gesellschaft** wegen eines Beratungsfehlers gemeinsam auf Schadensersatz verklagt werden,[387]
– wenn im Innenverhältnis der Streitgenossen eine vom Grundsatz des § 426 Abs. 1 S. 1 BGB abweichende Ausgleichspflicht in Betracht kommt,[388]
– wenn Versicherungsnehmer und Kfz-Haftpflichtversicherer verklagt werden und wegen Nichtzahlung der Erstprämie fraglich ist, ob der Versicherer im Innenverhältnis überhaupt eintrittspflichtig ist.[389]

Die Notwendigkeit mehrerer Verfahrensbevollmächtigten wurde **verneint**
– bei vier beklagten **Gesellschaften,** die dieselbe Adresse und dieselbe Geschäftsführerin haben und in dem Prozess dieselben Interessen verfolgen,[390]
– bei mehreren auf Auskunft in Anspruch genommenen **Erben,** die in ihren jeweiligen Stellungnahmen dieselben Argumente verwendet haben und bei denen jeder Anhaltspunkt für einen Interessenkonflikt gefehlt hat; daran änderte auch nichts, dass ein Erbe sich völlig unsubstantiiert auf „erhebliche Differenzen" zwischen den Erben berufen hatte,[391]
– bei gemeinsamen Unterhaltsklagen der Mutter und der von ihr vertretenen minderjährigen Kinder, wenn kein Interessenkonflikt erkennbar ist (betreffend Beiordnung mehrerer RA).[392]

Wegen **mehrerer Nebenkläger** OLG Hamburg (NStZ-RR 2013, 153).

cc) Bisherige Rechtslage. Im Folgenden wird die Rechtslage zu einzelnen Fragen dargestellt, wie sie bisher in Rspr. und Lit. gesehen wurde. Diese Beurteilung kann nicht uneingeschränkt weiter herangezogen werden. Es ist immer zu prüfen, ob nicht unter Berücksichtigung der Rspr. des 5. Zivilsenats weiter nunmehr etwas Abweichendes zu gelten hat. **373**

Unterschiedliche Interessen. Dass Ausgleichsansprüche unter den Streitgenossen in Betracht kommen, kann dann grds. zwei Anwälte rechtfertigen.[393] Das gilt aber nicht, wenn diese Ausgleichansprüche nicht Gegenstand des Verfahrens sind.[394] Dasselbe gilt, wenn ein Streit zwischen dem Haftpflichtversicherer und dem Versicherungsnehmer über die Notwendigkeit oder Angemessenheit einer Schadensersatzleistung und damit über die Rückstufung in Betracht kommt.[395] Die bloße theoretische Möglichkeit, dass es zu einem Interessenkonflikt kommen könnte, reicht nicht.[396] Anders ist es jedoch, wenn sich das Innenverhältnis auf die Prozessführung gegenüber dem Prozessgegner auswirkt. Tritt bei einer Schadensersatzklage gegen das Krankenhaus und den behandelnden Arzt das Krankenhaus den Entlastungsbeweis gem. § 831 Abs. 1 S. 2 BGB an, soll also, wenn überhaupt, der Arzt allein aus unerlaubter Handlung haften, so ist es diesem nicht zumutbar, sich von demselben Verfahrensbevollmächtigten wie das Krankenhaus vertreten zu lassen. **374**

Örtliche Schwierigkeiten. Trotz gleicher Interessenlage kann es gerechtfertigt sein, mehrere Verfahrensbevollmächtigte einzuschalten, weil die Streitgenossen in verschiedenen Orten ansässig sind.[397] Der vom BGH anerkannte Anspruch auf einen Verfahrensbevollmächtigten in der eigenen Nähe (→ RVG VV 7003 Rn. 114) gilt grds. auch hier. **375**

Auswahl des Anwalts. Inwieweit Probleme dazu, wer zu bestimmen hat, welcher RA beauftragt wird, die Beauftragung mehrerer Anwälte rechtfertigen können, hat der BGH nicht entscheiden müssen, da insoweit in seinem Fall keine Schwierigkeiten auftraten. Es wurden mehrere Rechtsanwälte, die eine GbR bilden, als Individuen auf Miete verklagt. Hier konnte die Sozietät mandatiert werden.[398] **376**

Beispiel:

S 1 und S 2 werden als Gesamtschuldner iHv 10.000,– EUR verklagt. Jeder wird von einem eigenen RA vertreten. Der Kläger trägt laut Urteil die Kosten des Rechtsstreits. Aus den gesamten Umständen ergibt sich, dass keine sachlichen Gründe für mehrere Anwälte bestanden.

---

[387] BGH NJW 2013, 2826 = AnwBl 2013, 664 = RVGreport 2013, 356 mzustAnm *Hansens.*
[388] OLG Saarbrücken JurBüro 2019, 524 = RVGreport 2019, 462 mAnm *Hansens.*
[389] OLG Frankfurt MDR 2017, 941 = VersR 2018, 569 = RVGreport 2018, 38 mzustAnm *Hansens.*
[390] OLG Düsseldorf MDR 2012, 494, in Kenntnis der Rspr. des 5. Zivilsenats des BGH → Rn. 369 = RVGreport 2012, 385 mzustAnm *Hansens.*
[391] OLG Koblenz MDR 2013, 430 = AGS 2013, 199.
[392] OLG Hamburg AGS 2018, 575.
[393] OLG Köln AGS 2009, 615 = OLGR 2009, 779.
[394] BGH NJW 2007, 2257, zu Mietklage gegen mehrere Anwälte; OLG Koblenz JurBüro 2010, 599.
[395] BGH NJW-RR 2004, 536 = JurBüro 2004, 323.
[396] OLG Hamm OLGR 2007, 771 = AGS 2007, 476; OLG Köln AGS 2009, 615 = OLGR 2009, 779.
[397] BGH WuM 2009, 186 = ZMR 2009, 442 = AGS 2009, 306.
[398] BGH NJW 2007, 2257.

Hätten beide nur einen RA beauftragt, so wären folgende Anwaltskosten entstanden

1,3 Verfahrensgebühr gem. VV 3100 RVG aus 10.000,– EUR	798.20 EUR
0,3 Verfahrensgebühr gem. VV 1008 RVG aus 10.000,– EUR	184,20 EUR
1,2 Terminsgebühr gem. VV 3104 RVG aus 10.000,– EUR	736,80 EUR
Pauschale gem. VV 7002 RVG	20,00 EUR
Summe	1.739,20 EUR
Jeder der beiden hat einen Erstattungsanspruch nur iHv	869,60 EUR

377 **Gegen mehrere Anwälte** sprechen ua
– gemeinsame Zielrichtung der Rechtsverfolgung oder -verteidigung,[399]
– keine oder nur fern liegende bzw. nur theoretische Interessenkollision;
– nur ein RA verfasst Schriftsätze; die anderen schreiben ab oder nehmen Bezug.

378 **Rspr. gegen mehrere Anwälte.** In der Rspr. wurde die Erstattung für mehrere Anwälte abgelehnt,
– wenn der Fahrer und Halter einerseits und der **Haftpflichtversicherer** andererseits unterschiedliche Anwälte beauftragt haben,[400] wobei es unerheblich ist, ob der Versicherungsnehmer vor oder nach dem Versicherer einen Anwalt mandatiert hat;[401] anders wegen Interessenkollision, wenn sich der Versicherungsnehmer dem Vorwurf des Versicherungsbetrugs[402] oder der Nichtzahlung der Erstprämie[403] ausgesetzt sieht oder wenn zwischen Versicherungsnehmer und Versicherer Streit über die Höhe des zu ersetzenden Schadens, von der die Höhe der Rückstufung abhängt, besteht,[404]
– wenn der Vermieter Mietrückstände nicht gegen die aus Rechtsanwälten bestehende GbR, sondern gegen die **einzelnen Sozietätsmitglieder** persönlich richtet und jeder RA sich selbst vertritt,[405]
– wenn sich eine **Bietergemeinschaft** in einer Vergabesache von mehreren RA vertreten lässt,[406]
– wenn **18 Anwälte als Gesamtschuldner verklagt** sich alle selbst vertreten, obgleich die Interessenrichtung (Abwehr des Anspruchs) die gleiche war und im Wesentlichen gleichlautende Schriftsätze vorgelegt wurden.[407] Anders wurde es beurteilt, wenn der eine Anwalt alleine in dem Mandat tätig war, woraus sich interner Haftungsstreit ergeben konnte, und der andere RA die Sozietät inzwischen verlassen hat;[408] zur neuen Rspr. des BGH → Rn. 369 ff.

379 Wenn mehrere Anwälte verklagt werden und diese sich ua auch mit dem Einwand verteidigen, wenn überhaupt hafte nur der Beklagte zu 4, weil nur dieser und nicht die Sozietät für den Kläger tätig geworden sei, so müssen sich alle außer der Beklagte zu 4 von einem gemeinsamen RA vertreten lassen.[409]

380 **Für mehrere Anwälte** spricht es zB, wenn die Haftpflichtversicherung den mitverklagten Halter verdächtigt, den Unfall gestellt zu haben.[410] Wegen Tod, Krankheit des RA → § 6 Rn. 16 ff.

381 **Kritik in Lit.** In der Lit. wird kritisiert, dass in der Rspr. in zu vielen Fällen ein Erstattungsanspruch für mehrere Anwälte verneint werde. Nur in echten Missbrauchsfällen dürfe eine Erstattung für zwei Anwälte verneint werden. Im Übrigen müsse es dabei bleiben, dass jeder Streitgenosse das Recht hat, einen eigenen RA zu beauftragen.[411]

382 **b) Wechsel vom gemeinsamen RA zu getrennten Anwälten.** Hier greift § 91 Abs. 2 S. 2 ZPO nur ein, soweit es darum geht, ob der Gegner sowohl den Anteil, den die wechselnde Partei hinsichtlich des alten RA tragen muss, als auch die beim neuen Prozessbevollmächtigten anfallenden Gebühren erstatten muss. Dies ist nur zu bejahen, wenn der Wechsel iSv § 91 Abs. 2 S. 2 ZPO erforderlich war.

---

[399] OLG Düsseldorf JurBüro 2007, 263 = MDR 2007, 747.
[400] BGH JurBüro 2004, 323 = Rpfleger 2004, 314; OLG Brandenburg RVGreport 2019, 156; KG JurBüro 2008, 480 = NJW-RR 2008, 1616; OLG Köln MDR 2005, 106 mwN; OLG Saarbrücken AGS 2012, 155.
[401] KG JurBüro 2008, 480 = NJW-RR 2008, 1616.
[402] BGH NJW 2010, 3522; NJW-Spezial 2010, 553.
[403] OLG Frankfurt MDR 2017, 941.
[404] BGH NJW 2007, 2257, zu Mietklage gegen mehrere Anwälte; OLG Koblenz JurBüro 2010, 599.
[405] BGH NJW 2007, 2257.
[406] OLG Naumburg AGS 2011, 598 Rn. 15.
[407] OLG Düsseldorf JurBüro 2007, 263 = MDR 2007, 747.
[408] OLG Köln MDR 2006, 896.
[409] OLG Koblenz JurBüro 2010, 599.
[410] OLG Köln MDR 2006, 896.
[411] *Henssler/Deckenbrock* MDR 2005, 1322 (1326) Ziff. IV 5.

Auf diese Bestimmung kommt es jedoch nicht an bei der Frage, ob die Partei die Kosten des neuen RA erstattet erhält. Hier gilt weiter, was generell für die Frage, ob Streitgenossen mehrere RA nehmen dürfen, gilt. Eine Einschränkung ergibt sich demnach ausschließlich aus dem Grundsatz, dass rechtsmissbräuchlich herbeigeführte höheren Kosten nicht zu erstatten sind (→ Rn. 366 ff.). ME sind die Grenzen dabei auch nicht allein deshalb enger zu ziehen, weil die Partei erst einmal die Vertretung durch einen gemeinsamen RA als zumutbar angesehen hat. Gerade hier werden meistens Gründe des Vertrauens dazu führen, dass der zunächst eingeschlagene Weg verlassen wird, was in aller Regel auch noch mit höheren Kosten verbunden ist, die, soweit die Partei auch teilweise den bisherigen Prozessbevollmächtigten bezahlen muss, in den meisten Fällen nicht zu erstatten sind. **383**

c) Parteiwechsel. Derselbe RA. Vertritt bei einem Parteiwechsel der RA sowohl die alte als auch die neue Partei wegen desselben Streitgegenstands, so kann er die Gebühren nicht zweimal verlangen, sondern erhält nur einen Mehrvertretungszuschlag gem. VV 1008 RVG (→ Rn. 104 ff.). Für den erstattungspflichtigen Gegner ist es somit viel günstiger, wenn die neue Partei den bisherigen RA beauftragt. **384**

Neuer RA. Schaltet die neue Partei einen neuen Anwalt ein, so ist das kein Anwaltswechsel. Die neue Partei hatte noch keinen RA. Sie ist auch nicht die Rechtsnachfolgerin der bisherigen Partei. In Betracht kommt aber, dass sie aus erstattungsrechtlichen Gesichtspunkten gehindert ist, einen neuen RA zu beauftragen. *Hansens* verneint dies schlechthin.[412] Dem ist nicht zu folgen. In vielen Fällen, in denen es zwei Personen, die gleichzeitig Streitgenossen sind, zumutbar ist, sich von einem gemeinsamen RA vertreten zu lassen, wird es auch beim Parteiwechsel der neuen Partei zumutbar sein, sich des bisherigen Anwalts zu bedienen. Dabei spielt auch eine Rolle, dass in vielen Fällen beim Parteiwechsel sich die alte und die neue Partei nahestehen, zB statt der GmbH wird deren Geschäftsführer in Anspruch genommen. Liegt allerdings eine bloße Namensverwechslung (Peter Müller) vor und hat die neue Partei mit der alten überhaupt nichts zu tun, so ist ihr auch erstattungsrechtlich die Einschaltung eines von ihr ausgesuchten Anwalts zuzugestehen. **385**

d) Scheinbeklagter. Das in den beiden vorausgegangenen Absätzen Dargelegte gilt in gleicher Weise, wenn kein Parteiwechsel vorliegt, weil durch Auslegung feststellbar ist, wer anstelle der falsch bezeichneten Person Partei sein soll, und der Scheinbeklagte für die Feststellung der Entlassung aus dem Verfahren (→ Rn. 109) sich desselben Anwalts wie die richtige Partei oder eines neuen Anwalts bedient. Dazu, ob nur eine Einzeltätigkeitsgebühr zu erstatten ist, → Anh. X Rn. 25. **386**

2. Rechtskräftiger Kostenfestsetzungsbeschluss für einen Streitgenossen

Im Zusammenhang mit der Rüge, mehrere Anwälte seien nicht nötig gewesen, ergibt sich häufig folgendes Problem. Der Rechtspfleger hat in zwei Kostenfestsetzungsbeschlüssen beiden Streitgenossen einen Erstattungsanspruch für einen eigenen RA zugesprochen. Der Erstattungspflichtige legt nur gegen einen der beiden Kostenfestsetzungsbeschlüsse sofortige Beschwerde ein, weil er dem zweiten Streitgenossen nur noch die Erhöhung gem. VV 1008 RVG schulde. Beide Streitgenossen hätten sich durch einen gemeinsamen RA vertreten lassen müssen. **387**

Der Angriff kann sein Ziel nicht mehr in vollem Umfang erreichen. Der eine Kostenfestsetzungsbeschluss ist rechtskräftig. An ihm kann nichts mehr geändert werden. Andererseits kann es nicht zu Lasten des Streitgenossen mit dem angegriffenen Kostenfestsetzungsbeschluss gehen, dass der Erstattungspflichtige nur einen Kostenfestsetzungsbeschluss angegriffen hat. Deshalb hat der angegriffene Streitgenosse unverändert einen Erstattungsanspruch in Höhe des Anteils an den hypothetischen Gesamtkosten, die bei einem gemeinsamen RA auf ihn entfallen wären. Sein Erstattungsanspruch beschränkt sich nicht auf die Gebührenerhöhung.[413] **388**

Im obigen Beispiel (→ Rn. 376) könnte daher S 2 selbst dann 869,60 EUR erstattet verlangen, wenn S 1 zuvor rechtskräftig einen Kostenfestsetzungsbeschluss hinsichtlich seiner gesamten Kosten erhalten hat.

Der abwM des KG zum Parallelproblem bei missbräuchlicher Aufsplitterung von Verfahren (Unterlassungsgläubiger macht in missbräuchlicher Weise Unterlassungen gegen mehrere Schuldner in getrennten Verfahren geltend) ist aus den zuvor genannten Gründen nicht zu folgen. Nach dem KG kann der Missbrauchseinwand vom Kostenschuldner eines zeitlich nachfolgenden Festsetzungsverfahrens auch nach dem rechtskräftigen Abschluss der Kostenfestsetzung im vorangegangenen Verfahren erhoben werden. Im nachfolgenden Kostenfestset- **389**

---

[412] *Hansens* Anm. zu SG Duisburg RVGreport 2007, 347.
[413] OLG München 14.5.2013 – 11 W 747/11, BeckRS 2013, 198424.

zungsverfahren ist dann nach dem KG nur noch der Restbetrag festzusetzen, der von den Kosten, die bei einheitlicher Geltendmachung angefallen wären, durch den ersten Kostenfestsetzungsbeschluss nicht verbraucht ist.[414] Soweit sich das KG dabei auf einen internen Ausgleich der Erstattungsberechtigten gem. § 840 BGB beruft, wird in vielen Fällen auch schon zweifelhaft sein, ob überhaupt der allein in Betracht kommende § 826 BGB gegeben ist.

390 Auch nicht zu folgen ist OLG Düsseldorf, wenn es abweichend von der hier vertretenen Meinung berechnet, welche Kosten angefallen wären, wenn von den vier Beklagten nur die drei Beklagten, für die noch kein rechtskräftiger Kostenfestsetzungsbeschluss vorlag, verklagt gewesen wären und nur einen gemeinsamen Prozessbevollmächtigten genommen hätten. Es hat den sich so ergebenden Betrag auf die drei Beklagten aufgeteilt.[415]

391 **Hinweis für RA.** Soll angegriffen werden, dass sich die Gegner unnötiger Weise von verschiedenen Anwälten haben vertreten lassen bzw. dass eine missbräuchliche Aufsplitterung in mehrere Verfahren stattgefunden habe, so müssen, wenn mehrere Kostenfestsetzungsbeschlüsse ergangen sind, alle angegriffen werden. Darauf ist besonders zu achten, wenn der eine Kostenfestsetzungsbeschluss zeitlich vor dem anderen ergeht. Ist der erste Kostenfestsetzungsbeschluss rechtskräftig, so kann eine Korrektur nur noch in dem beschränkten, oben dargelegten Umfang erfolgen. Das wird ständig auch von Anwälten übersehen. Auf keinen Fall darf sich der RA darauf verlassen, dass sich das Gericht der abweichenden Meinung des KG (→ Rn. 389) anschließen wird.

3. Streithelfer

392 Der **Streithelfer** ist nicht aus Gründen der Niedrighaltung der Kosten verpflichtet, einen bereits im Verfahren tätigen RA als Prozessbevollmächtigten zu mandatieren. Die von der Rspr. für den Streitgenossen entwickelten Grundsätze finden keine Anwendung.[416]

XVIII. Kostenfestsetzung zwischen Streitgenossen

392a Grundsätzlich gibt es in Ermangelung eines Titels keine Kostenfestsetzung zwischen Streitgenossen.[417] Anders ist es ausnahmsweise nur, wenn solche Ausgleichsansprüche eindeutig tituliert sind.[418] Ein solcher Ausnahmefall ist nicht gegeben, wenn in einem Vergleich die Kosten quotenmäßig auf den Kläger und die beiden Beklagten verteilt sind, zB „Von den Kosten des Rechtsstreits tragen der Beklagte zu 1 80%, der Beklagte zu 2 5% und der Kläger 15%".[419] Hingegen ist als durch Kostenfestsetzungsbeschluss festsetzbar angesehen worden: „Die Beklagten sind sich darüber einig, dass die die Beklagten betreffenden Kosten zu 2/3 von den Beklagten zu 1) bis 3), zu einem weiteren Drittel von den Beklagten zu 4) bis 7) als Gesamtschuldner getragen werden".[420]

XIX. Rechtsschutzversicherung

1. Ersatz nur für versicherten Streitgenossen

393 Ist von mehreren Streitgenossen nur einer rechtsschutzversichert, so hat der Versicherer den Versicherungsnehmer nur in dem Umfang freizustellen, in dem dieser im Innenverhältnis für die Kosten des Anwalts aufzukommen hat.

Beispiel:

A und B klagen als Mitgläubiger eine ihnen gemeinsam zustehende Forderung von 10.000,– EUR ein. Nur A ist rechtschutzversichert.

Der RA verdient

1,3 Verfahrensgebühr gem. VV 3100 RVG aus 10.000,– EUR	798.20 EUR
0,3 Gebühr gem. VV 1008 RVG aus 10.000,– EUR	184,20 EUR
Pauschale gem. VV 7002 RVG	20,00 EUR
Summe	1002,40 EUR
Auf A entfällt im Innenverhältnis die Hälfte	501,20 EUR

Macht der RA nur diesen Betrag beim Versicherungsnehmer geltend, so muss die Rechtsschutzversicherung dem Versicherungsnehmer nur diesen ersetzen.

---

[414] KG KGR Berlin 2007, 79 = AGS 2007, 216.
[415] OLG Düsseldorf MDR 2012, 494 = RVGreport 2012, 385.
[416] OLG Köln AGS 2006, 411.
[417] OLG Bremen MDR 2003, 1080; OLG Hamburg ZfS 2017, 707.
[418] OLG Bremen MDR 2003, 1080; OLG Hamburg ZfS 2017, 707.
[419] OLG Hamburg ZfS 2017, 707 = RVGreport 2017, 267 mzustAnm *Hansens*.
[420] OLG Bremen MDR 2003, 1080.

Wird aber der Versicherungsnehmer über seinen Anteil hinaus vom RA gem. § 7 Abs. 2 S. 1 RVG in Anspruch genommen, so muss der Versicherer den gesamten Betrag, für den der Versicherungsnehmer dem RA haftet, erstatten. **394**

Beispiel:

Hätte im vorigen Beispiel der Verfahrensbevollmächtigte A in Höhe einer 1,3 Verfahrensgebühr von 798,20 EUR + 20,– EUR = 818,20 EUR in Anspruch genommen, so müsste ihm der Versicherer diesen Betrag erstatten.

Allerdings geht ein Ausgleichsanspruch gegen den anderen Streitgenossen (zB gem. §§ 426, 840 BGB; § 17 StVG) gem. § 86 VVG und § 20 Abs. 2 S. 1 ARB 1975 auf den Versicherer über.[421] Das Risiko, ob der Ausgleichsanspruch realisierbar ist, trägt also der Versicherer. **395**

Freistellungsanspruch des Versicherungsnehmers gegen Dritten. Hat der Versicherungsnehmer gegen einen Dritten Anspruch darauf, dass dieser die Kosten trägt, so hat der Versicherungsnehmer unter in § 2 Abs. 3c ARB 1975 näher dargelegten Voraussetzungen trotzdem einen Anspruch gegen den Versicherer. Allerdings geht der Anspruch gegen den Dritten auf den Versicherer über, wenn er geleistet hat (§§ 86 VVG; § 20 Abs. 2 S. 1 ARB 1975).[422] Uneingeschränkt ist jedoch die Leistungspflicht des Versicherers, wenn sich die Verpflichtung des Dritten aus dessen Unterhaltspflicht ergibt (§ 2 Abs. 3c ARB 1975).[423] **396**

2. Versicherungsschutz auch für anderen Streitgenossen

Es gibt besondere Fälle, in denen die Streitgenossen, obgleich sie den Versicherungsvertrag nicht abgeschlossen haben, vom Versicherungsschutz mitерfasst werden. Dann muss der Versicherer auch die auf sie entfallenden Kosten erstatten, ohne Regress nehmen zu können. Das ist zB der Fall bei sachbezogenen Versicherungen wie bei einem den Streitgenossen gemeinsam gehörenden Kraftfahrzeug oder Grundstück (§§ 22, 29 ARB 1975), nicht jedoch bei personenbezogenen Versicherungen wie zB familienrechtlicher Rechtsschutz gem. § 25 ARB 1975.[424] **397**

Kostenübernahmepflicht des Versicherungsnehmers gegenüber Streitgenossen. Muss der Versicherungsnehmer auf Grund einer vertraglichen oder gesetzlichen Verpflichtung gegenüber dem Streitgenossen dessen Kosten, also mehr tragen, als seiner Beteiligung an der Angelegenheit entspricht, so kann er für diese weiteren Kosten vom Versicherer keine Erstattung verlangen. Versichert sind nicht die Kosten, die der Versicherungsnehmer einem anderen ersetzen muss. **398**

Nr.	Gebührentatbestand	Gebühr oder Satz der Gebühr nach § 13 RVG
1009	Hebegebühr	
	1. bis einschließlich 2.500,– €	1,0 %
	2. von dem Mehrbetrag bis einschließlich 10.000,– €	0,5 %
	3. von dem Mehrbetrag über 10.000,– €	0,25 %
	(1) Die Gebühr wird für die Auszahlung oder Rückzahlung von entgegengenommenen Geldbeträgen erhoben. (2) Unbare Zahlungen stehen baren Zahlungen gleich. Die Gebühr kann bei der Ablieferung an den Auftraggeber entnommen werden. (3) Ist das Geld in mehreren Beträgen gesondert ausgezahlt oder zurückgezahlt, wird die Gebühr von jedem Betrag besonders erhoben. (4) Für die Ablieferung oder Rücklieferung von Wertpapieren und Kostbarkeiten entsteht die in den Absätzen 1 bis 3 bestimmte Gebühr nach dem Wert. (5) Die Hebegebühr entsteht nicht, soweit Kosten an ein Gericht oder eine Behörde weitergeleitet oder eingezogene Kosten an den Auftraggeber abgeführt oder eingezogene Beträge auf die Vergütung verrechnet werden.	des aus- oder zurückgezahlten Betrags – mindestens 1,00 €

[421] Harbauer/*Bauer* ARB 1975 § 2 Rn. 241.
[422] Harbauer/*Bauer* ARB 1975 § 2 Rn. 242.
[423] Harbauer/*Bauer* ARB 1975 § 2 Rn. 241, 221.
[424] Harbauer/*Stahl* ARB 1975 Vorb. Vor § 21 Rn. 6 ff.

Übersicht

I. Allgemeines

1 Wie der Notar erhält der RA für seine Tätigkeit, die in der „Erhebung, Verwahrung und Ablieferung von Geld, Wertpapieren und Kostbarkeiten" besteht, eine besondere Gebühr, Hebegebühr genannt.

Durch das 2. KostRMoG wurde vom Gesetzgeber beim Vergütungstatbestand lediglich eine rein redaktionelle Änderung (€ statt EUR) vorgenommen, welche der Vereinheitlichung aller Kostengesetze diente.[1]

II. Hebegebühr

2 Die Hebegebühr der VV 1009 RVG soll dem RA eine Entschädigung gewähren für die verantwortungsvolle und aus dem Rahmen seiner sonstigen Tätigkeit herausfallende Auszahlung oder Rückzahlung und die damit verbundene Verwaltung von Geldern.[2] Sie soll nicht Buch- oder Kontenführungskosten abgelten; das sind allgemeine Geschäftskosten, die nach VV Teil 7 Vorb. Abs. 1 RVG mit den Gebühren entgolten werden. Die Auszahlung oder Rückzahlung erhaltener Gelder steht in Verbindung mit einer in dem RVG geregelten Berufstätigkeit des RA, und wird durch andere Gebühren niemals abgegolten. Wird die Tätigkeit, die zu der Hingabe der Gelder an den RA geführt hat, nicht nach dem RVG (§ 1 Abs. 2 RVG) vergütet, kann der RA auch nicht die Hebegebühr erhalten.[3]

Beispiel:

Der RA, der als Vormund, Pfleger, Testamentsvollstrecker, Insolvenzverwalter usw Gelder erhält und weiterleitet, vollzieht diese Tätigkeit nicht in seiner Eigenschaft als RA, sondern als Vormund usw. Er hat deshalb keinen Anspruch auf die Hebegebühr.
Der Anwaltsnotar, der Gelder in seiner Eigenschaft als Notar verwahrt, erhält für diese Tätigkeit nicht die Hebegebühr nach VV 1009 RVG (er hat aber Anspruch auf die gleichgestaltete Hebegebühr der KV 25300, 25301 GNotKG).

[1] BT-Drs. 17/11471 (neu), 272.
[2] Hartmann/Toussaint/*Toussaint* RVG VV 1009 Rn. 2.
[3] Schneider/Wolf/*N. Schneider* RVG VV 1009 Rn. 3.

Wertpapiere und Kostbarkeiten sind den Geldern gleichgestellt. Die Hebegebühr kann als eigene Angelegenheit mehrmals entstehen. § 15 Abs. 2 RVG ist nicht einschlägig, weil jeder Verwahrungsvorgang eine selbständige Angelegenheit ist. Abgegolten wird durch die Gebühr jede mit der Verwaltung zusammenhängende Tätigkeit, zB Einlösung von Zinsscheinen von Wertpapieren. Erweist es sich als nötig, Gelder, die der RA erhalten hat, umzutauschen (Deutsches Geld in ausländische Währung oder umgekehrt) oder Wertpapiere bzw. Kostbarkeiten, die dem RA übergeben worden sind, zu veräußern, zB um den Erlös in kleineren Beträgen an verschiedene Empfangsberechtigte auszuzahlen, wird diese zusätzliche Tätigkeit durch die Hebegebühr nicht abgegolten. Sie ist besonders zu vergüten (VV 2300 RVG).

1. Auftrag

3 Ein Auftrag zur Empfangnahme und Auszahlung oder Rückzahlung der Gelder muss dem RA erteilt worden sein.[4] Die **Prozessvollmacht** ermächtigt nach § 81 ZPO den RA zur Empfangnahme der vom Gegner zu erstattenden Kosten, nicht aber auch zur Empfangnahme der Streitsumme.[5] Ist allerdings in die Vollmachtsurkunde die Ermächtigung zur Entgegennahme der Streitsumme aufgenommen, liegt darin regelmäßig der Auftrag, der bei Erfüllung des Tatbestandes des VV 1009 RVG die Hebegebühr entstehen lässt.[6] Der Auftrag kann auch stillschweigend erteilt werden.[7]

Eindeutig liegt ein Auftrag vor, wenn dem RA Geld zur Weiterleitung an die Gegenpartei übergeben wird. Ein **konkludent erteilter Auftrag** liegt in aller Regel auch dann vor, wenn der Anwalt nach dem Inhalt seines Mandats Gelder bei der Gegenseite beitreiben und auch einziehen soll.[8] Strittig ist, ob in der Entgegennahme der vom Anwalt eingezogenen Beträge die (nachträgliche) konkludente Auftragserteilung gesehen werden kann.[9]

Denkbar ist auch ein isolierter Auszahlungs- oder Weiterleitungsauftrag, der ebenfalls ausreicht, da der Vergütungstatbestand VV 1009 RVG nur auf die Auszahlung, nicht aber auch auf die Einziehung oder Entgegennahme abstellt.[10]

2. Auftragsverhältnis zur Gegenpartei

4 Ein Auftragsverhältnis zwischen dem RA und der Gegenpartei seines Auftraggebers kann selbst dann nicht angenommen werden, wenn dieser von sich aus an den RA zahlt.

3. Auszahlung oder Rückzahlung

5 Für die Auszahlung oder Rückzahlung erhaltener Beträge kann der RA die Hebegebühr beanspruchen. Die Empfangnahme für sich allein begründet keinen Gebührenanspruch, daher auch nicht die Erhebung von Geld für eigene Rechnung. Hinsichtlich ein- und desselben Betrags kann die Hebegebühr sowohl für die Einzahlung als auch für die Rückzahlung anfallen.

Beispiel:[11]

Der Auftraggeber übergibt dem RA 2.000,– EUR, die dieser auftragsgemäß bei der Hinterlegungsstelle einzahlt. Nach Schluss des Rechtsstreits nimmt der RA das Geld wieder in Empfang und zahlt es an den Auftraggeber zurück.

Der RA kann sowohl für die Einzahlung bei der Hinterlegungsstelle als auch für die Rückzahlung an den Auftraggeber jeweils eine Hebegebühr beanspruchen.

Die bloße technische und sachlich unkontrollierte Weitergabe irgendwelchen Geldes usw als Bote hingegen begründet keinen Anspruch auf eine Hebegebühr.[12]

Strittig ist, ob die Hebegebühr zweimal anfällt, wenn der Mandant dem RA eine falsche Bankverbindung angegeben hat und der vom RA ausgezahlte Betrag wieder an diesen zurückkommt und der RA erneut eine Auszahlung an den Mandanten veranlassen muss.[13]

---

[4] BGHZ 70, 247 (251) = NJW 1978, 996.
[5] Musielak/Voit/*Weth* ZPO § 81 Rn. 10
[6] BGHZ 70, 247 (251) = NJW 1978, 996.
[7] Schneider/Wolf/*N. Schneider* RVG VV 1009 Rn. 12.
[8] Schneider/Wolf/*N. Schneider* RVG VV 1009 Rn. 13; Rehberg/*Schneider* Hebegebühr Ziff. 4; Mayer/Kroiß/*Klees* RVG VV 1009 Rn. 7.
[9] Dafür Gerold/Schmidt/*Madert*, 17. Aufl. 2006, RVG VV 1009 Rn. 3; dagegen mit guten Gründen Mayer/Kroiß/*Klees* RVG VV 1009 Rn. 8; Schneider/Wolf/*N. Schneider* RVG VV 1009 Rn. 14; Hartmann/Toussaint/*Toussaint* RVG VV 1009 Rn. 6.
[10] Schneider/Wolf/*N. Schneider* RVG VV 1009 Rn. 11.
[11] Nach Schneider/Wolf/*N. Schneider* RVG VV 1009 Rn. 17.
[12] Hartmann/Toussaint/*Toussaint* RVG VV 1009 Rn. 9.
[13] Dafür *Enders* JurBüro 2001, 295; aA Schneider/Wolf/*N. Schneider* RVG VV 1009 Rn. 23.

4. Person des Zahlenden

6 Die Person des Zahlenden ist nicht entscheidend. Es ist nicht bestimmt, dass das Geld von dritten Personen für den Auftraggeber gezahlt worden sein muss. Auch der Auftraggeber kann das Geld bei dem RA einzahlen. Die Hebegebühr entsteht daher auch dann, wenn der RA vom Auftraggeber erhaltenes Geld usw an einen Dritten auszahlt oder später an seinen Auftraggeber zurückzahlt.

5. Hinterlegung für den Auftraggeber

7 Hinterlegt der RA vom Auftraggeber erhaltene Gelder oder Wertpapiere für diesen, zB als Prozesskostensicherheit (§ 110 ZPO), zur Herbeiführung oder Abwendung der Zwangsvollstreckung (§§ 707, 710, 713, 719, 732, 769, 771, 890 Abs. 3 ZPO) oder zur Erlangung oder Aufhebung eines Arrests oder einer einstweiligen Verfügung (§§ 921, 923, 925, 927, 936, 939 ZPO), so kann er mithin gleichfalls die Hebegebühr beanspruchen.

6. Erhebung und Rückzahlung hinterlegter Gelder

8 Dasselbe gilt, wenn er hinterlegte Beträge oder Wertpapiere von der Hinterlegungsstelle **wieder in Empfang nimmt und dem Auftraggeber zurückgibt.** Dagegen löst die bloße Einverständniserklärung des Anwalts gegenüber der Hinterlegungsstelle, dass die durch ihn hinterlegten Gelder an den Auftraggeber selbst zurückgezahlt werden können, die Gebühr nicht aus.[14]

7. Weiterleitung der Streitsumme an Gegenpartei

9 Der Vergütungstatbestand ist ebenfalls erfüllt, wenn der Auftraggeber dem RA die Streit- oder Vergleichssumme zur Ablieferung an die Gegenpartei **übergibt und der RA** sie dieser **auszahlt.**

8. Einziehung der Streit- oder Vergleichssumme

10 Die Hebegebühr entsteht selbstverständlich auch bei der **Einziehung der Streit- oder Vergleichssumme** von der Gegenpartei und ihrer Ablieferung an den Auftraggeber (Auftrag – evtl. auch stillschweigend – vorausgesetzt).

Gleiches gilt für die **Einziehung eines Erlöses** aus der Zwangsvollstreckung oder einer Insolvenzteilzahlung.

Streitig ist, ob der RA die Hebegebühr auch dann erhält, wenn er eigene Gelder für seinen Auftraggeber an den Gegner abführt oder als Sicherheit hinterlegt. Die Frage ist zu bejahen. Die Bereitschaft, für den Auftraggeber zu zahlen, stellt sich als Darlehensgewährung dar. Dass die Gelder von dem RA nicht zunächst an den Auftraggeber ausgezahlt und sodann von diesem bei dem RA wieder eingezahlt werden, steht der Annahme, dass „empfangene" Gelder an den Gegner ausgezahlt werden, nicht entgegen. Denn unbare Zahlungen (Verrechnung) stehen nach Anm. Abs. 2 S. 1 der Barzahlung gleich.[15]

9. Keine Hebegebühr bei Weiterleitung von Kosten an das Gericht oder die Behörde

11 Keine Hebegebühr entsteht nach VV 1009 Anm. Abs. 5 RVG, wenn der RA Kosten an ein Gericht oder eine Behörde weiterleitet, also besonders dann nicht, wenn der Auftraggeber Gerichtskostenvorschüsse an den RA zahlt und dieser das Geld bei der Gerichtskasse einzahlt. Nicht zu den Kosten gehören Geldstrafen, Bußgelder oder Kautionen, die der RA weiterleitet; hierfür steht ihm die Hebegebühr zu.[16] Ist aber die Bestellung zum Pflichtverteidiger nicht auf die Empfangnahme und Weiterleitung von Geldern erweitert worden, besteht keine Anspruchsgrundlage des Pflichtverteidigers gegen die Staatskasse auf Festsetzung der Hebegebühr.[17]

10. Ablieferung von Kosten an Auftraggeber

12 Die Hebegebühr entsteht auch nicht, wenn der RA eingezogene Kosten an den Auftraggeber abführt oder eingezogene Beträge auf seine Vergütung verrechnet. Im letzteren Falle braucht es sich also nicht um eingezogene Kosten zu handeln. Vielmehr liegt dieser Fall auch dann vor, wenn er einen Teil der eingezogenen Streitsumme oder vom Auftraggeber erhaltene Beträge auf seine Vergütung verrechnet. In diesen Fällen fehlt es auch an einer Auszahlung oder Rückzahlung, vgl. das Verrechnungsbeispiel bei → Rn. 18. Die Hebegebühr entsteht aber

[14] Schneider/Wolf/*N. Schneider* RVG VV 1009 Rn. 19.

[15] RG HRR 1941, Nr. 951; iErg auch Schneider/Wolf/*N. Schneider* RVG VV 1009 Rn. 25; Hartmann/Toussaint/*Toussaint* RVG VV 1009 Rn. 9; aA (keine Hebegebühr) Mayer/Kroiß/*Klees* RVG VV 1009 Rn. 13.

[16] Schneider/Wolf/*N. Schneider* RVG VV 1009 Rn. 35.

[17] OLG Düsseldorf JurBüro 2005, 352.

dann, wenn die Gerichtskasse nicht verbrauchte Gerichtskosten an den RA zurückzahlt und dieser den Betrag an den Auftraggeber weiterleitet.[18]

Strittig ist, ob die Hebegebühr auch dann entsteht, wenn der RA einen nicht mehr verbrauchten Gebührenvorschuss zurückzahlt.[19]

III. Bare und unbare Zahlungen, Wertpapiere und Kostbarkeiten

1. Bare und unbare Zahlungen

Bare Zahlungen werden durch Gelder, die gesetzliche Zahlungsmittel sind, geleistet. Dabei ist es gleichgültig, ob es sich um deutsches oder ausländisches Geld handelt. Dagegen sind kein Geld außer Kurs gesetzte Zahlungsmittel (diese können im Einzelfall „Kostbarkeiten" sein). 13

Unbare Zahlungen stehen nach VV 1009 Anm. Abs. 2 RVG baren Zahlungen gleich, so zB Überweisungen auf ein Bankkonto.

2. Wertpapiere

Auch für Ablieferung oder Rücklieferung von Wertpapieren oder Kostbarkeiten erhält der RA nach VV 1009 Anm. Abs. 4 RVG die Hebegebühr. 14

Wertpapiere sind Urkunden, die Träger des in ihnen verbrieften Rechts sind, wie zB Schuldverschreibungen auf den Inhaber, Pfandbriefe, Aktien, Kuxe, Konnossemente,[20] Wechsel, Schecks.[21]

Ausweispapiere, zB Hypothekenbriefe, Versicherungsscheine oder bloße Beweisurkunden, Schuldscheine, Legitimationspapiere sind keine Wertpapiere, auch nicht Sparkassenbücher. Zu beachten ist jedoch, dass zB auch bei der Aushändigung von Sparbüchern die Hebegebühr entstehen kann, nämlich dann, wenn der RA ermächtigt wird, von den Sparbüchern Gelder abzuheben und an den Gegner auszuzahlen. Die Gebühr entsteht aus den abgehobenen und sodann an den Gegner ausgezahlten Beträgen.[22]

Ebenso sind Bürgschaftsurkunden, die der RA zur Hinterlegung als Prozesssicherheit von einer Bank beschafft, keine Wertpapiere. Der Empfang und die Weitergabe solcher Bürgschaftsurkunden löst deshalb die Hebegebühr nicht aus.[23]

Banknoten und Kassenscheine sind Gelder.

3. Kostbarkeiten

Kostbarkeiten sind Sachen, deren Wert im Verhältnis zu Größe und Gewicht besonders hoch ist oder deren Wert die allgemeinen Werte in ungewöhnlicher Weise übersteigt. 15

Beispiele:

Edelmetall, Schmuckstücke, seltene Briefmarken von hohem Wert, Edelsteine.

IV. Höhe der Hebegebühr, Entnahme

Die Höhe der Hebegebühr richtet sich bei deutscher Währung nach dem Nennbetrag, bei Ablieferung oder Rücklieferung von Wertpapieren nach ihrem Kurswert oder ihrem sonstigen Wert in diesem Zeitpunkt. Letzterer ist auch für Kostbarkeiten maßgebend. Geld oder Wertpapiere in ausländischer Währung werden nach dem amtlichen Kurs umgerechnet. 16

Die Gebühr beträgt:

bei Beträgen bis zu 2.500,– EUR 1%,

von dem Mehrbetrag bis 10.000,– EUR einschließlich 0,5%, also 0,5% des Gesamtbetrags + 12,50 EUR,

von dem Mehrbetrag über 10.000,– EUR einschließlich 0,25%, also 0,25% des Gesamtbetrags + 37,50 EUR.

Die Mindestgebühr beträgt 1,– EUR. Die Hebegebühr ist bis auf den Cent genau zu berechnen.[24] Nach § 2 Abs. 2 S. 2 RVG sind Beträge unter 1 Cent auf einen vollen Cent anzuheben, ab 0,5 Cent ist aufzurunden.[25]

---

[18] Schneider/Wolf/*N. Schneider* RVG VV 1009 Rn. 39; aA wohl Mayer/Kroiß/*Klees* RVG VV 1009 Rn. 16.

[19] Dafür Gerold/Schmidt/*Madert*, 17. Aufl. 2006, RVG VV 1009 Rn. 12; aA Schneider/Wolf/*N. Schneider* RVG VV 1009 Rn. 39.

[20] Schneider/Wolf/*N. Schneider* RVG VV 1009 Rn. 44.

[21] Schneider/Wolf/*N. Schneider* RVG VV 1009 Rn. 43.

[22] *H. Schmidt* JurBüro 1963, 667; Schneider/Wolf/*N. Schneider* RVG VV 1009 Rn. 45.

[23] OLG Bremen Rpfleger 1965, 97; OLG Hamburg MDR 1958, 349 = Rpfleger 1962, 233.

[24] Schneider/Wolf/*N. Schneider* RVG VV 1009 Rn. 57.

[25] Schneider/Wolf/*N. Schneider* RVG VV 1009 Rn. 57.

S. Anhang XI Tabelle 3

Neben der Hebegebühr hat der RA Anspruch auf Erstattung seiner Auslagen, die durch die in VV 1009 RVG bezeichnete Tätigkeit entstanden sind (zB Postgebühren, MwSt), nicht aber auf Ersatz seiner allgemeinen Geschäftskosten.

1. Aus- und Rückzahlung von Teilbeträgen

17 **Ist das Geld in mehreren Beträgen gesondert ausgezahlt oder zurückgezahlt,** so wird nach VV 1009 Anm. Abs. 3 RVG die Gebühr von jedem Betrag besonders erhoben.

Beispiel:

Der RA zahlt den von einem Gegner empfangenen Betrag an verschiedene Auftraggeber einzeln aus.

Ebenso ist die Gebühr nach den erhobenen Einzelbeträgen zu berechnen, wenn der RA Gelder von verschiedenen Personen erhoben hat, sie aber zusammen an den Auftraggeber oder an einen Dritten abliefert. Dabei muss es sich aber um Zahlungen in verschiedenen Angelegenheiten handeln.

Beispiel:

A zahlt 500,– EUR Darlehen, B zahlt 400,– EUR Kaufpreis, C zahlt 600,– EUR Mietzins. Auch wenn der RA die eingenommenen Beträge in einer Summe auszahlt (1.500,– EUR), richtet sich die Höhe der mehreren Hebegebühren nach den Einzelbeträgen.

Etwas anderes gilt, wenn Gesamtschuldner A 500,– EUR, Gesamtschuldner B 400,– EUR und Gesamtschuldner C 600,– EUR zahlt und der Anwalt den vereinnahmten Gesamtbetrag von 1.500,– EUR in einer Summe an den Auftraggeber auszahlt. Hier erhält der RA nur eine Hebegebühr aus 1.500,– EUR.

Auf den Umstand, dass der RA einen Betrag in einzelnen Raten erhält, kommt es nicht an. **Wesentlich** ist **allein** die **Auszahlung.**

Beispiel:

Ein Schuldner zahlt eine Schuld von 1.000,– EUR in wöchentlichen Raten von 50,– EUR an den Anwalt. Nach Empfang der letzten Rate zahlt der RA die vereinnahmten 1.000,– EUR an den Auftraggeber aus. Er erhält nur eine Hebegebühr aus 1.000,– EUR.

Wird das verwahrte Geld weisungsgemäß in mehreren Beträgen ausgezahlt oder zurückgezahlt, so werden die Hebegebühren für die Teilbeträge jeweils sofort und nicht erst mit der endgültigen Abwicklung des Anderkontos fällig.[26]

2. Entnahme

18 Entnehmen kann der RA nach VV 1009 Anm. Abs. 2 S. 2 RVG die Gebühr bei der Ablieferung an den Auftraggeber. Er kann also in diesem Falle die Gebühr von dem an den Auftraggeber abzuliefernden Betrag abziehen.

Beispiel:

Nach Erhalt des Auftrags, eine Klage über 5.000,– EUR zu erheben, schließt der RA des Klägers mit dem Gegner außergerichtlich einen Vergleich, wonach dieser 4.000,– EUR zahlt. Die Zahlung erfolgt an den RA. Für den RA ist an Vergütung entstanden:

Gegenstandswert: 5.000,– EUR	
0,8 Gebühr gem. VV 3101 RVG	267,20 EUR.
1,5 Einigungsgebühr gem. VV 1000 RVG	501,00 EUR.
Auslagenpauschale VV 7002 RVG	20,00 EUR.
Hebegebühr VV 1009 RVG aus 4.000,– EUR	32,50 EUR.
Zwischensumme:	820,70 EUR.
19 % MwSt	155,93 EUR.
zusammen:	976,63 EUR.

Hat RA den Vergleichsbetrag 4.000,– EUR ausgezahlt, kann er nach Erteilung seiner Kostenrechnung gem. § 10 RVG wegen eingetretener Fälligkeit nach § 9 RVG vom Kläger den Betrag von 976,63 EUR fordern.

Gem. VV 1009 Anm. Abs. 2 S. 2 RVG kann der RA die Hebegebühr bei der Ablieferung an den Auftraggeber entnehmen. Er kann also bei der Aushändigung der Vergleichssumme von 4.000,– EUR die Hebegebühr mit 32,50 EUR zzgl. der auf sie entfallenden MwSt mit 6,18 EUR = 38,68 EUR abziehen, so dass er tatsächlich auszahlt 4.000,– EUR – 38,68 EUR

[26] KG DNotZ 1977, 56, zu § 149 KostO aF.

= 3.961,32 EUR. Die vorstehende Berechnung seiner Vergütung ist dann um die in ihr enthaltenen 38,68 EUR zu verringern.

Wenn der RA aber seine Vergütungsforderung mit der Vergleichssumme vor Ablieferung verrechnet, muss er VV 1009 Anm. Abs. 5 RVG beachten, wonach der RA die Hebegebühr nicht erhält, wenn er eingezogene Beträge, das ist hier die Vergleichssumme, auf seine Vergütung verrechnet. Das bedeutet: Seine Berechnung nach § 10 RVG muss er ohne die Hebegebühr erstellen. Den sich dann ergebenden Betrag verrechnet er mit der Vergleichssumme. Von dem sich dann ergebenden und auszuzahlenden Betrag kann er gem. VV 1009 Anm. Abs. 2 S. 2 RVG die Hebegebühr entnehmen. Dann sieht die Berechnung so aus:

VV 3101 RVG	267,20 EUR.
VV 1000 RVG	501,00 EUR.
VV 7002 RVG	20,00 EUR.
Zwischensumme	788,20 EUR.
19 % MwSt	149,76 EUR.
insgesamt	937,96 EUR.
auszuzahlender Betrag: 4.000,– EUR – 937,96 EUR =	3.062,04 EUR.
Die auf diesen Betrag entstehende Hebegebühr beträgt	27,81 EUR,
zzgl. Auslagenpauschale VV 7002 RVG (nur falls Entgelte für Post- und Telekommunikationsdienstleistungen entstanden sind)	5,56 EUR.
zzgl. 19 % MwSt	6,34 EUR.
so dass auszuzahlen sind 3.062,04 EUR – 39,71 EUR	3.022,33 EUR.

Wertpapiere und Kostbarkeiten braucht er nur Zug um Zug gegen Zahlung der Hebegebühr abzuliefern.

Ist der RA beauftragt, das Geld an einen Dritten abzuliefern, so darf er die Hebegebühr nicht abziehen. Das folgt daraus, dass nach VV 1009 Anm. Abs. 1 RVG die Entnahme nur bei der Ablieferung an den Auftraggeber vorgesehen ist.[27]

Unzulässig ist es besonders, gegen den Willen des Auftraggebers die Gebühr von einer zu einem bestimmten Zwecke übergebenen Summe, zB einer Vergleichssumme oder Unterhaltsgeldern, einzubehalten.

Der RA braucht aber das Geld dem Dritten erst dann auszuzahlen, wenn er die Hebegebühr vom Auftraggeber erhalten hat.[28] Aus Treu und Glauben wird sich jedoch häufig das Gegenteil ergeben. Muss zB die Vergleichssumme bis zu einem bestimmten Zeitpunkt an den Gegner gezahlt werden, damit der Vergleich endgültig wirksam wird, darf der RA die Zahlung nicht zurückhalten, um die Hebegebühr sicherzustellen.[29]

V. Erstattungspflicht der Gegenpartei

Die Erstattungspflicht der Gegenpartei hängt davon ab, ob die Zuziehung des RA bei der Empfangnahme, Auszahlung oder Rückzahlung iSd § 91 Abs. 1 ZPO zur zweckentsprechenden Rechtsverfolgung oder Rechtsverteidigung notwendig war, → Rn. 21, 22. Richtiger Auffassung nach gehört die Hebegebühr zu den **Kosten des Prozesses** iSv § 91 Abs. 2 ZPO,[30] die zuvor vertretene Auffassung wird aufgegeben. 19

1. Kostenfestsetzungsverfahren

Die Hebegebühr fällt auch unter das Kostenfestsetzungsverfahren, §§ 103 ff. ZPO.[31]

Streitig ist, ob die für die Hinterlegung einer Sicherheit zum Zwecke der Zwangsvollstreckung oder zum Zwecke ihrer Abwendung entstehenden Kosten zu den Prozess- oder Vollstreckungskosten gehören.[32] 20

[27] Hartmann/Toussaint/*Toussaint* RVG VV 1009 Rn. 22.

[28] AA Hartmann/Toussaint/*Toussaint* RVG VV 1009 Rn. 22.

[29] Mayer/Kroiß/*Klees* RVG VV 1009 Rn. 18.

[30] Hartmann/Toussaint/*Toussaint* RVG VV 1009 Rn. 23; aA OLG München NJW-RR 1998, 1452.

[31] Hartmann/Toussaint/*Toussaint* RVG VV 1009 Rn. 23; BGH NJW 2007, 1535.

[32] Bejahend *Quard* Das Büro 1961, 174; OLG Celle MDR 1966, 155 = NJW 1965, 2261 = Rpfleger 1966, 213; OLG Düsseldorf AGS 1998, 115; OLG Hamburg MDR 1958, 112 = Rpfleger 1962, 297; OLG München NJW 1956, 717 sowie MDR 1967, 412 = JVBl. 67, 187; OLG Nürnberg JW 1929, 1755; Rpfleger 1963, 261; OLG Schleswig AnwBl 1989, 269; AG Limburg AGS 2005, 308 mAnm *N. Schneider,* Hebegebühren, die im Rahmen einer Zwangsvollstreckung anfallen, sind jedenfalls dann gem. § 788 ZPO vom Schuldner zu erstatten, wenn die titulierte Forderung von ihm in Raten bezahlt wird; verneinend OLG Bremen Rpfleger 1965, 97; OLG Frankfurt a. M. JurBüro 1966, 160; KG Rpfleger 1965, 243.

Der bejahenden Auffassung ist – aus Gründen der Praktikabilität – zuzustimmen.

Von der Lösung dieser Frage ist im Wesentlichen abhängig, ob die hierbei entstehenden Anwaltskosten erstattungsfähig sind.[33]

2. Zuziehung eines RA regelmäßig nicht notwendig

21 Im Regelfall ist die Zuziehung eines RA nicht notwendig. Will der Auftraggeber des RA von dem Schuldner bei Einziehung der Streitsumme durch seinen RA die Hebegebühr besonders fordern, so muss er ihn zuvor auf die Entstehung der Gebühr aufmerksam machen. Die Zuziehung eines RA zur Entgegennahme der titulierten Beträge ist insbes. auch dann nicht erforderlich, wenn die Gläubigerin ein Unternehmen betreibt und ihre Buchhaltung mit der Überwachung der Kontoeingänge, die unschwer mit EDV erfolgen könnte, ohne Probleme zurechtkommen müsste.[34] Die Zahlung an den RA ist auch dann nicht notwendig, wenn eine Vergleichssumme auf das Bankkonto des Gläubigers eingezahlt werden soll und der RA des Gläubigers auf eine Anfrage des Schuldners erklärt, er kenne das Bankkonto nicht, sei aber bereit, die Zahlung selbst in Empfang zu nehmen.[35] Die Notwendigkeit ergibt sich auch nicht schon daraus, dass die Zahlung an den Prozessbevollmächtigten im Prozessvergleich vereinbart wird.[36]

Ebenso ist die Hebegebühr im Zwangsversteigerungsverfahren in der Regel nicht erstattungsfähig.[37]

3. Fälle der Erstattungspflicht[38]

22 Erstattungspflichtig ist dagegen die Hebegebühr, wenn der Schuldner, ohne vom Gläubiger oder dessen Anwalt dazu aufgefordert zu sein, an den RA des Gläubigers zahlt, besonders um eine Zwangsvollstreckung zu vermeiden,[39]

- oder wenn der Schuldner dem RA des Gläubigers einen Scheck übersendet, der diesem nur Zug um Zug gegen Übersendung einer Grundbucherklärung ausgehändigt werden soll,
- oder wenn der Prozessbevollmächtigte des Klägers die Streitsumme zur Vermeidung eines Urteils annehmen musste,
- oder wenn besondere Eile geboten oder die Rechtslage schwierig war,
- oder wenn der RA ein gegen Sicherheitsleistung vorläufig vollstreckbares Urteil erwirkt hat und, um die Zwangsvollstreckung betreiben zu können, die Sicherheitsleistung bewirkt,[40]
- oder wenn der Gläubiger im Ausland ansässig ist,[41]
- oder wenn besondere Gründe in der Person oder dem Verhalten des Gegners die Einschaltung bei der Gelderhebung rechtfertigen (unregelmäßige Zahlungen oder Betreibung durch langwierige Lohnpfändungen),[42]
- oder wenn der Beklagte sich in einem Vergleich zur Zahlung zu Händen des RA des Klägers verpflichtet hat.[43]

---

[33] Mit Recht bejahend OLG München JurBüro 1964, 286; verneinend KG Rpfleger 1965, 243.

[34] LG Saarbrücken JurBüro 2006, 316.

[35] OLG Hamm JurBüro 1975, 1609; OLG Koblenz JurBüro 1974, 1138; *Mümmler* JurBüro 1982, 1643.

[36] BGH NJW 2007, 1535.

[37] LG Münster JurBüro 1980, 1687 mzustAnm *Mümmler*.

[38] Alphabetische Aufzählung bei Hartmann/Toussaint/*Toussaint* RVG VV 1009 Rn. 25.

[39] OLG Düsseldorf AnwBl 1980, 264 = VersR 1980, 682; OLG Frankfurt a. M. MDR 1981, 856 = Rpfleger 1981, 367; KG AnwBl 1959, 132; JurBüro 1981, 1349; OLG Koblenz JurBüro 1974, 1138, keine Erstattung, wenn RA zur Zahlung an ihn auffordert; OLG Köln AnwBl 1962, 21 = Rpfleger 1963, 394; OLG Schleswig JurBüro 1985, 394; AnwBl 1989, 269; AGS 1999, 163; LG Frankenthal JurBüro 1979, 1325; LG Hagen AnwBl 1982, 541; LG München I AnwBl 1970, 323; LG Berlin ZfS 1990, 413; LG Hanau ZfS 1989, 126; AG Ahaus JurBüro 1982, 1187 mAnm *Mümmler* = AnwBl 1982, 438; AG Gronau ZfS 1988, 357; ZfS 1997, 147; AG Ulm ZfS 1988, 388; AG Frankfurt ZfS 1986, 300; AG Wiesbaden AGS 1993, 66 mAnm *Madert;* AG Westerstede AGS 1994, 84 mAnm *Chemnitz;* AG Steinfurt AGS 1995, 135; AG Gronau ZfS 1997, 147; AGS 2000, 211; AG Rostock NZV 97, 524.

[40] OLG München NJW 1964, 409; aA OLG Celle NJW 1968, 2246; OLG Nürnberg JurBüro 1972, 504 mit abl. Anm. *H. Schmidt*.

[41] OLG München AnwBl 1963, 339.

[42] KG Rpfleger 1962, 37 = NJW 1960, 2345; OLG Düsseldorf JurBüro 1995, 50; AGS 1998, 115; LG Frankenthal JurBüro 1979, 1325; LG Koblenz JurBüro 1984, 870.

[43] KG JurBüro 1981, 1349 = Rpfleger 1981, 410; OLG Nürnberg Das Büro 1962, 342; Rpfleger 1963, 137; JurBüro 1968, 398, der Satz gilt aber wohl nicht, wenn die Zahlung an den Anwalt allein im Interesse des Gläubigers oder gar des Anwalts selber liegt, weil dieser aus anderen Sachen erhebliche Gebührenansprüche gegen

– oder der Gerichtsvollzieher die von ihm von dem Schuldner eingezogenen Raten an den Verfahrensbevollmächtigten des Gläubigers überweist.[44]
– oder wenn die Einschaltung des Prozessbevollmächtigten in den Zahlungsvorgang im Hinblick auf den Inhalt des Vergleichs aus besonderen Gründen gerechtfertigt ist.[45]

Bittet der RA des Geschädigten die gegnerische Kfz-Haftpflichtversicherung um Zahlung des Schadensersatzbetrages unter ausdrücklichem Hinweis auf die Vorschrift der VV 1009 RVG an sich, hat die Versicherung auch die durch die Auszahlung des Betrages an den Geschädigten entstehende Hebegebühr zu ersetzen.[46]

VI. Rechtsschutzversicherung

Die Hebegebühr ist Teil der gesetzlichen Vergütung des Rechtsanwalts und fällt somit **grds.** 23
unter den **Versicherungsschutz.**[47] Aus dem Hinweis auf die Obliegenheit des Versicherungsnehmers nach § 17 Abs. 5c cc ARB 2010, alles zu vermeiden, was eine unnötige Erhöhung der Kosten verursachen könnte, wird gefolgert, dass der Versicherer in einfach gelagerten Fällen die Erstattung der Hebegebühr nicht schuldet.[48] Eine Leistungsfreiheit des Rechtsschutzversicherers wegen Verletzung der genannten Obliegenheit tritt aber gem. § 17 Abs. 6 ARB 2010 ganz oder teilweise nur dann ein, wenn der Versicherungsnehmer die Obliegenheitsverletzung entweder vorsätzlich oder grob fahrlässig verursacht hat.[49] Erteilt der Versicherungsnehmer seinem RA in der schriftlichen Vollmachtsurkunde auch eine Inkassovollmacht, wodurch letztlich der spätere Anfall der Hebegebühr ausgelöst wird, ist dies nur in Ausnahmefällen, je nach Einzelfall, als grob fahrlässige Obliegenheitsverletzung anzusehen.[50]

VII. Im Wege der Prozesskostenhilfe beigeordneter Rechtsanwalt, Pflichtverteidiger

1. PKH-Anwalt

Der im Wege der Prozesskostenhilfe beigeordnete RA kann die Hebegebühr im Allgemei- 24
nen nicht aus der Staatskasse erstattet verlangen. Es sind jedoch Ausnahmen denkbar, die es geboten erscheinen lassen, dass der beigeordnete RA auch die Tätigkeiten als Pflichtanwalt entwickelt, die durch die Hebegebühr vergütet werden.

2. Pflichtverteidiger

Ist die Bestellung zum Pflichtverteidiger nicht auf die Empfangnahme und Weiterleitung 25
von Geldern erweitert worden, besteht keine Anspruchsgrundlage des Pflichtverteidigers gegen die Staatskasse auf Festsetzung der Hebegebühren.[51]

---

seinen Mandanten hat, wegen der er sich aus der Vergleichssumme befriedigen soll oder will; OLG Schleswig AGS 1999, 163; AG Charlottenburg JurBüro 1996, 607, lässt die Schuldnerin sich in einem Ratenzahlungsvergleich freiwillig auf Zahlung der Raten an den RA des Gläubigers ein, folgt die Notwendigkeit zur Einschaltung des RA aus der vereinbarten Regelung mit der Folge, dass Hebegebühren notwendig und folglich erstattungsfähig sind; BGH AGS 2007, 212, Hebegebühr, die ein Prozessbevollmächtigter deswegen erhält, weil an ihn die Zahlung zur Erfüllung des gerichtlichen Vergleichs geleistet wird und er diese an den Berechtigten auszahlt, kann im Kostenfestsetzungsverfahren nach den §§ 103 ff. ZPO geltend gemacht werden, wenn die Einschaltung des Prozessbevollmächtigten in den Zahlungsvorgang im Hinblick auf den Inhalt des Vergleichs aus besonderen Gründen gerechtfertigt ist; aA OLG München AnwBl 1999, 58 = NJW-RR 1998, 1452.

44 AG Limburg AGS 2005, 308 mAnm *N. Schneider.*

45 BGH NJW 2007, 1535.

46 AG Wiesbaden RVGreport 2006, 37 mAnm *Hansens.*

47 Harbauer/*Schneider* ARB 2010 § 5 Rn. 48; Schneider/Wolf/*N. Schneider* RVG VV 1009 Rn. 84; aA Mayer/Kroiß/*Klees* RVG VV 1009 Rn. 29; Hebegebühr ist grds. nicht zu erstatten Gerold/Schmidt/*Madert*, 17. Aufl. 2006, RVG VV 1009 Rn. 23.

48 Harbauer/*Schneider* ARB 2010 § 5 Rn. 48.

49 Harbauer/*Schneider* ARB 2010 § 5 Rn. 48.

50 Harbauer/*Schneider* ARB 2010 § 5 Rn. 48.

51 OLG Düsseldorf JurBüro 2005, 362.

Nr.	Gebührentatbestand	Gebühr oder Satz der Gebühr nach § 13 RVG
1010	Zusatzgebühr für besonders umfangreiche Beweisaufnahmen in Angelegenheiten, in denen sich die Gebühren nach Teil 3 richten und mindestens drei gerichtliche Termine stattfinden, in denen Sachverständige oder Zeugen vernommen werden .... Die Gebühr entsteht für den durch besonders umfangreiche Beweisaufnahmen anfallenden Mehraufwand.	0,3 oder bei Betragsrahmengebühren erhöhen sich der Mindest- und Höchstbetrag der Terminsgebühr um 30 %

Übersicht

I. Allgemeines

1 Die Zusatzgebühr für besonders umfangreiche Beweisaufnahmen wurde durch das 2. KostRMoG[1] neu eingeführt. Mit ihr möchte der Gesetzgeber den besonderen Aufwand bei sehr umfangreichen Beweisaufnahmen ausgleichen.[2] Um zu vermeiden, dass Fehlanreize gesetzt werden, die dazu führen könnten, zusätzliche Beweisaufnahmetermine zu provozieren, setzt der Vergütungstatbestand voraus, dass mindestens 3 gerichtliche Termine stattfinden, in denen Sachverständige oder Zeugen vernommen werden.[3]

Die Zusatzgebühr für besonders umfangreiche Beweisaufnahmen setzt sowohl voraus, dass es sich sowohl um eine Angelegenheit handelt, in denen sich die Gebühren nach VV Teil 3 RVG richten, als auch dass mindestens drei gerichtliche Termine stattfinden, in denen Zeugen und Sachverständige vernommen werden. Fraglich ist jedoch, ob das **Tatbestandsmerkmal** besonders umfangreiche Beweisaufnahme durch die Tatsache, dass drei gerichtliche Termine stattfinden, in denen Zeugen oder Sachverständige vernommen werden, **indiziert** wird, **oder** ob dieses Merkmal eine **eigenständige Bedeutung** hat. Die Anmerkung zum Vergütungstatbestand, dass die Gebühr für den durch besonders umfangreiche Beweisaufnahmen anfallenden Mehraufwand entsteht, deutet darauf hin, dass nicht allein die Tatsache, dass mindestens drei gerichtliche Termine, in denen Sachverständige oder Zeugen vernommen worden sind, ausreichen soll, sondern dass es sich zusätzlich noch um besonders umfangreiche Beweisaufnahmen handeln muss, sodass drei Beweistermine, in denen jeweils ein Zeuge für zehn Minuten vernommen wird, für die Erfüllung des Vergütungstatbestandes nicht ausreichen würde.[4]

Dieser Auffassung steht jedoch entgegen, dass der Gesetzgeber grds. bei Gebührentatbeständen, anders als bei Pauschgebühren, bei den Tatbestandsvoraussetzungen des Gebührentatbestandes nicht auf den Umfang der Tätigkeit des Anwalts abstellt, sondern diesen allenfalls in der Gebührenhöhe berücksichtigt. Aus diesem Grunde entsteht diesseitiger Auffassung nach die **Zusatzgebühr** für besonders umfangreiche Beweisaufnahmen **bereits** dann, wenn **drei gerichtliche Termine** stattfinden, in denen Sachverständige oder Zeugen vernommen werden, ohne dass es noch zusätzlich darauf ankäme, dass diese Beweisaufnahmen insgesamt zu einer besonders umfangreichen Beweisaufnahme geführt haben.[5]

Die Gegenauffassung verlangt als Voraussetzung der Zusatzgebühr, dass sowohl eine besonders umfangreiche Beweisaufnahme stattgefunden hat und dass mindestens drei gerichtliche Termine, in denen Sachverständige oder Zeugen vernommen werden, stattgefunden haben, wobei allerdings nach dieser Auffassung der besondere Umfang nicht in der Vernehmung der

[1] BGBl. 2013 I 2586.
[2] BT-Drs. 17/11471 (neu), 272.
[3] BT-Drs. 17/11471 (neu), 272.
[4] Schneider/*Thiel* § 3 Rn. 507; Schneider/Wolf/*N. Schneider* RVG VV 1010 Rn. 8 f.; Riedel/Sußbauer RVG/*Schütz* VV 1010 Rn. 5.
[5] *Mayer* Neues GebührenR § 3 Rn. 28; so auch *Hansens* RVGreport 2014, 410 ff. (412); Mayer/Kroiß/*Kießling* RVG VV 1010 Rn. 3.

Zeugen oder Sachverständigen bestehen muss.[6] Dem steht jedoch entgegen, dass die Anmerkung zum Vergütungstatbestand – die Gebühr entsteht für den durch besonders umfangreiche Beweisaufnahmen anfallenden Mehraufwand – durch ihre Formulierung die Annahme naheliegt, es handle sich um eine bloße Erläuterung des Gebührentatbestandes und nicht um eine zusätzliche Tatbestandsvoraussetzung des Gebührentatbestandes.[7]

Finden nicht mindestens drei gerichtliche Termine statt, in denen Sachverständige oder Zeugen vernommen werden, kommt eine Zusatzgebühr auch bei langwierigen und umfangreichen Verfahren nicht in Betracht, eine Korrektur im Sinne einer Erweiterung des Anwendungsbereichs obliegt dem Gesetzgeber.[8]

II. Subjektive Voraussetzung

Umstritten ist, ob die Zusatzgebühr für besonders umfangreiche Beweisaufnahmen nur dann anfällt, wenn nicht nur drei gerichtliche Termine stattfinden, sondern ob auch erforderlich ist, dass der RA in diesen seine Partei „vertreten" iSd VV Vorb. 3 Abs. 3 RVG hat.[9] Nach anderer Auffassung erfordert die Zusatzgebühr nicht, dass der RA insoweit irgendeine Tätigkeit entfaltet hat, neben dem „Mehraufwand" für drei gerichtliche Termine, der nicht notwendig eine bestimmte anwaltliche Tätigkeit erfordere, müsse der RA keine spezifische Tätigkeit ausüben um die Zusatzgebühr zu verdienen; in Angelegenheiten, in denen Wertgebühren anfallen, setze der Anfall der Zusatzgebühr noch nicht einmal voraus, dass dem RA eine Terminsgebühr entstanden sei.[10] Der zuletzt genannten Auffassung ist zuzustimmen. Die formalisierte Sichtweise bei der Beurteilung des anwaltlichen Aufwands im Vergütungstatbestand VV 1010 RVG entspricht es, nicht zusätzlich subjektive Anforderungen in den Vergütungstatbestand hineinzulesen, die im Wortlaut keinen Niederschlag gefunden haben. Hinzu kommt, dass auch Verfahren mit mehreren gerichtlichen Terminen, an denen der Anwalt selbst nicht teilgenommen hat, gleichwohl für ihn einen Mehraufwand bspw. durch die Prüfung der Beweisbeschlüsse oder der Protokolle erzeugen.[11] 2

III. Höhe der Gebühr

Die Höhe der Gebühr beträgt bei Wertgebühren 0,3, bei Betragsrahmengebühren erhöht sich der Mindest- und der Höchstbetrag der Terminsgebühr um 30 %. 3

Problematisch ist der zugrunde zulegende **Gegenstandswert bei Wertgebühren.** So soll sich nach einer Auffassung die Zusatzgebühr nach dem Wert des Gegenstands berechnen, über den Beweis erhoben worden sei.[12] Ob dieser Ansatz zutreffend ist, ist jedoch zu bezweifeln. Der **„Pauschalcharakter"** der Gebühr, wie er evident wird durch das Anknüpfen des Gebührentatbestands an die formale Voraussetzung, dass drei gerichtliche Termine stattfinden müssen, ohne dass es darauf ankommt, dass diese Beweisaufnahmen insgesamt zu einer besonders umfangreichen Beweisaufnahme geführt haben, legt nahe, auch bei dem zugrunde zulegenden Gegenstandswert weitere Differenzierungen zu unterlassen; so berechnet sich die Zusatzgebühr bei Betragsrahmengebühren durch eine Erhöhung der Rahmen der Terminsgebühr. Dies legt den Schluss nahe, dass auch bei Wertgebühren der Wert der im Verfahren anfallenden **Terminsgebühr** zu entnehmen ist. 4

Die Zusatzgebühr für besonders umfangreiche Beweisaufnahmen ist nur bei Wertgebühren als eigenständige Gebühr ausgebildet,[13] bei Betragsrahmengebühren erfolgt rechtstechnisch die Gebührenerhöhung durch eine Veränderung des Mindest- und des Höchstbetrags der Terminsgebühr um 30 %.[14] Dies bedeutet, dass es sich um ein Verfahren handeln muss, bei dem für den RA überhaupt eine Terminsgebühr angefallen ist, wobei diese nicht notwendig für die Wahrnehmung eines oder gar aller Termine entstanden sein muss, in denen das Gericht Zeugen oder Sachverständige vernommen hat.[15]

---

[6] *Schneider/Thiel* AnwBl 2013, 263; Schneider/Wolf/*N. Schneider* RVG VV 1010 Rn. 10.
[7] *Mayer* Neues GebührenR § 3 Rn. 28.
[8] OLG München NJW-RR 2020, 1199 = AGS 2020, 334 mAnm Mayer FD-RVG 2020, 430722.
[9] *Enders* JurBüro 2013, 449 ff. (451).
[10] *Hansens* RVGreport 2014, 410 ff. (414).
[11] Vgl. zB Hansens RVGreport 2013, 410 ff. (414).
[12] *Hansens* RVGreport 2013, 410 ff. (414 ff.); *Enders* JurBüro 2013, 449 ff. (452); Mayer/Kroiß/*Kießling* RVG VV 1010 Rn 8.
[13] *Hansens* RVGreport 2013, 410 ff. (414).
[14] *Hansens* RVGreport 2013, 410 ff. (416).
[15] *Hansens* RVGreport 2013, 410 ff. (416).

IV. Ausschluss der Zusatzgebühr

5 Abzulehnen ist die Auffassung, dass unter gewissen Voraussetzungen in der Person des Rechtsanwalts keine Zusatzgebühr für besonders umfangreiche Beweisaufnahmen entstehen könne. So wird vertreten, dass dann, wenn es nur deshalb zu drei Beweisterminen komme, weil der Rechtsanwalt nachlässig agiere oder gar das Verfahren aus prozesstaktischen oder Gebühreninteressen verzögere, in seiner Person keine (zusätzliche) Beweisgebühr entstehe. Maßstab sei immer, ob die Beweiserhebung unter Beachtung der Konzentrationsmaxime in weniger als drei Terminen hätte erfolgen können, tatsächlich aber aus Gründen verzögert worden sei, die alleine in der Sphäre des Rechtsanwalts wurzeln.[16] Dieser Auffassung stehen sowohl systematische wie auch tatsächliche Gründe entgegen; so dürfte in der Praxis kaum feststellbar sein, ob eine Mehrzahl von gerichtlichen Terminen, in denen Zeugen oder Sachverständige vernommen werden, auf ein angebliches „dilatorisches Verhalten"[17] eines Anwalts zurückgeht oder auf die Art die Verfahrensführung durch das Gericht oder darauf, dass der Anwalt, möglicherweise von dieser selbst unverschuldet, erst spät von seiner eigenen Mandantschaft die entsprechenden Informationen erhalten hat, die dann schließlich zur weiteren Beweisaufnahme führten. Hinzu kommt ferner, dass die jeweiligen Verfahrensordnungen es dem Gericht ohne weiteres ermöglichen, Parteien zum rechtzeitigen Vortrag zu veranlassen.

Schließlich stehen dieser Auffassung auch systematische Gründe entgegen. Termin ist Termin und Beweisaufnahme ist Beweisaufnahme. Maßgeblich für den Anfall einer Terminsgebühr ist beispielsweise, dass das Gericht einen (Gerichts-)Termin an und nicht abgesetzt hat und ein solcher Termin vom Rechtsanwalt wahrgenommen wurde, ob der Termin notwendig war oder ob das Verfahren auch ohne Terminierung hätte beendet werden können, spielt für die Entstehung der Gebühr keine Rolle.[18] Nichts anderes hat im Rahmen von VV 1010 RVG zu gelten.

V. Beispiele

6 In einem Rechtsstreit um einen Zahlungsanspruch von 10.000,– EUR kommt es in drei Terminen zur Vernehmung von Zeugen und Sachverständigen. Es ergibt sich daher folgende Berechnung:[19]

1,3 Verfahrensgebühr VV 3100 RVG	798,20 EUR
1,2 Terminsgebühr VV 3104 RVG	736,80 EUR
0,3 Zusatzgebühr VV 1010 RVG	184,20 EUR
Auslagepauschale VV 7002 RVG	20,00 EUR
Zwischensumme	1.739,20 EUR
MwSt VV 7008 RVG	330,45 EUR
Gesamtsumme	**2.069,65 EUR**

Bei Betragsrahmengebühren ist wie folgt zu rechnen:[20]

VV 3102 RVG	360,00 EUR
VV 3106 RVG iVm VV 1010 RVG	435,50 EUR
Auslagenpauschale VV 7002 RVG	20,00 EUR
Zwischensumme	815,50 EUR
MwSt VV 7008 RVG	154,95 EUR
Gesamtsumme	**970,45 EUR**

[16] Mayer/Kroiß/*Kießling* RVG VV 1010 Rn. 10.
[17] So Mayer/Kroiß/*Kießling* RVG VV 1010 Rn. 11.
[18] So zutreffend LSG Bayern zur Terminsgebühr VV 3106 RVG, BeckRS 2018, 10583 = RVGreport 2018, 337 mAnm *Mayer* FD-RVG 2018, 406618 und Anm. *Schneider* NJW-Spezial 2018, 444.
[19] *Mayer* Neues GebührenR § 3 Rn. 29.
[20] *Mayer* Neues GebührenR § 3 Rn. 29.

Teil 2. Außergerichtliche Tätigkeiten einschließlich der Vertretung im Verwaltungsverfahren

Nr.	Gebührentatbestand	Gebühr oder Satz der Gebühr nach § 13 RVG

Vorbemerkung 2:

(1) Die Vorschriften dieses Teils sind nur anzuwenden, soweit nicht die §§ 34 bis 36 RVG etwas anderes bestimmen.

(2) Für die Tätigkeit als Beistand für einen Zeugen oder Sachverständigen in einem Verwaltungsverfahren, für das sich die Gebühren nach diesem Teil bestimmen, entstehen die gleichen Gebühren wie für einen Bevollmächtigten in diesem Verfahren. Für die Tätigkeit als Beistand eines Zeugen oder Sachverständigen vor einem parlamentarischen Untersuchungsausschuss entstehen die gleichen Gebühren wie für die entsprechende Beistandsleistung in einem Strafverfahren des ersten Rechtszugs vor dem Oberlandesgericht.

Übersicht

Vorbemerkungen

I. Vorbemerkung 2 Abs. 1

1 Nach VV Vorb. 2 Abs. 1 RVG sind die Vorschriften dieses Teils nur anzuwenden, soweit nicht die §§ 34–36 RVG etwas anderes bestimmen. § 34 RVG betrifft die Gebühren für Beratung, Gutachten und Mediation, § 35 RVG die für Hilfeleistung in Steuersachen, § 36 RVG schiedsrichterliche Verfahren und Verfahren vor den Schiedsgerichten.

II. Vorbemerkung 2 Abs. 2

2 Hier ist in S. 1 bestimmt, dass der RA für die Tätigkeit als Beistand für einen Zeugen oder Sachverständigen in einem Verwaltungsverfahren, für das sich die Gebühren nach diesem Teil bestimmen, die gleichen Gebühren wie ein Bevollmächtigter in diesem Verfahren erhält. Seine Tätigkeit wird wie die Tätigkeit eines Bevollmächtigten oder Vertreters entgolten. Eine weitere Ausnahme bildet nach Abs. 2 S. 2 der Vorbemerkung die Tätigkeit als Beistand eines Zeugen oder Sachverständigen vor einem parlamentarischen Untersuchungsausschuss. Hier erhält der RA die gleichen Gebühren wie für die entsprechende Beistandsleistung in einem Strafverfahren des ersten Rechtszugs vor dem Oberlandesgericht.

Nr.	Gebührentatbestand	Gebühr oder Satz der Gebühr nach § 13 RVG
	Abschnitt 1. Prüfung der Erfolgsaussicht eines Rechtsmittels	
2100	Gebühr für die Prüfung der Erfolgsaussicht eines Rechtsmittels, soweit in Nummer 2102 nichts anderes bestimmt ist .... Die Gebühr ist auf eine Gebühr für das Rechtsmittelverfahren anzurechnen.	0,5 bis 1,0
2101	Die Prüfung der Erfolgsaussicht eines Rechtsmittels ist mit der Ausarbeitung eines schriftlichen Gutachtens verbunden: Die Gebühr 2100 beträgt	1,3
2102	Gebühr für die Prüfung der Erfolgsaussicht eines Rechtsmittels in sozialrechtlichen Angelegenheiten, in denen im gerichtlichen Verfahren Betragsrahmengebühren entstehen (§ 3 RVG), und in den Angelegenheiten, für die nach den Teilen 4 bis 6 Betragsrahmengebühren entstehen .... Die Gebühr ist auf eine Gebühr für das Rechtsmittelverfahren anzurechnen.	36,00 bis 384,00 €
2103	Die Prüfung der Erfolgsaussicht eines Rechtsmittels ist mit der Ausarbeitung eines schriftlichen Gutachtens verbunden: Die Gebühr 2102 beträgt	60,00 bis 660,00 €

(Der frühere Abschn. 1 – Beratung und Gutachten, VV 2100–2103 RVG – ist mit Wirkung ab 1.7.2006 entfallen. Seither gilt § 34 RVG nF. Siehe näher zur Vergütung für Beratung und Gutachten dort).

Schrifttum: *Hartung* AnwBl 2005, 206.

Übersicht

I. Prüfung der Erfolgsaussicht eines Rechtsmittels

1. Allgemeines

1 **a) Allgemeines.** Die VV 2100–2103 RVG regeln vier Fallgestaltungen.

Es kann weder der Prozessbevollmächtigte noch der Verkehrsanwalt der abgeschlossenen Instanz eine besondere Ratsgebühr dafür beanspruchen, dass er die Partei über die gegen das Urteil zulässigen Rechtsmittel belehrt und ihr den Inhalt des Urteils erklärt. Dagegen fallen die auf Wunsch des Mandanten erbetene sachliche Prüfung der Aussichten eines Rechtsmittels und die entsprechende Beratung nicht unter die Verfahrensgebühr des Prozessbevollmächtigten des ersten Rechtszugs. Die Gebühr entsteht auch, wenn die Erfolgsaussichten eines vom Gegner eingelegten Rechtsmittels überprüft werden.[1] Er kann dafür die Gebühr für die Prüfung der Erfolgsaussicht eines Rechtsmittels beanspruchen, die jedoch anzurechnen ist, wenn der RA mit der Einlegung des Rechtsmittels beauftragt oder im Rechtsmittelverfahren Verkehrsanwalt wird, dh wenn er eine Betriebsgebühr (Verkehrsgebühr, Verfahrensgebühr, wenn auch nur ermäßigt) erhält.

Umstritten ist, ob der Vergütungstatbestand einen **besonderen Auftrag des Mandanten** voraussetzt. So ist nach einer Auffassung erforderlich, dass dem Anwalt der Auftrag zur Prüfung der Erfolgsaussicht eines Rechtsmittels erteilt worden ist, wenn er unaufgefordert über die Aussichten eines Rechtsmittels berät, soll er nach dieser Auffassung hierfür keine Vergütung erhalten.[2] Da im Gegensatz zur Vorgängerregelung in § 20 Abs. 2 S. 1 BRAGO das Tatbe-

[1] Mayer/Kroiß/*Winkler* RVG VV 2100 Rn. 17.

[2] Gerold/Schmidt/*Madert*, 18. Aufl. 2008, RVG VV 2100–2103 Rn. 1; Schneider/Wolf/*N. Schneider* RVG VV 2100 Rn. 2; Hartmann/Toussaint/*Toussaint* RVG VV 2100 Rn. 3.

standsmerkmal des Auftrags an den RA bei dem Vergütungstatbestand VV 2100 RVG entfallen ist, eine besondere Beauftragung des Rechtsanwalts mit der Prüfung der Erfolgsaussicht eines Rechtsmittels vom Gesetzgeber offensichtlich als weltfremd angesehen wird und der Mandant üblicherweise nach Abschluss einer Instanz Erläuterungen seines Anwalts über die Erfolgsaussichten eines Rechtsmittels, insbes. dann, wenn in dieser Instanz der Prozess ganz oder teilweise verloren wurde, erwartet, ist nach der Gegenauffassung die Gebühr VV 2100 RVG bereits schon verdient, wenn der Rechtsanwalt, nach Erhalt des Urteils eine Prüfung der Erfolgsaussicht vornimmt und dem Auftraggeber das Urteil mit dem Ergebnis dieser Prüfung übermittelt.[3] Da die Überprüfung der Erfolgsaussichten eines Rechtsmittels im Regelfall eine sehr anspruchsvolle anwaltliche Tätigkeit ist, die auch Haftungsrisiken in sich birgt, empfiehlt es sich, auf jeden Fall auf einem ausdrücklichen Auftrag des Mandanten zur Überprüfung der Erfolgsaussichten des Rechtsmittels zu bestehen.[4]

Der bloße Hinweis, dass eine Entscheidung aus formellen Gründen (zB wegen Nichterreichens der Berufungsbeschwer) nicht angreifbar ist, löst keine Gebühr aus.[5]

Die Prüfung der Erfolgsaussicht eines Rechtsmittels kann durch jeden RA erfolgen, auch wenn es sich um ein Rechtsmittel handelt zu deren Durchführung er mangels Postulationsfähigkeit nicht in der Lage ist, zB für die Revision beim BGH in Zivilsachen.[6]

Hat der RA bereits einen **unbedingten Prozessauftrag** für das Rechtsmittelverfahren erhalten, so wird mit der entsprechenden Verfahrensgebühr auch die Beratung abgegolten. Es ist dann unerheblich, ob er zur Einlegung des Rechtsmittels rät, dass aus irgendwelchen Gründen dieses aber nicht eingelegt wird, oder ob er von der Durchführung des Rechtsmittels abrät und dieses auch entsprechend seinem Rat nicht mehr eingelegt wird. Die Beratung wird durch die entsprechende Verfahrensgebühr abgegolten.

Die Gebühr für die Prüfung der Erfolgsaussicht eines Rechtsmittels beträgt 0,5–1,0, 2
VV 2100 RVG.

Es ist gleichgültig, ob der RA mit der Angelegenheit schon befasst gewesen ist, zB als Prozessbevollmächtigter erster Instanz. Unerheblich ist auch, ob er von der Einlegung des Rechtsmittels abrät oder die Einlegung befürwortet.

Berät der RA, der in der 1. Instanz tätig war, ist eine Gebühr in Höhe der Mittelgebühr angemessen. War der RA nicht in erster Instanz tätig, muss er sich mithin vollständig neu einarbeiten, ist eine Gebühr über die Mittelgebühr hinaus bis zur Höchstgebühr angemessen.

Berät der RA mehrere Auftraggeber und ist der Gegenstand der anwaltlichen Tätigkeit derselbe, dann erhöht sich der Gebührenrahmen um jeweils 0,3 je weiterem Auftraggeber.[7]

Nach *Winkler*[8] ergibt sich folgende Staffelung:

Zahl der Auftraggeber	Untere Rahmengebühr	Obere Rahmengebühr	„Mittelgebühr“
1	0,5	1,0	0,75
2	0,8	1,3	1,05
3	1,1	1,6	1,35
4	1,4	1,9	1,65
5	1,7	2,2	1,95
6	2,0	2,5	2,25
7	2,3	2,8	2,55
8 und mehr	2,5	3,0	2,75

b) Alle Rechtsmittel. Erfasst sind alle Rechtsmittel, nicht nur Berufung und Revision, 3
sondern auch alle Arten von Beschwerden, nicht aber Rechtsbehelfe.[9]

[3] Mayer/Kroiß/*Winkler,* 4. Aufl. 2009, RVG VV 2100 Rn. 6 f.; Hartung/Römermann/Schons/*Schons* RVG VV 2100 Rn. 8; Hartung/Schons/Enders/*Schons* RVG VV 2100 Rn. 6; diff. Bischof/*Jungbauer* RVG VV 2100 Rn. 8; in der 7. Aufl. vorsichtiger Mayer/Kroiß/*Winkler* RVG VV 2100 Rn. 6 f.

[4] *Mayer* Gebührenformulare § 2 Rn. 7.

[5] Mayer/Kroiß/*Winkler* RVG VV 2100 Rn. 1.

[6] Mayer/Kroiß/*Winkler* RVG VV 2100 Rn. 9; Schneider/Wolf/*N. Schneider* RVG VV 2100 Rn. 33.

[7] *Mayer* Gebührenformulare § 2 Rn. 7; Mayer/Kroiß/*Winkler* RVG VV 2100 Rn. 20 f.; aA *Müller-Rabe* → RVG VV 1008 Rn. 21.

[8] Mayer/Kroiß/*Winkler* RVG VV 2100 Rn. 21.

[9] Schneider/Wolf/*N. Schneider* RVG VV 2100 Rn. 10 ff.

Aus dem Wortlaut von VV 2100 RVG ergibt sich nicht, dass es sich um das eigene Rechtsmittel der Partei handeln muss. Die Gebühr fällt auch dann an, wenn der RA über die Aussichten eines Rechtsmittels beraten soll, das die Gegenpartei eingelegt hat oder einzulegen beabsichtigt; ebenso möglich ist die Beratung über die Erfolgsaussichten von Rechtsmitteln Dritter (zB des Nebenintervenienten).

Keine Rechtsmittel iSv VV 2100 RVG sind ua Erinnerung, § 11 RPflG; Gegenvorstellung, Anhörungsrüge § 321a ZPO;[10] Nichtigkeits- und Restitutionsklage, §§ 578 ff. ZPO; Einspruch, § 340 ZPO.[11]

4 **c) Höhe der Gebühr.** Sie ist als Rahmengebühr ausgestaltet. Der Rahmen beträgt 0,5–1,0; Mittelgebühr 0,75. Bei der Bemessung der Gebühr gelten die Kriterien des § 14 RVG; vgl. die Erläuterungen dort.

5 **d) Gegenstandswert.** Gegenstandswert ist der **Wert des Rechtsmittels,** dessen Erfolgsaussicht geprüft wird. Maßgebend ist somit **§ 40 GKG.** Danach ist für die Wertberechnung der Zeitpunkt der den jeweiligen Streitgegenstand betreffenden ersten Antragstellung in dem jeweiligen Rechtszug entscheidend. Es ist also zu fragen, wieweit hat der Ratsuchende den RA beauftragt, die Erfolgsaussicht des Rechtmittels zu prüfen.

Beispiel:

Der Beklagte ist zur Zahlung von 30.000,– EUR verurteilt worden. Er bittet den RA zu prüfen, ob eine Berufung im Ganzen erfolgreich wäre. Dann beträgt der Gegenstandswert 30.000,– EUR. Bittet er dagegen zu prüfen, ob eine Berufung iHv 15.000,– EUR erfolgreich sei, beträgt der Wert 15.000,– EUR.

6 **e) Anrechnung.** Nach VV 2100 RVG ist die Gebühr auf eine Gebühr anzurechnen, die der RA für die Vertretung in dem Rechtsmittelverfahren erhält. Die Anrechnungsvorschrift ist erforderlich, weil die Gebühr auch anfällt, wenn der RA zur Durchführung des Rechtsmittels rät.

Die Gebühr nach VV 2100 RVG beträgt 0,5–1,0. Die Verfahrensgebühr, die der RA im Berufungsverfahren erhält, beträgt nach VV 3200 RVG 1,6. Das bedeutet, selbst wenn der RA gem. VV 2100 RVG die Höchstgebühr mit 1,0 verdient hat, ist sie voll auf die Verfahrensgebühr nach VV 3200 RVG anzurechnen. Selbst wenn die Verfahrensgebühr nach VV 3201 RVG 1,1 beträgt, weil der Auftrag endete, bevor der RA das Rechtsmittel eingelegt hat, ist sie immer noch höher als die Höchstgebühr nach VV 2100 RVG mit 1,0. Ergebnis ist, dass von der Gebühr nach VV 2100 RVG infolge der Anrechnung nichts übrig bleibt.

Beispiel:[12]

Der Beklagte ist in 1. Instanz zur Zahlung von 20.000,– EUR verurteilt worden. Er lässt sich von seinem Anwalt beraten, ob die Berufung Aussicht auf Erfolg hat. Der RA prüft dies und bejaht die Erfolgsaussichten. Der Beklagte erteilt ihm den Auftrag zur Berufung, die auch durchgeführt wird.

I. Prüfung der Erfolgsaussichten	
1. 0,75 Prüfungsgebühr VV 2100 RVG	616,50 EUR
2. Auslagenpauschale VV 7002 RVG	20,00 EUR
Zwischensumme:	636,50 EUR
3. 19 % USt VV 7008 RVG	120,94 EUR
zusammen:	**757,44 EUR**
II. Rechtsmittelverfahren	
1. 1,6 Verfahrensgebühr VV 3200 RVG	1.315,20 EUR
2. 1,2 Terminsgebühr VV 3202 RVG	986,40 EUR
Ge m. Anm. zu VV 2100 RVG anzurechnen 0,75 aus 20.000,– EUR	– 616,50 EUR
3. Auslagenpauschale VV 7002 RVG	20,00 EUR
Zwischensumme:	1.705,10 EUR
4. 19 % USt VV 7008 RVG	323,97 EUR
zusammen:	**2.029,07 EUR**

Wird aber ein Rechtsmittelverfahren nur hinsichtlich eines Anspruchsteils durchgeführt, dann erfolgt die Anrechnung auch nur teilweise.

Beispiel:[13]

Wird das Urteil mit einem Gegenstandswert von 100.000,– EUR überprüft, dann ist bspw. eine 0,75 Mittelgebühr VV 2100 RVG mit 1.241,25 EUR angefallen.

---

[10] Str., aA Bischof/*Jungbauer* RVG VV 2100 Rn. 13 ff., die aber empfiehlt, in diesen Fällen vorsorglich eine Vergütungsvereinbarung abzuschließen.

[11] Mayer/Kroiß/*Winkler* RVG VV 2100 Rn. 15.

[12] Schneider/Wolf/*N. Schneider* RVG VV 2100 Rn. 44.

[13] Mayer/Kroiß/*Winkler* RVG VV 2100 Rn. 23 f.

Beläuft sich das Rechtsmittelverfahren nur auf einen Teil des vorausgegangenen Verfahrens bspw. mit einem Rechtsmittelwert von 60.000,– EUR, dann erfolgt folgende Anrechnung:

1,6 Verfahrensgebühr VV 3200 RVG aus 60.000,– EUR		2.196,80 EUR
0,75-Gebühr VV 2100 RVG aus 100.000,– EUR	1.241,25 EUR	
abzgl. 0,75-Gebühr VV 2100 RVG aus 60.000,– EUR	– 1.029,75 EUR	
	= 211,50 EUR	
		211,50 EUR
Gesamt		2.408,30 EUR

Im Revisionsverfahren beträgt gem. VV 3206 RVG die Verfahrensgebühr 1,6 bzw. nach VV 3208 RVG 2,3. Auch hier bleibt infolge der Anrechnung von der Gebühr nach VV 2100 RVG nichts übrig. In beiden Fällen ist, wenn es sich um eine umfangreiche Prüfung handelt, der Abschluss einer Vergütungsvereinbarung geboten, mit der die Anrechnung ausgeschlossen wird.

2. Rechtsschutzversicherung

Die Aussichtengebühr ist im Rahmen der Rechtsschutzversicherung mitversichert. Also ist die Gebühr von der Rechtsschutzversicherung zu ersetzen. 7

II. Prüfung der Erfolgsaussicht eines Rechtsmittels mit Ausarbeitung eines schriftlichen Gutachtens, VV 2101 RVG

1. Allgemeines

VV 2101 RVG übernahm inhaltlich die Regelung des § 21a BRAGO. 8

2. Schriftliches Gutachten

Hinsichtlich des Begriffes schriftliches Gutachten wird verwiesen auf die Erläuterungen zu → § 34 Rn. 24 ff. 9

Der **Auftrag** muss auf die Erstattung eines Gutachtens gerichtet sein. Auftraggeber wird in der Regel die Partei sein, die durch das Vorurteil beschwert ist und die Berufung oder Revision einlegen will. Jedoch kann auch der Gegner ein solches Gutachten anfordern, zB wenn er die Aussichten der Revision prüfen will, etwa mit Rücksicht auf ein nach Erlass des Berufungsurteils unterbreitetes Vergleichsangebot.

Gutachter kann jeder RA sein, nicht nur der am zuständigen Rechtsmittelgericht zugelassene.

Allerdings wird das Gutachten in Revisionssachen in der Regel von dem Revisionsanwalt eingeholt werden, da er im Allgemeinen die besten Erfahrungen besitzt. Jedoch ist auch möglich, einen anderen RA (etwa einen Anwalt, der über Spezialkenntnisse auf dem in Frage stehenden Gebiet verfügt) mit der Erstattung eines Gutachtens zu beauftragen.[14]

3. Höhe der Gebühren

Nach VV 2101 RVG beträgt die Gebühr für die Prüfung der Erfolgsaussichten eines Rechtsmittels nach VV 2100 RVG für die Ausarbeitung eines schriftlichen Gutachtens 1,3. Es ist also eine feste Gebühr vorgesehen, nicht eine Rahmengebühr wie bei VV 2100 RVG. 10

Auch für den BGH-Anwalt als Gutachter beträgt die Gebühr 1,3; VV 2101 RVG unterscheidet hier nicht.

4. Gegenstandswert

Hinsichtlich des Gegenstandswertes wird verwiesen auf → Rn. 5. 11

5. Anrechnung

In VV 2101 RVG ist zwar eine Anrechnungsvorschrift nicht enthalten, da aber auf VV 2100 RVG verwiesen wird, ist auch die feste Gebühr von 1,3 auf eine Gebühr für das Rechtsmittelverfahren anzurechnen.[15] 12

Die Gebühr nach VV 2101 RVG ist somit auf die Verfahrensgebühr für die Berufung (1,6) oder auf die Verfahrensgebühr für die Revision (1,6 bzw. 2,3) anzurechnen mit der Folge, dass von ihr nichts übrig bleibt. Nur für den Fall, dass infolge vorzeitiger Beendigung des Auftrages die Verfahrensgebühr nach VV 3201 RVG 1,1 (bzw. im Falle der Revision nach VV 3207 RVG

[14] Mayer/Kroiß/*Winkler* RVG VV 2100 Rn. 9.
[15] IErg Mayer/Kroiß/*Winkler* RVG VV 2101 Rn. 33 f.

ebenfalls 1,1) beträgt bleibt von der Gebühr nach VV 2102 RVG 0,2 übrig (1,3-1,1). Auch hier ist eine Vergütungsvereinbarung geboten.

III. Prüfung der Erfolgsaussicht eines Rechtsmittels in sozialrechtlichen Angelegenheiten, in denen im gerichtlichen Verfahren Betragsrahmengebühren entstehen, und in Angelegenheiten, die in VV Teil 4–6 RVG geregelt sind, VV 2102 RVG

1. Allgemeines

13 Nach § 3 Abs. 1 S. 1 RVG erhält der RA in Verfahren vor den Gerichten der Sozialgerichtsbarkeit, in denen das GKG nicht anzuwenden ist, Betragsrahmengebühren. Es ist konsequent, dass der RA für die Prüfung der Erfolgsaussicht eines Rechtsmittels in sozialrechtlichen Angelegenheiten, in denen der RA ebenfalls Betragsrahmengebühren erhält, nämlich gem. VV 2102 RVG 36,– EUR bis 384,– EUR, Mittelgebühr 210,– EUR. Die konkrete Gebühr ist anhand der Regelung des § 14 RVG zu bestimmen. Der RA erhält in den Angelegenheiten, die in VV Teil 4–6 RVG geregelt sind, ebenfalls Rahmengebühren, daher bestimmt VV 2102 RVG, dass er auch hier für die Prüfung der Erfolgsaussicht eines Rechtsmittels 36,– EUR bis 384,– EUR erhält.

2. Betragsrahmengebühren nach VV Teil 4–6 RVG

14 In den Angelegenheiten, die in VV Teil 4–6 RVG geregelt sind, erhält der RA gem. VV 2102 RVG

36,– EUR bis 384,– EUR,	
Mittelgebühr	**210,– EUR.**

Für **Altfälle vor Inkrafttreten des KostRÄG**[16] am 1.1.2021 gilt für den Vergütungstatbestand VV 2102 RVG noch ein Rahmen von 30,– EUR bis 320,– EUR und eine Mittelgebühr von 175,– EUR.

3. Anrechnung

15 Auch die Gebühr nach VV 2102 RVG ist auf eine Gebühr für das Rechtsmittelverfahren anzurechnen.

Die Verfahrensgebühr in Verfahren vor den Landessozialgerichten, in denen der RA Betragsrahmengebühren erhält, beträgt die Gebühr gem. VV 3204 RVG

72,– EUR bis 816,– EUR,	
Mittelgebühr	**444,– EUR.**
Die Gebühr VV 2102 RVG beträgt	**36,– EUR bis 384,– EUR,**
Mittelgebühr	**210,– EUR.**

Wenn also die Mittelgebühren sowohl nach VV 2102 RVG wie auch nach VV 3204 RVG angemessen sind, bleibt infolge der Anrechnung von der Gebühr nach VV 2102 RVG nichts übrig. Auch hier darf der Hinweis auf eine Vergütungsvereinbarung nicht fehlen.

Nur wenn die Gebühr nach VV 2102 RVG höher ist als die Gebühr nach VV 3204 RVG, bleibt von der Gebühr nach VV 2102 RVG die Differenz zwischen den beiden Gebühren erhalten.

Beispiel:

Die Gebühr für die Prüfung der Erfolgsaussichten des Rechtsmittels beträgt als Höchstgebühr 384,– EUR, die Verfahrensgebühr nach VV 3204 RVG beträgt zB 200,– EUR, weil der Auftrag vor Einlegung des Rechtsmittels endete. Dann bleibt die Differenz mit 184,– EUR dem beratenden RA erhalten.

4. Mehrvertretungszuschlag

16 Nach VV 1008 RVG erhöhen sich dann, wenn Auftraggeber in derselben Angelegenheit mehrere Personen sind, bei Betragsrahmengebühren der Mindest- und der Höchstbetrag um 30%. Nach Abs. 3 der Anmerkung zum Vergütungstatbestand VV 1008 RVG dürfen mehrere Erhöhungen bei Betragsrahmengebühren das Doppelte des Mindest- und Höchstbetrags nicht übersteigen.[17]

---

[16] BGBl. 2020 I 3229.

[17] *Mayer* Gebührenformulare § 3 Rn. 45; aA *Müller-Rabe* → RVG VV 1008 Rn. 21.

Nach dem System von *Winkler*[18] ergibt sich somit folgende Übersicht bei mehreren Auftraggebern:

Auftraggeber	Mindestbetrag	Höchstbetrag	Mittelgebühr
1	36,– EUR	384,– EUR	210,00 EUR
2	46,80,– EUR	499,20,– EUR	273,00 EUR
3	57,60,– EUR	614,40,– EUR	336,00 EUR
4	68,40,– EUR	729,60,– EUR	399,00 EUR
5	79,20,– EUR	844,80,– EUR	462,00 EUR
6	90,– EUR	960,– EUR	525,00 EUR
7	100,80,– EUR	1075,20,– EUR	588,00 EUR
ab 8	108,– EUR	1152,– EUR	630,00 EUR

IV. Schriftliches Gutachten in den Fällen nach VV 2102 RVG (VV 2103 RVG)

1. Allgemeines

Die Gebühr nach VV 2102 RVG für die Prüfung der Erfolgsaussicht eines Rechtsmittels mit der Ausarbeitung eines schriftlichen Gutachtens beträgt nach **17**

VV 2103 RVG **60,– EUR bis 660,– EUR,**
Mittelgebühr **360,– EUR.**

Für **Altfälle vor Inkrafttreten des 2. KostRÄG**[19] am 1.1.2021 sieht der Vergütungstatbestand VV 2103 RVG einen Rahmen von 50,– EUR bis 550,– EUR und eine Mittelgebühr von 300,– EUR vor.

2. Schriftliches Gutachten, Anrechnung

Hinsichtlich des Begriffes schriftliches Gutachten und wegen der Anrechnung s. die vorstehenden Randnummern. **18**

3. Mehrvertretungszuschlag

Der Mehrvertretungszuschlag nach VV 1008 RVG gilt auch bei VV 2103 RVG. Der Mindest- und der Höchstbetrag der Betragsrahmengebühren erhöht sich um 30% je weiterem Auftraggeber, insgesamt beschränkt auf das Dreifache der Mindest- bzw. Höchstbetragsgebühr.[20] **19**

Nach dem System von *„Winkler"*[21] ergibt sich folgende Übersicht bei mehreren Auftraggebern:

Auftraggeber	Mindestbetrag	Höchstbetrag	Mittelgebühr
1	60,– EUR	660,– EUR	360,– EUR
2	78,– EUR	858,– EUR	468,– EUR
3	96,– EUR	1056,– EUR	576,– EUR
4	114,– EUR	1.254,– EUR	684,– EUR
5	132,– EUR	1.452,– EUR	792,– EUR
6	150,– EUR	1.650,– EUR	900,– EUR
7	168,– EUR	1.848,– EUR	1008,– EUR
8 und mehr	180,– EUR	1.980,– EUR	1080,– EUR

V. Vergütungsfestsetzung

Die Festsetzbarkeit der Gebühren VV 2100 ff. RVG ist umstritten.[22] **20**

[18] Mayer/Kroiß/*Winkler* RVG VV 2102 Rn. 5.
[19] BGBl. 2020, 3229.
[20] Mayer/Kroiß/*Winkler* RVG VV 2103 Rn. 7; SG Berlin JurBüro 2011, 25 = BeckRS 2010, 74020; aA *Müller-Rabe* → RVG VV 1008 Rn. 21.
[21] Mayer/Kroiß/*Winkler* RVG VV 2103 Rn. 7; allerdings mit Abweichung in den Stufen 3–7.
[22] → § 11 Rn. 60; *Mayer* Gebührenformulare § 3 Rn. 26; Schneider/Wolf/*N. Schneider* RVG § 11 Rn. 54.

VI. Kostenerstattung

21 → Anh. X Rn. 78

Nr.	Gebührentatbestand	Gebühr oder Satz der Gebühr nach § 13 RVG
	Abschnitt 2. Herstellung des Einvernehmens	
2200	Geschäftsgebühr für die Herstellung des Einvernehmens nach § 28 EuRAG	in Höhe der einem Bevollmächtigten oder Verteidiger zustehenden Verfahrensgebühr
2201	Das Einvernehmen wird nicht hergestellt: Die Gebühr 2200 beträgt	0,1 bis 0,5 oder Mindestbetrag der einem Bevollmächtigten oder Verteidiger zustehenden Verfahrensgebühr

Übersicht

I. Verhältnis zur BRAGO, Allgemeines

1. Allgemeines

1 **a) Entstehungsgeschichte.** Durch das Erste Gesetz zur Änderung der Richtlinie des Rates der Europäischen Gemeinschaften v. 22.3.1977 zur Erleichterung der tatsächlichen Ausübung des freien Dienstleistungsverkehrs der Rechtsanwälte v. 14.3.1990 (BGBl. 1990 I 479) wurde § 24a BRAGO in die BRAGO eingefügt. Dieses durch die Entscheidung des EuGH (NJW 1988, 887) veranlasste Gesetz hat § 4 des Rechtsanwaltsdienstleistungsgesetzes (RADG) v. 16.8.1980 (BGBl. 1980 I 1453), an dessen Stelle wiederum das in VV 2200 RVG genannte Gesetz über die Tätigkeit europäischer Rechtsanwälte in Deutschland v. 13.3.2000 (BGBl. 2000 I 182 (187)) getreten ist, dahin geändert, dass die in der Anlage zu § 1 RVG ihrer Berufsbezeichnung nach aufgeführten, im Gesetz selbst als „dienstleistende Anwälte" bezeichneten Rechtsanwälte aus einem anderen Mitgliedstaat der Europäischen Gemeinschaften in gerichtlichen Verfahren sowie in behördlichen Verfahren wegen Straftaten, Ordnungswidrigkeiten, Dienstvergehen oder Berufspflichtverletzungen, in denen der Mandant nicht selbst den Rechtsstreit führen und sich verteidigen kann, dh in denen Anwaltszwang besteht, als Vertreter oder Verteidiger nur im Einvernehmen mit einem inländischen Rechtsanwalt, dem Einvernehmensanwalt, handeln dürfen.

2 **b) Gesetz über die Tätigkeit Europäischer Anwälte in Deutschland (EuRAG).** Das Gesetz über die Tätigkeit europäischer Anwälte in Deutschland (EuRAG) regelt für Staatsangehörige der Mitgliedsstaaten der Europäischen Union, der anderen Vertragsstaaten des Abkommens über den Europäischen Wirtschaftsraum und der Schweiz, die berechtigt sind, als RA unter einer der in der Anlage zu § 1 EuRAG genannten Berufsbezeichnung selbständig tätig zu sein (europäische Rechtsanwälte), die Berufsausübung und die Zulassung zur Rechtsanwaltschaft in Deutschland. Das EuRAG unterscheidet zwischen dem in Deutschland niedergelassenen europäischen RA (§§ 2 ff. EuRAG) und dem sog. dienstleistenden europäischen RA (§§ 25 ff. EuRAG).

3 Der Vergütungstatbestand VV 2200 RVG regelt die Zusammenarbeit eines deutschen RA mit einem dienstleistenden europäischen RA iSv § 25 EuRAG.[1] Nach § 25 Abs. 1 S. 1 EuRAG darf ein europäischer RA die Tätigkeiten eines Rechtsanwalts in Deutschland nach den folgenden Vorschriften vorübergehend und gelegentlich ausüben. § 28 Abs. 1 EuRAG bestimmt, dass der dienstleistende europäische RA in gerichtlichen Verfahren sowie in behördlichen Verfahren wegen Straftaten, Ordnungswidrigkeiten, Dienstvergehen oder Berufspflichtverletzungen, in denen der Mandant nicht selbst den Rechtsstreit führen oder sich verteidigen kann, als Vertreter oder Verteidiger eines Mandanten nur im Einvernehmen mit einem RA (Einvernehmensanwalt) handeln darf. Der Vergütungstatbestand VV 2200 RVG regelt die Vergütung des Einvernehmensanwalts. Dieser muss nach § 28 Abs. 2 S. 1 EuRAG zur Vertretung oder Verteidigung bei dem Gericht oder der Behörde befugt sein, bei der der dienstleistende europäische RA tätig werden soll. Der Einvernehmensanwalt kann auch ein ausländischer RA sein, der in Deutschland als RA zugelassen ist.[2]

4 Wer unter die Kategorie „europäische Rechtsanwälte" fällt und mithin berechtigt ist, in Deutschland auch als dienstleistender europäischer RA iSv § 25 EuRAG tätig zu werden, bestimmt sich nach der Anlage zu § 1 EuRAG. Im Einzelnen ist entscheidend, wer im jeweiligen Land unter der hierfür vorgesehenen Berufsbezeichnung selbständig tätig sein darf; dies sind:

– in Belgien:	Avocat/Advocaat/Rechtsanwalt
– in Bulgarien:	Adeveokaate (Advokat)
– in Dänemark:	Advokat
– in Estland:	Vandeadvokaat
– in Finnland:	Asianajaja/Advokat
– in Frankreich:	Avocat
– in Griechenland:	Δικηγόρος (Dikigoros)
– in Irland:	Barrister/Solicitor
– in Island:	Lögmaur
– in Italien:	Avvocato
– in Kroatien:	Odvjetnik
– in Lettland:	Zverinats advokats
– in Liechtenstein:	Rechtsanwalt
– in Litauen:	Advokatas
– in Luxemburg:	Avocat
– in Malta:	Avukat/Prokuratur Legali
– in den Niederlanden:	Advocaat
– in Norwegen:	Advokat
– in Österreich:	Rechtsanwalt
– in Polen:	Adwokat/Radca prawny
– in Portugal:	Advogado
– in Rumänien:	Avocat
– in Schweden:	Advokat
– in der Schweiz:	Advokat, Rechtanwalt, Anwalt, Fürsprecher, Fürsprech/Avocat/Avvocato
– in der Slowakei:	Advokát/Komercný právnik
– in Slowenien:	Odvetnik/Odvetnica
– in Spanien:	Abogado/Advocat/Avogado/Abokatu
– in der Tschechischen Republik:	Advokát
– in Ungarn:	Ügyvéd
– in Zypern:	Δικηγόρος (Dikigoros)

[1] HBS VergütungsR/*Braun/Schneider* Teil 6 Rn. 85.
[2] Mayer/Kroiß/*Klees* RVG VV 2200, 2201 Rn. 5.

5 **c) Vergütung des dienstleistenden europäischen Rechtsanwalts. Strittig** ist, nach welchem Recht und nach welchem Vergütungssystem sich die Gebühren des dienstleistenden europäischen RA bestimmen. Teilweise wird vertreten, dass sich diese nach dem Recht, das auf ihn und seinen Mandanten Anwendung findet, also nach dem Gebührenrecht, das am Sitz der Kanzlei gilt, richtet, mithin also das **Niederlassungsstatut** gilt.[3] Überwiegend wird jedoch vertreten, dass auch der in Deutschland dienstleistende europäische RA für seine Tätigkeit **nach den für inländische Rechtsanwälte geltenden Normen** abrechnen kann.[4] Begründet wird dies damit, dass der dienstleistende europäische RA, der in Deutschland tätig wird, die Stellung und die Rechte und Pflichten eines inländischen RA habe und somit gegenüber inländischen Mandanten nach für inländische Rechtsanwälte geltendem Vergütungsrecht abrechnen könne.[5] Zum selben Ergebnis führt aber auch Art. 4 Abs. 3 VO (EG) 593/2008. Bei einem in Deutschland dienstleistenden europäischen RA iSv § 25 Abs. 1 EuRAG, der für einen inländischen Mandanten tätig wird, liegt ein Sachverhalt vor, bei dem sich aus der Gesamtschau der Umstände ergibt, dass der Anwaltsvertrag eine offensichtlich engere Verbindung als zu dem Staat der Niederlassung des Anwalts aufweist, so dass nicht das Recht des Niederlassungsstaats, sondern deutsches Recht anzuwenden ist.[6] Anders dürfte jedoch der Sachverhalt dann zu beurteilen sein, wenn der dienstleistende europäische RA in Deutschland für einen Mandanten aus seinem Heimatland tätig wird. Denn dann weist der Anwaltsvertrag nicht eine nähere Verbindung zu Deutschland als zu dem Staat der ausländischen Niederlassung des RA auf, so dass dann das Niederlassungsstatut wieder greift.[7]

2. Gebührenschuldner

6 Nach § 28 Abs. 3 EuRAG kommt zwischen dem Einvernehmensanwalt und dem Mandanten kein Vertragsverhältnis zu Stande, wenn die Parteien nichts anderes bestimmt haben. Das EuRAG will hierdurch die europäische Vorgabe sicherstellen, dass das Vertragsverhältnis zwischen dem dienstleistenden europäischen RA und seinem Mandanten nicht durch ein zusätzliches Vertragsverhältnis mit dem Einvernehmensanwalt belastet wird.[8]

7 Liegt keine solche anderweitige Vereinbarung iSv § 28 Abs. 3 EuRAG vor, ist der dienstleistende europäische RA verpflichtet, die Gebühr nach VV 2200 RVG an den Einvernehmensanwalt zu zahlen.[9] Der Gesetzestext zeigt aber auch, dass es nicht schadet, wenn der Auftraggeber selbst oder über seinen ausländischen Anwalt den deutschen Anwalt gebeten hat, das Einvernehmen mit dem Hauptbevollmächtigten des Auftraggebers herzustellen.[10] Liegt ein solches unmittelbares Vertragsverhältnis zwischen dem Einvernehmensanwalt und dem Mandanten vor, haftet auch der Mandant für die Gebühren nach VV 2200 RVG bzw. VV 2201 RVG.[11]

8 Empfohlen wird, eine solche anderweitige vertragliche Regelung iSv § 28 Abs. 3 EuRAG schriftlich niederzulegen.[12] Ratsam ist auch, dass der Einvernehmensanwalt dafür sorgt, dass er einen Vorschuss auf die bei ihm anfallenden Gebühren von dem dienstleistenden europäischen RA erhält.[13]

II. Die Gebühren

1. Gebühr nach VV 2200: Einvernehmen wird hergestellt

9 **a) Voraussetzungen des Vergütungstatbestands.** Nach § 28 Abs. 2 S. 1 EuRAG muss der Einvernehmensanwalt zur Vertretung oder Verteidigung bei dem Gericht oder der Behörde befugt sein, vor der der dienstleistende europäische RA tätig werden soll. Dem Einvernehmensanwalt obliegt es nach § 28 Abs. 2 S. 2 EuRAG, gegenüber dem dienstleistenden europäischen RA darauf hinzuwirken, dass dieser bei der Vertretung oder Verteidigung die Erfordernisse einer geordneten Rechtspflege beachtet. Nach § 29 Abs. 1 EuRAG ist das Einvernehmen

---

[3] HBS VergütungsR/*Braun/Schneider* Teil 6 Rn. 88.
[4] Hartmann/Toussaint/*Toussaint* RVG Vor § 1 Rn. 55; LG Hamburg NJW-RR 2000, 510 ff.
[5] LG Hamburg NJW-RR 2000, 510 ff.
[6] Mayer/Kroiß/*Mayer* RVG § 1 Rn. 232; *Mayer* Gebührenformulare Teil 1 § 3 Rn. 78.
[7] *Mayer* Gebührenformulare Teil 1 § 3 Rn. 78; s. hierzu auch Mayer/Kroiß/*Mayer* RVG § 1 Rn. 228 ff.
[8] Mayer/Kroiß/*Klees* RVG VV 2200, 2201 Rn. 6.
[9] HBS VergütungsR/*Braun/Schneider* Teil 6 Rn. 89.
[10] Hartmann/Toussaint/*Toussaint* RVG VV 2200, 2201 Rn. 2.
[11] HBS VergütungsR/*Braun/Schneider* Teil 6 Rn. 89.
[12] Hartung/Schons/Enders/*Schons* RVG VV 2200, 2201 Rn. 8.
[13] HBS VergütungsR/*Braun/Schneider* Teil 6 Rn. 90.

bei der ersten Handlung gegenüber dem Gericht oder der Behörde schriftlich nachzuweisen, wirksam bleibt das Einvernehmen bis zu dessen schriftlichem Widerruf nach § 29 Abs. 2 S. 1, 2 EuRAG.

Die Gebühr entsteht in dem Moment, in dem der RA den Auftrag zur Herstellung des Einvernehmens annimmt, wobei sich die Höhe der Gebühr danach richtet, ob das Einvernehmen hergestellt wird – dann gilt der Vergütungstatbestand VV 2200 RVG – oder nicht, in diesem Fall greift der Vergütungstatbestand VV 2201 RVG ein.[14] Auch der Widerruf des Einvernehmens ist durch die Geschäftsgebühr VV 2200 RVG abgegolten.[15] **10**

Die Herstellung des Einvernehmens bezieht sich jeweils nur auf das Verfahren, für das Einvernehmen hergestellt wird, also für den behördlichen Rechtszug und den gerichtlichen Rechtszug, für den der schriftliche Nachweis iSv § 29 Abs. 1 EuRAG erbracht worden ist.[16] **11**

b) Abgeltungsbereich. Auch beim Einvernehmensanwalt ist für die Anzahl der Angelegenheiten auf die §§ 15–18 RVG abzustellen.[17] Verschiedene Gebührenangelegenheiten bilden somit auch verschiedene Angelegenheiten im Sinne der Herstellung des Einvernehmens, so dass für jede Angelegenheit gesonderte Gebühren nach VV 2200 RVG entstehen.[18] Unstreitig ist, dass der Anwalt die Einvernehmensgebühr für jeden Rechtszug gesondert erhält.[19] **12**

Soweit vertreten wird, dass dann, wenn das RVG anordne, dass innerhalb desselben prozessualen Rechtszugs eine neue Gebührenangelegenheit beginnt (etwa im Urkunden- und Nachverfahren, § 17 Nr. 5 RVG) gleichwohl nur eine Einvernehmensgebühr entstehe, da das Einvernehmen nicht erneut hergestellt werden müsse,[20] überzeugt diese Auffassung nicht. Denn es ist kein Grund ersichtlich, weshalb von der generellen Anknüpfung an den Begriff der Angelegenheit bei der Abgeltung der Gebühren des Einvernehmensanwalts in bestimmten Einzelfällen abgewichen werden sollte.[21] Auch muss der Einvernehmensanwalt den dienstleistenden europäischen RA in jeder einzelnen Angelegenheit „beaufsichtigen".[22] Wirtschaftlich halten sich die Auswirkungen dieses Meinungsstreits vielfach jedoch in Grenzen, da die Geschäftsgebühr VV 2200 RVG an die Höhe der dem Bevollmächtigten zustehenden Verfahrensgebühr anknüpft und die Verfahrensgebühr für einen Urkunden- oder Wechselprozess nach Abs. 2 der Anmerkung zu VV 3100 RVG auf die Verfahrensgebühr für das ordentliche Verfahren angerechnet wird, so dass es allenfalls noch um die zusätzliche Auslagenpauschale und Umsatzsteuer geht.[23] **13**

Zu beachten ist aber, dass auch das Einvernehmen nach § 28 Abs. 1 EuRAG und nach § 30 Abs. 1 S. 2 EuRAG verschiedene Gebührenangelegenheiten bildet; sofern der Anwalt also nicht nur das Einvernehmen für die Vertretung in einem behördlichen oder gerichtlichen Verfahren herstellen soll, sondern auch das Einvernehmen für den Verkehr mit dem inhaftierten Mandanten oder dessen Besuch, erhält der Einvernehmensanwalt die Gebühr nach VV 2200 RVG mehrmals.[24] **14**

c) Höhe der Gebühr. Die Geschäftsgebühr für die Herstellung des Einvernehmens entsteht in Höhe der einem Bevollmächtigten oder Verteidiger zustehenden Verfahrensgebühr. Es ist deshalb zunächst zu klären, in welcher Höhe eine Verfahrensgebühr angefallen wäre, wenn der Anwalt selbst „Bevollmächtigter" wäre, wenn er also Prozessbevollmächtigter oder Verkehrsanwalt usw gewesen wäre.[25] Allerdings erhält der Einvernehmensanwalt nicht die Verfahrens- oder Geschäftsgebühr, die er als Bevollmächtigter verdient hätte, sondern eine eigenständige Geschäftsgebühr nach VV 2200 RVG, für deren Höhe lediglich die fiktive Verfahrens- oder Geschäftsgebühr als Maßstab heranzuziehen ist.[26] **15**

[14] Hartung/Römermann/Schons/*Schons* RVG VV 2200, 2201 Rn. 9; strenger wohl Hartmann/Toussaint/*Toussaint* RVG VV 2200, 2201 Rn. 5, wonach die Vergütungstatbestände VV 2200, 2201 RVG gelten, soweit der Anwalt den Auftrag zur Herstellung des Einvernehmens annimmt und demgemäß anschließend tätig wird.

[15] Mayer/Kroiß/*Klees* RVG VV 2200, 2201 Rn. 9.

[16] Mayer/Kroiß/*Klees* RVG VV 2200, 2201 Rn. 9.

[17] Bischof/*Jungbauer* RVG VV 2200 Rn. 16.

[18] Mayer/Kroiß/*Klees* RVG VV 2200, 2201 Rn. 9; Schneider/Wolf/*N. Schneider* RVG VV 2200, 2201 Rn. 22.

[19] Schneider/Wolf/*N. Schneider* RVG VV 2200, 2201 Rn. 24; Mayer/Kroiß/*Klees* RVG VV 2200, 2201 Rn. 9.

[20] Schneider/Wolf/*N. Schneider* RVG VV 2200, 2201 Rn. 25.

[21] *Mayer* Gebührenformulare Teil 1 § 3 Rn. 89.

[22] HBS VergütungsR/*Braun/Schneider* Teil 6 Rn. 94.

[23] *Mayer* Gebührenformulare Teil 1 § 3 Rn. 86.

[24] Schneider/Wolf/*N. Schneider* RVG VV 2200, 2201 Rn. 27.

[25] Hartmann/Toussaint/*Toussaint* RVG VV 2200, 2201 Rn. 6.

[26] Schneider/Wolf/*N. Schneider* RVG VV 2200, 2201 Rn. 30.

16 In allen Verfahren, in denen der Einvernehmensanwalt seine Gebühren bei Erteilung eines umfassenden Anwaltsauftrags nach § 2 RVG berechnen könnte, entsteht auch für die Herstellung des Einvernehmens eine Wertgebühr in Höhe der dem Bevollmächtigten zustehenden Verfahrensgebühr.[27] Wird das Einvernehmen für ein Verfahren hergestellt, in dem sich die Gebühren nicht nach dem Gegenstandswert richten, also insbes. bei einem Einvernehmen für ein Strafverfahren oder ein sozialgerichtliches Verfahren nach § 3 Abs. 1 S. 1 RVG, erhält der Einvernehmensanwalt eine Geschäftsgebühr in Höhe der Gebühr, die ihm zustünde, wenn er als Bevollmächtigter oder Verteidiger beauftragt wäre.[28] Dabei ist zunächst zu ermitteln, welche Gebühren ein inländischer Anwalt unter Berücksichtigung der Kriterien des § 14 Abs. 1 RVG verdient hätte.[29] Da **Maßstab für die Gebührenbestimmung** die Kriterien des § 14 RVG aus Sicht des ausländischen, dienstleistenden RA sind, verbietet sich auch eine Berücksichtigung der Umstände der Herstellung des Einvernehmens, also des Verhältnisses zwischen Einvernehmensanwalt und ausländischem dienstleistenden RA.[30]

17 Strittig ist, wie streng die Anknüpfung der Gebührenhöhe an den Begriff der „Verfahrensgebühr" zu handhaben ist. Teilweise wird vertreten, dass die Geschäftsgebühr des Einvernehmensanwalts in einem Strafverfahren bspw. zwar in Höhe der Verfahrensgebühr (ggf. auch mit Zuschlag) entsteht, der Einvernehmensanwalt nicht aber eine Gebühr in Höhe der Grundgebühr in Rechnung stellen kann.[31] Für diese Auffassung spricht zwar der Gesetzeswortlaut, der sich ausschließlich an dem Begriff der Verfahrensgebühr orientiert. Allerdings gibt es im Strafrecht keine Verfahrensgebühr ohne Grundgebühr, mit der Grundgebühr soll die erstmalige Einarbeitung in den Rechtsfall abgegolten werden. Da sich auch der Einvernehmensanwalt zur Erfüllung seiner Verpflichtungen in die Akte einarbeiten muss, ist es angezeigt, wenn beim dienstleistenden ausländischen RA auch die Grundgebühr anfallen würde, für die Geschäftsgebühr des Einvernehmensanwalts Verfahrens- und Grundgebühr zu Grunde zu legen.[32]

18 **d) Mehrere Auftraggeber.** Sowohl der ausländische dienstleistende RA als auch der Einvernehmensanwalt können jeweils für sich mehrere Auftraggeber haben. Wird der ausländische dienstleistende Anwalt für mehrere Auftraggeber tätig, so erhöht sich dessen Verfahrensgebühr um den **Mehrvertretungszuschlag** nach VV 1008 RVG und damit auch die Geschäftsgebühr des Einvernehmensanwalts nach VV 2200 RVG.[33] Die Gegenauffassung stellt darauf ab, dass nach § 28 Abs. 3 EuRAG zwischen Einvernehmensanwalt und dem Mandanten, sofern die Beteiligten nichts anderes bestimmt haben, kein Vertrag zu Stande kommt, so dass nach dieser Auffassung irrelevant sein soll, ob der dienstleistende europäische Anwalt mehrere Personen vertritt.[34] Dabei wird aber von dieser Auffassung verkannt, dass die Geschäftsgebühr VV 2200 RVG in der Höhe entsteht, in der sie fiktiv entstehen würde, wäre der Einvernehmensanwalt in der Person des ausländischen dienstleistenden RA. Hat dieser mehrere Auftraggeber, so erhöht sich die ihm zustehende Verfahrensgebühr um den Mehrvertretungszuschlag und mithin auch die Geschäftsgebühr nach VV 2200 RVG.[35]

19 Wird der **Einvernehmensanwalt** in einer Sache von mehreren dienstleistenden europäischen Rechtsanwälten beauftragt, stellt sich ebenfalls die Frage nach einem Mehrvertretungszuschlag der Geschäftsgebühr VV 2200 RVG. Teilweise wird auf die konkret anfallende fiktive Verfahrensgebühr abgestellt und eine Erhöhungsgebühr von 0,3 oder 30% bei Festgebühren bzw. bei Betragsrahmengebühren eine Erhöhung um 30% der Mindest- bzw. Höchstbeträge vorgenommen.[36] Nach anderer Auffassung beträgt die Erhöhung auf jeden Fall 30% und nicht 0,3, da der Einvernehmensanwalt keine Wertgebühr, sondern eine feste Gebühr erhalte, die sich

---

[27] Mayer/Kroiß/*Klees* RVG VV 2200, 2201 Rn. 10.

[28] Schneider/Wolf/*N. Schneider* RVG VV 2200, 2201 Rn. 38.

[29] Schneider/Wolf/*N. Schneider* RVG VV 2200, 2201 Rn. 38.

[30] Rehberg/*Bestelmeyer* Einvernehmensgebühr Ziff. 2.1; Schneider/Wolf/*N. Schneider* RVG VV 2200, 2201 Rn. 38.

[31] Gerold/Schmidt/*Madert,* 17. Aufl. 2006, RVG VV 2200, 2201 Rn. 6; Hartung/Römermann/Schons/*Schons* RVG VV 2200, 2201 Rn. 12; Hartmann/Toussaint/*Toussaint* RVG VV 2200, 2201 Rn. 6.

[32] *Mayer* Gebührenformulare Teil 1 § 3 Rn. 90; jetzt auch Hartung/Schons/Enders/*Schons* RVG VV 2200, 2201 Rn. 16.

[33] Hartung/Römermann/Schons/*Schons* RVG VV 2200, 2201 Rn. 11.

[34] Mayer/Kroiß/*Klees* RVG VV 2200, 2201 Rn. 12; HBS VergütungsR/*Braun/Schneider* Teil 6 Rn. 96; Schneider/Wolf/*N. Schneider* RVG VV 2200, 2201 Rn. 41.

[35] *Mayer* Gebührenformulare Teil 1 § 3 Rn. 91; Hartung/Römermann/Schons/*Schons* RVG VV 2200, 2201 Rn. 11; Hartung/Schons/Enders/*Schons* RVG VV 2200, 2201 Rn. 12.

[36] Mayer/Kroiß/*Klees* RVG VV 2200, 2201 Rn. 12.

ggf. lediglich nach einer fiktiven Wertgebühr berechnet.[37] So soll nach der zuletzt genannten Auffassung sogar eine doppelte Anwendung des Mehrvertretungszuschlags in Betracht kommen, nämlich dann, wenn ein ausländischer dienstleistender RA mehrere Auftraggeber hat und der Einvernehmensanwalt das Einvernehmen für mehrere ausländische Anwälte herstellt.[38] Die Anwendung des Mehrvertretungszuschlags nach VV 1008 RVG auf die Geschäftsgebühr VV 2200 RVG dann, wenn der Einvernehmensanwalt von mehreren dienstleistenden europäischen Rechtsanwälten beauftragt wird, dürfte aber bereits deshalb ausscheiden, weil nicht mehr „dieselbe Angelegenheit" vorliegt. Die Herstellung des Einvernehmens zu Anwalt A, Anwalt B und Anwalt C sind getrennte Angelegenheiten und lösen jeweils für sich die Geschäftsgebühr VV 2200 RVG aus, selbst wenn der Anwalt das Einvernehmen für mehrere ausländische Anwälte im selben Verfahren herstellt. Dem Einvernehmensanwalt obliegt gegenüber jedem einzelnen der ausländischen dienstleistenden Rechtsanwälte, darauf nach § 28 Abs. 2 S. 2 EuRAG hinzuwirken, dass dieser bei der Vertretung oder Verteidigung die Erfordernisse einer geordneten Rechtspflege beachtet. Dies kann bei drei verschiedenen ausländischen Rechtsanwälten völlig unterschiedliche Tätigkeiten erfordern, so dass es nicht mehr angemessen ist, insoweit von derselben Angelegenheit zu sprechen, somit der Anwendungsbereich des Mehrvertretungszuschlags nach VV 1008 RVG nicht eröffnet ist.[39]

2. Gebühr nach VV 2201 RVG: Das Einvernehmen wird nicht hergestellt

a) Voraussetzungen des Vergütungstatbestands. Eine reduzierte Geschäftsgebühr entsteht nach VV 2201 RVG, wenn das Einvernehmen nicht hergestellt wird. Gemeint ist der Fall, dass der Anwalt einen Auftrag zur Herstellung des Einvernehmens erhält und auch in eine Prüfung eintritt, dann aber doch kein Einvernehmen erzielt.[40] Aber auch die Fälle, in denen das Einvernehmen aus anderen Gründen nicht mehr hergestellt wird, etwa weil der ausländische Anwalt kündigt oder weil sich das Verfahren, für das das Einvernehmen hergestellt werden soll, anderweitig erledigt hat, fallen unter diesen Vergütungstatbestand.[41] **20**

b) Höhe der Gebühr. Wird das Einvernehmen nicht hergestellt, so entsteht die Gebühr VV 2200 RVG bei Wertgebühren mit einem Satz von 0,1–0,5 und bei Betragsrahmengebühren in Höhe des Mindestbetrags der einem Bevollmächtigten oder Verteidiger zustehenden Verfahrensgebühr. Bei Wertgebühren ist für den Einvernehmensanwalt ein eigener Gebührenrahmen vorgesehen; die Gebühr bestimmt der Einvernehmensanwalt unter Berücksichtigung der Bemessungskriterien des § 14 Abs. 1 RVG, die Mittelgebühr liegt bei 0,3.[42] Soweit in dem zu Grunde liegenden Verfahren Betragsrahmengebühren anfallen, erhält der Einvernehmensanwalt lediglich den Mindestbetrag der Verfahrensgebühr, die er als Bevollmächtigter oder Verteidiger in dem betreffenden Verfahren erhalten hätte.[43] **21**

III. Weitere Gebühren

Teilweise wird vertreten, weitere Gebühren, die über die Gebühr VV 2200 RVG hinausgehen, wie zB eine Terminsgebühr oder eine Einigungsgebühr, könne der Einvernehmensanwalt nicht verdienen.[44] **Richtiger Auffassung nach** muss man darauf abstellen, ob dem Einvernehmensanwalt ein über die Herstellung des Einvernehmens hinausgehender **Auftrag erteilt worden** ist. So ist nicht ausgeschlossen, dass dem Einvernehmensanwalt ein eigener Verfahrensauftrag erteilt wird, oder dass ihm selbst die Verteidigung übertragen wird. Dann erhält er die Gebühren, die er nach dem RVG für die nunmehr anfallende Tätigkeit beanspruchen kann und zwar zusätzlich zu den als Einvernehmensanwalt verdienten Gebühren. **22**

Insbesondere ist es nicht ausgeschlossen, dass dem Einvernehmensanwalt für die auftragsgemäße Mitwirkung beim Abschluss eines – auch außergerichtlichen – Einigungsvertrages die Einigungsgebühr der VV 1000ff. RVG entsteht, wenn ihm von der Partei oder dem dienstleistenden ausländischen RA namens der Partei ein besonderer Auftrag zur Mitwirkung bei dem Abschluss der Einigung erteilt worden ist. **23**

[37] Schneider/Wolf/*N. Schneider* RVG VV 2200, 2201 Rn. 42.
[38] Schneider/Wolf/*N. Schneider* RVG VV 2200, 2201 Rn. 43; abl. Bischof/*Jungbauer* RVG VV 2200 Rn. 15.
[39] *Mayer* Gebührenformulare Teil 1 § 3 Rn. 92.
[40] Hartmann/Toussaint/*Toussaint* RVG VV 2200, 2201 Rn. 13.
[41] Mayer/Kroiß/*Klees* RVG VV 2200, 2201 Rn. 14; Schneider/Wolf/*N. Schneider* RVG VV 2200, 2201 Rn. 44.
[42] Schneider/Wolf/*N. Schneider* RVG VV 2200, 2201 Rn. 46.
[43] Schneider/Wolf/*N. Schneider* RVG VV 2200, 2201 Rn. 48.
[44] Bischof/*Jungbauer* RVG VV 2200 Rn. 17.

24 Eine Anrechnung der Geschäftsgebühr VV 2200 RVG auf andere Vergütungstatbestände findet nicht statt. Nach Auffassung des Gesetzgebers rechtfertigen die dem Einvernehmensanwalt nach § 28 Abs. 2 S. 2 EuRAG obliegenden spezifischen Pflichten es nicht, die dafür angesetzten Gebühren auf entsprechende Gebühren für eine völlig anders strukturierte Tätigkeit als Bevollmächtigter oder Verteidiger anzurechnen.[45] Ist der Einvernehmensanwalt als Verfahrens- oder Prozessbevollmächtigter bzw. Verteidiger mandatiert oder wird er entsprechend mandatiert bzw. erhält einen Auftrag zu einer Einzeltätigkeit, so sind diese entsprechend dem RVG gesondert abrechenbar neben den Gebühren des Einvernehmensanwalts.[46] Auch würden nach VV Vorb. 3 Abs. 4 RVG nur Geschäftsgebühren, die wegen desselben Gegenstands entstanden sind, zT auf die Verfahrensgebühr des gerichtlichen Verfahrens angerechnet. Die Geschäftsgebühr VV 2200 RVG bzw. VV 2201 RVG betrifft jedoch in diesen Fällen eines erweiterten Auftrags nicht mehr denselben Gegenstand wie das gerichtliche Verfahren.

IV. Vergütungsfestsetzung

25 Strittig ist, ob die Geschäftsgebühr VV 2200 RVG im Vergütungsfestsetzungsverfahren nach § 11 RVG festsetzbar ist. Nach einer Auffassung ist die Festsetzung grds. ausgeschlossen, da der deutsche Anwalt nicht in einem gerichtlichen Verfahren tätig werde.[47] Die andere Auffassung geht zu Recht davon aus, dass auch bei der Geschäftsgebühr nach VV 2200 RVG die Vergütungsfestsetzung nach § 11 RVG grds. möglich ist. Dies folgt nicht zuletzt daraus, dass der Einvernehmensanwalt den ausländischen dienstleistenden RA in Verfahren zu „beaufsichtigen" hat und in den nach § 28 Abs. 1 EuRAG aufgeführten Verfahren nach § 31 Abs. 2 EuRAG als Zustellungsbevollmächtigter gilt, wenn ein Zustellungsbevollmächtigter nicht benannt ist.[48] Erwächst die Geschäftsgebühr nach VV 2200 RVG fiktiv in einer streitwertunabhängigen Verfahrensgebühr, besteht eine Festsetzungsmöglichkeit nach § 11 RVG jedoch nur dann, wenn entweder nur die Mindestgebühren geltend gemacht werden (§ 11 Abs. 8 S. 1 Alt. 1 RVG) oder der Auftraggeber der Höhe der Gebühren ausdrücklich zugestimmt hat (§ 11 Abs. 8 S. 1 Alt. 2 RVG).[49] Unzulässig wäre es jedoch, wenn der Einvernehmensanwalt bei den streitwertunabhängigen Gebühren nur die Mindestgebühr geltend macht und sich vorbehält, die darüber hinausgehenden Gebühren einzuklagen.[50]

V. Kostenerstattung

26 Nach weit überwiegender Meinung sind die **Kosten** des Einvernehmensanwalts **erstattungsfähig.**[51] Allerdings beschränkt sich der Kostenerstattungsanspruch wegen der Kosten des ausländischen Prozessbevollmächtigten auf die Kosten, die bei Beauftragung eines deutschen RA angefallen wären, dies gilt auch für die ggf. anfallende ausländische MwSt.[52]

---

45 BT-Drs. 15/1971, 206.

46 Rehberg/*Bestelmeyer* Einvernehmensgebühr Ziff. 2.3; Schneider/Wolf/*N. Schneider* RVG VV 2200, 2201 Rn. 52.

47 Schneider/Wolf/*N. Schneider* RVG VV 2200, 2201 Rn. 53; Rehberg/*Bestelmeyer* Einvernehmensgebühr Ziff. 4.

48 HBS VergütungsR/*Braun/Schneider* Teil 6 Rn. 101.

49 HBS VergütungsR/*Braun/Schneider* Teil 6 Rn. 102.

50 Mayer/Kroiß/*Mayer* RVG § 11 Rn. 57; *Mayer* Gebührenformulare Teil 1 § 3 Rn. 95, BGH NJW 2013, 3102 mAnm *Mayer* FD-RVG 2013, 349334; aA – Teilkostenfestsetzungsantrag zulässig – HBS VergütungsR/*Braun/Schneider* Teil 6 Rn. 102.

51 OLG München NJW-RR 2004, 1508; HBS VergütungsR/*Braun/Schneider* Teil 6 Rn. 104; Bischof/*Jungbauer* RVG VV 2200 Rn. 19; Rehberg/*Bestelmeyer* Einvernehmensgebühr Ziff. 5; aA Gerold/Schmidt/*Madert*, 17. Aufl. 2006, RVG VV 2200, 2201 Rn. 11.

52 OLG München NJW-RR 2004, 1508; Rehberg/*Bestelmeyer* Einvernehmensgebühr Ziff. 5; HBS VergütungsR/*Braun/Schneider* Teil 6 Rn. 104.

Nr.	Gebührentatbestand	Gebühr oder Satz der Gebühr nach § 13 RVG
	Abschnitt 3. Vertretung	
	Vorbemerkung 2.3: (1) Im Verwaltungszwangsverfahren ist Teil 3 Abschnitt 3 Unterabschnitt 3 entsprechend anzuwenden. (2) Dieser Abschnitt gilt nicht für die in den Teilen 4 bis 6 geregelten Angelegenheiten. (3) Die Geschäftsgebühr entsteht für das Betreiben des Geschäfts einschließlich der Information und für die Mitwirkung bei der Gestaltung eines Vertrags. (4) Soweit wegen desselben Gegenstands eine Geschäftsgebühr für eine Tätigkeit im Verwaltungsverfahren entstanden ist, wird diese Gebühr zur Hälfte, bei Wertgebühren jedoch höchstens mit einem Gebührensatz von 0,75, auf eine Geschäftsgebühr für eine Tätigkeit im weiteren Verwaltungsverfahren, das der Nachprüfung des Verwaltungsakts dient, angerechnet. Bei einer Betragsrahmengebühr beträgt der Anrechnungsbetrag höchstens 207,00 €. Bei einer Wertgebühr erfolgt die Anrechnung nach dem Wert des Gegenstands, der auch Gegenstand des weiteren Verfahrens ist. (5) Absatz 4 gilt entsprechend bei einer Tätigkeit im Verfahren nach der Wehrbeschwerdeordnung, wenn darauf eine Tätigkeit im Beschwerdeverfahren oder wenn der Tätigkeit im Beschwerdeverfahren eine Tätigkeit im Verfahren der weiteren Beschwerde vor den Disziplinarvorgesetzten folgt. (6) Soweit wegen desselben Gegenstands eine Geschäftsgebühr nach Nummer 2300 entstanden ist, wird diese Gebühr zur Hälfte, jedoch höchstens mit einem Gebührensatz von 0,75, auf eine Geschäftsgebühr nach Nummer 2303 angerechnet. Absatz 4 Satz 3 gilt entsprechend.	
2300	Geschäftsgebühr, soweit in den Nummern 2302 und 2303 nichts anderes bestimmt ist .... ***[ab 1.10.2021:** (1)]* Eine Gebühr von mehr als 1,3 kann nur gefordert werden, wenn die Tätigkeit umfangreich oder schwierig war. ***[ab 1.10.2021:]*** *(2) Ist Gegenstand der Tätigkeit eine Inkassodienstleistung, die eine unbestrittene Forderung betrifft, kann eine Gebühr von mehr als 0,9 nur gefordert werden, wenn die Inkassodienstleistung besonders umfangreich oder besonders schwierig war. In einfachen Fällen kann nur eine Gebühr von 0,5 gefordert werden; ein einfacher Fall liegt in der Regel vor, wenn die Forderung auf die erste Zahlungsaufforderung hin beglichen wird. Der Gebührensatz beträgt höchstens 1,3.*	0,5 bis 2,5

Schrifttum: *Otto,* Die neue Geschäftsgebühr mit der Kappungsgrenze nach dem RVG, NJW 2004, 1420; *Otto,* Die angemessene Rahmengebühr nach dem RVG, NJW 2006, 1472.

Übersicht

I. Allgemeines

1. VV Teil 2 Abschn. 3 RVG

1 Der Abschn. 3 des VV Teil 2 RVG regelt die Vergütung des Rechtsanwalts für außergerichtliche Tätigkeiten einschließlich der Vertretung im Verwaltungsverfahren. Systematisch und entsprechend ihrer praktischen Bedeutung gehören die Regelungen für die außergerichtliche Rechtsbesorgung, einschließlich der Besorgung in Verwaltungsverfahren, vor die Vorschriften, die die Gebühren in gerichtlichen Verfahren regeln sollen. Nach der VV Vorb. 2.3 Abs. 1 RVG ist im Verwaltungszwangsverfahren VV Teil 3 Abschn. 3 UAbschn. 3 RVG (VV 3309, 3310 RVG) entsprechend anzuwenden.

2. Anrechnungslösung

2 Mit dem 2. KostRMoG[1] hat der Gesetzgeber für die sozialrechtlichen Verfahren, in denen im gerichtlichen Verfahren Betragsrahmengebühren entstehen, die verwaltungsrechtlichen Verfahren sowie die Verfahren nach der Wehrbeschwerdeordnung konsequent eine **Anrechnungslösung** eingeführt. Denn insbes. bei den Betragsrahmengebühren in den sozialrechtlichen Angelegenheiten führte die Regelung in VV 3103 RVG aF, nach der die Gebühren im gerichtlichen Verfahren niedriger sind, wenn der RA bereits in verwaltungsrechtlichen Nachprüfungsverfahren tätig war, zu Schwierigkeiten. War die Tätigkeit im Widerspruchsverfahren nur von sehr geringem Umfang und war die Gebühr daher entsprechend niedrig, oder war der RA im Wege der Beratungshilfe tätig, konnte dies zu dem Ergebnis führen, dass der Rechtsanwalt, der nur im gerichtlichen Verfahren tätig war, mehr an Gebühren erhielt als der Anwalt, der seinen Mandanten bereits vorher ver-

[1] BGBl. 2013 I 2586.

treten hatte.[2] Bis zum Inkrafttreten des Gesetzes zur Durchführung der VO (EG) Nr. 4/2009 und zur Neuordnung bestehender Aus- und Durchführungsbestimmungen auf dem Gebiet des internationalen Unterhaltsverfahrensrechts v. 23.5.2011[3] am 18.6.2011 kam noch hinzu, dass die bei der Beratungshilfe anfallende Geschäftsgebühr (VV 2500 RVG) zusätzlich noch zur Hälfte auf die bereits ermäßigte Gebühr anzurechnen war.[4] Mit Art. 11 Nr. 3 des genannten Gesetzes wurde Abs. 2 S. 1 der Anm. zum Vergütungstatbestand VV 2503 RVG dahingehend ergänzt, dass eine Anrechnung auf die Gebühren VV 2401 RVG aF und VV 3103 RVG aF nicht stattfindet.[5] In einem Verfahren vor dem BVerfG, das diese Regelung zum Gegenstand hatte, hatte die Bundesregierung in ihrer Stellungnahme vom Januar 2011 auf die Gesetzesänderung verwiesen und ausgeführt, dass wegen der verschiedenen Gebührenrahmen in den VV 3102, 3103 RVG jedoch auch nach dem Wegfall der Anrechnung der Fall eintreten kann, dass ein Anwalt, der nicht nur im gerichtlichen Verfahren tätig war, sondern bereits vorgerichtlich Beratungshilfe geleistet hatte, insgesamt eine geringere Vergütung erhält, als wenn sich das Mandat auf das gerichtlich Verfahren beschränkt hätte. Die Bundesregierung hatte seinerzeit zugesagt, diesem Problem nachzugehen.[6]

Das **Nebeneinander der verschiedenen Gebührenrahmen** (insbes. VV 3102, 3103 RVG) tritt bei Rahmengebühren an die Stelle der sonst vorgesehenen Anrechnung. Sowohl mit der Anrechnung als auch mit den beiden unterschiedlichen Rahmen sollte erreicht werden, dass der durch die Vorbefassung ersparte Arbeitsaufwand angemessen berücksichtigt wird.[7] Bei Rahmengebühren sollten durch die dafür gewählte Regelungstechnik Schwierigkeiten bei der Anrechnung auf Rahmengebühren vermieden waren. Die durch diese Systematik eingetretene, eingangs dargestellte Situation lässt sich nach Auffassung des Gesetzgebers nur durch eine Anrechnungslösung auch bei Rahmengebühren befriedigend lösen.[8] 3

Der Gesetzgeber nahm die Umstellung der Geschäftsgebühren mit Rahmen auf eine echte Anrechnungslösung entsprechen dem Vorbild von VV Vorb. 3 Abs. 4 RVG vor. Dies ermöglichte es, die Gebühren für die außergerichtliche Vertretung, die bisher auf VV Teil 2 Abschn. 3, 4 RVG verteilt sind, in einem Abschnitt zusammenzufassen, sodass in der Folge VV Teil 2 Abschn. 4 RVG aufgehoben werden konnte.[9]

Die Bestimmung über die Anrechnung wurde wie bei VV Teil 3 RVG in die Vorbemerkung, hier VV Vorb. 2.3 RVG, eingestellt.[10] Der neu eingeführte Abs. 4 der VV Vorb. 2.3 RVG regelt die **Anrechnung für den Fall des Übergangs eines Verwaltungsverfahrens in ein weiteres, der Überprüfung eines Verwaltungsakts dienendes Verwaltungsverfahren.** Die Anrechnungsbestimmung sieht vor, dass grds. die Hälfte der im Erstverfahren angefallenen Geschäftsgebühr auf die Geschäftsgebühr für das nachfolgende Verfahren angerechnet wird.[11] Wie bei VV Vorb. 3 Abs. 4 RVG wird auch hier der Anrechnungsbetrag der Höhe nach begrenzt. Bezüglich der Verwaltungsverfahren, in denen Wertgebühren und damit Satzrahmengebühren entstehen, erfolgt die Anrechnung höchstens mit einem Gebührensatz von 0,75.[12] In sozialrechtlichen Verwaltungsverfahren, in denen Betragsrahmengebühren entstehen beträgt der Höchstbetrag der Anrechnung 207,– EUR.

Abs. 5 der Vorbemerkung verweist für den vergleichbaren Fall einer Tätigkeit im Verfahren nach der Wehrbeschwerdeordnung und einer anschließenden Tätigkeit in einem Verfahren der Beschwerde oder der weiteren Beschwerde nach der Wehrbeschwerdeordnung auf die Anrechnungsregelungen des Abs. 4 für das sozialrechtliche Verwaltungsverfahren.[13]

VV Vorb. 2.3 Abs. 6 RVG übernimmt die Anrechnungsbestimmung aus der Anmerkung zur VV 2303 RVG aF. Die Verlagerung des Standorts der Regelung dient lediglich der Übersichtlichkeit, weil dadurch alle Anrechnungsregelungen nach diesem Abschnitt in der Vorb. zusammengefasst sind.[14]

Die Umstellung auf eine **„echte" Anrechnungslösung** führt dazu, dass **§ 15a RVG** Anwendung findet. Danach kann der RA beide Gebühren fordern, jedoch nicht mehr als den um 4

[2] BT-Drs. 17/11 471 (neu), 272.
[3] BGBl. 2011 I 898.
[4] BT-Drs. 17/11471 (neu), 272.
[5] BT-Drs. 17/11471 (neu), 272; *Mayer* AnwBl 2013, 270.
[6] BT-Drs. 17/11471 (neu), 272.
[7] BT-Drs. 17/11471 (neu), 273.
[8] BT-Drs. 17/11471 (neu), 273.
[9] BT-Drs. 17/11471 (neu), 273.
[10] BT-Drs. 17/11471 (neu), 273.
[11] BT-Drs. 17/11471 (neu), 273.
[12] BT-Drs. 17/11471 (neu), 273.
[13] BT-Drs. 17/11471 (neu), 273.
[14] BT-Drs. 17/11471 (neu), 273.

den Anrechnungsbetrag verminderten Gesamtbetrag der beiden Gebühren. Ein Dritter kann sich auf die Anrechnung nur berufen, soweit er den Anspruch auf eine der beiden Gebühren erfüllt hat, wegen eines dieser Ansprüche gegen ihn ein Vollstreckungstitel besteht oder beide Gebühren in demselben Verfahren gegen ihn geltend gemacht werden. Die Anwendung von § 15a RVG hat Auswirkungen auf den Umfang der Kostenerstattung in Verwaltungsverfahren. Nach geltender Rechtslage muss die Verwaltungsbehörde, wenn im Widerspruchsverfahren eine Kostenentscheidung zu ihren Lasten ergeht und der RA auch bereits im vorausgegangenen Verwaltungsverfahren tätig gewesen ist, nur die im Widerspruchsverfahren, geringer bemessene Geschäftsgebühr nach VV 2301 RVG aF bzw. VV 2401 RVG aF erstatten.[15] Nunmehr ist im Hinblick auf § 15a Abs. 2 RVG die höhere bemessene Gebühr nach VV 2300 RVG bzw. VV 2302 RVG zu erstatten. **Die Behörde kann sich als erstattungspflichtiger Dritter grds. nicht auf die Anrechnung** nach VV Vorb. 2.3 Abs. 4 RVG nach Auffassung des Gesetzgebers **berufen,** weil sie regelmäßig die im vorangegangenen Verwaltungsverfahren entstandene Geschäftsgebühr nicht zu erstatten hat.[16] In Verwaltungsverfahren, in denen Wertgebühren anfallen, erhöht sich bei Zugrundelegung der Schwellengebühr der zu erstattende Satz der Geschäftsgebühr für das Nachprüfungsverfahren in diesen Fällen von 0,7 auf 1,3, in sozialrechtlichen Angelegenheiten erhöht sich der Betrag von 120,– EUR unter Berücksichtigung der Gebührenanpassung auf künftig 300,– EUR.[17] Im Hinblick darauf, dass die Fälle, in denen ein RA für seinen Mandanten sowohl im Verwaltungsverfahren als auch im anschließenden Nachprüfungsverfahren tätig ist, die Ausnahme sind, schätzt der Gesetzgeber die haushaltsmäßigen Auswirkungen als eher gering ein. Im Übrigen beseitige die Umstellung auf eine Anrechnungsregel einen rechtssystematischen Bruch der geltenden Regelung,[18] Während der Erstattungspflichtige eines Zivilprozesses sich regelmäßig wegen § 15a Abs. 2 RVG nicht auf die Anrechnungsregelung in VV Vorb. 3 Abs. 4 RVG berufen kann, profitiere bei einem Übergang vom Verwaltungsverfahren in ein Nachprüfungsverfahren die erstattungspflichtige Behörde von der Tatsache, dass ein RA in beiden Verfahrensteilen tätig geworden ist. Aus Sicht des betroffenen Bürgers sei es nicht nachvollziehbar, dass die Behörde weniger zu erstatten hat, wenn er bereits im einleitenden Verwaltungsverfahren einen anwaltlichen Beistand in Anspruch genommen hatte.[19] Trotz dieses vom Gesetzgeber in der Gesetzesbegründung klar geäußerten Willens und der zwingenden gesetzlichen Systematik kommt die Rspr. jedoch teilweise zu völlig gegenteiligen Ergebnissen.[20]

Die Neuregelung führt insbes. in verwaltungsrechtlichen Angelegenheiten in den meisten Fällen zu einer Reduzierung des Gebührenaufkommens für den Anwalt, der sowohl im Verwaltungsverfahren, im Nachprüfungsverfahren und im gerichtlichen Verfahren tätig ist.[21]

Nach der bisherigen Rechtslage hätte er nämlich verdient:

VV 2300 RVG aF	1,3
VV 2301 RVG aF	0,7
VV 3100 RVG	1,3
anzurechnen	– 0,35
Summe	**2,95**

Geht man davon aus, dass bei der Anrechnung der zweiten Geschäftsgebühr die entstandene Geschäftsgebühr vor der weiteren Anrechnung auf die Verfahrensgebühr zugrunde zu legen ist, ergibt sich nach neuem Recht folgendes Bild:

VV 2300 RVG	1,3
VV 2300 RVG	1,3
VV 3100 RVG	1,3
anzurechnen	– 0,65
anzurechnen	– 0,65
Summe	**2,6**

5 Lediglich dann, wenn sowohl **im Verwaltungsverfahren als auch im Nachprüfungsverfahren** die Höchstgebühren anfallen, führt die konsequente Anrechnungslösung zu **einer Erhöhung des Gebührenaufkommens für den Anwalt** – nach altem Recht hätte er im Verwaltungsverfahren eine Geschäftsgebühr mit dem Satz von 2,5, im Nachprüfungsverfahren

[15] BT-Drs. 17/11471 (neu), 273.
[16] BT-Drs. 17/11471 (neu), 273.
[17] BT-Drs. 17/11471 (neu), 273.
[18] BT-Drs. 17/11471 (neu), 273.
[19] BT-Drs. 17/11471 (neu), 273.
[20] SG Gießen BeckRS 2015, 66065 mkritAnm *Mayer* FD-RVG 2015, 366872.
[21] *Mayer* Neues GebührenR § 2 Rn. 35 ff.

eine Geschäftsgebühr mit dem Satz von 1,3 und im gerichtlichen Verfahren eine Verfahrensgebühr mit einem Satz von 1,3 verdient, wobei lediglich die Hälfte der Geschäftsgebühr aus dem Widerspruchsverfahren, also 0,65 anzurechnen sind. Dies ergibt insgesamt ein Gebührenaufkommen von 4,45 (2,5 zzgl. 1,3 zzgl. 1,3 – 0,65).

Nach neuem Recht verdient der RA im Verwaltungsverfahren und im Widerspruchsverfahren jeweils eine Geschäftsgebühr mit dem Gebührensatz von 2,5 und im gerichtlichen Klageverfahren eine Verfahrensgebühr mit dem Gebührensatz von 1,3. Anzurechnen sind jeweils 0,75 der Geschäftsgebühr aus dem Verwaltungsverfahren und der Geschäftsgebühr aus dem Widerspruchsverfahren, sodass sich insgesamt ein Gebührenaufkommen von 4,8 ergibt (2,5 zzgl. 2,5 zzgl. 1,3 – 0,75 – 0,75).

In sozialrechtlichen Angelegenheit hingegen ergibt sich keine Verringerung des Gebührenaufkommens.[22]

Altes Recht	
VV 2400 RVG aF	280,– EUR
VV 2401 RVG aF	120,– EUR
VV 3103 RVG aF	170,– EUR
Summe	**530,– EUR**
Neues Recht[23]	
VV 2303, 2304 RVG	300,– EUR
VV 2303, 2304 RVG	300,– EUR
VV 3102 RVG	300,– EUR
anzurechnen	– 150,– EUR
anzurechnen	– 150,– EUR
Summe	**600,– EUR**

3. Änderungen durch das KostRÄG 2021

Auch Vorbemerkung 2.3 war von Änderungen durch das Kostenrechtsänderungsgesetz 2021 **5a**
betroffen. So wurde der Anrechnungshöchstbetrag bei Betragsrahmengebühren in Vorbemerkung 2.3 Abs. 4 S. 2 von 175 auf 207 EUR erhöht. Die Regelung in Vorbemerkung 2.3 Abs. 4 S. 3 konnte entfallen, da der entsprechende Grundsatz nunmehr in § 14 Abs. 2 eingestellt worden ist.

II. Das Verhältnis von VV 2300–2303 RVG zu anderen Vorschriften

1. Allgemeines

Abschn. 3 des Teiles 2 (VV 2300–2303 RVG) regelt die Gebühren in sonstigen Angelegen- **6**
heiten, also in all den Angelegenheiten, die sich in keine der in den anderen Abschnitten geregelten Gebührengruppen einordnen lassen.

Vor der Anwendung von VV 2300–2303 RVG ist dann **stets zu prüfen,** ob nicht eine Angelegenheit **eines anderen Abschnitts** gegeben ist. Denn für die Anwendung von VV 2300–2303 RVG ist dann kein Raum, wenn die Tätigkeit des RA eine Angelegenheit betrifft, die in einem anderen Abschnitt geregelt ist.

2. Ausschluss der VV 2300–2303 RVG

Außerdem ist die Anwendung der VV 2300–2303 RVG ausgeschlossen, wenn andere Ge- **7**
bührenvorschriften **Vorrang** genießen.

Es sind dies zunächst die Gebühren, die in **Abschn. 5 des RVG** geregelt sind:
- in § 34 RVG Beratung, Gutachten und Mediation,
- in § 35 RVG Hilfe in Steuersachen,
- in § 36 RVG Schiedsrichterliche Verfahren vor dem Schiedsgericht.

Im **Vergütungsverzeichnis** sind dies:
- Abschnitt 1 Prüfung der Erfolgsaussicht eines Rechtsmittels: VV 2100–2103 RVG,
- in VV 1009 RVG die Hebegebühr.

Weitere Sonderregelungen enthalten:
- bestimmte im VV Teil 3 Abschn. 4 RVG geregelte Verfahren und Einzeltätigkeiten, VV 3400–3405 RVG.

Auch fallen nicht unter VV 2300–2303 RVG die Regelungen über die Beratungshilfe (VV 2500–2508 RVG) und die der **Teile 4 bis 6.**

---

22 *Mayer* Neues GebührenR § 2 Rn. 38.
23 Werte nach dem 2. KostRMoG.

3. Keine Anwaltstätigkeit

8 Ferner ist für eine Anwendung der VV 2300–2305 RVG kein Raum, wenn der RA im Einzelfall eine Tätigkeit ausübt, die keine Anwaltstätigkeit oder eine Tätigkeit ist, die auch von anderen ausgeübt werden kann.

Wann eine von dem RA ausgeübte Tätigkeit **Anwaltstätigkeit** ist und wann es sich um eine berufsfremde Tätigkeit handelt, kann im Einzelfall zweifelhaft sein. So können zB die Übergänge von der Anwaltstätigkeit zur Maklertätigkeit fließend sein.[24]

Eindeutig als nicht nach dem RVG und damit auch nicht gem. VV 2300–2303 RVG zu vergüten zählt § 1 Abs. 2 RVG folgende Tätigkeiten auf: als Vormund, Betreuer, Pfleger, Verfahrenspfleger, Verfahrensbeistand, Testamentsvollstrecker, Insolvenzverwalter, Sachwalter, Mitglied des Gläubigerausschusses, Restrukturierungsbeauftragter, Sanierungsmoderator, Mitglied des Gläubigerbeirats, Nachlassverwalter, Zwangsverwalter, Treuhänder und Schiedsrichter. Weiter werden nicht durch VV 2300–2303 RVG vergütet Tätigkeiten als Aufsichtsratsmitglied, Erbenvertreter gem. § 779 ZPO, Geschäftsführer einer GmbH, Vorstandsmitglied einer AG.[25]

Den in § 1 Abs. 2 RVG genannten Verwaltergeschäften sind die Hausverwaltungen und die Vermögensverwaltungen eng verwandt. Sie stellen sich deshalb nicht als eigentliche Berufsgeschäfte der RA dar und sind demgemäß nicht nach VV 2300–2303 RVG zu vergüten. Der RA als Haus- und Vermögensverwalter hat vielmehr Anspruch auf die angemessene Vergütung gem. § 612 BGB, falls er nicht eine Vergütungsvereinbarung getroffen hat.

Sind allerdings innerhalb der Vermögens- oder Hausverwaltung rechtlich schwierige Einzelangelegenheiten zu betreiben, erhält der RA als Vermögens- oder Hausverwalter zusätzlich zu seinem Verwalterhonorar für diese Einzeltätigkeiten die Gebühren der VV 2300–2303 RVG.

Zweifelsfälle: Führung von Verkaufsverhandlungen über Grundstücke, Vermittlung von Hypotheken und Darlehen.

Es wird darauf ankommen, ob die juristischen Fähigkeiten oder die persönlichen Beziehungen des RA in Anspruch genommen werden. Ähnliches gilt für den Insolvenzverwalter.[26]

4. Grenzfälle

9 Verschiedene Tätigkeiten können nach ihrem äußeren Ablauf sowohl eine Angelegenheit betreffen, die in anderen Abschnitten geregelt ist, als auch eine Angelegenheit der VV 2300–2303 RVG.

Beispiele:
Mahnungen eines säumigen Schuldners oder Vergleichsverhandlungen mit einem Haftpflichtversicherer in einer Unfallangelegenheit.

In diesen Fällen kommt es ausschlaggebend auf den erteilten Auftrag an.

Hat der RA den Auftrag, eine Klage zu erheben, und mahnt er zunächst den Gegner, um ihn in Verzug zu setzen, so liegt eine Angelegenheit des Teiles 3 (Zivilsachen) vor (Prozessauftrag; die Mahnung gehört gem. § 19 Abs. 1 S. 2 Nr. 1 RVG zum Rechtszug).

Erhält der RA nur den Auftrag, zu mahnen (zB weil zu erwarten ist, dass der Schuldner zahlt, wenn ein RA die Angelegenheit betreibt), liegt eine Angelegenheit des VV Teil 2 Abschn. 3 vor (VV 2300 RVG oder VV 2303 RVG).[27]

Hat der RA in der Unfallangelegenheit den Auftrag, mit der Versicherungsgesellschaft eine außergerichtliche Regulierung herbeizuführen, betreibt er eine Angelegenheit des Abschn. 3 des Teiles 2.

Hat der RA in der Unfallsache Klageauftrag, weil mit der als vergleichsabgeneigt bekannten Versicherungsgesellschaft eine Vereinbarung nicht zu erwarten ist, wendet er sich aber trotzdem an die Versicherungsgesellschaft, um durch eine vergebliche Zahlungsaufforderung Veranlassung zur Klagerhebung zu erhalten, liegt eine Angelegenheit des Teiles 3 vor. Bei der durch diese Tätigkeit verdienten Verfahrensgebühr nach VV 3100, 3101 RVG bleibt es auch dann, wenn wider Erwarten eine Vereinbarung zustande kommt (vgl. § 19 Abs. 1 S. 2 Nr. 2 RVG). Für eine – nachträgliche – Anwendung von VV 2300 RVG ist kein Raum. Wenn in einem solchen Falle der RA mit dem Regulierungsbeauftragten der Versicherung verhandelt, kann die Tatsache der Besprechung nicht gebührenerhöhend berücksichtigt werden.[28] Allerdings kann eine Terminsgebühr nach VV Vorb. 3 Abs. 3 RVG entstehen (→ VV Vorb. 3 Rn. 133).

---

[24] → § 1 Rn. 39 ff.
[25] → § 1 Rn. 346.
[26] *Schmidt* Rpfleger 1968, 251; LG Aachen KTS 1977, 187.
[27] Riedel/Sußbauer/*H. Schneider* RVG VV 2300 Rn. 3.
[28] *Madert* AGS 1999, 97; LG Augsburg VersR 1967, 888; LG Berlin VersR 1968, 1001.

Der RA kann auch von vornherein zwei Aufträge erhalten, einmal außergerichtlich die Schadensregulierung zu versuchen, zum anderen für den Fall des Scheiterns der Verhandlungen Klage zu erheben. Hier liegt ein unbedingter Auftrag zu einer Angelegenheit nach VV 2300 RVG und – aufschiebend bedingt – ein Klageauftrag (VV 3100 RVG) vor. Bis zum Eintritt der Bedingung erhält der RA die Gebühren nach VV 2300 RVG. Erst mit dem Scheitern der Verhandlungen wird die Angelegenheit zu einer gem. VV 3100 RVG.[29]

Dabei kommt es **ausschlaggebend** nicht auf die Vollmacht, sondern auf den **erteilten Auftrag** an. Die Gebühren gem. VV 2300 RVG können also auch dann anfallen, wenn der Anwalt bereits eine schriftliche Prozessvollmacht erhalten hat, vorausgesetzt, dass der Auftrag zunächst dahin ging, außergerichtliche Verhandlungen zu pflegen.

Die Vermutung spricht dafür, dass der Anwalt zunächst versuchen soll, die Sache gütlich zu bereinigen, dass er also in erster Linie einen nach VV 2300 RVG zu vergütenden Auftrag erhalten hat.[30]

Allerdings ist dringend zu empfehlen, um Schwierigkeiten zu vermeiden, sich zwei Vollmachten erteilen zu lassen, Prozessvollmacht und Vollmacht zu außergerichtlicher Tätigkeit.[31]

5. Vergleichsverhandlungen über rechtshängige und nicht rechtshängige Ansprüche

Nicht selten geschieht es, dass Parteien aus Anlass eines zwischen ihnen schwebenden Rechtsstreits versuchen, alle bestehenden Fragen zu bereinigen, dh, dass die Vergleichsbesprechungen weit über den Gegenstand des Rechtsstreits hinausgehen. 10

Nach **Ansicht des BGH** ist allein entscheidend, ob der RA hinsichtlich der nicht rechtshängigen Ansprüche einen Klagauftrag hatte[32] oder von vornherein eine etwaige Einigung bei Gericht protokolliert werden sollte[33] (→ RVG VV Vorb. 3 Rn. 15 ff.). Dann sind nur die Vorschriften des Teiles 3 des Vergütungsverzeichnisses anwendbar. Hatte der RA keinen solchen Auftrag und führt er wegen weiterer nicht rechtshängiger Ansprüche Vergleichsverhandlungen, so ist seine Tätigkeit, soweit sie die nicht rechtshängigen Ansprüche betrifft, nach VV 2300 RVG zu vergüten. Mit der Protokollierung des abgeschlossenen Vergleichs entstehen die Gebühren nach Teil 3 mit Anrechnung gem. VV Vorb. 3 Abs. 4 RVG.

Beispiel:

Rechtsstreit über 1.500,– EUR. Einbeziehung von 3.500,– EUR nicht rechtshängiger Ansprüche. Vergleich über die gesamten 5.000,– EUR. (Dabei wird hier unterstellt, dass die nach VV 2300 RVG erwachsene Gebühren iHv 1,3 entstanden sind.)

Gebührenrechnung:

– der RA hatte Verfahrensauftrag

1,3[34] Verfahrensgebühr VV 3100 RVG aus 1.500,– EUR	165,10 EUR
0,8 Verfahrensgebühr VV 3101 RVG aus 3.500,– EUR	222,40 EUR
1,2 Terminsgebühr VV 3104 RVG aus 5.000,– EUR	400,80 EUR
1,0 Einigungsgebühr VV 1003 RVG aus 1.500,– EUR	127,00 EUR
1,5 Einigungsgebühr VV 1000 RVG aus 3.500,– EUR	417,00 EUR
§ 15 Abs. 3 RVG prüfen bzgl. der einheitl. Einigungsgebühr: 127,– EUR + 417,– EUR = 544,– EUR, also höher als 1,5 aus 5.000,– EUR = 501,00 EUR.	501,00 EUR
§ 15 Abs. 3 RVG prüfen bzgl. der einheitl. Verfahrensgebühr 165,10 EUR + 222,40 EUR = 387,50 EUR, also niedriger als 1,3 aus 5.000,– EUR = 434,20 EUR	
	1.289,30 EUR

– der RA hatte keinen Verfahrensauftrag, einheitlicher außergerichtlicher Vergleich beider Ansprüche.

1,3 Verfahrensgebühr aus 1.500,– EUR	165,10 EUR
1,3 Geschäftsgebühr aus 3.500,– EUR	361,40 EUR
1,2 Terminsgebühr aus 1.500,– EUR	152,40 EUR
1,0 Einigungsgebühr aus 1.500,– EUR	127,00 EUR
1,5 Einigungsgebühr aus 3.500,– EUR	417,00 EUR
§ 15 Abs. 3 RVG prüfen: Die Summe der Einigungsgebühren mit 544,– EUR darf nicht höher sein als 1,5 aus 5.000,– EUR = 501,– EUR. Also daher nur	501,00 EUR
	1.179,90 EUR

[29] Riedel/Sußbauer/*H. Schneider* RVG VV 2300 Rn. 3; *Schmidt* AnwBl 1969, 72; BGH AnwBl 1969, 15 = NJW 1968, 2334 (gekürzt) = VersR 1968, 1145; BGH NJW 1961, 1469; 1968, 52; OLG Oldenburg MDR 1961, 245.

[30] BGH AnwBl 1969, 15 (17).

[31] *Madert* AGS 1999, 97.

[32] BGH NJW 1969, 932 = MDR 1969, 475; OLG Chemnitz AnwBl 1987, 469.

[33] BGHZ 48, 338 = NJW 1968, 52.

[34] Die Auffassung, dass das Führen erfolgreicher Verhandlungen vor Gericht zur vollen Verfahrensgebühr führt, ist nach der Neufassung von VV 3101 Nr. 2 RVG nicht mehr haltbar – Mayer/Kroiß/*Mayer* RVG VV 3101 Rn. 54.

Keine Anrechnung nach VV Teil 3 Vorb. 3 Abs. 4 RVG, weil die 1.500,– EUR nicht in den 3.500,– EUR enthalten sind. Ergebnis also 1.179,90 EUR.

– der RA hatte nicht von vornherein einen Verfahrensauftrag, jedoch nur Protokollierung im Rechtsstreit.

1,3 Verfahrensgebühr aus 1.500,– EUR	165,10 EUR
1,3 Geschäftsgebühr aus 3.500,– EUR	361,10 EUR
0,8 Verfahrensgebühr aus 3.500,– EUR	222,40 EUR
1,2 Terminsgebühr aus 1.500,– EUR	152,40 EUR
1,0 Einigungsgebühr aus 1.500,– EUR	127,00 EUR
1,5 Einigungsgebühr aus 3.500,– EUR	417,00 EUR

§ 15 Abs. 3 RVG prüfen bzgl. der einheitlichen Verfahrensgebühr:
165,100 EUR + 222,40 EUR = 387,50 EUR, also nicht höher als 1,3 aus 5.000,– EUR = 434,20 EUR.
bzgl. der Einigungsgebühr s. oben

zusammen also:	1.402,00 EUR

Anrechnung gem. VV Teil 3 Vorb. 3 Abs. 4 RVG:
Von einer 1,3 Geschäftsgebühr aus dem Wert 3.500,– EUR mit 361,10 EUR wird die Hälfte mit 180,55 EUR angerechnet. (1,3 : 2 = 0,65, also weniger als 0,75),

dh von der Verfahrensgebühr	222,40 EUR
werden	180,55 EUR
abgezogen (oder die Geschäftsgebühr mit 361,10 EUR vermindert um 180,55 EUR)	41,85 EUR
verbleiben:	1.221,45 EUR

6. Familiensachen außergerichtlich verhandelt

11 Wird über Familiensachen außergerichtlich verhandelt, entstehen die Gebühren nach VV 2300 RVG.

Das gilt sowohl für die Familiensachen der streitigen Gerichtsbarkeit (Familienstreitsachen) wie auch für die sonstigen Familiensachen (Sorgerecht und dergleichen).

Beispiel:

Der RA des Ehemannes verhandelt mit der getrennt lebenden Ehefrau, der die Personensorge für die Kinder zusteht, über den Umgang mit den Kindern. Der Gegenstandswert richtet sich nach § 45 FamGKG.

7. Familiensachen gerichtlich verhandelt

12 Wird über isolierte Familiensachen, auch wenn sie nicht zu den Familienstreitsachen gehören, gerichtlich verhandelt, so entstehen die in VV Teil 3 RVG genannten Gebühren.

Also entstehen die Gebühren der VV 3100, 3101 RVG (VV 3104, 3105 RVG).

8. Scheidungsvereinbarungen

13 Scheidungsvereinbarungen können in verschiedener Weise getroffen werden:
– innerhalb des Ehescheidungsverfahrens mit den Gebühren der VV 3100 ff. RVG,
– durch selbständige außergerichtliche Verhandlungen.[35]

Welcher der beiden Fälle vorliegt, ist Tatfrage. Wesentlich wird sein, ob die Bereinigung der beiderseitigen Beziehungen außerhalb des gerichtlichen Verfahrens oder die möglichst einfache Beendigung des Rechtsstreits den Anlass zur Aufnahme der Verhandlungen war. Nach der hM einschließlich dem BGH besteht eine Vermutung für einen Verfahrensauftrag (→ RVG VV Vorb. 3 Rn. 27 ff.).

Um Klarheit zu schaffen, empfiehlt es sich, sich Vollmacht zu außergerichtlicher Tätigkeit geben zu lassen. Dann ist eindeutig, dass die Gebühr aus VV 2300 RVG gefordert werden kann.

Der mit den außergerichtlichen Verhandlungen beauftragte RA erhält die Geschäftsgebühr und beim Zustandekommen einer Scheidungsvereinbarung die Einigungsgebühr. Wird die Einigung entgegen der bisherigen Planung zu Protokoll gegeben, entsteht ferner die Gebühr nach VV 3100 RVG gem. VV 3101 RVG mit 0,8, auf die jedoch die Geschäftsgebühr anzurechnen ist. Die Kostenrechnung lautet hiernach:
1,3 Geschäftsgebühr aus VV 2300 RVG,
0,8 Verfahrensgebühr aus VV 3101 RVG,
1,5 Einigungsgebühr VV 1000 RVG.

Die Geschäftsgebühr von 1,3 ist auf die 0,8-Gebühr aus VV 3101 RVG zur Hälfte mit 0,65 anzurechnen, also bleibt von 0,8-Gebühr nur 0,15 (0,8 – 0,65 = 0,15) übrig.

[35] Vgl. die Ausführungen in Madert/Müller-Rabe Fam-HdB/*Madert* Kap. J.

9. Unfallschadensregulierung[36]

Hinsichtlich der Anwaltskosten bei Unfallschadensregulierungen gilt nach dem BGH Folgendes: 14

War der Anwalt zunächst mit der außergerichtlichen Regulierung eines Unfallschadens beauftragt, dann berechnen sich seine Gebühren nach VV 2300 RVG. Bei außergerichtlichen Vergleichsverhandlungen mit Versicherern spricht eine **Vermutung** dafür, dass der RA **zunächst mit einer außergerichtlichen Regulierung beauftragt** war und eine ihm gleichzeitig ausgestellte Prozessvollmacht nur für den Fall erteilt war, dass die außergerichtlichen Verhandlungen scheitern sollten.[37]

Bei einer Unfallschadensregulierung sind die Anwaltskosten des Geschädigten ein vom Schädiger zu ersetzender Vermögensschaden.

Wegen des Gegenstandswertes → Rn. 45.

Streitig ist, welche Anwaltsgebühren entstehen, wenn der RA **mehrere Unfallgeschädigte** vertritt. Wird der Auftrag gemeinschaftlich erteilt, entstehen die Gebühren nur einmal. Werden getrennte Aufträge erteilt und behandelt der RA die Sachen getrennt, entstehen die Gebühren bei jedem Auftraggeber getrennt von den Gebühren, die hinsichtlich der anderen Auftraggeber anfallen.[38] Ein RA vertritt jedoch entgegen § 43a Abs. 4 BRAO **widerstreitende Interessen,** wenn er mehrere Geschädigte eines Verkehrsunfalls vertritt, von denen einer dem andern zugleich als Schädiger neben dem in Anspruch genommenen Schädiger gesamtschuldnerisch haften kann, mit der Folge, dass in einem solchen Fall ein Anspruch auf Gebühren entfällt.[39]

10. Vollstreckungsklage

Die vorgerichtliche Tätigkeit des Rechtsanwalts vor Erhebung einer Vollstreckungsabwehrklage löst die Geschäftsgebühr nach VV 2300 RVG für das Betreiben des Geschäfts aus, ob daneben auch eine Verfahrensgebühr nach VV 3309 RVG in Ansatz gebracht werden kann, hat der BGH bislang offen gelassen.[40] 15

III. Das Betreiben des Geschäfts oder das Mitwirken bei der Gestaltung seines Vertrages

1. Allgemeines

Die VV 2300–2303 RVG sind nur dann anzuwenden, wenn der RA in einer Angelegenheit tätig wird, deren Vergütung nicht in einer anderen Nummer des Vergütungsverzeichnisses geregelt ist. Darüber, welche Tätigkeiten hiernach gem. VV 2300–2303 RVG zu vergüten sind, vgl. vorstehend → Rn. 3 ff. 16

In den Angelegenheiten des § 118 BRAGO konnte der RA nach Abs. 1 erhalten die Geschäftsgebühr, die Besprechungsgebühr und die Beweisaufnahmegebühr.

Von dieser Aufteilung in drei selbständige Gebühren ist nichts übrig geblieben, es gibt nur die Geschäftsgebühr nach VV 2300 RVG.[41] Wie in gerichtlichen Verfahren die Beweisgebühr

---

[36] BGH AGS 2007, 28.

[37] BGH AnwBl 1969, 15 = NJW 1968, 2334 (gekürzt) = VersR 1968, 1145; BGH AGS 2007, 28; 2006, 256; OLG München AnwBl 2006, 768 = JurBüro 2006, 634; *Madert* AGS 1999, 97; zur Höhe der Geschäftsgebühr bei der Unfallschadensregulierung *Madert* ZfS 2006, 601, Höhe der Geschäftsgebühr bei der Regulierung von Verkehrsunfallschäden – Eine Rechtsprechungsübersicht; *Madert* DAR 2006, 58; sowie AG Coburg MittBl. Arge Verkehrsrecht 2001, 7 (1,6-Gebühr); AG Freiburg MittBl. Arge Verkehrsrecht 2007, 132 (1,8-Gebühr); AG Karlsruhe AGS 2007, 183 (1,7-Gebühr); AG Völklingen AGS 2007, 235 (1,8-Gebühr); AG Hamburg-Bergedorf MittBl. Arge Verkehrsrecht 2007, 131 (1,6-Gebühr); aA AG Nürnberg JurBüro 2007, 414 mit abl. Anm. *Madert.*

[38] *Schmidt* AnwBl 1973, 333; *Madert* ZfS 1990, 397; AGS 1999, 97; BGH JurBüro 2007, 72 = ZfS 2007, 102 mAnm *Hansens,* es ist nicht unbillig, wenn ein RA für seine Tätigkeit bei einem durchschnittlichen Verkehrsunfall eine Geschäftsgebühr von 1,3 bestimmt; OLG Düsseldorf AGS 2005, 373, weitergehende Inanspruchnahme des Mandanten bei teilweiser Erledigung nach den Regulierungsempfehlungen; LG Passau BeckRS 2015, 11761 = NJW-RR 2015, 1216, wird ein RA von zwei durch denselben Unfall Geschädigten wegen unterschiedlicher Schadenspositionen beauftragt, wobei die jeweiligen Vollmachten zwar am selben Tag, jedoch an verschiedenen Orten unterzeichnet werden, und werden die Verfahren vom RA getrennt geführt und abgeschlossen, liegen zwei verschiedene Angelegenheiten vor.

[39] LG Saarbrücken BeckRS 2015, 03794.

[40] BGH NJW 2011, 1603 mAnm *Mayer* FD-RVG 2011, 31578.

[41] Hartmann/Toussaint/*Toussaint* RVG VV 2300 Rn. 3 „Die Beschränkung auf nur eine einzige Gebührenart stellt eine wesentliche Vereinfachung dar. Andererseits bildet die wesentliche Erhöhung des früheren Gebührenrahmens das notwendige Gegenstück zu dieser Vereinfachung. Die Merkmale „umfangreich oder schwierig" in der amtlichen Anmerkung haben alsbald zu neuen Abgrenzungsproblemen geführt, zumal sie ja zu den Problemen des ohnehin mitbeachtlichen § 14 RVG hinzutreten. Eine weder zu großzügige noch zu strenge Handha-

ist auch in außergerichtlichen Angelegenheiten die Beweisaufnahmegebühr völlig entfallen. Der Umstand, dass in einer Angelegenheit gem. VV 2300 RVG eine Besprechung oder eine Beweisaufnahme stattgefunden hat, ist nur für die Höhe der Gebühr, also bei der Ausfüllung des Rahmens von 0,5–2,5 von Bedeutung. → Rn. 17, 31.

Die Gebühren VV 2300 ff. RVG sind Pauschgebühren. Sie gelten die gesamte Tätigkeit des RA ab, die sich auf die in Frage stehende Angelegenheit bezieht. Insbesondere werden auch Nebentätigkeiten durch die Gebühren mit abgegolten, vgl. nachstehend → Rn. 18.

Ob der RA einen **Gesamtauftrag** oder nur einen Auftrag zu einer **Einzeltätigkeit** in einer Angelegenheit der VV 2300 RVG erhalten hat, ist anders als bei VV 3403 RVG gleichgültig. Die Vergütung richtet sich in beiden Fällen nach VV 2300 RVG. Ein unterschiedlicher Umfang der Tätigkeit ist durch die Bemessung der Gebühr innerhalb des Gebührenrahmens auszugleichen.

2. Geschäftsgebühr als Grundgebühr

17 Die Geschäftsgebühr ist eine Grundgebühr, die in allen Angelegenheiten anfallen muss, deren Erledigung durch die Gebühren der VV 2300 ff. RVG abgegolten wird (Betriebsgebühr). Sie entsteht mit der ersten Tätigkeit des RA nach Erhalt des Auftrags, also in aller Regel mit der Entgegennahme der Information. Die Annahme des Auftrags allein, ohne auch nur die Entgegennahme der ersten Information, löst die Gebühr noch nicht aus.[42] Sie gilt alle Besprechungen mit dem Auftraggeber, dem Gegner und allen Dritten, sowie den gesamten Schriftverkehr – sei es mit dem Auftraggeber, dem Gericht oder der Behörde, sei es mit der Gegenpartei – ab.

3. Auftrag zu einer nach außen gerichteten Tätigkeit

17a Die Geschäftsgebühr VV 2300 RVG ist in dem die außergerichtliche Vertretung des Mandanten betreffenden Abschnitt des Vergütungsverzeichnisses geregelt. Nach dem BGH kommt eine Vertretung begrifflich nur gegenüber Dritten in Betracht. Deshalb setzt das Betreiben eines Geschäfts, das eine Geschäftsgebühr auslöst, einen Auftrag des Mandanten voraus, der auf eine Tätigkeit des Rechtsanwalts nach außen gerichtet ist. Eine solche Ausrichtung ist nicht lediglich ein – sicheres – Indiz für eine nach VV 2300 RVG zu vergütende Tätigkeit.[43] Fehlt es an ihr und soll der Rechtsanwalt ausschließlich nach innen gegenüber dem Mandanten tätig werden, liegt eine Beratung im Sinne des § 34 RVG vor.[44] Der Auftrag an den Anwalt, eine nach außen gerichtete Tätigkeit auszuführen, ist somit nicht lediglich ein Indiz für eine nach VV 2300 RVG zu vergütende Tätigkeit, sondern conditio sine qua non dafür.

Die auftragsgemäß auf den Entwurf eines Testaments beschränkte Tätigkeit des Rechtsanwalts ist daher als Beratung und nicht als Betreiben eines Geschäfts zu vergüten.[45]

Entwerfen einer Urkunde. In VV Vorb. 2.3 Abs. 3 RVG ist die Mitwirkung bei der Gestaltung eines Vertrags erwähnt, im Gegensatz zur Formulierung in § 118 BRAGO aber das Entwerfen einer Urkunde nicht mehr. Die daraus resultierenden Unklarheiten[46] hat mittlerweile der BGH beseitigt. Nach dem BGH wird in diesem Fall eine Geschäftsgebühr VV 2300 RVG nur ausgelöst, wenn sich die Mitwirkung auf einen Vertrag bezieht. Vorbem. 2.3 RVG nenne in Abs. 3 eine solche Mitwirkung an der Gestaltung eines Vertrages als selbständige Fallgruppe neben dem Betreiben des Geschäfts. Sie habe einer gesonderten Erwähnung bedurft, weil mangels einer nach außen gerichteten Tätigkeit kein Betreiben des Geschäfts vorliegt, wenn sich die Mitwirkung des Rechtsanwalts an der Vertragsgestaltung darauf beschränkt, im Innenverhältnis gegenüber dem Mandanten tätig zu werden. Die Ausrichtung auf eine andere Vertragspartei bei der Mitwirkung an der Gestaltung eines Vertrages rechtfertigt nach dem BGH die gebührenrechtliche Gleichbehandlung mit dem Fall, dass der Rechtsanwalt selbst nach außen tätig werden soll.[47]

Nach dem BGH ist daher der auftragsgemäße Entwurf zweier abgestimmter Testamente keine die Geschäftsgebühr auslösende Mitwirkung bei der Gestaltung eines Vertrags.[48] Offen

---

bung dieser praktisch erscheinenden Merkmale kann helfen, die Vorschrift nicht zu einem neuen Tummelplatz der Meinungen werden zu lassen."

[42] Mayer/Kroiß/*Teubel* RVG VV Vorb. 2.3 Rn. 3.

[43] Die in der Vorauflage unter § 34 Rn. 14 vertretene Gegenauffassung wurde aufgegeben.

[44] BGH NJW 2018, 1479 mAnm *Mayer* FD-RVG 2018, 404661.

[45] BGH NJW 2018, 1479 mAnm *Kroiß* NJW 2018, 1482, Anm. *Mayer* FD-RVG 2018, 404661.

[46] Siehe hierzu näher wie Vorauflage VV 2300 Rn. 17 RVG.

[47] BGH NJW 2018, 1479 mAnm *Mayer* FD-RVG 2018, 404661.

[48] BGH NJW 2018, 1479.

ließ der BGH in diesem Zusammenhang, ob der Entwurf eines gemeinschaftlichen Testaments mit einer Geschäftsgebühr zu vergüten ist.[49] Denkt man den Ansatz des BGH jedoch konsequent zu Ende, muss man zum Ergebnis kommen, dass nur bei der Mitwirkung bei der Gestaltung eines Erbvertrags die Geschäftsgebühr ausgelöst wird, nicht jedoch beim Entwurf eines gemeinschaftlichen Testaments.[50]

Die Unterscheidung zwischen Rat und Geschäftsbesorgung kann aber wichtig werden bei Bestehen einer Rechtsschutzversicherung. Denn nach § 25 Abs. 3e, § 26 Abs. 3, § 27 Abs. 3 iVm § 2k ARB 2010 dürfen Rat oder Auskunft nicht mit einer anderen gebührenpflichtigen Tätigkeit zusammenhängen.

4. Vorzeitige Beendigung

Gelegentlich wird ausgeführt, eine Tätigkeit, die durch die Gebühren der VV 2300 abgegolten wurde, werde nur als Beratung vergütet, wenn die Tätigkeit nach einer Beratung beendet werde. 17b

Beispiel:

Der RA erhält den Auftrag, den Auftraggeber in einer Nachlasssache zu vertreten. Er berät den Auftraggeber und bittet ihn, Urkunden beizubringen, damit er die Angelegenheit weiterbetreiben könne. Der Auftraggeber kündigt am nächsten Tag den Auftrag.

Hier war eindeutig ein Auftrag nach VV 2300 RVG erteilt. Die Geschäftsgebühr fällt mit der ersten Tätigkeit, hier mit der Entgegennahme der Information und der Beratung, an. Sie entfällt auch nicht wieder und wird nicht durch die Vergütung nach § 34 RVG ersetzt, weil die Tätigkeit des Anwalts nicht über die Beratung hinausgegangen ist. Wesentlich wird die Frage für die Höhe der Gebühr.

5. Nebentätigkeiten

Durch die Geschäftsgebühr wird nicht nur die eigentliche Haupttätigkeit vergütet. Durch sie werden vielmehr auch die **Nebentätigkeiten** abgegolten, die das Hauptgeschäft fördern und den beabsichtigten Erfolg herbeiführen: 18

- die Einsicht in Vorakten (zB in die Strafakten beim Auftrag, wegen der Verkehrsunfallschäden zu verhandeln),
- die Einsicht in das Grundbuch oder in Register (Handels- oder Vereinsregister usw),
- das Fertigen, Unterzeichnen und Einreichen von Schriftsätzen und sonstigen Schreiben sowie das Entwerfen von Urkunden (zB der Entwurf eines Vergleichs bzw. Abschlusses einer Unfallschadensregulierung).

Eine Ermäßigung der Gebühr für den Fall der vorzeitigen Erledigung der Angelegenheit ist nicht vorgesehen, da VV 3101 RVG nicht anwendbar ist. Der Ausgleich ist über die Änderung des Gebührenrahmens (Senkung bis auf 0,5) möglich.

6. Spezialkenntnisse, Sprachkenntnisse

Besitzt der RA **Spezialkenntnisse,** wird deren Verwertung durch die Geschäftsgebühr mit entgolten (also keine zusätzliche Vergütung, aber Berücksichtigung bei der Höhe der Gebühr).[51] 19

Das Gleiche gilt, wenn der RA **Sprachkenntnisse** verwerten muss (zB Briefwechsel in französischer Sprache, Besprechung in englischer Sprache).[52]

Reine **Übersetzertätigkeit** wird aber gem. § 11 JVEG abgegolten.

7. Besprechungsgebühr

Das RVG hat die Besprechungsgebühr des § 118 Abs. 1 Nr. 2 BRAGO durch VV 2300 RVG beseitigt. Hat eine Besprechung mit dem Gegner oder einem Dritten stattgefunden, ist dies bei dem Rahmen von 0,5–2,5 zu berücksichtigen. Die früher heftig umstrittene Frage, wer ist Dritter iSv § 118 Abs. 1 Nr. 2 BRAGO ist nunmehr unwichtig. 20

Hat eine Besprechung stattgefunden, die nicht in die Nähe einer bloßen Nachfrage liegt, kann die Regelgebühr von 1,3 unangemessen sein, denn dann kann das Tatbestandsmerkmal umfangreich gegeben sein, → Rn. 31.

---

[49] BGH NJW 2018, 1479 [13]; zum Streitstand in dieser Frage siehe OLG Frankfurt BeckRS 2012, 212879 = AGS 2015, 505 (Geschäftsgebühr); OLG Düsseldorf NJOZ 2013, 549 (Beratung).

[50] So *Schneider* in Anm. NJW-Spezial 2018, 315.

[51] → § 14 Rn. 22.

[52] → § 14 Rn. 22.

8. Beweisaufnahmegebühr

21 Befragung von Zeugen, Anhörung von Sachverständigen und Inaugenscheinnahme fallen alle unter die Geschäftsgebühr und sind daher im Rahmen der Gebühr gem. § 14 RVG zu berücksichtigen.

9. Einmaligkeit der Gebühren

22 Gem. § 15 Abs. 2 RVG können je nach Angelegenheiten die Gebühren nach VV 2300–2303 RVG nur einmal entstehen. Der RA kann also in jeder Angelegenheit nur einmal die Geschäftsgebühr verdienen. Dabei ist es gleichgültig, ob eine oder mehrere Besprechungen oder Beweisaufnahmen stattfinden. Ebenso ist unerheblich, ob die Angelegenheit einen großen oder nur einen geringen Umfang aufweist. Der mehr oder minder große Umfang der Angelegenheit ist allein innerhalb des Gebührenrahmens zu beachten.

Mehrere Instanzen in gerichtlichen Verfahren sind mehrere Angelegenheiten (§ 17 Nr. 1 RVG). Die Gebühren können deshalb in mehreren Instanzen mehrfach anfallen (vgl. § 16 Nr. 1 RVG und § 17 Nr. 1a RVG für das Verwaltungsverfahren).

10. Mehrere Auftraggeber

23 Auch wenn der RA den Auftrag von mehreren Auftraggebern erhalten hat, entstehen die Gebühren der VV 2300 RVG nur je einmal. Das gilt auch dann, wenn die Aufträge nicht gleichzeitig erteilt werden. Nach VV 1008 RVG erhöht sich jedoch die Geschäftsgebühr um jeweils 0,3, wenn der RA von mehreren Personen mit der Bearbeitung des gleichen Gegenstandes beauftragt wird. Die Erhöhung tritt auch ein, wenn der RA gleichzeitig beauftragt wird.

Ist der Gegenstand der mehreren Aufträge derselbe, so erfolgt die Erhöhung nicht dadurch, dass die Ausgangsgebühr für jeden zusätzlichen Auftraggeber um 0,3, sondern dadurch, dass der Gebührensatz der Ausgangsgebühr um 0,3 für jeden zusätzlichen Auftraggeber erhöht wird.[53]

11. Mehrere Angelegenheiten

24 Die Frage, ob der RA eine oder mehrere Angelegenheiten zu bearbeiten hat, ist mitunter zweifelhaft.[54]

Beispiel:

Anwaltsgebühren für die Vertretung mehrerer Unfallgeschädigter.[55]

12. Beschwerdegebühr

25 Die frühere Streitfrage, wie Beschwerden zu vergüten sind, ist entfallen. Es gelten jetzt VV 3500 RVG bzw. in besonderen Fällen über VV Vorb. 3.2.1 Nr. 2, VV 3200 ff. RVG.

13. Verwaltungsverfahren

26 In § 17 Nr. 1a RVG ist bestimmt, dass die vorbezeichneten Verfahren sowie das gerichtliche Verfahren jeweils verschiedene Angelegenheiten darstellen.

Im Gegensatz zu § 17 Nr. 1a RVG sind nach § 16 Nr. 1 RVG das Verwaltungsverfahren auf Aussetzung oder Anordnung der sofortigen Vollziehung sowie über einstweilige Maßnahmen zur Sicherung der Rechte Dritter und jedes Verwaltungsverfahren auf Abänderung oder Aufhebung doch dieselbe Angelegenheit.

14. Andere Tätigkeiten

27 Für andere als vor Gerichten oder Behörden vorzunehmende Tätigkeiten wird es für die Frage, ob eine oder mehrere Angelegenheiten vorliegen, auf den Auftrag ankommen, den der RA erhalten hat. Als Anhalt mag dienen, dass sich ein einheitlich zu bearbeitender Lebensvorgang in der Regel auch als eine Angelegenheit darstellen wird. Andererseits wird das, was im Leben als zwei verschiedene Vorgänge angesehen wird, auch als zwei verschiedene Angelegenheiten anzusehen sein. Siehe iÜ die Erläuterungen zu § 15 RVG.

Der Entwurf eines Vertrages und die Teilnahme an der späteren notariellen Beurkundung sind eine Angelegenheit.

15. Abgrenzung zur Notartätigkeit

28 In einer Reihe der vorstehend behandelten Angelegenheiten können sowohl Rechtsanwälte als auch Notare tätig werden.

---

53 → RVG VV 1008 Rn. 256 ff.; aA aber falsch AG Recklinghausen AGS 2005, 154 mablAnm *Mock*.

54 Zum Begriff „Angelegenheit" → § 15 Rn. 5 ff.

55 → § 15 Rn. 9; *Schmidt* AnwBl 1973, 333; *Madert* AGS 1999, 97; ZfS 2005, 326 (327).

Das Problem spielt keine Rolle in den Ländern, in denen Anwaltschaft und Notariat getrennt sind (zB in Bayern). Wird ein RA in solchen Angelegenheiten tätig, richtet sich seine Vergütung nach dem RVG; wird ein Notar tätig, richtet sich dessen Vergütung nach der GNotKG. Ein RA, der einen notariell zu beurkundenden Vertrag entwirft, ist in der Regel nicht verpflichtet, den Mandanten darauf hinzuweisen, dass noch Notarkosten entstehen werden.[56]

(1) Dagegen wird die Frage brennend, wenn ein Anwaltsnotar (Notaranwalt) tätig wird: ist dessen Tätigkeit nach dem RVG oder nach der GNotKG zu vergüten?

(2) Kann ein Anwaltsnotar (Notaranwalt) in solchen Fällen konkurrierender Zuständigkeit erklären: „Ich will nicht als Notar, sondern als Anwalt tätig werden"?

Zu (1): Die Antwort ergibt sich aus dem Auftrag, nämlich, ob die Tätigkeit dem Anwaltsnotar (Notaranwalt) als RA oder als Notar übertragen worden ist. Für den Regelfall ist jedoch mit dieser Antwort nichts gewonnen, da der Auftraggeber sich meist nichts denken und noch weniger zum Ausdruck bringen wird, weil ihm der Unterschied gar nicht bewusst ist.[57]

Die bessere Antwort gibt § 24 BNotO, der in seinen Abs. 1, 2 eine Regelung für die unklaren Fälle enthält.

§ 24 BNotO bestimmt:

(1) Zu dem Amt des Notars gehört auch die sonstige Betreuung der Beteiligten auf dem Gebiet vorsorgender Rechtspflege, insbesondere die Anfertigung von Urkundenentwürfen und die Beratung der Beteiligten. Der Notar ist auch, soweit sich nicht aus anderen Vorschriften Beschränkungen ergeben, in diesem Umfang befugt, die Beteiligten vor Gerichten und Verwaltungsbehörden zu vertreten.

(2) Nimmt ein Notar, der zugleich Rechtsanwalt ist, Handlungen der im Absatz 1 bezeichneten Art vor, so ist anzunehmen, dass er als Notar tätig geworden ist, wenn die Handlung bestimmt ist, Amtsgeschäfte der in §§ 20 bis 23 bezeichneten Art vorzubereiten oder auszuführen. Im Übrigen ist im Zweifel anzunehmen, dass er als Rechtsanwalt tätig geworden ist.

Danach liegt Notartätigkeit vor, wenn ein Notar, der zugleich RA ist, den Vollzug einer von ihm beurkundeten oder zur Vorbereitung der Beurkundung oder Beglaubigung entworfenen Urkunde betreibt.[58]

Soweit § 24 BNotO nicht einschlägt, ist Anwaltstätigkeit anzunehmen.[59]

Zu (2): Bei der weiteren Frage, ob ein Anwaltsnotar (Notaranwalt) ablehnen kann, als Notar tätig zu werden, mit dem weiteren Angebot, in der gleichen Sache als Anwalt tätig werden zu wollen, wird man unterscheiden müssen.

Als eindeutig ist jedoch zweierlei vorauszuschicken:[60]

---

[56] OLG Düsseldorf MDR 1984, 844.

[57] OLG Hamm DNotZ 1968, 625, entfaltet der als Notar angegangene Anwaltsnotar eine anwaltliche Tätigkeit und nimmt der Klient diese in der Meinung entgegen, der Anwaltsnotar werde als Notar tätig, so kommt ein Anwaltsvertrag nicht zustande; OLG Hamm Rpfleger 1975, 449 = MDR 1976, 152.

[58] Wegen weiterer Einzelheiten zu dieser Frage *Tschischgale* Das Büro 1959, 221; KLBR KostO § 146 Anm. 68–70, § 147 Anm. 92–125; *Mümmler* JurBüro 1981, 1315; 1982, 1646; 1988, 696; OLG Celle JurBüro 1968, 892 = NdsRpfl. 1969, 18, wenn der einen Hofübergabevertrag beurkundende Notar die landwirtschaftliche Genehmigung auf Verlangen der Beteiligten beantragt und sie vor dem Landwirtschaftsgericht vertritt, handelt er auch als Anwaltsnotar als Notar und kann deshalb für seine Tätigkeit in diesem Verfahren nicht Gebühren nach Maßgabe der BRAGO beanspruchen; OLG Hamm MDR 1976, 152 = JurBüro 1975, 1489 = DNotZ 1977, 49; KG DNotZ 1972, 184 = JurBüro 1972, 235, Notargebühren und nicht Rechtsanwaltsgebühren fallen an, wenn ein RA und Notar bei der Auseinandersetzung über ein Gesamtunternehmen mitwirkt, zu der die Abtretung von GmbH-Anteilen gehört und vorgesehen ist und in deren Verlauf die notarielle Beurkundung einer Gesamtvereinbarung vereinbart wird; OLG Oldenburg Rpfleger 1968, 101, wenn ein RA und Notar auf einem Formular, das er sonst für die Herstellung notarieller Urkunden verwendet, den Entwurf einer notariellen Urkunde hergestellt hat, spricht nach der Lebenserfahrung eine Vermutung dafür, dass er das in seiner Eigenschaft als Notar getan hat; OVG Bremen MDR 1980, 873, legt ein Anwaltsnotar Widerspruch gegen die Versagung der Bodenverkehrsgenehmigung ein, so wird er als Notar tätig und ist nicht nach der BRAGO, sondern nach der KostO zu entschädigen.

[59] Vgl. zB OLG Hamm AGS 1999, 66; LG Berlin DNotZ 1966, 634, wird ein Anwaltsnotar mit dem Auftrag tätig, für ein Grundstück seines Mandanten einen Kaufinteressenten zu finden und mit diesem einen Vertrag zu möglichst günstigen Bedingungen für seinen Mandanten zu vereinbaren, so entfaltet er eine anwaltliche Tätigkeit; LG Bochum und LG Essen Rpfleger 1980, 313 mAnm *Schopp,* sind in einem Erbscheinsverfahren gegensätzliche Interessen verschiedener Beteiligten zu klären, so ist die Tätigkeit eines Anwaltsnotars nach der BRAGO zu vergüten.

[60] Zur Abgrenzung von Anwalts- und Notartätigkeit im Bereich des Anwaltsnotariats siehe auch Schneider/Volpert/Fölsch/*Fackelmann* GNotKG § 1 Rn. 14 ff.

Die Fälle der konkurrierenden Zuständigkeit sind – wie bereits die Begriffsbestimmung ergibt – keine Fälle ausschließlicher Notartätigkeit. Liegt aber kein eigentliches Amtsgeschäft als Notar vor, wird dem Anwaltsnotar (Notaranwalt) grds. die Befugnis einzuräumen sein, sich zu entscheiden, in welcher Eigenschaft – als Notar oder als RA – er bereit ist, die ihm angetragene Tätigkeit zu übernehmen.

Der angesprochene Anwaltsnotar (Notaranwalt) muss seine Entscheidung (nicht als Notar, sondern als Anwalt tätig werden zu wollen) den Beteiligten klar und mit dem Hinweis auf die Folgen bekannt geben. Er muss den Beteiligten also sagen, dass ein Fall konkurrierender Zuständigkeit vorliegt, dass er also sowohl als Notar wie als RA tätig werden kann, dass er aber im gegebenen Falle nur bereit ist, als RA zu handeln, weil er dann nach dem RVG höhere Gebühren beanspruchen kann.

Nur dann, wenn die Beteiligten wissen, dass eine Wahlmöglichkeit besteht und dass eine Inanspruchnahme der Tätigkeit als RA teurer ist, wird man aus dem nunmehr erhaltenen Auftrag folgern können, dass der Anwaltsnotar (Notaranwalt) als RA beauftragt worden ist.[61]

Der Anwaltsnotar (Notaranwalt) wird auch nach einer reinen Amtstätigkeit (zB Beurkundung eines Grundstückskaufvertrages) ablehnen können, die Geschäfte der §§ 146, 147 KostO aF als Notar zu besorgen.

Hier wird man allerdings bereits eine Einschränkung machen müssen. In den Fällen, in denen es üblich ist, dass der Notar die Vollzugsgeschäfte übernimmt, wird der Anwaltsnotar (Notaranwalt) seine Weigerung, bei dem Vollzug des Geschäfts als Notar tätig zu werden, vor der Übernahme des Amtsgeschäfts (zB der Beurkundung des Grundstückskaufvertrags) bekannt geben müssen: den Beteiligten muss die Wahl gelassen bleiben, zu einem anderen Notar zu gehen, der auch beim Vollzug als Notar mitwirken will. Nach der Beurkundung des Vertrages bleibt den Beteiligten nur noch die Wahl, „alles selbst machen" oder „den Anwaltsnotar (Notaranwalt) als RA beauftragen". In diese Lage darf der Anwaltsnotar (Notaranwalt) die Beteiligten nicht bringen.

Weiter ist generell zu sagen: Hat der Anwaltsnotar (Notaranwalt) bereits begonnen, als Notar beim Vollzug tätig zu werden, ist es nicht mehr möglich, von der Notartätigkeit zur Anwaltstätigkeit überzuwechseln. Das gilt nicht nur innerhalb einer einzelnen Vollzugstätigkeit iSd § 146 KostO aF, sondern auch dann, wenn mehrere Vollzugsgeschäfte zur Durchführung einer Grundstücksveräußerung notwendig sind. Der Anwaltsnotar (Notaranwalt) kann also nicht sagen: Das erste Vollzugsgeschäft führe ich zwar als Notar zu Ende, bei dem zweiten will ich aber als RA tätig werden.

16. Geschäftsgebühr bei teilweiser außergerichtlicher Erfüllung

29 Ob die Gebühren für die Inanspruchnahme anwaltlicher Tätigkeit einheitlich aus einem Gesamtwert oder jeweils gesondert aus dann niedrigen Teilwerten berechnet werden, hängt davon ab, ob es sich um **eine oder mehrere Angelegenheiten** handelt. Liegt bspw. ein aufschiebend bedingter Prozessauftrag zur Durchsetzung einer Zahlungsforderung vor und führt die außergerichtliche Tätigkeit des Rechtsanwalts zu einer teilweisen Erfüllung der Forderung, sodass lediglich noch wegen des Restbetrages ein Klageverfahren notwendig ist, kann die Geschäftsgebühr gem. VV 2300 RVG nur einmal aus dem Gesamtgegenstandswert und nicht zweimal aus (dann niedrigeren) Teilgegenstandswerten verlangt werden.[62]

Beispiel:[63]

Beim Verkehrsunfall werden Schadensersatzansprüche iHv 8.721,– EUR außergerichtlich geltend gemacht. Die beklagte Versicherung zahlt 5.702,– EUR und erstattet außerdem 555,– EUR an außergerichtlichen Rechtsverfolgungskosten, wobei sie eine 1,3 Geschäftsgebühr aus einem Gegenstandswert von 5.702,41 EUR zugrunde legt. Mit der Klage macht die Klägerin restliche Schadensersatzansprüche iHv 3.019,– EUR geltend. An außergerichtlichen Rechtsverfolgungskosten können dann nicht noch eine 1,3 Geschäftsgebühr aus einem Gegenstandswert von 3.019,– EUR geltend gemacht werden, sondern es können lediglich noch außergerichtliche Restverfolgungskosten in Höhe einer 1,3 Geschäftsgebühr aus dem Gegenstandswert von 8.721,– EUR abzgl. der bereits erstatteten außergerichtlichen Rechtsverfolgungskosten geltend gemacht werden.

---

[61] OLG Hamm RdL 1967, 109, der Notar, der einen Übergabevertrag beurkundet hat, die Genehmigung beim Landwirtschaftsgericht beantragt und die Beteiligten im Genehmigungsverfahren vertritt, handelt, auch wenn er zugleich RA ist, als Notar und kann deshalb für seine Tätigkeit im Genehmigungsverfahren nicht nach der BRAGO liquidieren. Will er von der notariellen zur rechtsanwaltlichen Tätigkeit übergehen, müssen die Beteiligten das Auftreten des Notars als Anwalt bewusst billigen.

[62] BGH BeckRS 2014, 11610 = NJW-RR 2014, 1341 mAnm *Mayer* FD-RVG 2014, 359295.

[63] BGH BeckRS 2014, 11610.

IV. Höhe der Gebühren

1. Allgemeines

Die **Geschäftsgebühr nach VV 2300 RVG beträgt 0,5–2,5.** Die Erweiterung des Rahmens von § 118 Abs. 1 Nr. 1 BRAGO ist ein Ausgleich für den Wegfall der Besprechungs- und Beweisaufnahmegebühr. Eine Gebühr von mehr als 1,3 kann nur gefordert werden, wenn die Tätigkeit umfangreich oder schwierig war. 30

Bei mehreren Auftraggebern erhöht sich der Rahmen der Geschäftsgebühr unter der Voraussetzung der VV 1008 RVG je weiteren Auftraggeber um drei Zehntel.

Welche Gebühr der RA für seine Tätigkeit im Einzelfall verdient hat, ist gem. § 14 RVG unter Berücksichtigung aller Umstände zu bestimmen. Zu beachten sind hierbei vor allem
- der Umfang und die Schwierigkeiten der anwaltlichen Tätigkeit,
- die Bedeutung der Angelegenheit,
- die Vermögens- und Einkommensverhältnisse des Auftraggebers.
- uU das besondere Haftungsrisiko des RA.

Sämtlichen aufgeführten Umständen kommt an sich der gleiche Rang zu. Im Einzelfall kann es jedoch zu Verschiebungen kommen, einmal kann der Bedeutung der Angelegenheit der Vorrang einzuräumen sein, ein anderes Mal den wirtschaftlichen Verhältnissen, ein drittes Mal den „anderen" nicht aufgeführten Umständen, zB dem Umstand, dass dem RA zwanzig Auftraggeber mit zT auseinander gehenden Interessen gegenüberstehen.[64]

Wegen der Einzelheiten s. die Ausführungen zu § 14 RVG. Hervorgehoben sei, dass Spezialkenntnisse und Sprachkenntnisse (bei Unterhaltung mit Ausländern, die der deutschen Sprache nicht mächtig sind) sich gebührenerhöhend auswirken.[65]

Da sich nachträglich Zahl, Dauer und Umfang sowie Schwierigkeit der Besprechungen nur schwer nachweisen lassen, empfiehlt es sich, über jede Besprechung eine Aktennotiz zu fertigen.

Die Praxis und die hM gehen überwiegend von der **Mittelgebühr** aus, die bei VV 2300 RVG mit 1,5 mathematisch genau angenommen wird.

Ebenso bestand einige Zeit Streit, welche Gebühr bei sog. einfachen Verkehrsunfallregulierungen am Platz ist. Dieser Streit dürfte in der Praxis nunmehr als ausgetragen gelten. Der Anwalt des Geschädigten hat auch in durchschnittlichen Regulierungssachen mindestens Anspruch auf eine 1,3-Gebühr.[66]

Die **Mindestgebühr** kommt nur für die denkbar einfachste außergerichtliche Anwaltstätigkeit in Betracht.[67] 31

Die **Höchstgebühren** sind gerechtfertigt, wenn der Umfang oder die Schwierigkeit der Tätigkeit des RA weit über den Normalfall hinausgegangen ist.[68] 32

Nach der gegenwärtigen Gesetzeslage kann die Gebühr von 1,3 nicht überschritten werden. Von der Sache her ist das aber unbefriedigend. Der Gesetzgeber sollte eingreifen. Denn der Gesetzgeber wollte doch erklärtermaßen mit der Umstrukturierung des Gebührensystems eine Einkommensverbesserung für die Anwälte erreichen, die anwaltliche Vergütung der wirtschaftlichen Entwicklung anpassen und nicht, – wie der Beispielfall zeigt – eine Gebührenverminderung im Vergleich zu der BRAGO.

2. Schwellengebühr

Nach der Anmerkung zum Vergütungstatbestand VV 2300 RVG kann eine Gebühr von mehr als 1,3 nur gefordert werden, wenn die Tätigkeit umfangreich oder schwierig war. Diese Bestimmung löste bereits vor Inkrafttreten des RVG eine heftige juristische Kontroverse auf. 33

---

[64] KG Rpfleger 1979, 434, setzt der beigeordnete RA für eine mit erheblichem Zeit- und Arbeitsaufwand verbundene Tätigkeit im Beschwerdeverfahren der freiwilligen Gerichtsbarkeit die volle Gebühr an, so ist diese Bestimmung nicht schon wegen der Mittellosigkeit des Betroffenen unbillig iSv § 14 Abs. 1 S. 4 RVG; s. a. OLG Schleswig JurBüro 1989, 489, bei isolierten Familiensachen zur Regelung der elterlichen Sorge und des Umgangsrechts kommt mit Rücksicht auf die erhebliche Bedeutung, besondere tatsächliche oder rechtliche Schwierigkeiten und einen außergewöhnlichen Arbeitsaufwand, verbunden mit intensiver Erledigung, der Höchstgebührensatz nach § 118 BRAGO auch dann in Betracht, wenn die Eltern in durchschnittlichen oder sogar einfachen wirtschaftlichen Verhältnissen leben.

[65] AG Frankfurt VersR 1986, 776.

[66] → § 14 Rn. 59.

[67] Einzelheiten → § 14 Rn. 15.

[68] → § 14 Rn. 13 f.; OLG Düsseldorf RVGreport 2005, 309, 2,0 Geschäftsgebühr nicht unbillig bei Verfahren vor der Vergabekammer mit mündlicher Verhandlung.

Eine Meinung vertrat nämlich zu dieser Regelung, dass eine Gebühr von mehr als 1,3 nur gefordert werden könne, wenn die Tätigkeit umfangreich oder schwierig war, die Auffassung, dass das Vergütungsverzeichnis bei der Geschäftsgebühr nicht nur einen, sondern zwei Gebührenrahmen vorsehe. Sei die Angelegenheit umfangreich oder schwierig, so stehe ein Gebührenrahmen von 1,3–2,5 mit einer Mittelgebühr von 1,9 zur Verfügung, wenn die Angelegenheit jedoch nicht umfangreich oder schwierig sei, so sollte nach dieser Auffassung lediglich ein Gebührenrahmen von 0,5–1,3 mit einer Mittelgebühr von 0,9 zur Verfügung stehen.[69] Diese Auffassung blieb jedoch nach überzeugendem und heftigem Widerspruch in der Lit.[70] vereinzelt und wird auch jetzt nicht mehr vertreten.[71]

In der Gesetzesbegründung[72] wird darauf hingewiesen, dass der erweiterte Abgeltungsbereich der Geschäftsgebühr eine andere Einordnung der unterschiedlichen außergerichtlichen Vertretungsfälle in dem zur Verfügung stehenden größeren Gebührenrahmen erfordert. Dies führe zwangsläufig zu einer neuen Definition des „Normalfalls". Nur dann, wenn Umfang oder Schwierigkeit über dem Durchschnitt liegen, sei es gerechtfertigt, über die Schwellengebühr von 1,3 hinaus zu gehen. In allen anderen Fällen dürfte die Gebühr von 1,3 zur Regelgebühr werden. Damit ist die Regelung zur Schwellengebühr von 1,3 grds. als **Kappungsgrenze** ausgestaltet.[73]

Praktisch ist **wie folgt vorzugehen:**[74]

- **Zunächst** ist unter Ausnutzung des vollen Gebührenrahmens des Vergütungstatbestandes VV 2300 RVG und unter Berücksichtigung aller in § 14 RVG genannten Bemessungskriterien die **Gebühr zu bestimmen.**
- Für den Fall, dass die Schwellengebühr überschritten wird, ist in einem **zweiten Schritt** zu prüfen, ob die Tätigkeit umfangreich oder schwierig war.
- wird dies bejaht, bleibt es bei der bestimmten Gebühr, wird die Frage verneint, greift die **Kappungsgrenze** (Schwellengebühr) ein.[75]

34 Erneute Irritationen in diesem Zusammenhang hat der BGH[76] ausgelöst. Aus Anlass der Abgrenzung des Anwendungsbereichs der Geschäftsgebühr für die vorgerichtliche Tätigkeit des Rechtsanwalts vor Erhebung einer Vollstreckungsabwehrklage hat er quasi „en passant" entschieden, dass die Erhöhung einer 1,3-fachen Regelgebühr auf eine 1,5-fache Gebühr einer gerichtlichen Nachprüfung entzogen sei, da sie sich innerhalb des Toleranzspielraums von 20% bewege.[77] Die einzige Erklärung der Lit. für diese Auffassung bestand in der Vermutung, dass der Zivilsenat des BGH das Problem nicht erkannt und daher falsch gelöst hat.[78] Daher war es auch konsequent, dass auch die obergerichtliche Rspr. der Auffassung des BGH nicht folgte. So hat das OLG Koblenz ausdrücklich entgegen der Auffassung des BGH entschieden, dass die Erhöhung der 1,3 Geschäftsgebühr auf eine 1,5 Gebühr trotz des bei der Gebührenbemessung anerkannten Toleranzspielraums einer gerichtlichen Nachprüfung nicht entzogen ist.[79] Allerdings hat der VIII. Zivilsenat des BGH mit der Entscheidung v. 11.7.2012[80] eine erneute Kehrtwendung vollzogen und klar ausgesprochen, dass eine Erhöhung der Geschäftsgebühr über eine Regelgebühr von 1,3 hinaus nur gefordert werden kann, wenn die Tätigkeit des Rechtsanwalts umfangreich oder schwierig war, und deshalb **nicht unter dem Gesichtspunkt der Toleranzrechtsprechung** bis zu einer Überschreitung von 20% **der gerichtlichen Überprüfung entzogen** ist.

3. Umfangreiche oder schwierige Tätigkeit

35 Wegen des Umfangs der anwaltlichen Tätigkeit vgl. zunächst → § 14 Rn. 18 ff. und wegen der Schwierigkeit der anwaltlichen Tätigkeit → § 14 Rn. 22 ff.

---

[69] *Braun,* Gebührenabrechnung nach dem neuen Rechtsanwaltsvergütungsgesetz, 2003, 62.

[70] *Otto* NJW 2004, 1420; Mayer/Kroiß/Teubel/*Teubel,* Das neue Gebührenrecht, 2004, RVG § 4 Rn. 100 ff.; Schneider/Mock GebührenR § 13 Rn. 9; *Madert* AGS 2004, 185 ff.; HBS VergütungsR/*Hansens* Teil 8 Rn. 108.

[71] HBS VergütungsR/*Hansens* Teil 8 Rn. 108; Mayer/Kroiß/*Teubel* RVG VV 2300 Rn. 7.

[72] BT-Drs. 15/1971, 407.

[73] Mayer/Kroiß/Teubel/*Teubel,* Das neue Gebührenrecht, 2004, RVG § 4 Rn. 102; Mayer/Kroiß/*Teubel* RVG VV 2300 Rn. 6; HBS VergütungsR/*Hansens* Teil 8 Rn. 107.

[74] Mayer/Kroiß/Teubel/*Teubel,* Das neue Gebührenrecht, 2004, RVG § 4 Rn. 105; Mayer/Kroiß/*Teubel* RVG VV 2300 Rn. 7.

[75] *Mayer* Gebührenformulare § 3 Rn. 123.

[76] NJW 2011, 1603.

[77] BGH NJW 2011, 1603, mAnm *Mayer* FD-RVG 2011, 315478.

[78] Mayer/Kroiß/*Teubel,* 5. Aufl. 2012, RVG VV 2300 Rn. 12 mwN.

[79] OLG Koblenz BeckRS 2011, 22909 mAnm *Mayer* FD-RVG 2011, 322976.

[80] NJW 2012, 2813 = AGS 2012, 373 = RVGreport 2012, 375 mAnm *Mayer* FD-RVG 2012, 335928.

In der Gesetzesbegründung zu VV 2400 RVG (aF) heißt es:

„Für alle in einer Angelegenheit anfallenden Tätigkeiten soll nur eine Gebühr anfallen. Vorgesehen ist eine Geschäftsgebühr mit einem Gebührensatzrahmen von 0,5 bis 2,5. Der insgesamt weite Rahmen ermöglicht eine flexiblere Gebührengestaltung. Die künftig allein anfallende Gebühr soll das Betreiben des Geschäfts einschließlich der Information und der Teilnahme an Besprechungen sowie das Mitwirken bei der Gestaltung eines Vertrages abgelten. Eine Besprechungsgebühr ist nicht mehr vorgesehen. Auch ohne Besprechungen oder Beweisaufnahmen kann bei großem Umfang und erheblicher Schwierigkeit einer Sache der obere Rahmen der Gebühr erreicht werden. Die Regelgebühr liegt bei 1,3.

Der erweiterte Abgeltungsbereich der Geschäftsgebühr erfordert eine andere Einordnung der unterschiedlichen außergerichtlichen Vertretungsfälle in den zur Verfügung stehen den größeren Gebührenrahmen. Dies führt zwangsläufig zu einer neuen Definition des „Normalfalls". In durchschnittlichen Angelegenheiten ist grds. von der Mittelgebühr (1,5) auszugehen. In der Anmerkung soll jedoch bestimmt werden, dass der RA eine Gebühr von mehr als 1,3 nur fordern kann, wenn die Tätigkeit umfangreich oder schwierig war. Damit ist gemeint, dass Umfang oder Schwierigkeit über dem Durchschnitt liegen. In anderen Fällen dürfte die Schwellengebühr von 1,3 zur Regelgebühr werden.

Eine nach Abwägung der unterschiedlichen Kriterien des § 14 Abs. 1 RVG in der Summe gänzlich durchschnittliche Angelegenheit würde also nur dann einen Gebührensatz von mehr als 1,3 (etwa in Höhe der Mittelgebühr 1,5) rechtfertigen, wenn die Tätigkeit des Anwalts im Hinblick auf Umfang oder Schwierigkeit über dem Durchschnitt liegt, dies jedoch allein in der Gesamtschau nach § 14 Abs. 1 RVG unberücksichtigt bleiben müsste, weil andere Merkmale vergleichsweise unterdurchschnittlich ins Gewicht fallen. Ist eine Sache danach schwierig oder umfangreich, steht eine Ausnutzung des Gebührenrahmens unter den Voraussetzungen des § 14 RVG (bis zum 2,5-fachen der Gebühr) im billigen Ermessen des Anwalts. Sind auch Umfang und Schwierigkeit der Sache jedoch nur von durchschnittlicher Natur, verbleibt es bei der Regelgebühr (1,3)."

Umstritten ist, wo der Schwellenwert für die umfangreiche oder schwierige Tätigkeit im Sinne der Anmerkung zum Vergütungstatbestand VV 2300 RVG anzusiedeln ist. Eine Auffassung, die jedoch sich selbst in der Praxis für kaum durchsetzbar hielt, hebt auf den Wortlaut der Anmerkung ab und stellt sich auf die Auffassung, dass auch durchschnittlicher Umfang oder durchschnittliche Schwierigkeit bereits ausreicht, um die Kappungsgrenze zu überwinden.[81] Konsequenz dieser Auffassung ist, dass bereits bei durchschnittlicher Schwierigkeit der anwaltlichen Tätigkeit und/oder durchschnittlichem Umfang bei ansonsten ebenfalls durchschnittlichen Verhältnissen bereits eine Mittelgebühr von 1,5 in Rechnung gestellt werden kann.[82] Bei der Entscheidung, ob die anwaltliche Tätigkeit umfangreich oder schwierig war, ist zu berücksichtigen, dass entsprechend der Entstehungsgeschichte des Gesetzes es nicht darauf ankommt, ob die Tätigkeit besonders umfangreich oder besonders schwierig war.[83] Allerdings muss nach richtiger Auffassung die Tätigkeit **hinsichtlich Umfang und Schwierigkeit in irgendeiner Form qualifiziert** sein.[84] **Ausreichend** ist **bereits** eine **geringfügige höhere Schwierigkeit** als durchschnittliche Schwierigkeit bzw. eine **geringfügige Überschreitung des durchschnittlichen Umfangs;** misst man Umfang und Schwierigkeit in einer Bewertungsskala von 1–100, ist nur die Bewertung bis einschließlich 50 durch die „Schwellengebühr" gedeckt, schon die Bewertung mit 51 reicht aus, um die Überschreitung der Kappungsgrenze zu ermöglichen.[85]

4. Vergleichsmaßstab

Als noch nicht abschließend geklärt wird die Frage bezeichnet, ob Vergleichsmaßstab für Umfang und Schwierigkeit der anwaltlichen Tätigkeit im Einzelfall der Gesamtbereich der nach VV 2300 RVG abzurechnenden anwaltlichen Tätigkeiten ist, oder ob Vergleichsmaßstab die außergerichtliche anwaltliche Tätigkeit auf einem bestimmten Rechtsgebiet zu sein hat.[86] 36
Denn nach dem Grundsatz der Pauschalierung könnte man auf eine Gesamtschau aller denkbaren anwaltlichen Tätigkeiten der nach VV 2300 RVG abzurechnenden Angelegenheiten abstellen,[87] was dazu führt, dass insbes. durch die zahlreich vorkommenden Inkassotätigkeiten das durchschnittliche „Umfangsniveau" und das durchschnittliche „Schwierigkeitsniveau" im außergerichtlichen Bereich abgesenkt werden könnte.[88]

---

[81] Hartung/Schons/Enders/*Schons,* 1. Aufl. 2010, RVG VV 2300 Rn. 54 ff., 57.
[82] Hartung/Schons/Enders/*Schons,* 1. Aufl. 2010, RVG VV 2300 Rn. 56; in der 3. Aufl. 2017 zugunsten der herrschenden Meinung nicht mehr thematisiert, Hartung/Schons/Enders/*Schons* RVG VV 2300 Rn. 70.
[83] Mayer/Kroiß/*Teubel* RVG VV 2300 Rn. 10; *Mayer* Gebührenformulare § 3 Rn. 124.
[84] Mayer/Kroiß/*Teubel* RVG VV 2300 Rn. 12; BGH NJW-RR 2007, 420.
[85] Mayer/Kroiß/*Teubel* RVG VV 2300 Rn. 13; *Mayer* Gebührenformulare § 3 Rn. 124.
[86] Mayer/Kroiß/*Teubel* RVG VV 2300 Rn. 14.
[87] Mayer/Kroiß/*Teubel* RVG VV 2300 Rn. 15.
[88] Mayer/Kroiß/*Teubel* RVG VV 2300 Rn. 16.

Richtiger Auffassung nach ist jedoch nicht auf alle denkbaren außergerichtlichen anwaltlichen Tätigkeiten abzustellen, sondern auf den **konkreten Tätigkeitsbereich** bzw. das **Rechtsgebiet,** in dem die außergerichtliche Tätigkeit stattfindet, wobei der typischerweise verbundene höhere Schwierigkeitsgrad oder der typischerweise besonders hohe Aufwand in bestimmten Materien mit zu berücksichtigen ist.[89] Denn zu beurteilen ist die individuelle Tätigkeit des Anwalts in dem betreffenden Rechtsgebiet, wobei auch mit zu berücksichtigen ist, wenn diese „von Haus aus" einen besonderen Schwierigkeitsgrad oder einen erheblicheren Umfang mitbringt. Dies dürfte auch die Haltung des BGH sein, wenn er feststellt, dass es nicht unbillig ist, wenn der RA für seine Tätigkeit in einem **durchschnittlichen Verkehrsunfall** eine Geschäftsgebühr von 1,3 ansetzt.[90]

5. Bedeutung von Besprechungen

37 Nach § 118 Abs. 1 Nr. 1 BRAGO betrug die Mittelgebühr der Geschäftsgebühr 0,75, ebenso die Besprechungsgebühr nach § 118 Abs. 1 Nr. 2 BRAGO 0,75, zusammen somit 1,5. Da die Besprechungsgebühr wegfiel, dann kann allein die Tatsache einer Besprechung dazu führen, dass die Mittelgebühr mit 1,5 gerechtfertigt ist.

Besprechungen mit Dritten oder der Gegenseite sind im Zusammenhang mit dem Umfang der Tätigkeit also von besonderer Bedeutung. Sie lösen zwar keine eigene Gebühr mehr aus, müssen aber bei der Gebührenbemessung gem. § 14 RVG und der Anm. zu VV 2300 RVG berücksichtigt werden.

Andererseits führt nicht jede Besprechung dazu, dass die anwaltliche Tätigkeit als umfangreich oder schwierig qualifiziert werden kann. Denn der Wegfall der Besprechungsgebühr im RVG sollte auch dazu dienen, die außergerichtliche Erledigung einer Angelegenheit zu erleichtern. Es sollte verhindert werden, dass das klärende Telefonat mit der Gegenseite nur deshalb unterlassen wird, um keine Besprechungsgebühr entstehen zu lassen. Dieser gesetzgeberische Zweck würde jedoch unterlaufen, wenn generell jede Besprechung dazu führen würde, dass die Angelegenheit als umfangreich oder schwierig einzuordnen ist mit der Folge, dass die Schwellengebühr von 1,3 überschritten werden kann.[91] Allerdings führt jede Besprechung zu einem Mehraufwand, so dass **Besprechungen,** die lediglich über kurze Mitteilungen, Sachstandsanfragen oder die bloße Informationsbeschaffung hinausgehen, dazu führen, dass eine Angelegenheit als **umfangreich und schwierig** anzusehen ist.[92] Dies gilt vor allem dann, wenn es zu einem Austausch widerstreitende Argumente kommt. Dabei ist auch zu berücksichtigen, dass das Gesetz die außergerichtliche Streitbeilegung vergütungsrechtlich fördern will. Dann muss aber auch das Bemühen des Anwalts um die außergerichtliche Streitbeilegung vergütet werden.[93] Andererseits jedoch können Angelegenheiten auch umfangreich oder schwierig sein, ohne dass eine Besprechung stattfand.[94]

Dem RA ist dringend anzuraten, über jede Besprechung einen Aktenvermerk mit genauen Angaben über die Dauer der Besprechung und möglicherweise auch den Inhalt zu fertigen.

38 **Bestimmung der Geschäftsgebühr.** Unter Ausnutzung des vollen Gebührensatzrahmens von 0,5–2,5 und unter Anwendung der Bemessungskriterien des § 14 RVG ist die konkrete Gebühr zu bestimmen. Liegt die so bestimmte Gebühr über 1,3, muss geprüft werden, ob die Angelegenheit umfangreich oder schwierig war; wird das nur für eines der Merkmale bejaht, ist der im ersten Schritt ermittelte, über 1,3 liegende Gebührensatz anzuwenden, ansonsten ist die Begrenzung auf 1,3 zu beachten. Liegt die im ersten Schritt ermittelte Gebühr dagegen unter dem von 1,3, spielt die Begrenzung auf 1,3 nach der Anmerkung zu VV 2300 RVG keine weitere Rolle mehr.[95]

Beispiel:[96]

Der RA wird von seinem Auftraggeber mit der Prüfung und der eventuellen Durchsetzung einer Forderung von 7.000,– EUR beauftragt. Hierzu muss er zwei umfangreiche Ordner mit Korrespondenz zwischen den Parteien durchsehen. Alle übrigen Faktoren des § 14 RVG sind durchschnittlich.

---

[89] Mayer/Kroiß/*Teubel* RVG VV 2300 Rn. 17.
[90] BGH NJW-RR 2007, 420; Mayer/Kroiß/*Teubel* RVG VV 2300 Rn. 17.
[91] Schneider/Wolf/*Onderka/Thiel* RVG VV 2300 Rn. 11.
[92] So auch Schneider/Wolf/*Onderka/Thiel* RVG VV 2300 Rn. 11.
[93] Schneider/Wolf/*Onderka/Thiel* RVG VV 2300 Rn. 11.
[94] Schneider/Wolf/*Onderka/Thiel* RVG VV 2300 Rn. 11.
[95] Mayer/Kroiß/*Teubel* RVG VV 2300 Rn. 7 f.; *Mayer* RVG-Letter 2004, 98 ff. (99); *Mayer* Gebührenformulare § 3 Rn. 123; iErg so auch wohl *Madert* AGS 2004, 185 ff.; *Hansens* RVGreport 2004, 57 ff.
[96] Schneider/Wolf/*Onderka/Thiel* RVG VV 2300 Rn. 9.

Die Angelegenheit ist überdurchschnittlich umfangreich. Daher kann der RA die Regelgebühr von 1,3 überschreiten. Da die übrigen Merkmale durchschnittlich sind, rechnet er die Mittelgebühr mit 1,5 ab. Er erhält:

Gegenstandswert: 7.000,– EUR	
1. 1,5 Geschäftsgebühr nach VV 2300 RVG	669,00 EUR
2. Auslagenpauschale nach VV 7002 RVG	20,00 EUR
Zwischensumme:	689,00 EUR
3. USt nach VV 7008 RVG	130,91 EUR
zusammen:	**819,91 EUR**

6. Vorausgegangenes Verwaltungsverfahren

a) Allgemeines. Auch im Verwaltungsverfahren beträgt die Geschäftsgebühr nach VV 2300 RVG 0,5–2,5, Mittelgebühr 1,5. Die Gebühr von mehr als 1,3 kann der RA nur fordern, wenn die Tätigkeit umfangreich und schwierig war. **39**

b) RA bereits im Verwaltungsverfahren tätig. War der RA bereits im Verwaltungsverfahren tätig, beträgt die Geschäftsgebühr VV 2301 RVG aF, die bis zum Inkrafttreten des 2. KostRMoG am 1.8.2013 galt, für das weitere, der Nachprüfung des Verwaltungsakts dienende Verwaltungsverfahren 0,5–1,3, Mittelgebühr 0,9. Der infolge der Tätigkeit im Verwaltungsverfahren geringere Umfang der Tätigkeit des RA war nach Anmerkung Abs. 1 bei der Bemessung der Gebühr nicht gesondert zu berücksichtigen. Eine Gebühr von mehr als 0,7 konnte nach Anmerkung Abs. 2 nur gefordert werden, wenn die Tätigkeit umfangreich oder schwierig war. **40**

Mit dem reduzierten Rahmen bei der Geschäftsgebühr VV 2301 RVG aF wollte der Gesetzgeber dem Vorbefassungsvorteil Rechnung tragen, den der Anwalt hatte, weil er nicht nur im Nachprüfungsverfahren, sondern bereits schon im vorausgegangenen Verwaltungsverfahren mit der Angelegenheit befasst war. Durch den Umstieg auf eine reine Anrechnungslösung im 2. KostRMoG[97] hat der Gesetzgeber eine andere Gestaltung gewählt, der Vergütungstatbestand VV 2301 RVG konnte also vom Gesetzgeber aufgehoben werden.[98]

War der RA nur im Nachprüfungsverfahren tätig, erhält er die Gebühr nach VV 2300 RVG. Der früher eine Ermäßigung der Gebühr zum Ansatz bringende Gebührentatbestand **VV 2301 RVG aF,** wenn „eine Tätigkeit im Verwaltungsverfahren" vorausgegangen ist, wurde **im Zuge des 2. KostRMoG** aufgehoben. **41**

c) Rechtslage nach dem Inkrafttreten des 2. KostRMoG. Sowohl für das Verwaltungsverfahren wie für das Nachprüfungsverfahren fällt eine **Geschäftsgebühr** nach **VV 2300 RVG** mit dem Gebührenrahmen von 0,5–2,5 an. Bei Tätigkeitsbeginn bereits im Verwaltungsverfahren ist die für die dortige Tätigkeit entstandene Geschäftsgebühr nach VV Vorb. 2.3 Abs. 4 S. 1 RVG zur Hälfte, höchstens jedoch mit einem Gebührensatz von 0,75, auf die Geschäftsgebühr im Widerspruchsverfahren anzurechnen. **42**

7. Gutachten des Vorstandes der Rechtsanwaltskammer

Ein Gutachten des Vorstandes der Rechtsanwaltskammer muss vor Bestimmung der Gebühr im Einzelfall gem. § 14 Abs. 3 RVG nur dann beigezogen werden, wenn der RA und der Auftraggeber einen Rechtsstreit um die Höhe der Vergütung führen (jedoch nicht erforderlich, wenn die Parteien über die Gebührenhöhe einig sind – Mindestgebühr, Mittelgebühr, Höchstgebühr). **43**

Dagegen ist die Beiziehung des Gutachtens nicht geboten, wenn zB die Kosten gegen den Gegner festgesetzt werden. Auch wenn gegen einen Vergütungsfestsetzungsbeschluss Erinnerung und sodann Beschwerde eingelegt wird, ist es nicht erforderlich, das Gutachten einzuholen. Andererseits ist es nicht unzulässig, den Vorstand der Rechtsanwaltskammer zu hören; es ist vielmehr dringend zu empfehlen, in allen zweifelhaften Fällen von der gebotenen Möglichkeit Gebrauch zu machen.[99]

Klagt der Auftraggeber die Gebühren, die er seinem RA schuldet, gegen seine Rechtsschutzversicherung ein, ist ebenfalls kein Gutachten erforderlich.

8. Festsetzung gegen den Auftraggeber

Gem. § 11 Abs. 8 RVG ist die Festsetzung gegen den Auftraggeber bei Rahmengebühren grds. unzulässig. **44**

---

[97] BGBl. 2013 I 2586.
[98] BT-Drs. 17/11471 (neu), 273.
[99] → § 14 Rn. 64 ff.

Ausnahmsweise können gem. § 11 Abs. 8 RVG auch Rahmengebühren festgesetzt werden, wenn die Mindestgebühren geltend gemacht werden oder der Auftraggeber der Höhe der Gebühren ausdrücklich zugestimmt hat. Diese Festsetzung auf Antrag des RA ist abzulehnen, wenn er die Zustimmungserklärung des Auftraggebers nicht mit dem Antrag vorlegt.[100]

Von diesen Ausnahmen des § 11 Abs. 8 RVG abgesehen können Gebühren aus VV 2300 ff. RVG nur im Wege der Klage gegen den Auftraggeber geltend gemacht werden.

V. Gegenstandswert

Schrifttum: *Madert/von Seltmann,* Der Gegenstandswert in bürgerlichen Rechtsangelegenheiten, 5. Aufl. 2008.

45 Der Gegenstandswert ist nach § 2 RVG iVm §§ 22, 23 RVG auch der Berechnung der Gebühren nach VV 2300 RVG zugrunde zu legen.

§ 23 Abs. 1 S. 1, 2 RVG bestimmen:

„Soweit sich die Gerichtsgebühren nach dem Wert richten, bestimmt sich der Gegenstandswert im gerichtlichen Verfahren nach den für die Gerichtsgebühren geltenden Wertvorschriften. In Verfahren, in denen Kosten nach dem Gerichtskostengesetz oder dem Gesetz über Gerichtskosten in Familiensachen erhoben werden, sind die Wertvorschriften des jeweiligen Kostengesetzes entsprechend anzuwenden, wenn für das Verfahren keine Gerichtsgebühr oder eine Festgebühr bestimmt ist."

Ferner sind die für die Gerichtsgebühren geltenden Wertvorschriften nach § 23 Abs. 1 S. 3 RVG immer dann maßgebend, wenn es sich um eine Tätigkeit außerhalb eines gerichtlichen Verfahrens handelt, wenn der Gegenstand der Tätigkeit auch Gegenstand eines gerichtlichen Verfahrens sein könnte.

Für Zivilsachen finden sich die Wertvorschriften in der ZPO und vor allem im GKG und im FamGKG sowie im GNotKG.

In allen anderen Angelegenheiten und dann, wenn für die Gerichtsgebühren keine Wertvorschriften vorgesehen sind, gilt § 23 Abs. 3 RVG.[101]

Im Verwaltungsverfahren sind stets die Wertvorschriften des gerichtlichen Verfahrens zugrunde zu legen.

Entsteht in einem gerichtlichen Verfahren keine Gerichtsgebühr oder unterscheidet sich der Gegenstandswert der Tätigkeit des RA (er vertritt zB nur einen von mehreren Auftraggebern, die verschiedene Gegenstände geltend machen) von dem des Gerichts, ist der Streitwert nach § 33 RVG zu bestimmen.

46 Zu beachten ist, dass hier nur der Gegenstandswert in Frage steht, aus dem die Gebühren zu berechnen sind, die der Anwalt gegen seinen Auftraggeber geltend machen kann. Dieser Gegenstandswert kann sich uU weitgehend von dem Gegenstandswert unterscheiden, aus dem die Höhe der Vergütung zu berechnen ist, die der Auftraggeber von einem ersatzpflichtigen Dritten fordern kann.[102]

Es wird oft verkannt, dass **zwischen dem Gegenstandswert,** aus dem der **RA seine Gebühren** fordern, und dem Gegenstandswert, aus dem der **Auftraggeber Ersatz der Anwaltskosten von einem erstattungspflichtigen Gegner** verlangen kann, ein **erheblicher Unterschied** bestehen kann.[103]

Beispiel:

Ein Unfallgeschädigter beauftragt einen RA, einen Betrag von 30.000,– EUR als Schmerzensgeld geltend zu machen. Der Haftpflichtversicherer des Schädigers erklärt sich bereit, 10.000,– EUR zu zahlen und die Anwaltskosten aus 10.000,– EUR zu übernehmen. In diesem Falle kann der RA seine Gebühren aus 30.000,– EUR berechnen, während sein Auftraggeber die Erstattung der Gebühren nur aus einem Betrag von 10.000,– EUR fordern kann.

47 Wird der RA mit der Durchführung einer außergerichtlichen Schuldenregelung beauftragt, bestimmt der Gesamtbetrag der zu regelnden Schulden den Gegenstandswert, vorausgesetzt, dass eine einheitliche Angelegenheit vorliegt.[104]

---

[100] → § 11 Rn. 65 ff.

[101] *Schumann* MDR 1967, 176, er behandelt eingehend den Gegenstandswert bei gerichtlichen Verfahren und vorgerichtlicher Tätigkeit – Zur Anwendung der Wertvorschriften der KostO – Angelegenheiten ohne bestimmten Geldwert – Zum Regelwert in vermögensrechtlichen Angelegenheiten und nicht vermögensrechtlichen Angelegenheiten.

[102] *Schmidt* AnwBl 1969, 72 ff. Ziff. IV, V; BGH AnwBl 1969, 15, zu Ls. 4.

[103] *Schmidt* AnwBl 1969, 72 ff.

[104] *Tschischgale* JurBüro 1966, 375.

VI. Weitere Gebühren

Außer der Gebühr nach VV 2300 RVG kann der RA zusätzlich erhalten die Einigungsgebühr VV 1000 RVG oder an ihrer Stelle die Erledigungsgebühr VV 1002 RVG, außerdem die Hebegebühr VV 1009 RVG. 48

Die Einigungsgebühr wird vielfach entstehen bei Auseinandersetzungsverhandlungen (zB Erbauseinandersetzung) oder bei der Unfallschadensregulierung.

VII. Vergütungsvereinbarung

Wie nicht anders zu erwarten, kann eine einzelne Vorschrift – VV 2300 RVG –, die verschiedenartigste Tätigkeiten gebührenmäßig regelt, nicht immer die angemessene Vergütung der Arbeit des RA gewährleisten. 49

Dabei besteht weniger die Gefahr, dass VV 2300 RVG zu überhöhten Gebühren führt. Weitaus größer ist die Gefahr, dass die Tätigkeit des RA nur unzulänglich vergütet wird.

Umfangreiche außergerichtliche Tätigkeiten evtl. mit zeitraubenden Verhandlungen oder umfangreichere Verwaltungsverfahren sind durch die Gebühr gem. VV 2300 RVG zu gering vergütet. Außerdem kann man den Umfang der Angelegenheit meist bei Auftragserteilung noch nicht oder nur schwer übersehen.

Gleiches gilt vielfach von dem Betreiben von Steuerangelegenheiten.

Es ist daher dringend zu empfehlen, vor Annahme des Auftrags zu erwägen, ob die Gebühr nach VV 2300 RVG eine ausreichende Vergütung gewährleisten, und in Zweifelsfällen (vor allem auch hinsichtlich des Gegenstandswertes) die Übernahme des Mandats von einer Vergütungsvereinbarung abhängig zu machen.[105]

Ebenso bietet sich an, bei Tätigkeiten, die in Tätigkeiten vor Gericht übergehen können, den Ausschluss der Anrechnung (VV Teil 3 Vorb. 3 Abs. 4 RVG) zu vereinbaren.[106]

Hat der RA mit dem Auftraggeber ein über dem gesetzlichen Gebührenanspruch liegendes Honorar vereinbart, ist das vereinbarte Honorar nicht nach VV Teil 3 Vorb. 3 Abs. 4 RVG auf die Gebühren in einem gerichtlichen Verfahren anzurechnen, denn das vereinbarte Honorar ist keine Geschäftsgebühr.[107] Vorsichtshalber sollte man die Anrechnung in der Vergütungsvereinbarung ausschließen.

VIII. Anrechnung der Geschäftsgebühr

S. hierzu die Erläuterungen bei → § 15a Rn. 7 ff. 50

IX. Geschäftsgebühr in Vergabesachen

Das Vergaberecht gehört zu den eher schwierigen Rechtsgebieten.[108] Auch die Rspr. nimmt in Vergabesachen regelmäßig eine überdurchschnittliche Schwierigkeit der anwaltlichen Tätigkeit an.[109] 51

Obwohl sich das Vergabeverfahren strukturell von dem klassischen Verwaltungsverfahren unterscheidet, waren die Gebührentatbestände VV 2300, 2301 RVG aF im Nachprüfungsverfahren genauso anzuwenden, wie sie im verwaltungsrechtlichen Vorverfahren anzuwenden wären. Deshalb war in Nachprüfungsverfahren wie im Widerspruchsverfahren vor der Anwendung des Vergütungstatbestands VV 2300 RVG stets zu prüfen, ob die Voraussetzungen für die Anwendung des Vergütungstatbestands VV 2301 RVG vorliegen.[110] Hatte der RA einen Antragsteller bereits im Vergabeverfahren vertreten, in dem er für ihn ein Vergabeverstoß gerügt hat, bemaß sich die Geschäftsgebühr für seine Tätigkeit im vergaberechtlichen Nachprüfungsverfahren vor der Vergabekammer nur nach dem Vergütungstatbestand VV 2301 RVG.[111] Allerdings liegt dieser Gebührensystematik die Annahme des Gesetzgebers zugrunde, dass der Umfang der Tätigkeit des Anwalts im Nachprüfungsverfahren aufgrund der vorausgegangenen Tätigkeit im Vergabeverfahren geringer ist. So war sogar der Ansatz einer 1,3 Geschäftsgebühr für die Tätigkeit

[105] Madert/Schons Vergütungsvereinbarung Teil C Kap. I Muster 4.
[106] Madert/Schons Vergütungsvereinbarung Teil A Rn. 42.
[107] BGH NJW 2009, 3363; BGH BeckRS 2009, 28123.
[108] → § 14 Rn. 24.
[109] OLG Naumburg BeckRS 2010, 13764 mAnm *Mayer* FD-RVG 2010, 304772.
[110] BGH BeckRS 2008, 2170 mAnm *Mayer* FD-RVG 2008, 269101.
[111] OLG Frankfurt a. M. BeckRS 2009, 23838 mAnm *Mayer* FD-RVG 2009, 289034; OLG Naumburg BeckRS 2010, 13764 mAnm *Mayer* FD-RVG 2010, 304772.

im Nachprüfungsverfahren unter Anwendung des Vergütungstatbestands VV 2301 RVG gerechtfertigt, wenn die Tätigkeit dort einen Umfang hatte, der dem Umfang bei einer ausschließlichen Tätigkeit im Nachprüfungsverfahren entspricht.[112] Eine Gebühr mit dem Satz von 1,1 konnte dann im Einzelfall angemessen sein, wenn es sich um eine tatsächlich und rechtlich nicht einfache Sache handelt und eine mündliche Verhandlung stattfand.[113] Die Auffassung, dass der im Nachprüfungsverfahren tätige RA stets die Geschäftsgebühr nach VV 2300 RVG verdient, auch wenn er einen Beteiligten bereits im Vergabeverfahren beraten hatte,[114] die damit begründet wurde, dass das Vergabeverfahren seinem Charakter nach kein Verwaltungsverfahren ist, sondern ein vorvertragliches Auswahlverfahren sui generis,[115] war angesichts dieser Rspr. des BGH bis zum Inkrafttreten des 2. KostRMoG nicht mehr haltbar. Mit der Einführung der reinen Anrechnungslösung und der Aufhebung des Vergütungstatbestandes VV 2301 RVG durch das 2. KostRMoG wird die Vergütungsabrechnung in Vergabesachen deutlich flexibler, zumal die Bewertung der Tätigkeit im Nachprüfungsverfahren nicht mehr in den „Fesseln" des Gebührenrahmens der außer Kraft getretenen VV 2301 RVG aF erfolgen muss.

X. Materiell-rechtlicher und prozessualer Kostenerstattungsanspruch

52 Siehe hierzu die Erläuterungen bei → § 1 Rn. 234 ff.

XI. Abrechnungsempfehlungen bei Verkehrsunfallregulierungen

53 Einige Versicherungen bieten zwischenzeitlich Abrechnungsempfehlungen an, wie in Unfallsachen Rechtsanwälte mit ihnen abrechnen können. Dabei kann sich der RA jedoch nicht im Einzelfall die für ihn günstigere Methode heraussuchen, sondern ist bei Zustimmung daran gebunden, generell alle Unfallsachen mit dieser Versicherung, soweit sie vollständig außergerichtlich abgewickelt werden, nach diesen Abrechnungsempfehlungen abzurechnen.[116]

Die Abrechnungsempfehlungen regeln lediglich den Erstattungsanspruch des Geschädigten und bestimmen, in welcher Höhe der gegnerischere Versicherer die dem Geschädigten entstandenen Anwaltskosten zu erstatten hat, sie enthalten für das Innenverhältnis zwischen Geschädigtem und seinem Rechtsanwalt keine Regelung, allerdings schlagen die Abrechnungsgrundsätze teilweise auf den Gebührenanspruch im Innenverhältnis durch.[117] Zu unterscheiden sind die Fallgruppen unterschiedliche Gebührensätze bei gleichem Gegenstandswert[118] und unterschiedliche Geschäfts-/Erledigungswerte bei gleichem Gebührensatz.[119] In der ersten Fallgruppe sind die Varianten, dass der Gebührensatz nach den Abrechnungsgrundsätzen höher oder niedriger als der gesetzliche Gebührensatz ist zu unterscheiden. Liegt der Gebührensatz nach den Abrechnungsgrundsätzen höher als der gesetzliche, steht dem Anwalt der volle Erstattungsbetrag nach den Abrechnungsgrundsätzen zu.[120] Liegt hingegen der Gebührensatz nach den Abrechnungsgrundsätzen niedriger als der gesetzliche Gebührensatz, kann der Anwalt von seinem Mandanten keine zusätzlichen Gebühren verlangen, wenn er den Kostensatz nach den Abrechnungsgrundsätzen wählt; insoweit wirken sich die Abrechnungsgrundsätze auch zu Gunsten des Geschädigten aus. Rechnet der Anwalt nach den Abrechnungsgrundsätzen ab, verzichtet er gleichzeitig darauf, nach dem höheren gesetzlichen Gebührensatz abzurechnen. Verzichtet der Anwalt aber im eigenen Interesse (an der Anwendung der Abrechnungsgrundsätze) darauf, bei der Gegenseite höhere Gebühren einzufordern, kann er sich nicht beim Mandanten schadlos halten, weil darin eine positive Verletzung des Anwaltsvertrags läge.[121]

Ergibt sich hingegen der Unterschied zwischen den gesetzlichen Gebühren und dem Erstattungsanspruch nach den Abrechnungsgrundsätzen aus unterschiedlichen Geschäfts-/Erledigungswerten, besteht ein Anspruch des Rechtsanwalts gegen den Mandanten in Höhe der Vergütungsdifferenz; denn die gesetzlichen Gebühren bestimmen sich nicht nach dem Erledigungswert, sondern nach dem Auftragswert, zu dem Betrag, den der Rechtsanwalt einfordern

---

112 OLG Naumburg BeckRS 2010, 13764 mAnm *Mayer* FD-RVG 2010, 304772.
113 OLG Frankfurt a. M. BeckRS 2010, 08586.
114 OLG München BeckRS 2006, 13804; Bischof/*Jungbauer* RVG VV 2300 Rn. 164.
115 OLG München BeckRS 2006, 13804.
116 Bischof/*Jungbauer* RVG VV 2300 Rn. 149.
117 Schneider/Wolf/*N. Schneider* RVG Anhang I Rn. 62.
118 Schneider/Wolf/*N. Schneider* RVG Anhang I Rn. 64 ff.
119 Schneider/Wolf/*N. Schneider* RVG Anhang I Rn. 69 ff.
120 Schneider/Wolf/*N. Schneider* RVG Anhang I Rn. 64.
121 Schneider/Wolf/*N. Schneider* RVG Anhang I Rn. 66; OLG Düsseldorf NJW-RR 2005, 1155.

soll.[122] Erteilt der Mandanten den Auftrag, Ansprüche geltend zu machen, die sich im Nachhinein als unberechtigt erweisen, ist dies alleine sein Risiko und wird in den Abrechnungsgrundsätzen nicht berücksichtigt.[123]

XII. Änderungen durch das Gesetz zur Verbesserung des Verbraucherschutzes im Inkassorecht und zur Änderung weiterer Vorschriften

Mit Wirkung zum 1.10.2021 wird durch das Gesetz zur Verbesserung des Verbraucherschutzes im Inkassorecht und zur Änderung weiterer Vorschriften vom 22.12.2020[124] die Struktur von VV 2300 geändert und eine spezielle Regelung für die Geschäftsgebühr, wenn Gegenstand der Tätigkeit eine Inkassodienstleistung ist, die eine unbestrittene Forderung betrifft, getroffen. **54**

1. Motive

„In der Praxis machen Inkassodienstleister seit der am 9. Oktober 2013 in Kraft getretenen Regelung des § 4 Absatz 5 RDGEG durch das Gesetz gegen unseriöse Geschäftspraktiken in ihren an die Schuldner gerichteten Forderungsschreiben zumindest in der Hälfte aller Fälle für ihre Tätigkeit eine Vergütung geltend, die einer Gebühr nach Nummer 2300 VV RVG mit einem Gebührensatz zwischen 1,1 und (zumeist) 1,3 entspricht. Sie legen dabei den Inhalt des § 4 Absatz 5 RDGEG, nach dem die Inkassokosten von Inkassodienstleistern nur bis zur Höhe der einer Rechtsanwältin oder einem Rechtsanwalt nach den Vorschriften des RVG zustehenden Vergütung erstattungsfähig sind, dergestalt aus, dass sie (wie angeblich auch Rechtsanwältinnen und Rechtsanwälte) für Inkassotätigkeiten regelmäßig Kosten in Höhe der in Nummer 2300 VV RVG festgelegten Schwellengebühr von 1,3 geltend machen dürfen. Eine nähere Auseinandersetzung mit der Frage, ob die Inkassotätigkeit im Gebührenrahmen der Nummer 2300 VV RVG eine durchschnittlich schwierige ist, findet dabei häufig nicht statt. **55**

Nach der kurz zuvor am 1. August 2013 in Kraft getretenen Anpassung der Rechtsanwaltsgebühren durch das 2. Kostenrechtsmodernisierungsgesetz beläuft sich die Geschäftsgebühr beim Gegenstandswert bis 500 € und bei einem Gebührensatz von 1,3 auf 58,50 € (ohne Umsatzsteuer). Hinzu kommt eine Pauschale für Post- und Kommunikationsdienstleistungen nach Nummer 7002 VV RVG i. H. v. 20% der Gebühr. Der sich daraus ergebende Gesamtbetrag von 70,20 € (netto) hat sich damit bei einem Gegenstandswert bis 300 € durch das 2. Kostenrechtsmodernisierungsgesetz von zuvor 39 € um 31,20 €, d. h. 80% erhöht. Ein solcher Betrag erscheinen in Relation zu den von der Rechtsanwaltschaft oder den Inkassodienstleistern regelmäßig tatsächlich zu erbringenden Leistungen deutlich überhöht und ist zudem jedenfalls bei geringen Forderungen weder den Betroffenen noch der Allgemeinheit vermittelbar. Er besteht zudem in einer Höhe, die sich von der Rechtsanwaltschaft und den Inkassodienstleistern dann, wenn zum Beispiel wie in anderen Staaten das „Bestellerprinzip" gelten würde (das heißt, der Gläubiger die Inkassokosten im Ergebnis selbst zahlen müsste und diese nicht vom Schuldner als Schadenersatz einfordern könnte), am Markt aller Voraussicht nach nicht durchsetzen ließe. Die gesetzliche Vergütung für Inkassodienstleistungen soll zukünftig soweit reduziert werden, dass den Rechtsanwältinnen, Rechtsanwälten und Inkassodienstleistungen zwar eine wirtschaftlich sinnvolle Tätigkeit möglich ist, der Schuldner, der auf die Höhe der zwischen Gläubiger und Rechtsanwältin, Rechtsanwalt oder Inkassodienstleister vereinbarten Inkassokosten keinen Einfluss hat, jedoch nicht mehr darüber hinaus unnötig belastet wird".[125] **56**

2. Allgemeines

Die Neuregelung lässt zwar den Grundtatbestand der Geschäftsgebühr VV 2300 mit einem Rahmen von 0,5–2,5 unangetastet, jedoch wird die bisherige Regelung für die Schwellengebühr, wonach eine Gebühr von mehr als 1,3 nur gefordert werden kann, wenn die Tätigkeit umfangreich oder schwierig war, zu einem eigenständigen Abs. 1 der Anmerkung. **57**

Neu hinzu kommt aber ein Abs. 2 der Anmerkung zum Vergütungstatbestand der bestimmt, dass, wenn Gegenstand der Tätigkeit eine Inkassodienstleistung ist, die eine unbestrittene Forderung betrifft, eine Gebühr von mehr als 0,9 nur gefordert werden kann, wenn die Inkassodienstleistung besonders umfangreich oder besonders schwierig war. In einfachen Fällen kann nur eine Gebühr von 0,5 gefordert werden; ein einfacher Fall liegt in der Regel vor, wenn die **58**

[122] Schneider/Wolf/*N. Schneider* RVG Anhang I Rn. 69.
[123] Schneider/Wolf/*N. Schneider* RVG Anhang I Rn. 70; Bischof/*Jungbauer* RVG VV 2300 Rn. 162 f.
[124] BGBl. 2020 I 3320.
[125] BT-Drs. 19/20348, 62.

Forderung auf die erste Zahlungsaufforderung hin beglichen wird. Der Gebührensatz beträgt nach VV 2300 Anmerkung Abs. 2 S. 3 1,3.

3. Anwendungsbereich

59 **a) Unbestrittene Forderungen.** Bei der Gebührenbemessung der Geschäftsgebühr ist künftig zwischen unbestrittenen und bestrittenen Forderungen zu unterscheiden. Bei bestrittenen Forderungen gilt VV 2300 Anmerkung Abs. 1, bei unbestrittenen Forderungen, die Gegenstand einer Inkassodienstleistung sind, VV 2300 Anmerkung Abs. 2, welcher bestimmt, dass eine Geschäftsgebühr von mehr als 0,9 nur gefordert werden kann, kann, wenn die Inkassodienstleistung besonders umfangreich oder besonders schwierig war.

60 **b) Inkassodienstleistung besonders umfangreich oder besonders schwierig.** Ist die Inkassodienstleistungen besonders umfangreich oder schwierig, kann eine Geschäftsgebühr bis zum Gebührensatz von 1,3 gefordert werden, VV 2300 Anmerkung Abs. 2 S. 1, S. 3 RVG. Vergleichsmaßstab soll dabei nach der Vorstellung des Gesetzgebers nicht der gesamte Bereich aller anwaltlichen Leistungen sein, die von der Geschäftsgebühr mit ihrem weiten Gebührensatzrahmen von 0,5–2,5 erfasst sind, sondern die durchschnittliche Inkassodienstleistung.[126] Nach der Auffassung des Gesetzgebers dürfte eine Adressermittlung regelmäßig noch zum durchschnittlichen Tätigkeitsumfang einer Inkassodienstleistung gehören, mache jedoch der Schuldner durch mehrfache nicht mitgeteilte Umzüge immer wieder Adressermittlungen erforderlich, könne dies im Einzelfall einen höheren Gebührensatz rechtfertigen.[127] Auch für die Überwachung von Ratenzahlungen gibt die Gesetzesbegründung Auslegungshinweise. Die Überwachung einer auf wenige Raten beschränkten Vereinbarung ist nach Auffassung des Gesetzgebers in der Regel zu einer durchschnittlichen Inkassotätigkeit zu zählen.[128] Sei jedoch auf Wunsch des Schuldners beispielsweise eine zweistellige Zahl von Raten zu überwachen, so könne dies wiederum einen Anhaltspunkt für eine besonders umfangreiche Tätigkeit darstellen.[129] Eine hohe Zahl von schriftlichen oder telefonischen Mahnungen dürfte sich nach der Gesetzesbegründung jedenfalls dann nicht gebührenerhöhend auswirken können, wenn nicht davon auszugehen gewesen sei, dass die Mahnungen noch einen Erfolg bringen würden.[130] Ähnliches gelte für Hausbesuche: Ein vom Schuldner nicht gewünschtes Aufsuchen seiner Wohnung werde keine Erhöhung rechtfertigen können, werde dagegen mit dem Schuldner zusammen auf dessen Wunsch dessen finanzielle Situation im Rahmen eines Hausbesuchs eingehend aufgearbeitet, kann dies nach der Gesetzesbegründung oft eine Erhöhung begründen.[131]

61 Hinzuweisen ist insbesondere auch darauf, dass die Kriterien für das Überschreiten der Schwellengebühr in VV 2300 Anmerkung Abs. 1 und Anmerkung Abs. 2 unterschiedlich ausgestaltet sind. Während in VV 2300 Anmerkung Abs. 1 die Überschreitung der Schwellengebühr daran geknüpft ist, dass die Tätigkeit umfangreich oder schwierig war, ist sie in VV 2300 Anmerkung Abs. 2 S. 1 daran geknüpft, dass die Inkassodienstleistung besonders umfangreich oder besonders schwierig war. Während bei VV 2300 Anmerkung Abs. 1 bereits eine geringfügige höhere Schwierigkeit als durchschnittliche Schwierigkeit bzw. eine geringfügige Überschreitung des durchschnittlichen Umfangs ausreichend ist (siehe hierzu näher oben Rn. 35), macht der Gesetzgeber durch den Zusatz besonders deutlich, dass die Schwellengebühr von 0,9 nur dann überschritten werden kann, wenn deutlich höhere als durchschnittliche Schwierigkeiten und oder eine deutliche Überschreitung des durchschnittlichen Umfangs der Tätigkeit vorliegt.

62 **c) Einfacher Fall.** Nach VV 2300 Anmerkung Abs. 2 S. 2 kann in einfachen Fällen nur eine Gebühr von 0,5 gefordert werden, wobei ein einfacher Fall in der Regel dann vorliegt, wenn die Forderung auf die erste Zahlungsaufforderung hin beglichen wird. Aus der Gesetzesbegründung wird deutlich, dass der Gesetzgeber insoweit auch eine angemessene Zahlungsfrist voraussetzt, so soll diese nach seiner Auffassung in der Regel zumindest zwei Wochen betragen.[132] Ein einfacher Fall liegt nach Auffassung des Gesetzgebers aber auch dann vor, in dem auf die erste Zahlungsaufforderung unmittelbar eine Zahlungsvereinbarung getroffen wird, die der Schuldner dann vereinbarungsgemäß erfüllt. Denn in diesem Fall werde der zusätzliche

[126] BT-Drs. 19/20348, 63.
[127] BT-Drs. 19/20348, 63.
[128] BT-Drs. 19/20348, 63.
[129] BT-Drs. 19/20348, 63.
[130] BT-Drs. 19/20348, 63.
[131] BT-Drs. 19/20348, 63.
[132] BT-Drs. 19/20348, 63.

Aufwand durch die dem Rechtsanwalt dann zustehende Einigungsgebühr ausgeglichen.[133] Ergebe sich aber dagegen z. B. durch eine vom Schuldner dem Gläubiger nicht mitgeteilte Adressänderung zusätzlicher Aufwand, könne dann zumeist nicht mehr von einem einfachen Fall ausgegangen werden.[134]

d) Ausstrahlungswirkung auf die „normale" Geschäftsgebühr. Der Gesetzgeber geht davon aus, dass die Neuregelung VV 2300 Anmerkung Abs. 2 insbesondere auch im Fall des berechtigten Bestreitens eines Teils der Forderung Auswirkungen auf die Höhe der erstattungsfähigen Kosten mit sich bringt. Denn in Anlehnung daran, dass bei berechtigt bestrittenen Forderungen überhaupt kein Anspruch auf Schadensersatz bestehe, könne die Tatsache, dass beispielsweise bei einer unbestrittenen Hauptforderung Zinsen oder bestimmte Inkassokosten berechtigt bestritten werden, nicht zu einem höheren Erstattungsanspruch führen.[135] Im Falle des Bestreitens einer Forderung oder eines Teils davon werde künftig bei der Bestimmung des konkreten Gebührensatzes innerhalb des Rahmens von VV 2300 RVG auch mit in den Blick zu nehmen sein, welche Gebührensätze der Gesetzgeber für Inkassodienstleistungen vorsehe, die unbestrittene Forderungen betreffen, und in welchem Umfang sich gegenüber solchen Fällen der Aufwand durch das Bestreiten erhöhe.[136] 63

Nr.	Gebührentatbestand	Gebühr oder Satz der Gebühr nach § 13 RVG
2301	Der Auftrag beschränkt sich auf ein Schreiben einfacher Art: Die Gebühr 2300 beträgt .... Es handelt sich um ein Schreiben einfacher Art, wenn dieses weder schwierige rechtliche Ausführungen noch größere sachliche Auseinandersetzungen enthält.	0,3

Übersicht

I. Gesetzesbegründung und 2. KostRMoG

Bei dem Vergütungstatbestand VV 2301 RVG handelt es sich um den früheren Vergütungstatbestand VV 2302 RVG, der nach Aufhebung des Vergütungstatbestandes VV 2300 RVG aF durch das 2. KostRMoG[1] ohne inhaltliche Änderung an dessen Stelle gerückt ist. Zur Abgrenzung des Gebührentatbestandes VV 2301 RVG kommt es entsprechend der Rspr. des BGH[2] allein auf den **Inhalt des erteilten Auftrags** und nicht auf die tatsächlich ausgeführte Tätigkeit an, so dass die Regelung nicht gilt, wenn auftragsgemäß einem einfachen Schreiben umfangreiche Prüfungen oder Überlegungen vorausgegangen sind. 1

II. Auftrag

Der Auftrag, den der RA erhalten hat, muss auf Tätigkeiten gem. VV 2301 RVG beschränkt sein. Hat der RA einen über den Rahmen gem. VV 2301 RVG hinausgehenden Auftrag, wird 2

[133] BT-Drs. 19/20348, 63.
[134] BT-Drs. 19/20348, 63.
[135] BT-Drs. 19/20348, 64.
[136] BT-Drs. 19/20348, 64.
[1] BGBl. 2013 I 2586.
[2] BGH NJW 1983, 2451.

seine Tätigkeit nach VV 2300 RVG vergütet. Auf den Umfang seiner Tätigkeit kommt es nicht an.[3]

III. Einfache Schreiben

3 Einfache Schreiben, für die nur 0,3 berechnet werden darf, sind nach der Anm. zu VV 2301 RVG Schreiben, die weder schwierige rechtliche Ausführungen noch größere sachliche Auseinandersetzungen enthalten. Auch können die Umstände mit schwierigen rechtlichen Ausführungen oder größeren sachlichen Auseinandersetzungen verbunden sein, zB wenn in dem Mahn- oder Kündigungsschreiben die Höhe und Fälligkeit der Forderungen oder die Zulässigkeit der Kündigung noch eingehend begründet werden musste. Ist dies der Fall, so kann auch für Mahnungen und Kündigungen eine Geschäftsgebühr nach VV 2300 RVG berechnet werden.

Die Aufforderung zur Freigabe gepfändeter Gegenstände fällt regelmäßig nicht unter VV 2301 RVG, da die Prüfung einer Reihe von Rechtsfragen erforderlich ist.

4 Zwischen Schreiben an Behörden und Schreiben an Privatpersonen macht VV 2301 RVG keinen Unterschied.

Wieweit der Begriff „einfaches Schreiben" ausgedehnt werden kann, mag im Einzelfall zweifelhaft sein. Im Allgemeinen wird bereits das äußere Bild des Schreibens auf die richtige Lösung hinweisen. Ein Schreiben eines RA, mit dem eine Ausfertigung eines vor Gericht geschlossenen Vergleichs dem Grundbuchamt vorgelegt wird, ist sicher ein einfaches Schreiben. Enthält erst das Schreiben des RA den erforderlichen Eintragungsantrag an das Grundbuchamt, so liegt wohl ebenso sicher kein einfaches Schreiben vor.[4]

VV 2301 RVG spricht nur von einfachen Schreiben, gilt also nicht für einfache Gespräche.

IV. Schreiben, die einen Rat, eine Auskunft oder ein Gutachten enthalten

5 Diese werden durch die Gebühren nach § 34 RVG abgegolten. Für das Schreiben an den Auftraggeber kann die Gebühr nach VV 2301 RVG nicht berechnet werden. Schreibt der RA in Ausführung des Auftrags für den Ratsuchenden an einen Dritten, so gilt Folgendes: Hat der RA – was allerdings kaum vorkommen wird – nur Anspruch auf eine Vergütung, die unter der Gebühr VV 2301 RVG liegt, so geht diese Vergütung gem. § 34 Abs. 2 RVG in der Gebühr nach VV 2301 RVG auf. Ist die Vergütung höher als die Gebühr nach VV 2301 RVG, so zehrt sie diese Gebühr auf. Es ist auch möglich, dass sich die Ratsangelegenheit des § 34 RVG sofort zu einer Angelegenheit nach VV 2300 RVG entwickelt.

V. Mehrere Schreiben

6 Umstritten ist, wie die anwaltliche Tätigkeit zu vergüten ist, wenn der Anwalt **mehrere Schreiben einfacher Art** anfertigt. Die bislang an dieser Stelle vertretene Auffassung, dass für mehrere Schreiben der in VV 2301 RVG genannten Art, die die gleiche Angelegenheit betreffen, der RA die Gebühr nur einmal erhält,[5] wird hiermit aufgegeben. Richtig ist der Ansatz, dass es sich bei der Geschäftsgebühr VV 2301 RVG um eine Ausschlussgebühr handelt.[6] Die **Anwendung des Gebührentatbestands** ist **ausgeschlossen, wenn mehrere Schreiben** einfacher Art **erfolgen,** vielmehr ist dann der Anwendungsbereich der **Geschäftsgebühr** eröffnet.[7] Entscheidend ist in diesem Zusammenhang aber auch der erteilte Auftrag. Wird der Anwalt mit der Anfertigung eines Mahnschreibens beauftragt, ist mit diesem Schreiben der Auftrag erledigt. Ein neues Schreiben erfolgt dann im Rahmen eines neuen Auftrags und löst erneut Gebühren aus.[8] Fertigt jedoch der Anwalt im Rahmen eines Auftrags mehrere Schrei-

---

[3] Riedel/Sußbauer/*H. Schneider* RVG VV 2301 Rn. 1; *Tschischgale* JurBüro 1967, 773; *Röschert* AnwBl 1983, 539; *Madert/Struck* AnwBl 2005, 640, die Erstattungsfähigkeit der Geschäftsgebühr gem. VV 2400 RVG; BGH AnwBl 1983, 512 = JurBüro 1983, 1498; LG Berlin JurBüro 1981, 1528, erhält der RA nicht nur den Auftrag, den Drittschuldner an die Abgabe der Erklärung nach § 840 ZPO zu erinnern, sondern erforderlichenfalls dahin gehend Klage einzureichen, so erwächst ihm für die Vorbereitungsmaßnahmen bereits die $^5/_{10}$ Prozessgebühr nach § 32 Abs. 1 und nicht nur die Gebühr nach § 120 Abs. 1 BRAGO; LG Hannover AnwBl 1989, 687; AG Bruchsal AnwBl 1974, 92.

[4] AA OLG Nürnberg JurBüro 1963, 287.

[5] Zuletzt Gerold/Schmidt/*Mayer,* 19. Aufl. 2010, RVG VV 2302 Rn. 6; immer noch dieser Auffassung Hartmann/Toussaint/*Toussaint* RVG VV 2301 Rn. 11.

[6] Bischof/*Jungbauer* RVG VV 2301 Rn. 16.

[7] Bischof/*Jungbauer* RVG VV 2301 Rn. 16.

[8] Schneider/Wolf/*Onderka/Thiel* RVG VV 2301 Rn. 8.

ben der VV 2301 RVG bezeichneten Art, ist aufgrund des Charakters als Ausschlussgebühr der Anwendungsbereich des Vergütungstatbestands überschritten und es gilt der Vergütungstatbestand VV 2300 RVG.[9]

VI. Postgebühren

Postgebühren können nach VV 7001, 7002 RVG besonders berechnet werden. **7**

VII. Anrechnungspflicht

Die Anrechnungspflicht nach VV Vorb. 3 Abs. 4 RVG bezieht sich nach dessen Wortlaut auch **8** auf die Gebühren nach VV 2301 RVG. Das gilt namentlich für Mahn- und Kündigungsschreiben, falls der RA wegen der gleichen Forderung später Prozessauftrag erhält. Betrafen die Schreiben einen höheren Forderungsbetrag als der spätere Prozessauftrag, zB weil inzwischen ein Teil bezahlt war, so behält der RA den Anspruch auf die Gebühr nach VV 2301 RVG, berechnet von dem Mehrbetrag.

VIII. Schadensminderungspflicht

Eine grundsätzliche Schadensminderungspflicht für den Gläubiger bspw. in Beitreibungssa- **9** chen dahingehend, seinen RA nur mit der Abfassung eines einfachen Schreibens im Sinne des Vergütungstatbestandes VV 2301 RVG zu beauftragen, besteht nicht; vielmehr ist auf den Einzelfall abzustellen, wobei in aller Regel allein die Anforderungen, die heute an eine Rechnung gestellt werden, um Fälligkeit auszulösen, eine sorgfältige Prüfung des Rechtsanwalts verlangen.[10]

IX. Abschlussschreiben

Nach dem BGH ist ein wettbewerbsrechtliches Abschlussschreiben „im Regelfall" mit einer **10** 1,3-fachen Geschäftsgebühr nach VV 2300 zu vergüten.[11] Im Einzelfall kann jedoch auch nach dem BGH ein Abschlussschreiben als Schreiben einfacher Art qualifiziert werden.[12] Bei der Abgrenzung, wann ein solches Abschlussschreiben lediglich als Schreiben einfacher Art zu qualifizieren ist, stellt die Rechtsprechung darauf ab, dass nur ein Schreiben einfacher Art gegeben ist, wenn sich der Inhalt des Abschlussschreibens in der Aufforderung zur Abgabe einer Abschlusserklärung erschöpft und zusätzlich nicht dargelegt wird, dass dem Schreiben weitere Prüfungen oder über den Inhalt des Schreibens hinausgehende Erwägungen oder Absprachen mit der Mandantschaft vorausgegangen sind.[13]

Nr.	Gebührentatbestand	Gebühr oder Satz der Gebühr nach § 13 RVG
2302	Geschäftsgebühr in: 1. sozialrechtlichen Angelegenheiten, in denen in gerichtlichen Verfahren Betragsrahmengebühren entstehen (§ 3 RVG), und 2. Verfahren nach der Wehrbeschwerdeordnung, wenn im gerichtlichen Verfahren das Verfahren vor dem Truppendienstgericht oder vor dem Bundesverwaltungsgericht an die Stelle des Verwaltungsrechtswegs gemäß § 82 SG tritt .... Eine Gebühr von mehr als 359,– EUR kann nur gefordert werden, wenn die Tätigkeit umfangreich oder schwierig war.	60,– bis 768,– EUR

Bislang waren die Geschäftsgebühren in Angelegenheiten mit Wertgebühren in Abschn. 3 **1** von VV Teil 2 RVG enthalten, die Geschäftsgebühr für sozialrechtliche Angelegenheiten, in denen im gerichtlichen Verfahren Betragsrahmengebühren entstehen und in Verfahren nach der WBO, wenn im gerichtlichen Verfahren das zu verantwortende Truppendienstgericht oder vor dem BVerwG an die Stelle des Verwaltungsrechtswegs gem. § 82 SG tritt, in Abschn. 4 von

[9] Schneider/Wolf/*Onderka/Thiel* RVG VV 2301 Rn. 8.
[10] Hartung/Schons/Enders/*Schons* RVG VV 2301 Rn. 12.
[11] BGH GRUR 2015, 822.
[12] BGH BeckRS 2010, 17677 = AGS 2011, 316 mAnm *Mayer* FD-RVG 2010, 306567.
[13] OLG Frankfurt a. M., BeckRS 2018, 11676 = JurBüro 2018, 470 mAnm *Mayer* FD-RVG 2018, 406951.

VV Teil 2 RVG. Aufgrund der Umstellung auf eine generelle Anrechnungslösung konnten die Geschäftsgebühren für die außergerichtliche Vertretung in einem Abschnitt zusammengefasst werden.[1]

Der neue Vergütungstatbestand VV 2302 RVG ersetzt den bisherigen Vergütungstatbestand VV 2400 RVG aF sowie Abs. 1 der VV Vorb. 2.4 RVG aF.

Der Gebührentatbestand VV 2302 RVG sieht eine Geschäftsgebühr vor in

1. sozialgerichtlichen Angelegenheiten, in denen im gerichtlichen Verfahren Betragsrahmengebühren entstehen (§ 3 RVG), und
2. Verfahren nach der WBO, wenn im gerichtlichen Verfahren das Verfahren vor dem Truppendienstgericht oder vor dem BVerwG an die Stelle des Verwaltungsrechtswegs nach § 82 SG tritt.

mit einem **Rahmen** von **60,– EUR bis 768,– EUR, Mittelgebühr 414,– EUR.**

2 Entsprechend dem Regelungsmechanismus bei der Geschäftsgebühr nach VV 2300 RVG sah der Gesetzentwurf der Bundesregierung zum 2. KostRMoG vor, die sog. Schwellengebühr in einem eigenen Vergütungstatbestand VV 2304 RVG zu regeln. Auf Vorschlag des Rechtsausschusses[2] wurde diese Überlegung wieder fallen gelassen.

Der Gebührenrahmen bei der Geschäftsgebühr nach VV 2302 RVGaF wurde so gewählt, dass die Schwellengebühr, vergleichbar einer 1,3 Gebühr bei Wertgebühren, der Mittelgebühr des Vergütungstatbestandes VV 3102 RVG entspricht.[3] Für Altfälle vor Inkrafttreten des KostRÄG 2021[4] am 1.1.2021 gilt noch ein Rahmen von 50 bis 640 EUR, Schwellengebühr 300 EUR. Aktuell schreibt die Anmerkung zum Vergütungstatbestand vor, dass eine **Gebühr von mehr als 359,– EUR** nur gefordert werden kann, wenn die Tätigkeit umfangreich oder schwierig war.[5]

Nr.	Gebührentatbestand	Gebühr oder Satz der Gebühr nach § 13 RVG
2303	Geschäftsgebühr für 1. Güteverfahren vor einer durch die Landesjustizverwaltung eingerichteten oder anerkannten Gütestelle (§ 794 Abs. 1 Nr. 1 ZPO) oder, wenn die Parteien den Einigungsversuch einvernehmlich unternehmen, vor einer Gütestelle, die Streitbeilegung betreibt (§ 15a Abs. 3 EGZPO), 2. Verfahren vor einem Ausschuss der in § 111 Abs. 2 des Arbeitsgerichtsgesetzes bezeichneten Art, 3. Verfahren vor dem Seemannsamt zur vorläufigen Entscheidung von Arbeitssachen und 4. Verfahren vor sonstigen gesetzlich eingerichteten Einigungsstellen, Gütestellen oder Schiedsstellen	1,5

Schrifttum: *Schütt,* Anwaltsgebühren bei außergerichtlichen Güteverfahren, MDR 2002, 68; *Madert,* Die Gebühren des RA als Vertreter eines Patienten oder eines Arztes im Verfahren vor der Gutachterkommission für ärztlich Behandlungsfehler, AGS 2001, 50.

Übersicht

[1] BT-Drs. 17/11471 (neu) 273.
[2] BT-Drs. 17/13537, 228.
[3] BT-Drs. 17/11471 (neu), 274.
[4] BGBl. 2020 I 3229.
[5] BT-Drs. 17/11471 (neu), 274.

I. Güteverfahren

Nach VV 2303 RVG beträgt die Geschäftsgebühr 1,5 für die in den Nr. 1–4 genannten Verfahren. 1

Soweit wegen desselben Gegenstandes eine Geschäftsgebühr nach VV 2300 RVG entstanden ist, wird die Hälfte dieser Gebühr nach dem Wert des Gegenstandes, der in das Verfahren übergegangen ist, jedoch höchstens mit einem Gebührensatz von 0,75, angerechnet.

Das soll auch für die obligatorischen Güteverfahren nach § 15a EGZPO gelten. In der Begründung (BT-Drs. 15/1971, 207) heißt es: „Die geltende Regelung sieht in diesen Verfahren eine vollständige Anrechnung vor (§ 65 Abs. 1 S. 2 BRAGO). Der Gesetzgeber strebte mit der Einführung des obligatorischen Schlichtungsverfahrens durch das Gesetz zur Förderung der außergerichtlichen Streitbeilegung die Entlastung der Justiz und darüber hinaus die raschere und kostengünstigere Bereinigung solcher Konflikte an. Die Erfahrung zeigt, dass in denjenigen Fällen, die der obligatorischen Streitschlichtung unterliegen, ein besonderer Einsatz und Aufwand des Anwalts erforderlich ist, um die Streitparteien zu einer gütlichen Einigung zu veranlassen. Bei den betroffenen Angelegenheiten sind die Streitwerte in der Regel so gering, dass nahezu jedes dieser Verfahren für den Anwalt nicht zu kostendeckenden Gebühren führt. Eine vollständige Anrechnung ist daher sachlich nicht gerechtfertigt. Wegen der geringen Streitwerte wird der Anwalt im Schlichtungsverfahren ohnehin besonders engagiert sein, um ein gerichtliches Verfahren mit Beweisaufnahmen und umfangreichem Schriftverkehr zu vermeiden."

Die Gebühr nach VV 2303 RVG wird für die Tätigkeit des RA in allen Verfahren vor gesetzlich eingerichteten Einigungsämtern, Gütestellen oder Schiedsstellen gewährt, gleichviel, ob diese Stellen durch Bundes- oder Landesrecht vorgeschrieben sind. Es handelt sich in jedem Fall um außergerichtliche Gütestellen. 2

Gegenstand des Güteverfahrens muss eine Angelegenheit des bürgerlichen Rechts sein. Für die Tätigkeit des RA bei einem Sühneversuch nach § 380 StPO gilt nicht VV 2303 RVG, sondern VV 4102 Nr. 5 RVG.

II. Güteverfahren vor einer Gütestelle der in § 794 Abs. 1 Nr. 1 ZPO bezeichneten Art (Nr. 1)

Das **Anwendungsgebiet des VV 2303 RVG** umfasst nach Abs. 1 das Güteverfahren vor einer Gütestelle der in § 794 Abs. 1 Nr. 1 ZPO bezeichneten Art (Nr. 1). Nach dieser Bestimmung findet aus Vergleichen, die zwischen den Parteien oder zwischen einer Partei und einem Dritten zur Beilegung des Rechtsstreits seinem ganzen Umfang nach oder in Betreff eines Teils des Streitgegenstandes vor einem deutschen Gericht oder vor einer durch die Landesjustizverwaltung eingerichteten oder anerkannten Gütestelle abgeschlossen sind, die Zwangsvollstreckung statt. 3

Solche Gütestellen sind die in Hamburg und Lübeck eingerichteten öffentlichen Rechtsauskunfts- und Vergleichsstellen; ferner die durch die Landesjustizverwaltungen eingerichteten Gütestellen gem. § 15a EGZPO.

III. Das Verfahren vor einem Ausschuss der in § 111 Abs. 2 ArbGG bezeichneten Art (Nr. 2)

Schrifttum: *Hergenröder,* Anwaltskosten im Verfahren vor dem Schlichtungsausschuss bei Berufsausbildungsstreitigkeiten, AGS 2007, 161.

4 Nach § 111 Abs. 2 ArbGG können zur Beilegung von Streitigkeiten zwischen Ausbildern und Auszubildenden die Handwerksinnungen, iÜ die zuständigen Stellen iSd Berufsbildungsgesetzes, Ausschüsse bilden. Einer Klage muss in allen Fällen die Verhandlung vor dem Ausschuss vorangegangen sein. Aus vor dem Ausschuss geschlossenen Vergleichen und aus Sprüchen des Ausschusses, die von beiden Seiten anerkannt sind, findet die Zwangsvollstreckung statt.

IV. Das Verfahren vor dem Seemannsamt zur vorläufigen Entscheidung von Arbeitssachen (Nr. 3)

5 Unter VV 2303 RVG fiel ein Verfahren nach § 69 SeemG.[1] Demzufolge konnte das Seemannsamt, das zuerst angerufen werden kann, eine vorläufige Entscheidung über die Berechtigung einer Kündigung treffen, wenn das Heuerverhältnis in den Fällen der §§ 64, 65, 67 Nr. 1, 2, 4–7 SeemG oder § 68 SeemG außerhalb des Geltungsbereich des Grundgesetzes gekündigt wurde. Das Seemannsgesetz (SeemG) ist jedoch zum 31.7.2013 außer Kraft getreten und wird seit 1.8.2013 durch das Seearbeitsgesetz ersetzt. § 14 SeemAmtsV, welcher ua eine Verpflichtung der Seemannsämter zum gütlichen Ausgleich bei Kündigungen nach § 69 SeemG vorsah, ist durch die Seeleute-Befähigungsverordnung mit Wirkung 31.5.2014 aufgehoben worden. Die Aufgaben der Seemannsämter wurden teilweise von der Berufsgenossenschaft für Transport und Verkehrswirtschaft übernommen. Ein aktueller Anwendungsbereich von Nr. 3 ist derzeit nicht erkennbar.

V. Das Verfahren vor sonstigen gesetzlich eingerichteten Einigungsämtern, Gütestellen oder Schiedsstellen (Nr. 4)

6 Voraussetzung ist, dass eine andere Stelle zuständig ist als das Gericht, das über eine Klage zu entscheiden hat.

VI. Beispiele für derartige Gütestellen

7 – die bei den Industrie- und Handelskammern errichteten Einigungsstellen (§ 15 UWG),
– die Schiedsmänner (vgl. die preußische Schiedsmannsordnung),
– die bei dem Patentamt errichteten Schiedsstellen zur Beilegung von Streitigkeiten zwischen Arbeitgebern und Arbeitnehmern nach §§ 28 ff. des Gesetzes über Arbeitnehmererfindungen,[2]
– die Schiedsstellen gem. § 92 des Gesetzes über die Wahrnehmung von Urheberrechten und verwandten Schutzrechten durch Verwertungsgesellschaften (Verwertungsgesellschaftengesetz)[3]
– die Schiedsstelle für Ansprüche gegen den Entschädigungsfonds gem. § 14 Nr. 3a PflVG,[4]
– die Einigungsstelle nach § 76 Betriebsverfassungsgesetz.[5] Hinsichtlich der Kosten der Einigungsstelle s. § 76a BetrVG,
– die Schiedsstelle nach § 18a KHG,
– keine Schiedsstellen iSv VV 2303 Nr. 4 RVG sind die Gutachterkommissionen der Ärztekammern.[6]

Die Einrichtung einer Einigungsstelle durch ein formelles Gesetz ist nicht nötig; es genügt, wenn diese aufgrund einer gesetzlichen Ermächtigung eingerichtet wurde.[7]

---

[1] Bischof/*Jungbauer* RVG VV 2303 Rn. 11.
[2] LG Mannheim MdP 1964, 196.
[3] OLG München Rpfleger 1994, 316.
[4] Riedel/Sußbauer/*H. Schneider* RVG VV 2303 Rn. 10.
[5] *Mümmler* JurBüro 1981, 1148.
[6] *Madert* AGS 2001, 50, die Gebühren des RA als Vertreter eines Patienten oder eines Arztes im Verfahren vor der Gutachterkommission für ärztliche Behandlungsfehler; OLG Karlsruhe JurBüro 1985, 236.
[7] BGH NJW-RR 2011, 573 mAnm *Mayer* FD-RVG 2011, 315011; Bischof/*Jungbauer* RVG VV 2303 Rn. 12.

VII. Güteverhandlung vor dem Vorsitzenden des Arbeitsgerichts

Die **Güteverhandlung vor dem Vorsitzenden des Arbeitsgerichts,** mit der nach § 54 ArbGG die mündliche Verhandlung beginnt, ist kein Güteverfahren iSv VV 2303 RVG, so dass der Prozessbevollmächtigte keine besonderen Gebühren berechnen kann. Der RA erhält neben der Verfahrensgebühr für das arbeitsgerichtliche Verfahren die Terminsgebühr nach VV 3104 RVG. 8

VIII. Keine analoge Anwendung auf andere Gütestellen

Eine extensive Auslegung des nach seinem Wortsinn eindeutigen Begriffs der „gesetzlichen" Einrichtung in Ziff. 4 der VV 2303 RVG scheidet auch unter Berücksichtigung von Sinn und Zweck dieser einschränkenden Formulierung aus. Aus dem Wortsinn der Regelung und der Bezugnahme auf die ausdrücklich unter Ziff. 1–3 erwähnten Schlichtungsstellen ergibt sich die Intention des Gesetzgebers, die Anwendung der besonderen Gebühr für das Vermittlungsverfahren im Interesse der Vorhersehbarkeit der Gebührenlast für die Parteien klar zu begrenzen.[8] Nach dem BGH wird durch die Beschränkung auf gesetzlich eingerichtete Einigungsstellen zugleich gewährleistet, dass die besondere Gebühr VV 2303 Nr. 4 RVG nur in Verfahren vor solchen Einigungsstellen anfällt, die aufgrund ihrer Besetzung und aufgrund eines strukturierten Verfahrens ein hinreichendes Maß an Loyalität und Kompetenz aufweisen,[9] auch eine analoge Anwendung scheidet nach dem BGH wegen Fehlens einer planwidrigen Regelungslücke aus.[10] Daher fällt bei Verfahren vor einer **kirchlichen Vermittlungsstelle,** deren Aufrufung vor Beschreiten des Rechtswegs rein arbeitsvertraglich vereinbart ist, die Geschäftsgebühr nach VV 2303 Nr. 4 RVG nicht an.[11] Keine Schiedsstelle iSv VV 2303 Nr. 4 RVG sind daher auch die **Gutachterkommissionen der Ärztekammern**[12] oder das Verfahren vor der Gutachterkommission bei der **Landeszahnärztekammer.**[13] 9

Der Vergütungstatbestand VV 2303 Nr. 4 RVG findet auch keine Anwendung für das Verfahren nach dem **Integrationsamt** nach §§ 168 ff. SGB IX, hier fällt der Vergütungstatbestand VV 2300 RVG an.[14] 10

Güteverhandlungen im Zivil- und Arbeitsgerichtsprozess lösen den Vergütungstatbestand VV 2303 RVG ebenfalls nicht aus, hier fallen die Gebühren nach VV Teil 3 RVG, insbes. die Verfahrensgebühr VV 3100 RVG und die Terminsgebühr VV 3104 RVG an.[15] Auch bei der sog. **gerichtsnahmen Mediation** fällt der Vergütungstatbestand VV 2303 Nr. 4 RVG nicht an, sondern es entstehen die Gebühren nach VV Teil 3 RVG, allerdings nicht gesondert, da dieselbe Angelegenheit vorliegt bzw. sie als zum Rechtszug nach § 19 Abs. 1 S. 1 RVG gehöriger Verfahrensteil anzusehen ist.[16] 11

IX. 1,5-Gebühr

Eine 1,5 Geschäftsgebühr als Festgebühr erhält nach VV 2303 RVG der RA für seine Tätigkeit in den dort genannten Verfahren, nicht die Gebühren nach VV 3100 ff. RVG. Es kann also keine Verfahrens- und Terminsgebühr entstehen.[17] Die 1,5-Gebühr entsteht auch, wenn die Tätigkeit weder umfangreich noch schwierig war. 12

Die 1,5-Gebühr entsteht mit der Entgegennahme der Information, sie gilt die gesamte Tätigkeit des RA im Verfahren ab.[18] Der RA erhält die Gebühr auch dann, wenn er nur mit Einzeltätigkeiten beauftragt ist; VV 3401–3403 RVG sind nicht anwendbar.

Auslagen, Umsatzsteuer. Der RA hat neben der Gebühr Anspruch auf Ersatz der Auslagen und der Umsatzsteuer nach VV 7000–7008 RVG.

---

[8] BGH NJW-RR 2011, 573 mAnm *Mayer* FD-RVG 2011, 315011.
[9] BGH NJW-RR 2011, 573 mAnm *Mayer* FD-RVG 2011, 315011.
[10] BGH NJW-RR 2011, 573 mAnm *Mayer* FD-RVG 2011, 315011.
[11] BGH NJW-RR 2011, 573 mAnm *Mayer* FD-RVG 2011, 315011.
[12] *Madert* AGS 2001, 50; Bischof/*Jungbauer* RVG VV 2303 Rn. 14; 236; Schneider/Wolf/*Onderka/Schafhausen/N. Schneider/Thiel* RVG VV 2303 Rn. 68; OLG Karlsruhe JurBüro 1985, 236.
[13] Schneider/Wolf/*Onderka/Schafhausen/N. Schneider/Thiel* RVG VV 2303 Rn. 68.
[14] Schneider/Wolf/*Onderka/Schafhausen/N. Schneider/Thiel* RVG VV 2303 Rn. 68; Bischof/*Jungbauer* RVG VV 2303 Rn. 14.
[15] Schneider/Wolf/*Onderka/Schafhausen/N. Schneider/Thiel* RVG VV 2303 Rn. 68; Bischof/*Jungbauer* RVG VV 2303 Rn. 14.
[16] Bischof/*Jungbauer* RVG VV 2303 Rn. 14; → § 15 Rn. 69.
[17] Hartmann/Toussaint/*Toussaint* RVG VV 2303 Rn. 4.
[18] *Enders* JurBüro 2000, 114.

X. Entstehung des Anspruchs auf die Gebühr

13 Der Anspruch auf die Gebühr entsteht, sobald der RA einen Auftrag zur Vertretung in einem der in VV 2303 RVG genannten Verfahren erhalten und in Ausführung des Auftrags irgendetwas getan hat. Es reicht aus, wenn der RA nur einen Termin wahrnimmt oder einen Schriftsatz entwirft.

Nach VV 3101 RVG wird die Verfahrensgebühr auf 0,8 ermäßigt, wenn der Auftrag endet, bevor der RA die Klage, den ein Verfahren einleitenden Antrag oder einen Schriftsatz der Sachanträge usw enthält, eingereicht oder bevor er für seine Partei einen Termin wahrgenommen hat. Diese Vorschrift gilt aber nur für die in Teil 3 des Vergütungsverzeichnisses bezeichneten Verfahren, nicht für die in VV 2303 RVG bezeichneten Verfahren. Die dort gewährte Geschäftsgebühr ist keine Verfahrensgebühr. Für eine analoge Anwendung ist auch deshalb kein Raum, weil das RVG den § 2 BRAGO über die sinngemäße Anwendung ersatzlos gestrichen hat.

Bei mehreren Auftraggebern erhöht sich die Gebühr nach VV 1008 RVG.[19]

XI. Anrechnung der Gebühr

14 Die Anmerkung zum Vergütungstatbestand VV 2303 RVG wurde durch das 2. KostRMoG[20] aufgehoben, da die Anrechnungsbestimmungen für Geschäftsgebühren in der VV Vorb. 2.3 RVG zusammengefasst wurden und die bisherige Anmerkung zum Vergütungstatbestand VV 2303 RVG sich nunmehr in VV Vorb. 2.3 Abs. 6 RVG befindet.[21] Nach VV Vorb. 2.3 Abs. 6 RVG wird, soweit wegen desselben Gegenstands eine Geschäftsgebühr nach VV 2300 RVG entstanden ist, diese Gebühr zur Hälfte, höchstens jedoch mit einem Gebührensatz von 0,75, auf eine Geschäftsgebühr nach VV 2303 RVG angerechnet. Nach Abs. 6 S. 2 von VV Vorb. 2.3 RVG gilt Abs. 4 S. 3 entsprechend; dies bedeutet, dass bei einer Wertgebühr die Anrechnung nach dem Wert erfolgt, der auch Gegenstand des weiteren Verfahrens ist.

XII. Anrechnung des obligatorischen Güteverfahrens nach § 15a EGZPO

15 Auch beim obligatorischen Güteverfahren nach § 15a EGZPO wird die Geschäftsgebühr nach VV 2300 RVG nur zur Hälfte auf die Gebühr nach VV 2303 RVG angerechnet, höchstens mit einem Gebührensatz mit 0,75.

Beispiel:[22]

Der RA wird beauftragt, 400,– EUR außergerichtlich geltend zu machen. Anschließend wird das Schlichtungsverfahren nach § 15a EGZPO durchgeführt, danach Klage erhoben, es findet eine mündliche Verhandlung statt.

I. Außergerichtliche Tätigkeit, Wert: 400,– EUR	
1. 1,3 Geschäftsgebühr, VV 2300 RVG	63,70 EUR
2. Auslagenpauschale, VV 7002 RVG	12,74 EUR
Zwischensumme:	76,44 EUR
3. 19 % USt, VV 7008 RVG	14,52 EUR
Zusammen:	**90,96 EUR**
II. Schlichtungsverfahren, Wert 400,– EUR	
1. 1,5 Geschäftsgebühr, VV 2303 Nr. 1 RVG	73,50 EUR
2. Auslagenpauschale, VV 7002 RVG	14,70 EUR
3. Anzurechnen ge m. Anm. zu VV 2303 RVG 0,65 aus 400,– EUR	– 31,85 EUR
Zwischensumme:	56,35 EUR
4. 19 USt, VV 7008 RVG	10,71 EUR
Zusammen:	**67,06 EUR**
III. Rechtsstreit, Wert: 400,– EUR	
1. 1,3 Verfahrensgebühr, VV 3100 RVG	63,70 EUR
2. 1,2 Terminsgebühr, VV 3104 RVG	58,80 EUR
3. Auslagenpauschale, VV 7002 RVG	20,00 EUR[23]
4. Anzurechnen gem. VV Vorb. 3 Abs. 4 RVG 0,75 aus 400,– EUR	– 36,75 EUR
Zwischensumme:	105,75 EUR
5. 19 % USt, VV 7008 RVG	20,09 EUR
Zusammen:	**125,84 EUR**

Gesamtes Gebührenaufkommen 90,96 EUR + 67,06 EUR + 125,84 EUR = 283,86 EUR.

19 OLG München AnwBl 1982, 440.
20 BGBl. 2013 I 2586.
21 BT-Drs. 17/11471 (neu), 274.
22 Schneider/Wolf/*Onderka/Schafhausen/N. Schneider/Thiel* RVG VV 2303 Rn. 32.
23 Berechnung der Pauschale ohne Berücksichtigung der Anrechnung näher → RVG VV 7001, 7002 Rn. 42.

Bei der Anrechnung der im Schlichtungsverfahren entstandenen Geschäftsgebühr VV 2303 RVG auf die im gerichtlichen Verfahren entstehende Verfahrensgebühr ist auf die Hälfte der Gebühr, also 0,75, und nicht die Hälfte des nach Anrechnung der für die außergerichtliche Tätigkeit entstandenen Geschäftsgebühr auf die im Schlichtungsverfahren anfallende Geschäftsgebühr verbliebenen Betrags abzustellen.[24] Die Gegenauffassung, die lediglich die nach der Anrechnung für die außergerichtliche Tätigkeit entstandene Geschäftsgebühr verbliebene reduzierte Geschäftsgebühr für das Güteverfahren hälftig auf die spätere Verfahrensgebühr zur Anrechnung bringen will,[25] verkennt, dass die Anrechnungsvorschriften der VV Vorbem. 2.3 Abs. 4 und VV Vorbem. 3 Abs. 4 auf die entstandene Gebühr jeweils abstellen.[26] **15a**

XIII. Mitwirkung bei einer Einigung

Für die Mitwirkung bei einer Einigung der Parteien, die in einem der in VV 2303 RVG genannten Verfahren erfolgt, erhält der RA nach VV 1000 RVG die 1,5 Einigungsgebühr. Diese Einigungsgebühr entsteht also neben der Gebühr nach VV 2303 RVG. Dass die Einigung in dem Termin erfolgt, ist nicht notwendig; es genügt vielmehr, dass sie während des Verfahrens unter Mitwirkung des RA zustande kommt. **16**

Da nach VV 1000 RVG nicht von einem Vergleich, sondern von einer **Einigung der Parteien** die Rede ist, braucht ein gegenseitiges Nachgeben nicht vorzuliegen, und es brauchen auch sonst nicht die Voraussetzungen des § 779 BGB erfüllt zu sein. Allerdings genügt es nach VV 1000 Anm. Abs. 1 S. 2 RVG nicht, wenn der Einigungsvertrag sich ausschließlich auf ein Anerkenntnis oder einen Verzicht beschränkt. Erfolgt die Einigung unter einer aufschiebenden Bedingung oder Vorbehalt des Widerrufs, so liegt, wenn die Bedingung nicht eintritt oder die Einigung widerrufen wird, keine Einigung vor. Die Einigungsgebühr entsteht dann nicht. Einzelheiten s. bei VV 1000 RVG.

XIV. Übertragung der Vertretung

Überträgt der RA die Vertretung in der Güteverhandlung einem anderen RA, zB weil er nicht am Sitz der zuständigen Stelle wohnt, so ist VV 3401 RVG nicht anwendbar, weil es sich nicht um einen Termin zur mündlichen Verhandlung handelt. Es erhalten beide Rechtsanwälte die Gebühr nach VV 2303 RVG. **17**

Überhaupt gilt VV 2303 RVG für jeden RA, der in dem Verfahren tätig wird, auch wenn er nur mit Einzeltätigkeiten beauftragt ist oder als Beistand auftritt, zB auch für den Verkehrsanwalt.[27]

XV. Beschwerdegebühr, Zwangsvollstreckungsgebühr

Die Beschwerdegebühr nach VV 3500 RVG und die Zwangsvollstreckungsgebühr nach VV 3309 RVG entstehen stets besonders. **18**

XVI. Erstattungsfähigkeit

Erstattungsfähig sind die Gebühren nach VV 2303 RVG nicht, es sei denn, die Parteien vereinbaren in der Einigung eine Erstattung der Kosten.[28] **19**

Ausnahmen: Im obligatorischen Verfahren vor der Schiedsstelle bei der Verkehrsopferhilfe ist Raum für eine Kostenentscheidung. Im Verfahren vor der Einigungsstelle nach § 76 des Betriebsverfassungsgesetzes ist der Betriebsrat berechtigt, sich von einem RA vertreten zu lassen. Der Arbeitgeber hat nach § 40 Abs. 1 BetrVG die dem RA für die Vertretung zustehenden Kosten zu tragen, wenn die Hinzuziehung erforderlich ist.[29]

---

[24] Siehe auch Mayer, Das neue Gebührenrecht § 2 Rn. 37.

[25] Hartung/Schons/Enders/*Schons* VV 2303 Rn. 6.

[26] Siehe hierzu näher auch → VV Vorb. 3 Rn. 356.

[27] Riedel/Sußbauer/*H. Schneider* RVG VV 2303 Rn. 12.

[28] OLG München MDR 1999, 380.

[29] Riedel/Sußbauer/*H. Schneider* RVG VV 2303 Rn. 20; *Eich* AnwBl 1985, 62, Anspruch des Betriebsrates auf Kostenerstattung bei anwaltlicher Vertretung und Anspruch des RA auf Zahlung eines angemessenen Vorschusses; *Eich* MDR 1985, 885, Kostenerstattung in Personalvertretungsangelegenheiten; BAG AnwBl 1982, 203; BB 1990, 138 = NJW 1990, 404, der Betriebsrat ist berechtigt, einem RA für die Wahrnehmung seiner Interessen vor der Einigungsstelle ein Honorar in Höhe der Vergütung eines betriebsfremden Beisitzers anzusagen, wenn der von ihm ausgewählte RA seines Vertrauens nur gegen eine derartige Honorarzahlung zur Mandatsübernahme bereit ist; zur Möglichkeit der Festsetzung der Gebühr des § 65 BRAGO gem. § 19 BRAGO LAG Hamm AnwBl 1989, 625; BAG BB 1991, 1190 = NJW 1991, 1846, Honorierung eines RA als Einigungsstellenbeisitzer.

Kommt es nach dem Verfahren der Nr. 1 zum Rechtsstreit, so werden die Kosten dieses Verfahrens nach § 91 ZPO zu Kosten des Rechtsstreits iSd § 91 Abs. 1, 2 ZPO und sind zu erstatten.[30]

XVII. Prozesskostenhilfe

20 Das Verfahren nach Nr. 1 ist kein gerichtliches Verfahren, also kommt eine Prozesskostenhilfe nicht in Betracht, der Auftraggeber kann allenfalls Beratungshilfe erhalten.

XVIII. Rechtsschutzversicherung

21 Soweit Deckungsschutz besteht ist die Tätigkeit nach VV 2303 RVG mitversichert, da es sich um gesetzliche Vergütung handelt (§ 5 Abs. 1 Nr. 1 ARB 1994, 2000 und 2010 = § 2 Abs. 1 ARB 1975)

Nr.	Gebührentatbestand	Gebühr oder Satz der Gebühr nach § 13 RVG

Abschnitt 4. *(aufgehoben)*

Übersicht

I. 2. KostRMoG

1 Abschnitt 4 wurde komplett durch das 2. KostRMoG[1] aufgehoben und hat **lediglich** somit **noch Bedeutung für Altfälle** vor Inkrafttreten dieses Gesetzes am 1.8.2013.

II. Allgemeines

2 Der Bewilligung von Leistungen der Sozialversicherung oder sonstigen Sozialleistungen geht in der Regel ein Verwaltungsverfahren bei der Versicherungsbehörde, dem Versicherungsträger oder bei den anderen zuständigen Behörden (zB Versorgungsamt) voraus.

VV Teil 2 Abschn. 4 RVG regelt die Vergütung des RA für außergerichtliche Tätigkeit in bestimmten sozialgerichtlichen Angelegenheiten (ebenso wie VV Teil 2 Abschn. 3 RVG die Vergütung des RA für außergerichtliche Tätigkeiten einschließlich der Vertretung im Verwaltungsverfahren regelt, s. dort).

Durch das Wehrrechtsänderungsgesetz 2008[2] wurde der Anwendungsbereich von Abschn. 4 erweitert auf die Verfahren vor den Disziplinarvorgesetzten nach der Wehrbeschwerdeordnung; mit der in VV Vorb. 2.4 Abs. 1 Nr. 2 RVG enthaltenen Formulierung wird erreicht, dass die Regelungen des Abschn. 4 nur in truppendienstlichen Angelegenheiten angewendet werden;

[30] *Enders* JurBüro 2000, 114.
[1] BGBl. 2013 I 2586.
[2] BGBl. 2008 I 1629.

wenn nach § 82 SG der allgemeine Verwaltungsrechtsweg gegeben ist, sollen auch im Verfahren nach der Wehrbeschwerdeordnung die Gebühren nach Abschn. 3 entstehen.[3]

III. Das Verhältnis von VV 2400, 2401 RVG zu anderen Vorschriften

1. Abschn. 4 des Teiles 2

Abschn. 4 des Teiles 2 (VV 2400, 2401 RVG) regelt die Gebühren in bestimmten sozialrechtlichen Angelegenheiten und in Verfahren vor den Disziplinarvorgesetzten nach der Wehrbeschwerdeordnung. 3

2. Ausschluss der VV 2400, 2401 RVG

Die Anwendung der VV 2400, 2401 RVG ist ausgeschlossen, wenn andere Gebührenvorschriften Vorrang genießen. Es sind dies zunächst die Gebühren, die in Abschn. 5 des RVG geregelt sind: 4

- in § 34 RVG Beratung, Gutachten und Mediation,
- in § 36 RVG Schiedsrichterliche Verfahren vor dem Schiedsgericht.

Im Vergütungsverzeichnis sind dies:

- Abschn. 1 Prüfung der Erfolgsaussicht eines Rechtsmittels: VV 2100–2103 RVG;
- Abschnitt 5 Beratungshilfe: VV 2500–2508 RVG;
- ferner bestimmte in VV Teil 3 Abschn. 4 RVG geregelte Verfahren und Einzeltätigkeiten, VV 3400-2405 RVG.

Auch fallen nicht unter VV 2400, 2401 RVG die Regelungen der Teile 4–6.

IV. Das Betreiben des Geschäfts oder das Mitwirken bei der Gestaltung eines Vertrags

1. Allgemeines

Die VV 2400, 2401 RVG sind nur dann anzuwenden, wenn der RA in einer Angelegenheit tätig wird, deren Vergütung nicht in einer anderen Nummer des Vergütungsverzeichnisses geregelt ist. 5

In den Angelegenheiten des § 118 BRAGO konnte der RA nach Abs. 1 erhalten:

a) Die Geschäftsgebühr
b) die Besprechungsgebühr
c) die Beweisaufnahmegebühr.

Von dieser Aufteilung in drei selbständige Gebühren ist nichts übrig geblieben. Es gibt nur die Geschäftsgebühr nach VV 2400, 2401 RVG. Wie im gerichtlichen Verfahren ist auch in außergerichtlichen Angelegenheiten die Beweisgebühr völlig entfallen. Der Umstand, dass in einer Angelegenheit gem. VV 2400 RVG eine Besprechung oder eine Beweisaufnahme stattgefunden hat, ist nur für die Höhe der Gebühr, also bei der Ausfüllung des Rahmens von 40,– EUR bis 520,– EUR (VV 2400 RVG) bzw. 40,– EUR bis 260,– EUR (VV 2401 RVG) von Bedeutung.

Die Gebühren VV 2400, 2401 RVG sind Pauschgebühren. Sie gelten die gesamte Tätigkeit des RA ab, die sich auf die infrage stehende Angelegenheit bezieht. Vor allem werden auch Nebentätigkeiten durch die Gebühren abgegolten. 6

Ob der RA einen **Gesamtauftrag** oder nur einen Auftrag zu einer **Einzeltätigkeit** in einer Angelegenheit der VV 2400, 2401 RVG hat, ist anders als bei VV 3403 RVG gleichgültig. Die Vergütung richtet sich in beiden Fällen nach VV 2400, 2401 RVG. Ein unterschiedlicher Umfang der Tätigkeit ist durch die Bemessung der Gebühr innerhalb des Gebührenrahmens auszugleichen.

2. Die Geschäftsgebühr als Grundgebühr

Nach VV Vorb. 2.4 Abs. 2 RVG gilt die VV Vorb. 2.3 Abs. 3 RVG entsprechend, die lautet: 7

„Die Geschäftsgebühr entsteht für das Betreiben des Geschäfts einschließlich der Information und für die Mitwirkung bei der Gestaltung eines Vertrags."

Die Bestimmung der Betragsrahmengebühr hat der RA unter Berücksichtigung der in § 14 Abs. 1 RVG genannten Kriterien vorzunehmen.[4]

---

[3] BT-Drs. 16/7955, 38.

[4] **Einzelfälle:** SG Hamburg ASR 2002, 35, Überdurchschnittlicher Schwierigkeitsgrad bei Streit um Versicherungspflicht eines GmbH-Geschäftsführers; AG München ASR 2002, 109, besondere rechtliche Probleme und Schwierigkeiten aus dem Bereich des Europa- oder Fremdrentenrechts; SG Darmstadt ASR 2005, 92, Einstweili-

Die **Geschäftsgebühr** ist eine Grundgebühr, die in allen Angelegenheiten anfallen muss, deren Erledigung durch die Gebühren der VV 2400, 2401 RVG abgegolten wird (Betriebsgebühr). Sie entsteht mit der ersten Tätigkeit des RA nach Erhalt des Auftrags, also in aller Regel mit der Entgegennahme der Information. Sie gilt alle Besprechungen mit dem Auftraggeber, dem Gegner und allen Dritten, sowie den gesamten Schriftverkehr – sei es mit dem Auftraggeber, der Behörde, sei es mit der Gegenpartei – ab.

Die **Besprechungsgebühr** des § 118 Abs. 1 Nr. 2 BRAGO und die Beweisaufnahmegebühr nach Nr. 3 BRAGO konnten niemals alleine stehen. Es musste immer die Geschäftsgebühr als allgemeine Betriebsgebühr anfallen. Da es nunmehr nur die Geschäftsgebühr gibt, fällt diese auch an, wenn die Tätigkeit des RA ausschließlich in einer Besprechung mit der Gegenseite oder mit Dritten entsteht, eigentlicher Schriftwechsel also nicht geführt worden ist.

Die Abgrenzung zur **Beratung** kann im Einzelfall schwierig sein. insoweit → § 34 Rn. 14.

Zu **Spezialkenntnissen,** Sprachkenntnissen und zu reiner Übersetzungstätigkeit → RVG VV 2300 Rn. 19.

3. Besprechungsgebühr

8 Das RVG hat die Besprechungsgebühr des § 118 Abs. 1 Nr. 2 BRAGO durch VV 2300 RVG beseitigt. Hat eine Besprechung mit dem Gegner oder einem Dritten stattgefunden, ist dies bei den Rahmen von 40,– EUR bis 250,– EUR bzw. 40,– EUR bis 260,– EUR zu berücksichtigen. Die früher heftig umstrittene Frage, wer ist Dritter iSv § 118 Abs. 1 Nr. 2 BRAGO, ist nunmehr unwichtig.

Hat eine Besprechung stattgefunden, kann nach einer Auffassung die Regelgebühr von 240,– EUR bzw. 120,– EUR überschritten werden (etwa mit 10%).[5]

4. Beweisaufnahmegebühr

9 Die Beweisaufnahme des § 118 Abs. 1 Nr. 3 BRAGO ist ebenfalls entfallen. Die Befragung von Zeugen, Anhörung von Sachverständigen oder Inaugenscheinnahme fallen alle unter die Geschäftsgebühr und sind daher im Rahmen der Gebühr gem. § 14 RVG zu berücksichtigen.

5. Mehrere Auftraggeber

10 Auch wenn der RA den Auftrag von mehreren Auftraggebern erhalten hat, entstehen die Gebühren der VV 2400, 2401 RVG nur je einmal. Das gilt auch dann, wenn die Aufträge nicht gleichzeitig erteilt werden.

Nach VV 1008 RVG erhöht sich die Geschäftsgebühr für jede weitere Person bei Betragsrahmengebühren der Mindest- und Höchstbetrag um 30%. Nach VV 1008 Anm. Abs. 3 RVG dürfen die Erhöhungen bei Betragsrahmengebühren das Doppelte des Mindest- und Höchstbetrages nicht übersteigen.

V. Höhe der Gebühren

1. Allgemeines

11 Die Geschäftsgebühr beträgt nach VV 2400 RVG

40,– EUR bis 520,– EUR,

Mittelgebühr **280,– EUR.**

Welche Gebühr der RA für seine Tätigkeit im Einzelfall verdient hat, ist gem. § 14 RVG unter Berücksichtigung aller Umstände zu bestimmen. Insoweit → RVG VV 2300 Rn. 26 ff.

Die **Mindestgebühr** kommt nur für die denkbar einfachste außergerichtliche Anwaltstätigkeit in Betracht; → RVG VV 2300 Rn. 27.

Die **Höchstgebühren** sind ua gerechtfertigt bei überdurchschnittlichen wirtschaftlichen Verhältnissen des Auftraggebers oder wenn der Umfang oder die Schwierigkeit der Tätigkeit des RA weit über den Normalfall hinausgegangen ist.; → RVG VV 2300 Rn. 28.

---

ge Verfügungsverfahren, in denen ein Anspruch auf Förderung der Teilnahme an einer beruflichen Weiterbildungsmaßnahme durchgesetzt werden soll, rechtfertigen in aller Regel ein Ausschöpfen des Gebührenrahmens; SG Detmold ASR 2004, 148, in einer Schwerbehindertenangelegenheit kann die Höchstgebühr angemessen sein, wenn der Ausgang des Verfahrens erhebliche Bedeutung für die wirtschaftlichen Verhältnisse des Klägers hat; SG Chemnitz ASR 2005, 90, Klage gegen einen Rentenbescheid der Rentenversicherung nach einer Betriebsprüfung von durchschnittlicher Bedeutung, wenn sich die finanzielle Belastung auf wenige 1.000,– DM beschränkt.

[5] Gerold/Schmidt/*Madert,* 18. Aufl. 2008, RVG VV 2400, 2401 Rn. 7.

2. Umfangreiche oder schwierige Tätigkeit

Nach VV 2400 RVG kann eine Geschäftsgebühr von mehr als 240,– EUR nur gefordert werden, wenn die Tätigkeit umfangreich oder schwierig war. **12**

Wegen des Umfangs der anwaltlichen Tätigkeit vgl. zunächst → § 14 Rn. 15; und wegen der Schwierigkeit der anwaltlichen Tätigkeit → § 14 Rn. 16.

Nach § 118 Abs. 1 Nr. 1 BRAGO betrug die Mittelgebühr der Geschäftsgebühr 0,75, ebenso die Besprechungsgebühr mit 0,75 nach § 118 Abs. 1 Nr. 2 BRAGO, zusammen somit die Mittelgebühr mit 1,5.

Nach einer Auffassung[6] kann bereits allein die Teilnahme an einer Besprechung dazu führen, dass die Mittelgebühr mit 280,– EUR gerechtfertigt ist.

Im Einzelnen gelten für die Schwellenkriterien Umfang und Schwierigkeit, den Vergleichsmaßstab und die Bedeutung von Besprechungen die oben unter → RVG VV 2300 Rn. 33 ff. dargestellten Grundsätze.

3. Vorausgegangenes Verwaltungsverfahren

VV 2401 RVG bestimmt: Ist eine Tätigkeit im Verwaltungsverfahren oder im Beschwerdeverfahren nach der WBO vorausgegangen, so beträgt die Gebühr **13**

VV 2400 RVG für das weitere, der Nachprüfung des Verwaltungsakts dienende Verwaltungsverfahren oder für das Verfahren der weiteren Beschwerde nach der WBO

	40,– EUR bis 260,– EUR,
Mittelgebühr	**0,– EUR.**

Zunächst → RVG VV 2300 Rn. 26 ff.

Weiter bestimmt VV 2401 RVG: „(1) Bei der Bemessung der Gebühr ist nicht zu berücksichtigen, dass der Umfang der Tätigkeit infolge der Tätigkeit im Verwaltungsverfahren oder im Beschwerdeverfahren nach der WBO geringer ist. (2) Eine Gebühr von mehr als 120,– € kann nur gefordert werden, wenn die Tätigkeit umfangreich oder schwierig war." → RVG VV 2300 Rn. 29.

Die gebührenrechtlichen Folgerungen sind: Für das Verwaltungsverfahren beträgt nach VV 2400 RVG **14**

die Geschäftsgebühr	**40,– EUR bis 520,– EUR,**
Mittelgebühr	**280,– EUR.**

Für das Nachprüfungsverfahren beträgt nach VV 2401 RVG

die Geschäftsgebühr	**40,– EUR bis 260,– EUR,**
Mittelgebühr	**150,– EUR.**

Damit wird berücksichtigt, dass die Tätigkeit im Verwaltungsverfahren oder im Beschwerdeverfahren nach der WBO die Tätigkeit im weiteren Verfahren (Nachprüfungsverfahren) durchaus erleichtert. Zugleich wird dargestellt, dass der durch die vorangegangene Tätigkeit ersparte Aufwand durch die Anwendung des geringeren Rahmens und nicht mehr bei der Bemessung der konkreten Gebühr berücksichtigt werden soll.

War der RA nur im Nachprüfungsverfahren tätig, erhält er die Gebühr nach VV 2400 RVG. Das folgt aus dem Wortlaut, nachdem er die Ermäßigung nach VV 2401 RVG nur erhält, wenn „eine Tätigkeit im Verwaltungsverfahren oder im Beschwerdeverfahren nach der WBO" vorausgegangen ist. **15**

Nr.	Gebührentatbestand	Gebühr oder Satz der Gebühr nach § 13 RVG
	Abschnitt 5. Beratungshilfe	
Vorbemerkung 2.5: Im Rahmen der Beratungshilfe entstehen Gebühren ausschließlich nach diesem Abschnitt.		
2500	Beratungshilfegebühr ... Neben der Gebühr werden keine Auslagen erhoben. Die Gebühr kann erlassen werden.	15,00 €

[6] Gerold/Schmidt/*Madert,* 18. Aufl. 2008, RVG VV 2400, 2401 Rn. 11.

Nr.	Gebührentatbestand	Gebühr oder Satz der Gebühr nach § 13 RVG
2501	Beratungsgebühr .... (1) Die Gebühr entsteht für eine Beratung, wenn die Beratung nicht mit einer anderen gebührenpflichtigen Tätigkeit zusammenhängt. (2) Die Gebühr ist auf eine Gebühr für eine sonstige Tätigkeit anzurechnen, die mit der Beratung zusammenhängt.	38,50 €
2502	Beratungstätigkeit mit dem Ziel einer außergerichtlichen Einigung mit den Gläubigern über die Schuldenbereinigung auf der Grundlage eines Plans (§ 305 Abs. 1 Nr. 1 InsO): Die Gebühr 2501 beträgt	77,00 €
2503	Geschäftsgebühr .... (1) Die Gebühr entsteht für das Betreiben des Geschäfts einschließlich der Information oder die Mitwirkung bei der Gestaltung eines Vertrags. (2) Auf die Gebühren für ein anschließendes gerichtliches oder behördliches Verfahren ist diese Gebühr zur Hälfte anzurechnen. Auf die Gebühren für ein Verfahren auf Vollstreckbarerklärung eines Vergleichs nach den §§ 796a, 796b und 796c Abs. 2 Satz 2 ZPO ist die Gebühr zu einem Viertel anzurechnen.	93,50 €
2504	Tätigkeit mit dem Ziel einer außergerichtlichen Einigung mit den Gläubigern über die Schuldenbereinigung auf der Grundlage eines Plans (§ 305 Abs. 1 Nr. 1 InsO): Die Gebühr 2503 beträgt bei bis zu 5 Gläubigern	297,00 €
2505	Es sind 6 bis 10 Gläubiger vorhanden: Die Gebühr 2503 beträgt	446,00 €
2506	Es sind 11 bis 15 Gläubiger vorhanden: Die Gebühr 2503 beträgt	594,00 €
2507	Es sind mehr als 15 Gläubiger vorhanden: Die Gebühr 2503 beträgt	743,00 €
2508	Einigungs- und Erledigungsgebühr .... (1) Die Anmerkungen zu Nummern 1000 und 1002 sind anzuwenden. (2) Die Gebühr entsteht auch für die Mitwirkung bei einer außergerichtlichen Einigung mit den Gläubigern über die Schuldenbereinigung auf der Grundlage eines Plans (§ 305 Abs. 1 Nr. 1 InsO).	165,00 €

Übersicht

I. Kostenrechtsmodernisierungsgesetz

1 Durch das KostRÄG[1] wurden die Festgebühren im Rahmen der Beratungshilfe erhöht. Für Altfälle vor Inkrafttreten des KostRÄG am 1.1.2021gelten noch folgende Werte:

VV 2500 RVG Beratungshilfegebühr	15,– EUR
VV 2501 RVG Beratungsgebühr	35,– EUR
VV 2502 RVG Beratungstätigkeit mit dem Ziel einer außergerichtlichen Einigung mit den Gläubigern über die Schuldenbereinigung auf der Grundlage eines Plans (§ 305 Abs. 1 Nr. 1 InsO)	
Die Gebühr VV 2501 RVG beträgt	70,– EUR
VV 2503 RVG Geschäftsgebühr	85,– EUR
VV 2504 RVG Beratungstätigkeit mit dem Ziel einer außergerichtlichen Einigung mit den Gläubigern über die Schuldenbereinigung auf der Grundlage eines Plans (§ 305 Abs. 1 Nr. 1 InsO)	270,– EUR
VV 2505 RVG es sind 6–10 Gläubiger vorhanden	405,– EUR
VV 2506 RVG es sind 11–15 Gläubiger vorhanden	540,– EUR
VV 2507 RVG es sind mehr als 15 Gläubiger vorhanden	675,– EUR
VV 2508 RVG Einigungs- und Erledigungsgebühr	150,– EUR

II. Vorbemerkung zum Beratungshilfegesetz

1. Allgemeines

2 Durch das Beratungshilfegesetz (BerHG) v. 18.6.1980 (BGBl. 1980 I 689) ist die Rechtsberatung und die Vertretung für Bürger mit geringem Einkommen bundesgesetzlich geregelt worden.

2. Subjektive Voraussetzungen

3 **§ 1 BerHG** regelt, wem Beratungshilfe gewährt werden kann. Er lautet:

„(1) Hilfe für die Wahrnehmung von Rechten außerhalb eines gerichtlichen Verfahrens und im obligatorischen Güteverfahren nach § 15a des Gesetzes betreffend die Einführung der Zivilprozessordnung (Beratungshilfe) wird auf Antrag gewährt, wenn

1. der Rechtsuchende die erforderlichen Mittel nach seinen persönlichen und wirtschaftlichen Verhältnissen nicht aufbringen kann,
2. nicht andere Möglichkeiten für eine Hilfe zur Verfügung stehen, deren Inanspruchnahme dem Rechtsuchenden zuzumuten ist,
3. die Inanspruchnahme der Beratungshilfe nicht mutwillig erscheint.

(2) Die Voraussetzungen des Absatzes 1 Nr. 1 sind gegeben, wenn dem Rechtsuchenden Prozesskostenhilfe nach den Vorschriften der Zivilprozessordnung ohne einen eigenen Beitrag zu den Kosten zu gewähren wäre. Die Möglichkeit, sich durch einen Rechtsanwalt unentgeltlich oder gegen Vereinbarung eines Erfolgshonorars beraten oder vertreten zu lassen, ist keine andere Möglichkeit im Sinne Abs. 1 Nr. 2.

(3) Mutwilligkeit liegt vor, wenn Beratungshilfe in Anspruch genommen wird, obwohl ein Rechtsuchender, der keine Beratungshilfe beansprucht, bei vollständiger Würdigung aller Umstände der Rechtsangelegenheit davon absehen würde, sich auf eigene Kosten rechtlich beraten oder vertreten zu lassen. Bei Beurteilung der

[1] BGBl. 2020 I 3229.

Mutwilligkeit sind die Kenntnisse und Fähigkeiten des Antragstellers sowie seine besondere wirtschaftliche Lage zu berücksichtigen.

Nach Abs. 2 kann der Rechtsuchende die erforderlichen Mittel nach seinen persönlichen und wirtschaftlichen Verhältnissen nicht aufbringen, wenn ihm PKH nach den Vorschriften der ZPO ohne eigenen Beitrag zu den Kosten zu gewähren wäre. Soweit es sich um Einkommen handelt, ist von § 115 Abs. 1 ZPO auszugehen. Bei der Berechnung des für die Prozesskosten einzusetzenden Einkommens der Partei gehören zusätzlich zu den Wohnkosten geltend gemachte Abschläge für Strom, Gas (sofern nicht für Heizzwecke bezogen) und Kabel-TV nicht zu gesondert abzugsfähigen Unterkunftskosten, sondern sind aus dem monatlichen Freibetrag zu tragen.[2] Hinsichtlich der Fahrtkosten ist § 3 Abs. 6 S. 1 Nr. 2a der Verordnung zur Durchführung des § 82 SGB XII heranzuziehen, so dass 5,20 EUR für jeden vollen Kilometer, den die Wohnung von der Arbeitsstätte entfernt liegt, anzusetzen sind, nicht jedoch für mehr als 40 km.[3] Vermögen ist einzusetzen, soweit dies zumutbar ist, § 115 Abs. 3 ZPO. Der Antrag kann nicht schon mit der Begründung zurückgewiesen werden, die Mittellosigkeit sei selbst verschuldet.[4]

Es kommt nur auf das Einkommen des Antragstellers an. Verlangt zB die Ehefrau Bewilligung der Beratungshilfe, so bleibt grds. das Verdienst des Ehemannes außer Betracht.[5]

Der Anspruch eines Ehegatten auf Zahlung eines Prozesskostenvorschusses durch den anderen Ehegatten schließt die Gewährung der Beratungshilfe nicht aus. § 1360a Abs. 4 BGB gibt nur einen Anspruch für die Kosten eines Rechtsstreits. § 1 BerHG betrifft jedoch nur außergerichtliche Verfahren.[6]

Ausländer. Zu den Voraussetzungen für die Gewährung von Beratungshilfe gehören weder die deutsche Staatsangehörigkeit noch der Wohnsitz in Deutschland.[7]

Beratungshilfe kann für die Einholung der Deckungszusage der Rechtsschutzversicherung gewährt werden.[8]

3. Andere Möglichkeiten für eine Hilfe

4 Ist der Rechtsuchende rechtsschutzversichert, wird er die Rechtsschutzversicherung in Anspruch nehmen müssen. Dies gilt aber nur, wenn der Versicherungsvertrag sich auf das Rechtsgebiet erstreckt, für das Beratungshilfe gesucht wird. Beratungshilfe kann dann nicht gewährt werden, wenn dem Rechtsuchenden auch andere Möglichkeiten als die Hilfe eines RA verbleiben und ein verständiger, den RA selbst bezahlender Bürger den Rat eines Anwalts nicht einholen würde.[9]

Von der **Erfolgsaussicht** der Rechtswahrnehmung ist die Gewährung der Beratungshilfe nicht abhängig. Denn sie dient gerade dazu, den Rechtsuchenden über die Erfolgsaussichten zu unterrichten. Der Gesetzgeber verfolgt mit der Beratungshilfe auch den Zweck, durch rechtzeitige Beratung unnötige Rechtsstreitigkeiten zu vermeiden.[10]

Keine andere Möglichkeit für eine Hilfe ist für unterhaltsrechtliche Fragen minderjähriger Kinder die Beratung und Vertretung durch das Jugendamt, in Sozialhilfefragen die Beratung durch die freien Wohlfahrtsverbände. Zwar gibt es diese anderen Möglichkeiten. Entscheidend ist aber die Frage der Zumutbarkeit. Hier muss Maßstab sein die angestrebte Chancengleichheit von minderbemittelten Rechtsuchenden einerseits und Bürgern in guten Einkommensverhältnissen andererseits. Nehmen in solchen Fällen Letztere anwaltliche Hilfe in Anspruch, wird man Erstere nicht an Behörden oder Verbände verweisen dürfen.[11]

---

[2] OLG Karlsruhe BeckRS 2007, 15327.

[3] OLG Brandenburg BeckRS 2007, 15291; OVG Lüneburg BeckRS 2011, 48383; vgl. auch BGH NJW-RR 2012, 1089.

[4] AG München KostRspr BerHG § 1 Nr. 1 = AnwBl 1983, 477.

[5] OLG München JurBüro 1982, 322; *Schmidt* MDR 1981, 793; *Mümmler* JurBüro 1984, 1131.

[6] Lindemann/Trenk-Hinterberger/*Lindemann* BerHG § 1 Rn. 30; Poller/Härtl/Köpf/*Köpf* BerHG § 1 Rn. 66; *Greißinger* AnwBl 1983, 477; *Mümmler* JurBüro 1984, 1132; vgl. auch Dürbeck/Gottschalk PKH/VKH/*Dürbeck* Rn. 1149, der aber den Anspruch auf Beratungshilfe verneint, wenn ein Anspruch auf unterhaltrechtlichen Sonderbedarf nach § 1613 Abs. 2 Nr. 1 BGB ohne Schwierigkeiten realisiert werden kann; aA AG Osnabrück AnwBl 1983, 477 mablAnm *Greißinger.*

[7] BVerfG NJW 1993, 383.

[8] *Finke* JurBüro 1999, 622.

[9] AG Marburg KostRspr BerHG § 1 Nr. 12; AG Koblenz AGS 2005, 350.

[10] Dürbeck/Gottschalk PKH/VKH/*Dürbeck* Rn. 1158.

[11] *Greißinger* AnwBl 1992, 49 (51); AG Wolfsburg JurBüro 1991, 669; enger Anm. *Mümmler* zu AG Wolfsburg; unzumutbare: Inanspruchnahme des Jugendamtes in unterhaltsrechtlichen Fragen bzw. wenn die zu klärende

Das BVerfG hat in diesem Zusammenhang eine wichtige Abgrenzung getroffen. So war eine Verfassungsbeschwerde gegen die Versagung von Beratungshilfe anlässlich eines möglichen Widerspruchs erfolgreich; die Versagung von Beratungshilfe für einen Widerspruch verletze Verfassungsrecht, wenn davon ausgegangen werde, dass ein vernünftiger Rechtsuchender in denjenigen Fällen, in denen Ausgangs- und Widerspruchsbehörde identisch sind, keine anwaltliche Hilfe für das Widerspruchsverfahren in Anspruch genommen hätte.[12] Allerdings hatte das BVerfG keine verfassungsrechtlichen Bedenken bei der Versagung von Beratungshilfe im Anhörungsverfahren; anders als im Fall des Widerspruchsverfahrens sei im Anhörungsstadium eine belastende Entscheidung der Behörde noch nicht getroffen worden, daher sei es zumutbar, im Anhörungsverfahren einen Rechtsuchenden auf die Beratung durch die zuständige Behörde zu verweisen.[13] Die Entscheidung des Bundesverfassungsgerichts war unter Berücksichtigung der Umstände des Ausgangsfalls sicherlich nachvollziehbar. Allerdings können je nach Sachlage auch bereits schon in einem Anhörungsverfahren Weichenstellungen für die spätere Behördenentscheidung erfolgen, so dass die verfassungsrechtlich gebotene Rechtswahrnehmungsgleichheit auch die Gewährung von Beratungshilfe in einem solchen frühen Verfahrensstadium bedingen kann.[14] Auf jeden Fall wird der Begriff der Zumutbarkeit nach Auffassung des BVerfG überdehnt, wenn ein Rechtsuchender für das Widerspruchsverfahren zur Beratung an dieselbe Behörde verwiesen wird gegen die er sich mit dem Widerspruch richtet.[15]

Die Selbsthilfe des Ratsuchenden ist keine andere Möglichkeit iSv Abs. 1 Nr. 2 (kann aber unter Nr. 3 fallen).[16]

Die Beratung durch die Rechtsantragsstelle des Amtsgerichts ist ebenfalls keine andere Möglichkeit iSv Nr. 2.[17]

Öffentliche Rechtsberatungsstellung sind keine andere Möglichkeit. Für Bremen, Hamburg **4a**
und Berlin gilt die Sonderregelung des § 12 BerHG. Soweit anderorts öffentliche Beratungsstellen eingerichtet sind, können diese nicht als anderweitige Hilfe in Betracht kommen. Die vorrangige oder gar ausschließliche Zuständigkeit dieser Beratungsstellen wurde durch den Gesetzgeber ausdrücklich abgelehnt, nur den Stadtstaaten steht das Recht dieser Ausschließlichkeitsbestimmung zu (§ 12 Abs. 1–3 BerHG).[18]

Im außergerichtlichen Schuldenbereinigungsverfahren kann auf anerkannte Schuldnerberatungsstellen verwiesen werden, wenn sie keine oder jedenfalls überschaubare Wartezeiten haben.[19]

4. Mutwilligkeit

Nach § 1 Abs. 1 Nr. 3 BerHG wird Beratungshilfe nur gewährt, wenn die Inanspruchnahme **5**
der Beratungshilfe nicht mutwillig erscheint. Nach der Legaldefinition in § 1 Abs. 3 S. 1 BerHG liegt Mutwilligkeit vor, wenn Beratungshilfe in Anspruch genommen wird, obwohl ein Rechtsuchender, der keine Beratungshilfe beansprucht, bei verständiger Würdigung der Umstände der Rechtsangelegenheit davon absehen würde, sich auf eigene Kosten rechtlich beraten oder vertreten zu lassen. Nach § 1 Abs. 3 S. 2 BerHG sind bei der Beurteilung der Mutwilligkeit die Kenntnisse und Fähigkeiten des Antragstellers sowie seine besondere wirtschaftliche Lage zu berücksichtigen.

Dabei bezieht sich die Mutwilligkeit auf die Inanspruchnahme der Beratungshilfe, d. h. die Inanspruchnahme von Beratung gegebenenfalls Vertretung, und nicht auf die Wahrnehmung

---

rechtliche Angelegenheit lediglich einen Teil eines komplexen familienrechtlichen Sachverhaltes betrifft und der mit der Beratungshilfesache beauftragte RA bereits in anderen Teilbereichen des Gesamtsachverhalts tätig war; aA Schneider/Wolf/*Fölsch* RVG VV Vorb. zu Abschnitt. 5 Rn. 8; Schoreit/Groß/*Groß* § 1 Rn. 76, 81; AG Kiel BeckRS 2012, 21499 = LSK 2013, 100226 mAnm *Mayer* FD-RVG 2012, 338695, öffentliche Rechtsberatung einer Landeshauptstadt; differenzierend, ob das Jugendamt als Gegner auftritt (unzumutbar) oder wenn es um Fragen der Partnerschaft, Trennung, Scheidung, Personensorge und Geltendmachung von Unterhaltsansprüchen und Umgangsrecht geht (zumutbar) Poller/Härtl/Köpf/*Köpf* BerHG § 1 Rn. 88.

[12] BVerfG BeckRS 2009, 34951 = NJW 2009, 3417.

[13] BVerfG BeckRS 2009, 36270 = NJW 2009, 3420 mAnm *Mayer* FD-RVG 2009, 287068.

[14] Anm. *Mayer* FD-RVG 2009, 287068.

[15] BVerfG NJW 2015, 2322 mAnm *Mayer* FD-RVG 2015, 370840.

[16] LG Göttingen 84, 516; AG Dinslaken JurBüro 1987, 1245; Schoreit/Groß/*Groß* § 1 Rn. 99.

[17] Poller/Härtl/Köpf/*Köpf* BerHG § 1 Rn. 97; *Lindemann/Trenk-Hinterberger/Lindemann* BerHG § 3 Rn. 20; AG Albstadt AnwBl 1988, 125.

[18] Poller/Härtl/Köpf/*Köpf* BerHG § 1 Rn. 99; aA Schoreit/Groß/*Groß* BerHG § 1 Rn. 93 soweit das Angebot das Spektrum der benötigen Beratung und gegebenenfalls Vertretung abdeckt.

[19] Poller/Härtl/Köpf/*Köpf* BerHG § 1 Rn. 100; vgl auch Dürbeck/Gottschalk PKH/VKH/*Dürbeck* Rn. 1174.

der Rechte selbst.[20] Mit der durch das Prozesskostenhilfe- und Beratungshilferechtsänderungsgesetz[21] geänderten Fassung von § 1 Abs. 1 Nr. 3 BerHG wollte der Gesetzgeber im Sinne einer Missbrauchskontrolle erreichen, dass eine Beratungsperson auf Kosten der Staatskasse nicht in Anspruch genommen werden kann, wo professioneller Rechtsrat nicht geboten erscheint,[22] so beispielsweise dann, wenn ein Rechtsuchender mit anwaltlicher Hilfe einen berechtigten Anspruch verfolgen möchte, diesen aber auch durch eine einfache Rücksprache mit dem Gegner selbst realisieren könnte oder wenn der Rechtsuchende mit dem Gegner nur eine Ratenzahlungsvereinbarung treffen möchte.[23] Mit der 2. Änderung der Vorschrift in § 1 Abs. 1 Nr. 3 BerHG „mutwillig erscheint", statt früher „mutwillig ist", wollte der Gesetzgeber klarstellen, dass für die Ablehnung von Beratungshilfe keine höheren Beweisanforderungen gelten als für die Prozesskostenhilfe und es auch hier genügt, dass die Inanspruchnahme mutwillig „erscheint".[24] Auch diese sprachliche Änderung bewirkte sachlich keine Neuerungen, nach zutreffender Auffassung führte auch bisher der sprachliche Unterschied „ist"/„erscheint" zwischen § 1 Abs. 1 Nr. 3 BerHG und § 114 ZPO zu keinen anderen Ergebnissen, hier wie dort genügte der „Anschein" der Mutwilligkeit nicht, die Mutwilligkeit musste durch nachweisbare Tatsachen festgestellt werden können.[25]

Erfolgsaussichten für das rechtliche Anliegen des Rechtsuchenden sind keine Bewilligungsvoraussetzungen.[26]

5. Außerhalb eines gerichtlichen Verfahrens

6 Nur außerhalb, nicht innerhalb eines gerichtlichen Verfahrens kann nach § 1 Abs. 1 BerHG Hilfe für die Wahrnehmung von Rechten gewährt werden. Die Interessen des Rechtsuchenden und die Funktion des BerHG lassen es geboten erscheinen, den Tatbestand „außerhalb eines gerichtlichen Verfahrens" nicht engherzig auszulegen. „Außerhalb" kann auch (nur) außergerichtlich während eines gerichtlichen Verfahrens bedeuten.[27] Damit ist gemeint, dass Beratungshilfe nicht zu gewähren ist, wenn der Rechtsuchende im gerichtlichen Verfahren sich vertreten lässt. Solange das nicht der Fall ist, besteht der Anspruch auf Beratungshilfe, zB vor allem dann, wenn der Rechtsuchende wissen will, ob Aussicht besteht, sich gegen eine Klage zu verteidigen.[28]

Der **BGH** hat sich in seiner Entscheidung v. 30.5.1984[29] der überwiegenden Auffassung angeschlossen, nach der **für das Prozesskostenhilfeverfahren grds. keine PKH** gewährt werden kann. Die Gründe für den BGH sind: Das Gesetz sieht für das Bewilligungsverfahren keine Prozesskostenhilfe vor; nach § 114 ZPO kann Prozesskostenhilfe nur für die „Prozessführung" gewährt werden, darunter ist das eigentliche Streitverfahren zu verstehen, nicht aber das PKH-Prüfungsverfahren. Entscheidend für den BGH ist, dass dennoch dem Rechtsuchenden kein Nachteil entsteht, weil die Beratung über die Erfolgsaussichten eines Prozesskostenhilfeantrags unter das BerHG fällt.[30]

Bei der Frage außerhalb oder innerhalb eines gerichtlichen Verfahrens kommt es nicht auf die Tätigkeit des beratenden RA an, denn § 1 Abs. 1 BerHG stellt auf den Rechtsuchenden ab. Die nicht anwaltlich vertretene Partei, die sich aber bereits im Rechtsstreit befindet, kann sich nicht während des Rechtsstreits nachträglich über Beratungshilfe von einem Anwalt beraten lassen. Wenn sie es versäumt, sich vor Eintritt in das gerichtliche Verfahren beraten zu lassen, handelt sie insoweit auf eigenes Risiko, so dass zB nach Einlegung des Einspruchs gegen einen Vollstreckungsbescheid Beratungshilfe nicht mehr bewilligt werden kann.[31]

---

[20] Poller/Härtl/Köpf/*Köpf* BerHG § 1 Rn. 109.

[21] BGBl 2013 I, S. 3533.

[22] BT-Drucks. 17/11472, 36.

[23] BT-Drucks. 17/11472, 36.

[24] BT-Drucks. 17/11472, 36 f.

[25] Poller/Härtl/Köpf/*Köpf* BerHG § 1 Rn. 112.

[26] Poller/Härtl/Köpf/*Köpf* BerHG § 1 Rn. 123.

[27] Lindemann/Trenk-Hinterberger/*Lindemann* BerHG § 1 Rn. 9; *Mümmler* JurBüro 1995, 294; OLG Frankfurt a. M. JurBüro 1991, 1610; AG Kiel AnwBl 1986, 46; AG Aurich JurBüro 1985, 459; *Klinge* AnwBl 1983, 476; *Schmidt* AnwBl 1984, 141.

[28] Schneider/Wolf/*Fölsch* RVG VV Vorb. zu Abschnitt 5 Rn. 21; AG Koblenz AGS 2004, 119.

[29] BGHZ 91, 311 = NJW 1984, 2106 = AnwBl 1985, 216; bestätigt in BGH NJW 2004, 2595 ff. = AGS 2004, 292 ff.

[30] BGH NJW 2004, 2595 ff. = AGS 2004, 292 ff.; OLG Nürnberg NJW 1982, 288; AG Neustadt AnwBl 1986, 458; *Pentz* NJW 1982, 1269; *Trenk-Hinterberger* AnwBl 1985, 217.

[31] Dürbeck/Gottschalk PKH/VKH/*Dürbeck* Rn. 1125; LG Mainz JurBüro 1987, 1243; AG Gummersbach Rpfleger 1990, 263.

Der BGH hat unentschieden gelassen, ob für das PKH-Prüfungsverfahren auch Beratungshilfe in Form der Vertretung möglich ist mit der Folge, dass die Gebühr nach VV 2503 RVG anfällt. Er weist darauf hin, dass der Antrag auf PKH-Bewilligung als solcher (gemeint ist nach Beratung durch den RA) von der Partei selbst zu Protokoll der Geschäftsstelle erklärt werden kann, Anwaltszwang nicht besteht, der Urkundsbeamte der Geschäftsstelle verpflichtet ist, den Antragsteller über die Antragserfordernisse des § 117 ZPO sachgemäß zu beraten. Da die Rechtsberatung der armen Partei durch das BerHG gewährleistet sei und der UdG für einen vollständigen und sachgemäßen Antrag der Partei sorgen müsse, sei die Chancengleichheit der armen Partei im Vergleich zu finanziell gut gestellten Rechtsuchenden gewahrt.[32] **7**

Die Chancengleichheit ist aber nur gewahrt vor Stellung des PKH-Antrags. Hat der Urkundsbeamte der Geschäftsstelle den Antrag aufgenommen, dann ist eine reiche Partei im PKH-Prüfungsverfahren, die sich durch einen RA vertreten lässt, im Vorteil, eine arme Partei, der keine Beratungshilfe in Form der Vertretung für das PKH-Prüfungsverfahren gewährt wird, im Nachteil, wenn sie durch einen RA das Prüfungsverfahren nicht durchgängig steuern kann. Die rechtliche Vertretung von bedürftigen Personen im PKH-Prüfungsverfahren kann somit nur durch Beratungshilfe gewährleistet werden.[33]

Zwischen den Instanzen kann zur Klärung der Erfolgsaussichten eines Rechtsmittels Beratungshilfe in Anspruch genommen werden.[34]

Ein Zeuge kann während eines gerichtlichen Verfahrens Beratungshilfe (zB über sein Zeugnisverweigerungsrecht) in Anspruch nehmen, denn er befindet sich nicht „innerhalb" des betreffenden Verfahrens.[35]

Beratungshilfe kann auch noch nach Zustellung der Anklageschrift oder des Strafbefehls bewilligt werden. Wollte man die Möglichkeit der Inanspruchnahme der Beratungshilfe hier versagen, würde einen wirtschaftlich Bedürftigen, gegen den die öffentliche Klage erhoben wird und der vom Gericht keinen Pflichtverteidiger gestellt bekommt, von einem Tag auf den anderen die Möglichkeit genommen, in der rechtlich höchst prekären Situation einer konkreten Strafverfolgung rechtlich kompetenten Rat in Anspruch zu nehmen.[36]

6. Gegenstand der Beratungshilfe

§ 2 BerHG regelt, welche Angelegenheiten Gegenstand der Beratungshilfe sein können. Er lautet: **8**

„(1) Die Beratungshilfe besteht in Beratung und, soweit erforderlich, in Vertretung. Eine Vertretung ist erforderlich, wenn der Rechtsuchende nach der Beratung angesichts des Umfangs, der Schwierigkeit und der Bedeutung der Rechtsangelegenheit für ihn seine Rechte nicht selbst wahrnehmen kann.

(2) Beratungshilfe nach diesem Gesetz wird in allen rechtlichen Angelegenheiten gewährt. *In Angelegenheiten des Strafrechts und des Ordnungswidrigkeitenrechts wird nur Beratung gewährt.*

(3) Beratungshilfe nach diesem Gesetz wird nicht gewährt in Angelegenheiten, in denen das Recht anderer Staaten anzuwenden ist, sofern der Sachverhalt keine Beziehung zum Inland aufweist."

Somit erfasst die Beratungshilfe nach dem Wortlaut von § 2 Abs. 2 RVG sämtliche Rechtsgebiete. Zu § 2 Abs. 2 RVG aF hat das BVerfG entschieden, dass Beratungshilfe auch in Angelegenheiten des Steuerrechts zu gewähren ist.[37] Nach § 2 Abs. 2 BerHG wird in Angelegenheiten des Straf- und des Ordnungswidrigkeitenrechts nur Beratung gewährt. Ist es im Gesamtzusammenhang notwendig, auf andere Rechtsgebiete einzugehen, wird auch insoweit Beratungshilfe gewährt. Mit der Einschränkung der Beratungshilfe in Straf- und Bußgeldsachen auf

[32] BGH NJW 2004, 2595 ff. = AGS 2004, 292 ff. Auch die Anfertigung des PKH-Gesuches durch einen RA fällt noch unter die Beratungshilfe (Vertretung), da mit der Einreichung des Antrags der RA noch nicht innerhalb eines gerichtlichen Verfahrens tätig wird, *Greißinger* AnwBl 1996, 608; Dürbeck/Gottschalk PKH/VKH/*Dürbeck* Rn. 1132; Lindemann/Trenk-Hinterberger/*Lindemann* BerHG § 1 Rn. 11; AG Herne-Wanne Rpfleger 1987, 389; AG Arnsberg JurBüro 1991, 803; aA OLG München NJW-RR 1999, 648.

[33] Lindemann/Trenk-Hinterberger/*Lindemann* BerHG § 1 Rn. 11; Dürbeck/Gottschalk PKH/VKH/*Dürbeck* Rn. 1132 (Einreichung eines PKH-Antrags möglich); AG Wuppertal AnwBl 1984, 459; AG Arnsberg JurBüro 1991, 803 = Rpfleger 1991, 25; aA *Mümmler* JurBüro 1990, 1419; München AGS 1998, 91; AnwBl 2000, 58; AG Emmendingen AGS 1998, 125 mablAnm *Madert;* Schoreit/Groß/*Groß* § 1 Rn. 21; Schneider/Wolf/*Fölsch* RVG Vorbem. zu Abschnitt 5 Rn. 21.

[34] Dürbeck/Gottschalk PKH/VKH/*Dürbeck* Rn. 1135; OLG Düsseldorf AGS 2005, 567 ff. mAnm *Schons;* OLG Frankfurt a. M. AGS 2006, 137 f.; Schneider/Wolf/*Fölsch* RVG VV Vorb. zu Abschnitt 5 Rn. 24.

[35] Schoreit/Groß/*Groß* § 1 Rn. 37; Poller/Härtl/Köpf/*Köpf* BerHG § 1 Rn. 46 mit Hinweis auf die im Strafverfahren vorrangig zu beachtende Sondervorschrift des § 68b Abs. 2 StPO.

[36] AG Bad Segeberg BeckRS 2020, 2942 mAnm *Mayer* FD-RVG 2020, 427836.

[37] BVerfG BeckRS 2008, 40229 = NJW 2009, 209 mAnm *Mayer* FD-RVG 2008, 271030.

die Gewährung von Beratung unter Ausschluss der Vertretung soll auf das bestehende System der Pflichtverteidigung Rücksicht genommen werden. Das AG Braunschweig ist daher der Ansicht, dass ein RA, der einen Rechtsuchenden, ohne mit seiner Verteidigung beauftragt oder ihm als Verteidiger beigeordnet zu sein, in einer Strafsache berät und die Ermittlungsakten für ihn einsieht, einen Anspruch auf Entschädigung für Vertretung nach § 132 Abs. 2 BRAGO, jetzt VV 2503 RVG hat.[38] Für die anwaltliche Beratung über eine Strafrestaussetzung ist Beratungshilfe zu bewilligen.[39] Für einen Gnadenantrag kann Beratungshilfe auch für die Vertretung bewilligt werden.[40]

8a Im Rahmen der Festsetzung von Beratungshilfegebühren für Strafsachen ist für den Rechtsanwalt – auch – eine Auslagenpauschale und die Erstattung der Kosten der Aktenversendung in Bezug auf das laufende Ermittlungsverfahren festzusetzen, da eine ordnungsgemäße Beratung des Mandanten in einem Ermittlungsverfahren ohne vorherige Akteneinsicht sinnvoll nicht möglich ist.[41] Ebenso sind Kopiekosten im Rahmen der Beratungshilfe auch in Strafsachen erstattungsfähig, wenn sie im Rahmen der Beratung angefallen sind und die übrigen Voraussetzungen der Beratungshilfe vorliegen; auch wenn davon auszugehen ist, dass der Rechtsanwalt sich im Ermittlungs- oder Strafverfahren als Strafverteidiger angezeigt hat, weil ihm anderenfalls keine Akteneinsicht durch Übersendung der Verfahrensakte hätte erteilt werden dürfen, schließt das nicht aus, dass er seinen Mandanten auf der Grundlage der bewilligten Beratungshilfe beraten hat und ihm zu diesem Zweck die geltend gemachten Auslagen entstanden sind.[42]

Im PKH-Bewilligungsverfahren muss dem Antragsgegner Beratungshilfe bewilligt werden. Denn an dem PKH-Prüfungsverfahren sind unmittelbar nur der Antragsteller und der Staat beteiligt, so dass für den Antragsgegner (noch) kein gerichtliches Verfahren anhängig ist.[43]

In einem Verfahren der obligatorischen Streitschlichtung nach **§ 15a EG ZPO** ist Beratungshilfe zu bewilligen.[44]

7. Träger der Beratungshilfe

9 **§ 3 BerHG** lautet:

„(1) Die Beratungshilfe wird durch Rechtsanwälte und durch Rechtsbeistände, die Mitglied einer Rechtsanwaltskammer sind, gewährt. Im Umfang ihrer jeweiligen Befugnisse zur Rechtsberatung wird sie auch gewährt durch

1. Steuerberater und Steuerbevollmächtigte,
2. Wirtschaftsprüfer und vereidigte Buchprüfer sowie
3. Rentenberater.

Sie kann durch die in den Sätzen 1 und 2 genannten Personen (Beratungspersonen) auch in Beratungsstellen gewährt werden, die aufgrund einer Vereinbarung mit der Landesjustizverwaltung eingerichtet sind.

(2) Die Beratungshilfe kann auch durch das Amtsgericht gewährt werden, soweit dem Anliegen durch eine sofortige Auskunft, einen Hinweis auf andere Möglichkeiten für Hilfe oder die Aufnahme eines Antrags oder einer Erklärung entsprochen werden kann."

Der RA ist der berufene unabhängige Berater und Vertreter in allen rechtlichen Angelegenheiten. Ihm ist daher in erster Linie die Beratungshilfe vom Gesetz übertragen worden. Durch § 49a BRAO ist der RA verpflichtet, die Beratungshilfe zu übernehmen. Er kann sie nur im Einzelfall aus wichtigem Grund ablehnen.

Nach § 3 Abs. 2 BerHG kann Beratungshilfe auch durch das Amtsgericht (Rechtspfleger, § 24a Abs. 1 Nr. 2 RPflG) gewährt werden, soweit dem Anliegen durch eine sofortige Auskunft, einen Hinweis auf andere Möglichkeiten für Hilfe oder die Aufnahme eines Antrags oder einer Erklärung entsprochen werden kann. Die Befugnisse des Rechtspflegers sind somit vom Gesetzgeber eindeutig umrissen. Der Rechtspfleger darf weder beraten (dh dem Rechtsuchenden empfehlen, sich in einer bestimmten Rechtslage in einer bestimmten Weise zu verhalten) noch gar vertreten. Er darf rechtliche Auskünfte erteilen, soweit ihm dies sofort möglich

---

[38] AG Braunschweig AnwBl 1984, 517; AG Augsburg AnwBl 1989, 401 = KostRspr BerHG § 1 Nr. 31 mzustAnm *Herget;* siehe auch Schoreit/Groß/*Groß* § 2 Rn. 16 f.

[39] AG Minden AGS 2003, 318 mAnm *Madert*.

[40] Schneider/Wolf/*Fölsch* RVG VV Vorb. zu Abschnitt 5 Rn. 31.

[41] AG Germersheim, BeckRS 2017, 106243 = AGS 2017, 231 mAnm *Mayer* FD-RVG 2017, 388577 und Anm. *Schneider* NJW-Spezial 2017, 381.

[42] AG Riesa BeckRS 2017, 122884 = AGS 2018, 36 mAnm *Mayer* FD-RVG 2017, 394676 und Anm. *Schneider* NJW-Spezial 2018, 29.

[43] *Greißinger* AnwBl 1996, 606 (608); *Mümmler* JurBüro 1995, 294; Schoreit/Groß/*Groß* § 1 Rn. 21, solange er zum PKH-Antrag noch keine Stellung genommen hat.

[44] Schneider/Wolf/*Fölsch* RVG VV Vorb. zu Abschnitt 5 Rn. 22.

ist, etwa aus eigenem Wissen oder durch Vermittlung einer einschlägigen Gesetzesbestimmung. So kann er zB den Rechtsuchenden, gegen den ein Mahnbescheid ergangen ist, darauf hinweisen, dass dagegen Widerspruch möglich ist. Er darf ihn aber nicht darüber beraten, ob ein Widerspruch aussichtsreich ist oder nicht.[45]

Träger der Beratungshilfe sind auch die Rechtsanwälte, die in einer Beratungsstelle tätig werden, die aufgrund einer Vereinbarung mit der Landesjustizverwaltung eingerichtet ist. Wegen der Besonderheiten in den Ländern Bremen, Hamburg und Berlin s. § 12 BerHG.

8. Verfahren, Antrag

§ 4 BerHG regelt das Verfahren für den Antrag auf Beratungshilfe. Er bestimmt: 10

„(1) Über den Antrag auf Beratungshilfe entscheidet das Amtsgericht, in dessen Bezirk der Rechtsuchende seinen allgemeinen Gerichtsstand hat. Hat der Rechtsuchende im Inland keinen allgemeinen Gerichtsstand, so ist das Amtsgericht zuständig, in dessen Bezirk ein Bedürfnis für Beratungshilfe auftritt.

(2) Der Antrag kann mündlich oder schriftlich gestellt werden. [2]Der Sachverhalt, für den Beratungshilfe beantragt wird, ist anzugeben.

(3) Dem Antrag sind beizufügen:

1. eine Erklärung des Rechtsuchenden über seine persönlichen und wirtschaftlichen Verhältnisse, insbesondere Angaben zu Familienstand, Beruf, Vermögen, Einkommen und Lasten sowie entsprechende Belege und
2. eine Versicherung des Rechtsuchenden, dass ihm in derselben Angelegenheit Beratungshilfe bisher weder gewährt noch durch das Gericht versagt worden ist, und dass in derselben Angelegenheit noch kein gerichtliches Verfahren anhängig ist oder war.

(4) Das Gericht kann verlangen, dass der Rechtsuchende seine tatsächlichen Angaben glaubhaft macht, und kann insbesondere auch die Abgabe einer Versicherung an Eides statt fordern. Es kann Erhebungen anstellen, insbesondere die Vorlegung von Urkunden anordnen und Auskünfte einholen. Zeugen und Sachverständige werden nicht vernommen.

(5) Hat der Rechtsuchende innerhalb einer von dem Gericht gesetzten Frist Angaben über seine persönlichen und wirtschaftlichen Verhältnisse nicht glaubhaft gemacht oder bestimmte Fragen nicht oder ungenügend beantwortet, so lehnt das Gericht die Bewilligung von Beratungshilfe ab.

(6) In den Fällen nachträglicher Antragstellung (§ 6 Absatz 2) kann die Beratungsperson vor Beginn der Beratungshilfe verlangen, dass der Rechtsuchende seine persönlichen und wirtschaftlichen Verhältnisse belegt und erklärt, dass ihm in derselben Angelegenheit Beratungshilfe bisher weder gewährt noch durch das Gericht versagt worden ist, und dass in derselben Angelegenheit kein gerichtliches Verfahren anhängig ist oder war."

Nach Abs. 1 des § 4 BerHG entscheidet über den Antrag auf Beratungshilfe grds. das Amtsgericht, in dessen Bezirk der Rechtsuchende seinen allgemeinen Gerichtsstand, also seinen Wohnsitz, hat. Nur wenn der Rechtsuchende im Inland keinen allgemeinen Gerichtsstand hat, so ist das Amtsgericht zuständig, in dessen Bezirk ein Bedürfnis für Beratungshilfe auftritt.[46] Das kann sein das AG des Aufenthaltsortes von längerer Dauer, des ständigen Arbeitsplatzes, uU des Urlaubsortes, des Ausbildungsortes oder auch das Gericht, in dessen Bezirk das gerichtliche Verfahren anhängig gemacht werden müsste. 11

Dem Wortlaut des Gesetzes ist nicht zu entnehmen, auf welchen **Zeitpunkt** es bei der Bestimmung der örtlichen Zuständigkeit ankommt, ob auf den, in welchem das Bedürfnis für die Beratungshilfe auftritt und diese gewährt wird, oder auf den, in welchem der Beratungshilfeantrag bei Gericht eingeht. Das kann, wenn der Rechtsuchende verzieht, bei nachträglicher Bewilligung von Beratungshilfe durchaus unterschiedlich sein. Die Frage ist streitig. Eine Auffassung stellt es auf das Beratungsbedürfnis ab,[47] eine andere auf den Wohnsitz bei Antragseingang.[48]

Der erstgenannten Meinung ist der Vorzug zu geben. Es kann für die Zuständigkeit nicht davon abhängen, ob der Rechtsuchende nach Inanspruchnahme der Beratungsbewilligung zufälligerweise umzieht.[49]

Kommt es wegen der Zuständigkeit zu einem negativen Kompetenzkonflikt, ist das zuständige Gericht durch das gemeinschaftliche obere Gericht zu bestimmen.[50]

In § 4 Abs. 6 BerHG hat der Gesetzgeber dem Rechtsuchenden auch die Möglichkeit eröffnet, sich unmittelbar wegen Beratungshilfe an einen RA zu wenden. Der Rechtsuchende hat 12

[45] Schoreit/Groß/*Groß* § 3 Rn. 18.
[46] AG Konstanz BeckRS 2007, 08341.
[47] *Greißinger* AnwBl 1996, 609.
[48] BayObLG JurBüro 1995, 366; Rpfleger 1996, 33; OLG Zweibrücken JurBüro 1998, 197; Poller/Härtl/Köpf/*Köpf* BerHG § 4 Rn. 6.
[49] *Greißinger* AnwBl 1996, 606 (609), allerdings zur früheren Rechtslage.
[50] BayObLG JurBüro 1995, 368; OLG Hamm JurBüro 1995, 368.

diesem seine persönlichen und wirtschaftlichen Verhältnisse glaubhaft zu machen und zu versichern, dass ihm in derselben Angelegenheit Beratungshilfe bisher weder gewährt noch durch das Amtsgericht versagt worden ist. Der Antrag auf Gewährung der Beratungshilfe kann in diesem Falle nachträglich gestellt werden. Berät oder vertritt der RA, ohne dass ihm der Rechtsuchende einen Berechtigungsschein vorlegt, so riskiert er, dass der Antrag später abgelehnt wird, weil die Voraussetzung für die Gewährung der Beratungshilfe nicht vorliegt. Der RA erhält dann auch keine Vergütung aus der Staatskasse. Der Antrag auf nachträgliche Ausstellung des Berechtigungsscheines kann nur bei dem gem. Abs. 1 zuständigen Gericht gestellt werden.[51]

9. FGG-Verfahren

13 **§ 5 BerHG** bestimmt:

„Für das Verfahren gelten die Vorschriften des Gesetzes über das Verfahren in Familiensachen und in den Angelegenheiten der freiwilligen Gerichtsbarkeit entsprechend, soweit in diesem Gesetz nichts anderes bestimmt ist. § 185 Abs. 3 und § 189 Abs. 3 des Gerichtsverfassungsgesetzes gelten entsprechend."

Wegen der Rechtsbehelfe nachfolgend → Rn. 15.

10. Ausstellung des Berechtigungsscheines

14 Hierzu bestimmt **§ 6 Abs. 1 BerHG:**

(1) „Sind die Voraussetzungen für die Gewährung von Beratungshilfe gegeben und wird die Angelegenheit nicht durch das Amtsgericht erledigt, stellt das Amtsgericht dem Rechtsuchenden unter genauer Bezeichnung der Angelegenheit einen Berechtigungsschein für Beratungshilfe durch eine Beratungsperson seiner Wahl aus."

Sind die Voraussetzungen für die Gewährung von Beratungshilfe gegeben und hat sich die Angelegenheit nicht im Bewilligungsverfahren erledigen lassen, dann muss der Rechtspfleger dem Rechtsuchenden den Berechtigungsschein für Beratungshilfe durch einen RA seiner Wahl ausstellen. Die Auswahl des RA bleibt dem Rechtsuchenden überlassen. Die freie Anwaltswahl bezieht sich nicht nur auf den Ort, an dem der Berechtigungsschein ausgestellt ist. Der Rechtsuchende kann jeden RA in der Bundesrepublik aufsuchen, auch wenn kein sachlicher Zusammenhang zwischen dem Ort, an dem er tätig ist, und dem Beratungshilfegegenstand besteht. Der Rechtspfleger ist nicht berechtigt, einen bestimmten RA beizuordnen.[52]

Umstritten ist, ob der Rechtspfleger bereits im Bewilligungsverfahren die Zahl der Angelegenheiten bindend für das Vergütungsverfahren im Berechtigungsschein festlegt bzw. bei mehreren Angelegenheiten auch mehrere Berechtigungsscheine ausstellen muss.[53]

Die Frage kann ungeklärt bleiben. Denn weder aus dem Wortlaut noch aus der Entstehungsgeschichte des Gesetzes ergibt sich, dass der Kostenbeamte (genauer: der Urkundsbeamte der Geschäftsstelle) an die Auffassung des Rechtspflegers, der den Berechtigungsschein erteilt, gebunden ist. Vielmehr hat der Kostenbeamte bei der Vergütungsfestsetzung in eigener Kompetenz zu prüfen, ob es sich um eine oder mehrere Angelegenheiten handelt, zumal dies oftmals im Bewilligungsverfahren noch gar nicht feststeht, sondern sich manchmal erst aus der Tätigkeit des RA ergibt.[54]

Durch den Urkundsbeamten der Geschäftsstelle findet auch keine Prüfung statt, ob die Beratungshilfe durch den Rechtspfleger zu Recht bewilligt worden ist oder die Vertretung oder die vergleichsweise Regelung zur Rechtsverfolgung „notwendig" iSd § 91 ZPO war.[55]

11. Rechtsbehelf

15 **§ 7 BerHG** lautet:

---

[51] Schoreit/Groß/*Groß* § 6 Rn. 19; OLG Hamm AnwBl 2000, 58; Rpfleger 1995, 365; BayObLG AnwBl 1998, 56.

[52] *Greißinger* AnwBl 1992, 49 (52); LG Verden JurBüro 1988, 198.

[53] So LG Köln MDR 1985, 944; LG Münster JurBüro 1983, 1893 mablAnm *Mümmler* = KostRspr. BRAGO § 132 Nr. 22; *Nagel* Rpfleger 1982, 212.

[54] OLG Braunschweig AnwBl 1984, 514; LG Bayreuth JurBüro 1984, 1047; LG Berlin JurBüro 1985, 1667; LG Bonn AnwBl 1985, 109 = JurBüro 1985, 713; LG Dortmund AnwBl 1985, 334 = Rpfleger 1985, 78; LG Tübingen Rpfleger 1986, 239; LG Hannover JurBüro 1988, 194; LG Wuppertal JurBüro 1985, 1426; LG Mönchengladbach AGS 2003, 76 f. mAnm *Madert; Mümmler* JurBüro 1984, 1134; OLG Brandenburg BeckRS 2019, 481 mAnm *Mayer* FD-RVG 2019, 414116; *Greißinger* NJW 1985, 1676; *Herget* MDR 1985, 945; *Hansens* JurBüro 1987, 23; HBS VergütungsR/*Hansens* Teil 7 Rn. 105 f.; aA keine Erweiterung eines Scheins auf mehrere Angelegenheiten durch den Urkundsbeamten der Geschäftsstelle *Lissher* AGS 2020, 549 (551).

[55] OLG Stuttgart BeckRS 2007, 09722 mAnm *Mayer* FD-RVG 2007, 231455.

„Gegen den Beschluss, durch den der Antrag auf Bewilligung von Beratungshilfe zurückgewiesen oder durch den die Bewilligung von Amts wegen oder auf Antrag der Beratungsperson wieder aufgehoben wird, ist nur die Erinnerung statthaft."

Gegen die Versagung der Beratungshilfe. Nach § 24a Abs. 1 Nr. 1 RPflG ist die Entscheidung über Anträge auf Gewährung und Aufhebung von Beratungshilfe dem Rechtspfleger übertragen. Gegen seine Entscheidung ist die nicht fristgebundene Erinnerung zulässig (§ 11 Abs. 1 S. 1 iVm § 24a Abs. 2 RPflG). Hilft der Rechtspfleger der Erinnerung nicht ab, wozu er nach § 11 Abs. 2 S. 5 RPflG befugt wäre, so legt er sie dem Richter vor (§ 11 Abs. 2 S. 6 RPflG). Dieser entscheidet über die Erinnerung endgültig. Durch die Sondervorschrift des § 7 BerHG wird somit § 11 Abs. 2 RPflG modifiziert. Es ist weder eine Vorlage der Erinnerung an das Rechtsmittelgericht möglich noch eine Beschwerde gegen die Entscheidung des Amtsrichters.[56] Über die Zurückweisung eines Beratungshilfeantrags muss aber durch einen zu begründenden und mit einer Rechtsbehelfsbelehrung zu versehenden Beschluss entschieden werden.[57]

Kein Rechtsbehelf gegen die Bewilligung der Beratungshilfe. Gegen den Beschluss, durch den Beratungshilfe gewährt wird, gibt es keinen Rechtsbehelf, weil § 6 Abs. 2 BerHG aF[58] eine abschließende Regelung enthält. Auch der (vergleichbare) Beschluss, mit dem PKH bewilligt wird, ist gem. § 127 Abs. 2 S. 1 ZPO unanfechtbar.[59] 16

12. Beratungshilfe ohne Berechtigungsschein

Für die Beratungshilfe ohne Berechtigungsschein bestimmt **§ 6 Abs. 2 BerHG:** 17

„[1] Wenn sich der Rechtsuchende wegen Beratungshilfe unmittelbar an eine Beratungsperson wendet, kann der Antrag auf Bewilligung der Beratungshilfe nachträglich gestellt werden. [2] In diesem Fall ist der Antrag spätestens vier Wochen nach Beginn der Beratungshilfetätigkeit zu stellen."

13. Anspruch gegen den Gegner

Hierzu lautet **§ 9 BerHG:** 18

„Ist der Gegner verpflichtet, dem Rechtsuchenden die Kosten der Wahrnehmung seiner Rechte zu ersetzen, hat er für die Tätigkeit der Beratungsperson die Vergütung nach den allgemeinen Vorschriften zu zahlen. [2] Der Anspruch geht auf die Beratungsperson über. [3] Der Übergang kann nicht zum Nachteil des Rechtsuchenden geltend gemacht werden."

Der RA hat gegen den Rechtsuchenden, sofern dieser ihn in Beratungshilfe in Anspruch genommen hat, über die Schutzgebühr nach VV 2500 RVG hinaus keinen Gebührenanspruch. Hat aber der Rechtsuchende einen **materiell-rechtlichen Kostenersatzanspruch** gegen den Gegner (etwa aus Verzug, positiver Vertragsverletzung, unerlaubter Handlung), so geht gem. § 9 BerHG dieser Anspruch auf den RA über. Der Kostenersatzanspruch des Rechtsuchenden besteht in Höhe der gesetzlichen Vergütung, also nach den Gebühren und Auslagen eines Wahlanwalts. Das ist ein bemerkenswerter Vorgang, weil der Rechtsuchende selbst solche Gebühren seinem Anwalt nicht schuldet. Er ist aus der Absicht des Gesetzgebers zu erklären, den Gegner durch die Beratungshilfe nicht zu begünstigen.[60]

Der RA muss bedenken, dass, wenn er den übergegangenen Kostenersatzanspruch klageweise durchsetzen muss, er einen eigenen Anspruch einklagt, er selbst also das volle Prozesskostenrisiko trägt. Er ist für die Voraussetzungen des materiell-rechtlichen Kostenersatzanspruchs darlegungs- und beweispflichtig. Als Beweismittel kommen in Betracht sein Mandant als Zeuge,

[56] OLG Hamm Rpfleger 1984, 271; OLG Schleswig Rpfleger 1983, 489 = JurBüro 1984, 452; OLG Stuttgart JurBüro 1984, 124 = MDR 1984, 153; BayObLG JurBüro 1986, 121; Schoreit/Groß/*Groß* § 7 Rn. 3, 7; *Mümmler* JurBüro 1984, 1134; Schneider/Wolf/*Fölsch* RVG VV Vorb. zu Abschnitt 5 Rn. 81 f.; HBS VergütungsR/*Hansens* Teil 7 Rn. 37; aA *Landmann* Rpfleger 2000, 320 (befristete Beschwerde); Beschwerde zum LG: LG Potsdam BeckRS 2009, 10341 = NJOZ 2010, 16 mAnm *Mayer* FD-RVG 2009, 280444.

[57] BVerfG NJW 2015, 2322 mAnm *Mayer* FD-RVG 2015, 370840.

[58] Jetzt § 7 BerHG.

[59] LG Aachen Rpfleger 1991, 322; LG Berlin JurBüro 1985, 1667; LG Bochum AnwBl 1984, 105; LG Bonn AnwBl 1985, 109; LG Dortmund Rpfleger 1984, 478; LG Göttingen Nds RPfleger 83, 277; JurBüro 1988, 197; LG Hannover JurBüro 1988, 194; LG Köln Rpfleger 1983, 286; MDR 1985, 944; LG Mainz KostRspr. BRAGO § 132 Nr. 77; LG Münster Rpfleger 2000, 281; LG Kleve AGS 2003, 128; Schneider/Wolf/*Fölsch* RVG VV Vorb. zu Abschnitt 5 Rn. 80; *Herget* MDR 1984, 530; AG Weiden Rpfleger 1995, 29; Schoreit/Groß/*Groß* § 7 Rn. 8; aA (Erinnerung des Bezirksrevisors möglich) Lindemann/Trenk-Hinterberger/*Trenk-Hinterberger* BerHG § 6 Rn. 28; *Greißinger* AnwBl 1992, 49 (51); OLG Hamm Rpfleger 1984, 517; LG Münster JurBüro 1983, 1893 mablAnm *Mümmler;* AG Würzburg JurBüro 1986, 776; HBS VergütungsR/*Hansens* Teil 7 Rn. 41.

[60] *Hansens* JurBüro 1986, 349.

sowie für den Anfall der Anwaltsvergütung die Handakten. Der Anwalt sollte das Prozesskostenrisiko nur eingehen, wenn der Unterschied zwischen der Vergütung nach VV 2503 RVG und den Wahlanwaltskosten groß ist.

19 Streit besteht darüber, ob die vom Rechtsuchenden gezahlte Schutzgebühr von 15,– EUR bei der Geltendmachung des auf den RA übergegangenen Anspruchs auf seine Regelgebühren zu berücksichtigen ist. Der RA erhält nach § 9 S. 1 BerHG „die gesetzliche Vergütung", das ist die im RVG geregelte, ohne dass eine Kürzung angeordnet wird. Zahlungen, die er erhält, werden nur auf die Vergütung aus der Landeskasse gem. § 59 Abs. 3 RVG iVm § 59 Abs. 1 RVG angerechnet. Eine Anrechnung der Schutzgebühr ist nicht vorgesehen. Daraus ist zu folgern, dass die Schutzgebühr dem Anwalt zusätzlich verbleibt. Er braucht auch die Schutzgebühr nicht an den Mandanten zurückzuzahlen, wenn er die gesetzliche Vergütung vom kostenpflichtigen Gegner erhalten hat.[61]

Wenn der Rechtsuchende die Schutzgebühr bereits gezahlt hat, kann er sie zusätzlich zur gesetzlichen Vergütung als Auslage von dem ersatzpflichtigen Gegner ersetzt verlangen.[62]

20 Der Übergang des Kostenerstattungsanspruchs kann jedoch nicht zum Nachteil des Rechtsuchenden geltend gemacht werden. Ist also zB der Gegner nicht in vollem Umfang zahlungsfähig, gehen die Ansprüche des Rechtsuchenden denen des RA vor. Zahlungen, die der RA vom Gegner erhält, sind auf die aus der Landeskasse zu zahlende Vergütung anzurechnen. Nach weit überwiegender Auffassung in der Rspr. sind die von der Gegenpartei erhaltenen Zahlungen einschränkungslos auf die aus der Landeskasse zu zahlende Vergütung nach § 58 Abs. 1 RVG anzurechnen, eine Einschränkung, die § 58 Abs. 2 RVG für die Prozesskostenhilfe vorsieht, fehlt für die Beratungshilfe.[63]

14. Stadtstaatenklausel

21 **§ 12 BerHG** lautet:

„(1) In den Ländern Bremen und Hamburg tritt die eingeführte öffentliche Rechtsberatung an die Stelle der Beratungshilfe nach diesem Gesetz, wenn und soweit das Landesrecht nichts anderes bestimmt.

(2) Im Land Berlin hat der Rechtsuchende die Wahl zwischen der Inanspruchnahme der dort eingeführten öffentlichen Rechtsberatung und Beratungshilfe nach diesem Gesetz, wenn und soweit das Landesrecht nichts anderes bestimmt.

(3) Die Länder können durch Gesetz die ausschließliche Zuständigkeit von Beratungsstellen nach § 3 Absatz 1 zur Gewährung von Beratungshilfe bestimmen.

(4) Die Berater der öffentlichen Rechtsberatung, die über die Befähigung zum Richteramt verfügen, sind in gleicher Weise wie ein beauftragter Rechtsanwalt zur Verschwiegenheit verpflichtet und mit schriftlicher Zustimmung des Ratsuchenden berechtigt, Auskünfte aus Akten zu erhalten und Akteneinsicht zu nehmen."

Die Stadtstaatenklausel nimmt die Länder Bremen und Hamburg vom Gesetz aus. Dort sind die minderbemittelten Rechtsuchenden nach wie vor auf die dort bereits eingeführte öffentliche Rechtsberatung angewiesen, können sich also nicht vom Anwalt ihrer Wahl beraten oder vertreten lassen. Demgegenüber hat in Berlin der Rechtsuchende die Wahl zwischen der öffentlichen Rechtsberatung und anwaltlicher Beratungshilfe. Diese Berliner Alternativlösung gewährleistet die Chancengleichheit der Minderbemittelten. Sie wäre auch für Bremen und Hamburg angezeigt gewesen und hätte sicher die dortigen öffentlichen Rechtsberatungseinrichtungen in ihrem Bestande nicht bedroht.

Wegen der Zweifel, die sich bei Fällen ergeben, in denen Rechtsuchende aus Bremen oder Hamburg Beratungshilfe von Anwälten mit Kanzleisitz in einem anderen Bundesland wünschen bzw. Rechtsuchende aus anderen Bundesländern Beratungshilfe durch Anwälte mit Kanzleisitz in Bremen oder Hamburg erhalten wollen.[64]

15. Übergangsvorschrift

22 **§ 13 BerHG** lautet:

„Ist der Antrag auf Beratungshilfe vor dem 1. Januar 2014 gestellt worden oder ist die Beratungshilfe vor dem 1. Januar 2014 gewährt worden, ist dieses Gesetz in der bis zum 31. Dezember 2013 geltenden Fassung anzuwenden."

---

[61] Lindemann/Trenk-Hinterberger/*Lindemann* BerHG § 9 Rn. 5; aA Schoreit/Groß/*Groß* § 9 Rn. 5; Dürbeck/Gottschalk PKH/VKH/*Dürbeck* Rn. 1253; Poller/Härtl/Köpf/*Köpf* BerHG § 9 Rn. 10.

[62] Lindemann/Trenk-Hinterberger/*Lindemann* BerHG § 9 Rn. 6; aA Dürbeck/Gottschalk PKH/VKH/*Dürbeck* Rn. 1253.

[63] OLG Naumburg BeckRS 2011, 25203 mAnm *Mayer* FD-RVG 2011, 324535; OLG Saarbrücken BeckRS 2011, 06050; OLG Bamberg BeckRS 2009, 12875 mAnm *Mayer* FD-RVG 2009, 283139; AG Mosbach BeckRS 2011, 6243 mAnm *Schneider* NJW-Spezial 2011, 316; aA LG Saarbrücken BeckRS 2009, 10463.

[64] Lindemann/Trenk-Hinterberger/*Trenk-Hinterberger* BerHG § 14 Rn. 3.

III. Abwicklung der Beratungshilfe

1. Berechtigungsschein für Beratungshilfe liegt vor

Sind die Voraussetzungen für die Gewährung von Beratungshilfe gegeben und gewährt der Rechtspfleger des Amtsgerichts gem. § 3 Abs. 2 BerHG nicht selbst die Beratungshilfe,[65] stellt das Amtsgericht dem Rechtsuchenden einen Berechtigungsschein für Beratungshilfe durch einen Anwalt seiner Wahl aus. **23**

Erscheint der potenzielle Mandant beim Anwalt und legt diesem den Berechtigungsschein für Beratungshilfe vor, ist die Abwicklung der Beratungshilfe unproblematisch. Denn der Berechtigungsschein kann vom Anwalt als Garant dafür angesehen werden, dass er für seine Tätigkeit aus der Landeskasse grds. vergütet wird, wobei allerdings die Höhe der Vergütung nicht garantiert wird.[66] Die Höhe der Vergütung ist insbes. deshalb nicht garantiert, weil bei der Entscheidung über den Antrag des Rechtsuchenden auf Gewährung von Beratungshilfe der Rechtspfleger nicht zu prüfen hat, um wie viele gebührenrechtliche Angelegenheiten es sich handelt.[67]

2. Berechtigungsschein für Beratungshilfe liegt nicht vor

Erscheint der potenzielle Mandant beim Anwalt und ist er noch nicht im Besitz eines Berechtigungsscheines für Beratungshilfe, so kann der Antrag auf Bewilligung von Beratungshilfe zwar nachträglich gestellt werden, der Antrag muss jedoch spätestens vier Wochen nach Beginn der Beratungstätigkeit gestellt werden. Teilweise wird der Begriff des Beginns der Beratungshilfetätigkeit sehr großzügig ausgelegt und mit der rechtlichen Prüfung des Einzelfalls gleichgesetzt.[68] Die hM ist jedoch enger, denn § 6 Abs. 3 S. 1 BerHG verlangt, dass der Rechtsuchende sich „wegen Beratungshilfe" unmittelbar an eine Beratungsperson wendet. Daher kann nach herrschender Meinung keine nachträgliche Bewilligung von Beratungshilfe erfolgen, wenn sich der Rechtsuchende nur mit seinem Anliegen, nicht jedoch ohne seine Bedürftigkeit zu offenbaren an die Beratungsperson wendet.[69] Das BVerfG hat diese, schon zu der insoweit vergleichbaren Vorgängervorschrift § 4 Abs. 4 S. 4 BerHG aF, vertretene Auffassung als verfassungsrechtlich nicht zu beanstanden angesehen.[70] Auch muss nach einer Auffassung bereits vor Beginn der Durchführung der Beratungshilfe, also vor Beginn der Beratung durch den Rechtsanwalt, das Formular nach § 1 Nr. 1 BerHFV ausgefüllt und unterzeichnet sein.[71] Es ist deshalb dringend zu empfehlen darauf zu achten, dass bereits vor Beginn der Beratung durch den Rechtsuchenden das Beratungshilfeformular ausgefüllt und unterzeichnet wird.[72] **24**

IV. Gesetz zur Änderung des Prozesskostenhilfe- und Beratungshilferechts

Das Gesetz zur Änderung des Prozesskostenhilfe- und Beratungshilferechts[73] hat gravierende Änderungen des Rechts der Beratungshilfe mit Wirkung zum 1.1.2014 gebracht. So wurde das bislang in § 8 BerHG aF enthaltene **Vergütungsvereinbarungsverbot ersatzlos aufgehoben** und stattdessen werden **flexible Vergütungsmodelle zugelassen.**[74] Dies sieht der Gesetzgeber in der Möglichkeit, nach **§ 6a Abs. 2 BerHG** die **Aufhebung der Bewilligung** zu beantragen und den Vergütungsanspruch auf eine Vereinbarung zu stützen, ferner in der Möglichkeit einer Tätigkeit pro bono gem. § 4 Abs. 1 S. 3 RVG und in der Vereinbarung eines Erfolgshonorars gem. § 4a RVG, dessen Vereinbarung der Gesetzgeber durch die Regelung des § 4a Abs. 1 S. 3 RVG erleichtert hat.[75] Den Schutz des Rechtsuchenden sieht der Gesetzgeber weiter dadurch gewährleistet, dass der Vergütungsanspruch nicht durchgesetzt werden kann, wenn und solange Beratungshilfe bewilligt ist.[76] Denn nach § 8 Abs. 2 S. 1 BerHG bewirkt die Bewilligung von Beratungshilfe, dass die Beratungsperson gegen den Rechtsuchenden keinen **25**

---

[65] HBS VergütungsR/*Hansens* Teil 7 Rn. 29.
[66] *Klein* JurBüro 2001, 172 (173).
[67] HBS VergütungsR/*Hansens* Teil 7 Rn. 31; → Rn. 14.
[68] AG Königswinter BeckRS 2015, 00680 mAnm *Mayer* FD-RVG 2015, 365472.
[69] Poller/Härtl/Köpf/*Köpf* BerHG § 6 Rn. 13.
[70] BeckRS 2008, 31914 mAnm *Mayer* FD-RVG 2008, 254085.
[70] Poller/Härtl/Köpf/*Köpf* BerHG § 6 Rn. 18.
[71] Poller/Härtl/Köpf/*Köpf* BerHG § 6 Rn. 21.
[73] BGBl. 2013 I 3533.
[74] BT-Drs. 17/11472, 26.
[75] BT-Drs. 17/11472, 26.
[76] BT-Drs. 17/11472, 26 f.

Anspruch auf Vergütung mit Ausnahme der Beratungshilfegebühr nach § 44 S. 2 RVG geltend machen kann. Nach § 8 Abs. 2 S. 2 BerHG gilt dies auch in den Fällen nachträglicher Antragstellung bis zur Entscheidung durch das Gericht. Da Vergütungsvereinbarungen grds. möglich sind, bewirkt § 8 Abs. 2 BerHG, dass der daraus resultierende Anspruch der Beratungsperson gegen den Rechtsuchenden nicht geltend gemacht werden kann, wenn und solange Beratungshilfe bewilligt ist bzw. im Falle nachträglicher Antragstellung das Gericht noch keine Entscheidung über den Antrag getroffen hat.[77]

26 Nach § 6a Abs. 1 BerHG in der ab 1.1.2014 geltenden Fassung kann das **Gericht die Bewilligung** von **Beratungshilfe von Amts wegen aufheben,** wenn die Voraussetzungen für die Beratungshilfe zum Zeitpunkt der Bewilligung nicht vorgelegen haben und seit der Bewilligung nicht mehr als ein Jahr vergangen ist.

27 Nach § 6a Abs. 2 BerHG in der ab 1.1.2014 geltenden Fassung kann die **Beratungsperson die Aufhebung der Bewilligung von Beratungshilfe beantragen,** wenn der Rechtsuchende aufgrund der Beratung oder Vertretung, für die ihm Beratungshilfe bewilligt wurde, **etwas erlangt hat.** Dabei kann der **Antrag nur gestellt** werden, wenn die Beratungsperson **1. noch keine Beratungshilfevergütung** nach § 44 S. 1 RVG beantragt hat und **2. den Rechtsuchenden bei der Mandatsübernahme** auf die Möglichkeit der Antragstellung und der Aufhebung der Bewilligung sowie auf die sich für die Vergütung nach § 8a Abs. 2 BerHG ergebenden Folgen in **Textform hingewiesen** hat. Nach § 6a Abs. 2 S. 3 BerHG in der ab 1.1.2014 geltenden Fassung hebt das Gericht den Beschluss über die Bewilligung von Beratungshilfe nach Anhörung des Rechtsuchenden auf, wenn dieser aufgrund des Erlangten die Voraussetzungen hinsichtlich der persönlichen und wirtschaftlichen Verhältnisse für die Bewilligung von Beratungshilfe nicht mehr erfüllt.

28 Nach § 8a Abs. 1 S. 1 BerHG in der ab 1.1.2014 geltenden Fassung bleibt, wenn die Beratungshilfebewilligung aufgehoben wird, der Vergütungsanspruch der Beratungsperson gegen die Staatskasse unberührt. Nach § 8a Abs. 1 S. 2 BerHG gilt dies nicht, wenn die Beratungsperson 1. Kenntnis oder grob fahrlässige Unkenntnis hatte, dass die Bewilligungsvoraussetzungen zum Zeitpunkt der Beratungshilfeleistung nicht vorlagen, oder 2. die Aufhebung der Beratungshilfe selbst beantragt hat. Nach **§ 8a Abs. 2 BerHG** kann die Beratungsperson vom Rechtsuchenden **Vergütung nach den allgemeinen Vorschriften** verlangen, wenn sie **1. keine Vergütung aus der Staatskasse** fordert oder einbehält und **2. den Rechtsuchenden bei der Mandatsübernahme auf die Möglichkeit der Aufhebung der Bewilligung** sowie auf die sich für die Vergütung ergebenden Folgen hingewiesen hat. Wegen der neu eingeführten Aufhebung der Beratungshilfe nach § 6a BerHG ist seit 1.1.2014 eine Vergütungsvereinbarung nicht mehr nur in Fällen nachträglicher Antragstellung von Beratungshilfe, sondern auch bereits bewilligter Beratungshilfe sinnvoll.[78] Wurde keine Vergütungsvereinbarung geschlossen, steht nach § 8a Abs. 2 BerHG der Beratungsperson unter den dort geregelten Voraussetzungen ein Vergütungsanspruch gegen den Rechtsuchenden nach den allgemeinen Vorschriften zu, eine vorher geschlossene Vergütungsvereinbarung kann aber eine möglicherweise mühsame Auseinandersetzung zwischen der Beratungsperson und dem Rechtsuchenden darüber entbehrlich machen, in welcher Höhe die übliche Vergütung nach den § 34 Abs. 1 S. 2 RVG, § 612 Abs. 2 BGB geschuldet ist.

29 Einschränkungen gegenüber dem früheren Rechtszustand sieht das neue Recht hingegen bei der Möglichkeit einer nachträglichen Beantragung von Beratungshilfe vor. Zwar wurde das noch im Regierungsentwurf enthaltene zusätzliche Erfordernis, dass Beratungshilfe auf einen nachträglich gestellten Antrag hin nur dann bewilligt werden kann, wenn es dem Rechtsuchenden aufgrund besonderer Eilbedürftigkeit der Angelegenheit nicht zumutbar war, vorher bei Gericht einen Berechtigungsschein einzuholen, auf Empfehlung des Rechtsausschusses wieder gestrichen,[79] allerdings muss künftig nach § 6 Abs. 2 S. 2 BerHG im Falle nachträglicher Beantragung von Beratungshilfe der Antrag **spätestens vier Wochen nach Beginn der Beratungshilfetätigkeit**[80] gestellt werden. Hervorzuheben ist ferner, dass auch nach der Neufassung des Beratungshilfegesetzes der Rechtsuchende nicht verpflichtet ist, vorrangig die jetzt auch mögliche unentgeltliche Beratung oder Vertretung durch einen RA oder die Vereinbarung eines Erfolgshonorars mit einem RA in Anspruch zu nehmen; § 1 Abs. 2 S. 2 BerHG bestimmt daher ausdrücklich, dass die Möglichkeit, sich durch einen RA unentgeltlich oder

[77] BT-Drs. 17/11472, 43.
[78] BT-Drs. 17/11472, 43.
[79] BT-Drs. 17/13538, 11, 27.
[80] Zum Begriff AG Königswinter BeckRS 2015, 00680 mAnm *Mayer* FD-RVG 2015, 365472; → Rn. 24.

gegen Vereinbarung eines Erfolgshonorars beraten oder vertreten zu lassen, keine andere Möglichkeit der Hilfe iSd Abs. 1 Nr. 2 BerHG ist.[81]

V. Gebühren bei Beratungshilfe

Schrifttum: *Hartung/Römermann*, Beratungshilfe zu Dumpingpreisen – Verfassungswidrig!, ZRP 2003, 149.

1. Allgemeines[82]

Nach VV Vorb. 2.5 RVG entstehen im Rahmen der Beratungshilfegebühren ausschließlich nach Abschn. 5 VV 2501–2508 RVG regelt den öffentlich-rechtlichen Erstattungsanspruch des auf Beratungshilfe in Anspruch genommenen RA gegen die Landeskasse. Dem in Beratungshilfe tätig werdenden Anwalt steht – abgesehen von der Schutzgebühr gem. VV 2500 RVG – kein Vergütungsanspruch gegen den Rechtsuchenden zu. Die Bezeichnung Gebühren für die Beratungshilfe ist daher etwas irreführend, weil mit „Gebühren" im Allgemeinen das in § 1 Abs. 1 RVG genannte rechtsgeschäftliche Entgelt des RA gegen seinen Mandanten bezeichnet wird.[83] Wenn im Gesetz und im Folgenden dennoch von Gebühren gesprochen wird, so ist immer gemeint der Vergütungsanspruch des RA gegen die Landeskasse. 30

Abschn. 5 nennt drei feste Gebühren, die der Beratungshilfe gewährende RA erhalten kann. Diese Gebühren sind unabhängig von dem Gegenstandswert, dem Umfang und der Schwierigkeit der anwaltlichen Tätigkeit. Der RA hat auch dann Anspruch auf diese festen Gebühren, wenn die gesetzlichen Wahlanwaltsgebühren im Einzelfall niedriger sind.[84]

Andererseits erhöht sich die Gebühr nicht, wenn die Angelegenheit im Einzelfall besonders umfangreich und/oder schwierig ist oder einen hohen Gegenstandswert hat.

2. Anzahl der Angelegenheiten

Dem Begriff der Angelegenheit kommt im Rahmen der **Beratungshilfe** erhebliche Bedeutung zu. Da es sich bei den Vergütungstatbeständen VV 2501–2508 RVG um Festgebühren handelt, kann kein Ausgleich über die Erhöhung des Gegenstandswerts erfolgen, sondern es gilt insoweit das **„Alles-oder-Nichts-Prinzip"**.[85] Sehr umstritten ist, ob eine Angelegenheit oder mehrere vorliegen, wenn ein Ehegatte sich über die Voraussetzungen der Ehescheidung zusammen mit Fragen des Ehegatten- und Kindesunterhalts, der Hausratsauseinandersetzung und des Versorgungsausgleichs beraten lässt.[86] Ausführlich → RVG § 16 Rn. 26 ff.; und → RVG § 15 Rn. 45. Da sich eine nähere Bestimmung des Begriffs der „Angelegenheit" im Beratungshilfegesetz nicht findet, bietet es sich an, auf die Definition der Angelegenheit in §§ 16 ff. RVG in diesem Zusammenhang zurückzugreifen; Regelungen für die Zeit der Trennung vor Rechtskraft der Scheidung einerseits und die Scheidungssache mit den Folgesachen iSd § 16 Nr. 4 RVG andererseits sind somit jeweils eine Angelegenheit.[87] Ist der RA beauftragt, neben 31

---

[81] BT-Drs. 17/11472, 49.

[82] VV 2500–2508 RVG gelten ab 1.7.2006; bis dahin galten VV 2600–2608 RVG nF.

[83] Schneider/Wolf/*Fölsch* RVG VV Vorb. zu Abschnitt 5 Rn. 127.

[84] Schneider/Wolf/*Fölsch* RVG VV Vorb. zu Abschnitt 5 Rn. 131.

[85] Schneider/Wolf/*Fölsch* RVG VV Vorb. zu Abschnitt 5 Rn. 150.

[86] Für eine Angelegenheit: *Hansens* JurBüro 1987, 23; Rehberg/*Rehberg* Beratungshilfe Ziff. 7.1; OLG München MDR 1988, 330; AGS 1998, 91= AnwBl 2000, 58; LG Aurich JurBüro 1986, 239; LG Berlin JurBüro 1984, 240; LG Dortmund JurBüro 1985, 1034; LG Göttingen JurBüro 1986, 1843; LG Kleve JurBüro 1986, 734; LG Stuttgart JurBüro 1986, 1519; LG Wuppertal JurBüro 1985, 1426; LG Bayreuth JurBüro 1990, 1274, gewährt ein RA mehreren Kindern Beratungshilfe zum Zwecke der Geltendmachung ihrer Unterhaltsansprüche gegen den gemeinsamen Vater, so handelt es sich um dieselbe Angelegenheit; für mehrere Angelegenheiten: OLG Braunschweig AnwBl 1984, 514; OLG Düsseldorf AnwBl 1986, 162; LG Tübingen Rpfleger 1986, 239; AG Köln AnwBl 1986, 414; AG Osnabrück JurBüro 1996, 377; Schneider/Wolf/*Fölsch* RVG VV Vorb. zu Abschnitt 5 Rn. 157 ff.; s. a. die praxisnahen Ratschläge von *Greißinger* AnwBl 1993, 11.

[87] OLG Stuttgart BeckRS 2006, 12351 mit Besprechung *Mayer* RVG-Letter 2006, 130 ff.; *Mayer* Gebührenformulare Teil 3 § 1 Rn. 8; noch weitergehend OLG Frankfurt a. M. BeckRS 2009, 26382 = NJOZ 2009, 4576 mAnm *Mayer* FD-RVG 2009, 290784, verschiedene Trennungsfolgen sind im Bereich der Beratungshilfe verschiedene Angelegenheiten; OLG Düsseldorf BeckRS 2008, 22172 = NJW-RR 2009, 430 mAnm *Mayer* FD-RVG 2008, 270140; von den vier typisierten Komplexen Scheidung als solche, Angelegenheiten betr. das persönliche Verhältnis zu den Kindern, Angelegenheiten im Zusammenhang mit der Aufteilung von Ehewohnung und Hausrat sowie finanzielle Auswirkungen von Trennung und Scheidung generell gehen aus OLG Düsseldorf BeckRS 2018, 3714 = AGS 2018, 193; OLG München NZFam 2015, 566 mAnm *Mayer* FD-RVG 2015, 369320, OLG Frankfurt a. M. BeckRS 2014, 16739 mAnm *Mayer* FD-RVG 2014, 361758, OLG Nürnberg NJW 2011, 3108, OLG Celle BeckRS 2011, 18918, OLG Koblenz BeckRS 2011, 28631, OLG Stuttgart BeckRS 2012, 22641 mAnm *Mayer* FD-RVG 2012, 339839 und OLG Schleswig BeckRS 2013, 09394 mAnm *Mayer* FD-RVG 2013, 347015; s. näher § 15 Rn. 45 und § 44 Rn. 7.

den Unterhaltsansprüchen die Zahlung von Sozialhilfe durchzusetzen, fehlt es an der Gleichartigkeit des Verfahrens und der gleichgerichteten Vorgehensweise, es liegen zwei Angelegenheiten vor.

Vielfach beachtet die Rspr. nicht das Gebot des Bundesverfassungsgerichts, das entschieden hat: „Aus verfassungsrechtlicher Sicht spricht Vieles dafür, dass die Beratung über den Unterhalt des Kindes und des Umgangsrechts des Vaters nicht als dieselbe Angelegenheit gem. § 13 Abs. 2 S. 2 BRAGO anzusehen sind, um den Rechtsanwalt, der in der Beratungshilfe ohnehin zu niedrigen Gebühren tätig wird, nicht unnötig zu belasten".[88]

Um mehrere Angelegenheiten handelt es sich, wenn mehreren Asylbewerbern in einem Berechtigungsschein Beratungshilfe bewilligt wird und der RA jeden Bewerber darüber berät, was er gegen den das Asylrecht ablehnenden Bescheid tun kann. Denn zwischen den einzelnen Rechtspositionen der Ausländer besteht kein innerer Zusammenhang, jeder erstrebt die Anerkennung des Asylrechts für sich. Dass zB alle drei Asylbewerber einer einzigen Familie angehören, spielt keine Rolle. Der RA erhält die Vergütung aus der Landeskasse für jeden einzelnen Bewerber, von dem er in Anspruch genommen wurde (→ RVG VV 1008 Rn. 152).[89]

Vom Bewilligungsverfahren der Beratungshilfe ist das Festsetzungsverfahren der Beratungshilfevergütung zu unterscheiden. Die Beratungshilfevergütung wird nach § 55 Abs. 4 RVG vom Urkundsbeamten der Geschäftsstelle festgesetzt. Richtiger Auffassung nach hat dieser eigenverantwortlich zu prüfen, ob ein oder mehrere Beratungshilfeangelegenheiten in gebührenrechtlicher Hinsicht vorliegen, wobei es nicht auf die Anzahl der vom Rechtspfleger erteilten Berechtigungsscheine ankommt.[90] Durch den Urkundsbeamten der Geschäftsstelle findet auch keine Prüfung statt, ob die Beratungshilfe durch den Rechtspfleger zu Recht bewilligt worden ist oder die Vertretung oder die vergleichsweise Regelung zur Rechtsverfolgung „notwendig" iSd § 91 ZPO war.[91]

3. Beratungshilfegebühr VV 2500 RVG

32 Nach VV 2500 RVG steht dem Anwalt eine Beratungshilfegebühr iHv 15,– EUR zu. Nach der Anmerkung zum Gebührentatbestand kann die Gebühr erlassen werden. Nach § 44 S. 2 RVG schuldet der Rechtsuchende die Beratungshilfegebühr. Nach S. 1 der Anmerkung zu VV 2500 RVG werden neben der Gebühr keine Auslagen erhoben, dies gilt auch für die Umsatzsteuer.[92] Der in der Regel umsatzsteuerpflichtige RA muss somit aus dem Betrag von 15,– EUR noch die Umsatzsteuer abführen.[93] Diese Anerkennungsgebühr steht dem RA neben der Vergütung aus der Staatskasse zu.[94]

4. Beratungsgebühr VV 2501 RVG

33 Für eine Beratung, wenn die Beratung nicht mit einer anderen gebührenpflichtigen Tätigkeit zusammenhängt, entsteht die Beratungsgebühr VV 2501 RVG iHv 38,50,– EUR. Was unter Beratung zu verstehen ist, ergibt sich aus der hier zumindest entsprechend geltenden Legaldefinition in § 34 Abs. 1 RVG.[95] Unter Beratung ist somit die Erteilung eines mündlichen oder schriftlichen Rats oder einer Auskunft zu verstehen. Auch das Abraten (zB Abraten, einen Rechtsstreit zu führen) ist Ratserteilung.

---

[88] AGS 2002, 273.

[89] LG Berlin AnwBl 1984, 105 = JurBüro 1984, 239 mzustAnm *Mümmler;* LG Stade JurBüro 1998, 196; AG Köln AnwBl 1985, 335; LG Lüneburg JurBüro 1988, 1332; LG Kiel JurBüro 1996, 544; Schneider/Wolf/*Fölsch* RVG VV Vorb. zu Abschnitt 5 Rn. 161; s. a. LG Berlin AnwBl 1985, 109 (mehrere Bezirksämter in Berlin hatten vielen Personen die Zahlung von Leistungen nach dem Bundesausbildungsförderungsgesetz verweigert. 93 der Betroffenen erteilten demselben RA das Mandat, im Rahmen der Beratungshilfe Widerspruch einzulegen. Der RA formulierte für alle Mandanten ein Widerspruchsschreiben, bei dem er nur den Namen des jeweiligen Mandanten, das Aktenzeichen und die anderen unterschiedlichen Daten dem konkreten Fall entsprechend abänderte. Mit Recht hat das Landgericht 93 verschiedene Angelegenheiten angenommen, da der RA für jeden Auftraggeber jeweils dessen selbständigen Anspruch geltend gemacht habe; aA LG Osnabrück JurBüro 2000, 140, nur eine Gebühr gem. § 123 Abs. 2 BRAGO ohne Erhöhung gem. § 6 BRAGO, wenn der Asylanspruch aus dem Rechtsgrund der Gruppenverfolgung für eine aus acht Personen bestehende Familie geltend gemacht wird.

[90] Zum Streitstand HBS VergütungsR/*Hansens* Teil 7 Rn. 105 ff. mwN; *Mayer* Gebührenformulare Teil 3 § 1 Rn. 9; OLG Brandenburg BeckRS 2019, 481 mAnm *Mayer* FD-RVG 2019, 414116.

[91] OLG Stuttgart BeckRS 2007, 09722 mAnm *Mayer* FD-RVG 2007, 231455; *Mayer* Gebührenformulare Teil 3 § 1 Rn. 9.

[92] Mayer/Kroiß/*Pukall* RVG VV 2500 Rn. 6.

[93] S. aber *Euba* RVGreport 2008, 289.

[94] Dürbeck/Gottschalk PKH/VKH/*Dürbeck* Rn. 1246.

[95] HBS VergütungsR/*Hansens* Teil 7 Rn. 80; *Mayer* Gebührenformulare Teil 3 § 1 Rn. 11.

Auch der Rat, der sich auf einen nebensächlichen Punkt bezieht, löst die Ratsgebühr aus, wenn sich der Rat im Rahmen der Bewilligung hält.[96]

Selbst für die sofortige (einfache) Auskunft, zu deren Erteilung gem. § 3 Abs. 2 BerHG auch der Rechtspfleger befugt ist, entsteht die Gebühr. Denn der Rechtspfleger ist nicht verpflichtet, in jedem Fall sofortige Auskunft zu erteilen (im Gesetzestext heißt es: „kann"). Schließlich kann der Rechtspfleger überhaupt keine sofortige Auskunft erteilen, wenn der Rechtsuchende sich unmittelbar an den RA wendet.[97]

Nach dem Wortlaut der Bestimmung erhält der RA die Gebühr für einen Rat oder eine Auskunft. Das ist nicht zahlenmäßig zu verstehen. **Auch für mehrere Besprechungen,** in denen Rat oder Auskunft erteilt werden, erhält der RA **die Gebühr nur einmal,** wenn diese mehreren Besprechungen in einer Angelegenheit erfolgen (wegen des Begriffs → RVG § 15 Rn. 5 ff.).[98] Denn auf den Umfang der Tätigkeit kommt es hier nicht an.

5. Rat oder Auskunft im Zusammenhang mit einer anderen gebührenpflichtigen Tätigkeit

Nach Abs. 1 der Anmerkung zu VV 2501 RVG entsteht die Beratungsgebühr nur, wenn die Beratung nicht mit einer anderen gebührenpflichtigen Tätigkeit zusammenhängt; eine andere gebührenpflichtige Tätigkeit in diesem Sinne ist auch die Vertretung im Rahmen der Beratungshilfe, so dass die Beratungsgebühr VV 2501 RVG und die Geschäftsgebühr VV 2503 RVG in derselben Angelegenheit nicht nebeneinander entstehen können.[99] **34**

Beispiel:

Der Rechtsuchende bittet den RA um Hilfe gegen die Kündigung einer Wohnung. Der RA fertigt ein Schreiben an den Vermieter und erteilt dem Rechtsuchenden bei dieser Gelegenheit einen Rat, wie er sich in Zukunft gegenüber dem Vermieter verhalten soll. Für das Schreiben an den Vermieter erhält der RA den Anspruch aus VV 2503 RVG, während der Anspruch auf eine Ratsgebühr aus VV 2501 RVG wegen des einschränkenden Nebensatzes in der Bestimmung entfällt.

6. Anrechnung der Ratsgebühr, Rückzahlung und Mehrvertretungszuschlag

Nach Abs. 2 der Anmerkung zu VV 2501 RVG ist die Gebühr auf eine Gebühr anzurechnen, die der RA für eine sonstige Tätigkeit erhält, die mit der Ratserteilung oder der Auskunft zusammenhängt. Die Ratsgebühr wird mithin auch auf die Gebühr nach VV 2503 RVG angerechnet. Verkürzt ausgedrückt: Es kann nur die Gebühr nach VV 2501 RVG oder die nach VV 2503 RVG entstehen.[100] **35**

Diese spätere Tätigkeit kann eine außergerichtliche, aber auch eine gerichtliche sein. Kommt es zB zu einem Rechtsstreit und wird der RA im Wege der PKH als Prozessbevollmächtigter oder Verkehrsanwalt beigeordnet, ist die Ratsgebühr auf die Verfahrensgebühr anzurechnen.[101]

Wird eine Scheidungs- oder Scheidungsfolgesache nach dem Beratungshilfeverfahren gerichtlich anhängig, so sind auf die dem RA im Rahmen der Prozesskostenhilfe zu erstattende Vergütung nur die Beratungsgebühren anzurechnen, die ihm in den den anhängigen Verfahren entsprechenden Beratungshilfeverfahren gewährt worden sind.[102]

Anzurechnen ist die Beratungsgebühr VV 2501 RVG aber nur auf eine Gebühr, die der RA für eine sonstige Tätigkeit erhält, die mit der Beratung zusammenhängt, also in **erster Linie auf eine Geschäfts- oder Verfahrensgebühr,** nicht aber auf eine (aus der Staatskasse in der Folge zu erstattende) auch entstehende Einigungsgebühr.[103] Wird in derselben Angelegenheit in der Folge Prozesskostenhilfe bewilligt, ist nicht zuerst auf die Differenz von Wahlanwaltsvergütung und Prozesskostenhilfevergütung nach § 58 Abs. 2 RVG anzurechnen.[104] **36**

Richtiger Auffassung nach ist auch bei Beratung mehrerer Rechtsuchender in derselben Angelegenheit die Beratungsgebühr VV 2501 RVG um den Mehrvertretungszuschlag nach VV 1008 RVG iHv 30% je weiterem Auftraggeber zu erhöhen; dies führt zu einer Erhöhung **37**

---

[96] *Hansens* JurBüro 1986, 170.

[97] Riedel/Sußbauer/*H. Schneider* RVG VV 2501 Rn. 3; *Hansens* JurBüro 1986, 171.

[98] Riedel/Sußbauer/*H. Schneider* RVG VV 2501 Rn. 5.

[99] HBS VergütungsR/*Hansens* Teil 7 Rn. 81; *Mayer* Gebührenformulare Teil 3 § 1 Rn. 12.

[100] *Mümmler* JurBüro 1984, 1772; LG Frankfurt AnwBl 1982, 319 = JurBüro 1982, 1368.

[101] Riedel/Sußbauer/*N. Schneider* RVG VV 2501 Rn. 8; *Klinge* BerHG § 10 Rn. 2; *Mümmler* JurBüro 1984, 1771; *Hansens* JurBüro 1986, 172.

[102] OLG Düsseldorf AnwBl 1986, 162 = MDR 1986, 157.

[103] So aber OLG Oldenburg BeckRS 2009, 27531 = JurBüro 2009, 424.

[104] HBS VergütungsR/*Hansens* Teil 7 Rn. 84; aA Schneider/Wolf/*Fölsch* RVG VV 2501 Rn. 22.

der Festgebühr von VV 2501 RVG um jeweils 11,55 EUR je weiterem Rechtsuchenden.[105] Der Höchstbetrag der Erhöhung beträgt nach Abs. 3 der Anmerkung zu VV 1008 RVG 77,– EUR, so dass sich die höchst mögliche Gebühr auf 115,50,– EUR beläuft.[106]

7. Vergütung für Vertretung

38 Entwickelt der RA eine – außergerichtliche – Tätigkeit, die gesetzlich nach VV 2300 RVG zu vergüten ist, zB Aufnahme schriftlicher, telefonischer oder mündlicher Kontakte mit der Gegenpartei, Führung von Vergleichsgesprächen, Abfassung von Vertragsentwürfen oder rechtsgeschäftlichen Erklärungen, erhält der RA eine Einheitsgebühr iHv 93,50,– EUR.

Beispiel:

In einer Unfallschadensregulierungsangelegenheit schreibt der RA zunächst an den Haftpflichtversicherer des Schädigers und verhandelt später mündlich mit dem Sachbearbeiter der Versicherung. Es ist nur eine Gebühr iHv 93,50,– EUR erwachsen.

Auf die Höhe des Vergütungsanspruchs, der dem RA nach VV 2300 RVG entstanden wäre, kommt es für seinen Entschädigungsanspruch gegen die Landeskasse nicht an. Das gilt aber auch für den Fall, dass seine Regelgebühren nach VV 2300 RVG niedriger gewesen wären als sein Entschädigungsanspruch nach dieser Vorschrift.[107]

VV 2300 RVG ist nicht anwendbar. Der RA erhält auch dann die Gebühr nach VV 2503 RVG, wenn die Voraussetzungen nach VV 2300 RVG erfüllt sind. Es bleibt bei der Festgebühr von 93,50,– EUR also auch dann, wenn die 0,3-Wertgebühr nach VV 2301 RVG im Einzelfall niedriger wäre.[108]

Nach § 2 Abs. 1 S. 2 BerHG besteht die Beratungshilfe nur „soweit erforderlich" in Vertretung. Eine Vertretung ist nach der Legaldefinition des Abs. 1 S. 2 erforderlich, wenn der Rechtsuchende nach der Beratung angesichts des Umfangs, der Schwierigkeit oder der Bedeutung der Rechtsangelegenheit für ihn seine Rechte nicht selbst wahrnehmen kann.[109] Die Legaldefinition der Erforderlichkeit wurde durch das Gesetz zur Änderung des Prozesskostenhilfe- und Beratungshilferechts[110] eingeführt. Der Gesetzgeber wollte mit der neuen Regelung zwei Parameter abwägend in Bezug zueinander setzen, in der nämlich einerseits Umfang, Schwierigkeit und Bedeutung der Rechtsangelegenheit und andererseits die persönlichen Fähigkeiten des Rechtsuchenden.[111] Dabei sei auf die individuelle Möglichkeit der Selbstvertretung des konkreten Antragstellers, nicht auf den durchschnittlichen Rechtsuchenden abzustellen.[112] Daher sind insbes. die Schul- und sonstige Bildung zu berücksichtigen und sodann in Relation zur Komplexität der Angelegenheit zu setzen, in der um anwaltliche Vertretung nachgesucht wird.[113] Auch liegt § 2 Abs. 1 S. 2 BerHG ausdrücklich fest, dass sich die Beurteilung, ob Vertretung erforderlich ist, auf den Zeitpunkt nach erfolgter Beratung beziehen soll. Anwaltliche Vertretung sei demnach in der Regel nur dann nicht erforderlich, wenn nur noch ein einfaches Schreiben mit einer Tatsachenmitteilung zu fertigen ist, ein Widerspruch ohne Begründung einzulegen oder eine einfache Kündigung zu formulieren sei.[114] Gleichwohl liest die Rspr. aus dieser Regelung einen sehr strengen Maßstab für die Erforderlichkeit ab.[115] Allerdings ist der Beratungsperson bei der Beurteilung der Erforderlichkeit ein Spielraum einzuräumen.[116] Mit der Regelung ist ein erhebliches Risiko für den RA verbunden. War die Vertretung nach Auffassung des Amtsgerichts im Vergütungsfestsetzungsverfahren nicht erforderlich, erleidet der Anwalt einen Gebührenausfall.[117]

---

[105] HBS VergütungsR/*Hansens* Teil 7 Rn. 83 mwN; Mayer/Kroiß/*Pukall* RVG VV 2501 Rn. 13; *Mayer* Gebührenformulare Teil 3 § 1 Rn. 14; aA OLG Frankfurt a. M NJW 2018, 1697 mAnm *Mayer* FD-RVG 2018, 405768 und Anm. *Schneider* NJW-Spezial 2018, 316; AG Koblenz BeckRS 2007, 11760; *Müller-Rabe* → RVG VV 1008 Rn. 22.

[106] Schneider/Wolf/*Fölsch* RVG VV 2501 Rn. 12.

[107] LG Berlin Rpfleger 1983, 176 = JurBüro 1983, 1059.

[108] Schneider/Wolf/*Fölsch* RVG VV 2503 Rn. 7; *Klinge* BerHG § 10 Rn. 3; *Hansens* JurBüro 1986, 173.

[109] siehe hierzu näher Poller/Härtl/Köpf/*Köpf* BerHG § 2 Rn. 21 ff.

[110] BGBl. 2013 I 3533.

[111] BT-Drs. 17/11472, 37.

[112] BT-Drs. 17/11472, 37.

[113] BT-Drs. 17/11472, 37.

[114] BT-Drs. 17/11472, 37 f.

[115] AG Mannheim, BeckRS 2016, 16804 mAnm *Mayer* FD-RVG 2016, 381865.

[116] Poller/Härtl/Köpf/*Köpf* BerHG § 2 Rn. 35.

[117] Poller/Härtl/Köpf/*Köpf* BerHG § 2 Rn. 39.

8. Abgrenzung zwischen Rat/Auskunft und Vertretung

Entscheidend ist, ob ein Auftrag des Mandanten vorliegt, der auf eine Tätigkeit des Rechtsanwalts nach außen gerichtet ist.[118] Dementsprechend führt auch eine vorbereitende Akteneinsicht durch den Anwalt nicht zur Entstehung der Geschäftsgebühr VV 2503 RVG, wenn die Akteneinsicht ausschließlich der Beratung dient und es zum Betreiben eines Geschäfts, also zu einer über die Beratung hinausgehenden Tätigkeit nicht kommt.[119] **39**

Beispiel:

Der RA entwirft dem Ratsuchenden ein Schreiben, das dieser selbst absenden soll, oder der RA entwirft einen Vertrag.

Die Beratungsgebühr VV 2501 RVG und die Geschäftsgebühr nach VV 2503 RVG kann der RA nicht nebeneinander beanspruchen, weil nach der ausdrücklichen gesetzlichen Regelung die Beratungsgebühr nur anfällt, wenn Rat oder Auskunft nicht mit einer anderen gebührenpflichtigen Tätigkeit zusammenhängen.

9. Erhöhung der Geschäftsgebühr bei mehreren Auftraggebern

Der Mehrvertretungszuschlag nach VV 1008 RVG bezieht sich seinem Wortlaut nach nur auf die Verfahrens- oder Geschäftsgebühr. Die Erhöhung tritt aber auch in solchen Fällen ein, in denen die Gebühren dem Tatbestand der Verfahrens- oder der Geschäftsgebühr gleichkommen. **40**

Richtiger Auffassung nach ist die Geschäftsgebühr bei mehreren Auftraggebern um den Mehrvertretungszuschlag von 30% je weiterem Auftraggeber, also um jeweils 28,05 EUR, zu erhöhen.[120]

Nach Abs. 3 der Anmerkung zu VV 1008 RVG darf die erhöhte Geschäftsgebühr höchstens 280,50 EUR (93,50 EUR zzgl. 187,– EUR) betragen.[121] Da es sich um eine wertunabhängige Festgebühr handelt, gilt die Sperre des Abs. 1 der Anmerkung zu VV 1008 RVG nicht,[122] so dass die Gebührenerhöhung unabhängig davon vorzunehmen ist, ob der RA für die mehreren Rechtsuchenden hinsichtlich desselben Gegenstands tätig wird.[123]

10. Anrechnung nach VV 2503 Anm. Abs. 2 RVG

Kommt es im Anschluss an die Vertretung zu einem gerichtlichen oder behördlichen Verfahren und übernimmt der RA in diesem sich anschließenden Verfahren die Vertretung des Rechtsuchenden, so ist die Gebühr (93,50 EUR) zur Hälfte (also iHv 46,75 EUR) auf die in dem sich anschließenden Verfahren entstehenden Gebühren anzurechnen. **41**

Abs. 2 S. 1 der Anmerkung zum Vergütungstatbestand VV 2503 RVG wurde durch das Gesetz zur Durchführung der VO (EG) Nr. 4/209 und zur Neuordnung bestehender Aus- und Durchführungsbestimmungen auf dem Gebiet des internationalen Unterhaltsverfahrensrechts[124] dahingehend ergänzt, dass eine Anrechnung auf die Gebühren VV 2401 RVG aF und VV 3103 RVG aF nicht stattfindet. Denn die bis dahin bestehende Regelung führte in sozialrechtlichen Verfahren, in denen Betragsrahmengebühren entstehen, zu einer doppelten Berücksichtigung des durch die Vorbefassung des Anwalts ersparten Aufwands, nämlich zum einen durch den Ansatz der Betragsrahmengebühr mit den geringeren Sätzen in VV 2401 RVG aF oder VV 3103 RVG aF, und zum anderen durch die hälftige Anrechnung der Beratungshilfegeschäftsgebühr. Für einen Wahlanwalt hingegen war für diese Konstellationen eine Anrechnung nicht vorgesehen, da VV Vorb. 3 Abs. 4 RVG aF lediglich eine Anrechnung der Geschäftsgebühren nach VV 2300–2303 RVG anordnet.[125] Für Altfälle hat das BVerfG entschieden, dass die Anrechnung der hälftigen Beratungshilfegeschäftsgebühr nach Abs. 2 S. 1 der Anmerkung zu VV 2503 RVG aF auf die bereits nach VV 3103 RVG reduzierte Verfahrensgebühr verfassungswidrig ist.[126] Aufgrund der Einführung der reinen Anrechnungslösung im 2. KostRMoG

---

[118] Siehe hierzu näher → RVG VV 2300 Rn. 17a.

[119] AG Dortmund BeckRS 2018, 15162 = AGS 2018, 521 mAnm *Mayer* FD-RVG 2018, 407595.

[120] HBS VergütungsR/*Hansens* Teil 7 Rn. 91; *Mayer* Gebührenformulare Teil 3 § 1 Rn. 17; OLG Nürnberg BeckRS 2007, 00561 mit Besprechung *Mayer* RVG-Letter 2007, 36; KG BeckRS 2007, 08721; *Müller-Rabe* → RVG VV 1008 Rn. 7.

[121] HBS VergütungsR/*Hansens* Teil 7 Rn. 91.

[122] Mayer/Kroiß/*Pukall* RVG VV 2503 Rn. 6.

[123] HBS VergütungsR/*Hansens* Teil 7 Rn. 91; Hartung/Schons/Enders/*Schons* RVG VV 2503 Rn. 18; aA Gerold/Schmidt/*Madert*, 17. Aufl. 2006, RVG VV 2500–2508 Rn. 32.

[124] BGBl. 2011 I 898.

[125] BT-Drs. 17/488, 52.

[126] BVerfG BeckRS 2011, 54837 mAnm *Mayer* FD-RVG 2011, 323980.

konnte der Ausschluss der hälftigen Anrechnung der Beratungshilfegeschäftsgebühr VV 2503 RVG auf die Vergütungstatbestände VV 2401 RVG aF und VV 4103 RVG aF wieder gestrichen werden.[127]

Voraussetzung für die Gebührenanrechnung ist, dass sich die Gegenstände im Rahmen der Beratungshilfetätigkeit und des anschließenden Verfahrens **zumindest teilweise decken.**[128] Zu beachten ist ferner, dass die Geschäftsgebühr nach VV 2503 RVG im Gegensatz zur Geschäftsgebühr nach VV 2300–2303 RVG nicht nur auf die Verfahrensgebühr, sondern auf sämtliche Gebühren im anschließenden gerichtlichen oder behördlichen Verfahren zur Hälfte anzurechnen ist.[129] Leistet der RA zunächst Beratungshilfe, wird er dann als PKH-Anwalt als Prozessbevollmächtigter beigeordnet, so erfolgt die Anrechnung auf die Gebühren, die er gem. §§ 12, 45 RVG aus der Landeskasse erhält. Eine Anrechnung auf den Unterschiedsbetrag zwischen den niedrigeren Gebühren nach § 49 RVG und den höheren Wahlanwaltsgebühren ist aber ausgeschlossen.[130]

Beispiel:

Der Rechtsanwalt. wird, nachdem er die Geschäftsgebühr VV 2503 RVG iHv 93,50,– EUR erhalten hat, im anschließenden Prozess über 10.000,– EUR beigeordnet.
Auf die 1,3 Verfahrensgebühr gem. VV 3100 RVG aus 10.000,– EUR nach der PKH-Tabelle iHv 440,70 EUR werden gem. VV 2503 Anm. Abs. 2 RVG 46,75 EUR ($^1/_2$ aus 93,50,– EUR) angerechnet.

42 Ein von Parteien und deren Rechtsanwälte unterschriebener Vergleich, in dem der Schuldner sich der sofortigen Zwangsvollstreckung unterworfen hat, kann gem. §§ 796a–c ZPO für vollstreckbar erklärt werden. Der RA erhält in Verfahren über Anträge auf Vollstreckbarerklärung eines Schiedsspruchs oder eines diesem gleichgestellten Vergleichs die in VV 3100 RVG bestimmten Gebühren. Auf diese Gebühren ist nach Abs. 2 der Anmerkung zu VV 2503 RVG die in VV 2503 RVG bezeichnete Vertretungsvergütung zu einem Viertel anzurechnen, also mit 23,38 EUR.

Die Bestimmung des VV 3101 RVG (vorzeitige Beendigung des Auftrags) ist im Rahmen der VV 2503 RVG auch nicht entsprechend anwendbar, wenn sich die Beratungshilfe erledigt, der RA aber bereits Vorbereitungen für beabsichtigten Schriftverkehr getroffen hat.

VV 3101 RVG bezieht sich auf eine Verfahrensgebühr, nicht auf eine Satzrahmengebühr nach VV 2300 RVG. Zwar kann die vorzeitige Erledigung des Auftrags bei der Gebühr nach VV 2300 RVG dazu führen, dass nur eine 0,5-Gebühr angefallen ist. Eine solche Korrektur ist aber bei der Festgebühr nach VV 2503 RVG vom Gesetzgeber nicht vorgesehen und auch nicht gewollt. Es bleibt auch bei der Festgebühr von 93,50 EUR selbst dann, wenn sonst eine niedrigere Gebühr zu berechnen wäre. Da die Geschäftsgebühr schon mit der Entgegennahme der ersten Information durch den RA anfällt, bleibt es bei der Festgebühr aus VV 2503 RVG auch dann, wenn sich der Auftrag zur Vertretung danach erledigt.[131]

11. Vergleichs- und Einigungsgebühr

43 Führt die in VV 2503 RVG bezeichnete Tätigkeit des RA zu einer **Einigung oder einer Erledigung der Rechtssache** (VV 1000, 1002 RVG), so erhält der RA zusätzlich zu der Vertretungsgebühr von 93,50 EUR für die Einigung oder für die Erledigung 165,– EUR, VV 2508 RVG.

Betrifft die Einigung einen von mehreren Ansprüchen oder einen aussonderbaren Teil eines Anspruchs, so fällt insoweit eine Einigungsgebühr an.[132] Dies gilt grds. auch im Bereich der Beratungshilfe, allerdings handelt es sich bei dem Vergütungstatbestand VV 2508 RVG um eine Festgebühr, bei der die Gebührenhöhe auch bei einer bloßen Teileinigung bestehen bleibt, während bei einer Teileinigung beim Vergütungstatbestand VV 1000 RVG sich der Gegenstandswert nur aus dem Wert des Teils errechnet, über den man sich geeinigt hat.[133] Zutreffend ist daher die Auffassung, dass für das Entstehen der Gebühr VV 2508 RVG auch eine Teileini-

---

127 *Mayer* Neues GebührenR § 2 Rn. 53.
128 HBS VergütungsR/*Hansens* Teil 7 Rn. 94.
129 HBS VergütungsR/*Hansens* Teil 7 Rn. 94.
130 LG Berlin JurBüro 1983, 1060; OLG Dresden BeckRS 2016, 110800 = RVGreport 2017, 102 mAnm *Mayer* FD-RVG 2017, 385335; *Mümmler* JurBüro 1984, 1137; 1984, 1773; *Hansens* JurBüro 1986, 179; aA Schneider/Wolf/*Fölsch* RVG VV 2503 Rn. 18; Hartung/Schons/Enders/*Schons* VV 2503 Rn. 10.
131 *Hansens* JurBüro 1986, 174.
132 OLG Hamm BeckRS 2012, 16362 mAnm *Schneider* NJW-Spezial 2012, 605.
133 *Müller-Rabe* → RVG VV 1000 Rn. 136.

gung genügt, dabei muss jedoch die Einigung einen nicht ganz unerheblichen Teil der Angelegenheit betreffen.[134]

Die Entschädigung knüpft tatbestandlich an die Tätigkeit des RA nach VV 1000, 1002 RVG an. Deshalb fällt im Rahmen der Beratungshilfe keine Gebühr nach VV 2508 RVG an, wenn der RA lediglich mitgewirkt hat bei der Aussöhnung der Eheleute, für die er sonst die Gebühr gem. VV 1001 RVG berechnen könnte, da VV 2503 RVG die Vorschrift nach VV 1001 RVG nicht in Bezug nimmt.[135]

Der RA muss an der Einigung oder der Erledigung mitgewirkt haben. Die Anforderungen an die Ursächlichkeit sind keine anderen als sonst auch, es genügt also eine Mitursächlichkeit.

12. Schuldenbereinigung

Der Vergütungstatbestand VV 2502 RVG sieht mit 77 EUR eine erhöhte Beratungsgebühr bei der Beratungstätigkeit mit dem Ziel einer außergerichtlichen Einigung mit Gläubigern über die Schuldenbereinigung auf der Grundlage eines Plans (§ 305 Abs. 1 Nr. 1 InsO) vor. Nach § 305 Abs. 1 Nr. 1 InsO muss der Schuldner, der Schuldenbereinigung erwirken will, mit dem Antrag auf Eröffnung des Insolvenzverfahrens oder unverzüglich nach diesem Antrag eine Bescheinigung vorlegen, aus der sich ergibt, dass eine außergerichtliche Einigung mit den Gläubigern über die Schuldenbereinigung auf der Grundlage eines Plans innerhalb der letzten sechs Monate vor dem Eröffnungsantrag erfolglos versucht worden ist. Der Vergütungstatbestand VV 2502 RVG betrifft somit eine Spezialmaterie, nämlich die Schuldenbereinigung im Verbraucherinsolvenzverfahren.[136] 44

Für die Tätigkeit mit dem Ziel einer außergerichtlichen Einigung mit den Gläubigern über die Schuldenbereinigung auf der Grundlage eines Plans (§ 305 Abs. 1 Nr. 1 InsO) kann der RA eine Geschäftsgebühr nach VV 2504–2507 RVG verdienen. Die Höhe der Geschäftsgebühr nach VV 2504–2507 RVG hängt von der Anzahl der Gläubiger ab, mit denen der Anwalt für den Rechtsuchenden über eine beratende Tätigkeit hinaus nach außen Verhandlungen zur Herbeiführung einer außergerichtlichen Einigung über die Schuldenbereinigung auf der Grundlage eines Plans (§ 305 Abs. 1 Nr. 1 InsO) geführt hat, dabei muss der Anwalt nicht mit jedem Gläubiger als Vertreter des Rechtsuchenden korrespondiert oder sonst verhandelt haben.[137] In der Rspr. ist jedoch umstritten, ob an den „Plan" im Sinne der Vergütungstatbestände VV 2504 ff. RVG über die von der Insolvenzordnung gestellten Anforderungen hinausgehende weitere Anforderungen zu stellen sind. So werden die Voraussetzungen der VV 2504 ff. RVG als nicht erfüllt angesehen, wenn der Anwalt der Gläubigerseite nur einen sog. starren Nullplan, mit dem Erklärungsgehalt „ich zahle jetzt und auch später nichts!" übermittelt hat,[138] auch ein sog. flexibler Nullplan wird nach einer Auffassung als nicht ausreichend angesehen.[139] Das Anbieten eines sog. „Fast-Nullplans" hingegen wird regelmäßig als ausreichend angesehen, da dieser überwiegend nicht für den Gläubiger als perspektivlos anzusehen ist.[140] Zutreffend ist jedoch die Gegenauffassung, die auch beim sog. Nullplan die erhöhte Geschäftsgebühr nach VV 2504 ff. RVG zubilligt, da die Gegenauffassungen zu einer systematisch nicht gerechtfertigten Abkopplung der insolvenzrechtlichen Anforderungen von den Voraussetzungen der Vergütungstatbestände führt.[141]

Die Vergütungstatbestände VV 2504 ff. RVG greifen auch ein, wenn nur ein einziger Gläubiger vorhanden ist.[142] Der Wortlaut „bis zu fünf Gläubiger" des Vergütungstatbestands umfasst somit auch die Konstellation, dass nur ein einziger Gläubiger vorhanden ist.[143]

Die Geschäftsgebühr beträgt bei bis zu fünf Gläubigern nach VV 2504 RVG, 297,– EUR, bei sechs bis zehn Gläubiger nach VV 2505 RVG, 446,– EUR, wenn 11–15 Gläubiger vorhanden sind nach VV 2506 RVG, 594,– EUR und bei mehr als 15 Gläubiger nach VV 2507 RVG, 743,– EUR.

---

[134] OLG Frankfurt a. M. BeckRS 2016, 12819 = AGS 2017, 96 mAnm *Mayer* FD-RVG 2016, 380463.

[135] LG Kleve JurBüro 1985, 1844; Darmstadt KostRspr BRAGO § 132 Nr. 47; LG Berlin JurBüro 1986, 1842; Mayer/Kroiß/*Pukall* RVG VV 2508 Rn. 4; großzügiger Schneider/Wolf/*Fölsch* RVG VV 2508 Rn. 12.

[136] Mayer/Kroiß/*Pukall* RVG VV 2502 Rn. 1.

[137] Mayer/Kroiß/*Pukall* RVG VV 2504–2507 Rn. 1.

[138] OLG Bamberg BeckRS 2010, 19633.

[139] OLG Stuttgart BeckRS 2015, 01774.

[140] OLG Stuttgart BeckRS 2016, 17812 mAnm *Mayer* FD-RVG 2016, 382263.

[141] LG Aachen BeckRS 2016, 06189 = AGS 2016, 308 mAnm *Mayer* FD-RVG 2016, 377282.

[142] Schneider/Wolf/*Fölsch* RVG VV 2504–2507 Rn. 6, aA KG, BeckRS 2008, 17076 = JurBüro 2008, 591; OLG Bamberg, BeckRS 2010, 19633 = NZI 2010, 949.

[143] Schneider/Wolf/*Fölsch* RVG VV 2504–2507 Rn. 6.

Nach Abs. 2 der amtlichen Anmerkung zu VV 2508 RVG entsteht die Gebühr VV 2508 RVG auch für die Mitwirkung des RA bei einer außergerichtlichen Einigung mit den Gläubigern über die Schuldenbereinigung auf der Grundlage eines Plans (§ 305 Abs. 1 Nr. 1 InsO).[144] Erforderlich ist auch hier nicht, dass der RA gegenüber mehreren Gläubigern tätig geworden und eine Einigung erzielt hat, vielmehr ist VV 2508 RVG auch dann anwendbar, wenn der Anwalt nur gegenüber dem einzigen Gläubiger tätig geworden und eine Einigung mit diesem erzielt hat oder mehr als ein Gläubiger vorhanden ist, der Anwalt aber nur (noch) gegenüber einem tätig wird und ihn zur Einigung bewegt.[145]

13. Auslagen

45 Die Telekommunikationspauschale bemisst sich nach der für die Beratungshilfe anfallenden Festgebühr und nicht nach der fiktiven Wahlanwaltsgebühr.[146] Ein Rechtsanwalt, der seinen Mandanten berät „um die Reaktion in einem Strafverfahren zu besprechen, benötigt dazu Ablichtungen aus der Ermittlungsakte. Deshalb besteht auch in Beratungshilfesachen Anspruch auf Erstattung der von dem Rechtsanwalt gefertigten Fotokopien aus der Staatskasse.[147]

Teil 3. Zivilsachen, Verfahren der öffentlich-rechtlichen Gerichtsbarkeiten, Verfahren nach dem Strafvollzugsgesetz, auch in Verbindung mit § 92 des Jugendgerichtsgesetzes, und ähnliche Verfahren

Nr.	**Gebührentatbestand**	Gebühr oder Satz der Gebühr nach § 13 RVG

Vorbemerkung 3:

(1) Gebühren nach diesem Teil erhält der Rechtsanwalt, dem ein unbedingter Auftrag als Prozess- oder Verfahrensbevollmächtigter, als Beistand für einen Zeugen oder Sachverständigen oder für eine sonstige Tätigkeit in einem gerichtlichen Verfahren erteilt worden ist. Der Beistand für einen Zeugen oder Sachverständigen erhält die gleichen Gebühren wie ein Verfahrensbevollmächtigter.

(2) Die Verfahrensgebühr entsteht für das Betreiben des Geschäfts einschließlich der Information.

(3) Die Terminsgebühr entsteht sowohl für die Wahrnehmung von gerichtlichen Terminen als auch für die Wahrnehmung von außergerichtlichen Terminen und Besprechungen, wenn nichts anderes bestimmt ist. Sie entsteht jedoch nicht für die Wahrnehmung eines gerichtlichen Termins nur zur Verkündung einer Entscheidung. Die Gebühr für außergerichtliche Termine und Besprechungen entsteht für

1. die Wahrnehmung eines von einem gerichtlich bestellten Sachverständigen anberaumten Termins und
2. die Mitwirkung an Besprechungen, die auf die Vermeidung oder Erledigung des Verfahrens gerichtet sind; dies gilt nicht für Besprechungen mit dem Auftraggeber.

(4) Soweit wegen desselben Gegenstands eine Geschäftsgebühr nach Teil 2 entsteht, wird diese Gebühr zur Hälfte, bei Wertgebühren jedoch höchstens mit einem Gebührensatz von 0,75, auf die Verfahrensgebühr des gerichtlichen Verfahrens angerechnet. Bei Betragsrahmengebühren beträgt der Anrechnungsbetrag höchstens 207,00 €. Sind mehrere Gebühren entstanden, ist für die Anrechnung die zuletzt entstandene Gebühr maßgebend. Bei einer wertabhängigen Gebühr erfolgt die Anrechnung nach dem Wert des Gegenstands, der auch Gegenstand des gerichtlichen Verfahrens ist.

(5) Soweit der Gegenstand eines selbstständigen Beweisverfahrens auch Gegenstand eines Rechtsstreits ist oder wird, wird die Verfahrensgebühr des selbstständigen Beweisverfahrens auf die Verfahrensgebühr des Rechtszugs angerechnet.

(6) Soweit eine Sache an ein untergeordnetes Gericht zurückverwiesen wird, das mit der Sache bereits befasst war, ist die vor diesem Gericht bereits entstandene Verfahrensgebühr auf die Verfahrensgebühr für das erneute Verfahren anzurechnen.

(7) Die Verfahrensgebühr für einen Urkunden- oder Wechselprozess wird auf die Verfahrensgebühr für das ordentliche Verfahren angerechnet, wenn dieses nach Abstandnahme vom Urkunden- oder Wechselprozess oder nach einem Vorbehaltsurteil anhängig bleibt (§§ 596 und 600 ZPO).

(8) Die Vorschriften dieses Teils sind nicht anzuwenden, soweit Teil 6 besondere Vorschriften enthält.

---

144 Mayer/Kroiß/*Pukall* RVG VV 2508 Rn. 6.

145 Schneider/Wolf/*Fölsch* RVG VV 2508 Rn. 17.

146 OLG Nürnberg BeckRS 2008, 13191 mAnm *Mayer* FD-RVG 2008, 263571; Abs. 2 der Anm. zu VV 7002 RVG.

147 AG Schwerin, BeckRS 2019, 23505 = RVGreport 2020, 25 mAnm *Mayer* FD-RVG 2019, 421827; s. auch → Rn. 8a.

Schrifttum: *Burhoff,* Vergütung des Zeugenbeistands RVG, prof. 2006, 22; *Hansens,* Drei berichtigende Absätze des Gesetzgebers zu Gebührenanrechnung, AnwBl 2009, 535; *Hansens,* Die Gebührenanrechnung nach Paragraphen §§ 15a, 55 Abs. 5 S. 2 und 3 RVG, RVGreport 2009, 201, RVGreport 2009, 241; *Hansens,* Die Hoffnung stirbt zuletzt: Wege aus der Kürzungsfalle bei PKH, AnwBl 2009, 293; *Hansens,* Des Anwalts Müh' ist oft umsonst – keine Vergütung für nicht beschiedene Hilfsaufrechnung, AnwBl 2009, 205; *Schönemann,* Welche Gebühren fallen für die Tätigkeit als Zeugenbeistand an?, RVG prof. 2006, 215; *Schons,* Die Anrechnung der Geschäftsgebühr – der Fluch der bösen Tat, AnwBl 2009, 203; *Thiel,* Die Kosten in isolierten Zuweisungssachen nach neuem Recht, AGS 2009, 309.

Übersicht

I. Motive

1 Die Motive **zum KostRMoG** führen aus:

Zu Teil 3

„In diesem Teil sollen die Gebühren für alle Tätigkeiten des Rechtsanwalts in gerichtlichen Verfahren, die nicht in den Teilen 4 bis 6 VV RVG-E geregelt sind, zusammengefasst werden. Demnach soll dieser Teil insbesondere für alle bürgerlichen Rechtsstreitigkeiten einschließlich der Verfahren vor den Gerichten für Arbeitssachen und für die Verfahren vor den Gerichten der Verwaltungs-, Finanz- und Sozialgerichtsbarkeit gelten. Dazu gehören auch die Verfahren der Zwangsvollstreckung, der Vollziehung der Arreste, einstweiligen Verfügungen und einstweiligen Anordnungen. Ebenfalls nach diesem Teil sollen sich die Gebühren in Angelegenheiten der freiwilligen Gerichtsbarkeit bestimmen. Durch die Einbeziehung der FGG-Verfahren würde im Kostenfestsetzungsverfahren die Prüfung der Ermessenskriterien des § 14 RVG-E entfallen. In strittigen Fällen wird hierdurch viel Zeit von Richtern, Rechtspflegern und Rechtsanwälten gebunden. Auch in FGG-Verfahren wäre nunmehr die Vergütung gegen den eigenen Mandanten ohne Einschränkung nach § 11 RVG-E festsetzbar, weil die Festsetzung bei Rahmengebühren bisher grundsätzlich ausgeschlossen ist. Die vorgeschlagene Regelung führt daher zu einer Entlastung der Gerichte von Vergütungsstreitigkeiten.

Nach Absatz 1 der Vorbemerkung soll der Rechtsanwalt als Beistand für einen Zeugen oder Sachverständigen in den in diesem Abschnitt zu regelnden Verfahren die gleichen Gebühren wie ein Verfahrensbevollmächtigter erhalten. Damit sollen die Gebühren für die Tätigkeit als Beistand für einen Zeugen oder Sachverständigen erstmals gesetzlich geregelt werden. Die Gleichstellung mit dem Verfahrensbevollmächtigten ist gerechtfertigt, weil sich die Höhe der Gebühren nach dem Gegenstandswert richtet. Maßgebend ist nicht der Gegenstandswert des Verfahrens, in dem der Zeuge aussagt oder in dem der Sachverständige herangezogen wird, denn der Gegenstand dieses Verfahrens ist nicht Gegenstand der anwaltlichen Tätigkeit. Der Wert würde sich vielmehr nach § 23 Abs. 3 S. 2 RVG-E bestimmen.

Absatz 2 der Vorbemerkung beschreibt den Abgeltungsbereich der Verfahrensgebühr. Dieser entspricht dem Abgeltungsbereich der Prozessgebühr nach § 31 Abs. 1 Nr. 1 BRAGO. Die Gebühr soll künftig als Verfahrensgebühr bezeichnet werden, weil sie auch in FGG-Verfahren Anwendung finden soll.

Die in Absatz 3 der Vorbemerkung bestimmte Terminsgebühr soll sowohl die bisherige Verhandlungs- (§ 31 Abs. 1 Nr. 2 BRAGO) als auch die Erörterungsgebühr (§ 31 Abs. 1 Nr. 4 BRAGO) ersetzen. Dabei soll es künftig nicht mehr darauf ankommen, ob in dem Termin Anträge gestellt werden oder ob die Sache erörtert wird. Vielmehr soll es für das Entstehen der Gebühr genügen, dass der Rechtsanwalt einen Termin wahrnimmt. Die Terminsgebühr soll gegenüber der früheren Verhandlungs- und Erörterungsgebühr auch in ihrem Anwendungsbereich erweitert werden und grundsätzlich eine Gebühr mit einem Gebührensatz von 1,2 sein. Die Unterschiede zwischen einer streitigen oder nichtstreitigen Verhandlung, ein- oder zweiseitiger Erörterung sowie zwischen Verhandlungen zur Sache oder nur zur Prozess- oder Sachleitung sollen weitgehend entfallen. Dies führt zu einer erheblichen Vereinfachung, beseitigt viele Streitfragen und entlastet somit die Justiz. Der Anwalt soll nach seiner Bestellung zum Verfahrens- oder Prozessbevollmächtigten in jeder Phase des Verfahrens zu einer möglichst frühen, der Sach- und Rechtslage entsprechenden Beendigung des Verfahrens beitragen. Deshalb soll die Gebühr auch schon verdient sein, wenn der Rechtsanwalt an auf die Erledigung des Verfahrens gerichteten Besprechungen ohne Beteiligung des Gerichts mitwirkt, insbesondere wenn diese auf den Abschluss des Verfahrens durch eine gütliche Regelung zielen. Solche Besprechungen sind bisher nicht honoriert worden. In der Praxis wird deshalb ein gerichtlicher Verhandlungstermin angestrebt, in dem ein ausgehandelter Vergleich nach „Erörterung der Sach- und Rechtslage" protokolliert wird (damit entsteht die Verhandlungs- bzw. Erörterungsgebühr nach § 31 Abs. 1 Nr. 2 bzw. 4 BRAGO). Den Parteien wird durch den vorgeschlagenen erweiterten Anwendungsbereich der Terminsgebühr oft ein langwieriges und kostspieliges Verfahren erspart bleiben.

Nach § 118 Abs. 2 BRAGO ist die für eine außergerichtliche Vertretung angefallene Geschäftsgebühr auf die entsprechenden Gebühren für ein anschließendes gerichtliches oder behördliches Verfahren anzurechnen. Soweit sie für ein erfolglos gebliebenes Vermittlungsverfahren nach § 52a FGG entsteht, ist sie auf die entsprechende Gebühr für ein sich anschließendes Verfahren anzurechnen. Die Geschäftsgebühr ist zur Hälfte auf die entsprechenden Gebühren für ein Verfahren auf Vollstreckbarerklärung eines Vergleichs nach den §§ 796a und 796b ZPO anzurechnen. Künftig soll die Gebühr nach Absatz 4 der Vorbemerkung grundsätzlich zur Hälfte, höchstens jedoch mit einem Gebührensatz von 0,75, angerechnet werden. Sind in derselben Angelegenheit mehrere Geschäftsgebühren entstanden, soll die zuletzt entstandene angerechnet werden. Die Begrenzung der Anrechnung trägt dem Umstand Rechnung, dass in Nummer 2400 VV RVG-E nur noch eine einheitliche Gebühr mit einem weiten Rahmen für die vorgerichtliche Tätigkeit des Anwalts vorgesehen ist. Weitere Differenzierungen sind aus Gründen der Vereinfachung nicht mehr vorgesehen. Wegen des Vermittlungsverfahrens nach § 52a FGG soll es allerdings bei der unbeschränkten Vollanrechnung bleiben. Dies ergibt sich aus Absatz 3 der Anmerkung zu Nummer 3100 VV RVG-E.

Eine Anrechnung ist zunächst aus systematischen Gründen erforderlich. Nach der Definition in Absatz 2 der Vorbemerkung erhält der Rechtsanwalt die gerichtliche Verfahrensgebühr für das Betreiben des Geschäfts einschließlich der Information. Der Umfang dieser anwaltlichen Tätigkeit wird entscheidend davon beeinflusst, ob der Rechtsanwalt durch eine vorgerichtliche Tätigkeit bereits mit der Angelegenheit befasst war. Eine Gleichbehandlung des Rechtsanwalts, der unmittelbar einen Prozessauftrag erhält, mit dem Rechtsanwalt, der zunächst außergerichtlich tätig war, ist nicht zu rechtfertigen.

Die Anrechnung ist aber auch erforderlich, um eine außergerichtliche Erledigung zu fördern. Es muss der Eindruck vermieden werden, der Rechtsanwalt habe ein gebührenrechtliches Interesse an einem gerichtlichen

Verfahren. Dieses Interesse kollidiert zwangsläufig mit dem Bestreben einer aufwandsbezogenen Vergütung. Diesen unterschiedlichen Interessen wird die vorgeschlagene Anrechnungsregel gerecht.

Dies hat zur Folge, dass bei verwaltungsrechtlichen Mandaten eine Änderung zum geltenden Recht eintritt. Nach § 118 Abs. 2 S. 1 BRAGO wird die Geschäftsgebühr, die der Rechtsanwalt in einem behördlichen Verfahren erhält, beim Übergang in ein gerichtliches Verfahren nicht angerechnet. Dieser Rechtszustand kann im Hinblick auf die dargestellten systematischen und prozessleitenden Überlegungen nicht beibehalten werden. Die Änderung ist auch vor dem Hintergrund der Regelung des § 17 Nr. 1 RVG-E zu sehen, der spürbare Verbesserungen der Vergütung in verwaltungsrechtlichen Mandaten zur Folge hat; auf die Begründung zu § 17 Nr. 1 RVG-E wird Bezug genommen.

Absatz 5 der Vorbemerkung sieht eine Anrechnung der im selbstständigen Beweisverfahren entstandenen Verfahrensgebühr auf die in dem Rechtszug entstehende Verfahrensgebühr vor. Eine solche Anrechnungsvorschrift wird erforderlich, weil das selbstständige Beweisverfahren in § 19 RVG-E nicht mehr genannt ist und somit immer eine selbstständige Angelegenheit darstellt (siehe Begründung zu § 19 RVG-E).

Absatz 6 der Vorbemerkung soll an die Stelle von § 15 Abs. 1 S. 2 BRAGO treten.

Absatz 7 der Vorbemerkung ist erforderlich, weil Teil 6 VV RVG-E zB für gerichtliche Verfahren bei Freiheitsentziehungen und Unterbringungen sowie für gerichtliche Verfahren in Disziplinarangelegenheiten eigene Gebührenvorschriften enthält."[1]

2 Die Motive zum 2. **KostRMoG**[2] führen zu VV Vorb. 3 aus:

Zu Abs. 1

„Die Grenzziehung zwischen der Anwendung des Teils 2 VV RVG für außergerichtliche Tätigkeiten und des Teils 3 VV RVG für das gerichtliche Verfahren führt in der Praxis immer wieder zu Unsicherheiten. So ist die Entscheidung des BGH vom 1. Juli 2010 (AGS 2010, 483) bereits in der Anmerkung zu dieser Entscheidung (AGS 2010, 485) kritisiert worden. Mit dem nunmehr vorgeschlagenen neuen Absatz 1 Satz 1 der Vorbemerkung 3 soll für den Übergang von der vorgerichtlichen zur gerichtlichen Tätigkeit klargestellt werden, dass die Anwendung des Teils 3 VV RVG einen unbedingten Auftrag für ein gerichtliches Verfahren voraussetzt. Es bestehen keine Bedenken, wenn dies dazu führt, dass der bereits mit unbedingtem Klageauftrag versehene Verfahrensbevollmächtigte des Klägers für eine Besprechung mit dem Beklagten vor Klageeinreichung eine Terminsgebühr erhält, während der Vertreter der Gegenseite mangels eines unbedingten Prozessauftrags seine Gebühren nach Teil 2 abrechnen muss. Die in Teil 2 VV RVG für die Vertretung vorgesehene Gebührenspanne in Nummer 2300 VV RVG ermöglicht die gleichen Gebühren wie die Regelungen in Teil 3, setzt allerdings eine entsprechend umfangreiche und schwierige Tätigkeit voraus. Der Regelungsgehalt des geltenden Absatzes 1 ist in dem vorgeschlagenen Satz 2 enthalten."

3 **Zu Abs. 3**

„Der neu gefasste Absatz 3 soll zweierlei bewirken. Zum einen sollen künftig auch Anhörungstermine unter die Regelung für die Terminsgebühr fallen, zum anderen soll klargestellt werden, dass die Terminsgebühr für die Mitwirkung an auf die Vermeidung oder Erledigung des Verfahrens gerichtete außergerichtliche Besprechungen unabhängig davon entsteht, ob für das gerichtliche Verfahren eine mündliche Verhandlung vorgeschrieben ist.

Der geltende Wortlaut des Absatzes 3 nennt lediglich die Vertretung in einem Verhandlungs-, Erörterungs- oder Beweisaufnahmetermin als Voraussetzung für den Anfall der Terminsgebühr im gerichtlichen Verfahren. Es ist aber sachgerecht, auch die Teilnahme an einem Anhörungstermin in gleicher Weise zu entgelten wie die Teilnahme an einem Erörterungstermin. Der Aufwand und die Verantwortung des Anwalts ist in beiden Fällen vergleichbar.

Der Neuaufbau des Absatzes 3 soll einen Streit in der Rspr. zum Anfall der Terminsgebühr für Besprechungen dahingehend entscheiden, dass die Terminsgebühr für die Mitwirkung an auf die Vermeidung oder Erledigung des Verfahrens gerichtete außergerichtliche Besprechungen auch dann entsteht, wenn die gerichtliche Entscheidung ohne mündliche Verhandlung durch Beschluss ergeht. Diese Auffassung entspricht den Entscheidungen des OLG München vom 27. August 2010 (AGS 2010, 420 f.) und 25. März 2011 (AGS 2011, 213 ff.), die einer Entscheidung des BGH vom 1. Februar 2007 (AGS 2007, 298 ff.) entgegentreten. Der BGH hat seine Entscheidung mit Beschl. v. 2. November 2011 (NJW 2012, 459) dahingehend eingeschränkt, dass die Terminsgebühr jedenfalls dann anfällt, wenn in dem Verfahren eine mündliche Verhandlung für den Fall vorgeschrieben ist, dass eine Partei sie beantragt. Die nunmehr vorgeschlagene Klärung der Streitfrage entspricht der Intention des Gesetzgebers, wie sich aus Vorbemerkung 3.3.2 ableiten lässt. Nach dieser Vorbemerkung bestimmt sich die Terminsgebühr im Mahnverfahren nach Teil 3 Abschnitt 1. Diese Bestimmung würde keinen Sinn ergeben, wenn eine mündliche Verhandlung in dem Verfahren vorgeschrieben sein müsste oder zumindest auf Antrag stattfinden müsste. Der erste Satz soll verdeutlichen, dass die Terminsgebühr sowohl durch gerichtliche als auch durch außergerichtliche anwaltliche Tätigkeiten unabhängig voneinander anfallen kann. Mit dem Zusatz „wenn nichts anderes bestimmt ist" sollen die Fälle der „fiktiven Terminsgebühr", bei denen kein Termin wahrgenommen wird, erfasst werden."

4 **Zu Abs. 4**

„Mit dem neu gefassten Absatz 4 soll auch im sozialgerichtlichen Verfahren, in dem Betragsrahmengebühren entstehen, wie bei den Geschäftsgebühren für eine außergerichtliche Vertretung von einer indirekten Anrechnung durch einen reduzierten Gebührenrahmen auf eine echte Anrechnungsregelung umgestellt werden. Die

[1] BT-Drs. 15/1971, 208 ff.
[2] BT-Drs. 17/11471, 274.

neue Regelung hat auf die Verfahren, in denen wertabhängige Verfahrensgebühren entstehen, keine Auswirkung. Die Vorschrift soll nur um Anrechnungsregeln für die nur in einem Teil der sozialgerichtlichen Verfahren vorgesehenen Betragsrahmengebühren erweitert werden. Die vorgeschlagene Regelung entspricht den in Vorbemerkung 2.3 Absatz 4 VV RVG vorgesehenen Bestimmungen. Auf die Begründung zu Nummer 10 wird Bezug genommen.

Durch die neue Anrechnungsregel ist auch im sozialgerichtlichen Verfahren § 15a RVG anwendbar. Die praktischen Auswirkungen sind aber überschaubar. Hat die Behörde sowohl die Kosten des gerichtlichen Verfahrens wie auch die Kosten eines vorausgegangenen Widerspruchsverfahrens zu tragen, kann sie sich nach § 15a Absatz 2 RVG auf die Anrechnung berufen. Hat sie nur die Kosten des Gerichtsverfahrens zu tragen und war die erstattungsberechtigte Partei auch vorgerichtlich anwaltlich vertreten, hat sie künftig eine Verfahrensgebühr aus einem höheren Rahmen zu erstatten, da sie sich auf die Anrechnung nicht berufen kann (§ 15a Absatz 2 RVG). Bei Zugrundelegung der Mittelgebühr erhöht sich die zu erstattende Verfahrensgebühr für ein sozialgerichtliches Verfahren von 170,– € (nach Nummer 3103 VV RVG) auf 300,– € (nach Nummer 3102 VV RVG-E), wobei ein Teilbetrag auf der allgemeinen Gebührenanpassung beruht.“ 5

II. Anwendungsbereich von VV Teil 3

1. Überblick

Neu aufgenommen in die Überschrift von VV **Teil 3** RVG wurde der Begriff der Zivilsachen, gestrichen der der freiwilligen Gerichtsbarkeit, ohne dass sich für sie etwas ändern würde. Was Zivilsachen sind, ist in § 13 GVG definiert. Verfahren, die Familiensachen und Angelegenheiten der freiwilligen Gerichtsbarkeit betreffen, gehören dazu. 6

VV Teil 3 RVG betrifft Verfahren vor den Gerichten und zwar 7
- Bürgerliche Rechtsstreitigkeiten,
- Familiensachen
- Angelegenheiten der freiwilligen Gerichtsbarkeit (Zivilsachen)
- Verfahren der öffentlich-rechtlichen Gerichtsbarkeiten,
- Verfahren nach dem StVollzG, auch iVm § 92 Jugendgerichtsgesetz,
- und ähnliche Verfahren (Überschrift zu VV Teil 3 RVG sowie Motive Abs. 5 → Rn. 1).

2. Anwendungsbereich iE

VV Teil 3 RVG gilt ua für 8
- Bürgerliche Rechtsstreitigkeiten einschließlich der Verfahren vor den Gerichten für Arbeitssachen,
- Verwaltungsgerichtsverfahren,
- Finanzgerichtsverfahren,[3]
- Sozialgerichtsverfahren,
- FamFG-Gerichtsverfahren,
- Verfahren der freiwilligen Gerichtsbarkeit
- Verfahren in Landwirtschaftssachen,
- Verfahren zur Regelung der Auslandsschulden,
- Verfahren vor den Schifffahrtgerichten, unabhängig davon ob sie Bestandteil der ordentlichen Gerichte oder besonderer Gerichte sind wie die Mosel- und Rheinschifffahrtgerichte,[4]
- Mahnverfahren (VV 3305 f. RVG),
- Verfahren der Zwangsvollstreckung (VV 3309 f. RVG),
- Insolvenzverfahren und Verteilungsverfahren nach der Schifffahrtsrechtlichen Verteilungsordnung (VV 3313 ff. RVG),
- die Vollziehung der Arreste, einstweiligen Verfügungen und einstweiligen Anordnungen (VV 3309 ff. RVG),
- Zwangsversteigerung und Zwangsverwaltung (VV 3311 ff. RVG),
- Verfahren nach dem Gesetz gegen Wettbewerbsbeschränkungen (VV Vorb. 3.2 Abs. 2 S. 3 RVG),
- Verfahren nach dem Gesetz über die Wahrnehmung von Urheberrechten und verwandten Schutzrechten (VV 3300 ff. RVG),
- Verfahren in Patentsachen vor dem Patentgericht und dem BGH (teilweise speziell in VV Vorb. 3.2.2 Nr. 2 RVG geregelt),
- Verfahren über die Rechtsbeschwerde nach § 116 StVollzG vor den Justizbehörden (VV Vorb. 3.2.1 Nr. 4 RVG),
- gerichtliches Verfahren in Baulandbeschaffungssachen (G v. 3.8.1953, BGBl. 1953 I 720),

[3] FG BW JurBüro 2010, 30 für Vermeidungs- und Erledigungsgespräch.
[4] OLG Hamburg JurBüro 1986, 224.

– bestimmte in VV 3324 ff. RVG aufgeführte Verfahren,
– schiedsrichterliche Verfahren und Verfahren vor dem Schiedsgericht (§ 36 RVG),
– Verfahren vor ausländischen Gerichten, die den in der Überschrift zu VV Teil 3 RVG aufgeführten Verfahren vergleichbar sind, soweit das deutsche Gebührenrecht anzuwenden ist,
– Vertragshilfeverfahren nach § 22 des Umstellungsergänzungsgesetzes.[5]

9 **VV Teil 3 RVG gilt teilweise** für
– Verfahren vor dem Gerichtshof der Europäischen Gemeinschaften (§ 38 RVG)
– Verfassungsgerichtsverfahren (§ 37 RVG).

10 **VV Teil 3 RVG gilt nicht** für
– außergerichtliche Tätigkeiten einschließlich der Vertretung in Verwaltungsverfahren (Überschrift VV Teil 3 RVG), wozu gehören
– Beratung und Gutachten (§ 34), Prüfung der Erfolgsaussicht eines Rechtsmittels (VV 2100 f. RVG),
– Herstellung des Einvernehmens (VV 2200 f. RVG),
– außergerichtliche Vertretung (VV 2300 f. RVG) einschließlich Güteverfahren iSv VV 2303 RVG,
– Vertretung im verwaltungsrechtlichen Verfahren gem. § 68 VwGO,[6]
– Vertretung in bestimmten sozialrechtlichen Angelegenheiten (VV 2300 f. RVG)
– Beratungshilfe (VV 2500 f. RVG),
– Strafsachen (VV Teil 4 RVG) einschließlich Strafvollstreckung (VV 4200 ff. RVG),
– Bußgeldsachen (VV Teil 5 RVG),
– sonstige Verfahren iSv VV Teil 6 RVG, also Verfahren nach dem Gesetz über die internationale Rechtshilfe in Strafsachen, Disziplinarverfahren, berufsgerichtliche Verfahren wegen der Verletzung einer Berufspflicht, gerichtliche Verfahren bei Freiheitsentziehung und in Unterbringungssachen, besondere Verfahren iSv VV 6400 f.

3. Anrufung der unrichtigen Gerichtsbarkeit

11 Ob eine Sache zu einer der oben genannten Gerichtsbarkeiten gehört, ist unerheblich. Deshalb ist ein zu Unrecht vor die ordentlichen Gerichte gebrachter Rechtsstreit eine bürgerrechtliche Rechtsstreitigkeit, solange sie bei dem ordentlichen Gericht anhängig ist.

III. Verfahrensauftrag (Abs. 1 S. 1)

1. Auftrag entscheidend

12 Ob der RA Verfahrensbevollmächtigter ist, hängt vom Auftrag,[7] vom Innenverhältnis zum Auftraggeber ab, und **nicht von der Vollmacht,** die das Außenverhältnis gegenüber Dritten betrifft.[8] Nicht selten lassen sich nur für eine außergerichtliche Tätigkeit mandatierte Anwälte Prozessvollmachten ausstellen, entweder schon einmal vorsorglich oder aber, weil das in dem vom RA verwendeten Formular gerade so drin steht. Deshalb ist die Vollmacht uU auch nur ein schwaches Indiz für einen bestimmten RA-Vertrag.[9]

13 Hat ein RA eine Prozessvollmacht gem. § 81 ZPO, beschränkt sich sein Auftrag aber auf **einzelne Tätigkeiten** zB iSv VV 3403 RVG, so ist er nicht Verfahrensbevollmächtigter und verdient nicht die Gebühren gem. VV 3100 ff. RVG, sondern nur die für die einzelne Tätigkeit, für die er beauftragt ist (zB gem. VV 3403 RVG). Hat er nur einen Auftrag für eine außergerichtliche Vertretung, so sind VV 2300 ff. RVG anzuwenden.

2. Unbedingter Verfahrensauftrag erforderlich

14 Abs. 1 S. 1 „stellt klar" (→ Motive → Rn. 2), was vorher schon jahrzehntelang einhM war, dass die im VV Teil 3 RVG genannten Gebühren nur anfallen können, wenn der RA einen unbedingten Verfahrensauftrag[10] hat. Anlass zu dieser Klarstellung gaben Entscheidungen von OLG Koblenz[11] und dem BGH,[12] die diesen Grundsatz infrage stellten. Das führt auch nicht

---

[5] *Tschischgale* MDR 1958, 640 (642); JurBüro 1964, 77.
[6] OVG Koblenz AGS 2008, 81.
[7] BGH NJW-RR 2019, 1332 Rn. 43.
[8] OLG Hamm JurBüro 1997, 311; OLG München AnwBl 1993, 576; OLG Saarbrücken NJW-RR 1997, 189.
[9] Hartung/Schons/Enders/*Enders* RVG § 1 Rn. 16.
[10] BGH NJW-RR 2019, 1332 Rn. 43.
[11] OLG Koblenz AGS 2010, 66 = ZfS 2010, 42 Rn. 22.
[12] BGH NJW 2011, 530 = FamRZ 2010, 1656 = AnwBl 2010, 719 = JurBüro 2010, 580 mAnm *Enders* = DAR 2010, 613 mAnm *Jungbauer* = AGS 2010, 483 mablAnm *Schons* = RVGreport 2010, 385 mablAnm *Hansens.*

zu zufälligen Ergebnissen. Der eine RA verdient im Gegensatz zum anderen keine Terminsgebühr, weil er einen anderen Auftrag hat und das Gesetz für unterschiedliche Aufträge unterschiedliche Gebühren vorsieht. Es ist auch nicht unfair, wenn ein RA etwas anderes verdient als der andere, eben weil er einen anderen Auftrag hat.

3. Abgrenzung zur außergerichtlichen Vertretung

a) Voraussetzungen für Verfahrensauftrag. Das Gesetz unterscheidet zwischen außergerichtlichen Tätigkeiten (Überschrift VV Teil 2) und Tätigkeiten in gerichtlichen Verfahren (VV Vorb. 3 Abs. 1). Dabei ist VV Vorb. 3 Abs. 1 sehr weit gefasst. Unter sie fällt auch eine „sonstige Tätigkeit in einem gerichtlichen Verfahren". Welche Gebühren dem RA zustehen, hängt ausschließlich vom Auftrag ab, also davon, ob er eine Tätigkeit in einem gerichtlichen Verfahren ausführen soll. Oder um die Worte des BGH[13] (noch zur BRAGO) zu einer außergerichtlich besprochenen Einigung, die in einem rechtshängigen Scheidungsverfahren protokolliert werden sollte, zu benutzen: Ein Auftrag für ein gerichtliches Verfahren ist immer dann gegeben, wenn die Sache als Verfahren vor die ordentlichen Gerichte gebracht werden soll; ist dagegen nur eine außergerichtliche Regelung vorgesehen, so handelt es sich um eine Sache, die eine Geschäftsgebühr auslöst. Zum RVG drückt es der BGH[14] so aus: Erteilt der Mandant den unbedingten Auftrag, im gerichtlichen Verfahren tätig zu werden (vgl. VV Vorb. 3 Abs. 1 Satz 1 RVG), lösen bereits Vorbereitungshandlungen die Gebühren für das gerichtliche Verfahren aus, und zwar auch dann, wenn der Anwalt zunächst nur außergerichtlich tätig wird. Für das Entstehen der Geschäftsgebühr nach VV 2300 RVG ist dann kein Raum mehr. Anders liegt es, wenn sich der Auftrag nur auf die außergerichtliche Tätigkeit des Anwalts beschränkt oder der Prozessauftrag jedenfalls unter der aufschiebenden Bedingung erteilt wird, dass zunächst vorzunehmende außergerichtliche Einigungsversuche erfolglos bleiben. 15

b) Einigung über nicht rechtshängige Ansprüche 16
→VV 3101 Rn. 85 ff.

c) Unbedingter und bedingter Verfahrensauftrag. Zu unterscheiden ist zwischen einem unbedingten und bedingten Verfahrensauftrag. Liegt nur ein bedingter Verfahrensauftrag vor, so fällt die Tätigkeit des RA erst dann unter diesen, wenn die Bedingung eingetreten ist.[15] Soll der RA zB außergerichtlich einen Anspruch durchsetzen, soll er aber, wenn der Gegner nicht bis spätestens zB 1.8. zahlt ohne weitere Rücksprache mit dem Auftraggeber Klage erheben, so ist die Bedingung für den Verfahrensauftrag erst gegeben, wenn der Gegner bis zum 1.8. nicht gezahlt hat. Alle vorherigen Tätigkeiten des RA fallen unter den Auftrag zur vorgerichtlichen Tätigkeit und führen zu einer Geschäftsgebühr. 17

Der RA verdient bis zum 1.8. eine 0,5 bis 2,5 Geschäftsgebühr gem. VV 2300 RVG und auf keinen Fall eine Terminsgebühr. Wird er danach weiter tätig, so kommt eine 0,8 Verfahrensgebühr, uU eine 1,3 Verfahrensgebühr hinzu. Die Geschäftsgebühr ist gem. VV Vorb. Abs. 4 RVG auf die Verfahrensgebühr anzurechnen. Gegebenenfalls fällt auch noch eine Terminsgebühr an.

d) Kläger- oder Antragstellervertreter. Soll der RA Klage erheben oder einen Antrag stellen, so hat er einen Verfahrensauftrag. Selbst wenn er nunmehr außergerichtliche Einigungsgespräche führt, bevor er die Klage erhebt oder den Antrag einreicht, so wird er gem. § 19 Abs. 1 S. 2 Nr. 2 RVG im Rahmen seines Verfahrensauftrags tätig. Es fällt dann eine 0,8 Verfahrensgebühr gem. VV 3101 Nr. 1 RVG und eine 1,2 Terminsgebühr gem. VV Vorb. 3 Abs. 3 S. 1 Alt. 3, VV 3104 RVG an. 18

e) Beklagten- oder Antragsgegnervertreter. ***aa) Grundsätze.*** Dasselbe gilt für den Beklagten- bzw. Antragsgegnervertreter. Hat er bereits den Auftrag, die Klage oder Antrag bei Gericht abzuwehren, führt er aber, bevor er sich gegenüber dem Gericht äußert, außergerichtliche Einigungsgespräche, so verdient er Gebühren gem. VV 3101 Nr. 1, VV 3104 RVG. Es kann aber auch sein, dass der Auftrag des Beklagten lediglich dahingeht, eine Einigung zu erreichen. Sollte er das nicht erreichen, so soll er nicht gegenüber dem Gericht auftreten. Vielmehr soll er ein Versäumnisurteil ergehen lassen. Dann hat er ausschließlich einen Auftrag für eine außergerichtliche Vertretung. Weiter kann es sein, dass der zunächst nur mit einer vorgerichtlichen Vertretung beauftragte RA den Mandanten auch gerichtlich vertreten soll, falls Klage erhoben wird. Dann liegen ein unbedingter Auftrag zu einer außergerichtlichen Vertretung und ein bedingter Verfahrensauftrag vor. 19

---

[13] BGHZ 48, 334; ebenso OLG Düsseldorf AnwBl 1985, 388; OLG München AnwBl 1982, 1115.
[14] BGH NJW-RR 2019, 1332 Rn. 43.
[15] BGH NJW-RR 2019, 1332 Rn. 43.

Beispiel 1:
RA erhebt Klage über einen Betrag von 10.000,– EUR. Nach der Klageerwiderung erreichen beide Verfahrensbevollmächtigte telefonisch eine außergerichtliche Einigung. Vereinbarungsgemäß nimmt der Kläger die Klage zurück.

Beide Anwälte haben gegen ihre Partei Anspruch auf folgende Gebühren	
1,3 Verfahrensgebühr (VV 3100 RVG) aus 10.000,– EUR	798,20 EUR
1,2 Terminsgebühr (VV 3104 Abs. 2 RVG) aus 10.000,– EUR	736,80 EUR
Pauschale gem. VV 7002 RVG	20,00 EUR
Summe	1.555,00 EUR

Beispiel 2:
Im vorigen Fall war die Klage noch nicht erhoben. Der RA des Gegners hatte nur einen Auftrag für eine außergerichtliche Vertretung. Es kommt wieder zu einer außergerichtlichen Einigung.

Der Klägervertreter verdient	
0,8 Verfahrensgebühr (VV 3101 RVG) aus 10.000,– EUR	491,20 EUR
1,2 Terminsgebühr (VV 3104 Abs. 2 RVG) aus 10.000,– EUR	736,80 EUR
Pauschale gem. VV 7002 RVG	20,00 EUR
Summe	1.248,00 EUR
Der Beklagtenvertreter verdient	
1,3 Geschäftsgebühr (VV 2300 RVG) aus 10.000,– EUR	798,20 EUR
Pauschale gem. VV 7002 RVG	20,00 EUR
Summe	818,20 EUR

20 ***bb) Unbedingter Verfahrensauftrag des „Beklagten" ohne Klageerhebung.*** HM ist, dass ein Beklagtenvertreter schon vor der Klageerhebung einen Verfahrensauftrag erhalten kann.[16] Teilweise wird hierfür aber verlangt, dass der Beklagtenvertreter bereits eine Zustellungsvollmacht erhalten hat.[17] Wenn teilweise vertreten wird, ein unbedingter Verfahrensauftrag des Beklagtenvertreters könne immer erst gegeben sein, wenn die Klage bereits erhoben ist,[18] so ist das nicht richtig.[19] Der von einer Klage bedrohte Auftraggeber beauftragt den RA damit, falls eine solche erhoben wird, ihn zu vertreten. Er informiert ihn deshalb schon jetzt vollständig, da er sich mit der Sache nicht weiter beschäftigen will oder sich auf eine längere Reise begibt. Welche andere Tätigkeitsgebühr als eine 0,8 Verfahrensgebühr sollte angefallen sein? Sicherlich keine Geschäftsgebühr, da der Mandant keine vorgerichtliche Tätigkeit vom RA wünscht. Der Auftrag ist auch unbedingt. Es wird jetzt sofort ein Verfahrensauftrag erteilt. Der RA soll auch sofort tätig werden; er soll die Informationen entgegennehmen. Bedingt ist nur, ob der RA weitere Tätigkeiten vornehmen soll.[20] Das hängt davon ab, ob tatsächlich Klage erhoben wird. Es gibt auch gute wirtschaftliche Gründe, sofort einen unbedingten Verfahrensauftrag zu erteilen. Steht nämlich zB fest, dass die Sache so festgefahren ist, dass eine Einigung sehr unwahrscheinlich ist, so erspart sich der Auftraggeber eine zusätzliche Geschäftsgebühr, die lediglich teilweise auf die Verfahrensgebühr angerechnet wird, also in jedem Fall von ihm teilweise zusätzlich zur Verfahrensgebühr zu zahlen ist, und die in vielen Fällen vom Gegner nicht zu erstatten ist (→ Anh. X Rn. 63), auch nicht aus materiellem Recht (→ § 1 Rn. 235 ff.). Wenn teilweise verlangt wird, dass dem Beklagtenvertreter mindestens eine Zustellungsvollmacht erteilt sein muss, so geht dies allein schon deshalb ins Leere, weil der RA in den oben dargestellten Fällen immer eine Zustellungsvollmacht hat. Mit dem dargestellten Auftrag wird immer zugleich eine – formlos erteilbare[21] – Prozessvollmacht erteilt. Der RA soll im gerichtlichen Verfahren für den Mandanten tätig werden. Dank dieser Prozessvollmacht ist er gem. § 81 ZPO auch Zustellungsbevollmächtigter.

21 **f) Unterschiedlicher Auftrag bei den Parteien.** Es kann, wie oben dargelegt (→ Rn. 14) sein, dass der RA der einen Partei, zB des Klägers, einen gerichtlichen Auftrag, der der anderen, zB des Beklagten, einen außergerichtlichen hat (→ Rn. 14 sowie Beispiel 2 → Rn. 19).[22] Das kann auch in Familiensachen bei den Eheleuten so sein, zB wenn die Ehe-

[16] Hartung/Schons/Enders/*Schons* RVG VV 3101 Rn. 10; Schneider/Wolf/*Onderka/Schneider* RVG VV Vorb. 3 Rn. 29; Mayer/Kroiß/*Mayer* RVG VV Vorb. 3 Rn. 9; Bischof/*Bischof* RVG VV 3100 Rn. 36 ff.; *Hansens* RVGreport 2017, 47.

[17] Hartung/Schons/Enders/*Schons* RVG VV 3101 Rn. 10; in dieser Richtung wohl auch Schneider/Wolf/*Onderka/Schneider* RVG VV Vorb. 3 Rn. 29.

[18] Hartung/Schons/Enders/*Schons* RVG VV Vorb. 3 Rn. 18; *Schons* AGS 2010, 483 (485) in Anm. zu BGH; in die gleiche Richtung argumentieren *Jungbauer* DAR 2010, 614; *Enders* JurBüro 2010, 580 in Anm. zu BGH.

[19] Bischof/*Bischof* RVG VV 3100 Rn. 35 ff.; *Hansens* RVGreport 2017, 47.

[20] Bischof/*Bischof* RVG VV 3100 Rn. 36 ff.

[21] Thomas/Putzo/*Hüßtege* ZPO § 80 Rn. 3.

[22] *Hansens* Anm. zu BGH RVGreport 2010, 385.

frau Trennungsunterhalt gerichtlich geltend macht, der Ehemann aber nur wegen einer außergerichtlichen Einigung vertreten sein will.

22 **g) Einzelfallprüfung.** Es muss in jedem Einzelfall geprüft werden, welchen Auftrag der Mandant erteilt. Es gibt keine allgemeine Vermutung, dass im Regelfall der eine oder andere Auftrag gewollt ist. Es ist auch nicht im Voraus feststellbar, welches der billigere Weg sein wird (→ Rn. 28 ff.). Im Zweifelsfall sollte der RA durch Nachfragen eine Klärung herbeiführen.

23 **Typische Konstellationen.** In bestimmten Konstellationen spricht allerdings viel für den einen oder anderen Auftrag. So ist im Regelfall davon auszugehen, dass der RA, der einen Anspruch gegen einen **Versicherer** durchsetzen soll, außergerichtlich tätig werden soll. Wegen Scheidungsvereinbarung → Rn. 27 ff.

24 **h) Einbeziehung nicht rechtshängiger Ansprüche.** Die Abgrenzung gerichtlicher und außergerichtlicher Auftrag spielt eine große Rolle, wenn Einigungsgespräche über Ansprüche, die nicht Gegenstand eines laufenden oder beabsichtigten Verfahrens sind, stattfinden sollen. Für einen Verfahrensauftrag genügt, dass auch über nirgendwo rechtshängige Ansprüche eine Einigung erreicht werden soll, wenn nur von vornherein die Absicht besteht, diese im Erfolgsfall mit gerichtlicher Hilfe iSv RVG VV 3101 Nr. 2 festzulegen (→ RVG VV 3101 Rn. 85 ff.).[23]

25 **Verhandlung bei Gericht ohne Verfahrensauftrag.** Andererseits genügt nicht schon allein, dass bei Gericht über eine Einigung verhandelt oder eine solche protokolliert wird. Hatte der RA nur einen Auftrag für eine außergerichtliche Vertretung und hat der Auftraggeber diesen Auftrag nicht geändert, so verdient der RA unverändert nur Gebühren gem. VV 2300 ff. RVG; anders jedoch, wenn sich der Auftrag ändert.

26 **i) Einbeziehung nicht rechtshängiger Ansprüche in Familiensachen.** ***aa) Allgemeines.*** Es gelten die zuvor dargelegten Grundsätze. Nachfolgend werden spezielle Fragen in Familiensachen behandelt. Die bedeutendste Besonderheit ist, dass bei Scheidungssachen eine Vermutung für einen Verfahrensauftrag besteht.

27 ***bb) Scheidungsvereinbarung.*** **Vermutung für Verfahrensauftrag.** Zur BRAGO bestand, wenn der RA eine gütliche Regelung für die Scheidungsfolgesachen erreichen sollte, nach hM eine **Vermutung** dafür, dass ein Prozessauftrag vorlag.[24] Für diese Vermutung spricht, dass nahezu alle Scheidungsvereinbarungen protokolliert werden, sei es notariell, sei es – ganz überwiegend – gerichtlich, da meistens zumindest eine Partei einen vollstreckbaren Titel haben will.[25]

28 **Billigster Weg.** Andere kamen ebenfalls zu einem Prozessauftrag mit dem Argument, dass gem. §§ 133, 157 BGB der Auftrag so zu verstehen sei, dass ein vollstreckbarer Titel auf die für die Partei **billigste Weise** erwirkt werden soll, wobei unter der Geltung der BRAGO die gerichtliche Protokollierung der billigste Weg war.[26] Das Argument, dass eine gerichtliche Protokollierung in aller Regel billiger sein wird als eine notarielle, gilt für das RVG nicht.

Beispiel:

Der RA soll Scheidung beantragen (Gegenstandswert einschließlich Versorgungsausgleich 21.000,– EUR). Gleichzeitig soll er eine Vereinbarung über nachehelichen Unterhalt (Gegenstandswert 12.000,– EUR) mit dem Gegner aushandeln. Einigungsgespräche finden statt.

Variante 1:[27] Der RA erhält für alles einen einheitlichen Verfahrensauftrag.

(a) Es kommt zu einem Scheidungsverfahren.

1,3 Verfahrensgebühr aus 21.000,– EUR	1.068,60 EUR	
0,8 Verfahrensgebühr aus 12.000,– EUR	532,80 EUR	
Summe	1.601,40 EUR	
Höchstbetrag gem. § 15 Abs. 3 RVG		
1,3 Verfahrensgebühr aus 33.000,– EUR		1.346,80 EUR
1,2 Terminsgebühr aus 33.000,– EUR		1.243,20 EUR
Pauschale		20,00 EUR
Summe		2.610,00 EUR

[23] OLG Naumburg JurBüro 2010, 644 Rn. 9.

[24] BGHZ 48, 336; OLG Düsseldorf AnwBl 1985, 388; OLG München AnwBl 1982, 115; Neustadt NJW 1962, 353 mit ausführlicher Begr.; *Hansens* BRAGO § 32 Rn. 26 mwN; **aA** OLG Stuttgart NJW 1969, 104 mwN *Schumann* JVBl. 62, 262; NJW 1968, 1271; diff. Gerold/Schmidt/*von Eicken,* 15. Aufl. 2002, BRAGO § 32 Rn. 22 aE.

[25] Riedel/Sußbauer/*Ahlmann* RVG VV 3101 Rn. 27, stillschweigender Verfahrensauftrag.

[26] FA-FamR/*Müller-Rabe,* 4. Aufl. 2010, Kap. 17 Rn. 184 Ziff. 3; ebenso wohl auch Riedel/Sußbauer/*Keller,* 8. Aufl. 2000, BRAGO § 32 Rn. 27.

[27] Die jeweilige 1,5 Einigungsgebühr aus 12.000,– EUR im Falle einer Einigung wird hier und im Folgenden weg gelassen, da sie für die Vergleichsrechnung bedeutungslos ist.

(b) Es kommt letztlich zu keinem Scheidungsverfahren. Der RA hatte aber für die Scheidung und den Versorgungsausgleich **bereits Informationen entgegengenommen.**

0,8 Verfahrensgebühr aus 33.000,– EUR	828,80 EUR
1,2 Terminsgebühr aus 12.000,– EUR	799,20 EUR
Pauschale	20,00 EUR
Summe	1.648,00 EUR

Variante 2: Der RA erhält **für Unterhalt einen außergerichtlichen Auftrag. Die Beurkundung soll beim Notar erfolgen.**

(a) Daneben kommt es zum Scheidungsverfahren.

1,3 Geschäftsgebühr aus 12.000,– EUR	865,80 EUR
Pauschale	20,00 EUR
1,3 Verfahrensgebühr aus 21.000,– EUR	1.068,60 EUR
1,2 Terminsgebühr aus 21.000,– EUR	986,40 EUR
Pauschale	20,00 EUR
Summe	2.960,80 EUR

Hinzukommen noch uU Notarkosten

Legt man eine 1,8 Geschäftsgebühr zugrunde, was beim Unterhalt nicht selten gerechtfertigt sein wird, so erhöht sich der Endbetrag um 333,– EUR (1,8 Geschäftsgebühr aus 12.000,– EUR = 1.198,80 EUR) auf 3293,80 EUR.

(b) Es kommt zu keinem Scheidungsverfahren. Der RA hatte aber für die Scheidung- und Versorgungsausgleich bereits Informationen entgegengenommen.

1,3 Geschäftsgebühr aus 12.000,– EUR	865,80 EUR
Pauschale	20,00 EUR
0,8 Verfahrensgebühr aus 21.000,– EUR	657,60 EUR
Pauschale	20,00 EUR
Insgesamt	1.563,40 EUR

Legt man eine 1,8 Geschäftsgebühr zugrunde, was beim Unterhalt nicht selten gerechtfertigt sein wird, so erhöht sich der Endbetrag um 302,– EUR (1,8 Geschäftsgebühr aus 12.000,– EUR = 1.087,20 EUR) auf 1.805,66 EUR.

29 Die vorigen Beispiele zeigen, dass, je nachdem wie das Verfahren läuft, bald der Verfahrens-, bald der außergerichtliche Vertretungsauftrag der billigere Weg ist, dass aber meistens ein Verfahrensauftrag für den Mandanten günstiger ist. Bei einem außergerichtlichen Auftrag können sich die Gebühren allerdings noch weiter durch höhere Satzrahmengebühren sowie durch zusätzliche Terminsgebühren erhöhen, wenn zu einem Verfahrensauftrag gewechselt wird und dann noch einmal eine Einigungsbesprechung stattfindet.

30 **Unbedingter außergerichtlicher und bedingter Prozessauftrag.** Zur BRAGO wurde in dem Bestreben, zu einer Besprechungsgebühr gem. § 118 Abs. 1 Nr. 2 RVG zu kommen, noch konstruiert, dass zunächst ein unbedingter außergerichtlicher Vertretungsauftrag hinsichtlich der Folgesachen gegeben und erst im Falle einer erzielten Einigung ein Prozessauftrag erteilt sei.[28] Die Konsequenz davon wäre ausgehend von den in → Rn. 28 angesetzten Werten folgende:

(a) Es kommt zum Scheidungsverfahren.

Zunächst		
1,3 Geschäftsgebühr aus 12.000,– EUR		865,80 EUR
Pauschale		20,00 EUR
Summe		885,80 EUR
Sodann		
1,3 Verfahrensgebühr aus 21.000,– EUR	1.068,60 EUR	
0,8 Verfahrensgebühr aus 12.000,– EUR	532,80 EUR	
Summe	1.601,40 EUR	
Höchstbetrag gem. § 15 Abs. 3 RVG		
1,3 Verfahrensgebühr aus 33.000,– EUR	1.346,80 EUR	
Anrechnung einer 0,65 Geschäftsgebühr aus 12.000,– EUR 432,90 EUR, aber maximal (Differenz aus 1.068,60 EUR und 1.346,80 EUR)	– 278,20 EUR[29]	
Verfahrensgebühr also		1.068,60 EUR
1,2 Terminsgebühr gem. VV 3104 RVG aus 21.000,– EUR		986,40 EUR
Pauschale		20,00 EUR
Summe		2.075,00 EUR
Also insgesamt		2.960,80 EUR

[28] OLG Stuttgart NJW 1969, 103 (104); *Schumann* JVBl. 1962, 261; *Schmitt* NJW 1968, 702; *Tschischgale* MDR 1964, 545 (546); wohl auch Gerold/Schmidt/*von Eicken*, 15. Aufl. 2002, BRAGO § 36 Rn. 7.

[29] Die Anrechnung kann nicht dazu führen, dass die 1,3 Verfahrensgebühr, auf die nichts anzurechnen ist, unterschritten wird.

(b) Es kommt zu keinem Scheidungsverfahren. Der RA hatte aber für die Scheidung- und Versorgungsausgleich bereits Informationen entgegengenommen.

1,3 Geschäftsgebühr aus 12.000,– EUR	865,80 EUR
Pauschale gem. VV 7002 RVG	20,00 EUR
0,8 Verfahrensgebühr aus 21.000,– EUR	657,60 EUR
Pauschale gem. VV 7002 RVG	20,00 EUR
Summe	1.563,40 EUR

Legt man eine 1,8 Geschäftsgebühr zugrunde, was beim Unterhalt nicht selten gerechtfertigt sein wird, so erhöht sich der Endbetrag um 333,– EUR auf 1.1.896,40 EUR.

Diese Konstruktion ist weiterhin abzulehnen. Sie ist in den meisten Fällen auch nicht billiger als wenn von vornherein ein Verfahrensauftrag erteilt wird. Das Argument des billigeren Wegs spricht also nicht für sie. Darüber hinaus ist sie künstlich. Der Auftrag geht unbedingt dahin, eine Einigung zu erreichen und diese gerichtlich protokollieren zu lassen. Ob dieses von Anfang an bestehende Ziel erreicht wird, ist für die Frage, welcher Auftrag erteilt wird, ohne Bedeutung.[30] Allerdings kann es im Einzelfall sein, dass zunächst eine notarielle Beurkundung vorgesehen war und dann doch zu einer gerichtlichen Protokollierung gewechselt wird. Dann liegen zunächst ein unbedingter Auftrag und später ein neuer unbedingter Verfahrensauftrag vor. 31

Beweislast. Führt der vom RA bei seiner Gebührenabrechnung zugrunde gelegte Auftrag zu höheren Gebühren als bei Annahme eines anderen Auftrags, so ist der RA nach allgemeinen Beweislastregeln hierfür beweisbelastet. Geht der RA aber von einem Verfahrensauftrag aus, so spricht für ihn die oben dargelegte Vermutung. 32

cc) Trennungsvereinbarung. Bei der Trennungsvereinbarung gibt es keine Vermutung oder Billigkeitserwägung, die für einen Verfahrensauftrag spräche. Es fehlt häufig bereits an einem gerichtlichen Verfahren, in dem die Protokollierung vorgenommen werden könnte. Trennungsvereinbarungen werden häufig auch nicht protokolliert. Ist allerdings ein Trennungsverfahren anhängig, zB wegen elterlicher Sorge, und soll von vornherein eine Einigung über den Trennungsunterhalt in diesem Verfahren protokolliert werden, so ist wieder ein Verfahrensauftrag anzunehmen. 33

dd) Vereinbarung über Trennungs- und Scheidungsunterhalt. Folgende Möglichkeiten kommen in Betracht: 34

(a) Trennungs- und Scheidungsunterhalt soll in einer Einigung geregelt werden, wobei
  (aa) die Einigung nicht bei Gericht kontrolliert werden soll
  (bb) oder aber die Einigung bei Gericht protokolliert werden soll

(b) nur die Vereinbarung über den nachehelichen Unterhalt bei Gericht protokolliert werden soll.

Es sind gegeben 35

- im Fall (a) (aa) ist ein einheitlicher außergerichtlicher Vertretungsauftrag,
- im Fall (a) (bb) ein einheitlicher Verfahrensauftrag

im Fall (b) hinsichtlich des Trennungsunterhalts ein außergerichtlicher Vertretungsauftrag, hinsichtlich der Scheidungsunterhalts ein Verfahrensauftrag.

In den beiden Fällen von (a) sind die Gegenstandswerte des Trennungs- und Scheidungsunterhalts zu addieren. Im Fall (b) fallen Geschäftsgebühr und Gebühren gem. VV 3100 ff. RVG nebeneinander und ohne Anrechnung an. 36

j) Wechsel des Auftrags. Hatte der RA zunächst einen Auftrag für eine außergerichtliche Vertretung, erhält er aber dann einen Verfahrensauftrag, und führt er während beider Phasen außergerichtliche Gespräche, so verdient er zunächst Gebühren gem. VV 2300 ff. RVG, sodann gem. VV 3101 Nr. 2, VV 3104 RVG. 37

Beispiel:

Der RA soll einen Autounfall außergerichtlich mit dem RA des Versicherers regeln (Gegenstandswert 10.000,– EUR). Bei einem Gespräch kommt keine gütliche Einigung zustande. Der RA erhält daraufhin den Auftrag zu klagen. Als die Klage halb fertig ist, unterbreitet der gegnerische RA, der noch keinen Verfahrensauftrag hat, telefonisch ein neues Angebot. Es kommt zu einer Einigung. Klage wird nicht mehr erhoben.

Der RA des Gläubigers verdient

1,3 Geschäftsgebühr aus 10.000,– EUR		798,20 EUR
Pauschale gem. VV 7002 RVG		20,00 EUR
0,8 Verfahrensgebühr aus 10.000,– EUR	491,20 EUR	
– Anrechnung iHv 0,65 Geschäftsgebühr aus 10.000,– EUR	– 399,10 EUR	
Verbleibende Verfahrensgebühr		92,10 EUR
1,2 Terminsgebühr aus 10.000,– EUR		736,80 EUR
Pauschale gem. VV 7002 RVG		20,00 EUR
Summe		1.667,10 EUR

[30] FA-FamR/*Müller-Rabe,* 4. Aufl. 2010, Kap. 17 Rn. 183.

Der RA des Versicherers verdient

1,6 Geschäftsgebühr aus 10.000,– EUR	982,40 EUR
Pauschale gem. VV 7002 RVG	20,00 EUR
Summe	1002,40 EUR

Dabei wird davon ausgegangen, dass das zweite Telefongespräch derart umfangreich war, dass die Geschäftsgebühr höher als vorher anzusetzen war.

38 **k) Behördliche oder sonstige nicht gerichtliche Verfahren.** Bei nicht gerichtlichen Verfahren kommt es darauf an, ob der RA bereits einen Auftrag für ein behördliches oder sonstiges Verfahren (zB Schieds-, Güte- oder Schlichtungsverfahren) hatte. Wenn ja, gehören die außergerichtlichen Verhandlungen zu diesem Verfahren und richten sich die Gebühren nach diesen Verfahren, also zB im Schiedsverfahren nach § 36, VV 3100 ff. RVG.

39 **l) Lange vorprozessuale Tätigkeit.** Einem Verfahrensauftrag steht nicht entgegen, dass der RA zwei Jahre lang vorprozessual korrespondiert hat.[31] Andererseits ist eine lange vorprozessuale Tätigkeit (zB mehr als 15 Monate) ein Indiz für einen Auftrag iSv VV 2300 RVG.[32]

40 **m) Darlegungs- und Beweislast.** Macht der RA gegenüber seinem Mandanten oder macht sein Mandanten gegen einen ersatzpflichtigen Dritten einen Auftrag geltend, der zu einem höheren Anspruch als bei Annahme eines anderen Auftrags führt, so muss der RA bzw. der Mandant im Verhältnis zum Dritten beweisen, dass der „teurere Auftrag" vorlag. Das folgt aus dem allgemeinen Grundsatz, dass der Antragsteller die für seinen Anspruch erforderlichen Voraussetzungen beweisen muss. Ist es zB nach einer Besprechung zu einer Einigung gekommen, so muss der RA, der eine 0,8 Verfahrensgebühr und eine 1,2 Terminsgebühr und nicht nur eine 1,3 Geschäftsgebühr geltend macht, beweisen, dass er einen Verfahrensauftrag und nicht nur einen Vertretungsauftrag für eine nicht prozessuale Tätigkeit hatte. Wegen Anrechnung im Kostenfestsetzungsverfahren aber → § 15a Rn. 86 ff.

4. Auftragserteilung

41 **a) Allgemeines.** Der Auftrag kann auch **mündlich**[33] **oder stillschweigend**[34] erteilt werden. Die Partei kann auch zunächst auftragslose Handlungen des RA **nachträglich genehmigen.**[35] Ob der RA im Sitzungsprotokoll oder im Urteil aufgeführt ist, ist ohne Bedeutung. Das gilt nicht nur für den Gebührenanspruch, sondern auch für die Erstattungspflicht der Gegenpartei.

42 **b) Auftragserteilung vor Verfahrensbeginn.** Ein Verfahrensauftrag setzt weder beim Kläger noch beim Beklagten voraus, dass bereits ein Gerichtsverfahren anhängig ist. Die Tätigkeit des Verfahrensbevollmächtigten beginnt – wie § 19 Abs. 1 S. 2 Nr. 1 RVG besagt – bereits mit der Vorbereitung der Klage oder der Rechtsverteidigung.

43 **Beklagter.** Allerdings wird die Erteilung eines Verfahrensauftrags durch den Beklagten vor Klagezustellung nicht allzu häufig vorkommen.[36] Er kann abwarten, ob die Klage wirklich erhoben oder ein Antrag gestellt wird. Dennoch kann er, wenn er einen Rechtsstreit erwartet, bereits vor Klageerhebung einen RA zum Verfahrensbevollmächtigten mit dem Auftrag bestellen, ihn als Beklagten in dem bevorstehenden Prozess zu vertreten (zB weil er auf eine längere Reise geht).[37] Hat in diesem Fall der RA deshalb die Informationen bereits entgegengenommen, um auf eine etwaige Klage reagieren zu können, so hat er damit eine 0,8 Gebühr gem. VV 3101 Nr. 1 RVG verdient.[38] Es liegt dann auch nicht nur ein bedingter Verfahrensauftrag mit der Folge vor, dass der RA die Verfahrensgebühr erst mit dem Eintritt der Bedingung verdienen kann. Der RA soll in diesen Fällen häufig sofort tätig werden, indem er die Informationen entgegennimmt, was sehr zeitaufwendig sein kann. UU soll er auch schon weitere Vorbereitungshandlungen vornehmen, um Zeit zu gewinnen. Dies ist dann bereits eine Tätigkeit im Zusammenhang mit dem Prozessauftrag und löst damit eine – zunächst nur 0,8 – Verfahrensgebühr aus. Richtiger ist daher, dass der RA einen unbedingten Verfahrensauftrag bekommt, bei dem sich aber aus der Sache ergibt, dass bestimmte Tätigkeiten wie zB die Klageerwiderung erst erfolgen sollen, wenn die Klage zugestellt ist. Eine 1,3 Verfahrensgebühr

[31] OLG Köln RVGreport 2009, 354.
[32] BGH NJW 1968, 2334.
[33] Riedel/Sußbauer/*Keller,* 8. Aufl. 2000, BRAGO § 31 Rn. 7.
[34] Gerold/Schmidt/*von Eicken,* 15. Aufl. 2002, BRAGO § 31 Rn. 14.
[35] RGZ 161, 351.
[36] KG AGS 2006, 79.
[37] **AA** KG Rpfleger 1962, 38 (Ls.).
[38] OLG Hamburg JurBüro 1970, 957; VG Dessau JurBüro 1999, 78.

verdient er erst, wenn er Klageabweisung beantragt oder sonst eine der in VV 3101 Nr. 1 RVG genannten Tätigkeiten vornimmt.

Zustellung unerheblich. Aus dem Vorstehenden folgt, dass es unerheblich ist, ob die Klage oder der Antrag bereits wirksam zugestellt sind. Erhält der Gegner von einer gegen ihn gerichteten Klage oder einem Antrag auf Erlass eines Arrests oder einer einstweiligen Verfügung ohne Zustellung Kenntnis, so kann er einem RA zur vorsorglichen Wahrung seiner Rechte einen Verfahrensauftrag erteilen.[39] Die Zustellung ist aber für die Höhe der Gebühr (→VV 3101 Rn. 37) und die Kostenerstattung (→ Anh. X Rn. 41 ff.) von Bedeutung. Wegen der Besonderheiten im Verhältnis zum PKH-Antragsverfahren → RVG VV 3335 Rn. 7 ff. 44

Genereller Auftrag des Hausanwalts. Ein RA kann auch einen allgemeinen Auftrag für alle Rechtsstreitigkeiten seines Mandanten haben. Hat dann hinsichtlich eines speziellen Falls noch keine Besprechung stattgefunden, so entsteht die (0,8) Verfahrensgebühr mit Zustellung der Klage an ihn.[40] 45

c) Auftrag während des Verfahrens. Grundsatz. In welchem Verfahrensabschnitt die Bestellung zum Verfahrensbevollmächtigten erfolgt ist, ist ohne Bedeutung. Der Verfahrensauftrag kann auch noch während eines schon laufenden Verfahrens erteilt werden. Es genügt, dass das Verfahren noch irgendwie anhängig ist, sei es wegen der Hauptsache, sei es wegen einer Nebenforderung. 46

Nach Entscheidung in der Hauptsache. Streitig ist, ob nach der Entscheidung in der Hauptsache noch ein Verfahrensauftrag erteilt werden kann.[41] In der Praxis wird jedenfalls in aller Regel nur ein Einzelauftrag iSv VV 3403 RVG erteilt werden. 47

5. Erweiterung des Auftrags

Erhebt die Gegenpartei Widerklage, so ist zur Entstehung des Anspruchs auf die Verfahrensgebühr für die Vertretung des Auftraggebers in seiner Eigenschaft als Widerbeklagter nicht schon die Erhebung der Widerklage genügend, vielmehr ist zusätzlich die Erteilung eines Auftrags zur Vertretung auch in diesem Verfahren erforderlich.[42] Das gleiche gilt überall, wo der RA zwar iRd § 81 ZPO, aber über seinen bisherigen Auftrag hinaus tätig wird. Die Erweiterung des Auftrags kann stillschweigend erfolgen.[43] Die ausdrückliche Auftragserweiterung ist aber zu empfehlen. Die Anwesenheit des Mandanten, wenn der RA auch zur Widerklage einen Antrag stellt, genügt nicht, wenn der Mandant vorher ausdrücklich insoweit eine Auftragserteilung abgelehnt hat.[44] 48

6. Beweis für Auftrag

Beweisbelastet für einen Verfahrensauftrag ist bei Streit über die Gebühr der RA, da er hieraus Rechte herleiten will. Dass der RA im Protokoll oder Urteil als Verfahrensbevollmächtigter aufgeführt ist, bringt noch keinen Beweis für einen Auftrag.[45] Umgekehrt steht einem Auftrag nicht entgegen, dass 49

– der RA im Protokoll oder Urteil nicht aufgeführt ist,
– keine schriftliche Prozessvollmacht vorliegt, da diese formlos erklärt werden kann (§ 89 Abs. 2 ZPO).[46]

IV. Beistand für Zeugen oder Sachverständige (Abs. 1 S. 2)

Schrifttum: *Burhoff,* Vergütung des Zeugenbeistands im Strafverfahren, RVGreport 2004, 458.

1. Allgemeines

Der RA verdient als Beistand für einen Zeugen oder Sachverständigen in einem in VV Teil 3 RVG geregelten Verfahren die gleichen Gebühren wie ein Verfahrensbevollmächtigter. Die Gleichstellung mit dem Verfahrensbevollmächtigten führt trotz des viel geringeren Aufgabenbereichs des Rechtsanwalts zu keinen unbilligen Ergebnissen, da von einem im Verhältnis zur Hauptsache viel geringeren Gegenstandswert auszugehen ist (Motive → Rn. 1). 50

[39] OLG Nürnberg OLGR 2002, 225 = AGS 2002, 247, zu formlos mitgeteilter Klageerweiterung.
[40] VG Karlsruhe KostRspr BRAGO § 31 Ziff. 1 Nr. 98.
[41] **Bejahend** Gerold/Schmidt/*von Eicken,* 15. Aufl. 2002, BRAGO § 31 Rn. 19; *Hansens* BRAGO § 31 Rn. 2; **aA** Riedel/Sußbauer/*Keller,* 8. Aufl. 2000, BRAGO § 31 Rn. 12.
[42] OLG Koblenz JurBüro 1991, 860.
[43] Gerold/Schmidt/*von Eicken,* 15. Aufl. 2002, BRAGO § 31 Rn. 14.
[44] OLG Koblenz JurBüro 1991, 860.
[45] Riedel/Sußbauer/*Keller,* 8. Aufl. 2000, BRAGO § 31 Rn. 7.
[46] Riedel/Sußbauer/*Keller,* 8. Aufl. 2000, BRAGO § 31 Rn. 7.

2. Anwendungsbereich

51 Die Beistandsleistung muss in einem der in VV Teil 3 RVG genannten Verfahren erfolgen (→ Rn. 6 ff.). Die VV Teil 2, 4–6 RVG kennen für die von ihnen erfassten Verfahren gleiche Regelungen (VV Vorb. 2 Abs. 2 RVG bzw. jeweils Abs. 1 von VV Vorb. 4, 5, 6 RVG).

52 **Beratung.** Beschränkt sich der Auftrag auf die Erteilung eines Rates oder einer Auskunft, so richten sich die Gebühren nach § 34 RVG. Erhält der RA nachfolgend den Auftrag, Beistand zu leisten, so ist die Gebühr für die Beratung oder Auskunft auf die Verfahrensgebühr des VV Vorb. 3 Abs. 1 S. 2, VV 3100 RVG anzurechnen (§ 34 Abs. 2 RVG).

3. Verfahrensauftrag

53 Im Regelfall ist der Auftrag, einem Zeugen oder Sachverständigen beizustehen, ein Auftrag iSv VV Vorb. 3 Abs. 1 S. 2 RVG und **nicht ein solcher für eine Einzeltätigkeit,** sodass sich die Gebühren nach zB VV 3100 ff. RVG und nicht nach VV 3403 ff. RVG richten.[47] Für die von VV Teil 3 RVG erfassten Verfahren bestimmt VV Vorb. 3 Abs. 1 S. 2 RVG ausdrücklich, dass die gleichen Gebühren wie für einen Verfahrensbevollmächtigten entstehen. Angesichts dieses klaren Wortlauts gibt es im Bereich von VV Teil 3 RVG nicht den in Strafsachen herrschenden Streit, ob aufgrund von VV Vorb. 4 Abs. 1 RVG, der weniger eindeutig ist, grds. der Abschn. 1 (Gebühren des Verteidigers) oder der Abschn. 3 (Einzeltätigkeit) von VV Teil 4 RVG anzuwenden ist (→ RVG VV Vorb. 4 Rn. 4).

4. Verfahrensgebühr

54 **a) Tätigkeit.** Hat der RA einen Beistandsauftrag, so entsteht die Verfahrensgebühr, und nicht nur eine Einzeltätigkeitsgebühr (→ RVG VV Vorb. 4.1 Einl. Rn. 5), mit jeder auf den Beistand gerichteten Tätigkeit des Rechtsanwalts, insbes. der Entgegennahme der Information oder der Einsichtnahme in Gerichtsakten oder Schriftverkehr mit dem Gericht. Diese Gebühr bleibt auch bestehen, wenn es nicht mehr zu einer Anhörung des Zeugen oder einer Tätigkeit des Sachverständigen kommt.

55 **b) Gebührenhöhe.** Der RA erhält die gleichen Gebühren wie ein Verfahrensbevollmächtigter in diesem Verfahren, also eine 1,3 Verfahrensgebühr (VV 3100 RVG). VV 3101 Nr. 1 RVG ist anwendbar. Die Verfahrensgebühr reduziert sich auf eine 0,8 Gebühr, wenn der Auftrag vorzeitig endigt, zB sich die Tätigkeit des RA auf die Entgegennahme der Informationen beschränkt.

56 **Sozialgerichtsbarkeit.** Im Verfahren vor den Sozialgerichten, in denen der RA Betragsrahmengebühren erhält (§ 3 RVG), verdient er gem. VV 3102 RVG 60,– EUR bis 660,– EUR.

57 **Vertretung mehrerer Zeugen,** → RVG VV 1008 Rn. 175.

58 **Höhere Instanz.** In der Rechtsmittelinstanz verdient der RA die dort vorgesehenen Verfahrensgebühren, zB im Berufungsverfahren eine 1,6 Verfahrensgebühr gem. VV 3200 RVG (gleichen Gebühren wie für einen Verfahrensbevollmächtigten in diesem Verfahren). Der Beistand wurde in VV Vorb. 3 RVG und nicht in VV Vorb. 3.1 RVG aufgenommen.

5. Terminsgebühr

59 Der RA verdient die gleichen „Gebühren" wie ein Verfahrensbevollmächtigter, also nicht nur die Verfahrensgebühr. Der beistehende RA kann also auch eine Terminsgebühr gem. VV 3104 RVG verdienen. Sie entsteht durch Anwesenheit des Rechtsanwalts in einem Termin mit der Bereitschaft, notfalls seinem Mandanten zu helfen, etwa ihn vor Fragen zu schützen. Nicht nötig ist, dass er etwas sagt (→ Rn. 109).

60 **Gebührenhöhe.** Der RA verdient die Terminsgebühr in gleicher Höhe wie der Verfahrensbevollmächtigte, also zB in der ersten Instanz und der Berufungsinstanz eine 1,2 Terminsgebühr gem. VV 3104, 3202 RVG, im Revisionsverfahren eine 1,5 Terminsgebühr gem. VV 3210 RVG, bei den anderen Verfahren die jeweils dort vorgesehenen Gebührensätze für die Terminsgebühr. Im Verfahren vor den Sozialgerichten, in denen der RA Betragsrahmengebühren erhält (§ 3 RVG), verdient er gem. VV 3106 RVG 60,– EUR bis 610,– EUR.

6. Abgeltungsbereich und Angelegenheit

61 **Abgeltung.** Abgegolten werden durch die Verfahrensgebühr alle Tätigkeiten des Anwalts als Beistand von der Entgegennahme der Information bis zur Erledigung des Verfahrens, soweit nicht besondere Gebührentatbestände wie zB der einer Terminsgebühr erfüllt werden.

---

[47] KG Rpfleger 2005, 694 Ziff. III; Schneider/Wolf/*Schneider/Onderka* RVG VV Vorb. 3 Rn. 7.

Angelegenheit. Wird der Zeuge in einem Verfahren mehrfach, zB an zwei Tagen nacheinander, vernommen und leistet ihm der RA jedes Mal Beistand, so handelt es sich um eine Angelegenheit und die Gebühren fallen nur einmal an (§ 15 Abs. 2 S. 1 RVG).[48] Ein RA, der in einer Hauptverhandlung mehreren Zeugen beisteht, ist in einer Angelegenheit tätig[49] (wie bei mehreren Nebenklägern → RVG VV 1008 Rn. 95). Eine Gebührenerhöhung gem. VV 1008 RVG findet aber nicht statt (→ RVG VV 1008 Rn. 175). 62

7. Kostenerstattung

Eine solche findet auf Grund der Kostenentscheidung in dem Verfahren, in dem der Zeuge oder der Sachverständige herangezogen wurde, nicht statt, da die Kostenentscheidung keinen Ausspruch zu Gunsten des Zeugen oder Sachverständigen enthält. 63

V. Verfahrensgebühr (Abs. 2)

1. Allgemeines

VV Vorb. 3 Abs. 2 RVG bestimmt, für welche Tätigkeit der RA die Verfahrensgebühr verdient. Sie fällt an „für das Betreiben des Geschäfts einschließlich der Information". 64

Aufbau des RVG. Das RVG definiert zunächst einmal allgemein, unter welchen Voraussetzungen der RA eine Verfahrensgebühr verdient (VV Vorb. 3 Abs. 2 RVG) und bestimmt dann in den einzelnen Abschnitten des VV Teil 3 RVG (zB in VV 3100 ff. RVG), wann eine Verfahrensgebühr in welcher Höhe anfällt. 65

2. Anwendungsbereich

Die in VV Vorb. 3 Abs. 2 RVG angesprochene Verfahrensgebühr entsteht in den in der Überschrift zu VV Teil 3 RVG aufgeführten Verfahren. Dazu, welche Verfahren iE dazu gehören, → Rn. 6 ff. 66

3. Auftrag

Der Auftrag des Mandanten an den RA muss auf eine Tätigkeit in einem der von VV Teil 3 RVG erfassten Verfahren gerichtet sein. Zur Abgrenzung zur außergerichtlichen Vertretung (→ Rn. 15 ff.). 67

4. Entstehung der Verfahrensgebühren

Der Anspruch auf die Verfahrensgebühr entsteht, sobald der RA von einer Partei zum Verfahrensbevollmächtigten bestellt worden ist und eine unter die Verfahrensgebühr fallende Tätigkeit ausgeübt hat. Im Regelfall wird hiernach die Verfahrensgebühr mit der Entgegennahme der ersten Information nach Erteilung des Auftrags entstehen. Es kommt nicht darauf an, wann sich der RA bei Gericht bestellt hat (iE → RVG VV 3100 Rn. 16 ff.). 68

Dabei ist zu beachten, dass in vielen Fällen sich die Gebühr reduziert, wenn die Tätigkeit des Anwalts über die Entgegennahme der Information nicht hinauskommt. Im Einzelnen dazu bei den jeweiligen Verfahrensgebühren, bei denen dies der Fall ist. 69

VI. Terminsgebühr (Abs. 3)

1. Anwendungsbereich

Die in VV Vorb. 3 Abs. 3 RVG angesprochene Terminsgebühr entsteht in den in der Überschrift zu VV Teil 3 RVG aufgeführten Verfahren. Dazu, welche Verfahren iE dazu gehören, → Rn. 6 ff. 70

2. Betroffene Anwälte

a) Anwälte mit Terminsgebühr. Die Terminsgebühr kann der RA nur verdienen, wenn VV Teil 3 RVG für die Funktion, für die er beauftragt ist, eine Terminsgebühr vorsieht. VV Vorb. 3 Abs. 3 RVG definiert nur, unter welchen Voraussetzungen eine Terminsgebühr anfallen kann. Welcher RA eine Terminsgebühr verdienen kann, ergibt sich aus den für die jeweilige Tätigkeit einschlägigen Vorschriften wie zB VV 3104, 3105, VV Vorb. 3.3.2 RVG. Welcher RA eine Terminsgebühr verdienen kann, wird jeweils bei diesen Bestimmungen kommentiert. Zum Streithelfer → Rn. 231 ff. 71

b) Mehrere Anwälte. Wird die Partei durch mehrere Anwälte in einem der genannten Termine vertreten, so verdienen alle Anwälte die Terminsgebühr, wenn alle bereit sind, falls 72

[48] OLG Düsseldorf RVGreport 2012, 454 mzustAnm *Volpert*.
[49] OLG Düsseldorf JurBüro 2010, 33; OLG Koblenz JurBüro 2005, 589.

erforderlich, für ihren Mandanten das Wort zu ergreifen. Soll Einer von ihnen aber lediglich den Anderen intern beraten, so vertritt er seinen Mandanten nicht in dem Termin.

3. Mehrere Parteien mit verschiedenen Anwälten

73 Bei mehreren Klägern oder Beklagten müssen bei jedem die Voraussetzungen für die Entstehung der Terminsgebühr vorliegen. Werden zB zwei Beklagte jeweils von einem eigenen RA vertreten und nimmt nur einer an der mündlichen Verhandlung teil, so hat nur der eine RA eine Terminsgebühr verdient.[50]

4. Vertretung im Gerichtstermin (S. 1 Alt. 1)

Wegen Gegenstandswert → Anh. VI Rn. 570 ff.; wegen Kostenerstattung → Anh. X Rn. 117 ff.

74 **a) Terminsgebührsfähige Termine.** ***aa) Erweiterung der Terminsgebühr durch 2. KostRMoG.*** Die Neufassung von VV Vorb. 3 Abs. 3 RVG durch das 2. KostRMoG hat zu einer Änderung der Rechtslage geführt. Bislang wurden in der Alt. 1 des Abs. 3 ganz bestimmte Termine positiv genannt (Verhandlungs-, Erörterungs- oder Beweisaufnahmetermine). Nur diese konnten zu einer Terminsgebühr führen. Ausführlich zum alten Recht → Gerold/Schmidt/*Müller-Rabe* RVG, 24. Aufl., RVG VV Vorb. 3 Rn. 77 ff. Durch das 2. KostRMoG geht das Gesetz nunmehr genau entgegengesetzt vor. Alle gerichtlichen Termine können eine Terminsgebühr auslösen, nur nicht ein Verkündungstermin (VV Vorb. 3 Abs. 3 S. 1 Alt. 1 RVG). Der Gesetzgeber will damit erreichen, dass auch die Wahrnehmung eines Anhörungstermins eine Terminsgebühr entstehen lässt (Motive → Rn. 3).

75 ***bb) Termine mit Terminsgebühr.*** Das bedeutet, dass nunmehr eine Terminsgebühr anfallen kann

- in allen gerichtlichen Terminen, in denen dies nach dem bisherigen Recht möglich war, also in Verhandlungs-, Erörterungs- oder Beweisaufnahmeterminen,
- in **Anhörungsterminen,** wie zB Anhörung der Eltern gem. § 128 Abs. 2 FamFG, Termin zur Anhörung des Kindes, der Eltern, der Pflegeperson und des Jugendamts nach §§ 159 ff. FamFG im Sorgerechtsverfahren oder Termin zu einer Parteianhörung nach § 141 ZPO. Vertreten wird, dass eine Terminsgebühr nicht anfällt, wenn das Gericht ausdrücklich bestimmt hat, dass das Kind in Abwesenheit der sonstigen Verfahrensbeteiligten angehört werden soll.[51] Dem ist zuzustimmen, wenn das Gericht von vornherein eine Mitwirkung des erschienenen RA ablehnt. Der RA kann nicht eine Terminsgebühr aufdrängen. Lässt das Gericht aber eine Mitwirkung zu, zB durch Erklärungen zur Sache oder durch Fragen des RA, so entsteht eine Terminsgebühr.
- in einem Termin vor dem **Güterichter** (§ 278 Abs. 5 S. 2 ZPO),[52]
- in einem Termin, in dem sich eine Partei über die **Echtheit einer Urkunde** erklären oder eine **eidesstattliche Versicherung** abgeben soll. Die Motive bringen zwar nicht zum Ausdruck, dass auch diese Fälle terminsgebührsfähig sein sollen.[53] Da aber nur der Verkündungstermin ausgeschlossen sein soll, können auch diese beiden Termine zur Terminsgebühr führen. Der Wortlaut der Bestimmung ist eindeutig.

Wegen **Mediation** → Rn. 187 ff., wegen Verhandeln über eine Einigung über in diesem Verfahren **nicht rechtshängige Ansprüche** → RVG VV 3104 Rn. 98 ff.

76 ***cc) Termine ohne Terminsgebühr.*** Keine Terminsgebühr iSv VV Vorb. 3 Abs. 3 S. 1 RVG kann entstehen

- in einem reinen Verkündungstermin,
- in einem Termin ausschließlich zur Protokollierung einer Einigung über nirgendwo rechtshängige Ansprüche. Gem. der Neufassung von VV Vorb. 3 Abs. 3 RVG löst ein gerichtlicher Termin nur eine Terminsgebühr aus, wenn nichts anderes bestimmt ist (S. 1 letzter Halbsatz). Gem. VV 3104 Anm. Abs. 3 RVG löst ein solcher Termin keine Terminsgebühr aus, → RVG VV 3104 Rn. 143 ff.
- bei einer fernmündlichen Erörterung mit dem Richter,[54] dazu ob eine Terminsgebühr iSv VV Vorb. 3 Abs. 3 S. 3 RVG entstehen kann → Rn. 216.

---

[50] KG RVGreport 2009, 307 mzustAnm *Hansens.*
[51] OLG Hamm FamRZ 2018, 377 = RVGreport 2017, 417 mkritAnm *Hansens.*
[52] Bischof/*Bischof* RVG VV 3104 Rn. 15 ff.
[53] *Schneider/Thiel* Neues Gebührenrecht, 1. Aufl. 2013, § 3 Rn. 730.
[54] OLG Düsseldorf AnwBl 1984, 616 = JurBüro 1985, 82; OLG München JurBüro 1992, 606 = MDR 1992, 1005; Hess VGH AGS 2020, 328.

– bei einem Termin vor der außergerichtlichen Schlichtungsstelle, weil dies kein gerichtlicher Termin ist.

b) Bestimmung des Termins. Es muss sich nach dem Willen des Gerichts um einen Gerichtstermin handeln. Das kann geschehen, 77
– indem das Gericht vorher einen derartigen Termin ansetzt
– oder stillschweigend, indem das Gericht in einem anderen Termin dazu übergeht, zB mündlich zu verhandeln oder die Sache zu erörtern oder Beweis zu erheben oder eine Anhörung vorzunehmen (→ Rn. 84).

Der Termin muss **nicht einige Zeit vorher** angesetzt sein. Es reicht, wenn die Parteien unter Verzicht auf alle Ladungsförmlichkeiten darum bitten, sofort einen solchen Termin anzusetzen.[55] Es muss sich nur um echte Termine im obigen Sinn und nicht nur um informelle Besprechungen handeln. Voraussetzung ist, dass nicht nur eine der beiden Parteien geladen wurde oder, bei einem Termin ohne gerichtliche Ladung, nur eine Partei beim Richter erscheint. 78

c) Ort des Termins. Der Termin muss nicht in einem Gerichtssaal stattfinden. Führt das Gericht einen Termin an einem anderen Ort, zB in der Wohnung des kranken Zeugen, durch, so handelt es sich dennoch um einen gerichtlichen Termin.[56] Auch ein Zimmertermin (im Zimmer des Richters) genügt. 79

Eine **Besprechung auf dem Gerichtsflur** vor Beginn des Gerichtstermins (oder nach dessen Ende) ist keine Vertretung in einem Termin. Erscheint der RA vor dem Aufruf des Termins beim Gericht, um sich zu **entschuldigen,** dass er an dem Termin nicht teilnehmen kann, so ist das auch dann keine Vertretung in einem Termin, wenn ein Gespräch mit dem Richter über die Probleme des Falls stattfindet. 80

d) Anfang und Ende des Termins. ***aa) Stattfindender Termin.*** Die Wahrnehmung eines Termins setzt voraus, dass überhaupt ein Termin stattfindet (anders als im Strafverfahren – VV Vorb. 4 Abs. 3 S. 2 RVG).[57] 81

bb) Beginn durch Aufruf der Sache. Der Termin muss bereits begonnen haben.[58] **§ 137 Abs. 1 ZPO,** wonach die mündliche Verhandlung durch die Stellung der Anträge eingeleitet wird, ist dabei nicht heranzuziehen. Sonst käme es beim Verhandlungstermin entgegen der Intention des RVG (Motive → Rn. 1) doch wieder darauf an, ob Anträge gestellt wurden. 82

Aufruf der Sache. Vielmehr ist auf **§ 220 Abs. 1 ZPO** abzustellen. Ein Gerichtstermin beginnt mit dem Aufruf der Sache durch das Gericht.[59] Das gilt auch für den Beweisaufnahmetermin. 83

Konkludenter Aufruf. Förmlich aufgerufen muss der Termin nicht sein. Es reicht, wenn nach den gesamten Umständen davon auszugehen ist, dass der Termin begonnen hat, zB beide Anwälte erscheinen im Sitzungssaal, das Gericht stellt im Protokoll ihre Anwesenheit fest und beginnt ohne förmlichen Aufruf mit beiden den Fall zu besprechen.[60] Es genügt, dass dies mit dem Willen des Gerichts tatsächlich geschieht (→ Anh. II Rn. 24, 28).[61] Hingegen reicht hierfür nicht, dass während eines anderen Verfahrens der Richter mit den Verfahrensbevollmächtigten einer noch nicht aufgerufenen Sache kurz die Sache erörtert und dann darauf hinweist, dass sich der Aufruf dieser Sache etwas verzögern werde.[62] Hier will der Richter erkennbar den Termin noch nicht beginnen. 84

Aufruf trotz Klagerücknahme. Wird die Sache trotz Klagerücknahme aufgerufen, weil das Gericht hiervon keine Kenntnis hatte, so ist die Sache aufgerufen und die Terminsgebühr entsteht → Anh. VI Rn. 332. Zu Nichtaufruf wegen Rücknahme (→ Rn. 86). 85

cc) Nicht aufgerufener Termin. Erscheint der Anwalt zu einem vorgesehenen Termin und wird ihm mitgeteilt, ohne dass der Termin vorher aufgerufen wurde, dass dieser nicht stattfindet (zB wegen **Erkrankung des Richters** oder der **Rücknahme** der Klage), so hat der Termin nie begonnen und verdient der RA keine Terminsgebühr.[63] 86

---

[55] Bischof/*Bischof* RVG VV 3104 Rn. 29.
[56] HBS VergütungsR/*Hansens* Teil 8 Rn. 189.
[57] BGH NJW 2011, 388 Rn. 10.
[58] OLG Düsseldorf JurBüro 1989, 70.
[59] BGH NJW 2011, 388 Rn. 10; BVerwG NJW 2010, 1391; OLG Düsseldorf JurBüro 1989, 70; OLG Koblenz JurBüro 2009, 425; *Enders* JurBüro 2005, 113; *Hansens* RVGreport 2007, 375 (376) Ziff. II 1.
[60] BGH NJW 2011, 388 Rn. 10; OLG Frankfurt a. M. AGS 2015, 568 = NStZ-RR 2016, 128 (Ls.).
[61] OLG Koblenz AGS 2020, 321.
[62] **AA** *Hansens* Anm. zu OLG Zweibrücken RVGreport 2012, 30.
[63] HBS VergütungsR/*Hansens* Teil 8 Rn. 188; *Hansens* RVGreport 2007, 375 (376) Ziff. II 1; Schneider/Wolf/*Schneider/Onderka* RVG VV Vorb. 3 Rn. 130.

87 Das gilt auch, wenn das Gericht in voller Besetzung im Sitzungssaal erschienen ist und der RA versucht, das Gericht zu bewegen, doch den Termin durchzuführen. Das gilt weiter auch dann, wenn der zuständige Richter sich wegen einer anderen Sache im Sitzungssaal befindet, ja sogar selbst dann, wenn er eine „Sitzungsniederschrift" zB über einen Kostenantrag des erschienenen Anwalts gem. § 269 Abs. 4 ZPO anfertigt, da hierin in aller Regel nicht zum Ausdruck kommt, dass der Richter die Sache jetzt doch aufrufen wollte.[64]

88 **Gegenmeinung.** Nach aA findet ein Termin immer dann statt und nimmt der RA einen solchen wahr, wenn er im Sitzungssaal sitzt, das Gericht erscheint und etwas zu der terminierten Sache sagt. Dass das Gericht erklärt, die Sache nicht aufzurufen, stehe nicht entgegen. Die Anwälte könnten sich ja dazu äußern, ob sie damit einverstanden sind oder ob nicht wenigstens die erschienenen Zeugen gehört werden sollen.[65] Diese Meinung stützt sich darauf, dass kostenrechtlich keine formalistische Betrachtungsweise angebracht sei, sondern es darauf ankomme, was tatsächlich geschieht. Sie beruft sich weiter darauf, dass früher ohne einen Beweisbeschluss durch stillschweigendes Eintreten in die Beweisaufnahme eine Beweisgebühr anfallen konnte, dass eine „informatorische" Zeugenbefragung eine Beweisaufnahme sein konnte.

89 Dieser Meinung ist nicht zu folgen. Das Gesetz verlangt die Wahrnehmung eines gerichtlichen Termins. Ob der Termin stattfindet, entscheidet gem. § 220 Abs. 1 ZPO das Gericht. Das berücksichtigt diese Gegenmeinung letztlich nicht. Anders als bei einer Beweisaufnahme ohne Beweisbeschluss findet ein Termin nicht statt, wenn das Gericht erklärt, dass es den Termin nicht eröffnen will. Wird dann dennoch etwas zB zur Vertagung besprochen, so ist das nicht anders zu bewerten, als wenn der RA telefonisch von einer beabsichtigten Vertagung informiert wird und zu dieser Frage dann noch Argumente gewechselt werden. Auch das Argument, dass der RA angereist sei und sich auf den Termin vorbereitet habe,[66] reicht nicht. Die gleiche Tätigkeit hat er vorgenommenen, wenn er einen schriftlichen Hinweis über die Verlegung an der Tür des Sitzungssaals vorfindet oder ihn die Protokollführerin darüber informiert. Trotzdem entsteht hier unzweifelhaft keine Terminsgebühr. Die Gegenmeinung ist auch unvereinbar damit, dass gem. VV Vorb. 4 Abs. 3 RVG in Strafverfahren der erscheinende RA eine Terminsgebühr auch bei einem nicht stattfindenden Termin verdient. Wenn eine entsprechende Regelung in VV Vorb. 3 Abs. 3 RVG fehlt, so ergibt sich daraus, dass das Gesetz eine gleiche Behandlung in den von VV **Teil 3** RVG erfassten Verfahren nicht wollte.[67] Zu Unrecht beruft sich diese Meinung auch auf das VG Oldenburg.[68] Dort ist lediglich entschieden, dass eine sofortige Vertagung einer Terminsgebühr nicht entgegensteht, wenn die Sache vorher aufgerufen wurde.

90 **Erst Aufruf, dann Mitteilung.** Wenn der Richter erst aufruft, der RA seine Vertretungsbereitschaft erklärt und der Richter ihn dann über die Rücknahme informiert, so wird in der Rspr. und Lit. allgemein vertreten, dass der RA in einem aufgerufenen Termin tätig ist und eine Terminsgebühr anfällt.[69]

91 **Hinweis an RA:** Der Kläger sollte deshalb eine kurzfristige Rücknahme auf jeden Fall dem gegnerischen RA unmittelbar mitteilen, da er, wenn der Richter aufruft, bevor er den gegnerischen RA von der Rücknahme informiert, auch eine Terminsgebühr, uU auch noch Reisekosten, erstatten muss.[70]

92 **Verlegung oder Vertagung.** Darauf, ob das Gericht den nicht aufgerufenen Termin „verlegt" oder „vertagt", kommt es nicht an. Zwar bedeutet an sich eine Verlegung die Beseitigung eines Termins vor dessen Beginn und die Vertagung die Bestimmung eines neuen Termins nach Beginn des Termins.[71] Da diese terminologische Unterscheidung jedoch häufig nicht beachtet wird, sollte aus der jeweiligen Wortwahl jedenfalls dann kein Schluss gezogen werden, wenn es andere hinreichende Anhaltspunkte dafür gibt, was der Richter wirklich wollte. Erklärt der Richter nicht, dass er die Sache aufrufe, so spricht das gegen einen Beginn des Termins.

93 **Besprechen zur Sache.** Ist nicht aufgerufen, wird aber dennoch zur Sache gesprochen, so ist das eine Besprechung außerhalb eines Termins, die keine Terminsgebühr auslöst. zB der Prozessbevollmächtigte schlägt auf den richterlichen Hinweis, wegen der Abwesenheit eines Zeu-

---

[64] *Hansens* RVGreport 2007, 375 (376) Ziff. II 1.

[65] Bischof/*Bischof* RVG VV 3104 Rn. 21 ff.

[66] Bischof/*Bischof*, RVG VV 3104 Rn. 27.

[67] BGH NJW 2011, 388 Rn. 11; *Hansens* RVGreport 2007, 375 (377) Ziff. III.

[68] VG Oldenburg AGS 2018, 117.

[69] OLG Köln OLGR 2008, 31 = AGS 2008, 28 mzustAnm *N. Schneider;* LG Saarbrücken AGS 2011, 480 = RVGreport 2011, 425, wenn der Richter keine Kenntnis von der Rücknahme hatte; *Hansens* Anm. zu LG Saarbrücken RVGreport 2011, 425.

[70] OLG Koblenz MDR 2007, 55, wo aber nicht klar ist, ob die Sache vorher aufgerufen war.

[71] Thomas/Putzo/*Hüßtege* ZPO § 227 Rn. 1.

gen nicht aufrufen zu wollen, vor, es sollten jedenfalls die anderen anwesenden Zeugen vernommen werden, was das Gericht dann aber ablehnt. Auch außerhalb eines Termins kann mit einem Prozessbevollmächtigten etwas erörtert werden, zB telefonisch. Daraus, dass der Richter sich auf eine Erörterung einlässt, kann auch nicht geschlossen werden, dass der Richter entgegen seiner anfänglichen Mitteilung nun doch den Termin aufgerufen hat.[72]

Aufruf des konkreten Verfahrens. Es muss gerade die Sache aufgerufen sein, in der der RA seinen Mandanten vertreten will.[73] Es genügt nicht, wenn eine Vielzahl von Sachen aufgerufen wird und keine Anhaltspunkte dafür bestehen, dass gerade die Sache jetzt verhandelt wird, in der der RA beauftragt ist.[74] Nach einer Gegenmeinung hat der Termin bereits begonnen, wenn der Richter bei einem Sammeltermin mehrere Sachen aufruft und der Richter einem RA eines mitaufgerufenen Verfahrens mitteilt, dass seine Sache wegen Verzögerung erst später beginne.[75] 94

dd) Ende des Termins. **(1) Keine Terminsgebühr nach Terminsende.** Ist der Termin geschlossen, so kann der RA diesen nicht mehr wahrnehmen.[76] 95

Zum **alten Recht** war dies noch eindeutiger und wurde deshalb allgemein so angenommen. VV Vorb. 3 Abs. 3 S. 1 Alt. 1 RVG wollte eine Terminsgebühr geben für eine ganz bestimmte Tätigkeit, nämlich für die Vertretung im Rahmen der mündlichen Verhandlung, der Erörterung oder der Beweisaufnahme. Können diese aber nicht mehr stattfinden, weil hinsichtlich dieser Vorgänge der Termin beendet ist, so würde es dem Sinn des VV Vorb. 3 Abs. 3 RVG widersprechen, dem RA noch eine Terminsgebühr zuzuerkennen. Am klarsten wird dies, wenn man von der Beweisaufnahme ausgeht. Man wird es schwerlich als eine Vertretung im Beweisaufnahmetermin ansehen können, wenn der RA erst erscheint, nachdem die Beweisaufnahme vor dem ersuchten Richter bereits beendet ist. Tritt das Gericht aber nach Erscheinen des RA erneut in die mündliche Verhandlung oder in die Beweisaufnahme ein, so verdient der RA eine Terminsgebühr. 96

Keine Veränderung durch das 2. KostRMoG. Obwohl der Kreis der gerichtlichen Termine, die zu einer Terminsgebühr führen können, erweitert wurde (→ Rn. 74 ff.), hat sich insoweit nichts geändert. Ist für den RA nichts anderes mehr zu tun, als die Entscheidung des Gerichts abzuwarten und entgegenzunehmen, so soll dadurch keine Terminsgebühr entstehen. Das bringt das Gesetz auch dadurch zum Ausdruck, dass es die Wahrnehmung eines Verkündungstermins ausdrücklich von der Entstehung einer Terminsgebühr ausnimmt (VV Vorb. 3 Abs. 3 S. 2 RVG). Es kann auch nicht argumentiert werden, dass dieser Ausschluss nach dem Wortlaut von S. 2 nur gelte, wenn der Termin von vornherein ausschließlich zur Verkündung bestimmt sei. Vielmehr kommt zum Ausdruck, dass die Teilnahme an der Verkündung der Entscheidung nicht das Entstehen einer Terminsgebühr rechtfertigt. Dasselbe muss dann aber gelten, wenn der RA zu einem Zeitpunkt erscheint, da er auch nicht mehr zu tun hat, als die Entscheidung entgegenzunehmen. 97

(2) Verhandlungstermin. Zu unterscheiden ist das Ende der mündlichen Verhandlung (§ 136 Abs. 4 ZPO) und das Ende des Termins (§ 220 Abs. 2 ZPO).[77] Nach der mündlichen Verhandlung wird der Termin in aller Regel noch fortgesetzt durch die Beratung des Gerichts und die Verkündung einer Entscheidung (§ 310 Abs. 1 S. 1, § 329 Abs. 1 S. 1 ZPO). Der Termin zur mündlichen Verhandlung ist beendet, wenn die mündliche Verhandlung geschlossen ist. Der RA verdient keine Gebühr dafür, dass er lediglich an einer Verkündung der gerichtlichen Entscheidung teilnimmt.[78] Der Verkündungstermin ist in VV Vorb. 3 Abs. 3 RVG nicht aufgeführt. Dabei muss es unerheblich sein, ob der Verkündungstermin unmittelbar an eine mündliche Verhandlung anschließt oder in einem gesonderten Termin erfolgt.[79] 98

Beispiel:

Nach dem Schluss der mündlichen Verhandlung, das Gericht hat sich zur Beratung zurückgezogen, erscheint der RA. Der RA beantragt, erneut in die mündliche Verhandlung einzutreten und diskutiert lange mit dem Gericht dar-

---

72 **AA** Bischf/*Bischof* RVG VV 3104 Rn. 31 ff.

73 *Hansens* RVGreport 2007, 375 (376) Ziff. II 1.

74 Zöller/*Feskorn* ZPO § 220 Rn. 1.

75 *Hansens* Anm. zu OLG Zweibrücken RVGreport 2012, 30.

76 OLG München FamRZ 2009, 1782 = RVGreport 2009, 269; OLG Oldenburg NJW 2011, 3590; Schneider/Wolf/*Schneider*/*Onderka* RVG VV Vorb. 3 Rn. 130.

77 Thomas/Putzo/*Hüßtege* ZPO § 220 Rn. 3.

78 OLG München FamRZ 2009, 1782 = RVGreport 2009, 269 mablAnm *Hansens;* **aA** Hartmann/Toussaint/*Toussaint* RVG VV 3104 Rn. 10 „Verkündung".

79 OLG München FamRZ 2009, 1782 = RVGreport 2009, 269 mablAnm *Hansens.*

über, dass wieder in die mündliche Verhandlung eingetreten werden müsse. Das Gericht lehnt dies ab. Es ist auch nicht bereit, die Sache mit dem RA zu erörtern. Der RA verdient keine Terminsgebühr.

99 Ist hingegen das Gericht bereit, den Fall mit dem zu spät gekommenen RA zu besprechen und entscheidet es erst dann, so fällt eine Terminsgebühr an. Das Gericht hat dann ausdrücklich oder stillschweigend die mündliche Verhandlung wieder eröffnet (§ 156 ZPO). Anders ist es wiederum, wenn das Gericht erklärt, es bleibe dabei, dass die mündliche Verhandlung beendet ist, iÜ aber noch zB ein paar Anmerkungen zu den ohnehin fehlenden Erfolgsaussichten der vom RA vertretenen Partei macht.

100 **(3) Beweistermin.** Bei der Beweisaufnahme vor dem erkennenden Gericht wird es in den meisten Fällen unerheblich sein, wann genau der Beweisaufnahmetermin beendet ist, da sich unmittelbar danach gem. § 370 Abs. 1 ZPO der Verhandlungstermin anschließt. Auf das Ende der Beweisaufnahme kommt es aber beim beauftragten oder ersuchten Richter an. Hier kann der RA die Terminsgebühr nicht mehr verdienen, wenn er erst erscheint, nachdem die Beweisaufnahme abgeschlossen ist.

101 Die **Augenscheinseinnahme** endet in dem Augenblick, in dem das Gericht das Kenntnisnehmen beendet, also zB beim Augenschein in einer Verkehrssache mit dem Verlassen der Unfallstelle, bei Inaugenscheinnahme eines Bauplanes mit dem Weglegen des Plans.

102 Beim **Zeugenbeweis und der mündlichen Anhörung des Sachverständigen** ist die Beweisaufnahme mit der Entlassung des Zeugen beendet, uU auch schon vorher, nämlich dann, wenn das Gericht zu erkennen gibt, dass es die Vernehmung des Zeugen oder Sachverständigen als beendet ansieht.

103 **Beeidigung des Zeugen.** Der Antrag auf Beeidigung bzw. auf deren Verzicht ist nach allgM nicht Teil der Beweisaufnahme,[80] sondern gehört zur Verhandlung über die Sache.[81] Der RA kann daher eine Terminsgebühr wegen Vertretung in einem Verhandlungs- oder Erörterungstermin verdienen.

104 **Zu früher Terminsbeginn.** Der RA nimmt auch dann nicht den Termin wahr, wenn er deshalb erst nach Ende des Termins erscheint, weil das Gericht mit dem Termin zu früh angefangen hatte.[82]

105 **e) Geschehen im Termin.** Ist ein gerichtlicher Termin vorgesehen und wird dieser aufgerufen, so fällt eine Terminsgebühr unabhängig davon an, was in dem Termin dann tatsächlich passiert. Es ist also nicht Voraussetzung, dass dann auch das Vorgesehene tatsächlich geschieht, zB verhandelt, erörtert oder ein Beweis erhoben wird.[83] Entscheidend ist nur, dass es sich bei Aufruf der Sache noch um den angesetzten Termin handelt, dass also das Gericht nicht den zB ursprünglich als zB Verhandlungs-, Erörterungs-, oder Anhörungstermin vorgesehenen Termin vor Aufruf der Sache zu einem Verkündungstermin umfunktioniert hat.

106 Dass unerheblich ist, was im Termin geschieht, ergibt sich für den Verhandlungs- oder Erörterungstermin eindeutig aus den Gesetzesmaterialien zum KostRMoG (→ Rn. 1). Nach diesen soll es nicht mehr darauf ankommen, ob in dem Termin Anträge gestellt werden oder die Sache erörtert wird. Es soll vielmehr genügen, dass der RA einen Termin wahrnimmt. Ebenso wenig soll es darauf ankommen, ob streitig oder unstreitig oder ob zur Sache oder zur Prozessleitung verhandelt wurde. Dasselbe muss aber auch für die Vertretung in einem Beweis-, Anhörungs- oder sonstigen Termin, der eine Terminsgebühr auslösen kann, gelten.

107 Zu Unrecht verlangt das LAG Berlin-Brandenburg,[84] dass die bloße Anwesenheit des Prozessbevollmächtigten alleine nicht ausreichen kann, dass dann mindestens eine Entscheidung zur Prozess –, Verfahrens- oder Sachleitung seitens des Gerichts von Amtswegen hinzukommen muss. Dafür ist im Gesetz kein Anhaltspunkt zu finden. Auch aus VV Vorb. 4 Abs. 3 Satz 2 RVG, nämlich daraus, dass sich in VV Vorb. 3 Abs. 3 keine entsprechende Regelung befindet, lässt sich für diese Ansicht nichts herleiten. VV Vorb. 4 Abs. 3 S. 2 RVG besagt lediglich, dass – abweichend von VV Vorb. 3 Abs. 3 RVG der angereiste Rechtsanwalt selbst dann eine Terminsgebühr verdient, wenn der Termin nicht aufgerufen wird, während im Rahmen des VV Vorb. 3 RVG noch der Aufruf hinzukommen muss. Auch die Berufung des LAG Berlin-Brandenburg auf

---

[80] KG JW 1935, 2296; Gerold/Schmidt/*von Eicken,* 15. Aufl. 2002, BRAGO § 31 Rn. 141; *Hansens* BRAGO § 31 Rn. 45; Riedel/Sußbauer/*Keller,* 8. Aufl. 2000, BRAGO Rn. 134; **aA** *Hartmann* RVG, 42. Aufl. 2012, VV 3104 Rn. 7.

[81] KG JW 1935, 2296.

[82] OLG Oldenburg NJW 2011, 3590.

[83] Schneider/Wolf/*Schneider/Onderka* RVG VV Vorb. 3 Rn. 118.

[84] LAG Berlin-Brandenburg NZA-RR 2019, 550 = AGS 2019, 499 mablAnm *N. Schneider* = RVGreport 2019, 422 mablAnm *Hansens.*

BGH AGS 2017, 174 geht fehl. Dort wird nicht zur Voraussetzung des Anfalls einer Terminsgebühr gemacht, dass auch eine Entscheidung des Gerichts ergangen ist. Dort wird lediglich entschieden, dass eine 0,5 Terminsgebühr gemäß VV 3105 RVG im Falle einer Entscheidung durch das Gericht selbst dann entstehen kann, wenn kein Antrag auf Erlass eines Versäumnisurteils gestellt worden ist.

f) Wahrnehmung durch RA. ***aa) Wahrnehmungstätigkeit.*** **(1) Vertretungsbereite Anwesenheit.** Das Gesetz verlangt die Wahrnehmung des gerichtlichen Termins. Hierfür genügt die vertretungsbereite Anwesenheit in einem solchen Termin.[85] Der RA verdient die Gebühr dafür, dass er an dem Termin teilnimmt und willens ist, im Interesse seines Mandanten das Geschehen im Termin zu verfolgen, um, falls dies erforderlich wird, einzugreifen.[86] Das war allgemeine Meinung zum alten Recht, als noch eine Vertretung in einem Gerichtstermin verlangt wurde. Der Begriff der Wahrnehmung ändert daran nichts. Auch den Motiven zum 2. KostRMoG ist nicht zu entnehmen, dass insoweit etwas Neues gelten soll (→ Rn. 2). 108

Äußerung unnötig. Nicht erforderlich ist, dass der RA nach außen hin tätig wird.[87] Hört er sich schweigend an, wie das Gericht darlegt, dass der Gegner den Prozess verlieren wird und nimmt dieser – nach Vorbringen von Gegenargumenten oder auch ohne solche – daraufhin die Klage zurück, so hat er die Terminsgebühr verdient.[88] Das wurde schon von vielen für die Erörterungsgebühr der BRAGO vertreten[89] und gilt erst recht für die noch weiter gefasste VV Vorb. 3 Abs. 3 S. 1 Alt. 1 RVG. Dies ergibt sich auch aus den Motiven, wonach Unterschiede zwischen ein- und zweiseitiger Erörterung keine Rolle mehr spielen sollen (→ Rn. 1). 109

(2) Bloße Anwesenheit des Anwalts ohne Vertretungsbereitschaft genügt nicht. Erklärt er, dass er nicht auftrete oder dass er an der Erörterung nicht teilnehmen werde oder dass er nur seine Mandatsniederlegung mitteilen oder dem Mandanten, der sich selbst vertritt, nur beratend zur Seite stehen wolle, so verdient er keine Terminsgebühr, und zwar auch dann nicht, wenn er im Termin anwesend bleibt.[90] Ebenso vertritt der RA nicht, wenn er nicht mitbekommt, dass seine Sache schon aufgerufen ist.[91] Neuerdings wird jedoch vertreten, dass auch dann eine 1,2 Terminsgebühr und nicht nur eine 0,5 nach VV 3105 RVG anfällt, wenn der gegnerische Anwalt sofort am Anfang der Sitzung erklärt, er trete nicht auf. Er sei nämlich zunächst einmal aufgetreten.[92] Dann muss nach dieser Meinung auch der Anwalt, der diese Erklärung abgibt, eine 1,2 Terminsgebühr verdienen. Dieser Ansicht ist nicht zu folgen. Wer von Anfang an erklärt, im Termin für seinen Mandanten nicht auftreten zu wollen, vertritt diesen nicht iSd bisherigen VV Vorb. 3 Abs. 3 RVG und nimmt nicht den Termin wahr iSd des neuen Rechts. Es liegt eine Überspannung des Begriffes der Vertretung bzw. Wahrnehmung vor, die zu nicht mehr verständlichen Ergebnissen führt. Auch die Zielsetzung des Gesetzes, Abgrenzungsschwierigkeiten bei der Ermittlung, ob die Voraussetzungen einer Terminsgebühr gegeben sind (→ Rn. 1), zu vermeiden erfordern kein anderes Ergebnis. Erklärt der RA von Anfang an, nicht auftreten zu wollen, so sind die Verhältnisse eindeutig. 110

Hinweis für den RA. Trotzdem ist dem RA, der seinem Mandanten Geld sparen will, aber zB das Ergebnis des Termins erfahren will, zu empfehlen, sich im Zuschauerraum aufzuhalten und sich nicht zu melden. Der RA, der sich anders verhält, riskiert auf der Basis der Gegenmeinung uU sogar, sich schadensersatzpflichtig zu machen, weil er unnötige Kosten verursacht hat. 111

Rein beobachtende oder beratende Funktion. Soll der RA den Termin lediglich beobachten oder dem sich selbst vertretenden Auftraggeber beratend zur Seite stehen, ohne selbst gegenüber dem Gericht aufzutreten, so vertritt er seinen Mandanten nicht und verdient keine Terminsgebühr. Anders ist es, wenn zwar die Partei Erklärungen abgeben soll, der RA aber gegenüber dem Gericht sich auch äußern soll, falls dies sich im Verlauf der Verhandlung als erforderlich erweist.[93] 112

---

[85] BGH NJW 2011, 529; BVerwG NJW 2010, 1391; OLG Karlsruhe FamRZ 2006, 874 = MDR 2006, 1195.

[86] HBS VergütungsR/*Hansens* Teil 8 Rn. 186.

[87] OLG Bamberg JurBüro 1992, 741; KG JurBüro 2006, 134; BRAGOreport 2001, 92, zu § 118 Abs. 1 S. 2 BRAGO; HBS VergütungsR/*Hansens* Teil 8 Rn. 186.

[88] HBS VergütungsR/*Hansens* Teil 8 Rn. 186; Schneider/Wolf/*Schneider/Onderka* RVG VV Vorb. 3 Rn. 110.

[89] Gerold/Schmidt/*von Eicken,* 15. Aufl. 2002, BRAGO § 31 Rn. 156.

[90] OLG Koblenz JurBüro 1982, 1675 = MDR 1982, 858; OLG Zweibrücken JurBüro 1982, 1029; HBS VergütungsR/*Hansens* Teil 8 Rn. 187.

[91] Schneider/Wolf/*Schneider/Onderka* RVG VV Vorb. 3 Rn. 105.

[92] OLG Köln RVGreport 2008, 306 mzustAnm *Hansens.*

[93] Schneider/Wolf/*Schneider/Onderka* RVG VV Vorb. 3 Rn. 108.

113 **Nur für Rechtsmittelverzicht.** Nimmt zB in einem Scheidungsverfahren der RA des Antragsgegners am Termin lediglich teil, um nach der Verkündung des Scheidungsbeschlusses Rechtsmittelverzicht zu erklären, so verdient er keine Terminsgebühr.[94] Der RA will seinen Mandanten nicht in dem Verhandlungstermin oder sonstigen von VV Vorb. 3 Abs. 3 S. 1 Alt. 1 RVG erfassten Termin vertreten, sondern erst, wenn dieser bereits vorbei ist. Dafür spricht auch, dass die Wahrnehmung nur eines Verkündungstermins für den Anfall einer Terminsgebühr nicht ausreicht (VV Vorb. 3 Abs. 3 S. 2 RVG; → Rn. 74). Dann reicht auch nicht, was nach der Verkündung geschieht.

114 **(3) Nicht geladener RA.** Ist der RA zum Termin nicht erschienen, so nimmt er den Termin auch dann nicht wahr, wenn er versehentlich nicht geladen wurde.[95] Auch führt diese Unterlassung nicht zu einer Terminsgebühr nach VV 3104 RVG.

Wegen nur teilweiser Wahrnehmung, iÜ → RVG VV 3105 Rn. 15.

115 **(4) Nachweis der Wahrnehmung.** Aus Beweisgründen sollte der RA darauf achten, dass seine Anwesenheit bei Aufruf der Sache im Protokoll festgehalten wird.

116 **(5) Einzelfälle. Klagerücknahme,** → Anh. VI Rn. 329 ff.

117 **Protokollierung einer fertigen Einigung,** → RVG VV 3104 Rn. 143 ff.

118 **Kein Gegenantrag zur Scheidung.** Der RA des Antragsgegners verdient auch dann eine Terminsgebühr, wenn er im Scheidungsverfahren erklärt, er stelle zur Scheidung keinen Gegenantrag.[96]

119 **Vertagung.** Verlangt der RA im Verhandlungstermin Vertagung, da sein Mandant die Klage erst vor zwei Tagen erhalten habe, so steht ihm eine Terminsgebühr zu. Er hat seinen Mandanten in einem Verhandlungstermin sogar durch einen Antrag vertreten. Darauf, dass daraufhin uU ausschließlich zur Prozessleitung verhandelt wird, kommt es nicht an (anders gem. VV 3105 RVG, wenn der Gegner nicht anwesend bzw. nicht ordnungsgemäß vertreten ist).

120 ***bb) „In" einem Termin.*** Die Wahrnehmung muss im Termin stattfinden, da das Gesetz eine Wahrnehmung eines gerichtlichen Termins verlangt. Nicht erforderlich ist, dass der Anwalt während des gesamten Termins vom Anfang bis zum Ende anwesend ist. Keine Tätigkeit in einem Termin ist gegeben, wenn der RA zum Termin erscheint, aber auf die Mitteilung, dass sich der Terminbeginn verzögern werde, das Gericht wieder verlässt.[97]

121 **Es genügen nicht** folgende Maßnahmen außerhalb eines Termins:
- telefonisches Gespräch mit dem Mandanten, Vorsitzenden des Gerichts oder gegnerischem RA,[98]
- Entgegennahme und Überprüfung eines Beweisbeschlusses oder sonstige außergerichtliche Tätigkeiten bzgl. der Beweisaufnahme wie zB Kenntnisnahme und Prüfung der Protokolle über eine auswärtige Beweisaufnahme oder schriftliche Beantragung der Beeidigung eines beim ersuchten Richter vernommenen Zeugen.

122 ***cc) Termin mit Bild- und Tonübertragung (§ 128a ZPO).*** Nach § 128a ZPO kann den Parteien sowie ihren Bevollmächtigten und Beiständen gestattet werden, sich während der Verhandlung an einem anderen Ort aufzuhalten und dort Verfahrenshandlungen vorzunehmen. Dabei wird die Verhandlung zugleich in Bild und Ton übertragen. Nimmt der RA an einem anderen Ort an einem Termin im Sinne dieser Vorschrift teil, so nimmt er an einem gerichtlichen Termin teil und verdient die Terminsgebühr.[99]

123 ***dd) Fehlende Postulationsfähigkeit,*** → RVG VV 3403 Rn. 66 ff.

124 ***ee) Verfahrensbevollmächtigter und Terminsvertreter.*** Anders als nach der BRAGO (§ 33 Abs. 3 BRAGO) verdient der Verfahrensbevollmächtigte nicht dadurch eine Terminsgebühr, dass der Terminsvertreter an einem gerichtlichen Termin teilnimmt. Das RVG kennt keine dem § 33 Abs. 3 BRAGO entsprechende Bestimmung.

125 **g) An sich notwendiger Termin findet nicht statt.** Es reicht nicht aus, dass an sich eine Verhandlung notwendig gewesen wäre. Erlässt das Gericht eine Entscheidung, die an sich nur

---

[94] Hartmann/Toussaint/*Toussaint* RVG VV 3104 Rn. 10 „Rechtsmittelverzicht"; **aA** OLG Hamburg NJW 1973, 202; *H. Schmidt* NJW 1973, 202; Schneider/Wolf/*Onderka/Schneider* RVG VV 3101 Rn. 68.

[95] OLG Hamm AGS 2013, 120 = RVGreport 2013, 230 mzustAnm *Hansens* = NJW-Spezial 2013, 188 (Kurzfassung).

[96] Zum alten Recht KG AnwBl 1974, 277; Gerold/Schmidt/*von Eicken,* 15. Aufl. 2002, BRAGO § 31 Rn. 55.

[97] OLG Zweibrücken RVGreport 2012, 30.

[98] OLG Schleswig OLGR 2002, 247 = AGS 2002, 247.

[99] *Enders* JurBüro 2002, 57 (60) Ziff. 3.

aufgrund mündlicher Verhandlung ergehen dürfte, ohne eine solche, so ist auch keine Terminsgebühr angefallen, es sei denn es liegt ein Fall des VV 3104 Anm. Abs. 1 RVG vor.

h) Nicht rechtshängige Ansprüche. Auch wenn über nicht rechtshängige Ansprüche im Termin wegen einer Einigung gesprochen wird, kann – anders als zur BRAGO[100] – eine Terminsgebühr anfallen. Das ergibt sich aus VV 3104 Anm. Abs. 2 RVG. Die dort vorgesehene Anrechnungsvorschrift würde sonst ins Leere gehen. Darüber hinaus wäre es unsinnig, wenn Besprechungen ohne das Gericht gem. VV Vorb. 3 Abs. 3 S. 1 Alt. 3 RVG eine Terminsgebühr auslösen könnten, solche Besprechungen in Gegenwart des Gerichtes aber nicht. Voraussetzung ist allerdings, dass hinsichtlich dieser Gegenstände auch ein Verfahrensauftrag und nicht ein außergerichtlicher Auftrag vorlag (→ RVG VV 3104 Rn. 95). **126**

i) Pflichtwidrige Wahrnehmung. In Ausnahmefällen kann es pflichtwidrig sein, wenn der RA in einem Termin erscheint. Dann entsteht zwar der Anspruch gegen den Mandanten; er kann aber nicht gegen ihn geltend gemacht werden (→ § 1 Rn. 165 ff.). Ein solcher Fall ist gegeben, wenn der Beklagtenvertreter einen Tag vor dem Termin von dem Klägervertreter von der erfolgten Rücknahme der Klage (oder des Rechtsmittels) informiert wird und trotzdem noch zum Termin geht. Allerdings hat OLG Köln in einem solchen Fall einen Erstattungsanspruch für eine Terminsgebühr gewährt, ohne jedoch überhaupt zu erwägen, ob es nötig war, dass der RA im Termin erschienen ist.[101] Zur Wechselwirkung Erstattungsanspruch und Geltendmachung des Anspruchs → Anh. X Rn. 7. **127**

5. Termin des Gerichtssachverständigen (S. 1 Alt. 2, S. 3 Nr. 1)

a) Allgemeines. Die Teilnahme des RA an einem vom gerichtlich beauftragten Sachverständigen durchgeführten Termin, zB Ortstermin, löst eine Terminsgebühr aus. Der RA nimmt einen außergerichtlichen Termin wahr. (VV Vorb. 3 Abs. 3 S. 3 Alt. 2 RVG). VV Vorb. 3 Abs. 3 RVG wurde zwar neu formuliert und neu aufgebaut. Hinsichtlich der Terminsgebühr im Zusammenhang mit einem Sachverständigentermin hat sich aber schon begrifflich nichts geändert. **128**

b) Gerichtlich bestellter Sachverständiger. Voraussetzung ist, dass der Termin von einem gerichtlich bestellten Sachverständigen anberaumt wurde. Wenn in der Lit. vertreten wird, dass es sich um einen durch einen Beweisbeschluss bestellten Sachverständigen handeln muss und es nicht reichen soll, wenn der Sachverständige nur gem. § 273 Abs. 2 Nr. 4 ZPO geladen war,[102] ist dem nicht zu folgen. Die Teilnahme an einem Termin eines Privatgutachters genügt nicht, auch dann nicht wenn das Privatgutachten später im Verfahren verwendet wird.[103] **129**

c) Termin. Meistens wird es sich um einen Ortstermin handeln. Ein Sachverständigentermin ist aufgrund der weiten Fassung des Abs. 3 S. 3 Nr. 1 aber auch gegeben, wenn der Sachverständige einen Termin anberaumt, um mit den Parteien die Methode oder sonst das Vorgehen bei der Erstellung des Gutachtens zu besprechen.[104] Der Termin muss tatsächlich stattfinden. Einen nicht stattfindenden Termin kann man nicht wahrnehmen. Erholt das Gericht gem. § 358a ZPO vorbereitend ein Gutachten und nimmt der RA am Ortstermin teil, so entsteht eine Terminsgebühr. Tut er dies aber nicht und wird dann die Klage zurückgenommen, so fällt keine Terminsgebühr an. Die anderen Alternativen von VV Vorb. 3 Abs. 3 RVG sind ebenso wenig gegeben wie VV 3104 RVG.[105] **130**

d) Wahrnehmung des Termins. Es gilt dasselbe wie zuvor zu gerichtlichen Terminen dargelegt. Wahrnehmung ist wieder die vertretungsbereite Teilnahme des Anwalts. Der RA muss sich nicht äußern.[106] **131**

Der RA muss auch nicht vom Anfang bis zum Ende anwesend sein.[107] Es genügt, wenn er später dazukommt oder den Termin früher verlässt. Allerdings muss der Termin bereits begonnen haben und darf nicht schon beendet gewesen sein. **132**

---

[100] Zur BRAGO war allgM, dass die Einbeziehung nicht rechtshängiger Ansprüche die Erörterungsgebühr nicht auslöst OLG Celle NdsRpfl. 1980, 131 = JurBüro 1981, 863; OLG München JurBüro 1980, 1190; OVG Greifswald MDR 1996, 753 = JurBüro 1996, 528.

[101] OLG Köln OLGR 2008, 30 = AGS 2008, 28 mzustAnm *N. Schneider.*

[102] Riedel/Sußbauer/*Ahlmann* VV Vorb. 3 Rn. 55.

[103] Riedel/Sußbauer/*Ahlmann* VV Vorb. 3 Rn. 55.

[104] *Hartmann* 48. Aufl. RVG VV 3104 Rn. 8.

[105] OLG Koblenz NJW Spezial 2008, 91 = AGS 2008, 69 mzustAnm *Hansens,* wo aber unklar ist, ob der RA an einem Ortstermin teilgenommen hatte.

[106] HBS VergütungsR/*Hansens* Teil 8 Rn. 195.

[107] OLG Zweibrücken NJW-RR 2017, 63 = RVGreport 2017, 57 mAnm *Hansens;* Bischof/*Bischof* RVG VV 3104 Rn. 42.

6. Gespräch ohne Gericht (S. 1 Alt. 3, S. 3 Nr. 2)

133 **a) Allgemeines.** Außergerichtliche Gespräche, auch solche über rechtshängige Gegenstände, haben nach der BRAGO in keinem Fall eine Verhandlungs- oder Erörterungsgebühr ausgelöst. Nunmehr können sie zu einer Terminsgebühr führen. Das soll den RA anspornen, in jedem Verfahrensstadium mit Hilfe des Gerichts oder ohne dieses auf eine gütliche Einigung hinzuwirken (Motive → Rn. 1).

134 Während früher der RA, der einen außergerichtlichen Auftrag hatte, für außergerichtliche Gespräche eine Besprechungsgebühr verdienen konnte (§ 118 Abs. 1 Nr. 2 BRAGO), schied bei einem RA mit Prozessauftrag eine Besprechungs-, Verhandlungs- oder Erörterungsgebühr für außergerichtliche Gespräche aus. Nach dem RVG ist es genau umgekehrt. Der RA mit einem Auftrag zur außergerichtlichen Vertretung kann keine Besprechungs- oder ähnliche Gebühr verdienen, während bei dem RA mit einem Verfahrensauftrag eine Terminsgebühr anfallen kann.

135 Bei der Auslegung von VV Vorb. 3 Abs. 3 S. 1 Alt. 3, S. 3 Nr. 2 RVG können die Grundsätze, die Rspr. und Lit. zu § 118 Abs. 1 Nr. 2 RVG entwickelt haben, nur sehr beschränkt herangezogen werden. § 118 Abs. 1 Nr. 2 BRAGO war viel weiter gefasst. Er bezog auch Gespräche zur Informationsbeschaffung mit ein, während bei der Alt. 3 die Gespräche auf die Vermeidung oder Erledigung des Verfahrens gerichtet sein müssen.

136 **b) Verfahrensauftrag.** ***aa) Verfahrensauftrag erforderlich.*** Die Terminsgebühr kann nur für solche Gegenstände anfallen, für die der RA einen unbedingten Verfahrensauftrag hat, da VV Teil 3 RVG nur bei einem solchen eingreift.[108] Das ergibt sich aus der Überschrift zu Teil 3 sowie den Motiven, die darauf abstellen, dass der RA „nach seiner Bestellung zum Verfahrens- und Prozessbevollmächtigten" tätig wird (→ Rn. 1). Das gilt auch für den RA des Beklagten.[109] Ein unbedingter Auftrag für ein Mahnverfahren genügt (VV Vorb. 3.3.2 RVG).[110] Bei einem außergerichtlichen Vertretungsauftrag sind VV 2300 ff. RVG anzuwenden. Zur Abgrenzung zum außergerichtlichen Vertretungsauftrag → Rn. 15 ff. Telefoniert der Prozessbevollmächtigte des Berufungsklägers mit dem erstinstanzlichen Prozessbevollmächtigten der Gegenseite, so kann bei letzterem eine Termingebühr in zweiter Instanz nur entstehen, wenn er für diese Instanz zum Zeitpunkt des Gesprächs bereits einen unbedingten Prozessauftrag hatte.[111] Nicht genügt, dass gem. § 81 ZPO im Verhältnis zum Gericht der Prozessbevollmächte der 1. Instanz als bevollmächtigt gilt und die Berufungsschrift gem. § 172 Abs. 2 S. 1 ZPO ihm zuzustellen ist.[112] Das besagt nicht, dass er im Innenverhältnis vom Berufungsbeklagten auch beauftragt war. Und auf diesen Auftrag kommt es an (→ Rn. 12).

137 ***bb) Anwälte mit unterschiedlichen Aufträgen.*** Es kann sein, dass von den beiden Anwälten, die die Gespräche führen, der eine einen Verfahrensauftrag, der andere einen Auftrag zur außergerichtlichen Vertretung hat. Der Eine kann eine Terminsgebühr verdienen, der Andere nicht, zB weil die Klage noch nicht erhoben ist und der „Beklagtenvertreter" noch keinen unbedingten Auftrag als Verfahrensbevollmächtigter hat.[113]

138 **c) Ohne Einverständnis des Auftraggebers.** Während § 118 Abs. 1 Nr. 2 BRAGO noch teilweise darauf abstellte, dass die Gespräche im Einverständnis mit dem Auftraggeber erfolgt sind, kennt VV Vorb. 3 Abs. 3 S. 1 Alt. 3 RVG kein entsprechendes Erfordernis. Der RA kann im Rahmen pflichtgemäßen Ermessens selbst entscheiden, ob es im Interesse seines Mandanten und einer schnellen Erledigung des Verfahrens erforderlich ist, eine Besprechung zu führen.[114] Der RA muss seinen Mandanten auch nicht darüber aufklären, dass durch ein derartiges Gespräch eine Terminsgebühr anfällt.[115]

139 **Gegen den ausdrücklichen oder erkennbaren Willen.** Führt der RA gegen den ausdrücklichen oder erkennbaren Willen des Auftraggebers ein Gespräch, so ist dieses nicht mehr vom Auftrag gedeckt. Der RA erwirbt keinen Anspruch auf eine Terminsgebühr, es sei denn es

---

[108] OLG Koblenz JurBüro 2006, 191; HBS VergütungsR/*Hansens* Teil 8 Rn. 199; *Enders* JurBüro 2005, 85 (86); *Henke* AnwBl 2004, 363 (364) Ziff. 2; offen gelassen BGH NJW 2011, 530.

[109] *Henke* AnwBl 2006, 347.

[110] *Hansens* RVGreport 2005, 83; *Henke* AnwBl 2006, 347.

[111] *Hansens* Anm. zu LAG Köln RVGreport 2019, 383.

[112] **AA** LAG Köln RVGreport 2019, 383 mablAnm *Hansens.*

[113] *Hansens* RVGreport 2006, 241 (242) Ziff. I 3.

[114] *Madert* AGS 2005, 256; Zu § 118 Abs. 1 Nr. 2 BRAGO wurde in vielen Fällen von einem stillschweigenden Einverständnis ausgegangen, wenn das Gespräch im wohlverstandenen Interesse des Mandanten lag (Gerold/Schmidt/*Madert,* 15. Aufl. 2002, BRAGO § 118 Rn. 8); *Hansens* RVGreport 2006, 241 (242) Ziff. I 4.

[115] *Madert* AGS 2005, 279 (280) Ziff. 7.

treten Umstände ein, die es als im Interesse des Mandanten erforderlich erscheinen lassen, trotzdem das Gespräch zu führen.[116]

Einverständnis in der Vollmacht. Um spätere Meinungsverschiedenheiten mit dem Auftraggeber zu vermeiden, wird in der Lit. empfohlen, in die Vollmacht aufzunehmen, dass diese auch Vermeidungs- oder Erledigungsgespräche umfasst. **140**

d) Verfahren mit obligatorischer mündlicher Verhandlung oder Erörterung. **141**
aa) Neues Recht. Das 2. KostRMoG will durch seine Umformulierung in VV Vorb. 3 Abs. 3 RVG im Gegensatz zum BGH ausdrücklich „klarstellen", dass es für die Alt. 3 von S. 1 nicht nötig ist, dass sich die außergerichtliche Besprechung auf ein Verfahren bezieht, in dem an sich eine mündliche Verhandlung vorgeschrieben ist. Jedenfalls für die Angelegenheiten, die dem neuen RVG-Recht unterliegen, kann es keinen Zweifel geben, dass es dieses zusätzliche Erfordernis nicht gibt.

bb) Altes Recht. Im Hinblick darauf, dass in der Rspr. des BGH und mehrerer Obergerichte zum alten Recht das Gegenteil vertreten wurde, und noch nicht geklärt ist, wie die Rspr. zukünftig Altfälle behandeln wird und diese Frage von großer praktischer Bedeutung ist, wird hier der alte Meinungsstreit noch einmal dargestellt. Vorangestellt sei jedoch die Bemerkung, dass nicht nur aufgrund der nachfolgenden Gründe, sondern auch aufgrund der Begründung in den Motiven zum 2. KostRMoG das „neue" Recht auch für Altfälle gilt („Die nunmehr vorgeschlagene Klärung der Streitfrage entspricht der Intention des Gesetzgebers, wie sich aus VV Vorb. 3.3.2 RVG ableiten lässt." → Rn. 3). Gemeint ist damit die schon vor dem 2. KostRMoG verfolgte Intention des Gesetzgebers, wie sich daraus ergibt, dass VV Vorb. 3.3.2 RVG mit dem 2. KostRMoG nicht geändert wurde. **142**

Rspr. des BGH. Der 5. Zivilsenat des BGH schließt in seiner ersten, in diese Richtung gehenden Entscheidung (zur Nichtzulassungsbeschwerde) eine Terminsgebühr aus, wenn es sich um ein Verfahren handelt, in dem „das Gericht grds. ohne eine mündliche Verhandlung entscheidet".[117] In der zweiten Entscheidung erweitert er dies dahingehend, dass eine Terminsgebühr ausscheidet, „wenn für das gerichtliche Verfahren eine mündliche Verhandlung nicht vorgeschrieben ist". Deshalb hat er eine Terminsgebühr trotz eines außergerichtlichen Einigungsgesprächs verneint, wenn das Gericht danach durch Beschluss gem. § 522 Abs. 2 ZPO entschieden hat.[118] **143**

Modifikationen des BGH. Inzwischen haben zwei ZS des BGH die Rspr. des 5. Zivilsenats modifiziert. Nach dem 12. Senat fällt eine Terminsgebühr jedenfalls dann an, wenn sich die Besprechung auf ein Verfahren bezieht, in dem es die Partei oder der Beteiligte in der Hand hat, durch einen entsprechenden Antrag eine mündliche Verhandlung herbeizuführen wie zB im Eilverfahren. Ob darüber hinaus es überhaupt darauf ankommt, ob eine mündliche Verhandlung vorgesehen ist, hat er offen gelassen.[119] **144**

Der 2. Zivilsenat des BGH hat jüngst entschieden, dass ein außergerichtliches Gespräch trotz einer Entscheidung nach § 522 Abs. 2 ZPO dann zu einer Terminsgebühr führt, wenn dieses vor dem Hinweis des Gerichts nach § 522 Abs. 2 S. 2 ZPO erfolgt ist.[120] Offensichtlich ist der 2. Zivilsenat auch im Grundsatz aA als die oben zitierte Rspr. des 5. Zivilsenats BGH und greift zu dieser wenig überzeugenden Modifikation, um nicht gegen einen anderen Senat des BGH entscheiden zu müssen. **145**

Obergerichte. Mehrere **Obergerichte** haben aufbauend auf der Rspr. des 5. Zivilsenats des BGH eine Terminsgebühr abgelehnt nach einem Vermeidungs- und Erledigungsgespräch **146**
- im Rahmen eines vereinfachten Unterhaltsverfahrens,[121]
- im Eilverfahren,[122]
- zwischen Erlass einer einstweiligen Verfügung und dem angedrohten Widerspruch,[123]
- bei einem Verfahren auf Gewährung des vorläufigen Rechtsschutzes nach § 80 Abs. 5 VwGO,[124]

---

[116] *Hartmann* RVG, 42. Aufl. 2012, VV 3104 Rn. 14.
[117] BGH NJW 2007, 1461, zu NZB.
[118] BGH NJW 2007, 2644 = AnwBl 2007, 631.
[119] BGH NJW 2012, 459 = FamRZ 2012, 110.
[120] BGH JurBüro 2012, 242 = NJW-RR 2012, 314.
[121] OLG Brandenburg FamRZ 2009, 1089.
[122] OVG Bautzen AGS 2010, 326; OVG Berlin-Brandenburg JurBüro 2009, 426 mablAnm *Enders.*
[123] KG JurBüro 2008, 473.
[124] OVG Berlin-Brandenburg JurBüro 2009, 426.

– bei einem Verfahren nach § 47 Abs. 6 VwGO[125] bzw. § 123 VwGO,[126]
– bei einem Normenkontroll-Eilverfahren.[127]

147 **Variationen.** Dabei variieren die Entscheidungen teilweise. So soll es nach den Verwaltungsgerichten auch genügen, wenn eine Erörterung vorgeschrieben ist.[128] Als ausreichend wird angesehen, dass in dem konkreten Fall eine mündliche Verhandlung stattgefunden hat[129] oder eine solche in Aussicht gestellt[130] oder eine solche bzw. ein Erörterungstermin anberaumt war.[131]

148 Zur **Begründung** wird angeführt,
– dass mit Alt. 3 von VV Vorb. 3 Abs. 3 RVG aF kein im Verhältnis zu den weiteren Gebührentatbeständen eigenständiger Gebührentatbestand geschaffen werden sollte,[132] sondern sie nur der Erläuterung der in den VV 3100 ff. RVG aufgeführten Gebührentatbestände diene,[133] was sich aus der Bezeichnung als Terminsgebühr und aus der Systematik,[134] dem Standort der jeweiligen Gebührentatbestände im VV Teil 3 RVG ergebe,[135]
– dass nach den Gesetzesmotiven der Anwalt, der erwarten kann, in der mündliche Verhandlung eine Terminsgebühr zu verdienen, keinen Gebührennachteil erleiden soll, wenn er auf eine mündliche Verhandlung verzichtet, dass ihm erspart bleiben soll, einen gerichtlichen Verhandlungstermin nur deshalb anzustreben, um die Terminsgebühr zu verdienen,
– dass nach den Motiven im Fall des § 522 Abs. 2 ZPO bei schriftlicher Entscheidung deshalb keine Terminsgebühr anfalle, weil dann ein besonderer Aufwand des Anwalts nicht ersichtlich sei und der RA auch eine mündliche Verhandlung nicht erzwingen könne.[136] Es solle das Verfahren zügig erledigt werden und dem Berufungskläger eine kostengünstige Erledigung erhalten bleiben. Dieses Ziel würde durch Anerkennen einer Terminsgebühr vereitelt,[137]
– dass aus der Terminsgebühr beim Mahnverfahren sich nichts Gegenteiliges ergebe, weil hier mit dem Anfall der Terminsgebühr die Vermeidung eines nachfolgenden Klageverfahrens honoriert werden solle.[138]

149 **Zutreffende Gegenmeinung.** Diese Ansicht ist mit dem Gesetz und den Gesetzesmotiven nicht vereinbar. Mehrere Gerichte, auch Oberlandesgerichte, folgen daher zu Recht dem BGH nicht.[139] Einen Grundsatz, dass die Alt. 3 von VV Vorb. 3 Abs. 3 RVG aF nur in Verfahren mit obligatorischer mündlicher Verhandlung oder Erörterung entstehen kann, gibt es nicht.[140]

150 Am deutlichsten zeigt dies ein Vergleich des **Wortlauts** der Anm. Abs. 1 Nr. 1 zu VV 3104 RVG zu dem der VV Vorb. 3 Abs. 3 RVG aF. Die Anm. Abs. 1 Nr. 1 zu VV 3104 RVG lässt bei bestimmten schriftlichen Verfahrensabschlüssen eine Terminsgebühr nur entstehen, wenn es sich um ganz bestimmte Verfahren, meistens um ein Verfahren, in dem eine mündliche Verhandlung vorgesehen ist, handelt, wobei dann auch noch in vielen Fällen eine Zustimmung der Parteien zur Entscheidung im schriftlichen Verfahren dazukommen muss. Die VV Vorb. 3 Abs. 3 Alt. 3 RVG aF kennt eine solche Einschränkung nicht. Sie stellt nur darauf ab, dass „die Mitwirkung an auf die Vermeidung oder Erledigung des Verfahrens gerichteten Besprechungen" gegeben ist. Bemerkenswerter und schwer verständlicher Weise setzt sich keine der oben angeführten Entscheidungen mit diesem ins Auge springenden Argument auseinander.

---

[125] OVG Lüneburg AGS 2010, 75; VGH Mannheim NJW 2007, 860 = DÖV 2007, 212 zu § 47 Abs. 6 VwGO mablAnm *Mayer.*
[126] OVG Münster AGS 2010, 543 = NVwZ-RR 2010, 864.
[127] OVG Lüneburg AGS 2010, 75.
[128] OVG Berlin-Brandenburg JurBüro 2009, 426; VGH Mannheim NJW 2007, 860 = DÖV 2007, 212 zu § 47 Abs. 6 VwGO mablAnm *Mayer.*
[129] OLG Brandenburg FamRZ 2009, 1089.
[130] OLG Brandenburg FamRZ 2009, 1089.
[131] VGH Mannheim NJW 2007, 860 = DÖV 2007, 212 zu § 47 Abs. 6 VwGO mablAnm *Mayer.*
[132] BGH NJW 2007, 1461; 2007, 2644 = AnwBl 2007, 631 = JurBüro 2007, 525 mablAnm *Enders;* BGH NJW 2007, 1461; OLG Brandenburg FamRZ 2009, 1089.
[133] OLG Brandenburg FamRZ 2009, 1089.
[134] VGH Mannheim NJW 2007, 860 = DÖV 2007, 212 zu § 47 Abs. 6 VwGO mablAnm *Mayer.*
[135] BGH NJW 2007, 1461.
[136] BGH NJW 2007, 2644 = AnwBl 2007, 631 = JurBüro 2007, 525 mablAnm *Enders.*
[137] BGH NJW 2007, 2644 = AnwBl 2007, 631 = JurBüro 2007, 525 mablAnm *Enders.*
[138] OVG Berlin-Brandenburg JurBüro 2009, 426.
[139] OLG Dresden AGS 2008, 333; OLG Düsseldorf JurBüro 2011, 304 = AGS 2011, 322 mzustAnm *N. Schneider;* OLG Köln JurBüro 2012, 21; OLG München AnwBl 2011, 590 = JurBüro 2011, 360; AGS 2010, 168 mzustAnm *N. Schneider;* RVGreport 2010, 25 mzustAnm *Hansens;* RVGreport 2010, 419 mzustAnm *Hansens;* ebenso FG Bln-Bbg EFG 2011, 1551; NdsFG JurBüro 2010, 247 Rn. 13 ff.; *Hansens* RVGreport 2007, 271.
[140] *Hansens* RVGreport 2007, 186.

Ein **Versehen des Gesetzgebers** bei dieser unterschiedlichen Behandlung kann ausgeschlossen werden, nachdem es sich bei VV Vorb. 3 Abs. 3 RVG aF und VV 3104 RVG um die beiden wichtigsten Bestimmungen zur Terminsgebühr handelt. Dass eine Einschränkung im Fall von VV Vorb. 3 Abs. 3 Alt. 3 RVG aF absichtlich unterlassen wurde, zeigen darüber hinaus die Motive (→ Rn. 1). Der primäre Grund für die Alt. 3 ist, dass der RA gleich nach seiner Bestellung(!) zum Verfahrensbevollmächtigten in jeder Phase des Verfahrens(!) zu einer möglichst frühen(!) Beendigung des Verfahrens beitragen soll. Es soll ein oft langwieriges und kostspieliges Verfahren vermieden werden. Es wird zwar dann noch hinzugefügt, dass auch verhindert werden soll, dass nach einer ausgehandelten Einigung (!) noch ein Termin anberaumt werden muss, damit die Terminsgebühr anfällt. Aber auch aus diesem Zusatz lässt sich nicht das herauslesen, was die Rspr. ihm teilweise entnehmen will. Ein solcher Termin zur Protokollierung einer Einigung hat nämlich nichts damit zu tun, ob in einem Verfahren eine mündliche Verhandlung vorgeschrieben ist. Solche Termine finden tagtäglich auch in anderen Verfahren statt zB im einstweiligen Verfügungsverfahren oder nach einem Hinweis gem. § 522 Abs. 2 ZPO oder in FG-Familiensachen, in denen eine mündliche Verhandlung oder Erörterung nicht vorgeschrieben ist. **151**

Nichts zugunsten der Rspr. des BGH ergibt sich auch aus dem Passus in den Motiven zu VV 3104 RVG (→ RVG VV 3104 Rn. 1), wonach im Fall des § 153 Abs. 4 SGG eine Terminsgebühr bei lediglich schriftlichem Verfahren ausscheidet, da weder ein besonderer Aufwand des Anwalts erkennbar ist, noch er das schriftliche Verfahren vermeiden kann. Diese Stelle bezieht sich auf VV 3104 RVG und nicht auf VV Vorb. 3 RVG. Darüber hinaus besagt sie nur, dass die rein schriftliche Tätigkeit keine Terminsgebühr rechtfertigt, und dass der RA, da anders als nach der Alt. 1 der Anm. Abs. 1 zu VV 3104 RVG kein Einverständnis erforderlich ist, eine mündliche Verhandlung nicht erzwingen kann. Sie besagt aber gerade nicht und schon gar nicht für VV Vorb. 3 Abs. 3 RVG aF, dass keine Terminsgebühr entstehen soll, wenn noch ein weiteres hinzukommt, nämlich ein Vermeidungs- oder Erledigungsgespräch. **152**

Die Systematik ergibt jedenfalls angesichts der eindeutigen Hinweise im Wortlaut und in den Motiven nichts Entgegengesetztes. Dasselbe gilt für die Verwendung des Begriffs Terminsgebühr. Bei ihm sprechen praktische Erwägungen dafür, dass auch die Alt. 3 aF diesem Begriff untergeordnet wird, nachdem die Gebührenhöhe bei ihr dieselbe ist wie bei den anderen Terminsgebühren. Ansonsten hätte es in VV 3104, 3202 RVG usw umständlich immer heißen müssen „Terminsgebühr und Besprechungsgebühr" oder so ähnlich. **153**

Dass die BGH-Rechtsprechung nicht zutreffen kann, zeigt sich, worauf auch die Motive zum 2. KostRMoG hinweisen (→ Rn. 3) sehr deutlich durch VV Vorb. 3.3.2 RVG, wonach selbst beim **Mahnverfahren,** das keine mündliche Verhandlung kennt, eine Terminsgebühr anfallen kann. Sie kann nur durch ein Gespräch ohne das Gericht entstehen. Dem kann auch nicht entgegengehalten werden, dass mit der Terminsgebühr im Rahmen des Mahnverfahrens die Vermeidung eines nachfolgenden Klageverfahrens honoriert werden solle. Selbst wenn man, wie nicht, an diesem Argument etwas richtiges zu finden vermöchte, müsste es jedenfalls dazu führen, dass die Terminsgebühr der Alt. 3 immer entstehen kann, wenn im weiteren Verlauf die Möglichkeit bestünde, dass es zu einer mündlichen Verhandlung oder einem Erörterungstermin kommen kann. Warum sollte zB bei der einstweiligen Verfügung keine Terminsgebühr anfallen können, obwohl das Gespräch doch auch dazu dienen kann, einen Widerspruch zu vermeiden, der dann gem. § 924 Abs. 2 S. 2, 936 ZPO zwingend zu einer mündlichen Verhandlung führt? **154**

Die Rspr. des BGH würde auch dazu führen, dass im selbständigen Beweisverfahren keine Terminsgebühr durch ein außergerichtliches Gespräch entstehen könnte, was vom Gesetzgeber sicher nicht gewollt ist.[141] **155**

Gegen die hM in der Rspr. spricht weiter, dass eine Terminsgebühr durch die Alt. 3 von VV Vorb. 3 Abs. 3 RVG aF auch entstehen kann, wenn ein Verfahren noch nicht anhängig ist. Dann steht uU aber noch nicht einmal fest, ob es zu einem Verfahren mit mündlicher Verhandlung kommt oder nicht,[142] zB weil noch unklar ist, ob zuerst im Wege eines Eilverfahrens (ohne obligatorische mündliche Verhandlung) oder gleich im Wege eines Hauptsacheverfahrens (mit obligatorischer mündlicher Verhandlung) vorgegangen werden soll. **156**

Dem Berufungskläger wird im Fall des § 522 Abs. 2 ZPO auch nicht die Möglichkeit einer billigen Erledigung des Berufungsverfahrens genommen. Er muss es nur unterlassen bzw. ablehnen, ein Erledigungsgespräch zu führen. Dann fällt auch keine Terminsgebühr an (→ Rn. 177). **157**

---

141 OLG München Rpfleger 2010, 163 = AGS 2010, 168 mzustAnm *N. Schneider.*
142 *N. Schneider* AGS 2009, 108.

158 Hintergrund für die Entscheidung des BGH könnte das Unbehagen gewesen sein, dass das Gespräch möglicherweise nur im Interesse der Gebühren des Anwalts geführt wurde (zu dieser Problematik → Rn. 258). Seine beiden Entscheidungen betreffen Fälle, in denen meistens keine mündliche Verhandlung mehr nachfolgt und in denen meistens auch nicht mehr viel zu besprechen sein wird. Dann hätte der BGH aber auch auf dieser Ebene entscheiden müssen.[143]

159 **FG-Familiensachen.** Schon gar nicht kann eine Beschränkung auf Verfahren mit mündlicher Verhandlung erfolgen. Es können nicht alle Fälle ausgeschlossen werden, in denen es lediglich eine Erörterung gibt. Deshalb löst jedenfalls bei den Familiensachen, in denen eine Erörterung stattfinden muss, wie zB gem. § 155 Abs. 2 FamFG bei bestimmten Kindschaftssachen (Aufenthalt des Kindes, Umgangsrecht, Herausgabe des Kindes, Gefährdung des Kindeswohls) auch auf der Basis der BGH-Rechtsprechung ein außergerichtliches Vermeidungs- oder Erledigungsgespräch eine Terminsgebühr aus.

160 Dasselbe sollte jedenfalls in den Fällen gelten, in denen ein Erörterungstermin stattfinden soll, wie zB bei Wohnungszuweisungs- und Haushaltssachen gem. § 207 S. 1 FamFG oder beim Versorgungsausgleich gem. § 221 FamFG.

161 Bei **Familienstreitsachen** kann jedenfalls in der ersten Instanz eine Terminsgebühr nach der Alt. 3 von VV Vorb. 3 Abs. 3 RVG aF entstehen, da hier eine mündliche Verhandlung über § 113 Abs. 1 S. 2 FamFG gem. § 128 Abs. 1 ZPO vorgeschrieben ist.[144] Für die zweite Instanz ist dies, wenn man von der BGH-Rechtsprechung ausgeht, allerdings schon wieder zweifelhaft, da gem. § 68 Abs. 3 S. 2 FamFG, der gem. § 113 Abs. 1 S. 1 FamFG auch für Familienstreitsachen gilt, das Beschwerdegericht unter bestimmten Voraussetzungen von der Durchführung einer mündlichen Verhandlung absehen kann.

162 **e) Nicht anhängige Ansprüche.** Auch die außergerichtliche Besprechung über nicht anhängige Ansprüche, für die aber bereits ein Verfahrensauftrag besteht, kann die Terminsgebühr auslösen.[145] Im Text kommt nicht vor, dass die besprochenen Ansprüche anhängig sein müssen. Die Alt. 3 greift auch ein, wenn es um die „Vermeidung“ eines Verfahrens geht. Das Verfahren soll also erst gar nicht rechtshängig werden. Nach den Motiven soll der RA „nach seiner Bestellung zum Verfahrens- und Prozessbevollmächtigten“ in jeder Phase des Verfahrens zu einer möglichst frühen Beilegung des Streits beitragen, also nicht erst nach der Rechtshängigkeit (→ Rn. 1). Noch deutlicher bringt es der Rechtsausschuss des Bundestags zum Ausdruck:

> „Der Rechtsausschuss schlägt für Abs. 2 der Anmerkung zu Nummer 3104 VV eine Neufassung vor. In dieser Fassung soll klargestellt werden, dass die Terminsgebühr für in diesem Verfahren nicht rechtshängige Ansprüche nicht nur auf die Terminsgebühr angerechnet werden soll, die in einer anderen Angelegenheit für die Vertretung in einem gerichtlichen Termin entsteht. Eine Anrechnung soll auch dann erfolgen, wenn in der anderen Angelegenheit zwar ein Prozessauftrag erteilt wurde, aber ausschließlich außergerichtliche Besprechungen stattfinden, die nach Vorbemerkung 3 Abs. 3 VV ebenfalls eine Terminsgebühr auslösen.“[146]

163 Wegen Terminsgebühr → RVG VV 3104 Rn. 83.

164 **f) Inhalt: Vermeidung oder Erledigung.** ***aa) Vermeidungs- oder Erledigungsgespräche.*** Nicht jede Besprechung löst eine Terminsgebühr aus. Es muss sich um eine handeln, die auf die Vermeidung oder Erledigung des Verfahrens gerichtet ist. Die „Vermeidung“ bezieht sich auf Ansprüche, die noch nicht rechtshängig sind, für die der RA aber bereits einen Verfahrensauftrag hat. Die „Erledigung“ bezieht sich auf Ansprüche, die bereits rechtshängig sind. Da es jetzt um Vermeidungs- oder Erledigungsgespräche und nicht wie in § 118 Abs. 1 Nr. 2 BRAGO um Besprechungen über tatsächliche oder rechtliche Fragen geht, ist nicht alles, was unter eine Besprechung iSv § 118 Abs. 1 Nr. 2 BRAGO gefallen ist, auch eine Besprechung iSv VV Vorb. 3 Abs. 3 S. 1 Alt. 3; S. 3 Nr. 2 RVG.

165 ***bb) Einigung. Rücknahme. Erledigung. Anerkenntnis.*** Meistens wird es um Einigungsgespräche gehen. Um ein solches handelt es sich auch, wenn der zur Klagerücknahme entschlossene Klägervertreter versucht, den Beklagten zu einem Verzicht auf die Kostenerstattung zu bewegen.[147] Das Gespräch muss aber nicht auf eine Einigung gerichtet sein. Der Gesetzestext stellt nur darauf ab, dass das Gespräch auf die Vermeidung oder Erledigung des Verfahrens gerichtet

---

[143] OLG Dresden JurBüro 2008, 333.
[144] OLG Hamm AGS 2011, 172.
[145] BGH NJW 2011, 530 = JurBüro 2010, 580; AnwBl 2007, 381 = FamRZ 2007, 721; OLG Koblenz AnwBl 2005, 794; LAG Nürnberg AGS 2011, 221; HBS VergütungsR/*Hansens* Teil 8 Rn. 198; *Hansens* JurBüro 2004, 250; *Bischof* JurBüro 2004, 296 (297); *Enders* JurBüro 2005, 561 (562); **aA** LAG Hmb RVGreport 2011, 110 mablAnm *Hansens.*
[146] BT-Drs. 15/2487, 175.
[147] HessLAG NZA-RR 2007, 37 = RVGreport 2006, 271.

ist, besagt aber nicht, auf welche Weise dieses Ergebnis erreicht werden soll. Dementsprechend führen die Motive aus, dass die Alt. 3 „insbesondere" bei Gesprächen, die auf eine gütliche Regelung zielen, gegeben ist (→ Rn. 1). Versucht der RA den Gegner in einem Gespräch zur Rücknahme der Klage[148] oder des Rechtsmittels[149] oder des Widerspruchs gegen eine einstweilige Verfügung[150] oder zum Anerkennen[151] zu bewegen, so ist auch dieses Gespräch auf eine Erledigung des Verfahrens gerichtet. Wegen Erledigung → Rn. 170.

Inhaltliche Befriedung unnötig. Nicht nötig ist, dass die Streitigkeit zwischen den Parteien damit auch inhaltlich befriedet sein soll. Wird darüber gesprochen, ob wegen einer Schiedsvereinbarung die Klage zurückgenommen und ein Schiedsverfahren durchgeführt werden soll, so genügt das. Das Gesetz stellt auf die Vermeidung oder Erledigung „des Verfahrens" ab.[152] **166**

cc) Gespräche nur hinsichtlich eines von mehreren Ansprüchen. Auch wenn das Gespräch von vornherein nur darauf abzielt, hinsichtlich eines selbständig abschließbaren Teiles des Verfahrensgegenstandes eine Einigung herbeizuführen, fällt eine Terminsgebühr an, allerdings nur aus einem niedrigeren Gegenstandswert. **167**

Beispiel:

Eingeklagt sind ein Sachschaden (10.000,– EUR) und Schmerzensgeld (15.000,– EUR). Bezieht sich das Gespräch ausschließlich auf den Sachschaden, weil der Sachbearbeiter der Versicherung aus Kostengründen ein Gespräch über das Schmerzensgeld abgelehnt hat, so entsteht eine Terminsgebühr lediglich aus einen Wert von 10.000,– EUR.

Wurden allerdings die Gespräche hinsichtlich des gesamten Verfahrensgegenstandes geführt und wird letztlich nur eine Regelung hinsichtlich eines Teils erreicht, so ist die (erfolgsunabhängige → Rn. 185) Terminsgebühr aus dem gesamten Gegenstandswert angefallen. **168**

dd) Gespräch nur zu unselbständigem Teil eines Anspruchs. Soweit die Besprechung nicht auf eine abschließende Regelung hinsichtlich eines selbständigen Teiles zielt, sondern nur auf eine Teilfrage bzw. eine prozessuale Frage, wird die Auffassung vertreten, dass dies für die Entstehung einer Terminsgebühr genügt.[153] ZB soll genügen der Versuch einer Einigung zum Haftungsumfang, während die Schadenshöhe vom Gericht zu entscheiden sein soll.[154] Es soll sogar genügen, wenn das Gespräch nur dazu dienen soll, eine Verweisung an ein anderes Gericht zu vermeiden.[155] Hier müssen die gleichen Grundsätze wie bei der Entstehung einer Einigungsgebühr gelten (→ RVG VV 1000 Rn. 136 ff.). Bloße Gespräche zu Verfahrensfragen, wie zB Fristverlängerungen oder Vertagungen reichen jedenfalls nicht (→ Rn. 176). Wegen Gespräch über Einstellung der Zwangsvollstreckung → VV 3328 RVG Rn. 21. **169**

ee) Nach erledigendem Ereignis. **(1) Entstehung der Terminsgebühr.** Teilweise wird nach einer materiellrechtlichen Erledigung, etwa durch Erfüllung oder Einigung, auch noch die Entstehung einer Terminsgebühr durch eine außergerichtliches Gespräch für möglich gehalten, zB wenn besprochen wird, dass übereinstimmende Erledigungserklärungen abgegeben werden sollen[156] oder wenn gesprächsweise eine Einigung über die Art der Verfahrensbeendigung und die Kostentragung versucht wird.[157] Andere verneinen dies.[158] Nach dem BGH kann ein Vermeidungs- oder Erledigungsgespräch nicht mehr stattfinden, wenn sich die Parteien vor dem Gespräch bereits materiell geeinigt hatten. Nur solange „eine Einigung noch nicht erzielt worden ist", könne „die Besprechung auf die (zukünftige) Erledigung des Verfahrens gerichtet sein".[159] **170**

---

148 OLG Hamburg OLGR 2006, 574 = AGS 2007, 31; OLG Koblenz NJW 2005, 2162; AGS 2005, 278 = RVGreport 2005, 270, bei Inaussichtstellung von Zahlung unter bestimmten Voraussetzungen; OLG Koblenz MDR 2005, 1137 = FamRZ 2005, 1852; OLG Köln MDR 2009, 1364 Rn. 3; OLG Naumburg JurBüro 2006, 529.

149 OLG Frankfurt AGS 2018, 548 = RVGreport 2019, 15 mzustAnm *Hansens.*

150 OLG Hamburg MDR 2007, 181.

151 OLG Karlsruhe JurBüro 2008, 416; OLG Köln MDR 2009, 1364 Rn. 3.

152 **AA** OLG Stuttgart JurBüro 2019, 468 = AGS 2019, 391 mablAnm *N. Schneider* = RVGreport 2019, 381 mit zweifelnder Anm *Hansens*

153 Schneider/Wolf/*Schneider/Onderka* RVG VV Vorb. 3 Rn. 151; *Bischof* JurBüro 2004, 296 (299); **aA** OLG Dresden AGS 2012, 459 (460) Ziff. a bb, zu Besprechung über Versorgungsausgleich.

154 *Madert* AGS 2005, 279 (280) Ziff. 4.

155 Schneider/Wolf/*Schneider/Onderka* RVG VV Vorb. 3 Rn. 151.

156 KG Rpfleger 2007, 507;

157 OVG Münster NJW 2014, 3323 = NJW Spezial 2014, 571.

158 OVG Lüneburg NJW 2009, 460; OVG Saarlouis NVwZ-RR 2014, 205.

159 BGH JurBüro 2017, 353 = AGS 2017, 267 mkritAnm *N.Schneider* = RVGreport 2017, 292 mit differenzierender Anm. *Hansens.*

171 Mit dieser Entscheidung ist diese Frage sicherlich nicht abschließend beantwortet. In den Gründen wird auf den eigentlich problematischen Punkt mit keinem Wort eingegangen. Mit dem erledigenden Ereignis ist das Verfahren noch nicht beendet.[160] Es kommen verschiedene Beendigungsvarianten in Betracht, eine übereinstimmende Erledigungserklärung oder aber ein Feststellungsantrag dazu, dass die Sache erledigt ist. Erklärt zB bei dem Gespräch der Beklagtenvertreter, dass er einer Erledigungserklärung nicht zustimmen wird, weil die Klage abzuweisen gewesen wäre, und versucht der Klägervertreter, ihn zu einer Zustimmung zu bewegen, so kann kein Zweifel sein, dass ein auf die Beendigung des Verfahren zielendes Gespräch stattgefunden hat und damit eine Terminsgebühr entstanden ist. Dafür, dass in VV Vorb. 3 Abs. 3 S. 1 Alt. 3, S. 3 Nr. 2 RVG nur eine materielle Erledigung gemeint sein könnte, fehlt jeder Anhaltspunkt. Es gibt auch keinen Grund, warum keine Terminsgebühr anfallen soll, wenn zwischen den Parteien Streit besteht, ob ein Erledigungsfall besteht oder nicht, und mit einem Gespräch diese Frage geklärt werden soll. Im Übrigen kam es für die Entscheidung des BGH auf die in seinem Leitsatz geäußerte Auffassung eigentlich nicht an. Das Gespräch in dem vom BGH entschiedenen Fall beschränkte sich nämlich auf die bloße Mitteilung von der Einigung. Dass eine derartige bloße Mitteilung keine Terminsgebühr auslösen kann, ist allg.M. (→ Rn. 176).

172 **(2) Voraussetzung für Entstehung der Terminsgebühr.** Erfolgt nicht nur eine Mitteilung von der Einigung, sondern wird danach noch darüber diskutiert, wie das Verfahren beendet werden soll, etwa durch übereinstimmende oder einseitige Erledigungserklärung, so kann eine Terminsgebühr entstehen (→ Rn. 171).[161] Dabei genügt im Anschluss an die Mitteilung des erledigenden Ereignisses die bloße Erklärung des Klagervertreters, er werde den Rechtsstreit für erledigt erklären bzw. die bloße Erklärung des Beklagtenvertreters, er gehe davon aus, dass die Klage für erledigt erklärt wird, nicht aus (→ Rn. 176).[162] **Gegenstandswert** → Anh. VI Rn. 222.

173 **(3) Pflichtverletzung.** Bei Gesprächen nach Erledigung wird auch jedesmal zu prüfen sein, ob der RA mit der Einleitung des Gesprächs bzw. mit der Beantwortung nicht eine Pflichtverletzung begeht. Der RA ist seinem Mandanten gegenüber verpflichtet, bei gleich sicheren Wegen den für den Mandanten kostengünstigeren zu wählen (→ § 1 Rn. 166). Im Verhältnis zum erstattungspflichtigen Gegner ist jeder Beteiligte verpflichtet, die Kosten seiner Verfahrensführung so niedrig zu halten, wie sich dies mit der Wahrung seiner berechtigten Belange vereinbaren lässt (→ Anh. X Rn. 239 ff.). Dazu gehört auch, dass nach einem erledigenden Ereignis der Kläger die schriftliche Erledigungserklärung, wenn irgend möglich, noch vor dem Gerichtstermin dem Gericht zuleitet, um so die zur Interessenwahrung des Mandanten nicht nötige Entstehung einer Terminsgebühr aus dem Hauptsachewert zu vermeiden.[163] In gleicher Weise ist es iaR nicht zur Wahrung der Interessen des Mandanten nötig, nach einem erledigenden Ereignis ein außergerichtliches Erledigungsgespräch zu suchen.[164] Ein Verstoß dagegen ist missbräuchlich.

174 ***ff) Vorbesprechung.*** Nicht ausreichend ist ein Gespräch, in dem lediglich die Bereitschaft für ein Vermeidungs- oder Erledigungsgespräch geklärt oder ein Termin für ein solches verabredet werden soll.[165] Trifft der eine Anwalt den anderen zufällig und fragt ihn, ob man sich nicht in der Sache X einigen solle und stimmt dem der andere RA zu, weshalb man einen Termin verabredet, so löst das noch keine Terminsgebühr aus.[166] Das ist noch kein Vermeidungs- oder Erledigungsgespräch. Allerdings ist vorhersehbar, dass es hier Abgrenzungsprobleme geben wird, zB, wenn bei diesem ersten Gespräch ganz kurz eine Rechtsfrage als für den Ausgang der Sache von Bedeutung angeschnitten wird. Selbst dann ist noch keine Terminsgebühr angefallen. Noch weniger reicht die einseitige Anfrage, ob eine vergleichsweise Regelung möglich ist.[167]

175 Hingegen steht es einem Vermeidungs- bzw. Beendigungsgespräch nicht entgegen, wenn in einem Gespräch erörtert wird, ob und wie hinsichtlich mehrerer Streitfragen oder Verfahren

---

[160] BGH NJW 1989, 2986.

[161] OLG Hamburg Rpfleger 2017, 365 = AGS 2017, 448 mzustAnm *N. Schneider; N. Schneider* Anm. zu BGH AGS 2017, 267; *Hansens* Anm. zu BGH RVGreport 2017, 292.

[162] *N. Schneider* Anm. zu OLG Hamburg AGS 2017, 448, der, wenn er eine Terminsgebühr als entstanden ansieht, sich auf streitige Gespräche bezieht.

[163] BGH NJW 2011, 529 Rn. 11.

[164] OVG NRW Beschl. v. 25.2.1013 12 E 28/13.

[165] BGH AGS 2010, 164 = ZfS 2010, 286; OLG Hamburg Rpfleger 2017, 365 = RVGreport 2017, 294 mzustAnm *Hansens.*

[166] **AA** *Bischof* JurBüro 2004, 296 (300).

[167] Bay LSG RVGreport 2018, 58.

zwischen den Parteien eine **Generaleinigung,** die auch den rechtshängigen Fall einbeziehen soll, erreicht werden könnte.[168] Wegen Angelegenheit in diesem Fall → RVG VV 3104 Rn. 131 ff. Es ist auch nicht erforderlich, dass die Parteien davon ausgehen, dass dieses Gespräch (möglicherweise) für die Erledigung des Rechtsstreits entscheidend sein soll und beide Seiten dieses konkrete Gesprächsziel verfolgen.[169]

gg) Nicht der Erledigung oder Vermeidung dienende Gespräche. Andere Gespräche als solche zur Vermeidung oder Erledigung lösen keine Terminsgebühr aus. Hierher gehören zB 176

– mündliche oder fernmündliche Mitteilungen oder Nachfragen, etwa zum[170] bzw. nach dem **Sachstand,**[171] zB die **Anfrage,** ob trotz Ablehnung der PKH das Verfahren vom Gegner durchgeführt wird und deshalb der bevorstehende Termin durchgeführt werden muss,[172] oder die Anfrage des Klägervertreters nach dem Verbleib der angekündigten Zahlung und der späteren Mitteilung des Beklagtenvertreters, dass die Zahlung veranlasst wurde,[173] oder die Anfrage, ob der Antragsteller eine Unterlassungserklärung erhalten hat und deshalb seinen Antrag zurücknehmen wird.[174] Nach **aA** entstand im Fall einer Nachfrage nach der Zahlung eine Terminsgebühr, weil die Erkundigung nach der schriftsätzlich angekündigten, aber noch nicht eingegangenen Zahlung dazu geführt hatte, dass die Zahlung dann erfolgt ist, was zur Erledigung des Rechtsstreits geführt hat,[175]
– bloße Mitteilung, dass der Rechtsstreit wegen eines bestimmten Ereignisses für **erledigt** erklärt,[176] dass **anerkannt** oder ein Antrag **zurückgenommen** wird[177] bzw. die bloße Anfrage, ob eine derartige Erklärung abgegeben werden wird.[178] Wird unmittelbar nach der Mitteilung der Rücknahme darüber gesprochen, ob der Gegner auf Kostenerstattung verzichten will, ohne dass dieser Verzicht zur Voraussetzung für die Rücknahme gemacht wird, so fällt eine Terminsgebühr aus dem Wert des dem Gegner zustehenden Erstattungsanspruchs an.[179]
– bloße Anfrage, ob Klage zurückgenommen wird, ohne den Versuch, den anderen zu einer solchen Rücknahme zu bewegen,[180]
– Anfrage, ob nicht auf einen **Zeugen verzichtet** werden kann,
– **bloße Mitteilung,** dass die Parteien sich geeinigt haben (siehe auch → Rn. 170),[181]
– bloße **Verfahrensabsprachen**[182] (→ Rn. 169) zB wegen Verweisung an ein anderes Gericht[183] oder zum Ruhen des Verfahrens[184] oder zur Verlängerung der Berufungsbegründungsfrist, weil noch die tatsächliche Durchführung der Berufung geklärt werden solle,[185] zur Zurückstellung eines Antrags auf Akteneinsicht.[186] Streitig ist, was gilt, wenn Gespräche

---

[168] BGH NJW-RR 2007, 1578 = FamRZ 2007, 812; **aA** OLG Jena AGS 2005, 516 = RVGreport 2005, 434 mablAnm *Hansens.*

[169] BGH NJW-RR 2007, 1578 = FamRZ 2007, 812; **aA** OLG Karlsruhe AGS 2006, 220, aufgehoben durch vorstehende BGH-Entscheidung; ähnlich OLG Naumburg JurBüro 2007, 483 = AnwBl 2007, 725 mablAnm *Schons.*

[170] VGH BW RVGreport 2016, 383, Mitteilung.

[171] OLG Hamburg OLGR 2006, 574 = AGS 2007, 31; OLG Köln NJW-RR 2006, 720 = JurBüro 2006, 251, Nachfrage nach angekündigter Zahlung; ebenso zu § 118 BRAGO OVG Berlin AnwBl 1988, 77; JurBüro 2009, 643; OLG Stuttgart AGS 2009, 316; OVG Bremen RVGreport 2008, 423 mablAnm *Hansens;* OVG Münster AnwBl 2000, 698; *Bischof* JurBüro 2004, 296 (299).

[172] OLG Köln OLGR 2008, 30 = AGS 2008, 28.

[173] OLG Köln NJW-RR 2006, 720 = JurBüro 2006, 251.

[174] OLG Frankfurt AGS 2018, 548; KG JurBüro 2008, 473.

[175] *Hansens* RVGreport 2006, 63.

[176] OVG Münster RVGreport 2009, 382.

[177] LAG Bln-Bbg JurBüro 2013, 191; OVG Berlin-Brandenburg NJW 2016, 3546 (Ls.) = RVGreport 2017, 13; *Hansens* RVGreport 2009, 382 (383) Ziff. IV 1.

[178] OLG Koblenz Rpfleger 2016, 60 = AGS 2015, 481; JurBüro 2011, 589 = AGS 2012, 127; LAG Köln RVGreport 2015, 141.

[179] **AA** inzidenter LAG Bln-Bbg JurBüro 2013, 191.

[180] OLG Hamburg AGS 2016, 507 = RVGreport 2017, 12 mit zweifelnder Anm. *Hansens.*

[181] BGH NJW-RR 2017, 1148 = JurBüro 2017, 353 =AGS 2017, 267 mzustAnm *N. Schneider;* OVG NRW NJW 2014, 3323.

[182] Riedel/Sußbauer/*Ahlmann* RVG VV Vorb. 3 Rn. 66; Bischof/*Bischof* RVG § 19 Rn. 32.

[183] OLG München JurBüro 2012, 246 = AGS 2012, 134.

[184] BGH NJW-RR 2014, 958 = MDR 2014, 627; KG AGS 2012, 173, auch wenn die Möglichkeit einer Erledigung offen gehalten wird, dann aber keine Erledigungsgespräche mehr stattfinden; OLG Stuttgart AGS 2009, 316.

[185] OLG Koblenz NJW 2005, 2162.

[186] OVG NRW AGS 2015, 65.

darauf abzielen, einen Termin aufzuheben oder das Verfahren auszusetzen, **bis in einem anderen Verfahren entschieden** ist, sei es dass dies vorgreiflich ist, sei es dass eine Entscheidung eines Bundesgerichts abgewartet werden soll. Teilweise wird die Entstehung einer Terminsgebühr verneint,[187] teilweise bejaht.[188] Das KG hat angedeutet, ohne es letztlich zu entscheiden, dass hierdurch eine Terminsgebühr ausgelöst werden könnte, da hierdurch eine Erledigung im vorliegenden Verfahren möglich gemacht wurde.[189] Wenn nicht versucht wird zu vereinbaren, dass das Ergebnis der Entscheidung im anderen Verfahren für beide Seiten bindend sein soll, ist ein solches Gespräch dem Versuch zu einer bloßen Verfahrensabsprache zuzuordnen, so dass keine Terminsgebühr anfällt. Wird besprochen, dass der Klägervertreter, der noch keine Informationen von der Partei für die Replik erhalten hat, die Klage zurücknehmen wird, wenn sich der Beklagte nicht einverstanden erklärt, zum bevorstehenden Termin nicht zu erscheinen, und erklärt sich der Beklagtenvertreter dann mit der Rücknahme einverstanden, so geht das nach OLG Köln nicht über eine bloße Verfahrensabsprache hinaus und es fällt keine Terminsgebühr an.[190] Hier muss man jedoch unterscheiden. Bedurfte es zur Rücknahme nicht des Einverständnisses des Beklagten, so liegt eine reine Verfahrensabsprache vor. Das Gespräch geht dann eigentlich nur darum, ob der Beklagtenvertreter bereit ist nicht zum Termin zu erscheinen. Anders ist es, wenn nur mit Einverständnis des Beklagten zurückgenommen werden konnte.

- die **Einholung von Informationen auch bei anderen als dem Auftraggeber,** etwa dem Steuerberater, dem Ehegatten des Mandanten, dem Zeugen, auch wenn diese letztlich benötigt werden, um Einigungsgespräche führen zu können.[191] Sie fallen schon rein begrifflich nicht unter Vermeidungs- oder Erledigungsgespräche. Darüber hinaus werden solche Gespräche auch geführt, wenn sie die Erledigung des Verfahrens hinauszögern sollen. So wenn der RA mit einem weiteren Zeugen telefoniert, in der Hoffnung den nach der bisherigen Beweisaufnahme verlorenen Prozess doch noch zu retten. Die Motive (→ Rn. 1) machen deutlich, dass es um den Abschluss des Verfahrens durch eine übereinstimmende Regelung gehen muss (→ Rn. 1),
- die bloße Vermittlung eines Termins für ein Gespräch zwischen den Parteien.[192]

Beispiel:

Der RA telefoniert mit einem Zeugen, um für das beabsichtigte anschließende Einigungsgespräch mit dem Gegner eine genaue Vorstellung von einem Unfall zu haben.

- die **Weitergabe von Informationen.** Keine Terminsgebühr entsteht, wenn der Klägervertreter den Beklagtenvertretern lediglich davon informiert, dass demnächst durch einen Dritten ein Schuldanerkenntnis erfolgen und dann die Klage zurückgenommen wird[193] Hierzu zählt es OLG Köln auch, wenn der Beklagtenvertreter den Klägervertreter lediglich telefonisch darauf hinweist, dass die Parteien sich untereinander bereits vor der Klageerhebung geeinigt haben und der Klägervertreter diese Information lediglich zur Kenntnis nimmt und an seine Mandanten weiterleitet.[194]

177 **g) Gesprächsbereitschaft der anderen Seite.** Der Gegner muss bereit sein, überhaupt in Überlegungen mit dem Ziel einer einvernehmlichen Beendigung des Verfahrens einzutreten.[195] Eine auf eine Erledigung gerichtete Besprechung setzt als mündlicher Austausch von Erklärungen Zweiseitigkeit voraus. Da das Gespräch auf die Vermeidung oder Erledigung des Verfahrens gerichtet sein muss, müssen beide bereit sein, ein Gespräch mit dieser Zielrichtung zu führen. Eine Terminsgebühr scheidet daher aus, wenn der Gegner von vornherein ein sachbezogenes Gespräch oder eine gütliche Einigung verweigert.[196]

---

[187] LAG Köln RVGreport 2011, 382 = AGS 2012, 14.

[188] OLG Jena AGS 2015, 66, ohne Erwähnung der hierzu in Lit. und Rspr. vertretenen Meinungen; *Hansens* Anm. zu LAG Köln RVGreport 2011, 382.

[189] KG AnwBl 2007, 384.

[190] OLG Köln AGS 2012, 515.

[191] *Bischof* JurBüro 2004, 296 (299).

[192] OLG Naumburg JurBüro 2008, 141.

[193] KG JurBüro 2007, 587 mzustAnm *Madert*.

[194] OLG Köln MDR 2009, 1364.

[195] BGH NJW-RR 2007, 286 = FamRZ 2007, 279 = AnwBl 2007, 238; OLG Koblenz JurBüro 2011, 589 = AGS 2012, 127; OVG Münster RVGreport 2013, 195, auch bei Vermittlung durch das Gericht; Bay LSG RVGreport 2018, 58 mzustAnm *Hansens*.

[196] BGH NJW-RR 2007, 286 = FamRZ 2007, 279 = AnwBl 2007, 238; OLG Düsseldorf AnwBl 2002, 113 (114); OLG Köln MDR 2009, 1364; HessLAG NZA-RR 2007, 37.

Beispiele:

Der RA ruft den Sachbearbeiter der Versicherung an, um ihm ein Einigungsangebot zu unterbreiten. Der Sachbearbeiter antwortet, er sei nicht bereit, mit dem RA Einigungsgespräche zu führen. Der RA verdient keine Terminsgebühr.

Der angerufene Beamte der Verwaltungsbehörde erkennt zwar rechtliche Unsicherheiten an, lehnt aber Einigungsgespräche ab, weil es sich um einen Präzedenzfall handelt, für den er eine gerichtliche Entscheidung herbeiführen will. Der RA verdient keine Terminsgebühr.[197]

Für eine Gesprächsbereitschaft des Gegners reicht es, 178
- wenn eine letztlich erfolglose **Diskussion** zwischen Parteivertretern wegen einer etwaigen **Rücknahme** der Klage[198] oder wegen der Rücknahme des Widerspruchs gegen eine einstweilige Verfügung[199] geführt wird,
- wenn auf einen Einigungsvorschlag der gegnerische RA mit dem Hinweis reagiert, er werde den **Vorschlag prüfen**[200] bzw. mit seinem Auftraggeber **besprechen.**[201] Sagt der RA lediglich die **Weiterleitung** eines gegnerischen Vorschlags an seinen Mandanten zu, so wird ebenfalls eine Terminsgebühr anerkannt mit dem Argument, dass eine derartige Zusage zumindest konkludent die Erklärung enthalte, dass der RA den Vorschlag auch prüfen werde,[202]
- wenn sich der Angesprochene die Einigungsvorschläge anhört und dann um Übersendung von schriftlichen Einigungsvorschlägen bittet.[203]

Darüber hinaus wird sogar als genügend angenommen, dass sich der andere auf das Gespräch 179
einlässt, indem er sich die Einigungsvorschläge **schweigend anhört.**[204] Andererseits wird vertreten, dass es dem RA möglich sein muss, im Rahmen kollegialer Höflichkeit das Gespräch des gegnerischen Kollegen anzunehmen, ohne gleich eine Terminsgebühr auszulösen. Es sei nicht zu verlangen, dass er den Gesprächswunsch von vornherein abblockt oder gar das Gespräch abrupt abbricht.[205] Jedenfalls dann, wenn sich der RA die gegnerischen Argumente nur schweigend anhört und dann erklärt, dass eine Einigung jedenfalls derzeit nicht in Betracht kommt, fällt nach dieser Auffassung keine Terminsgebühr an.[206] Nicht ausreichend ist es jedenfalls, wenn sich eine Behördenangestellte lediglich die Drohung mit Schadensersatzansprüchen für den Fall anhört, dass die Behörde eine gewisse Maßnahme nicht unterlässt.[207]

Da im Einzelfall zweifelfaft sein kann, ob ein Erledigungs- oder Vermeidungsgespräch stattgefunden hat, ist dem RA, der ein solches nicht wünscht, dringend zu raten, gleich am Anfang des Gesprächs zur Erreichung einer eindeutigen Rechtslage zu erklären, dass er nicht bereit ist, ein Vermeidungs- und Erledigungsgespräch zu führen, bzw. dass er nicht über eine Einigung sprechen will, er aber bereit ist, mit dem anderen über die Sach- und Rechtslage zu sprechen Etwa derart: „Herr Kollege. Ich bin gerne bereit, mit Ihnen über die Sach- und Rechtslage zu sprechen. Da ich aber nicht möchte, dass mein Mandant mit einer Terminsgebühr belastet wird, bin ich nicht bereit, über eine Erledigung (bzw. Vermeidung) zu sprechen." Eine solche Äußerung kann nicht als unhöflich angesehen werden.

h) Mündliche Besprechung. Es muss mündlich oder fernmündlich[208] gesprochen worden 180
sein. Das Gespräch kann dabei von **kurzer** Dauer gewesen sein.[209]

Schriftsätze, SMS. Schriftsätze, auch solche per Internet oder SMS oder Fax reichen des- 181
halb nicht.[210] Wenn zwischenzeitlich ein Einzelrichter eines OLGs die entgegengesetzte Mei-

[197] OVG Hamburg NJW 2006, 1543.
[198] OLG Naumburg JurBüro 2006, 529.
[199] OLG Hamburg MDR 2007, 181.
[200] BGH NJW-RR 2007, 286 = FamRZ 2007, 279 = AnwBl 2007, 238; **aA** OLG Nürnberg AnwBl 2006, 495 = OLGR 2006, 536.
[201] OLG Koblenz NJW 2005, 2162.
[202] BGH NJW-RR 2007, 286 = FamRZ 2007, 279 = AnwBl 2007, 238; BVerwG JurBüro 2018, 583 = RVGreport 2018, 453 mzustAnm *Hansens;* OLG Köln MDR 2009, 1364; AGS 2014, 211; **aA** OLG Nürnberg AnwBl 2006, 495; mit beachtlichen Gründen OVG Hamburg AGS 2016, 62 mablAnm *N. Schneider.*
[203] HessLAG RVGreport 2009, 462 mzustAnm *Hansens.*
[204] OLG Koblenz NJW 2005, 2162; OVG Lüneburg NJW 2011, 1619; *Hansens* RVGreport 2006, 241 (246) Ziff. IV 3; HBS VergütungsR/*Hansens.* Teil 8 Rn. 220; **aA** OLG Dresden JurBüro 2008, 333.
[205] LAG Köln AGS 2017, 373 = RVGreport 2017, 256 mzustAnm *Hansens.*
[206] LAG Köln AGS 2017, 373 = RVGreport 2017, 256 mzustAnm *Hansens.*
[207] OVG Lüneburg JurBüro 2018, 19 = AGS 2018, 272.
[208] Fernmündlich reicht: BGH AGS 2008, 330; NJW-RR 2007, 286 = FamRZ 2007, 279 = AnwBl 2007, 238; OLG Dresden JurBüro 2006, 640.
[209] OLG Hamburg OLGR 2006, 574 = AGS 2007, 31; *Bischof* JurBüro 2004, 296 (299).
[210] *Hansens* RVGreport 2006, 241 (246) Ziff. IV 1; Riedel/Sußbauer RVG/*Ahlmann* VV Vorb. 3 Rn. 60.

nung für eine SMS vertreten hat,[211] so ist das falsch.[212] Bedenklich dabei ist schon, dass es nicht wenigstens dem Senat überlassen wurde, eine solche offensichtlich vom Wortlaut des Gesetzes abweichende, bislang noch von niemandem vertretene oder auch nur als denkbar erachtete Meinung zu vertreten, und dass nicht die Rechtsbeschwerde zugelassen wurde. Die Meinung ist auch mit dem Gesetz unvereinbar. Dieses stellt auf eine Besprechung ab. Es soll gerade eine zusätzliche Vergütung für das außergerichtliche Gespräch anerkannt werden. Wenn das Gesetz die Terminsgebühr durch schriftliche Vorgänge entstehen lassen will, so regelt es das ausdrücklich, zB im VV 3104 Anm. Abs. 1 RVG. Eine SMS ist ein schriftlicher Vorgang, auch wenn er mit einem Gerät bewerkstelligt wird, mit dem man auch miteinander sprechen kann. Allein darauf abzustellen, dass der Austausch schriftlicher Einigungsvorschläge mühsamer sein kann als ein mündlicher, reicht nicht aus. Dann müssten auch ganz normale Schriftsätze mit Einigungsvorschlägen zu einer Terminsgebühr führen,[213] was ganz eindeutig mit dem Gesetz nicht vereinbar ist. Dem kann man nicht entgegenhalten, dass SMS besonders schnell ausgetauscht werden können.[214] Normale Schriftsätze können ähnlich schnell per Fax oder E-Mail ausgetauscht werden. Der Gesetzgeber stellt nicht darauf ab, was das Mühsamere ist, sondern darauf, ob eine Besprechung stattgefunden hat oder nicht.

182 **i) Spontane Besprechung.** Es ist nicht nötig, dass vorher ein Besprechungstermin vereinbart wurde.[215] Es genügt, wenn einer den anderen anruft oder sich beide zufällig treffen, und dann Vermeidungs- oder Erledigungsgespräche geführt werden, wobei dies an jedem beliebigen Ort stattfinden kann.

183 **j) Gleichwertigkeit mit Gerichtstermin.** Wenn teilweise verlangt wird, dass die Besprechung einem Gerichtstermin gleichkommen muss,[216] so ist dem nicht zu folgen. Hierfür gibt ist im Gesetz keinen Anhaltspunkt.[217]

184 **k) Unstreitiges Gespräch.** Es ist nicht erforderlich, dass ein streitiges Gespräch stattfindet.[218] Ruft der RA den Gegner an und unterbreitet ihm mündlich ein Einigungsangebot, das der Gegner sofort annimmt, so ist dies ein Gespräch zur Vermeidung oder Erledigung eines Verfahrens.[219] Allein ausschlaggebend ist, ob das Gespräch mit dem Ziel geführt wurde, das Verfahren zu vermeiden oder zu erledigen.

185 **l) Erfolgloses Gespräch, weiterer Verlauf des Verfahrens.** Die Terminsgebühr entsteht für das Gespräch. Es ist unerheblich, wie das Verfahren nach dem Gespräch weitergeht,[220] insbes. ob es erfolgreich ist.[221] Erst recht steht es einer Terminsgebühr nicht entgegen, wenn die Gespräche zu einer Einigung führen.[222] Im Übrigen zur Einigung → RVG VV 3104 Rn. 71 ff.

186 **m) Ohne Gericht.** Während es früher hieß, dass das Gespräch „ohne Beteiligung des Gerichts" geführt wird, heißt es nunmehr „auch ohne Beteiligung des Gerichts." Damit wurde klargestellt, dass es einer Terminsgebühr nach der Alt. 3 nicht entgegensteht, wenn an dem außergerichtlichen Gespräch auch ein Richter beteiligt ist, zB bei einem Gespräch auf dem Gerichtsflur, was auch schon vor der Gesetzesänderung in Rspr. und Lit. vertreten wurde.[223]

187 **Richterlicher Mediationstermin.** Nimmt der RA an einem richterlichen Mediationstermin zur Unterstützung der von ihm vertretenen Partei teil, so fällt eine Terminsgebühr an (allgM). Überwiegend wird die 3. Alt. S. 1, 3 Nr. 2 zu VV Vorb. 3 Abs. 3 S. 1 3RVG gem. ange-

---

[211] OLG Koblenz AnwBl 2007, 633 = JurBüro 2007, 413 = AGS 2007, 347 mzustAnm *Schons.*

[212] BGH NJW 2010, 381 = FamRZ 2010, 27 (Ls.) mAnm *Gottwald; Hansens* RVGreport 2007, 269.

[213] Eine Konsequenz, die *Mayer* (RVG-Letter 2007, 65) nahe legt, die aber zeigt, wie verfehlt die Auffassung von OLG Koblenz ist.

[214] Womit *Schons* (AGS 2007, 348) das Ergebnis der Entscheidung von OLG Koblenz zu retten versucht.

[215] OLG Koblenz NJW 2005, 2162; *Bischof* JurBüro 2004, 296 (298).

[216] BVerfG RVGreport 2020, 384 mablAnm *Hansens;* VGH BW RVGreport 2016, 383; Hess. LSG RVGreport 2012, 225.

[217] *Hansens* Anm zu BVerfG RVGreport 2020, 384.

[218] OLG Köln MDR 2009, 1364.

[219] *Hansens* RVGreport 2006, 241 (246) Ziff. IV 1; *Bischof* JurBüro 2004, 296 (299); ebenso überwiegende Meinung zu § 118 Abs. 1 Nr. 2 BRAGO: AG Wittmund AnwBl 1989, 114; AG Donaueschingen VersR 1987, 393; AG Ludwigshafen AnwBl 1988, 76; AG München AnwBl 1985, 279; *Mümmler* JurBüro 1980, 1793; **aA** für notwendige streitige Erörterung: AG Düsseldorf ZfS 1987, 46; AG Hamburg AnwBl 1986, 210.

[220] OLG Koblenz JurBüro 2014, 478; HessFG RVGreport 2009, 426.

[221] BGH AnwBl 2007, 381 = FamRZ 2007, 721; OLG Koblenz NJW 2005, 2162 = AGS 2005, 278; OLG Köln MDR 2009, 1364.

[222] OLG Koblenz NJW-RR 2006, 358 = AnwBl 2005, 794 = FamRZ 2006, 220; OLG Nürnberg AnwBl 2005, 653 = JurBüro 2005, 530; **aA** OLG Düsseldorf AGS 2005, 487 = RVGreport 2005, 388.

[223] Gerold/Schmidt/*Müller-Rabe,* 17. Aufl. 2006, RVG VV Vorb. 3 Rn. 109; OLG Rostock FamRZ 2007, 572.

nommen.[224] Man könnte allerdings auch daran denken hier einen Fall der Alt. 1 (Vertretung in einem Erörterungstermin) anzunehmen,[225] ohne dass sich iErg etwas ändert. Das Ergebnis ist das Gleiche.

Mediation ohne Richter. Unternehmen die Parteien einen außergerichtlichen Mediationsversuch mit dem Ziel, den Rechtsstreit gütlich zu beenden, so liegt eine auf die Beendigung des Verfahrens gerichtete Besprechung vor und so fällt bei dem sich daran beteiligenden Verfahrensbevollmächtigten gem. VV Vorb. 3 Abs. 3 S. 1, 3 Nr. 2 RVG eine Terminsgebühr an. **188**

n) Besprechungspartner. ***aa) Grundsatz.*** Das Gespräch kann nur mit dem Auftraggeber nicht geführt werden, sonst aber grundsätzlich mit jedem anderen.[226] **189**

bb) Gespräch mit dem Auftraggeber. **(1) Auftraggeber, Vertreter, Bote.** Ein Gespräch mit dem Auftraggeber reicht nicht aus, wie das Gesetz ausdrücklich sagt. Das ist nicht so zu verstehen, dass dieser Ausschluss nur für Gespräche unmittelbar mit dem Auftraggeber gilt. Eine Terminsgebühr ist auch bei einem Gespräch mit dem gesetzlichen Vertreter, dem Bevollmächtigten oder dem Erklärungsboten ausgeschlossen.[227] Das gilt auch für Gespräche mit dem Korrespondenzanwalt des eigenen Mandanten.[228] Zu § 118 Abs. 1 Nr. 2 BRAGO wurde allgemein angenommen, dass eine Besprechung mit einer dieser Personen keine Besprechungsgebühr ausgelöst hat.[229] Diese wurden nicht als Dritte im Sinne dieser Bestimmung angesehen. Dasselbe hat im Rahmen von VV Vorb. 3 Abs. 3 S. 1, 3 Nr. 2 RVG zu gelten. Bei dem gesetzlichen Vertreter und bei dem Erklärungsboten, der keine eigenen Willenserklärungen gegenüber dem RA abgibt, sondern nur eine Willenserklärung des Auftraggebers übermittelt, versteht sich dies von selbst. Aber auch für einen Bevollmächtigten muss dies gelten, da er an Stelle des Auftraggebers tätig wird. Das ist so zu behandeln, als ob das Gespräch mit dem Auftraggeber selbst stattfinden würde. **190**

(2) Weitere als Auftraggeber zu behandelnde Personen. Grundsätze.[230] Gibt der Gesprächspartner lediglich anstelle des Auftraggebers Erklärungen ab,[231] wie zB Bevollmächtigter, RA, Steuerberater,[232] Patentanwalt, Unternehmensberater,[233] naher Angehöriger[234] bzw. soll lediglich eine Abstimmung mit einer „höheren Stelle" erfolgen, so ist dies wie ein Gespräch mit dem Auftraggeber zu behandeln. Soll der Gesprächspartner aber selbst einen Beitrag zur Einigung erbringen, so ist er Dritter. **191**

Versicherer. Dieser kann bald als Dritter, bald wie ein Auftraggeber zu behandeln sein.[235] Hat der Haftpflichtversicherer des Beklagten erklärt, dass er den vom Gericht festgestellten Schaden begleichen wird und kommt es dem Auftraggeber deswegen letztlich auf das Ergebnis des Verfahrens nicht an, so ist ein Gespräch mit dem Versicherer wie ein Gespräch mit dem Auftraggeber zu behandeln. Dasselbe gilt, wenn die Zustimmung des Rechtsschutzversicherers zur Einigung erreicht werden soll. Hat aber der Haftpflichtversicherer zunächst einen Versicherungsfall verneint, soll er dann aber vom RA dazu bewegt werden, vertragsgemäßer oder kulanter Weise sich am Schaden zu beteiligen, so liegt ein Gespräch mit einem Dritten vor. **192**

[224] KG RVGreport 2009, 222; OLG Hamm NJW 2006, 2499; AnwBl 2006, 287; VG München AGS 2018, 207.

[225] OLG Celle RVGreport 2009, 223; OVG MV JurBüro 2007, 136.

[226] *Bischof* JurBüro 2004, 296 (299).

[227] *Madert* AGS 2005, 279 (280) Ziff. 5; *Bischof* JurBüro 2004, 296 (299).

[228] Riedel/Sußbauer/*Ahlmann* RVG VV Vorb. 3 Rn. 63.

[229] OLG Koblenz NJW-RR 2003, 274 (275) Nr. 3; Gerold/Schmidt/*Madert,* 15. Aufl. 2002, BRAGO § 118 Rn. 9; *Hansens* BRAGO § 118 Rn. 21.

[230] Die nachfolgenden Zitate betreffen teilweise die Frage, inwieweit Gespräche mit anderen Personen als dem Gegner selbst wie Gespräche mit dem Gegner zu behandeln sind. Sie sind entsprechend für das Verhältnis dieser Personen zum Auftraggeber heranzuziehen, wenn sie auf dessen Seite tätig sind.

[231] Ähnlich Bischof/*Bischof* VV Vorb. 3 RVG Rn. 76: Auftraggeber sind alle, „die dem Anspruch des Auftraggebers zuarbeiten."

[232] AG Düsseldorf RVGreport 2005, 425 mzustAnm *Hansens; Bischof* JurBüro 2004, 296 (299); **zweifelnd** Mayer/Kroiß/*Mayer* RVG VV Vorb. 3 RVG Rn. 64.

[233] Bischof//*Bischof* RVG VV Vorb. 3 RVG Rn. 76.

[234] *Hansens* RVGreport 2006, 241 (247) Ziff. V, Ehemann für Ehefrau; Bischof//*Bischof* VV Vorb. 3 RVG Rn. 76.

[235] Ohne diese Differenzierung wird das Gespräch mit dem Haftpflichtversicherer des Gegners als ein Gespräch mit dem Gegner angesehen Riedel/Sußbauer/*Ahlmann* RVG VV Vorb. 3 RVG Rn. 61; Bischof/*Bischof* RVG VV Vorb. 3 RVG Rn. 76; Schneider/Wolf/*Onderka/Schneider* RVG VV Vorb. 3 RVG Rn. 147; *Hansens* RVGreport 2005, 425 (426) Ziff. 2b; *Hansens* RVGreport 2006, 241 (247) Ziff. V.

193 **Architekt.** Die gleiche Abgrenzung ist bei dem Architekten vorzunehmen. Soll der Architekt des verklagten Bauherrn sich mit einem eigenen Beitrag an einer Einigung beteiligen, weil ein Mitverschulden in Betracht komme, so ist er Dritter. Geht es aber bei dem Gespräch nur darum, ob der Architekt die angestrebte Einigung von der Risikoverteilung her unter Heranziehung seines Sachverstandes für gerechtfertigt hält, ohne selbst etwas zahlen zu müssen, so ist er nicht als Dritter tätig.[236]

194 **Übergeordnete Personen.** Gespräche mit einem wichtigen Gesellschafter der Gesellschaft,[237] der Muttergesellschaft der Tochtergesellschaft,[238] der übergeordneten Behörde[239] werden in der Literatur wie ein Gespräch mit einer der Parteien, also im Falle, dass diese auf der Auftraggeberseite stehen, wie ein Gespräch mit dem Auftraggeber angesehen. Hier geht es lediglich darum, das Placet von jemand zu erhalten. Bei weiter Auslegung des Begriffes des Auftraggebers kann hier ein Gespräch mit dem Auftraggeber angenommen werden.

195 **Subunternehmer.** Hier wird es iaR darum gehen, dass sich der Subunternehmer am Schaden des verklagten Generalunternehmers beteiligen soll, also um ein Gespräch mit einem Dritten.[240]

196 ***cc) Gespräch mit Gegner.*** Unzweifelhaft ist der Gegner des Verfahrens geeigneter Gesprächspartner, und zwar auch der Gegner selbst ohne seinen RA, auch in Anwaltsprozessen.[241] Auf eine Abgrenzung Gegner – Dritter wird verzichtet, da nach der hier vertretenen Ansicht ein Gespräch mit einem Dritten in gleicher Weise eine Terminsgebühr auslöst wie ein Gespräch mit dem Gegner (→ Rn. 197). Im Übrigen gelten die gleichen Grundsätze wie bei der Abgrenzung zum Auftraggeber.

197 ***dd) Gespräch mit Dritten.*** Teilweise wird vertreten oder als selbstverständlich unterstellt, dass das Gespräch mit dem Gegner oder jemandem aus dem Lager des Gegners geführt werden muss.[242] Nach einer anderen Meinung können zumindest „interne" Gespräche der auf derselben Seite stehenden Prozessbeteiligten, also zB Gespräche unter **Streitgenossen** keine Terminsgebühr auslösen, sondern sind durch die Verfahrensgebühr abgegolten.[243]

198 Dem ist nicht zu folgen. Grundsätzlich ist nach dem eindeutigen Wortlaut der Vorb. 3 RVG jeder, der nicht Auftraggeber oder wie dieser zu behandeln ist, geeigneter Gesprächspartner, also jeder Dritte.[244] Er muss nicht dem Bereich der Gegenseite zugerechnet werden.[245] Er kann sogar auf der gleichen Seite wie der Auftraggeber stehen, solange er nur nicht wie ein Auftraggeber zu behandeln ist (→ Rn. 190 ff.). Auch ein Streitgenosse des Auftraggebers kann, selbst bei weitester Auslegung, nicht wie ein Auftraggeber behandelt werden.

199 Gegen eine Orientierung am Wortlaut sind keine durchgreifenden sonstigen Argumente zu erkennen. Im Gegenteil spricht der ausdrückliche Hinweis im Gesetz, dass bei Besprechungen mit dem Auftraggeber keine Terminsgebühr anfällt, dafür, dass in allen anderen Fällen, die auch bei weitester Auslegung nicht mehr als ein Gespräch mit einem Auftraggeber gewertet werden können, eine Terminsgebühr ausgelöst werden kann. Er spricht auch dagegen, dass ein solches Gespräch noch von der Verfahrensgebühr abgedeckt sein soll.

200 Auch aus den Motiven (→ Rn. 1) ergibt sich nichts Entgegenstehendes. Im Gegenteil soll nach diesen jede gesprächsweise Bemühung zur Erledigung des Verfahrens gefördert werden. Das ist auch gegeben, wenn der RA mit dem RA des Streitgenossen seiner Partei bespricht, welches gemeinsame Einigungsangebot man dem Gegner unterbreiten kann. Auch die gesetzgeberische Intention, bloße Termine zur Hervorrufung einer Terminsgebühr zu vermeiden, passt. Würde durch das Gespräch mit dem Dritten die Terminsgebühr nicht ausgelöst werden, so wäre das für den ein oder anderen RA ein Grund, eine Einigung erst in einem gerichtlichen Termin zu vereinbaren.

---

[236] *Hansens* RVGreport 2005, 425 (426) Ziff. 2b; *Bischof* JurBüro 2004, 296 (299) haben wohl diesen Fall im Sinn, wenn sie beim Architekten ohne die hier vorgenommene Differenzierung ein Gespräch mit dem Gegner als gegeben ansehen.

[237] Riedel/Sußbauer/*Ahlmann* RVG VV Vorb. 3 Rn. 61.

[238] *Hansens* RVGreport 2005, 425 (426) Ziff. 2b; HBS VergütungsR/*Hansens* Teil 8 Rn. 222.

[239] Bischof/*Bischof* RVG VV Vorb. 3 RVG Rn. 76; *Hansens* RVGreport 2006, 241 (247) Ziff. V.

[240] Bischof/*Bischof* RVG VV Vorb. 3 RVG Rn. 76.

[241] BGH NJW-RR 2007, 787; OLG München AGS 2014, 411.

[242] Wie zB OLG München JurBüro 2012, 246 (zu Gespräch mit Jugendamt → RVG VV Vorb. 3 Rn. 217) = RVGreport 2012, 182 mablAnm *Hansens;* LAG Bln-Bbg AGS 2012, 15; OVG Bln-Bbg RVGreport 2009, 268 Rn. 7; so auch in diesem Kommentar bis zur 23. Aufl. 2017 *Müller-Rabe* VV Vorb. 3 Rn. 195.

[243] *Hansens* Anm. zu BAG RVGreport 2013, 193.

[244] FA-FamR/*Keske* Kap. 17 Rn. 306.

[245] Mayer/Kroiß/*Mayer* RVG VV Vorb. 3 RVG Rn. 64.

Auch von der Abgrenzung zur Verfahrensgebühr her gesehen ist es geboten, diese Gespräche als nicht mit ihr abgegolten anzusehen. Derartige Gespräche gehen über das hinaus, was üblicher Weise als von der Verfahrensgebühr abgedeckt angesehen wird. **201**

Das Gespräch kann also zB geführt werden **202**
- mit dem **Streitgenossen** oder Streithelfer des Gegners[246]
- mit dem Streitgenossen oder Streithelfer des Auftraggebers
- mit dem **Subunternehmer** des Gegners
- Gespräche unter Streitgenossen oder Streithelfern bzw. einer Partei mit ihrem Streithelfer untereinander können nach *Hansens* sogar dann eine Terminsgebühr auslösen, wenn es nicht um die Erarbeitung eines Einigungsvorschlags an den Prozessgegner geht, sondern nur darum, wie das Ergebnis des Verfahrens untereinander aufgeteilt werden soll, um einen Regressprozess zu vermeiden.[247]
- mit dem uU mithaftenden **Generalunternehmer** im Bauprozess des Architekten, der Auftraggeber ist.

Wegen Gespräch mit Richter → Rn. 214 ff., Jugendamt → Rn. 217, finanzierender Bank → Rn. 218.

ee) Einigungsbereitschaft des Gegners. Bei Gesprächen, die nicht unmittelbar mit dem Gegner oder dessen Verfahrensbevollmächtigten geführt werden – bei denen der Gegner es also nicht in der Hand hat, ein Erledigungsgespräch zu unterbinden –, stellt sich die Frage, ob Voraussetzung für die Entstehung einer Terminsgebühr ist, dass der Gegner seine Bereitschaft zu einer Einigung erklärt hat. **203**

(1) Das **BAG** verlangt eine derartige Bekundung der Einigungsbereitschaft, wobei es offen lässt, ob bei Gesprächen unter den Streitgenossenvertretern überhaupt eine Terminsgebühr entstehen kann.[248] **204**

Die Begründung des BAG für dieses Postulat ist jedenfalls nicht zutreffend. Das BAG beruft sich darauf, dass nach allgM bei einem unmittelbaren Gespräch mit dem Gegner ein Erledigungsgespräch nicht stattfindet, wenn der angesprochene Gegner nicht irgendwie zu erkennen gibt, zu einem solchen Gespräch bereit zu sein (→ Rn. 177). Dann müsse aber erst recht gelten, dass bei einem Gespräch mit einem Dritten eine Terminsgebühr nicht anfallen kann, wenn der Gegner keine Erledigungsbereitschaft bekundet hat. Dieses Argument ist unhaltbar. Wenn beim Gespräch unmittelbar mit dem Gegner dessen Bereitschaft verlangt wird, so deshalb weil rein faktisch von keiner Erledigungs„besprechung" mehr die Rede sein kann, wenn eine Seite zu einem solchen Gespräch nicht bereit ist (→ Rn. 177). Daraus kann aber nicht mit einem Erst-recht-Argument geschlossen werden, dass VV Vorb 3 Abs. 3 S. 1, 3 Nr. 2 RVG rechtlich generell die Bereitschaft des Gegners zu einer Erledigung verlangt. **205**

Weiter argumentiert das BAG, dass ohne eine Einigungsbereitschaft des Gegners das Gespräch mit dem Dritten nicht einer Erledigung „dienen" kann. Auch das überzeugt nicht. Zum einen verlangt das Gesetz kein Dienen, sondern es lässt ein Gerichtetsein genügen. Außerdem können Besprechungen verklagter Streitgenossen untereinander, wie sie die Leistungen im Innenverhältnis aufteilen wollen, um dann dem Gegner ein Einigungsangebot zu unterbreiten, der Erledigung dienen. Dass ein solches Gespräch auf eine Erledigung gerichtet ist, kann nicht zweifelhaft sein. An der Richtung, den Rechtstreit zu vermeiden oder zu erledigen, ändert sich auch nichts, wenn der Gegner bis dahin noch nicht seine grundsätzliche Einigungsbereitschaft bekundet hat. **206**

Schon gar nicht kann es auf die Einigungsbereitschaft des Gegners ankommen, wenn das Gespräch unter den Streitgenossen ein Anerkenntnis vorbereiten soll, was zum Entstehen einer Terminsgebühr ausreicht. Kommt es dann zum Anerkenntnis, so hat das Gespräch sogar die Beendigung herbeigeführt. **207**

(2) ***Bischof*** setzt über eine „wertende Betrachtung", dass der Dritte, der nicht zum Lager des Auftraggebers gehört, „im weiteren Sinn in die Erledigungsbesprechung eingebunden ist oder werden kann", voraus, dass der Gegner bereits eine generelle Zustimmung zu Erledigungsbesprechungen gegeben haben muss. Als Beispiel führt er an, dass der Gegner erklärt, dass eine Einigung in Betracht komme und er nichts dagegen habe, wenn man sich mit seinem Architekten in Verbindung setze. Eine Begründung für diese Einschränkung findet sich bei ihm nicht.[249] **208**

[246] Bischof/*Bischof* RVG VV Vorb. 3 RVG Rn. 76; Riedel/Sußbauer/*Ahlmann* RVG VV Vorb. 3 RVG Rn. 61.

[247] *Hansens* Anm. zu OLG Hamburg RVGreport 2019, 100; RVGreport 2018, 84 (86 Ziff. II 3a), beide zu Gesprächen unter Streithelfern.

[248] BAG NZA 2013, 395 Rn. 15 = RVGreport 2013, 193; ebenso OLG Hamburg JurBüro 2019, 20.

[249] Bischof/*Bischof* RVG VV Vorb. 3 RVG Rn. 76b.

209 (3) Offensichtlich gibt es aber sowohl beim BAG als auch bei *Bischof* ein Gefühl, dass es der Gegner irgendwie mit in der Hand haben muss, ob eine Terminsgebühr anfällt. Hier könnte auch noch die Gefahr des Missbrauchs eine Rolle spielen, die *Hansens* die Entstehung einer Terminsgebühr bei außerterminlichen Gesprächen mit dem Richter verneinen lässt (→ Rn. 214).

210 (4) **Eigene Meinung.** Aus allgemein anerkannten Rechtsgrundsätzen lässt sich die geforderte Einschränkung nicht herleiten. Insbesondere greift der Grundsatz, dass der RA Gebühren für überflüssige Maßnahmen gegenüber seinem Mandanten nicht geltend machen darf (→ § 1 Rn. 165 ff.), nicht ein. Ein Gespräch zB mit dem Streitgenossen des Auftraggebers, kann sehr sinnvoll sei, um zu einer Einigung zu gelangen.

211 Zweifellos bringt die Nichtanerkennung einer Einschränkung die Gefahr des Missbrauchs mit sich. Einen allgemeinen Grundsatz, dass die Voraussetzungen für die Entstehung einer Gebühr wegen einer Missbrauchsgefahr eingeschränkt werden müssten, gibt es nicht. Im Übrigen besteht selbst bei Gesprächen mit dem Gegner die Gefahr, dass diese nur geführt werden, um die Terminsgebühr sicherzustellen. Ob Missbrauch gegeben ist, unterliegt der Einzelfallprüfung (→ § 1 Rn. 166 ff.; Anh. X Rn. 239 ff.).

212 Auch erstattungsrechtliche Grundsätze, stehen nicht entgegen, selbst wenn man berücksichtigt, dass sie Rückwirkungen auf die Entstehung der Gebühr haben können (→ § Rn. 166 ff.). In Betracht käme hier der Wegfall von Erstattungsansprüchen wegen unnötiger Maßnahmen (→ Anh. X Rn. 239 ff.). Soll der Gegner durch ein gemeinsames Angebot der Streitgenossen zu einer Einigung verlockt werden, so kann das nicht als unnötig angesehen werden.

213 In Betracht käme noch ein Grundsatz, dass dem Gegner nicht völlig aus der Hand genommen werden kann, welche von ihm uU zu erstattenden Gebühren anfallen. Zum einen gibt es einen solchen Grundsatz nicht. Außerdem würde er allenfalls für die Erstattung, nicht aber für die Entstehung der Gebühr von Bedeutung sein.

214 ***ff) Richterliche Telefongespräche.*** **(1) Mit beiden Verfahrensbevollmächtigten.** Telefoniert der Richter bald mit dem Kläger-, bald mit dem Beklagtenvertreter, um diese zu einer Einigung zu bewegen, so ist das auch ein auf Erledigung gerichtetes Gespräch mit einem anderen als dem Auftraggeber.[250] Auf jeden Fall gibt es keinen Grund, warum der RA hier schlechter stehen sollte, als wenn er unmittelbar mit dem Gegner verhandelt oder als wenn er in einem Verhandlungstermin unter Mitwirkung des Richters eine Einigung bespricht. *Hansens* bezweifelt dies. Er sieht die Gefahr, dass sonst Anwälte telefonischen Kontakt zum Richter suchen würden, um auf diese Weise die Terminsgebühr schon einmal sicherzustellen.[251] Dazu dass dieser Einwand nicht durchgreift → Rn. 211.

Der Entstehung einer Terminsgebühr steht auch nicht entgegen, dass die Gebühr für **„außergerichtliche"** Gespräche vorgesehen ist. Außergerichtlich bedeutet hier außerhalb eines offiziellen Gerichtstermins. Es fehlt jeder Anhaltpunkt, dass die Bedeutung darüber hinaus dahin gehen sollte, dass bei jeglicher Beteiligung des Gerichts eine Terminsgebühr ausscheiden soll. Das war in der alten Fassung noch klarer, wenn es dort hieß „auch ohne Beteiligung des Gerichts" i. S. v. selbst wenn das Gericht nicht beteiligt ist.

215 Das 2. KostRMoG gibt trotz der veränderten Fassung von VV Vorb. 3 Abs. 3 RVG keinen Anlass zu einer anderen Beurteilung. Hierfür spricht, dass die Neufassung nicht die hier behandelte Frage betreffen soll (→ Rn. 2, 3) und dass mit dem Begriff außergerichtliche Gespräche auch Gespräche mit dem Richter gemeint sein können, solange sie nur außerhalb des Gerichts stattfinden. Um hier für Klarheit zu sorgen, schlagen DAV und BRAK in ihrem gemeinsamen, der Justizministerin überreichten Katalog zur Verbesserung des RVG vor, ins Gesetz aufzunehmen, dass bei Gesprächen beider Prozessbevollmächtigter mit dem Gericht eine Terminsgebühr anfällt.[252]

216 **(2) Richterliche Telefongespräche mit nur einem Verfahrensbevollmächtigten.** Auch ein solches kann entgegen der ganz hM[253] ausreichen. Die hM wird überwiegend, wie

---

[250] BGH FamRZ 2006, 1441 = MDR 2007, 302; OLG Düsseldorf JurBüro 2011, 304 = AGS 2011, 322; OLG Hamm AGS 2020, 561 = NJW-RR 2021, 126; Hess VGH RVGreport 2016, 180; BayLSG AGS 2020, 276; HessLSG RVGreport 2012, 225; FG Bln-Bbg EFG 2011, 1551 = RVGreport 2011, 341; Riedel/Sußbauer/*Ahlmann* RVG VV Vorb. 3 RVG Rn. 62; **aA** OVG Bln-Bbg RVGreport 2009, 268 Rn. 7; OVG Bremen NJW 2015, 2602 = RVGreport 2015, 304; OVG NRW NJW 2014, 1465; OVG Thüringen AGS 2021, 31; FG BW JurBüro 2015, 189; *N. Schneider* Anm. zu LAG SH AGS 2019, 177.

[251] *Hansens* RVGreport 2007, 375 (377) Ziff. II 3.

[252] *Hansens* RVGreport 2018, 202 ff. Ziff. III 6.

[253] LAG Bln-Bbg AGS 2012, 15 mzustAnm *N. Schneider* LAG SH AGS 2019, 177; *Hansens* Anm. zu OLG München RVGreport 2012, 182; OVG Thüringen AGS 2021, 31; FG BW RVGreport 2015, 140 mzustAnm

auch in diesem Kommentar bis zur 23. Aufl.,[254] damit begründet, dass auch bei weiter Auslegung nicht mehr von einem Gespräch mit der Gegenseite die Rede sein kann. Dieses Argument zieht nicht, da nicht nötig ist, dass das Gespräch mit der Gegenseite geführt wird. (→ Rn. 197 ff.). Fragt ein Verfahrensbevollmächtigter beim Richter an, ob er einen bestimmten Einigungsvorschlag unterstützen kann, macht der Richter teilweise Bedenken geltend und passt der Verfahrensbevollmächtigte seinen Einigungsvorschlag diesen an, so hat ein auf Erledigung gerichtetes Gespräch mit einem Dritten stattgefunden.

gg) Jugendamt. Für das Jugendamt gilt dasselbe wie für Gespräche mit dem Gericht (→ Rn. 214 ff.). Es kann also auch durch Gespräche nur eines Verfahrensbevollmächtigten mit dem Jugendamt grundsätzlich eine Terminsgebühr entstehen.[255] **217**

hh) Gespräche zur Kreditbeschaffung. Nicht reicht es, wenn durch das Gespräch mit einem Dritten lediglich die Voraussetzung für eine Einigung geschaffen werden soll. ZB ist beabsichtigt, dass der Auftraggeber dem Gegner im Einigungsweg eine bestimmte Zahlung anbieten will. Der RA telefoniert mit der Bank seines Auftraggebers, um zu erreichen, dass sie einen entsprechenden Betrag zur Verfügung stellt.[256] Eine Terminsgebühr fällt auch dann nicht an, wenn man bei derartigen Gesprächen mit der finanzierenden Bank überhaupt eine berufstypische Anwaltstätigkeit bejaht und das RVG für anwendbar hält.[257] **218**

ii) Kompetenz des Gesprächspartners. Teilweise wird vertreten, dass das Gespräch mit einem im konkreten Fall zur abschließenden **Entscheidung berechtigten Vertreter,** zB bei einer Behörde,[258] etwa beim Finanzamt entweder mit dem Vorsteher bzw. Amtsleiter oder dem zuständigen Sachgebietsleiter der Rechtsbehelfsstelle geführt werden muss. Isolierte Besprechungen mit anderen Bediensteten (zB Sachbearbeiter, Betriebsprüfungsstelle, Strafsachenstelle des Finanzamts) ohne Beteiligung des entscheidungsbefugten Amtsträgers sollen die Terminsgebühr nicht auslösen.[259] Allerdings wird hier teilweise als ausreichend angesehen, dass der gemachte Einigungsvorschlag mit einem Entscheidungsbefugten abgesprochen ist.[260] **219**

Dem ist nicht zu folgen. Nicht selten ist der Gesprächspartner einer größeren Organisation zwar nicht entscheidungsbefugt, aber generell oder aber im konkreten Fall beauftragt, eine Sache so weit vorzubereiten, dass der Entscheidungsträger zu einer Entscheidung in der Lage ist. Ein die Entscheidung vorbereitendes Gespräch genügt.[261] Im Übrigen dürfte sonst auch ein Gespräch mit einem Anwalt, der absprachegemäß keine Einigung ohne Rücksprache mit seinem Mandanten vereinbaren darf, keine Terminsgebühr auslösen. Der Gesprächspartner muss allerdings zu Erledigungsgesprächen berechtigt sein. Gespräche mit der Telefonistin der Deutschen Bank reichen nicht.[262] **220**

jj) Missbräuchliche Gespräche im Einzelfall → Rn. 226 ff. **221**

kk) „Einigungs"gespräch mit Dritten. Besondere Aufmerksamkeit muss in jedem Einzelfall der Frage zugewendet werden, ob bei einem Gespräch mit einem Dritten von einem Einigungsgespräch die Rede sein kann. Fragt der Beklagtenvertreter den Subunternehmer des verklagten Bauunternehmens an, ob er, da er an dem Schaden mitschuldig sei, bereit sei, sich an einer Schadensersatzleistung des Beklagten zu beteiligen, und lehnt der Subunternehmer dies durchgehend ab, so fällt eine Terminsgebühr nicht an, und zwar auch dann nicht wenn eine Stunde darüber diskutiert wird, ob der Subunternehmer einen Fehler gemacht hat oder nicht. **222**

o) Terminsgebühr gesetzlich ausgeschlossen. Keine Terminsgebühr durch eine außergerichtliche Tätigkeit fällt an, wenn im Gesetz ausdrücklich bestimmt ist, dass die Terminsgebühr nur unter besonderen, engen Voraussetzungen entstehen kann. Das ist zB der Fall in der Zwangsvollstreckung, in der gem. VV 3310 RVG die Terminsgebühr nur durch die Teilnahme **223**

Hansens; AGS 2012, 481; Bischof/*Bischof* VV Vorb 3 RVG Rn. 76a; **aA** LG Freiburg AGS 2007, 296 mablAnm *N. Schneider;* FG Düsseldorf RVGreport 2020, 174.

[254] Gerold/Schmidt/*Müller-Rabe* 23. Aufl. 2017 VV Vorb. 3 RVG Rn. 195.

[255] OLG Köln FamRZ 2013, 1062 = AGS 2012, 481; Bischof/*Bischof* VV Vorb. 3 RVG Rn. 76; **aA** OLG München JurBüro 2012, 246 = RVGreport 2012, 182 mablAnm *Hansens.*

[256] *Madert* AGS 2005, 279 (280) Ziff. 5.

[257] Anwaltstypische Handlung verneinend OLG Düsseldorf ZfS 1984, 14; *Hansens* BRAGO § 118 Rn. 27.

[258] NdsFG EFG 2006, 1012 = RVGreport 2006, 228; unklar *Hansens* RVGreport 2006, 241 (247) Ziff. V.

[259] FG BW JurBüro 2010, 30; HessFG RVGreport 2011, 377 mablAnm *Hansens;* NdsFG EFG 2006, 1012; FG München EFG 2011, 833 = AGS 2011, 235.

[260] FG München EFG 2011, 833 = AGS 2011, 235.

[261] FG Bln-Bbg EFG 2011, 1551 = RVGreport 2011, 341 mzustAnm *Hansens.*

[262] *Hansens* Anm. zu HessFG RVGreport 2011, 377.

an einem gerichtlichen Termin, einem Termin zur Abgabe der Vermögensauskunft oder einem Termin zur Abnahme der eidesstattlichen Versicherung entstehen kann.

224 **p) Mitwirkung des Anwalts.** Der RA muss an der Besprechung mitwirken. Das kann er nur, wenn er bei den Verhandlungen oder Besprechungen anwesend ist.[263] Es genügt entgegen einer in der Lit. vertretenen Ansicht[264] nicht, dass der an der Besprechung selbst in keiner Weise beteiligte RA später zu der vom Mandanten ausgehandelten Einigung zu- oder abratend Stellung nimmt. Das ist keine „Mitwirkung an einer Besprechung". Ebenso wenig genügt es, dass auf Veranlassung des Anwalts hin der Steuerberater seines Mandanten mit der Gegenseite spricht[265] oder dass der RA ausschließlich einen Besprechungstermin zwischen den Parteien vermittelt.[266]

225 Nicht notwendig ist, dass der RA selbst das Wort ergreift.[267] Es genügt zB, dass er schweigend, aber, falls erforderlich, eingriffsbereit zuhört, während die Parteien miteinander verhandeln.[268] Hingegen genügt nicht, dass er als Beobachter oder Zeuge anwesend ist, da er dann nicht mitwirkt.[269] Bei fernmündlichen Verhandlungen genügt, dass der RA die Verhandlungen an einem zweiten Hörer verfolgt, falls er nicht selbst die fernmündliche Besprechung führt (vorausgesetzt allerdings, dass er nicht nur als Zuhörer Zeuge sein, sondern sich auch ggf. in das Gespräch einschalten soll).[270] Es genügt auch, wenn die Parteien bei der Besprechung zusammensitzen, während der RA per Telefon mitwirkt. Der RA muss nicht während der ganzen Zeit der Besprechung anwesend gewesen sein. Seine Präsenz muss aber derart gewesen sein, dass er überhaupt Einfluss auf das Gespräch nehmen konnte.[271]

226 **q) Notwendigkeit und Pflichtwidrigkeit eines Gesprächs. Grundsatz.** Ob es auch möglich gewesen wäre, an Stelle eines Gespräches schriftsätzlich miteinander zu korrespondieren, ist für die Entstehung der Gebühr unerheblich.[272] VV Vorb. 3 Abs. 3 S. 1, 3 Nr. 2 RVG verlangt nicht, dass das Gespräch notwendig war. Wegen Kostenerstattung → Rn. 257 ff.; und wegen Einverständnis bzw. gegen den Willen des Mandanten → Rn. 138 ff.

227 **Pflichtwidrigkeit.** Es kann jedoch pflichtwidrig sein, wenn der RA ein solches Gespräch führt.[273] Er ist dann an der Geltendmachung der Terminsgebühr gehindert (→ § 1 Rn. 166 ff.). Hier ist wieder an die Rückkoppelung von Erstattungsanspruch und Geltendmachung eines Anspruchs gegen den Mandanten zu erinnern (→ Anh. X Rn. 7).

228 Solche **Missbrauchsfälle** kommen zB in Betracht,
- **nach erledigendem Ereignis** → Rn. 173,
- wenn die Verwaltungsbehörde durch Aufhebung des mit der Klage angegriffenen Bescheids den Auftraggeber klaglos gestellt hat und zu erwarten war, dass das Verwaltungsgericht die Kosten gem. § 161 Abs. 2 S. 1 VwGO der Beklagten auflegen würde,[274]
- wenn für den Initiator des Gesprächs ohne weiteres erkennbar war, dass ein solches Gespräch keine Aussicht auf Erfolg hat.

229 Das Gleiche wird in der Lit. in Erwägung gezogen, wenn das angestrebte Ziel genauso gut schriftsätzlich angestrebt werden konnte, zB wenn der Beklagtenvertreter dem Klägervertreter telefonisch unter bestimmten Voraussetzungen Zahlung in Aussicht stellt und um Klagerücknahme bittet.[275]

7. Terminsgebühr ohne Termin und ohne Gespräch

230 In besonderen Fällen kann die Terminsgebühr anfallen, ohne dass einer der genannten drei Termine stattgefunden hat (zB Urteil im schriftlichen Verfahren, Einigung; VV 3104 Anm. Abs. 1, VV 3202 Anm., VV 3210 Anm. RVG); iE dort.

---

[263] *Enders* JurBüro 2005, 561 (562).
[264] Hartung/Schons/Enders/*Schons* RVG VV Vorb. 3 Rn. 71.
[265] OLG Köln JurBüro 2006, 590.
[266] OLG Naumburg JurBüro 2008, 141.
[267] Schneider/Wolf/*Schneider/Onderka* RVG VV Vorb. 3 Rn. 143; *Bischof* JurBüro 2004, 296 (299); *Enders* JurBüro 2005, 561 (562); zur BRAGO KG AnwBl 1984, 452; BRAGOreport 2001, 92 mzustAnm *Hansens*.
[268] *Madert* AGS 2005, 279 (280) Ziff. 8; *Enders* JurBüro 2005, 561 (562); *Bischof* JurBüro 2004, 296 (299), ohne jedoch auf die Eingriffsbereitschaft abzustellen.
[269] **AA** *Bischof* JurBüro 2004, 296 (299); für den beobachtenden RA im Rahmen von § 118 Abs. 1 Nr. 2 BRAGO KG AnwBl 1984, 452.
[270] *Madert* AGS 2005, 279 (280) Ziff. 8; *Bischof* JurBüro 2004, 296 (299).
[271] Schneider/Wolf/*Schneider/Onderka* RVG VV Vorb. 3 Rn. 144.
[272] *Hansens* BRAGO § 118 Rn. 16.
[273] *Hansens* RVGreport 2006, 241 (242) Ziff. I 4.
[274] OVG Münster RVGreport 2013, 278.
[275] *Hansens* RVGreport 2005, 270 (271).

8. Streithelfer

Der Streithelfervertreter kann auch eine Terminsgebühr verdienen.[276] **231**

Auch vor dem Beitritt. Die zur BRAGO vertretene Meinung, dass der RA eine Verhandlungs- oder Erörterungsgebühr nur verdienen kann, wenn er vorher dem Verfahren beigetreten ist, dass ein Beitritt nach dem Termin nicht reicht, gilt für das RVG nicht mehr.[277] Nachdem es nunmehr nicht mehr darauf ankommt, ob der RA verhandelt hat, ob er also wirksam Anträge gestellt hat, und der Streithelfervertreter im Termin (ebenso wie hinsichtlich der Verfahrensgebühr → RVG VV 3101 Rn. 75) auch sinnvoll tätig sein kann, steht ihm, wenn er einen Auftrag als Verfahrensbevollmächtigter hat, auch vor dem Beitritt eine Terminsgebühr zu.[278] **232**

Im Termin. Im Verhandlungstermin muss er ebenso wenig wie der Parteivertreter einen Antrag stellen. Die Anwesenheit mit der Bereitschaft, wenn nötig zugunsten seines Mandanten einzugreifen, genügt. Zur BRAGO wurde die Ansicht vertreten, dass der Prozessbevollmächtigte des Streithelfers die Erörterungsgebühr nicht verdienen könne, wenn er auf eine Antragstellung verzichtete, obgleich eine solche möglich gewesen wäre.[279] Jedenfalls für das neue Recht kann dies nicht mehr gelten. Das Gesetz lässt eine Vertretung in einem Erörterungstermin genügen, also in einem Termin, der nicht auf die Antragstellung abzielt. Die Terminsgebühr ist damit von der Antragstellung abgekoppelt und es kann nicht mehr auf das Verhalten im Zusammenhang mit der Antragstellung ankommen. **233**

Vertretung durch anderen RA. Der Streithelfervertreter verdient die Terminsgebühr auch, wenn er sich in der mündlichen Verhandlung von einem der in § 5 RVG genannten Personen vertreten lässt, zB durch den Prozessbevollmächtigten der unterstützten Prozesspartei.[280] **234**

Vermeidungs- oder Erledigungsgespräche. → Rn. 197. **235**

9. Gebührenhöhe

Die Höhe der Gebühr ist für die unterschiedlichen Verfahren unterschiedlich hoch zB nach VV 3104 RVG 1,2 Gebühr, nach VV 3105 RVG 0,5 Gebühr, nach VV 3210 RVG 1,5 Gebühr. Grundsätzlich verdient der RA die volle jeweilige Gebühr. Insbesondere kommt es nicht mehr darauf an, ob streitig oder unstreitig verhandelt bzw. ob Sachanträge oder nur Verfahrensanträge gestellt wurden. Eine Ausnahme gilt uU, wenn nur eine Partei im Termin anwesend oder nicht ordnungsgemäß vertreten ist (zB VV 3105, 3203 RVG (VV 3211 RVG)). **236**

10. Angelegenheit

a) Eine Angelegenheit. ***aa) Grundsätze.*** Die Terminsgebühr kann nur einmal in einer Angelegenheit anfallen.[281] Mit ihr sind sämtliche Vertretungstätigkeiten in den in VV Vorb. 3 Abs. 3 RVG genannten Fällen abgegolten. Auch wenn der RA zunächst bei einer Besprechung zur Vermeidung- oder Erledigung und später bei einem oder mehreren Gerichtsterminen teilgenommen hat, verdient er die Terminsgebühr nur einmal.[282] **237**

bb) Mediation bei Gericht. Vertritt der RA den Mandanten bei einer vom Gericht durchgeführten Mediation, so fällt eine Terminsgebühr an (→ Rn. 187 ff.). Vertritt er darüber hinaus den Mandanten auch noch in einer mündlichen Verhandlung, so verdient er die Terminsgebühr nur einmal, da nur eine Angelegenheit vorliegt.[283] Dafür werden in der Rspr. zwei Begründungen gegeben. Nach der einen nimmt der Richter bei der Mediation eine originäre richterliche Aufgabe wahr, die Bestandteil des gerichtlichen Verfahrens ist.[284] Der Mediationstermin ist wie ein Gütetermin gem. 278 Abs. 2 ZPO zu behandeln. Es ist im Regelfall auch kein Fall von § 17 Nr. 7a, d RVG gegeben, da die meisten Gerichte die Mediation nicht an externe Einigungs-, Güte- oder Schiedsstellen abgeben, sondern als Teil des gerichtlichen Verfahrens behandeln und von Richtern durchführen lassen, die im Rahmen des richterlichen Geschäftsverteilungsplans mit der Mediation betraut sind. Für eine analoge Anwendung von § 17 Nr. 7a, d **238**

[276] BGH NJW 2006, 3571 = AGS 2006, 486 mzustAnm *Schons.*

[277] Schneider/Wolf/*Schneider/Onderka* RVG VV Vorb. 3 Rn. 172; *Hansens* RVGreport 2007, 147.

[278] *Hansens* RVGreport 2018, 84 ff. II 3a.

[279] OLG Hamburg JurBüro 1985, 720; OLG München AnwBl 1994, 472 = JurBüro 1995, 251.

[280] BGH NJW 2006, 3571 = AGS 2006, 486 mzustAnm *Schons.*

[281] HBS VergütungsR/*Hansens* Teil 8 Rn. 196.

[282] Riedel/Sußbauer/*Ahlmann* VV Vorb. 3 Rn. 78.

[283] OLG Braunschweig AnwBl 2007, 88 = JurBüro 2007, 196; OLG Celle RVGreport 2009, 223, jedenfalls wenn Mediator zum ersuchten Richter bestimmt wurde; KG RVGreport 2009, 222; OLG Rostock OLGR 2007, 159 = AGS 2007, 124; 2007, 336 = JurBüro 2007, 194; *N. Schneider* AGS 2007, 127.

[284] OLG Rostock OLGR 2007, 159 = AGS 2007, 124.

RVG fehlt es an einer Regelungslücke.[285] Die zweite Begründung nimmt zwar eine außergerichtliche Tätigkeit an, ordnet diese jedoch gem. § 19 Abs. 1 S. 2 Nr. 2 RVG dem Rechtszug zu.[286] Wegen Entstehung der Terminsgebühr bei richterlicher Mediation → Rn. 187.

239 **b) Mehrere Angelegenheiten.** Soweit mehrere Angelegenheiten vorliegen, kann die Terminsgebühr ein zweites Mal entstehen. Das ist zB beim selbständigen Beweisverfahren und dem nachfolgenden Hauptsacheverfahren bzw. beim Urkunden- und Wechselprozess und dem Nachverfahren (§ 17 Nr. 5 RVG) der Fall. Die Anrechnungen gem. VV Vorb. 3 Abs. 5 RVG bzw. VV 3100 Anm. Abs. 2 RVG betreffen nur die Verfahrensgebühr. Zu Verbindung und Abtrennung → RVG VV 3100 Rn. 40 ff.

240 **c) Gespräche wegen mehrerer Verfahren.** Dazu, wenn sich ein Vermeidungs- oder Erledigungsgespräch gleichzeitig auf Gegenstände bezieht, die in verschiedenen Verfahren anhängig sind, → RVG VV 3104 Rn. 93 ff.

11. Gegenstandswert

241 → Anh. VI Rn. 570 ff.

12. Prozessuale Kostenerstattung

242 **a) Grundsätzliche Erstattungsfähigkeit.** ***aa) Grundsatz.*** Die Terminsgebühr wird hinsichtlich aller drei Varianten von VV Vorb. 3 Abs. 3 RVG grds. von der Kostengrundentscheidung erfasst.

243 ***bb) Wahrnehmung eines Sachverständigentermins.*** Das gilt auch für die Terminsgebühr, die durch die Teilnahme des Anwalts an einem vom gerichtlich bestellten Sachverständigen anberaumten Termin entsteht. Indem VV Vorb. 3 Abs. 3 S. 1 Alt. 2, S. 3 Nr. 1 RVG für die Mitwirkung bei einem Sachverständigentermin eine „Terminsgebühr" vorsieht, bestimmt es gleichzeitig, dass diese Mitwirkung zum gerichtlichen Verfahren gehört. Anders ist es jedoch bei ärztlichen Untersuchungen.[287]

244 ***cc) Vermeidungs- und Erledigungsgespräche.*** Die zunächst streitige Frage, ob die durch ein Vermeidungs- oder Erledigungsgespräch entstandene Terminsgebühr in der Kostenfestsetzung geltend gemacht werden kann, ist nunmehr durch den BGH zutreffender Weise im Sinne einer Festsetzbarkeit entschieden.[288] Dass diese Gespräche ohne das Gericht geführt werden und dass die Gebühr uU schon angefallen ist, bevor überhaupt ein Rechtsstreit rechtshängig wird, ändert nichts an dem unmittelbaren Bezug zu dem bereits laufenden oder zu dem späteren Rechtsstreit.[289] Jede andere Handhabung würde der Intention des Gesetzes, die einvernehmliche Regelung ohne Inanspruchnahme des Gerichts zu fördern, zuwiderlaufen. Weg. Gespräch nach Beschluss in Eilverfahren → Anh. X Rn. 105.

245 **Richterliche Mediation.** Da die richterliche Mediation zum gerichtlichen Verfahren gehört (→ Rn. 238), wird die durch sie ausgelöste Terminsgebühr auch von der Kostenentscheidung erfasst.[290]

246 **Gespräch ohne Beteiligung des Erstattungspflichtigen.** Bis zur 23. Auflage habe ich die Meinung vertreten, ein Erstattungsanspruch gegen einen Erstattungspflichtigen müsse ausscheiden, wenn dieser in keiner Weise an dem Gespräch beteiligt war, also wenn zB der Gegner des Erstattungspflichtigen mit seinem Streitgenossen darüber spricht, welches Einigungsangebot man dem Gegner unterbreiten könnte (wegen Entstehung einer Terminsgebühr → Rn. 197 ff.). Begründet habe ich das damit, dass man sonst einer Partei die Herrschaft darüber nehme, ob sie einen Prozess möglichst billig gestalten will, zB indem sie zwei Wochen vor der mündlichen Verhandlung zahlt und so iVm schriftlichen Erledigungserklärungen eine Terminsgebühr vermeidet.

247 An dieser Meinung halte ich nicht fest. Es gibt keinen Grundsatz, dass der Erstattungspflichtige es unter allen Umständen in der Hand haben muss, welche von ihm uU zu erstattenden

---

[285] OLG Rostock OLGR 2007, 159 = AGS 2007, 124.

[286] *N. Schneider* AGS 2007, 127.

[287] OLG Köln NJW-RR 2013, 1022 = JurBüro 2013, 588 = RVGreport 2013, 474 mzustAnm *Hansens,* mwN.

[288] BGH NJW-RR 2007, 787; ebenso OLG Hamburg MDR 2007, 181; OLG Karlsruhe AGS 2006, 220; LAG Düsseldorf MDR 2006, 898 mwN, auch für die vor der BGH Entscheidung vereinzelt vertretene Gegenmeinung.

[289] **AA** OLG Jena AGS 2005, 516 = RVGreport 2005, 434, Erstattung nur, wenn Terminsgebühr unstreitig angefallen ist.

[290] OLG Celle RVGreport 2009, 223, jedenfalls wenn Mediator zum ersuchten Richter bestimmt wurde.

Gebühren anfallen. Der Erstattungspflichtige hat es auch nicht in der Hand, ob der Gegner einen Verkehrsanwalt einschaltet und trotzdem muss er uU dessen Kosten erstatten (→ VV 3400 Rn. 90 ff. RVG). In Betracht käme noch ein Wegfall der Erstattungspflicht wegen unnötiger Maßnahmen (→ Anh. X Rn. 281 ff.). Soll aber der Gegner durch ein gemeinsames Angebot der Streitgenossen zu einer Einigung verlockt werden, so kann das nicht als unnötig angesehen werden.

Folgt man *Hansens* darin, dass auch eine Terminsgebühr anfällt, wenn Streitgenossen untereinander oder eine Partei und ein auf ihrer Seite beigetretener Streithelfer nur darüber sprechen, wie intern das Ergebnis eines Verfahrens aufgeteilt werden soll, also kein Einigungsvorschlag an den Gegner vorbereitet werden soll, so ist der erstattungspflichtige Gegner nicht verpflichtet, die so entstandene Terminsgebühr zu erstatten, nachdem das Gespräch seine Position im Verfahren überhaupt nicht betrifft. **248**

b) Kostengrundentscheidung oder -vereinbarung. ***aa) Erforderlichkeit.*** Es bedarf einer Kostenentscheidung oder einer gerichtlich protokollierten Vereinbarung zu den Kosten. Fehlt eine solche, etwa weil die Besprechung der Vermeidung eines Rechtsstreits diente und es dann zu keinem Gerichtsverfahren gekommen ist, so scheidet eine Kostenerstattung mangels eines Vollstreckungstitels (§ 103 ZPO) aus.[291] **249**

bb) Eine Terminsgebühr für mehrere Angelegenheiten. Ist gem. VV 3104 Anm. Abs. 2 RVG auch für die in diesem Verfahren nicht anhängigen Ansprüche eine Terminsgebühr angefallen (→ RVG VV 3104 Rn. 93 ff.), so wird die insoweit entstandene Terminsgebühr von der Kostenentscheidung nicht erfasst.[292] Anders ist es, wenn es zu einer Einigung kommt und die Kostenvereinbarung auch die durch die Einbeziehung entstandenen Kosten miterfasst. Wegen der parallelen Frage bei der Verfahrensdifferenzgebühr → Anh. X Rn. 52. Wegen Auslegung der Kostenregelung → Anh. X Rn. 55. **250**

cc) Mehrere Terminsgebühren für mehrere Angelegenheiten. Nach der hier vertretenen Auffassung fällt die Terminsgebühr in jedem Verfahren gesondert an (und nicht nur einmal aus dem addierten Wert), wenn ohne das Gericht(!) Vermeidungs- oder Erledigungsgespräche über Ansprüche, die in verschiedenen Verfahren rechtshängig sind, geführt werden (→ RVG VV 3104 Rn. 131). Die jeweilige Terminsgebühr ist dann in jedem Verfahren nur auf Grund einer in diesem Verfahren ergangenen Kostenentscheidung oder -vereinbarung zu erstatten. **251**

***dd) Abweichende Vereinbarung für Kosten der* Einigung.** Wird hinsichtlich der Kosten der Einigung eine von der sonstigen Kostenregelung abweichende Vereinbarung getroffen, so gehört die Terminsgebühr hinsichtlich **anhängiger Ansprüche** nicht zu den Kosten der Einigung. Das gilt auch dann, wenn die Terminsgebühr gem. VV 3104 RVG Anm. 1 Nr. 1 letzte Alt, also durch eine schriftliche Einigung erfolgt.[293] Werden aber **nicht rechtshängige Ansprüche** in eine Gesamteinigung einbezogen, so gehört nach dem Willen der Parteien der (nach der Differenzmethode zu errechnende) Teil der Terminsgebühr, der nur durch die Einbeziehung angefallen ist, regelmäßig zu den Kosten der Einigung (entspr. dem Willen bei der Verfahrensdifferenzgebühr → Anh. X Rn. 53).[294] Im Beispiel → RVG VV 3101 Rn. 110 entfallen von der Terminsgebühr von insgesamt 861,60 EUR auf die allgemeine Kostenregelung 736,80 (1,2 Terminsgebühr aus 10.000,– EUR) und 124,80 EUR (861,60 EUR – 736,80 EUR) auf die Sonderkosten der Einigung . **252**

c) Prüfung der Notwendigkeit. ***aa) Vertretung im Termin.*** Regelmäßig ist die Teilnahme des Anwalts am Termin erforderlich, vorausgesetzt dass überhaupt die Einschaltung eines Anwalts in dem Verfahren als erforderlich anzusehen war (→ Anh. X Rn. 184 ff.). **253**

In besonderen Fällen kann jedoch ein Missbrauch vorliegen. Ein solcher ist zB gegeben, wenn es die erstattungsberechtigte Partei zu einem Verhandlungstermin hat kommen lassen, obgleich genug Zeit war, die Hauptsache auch schriftlich für erledigt zu erklären und der Gegner einer solchen Erklärung bereits vorsorglich zugestimmt hatte.[295] **254**

bb) Wahrnehmung eines Sachverständigentermins. Teilweise wird vertreten, dass eine Terminswahrnehmung durch den RA in der Regel erforderlich ist.[296] Dem steht die Auffassung **255**

---

[291] HBS VergütungsR/*Hansens* Teil 8 Rn. 225, 227.

[292] OLG Karlsruhe JurBüro 2006, 540.

[293] BGH AnwBl 2007, 462 = NJW-RR 2007, 1149 = JurBüro 2007, 360; OLG Koblenz JurBüro 2007, 138.

[294] BGH NJW 2017, 3725; OLG München FamRZ 2006, 1695; **aA** OLG Naumburg JurBüro 2010, 644.

[295] OLG München MDR 2005, 57, noch zur BRAGO = FamRZ 2005, 642 (Ls.) = AGS 2005, 85 mit teilweise krit. Anm. *N. Schneider.*

[296] KG JurBüro 2007, 261; OLG Celle JurBüro 1972, 1105.

gegenüber, eine Anwesenheit des Anwalts beim Sachverständigentermin sei nur in Ausnahmefällen notwendig. **ME** sollte auf Grund von § 91 Abs. 2 ZPO die Notwendigkeit im Regelfall bejaht werden. Es handelt sich um gesetzliche Gebühren im Sinne dieser Bestimmung → RVG VV 7003 Rn. 106.

256 **Ausnahmen.** Allerdings kann im Einzelfall etwas anderes gelten, wenn unter keinem Gesichtspunkt die Anwesenheit des Anwalts sachgerecht ist. Das kommt zB bei einer Untersuchung des Mandanten für ein ärztliches Gutachten in Betracht.

257 *cc) Vermeidungs- und Erledigungsgespräche.* **Eingeschränkte Notwendigkeitsprüfung.** Nach dem BGH ist auch in ZPO-Verfahren zu prüfen, ob das Gespräch zur zweckentsprechenden Rechtsverfolgung oder -verteidigung notwendig war.[297] Dabei ist im Regelfall auf Grund von § 91 Abs. 2 S. 1 ZPO[298] die Notwendigkeit ohne besondere Prüfung anzunehmen.[299] Etwas anderes gilt, wenn besondere Umstände dagegen sprechen.

258 **Fehlende Notwendigkeit.** Der BGH hat die Notwendigkeit verneint, wenn das Gespräch nicht der Förderung des Prozesserfolges dient, sondern allein im Gebühreninteresse des Anwaltes in Erwartung der Erstattungspflicht des Gegners vorgenommenen worden ist. Dies ist nach dem BGH der Fall, wenn sich die Klageansprüche aus einer notariellen Urkunde ergaben und der Rechtsstreit nur erforderlich war, weil der Beklagte Rentenzahlungen unregelmäßig erbracht hat, ohne jedoch den Anspruch zu bestreiten. Bei dieser Sachlage sei nicht zu erkennen, wie das Telefonat mit dem Beklagten einer Förderung der Interessen der Klägerin hätte dienlich sein können und warum der angesichts der Passivität des Beklagten nahe liegende Weg einer kostengünstigen Titulierung sämtlicher mit der Klage verfolgten Ansprüche durch ein Versäumnisurteil nicht bestritten wurde.[300] In die gleiche Richtung geht eine Entscheidung des OVG Lüneburg, das „einen ernsthaften Versuch" zu einer gütlichen Einigung verlangt, was es allein deshalb verneint, weil der anrufende RA lediglich einen Vorschlag der vorausgehenden Instanz zum „Knackpunkt" des Verfahrens wiederholt hat, ohne sein Angebot aufzubessern.[301] Ob diese Entscheidung im konkreten Fall richtig war, kann nach den wiedergegebenen Tatsachen nicht beurteilt werden. Auf keinen Fall ist in jedem Fall, in dem lediglich ein Einigungsangebot wiederholt wird, von vornherein davon auszugehen, dass es nicht ernsthaft ist und nur der Gebührenvermehrung dienen soll. ZB bietet die Partei, die inzwischen ein günstigeres Urteil erlangt hat, an, die bereits in der ersten Instanz diskutierte, für sie ungünstigere Einigung abzuschließen.

259 Die Notwendigkeit wird in der Lit. zutreffend verneint,
- wenn das Gespräch nach übereinstimmender Erledigungserklärung geführt wird. Es bedarf dann näherer Darlegung, warum das Gespräch dennoch notwendig war,[302]
- wenn die Besprechung von Anfang aussichtslos ist, weil der Gegner schon vorher deutlich gemacht hat, dass er eine gerichtliche Klärung wünscht.[303]

260 Ein völlig sinnloses Gespräch ist weiter gegeben, wenn vorprozessual bereits Gespräche oder eine ausführliche Korrespondenz stattgefunden haben, wobei alle rechtlichen Aspekte ausdiskutiert wurden, und sich nichts Neues ergeben hat, das ein neues Gespräch sinnvoll machen könnte.

261 Bei einem Gespräch im Anschluss an einen Hinweis nach § 522 Abs. 2 ZPO bedarf es besonderer Umstände, damit dieses Gespräch nicht nur als im Interesse der Gebührensteigerung geführt anzusehen ist. Das Fehlen besonderer Umstände ist zB anzunehmen, wenn der Berufungsführer selbst nicht behauptet, Argumente gegen die Ansicht des Berufungsgerichts zu haben.

262 **Gegebene Notwendigkeit.** Dass der Beklagte bereits vorprozessual den Anspruch bestritten oder aufgerechnet hat, steht einem Erstattungsanspruch nicht entgegen. Es kann sehr wohl sinnvoll sein, in einem Gespräch dem Gegner zB unter Hinweis auf eine Urkunde klar zu machen, dass doch ein Anspruch gegen ihn besteht, oder mit ihm zu erörtern, dass die Rechtslage ungewiss ist, weshalb sich eine Einigung anbietet.

263 Nach *Hansens* ist beim **Angerufenen** die Notwendigkeit grds. zu bejahen, da er ihn ist erstattungsrechtlich nicht für verpflichtet hält, eine solche Besprechung von vornherein abzuleh-

[297] BGH NJW-RR 2007, 787 = RVG-Letter 2007, 14 mablAnm *Mayer; Hansens* RVGreport 2006, 241 (249) Ziff. 4; *Hansens* RVGreport 2007, 104.
[298] BGH NJW 2003, 1532.
[299] *Hansens* RVGreport 2006, 241 (249) Ziff. VI 4.
[300] BGH NJW-RR 2007, 787 = RVG-Letter 2007, 14 mablAnm *Mayer.*
[301] OVG Lüneburg AGS 2010, 75 Rn. 17.
[302] *Hansens* RVGreport 2007, 103 (104) Ziff. V 2.
[303] *Hansens* RVGreport 2006, 241 (249) Ziff. VI 4.

nen.[304] Dem ist jedenfalls dann nicht zu folgen, wenn der Angerufene mit Sicherheit weiß, dass er keine Einigung will, zB weil er eine Grundsatzentscheidung herbeiführen will.

Missbrauch bei Gesprächen ohne Beteiligung des Erstattungspflichtigen. Gerade bei Gesprächen mit Dritten, an denen der Erstattungspflichtige nicht beteiligt war, wird in jedem Einzelfall zu prüfen sein, ob das Gespräch nicht von vornherein sinnlos war und nur die Entstehung einer Terminsgebühr sichern sollte. 264

d) Nachweis der Besprechung ohne Gericht. ***aa) Unstreitige oder zugestandene Terminsgebühr.*** Bestreitet der Gegner einen entsprechenden Vortrag des Anspruchsstellers nicht, so ist der Vortrag gem. § 138 Abs. 3 ZPO als zugestanden anzusehen.[305] Erst recht genügt ein Geständnis iSv § 288 ZPO, das anzunehmen ist, wenn der Anspruchsgegner selbst ausdrücklich erklärt, ein Einigungsgespräch geführt zu haben.[306] 265

bb) Streitig. Es ist nicht notwendig, dass das Gespräch unstreitig ist.[307] Es kann auch glaubhaft gemacht werden. 266

Glaubhaftmachungspflichtig für das behauptete Gespräch und dessen Inhalt ist, wer die Terminsgebühr geltend macht.[308] Hat der Erstattungsberechtigte die Terminsgebühr glaubhaft gemacht, so muss der Erstattungspflichtige seinerseits glaubhaft machen, dass kein Terminsgespräch stattgefunden hat.[309] Die Glaubhaftmachung kann auch durch die Vorlage von Faxschreiben erfolgen.[310] 267

Mittel der Glaubhaftmachung. Glaubhaft gemacht werden kann ua durch eidesstattliche Versicherung bzw. durch die Berufung auf die anwaltliche Wahrheitspflicht. Aus dem Akteninhalt können sich ausreichende Hinweise für das Gespräch ergeben,[311] zB weil der Gegner während des Verfahrens in einem Schriftsatz auf das Gespräch Bezug nimmt oder weil eine Wendung im Verfahren nur erklärlich wird, wenn das vom Berechtigten behauptete Gespräch stattgefunden hat. Auch eine Gesprächsnotiz kann, wenigstens in Verbindung mit sonstigen Umständen, zur Glaubhaftmachung dienen.[312] 268

Detaillierter Vortrag. Ist das Gespräch bestritten und nicht aktenkundig, so muss der Erstattungsberechtigte iE vortragen, wo, wann, mit welchem Inhalt das Gespräch geführt wurde und wer mit wem gesprochen hat.[313] 269

Hinweis für RA. Die Angaben zu dem Gespräch sollten möglichst konkret und detailliert sein. Dann werden viele Gegner Probleme haben zu bestreiten. Zum anderen werden Gerichte eher dazu neigen, dem Vortrag zu glauben. Gerichte lieben konkreten Vortrag. Der Anwalt sollte den gerade in Kosten- und Vergütungsfestsetzungsverfahren immer wieder gemachten Fehler meiden, durch unsubstantiiertes Vortragen seine oder seines Mandanten Ansprüche zu gefährden. Am besten ist es, wenn der Gesprächspartner das Gespräch schriftlich bestätigt.[314] Anwälte sollten sich hier gegenseitig kollegial unterstützen. 270

e) Nachliquidation. Hat eine Partei zunächst die Terminsgebühr nicht im Kostenfestsetzungsantrag geltend gemacht, zB weil noch nicht durch den BGH geklärt war, ob im gegebenen Fall eine Terminsgebühr anfällt, so kann sie im Wege der Nachliquidation angemeldet werden, auch wenn schon ein bestandskräftiger Kostenfestsetzungsbeschluss ergangen ist. Da die Terminsgebühr nicht beantragt war, ist über sie auch noch nicht entschieden.[315] 271

f) Streithelfer. Die Terminsgebühr des Streithelfervertreters ist auch erstattungsfähig, wenn sie nur vor dem Beitritt angefallen ist (wegen Entstehung → Rn. 231 ff.). 272

g) Patentanwalt. Nimmt der Patentanwalt in einer Markensache eingriffsbereit, aber ohne sich zu äußern, an einem Verhandlungs-, Erörterungs- oder Beweisaufnahmetermin teil, so ist seinem Mandanten eine Terminsgebühr für den Patentanwalt gem. § 141 Abs. 3 MarkenG zu 273

[304] *Hansens* RVGreport 2007, 103 (104) Ziff. V 2.
[305] BGH FamRZ 2008, 1610; NJW-RR 2007, 787; OLG Naumburg JurBüro 2006, 529.
[306] BGH NJW-RR 2007, 286 = AnwBl 2007, 238 = FamRZ 2007, 464 = JurBüro 2007, 26.
[307] BGH AGS 2008, 330; NJW 2007, 2493 = AnwBl 2007, 552; 2007, 2859.
[308] BGH NJW-RR 2014, 958 Rn. 16; OLG Hamburg AGS 2007, 31; OLG Karlsruhe AGS 2006, 220; OLG Koblenz RVGreport 2016, 111; OLG Naumburg JurBüro 2006, 529, spricht von „beweispflichtig".
[309] *Hansens* RVGreport 2006, 241 (249) Ziff. VI 3.
[310] OLG Zweibrücken RVGreport 2010, 30.
[311] BGH AGS 2008, 330; NJW 2007, 2493 = AnwBl 2007, 552; 2007, 2859; OLG Dresden JurBüro 2008, 333.
[312] OLG Dresden JurBüro 2008, 333.
[313] HBS VergütungsR/*Hansens* Teil 8 Rn. 229.
[314] *Madert* AGS 2005, 279 (281); *Bischof* JurBüro 2004, 296 (299).
[315] OLG München NJW-RR 2006, 1006.

erstatten.[316] Dasselbe gilt bei der Mitwirkung des Patentanwalts an einem Vermeidungs- oder Erledigungsgespräch iSv Abs. 3 Alt. 3, da diese einer Mitwirkung im gerichtlichen Termin vom Gesetz gleichgestellt wird. Wegen Notwendigkeitsprüfung → Anh. X Rn. 153 ff.

13. Materiell-rechtlicher Ersatzanspruch

274 Es kann auch außerhalb der gerichtlichen Kostenfestsetzung ein materiell-rechtlicher Ersatzanspruch zB aus Verzug oder unerlaubter Handlung gegeben sein. Das ist zB von Bedeutung, wenn einem außergerichtlichen Gespräch kein gerichtliches Verfahren und damit auch keine gerichtliche Kostenentscheidung folgt,[317] zB weil der Schuldner zahlt.

14. Vergütungsfestsetzung

275 Die Terminsgebühr, auch die für eine Besprechung ohne Gericht, kann gem. § 11 RVG festgesetzt werden. Der Einwand des Auftraggebers, es habe sein Einverständnis mit einer Besprechung gefehlt, steht einer Festsetzung nicht entgegen, da das Einverständnis nicht Voraussetzung für die Terminsgebühr ist. Beruft sich der Mandant darauf, das Gespräch sei gegen seinen ausdrücklichen oder erkennbaren Willen (→ Rn. 139) oder pflichtwidrig (→ Rn. 227 ff.) geführt worden, so steht dies gem. § 11 Abs. 5 RVG grds. einer Vergütungsfestsetzung entgegen. Allerdings ist hier besondere Aufmerksamkeit darauf zu richten, ob die Einwendung nicht offensichtlich haltlos ist. Zur Nachweispflicht → Rn. 265 ff. Um den Nachweis zu erleichtern, wird in der Lit. vorgeschlagen, den Mandanten über ein erfolgtes Gespräch schriftlich zu informieren. Sollte die Besprechung vorher mit dem Mandanten abgesprochen gewesen sein, sollte dieser Umstand in dem Schreiben erwähnt werden.[318]

15. PKH-Anwalt

276 Der PKH-Anwalt erhält von der Staatskasse auch die Terminsgebühr vergütet. Das gilt auch für das Gespräch ohne Gericht. Es gelten die gleichen Grundsätze wie bei der Kostenerstattung (→ Rn. 248 ff.). Allerdings muss die Tätigkeit, zB das Einigungsgespräch ohne Gericht, nach dem Zeitpunkt erfolgt sein, ab dem die Beiordnung erfolgt ist.

VII. Anrechnung der Geschäftsgebühr (Abs. 4)

Schrifttum: *Peter,* Kündigung des Mietvertrags und Räumungsrechtsstreit – Keine Anrechnung auf die Verfahrensgebühr, NZM 2006, 801; *N. Schneider,* Anrechnung der Geschäftsgebühr, ZAP Fach 24, 1265 ff.; *Streppel,* Die Anrechnung der Geschäftsgebühr auf die Verfahrensgebühr, MDR 2007, 929.

1. Allgemeines

277 **Zweck** von Anrechnungsvorschriften ist es zu verhindern, dass die gleiche – oder annähernd gleiche – Tätigkeit zweimal honoriert wird, wenn sie hinsichtlich unterschiedlicher Angelegenheiten anfällt, zB zunächst als außergerichtliche und später als gerichtliche. Darüber hinaus soll die Einigungsbereitschaft dadurch gefördert werden, dass es gebührenrechtlich für den RA weniger reizvoll sein soll, es zu einem gerichtlichen Verfahren kommen zu lassen (Motive → Rn. 1). Die Auswirkung auf das Verhältnis zum Auftraggeber und zu Dritten ist in § 15a RVG geregelt.

2. Überblick über Anrechnungen in VV Teil 2, 3 RVG

278 In einigen Fällen, in denen verschiedene Angelegenheiten vorliegen, ordnet das Gesetz die Anrechnung von Gebühren auf andere Gebühren an.

Anrechnungen sind ua vorgesehen

- **Beratungsgebühr auf Gebühren für sonstige Tätigkeiten**
  - § 34 Anm. Abs. 2 RVG (→ § 34 Rn. 59 ff.; → RVG VV 3200 Rn. 25),
  - bei Beratungshilfe (VV 2501 Anm. Abs. 2 RVG),
- **Geschäftsgebühr auf Geschäftsgebühr**
  - RVG VV Vorb. 2.3 Abs. 4–6.
- **Geschäftsgebühr auf Verfahrensgebühr**
  - VV Vorb. 3 Abs. 4 RVG,
  - VV 2503 Anm. Abs. 2 RVG bei Beratungshilfe,
- **Verfahrensgebühr auf weitere Verfahrensgebühren**
  - VV Vorb. 3 Abs. 5 RVG bei selbständigem Beweisverfahren,

---

[316] OLG München RPfleger 2005, 383 = OLGR 2005, 179; zur BRAGO OLG München JurBüro 2004, 376 = OLGR 2004, 219.

[317] *Hansens* RVGreport 2006, 241 (247) Ziff. VI 1.

[318] *Madert* AGS 2005, 279 (280) Ziff. 7.

– VV Vorb. 3 Abs. 6 RVG bei Zurückverweisung,
– VV 3100 Anm. Abs. 1 RVG bei vereinfachtem Verfahren über den Unterhalt Minderjähriger,
– VV 3100 Anm. Abs. 2, § 17 Nr. 5 RVG bei Urkunden- und Wechselprozess, → RVG VV Vorb. RVG 3 Rn. 380 ff.
– VV 3100 Anm. Abs. 3 RVG bei Vermittlungsverfahren nach § 165 FamFG, → RVG VV 3100 Rn. 85,
– VV 3101 Anm. Abs. 1 RVG, Anm. zu VV 3201 RVG, Anm. zu VV 3209 RVG, Anm. zu VV 3503 RVG bei Differenzverfahrensgebühr, → RVG VV 3101 Rn. 114 ff.,
– VV 3305 RVG Anmerkung bei Mahnverfahren,[319]
– VV 3307 RVG Anmerkung bei Widerspruchsgebühr im Mahnverfahren.
– Anm. zu VV 3506 RVG, Anm. zu VV 3511 RVG, Anm. zu VV 3512 RVG bei Nichtzulassungsbeschwerde, → RVG VV 3506 Rn. 3, → RVG VV 3511 Rn. 8; → RVG VV 3512 Rn. 8,

– **Differenzterminsgebühr auf weitere Terminsgebühren**
Anm. Abs. 2 zu VV 3104 RVG und Anm. 1 zu VV 3202 RVG und Anm. zu VV 3210 RVG, → RVG VV 3104 Rn. 104 ff.

3. Anwendungsbereich von VV Vorb. 3 Abs. 4 RVG

a) Grundsatz. VV Vorb. 3 Abs. 4 RVG gilt in allen Verfahren, für die VV Teil 3 RVG anwendbar ist (→ Rn. 6 ff.), also zB auch im Verwaltungsrecht,[320] weshalb eine im Verwaltungsverfahren angefallene Geschäftsgebühr gem. VV Vorb. 3 Abs. 4 RVG auf eine Verfahrensgebühr eines sich anschließenden gerichtlichen Verfahrens anzurechnen ist.[321] 279

b) Sozialgerichtsbarkeit. Dazu, dass das 2. KostRMoG die bisherige indirekte Anrechnung in eine direkte geändert hat, → § 3 Rn. 166 ff. Die Folge davon ist, dass VV 3103 RVG gestrichen wurde und stattdessen auch eine in einer sozialrechtlichen Sache mit Betragsrahmengebühren angefallene Geschäftsgebühr auf eine sozialgerichtliche Verfahrensgebühr angerechnet wird. Gem. VV Vorb. 3 Abs. 4 S. 1 RVG sind alle in VV Teil 2 RVG genannten Geschäftsgebühren anzurechnen. 280

c) Finanzgerichtsbarkeit. Die Geschäftsgebühr ist auch auf die Gebühr gem. VV Vorb. 3.2.1 Nr. 1, VV 3200 RVG im erstinstanzlichen Verfahren vor dem Finanzgericht anzurechnen.[322] Dafür spricht die Gesetzessystematik – VV Vorb. 3 Abs. 4 RVG gilt für das ganze Buch 3 und nicht wie zB VV Vorb. 3.1 RVG nur für den 1. Rechtszug. Dass eine Verfahrensgebühr der ersten Instanz nicht auf die Verfahrensgebühr der 2. Instanz angerechnet wird, steht nicht entgegen. Die Geschäftsgebühr kann nicht einer Verfahrensgebühr der ersten Instanz gleichgestellt werden.[323] Wegen Steuerberater → Rn. 284. 281

d) Anrechnung der Geschäftsgebühr auf Verfahrensgebühr. Die Bestimmung gilt nur für die Anrechnung einer Geschäftsgebühr auf eine Verfahrensgebühr. Sie gilt nicht für **Geschäftsgebühren untereinander** und auch nicht für **Verfahrensgebühren untereinander.** Für diese gibt es aber einige andere Anrechnungsbestimmungen (→ Rn. 278). 282

4. Anrechnung der Geschäftsgebühr

a) Gesetzliche Geschäftsgebühr. Anzurechnen ist jede nach VV Teil 2 RVG anfallende Geschäftsgebühr, also auch die 0,3 Geschäftsgebühr des VV 2301 RVG für ein einfaches Schreiben; ebenso die Geschäftsgebühr im Verfahren vor der Vergabekammer[324] oder im Verwaltungsverfahren, auch in Sozialsachen.[325] 283

b) Gebühr gem. § 40 StBVV. Verdient der Steuerberater im steuer-rechtlichen Vorverfahren eine Geschäftsgebühr gem. § 40 StBVV und fällt bei ihm anschließend im finanzgerichtlichen Verfahren eine 1,6 Verfahrensgebühr gem. § 45 StBVV, VV Vorb. 3.2.1 Nr. 1, VV 3200 RVG an, so findet eine Anrechnung der Geschäftsgebühr gem. VV Vorb. 3 Abs. 4 RVG statt. Das folgt daraus, dass gem. § 45 StBVV für den vor dem Finanzgericht tätigen Steuerberater die Vorschriften des RVG entsprechend anzuwenden sind, dass die Geschäftsgebühr des § 40 284

---

319 OLG Koblenz JurBüro 1986, 392.
320 BVerwG JurBüro 2009, 594; OVG Hamburg NJW 2009, 1432.
321 BVerwG RVGreport 2009, 386.
322 FG Köln EFG 2009, 1857 = AGS 2010, 288 entgegen SächsFG 22.4.2009 – 1 K 1302/08, nv.
323 FG Köln EFG 2009, 1857 = AGS 2010, 288.
324 BGH NJW 2014, 3163 = AnwBl 2014, 865; NJW 2010, 76 = AnwBl 2009, 876.
325 BVerwG JurBüro 2009, 594.

StBVV hinsichtlich Höhe und Kappungsgrenze der Geschäftsgebühr des RVG gleicht und dass auch iRd Gebühr gem. § 40 StBVV. § 40 StBVV berücksichtigt werden soll, dass bei der Vertretung in mehreren Stufen Arbeit erspart wird, wie die Ermäßigungen bzw. Höchstgebühren in § 40 Abs. 2–4 StBVV zeigen. Dafür, dass die unbegrenzte Verfahrensgebühr anfallen soll, wenn derselbe Steuerberater auch im Gerichtsverfahren tätig ist, lässt sich kein Grund finden. Der Gesetzgeber hat offensichtlich eine ausdrückliche Regelung unterlassen, weil er davon ausging, dass die Verweisung in § 45 StBVV genügt.[326]

285 **c) Inkassokosten gem. § 4 Abs. 5 RDGEG** sind keine anzurechnende Geschäftsgebühr.[327] Außerdem scheidet eine Anrechnung aus, weil der im gerichtlichen Verfahren tätige RA nicht identisch ist mit dem Inkassounternehmen (→ Rn. 283 ff.).

286 **d) Vergütungsvereinbarung.** Angerechnet wird nach dem eindeutigen Wortlaut von VV Vorb. 3 Abs. 4 RVG eine „Geschäftsgebühr". Eine vereinbarte Vergütung ist keine Geschäftsgebühr, auch wenn sie an deren Stelle tritt.[328] Darüber hinaus enthält VV Vorb. 3 Abs. 4 RVG disponibles Recht. Es kann also vereinbart werden, dass die Geschäftsgebühr nicht anzurechnen ist.[329] Wird aber lediglich vereinbart, dass eine Geschäftsgebühr anfällt, so gelten die für die Geschäftsgebühr einschlägigen Bestimmungen des RVG unverändert fort.

287 **e) Entstehung.** Es muss eine Geschäftsgebühr angefallen sein, sonst kann eine solche nicht angerechnet werden. Eine Anrechnung scheidet daher aus, wenn die außergerichtliche Tätigkeit im Rahmen eines unbedingten Verfahrensauftrags erfolgt ist und deshalb eine Verfahrensgebühr entstanden ist (→ Rn. 14 ff.).[330]

288 **f) Anrechnung im Verhältnis zu Dritten.** → § 15a Abs. 3.

5. Betroffene Verfahrensgebühren

289 **a) Grundsatz.** Die Anrechnung nach VV Vorb. 3 Abs. 4 RVG erfolgt nur auf eine Verfahrensgebühr. Dabei ist jede Verfahrensgebühr, die von Teil 3 erfasst wird, aber auch nur eine des VV Teil 3 RVG,[331] anrechnungsfähig, also zB auch
- eine Verfahrensgebühr im Insolvenzverfahren gem. VV 3313 ff. RVG oder
- eine für die Vollstreckbarerklärung von Schiedssprüchen oder Anwaltsvergleichen gem. VV 3100 RVG, auch wenn diese durch einen Notar vorgenommen werden soll (→ RVG VV 3100 Rn. 3) oder
- eine des Verkehrsanwalts gem. VV 3400 RVG oder des Terminvertreters gem. VV 3401 RVG (→ RVG VV 3401 Rn. 72).

290 **b) VV 3309 RVG bzgl. Gerichtsvollzieher.** Die Geschäftsgebühr ist auch anrechenbar auf die Gebühr gem. VV 3309 RVG, und zwar auch dann, wenn sich die anwaltliche Tätigkeit auf eine Handlung des Gerichtsvollziehers bezieht, unbeschadet dessen dass VV Vorb. 3 Abs. 4 RVG eine Anrechnung auf die Verfahrensgebühr „des gerichtlichen Verfahrens" vorsieht. Auch die Tätigkeit des Gerichtsvollziehers erfolgt im Rahmen eines gerichtlichen Verfahrens iSv VV Vorb. 3 Abs. 4 RVG. In VV 1003 Anm. Abs. 1 S. 2 RVG ist für die Einigungsgebühr ausdrücklich geregelt, dass das Verfahren vor dem Gerichtsvollzieher einem gerichtlichen Verfahren gleichgestellt ist. Es ist kein Grund ersichtlich, warum hinsichtlich der Anrechnung etwas anderes gelten sollte.[332]

291 **c) Anrechnung auf Verfahrensgebühr nach VV 3200 ff.** Vertreten wird, dass eine Geschäftsgebühr nicht auf eine Verfahrensgebühr nach VV 3200 ff. RVG anzurechnen sei. Genauso wie die Verfahrensgebühr der ersten Instanz nicht auf die der zweiten anzurechnen sei, scheide eine Anrechnung der Geschäftsgebühr des VV 2300 RVG auf die Verfahrensgebühr des VV 3200 RVG aus.[333] Diese Frage wurde im Wesentlichen im Rahmen des Vergaberechts erörtert, weil dort teilweise das erstinstanzliche Vergaberechtsnachprüfungsverfahren als einem erstinstanzlichen Gerichtsverfahren derart nahestehend angesehen wurde, dass das Verfahren vor dem OLG als ein Rechtsmittelverfahren zu behandeln sei. An dieser Stelle dürfte diese Frage

[326] FG Köln EFG 2009, 1857 = AGS 2010, 288.
[327] OLG Jena JurBüro 2009, 486; LG Leipzig AGS 2020, 109.
[328] BGH AnwBl 2015, 274 = AGS 2015, 147 = RVGreport 2015, 72 mzustAnm *Hansens;* FamRZ 2009, 2082; NJW 2009, 3364; OLG Hamburg RVGreport 2015, 150 mzustAnm *Hansens;* KG JurBüro 2010, 528.
[329] KG JurBüro 2010, 528.
[330] OLG Oldenburg FamRZ 2008, 2144.
[331] HBS VergütungsR/*Hansens* Teil 8 Rn. 125.
[332] **AA** HBS VergütungsR/*Hansens* Teil 8 Rn. 130.
[333] OLG Frankfurt a. M. JurBüro 2008, 644; OLG München VergabeR 2009, 106, mit ausführlicher Begr.

ihre Bedeutung verloren haben, nachdem der BGH entschieden hat, dass das Verfahren vor dem OLG kein Rechtsmittelverfahren ist, weshalb in jedem Fall anzurechnen ist.[334]

Diese Frage spielt zB noch eine Rolle

- für das finanzgerichtliche Verfahren, in dem gem. VV Vorb. 3.2.1 Nr. 1 RVG Gebühren gem. VV 3200 ff. RVG anfallen
- für die Beschwerde nach § 15 BNotO, wenn man diese – wie der BGH – als Beschwerde und nicht als erstinstanzliches Verfahren ansieht (→ RVG VV 3500 Rn. 6),[335]
- für den Fall, dass der RA vorgerichtlich und dann erst wieder in der zweiten Instanz tätig wird bzw., wenn der RA auch schon erstinstanzlich tätig war und nur bei der Kostenfestsetzung für die zweite Instanz die Anrechnung geltend gemacht wird.[336]

Die Geschäftsgebühr ist auch auf eine Verfahrensgebühr nach VV 3200 ff. RVG anzurechnen. 292
VV Vorb. 3 Abs. 4 RVG betrifft – anders als VV Vorb. 3.1 RVG – den ganzen VV Teil 3 RVG des Vergütungsverzeichnisses, gilt also für alle Verfahrensgebühren von VV Teil 3 RVG.[337] Gegen eine Anrechnung lässt sich, wenn der vorgerichtlich tätige RA erst wieder in der 2. Instanz mandatiert wird, auch nicht anführen, dass durch die dazwischen liegende 1. Instanz sich so viel in einer Sache getan hat, dass eine typischer Weise zu unterstellende Arbeitserleichterung nicht mehr gegeben ist. Eine Ersparnis an Mehrarbeit liegt weiterhin vor. Der vorgerichtlich tätige RA hat bereits gewisse Vorkenntnisse, die die Arbeit erleichtern, wenn auch vielleicht in etwas geringerem Umfang.

Anrechnung nacheinander auf Verfahrensgebühr der 1. und 2. Instanz. Eine ganz 293
andere Frage ist, ob, wenn der RA sowohl in der 1. Instanz als auch der 2. Instanz tätig war, die Geschäftsgebühr nacheinander auf die Verfahrensgebühr in beiden Instanzen anzurechnen ist. Das ist zu verneinen. VV Vorb. 3 Abs. 4 RVG ist zwar vom Wortlaut her nicht eindeutig. Dieses Ergebnis ergibt sich aber daraus, dass in der Praxis schon unter der Geltung der BRAGO nie eine derartige doppelte Anrechnung erfolgt ist. Von dieser Rechtslage ist das Gesetz ausgegangen. Hieran ändert auch nichts, dass in der BRAGO noch von der Anrechnung auf „ein anschließendes“ Verfahren die Rede war. Wenn dies im RVG nicht mehr so formuliert wurde, so deshalb, weil es – anders als noch unter der Geltung der BRAGO – unerheblich sein sollte, ob erst die Geschäftsgebühr und dann die Verfahrensgebühr angefallen ist oder umgekehrt (→ Rn. 300). Anders ist es nur, wenn die Anrechnung auf die Verfahrensgebühr der 1. Instanz noch nicht zu einer vollständigen Anrechnung einer halben bzw. einer 0,75 Geschäftsgebühr geführt hat. Dann erfolgt hinsichtlich des Restes eine Anrechnung auf die Verfahrensgebühr der 2. Instanz.[338]

Wahlrecht, auf welche Verfahrensgebühr anzurechnen ist. In der Lit. wird darauf hin- 294
gewiesen, dass es zu unterschiedlichen Ergebnissen führen kann, je nachdem ob die Anrechnung auf die Verfahrensgebühr der ersten oder der zweiten Instanz erfolgt. Nach dem BGH scheint es keine feststehende bestimmte Reihenfolge zu geben.[339] Es muss also nicht zuerst auf die Verfahrensgebühr der ersten Instanz angerechnet werden. Damit stellt sich dann auch die Frage, wer bestimmen kann, worauf anzurechnen ist.[340] In einem vom BGH entschiedenen Fall hat letztlich der Erstattungspflichtige diese Frage entschieden, indem er nur gegen den Kostenfestsetzungsbeschluss betreffs der Berufung Beschwerde eingelegt hat, woraufhin das Beschwerdegericht die Anrechnung im Rahmen dieser Kostenfestsetzung vornahm.[341]

6. Derselbe RA – Anwaltswechsel

Eine Anrechnung findet nur statt, wenn die Geschäfts- und die Verfahrensgebühr bei dem- 295
selben RA bzw. derselben Sozietät oder derselben Partnerschaft entstanden sind, also nicht, wenn die Geschäftsgebühr bei dem einen und die Verfahrensgebühr wegen Anwaltswechsels

[334] BGH NJW 2010, 76 = AnwBl 2009, 876.

[335] KG AGS 2010, 368.

[336] BGH 17.4.2012 – XI ZB 22/11 – BeckRS 2012, 09856.

[337] BGH NJW-RR 2012, 313 Rn. 5 = FamRZ 2012, 366 = JurBüro 2012, 190 = AGS 2012, 223 mablAnm *N. Schneider;* BGH 17.4.2012 – XI ZB 22/11, BeckRS 2012, 09856; OLG Düsseldorf OLGR 2009, 492 = AGS 2009, 117 mzustAnm *N. Schneider;* OLG Hamm AGS 2012, 7 = NJW-RR 2011, 1566; FG Köln AGS 2010, 288.

[338] BGH NJW-RR 2012, 313 Rn. 5 = JurBüro 2012, 190 = AGS 2012, 223 mablAnm *N. Schneider;* OLG Hamm AGS 2012, 7 = NJW-RR 2011, 1566.

[339] BGH 17.4.2012 – XI ZB 22/11, BeckRS 2012, 09856.

[340] *Hansens* Anm. IV 2 zu BGH RVGreport 2012, 119 und Anm. III 2 zu BGH RVGreport 2012, 273; *N. Schneider* Anm. 2 zu BGH AGS 2012, 223.

[341] BGH 17.4.2012 – XI ZB 22/11, BeckRS 2012, 09856.

bei einem anderen RA angefallen ist.[342] Das gilt auch für den Beklagten[343] und auch für die Kostenfestsetzung. Wegen **Inkassokosten** → Rn. 285.

296 **Kein Anwaltswechsel. Gleiche Sozietät.** Ein Anwaltswechsel liegt nicht vor, wenn vorgerichtlich und gerichtlich zwei unterschiedliche RA tätig sind, die jedoch einer Sozietät angehören.[344] Im Zweifel ist die Sozietät beauftragt und nicht ein spezieller Sozius (→ § 1 Rn. 107 ff.).[345] Ein Anwaltswechsel ist gegeben, wenn der RA vorgerichtlich für eine Sozietät und gerichtlich nach Auflösung der Sozietät als Einzelanwalt tätig wird.[346]

297 **Dieselbe Person, einmal als Geschäftsführer, einmal persönlich.** Ebenso liegt kein Wechsel vor, wenn dieselbe Person vorgerichtlich als Geschäftsführer einer GmbH und gerichtlich als Dipl. Kfm. auftritt.[347]

298 **Folgen eines Anwaltswechsels.** Wird der RA gewechselt, egal ob vor oder während des Gerichtsverfahrens, so scheidet im Innenverhältnis zum Mandanten gegenüber dem neuen RA eine Anrechnung aus. Wegen Folgen für die Erstattung durch Gegner → § 15a Rn. 69 ff.

7. Derselbe Gegenstand

299 Die Anrechnung erfolgt nur, wenn und soweit die Geschäfts- und die Verfahrensgebühr sich auf denselben Gegenstand beziehen. Dazu, wann derselbe Gegenstand gegeben ist, wird verwiesen auf → Anh. VI Rn. 367 ff., → RVG VV 1008 Rn. 144 ff. bzw. wegen Eilsache zur Hauptsache auf → Anh. II Rn. 133 ff. und wegen Abmahnung und Abschlussschreiben in Wettbewerbssachen auf → Anh. II Rn. 197 ff.

8. Zeitliche Reihenfolge unerheblich

300 Eine Anrechnung hat auch dann zu erfolgen, wenn einmal die Verfahrensgebühr vor der Geschäftsgebühr anfällt. Zunächst hatte VV Vorb. 3 Abs. 4 RVG allerdings darauf abgestellt, ob eine Geschäftsgebühr „entstanden ist". Hieraus wurde in Übereinstimmung mit der ganz hM zu § 118 BRAGO geschlossen, dass nur eine Geschäftsgebühr, die vor der Verfahrensgebühr angefallen ist, zu einer Anrechnung führt. Das Gesetz stellt nunmehr darauf ab, ob eine Geschäftsgebühr entsteht und bringt damit zum Ausdruck, dass auch eine nachträglich angefallene Geschäftsgebühr anzurechnen ist.[348]

Beispiel:

Zum Zugewinnausgleich soll eine Einigung bei Gericht protokolliert werden (Verfahrensgebühr). Der Richter lehnt dies ab, weil eine Grundstücksübertragung mit geregelt werden soll. Deshalb wird der Zugewinnausgleich beim Notar protokolliert (Geschäftsgebühr).

9. Anrechnungsausschluss nach zwei Jahren (§ 15 Abs. 5 S. 2 RVG)

301 Gem. § 15 Abs. 5 S. 2 RVG entfällt eine Anrechnung, wenn die frühere Angelegenheit seit mehr als zwei Kalenderjahren erledigt ist. Mit dieser ausdrücklichen gesetzlichen Regelung ist der frühere Streit, ob eine Anrechnung nach zwei Jahren[349] oder einer kürzeren Zeit[350] entfällt, überholt.

302 Das gilt für alle Anrechnungen, also zB auch für die Anrechnung der Geschäftsgebühr auf eine Verfahrensgebühr.

303 Soweit teilweise weiterhin vertreten wird, dass auch ein kürzerer Zeitraum im Einzelfall einer Anrechnung entgegenstehen kann,[351] ist dem nicht zu folgen. Die gesetzliche Wertung in § 15 Abs. 5 S. 2 RVG hat den Vorzug vor irgendwelchen Billigkeitserwägungen, die nicht ausreichend erklären, warum die gesetzliche Wertung bei der Anrechnung nicht passen soll.

10. Folgen der Anrechnung

304 Nach der Anrechnungsvorschrift wird die Geschäftsgebühr angerechnet, soweit die Identität reicht. Dies bedeutet aber nicht, dass der RA, der bereits die Geschäftsgebühr verdient hat, die Verfahrensgebühr nur noch teilweise geltend machen kann. Im Übrigen § 15a RVG.

---

342 BGH BeckRS 2010, 00869 = RPfleger 2010, 240; OLG Koblenz JurBüro 2009, 309; OLG München NJW 2009, 1220.

343 OLG Koblenz JurBüro 2009, 309.

344 VGH Mannheim AGS 2011, 465 Rn. 6.

345 BGH NJW 1971, 1801.

346 BGH JurBüro 2016, 526, zu Anwaltswechsel nach Zurückverweisung.

347 VGH Mannheim AGS 2011, 465 Rn. 6.

348 BT-Drs. 16/3038, 56.

349 OLG Düsseldorf OLGR 2009, 455; OLG Köln OLGR 2009, 601; OLG München AnwBl 2006, 588 = FamRZ 2006, 1561; Mayer/Kroiß/*Winkler* RVG § 15a Rn. 39; BGH AGS 2010, 477 Ziff. c dd (2).

350 Mayer/Kroiß/*Mayer* RVG VV Vorb. 3 Rn. 92; HBS VergütungsR/*Hansens* Teil 8 Rn. 129.

351 So zB Schneider/Wolf/*Schneider/Onderka* RVG VV Vorb. 3 Rn. 227.

11. Höhe der Anrechnung

a) Wertgebühren. Die Geschäftsgebühr wird nur zur Hälfte nach dem Wert des Gegenstandes, der in das Verfahren übergegangen ist, höchstens mit 0,75 angerechnet (VV Vorb. 3 Abs. 4 S. 1 RVG). Also werden angerechnet 305

- von einer 1,3 Geschäftsgebühr 0,65
- von einer 0,3 Geschäftsgebühr 0,15
- von einer 1,5 Geschäftsgebühr 0,75
- von einer höheren als einer 1,5 Geschäftsgebühr 0,75.

b) Betragsrahmengebühren. Bei ihnen wird die Hälfte der Gebühr angerechnet, höchstens jedoch 207,– EUR (VV Vorb. 3 Abs. 4 S. 1, 2 RVG). 306

Bei der Berechnung der Betragsrahmengebühren ist gem. § 14 Abs. 2 RVG (früher VV Vorb. 3 Abs. 4 S. 4 RVG) nicht zu berücksichtigen, dass der Umfang der gerichtlichen Tätigkeit infolge der vorgerichtlichen Tätigkeit geringer ist. Vielmehr muss hinsichtlich des Umfangs hypothetisch ermittelt werden, wie umfangreich das Gerichtsverfahren geworden wäre, wenn der RA nicht bereits vorgerichtlich tätig gewesen wäre. Dabei gibt der vorgerichtliche Aufwand einen Anhaltspunkt dafür, wie groß der Aufwand im gerichtlichen Verfahren gewesen wäre, wenn gleich ein solches durchgeführt worden wäre. 307

Zur Anrechnung mehrerer Gebühren auf eine Betragsrahmengebühr → Rn. 326 ff. 308

12. Anrechnung auch auf niedrige Verfahrensgebühr

a) Reduzierte Verfahrensgebühr bei gleichem Gegenstandswert. Die Anrechnung erfolgt in dieser Höhe (→ Rn. 305) unabhängig davon, ob die Gebühr, auf die anzurechnen ist, eine 1,3 oder eine geringere Gebühr ist.[352] Ist zB nur eine reduzierte Verfahrensgebühr, zB eine 0,8 nach VV 3101 RVG angefallen, so ist bei einer hinzukommenden 1,3 Geschäftsgebühr eine 0,65 Gebühr anzurechnen. Es ist also zu rechnen: 1,3 Geschäftsgebühr + 0,8 Verfahrensgebühr – 0,65 Anrechnung = Gesamtbetrag 1,45 Gebühren. 309

Der Wortlaut von VV Vorb. 3 Abs. 4 RVG ist eindeutig. Er sieht eine Anrechnung auf die Verfahrensgebühr vor, ohne eine Einschränkung auf Verfahrensgebühren ab einer bestimmten Höhe zu nennen. Dieses Ergebnis ist auch mit dem Sinn und Zweck der Anrechnung vereinbar.[353] Zu beachten ist auch, dass bei Schaffung des RVG der Gesetzgeber eine Rechtlage vorgefunden hat, die gem. § 118 Abs. 2 BRAGO eine vollständige Anrechnung der Geschäftsgebühr als akzeptabel angesehen hat, so dass das neue Recht auf einem Rechtsempfinden aufgebaut hat, das es nicht als schlechthin unerträglich angesehen hat, wenn eine Gebühr durch Anrechnung ganz oder zu einem erheblichen Teil aufgebraucht wird. 310

Reduzierung auf Null. Ist die Verfahrensgebühr, auf die anzurechnen ist, geringer als die anzurechnende Geschäftsgebühr, so reduziert sich die Verfahrensgebühr auf Null. Die Geschäftsgebühr bleibt unberührt. Folgt zB einer 1,3 Geschäftsgebühr eine 0,3 Verfahrensgebühr gem. VV 3309 RVG, so verdient der RA insgesamt nur eine 1,3 Gebühr. 311

Wegen **Mindestgebühren** → § 13 Rn. 15. 312

b) Reduzierte Verfahrensgebühr bei unterschiedlichen Gegenstandswerten. Weichen der Gegenstandswert der Geschäftsgebühr und der der niedrigen Verfahrensgebühr voneinander ab, so bleibt es dabei, dass die anzurechnende Geschäftsgebühr sich aus dem Wert errechnet, in dessen Höhe beide Gegenstandswerte übereinstimmen (→ Rn. 318). Dabei ist es unerheblich, ob der Gegenstandswert der Verfahrensgebühr niedriger oder höher als der der Geschäftsgebühr ist. 313

Beispiel (niedrigerer Gegenstandswert im Prozess):

Der RA macht außergerichtlich 2.500,– EUR geltend (Gebühr: 1,5 Geschäftsgebühr). Er erhält sodann Klagauftrag über 1.500,– EUR. Die Angelegenheit erledigt sich nach Abfassung, aber vor Einreichung der Klage (Gebühr: 0,8 Verfahrensgebühr).

Auf die 0,8 Verfahrensgebühr aus 1.500,– EUR	101,60 EUR
ist anzurechnen eine 0,75 Geschäftsgebühr aus 1.500,– EUR	95,25 EUR

Beispiel (höherer Gegenstandswert im Prozess):

Der RA macht außergerichtlich 1.500,– EUR geltend (Gebühr: 1,5 Geschäftsgebühr). Er erhält Klageauftrag wegen 2.500,– EUR. Nach Abfassung, aber vor Einreichung der Klage erledigt sich die Angelegenheit vollständig (Gebühr: 0,8 Verfahrensgebühr).

Auf die 0,8 Verfahrensgebühr aus 2.500,– EUR	177,60 EUR
ist anzurechnen eine 0,75 Geschäftsgebühr aus 1.500,– EUR	95,25 EUR

---

[352] BGH NJW 2008, 3641.

[353] BGH NJW 2008, 3641 zur Anrechnung auf 0,8 Verfahrensgebühr gem. VV 3101 RVG.

314 Ebenso ist zu rechnen, wenn zB eine 1,5 Geschäftsgebühr, aber nur eine 0,3 Verfahrensgebühr nach VV 3309 RVG entstanden sind. Dann bleibt von der Verfahrensgebühr nichts übrig.

13. Anrechnung bei gespaltener Verfahrensgebühr (§ 15 Abs. 3 RVG)

315 Der RA vertritt seinen Mandanten vorprozessual wegen 120.000,– EUR. Im nachfolgenden Prozess wird auch über eine Einbeziehung eines weiteren Anspruchs von 25.000,– EUR in eine Einigung gesprochen. Es gibt zwei denkbare Rechenwege. Die Anrechnung kann vor oder nach der Durchführung der Berechnung nach § 15 Abs. 3 RVG erfolgen.

1. Rechenweg: Anrechnung erst nach Kontrollrechnung gem. § 15 Abs. 3 RVG		
1,3 Geschäftsgebühr aus 120.000,– EUR		2.273,70 EUR
1,3 Verfahrensgebühr aus 120.000,– EUR	2.273,70 EUR	
0,8 Verfahrensgebühr aus 25.000,– EUR	699,20 EUR	
Addition der Verfahrensgebühren	2.972,90 EUR	
Maximal 1,3 Verfahrensgebühr nach § 15 Abs. 3 RVG aus 145.000,– EUR		2.518,10 EUR
– Anrechnung 0,65 Geschäftsgebühr aus 120.000,– EUR		1136,85 EUR
Ergebnis für Verfahrensgebühr		**1381,25 EUR**
2. Rechenweg Anrechnung vor Kontrollrechnung gem. § 15 Abs. 3 RVG		
1,3 Geschäftsgebühr aus 120.000,– EUR		2.273,70 EUR
1,3 Verfahrensgebühr aus 120.000,– EUR		2.273,70 EUR
– 0,65 Geschäftsgebühr aus 120.000,– EUR		– 1.136,85 EUR
+ 0,8 Verfahrensgebühr aus 25.000,– EUR		699,20 EUR
Ergebnis der Verfahrensgebühren		1.836,05 EUR
Maximal 1,3 Verfahrensgebühr aus 145.000,– EUR nach § 15 Abs. 3 RVG	2.518,10 EUR	
Ergebnis für Verfahrensgebühr		**1.836,05 EUR**

316 Der zweite Weg ist in aller Regel für den RA günstiger.[354] Er ist auch der Richtige.[355] Denn nach dem ersten Weg wirkt sich eine Verfahrensgebühr aus einem Gegenstand, für die keine Anrechnung zu erfolgen hat, dann doch aufgrund einer Anrechnung für den RA negativ aus.

317 In gleicher Weise ist zu rechnen, wenn erst die Verfahrensgebühr und dann die Geschäftsgebühr angefallen sind.

Beispiel:

In einem Gerichtsverfahren über 10.000,– EUR wird über einen nicht anhängigen Anspruch über 5.000,– EUR wegen einer Einigung erfolglos mitverhandelt. Später macht der RA diese 5.000,– EUR außergerichtlich geltend (Geschäftsgebühr 1,3).

Eine 0,65 Geschäftsgebühr ist auf eine 0,8 Verfahrensgebühr aus 5.000,– EUR anzurechnen.

Also errechnet sich die Verfahrensgebühr wie folgt

1,3 Verfahrensgebühr aus 10.000,– EUR		798,20 EUR
0,8 Verfahrensgebühr aus 5.000,– EUR		267,20 EUR
Anrechnung 0,65 Geschäftsgebühr aus 5.000,– EUR EUR		– 217,10 EUR
Verfahrensgebühr insgesamt		848,30 EUR
Kontrollrechnung Maximal 1,3 aus 15.000,– EUR	933,40 EUR	

14. Anrechnung bei verschieden hohen Gegenstandswerten

318 **a) Niedrigerer Gegenstandswert für Verfahrensgebühr.** Hat der RA Anspruch auf eine Geschäftsgebühr und eine Verfahrensgebühr hinsichtlich desselben Gegenstandes, so kann der Gegenstandswert der gerichtlichen Tätigkeit uU niedriger sein als der für die Geschäftsgebühr.

319 Die Anrechnung erfolgt nach ganz hM nicht verhältnismäßig, sondern nach dem Gegenstandswert der Verfahrensgebühr.[356] Dem ist wegen des Wortlauts des Gesetzes zu folgen, obgleich die Anrechnung der Geschäftsgebühr wegen der Gebührendegression damit relativ gesehen sehr hoch zu Buche schlägt. Nach VV Vorb. 3 Abs. 4 S. 5 RVG erfolgt die Anrechnung „nach dem Wert des Gegenstandes, der auch Gegenstand des gerichtlichen Verfahrens geworden ist". Die Gegenmeinung, die die Quote errechnet, die der Gegenstandswert der Geschäftsgebühr an dem Gesamtwert des gerichtlichen Verfahrens hat, dann einen Gegenstandswert für

[354] *N. Schneider* RVG-B 2005, 11; ZAP Fach 24, 1153.

[355] OLG Karlsruhe AGS 2013, 436; FamRZ 2011, 1682; OLG München FamRZ 2012, 1413 = NJW-RR 2012, 767 = JurBüro 2012, 355; OLG Stuttgart JurBüro 2009, 246 = RVGreport 2009, 103 mzustAnm *Hansens; N. Schneider* ZAP Fach 24, 1153; *Enders* JurBüro 2009, 225.

[356] KG JurBüro 2009, 187; Mayer/Kroiß/*Mayer* RVG VV Vorb. 3 Rn. 96; *N. Schneider* Anm. zu OLG Koblenz in AGS 2009, 112; *Hansens* Anm. zu OLG Koblenz in RVGreport 2009, 144; so auch schon zu § 118 Abs. 2 BRAGO Gerold/Schmidt/*Madert,* 15. Aufl. 2002, BRAGO § 118 Rn. 28; sa BGH AnwBl 2017, 558 = WRP 2017, 553 = AGS 2017, 170.

die Geschäftsgebühr bildet und dann die Anrechnung aus der sich so ergebenden fiktiven Geschäftsgebühr vornimmt,[357] ist daher nicht zu folgen.

Beispiel:

Der RA macht außergerichtlich 2.500,– EUR geltend (Gebühr: 1,5 Geschäftsgebühr). Er erhebt sodann Klage über 1.500,– EUR, weil der Schaden sich inzwischen als niedriger herausgestellt hat (1,3 Verfahrensgebühr).

Nach allgM ist hier zu rechnen

1,5 Geschäftsgebühr aus 2.500,– EUR	333,00 EUR
1,3 Verfahrensgebühr aus 1.500,– EUR	165,10 EUR
Anrechnung 0,75 Geschäftsgebühr aus 1.500,– EUR	– 95,25 EUR
Gesamt	402,85 EUR

b) Höherer Gegenstandswert für Verfahrensgebühr. Der Gegenstandswert der gerichtlichen Tätigkeit kann höher sein. Nach der ganz hM ändert sich dabei die Berechnung der Geschäftsgebühr, von der die Hälfte oder maximal 0,75 anzurechnen sind, nicht.[358] 320

Beispiel:

Der RA macht außergerichtlich 1.500,– EUR geltend (Gebühr: 1,3 Geschäftsgebühr). Er erhebt sodann Klage wegen 2.500,– EUR, weil der Schaden sich zwischenzeitlich als höher herausgestellt hat (Gebühr: 1,3 Verfahrensgebühr).

Der RA hat einen Anspruch auf

1,3 Geschäftsgebühr aus 1.500,– EUR	165,10 EUR
1,3 Verfahrensgebühr aus 2.500,– EUR	288,60 EUR
Anrechnung 0,65 Geschäftsgebühr aus 1.500,– EUR	– 82,55 EUR
Gesamt	371,15 EUR

In gleicher Weise wäre zu rechnen, wenn der Kläger nur 1.500,– EUR eingeklagt hätte und der Beklagte Widerklage über 1.000,– EUR erhoben hätte.[359] 321

c) Abweichender Verfahrenswert im Verbund. In gleicher Weise ist zu rechnen, wenn der Gegenstand, für den die Geschäftsgebühr angefallen ist, später Teil des Verbundverfahrens wird. 322

Beispiel:

Der RA hat außergerichtlich nur wegen 500,– EUR Unterhalt pro Monat vertreten und eine 1,3 Geschäftsgebühr aus 6.000,– EUR verdient. Im Verbund werden anhängig Scheidung 20.000,– EUR, Versorgungsausgleich 2.000,– EUR und Unterhalt 500,– EUR pro Monat.

Anzurechnen auf die Verfahrensgebühr aus 28.000,– EUR ist die Hälfte einer 1,3 Geschäftsgebühr aus einem Wert von 6.000,– EUR.

d) Abweichender Verfahrenswert im Verbund bei Kindschaftssache. Ist eine Geschäftsgebühr zunächst nur für eine Kindschaftssache entstanden und wird diese dann Teil des Verbundverfahrens, so ist grds. in gleicher Weise wie zuvor zu rechnen. Es muss jedoch zusätzlich berücksichtigt werden, dass im Verbundverfahren die Kindschaftssache beim Verfahrenswert anders berücksichtigt wird und die Auswirkung niedriger oder höher sein kann als der Gegenstandswert, aus dem sich die Geschäftsgebühr errechnet hat. Ist dies der Fall, so gilt das zu a) und b) Dargelegte (→ Rn. 318). 323

Die Anrechnung erfolgt dann nur, soweit die Gegenstandswerte übereinstimmen. Das gilt unbeschadet dessen, dass das Sorgerecht im Verbund streng genommen keinen eigenen Verfahrenswert hat (der Verfahrenswert der Scheidung erhöht sich gem. § 44 Abs. 2 FamGKG lediglich). Dennoch ist so zu rechnen, als hätte es einen eigenen Verfahrenswert. 324

Beispiel (Wert im Verbund ist niedriger):

Der RA ist in einer Kindschaftssache, zB elterliche Sorge, vorgerichtlich tätig geworden und hat eine 1,3 Geschäftsgebühr aus 4.000,– EUR (§ 45 Abs. 1 FamGKG) verdient. Bei einem nachfolgenden Verbundverfahren erhöht sich der Verfahrenswert des Verbundverfahrens wegen der Kindschaftssache gem. § 44 Abs. 2 FamGKG von 10.000,00 EUR um 2.000,– EUR auf 12.000,– EUR.

Es ist nur eine 0,65 Geschäftsgebühr aus 2.000,– EUR auf die 1,3 Verfahrensgebühr aus 12.000,– EUR anzurechnen.[360]

[357] So nur OLG Koblenz JurBüro 2009, 247 = AGS 2009, 112 = RVGreport 2009, 144 ohne Begr. und wohl auch ohne zu merken, dass es von der ganz hM abweicht; gegen Bildung einer fiktiven Geschäftsgebühr BGH MDR 2014, 1414 = NJW-RR 2015, 189 = VersR 2015, 79.

[358] Hartung/Schons/Enders/*Schons* RVG VV Vorb. 3 Rn. 167.

[359] *N. Schneider* ZAP Fach 24, 1265 ff. Teil 4.

[360] *N. Schneider* ZAP Fach 24, 1265 ff. Teil 4.

Beispiel (Wert im Verbund ist höher):

Der RA ist in einer Kindschaftssache, zB elterliche Sorge, vorgerichtlich tätig geworden und hat eine 1,3 Geschäftsgebühr aus 4.000,– EUR (§ 45 Abs. 1 FamGKG) verdient. Bei einem nachfolgenden Verbundverfahren erhöht sich der Verfahrenswert des Verbundverfahrens wegen der Kindschaftssache gem. § 44 Abs. 2 FamGKG von 20.000,00 EUR um 3.000,– EUR auf 23.000,– EUR.
Es ist nur eine 0,65 Geschäftsgebühr aus .3000,– EUR auf die 1,3 Verfahrensgebühr aus 23.000,– EUR anzurechnen.[361]

325 **e) Gleicher Gegenstandswert, aber teilweise unterschiedliche Gegenstände**

Beispiel:

Außergerichtlich macht der RA die Miete von jeweils 1.000,– EUR für Mai bis August geltend (1,3 Geschäftsgebühr aus 4.000,– EUR). Eingeklagt wird dann nach teilweiser Zahlung die Miete für August bis November.
Hier ist eine Anrechnung nur aus einer 0,65 Geschäftsgebühr aus 1.000,– EUR vorzunehmen, da nur hinsichtlich August die Gegenstände identisch sind.[362]

15. Anrechnung von zwei getrennten Geschäftsgebühren auf eine Verfahrensgebühr

326 **a) Zusammenführung von zwei Angelegenheiten zu einem Prozess.** Der RA vertritt seinen Mandanten vorgerichtlich in zwei getrennten Angelegenheiten. Beide Ansprüche klagt er dann in einem gemeinsamen Verfahren ein.

Beispiel:

Der RA vertritt vorgerichtlich seinen Mandanten in der selbständigen Angelegenheit Darlehen (Verfahrenswert 10.000,–) und der selbständigen Angelegenheit Kaufpreis (Verfahrenswert 20.000,– EUR). In beiden entsteht jeweils eine 1,3 Geschäftsgebühr. Anschließend werden beide Ansprüche in einem Verfahren eingeklagt.

327 Der mit dem KostRÄG 2021 neu eingefügte Abs. 2 des § 15a RVG klärt eine bisherige Streitfrage. Bislang wurden 2 Rechenwege vertreten.

1. Rechenweg. Beide Geschäftsgebühren werden ohne jede Veränderung zur Hälfte angerechnet,[363] mit der Obergrenze der Höhe der Verfahrensgebühr.[364]

Anzurechnen sind danach auf die 1,3 Verfahrensgebühr aus 30.000,– EUR von	1.241,50 EUR
0,65 Geschäftsgebühr aus 10.000,– EUR (Darlehen)	– 399,10 EUR
0,65 Geschäftsgebühr aus 20.000,– EUR (Kaufpreis)	– 534,30 EUR
Ergebnis	308,10 EUR

328 **2. Rechenweg.** Es ist zusätzlich zu den Einzelgebühren eine einheitliche Geschäftsgebühr aus den addierten Gegenstandswerten zu bilden und wenn letztere niedriger ist als die Summe der einzelnen Gebühren, so ist der für die Anrechnung vorgesehene höchste Gebührensatz von dieser Gesamtgebühr anzurechnen (→ Rn. 362).[365]

Zu errechnen ist eine 0,75 Geschäftsgebühr aus 30.000,– EUR. = 716,25 EUR. Da diese niedriger ist als die Summe der 0,65 Geschäftsgebühren aus 10.000,– EUR und 20.000, – EUR = 933,40 EUR, ist der Betrag von 716,25 EUR anzurechnen.

Ergebnis	525,25 EUR

329 Das Gesetz hat diese Streitfrage durch die Einfügung von § 15a Abs. 2 RVG im Sinne des zweiten Rechenwegs entschieden. Es sind zunächst die einzelnen anzurechnenden Gebühren zu errechnen und zu addieren. Bei Wertgebühren ist sodann fiktiv zu ermitteln, wie hoch die anzurechnende Gebühr wäre, wenn der RA alle Tätigkeiten im Rahmen einer Angelegenheit durchgeführt hätte und der anzurechnende Betrag mit dem höchsten für die jeweilige Anrechnung vorgesehenen Gebührensatz ermittelt wird. Ist die so gefundene Gebühr niedriger als die Summe der einzelnen anzurechnenden Gebühren, so ist diese fiktive Gesamtgebühr für die Anrechnung heranzuziehen. Anzurechnen ist dann der höchste für die jeweilige Gebühr vorgesehene anzurechnende Gebührensatz bzw bei Betragsrahmengebühr der höchste für die Anrechnung vorgesehene Geldbetrag also zB im Rahmen des VV Vorb. 3 Abs. 4 RVG eine 0,75 Geschäftsgebühr bzw bei Betragsrahmengebühren 207,– EUR.

---

361 *N. Schneider* ZAP Fach 24, 1265 ff. Teil 4.

362 *N. Schneider* ZAP Fach 24, 1265 ff. Teil 4.

363 BGH AnwBl 2017, 558 = WRP 2017, 553 = AGS 2017, 170. OLG Frankfurt a. M. AGS 2013, 163, zur Anrechnung von Verfahrensgebühren aus verschiedenen selbständigen Beweisverfahren auf die eine Verfahrensgebühr der Hauptsache; Gerold/Schmidt/*Müller-Rabe,* 24. Aufl., RVG VV Vorb. 3 Rn. 292 ff.

364 BGH AnwBl 2017, 558 = WRP 2017, 553 = AGS 2017, 170.

365 OLG Koblenz JurBüro 2009, 304; OVG NRW AnwBl 2017, 1006, ohne Erwähnung der entgegengesetzten Rspr. des BGH = RVGreport 2017, 381, mzustAnm Hansens; N. *Schneider* RVG-B 2005, 11; *N. Schneider* ZAP Fach 24, 1265 ff. Teil 6.

Andere als Geschäftsgebühren. Das gilt bei allen anzurechnenden Gebühren, auch wenn diese keine Geschäftsgebühren sind.[366] 330

Altfälle. Der Gesetzesbegründung will eine Streitfrage entscheiden und weist darauf hin, dass dies der in VV Vorb. 3 Abs. 4 RVG schon bisher vorgesehenen Deckelung der Anrechnungen entspricht. Das spricht dafür, dass diese Bestimmung auch auf Altfälle anzuwenden ist. 331

Kostenerstattung. Diese Berechnungsweise gilt auch für die Kostenerstattung. Zu erstatten sind die Gebühren, die die erstattungsberechtigte Partei auch tatsächlich schuldet. 332

b) Prozess mit zusätzlich neuen Gegenständen. An der Berechnung der anzurechnenden Gebühr ändert sich im Verhältnis zur vorausgegangenen Situation nichts, wenn im Verfahren noch ein neuer Gegenstand hinzukommt. 333

Fall:

Der RA vertritt vorgerichtlich seinen Mandanten in der selbständigen Angelegenheit Darlehen (Verfahrenswert 10.000,– EUR) und der selbständigen Angelegenheit Kaufpreis (Verfahrenswert 20.000,– EUR). In beiden entsteht jeweils eine 1,3 Geschäftsgebühr. Anschließend werden beide Ansprüche und zusätzlich noch ein Schadensersatzanspruch von 5.000,– EUR, bzgl. dessen der RA bisher noch nicht tätig war, in einem Verfahren eingeklagt. Hinsichtlich der Anrechnung ändert sich im Verhältnis zum Fall → Rn. 326 nichts. Lediglich die Verfahrensgebühr fällt höher aus, was jedoch keinen Einfluss auf die anzurechnende Geschäftsgebühr hat. Anzurechnen wären 0,75 Geschäftsgebühr aus 30.000 EUR = 716,25 EUR.

c) Verbundverfahren. An der Berechnungsweise ändert sich auch nichts, wenn man hinsichtlich mehrerer Familiensachen bei der vorprozessualen Vertretung von mehreren Angelegenheiten ausgeht und dann alle in einem Verbundverfahren geltend gemacht werden. 334

Beispiel:

Der RA hat außergerichtlich wegen 500,– EUR Unterhalt pro Monat (Gegenstandswert 6.000,– EUR) und in einer gesonderten Angelegenheit wegen Sorgerecht (Gegenstandswert 4.000,– EUR) vertreten und zweimal eine 1,3 Geschäftsgebühr verdient. Im Verbund werden anhängig Scheidung 10.000,– EUR, Versorgungsausgleich 2.000,– EUR, Unterhalt 500,– EUR pro Monat und Sorgerecht, das den Verfahrenswert des Verbundes um 3.000,– EUR erhöht.

Anzurechnen auf die Verfahrensgebühr des Verbunds sind	
0,65 Geschäftsgebühr aus 6.000,00 EUR	253,50 EUR
0,65 Geschäftsgebühr aus 4.000,00 EUR	180,70 EUR
Summe	434,20 EUR
Höchstens gem. § 15a Abs. 3 RVG 0,75 Geschäftsgebühr aus 10.000,– EUR	460,50 EUR

Da letztere jedoch höher ist als die Summe der 0,65 Anrechnungen zu den getrennten Gegenstandswerten, sind nur 434,20 EUR anzurechnen.

d) Mehrere Auftraggeber. Eine halbe gem. VV 1008 erhöhte, maximal 0,75 Geschäftsgebühr (RVG VV Vorb. 3 Abs. 4 S. 1) ist anzurechnen, wenn der RA vorgerichtlich mehrere Auftraggeber in verschiedenen Angelegenheiten mit gleichem Gegenstand vertritt, sodass mehrere Geschäftsgebühren anfallen, und dann alle Sachen in einem gerichtlichen Verfahren anhängig werden. Dass im Gerichtsverfahren nur eine, wenn auch erhöhte Verfahrensgebühr anfällt, steht nicht entgegen. Die Höhe der Verfahrensgebühr ist für die Anrechnung irrelevant. 335

Beispiel:

Der RA macht denselben Anspruch außergerichtlich zunächst nur für einen Gesamtgläubiger A und später für den anderen Gesamtgläubiger B einen Anspruch über 10.000,– EUR geltend (jeweils Geschäftsgebühr 1,3). Sodann klagt er im Namen beider den Anspruch ein.

Anzurechnen auf die Verfahrensgebühr von 1,6 aus 10.000,– EUR
ist nach § 15 Abs. 3 RVG eine 0,75 Geschäftsgebühr aus 10.000,– EUR iHv 460,50 EUR, da die Anrechnung von 2 × 0,65 Geschäftsgebühr aus 10.000,– EUR = 799,20 EUR (2 × 399,10 EUR) höher wäre. Sollten die Streitgenossen unterschiedlich hoch beteiligt sein, so wären entsprechende Quoten anzurechnen.[367]

e) Mehrere Gegner in einem Prozess. Die gleichen Grundsätze gelten, wenn der RA den späteren Kläger vorprozessual gegen mehrere Gegner in verschiedenen Angelegenheiten vertreten und diese Ansprüche dann in einem Verfahren eingeklagt hat. Dabei ist es gleichgültig, ob die Gegner Gesamtschuldner oder Schuldner unterschiedlicher Ansprüche sind. 336

Beispiel (Gesamtschuldner):

Der RA vertritt vorgerichtlich seinen Mandanten wegen einer Gesamtschuld zuerst gegen A und später in einer neuen Angelegenheit gegen B wegen 10.000 €. Sodann verklagt er beide mit einer Klage als Gesamtschuldner auf 10.000 €.

---

[366] Referentenentwurf zum KostRÄG 2021, 53.

[367] So schon vor der Einfügung von § 15a Abs. 2 RVG *N. Schneider* ZAP Fach 24, 1265 ff. Teil 6.

Anzurechnen auf die Verfahrensgebühr von 1,3 aus 10.000,– EUR
ist nach § 15 Abs. 3 RVG eine 0,75 Geschäftsgebühr aus 10.000,– EUR iHv 460,50 EUR, da die Anrechnung von 2 × 0,65 Geschäftsgebühr aus 10.000,– EUR = 2 × 399,10 EUR, zusammen 798,20 EUR, höher wäre.

Beispiel (unterschiedliche Ansprüche):

Der Kläger hat gegen B 1 vorprozessual einen Anspruch von 10.000,– EUR und davon getrennt gegen B 2 einen von 5.000,– EUR (unterschiedlicher Gegenstand) geltend gemacht und dann zusammen eingeklagt. Jeweils sind Geschäftsgebühren von 1,3 angefallen.

Anzurechnen auf die Verfahrensgebühr von 1,3 aus 15.000,– EUR
ist nach § 15 Abs. 3 RVG eine 0,75 Geschäftsgebühr aus 15.000,– EUR iHv 538,50 EUR, da die Anrechnung von 1 × 0,65 Geschäftsgebühr aus 10.000,– EUR = 399,10 EUR + einer 0,65 Geschäftsgebühr aus 5.000,– EUR = 217,10 EUR, zusammen 616,20 EUR, höher wäre.

16. Anrechnung einer Geschäftsgebühr und zwei parallele Verfahrensgebühren

337 **a) Quotenanrechnung.** Im Rahmen einer Angelegenheit ist der RA hinsichtlich zweier Gegenstände vorgerichtlich tätig. Zunächst kommt es nur hinsichtlich eines der beiden Gegenstände zu einem Gerichtsverfahren. Später kommt es hinsichtlich des zweiten Gegenstandes zu einem weiteren selbständigen Gerichtsverfahren.

338 Hier ist nur eine Geschäftsgebühr angefallen. Es muss der Anteil der Geschäftsgebühr errechnet werden, der auf die jeweilige Sache angefallen ist. Der so ermittelte Betrag ist auf die Verfahrensgebühr des korrespondierenden Verfahrens anzurechnen.[368] Nicht sind aus zwei isolierten Gegenstandswerten zwei gesonderte Geschäftsgebühren zu bilden und dann anzurechnen. Denn das wären fiktive Geschäftsgebühren. Ist auf solche nicht abzustellen, wenn zwei Geschäftsgebühren auf eine Verfahrensgebühr anzurechnen sind (→ Rn. 329, 331), so muss das auch für den umgekehrten Fall gelten. Diese Handhabung entspricht auch der Berechnungsweise, wenn ein Verfahren in zwei getrennt wird. Fällt in einem von beiden Verfahren nach der Trennung keine Terminsgebühr mehr an, so ist die vor der Trennung entstandene Terminsgebühr verhältnismäßig zu berücksichtigen (→ RVG VV 3100 Rn. 62 ff.).

Beispiel:

Der RA vertritt vorprozessual seinen Mandanten wegen eines materiellen (10.000,– EUR) und eines immateriellen Schadens (20.000,– EUR) aus einem Verkehrsunfall. Es fällt eine 1,3 Geschäftsgebühr aus 30.000,– EUR an. Nachfolgend wird zunächst nur der materielle Schaden eingeklagt, später in einem gesonderten Verfahren auch der immaterielle.
Anzurechnen ist von der 1,3 Geschäftsgebühr aus 30.000,– EUR = 1.241,50 EUR
im Verfahren wegen des materiellen Schadens die Hälfte aus 413,83 EUR (1/3 aus 1.241,50 EUR), also 206,92 EUR
im Verfahren wegen des immateriellen Schadens die Hälfte aus 827,67 EUR (2/3 aus 1.241,50 EUR), also 413,83 EUR.

339 **b) Mehrere Auftraggeber.** In gleicher Weise ist zu rechnen, wenn der RA außergerichtlich in einer Angelegenheit mehrere Auftraggeber vertreten hat und dann getrennte Verfahren für jeden geführt werden.

Beispiel:

Der RA vertritt außergerichtlich zwei Gesamtgläubiger im Rahmen einer Angelegenheit wegen 10.000,– EUR. Es ist eine 1,6 Geschäftsgebühr angefallen (1,3 + 0,3 gem. VV 1008 RVG). Später klagt er erst für den einen, dann für den anderen Mandanten in getrennten Verfahren.
Anzurechnen ist insgesamt nur eine 0,75 Geschäftsgebühr (→ RVG VV 1008 Rn. 282 ff.).
Im Innenverhältnis kann der RA **insgesamt** geltend machen

1,6 Geschäftsgebühr aus 10.000,– EUR	982,40 EUR
1,3 Verfahrensgebühr aus 10.000,– EUR (1. Gerichtsverfahren)	798,20 EUR
1,3 Verfahrensgebühr aus 10.000,– EUR (2. Gerichtsverfahren)	798,20 EUR
0,75 Anrechnung der Geschäftsgebühr aus 10.000,– EUR	– 460,50 EUR
Ergebnis	2.118,30 EUR

Von **jedem einzelnen** kann er verlangen, so gestellt zu werden, als hätte er jeden allein vertreten. Er kann also verlangen

1,3 Geschäftsgebühr aus 10.000,– EUR	798,20 EUR
1,3 Verfahrensgebühr aus 10.000,– EUR	798,20 EUR
0,65 Anrechnung der Geschäftsgebühr	– 399,10 EUR
Ergebnis	1.197,30 EUR

340 **c) Anrechnung bei Eil- und Hauptsacheverfahren.** Zu der speziellen Frage der Anrechnung, wenn nach der vorgerichtlichen Tätigkeit ein gerichtliches Eil- und ein gerichtliches Hauptsacheverfahren folgen, → Anh. II Rn. 133 ff.

[368] BGH MDR 2014, 1414 = NJW-RR 2015, 189 = AGS 2014, 498, iErg mzustAnm *N. Schneider.*

17. Eine Geschäftsgebühr und zwei Verfahrensgebühren in aufeinander folgenden Instanzen

→ Rn. 291 ff. 341

18. Nacheinander Kettenanrechnungen

a) Eine Geschäfts- und zwei ihrerseits auf einander anrechenbare Verfahrensgebühren. ***aa) 1. Anrechnung kommt voll zum Tragen.*** Es kann vorkommen, dass hinsichtlich desselben Gegenstandes erst eine Geschäftsgebühr und dann zwei weitere Verfahrensgebühren anfallen, wobei nicht nur die Geschäftsgebühr, sondern auch die eine Verfahrensgebühr auf die andere anzurechnen ist. 342

Beispiel (Selbständiges Beweisverfahren):

Der RA zB vertritt seinen Mandanten erst vorprozessual, dann im selbständigen Beweisverfahren und dann im Hauptsacheverfahren.

Es kommen zwei Rechenwege in Betracht. **1. Rechenweg.** Jedes Anrechnungsverhältnis wird isoliert betrachtet und die entstandene Gebühr in der im Gesetz vorgesehenen Höhe angerechnet. So wird in der Rspr. vorgegangen. Diese rechnet zuerst die 1,3 Verfahrensgebühr des selbständigen Beweisverfahrens in vollem Umfang auf die 1,3 Verfahrensgebühr der Hauptsache an. Es bleibt nur die 1,3 Verfahrensgebühr des selbständigen Beweisverfahrens übrig. Sodann rechnet sie die Hälfte einer 1,3 Geschäftsgebühr auf die Verfahrensgebühr des selbständigen Beweisverfahrens an.[369] Es fallen hinsichtlich der Geschäfts- und Verfahrensgebühren also insgesamt nur 1,95 Gebühren an. 343

2. Rechenweg. Es wird zunächst eine Anrechnung durchgeführt und sodann bei der weiteren Anrechnung nur noch die Gebühr angerechnet, die nach der ersten Anrechnung noch verblieben ist, also nur noch eine 0,65 Verfahrensgebühr des selbständigen Beweisverfahren auf die 1,3 Verfahrensgebühr der Hauptsache.[370] Dann verdient der RA neben der 1,3 Geschäftsgebühr zweimal 0,65 Verfahrensgebühren, insgesamt also 2,6 Tätigkeitsgebühren. Diesen Weg hält *Hansens* für richtig, wobei er meint, dass sich das bei der Geschäftsgebühr aus der chronologischen Abfolge ergebe.[371] 344

Der 1. Rechenweg ist zutreffend. Dabei kommt es nicht auf die Reihenfolge an, sondern auf die viel grundsätzlichere Frage, ob bei mehreren Gebühren die entstandene oder die nach der Anrechnung verbleibende Gebühr anzurechnen ist. Abzustellen ist auf die entstandene Gebühr. 345

Hierfür spricht § 15a RVG, der klarstellt, was schon immer galt: Jede Gebühr entsteht unabhängig von der Anrechnung in vollem Umfang. Es fehlt im Gesetz an Hinweisen, dass es nicht auf die entstandene Gebühr ankommen soll. Im Gegenteil stellt VV Vorb. 3 Abs. 4 S. 3 RVG auf die „entstandene" Gebühr ab. 346

Für dieses Ergebnis spricht weiter, dass nach dem Gesetz eine 1,3 Verfahrensgebühr für das selbständige Beweisverfahren und das Hauptsacheverfahren insgesamt für die anwaltliche Vergütung genügen soll oder anders ausgedrückt, dass der RA nicht mehr als eine 1,3 Verfahrensgebühr dadurch verdienen soll, dass er in beiden Verfahren tätig ist. Andererseits soll aber durch die Anrechnung der Geschäftsgebühr auch noch die Verfahrensgebühr gekürzt werden. Bei *Hansens* fällt eine Anrechnung unter den Tisch. Der RA verdient 2,6 Tätigkeitsgebühren. Das ist iErg so, als ob die Anrechnung der Geschäftsgebühr nicht erfolgt wäre. 347

Auch aus VV Vorb. 3 Abs. 4 S. 3 RVG iVm VV Vorb. 2.3 Abs. 6 RVG ist nichts Entgegengesetztes zu entnehmen. Im Gegenteil bestätigt sie die hier vertretene Meinung (→ Rn. 354 ff.). An dem Ergebnis ändert sich nichts, wenn die Verfahrensgebühr des selbständigen Beweisverfahrens aus einem Streitwert von 5.010,– EUR, die der Geschäftsgebühr und der Verfahrensgebühr der Hauptsache aus 10.200,– EUR zu errechnen sind. Dann ist allerdings hinsichtlich des selbständigen Beweisverfahrens nur eine Verfahrensgebühr aus dem Wert von 5.010,– EUR anzurechnen. Die Hälfte der Geschäftsgebühr, die auf eine 1,3 Verfahrensgebühr aus 10.200,– EUR anzurechnen ist, errechnet sich wieder aus 10.200,– EUR.[372] 348

---

[369] BGH NJW 2011, 1368; OLG Köln AGS 2009, 476; OLG Hamm NJW-Spezial 2014, 637 = AGS 2014, 453; OLG München JurBüro 2009, 475; OLG Stuttgart JurBüro 2008, 525; 2008, 526 = RVGreport 2009, 100; *N. Schneider* AGS 2009, 361 (362) Bsp. in Ziff. 3.

[370] OLG Celle RVGreport 2010, 465; OLG Köln NJW-RR 2010, 431 = JurBüro 2010, 206; *Hansens* RVGreport 2009, 81; LSG Dresden AGS 2010, 77.

[371] *Hansens* RVGreport 2009, 81.

[372] OLG München JurBüro 2009, 475.

349 Auch aus dem eingefügten Abs. 2 des § 15a RVG ergibt sich nichts anderes. Es geht nicht darum, dass mehrere Gebühren auf dieselbe Gebühr angerechnet werden. Es wird vielmehr jeweils nur eine Gebühr auf eine Gebühr angerechnet.

Also ist zu rechnen, wenn der Gegenstandswert in allen Angelegenheiten 10.200,– EUR ist.

1,3 Geschäftsgebühr aus 10.200,– EUR	865,80 EUR
+ 1,3 Verfahrensgebühr aus 10.200,– EUR (selbständiges Beweisverfahren)	865,80 EUR
Anrechnung 0,65 Geschäftsgebühr aus 10.200,– EUR	– 432,90 EUR
+ 1,3 Verfahrensgebühr aus 10.200,– EUR (Hauptsache)	865,80 EUR
Anrechnung 1,3 Verfahrensgebühr aus 10.200,– EUR (selbständiges Beweisverfahren)	– 865,80 EUR
Zusammen	1.298,70 EUR

350 **Mahnverfahren.** Dasselbe gilt auch bei Mahnverfahren.[373]

Beispiel:

Folgt nach einer vorprozessualen Vertretung ein Mahnverfahren und dann ein streitiges Verfahren, so ist bei einem Gegenstandswert von 10.000,– EUR und einer 1,3 Geschäftsgebühr wie folgt zu rechnen:

1,3 Geschäftsgebühr gem. VV 2300 RVG aus 10.000,– EUR	798,20 EUR
+ 1,0 Verfahrensgebühr gem. VV 3305 RVG aus 10.000,– EUR (Mahnverfahren)	614,00 EUR
Anrechnung 0,65 Geschäftsgebühr aus 10.000,– EUR	399,10 EUR
+ 1,3 Verfahrensgebühr gem. VV aus 10.000,– EUR (Streitverfahren)	798,20 EUR
Anrechnung 1,0 Verfahrensgebühr aus Mahnverfahren	– 614,00 EUR
Insgesamt verdient der RA Betriebsgebühren iHv	1.197,30 EUR
Hinzukommen, wenn sowohl im Mahn- als auch im Hauptsacheverfahren jeweils eine Terminsgebühr angefallen ist,	
1,2 Terminsgebühr gem. VV 3104 aus 10.000,– EUR (Mahnverfahren)	736,80 EUR
+ 1,2 Terminsgebühr gem. VV 3104 aus 10.000,– EUR (Prozess)	736,80 EUR
Anrechnung gem. VV 3104 Anm. Abs. 4 RVG (→ RVG VV 3305 Rn. 77)	– 736,80 EUR
Weiter kommen hinzu 3 Pauschalen gem. VV 7002 RVG zu jeweils 20,– EUR, die nicht anzurechnen sind.	60,00 EUR
Insgesamt	1.994,10 EUR

351 ***bb) 1. Anrechnung kommt nur teilweise zum Tragen.*** Es kann sein, dass die Anrechnung zB einer 0,65 Geschäftsgebühr (die Hälfte von 1,3) nicht in vollem Umfang zum Tragen kommt, weil die nachfolgende Verfahrensgebühr zB **lediglich eine 0,5 Verfahrensgebühr** gem. VV 3307 RVG ist. Allg. wird angenommen, dass dann der Rest (zB 0,15) bei einer weiteren Anrechnung zu berücksichtigen ist.[374] Andernfalls würde der Beklagtenvertreter trotz der nur 0,5 Widerspruchsgebühr insgesamt mehr verdienen als der Klägervertreter mit seiner 1,0 Mahngebühr.

Beispiel

Folgt beim Antragsgegner (!) nach einer vorprozessualen Vertretung ein Mahnverfahren und dann ein streitiges Verfahren, so ist bei einem Gegenstandswert von 10.000,– EUR und einer 1,3 Geschäftsgebühr wie folgt zu rechnen:

1,3 Geschäftsgebühr gem. VV 2300 RVG aus 10.000,– EUR	798,20 EUR
+ 0,5 Verfahrensgebühr gem. VV 3307 RVG aus 10.000,– EUR (Mahnverfahren)	307,00 EUR
0,5 Anrechnung Geschäftsgebühr aus 10.000,– EUR	– 307,00 EUR
+ 1,3 Verfahrensgebühr gem. VV aus 10.000,– EUR (Hauptsacheverfahren)	798,20 EUR
– 0,5 Verfahrensgebühr aus Mahnverfahren aus 10.000,– EUR	– 307,00 EUR
– 0,15 Geschäftsgebühr aus 10.000,– EUR (noch nicht durch Anrechnung verbrauchter Geschäftsgebühr)	– 92,10 EUR
Insgesamt verdient der RA Betriebsgebühren iHv	1.197,30 EUR
Hinzukommen, wenn sowohl im Mahn- als auch im Hauptsacheverfahren jeweils eine Terminsgebühr angefallen ist,	
1,2 Terminsgebühr gem. VV 3104 RVG aus 10.000,– EUR (Mahnverfahren)	736,80 EUR
+ 1,2 Terminsgebühr gem. VV 3104 RVG aus 10.000,– EUR (Prozess)	736,80 EUR
Anrechnung (→ RVG VV 3305 Rn. 77)	– 736,80 EUR
Weiter kommen hinzu 3 Pauschalen gem. VV 7002 RVG zu jeweils 20,– EUR, die nicht anzurechnen sind.	60,00 EUR
Insgesamt	1.994,10 EUR

[373] OLG Hamm NJW-Spezial 2014, 637 = AGS 2014, 453.

[374] OLG Hamburg JurBüro 1977, 375 = MDR 1977, 325; OLG Köln AGS 2009, 476 mzustAnm *N. Schneider.*

Das gleiche Problem kann entstehen, wenn der **Gegenstandswert** der Gebühr, auf die anzurechnen ist, **niedriger** ist. Auch dann ist der nicht aufgebrauchte Teil der Anrechnung bei der nächsten Anrechnung mit zu berücksichtigen.[375] 352

Also ist im obigen Beispiel → Rn. 342 zu rechnen, wenn der Gegenstandswert des selbständigen Beweisverfahrens 5.100,– EUR, die anderen beiden Gegenstandswerte 10.200,– EUR sind:

1,3 Geschäftsgebühr aus 10.200,– EUR	865,80 EUR
+ 1,3 Verfahrensgebühr aus 5.010,– EUR (selbständiges Beweisverfahren)	507,00 EUR
– 0,65 Geschäftsgebühr aus 5.100,– EUR	– 253,50, EUR
+ 1,3 Verfahrensgebühr aus 10.200,– EUR (Hauptsache)	865,80 EUR
– 1,3 Verfahrensgebühr aus 5.100,– EUR (selbständiges Beweisverfahren)	– 507,00 EUR
Restanrechnung	– 179,40 EUR
Der Abzug von 179,50 EUR beruht darauf, dass die an sich anzurechnende 0,65 Geschäftsgebühr aus 10.200,– EUR = 432,90 EUR bislang nur iHv 253,50 EUR verbraucht ist. Der Rest von 179,40 EUR ist auf die Verfahrensgebühr der Hauptsache anzurechnen	
Zusammen	1.298,70 EUR

b) Zwei auf einander anzurechnende Geschäftsgebühren und eine Verfahrensgebühr (VV Vorb. 3 Abs. 4 S. 3 RVG). ***aa) Zweifache Anrechnung.*** Die vorstehenden Ausführungen gelten auch, wenn eine Geschäftsgebühr auf eine weitere Geschäftsgebühr anzurechnen ist (VV Vorb. 2.3 Abs. 4 ff. RVG) und dann eine weitere Anrechnung auf eine Verfahrensgebühr zu erfolgen hat. 353

Güteverfahren. Ist ein solches zwischengeschaltet, so verdient der RA neben einer 1,3 Geschäftsgebühr nach VV 2300 RVG im Güteverfahren auch noch eine 1,5 Geschäftsgebühr gem. VV 2303 RVG und im nachfolgenden Streitverfahren eine 1,3 Verfahrensgebühr. Die erste Geschäftsgebühr ist dabei gem. VV Vorb. 2.3 Abs. 6 RVG auf die zweite Geschäftsgebühr anzurechnen. Die zweite Geschäftsgebühr ist gem. VV Vorb. 3 Abs. 4 S. 1 RVG auf die Verfahrensgebühr anzurechnen. Dass die zweite, die zuletzt entstandene, also die gem. VV 2303 RVG, auf die Verfahrensgebühr anzurechnen ist, ergibt sich aus VV Vorb. 3 Abs. 4 S. 3 RVG. 354

VV Vorb. 3 Abs. 4 S. 3 RVG ist nicht dahingehend zu verstehen, dass die Anrechnung der ersten Geschäftsgebühr auf die zweite Geschäftsgebühr entfällt. VV Vorb. 3 Abs. 4 RVG insgesamt und damit auch sein S. 3 regelt ausschließlich das Verhältnis von Geschäftsgebühr zu Verfahrensgebühr. Es befasst sich nicht damit, in welchem Verhältnis die Geschäftsgebühren untereinander stehen. Das ist in VV Teil 2 RVG (VV 2300 ff. RVG) geregelt, wo es auch hingehört. VV Vorb. 3 Abs. 4 S. 3 RVG klärt ausschließlich die ohne sie auftauchende Frage, welche von beiden Geschäftsgebühren auf die Verfahrensgebühr anzurechnen ist. Sie bestimmt, dass die zuletzt angefallene Geschäftsgebühr auf die Verfahrensgebühr anzurechnen ist. Die erste Anrechnung gem. VV Vorb. 2.3 Abs. 6 RVG bleibt davon unberührt, so dass es zwei Anrechnungen gibt. Hätte der Gesetzgeber etwas anderes gewollt, so hätte es nahe gelegen, dass er in VV Vorb. 3 Abs. 4 S. 3 RVG formuliert hätte, dass die zuletzt nach einer Anrechnung verbleibende Gebühr angerechnet wird. 355

bb) Zweimal volle Anrechnung. Es ist die Hälfte der vollen zweiten Geschäftsgebühr anzurechnen. Dabei bleibt unberücksichtigt, dass die Gebühr nach VV 2303 RVG bereits einer Anrechnung unterlegen ist (→ Rn. 362 ff.). Es wird also nicht nur ein Teil der bereits durch die erste Anrechnung verminderten 2. Geschäftsgebühr angerechnet. 356

Beispiel:

Der RA vertritt seinen Mandanten erst vorgerichtlich (1,3 Geschäftsgebühr), dann in einem Güteverfahren und dann in einem Gerichtsverfahren.
Es fallen an
1,3 Geschäftsgebühr gem. VV 2300 RVG
1,5 Geschäftsgebühr gem. VV 2303 RVG
1,3 Verfahrensgebühr gem. VV 3100 RVG
– 0,65 Anrechnung der Geschäftsgebühr gem. VV Vorb. 2.3 Abs. 6 RVG
– 0,75 Anrechnung der Geschäftsgebühr gem. VV Vorb. 3 Abs. 4 S. 3 RVG
Gesamt 2,7 Gebühren. Zu beachten ist, dass 3 Pauschalen iHv je 20,– EUR anfallen.

19. Mehrere Mandanten

→ RVG VV 1008 Rn. 282 ff.; → RVG VV Vorb. 3 Rn. 335, 339. 357

[375] OLG München JurBüro 2009, 475; *N. Schneider* ZAP Fach 24, 1265 ff. Teil 6.

20. VV Vorb. 3 Abs. 4 S. 3 RVG

358 **Grundsätze.** Es wird zunächst auf die Darlegungen im Zusammenhang mit der Anrechnung beim Güteverfahren Bezug genommen (→ Rn. 354 ff.). Diese gelten entsprechend, wenn im Verwaltungs- und Sozialrecht erst zwei Geschäftsgebühren (eine vor der Verwaltungsbehörde, die den Verwaltungsakt erlassen hat, eine zweite vor der Verwaltungsbehörde, die die erste Verwaltungsentscheidung überprüft) und dann beim Gericht eine Verfahrensgebühr anfallen.

359 Im Übrigen zur Anrechnung im Verwaltungsrecht → Anh. IV Rn. 11 → Anh. V Rn. 11.

21. Keine Anrechnung bei Auslagen

360 → RVG VV 7001 Rn. 41 ff.

VIII. Anrechnung selbständiges Beweisverfahren (Abs. 5)

1. Grundsatz

361 Gem. VV Vorb. 3 Abs. 5 RVG ist bei Identität der Personen und des Gegenstandes die Verfahrensgebühr (auch eine nach der BRAGO angefallene Prozessgebühr[376]) des selbständigen Beweisverfahrens auf die der Hauptsache anzurechnen, nicht aber die Terminsgebühr. Die erforderliche Identität ist auch gegeben wenn der Antragsteller des selbständigen Beweisverfahrens im Hauptsacheverfahren des Antragsgegners als Nebenintervenient die im selbständigen Beweisverfahren festgestellten Mängel einwendet.[377]

362 Finden – atypischer Weise – zwei selbständige Beweisverfahren zum selben Gegenstand wie die Hauptsache statt, so sind die Verfahrensgebühren aus beiden selbständigen Beweisverfahren anzurechnen[378] (→ Rn. 326 ff.).

2. Identität der Gegenstände

363 Zu beachten ist, dass bei der Anrechnung gem. VV Vorb. 3 Abs. 5 RVG genau ermittelt werden muss, in welchem Umfang eine Identität der Gegenstände besteht, nachdem sie nur zu erfolgen hat, soweit der Gegenstand des selbständigen Beweisverfahrens auch Gegenstand des Rechtsstreits ist.[379] Es gilt also nicht das gleiche Prinzip wie bei der Kostenerstattung, bei der eine auch nur teilweise Übereinstimmung der Gegenstände genügt, um das gesamte selbständige Beweisverfahren von der Kostenentscheidung der Hauptsache erfasst sein zu lassen (→ Anh. III Rn. 37 ff.). Eine Anrechnung erfolgt dabei natürlich nur, wenn der RA im selbständigen Beweis- und Hauptsacheverfahren derselbe ist.[380]

Beispiel:

Wegen Baumängeln findet ein selbständiges Beweisverfahren statt (Gegenstandswert 10.000,– EUR). Nachdem sich nur ein Teil der behaupteten Mängel als gegeben erwiesen hat, wird wegen Mängeln im Wert von 5.000,– EUR geklagt. In beiden Verfahren hat ein Erörterungstermin stattgefunden. Der RA hat verdient

Selbständiges Beweisverfahren

1,3 Verfahrensgebühr gem. VV 3100 RVG aus 10.000,– EUR	798,20 EUR
1,2 Terminsgebühr gem. VV 3104 RVG aus 10.000,– EUR	736,80 EUR
Pauschale	20,00 EUR
Hauptsacheverfahren	
1,3 Verfahrensgebühr gem. VV 3100 RVG aus 5.000,– EUR	434,20 EUR
Anrechnung gem. VV Vorb. 3 Abs. 5 RVG	– 434,20 EUR
1,2 Terminsgebühr gem. VV 3104 RVG aus 5.000,– EUR	400,80 EUR
Pauschale	20,00 EUR
Insgesamt	1.975,80 EUR

364 Im Übrigen gilt das zu Abs. 3 (→ Rn. 320 ff.) zu verschieden hohen Gegenstandswerten Dargelegte entsprechend. Wegen **Anwaltswechsel** → Anh. X Rn. 209 ff.

---

[376] OLG Zweibrücken OLGR 2008, 280.
[377] OLG Celle JurBüro 2016, 18 = BauR 2016, 546.
[378] OLG Koblenz AGS 2011, 585.
[379] BGH NJW 2007, 3578.
[380] BGH NJW 2014, 3518 Rn. 19; **aA** OLG Hamburg MDR 2007, 559 = RVGreport 2008, 391 mablAnm *Hansens,* das nicht genügend zwischen Entstehung und Erstattung einer Gebühr unterscheidet.

IX. Anrechnung bei Zurückverweisung (Abs. 6)

1. Allgemeines

Gem. § 21 Abs. 1 RVG entsteht nach Zurückverweisung auch die Verfahrensgebühr neu. **365**
Nach VV Vorb. 3 Abs. 6 RVG ist aber die vor dem untergeordneten Gericht bereits entstandene Verfahrensgebühr auf die Verfahrensgebühr für das erneute erstinstanzliche Verfahren anzurechnen. Daran ändert sich auch nichts, wenn auf Grund zwischenzeitlicher Änderung des landgerichtlichen Geschäftsverteilungsplans ein anderer Spruchkörper als zuvor mit der Sache befasst wird.[381] Der Wortlaut des Gesetzes ist eindeutig. Es kann auch nicht unterstellt werden, dass der Gesetzgeber nicht zwischen Gericht und Spruchkörper zu unterscheiden weiß.

Beispiel

Klage vor dem Amtsgericht auf Zahlung von 1.000,– EUR. Nach mündlicher Verhandlung und Beweisaufnahme ergeht das Urteil auf Zahlung. Der Beklagte legt Berufung ein. Das Landgericht hebt das Urteil auf und verweist die Sache an das Amtsgericht zurück. Nach erneuter mündlicher Verhandlung und Beweisaufnahme weist das Amtsgericht die Klage ab. Für die Anwälte des Klägers und des Beklagten sind erstinstanzlich entstanden:

1. Ausgangsverfahren, Wert: 1.000,– EUR		
1,3 Verfahrensgebühr VV 3100 RVG	114,40 EUR	
1,2 Terminsgebühr VV 3104 RVG	105,60 EUR	
Auslagenpauschale VV 7002 RVG	20,– EUR	
Summe		240,00 EUR
2. Verfahren nach Zurückverweisung, Wert: 1.000,– EUR		
1,3 Verfahrensgebühr VV 3100 RVG	114,40 EUR	
1,2 Terminsgebühr VV 3104 RVG	105,60 EUR	
Auslagenpauschale VV 7002 RVG	20,– EUR	
Anrechnung gem. VV Vorb. 3 Abs. 6 RVG 1,3 aus 1.000,– EUR	– 114,40 EUR	
Summe		125,60 EUR
Insgesamt		365,60 EUR

2. Anwendungsbereich

§ 21 RVG gilt auch in **Finanzgerichtsverfahren.** Verweist der BFH die Sache an das erst- **366**
instanzliche Finanzgericht zurück, gilt auch hier VV Vorb. 3 Abs. 6 RVG.[382]

3. Unterschiedliche Gegenstandswerte

Erhöht sich nach der Zurückverweisung **der Gegenstandswert,** zB durch Klageerweite- **367**
rung, so ist der höhere Gegenstandswert auch für die Verfahrensgebühr maßgebend. Die bisher aus dem niedrigeren Gegenstandswert berechnete Verfahrensgebühr erhöht sich nunmehr auf den Betrag, der sich aus dem höheren Gegenstandswert ergibt.[383]

Verringert sich der Gegenstandswert, so hat das keinen Einfluss auf die früher angefallene **368**
Verfahrensgebühr, die unverändert dem RA zusteht.

4. § 15 Abs. 5 S. 2 RVG

Diese Bestimmung ist anwendbar. Liegen also zwischen dem Ende des ersten Verfahrens und **369**
dem Beginn des zweiten mehr als zwei Kalenderjahre, so greift die Anrechnungsbestimmung des VV Vorb. 3 Abs. 6 RVG nicht ein;[384] → Rn. 303.

5. Doppelanrechnung bei Zurückverweisung

a) Ohne Anrechnung einer Geschäftsgebühr. Das Problem der Doppelanrechnung **370**
stellt sich auch, wenn ein Vorbehaltsurteil vom Berufungsgericht aufgehoben und zurückverwiesen wird und dann nach dem erneuten Urteil im Urkundenprozess sich ein Nachverfahren anschließt. Auf die Verfahrensgebühr im zweiten erstinstanzlichen Urkundenprozess ist die Verfahrensgebühr des ersten erstinstanzlichen Urkundenprozesses gem. VV Vorb. 3 Abs. 6 RVG anzurechnen. Darüber hinaus ist, jedenfalls nach dem Wortlaut des Gesetzes auch gem. VV 3100 Anm. Abs. 2 RVG die Gebühr des zweiten erstinstanzlichen Urkundenprozesses auf die des Nachverfahrens anzurechnen. Hier kommt nur die Anrechnung von ganzen Verfahrens-

---

[381] OLG Hamm OLGR 1995, 12 = KostRspr. BRAGO § 15 Nr. 30 mkritAnm *Lappe;* LAG RhPf AGS 2010, 163 mablAnm *N. Schneider.*

[382] BFHE 113, 45 = JurBüro 1972, 133; FG Berlin EFG 1970, 238.

[383] OLG Celle AnwBl 1971, 107; OLG Frankfurt a. M. AnwBl 1983, 519.

[384] OLG Düsseldorf OLGR 2009, 455; OLG Hamburg JurBüro 2014, 412; OLG Köln OLGR 2009, 601; OLG München AnwBl 2006, 588 = FamRZ 2006, 1561; LAG RhPf AGS 2010, 163.

gebühren in Betracht, da das Gesetz nur die Anrechnung der vollen Verfahrensgebühr vorsieht. Im Übrigen wegen Mehranrechnungen → Rn. 342 ff.

Beispiel:

Der Kläger hat im Urkundenprozess (Wert 10.000,– EUR) gewonnen. Das Berufungsgericht hebt die Entscheidung auf und verweist zurück. Dort kommt es erneut zu einem Urkundenprozess und sodann zu einem Nachverfahren.

Der RA hat verdient für die 1. Instanzen

(a) 1. Urkundenprozess 1. Instanz		
1,3 Verfahrensgebühr gem. VV 3100 RVG aus 10.000,– EUR	798,20 EUR	
1,2 Terminsgebühr gem. VV 3104 RVG aus 10.000,– EUR	736,80 EUR	
Pauschale gem. VV 7002 RVG	20,00 EUR	
Summe		1.555,00 EUR
(b) 2. Urkundenprozess 1. Instanz		
1,3 Verfahrensgebühr gem. VV 3100 RVG aus 10.000,– EUR	798,20 EUR	
Anrechnung 1,3 Verfahrensgebühr gem. VV 3100 RVG aus 10.000,– EUR (VV Vorb. 3 Abs. 6 RVG) EUR	– 798,20 EUR	
1,2 Terminsgebühr gem. VV 3104 RVG aus 10.000,– EUR	736,80 EUR	
Pauschale gem. VV 7002 RVG	20,00 EUR	
Summe		756,80 EUR
(c) Nachverfahren 1. Instanz		
1,3 Verfahrensgebühr gem. VV 3100 RVG aus 10.000,– EUR	798,20 EUR	
– Anrechnung, 3 Verfahrensgebühr aus 10.000,– EUR gem. VV 3100 Anm. Abs. 2 RVG	– 798,20 EUR	
1,2 Terminsgebühr aus 10.000,– EUR gem. VV 3104	736,80 EUR	
Pauschale gem. VV 7002 RVG	20,– EUR	
Summe		756,80 EUR
Insgesamt		3.068,60 EUR

Der RA verdient also letztlich eine 1,3 Verfahrensgebühr, 3 Terminsgebühren und 3 Pauschalen.

371 **c) Mit Anrechnung einer Geschäftsgebühr.** Hatte der RA vorher noch die 1,3 Geschäftsgebühr verdient, so hatte eine weitere Anrechnung zu erfolgen. Dann würde auf eine 1,3 Verfahrensgebühr eine Anrechnung von 0,65 vorzunehmen sein. Im weiteren Verlauf wären aber wie im vorigen Beispiel die Verfahrensgebühr immer in ungekürzter Höhe anzurechnen. Dem RA stehen also letztlich insgesamt hinsichtlich der Geschäfts- und Verfahrensgebühren Gebühren iHv 1,95 zu. Dazu kommen noch Terminsgebühren ohne Anrechnung und 4 Pauschalen von je 20,– EUR.

X. Urkunden- und Wechselprozess (Abs. 7)

1. Allgemeines

372 Das Nachverfahren ist eine neue Angelegenheit (§ 17 Nr. 5 RVG). Die Gebühren fallen sowohl im Urkunden- und Wechselprozess als auch im ordentlichen Verfahren gem. VV 3100 f. RVG an. Die Verfahrensgebühr ist gem. VV Vorb. 3 Abs. 7 RVG (bisher für die 1. Instanz VV Vorb. 3100 Anm. Abs. 2 RVG) anzurechnen.

2. Anwendungsbereich

373 **a) Scheckprozess, Vorbehaltsurteil gem. § 302 ZPO.** Die gleichen Regeln wie für den Urkunden oder Wechselprozess gelten für den Scheckprozess.[385] Hingegen sind sie nicht anwendbar für das Verfahren nach Erlass eines Vorbehaltsurteils gem. § 302 ZPO (Vorbehalt hinsichtlich Aufrechnungsforderung).[386] Es liegt prozessrechtlich nur eine Angelegenheit vor (§ 302 Abs. 4 S. 1 ZPO). Eine Vorschrift, dass gebührenrechtlich etwas anderes gelten soll, gibt es anders als beim Urkunden- und Wechselprozess nicht. Daher bedarf es auch keiner Anrechnungsbestimmung.

374 **b) Berufungsinstanz.** VV Vorb. 3 Abs. 7 RVG gilt für alle in VV Teil 3 RVG geregelten Gebühren, damit auch für den Fall, dass erst in der Rechtsmittelinstanz ins ordentliche Verfahren übergegangen wird. Das war bis zum KostRÄG 2021 anders, da es dort nur eine entsprechende Vorschrift in VV Vorb. 3.1 Anm. Abs. 2 RVG gab, VV Vorb. 3.1 RVG aber nicht auch für die Gebühren im Rechtsmittelverfahren einschlägig war. Das wurde geändert, indem mit dem

[385] Schneider/Wolf/*Schneider/Onderka* RVG VV 3100 Rn. 15.
[386] OLG Schleswig SchlHA 1987, 190.

KostRÄG 2021 die hier betroffene Anrechnung statt in VV Vorb. 3.1 RVG nunmehr in VV Vorb. 3 RVG geregelt ist.

Altfälle. Die Erstreckung der Anrechnung auch auf das Rechtsmittelverfahren ist neu (der Gesetzgeber hatte die alte Rechtslage als „unvollständig" angesehen[387]) und ist damit auf Altfälle iSv § 60 RVG nicht anwendbar.

c) Verkehrsanwalt, Terminvertreter. Die Verfahrensgebühr des Verkehrsanwalts ist wegen ihrer Gleichartigkeit in gleicher Weise wie die Verfahrensgebühr der VV 3100 f. RVG zu behandeln.[388] War der RA im Vorverfahren als Verkehrsanwalt, im Nachverfahren als Verfahrensbevollmächtigter tätig, so entstehen die Verfahrensgebühr des VV 3400 RVG und des VV 3100 RVG nebeneinander, erstere ist aber anzurechnen. Dasselbe gilt, wenn der RA im Vorverfahren als Verfahrensbevollmächtigter und im Nachverfahren als Verkehrsanwalt tätig war. Dasselbe gilt für das Verhältnis Verfahrensbevollmächtigter oder Verkehrsanwalt zum Terminvertreter. 375

3. Verfahrensgebühr im Nachverfahren

Das Nachverfahren beginnt mit dem Erlass des Vorbehaltsurteils.[389] Das bedeutet, dass ab diesem Zeitpunkt der RA mit jeder auf das Nachverfahren gerichteten Tätigkeit eine Verfahrensgebühr (zunächst uU nur eine 0,8 Gebühr gem. VV 3101 RVG) verdient. Das gilt auch für den Klägervertreter zB wenn er im Hinblick auf im Vorverfahren bereits angekündigte Einwendungen mit dem Kläger ein Informationsgespräch führt. Dafür ist nicht erforderlich, dass zuvor eine der Parteien einen Terminsantrag gestellt oder das Gericht von Amts wegen einen Termin anberaumt hatte. Hat das Informationsgespräch zB stattgefunden, bevor der RA aus dem Verfahren ausgeschieden ist, so hat er dennoch die 0,8 Verfahrensgebühr aus dem vollen Gegenstandswert verdient. 376

4. Terminsgebühr

Erkennt der Beklagtenvertreter im Termin an und behält sich nur die Geltendmachung seiner Rechte im Nachverfahren vor, so verdienen beide Anwälte – anders als zur BRAGO[390] trotzdem eine 1,2 und nicht nur eine 0,5 Terminsgebühr.[391] 377

Zwei Terminsgebühren. Wird sowohl im Urkundenprozess, als auch im Nachverfahren mündlich verhandelt, so entsteht die Terminsgebühr doppelt. 378

Beispiel:

Sowohl im Urkundenprozess (Gegenstandswert 10.000,– EUR) als auch im Nachverfahren wird mündlich verhandelt.

Der RA verdient unter Berücksichtigung der Anrechnung ge m. Anm. Abs. 2

Urkundenprozess	
1,3 Verfahrensgebühr gem. VV 3100 RVG aus 10.000,– EUR	798,20 EUR
1,2 Terminsgebühr gem. VV 3104 RVG aus 10.000,– EUR	736,80 EUR
Pauschale gem. VV 7002 RVG	20,00 EUR
Nachverfahren	
1,2 Terminsgebühr gem. VV 3104 RVG aus 10.000,– EUR	736,80 EUR
Pauschale gem. VV 7002 RVG	20,00 EUR
Insgesamt	2.311,80 EUR

Zwei Terminsgebühren in einem Termin. Nimmt im Termin des Urkunden- oder Wechselprozesses der Klägervertreter vom Urkunden- oder Wechselprozess Abstand und wird der Termin dann sogleich fortgesetzt, so fällt die Terminsgebühr ohne Anrechnung zweimal an.[392] Das gilt nach dem RVG auch dann, wenn der Klägervertreter sofort nach Aufruf der Sache erklärt, vom Urkunden- oder Wechselprozess Abstand zunehmen. Der RA ist vertretungsbereit bei der Aufrufung des Urkunden- oder Wechselprozesses anwesend, was grds. für die Entstehung der Terminsgebühr reicht (→ Rn. 108 ff.). Der Klägervertreter gibt darüber hinaus sogar im Urkunden- oder Wechselprozess eine Erklärung, die Abstandserklärung, ab. Der RA sollte daher, wenn er seinem Mandanten Kosten sparen will, vor Aufruf der Sache vom Urkunden- oder Wechselprozess Abstand nehmen. 379

---

387 Motive des Referentenentwurfs zum KostRÄG 2021, 60.

388 *Hansens* BRAGO § 39 Rn. 3; Riedel/Sußbauer/*Keller,* 8. Aufl. 2000, BRAGO § 39 Rn. 6.

389 Thomas/Putzo/*Reichold* ZPO § 600 Rn. 1.

390 *Enders* JurBüro 2003, 113 (115) Ziff. 2.2.2, 5/10 Verhandlungsgebühr gem. § 33 Abs. 1 S. 1 BRAGO.

391 *N. Schneider* AGS 2005, 99 (100).

392 *Hansens* BRAGO § 39 Rn. 5.

5. Angelegenheit und Anrechnung

380 **a) Grundsätze.** Urkunden- oder Wechselprozess sind hinsichtlich der Anwaltsgebühren im Verhältnis zum Nachverfahren verschiedene Angelegenheiten (§ 17 Nr. 5), obgleich sie prozessual ein Verfahren darstellen (§ 600 Abs. 1 ZPO). Die Verfahrensgebühr (ebenso die Prozessgebühr gem. § 31 BRAGO)[393] des Vorverfahrens ist aber auf die des Nachverfahrens anzurechnen (VV 3100 Anm. Abs. 2 RVG). Im Übrigen, wegen der Anrechnung → Rn. 277 ff.

381 **b) Berechnungsbeispiele.** Nachfolgend werden noch Berechnungsbeispiele speziell für den Fall gebracht, dass zwei Verfahrensgebühren auf einander angerechnet werden müssen.

382 ***aa) Gleicher Gegenstandswert, gleicher Gebührensatz***

Beispiel:

Wechselprozess und Nachverfahren haben einen gleich hohen Gegenstandswert. (10.000,– EUR). In beiden Verfahren ist eine 1,3 Verfahrensgebühr angefallen.

Der RA verdient wegen der Anrechnung nur einmal eine 1,3 Verfahrensgebühr aus 10.000,– EUR und 2 × Pauschalen gem. VV 7002 RVG 40,– EUR.

383 ***bb) Unterschiedlicher Gegenstandswert, gleicher Gebührensatz***

Beispiel:

Während der Gegenstandswert im Wechselprozess nur 10.000,– EUR war, betrug er im Nachverfahren 15.000,– EUR. In beiden Verfahren ist eine 1,3 Verfahrensgebühr angefallen.

Der RA verdient eine 1,3 Verfahrensgebühr aus 15.000,– EUR und 2 × Pauschalen gem. VV 7002 RVG 40,– EUR.

Es ist unerheblich, ob der Gegenstandswert des Wechselprozesses oder der des Nachverfahrens höher ist.

384 ***cc) Gleicher Gegenstandswert, unterschiedliche Gebührensätze***

Beispiel:

Der Gegenstandswert ist in beiden Verfahren gleich hoch (10.000,– EUR), im Nachverfahren ist aber nur eine 0,8 Verfahrensgebühr entstanden.

Der RA verdient einmal eine 1,3 Verfahrensgebühr aus 10.000,– EUR und 2 × Pauschalen gem. VV 7002 RVG 40,– EUR.

Es ist unerheblich, ob der Gebührensatz des Wechselprozesses oder der des Nachverfahrens höher ist.

385 ***dd) Unterschiedliche Gegenstandswerte und unterschiedliche Gebührensätze***

Beispiel 1 (höherer Gegenstandswert im Nachverfahren, niedrigerer Gebührensatz im Nachverfahren):

Während der Gegenstandswert im Wechselprozess nur 10.000,– EUR war, betrug er im Nachverfahren 15.000,– EUR. Im Wechselprozess ist eine 1,3 Verfahrensgebühr, im Nachverfahren aber nur eine 0,8 Verfahrensgebühr angefallen.

Der RA verdient

1,3 Verfahrensgebühr aus 10.000,– EUR	798,20 EUR
+ 0,8 Verfahrensgebühr aus 15.000,– EUR	574,40 EUR
Aber hinsichtlich eines Teils von 10.000,– EUR aus der 0,8 Verfahrensgebühr aus 15.000,– EUR muss eine Anrechnung erfolgen.	
0,8 Verfahrensgebühr aus 10.000,– EUR	– 491,20 EUR
2 × Pauschale gem. VV 7002 RVG	40,00 EUR
Endbetrag	921,40 EUR

Beispiel 2 (niedriger Gegenstandswert im Nachverfahren, niedrigerer Gebührensatz im Nachverfahren):

Während der Gegenstandswert im Wechselprozess nur 10.000,– EUR war, betrug er im Nachverfahren nur 5.000,– EUR. Im Wechselprozess ist eine 1,3 Verfahrensgebühr, im Nachverfahren ist aber nur eine 0,8 Verfahrensgebühr angefallen.

Der RA verdient einmal eine 1,3 Verfahrensgebühr aus 10.000,– EUR
2 × Pauschale gem. VV 7002 RVG 40,– EUR.

Beispiel 3 (höherer Gegenstandswert im Nachverfahren, höherer Gebührensatz im Nachverfahren):

Während der Gegenstandswert im Wechselprozess nur 10.000,– EUR und der Gebührensatz nur 0,8 war, betrug er im Nachverfahren 15.000,– EUR und ist eine 1,3 Verfahrensgebühr angefallen.

Der RA verdient einmal eine 1,3 Verfahrensgebühr aus 15.000,– EUR
2 × Pauschale gem. VV 7002 RVG 40,– EUR.

---

[393] KG KGR Berlin 2006, 36 = AGS 2006, 78, das bei Anrechnung einer Prozess- auf die Verfahrensgebühr § 39 S. 2 BRAGO anwendet. Das Ergebnis bleibt das Gleiche, wenn man VV 3100 Anm. Abs. 2 RVG anwendet.

Beispiel 4 (niedrigerer Gegenstandswert im Nachverfahren, höherer Gebührensatz im Nachverfahren):

Während der Gegenstandswert im Wechselprozess bei einem Gebührensatz von 0,8 noch 10.000,– EUR war, betrug er im Nachverfahren nur noch 5.000,– EUR. Im Nachverfahren ist aber eine 1,3 Verfahrensgebühr angefallen.

Der RA verdient

0,8 Verfahrensgebühr aus 10.000,– EUR	491,20 EUR
+ 1,3 Verfahrensgebühr aus 5.000,– EUR	434,20 EUR
– Er muss sich aber eine 0,8 Verfahrensgebühr aus 5.000,– EUR anrechnen lassen	– 267,20 EUR
2 × Pauschale gem. VV 7002 RVG	40,00 EUR
Endbetrag	698,20 EUR

ee) Zusammenfassung zu c) und d). Zusammenfassend lässt sich somit feststellen, dass in fast allen Fällen der RA einmal eine Verfahrensgebühr mit dem höheren Gebührensatz aus dem höheren Gegenstandswert erhält. Eine Ausnahme ergibt sich nur in zwei Fällen. Zum einen: Im Nachverfahren ist der Gegenstandswert niedriger, der Gebührensatz aber höher. Zum anderen: Im Nachverfahren ist der Gegenstandswert höher, der Gebührensatz aber niedriger. 386

c) Zurückverweisung nach Bestätigung des Vorbehaltsurteils. Hier greift § 21 Abs. 1 RVG hinsichtlich des Urkundenverfahrens nicht ein, weil es nach der Bestätigung in erster Instanz nicht mehr zum Urkundenverfahren, sondern nur noch zum Nachverfahren kommt. Das Nachverfahren ist unverändert gem. § 17 Nr. 5 RVG eine verschiedene Angelegenheit, jedoch mit Anrechnung gem. VV 3100 Anm. Abs. 2 RVG. 387

6. Trennung des Verfahrens

Bei Trennung des Verfahrens über mehrere im Urkunden- oder Wechselprozess geltend gemachte Ansprüche und Überleitung nur des einen Anspruchs in das ordentliche Verfahren sind von der Trennung ab die Werte nicht mehr zusammenzurechnen. 388

Beispiel:

Ein Rechtsstreit über 15.000,– EUR wird noch im Urkundenprozess in einen Rechtsstreit über 10.000,– EUR und einen solchen über 5.000,– EUR getrennt. Vor wie nach der Trennung wurde in den Urkundenprozessen mündlich verhandelt. Im Rechtsstreit über 10.000,– EUR findet auch im Nachverfahren eine mündliche Verhandlung statt.

Es sind **zunächst entstanden**	
1,3 Verfahrensgebühr gem. VV 3100 RVG aus 15.000,– EUR	933,40 EUR
1,2 Terminsgebühr gem. VV 3104 RVG aus 15.000,– EUR	861,60 EUR
Pauschale gem. VV 7002 RVG	20,00 EUR
An ihre Stelle treten	
1,3 Verfahrensgebühr gem. VV 3100 RVG aus 10.000,– EUR	798,20 EUR
1,2 Terminsgebühr gem. VV 3104 RVG aus 10.000,– EUR	736,80 EUR
Pauschale gem. VV 7002 RVG	20,00 EUR
+	
1,3 Verfahrensgebühr gem. VV 3100 RVG aus 5.000,– EUR	434,20 EUR
1,2 Terminsgebühr gem. VV 3104 RVG aus 5.000,– EUR	400,80 EUR
Pauschale gem. VV 7002 RVG	20,00 EUR
Außerdem im Nachverfahren	
1,3 Verfahrensgebühr gem. VV 3100 RVG aus 10.000,– EUR	798,20 EUR
1,2 Terminsgebühr gem. VV 3104 RVG aus 10.000,– EUR	736,80 EUR
Pauschale gem. VV 7002 RVG	20,00 EUR
und	
1,3 Verfahrensgebühr gem. VV 3100 RVG aus 5.000,– EUR	434,20 EUR
Pauschale gem. VV 7002 RVG	20,00 EUR

Auf die beiden Verfahrensgebühren des Nachverfahrens werden die im Vorverfahren entstandenen Verfahrensgebühren angerechnet. Im Ergebnis kommt durch das Nachverfahren also noch eine 1,2 Terminsgebühr aus 10.000,– EUR dazu. Die Pauschale von 20,– EUR kann viermal geltend gemacht werden.

Anders als sonst bei der Trennung muss im vorliegenden Beispiel bei der Terminsgebühr des Nachverfahrens kein Abzug vorgenommenen werden, obgleich im Verfahren über 15.000,– EUR bereits eine Terminsgebühr verdient wurde. Dies beruht darauf, dass das Vor- und Nachverfahren zwei Angelegenheiten sind. 389

7. Kostenerstattung

Wird im Nachverfahren das Vorbehaltsurteil aufrechterhalten, so ergeht im Nachverfahren eine Kostenentscheidung nur über die weiteren Kosten. Die Kostenerstattung für das Vorbehaltsverfahren erfolgt auf Grund des Vorbehaltsurteils, die für das Nachverfahren auf Grund des Urteils im Nachverfahren. Die Erstattung der Verfahrensgebühr richtet sich nach der Kostenre- 390

gelung im Vorbehaltsurteil.[394] Wird aber das Vorbehaltsurteil aufgehoben, so ergeht eine einheitliche Kostenentscheidung für beide Verfahren.[395] Die Kostenerstattung erfolgt auf Grund dieses Urteils.

8. Prozesskostenhilfe

391 **Beiordnung im Vorverfahren.** Die Beiordnung im Urkundenprozess erstreckt sich automatisch auf das ordentliche Verfahren, da gem. § 600 Abs. 1 ZPO das Verfahren anhängig bleibt, es sich also prozessrechtlich um ein einheitliches Verfahren handelt.[396]

392 **Beiordnung im Nachverfahren.** Der RA, der im Wege der Prozesskostenhilfe erst für das Nachverfahren beigeordnet worden ist, kann die Verfahrensgebühr, die er im Nachverfahren verdient, aus der Staatskasse auch dann vergütet verlangen, wenn er im Urkunden- oder Wechselprozess als Wahlanwalt tätig war, die Verfahrensgebühr aber von der Partei nicht erhalten hat.[397] Die Anrechnung gem. VV 3100 Anm. Abs. 2 RVG ändert nichts daran, dass er im Nachverfahren die Verfahrensgebühr noch einmal verdient hat und für dieses der RA beigeordnet war. Ist allerdings die Verfahrensgebühr im Nachverfahren nur aus einem niedrigeren Gegenstandswert angefallen, so besteht ein Vergütungsanspruch nur bzgl. des geringeren Gegenstandswertes.

9. Rechtsschutzversicherung

393 Liegt der Urkunde, dem Wechsel oder dem Scheck ein vom Versicherungsschutz gedecktes Grundgeschäft zu Grunde zB ein Kauf-, Dienst- oder Werkvertrag (§ 2d AKB 94) und sind sie mit dem Willen des Ausstellers in den Rechtsverkehr gelangt und liegt kein Ausschließungsgrund gem. § 3 ARB 1994 vor, so fallen auch der Urkunden-, Wechsel- und Scheckprozess unter den Versicherungsschutz.[398]

XI. Sonstige Verfahren gem. VV Teil 6 RVG (Abs. 8)

394 Soweit in VV Teil 6 RVG für „sonstige Verfahren" besondere Vorschriften vorgesehen sind, gelten die Bestimmungen von VV Teil 3 RVG nicht. Betroffen sind

– Verfahren nach dem Gesetz über die internationale Rechtshilfe in Strafsachen (VV 6100 ff. RVG),
– Disziplinarverfahren, berufsgerichtliche Verfahren wegen der Verletzung einer Berufspflicht (VV 6200 ff. RVG),
– gerichtliche Verfahren bei Freiheitsentziehung und in Unterbringungssachen (VV 6300 ff. RVG),
– besondere Verfahren und Einzeltätigkeiten iSv VV 6400 ff. RVG (betr. Wehrrecht).

Im Einzelnen die Kommentierung zu VV Teil 6 RVG.

Nr.	Gebührentatbestand	Gebühr oder Satz der Gebühr nach § 13 RVG

Abschnitt 1. Erster Rechtszug

Vorbemerkung 3.1:

Die Gebühren dieses Abschnitts entstehen in allen Verfahren, für die in den folgenden Abschnitten dieses Teils keine Gebühren bestimmt sind.

Übersicht

[394] Riedel/Sußbauer/*Keller,* 8. Aufl. 2000, BRAGO § 39 Rn. 6.

[395] Thomas/Putzo/*Seiler* ZPO § 302 Rn. 14.

[396] *Hansens* BRAGO § 39 Rn. 4; Riedel/Sußbauer/*Keller,* 8. Aufl. 2000, BRAGO § 39 Rn. 8; Schneider/Wolf/*Schneider*/*Onderka* RVG VV 3100 Rn. 26.

[397] *Hansens* BRAGO § 39 Rn. 4; Riedel/Sußbauer/*Keller,* 8. Aufl. 2000, BRAGO § 39 Rn. 8; **aA** Schneider/Wolf/*Schneider*/*Onderka* RVG VV 3100 Rn. 28.

[398] Harbauer/*Stahl,* 7. Aufl. 2004, ARB 1975 Vor § 21 Rn. 101.

I. Motive

Die Motive zum KostRMoG führen aus: 1

„**Zu Abschnitt 1**

Abschnitt 1 enthält die Gebührenvorschriften für die erstinstanzlichen Verfahren. Die Gebührenstruktur ist gegenüber den Gebühren nach den §§ 31 ff. und nach § 118 BRAGO verändert. So soll es künftig keine besondere Beweisgebühr mehr geben. Stattdessen wird für die an die Stelle der Prozess- bzw. Geschäftsgebühr tretende Verfahrensgebühr ein Gebührensatz von 1,3 und für die an die Stelle der Verhandlungs-/Erörterungsgebühr tretende Terminsgebühr ein Gebührensatz von 1,2 vorgeschlagen.

Die Abschaffung der Beweisgebühr führt zu einer bedeutenden Vereinfachung des anwaltlichen Gebührenrechts. Die Beweisgebühr beschäftigt die Gerichte in hohem Maße. Auch in den einschlägigen Kommentaren zur BRAGO schlagen sich die Schwierigkeiten bei der Anwendung in Form umfangreicher Kommentierungen nieder. So umfassen die Kommentierungen in Gerold/Schmidt/*v. Eicken/Madert,* 15. Aufl. 2002, mehr als 30 Seiten und in Riedel/Sußbauer, aaO, immerhin rund 17 Seiten.

Die Abschaffung der Beweisgebühr in Verbindung mit der erhöhten Verfahrensgebühr und der Terminsgebühr hat darüber hinaus auch eine steuernde Wirkung: Sie verringert das Interesse des Anwalts an einer gerichtlichen Beweisaufnahme und wird die Vergleichsbereitschaft vor einer Beweisaufnahme sicherlich erhöhen.

Die mit einem Gebührensatz von 1,3 vorgeschlagene Verfahrensgebühr wird dem Umfang und der Bedeutung der Vorarbeiten des Anwalts vor Beginn eines gerichtlichen Verfahrens auch eher gerecht.

Wenn der Rechtsanwalt den Auftrag erhalten hat, ein gerichtliches Verfahren einzuleiten oder für den Beklagten bzw. Antragsgegner die Abwehr einer Klage oder eines Antrages zu übernehmen, erfordert dies umfassende Vorarbeiten. Dazu gehören eingehende Gespräche mit dem Auftraggeber und die Sichtung vieler schriftlicher Unterlagen zur Ermittlung des Sachverhalts. Informationen müssen eingeholt, Urkunden auch von Dritten (Behörden, Firmen, Versicherungen und privaten Personen) angefordert werden. Oft muss sich der Rechtsanwalt vor Ort durch Augenschein einen persönlichen Eindruck von den Gegebenheiten machen, Skizzen anfertigen oder anfertigen lassen, ausführliche Informationsgespräche mit Sachverständigen, beim Bauprozess zB auch mit dem Architekten oder anderen am Bau Beteiligten führen.

In Familiensachen ist der Arbeitsaufwand oft besonders hoch, zB in umfangreichen Hausratsregelungs-, Wohnungszuweisungs-, Umfangs- und Sorgerechts- sowie Zugewinnausgleichsverfahren oder auch langwierigen Unterhaltsprozessen. Die Berechnung der Unterhalts-, der Zugewinn- oder Versorgungsausgleichsansprüche ist sehr zeitaufwändig und erfordert Spezialkenntnisse, zB bei der Bewertung von Unternehmen durch Auswertung von Bilanzen, Gewinn- und Verlustrechnungen sowie von Sachverständigengutachten, bspw. über Grundstücks- und Gebäudewerte. Oft ist es dem Rechtsanwalt erst nach dem Studium von Prozess- sowie Registerakten (zB Akten früherer Prozesse oder Grundbuchakten) möglich, Nachlassverzeichnisse zu erstellen oder Unterhaltsansprüche zu berechnen. Ohne Spezialisierung in bestimmten juristischen Fachbereichen (Fachanwaltschaft) sowie Fachkenntnisse hinsichtlich anderer Materien (zB Bauwesen, Bilanzen) oder auch Fremdsprachenkenntnisse kann der Rechtsanwalt bei der Vorbereitung eines gerichtlichen Verfahrens der ihm gestellten Aufgabe oft nicht gerecht werden.

Gleichgültig, auf welcher Seite der Rechtsanwalt eingeschaltet ist, immer muss er eine eingehende juristische Vorprüfung vornehmen; er ist gehalten, die Schlüssigkeit der Klage anhand der Rspr. und der Lit. zu prüfen, wenn dies aufgrund des Prozessstoffes angezeigt ist. Schließlich muss der Rechtsanwalt von dem gerichtlichen Verfahren abraten, wenn er nach sorgfältiger Durchsicht der Unterlagen und rechtlicher Prüfung zu dem Ergebnis kommt, dass das Verfahren wenig oder keine Aussicht auf Erfolg bietet. Eine unkritische Umsetzung des Auftrags, die Klage einzureichen oder abzuwehren, könnte ihn regresspflichtig machen. In solchen Fällen sind oft langwierige Gespräche mit dem Auftraggeber zu führen. Informationen, Akten, Urkunden, Gutachten und dergleichen müssen durchgearbeitet und rechtlich bewertet werden, um das richtige Klagebegehren zu formulieren und dieses eingehend von der tatsächlichen wie auch von der rechtlichen Seite her zu begründen.

Aber nicht nur die im Zusammenhang mit dem gerichtlichen Verfahren notwendigen Besprechungen mit Mandanten, Dritten, Behörden, Gerichten, Sachverständigen, Architekten usw. sollen von der Verfahrensgebühr abgegolten sein (sofern nicht eine Terminsgebühr vorgesehen ist, vgl. Vorbemerkung 3 [zu Teil 3] Abs. 3 VV RVG-E), sondern auch der umfangreiche Schriftwechsel mit den vorgenannten Stellen und Personen, der sich auf den Prozessstoff bezieht, ebenso die Mitwirkung bei der Auswahl und Beschaffung von Beweismitteln (Urkunden, Zeugen, Sachverständigen).

Im Zweifelsfall muss der Anwalt schließlich jeden aus seiner Sicht rechtlich relevanten Stoff sammeln und vortragen sowie Beweismittel dafür anbieten, auch wenn vielleicht im Ergebnis eine Verwertung durch das Gericht nicht erfolgt. Was sich letztlich als relevant erweist, zeigt sich oft erst im Prozess oder gar in dem das Verfahren abschließenden Urteil. Der Prozessbevollmächtigte muss aber den sichersten Weg gehen. Er muss alles vortragen und an Beweismitteln anbieten, was rechtlich relevant sein könnte, will er sich nicht regresspflichtig machen.

Ihren Schwerpunkt hat die Arbeit des Anwalts somit vor Beginn des Verfahrens und außerhalb der mündlichen Verhandlung vor Gericht. Dies rechtfertigt die höhere Verfahrensgebühr, zumal eine Anrechnung im Falle der vorangegangenen Beratung und die Anrechnung eines Teils der für die außergerichtliche Vertretung entstandenen Geschäftsgebühr in Absatz 4 der Vorbemerkung 3 (zu Teil 3) VV RVG-E vorgesehen ist.

Die Gebührenvorschriften sollen nach dem vorgeschlagenen Absatz 1 der Vorbemerkung 3.1 in allen gerichtlichen Verfahren gelten, auf die Teil 3 VV RVG-E anzuwenden ist (vgl. Begründung zu Teil 3), soweit in den folgenden Abschnitten dieses Teils keine besonderen Gebühren vorgesehen sind. Damit bildet dieser Abschnitt eine Auffangregelung für alle gerichtlichen Verfahren, für die keine besonderen Gebühren bestimmt sind.[1]

[1] BT-Drs. 15/1971, 210.

II. Anwendungsbereich

2 Es wird auf die Ausführungen zu VV 3100 RVG Bezug genommen, → RVG VV 3100 Rn. 4 ff. Wegen Rechtsbeschwerde gem. § 1065 ZPO → RVG VV Vorb. 3.2.2 Rn. 9.

Nr.	Gebührentatbestand	Gebühr oder Satz der Gebühr nach § 13 RVG
3100	Verfahrensgebühr, soweit in Nummer 3102 nichts anderes bestimmt ist	1,3
	(1) Die Verfahrensgebühr für ein vereinfachtes Verfahren über den Unterhalt Minderjähriger wird auf die Verfahrensgebühr angerechnet, die in dem nachfolgenden Rechtsstreit entsteht (§ 255 FamFG).	
	(2) Die Verfahrensgebühr für ein Vermittlungsverfahren nach § 165 FamFG wird auf die Verfahrensgebühr für ein sich anschließendes Verfahren angerechnet.	

Übersicht

I. Motive

Die Motive führen aus: 1

„In dieser Vorschrift soll die Höhe der Verfahrensgebühr mit 1,3 festgelegt werden. Auf die vorstehende Begründung zu Abschnitt 1 wird Bezug genommen.

Absatz 1 der Anmerkung übernimmt die Regelung des § 44 Abs. 2 BRAGO, nach der die im vereinfachten Verfahren über den Unterhalt Minderjähriger verdiente Gebühr auf die Prozessgebühr des nachfolgenden Rechtsstreits bzw. auf die in einem Rechtsstreit nach § 656 ZPO verdiente Prozessgebühr anzurechnen ist.

Absatz 2 der Anmerkung soll die für die Prozessgebühr geltende Regelung des § 39 Satz 2 BRAGO übernehmen, nach der die Prozessgebühr des Urkunden- oder Wechselprozesses auf die gleiche Gebühr des ordentlichen Verfahrens anzurechnen ist.

Absatz 3 entspricht § 118 Abs. 2 S. 2 BRAGO.“[1]

II. Allgemeines

VV 3100 RVG bestimmt, dass der RA, der einen allgemeinen Verfahrensauftrag in einem der in der Überschrift von VV Teil 3 RVG genannten Verfahren hat, eine 1,3 Verfahrensgebühr verdient. 2

III. Anwendungsbereich

1. Allgemeines

Auffangvorschrift. VV 3100 ff. RVG gelten nach VV Vorb. 3.1 Abs. 1 RVG in allen gerichtlichen Verfahren erster Instanz, auf die VV Teil 3 RVG anzuwenden ist (Überblick → RVG VV Vorb. 3 Rn. 4 ff.), es sei denn in den folgenden Abschnitten von VV Teil 3 RVG sind besondere Gebühren vorgesehen. Damit bilden VV 3100 ff. RVG eine Auffangregelung für alle im VV Teil 3 RVG geregelten gerichtlichen Verfahren. Immer wenn sich in VV Teil 3 RVG keine speziellen Regelungen finden, sind VV 3100 ff. RVG heranzuziehen (Motive → RVG VV Vorb. 3.1 Rn. 1 letzter Absatz). Hierher gehören ua. 3

- die Vollstreckbarerklärung von Schiedssprüchen[2] (→ § 36 Rn. 10; → RVG VV 3327 Rn. 5) und **Anwaltsvergleichen;**[3] das gilt auch, wenn der Vergleich von einem Notar für vollstreckbar erklärt werden soll (§ 796c ZPO); infolge der Verweisung in § 796c Abs. 1 S. 2 ZPO handelt es sich um ein ähnliches Verfahren im Sinne der Überschrift von VV Teil 3 RVG,[4]

[1] BT-Drs. 15/1971, 211.
[2] OLG Koblenz AGS 2010, 323.
[3] OLG München FamRZ 2009, 2112; Zöller/*Herget* ZPO § 796a Rn. 30.
[4] *Hartmann* BRAGO, 33. Aufl. 2004, § 46 Rn. 7; **aA** Riedel/Sußbauer/*Keller,* 8. Aufl. 2000, BRAGO § 46 Rn. 3.

- die Vollstreckbarerklärung von ausländischen Schuldtiteln durch Gerichtsentscheidung; bei Vollstreckbarerklärung durch Anordnung der Justizverwaltung sind VV 2300 ff. RVG anzuwenden (zB Anerkennung ausländischer Entscheidungen in Ehesachen gem. § 7 FamRÄndG),
- das selbständige Beweisverfahren (bisher § 485 ZPO).

4 **Verweisung.** Darüber hinaus finden VV 3100 ff. RVG Anwendung, wenn im RVG an anderer Stelle als im VV Teil 3 RVG bestimmt wird, dass für bestimmte Verfahren VV Teil 3 Abschn. 1 RVG anzuwenden ist (zB § 36 RVG für schiedsgerichtliche Verfahren).

5 **I. Instanz.** VV 3100 ff. RVG gelten nur für die I. Instanz. Für Berufung und Revision sind VV 3200 ff. RVG und für Beschwerden und Erinnerungen VV 3500 ff. RVG bzw. über VV Vorb. 3.2.1, VV 3200 ff. RVG anzuwenden.

6 **Streithelfer.** VV 3100 f. RVG sind auch für den Verfahrensbevollmächtigten des Streithelfers anzuwenden. Im Übrigen → RVG VV 3101 Rn. 72.

2. Nicht erfasste Verfahren bzw. Tätigkeiten

7 Folgende Verfahren erster Instanz fallen nicht unter VV 3100 ff. RVG (alphabetisch geordnet):
- § 319 Abs. 6 AktG (VV 3325 RVG),
- Arbeitsrechtliche Verfahren, soweit in VV 3326 RVG geregelt (betrifft einzelne Tätigkeiten beim Schiedsvertrag),
- Aufgebotsverfahren (VV 3324 RVG),
- Außergerichtliche Tätigkeiten (VV Teil 2 RVG),
- Aussöhnung unter Eheleuten oder Lebenspartnern (VV 1001 RVG),
- Berufsgerichtliche Verfahren wegen Verletzung einer Berufspflicht (VV 6200 ff. RVG),
- Berufungsverfahren (VV 3200 ff. RVG),
- Beschwerde- und Erinnerungsverfahren (VV 3500 ff. RVG),
- Bundesverwaltungs- und Bundessozialgerichtsverfahren erster Instanz (VV 3300 Nr. 2 RVG),
- Erstinstanzliche Verfahren vor einem Oberverwaltungs- oder Landessozialgericht (VV 3300 Nr. 2 RVG)
- Bußgeldsachen (VV Teil 5 RVG),
- Disziplinarverfahren (VV 6200 ff. RVG),
- Einzeltätigkeiten und sonstige Tätigkeiten iSv VV 3403 RVG,
- Europäischer Gerichtshofverfahren, teilweise aber VV 3200 f. RVG anwendbar (§ 38 RVG),
- Finanzgerichtsverfahren (VV 3200 ff. RVG iVm VV Vorb. 3.2.1 Nr. 1 RVG),
- Insolvenzverfahren (VV 3313 ff. RVG),
- Mahnverfahren (VV 3305 ff. RVG),
- Oberverwaltungsgerichte (Verwaltungsgerichtshöfe), soweit erstinstanzlich tätig (VV 3302 Nr. 2 RVG),
- Räumungsfristverfahren (VV 3334 RVG),
- Prozesskostenhilfe-Bewilligungsverfahren (VV 3335 RVG),
- Revisionsverfahren (VV 3206 ff. RVG),
- Schiedsverfahren, wenn bestimmte in VV 3326, 3327 RVG aufgeführte Tätigkeiten betroffen sind,
- Strafsachen (VV Teil 4 RVG) einschließlich internationaler Rechtshilfe (VV 6100 ff. RVG), nicht aber Verfahren nach dem StVollzG (vgl. Überschrift VV Teil 3 RVG),
- Terminsvertreter (VV 3401 RVG),
- UmwG § 16 Abs. 3 (VV 3325 RVG),
- Unterbringungssachen (VV 6300 ff. RVG),
- Urheberrechtswahrnehmungsverfahren nach § 129 WG, vor dem OLG (VV 3302 Nr. 1 RVG),
- Verteilungsverfahren nach der Schifffahrtsrechtlichen Verteilungsordnung (VV 3313 ff. RVG),
- Verwaltungsverfahren (VV Teil 2 RVG) im Gegensatz zu Verwaltungsgerichtsverfahren, die in erster Instanz – abgesehen von den in VV 3302 Nr. 2 RVG geregelten Fällen – VV 3100 ff. RVG unterliegen,
- Verfassungsgerichtsverfahren (§ 37 RVG RVG),
- Verkehrsanwalt (VV 3400 RVG RVG),
- Verletzung des rechtlichen Gehörs, Rügeverfahren (VV 3330 RVG RVG),
- Verteilungsverfahren außerhalb der Zwangsversteigerung und der Zwangsverwaltung (VV 3333 RVG),
- Vollstreckbarerklärungen von nicht angefochtenen Teilen eines Urteils (VV 3329 RVG),

– Vollstreckungsbescheid (VV 3308 RVG),
– Vollziehung von Entscheidungen des einstweiligen Rechtsschutzes (VV 3309 RVG),
– Wehrrechtliche Verfahren, die in VV 6400 ff. RVG geregelt sind,
– Zwangsversteigerung und Zwangsverwaltung (VV 3311 ff. RVG),
– Zwangsvollstreckung. Vorläufige bzw. einstweilige Einstellung, Beschränkung oder Aufhebung (VV 3328 RVG),
– Zwangsvollstreckungsverfahren (VV 3309 RVG).

IV. Verfahrensbevollmächtigter

1. Verfahrensbevollmächtigter

Verfahren im Ganzen. VV 3100 RVG gilt nur für den RA, der Verfahrensbevollmächtigter ist. Das bedeutet, dass er beauftragt sein muss, das Verfahren im Ganzen zu führen. Das ergibt sich daraus, dass für Einzeltätigkeiten Abschn. 4 von VV Teil 3 RVG (VV 3400 ff. RVG) spezielle Bestimmungen enthält und gem. VV Vorb. 3.1 Abs. 1 RVG der erste Abschnitt, also VV 3100 ff. RVG, nur eingreift, soweit in den folgenden Abschnitten keine besonderen Gebühren bestimmt sind. 8

Ausgeschlossene Verfahren. Der Auftrag darf sich auf keines der unter → Rn. 7 aufgeführten Verfahren beziehen. 9

Prozessvollmacht. In bürgerlichen Rechtsstreiten muss er eine Prozessvollmacht iSv § 81 ZPO haben, die auch formlos erteilt werden kann. Sie liegt in dem Auftrag, eine Klage zu erheben bzw. den Antrag auf Einleitung eines Verfahrens, auf das VV 3100 ff. RVG anwendbar sind, zu stellen oder eine Partei in einem erwarteten oder bereits gegen sie eingeleiteten Verfahren dieser Art zu vertreten. 10

Postulationsfähigkeit. Die Frage der Postulationsfähigkeit spielt in der ersten Instanz keine Rolle mehr, nachdem in ihr der RA jetzt generell postulationsfähig ist. 11

Tätigkeit von Anfang bis Ende unnötig. Nicht notwendig ist, dass der RA, um Verfahrensbevollmächtigter zu sein, den Rechtsstreit von seinem Beginn bis zu seiner Erledigung geführt hat. Er muss den Auftrag für das gesamte Verfahren haben. Hat er diesen, so genügt eine einzelne Tätigkeit. 12

2. Beigeordneter RA, Rechtsbeistand, Streithelfervertreter

Auch der in einer Scheidungs- oder Lebensgemeinschaftssache beigeordnete RA (§§ 138, 270 FamFG) verdient die Verfahrensgebühr gem. VV 3100 ff. RVG (§ 39 RVG). Ebenso der Rechtsbeistand und der RA des Streithelfers, → RVG VV 3101 Rn. 72. 13

V. Auftrag speziell für VV 3100 RVG

Generell zum Auftrag → RVG VV Vorb. 3 Rn. 12. 14

Auftrag für VV 3100 RVG. Die volle Gebühr des VV 3100 RVG kann nur der Verfahrensbevollmächtigte des Klägers oder Antragstellers verdienen, wenn er den Auftrag auf Erhebung einer Klage, Stellung des verfahrenseinleitenden Antrags oder Fortführung eines bereits eingeleiteten Verfahrens hat. Nicht reicht aus, dass er lediglich eine außergerichtliche Einigung erreichen soll, die bei Gericht protokolliert werden soll. In diesem Fall kommt nur VV 3101 Nr. 2 RVG in Betracht. Der Auftrag des Beklagtenvertreters muss dahin gehen, den Beklagten insgesamt in dem gegen ihn gerichteten Verfahren zu vertreten. Wegen Auftrag beim Rechtsmittelverzicht → RVG VV 3403 Rn. 24 ff.

VI. Tätigkeit

1. Grundsätze

Die Verfahrensgebühr erhält der RA für das Betreiben des Geschäfts, einschließlich der Information (VV Vorb. 3 Abs. 2 RVG). Die Verfahrensgebühr entsteht, wenn auch zunächst nur iHv einer 0,8 Gebühr (VV 3101 Nr. 1 RVG), mit der ersten Handlung des RA, die dem Betreiben des Geschäfts dient. In aller Regel ist dies die Informationsbeschaffung.[5] Dass die Tätigkeit geringfügig ist, steht nicht entgegen. Allerdings reicht die **bloße Annahme eines Auftrags** noch nicht.[6] Wenn vereinzelt zu lesen ist, dass der RA bereits mit der Entgegennahme 15

[5] OLG Hamm AnwBl 2005, 587 = RVGreport 2005, 230.
[6] BGH NJW 2008, 1087 = FamRZ 2008, 508.

des Auftrags eine (reduzierte) Verfahrensgebühr verdient,[7] so ist dies falsch. VV Vorb. 3 Abs. 2 RVG lässt die Verfahrensgebühr für das Betreiben des Geschäfts, insbes. die Entgegennahme der Information entstehen. Mit dem Geschäft, das betrieben wird, ist das Geschäft des Mandanten, nicht das des Anwalts gemeint. Gleichgültig ist, ob die Vertretung durch einen RA nach § 78 ZPO notwendig ist oder nicht. Das gilt auch für den Vertreter des Streithelfers. Eine Verfahrensgebühr lösen ua aus

– die Entgegennahme der Information (→ Rn. 19),
– die Beantragung von Akteneinsicht,[8]
– die Vollmachtsanzeige.[9]

2. Außentätigkeit unnötig

16 Nicht notwendig ist, dass die Tätigkeit des Anwalts nach außen oder gar dem Gericht gegenüber in Erscheinung getreten ist.[10] Allerdings entsteht dann nach VV 3101 Nr. 1 RVG nur eine 0,8 Verfahrensgebühr.[11] Dies zeigt ua VV Vorb. 3 Abs. 2 RVG „einschließlich der Information".

17 **Anlegung von Handakten.** Überwiegend wird angenommen, dass schon die Anlage von Handakten genügt.[12]

18 **Niederlegungsanzeige.** Teilt der RA dem Gericht lediglich mit, dass er das Mandat niederlegt, so vertritt er damit keine Parteiinteressen. Er verdient keine, auch nicht eine 0,8 Verfahrensgebühr.[13]

3. Tätigkeiten vor Beginn des Rechtsstreits

19 Aus § 19 Abs. 1 S. 2 Nr. 1 RVG folgt, dass zum Rechtszug auch Tätigkeiten gehören können, die vor dem Beginn des Rechtsstreits vorgenommen werden. Das gilt zunächst einmal für die Entgegennahme der Information oder das Durchlesen der gegnerischen Klage- oder Antragsschrift,[14] gilt aber auch, wenn der RA nach Erhalt des unbedingten Verfahrensauftrags es noch einmal mit einem Mahn- und Kündigungsschreiben oder Einigungsverhandlungen versucht (→ RVG VV 2300 Rn. 9 ff.).[15] Ob es dann zu dem Verfahren tatsächlich kommt, ist gleichgültig. Das folgt aus VV 3101 Nr. 1 RVG, in dem gerade der Fall geregelt ist, dass der Auftrag endet, ehe der RA die Klage oder den das Verfahren einleitenden Antrag eingereicht hat. Das gilt aber nur, wenn ein unbedingter Verfahrensauftrag vorlag. Der Mandant kann jedoch auch zunächst einen unbedingten Auftrag zu einer außergerichtlichen Vertretung und gleichzeitig einen bedingten Verfahrensauftrag erteilen. Dann fallen die Entgegennahme der Information, das Mahn- und Kündigungsschreiben oder die Einigungsverhandlung unter dem unbedingten Auftrag zu einer außergerichtlichen Vertretung; VV 2300 ff. RVG sind anzuwenden. Im Rahmen des Verfahrensauftrags wird der RA erst tätig, wenn die außergerichtlichen Versuche gescheitert sind und der RA zur Klageerhebung übergeht (→ RVG VV 2300 Rn. 9 ff.).

20 Dasselbe gilt im Verhältnis zur Ratsgebühr. Erhält der RA sofort einen Prozessauftrag, entsteht sofort die Verfahrensgebühr und keine Ratsgebühr, und zwar auch dann, wenn der RA dem Auftraggeber rät, den Anspruch anzuerkennen oder auf die Forderung zu verzichten. Denn mit der Entgegennahme der Information nach Erteilung des Auftrags ist die Verfahrensgebühr erwachsen. Sie kann sich mit der Erteilung des Rates nicht in eine Ratsgebühr umwandeln, jedoch gem. VV 3101 Nr. 1 RVG auf 0,8 beschränken, wenn sich nach dem Rat der Auftrag erledigt hat.[16]

4. Tätigkeit nach Rücknahme oder Erledigung

21 → Anh. VI Rn. 316 ff., 207 ff.

---

[7] Schneider/Wolf/*Schneider/Onderka,* 3. Aufl. 2006, VV 3101 Rn. 9, die diese Meinung aber in der 5. Aufl. 2010 nicht mehr vertreten.

[8] **AA** OLG Nürnberg AGS 2013, 140.

[9] **AA** OLG Nürnberg AGS 2013, 140.

[10] OLG Hamm AnwBl 2005, 587 = JurBüro 2005, 593.

[11] VGH Mannheim JurBüro 1995, 474 = AGS 1996, 65.

[12] OLG München Rpfleger 1973, 444; Riedel/Sußbauer/*Keller,* 8. Aufl. 2000, BRAGO § 31 Rn. 24; *Hartmann* BRAGO, 33. Aufl. 2004, § 31 Rn. 28; **aA** OLG Schleswig JurBüro 1978, 383, durch das Anlegen von Handakten betreibt der RA sein eigenes Geschäft und nicht das des Mandanten.

[13] *Hartmann* BRAGO, 33. Aufl. 2004, § 31 Rn. 33.

[14] OLG Hamm AnwBl 2005, 587 = JurBüro 2005, 593.

[15] *Madert* AGS 2003, 251.

[16] OLG Celle AnwBl 1964, 77 = Rpfleger 1964, 197 (Ls.).

VII. Gebührenhöhe

Vgl. VV 3101 RVG. 22

VIII. Abgeltungsbereich

1. Allgemeines

Pro Rechtszug nur einmal. In jedem Rechtszug des gleichen Verfahrens kann der Verfahrensbevollmächtigte nach § 15 Abs. 2 RVG die in VV 3100 ff. RVG vorgesehenen Gebühren nur einmal fordern. Sie entgelten seine gesamte Tätigkeit vom Auftrag bis zum Ende des Rechtszugs (§ 15 Abs. 1 RVG), zT auch noch Tätigkeiten nach Beendigung des Rechtszugs (zB § 19 Abs. 1 S. 2 Nr. 9 RVG). Etwas anderes gilt, wenn eine besondere Gebühr vorgesehen ist (zB Terminsgebühr gem. VV 3104 RVG, Einigungsgebühr gem. VV 1000 ff. RVG) oder es sich um eine verschiedene oder besondere Angelegenheit (§§ 17, 18 RVG) handelt. Beispiele für Tätigkeiten, die zum Rechtszug gehören und deshalb durch die Verfahrensgebühr abgegolten werden, enthält § 19 RVG. 23

Nicht abgegoltene Tätigkeiten. → Rn. 25, 28 ff.

2. Einzelfälle

Durch die Verfahrensgebühr werden **abgegolten:** 24

- **Akteneinsicht,** s. Urkunden- oder Akteneinsicht,
- **Allgemeine Geschäftskosten** (VV Vorb. 7 Abs. 1 S. 1 RVG). Für bestimmte Kosten kann der RA aber Ersatz verlangen (VV Vorb. 7 Abs. 1 S. 2, VV 7000 f. RVG),
- **Aufenthaltsermittlung** hinsichtlich einer Partei oder Zeugen, einschließlich Einwohnermeldeamtsnachfragen,[17]
- **Beratung** (soweit ein Verfahrens- und nicht nur ein Beratungsauftrag vorliegt),
- **Besondere Kenntnisse.** Verwertung besonderer Kenntnisse, durch welche die Zuziehung von Hilfspersonen erspart wird, wird mit abgegolten, zB Anfertigung von Skizzen, Erläuterung technischer Vorgänge. Etwas anderes gilt, wenn die Tätigkeit über die dem RA obliegenden Aufgaben hinausgeht und nach den Umständen gem. § 612 Abs. 1 BGB eine zusätzliche Vergütung zu erwarten ist.[18] Zu Fremdsprachen → Rn. 25 ff.,
- **Besprechungen** mit dem Auftraggeber, mit dessen Verkehrsanwalt oder Terminsvertreter, mit dritten Personen und Gerichtsstellen, die zur Führung des Rechtsstreits erforderlich sind, vor und während des Rechtsstreits,
- **Besprechungen nach Urteilsverkündung** gehören teilweise zur ersten Instanz → § 19 Rn. 44 ff.
- **Eidesstattliche Versicherungen,** ihre Aufnahme und Einreichung,[19] besonders bei Einstellungsanträgen, Arresten, einstweiligen Verfügungen, Widerspruchsklagen, gleichviel, ob es sich um solche der Partei oder dritter Personen handelt, da diese Tätigkeit nur der Vorbereitung des Rechtsstreits dient,
- **Eidesstattliche Versicherung nach § 261 BGB** (die Tätigkeit in einem Verfahren zur deren Abgabe vor dem Prozessgericht),[20]
- **Fremdsprachen** teilweise → Rn. 25 ff.,
- **Klagerücknahme,** auch in der Klagerücknahme liegt noch ein Betreiben des Geschäfts (vgl. VV 3101 Nr. 1 RVG),
- **Kostenfestsetzung,** Tätigkeit im Kostenfestsetzungsverfahren (§§ 104, 107 ZPO) vgl. § 19 Nr. 14 RVG; nicht aber die Beschwerde und Erinnerung gegen einen Kostenfestsetzungsbeschluss (vgl. VV 3500 RVG),
- **Kündigungsschreiben,** das die Klage vorbereiten soll,[21] wenn schon Verfahrensauftrag vorlag,
- **Mahnschreiben,** das die Klage vorbereiten soll,[22] wenn schon Verfahrensauftrag vorlag,
- **Patentanwaltstätigkeiten des als Patentanwalt zugelassenen RA,** es kommt auf den Einzelfall an (→ § 1 Rn. 12, 57 ff.),

---

[17] BGH Rpfleger 2004, 249.
[18] OLG Düsseldorf Rpfleger 1983, 367; KG JurBüro 1967, 77; OLG Stuttgart Justiz 1980, 440.
[19] OLG Frankfurt a. M. JurBüro 1985, 1029; OLG Köln JurBüro 1982, 399.
[20] OLG Nürnberg Rpfleger 1996, 42.
[21] OLG München ZMR 1985, 298.
[22] *Hartmann* BRAGO, 33. Aufl. 2004, § 31 Rn. 32.

– **Rechtsgutachten über inländisches Recht** im Regelfall,[23]
– **Rechtsmittel** → § 19 Rn. 78 ff.,
– **Sammlung des Prozessstoffs,**
– **Schriftwechsel** mit den Parteien, Verkehrsanwalt, Terminsvertreter, Dritten und dem Gericht, der sich auf den Rechtsstreit bezieht, besonders soweit er der Sammlung des Prozessstoffs dient, die Anfertigung der Schriftsätze, besonders die Darstellung der Prozessbehauptungen und die Angabe von Beweismitteln,
– **Streitverkündung,**[24]
– **Streitwertantrag,**
– **Urkunden- oder Akteneinsicht,** auch wenn sie sich nicht in den Händen der Parteien befinden, zB in das Handelsregister oder in das Grundbuch,
– **Vergütungsfestsetzung** gegenüber der Partei (§ 11 RVG),
– **Wahrnehmung von Terminen,** auch solchen vor dem beauftragten oder ersuchten Richter (§ 19 Abs. 1 S. 2 Nr. 4 RVG). Ob in dem Termin Erörterungen stattfinden und für den Prozessverlauf bestimmte Erklärungen abgegeben und entgegen genommen werden, ist gleichgültig,
– **Wiedereinsetzungsanträge,**[25]
– **Zeugenermittlung** samt Ermittlung von deren Adressen[26]
– **Zwischenanträge.**

Im Übrigen wird auf die Kommentierung zu § 19 RVG verwiesen.

3. Fremdsprachliche Tätigkeit des RA

25 Bei der Ausnützung der Kenntnisse **fremder Sprachen** gilt Folgendes: Die Tätigkeit bleibt Anwaltstätigkeit, wird also nicht besonders vergütet, wenn der RA in der von ihm beherrschten fremden Sprache das tut, was er sonst in deutscher Sprache tun müsste.

Beispiel:
Der RA, der einen englischen Auftraggeber hat, unterhält sich mit ihm englisch. Der RA führt den Briefwechsel mit seinem Auftraggeber in Rom in Italienisch. Der RA liest in französischer Sprache abgefasste Beweisurkunden durch.[27]

26 Dagegen ist es nicht Anwalts-, sondern Übersetzertätigkeit, wenn der RA die Beweisurkunde für das Gericht oder die Schriftsätze des Gegners und die Entscheidungen des Gerichts in die Sprache seines Auftraggebers übersetzt. Diese zusätzliche Tätigkeit wird durch die Verfahrensgebühr nicht abgegolten, sondern ist daneben – etwa gem. §§ 8 ff. JVEG – zu vergüten.[28] Muss der RA mangels ausreichender Sprachkenntnisse Übersetzungen anfertigen lassen, so fällt dies unter die ihm zu ersetzenden und vom Gegner zu erstattenden Aufwendungen iSv VV Vorb. 7 Abs. 1. S. 2 RVG.

4. RA ist zugleich Patentanwalt

27 → § 1 Rn. 57 ff.

IX. Angelegenheit

1. Allgemeines

28 Ist eine neue Angelegenheit gegeben, entstehen neue Gebühren. Eine selbständige Angelegenheit liegt nicht vor in den Fällen, in denen eine Tätigkeit zum Abgeltungsbereich der Verfahrensgebühr gehört (→ Rn. 23 ff.).

2. Einzelfälle

29 Über die nachfolgenden, alphabetisch geordneten Einzelfälle hinaus wird auf die Kommentierung zu §§ 15, 16 ff. RVG verwiesen.

---

[23] BVerwG Rpfleger 1991, 388; OLG Frankfurt a. M. NJW-RR 1987, 380.
[24] *Hartmann* BRAGO, 33. Aufl. 2004, § 31 Rn. 42.
[25] OLG Frankfurt a. M. NJW 1960, 636.
[26] *Hansens* BRAGO, 8. Aufl. 1995 BRAGO § 31 Rn. 4.
[27] KG NJW 1961, 1588 (Ls.) = Rpfleger 1962, 38 (Ls.); JurBüro 1967, 77; OLG Hamburg MDR 1966, 426; AnwBl 1971, 145 = JurBüro 1971, 685; OLG Stuttgart JurBüro 1981, 65.
[28] OLG Bamberg JurBüro 1974, 1027; OLG Düsseldorf AGK 11, 94; OLG Frankfurt a. M. NJW 1962, 1577 (313); KG JurBüro 1967, 77; OLG Karlsruhe Justiz 78, 315 = MDR 1978, 674 (Ls.); LG Mannheim AnwBl 1978, 61; *Ott* AnwBl 1981, 173, zur Erstattungsfähigkeit der Übersetzungskosten eines RA; einschränkend OLG Stuttgart JurBüro 1981, 65 = Rpfleger 1981, 32.

Anrechnungsfälle. Gibt es eine Anrechnungsbestimmung, so bedeutet das, dass zwei Angelegenheiten vorliegen. Wäre es eine Angelegenheit, so käme eine Anrechnung gleicher Gebühren nicht in Betracht, da ohnehin nur eine Gebühr anfallen würde. 30

Fehlender Bezug zum Verfahren. Nicht jede Tätigkeit, die ein Verfahrensbevollmächtigter ausübt, bezieht sich auch auf das Verfahren. Tritt das gerichtliche Verfahren gegenüber der dem RA aufgetragenen sonstigen Tätigkeit völlig in den Hintergrund, so dass es zur Nebensache wird, so handelt es sich um verschiedene Angelegenheiten, die getrennt zu vergüten sind. Entscheidend ist, ob nach den Umständen des Einzelfalls die zu leistende Arbeit nach Ziel, Art und Umfang noch als prozesszugehörig angesehen werden kann. ZB gehört die laufende Beratung des Auftraggebers in Fragen, die nur gelegentlich des Rechtsstreits auftreten, ihn aber nicht betreffen, und die Vertretung des Auftraggebers in solchen Fragen gegenüber Dritten regelmäßig nicht zu dem Betreiben des Geschäfts iSd VV 3100 RVG. 31

Mediation. Die richterliche Mediation stellt mit dem Gerichtsverfahren, in dessen Zusammenhang sie erfolgt, eine Angelegenheit dar (→ RVG VV Vorb. 3 Rn. 238). 32

Mehrheit von Ansprüchen. Bei Klagehäufung, der objektiven wie der subjektiven, handelt es sich um eine Angelegenheit. 33

Beispiele:

Eingeklagt sind 1.000,– EUR Kaufpreis, 2.000,– EUR Miete und 5.000,– EUR Darlehen. Die Verfahrensgebühr entsteht nur einmal aus 8.000,– EUR.

Eingeklagt sind 1.000,– EUR gegen A, 2.000,– EUR gegen B und 5.000,– EUR gegen C. Beide Seiten werden nur von je einem RA vertreten. Die Verfahrensgebühr entsteht nur einmal aus 8.000,– EUR.

Missbräuchlich getrennte Verfahren. Werden Ansprüche in treuwidriger Weise getrennt geltend gemacht, so handelt es sich hinsichtlich der Anwaltsgebühren dennoch um mehrere Angelegenheiten. Ein Erstattungsanspruch besteht aber nur in der Höhe, in der er bei Geltendmachung in einem Verfahren entstanden wäre (→ Anh. X Rn. 271). Der RA kann uU nur Gebühren in dieser Höhe geltend machen (→ § 1 Rn. 166 ff.). 34

Notarielle Tätigkeit. Die nach dem GNotKG zu vergütende notarielle Tätigkeit eines Verfahrensbevollmächtigten, der zugleich Notar ist, ist eine besondere Angelegenheit. 35

Parteiwechsel. Wegen der Fälle, in denen der RA infolge Parteiwechsels mehrere Auftraggeber vertritt, → RVG VV 1008 Rn. 104 ff. 36

Weitere nebenher laufende Verfahren. Auch Tätigkeiten in neben dem Prozess herlaufenden Verfahren sind besonders zu vergüten, zB 37

- Beratung oder Verteidigung in einem mit einem bürgerlichen Rechtsstreit zusammenhängenden **Strafverfahren** (VV Teil 4 RVG),
- Vertretung in einem **Insolvenzverfahren** (VV 3313 ff. RVG).

Weitere dazu gehörige selbständige Verfahren. Die Tätigkeit in einem **besonderen gerichtlichen oder behördlichen Verfahren** ist eine besondere Angelegenheit, auch wenn sie einen bürgerlichen Rechtsstreit oder ein ähnliches Verfahren ermöglichen oder fördern soll, zB

- die Beschaffung einer **Devisengenehmigung,**
- die Einholung einer **vormundschaftsgerichtlichen Genehmigung,**
- auch der Antrag auf Bestellung eines **gesetzlichen Vertreters,** soweit er bei dem Gericht der freiwilligen Gerichtsbarkeit (nicht aber nach § 57 ZPO bei dem Prozessgericht) gestellt wird.

X. Anrechnungen

Es wird auf die Ausführungen zu VV Vorb. 3 Abs. 4–6 RVG Bezug genommen. 38

XI. Neben Termins- oder Einigungsgebühr immer Verfahrensgebühr

Es ist unmöglich, dass in einem Rechtsstreit die Termins- oder die Einigungsgebühr erwächst, ohne dass gleichzeitig auch eine – zumindest reduzierte – Verfahrensgebühr anfällt. Die Verfahrensgebühr als Betriebsgebühr muss auf jeden Fall erwachsen, wenn der Tatbestand einer anderen Gebühr erfüllt ist. Ferner kann der Streitwert der genannten anderen Gebühren nie höher als der der Verfahrensgebühr sein. 39

XII. Trennung und Verbindung

1. Verbindung

40 **a) Grundsätze. Fortbestand einmal angefallener Gebühren.** Werden zwei Verfahren, die zunächst selbständig waren, zu einem verbunden, so bleiben einmal entstandene Gebühren aus den getrennten Verfahren bestehen (§ 15 Abs. 4 RVG). Gebühren, die ein RA einmal verdient hat, kann er nicht wieder verlieren.

41 **Wahlrecht.** Der RA kann wählen, ob er die Gebühren aus den getrennten Verfahren oder aus dem verbundenen Verfahren, in dem die Gebühren nur einmal (aus dem addierten Wert) anfallen, verlangt.[29] Er kann sich dabei für die ihm günstigere Variante entscheiden. Er kann nicht zusätzlich zu den Gebühren aus den getrennten Verfahren vor der Trennung noch die Gebühren aus dem Verfahren nach der Verbindung verlangen. Das ergibt sich daraus, dass das verbundene Verfahren mit den vorher geführten Einzelverfahren dieselbe Angelegenheit iSv § 15 Abs. 2 RVG bildet.[30] Wegen Mahnbescheiden gegen Gesamtschuldner → RVG VV 3305 Rn. 36 ff.

42 Auch **FamFG-Verfahren** können miteinander verbunden werden (§§ 20, 113 Abs. 1 S. 2 FamFG, 14 ZPO).[31] Die Folgen sind die gleichen wie bei der Verbindung von ZPO-Verfahren.

43 **Rechtsmittel.** Eine in der Berufungsinstanz durchgeführte Verbindung mehrerer Prozesse berührt die Gebühren der erstinstanzlichen Anwälte nicht.

44 **Verfassungsbeschwerden.** Sie bleiben nach BVerfG auch dann selbständige Angelegenheiten, wenn das BVerfG sie miteinander verbindet.[32]

45 **b) Gleiche Gebühren vor Verbindung**

Beispiel:

Das Gericht verbindet nach mündlicher Verhandlung in beiden Verfahren einen Darlehensprozess über 10.000,– EUR und einen Mietprozess über 5.000,– EUR zu einem Rechtsstreit über 15.000,– EUR. Nach der Verbindung wird erneut mündlich verhandelt. Die Rechtsanwälte können beanspruchen.

Vor der Verbindung	
1,3 Verfahrensgebühr gem. VV 3100 RVG aus 10.000,– EUR	798,20 EUR
1,2 Terminsgebühr gem. VV 3104 RVG aus 10.000,– EUR	736,80 EUR
Pauschale gem. VV 7002 RVG	20,00 EUR
+	
1,3 Verfahrensgebühr gem. VV 3100 RVG aus 5.000,– EUR	434,20 EUR
1,2 Terminsgebühr gem. VV 3104 RVG aus 5.000,– EUR	400,80 EUR
Pauschale gem. VV 7002 RVG	20,00 EUR
Nach der Verbindung	
1,3 Verfahrensgebühr gem. VV 3100 RVG aus 15.000,– EUR	933,40 EUR
1,2 Terminsgebühr gem. VV 3104 RVG aus 15.000,– EUR	861,60 EUR
Pauschale gem. VV 7002 RVG	20,00 EUR

46 **c) Ungleiche Gebühren in den Verfahren vor Verbindung.** Ist bei der Verbindung getrennt anhängig gemachter Prozesse vor der Verbindung nur in einem Verfahren eine Terminsgebühr angefallen und wird nach der Verbindung erneut verhandelt, so fällt außer der durch die frühere Verhandlung bereits verdienten Terminsgebühr für die Verhandlung nach der Verbindung eine Terminsgebühr aus dem zusammengerechneten Wert beider Sachen an. Allerdings ist die in dem einen Ausgangsverfahren erwachsene Terminsgebühr auf die spätere höhere Gebühr voll anzurechnen.[33]

---

[29] BGH NJW 2010, 3377; OLG Hamm JurBüro 2005, 598 (Ls.); Gerold/Schmidt/*von Eicken,* 15. Aufl. 2002, BRAGO § 31 Rn. 52.

[30] Schneider/Wolf/*Schneider* RVG § 15 Rn. 179.

[31] Das galt auch schon vor dem FamFG BayObLGZ 1967, 29; OLG Köln JurBüro 1981, 1564; OLG Oldenburg FamRZ 1997, 383; **aA** *Lappe* KostRspr Anm. zu § 94 KostO Nr. 34.

[32] BVerfG AnwBl 1976, 163; dazu dass die Regeln der ZPO und VwGO über die Verbindung nicht ohne weiteres „mit den Befindlichkeiten des Verfassungsprozesses kompatibel" sind Maunz/Schmidt-Bleibtreu/*Bethge,* 21. Lfg. 2002, BVerfGG § 66 Rn. 14.

[33] BGH NJW 2010, 3377 mwN = AGS 2010, 317; OLG Zweibrücken JurBüro 1981, 699; OLG München JurBüro 1986, 556; OLG Stuttgart JurBüro 1982, 1670; *Schneider* Anm. zu BGH NJW 2010, 3377 = AGS 2010, 317, **aA** Schneider/Wolf/*Onderka/Schneider* RVG VV Vorb. 3 Rn. 214 ff.

Beispiel:

Vor der Verbindung der Verfahren hatte im Verfahren über den Ehegattenunterhalt (10.000,– EUR) eine mündliche Verhandlung stattgefunden, im Verfahren über Kindesunterhalt (5.000,– EUR) aber noch nicht. Nach der Verbindung findet eine mündliche Verhandlung zu beiden Gegenständen statt.
Zutreffende Berechnung:[34]

Vor der Verbindung

1,3 Verfahrensgebühr gem. VV 3100 RVG aus 10.000,– EUR	798,20 EUR
1,2 Terminsgebühr gem. VV 3104 RVG aus 10.000,– EUR	736,80 EUR
Pauschale gem. VV 7002 RVG	20,00 EUR
+	
1,3 Verfahrensgebühr gem. VV 3100 RVG aus 5.000,– EUR	434,20 EUR
Pauschale gem. VV 7002 RVG	20,00 EUR

Nach der Verbindung

1,3 Verfahrensgebühr gem. VV 3100 RVG aus 15.000,– EUR	933,40 EUR
1,2 Terminsgebühr gem. VV 3104 RVG aus 15.000,– EUR	861,60 EUR
Pauschale gem. VV 7002 RVG	20,00 EUR

Da die bereits im Ehegattenunterhaltsverfahren verdiente Terminsgebühr von 736,80 EUR voll anzurechnen ist, kann der RA für die Terminsgebühr insgesamt verlangen 861,60 EUR. RA kann also verlangen

1,3 Verfahrensgebühr gem. VV 3100 RVG aus 10.000,– EUR	798,20 EUR
1,3 Verfahrensgebühr gem. VV 3100 RVG aus 5.000,– EUR	434,20 EUR
1,2 Terminsgebühr gem. VV 3104 RVG aus 15.000,– EUR	861,60 EUR
2 × Pauschale gem. VV 7002 RVG	40,00 EUR
Summe	2.134,00 EUR

Eine **Gegenmeinung** meint, dass bei dieser Berechnungsweise die vor der Verbindung verdienten Gebühren wieder verloren gingen. Sie rechnet deshalb wie folgt:[35] 47

Bei der Terminsgebühr von 861,60 EUR entfallen auf den Ehegattenunterhalt $^2/_3$ (10.000,– EUR von 15.000,– EUR). Von der Terminsgebühr des verbundenen Verfahrens sind $^2/_3$ abzuziehen. Der RA erhält für die Terminsgebühr 736,80 EUR (für Verfahren vor Verbindung) + 287,20 EUR (861,60 EUR – $^2/_3$ aus 861,60 EUR für Verfahren nach Verbindung), also 1.024,00 EUR.

Der ersten Berechnungsweise ist der Vorzug zu geben. § 15 Abs. 4 RVG und der aus ihm hergeleitete Grundsatz, dass der RA die einmal verdienten Gebühren nicht wieder verlieren kann, besagt nur, dass eine Streichung bzw. Ermäßigung eines dem RA schon zustehenden Betrages nicht erfolgen darf.[36] Die Gegenmeinung läuft jedoch auf einen Grundsatz hinaus, dass der RA bei einer Verbindung hinsichtlich der Gebührendegression besser gestellt werden soll. Hierfür findet sich in § 15 Abs. 4 RVG, der die einzige Vorschrift beinhaltet, auf die es im vorliegenden Zusammenhang ankommt, keinen Anhaltspunkt. Es ist vor allem kein Grund ersichtlich, warum insoweit bei einer Verbindung etwas anderes gelten soll als bei der Klageerweiterung.[37] Auch bei dieser hat der RA erst einmal aus dem ursprünglichen Wert eine Verfahrensgebühr verdient. Wird die Klage nun erweitert, so ist allgemein anerkannt, dass die bereits verdiente Verfahrensgebühr in vollem Umfang auf die Verfahrensgebühr aus dem Gesamtstreitwert angerechnet werden muss.[38] 48

d) Erhöhung des Gegenstandswertes nach Verbindung. Erhöht sich der Gegenstandswert nach der Verbindung, so sind die vor der Verbindung entstandenen Gebühren auf die nach der Verbindung entstandene Gebühr nach der zutreffenden ganz hM voll anzurechnen.[39] 49

---

34 OLG Zweibrücken JurBüro 1981, 699; OLG München JurBüro 1986, 556; OLG Stuttgart JurBüro 1982, 1670.

35 OLG Düsseldorf MDR 1995, 645 = RPfleger 1995, 477; OLG Frankfurt a. M. Rpfleger 1958, 197; Hartung/Schons/Enders/*Enders* RVG § 15 Rn. 30 ff.; Schneider/Wolf/*Onderka/Schneider* RVG VV Vorb. 3 Rn. 214 ff.; eine dritte, vereinzelt gebliebene Berechnungsweise nimmt OLG Koblenz JurBüro 1986, 1523 vor; gegen diese BGH NJW 2010, 3377.

36 BGH NJW 2010, 3377.

37 BGH NJW 2010, 3377; KG JurBüro 1973, 1162; OLG München JurBüro 1986, 556.

38 Riedel/Sußbauer BRAGO/*Keller,* 8. Aufl. 2000, BRAGO § 31 Rn. 31; Riedel/Sußbauer/*Fraunholz,* 8. Aufl. 2000, BRAGO § 7 Rn. 12.

39 HM, OLG München JurBüro 1986, 556 = MDR 1986, 329; OLG Stuttgart JurBüro 1982, 1670; zu dem Parallelproblem, dass vor der Verbindung nur in einem Verfahren eine mündliche Verhandlung stattgefunden hat KG JurBüro 1973, 1162, zu Gerichtskosten; OLG Köln JurBüro 1987, 380; OLG Zweibrücken JurBüro 1981, 699.

Beispiel:

Nach der Verbindung der Verfahren über Ehegatten- (Streitwert 10.000,– EUR) und Kindesunterhalt (Streitwert 5.000,– EUR) – in beiden Verfahren war vorher bereits verhandelt worden – wird der Antrag dahingehend erweitert, dass auch noch die Regelung gemeinsamer Schulden (Streitwert 8.000,– EUR) anhängig wird.

Vor der Verbindung

1,3 Verfahrensgebühr gem. VV 3100 RVG aus 10.000,– EUR	798,20 EUR
1,2 Terminsgebühr gem. VV 3104 RVG aus 10.000,– EUR	736,80 EUR
Pauschale gem. VV 7002 RVG	20,00 EUR
+	
1,3 Verfahrensgebühr gem. VV 3100 RVG aus 5.000,– EUR	434,20 EUR
1,2 Terminsgebühr gem. VV 3104 RVG aus 5.000,– EUR	400,80 EUR
Pauschale gem. VV 7002 RVG	20,00 EUR
Summe	**2.410,00 EUR**

Nach der Verbindung und Erweiterung

1,3 Verfahrensgebühr gem. VV 3100 RVG aus 23.000,– EUR	1.136,20 EUR
1,2 Terminsgebühr gem. VV 3104 RVG aus 23.000,– EUR	1.048,80 EUR
Pauschale gem. VV 7002 RVG	20,00 EUR
Summe	**2.205,00 EUR**

Da die Gebühren vor der Verbindung höher sind, wird der RA diese, also 2.410,00 EUR in Rechnung stellen.

Variante: Wäre die Erhöhung 30.000,– EUR gewesen, so wären nach der Verbindung angefallen

1,3 Verfahrensgebühr gem. VV 3100 RVG aus 45.000,– EUR	1.557,40 EUR
1,2 Terminsgebühr gem. VV 3104 RVG aus 45.000,– EUR	1.437,60 EUR
Pauschale gem. VV 7002 RVG	20,00 EUR
Summe	3.015,00 EUR

In diesem Fall würde der RA diesen Betrag verlangen.

50 Eine **Gegenmeinung** meint, dass bei dieser Berechnungsweise vor der Verbindung verdiente Gebühren wieder verloren gingen. Sie berechnet deshalb zB hinsichtlich der Verfahrensgebühr wie folgt:[40]

Verfahrensgebühr vor der Verbindung.	
1,3 Verfahrensgebühr gem. VV 3100 RVG aus 10.000,– EUR	798,20 EUR
1,3 Verfahrensgebühr gem. VV 3100 RVG aus 5.000,– EUR	434,20 EUR
Summe	**1.232,40 EUR**
+ Mehrbetrag der beiden Gebühren von 798,20 EUR und 434,20 EUR (1.232,40 EUR Verfahrensgebühren aus den Verfahren vor der Verbindung) zu 1.136,20 EUR (Verfahrensgebühr nach der Verbindung und Erhöhung)	96,20 EUR
Der RA kann verlangen	
	1.232,40 EUR
+	96,20 EUR
Summe	**1.328,60 EUR**

51 Der ersten Berechnungsweise ist aus den gleichen Gründen wie bei den ungleichen Gebühren in den Verfahren vor der Verbindung der Vorzug zu geben (→ Rn. 46 ff.).

52 **e) Mehrere RA auf einer Seite.** Werden gleichartige Klagen mehrerer durch verschiedene Anwälte vertretener Kläger gegen den gleichen Beklagten miteinander verbunden, so richten sich die Gebühren jedes dieser Anwälte auch nach der Verbindung nach dem Werte des von ihm auftragsgemäß geltend gemachten Klageanspruchs.[41] Für den Verfahrensbevollmächtigten des Beklagten wird bei unterschiedlichen Gegenständen dagegen zusammengerechnet. Für ihn liegt eine normale Verbindung vor.[42]

Beispiel:

Nach einem Massenunfall klagen A 10.000,– EUR und B 5.000,– EUR jeweils in getrennten Verfahren und von unterschiedlichen Anwälten vertreten gegen C ein. Nach mündlicher Verhandlung in beiden Verfahren werden diese verbunden. Es wird erneut mündlich verhandelt.

Rechtsanwälte des **A und B** verdienen **vor wie nach der Verbindung**
1,3 Verfahrensgebühr aus 10.000,– EUR bzw. 5.000,– EUR
1,2 Terminsgebühr aus 10.000,– EUR bzw. 5.000,– EUR
Pauschale gem. VV 7002 RVG

[40] Gerold/Schmidt/*von Eicken,* 15. Aufl. 2002, BRAGO § 31 Rn. 52.
[41] VGH Kassel NVwZ-RR 2012, 496 = RVGreport 2012, 221 mzustAnm *Hansens;* Schneider/Wolf/*Schneider/Onderka* RVG VV Vorb. 3 Rn. 213.
[42] OLG Düsseldorf MDR 1957, 239 (Ls.); OVG Weimar JurBüro 1998, 639.

RA des **C** verdient **vor der Verbindung**	
1,3 Verfahrensgebühr gem. VV 3100 RVG aus 10.000,– EUR	798,20 EUR
1,2 Terminsgebühr gem. VV 3104 RVG aus 10.000,– EUR	736,80 EUR
Pauschale gem. VV 7002 RVG	20,00 EUR
+	
1,3 Verfahrensgebühr gem. VV 3100 RVG aus 5.000,– EUR	434,20 EUR
1,2 Terminsgebühr gem. VV 3104 RVG aus 5.000,– EUR	400,80 EUR
Pauschale gem. VV 7002 RVG	20,00 EUR
Summe	2.410,00 EUR
RA des **C** verdient **nach der Verbindung**	
1,3 Verfahrensgebühr gem. VV 3100 RVG aus 15.000,– EUR	933,40 EUR
1,2 Terminsgebühr gem. VV 3104 RVG aus 15.000,– EUR	861,60 EUR
Pauschale gem. VV 7002 RVG	20,00 EUR
Summe	1.815,00 EUR
Er wird verlangen.	2.410,00 EUR

Werden hingegen die Streitgenossen von demselben RA vertreten, so verdient dieser ab der Verbindung entweder eine Gebühr mit Zuschlag gem. VV 1008 RVG oder aus einem erhöhten Gegenstandswert. 53

f) Nur gemeinsame Verhandlung. Die Werte sind nicht zusammenzurechnen und es fallen Gebühren aus den beiden getrennt bleibenden Verfahren an, wenn keine Verbindung nach § 147 ZPO, sondern nur eine – zulässige[43] – Vereinfachung durch tatsächliche vorübergehende gemeinsame Verhandlung der getrennt bleibenden Prozesse beabsichtigt war.[44] Da der RA einmal verdiente Gebühren nicht mehr verlieren kann, ändert sich auch nichts, wenn später eine Verbindung erfolgt.[45] In aller Regel erfolgt eine lediglich tatsächliche vorübergehende Verbindung ohne besondere Anordnung. Meistens wird einfach auf die gleiche Zeit terminiert.[46] Erfolgt eine gesonderte Anordnung, so ist diese auszulegen;[47] im Zweifel ist von einer Verbindung iSv § 147 ZPO auszugehen und zwar auch dann, wenn sie „zur gemeinschaftlichen Verhandlung" erfolgt.[48] Im Wege der Auslegung kann sich aber ergeben, dass eine solche vom Gericht erkennbar nicht gewollt war.[49] In einem Fall wurde ein Beschluss „zu gemeinsamer Verhandlung nach § 93 S. 1 VwGO verbunden" dahingehend ausgelegt, dass lediglich eine gemeinsame mündliche Verhandlung gewünscht war.[50] 54

Werden mehrere **Verwaltungsverfahren** durch Beschluss gem. § 93 S. 1 VwGO nur zur gemeinsamen Verhandlung verbunden und dann zur Entscheidung wieder getrennt, so ist streitig, ob die Terminsgebühr nur einmal aus dem addierten Wert aller verbundenen Gegenstände[51] oder hinsichtlich jedes Verfahrens gesondert[52] anfällt. Da § 93 VwGO in gleicher Weise wie § 147 ZPO nur eine Verbindung zur gemeinsamen Verhandlung und (!) Entscheidung kennt, muss dasselbe wie im Zivilrecht gelten. Nur eine Verbindung zur gemeinsamen Verhandlung und (!) Entscheidung führt dazu, dass die Terminsgebühr nur einmal anfällt. 55

g) Gemeinsamer Aufruf mehrerer Verfahren und anschließende Verbindung. Werden mehrere selbständige Verfahren zunächst im selben Termin aufgerufen und ist der RA vertretungsbereit anwesend, so fällt in allen Verfahren jeweils eine Terminsgebühr an (→ RVG VV 3104 Rn. 121). Wenn danach sofort alle Verfahren verbunden werden, ändert das nichts. Die beim Aufruf der Verfahren angefallenen mehrfachen Gebühren können nicht mehr entfallen.[53] 56

---

[43] BGH NJW 1957, 183.
[44] OLG Braunschweig OLGR 2006, 342 = AGS 2007, 395; OLG Köln FamRZ 2012, 1968 = AGS 2012, 518; OLG München JurBüro 1990, 393; VGH Mannheim JurBüro 1998, 83; SächsLSG AGS 2013, 394.
[45] BVerwG NJW 2010, 1391.
[46] So zB VGH Mannheim JurBüro 1998, 83.
[47] BGH NJW 1957, 183; Hess VGH NVwZ-RR 2016, 398 = AGS 2016, 167.
[48] BGH NJW 1957, 183.
[49] BGH NJW 1957, 183; OLG München JurBüro 1990, 393.
[50] Hess VGH NVwZ-RR 2016, 398 = AGS 2016, 167.
[51] VGH München JurBüro 2002, 583.
[52] OVG Lüneburg NVwZ-RR 2010, 540 = AGS 2010, 229 mwN für beide Meinungen.
[53] BVerwG NJW 2010, 1391 = RVGreport 2010, 186 mzustAnm *Hansens;* OVG Lüneburg NVwZ-RR 2010, 540 = AGS 2010, 229; ThürLSG AGS 2012, 279, wo allerdings vor der Verbindung auch noch zur Sache verhandelt worden war.

2. Verbindung und nachträglicher Verbund in Familiensachen

57 **a) Verfahrensverbindung und nachträglicher Verbund.** Zunächst getrennte Verfahren können in Familiensachen auf zwei Weisen zusammenkommen. Entweder durch Verbindung zB gem. § 20 FamFG, § 147 ZPO iVm § 113 Abs. 1 S. 2 FamFG oder durch nachträgliche Aufnahme in den Verbund gem. § 137 Abs. 4 FamFG. Im zweiten Fall ist zu beachten, dass eine Abgabe oder Verweisung iSv § 137 Abs. 4 FamFG an das Gericht der Ehesache nicht in allen Fällen dazu führt, dass die abgegebene oder verwiesene Sache Teil des Verbundes wird. Dies ist nur der Fall, wenn die Voraussetzungen des § 137 Abs. 2, 3 FamFG gegeben sind (§ 137 Abs. 4 FamFG). Sind sie nicht erfüllt, so bleiben es selbständige Verfahren. Es sind dann bei demselben Gericht mehrere selbständige Verfahren anhängig. Wegen Rechtslage zum alten Recht bei Abgabe oder Überleitung in Gerold/Schmidt/*Müller-Rabe,* 18. Aufl. 2008, RVG VV 3100 Rn. 94.

58 **Bloße Verhandlung in gemeinsamem Termin.** Keine Verfahrensverbindung liegt vor, wenn hinsichtlich mehrerer selbständiger Verfahren lediglich in einem gemeinsamen Termin verhandelt oder Beweis erhoben wird, ohne dass sie zu einem Verfahren verbunden werden (→ Rn. 54).

59 **b) Grundsätze.** Wird ein Verfahren, das zunächst selbständig war, in den Verbund einbezogen, so gelten, da die Einbeziehung in den Verbund gebührenrechtlich wie eine Verbindung im Zivilprozess gem. § 147 ZPO behandelt wird, die gleichen Grundsätze wie bei einer Verbindung nach § 147 ZPO (→ Rn. 40 ff.).[54]

Beispiel:

Wird ein zunächst bei einem anderen Gericht isoliert geführtes Sorge- oder Umgangsrechtsverfahren an das Gericht der Ehesache abgegeben, so kann der RA trotz des nunmehr vorliegenden Verbundes die zuvor angefallenen Gebühren gesondert und aus dem Gegenstandswert des isolierten Verfahrens berechnen,[55] also im Regelfall aus 4.000,– EUR (§ 45 FamGKG).

60 Dasselbe gilt, wenn bei demselben Gericht zunächst ein Antrag zur Umgangsregelung gestellt und dann ein Scheidungsverfahren anhängig wird.[56]

3. Trennung

61 **a) Gleiche Gebühren vor wie nach der Trennung.** Bereits vor der Trennung entstandene Gebühren gehen nicht wieder unter.[57] Von der Trennung an entstehen die Gebühren noch einmal[58] und zwar aus den Werten der getrennten Verfahren. Der RA kann **wählen,** ob er die Gebühren vor oder die nach der Trennung geltend macht. Gebühren, die sich entsprechen, kann er jedoch wegen § 15 Abs. 2 RVG nicht nebeneinander verlangen.[59] Vor der Trennung erfolgte Zahlungen sind auch auf Gebühren nach der Trennung anzurechnen.[60] Wegen Kommunikationspauschale → RVG VV 7001 Rn. 33.

Beispiel:

Ein Rechtsstreit über 15.000,– EUR wird nach mündlicher Verhandlung in zwei Prozesse über 10.000,– EUR und 5.000,– EUR getrennt. In diesen wird erneut mündlich verhandelt.

Vor der Trennung	
1,3 Verfahrensgebühr gem. VV 3100 RVG aus 15.000,– EUR	933,40 EUR
1,2 Terminsgebühr gem. VV 3104 RVG aus 15.000,– EUR	861,60 EUR
Pauschale gem. VV 7002 RVG	20,00 EUR
Summe	1.815,00 EUR
Nach der Trennung	
1,3 Verfahrensgebühr gem. VV 3100 RVG aus 10.000,– EUR	798,20 EUR
1,2 Terminsgebühr gem. VV 3104 RVG aus 10.000,– EUR	736,80 EUR
Pauschale gem. VV 7002 RVG	20,00 EUR

[54] OLG München JurBüro 1986, 556; Gerold/Schmidt/*von Eicken,* 15. Aufl. 2002, BRAGO § 31 Rn. 52; Zöller/*Herget* ZPO § 147 Rn. 10.

[55] OLG Frankfurt a. M. FamRZ 2006, 1057 = NJW-RR 2006, 655; OLG Zweibrücken FamRZ 2006, 1696 = JurBüro 2006, 425.

[56] OLG Frankfurt a. M. FamRZ 2006, 1057.

[57] OLG Frankfurt a. M. NZFam 2016, 374 = RVGreport 2017, 14; BVerwG RVGreport 2010, 60; VGH München AGS 2017, 449.

[58] BGH MDR 2014, 1414 = VersR 2015, 79; OLG Zweibrücken OLGR 2003, 290 = AGS 2003, 534; BVerwG RVGreport 2010, 60; OVG Berlin-Brandenburg AGS 2017, 106.

[59] BGH MDR 2014, 1414 = VersR 2015, 79; OLG Brandenburg AGS 2011, 217; OLG Düsseldorf AGS 2000, 84 = JurBüro 2001, 136; OLG Frankfurt a. M. NZFam 2016, 374 = RVGreport 2017, 14; OLG Köln FamRZ 2007, 647; OVG Berlin-Brandenburg AGS 2017, 106.

[60] Zöller/*Herget* ZPO § 145 Rn. 28.

+	
1,3 Verfahrensgebühr gem. VV 3100 RVG aus 5.000,– EUR	434,20 EUR
1,2 Terminsgebühr gem. VV 3104 RVG aus 5.000,– EUR	400,80 EUR
Pauschale gem. VV 7002 RVG	20,00 EUR
Summe	2.410,00 EUR

RA kann die für ihn günstigeren Gebühren nach der Trennung berechnen.

b) Ungleiche Gebühren in den Verfahren nach der Trennung 62

Beispiel:

Ein Rechtsstreit über 15.000,– EUR wird nach mündlicher Verhandlung in zwei Prozesse über 10.000,– EUR und 5.000,– EUR getrennt. Nur im Verfahren wegen 10.000,– EUR wird erneut mündlich verhandelt.

Vor der Trennung	
1,3 Verfahrensgebühr gem. VV 3100 RVG aus 15.000,– EUR	933,40 EUR
1,2 Terminsgebühr gem. VV 3104 RVG aus 15.000,– EUR	861,60 EUR
Pauschale gem. VV 7002 RVG	20,00 EUR
Summe	1.815,00 EUR
Nach der Trennung	
Verfahren über 10.000,– EUR	
1,3 Verfahrensgebühr gem. VV 3100 RVG aus 10.000,– EUR	798,20 EUR
1,2 Terminsgebühr gem. VV 3104 RVG aus 10.000,– EUR	736,80 EUR
Pauschale gem. VV 7002 RVG	20,00 EUR
+	
Verfahren über 5.000,– EUR	
1,3 Verfahrensgebühr gem. VV 3100 RVG aus 5.000,– EUR	434,20 EUR
Terminsgebühr ($^5/_{15}$ einer 1,2 Terminsgebühr aus 15.000,– EUR, also 861,60 EUR)	287,20 EUR
Pauschale gem. VV 7002 RVG	20,00 EUR
Summe der getrennten Verfahren	2.296,40 EUR

Von der **Terminsgebühr** vor der Trennung gem. VV 3104 entfallen $^5/_{15}$ auf das Verfahren über 5.000,– EUR. Dieser Betrag ist bei der Terminsgebühr nach der Abtrennung als vom verbundenen Verfahren mitgebrachte Terminsgebühr beim abgetrennten Verfahren über die 5.000,– EUR zu berücksichtigen.[61] 63

Ist nach der Trennung in einem Verfahren nur noch eine **0,8 Verfahrensgebühr** angefallen, weil danach keine der in VV 3101 RVG aufgeführten Handlungen, wohl aber eine andere eine Verfahrensgebühr auslösende Tätigkeit wie zB Überprüfung eines Schriftsatzes des Gegners, durchgeführt wurde, so ist, wenn der RA die Abrechnung der Gebühren nach der Trennung wählt, nur eine 0,8 Verfahrensgebühr anzusetzen.[62] Sollte aber ausnahmsweise der auf den abgetrennten Anteil der vor der Trennung angefallenen 1,3 Verfahrensgebühr höher gewesen sein, so kann er nach der Trennung diesen Anteil im abgetrennten Verfahren geltend machen. Er kann eine einmal verdiente Gebühr nicht mehr verlieren. 64

Beispiel:

In einem Verfahren sind anhängig Darlehen 90.000,– EUR und Kaufpreis 10.000,– EUR (1,3 Verfahrensgebühr 2.151,50 EUR). Nach der Abtrennung fällt hinsichtlich der 90.000,– EUR nur noch eine 0,8 Verfahrensgebühr an (= 1.248,80 EUR).

Da $^9/_{10}$ aus 2.151,50 EUR (1,3 Verfahrensgebühr aus 100.000,– EUR) = 1.936,35 EUR mehr sind als $^{10}/_{10}$ aus 1.248,80 (0,8 Verfahrensgebühr aus 90.000,– EUR), kann der RA im abgetrennten Verfahren als Verfahrensgebühr 1.936,35 EUR geltend machen.

c) Abtrennung bei Streitgenossen. ***aa) Zwei verschiedene Gegenstände.*** Es gilt für den RA, der beide Streitgenossen vertritt, dasselbe wie sonst bei einer Abtrennung (→ Rn. 61 ff.). 65

Beispiel:

Ein Rechtsstreit über 15.000,– EUR gegen zwei von demselben RA vertretene Beklagte (keine Gesamtschuldner: 10.000,– EUR gegen Beklagten zu 1, 5.000,– EUR gegen Beklagten zu 2) wird nach mündlicher Verhandlung in zwei Prozesse über 10.000,– EUR gegen den Beklagten zu 1 und über 5.000,– EUR gegen den Beklagten zu 2 getrennt. In diesen wird erneut mündlich verhandelt.

Gebühren des Beklagtenvertreters **vor der Trennung**	
1,3 Verfahrensgebühr gem. VV 3100 RVG aus 15.000,– EUR	933,40 EUR[63]
1,2 Terminsgebühr gem. VV 3104 RVG aus 15.000,– EUR	861,60 EUR
Pauschale gem. VV 7002 RVG	20,00 EUR
Summe	1.815,00 EUR

[61] OLG Brandenburg AGS 2011, 217.

[62] VG Magdeburg AGS 2011, 229.

[63] Keine Erhöhung nach VV 1008 RVG, da nicht derselbe Gegenstand.

Nach der Trennung	
1,3 Verfahrensgebühr gem. VV 3100 RVG aus 10.000,– EUR	798,20 EUR
1,2 Terminsgebühr gem. VV 3104 RVG aus 10.000,– EUR	736,80 EUR
Pauschale gem. VV 7002 RVG	20,00 EUR
+	
1,3 Verfahrensgebühr gem. VV 3100 RVG aus 5.000,– EUR	434,20 EUR
1,2 Terminsgebühr gem. VV 3104 RVG aus 5.000,– EUR	400,80 EUR
Pauschale gem. VV 7002 RVG	20,00 EUR
Summe	2.410,00 EUR

bb) Gesamtschuldner

66 **Beispiel:**

In einem Rechtsstreit über 15.000,– EUR gegen zwei von demselben RA vertretene Beklagte (Gesamtschuldner) wird nach mündlicher Verhandlung abgetrennt. Danach wird in beiden Verfahren erneut verhandelt

Gebühren **des Beklagtenvertreters vor der Trennung**	
1,3 Verfahrensgebühr (VV 3100 RVG) aus 15.000,– EUR	933,40 EUR
0,3 Verfahrensgebühr (VV 1008 RVG) aus 15.000,– EUR	215,40 EUR
1,2 Terminsgebühr aus 15.000,– EUR	861,60 EUR
Pauschale gem. VV 7002 RVG	20,– EUR
Summe	2.030,40 EUR
Nach der Trennung in beiden Verfahren jeweils	
1,3 Verfahrensgebühr aus 15.000,– EUR	933,40 EUR
1,2 Terminsgebühr aus 15.000,– EUR	861,60 EUR
Pauschale gem. VV 7002 RVG	20,– EUR
Insgesamt	1.815,00 EUR

RA kann von jedem der Beklagten 1.814,80 EUR verlangen.

67 Die Anwaltskosten verdoppeln sich fast. Gerichte sollten sich vor Augen halten, wie teuer Verfahrenstrennungen für die Parteien werden können und deshalb nicht aus statistischen, sondern nur aus gewichtigen Gründen eine Abtrennung vornehmen.

68 **d) Unzulässige Abtrennung.** Auch wenn eine Abtrennung unzulässig ist, ist sie dennoch hinsichtlich der Anwaltsgebühren[64] wirksam. Der RA ist in zwei Verfahren tätig geworden, was in aller Regel auch mit größeren Mühen verbunden ist. Er verdient zusätzliche Gebühren.

4. Abtrennung und Fortführung in Familiensachen

69 → § 21 Rn. 16.

XIII. Kostenerstattung

70 → Anh. X RVG

Wegen Auslegung des Kostentitels bei Einigung → RVG VV 1000 Rn. 312 ff.

XIV. Materiell-rechtlicher Erstattungsanspruch

71 → § 1 Rn. 235 ff.

XV. Prozesskostenhilfe

72 Verhältnis zur Verfahrensgebühr im PKH-Bewilligungsverfahren → RVG VV 3335 Rn. 5 ff. Erstattung der Verfahrensgebühr der VV 3100 ff. RVG durch die Staatskasse vgl. §§ 45 f. RVG.

XVI. Vereinfachtes Unterhaltsverfahren (Anm. Abs. 1)

Schrifttum: I. *Groß,* Streitwerte und Kosten im vereinfachten Verfahren, Rpfleger 1999, 303.

1. Allgemeines

73 Das vereinfachte Verfahren über den Unterhalt Minderjähriger gem. §§ 249 ff. FamFG (früher §§ 645 ff. ZPO aF) wird nunmehr hinsichtlich der RA-Gebühren wie eine normale gerichtliche Familienstreitsache behandelt. Es können also Verfahrens- und Terminsgebühren gem. VV 3100 f. RVG anfallen. Allerdings ist die Verfahrensgebühr auf die Verfahrensgebühr anzurechnen, die der RA in einem nachfolgenden Verfahren (§ 255 Abs. 1 FamFG, früher §§ 651,

[64] Anders hinsichtlich Gerichtskosten OLG München MDR 1998, 738 = OLGR 1998, 317 und hinsichtlich Rechtsmittelwert BGH NJW 1995, 3120.

656 ZPO aF) erhält (VV 3100 Anm. Abs. 1 RVG). Früher war daneben VV 3331 RVG aF beim Abänderungsverfahren gem. § 655 Abs. 1 ZPO aF zu beachten. VV 3331 RVG aF wurde ersatzlos gestrichen.

2. Gebühren

Im Verfahren gem. § 249 FamFG (früher § 645 ZPO aF) fallen die Gebühren gem. VV 3100 ff. RVG an. VV 3101 RVG ist bei vorzeitigem Ende des Auftrags anwendbar. Der RA kann neben der Verfahrens- auch eine Terminsgebühr sowie eine Einigungsgebühr verdienen. 74

3. Angelegenheit und Anrechnung

Folgt dem vereinfachten Verfahren ein streitiges Verfahren gem. § 255 FamFG (früher § 651 ZPO aF), so handelt es sich gem. § 17 Nr. 3 RVG hinsichtlich der Anwaltsgebühren um eine neue Angelegenheit (→ § 17 Rn. 74 ff.) und sind die Verfahrensgebühr und die Terminsgebühr des vereinfachten Verfahrens auf die des nachfolgenden Verfahrens gem. VV 3100 Anm. Abs. 1 RVG bzw. VV 3104 Anm. Abs. 4 RVG anzurechnen. 75

4. Rechtsmittel

Im Verfahren der sofortigen Beschwerde gem. § 256 FamFG (früher § 652 ZPO aF) sind über VV Vorb. 3.2.1 Nr. 2b, VV 3200 ff. RVG anzuwenden. 76

5. Kostenfestsetzung

a) Festsetzung im Unterhaltsfestsetzungsbeschluss. Wird dem Antrag auf Festsetzung des Unterhalts im vereinfachten Verfahren voll statt gegeben, so hat der Antragsteller gem. § 253 Abs. 1 S. 2 FamFG (früher § 649 Abs. 1 S. 3 ZPO aF) einen Anspruch darauf, dass in dem Unterhaltsfestsetzungsbeschluss auch die bis dahin entstandenen erstattungsfähigen Kosten des Verfahrens festgesetzt werden, soweit sie ohne weiteres ermittelt werden können. Dabei genügt es, wenn der Antragsteller die zu ihrer Berechnung notwendigen Angaben dem Gericht mitteilt. Soweit Ermittlungen erforderlich sind, ergeht die Kostenfestsetzung in einem gesonderten Beschluss, um den Erlass des Unterhaltsfestsetzungsbeschlusses nicht zu verzögern.[65] Wird dem Unterhaltsantrag nur teilweise stattgegeben, so war es zum alten Recht hM, dass es keine Kostengrundentscheidung[66] und damit auch keine Kostenfestsetzung gab. 77

b) Kostenentscheidung des nachfolgenden streitigen Verfahrens. Folgt einem vereinfachten Unterhaltsfestsetzungsverfahren bzw. -änderungsverfahren ein streitiges Verfahren, so erfasst dessen Kostenentscheidung auch die Kosten des vorausgegangenen vereinfachten Verfahrens (§§ 651 Abs. 5, 656 Abs. 3 BGB). Hinsichtlich der Kosten eines Erinnerungs- oder Beschwerdeverfahrens bleibt es jedoch bei den in diesen Verfahren ergangenen Kostenentscheidungen.[67] 78

c) Notwendigkeit eines RA. Auf das vereinfachte Unterhaltsverfahren findet über § 113 Abs. 1 S. 2 FamFG § 91 Abs. 2 S. 1 ZPO Anwendung, so dass es keiner Notwendigkeitsprüfung bedarf.[68] Es muss hier dasselbe gelten wie für das Mahnverfahren, bei dem ganz überwiegend § 91 Abs. 2 S. 1 ZPO für einschlägig gehalten wird (→ RVG VV 3305 Rn. 85). Im Übrigen wurde auch zum alten Recht die Einschaltung eines RA als erforderlich angesehen, da das amtliche Formular unübersichtlich und für einen Laien nur schwer verständlich ist.[69] 79

6. Verfahrenskostenhilfe

Wird VKH gewährt,[70] so verdient der RA die Gebühren gem. VV 3100 f. RVG aus der VKH-Tabelle. Die VKH-Bewilligung und Beiordnung gilt nicht auch für das gem. § 255 Fam(früher § 651 ZPO aF) nachfolgende Streitverfahren.[71] 80

---

65 BT-Drs. 13/7338, 41.

66 Thomas/Putzo/*Hüßtege*, 28. Aufl. 2007, ZPO § 650 Rn. 4; *Schumacher/Grün* FamRZ 1998, 778 (792).

67 Zöller/*Philippi*, 20. Aufl. 1997, ZPO § 641q Rn. 16.

68 IÜ wird überwiegend bei VKH die Beiordnung eines Anwalts für erforderlich gehalten; OLG Oldenburg FamRZ 2011, 917.

69 OLG Koblenz AGS 2010, 182; OLG Schleswig MDR 2007, 736; so zum neuen Recht OLG Brandenburg NJW 2015, 2741 = AGS 2015, 409 mzustAnm *Thiel*.

70 Zum Streit, ob die Beiordnung erforderlich ist, vgl. OLG Brandenburg JurBüro 2002, 31; OLG Hamm FamRZ 2002, 403; OLG München FamRZ 2002, 837; OLG Nürnberg FamRZ 2001, 1715.

71 Zöller/*Schultzky* ZPO § 119 Rn. 3.13; 3.26.

7. Rechtsschutzversicherung

81 Das vereinfachte Unterhaltsverfahren ist wie die anderen Familiensachen weitgehend vom Rechtsschutz ausgeschlossen (→ § 1 Rn. 307 ff.).

XVII. Vermittlungsverfahren (Anm. Abs. 2)

1. Gebühren

82 **Verfahrensgebühr.** Für die Vertretung bei einem Vermittlungsverfahren gem. § 165 FamFG (Vermittlung des Gerichts bei Vereitelung oder Erschwerung der Durchführung einer gerichtlichen Verfügung zum Umgangsrecht) fällt eine Verfahrensgebühr gem. VV 3100 ff. RVG an.

83 **Terminsgebühr.** Es kann auch eine Terminsgebühr entstehen (vgl. § 165 Abs. 2, 3 FamFG).

84 **Einigungsgebühr.** Das Verfahren gem. § 165 FamFG stellt ein gerichtliches Verfahren iSv VV 1003 RVG dar, weshalb bei einer Einigung nur eine 1,0 Einigungsgebühr anfällt. Zweifel könnten insoweit bestehen, als das Gericht nicht mit dem Ziel angerufen wird, zu entscheiden. Die Situation entspricht dennoch nicht derjenigen, die bei Einigungen vor Gericht über nicht anhängige Ansprüche entstehen – dann 1,5 Einigungsgebühr (VV 1000 RVG). Im Falle des § 165 FamFG findet ein förmliches Verfahren statt, in dem das Gericht auch Schriftsätze berücksichtigen und an dessen Ende es uU eine Entscheidung gem. § 165 Abs. 5 FamFG treffen muss.

2. Angelegenheit und Anrechnung

85 Das Vermittlungs- und das gerichtliche Verfahren sind gem. § 17 Nr. 8 RVG zwei Angelegenheiten (→ § 17 Rn. 111 ff.). Die Verfahrensgebühr, nicht aber die Terminsgebühr, ist gem. VV 3100 Anm. Abs. 3 RVG auf die entsprechende Gebühr eines sich anschließenden gerichtlichen Umgangsrechtsverfahrens anzurechnen.

3. Kostenfestsetzung

86 Für die Beiordnung eines Rechtsanwalts für das Vermittlungsverfahren nach § 165 FamFG besteht nach OLG München im Regelfall das erforderliche sachliche und persönliche Bedürfnis nach anwaltlicher Unterstützung.[72]

4. Rechtsschutzversicherung

87 → § 1 Rn. 307 ff.

Nr.	Gebührentatbestand	Gebühr oder Satz der Gebühr nach § 13 RVG
3101	1. Endigt der Auftrag, bevor der Rechtsanwalt die Klage, den ein Verfahren einleitenden Antrag oder einen Schriftsatz, der Sachanträge, Sachvortrag, die Zurücknahme der Klage oder die Zurücknahme des Antrags enthält, eingereicht oder bevor er einen gerichtlichen Termin wahrgenommen hat; 2. soweit Verhandlungen vor Gericht zur Einigung der Parteien oder der Beteiligten oder mit Dritten über in diesem Verfahren nicht rechtshängige Ansprüche geführt werden; der Verhandlung über solche Ansprüche steht es gleich, wenn beantragt ist, eine Einigung zu Protokoll zu nehmen oder das Zustandekommen einer Einigung festzustellen (§ 278 Abs. 6 ZPO), oder wenn eine Einigung dadurch erfolgt, dass die Beteiligten einen in der Form eines Beschlusses ergangenen Vorschlag schriftlich oder durch Erklärung zu Protokoll in der mündlichen Verhandlung gegenüber dem Gericht annehmen (§ 101 Abs. 1 Satz 2 SGG, § 106 Satz 2 VwGO); oder 3. soweit in einer Familiensache, die nur die Erteilung einer Genehmigung oder die Zustimmung des Familiengerichts zum Gegenstand hat, oder in einem Verfahren der freiwilligen Gerichtsbarkeit lediglich ein Antrag gestellt und eine Entscheidung entgegengenommen wird,	
	beträgt die Gebühr 3100	0,8
	(1) Soweit in den Fällen der Nummer 2 der sich nach § 15 Abs. 3 RVG ergebende Gesamtbetrag der Verfahrensgebühren die Gebühr 3100 übersteigt, wird der übersteigende Betrag auf eine Verfahrensgebühr angerechnet, die wegen desselben Gegenstands in einer anderen Angelegenheit entsteht. (2) Nummer 3 ist in streitigen Verfahren der freiwilligen Gerichtsbarkeit, insbesondere in Verfahren nach dem Gesetz über das gerichtliche Verfahren in Landwirtschaftssachen, nicht anzuwenden.	

[72] OLG München FamRZ 2000, 1225.

Übersicht

I. Motive

1 Die Motive zum **KostRMoG** führen aus:

„Nach dieser Vorschrift soll die Verfahrensgebühr in bestimmten Fällen auf 0,8 beschränkt werden. Die Nummern 1 und 2 entsprechen im Wesentlichen den in § 32 BRAGO genannten Fällen. Die Gebühr soll jedoch von bisher $^5/_{10}$ auf 0,8 angehoben werden. Die Vorschrift stellt eine Ausnahme zur Regelung des § 15 Abs. 4 RVG-E dar, weil sich die bereits mit Auftragserteilung entstandene Gebühr auf 0,8 ermäßigen soll, wenn sich die Angelegenheit vorzeitig erledigt. Allerdings muss in Ausführung des Auftrages eine Tätigkeit seitens des Anwalts tatsächlich entfaltet worden sein.

Die Beendigung des Auftrags kann auf verschiedene Art und Weise erfolgen, zB aufgrund einer Kündigung durch den Mandanten oder durch eine gütliche Einigung. Der Rechtsanwalt wird, nicht zuletzt mit Rücksicht auf die gebührenmäßige Privilegierung der außergerichtlichen Einigung nach Nummer 1000 VV RVG-E, auch in dem Zeitraum nach Klageauftrag bis zur Einreichung der Klage bei Gericht versuchen, die Gegenseite zunächst für eine Einigung zu gewinnen. Gelingt ihm dies, wird dadurch ein gerichtliches Verfahren überflüssig. Der Anwalt hat in der Regel bereits eine meist auch zeitaufwändige Vorarbeit unter Einsatz seines Fachwissens und seiner beruflichen Erfahrung geleistet, die sich schon in der Fertigung der Klageschrift und deren direkter Übermittlung an die Gegenseite niedergeschlagen hat (ein gern und häufig mit Erfolg praktiziertes Verfahren, mit dem der Gegenseite noch einmal eine Chance zum Einlenken eingeräumt und der Ernst der Lage vor Augen geführt wird). Oft kommen dadurch überhaupt erst Einigungsverhandlungen in Gang, die vielfach zur gütlichen außer- und vorgerichtlichen Beendigung des Rechtsstreits führen. Dies bedeutet zugleich eine nachhaltige Entlastung der Justiz durch den frühzeitigen professionellen Einsatz des mit der Prozessführung beauftragten Rechtsanwalts.

Deshalb ist mit Rücksicht auf die künftige Verfahrensgebühr nach Nummer 3100 VV RVG-E mit einem Gebührensatz von 1,3 in der dargestellten Fallkonstellation ein Gebührensatz von 0,8 gerechtfertigt.

Die Gebühr mit einem Gebührensatz von 0,8 soll auch bei einer gerichtlichen Protokollierung eines Vergleichs anfallen. Die vorgeschlagene Regelung bezieht sich – wie schon das geltende Recht – nicht auf den Fall, dass eine Einigung über die in diesem Verfahren rechtshängigen Ansprüche protokolliert wird, sondern darauf, dass die Protokollierung eine Einigung über andere, nicht rechtshängige Ansprüche, in einem anderen Verfahren anhängige Ansprüche oder einen im PKH-Bewilligungsverfahren geschlossenen Vergleich betrifft (Gerold/Schmidt/*v. Eicken/Madert,* 15. Aufl. 2002, BRAGO § 32 Rn. 22). Ferner sollen Vergleiche mit Dritten (zB Streithelfer) und Vergleiche, die im Rahmen eines Verfahrens nach § 278 Abs. 6 ZPO abgeschlossen werden, mit einbezogen werden. Einem solchen Vergleich gehen regelmäßig erhebliche Bemühungen des Rechtsanwalts voraus, die eine Anhebung auf eine Gebühr mit einem Gebührensatz von 0,8 rechtfertigen. Darüber hinaus hat eine solche Regelung einen hohen Entlastungseffekt, weil die Prozess bzw. Verfahrensbevollmächtigten durch die

Einbeziehung von Gegenständen, die bislang nicht bei dem Gericht an- bzw. rechtshängig gemacht worden sind, helfen, ein langwieriges weiteres gerichtliches Verfahren zu vermeiden.

Die Anwendung des § 32 BRAGO beschränkt sich derzeit regelmäßig auf originäre Streit- bzw. Antragsverfahren, welche einen verfahrenseinleitenden (Klage-)Antrag bzw. Sachanträge der Parteien voraussetzen (Parteimaxime der ZPO). Die Nummer 3101 VV RVG-E soll jedoch in Zukunft auch auf solche Verfahren anzuwenden sein, welche derzeit dem § 118 BRAGO unterfallen. Die Erweiterung der aus § 32 BRAGO übernommenen Regelungen in Nummer 1 dahin gehend, dass eine Reduktion der Verfahrensgebühr auch eintreten soll, wenn der Auftrag vor der Einbringung von Sachvortrag endet, soll diesem Umstand Rechnung tragen. Die zusätzlich eingefügte Alternative soll klarstellen, dass der Reduktionstatbestand auch in solchen, besondere Sachanträge der Parteien nicht erfordernden Verfahren (insbesondere nach dem FGG) anzuwenden sein soll. Die hierdurch bewirkte Erweiterung auch in den Streitverfahren ist sachgerecht. Wenn zum Beispiel der Beklagtenvertreter auf eine Klage erwidert, ohne ausdrücklich die Klageabweisung zu beantragen, ist kein Grund ersichtlich, weshalb nicht auch in diesem Fall die volle Verfahrensgebühr anfallen soll.

In den allgemeinen Zivilsachen steht und fällt das Verfahren mit den Anträgen der Parteien (Partei- und Dispositionsmaxime). Welche Anträge der Prozessbevollmächtigte stellt, ist für diesen, im Unterschied zu den Angelegenheiten der freiwilligen Gerichtsbarkeit und insbesondere im Hinblick auf § 12 FGG, ungleich bedeutender. Für die besondere Verantwortung im Hinblick auf die Stellung eines sachgerechten Antrags in Zivilsachen und in originären Streitverfahren im Übrigen, welche für das Obsiegen oder Unterliegen seiner Partei entscheidend sein kann, soll dem Rechtsanwalt die reguläre Verfahrensgebühr mit einem Satz von 1,3 – gleichsam als Entschädigung in Anbetracht seines erhöhten Haftungsrisikos – weiterhin bereits durch die Antragstellung erwachsen.

Da jedoch das FGG-Amtsverfahren keiner Sachanträge bedarf, ist das Haftungsrisiko des Anwalts (im Hinblick auf eine fehlerhafte Antragstellung) zurzeit der Einleitung des Verfahrens ungleich geringer einzustufen. Folglich soll dem Anwalt hier erst dann die volle Verfahrensgebühr nach Nummer 3100 VV RVG-E erwachsen, wenn er für seinen Mandanten in der Sache vorträgt.

Die Nummer 3 des Gebührentatbestandes soll verhindern, dass in nicht streitigen FGG-Verfahren, in denen sich die Tätigkeit des Anwalts darauf beschränkt, bei Gericht einen Antrag zu stellen und die Entscheidung entgegenzunehmen, die Gebühr mit einem Gebührensatz von 1,3 entsteht. Die Regelung soll zB angewendet werden, wenn der Rechtsanwalt einen Antrag auf Erteilung einer vormundschaftsgerichtlichen Genehmigung stellt und die Entscheidung entgegennimmt. Die Regelung soll nicht anwendbar sein, wenn es sich um Streitverfahren nach dem FGG handelt. Dies soll durch Absatz 2 der Anmerkung klargestellt werden.“[1]

Die Motive zum **2. KostRMoG** führen zu VV 3101 Nr. 2 RVG aus: 2

„In der Lit. ist die Auffassung vertreten worden, dass die Formulierung der Nummer 2 des Gebührentatbestands der Gebühr 3101 VV RVG dazu führe, dass die auf 0,8 ermäßigte Verfahrensgebühr nur entstehe, wenn entweder lediglich eine Einigung der Parteien oder der Beteiligten über nicht rechtshängige Ansprüche zu Protokoll genommen werde oder wenn erfolglos über eine solche Einigung verhandelt werde. Bei erfolgreicher Verhandlung und anschließender Protokollierung würde jedoch die 1,3 Verfahrensgebühr nach Nummer 3100 VV RVG anfallen (Schneider in AGS 2007, 277 ff.). Diese Auffassung entspricht nicht dem, was mit der Regelung beabsichtigt war. Die Protokollierung einer Einigung dürfte in den seltensten Fällen ohne Einigungsgespräche im Termin erfolgen. Auch wäre eine erhöhte Gebühr bei Einigung und Protokollierung sehr missbrauchsanfällig. Daher wird eine redaktionelle Neufassung der Nummer 2 des Gebührentatbestands vorgeschlagen.“[2]

Motive zum KostRÄG 2021 zu VV 3101 Nr. 2 RVG. 3

…….

„Nach Nummer 3101 Nummer 2 VV RVG steht es einer Verhandlung über nichtrechtshängige Ansprüche gleich, wenn beantragt wird, eine Einigung zu Protokoll zu nehmen oder das Zustandekommen einer Einigung festzustellen (§ 278 Abs. 6 ZPO). Die vorgenannten Regelungen des SGG und der VWGO betreffen vergleichbare Fallgestaltungen und sollen daher dem Fall des § 278 Abs. 6 ZPO gleichgestellt werden.“[3]

II. Überblick

VV 3101 RVG ergänzt VV 3100 RVG hinsichtlich der Höhe der Verfahrensgebühr. Er bestimmt in seiner Nr. 1, dass nur unter genau angegebenen Umständen die volle 1,3 Verfahrensgebühr anfällt. Außerdem ist in Nr. 2 eine 1,3 Verfahrensgebühr für den Fall vorgesehen, dass der Auftrag des RA dahin beschränkt ist, eine Einigung der Parteien zu nicht rechtshängigen Ansprüchen zu Protokoll zu geben oder festzustellen iSv § 278 Abs. 6 ZPO bzw. lediglich Verhandlungen vor Gericht zur Einigung über solche Ansprüche zu führen. Nr. 3 sieht eine Beschränkung der Gebührenhöhe für Familiensachen und FG-Verfahren vor, wenn sich der Auftrag auf bestimmte Tätigkeiten beschränkt. 4

[1] BT-Drs. 15/1971, 212.
[2] BT-Drs. 17/11471, 275.
[3] Regierungsentwurf zum KostRÄG 2021, 98.

III. Vorzeitige Beendigung des Auftrags (Nr. 1)

1. Allgemeines

5 **Grundgedanke.** VV 3101 Nr. 1 RVG beschränkt die Verfahrensgebühr auf eine 0,8 Gebühr in den Fällen, in denen die volle Gebühr als zu hoch angesehen wird, weil die Tätigkeit des RA vor Endigung des Auftrags noch nicht nach außen in Erscheinung getreten ist oder aber der RA noch nicht bestimmte als besonders aufwendig angesehene Tätigkeiten mit Außenwirkung vorgenommen hat. Eine volle Gebühr lösen nur solche Tätigkeiten aus, die im Regelfall einen gewissen Umfang der bereits entfalteten Tätigkeit voraussetzen oder doch vermuten lassen. Fehlen diese Merkmale, so erhält der RA nur eine 0,8 Verfahrensgebühr. Das gilt auch dann, wenn die Tätigkeit im Einzelfall sehr umfangreich war.

Beispiele:

Der mit der Einreichung der Antragsschrift auf Scheidung der Ehe beauftragte RA diskutiert mit dem Gegenanwalt in langen und schwierigen Verhandlungen über eine Einigung. Danach wird ihm das Mandat entzogen. Der RA hat nur Anspruch auf eine 0,8 Verfahrensgebühr. Allerdings kommt noch eine 1,2 Terminsgebühr hinzu (VV 3104 RVG iVm VV Vorb. 3 Abs. 3 S. 1 Alt. 3 RVG).

Auch wenn der Verfahrensbevollmächtigte noch zuvor einen umfangreichen Schriftsatz verfasst, der wegen Antragsrücknahme nicht mehr an das Gericht abgeschickt wird, bleibt es bei den zuvor dargelegten Gebühren.

2. Anwendungsbereich

6 VV 3101 RVG betrifft nur die Verfahrensgebühr gem. VV 3100 RVG. Der Anwendungsbereich ist derselbe wie bei VV 3100 RVG (→ RVG VV 3100 Rn. 3 ff.). Erforderlich ist ein Verfahrensauftrag.

7 **Rechtsmittel, Mahn-, Verkehrs-, Terminsanwalt.** VV 3101 Nr. 1 RVG gilt nur für die Gebühr gem. VV 3100 RVG, nicht für andere Gebühren. Er gilt nicht für die Rechtsmittelinstanz, den Mahnanwalt, den Verkehrsanwalt und auch nicht für den Terminsvertreter. Für diese gibt es aber entsprechende Vorschriften (VV 3201 Anm. Abs. 1 S. 1 Nr. 1, VV 3306, 3337, 3405 RVG).

8 **Patentanwalt.** Vertreten wird die Meinung, dass der Rechtsgedanke des VV 3101 RVG auch auf den bei einem Gerichtsverfahren mitwirkenden Patentanwalt anzuwenden ist.[4]

9 **Schutzschrift.** Wegen des Auftrages zur Fertigung und Einreichung einer Schutzschrift → Anh. II Rn. 170.

3. Auftragsende

10 **a) Nur Tätigkeiten vor Auftragsende.** VV 3101 Nr. 1 RVG stellt darauf ab, ob bestimmte Tätigkeiten erfolgt sind, bevor der Auftrag endet.

Nach der Beendigung des Auftrags kann der Anspruch auf die volle Verfahrensgebühr auch durch eine der in VV 3101 Nr. 1 RVG genannten Tätigkeiten grds. nicht mehr entstehen.

11 **b) Beendigungsgründe.** Der Auftrag endet zB durch

- Kündigung des Anwaltsvertrages, sei es durch den RA, sei es durch den Auftraggeber,
- Vertragsaufhebung,
- den Tod des Einzelanwalts oder die Endigung seiner Zulassung; nicht aber wenn eine Sozietät beauftragt ist bzw. wenn und solange ein Abwickler existiert, der gem. § 55 Abs. 2 S. 2 BRAO die laufenden Aufträge fortführt,
- die Erledigung der Angelegenheit, wobei es auf die Art der Erledigung nicht ankommt, zB durch Zahlung, durch Klagerücknahme oder durch Einigung,
- uU Tod oder Geschäftsunfähigkeit des Auftraggebers (§ 672 BGB),
- Eröffnung des Insolvenzverfahrens über das Vermögen des Auftraggebers, wenn sich der Auftrag auf Vermögen bezieht, das zur Insolvenzmasse gehört (§ 115 Abs. 1 InsO); anders jedoch, wenn von dem Auftrag die Insolvenzmasse nicht betroffen ist, zB elterliche Sorge.

12 **c) Zeitpunkt.** Der Zeitpunkt, in dem die Erledigung des Auftrags eintritt, ist ein objektiv feststehender. In Betracht kommen

- der Zugang der Kündigung an den RA oder den Auftraggeber,
- der Zeitpunkt des Todes des Anwalts oder des Endes seiner Zulassung,
- der Zeitpunkt des Todes des Auftraggebers (zB bei Erteilung des Auftrages, Antragsschrift auf Scheidung der Ehe einzureichen),
- der Zeitpunkt der Erledigung der Angelegenheit (zB bei Auftrag zur Erhebung einer Zahlungsklage der Eingang des geschuldeten Betrages bei dem Auftraggeber).

[4] Hartmann/Toussaint/*Toussaint* RVG VV 3101 Rn. 25; offen gelassen OLG München AnwBl 1994, 198.

4. Fehlende Kenntnis vom Auftragsende

Erlischt der Auftrag jedoch in anderer Weise als durch Kündigung oder einen im Bereich des Anwalts liegenden Umstand wie zB dessen Tod, so gilt er zugunsten des RA gleichwohl als fortbestehend, bis der RA von dem Erlöschen Kenntnis erlangt oder das Erlöschen kennen muss (§ 674 BGB).[5] Wenn der RA nach dem Erlöschen des Auftrags, aber vor Kenntniserlangung (Kennenmüssen) noch eine der in VV 3101 Nr. 1 RVG genannten Tätigkeiten vornimmt, erwächst die Verfahrensgebühr noch in voller Höhe. 13

Beispiele:

Der RA reicht eine Antragsschrift auf Scheidung der Ehe ein, obwohl der Antragsteller tags zuvor verstorben ist (was der Anwalt bei Einreichung der Antragsschrift weder wusste noch wissen konnte). Der RA hat mit der Einreichung der Antragsschrift eine 1,3 Verfahrensgebühr verdient.

Der RA reicht eine Zahlungsklage über 5.000,– EUR ein. Er hat Anspruch auf eine 1,3 Verfahrensgebühr aus 5.000,– EUR, auch wenn der Beklagte eine Stunde vor Klageeinreichung an den Kläger den Betrag von 5.000,– EUR gezahlt hat.

Beklagtenvertreter. Erheblich häufiger sind die Fälle, in denen der RA des Beklagten (des Rechtsmittelbeklagten) trotz Beendigung des Auftrages Anspruch auf die volle Verfahrensgebühr erwirbt, wenn er zB die Klagerücknahme bei Einreichung seines Abweisungsantrags weder kannte noch kennen musste.[6] 14

Kenntnis des RA. Abzustellen ist auf die Kenntnis des Anwalts und nicht die des Mandanten. Der Entstehung einer 1,3 Verfahrensgebühr steht es nicht entgegen, wenn nur der Mandant bereits von der Klagerücknahme Kenntnis hatte. Für die Kenntnis des Anwalts reicht aus, dass der Kollege ihm Mitteilung gemacht hat, zB der Klägervertreter informiert den Beklagtenvertreter von der Klagerücknahme. Zur Kostenerstattung → RVG VV 3100 Rn. 46 ff. 15

Zum **Klageabweisungsantrag vor Klagezustellung** → RVG VV 3100 Rn. 40 ff. 16

5. Voraussetzungen für eine 1,3 Gebühr: Überblick

Zur Entstehung der vollen Verfahrensgebühr ist erforderlich, dass der Verfahrensbevollmächtigte vor Endigung seines Auftrags entweder die Klage bzw. den ein Verfahren einleitenden Antrag oder einen Schriftsatz, der Sachanträge, Sachvortrag oder die Zurücknahme der Klage (des Antrags) enthält, eingereicht oder für seine Partei einen Termin wahrgenommen hat. Diese Voraussetzungen stehen alternativ nebeneinander und müssen nicht kumulativ vorliegen. Es handelt sich um eine **abschließende Aufzählung.** Andere als die in VV 3101 Nr. 1 RVG aufgeführten Tätigkeiten können die 1,3 Verfahrensgebühr nicht auslösen. 17

6. Einreichung von Schriftsätzen

Sowohl für die Klage als auch für Schriftsätze mit Sachanträgen, Sachvortrag oder Rücknahmen ist erforderlich, dass sie eingereicht werden. Dafür ist entgegen der bislang in diesem Kommentar vertretenen Auffassung[7] nach dem BGH nicht erforderlich, dass sie bei Gericht eingegangen sein müssen. Im RVG gilt etwas anderes als in der ZPO, wo Einreichung den Eingang bei Gericht voraussetzt. Eingereicht ist nach dem BGH, wenn der Schriftsatz so auf den Weg gebracht wird, dass sein Zugang ausschließlich von der Tätigkeit Dritter, etwa eines Beförderungsunternehmens abhängig ist.[8] 18

Elektronische Dokumente. Folgt man der zuvor dargelegten Ansicht des BGH zur Einreichung von Schriftsätzen, so muss dasselbe bei elektronischen Dokumenten gelten. Sie müssen so abgesandt worden sein, dass ihr Zugang ausschließlich von der Tätigkeit Dritter abhängig ist. 19

An unzuständiges Gericht. Auch wenn der Verfahrensbevollmächtigte den einen Antrag enthaltenden Schriftsatz bei einem unzuständigen Gericht einreicht, hat er die Verfahrensgebühr voll verdient.[9] Allerdings muss der Schriftsatz bei dem Gericht eingehen, an den ihn der RA adressiert hat. 20

Unterschrift. Der Schriftsatz muss von dem RA unterschrieben sein. 21

---

[5] BGH NJW 2018, 1403 = FamRZ 2018, 616; OLG Düsseldorf JurBüro 1989, 363; OLG Hamburg MDR 1998, 561; OLG Köln JurBüro 1995, 641; OLG Naumburg JurBüro 2002, 419; OLG Oldenburg JurBüro 1992, 682; OLG Saarbrücken NJW-Spezial 2015, 156.

[6] OLG Naumburg JurBüro 2003, 419.

[7] Gerold/Schmidt/*Müller-Rabe* 23. Aufl. 2017, RVG VV 3101 RVG Rn. 6.

[8] BGH NJW 2018, 1403 Rn. 12 ff. = FamRZ 2018, 616; Schneider/Wolf/*Schneider/Onderka* RVG VV 3101 Rn. 24 ff.; **aA** Riedel/Sußbauer/*Ahlmann* VV 3101 Rn. 10.

[9] OLG Nürnberg JurBüro 1966, 771.

7. Klage

22 Es muss sich um eine Klage handeln, die den Anforderungen des § 253 Abs. 2 ZPO genügt. Klage ist auch die Widerklage. Hierher gehört auch die Klageerweiterung.

8. Verfahrenseinleitender Antrag

23 Der ein Verfahren einleitende Antrag betrifft alle diejenigen Fälle, in denen ein unter VV Teil 3 RVG fallendes Verfahren nicht durch eine Klage, sondern durch einen bloßen Antrag eingeleitet wird, wie zB Antrag auf Arrest oder einstweilige Verfügung oder einstweilige Anordnung, Scheidungsantrag, Antrag auf selbständiges Beweisverfahren, Antrag auf Durchführung eines nur auf Antrag durchzuführenden FG-Verfahrens wie zB eines Verfahrens in einer Ehewohnungs- oder Haushaltssache (§ 203 Abs. 1 FamFG) oder nach LwVG (§ 14 Abs. 1 LwVG).

24 **Bedeutungsloser Antrag. FG-Amtsverfahren.** Wird hingegen ein „einleitender Antrag" in einem Verfahren gestellt, das zu seiner Einleitung keines Antrags bedarf (zB in FG-Amtsverfahren), so löst dieser überflüssige Antrag keine 1,3 Verfahrensgebühr aus (Motive → Rn. 1 vorletzter Abs.). Ist er aber mit Sachvortrag verbunden, fällt eine 1,3 Verfahrensgebühr an (→ Rn. 40 ff.).

25 **Antrag auf Durchführung des streitigen Verfahrens nach Mahnbescheid.** Verfahrenseinleitend ist auch der Antrag auf Durchführung des streitigen Verfahrens durch den Antragsgegner nach Widerspruch gegen einen Mahnbescheid, sofern er vom Gläubiger nicht bereits gestellt ist (→ RVG VV 3305 Rn. 59).

9. Sachanträge

26 **a) Allgemeines. Inhalt.** Sachanträge sind Anträge, durch die der Antragsteller erklärt, welchen Inhalt die von ihm erstrebte Entscheidung haben soll.[10] Gegenanträge des Beklagten oder des Antragsgegners sind Sachanträge. Eine Begründung der Anträge braucht der Schriftsatz nicht zu enthalten.

27 **Zustellungsbedürftiger Schriftsatz.** Es muss auf Seiten des Klägers bzw. Antragstellers ein Schriftsatz sein, der nach § 270 ZPO zuzustellen ist, oder außerhalb des Erkenntnisverfahrens oder sonstiger streitiger Verfahren ein Schriftsatz von entsprechender Bedeutung; ein Schriftsatz, der formlos mitgeteilt werden kann, genügt also grds. nicht.[11] Dieses Erfordernis gilt aber nicht für Sachanträge des Beklagten oder Antragsgegners.

28 **Inzidentanträge.** Anträge müssen nicht unbedingt in der üblichen Form gestellt werden. Die Praxis ließ zur BRAGO trotz § 253 Abs. 2 Nr. 2, § 520 Abs. 3 S. 2 Nr. 1, § 551 Abs. 3 Nr. 1 ZPO genügen, dass aus den Schriftsätzen des Kläger- oder des Beklagtenvertreters[12] das Begehren zu erkennen war. Das gilt auch weiterhin, hat aber an Bedeutung verloren, nachdem das RVG Sachvortrag genügen lässt.

29 **Wiederholung und Bezugnahme.** Die Wiederholung bereits früher gestellter Anträge in einem Schriftsatz und die Bezugnahme auf solche reichen aus, auch wenn der Antrag oder Vortrag von der Partei stammt.[13] Das kann auch stillschweigend geschehen und sich aus den Begleitumständen und dem Zusammenhang ergeben.[14] Führt zB nach Anwaltswechsel der neue Verfahrensbevollmächtigte in einem Schriftsatz aus, er werde im nächsten Verhandlungstermin die aus einem früheren Schriftsatz ersichtlichen Anträge stellen, so enthält sein Schriftsatz einen Sachantrag. Es genügt auch die Bezugnahme auf einen Sachantrag, der in einem PKH-Antrag enthalten ist.

30 **Ankündigung eines Sachantrags.** Die Ankündigung, einen bestimmten Sachantrag stellen zu werden, stellt jedenfalls in Verfahren, in denen der Antrag erst in der mündlichen Verhandlung gestellt wird, bereits einen Sachantrag dar.[15]

31 **b) Beispiele für Sachanträge.** ***aa) Kläger-/Antragstellervertreter***

- Klageanträge einschließlich ihrer Abweichungen, besonders Klageänderung, -erweiterung, -beschränkung,
- Inzidentfeststellungsantrag,
- Verzicht (§ 306 ZPO),

---

[10] *Hansens* BRAGO § 32 Rn. 8.
[11] OLG Hamburg JurBüro 1983, 1819.
[12] OLG München JurBüro 1991, 227.
[13] LG Köln AGS 2006, 589.
[14] BGH NJW 2008, 1740 = FamRZ 2008, 1063; 1992, 839.
[15] OLG Celle JurBüro 2018, 133 = RVGreport 2018, 54 mzustAnm *Hansens.*

bb) Beklagten-/Antragsgegnervertreter 32

- **Anerkenntnis,**[16]
- Antrag auf **Abweisung der Klage,** denn es handelt sich nicht um einen Verfahrensantrag, sondern um einen echten Sachantrag,[17]
- Rüge des Fehlens von **Prozessvoraussetzungen.** Es geht darum, ob die Klage zulässig ist,[18]
- Rüge der **örtlichen Unzuständigkeit,**[19] da dies inzidenter den Antrag beinhaltet, die Klage als unzulässig abzuweisen, wenn kein Verweisungsantrag gestellt wird. Hatte der Kläger aber bereits vorher nicht nur hilfsweise Verweisung beantragt, so stellt die Rüge der Zuständigkeit lediglich eine Zustimmung zum Verweisungsantrag dar, die nur zu einer 0,8 Verfahrensgebühr führt (→ Rn. 36),[20]
- **Zustimmung zur Scheidung.** Diese Erklärung steht einem Schriftsatz mit Sachantrag iSd VV 3101 Nr. 1 RVG gleich. Wenn schon die Klagerücknahme einer Klage eine 1,3 Verfahrensgebühr entstehen lässt, so muss dies auch für die Zustimmung zur Scheidung gelten.[21] Dasselbe gilt für die Erklärung, dem Scheidungsantrag nicht entgegenzutreten.[22] Allerdings ist die Erklärung, zur Scheidung keinen Antrag stellen zu wollen, kein Sachantrag;[23] anders wenn der RA erklärt, keinen Antrag zu stellen, weil Einverständnis mit der Scheidung besteht; das ist wie eine Zustimmung zu behandeln. Wird nur zu Folgesachen ein Abweisungsantrag gestellt, so ergibt sich daraus nicht im Umkehrschluss, dass der Scheidung zugestimmt würde; vielmehr fehlt jede Stellungnahme,[24]
- **Widerspruch** gegen einen Arrestbefehl oder eine einstweilige Verfügung, da hierdurch zum Ausdruck gebracht wird, dass die Aufhebung der angegriffenen Entscheidung begehrt wird,
- **Einspruch** gegen Vollstreckungsbescheid,[25]
- Antrag auf **Fristbestimmung** nach §§ 494a Abs. 1, 926 ZPO oder § 942 ZPO, wobei sich der Gegenstandswert im Fall des § 494a Abs. 1 ZPO aus dem Kostenwert ergibt, da dieser Antrag eine Kostenentscheidung herbeiführen soll,[26]
- **Einwilligung in Klagerücknahme,** wenn die Einwilligung für die Wirksamkeit der Rücknahme erforderlich ist,[27]
- Gegenantrag im **selbständigen Beweisverfahren,**[28]
- Geltendmachung eines **Zurückbehaltungsrechts,**
- Geltendmachung der **beschränkten Erbenhaftung** (§§ 305, 780 ZPO).

cc) Beide Seiten 33

- **Erledigungserklärung** und zwar auch die Zustimmung des Beklagtenvertreters[29] bzw. dessen Verweigerung der Zustimmung,[30]
- Kostenanträge nach §§ 91a, 269 Abs. 4 ZPO,[31]
- Anträge auf **Urteilsergänzung** nach § 321 ZPO oder auf Berichtigung des Tatbestandes,
- Anträge auf **Vollstreckbarerklärung** und zwar auch dann, wenn diese von Amts wegen auszusprechen ist,
- **Verweisungsanträge** des Klägers sowie Antrag des Beklagten, der sich gegen eine Verweisung wendet.[32] Hingegen ist die Zustimmung des Beklagten zu einer vom Kläger beantrag-

---

[16] OLG Dresden JurBüro 1998, 470.
[17] BGHZ 52, 385; OLG München JurBüro 1991, 227.
[18] *Hartmann* BRAGO, 33. Aufl. 2004, § 33 Rn. 44; **aA** OLG Frankfurt a. M. Rpfleger 1980, 489 (Ls.).
[19] OLG Schleswig AnwBl 1997, 125 = JurBüro 1997, 87.
[20] AG Mönchengladbach RPfleger 2006, 3101.
[21] OLG Frankfurt a. M. JurBüro 1981, 1527; KG JurBüro 1984, 880; *Lappe* BRAGO § 32 Rn. 214; Gerold/Schmidt/*von Eicken,* 15. Aufl. 2002, BRAGO § 32 Rn. 14; *Hansens* BRAGO § 32 Rn. 7.
[22] OLG Stuttgart FamRZ 2002, 831.
[23] OLG München AnwBl 1980, 259 = Rpfleger 1980, 255; *Hansens* RVG § 32 Rn. 7.
[24] **AA** *von Eicken* AGS 1997, 38, es genügt, dass nur zu den Folgesachen Abweisungsanträge gestellt werden, da sich daraus ergibt, dass zur Scheidung Gegenanträge nicht gestellt werden.
[25] OLG München AnwBl 1992, 400 = JurBüro 1992, 325.
[26] OLG München Rpfleger 2000, 425 (426) Ziff. 2.
[27] BFHE 106, 495; *Hansens* BRAGO § 32 Rn. 10.
[28] OLG München Rpfleger 2000, 425.
[29] *Hansens* BRAGO § 32 Rn. 10.
[30] OLG Rostock JurBüro 2008, 260 = NJW-RR 2008, 1095.
[31] OLG Düsseldorf JurBüro 1983, 1334 = MDR 1983, 764; OLG Frankfurt a. M. JurBüro 1985, 1831; OLG Köln JurBüro 1989, 491.
[32] OLG Bamberg JurBüro 1987, 1675.

ten Verweisung kein Sachantrag, weil sie für den Inhalt der zu treffenden Sachentscheidung über die Zuständigkeit ohne Bedeutung ist,[33]
– **Einspruch** gegen Versäumnisurteil,
– **Vollstreckungsschutzantrag** nach § 712 ZPO,[34]
– **Wiedereinsetzungsanträge** (§ 233 ZPO).

34 ***dd) Streithelfer,*** → Rn. 72 ff.

35 **c) Keine Sachanträge. Nur sachliche oder rechtliche Ausführungen** stellen keinen Sachantrag dar.

36 **Nur das Verfahren betreffende Anträge.** Nicht ausreichend sind Schriftsätze mit lediglich das Verfahren betreffenden Anträgen, wie zB Antrag auf Terminsverlegung. Keine Sachanträge sind daher
– die Anwaltsbestellung,[35]
– die Ankündigung der Nachreichung von Anträgen und Begründung,[36]
– die Niederlegung des Mandats,
– die Erklärung der Verteidigungsabsicht iSv § 276 Abs. 1 S. 1 ZPO;[37] sie lässt nicht erkennen, welches Urteil angestrebt wird, insbes. nicht in welchem Umfang der Klage entgegengetreten werden soll,
– die Bitte um Verlängerung der Klageerwiderungsfrist,
– die Erklärung, zunächst keinen Antrag stellen zu wollen,
– der Antrag auf Akteneinsicht,
– der Antrag auf Terminsbestimmung, auch einer des Beklagten auf Terminsbestimmung nach § 697 Abs. 3 ZPO. Er ist kein verfahrenseinleitender Antrag[38] und ist nicht gleichzusetzen mit einem Antrag gem. § 697 Abs. 1 ZPO auf Durchführung des streitigen Verfahrens, der einen Sachantrag darstellt (→ Rn. 25),
– der Antrag auf Aufhebung, Verlegung oder Vertagung von Terminen (§ 227 ZPO),[39]
– die Anzeige, dass die Partei oder die Gegenpartei verstorben ist,
– der Antrag auf Aussetzung oder Unterbrechung des Verfahrens nach §§ 152 ff., 239 ff. ZPO und § 136 FamFG,
– der Antrag auf Anordnung des Ruhens des Verfahrens gem. § 251 ZPO,[40]
– der Antrag zur Aufnahme eines unterbrochenen oder ausgesetzten Verfahrens gem. § 250 ZPO,[41]
– die Einreichung einer Bescheinigung über einen erfolglosen Güteversuch,
– die Anzeige, dass die Partei am Erscheinen in einem Gütetermin verhindert ist,
– ein Antrag zum persönlichen Erscheinen einer Partei,
– ein Antrag zur Verbindung mehrerer Rechtsstreitigkeiten nach §§ 147, 150, ZPO, 20 FamFG,
– ein Antrag zur Trennung nach §§ 145, 302, 304 ZPO,
– ein Antrag zur Verweisung von der Kammer für Handelssachen an die Zivilkammer und umgekehrt;[42]
– ein Antrag zur Übertragung auf den Einzelrichter und zurück an die Kammer oder den Senat (§§ 348a, 526 ZPO) zur Entscheidung oder zur Vorbereitung (§ 527 ZPO),
– die Beanstandung von Prozessleitung oder Fragen (§ 140 ZPO),
– ein Antrag dazu, ob im schriftlichen Verfahren oder nach Lage der Akten entschieden wird (§§ 128 Abs. 2, 331a ZPO); nicht aber der Antrag zum Inhalt der Entscheidung,
– die Entscheidung über die Akteneinsicht (§ 299 ZPO)[43]
– bloße Schreiben an die eigene oder die Gegenpartei,
– die Empfangnahme eines Schriftsatzes der Gegenpartei,
– die schriftsätzliche Beitrittserklärung des Streithelfers (→ Rn. 73),

[33] KG JurBüro 1987, 709; OLG Köln JurBüro 1986, 1041.
[34] BGH FamRZ 2003, 598.
[35] OLG Düsseldorf MDR 2000, 1396 = Rpfleger 2000, 567.
[36] OLG Düsseldorf MDR 2000, 1396 = Rpfleger 2000, 567.
[37] OLG Düsseldorf MDR 2000, 1396 = Rpfleger 2000, 567; OLG Koblenz AnwBl 1987, 338; JurBüro 1981, 1518 = MDR 1981, 507; LG OLG Stuttgart AGS 2014, 501; Schneider/Wolf/*Schneider/Onderka* RVG VV 3101 Rn. 41 ff.
[38] OLG Karlsruhe JurBüro 1994, 431.
[39] OLG Frankfurt a. M. AnwBl 1982, 376 = JurBüro 1982, 1199.
[40] OLG Düsseldorf JurBüro 1991, 686.
[41] OLG Karlsruhe JurBüro 1997, 138.
[42] OLG Hamburg JurBüro 1989, 202.
[43] OLG Hamm AnwBl 1982, 70.

– Zustimmung zu **Verweisungsantrag;** anders aber bei Antrag, nicht zu verweisen (→ Rn. 33),
– der Antrag auf **Streitwertfestsetzung,**
– die Einreichung eines Antrags auf Bewilligung von **Prozesskostenhilfe.**[44] Achtung: RA verdient aber gem. VV 3335 RVG eine 1,0 Gebühr. Dazu, in welchen Fällen von einer gleichzeitigen Klageerhebung auszugehen ist, → RVG VV 3335 Rn. 14 ff.,
– der **Rechtsmittelverzicht** (→ RVG VV 3403 Rn. 24 ff.),
– die **Schutzschrift** → Anh. II Rn. 170 ff.

d) Klageabweisungsantrag vor Zustellung der Klage. Stellt der Beklagtenvertreter Sachanträge, bevor die Klage zugestellt ist, so gilt das zur Klageabweisung, die mit dem Widerspruch gegen einen Mahnbescheid verbunden wird, und das zum Klageabweisungsantrag bei nur zugestelltem PKH-Antrag Dargelegte entsprechend (→ RVG VV 3305 Rn. 49 ff.; → RVG VV 3335 Rn. 26). Es wird zum einen in aller Regel an einem unbedingten Auftrag fehlen. Im Übrigen ist der Antrag überflüssig. Zur völlig anderen Rechtslage, wenn der Beklagtenvertreter zu einer zwar zugestellten, aber inzwischen ohne Kenntnis des Beklagtenvertreters zurückgenommenen Klage Abweisung beantragt → Anh. VI Rn. 327 ff. 37

e) Bedeutungsloser Sachantrag. Wird ein Antrag in einem Verfahren gestellt, in dem es keiner Sachanträge bedarf, zB bestimmte **FG-Verfahren,** so löst dieser überflüssige Antrag keine 1,3 Verfahrensgebühr aus (→ Rn. 24). Eine 1,3 Verfahrensgebühr kann der RA aber verdienen, indem er zur Sache vorträgt (→ Rn. 40 ff.). 38

Zu beachten ist aber, dass es auch bei einigen FG-Verfahren echte Sachanträge gibt. Das gilt aber nicht bei Haushaltssachen (dort nur Anträge zur Verfahrenseinleitung, § 203 Abs. 1 FamFG). 39

10. Sachvortrag

a) Allgemeines. Neu aufgenommen wurde im VV 3101 Nr. 1 RVG, dass für das Entstehen einer 1,3 Verfahrensgebühr Sachvortrag genügt. Damit ist zunächst einmal das Problem gelöst, dass bei FG-Verfahren, in denen es nicht auf einen Antrag der Beteiligten ankommt, Zweifel entstehen könnten, wann eine 1,3 Verfahrensgebühr angefallen ist. Dieser Passus gilt aber, auch für ZPO-Verfahren. Das Gesetz sieht keine Einschränkungen für bestimmte Verfahrensarten vor. 40

b) Sachvortrag. Sachvortrag setzt voraus, dass sachliche oder rechtliche Ausführungen zur Sache selbst und nicht nur zur Prozess- und Sachleitung gemacht werden. Stellungnahmen zu Fragen, bei denen, wenn ein Antrag gestellt worden wäre, kein Sachantrag vorläge, beinhalten keinen Sachvortrag. Zur Klärung der Frage, ob Sachvortrag vorliegt, können daher die Grundsätze für die Abgrenzung beim Sachantrag herangezogen werden (→ Rn. 26 ff.). Das gilt auch für den Rechtsmittelverzicht (→ RVG VV 3403 Rn. 24 ff.) und die Schutzschrift (→ Anh. II Rn. 323 ff.). Der Auffassung, Darlegungen nur zur Zulässigkeit oder zu Zuständigkeitsfragen, stellten keinen Sachvortrag dar,[45] ist nicht zu folgen. Wenn ein Antrag gestellt worden wäre, wäre dieser auf Abweisung wegen Unzulässigkeit gerichtet gewesen. Für Sachvortrag genügen tatsächliche Behauptungen, Bestreiten, Einwendungen, Einreden, Beweismittel und Beweiseinreden.[46] Auch eine Stellungnahme zu einem Antrag nach § 769 ZPO löst eine 1,3 Verfahrensgebühr aus.[47] Wegen Bezugnahme → Rn. 29. 41

c) FG-Amtsverfahren. Die früher problematische Frage, wann in FG-Amtsverfahren, insbes. in familienrechtlichen Amtsfolgesachen, zB Versorgungsausgleich, der RA eine reduzierte oder volle Verfahrensgebühr verdient,[48] hat sich durch die Aufnahme des Sachvortrags in VV 3101 Nr. 1 RVG geklärt. 42

Nach Verfahrenseinleitung. So kann kein Zweifel mehr bestehen, dass der Sachvortrag zum Versorgungsausgleich im Verbundverfahren eine 1,3 Verfahrensgebühr auslöst, wenn zuvor das Verfahren zum Versorgungsausgleich vom Gericht eingeleitet war. 43

Vor Verfahrenseinleitung. Auch Sachvortrag vor Einleitung des Verfahrens durch das Gericht löst eine 1,3 Verfahrensgebühr aus,[49] zB der RA macht im Scheidungsantrag bereits Aus- 44

---

[44] OLG Saarbrücken JurBüro 1987, 713.
[45] Hartmann/Toussaint/*Toussaint* RVG VV 3101 Rn. 15.
[46] Bischof/*Bischof* RVG VV 3101 Rn. 32; *Hansens* Anm. zu OLG Celle RVGreport 2010, 310.
[47] OLG Koblenz JurBüro 2016, 413 = AGS 2016, 390 mAnm *N. Schneider* = RVGreport 2016, 304 mAnm *Hansens.*
[48] Madert/Müller-Rabe Fam-HdB/*Müller-Rabe* Kap. C Rn. 8 f.
[49] *Hansens* RVGreport 2010, 310 (312); *Volpert* RVGreport 444, 449 Ziff. 2; **aA** möglicherweise OLG Karlsruhe FamRZ 2007, 751 = MDR 2007, 620 = OLGR 2007, 150.

führungen zum Versorgungsausgleich; bevor das Gericht das Verfahren zum Versorgungsausgleich eingeleitet hat, wird der Scheidungsantrag zurückgenommen. VV 3101 Nr. 1 RVG besagt nicht, dass der Sachvortrag in einem bereits rechtshängigen Verfahren erfolgen muss. Es gibt auch keinen allgemeinen Grundsatz, dass nur eine Tätigkeit in einem bereits rechtshängigen Verfahren eine 1,3 Verfahrensgebühr auslösen kann (→ Rn. 75). Auch vom typischen Arbeitsaufwand her ist eine 1,3 Verfahrensgebühr angemessen. Der Sachvortrag ist in vielen Fällen in diesem Stadium auch nicht überflüssig. Zum Versorgungsausgleich zB ist es von Anfang an sinnvoll, das Gericht mit Informationen zum Versorgungsausgleich zu versehen. Wird allerdings dem Gericht lediglich mitgeteilt, dass vor mehr als einem Jahr vor Einreichung des Scheidungsantrags der Versorgungsausgleich gem. § 1408 BGB notariell ausgeschlossen wurde, weshalb ein Versorgungsausgleichsverfahren nicht zu betreiben sei, so löst dies, solange es unstreitig bleibt, keine Verfahrensgebühr aus.[50]

45 **Bloßer Sachantrag.** Ein bloßer Sachantrag ohne Sachvortrag löst in einem FG-Amtsverfahren weiterhin keine 1,3 Verfahrensgebühr aus (→ Rn. 38 ff.).

46 **d) Postulationsfähigkeit,** → RVG VV 3208 Rn. 8 ff.

11. Rücknahme der Klage oder des Antrags

47 Die Einreichung eines Schriftsatzes, der die Rücknahme der Klage oder des Antrags (zB des Arrestantrags) enthält, löst gem. ausdrücklicher Bestimmung in VV 3101 Nr. 1 RVG eine 1,3 Verfahrensgebühr aus. Die Zurücknahme einer Widerklage ist der Rücknahme der Klage gleichzustellen. Die Rücknahme kann auch stillschweigend erfolgen, wenn der entsprechende Wille eindeutig und unzweifelhaft zum Ausdruck kommt. Die Rücknahme muss gegenüber dem Gericht erfolgen, bei dem die Sache gerade anhängig ist, egal ob dieses zuständig ist oder nicht. Zur Rücknahme des Widerspruchs gegen den Mahnbescheid. → RVG VV 3305 Rn. 62 ff.

48 **Klagebeschränkung.** Sie kann eine teilweise Klagerücknahme oder aber auch eine – ebenfalls eine 1,3 Verfahrensgebühr auslösende (→ Rn. 33) – teilweise Erledigungserklärung beinhalten.[51] Bei dem zurückgenommenen Antrag muss es sich um einen solchen handeln, dessen Stellung zu einer 1,3 Verfahrensgebühr führt. Also genügt zB nicht die Zurücknahme eines Antrags auf Terminsverlegung.

49 **Fehlende Rechtshängigkeit.** Bei der „Rücknahme" der Klage ist nicht Voraussetzung, dass die Klage schon zugestellt ist,[52] obwohl es sich dann iSd Prozessrechts um keine echte Klagerücknahme handelt.

50 **Aussöhnungsanzeige.** Die gemeinschaftliche Anzeige, dass sich die Parteien eines Eheverfahrens ausgesöhnt haben, ist der Rücknahme des Scheidungsantrags gleichzustellen.[53]

12. Vertretung im gerichtlichen Termin

51 Zur Entstehung einer 1,3 Verfahrensgebühr ist auch ausreichend, dass der RA für seine Partei einen gerichtlichen Termin wahrgenommen, also seine Partei in einem solchen Termin vertreten hat.

52 **a) Termin. Gerichtlicher Termin.** Der RA muss nicht an irgendeinem Termin, sondern an einem gerichtlichen Termin teilnehmen. Hierzu führen die Motive aus:

> „In Nummer 1 des Gebührentatbestandes soll das Wort „Termin" durch die Wörter „gerichtlichen Termin" ersetzt werden. Hierdurch soll klargestellt werden, dass die Wahrnehmung eines außergerichtlichen Termins einer Ermäßigung der Verfahrensgebühr nicht entgegensteht."[54]

53 **Besprechung von Anwalt zu Anwalt.** Damit ist zunächst einmal geklärt, dass eine Besprechung von Anwalt zu Anwalt mit dem Ziel einer Einigung keinen gerichtlichen Termin darstellt. Ebenso wenig genügen Erörterungen mit dem Gericht außerhalb des Sitzungssaales[55] oder fernmündliche Erörterungen mit dem Richter.[56]

54 **Vom Sachverständigen anberaumter Termin.** Zweifelhaft ist aber, ob ein vom gerichtlich bestellten Sachverständigen anberaumter Termin ein gerichtlicher Termin im Sinne der

---

[50] OLG Naumburg JurBüro 2001, 638, zur Erörterungsgebühr.
[51] Thomas/Putzo/*Seiler* ZPO § 264 Rn. 6.
[52] *Hansens* BRAGO § 32 Rn. 12.
[53] Gerold/Schmidt/*von Eicken,* 15. Aufl. 2002, BRAGO § 32 Rn. 18; *Hansens* BRAGO § 32 Rn. 12.
[54] BT-Drs. 15/2487, 175.
[55] OLG Koblenz AnwBl 1983, 91 = JurBüro 1983, 562 = MDR 1983, 240.
[56] OLG Düsseldorf AnwBl 1984, 616 = JurBüro 1985, 83 = MDR 1984, 949; OLG München JurBüro 1992, 606 = MDR 1992, 1005 = Rpfleger 1993, 40.

Nr. 1 ist. Hierfür spricht, dass der Sachverständige ein Gehilfe des Gerichts ist, dass sich der RA auch zu diesem Termin hinbegeben und sich auf ihn vorbereiten muss. Auch wenn die Vorbereitung häufig nicht gleich intensiv wie die auf einen richterlichen Termin sein wird, ist die gleiche Behandlung wie bei die Wahrnehmung eines Termins unmittelbar bei Gericht angebracht.

Ausreichende Termine. Es muss kein Verhandlungstermin sein. Es liegt keine Beschränkung auf bestimmte Termine vor. **Es genügt** insbes. 55

– ein Beweistermin, auch einer vor dem ersuchten oder beauftragten Richter,[57]
– ein Termin zur gütlichen Einigung;[58] das gilt auch für einen Termin, der nur zur Protokollierung einer Einigung rechtshängiger Ansprüche vorgesehen ist,
– ein Termin, in dem sich eine Partei über die Echtheit einer Urkunde erklären soll,
– ein Termin zu einer Parteianhörung nach § 141 ZPO.

Reiner Verkündungstermin. Hingegen reicht ein reiner Verkündungstermin nicht aus. Wenn die Terminswahrnehmung eine volle Gebühr auslöst, so rechtfertigt sich das damit, dass der Anwalt in diesem Termin die Interessen seines Mandanten gegenüber dem Gericht vertreten kann. Die bloße Entgegennahme einer Entscheidung, auch wenn sie vom Gericht noch mündlich begründet wird, reicht dafür nicht. 56

Stattfindender Termin. Der Termin muss stattfinden (→ RVG VV Vorb. 3 Rn. 81). Ist der Termin aufgerufen, so schadet es nicht, dass sodann vertagt wird. Unerheblich ist, ob der Termin richtig bezeichnet wurde und ob die Einlassungs- oder Ladungsfristen eingehalten wurden.[59] Weiter ist nicht notwendig, dass der Gegner anwesend oder vertreten ist.[60] 57

b) Verfahrensbevollmächtigter. Eine Teilnahme an einem Termin iSv VV 3101 Nr. 1 RVG setzt eine Teilnahme als Verfahrensbevollmächtigter voraus. Das ergibt sich aus der Stellung des VV 3101 Nr. 1 RVG im Abschnitt der VV 3100f. RVG. Hatte der RA nur einen Auftrag als Terminsvertreter oder für eine Einzeltätigkeit, so greift nicht VV 3101 Nr. 1 RVG ein, uU aber VV 3401 RVG oder VV 3403 RVG. 58

Streithelfer. → Rn. 72ff.

c) Tätigkeit. Anwesenheit bei oder nach Eröffnung des Termins. Der RA muss beim oder nach dem Aufruf im Verlauf des Termins anwesend sein.[61] 59

Vertretungsbereitschaft. Der RA muss die Absicht haben, die Interessen seines Mandanten zu vertreten. Es genügt nicht, dass der RA nur erklärt, 60

– er trete nicht auf (→ RVG VV Vorb. 3 Rn. 110),
– es könne Versäumnisurteil genommen werden,[62]
– bzw. er lege das Mandat nieder.[63]

Er muss aber keinen Antrag stellen.[64] Es genügt, dass der RA den Verlauf des Termins beobachtet, um, falls erforderlich, zu Gunsten seines Mandanten einzugreifen. Erst recht genügt es, dass der RA im Termin seinem Mandanten rät, nichts zu unternehmen und ein Versäumnisurteil ergehen zu lassen[65] oder dass er eine Einigung vereinbart.[66] Es genügt sogar, wenn der RA nach Aufruf der Sache erklärt, er werde heute nicht verhandeln, weil die Klage noch nicht zugestellt ist, und deshalb Vertagung beantragt. 61

Rechtsmittelverzicht, → RVG VV 3403 Rn. 24ff. 62

d) Rechtshängige Ansprüche. Die 1,3 Verfahrensgebühr fällt nur für in diesem Verfahren rechtshängige Ansprüche an. Werden nicht rechtshängige Ansprüche mit im Termin behandelt zB wegen einer Gesamteinigung, so löst dies bzgl. der nicht rechtshängigen Ansprüche keine 1,3, sondern nur eine 0,8 Verfahrensgebühr gem. VV 3101 Nr. 2 RVG aus. 63

---

[57] Riedel/Sußbauer/*Ahlmann* RVG VV 3101 Rn. 12; Bischof/*Bischof* RVG VV 3101 Rn. 37; *Hansens* BRAGO § 32 Rn. 13.

[58] Riedel/Sußbauer/*Ahlmann* RVG VV 3101 Rn. 12; Bischof/*Bischof* RVG VV 3101 Rn. 37; *Hansens* BRAGO § 32 Rn. 13.

[59] Hartmann/Toussaint/*Toussaint* RVG VV 3101 Rn. 20.

[60] Bischof/*Bischof* RVG VV 3101 Rn. 37; Schneider/Wolf/*Schneider/Onderka* RVG VV 3101 Rn. 60.

[61] OLG Hamm MDR 1978, 151.

[62] OLG München OLGR 1994, 108 = JurBüro 1994, 542; Bischof/*Bischof* RVG VV 3101 Rn. 36.

[63] OLG Hamm RPfleger 77, 458; Bischof/*Bischof* RVG VV 3101 Rn. 36.

[64] Bischof/*Bischof* RVG VV 3101 Rn. 37.

[65] KG JurBüro 1977, 1379; *Hansens* BRAGO § 32 Rn. 13.

[66] KG MDR 1988, 787.

13. Entstehung nur einer 0,8 Gebühr

64 Nur eine 0,8 Verfahrensgebühr erhält der Verfahrensbevollmächtigte, dessen Auftrag endigt, bevor er eine der in VV 3101 Nr. 1 RVG genannten Tätigkeiten vorgenommen hat. Der Anspruch auf die reduzierte Verfahrensgebühr entsteht schon dann, wenn der Verfahrensbevollmächtigte irgendeine unter die Verfahrensgebühr fallende Tätigkeit ausgeübt hat. Für das Entstehen der halben Verfahrensgebühr genügt:
- Entgegennahme der Information
- Entgegennahme der Entscheidung.[67]
- Mahnschreiben an Gegner durch RA, der bereits unbedingten Klageauftrag erhalten hat. Weil der Gegner daraufhin zahlt, wird keine Klage erhoben, iÜ → RVG VV 3100 Rn. 19 ff.

14. Teilweises vorzeitiges Ende des Auftrags

65 Endigt der Auftrag nur zT, so ermäßigt sich für diesen Teil des Verfahrensgegenstandes die Verfahrensgebühr, zB wenn der Beklagte vor Einreichung der Klage einen Teil der Streitsumme bezahlt und die Klage dann mit einem ermäßigten Klageantrag eingereicht wird. Der Klägervertreter erhält in diesem Falle eine 1,3 Verfahrensgebühr nach dem Werte der eingereichten Klage, eine 0,8 Gebühr nach dem Werte des erledigten Teiles, zusammen aber nicht mehr als eine 1,3 Verfahrensgebühr nach dem ursprünglichen Streitwert (§ 15 Abs. 3 RVG).[68]

Beispiel:

Klageauftrag über 15.000,– EUR. Schuldner zahlt vor Klageeinreichung 5.000,– EUR, Klage über 10.000,– EUR.

1,3 Verfahrensgebühr gem. VV 3100 RVG aus 10.000,– EUR	798,20 EUR
0,8 Verfahrensgebühr gem. VV 3101 Nr. 1 RVG aus 5.000,– EUR	267,20 EUR
Summe	1.065,40 EUR
jedoch gem. § 15 Abs. 3 RVG nicht mehr als	
1,3 Verfahrensgebühr gem. VV 3100 RVG aus 15.000,– EUR	933,40 EUR

66 **Nicht ausscheidbare Teile.** Das gilt auch dann, wenn es sich um nicht ausscheidbare Teile des Streitgegenstandes handelt, zB Teile eines Rentenanspruchs oder Nebenforderungen.

Beispiel 1:

Antrag ans Gericht auf **Unterhalt** von monatlich 100,– EUR über 18 Monate. Verfahrenswert gem. § 51 Abs. 1 GKG: 1.200,– EUR. Nachdem der Antragsgegner einen Anwalt beauftragt, dieser jedoch noch keinen Schriftsatz eingereicht hat, nimmt die Antragstellerin wegen Zahlung den Antrag iHv 800,– EUR zurück. Der Rest (zehn Monate) wird streitig.

Verfahrensgebühr des RA des Beklagten	
1,3 Verfahrensgebühr gem. VV 3100 RVG aus 1.000,– EUR	114,40 EUR
0,8 Verfahrensgebühr gem. VV 3101 RVG aus 800,– EUR	70,40 EUR
Summe	184,80 EUR
jedoch gem. § 15 Abs. 3 RVG nicht mehr als	
1,3 Verfahrensgebühr gem. VV 3100 RVG aus 1.200,– EUR	165,10 EUR
Der RA erhält	165,10 EUR[69]

Beispiel 2:

Klage über 10.000,– EUR Hauptsache und 1.000,– EUR **Zinsen.** Streitwert gem. § 4 ZPO: 10.000,– EUR. Der Beklagte beauftragt einen RA mit seiner Vertretung, zahlt jedoch danach 10.000,– EUR auf die Hauptsache. Der Kläger nimmt in Höhe der Hauptsache (10.000,– EUR) die Klage zurück und hält nur noch den Antrag auf Zahlung von 1.000,– EUR Zinsen aufrecht. Darauf Antrag des Beklagtenvertreters auf Abweisung des Zinsanspruchs.

Verfahrensgebühr des Beklagtenvertreters		
0,8 Verfahrensgebühr gem. VV 3101 RVG aus 10.000,– EUR		491,20 EUR
1,3 Verfahrensgebühr gem. VV 3100 RVG aus 1.000,– EUR		114,40 EUR
Summe		605,60 EUR
jedoch gem. § 15 Abs. 3 RVG nicht mehr als		
1,3 Verfahrensgebühr gem. VV 3100 RVG aus 10.000,– EUR	798,20 EUR	
RA erhält		605,50 EUR[70]

---

[67] Von BVerwG RVGreport 2010, 60 übersehen. Anm. *Hansens* zu dieser Entscheidung.

[68] Gerold/Schmidt/*von Eicken,* 15. Aufl. 2002, BRAGO § 32 Rn. 6; *Hansens* BRAGO § 32 Rn. 14; **aA** in mit § 15 Abs. 3 unvereinbarer Weise Riedel/Sußbauer/*Keller,* 8. Aufl. 2000, BRAGO § 31 Rn. 29; Riedel/Sußbauer/*Fraunholz,* 8. Aufl. 2000, BRAGO § 13 Rn. 36.

[69] KG AnwBl 1985, 530; OLG Frankfurt a. M. JurBüro 1985, 1830; Gerold/Schmidt/*von Eicken,* 15. Aufl. 2002, BRAGO § 32 Rn. 6.

[70] *Hansens* BRAGO § 32 Rn. 15.

Diese Berechnungsweise ist jedoch nicht unstreitig.[71] Mit Rücksicht auf § 4 Abs. 1 ZPO wird teilweise die Auffassung vertreten, die Verfahrensgebühr aus den 1.000,– EUR Zinsen sei bereits teilweise – zu 0,8 – in der 0,8 Verfahrensgebühr aus 10.000,– EUR enthalten, so dass die Verfahrensgebühr aus den Zinsen nur noch iHv 0,8 aus 1.000,– EUR = 70,40 EUR entstehen könne.[72] Dieser Auffassung kann nicht beigetreten werden. Mit dem Wegfall der Hauptsache verlieren die Zinsen ihren Charakter als Nebenforderungen; sie werden selbst zur Hauptsache und können die Verfahrensgebühr auslösen (und zwar in voller Höhe).[73] **67**

Nur noch Kosten. Hat sich der Auftrag hinsichtlich der Hauptsache erledigt (etwa durch Klagerücknahme), ist aber der Kostenpunkt noch offen, so entsteht die 1,3 Verfahrensgebühr nach dem Werte der Kosten. Zum Kostenwert → Anh. VI Rn. 297 ff. **68**

15. Empfangnahme des Urteils

Tritt der RA erst nach Ende der letzten mündlichen Verhandlung als Verfahrensbevollmächtigter ein und beschränkt sich seine Tätigkeit auf die Empfangnahme des Urteils und das Kostenfestsetzungsverfahren, so erwächst ihm ebenfalls nur eine – erstattungsfähige[74] – 0,8 Verfahrensgebühr. **69**

16. Hilfsanträge

Hilfsanträge und Hilfsanrechnungen lösen nur eine Verfahrensgebühr aus, wenn die Voraussetzungen der § 45 Abs. 1 S. 2, Abs. 3 GKG, § 39 Abs. 1 S. 2, Abs. 3 FamGKG gegeben sind und der RA bzgl. des Hilfsantrags oder der Hilfsaufrechnung tätig war. Wegen Gegenstandswert → Anh. VI Rn. 275 ff. **70**

17. Streitgenossen

Bei Vertretung mehrerer Streitgenossen hinsichtlich desselben Gegenstands tritt eine Erhöhung der Verfahrensgebühr unter den Voraussetzungen des VV 1008 RVG ein. Auch wenn der RA nur eine 0,8 Verfahrensgebühr verdient hat, kommt pro weiteren Streitgenossen eine 0,3 Verfahrensgebühr zu der 0,8 Gebühr hinzu. **71**

18. Streithelfer

a) Grundsätze. Auch der Streithelfervertreter verdient nur eine 1,3 Verfahrensgebühr, wenn er eine der in VV 3101 Nr. 1 RVG aufgeführten Handlungen vorgenommen hat. **72**

Sachanträge. Anträge, die bei den Parteivertretern Sachanträge sind, haben diesen Charakter auch, wenn sie vom Anwalt des Streithelfers gestellt werden. Die Beitrittserklärung selbst enthält keinen Sachantrag, und zwar auch dann nicht, wenn sie mit der Erklärung verbunden ist, warum der Streithelfer nicht der anderen Seite beitritt.[75] Ein Sachantrag liegt vor, wenn der Streithelfer sich dem Antrag der Partei anschließt, auf deren Seite er beigetreten ist. **73**

Sachvortrag. Terminsteilnahme. Der RA des Streithelfers verdient auch durch Sachvortrag und durch Terminsteilnahme eine 1,3 Verfahrensgebühr.[76] **74**

b) 1,3 Verfahrensgebühr schon vor Beitritt. Einen Grundsatz, dass erst ab Rechtshängigkeit eine volle Verfahrensgebühr anfallen kann, gibt es nicht, wie die Klageeinreichung zeigt.[77] Entsprechend kann der RA des nicht beigetretenen Streitverkündeten entgegen der hM[78] grds. auch schon vor dem Beitritt eine 1,3 Verfahrensgebühr verdienen. **75**

Sachantrag. Aufgrund eines vor dem Beitritt erklärten Sachantrags kann der RA keine 1,3 Verfahrensgebühr geltend machen, da dieser Antrag keinerlei Wirkung entfalten kann. Es gilt der Grundsatz, dass der RA für eine völlig wirkungslose Tätigkeit keine Gebühr verlangen kann. **76**

Sachvortrag. Eine 1,3 Verfahrensgebühr kann aber vor dem Beitritt durch Sachvortrag des Anwalts entstehen und vom RA auch verlangt werden. Sachvortrag kann auch schon vor dem Beitritt das Verfahren zugunsten des Streithelfers fördern. **77**

---

[71] Wie hier Gerold/Schmidt/*von Eicken,* 15. Aufl. 2002, BRAGO § 32 Rn. 6; *Hansens* BRAGO § 32 Rn. 15.

[72] Riedel/Sußbauer/*Keller,* 8. Aufl. 2000, BRAGO § 32 Rn. 19; noch anders LG Berlin NJW-RR 1997, 61 = JurBüro 1997, 309 = Rpfleger 1997, 129.

[73] OLG Hamm JurBüro 1965, 480; OLG Düsseldorf JurBüro 1983, 1334 = MDR 1983, 764.

[74] LG Berlin JurBüro 1984, 1034 mwN.

[75] OLG Nürnberg AnwBl 1994, 197 = JurBüro 1994, 671.

[76] Zur Terminsteilnahme OLG Hamm MDR 1975, 943; *Hansens* BRAGO § 32 Rn. 13.

[77] Eine 1,3 Verfahrensgebühr bei einem mit dem Widerspruch gegen einen Mahnbescheid verbundenen Klageabweisungsantrag wird nicht deshalb in der Rspr. verneint, weil eine solche schlechthin vor Rechtshängigkeit des Verfahrens abgelehnt wird, sondern aus anderen Gründen wie fehlendem Auftrag oder Sinnlosigkeit des Tuns.

[78] OLG Hamm JurBüro 1975, 913; Bischof/*Bischof* RVG VV 3101 Rn. 37.

78 **Terminswahrnehmung.** Streitig ist, ob der RA des nicht beigetretenen Streitverkündeten für eine Terminswahrnehmung eine 1,3 Verfahrensgebühr verdienen kann.[79] Diese Frage ist zu bejahen. Der RA des nicht beigetretenen Streithelfers kann im Termin Sinnvolles, vom Gericht zu Beachtendes erklären. Hat der RA des Streitverkündeten vor der Beitrittserklärung bereits zu seiner Information als Beobachter an einer mündlichen Verhandlung teilgenommen, so genügt das allerdings nicht für eine 1,3 Verfahrensgebühr. Eine Teilnahme an einem gerichtlichen Termin iSv VV 3101 Nr. 1 RVG setzt eine Teilnahme als Verfahrensbevollmächtigter voraus.

79 **c) 0,8 Verfahrensgebühr.** Hat der RA des Streithelfers keine Handlung iSv VV 3101 Nr. 1 RVG vorgenommen, so verdient er zB durch die Entgegennahme der Information eine 0,8 Verfahrensgebühr.

19. PKH-Anwalt

80 → RVG VV 3335 Rn. 47.

IV. Differenzgebühr (Nr. 2)

1. Überblick

81 VV 3101 Nr. 2 RVG regelt den Fall, dass der RA in diesem Verfahren nicht rechtshängige Ansprüche beim Gericht einer gütlichen Einigung zuführen soll. Er enthält vier Alternativen.
- Der RA führt Einigungsgespräche vor Gericht.
- Der RA beantragt, eine Einigung zu Protokoll zu nehmen.
- Der RA beantragt, eine „Einigung" gem. § 278 Abs. 6 ZPO festzustellen.
- Eine Einigung erfolgt dadurch, dass die Beteiligten einen in der Form eines Beschlusses ergangenen Vorschlag schriftlich oder durch Erklärung zu Protokoll in der mündlichen Verhandlung gegenüber dem Gericht annehmen (§ 101 Abs. 1 S. 2 SGG; § 106 S. 2 VwGO).

2. Anwendungsbereich

82 **Alle in VV 3100 f. RVG erfasste Verfahrensarten.** VV 3101 Nr. 2 RVG gilt für alle Verfahrensarten, die von VV 3100 f. RVG erfasst werden.

83 **Erfasste Fälle.** VV 3101 Nr. 2 RVG ist anwendbar
- bei Einbeziehung von überhaupt nicht rechtshängigen Ansprüchen,
- bei Einbeziehung von anderweitig rechtshängigen Ansprüchen,
- bei Einigungen im PKH-Bewilligungsverfahren, soweit Ansprüche mit verglichen werden, für die keine PKH beantragt war,

84 Er ist **nicht anwendbar** für Ansprüche, die in dem Verfahren, in dem eine Einigung versucht oder erreicht wird, **rechtshängig** sind. Stellt der RA den Antrag, **hinsichtlich eines in diesem Verfahren rechtshängigen Anspruchs eine Einigung** festzustellen, so fällt eine 1,3 Verfahrensgebühr an. Es liegt ein Sachantrag vor. Ein Antrag, mit dem der Inhalt der gewünschten Entscheidung bestimmt wird, ist ein Sachantrag.[80] Eine solche Bestimmung liegt auch in dem Feststellungsantrag. Dasselbe muss gelten für den Protokollierungsantrag[81] und die Annahmeerklärung. Hier wird über das bloße Verfahren hinaus etwas begehrt. Es gibt keinen Grund, dies anders zu behandeln als einen Erledigungserklärungsantrag, der allg. als Sachantrag bewertet wird [82]

Nr. 2 greift hinsichtlich rechtshängiger Gegenstände nicht ein, wenn **gleichzeitig mehrere Verfahren aufgerufen** sind und eine einheitliche Einigung versucht wird (→ Rn. 117).

3. Auftrag

85 **Verhältnis zu Auftrag für außergerichtliche Einigung.** VV 3101 Nr. 2 RVG greift nicht ein, wenn ein Auftrag nur für eine außergerichtlichen Tätigkeit einschließlich einer außergerichtlichen Einigung besteht und eine Mitwirkung des Gerichts nicht vorgesehen ist. Dann sind VV 2300 ff. anzuwenden.[83]

86 **Einigung über nicht rechtshängige Ansprüche unter Zuhilfenahme eines Gerichts.** Problematisch ist, wie es zu beurteilen ist, wenn anlässlich eines rechtshängigen Verfah-

---

[79] **Bejahend** OLG Koblenz JurBüro 1982, 723, wenn später Beitritt erfolgt; Gerold/Schmidt/*von Eicken*, 15. Aufl. 2002, BRAGO § 31 Rn. 13; **verneinend** OLG Hamm JurBüro 1975, 913, da erst ab Beitritt der RA den Streithelfer in einem Termin „vertreten" kann; OLG Nürnberg JurBüro 1994, 671 = AnwBl 1994, 197.

[80] Hartung/Schons/Enders/*Schons* RVG VV 3101 Rn. 20.

[81] Schneider/Wolf/*Onderka/Schneider* RVG VV 3101 Rn. 80.

[82] Hartung/Schons/Enders/*Schons* Rn. 22; Mayer/Kroiß/*Mayer* Rn. 17, 24; Riedel/Sußbauer/*Ahlmann* Rn. 6; Bischof/*Bischof* Rn. 22 alle zu 3101.

[83] BGH NJW-RR 2005, 1731 = AnwBl 2005, 434 = FamRZ 2005, 604 = JurBüro 2005, 261.

rens der RA den Auftrag erhält, zu nicht rechtshängigen Ansprüchen außergerichtliche Einigungsgespräche zu führen und eine etwaige Einigung dann im rechtshängigen Verfahren unter Zutun des Gerichts titulieren zu lassen, was insbes. in Scheidungsverfahren hinsichtlich Folgesachen häufig vorkommt.

In der Lit. vertretene Meinung. In der Lit. wird vertreten, hier einen Fall des VV 3101 Nr. 2 RVG anzunehmen, sei zu weitgehend. Denn das Gesetz stelle auf ein Verhandeln vor Gericht ab.[84] Von Ausbildungsveranstaltungen weiß ich, dass sehr viele RA´e diese Meinung teilen und ihren Standpunkt mit großer Vehemenz verteidigen. Ich kenne kein zweites Thema, bei dem die RA´e mit einem solchen Nachdruck nicht von ihrem Standpunkt abrücken wollten. Wenn man dieser Ansicht folgen würde, müsste wie folgt gerechnet werden. Für die außergerichtlichen Gespräche fiele eine Geschäftsgebühr (wohl irgendwo im Bereich zwischen 1,3 und 2,5) an. Käme es dann zu einer gerichtlichen Protokollierung in der mündlichen Verhandlung entstünde noch eine 0,8 Verfahrensgebühr unter teilweiser Anrechnung der Geschäftsgebühr und eine 1,2 Terminsgebühr gem. VV 3104 RVG. 87

Hier vertretene Meinung. Diese Auslegung ist mit dem Gesetz unvereinbar. Hinsichtlich der grundsätzlichen Abgrenzung zwischen Gebühren nach VV Teil 2 und Teil 3 RVG → RVG VV Vorb. 3 Rn. 15 ff. Ausgehend hiervon ist mit dem BGH ganz eindeutig, dass von Anfang an ein dem VV Teil 3 unterliegender Verfahrensauftrag gegeben ist, wenn von Anfang an der Auftrag darauf gerichtet ist, dass außergerichtlich versucht werden soll, eine Einigung zu erzielen und im Erfolgsfall diese dann mit Hilfe des Gerichts titulieren zu lassen.[85] Es ist nicht eine nur (!) außergerichtliche Tätigkeit iSd BGH-Rspr. (→ RVG VV Vorb. 3 Rn. 15 ff.) gewünscht. Es soll das Gericht auch nicht nur bei Erfolglosigkeit der Einigungsbemühungen eingeschaltet werden. Nicht erforderlich ist, dass eine gerichtliche Entscheidung angestrebt wird. Das galt schon zur BRAGO. Aus der historischen Entwicklung des § 32 Abs. 2 BRAGO ergab sich ganz eindeutig, dass nur diese Auslegung dem Willen des Gesetzgebers Rechnung getragen hat.[86] Erst recht gilt dies für das RVG, wo – anders noch als in der BRAGO – in VV Vorb. 3 Abs. 1 RVG ausdrücklich aufgenommen ist, dass für einen Verfahrensauftrag der **Auftrag „für eine sonstige Tätigkeit in einem gerichtlichen Verfahren" genügt.** Es bedarf also keines umfassenden Prozessauftrags.[87] Es fehlt auch jeder Anhaltspunkt, dass insoweit das RVG den Verfahrensauftrag im Verhältnis zur BRAGO einengen wollte. Geht also der Auftrag von Anfang an dahin, dass zB eine Einigung über Scheidungsfolgesachen im Scheidungsverfahren gerichtlich protokolliert werden soll, so liegt ein Verfahrensauftrag vor (der RA soll eine Tätigkeit in einem gerichtlichen Verfahren vornehmen) und nicht ein Auftrag zu einer außergerichtlichen Vertretung.[88] 88

Es kann auch nicht argumentiert werden, dass VV 3101 Nr. 2 RVG ein **Verhandeln** vor Gericht verlange, ein außergerichtliches Verhandeln also nicht hierunter falle.[89] Offensichtlich wird hier von der Vorstellung ausgegangen, VV 3101 Nr. 2 RVG begründe erst einen Anspruch. Dem ist aber nicht so. VV 3101 Nr. 2 RVG hat ebenso wie dessen Nr. 1 und Nr. 3 lediglich eine einschränkende Funktion. Ohne ihn würden nämlich für jede der in Nr. 2 genannten Tätigkeiten 1,3 Verfahrensgebühren anfallen, da zB mit dem Protokollierungsantrag ein Sachantrag gestellt würde. 89

Dafür, dass es lediglich um eine Einschränkung geht, spricht auch VV 3201 Abs. 1 Nr. 2 RVG. Danach liegt im Fall von VV 3201 Abs. 1 Nr. 2 RVG, in dem Einigungsbemühungen zu nicht rechtshängigen Ansprüchen geregelt sind, der also dem VV 3101 Abs. 1 Nr. 2 RVG entspricht, eine „vorzeitige Beendigung" vor. 90

Weiter müsste, wenn VV 3101 RVG erst anspruchsbegründend wäre, der RA uU **ohne Vergütung** bleiben. 91

Beispiel:

Die Parteien haben ohne RA eine Einigung zu nicht rechtshängigen Ansprüchen ausgehandelt. Der in einem wegen einer anderen Sache rechtshängigen Verfahren beauftragte RA wird über den Inhalt des Vergleichs informiert mit dem Auftrag, die Einigung in dem rechtshängigen Verfahren zu Protokoll zu nehmen. Bevor er den Protokollie-

[84] Mayer/Kroiß/*Mayer* RVG VV 3101 Rn. 25; gegen Verfahrensauftrag auch OLG Frankfurt a. M. FamRZ 1992, 709; OLG Stuttgart NJW 1969, 103.

[85] **AA** Mayer/Kroiß/*Mayer* RVG VV 3101 Rn. 25.

[86] *Riedel* JVBl. 1958, 186 (190).

[87] Mayer/Kroiß/*Mayer* RVG VV 3101 Rn. 25.

[88] BGHZ 48, 334 (336); OLG Düsseldorf AnwBl 1985, 388; OLG München AnwBl 1982, 1115; **aA** OLG Frankfurt a. M. FamRZ 1992, 709; OLG Stuttgart NJW 1969, 103.

[89] So aber Mayer/Kroiß/*Mayer* RVG VV 3101 Rn. 25.

rungsantrag stellt, teilt ihm der Mandant mit, er wolle an der Einigung nicht festhalten, weshalb der RA auch keinen Protokollierungsantrag mehr stellt.

Der RA hatte unzweifelhaft nur einen Verfahrensauftrag. Er sollte ausschließlich gegenüber dem Gericht tätig werden. Er hat aber keine der in VV 3101 Nr. 2 RVG aufgeführten Handlungen vorgenommen. Nach der hier abgelehnten Meinung dürfte ihm dann keine Verfahrensgebühr zustehen.

92 **Akzeptabilität dieses Ergebnisses.** Dass die RAe sich, wie oben dargestellt (→ Rn. 87), so vehement dagegen wehren, dass bei dem in → Rn. 86 dargestellten Auftrag ein bloßer Verfahrensauftrag erteilt sein soll, beruht darauf, dass in den Fällen, in denen es zu keiner Einigung kommt, uU nur eine 0,8 Verfahrensgebühr anfällt, obgleich die Einigungsbemühungen häufig mit einem erheblichen Einsatz des RA verbunden sind. Dabei wird aber nicht ausreichend berücksichtigt, dass, wenn zur Erzielung einer Einigung Gespräche iSv VV Vorb. 3 Abs. 3 S. 2 Nr. 2 RVG geführt werden, eine 1,2 Terminsgebühr gem. VV 3104 RVG entsteht. Nur in den Fällen, in denen die Einigungsverhandlungen schriftlich geführt werden, kann es passieren, dass der RA sich mit einer nur 0,8 Verfahrensgebühr begnügen muss. Insoweit steht er aber dem RA gleich, der einen Klageauftrag hat, der aber trotz erheblicher Vorarbeiten die Klageschrift nicht mehr einreichen kann, zB weil die Parteien sich ohne ihn geeinigt haben oder sein Auftraggeber, aus welchen Gründen auch immer, den Prozess nicht mehr führen will.

4. Einigung

93 **a) Vergleich unnötig.** Obwohl § 278 Abs. 6 ZPO; § 101 Abs. 1 S. 2 SGG, § 106 S. 2 VwGO an einen Vergleich anknüpfen, stellt VV 3101 Nr. 2 RVG nur auf eine Einigung ab. Damit ist klar, dass die Verfahrensgebühr des VV 3101 RVG auch dann anfällt, wenn es in den dort genannten Fällen nicht um einen Vergleich, sondern nur um eine Einigung geht. Das galt im Übrigen auch schon, als im Wortlaut von VV 3101 Nr. 2 RVG im Zusammenhang mit § 278 Abs. 6 ZPO noch von einem Vergleich die Rede war.[90]

94 **b) Erweiterter Einigungsbegriff.** Der Begriff der Einigung im Rahmen von VV 3101 Nr. 2 RVG ist **nicht im Sinne von VV 1000 RVG,** sondern in einem noch weiteren Sinn zu verstehen. Schon zur BRAGO wurde im Rahmen von § 32 Abs. 2 BRAGO der Begriff der Einigung weiter gefasst, so dass zum Beispiel auch die Regelung eines nichtstreitigen Verhältnisses in einer Einigung als darunter fallend angesehen wurde.[91] Dasselbe gilt für das RVG.[92]

95 Dass der Begriff der Einigung nicht auf den des VV 1000 RVG begrenzt werden kann, ergibt sich schon daraus, dass auch bei einer Einigung zu einer unstreitigen Sache eine sonstige Tätigkeit in einem gerichtlichen Verfahren im Sinne von VV Vorb. 1 Abs. 1 RVG gegeben ist, weshalb unabhängig von Nr. 2 eine Verfahrensgebühr anfällt. Aus VV 3101 Nr. 2 RVG folgt nur, dass sie nicht 1,3, sondern nur 0,8 beträgt (→ Rn. 89 ff.). Selbstverständlich kann die Verfahrensgebühr bei einer Einigung zu einem nichtstreitigen Verhältnis nicht höher sein als bei einer zu einem streitigen.

96 Dass der Begriff der Einigung weiter ist, folgt auch aus der Neufassung des VV 3104 Abs. 1 Nr. 1 RVG, wo der Begriff der Einigung ausdrücklich auf eine Einigung im Sinne von VV 1000 RVG beschränkt wird. Wenn auf eine einschränkende Formulierung in VV 3101 Nr. 2 RVG verzichtet wird, so spricht das für eine weitere Fassung der Einigung in dieser Bestimmung.

Eine Einigung hinsichtlich eines nicht rechtshängigen Anspruchs ist demnach auch gegeben, wenn zu diesem kein Streit und auch keine Ungewissheit gegeben war sowie wenn die Einigung ein **Anerkenntnis** oder einen **Verzicht** beinhaltet.[93]

97 Allerdings muss in der Einigung **überhaupt etwas geregelt** werden. Eine reine Feststellung tatsächlicher unstreitiger Verhältnisse reicht nicht.[94] Das folgt bereits daraus, dass eine derartige Feststellung keinen eigenen Gegenstandswert hat (→ Anh. VI Rn. 616, RVG VV 1000 Rn. 219 ff.).

---

[90] Schneider/Wolf/*Onderka/Schneider* RVG VV 3101 Rn. 83; Hartung/Schons/Enders/*Schons* RVG VV 3101 Rn. 52; **aA.** Noch bis zur 24. Aufl. Gerold/Schmidt/*Müller-Rabe* RVG VV 3101 Rn. 87.

[91] Gerold/Schmidt/*von Eicken* 15. Aufl. BRAGO § 32 Rn. 22.

[92] Schneider/Wolf/*Onderka/Schneider* RVG VV 3101 Rn. 84; Hartung/Schons/Enders/*Schons* RVG VV 3101 Rn. 52.

[93] Schneider/Wolf/*Onderka/Schneider* RVG VV 3101 Rn. 85.

[94] Schneider/Wolf/*Onderka/Schneider* RVG VV 3101 Rn. 86; Hartung/Schons/Enders/*Schons* RVG VV 3101 Rn. 53; so schon zur BRAGO OLG Celle JurBüro 1986, 69; Gerold/Schmidt/*von Eicken* 15. Aufl. BRAGO § 32 Rn. 22.

5. Betroffene Ansprüche

a) Nicht rechtshängige Ansprüche. Die angestrebte Einigung muss sich auf **in diesem Verfahren nicht rechtshängige Ansprüche** beziehen. Hinsichtlich der rechtshängigen Ansprüche verdient der RA eine Verfahrensgebühr gem. VV 3100 RVG und nicht auch noch die des VV 3101 Nr. 2 RVG.[95] 98

b) Anderweitig rechtshängige Ansprüche. Zum alten Recht war streitig, ob die Prozessdifferenzgebühr auch entsteht, wenn ein anderweitig rechtshängiger Anspruch betroffen war und der RA dort bereits eine Prozessgebühr verdient hatte. Soweit diese Frage bejaht wurde, wurde dem RA auch dann eine $^{5}/_{10}$ Prozessgebühr nach dem überschießenden Wert der Hauptsache ohne Anrechnung zuerkannt, wenn er in jenem Verfahren bereits eine $^{10}/_{10}$ oder $^{5}/_{10}$ Prozessgebühr verdient hatte.[96] Diese Frage ist jetzt durch VV 3101 Anm. Abs. 1 RVG dahingehend geklärt, dass die 0,8 Verfahrensgebühr erneut anfällt, aber auf die in dem anderen Verfahren angefallene Verfahrensgebühr angerechnet wird (zur Anrechnung → Rn. 115 ff.).[97] Das gilt auch dann, wenn in einem Hauptsachetermin eine Einigung hinsichtlich einer anderweitig rechtshängigen Sache des vorläufigen Rechtsschutzes, zB einer einstweiligen Verfügung, und umgekehrt, getroffen wird[98] oder wenn nach einem Teilurteil beim Erst- oder Rechtsmittelgericht die in erster und zweiter Instanz rechtshängigen Ansprüche zusammen verglichen werden. 99

Andere Betriebsgebühr. Das gilt auch, wenn der RA in einem anderen Verfahren eine andere Betriebsgebühr als die Verfahrensgebühr der VV 3100 f. RVG erworben hat, zB als Verkehrsanwalt eine Gebühr gem. VV 3400 RVG oder als Terminsvertreter gem. VV 3401 RVG. Er erhält daneben die Gebühr gem. VV 3101 Nr. 2 RVG, muss sich diese aber gem. VV 3101 Anm. Abs. 1 RVG anrechnen lassen. Dass der Verfahrensgebühr der VV 3100 ff. RVG verwandte Gebühren in gleicher Weise wie die Verfahrensgebühr anzurechnen sind (→ RVG VV 3400 Rn. 87 ff.; → RVG VV 3401 Rn. 72), gilt auch für VV 3101 Anm. Abs. 1 RVG. 100

6. Mit Dritten

Es genügt, dass die Einigung mit einem Dritten herbeigeführt werden soll. Der Dritte muss außer im Rahmen der Einigung nicht Beteiligter des Rechtsstreits sein, insbes. nicht Streithelfer. Dritter kann sein zB Muttergesellschaft, Geschäftsführer, Verwandter, Freund, Bürge.[99] Auch ein Vertrag zugunsten Dritter fällt unter VV 3101 Nr. 2 RVG.[100] 101

7. Tätigkeiten des Anwalts

a) In Nr. 2 genannte Tätigkeiten. In VV 3101 Nr. 2 RVG sind als Tätigkeiten genannt 102

- **Einigungsverhandlungen vor Gericht** (Alt. 1),[101] wobei unter Verhandeln Besprechungen mit Einigungsabsicht gemeint sind.[102] Verhandeln setzt auch voraus, dass die Gegenseite zu einem Gespräch bereit ist. Ein Verhandeln ist also nicht gegeben, wenn der Gegner von vornherein den Vorschlag einer Einbeziehung ablehnt.
- **Antrag, eine Einigung zu Protokoll zu nehmen** (Alt. 2),
- **Feststellungsantrag** gem. § 278 Abs. 6 ZPO (Alt. 3). Da die Feststellung einer Einigung gem. § 278 Abs. 6 ZPO keinen Antrag voraussetzt, ist diese Alt. von VV 3101 Nr. 2 RVG dahingehend zu verstehen, dass es genügt, dass der RA dem gerichtlichen Vergleichsvorschlag zugestimmt oder aber, was in § 278 Abs. 6 ZPO inzwischen auch vorgesehen ist, einen gemeinsamen Vergleich dem Gericht zur Feststellung unterbreitet,

Annahmeerklärung gem. § 101 Abs. 1 S. 2 SGG, § 106 S. 2 VwGO zu Protokoll in der mündlichen Verhandlung oder schriftlich gegenüber dem Gericht (Alt. 4),

b) Andere für 0,8 Verfahrensgebühr ausreichende Tätigkeiten. VV 3101 Nr. 2 RVG darf nicht dahingehend verstanden werden, dass sie hinsichtlich Tätigkeiten des RA in Richtung einer Einigung über nicht rechtshängige Ansprüche eine abschließende Regelung enthielte. Andere in diesem Zusammenhang durchgeführte Tätigkeiten können ebenfalls eine Verfahrensgebühr auslösen. Das gilt zB für alle Fälle, in denen der RA eine außergerichtliche 103

---

[95] Zum Beginn und Ende der Rechtshängigkeit Zöller/*Greger* ZPO § 261 Rn. 2 ff., 7 ff.

[96] Vgl. Übersicht zur BRAGO Gerold/Schmidt/*von Eicken,* BRAGO 15. Aufl. 2002, BRAGO § 32 Rn. 8; OLG Zweibrücken MDR 2003, 957.

[97] HBS VergütungsR/*Hansens* Teil 8 Rn. 173.

[98] OLG Köln JurBüro 1989, 497.

[99] HBS VergütungsR/*Hansens* Teil 8 Rn. 173.

[100] Schneider/Wolf/*Onderka/Schneider* RVG VV 3101 Rn. 88.

[101] LAG Hamburg AGS 2011, 371.

[102] *H. J. Mayer* RVG-Letter 2004, 54.

Einigung über nicht rechtshängige Ansprüche mit gerichtlichem Zutun zu Stande bringen soll, der RA in dieser Richtung tätig geworden ist, es aber zu einer Tätigkeit gegenüber dem Gericht nicht kommt.

104 **Beispiele:**

Der RA, der in einem rechtshängigen Verfahren tätig ist, erhält den Auftrag, hinsichtlich nicht rechtshängiger Ansprüche eine Einigung zu erreichen, die dann in einem wegen einer anderen Sache rechtshängigen Verfahren protokolliert werden soll

– Er nimmt bereits die Informationen hierfür entgegen. Bevor es zum Gerichtstermin kommt, einigen sich die Parteien ohne Hilfe des Anwalts.
– Er führt außergerichtliche Einigungsgespräche, die scheitern.
– Der RA schlägt eine von ihm ausgearbeitete Gesamteinigung in der mündlichen Verhandlung vor Gericht vor. Der generische RA lehnt eine Verhandlung hierüber ab, da er insoweit kein Mandat habe.

105 In allen diesen von VV 3101 Nr. 2 RVG nicht gedeckten Fällen entsteht gem. VV 3101 RVG eine 0,8 Verfahrensgebühr, wobei es letztlich nicht darauf ankommt, ob man einen Fall von VV 3101 Nr. 1 RVG[103] oder gem. VV 3101 Nr. 2 RVG[104] annimmt. Es liegt ein Verfahrensauftrag und kein außergerichtlicher Auftrag vor (→ RVG VV Vorb. 3 Rn. 15, 24; RVG VV 3101 Rn. 86 ff.). Der RA ist bereits tätig geworden, ohne dass bereits die in Nr. 1 vorgesehenen Voraussetzungen für eine 1,3 Verfahrensgebühr gegeben wären.

106 Die Folge hiervon ist, dass für das Ergebnis letztlich nicht geprüft werden muss, ob die einzelnen in VV 3101 Nr. 2 RVG aufgeführten Kriterien erfüllt sind. Es reicht die Feststellung, dass der RA den Auftrag hatte, unter Mitwirkung des Gerichts eine Einigung zu nicht rechtshängigen Ansprüchen zu erzielen und dass der RA in dieser Richtung auch tätig geworden ist. Dann verdient er eine 0,8 Verfahrensgebühr, sei es gem. VV 3101 Nr. 1 RVG, sei es gem. VV 3101 Nr. 2 RVG.

106a **c) Zustandekommen einer Einigung unnötig.** Dass eine Einigung tatsächlich erzielt wird oder protokolliert wird, ist nicht erforderlich. Die 0,8 Verfahrensgebühr entsteht also auch, wenn nach Verhandlungen oder nach Beantragung der Protokollierung oder nach einer Genehmigungserklärung iSv § 101 Abs. 1 S. 2 SGG, § 106 S. 2 VwGO die geplante Einigung scheitert, weil sich die Parteien letztlich nicht einigen können oder weil eine Scheidungsfolgeneinigung nicht wirksam wird, da es zu keiner Scheidung kommt,[105] oder weil die für eine Einigung erforderliche Genehmigung nicht erteilt wird.[106] VV 3101 Nr. 2 RVG stellt auf bestimmte auf eine Einigung abzielende Tätigkeiten ab, nicht aber darauf, dass dieses Ziel auch erreicht wird.

8. Höhe der Gebühr

107 **a) Grundsätze.** Der RA verdient eine 0,8 Verfahrensgebühr.

108 **Keine 1,3 Verfahrensgebühr bei Einigung.** Das gilt nach ganz hM auch dann, wenn es zu einer Einigung kommt.[107] Eine Gegenmeinung nahm an, beim Zustandekommen einer Einigung falle eine 1,3 Verfahrensgebühr an, weil VV 3101 Nr. 2 RVG nicht gegeben sei, da dort nur der Fall geregelt sei, dass lediglich Verhandlungen geführt worden seien.[108] Das war schon immer falsch.[109] Um klarzumachen, dass diese Meinung nicht zutreffend ist, wurde VV 3101 Nr. 2 RVG durch das 2. KostRMoG so umformuliert, dass nunmehr noch deutlicher ist, dass auch bei einer Einigung nur eine 0,8 Verfahrensgebühr anfällt.[110]

109 **b) Einbeziehung in höherer Instanz anhängiger Ansprüche.** An der Höhe der Gebühr ändert sich nichts dadurch, dass in höherer Instanz anhängige Ansprüche beim Erstgericht in die Einigungsbemühungen mit einbezogen werden.[111] Soweit dies zum alten Recht problematisch war,[112] hat sich dies durch die Neufassung des VV 3101 Nr. 2 RVG geklärt. VV 3101

[103] Der BGH BGHZ 48, 338 hat zur BRAGO § 32 Abs. 1, der VV 3101 Nr. 1 RVG entsprach, angenommen.
[104] Madert/Müller-Rabe Fam-HdB/*Madert* Kap. J Rn. 20 hat § 32 Abs. 2 BRAGO, der VV 3101 Nr. 2 RVG entsprach, angenommen.
[105] OLG Düsseldorf JurBüro 1981, 70; OLG Hamm AnwBl 1980, 363 = JurBüro 1980, 1518 = Rpfleger 1980, 445.
[106] KG NJW 1974, 323 = JurBüro 1973, 1169 = Rpfleger 1973, 442.
[107] Bischof/*Bischof* RVG VV 3101 Rn. 41; Riedel/Sußbauer/*Keller*, 9. Aufl. 2005, RVG VV Teil 3 Abschn. 1 Rn. 37 S. 547; *Enders* JurBüro 2007, 113 (116), alle außer *Enders* ohne hier überhaupt ein Problem zu sehen.
[108] *N. Schneider* AGS 2007, 277; *Mock* AGS 2007, 329.
[109] Ausf. Gerold/Schmidt/*Müller-Rabe*, 20. Aufl. 2012, RVG VV 3101 Rn. 91.
[110] BT-Drs. 17/11471, 275.
[111] Riedel/Sußbauer/*Keller*, 9. Aufl. 2005, RVG VV Teil 3 Abschn. 1 Rn. 36 S. 547.
[112] Gerold/Schmidt/*von Eicken*, 15. Aufl. 2002, BRAGO § 32 Rn. 53.

Nr. 2 RVG gilt für alle Ansprüche, die in dem Verfahren, in dem sie einbezogen werden sollen, nicht anhängig sind, egal ob sie nirgendwo oder in einem anderen Verfahren in erster oder höherer Instanz anhängig sind. Die Höhe richtet sich nur danach, wo die Gespräche geführt werden, und nicht danach, wo die mit zu regelnden Ansprüche uU anhängig sind.

c) Teilweise nur 0,8 Verfahrensgebühren. Werden Einigungsgespräche vor Gericht teilweise zu rechtshängigen, teilweise zu anderen Ansprüchen geführt, so entsteht teilweise eine 1,3 Verfahrensgebühr, teilweise eine 0,8 Verfahrensgebühr. Die Obergrenze des § 15 Abs. 3 RVG ist zu beachten.[113] **110**

Beispiele:

a) Rechtshängig sind 10.000,– EUR. In die Einigung wird ein Anspruch über 5.000,– EUR mit einbezogen

b) Rechtshängig sind 5.000,– EUR. Der Beklagte erklärt die Hilfsaufrechnung mit einer Forderung über 10.000,– EUR. Die Parteien einigen sich über beide Ansprüche.

In beiden Fällen entstehen folgende Gebühren (wegen Gegenstandswert in Beispiel b → Anh. VI Rn. 277 ff.)

1,3 Verfahrensgebühr gem. VV 3100 RVG aus 10.000,– EUR	798,20 EUR	
0,8 Verfahrensgebühr gem. VV 3101 Nr. 2 RVG aus 5.000,– EUR	267,20 EUR	
Summe	1.065,40 EUR	
Obergrenze gem. § 15 Abs. 3 RVG		
1,3 Verfahrensgebühr gem. VV 3100 RVG aus 15.000,– EUR		933,40 EUR
1,2 Terminsgebühr gem. VV 3104 RVG aus 15.000,– EUR		861,60 EUR
1,0 Einigungsgebühr gem. VV 1003 RVG aus 10.000,– EUR	614,00 EUR	
1,5 Einigungsgebühr gem. VV 1000 RVG aus 5.000,– EUR	501,00 EUR	
Summe	1.115,00 EUR	
jedoch höchstens		
1,5 Einigungsgebühr gem. VV 1000 RVG aus 15.000,– EUR		1.077,00 EUR
Insgesamt		2.872,00 EUR

d) Nicht rechtshängige Ansprüche werden zu anhängigen. Werden Ansprüche, die nicht rechtshängig waren, nach vergeblichen Einigungsbemühungen rechtshängig gemacht und dann zB Sachanträge gestellt, so wird aus der bisherigen 0,8 Verfahrensgebühr gem. VV 3101 Nr. 2 RVG eine 1,3 Verfahrensgebühr gem. VV 3100 RVG. **111**

9. Weitere Gebühren

a) Terminsgebühr. Der RA verdient auch hinsichtlich der nicht rechtshängigen Ansprüche eine 1,2 Terminsgebühr, soweit in einem Gerichtstermin über die Einigung zu nicht rechtshängigen Ansprüchen, für die der RA aber einen Verfahrenauftrag hat, verhandelt wurde (→ RVG VV 3104 Rn. 88 ff.). Keine Terminsgebühr fällt an, wenn lediglich die Protokollierung einer Einigung über nicht rechtshängige Ansprüche beantragt wurde (VV 3104 Anm. Abs. 3 RVG; → RVG VV 3104 Rn. 133 ff.). **112**

b) Einigungsgebühr. Kommt es zu einer Einigung iSv VV 1000, erwächst neben der 0,8 Verfahrensgebühr zusätzlich eine Einigungsgebühr gem. VV 1000 RVG bzw. VV 1003 RVG, je nachdem ob der einbezogene Anspruch anderweitig anhängig ist oder nicht (Beispiel → Rn. 114). **113**

10. Angelegenheit und Anrechnung

a) Einbeziehung nicht oder anderweitig rechtshängiger Ansprüche. Soweit es um die Tätigkeit des Anwalts in dem Verfahren geht, in dem die Einbeziehung in eine Einigung versucht wird (Verfahren A), wird er in **einer** Angelegenheit tätig, die die rechtshängigen wie die nicht bzw. anderweitig rechtshängigen Gegenstände mit einschließt. Durch diese Tätigkeit verdient er Gebühren nur einmal. **114**

Beispiel:

Im Verfahren A über 10.000,– EUR wird eine Einigung ausgehandelt und protokolliert, die einen Anspruch über 5.000,– EUR, der Gegenstand eines anderen Rechtsstreits B ist, mit einbezieht.

Durch die Tätigkeit im Verfahren A verdient der RA, da insoweit nur eine Angelegenheit vorliegt:

1,3 Verfahrensgebühr gem. VV 3100 RVG aus 10.000,– EUR	798,20 EUR	
0,8 Verfahrensgebühr gem. VV 3101 RVG aus 5.000,– EUR	267,20 EUR	
Summe	1.065,40 EUR	
Höchstens jedoch		
1,3 Verfahrensgebühr gem. VV 3100 RVG aus 15.000,– EUR		933,40 EUR
1,2 Terminsgebühr gem. VV 3104 RVG aus 15.000,– EUR		861,60 EUR
1,0 Einigungsgebühr gem. VV 1003 RVG aus 15.000,– EUR		718,00 EUR

[113] OLG Celle AnwBl 1962, 261; OLG Düsseldorf AnwBl 1964, 20; OLG Hamburg NJW 1963, 664; KG NJW 1961, 1481; OLG Karlsruhe Rpfleger 1964, 1.

115 **b) Anrechnung.** Soweit derselbe[114] RA aber hinsichtlich anderweitig rechtshängiger Ansprüche im einbezogenen Verfahren (Verfahren B) auch Gebühren verdient hat, zB weil er im Verfahren B Anträge gestellt oder in einer mündlichen Verhandlung vertreten hat, handelt es sich um eine **zweite Angelegenheit,** sodass dem RA diese Gebühren zusätzlich zustehen. Dabei ist aber zu beachten, dass der RA durch die Tätigkeit im Einbeziehungsverfahren (Verfahren A) keine Gebühren im einbezogenen Verfahren (Verfahren B) verdient. Die Tatsache, dass im Verfahren A über Einsprüche des Verfahrens B verhandelt wurde, führt weder zu einer Verfahrens- noch zu einer Termins- noch zu einer Einigungsgebühr im Verfahren B.[115]

116 Gem. VV 3101 Anm. Abs. 1, VV 3104 Anm. Abs. 2 RVG ist, soweit sich durch die Einbeziehung im Einbeziehungsverfahren (Verfahren A) die Verfahrensgebühr erhöht hat, der Mehrbetrag auf die Verfahrensgebühr im einbezogenen Verfahren (Verfahren B) anzurechnen. Die Anrechnung erfolgt dabei nur auf eine Verfahrensgebühr, die wegen desselben Gegenstands in einer anderen Angelegenheit entsteht. Da nur auf eine Verfahrensgebühr anzurechnen ist, scheidet eine Anrechnung auf eine Beratungs- oder Geschäftsgebühr aus. § 15a RVG gilt auch die diese Anrechnung.

117 **Berechnung der Anrechnung.** Zunächst ist im Verfahren mit der Einigungsbemühung (Verfahren A) die Verfahrensgebühr ohne den einbezogenen Anspruch zu errechnen. Sodann ist die Verfahrensgebühr einschließlich des einbezogenen Anspruchs unter Beachtung von § 15 Abs. 3 RVG zu ermitteln. Die Differenz aus beiden wird auf die in dem anderen Verfahren (Verfahren B) verdiente Verfahrensgebühr angerechnet. Dasselbe gilt gem. VV 3104 Anm. Abs. 2 RVG für die Terminsgebühr.

Beispiel:
Im Verfahren A über 10.000,– EUR wird eine Einigung ausgehandelt und protokolliert, die einen Anspruch über 5.000,– EUR, der Gegenstand eines anderen Rechtsstreits B ist, mit einbezieht. Im Verfahren B sind auch eine 1,3 Verfahrensgebühr und eine 1,2 Terminsgebühr angefallen.

Verfahrensgebühr im Verfahren A		
Verfahrensgebühr ohne mitgeregelte Ansprüche		
1,3 Verfahrensgebühr gem. VV 3100 RVG aus 10.000,– EUR		798,20 EUR
Verfahren A mit mitgeregelten Gegenständen		
1,3 Verfahrensgebühr gem. VV 3100 RVG aus 10.000,– EUR	798,20 EUR	
+ 0,8 Verfahrensgebühr gem. VV 3101 RVG aus 5.000,– EUR	267,20 EUR	
Summe	1.065,40 EUR	
Obergrenze § 15 Abs. 3 RVG		
1,3 Verfahrensgebühr gem. VV 3100 RVG aus 15.000,– EUR		933,40 EUR
Der RA erhält im **Verfahren B**		
1,3 Verfahrensgebühr gem. VV 3100 RVG aus 5.000,– EUR		434,20 EUR
– Differenz von (933,40 EUR – 798,20 EUR)		– 135,20 EUR
Verbleibende Verfahrensgebühr		299,00 EUR
Terminsgebühr		
Verfahren A ohne mitgeregelte Gegenstände		
1,2 Terminsgebühr gem. VV 3104 RVG aus 10.000,– EUR		736,80 EUR
Verfahren A mit mitgeregelten Gegenständen		
1,2 Terminsgebühr gem. VV 3104 RVG aus 15.000,– EUR		861,60 EUR
Terminsgebühr aus **Verfahren B**		
1,2 Terminsgebühr gem. VV 3104 RVG aus 5.000,– EUR		400,80 EUR
– Differenz von 124,80 EUR (861,60 EUR – 736,80 EUR)		– 124,80 EUR
Der RA erhält im Verfahren B für die Terminsgebühr noch		276,00 EUR

118 Unzutreffend ist die Meinung,[116] eine Anrechnung scheide aus, wenn bei dem in beiden Verfahren tätigen RA die Verfahrensgebühr im Verfahren B bereits früher entstanden sei.[117] Der Begriff „entsteht" in VV 3101 Anm. Abs. 1 RVG legt schon begrifflich nicht nahe, dass die Gebühr, auf die angerechnet wird, später anfallen muss. Vom Sinn dieses Absatzes her, dass der RA die Gebühr nicht doppelt verdienen soll, ist es völlig unerheblich, welche Verfahrensgebühr früher entstanden ist.

119 **Einbeziehung nur eines Teils von anderweitig rechtshängigen Ansprüchen.** Wird nur hinsichtlich eines Teils anderweitig rechtshängiger Ansprüche eine Einbeziehung versucht,

[114] *Mock* AGS 2004, 45 (47) re. Sp. aE.
[115] OLG Stuttgart NJW-RR 2005, 940 = JurBüro 2005, 303.
[116] *Mock* AGS 2004, 45 (47) re. Sp. Abs 2.
[117] Wie hier HBS VergütungsR/*Hansens* Teil 8 Rn. 177; Riedel/Sußbauer/*Ahlmann* RVG VV 3104 Rn. 19; *H. J. Mayer* RVG-Letter 2004, 54 (55).

so entsteht die 0,8 Verfahrensgebühr im Einbeziehungsverfahren (Verfahren A) nur hinsichtlich des einbezogenen Teils.[118] Der sich hierdurch ergebende Mehrbetrag der Verfahrensgebühr im Einbeziehungsverfahren A ist in vollem Umfang auf die einheitliche Verfahrensgebühr in dem anderen Verfahren B anzurechnen.

Notwendigkeit der komplizierten Berechnung. Bei dieser komplizierten Berechnung stellt sich die Frage, ob es nicht besser ist, wenn der RA einfach so rechnet, dass er, wenn in dem andern Verfahren bereits eine Verfahrensgebühr entstanden ist, durch die Einbeziehung per Saldo nicht mehr verdient. Für seine internen Berechnungen kann er so vorgehen, bei der Kostenfestsetzung aber nicht. Zum einen müssen die Kostenfestsetzungsanträge in den beiden Verfahren ganz unterschiedlich gestellt werden. Zum andern ergeben sich abweichende Erstattungsansprüche, wenn die Kostenquotelung in den beiden Verfahren unterschiedlich ist. Ebenso kann es im Verhältnis zur Rechtsschutzversicherung von Bedeutung sein, in welchem Verfahren der RA welche Gebühren verdient hat. 120

c) Andere Betriebsgebühren. Terminsgebühr. Eine Anrechnung hat auch zu erfolgen, wenn der RA in dem anderen Verfahren eine andere Betriebsgebühr als eine Verfahrensgebühr gem. VV 3100 ff. RVG verdient hat, zB eine Verkehrsgebühr gem. VV 3400 RVG (→ RVG VV 3400 Rn. 87 ff.) oder eine Verfahrensgebühr als Terminsvertreter (→ RVG VV 3401 Rn. 72). Entsprechendes gilt für die Terminsgebühr (§ 3104 Anm. Abs. 2 RVG; → RVG VV 3104 Rn. 104 ff.). 121

d) Nachweis der Tätigkeit. Problematisch kann der Nachweis sein, dass der RA in eine Verfahrens- bzw. Terminsgebühr auslösender Weise tätig war, zB in der mündlichen Verhandlung wird erfolglos über die Einbeziehung anderweitig rechtshängiger Ansprüche verhandelt. Um Probleme bei der Abrechnung gegenüber dem eigenen Mandanten, aber auch bei der Kostenfestsetzung gegenüber dem Gegner zu vermeiden, sollte der RA darauf achten, dass die Umstände, aus denen sich die Entstehung einer 0,8 Verfahrens- bzw. 1,2 Terminsgebühr ergibt, im gerichtlichen Protokoll detailliert festgehalten werden.[119] 122

11. Mehrere Termine gleichzeitig

VV 3101 Nr. 2 RVG ist nur anwendbar, wenn in einem (!) Termin in diesem Verfahren nicht rechtshängige Ansprüche in Einigungsversuche einbezogen werden. Werden aber mehrere Verfahren gleichzeitig verhandelt, so bleiben es zwei Angelegenheiten (→ RVG VV 3104 Rn. 121 ff.), sodass durch die Wahrnehmung eines Termins iSv VV 3101 Nr. 1 RVG in beiden Verfahren jeweils eine 1,3 Verfahrensgebühr entsteht. 123

12. Gespräch ohne Gericht

a) Zu mehreren Gerichtsverfahren. Entstehung der Verfahrensgebühr. Werden außergerichtlich Einigungsgespräche zu in mehreren Verfahren rechtshängigen Ansprüchen geführt, so werden sie nicht von Nr. 2 erfasst, weil diese Bestimmung „Verhandlungen vor Gericht" voraussetzt. In diesem Fall entsteht aber eine 0,8 Verfahrensgebühr gem. VV 3101 Nr. 1 RVG, da hierfür jede Tätigkeit im Interesse des Mandanten in Ausführung eines Verfahrensauftrags ausreicht.[120] Aus diesem Grund entsteht diese Verfahrensgebühr sogar, wenn das Gespräch nicht auf eine Einigung gerichtet ist, sondern zB nur die Bitte betrifft, einer Verlegung der bevorstehenden Termine zuzustimmen. 124

Angelegenheit. Es finden Gespräche in verschiedenen Angelegenheiten statt (→ RVG VV 3104 Rn. 131 ff.), so dass die Verfahrensgebühr mehrfach anfällt, und zwar jeweils mit einem Satz von 0,8. 125

b) Auch zu nirgendwo rechtshängigen Ansprüchen. Bezieht sich das außergerichtliche Gespräch auch auf einen noch nicht rechtshängigen Anspruch, für den aber bereits eine Verfahrensauftrag besteht, so entstehen sowohl bzgl. dieses Anspruchs als auch hinsichtlich eines weiteren rechtshängigen Anspruchs jeweils eine 0,8 Verfahrensgebühr und nicht nur eine Verfahrensgebühr. Es bleiben zwei selbständige Angelegenheiten (→ RVG VV 3104 Rn. 131 ff.). 126

13. PKH-Anwalt

→ RVG VV 3335 Rn. 56 ff. 127

---

[118] Schneider/Wolf/*Schneider/Onderka* RVG VV 3101 Rn. 114.
[119] Schneider/Wolf/*Schneider/Onderka,* 3. Aufl. 2006, RVG VV 3101 Rn. 105 ff.
[120] HBS VergütungsR/*Hansens* Teil 8 Rn. 176.

V. FG-Verfahren (Nr. 3)

1. Nr. 3 Alt. 1

128 Neu aufgenommen in Nr. 3 Alt. 1 wurde, dass bei nicht streitigen Verfahren vor dem Familiengericht, die sich auf die Erteilung einer Genehmigung oder Zustimmung des Familiengerichts beschränken, lediglich eine 0,8 Verfahrensgebühr anfällt.

2. Nr. 3 Alt. 2

129 **a) Allgemeines.** Nr. 3 Alt. 2 soll verhindern, dass der RA in nicht streitigen FG-Verfahren, in denen sich seine Tätigkeit darauf beschränkt, bei Gericht einen Antrag zu stellen und die Entscheidung entgegenzunehmen, eine 1,3 Verfahrensgebühr verdient (Motive → Rn. 1, letzter Absatz). Nr. 3 wurde erforderlich, weil Tätigkeiten des Anwalts in FG-Verfahren nach neuem Recht der gleichen Vergütungsregelung unterliegen wie zB in ZPO-Verfahren, anders also als nach altem Recht, bei dem § 118 BRAGO anzuwenden war, nicht je nach Umfang und Schwierigkeit der Tätigkeit die Gebührenhöhe angepasst werden kann. Gerade in FG-Verfahren kommt es aber häufig vor, dass sich die Tätigkeit des RA ausschließlich auf eine Antragstellung beschränkt, wobei hierfür in vielen Fällen wenig geistiger Aufwand erforderlich ist, zB es wird unter Bezugnahme auf ein dem Nachlassgericht bereits vorliegendes Testaments ein Erbschein beantragt (zu Erbschein auch → Rn. 132). Hier wäre ohne Nr. 3 eine 1,3 Verfahrensgebühr zuzuerkennen. Nr. 3 gilt gem. VV 3101 Anm. Abs. 2 RVG nicht bei streitigen Verfahren der freiwilligen Gerichtsbarkeit.

130 **b) Anwendungsbereich.** Die Bestimmung gilt nur für FG-Verfahren, nicht aber für streitige FG-Verfahren (VV 3101 Anm. Abs. 2 RVG). Sie gilt insbes. nicht für
- Familiensachen wie elterliche Sorge,[121] Umgangsrecht, Hausrat, Ehewohnung, Versorgungsausgleich,
- Verfahren nach dem Gesetz über das gerichtliche Verfahren in Landwirtschaftssachen. Mit der Aufzählung dieser Verfahren bringt das Gesetz zum Ausdruck, was es, obgleich sich keine entgegengesetzten Sachanträge gegenüberstehen, als „streitiges FG-Verfahren" iSv VV 3101 Anm. Abs. 2 RVG ansieht.

131 **c) Auftrag.** Es muss ein Verfahrensauftrag für ein FG-Verfahren vorliegen, wobei der RA nur einen Antrag stellen oder eine Entscheidung entgegennehmen soll. Nr. 3 scheidet aus, wenn ein Auftrag für eine außergerichtliche Tätigkeit besteht. Dann gelten VV 2300 ff. RVG.

132 **d) Lediglich ein Antrag.** Die meisten Anträge in FG-Verfahren werden zumindest kurz begründet, zB Antrag auf Genehmigung eines Kaufvertrags oder Erstellung eines **Erbscheins.** Da Nr. 3 nicht ins Leere gehen soll, musste auch schon nach altem Recht (→ Rn. 135) Nr. 3 auch dann eingreifen, wenn die Anträge begründet sind, wobei es dann unerheblich ist, ob die Begründung kurz oder lang ist.[122] Dass dieses Verständnis sich mit dem Gesetz und den Absichten des Gesetzgebers deckt, zeigt die Änderung von VV 3201 RVG durch das 2. KostRMoG. Dort ist ausdrücklich geregelt, dass im Berufungsverfahren nur eine reduzierte Verfahrensgebühr anfällt, wenn sich die Tätigkeit in bestimmten Familiensachen oder in Angelegenheiten der freiwilligen Gerichtsbarkeit auf die Einlegung und Begründung (!) des Rechtsmittels beschränkt. Das Gesetz wollte damit eine VV 3101 Nr. 3 RVG entsprechende Bestimmung für das Rechtsmittelverfahren schaffen (→ RVG VV 3201 Rn. 2),[123] weshalb Rückschlüsse aus VV 3101 Nr. 3 RVG möglich sind.

133 **Weitergehende Tätigkeiten.** Begnügt sich das Gericht nicht mit den Angaben in der Antragsschrift und fordert es den Antragsteller zu weiteren Ausführungen auf und nimmt der RA entsprechend Stellung, so beschränkt sich schon begrifflich seine Tätigkeit nicht auf die Antragstellung iSv Nr. 3. Auch von der Sache her ist eine volle Gebühr angemessen. Der Schriftverkehr mit dem Gericht kann sehr umfangreich sein. Weiter fällt eine 1,3 Verfahrensgebühr an, wenn der RA
- an einer mündlichen Verhandlung oder einer Anhörung eines Beteiligten teilnimmt,[124]
- oder außergerichtliche Vermeidungs- bzw. Erledigungsgespräche iSv VV Vorb 3 Abs. 3 Alt. 3 RVG führt,[125]

---

[121] OLG Nürnberg FamRZ 2005, 741 = RPfleger 2005, 280 = RVGreport 2005, 105.
[122] **AA** *Bartsch* ZErb 2012, 123; Schneider/Wolf/*Schneider/Onderka* RVG VV 3101 Rn. 133 ff.
[123] BT-Drs. 17/11471, 277.
[124] OLG Nürnberg FamRZ 2005, 741.
[125] *Schneider/Thiel* Neues Gebührenrecht, 1. Aufl. 2013, § 3 Rn. 891.

– oder Stellung nimmt zu einem gegnerischen Schriftsatz bzw. einem Sachverständigengutachten.[126]

– oder sich zu einem Zwischenverfahren oder zu einer Zwischenentscheidung, wie zB zur Richterablehnung äußert.[127]

Diese gesetzliche Regelung kann dazu führen, dass der RA, der die Antragsschrift schlampig begründet, mehr verdient als der sorgfältige RA. Dies muss, so wie die Bestimmung gefasst ist, hingenommen werden. Soweit der RA allerdings schuldhaft nicht von vornherein ausreichend vorgetragen hat, erfolgt ein Ausgleich dadurch, dass sich der RA schadensersatzpflichtig macht und deshalb gem. § 242 BGB die höhere Gebühr nicht geltend machen darf (→ § 1 Rn. 166 ff.). **134**

Altfälle. Das Vorstehende gilt auch für Altfälle. Denn schon nach altem Recht war das Gesetz in diesem Sinn auszulegen.[128] **135**

e) Entgegennahme einer Entscheidung. Nimmt der RA in einer FG-Sache lediglich eine Entscheidung entgegen, verdient er nur eine 0,8 Verfahrensgebühr. Das gilt auch für ein streitiges FG-Verfahren, da der RA keine der in VV 3101 Nr. 1 RVG aufgeführten Tätigkeiten vornimmt. **136**

f) Entstehung der Gebühr. Hat der RA als Auftrag zB den Antrag für einen Erbschein zu stellen, so verdient er die Gebühr der Nr. 3 bereits mit jeder auf Durchführung dieses Auftrags gerichteten Tätigkeit, also zB bereits mit der Entgegennahme der Information. **137**

g) Höhe der Gebühr. Bleibt es bei der Antragstellung und der Entgegennahme der Entscheidung, so verdient der RA nur eine 0,8 Verfahrensgebühr. Macht der RA mehr, so entsteht eine 1,3 Verfahrensgebühr (→ Rn. 133). **138**

VI. Gegenstandswert

Bei Klagerücknahme → Anh. VI Rn. 316 ff. **139**

VII. Kostenerstattung

→ Anh. X Rn. 1 ff.; wegen Verfahrensdifferenzgebühr → Anh. X Rn. 52 ff.; wegen Klagerücknahme → Anh. X Rn. 117 ff. **140**

VIII. Anm. Abs. 1

→ Rn. 114 ff. **141**

IX. Anm. Abs. 2

→ Rn. 129 ff. **142**

Nr.	Gebührentatbestand	Gebühr oder Satz der Gebühr nach § 13 RVG
3102	Verfahrensgebühr für Verfahren vor den Sozialgerichten, in denen Betragsrahmengebühren entstehen (§ 3 RVG)	60,00 bis 660,00 €

Vgl. die Kommentierung zu → § 3 Rn. 6 ff. **1**

Nr.	Gebührentatbestand	Gebühr oder Satz der Gebühr nach § 13 RVG
3103	*(aufgehoben)*	
3104	Terminsgebühr, soweit in Nummer 3106 nichts anderes bestimmt ist (1) Die Gebühr entsteht auch, wenn 1. in einem Verfahren, für das mündliche Verhandlung vorgeschrieben ist, im Einverständnis mit den Parteien oder Beteiligten oder gemäß § 307 oder § 495a ZPO ohne mündliche Verhandlung entschieden oder in einem solchen Verfahren	1,2

126 OLG Nürnberg FamRZ 2005, 741.
127 *Schneider/Thiel* Neues Gebührenrecht, 1. Aufl. 2013, § 3 Rn. 891.
128 Gerold/Schmidt/*Müller-Rabe,* 20. Aufl. 2012, VV 3101 RVG Rn. 116.

Nr.	Gebührentatbestand	Gebühr oder Satz der Gebühr nach § 13 RVG
	mit oder ohne Mitwirkung des Gerichts ein Vertrag im Sinne der Nummer 1000 geschlossen wird oder eine Erledigung der Rechtssache im Sinne der Nummer 1002 eingetreten ist, 2. nach § 84 Abs. 1 Satz 1 VwGO oder § 105 Abs. 1 Satz 1 SGG durch Gerichtsbescheid entschieden wird und eine mündliche Verhandlung beantragt werden kann oder 3. das Verfahren vor dem Sozialgericht, für das mündliche Verhandlung vorgeschrieben ist, nach angenommenem Anerkenntnis ohne mündliche Verhandlung endet. (2) Sind in dem Termin auch Verhandlungen zur Einigung über in diesem Verfahren nicht rechtshängige Ansprüche geführt worden, wird die Terminsgebühr, soweit sie den sich ohne Berücksichtigung der nicht rechtshängigen Ansprüche ergebenden Gebührenbetrag übersteigt, auf eine Terminsgebühr angerechnet, die wegen desselben Gegenstands in einer anderen Angelegenheit entsteht. (3) Die Gebühr entsteht nicht, soweit lediglich beantragt ist, eine Einigung der Parteien oder der Beteiligten oder mit Dritten über nicht rechtshängige Ansprüche zu Protokoll zu nehmen. (4) Eine in einem vorausgegangenen Mahnverfahren oder vereinfachten Verfahren über den Unterhalt Minderjähriger entstandene Terminsgebühr wird auf die Terminsgebühr des nachfolgenden Rechtsstreits angerechnet.	

Schrifttum: *Grabolle/Wilske,* Die gemeinsame Verhandlung nicht verbundener Zivilprozesse – Zulässigkeit, Voraussetzungen, Rechtsmittel und Gebühren, MDR 2007, 1405.

Übersicht

I. Motive

Die Motive zum **KostRMoG** führen aus: 1

„Die vorgeschlagene Terminsgebühr, die in jedem Rechtszug einmal in Höhe von 1,2 entstehen kann, liegt in ihrer Höhe um 0,2 über der geltenden Verhandlungs- bzw. Erörterungsgebühr (§ 31 Abs. 1 Nr. 2 und 4 BRAGO). Wegen des Abgeltungsbereichs der Gebühr wird auf die Begründung zu Absatz 3 der Vorbemerkung 3 (zu Teil 3) VV RVG-E Bezug genommen.

In Absatz 1 Nummer 1 der Anmerkung soll die Regelung des § 35 BRAGO, in Nummer 2 die Regelung des § 114 Abs. 3 BRAGO übernommen werden. In Nummer 2 ist zusätzlich der Fall des § 105 Abs. 1 SGG genannt. Dieser Fall ist derzeit in § 116 Abs. 2 S. 2 BRAGO geregelt. In den Fällen, in denen das Gericht ohne mündliche Verhandlung durch Gerichtsbescheid entscheidet, erhält der Rechtsanwalt derzeit eine halbe Verhandlungsgebühr. Diese in Nummer 2 genannten Fälle sollen künftig den in Nummer 1 genannten Fällen gleichgestellt werden. Dies bedeutet, dass der Anwalt auch in diesen Fällen die volle Terminsgebühr erhalten würde. Ein Grund, weshalb diese Fälle anders als die in Nummer 1 genannten Fälle behandelt werden sollten, ist nicht ersichtlich. Der in § 116 Abs. 2 S. 2 BRAGO genannte Fall des § 153 Abs. 4 SGG soll nicht in die neue Vorschrift aufgenommen werden. Nach dieser Vorschrift kann das Landessozialgericht die Berufung ohne mündliche Verhandlung durch Beschluss zurückweisen, wenn es sie einstimmig für unbegründet erachtet. Da weder ein besonderer Aufwand des Anwalts ersichtlich ist, noch die Parteien eine Entscheidung ohne mündliche Verhandlung verhindern können, ist die Notwendigkeit einer besonderen Terminsgebühr nicht ersichtlich.

Mit Absatz 2 der Anmerkung soll erreicht werden, dass die Terminsgebühr nicht doppelt verdient wird. Fällt die Gebühr auch in einem anderen Verfahren an, soll eine hier verdiente Gebühr aus dem Wert der nicht rechtshängigen Ansprüche angerechnet werden. Mit Absatz 3 der Anmerkung soll das Entstehen einer Terminsgebühr für den Fall ausgeschlossen werden, dass nicht anhängige Ansprüche in dem Verfahren verglichen werden, wenn sich die Tätigkeit darauf beschränkt, den Vergleich zu Protokoll zu geben. Insoweit erhält der Rechtsanwalt auch derzeit keine Verhandlungs- oder Erörterungsgebühren.“[1]

2 Die Motive zum **2. KostRMoG** führen aus

Zur Anm. Nr. 2:

„Die Entstehung der fiktiven Terminsgebühr soll konsequent auf die Fälle beschränkt werden, in denen der Anwalt durch sein Prozessverhalten eine mündliche Verhandlung erzwingen kann, weil nur in diesem Fall eine Steuerungswirkung notwendig ist. Im Fall des Gerichtsbescheids sowohl im Verfahren nach der VwGO als auch im Verfahren nach dem SGG liegt es allein in der Entscheidungsbefugnis des Gerichts, das Verfahren ohne mündliche Verhandlung durch Gerichtsbescheid zu beenden. Die Beteiligten können in beiden Verfahrensarten nur dann eine mündliche Verhandlung beantragen, wenn gegen den Gerichtsbescheid kein Rechtsmittel gegeben ist. Das Entstehen der Terminsgebühr, ohne dass ein Termin stattgefunden hat, soll daher auf diese Fälle beschränkt werden. Die Verweisung auf § 105 SGG soll – wie schon die Verweisung auf § 84 VwGO – präzisiert werden.“

„Im Verfahren vor den Sozialgerichten entsteht die fiktive Terminsgebühr auch, wenn das Verfahren nach angenommenem Anerkenntnis ohne mündliche Verhandlung endet. Mit dieser Gebühr soll dem Anwalt das Interesse genommen werden, das Anerkenntnis nur deshalb nicht anzunehmen, um einen Termin zu erzwingen. Daher hat die überwiegende Rspr. die fiktive Terminsgebühr in diesen Fällen davon abhängig gemacht, dass grundsätzlich eine mündliche Verhandlung vorgeschrieben sein muss (zB SchlHLSG AGS 2010, 23 ff.; LSG NRW BeckRS 2011, 69171). Die Vorschrift soll im Sinne dieser Rspr. klargestellt werden.“[2]

3 **Die Motive zum KostRÄG 2021** führen zu VV 3104 Anm. Abs. 1 Nr. 1 RVG

Durch die vorgeschlagene Formulierung sollte klargestellt werden, dass in allen Fällen, in denen der Rechtsanwältin oder dem Rechtsanwalt eine Einigung – oder Erledigungsgebühr zusteht, also auch bei einem privatschriftlichen Vergleich, die fiktive Terminsgebühr entsteht, wenn diese Einigung oder Erledigung in einem Verfahren erfolgt, für das mündliche Verhandlung vorgeschrieben ist. In diesem Zusammenhang soll der im RVG nicht mehr verwendete Begriff Vergleich gestrichen und durch die Bezugnahme auf einen Vertrag nach Nummer 1000 VV RV ersetzt werden, wie dies bereits an anderen Stellen im RVG geschehen ist (siehe § 48 Abs. 3 RVG und Nummer 1003 VV RVG). Durch diese Regelung ist gewährleistet, dass nur eine solche Einigung eine fiktive Terminsgebühr auslöst, die auch den Gebührentatbestand der Nummer 1000 VV RVG erfüllt.

Das nunmehr vorgeschlagene Ergebnis entspricht auch einem dem anwaltlichen Vergütungsrecht zugrundeliegenden Grundgedanken, Rechtsanwältinnen und Rechtsanwälten gebührenrechtliche Anreize dafür zu gewähren, dass sie zur Vermeidung oder Erledigung von Rechtsstreit beitragen und damit dem Gericht Aufwand ersparen. Eine Beschränkung des Anfalls der fiktiven Terminsgebühr auf die Fälle des gerichtlichen Vergleichs läuft dieser Zielsetzung zuwider. Sie bietet vielmehr einen Anreiz, einen schriftlichen Vergleich nur vor Gericht abzuschließen, und verursacht damit dem Gericht letztlich Mehrarbeit.[3]

II. Allgemeines

4 In der ersten Instanz verdient der RA eine 1,2 Terminsgebühr, es sei denn die besonderen Voraussetzungen der VV 3105 RVG oder VV 3106 RVG liegen vor.

III. Anwendungsbereich

5 **Gerichtsbarkeiten.** VV 3104 RVG ist grds. für alle von VV Teil 3 RVG erfassten Gerichtsbarkeiten anzuwenden. Sondervorschriften gibt es

– für die **Sozialgerichtsbarkeit,** soweit in ihr Betragsrahmengebühren anfallen (VV 3106 RVG),

---

[1] BT-Drs. 15/1971, 212.
[2] BT-Drs. 17/11471, 275.
[3] Regierungsentwurf zum KostRÄG 2021, 99.

– für die **Finanzgerichtsbarkeit,** bei der gem. VV Vorb. 3.2.1 Nr. 1 RVG die Bestimmungen über die Berufung, also VV 3202 RVG, anzuwenden sind.

6 **Verfahrensbevollmächtigter der ersten Instanz.** VV 3104 RVG gilt nur für den Verfahrensbevollmächtigten des ersten Rechtszugs. Für die weiteren Rechtszüge gibt es besondere Vorschriften (zB VV 3202 RVG für Berufung; VV 3210 RVG für Revision; VV 3513 ff. RVG für Beschwerde).

7 **Besondere Verfahren** (**VV 3300 ff. RVG**). VV 3104 RVG gilt gem. VV Vorb. 3.1 Abs. 1 RVG auch für die besonderen Verfahren iSv Abschn. 3 (VV 3300 ff. RVG), soweit es dort keine spezielleren Vorschriften für die Terminsgebühr gibt, wie zB VV 3310, 3312, 3331, 3332 RVG und VV 3333 Anm. S. 2 RVG. Teilweise wird ausdrücklich auf die Terminsgebühren nach Abschn. 1, also auf VV 3104, 3105 RVG verwiesen (zB VV Vorb. 3.3.1, 3.3.2 RVG).

8 **Einzeltätigkeiten** (**VV 3400 ff. RVG**). Hinsichtlich der Einzeltätigkeiten iSv Abschn. 4 (VV 3400 ff. RVG) sind VV 3104 ff. RVG gem. VV Vorb. 3.4 Abs. 1 RVG nicht anzuwenden. Vielmehr entsteht dort eine Terminsgebühr nur, wenn es im Abschn. 4 ausdrücklich vorgesehen ist, wie in VV 3402 RVG.

IV. Tätigkeit

9 Welche Tätigkeit der RA vornehmen muss, um die 1,2 Terminsgebühr zu verdienen, ergibt sich aus VV Vorb. 3 Abs. 3 RVG. In VV 3104 Anm. Abs. 1 RVG sind darüber hinaus Fälle vorgesehen, in denen ohne mündliche Verhandlung die Terminsgebühr aufgrund schriftlicher Tätigkeit entstehen kann. Eine Terminsgebühr kann, wie ein Umkehrschluss aus VV 3104 Anm. Abs. 2 ergibt, des Weiteren auch dann anfallen, wenn in einem Termin Einigungsgespräche über nicht rechtshängige Ansprüche geführt werden. VV 3104 Anm. Abs. 3 RVG schränkt dies wieder etwas ein.

V. Nicht postulationsfähiger RA

10 Diese Frage hat durch die Erweiterung der Postulationsfähigkeit des Anwalts seine Bedeutung verloren (→ RVG VV 3202 Rn. 5).

VI. Terminsgebühr im schriftlichen Verfahren (Anm. Abs. 1 Nr. 1)

1. Allgemeines

11 Gem. VV 3104 Anm. Abs. 1 Nr. 1 RVG kann der RA unter besonderen Voraussetzungen die Terminsgebühr auch verdienen, wenn nur Schriftsätze gewechselt werden. Dabei gibt es drei Alternativen:

– in einem Verfahren, für das mündliche Verhandlung vorgeschrieben ist, wird **im Einverständnis mit den Parteien ohne mündliche Verhandlung entschieden,**
– das Gericht macht gem. **§ 307 oder § 495a ZPO** von der Möglichkeit Gebrauch, **ohne mündliche Verhandlung zu entscheiden,**
– in einem Verfahren, für das mündliche Verhandlung vorgeschrieben ist, kommt eine **Einigung** unter Mitwirkung des Anwalts zustande, ohne dass vor dem Gericht oder auch außerhalb des Gerichts eine Besprechung stattfinden müsste.

Die Aufzählung dieser Fälle ist abschließend.[4]

12 **Gründe für Sonderregelungen.** Die Begründung für diese Sonderregelungen im Zusammenhang mit schriftlichen Entscheidungen des Gerichts fällt unterschiedlich aus. Teilweise wird angenommen, dass das Einverständnis mit einer schriftlichen Entscheidung nicht dadurch erschwert werden soll, dass man dem RA zumutet, die Terminsgebühr zu opfern.[5] Andere stellen darauf ab, dass die mündliche Verhandlung – richtig gehandhabt – im Allgemeinen zur Klärung der Sach- und Rechtslage beiträgt. Wird von einer mündlichen Verhandlung abgesehen, trifft den RA eine erhöhte Verantwortung. Er muss sein Vorbringen noch genauer als sonst prüfen. Zum Ausgleich hierfür soll er die Terminsgebühr behalten. Der RA soll keine Gebührennachteile erleiden, wenn seine Schriftsätze das Verfahren so gründlich vorbereitet haben, dass eine mündliche Verhandlung nicht stattzufinden braucht.[6]

13 **Die Motive** zum RVG waren zunächst nicht ganz eindeutig. Da war einerseits von dem besonderen Aufwand des RA, andererseits von der Möglichkeit der Parteien die Rede, eine Ent-

[4] BVerwG JurBüro 2008, 142.
[5] BGH Rpfleger 1956, 335; OLG Celle MDR 1956, 365; OLG Oldenburg Rpfleger 1955, 201.
[6] BGH NJW 2003, 3133; Riedel/Sußbauer/*Keller,* 8. Aufl. 2000, BRAGO § 35 Rn. 2.

scheidung ohne mündliche Verhandlung verhindern zu können. Viel klarer wird die Intention des Gesetzes durch die Motive zur Änderung des VV 3104 Anm. Abs. 1 Nr. 2, 3 RVG durch das 2. KostRMoG. Die fiktive Terminsgebühr soll konsequent auf die Fälle beschränkt werden, in denen der RA durch sein Verhalten eine mündliche Verhandlung erzwingen kann. Nur in diesem Fall ist eine Steuerungsfunktion erforderlich (→ Rn. 2). Mit der notwendigen Steuerungsfunktion ist dabei gemeint, dass mit der fiktiven Terminsgebühr verhindert werden soll, dass der RA eine mündliche Verhandlung nur deshalb erzwingt, weil er sonst der Terminsgebühr verlustig gehen würde.

14 **Struktur der Anm. zu VV 3104 RVG.** Mit dem 2. KostRMoG wird die Struktur der fiktiven Terminsgebühr immer klarer. Sie greift in zwei Fällen ein: einmal bei Verfahren mit vorgeschriebener mündlicher Verhandlung (VV 3104 Anm. Abs. 1 Nr. 1, 3 RVG) und zum anderen bei Verfahren, in denen der RA das Gericht durch einen entsprechenden Antrag zur Durchführung einer mündlichen Verhandlung zwingen kann (VV 3104 Anm. Abs. 1 Nr. 2 RVG).

2. Schriftliche Entscheidung mit Einverständnis (Nr. 1 Alt. 1)

15 **a) Grundsätze.** Zunächst einmal muss überhaupt eine Entscheidung ergehen. Diese Entscheidung muss eine sein, die nur aufgrund einer mündlichen Verhandlung ergehen darf. Es kommt also nicht auf das Verfahren, sondern auf die konkret ergehende Entscheidung an. Ergeht keine eine mündliche Verhandlung voraussetzende Entscheidung, so scheidet VV 3104 Anm. Abs. 1 Nr. 1 Alt. 1 RVG (wie auch Alt. 2) aus (→ Rn. 19). Hinzukommen muss noch das Einverständnis der Parteien.

16 **b) Ergangene Entscheidung.** Eine Entscheidung muss ergehen. Solange keine Entscheidung ergeht, kann die Terminsgebühr nicht anfallen, auch wenn die Parteien ihr Einverständnis mit der schriftlichen Entscheidung erklärt und sodann mehrere Schriftsätze gewechselt haben.[7]

17 Unerheblich ist, ob die Entscheidung
– ordnungsgemäß zu Stande gekommen ist,[8]
– gegen Standesrecht verstößt,[9]
– den Parteien vorschriftsmäßig mitgeteilt worden ist.

18 **c) Entscheidung ohne mündliche Verhandlung.** Die Entscheidung muss ohne mündliche Verhandlung ergehen. Haben die Parteien einer Entscheidung ohne mündliche Verhandlung zugestimmt, wird dann aber dennoch eine mündliche Verhandlung durchgeführt, so greift VV 3104 Anm. Abs. 1 Nr. 1 Alt. 1 RVG nicht ein, so dass zB der vor der mündlichen Verhandlung aus dem Verfahren ausgeschiedene RA keine Terminsgebühr verdient.

19 **d) Mündliche Verhandlung erfordernde Entscheidung.** Es genügt nicht irgendeine Entscheidung. Es muss sich vielmehr um eine Entscheidung handeln, die an sich auf Grund einer mündlichen Verhandlung zu ergehen hat.[10] VV 3104 Anm. Abs. 1 Nr. 1 Alt. 1 RVG ist nicht so zu lesen, dass es sich nur um ein Verfahren handeln muss, das an sich eine mündliche Verhandlung voraussetzt, und unerheblich ist, ob die konkrete Entscheidung eine mündliche Verhandlung voraussetzt. Das kommt zwar im Wortlaut nicht so klar heraus. Es kann aber keine Terminsgebühr anfallen, nur weil das Einverständnis zur schriftlichen Entscheidung erklärt wurde, obgleich es auf dieses gar nicht ankommt, da die Entscheidung auch ohne mündliche Verhandlung ergehen kann. Oder anders ausgedrückt: dieselbe ohne mündliche Verhandlung ergangene Entscheidung kann nicht einmal eine Terminsgebühr auslösen, weil Einverständnis mit schriftlicher Entscheidung erklärt wurde, und das andere Mal keine, weil sie ohne Einverständniserklärung ergangen ist. Ergeht also zB nur ein Hinweis- oder Beweisbeschluss, so ist wegen § 128 Abs. 4 ZPO im Regelfall keine Terminsgebühr angefallen (→ Rn. 27 ff.).

20 In der Lit. wird vertreten, dass eine Terminsgebühr anfällt, wenn das Gericht das Einverständnis mit schriftlicher Entscheidung eingeholt hat und dann ein Beschluss ergeht, der auch ohne mündliche Verhandlung ergehen könnte, zB ein Hinweisbeschluss. Das Gericht habe dann im schriftlichen Verfahren entschieden. Das Kostenrecht folge dem Prozessrecht. Wäre dem Beschluss eine mündliche Verhandlung vorausgegangen, so wäre auch eine Terminsgebühr angefallen, obwohl es einer mündlichen Verhandlung für diesen Beschluss nicht bedurft hätte.[11]

---

[7] OLG Jena OLG-NL 2003, 254 = AGS 2003, 254.
[8] OLG Frankfurt a. M. JurBüro 1978, 1344.
[9] OLG Stuttgart AnwBl 1985, 265.
[10] Ganz hM BGHZ 17, 118 = NJW 1955, 988; OLG Karlsruhe JurBüro 2005, 596; OLG Koblenz Rpfleger 2003, 539; zweifelnd *Hansens* RVGreport 2007, 147.
[11] *N. Schneider* AGS 2015, 261 ff. Beispiele 2, 3 zu § 128 Abs. 2 ZPO, Beispiele 17, 18 und § 495a ZPO.

Diese Meinung ist unzutreffend. Wenn das Gericht das Einverständnis mit schriftlicher Entscheidung einholt, will es damit erreichen, dass es, falls Entscheidungsreife gegeben ist, auch ohne mündliche Verhandlung ein Urteil fällen kann. Das besagt aber nicht, dass Beweisbeschlüsse von nun an im schriftlichen Verfahren ergehen sollen, obwohl es für sie keiner mündlichen Behandlung bedarf. Das wird auch dadurch bestätigt, dass im Falle eines Urteils ausdrücklich vom Gericht erklärt wird, dass es gem. § 128 Abs. 2 ZPO entscheidet, dass ein derartiger Hinweis bei einem Beweis- oder Hinweisbeschluss aber fehlt. Auch die Verweisung auf einen Beschluss nach durchgeführter mündlicher Verhandlung greift nicht. In diesem Fall hat tatsächlich eine mündliche Verhandlung stattgefunden, was eine Terminsgebühr auslöst. Die Ersetzung der mündlichen Verhandlung in VV 3104 RVG erfolgt jedoch nach dem Gesetz nur unter ganz bestimmten engen Voraussetzungen, die nicht gegeben sind.

Fälle in denen das Gericht **nach billigem Ermessen** entscheiden kann, ob es mündlich verhandeln will, werden nicht von der Alt. 1 erfasst. Als Ausnahmebestimmung darf VV 3104 Anm. Abs. 1 Nr. 1 RVG nicht gegen seinen Wortlaut ausdehnend ausgelegt werden.[12] Vielmehr kann, falls eine mündliche Verhandlung nicht vorgeschrieben ist, eine Terminsgebühr nur dann entstehen, wenn tatsächlich eine mündliche Verhandlung stattgefunden und der Anwalt die Partei in dieser vertreten hat. 21

Achtung: Viele **frühere Entscheidungen** zu § 35 BRAGO sind **überholt,** da die ZPO den Bereich der Entscheidungen, die ohne mündliche Verhandlung ergehen können, kontinuierlich ausgeweitet hat, zuletzt durch § 128 Abs. 4 ZPO. Hat aber der RA bei älteren Verfahren zu irgendeinem Zeitpunkt gem. § 35 BRAGO eine Verhandlungsgebühr noch auf Grund des seinerzeit geltenden Verfahrensrecht verdient, so bleibt diese bestehen, auch wenn zu einem späteren Zeitpunkt, zB nach Einfügung des § 128 Abs. 4 ZPO die gleiche Tätigkeit keine Verhandlungsgebühr mehr ausgelöst hätte. ZB im Einverständnis der Parteien ist vor dem 1.1.2002 ohne mündliche Verhandlung ein Beweisbeschluss ergangen. Eine einmal verdiente Gebühr kann der RA nicht mehr verlieren. 22

aa) ZPO-Verfahren. **(1) Urteile.** Gem. § 128 Abs. 1 ZPO ist in Zivilverfahren grds. eine mündliche Verhandlung vorgesehen. Das gilt insbes. für Urteile. Ist jedoch im Einzelfall einmal bestimmt, dass ein Urteil ohne mündliche Verhandlung ergehen kann, wie zB die Verwerfung eines Einspruchs gegen ein Versäumnisurteil (§ 341 Abs. 2 ZPO), scheidet eine Terminsgebühr gem. VV 3104 Abs. 1 Nr. 1 RVG aus.[13] 23

(2) Urteile in Eilverfahren. Wird in Eilverfahren durch Urteil entschieden (zB §§ 922 Abs. 1; 936 ZPO), gilt § 128 Abs. 1 ZPO, ist also grds. eine mündliche Verhandlung notwendig.[14] Es greift VV 3104 Abs. 1 Nr. 1 RVG ein. Dazu, wenn mit Beschluss entschieden wird → Rn. 46 ff. 24

(3) Familiensachen. Das gilt auch für **Ehesachen, Familienstreitsachen und Verbundverfahren** in der ersten Instanz, da für die ersten beiden über § 113 Abs. 1 S. 2 FamFG gem. § 128 Abs. 1 ZPO, für das Verbundverfahren gem. § 137 Abs. 1 FamFG eine mündliche Verhandlung vorgeschrieben ist. Für das Verbundverfahren löst, da insgesamt eine mündliche Verhandlung vorgeschrieben ist, eine Entscheidung im schriftlichen Verfahren die Terminsgebühr aus dem gesamten Verfahrenswert aus und nicht nur aus den ZPO-Sachen.[15] Hieran ändert sich auch nichts dadurch, dass in Familiensachen nur durch Beschluss entschieden wird und bei einer Auslegung ausschließlich am Wortlaut über § 113 Abs. 1 S. 2 FamFG auch § 128 Abs. 4 ZPO anzuwenden wäre, mit der Folge dass Endentscheidungen in Ehe-, Familienstreit- und Verbundverfahren ohne mündliche Verhandlung ergehen könnten. Es ist allgM, dass Endentscheidungen in Familienstreitsachen eine mündliche Verhandlung vorausgehen muss.[16] Hier hat es der Gesetzgeber versehentlich unterlassen, § 128 Abs. 4 ZPO für Endentscheidungen für unanwendbar zu erklären. § 128 Abs. 4 ZPO wurde bislang immer nur auf Neben- und Zwischenentscheidungen angewandt.[17] Werden die in § 137 Abs. 2 FamFG genannten FG-Sachen (Versorgungsausgleich, Wohnungszuweisungs- und Hausratssachen), nachdem sie einmal im Verbund waren, abgetrennt, so bleibt gem. § 137 Abs. 5 S. 1 FamFG der Verbund bestehen. 25

[12] OLG Schleswig AnwBl 1994, 473.

[13] OLG Koblenz JurBüro 2003, 420 = Rpfleger 2003, 539; OLG Köln JurBüro 2019, 301; Schneider/Wolf/*Schneider/Onderka/Wahlen,* 5. Aufl. 2010, RVG VV 3104 Rn. 46.

[14] Thomas/Putzo/*Seiler* ZPO § 937 Rn. 2.

[15] Zum alten Recht OLG Stuttgart FamRZ 2009, 145.

[16] OLG Hamm AGS 2012, 15.

[17] OLG Hamm RVGreport 2011, 61 mzustAnm *Hansens;* KG RVGreport 2011, 60 mzustAnm *Hansens; Volpert* RVGreport 2010, 287 Ziff. III.

Ebenso wie der Anwaltszwang fortgilt,[18] ist auch weiterhin eine mündliche Verhandlung obligatorisch.[19]

26 Anders ist es in der **zweiten Instanz,** da gem. § 68 Abs. 3 S. 2 FamFG, der durch § 113 Abs. 1 S. 1 FamFG für die Ehe- und Familienstreitsachen sowie das Verbundverfahren nicht ausgeschlossen ist, das Beschwerdegericht von der Durchführung einer mündlichen Verhandlung absehen kann.[20] Auch eine analoge Anwendung kommt nicht in Betracht. Unerheblich ist auch, ob das Rechtsmittelgericht zu Recht von einer Erörterung abgesehen hat (→ Rn. 58).[21] Entscheidet das Gericht ohne mündliche Verhandlung und in den Gründen ohne Bezugnahme auf Einverständniserklärungen zur Entscheidung im schriftlichen Verfahren, so hat es von seiner Möglichkeit, unabhängig vom Willen der Beteiligten von einer mündlichen Verhandlung abzusehen, Gebrauch gemacht. Der Sinn der Anm. zu VV 3104 RVG, die Beteiligten von der Herbeiführung einer mündliche Verhandlung abzuhalten (→ Motive Rn. 2), greift dann nicht mehr ein. Von vornherein scheidet eine Terminsgebühr aus, wenn die Beteiligten keine Einverständniserklärung abgegeben hatten (→ Rn. 58).

27 **Vereinfachtes Unterhaltsverfahren.** Kommt es nicht gem. § 255 FamFG zu einem streitigen Verfahren, so ist ohne mündliche Verhandlung zu entscheiden. Ein Fall einer notwendigen mündlichen Verhandlung ist damit nicht gegeben, so dass keine Terminsgebühr entsteht.[22]

28 **Abänderung einer Entscheidung im vereinfachten Verfahren.** Das FamFG kennt die bislang in § 655 ZPO aF vorgesehene Änderung im vereinfachten Verfahren nicht mehr. Die Abänderung erfolgt vielmehr durch das normale Abänderungsverfahren nach § 240 FamFG. Damit gilt dasselbe wie sonst bei Familienstreitsachen (→ Rn. 25). Bei einer Entscheidung im schriftlichen Verfahren im Einverständnis mit den Beteiligten fällt in der ersten Instanz also eine Terminsgebühr an.

29 **(4) Beschlüsse, Verfügungen.** Nach der Neuregelung in § 128 Abs. 4 ZPO, in Kraft seit dem 1.1.2002, können Entscheidungen, die nicht Urteile sind, grds. ohne mündliche Verhandlung ergehen. Deshalb greift bei Nichturteilen, also bei Beschlüssen und Verfügungen in aller Regel die Alt. 1 des VV 3104 Anm. Abs. 1 Nr. 1 RVG nicht mehr ein.[23] Etwas anderes gilt, wenn im Gesetz bestimmt ist, dass einem Beschluss eine mündliche Verhandlung vorausgehen muss (Fälle des § 128 Abs. 4 Hs. 2 ZPO zB § 1063 Abs. 2 ZPO).

30 Ohne mündliche Verhandlung können zB ergehen, ohne eine Terminsgebühr auszulösen,
– Verweisungsbeschlüsse,[24]
– Aufklärungs- oder Beweisbeschlüsse, auch soweit mit dem Beschluss die Ladung von Zeugen angeordnet wird. § 358a ZPO steht nicht entgegen, da dieser nur die Durchführung einer Zeugeneinvernahme ohne mündliche Verhandlung untersagt, nicht aber deren Anordnung,[25]
– Beschlüsse gem. § 522 Abs. 2 ZPO,[26]
– Verfügungen über die Prozess- oder Sachleitung, zB Anberaumung eines neuen Verhandlungstermins oder Verweisung der Sache vom Einzelrichter an die Kammer oder den Senat,
– Anordnungen nach § 273 Abs. 2 ZPO,[27]
– Anordnungen des Ruhens des Verfahrens (§ 51 ZPO),[28]
– Verwerfungen des Einspruchs gegen einen Vollstreckungsbescheid ohne mündliche Verhandlung.[29]
– Wegen Eilverfahren → Rn. 46 ff.

---

[18] Thomas/Putzo/*Hüßtege* FamFG § 137 Rn. 26.

[19] *N. Schneider* Anm. zu OLG Köln AGS 2015, 67; **aA** LAG Köln RVGreport 2015, 139 mzustAnm *Hansens,* beide ohne Auseinandersetzung mit § 137 Abs. 5 S. 1 FamFG.

[20] KG FamRZ 2012, 812 = AGS 2012, 130 mzustAnm *N. Schneider,* **aA** OLG Stuttgart RVGreport 2017, 295 mzustAnm *Hansens* = JurBüro 2017, 413 = FamRZ 2017, 1960.

[21] KG FamRZ 2012, 812 = AGS 2012, 130 mzustAnm *N. Schneider.*

[22] OLG Brandenburg FamRZ 2009, 1089.

[23] OLG Karlsruhe JurBüro 2005, 596 = Rpfleger 2005, 699; Hartmann/Toussaint/*Toussaint* RVG VV 3104 Rn. 25 „Beschlussverfahren"; **aA** *Enders* JurBüro 2005, 561 (563), Ziff. 3.

[24] Anders als früher OLG Zweibrücken Rpfleger 1981, 368; OLG Schleswig JurBüro 1985, 1832; OLG Stuttgart JurBüro 1980, 1852; KG AnwBl 1984, 507 = JurBüro 1984, 1363; OLG Köln JurBüro 1986, 1199.

[25] OLG Köln JurBüro 2016, 467 = RVGreport 2016, 261 mzustAnm *Hansens.*

[26] OLG Stuttgart FamRZ 2005, 739, zu BRAGO.

[27] OLG Hamm AnwBl 1966, 262 = JurBüro 1966, 497.

[28] OLG Karlsruhe JurBüro 2005, 595 = OLGR 2005, 819.

[29] OLG Koblenz AGS 2011, 482; LG Berlin RVGreport 2006, 347.

Kostenentscheidung. Die Entscheidung über die Kosten, zB nach §§ 91a, 128 Abs. 3, §§ 269 Abs. 4, 516 Abs. 3 ZPO, kann ohne mündliche Verhandlung ergehen (ZPO),[30] und zwar auch nach einem Kostenwiderspruch gegen eine Eilentscheidung.[31] Anderslautende Entscheidungen[32] sind überholt. Es kann deshalb ohne mündliche Tätigkeit aus dem Kostenwert keine Terminsgebühr entstehen. Daran ändert auch nichts, wenn die Kostenentscheidung in Verbindung mit einer Entscheidung ergeht, für die VV 3104 Anm. Abs. 1 Nr. 1 RVG einschlägig ist, zB in einem Urteil wird hinsichtlich Streitgenosse A nur noch über die Kosten, hinsichtlich Streitgenosse B in der Hauptsache entschieden. Hinsichtlich A führt das Urteil zu keiner Terminsgebühr.[33] **31**

Wiedereinsetzung. Bei einem Wiedereinsetzungsantrag in den vorigen Stand ist die mündliche Verhandlung freigestellt, wenn durch Urteil ohne obligatorische mündliche Verhandlung (§ 341 Abs. 2 ZPO) oder durch Beschluss der Einspruch oder ein Rechtsmittel verworfen wird (§ 522 Abs. 2, § 552 Abs. 2, § 572 Abs. 4 ZPO). Einer mündlichen Verhandlung bedarf es weiter dann nicht, wenn gem. § 238 Abs. 1 S. 2 ZPO das Verfahren auf die Verhandlung und Entscheidung über den Wiedereinsetzungsantrag beschränkt wird, da dann durch einen Beschluss entschieden wird und § 128 Abs. 4 ZPO eingreift. In all diesen Fällen scheidet eine Terminsgebühr ohne mündliche Verhandlung aus. **32**

§ 331 Abs. 3 ZPO. Im Fall des § 331 Abs. 3 ZPO (Versäumnisurteil gegen den Beklagten unter bestimmten Voraussetzungen) verdient der RA gem. VV 3105 Anm. Abs. 1 Nr. 2 RVG eine 0,5 Terminsgebühr (→ RVG VV 3105 Rn. 32ff.). **33**

§ 331a ZPO. Nicht von VV 3104 Anm. Abs. 1 Nr. 1 RVG erfasst wird der Fall des § 331a ZPO (Entscheidung nach Aktenlage bei Säumnis einer Partei). Hier erhält der RA der erschienenen Partei, der statt eines Versäumnisurteils Entscheidung nach Lage der Akten beantragt, gem. VV 3104 RVG eine 1,2 Terminsgebühr, weil er einen Termin wahrgenommen und nicht nur ein Versäumnisurteil beantragt hat. Bei der Entscheidung nach Lage der Akten soll der Vortrag des Gegners, auch der Bestreitende, berücksichtigt werden. Darüber hinaus wird in den meisten Fällen der RA bereits vorher schon eine Terminsgebühr verdient haben, da gem. § 331a S. 2 iVm § 251a Abs. 2 S. 1 ZPO eine Entscheidung nach Lage der Akten nur ergehen darf, wenn vorher schon mündlich verhandelt war.[34] Der RA der säumigen Partei, der von dem Antrag Kenntnis nimmt und schriftlich auf einen neuen Termin verzichtet oder sich dem Antrag anschließt, kann aber keine Terminsgebühr verlangen.[35] **34**

§ 251a ZPO. VV 3104 Anm. Abs. 1 Nr. 1 RVG ist nicht anwendbar im Fall des § 251a ZPO, wonach das Gericht nach Lage der Akten entscheidet, wenn in einem Termin beide Parteien nicht erscheinen oder beim Ausbleiben einer Partei, ohne dass es zu einer Vertagung kommt, die erschienene Partei keinen Antrag zur Sache stellt. Es fehlt an einer Einverständniserklärung beider Parteien. Der anwesende RA kann aber eine 1,2 Terminsgebühr (VV 3104 RVG) verdienen, wenn er die Sach- und Rechtslage mit dem Gericht besprochen hat (→ RVG VV 3105 Rn. 43ff.), oder eine 0,5 Terminsgebühr (VV 3105 RVG), wenn er über Fragen der Prozess- oder Sachleitung mit dem Gericht gesprochen oder dazu Anträge gestellt hat. Er verdient sogar eine 0,5 Terminsgebühr, wenn er nur vertretungsbereit im Termin anwesend ist (→ RVG VV 3105 Rn. 21). Der nicht anwesende RA kann keine Terminsgebühr verdienen. Da aber eine Entscheidung gem. § 251a ZPO nach dessen Abs. 2 S. 1 nur ergehen darf, wenn in einem früheren Termin mündlich verhandelt worden ist, wird in den meisten Fällen der Anwalt schon vorher eine Terminsgebühr verdient haben.[36] **35**

bb) FG-Verfahren. **Grundsatz.** Auf FG-Verfahren, auch FG-Familiensachen, ist VV 3104 Anm. Abs. 1 Nr. 1 RVG nicht anwendbar, da es in diesen keine mündliche Verhandlung, sondern nur Erörterungstermine und auch kein Einverständnis der Beteiligten mit einer **36**

---

[30] BGH NJW 2008, 668 = JurBüro 2008, 23 = FamRZ 2008, 261; AGS 2009, 530; OLG Frankfurt a. M. NJW-RR 2006, 1438 = NJW 2006, 3504 (Ls.) mzustAnm *N. Schneider;* OLG Hamburg OLGR 2000, 412; OLG Karlsruhe NJW-RR 2007, 503 = FamRZ 2007, 845 = Rpfleger 2007, 49; KG NJW 2007, 2193; OLG Rostock MDR 2008, 1066.

[31] OLG Frankfurt a. M. NJW 2006, 3504 (Ls.) = NJW-RR 2006, 1438; KG Rpfleger 2008, 100 = KGR Berlin 2007, 1061.

[32] OLG Koblenz AnwBl 1989, 294.

[33] KG KGR Berlin 2009, 358 = AGS 2009, 265.

[34] Rehberg/*Feller* Terminsgebühr VV Teil 3 RVG Ziff. 5.7.

[35] *Hartmann* BRAGO, 33. Aufl. 2004, § 35 Rn. 13.

[36] Rehberg/*Feller* Terminsgebühr VV Teil 3 RVG Ziff. 5.7.

schriftlichen Entscheidung gibt.[37] Soweit teilweise vor dem Inkrafttreten des 2. KostRMoG das Gegenteil vertreten wurde,[38] ist dies mit dem Wortlaut des Gesetzes, der ausdrücklich auf Verfahren mit mündlicher Verhandlung abstellt, schlechthin unvereinbar.[39] Es kann auch nicht angenommen werden, dass ein Redaktionsversehen vorliegt. Man muss dem Gesetzgeber schon eine gehörige Portion Unfähigkeit unterstellen, wenn man annimmt, dass es ein gesetzgeberisches Versehen war, wenn in VV 3104 Anm. Abs. 1 RVG die Erörterung nicht erwähnt wird. War es aber gesetzgeberische Absicht, so verbietet sich eine Auslegung gegen diese, nur weil der eine oder andere meint, es wäre sachgerechter, wenn auch die Fälle mit Erörterungen miterfasst würden. Im Übrigen besteht ein erheblicher Unterschied zwischen einer mündlichen Verhandlung und einer Erörterung. Bei ersterer ist nur Grundlage der Entscheidung, was Gegenstand der mündlichen Verhandlung war.[40] Bei FG-Sachen mit ihren Erörterungen ist Grundlage der Entscheidung der gesamte Akteninhalt, weshalb auch keine Versäumnisentscheidung ergehen kann.[41] Das gilt auch für elterliche Sorge und Umgangsrecht.[42] Für das isolierte Versorgungsausgleichsverfahren verneint das OLG Düsseldorf den Anfall einer Terminsgebühr mit dem Argument, dass eine Erörterung nur stattfinden soll, aber nicht muss.[43]

37 Dass eine fiktive Terminsgebühr in Verfahren mit Erörterungsterminen nicht anfallen kann, wird noch deutlicher durch die Gesetzesänderung des 2. KostRMoG in VV 3104 Anm. Abs. 1 Nr. 2, 3 RVG (→ Rn. 12, 91).[44] Damit sollte sich dieser Meinungsstreit erledigt haben. Wegen Abtrennung aus Verbund → Rn. 23.

38 **Haushalts- und Wohnungszuweisungssachen.** Zum WEG vor den am 1.7.2007 in Kraft getretenen Änderungen hatte der BGH für Verfahren, die sich zwar nach dem FG-Verfahrensrecht richteten, in denen aber eine mündliche Verhandlung vorgesehen war, angenommen, dass bei Entscheidungen im schriftlichen Verfahren eine Terminsgebühr anfällt.[45] Folgte man dem, so musste nach altem Recht dasselbe bei Hausrats- und Wohnungszuweisungssachen gelten, da § 13 Abs. 2 Hausratsverordnung aF dem WEG aF entsprach. Es sollte eine mündliche Verhandlung stattfinden.[46] Das gilt seit dem FamFG nicht mehr. Dieses sieht auch für diese Verfahren nur noch eine Erörterung vor.

39 **Landwirtschaftssachen.** Für diese fehlt im RVG eine dem § 63 Abs. 4 S. 2 BRAGO entsprechende Bestimmung.

40 Landwirtschaftssachen werden jetzt gebührenrechtlich wie ZPO- (§ 48 LwVfG) oder FG-Verfahren (§§ 9 ff. LwVfG) behandelt. Bei den ZPO-Verfahren, für die eine mündliche Verhandlung vorgesehen ist, fällt bei Einverständnis mit Entscheidung im schriftlichen Verfahren gem. VV 3104 Anm. Abs. 1 Nr. 1 RVG eine Terminsgebühr an.

---

[37] BGH NJW 2003, 3133, zum FGG; OLG Brandenburg AGS 2013, 240; OLG Celle NJW 2011, 3793 = FamRZ 2012, 245; FamRZ 2011, 590 = AGS 2011, 223 mablAnm *N. Schneider* NJW 2011, 3793; OLG Dresden AGS 2012, 459; OLG Hamburg AGK 13, 50; OLG Hamm FamRZ 2018, 377 = JurBüro 2017, 634; OLG Jena FamRZ 2012, 329 = AGS 2012, 131; OLG Karlsruhe FamRZ 2014, 1941; KG AGS 2011, 324; OLG Koblenz FamRZ 2008, 1971; OLG Köln AGS 2015, 67; OLGR 2009, 126 = AGS 2008, 593; OLG München AGS 2019, 502; FamRZ 2012, 1582 = JurBüro 2012, 246 = RVGreport 2012, 182 mzustAnm *Hansens;* OLG Nürnberg Rpfleger 2015, 52 = RVGreport 2015, 105 mzustAnm *Hansens* = AGS 2014, 454 mkritAnm *N. Schneider;* OLG Oldenburg OLGR 2009, 532 = AGS 2009, 219; OLG Schleswig AGS 2013, 168; OLG Düsseldorf OLGR 2009, 114.

[38] OLG Schleswig AGS 2007, 502 = OLGR 2007, 475; OLG Rostock AGS 2011, 588 (das auf die Frage, dass eine Erörterung keine mündliche Verhandlung ist, erst gar nicht eingeht) für Kindschaftssache, nicht aber für Versorgungsausgleich; OLG Stuttgart NJW 2010, 3524 = FamRZ 2011, 591 = AGS 2010, 586 mzustAnm *N. Schneider; Keuter* NJW 2009, 2922.

[39] *Hansens* Anm. zu OLG Nürnberg RVGreport 2015, 105.

[40] *Von König/Bischof,* Kosten in Familiensachen, 1. Aufl. 2009, Rn. 561.

[41] BT-Drs. 16/6308, 191.

[42] OLG Celle JurBüro 2011, 641 = FamRZ 2012, 245; OLG Düsseldorf OLGR 2009, 364 = AGS 2009, 114 mablAnm *N. Schneider,* der jedoch irrig davon ausgeht, dass bei diesen Verfahren mündlich verhandelt werden müsste, während das Gesetz in diesen Verfahren nur eine Erörterung kennt; OLG Hamm FamRZ 2013, 728 (Ls.) = JurBüro 2013, 79 = NJW-RR 2013, 318; OLG Köln OLGR 2009, 126 = AGS 2008, 593; OLG München JurBüro 2020, 21 = RVGreport 2019, 460 mAnm Hansens, der aber eine Gesetzesänderung zugunsten einer Terminsgebühr für angebracht hält; OLG Oldenburg OLGR 2009, 532 = AGS 2009, 219; OLG Schleswig AGS 2014, 121.

[43] OLG Düsseldorf NJW-Spezial 2020, 635 = NZFam 2020, 928.

[44] OLG Hamm FamRZ 2018, 377 = JurBüro 2017, 634.

[45] BGH NJW 2003, 3133; KG FamRZ 2009, 720; **aA** Gerold/Schmidt/*Müller-Rabe,* 18. Aufl. 2008, RVG VV 3104 Rn. 26 ff.

[46] KG FamRZ 2009, 720; **aA** OLG Oldenburg FamRZ 2009, 1859; s. a. Gerold/Schmidt/*Müller-Rabe,* 18. Aufl. 2008, RVG VV 3104 Rn. 26 ff.

Landwirtschafts-FG-Verfahren. Da bei ihnen gem. § 15 Abs. 1 LwVfG eine mündliche Verhandlung nur dann stattfinden muss, wenn ein Beteiligter dies beantragt, ist an sich VV 3104 Anm. Abs. 1 Nr. 1 RVG nicht gegeben. Das bedeutet, dass an sich grds. bei einer Entscheidung ohne mündliche Verhandlung eine Terminsgebühr ausscheidet.[47] Stellt man aber darauf ab, dass die fiktive Terminsgebühr nach VV 3104 RVG dazu beitragen soll zu verhindern, dass aus gebührenrechtlichen Gründen der RA eine mündliche Verhandlung erzwingt, so spricht allerdings mehr dafür, auch in FG-Landwirtschaftssachen eine Terminsgebühr anfallen zu lassen, wenn der RA darauf verzichtet, durch einen Antrag auf mündliche Verhandlung einen Termin herbeizuführen. Die Landwirtschaftssache wird damit der Neuregelung in VV 3104 Anm. Abs. 1 Nr. 2 RVG gleichgestellt, bei der das Gesetz die Terminsgebühr entstehen lässt, weil der RA eine mündliche Verhandlung beantragen könnte (→ Rn. 12). Hierfür spricht auch, dass der Gesetzgeber Besonderheiten des LwVfG leicht übersehen kann, womit sich erklärt, dass es an einer speziellen Regelung fehlt. Unabhängig davon fällt jedenfalls eine fiktive Terminsgebühr an, wenn eine Beweisaufnahme stattgefunden hat, da gem. § 15 Abs. 4 LwVfG über das Ergebnis einer Beweisaufnahme stets mündlich zu verhandeln ist, worauf die Beteiligten allerdings übereinstimmend verzichten können. Tun sie das, so ist dies einem Einverständnis mit schriftlicher Entscheidung iSv VV 3104 Anm. Abs. 1 Nr. 1 RVG gleichzustellen. 41

***cc) ArbGG.* Urteilsverfahren erster Instanz.** Im erstinstanzlichen Urteilsverfahren ist § 46 Abs. 2 S. 2 ArbGG zu beachten, wonach die Vorschriften der ZPO über das vereinfachte Verfahren (§ 495a ZPO) und die Entscheidung ohne mündliche Verhandlung im Einverständnis der Beteiligten (§ 128 Abs. 2 ZPO) ausgeschlossen sind. Das hat zur Folge, dass VV 3104 Anm. Abs. 1 Nr. 1 Alt. 1 RVG überhaupt nicht und die Alt. 2 nur beim Anerkenntnis[48] anzuwenden ist. 42

Beschluss- und Berufungsverfahren. Hingegen kann im Beschluss- (§ 83 Abs. 4 S. 3 ArbGG) und Berufungsverfahren,[49] in Fällen, in denen eine mündliche Verhandlung obligatorisch ist, im Einverständnis der Beteiligten ohne mündliche Verhandlung entschieden werden. VV 3104 Anm. Abs. 1 Nr. 1 Alt. 1 RVG ist in diesen Fällen anwendbar. 43

dd) BVerfGG, VwGO, SGG, FGO, → § 37 Rn. 16; → Anh. IV Rn. 16 ff., → Anh. V Rn. 14 ff.; → RVG § 3 Rn. 49. 44

ee) Entschädigungssachen. In Entschädigungssachen ist über § 209 Abs. 1 BEG die ZPO, insbes. auch § 128 Abs. 2 ZPO, und damit auch VV 3104 Anm. Abs. 1 Nr. 1 anwendbar. Soweit gem. § 209 Abs. 3 BEG das Gericht bei Säumnis ohne mündliche Verhandlung entscheidet, ist VV 3104 Anm. Abs. 1 Nr. 1 RVG nicht anzuwenden.[50] 45

***ff) Einstweiliger Rechtsschutz.* (1) Grundsatz.** Beschlüsse im einstweiligen Rechtsschutz (zB einstweilige Anordnung gem. §§ 49 ff. FamFG, 47 Abs. 6 VwGO;[51] Arrest gem. §§ 922 Abs. 1 ZPO) können ohne mündliche Verhandlung ergehen, weshalb eine Entscheidung ohne mündliche Verhandlung keine Terminsgebühr auslöst.[52] Wegen Besonderheiten bei **einstweiliger Verfügung** → Rn. 52. 46

Unterhaltssachen. Das gilt auch für einstweilige Anordnungen in Unterhaltssachen. Der Gegenansicht,[53] die eine Terminsgebühr anfallen lässt, weil bei Unterhaltssachen die mündliche Verhandlung der Regelfall sein würde, ist nicht zu folgen.[54] Wenn § 246 Abs. 2 FamFG unter bestimmten Voraussetzungen eine mündliche Verhandlung vorschreibt, so ist das etwas anderes als eine obligatorische mündliche Verhandlung, auf die VV 3104 Anm. Abs. 1 Nr. 1 RVG abstellt. Hinzu kommt, dass VV 3104 Anm. Abs. 1 Nr. 1 RVG nur in Verfahren zur Anwendung kommt, bei denen grds. das Einverständnis der Beteiligten mit der schriftlichen Entscheidung erforderlich ist (→ Rn. 53). Eines solchen Einverständnisses bedarf es aber im einstweiligen Rechtsschutz nicht. Die vom 2. KostRMoG besonders hervorgehobene Steuerungsfunktion von VV 3104 Anm. Abs. 1 RVG (→ Rn. 2) greift nicht. 47

---

[47] OLG Oldenburg OLGR 2008, 840; Hartmann/Toussaint/*Toussaint* RVG VV 3104 Rn. 17 „LwVG"; **aA** OLG Schleswig AGS 2018, 324 mzustAnm *N. Schneider; ders.* RdL 2007, 312; *Schons* AGS 2007, 490.

[48] Die Vorschriften über das Anerkenntnis sind durch § 46 ArbGG nicht ausgeschlossen *Grunsky* ArbGG § 46 Rn. 6.

[49] Hauck/*Helml* ArbGG § 64 Rn. 13.

[50] Riedel/Sußbauer/*Keller,* 8. Aufl. 2000, BRAGO § 35 Rn. 16; *Hartmann* BRAGO, 33. Aufl. 2004, § 35 Rn. 12.

[51] VGH Mannheim NJW 2007, 860 = DÖV 2007, 212.

[52] *Volpert* RVGreport 2010, 170 (171); *N. Schneider,* Gebühren in Familiensachen, 1. Aufl. 2010, § 1 Rn. 431.

[53] *Schlünder* FamRZ 2009, 2056.

[54] Keidel/*Giers* FamFG § 51 Rn. 27a; *Volpert* RVGreport 2010, 170 (171).

48 **Möglichkeit, eine mündliche Verhandlung zu erzwingen.** Allerdings wird die Meinung vertreten, dass es sich bei den Eilverfahren, in denen den Parteien die Möglichkeit eröffnet ist, durch einen Widerspruch eine mündliche Verhandlung zu erzwingen (zB § 924 Abs. 2 S. 2 ZPO), um Verfahren handele, in denen eine mündliche Verhandlung vorgeschrieben ist.[55] In diese Richtung geht auch eine Entscheidung des 12. Senat des BGH im Zusammenhang mit VV Vorb. 3 RVG (allerdings wohl, um ohne Widerspruch mit einem anderen Senat des BGH zu dem bei richtiger Auslegung von VV Vorb. 3 Abs. 3 RVG zweifellos richtigen Ergebnis zu kommen).[56] Zumindest ausgehend von dem Wortlaut von VV 3104 RVG ist dieser Ansicht nicht zu folgen. Es kann eine Entscheidung ohne mündliche Verhandlung ergehen. Es ist also keine mündliche Verhandlung vorgeschrieben. Dass diese unter besonderen Umständen, und zwar durch eine zusätzliche Aktion nach der erfolgten Entscheidung, durch die Einlegung eines Rechtsbehelfs, dann doch erreicht werden kann, reicht nicht. Darüber hinaus steht entgegen, dass es sich um kein Verfahren handelt, bei dem das Einverständnis der Beteiligten grundsätzliche Voraussetzung für eine Entscheidung im schriftlichen Verfahren wäre. Außerdem kann nicht immer durch einen Widerspruch eine mündliche Verhandlung erzwungen werden. Wird der Antrag auf Erlass einer etwaigen Verfügung zurückgewiesen, kann kein Widerspruch eingelegt werden. Wird die einstweilige Verfügung erlassen, kann nur der Antragsgegner Widerspruch einlegen, nicht aber der Antragsteller.

49 **(2) Nach Widerspruch.** Anders ist es nach einem Widerspruch gegen einen ergangenen Arrest oder eine ergangene einstweilige Verfügung, weil nunmehr eine mündliche Verhandlung stattfinden muss (§ 924 Abs. 2 S. 2 ZPO). Das gilt jedoch nicht für einen bloßen Kostenwiderspruch, da über die Kosten ohne mündliche Verhandlung entschieden werden kann (→ Rn. 31).

50 **(3) Antrag auf Abänderung in Familienstreitsache.** Eine Terminsgebühr entsteht, wenn in einer Familienstreitsache gem. § 54 Abs. 1 FamFG ein Antrag auf Abänderung einer ohne mündliche Verhandlung ergangenen Entscheidung gestellt wird und beantragt wird, mündlich zu verhandeln, weil dann eine mündliche Verhandlung stattfinden muss (§ 54 Abs. 2 FamFG). Wird dann letztlich doch eine Entscheidung ohne mündliche Verhandlung im Einverständnis mit den Beteiligten getroffen, so ergeht diese in einem Verfahren, in dem an sich eine mündliche Verhandlung vorgeschrieben ist. Es entsteht also eine Terminsgebühr. Zu einem anderen Ergebnis könnte man nur kommen, wenn man in dem Einverständnis mit schriftlicher Entscheidung eine Rücknahme des Antrags auf mündliche Verhandlung sieht.

51 **(4) Antrag auf Abänderung in FG-Familiensachen.** Das gilt aber nicht für einstweilige Anordnungen in FG-Familiensachen. Hier kann kein Antrag auf mündliche Verhandlung, sondern nur einer auf einen Erörterungstermin gestellt werden. In FG-Sachen gibt es keine mündliche Verhandlung, also kann auch kein Antrag auf Durchführung einer solchen gestellt werden. Bei Entscheidung ohne Erörterungstermin fällt also keine Terminsgebühr an.[57] Von einigen Autoren wird generell bei einer Entscheidung oder einer Einigung ohne mündliche Verhandlung die Entstehung einer Terminsgebühr angenommen, wenn ein Antrag auf mündliche Verhandlung gem. § 54 Abs. 2 FamFG gestellt war.[58] Das Problem, dass es in FG-Sachen auch im Fall des § 54 Abs. 2 FamFG keine mündliche Verhandlung gibt, wird dabei nicht gesehen.

52 **(5) Einstweilige Verfügung.** Bei ihr gilt trotz der Verweisung in § 936 ZPO auf die Vorschriften des Arrestes § 922 ZPO nicht, da § 937 Abs. 2 ZPO eine speziellere Vorschrift enthält. Grundsätzlich ist mündlich zu verhandeln; grundsätzlich handelt es sich also um ein Verfahren, in dem eine mündliche Verhandlung vorgeschrieben ist. Daran ändert sich auch nichts dadurch, dass eine mündliche Verhandlung ausnahmsweise nicht erforderlich ist, wenn der Antrag zurückgewiesen wird oder Dringlichkeit gegeben ist.[59] Grundsätzlich kann also im Falle einer schriftlichen Entscheidung, zB einer Stattgabe, ohne dass deren Erlass dringend war, eine Terminsgebühr anfallen. Wird aber ohne mündliche Verhandlung der Antrag zurückgewiesen oder dem Antrag ohne Zustimmung der Parteien wegen Dringlichkeit stattgegeben, so scheidet eine Terminsgebühr aus. Eine Terminsgebühr fällt nicht an, weil in diesen beiden Fällen es keiner mündlichen Verhandlung bedarf. Außerdem wird es hier häufig an einer Einverständniserklä-

[55] OLG Brandenburg RVGreport 2017, 223 mAnm *Hansens;* = AGS 2017, 214 mzustAnm *N. Schneider* OLG Oldenburg NJW 2017, 1250 = AGS 2017, 176 mit abl. Anm. *Thiel;* OLG Zweibrücken NJW-Spezial 2014, 732 = AGS 2015, 16 = RVGreport 2015, 20 (zu einer Anerkenntnisentscheidung) mit diff. Anm. *Hansens.*

[56] BGH NJW 2012, 459 = FamRZ 2012, 110; krit. *Thiel* Anm. zu OLG Oldenburg AGS 2017, 176.

[57] OLG Karlsruhe FamRZ 2013, 1423 = AGS 2013, 515 mzustAnm *Thiel* = RVGreport 2013, 351 mzustAnm *Hansens.*

[58] *Volpert* RVGreport 2010, 170 (171); *N. Schneider,* Gebühren in Familiensachen, 1. Aufl. 2010, § 1 Rn. 431.

[59] BGH NJW 2020, 2474 = AGS 2020, 371mzustAnm *N. Schneider.*

rung fehlen. Aber selbst, wenn in diesen beiden Fällen Einverständniserklärungen vorliegen, steht dem RA keine Terminsgebühr zu. Eine überflüssige Einverständniserklärung kann nicht dazu führen, dass hierdurch eine weitere Gebühr anfällt. Zweifel können entstehen, wenn eine einstweilige Verfügung mit Einverständniserklärungen ohne mündliche Verhandlung ergeht, der Entscheidung aber nicht zu entnehmen ist, ob das Gericht aufgrund des Einverständnisses oder wegen Dringlichkeit ohne mündliche Verhandlung entschieden hat. Dann ist davon auszugehen, dass es aufgrund der Einverständnisse schriftlich entschieden hat. Denn das Gericht muss, wenn es aufgrund der Dringlichkeit ohne mündliche Verhandlung entscheidet, das in den Gründen darlegen.[60] Eine Terminsgebühr fällt an.

e) Einverständnis. ***aa) Erklärung.*** **Stillschweigendes Einverständnis.** Das Einverständnis der Parteien mit der Entscheidung ohne mündliche Verhandlung muss zwar nicht ausdrücklich erklärt werden, muss aber eindeutig und völlig klar sein.[61] **53**

Schweigen der Parteien. Es genügt nicht, dass die Parteien sich lediglich nicht erklären, nachdem ihnen das Gericht schriftlich bekannt gegeben hat, es werde ihr Einverständnis mit einer Entscheidung ohne mündliche Verhandlung annehmen, wenn innerhalb einer bestimmten Frist nichts Gegenteiliges geäußert werde. Schweigen bedeutet nur dann Zustimmung, wenn eine Pflicht zur Erklärung besteht, was hier nicht gegeben ist.[62] Allerdings wird hier häufig eine nachträgliche Zustimmung gegeben sein (→ Rn. 56). **54**

Bedingtes Einverständnis. Ein nur unter einer Bedingung erklärtes Einverständnis genügt nicht.[63] **55**

Nachträgliche Zustimmung. Überwiegend wird angenommen, dass eine nachträgliche Zustimmung einem Einverständnis gleichzustellen ist, wobei eine nachträgliche Zustimmung darin gesehen wird, dass das Unterbleiben einer mündlichen Verhandlung nicht nachher gerügt wird.[64] **56**

Postulationsfähigkeit. Einverständniserklärung durch nicht postulationsfähigen RA → Rn. 10. **57**

Entscheidung ohne Einverständnis. Im Fall des VV 3104 Anm. Abs. 1 Nr. 1 Alt. 1 RVG entscheidet, wie sich die prozessualen Vorgänge tatsächlich abgespielt haben und nicht wie sie prozessrechtlich richtig gewesen wären.[65] Entscheidet das Gericht trotz fehlenden Einverständnisses ohne mündliche Verhandlung, so fällt keine Terminsgebühr an, weil das Einverständnis fehlt.[66] Ergeht hingegen eine Entscheidung im schriftlichen Verfahren, obgleich seit der Zustimmungserklärung der Parteien mehr als drei Monate verstrichen sind, so hätte an sich gem. § 128 Abs. 2 S. 3 ZPO keine Entscheidung im schriftlichen Verfahren mehr ergehen dürfen. Das ändert aber nichts daran, dass auf Grund der Zustimmung der Parteien eine solche Entscheidung ergangen ist. Es entsteht eine 1,2 Terminsgebühr.[67] **58**

bb) Wirkung nur für nächste Entscheidung. Die Einverständniserklärung bezieht sich immer nur auf die nächste Entscheidung des Gerichts.[68] Ist als Nächstes ein Beweisbeschluss ergangen und entscheidet dann das Gericht im schriftlichen Verfahren, ohne noch einmal ein Einverständnis zu erholen, so fällt keine Terminsgebühr an. **59**

f) Tätigkeit. Subjektive Voraussetzung für die Entstehung der Terminsgebühr gem. VV 3104 Anm. Abs. 1 Nr. 1 Alt. 1 RVG ist, dass der RA irgendeine Tätigkeit in Richtung der Förderung des Rechtsstreits entwickelt hat. Das kann geschehen durch Anträge, Sachvortrag oder rechtliche Ausführungen.[69] Nicht ausreichend sind die Vertretungsanzeige und die Vorlage der Prozessvollmacht.[70] **60**

---

[60] Zöller/*Vollkommer* ZPO § 937 Rn. 5.

[61] Hartmann/Toussaint/*Toussaint* RVG VV 3104 Rn. 30.

[62] OLG Zweibrücken JurBüro 1982, 84; Schneider/Wolf/*Onderka/Schneider* RVG VV 3104 Rn. 58; **aA** OLG Koblenz AnwBl 1988, 294; OLG Stuttgart FamRZ 2009, 145.

[63] Mayer/Kroiß/*Mayer* RVG VV 3104 Rn. 19; Hartmann/Toussaint/*Toussaint* RVG VV 3104 Rn. 31 „Bedingung".

[64] OLG Bamberg JurBüro 1986, 1362; OLG Frankfurt a. M. JurBüro 1989, 74 = MDR 1988, 1067; Riedel/Sußbauer/*Ahlmann* VV 3104 Rn. 10; Schneider/Wolf/*Onderka/Schneider* RVG VV 3104 Rn. 58; vgl. aber OLG Schleswig JurBüro 1985, 1832 = SchlHA 1986, 75.

[65] KG FamRZ 2012, 812 = AGS 2012, 130 mzustAnm *N. Schneider.*

[66] OLG Schleswig JurBüro 1985, 1832.

[67] Schneider/Wolf/*Onderka/Schneider* RVG VV 3104 Rn. 61.

[68] Hartmann/Toussaint/*Toussaint* RVG VV 3104 Rn. 31 „Nächste Entscheidung".

[69] OLG Koblenz AnwBl 1989, 294; *Hansens* BRAGO § 35 Rn. 9; Riedel/Sußbauer/*Keller,* 8. Aufl. 2000, BRAGO § 35 Rn. 9.

[70] HBS VergütungsR/*Hansens* Teil 8 Rn. 232; Riedel/Sußbauer/*Keller,* 8. Aufl. 2000, BRAGO § 35 Rn. 9.

61 **Streithelfervertreter.** Hat er einen Schriftsatz mit Begründung eingereicht, so kann er eine Terminsgebühr gem. VV 3104 Anm. Abs. 1 Nr. 1 RVG verdienen.[71]

62 **g) Entstehung der Terminsgebühr.** Der Gebührenanspruch entsteht mit dem Erlass der Entscheidung, und zwar auch dann, wenn der RA in diesem Zeitpunkt nicht mehr Verfahrensbevollmächtigter ist, wenn er nur vorher das Verfahren gefördert und damit dazu beigetragen hat, dass eine schriftliche Entscheidung ergehen konnte.[72]

3. Verfahren nach § 307 ZPO oder § 495a Abs. 1 ZPO (Nr. 1 Alt. 2)

63 Hier sind zwei Entscheidungen betroffen, denen nicht eine mündliche Verhandlung vorausgehen muss und bei denen es nicht auf ein Einverständnis der Parteien ankommt. Dennoch soll in diesen beiden Fällen eine Terminsgebühr anfallen. Voraussetzung ist, dass eine Entscheidung gem. § 307 ZPO bzw. § 495a Abs. 1 ZPO ergangen ist. Verwandt hiermit ist der Fall des § 36 Abs. 2 RVG, wonach im schiedsgerichtlichen Verfahren die Terminsgebühr auch dann entsteht, wenn der Schiedsspruch ohne mündliche Verhandlung erlassen wird.

64 **a) Anerkenntnis gem. § 307 ZPO.** Ein Anerkenntnisurteil kann nach der Neufassung von § 307 ZPO S. 2 immer ohne mündliche Verhandlung ergehen. Wenn das Anerkenntnisurteil gem. § 307 ZPO dennoch weiterhin in VV 3104 Anm. Abs. 1 Nr. 1 RVG aufgeführt ist, so bedeutet das, dass eine Terminsgebühr bei einem Anerkenntnisurteil anfallen soll, obgleich eine mündliche Verhandlung hierfür nicht mehr vorgeschrieben ist. Auch hier gilt aber, dass die Terminsgebühr nur dann anfällt, wenn es sich um ein Verfahren handelt, bei dem, wenn kein Anerkenntnisurteil ergehen würde, eine **mündliche Verhandlung erforderlich** gewesen wäre. Der Nebensatz in VV 3104 Anm. Abs. 1 Nr. 1 RVG „für das mündliche Verhandlung vorgeschrieben ist" gilt auch für den Fall eines Anerkenntnisurteils. Deshalb fällt keine Terminsgebühr an, wenn in einem **Arrest- oder einstweiligen Anordnungsverfahren** zum Kindesunterhalt[73] eine Entscheidung aufgrund eines Anerkenntnisses erfolgt (→ Rn. 46 ff., 68). Hingegen löst im **einstweiligen Verfügungsverfahren** ein Anerkenntnisurteil ohne mündliche Verhandlung eine Terminsgebühr aus, da hier grds. eine mündliche Verhandlung durchzuführen ist (→ Rn. 52).[74] Unerheblich, ob sich die Parteien mit einer Entscheidung im schriftlichen Verfahren **einverstanden erklärt** haben[75] oder ob der Kläger einen Antrag gestellt hat, ein Anerkenntnisurteil zu erlassen. Ein **Anerkenntnisurteil** muss allerdings ergehen, andernfalls von vornherein VV 3104 Anm. Abs. 1 Nr. 1 Alt. 2 RVG ausscheidet.[76] Ein Anerkenntnis-Vorbehaltsurteil genügt.[77]

65 **Teilanerkenntnis.** Wird der Anspruch nur teilweise anerkannt und iÜ zurückgenommen, so entsteht die Terminsgebühr nur aus dem Wert des anerkannten Teils.[78] Wird der ganze Anspruch anerkannt „unter Verwahrung gegen die Kostenlast", so fällt die Terminsgebühr aus dem vollen Hauptsachewert an.

66 **Achtung RA.** Voraussetzung für die Entstehung einer Terminsgebühr ist nach dem eindeutigen Wortlaut des Gesetzes aber, dass das Gericht ohne mündliche Verhandlung entschieden hat. Nimmt der RA in der irrigen Erwartung, dass das Gericht nach dem Anerkenntnis des Beklagten schon ohne mündliche Verhandlung entscheiden werde, an dem dann aber doch tatsächlich stattfindenden Termin nicht teil, so fällt bei ihm keine Terminsgebühr an.[79]

67 **Billigste Verfahrensbeendung für Beklagten.** Da das Anerkenntnis, anders als gem. § 33 Abs. 1 S. 1 BRAGO nicht mehr eine nur noch reduzierte Terminsgebühr auslöst, stellt sich die Frage, wie ein Beklagter, der den gegnerischen Leistungsanspruch als berechtigt ansieht, auch unter Berücksichtigung der Gerichtskosten am billigsten das Verfahren beendet.

---

[71] OLG Hamburg MDR 2007, 181.

[72] Hartmann/Toussaint/*Toussaint* RVG VV 3104 Rn. 51.

[73] OLG Köln JurBüro 2012, 653; Zöller/*Feskorn* FamFG § 246 Rn. 41.

[74] OLG Düsseldorf AGS 2017, 559 mzustAnm *N. Schneider;* OLG Oldenburg NJW 2017, 1250.

[75] OLG Jena FamRZ 2005, 699 = JurBüro 2005, 529; OLG Stuttgart JurBüro 2005, 587 = MDR 2005, 1259; *Hansens* RVGreport 2012, 407 (409) Ziff. II 3b; *Henke* AnwBl 2005, 642; LG Stuttgart NJW 2005, 3152.

[76] OLG Hamburg OLGR 2000, 412.

[77] OLG München NJW-RR 2006, 1583.

[78] *Mayer* → RVG § 3 Rn. 62 mwN; OVG Hamburg Rpfleger 2016, 505 = RVGreport 2016, 143 mzustAnm *Hansens;* Hartmann/Toussaint/*Toussaint* RVG VV 3104 Rn. 31 „Teileinverständnis"; **aA** LSG Nds-Brem AGS 2016, 69 Ziff. 2.

[79] *Hansens* RVGreport 2012, 407 (409) Ziff. II 3d.

Beispiel:

Der Beklagte will den Klageanspruch über 10.000,– EUR nicht bestreiten.

Am Billigsten ist **Zahlung** verbunden mit der Erklärung, dass der Beklagte die Kosten trägt. Der Kläger muss sodann erledigt erklären.

Es fallen an	
1,3 (Klägervertreter) + 0,8 (Beklagtenvertreter) Verfahrensgebühr,	
also 2,1 Verfahrensgebühren aus 10.000,– EUR	1.289,40 EUR
2 Pauschalen gem. VV 7002 RVG	40,00 EUR
1,0 Gerichtsgebühr	266,00 EUR
Gesamt	**1.595,40 EUR**

Am Zweitbilligsten ist, **Versäumnisurteil** ergehen zu lassen.

1,3 (Klägervertreter) + 0,8 (Beklagtenvertreter) Verfahrensgebühr,	
also 2,1 Verfahrensgebühren	
0,5 Terminsgebühr (Klägervertreter)	
Insgesamt 2,6 RA Gebühren	1.596,40 EUR
2 Pauschalen gem. VV 7002 RVG	40,00 EUR
3,0 Gerichtsgebühr	798,00 EUR
Gesamt	**2434,40 EUR**

Beim Versäumnisurteil fallen also mehr an 0,5 Terminsgebühr + 2,0 Gerichtsgebühren

Am teuersten ist ein **Anerkenntnis.**

Es fallen an	
1,3 (Klägervertreter) + 1,3 (Beklagtenvertreter) Verfahrensgebühr, also 2,6 Verfahrensgebühren	
1,2 Terminsgebühr (Klägervertreter) + 1,2 Terminsgebühr (Beklagtenvertreter), also	
2,4 Terminsgebühren	
RA Gebühren insgesamt 5,0 Gebühren	3.070,00 EUR
2 Pauschalen gem. VV 7002 RVG	40,00 EUR
1,0 Gerichtsgebühr	266,00 EUR
Gesamt	**3.376,00 EUR**

Beim Anerkenntnis fallen 2,4 RA Gebühren mehr an = 1.473,60 EUR. Dem stehen beim Versäumnisurteil Mehrkosten von zwei zusätzlichen Gerichtsgebühren gegenüber. Diese betragen aber nur 532,00 EUR.

b) § 495a ZPO. Nach § 495a ZPO kann das Gericht sein Verfahren nach billigem Ermessen bestimmen, wenn der Streitwert 600,– EUR nicht übersteigt. Das Gericht kann dabei auch ohne mündliche Verhandlung entscheiden, sofern nicht eine solche beantragt wird. Auch hier gilt aber, dass die Terminsgebühr nur dann anfällt, wenn eine Entscheidung ergeht, die bei einem Verfahren mit einem Streitwert über 600,– EUR einer mündlichen Verhandlung bedurft hätte (→ Rn. 64),[80] also zB nicht bei einem Verweisungsbeschluss oder der Verwerfung des Einspruchs gegen einen Vollstreckungsbescheid[81] (→ Rn. 29 ff.). 68

c) Tätigkeit. Es gilt das oben zur Alt. 1 Dargelegte (→ Rn. 60). Die Stellung eines Antrags, nicht notwendig einer auf Anerkenntnisurteil (→ Rn. 64) reicht aus. 69

d) Entstehung der Terminsgebühr. Der Gebührenanspruch entsteht mit dem Erlass der Entscheidung, und zwar auch dann, wenn der RA in diesem Zeitpunkt nicht mehr Verfahrensbevollmächtigter ist (→ Rn. 62). 70

4. Einigung iSv VV 1000 RVG (Nr. 1 Alt. 3)

Einigen sich die Parteien in einem Verfahren, für das mündliche Verhandlung vorgeschrieben ist, so verdient der dabei mitwirkende RA eine 1,2 Terminsgebühr.[82] 71

a) Einigung. ***aa) Einigung und nicht Vergleich.*** Das Gesetz setzte bis zum KostRÄG nach seinem Wortlaut einen Vergleich voraus, der an sich ein gegenseitiges Nachgeben verlangte, was insofern verwunderte, als ansonsten im RVG auf eine Einigung abgestellt wird. In der Lit. wurde teilweise eine Terminsgebühr bei bloßer Einigung verneint.[83] Dem war schon bislang nicht zu folgen.[84] Dass es keines Vergleichs bedarf, sondern eine Einigung iSv VV 1000 RVG genügt, ist im Gesetz nunmehr durch das KostRÄG 2021 klargestellt. 72

bb) Teilanerkenntnis und Teilrücknahme. Eine Einigung ist auch gegeben, wenn der Kläger teilweise zurücknimmt, der Beklagte iÜ anerkennt. Voraussetzung ist allerdings, dass es sich um 73

[80] Riedel/Sußbauer/*Keller,* 8. Aufl. 2000, BRAGO § 35 Rn. 14.
[81] AG Ansbach RVGreport 2006, 388 = AGS 2006, 544.
[82] BGH AnwBl 2006, 71; FamRZ 2006, 1441 = MDR 2007, 302.
[83] HBS VergütungsR/*Hansens* Teil 8 Rn. 236; Hartmann/Toussaint/*Toussaint* RVG VV 3104 Rn. 41.
[84] Gerold/Schmidt/*Müller-Rabe,* 24. Aufl. 2019, RVG VV 3104 Rn. 65.

voneinander abhängende Willenserklärungen handelt und nicht nur um zwei selbständig und unabhängig voneinander bestehende einseitige Erklärungen.[85]

74 **b) Wirksame Einigung.** Der Einigungsvertrag muss geschlossen sein. Er muss also wirklich zu Stande gekommen und bedingungslos wirksam sein.[86] Es genügt nicht eine widerrufliche Einigung, die dann widerrufen wird. Es genügt weiter nicht eine Einigung über Folgesachen in einem Scheidungsverfahren, solange die Scheidung nicht rechtskräftig ist, da davon auszugehen ist, dass die Wirksamkeit einer solchen Einigung von der Rechtskraft der Scheidung abhängen soll.[87]

75 **c) Betroffene Einigungen.**

aa) Einigung mit Gericht. Jede Einigung vor Gericht fällt unter die letzte Alt. von VV 3104 Anm. Abs. 1 Nr. 1 RVG.

76 ***bb) Einigung ohne Gericht.*** Bis zum KostRÄG 2021 war streitig, ob auch außergerichtliche Einigungen, also auch solche ohne eine Mitwirkung des Gerichts genügen.[88] Diese Streitfrage hat sich nunmehr erledigt, da mit dem KostRÄG 2021 ausdrücklich aufgenommen wurde, dass es einer gerichtlichen Mitwirkung nicht bedarf. Das gilt auch für **Altfälle,** da dies bei richtiger Auslegung schon zum alten Recht anzunehmen war.[89] Auch die Motive zum KostRÄG 2021 weisen darauf hin, dass dies schon zuvor galt.[90]

77 **cc) Auch mündliche Einigung.** Während bis zum KostRÄG 2021 eine schriftliche Einigung erforderlich war, wird dies nunmehr nicht mehr verlangt. Da Einigungen iSv VV 1000 RVG auch formlos, also auch mündlich vereinbart werden können (→ RVG VV 1000 Rn. 53 ff.), genügt eine mündliche Einigung.

78 **d) Verfahren mit obligatorischer mündlicher Verhandlung.** ***aa) Grundsatz.*** Es muss sich um ein Verfahren handeln, für das an sich mündliche Verhandlung vorgeschrieben ist.[91] Die Einigung muss nach dem Wortlaut des Gesetzes „in einem solchen Verfahren" geschlossen werden. Ein solches Verfahren ist, wie sich aus dem Anfang von VV 3104 Anm. Abs. 1 Nr. 1 RVG ergibt, ein „Verfahren, für das mündliche Verhandlung vorgesehen ist." Das ist auch im Fall des § 495a ZPO gegeben, bei dem auf die an sich erforderliche mündliche Verhandlung wegen des niedrigen Gegenstandswerts verzichtet wird. Dass auf solche Verfahren abgestellt wird, rechtfertigt sich damit, dass nur in diesen Verfahren der RA durch die Einigung einer Terminsgebühr, die ansonsten regelmäßig angefallen wäre, verlustig geht. Auch in arbeitsgerichtlichen Verfahren kann, soweit eine mündliche Verhandlung obligatorisch ist, also im Urteilsverfahren, bei einer Einigung eine Terminsgebühr entstehen.[92]

79 **Terminierung unnötig.** Es ist nicht erforderlich, dass das Gericht zur Zeit der gerichtlichen Feststellung einer Einigung gem. § 278 Abs. 6 S. 2 ZPO bereits terminiert hatte.[93]

80 ***bb) Verfahren ohne obligatorische mündliche Verhandlung.*** Bei diesen führt die Einigung nicht zu einer Terminsgebühr. Zu diesen gehören

– zB FG-Verfahren, auch nicht Verfahren über Haushaltsgegenstände (→ Rn. 38),[94]
– Arrest, und andere Eilmaßnahmen[95] außer einstweilige Verfügung (→ Rn. 52) In diesen Verfahren kann mit Beschluss entschieden werden. Anders ist es aber beim Arrest, wenn Widerspruch, eingelegt wurde, da dann gem. § 924 Abs. 1 S. 2 ZPO mündlich verhandelt werden muss. Eine Einigung im **einstweiligen Verfügungsverfahren,** in dem grundsätzlich eine mündliche Verhandlung vorgeschrieben ist (→ Rn. 52), löst eine Terminsgebühr aus.[96]

---

[85] BGH NJW 2002, 3713 = FamRZ 2003, 88.

[86] Hartmann/Toussaint/*Toussaint* RVG VV 3104 Rn. 41.

[87] OLG Bamberg JurBüro 1980, 1347; Madert/Müller-Rabe Fam-HdB/*Madert* Kap. J Rn. 14.

[88] **Bejahend** BayLSG RVGreport 2020, 421 Rn. 36; LSG Mecklenburg-Vorpommern AGS 2018, 172; LSG Berlin-Brandenburg RVGreport 2018, 455 mwN auch für die Gegenmeinung mzustAnm *Hansens;* **verneinend** Bay. LSG JurBüro 2015, 467; LSG NRW NZS 2015, 560.

[89] BGH NJW 2020, 2474 = AGS 2020, 371 = RVGreport 2020, 343 mzustAnm *Hansens;* Gerold/Schmidt/*Müller-Rabe* 24. Aufl. RVG VV 3104 Rn. 69.

[90] Referentenentwurf zum KostRÄG 2021 S. 61.

[91] BGH AnwBl 2006, 71; BAG NJW 2006, 3022; OLG München NJW-RR 2006, 933 = FamRZ 2006, 1056.

[92] BAG NJW 2006, 3022 = NAZ 2006, 1060.

[93] OLG Köln OLGR 2006, 882 = RVGreport 2007, 31.

[94] Zum Recht vor dem FamFG Gerold/Schmidt/*Müller-Rabe,* 18. Aufl. 2008, RVG VV 3104 Rn. 60.

[95] OLG Köln AGS 2017, 70 mablAnm *N. Schneider.*

[96] BGH NJW 2020, 2474 = AGS 2020, 371 mzustAnm *N. Schneider.*

cc) Berufungsverfahren. Unter besonderen Umständen kann in ihm ohne mündliche Verhandlung durch Beschluss entschieden werden, nämlich 81

- über die Unzulässigkeit gem. § 522 Abs. 1 S. 3 ZPO
- uU auch über die Begründetheit gem. § 522 Abs. 2 ZPO.

In beiden Fällen löst die Entscheidung zweifellos keine Terminsgebühr aus (→ Rn. 19).

Einigung. Problematisch ist es, wenn eine Einigung erreicht wird, bevor das Gericht einen Termin zur mündlichen Verhandlung anberaumt hat, wenn also noch offen ist, ob das Gericht mit einem Beschluss gem. § 522 Abs. 2 ZPO entscheiden will. Bis zur 20. Aufl. 2012 habe ich hier vertreten, dass eine Terminsgebühr entsteht, weil grds. das der ZPO unterliegende Berufungsverfahren eine mündliche Verhandlung voraussetzt. Dabei spielte eine Rolle, dass es nach § 522 ZPO aF nicht im Ermessen des Gerichts lag, ob es von § 522 Abs. 2 S. 1 ZPO Gebrauch macht.[97] Daran halte ich nicht fest, nachdem nunmehr nach allgM infolge einer Änderung von § 522 Abs. 3 ZPO (Zulässigkeit eines Rechtsmittels) dem Gericht ein Ermessen zuerkannt wird.[98] Steht aber dem Gericht ein Ermessen zu, ob es mit oder ohne mündliche Verhandlung entscheidet, so ist eine mündliche Verhandlung nicht vorgeschrieben iSv VV 3104 Nr. 1 RVG.[99] Wird also eine Einigung vereinbart, bevor das Gericht einen Termin zur mündlichen Verhandlung anberaumt hat, so entsteht keine Terminsgebühr.[100] Hat aber das Gericht eine mündliche Verhandlung anberaumt und kommt es nicht mehr zu dieser, weil sich die Parteien geeinigt haben, so entsteht eine Terminsgebühr in analoger Anwendung von VV 3104 Nr. 1 Alt. 3. RVG, weil hier eine mündliche Verhandlung erspart bleibt, die sonst stattgefunden hätte, und weil so verhindert wird, dass es die RA doch zu einem ansonsten überflüssigen Termin kommen lassen, wenn sie die Terminsgebühr verdienen wollen. 82

e) Nicht rechtshängige Ansprüche. „In einem solchen Verfahren" bedeutet nicht, dass die Ansprüche bereits rechtshängig sein müssen. Genauso wie im Rahmen des VV Vorb. 3 Abs. 3 RVG eine außergerichtliche Einigungsbesprechung über einen nicht rechtshängigen Anspruch, für den ein Verfahrensauftrag bereits besteht, genügt, um eine Terminsgebühr auszulösen (→ RVG VV Vorb. 3 Rn. 162), muss dies idR VV 3104 Anm. Abs. 1 Nr. 1 Alt. 3 RVG für eine schriftliche Einigung zu einem nicht rechtshängigen Anspruch gelten. Allerdings ist wieder Voraussetzung, dass der RA bereits einen Verfahrensauftrag hatte. Das Erfordernis „in einem solchen Verfahren" bedeutet in diesem Zusammenhang nur, dass es sich bei den nicht rechtshängigen Ansprüchen um solche handeln muss, über die, wenn sie rechtshängig gemacht werden, nur nach mündlicher Verhandlung entschieden werden darf. 83

f) Einverständnis mit schriftlicher Entscheidung Streitig ist, ob eine Einigung immer eine Terminsgebühr nach sich zieht oder ob dies nur gilt, wenn vorher das Einverständnis mit einer schriftlichen Entscheidung erklärt wurde. 84

Erste Meinung. Zur zweiten Ansicht tendiert der 6. Senat des BGH,[101] dem mehrere Gerichte gefolgt sind.[102] 85

Zutreffende Meinung. Dem ist mit der ganz hM in der Lit., der sich mehrere Senate des BGH,[103] das BAG[104] und mehrere Oberlandesgerichte[105] angeschlossen haben, nicht zu folgen.[106] Es ist der Gegenmeinung zwar einzuräumen, dass man, wenn man unbedingt will, den **Wortlaut** der Bestimmung in ihrem Sinn auslegen kann. Nahe liegend ist eine solche Auslegung aber nicht. Im Gegenteil spricht der Wortlaut ganz stark für die hier vertretene Auffassung. In Ziff. 1 ist nur von einem Verfahren die Rede, nämlich dem Verfahren, das eine mündliche Verhandlung voraussetzt. Was dann folgt, sind drei Verhaltensweisen der Parteien (Einverständnis) bzw. des Gerichts (bestimmte Entscheidungen), aber kein Verfahren. Also bedeutet „in einem solchen Verfahren" in der letzten Alternative von Anm. Abs. 1 Nr. 1 lediglich in einem Verfahren, das mündliche Verhandlung vorschreibt. 86

---

[97] BGH NJW 2007, 2644 = AnwBl 2007, 631, gem. § 522 Abs. 1 S. 3 ZPO; BVerfG NJW 2003, 281.

[98] Zöller/*Heßler* ZPO § 522 Rn. 31.

[99] BGH NJW 2020, 2474 Rn. 12; 2008, 668.

[100] **AA** OLG Celle AGS 2013, 326 mzustAnm *N. Schneider* = RVGreport 2013, 390 mzustAnm *Hansens*.

[101] BGH NJW 2004, 2311 = AnwBl 2004, 593.

[102] OLG Naumburg JurBüro 2006, 22; OLG Nürnberg JurBüro 2005, 249; OLG Saarbrücken RVGreport 2005, 428 = AGS 2005, 485; LAG Bln RVGreport 2005, 428.

[103] BGH NJW 2006, 157; FamRZ 2006, 1441 = MDR 2007, 302; (7. Sen.) AnwBl 2007, 462.

[104] BAG NJW 2006, 3022.

[105] OLG Düsseldorf JurBüro 2009, 26; KG AnwBl 2006, 73; OLG Koblenz FamRZ 2006, 355; OLG Nürnberg MDR 2006, 56; OLG Stuttgart AGS 2005, 482; JurBüro 2006, 21.

[106] Mayer/Kroiß/*Mayer* RVG VV 3104 Rn. 26; Riedel/Sußbauer/*Ahlmann* RVG VV 3101 Rn. 15; Schneider/Wolf/*Onderka/Schneider* RVG VV 3104 Rn. 78; *Henke* AnwBl 2004, 593; *N. Schneider* AGS 2004, 232 (233).

87 Gegen die entgegengesetzte Auslegung spricht vor allem aber, dass sie keinen **Sinn** gibt. Warum sollte es bei einer Einigung darauf ankommen, ob die Parteien vorher einer schriftlichen Entscheidung zugestimmt haben?[107]

88 Die Gegenmeinung **widerspricht auch dem Grundgedanken des RVG.**[108] Das RVG will eine gütliche Einigung unter weitgehender Schonung der Gerichte fördern (insbes. VV Vorb. 3 Abs. 3 S. 1 Alt. 3 RVG Aushandeln ohne gerichtliche Beteiligung). Eine Einigung erspart dem Gericht uU einen zusätzlichen Termin. Sollte die Gegenauffassung zutreffend sein, so werden die Anwälte zukünftig in vielen Fällen auf einer Protokollierung in der mündlichen Verhandlung bestehen, also auch die Gerichte zusätzlich belasten.

89 Das Argument, dass es dem Interesse der Parteien entspricht, die **Kosten** eines Rechtsstreits so **gering** wie möglich zu halten, ist zwar für sich betrachtet sehr zutreffend, im vorliegenden Zusammenhang aber unergiebig. Es fehlt bereits die Behauptung, dass das Gesetz sich dieses Anliegen zu Eigen gemacht hätte. Schon gar nicht ist ein Hinweis zu finden, wo eine derartige gesetzgeberische Absicht ihren Niederschlag gefunden haben soll.

90 **g) Ohne Besprechung.** Der Einigung muss keine mündliche Besprechung vorausgegangen sein. Die Nr. 1 befasst sich gerade mit Fällen, in denen ohne eine mündliche Aktivität eine Terminsgebühr anfällt. Findet eine Besprechung mit dem Gegner oder dessen Anwalt statt, so ist in vielen Fällen bereits die Alt. 3 des VV Vorb. 3 Abs. 3 S. 1 RVG gegeben.

VII. Verwaltungs- und Sozialrecht (Anm. Abs. 1 Nr. 2, 3)

1. VV 3104 Anm. Abs. 1 Nr. 2 RVG

91 → Anh. IV. Rn. 20 ff.

2. VV 3104 Anm. Abs. 1 Nr. 3 RVG

92 → § 3 Rn. 49.

VIII. Mehrvergleichsversuch

1. Überblick

93 VV 3104 Anm. Abs. 2 RVG ist anzuwenden, wenn in einem Termin versucht wird, nicht rechtshängige Ansprüche in eine Einigung einzubeziehen. Abs. 2 enthält eine doppelte Aussage. Zum einen befindet sich in ihm eine Anrechnungsbestimmung. Zum anderen ist ihm zu entnehmen, dass in einem Verfahren eine Terminsgebühr, und zwar eine einheitliche, auch dann anfällt, wenn Einigungsgespräche über in diesem Verfahren nicht rechtshängige Ansprüche geführt werden. Denn nur eine entstandene Gebühr kann angerechnet werden.

2. Besprechung bei Gericht mit Einigungsabsicht (Anm. Abs. 2)

94 **a) Terminsgebühr.** ***aa) Terminsgebühr für alle Gegenstände.*** **Eine Terminsgebühr aus addierten Werten.** Es entsteht in dem Verfahren, in dessen Termin das Gespräch stattfindet, eine 1,2 Terminsgebühr aus dem addierten Wert der rechtshängigen und der dort nicht rechtshängigen Ansprüche.[109]

95 ***bb) Verfahrensauftrag.*** Voraussetzung ist, dass auch für die in dem Verfahren nicht rechtshängigen Ansprüche ein Verfahrensauftrag besteht, wofür es wieder reicht, dass der RA den Auftrag hat, auch über die nicht rechtshängigen Ansprüche eine Einigung auszuhandeln, die bei Gericht protokolliert werden soll (→ RVG VV Vorb. 3 Rn. 15). Hat der RA keinen Verfahrensauftrag, sondern nur einen zu einer außergerichtlichen Vertretung, so verdient er selbst dann keine Terminsgebühr hinsichtlich dieser Ansprüche, wenn er tatsächlich Gespräche in der mündlichen Verhandlung führt.

96 ***cc) Einigungsgespräche.*** Es müssen Verhandlungen zur Einigung stattfinden, die allerdings nicht erfolgreich sein müssen.[110] Kommt es zu einer Einigung, so ist idR davon auszugehen, dass eine derartige Verhandlung auch zu den einbezogenen Gegenständen stattgefunden hat.[111]

---

107 BGH NJW 2006, 157, Rpfleger 2006, 38 = BB 2005, 2600; *H. J. Mayer* RVG-Letter 2005, 26 (27).

108 *H. J. Mayer* RVG-Letter 2005, 26 (27).

109 OLG Hamm JurBüro 2007, 482; OLG Jena MDR 2013, 944; OLG Saarbrücken AG Kompakt 2010, 29; OLG Stuttgart AnwBl 2006, 769 = JurBüro 2006, 640; *Schons* AGS 2006, 418.

110 OLG Hamm JurBüro 2007, 482; OLG Stuttgart AnwBl 2006, 769 = JurBüro 2006, 640; HBS VergütungsR/*Hansens* Teil 8 Rn. 238.

111 OLG Hamm JurBüro 2007, 482.

Einigungsgespräche müssen auch tatsächlich stattgefunden haben („Sind … geführt worden“). Es genügt nicht, dass der RA mit dem Auftrag und der Absicht, derartige Gespräche zu führen, in den Termin geht, wenn es dann nicht zu Einigungsgesprächen über die nicht rechtshängigen Ansprüche kommt. **97**

Wegen Gesprächen ohne Einigungsabsicht → Rn. 118 ff.

dd) Nirgendwo anhängige Ansprüche. Anm. Abs. 2 gilt für nicht rechtshängige Ansprüche.[112] Solche sind gegeben, wenn sie überhaupt nicht Gegenstand eines gerichtlichen Verfahrens sind. Wegen Besonderheiten im Verhältnis Eilsache zu Hauptsache → Anh. II Rn. 32 ff. **98**

ee) Anderweitige anhängige Ansprüche. „In diesem Verfahren nicht rechtshängig“ sind aber auch Ansprüche, die Gegenstand eines anderen Verfahrens sind.[113] Das bestätigt die Anrechnungsbestimmung, die sich ja gerade auf anderweitig rechtshängige Ansprüche bezieht. Wegen Besonderheiten im Verhältnis anhängiger Eilsache zu anhängiger Hauptsache → Anh. II Rn. 19 ff. **99**

ff) Einbeziehung rechtskräftig festgestellter Ansprüche. Wird ein rechtskräftig festgestellter Anspruch unter Änderung seines Inhalts in eine Gesamteinigung mit aufgenommen, nachdem hierüber verhandelt worden ist, so entsteht auch für diesen Anspruch eine Terminsgebühr.[114] **100**

gg) Terminsgebühr nur im Einigungsverfahren. Durch die Einigungsbemühungen fällt nur in dem Verfahren, in dem die Einigungsgespräche stattfinden, eine Terminsgebühr an, nicht aber in dem Verfahren, dessen Anspruch einbezogen werden soll.[115] **101**

Der Gegenmeinung, die hier in beiden Verfahren eine Terminsgebühr entstehen lässt, im einbezogenen Verfahren über VV Vorb. 3 Abs. 3 S. 1 Alt. 3 RVG,[116] ist nicht zu folgen. Zwar ist richtig, dass eigentlich bei einer derartigen Besprechung vor Gericht die Voraussetzungen der VV Vorb. 3 Abs. 3 S. 1 Alt. 3 RVG erfüllt wären. Dazu, dass die Beteiligung des Gerichts nicht schadet → RVG VV Vorb. 3 Rn. 186. Die Bedeutung von VV 3104 Anm. Abs. 2 RVG, der ja nicht sinnlos sein soll ist, ist jedoch, dass bei einem solchen Einbeziehungsgespräch vor Gericht die Terminsgebühr nur einmal entsteht. Mit der Anm. 2 soll, wie die Motive ausführen (→ Rn. 1), verhindert werden, dass bei einer gemeinsamen Besprechung in einem Termin je eine Terminsgebühr in zwei Verfahren anfällt.[117] Die Situation ist also ähnlich wie hinsichtlich der Einigungsgebühr, für die davon ausgegangen wird, dass sie, auch wenn die Einigung an sich mehrere Angelegenheiten betrifft, trotzdem nur einmal anfällt (→ RVG VV 1003 Rn. 71). **102**

VV Vorb. 3 Abs. 3 S. 1 Alt. 1 RVG scheidet aus, da in dem anderen Verfahren kein Termin stattfindet. Anders ist es allerdings, wenn der Richter **gleichzeitig beide Verfahren aufruft.** Dann findet in beiden Verfahren ein Termin statt und entsteht die Terminsgebühr in beiden.[118] **103**

b) Anrechnung der Terminsgebühr. ***aa) Allgemeines.*** Gem. VV 3104 Abs. 2 RVG ist eine Anrechnung der Terminsgebühr im Einbeziehungsverfahren auf die Terminsgebühr im einbezogenen Verfahren, falls dort eine solche bei demselben RA angefallen ist, vorgesehen. Es soll vermieden werden, dass hinsichtlich desselben Gegenstands in beiden Verfahren eine Terminsgebühr in Rechnung gestellt werden kann. Auch für diese Anrechnung gilt § 15a RVG. **104**

bb) In einer anderen Angelegenheit entstandene Terminsgebühr. Wenn in VV 3104 Anm. Abs. 2 RVG darauf abgestellt wird, dass „in einer anderen Angelegenheit “ bereits eine Terminsgebühr angefallen ist, so muss die andere Angelegenheit noch nicht rechtshängig sein. Das ergibt sich daraus, dass gem. VV Vorb. 3 Abs. 3 RVG eine Terminsgebühr auch entstehen kann, wenn ein RA bereits einen Verfahrensauftrag hat[119] und vor Klageerhebung oder -einreichung Einigungsgespräche iSv VV Vorb. 3 Abs. 3 S. 1 Alt. 3 RVG führt (→ RVG VV Vorb. 3 Rn. 162). Auch eine auf diese Weise entstandene Terminsgebühr ist anzurechnen.[120] Es gibt keinen Grund, diese Terminsgebühr anders zu behandeln als eine Terminsgebühr, die in einem rechts- **105**

---

112 OLG Karlsruhe FamRZ 2011, 1682; OLG Stuttgart JurBüro 2006, 640 = AnwBl 2006, 769.

113 OLG Hamm JurBüro 2007, 200, für Hauptsache und einstweilige Verfügung.

114 OLG München AnwBl 2006, 587.

115 BAG NJW 2014, 1837; OLG Frankfurt a. M. OLGR 2008, 576 = AGS 2008, 224 hat in den Fällen, in denen die Gebühren im Rechtsbeschwerdeverfahren selbst; zust. Anm. *Hansens;* OLG Stuttgart NJW-RR 2005, 940 = JurBüro 2005, 303; *Hansens* RVGreport 2007, 106 (107) Ziff. 2 ebenso *Mock* AGS 2005, 257 (258) Ziff. Ib.

116 OLG Rostock JurBüro 2007, 137, in dem einbezogenen Verfahren entsteht eine Terminsgebühr; OLG Rostock RVG-Letter 2007, 136 mzustAnm *Mayer.*

117 Redaktion RVG-Letter 2005, 39; *Schaefer/Göbel,* Das neue Kostenrecht in Arbeitssachen, 1. Aufl. 2004, Rn. 132.

118 OLG Düsseldorf OLGR 2009, 455 = AGS 2009, 269; OLG Köln AGS 2012, 62.

119 Mayer/Kroiß/*Mayer* RVG VV 3104 Rn. 51.

120 HBS VergütungsR/*Hansens* Teil 8 Rn. 238, 356; Mayer/Kroiß/*Mayer* RVG VV 3104 Rn. 49 ff.

hängigen Verfahren entstanden ist. Das entspricht auch der Vorstellung des Rechtsausschusses des Bundestags (→ RVG VV Vorb. 3 Rn. 162). Dazu, dass unerheblich ist, ob die Terminsgebühr in dem anderen Verfahren bereits entstanden ist oder erst später entsteht, → RVG VV 3101 Rn. 118. Es ist auch unerheblich, ob der RA in dem einen Verfahren die Terminsgebühr als Verfahrensbevollmächtigter und in dem andern als Terminsvertreter verdient hat.[121]

106 ***cc) Berechnungsweise.*** → RVG VV 3101 Rn. 117.

107 ***dd) Mehr als zwei Angelegenheiten.*** Fällt wegen desselben Gegenstandes in mehr als zwei Verfahren die Terminsgebühr an, weil in eine Einigung zahlreiche Verfahren mit einbezogen werden oder werden sollen, so ist in jedem der einbezogenen Verfahren die Anrechnung durchzuführen. Das ergibt sich aus dem Zweck der Vorschrift, dass hinsichtlich desselben Gegenstandes die Terminsgebühr nicht mehrfach anfallen soll. Würde man nur in einem Verfahren eine Anrechnung vornehmen, so würde im dritten Verfahren eine doppelte Terminsgebühr hinsichtlich desselben Gegenstandes entstehen. Dabei ist in jedem Verfahren nur der Mehrwert der Terminsgebühr anzurechnen, der sich aus dem Gegenstand des jeweiligen Verfahrens ergibt.

108 ***ee) Verschiedene Anwälte.*** Vertreten in den Verfahren unterschiedliche Anwälte die Partei, so scheidet eine Anrechnung aus, da, wie oben dargelegt, der Anwalt des einbezogenen Verfahrens in dem anderen Verfahren keine Terminsgebühr verdient (→ Rn. 101 ff.).

109 ***ff) Einbeziehung rechtskräftig festgestellter Ansprüche.*** Wird ein rechtskräftig festgestellter Anspruch in ein Einigungsgespräch mit einbezogen (→ Rn. 100), so scheidet eine Anrechnung auf die in dem rechtskräftig abgeschlossen Verfahren angefallene Terminsgebühr aus. Dieses Verfahren ist eine abgeschlossene Angelegenheit. Wenn jetzt versucht wird, diesen Anspruch in eine Einigung hinsichtlich anderer Ansprüche einzubinden, so ist hinsichtlich des rechtskräftig festgestellten Anspruchs nunmehr eine neue Angelegenheit gegeben.[122]

110 **Noch nicht rechtskräftiger Anspruch.** Zu beachten ist aber, dass das nicht gilt, wenn die Einigung dazu führt, dass in einem noch nicht abgeschlossenen Verfahren eine gerichtliche Entscheidung aufgehoben wird.

Beispiel:

Im erstinstanzlichen Verfahren A wird ein Anspruch B, der in der Berufung anhängig ist, mit verglichen. Im erstinstanzlichen Verfahren über Anspruch B war ein nicht angegriffener Kostenfestsetzungsbeschluss ergangen.

Eine Anrechnung kann erfolgen. Der Kostenfestsetzungsbeschluss im Verfahren A steht nicht entgegen, da er gegenstandslos geworden ist.

111 ***gg) Kritik an Anrechnungsregelung.*** Die Regelung der Anm. Abs. 2 sollte geändert werden. Sie führt dazu, dass sich bei völlig gleichem Inhalt der Einigungsbemühungen uU ganz unterschiedliche Erstattungsansprüche ergeben, je nachdem in welchem Verfahren die Einigungsbemühung erfolgt. Außerdem führt sie zu umständlichen Rechenvorgängen.

Fall:

In zwei unterschiedlichen erstinstanzlichen Verfahren hat der Kläger ein Darlehen über 10.000,– EUR (Verfahren A) und ein Mietrückstand von 5.000,– EUR (Verfahren B) eingeklagt. In beiden Verfahren sind bereits jeweils eine 1,3 Verfahrensgebühr und eine 1,2 Terminsgebühr angefallen. In einem der beiden Verfahren wird vergeblich eine Gesamteinigung besprochen. Der Kläger gewinnt den Darlehensprozess zu 3/4 und den Mietprozess zur Hälfte mit entsprechenden Kostenentscheidungen.

112 **(1) Einigungsgespräch im Darlehensverfahren.** Es ergibt sich folgende Berechnung

Gebühren im Verfahren A		
1,3 Verfahrensgebühr gem. VV 3100 RVG aus 10.000,– EUR	798,20 EUR	
0,8 Verfahrensgebühr gem. VV 3101 RVG aus 5.000,– EUR	267,20 EUR	
Summe	1.065,40 EUR	
Höchstens jedoch		
1,3 Verfahrensgebühr gem. VV 3100 RVG aus 15.000,– EUR		933,40 EUR
1,2 Terminsgebühr gem. VV 3104 RVG aus 15.000,– EUR		861,60 EUR
Pauschale		20,00 EUR
Insgesamt Verfahren A		1.815,00 EUR
Gebühren im Verfahren B		
1,3 Verfahrensgebühr gem. VV 3100 RVG aus 5.000,– EUR		434,20 EUR
– Anrechnung Verfahrensgebühr Differenz aus 933,40 und 798,20 EUR gem. VV 3101 Anm. Abs. 1 RVG		– 135,20 EUR

[121] Riedel/Sußbauer/*Ahlmann* RVG VV 3101 Rn. 21.

[122] Zu dieser Problematik *Hansens* Anm. zu OLG München RVGreport 2007, 105 (106) Ziff. IV; *Schons* AGS 2006, 418 (419) aE.

1,2 Terminsgebühr aus 5.000,– EUR	400,80 EUR
– Anrechnung Differenz gem. VV 3104 Anm. Abs. 2 RVG aus 1,2 Terminsgebühr aus 15.000,– EUR = 861,60 EUR und 1,2 Terminsgebühr aus 10.000,– EUR = 736,80 EUR	– 124,80 EUR
Pauschale	20,00 EUR
Insgesamt Verfahren B	595,00 EUR

Bei der Kostenfestsetzung erhält der Kläger ohne Berücksichtigung des Ausgleichsanspruchs des Beklagten

¾ aus 1.815,00 EUR	1.361,25 EUR
½ aus 595,00 EUR	297,50 EUR
Insgesamt	1.658,75 EUR

(2) Einigungsgespräch im Mietverfahren. Es ergibt sich folgende Berechnung 113

Gebühren im Verfahren B		
1,3 Verfahrensgebühr gem. VV 3100 RVG aus 5.000,– EUR		434,20 EUR
0,8 Verfahrensgebühr gem. VV 3101 RVG aus 10.000,– EUR		491,20 EUR
Summe		925,40 EUR
Höchstens jedoch		
1,3 Verfahrensgebühr gem. VV 3100 RVG aus 15.000,– EUR	933,40 EUR	
1,2 Terminsgebühr gem. VV 3104 RVG aus 15.000,– EUR		861,60 EUR
Pauschale		20,00 EUR
Insgesamt Verfahren A		1.807,00 EUR
Gebühren im Verfahren A		
1,3 Verfahrensgebühr gem. VV 3100 RVG aus 10.000,– EUR		798,20 EUR
– Anrechnung Verfahrensgebühr Differenz aus 925,40 EUR und 434,20 EUR gem. VV 3101 Anm. Abs. 1 RVG		– 491,20 EUR
1,2 Terminsgebühr aus 10.000,– EUR		736,80 EUR
– Anrechnung Differenz gem. VV 3104 Anm. Abs. 2 RVG aus 1,2 Terminsgebühr aus 15.000,– EUR = 861,60 EUR und 1,2 Terminsgebühr aus 5.000,– EUR = 400,80 EUR		– 460,80 EUR
Pauschale		20,00 EUR
Insgesamt Verfahren A		603,00 EUR

Bei der Kostenfestsetzung erhält der Kläger ohne Berücksichtigung des Ausgleichsanspruchs des Beklagten

¾ aus 603,00 EUR im Verfahren A	452,25 EUR
½ aus 1.807,00 EUR	903,50 EUR
Insgesamt	1.355,75 EUR

Dieser Unterschied ist nicht gerechtfertigt. Besser wäre es, wenn im Verfahren, in dem das Mehrvergleichsgespräch geführt wird, eine Terminsgebühr aus dem Anspruch, der mit einbezogen werden soll, nicht anfällt, falls und soweit in dem anderen Verfahren bereits eine Terminsgebühr entstanden ist. Erwächst diese erst, nachdem im Verfahren mit dem Einigungsgespräch bereits eine höhere Terminsgebühr entstanden war, so entfällt die Erhöhung nachträglich. 114

Beispiel:

In zwei Verfahren sind anhängig 10.000,– EUR (Verfahren A) und 5.000,– EUR (Verfahren B). Der RA ist in beiden Verfahren Verfahrensbevollmächtigter.

Alt. 1: Bevor im Verfahren A Einigungsgespräche über beide Ansprüche geführt werden, war in beiden Verfahren bereits eine Terminsgebühr angefallen.

Von vornherein erhöht sich die Terminsgebühr nicht. Es bleibt eine Terminsgebühr aus 10.000,– EUR.

Alt. 2: Zum Zeitpunkt des Einigungsgesprächs im Verfahren A war im Verfahren B noch keine Terminsgebühr angefallen.

Die Terminsgebühr im Verfahren A errechnet sich zunächst wie bisher aus 15.000,– EUR.

Entsteht danach noch im Verfahren B eine Terminsgebühr, so entfällt rückwirkend die Erhöhung der Terminsgebühr im Verfahren A, errechnet sich also nur noch aus 10.000,– EUR.

Entsprechendes gilt für die Verfahrensgebühr.

Der Grundsatz, dass ein RA einmal verdiente Gebühren nicht wieder verlieren kann, steht nicht entgegen, da der RA iErg gleich hohe Gebühren verdient. Nur hinsichtlich der Kostenerstattung ändert sich etwas. 115

116 **c) Verfahrensgebühr.** Neben der Terminsgebühr kann eine 0,8 Verfahrensgebühr gem. VV 3101 Nr. 2 RVG entstehen (→ RVG VV 3101 Rn. 81 ff.).

117 **d) Einigungsgebühr.** Kommt es zu einer Einigung, so entsteht auch noch eine einheitliche Einigungsgebühr bzgl. aller mit geregelten Gegenstände (→ RVG VV 1003 Rn. 71). Zu deren Höhe → RVG VV 1003 Rn. 72.

3. Gespräch bei Gericht ohne Einigungsabsicht

118 Wird in einem gerichtlichen Termin lediglich eine Frage angesprochen, die (auch) in einem anderen Verfahren von Bedeutung ist, ohne dass eine Einigung angestrebt wird und ohne dass die andere Sache förmlich aufgerufen wird, so entsteht weder im Gesprächsverfahren eine um den Gegenstandswert der anderen Sache erhöhte Terminsgebühr, noch fällt in dem anderen Verfahren eine Terminsgebühr an.

119 VV 3104 Anm. Abs. 2 RVG liegt nicht vor, da es an „Verhandlungen zur Einigung" fehlt (→ Rn. 96).[123] Die Alt. 1 von VV Vorb. 3 Abs. 3 S. 1 RVG scheidet aus, weil in der anderen Sache kein Termin stattfindet. Also kann der RA seinen Mandanten auch nicht in einem Termin zu dieser Sache vertreten. Das bloße Gespräch über eine Frage aus dem anderen Verfahren kann nicht als eine Terminierung in dieser Sache angesehen werden. Eine solche ad hoc Terminierung kann der Richter allein schon wegen der Frist des § 217 ZPO auch nicht ohne weiteres von sich aus vornehmen. Diese Frist kann nur dann unbeachtet gelassen werden, wenn sich die Parteien damit einverstanden erklären. Solche Erklärungen fehlen, wenn nichts anderes passiert, als dass über eine andere Sache mit gesprochen wird. Die Alt. 3 von VV Vorb. 3 Abs. 3 S. 1 RVG kommt ebenfalls nicht in Betracht, da kein Vermeidungs- oder Erledigungsgespräch gegeben ist.

120 OLG Oldenburg[124] hat allerdings anders entschieden in Fällen, in denen ein Verfahren zur Hauptsache und wegen einer einstweiligen Anordnung rechtshängig war, nur in einer Angelegenheit terminiert war und in diesem Termin auch über die andere Angelegenheit ohne Einigungsabsicht gesprochen wurde. Es hat dies wie selbstverständlich angenommen, ohne die vorstehend angesprochenen Gesichtspunkte auch nur erwähnt zu haben. Dem könnte nur gefolgt werden, wenn die zuvor dargelegten Erwägungen im Verhältnis Hauptsache und einstweilige Anordnung nicht gelten würden, was jedoch nicht der Fall ist.

4. Gleichzeitige Terminierung in zwei Verfahren

121 Von den Verfahren, in denen eine andere Angelegenheit ohne deren Terminierung mit behandelt wird, ist die Rechtslage zu unterscheiden, wenn in einem Termin mehrere Verfahren aufgerufen werden. Hier kommen zwei Varianten in Betracht. Das Gericht erlässt einen förmlichen Beschluss und verbindet die Verfahren „zum Zweck einer gemeinsamen Verhandlung" oder es terminiert einfach zwei oder mehrere Sachen auf den gleichen Termin – ohne förmlichen Verbindungsbeschluss. Nicht hierher gehört der Fall, dass mehrere Verfahren zur gemeinsamen Verhandlung und Entscheidung verbunden werden. Dann liegt unzweifelhaft nur eine Angelegenheit vor und fallen die Terminsgebühr und auch die Verfahrensgebühr nur einmal an. Werden die beiden Verfahren erst verbunden, nachdem sie einzeln aufgerufen waren und der RA seine Vertretungsbereitschaft in beiden Verfahren erklärt hat, so sind in beiden Verfahren gesonderte Terminsgebühren angefallen (→ RVG VV 3100 Rn. 56 ff.), da auf den Beginn des Termins und die Vertretungsbereitschaft zu diesem Zeitpunkt abzustellen ist (→ RVG VV Vorb. 3 Rn. 81 ff., 108 ff.).[125] Zu Unrecht wird bisweilen im Verwaltungs- und Finanzrecht in einem solchen Fall lediglich die Entstehung einer einheitlichen Terminsgebühr, teilweise unter Berufung auf Anm. 2 zu VV 3104 RVG angenommen.[126] Es wird dabei nicht ausreichend berücksichtigt, dass mit dem Aufruf in beiden Verfahren die Terminsgebühren angefallen waren, die gem. § 15 Abs. 4 RVG nicht mehr verloren gehen können. Die Anm. liegt nicht vor. Sie greift nur ein, wenn eine Sache, in der ein Termin nicht aufgerufen wird, mitverhandelt wird.

122 **a) Terminsgebühr.** ***aa) Vorübergehender Verbindungsbeschluss.*** Der Richter hat einen förmlichen Beschluss erlassen, in dem er mehrere Verfahren „zur gemeinsamen Verhandlung" verbindet.

123 **Folge.** In der zivilrechtlichen Rspr. und Lit. wird allg. vertreten, dass die weitgehenden Folgen einer Prozessverbindung bei einem solchen Beschluss nicht gewollt sind und auch nicht

[123] OLG Hamburg MDR 2007, 1288 = OLGR 2007, 707; OLG Oldenburg FamRZ 2007, 575.
[124] OLG Hamburg MDR 2007, 1288 = OLGR 2007, 707; OLG Oldenburg FamRZ 2007, 575.
[125] VG OLG Oldenburg AGS 2008, 1117.
[126] VGH Mannheim DÖV 2006, 967; NdsFG EFG 2008, 242.

eintreten. Deshalb bleiben es weiterhin zwei selbständige Verfahren[127] und finden gebührenrechtlich zwei Termine statt.[128] Es entstehen in beiden Verfahren selbständige Terminsgebühren.

Demgegenüber wird in der Verwaltungs- und Finanzgerichtsbarkeit vertreten, dass dann zumindest vorübergehend eine Angelegenheit gegeben ist, also nur ein Termin stattfindet und daher die Terminsgebühr nur einmal entsteht, und zwar aus dem addierten Gegenstandswert.[129] Hier wird also die bloße Verbindung zu einer gemeinsamen mündlichen Verhandlung gleich behandelt mit einer Verbindung iSv § 147 ZPO, also einer Verbindung zur gleichzeitigen mündlichen Verhandlung und Entscheidung. **124**

ME sollte der ersten Meinung der Vorzug gegeben werden. Zwar trifft auf einen solchen Termin der gemeinsamen Verhandlung der § 15 Abs. 2 RVG zu Grunde liegende Gedanke zu, dass in vielen Fällen eine gemeinsame Behandlung in einer Angelegenheit mit weniger Aufwand für den RA verbunden ist als eine Behandlung in getrennten Angelegenheiten.[130] Andererseits trägt diese Ansicht nicht ausreichend dem Gesichtspunkt Rechnung, dass durch die Begrenzung der Verbindung auf die mündliche Verhandlung gerade die Selbständigkeit der Verfahren gewahrt werden und gerade nicht eine einheitliche Angelegenheit geschaffen werden soll. Dem wird auch nach ganz hM in anderer Beziehung Rechnung getragen. So wurden durch diese Art der Verbindung Parteien nicht zu Streitgenossen und können weiter als Zeugen vernommen werden.[131] **125**

Eine unterschiedliche Handhabung im Zivilrecht einerseits und öffentlichen Recht andererseits ist nicht gerechtfertigt. Zwar stimmt § 93 VwGO nicht wortwörtlich mit §§ 145 ff. ZPO überein. Es handelt sich jedoch nur um einen redaktionellen, nicht aber sachlichen Unterschied.[132] **126**

bb) Rein tatsächliche Gleichzeitigkeit. Der Richter terminiert lediglich zwei Sachen auf dieselbe Zeit und denselben Ort, verzichtet aber auf einen förmlichen Beschluss der Verbindung für die mündliche Verhandlung. Geht man, wie hier, im Fall eines auf die Verhandlung beschränkten Verbindungsbeschlusses schon von zwei Terminen und zwei Terminsgebühren aus, so muss das bei bloßer tatsächlicher Gleichzeitigkeit erst recht gelten.[133] Hier kommt noch klarer zum Ausdruck, dass der Richter keine, auch keine vorübergehende Verbindung zu einer Angelegenheit herbeiführen will. **127**

Gegenmeinung. Es ist daher der Gegenmeinung nicht zu folgen, die auch hier eine partielle Verbindung und eine Angelegenheit und nur eine Terminsgebühr aus dem addierten Gegenstandswert annehmen will. Sie lehnt eine Unterscheidung nach formalen Kriterien (förmlicher Beschluss oder keiner) ab und stellt nur auf den Arbeitsaufwand ab, der mit oder ohne Verbindungsbeschluss geringer ist, wenn der RA zeitlich und örtlich nur an einem Termin teilnimmt.[134] **128**

b) Einigungsgebühr. Eine Einigung. Die Einigungsgebühr entsteht, wenn alle Ansprüche in einer Einigung zusammen geregelt werden, nur einmal (→ RVG VV 1003 Rn. 71). Die Festsetzung der Einigungsgebühr erfolgt in dem Verfahren, in dem die Einigung getroffen wird, also in dem Verfahren, in dem sie protokolliert wird. **129**

Getrennte Einigungen. Werden jedoch trotz der gemeinsamen Verhandlung getrennte Einigungen in den Verfahren getroffen, so entstehen mehrere Einigungsgebühren. **130**

5. Gespräche ohne Gericht über mehrere Verfahren

Anm. Abs. 2 unanwendbar. Hier greift Abs. 2 der Anmerkung nicht ein. Diese Bestimmung setzt voraus, dass „in dem Termin" Einigungsbemühungen erfolgen. Mit dem Termin ist ein gerichtlicher Termin gemeint. Wenn das Gesetz den Begriff des Termins in einem weiteren Sinn verwenden will, so dass auch außergerichtliche Gespräche erfasst werden, so hat es das zB in VV 3401 RVG durch die Hinzufügung „Termin im Sinne der Vorbemerkung 3 Abs. 3" zum Ausdruck gebracht (→ RVG VV 3401 Rn. 20 ff.). **131**

---

[127] BGH NJW 1957, 183; Zöller/*Greger* ZPO § 147 Rn. 5.
[128] OLG Braunschweig OLGR 2006, 342 = AGS 2007, 395; OLG München JurBüro 1990, 394.
[129] VGH München JurBüro 2002, 583; NdsFG EFG 2001, 528; *Grabolle/Wilske* MDR 2007, 1405 (1408) Ziff. IV 3b.
[130] *Grabolle/Wilske* MDR 2007, 1405 (1408) Ziff. IV 3b.
[131] *Grabolle/Wilske* MDR 2007, 1405 (1408) Ziff. IV 1.
[132] *Grabolle/Wilske* MDR 2007, 1405 (1408).
[133] OVG Münster RVGreport 2009, 345 mzustAnm *Hansens.*
[134] *Grabolle/Wilske* MDR 2007, 1405 (1408) Ziff. IV 3b.

132 Abs. 2 zur Anmerkung will damit gerade für den speziellen Fall, dass in einem gerichtlichen Termin für mehrere Angelegenheiten Einigungsbemühungen vorgenommen werden, eine einheitliche Terminsgebühr schaffen. Eine solche Differenzierung gibt auch Sinn, da hier eine eindeutige Zuordnung zu einem Gerichtsverfahren möglich ist. Würde man Abs. 2 auch bei außergerichtlichen Besprechungen gelten lassen, so würde man bei Gesprächen über in mehreren Gerichtsverfahren rechtshängige Ansprüche häufig nicht mehr wissen, welchem Verfahren das Gespräch zugeordnet werden soll.[135] Es scheidet daher auch eine analoge Anwendung aus.

133 **Terminsgebühren gem. VV Vorb. 3 Abs. 3 S. 1 Alt. 3 RVG.** Das bedeutet aber nicht, dass hier nicht hinsichtlich aller besprochenen Gegenstände eine Terminsgebühr anfallen würde. Deren Entstehung ergibt sich unmittelbar aus VV Vorb. 3 Abs. 3 S. 1 Alt. 3 RVG.

134 **Mehrere Terminsgebühren.** Es fallen mehrere Terminsgebühren an und nicht nur eine aus dem addierten Wert.[136] Es fehlt für diesen Fall an einer VV 3104 Anm. Abs. 2 RVG entsprechenden Bestimmung, die eine Klammer herbeiführt. Außerdem ließe sich häufig nicht beurteilen, zu welchem Verfahren eine einheitliche Terminsgebühr gehören sollte. Hinzu kommt: Werden zwei Verfahren gleichzeitig terminiert und wird in beiden gleichzeitig verhandelt, so fällt in beiden Verfahren jeweils eine Terminsgebühr an (→ Rn. 121 ff.). Es gibt keinen Grund, warum bei einer außergerichtlichen Besprechung etwas anderes gelten sollte.

135 Die Gegenmeinung geht zu Unrecht davon aus, es sei wegen der Anrechnung unerheblich, welchem Verfahren die Terminsgebühr zugeordnet wird. Wie oben dargelegt wird (→ Rn. 111, 100 ff.) macht es bei unterschiedlichen Kostenerstattungsquoten in den beiden Verfahren einen Unterschied, welchem Verfahren die Terminsgebühr zugeordnet wird. Die Gegenmeinung müsste entsprechend den Werten der mitgeregelten Ansprüche Quoten der einheitlichen Terminsgebühr bilden und diese dann den jeweiligen Verfahren zuordnen.

136 Gegen die hier vertretene Ansicht spricht auch nicht, dass nach der herrschenden, auch von mir vertretenen Meinung bei einer einheitlichen Einigung nur eine Einigungsgebühr aus dem Gesamtwert entsteht (→ RVG VV 1003 Rn. 71). Es handelt sich hier um eine Besonderheit der Einigungsgebühr, die sich damit rechtfertigt, dass die Parteien durch die Verbindung mehrerer Ansprüche in einer Einigung zum Ausdruck bringen, dass sie die in ihnen geregelten unterschiedlichen Angelegenheiten hinsichtlich der Einigungsgebühr als eine Einheit behandeln wollen. Dieser Gedanke lässt sich nicht ohne weiteres auf die Terminsgebühr übertragen.

137 Auch der Ansicht, dass zwar mehrere Terminsgebühren entstehen, diese jedoch der Höhe nach begrenzt sind auf eine Terminsgebühr aus den addierten Werten aller Gegenstände und nach Quoten auf die einzelnen Gegenstände zu verteilen sind,[137] ist nicht zu folgen.

6. Außergerichtliche Gespräche auch über nicht rechtshängige Ansprüche

138 Aus den zuvor bei einem außergerichtlichen Gespräch über in verschiedenen Verfahren rechtshängige Gegenstände genannten Gründen scheidet auch hier eine Anwendung von Anmerkung Abs. 2 aus. Es fallen, wenn für alle Ansprüche ein Verfahrensauftrag bestand, wieder mehrere Terminsgebühren an, die nebeneinander selbständig bestehen.

Beispiel:

Anhängig Darlehen über 10.000,– EUR. Außergerichtliches Einigungsgespräch hierüber und über nirgendwo anhängigen Anspruch aus Miete über 5.000,– EUR. Im Falle einer Einigung soll die Vereinbarung beim Gericht im Darlehensverfahren protokolliert werden. Die Gespräche scheitern.

IX. Bloße Protokollierung (Anm. Abs. 3)

1. Bloße Protokollierung nirgendwo rechtshängiger Ansprüche

139 **a) Grundsatz.** Gem. VV 3104 Anm. Abs. 3 RVG fällt keine Terminsgebühr an, wenn sich die Tätigkeit des Anwalts ausschließlich darauf beschränkt, eine Einigung über nirgendwo rechtshängige Ansprüche zu Protokoll zu geben.

140 **b) Nicht rechtshängige Ansprüche.** Anders als Abs. 2 gilt Abs. 3 nur für Ansprüche, die **nirgendwo rechtshängig** sind (→ Rn. 144 ff.).

141 Ist **nur ein Teil** der Ansprüche, hinsichtlich derer eine Protokollierung erfolgen soll, rechtshängig, so errechnet sich die Terminsgebühr nur aus dem Wert dieser Ansprüche.[138]

---

[135] BGH NJW-RR 2012, 314 = JurBüro 2012, 242.

[136] BGH NJW-RR 2012, 314 = JurBüro 2012, 242; OLG München JurBüro 2010, 191; *Hansens* RVGreport 2009, 73 Ziff. III; *Enders* JurBüro 2005, 295 (297).

[137] KG JurBüro 2009, 80 = AGS 2009, 175 mablAnm *N. Schneider* = RVGreport 2009, 72 mablAnm *Hansens,* der auch auf Probleme bei der Durchführung dieser Ansicht hinweist.

[138] Riedel/Sußbauer/*Keller,* 9. Aufl. 2005, VV Teil 3 Abschn. 1 Rn. 57 S. 554.

Beispiel:

Mündliche Verhandlung ist angesetzt. Die Anwälte erklären gleich nach Aufruf der Sache, dass sie eine Einigung zu Protokoll geben wollen, in der neben dem in diesem Verfahren rechtshängigen Anspruch (Wert 10.000,– EUR) auch ein anderweitig rechtshängiger Anspruch (Wert 5.000,– EUR) und ein nirgendwo rechtshängiger Anspruch (Wert 8.000,– EUR) mit geregelt sind.
Es entsteht die Terminsgebühr aus 15.000,– EUR, nicht aber aus 23.000,– EUR.

c) Nur Protokollierung. Werden im Termin noch ein paar Worte zur Klärung des Inhaltes der Einigung gewechselt, zB wegen Zinsen, beschränkt sich die anwaltliche Tätigkeit nicht auf die bloße Protokollierung. Eine Terminsgebühr fällt an.[139] 142

2. Bloße Protokollierung irgendwo rechtshängiger Ansprüche

a) Entstehung einer Terminsgebühr. Ganz zweifelsfrei ist die Rechtslage, wenn nur eine Protokollierung wegen in diesem Verfahren rechtshängiger Ansprüche beantragt wird. Nach dem eindeutigen Wortlaut des Abs. 3 gilt dessen Ausschluss einer Terminsgebühr in diesem Fall nicht.[140] 143

Dasselbe gilt, wenn sich die anwaltliche Tätigkeit darauf beschränkt, eine Einigung über anderweitig rechtshängige Ansprüche zu Protokoll zu geben. Auch dann entsteht die Terminsgebühr.[141] Das ergibt sich aus einer Gegenüberstellung von VV 3104 Anm. Abs. 2, 3 RVG. Während Abs. 2 auf die „in diesem Verfahren nicht rechtshängigen Ansprüche" abstellt, bezieht sich Abs. 3 auf „nicht rechtshängige Ansprüche". Dass der Protokollierungstermin in VV Vorb. 3 Alt. 1 RVG nicht ausdrücklich genannt ist, steht angesichts der eindeutigen Regelung in VV 3104 Anm. Abs. 3 RVG nicht entgegen. Es ist auch kein Grund zu erkennen, warum es einen Unterschied machen sollte, ob der verglichene Anspruch in dem Verfahren, in dem die Protokollierung erfolgt, oder in einem anderen Verfahren rechtshängig ist. In beiden Fällen wird durch die Protokollierung ein rechtshängiges Verfahren beendet. 144

Beispiel:

Die Anwälte bitten um Anberaumung eines Termins, da sie eine fertige Einigung über in diesem und einem anderen Verfahren rechtshängige Ansprüche protokollieren lassen wollen. Im Termin passiert auch nichts anderes als die Protokollierung. Die Anwälte verdienen eine 1,2 Terminsgebühr aus dem zusammengerechneten Gegenstandswert beider Verfahren.

Sofortige Protokollierung in gewöhnlichem Verhandlungstermin. Erst recht handelt es sich dann um keinen eine Terminsgebühr ausschließenden, reinen Protokollierungstermin, wenn ganz normal Termin zur mündlichen Verhandlung oder Erörterung angesetzt ist und nach Aufruf der Sache und nach Erklärung der Anwälte, für ihre Mandanten aufzutreten, sofort und ohne weitere Erörterung eine Einigung zu in diesem Verfahren rechtshängigen Ansprüchen zu Protokoll gegeben wird. Da es nicht mehr darauf ankommt, was in der mündlichen Verhandlung geschieht (→ RVG VV Vorb. 3 Rn. 105 ff.), ist die volle Terminsgebühr bereits angefallen, bevor die Rechtsanwälte erklären, eine Einigung protokollieren lassen zu wollen. 145

b) Vertretungstätigkeit des Anwalts. Auch wenn die Parteien die Einigung über rechtshängige Ansprüche selbst aushandeln und ihre Verfahrensbevollmächtigten lediglich bitten, die Einigung protokollieren zu lassen, so verdienen die Anwälte, die bei der Protokollierung mitwirken, 1,2 Terminsgebühren. Der Protokollierungstermin ist ein Verhandlungstermin, für den dieselben Regeln wie sonst bei einer Vertretung in einem solchen Termin gelten. Es genügt die vertretungsbereite Anwesenheit bei Aufruf der Sache. Das gilt auch dann, wenn die Einigung schon vor der Protokollierung wirksam sein soll. Das ändert nichts daran, dass es sich um einen Protokollierungs- und damit Verhandlungstermin handelt, der darauf gerichtet ist, aus der Einigung einen vollstreckbaren Titel zumachen. Im Übrigen wird in den meisten Fällen entsprechend der Vermutung des § 154 Abs. 2 BGB die Einigung erst mit der Protokollierung wirksam. 146

X. Anrechnung bei Mahn- und vereinfachtem Unterhaltsverfahren (Anm. Abs. 4)

→ RVG VV 3305 Rn. 75; → RVG VV 3100 Rn. 75. 147

---

[139] Bischof/*Bischof* RVG VV 3104 Rn. 105; *Hartmann* RVG, 42. Aufl. 2012, VV 3104 Rn. 5.
[140] **AA** *N. Schneider* RVG-B 2004, 93 Ziff. II 3.
[141] Mayer/Kroiß/*Mayer* RVG VV 3104 Rn. 59.

XI. Gebührenhöhe

148 Der RA verdient eine 1,2 Terminsgebühr. Zu den Umständen, unter denen der RA nur eine 0,5 Terminsgebühr verdient, vgl. VV 3105 RVG. Zu beachten ist, dass bei einem Anerkenntnisurteil eine 1,2[142] und nicht nur, wie bei einem Versäumnisurteil, eine 0,5 Terminsgebühr anfällt.

149 **0,8 Verfahrensgebühr und 1,2 Terminsgebühr.** Es kann sein, dass eine reduzierte Verfahrensgebühr mit einer vollen Terminsgebühr zusammentrifft. Erhält zB der Beklagtenvertreter einen Verfahrensauftrag, führt er aber ein erfolgreiches Einigungsgespräch, bevor er einen Zurückweisungsantrag stellt, so verdient er gem. VV 3101 Nr. 1 RVG eine 0,8 Verfahrensgebühr und gem. VV 3104, VV Vorb. 3 Abs. 3 S. 1 Alt. 3 RVG eine 1,2 Terminsgebühr.

150 **Unterschiedliche Instanzen.** Werden in der ersten oder zweiten Instanz Ansprüche mit besprochen, die in der Revisionsinstanz rechtshängig sind, so fällt für alle behandelten Ansprüche nur eine 1,2 Terminsgebühr und nicht eine nach dem höheren Gebührensatz der VV 3210 RVG an.[143] Schließen hingegen die Einigungsbemühungen beim Revisionsgericht Ansprüche, die in der ersten oder zweiten Instanz rechtshängig sind, mit ein, so entsteht für alle Ansprüche eine 1,5 Terminsgebühr gem. VV 3210 RVG (→ RVG VV 3101 Rn. 97).

XII. Angelegenheit und Abgeltung

151 Soweit der RA im gleichen Rechtszug schon eine volle Terminsgebühr verdient hat, kann er nach § 15 Abs. 2 S. 1 RVG keine weitere Terminsgebühr fordern. Erfüllt der RA mehrere Alternativen des VV 3104 RVG, so kann er dennoch die Terminsgebühr nur einmal in Rechnung stellen.[144] Das gilt auch, wenn der RA seinen Mandanten sowohl in einer gerichtsnahen Mediation als auch in einem Verhandlungstermin vertritt.[145]

XIII. Kostenerstattung

152 → RVG VV Vorb. 3 Rn. 242 ff.

Nr.	Gebührentatbestand	Gebühr oder Satz der Gebühr nach § 13 RVG
3105	Wahrnehmung nur eines Termins, in dem eine Partei oder ein Beteiligter nicht erschienen oder nicht ordnungsgemäß vertreten ist und lediglich ein Antrag auf Versäumnisurteil, Versäumnisentscheidung oder zur Prozess-, Verfahrens- oder Sachleitung gestellt wird: Die Gebühr 3104 beträgt	0,5
	(1) Die Gebühr entsteht auch, wenn 1. das Gericht bei Säumnis lediglich Entscheidungen zur Prozess-, Verfahrens- oder Sachleitung von Amts wegen trifft oder 2. eine Entscheidung gemäß § 331 Abs. 3 ZPO ergeht. (2) § 333 ZPO ist nicht entsprechend anzuwenden.	

Übersicht

[142] Schneider/Wolf/*Onderka/Schneider* RVG VV Vorb. 3 Rn. 201; iRd § 35 BRAGO fiel nur eine halbe Verhandlungsgebühr an.

[143] **AA** Riedel/Sußbauer/*Keller,* 9. Aufl. 2005, RVG VV Teil 3 Abschn. 1 Rn. 55 aE S. 553/4, für alle Gegenstände 1,5 Terminsgebühr gem. VV 3210 RVG.

[144] BayLSG RVGreport 2020, 421.

[145] **AA** alle Gebührenreferenten der Rechtsanwaltskammern auf 54. Tagung gem. Bericht *von Seltmann* RVGreport 2007, 206 (207) Ziff. III.

I. Motive

1 Die Motive führen aus:

„Findet nur ein Termin zur mündlichen Verhandlung statt und ergeht daraufhin ein Versäumnisurteil, soll nur eine Terminsgebühr in Höhe von 0,5 anfallen. Gleiches soll gelten, wenn der Rechtsanwalt lediglich Anträge zur Prozess- oder Sachleitung stellt oder wenn das Gericht von Amts wegen Entscheidungen zur Prozess- oder Sachleitung trifft. Dies trägt dem in der Regel verminderten Aufwand des Rechtsanwalts in diesen Fallkonstellationen Rechnung.

Die Reduzierung soll jedoch nur dann gelten, wenn der Rechtsanwalt im Termin tatsächlich keine weiteren Tätigkeiten entfaltet. Da bei gleichzeitiger Anwesenheit beziehungsweise Vertretung beider Parteien in dem Termin in aller Regel ein Mehr an Tätigkeit erfolgt, soll Voraussetzung sein, dass die gegnerische Partei nicht erschienen oder nicht ordnungsgemäß vertreten ist. Dies stellt sicher, dass in den nicht selten vorkommenden Fällen, in denen in dem Termin trotz Erlass eines Versäumnisurteils verhandelt bzw. erörtert werden konnte, weil die Parteien erschienen oder ordnungsgemäß vertreten waren, nicht nur die verminderte Terminsgebühr anfällt. Auf eine Erörterung bzw. eine Verhandlung kann hier nicht abgestellt werden, da der Entwurf des RVG diese Begriffe aus Vereinfachungsgründen nicht verwendet.

Erscheinen im Anwaltsprozess beide Parteien nicht, sind sie aber anwaltlich vertreten, steht den Anwälten daher die volle Terminsgebühr zu, auch wenn ein Versäumnisurteil ergeht.“[1]

II. Überblick

2 Ist der RA allein im Termin anwesend, so verdient er eine **0,5 Terminsgebühr,** wenn zB
- er nur einen Antrag auf Versäumnisurteil, Versäumnisentscheidung bzw. zur Prozess- oder Sachleitung stellt,
- er überhaupt nichts tut, aber bereit ist, etwas zu tun, wenn es nötig sein sollte,
- wenn Versäumnisurteil gem. § 331 Abs. 3 ZPO ergeht,
- eine **1,2 Terminsgebühr,** wenn er mehr als das zuvor Dargelegte tut, wenn er zB
- Entscheidung nach Aktenlage beantragt,
- mit dem Gericht die Schlüssigkeit der Klage erörtert,
- Anerkenntnisurteil beantragt.

III. Anwendungsbereich

3 VV 3105 RVG ist für alle vom VV Teil 3 RVG erfassten Gerichtsbarkeiten anzuwenden (→ RVG VV Vorb. 3 Rn. 6 ff.), nicht jedoch in der Finanzgerichtsbarkeit, da bei dieser in der ersten Instanz die Bestimmungen über die Berufung gelten (VV Vorb. 3.2.1 Nr. 1 RVG), weshalb dort VV 3203 RVG heranzuziehen ist. Bei Betragsrahmengebühren im Sozialrecht gilt nicht VV 3105 RVG, sondern VV 3106 RVG.

IV. Wahrnehmung des Termins

1. Terminsgebührsfähiger Termin

4 Notwendig, aber auch ausreichend ist, dass es sich um einen Termin handelt, in dem eine Terminsgebühr überhaupt anfallen kann (→ RVG VV Vorb. 3 Rn. 74 ff.).

5 **Gegenmeinung.** Wenn in der Lit. teilweise vertreten wird, dass es sich um einen **Verhandlungstermin** handeln müsse, da sonst kein Versäumnisurteil beantragt werden könne,[2] so ist dem nicht zu folgen. In VV 3105 RVG ist nicht nur die Herabsetzung der Terminsgebühr durch Antrag auf Versäumnisurteil geregelt, sondern auch die durch Maßnahmen betreffend der Prozess- und Sachleitung. Erscheint zum Gütetermin nur eine Partei und wird deshalb vertagt, so ist sowohl nach seinem Wortlaut als auch nach seinem Sinn (idR weniger Aufwand) ein Fall des VV 3105 RVG gegeben.

6 Auch in Beweisaufnahmeterminen kann eine 0,5 Terminsgebühr entstehen. Allerdings kann und wird in den meisten Fällen eine Beweisaufnahme auch ohne die Anwesenheit des Gegners erfolgen, was zu einer 1,2 Terminsgebühr führt. Wird aber ausnahmsweise lediglich vertagt, weil man ohne den Gegner die Beweisaufnahme nicht durchführen will, so fällt nur eine 0,5 Terminsgebühr an.

---

[1] BT-Drs. 15/1971, 212.

[2] Schneider/Wolf/*Onderka/Schneider* RVG VV 3105 Rn. 5; Riedel/Sußbauer/*Keller,* 9. Aufl. 2005, RVG VV Teil 3 Abschn. 1 Rn. 59.

2. Wahrnehmung

Der RA, dem die 0,5 Terminsgebühr erwachsen soll, muss bei Aufruf der Sache vertretungsbereit anwesend sein (→ RVG VV Vorb. 3 Rn. 108 ff.). 7

V. Abwesender oder nicht vertretener Gegner

1. Allgemeines

Voraussetzung des VV 3105 RVG ist ua, dass eine Partei bzw. ein Beteiligter im Termin nicht 8 erschienen oder nicht ordnungsgemäß vertreten ist. Im Verfahren mit Anwaltszwang kommt es darauf an, dass eine Partei bzw. ein Beteiligter nicht anwaltlich vertreten ist. Wegen Streitgenossen und Streithelfer → Rn. 17 ff.

2. Erschienene Partei bzw. Beteiligter

a) Verfahren ohne Anwaltszwang. Erscheint die Partei oder der Beteiligte in einem sol- 9 chen Verfahren, so scheidet eine Herabsetzung der Terminsgebühr auf 0,5 aus, da für diesen Fall das Gesetz verlangt, dass die Partei bzw. der Beteiligte „nicht erschienen … ist".

b) Verfahren mit Anwaltszwang. Erscheint die Partei bzw. der Beteiligte in einem sol- 10 chen Verfahren ohne RA, so ist sie bzw. er nicht ordnungsgemäß vertreten. Wird jetzt lediglich ein Antrag auf Versäumnisurteil oder zur Prozess- und Sachleitung gestellt oder von Amts wegen vertagt, so entsteht für den anwesenden RA nur eine 0,5 Terminsgebühr.[3]

Scheidungsverfahren. Eine Besonderheit gilt im Scheidungsverfahren. Hier kann der 11 ohne RA im Termin erschienene Antragsgegner die Zustimmung zur Scheidung auch ohne einen RA selbst abgeben (§ 114 Abs. 4 Nr. 3 FamFG – bisher § 630 Abs. 2 S. 2 ZPO aF). Daher entsteht hinsichtlich der Scheidung eine 1,2 Terminsgebühr, wenn der Antragsgegner ohne RA im Termin erscheint. Dies gilt nicht nur, wenn sich eine einvernehmliche Scheidung ankündigt,[4] sondern grds. hinsichtlich der Scheidung. Aber: Dies gilt nur für die Scheidung und nicht für die im Verbund mit geltend gemachten weiteren Ansprüche wie zB Unterhalt.

3. Abwesender Verfahrensbevollmächtigter

a) Grundsatz. Der gegnerische RA darf den Gegner nicht im Termin vertreten. Hier gilt 12 wieder, dass eine Vertretung nur gegeben ist, wenn der RA am Anfang des Termins seine Vertretungsbereitschaft bekundet (→ RVG VV Vorb. 3 Rn. 108 ff.). Vertritt der Verfahrensbevollmächtigte im Termin den Gegner, so scheidet eine Herabsetzung auf eine 0,5 Terminsgebühr aus. Ob die Partei auch noch zugegen ist oder nicht, ist unerheblich („oder").[5]

b) Nicht vertretungsbereiter RA. Erklärt aber der gegnerische Anwalt gleich am Anfang, 13 er vertrete seinen Mandanten in diesem Termin nicht, er sei lediglich als Beobachter zugegen, so vertritt er nicht. Die gegnerische Partei bzw. der gegnerische Beteiligte sind also nicht ordnungsgemäß vertreten. VV 3105 RVG greift ein.[6]

Gegenmeinung. Wenn teilweise das Gegenteil (1,2 Terminsgebühr) angenommen wird, 14 weil es genüge, dass der gegnerische Anwalt anwesend[7] sei, so ist das durch den Wortlaut von VV 3105 RVG nicht gedeckt. Auf das Erscheinen kommt es nur bei der Partei bzw. dem Beteiligten persönlich an. Beim RA kommt es auf das Vertreten an. Wenn er von Anfang erklärt, nicht zu vertreten, so vertritt er nicht (→ RVG VV Vorb. 3 Rn. 108 ff.). Auch die Motive (→ Rn. 1) stellen, soweit es um den Verfahrensbevollmächtigten geht, auf das Vertreten und nicht auf die Abwesenheit ab. Auch vom Sinn des VV 3105 Anm. Abs. 3 RVG ist es nicht geboten, eine 1,2 Terminsgebühr anfallen zu lassen, wenn von vornherein eine Verhandlung oder Erörterung ausscheidet, weil der gegnerische Anwalt für seinen Mandanten nicht auftritt. Die Gegenmeinung kann auch nicht darauf gestützt werden, dass die vorliegende Situation vergleichbar mit der einer Flucht in die Säumnis sei. Es ist doch ein erheblicher Unterschied, ob ein Verfahrensbevollmächtigter von Anfang an erklärt, nicht für seinen Mandanten aufzutreten,

---

[3] OLG Köln NJW 2007, 1694; *Hansens* RVGreport 2006, 321 Ziff. I; *Onderka/Schneider* AnwBl 2006, 644 (645) Ziff. VI 1.

[4] Für den ersten Fall haben eine Erörterungsgebühr bejaht OLG Frankfurt a. M. Rpfleger 1992, 364; Gerold/Schmidt/*von Eicken,* 15. Aufl. 2002, BRAGO § 31 Rn. 156.

[5] Schneider/Wolf/*Onderka/Schneider* RVG VV 3105 Rn. 8.

[6] Bischof/*Bischof* RVG VV 3105 Rn. 15; *Hansens* RVGreport 2006, 185 Ziff. III 1; Hartmann/Toussaint/*Toussaint* RVG VV 3105 Rn. 5.

[7] OLG Köln AGS 2008, 439; Mayer/Kroiß/*Mayer* RVG VV 3105 Rn. 12; *Schons* Anm. zu OLG Köln AGS 2006, 224; in dieser Richtung auch *Onderka/Schneider* AnwBl 2006, 643 (644) Ziff. IV, die jedoch an gleicher Stelle unter Ziff. IX 1 die hier vertretene Meinung teilen.

so dass keine Mehrarbeit anfällt oder ob er, nachdem die ganze Streitsache erörtert wurde, erklärt, er werde keine Anträge stellen. Die Gegenmeinung beruft sich auch zu Unrecht auf eine Entscheidung des KG,[8] da dort der Klägervertreter erst nach einer Belehrung durch das Gericht von einer Antragstellung Abstand nahm. Dazu, dass auch VV 3105 Anm. Abs. 2 RVG, wonach § 333 ZPO nicht anzuwenden ist, zu keinem anderen Ergebnis führt → Rn. 49.

Hinweis für RA. Um diesem Streit aus dem Weg zu gehen, empfiehlt es sich für den Beklagtenvertreter, sich von vornherein nicht an den für den RA vorgesehenen Tisch zu setzen, sondern im Zuschauerbereich Platz zu nehmen und zu schweigen.

15 **c) Nur teilweise Vertretung.** Erklärt der Verfahrensbevollmächtigte des Beklagten oder Antragsgegners gleich am Anfang des Termins, dass er nur hinsichtlich eines von mehreren Streitgegenständen oder nur wegen der Zinsen auftritt, so entsteht beim Kläger- bzw. Antragstellervertreter teilweise nur eine 1,2 und teilweise eine 0,5 Terminsgebühr, beim Beklagten- bzw. Antragsgegnervertreter nur eine 1,2 Terminsgebühr aus dem Teil, für den er auftritt.[9] VV Vorb. 3 Anm. Alt. 1 RVG stellt auf die Vertretungsbereitschaft ab. Diese kann eingeschränkt werden. Es gibt auch keinen Grund, dem Beklagten bzw. Antragsgegner die Möglichkeit zu nehmen, sich einerseits gegen einen von ihm als nicht gerechtfertigt angesehenen Teil einer Klage oder eines Antrags zu verteidigen, andererseits aber durch eine teilweise Versäumnisentscheidung partiell auf möglichst billige Art das Verfahren zu beenden. Andernfalls müsste er uU auf eine Verteidigung hinsichtlich eines Teils verzichten, weil sonst die Kosten für die Terminsgebühr höher sind als die Ersparnisse in der Hauptsache. Berechnungsbeispiel → Rn. 31.

16 **d) Nicht postulationsfähiger RA.** Da das Gesetz auf eine ordnungsgemäße Vertretung abstellt, genügt nicht, wenn in einem Anwaltsprozess ein nicht postulationsfähiger RA anwesend ist, zB beim BGH ein dort nicht zugelassener RA.

4. Streitgenossen

17 **a) Derselbe Gegenstand.** Vertritt der RA seinen Mandanten gegen mehrere Streitgenossen hinsichtlich desselben Gegenstandes, so scheidet VV 3105 RVG aus, wenn wenigstens einer der Streitgenossen anwesend, bzw. ordnungsgemäß vertreten ist.[10] Die Terminsgebühr fällt nur einmal an und zwar im Hinblick auf den anwesenden Streitgenossen in Höhe einer 1,2 Gebühr.

18 **b) Unterschiedliche Gegenstände.** Geht es jedoch um unterschiedliche Gegenstände, so kann der RA im Verhältnis zu dem einen – abwesenden – Streitgenossen eine 0,5 Terminsgebühr, im Verhältnis zum andern eine 1,2 Terminsgebühr verdienen. § 15 Abs. 3 RVG ist dann zu beachten.

Beispiel:

Streitgenosse A wird wegen eines Darlehens iHv 10.000,– EUR, Streitgenosse B wegen eines Darlehens iHv 5.000,– EUR, verklagt. Die Darlehen wurden ihnen unabhängig voneinander gewährt. Der Beklagte A ist im Termin vertreten, der andere Streitgenosse nicht.

Der RA des Klägers verdient	
1,2 Terminsgebühr gem. VV 3104 RVG aus 10.000,– EUR	736,80 EUR
0,5 Terminsgebühr gem. VV 3105 RVG aus 5.000,– EUR	167,00 EUR
Summe	903,80 EUR
Höchstens gem. § 15 Abs. 3 RVG	
1,2 Terminsgebühr aus 15.000,– EUR	861,60 EUR

5. Streithelfer

19 Fehlt der Streithelfer des Beklagten, während der Beklagtenvertreter anwesend ist, so scheidet VV 3105 RVG aus.[11]

VI. Beschränkte Tätigkeit im Termin

1. Grundsätze

20 Die Reduzierung der Terminsgebühr setzt nur ein, wenn der RA nur einen Antrag auf Versäumnisurteil bzw. eine Versäumnisentscheidung oder zur Prozess- und Sachleitung oder überhaupt keinen Antrag (Anm. Abs. 1 Nr. 1) stellt.

---

8 KG JurBüro 2006, 134.

9 OLG Köln JurBüro 2006, 254; *Onderka/Schneider* AnwBl 2006, 643 (646) Ziff. IX 1.

10 OLG Frankfurt a. M. AnwBl 1981, 159 = JurBüro 1981, 557 mAnm *Mümmler;* Mayer/Kroiß/*Mayer* RVG VV 3105 Rn. 4; Riedel/Sußbauer/*Keller,* 9. Aufl. 2005, RVG VV Teil 3 Abschn. 1 Rn. 60.

11 Riedel/Sußbauer/*Keller,* 9. Aufl. 2005, RVG VV Teil 3 Abschn. 1 Rn. 60.

2. Ohne Antragstellung

Darauf, ob und welche Anträge der RA stellt, kommt es nur für die Frage an, ob der RA statt einer 1,2 Terminsgebühr nur eine 0,5 Terminsgebühr verdient. Hingegen darf das Abstellen des Gesetzes auf bestimmte Anträge nicht dahin verstanden werden, dass nicht einmal eine 0,5 Terminsgebühr anfällt, wenn der RA zwar anwesend ist, aber nicht wenigstens die genannten Anträge stellt. Das zeigt die Anm. Abs. 1 Nr. 1 zu VV 3105. Die 0,5 Terminsgebühr fällt zu Gunsten des anwesenden Anwalts auch an, wenn das Gericht von Amts wegen eine Entscheidung zur Prozess- oder Sachleitung fällt, ohne dass der RA einen Antrag gestellt hat, zB weil das Gericht von sich aus vertagt, da die Abwesenheit des Gegners ausreichend entschuldigt ist (§ 337 ZPO). Soweit zu § 33 BRAGO angenommen wurde, dass der anwesende Partei- bzw. Beteiligtenvertreter, der keinen Antrag auf Versäumnisurteil oder zur Prozess- oder Sachleitung stellt, keine Verhandlungsgebühr, auch keine halbe verdient,[12] ist dies überholt. 21

3. Antrag auf Versäumnisurteil oder -entscheidung

a) Übersicht. Beschränkt sich die Tätigkeit des Anwalts auf einen Antrag auf Versäumnisurteil oder -entscheidung, so entsteht, wenn der Gegner nicht erschienen und nicht ordnungsgemäß vertreten ist, nur eine 0,5 Terminsgebühr. Ob das Versäumnisurteil oder die -entscheidung dann auch ergeht, ist unerheblich. VV 3105 RVG greift aber nicht bei den Verfahren ein, die kein Versäumnisurteil und auch keine Versäumnisentscheidung kennen. 22

b) Antrag auf Versäumnisurteil oder -entscheidung. Es muss sich um einen Antrag auf Erlass eines Versäumnisurteils oder einer Versäumnisentscheidung handeln, also zB eines Urteils gem. §§ 330, 331 Abs. 1 ZPO oder eines Beschlusses nach § 130 Abs. 1 FamFG. 23

Nicht hierher gehört der Fall des **§ 331a ZPO,** da der RA wegen Abwesenheit des Gegners Entscheidung nach Lage der Akten beantragt. Wegen der dann anfallenden Gebühren → RVG VV 3104 Rn. 34. Zu Versäumnisurteil gem. § 331 Abs. 3 ZPO → Rn. 32 ff. 24

Ob das Versäumnisurteil oder die Versäumnisentscheidung dann auch **ergeht,** ist unerheblich. VV 3105 RVG stellt auf den Antrag und nicht auf den Erlass einer Versäumnisentscheidung ab. ZB wenn das Gericht den Erlass eines Versäumnisurteils gem. § 335 ZPO ablehnt, weil die nicht erschienene Partei nicht rechtzeitig geladen war.[13] Da das Gesetz nur auf den Antrag abstellt, kann, wenn das Gericht ein Versäumisurteil erlässt, es auch nicht darauf ankommen, ob **zu Recht ein Versäumnisurteil** ergangen ist.[14] 25

c) Unechtes Versäumnisurteil. Ergeht gegen den ein Versäumnisurteil beantragenden Kläger ein klageabweisendes Urteil, weil die Klage nicht schlüssig ist, so handelt es sich zwar um ein streitiges Urteil (unechtes Versäumnisurteil).[15] Das ändert aber nichts daran, dass das Gesetz auf den Antrag und nicht auf das Urteil abstellt. Deshalb ist, wenn der RA lediglich ein Versäumnisurteil beantragt hat, nur VV 3105 RVG und nicht VV 3104 RVG gegeben.[16] Das Gegenteil lässt sich auch nicht damit rechtfertigen, dass in diesem Fall nicht der in VV 3105 RVG unterstellte verminderte Arbeitsaufwand des Anwalts gegeben sei[17] bzw. dass eine Gesetzeslücke vorliege. Der Aufwand des Anwalts ändert sich nicht dadurch, dass das Gericht entgegen seinem Antrag ein unechtes Versäumnisurteil erlässt. Aus diesem Grund und weil das Problem des unechten Versäumnisurteils kein leicht zu übersehendes Randproblem ist, kann auch keine Gesetzeslücke angenommen werden. Allerdings wird dem unechten Versäumnisurteil meist eine Besprechung mit dem Gericht zur Schlüssigkeit vorausgehen. Aufgrund dieses Gesprächs fällt dann eine 1,2 Terminsgebühr gem. VV 3104 RVG an (→ Rn. 41 ff.). 26

d) Verfahrensarten ohne Versäumnisurteil bzw. -entscheidung. In Verfahren, die kein Versäumnisurteil und keine Versäumnisentscheidung kennen, zB FG- einschließlich FG-Familiensachen,[18] Verwaltungs-[19] und sozialgerichtliche Verfahren,[20] kann eine 0,5 Terminsge- 27

---

[12] KG JurBüro 2000, 583; OLG München JurBüro 1996, 529.

[13] OLG Naumburg Rpfleger 2019, 480 = AGS 2019, 551; HBS VergütungsR/*Hansens* Teil 8 Rn. 251; Schneider/Wolf/*Onderka/Schneider* RVG VV 3105 Rn. 15.

[14] OLG Naumburg Rpfleger 2019, 480 = AGS 2019, 551,

[15] Thomas/Putzo/*Seiler* ZPO Vor § 330 Rn. 12.

[16] Bischof/*Bischof* RVG VV 3105 Rn. 21 ff.; *Hansens* RVGreport 2006, 321 (322) Ziff. III; auch zu § 33 BRAGO wurde angenommen, dass beim unechten Versäumnisurteil nur eine halbe Verhandlungsgebühr angefallen ist BGH JurBüro 2004, 136 = AGS 2004, 110; diff. Schneider/Wolf/*Onderka/Schneider* RVG VV 3105 Rn. 17 ff.

[17] So aber Schneider/WolfG/*Onderka/Schneider* RVG VV 3105 Rn. 18.

[18] Hartmann/Toussaint/*Toussaint* RVG VV 3105 Rn. 7.

[19] Hartmann/Toussaint/*Toussaint* RVG VV 3105 Rn. 7.

[20] Hartmann/Toussaint/*Toussaint* RVG VV 3105 Rn. 7; Riedel/Sußbauer/*Keller,* 9. Aufl. 2005, RVG VV Teil 3 Abschn. 1 Rn. 65.

bühr nicht durch einen Antrag auf Versäumnisurteil oder eine Versäumnisentscheidung entstehen.[21] Hier kommt aber eine 0,5 Terminsgebühr in Betracht, wenn der RA nur einen Antrag zur Prozess- oder Sachleitung stellt oder das Gericht hierzu von Amts wegen entscheidet.[22] Wird in diesen Fällen jedoch ohne den Gegner die Sache erörtert, entsteht eine 1,2 Terminsgebühr (→ Rn. 41 ff.).[23]

28 **Scheidung.** Ist bei einem Scheidungsantrag der Antragsgegner nicht anwesend oder vertreten und ergeht ein Scheidungsbeschluss, so ist dies keine Versäumnisentscheidung, da mit einer solchen keine Scheidung ausgesprochen werden kann. Es ergeht eine kontradiktorische Entscheidung (§ 130 Abs. 2 FamFG), weshalb eine 1,2 Terminsgebühr anfällt.[24] Anders ist es bei einer Entscheidung gegen den Antragssteller durch zulässigen Versäumnisbeschluss (§ 130 Abs. 1 FamFG).[25]

4. Antrag zur Prozess- oder Sachleitung

29 Stellt der RA nur Anträge zur Prozess- oder Sachleitung, so fällt lediglich eine 0,5 Terminsgebühr an. Hierher gehören zB Antrag auf
- Vertagung (§ 227 ZPO),
- Aussetzung des Verfahrens (§§ 246 ff. ZPO),
- Ruhen des Verfahrens (§ 251 ZPO),
- Antrag auf Vertagung (§ 227 ZPO),[26]
- Einsicht in beigezogene Akten.[27]

30 **Verfahrensleitung.** Wenn in VV 3105 RVG nur die Prozess- und nicht auch die Verfahrensleitung angesprochen sind, so ist das nicht so zu verstehen, dass zB in FG-Verfahren Anträge zur Verfahrensleitung nicht auch erfasst sein sollen. Hier hat der Gesetzgeber einen Standardbegriff „Prozess- und Sachleitung" verwendet, ohne zu beachten, dass es in manchen Verfahren korrekt „Verfahrensleitung" heißen müsste. Es gibt keinen Grund, warum der bloße Verfahrensantrag in einem FG-Verfahren eine höhere Terminsgebühr auslösen sollte als ein Prozessantrag in einem ZPO-Verfahren.[28]

VII. Teilweise 0,5, teilweise 1,2 Terminsgebühr

31 Liegen die Voraussetzungen von VV 3105 RVG nur teilweise vor, weil der gegnerische Anwalt nur hinsichtlich einer von mehreren Hauptsacheansprüchen auftritt (→ Rn. 15) oder weil das Gericht mit dem Klägervertreter nur über einen Teil diskutiert, zB über die Zinsen, so fallen teilweise eine 0,5 und teilweise eine 1,2 Terminsgebühr an.

Beispiel 1 (1,2 nur für eine von zwei Hauptsachen):

Anhängig sind nach einem Verkehrsunfall materielle Schäden iHv 10.000,– EUR und Schmerzensgeld von 5.000,– EUR. Der Beklagtenvertreter erklärt, dass er nur wegen des Schmerzensgeldes auftrete (→ Rn. 15). Es ergeht ein Teilversäumnisurteil über 10.000,– EUR und ein Teilendurteil über 5.000,– EUR.

Ff. Terminsgebühren fallen an

Beim Klägervertreter		
0,5 Terminsgebühr gem. VV 3105 RVG aus 10.000,– EUR		307,00 EUR
1,2 Terminsgebühr gem. VV 3104 RVG aus 5.000,– EUR		400,80 EUR
Summe		707,80 EUR
Höchstens 1,2 Terminsgebühr gem. § 15 Abs. 3 RVG aus 15.000,– EUR	861,60 EUR	
Beim Beklagtenvertreter		
1,2 Terminsgebühr gem. VV 3104 RVG aus 5.000,– EUR		400,80 EUR

Beispiel 2 (1,2 nur für Zinsen):

Der Kläger hat 10.000,– EUR nebst 10 % Zinsen ab 1.2.2011 eingeklagt. Im Termin, in dem der Gegner nicht erschienen und nicht vertreten ist, diskutiert das Gericht mit dem Klägervertreter darüber, dass Zinsen erst ab dem 1.11.2011 zuzuerkennen sind.

[21] Riedel/Sußbauer/*Keller,* 9. Aufl. 2005, RVG VV Teil 3 Abschn. 1 Rn. 62.
[22] **AA** Anonymus AGK 12, 107, wonach in FG-Verfahren ein Antrag zur Prozess- und Sachleitung oder eine Entscheidung des Gerichts von Amts wegen eine 1,2 Terminsgebühr auslösen soll.
[23] Riedel/Sußbauer/*Keller,* 9. Aufl. 2005, RVG VV Teil 3 Abschn. 1 Rn. 62.
[24] *Volpert* RVGreport 2006, 5 (7) Ziff. 2a.
[25] *Volpert* RVGreport 2006, 5 (7) Ziff. 2a.
[26] Bischof/*Bischof* RVG VV 3105 Rn. 30.
[27] OLG Hamm AnwBl 1982, 79; Mayer/Kroiß/*Mayer* RVG VV 3105 Rn. 13.
[28] **AA** möglicherweise *Onderka/Schneider* AnwBl 2006, 643 Ziff. I.

Es entsteht eine		
1,2 Terminsgebühr aus 750,– EUR (10.000,– EUR × 10 % : 12 × 9)		105,60 EUR
0,5 Terminsgebühr aus 10.000,– EUR		307,00 EUR
Summe		412,60 EUR
Max. 1,2 Terminsgebühr aus 10.000,– EUR	736,80 EUR	

Beispiel 3 (1,2 für Sonstige Nebenforderung, zB Geschäftsgebühr und Zinsen):

Der Kläger hat 10.000,– EUR nebst 900,- EUR für die vorgerichtlich angefallene Anwaltskosten nebst 10 % Zinsen ab 1.2.2011 aus 10.900,- EUR eingeklagt. Im Termin, in dem der Gegner nicht erschienen und nicht vertreten ist, diskutiert das Gericht mit dem Klägervertreter darüber, dass ein Schadensersatzanspruch hinsichtlich der Anwaltskosten zweifelhaft ist und Zinsen erst ab dem 1.11.2011 zuzuerkennen sind. Zu berücksichtigen ist, dass hier die Anwaltskosten eine Nebenforderung sindt (→ Anh. VI Rn. 399 ff.).

Es entsteht eine		
1,2 Terminsgebühr aus 1650,- EUR (900,- EUR + 750,– EUR)		
(10.000,– EUR × 10 % : 12 × 9))		199,20 EUR
0,5 Terminsgebühr aus 10.000,– EUR		307,00 EUR
Summe		506,20 EUR
Max. 1,2 Terminsgebühr aus 10.000,– EUR	736,80 EUR	

Zinsen sind hinsichtlich der Anwaltskosten bei der 1,2 Terminsgebühr nicht zu berücksichtigen, da im Verhältnis zu den Zinsen insoweit die Anwaltskosten die „Hauptsache" sind.

VIII. Schriftliche Entscheidung

1. Versäumnisurteil gem. § 331 Abs. 3 ZPO (Anm. Abs. 1 Nr. 2)

a) Allgemeines. Erlässt das Gericht gem. § 331 Abs. 3 ZPO ohne mündliche Verhandlung ein Versäumnisurteil gegen den Beklagten, nachdem dieser entgegen § 276 Abs. 1 S. 1, Abs. 2 ZPO seine Verteidigungsabsicht nicht rechtzeitig angezeigt hat, so verdient der Klägervertreter, obgleich er nicht in einer mündlichen Verhandlung anwesend war, eine 0,5 Terminsgebühr. 32

b) Versäumnisurteil ohne Antrag. Eine 0,5 Terminsgebühr gem. VV 3105 Anm. Abs. 1 S. 2 Nr. 2 RVG fällt auch an, wenn – in verfahrenswidriger Weise – ohne einen Antrag auf Versäumnisurteil ein solches nach § 331 Abs. 3 ZPO ergeht.[29] Das Gesetz verlangt nur, dass ein Versäumnisurteil nach § 331 Abs. 3 ZPO ergeht, nicht aber, dass ein solches auch beantragt war. Außerdem wäre es kaum verständlich, dass eine Entscheidung zur Prozess- und Sachleitung auch ohne einen Antrag eine 0,5 Terminsgebühr auslöst (Anm. Abs. 1 Nr. 1), ein Versäumnisurteil ohne entsprechenden Antrag aber nicht. 33

c) Unechtes Versäumnisurteil. Ergeht gegen den ein Versäumnisurteil beantragenden Kläger ein klageabweisendes Urteil, weil die Klage nicht schlüssig ist, so fällt nur eine 0,5 Terminsgebühr an.[30] Zwar handelt es sich um ein streitiges Urteil (unechtes Versäumnisurteil).[31] Das ändert aber nichts darin, dass trotz der ungenauen Überschrift des § 331 ZPO („gegen den Beklagten")[32] ein Fall des § 331 ZPO gegeben ist.[33] Diese Bestimmung stellt nur darauf ab, ob die rechtzeitige Anzeige des Beklagten fehlt und der Kläger ein Versäumnisurteil beantragt hat. Sie besagt nicht, dass eine ganz bestimmte Entscheidung, ein Versäumnisurteil oder eine Entscheidung zu Gunsten des Klägers ergehen müsste. Sie lässt also jede Entscheidung und nicht nur eine zu Gunsten des Klägers genügen. Der Klägervertreter verdient also nur eine 0,5 Terminsgebühr. Für dieses Ergebnis spricht auch, dass, wenn eine mündliche Verhandlung stattgefunden hätte und dann auf einen Antrag auf Versäumnisurteil ein klageabweisendes Urteil ergangen wäre, der Klägervertreter auch nur eine 0,5 Terminsgebühr verdient hätte (→ Rn. 26). Dann kann aber für das schriftliche Verfahren nichts anderes gelten.[34] 34

d) Entscheidung nach Aktenlage. Im Fall des § 331a ZPO reduziert sich die Terminsgebühr nicht auf 0,5. Es ergeht nicht nur ein Versäumnisurteil, sondern eine Entscheidung nach Aktenlage. 35

---

[29] BGH NJW 2017, 1483 = FamRZ 2017, 827 = RVGreport 2017, 140 mzustAnm *Hansens;* OLG Jena MDR 2006, 1196 = OLGR 2006, 280; KG KGR Berlin 2008, 806 = RVGreport 2008, 307; OLG München FamRZ 2008, 913 = JurBüro 2007, 589 mzustAnm *Hansens;* LG Berlin RVGreport 2006, 105; Hartung/Schons/Enders/*Schons* RVG VV 3105 Rn. 16; *Hansens* RVGreport 2006, 321 (323) Ziff. V; Mayer/Kroiß/*Mayer* RVG VV 3105 Rn. 17; **aA** OLG Oldenburg FamRZ 2008, 2144 = NJW-RR 2008, 1670.

[30] Hartung/Schons/Enders/*Schons* RVG VV 3105 Rn. 23.

[31] Thomas/Putzo/*Seiler* ZPO Vor § 330 Rn. 12.

[32] *Lappe* Rpfleger 2003, 409.

[33] Hartmann/Toussaint/*Toussaint* RVG VV 3105 Rn. 12.

[34] Dazu, dass auch im Rahmen von § 35 BRAGO nur eine $^{5}/_{10}$ Gebühr angefallen ist, *Lappe* Rpfleger 2003, 409.

36 **e) Mehrere Parteien mit verschiedenen Anwälten.** Bei mehreren Klägern oder Beklagten müssen bei jedem die Voraussetzungen für die Entstehung der Terminsgebühr vorliegen (→ RVG VV Vorb. 3 Rn. 73). Werden zB die zwei Beklagten jeweils von einem eigenen RA vertreten und ergeht in einem Urteil gegen den Bekl. zu 1 ein Versäumnisurteil in der Sache und hinsichtlich des Bekl. zu 2 nur eine Kostenentscheidung, weil gegen ihn die Klage zurückgenommen wurde, so fällt nur beim RA des Bekl. zu 1 eine Terminsgebühr an.[35]

2. Verfahren gem. § 495a ZPO

37 Im Verfahren nach § 495a ZPO fällt nur eine 0,5 Terminsgebühr an, wenn der Kläger eine Entscheidung durch Versäumnisurteil beantragt hat, der Beklagte seine Verteidigungsbereitschaft nicht anzeigt und dann ein Versäumnisurteil ergeht.[36] Ergeht aber ein streitiges Urteil, so entsteht eine 1,2 Terminsgebühr.[37]

IX. Entscheidung von Amts wegen (Anm. Abs. 1 Nr. 1)

38 **Entscheidung zur Prozess- und Sachleitung.** Auch ohne einen Antrag entsteht eine 0,5 Terminsgebühr, wenn der RA bei Säumnis der Gegenseite keinen Antrag stellt und das Gericht von Amts wegen eine Entscheidung zur Prozess- und Sachleitung trifft (→ Rn. 21). Ein solcher Fall ist gegeben, wenn der allein erschienene Klägervertreter erklärt, er werde kollegialiter heute kein Versäumnisurteil nehmen, und dann von Amts wegen vertagt wird.[38] Es kommt darauf an, ob das Gericht eine solche Entscheidung getroffen hat, nicht ob dies auch richtig war.[39] Wegen Entscheidung zur Verfahrensleitung zB in FG-Verfahren → Rn. 30.

39 **Entscheidung nach § 251a ZPO.** Entscheidet das Gericht gem. § 251a ZPO mit Urteil nach Aktenlage, so ist das keine Entscheidung zur Prozess- und Sachleitung. Es fällt, auch wenn der RA allein im Termin war, eine 1,2 Terminsgebühr an.[40]

40 **Beide Seiten säumig.** Sind beide Seiten nicht erschienen bzw. nicht ordnungsgemäß vertreten und vertagt dann das Gericht, so fällt überhaupt keine Terminsgebühr an. Anm. Abs. 1 Nr. 1 setzt voraus, dass eine(!) Partei oder ein(!) Beteiligter nicht säumig ist.[41]

X. 1,2 Terminsgebühr im ersten Termin

1. Erörterung der Schlüssigkeit oder Zulässigkeit

41 **a) Erörterung zur gesamten Hauptsache.** Trotz eines Antrags auf Erlass einer Versäumnisentscheidung verdient der RA nach heute fast einhM dann eine 1,2 Terminsgebühr, wenn er im Termin noch mehr getan hat, zB mit dem Gericht die Schlüssigkeit,[42] die Sach- und Rechtslage[43] oder Zulässigkeit[44] erörtert hat. UU wird so der RA, dessen Vortrag zB zunächst unschlüssig war oder dessen Antrag modifiziert werden musste, besser gestellt, als der RA, bei dem von Anfang alles stimmt. Trifft den RA ein Verschulden, so kann er uU nur eine 0,5 Terminsgebühr geltend machen → § 1 Rn. 166. Zu den Konsequenzen für die Kostenerstattung → Rn. 70ff.

42 **b) Erörterung nur zu einem Teil.** Bezieht sich die Erörterung nur auf einen Teil, zB auf einen von mehreren Klageanträgen so fällt die 1,2 Terminsgebühr nur aus dem erörterten Teil an.[45] Dabei ist es unerheblich was dann anschließend hinsichtlich des erörterten Anspruchs passiert, ob ein Versäumnisurteil ergeht, vertagt oder zurückgenommen wird.[46] Das gilt auch, wenn die Erörterung nur die Zinsen betrifft.[47] UU fällt eine 1,2 Terminsgebühr sogar nur aus

---

[35] KG KGR Berlin 2009, 358 = RVGreport 2009, 307 mzustAnm *Hansens.*
[36] AG Pforzheim AGS 2019, 6
[37] OLG Düsseldorf JurBüro 2009, 364.
[38] IErg *Hansens* RVGreport 2006, 321 (323) Ziff. IV.
[39] Hartmann/Toussaint/*Toussaint* RVG VV 3105 Rn. 10.
[40] Schneider/Wolf/*Onderka/Schneider* RVG VV 3105 Rn. 36.
[41] Hartmann/Toussaint/*Toussaint* RVG VV 3105 Rn. 10.
[42] BGH NJW 2007, 1692 = AnwBl 2007, 383; KG RVGreport 2006, 184; HessLAG RVG-Letter 2006, 51 = RVGreport 2006, 273; HessLAG NZA-RR 2006, 436; Hartung/Schons/Enders/*Schons* RVG VV 3105 Rn. 8; Mayer/Kroiß/*Mayer* RVG VV 3105 Rn. 3, 13.
[43] OLG Jena JurBüro 2015, 521; OLG Naumburg JurBüro 2014, 581 = AGS 2014, 388 = NJW Spezial 2014, 539.
[44] OLG Frankfurt JurBüro 2017, 528; KG JurBüro 2009, 29 = RVGreport 2009, 18.
[45] *Onderka/Schneider* AnwBl 2006, 643 (647) Ziff. IX 4a.
[46] *Onderka/Schneider* AnwBl 2006, 643 (647) Ziff. IX 4a.
[47] *Onderka/Schneider* AnwBl 2006, 643 (647) Ziff. IX 4b.

einem Teil der Zinsen an, zB wenn nur ein Teil von ihnen, zB mehr als 10%, zweifelhaft ist und besprochen wird.[48] § 15 Abs. 3 RVG ist zu beachten. Wird die Ablehnung des Richters erörtert, so fällt eine 1,2 Terminsgebühr aus dem vollen Hauptsachewert an (→ Anh. VI Rn. 6).

Beispiel 1:

In einem Rechtsstreit über 15.000,– EUR (10.000,– EUR Sachschaden, 5.000,– EUR Schmerzensgeld) findet eine Erörterung zur Sache mit dem Gericht nur wegen des Sachschadens statt.

Die Terminsgebühr des Anwalts des Klägers berechnet sich wie folgt:

0,5 Terminsgebühr gem. VV 3105 aus 5.000,– EUR[49]	167,00 EUR
1,2 Terminsgebühr gem. VV 3104 aus 10.000,– EUR	736,80 EUR
Summe	903,80 EUR
jedoch gem. § 15 Abs. 3 RVG nicht mehr als	
1,2 Terminsgebühr aus 15.000,– EUR	861,60 EUR

Beispiel 2 (Besprechung wegen Zinsen):

Eingeklagt sind 10.000,– EUR nebst 14 % Zinsen. Das Gericht diskutiert mit dem allein anwesenden Klägervertreter die Höhe der Zinsen. Betroffen ist insoweit ein Wert von 500,– EUR.

Es entstehen ff. Terminsgebühren

0,5 Terminsgebühr gem. VV 3105 RVG aus 10.000,– EUR		307,00 EUR
1,2 Terminsgebühr gem. VV 3104 RVG aus 500,– EUR		58,80 EUR
Summe		365,80 EUR
Kontrolle gem. § 15 Abs. 3 RVG 1,2 Terminsgebühr aus 10.000,– EUR	736,80 EUR[50]	

Die Kontrollrechnung ist im jeweiligen Beispiel nur aus 10.000,– EUR zu berechnen. Die Terminsgebühr kann nicht über die Kontrollrechnung höher ausfallen als wenn hinsichtlich des gesamten Streitgegenstands von vornherein eine 1,2 Terminsgebühr angefallen wäre. In diesem Fall wären aber die Zinsen wegen § 43 GKG unberücksichtigt geblieben.[51] 43

Gegenmeinung. Nach einer in der Lit. vertretenen Auffassung soll auch die Erörterung nur zu einem kleinen Teil die Terminsgebühr aus dem gesamten Gegenstandswert auslösen, da für die anwaltliche Tätigkeit und die Gewichtung von deren Intensität nicht die Höhe des erörterten Gegenstands, sondern der Umstand der über die Antragstellung hinausgehenden Tätigkeit allein maßgeblich sei.[52] Weiter wird noch als Argument angeführt, dass VV 3105 RVG als Ausnahmevorschrift eng auszulegen sei.[53] 44

Diese Argumente greifen nicht durch. Es ist allg. anerkannt, dass differenziert werden muss, wenn nur hinsichtlich eines Teils eine höhere Gebühr anfällt. Deshalb ist auch die Vorschrift von § 15 Abs. 3 RVG erforderlich. Wie oben dargelegt, kann der Verfahrensbevollmächtigte durch die Erklärung, nur hinsichtlich eines Teils der Klage aufzutreten, den Gegenstandswert der 1,2 Terminsgebühr einschränken (→ Rn. 15). Diese Aufteilung der Terminsgebühr ist dem Gesetz auch im Rahmen von VV 3105 RVG nicht fremd, wie die in der Lit. allg. akzeptierte Entscheidung des BGH für den Fall zeigt, dass innerhalb eines Verfahrens hinsichtlich eines Anspruchs ein zweites und eines anderen ein erstes Versäumnisurteil ergeht (→ Rn. 63). Es gibt keinen Grund, den Beklagten schlechter zu stellen, wenn er nicht vertreten ist, aber nur zu einem Teil erörtert wird. Das Gegenteil lässt sich auch nicht mit dem Argument begründen, dass bei der Terminsgebühr gerade eine Prüfung, was iE geschehen ist, unterbleiben soll. Wenn das Gesetz in VV 3105 RVG schon eine Prüfung erfordert, ob die Schlüssigkeit besprochen worden ist, dann kann auch die nicht schwerer zu beantwortende Frage geprüft werden, hinsichtlich welchen Gegenstandes dies geschehen ist. Auch vom Ergebnis her verdient die hier vertretene Auffassung den Vorzug. Erkennt man mit dem BGH ohne jede Notwendigkeits- oder Verschuldensprüfung einen Erstattungsanspruch des Klägers für eine 1,2 Terminsgebühr zu (→ Rn. 70 ff.), obgleich in der ganz überwiegenden Anzahl der Fälle eine Schlüssigkeitsprüfung nur erforderlich ist, weil der Kläger bzw. sein Prozessbevollmächtigter nicht schlüssig vorgetragen hat, so gibt es keinen Grund, dieses dem Gerechtigkeitsempfinden von so manchem 45

[48] OLG Köln JurBüro 2006, 254; zweifelnd *Hansens* RVGreport 2006, 104 (105).

[49] Im Bsp. wird davon ausgegangen, dass bei prozessleitenden Fragen kein Abschlag beim Gebührenwert vorzunehmen ist.

[50] HBS VergütungsR/*Hansens* Teil 8 Rn. 257.

[51] HBS VergütungsR/*Hansens* Teil 8 Rn. 257; *Hansens* RVGreport 2006, 321 (325) Ziff. VII; *Onderka/Schneider* AnwBl 2006, 643 (647) Ziff. IX 4b.

[52] *Schons* Anm. zu OLG Köln AGS 2006, 224.

[53] *Hansens* RVGreport 2006, 104 (105) Ziff. III, der die Frage aber letztlich offen lässt; in RVGreport 2006, 321 (325) Ziff. VII vertritt er die gleiche Meinung wie hier; grds. – aber in anderem Zusammenhang – für eine enge Auslegung auch Bischof/*Bischof* RVG VV 3105 Rn. 25.

widersprechende Resultat auch noch dadurch zu verstärken, dass uU eine Erörterung über 2% Zinsen eine 1,2 Terminsgebühr aus einem Hauptsachewert von 100.000,– EUR entstehen lässt.

46 Weiter wird noch darauf hingewiesen, dass in den Fällen, in denen nur über die Zinsen gesprochen wird, Zinsen, die sich sonst nicht streitwerterhöhend auswirken, nun doch den Streitwert der Terminsgebühr erhöhen würden. Dieses Argument überzeugt noch weniger. Dass Zinsen sich gebührenerhöhend auswirken, ist dem RVG nicht fremd. Hat der RA mit einem Verfahrensauftrag die Informationen entgegengenommen hat, wird dann die Hauptsache gezahlt und werden nur noch die Zinsen eingeklagt, so kann es keinen Zweifel geben, dass dann eine 0,8 Verfahrensgebühr gem. VV 3101 Nr. 1 RVG und eine 1,3 Verfahrensgebühr nur aus dem Wert der Zinsen anfällt.

2. Besprechung zur Prozess- und Sachleitung

47 Erklärt der RA im Termin, er werde aus standesrechtlichen Gründen keine Versäumnisentscheidung nehmen, werde aber bei einem neuen Säumnis im nächsten Termin eine solche beantragen und beraumt das Gericht von Amts wegen einen neuen Termin an, so ist das an sich etwas anderes als in VV 3105 RVG vorgesehen. Da der RA jedoch, wenn er einen Vertagungsantrag gestellt hätte, auch nur eine 0,5 Terminsgebühr verdient hätte, kann auch hier keine höhere Terminsgebühr entstehen.[54]

48 Wegen „Verfahrens"leitung zB in FG-Verfahren → Rn. 30.

3. Flucht in die Säumnis (Anm. Abs. 2)

49 Gem. VV 3105 Anm. Abs. 2 RVG ist § 333 ZPO nicht anzuwenden. Wann immer die Gegenpartei oder im Anwaltsprozess ein postulationsfähiger, zunächst vertretungsbereiter RA für sie im Termin anwesend ist, scheidet eine Herabsetzung der Terminsgebühr auf einen Gebührensatz von 0,5 aus. Der RA, auch der, der keinen Antrag stellt, verdient vielmehr eine 1,2 Terminsgebühr.[55] Das Gesetz will erreichen, dass in den nicht selten vorkommenden Fällen, in denen in dem Termin trotz Erlass eines Versäumnisurteils verhandelt oder erörtert werden konnte, weil die Parteien erschienen oder ordnungsgemäß vertreten waren, eine 1,2 Terminsgebühr anfällt (→ Rn. 1, Motive). Aber auch wenn nicht zur Sache verhandelt oder erörtert wird, etwa weil der gegnerische Anwalt von vornherein erklärt, er werde nicht zur Sache verhandeln, er wolle nur eine Vertagung erreichen, fällt nach dem eindeutigen Wortlaut des VV 3105 Anm. Abs. 2 RVG eine 1,2 Terminsgebühr an. Anders ist es nur, wenn er von Anfang an erklärt, nicht aufzutreten (→ Rn. 13).

4. Anerkenntnisurteil

50 Anders als bei § 33 Abs. 1 S. 1 BRAGO führt der Antrag auf Anerkenntnisurteil, da in VV 3105 RVG nicht aufgeführt, nicht zu einer Herabsetzung der Terminsgebühr.[56] Zu der Frage, wie dann der Beklagte, der sich nicht gegen die Klage wehren will, am billigsten das Verfahren beenden kann → RVG VV 3104 Rn. 67.

5. Rücknahme von Klage oder Rechtsmittel

51 **a) Erklärung der Rücknahme oder des Einverständnisses mit Rücknahme.** Wird im Termin die Klage, der Antrag oder das Rechtsmittel zurückgenommen bzw. erklärt der Gegner sein Einverständnis mit der Rücknahme, so wird vertreten, dass hierdurch eine 1,2 Terminsgebühr ausgelöst wird, da diese Erklärungen nicht nur die Prozess- und Sachleitung betreffen.[57] Im Ergebnis wird damit die Rücknahme als ein Mehr im Verhältnis zum Antrag auf Versäumnisurteil angesehen.

52 **b) Bloße Information über Rücknahme.** Teilt der allein erschienene Beklagtenvertreter mit, dass er vom Klägervertreter über die Klagerücknahme telefonisch informiert worden sei, so wird vertreten, dass eine 1,2 Terminsgebühr anfalle.[58] Dem ist nicht zu folgen. Eine bloße Besprechung über etwas, was bereits geschehen ist und worauf der anwesende RA keinen Ein-

---

54 HBS VergütungsR/*Hansens* Teil 8 Rn. 252.

55 KG JurBüro 2006, 134; OLG Koblenz NJW 2005, 1955 = AnwBl 2005, 432 = FamRZ 2005, 1849 = JurBüro 2005, 360.

56 LG Stuttgart NJW 2005, 3152.

57 LAG BW AGS 2010, 528 = RVGreport 2010, 386 mzustAnm *Hansens;* Schneider/Wolf/*Onderka/Schneider* RVG VV 3105 Rn. 27.

58 OLG Köln OLGR 2008, 30 = AGS 2008, 28 mzustAnm *N. Schneider,* wo noch dazu gekommen war, dass das Gericht daraufhin Nachforschungen angestellt und ein Fax mit einer Rücknahme gefunden hat.

fluss nehmen kann, ist im Verhältnis zu einem Versäumnisurteil ein minus und kann zu keiner höheren Vergütung als ein Antrag auf Versäumnisurteil führen. Im Übrigen hätte hier (im Rahmen der Kostenfestsetzung) geprüft werden müssen, ob es überhaupt notwendig war, dass der Beklagtenvertreter noch zum Termin erschienen ist (→ RVG VV Vorb. 3 Rn. 253 ff.; → Anh. X Rn. 239 ff.).

6. Besprechung mit ohne RA erschienenem Gegner

a) Anwaltsverfahren. ***aa) Gespräch zur Sach- und Rechtslage oder zu Einigung.*** Ist in einem Anwaltsverfahren der Gegner allein ohne Verfahrensbevollmächtigten erschienen und wird mit ihm die Sach- oder Rechtslage erörtert, so entsteht eine 1,2 Terminsgebühr. Es ist mehr als in VV 3105 RVG vorgesehen geschehen.[59] Dasselbe gilt, wenn mit ihm über eine Einigung gesprochen wird.[60] Das ergibt sich schon aus VV Vorb. 3 Abs. 3 S. 1 Alt. 3 RVG. Dass dann letztlich doch ein Versäumnisurteil beantragt wird, ändert nichts daran, dass vorher schon eine 1,2 Terminsgebühr entstanden ist. **53**

bb) Besprechung der fehlenden Postulationsfähigkeit des Beklagten. Erscheint der Beklagte in der mündlichen Verhandlung eines Anwaltsprozesses allein und weist ihn das Gericht darauf hin, dass er nicht postulationsfähig ist, und ergeht dann ohne weitere Erörterung antragsgemäß ein Versäumnisurteil, so bleibt es nach OLG Köln bei einer 0,5 Terminsgebühr,[61] während in der Lit. vertreten wird, dass eine 1,2 Terminsgebühr entsteht.[62] **54**

b) Parteiprozess, → Rn. 9. **55**

7. Außergerichtliches Gespräch

Hat vor dem Termin oder nach Erlass einer Versäumnisentscheidung noch während der laufenden Einspruchsfrist ein außergerichtliches Gespräch mit der Gegenseite stattgefunden, so kommt es auf die vorstehenden Ausführungen nicht mehr an, da dann VV Vorb. 3 Abs. 3 S. 1 Alt. 3 RVG gegeben ist und schon deshalb eine 1,2 Terminsgebühr entsteht. **56**

XI. Zweiter Termin

1. Zweiter Termin ist zweiseitig

Kommt es zu einem zweiten Termin, bei dem beide Parteien bzw. Beteiligte anwesend bzw. vertreten sind, so erhöht sich die ursprüngliche 0,5 Terminsgebühr auf eine 1,2 Terminsgebühr. Es fällt nicht eine weitere Terminsgebühr an, sondern die zunächst angefallene erhöht sich gem. § 15 Abs. 2 S. 1 RVG, da es sich um eine Angelegenheit handelt.[63] Das gilt auch dann, wenn der zweite Termin nach einem Einspruch gegen die Versäumnisentscheidung stattfindet. Das Verfahren bleibt eine Angelegenheit. **57**

2. Zweiter Termin ist einseitig

a) Zweiter Termin nach Einspruch. Erscheint der Klägervertreter nach Einspruch gegen ein von ihm erwirktes Versäumnisurteil in der mündlichen Verhandlung allein und beantragt er ein **zweites Versäumnisurteil,** so verdient er eine 1,2 Terminsgebühr.[64] VV 3105 RVG stellt auf die „Wahrnehmung nur eines Termins" ab. Dieses „nur" bezieht sich nicht darauf, dass nur ein Antrag auf Versäumnisurteil oder zur Prozess- oder Sachleitung gestellt wird. Die Beschränkung auf diese Tätigkeit wird in VV 3105 RVG durch das „lediglich" vor „ein Antrag" zum Ausdruck gebracht. Das „nur" wäre überflüssig, wenn damit nicht zum Ausdruck gebracht werden sollte, dass sich die 0,5 Terminsgebühr wirklich auf den Fall beschränkt, in dem der RA nur einen Termin wahrnimmt. Der Sinn der Beschränkung auf einen Termin ist, dass die Mühe, die mit zwei Terminen verbunden ist (Anfahrt, Vorbereitung), nicht mit nur einer 0,5 Gebühr vergütet sein soll, selbst wenn die Tätigkeit im Termin nicht aufwändig ist. **58**

---

[59] *Hansens* RVGreport 2006, 321 Ziff. I; HBS VergütungsR/*Hansens* Teil 8 Rn. 248; *Onderka/Schneider* AnwBl 2006, 643 (645) Ziff. VI 2.

[60] BGH NJW 2007, 1692 = AnwBl 2007, 383.

[61] OLG Köln NJW 2007, 1694.

[62] *Hansens* RVGreport 2007, 188 Ziff. III.

[63] OLG Koblenz JurBüro 2010, 584 Rn. 13; OLG Köln JurBüro 2018, 257; Bischof/*Bischof* RVG VV 3105 Rn. 43.

[64] BGH NJW 2006, 2927; FamRZ 2006, 1836; OLG Celle JurBüro 2005, 302; OLG Koblenz JurBüro 2015, 577; OLG München AnwBl 2006, 286; Hartung/Schons/Enders/*Schons* RVG VV 3105 Rn. 24; *Hansens* RVGreport 2005, 474; **aA** OLG Nürnberg NJW 2006, 1527 = AnwBl 2006, 286.

59 **Voraussetzung, dass zuvor schon eine 0,5 Terminsgebühr angefallen ist.** Vor dem zweiten Termin muss aber bereits eine Terminsgebühr angefallen sein. Dabei genügt es, wenn die erste Entscheidung zwar ohne mündliche Verhandlung, aber in einer Weise ergangen ist, die gem. VV 3105 RVG eine Terminsgebühr ausgelöst hat. Das ist zB der Fall, wenn im schriftlichen Vorverfahren ohne mündliche Verhandlung gem. § 331 Abs. 3 ZPO ein Versäumnisurteil ergeht.[65]

60 Folgt aber eine mündliche Verhandlung einer Entscheidung, die keine Terminsgebühr ausgelöst hat, so entsteht nur eine 0,5 Terminsgebühr, weil dann kein zweiter Termin vorliegt. Das ist zB nach einem Einspruch gegen einen Vollstreckungsbescheid der Fall, da der Antrag auf Vollstreckungsbescheid keine Terminsgebühr auslöst.[66]

61 **b) Zweiter Termin nach Vertagung.** Ein zweiter Termin, der zu einer 1,2 Terminsgebühr führt, ist auch gegeben, wenn im ersten Termin kein Versäumnisurteil ergehen kann, etwa weil die Klageschrift wegen falscher Adresse nicht zugestellt werden konnte oder weil das Gericht versehentlich eine Zustellung unterlassen hat. Soweit zu § 35 BRAGO etwas anders vertreten wurde,[67] gilt das für das RVG, das insofern ganz anders formuliert ist, nicht mehr. Wegen Kostenerstattung → Rn. 70 ff.

3. Zweiter Termin nur teilweise

62 Geht es im zweiten Termin nur noch um **einen Teil** des ursprünglichen Anspruchs, so fällt die 1,2 Terminsgebühr nur aus dem Wert dieses Teils an. Ein solcher Fall kann gegeben sein, weil nur teilweise Einspruch gegen das vorausgegangene Versäumnisurteil eingelegt wurde oder weil der Beklagtenvertreter erklärt, nur hinsichtlich eines Teils aufzutreten (→ Rn. 15).

Beispiel:

Der Beklagte greift mit seinem Einspruch gegen ein Versäumnisurteil über 15.000,– EUR nur einen Teil von 10.000,– EUR an.

Die Terminsgebühr des Anwalts des Klägers berechnet sich wie folgt:

0,5 Terminsgebühr gem. VV 3105 RVG aus 5.000,– EUR[68]	167,00 EUR
1,2 Terminsgebühr gem. VV 3104 RVG aus 10.000,– EUR	736,80 EUR
Summe	903,80 EUR
jedoch gem § 15 Abs. 3 RVG nicht mehr als	
1,2 Terminsgebühr aus 15.000,– EUR =	861,60 EUR[69]

63 **a) Unterschiedliche Gegenstände.** Dasselbe gilt, wenn mehrere Gegenstände in einem Verfahren eingeklagt sind, Termin hinsichtlich aller Gegenstände angesetzt ist, im ersten Termin aber nur hinsichtlich eines Gegenstandes ein Versäumnisurteil ergehen kann, hinsichtlich des zweiten Gegenstands es zu einem weiteren Termin kommt. Allerdings entsteht die 1,2 Terminsgebühr nur aus dem Gegenstand, für den es zum zweiten Termin gekommen ist. Dasselbe gilt bei einer Klageerweiterung, wenn hinsichtlich der Erweiterung nur ein Termin stattfindet.[70]

Beispiel:

Nach Versäumnisurteil über 10.000,– EUR ergeht im zweiten Verhandlungstermin nach Einspruch ein zweites Versäumnisurteil über 10.000,– EUR und ein erstes Versäumnisurteil über eine Widerklage von 5.000,– EUR.

Der Klägervertreter verdient

1,2 Terminsgebühr gem. VV 3104 RVG aus 10.000,– EUR	736,80 EUR
0,5 Terminsgebühr gem. VV aus 5.000,– EUR	167,00 EUR
Summe	903,80 EUR
jedoch gem. § 15 Abs. 3 RVG nicht mehr als	
1,2 Terminsgebühr gem. VV aus 15.000,– EUR	861,60 EUR[71]

[65] BGH JurBüro 2006, 585 = MDR 2007, 115; HBS VergütungsR/*Hansens* Teil 8 Rn. 262; *Hansens* RVGreport 2006, 321 (328) Ziff. IX 3; krit. zur Begr. des BGH Schneider/Wolf/*Onderka/Schneider* RVG VV 3105 Rn. 22.

[66] OLG Brandenburg JurBüro 2010, 243; OLG Köln AGS 2007, 296 = RVGreport 2007, 189 mzustAnm *Hansens;* OLG Nürnberg MDR 2008, 1127 = OLGR 2008, 661; AG Kaiserslautern JurBüro 2005, 475; HBS VergütungsR/*Hansens* Teil 8 Rn. 263; *Hansens* RVGreport 2006, 321 (328) Ziff. IX 4.

[67] OLG Frankfurt a. M. MDR 1979, 1034; OLG München JurBüro 1992, 240 = MDR 1992, 811.

[68] Im Bsp. wird davon ausgegangen, dass bei prozessleitenden Fragen kein Abschlag beim Gebührenwert vorzunehmen ist.

[69] OLG Düsseldorf JurBüro 1969, 246.

[70] BGH JurBüro 2006, 585; LG Düsseldorf RVGreport 2005, 474 mzustAnm von *Hansens.*

[71] *Enders* Anm. zu BGH JurBüro 2006, 585; *Schons* Anm. zur BGHE in AGS 2006, 366 (368) Ziff. 4; *Hansens* RVGreport 2006, 304 (305) Ziff. III.

Der BGH rechnet anders mit einem niedrigeren Ergebnis.[72] Da diese Berechnungsweise aber ganz sicher falsch ist,[73] wird davon abgesehen, sie hier darzustellen. 64

b) 2. Termin nur bei einem von mehreren Beklagten. Ist ein Versäumnisurteil gegen zwei Beklagte ergangen, gegen das nur der Beklagte. zu 1 Widerspruch einlegt, so fällt beim Klägervertreter eine 1,2 Terminsgebühr an. Ein Erstattungsanspruch in dieser Höhe besteht aber nur gegen den Beklagten zu 1. Gegen den Beklagten zu 2 besteht ein solcher nur in Höhe einer 0,5 Terminsgebühr.[74] 65

Beispiel:

Kläger hat gegen die Beklagten zu 1 und 2 als Gesamtschuldner ein Versäumnisurteil über 10.000,– EUR erwirkt. Nur der Beklagte zu 1 legt Widerspruch ein.

Erstattungsansprüche des Klägers
Gegen beide Beklagte als Gesamtschuldner

1,3 Verfahrensgebühr gem. VV 3100 RVG aus 10.000,– EUR	798,20 EUR
0,5 Terminsgebühr gem. VV 3105 RVG aus 10.000,– EUR	307,00 EUR
Pauschale	20,00 EUR
Summe	1.125,20 EUR

Gegen Beklagten zu 1 allein

weitere 0,7 Terminsgebühr gem. VV aus 10.000,– EUR	429,80 EUR

4. Stufenklage

Beispiel: 66

In einer Unterhaltssache (Gegenstandswert des Leistungsantrags 4.000,– EUR) fällt hinsichtlich der Auskunftsstufe (Wert 1.000,– EUR) eine 1,2 Terminsgebühr an. In der Leistungsstufe ergeht ein Versäumnisurteil, da der Antragsgegner nicht erschienen ist.
Hinsichtlich der Terminsgebühr ist zu rechnen

1,2 Terminsgebühr aus 1.000,– EUR	105,60 EUR
0,5 Terminsgebühr aus 3.000,– EUR	111,00 EUR
Summe	216,60 EUR

Da 1,2 Terminsgebühr aus 4.000,– EUR höher wären (333,60 EUR)
bleibt es gem. § 15 Abs. 3 RVG bei 216,60 EUR.
Nicht gefolgt werden kann der Meinung, die Terminsgebühr sei wie folgt abzurechnen

1,2 Terminsgebühr aus 1.000,– EUR	105,60 EUR
0,5 Terminsgebühr aus 4.000,– EUR	139,00 EUR
Summe	244,60 EUR

da dann hinsichtlich eines Werts von 1.000,– EUR eine Terminsgebühr doppelt anfällt, was VV 3105 RVG nicht erlaubt (→ Rn. 57).

XII. Angelegenheit

1. Einmaligkeit der Terminsgebühr

Das Verfahren vor und das nach dem Einspruch sind gebührenrechtlich eine Angelegenheit.[75] Der RA kann daher die Terminsgebühr nur einmal verdienen. Das RVG kennt keine dem § 38 BRAGO entsprechende Vorschrift, bei dem eine Verhandlungsgebühr mehrfach entstehen konnte. Die reduzierte Terminsgebühr des VV 3105 RVG ist auch im Verhältnis zu VV 3104 RVG keine gesonderte Gebühr („die Gebühr 3104" beträgt 0,5). Das führt dazu, dass bei einem zweiten Termin die 1,2 Terminsgebühr nicht neben der zuvor verdienten 0,5 Terminsgebühr entsteht, sondern sich die 0,5 Terminsgebühr nur auf 1,2 erhöht.[76] Die Kommunikationspauschale gem.VV 7002 RVG entsteht auch nur einmal. 67

2. Mehrere Angelegenheiten

Die Terminsgebühr kann allerdings dann erneut anfallen, wenn das Gesetz bestimmt, dass verschiedene oder besondere Angelegenheiten gegeben sind zB § 17 Nr. 5 RVG (Urkundenprozess), § 17 Nr. 4 RVG (vorläufiger Rechtsschutz). 68

---

[72] BGH JurBüro 2006, 585.
[73] *Enders* Anm. zu BGH JurBüro 2006, 585; *Schons* Anm. zur BGHE in AGS 2006, 366 (368) Ziff. 4; *Hansens* RVGreport 2006, 304 (305) Ziff. III.
[74] *Hansens* RVGreport 2006, 212.
[75] OLG Celle JurBüro 2016, 414; OLG Koblenz JurBüro 2015, 593.
[76] KG JurBüro 2008, 647; *Hansens* RVGreport 2006, 321 (326) Ziff.VIII.

XIII. Kostenerstattung

1. Grundsätze

69 → RVG VV Vorb. 3 Rn. 242 ff.

2. Vom Erstattungsberechtigten verschuldete Mehrkosten

70 **BGH.** Wer die die Kosten des Rechtsstreits zu tragen hat, muss nach dem BGH ohne Notwendigkeitsprüfung auch die Mehrkosten tragen, die durch ein Verschulden des Erstattungsberechtigten entstanden sind. Er muss also auch uU eine 1,2 Terminsgebühr anstelle einer 0,5 Terminsgebühr erstatten, obgleich deren Entstehung vom Kläger bzw. Antragsteller zu vertreten ist. Das hat der BGH für den Fall entschieden, dass eine Erörterung der Schlüssigkeit stattgefunden hat. Es komme nicht darauf an, ob die Notwendigkeit zu dieser Erörterung vom Kläger verschuldet wurde. Die Prüfung der Verschuldensfrage widerspreche der vom Gesetz angestrebten Vereinfachung des Kostenfestsetzungsverfahrens.[77] Dasselbe muss dann gelten, wenn ein zweiter Termin erforderlich wurde, weil der Kläger die Adresse des Beklagten fahrlässig nicht richtig angegeben hat, weshalb im ersten Termin kein Versäumnisurteil ergehen konnte.

71 **Kritik.** Das Ergebnis ist höchst ungerecht. Der Beklagte muss in vielen Fällen mehr zahlen, weil der Kläger mangelhaft vorgetragen hat. Der in §§ 93, 97 Abs. 2 ZPO enthaltene Gerechtigkeitsgedanke, dass der Unterlegene nicht Mehrkosten tragen muss, die der Kläger hätte vermeiden können, wird hier für die Kostenfestsetzung unberücksichtigt gelassen. Außerdem kann sich der Beklagte nicht mehr darauf verlassen, durch Säumnis das Verfahren billiger beenden zu können.

72 **Berücksichtigung in Kostenfestsetzung.** In der Lit. wird deshalb zu Recht vertreten, dass jedenfalls dann die Notwendigkeit verneint werden soll, wenn klar ist, dass die Mehrkosten vom Erstattungsberechtigten zu vertreten sind.[78] Das ist zB der Fall, wenn der Kläger zunächst völlig unsubstantiiert vorgetragen hat oder schuldhaft eine falsche Adresse angegeben hat.

73 **Berücksichtigung in Kostenentscheidung.** Da jedoch zu erwarten ist, dass die Rspr. dem BGH folgen wird, sollte der erkennende Richter eine differenzierende Kostenentscheidung in analoger Anwendung von § 97 Abs. 2 ZPO erlassen, in der er, wenn die Erörterung oder der zweite Termin vom Kläger zu vertreten ist, die hierdurch entstandenen Kosten dem Kläger auferlegt. Also: „Der Beklagte trägt die Kosten des Rechtsstreits mit Ausnahme einer 0,7 Terminsgebühr des Klägervertreters, die der Kläger trägt."

74 **Vollstreckungsabwehrklage.** Der Beklagte hat, wenn der Klägervertreter schuldhaft nicht ausreichend vorgetragen hat, noch eine Möglichkeit. Er kann Vollstreckungsabwehrklage erheben. Der Klägervertreter kann nämlich uU gegenüber dem Kläger wegen Schlechterfüllung nicht mehr als eine 0,5 Terminsgebühr geltend machen (→ § 1 Rn. 166). Dies ist eine materiell-rechtliche Einwendung, die zwar nicht in der Kostenfestsetzung, wohl aber mit der Vollstreckungsabwehrklage geltend gemacht werden kann (→ Anh. X Rn. 300; § 11 Rn. 166).

3. Kosten der Säumnis

75 Zu den Kosten der Säumnis gehören nicht Kosten, die auch angefallen wären, wenn die säumige Partei erschienen oder vertreten gewesen wäre. Kosten der Säumnis sind nur die zusätzlichen Kosten, die durch die Anberaumung des weiteren Termins anfallen.[79] Wird tenoriert, dass der Kläger die Kosten des Rechtsstreits trägt mit Ausnahme der Kosten der Säumnis, die der Beklagte trägt, so gehört die 0,5 Terminsgebühr des VV 3105 nicht zu den Kosten der Säumnis;[80] ebenso die 1,2 Terminsgebühr, wenn zuvor bereits eine 1,2 Terminsgebühr angefallen war,[81] etwa wegen Flucht in die Säumnis (→ Rn. 49), oder wenn nach Entstehung einer 0,5 Terminsgebühr im zweiten, zB im Einspruchstermin beide Parteivertreter (1,2 Terminsgebühr) anwesend sind.[82] Da es sich – anders als noch in der BRAGO – um eine Angelegenheit handelt, ist in diesen Fällen durch die Säumnis keine höhere Gebühr entstanden (→ Rn. 57).

---

77 BGH NJW 2007, 1692.
78 Bischof/*Bischof* RVG VV 3105 Rn. 46.
79 OLG Köln JurBüro 2018, 257.
80 OLG Köln JurBüro 2018, 257.
81 KG JurBüro 2008, 647; RVGreport 2006, 66.
82 OLG Koblenz JurBüro 2010, 584.

Erscheint sowohl im ersten als auch im zweiten Termin nur ein RA, zB der Beklagte erscheint in beiden Terminen nicht und wären ihm die Kosten der Säumnis auferlegt, so gilt dasselbe. Wäre er im 1. Termin nicht säumig gewesen, so wäre von vornherein ein 1,2 Terminsgebühr entstanden, sodass durch die Säumnis keine Mehrkosten angefallen sind.[83] **76**

Nicht anders ist es, wenn im ersten nur der Beklagtenvertreter und im zweiten Termin nach Einspruch gegen das klageabweisende Versäumnisurteil nur der Kläger anwesend sind und dem Kläger die Kosten der Säumnis auferlegt werden. **77**

Als Kosten der Säumnis kommen in Betracht unnötige Reisen des Anwalts, eines Sachverständigen oder von Zeugen.[84] **78**

4. Nachweis einer 1,2 Terminsgebühr

Hinweis für RA. Aus den vorausgegangenen Darlegungen ergibt sich, dass es häufig auf einzelne Umstände ankommt, ob nicht doch eine 1,2 Terminsgebühr entstanden ist. Der RA soll darauf dringen, dass Umstände, die zu einer 1,2 Terminsgebühr führen, ins Protokoll aufgenommen werden (zB dass der Gegner persönlich erschienen war oder dass das Gericht mit dem Klägervertreter die Schlüssigkeit der Klage erörtert hat). Zwar müssen viele dieser Umstände nicht ins Protokoll aufgenommen werden und können daher auch auf andere Weise nachgewiesen werden. Der RA tut sich aber sehr viel leichter, insbes. bei der Kostenerstattung, wenn er nur auf das Protokoll verweisen muss und, soweit das Protokoll überhaupt widerlegbar ist, der Gegner den Gegennachweis führen muss. **79**

Nr.	Gebührentatbestand	Gebühr oder Satz der Gebühr nach § 13 RVG
3106	Terminsgebühr in Verfahren vor den Sozialgerichten, in denen Betragsrahmengebühren entstehen (§ 3 RVG).... Die Gebühr entsteht auch, wenn 1. in einem Verfahren, für das mündliche Verhandlung vorgeschrieben ist, im Einverständnis mit den Parteien ohne mündliche Verhandlung entschieden oder in einem solchen Verfahren mit oder ohne Mitwirkung des Gerichts ein Vertrag im Sinne der Nummer 1000 geschlossen wird oder eine Erledigung der Rechtssache im Sinne der Nummer 1002 eingetreten ist, 2. nach § 105 Abs. 1 Satz 1 SGG durch Gerichtsbescheid entschieden wird und eine mündliche Verhandlung beantragt werden kann oder 3. das Verfahren, für das mündliche Verhandlung vorgeschrieben ist, nach angenommenem Anerkenntnis ohne mündliche Verhandlung endet. In den Fällen des Satzes 1 beträgt die Gebühr 90 % der in derselben Angelegenheit dem Rechtsanwalt zustehenden Verfahrensgebühr ohne Berücksichtigung einer Erhöhung nach Nummer 1008.	60,00 bis 610,00 €

Vgl. die Kommentierung zu → § 3 Rn. 50 ff. **1**

Nr.	Gebührentatbestand	Gebühr oder Satz der Gebühr nach § 13 RVG

Abschnitt 2. Berufung, Revision, bestimmte Beschwerden und Verfahren vor dem Finanzgericht

Vorbemerkung 3.2:

(1) Dieser Abschnitt ist auch in Verfahren vor dem Rechtsmittelgericht über die Zulassung des Rechtsmittels anzuwenden.

(2) Wenn im Verfahren auf Anordnung eines Arrests, zur Erwirkung eines Europäischen Beschlusses zur vorläufigen Kontenpfändung oder auf Erlass einer einstweiligen Verfügung sowie im Verfahren über die Aufhebung, den Widerruf oder die Abänderung der genannten Entscheidungen das Rechtsmittelgericht als Gericht der Hauptsache anzusehen ist (§ 943, auch i. V. m. § 946 Abs. 1 Satz 2 ZPO), bestimmen sich die Gebühren nach den für die erste Instanz geltenden Vorschriften. Dies gilt entsprechend im Verfahren der einstweiligen Anordnung und im Verfahren auf Anordnung oder Wiederherstellung der aufschiebenden Wirkung, auf Aussetzung oder Aufhebung der Vollziehung oder Anordnung der sofortigen Vollziehung eines Verwaltungsakts. Satz 1 gilt ferner entsprechend in Verfahren über einen Antrag nach § 169 Abs. 2 Satz 5 und 6, § 173 Abs. 1 Satz 3 oder nach § 176 GWB.

[83] *Hansens* RVGreport 2011, 6.
[84] OLG Köln JurBüro 2018, 257; *Hansens* RVGreport 2011, 6.

Übersicht

I. Motive

1 Die Motive zum KostRMoG führen aus:

„Zu Abschnitt 2

Dieser Abschnitt soll die Gebühren für die Berufung, die Revision, für bestimmte Beschwerden und für Verfahren vor dem Finanzgericht zusammenfassen. Die Gebühren dieses Abschnitts unterscheiden sich von den Gebühren des Abschnitts 1 insbesondere durch ihre Höhe. Die Gebührensätze berücksichtigen die derzeit in § 11 Abs. 1 S. 4 bis 6 BRAGO enthaltene Erhöhung der Gebühren im Berufungs- und Revisionsverfahren und im Verfahren vor dem Rechtsmittelgericht über die Zulassung des Rechtsmittels. Die geltende Regelung wird allerdings in etwas veränderter Form übernommen. Nach der geltenden Regelung werden auf den jeweiligen Gebührensatz in der Regel $^{3}/_{10}$ aufgeschlagen. Dies führt bei Bruchteilsgebühren zum Teil zu „krummen" Brüchen.

So beträgt zB die $^{15}/_{10}$-Gebühr nach der Erhöhung $^{19,5}/_{10}$. Nach der nunmehr vorgeschlagenen Regelung sind Gebühren mit einem Gebührensatz vorgesehen, der nur eine Stelle nach dem Komma hat. Hierdurch wird die Gebührenberechnung vereinfacht.

Abs. 1 der Vorbemerkung ist aus § 11 Abs. 1 S. 6 BRAGO übernommen werden.

Abs. 2 der Vorbemerkung übernimmt die Regelung des § 40 Abs. 3 BRAGO, die nach § 114 Abs. 6 S. 1 BRAGO auch in den in S. 2 genannten Verfahren vor den Gerichten der Verwaltungsgerichtsbarkeit und nach § 116 Abs. 3 iVm § 114 Abs. 6 S. 1 BRAGO auch in den genannten Verfahren der Sozialgerichtsbarkeit gilt. Die Formulierung ist so gewählt, dass die Regelung auch Verfahren nach den §§ 80 und 80a VwGO erfasst."[1]

II. Überblick

1. Anzuwendende Vorschriften bei Rechtsmitteln und -behelfen

2 Im Folgenden wird eine Übersicht dazu gegeben, bei welchen Rechtsmitteln bzw. -behelfen welche Bestimmungen anzuwenden sind:

- **Berufung** VV 3200 ff. RVG,
- **Revision** VV 3206 ff. RVG,
- **Beschwerde,**
  - **grundsätzlich,** wenn keine speziellere Vorschrift besteht, VV 3500 ff. RVG,
  - im Beschlussverfahren vor dem **Arbeitsgericht** gegen den Rechtszug beendende Entscheidungen VV 3200 ff. RVG iVm VV Vorb. 3.2.1 Nr. 2c RVG,
  - in Vollstreckbarerklärungs- und Vollstreckungsklauselerteilungsverfahren bei **ausländischen Titeln** gegen den Rechtszug beendende Entscheidungen VV 3200 ff. RVG iVm VV Vorb. 3.2.1 Nr. 2a RVG,
  - in Beschwerdeverfahren beim **BPatG** wegen bestimmter Gegenstände VV 3510 RVG,
  - in Beschwerdeverfahren vor dem BGH gegen Entscheidungen des **BPatG** VV 3206 ff. RVG iVm VV Vorb. 3.2.2 Nr. 2 RVG,
  - in **Eilverfahren** bei Zurückweisung eines Eilantrags **(Arrest und einstweilige Verfügung),** wenn das Beschwerdegericht Termin zur mündlichen Verhandlung bestimmt VV 3514 RVG,

[1] BT-Drs. 15/1971, 213.

– nach dem **EnWG** VV 3200 ff. RVG iVm VV Vorb. 3.2.1 Nr. 2f RVG,
– in **Familiensachen und FG-Sachen** gegen Endentscheidungen wegen des Hauptgegenstands VV 3200 ff. RVG iVm VV Vorb. 3.2.1 Nr. 2b RVG,
– in Verfahren nach dem **GWB** VV 3200 ff. RVG iVm VV Vorb. 3.2.1 Nr. 2e RVG,
– in **Landwirtschaftssachen** gegen Endentscheidungen in FG-Sachen VV 3200 ff. RVG iVm VV Vorb. 3.2.1 Nr. 2b RVG,
– nach dem EU-**VSchDG** VV 3200 ff. RVG iVm VV Vorb. 3.2.1 Nr. 2h RVG,
– im Verfahren nach dem **WpHG** VV 3200 ff. RVG iVm VV Vorb. 3.2.1 Nr. 3b RVG,
– in Verfahren nach dem **WpÜG** VV 3200 ff. RVG iVm VV Vorb. 3.2.1 Nr. 2j RVG,

– **Rechtsbeschwerde,**
– **grds.,** wenn keine speziellere Vorschrift besteht, VV 3502 RVG,
– in **Arbeitssachen** gegen die den Rechtszug beendenden Entscheidungen im Beschlussverfahren VV 3206 ff. RVG iVm VV Vorb. 3.2.2 Nr. 1a RVG,
– in Vollstreckbarerklärungs- und Vollstreckungsklauselerteilungsverfahren bei **ausländischen Titeln** VV 3206 ff. RVG iVm VV Vorb. 3.2.2 Nr. 1a RVG, – in Verfahren vor dem BGH gegen Entscheidungen des **BPatG** VV 3206 ff. RVG iVm VV Vorb. 3.2.2 Nr. 2 RVG,
– in Verfahren nach dem **EnWG** VV 3206 ff. RVG iVm VV Vorb. 3.2.2 Nr. 1a RVG,
– in **Familiensachen** VV 3206 ff. RVG iVm VV Vorb. 3.2.2 Nr. 1a RVG,
– in Verfahren nach dem **GWB;** VV 3206 ff. RVG iVm VV Vorb. 3.2.2 Nr. 1a RVG,
– in Verfahren nach § 20 **KapMuG** VV 3206 ff. RVG iVm VV Vorb. 3.2.2 Nr. 1b RVG,
– in **Landwirtschaftssachen** VV 3206 ff. RVG iVm VV Vorb. 3.2.2 Nr. 1a RVG,
– nach **StVollzG,** auch iVm § 92 JGG, VV 3200 ff. RVG iVm VV Vorb. 3.2.1 Nr. 4 RVG,
– in Verfahren nach dem EU-**VSchDG** VV 3206 ff. RVG iVm VV Vorb. 3.2.2 Nr. 1a RVG,

– **Einspruch,**
– gegen Versäumnisurteil VV 3100 ff. RVG bzw. VV 3200 ff. RVG,
– Einspruch gegen Vollstreckungsbescheid VV 3100 RVG,

– **Erinnerung** VV 3500 ff., § 16 Nr. 10, § 18 Abs. 1 Nr. 3, § 19 Abs. 1 S. 2 Nr. 5 RVG,
– **Rüge der Verletzung des rechtlichen Gehörs** gem. § 321a ZPO, VV 3330 RVG,
– **Nichtzulassungsbeschwerde,**
– wegen Nichtzulassung der Berufung VV 3504 ff., 3511, § 17 Nr. 9 RVG,
– wegen Nichtzulassung der Revision VV 3508 ff., 3512, § 17 Nr. 9 RVG,
– wegen Nichtzulassung der Rechtsbeschwerde VV 3504 ff. RVG,

– **Schiedsverfahren,**
– Aufhebungsantrag gem. § 1059 ZPO, VV 3100 ff. RVG,
– Rechtsbeschwerde gem. § 1065 ZPO, VV 3206 ff. RVG iVm VV Vorb. 3.2.2 . Nr. 1c RVG,
– Berufung oder Revision (vereinbarte weitere Schiedsinstanz)[2] iVm VV 3200 f. RVG oder VV 3206 f. RVG iVm § 36 RVG,

– **Verfassungsbeschwerde** § 37 RVG,
– **Vorbescheid des EuGH** § 38 RVG,
– **Zulassung des Rechtsmittels** vor dem Rechtsmittelgericht VV 3200 f. RVG bzw. VV 3206 f. RVG iVm VV Vorb. 3.2 Abs. 1, § 16 Nr. 11 RVG,
– **Zulassung des Rechtsmittels** durch das Gericht, das die angegriffene Entscheidung erlassen hat, Gebühren der Ausgangsinstanz, also zB bei erster Instanz VV 3100 ff. RVG.

Generell ist bei Rechtsmitteln auch § 19 Abs. 1 S. 2 Nr. 9 RVG zu beachten. 3

2. Anwendungsbereich von VV 3200 ff. RVG

VV 3200 f. RVG sind anwendbar 4

– für Berufung, Revision und bestimmte, in VV Vorb. 3.2.1 RVG aufgeführte Beschwerden oder Rechtsbeschwerden (→ RVG VV Vorb. 3 Rn. 6 ff.),
– für das erstinstanzliche Verfahren vor dem Finanzgericht (VV Vorb. 3.2.1 Nr. 1 RVG),
– für das Verfahren vor dem Rechtsmittelgericht über die Zulassung des Rechtsmittels (VV Vorb. 3.2 Abs. 1 RVG),
– für das Schiedsverfahren, wenn die Parteien weitere Schiedsinstanz vereinbart[3] haben (§ 36 Abs. 1 RVG),
– für das Vorabentscheidungsverfahren vor dem EuGH (§ 38 Abs. 1 RVG).

---

[2] Zur Zulässigkeit Schwab/Walter/*Walter* Kap. 22 Rn. 1 ff.
[3] Zur Zulässigkeit Schwab/Walter/*Walter* Kap. 22 Rn. 1 ff.

III. Zulassung des Rechtsmittels durch Rechtsmittelgericht (Abs. 1)

1. Allgemeines

5 Abs. 1 bestimmt, dass das Verfahren vor dem Rechtsmittelgericht über die Zulassung des Rechtsmittels gebührenrechtlich dem Berufungs- bzw. Revisionsverfahren folgt, mit dem es gem. § 16 Nr. 11 RVG eine Angelegenheit bildet. Ergänzend zu den nachfolgenden Ausführungen wird auf die Kommentierung zu VV 3200 ff. RVG und VV 3206 ff. RVG Bezug genommen.

2. Grundsätze

6 Abschn. 2 (VV 3200 ff., 3206 ff. RVG) ist in Verfahren vor dem Rechtsmittelgericht über die Zulassung des Rechtsmittels anzuwenden. Es entstehen nunmehr in allen von VV Teil 3 RVG erfassten Gerichtsbarkeiten gem. Vorb. 3.2. Abs. 1 die Gebühren der VV 3200 ff. RVG bzw. VV 3206 ff. Abschn. 2 RVG gilt nicht für Verfahren über die Zulassung beim Gericht, dessen Entscheidung angefochten werden soll. Dieses gehört zur Ausgangsinstanz. Der RA verdient die dort anfallenden Gebühren, iÜ → § 17 Rn. 117.

3. Abgrenzung zur Nichtzulassungsbeschwerde

7 Es ist zu unterscheiden zwischen der Zulassung des Rechtsmittels durch das Rechtsmittelgericht und der Nichtzulassungsbeschwerde. Letztere ist nicht von VV Vorb. 3.2 Abs. 1 RVG betroffen, wie auch § 16 Nr. 11 Hs. 2 RVG zeigt. Die erstere fällt unter VV 3200 ff. RVG bzw. VV 3206 ff. RVG, letztere unter VV 3504 ff. RVG. Zur ersten Gruppe gehören zB § 124 Abs. 1 VwGO. Hierher gehört auch das Verfahren über die Zulassung der Sprungrevision, da gem. § 566 Abs. 1 S. 1 Nr. 2, Abs. 5 S. 1 ZPO das Revisionsgericht, also das Rechtsmittelgericht, über sie entscheidet. Zur zweiten Gruppe gehören die Fälle, in denen die vorausgehende Instanz die Zulassung eines Rechtsmittels abgelehnt hat, wogegen die Nichtzulassungsbeschwerde eingelegt wird (zB § 574 ZPO, §§ 72a, 92a ArbGG).

4. Gebühren

8 Findet das Zulassungsverfahren beim Berufungsgericht statt, so richtet sich die Höhe nach VV 3200 f. RVG. Das gilt auch dann, wenn der Zulassungsantrag beim Ausgangsgericht gestellt werden muss (→ § 16 Rn. 150 ff.). Beim Zulassungsverfahren vor dem Revisionsgericht sind VV 3206 RVG anzuwenden. Muss die Partei durch einen beim BGH zugelassenen RA vertreten werden, wie im Fall der Sprungrevision,[4] so ist VV 3208 f. RVG anzuwenden.

5. Angelegenheit

9 Das Verfahren über die Zulassung und das sich ggf. anschließende Rechtsmittelverfahren sind eine Angelegenheit (§ 16 Nr. 11 RVG). Gebühren fallen also nur einmal an. Demgegenüber sind das Verfahren über die Nichtzulassung des Rechtsmittels und das sich anschließende Rechtsmittelverfahren zwei Angelegenheiten (§ 16 Nr. 11, § 17 Nr. 9 RVG), iÜ → RVG § 16 Rn. 150 ff.

IV. Eilmaßnahme durch Rechtsmittelgericht (Abs. 2)

1. Allgemeines

10 Abs. 2 bestimmt, dass dort aufgeführte Verfahren betreffend Arrest, Erwirkung eines Europäischen Beschlusses zwischen vorläufigen Kostenpfändung, einstweilige Verfügung, einstweilige Anordnung bzw. Vollziehung und ähnliche Verfahren sich auch dann nach den erstinstanzlichen Gebühren, also nach VV 3100 ff. RVG richten, wenn eine höhere Instanz erstmalig über sie entscheiden muss. Im Übrigen → Anh. II Rn. 15 ff.

2. Bestimmte Verfahren nach dem GWB (S. 3)

11 **a) Allgemeines.** Neu aufgenommen wurden durch Hinzufügung von S. 3 bestimmte Verfahren nach dem GWB, die bislang in VV 3300, 3301 RVG geregelt waren. Die Sonderbehandlung in VV 3300, 3301 RVG aF beruhte darauf, dass der Gesetzgeber übersehen hatte, dass die dort geregelten Verfahren nach § 17 Nr. 4 RVG eine eigene Angelegenheit darstellen.[5]

12 Die jetzige Regelung führt für diese Verfahren zu einer Reduzierung der Verfahrensgebühr, die bislang 2,3 bzw. bei vorzeitigem Auftragsende 1,8 betrug.

---

[4] Thomas/Putzo/*Reichhold* ZPO § 566 Rn. 3, ZPO § 549 Rn. 1.
[5] *N. Schneider* NJW 2007, 325 (330) Lit. h.

b) Gebührenhöhe. Ist der RA in einem der in S. 3 aufgeführten Verfahren tätig, so verdient er eine 1,3 bzw. 0,8 Verfahrensgebühr gem. VV 3100 ff. RVG und eine 1,2 bzw. eine 0,5 Terminsgebühr gem. VV 3104 ff. RVG. **13**

c) Angelegenheit. Das Verfahren über die in S. 3 genannten Maßnahmen stellt im Verhältnis zum Beschwerdeverfahren, in dessen Rahmen sie erfolgen können, eine neue Angelegenheit dar,[6] wie sich daraus ergibt, dass gesonderte Gebühren anfallen. Bei einer Angelegenheit käme nur eine Erhöhung der im Beschwerdeverfahren entstehenden Gebühr in Betracht. **14**

d) Kostenerstattung. Im Beschwerdeverfahren ergeht eine Kostenentscheidung, die nach *Keller* auch die in S. 3 aufgeführten Verfahren erfasst, so dass aufgrund dieser Kostenentscheidung auch für diese Eilverfahren Kostenerstattung begehrt werden kann.[7] Die Anwaltskosten sind ohne Prüfung der Notwendigkeit zu erstatten, da gem. § 175 Abs. 1 S. 1 GWB Anwaltszwang besteht.[8] **15**

Nr.	Gebührentatbestand	Gebühr oder Satz der Gebühr nach § 13 RVG

Unterabschnitt 1. Berufung, bestimmte Beschwerden und Verfahren vor dem Finanzgericht

Vorbemerkung 3.2.1:

Dieser Unterabschnitt ist auch anzuwenden in Verfahren

1. vor dem Finanzgericht,
2. über Beschwerden
   a) gegen die den Rechtszug beendenden Entscheidungen in Verfahren über Anträge auf Vollstreckbarerklärung ausländischer Titel oder auf Erteilung der Vollstreckungsklausel zu ausländischen Titeln sowie über Anträge auf Aufhebung oder Abänderung der Vollstreckbarerklärung oder der Vollstreckungsklausel,
   b) gegen die Endentscheidung wegen des Hauptgegenstands in Familiensachen und in den Angelegenheiten der freiwilligen Gerichtsbarkeit,
   c) gegen die den Rechtszug beendenden Entscheidungen im Beschlussverfahren vor den Gerichten für Arbeitssachen,
   d) gegen die den Rechtszug beendenden Entscheidungen im personalvertretungsrechtlichen Beschlussverfahren vor den Gerichten der Verwaltungsgerichtsbarkeit,
   e) nach dem GWB,
   f) nach dem EnWG,
   g) nach dem KSpG,
   h) nach dem EU-VSchDG,
   i) nach dem SpruchG,
   j) nach dem WpÜG,
3. über Beschwerden
   a) gegen die Entscheidung des Verwaltungs- oder Sozialgerichts wegen des Hauptgegenstands in Verfahren des vorläufigen oder einstweiligen Rechtsschutzes,
   b) nach dem WpHG,
   c) gegen die Entscheidung über den Widerspruch des Schuldners (§ 954 Abs. 1 Satz 1 ZPO) im Fall des Artikels 5 Buchstabe a der Verordnung (EU) Nr. 655/2014,
4. über Rechtsbeschwerden nach dem StVollzG, auch i. V. m. § 92 JGG.

Übersicht

[6] Riedel/Sußbauer/*Keller,* 9. Aufl. 2005, VV Teil 3 Abschn. 3 Rn. 2 S. 582, der annimmt, dass bei mehreren Eilanträgen nur eine Angelegenheit gegeben ist.
[7] Riedel/Sußbauer/*Keller,* 9. Aufl. 2005, VV Teil 3 Abschn. 3 Rn. 5 S. 583.
[8] Riedel/Sußbauer/*Keller,* 9. Aufl. 2005, VV Teil 3 Abschn. 3 Rn. 5 S. 583.

I. Motive

1 Die Motive zum KostRMoG führen aus:

„Zu Unterabschnitt 1

Dieser Unterabschnitt regelt die Gebühren für das Berufungsverfahren und für die einem Berufungsverfahren vergleichbaren Beschwerde- und Rechtsbeschwerdeverfahren.

Im Übrigen sollen sich die Gebühren für die Rechtsbeschwerde nach Teil 3 Abschnitt 5 VV RVG-E richten.

Absatz 1 Nummer 1 der Vorbemerkung sieht in Abkehr vom geltenden Recht darüber hinaus vor, dass der Rechtsanwalt in Zukunft auch in erstinstanzlichen Verfahren vor den Finanzgerichten die für Rechtsmittelverfahren erhöhten Gebühren nach Abschnitt 2 erhalten soll. Das Finanzgericht ist seiner Struktur nach ein Obergericht wie das Oberverwaltungsgericht (der Verwaltungsgerichtshof). Es hat als Obergericht die Senatsverfassung, und die Richter am Finanzgericht werden wie die Richter an anderen Obergerichten besoldet. Die höheren Gebühren sind auch gerechtfertigt, da das Finanzgericht die erste und gleichzeitig letzte Tatsacheninstanz ist und in der Regel die einzige und letzte gerichtliche Instanz darstellt. Die Tätigkeit des Rechtsanwalts im Finanzgerichtsprozess ist daher nicht vergleichbar mit seinen Tätigkeiten vor den sonstigen erstinstanzlichen Gerichten. Sie ist vielmehr vergleichbar mit der anwaltlichen Tätigkeit vor den Berufungsgerichten. Im Unter-

schied zu dem Vortrag vor den erstinstanzlichen Gerichten ist der Sachverhaltsvortrag vor dem Finanzgericht stets zwingend abschließend. Für die rechtliche Begründung gilt regelmäßig das Gleiche. Sie muss daher stets zu allen denkbaren Einzelheiten umfassend und eingehend vorgetragen werden. Die Tätigkeit vor dem Finanzgericht stellt deshalb an den Rechtsanwalt besondere Anforderungen.

Nummer 2 entspricht § 61a BRAGO für Scheidungsfolgesachen und Folgesachen eines Verfahrens über die Aufhebung der Lebenspartnerschaft und § 62 Abs. 2 BRAGO für das Beschlussverfahren vor den Gerichten für Arbeitssachen. Neu ist, dass auch in sonstigen Familiensachen, Lebenspartnerschaftssachen, Verfahren nach § 43 des Wohnungseigentumsgesetzes (WEG) und nach dem Gesetz über das gerichtliche Verfahren in Landwirtschaftssachen (LwVfG) in den Beschwerderechtszügen Gebühren in Höhe der für die Berufung in ZPO-Verfahren vorgesehenen Gebühren anfallen sollen. Dieser Vorschlag dient zum einen der Vereinfachung, weil grundsätzlich in allen Beschwerderechtszügen in der Hauptsache eines streitigen Verfahrens, die mit dem Berufungsverfahren vergleichbar sind, auch wenn sich dieses nach den Vorschriften des FGG richtet, die gleichen Gebühren anfallen sollen. Die Neuregelung soll aber auch den erhöhten Anforderungen an den Rechtsanwalt, die ein solches Beschwerdeverfahren stellt, und der Bedeutung für die Betroffenen besser Rechnung tragen.

Die Nummer 3 sieht vor, dass künftig in Verfahren über die Beschwerde oder über die Rechtsbeschwerde gegen die den Rechtszug beendende Entscheidung über Anträge auf Vollstreckbarerklärung ausländischer Titel oder auf Erteilung der Vollstreckungsklausel zu ausländischen Titeln sowie Anträge auf Aufhebung oder Abänderung der Vollstreckbarerklärung oder der Vollstreckungsklausel die erhöhten Gebühren des Abschnitts 2 anfallen sollen. Derzeit erhält der Rechtsanwalt gemäß § 47 Abs. 2 BRAGO im Beschwerdeverfahren gegen eine den Rechtszug beendende Entscheidung die gleichen Gebühren wie im ersten Rechtszug. Durch die Anhebung der Gebühr für das Beschwerdeverfahren soll der erhöhte Arbeitsaufwand, den der Rechtsanwalt durch die erneute Prüfung des Sachverhalts und Bewertung der Rechtslage hat, abgegolten werden.

Die Nummern 4 bis 7 treten an die Stelle der §§ 65a, 65c, 66 Abs. 1 und § 66a Abs. 2 BRAGO.

Absatz 2 der Vorbemerkung sieht für Beschwerdeverfahren, in denen sich die Parteien nur durch einen beim Bundesgerichtshof zugelassenen Rechtsanwalt vertreten lassen können, eine Anwendung der revisionsrechtlichen Gebührenvorschriften von Unterabschnitt 2 (zur Anwendung kommen die Nummern 3208 und 3210 VV RVG-E) vor (vgl. § 61a Abs. 3 BRAGO).

Neu gegenüber dem geltenden Recht sind eine gegenüber dem erstinstanzlichen Verfahren um 0,3 erhöhte Verfahrensgebühr sowie eine nicht erhöhte Terminsgebühr. Zu den Leitlinien der ZPO-Reform gehörte die Stärkung der ersten Instanz, die mit einer Umgestaltung der zweiten Instanz einherging. Die Berufungsinstanz soll sich in aller Regel auf den vom Eingangsgericht festgestellten Sachverhalt stützen und auf ihre genuine Aufgabe der Fehlerkontrolle und -beseitigung bei Tatbestand und rechtlicher Bewertung konzentrieren. In die Berufungsinstanz gelangt der Prozess aufgrund des vorangegangenen erstinstanzlichen Verfahrens und des Urteils des ersten Rechtszuges in der Regel schon mit einer gesicherten tatsächlichen Grundlage. Diese Verlagerung des Schwerpunktes auf die erste Instanz wird vergütungsrechtlich nachvollzogen. Damit wird eine Forderung berücksichtigt, die bereits im Rahmen der Anhörung des Rechtsausschusses des Deutschen Bundestages, zum ZPO-Reformgesetz am 6. Dezember 2000 aus dem Kreis der Sachverständigen an den Gesetzgeber herangetragen wurde (vgl. die Äußerung des Sachverständigen Eylmann, ehemaliger Vorsitzender des Rechtsausschusses des Deutschen Bundestages, Protokoll der 68. Sitzung des Rechtsausschusses, S. 100).

Diese Überlegungen rechtfertigen es auch, die verminderten Gebühren in der Berufungsinstanz auch für Verfahren vorzusehen, die nicht in der Zivilprozessordnung geregelt sind."[1]

Die Motive zum 2. KostRMoG führen aus: 2

„Die Aufzählung der Verfahren in der Vorbemerkung, für die die Vorschriften über die Berufung anwendbar sind, soll neu gefasst werden. Die Nummer 1 der Aufzählung bleibt inhaltlich unverändert.

Die geltende Nummer 2 fasst die Fälle zusammen, in denen es eine Rechtsbeschwerde vor dem Bundesgerichtshof, dem Bundesarbeitsgericht und dem Bundesverwaltungsgericht gibt. In diesen Rechtsbeschwerdeverfahren sollen sich künftig die Gebühren einheitlich nach den für die Revision geltenden Vorschriften des Teils 3 Abschnitt 2 Unterabschnitt 2 VV RVG richten. Die Zusammenfassung in einer besonderen Nummer soll die Verweisung in der Vorbemerkung 3.2.2 erleichtern.

In den Angelegenheiten der freiwilligen Gerichtsbarkeit sollen sich die Gebühren für Beschwerdeverfahren, die den Hauptgegenstand des Verfahrens betreffen, künftig nach den für die Berufung geltenden Vorschriften bestimmen. Die Gebühren in diesen Angelegenheiten richten sich in der ersten Instanz nach Teil 3 Abschnitt 1 VV RVG. Dies hat mit Schaffung des RVG zu einer Gleichstellung des anwaltlichen Gebührenanspruchs in diesen Verfahren mit dem ZPO-Verfahren in erster Instanz geführt. Hinsichtlich der Beschwerden und Rechtsbeschwerden wird unterschieden zwischen bestimmten, enumerativ aufgezählten Beschwerden gegen die den Rechtszug beendenden Entscheidungen wegen des Hauptgegenstands, die entsprechend der Berufung oder der Revision vergütet werden, und den einfachen Beschwerden, bei denen sich die Gebühren nach Teil 3 Abschnitt 5 VV RVG richten. Hier fällt eine Verfahrensgebühr von 0,5 nach Nummer 3500 VV RVG an, während bei der Berufung und der Revision und den enumerativ genannten bestimmten Beschwerden und Rechtsbeschwerden grundsätzlich eine Verfahrensgebühr von 1,6 nach Nummer 3200 VV RVG anfällt. Die Terminsgebühr fällt in Beschwerdeverfahren nach Nummer 3513 in Höhe von 0,5 an, während im Berufungsverfahren und in den einzeln aufgezählten Beschwerdeverfahren eine Terminsgebühr in Höhe von 1,2 (Nummer 3202 VV RVG) und im Revisionsverfahren in Höhe von 1,5 (Nummer 3210 VV RVG) anfällt.

[1] BT-Drs. 15/1971, 213.

Beschwerden gegen den Rechtszug beendende Entscheidungen in Angelegenheiten der freiwilligen Gerichtsbarkeit wegen des Hauptgegenstands entsprechen einem Berufungsverfahren der streitigen Gerichtsbarkeit. In Beschwerdeverfahren hat das Beschwerdegericht eine vollständige Nachprüfung in sachlicher und rechtlicher Hinsicht vorzunehmen. Insofern ist es geboten, die Anwendbarkeit des Teils 3 Abschnitt 2 und 3 VV RVG auf sämtliche Beschwerden und Rechtsbeschwerden wegen des Hauptgegenstands in Angelegenheiten der freiwilligen Gerichtsbarkeit auszudehnen. Die in der derzeitigen Nummer 2 Buchstabe c der Vormerkung genannten Verfahren nach dem Gesetz über Landwirtschaftssachen werden künftig von Nummer 2 Buchstabe b der Vorbemerkung erfasst. Die Gebühren für einfache Beschwerden nach Teil 3 Abschnitt 5 VV RVG sollen nur für die rechtliche Überprüfung von Zwischenverfügungen, prozessleitenden Beschlüssen der ersten Instanz und in Nebenverfahren wie dem Kostenfestsetzungsverfahren erhoben werden.

Mit der neuen Nummer 2 Buchstabe i soll die Anwendbarkeit der Vorschriften über die Gebühren im Berufungsverfahren auf Beschwerdeverfahren nach dem Spruchverfahrensgesetz erweitert werden. Nach Umfang, Bedeutung und Schwierigkeit ist das Spruchverfahren eher mit einem zivilrechtlichen Klageverfahren in gesellschaftsrechtlichen Streitigkeiten vergleichbar. Die Verfahren gestalten sich erfahrungsgemäß rechtlich und tatsächlich sehr komplex und erfordern zumeist eine umfangreiche Beweisaufnahme. Die wirtschaftlichen Konsequenzen der Entscheidung im Spruchverfahren sind sowohl für das Unternehmen als auch die Gesellschafter weitreichend. Die Wirkung der gerichtlichen Entscheidung übertrifft sogar die eines Urteils (§ 13 SpruchG). Im Übrigen liegt die Verfahrensdauer häufig bei mehreren Jahren.

Die Beschwerde nach § 12 SpruchG betrifft die Anfechtung einer den Rechtsweg beendenden Entscheidung. Sie führt in eine vollständige zweite Tatsacheninstanz und ermöglicht grundsätzlich in vollem Umfang neuen Tatsachen- und Rechtsvortrag. Insoweit geht die Beschwerde über den Umfang einer Berufung hinaus und ist mit den übrigen in der vorgeschlagenen Fassung der Vorbemerkung 3.2.1 Nummer 2 VV RVG genannten Verfahren vergleichbar.

In Nummer 3 sollen drei Beschwerdeverfahren genannt werden, zu denen es keine Rechtsbeschwerdeverfahren gibt. In Buchstabe a sollen die Beschwerdeverfahren des vorläufigen oder einstweiligen Rechtsschutzes in der Verwaltungs- und Sozialgerichtsbarkeit aufgeführt werden. Die Beschwerdeverfahren wegen des Hauptgegenstands des einstweiligen Rechtsschutzes entsprechen in der Sache einem Berufungsverfahren in der Hauptsache. Diese werden bisher mit der Beschwerdegebühr nach Nr. 3500 bzw. 3501 vergütet. Künftig soll der Rechtsanwalt die gleichen Gebühren erhalten wie im Berufungsverfahren. Das derzeit in der Vorbemerkung 3.2.2 Nummer 1 Buchstabe d genannte Rechtsbeschwerdeverfahren nach dem Wertpapiererwerbs- und Übernahmegesetz (WpÜG) kann entfallen, weil sich die Gebühren für das Rechtsbeschwerdeverfahren in einer Bußgeldsache nach § 63 WpÜG nach Teil 5 VV RVG bestimmen.

Für das Rechtsbeschwerdeverfahren soll grundsätzlich die höhere Vergütung durch eine Neufassung der Vorbemerkung 3.2.2 erreicht werden (vgl. Nummer 35).

Davon ausgenommen werden soll – wie derzeit – das in der vorgeschlagenen Nummer 4 genannte Verfahren über die Rechtsbeschwerde nach dem Strafvollzugsgesetz. Dieses Rechtsbeschwerdeverfahren unterscheidet sich von den in der Neufassung der Vormerkung 3.2.2 genannten Rechtsbeschwerden dadurch, dass für die Entscheidung das Oberlandesgericht zuständig ist."[2]

II. Allgemeines

3 VV Vorb. 3.2.1 RVG regelt, welche Verfahren neben Berufungsverfahren von UAbschn. 1 (VV 3200 ff. RVG) erfasst werden. Die Bestimmung wurde im Zusammenhang mit dem FGG-ReformG erheblich verändert. Insbesondere wurden einige Rechtsbeschwerden aus ihr herausgenommen, die, soweit für sie VV 3206 ff. RVG anwendbar sind, nunmehr in VV Vorb. 3.2.2 RVG aufgeführt sind.

III. Übersicht über Anwendungsbereich

1. VV 3200 ff. RVG anwendbar

4 Von VV 3200 ff. RVG werden außer Berufungen in unter VV Teil 3 RVG fallenden Verfahren erfasst

- das erstinstanzliche Verfahren vor dem **Finanzgericht** (Nr. 1),
- **einige Beschwerden und Rechtsbeschwerden,** die abweichend von sonstigen Beschwerden sich nicht nach VV 3500 ff. RVG, sondern nach den Gebühren für das Berufungsverfahren richten (Nr. 2–4),
- das **schiedsrichterliche** Verfahren und das Verfahren vor dem Schiedsgericht, wenn die Beteiligten ein schiedsrichterliches Berufungsverfahren vereinbart haben (§ 36 Abs. 1 RVG),
- das Vorabentscheidungsverfahren vor dem **EuGH** (§ 38 Abs. 1 RVG).

2. VV 3200 ff. RVG nicht anwendbar

5 **Abraten von Rechtsmittel.** Diese Tätigkeit fällt unter VV 2100 ff. RVG (Prüfung der Erfolgsaussichten eines Rechtsmittels).

[2] BT-Drs. 17/11471, 276.

Nichtzulassungsbeschwerde → RVG VV 3504 Rn. 1 ff. 6

Sonstige Beschwerden. Für das Beschwerdeverfahren, auch das über die Rechtsbeschwerde, gelten, abgesehen von den in VV Vorb. 3.2.1 Nr. 2–4 RVG und in VV Vorb. 3.2.2 RVG vorgesehenen Fällen, VV 3500 ff. RVG und nicht 3200 ff. RVG. Wegen der von VV 3500 ff. RVG erfassten Beschwerden → RVG VV 3500 Rn. 4. 7

Zur Beschwerde **bei Arrest und einstweiliger Verfügung** → Anh. II Rn. 78 ff. 8

IV. Systematik

VV Vorb. 3.2.1 RVG wurde durch das 2. KostRMoG teilweise inhaltlich geändert, teilweise neu aufgebaut. 9
Nr. 1 betrifft Verfahren vor dem Finanzgericht,
Nr. 2 betrifft Beschwerdeverfahren, bei denen es eine Rechtsbeschwerde zum BGH gibt,
Nr. 3 betrifft Beschwerdeverfahren, die keine Rechtsbeschwerde kennen,
Nr. 4 betrifft Verfahren, bei denen es eine Rechtsbeschwerde zum Oberlandesgericht gibt.

V. Verfahren vor dem Finanzgericht (Nr. 1)

Nr. 1 bedeutet, dass sich die Gebühren im erstinstanzlichen Verfahren vor dem Finanzgericht nach VV 3200 ff. RVG richten. Wegen der Gründe des Gesetzes hierfür → Motive Rn. 1. Das gilt auch für das Verfahren über einen Antrag auf Aussetzung der Vollziehung eines Steuerbescheids. VV Vorb. 3.2 Anm. Abs. 2 RVG steht nicht entgegen, auch nicht analog, da er nur den Fall betrifft, dass ein Gericht der zweiten oder dritten Instanz mit einem erstmalig gestellten Eilverfahren befasst wird. Es soll dann wie ein erstinstanzliches Gericht behandelt werden. Das Finanzgericht wird aber schon in der ersten Instanz wie ein Rechtsmittelgericht behandelt. Dann ist der RA mangels einer abweichenden Bestimmung aber insgesamt, egal um was für ein Verfahren es sich handelt, wie ein Rechtsmittel zu vergüten.[3] Für das Revisionsverfahren beim BFH gelten VV 3206 ff. RVG. Für die Einigungs-, Aussöhnungs- und Erledigungsgebühr gilt in 1. Instanz VV 1003 RVG, also eine 1,0 Gebühr. Für Einzeltätigkeiten gelten VV 3400 ff. RVG. 10

Wegen **Einigungsgebühr** → RVG VV 1003 Rn. 58. 11

VI. Beschwerden iSv Nr. 2a, b

1. Allgemeines

VV 3200 ff. RVG sind in den in Nr. 2 genannten Verfahren für Beschwerden (abweichend von VV 3500, 3513 RVG), aber nicht auch für Rechtsbeschwerden anzuwenden. Für letztere ist VV Vorb. 3.2.2 RVG einschlägig. 12

2. Beschwerden bzgl. ausländischer Titel (Nr. 2a)

a) Vollstreckbarerklärung und Vollstreckungsklauselerteilung. ***aa) Allgemeines.*** Beschwerden gegen den Rechtszug beendende Entscheidungen zur Vollstreckbarerklärung oder Vollstreckungsklauselerteilung ausländischer Titel richten sich nach VV 3200 ff. RVG. 13

bb) Anwendungsbereich. **Anwendbar.** VV Vorb. 3.2.1 Nr. 2a RVG betrifft 14
- Verfahren über die Vollstreckbarerklärung ausländischer Titel, auch ausländischer Schiedssprüche,[4]
- Verfahren auf Erteilung der Vollstreckungsklausel zu ausländischen Titeln,
- Verfahren auf Aufhebung oder Abänderung der Vollstreckbarerklärung oder der Vollstreckungsklausel.

Nicht anwendbar. Nr. 1a ist nicht anwendbar. 15
- auf die Anerkennung einer ausländischen Scheidung durch die **Justizverwaltung** nach § 107 Abs. 1–3 FamFG (früher Art. 7 FamRÄndG). Wegen anfallender Gebühren → Rn. 21 ff.;
- auf die Zwangsvollstreckung. Für diese gelten VV 3309 ff. RVG.

cc) Erste Instanz. VV 3100 ff. RVG, auch VV 3101 RVG, sind anzuwenden, da es sich um ein gerichtliches Verfahren handelt. Der RA kann, wenn die jeweiligen Voraussetzungen erfüllt 16

---

[3] FG Brandenburg EFG 2006, 1704; FG Düsseldorf EFG 2009, 217; NdsFG AGS 2010, 177 mzustAnm *N. Schneider;* AGS 2010, 438; **aA** NdsFG EFG 2005, 1803.
[4] Wegen Gerichtskosten vgl. BGH MDR 2002, 969.

sind, neben der Verfahrensgebühr eine Termins- und Einigungsgebühr verdienen (VV 3104, 1000 ff. RVG).

17 ***dd) Beschwerde.*** Es muss sich um eine Beschwerde handeln, damit VV Vorb. 3.2.1 Nr. 2a RVG eingreift. Dies ist auch bei einem Rechtsbehelf gem. Art. 43 EuGVVO gegeben. Gem. § 11 AVAG ist der Rechtsbehelf eine Beschwerde.

18 ***ee) Gegen Rechtszug beendende Entscheidung.*** Eine den Rechtszug beendende Entscheidung muss Gegenstand der Beschwerde sein. Das ist zB bei einer Beschwerde nach Art. 43 EuGVVO gegeben.

19 ***ff) Angelegenheit.*** Zu beachten ist § 16 Nr. 6 RVG (Deutschland-Österreich). Es ist nur noch eine Angelegenheit gegeben.

20 ***gg) Kostenfestsetzung.*** Für die Kostenfestsetzung im Verfahren der Vollstreckbarerklärung ausländischer Titel soll das Amtsgericht als Vollstreckungsgericht zuständig sein.[5] Das gilt aber jedenfalls dann nicht, wenn überhaupt noch keine Vollstreckungshandlung aus dem für vollstreckbar erklärten Titel stattgefunden hat, da dann eine größere Sachnähe des Vollstreckungsgerichts, die allein dessen Zuständigkeit rechtfertigen könnte, nicht gegeben ist.[6] Die Erstattung erfolgt auf Grund der Kostenentscheidung in der Entscheidung über die Vollstreckbarerklärung.

21 **b) Anerkennung einer ausländischen Scheidung.** Von den Verfahren betreffend Vollstreckbarkeit ausländischer Entscheidungen ist die Anerkennung einer ausländischen Scheidungsentscheidung nach § 107 FamFG zu unterscheiden.

22 ***aa) Verwaltungsverfahren.*** Das Anerkennungsverfahren nach § 107 Abs. 1–4 FamFG erfolgt gem. § 107 Abs. 2 S. 1 FamFG durch die Justizverwaltung und ist damit kein gerichtliches Verfahren. Es fallen Gebühren nach VV 2300 ff. RVG an.[7]

23 ***bb) Überprüfung durch OLG.*** Überprüft das Oberlandesgericht eine solche Entscheidung, so verdient der RA in diesem Verfahren Gebühren gem. VV 3100 ff. RVG und nicht nach VV 3200 ff. RVG.[8] Auf der Rechtsprechungsebene ist es die erste Befassung eines Gerichts mit der Angelegenheit. Dass § 107 Abs. 7 S. 3 FamFG auf §§ 58 ff. FamFG, also auf die Bestimmungen über die Beschwerde, verweist, ändert nichts. Im Gegenteil wäre sonst die Verweisung überflüssig.[9]

24 ***cc) Rechtsbeschwerde.*** Gegen die Entscheidung des Oberlandesgerichts gab es vor dem FGG-ReformG kein Rechtsmittel, nur unter bestimmten Voraussetzungen die Vorlage an den BGH (§ 29 Abs. 1 EGGVG aF). Auch beim BGH richteten sich dann die Gebühren nach VV 3100 ff. RVG. Nunmehr ist in § 29 EGGVG die Rechtsbeschwerde vorgesehen, wenn das OLG eine solche zulässt. Die Gebühren richten sich über VV Vorb. 3.2.2 Nr. 2a RVG nach VV 3206 ff. RVG.

3. Familien- und FG-Sachen (Nr. 2b)

25 **a) Betroffene Verfahren.** Betroffen sind
- alle Familiensachen iSv § 111 FamFG, also auch die in Ehe- und Familienstreitsachen und auch die in Lebenspartnerschaftssachen iSv § 269 FamFG,
- alle FG-Verfahren (§ 23a GVG), also auch Erbscheins- und Nachlasssachen (→ RVG VV 3500 Rn. 4).

Wegen Notarsachen → VV 3500 RVG Rn. 6.

26 **Zustimmung nach § 1365 BGB.** Diese Zustimmung erfolgte nach dem alten Recht (§ 1365 Abs. 2 BGB aF) durch das Vormundschaftsgericht, war also keine Familiensache, weshalb im Beschwerdeverfahren nur Gebühren nach VV 3500 ff. RVG angefallen sind.[10] Da nunmehr aber gem. § 1365 Abs. 2 BGB das Familiengericht zuständig ist, handelt es sich jetzt um eine Familiensache und VV 3200 ff. RVG sind anzuwenden.[11]

---

[5] OLG München JurBüro 2001, 590 = Rpfleger 2001, 567, zweifelhaft; das AG entscheidet dann über Kosten des Verfahrens, obgleich das LG für die Vollstreckbarerklärung zuständig ist; KG BRAGO-Report 2001, 95 mAnm *Hansens.*

[6] OLG Hamm RVGreport 2012, 32 mzustAnm *Hansens.*

[7] *Thiel* AGS 2009, 366.

[8] Zöller/*Feskorn* FamFG § 107 Rn. 65.

[9] *Thiel* AGS 2009, 366.

[10] LG Göttingen AGS 2009, 384 mzustAnm *Thiel.*

[11] *Thiel* Anm. zu LG Göttingen AGS 2009, 384.

Landwirtschaftssachen. Soweit Landwirtschaftssachen FG-Verfahren sind (§§ 9 ff. LwVfG), werden sie auch von VV Vorb. 2.1 Nr. 2b RVG erfasst (vor dem 2. KostRMoG Nr. 2c). 27

b) Endentscheidung wegen des Hauptsachegegenstands. Die Beschwerde muss sich gegen eine Endentscheidung wegen des Hauptsachegegenstands (bisher: „gegen eine den Rechtszug beendende Entscheidung") richten. Also werden zB nicht Beschwerden wegen Kostenentscheidungen,[12] Richterablehnung, versagter PKH oder Aussetzung des Verfahrens erfasst, wohl aber Beschwerde gegen Teilbeschluss über Abgabe einer eidesstattlichen Versicherung.[13] Zur Abgrenzung gilt dasselbe wie früher bei § 621e ZPO aF. Ein Verfahren wegen eines **Ordnungsgeldes** gem. § 335 HGB betrifft nicht einen Hauptsachegegenstand.[14] Weg. **Notarsachen** → VV 3500 Rn. 6. 28

Vorläufige Maßnahmen. Zum Recht vor dem FamFG galt, dass vorläufige Maßnahmen wie zB einstweilige Anordnungen in Familiensachen nicht Rechtszug beendend waren, da sie Teil des Hauptsacheverfahrens waren und daher nur Zwischenentscheidungen darstellten.[15] Dass sie gebührenrechtlich als selbständige Angelegenheit behandelt wurden, änderte daran nichts. Die Rechtslage hat sich durch das FamFG grdl. dadurch geändert, dass nunmehr das einstweilige Anordnungsverfahren ein selbständiges Verfahren ist (§ 51 Abs. 3 FamFG). Somit ist ein das einstweilige Anordnungsverfahren abschließender Beschluss eine Endentscheidung. Diese betrifft auch den Hauptsachegegenstand. Da das einstweilige Anordnungsverfahren ein selbständiges Verfahren ist, ist sein Hauptsachegegenstand die Eilregelung. Die Gebühren richten sich nach VV 3200 ff. RVG.[16] Bestätigt wird dies dadurch, dass im Zusammenhang mit einstweiligen Anordnungen in Familiensachen in KV 1421 FamGKG von Beendigung des gesamten Verfahrens „ohne Endentscheidung" die Rede ist.[17] Dieses Ergebnis steht auch nicht im Widerspruch zu der Wertung des RVG bei Rechtsmitteln im Arrest und einstweiligen Verfügungsverfahren. Zwar sind dort, wenn eine Beschwerde gegeben ist, nur VV 3500 ff. RVG anzuwenden. Anderseits können aber auch bei ihnen die höheren Gebühren beim Rechtsmittel anfallen, wenn nämlich nach mündlicher Verhandlung (§§ 922, 936 ZPO) erstinstanzlich ein Urteil ergeht, wogegen das Rechtsmittel der Berufung gegeben ist. Diese Differenzierung von Beschwerde und Berufung gibt es bei der einstweiligen Anordnung nicht. Die Beschwerde gegen die einstweilige Anordnung steht jedoch jedenfalls dann der Rechtslage nahe, in der bei Arrest und einstweiliger Verfügung das Berufungsverfahren stattfindet, wenn der einstweiligen Anordnung eine mündliche Verhandlung bzw. Erörterung vorausgegangen ist, was gem. § 57 S. 2 FamFG Voraussetzung für die Zulässigkeit einer Beschwerde ist, falls eine solche überhaupt zulässig ist. 29

Vereinfachtes Unterhaltsverfahren. Die sofortige Beschwerde gem. § 256 FamFG (früher § 652 ZPO aF) gegen den Festsetzungsbeschluss im vereinfachten Unterhaltsverfahren wird jedenfalls nunmehr von VV Vorb. 3.2.1 Nr. 2b RVG erfasst. Das Gesetz verlangt nur eine Beschwerde gegen eine Endentscheidung in der Hauptsache in einer Familiensache. Auch gegen Endentscheidungen des hier zuständigen[18] Rechtspflegers ist die Beschwerde gegeben, wie auch § 256 FamFG zeigt. Es handelt sich auch um eine Endentscheidung, da, wenn keine Beschwerde eingelegt wird, das Verfahren damit abgeschlossen ist. Die hier für die Vergangenheit vertretene entgegengesetzte Meinung[19] kann jedenfalls zum FamFG nicht aufrecht erhalten werden. 30

VII. Arbeitsgerichtliches Beschlussverfahren (Nr. 2c)

Betroffen ist das arbeitsgerichtliche Beschlussverfahren gem. §§ 2a, 80 ff. ArbGG, also die sofortige Beschwerde nach §§ 87 ff. ArbGG und die Rechtsbeschwerde nach § 92 ArbGG. Der 31

[12] Das galt auch schon vor dem 2. KostRMoG trotz des insoweit unklaren Gesetzestexts, der noch nicht ausdrücklich eine Entscheidung zur Hauptsache verlangt hat, OLG Hamm JurBüro 2013, 421 = AGS 2013, 171 mzustAnm *Thiel;* OLG Köln NJW-Spezial 2012, 540 = AGS 2012, 462 mzustAnm *Thiel.*

[13] OLG München AGS 2016, 507 mzustAnm *N. Schneider* = NJW-Spezial 2016, 701.

[14] OLG Köln JurBüro 2015, 187.

[15] BGH FamRZ 2003, 1551; 1989, 1066; OLG Hamm NJW-RR 1994, 389; Riedel/Sußbauer/*Keller,* 9. Aufl. 2005, RVG VV Teil 3 Abschn. 5 Rn. 10 S. 664.

[16] *Von König/Bischof,* Kosten in Familiensachen, 1. Aufl. 2009, Rn. 588; *Thiel* AGS 2009, 309 (310) Ziff. II 4c; *Volpert* RVGreport 2010, 207 (209) Ziff. V: **aA** im Zusammenhang mit der verfahrensrechtlichen Frage, ob eine Beschwerde gegen eine Entscheidung in einer Eilsache zulässig ist *Gießler* FamRZ 2010, 1100.

[17] *Von König/Bischof,* Kosten in Familiensachen, 1. Aufl. 2009, Rn. 588.

[18] Zöller/*Lorenz* FamFG § 249 Rn. 2.

[19] Gerold/Schmidt/*Müller-Rabe,* 18. Aufl. 2008, RVG VV Vorb. 3.2.1 Rn. 7.

RA verdient in diesen gem. VV Vorb. 3.2.1 Nr. 2c RVG (bis zum 2. KostRMoG Nr. 3) die gleichen Gebühren wie im Berufungsverfahren. Andere Beschwerden in Arbeitssachen, insbes. Beschwerden nach § 78 ArbGG sind, da sie nicht zum Beschlussverfahren gehören, nicht betroffen. Bei ihnen gelten VV 3500 ff. RVG.

VIII. Verwaltungsgerichtsbarkeit (Nr. 2d)

32 VV 3200 ff. RVG sind ua auch anzuwenden bei Beschwerden gegen den Rechtszug beendende Entscheidungen in personalvertretungsrechtlichen Beschlussverfahren vor einem Verwaltungsgericht (VV Vorb. 2.1 Nr. 2d RVG).

IX. Beschwerden nach dem GWB (Kartell- und Vergabesachen Nr. 2e)

1. Allgemeines

33 Nach VV Vorb. 3.2.1 Nr. 2e RVG (bis zum 2. KostRMoG Nr. 4) ist der UAbschn. 1 auch anzuwenden in Beschwerdeverfahren nach dem GWB. Neu ist, dass nach 2. KostRMoG nur noch die Beschwerde sich nach VV 3200 ff. RVG richtet, während nunmehr für das Rechtsbeschwerdeverfahren VV 3206 ff. RVG gelten.

2. Anwendungsbereich

34 Nr. 2e betrifft Beschwerden gem. §§ 63, 116 GWB zum Oberlandesgericht.

3. Gebühren in Beschwerdeinstanz

35 **a) VV 3200 ff. RVG.** In der Beschwerdeinstanz (§§ 66 ff. GWB) fallen über VV Vorb. 3.2.1 Nr. 2e RVG Gebühren gem. VV 3200 ff. RVG an.

36 **b) Terminsgebühr.** Nimmt der RA an der nach § 69 GWB vorgeschriebenen mündlichen Verhandlung teil, so fällt eine Terminsgebühr gem. VV 3202 RVG an.

37 Eine 0,5 Terminsgebühr gem. VV 3203 RVG wegen Versäumnisentscheidung kann nicht entstehen, da eine solche wegen des Amtsermittlungsgrundsatzes (§ 70 GWB) nicht ergehen kann. Im Falle einer Endentscheidung entsteht daher eine 1,2 Terminsgebühr gem. VV 3202 RVG.[20]

38 **c) Terminsgebühr ohne mündliche Verhandlung.** Nach § 69 Abs. 1 GWB kann im Einverständnis der Beteiligten ohne mündliche Verhandlung entschieden werden. Es ist dann Voraussetzung für die Entstehung einer Terminsgebühr, dass die Beteiligten ihr Einverständnis mit der Entscheidung ohne mündliche Verhandlung erklärt haben und dass das Gericht dann eine Entscheidung erlassen hat. Nach VV 3202 Anm. Abs. 2 RVG gilt die Anm. zu VV 3104 RVG entsprechend. Also entsteht in einem solchen Falle die 1,2-Terminsgebühr.

39 **d) Beweisaufnahmegebühr.** Sie kann anfallen (VV 1010 RVG).

40 **e) Erledigungsgebühr.** Eine Erledigungsgebühr nach VV 1002 RVG kann entstehen, wenn sich das Beschwerdeverfahren oder das Rechtsbeschwerdeverfahren durch Zurücknahme oder Änderung der Entscheidung der Kartellbehörde, gegen welche sich das Rechtsmittel richtet, erledigt hat; der RA, der bei der Erledigung mitgewirkt hat, erhält eine 1,5-Gebühr.[21]

41 **f) Einigungsgebühr.** Eine Einigungsgebühr nach VV 1000 RVG wird kaum entstehen können, da über die hier in Frage kommenden Ansprüche regelmäßig nicht vertraglich verfügt werden kann, VV 1000 Abs. 4 RVG.

42 **g) Sonstige Gebühren.** Ist der RA nicht als Bevollmächtigter, sondern in anderer Eigenschaft tätig, so gelten die jeweils entsprechenden Bestimmungen sinngemäß, also für den Verkehrsanwalt VV 3400 RVG, für den Verhandlungsanwalt VV 3401 RVG, für den mit Einzeltätigkeiten beauftragten RA VV 3402, 3403 RVG.[22]

4. Rechtsbeschwerdeverfahren

43 → RVG VV Vorb. 3.2.2 Rn. 7 ff.

---

[20] *Hartmann* BRAGO, 33. Aufl. 2004, § 65a Rn. 9; Riedel/Sußbauer/*Keller,* 8. Aufl. 2000, BRAGO § 65a Rn. 5; *Schumann* NJW 1959, 467.

[21] *Hartmann* BRAGO, 33. Aufl. 2004, § 65a Rn. 15; Riedel/Sußbauer/*Keller,* 8. Aufl. 2000, BRAGO § 65a Rn. 9; *Schumann* NJW 1959, 465.

[22] Riedel/Sußbauer BRAGO/*Keller,* 8. Aufl. 2000, BRAGO § 65a Rn. 11.

5. Beschwerde gegen die Nichtzulassung der Revision

Wegen der Beschwerde gegen die Nichtzulassung der Rechtsbeschwerde (§ 75 GWB) vgl. VV 3504 RVG. 44

6. Einstweilige Anordnungen

Wird eine von der Kartellbehörde erlassene einstweilige Anordnung (§ 60 GWB) mit der Beschwerde gem. § 69 GWB angefochten, so greift VV Vorb. 3.2.1 Nr. 2e RVG ein. 45

Wird eine solche Anordnung bei dem Beschwerdegericht (§ 65 GWB) beantragt, so erhält der RA die Gebühren nach VV 3100 ff.; VV Vorb. 3.2. Abs. 2 S. 1 RVG (→ Anh. II Rn. 15 ff.).[23] 46

7. Kostenerstattung

Eine **Kostenerstattung** kann nach §§ 78, 120 Abs. 2 GWB vom Gericht angeordnet werden. Da im Beschwerdeverfahren nach § 68 GWB Anwaltszwang besteht, sind die Rechtsanwaltsgebühren gem. §§ 78 S. 3 GWB, 91 Abs. 2 S. 1 ZPO stets als notwendig anzusehen.[24] 47

Die bei der Vergabekammer angefallene Geschäftsgebühr kann bei der Kostenfestsetzung aufgrund einer Kostenentscheidung des Gerichts, die die Kosten des Verfahrens vor der Vergabekammer mit einschließt, geltend gemacht werden. Dies begründet der BGH damit, dass dieses Verfahren gerichtsähnlich als kontradiktorisches Streitverfahren ausgestaltet ist und die anwaltliche Tätigkeit gewisse Bezüge zur Tätigkeit im gerichtlichen Verfahren aufweist.[25] 48

Nach Ansicht des BGH kann aus prozessökonomischen Gründen sogar eine vor der Vergabekammer angefallene vereinbarte (!) Stundensatzvergütung festgesetzt werden, wenn diese lediglich in Höhe einer Geschäftsgebühr geltend gemacht wird.[26] Bei einer Stundensatzvereinbarung könne eine ausreichende Zuordnung zum Verfahren bei der Vergabekammer erfolgen.[27] Unabhängig davon, ob man dem im Grundsatz zustimmt, fehlt der Entscheidung eine wichtige Feststellung. Ihr kann nicht entnommen werden, ob die nach der Vergütungsvereinbarung angefallene Vergütung mindestens so hoch war wie die geltend gemachte Geschäftsgebühr (was nach dem Grundsatz, dass nicht mehr festgesetzt werden kann als an RA Vergütung angefallen ist, von Bedeutung ist → Anh. X Rn. 174. 49

8. Verfahren vor der Kartellbehörde

Das Verfahren vor den Kartellbehörden ist ein Verwaltungsverfahren. Vertritt der RA einen Beteiligten in einem solchen Verfahren, so richten sich seine Gebühren nicht nach VV 3200 ff. RVG, sondern nach VV 2300 RVG. Die Gebühren nach VV 2300 RVG entstehen auch dann nur einmal, wenn der RA auch in einem Einspruchsverfahren tätig wird. Diese Tätigkeit ist dann bei der Bemessung der Gebühren innerhalb des Rahmens des VV 2300 RVG zu berücksichtigen. 50

9. Verfahren vor der Vergabekammer

Die Gebühren richten sich nach VV 2300 RVG, denn die Vergabekammern sind Behörden, keine Gerichte.[28] Erst im Beschwerdeverfahren und im Rechtsbeschwerdeverfahren nach dem GWB gelten VV 3200 ff., 3206 ff. RVG. Wegen Anrechnung der vor der Kartellbehörde erstanden Geschäftsgebühr auf die vor der Vergabekammer angefallene Geschäftsgebühr, VV Vorb. 2.3 Abs. 4 RVG. Wegen Anrechnung der im Verfahren vor der Vergabekammer entstandenen Gebühren nach VV 2300 RVG auf die Verfahrensgebühr im anschließenden gerichtlichen Verfahren → RVG VV Vorb. 3 Rn. 291. 51

10. Bußgeldverfahren

Vertritt der RA in einem **Bußgeldverfahren** (§§ 81–85 GWB) einen Beschuldigten, so richten sich seine Gebühren nach VV Teil 5 RVG. 52

11. Bürgerliche Rechtsstreitigkeiten

Bei **bürgerlichen Rechtsstreitigkeiten,** die sich aus dem GWB oder aus Kartellverträgen und aus Kartellbeschlüssen ergeben, handelt es sich um regelmäßige Rechtsstreitigkeiten, auf 53

---

[23] *Hartmann* BRAGO, 33. Aufl. 2004, § 65a Rn. 13; Riedel/Sußbauer/*Keller,* 8. Aufl. 2000, BRAGO § 65a Rn. 8.

[24] *Hartmann* BRAGO, 33. Aufl. 2004, § 65a Rn. 19; Riedel/Sußbauer/*Keller,* 8. Aufl. 2000, BRAGO § 65a Rn. 14; *Schumann* NJW 1959, 468.

[25] BGH NJW 2014, 3163 = AnwBl 2014, 865.

[26] BGH NJW 2014, 3163 = AnwBl 2014, 865 = RVGreport 2014, 352 mablAnm *Hansens.*

[27] BGH NJW 2014, 3163 = AnwBl 2014, 865 = RVGreport 2014, 352 mablAnm *Hansens.*

[28] OLG Saarbrücken AGS 2009, 487.

welche die Gebühren gem. VV 3100 ff. RVG unmittelbar anzuwenden sind. Es entstehen daher im ersten Rechtszug nicht die erhöhten Gebühren nach VV 3200 RVG, sondern die Regelgebühren nach VV 3100 RVG mit 1,3 und nach VV 3104 RVG mit 1, 2.

54 Nur im Berufungs- und im Revisionsverfahren tritt die Erhöhung der Gebühren nach VV 3200 RVG bzw. VV 3206 RVG ein.

12. Beschwerden in bürgerlichen Rechtsstreitigkeiten

55 Als Beschwerdeverfahren nach dem GWB iSd VV Vorb. 3.2.1 Nr. 2e RVG sind nur die Beschwerden gegen Verfügungen der Kartellbehörden gem. §§ 63 ff. GWB anzusehen, nicht auch die Beschwerden in bürgerlichen Rechtsstreitigkeiten, für die sich die Zuständigkeit des Kartellsenats aus den §§ 87, 91 f. GWB ergibt. Für letztere gilt VV 3500 RVG.[29]

X. Beschwerde nach dem EnWG, KsPG, EU-VSchDG, SpruchG und WpÜG (Nr. 2f bis j)

56 Auch für das Beschwerdeverfahren nach diesen Gesetzen sind VV 3200 ff. RVG anzuwenden (bis zum 2. KostRMoG VV Vorb. 3.2.1 Nr. 8–10 RVG). Wegen Rechtsbeschwerde VV Vorb. 3.2.2 Nr. 1a RVG.

XI. Beschwerden iSv Nr. 3

57 Wenn die Beschwerden in Nr. 3 getrennt von denen in Nr. 2 geführt werden, so geschieht dies, weil ihnen keine Rechtsbeschwerde folgen kann und so erreicht wird, dass gesetzestechnisch in VV Vorb. 3.2.2. Nr. 1a RVG einfach auf VV Vorb. 3.2.1 Nr. 2 RVG verwiesen wird (Motive → Rn. 2).

58 **Betroffen** sind von Nr. 3
– Beschwerden in Eilsachen beim Verwaltungs- und Sozialgericht (Nr. 3a); vor dem 2. KostRMoG waren auf diese VV 3500, 3501 RVG anzuwenden (Motive → Rn. 2 Abs. 7),[30]
– Beschwerdeverfahren nach dem WpHG (Nr. 3b, vor dem 2. KostRMoG Nr. 6),
– Beschwerde gegen die Entscheidung über den Widerspruch des Schuldners (§ 954 Abs. 1 S. 1 ZPO) im Fall des Art. 5a VO EU 655/2014.

XII. Rechtsbeschwerde nach § 116 StVollzG (Nr. 4)

1. Allgemeines

59 Nach VV Vorb. 3.2.1 Nr. 4 RVG (bis zum 2. KostRMoG Nr. 7) sind VV 3200 ff. RVG auch anzuwenden in Verfahren über die Rechtsbeschwerde nach StVollzG, auch iVm § 92 JGG.

2. Gebühren

60 Es gelten wieder VV 3200–3203 RVG.

61 Ist dem Verfahren nach § 109 Abs. 1 StVollzG ein Verwaltungsvorverfahren vorgeschaltet, gelten für letzteres die Gebühren nach VV 2300 RVG. Eine Anrechnung der Gebühren von VV 2300 RVG findet gem. VV Vorb. 3 Abs. 4 RVG statt.

3. Andere Rechtsbehelfe

62 Andere Rechtsbehelfe im Rahmen der Strafvollstreckung sind in den §§ 448 f. StPO geregelt.[31] Die in diesen Angelegenheiten entwickelte Tätigkeit wird durch die Gebühr gem. RVG VV 4302 Nr. 3 RVG abgegolten.

XIII. Wiederaufnahmeverfahren

63 Auch in einem **Wiederaufnahmeverfahren** erhält der RA die erhöhten Gebühren, wenn dafür das Berufungs- oder Revisionsgericht zuständig ist.[32]

---

[29] OLG Jena JurBüro 2004, 83; ebenso zu § 65a BRAGO Riedel/Sußbauer/*Keller,* 8. Aufl. 2000, BRAGO § 65a Rn. 2; OLG Frankfurt a. M. NJW 1971, 519 mzustAnm *H. Schmidt.*

[30] OVG Münster AGS 2014, 392 = NJW 2014, 3323 zu vorläufigem Rechtsschutz; BayLSG AGS 2013, 232 zu Sozialgerichtsbarkeit mzustAnm *N. Schneider.*

[31] *Eidt* AnwBl 1977, 135.

[32] OLG Koblenz JurBüro 1975, 1080; *Hartmann* BRAGO, 33. Aufl. 2004, BRAGO § 11 Rn. 5; Riedel/Sußbauer/*Fraunholz,* 8. Aufl. 2000, BRAGO § 11 Rn. 12; BPatG NJW-RR 1998, 934; **aA** OLG Nürnberg AnwBl 1996, 172.

Nr.	Gebührentatbestand	Gebühr oder Satz der Gebühr nach § 13 RVG
3200	Verfahrensgebühr, soweit in Nummer 3204 nichts anderes bestimmt ist	1,6

Übersicht

I. Allgemeines. Anwendungsbereich

Die Gebühren in der Berufungsinstanz sind in VV 3200 ff. RVG geregelt. Wegen Anwendungsbereich vgl. Kommentierung zu → RVG VV Vorb. 3.2 Rn. 1 ff.; → RVG VV Vorb. 3.2.1 Rn. 1 ff. 1

II. Auftrag

1. Grundsätze

Zur Vertretung in einem der von VV 3200 ff. RVG erfassten Rechtsmittelverfahren muss ein **Auftrag** auch für diese Instanz von der Partei erteilt worden sein. Es muss geprüft werden, ob nicht die Tätigkeit noch vom Auftrag für die Vorinstanz umfasst ist (→ Rn. 19 ff.). Weiter muss, wenn überhaupt ein neuer Auftrag zu bejahen ist, geprüft werden, **welcher Art** dieser ist, insbes. ob ein Beratungsauftrag oder ein Auftrag zur Prüfung der Erfolgsaussichten oder gleich ein Prozessauftrag erteilt ist (→ Rn. 13 ff.). Wird der RA von sich aus ohne einen Auftrag tätig, verdient er keine Gebühr.[1] Hat der Prozessbevollmächtigte der Vorinstanz eine Bestellungsanzeige an das Gericht gerichtet, so ist das kein ausreichendes Indiz für einen Verfahrensauftrag. Es ist allenfalls ein Indiz dafür, dass der RA geglaubt hat, einen Verfahrensauftrag zu haben; ein Indiz, auf das angesichts der großen Abgrenzungsschwierigkeiten (§ 19 Abs. 1 S. 2 Nr. 9, 34 RVG; VV 2100 RVG sowie hinsichtlich der Anforderungen an eine Auftragserteilung → Rn. 4 ff.) kein ausreichender Verlass ist. 2

2. Auftragserteilung

a) Ausdrücklicher Auftrag. Einfach ist die Sache, wenn ein ausdrücklicher Auftrag für die Rechtsmittelinstanz erteilt wird. Dafür reicht jedoch nicht, dass nach der Vollmacht der RA auch in der Rechtsmittelinstanz vertretungsberechtigt ist (→ RVG VV Vorb. 3 Rn. 12).[2] 3

b) Konkludenter Auftrag für die Rechtsmittelinstanz. Der Auftrag kann auch stillschweigend erteilt werden, sich aus den Umständen ergeben (→ RVG VV Vorb. 3 Rn. 41). 4

[1] OLG Koblenz JurBüro 2010, 147.
[2] OLG Hamm AGK 2014, 14.

5 **RA der Vorinstanz.** Erhebliche Probleme bereitet es aber gerade hinsichtlich der Rechtsmittelinstanz und insbes. beim Gegner des Rechtsmittelführers, wann von einem stillschweigenden Auftrag gegenüber dem RA der Vorinstanz ausgegangen werden kann. Hierzu gibt es zwei Entscheidungen des BGH.

6 Die erste betraf einen Fall, in dem in der **Berufungsinstanz** ein neuer RA eingeschaltet werden musste und es nur darum ging, ob der Anwalt der ersten Instanz einen Auftrag als **Verkehrsanwalt** für die zweite Instanz hatte. Zutreffend hat der BGH ausgeführt: Bei einem Vertragsschluss durch schlüssiges Verhalten sind erhöhte Anforderungen zu stellen. Ein stillschweigender Vertragsabschluss ist nur dann anzunehmen, wenn das Verhalten eines Beteiligten von dem anderen bei Anwendung der im Verkehr erforderlichen Sorgfalt nach Treu und Glauben mit Rücksicht auf die Verkehrssitte eindeutig und zweifelsfrei als eine auf den Abschluss eines Anwaltsvertrages gerichtete Willenserklärung aufzufassen ist. Diese strengen Anforderungen gelten bei der Einschaltung eines Verkehrsanwalts im Berufungsverfahren umso mehr, als die Kosten eines Verkehrsanwalts regelmäßig nicht erstattungsfähig sind. Ein neuer Auftrag ist nicht anzunehmen, wenn der RA Anlass zu der Annahme hat, die Partei gehe davon aus, dass die weitere Tätigkeit des Anwalts noch durch die Gebühren der bisherigen Tätigkeit abgegolten ist. Immer dann, wenn nach den Umständen des konkreten Falls, namentlich dem Verhalten seines Mandanten Zweifel bestehen, ob er die möglichen Folgen eines Handelns übersieht, das an sich den Schluss auf ein Vertragsangebot zulässt, geht das zu Lasten dessen, der sich auf das Zustandekommen eines Vertrages beruft.[3]

7 Andererseits hat der BGH zur Vertretung des Gegners einer **Beschwerde** wegen nicht erfolgter Richterablehnung in sehr apodiktischer Weise entschieden, dass in der Regel davon ausgegangen werden kann, dass der Anwalt, der die Partei im Hauptsacheverfahren vertritt, auch mit der Vertretung im Beschwerdeverfahren beauftragt ist.[4] Der BGH bejaht demnach einen Auftrag eher, wenn der Verfahrensbevollmächtigte des Hauptsacheverfahrens bei einer Beschwerde gegen eine Nebenentscheidung des Hauptsacheverfahrens tätig wird.

8 **ME** sollte für die Rechtsmittelinstanz generell und auch bei Beschwerden ein stillschweigender Auftrag in aller Regel nicht angenommen werden.[5] Vielmehr muss der RA substantiiert darlegen, wann und in welcher Form der Auftrag erteilt wurde[6] und dies, falls bestritten, gem. § 104 Abs. 2. S. 1 ZPO glaubhaft machen (→ § 1 Rn. 205; → Rn. 11). Es ist nicht Aufgabe des Gerichts, insoweit Vermutungen anzustellen.[7] Eine Verteidigung im Rechtsmittelverfahren ist für den Mandanten mit bisweilen nicht unerheblichen Kosten verbunden und obendrein drohen Erstattungsansprüche des Gegners. Es sollte dem Mandanten überlassen werden, ob er trotzdem seinem Verfahrensbevollmächtigten einen Auftrag erteilen will. Außerdem gilt das vom BGH beim Verkehrsanwalt herangezogene Argument, dass der Mandant davon ausgehe, dass keine zusätzlichen Gebühren anfallen (→ Rn. 6), bei Beschwerden gegen Nebenentscheidungen in gleicher Weise. Viele Mandanten werden nicht damit rechnen, dass weitere Kosten anfallen. Geht man mit der hier vertretenen Meinung davon aus, dass der RA verpflichtet ist, den Mandanten darauf hinzuweisen, wenn weitere Kosten anfallen, mit denen er möglicherweise nicht rechnet, so ergibt sich bereits daraus, dass ein stillschweigender Auftrag ausscheidet. In manchen Fällen ist es obendrein fraglich, ob es im Interesse des Mandanten erforderlich ist, dass im Beschwerdeverfahren eine richterliche Reaktion erfolgt, zB bei Richterablehnung; vielleicht hätte der Beklagte nichts gegen eine Verzögerung des Verfahrens oder ist es ihm egal, wer in erster Instanz entscheidet, da er davon ausgeht, dass, da die maßgebliche Rechtsfrage hochgradig streitig ist, doch erst in höherer Instanz entschieden wird.

9 In den meisten Fällen besteht für den RA auch kein Hindernis, die Frage des Auftrags kurzfristig zu klären. Ein Anruf, ein Fax oder ein E-Mail reichen. Anders kann es einmal sein, wenn der Mandant innerhalb der Frist, in der der RA tätig werden muss, nicht erreichbar ist oder sonst besondere Umstände vorliegen, zB der Auftraggeber, etwa ein Unternehmer, der ständig

[3] BGH NJW 1991, 2084 = JurBüro 1991, 1647.

[4] BGH NJW 2005, 2233 = JurBüro 2005, 482 mwN; NJW 2019, 428 zu Sachverständigenablehnung = RVGreport 2019, 21 mzustAnm *Hansens;* OLG Düsseldorf MDR 2009, 955 zu Richterablehnung; OLG Köln Köln RVGreport 2019, 139 sogar für Beschwerde gegen Erbscheinserteilung; ähnlich KG JurBüro 2005, 418 = RVGreport 2005, 314 mablAnm *Hansens;* **aA** *N. Schneider* MDR 2001, 130, 132, zu Richterablehnung, allerdings dies neben anderen Argumenten damit begründend, dass die Kostenerstattungspflicht des Gegners zweifelhaft ist; Zweifel die heute angesichts der BGH-Rspr. teilweise, aber nicht ganz beseitigt sind (→ § 19 Rn. 53).

[5] OLG Frankfurt RVGreport 2019, 142; OLG Hamburg MDR 2005, 1018; OLG Hamm AGK 2014, 14; OLG Jena Prozessrecht aktiv 2016, 44; *N. Schneider* MDR 2001, 130 (132).

[6] OLG Hamm AGK 2014, 14 = RVGreport 2014, 228.

[7] OLG Frankfurt RVGreport 2019, 142; OLG Jena Prozessrecht aktiv 2016, 44.

von dem RA vertreten wird, erklärt hat, dass er wegen der gerichtlichen Verfahren nicht behelligt werden will, weshalb der RA völlig eigenständig entscheiden soll, was zu erfolgen hat.

Auf jeden Fall ist im Regelfall ein konkludenter Auftrag abzulehnen, 10
- wenn es darum geht, ob ein **anderer RA** eingeschaltet werden soll (aus den vom BGH dargelegten Gründen – → Rn. 6),
- wenn das Rechtsmittel **noch keine Begründung** enthält, für seine Zulässigkeit aber einer Begründung bedarf.[8] Hier kann man nicht ohne weiteres annehmen, dass es im Interesse des Mandanten liegt, dass der RA bereits tätig wird,
- wenn der Rechtsmittelführer erklärt hat, dass er das Rechtsmittel nur zur **Fristwahrung** einlegt,[9]
- wenn erkennbar ist, dass der Gegner **finanziell schwach** ist, sodass zweifelhaft ist, ob ein etwaiger Erstattungsanspruch realisierbar ist.[10]

c) Unstreitiger Auftrag. Abweichend von der hier vertretenen Ansicht (→ Rn. 8) wird 11 vertreten, dass es dann keines substantiierten Vortrages und keiner Glaubhaftmachung der Erteilung eines Auftrages für die zweite Instanz bedarf,
- nach dem KG, wenn die Auftragserteilung nicht bestritten wird und der RA bereits in erster Instanz für seinen Mandanten tätig war und einen positiven Prozessausgang erwirkt hat,[11]
- nach einer Meinung in der Lit., wenn der RA nach außen hin tätig geworden ist.[12]

ME bedarf es immer eines substantiierten Vortrags, dass ein Auftrag erteilt wurde. Erst dann muss der Gegner bestreiten. Aus der Handlung nach außen lässt sich speziell in der Berufungsinstanz, bei der mancher RA zu Unrecht (→ RVG VV Vorb. 3 Rn. 12) glaubt, aufgrund der auch die 2. Instanz umfassenden Vollmacht für diese auch einen Auftrag zu haben, nichts schließen.

d) Besprechung über Stillhaltebitte. Kein neuer Auftrag ist anzunehmen, wenn der RA 12 mit seinem Mandanten bespricht, ob man der zeitlich begrenzten Stillhaltebitte des Gegners nachkommen soll (→ § 19 Rn. 83).

3. Art des Auftrags

a) Rechtsmittelführer. ***aa) Alternativen.*** Für den Rechtsmittelführer kommen zwei Mög- 13 lichkeiten in Betracht. Er beauftragt den RA zunächst mit der Prüfung der Erfolgsaussichten eines Rechtsmittels und erteilt dann erst gegebenenfalls (oder von Anfang an bedingt → RVG VV Vorb. 3 Rn. 17) den Auftrag, je nach dem Ergebnis der Prüfung in vollem Umfang oder begrenzt Rechtsmittel einzulegen. Es fallen Gebühren zuerst nach VV 2100 und dann nach VV 3200ff an. Oder aber er erteilt von vornherein den Auftrag, Rechtsmittel einzulegen. In diesem Fall entstehen von vornherein nur Gebühren gem. VV 3200 ff. RVG.

bb) Vermutung. Ist zweifelhaft, welchen der beiden Aufträge der Mandant erteilen will, so 14 spricht eine Vermutung dafür, dass er den für ihn billigeren Auftrag erteilen will. Bestand aber für einen bislang mit der Sache noch nicht befassten RA keine ausreichende Zeit zur Überprüfung der Erfolgsaussichten, wie dies zB bei beim BGH zugelassenen Anwälten häufig der Fall sein wird,[13] so spricht eine Vermutung für einen sofortigen Prozessauftrag.[14] Hatte der RA jedoch ausreichend Zeit zur Überprüfung der Erfolgsaussichten, so ist im Zweifel zunächst von einen Auftrag auszugehen, die Erfolgsaussichten zu prüfen (→ Rn. 15).[15] Das wird insbes. häufig der Fall sein bei einem RA, der bereits in der Vorinstanz der Verfahrensbevollmächtigte war.[16]

cc) Der billigere Weg. Der für den Mandanten in den meisten Fällen billigere Weg ist, wenn 15 der Umfang des Rechtsmittels am Anfang noch nicht feststeht, der über einen Prüfungsauftrag. Am teuersten ist häufig ein unbeschränkter Prozessauftrag und eine Beschränkung erst nach der Rechtsmitteleinlegung. Wegen der **Gegenstandswerte** → Anh. VI Rn. 431.

---

[8] OLG Koblenz JurBüro 2016, 150 = RVGreport 2016, 71.
[9] OLG Koblenz JurBüro 2016, 150 = RVGreport 2016, 71.
[10] OLG Koblenz FamRZ 2009, 2112 = AGS Kompakt 2009, 52.
[11] KG JurBüro 2009, 261.
[12] *Hansens* Anm. zu OLG Koblenz RVGreport 2016, 71, wobei nicht ganz klar ist, ob es von *Hansens* so gemeint ist, da er meint, dass „praktisch" die Darlegungs- und Glaubhaftmachungspflicht entfalle.
[13] *N. Schneider* Anm. zu LG Köln AGS 2018, 60; Hansens Anm. zu BGH RVGreport 2018, 150.
[14] *N. Schneider* Anm. zu LG Köln AGS 2018, 60.
[15] *N. Schneider* Anm. zu LG Köln AGS 2018, 60.
[16] LG Köln NJW-RR 2012, 1471 = AGS 2012, 385 mzustAnm *N. Schneider.*

16 **Fall 1: Umfassender Prüfungsauftrag, sodann gleich beschränkter Prozessauftrag.** Der RA des Berufungsklägers erhält zunächst den Auftrag, die Erfolgsaussichten einer Berufung zu überprüfen. Die Beschwer aus dem Urteil beträgt 10.000,– EUR. Nach Prüfung der Erfolgsaussichten wird gleich mit der Rechtsmitteleinlegung die Berufung auf 5.000,– EUR beschränkt.

4,0 **Gerichtsgebühren** KV 1420 GKG	aus 5.000,– EUR	644,00 EUR
Gebühren des RA des Rechtsmittelführers		
0,75 Prüfungsgebühr gem. VV 2100	aus 10.000,– EUR	460,50 EUR
Pauschale gem. VV 7002		20,00 EUR
1,6 Verfahrensgebühr	aus 5.000,– EUR	534,40 EUR
– Anrechnung ge m. Anm. zu VV 2100 0,75	aus 5.000,– EUR[17]	– 460,50 EUR
1,2 Terminsgebühr	aus 5.000,– EUR	400,80 EUR
Pauschale gem. VV 7002		20,00 EUR
Gesamtvergütung des RA des Rechtsmittelführers		975,20 EUR
Gebühren des RA des Rechtsmittelgegners		
1,6 Verfahrensgebühr	aus 5.000,– EUR	534,40 EUR
1,2 Terminsgebühr	aus 5.000,– EUR	400,80 EUR
Pauschale gem. VV 7002		20,00 EUR
Gesamtvergütung des RA des Rechtsmittelgegners		955,20 EUR

Fall 2: Von Anfang an unbeschränkter Prozessauftrag, schon bei Rechtsmitteleinlegung Beschränkung. Der RA erhält gleich einen unbeschränkten Prozessauftrag. Nach umfassender Prüfung legt er nur noch iHv 5.000,– EUR Berufung ein. Wegen Gegenstandswert → Anh. VI Rn. 431.

4,0 **Gerichtsgebühren** KV 1420 GKG	aus 5.000,– EUR		644,00 EUR
Gebühren des RA des Rechtsmittelführers			
1,1 Verfahrensgebühr	aus 5.000,– EUR	367,40 EUR	
1,6 Verfahrensgebühr	aus 5.000,– EUR	534,40 EUR	
Summe			901,80 EUR
Maximal 1,6	aus 10.000,– EUR	982,40 EUR	
1,2 Terminsgebühr	aus 5.000,– EUR		400,80 EUR
Pauschale gem. VV 7002			20,00 EUR
Gesamtvergütung des RA des Rechtsmittelführers			1.322,60 EUR
Gebühren des RA des Rechtsmittelgegners			
1,6 Verfahrensgebühr	aus 5.000,– EUR		534,80 EUR
1,2 Terminsgebühr	aus 5.000,– EUR		400,80 EUR
Pauschale gem. VV 7002			20,00 EUR
Gesamtvergütung des RA des Rechtsmittelgegners			955,60 EUR

Fall 3: Von Anfang an unbeschränkter Prozessauftrag, erst nach Rechtsmitteleinlegung Beschränkung. Der RA hat zunächst unbeschränkt Rechtsmittel eingelegt hat und diese erst mit der Berufungsbegründung auf 5.000,00 EUR beschränkt. Der RA des Gegners war vor der Berufungsbegründung bereits tätig.

4 Gerichtsgebühren	aus 5.000,– EUR		644,00 EUR
Gebühren des RA des Rechtsmittelführers			
1,6 Verfahrensgebühr	aus 10.000,– EUR		982,40 EUR
1,2 Terminsgebühr	aus 5.000,– EUR		400,80 EUR
Pauschale gem. VV 7002			20,00 EUR
Gesamtvergütung des RA des Rechtsmittelführers			1.403,20 EUR
Gebühren des RA des Rechtsmittelgegners			
1,1 Verfahrensgebühr	aus 5.000,– EUR		367,40 EUR
1,6 Verfahrensgebühr	aus 5.000,– EUR		534,80 EUR
Summe			902,20 EUR
Maximal 1,6 Verfahrensgebühr	aus 10.000,– EUR	982,40 EUR	
1,2 Terminsgebühr	aus 5.000,– EUR		400,80 EUR
Pauschale gem. VV 7002			20,00 EUR
Gesamtvergütung des RA des Gegners			1.323,00 EUR

17 **Hinweis für den RA.** Auf jeden Fall sollte der RA die Frage des Auftrags ausdrücklich regeln.[18] Das liegt im Interesse des Mandanten, aber auch des Anwalts, der so nachträglichem Streit aus dem Weg gehen kann.

[17] → RVG VV Vorb. 3 Rn. 313.

Wegen Gegenstandwert bei zunächst ohne Antrag und Begründung eingelegtem Rechtsmittel → Anh. VI Rn. 431 aff.

b) Rechtsmittelgegner. Erhält der **bislang von dem RA noch nicht vertretene** Rechtsmittelgegner die Rechtsmittelschrift und wendet er sich an einen RA, so kommen als Auftrag in Betracht, ein Beratungsauftrag iSv § 34 RVG, ein Auftrag, die Erfolgsaussichten zu prüfen iSv VV 2100 RVG oder aber gleich ein Verfahrensauftrag iSv VV 3200 ff. RVG. Wendet sich der Rechtsmitttelgegner erstmals nach Erhalt der Rechtsmittelschrift an den RA und enthält diese noch keinen Antrag und keinen Sachvortrag und fragt er den RA, was er jetzt tun soll, so ist im Zweifel anzunehmen, dass er lediglich eine Beratung wünscht, bei der ihm die Auskunft, dass man warten soll, ob und in welchem Umfang das Rechtsmittel überhaupt durchgeführt werden soll, genügt. Erklärt der RA aber dann, er werde sich beim Gericht als Prozessbevollmächtigter bestellen, und ist der Mandant damit einverstanden, so ist von einem Verfahrensauftrag auszugehen. Ist der RA aber nicht nach außen hin tätig geworden, so muss (auch in der Kostenfestsetzung) geprüft werden, ob wirklich schon ein Verfahrensauftrag vorlag. 18

Auch bei dem schon in der **Vorinstanz tätigen prozessbevollmächtigten RA** muss geprüft werden, ob er schon einen Auftrag für das Rechtsmitteverfahren hatte, da sich dies nicht ohne weiteres daraus ergibt, dass er nach hM.[19] gem. § 81 ZPO auch für das Rechtmittelverfahren als bevollmächtigt gilt (→ RVG VV Vorb. 3 Rn. 12). Hier ist auch noch zu prüfen, ob die Tätigkeit des RA nicht noch zu seinem Mandat in der ersten Instanz gehört (→ § 19 Rn. 85 ff.). 19

Wegen **Gegenstandswert** → Anh. VI Rn. 431 a ff.

III. Entstehung und Höhe der Gebühr

→ RVG VV 3201 Rn. 17 ff. 20

IV. Angelegenheit

Besondere Angelegenheit. Die Berufungsinstanz ist ebenso wie die Beschwerdeinstanz eine besondere Angelegenheit. **Mehrere Rechtsmittel,** → § 17 Rn. 165 ff. 21

Noch zur Eingangsinstanz gehörige Tätigkeiten. Zu beachten ist, dass für den Verfahrensbevollmächtigten der Vorinstanz einige auf das Berufungsverfahren bezogene Tätigkeiten noch zur Vorinstanz gehören (§ 19 Abs. 1 S. 2 Nr. 9 RVG). Im Einzelnen die Kommentierung zu § 19 RVG. 22

Zulassung der Berufung. Das Verfahren über die Zulassung der Berufung und das Berufungsverfahren selbst sind eine Angelegenheit (§ 16 Nr. 11 RVG). 23

Nichtzulassungsbeschwerde, § 17 Nr. 9 RVG. 24

Trennung eines Berufungsverfahrens. Vom Zeitpunkt der Trennung an liegen verschiedene Instanzen vor. Es gilt das zur 1. Instanz Dargelegte entsprechend (→ RVG VV 3100 Rn. 61 ff.). 25

Beispiel:

Ein Berufungsverfahren über 3.000,– EUR Kaufpreis und 2.000,– EUR Darlehen wird nach Stellung der Anträge in ein Verfahren über den Kaufpreis und ein solches über das Darlehen getrennt.

Es sind entstanden

1,6 Verfahrensgebühr aus	5.000,– EUR
1,2 Terminsgebühr aus	5.000,– EUR

Es entstehen nach der Trennung

1,6 Verfahrensgebühr aus	3.000,– EUR
1,2 Terminsgebühr aus	3.000,– EUR
und	
1,6 Verfahrensgebühr aus	2.000,– EUR
1,2 Terminsgebühr aus	2.000,– EUR

Da die Gebühren aus den getrennten Verfahren höher sind als die aus dem einheitlichen Verfahren, wird der RA seine Gebühren aus den getrennten Verfahren berechnen.[20]

Verbindung mehrerer Rechtsmittel. Vom Zeitpunkt der Verbindung an liegt nur eine Instanz vor; nunmehr werden die Gebühren von den zusammengerechneten Werten berechnet.[21] Es gilt das zur 1. Instanz Dargelegte entsprechend (→ RVG VV 3100 Rn. 40 ff.). 26

---

[18] Bischof/*Bräuer* RVG VV 3500 Rn. 4.
[19] Thomas/Putzo/*Hüßtege* ZPO § 81 Rn. 1.
[20] OLG Hamm AnwBl 1989, 247.
[21] OLG Bamberg JurBüro 1986, 219; OLG Koblenz MDR 1986, 861.

Beispiel:

Zwei Berufungen über 2.000,– EUR und 3.000,– EUR werden nach streitiger Verhandlung verbunden. Sodann wird Beweis über die gesamten 5.000,– EUR erhoben. Es sind entstanden

1,6 Verfahrensgebühr aus	2.000,– EUR
1,2 Terminsgebühr aus	2.000,– EUR
1,6 Verfahrensgebühr aus	3.000,– EUR
1,2 Terminsgebühr aus	3.000,– EUR

Es entstehen weiter

1,6 Verfahrensgebühr aus	5.000,– EUR
1,2 Terminsgebühr aus	5.000,– EUR

Der RA hat die Wahl, ob er die getrennten Gebühren oder die Gebühren aus dem Wert von 5.000,– EUR fordern will.

Wird vor dem Anfall einer Terminsgebühr verbunden, entsteht nur die Verfahrensgebühr doppelt aus den getrennten Streitwerten.

V. Anrechnung

27 **Rat, Auskunft.** Die Gebühr für einen Rat oder für eine Auskunft ist nach § 34 Abs. 2, VV 2100 Anm. RVG dann auf die Verfahrensgebühr anzurechnen, wenn sie mit dem Rechtsstreit, für den der RA die Verfahrensgebühr erhält, zusammenhängt.

VI. Weitere Gebühren

28 Folgende weitere Gebühren können entstehen
- Terminsgebühr VV 3202 ff., 3205 RVG,
- Einigungsgebühr VV 1004 RVG,
- Beweisaufnahmegebühr VV 1010 RVG,
- PKH-Bewilligungsverfahren VV 3335 RVG (keine höhere Gebühr als in erster Instanz),
- Verkehrsanwalt VV 3400 RVG (höchstens 1,0 Gebühr),
- Unterbevollmächtigter VV 3401 ff. RVG (Hälfte der Verfahrensgebühr des Verfahrensbevollmächtigten, Terminsgebühr wie Verfahrensbevollmächtigter – VV 3402 RVG),
- Einzeltätigkeitsgebühr VV 3403 ff. RVG (0,8 bzw. 0,3 Verfahrensgebühr),
- Beratungsgebühr § 34, VV 2100 ff. RVG,
- Geschäftsgebühr VV 2300 ff. RVG.

VII. Kostenerstattung

29 → RVG VV 3201 Rn. 51 ff.

VIII. PKH

30 **Gleicher Gebührensatz.** Für den im Wege der Prozesskostenhilfe beigeordneten RA gelten im Berufungsverfahren auch die Gebührensätze der VV 3200 f. RVG, nur dass sie sich anhand der Gebührentabelle gem. § 49 RVG errechnen.

Nr.	Gebührentatbestand	Gebühr oder Satz der Gebühr nach § 13 RVG
3201	Vorzeitige Beendigung des Auftrags oder eingeschränkte Tätigkeit des Anwalts: Die Gebühr 3200 beträgt .... (1) Eine vorzeitige Beendigung liegt vor, 1. wenn der Auftrag endigt, bevor der Rechtsanwalt das Rechtsmittel eingelegt oder einen Schriftsatz, der Sachanträge, Sachvortrag, die Zurücknahme der Klage oder die Zurücknahme des Rechtsmittels enthält, eingereicht oder bevor er einen gerichtlichen Termin wahrgenommen hat, oder 2. soweit Verhandlungen vor Gericht zur Einigung der Parteien oder der Beteiligten oder mit Dritten über in diesem Verfahren nicht rechtshängige Ansprüche geführt werden; der Verhandlung über solche Ansprüche steht es gleich, wenn beantragt ist, eine Einigung zu Protokoll zu nehmen oder das Zustandekommen einer Einigung festzustellen (§ 278 Abs. 6 ZPO). Soweit in den Fällen der Nummer 2 der sich nach § 15 Abs. 3 RVG ergebende Gesamtbetrag der Verfahrensgebühren die Gebühr 3200 übersteigt, wird der überstei-	1,1

Nr.	Gebührentatbestand	Gebühr oder Satz der Gebühr nach § 13 RVG
	gende Betrag auf eine Verfahrensgebühr angerechnet, die wegen desselben Gegenstands in einer anderen Angelegenheit entsteht. (2) Eine eingeschränkte Tätigkeit des Anwalts liegt vor, wenn sich seine Tätigkeit 1. in einer Familiensache, die nur die Erteilung einer Genehmigung oder die Zustimmung des Familiengerichts zum Gegenstand hat, oder 2. in einer Angelegenheit der freiwilligen Gerichtsbarkeit auf die Einlegung und Begründung des Rechtsmittels und die Entgegennahme der Rechtsmittelentscheidung beschränkt.	

Übersicht

I. Motive

1 Die Motive zum **KostRMoG** führen aus:

„Nummer 3201 sieht entsprechend dem geltenden Recht (§ 32 BRAGO) für den Fall der vorzeitigen Beendigung des Auftrags eine Ermäßigung der Verfahrensgebühr vor. Diese soll wie in der ersten Instanz (vgl. Nummer 3101 VV RVG-E) um 0,5 – hier also auf 1,1 – ermäßigt werden.“[1]

2 Die Motive zum **2. KostRMoG** führen zu VV 3201 RVG aus:

„Die vorgeschlagene Änderung der Vorbemerkung 3.2.1 Nummer 2 Buchstabe b VV RVG führt dazu, dass der Rechtsanwalt auch in Angelegenheiten der freiwilligen Gerichtsbarkeit im Beschwerdeverfahren die gleichen Gebühren wie im Berufungsverfahren erhält. Dies würde jedoch in Beschwerdeverfahren, an denen sich kein anderer beteiligt, zu einer im Einzelfall nicht gerechtfertigten Gebührenhöhe führen. Daher wird basierend auf dem Rechtsgedanken der Gebühr 3101 Nummer 3 VV RVG die ermäßigte Verfahrensgebühr – und zwar auch in bestimmten Familiensachen – für den Fall vorgeschlagen, dass es bei einem einseitigen Beschwerdeverfahren bleibt und das Gericht nach Einlegung und Begründung der Beschwerde unmittelbar entscheidet. Diese Tätigkeit soll als „eingeschränkte Tätigkeit“ bezeichnet werden. Die Regelung in Vorbemerkung 3 Absatz 2, dass die Verfahrensgebühr das Betreiben des Geschäfts einschließlich der Information abgilt, wird dadurch nicht berührt. Dh die ermäßigte Verfahrensgebühr gilt die Einholung der Information und das Betreiben des Geschäfts einschließlich der Unterrichtung des Auftraggebers im Rahmen der eingeschränkten Tätigkeit ab. Sind an dem Verfahren weitere Personen beteiligt, die in der Sache vortragen und ist dieser Vortrag von dem Anwalt zu prüfen und ist ggf erneuter Vortrag erforderlich, soll die ungekürzte Verfahrensgebühr entstehen. Dies soll durch eine Änderung des Gebührentatbestands und der Anmerkung erreicht werden.“[2]

II. Allgemeines

3 VV 3201 RVG regelt die Gebührenhöhe der Verfahrensgebühr in drei Fällen
- das Verfahren endet vorzeitig,
- der RA wird nur eingeschränkt tätig,
- bzgl. nicht rechtshängiger Ansprüche wird lediglich eine Einigung zu Protokoll gegeben oder eine Feststellung gem. § 278 Abs. 6 ZPO beantragt bzw. werden nur Einigungsgespräche geführt. Dann gibt es statt einer vollen 1,6 Verfahrensgebühr nur eine 1,1 Verfahrensgebühr. VV 3201 RVG entspricht VV 3101 Nr. 1–3 RVG.

III. Anwendungsbereich und Auftrag

4 Wegen Anwendungsbereich VV Vorb. 3.2, Vorb. 3.2.1. RVG.
Wegen Auftrag → RVG VV 3200 Rn. 2 ff.

[1] BT-Drs. 15/1971, 214.
[2] BT-Drs. 17/11471, 277.

IV. Überblick zur Gebührenhöhe

Der RA verdient, 5
- wenn er bestimmte, in VV 3201 Anm. S. 1 Nr. 1 RVG genannte Tätigkeiten vornimmt, eine 1,6 Gebühr,
- bei vorzeitigem Ende, bei beschränkter Tätigkeit und bei bestimmten Einigungstätigkeiten aber nur eine 1,1 Verfahrensgebühr. Die Verfahrensgebühr wird bei vorzeitiger Beendigung wie in der ersten Instanz um 0,5 – hier also auf 1,1 – ermäßigt.

Im Folgenden werden nur die Besonderheiten im Berufungsverfahren dargelegt. Im Übrigen wird auf die Kommentierung zu VV 3101 RVG bzw. bei der Vertretung mehrerer Auftraggeber zu VV 1008 RVG Bezug genommen. 6

V. 1,6 Gebühr

1. Allgemeines

Die nachfolgend dargelegten Tätigkeiten reichen aus, um eine 1,6 Gebühr auszulösen, wobei die meisten Vorgänge schriftsätzlich erfolgt sein müssen. Erfolgen die gleichen Erklärungen im Termin, so fällt eine 1,6 Verfahrensgebühr bereits durch die Wahrnehmung des Termins an (letzte Alternative von Nr. 1). 7

Fehlende Zustellung. Ist das Rechtsmittel dem Gegner vom Gericht nicht zugestellt worden, hat er aber sonst wie Kenntnis von ihr erhalten und wird der RA dann schon auftragsgemäß tätig, so fallen die Gebühren gem. VV 3200 ff. RVG an.[3] Das kann auch eine 1,6 Verfahrensgebühr sein, wenn der RA zB schon einen Verwerfungs- oder Abweisungsantrag stellt. Ob das überflüssig war, ist bei der Entstehung der Gebühr nicht zu prüfen, uU aber bei der Frage, ob der RA die Gebühr gegenüber seinem Mandanten geltend machen kann (→ § 1 Rn. 166 ff.). Wegen Kostenfestsetzung → Anh. X Rn. 45 ff. 8

Maßnahmen nach Rücknahme des Rechtsmittels oder nach Entscheidung. Stellt der Rechtsmittelgegner einen Sachantrag oder bringt er Sachvortrag nach der Rechtsmittelrücknahme oder nach der Entscheidung über das Rechtsmittel, so fällt dennoch eine 1,6 Verfahrensgebühr an. Diese kann er auch geltend machen, wenn er keine Kenntnis von der Rücknahme hatte. Wegen Kostenfestsetzung → Anh. X Rn. 116 ff. 9

2. Einlegung des Rechtsmittels

Legt der RA ein von VV 3200 ff. RVG erfasstes Rechtsmittel ein, so verdient er eine 1,6 Verfahrensgebühr. Ausreichend ist die bloße Einlegung der Berufung bzw. der unter VV 3200 ff. RVG fallenden Beschwerde, selbst wenn dies nur zur Fristwahrung erfolgt;[4] ein Rechtsmittelantrag ist nicht nötig.[5] Das gilt auch dann, wenn sie beim unzuständigen Gericht oder beim nicht zuständigen Vorderrichter eingelegt werden. Dasselbe gilt für einen Anschlussantrag des Rechtsmittelbeklagten.[6] 10

3. Sachanträge

a) Grundsatz. Sachanträge lösen eine 1,6 Verfahrensgebühr aus, und zwar auch dann, wenn sie erst nach der Berufungsrücknahme bei Gericht eingehen, zB weil der Berufungsbeklagtenvertreter keine Kenntnis von der Rücknahme hatte (→ Rn. 18).[7] 11

b) Zurückweisungs- oder Verwerfungsantrag. Der Schriftsatz, mit dem Zurückweisung der Berufung (Beschwerde) beantragt wird, lässt eine 1,6 Verfahrensgebühr in der Rechtsmittelinstanz entstehen.[8] 12

Vor Rechtsmittelbegründung, → Rn. 10. 13

c) Zurückweisung eines Wiedereinsetzungsantrages. Der Antrag auf Zurückweisung eines Wiedereinsetzungsantrages hinsichtlich der Rechtsmittelfrist ist Sachantrag, da damit zugleich beantragt wird, dass das Rechtsmittel als unzulässig zu verwerfen ist.[9] 14

---

[3] KG JurBüro 1981, 228 = RPfleger 1981, 161; HBS VergütungsR/*Schneider* Teil 8 Rn. 566.
[4] OLG Saarbrücken AGS 2010, 164.
[5] OLG Hamm FamRZ 1997, 947 = OLGR 1996, 204; OLG Zweibrücken JurBüro 1998, 26.
[6] *Hansens* BRAGO § 32 Rn. 10; zweifelnd OLG Bremen FamRZ 2010, 63.
[7] BGH FamRZ 2010, 123 = NJW-RR 2010, 1224; OLG Köln AGS 2010, 515.
[8] OLG Frankfurt a. M. NJW-RR 1986, 1320; OLG Karlsruhe JurBüro 1994, 159; OLG Koblenz JurBüro 1992, 466.
[9] OLG München JurBüro 1994, 603 = OLGR 1994, 120.

15 **d) Kostenantrag.** Der Kostenantrag ist auch ein Sachantrag. Die 1,6 Verfahrensgebühr fällt aus dem Kostenwert an (→ Anh. VI Rn. 341 ff.). Zu beachten ist aber, dass nunmehr gem. § 516 Abs. 3 S. 2 ZPO die Kostenentscheidung nach Rechtsmittelrücknahme von Amts wegen zu erfolgen hat, es also keines Antrages mehr bedarf.

16 **e) Weitere Fälle eines Sachantrags,** → RVG VV 3101 Rn. 31.[10]

17 **f) Keine Sachanträge.** Alle Erklärungen, die in der ersten Instanz keine Sachanträge darstellen, sind auch im Rechtsmittelverfahren keine solchen (→ RVG VV 3101 Rn. 35 ff.).[11] Zum Rechtsmittelverzicht → RVG VV 3403 Rn. 24 ff.

4. Sachvortrag

18 Ebenso wie in VV 3101 Nr. 1 RVG genügt Sachvortrag (→ RVG VV 3101 Rn. 40 ff.), und zwar auch dann, wenn er erst nach der Berufungsrücknahme bei Gericht eingeht, zB weil der Berufungsbeklagtenvertreter keine Kenntnis von der Rücknahme hatte.[12] Die Begründung kann auch durch Bezugnahme, auch sich aus den Umständen ergebende stillschweigende, erfolgen (→ RVG VV 3101 Rn. 21).[13]

5. Klagerücknahme

19 Nimmt der Kläger in der Rechtsmittelinstanz die Klage zurück, so verdient der Klägervertreter eine 1,6 Verfahrensgebühr. Stimmt der RA in der Berufungsinstanz der Klagerücknahme des Klägers zu, so ist das ein Sachantrag (→ RVG VV 3101 Rn. 32), der eine 1,6 Verfahrensgebühr auslöst.[14]

6. Zurücknahme des Rechtsmittels

20 Die Rücknahme des Rechtsmittels löst beim Verfahrensbevollmächtigten des Rechtsmittelführers eine 1,6 Verfahrensgebühr aus. Hingegen kann der RA des Rechtsmittelgegners durch die Einwilligung in die Rücknahme keine 1,6 Verfahrensgebühr verdienen, da die Einwilligung des Gegners nicht erforderlich ist.[15]

7. Wahrnehmung eines Termins

21 Nimmt der RA einen gerichtlichen Termin wahr, so verdient er eine 1,6 Terminsgebühr. Im Einzelnen → RVG VV 3101 Rn. 51 ff.

VI. Nur 1,1 Verfahrensgebühr (Anm. S. 1 Nr. 1 Alt. 1)

1. Allgemeines

22 **a) Zurechnung zur Vorinstanz.** Gerade bei den Tätigkeiten, die nur eine 1,1 Verfahrensgebühr auslösen, ist bei dem bereits in der Vorinstanz tätig gewesenen RA immer darauf zu achten, ob seine Tätigkeit nicht noch der Vorinstanz zuzurechnen ist (→ § 19 Rn. 78 ff.).

23 **b) Grundsatz.** Endet der Auftrag, bevor der RA eine der eine 1,6 Verfahrensgebühr auslösenden Tätigkeiten durchgeführt hat, so verdient er gem. VV 3201 Anm. S. 1 Nr. 1 RVG nur eine 1,1 Verfahrensgebühr, soweit er in irgendeiner Weise im Interesse des Mandanten tätig war.

24 **c) Anhängigkeit unnötig.** Ob die Sache bei der höheren Instanz schon anhängig ist, ist belanglos. Der RA, der nur den Auftrag erhalten hat, das Rechtsmittel einzulegen oder den Rechtsmittelbeklagten zu vertreten, erhält die erhöhten Gebühren, selbst wenn es zu dem Rechtsmittelverfahren nicht kommt, soweit er nur im Rahmen dieses Auftrages schon tätig geworden ist.

25 **d) Außentätigkeit unnötig.** Nicht nötig ist, dass der RA nach außen hin tätig ist, dass er Anträge stellt oder zur Sache vorträgt.[16]

---

[10] ZB Verweigerung der Zustimmung zur Erledigungserklärung OLG Rostock JurBüro 2008, 260 = NJW-RR 2008, 1095.
[11] OLG Rostock JurBüro 2008, 260 = NJW-RR 2008, 1095.
[12] BGH FamRZ 2010, 123 = NJW-RR 2010, 1224; OLG Köln AGS 2010, 515.
[13] BGH FamRZ 2008, 1063.
[14] OLG Jena MDR 2001, 896.
[15] Thomas/Putzo/*Reichold* ZPO § 516 Rn. 7.
[16] OLG Karlsruhe MDR 2018, 830 = FamRZ 2018, 378; FamRZ 2010, 61.

2. Entgegennahme der Information. Besprechung

26 Hat der RA einen Verfahrensauftrag, so verdient er eine – zunächst – 1,1 Verfahrensgebühr in der Rechtsmittelinstanz bereits mit der ersten Tätigkeit in Ausführung des Auftrags, zB mit der Entgegennahme der Information.[17] Hierzu gehört auch die Besprechung mit dem Mandanten, ob ein Rechtsmittel eingelegt oder auf ein solches reagiert werden soll.[18] Rät der RA dem Auftraggeber, kein Rechtsmittel einzulegen oder sich gegen ein solches nicht zu verteidigen, so entsteht eine (1,1) Verfahrensgebühr und nicht eine Gebühr gem. § 34 RVG oder VV 2100 ff. RVG, vorausgesetzt er hatte bereits einen Verfahrens- und nicht nur einen Beratungs- oder Prüfungsauftrag für die Rechtsmittelinstanz.[19]

3. Interne Prüfung

27 **a) Entstehung der Gebühr.** Unabhängig von einer Entgegennahme der Information, die der in der Vorinstanz bereits tätige RA häufig nicht mehr nötig hat, genügt, dass der RA auftragsgemäß prüft, ob der Mandant Rechtsmittel einlegen, bzw. ob sich sein Mandant gegen ein solches wehren soll, auch wenn dann nichts Weiteres passiert (1,1 Verfahrensgebühr).[20] Jede Tätigkeit im Interesse des Mandanten im Zusammenhang mit einem Rechtsbehelf löst die Verfahrensgebühr aus, es sei denn sie gehört noch zur vorigen Instanz (§ 19 Abs. 1 S. 2 Nr. 9, 10 RVG). Wegen Kostenerstattung (→ Rn. 81).

28 **b) Unterstellung einer internen Prüfung.** Zu beachten ist, dass zur Berufung[21] und zur Beschwerde[22] die Auffassung vertreten wird, dass davon auszugehen ist, dass der RA, auch der in der Vorinstanz bereits tätige, dem eine Rechtsmittelschrift zugeleitet wird, prüfen wird, ob eine Reaktion veranlasst ist, wodurch er dann eine Verfahrensgebühr verdient hat.

29 **BGH zur Beschwerde.** In diesem Sinn hat der BGH dem Prozessbevollmächtigten des Hauptsacheverfahrens nach Entgegennahme der Beschwerdeschrift wegen Richterablehnung, also einem Verfahren, in dem eine Begründung keine Zulässigkeitsvoraussetzung ist, eine Verfahrensgebühr zuerkannt, „weil als glaubhaft gemacht angesehen wird, dass der Anwalt anschließend pflichtgemäß geprüft hat, ob etwas für seinen Mandanten zu veranlassen ist".[23] Ob in dem vom BGH entschiedenen Fall der RA wenigstens behauptet hatte, er habe eine solche Prüfung vorgenommen, ist der Entscheidung nicht zu entnehmen. Deshalb ist unklar, ob mit der Auffassung, dass die Prüfung „als glaubhaft gemacht angesehen werden kann", gemeint ist, dass dies einfach zu unterstellen ist oder ob wenigstens noch eine entsprechende Behauptung des Anwalts hinzukommen muss.

30 **BGH zur Berufung.** Für das **Berufungsverfahren** nimmt der BGH jedenfalls eine solche Unterstellung nicht vor.[24] Da die Beschwerde verfahrensrechtlich anders ausgestaltet sei, könnten die für sie von der BGH-Rechtsprechung aufgestellten Grundsätze nicht auf die Berufung übertragen werden.[25] An welche Unterschiede der BGH hierbei gedacht hat, wird nicht ausgeführt; wohl daran, dass es keine Fristen zur Beschwerdebegründung gibt und eine fehlende Begründung nicht zur Unzulässigkeit führt (→ § 19 Rn. 85 ff.).[26]

31 Besteht der vom BGH angenommene Unterschied zwischen Beschwerde und Berufung darin, dass viele Beschwerden nicht und schon gar nicht innerhalb einer bestimmten Frist be-

[17] BGH NJW 2013, 312 = FamRZ 2013, 292; OLG Düsseldorf FamRZ 2010, 63; OLG Karlsruhe MDR 2018, 830 = FamRZ 2018, 378; JurBüro 2008, 540; OLG Koblenz NJW-RR 2004, 1510 = JurBüro 2004, 32 = AGS 2004, 67 mAnm *N. Schneider;* HBS VergütungsR/*Schneider* Teil 8 Rn. 566.

[18] OLG Karlsruhe JurBüro 2008, 540.

[19] OLG Celle AnwBl 1964, 77.

[20] BGH NJW 2013, 312 Tz. 11 = FamRZ 2013, 292; OLG Düsseldorf JurBüro 1991, 687; OLG Hamburg JurBüro 1984, 566; OLG Koblenz FamRZ 2008, 1018; OLG Köln JurBüro 1986, 1663; HBS VergütungsR/*Schneider* Teil 8 Rn. 566.

[21] KG JurBüro 2009, 261; OVG Magdeburg AGS 2013, 177; **aA** OLG München 29.1.2010 – 11 W 728/10.

[22] OLG Düsseldorf JurBüro 1991, 687; MDR 2009, 955; OLG Hamburg MDR 1994, 522; KG JurBüro 2007, 307, zu Mitteilung der Abgabe vom Mahngericht an Streitgericht an Beklagtenvertreter; OLG Naumburg FamRZ 2010, 63 Ls.; OLG Stuttgart NJW 1998, 169 = JurBüro 1998, 190; **aA** OLG Düsseldorf NJW-RR 2005, 1231 = JurBüro 2005, 473, wenn kurz nach Erhalt Rechtsmittel zurückgenommen wird; OLG Koblenz JurBüro 2013, 306; OLG Stuttgart JurBüro 1984, 566; VGH Mannheim JurBüro 1999, 362, anders wenn der RA vom Gericht zur Stellungnahme aufgefordert wurde; *Hansens* RVGreport 2009, 355 (356) Ziff. III 1.

[23] BGH NJW 2005, 2233 mwN.

[24] BGH NJW 2013, 312 Rn. 12 = FamRZ 2013, 292 = RVGreport 2013, 58 mzustAnm *Hansens;* NJW 2008, 1087, für RA, der sich in der 2. Instanz selbst vertreten hat; LAG Bln-Bbg AGS 2012, 517 = RVGreport 2012, 387.

[25] BGH NJW 2013, 312 Tz. 14= FamRZ 2013, 292 = RVGreport 2013, 58 mzustAnm *Hansens.*

[26] In dieser Richtung LAG Bln-Bbg AGS 2012, 517 = RVGreport 2012, 387.

gründet werden müssen, so muss jedenfalls bei den Beschwerden, die eine fristgebundene Beschwerdebegründung verlangen, wie zB die **Nichtzulassungsbeschwerde** (§ 544 Abs. 2 ZPO), dasselbe gelten wie bei einer Berufung.

32 **ME** kann weder für die Beschwerde noch für die Berufung ohne weiteres unterstellt werden, dass der RA eine Prüfung, ob etwas veranlasst ist, vorgenommen hat. Das Palmström-Prinzip, dass nicht sein kann, was nicht sein darf, überzeugt nicht. Darüber hinaus wird mancher pflichtbewusste Anwalt erst mit seinem Mandanten klären wollen, ob er für das Rechtsmittelverfahren überhaupt einen Auftrag erhält bzw. ob er schon in einer so frühen Phase eine bei seinem Mandanten Kosten auslösende Tätigkeit vornehmen soll. Das gilt insbes., wenn er bereits in der Vorinstanz tätig war. Deshalb ist diese Unterstellung generell abzulehnen. Zu Recht weist OLG Koblenz darauf hin, dass es nicht Aufgabe des Gerichts ist, insoweit Vermutungen anzustellen.[27]

33 Schon gar nicht ist eine Prüfung zu unterstellen,

– wenn das Rechtsmittel kurz nach Eingang der Rechtsmittelschrift zurückgenommen wird.[28] Es kann auf keinen Fall unterstellt werden, dass ein RA, der momentan möglicherweise gerade mit ganz dringenden Eilsachen oder Besprechungen befasst ist, sich sofort darüber Gedanken macht, ob er reagieren muss,
– wenn in der Rechtsmittelschrift eine Begründung angekündigt wird. Es wird dem Arbeitsstil vieler Anwälte entsprechen, eine Wiedervorlage zu machen und zu sehen, ob die Begründung eingegangen ist, um sich dann mit der Sache zu befassen. Erst recht gilt dies, wenn, wie bei der Berufung, die Begründung Zulässigkeitsvoraussetzung ist,
– wenn angekündigt ist, dass das Rechtsmittel nur zur Fristwahrung eingelegt wird. Viele Anwälte werden, bevor sie sich Gedanken machen, abwarten, ob das Rechtsmittel überhaupt durchgeführt werden soll,
– wenn für ein Rechtsmittel, das nur bei einer fristgerechten Begründung zulässig ist, noch keine Begründung vorliegt.[29]

34 **c) Nachweis der Prüfung.** Um auch die schutzwürdigen Belange des Anwaltes zu berücksichtigen, genügt es, zu verlangen, dass der RA zumindest behauptet, sich Gedanken gemacht zu haben, und dies, falls bestritten, glaubhaft macht (§ 11 Abs. 2 S. 3 RVG iVm §§ 104 Abs. 2 S. 1, 294 ZPO).[30] Dabei muss behauptet und uU glaubhaft gemacht werden die Prüfung von Fragen, die nicht mehr gem. § 19 RVG zur vorherigen Instanz, sondern schon zur Berufungsinstanz gehören.[31] Die bloße Behauptung, der RA habe über § 19 Abs. 1 S. 2 Nr. 9 hinausgehende Tätigkeiten entfaltet, reicht nicht, da zu diffus[32] und darüber hinaus der RA hinsichtlich dieser häufig nicht leicht zu beurteilenden Frage (→ § 19 Rn. 8a ff.) falsche Vorstellungen davon haben kann, was nicht mehr unter diese Vorschrift fällt.

35 Nicht genügt es, dass in der Rechnung des Anwalts eine Gebühr für das Beschwerdeverfahren aufgenommen ist. Man weiß nicht, welche Vorstellung der RA davon hat, wann eine Beschwerdegebühr bereits anfällt. Vielleicht meint er irriger Weise (→ § 19 Rn. 82), dass die bloße Empfangnahme und Weiterleitung einer Rechtsmittelschrift bereits ausreicht.

4. Bestellungsanzeige

36 Auch diese löst eine 1,1 Verfahrensgebühr aus. Diese kann der RA allerdings dann wegen § 242 BGB nicht geltend machen, wenn sie überflüssig war (→ Rn. 51, 68).

5. Teilweises vorzeitiges Ende

37 **Beispiel:**

Erhält der erstmals in der Angelegenheit tätige RA den Auftrag, gegen ein Urteil (Wert 15.000,– EUR) insgesamt Berufung einzulegen, rät er aber wegen eines Teiles von 10.000,– EUR ab, Berufung einzulegen, und legt er auftragsgemäß nur wegen 5.000,– EUR Berufung ein, so verdient er

1,6 Verfahrensgebühr gem. VV 3200 RVG aus 5.000,– EUR	534,40 EUR
1,1 Verfahrensgebühr gem. VV 3201 Anm. S. 1 Nr. 1 RVG aus 10.000,– EUR	675,40 EUR
Summe	1.209,80 EUR
Wegen § 15 Abs. 3 RVG jedoch nicht mehr als	
1,6 Verfahrensgebühr gem. VV 3200 RVG aus 15.000,– EUR	1.148,80 EUR

[27] OLG Koblenz AGS 2013, 166.
[28] OLG Düsseldorf NJW-RR 2005, 1231 = JurBüro 2005, 473.
[29] LAG Bln-Bbg AGS 2012, 517 – RVGreport 2012, 387 mablAnm *Hansens.*
[30] OLG Koblenz AGS 2016, 102 = RVGreport 2016, 182 mzustAnm *Hansens.*
[31] BGH NJW 2013, 312 Tz. 12, 13 = FamRZ 2013, 292.
[32] OLG Koblenz AGS 2016, 151.

Die Bestimmung des § 47 Abs. 1 GKG steht nicht entgegen.[33]

Anders ist es, wenn der Mandant den RA nur wegen einer Berufung über 5.000,– EUR beauftragt hat. Dann fällt nur eine 1,6 Verfahrensgebühr aus 5.000,– EUR an. 38

Noch anders ist es, wenn der Mandant erst einmal den RA um Rat fragt, ob und in welcher Höhe er Berufung einlegen soll und dann entsprechend dem Rat des RA Berufung nur wegen 5.000,– EUR eingelegt wird. Dann bestand zunächst ein Beratungsauftrag mit einem Wert von 15.000,– EUR und dann ein Prozessauftrag für das Berufungsverfahren iHv 5.000,– EUR. 39

VII. Eingeschränkte Tätigkeit (Anm. S. 1 Nr. 1 Alt. 2)

Dieses Kriterium wurde erst mit dem 2. KostRMoG aufgenommen. Es soll eine Gleichbehandlung im Rechtsmittelverfahren mit dem für die 1. Instanz geltenden VV 3101 Nr. 3 RVG hergestellt werden (Motive → Rn. 2). 40

Eine eingeschränkte Tätigkeit liegt vor, wenn 41

- in einer Familiensache, die nur die Erteilung einer Genehmigung bzw. die Zustimmung des Familiengerichts zum Gegenstand hat (VV 3201 Anm. Abs. 2 Nr. 1 RVG)
- oder in einer Angelegenheit der freiwilligen Gerichtsbarkeit (VV 3201 Anm. Abs. 2 Nr. 2 RVG)

sich die Tätigkeit auf die Einlegung und Begründung des Rechtsmittels und die Entgegennahme der Entscheidung beschränkt. Im Übrigen gilt Entsprechendes wie zu VV 3101 Nr. 3 RVG (→ RVG VV 3101 Rn. 128 ff.).

VIII. Verfahrensdifferenzgebühr (Anm. S. 1 Nr. 2)

1. Nicht rechtshängige Ansprüche

Beispiel:

Im Berufungsverfahren über 10.000,– EUR wird in der mündlichen Verhandlung eine Einigung vereinbart, der einen nicht rechtshängigen Anspruch über 5.000,– EUR mit einbezieht, ohne dass über diesen vorher verhandelt worden wäre. 42

Der RA verdient

1,6 Verfahrensgebühr gem. VV 3200 RVG aus 10.000,– EUR	982,40 EUR	
1,1 Verfahrensgebühr gem. VV 3201 Anm. S. 1 Nr. 2 RVG aus 5.000,– EUR	367,40 EUR	
Summe Verfahrensgebühr	1.349,80 EUR	
jedoch wegen § 15 Abs. 3 RVG höchstens		
1,6 Verfahrensgebühr gem. VV 3200 RVG aus 15.000,– EUR		1.148,80 EUR
1,2 Terminsgebühr gem. VV 3202 RVG aus 10.000,– EUR[34]		736,80 EUR
1,3 Einigungsgebühr gem. VV 1004 RVG aus 10.000,– EUR	798,20 EUR	
1,5 Einigungsgebühr gem. VV 1000 RVG aus 5.000,– EUR	501,00 EUR	
Summe Einigungsgebühr	1.299,20 EUR	
jedoch wegen § 15 Abs. 3 RVG höchstens		
1,5 Einigungsgebühr gem. VV 1000 RVG aus 15.000,– EUR		1.077,00 EUR
Insgesamt		2.962,60 EUR

Anrechnung der Geschäftsgebühr. Hatte der RA hinsichtlich des nicht rechtshängigen Anspruchs bereits eine Geschäftsgebühr verdient, so ist diese zur Hälfte, höchstens jedoch mit einem Gebührensatz von 0,75 gem. VV Vorb. 3 Abs. 4 RVG auf die Verfahrensgebühr anzurechnen. 43

1,1 Gebühr für nicht rechtshängige Ansprüche. Auch hinsichtlich der nicht rechtshängigen Ansprüche greift VV 3201 Anm. S. 1 Nr. 2 RVG und nicht VV 3101 Nr. 2 RVG ein. Der RA verdient also eine 1,1 und nicht nur einen 0,8 Verfahrensgebühr. Soweit früher Streit bestand, ob hinsichtlich der halben Prozessgebühr eine Erhöhung gem. § 11 Abs. 1 S. 4 BRAGO vorzunehmen ist,[35] ist dies überholt. Aus der Fassung VV 3201 Anm. S. 1 Nr. 2 RVG ergibt sich eindeutig, dass allein durch die Einigungsbemühungen in der Berufungsinstanz eine 1,1 Verfahrensgebühr entsteht. 44

---

[33] OLG Düsseldorf MDR 1964, 66; **aA** OLG Hamm JurBüro 1985, 873, keine Gebühr, soweit Berufung nicht durchgeführt.

[34] Eine Terminsgebühr aus 5.000,– EUR fällt nicht an, da ihretwegen nicht verhandelt wurde (Anm. zu VV 3203 RVG iVm der Anm. Abs. 3 zu VV 3104 RVG). Wäre auch über sie gesprochen worden, so wäre eine 1,2 Terminsgebühr aus 15.000,– EUR angefallen.

[35] Riedel/Sußbauer/*Keller,* 8. Aufl. 2000, BRAGO § 32 Rn. 24.

2. Anderweitig anhängige Ansprüche

Beispiel:

45 Im Berufungsverfahren (Gegenstandswert 10.000,– EUR) wird ein anderweitig in erster Instanz rechtshängiger Anspruch (5.000,– EUR) nach mündlicher Verhandlung über beide Ansprüche in eine Einigung einbezogen. Der RA ist im Verfahren über 5.000,– EUR nicht tätig.

Der RA verdient im Berufungsverfahren (ohne Einigungsgebühren)		
1,6 Verfahrensgebühr gem. VV 3200 RVG aus 10.000,– EUR	982,40 EUR	
1,1 Verfahrensgebühr gem. VV 3201 Anm. S. 1 Nr. 2 RVG aus 5.000,– EUR	367,40 EUR	
Summe Verfahrensgebühr	1.349,80 EUR	
jedoch wegen § 15 Abs. 3 RVG höchstens		
1,6 Verfahrensgebühr gem. VV 3200 RVG aus 15.000,– EUR		1.148,80 EUR
1,2 Terminsgebühr gem. VV 3202 RVG aus 15.000,– EUR		861,60 EUR
1,3 Einigungsgebühr gem. VV 1004 RVG aus 10.000,– EUR	798,20 EUR	
1,0 Einigungsgebühr gem. VV 1000 RVG aus 5.000,– EUR	334,00 EUR	
Summe Einigungsgebühr	1.132,20 EUR	
jedoch wegen § 15 Abs. 3 RVG höchstens		
1,3 Einigungsgebühr gem. VV 1000 RVG aus 15.000,– EUR		933,40 EUR
Insgesamt		2.943,80 EUR

46 **Anrechnung.** Zu beachten ist aber, dass gem. VV 3201 Anm. S. 2 RVG eine Anrechnung erfolgt. Der frühere Streit, ob auch der RA, der bereits in dem anderen Verfahren eine Prozessgebühr verdient hat, eine weitere halbe Prozessgebühr wegen der Einbeziehung der betroffenen Ansprüche in eine Einigung verdient, ist überholt. Nach dem Gesetz entsteht eine neue Verfahrensgebühr, die jedoch auf die bereits verdiente Verfahrensgebühr anzurechnen ist. Dasselbe gilt für die Terminsgebühr.

47 **Berechnung der Anrechnung.** Zunächst ist die Verfahrensgebühr ohne den einbezogenen Anspruch zu errechnen. Sodann ist die Verfahrensgebühr einschließlich des eingezogenen Anspruchs unter Beachtung von § 15 Abs. 3 RVG zu ermitteln. Die Differenz aus beiden wird auf die in dem anderen Verfahren verdiente Verfahrensgebühr angerechnet.

Beispiel:

Im vorigen Beispiel war und ist der RA auch im Verfahren über 5.000,– EUR Verfahrensbevollmächtigter.

Der RA hat **folgende Verfahrensgebühren** verdient		
Im Berufungsverfahren ohne einbezogene Ansprüche		
1,6 Verfahrensgebühr gem. VV 3200 RVG aus 10.000,– EUR	982,40 EUR	
Im Berufungsverfahren mit einbezogenen Ansprüchen		
1,6 Verfahrensgebühr gem. VV 3200 RVG aus 10.000,– EUR	982,40 EUR	
1,1 Verfahrensgebühr gem. VV 3201 Anm. S. 1 Nr. 2 RVG aus 5.000,– EUR	367,40 EUR	
Summe Verfahrensgebühr	1.349,80 EUR	
Wegen § 15 Abs. 3 RVG höchstens 1,6 Verfahrensgebühr gem. VV 3200 RVG aus 15.000,– EUR		1.148,80 EUR
Im erstinstanzlichen Verfahren		
1,3 Verfahrensgebühr gem. VV 3100 RVG aus 15.000,– EUR		933,40 EUR
– die Differenz zwischen 1.148,80 EUR und 982,40 EUR = EUR		– 166,40 EUR
		767,00 EUR
Er hat folgende **Terminsgebühren** verdient		
Im Berufungsverfahren ohne einbezogene Ansprüche		
1,2 Terminsgebühr gem. VV 3202 RVG aus 10.000,– EUR		736,80 EUR
Im Berufungsverfahren mit einbezogenen Ansprüchen		
1,2 Terminsgebühr gem. VV 3202 RVG aus 15.000,– EUR		861,60 EUR
Im erstinstanzlichen Verfahren		
1,2 Terminsgebühr gem. VV 3104 RVG aus 5.000,– EUR		400,80 EUR
– die Differenz zwischen 861,60 EUR und 736,80 EUR		– 124,80 EUR
		276,00 EUR

Pauschalen gem. VV 7002 RVG fallen in beiden Verfahren je einmal an.

48 **Gescheiterte Einigung.** Scheitert eine Einigung, entsteht zwar die Einigungsgebühr nicht, wohl aber die 1,1 Verfahrensgebühr (→ RVG VV 3101 Rn. 107 f.).

IX. Überflüssige Tätigkeiten

49 Gerade im Rechtsmittelverfahren kommt es häufig vor, dass der RA Tätigkeiten durchführt, die zur gegebenen Zeit überflüssig sind, zB Zurückweisungsantrag gegen eine noch nicht begründete Berufung. Diese Frage spielt in der veröffentlichten Rspr. überwiegend bei der Kos-

tenfestsetzung eine Rolle (→ Rn. 57, 71, 77 ff.). Sie hat aber ebenfalls Auswirkungen auf das Innenverhältnis zum Mandanten. Zwar führen auch überflüssige Maßnahmen zur Entstehung eines Vergütungsanspruchs. Wegen positiver Forderungsverletzung kann es aber sein, dass er nicht geltend gemacht werden kann (→ § 1 Rn. 166).

X. Gegenstandswert

→ Anh. VI Rn. 316ff; 427 ff. **50**

XI. Kostenerstattung

1. Rechtshängige Ansprüche

Die Kostenentscheidung einer gerichtlichen Erkenntnis betrifft stets nur die durch den rechtshängig gewordenen Anspruch entstandenen Kosten (→ Anh. X Rn. 40 ff.). Erteilt der mit seiner Klage abgewiesene Kläger seinem Verfahrensbevollmächtigten Auftrag, in vollem Umfange Berufung einzulegen, wird die Berufung jedoch auf Anraten des RA mit der Stellung der Anträge (vgl. § 47 GKG) beschränkt, so erstreckt sich die Kostenentscheidung des Berufungsgerichts nur auf den Gegenstand des Berufungsantrags. Hinsichtlich des Restanspruchs (dessentwegen die Berufung nicht durchgeführt wird) ist zwar für den Verfahrensbevollmächtigten des Rechtsmittelklägers eine 1,1 Berufungsverfahrensgebühr gegen den Auftraggeber erwachsen; auf sie bezieht sich die Kostenentscheidung des Berufungsgerichts aber nicht. **51**

2. Gebühren des RA des Rechtsmittelgegners

a) Vor Zustellung des Rechtsmittels. Ist die Beauftragung durch den Rechtsmittelbeklagten schon vor der Zustellung des Rechtsmittels erfolgt und wird das Rechtsmittel vor Zustellung zurückgenommen, so sind die Gebühren des RA des Rechtsmittelbeklagten nicht erstattungsfähig. Es ist überflüssig, dass der Rechtsmittelbeklagte bereits tätig wird, obgleich ihm nicht einmal das Rechtsmittel zugestellt wurde.[36] Das gilt umso mehr, als häufig die fehlende Zustellung darauf zurückzuführen ist, dass das Gericht vor der Zustellung den Rechtsmittelführer auf die fehlenden Erfolgsaussichten oder auf Zulässigkeitshindernisse hinweisen und ihm so die Chance zu einer billigen Rücknahme geben[37] oder erst über einen PKH-Antrag entscheiden will. Darüber hinaus wird zutreffend darauf hingewiesen, dass unbeschadet dessen, dass es bei der Einlegung des Rechtsmittels keine Rechtshängigkeit wie bei der Klageerhebung gibt, erstattungsrechtlich die gleichen Grundsätze wie bei einer nicht zugestellten Klage gelten müssen. Hinsichtlich einer nicht zugestellten Klage ist es aber allgemeine Meinung, dass kein Erstattungsanspruch besteht (→ Anh. X Rn. 40 ff.).[38] Diese Grundsätze gelten auch, wenn das Gericht die Berufungsschrift dem Gegner „zur Stellungnahme zu einem PKH-Antrag" formlos mitteilt. AA ist für diesen Fall das KG, ohne sich jedoch damit auseinander zu setzen, dass eine gleiche Behandlung wie bei der fehlenden Rechtshängigkeit in erster Instanz vorzunehmen ist.[39] Leitet das Gericht das Rechtsmittel dem Gegner zu, ohne es ihm zuzustellen, so sollte noch ein Hinweis erfolgen, dass derzeit eine Stellungnahme nicht erforderlich ist und er eine Mitteilung erhalten wird, wenn es einer Stellungnahme bedarf. **52**

b) Nach Zustellung, aber vor Begründung des Rechtsmittels. ***aa) Auftrag.*** Allgemein anerkannt ist, dass der Rechtsmittelbeklagte erstattungsrechtlich einen RA für die Rechtsmittelinstanz beauftragen darf, sobald das Rechtsmittel ihm zugestellt ist. Er muss also mit der Beauftragung eines Anwalts nicht abwarten, bis ihm die Rechtsmittelbegründung zugegangen ist oder bis das Revisionsgericht über die Annahme der Revision entschieden hat.[40] Die mit einem Rechtsmittel überzogene Partei kann regelmäßig nicht selbst beurteilen, was zur Rechts- **53**

---

[36] KG KGR Berlin 2000, 16 = AGS 2001, 212; OLG Hamm JurBüro 1979, 57; OLG Naumburg Rpfleger 2016, 443 = RVGreport 2016, 263 mablAnm *Hansens;* BVerwG NVwZ-RR 2001, 276; **aA** OLG Bremen JurBüro 1971, 152; OLG Saarbrücken JurBüro 1966, 588.

[37] OLG München JurBüro 1987, 1797 = MDR 1987, 1030.

[38] OLG München JurBüro 1987, 1797 = MDR 1987, 1030.

[39] KG MDR 2008, 113 = KGR Berlin 2007, 976.

[40] BGH NJW 2003, 756 = AnwBl 2003, 242; NJW 2003, 1324; OLG Koblenz JurBüro 1991, 76, zu Rev.; OLG Stuttgart JurBüro 1986, 1564, zu Revisionsinstanz; **aA** VGH München JurBüro 1994, 349, wenn Gericht mit der Zustellung des Berufungsschriftsatzes den Gegner gebeten hat, binnen sechs Wochen nach der Berufungsbegründung Stellung zu nehmen.

verteidigung sachgerecht zu veranlassen ist.[41] Das gilt auch dann, wenn das Rechtsmittel nur zur **Fristwahrung,** uU sogar mit einer **Stillhaltebitte** verbunden (→ Rn. 72 ff.), eingelegt wurde. Allerdings bedarf es dann einer besonderen Prüfung, ob der Berufungsgegner seinem Anwalt gleichwohl einen Auftrag für die zweite Instanz erteilt hat (→ RVG VV 3200 Rn. 10). Der Hilfe eines RA bedarf es allerdings dann nicht, wenn das Gericht angekündigt hat, das Rechtsmittel als verspätet eingelegt zu verwerfen.[42]

54 In der **Verwaltungsgerichtsbarkeit** wurde eine Erstattung jedoch verneint,
- wenn in der Eingangsverfügung darauf hingewiesen wurde, dass der Gegner ggf. gesondert Gelegenheit zur Stellungnahme nach Ablauf der Beschwerdebegründungsfrist erhalten werde, sofern nicht sogleich über die Beschwerde entschieden wird,[43]
- wenn das Gericht mit der Zustellung des Berufungsschriftsatzes den Gegner gebeten hat, binnen sechs Wochen nach der Berufungsbegründung Stellung zu nehmen.[44]

55 ***bb) 1,1 Verfahrensgebühr.*** Eine 1,1 Verfahrensgebühr ist zu erstatten, wenn der RA tätig geworden ist, bevor das Rechtsmittel begründet worden ist[45] und zwar auch dann, wenn die Berufung nur zur Fristwahrung eingelegt wurde.[46] Dabei ist es sowohl für die Entstehung als auch für die Erstattbarkeit der Gebühr nicht erforderlich, dass die Tätigkeit des Anwalts nach außen in Erscheinung getreten ist.[47] Es genügt die Entgegennahme der Information oder die Durcharbeitung der Akten, um mit dem Mandanten die Erfolgsaussichten der Berufung beurteilen zu können.[48]

56 **Prozessbevollmächtigter der Vorinstanz.** War der Prozessbevollmächtigtigte des Rechtsmittelgegners bereits in der Vorinstanz beauftragt, so setzt die Entstehung einer 1,1 Verfahrensgebühr, die zu erstatten wäre, voraus, dass er eine Tätigkeit vorgenommen hat, die gem. § 19 S. 2 Nr. 9 RVG nicht mehr noch als zur Vorinstanz gehörig zu behandeln ist (→ § 19 Rn. 78 ff.)

57 ***cc) Keine 1,6 Verfahrensgebühr.*** **Überflüssige Tätigkeit.** Nach der – zutreffenden – inzwischen ganz hM ist es nicht notwendig iSv § 91 ZPO, dass der RA schon einen Antrag auf Zurückweisung der Berufung einreicht, ehe diese begründet worden ist, weshalb ein Erstattungsanspruch für eine 1,6 Verfahrensgebühr verneint wird.[49] Erst wenn eine Begründung vorliegt, kann sich der Berufungsbeklagte inhaltlich mit dem Antrag und der Begründung auseinandersetzten und damit das Verfahren fördern.[50] Teilweise sind die Entscheidungen zu nur zur Fristwahrung eingelegten Berufungen ergangen. Aus der zuvor dargelegten Begründung (keine Förderung des Verfahrens) ergibt sich aber, dass auch für Berufungen, die nicht ausdrücklich

---

[41] BGH NJW 2003, 756 = AnwBl 2003, 242; OLG Karlsruhe MDR 2018, 830 = FamRZ 2018, 378; OLGR 2001, 76. Damit wird die bemittelte Partei in verfassungsrechtlich nicht ganz unbedenklicher Weise besser behandelt als eine unbemittelte Rechtsmittelgegnerin, deren PKH-Bewilligungsantrag vom BGH solange als mutwillig angesehen wird, als keine Rechtsmittelbegründung vorliegt (BGH FamRZ 2013, 122 = MDR 2012, 1487).

[42] OLG Karlsruhe MDR 2018, 830 = FamRZ 2018, 378.

[43] OVG Sachsen-Anhalt AGS 2015, 309 = NVwZ-RR 2015, 719.

[44] VGH München JurBüro 1994, 349.

[45] BGH NJW-RR 2014, 240; NJW 2003, 756 = AnwBl 2003, 242; BAG NJW 2003, 3796; OLG Karlsruhe MDR 2018, 830 = FamRZ 2018, 378; OLG Köln OLGR 2003, 223 = AGS 2004, 208; OLG Oldenburg JurBüro 2003, 481; OLG Schleswig MDR 2003, 717. Teilweise ist allerdings unklar, worin die über die Entgegennahme des Auftrags hinausgehende Tätigkeit bestanden hat, zB BGH NJW 2003, 756 = AnwBl 2003, 242, wonach eine $^{13}/_{20}$ Gebühr anerkannt wird, aber jeder Hinweis dafür fehlt, dass der RA außer der Entgegennahme des Auftrags und der Stellung eines Kostenantrags etwas getan hat.

[46] BGH NJW 2003, 756 = AnwBl 2003, 242; OLG Bamberg AGS 2007, 273; OLG Schleswig MDR 2003, 717; **aA** kein Erstattungsanspruch, auch nicht in Höhe einer 1,1 Verfahrensgebühr OLG Hamburg JurBüro 1994, 423; OLG Dresden MDR 1998, 1309; 00, 852.

[47] OLG Karlsruhe JurBüro 2001, 473; KG Rpfleger 2005, 569; OLG München AnwBl 1984, 450; VGH Mannheim JurBüro 1995, 474 (Aufgabe gegenteiliger Ansicht); **aA** OLG Koblenz AnwBl 2000, 261, keine Gebühr, wenn erstinstanzlicher RA sich erstmalig nach Berufungsrücknahme für Berufungsinstanz bestellt.

[48] OLG Karlsruhe MDR 2018, 830 = FamRZ 2018, 378; *Enders* JurBüro 2003, 561 (564) Ziff. 2.3.

[49] BGH NJW 2003, 2992 = JurBüro 2003, 595, zu Rev.; 2004, 73 = FamRZ 2004, 99; BAG NJW 2003, 3796; JurBüro 2004, 200; OLG Hamburg MDR 2003, 1261, zur NZB; OLG Brandenburg MDR 2006, 1080; OLG Karlsruhe NJW-RR 2000, 512; KG JurBüro 2008, 646; 2004, 91, für vorsorglich eingelegte Berufung; OLG Koblenz AnwBl 2004, 730 = RPfleger 05, 166; OLG Köln OLGR 2003, 223 = AGS 2004, 208; OLG Naumburg JurBüro 2004, 661; OLG Nürnberg MDR 2000, 415; OLG Rostock JurBüro 2008, 260; LAG Düsseldorf MDR 2006, 659; ThürLAG MDR 2001, 477 = AGS 2001, 286; **aA** 1,6 Gebühr OLG Düsseldorf AnwBl 1996, 589; OLG Frankfurt a. M. JurBüro 1986, 1562, sofern kein Stillhalteabkommen; KG JurBüro 1990, 1003 = MDR 1990, 732, sofern nicht treuwidrig; OLG Stuttgart MDR 1995, 1268.

[50] BGH NJW 2003, 2992 = JurBüro 2003, 595.

nur zur Fristwahrung eingelegt sind, nichts anderes gelten kann.[51] Eine Erstattung einer 1,6 Verfahrensgebühr scheidet auch dann aus, wenn die Berufungseinlegung bereits mit einem Antrag, aber keiner Begründung) verbunden war.[52] Das gilt auch in Familiensachen.[53]

Verlängerung der Begründungsfrist. Das gilt auch dann, wenn der Berufungskläger wiederholt die Verlängerung der Berufungsbegründung beantragt. Dies ändert nichts daran, dass vor dem Vorliegen der Berufungsbegründung ein Sachantrag oder -vortrag nicht geeignet ist, das Verfahren zu fördern.[54] Zur Prozessförderung kann der Berufungsbeklagte beantragen, keine weitere Verlängerung zu gewähren, was aber für eine 1,6 Verfahrensgebühr, da nur Antrag zum Verfahren, nicht reicht.[55] Nach einer älteren Gegenmeinung zeigt der Antrag, die Begründungsfrist zu verlängern, dass das Rechtsmittel durchgeführt werden soll. Wird sodann ein Zurückweisungsantrag gestellt, so soll die dadurch anfallende 1,6 Verfahrensgebühr zu erstatten sein.[56] 58

dd) Ausnahmsweise 1,6 Verfahrensgebühr wegen sinnvollen Zurückweisungsantrags. Es gibt Fälle, in denen schon vor der Rechtsmittelbegründung ein sofortiger Antrag des Rechtsmittelbeklagten sinnvoll sein kann, weshalb dann auch ein Erstattungsanspruch in Höhe einer 1,6 Verfahrensgebühr besteht, zB wenn auf einen Rechtsmittelverzicht des Rechtsmittelklägers hingewiesen wird.[57] 59

Verwerfungsantragsantrag nach Ablauf der Begründungsfrist. Str. ist, ob die volle Gebühr zu erstatten ist, wenn nach Ablauf der Frist für die Begründung des Rechtsmittels der Rechtsmittelbeklagte die Verwerfung des Rechtsmittels beantragt. Teilweise wird dies ohne weiteres bejaht,[58] teilweise verneint,[59] es sei denn der Rechtsmittelbeklagte hat zuvor eine angemessene Frist gewartet, ob der Rechtsmittelkläger sein Rechtsmittel zurücknimmt oder ob das Gericht, wozu es von Amts wegen verpflichtet ist (§ 522 Abs. 1 S. 1 ZPO), das Rechtsmittel als unzulässig verwirft.[60] Der BGH hat eine 1,6 Verfahrensgebühr als erstattungsfähig anerkannt in einem Fall, in dem die Zulässigkeit zunächst streitig war, die Berufung dann aber zurückgenommen wurde.[61] Jedenfalls ist keine 1,6 Gebühr zu erstatten, wenn der Beklagtenvertreter nach dem Fristablauf einen Sach- und keinen Verwerfungsantrag stellt.[62] 60

ee) Nach gerichtlichem Hinweis auf Unzulässigkeit. **Ablauf der Begründungsfrist.** Kündigt das Gericht an, die Berufung als unzulässig zu verwerfen, zB wegen Ablaufs der Begründungsfrist oder nicht ordnungsgemäßer Vertretung, so ist im Regelfall ein Sachvortrag oder -antrag des Berufungsbeklagten überflüssig, weshalb nicht eine 1,6, sondern höchstens eine 1,1 Verfahrensgebühr (VV 3201 Nr. 1 RVG) zu erstatten ist.[63] Hat die Partei den gerichtlichen Hinweis erhalten, bevor sie einen RA beauftragt hat bzw. bevor der RA etwas im Interesse der Partei getan hat, so steht ihr überhaupt kein Erstattungsanspruch zu, weil dann für die Beauftragung eines Anwalts bzw. für dessen Tätigkeit kein Anlass mehr bestand.[64] 61

Unzuständigkeit. Weist das Gericht nach der Einlegung der Berufung, aber vor deren Begründung auf seine vermutliche Unzuständigkeit hin, ohne gleich zu verwerfen, so ist ein Antrag des Berufungsbeklagten, das Rechtsmittels als unzulässig zu verwerfen, nicht überflüssig. Deshalb gehört die hierdurch entstehende 1,6-fache Verfahrensgebühr auch dann zu den notwendigen Kosten der Rechtsverteidigung, wenn der Berufungskläger später das Rechtsmittel zurücknimmt, ohne es begründet zu haben.[65] 62

---

[51] Dementsprechend hat der BGH auch für eine nicht nur zur Fristwahrung eingelegte Rev. einen Erstattungsanspruch in Höhe einer vollen Gebühr abgelehnt NJW 2003, 1324; BAG NJW 2003, 3796.

[52] BAG NJW 2003, 3796; OLG Koblenz RVGreport 2013, 355; **aA** OLG Köln BB 1997, 2452.

[53] Für Familienstreitsachen OLG Koblenz RVGreport 2014, 355 = FamRZ 2014, 1731 (Ls.).

[54] KG JurBüro 2004, 91, für vorsorglich eingelegte Berufung; OLG Koblenz Rpfleger 2002, 281; **aA** OLG Düsseldorf MDR 1995, 857; *von Eicken* AGS 2002, 164.

[55] KG JurBüro 2008, 646.

[56] OLG Bamberg JurBüro 1983, 1261; KG JurBüro 1991, 1193.

[57] OLG Koblenz JurBüro 1984, 925.

[58] KG FamRZ 2008, 2145; OLG Nürnberg JurBüro 1995, 473; OLG Stuttgart JurBüro 2005, 366 = MDR 2005, 1438; *Hansens* JurBüro 1995, 473; *N. Schneider* BRAGOreport 2001, 65 mit beachtlichen Gründen.

[59] OLG Karlsruhe OLGR 2001, 76; OLG München 9.8.2001 – 11 W 2017/01, BeckRS 2009, 05482.

[60] OLG München FamRZ 2006, 1695 = OLGR 2006, 724; 2009, 2113.

[61] BGH NJW 2009, 3102.

[62] KG KGR 2005, 646 = Rpfleger 2005, 632.

[63] BGH FamRZ 2010, 123 = JurBüro 2010, 145; BAG NJW 2008, 1340; OLG Koblenz JurBüro 2007, 429; 2006, 485; OLG München FamRZ 2006, 1695; **aA** OLG Stuttgart JurBüro 2005, 366.

[64] BGH Rpfleger 2006, 416 (418) zu Einspruch gegen Versäumnisurteil; BAG NJW 2008, 1340.

[65] BGH NJW 2009, 3102.

63 *ff) Unkenntnis von Rechtsmittelrücknahme oder Entscheidung.* Die insoweit entstehenden Fragen werden im Zusammenhang mit der Kostenfestsetzung bei der Klagerücknahme behandelt → Anh. X. Rn. 116 ff., 135.

64 **c) Bei begründetem Rechtsmittel.** *aa) Zurückweisungsantrag nach Berufungsbegründung.* Der Zurückweisungsantrag führt auch dann zu einer erstattungsfähigen 1,6 Verfahrensgebühr, wenn er nicht mit einer Begründung versehen wird.[66]

65 *bb) Berufungsbegründung erst nach Zurückweisungsantrag.* Hat der Verfahrensbevollmächtigte des Berufungsbeklagten den Zurückweisungsantrag gestellt und erfolgt dann erst die Berufungsbegründung, so ist eine 1,6 Verfahrensgebühr zu erstatten, und zwar auch dann wenn die Berufung letztlich zurückgenommen wird. Auf die zeitliche Abfolge der Anträge kommt es nicht an.[67] Soweit früher vom BGH in diesem Fall eine Erstattung einer 1,6 Verfahrensgebühr zunächst schlechthin angelehnt[68] bzw. nur dann anerkannt wurde, wenn eine Entscheidung in der Sache über die Berufung erfolgt ist,[69] also zB nicht bei Berufungsrücknahme, ist dies überholt. Auf Anfrage des 5. Zivilsenats haben der 6. Zivilsenat und der 12. Zivilsenat erklärt, an ihrer abweichenden Auffassung nicht festzuhalten.[70] Für die Richtigkeit dieser Ansicht spricht auch, dass, wäre keine Rücknahme erfolgt, der vor der Zustellung erfolgte Antrag bzw. Sachvortrag ohne eine Wiederholung nach Eingang der Berufungsbegründung hätte berücksichtigt werden müssen. Nach OLG Celle soll das aber nicht gelten, wenn dem Rechtsmittelbeklagten die Rechtsmittelbegründung erst gleichzeitig mit der Entscheidung über das Rechtsmittel zugeht, so dass er keine Möglichkeit gehabt hatte, zu ihr Stellung zu nehmen.[71]

66 Wird das Rechtsmittel nur **teilweise begründet,** so fällt eine 1,6 Verfahrensgebühr nur aus dem Wert des begründeten Teils, eine 1,1 Verfahrensgebühr aus dem Rest an, falls vorher schon ein höherer Antrag gestellt war.[72] § 15 Abs. 3 RVG ist zu beachten. Hatte aber der Rechtsmittelführer lediglich Rechtsmittel eingelegt, ohne deren Umfang zu bestimmen, so fällt, wenn er den Umgang auf den begründeten Teil beschränkt, lediglich eine 1,6 Verfahrensgebühr aus dem begründeten Teil an (→ Anh. VI Rn. 431 ff.).

67 *cc) Nach Hinweis gem. § 522 Abs. 2 S. 2 ZPO.* Hat das Berufungsgericht darauf hingewiesen, dass es beabsichtigt, die Berufung gem. § 522 Abs. 2 ZPO durch einen einstimmigen Beschluss zurückzuweisen und hat der Vertreter des Berufungsbeklagten danach einen mit Gründen versehenen Zurückweisungsantrag gestellt, so fällt eine 1,6 Verfahrensgebühr an. Diese ist auch zu erstatten.[73] Der Mandant hat ein Interesse daran, den Beschluss gem. § 522 Abs. 2 ZPO durch eigene zusätzliche Argumente zu fördern. Er hat wegen der Beschleunigung des Verfahrens auch ein besonderes Interesse daran, dass gerade ein Beschluss gem. § 522 Abs. 2 ZPO ergeht. Nachdem für eine volle Verfahrensgebühr nunmehr gem. VV 3201 Anm. S. 1 Nr. 1 RVG auch Sachvortrag genügt, ist damit der zur BRAGO erhobene Einwand, dass nur eine $^{13}/_{20}$ Prozessgebühr zu erstatten ist, weil ein Sachantrag nicht nötig ist,[74] überholt.[75] Dasselbe gilt, wenn der Berufungsbeklagte einen Zurückweisungsantrag stellt, nachdem das Gericht erklärt hat, noch keine Frist zur Erwiderung auf die bereits begründete Berufung zu setzen, da es noch prüfe, ob nach § 522 Abs. 2 ZPO verfahren werden soll.[76]

---

[66] BGH AnwBl 2009, 235 = FamRZ 2009, 113.

[67] BGH RVGreport 2015, 26; NJW-RR 2014, 185 = AnwBl 2014, 92 = FamRZ 2014, 196; ebenso OLG Hamburg MDR 2003, 1318; OLG München MDR 2011, 1267 = NJW-RR 2011, 1559; OLG Oldenburg JurBüro 2007, 208; OLG Stuttgart JurBüro 2007, 36; OLG Zweibrücken FamRZ 2007, 846; LAG Hamm AGS 2019, 581; **aA** OLG Düsseldorf OLGR 2003, 478; früher OLG München NJW-RR 2006, 503 = FamRZ 2006, 221.

[68] BGH NJW 2007, 3723 = FamRZ 2007, 1735.

[69] BGH NJW 2009, 2220 = FamRZ 2009, 1047; AGS 2011, 44; JurBüro 2010, 649 = RVGreport 2010, 431. Zur Kritik an dieser Rspr. Gerold/Schmidt/*Müller-Rabe,* 21. Aufl. 2013, RVG VV 3200 Rn. 45.

[70] BGH NJW-RR 2014, 185 Rn. 13 = AnwBl 2014, 92 = FamRZ 2014, 196.

[71] OLG Celle NJW-RR 2015, 1212 = AGS 2015, 307 mkritAnm *Schneider* = RVGreport 2015, 310 mzustAnm *Hansens.*

[72] OLG Koblenz ZfS 2015, 709 = AGS 2015, 542.

[73] BGH NJW 2018, 557; 2004, 73 = FamRZ 2004, 99, gegen OLG Oldenburg JurBüro 2003, 481 = BRAGOreport 2003, 137; OLG Celle OLGR 2003, 114 = BauR 2003, 763; OLG Hamburg MDR 2003, 1318; OLG Koblenz AnwBl 2007, 385 = JurBüro 2007, 89; OLG Schleswig MDR 2003, 717; **aA** *Hansens* BRAGOreport 2003, 137; 2004, 75; beachte auch OLG Düsseldorf MDR 2003, 658, wonach nach Ankündigung gem. § 522 Abs. 2 ZPO zunächst für den Berufungsbeklagten kein Anlass auf PKH-Antrag besteht.

[74] *Hansens* BRAGOreport 2003, 137; 2004, 75.

[75] *Hansens* BRAGOreport 2003, 137 (138) räumte zur BRAGO das Recht auf argumentative Förderung eines Beschlusses gem. § 522 Abs. 2 ZPO ein. Er meinte nur, ein Sachantrag sei nicht erforderlich.

[76] BGH JurBüro 2010, 649 = RVGreport 2010, 430 mzustAnm *Hansens.*

Gerichtliche Frist zur Klageerwiderung. Hat das Gericht mit der Zurückweisungsankündigung dem Berufungsbeklagten eine Frist zur Berufungserwiderung gesetzt, so ist noch eindeutiger, dass eine 1,6 Gebühr zu erstatten ist. Es ist nicht zu beanstanden, wenn der Berufungsbeklagte der gerichtlichen Aufforderung nachkommt.[77] 68

Umfang der Begründung. Es steht auch nicht entgegen, wenn sich die Begründung in bloßen Wiederholungen erschöpft. Die Ausgestaltung der anwaltlichen Gebühren als im wesentlichen streitwertabhängiger Pauschalen erlaubt keine Prüfung, welcher Aufwand mit der Stellung des Gegenantrags und der Begründung für den Anwalt verbunden war.[78] Nur dann, wenn nur ein Zurückweisungsantrag ohne Begründung gestellt wird oder wenn ausschließlich auf die „zutreffenden Gründe" in dem gerichtlichen Hinweis gem. § 522 Abs. 2 S. 2 ZPO Bezug genommen wird, ist ein Erstattungsanspruch für eine 1,6 Gebühr zu versagen. Denn dann ist ohne nähere Prüfung auf den ersten Blick erkennbar, dass das anwaltliche Tun ungeeignet ist, die Position des Mandanten im Prozess zu fördern. Dabei ist auch zu berücksichtigen, dass das Gesetz mit § 522 Abs. 2 ZPO auch die Absicht verfolgt, die Kosten niedrig zu halten. 69

3. Bestellungsanzeige

RA war in Vorinstanz nicht Prozessbevollmächtigter. Nach hM genügt für die Erstattung einer 1,1 Verfahrensgebühr die bloße Bestellungsanzeige beim Rechtsmittelgericht.[79] Dem ist für einen RA, der den Mandanten in der Vorinstanz noch nicht als Prozessbevollmächtigter vertreten hat, zuzustimmen. Das gilt auch dann, wenn die Bestellungsanzeige erst erfolgt, nachdem das Gericht einen Hinweis gem. § 522 Abs. 2 ZPO gegeben hat. Auch in diesem Stadium des Verfahrens ist es sinnvoll, dem Gericht mitzuteilen, dass ein RA den Berufungsbeklagten vertritt, damit eine etwaige Stellungnahme des Berufungsklägers oder eine gerichtliche Entscheidung bzw. Verfügung, sei es eine das Verfahren abschließende, sei es eine das Verfahren weiterführende, ihm zugeleitet werden kann. 70

RA war in Vorinstanz bereits Prozessbevollmächtigter. Ein Erstattungsanspruch allein wegen der Bestellungsanzeige scheidet aber bei einem Prozessbevollmächtigten aus, der schon in der Vorinstanz tätig war. Nach allgM gilt der Prozessbevollmächtigte der 1. Instanz im Verhältnis zum Gericht als bevollmächtigt für die 2. Instanz und sind die Berufungsschrift und -begründung, wenn kein neuer Prozessbevollmächtigter für die 2. Instanz bestellt ist, dem Prozessbevollmächtigten der 1. Instanz zuzustellen.[80] Die Bestellungsanzeige des Prozessbevollmächtigten der 1. Instanz gegenüber dem Gericht ist also überflüssig und zwar nicht weniger als der zu früh gestellte Zurückweisungsantrag. Kann dieser wegen Überflüssigkeit keinen Erstattungsanspruch auslösen (→ Rn. 57), so muss das in gleicher Weise für die Bestellungsanzeige des bereits in der Vorinstanz tätigen RA gelten. 71

4. Stillhalteabkommen

Hat der Rechtsmittelbeklagte dem Gegner zugesagt, bis zu einem bestimmten Zeitpunkt keinen RA für die Rechtsmittelinstanz zu bestellen, so ist er an ein solches Stillhalteabkommen gebunden. Er hat keinen Erstattungsanspruch, auch nicht in Höhe einer 1,1 Verfahrensgebühr gem. VV 3201 RVG.[81] 72

Ende der Stillhaltenspflicht. Ist nichts Abweichendes vereinbart, so ist eine Stillhaltevereinbarung dahin auszulegen, dass die Stillhaltepflicht bis zum Ablauf der gesetzlichen Frist für die Rechtsmittelbegründung gilt. Danach ist der Rechtsmittelbeklagte ohne Verpflichtung zu einer Rückfrage, ob nun über die Durchführung der Berufung entschieden sei, berechtigt, einen RA für die Rechtsmittelinstanz zu bestellen.[82] Daran ändert auch ein Antrag des Rechtsmittelklägers an das Gericht, die Begründungsfrist zu verlängern, nichts. Des Weiteren endet die Stillhaltepflicht, wenn der Rechtsmittelführer zu verstehen gibt, dass er das Rechtsmittel durchzuführen beabsichtigt. Dafür reicht, dass er einen PKH-Antrag stellt, von dessen Bejahung die Durchführung des Rechtsmittels abhängen soll.[83] 73

Wegen Stillhalteabsprache → § 19 Rn. 83. 74

---

[77] OLG Celle OLGR 2003, 114 = BauR 2003, 763; *Hansens* BRAGOreport 2003, 137 (138).
[78] BGH NJW 2004, 73 = FamRZ 2004, 99.
[79] OLG Koblenz JurBüro 1991, 76, zu Rev.; OLG München JurBüro 1994, 670.
[80] BGH NJW 1994, 320.
[81] OLG Düsseldorf NJW-RR 1996, 54; OLG Karlsruhe JurBüro 1990, 342; OLG Köln OLGR 2003, 223; **aA** *Hansens* Anm. zu OLG Koblenz RVGreport 2017, 426.
[82] OLG München FamRZ 2006, 1695 = OLGR 2006, 724.
[83] OLG Oldenburg FamRZ 2008, 914.

75 **Einseitige Erklärung.** Allein durch die Erklärung, das Rechtsmittel werde nur zur Fristwahrung eingelegt, kommt kein Stillhalteabkommen zustande, so dass der Berufungsbeklagte nicht gehindert ist, einen Prozessbevollmächtigten für die Rechtsmittelinstanz zu beauftragen (str.).[84] In einem Schweigen des Rechtsmittelbeklagten kann eine ihn bindende Erklärung nur ausnahmsweise gesehen werden. Dafür reicht nicht, dass eine derartige, eindeutige Übung unter den Anwälten eines bestimmten Bezirks besteht.[85] Das Vorstehende gilt auch dann, wenn der Rechtsmittelführer den Gegner ausdrücklich bittet, dass sich vorerst kein Verfahrensbevollmächtigter für ihn bestellen möge.[86]

5. Anschlussberufung

76 Wird gegenüber einer noch nicht begründeten Berufung Anschlussberufung eingelegt, so ist wenigstens aus dem Wert der Anschlussberufung eine 1,6 Verfahrensgebühr zu erstatten. Diese Maßnahme ist allein schon deshalb nicht sinnlos, weil sie Druck auf den Gegner ausübt, seine Berufung zurückzunehmen.[87]

6. Antrag zu Kosten oder Verlustigerklärung

77 **a) Kostenantrag. Entscheidung von Amts wegen.** Zur BRAGO war anerkannt, dass der RA eine $^{13}/_{10}$ Prozessgebühr aus dem Kostenwert verdient, wenn er einen Kostenantrag gem. § 516 Abs. 3 ZPO gestellt hatte und aus der Hauptsache noch keine $^{13}/_{10}$ Prozessgebühr verdient hatte, zB der RA des Berufungsbeklagten hatte sich im Berufungsverfahren bestellt, die Berufung wurde vor Berufungsbegründung zurückgenommen.[88] Gem. § 516 Abs. 3 ZPO nF hat das Gericht nunmehr nach der Rechtsmittelrücknahme von Amts wegen auszusprechen, dass der Rechtsmittelführer die Kosten zu tragen hat. Dann ist es nicht nötig, dass der Rechtsmittelgegner einen entsprechenden Ausspruch beantragt.[89] Die Folge ist, dass eine Verfahrensgebühr bei dem RA zwar entsteht, er sie aber wegen Überflüssigkeit des Antrags nicht geltend machen kann → § 1 Rn. 166.

78 **Keine Entscheidung in angemessener Frist.** Etwas anderes gilt, wenn das Gericht nicht binnen einer angemessenen Zeit – zu denken wäre an vier Wochen – tätig wird. Dann errechnet sich die Verfahrensgebühr des RA aus dem Kostenwert (→ Anh. VI Rn. 341 ff.) wie folgt:

1,1 Verfahrensgebühr gem. VV 3201 Anm. S. 1 Nr. 1 RVG aus dem Hauptsachewert
zzgl. 1,6 Verfahrensgebühr gem. VV 3200 RVG aus dem Kostenwert (wegen einer Angelegenheit (→ § 19 Rn. 98) mit Beschränkung durch § 15 Abs. 3 RVG).

79 **Beim Berufungsbeklagten waren keine Kosten angefallen.** Unabhängig davon, ob man generell wegen der Kostenentscheidung von Amts wegen einen Kostenantrag für überflüssig hält, ist ein Kostenantrag jedenfalls dann überflüssig und führt zu keinem Erstattungsanspruch, wenn bis zur Stellung dieses Antrags beim Rechtsmittelbeklagten keine erstattungsfähigen Kosten entstanden waren, zB weil der RA vorher noch nicht tätig war.[90]

80 **b) Antrag auf Verlustigerklärung.** An den vorstehenden Ausführungen ändert sich auch nichts, wenn der RA gleichzeitig mit dem Kostenantrag beantragt hat, den Rechtsmittelkläger des Rechtsmittels für verlustig zu erklären. Auch dieser Antrag ist überflüssig.[91] Die Verlustigerklärung hat rein deklaratorische Bedeutung.[92] Die Fälle, dass nach der Rücknahme noch Streit

[84] BGH NJW 2003, 756; AnwBl 2003, 242, Berufung; OLG Frankfurt a. M. AGK 2011, 50; OLG München JurBüro 1998, 34 (Rev.); OLG Brandenburg MDR 2001, 111 = Rpfleger 2001, 98; OLG Schleswig MDR 1999, 381; HessLAG RVGreport 2010, 232 mzustAnm *Hansens;* ThürLAG MDR 2001, 477; **aA** OLG Bamberg FamRZ 2000, 624 = OLGR 1999, 360, aber volle Gebühr nach Wert der bis zur Rücknahme entstandenen Kosten; VGH München JurBüro 1994, 349, jedenfalls, wenn Gericht Frist zur Stellungnahme erst für 6 Wochen nach der Rechtsmittelbegründung setzt.

[85] BGH NJW 2004, 73 = FamRZ 2004, 99; **aA** *Madert* NJW 2003, 1496 (1497) Ziff. 1.

[86] KG Rpfleger 2005, 569; OLG Köln OLGR 2003, 223; OLG Koblenz JurBüro 2017, 592 = FamRZ 2017, 1156 = RVGreport 2017, 426.

[87] **AA** OLG Bremen FamRZ 2010, 61.

[88] OLG München JurBüro 1998, 34; OLG Braunschweig JurBüro 1998, 35; OLG Schleswig MDR 1999, 381.

[89] OLG Brandenburg MDR 2006, 1259; OLG Hamburg MDR 2003, 1261; KG JurBüro 2004, 91; OLG München FamRZ 2005, 738 = JurBüro 2004, 380; OLG Naumburg JurBüro 2004, 661; *Hansens* BRAGOreport 2003, 74 f. (75); 95 f., 96; *Enders* JurBüro 2003, 561 (562) Ziff. 2.2.

[90] OLG Bamberg JurBüro 1986, 62; OLG Karlsruhe JurBüro 2001, 473; OLG Koblenz MDR 1996, 210; OLG München MDR 1999, 568 = OLGR 1999, 98; OLG Schleswig JurBüro 1996, 540 (541); **aA** OLG Bamberg JurBüro 1989, 1262 KG KGR Berlin 2000, 16 = AGS 2001, 212.

[91] OLG Bamberg JurBüro 1986, 62; OLG München MDR 1999, 568 = OLGR 1999, 98; OLG Schleswig JurBüro 1996, 540 (541).

[92] OLG München MDR 1999, 568 = OLGR 1999, 98; Stein/Jonas/*Grunsky* ZPO, 22. Aufl., § 515 Rn. 28.

über die Wirksamkeit der Rücknahme besteht, sind äußerst selten.[93] Nur in diesen Ausnahmefällen besteht ein Erstattungsanspruch.

7. Interne Prüfung

Ist eine Tätigkeit des Berufungsbeklagtenvertreters nach außen nicht in Erscheinung getreten, hat er aber geprüft, ob etwas zu unternehmen ist, so ist die dann anfallende 1,1 Verfahrensgebühr (→ Rn. 68ff.) zu erstatten. Etwas anderes gilt, wenn der RA bereits in der Vorinstanz Prozessbevollmächtigter war und seine Tätigkeit gem. § 19 Abs. 1 S. 2 Nr. 9 RVG noch zu ersten Instanz gehört (→ § 19 Rn. 83). **81**

8. Beratungsvergütung

Sieht der Berufungsbeklagte davon ab, einen Verfahrensbevollmächtigten für das Berufungsverfahren zu beauftragen, sondern beschränkt er sich zunächst darauf, nur einen Rat einzuholen, so ist die dann anfallende Beratungsvergütung auch dann zu erstatten, wenn die Berufung noch nicht begründet wurde.[94] Wenn bei Beauftragung eines Verfahrensbevollmächtigten eine 1,1 Verfahrensgebühr zu erstatten ist (→ Rn. 55), so muss das erst recht für die häufig niedrigere Beratungsvergütung gelten. Grundsätzlich wegen Kostenfestsetzung → Anh. X Rn. 79ff. **82**

9. Streithelfer

Hat das Rechtsmittelgericht einen Hinweis nach § 522 Abs. 2 ZPO gegeben, so sind die Kosten des Streithelfers, der erstmals danach beitritt, trotz einer Kostenentscheidung zugunsten des Streithelfers nur erstattungsfähig, wenn er einen Sachgrund hat, den Berufungsbeklagten jetzt noch zu unterstützen. Andernfalls liegt die Annahme nahe, dass es nur darum geht, mehr Gebühren „mitzunehmen“.[95] War aber der Verfahrensbevollmächtigte des Streithelfers bereits vor Erhalt des Hinweises mit der Sache befasst, so ist es nicht zu beanstanden, wenn der Streithelfer dem Verfahren noch beitritt, da er nur auf diesem Wege die bereits vorher gem. VV 3201 RVG angefallene 1,1 Verfahrensgebühr erstattet bekommen kann. **83**

10. Notwendigkeit eines RA

Es gilt das für die erste Instanz Dargelegte entsprechend (→ Anh. X Rn. 184ff.). **84**

Für einen beteiligten Ehegatten ist für die Beschwerdeinstanz in der Versorgungsausgleichfolgesache die Unterstützung durch einen RA nicht deswegen unnötig, weil nicht er, sondern der Rentenversicherungsträger Beschwerde eingelegt hat; jedenfalls, wenn die Beschwerde Aussicht auf Erfolg zu seinen Gunsten hat.[96] Da für ihn die Erfolgsaussichten in den meisten Fällen kaum ohne anwaltliche Hilfe zu beurteilen sein werden, ist im Regelfall die Einschaltung eines RA erforderlich.[97] **85**

11. RA als Partei

a) RA in eigener Sache. Ohne Bestellungsanzeige. Vertritt sich der RA in eigener Sache selbst und wird die Berufung des Gegners nur fristwahrend eingelegt und innerhalb der Berufungsbegründungsfrist zurückgenommen, so kann er nicht die Erstattung einer 1,1 Verfahrensgebühr verlangen. Es besteht kein Anlass, vor Eingang der Rechtsmittelbegründung „eine Information und Beratung als anwaltliche Tätigkeit zu fingieren“.[98] Dasselbe muss gelten, wenn der Hinweis auf die Fristwahrung fehlt. **86**

Mit Bestellungsanzeige. Der BGH hat bei der Ablehnung eines Erstattungsanspruchs (→ Rn. 86) darauf hingewiesen, dass der RA sich noch nicht für die Rechtsmittelinstanz bestellt hatte. Ob im Falle einer Bestellungsanzeige ein Erstattungsanspruch besteht, hat er bislang noch nicht entschieden. Aufgrund der Rspr. zur Bestellanzeige eines vom RA bestellten anderen RA als Prozessbevollmächtigten (→ Rn. 90) liegt es aber nahe, dass der BGH einen Erstattungsanspruch bejahen wird. Dies ist jedoch in gleicher Weise wie bei der Bestellungsanzeige des vom RA beauftragten anderen Prozessbevollmächtigten (→ Rn. 89ff.) zu verneinen. Das gilt erst recht, wenn der RA sich bereits in der Vorinstanz selbst vertreten hatte (→ Rn. 71). **87**

---

[93] BGHZ 15, 34; JurBüro 1981, 1169, der für den Antrag auf Verlustigerklärung PKH verweigert hat, wenn kein Zweifel an der Wirksamkeit der Rechtsmittelrücknahme besteht.

[94] OLG Karlsruhe JurBüro 2001, 473.

[95] OLG Koblenz AnwBl 2007, 387 = JurBüro 2007, 261.

[96] BGH FamRZ 2014, 551 = JurBüro 2014, 250 = RVGreport 2014, 207 zu Verfahrenskostenhilfe.

[97] *Hansens* Anm. zu BGH RVGreport 2014, 207.

[98] BGH NJW-RR 2014, 240 = RVGreport 2014, 114; NJW 2008, 1087 = FamRZ 2008, 508; 2008, 35 mAnm *Madert* = MDR 2008, 350; **aA** OLG Düsseldorf AGS 2009, 461 = MDR 2010, 115.

88 **b) RA als gesetzlicher Vertreter.** Ist ein RA gesetzlicher Vertreter des Rechtsmittelgegners, so gelten die gleichen Grundsätze wie bei dem sich in eigener Sache selbst vertretenden RA.[99]

89 **c) Von anderem RA vertretener RA.** ***aa) Interne Überprüfung durch Prozessbevollmächtigten.*** Vertritt sich der RA nicht selbst, sondern lässt er sich von einem anderen RA vertreten, so fehlt eine Entscheidung dazu, ob hier ein Erstattungsanspruch für eine 1,1 Verfahrensgebühr besteht, wenn der RA vor der Begründung des Rechtsmittels den anderen RA für die Rechtsmittelinstanz mandantiert hat und dieser geprüft hat, ob etwas zu unternehmen ist. Aufgrund der in → Rn. 90 behandelten Entscheidung des BGH zu dem Fall, in dem der Prozessbevollmächtigte sich beim Rechtsmittelgericht bestellt hat, ist zu erwarten, dass der BGH diese Frage bejahen wird.

90 ***bb) Bestellanzeige.*** Hat der Prozessbevollmächtigte des RA beim Rechtsmittelgericht seine Bestellanzeige eingereicht, so besteht nach dem BGH auch bei einem noch nicht begründeten Rechtsmittel ein Erstattungsanspruch in Höhe einer 1,1 Verfahrensgebühr. Der RA als Partei dürfe sich wie jede andere Partei von einem RA vertreten lassen.[100] Der BGH ist dann wohl so zu verstehen, dass auch für diesen Prozessbevollmächtigten, nachdem er zu Recht beauftragt wurde, hinsichtlich seiner Tätigkeiten nichts anderes gelten kann als für jeden anderen Prozessbevollmächtigten. Dem ist mit der vom BGH aufgehobenen Entscheidung des OLG Frankfurt a. M.[101] nicht zu folgen. Zwar ist richtig, dass grds. auch ein RA sich durch einen anderen RA vertreten lassen kann und sich nicht selbst vertreten muss. Aber davon gibt es Ausnahmen. So haben der BGH und auch das BAG – dieses gerade in der Entscheidung, auf die der BGH seine Aufhebung von OLG Frankfurt a. M. gestützt hat – zB die Beauftragung eines RA als unnötig angesehen, wenn aufgrund eines Hinweises auf die Unzulässigkeit des Rechtsmittels erkennbar ist, dass es keines Prozessbevollmächtigten bedarf (→ Rn. 64). Der BGH hätte begründen müssen, warum hier bei einem RA als Partei nicht Vergleichbares gelten muss. Das gilt umso mehr, als er auf eine besonnene Partei abstellt. Sieht man die Rechtfertigung eines Erstattungsanspruch für eine 1,1 Verfahrensgebühr bei einer gewöhnlichen Partei darin, dass der Rechtsmittelgegner anwaltlichen Rat „in einer von ihm als risikohaft empfundenen Situation für erforderlich halten darf",[102] so besteht für einen RA, der das fehlende Risiko kennt, kein entsprechender Grund. Dabei ist bei der Prüfung, was eine besonnene Partei tun würde, immer auch der individuelle Wissensstand der Person mit zu berücksichtigen (→ Anh. X Rn. 187 ff.).

91 Der Entscheidung des BGH ist nicht zu entnehmen, ob die Prozessbevollmächtigten des RA diesen bereits in der Vorinstanz vertreten hatten. Sollte dem so gewesen sein, so hätte aus einem weiteren Grund ein Erstattungsanspruch wegen der Bestellungsanzeige aberkannt werden müssen (→ Rn. 71).

12. Patentanwalt

92 Für den Patentanwalt sind die Gebühren, die beim Verfahrensbevollmächtigten für die gleiche Tätigkeit angefallen wären, zu erstatten.[103] Im Übrigen → Anh. X Rn. 152 ff.

13. Unkenntnis von Rücknahme oder bereits erfolgter Entscheidung

93 Die Kosten des Rechtsmittelgegners sind erstattungsfähig, wenn ihm bzw. seinem RA bei der die Gebühr auslösenden Tätigkeit des Anwalts nicht bekannt war oder bekannt sein musste, dass das Rechtsmittel bereits zurückgenommen wurde oder über es bereits entschieden ist. Es gilt das zur Klagerücknahme Dargelegte entsprechend (→ Anh. X Rn. 116 ff.).

Nr.	Gebührentatbestand	Gebühr oder Satz der Gebühr nach § 13 RVG
3202	Terminsgebühr, soweit in Nummer 3205 nichts anderes bestimmt ist .... (1) Absatz 1 Nr. 1 und 3 sowie die Absätze 2 und 3 der Anmerkung zu Nummer 3104 gelten entsprechend.	1,2

[99] OLG Köln JurBüro 2012, 204 = AGS 2012, 200, für RA, der alleiniger gesetzlicher Vertreter war und die gesamte vorprozessuale Korrespondenz selbst geführt hatte, mzustAnm *N. Schneider.*
[100] BGH NJW-RR 2014, 240 = RVGreport 2014, 114 mzustAnm *Hansens.*
[101] OLG Frankfurt a. M. 30.3.2011 – 18 W 55/11, BeckRS 2013, 17440.
[102] BGH NJW-RR 2014, 240 = RVGreport 2014, 114.
[103] OLG Frankfurt a. M. JurBüro 2005, 202; OLG Hamburg MDR 2005, 1196.

Nr.	Gebührentatbestand	Gebühr oder Satz der Gebühr nach § 13 RVG
	(2) Die Gebühr entsteht auch, wenn nach § 79a Abs. 2, § 90a oder § 94a FGO ohne mündliche Verhandlung durch Gerichtsbescheid entschieden wird.	

Übersicht

I. Motive

Die Motive zu 2. KostRMoG führen aus: **1**

„Zur Klarstellung soll in Absatz 1 der Anmerkung die Verweisung präziser gefasst werden, indem nicht auf diejenigen Teile der Anmerkung zu Nummer 3104 VV RVG verwiesen wird, die nicht auf das Berufungsverfahren anwendbar sind.

Der in Absatz 2 der Anmerkung genannte Fall des § 130a VwGO soll gestrichen werden. Nach dieser Vorschrift kann das Oberverwaltungsgericht über die Berufung ohne mündliche Verhandlung durch Beschluss entscheiden, wenn es sie einstimmig für begründet oder einstimmig für unbegründet erachtet und eine mündliche Verhandlung nicht für erforderlich hält. Da weder ein besonderer Aufwand des Anwalts ersichtlich ist, noch die Parteien eine Entscheidung ohne mündliche Verhandlung verhindern können, ist die Notwendigkeit einer besonderen Terminsgebühr nicht ersichtlich. Aus diesem Grund ist auch in der Anmerkung zu Nummer 3205 VV RVG der vergleichbare Fall des § 153 Absatz 4 SGG nicht genannt (BT-Drs. 15/1971 S. 212).“[1]

II. Allgemeines

Die Motive nehmen auf die Begründung zu VV Vorb. 3.2.1 RVG (→ RVG VV Vorb. 3.2.1 Rn. 1) Bezug. **2**

VV 3202 RVG regelt die Terminsgebühr im Berufungsverfahren und in den dem Berufungsverfahren gleich gestellten Verfahren. Sie ist gleich hoch wie in erster Instanz. Es gelten die Grundsätze, wie zu VV Vorb. 3 Abs. 3 RVG dargelegt (→ RVG VV Vorb. 3 Rn. 70 ff.).

III. Anwendungsbereich

→ RVG VV Vorb. 3.2 Rn. 2, → RVG Vorb. 3.2.1 Rn. 4. **3**

IV. Tätigkeit

Es genügt eine vertretungsbereite Anwesenheit bei Aufruf der Sache. Im Übrigen → RVG VV Vorb. 3 Rn. 70 ff. Zu außergerichtlichem Gespräch im Fall von § 522 Abs. 2 ZPO → RVG VV Vorb. 3 Rn. 141 ff. **4**

V. Postulationsfähigkeit

Das frühere Problem, ob die Terminsgebühr des VV 3202 RVG im Anwaltsprozess nur anfallen kann, wenn beide Rechtsanwälte postulationsfähig sind,[2] hat sich erledigt, nachdem es nach der Änderung von § 78 Abs. 1 ZPO keine Beschränkung der Postulationsfähigkeit für die Berufungsinstanz mehr gibt. **5**

---

[1] BT-Drs. 17/11471, 277.
[2] Gerold/Schmidt/*Müller-Rabe,* 17. Aufl. 2006, RVG VV 3102 Rn. 4.

VI. Gebührenhöhe

1. 1,2 Terminsgebühr

6 Der RA verdient wie in der ersten Instanz eine 1,2 Terminsgebühr. Wegen der hierfür in den Motiven angegebenen Begründung → RVG VV Vorb. 3.2.1 Rn. 1, Abs. 8.

2. Gleiche Grundsätze wie in erster Instanz

7 Es wird auf die Ausführungen zu VV 3104 RVG Bezug genommen. Hinsichtlich Verfahren vor den Landessozialgerichten sehen VV 3204, 3205 RVG Sonderregelungen vor. Erfolgt eine Einschränkung der Berufung erst nach dem Aufruf der Sache, so verdient der RA eine Terminsgebühr aus dem vollen Wert der ursprünglichen Berufung.

VII. Terminsgebühr bei schriftlichem Verfahren gem. Anm. Abs. 1

1. Grundsatz

8 Gem. VV 3202 Anm. Abs. 1 RVG gilt die Anm. zu VV 3104 RVG (Terminsgebühr ohne mündliche Verhandlung) entsprechend. Es wird auf die Kommentierung zu VV 3104 RVG Bezug genommen.

2. Zurückweisung durch Beschluss (§ 522 Abs. 2 ZPO)

9 Die Zurückweisung der Berufung durch Beschluss gem. § 522 Abs. 2 ZPO löst keine Terminsgebühr gem. VV 3202 Anm. Abs. 1 RVG iVm VV 3104 Anm. Abs. 1 Nr. 1 RVG aus, da sie gem. § 128 Abs. 4 ZPO ohne mündliche Verhandlung ergehen kann.[3]

3. Einbeziehung von nicht rechtshängigen Ansprüchen

10 Es gelten die unter → RVG VV 3201 Rn. 42 ff. dargelegten Grundsätze (mit Berechnungsbeispiel).

VIII. Terminsgebühr bei schriftlichem Verfahren gem. Anm. Abs. 2

11 Für bestimmte Fälle, in denen das Finanzgericht (§§ 79a Abs. 2, 90a, 94a FGO) zwar ohne mündliche Verhandlung entscheidet, der RA aber mit einem entsprechenden Antrag eine mündliche Verhandlung erzwingen kann, bestimmt Abs. 2, dass trotzdem eine 1,2 Terminsgebühr für den RA anfällt. Das gilt nicht für das Verfahren zur Aussetzung der Vollziehung gem. § 69 Abs. 3 FGO, da diese Bestimmung in der Anm. Abs. 2 nicht genannt ist.[4] Soweit bis zum 2. KostRMoG auch noch § 130a VwGO in Abs. 2 genannt war, wurde dies gestrichen, da, wie die Motive ausführen, das Gericht es allein in der Hand hat, ob es ohne mündliche Verhandlung entscheidet. § 130a VwGO kennt nicht die Möglichkeit für den RA, durch einen entsprechenden Antrag eine mündliche Verhandlung herbeizuführen. Das entspricht der Linie des Gesetzes, die es schon mit der Neufassung von VV 3104 Anm. Abs. 1 Nr. 2 eingeschlagen hat (→ RVG VV 3104 Rn. 2, 19 ff.).

Nr.	Gebührentatbestand	Gebühr oder Satz der Gebühr nach § 13 RVG
3203	Wahrnehmung nur eines Termins, in dem eine Partei oder ein Beteiligter, im Berufungsverfahren der Berufungskläger, im Beschwerdeverfahren der Beschwerdeführer, nicht erschienen oder nicht ordnungsgemäß vertreten ist und lediglich ein Antrag auf Versäumnisurteil, Versäumnisentscheidung oder zur Prozess-, Verfahrens- oder Sachleitung gestellt wird: Die Gebühr 3202 beträgt .... Die Anmerkung zu Nummer 3105 und Absatz 2 der Anmerkung zu Nummer 3202 gelten entsprechend.	0,5

[3] Zu RVG *Enders* JurBüro 2005, 245; zu BRAGO OLG Dresden AGS 2003, 203; OLG Karlsruhe NJW-RR 2004, 287; OLG Nürnberg AnwBl 2003, 372 = NJW-RR 2003, 1295 = JurBüro 2003, 249; OLG Stuttgart JurBüro 2003, 585; *Madert* AGS 2003, 92; *Enders* JurBüro 2003, 1; *N. Schneider* BRAGOreport 2003, 126.

[4] NdsFG EFG 2006, 1012 = RVGreport 2006, 228.

Übersicht

I. Motive

Die Motive führen aus: 1

„Die Vorschrift entspricht der Nummer 3105 im erstinstanzlichen Verfahren. Auf die Begründung wird Bezug hierzu genommen. Wie bereits in § 33 Abs. 1 S. 2 Nr. 2 BRAGO soll die verminderte Terminsgebühr allerdings auf die Fälle beschränkt werden, in denen der Berufungskläger säumig ist. Im Hinblick auf § 539 Abs. 2 ZPO stellt im umgekehrten Fall der Termin an den Rechtsanwalt des Berufungsklägers größere Anforderungen, so dass eine reduzierte Terminsgebühr nicht gerechtfertigt wäre. Die Formulierung berücksichtigt, dass die Vorschrift auch im erstinstanzlichen Verfahren vor den Finanzgerichten anwendbar sein soll.“[1]

II. Allgemeines

VV 3203 RVG entspricht VV 3105 RVG (Motive → Rn. 1). Die Anmerkung zu VV 3105 RVG gilt entsprechend. 2

III. Anwendungsbereich

1. Sachlicher Anwendungsbereich

VV 3203 RVG gilt auch für alle Verfahren, auf die gem. VV Vorb. 3.2.1 RVG die Bestimmungen über die Berufung anzuwenden sind. 3

2. Persönlicher Anwendungsbereich

VV 3203 RVG führt zu einer Herabsetzung der Terminsgebühr 4
- beim Vertreter des Klägers und Beklagten in erstinstanzlichen Finanzverfahren,
- nur beim Vertreter des Berufungsbeklagten, nicht aber bei dem des Berufungsklägers (→ Rn. 12),
- beim Vertreter des Beschwerdegegners (→ Rn. 13).

IV. Nicht erschienen bzw. nicht ordnungsgemäß vertreten

Es gelten die Ausführungen zu VV 3105 RVG (→ RVG VV 3105 Rn. 8 ff.). 5

V. Tätigkeit

Es wird zunächst Bezug genommen auf die Ausführungen zu VV 3105 RVG. Im Rahmen von VV 3203 RVG ist zu unterscheiden zwischen dem erstinstanzlichen Verfahren beim Finanzgericht und den Berufungsverfahren. 6

1. Erstinstanzliches Verfahren vor dem Finanzgericht

Es geht um ein erstinstanzliches Verfahren der Finanzgerichtsbarkeit, auf das gem. VV Vorb. 3.2.1 Nr. 1 RVG die Vorschriften über die Berufung anzuwenden sind. Die Terminsgebühr reduziert sich bei Abwesenheit der Gegenseite – wie auch bei anderen erstinstanzlichen 7

[1] BT-Drs. 15/1971, 214.

Verfahren – auf einen Gebührensatz von 0,5. Dabei ist es unerheblich, ob der Kläger oder der Beklagte nicht anwesend bzw. nicht ordnungsgemäß vertreten ist. Das ist der Fall, der in Nr. 1 gemeint ist mit den Worten „in dem eine Partei“, wie sich aus dem letzten S. der Motive ergibt (→ Rn. 1).

2. Berufungsverfahren

8 **a) Antrag auf Versäumnisurteil.** Die Terminsgebühr wird nur reduziert, wenn der **Berufungskläger (!)** nicht erschienen oder nicht ordnungsgemäß vertreten ist. Das ist der Fall, der in Nr. 1 gemeint ist mit den Worten „in Berufungsverfahren der Berufungskläger“.[2] Ist hingegen der Berufungsbeklagte nicht anwesend oder nicht ordnungsgemäß vertreten, so bleibt die Terminsgebühr unverändert mit einem Gebührensatz von 1,2 bestehen. § 539 Abs. 2 ZPO stellt an den Berufungskläger größere Anforderungen (Motive → Rn. 1).

9 Die schon zur BRAGO unzutreffende[3] Auffassung, dass über den Wortlaut von § 33 Abs. 1 S. 2 Nr. 2 BRAGO hinaus auch dem RA des Berufungsbeklagten, der ein Versäumnisurteil beantragt, eine volle Verhandlungsgebühr zu gewähren sei,[4] kann angesichts der zum Ausdruck gebrachten Absicht des Gesetzgebers und der in den Motiven gegebenen Erklärung für die unterschiedliche Behandlung jedenfalls zu VV 3203 RVG nicht mehr vertreten werden.

10 **Beidseitige Berufung.** Im Falle der beidseitigen Berufung, auch der Anschlussberufung, entsteht für den allein anwesenden RA, soweit er hinsichtlich seiner Berufung Versäumnisurteil beantragt, eine 1,2 Terminsgebühr. Soweit er darüber hinaus beantragt, die Berufung des Gegners durch Versäumnisurteil zurückzuweisen, erhält er eine 0,5 Terminsgebühr, zusammen aber nicht mehr als eine 1,2 Terminsgebühr aus den zusammengerechneten Werten (§ 15 Abs. 3 RVG).

Beispiel:

Das Landgericht hat der Klage iHv 10.000,– EUR stattgegeben, sie jedoch wegen weiterer 5.000,– EUR abgewiesen. Beide Parteien haben Berufung eingelegt. Im Verhandlungstermin beantragt der alleine erschienene Beklagtenvertreter Versäumnisurteil. Der Beklagtenvertreter verdient folgende Terminsgebühren

1,2 Terminsgebühr gem. VV 3104 RVG aus 10.000,– EUR	736,80 EUR
0,5 Terminsgebühr gem. VV aus 5.000,– EUR	167,00 EUR
Summe	903,80 EUR
Höchstens jedoch wegen § 15 Abs. 3 RVG	
1,2 Terminsgebühr gem. VV 3104 RVG aus 15.000,– EUR	861,60 EUR

11 **b) Antrag zur Prozess- und Sachleitung.** Nach dem Wortlaut des Gesetzes verdient der RA des allein anwesenden Berufungsklägers, nicht aber der des Berufungsbeklagten, auch dann eine 1,2 Terminsgebühr, wenn er nur Anträge zur Prozess- oder Sachleitung stellt. Geht man von den Motiven aus, so passen diese, die ganz auf die Mühe bei dem Versäumnisurteil zugeschnitten sind, nicht für diesen Fall. Anträge zur Prozess- oder Sachleitung sind für den Berufungskläger und den Berufungsbeklagten gleich mühsam. Man könnte an ein Redaktionsversehen denken. Ein solches ist jedoch zu verneinen. Dabei ist VV 3211 RVG mit zu berücksichtigen. Er enthält dieselbe Regelung, ist aber insofern viel übersichtlicher, als dort nicht auch noch ein erstinstanzlicher Fall mitgeregelt wird. Wenn man bei VV 3203 RVG noch von einer unglücklichen Fassung ausgehen konnte, die misslungen ist, weil zwei ganz unterschiedliche Fälle in einem Satz untergebracht werden sollten, so scheidet eine solche im Falle von VV 3211 RVG aus. VV 3211 RVG bestimmt aber auch, dass eine Herabsetzung der Terminsgebühr nur in Betracht kommt, wenn der Revisionskläger nicht ordnungsgemäß vertreten ist und lediglich ein Antrag auf Versäumnisurteil oder zur Prozess- oder Sachleitung gestellt wird. Als Rechtfertigung für diese – von der Mühewaltung her nicht gebotene – Behandlung lässt sich der Wunsch anführen, nicht durch eine weitere Differenzierung die Vorschrift zu komplizieren.

12 **c) VV 3203 RVG nicht bei anwesendem Berufungskläger.** Aus dem Vorstehenden ergibt sich, dass VV 3203 RVG überhaupt nicht zur Anwendung kommt, wenn der Berufungsbeklagte nicht erschienen oder vertreten ist. Das bedeutet weiter, dass der RA des Berufungsklägers sogar dann eine volle Gebühr verdient, wenn er nicht einmal Anträge auf Versäumnisurteil

---

[2] Wenn OLG Düsseldorf JurBüro 1999, 358 eine volle Verhandlungsgebühr anfallen ließ, wenn der Prozessbevollmächtigte des Rechtsmittelbeklagten ein Versäumnisurteil beantragte, so widersprach das schon seinerzeit dem eindeutigen Wortlaut von § 33 Abs. 1 S. 2 Nr. 2 BRAGO; dagegen OLG Düsseldorf JurBüro 2000, 199 = MDR 2000, 667; eine solche Ansicht wäre auch mit VV 3203 RVG nicht zu vereinbaren.

[3] Gerold/Schmidt/*von Eicken,* 15. Aufl. 2002, BRAGO § 33 Rn. 14 aE.

[4] OLG Düsseldorf JurBüro 1999, 358.

oder zur Prozess- und Sachleitung stellt. Es genügt, dass er vertretungsbereit bei Aufruf der Sache anwesend war (→ RVG VV Vorb. 3 Rn. 108 ff.).

3. Beschwerdeverfahren

Gem. VV Vorb. 3.2.1 Nr. 2 ff. RVG finden die Vorschriften über die Berufung bei bestimmten Beschwerdeverfahren Anwendung. In den Beschwerdeverfahren gibt es keine Versäumnisurteile. Das gilt auch in FG-Sachen. Das ändert aber nichts daran, dass VV 3203 RVG auch auf die in Nr. 2 f. genannten Beschwerden anzuwenden ist. Andernfalls käme man zu dem unvertretbaren Ergebnis, dass der Vertreter des Beschwerdegegners eine 1,2 Terminsgebühr bei Abwesenheit des Beschwerdeführers auch dann verdienen würde, wenn er nur einen Antrag zur Prozess- oder Sachleitung stellt. Eine derartige Besserstellung des Anwalts des Beschwerdegegners gegenüber dem Vertreter des Berufungsbeklagten lässt sich nicht rechtfertigen. VV 3203 RVG findet in Beschwerdeverfahren daher dann Anwendung, wenn der Beschwerdeführer nicht anwesend oder ordnungsgemäß vertreten ist und der RA des Beschwerdegegners Anträge nur hinsichtlich der Prozess- oder Sachleitung oder gar keine Anträge (→ RVG VV 3105 Rn. 21) stellt. 13

4. Arrest. Aufhebung und Widerspruch

Der **Arrestschuldner,** der nach § 927 ZPO die Aufhebung wegen veränderter Umstände betreibt, hat nicht die Stellung des Berufungsklägers iSd VV 3203 RVG. Erwirkt dessen RA ein Versäumnisurteil, so erhält er deshalb nur eine 0,5 Terminsgebühr nach VV 3105. Dasselbe gilt für das Widerspruchsverfahren gem. § 924 ZPO.[5] 14

VI. Anm. zu VV 3203 RVG

Die Anmerkung zu VV 3105 RVG und die Anm. Abs. 2 zu VV 3202 RVG gelten entsprechend. Es wird Bezug genommen auf die dortigen Kommentierungen. 15

VII. Angelegenheit

Wird nach einem Einspruch gegen ein Versäumnisurteil erneut mündlich verhandelt, fällt keine zweite Terminsgebühr an. Dazu, wenn im Termin nach dem Einspruch wieder nur der Berufungsbeklagte anwesend oder vertreten ist, → RVG VV 3105 Rn. 58. 16

Nr.	Gebührentatbestand	Gebühr oder Satz der Gebühr nach § 13 RVG
3204	Verfahrensgebühr für Verfahren vor den Landessozialgerichten, in denen Betragsrahmengebühren entstehen (§ 3 RVG)	72,00 bis 816,00 €
3205	Terminsgebühr in Verfahren vor den Landessozialgerichten, in denen Betragsrahmengebühren entstehen (§ 3 RVG) .... Satz 1 Nr. 1 und 3 der Anmerkung zu Nummer 3106 gilt entsprechend. In den Fällen des Satzes 1 beträgt die Gebühr 75 % der in derselben Angelegenheit dem Rechtsanwalt zustehenden Verfahrensgebühr ohne Berücksichtigung einer Erhöhung nach Nummer 1008.	60,00 bis 610,00 €

Vgl. die Kommentierung → § 3 Rn. 1 ff. 1

Nr.	Gebührentatbestand	Gebühr oder Satz der Gebühr nach § 13 RVG

Unterabschnitt 2. Revision, bestimmte Beschwerden und Rechtsbeschwerden

Vorbemerkung 3.2.2:

Dieser Unterabschnitt ist auch anzuwenden in Verfahren

1. über Rechtsbeschwerden
   a) in den in der Vorbemerkung 3.2.1 Nr. 2 genannten Fällen,
   b) nach § 20 KapMuG und
   c) nach § 1065 ZPO,

[5] Gerold/Schmidt/*von Eicken*, 15. Aufl. 2002, BRAGO § 33 Rn. 18.

Nr.	Gebührentatbestand	Gebühr oder Satz der Gebühr nach § 13 RVG
	2. vor dem Bundesgerichtshof über Berufungen, Beschwerden oder Rechtsbeschwerden gegen Entscheidungen des Bundespatentgerichts und 3. vor dem Bundesfinanzhof über Beschwerden nach § 128 Abs. 3 FGO.	

Übersicht

I. Motive

1 Die Motive zu 2. KostRMoG führen aus:

„In die Vorbemerkung sollen alle Rechtsbeschwerden aufgenommen werden, in denen die Zuständigkeit des Bundesgerichtshofs gegeben ist und in denen die Gebühren wie in einem Revisionsverfahren erhoben werden sollen. Auf die Begründung zu Nummer 30 wird Bezug genommen. Auch zukünftig muss das Rechtsbeschwerdeverfahren nach § 15 des Kapitalanleger-Musterverfahrensgesetzes ausdrücklich genannt werden, weil es in diesem Verfahren keine Beschwerde gibt, das Verfahren demnach also nicht in die Vorbemerkung 3.2.1 Nr. 2 aufgenommen werden soll.

Zusätzlich gegenüber der geltenden Rechtslage sollen die Gebührenvorschriften für das Revisionsverfahren künftig in den folgenden Rechtsbeschwerdeverfahren anwendbar sein:
– Beschlussverfahren vor den Gerichten für Arbeitssachen,
– personalvertretungsrechtliche Beschlussverfahren vor den Gerichten der Verwaltungsgerichtsbarkeit,
– Verfahren nach dem Gesetz gegen Wettbewerbsbeschränkungen,
– Verfahren nach dem Energiewirtschaftsgesetz,
– Verfahren nach dem EG-Verbraucherschutzdurchsetzungsgesetz und
– Verfahren nach dem Spruchverfahrensgesetz.

Der Aufwand und die Verantwortung des Rechtsanwalts in diesen Verfahren ist mit Aufwand und Verantwortung in den übrigen Verfahren vergleichbar. Die Anwendung dieses Unterabschnitts führt in diesen Verfahren zu einer von 1,2 auf 1,5 erhöhten Terminsgebühr. Soweit in Rechtsbeschwerdeverfahren künftig die Vorschriften über die Gebühren im Revisionsverfahren Anwendung finden, führt dies auch dazu, dass dann, wenn die Vertretung durch einen beim Bundesgerichtshof zugelassenen Anwalt notwendig ist, sich dessen Verfahrensgebühren nach den Nummern 3208 und 3209 VV RVG richten. Namentlich gilt dies für Rechtsbeschwerden in Angelegenheiten der freiwilligen Gerichtsbarkeit.

Die vorgeschlagene Nummer 2 entspricht der Nummer 2 der geltenden Vorbemerkung, allerdings soll die Berufung gegen Entscheidungen des Bundespatentgerichts aufgenommen werden. Dies ist offensichtlich übersehen worden. Ferner soll das Verfahren über die Beschwerde im einstweiligen Rechtsschutz in der Finanzgerichtsbarkeit aufgenommen werden. Auf die Begründung zu Nummer 30 (Vorbemerkung 3.2.1 – neue – Nummer 3 Buchstabe a) zum vergleichbaren Fall in der Verwaltungs- und Sozialgerichtsbarkeit wird Bezug genommen. Wegen der Zuständigkeit des Bundesfinanzhofs sollen für die Finanzgerichtsbarkeit die Gebührenregelungen für die Revision Anwendung finden.“[1]

[1] BT-Drs. 17/11471, 278.

II. Allgemeines

VV Vorb. 3.2.2 RVG wurde iRd 2. KostRMoG erneut geändert. Mehrere Rechtsbeschwerden, die bislang gem. VV Vorb. 3.2.1 RVG den Bestimmungen des Berufungsverfahrens unterworfen waren, richten sich nunmehr nach VV 3206 ff. RVG. 2

III. Überblick über Anwendungsbereich von VV 3206 ff. RVG

VV 3206 ff. RVG gelten für **Revisionen** in dem von VV Teil 3 RVG erfassten Verfahren. 3

Weiter sind sie anzuwenden 4

– in den unter VV Vorb. 3.2.2 RVG genannten Verfahren,
– im Verfahren, in denen das Revisionsgericht über die Zulassung des Rechtsmittels entscheidet (VV Vorb. 3.2 Abs. 1 RVG; zB Sprungrevision gem. § 566 ZPO; → RVG VV 3208 Rn. 5), nicht aber im Verfahren über die Nichtzulassungsbeschwerde bei der VV 3504 RVG eingreift,
– in schiedsrichterlichen Revisionsverfahren (§ 36 Abs. 1 RVG),
– in sonstigen Verfahren iSv § 37 Abs. 2 RVG vor dem Bundesverfassungsgericht oder dem Verfassungsgericht eines Landes (§ 37 Abs. 2 RVG),
– in der zweiten Instanz des Vorabentscheidungsverfahrens vor dem EuGH (§ 38 Abs. 1 RVG).

Im Übrigen gelten für Rechtsbeschwerden VV 3502 ff., 3516 RVG. 5

IV. Von Nr. 1 erfasste Verfahren

Nur die in Nr. 1 aufgeführten Rechtsbeschwerden lösen Gebühren nach VV 3206 ff. RVG aus. Zu beachten ist, dass gem. VV Vorb. 3.2.1 Nr. 4 RVG im Verfahren über die Rechtsbeschwerde nach dem StVollzG Gebühren nach VV 3200 ff. RVG und nicht nach VV 3206 ff. RVG anfallen. 6

Von Nr. 1 werden erfasst Rechtsbeschwerden 7

– in den in VV Vorb. 3.2.1 Nr. 2 RVG genannten Verfahren, wozu namentlich über VV Vorb. 3.2.1 Nr. 2b RVG auch die Rechtsbeschwerden in Familiensachen und in der freiwilligen Gerichtsbarkeit gehören,
– nach § 20 KapMuG. Die Rechtsbeschwerde, die sich gegen einen Entscheid des Oberlandesgerichts richtet, ist beim BGH einzulegen. Also ist VV 3208 RVG anzuwenden. 8
– Rechtsbeschwerden bei schiedsrichterlichen Verfahren. Gem. VV Vorb. 3.1 Abs. 2 RVG altes Recht waren VV 3100 ff. RVG auf das Verfahren gem. § 1065 ZPO (Rechtsbeschwerde im Zusammenhang mit schiedsrichterlichen Verfahren) anzuwenden. Das hat das KostRÄG 2021 durch Vorb. 3.2.2. Abs. 1 Nr. 1c RVG dahingehend geändert, dass nunmehr VV 3206 ff. RVG anzuwenden sind. 9

Unzulässige Rechtsbeschwerde. Wird gegen Entscheidungen eine unzulässige Rechtsbeschwerde eingelegt, fallen ebenfalls die Gebühren gem. VV 3206 ff. RVG an. Ob eine Beschwerde zulässig ist, ist für die Anwaltsgebühren unerheblich. 9a

V. Rechtsmittel gegen Entscheidungen des Bundespatentgerichts (Nr. 2)

1. Anwendungsbereich

Nach VV Vorb. 3.2.2 Nr. 2 RVG sind VV 3206 ff. RVG auch anzuwenden in Verfahren vor dem BGH über die Berufung (neu aufgenommen durch das 2. KostRMoG), Beschwerde (!) (zB § 122 PatG) oder Rechtsbeschwerde (zB §§ 100 ff. PatG) gegen Entscheidungen des Bundespatentgerichts. 10

2. Patentamt

Die Vorschrift ist nicht anzuwenden auf die Tätigkeit des RA vor dem Patentamt. Dabei ist gleichgültig, ob der RA im Prüfungsverfahren, im Einspruchsverfahren oder im Widerspruchsverfahren tätig wird. Die Vergütung richtet sich in all diesen Fällen nach VV 2300 RVG.[2] 11

Ferner findet Nr. 2 keine Anwendung auf die Verfahren in Patentstreitsachen. Patentverletzungsprozesse sind Zivilprozesse, auf die die VV 3100 ff. RVG unmittelbar anzuwenden sind. 12

3. Verfahren vor dem Patentgericht

Anzuwenden sind bei 13

[2] *Schumann/Geißinger* BRAGO § 66 Rn. 2.

– Beschwerde gem. §§ 73 ff. PatG VV 3510 RVG oder VV 3514 RVG,
– Nichtigkeits- und Zwangslizenzverfahren gem. §§ 81 ff. PatG VV 3100 ff. RVG.

4. Verfahren vor dem BGH

14 Anzuwenden sind bei
– Rechtsbeschwerde gem. §§ 100 ff. PatG VV 3206 ff. RVG,
– Beschwerde gem. § 122 PatG VV 3206 ff. RVG,
– **Berufung** gem. §§ 110 ff. PatG VV 3206 ff. RVG. Schon vor dem 2. KostRMoG wurde in diesem Kommentar angenommen, dass auch die Berufung zu Gebühren nach VV 3206 ff. RVG führt, dass die Nichterwähnung in VV Vorb. 3.2.2 Nr. 2 RVG offensichtlich auf einem Redaktionsversehen beruhte, da kein Grund für eine unterschiedliche Handhabung zu finden war. Nunmehr ist auch das Berufungsverfahren in VV Vorb. 3.2.2 Nr. 2 RVG genannt. Die Motive des 2. KostRMoG-E zu VV Vorb. 3.2.2 RVG räumen dabei ein, die Berufung übersehen zu haben (→ Rn. 1).

5. Gebühren

15 **a) Verfahrensgebühr.** Eine 2,3 Verfahrensgebühr erwächst nach VV 3208 RVG im Verfahren vor dem BGH über die Beschwerde oder Rechtsbeschwerde gegen Entscheidungen des Bundespatentgerichts. Sie entsteht mit der Einlegung der Beschwerde.

16 Sie ermäßigt sich bei vorzeitiger Beendigung gem. VV 3209 RVG auf 1,8.

17 **b) Terminsgebühr.** Die Terminsgebühr beträgt beim BGH 1,5 gem. VV 3210 RVG.

18 In Beschwerdeverfahren vor dem Patentgericht und im Rechtsbeschwerdeverfahren vor dem BGH ist die mündliche Verhandlung fakultativ. Findet keine Verhandlung statt, entsteht die Terminsgebühr nicht; für eine Anwendung von VV 3104 Anm. Abs. 1 Nr. 1 RVG ist kein Raum.

19 In dem Beschwerdeverfahren vor dem BGH ist die mündliche Verhandlung obligatorisch. VV 3104 Anm. Abs. 1 Nr. 1 RVG ist daher anzuwenden.[3]

20 **c) Erledigungsgebühr.** Die Erledigungsgebühr (VV 1002 RVG) kann in solchen Beschwerdeverfahren und Rechtsbeschwerdeverfahren anfallen, in denen Angelegenheiten behandelt werden, über die vertraglich nicht verfügt werden kann, in denen mithin die Einigungsgebühr nicht entstehen kann.[4]

6. Kostenerstattung

21 Für die **Kostenerstattung** gilt § 80 PatG in Beschwerdeverfahren vor dem Patentgericht (Entscheidung nach Billigkeit), § 84 PatG in den Klagsachen vor dem Patentgericht (Entscheidung nach billigem Ermessen), § 109 PatG für das Rechtsbeschwerdeverfahren vor dem BGH (in der Regel Entscheidung nach billigem Ermessen).

7. PKH

22 Nach § 133 PatG kann ein Patentanwalt oder RA beigeordnet werden. Der beigeordnete RA (Patentanwalt) hat gegen die Staatskasse Anspruch auf die Vergütung nach §§ 45 ff. RVG. Ist der Streitwert für die Partei gem. § 144 PatG ermäßigt, berechnet sich der Vergütungsanspruch des beigeordneten RA gegen die Staatskasse trotzdem nach dem vollen Streitwert,[5] allerdings nur aus der Tabelle nach § 49 RVG.

VI. Beschwerde nach § 128 Abs. 3 FGO (Nr. 3)

23 VV Vorb. 3.2.2 Nr. 3 RVG ist mit dem 2. KostRMoG neu eingefügt. Damit wird auch das Verfahren über eine Beschwerde im einstweiligen Rechtsschutz in der Finanzgerichtsbarkeit den VV 3206 ff. RVG unterstellt. Vorher waren VV 3500 ff. RVG anzuwenden.[6]

---

[3] Riedel/Sußbauer/*Keller,* 8. Aufl. 2000, BRAGO § 66 Rn. 9.
[4] *Schumann/Geißinger* BRAGO § 66 Rn. 11.
[5] BGH LM § 53 PatG Nr. 3 = AnwBl 1953, 332; Riedel/Sußbauer/*Keller,* 8. Aufl. 2000, BRAGO § 66 Rn. 18.
[6] SächsFG AGS 2014, 63.

Nr.	Gebührentatbestand	Gebühr oder Satz der Gebühr nach § 13 RVG
3206	Verfahrensgebühr, soweit in Nummer 3212 nichts anderes bestimmt ist	1,6

Übersicht

I. Motive

Die Motive führen aus: 1

„**Zu den Nummern 3206 und 3207**

Wie im geltenden Recht sind für die Revisionsverfahren, in denen sich die Parteien nicht durch einen beim Bundesgerichtshof zugelassenen Rechtsanwalt vertreten lassen müssen, die gleichen Gebühren wie im Berufungsrechtszug vorgesehen. Auf die Begründung zu den Nummern 3200 und 3201 VV RVG-E wird Bezug genommen.“[1]

II. Allgemeines

Im Revisionsverfahren verdient der RA, soweit nicht ein Fall des VV 3208 RVG vorliegt, 2 wie im Berufungsverfahren eine 1,6 Verfahrensgebühr. Für bestimmte Verfahren vor dem Bundessozialgericht ist die Sonderregelung in VV 3212 RVG zu beachten. Zum **Anwendungsbereich** → RVG VV Vorb. 3.2.2 Rn. 4 ff. VV 3206 RVG ist auch anzuwenden in einem auf eine Vorabentscheidungsvorlage des BGH geführten Vorabentscheidungsverfahren vor dem Gerichtshof der Europäischen Union.[2]

III. Verfahrensauftrag

Voraussetzung für die Entstehung einer Gebühr gem. VV 3206 ff. RVG ist, dass der RA ei- 3 nen Verfahrensauftrag und nicht nur einen Auftrag für eine Einzeltätigkeit hat.[3] Wegen nicht postulationsfähigen RA → RVG VV 3208 Rn. 16 ff.

Nr.	Gebührentatbestand	Gebühr oder Satz der Gebühr nach § 13 RVG
3207	Vorzeitige Beendigung des Auftrags oder eingeschränkte Tätigkeit des Anwalts: Die Gebühr 3206 beträgt .... Die Anmerkung zu Nummer 3201 gilt entsprechend.	1,1

Übersicht

I. Motive

Die Motive zum KostRMoG s. VV 3206 RVG. 1

[1] BT-Drs. 15/1971, 214.
[2] BGH NJW 2012, 2118 = RVGreport 2012, 462.
[3] BGH NJW 2007, 1461 Ziff. II 2a aa.

2 Die Motive zum 2. KostRMoG verweisen auf die Begründung zu VV 3201 RVG (→ RVG VV 3201 Rn. 2).[1]

II. 1,1 Verfahrensgebühr

3 Auch im Revisionsverfahren führt eine vorzeitige Beendigung des Auftrags bzw. seit dem 2. KostRMoG nunmehr auch eine eingeschränkte Tätigkeit wie im Berufungsverfahren dazu, dass nur eine 1,1 Verfahrensgebühr anfällt.

III. Voraussetzungen

4 Die **Voraussetzungen,** unter denen eine 1,6 Verfahrensgebühr entsteht, entsprechen denen bei der Berufung, wie die Verweisung in der Anmerkung zu VV 3207 RVG auf die Anmerkung zu VV 3201 RVG zeigt. Es wird auf die Ausführungen zu VV 3201 RVG Bezug genommen.

IV. Einwilligung zur Sprungrevision

5 Erklärt der RA des Antragsgegners lediglich die Einwilligung nach § 566 Abs. 1 S. 1 Nr. 1, Abs. 2 S. 4 ZPO, so stellt dies keinen Sachantrag dar. Diese Erklärung ist nicht gegenüber dem Gericht, sondern gegenüber dem Gegner abzugeben.[2] Sie muss nicht durch einen beim BGH zugelassenen RA erfolgen[3] (im Gegensatz zum Zulassungsverfahren beim BGH → RVG VV 3208 Rn. 5). Der RA verdient nur eine 1,1 Verfahrensgebühr.

Nr.	Gebührentatbestand	Gebühr oder Satz der Gebühr nach § 13 RVG
3208	Im Verfahren können sich die Parteien oder die Beteiligten nur durch einen beim Bundesgerichtshof zugelassenen Rechtsanwalt vertreten lassen: Die Gebühr 3206 beträgt	2,3
3209	Vorzeitige Beendigung des Auftrags, wenn sich die Parteien oder die Beteiligten nur durch einen beim Bundesgerichtshof zugelassenen Rechtsanwalt vertreten lassen können: Die Gebühr 3206 beträgt .... Die Anmerkung zu Nummer 3201 gilt entsprechend.	1,8

Übersicht

[1] BT-Drs. 17/11471, 278.
[2] BGH VersR 1980, 772.
[3] BGH VersR 1980, 772.

I. Motive

Die Motive führen aus: 1

„**Zu Nummer 3208**

Diese Vorschrift tritt an die Stelle von § 11 Abs. 1 Satz 5 BRAGO. Im Revisionsverfahren vor dem Bundesgerichtshof soll der dort zugelassene Rechtsanwalt auch nach der vorgeschlagenen neuen Gebührenstruktur eine erhöhte Verfahrensgebühr erhalten. Die Vorschrift gilt entsprechend für die in der Vorbemerkung zu Unterabschnitt 1 genannten Verfahren (vgl. Absatz 2 dieser Vorbemerkung).

Zu Nummer 3209

Diese Vorschrift entspricht der Nummer 3201 VV RVG-E für Revisionsverfahren vor dem Bundesgerichtshof. Der Gebührensatz soll 1,8 betragen.“[1]

II. Allgemeines

VV 3208 RVG gewährt im Revisionsverfahren, in dem sich die Partei nur durch einen beim BGH zugelassenen RA vertreten lassen kann, eine 2,3 Verfahrensgebühr. Die Terminsgebühr erhöht sich nicht. Es bleibt bei einer 1,5 Terminsgebühr gem. VV 3210 RVG. 2

III. Anwendungsbereich

1. Gerichtsbarkeit

Da es nur beim BGH Verfahren gibt, bei denen eine Vertretung ausschließlich durch einen beim BGH zugelassenen RA erfolgen kann, scheiden alle Verfahren bei anderen Gerichten aus. 3

2. Verfahren

a) VV 3208 RVG anwendbar. Revision. VV 3208 RVG gilt für das Revisionsverfahren, auch für das Verfahren über eine unzulässige Revision. Es handelt sich unbeschadet der Unzulässigkeit um ein Revisionsverfahren. 4

Zulassung der Sprungrevision. VV 3208 RVG gilt auch für das Verfahren auf Zulassung der Sprungrevision. Zu § 31a BRAGO war dies für den Vertreter des Antragstellers in Zivilsachen anerkannt.[2] Dies gilt weiterhin. Das Verfahren über die Zulassung der Sprungrevision ist Teil des Revisionsverfahrens (§ 16 Nr. 11 RVG). Auf dieses Zulassungsverfahren ist Abschn. 2 insgesamt und nicht nur VV 3206 RVG anzuwenden (VV Vorb. 3.2 Abs. 1 RVG). Auch der BGH-Anwalt des Antragsgegners verdient im Verfahren beim BGH über die Zulassung[3] der Sprungrevision eine 2,3 Verfahrensgebühr. 5

Weiter gilt VV 3208 RVG für **Beschwerden** zum BGH gegen Entscheidungen des Bundespatentgerichts. 6

b) VV 3208 RVG nicht anwendbar. VV 3208 RVG ist nicht anwendbar bei allen **Beschwerden,** einschließlich 7

- weiterer Beschwerden außer Beschwerden gegen Entscheidungen des Bundespatentgerichts zum BGH (VV Vorb. 3.2.2 Nr. 2 RVG),
- Rechtsbeschwerden, soweit nicht in VV 3.2.2 genannt,
- Nichtzulassungsbeschwerden (→ RVG VV 3504 Rn. 4).

IV. BGH-Anwalt

1. Voraussetzungen

Für die erhöhten Gebühren gem. VV 3208, 3209 RVG muss es sich zum einen um ein Verfahren handeln, bei dem die Parteien nur von einem beim BGH zugelassenen RA vertreten werden können. Zum andern muss der im Einzelfall tätige RA ein beim BGH zugelassener RA sein. 8

2. BGH-Anwaltszwang

Gem. § 78 Abs. 1 S. 4, 5 ZPO müssen sich vor dem BGH die Parteien und die Beteiligten und beteiligte Dritte in Familiensachen durch einen beim BGH zugelassenen RA vertreten 9

[1] BT-Drs. 15/1971, 214.

[2] Gerold/Schmidt/*von Eicken,* 15. Aufl. 2002, BRAGO § 31a Rn. 2; *Hartmann* BRAGO, 33. Aufl. 2004, § 31a Rn. 5.

[3] Zur Einwilligung zur Sprungrevision → RVG VV 3207 Rn. 4.

lassen. Das gilt auch für die Anhörungsrüge im Revisionsverfahren beim BGH.[4] § 78 Abs. 2 ff. ZPO kennen hierzu allerdings Ausnahmen.

10 **Revisionsbeklagter.** Auch für den Revisionsbeklagten gilt, dass er nur durch einen beim BGH zugelassenen RA vertreten werden kann. Deshalb verdient der beim BGH zugelassene Verfahrensbevollmächtigte des Revisionsbeklagten ebenfalls die Verfahrensgebühr gem. VV 3208 RVG. Zwar kann auch ein nicht postulationsfähiger RA sinnvolle Tätigkeiten für den Revisionsbeklagten beim BGH vornehmen (→ RVG VV 3403 Rn. 31 ff.); vertreten iSv VV 3208 RVG kann er den Revisionsbeklagten aber beim BGH nicht.

3. Vertretung durch BGH-Anwalt

11 VV 3208 RVG gilt nur für den beim BGH zugelassenen RA. Davon geht VV 3208 RVG wie selbstverständlich aus, ohne es noch einmal extra auszudrücken. Dafür spricht auch, dass die erhöhte Verfahrensgebühr des BGH-Anwalts ua einen Ausgleich dafür schaffen soll, dass der BGH-Anwalt in Zivilsachen nicht bei anderen Gerichten tätig werden darf.[5] Dieser Aspekt greift nur bei einem beim BGH zugelassenen RA. Daher können keine 2,3 Verfahrensgebühr verdienen zB

– der **Verkehrsanwalt,**
– der **nicht postulationsfähige RA** (→ Rn. 16 ff.).

Zum **Patentanwalt** → Rn. 15.

V. Gebührenhöhe

12 Der RA verdient – außer in den Fällen des VV 3209 RVG – eine 2,3 Verfahrensgebühr. Bei vorzeitigem Auftragsende bzw. für bestimmte Tätigkeiten in Verbindung mit einer Einigung fällt nur eine 1,8 Verfahrensgebühr an. Die Voraussetzungen entsprechen, wie die Bezugnahme in der Anm. zu VV 3209RVG auf die Anmerkung zu VV 3201 RVG zeigt, denen in VV 3201 RVG (vgl. die dortige Kommentierung).

VI. Weitere Gebühren

13 Bei den weiteren Gebühren (zB Terminsgebühr, Einigungsgebühr) findet keine Erhöhung für den beim BGH zugelassenen Rechtsanwalts statt. VV 3208 RVG bezieht sich nur auf die Verfahrensgebühr. Der RA verdient somit eine 1,5 bzw. 0,8 Terminsgebühr (VV 3210 ff. RVG) und eine 1,3 Einigungsgebühr (VV 1004).

VII. Kostenerstattung

14 Die 2,3 bzw. 1,8 Verfahrensgebühr ist zu erstatten.

15 **Patentanwalt.** Für den Patentanwalt sind die Kosten zu erstatten, die für eine entsprechende Tätigkeit ein RA verdienen würde (→ RVG VV 3201 Rn. 92). Die frühere Streitfrage[6] hinsichtlich des Patentanwalts, ob bei Verfahren beim BGH ein Erstattungsanspruch iHv $^{20}/_{10}$ oder $^{13}/_{10}$ Gebühren anfällt, besteht fort. Allerdings geht es jetzt darum, ob die Gebühren gem. VV 3206 ff. RVG oder VV 3208 ff. RVG anfallen. Richtig ist die auch vom BGH[7] geteilte Auffassung, dass VV 3208 ff. RVG. Besonderheiten Rechnung trägt, die nur beim BGH-Anwalt und nicht auch beim Patentanwalt gegeben sind. Zu erstatten sind daher nur Gebühren gem. VV 3206 ff. RVG.

VIII. Beim BGH nicht zugelassener RA

1. Keine allgemeine Verfahrensgebühr

16 **BGH.** Nach dem 5. Senat des BGH kann dahingestellt bleiben, ob ein nicht postulationsfähiger RA einen Verfahrensauftrag haben kann. Jedenfalls kann er keine Verfahrensgebühr gem. VV 3206 ff. verdienen, wobei offen bleiben kann, ob ein Verfahrensauftrag nach § 134 Abs. 1 BGB nichtig ist oder ob lediglich ein Fall der Unmöglichkeit, den Auftrag zu erfüllen, gegeben ist. Im zweiten Fall steht § 275 Abs. 4 iVm § 326 Abs. 1 S. 1 Hs. 1 BGB einer Verfahrensgebühr

4 BGH NJW 2005, 2017, zu Rechtsbeschwerde.
5 BGH GRUR 2004, 1062 = JurBüro 2005, 34.
6 Gerold/Schmidt/*von Eicken,* 15. Aufl. 2002, BRAGO § 11 Rn. 10.
7 BGH GRUR 2004, 51 = JurBüro 2005, 34.

entgegen.[8] Der 3. Zivilsenat des BGH hat diese Frage noch offen gelassen, weil er aufgrund der Umstände im von ihm zu entscheidenden Fall einen Auftrag für eine Einzeltätigkeit annahm.[9]

Bisherige hM Demgegenüber hatte bislang die hM angenommen, dass ein beim BGH nicht zugelassener RA für das Revisionsverfahren beim BGH grds. sowohl einen Verfahrensauftrag erhalten, als auch eine Verfahrensgebühr und nicht nur eine Einzeltätigkeitsgebühr verdienen kann.[10] 17

In den meisten Fällen werden keine unterschiedlichen Ergebnisse herauskommen, da auch nach der bisher hM mit besonderer Sorgfalt zu prüfen war, ob ein Auftrag für das ganze Verfahren vorlag. In den meisten Fällen wurde dies bei fehlender Postulationsfähigkeit verneint. Aufgrund der Rspr. des BGH ist zukünftig davon auszugehen, dass keine Verfahrensgebühr anfallen kann. 18

2. Einzeltätigkeitsgebühr

Dazu, dass der RA uU aber eine Einzeltätigkeitsgebühr gem. VV 3403 RVG verdienen kann → RVG VV 3403 Rn. 31 ff.; zur Erstattungsfähigkeit → RVG VV 3403 Rn. 67 ff. 19

3. Beratungsgebühr

Es kommt aber auch ein Beratungsauftrag in Betracht (→ RVG VV 3403 Rn. 35). 20

IX. Prozesskostenhilfe

Auch der beim BGH zugelassene beigeordnete RA kann die 2,3 Verfahrensgebühr verdienen. Allerdings berechnet sie sich aus den Gebühren gem. § 49 RVG. 21

Nr.	Gebührentatbestand	Gebühr oder Satz der Gebühr nach § 13 RVG
3210	Terminsgebühr, soweit in Nummer 3213 nichts anderes bestimmt ist .... Absatz 1 Nr. 1 und 3 sowie die Absätze 2 und 3 der Anmerkung zu Nummer 3104 und Absatz 2 der Anmerkung zu Nummer 3202 gelten entsprechend.	1,5

Motive. Sie führen aus: 1

„Für Revisionsverfahren ist wegen der besonderen Bedeutung und wegen der an eine Revision gestellten hohen Anforderungen eine höhere Terminsgebühr vorgesehen als für die Vorinstanzen."[1]

Anwendungsbereich, → RVG VV Vorb. 3.2.2 Rn. 3 ff. Hinsichtlich Verfahren vor dem Bundessozialgericht, in denen Betragsrahmengebühren entstehen, sieht VV 3213 RVG eine Sonderregelung vor. 2

1,5 Terminsgebühr. Der RA verdient eine 1,5 Terminsgebühr. Das gilt auch für Verfahren, in denen die Parteien nur von einem beim BGH zugelassenen RA vertreten werden können. Hinsichtlich der Entstehung gelten VV Vorb. 3 Abs. 3 RVG und über die Anmerkung zu VV 3210 RVG teilweise die Anmerkung zu VV 3104 RVG. Es wird auf die Ausführungen zu diesen Bestimmungen Bezug genommen. 3

Entscheidung ohne mündliche Verhandlung. Nach FG Köln fällt zwar zunächst eine Terminsgebühr an, wenn der BFH ohne mündliche Verhandlung durch Gerichtsbescheid entscheidet. Diese soll jedoch wieder entfallen, wenn dann ein Antrag auf mündliche Verhandlung gem. § 90a Abs. 2 FGO gestellt wird, weil dann der Gerichtsbescheid als nicht ergangen gelte.[2] Dem ist nicht zu folgen, weil es dem Grundsatz widerspricht, dass der RA einmal verdiente Gebühren nicht wieder verlieren kann. 4

---

[8] BGH NJW 2007, 1461 Ziff. II 2a bb (2). Dem BGH gefolgt sind OLG Frankfurt a. M. JurBüro 2008, 538; OLG Stuttgart FamRZ 2009, 146.
[9] BGH NJW 2006, 2266.
[10] OLG Düsseldorf JurBüro 1991, 683; OLG Hamm AnwBl 1986, 208; KG NJW-RR 1996, 53 = AnwBl 1996, 347; OLG München AnwBl 1994, 249; OLG Zweibrücken Rpfleger 1994, 228, RA insoweit Rechtsbeistand; weitere Zitate in BGH NJW 2007, 1461 Ziff. II 2a bb (1), auch für die Gegenmeinung.
[1] BT-Drs. 15/1971, 214.
[2] FG Köln EFG 2009, 978 = AGS 2010, 21 mablAnm *N. Schneider.*

Nr.	Gebührentatbestand	Gebühr oder Satz der Gebühr nach § 13 RVG
3211	Wahrnehmung nur eines Termins, in dem der Revisionskläger oder Beschwerdeführer nicht ordnungsgemäß vertreten ist und lediglich ein Antrag auf Versäumnisurteil, Versäumnisentscheidung oder zur Prozess-, Verfahrens- oder Sachleitung gestellt wird: Die Gebühr 3210 beträgt .... Die Anmerkung zu Nummer 3105 und Absatz 2 der Anmerkung zu Nummer 3202 gelten entsprechend.	0,8

1 **Motive.** Diese führen aus:

„Die Vorschrift entspricht der Nummer 3105 VV RVG-E im erstinstanzlichen Verfahren. Auf die Begründung hierzu wird Bezug genommen. Wie bereits in § 33 Abs. 1 S. 2 Nr. 2 BRAGO soll die verminderte Terminsgebühr allerdings auf die Fälle beschränkt werden, in denen der Revisionskläger säumig ist. Der Termin stellt im umgekehrten Fall an den Rechtsanwalt des Revisionsklägers größere Anforderungen, so dass eine reduzierte Terminsgebühr nicht gerechtfertigt wäre."[1]

2 **Reduzierte Terminsgebühr.** Gem. VV 3211 RVG verdient der RA des Revisionsbeklagten nur eine 0,8 Terminsgebühr, wenn der Revisionskläger im Termin nicht ordnungsgemäß vertreten ist und lediglich ein Antrag auf Versäumnisurteil oder zur Prozess- oder Sachleitung gestellt wird. VV 3211 RVG entspricht VV 3105 RVG und VV 3203 RVG. Die Anmerkung zu VV 3105 RVG gilt entsprechend (Anmerkung zu VV 3211 RVG).

3 Die Terminsgebühr wird nur reduziert, wenn der Revisionskläger nicht erschienen oder nicht ordnungsgemäß vertreten ist. Ist hingegen der Revisionsbeklagte nicht anwesend oder nicht ordnungsgemäß vertreten, so bleibt die Terminsgebühr unverändert mit einem Gebührensatz von 1,5 bestehen. Hierzu und zu den Gründen für die unterschiedliche Behandlung → RVG VV 3203 Rn. 8.

4 **Bezugnahme.** Im Übrigen wird Bezug genommen auf die Kommentierung zu VV 3203 RVG. Das gilt auch für Rechtsbeschwerden zum BGH.

Nr.	Gebührentatbestand	Gebühr oder Satz der Gebühr nach § 13 RVG
3212	Verfahrensgebühr für Verfahren vor dem Bundessozialgericht, in denen Betragsrahmengebühren entstehen (§ 3 RVG)	96,– bis 1.056,– EUR
3213	Terminsgebühr in Verfahren vor dem Bundessozialgericht, in denen Betragsrahmengebühren entstehen (§ 3 RVG) .... Satz 1 Nr. 1 und 3 sowie Satz 2 der Anmerkung zu Nummer 3106 gelten entsprechend.	96,– bis 990,– EUR

1 Vgl. § 3 RVG.

Nr.	Gebührentatbestand	Gebühr oder Satz der Gebühr nach § 13 RVG
	Abschnitt 3. Gebühren für besondere Verfahren	
	Unterabschnitt 1. Besondere erstinstanzliche Verfahren	
Vorbemerkung 3.3.1: Die Terminsgebühr bestimmt sich nach Abschnitt 1.		
3300	Verfahrensgebühr 1. für das Verfahren vor dem Oberlandesgericht nach § 129 VGG, 2. für das erstinstanzliche Verfahren vor dem Bundesverwaltungsgericht, dem Bundessozialgericht, dem Oberverwaltungsgericht (Verwaltungsgerichtshof) und dem Landessozialgericht sowie	1,6

[1] BT-Drs. 15/1971, 214.

Nr.	Gebührentatbestand	Gebühr oder Satz der Gebühr nach § 13 RVG
	3. für das Verfahren bei überlangen Gerichtsverfahren und strafrechtlichen Ermittlungsverfahren vor den Oberlandesgerichten, den Landessozialgerichten, den Oberverwaltungsgerichten, den Landesarbeitsgerichten oder einem obersten Gerichtshof des Bundes	
3301	Vorzeitige Beendigung des Auftrags: Die Gebühr 3300 beträgt	1,0
	Die Anmerkung zu Nummer 3201 gilt entsprechend.	

Übersicht

I. Motive

Die Motive zu 2. KostRMoG führen zu VV 3300 RVG aus: 1

„Derzeit gilt ein erhöhter Gebührensatz für die Verfahrensgebühr bei erstinstanzlicher Zuständigkeit der obersten Bundesgerichte und der Obergerichte in der Finanzgerichtsbarkeit nach Vorbemerkung 3.2.1 Nummer 1 VV RVG (Anwendbarkeit des Teils 3 Abschnitt 2 Unterabschnitt 1 VV RVG) und nach der derzeitigen Fassung der Nummer 2 des Gebührentatbestands der Gebühr 3300 VV RVG in der Verwaltungsgerichtsbarkeit. Keine Regelung enthält das RVG für die erstinstanzlichen Verfahren vor den Landessozialgerichten und dem Bundessozialgericht, obwohl diese hinsichtlich des Umfangs und der Schwierigkeit den Verfahren in der Verwaltungsgerichtsbarkeit vergleichbar sind. In all diesen Verfahren ist das GKG anzuwenden und es entstehen Wertgebühren. Es wird daher vorgeschlagen, die Verfahren vor den Landessozialgerichten und dem Bundessozialgericht in die Aufzählung der Nummer 2 aufzunehmen. Dadurch würde in den folgenden, in § 29 SGG genannten Verfahren vor den Landessozialgerichten statt einer 1,3 Verfahrensgebühr eine 1,6 Verfahrensgebühr entstehen:

- Klagen gegen Entscheidungen der Landesschiedsämter und gegen Beanstandungen von Entscheidungen der Landesschiedsämter nach dem Fünften Buch Sozialgesetzbuch (SGB V), gegen Entscheidungen der Schiedsstellen nach § 120 Absatz 4 SGB V, der Schiedsstelle nach § 76 SGB XI und der Schiedsstellen nach § 80 SGB XII,
- Aufsichtsangelegenheiten gegenüber Trägern der Sozialversicherung und ihren Verbänden, gegenüber den Kassenärztlichen und Kassenzahnärztlichen Vereinigungen sowie der Kassenärztlichen und Kassenzahnärztlichen Bundesvereinigung, bei denen die Aufsicht von einer Landes- oder Bundesbehörde ausgeübt wird,
- Klagen in Angelegenheiten der Erstattung von Aufwendungen nach § 6b des Zweiten Buches Sozialgesetzbuch,
- Anträge nach § 55a SGG,
- Streitigkeiten zwischen gesetzlichen Krankenkassen oder ihren Verbänden und dem Bundesversicherungsamt betreffend den Risikostrukturausgleich, die Anerkennung von strukturierten Behandlungsprogrammen und die Verwaltung des Gesundheitsfonds,
- Streitigkeiten betreffend den Finanzausgleich der gesetzlichen Pflegeversicherung,
- Streitigkeiten betreffend den Ausgleich unter den gewerblichen Berufsgenossenschaften nach dem Siebten Buch Sozialgesetzbuch,
- Klagen gegen die Entscheidung der gemeinsamen Schiedsämter nach § 89 Absatz 4 SGB V und des Bundesschiedsamts nach § 89 Absatz 7 SGB V sowie der erweiterten Bewertungsausschüsse nach § 87 Absatz 4 SGB V, soweit die Klagen von den Einrichtungen erhoben werden, die diese Gremien bilden,
- Klagen gegen Entscheidungen des Bundesministeriums für Gesundheit nach § 87 Absatz 6 SGB V gegenüber den Bewertungsausschüssen und den erweiterten Bewertungsausschüssen sowie gegen Beanstandungen des Bundesministeriums für Gesundheit gegenüber den Bundesschiedsämtern und
- Klagen gegen Entscheidungen und Richtlinien des Gemeinsamen Bundesausschusses (§§ 91, 92 SGB V), Klagen in Aufsichtsangelegenheiten gegenüber dem Gemeinsamen Bundesausschuss, Klagen gegen die Festsetzung von Festbeträgen durch die Spitzenverbände der Krankenkassen oder den Spitzenverband Bund der Krankenkassen sowie
- Klagen gegen Entscheidungen der Schiedsstellen nach den §§ 129 und 130b SGB V.

Die erhöhte Verfahrensgebühr soll ferner im Verfahren vor dem Bundessozialgericht über Streitigkeiten nicht verfassungsrechtlicher Art zwischen dem Bund und den Ländern sowie zwischen verschiedenen Ländern entstehen."[1]

II. Allgemeines

2 Zu beachten ist, dass die jetzigen VV 3300, 3301 RVG früher die VV 3302, 3303 RVG waren und durch die Verschiebung der alten VV 3300, 3301 RVG in VV Vorb. 3.2 RVG nach vorne gerutscht sind.

3 VV 3300, 3301 RVG regeln drei ganz unterschiedliche Fälle:
- VV 3300 Nr. 1 RVG betrifft Verfahren nach § 129 VGG (früher § 16 Abs. 4 UrhWG) beim OLG München.
- Nr. 2 betrifft Verwaltungs- und Sozialgerichtsverfahren, bei denen für die erste Instanz ein höheres als das Verwaltungs- oder Sozialgericht zuständig ist (zB §§ 47 ff. VwGO für Oberverwaltungsgericht bzw. Verwaltungsgerichtshof, zB Normenkontrollverfahren zum OVG,[2] § 29 SGG für Landessozialgerichte, § 50 VwGO für BVerwG). Eine Aufzählung der in der Sozialgerichtsbarkeit betroffenen Verfahren befindet sich in den Motiven (→ Rn. 1).
- Nr. 3 betrifft Verfahren bei Ober- oder Bundesgerichten wegen überlanger Verfahren nach dem Gesetz über Rechtsschutz bei überlangen Gerichtsverfahren und strafrechtlichen Ermittlungsverfahren.

III. Eilverfahren

4 Auch bei Eilverfahren, die sich auf solche Verfahren beziehen, sind VV 3300, 3301 RVG anzuwenden. Eine dem VV Vorb. 3.2 Abs. 2 RVG entsprechende Regelung kennen VV 3300, 3301 RVG nicht.

IV. Gebühren

1. Verfahrensgebühr

5 Die Verfahrensgebühr beträgt in allen Fällen des VV 3300 RVG 1,6, **bei vorzeitiger Beendigung des Auftrags** noch 1,0. Die Anm. zu VV 3201 RVG gilt entsprechend, weshalb auf die dortige Kommentierung verweisen wird.

6 **Anrechnung.** Es findet eine Anrechnung gem. VV Vorb. 3 Abs. 4 RVG statt.

2. Terminsgebühr

7 Sie ergibt sich aus der VV Vorb. 3.3.1 RVG. Sie bestimmt sich nach dem Abschn. 1, also nach VV 3104 RVG (1,2 Terminsgebühr). Auch hier gilt VV Vorb. 3 Abs. 3 RVG.

3. Beweisaufnahmegebühr gem. VV 1010 RVG

8 Sie kann grds. anfallen.

4. Einigungs- und Erledigungsgebühr

9 Für sie gilt VV 1003 RVG und nicht VV 1004 RVG, da es sich um ein erstinstanzliches Verfahren handelt.[3] Lediglich für die Verfahrensgebühr ist eine höhere Gebühr vorgesehen. Dass das nicht für weitere Gebühren gilt, zeigt die VV Vorb. 3.3.1 RVG, wonach sich die Terminsgebühr nach Abschnitt 1, also nach VV 3104 RVG richtet. Weiter ergibt es sich daraus, dass für die vergleichbare Rechtslage bei der Finanzgerichtsbarkeit, bei der auch für die erste Instanz eine 1,6 Verfahrensgebühr gem. VV Vorb. 3.2.1 Nr. 1 RVG vorgesehen ist, die Novellierung von VV 1004 RVG, anders als für bestimmte Beschwerden, es bei einer 1,0 Einigungsgebühr belässt (→ RVG VV 1003 Rn. 58).

V. Anrechnung

10 Die Geschäftsgebühr des VV 2303 Nr. 4 RVG ist gem. VV Vorb. 3 Abs. 4 RVG auf die Verfahrensgebühr anzurechnen.

VI. Kostenerstattung

11 Auf Grund einer Kostenentscheidung kann Erstattung der Kosten verlangt werden.

---

[1] BT-Drs. 17/11471, 279.
[2] BayVGH AGS 2018, 343.
[3] BVerwG AGS 2009, 226, für Erledigungsgebühr.

Nr.	Gebührentatbestand	Gebühr oder Satz der Gebühr nach § 13 RVG
	Unterabschnitt 2. Mahnverfahren	
	Vorbemerkung 3.3.2: Die Terminsgebühr bestimmt sich nach Abschnitt 1.	
3305	Verfahrensgebühr für die Vertretung des Antragstellers Die Gebühr wird auf die Verfahrensgebühr für einen nachfolgenden Rechtsstreit angerechnet.	1,0
3306	Beendigung des Auftrags, bevor der Rechtsanwalt den verfahrenseinleitenden Antrag oder einen Schriftsatz, der Sachanträge, Sachvortrag oder die Zurücknahme des Antrags enthält, eingereicht hat: Die Gebühr 3305 beträgt	0,5
3307	Verfahrensgebühr für die Vertretung des Antragsgegners Die Gebühr wird auf die Verfahrensgebühr für einen nachfolgenden Rechtsstreit angerechnet.	0,5
3308	Verfahrensgebühr für die Vertretung des Antragstellers im Verfahren über den Antrag auf Erlass eines Vollstreckungsbescheids Die Gebühr entsteht neben der Gebühr 3305 nur, wenn innerhalb der Widerspruchsfrist kein Widerspruch erhoben oder der Widerspruch gemäß § 703a Abs. 2 Nr. 4 ZPO beschränkt worden ist. Nummer 1008 ist nicht anzuwenden, wenn sich bereits die Gebühr 3305 erhöht.	0,5

Übersicht

I. Allgemeines

Abschließende Regelung. VV 3305 ff. RVG regeln die Gebühren des Anwalts für die Tätigkeit im Mahnverfahren (§§ 688 f. ZPO) und zwar abschließend. Im Mahnverfahren kann der RA ausschließlich die in VV 3305 ff. RVG bestimmten Gebühren erhalten. Nur dann, wenn seine Tätigkeit über den Rahmen des Mahnverfahrens hinausgeht und den Tatbestand einer anderen Gebührenvorschrift erfüllt, kann er noch weitere Gebühren beanspruchen. Beschränkt sich die Tätigkeit des RA auf das Mahnverfahren, so kann er nicht etwa noch eine Verfahrensgebühr gem. VV 3100 neben den Gebühren der VV 3305 ff. RVG berechnen. 1

Pauschgebühren. Die Gebühren sind Pauschgebühren, mit denen die gesamte Tätigkeit des RA innerhalb des Mahnverfahrens abgegolten wird. 2

VV 3305, 3306 RVG betreffen die Vertretung des **Antragstellers** im Mahnverfahren, also insbes. den RA, der den Mahnbescheid beantragt. Der RA verdient eine 1,0 Gebühr und bei vorzeitigem Ende des Auftrags gem. VV 3306 RVG eine 0,5 Gebühr. Die Mahngebühr ist auf die Verfahrensgebühr eines nachfolgenden Rechtsstreits anzurechnen (Anm. zu VV 3305 RVG). 3

VV 3307 RVG regelt abschließend die Verfahrensgebühr des RA, der den **Antragsgegner** im Mahnverfahren vertritt. Die Formulierung („für die Vertretung des Antragsgegners") ist weiter gefasst als die des § 43 Abs. 1 Nr. 2 BRAGO, der auf die Erhebung des Widerspruchs abstellte. Damit wird dem Umstand Rechnung getragen, dass sich die Tätigkeit des vom Antragsgegner beauftragten Anwalts selten allein auf die formale Einlegung des Widerspruchs beschränkt. Der RA verdient eine 0,5 Verfahrensgebühr. Die Widerspruchsgebühr ist auf die Verfahrensgebühr eines nachfolgenden Rechtsstreits anzurechnen (Anm. zu VV 3307 RVG). 4

VV 3308 RVG gewährt dem RA eine 0,5 Verfahrensgebühr für das Verfahren über einen **Vollstreckungsbescheidsantrag.** VV 3308 RVG stimmt hinsichtlich der Voraussetzungen mit § 43 Abs. 1 Nr. 3 überein. An Stelle einer $^{5}/_{10}$ Gebühr gibt es jetzt eine 0,5 Gebühr. Weiterhin ist die Gebühr für das Verfahren über einen Vollstreckungsbescheid nicht auf die Verfahrensgebühr eines nachfolgenden Rechtsstreits anzurechnen. 5

II. Anwendungsbereich

VV 3305 ff. RVG erfassen nur die Tätigkeit im Mahnverfahren gem. §§ 688–703d ZPO und § 46a ArbGG. Sonstige Tätigkeiten, etwa eine vorgerichtliche Beratungs- oder Vertretungstätigkeit, bevor der RA den Auftrag, im Rahmen des Mahnverfahrens tätig zu werden, erhalten hat, werden von VV 3305 RVG ebenso wenig erfasst wie Tätigkeiten im nachfolgenden Rechtsstreit. 6

III. Mahngebühr (VV 3305, 3306 RVG)

1. Entstehung der Gebühr

a) Tätigkeit. Der **RA des Antragstellers** verdient die Gebühr des VV 3305 RVG mit jeder Tätigkeit des Anwalts im Zusammenhang mit einem Mahnbescheidsantrag. Es genügt die Entgegennahme der Information. Der RA des Antraggegners kann die Gebühr des VV 3305 RVG („Vertretung des Antragstellers") nicht verdienen. 7

b) Zeitpunkt der Tätigkeit. Aus der weiten Fassung des VV 3305 RVG („Vertretung des Antragstellers") ergibt sich, dass der RA diese Gebühr auch dann verdient, wenn er erst nach Erlass des Mahnbescheids im Mahnverfahren tätig wird, zB die Anschrift des Antragsgegners ermittelt und dem Gericht anzeigt, so dass der Mahnbescheid nunmehr zugestellt werden kann. Allerdings kann es hier auch sein, dass nur ein Einzelauftrag iSv VV 3403 RVG vorliegt. VV 3305 RVG ist auch einschlägig, wenn der RA nach dem Widerspruch die Abgabe an das Streitgericht beantragt.[1] Allerdings darf das Mahnverfahren noch nicht beendet sein (→ Rn. 41 ff.). 8

[1] OLG Frankfurt a. M. AnwBl 1999, 413.

2. Gebührenhöhe

9 **a) Grundsätze. 1,0 Verfahrensgebühr gem. VV 3305 RVG.** Eine 1,0 Gebühr fällt, wie sich aus VV 3306 RVG ergibt, an, wenn der RA den verfahrenseinleitenden Antrag bei Gericht oder, wie sich aus einer Hinzufügung durch das 2. JuMoG ergibt, einen Schriftsatz, der Sachanträge, Sachvortrag oder die Zurücknahme des Antrags enthält, eingereicht hat. Die zweite Variante betrifft die Fälle, in denen der Mandant selbst oder ein anderer RA den Mahnbescheid beantragt hatte.

10 **0,5 Verfahrensgebühr gem. VV 3306 RVG.** Für eine 0,5 Gebühr des VV 3306 RVG genügt, dass die Partei den RA informiert hat.[2] Der bloße Antrag, dass ein vom Mandanten gestellter Mahnantrag nunmehr unter der neuen Adresse des Schuldners zugestellt wird, löst keine 1,0, sondern nur eine 0,5 Verfahrensgebühr gem. VV 3306 RVG aus, da dies kein Sachantrag oder Sachvortrag ist.

11 Zur Berechnung, wenn teilweise eine 0,5 und teilweise eine 1,0 Gebühr anfällt, → Anh. VI Rn. 349 ff. Wegen weiterer Gebühren → Rn. 73 ff.

12 **b) Mehrere Auftraggeber.** Vertritt der RA mehrere Antragsteller wegen desselben Gegenstandes, so erhöht sich die Gebühr gem. VV 1008 RVG durch jeden weiteren Auftraggeber um eine 0,3 Gebühr, jedoch höchstens um zwei volle Gebühren (VV 1008 Anm. Abs. 3 RVG). Dass eine Erhöhung zu erfolgen hat, wurde schon zum alten Recht aufgenommen.[3] Für das RVG ergibt es sich unmittelbar aus VV 3308 Anm. S. 2 RVG.

Beispiel:

Der RA vertritt zwei Antragsteller beim Gegenstandswert von 10.000,– EUR.
Er verdient

1,0 Verfahrensgebühr gem. VV 3305 RVG aus 10.000,– EUR	614,00 EUR
0,3 Verfahrensgebühr gem. VV 1008 RVG aus 10.000,– EUR	184,20 EUR

IV. Widerspruchsgebühr (VV 3307)

1. Entstehung der Gebühr

13 Obgleich der Begriff „Widerspruchsgebühr" der Fassung des VV 3307 RVG („Vertretung des Antragsgegners") nicht mehr ganz entspricht, wird er hier weiter benutzt, da er sich eingebürgert hat. Verdient wird die Gebühr mit jeder Tätigkeit des Anwalts des Antragsgegners im Zusammenhang mit einem Mahnverfahren. Es genügt die Entgegennahme der Information. Der RA kann diese Gebühr auch verdienen, wenn der Mandant bereits vorher Widerspruch eingelegt hatte. Soweit zu § 43 Abs. 1 Nr. 2 BRAGO unter Berufung auf den Gesetzeswortlaut („für die Erhebung des Widerspruchs") die Gegenmeinung vertreten wurde,[4] ist dies überholt. Das Gesetz stellt jetzt auf „die Vertretung des Antraggegners" ab. Darüber hinaus heben die Motive hervor, dass der Vertreter des Antragsgegners unabhängig vom Zeitpunkt seiner Beauftragung die Gebühr nach VV 3307 erhalten soll.[5] Zur Rücknahme des Widerspruchs → Rn. 62, 63. Zum Einspruch gegen Vollstreckungsbescheid → Rn. 58.

14 Im **Urkunden- oder Wechselmahnverfahren** (§ 703a Abs. 2 Nr. 4 ZPO) stellt auch der Vorbehalt der Rechte einen Widerspruch dar. Der RA, der nach Erlass eines Urkunden- oder Wechselmahnbescheids nur beantragt, dem Antragsgegner die Ausführung seiner Rechte vorzubehalten, hat hiernach ebenfalls Anspruch auf die Widerspruchsgebühr des VV 3307 RVG.[6]

15 Der **RA des Antragstellers** kann die Gebühr der VV 3307 RVG nicht verdienen, auch nicht wenn er den Antragsteller über die Einlegung des Widerspruchs informiert. Seine Tätigkeit wird durch die Gebühren der VV 3305, 3306 RVG abgegolten.

2. Gebührenhöhe

16 Der RA verdient eine 0,5 Verfahrensgebühr. Das ist eine 0,2 Gebühr mehr als nach der BRAGO. Hierzu führen die Gesetzesmaterialien aus:

> „Selten dürfte sich die Tätigkeit des Rechtsanwalts allein auf die formale Einlegung des Widerspruchs beschränken. In der Regel finden seitens des pflichtgemäß handelnden Rechtsanwalts zunächst eine Vorprüfung und Gespräche mit dem Mandanten statt, in denen die Prozessaussichten, die weitere Verfahrensweise und die

---

[2] KG KGR Berlin 2001, 69 = AGS 2001, 232.
[3] Gerold/Schmidt/*von Eicken,* 15. Aufl. 2002, BRAGO § 31 Rn. 31.
[4] OLG Frankfurt a. M. MDR 1981, 676.
[5] BT-Drs. 15/1971, 215 zu VV 3308 RVG.
[6] *T. Schmidt* RVGreport 2004, 47 (52) Ziff. III 2g.

Möglichkeit einer das Gericht entlastenden gütlichen Regelung geprüft werden. Oft wird Kontakt mit der Gegenseite mit dem Ziel einer Erledigung des Rechtsstreits durch Vergleich aufgenommen."[7]

Vorzeitiges Ende. Anders als VV 3306 RVG für die Mahngebühr kennt das RVG für die Widerspruchsgebühr keine Herabsetzung bei vorzeitigem Ende. 17

Mehrere Auftraggeber. Auf die Widerspruchsgebühr, die eine Verfahrensgebühr ist, findet VV 1008 RVG Anwendung.[8] 18

V. Vollstreckungsbescheidsgebühr (VV 3308 RVG)

1. Entstehung der Gebühr

a) Grundsätze. Für den Antrag auf Erlass des Vollstreckungsbescheides erhält der RA eine 0,5 Gebühr, wenn innerhalb der Widerspruchsfrist kein Widerspruch erhoben oder der Widerspruch gem. § 703a Abs. 2 Nr. 4 ZPO beschränkt worden ist (Anm. zu VV 3308 RVG). Mit dieser Einschränkung soll erreicht werden, dass der Antragsteller abwartet, ob der Antragsgegner zahlt. Außerdem sollen alle Beteiligten einschließlich Gericht vor unnötigen Einspruchsverfahren bewahrt werden.[9] Der **RA des Antraggegners** kann die Gebühr des VV 3308 RVG nicht verdienen („Vertretung des Antragstellers"). Er verdient unabhängig vom Zeitpunkt seiner Beauftragung eine 0,5 Gebühr gem. VV 3307 RVG.[10] 19

b) Auftrag. Der Auftrag kann schon vor Ablauf der Widerspruchsfrist erteilt werden, steht dann aber unter der Bedingung, dass bis zum Ablauf der Widerspruchsfrist kein Widerspruch eingelegt ist.[11] Erhält der RA den Auftrag, eine Forderung im Mahnverfahren durchzusetzen, so umfasst das im Regelfall auch den Auftrag, einen Vollstreckungsbescheid zu erwirken, wenn kein Widerspruch gegen den Mahnbescheid eingelegt wird.[12] 20

c) Tätigkeit. Der RA erhält die Gebühr für die Vertretung im Verfahren über den Vollstreckungsbescheidsantrag. Sie entsteht, wenn nicht fristgemäß Widerspruch eingelegt wurde, somit schon mit der ersten Tätigkeit nach Erteilung des Auftrags zur Erwirkung des Vollstreckungsbescheides. Sie entsteht nicht erst mit der Antragstellung oder gar erst mit dem Eingang des Antrags bei Gericht.[13] Für die Entstehung der Gebühr ist es erst recht unerheblich, ob der Vollstreckungsbescheid auch erlassen wird.[14] Die Gebühr fällt auch an, wenn die Partei den Vollstreckungsbescheid selbst beantragt und den RA nur mit dessen Zustellung beauftragt.[15] Sollte der RA in diesem Fall nur einen Einzelauftrag erhalten haben, so würde gem. VV 3403 RVG auch nur eine 0,5 Verfahrensgebühr entstehen, da die Gebühr für die Einzeltätigkeit nicht höher als die für den Verfahrensbevollmächtigten sein kann (→ RVG VV 3403 Rn. 58). 21

d) Nicht abgelaufene Widerspruchsfrist. Die Gebühr kann nicht anfallen, wenn der RA vor Ablauf der Widerrufsfrist (zwei Wochen seit Zustellung des Mahnbescheides § 692 Abs. 1 Nr. 3 ZPO) tätig wird. Hat er vorher Informationen entgegengenommen, so bleibt er trotz seiner Tätigkeit ohne Vergütung. Dies ergibt sich zwingend aus der Anm. zu VV 3308 RVG.[16] Ein vor Ablauf der Widerspruchsfrist gestellter Antrag ist wirkungslos (§ 699 Abs. 1 S. 2 ZPO) und löst keine Gebühren für den RA aus. Es liegt auch kein aufschiebend bedingter Antrag vor, der bei Fristablauf die Gebühr auslösen könnte, da sonst § 699 Abs. 1 S. 2 ZPO umgangen werden könnte.[17] Der RA verdient auch dann keine Gebühr, wenn er von der fristgerechten Widerspruchseinlegung keine Kenntnis hatte.[18] 22

---

7 BT-Drs. 15/1971, 215.

8 Zum alten Recht Gerold/Schmidt/*von Eicken,* 15. Aufl. 2002, BRAGO § 6 Rn. 31.

9 Hartmann/Toussaint/*Toussaint* RVG VV 3308 Rn. 5.

10 BT-Drs. 15/1971, 215.

11 Gerold/Schmidt/*von Eicken,* 15. Aufl. 2002, BRAGO § 43 Rn. 7; **aA** Schneider/Wolf/*Mock* RVG VV 3308 Rn. 5, Auftrag idR erst mit Mitteilung des Gläubigers, dass Schuldner nicht gezahlt hat.

12 *N. Schneider* Anwaltsgebühren Kompakt 2010, 33.

13 *N. Schneider* Anwaltsgebühren Kompakt 2010, 33; so aber OLG Bamberg JurBüro 1980, 721; *E. Schneider* zu KostRspr § 43 BRAGO Nr. 30.

14 OLG Karlsruhe Rpfleger 1996, 421.

15 LG Bonn AGS 2005, 340; *N. Schneider* Anwaltsgebühren Kompakt 2010, 33.

16 OLG Hamburg JurBüro 1983, 239 = MDR 1983, 142; *N. Schneider* Anwaltsgebühren Kompakt 2010, 33; **aA** *Tschischgale* Rpfleger 1965, 246.

17 Hartmann/Toussaint/*Toussaint* RVG VV 3308 Rn. 8; wohl ebenso, wenn auch nicht so eindeutig OLG Koblenz JurBüro 1989, 798; *Hansens* BRAGO § 43 Rn. 8.

18 OLG Hamburg JurBüro 1983, 239 = MDR 1983, 142; OLG Celle Rpfleger 1965, 246 mkritAnm *Tschischgale* = JurBüro 1965, 140.

23 **e) Widerspruch nach Ablauf der Widerspruchsfrist.** Nach § 694 Abs. 1 ZPO ist ein solcher Widerspruch nach Ablauf der Frist noch rechtzeitig und hindert den Erlass eines Vollstreckungsbescheids. Dennoch kann der RA die Gebühr des VV 3308 RVG verdienen.[19] Für die Entstehung der Gebühr ist es unerheblich, ob der wirksam beantragte Vollstreckungsbescheid auch erlassen wird. Ob der RA sie verdient, hängt davon ab, ob er bei der Beantragung von dem Widerspruch **Kenntnis** hatte. Wenn ja, so entsteht durch die Antragstellung keine Gebühr, denn der Antrag ist sinnlos, weil ein Vollstreckungsbescheid nicht mehr ergehen kann. Hatte der RA bei Antragstellung keine Kenntnis von der Einlegung des Widerspruchs, so entsteht die Gebühr, die auch zu erstatten ist.[20]

24 **f) Widerspruch nach Erlass des Vollstreckungsbescheids.** Wird erst nach Erlass des Vollstreckungsbescheides Widerspruch eingelegt, so wird er nach § 694 Abs. 2 ZPO als Einspruch behandelt. Die Gebühr des VV 3308 RVG ist entstanden und bleibt auch ohne Anrechnung auf die im Einspruchsverfahren entstehende Verfahrensgebühr der VV 3100 ff. RVG erhalten.

25 **g) Antrag nach Rücknahme des Widerspruchs.** Der Antragsgegner kann seinen Widerspruch bis zum Beginn seiner mündlichen Verhandlung zur Hauptsache zurücknehmen (§ 697 Abs. 4 ZPO). Dann beurteilen sich weitere Gebührendes RA des Antragstellers so, als wäre kein Widerspruch eingelegt worden. Für den alsdann gestellten Antrag auf Erlass des Vollstreckungsbescheides erhält der RA die Gebühr des VV 3308 RVG.[21] Hatte er vorher noch die Durchführung des streitigen Verfahrens oder, was gleich bedeutend ist, die Abgabe an das Streitgericht beantragt, so hat er daneben auch noch – ohne Anrechnungspflicht – eine Gebühr gem. VV 3100 RVG verdient. Auch wenn der Widerspruch erst im streitigen Verfahren zurückgenommen wird, fällt eine Gebühr nach VV 3308 RVG an, wenn der Klägervertreter nunmehr den Erlass eines – durch das Streitgericht zu erlassenden – Vollstreckungsbescheids beantragt.[22] Die zuvor entstandene Verfahrensgebühr gem. VV 3100 RVG bleibt – ohne Anrechnung (→ Rn. 66) – daneben bestehen.

26 **h) Urkunden-, Wechsel- und Scheckmahnbescheid.** Im Falle des Urkunden-, Wechsel- und Scheckmahnbescheides kann der Vollstreckungsbescheid auch beantragt werden, wenn zwar Widerspruch eingelegt worden ist, dieser sich aber auf den Antrag, dem Beklagten die Ausführung seiner Rechte vorzubehalten, beschränkt. In diesem Fall ergeht der Vollstreckungsbescheid unter diesem Vorbehalt und ist für das weitere Verfahren § 600 ZPO entsprechend anzuwenden.

2. Gebührenhöhe

27 Es fällt eine 0,5 Gebühr an. Sie ermäßigt sich bei **vorzeitigem Ende** nicht, zB wenn es nicht mehr zur Antragstellung kommt, weil der Schuldner inzwischen gezahlt hat. Eine dem VV 3306 RVG entsprechende Vorschrift gibt es für die Gebühr des VV 3308 RVG nicht.

28 **Mehrere Auftraggeber.** VV 1008 RVG ist nicht anzuwenden ist, wenn sich die Mahngebühr des VV 3305 RVG bereits erhöht hat (VV 3308 Anm. S. 2 RVG).

VI. Abgeltungsbereich

1. Allgemeines

29 Die Gebühren gem. VV 3305–3308 RVG gelten die **gesamte Tätigkeit des Anwalts im Mahnverfahren** ab. Ein Anspruch auf eine Verfahrensgebühr nach VV 3100 RVG entsteht daneben nicht.

2. Mahngebühr

30 **Mit abgegolten** von der Mahngebühr werden die Entgegennahme der Information, die Beratung, die Antragstellung, die Stellungnahme zu Anfragen oder Bedenken des Gerichts, die Nachreichung von Unterlagen, die Zustellung oder Empfangnahme des Mahnbescheids und die weiteren in § 19 Abs. 1 S. 2 Nr. 9 RVG genannten Fälle, auch die Mitteilung des Widerspruchs an den Auftraggeber. Dies ergibt sich aus § 19 Abs. 1 S. 2 RVG, insbes. aus Nr. 1, 2, 9.

---

[19] BGH JurBüro 1982, 705, der Widerspruch gegen einen Mahnbescheid ist auch dann rechtzeitig erhoben, wenn er, als der Vollstreckungsbescheid verfügt wurde, zwar noch nicht bei der Geschäftsstelle der Mahnabteilung, wohl aber bereits bei dem Gericht eingegangen war.

[20] OLG Karlsruhe Rpfleger 1996, 421, auch erstattbar; OLG Hamburg JurBüro 2000, 473 = MDR 2000, 356.

[21] OLG Hamm AnwBl 1984, 503 = JurBüro 1984, 1841 = MDR 1985, 66; OLG Koblenz JurBüro 1989, 798; *N. Schneider* Anwaltsgebühren Kompakt 2010, 33.

[22] *N. Schneider* Anwaltsgebühren Kompakt 2010, 33.

Nicht mit abgegolten werden 31
– die **sofortige Beschwerde** gem. **§ 691** Abs. 3 S. 1 ZPO und die **sofortige Erinnerung** gem. § 691 Abs. 3 S. 2 ZPO, § 11 Abs. 2 RPflG.[23] Anders als in § 37 Nr. 5 BRAGO ist in § 19 Abs. 1 S. 2 Nr. 5 RVG die Erinnerung nach § 11 Abs. 2 RpflG nicht mehr genannt, sondern in VV 3500 RVG aufgeführt. Dies beruht darauf, dass nach der Vorstellung des Gesetzgebers die sofortige Erinnerung nach § 11 Abs. 2 RPflG wegen des vergleichbaren Arbeitsaufwandes gebührenrechtlich wie eine Beschwerde behandelt werden soll.[24]
– die **Vollstreckungsbescheidsgebühr** des VV 3308 RVG, die neben der Mahngebühr geltend gemacht werden kann.[25]

3. Widerspruchsgebühr

Mit der Widerspruchsgebühr sind abgegolten die Entgegennahme der Information, die Beurteilung der Erfolgsaussichten des Begehrens des Antragstellers sowie die Begründung des Widerspruchs, selbst wenn mit ihm die Unzuständigkeit des Amtsgerichts gerügt wird; weiter die in § 19 Abs. 1 S. 2 Nr. 9 RVG genannten Tätigkeiten. Dass der RA trotz des großen Abgeltungsbereichs nur eine 0,5 Gebühr verdient und nicht wie der RA des Antragstellers eine 1,0 Gebühr, ändert daran nichts.[26] 32

Korrespondiert der RA, der einen Widerspruchsauftrag hat, mit dem Gegner, so ist er im Rahmen dieses Auftrags tätig und verdient daher keine weitere Gebühr, zB keine Geschäftsgebühr gem. VV 2300 ff. RVG oder Verfahrensgebühr gem. VV 3100 ff. RVG, auch wenn er schon einen bedingten Verfahrensauftrag hat, da diese Tätigkeit noch nicht zum Prozess gehört. Das gilt auch, wenn Einigungsgespräche geführt werden. In diese Richtung gehen auch die Gesetzesmotive (→ Rn. 16). 33

4. Vollstreckungsbescheidsgebühr

Abgegolten durch die Gebühr des VV 3308 RVG wird die gesamte mit dem Antrag zusammenhängende Tätigkeit, besonders auch die Erwirkung einer Vollstreckungsklausel (vgl. § 19 Abs. 1 S. 2 Nr. 13 RVG, aber auch → RVG VV 3309 Rn. 402 ff.). Weitere Gebühren entstehen nicht. 34

VII. Angelegenheit

1. Verhältnis zum Streitverfahren

Das Mahnverfahren und das anschließende Streitverfahren sind zwei Angelegenheiten. Der frühere Streit zu dieser Frage[27] ist durch § 17 Nr. 2 RVG entschieden. Die Verfahrensgebühren gem. VV 3305 RVG und VV 3307 RVG sind gem. den Anm. zu diesen Bestimmungen auf die Verfahrensgebühr im Streitverfahren anzurechnen. Die Kommunikationspauschale fällt doppelt an. 35

2. Mehrere Mahnverfahren

a) Mehrere Gegner. Hat der Gläubigervertreter gegen mehrere Schuldner als Gesamtschuldner in nahem zeitlichem Zusammenhang Mahnbescheide beantragt und dabei jeweils den anderen Antragsgegner als Gesamtschuldner genannt, so entspricht dieses Vorgehen einer gemeinsamen Klageerhebung. Es handelt sich um eine Angelegenheit. Dass mehrere getrennte Antragsformulare eingereicht werden müssen, steht nicht entgegen. 36

Beispiel:

RA beantragt gegen zwei Antragsgegner als Gesamtschuldner am gleichen Tag mit zwei Anträgen Mahnbescheide über 10.000,– EUR.
RA verdient
1,0 Verfahrensgebühr gem. VV 3305 RVG aus 10.000,– EUR 614,00 EUR

Nach Abgabe an Streitgericht. Auch nach der Abgabe an das Streitgericht bleibt das Verfahren eine Angelegenheit. Das gilt auch dann, wenn es beim Streitgericht zwei unterschiedli- 37

[23] Zur sofortigen Erinnerung Thomas/Putzo/*Hüßtege* ZPO § 691 Rn. 11a.
[24] BT-Drs. 15/1971, 194 Abs. 1.
[25] OLG Frankfurt a. M. AnwBl 1999, 413.
[26] OLG Koblenz JurBüro 1985, 521; KG JurBüro 2002, 641; **aA** LG Hamburg AnwBl 1983, 521.
[27] Mehrere Angelegenheiten: OLG Düsseldorf Rpfleger 2000, 566; eine Angelegenheit: KG JurBüro 2000, 583.

che Aktenzeichen erhält.[28] Hierdurch ist keine Trennung gem. § 145 ZPO erfolgt. Eine Trennung kann nicht durch die Eingangsstelle des Gerichts, sondern nur durch den Rechtspfleger oder den Prozessrichter durch einen förmlichen Trennungsbeschluss erfolgen.[29] Spricht der Richter dann noch eine Verbindung aus, so hat diese nur deklaratorische Bedeutung.[30] An diesen Grundsätzen ändert sich auch nichts dadurch, dass die Antragsgegner zeitlich versetzt Widerspruch eingelegt haben[31] oder die Unterlagen dem Landgericht zu unterschiedlichen Zeitpunkten zugehen.[32]

38 Liegen die Voraussetzungen, unter denen nur von einer Angelegenheit auszugehen ist, nicht vor, so kann aber noch bei der Kostenerstattung geprüft werden, ob die Trennung rechtsmissbräuchlich war und deshalb die Mehrkosten nicht zu erstatten sind (→ Rn. 104; → Anh. X Rn. 244 ff.).

39 **b) Erneuter Mahnbescheid.** Wird nicht binnen der Sechsmonatsfrist des § 701 ZPO ein Vollstreckungsbescheid beantragt, so entfällt die Wirkung des Mahnbescheids. Stellt der RA deshalb einen neuen Mahnantrag, so handelt es sich um eine neue Angelegenheit.[33]

VIII. Verhältnis zur Verfahrensgebühr gem. VV 3100 RVG

1. Überblick

40 Das Mahnverfahren und das anschließende Streitverfahren sind zwei Angelegenheiten (→ Rn. 35). Bis zum Ende des Mahnverfahrens verdient der RA Gebühren gem. VV 3305 ff. RVG und keine gem. VV 3100 ff. RVG. Erst mit dem Beginn des Streitverfahrens (→ Rn. 41 ff.) fallen die Gebühren gem. VV 3100 ff. RVG an. Etwas anderes gilt, wenn er schon während des Mahnverfahrens einen unbedingten Prozessauftrag erhält und er auch schon hinsichtlich des Prozessauftrags tätig geworden ist (→ Rn. 42 ff.). Anträge, die sich bereits auf das Streitverfahren beziehen, gehören schon zum Streitverfahren, so zB Anträge, die zur Einleitung des streitigen Verfahrens führen sollen wie der Antrag auf Durchführung des Streitverfahrens (→ Rn. 58 ff.), oder die Einrede zur örtlichen Zuständigkeit des im Mahnbescheid genannten Streitgerichts (→ Rn. 56 ff.).

2. Anfang des Streitverfahrens

41 **Ende des Mahnverfahrens.** Das Mahnverfahren endet noch nicht mit dem Widerspruch, weshalb die Entgegennahme und Weiterleitung des Widerspruchs noch zum Mahnverfahren gehört. Das Mahnverfahren endet mit der Terminierung durch das Amtsgericht bzw. Abgabe an das Streitgericht,[34] oder mit dem Erlass des Vollstreckungsbescheids[35] oder mit der Rücknahme des Antrags. Die der Terminierung, Abgabe oder dem Vollstreckungsbescheid folgenden Prozesshandlungen gehören schon zum Streitverfahren.

3. Entstehung der Verfahrensgebühr gem. VV 3100 ff. RVG

42 **a) Grundsätze.** Für die Entstehung der Verfahrensgebühr neben der Mahn- oder der Widerspruchsgebühr ist nur erforderlich, dass ein Auftrag zur Vertretung im Streitverfahren (Prozessauftrag) erteilt worden und der RA in Ausführung dieses Auftrages tätig geworden ist.

43 **b) Prozessauftrag.** Der Auftrag kann bedingt für den Fall der Anhängigkeit des Streitverfahrens schon zugleich mit dem Auftrag für das Mahnverfahren erteilt werden. Das gilt gleichermaßen für den RA des Antragstellers wie für den des Antragsgegners.[36] Ob ein solcher Auftrag erteilt ist, hängt vom Einzelfall ab. Jedenfalls beim Mahnauftrag kann nicht ohne weiteres davon ausgegangen werden, dass zugleich auch ein unbedingter oder bedingter Prozessauftrag erteilt sein soll. Häufig will der Antragsteller die Reaktion des Antragsgegners abwarten,

---

[28] OLG Düsseldorf JurBüro 1992, 799; OLG Frankfurt a. M. AGS Kompakt 2009, 82; KG KGR Berlin 2001, 69 = AGS 2001, 232 (234); OLG Schleswig JurBüro 1987, 1036; OLG Zweibrücken JurBüro 2007, 322; beachte aber auch OLG Düsseldorf JurBüro 1994, 436; OLG Oldenburg JurBüro 2003, 322, mehrere Angelegenheiten, wobei unklar ist, wie die tatsächlichen Verhältnisse waren, insbes. ob ein enger zeitlicher Zusammenhang bestand.

[29] OLG Düsseldorf JurBüro 1998, 82; OLG Zweibrücken JurBüro 2007, 322.

[30] LG Berlin JurBüro 1998, 30; OLG Karlsruhe Justiz 1987, 185; vgl. auch hinsichtlich Gerichtskosten OLG München MDR 1998, 738 = OLGR 1998, 317.

[31] OLG Zweibrücken JurBüro 2007, 322.

[32] OLG Zweibrücken JurBüro 2007, 322, für den Fall, dass Unterlagen vom AG gleichzeitig abgegeben wurden.

[33] *T. Schmidt* RVGreport 2004, 47 (51) Ziff. III 1g; Musielak/Voit/*Voit* ZPO § 701 Rn. 5, zu Gerichtskosten.

[34] OLG München AnwBl 1998, 287; 2001, 127.

[35] OLG München AnwBl 1992, 400.

[36] OLG Frankfurt a. M. AnwBl 1984, 99; OLG Koblenz Rpfleger 2002, 484; OLG Köln JurBüro 1995, 81.

sei es dass er wissen will, welche Gegenargumente die andere Seite hat, sei es dass ihm wegen zweifelhafter Zahlungsfähigkeit des Gegners oder aus anderen Gründen das Risiko eines teuren Prozesses zu hoch ist. Beim Widerspruchsanwalt gehen viele davon aus, dass im Regelfall auch gleichzeitig ein Prozessauftrag erteilt wird.[37]

Bedingter Prozessauftrag. Wenn ein Prozessauftrag vorliegt, so ist im Regelfall davon auszugehen, dass nur ein bedingter Prozessauftrag erteilt ist für den Fall, dass es zu einem Widerspruch bzw. beim Antragsgegner zu einem streitigen Verfahren kommt.[38] Allerdings kommt aber auch ein unbedingter Auftrag in Betracht, etwa weil der Antragsgegner wegen der kurzen Erwiderungsfristen oder wegen langer Auslandsreise bereits von Anfang an das Verhalten in einem zu erwartenden Rechtsstreit besprechen will.[39] **44**

c) Tätigkeit. Anders als bei dem Rechtsstreit ohne vorgeschaltetes Mahnverfahren wird die erste Tätigkeit des RA in Ausführung des Prozessauftrags nicht ohne weiteres in der Entgegennahme der Information liegen, denn diese wird in der Regel schon im Rahmen des Mahnverfahrens erteilt worden sein. Sie ist diesem zuzurechnen.[40] Dafür spricht auch die Begründung des Gesetzes (→ Rn. 16), wonach die Erhöhung der Gebühr in VV 3307 RVG von $^{3}/_{10}$ auf 0,5 damit begründet wird, dass im Regelfall vor dem Widerspruch auch die Prozessaussichten, die weitere Verfahrensweise usw besprochen wird.[41] Auch beim Antragsteller wird meistens schon vor dem Antrag auf Mahnbescheid ein ausführliches Informationsgespräch stattgefunden haben. **45**

Allerdings sind hier Ausnahmen möglich, zB kann die Begründung des Widerspruchs die Einholung weiterer Informationen vom Antragsteller erfordern, die dann für dessen RA die Verfahrensgebühr auslöst.[42] **46**

Besprechung über späteres Verhalten im Prozess. Will der Antragsgegner von Anfang an auch das spätere Verhalten im Prozess besprechen, so kann das, etwa wegen langer Auslandsreise, sinnvoll sein (→ Rn. 44). Es liegt dann ein unbedingter Prozessauftrag vor. Der RA verdient eine 0,8 Verfahrensgebühr gem. VV 3101 RVG.[43] Zu beachten ist aber, dass eine dem Widerspruch vorausgehende Besprechung der Rechtslage und der Chancen im Rahmen eines etwaigen Prozesses von der Gebühr des VV 3307 RVG abgedeckt wird.[44] Dasselbe gilt für eine Widerspruchsbegründung, die den Antragsteller von dem Übergang ins streitige Verfahren abhalten soll.[45] Weiter ist zu verlangen, dass, wenn bereits eine Verfahrensgebühr entsteht, der RA den Mandanten darauf hinweist, dass zusätzliche Kosten anfallen, die, wenn es zu keinem Prozess kommt, der Antragsgegner selbst tragen muss. **47**

Prüfung, ob etwas veranlasst ist. Die erste Tätigkeit des Schuldnervertreters kann auch in der Prüfung liegen, ob etwas für seinen Mandanten zu unternehmen ist.[46] Nach dem KG soll es genügen, dass der Antragsgegnervertreter die Nachricht des Streitgerichts vom Eingang der Sache und von einer befristeten Auflage an den Kläger entgegengenommen hat, da dann als glaubhaft angesehen werden könne, dass der RA pflichtgemäß geprüft hat, ob etwas für seinen Mandanten zu unternehmen ist.[47] Gerade wenn noch keine Klagebegründung vorliegt, ist eine solche regelmäßige Annahme verfehlt. Kritisch zu solchen Annahmen → RVG VV 3201 Rn. 28 ff. Dem gegenüber verneint OLG Düsseldorf eine Tätigkeit des Beklagtenvertreters im Streitverfahren, wenn dieser die Nachricht von der Übernahme des Verfahrens durch das Streitgericht lediglich vier Tage vor der Kenntnis der Klagerücknahme erhalten hat.[48] **48**

---

[37] OLG Düsseldorf NJW-RR 2005, 1231 = JurBüro 2005, 473; KG JurBüro 2007, 307; OLG München JurBüro 1986, 877 = AnwBl 1986, 208; OLG Saarbrücken JurBüro 1988, 1668; *Hansens* BRAGO § 43 Rn. 5.

[38] OLG Düsseldorf NJW-RR 2005, 1231 = JurBüro 2005, 473; JurBüro 1994, 431; OLG Koblenz JurBüro 2002, 76; OLG Saarbrücken JurBüro 1988, 1668; **aA** im Regelfall unbedingter Prozessauftrag OLG Köln JurBüro 2000, 77.

[39] OLG Frankfurt a. M. AnwBl 1984, 99.

[40] OLG Düsseldorf NJW-RR 2005, 1231 = JurBüro 2005, 473; *Hansens* RVGreport 2005, 386 (387) Ziff. IV 1; **aA** OLG Köln JurBüro 2000, 77.

[41] OLG Düsseldorf NJW-RR 2005, 1231 = JurBüro 2005, 473.

[42] *Hansens* RVGreport 2005, 386.

[43] OLG Frankfurt a. M. AnwBl 1984, 99.

[44] OLG Düsseldorf NJW-RR 2005, 1231 = JurBüro 2005, 473.

[45] Mit diesem Aspekt hat sich OLG Düsseldorf JurBüro 1994, 431, das in der Begr. eine Förderung des Verfahrens sah, nicht befasst.

[46] KG JurBüro 2007, 307.

[47] KG JurBüro 2007, 307.

[48] OLG Düsseldorf NJW-RR 2005, 1231 = JurBüro 2005, 473.

4. Klageabweisungsantrag zusammen mit Widerspruch

49 Häufig stellt der RA des Antragsgegners zugleich mit dem Widerspruch Klageabweisungsantrag. Nimmt dann der Antragsteller seinen Mahnantrag zurück, bevor das Streitverfahren begonnen hat, so stellt sich die Frage, ob der RA eine der Gebühren des VV 3100 ff. RVG verdient.

50 **Vertretene Ansichten.**[49] Hier werden folgende Ansichten vertreten

- Beauftragt der Antragsgegner ausdrücklich den RA, gleichzeitig mit dem Widerspruch Klageabweisung zu beantragen, so ist von einem unbedingten Prozessauftrag auszugehen. Der RA verdient eine 1,3 Verfahrensgebühr gem. VV 3100 RVG, ohne dass es darauf ankommt, ob das Streitverfahren später eingeleitet wird.[50]
- Lag ein bedingter Prozessauftrag vor, so verdient der RA eine 1,3 Verfahrensgebühr erst, wenn das Verfahren später an das Streitgericht abgegeben wird, da dann die Bedingung für den Prozessauftrag eingetreten ist.[51]
- Lag ein bedingter Prozessauftrag vor, so fällt eine 1,3 Verfahrensgebühr erst an, wenn später tatsächlich die Anspruchsbegründung zugestellt bzw. Termin anberaumt wird.[52]
- Es fällt, wenn es zu keinem Streitverfahren kommt, eine 0,8 Verfahrensgebühr an.[53]

51 **Stellungnahme zu 1,3 Verfahrensgebühr.** Zunächst einmal steht einer Verfahrensgebühr entgegen, dass in aller Regel lediglich von einem unter der aufschiebenden Bedingung des Beginns eines Streitverfahrens stehenden Auftrag auszugehen ist. Ist die Bedingung nicht eingetreten, kann keine der Gebühren des VV 3100 ff. RVG anfallen. Hinzu kommt noch Folgendes: Es ist keine Situation denkbar, in der es schon bei Widerspruchseinlegung sinnvoll ist, einen Klageabweisungsantrag zu stellen. Es genügt völlig, dem RA einen bedingten Prozessauftrag zu erteilen. Der sofortige Klageabweisungsantrag bringt dem Antragsgegner zu diesem Zeitpunkt nicht den geringsten Vorteil, wohl aber, wenn man vom Entstehen einer Gebühr des Anwalts ausgeht, erhebliche Nachteile. Er müsste eine Gebühr zahlen, die er letztlich selbst tragen müsste (→ Rn. 137 ff.). Selbst wenn ein Gericht einen Erstattungsanspruch bejahen würde, hätte der Auftraggeber noch das Risiko der Zahlungsfähigkeit des Antragstellers zu tragen. Der Auftrag an den RA ist aber regelmäßig dahingehend zu verstehen, dass der RA die Prozesskosten möglichst niedrig halten muss und völlig überflüssige Maßnahmen, zumal solche, für die wegen ihrer Überflüssigkeit kein Erstattungsanspruch besteht, unterlässt.[54] Für völlig überflüssige Anträge kann der RA keine Verjährung geltend machen (→ § 1 Rn. 166 ff.).[55] In aller Regel entsteht daher eine 1,3 Verfahrensgebühr erst, wenn das Streitverfahren begonnen hat, die Sache also an das Streitgericht abgegeben wurde bzw. das Amtsgericht terminiert hat.

52 Es ändert sich auch nichts, wenn nachher das Verfahren an das streitige Gericht abgegeben wird. Solange keine Klagebegründung vorliegt bzw. das Gericht keinen Termin anberaumt hat, bringt ein Abweisungsantrag dem Antragsgegner keine Vorteile, weiter aber die genannten Nachteile. Ein Erstattungsanspruch für eine 1,3 Verfahrensgebühr wäre weiter nicht gegeben. Es gelten die gleichen Grundsätze wie bei einem Antrag auf Zurückweisung der Berufung, die vor ihrer Begründung zurückgenommen wird. Hier ist inzwischen hM, dass keine 1,6 Verfahrensgebühr zu erstatten ist (→ RVG VV 3201 Rn. 57 ff.).

53 Eine Gebühr gem. VV 3100 RVG kann der RA **ausnahmsweise** verlangen, wenn der Mandant darauf besteht, dass schon mit dem Widerspruch ein Abweisungsantrag gestellt wird. Allerdings wird der RA ihn darauf hinweisen müssen, dass es dieser Maßnahme zu diesem Zeitpunkt nicht bedarf und hierdurch unnötige und vom Gegner nicht zu erstattende Mehrkosten entstehen.[56] Kein Auftraggeber wird dann auf einem sofortigen Abweisungsantrag bestehen.

---

[49] Ausf. Übersicht über Rspr. und Lit. bei *Hansens* BRAGOreport 2002, 149.

[50] OLG Frankfurt a. M. JurBüro 1994, 229; OLG Koblenz JurBüro 2000, 305 (306).

[51] OLG Düsseldorf JurBüro 1994, 431; OLG Koblenz JurBüro 2002, 76; Rpfleger 2002, 484; OLG Köln JurBüro 2000, 77; OLG Saarbrücken JurBüro 1988, 1668; *Hansens* RVGreport 2005, 386 (387) Ziff. V.

[52] KG JurBüro 2002, 641; *Hansens* BRAGO § 43 Rn. 5; **aA** OLG München MDR 2001, 296, sogar dann entsteht keine Verfahrensgebühr.

[53] OLG Köln JurBüro 1995, 81.

[54] OLG Düsseldorf MDR 1955, 495; OLG Frankfurt a. M. AnwBl 1984, 99; vgl. auch die Rspr. zum Antrag auf Zurückweisung der Berufung, bevor die Berufung begründet wurde (→ RVG VV 3201 Rn. 57 ff.) und zu überflüssigen Anträgen gem. § 516 Abs. 3 ZPO (→ RVG VV 3201 Rn. 77). Diese bezieht sich zwar auf Erstattungsansprüche, zeigt aber die zunehmende Tendenz der Rspr. mit zu berücksichtigen, ob Maßnahmen überflüssig waren Das muss auch für das Verhältnis des RA zum Mandanten gelten.

[55] BGHZ 66, 305.

[56] OLG Frankfurt a. M. AnwBl 1984, 99.

0,8 Verfahrensgebühr. Vor Beginn des Streitverfahrens. Eine andere Frage ist, ob der Klageabweisungsantrag zumindest eine 0,8 Verfahrensgebühr gem. VV 3101 RVG auslösen kann, da er die Mitteilung enthält, dass der Widerspruchsanwalt den Antragsgegner auch als Prozessbevollmächtigter vertritt. Insofern scheitert eine 0,8 Verfahrensgebühr vor dem Beginn des Streitverfahrens daran, dass im Regelfall nur ein bedingter Auftrag vorliegt und die Gebühr nicht vor Eintritt der Bedingung entstehen kann. Darüber hinaus wäre auch hier wieder eine Aufklärung über die höheren Kosten zu verlangen. **54**

Nach Beginn des Streitverfahrens. Eine – erstattungsfähige – 0,8 Verfahrensgebühr entsteht aber, wenn das Streitverfahren beginnt. Nunmehr ist die Bedingung eingetreten. Der Klageabweisungsantrag enthält auch die – nunmehr sinnvolle – Mitteilung, dass der RA den Antragsgegner auch im Streitverfahren vertritt. **55**

5. Erklärungen und Anträge zur Zuständigkeit

Rüge der örtlichen Zuständigkeit im Widerspruch. Verbindet der Antragsgegner mit dem Widerspruch auftragsgemäß die Einrede, dass das gem. § 690 Abs. 1 Nr. 5 ZPO im Mahnbescheid genannte Streitgericht örtlich unzuständig ist, so wird diese Erklärung nicht durch die Widerspruchsgebühr abgegolten, da sie sich bereits auf das Streitverfahren bezieht. Dadurch wird eine 0,8 Gebühr gem. VV 3101 RVG ausgelöst; nicht aber eine 1,3 Verfahrensgebühr gem. VV 3100 RVG, da die schriftsätzliche Erhebung der Einrede ohne entsprechenden Sachantrag (zB Klageabweisung) keinen Sachantrag darstellt.[57] Eine derartige Einrede ist auch nicht sinnlos, da sie verhindern soll, dass das Verfahren erst einmal an ein unzuständiges Gericht abgegeben wird. **56**

Erklärung zur Abgabe an anderes als im Mahnbescheid angegebenes Streitgericht. Um unnötige Verweisungen namentlich in den Fällen, in denen das Gericht des allgemeinen Gerichtsstandes des Antragsgegners nicht (mehr) richtig bezeichnet ist, zu vermeiden, sieht § 696 Abs. 1 S. 1 ZPO vor, dass das Mahngericht nach rechtzeitigem Widerspruch und Antrag auf Durchführung des streitigen Verfahrens den Rechtsstreit statt an das im Mahnbescheid bezeichnete Gericht auch an ein anderes Gericht abgeben kann, wenn die Parteien übereinstimmend die Abgabe an dieses verlangen. Sowohl für den RA des Antragstellers als auch für den des Antragsgegners wird diese Erklärung nicht durch die Mahn- bzw. Widerspruchgebühr abgegolten, denn sie betrifft bereits das Streitverfahren. Mit der Erklärung wird der RA bereits im Streitverfahren tätig, und zwar auch dann, wenn sie mit dem Widerspruch verbunden wird. Sie erfüllt aber keinen der Tatbestände des VV 3101 Nr. 1 RVG und löst damit nur eine 0,8 Gebühr nach dem Wert der Hauptsache aus. Insbesondere enthält eine solche Erklärung nicht den Antrag auf Durchführung des streitigen Verfahrens. Denn dem Verlangen lässt sich nur das Einverständnis mit der Durchführung des Streitverfahrens vor einem bestimmten Gericht entnehmen, falls dieses Verfahren auf einen bereits gestellten oder noch zu stellenden Antrag des Gegners hin durchgeführt werden sollte. Diese Einverständniserklärung ist kein Sachantrag iSv VV 3101 Nr. 1 RVG. **57**

6. Streitverfahren einleitende Anträge

Das Streitverfahren einleitende Anträge lösen eine 1,3 Verfahrensgebühr gem. VV 3100 RVG aus. Das gilt für **58**

- die Einlegung des **Einspruchs gegen Vollstreckungsbescheid,** da mit dem Erlass des Vollstreckungsbescheids das Mahnverfahren endet und der Einspruch ohne weiteres in das Streitverfahren überleitet,[58]
- die Einlegung des **Einspruchs gegen einen Europäischen Zahlungsbefehl,** da bei dem einstufigen Europäischen Mahnverfahren mit dem Erlass des Zahlungsbefehls das Mahnverfahren endet und der Einspruch ohne weiteres in das Streitverfahren überleitet (§ 1090 Abs. 2 ZPO);[59] anders ist es allerdings, wenn der Antragsteller gem. Art. 17 Abs. 1 EuMVVO letzter Halbsatz ausdrücklich beantragt hat, das Verfahren im Fall eines Einspruchs zu beenden, da dann das Verfahren nicht ins Streitverfahren übergeleitet wird. Dann liegt lediglich eine Vertretung des Antragsgegners im Mahnverfahren vor, was gem. VV 3307 RVG zu einer 0,5 Verfahrensgebühr führt.

---

[57] OLG Düsseldorf MDR 1955, 495; Gerold/Schmidt/*von Eicken,* 15. Aufl. 2002, BRAGO § 43 Rn. 19.
[58] OLG München AnwBl 1992, 400 = JurBüro 1992, 325; *Hansens* RVGreport 2004, 123.
[59] OLG Nürnberg MDR 2010, 294.

– den Antrag auf **Abgabe** des Mahnverfahrens an das Streitgericht bzw. auf **Durchführung des streitigen Verfahrens,** egal ob durch den Gläubiger oder Schuldner, da damit die Einleitung des streitigen Verfahrens erreicht werden soll.[60]

59 Der Antrag auf Durchführung des streitigen Verfahrens ist für beide Seiten ein verfahrenseinleitender Antrag, der die volle Verfahrensgebühr auslöst.[61] Hier ist wieder zwischen Entstehung und Erstattungsfähigkeit (→ Rn. 140 ff.) der Gebühr zu unterscheiden. Aber auch hier gilt wieder eine Wechselwirkung. Im Regelfall geht der Auftrag an den RA des Antragsgegners nicht dahin, derart frühzeitig einen solchen Antrag zu stellen, dass nach der Rspr. ein Erstattungsanspruch verweigert wird (→ § 1 Rn. 166 ff.). Wird vom RA des Antragsgegners der Antrag zu früh gestellt, so kann er deshalb die Gebühr des VV 3100 RVG in aller Regel nicht geltend machen. Dasselbe gilt für einen Antrag auf Abgabe an das Streitgericht, da es sich hierbei um einen Antrag auf Durchführung des streitigen Verfahrens handelt.[62] Fraglich ist, ob schon allein durch Einzahlung der weiteren Gerichtsgebühren die volle Verfahrensgebühr entsteht.[63]

60 **Bloßer Antrag auf Terminsbestimmung.** Ein bloßer Antrag auf Terminsbestimmung löst nur eine 0,8 Gebühr gem. VV 3101 RVG aus, es sei denn er erhält inzidenter auch den Antrag auf Durchführung des Streitverfahrens.

7. Rücknahme des Mahnantrags

61 Für sie verdient der RA, der zuvor noch nicht tätig war, vor der Abgabe des Verfahrens an das Streitgericht eine 1,0 Gebühr gem. VV 3305 RVG. Nach der Abgabe verdient der RA eine 1,3 Gebühr gem. VV 3100 RVG. Nach der Abgabe ist die Rücknahme des Mahnantrags wie die Rücknahme einer Klage zu behandeln.

8. Rücknahme des Widerspruchs

62 **Vor Abgabe an Streitgericht.** Erfolgt sie vor der Abgabe an das Streitgericht, so gehört sie zur Vertretung des Antragsgegners im Mahnverfahren und fällt unter VV 3307 RVG (0,5 Gebühr).

63 **Nach Abgabe an Streitgericht.** Die Rücknahme des Widerspruchs nach Abgabe an das Prozessgericht ist wie die Rücknahme eines Rechtsmittels, zB einer Berufung, ein Sachantrag, mit dem das streitige Verfahren endet und die Rechtshängigkeit entfällt. Sie löst für den RA die 1,3 Verfahrensgebühr des VV 3100 RVG aus, nicht eine 1,6 Gebühr gem. VV 3200 RVG,[64] da nur ein Rechtsbehelf zurückgenommen wird. Eine zuvor beim RA entstandene Widerspruchsgebühr ist gem. VV 3307 Anm. RVG anzurechnen.

9. Höhe der Verfahrensgebühr

64 Ob die auftragsgemäße Tätigkeit in Ausführung des Prozessauftrags eine 1,3 oder eine 0,8 Verfahrensgebühr gem. VV 3100 RVG bzw. VV 3101 RVG auslöst, hängt – hier besteht kein Unterschied zu dem durch Klage eingeleiteten Verfahren – davon ab, ob vor Endigung des Auftrags einer der Tatbestände des VV 3101 RVG erfüllt worden ist, → RVG VV 3101 Rn. 17 ff.

10. Anrechnung

65 **a) Grundsätze.** Die **Mahngebühr** der VV 3305, 3306 RVG und die **Widerspruchsgebühr**[65] des VV 3307 RVG ebenso die nach § 43 Abs. 1 Nr. 2 BRAGO[66] sind auf die Verfahrensgebühr des nachfolgenden Rechtsstreits anzurechnen (Anm. zu VV 3305, 3307 RVG), wenn derselbe RA den Mandanten im nachfolgenden Streitverfahren vertritt. Die Anrechnung erfolgt beim RA des Antragstellers auch dann, wenn er zunächst einen Mahnauftrag hatte, das Mahnverfahren aber nicht durchgeführt werden konnte, zB weil der Mahnbescheid nicht zu-

---

[60] OLG Frankfurt a. M. JurBüro 1979, 389; OLG Köln AGS 2007, 344; **aA** OLG Frankfurt a. M. AnwBl 1999, 413 = Rpfleger 1998, 519 = MDR 1998, 1373, das unter unzutreffender Bezugnahme auf Hartmann von einer Gebühr gem. VV 3305 RVG ausgeht; Hartmann/Toussaint/*Toussaint* RVG VV 3305 Rn. 13 „Abgabe" nimmt eine Gebühr gem. VV 3305 RVG aber nur an, wenn die Abgabe an ein anderes Mahngericht beantragt wird.

[61] Für RA des Antragsgegners OLG Düsseldorf JurBüro 2004, 195; OLG Hamburg JurBüro 1993, 95; 1994, 608; OLG Jena JurBüro 2000, 472; OLG München JurBüro 1992, 604; für RA des Antragstellers OLG Hamm JurBüro 2003, 22.

[62] OLG München JurBüro 1992, 604.

[63] Bejahend LG München JurBüro 2005, 540 = Rpfleger 2005, 701.

[64] OLG München AnwBl 1985, 206 JurBüro 1985, 402; OLG Saarbrücken NJW-Spezial 2015, 156.

[65] OLG Düsseldorf JurBüro 2005, 474.

[66] OLG Düsseldorf MDR 2005, 1078 = AGS 2005, 398.

stellbar ist und deshalb Klage erhoben wird.[67] Zur Anrechnung wenn der RA erst eine Geschäftsgebühr, dann eine Mahngebühr und dann eine Verfahrensgebühr verdient hat, → RVG VV Vorb. 3 Rn. 350 ff.

Vollstreckungsbescheidsgebühr. Dagegen wird die Gebühr für den Antrag auf Vollstreckungsbescheid des VV 3308 RVG nicht angerechnet. 66

b) Nachfolgender Rechtsstreit. Nachfolgender Rechtsstreit iSd Anm. zu VV 3305, 3307 RVG ist **nur der erste Rechtszug,** nicht auch eine höhere Instanz. 67

Mehr als zwei Jahre Abstand. Im Hinblick darauf, dass sich der RA bei einem längeren Zeitablauf zwischen Mahn- und Streitverfahren neu in die Sache einarbeiten muss, kann ein Rechtsstreit in entsprechender Anwendung des § 15 Abs. 5 S. 2 RVG nicht mehr als „nachfolgend" angesehen werden, wenn seit Erledigung des Auftrags im Mahnverfahren und Erteilung des unbedingten Prozessauftrags mehr als zwei Kalenderjahre liegen.[68] Unmittelbar ist die Vorschrift nicht anwendbar, weil Mahnverfahren und Streitverfahren gebührenrechtlich nicht dieselbe Angelegenheit sind (→ Rn. 35). 68

c) Überörtliche Sozietät. Die Anrechnung hat auch zu erfolgen, wenn der Mahnanwalt und der Prozessbevollmächtigte verschiedenen Kanzleiorten derselben überörtlichen Sozietät angehören.[69] Es gelten hier die gleichen Erwägungen, die zu einer Verneinung einer Verkehrsgebühr neben einer Verfahrensgebühr für dieselbe Sozietät führen (→ RVG VV 3400 Rn. 22). Besteht allerdings nur eine Kooperation und nicht eine Sozietät und ist hierauf auch im Briefkopf hingewiesen, so handelt es sich um zwei Kanzleien. Eine Anrechnung hat nicht zu erfolgen.[70] 69

d) Unterschiedliche Gegenstandswerte. Höherer Gegenstandswert des Streitverfahrens. Ist der Gegenstandswert des Streitverfahrens höher, kann der RA, der den Mahnbescheid beantragt (oder den Widerspruch eingelegt hat) und im nachfolgenden Streitverfahren Prozessbevollmächtigter geworden ist, insgesamt die höhere Verfahrensgebühr des VV 3100 RVG beanspruchen. 70

Beispiel:

Mahnbescheid über 1.000,– EUR; dagegen Widerspruch; im Prozess Widerklage von 5.000,– EUR.

Klägervertreter:

Zunächst 1,0 Mahngebühr aus 1.000,– EUR	88,00 EUR
die voll angerechnet werden auf die	– 88,00 EUR
1,3 Verfahrensgebühr gem. VV 3100 RVG aus 6.000,– EUR	507,00 EUR
Insgesamt also	507,00 EUR
zzgl. Pauschalen gem. VV 7002 RVG	17,60 EUR + 20,00 EUR
ohne Anrechnung der Pauschalen.[71]	

Beklagtenvertreter:

Zunächst 0,5 Gebühr gem. VV 3307 RVG aus 1.000,– EUR	44,00 EUR
die voll angerechnet werden auf die	– 44,00 EUR
1,3 Verfahrensgebühr gem. VV 3100 RVG aus 6.000,– EUR	507,00 EUR
Insgesamt also	507,00 EUR
zzgl. Pauschalen gem. VV 7002 RVG	8,80 EUR + 20,00 EUR
ohne Anrechnung der Pauschalen.	

Niedrigerer Gegenstandswert des Streitverfahrens. Ist der Streitwert des streitigen Verfahrens niedriger, so ist die Mahn- bzw. Widerspruchsgebühr nur in der Höhe auf die allgemeine Verfahrensgebühr anzurechnen, in der sie angefallen wäre, wenn auch das Mahnverfahren nur mit dem ermäßigten Gegenstandswert betrieben worden wäre.[72] 71

---

[67] OLG Hamburg JurBüro 1992, 540.

[68] OLG München AnwBl 2000, 698 = JurBüro 2000, 469 unter Aufgabe von AnwBl 1991, 275 = JurBüro 1991, 539; beachte auch OLG Hamm JurBüro 2002, 28 = AGS 2002, 28, bei Zeitspanne von gut sechs Monaten ist jedenfalls ausreichende zeitliche Klammer gegeben; **aA** *Hansens* BRAGO § 43 Rn. 12 hält die Zeitspanne des § 15 Abs. 5 S. 2 RVG für zu lang und will eine Anrechnung nur bei einem nicht näher definierten „gewissen zeitlichen Zusammenhang" vornehmen.

[69] KG JurBüro 1996, 140 = Rpfleger 1995, 433 = KGR Berlin 1995, 117.

[70] KG NJW-RR 1997, 824.

[71] → RVG VV 7001 Rn. 41 ff.

[72] Heute hM OLG Düsseldorf JurBüro 2007, 81; OLG München Rpfleger 1994, 433 = OLGR 1994, 143; KG JurBüro 2001, 138; *Enders* JurBüro 2005, 243; 2007, 80; **aA** OLG Frankfurt a. M. JurBüro 1981, 561; 2007, 80.

Beispiel:
Mahnbescheid über 6.000,– EUR, Widerspruch wegen 3.000,– EUR, Rechtsstreit wegen Zahlung des Beklagten nur über 1.000,– EUR.

Klägervertreter:

1,3 Verfahrensgebühr gem. VV 3100 RVG aus 1.000,– EUR	114,40 EUR
+ 1,0 Mahngebühr gem. VV 3305 RVG aus 6.000,– EUR	390,00 EUR
– Anrechnung auf Verfahrensgebühr	
von 1,0 Mahngebühr aus 1.000,– EUR	– 88,00 EUR
Gebührenanspruch insgesamt	416,40 EUR
zzgl. Pauschalen gem. VV 7002 RVG	20,00 EUR + 20,00 EUR
ohne Anrechnung der Pauschalen.[73]	

Beklagtenvertreter:

1,3 Verfahrensgebühr gem. VV 3100 RVG aus 1.000,– EUR	114,40 EUR
0,5 Widerspruchsgebühr aus 3.000,– EUR	111,00 EUR
– Anrechnung auf Verfahrensgebühr	
von 0,5 Widerspruchsgebühr aus 1.000,– EUR	– 44,00 EUR
Gebührenanspruch insgesamt	181,40 EUR
zzgl. Pauschalen gem. VV 7002 RVG	20,00 EUR + 20,00 EUR
ohne Anrechnung der Pauschalen.[74]	

72 Die Rechnung ist dieselbe, auch wenn die streitig werdenden 1.000,– EUR sich nur auf Zinsen oder Kosten beziehen.

IX. Verhältnis zu weiteren Gebühren

1. Ratsgebühr

73 Wird der RA zunächst nur um einen Rat gebeten, so verdient er eine Gebühr gem. § 3200 RVG. Erhält er als Ergebnis der Beratung den Auftrag, einen Mahnbescheid zu beantragen, und tut er dies, so erhält er die Mahngebühr gem. VV 3305 RVG. Gem. § 34 Abs. 2 RVG ist die Ratsgebühr auf die Mahngebühr anzurechnen.

2. Geschäftsgebühr

74 Ist der RA auftragsgemäß zunächst außergerichtlich tätig geworden (zB Mahnschreiben mit Darlegung des Rechtsstandpunktes), hat er zunächst die Gebühr gem. VV 2300 ff. RVG verdient; die Geschäftsgebühr ist gem. VV Vorb. 3 Abs. 4 RVG zur Hälfte, höchstens aber bis zu einem Gebührensatz von 0,75 auf die Mahngebühr anzurechnen. Das Mahnverfahren ist ein gerichtliches Verfahren iSv VV Vorb. 3 Abs. 4 RVG. Die Mahngebühr des VV 3305 RVG ist daher eine Verfahrensgebühr, die anzurechnen ist.

3. Terminsgebühr

75 Im Mahnbescheidsverfahren konnte der Mahnanwalt zunächst keine Terminsgebühr verdienen. Eine solche war im Gesetz nicht vorgesehen. Das hat sich zum 1.1.2005 durch die Einfügung von VV Vorb. 3.3.2 RVG geändert.[75] Dem RA kann im Mahnverfahren die Terminsgebühr nach Abschnitt 1 zustehen, also nach VV 3104 RVG iVm VV Vorb. 3 Abs. 3 RVG. Dem Mahnanwalt kann, einen unbedingten Auftrag für ein Mahnverfahren vorausgesetzt,[76] daher eine Terminsgebühr dadurch erwachsen, dass er mit dem Gegner ein Vermeidungs- (vor Beantragung des Mahnbescheids) oder Erledigungsgespräch iSv VV Vorb. 3 Abs. 3 S. 1 Alt. 3 RVG führt.[77] Ebenso wie ein Gespräch, das die Gegenseite zum Anerkennen bewegen soll, die Terminsgebühr auslöst (→ RVG VV Vorb. 3 Rn. 165), genügt dabei ein Gespräch mit dem Ziel, dass der Antragsgegner seinen Widerspruch gegen den Mahnbescheid zurücknehmen soll.[78]

76 **Höhe der Terminsgebühr.** Gem. VV Vorb. 3.3.2 RVG entsteht eine 1,2 Terminsgebühr (VV 3104 RVG). Wegen Versäumnisurteil nach Einspruch gegen Vollstreckungsbescheid → RVG VV 3105 Rn. 60.

77 **Doppelte Terminsgebühr.** Ist die Terminsgebühr zunächst einmal im Mahnverfahren angefallen, so kann sie im streitigen Verfahren noch einmal entstehen. Das Mahn- und das streiti-

[73] → RVG VV 7001 Rn. 41 ff.
[74] → RVG VV 7001 Rn. 41 ff.
[75] Anhörungsrügengesetz v. 14.12.2004, BGBl. 2004 I 3220.
[76] *Enders* JurBüro 2005, 225 (226) Ziff. 2; *Hansens* RVGreport 2005, 83.
[77] OLG Brandenburg Rpfleger 2007, 508; OLG Nürnberg JurBüro 2007, 21; LG Bonn AGS 2007, 447; *Hansens* RVGreport 2005, 83 (84).
[78] *Enders* JurBüro 2005, 225 (228) Ziff. 4.

ge Verfahren sind gem. § 17 Nr. 2 RVG zwei Angelegenheiten, weshalb § 15 Abs. 3 RVG nicht eingreift. Eine Anrechnung erfolgte zunächst einmal nicht, da es eine Anrechnungsbestimmung für die Terminsgebühr nicht gab.[79] Das hat sich durch die Einfügung von Abs. 4 in die Anm. zu VV 3104 RVG geändert, der eine Anrechnung vorsieht, wenn der Auftrag ab dem 1.1.2007 erteilt wurde.[80]

Antragsgegner. Auch der RA des Antragsgegners kann eine Terminsgebühr durch ein Erledigungsgespräch verdienen, wenn er einen unbedingten Auftrag für das Mahnverfahren hat.[81] Vor Erlass des Mahnbescheids wird er jedoch wohl nie bereits einen solchen haben, sodass er in diesem Stadium keine Terminsgebühr verdienen kann.[82] 78

4. Beweisaufnahmegebühr gem. VV 1010 RVG

Sie kann nicht anfallen, da im Mahnverfahren keine Beweisaufnahme stattfindet. 79

5. Verkehrsgebühr

Der Mahnanwalt kann im folgenden Prozess Verkehrsanwalt sein. Dies wird aber nach der Neufassung des § 78 ZPO seltener als in der Vergangenheit der Fall sein. Er verdient dann die Verkehrsgebühr gem. VV 3400 RVG. Auch auf die Verkehrsgebühr ist die Mahngebühr anzurechnen. Das war zum alten Recht allgM.[83] Erst recht gilt dies für das neue Recht, in dem die Verkehrsgebühr ausdrücklich als Verfahrensgebühr bezeichnet ist. 80

6. Beschwerde-, Erinnerungsgebühr

Erhebt der RA innerhalb des Mahnverfahrens sofortige Beschwerde (zB § 691 Abs. 3 S. 1 ZPO) bzw. sofortige Erinnerung § 691 Abs. 3 S. 2 ZPO, § 11 Abs. 2 RPflG), so verdient er eine Gebühr nach VV 3500 RVG, der sowohl für die Beschwerde als auch für die Erinnerung eingreift. Es findet keine Anrechnung statt. 81

7. Einigungsgebühr

Der Mahnanwalt kann auch eine Einigungsgebühr gem. VV 1000 f. RVG verdienen, wenn unter seiner Mitwirkung eine Einigung erreicht wird. Eine Anrechnung findet nicht statt. 82

8. Zwangsvollstreckungsgebühr

Der RA verdient neben Gebühr für den Vollstreckungsbescheid die Vollstreckungsgebühren der VV 3309 ff. RVG, wenn er die Zwangsvollstreckung aus dem Vollstreckungsbescheid betreibt. Eine Anrechnung findet nicht statt. 83

X. Gegenstandswert

→ Anh. VI Rn. 349 ff. 83a

XI. Kostenerstattung – Antragsteller

1. Erstattungsfähige Kosten

a) Notwendigkeit eines Mahnverfahrens. Auch wenn mit Widerspruch zu rechnen ist, kann vom Antragssteller nicht verlangt werden, auf das Mahnverfahren und die damit gegebene Aussicht, schnell und billig zu einem Titel zu kommen, überhaupt zu verzichten.[84] Denn mancher Schuldner, der zunächst seine Zahlungspflicht strikt leugnet, scheut dann doch das Kostenrisiko eines vollen Prozesses oder sieht nach anwaltlicher Beratung von der Einlegung eines Widerspruchs ab. Das gilt auch, wenn im Falle des Widerspruchs mit einer Weiterverweisung nach § 696 Abs. 5 ZPO zu rechnen ist.[85] 84

---

[79] OLG Brandenburg JurBüro 2007, 523; *Enders* JurBüro 2005, 225 (230); *Hansens* RVGreport 2005, 83 (87, 88).

[80] *Enders* Anm. zu OLG Nürnberg JurBüro 2007, 21; *Enders* Anm. zu OLG Brandenburg JurBüro 2007, 523.

[81] *Hansens* RVGreport 2005, 83 (84).

[82] *Hansens* RVGreport 2005, 83 (86).

[83] OLG Hamm AnwBl 1968, 233 = Rpfleger 1968, 159; OLG München AnwBl 1988, 417 = JurBüro 1987, 1365.

[84] BGH (7. Sen.) NJW 2019, 3079 = RVGreport 2019, 475 mzustAnm *Hansens.* Soweit andere Senate des BGH zuvor anders entschieden hatten, haben sie, wie der 7. Senat in seiner Entscheidung darlegt, auf Anfrage erklärt, dass das so nicht gemeint gewesen sei.

[85] KG AnwBl 1982, 79; 1984, 208; OLG Zweibrücken Rpfleger 1983, 497; **aA** OLG Köln JurBüro 1981, 441; 1983, 931; OLG Bamberg JurBüro 1982, 768.

85 **b) Notwendigkeit eines Rechtanwalts.** Obgleich das Mahnverfahren kein Prozess ist, hat der unterlegene Antragsgegner die Kosten **eines** Rechtsanwalts nach hM gem. § 91 Abs. 2 S. 1 ZPO stets zu erstatten, auch wenn der Antragsteller den Mahnbescheid selbst hätte beantragen können.[86] Das wird auch für Banken und andere große Unternehmen angenommen.[87] Andererseits ist nach der ganz hM[88] im Regelfall für den Mahnantrag kein PKH-Anwalt beizuordnen. Offensichtlich wird – ohne Problematisierung – hierin keine verfassungsrechtlich bedenkliche Benachteiligung eines PKH-Berechtigten (→ § 46 Rn. 28) gesehen, wozu man auch aA sein kann.

86 **RA in eigener Sache.** Daraus, dass § 91 Abs. 2 S. 1 ZPO anwendbar ist, ergibt sich, dass auch die Kosten des sich in eigener Sache selbst vertretenden RA zu erstatten sind.

86a **c) Anwaltswechsel.** → Anh. X Rn. 208.

87 **d) Mehrkosten durch auswärtigen Mahnanwalt.** ***aa) Neue Rechtslage durch Erweiterung der Postulationsfähigkeit.*** Früher mussten in vielen Fällen mehrere Anwälte tätig werden, wenn das Mahngericht und das Streitgericht nicht am selben Ort lagen. Hatte der Antragsteller einen an seinem Wohnsitz tätigen RA mit dem Mahnverfahren betraut, so konnte dieser ihn oft bei dem Streitgericht nicht weiter vertreten, weil er bei diesem nicht zugelassen war. Ob die Kosten für zwei RA zu erstatten waren, hing nach altem Recht nach überwiegender Meinung davon ab, ob ein Widerspruch gegen den Mahnbescheid vorhersehbar war.[89] Die Rechtslage hat sich vollständig dadurch geändert, dass nach der Änderung von § 78 ZPO grds. ein RA bei jedem Landgericht postulationsfähig ist.

88 ***bb) Mahnanwalt in der Nähe des Antragsstellers.*** Nach dem BGH[90] ist die Zuziehung eines am Wohn- oder Geschäftsort der auswärtigen Partei ansässigen **Prozessbevollmächtigten** regelmäßig notwendig iSv § 91 Abs. 2 S. 1 Hs. 2 ZPO. Wenn grds. von vornherein auch erstattungsrechtlich ein heimischer Prozessbevollmächtigter genommen werden darf, so hat das in gleicher Weise auch für einen **Mahnanwalt** zu gelten. Auf die Vorhersehbarkeit eines Widerspruchs kommt es deshalb im Regelfall nicht mehr an, wenn der Antragsgegner eine in seiner Nähe ansässige Kanzlei beauftragt.

89 Es besteht ein Erstattungsanspruch für die Reisekosten des auswärtigen Anwalts (→ RVG VV 7003 Rn. 108 ff.), bzw. für die Kosten eines Terminsvertreters, soweit diese nicht erheblich höher sind als die Reisekosten (→ RVG VV 3401 Rn. 85 ff.). Die Beauftragung eines neuen Verfahrensbevollmächtigten ist in keinem Fall erforderlich, da der Mahnanwalt als Verfahrensbevollmächtigter beauftragt werden kann.[91] Deshalb sind die Kosten eines neuen Verfahrensbevollmächtigten nur in dem Umfang zu erstatten, in dem Reisekosten bei dem bisherigen Mahnanwalt angefallen wären.

90 ***cc) Zentrales Mahngericht.*** Ist ein zentrales Mahngericht (§ 689 Abs. 3 ZPO) eingerichtet, so darf dem Gläubiger kein Nachteil dadurch entstehen, dass er einen Mahnanwalt beauftragt, der am Sitz des Mahngerichts[92] bzw. am Sitz des Gläubigers[93] seinen Kanzleisitz hat.

91 ***dd) RA am dritten Ort.*** Zum alten Recht wurde angenommen, dass bei Unvorhersehbarkeit des Widerspruchs ein Erstattungsanspruch für einen zweiten RA auch dann bestand, wenn der Mahnanwalt weder am Ort des Auftraggebers, noch an dem des Streitgerichts ansässig war.[94] Es war kostenrechtlich gleichgültig, ob ein Mahnanwalt am Heimatort oder an einem dritten Ort gewählt wurde.[95] Da jedenfalls ein neuer Prozessbevollmächtigter beauftragt werden musste,

---

[86] HM OLG Brandenburg Rpfleger 1998, 488; KG AGS 2001, 232 (233) = KGR Berlin 2001, 69; OLG Nürnberg MDR 1998, 927 = OLGR 1998, 243; wohl auch BGH NJW 2006, 446 = AnwBl 2006, 144 Ziff. II 2a bb (1) (a); **aA** im Regelfall RA nicht nötig OLG Nürnberg NJW 1998, 388 = KostRspr ZPO § 91 B-Vertretungskosten Nr. 761 mablAnm *von Eicken* = MDR 1998, 127 mablAnm *Schütt.*

[87] BGH NJW 2018, 871 = RVGreport 2018, 146 mzustAnm *Hansens;* OLG Celle MDR 2001, 230 = OLGR 2000, 335; OLG Köln AGS 2006, 621 mzustAnm *Schons;* **aA** OLG Frankfurt a. M. OLGR 2000, 321 = AGS 2001, 138, keine Erstattung, wenn Gläubiger erfahren genug ist, um Antrag selbst zu stellen, zB bundesweit tätiges Leasingunternehmen.

[88] BGH FamRZ AGS 2010, 634 mwN; LG Stuttgart AGS 2015, 411 mablAnm *N. Schneider.*

[89] OLG Hamm AnwBl 2000, 322; KG JurBüro 1999, 30 = AnwBl 1999, 416.

[90] BGH NJW 2003, 898 = AnwBl 2003, 309 = FamRZ 2003, 441.

[91] BGH FamRZ 2004, 866; OLG Brandenburg MDR 2001, 1135; OLG Oldenburg MDR 2003, 778; OLG Stuttgart MDR 2002, 176.

[92] OLG Düsseldorf Rpfleger 2000, 566.

[93] OLG Düsseldorf Rpfleger 1994, 272.

[94] OLG Bamberg MDR 1999, 1022; OLG Frankfurt a. M. JurBüro 1995, 308.

[95] OLG Bamberg MDR 1999, 1022.

waren bei einem Mahnanwalt am dritten Ort die Mehrkosten nicht höher. Diese Erwägung gilt nicht weiter. Da nach neuem Recht in vielen Fällen der Mahnanwalt als nachfolgender Verfahrensbevollmächtigter zum Streitgericht wird reisen müssen, kann eine Beauftragung an einem dritten Ort nunmehr zu höheren Reisekosten führen.

Ob diese bzw. die Kosten eines Terminsvertreters zu erstatten sind, ist in entsprechender Anwendung der Grundsätze des BGH zu den Reisekosten eines von vornherein als Verfahrensbevollmächtigten beauftragten Anwalts am dritten Ort (→ RVG VV 7003 Rn. 137 ff.) zu beantworten. Sind nach diesen Grundsätzen die Reisekosten eines Verfahrensbevollmächtigten am dritten Ort zu erstatten, so sind auch die Reisekosten des Mahnanwalts und späteren Verfahrensbevollmächtigten zu erstatten. Wegen Deutsche Telekom → Rn. 101. **92**

ee) Unternehmen mit eigener Rechtsabteilung. **(1) Widerspruch nicht vorhersehbar.**[96] Nach dem BGH muss von bestimmten Unternehmen uU erstattungsrechtlich ein beim Gericht ansässiger Prozessbevollmächtigter beauftragt werden. Der Grund dafür ist, dass diese in der Lage sind, ihren Prozessbevollmächtigten schriftlich zu informieren (iE → RVG VV 7003 Rn. 128 ff.). Das ändert zunächst einmal nichts an der hM aus der Zeit vor der Erweiterung der Postulationsfähigkeit, dass eine Partei grds. einen Mahnanwalt beauftragen darf, der nicht bei dem später zuständigen Prozessgericht ansässig ist. Die Erweiterung der Postulationsfähigkeit führt nicht zu einer Einschränkung dieses Rechtes.[97] Allerdings ist immer Voraussetzung, dass es überhaupt verständige und wirtschaftlich vernünftige Gründe für die Einschaltung eines nicht beim etwaigen Prozessgericht ansässigen RA gibt,[98] wofür genügt, dass der RA in der Nähe des Gläubigers ansässig ist, weiter → RVG VV 7003 Rn. 114 ff. Ist dies nicht der Fall, so sind die Mehrkosten selbst bei Unvorhersehbarkeit eines Widerspruchs nicht zu erstatten, da letztlich immer die Möglichkeit eines Widerspruchs besteht. Solche rechtfertigenden Gründe fehlen, wenn eine in Italien residierende Gläubigerin einen nicht am etwaigen Prozessort ansässigen Mahnanwalt einschaltet, und auch sonst keine besonderen Gründe vorliegen.[99] **93**

(2) Widerspruch vorhersehbar. Etwas anderes hat allerdings, entsprechend der früheren hM dann zu gelten, wenn ein Widerspruch vorhersehbar ist. In den Fällen, in denen eine Partei trotz Erweiterung der Postulationsfähigkeit erstattungsrechtlich weiter gehalten ist, einen Prozessbevollmächtigten am Ort des Streitgerichts zu nehmen, kann die Erweiterung der Postulationsfähigkeit nicht dazu führen, dass sein Recht zur Einschaltung eines nicht am Prozessgerichtsort ansässigen Rechtsanwalts erweitert wird. **94**

Teilweise wird das Abstellen auf die Vorhersehbarkeit damit begründet, dass bei fehlender Vorhersehbarkeit dem Antragsgegner keine vermeidbaren Mehrkosten entstehen.[100] Dem könnte man entgegenhalten, dass letztlich doch immer die Möglichkeit besteht, dass es zu einem Widerspruch und damit zu Mehrkosten kommt. Richtiger ist, dass ein angemessener Ausgleich zwischen dem Recht des Antragsstellers auf freie Auswahl eines Mahnanwalts, insbes. eines solchen aus seiner Nähe, und der Pflicht, die Kosten niedrig zu halten, zu suchen ist.[101] **95**

(3) Kriterien der Vorhersehbarkeit. Abzustellen ist auf die Umstände des Einzelfalls.[102] **96**
Ausreichend ist,

- dass der Anspruch vorprozessual bestritten oder sonst mit rechtlichen Einwendungen angegriffen wurde,[103]
- dass der Antragssteller erheblich zu viel verlangt bzw. Zahlungen des Antragsgegners nicht berücksichtigt,
- dass der Antragssteller eine völlig unnachvollziehbare Rechnung in Fällen stellt, in denen der Antragsgegner auf eine solche angewiesen ist.

[96] OLG Köln AGS 2006, 621 hat die Frage, ob es noch auf die Vorhersehbarkeit ankommt, in einem Fall offen gelassen, in dem bei einem Kreditinstitut in einer Routinesache Unvorhersehbarkeit gegeben war.

[97] Das Gegenteil ergibt sich auch nicht aus BGH NJW 2006, 446 = AnwBl 2006, 144 Ziff. II 2a bb (1) (a), wo es nur um die zusätzliche Erstattung der Kosten eines Rechtsbeistandes geht.

[98] OLG Karlsruhe OLGR 2005, 684.

[99] OLG Karlsruhe OLGR 2005, 684.

[100] OLG München JurBüro 1993, 298; OLG Frankfurt a. M. JurBüro 1995, 308, überwiegendes Unterliegen ändert nichts an fehlender Widerspruchserwartung.

[101] Gegen ein Abstellen auf die Vorhersehbarkeit, da immer mit Widerspruch zu rechnen sei: OLG Bremen JurBüro 1972, 520; 73, 1172; gegen Abstellen auf Vorhersehbarkeit bei Unternehmen, das zur schriftlichen Information in der Lage ist: OLG Nürnberg AnwBl 1999, 355; MDR 1999, 1407.

[102] OLG Brandenburg Rpfleger 1998, 488.

[103] OLG Braunschweig MDR 1999, 570.

97 **Nicht reichen aus,**
– wiederholte Stundungsbitten und Vergleichsvorschläge des Antragsgegners,
– völliges Schweigen auf wiederholte Mahnungen,
– Einschaltung eines Inkassobüros bzw. Aufnahme der Inkassokosten in den Mahnbescheid.[104]

98 **Teilwiderspruch.** Hat der Antragsgegner im Vorfeld nur gegen Teile einer Forderung Einwendungen erhoben, so kann der Antragssteller dennoch nicht nur mit einem Teilwiderspruch rechnen. Die Erfahrung zeigt, dass in diesen Fällen häufig, wenn auch unvernünftiger Weise, insgesamt Widerspruch eingelegt wird. Geschieht dies, so sind die Mehrkosten insgesamt nicht zu erstatten.[105] Etwas anderes kann sich im Einzelfall ergeben, zB kaufmännisch erfahrener Antragsgegner hatte bestimmte Teile der Forderung anerkannt.[106]

99 **(4) Darlegung und Glaubhaftmachung.** Darlegungs- und glaubhaftmachungspflichtig ist der Antragsgegner.[107] Der Antragsgegner, der behauptet, der Antragssteller habe mit seinem Widerspruch rechnen müssen, ist weit eher in der Lage, dafür konkrete Umstände zu benennen und zu beweisen, während es für den Antragssteller fast unmöglich ist, alle denkbaren Möglichkeiten, die gegen die Widerspruchserwartung sprechen könnten, auszuschließen (Beweis eines Negativums).

100 **e) Besonderheiten bei Unternehmen mit Vielzahl von Mahnverfahren.** Der BGH hat anerkannt, dass einem großen Unternehmen (in diesem Fall die Deutsche Telekom), das eine Vielzahl von Mahnverfahren betreibt, trotz fehlender Notwendigkeit einer persönlichen Besprechung und ohne Prüfung, ob mit einem Widerspruch zu rechnen ist, die Mehrkosten eines Mahnanwalt am dritten Ort grds. zu erstatten sind, da andere nachvollziehbare, einleuchtende und wirtschaftlich sinnvolle Gründe für die Beauftragung eines Anwalts am dritten Ort bestehen. Das hat er dann angenommen, wenn das Unternehmen die für das Mahnverfahren vorgesehenen Forderungsfälle einer Kanzlei gibt, weil diese personell und organisatorisch in der Lage ist, die große Zahl einschlägiger Verfahren ordnungsgemäß zu bearbeiten. Die Konzentration der Mahnverfahren auf eine Anwaltskanzlei erscheine dort deshalb sinnvoll, weil der ganz überwiegende Teil der Verfahren ohne Widerspruch des Schuldners durchgeführt werde. Bei einer derartigen Sachlage sei es dem Gläubiger nicht zumutbar, aus der Vielzahl der einschlägigen Fälle diejenigen herauszusuchen, in denen mit einer gewissen Wahrscheinlichkeit der Schuldner Widerspruch einlegen werde. Der BGH hat dahingestellt sein lassen, ob etwas anderes anzunehmen ist, wenn der Schuldner seinen Wohnsitz in der Nähe des Sitzes der Gläubigerin hat.[108]

101 **f) Reise oder Unterbevollmächtigter.** Wie zuvor dargelegt, hat ein Antragsteller in sehr vielen Fällen einen Erstattungseinspruch für die Mehrkosten, die dadurch entstehen, dass er einen Anwalt beauftragt, der nicht am Streitgericht ansässig ist. Seit der Neufassung des § 78 Abs. 1 ZPO ist aber allein die fehlende Zulassung eines Mahnanwalts am Orte kein Grund für einen Anwaltswechsel, weil dieser nunmehr in nahezu allen Fällen beim Prozessgericht der ersten Instanz postulationsfähig ist. Es geht nunmehr um eine ganz andere Frage. Muss der Mahnanwalt als nunmehriger Prozessbevollmächtigter zum Gericht reisen oder kann ein Unterbevollmächtigter eingeschaltet werden?

102 **Verkehrsanwalt.** Theoretisch kommt auch noch in Betracht, dass der Mahnanwalt nach dem Widerspruch als Verkehrsanwalt mandatiert wird. Dies wird in der Praxis aber selten vorkommen. Im Übrigen führt diese Variante zu höheren Kosten als die Einschaltung eines Unterbevollmächtigten.

Beispiel mit Vergleichsrechnung:

Bei einem Gegenstandswert von 5.000,– EUR findet eine mündliche Verhandlung statt. Folgende Gebühren fallen an, je nachdem ob der Mahnanwalt Verkehrsanwalt wird und ein neuer RA als Prozessbevollmächtigter eingeschaltet wird oder ob der Mahnanwalt Prozessbevollmächtigter wird und ein Unterbevollmächtigter eingeschaltet wird.

[104] OLG München MDR 1997, 1069 = AGS 1998, 94; **aA** OLG Hamm MDR 1994, 103.

[105] OLG Köln JurBüro 1980, 884; OLG München AnwBl 1989, 112 mwN auch für die Gegenmeinung; OLG Schleswig JurBüro 1996, 94; Gerold/Schmidt/*von Eicken,* 15. Aufl. 2002, BRAGO § 43 Rn. 21 aE.

[106] OLG Schleswig JurBüro 1996, 94.

[107] Sehr str. wie hier OLG Karlsruhe Justiz 1988, 361; OLG München JurBüro 1988, 350; OLG Oldenburg AnwBl 1980, 516; OLG Frankfurt a. M. AnwBl 1985, 216; OLG Schleswig SchlHA 1983, 59 = JurBüro 1983, 921; **aA** Antragsteller OLG Koblenz JurBüro 1988, 876; OLG Saarbrücken 1990, 362.

[108] BGH FamRZ 2004, 866.

(1) Mahnanwalt und Verkehrsanwalt	
1,0 Gebühr aus 5.000,– EUR gem. VV 3305 RVG bzw. VV 3400 RVG	334,00 EUR
Pauschale	20,00 EUR
Neuer Prozessbevollmächtigter	
1,3 Verfahrensgebühr aus 5.000,– EUR gem. VV 3100 RVG	434,20 EUR
1,2 Terminsgebühr aus 5.000,– EUR gem. VV 3104 RVG	400,80 EUR
Pauschale	20,00 EUR
Summe	1.209,00 EUR
(2) Mahnanwalt und Prozessbevollmächtigter	
1,3 Verfahrensgebühr aus 5.000,– EUR gem. VV 3100 RVG	434,20 EUR
Pauschale	20,00 EUR
Terminsvertreter	
0,65 Verfahrensgebühr aus 5.000,– EUR gem. VV 3401 RVG	217,10 EUR
1,2 Terminsgebühr aus 5.000,– EUR gem. VV 3402, 3104 RVG	400,80 EUR
Pauschale	20,00 EUR
Summe	1.092,10 EUR

Es ist also billiger, den Mahnanwalt zum Prozessbevollmächtigten zu ernennen. Es stellt sich nur noch die Frage, ob der Prozessbevollmächtigte zum Termin reisen muss oder ob ein Terminsvertreter einzuschalten ist. Hierzu hat der BGH entschieden, dass die Kosten des Terminsvertreters zu erstatten sind, soweit sie die durch die Tätigkeit des Terminsvertreters ersparten, erstattungsfähigen Reisekosten des Verfahrensbevollmächtigten nicht wesentlich übersteigen.[109] Dabei ist darauf hinzuweisen, dass eine ex ante Betrachtung vorzunehmen ist. Es kommt also darauf an, ob der Auftraggeber erwarten musste, dass der Terminsvertreter wesentlich teurer sein würde als die Reisekosten des Verfahrensbevollmächtigten. 103

g) Mehrere Antragsgegner – Rechtsmissbrauch. Stellt ein Antragsteller gegen mehrere Gesamtschuldner in solcher Weise mehrere Mahnbescheidsanträge, dass von mehreren Angelegenheiten auszugehen ist (→ Rn. 36 ff.), so kann dies rechtsmissbräuchlich sein und ein Erstattungsanspruch nur in Höhe der Kosten entstehen, die angefallen wären, wenn die Verfahren zu einer Angelegenheit gemacht worden wären (→ Anh. X Rn. 244 ff.). 104

h) Erlass des Vollstreckungsbescheides. Die Gebühr für den Antrag auf Erlass des Vollstreckungsbescheides ist auch zu erstatten. Zum Vollstreckungsbescheid bei fehlender Kenntnis vom Widerspruch, → Rn. 23. 105

Nicht am Streitgericht ansässiger RA. Dabei ist es erheblich, welcher RA diesen Antrag gestellt hat, da diese Gebühr nicht auf andere Gebühren angerechnet wird. Mehrkosten dadurch, dass ein nicht am Ort des Streitgerichts ansässiger RA den Antrag gestellt hat, entstehen nicht.[110] 106

i) Terminsgebühr. Zu erstatten ist auch eine Terminsgebühr, die durch ein Vermeidungsgespräch vor Stellung des Mahnbescheidsantrags angefallen ist. Soweit der RA bereits einen unbedingten Auftrag für das Mahnverfahren hatte, bevor er das Gespräch geführt hat, gehört die Terminsgebühr zu den Kosten des Mahnverfahrens.[111] Erst recht gilt dies für ein Erledigungsgespräch nach Erlass des Mahnbescheids.[112] Die Festsetzung erfolgt im Mahn- bzw. Vollstreckungsbescheid.[113] 107

Notwendigkeit. Es gilt grds. das auch sonst zur Erstattungsfähigkeit des Vermeidungs- bzw. Erledigungsgesprächs Dargelegte (→ RVG VV Vorb. 3 Rn. 257 ff.). Allerdings ist wohl zu erwarten, dass gerade bei einem von dem RA des Antragstellers vor Einreichung des Mahnbescheidsantrags initiierten Gespräch von den Gerichten angezweifelt werden wird, ob ein solches Gespräch erforderlich war. In der Lit. wird die Auffassung vertreten, dass sich hier die Notwendigkeit kaum wird begründen lassen. Das gelte jedenfalls, wenn das Gespräch nicht zu einer Einigung führe.[114] 108

Anwaltswechsel. Hat die Partei zwischen Mahnverfahren und Streitverfahren den Anwalt gewechselt und ist in beiden Verfahren eine Terminsgebühr angefallen, so steht § 91 Abs. 2 S. 2 ZPO der Festsetzung der doppelten Terminsgebühr nicht entgegen, da ohne Anwaltswechsel auch zwei Terminsgebühren ohne Anrechnung angefallen und damit zu erstatten gewesen wären.[115] 109

[109] BGH NJW 2003, 898 = AnwBl 2003, 309 = JurBüro 2003, 202.
[110] OLG Karlsruhe JurBüro 1999, 647; OLG Köln JurBüro 1992, 814 = OLGR 1992, 407.
[111] LG Bonn RVGreport 2007, 231; *Hansens* RVGreport 2005, 83 (88).
[112] *Enders* JurBüro 2005, 225 (230).
[113] LG Bonn RVGreport 2007, 231.
[114] *Enders* JurBüro 2005, 225 (229) Ziff. 5.
[115] *Hansens* RVGreport 2005, 83 (89).

110 **j) Rechtsbeistand.** Wurde ein Rechtsbeistand eingeschaltet, so sind die hierdurch entstandenen Kosten neben den Kosten eines später als Prozessbevollmächtigter notwendig gewordenen Anwalts nach dem BGH nicht zu erstatten. Erstattungsrechtlich muss von vornherein ein RA beauftragt werden, der die Partei im Fall eines Widerspruchs auch bei Gericht vertreten kann. Auf diese Weise wird die doppelte Entstehung einer Verfahrensgebühr vermieden. Auf die Vorhersehbarkeit des Widerspruchs kommt es dem BGH nicht an, da immer eine gewisse Unsicherheit besteht, ob Widerspruch eingelegt wird.[116] Während OLG Karlsruhe noch eine Differenzierung für möglich gehalten hat und deshalb als vernünftigen Grund für die Beauftragung eines Rechtsbeistandes in Erwägung gezogen hat, dass der Rechtsbeistand niedrigere Mahngebühr geltend gemacht hat als ein RA (was aber in dem von OLG Karlsruhe zu entscheidenden Fall nicht gegeben war),[117] ist von einer solchen Unterscheidung beim BGH keine Rede.[118] Er verneint schlechthin die Erstattung einer zweiten Verfahrensgebühr beim Rechtsbeistand. Der BGH hatte allerdings auch keinen Anlass sich mit dieser Frage zu befassen, da, wie sich aus dem Beschwerdewert ergibt, der Rechtsbeistand offensichtlich wie ein RA eine volle Mahngebühr (gem. § 43 Abs. 1 Nr. 1 BRAGO) in Rechnung gestellt hatte.

111 **Fiktive Mehrkosten.** Ein Erstattungsanspruch entsteht jedoch in der Höhe, in der auch bei sofortiger Beauftragung eines Anwaltes fürs Mahnverfahren zusätzliche Kosten angefallen wären, zB Reisekosten oder Terminsvertreterkosten[119] Hierher gehört auch eine zweite Kommunikationspauschale von 20,– EUR, da diese auch dann angefallen wäre, wenn von vorneherein ein RA eingeschaltet worden wäre. Das Mahn- und das streitige Verfahren sind zwei Angelegenheiten (§ 17 Nr. 2 RVG).[120]

112 **k) Inkassobüro.** Gem. § 4 Abs. 4 S. 2 RDG-EG ist die Vergütung eines nach § 10 Abs. 1 S. 1 Nr. 1 RDG registrierten Inkassobüros für eine Vertretung im gerichtlichen Mahnverfahren bis zu einem Betrag von 25,– EUR gem. § 91 ZPO erstattungsfähig. Kein Zweifel besteht, dass diese 25,– EUR zu erstatten sind, wenn nachfolgend, zB im Streitverfahren, nicht noch ein RA eingeschaltet wird. Aber auch wenn dies geschieht, ist dieser Betrag ohne die an sich gebotene Notwendigkeitsprüfung zu erstatten. Zwar wäre die Mahngebühr auf die später entstehende Verfahrensgebühr bei einem von Anfang an tätigen RA anzurechnen. Beim RA würden jedoch zwei, nicht anzurechnende Kommunikationspauschalen von je 20,– EUR angefallen. Die Mehrkosten durch das Inkassobüro betragen also lediglich 5,– EUR, bei Berücksichtigung der MwSt sogar noch weniger. Berücksichtigt man weiter, dass viele Mahnverfahren nicht streitig werden und dann die Mahngebühr des RA häufig höher als 25,– EUR wäre, ist es häufig auch im Interesse des Schuldners, wenn statt eines RA ein Inkassobüro den Mahnbescheidsantrag stellt.[121]

113 **MwSt.** Aus der Formulierung „bis zu einem Betrag von 25,– EUR" ergibt sich, dass es sich um einen Bruttobetrag handelt, sodass nicht auch noch MwSt zu erstatten ist.[122]

113a **l) Anspruchsbegründung nach Rücknahme des Einspruchs.** Reicht der RA des Antragstellers nach Einlegung eines Einspruchs gegen den Vollstreckungsbescheid und nach dessen Rücknahme eine Anspruchsbegründung beim Prozessgericht ein, so ist die 1,3 Verfahrensgebühr (→ Rn. 63) unter den gleichen Voraussetzungen zu erstatten wie bei einer Klageerwiderung nach Rücknahme der Klage (→ Anh. X Rn. 117 ff.).[123]

2. Arten der Kostenfestsetzung

114 **a) Festsetzung von Gebühren im Mahnbescheid.** ***aa) Grundsatz.*** In den Mahnbescheid und den Vollstreckungsbescheid können auch die Kosten des Antragstellers aufgenommen werden (§ 692 Abs. 1 Nr. 3, § 699 Abs. 3 ZPO). Das gilt sowohl für Gebühren, die vor dem Mahnverfahren angefallen sind, zB Geschäftsgebühr gem. VV 2300 ff. RVG, als auch für die Kosten

[116] BGH NJW 2006, 446 = AnwBl 2006, 144; **aA** bei nicht vorhersehbarem Widerspruch OLG Hamm OLGR 2002, 246 = AGS 2002, 124.

[117] OLG Karlsruhe JurBüro 2006, 35.

[118] OLG Stuttgart MDR 2002, 176 = OLGR 2001, 409, weil sonst der Gläubiger mit Rechtsbeistand besser stünde als einer mit RA als Mahnanwalt.

[119] BGH NJW 2006, 446 = AnwBl 2006, 144, bei dem aber die Voraussetzungen hierfür nicht vorlagen, da kein Termin stattfand.

[120] OLG Karlsruhe JurBüro 2006, 35.

[121] *Hansens* RVGreport 2011, 92; *Minisini* AGS 2020, 108 differenziert, je nachdem ob aus ex ante Sicht mit einem Streitverfahren zu rechnen war.

[122] *Hansens* RVGreport 2011, 92.

[123] OLG Saarbrücken NJW-Spezial 2015, 156.

des Mahnverfahrens zB Mahngebühr gem. VV 3305 RVG bzw. VV 3308 RVG oder Terminsgebühr gem. VV Vorb. 3.3.2 RVG.

bb) Geschäftsgebühr gem. VV 2300 ff. RVG. Gebühren für eine außergerichtliche Tätigkeit vor dem Mahnverfahren können in Zeile 44 des Mahnbescheidsformulars geltend gemacht werden. Es handelt sich um die Geltendmachung eines materiell-rechtlichen Schadensersatzanspruchs.[124] Dabei können die volle Geschäftsgebühr (und nicht nur eine über die Anm. zu VV 3305 RVG reduzierte Geschäftsgebühr[125]) sowie die MwSt als auch die Kommunikationspauschale angemeldet werden. 115

Anrechnung. Auch hier sind § 15a, VV Vorb. 3 Abs. 4 RVG anzuwenden. Der Antragsteller darf also im Falle einer 1,3 Geschäftsgebühr insgesamt nur 1,65 (1,3 + 1,0 – 0,65) Gebühren für die Geschäfts- und die Verfahrensgebühr zusammen im Mahnbescheidsantrag geltend machen. Dies kann er auf zwei Weisen tun. Entweder er trägt die volle 1,3 Geschäftsgebühr in der Rubrik 44 „Anwaltsvergleich für vorgerichtliche Tätigkeit" ein. Die 1,0 Verfahrensgebühr des VV 3305 RVG von 1,0 wird dann nur noch gekürzt, im hier angenommenen Beispiel also um 0,65 gekürzt, iHv 0,35 in der Rubrik „sonstige Nebenforderung" verlangt. Oder aber man trägt umgekehrt unter der Rubrik „Anwaltsvergleich für vorgerichtliche Tätigkeit" die gekürzte Geschäftsgebühr, also im hiesigen Beispiel eine 0,65 Geschäftsgebühr ein und meldet dann unter „sonstige Nebenforderung" die ganze 1,0 Verfahrensgebühr an.[126] 116

Prüfung bzgl. unterlassener Anrechnung. Werden im Mahnbescheidsantrag eine ganze Geschäftsgebühr und die ganze Verfahrensgebühr des VV 3305 RVG geltend gemacht, so darf der Rechtspfleger nicht von sich aus kürzen. Die Anrechnung ist grds. nicht von Amts wegen zu prüfen. Die Ausnahme hiervon, dass der Rechtspfleger nicht sehenden Auges eine falsche Entscheidung treffen darf (→ § 15a Rn. 58 ff.), ist nicht gegeben, da sich aus dem Antrag nicht ergibt, ob vorprozessual derselbe RA wie im Mahnverfahren tätig war, was aber Voraussetzung für eine Anrechnung ist (→ RVG VV Vorb. 3 Rn. 295). 117

Prüfung bzgl. Höhe der Geschäftsgebühr. Während der Rechtspfleger hinsichtlich der Kosten des Mahnverfahrens ein unbegrenztes Prüfungsrecht hat,[127] hat er nur ein sehr begrenztes Prüfungsrecht hinsichtlich der materiell-rechtlichen Schadensersatzansprüche.[128] Andererseits darf der Rechtspfleger aber auch nicht sehenden Auges rechtswidrige Titel schaffen. Dabei ist mit zu berücksichtigen, dass der Mahnbescheid der Durchsetzung eindeutiger Forderungen dienen soll, während die Geltendmachung dubioser Forderungen im Mahnverfahren missbräuchlich ist.[129] Er hat nur zu prüfen, ob die Höhe der angemeldeten Geschäftsgebühr offensichtlich überhöht ist.[130] Wenn zwischenzeitlich einige Amtsgerichte dazu übergegangen sind, eine Geschäftsgebühr gem. VV 2300 RVG von mehr als einer 1,3 Gebühr im Regelfall nicht zuzuerkennen, so geht das über die Prüfungskompetenz hinaus.[131] 118

cc) Terminsgebühr. Kommt es zu einem Mahnverfahren, so ist die Terminsgebühr im Mahnbescheid[132] bei den Verfahrenskosten mit aufzunehmen (§ 692 Abs. 1 Nr. 3 ZPO).[133] Es geht um Verfahrenskosten und nicht etwa, wie bei einer vorausgegangenen Geschäftsgebühr (→ Rn. 115) um einen materiell-rechtlichen Schadensersatzanspruch.[134] Im **nicht maschinellen Mahnbescheidsantrag** ist die Terminsgebühr im Feld 8 zusammen mit der Verfahrensgebühr anzugeben, wobei sich eine Aufschlüsselung empfiehlt.[135] Allerdings ist Feld 8 dafür zu knapp bemessen.[136] Nach *Hansens* ist vom Rechtspfleger nicht zu prüfen, ob eine Terminsgebühr auch angefallen ist.[137] 119

---

[124] AG Stuttgart AnwBl 2005, 75 = JurBüro 2005, 30.

[125] BGH NJW 2007, 2049 = AnwBl 2007, 630; *Hansens* RVGreport 2007, 213.

[126] Schreiben der Koordinierungsstelle für das automatisierte Mahnverfahren beim Justizministerium Baden-Württemberg v. 2.7.2009 (3733a/0165); *Hansens* RVGreport 2009, 323 (325) Ziff. II 2.

[127] Zöller/*Seibel* ZPO § 691 Rn. 3ee.

[128] Thomas/Putzo/*Hüßtege* ZPO § 691 Rn. 3, 4.

[129] Zöller/*Seibel* ZPO § 691 Rn. 1.

[130] AG Hagen JurBüro 2005, 472; AG Mayen AGS 2006, 102.

[131] AG Hagen JurBüro 2005, 472; *Hansens* RVGreport 2005, 39.

[132] *Enders* JurBüro 2005, 225 (228) Ziff. 5.

[133] *Enders* JurBüro 2005, 225 (227) Bsp. 3.

[134] *Hansens* RVGreport 2005, 83 (88) Kap. V.

[135] *Enders* JurBüro 2005, 225 (229) Ziff. 5.

[136] *Hansens* RVGreport 2005, 83 (88).

[137] *Hansens* RVGreport 2005, 83 (88) Kap. V.

120 Beim **maschinellen Mahnverfahren** ist Zeile 44 im Kästchen „Sonstige Nebenforderung" der richtige Ort.[138] Allerdings kann es Schwierigkeiten geben, wenn dort auch die Verfahrensgebühr einschließlich Anrechnung einer Geschäftsgebühr für eine außergerichtliche Tätigkeit untergebracht werden soll. *Enders* schlägt vor, dann die Terminsgebühr in die Zeilen 32–34 Schlüsselnummer 71 einzutragen.[139]

121 ***dd) Ergänzung des Mahnbescheids.*** Ist der Mahnbescheid noch nicht zugestellt, kann er durch Aufnahme der Kosten noch ergänzt werden (evtl. durch Ergänzungsbeschluss, der gemeinsam mit dem Mahnbescheid zuzustellen ist).[140]

122 **b) Vollstreckungsbescheid.** ***aa) Grundsatz.*** In den Vollstreckungsbescheid können alle bis zu seinem Erlass angefallenen Kosten des Antragstellers aufgenommen werden (§ 699 Abs. 3 ZPO). Dazu gehören nicht nur die Mahngebühren und die Gebühr für die Erwirkung des Vollstreckungsbescheides, sondern auch die bis zur Rücknahme des Widerspruchs angefallenen Gebühren des Prozessbevollmächtigten vor dem Prozessgericht.[141] In den Vollstreckungsbescheid dürfen auch Kosten aufgenommen werden, die vor Erlass des Mahnbescheids angefallen sind, aber im Mahnbescheid nicht aufgenommen waren.[142]

123 ***bb) Termins- und Einigungsgebühr.*** Die Terminsgebühr, auch die durch ein außergerichtliches Gespräch,[143] kann im Vollstreckungsbescheid geltend gemacht werden.[144] Auch eine Einigungsgebühr kann im Vollstreckungsbescheid festgesetzt werden (zB Schuldner nimmt Widerspruch gegen Ratenzahlungsgestattung zurück).[145] Das gilt uU auch für eine durch eine außergerichtliche Einigung entstandene Einigungsgebühr (→ RVG VV 1000 Rn. 323 ff.).[146]

124 ***cc) Im Vollstreckungsbescheid nicht geltend gemachte Kosten.*** Es kann sein, dass Kosten im Vollstreckungsbescheidsantrag nicht enthalten sind, sei es weil sie übersehen wurden, sei es weil sie erst später angefallen sind. Teilweise wird eine nachträgliche Festsetzung generell,[147] teilweise nur bei erst nach der Beantragung des Vollstreckungsbescheids angefallenen Kosten zugelassen,[148] teilweise schlechthin abgelehnt.[149]

125 Soweit eine spätere Geltendmachung zugelassen wird, wird teilweise angenommen, dass dies in einem eigenen Kostenfestsetzungsverfahren zu geschehen hat,[150] teilweise dass der Vollstreckungsbescheid zu ergänzen ist,[151] wobei das Mahngericht zuständig ist.[152] Bisweilen werden beide Wege zugelassen.[153] Lässt man ein gesondertes Kostenfestsetzungsverfahren zu, so ist nach BayObLG das Prozessgericht zuständig, das im Falle eines streitigen Verfahrens zu entscheiden hätte.[154]

126 Soweit sowohl eine Ergänzung des Vollstreckungsbescheids als auch ein eigenes Kostenfestsetzungsverfahren abgelehnt wird, wird der Antragsteller auf ein besonderes Erkenntnisverfahren verwiesen.[155]

127 Unbeschadet dessen, dass es dogmatische Probleme gibt, sollte eine nachträgliche Festsetzung von Kosten zugelassen werden. Das Problem liegt darin, dass es für ein eigenes Kosten-

---

138 *Hansens* RVGreport 2005, 83 (88).
139 *Enders* JurBüro 2005, 225 (229) Ziff. 5.
140 *H. Schmidt* JurBüro 1964, 328.
141 OLG München JurBüro 1997, 256.
142 KG KGR Berlin 2001, 69 = AGS 2001, 232.
143 LG Bonn AGS 2007, 447; LG Lüneburg NJW Spezial 2007, 556.
144 *Enders* JurBüro 2005, 225 (227) Bsp. 3; *Hansens* RVGreport 2005, 83 (88).
145 KG Rpfleger 2005, 697.
146 KG Rpfleger 2005, 697 = KGR Berlin 2005, 837; OLG München JurBüro 2007, 593 = RVGreport 2007, 395 mzustAnm *Hansens.*
147 BGH FamRZ 2009, 775; KG Rpfleger 1995, 424; OLG München JurBüro 1997, 256; OLG Schleswig JurBüro 2008, 479 = MDR 2008, 1004.
148 OLG Koblenz JurBüro 1985, 780.
149 *Hansens* Rpfleger 1989, 487 (490); so wohl auch OLG Frankfurt a. M. Rpfleger 1981, 239, die beide ein eigenes Kostenfestsetzungsverfahren ablehnen und die Möglichkeit einer Ergänzung des Vollstreckungsbescheid erst gar nicht in Erwägung ziehen.
150 OLG Koblenz JurBüro 1985, 780; **aA** OLG Nürnberg JurBüro 2006, 141, weil das Streitgericht nicht zuständig ist für Kosten des Mahn- bzw. Vollstreckungsbescheidverfahrens.
151 BGH FamRZ 2009, 775; OLG Schleswig JurBüro 2008, 479 = MDR 2008, 1004; hierzu neigend, wenn auch letztlich offen gelassen OLG Nürnberg JurBüro 2006, 141.
152 BGH FamRZ 2009, 775; OLG Schleswig JurBüro 2008, 479 = MDR 2008, 1004.
153 OLG München JurBüro 1997, 256.
154 BayObLG MDR 2005, 769.
155 *Hansens* Rpfleger 1989, 487 (490).

festsetzungsverfahren an einer ausdrücklichen Kostenentscheidung fehlt,[156] für eine Ergänzung des Vollstreckungsbescheides zum einen häufig die Frist des § 321 ZPO Abs. 2 abgelaufen sein wird und zum anderen das Gericht keinen Antrag übersehen hat. Für eine trotzdem zulässige nachträgliche Festsetzung spricht, dass es sich bei der Aufnahme der Kosten in den Vollstreckungsbescheid um eine Kostenfestsetzung handelt und bei dieser allgemein eine Nachfestsetzung als zulässig angesehen wird. Dies führt auch zu einer Entlastung der Gerichte. Gerade dieser letzte Gesichtspunkt spricht gegen das von der Gegenmeinung auch angeführte Argument, eine Nachfestsetzung widerspreche dem Zweck, dass die Kosten in den Vollstreckungsbescheid aufgenommen werden können, weil gerade ein weiteres Kostenfestsetzungsverfahren überflüssig gemacht werden soll.[157] Dieser Zweck kann nicht dazu führen, dass der Antragsteller zu einem für ihn und das Gericht noch aufwändigeren Verfahren, einem streitigen Verfahren gezwungen wird. Es sollte daher zumindest ein eigenes Kostenfestsetzungsverfahren zugelassen werden. Dabei könnte unter Berücksichtigung der Besonderheiten des Mahnverfahrens in dem Vollstreckungsbescheid inzidenter eine Kostenentscheidung zu Gunsten des Antragstellers angenommen werden.[158] Zutreffender ist eine Ergänzung des Vollstreckungsbescheids zuzulassen, wobei es sich nicht um eine Ergänzung iSv § 321 ZPO, sondern um eine den Besonderheiten des Mahnverfahrens Rechnung tragende Ergänzung eigener Art handelt. Hierfür spricht, dass dann das Mahngericht zuständig bleibt und nicht das mit der Sache überhaupt noch nicht befasste Streitgericht.

dd) Rechtsmittel gegen Kostenfestsetzung im Vollstreckungsbescheid. Bei der Aufnahme der Kosten des Verfahrens in den Vollstreckungsbescheid nach § 699 Abs. 3 S. 1 ZPO handelt es sich um eine in des Mahnverfahren einbezogene Festsetzung,[159] so dass hiergegen die sofortige Beschwerde gem. § 104 Abs. 3 S. 1 ZPO gegeben ist.[160] **128**

c) Kostenfestsetzung nach Kostenentscheidung im streitigen Verfahren. Kommt es zu einem streitigen Verfahren, so sind Gebühren des Mahnverfahrens (Verfahrens- und Terminsgebühr) jedenfalls dann in der Kostenfestsetzung aufgrund der im streitigen Verfahren ergangenen Kostenentscheidung festsetzbar, wenn sie vorher nicht im Mahnbescheid bzw. Vollstreckungsbescheid geltend gemacht werden konnten.[161] Das ist zB der Fall, wenn nach Erlass des Mahnbescheids erfolglos ein Erledigungsgespräch geführt wurde.[162] Wenn die Terminsgebühr zweimal anfällt, kann sie wegen der Anrechnung (→ Rn. 77) nur einmal bei der Kostenfestsetzung berücksichtigt werden, wenn der RA derselbe ist. **129**

Antragsgegner. Nimmt der Antragsteller seinen Mahnbescheidsantrag zurück, so kann der Antragsgegner seine Kosten im Mahnverfahren, ggf. auch eine Terminsgebühr, auf Grund einer Kostenentscheidung gem. § 269 Abs. 3 ZPO im Kostenfestsetzungsverfahren geltend machen.[163] **130**

d) Durchsetzung im ordentlichen Rechtsstreit. Hat der RA Gebühren gem. VV 3305 RVG verdient, kommt es infolge einer Einigung aber zu keinem Mahnverfahren mehr, so kann der Gläubiger die Mahn- uU auch die Terminsgebühr nur erstattet verlangen, wenn der Gegner in der Einigung die Kosten übernimmt. Andernfalls kommt nur ein im streitigen Verfahren durchzusetzender Schadensersatzanspruch in Betracht.[164] **131**

XII. Kostenerstattung – Antragsgegner

1. Erstattungsanspruch

Siegt der Antragsgegner, so hat er einen Erstattungsanspruch für die durch seinen Wider- oder Einspruch oder im streitigen Verfahren entstandenen Kosten. **132**

2. Zuständiges Gericht

Zuständig für die Kostenfestsetzung ist das Prozessgericht, und zwar auch dann, wenn der Mahnbescheidsantrag vor der Abgabe an das Prozessgericht zurückgenommen wird und deshalb das Mahngericht über die Kosten entschieden hat.[165] **132a**

---

156 OLG Schleswig JurBüro 1985, 781; KG Rpfleger 1995, 424; *Hansens* Rpfleger 1989, 487 (490).

157 OLG Frankfurt a. M. Rpfleger 1981, 239.

158 OLG Koblenz JurBüro 1985, 780.

159 KG KGR Berlin 2001, 69 = AGS 2001, 232.

160 KG Rpfleger 2005, 697; KGR Berlin 2001, 69 = AGS 2001, 232 (jedenfalls für den Ast.); OLG München JurBüro 1997, 256; OLG Stuttgart OLGR 2004, 181 (183) mwN.

161 *Enders* JurBüro 2005, 225 (229) Ziff. 5.

162 OLG Brandenburg JurBüro 2007, 523.

163 *Hansens* RVGreport 2005, 83 (88).

164 *Enders* JurBüro 2005, 225 (227) Beispiel 3.

165 BGH NJW 1991, 2081 (zu § 11 RVG); OLG Hamm NJW 2014, 3110 mwN.

3. Widerspruch durch auswärtigen RA

133 Wurde der Wider- oder Einspruch durch einen beim Streitgericht nicht zugelassenen RA eingelegt, so war früher hM, dass dessen Gebühren nicht neben denen des Prozessanwalts erstattungsfähig waren.[166] Das kann heute nicht mehr gelten. Wenn eine Partei grds. ohne erstattungsrechtliche Nachteile einen Prozessbevollmächtigten aus ihrer Nähe beauftragten darf, muss sie auch berechtigt sein, den Widerspruch bzw. Einspruch von einen RA aus ihrer Nähe vornehmen zulassen. Das gilt umso mehr, als mit einem Streitverfahren zu rechnen ist, nach der Vorstellung des BGH im Regelfall also ein persönliches Gespräch notwendig werden wird, wenn es nicht sogar schon vor dem Widerspruch stattgefunden hat.

134 **Dritter Ort.** Es gelten die gleichen Grundsätze wie bei einem Beklagten, der einen Verfahrensbevollmächtigten am dritten Ort beauftragt, da mit einem streitigen Verfahren gerechnet werden muss.

135 **Unternehmen mit eigener Rechtsabteilung.** Hier gilt dasselbe wie sonst hinsichtlich der Reisekosten eines auswärtigen Unternehmens. Hier kann es sein, dass mit der Einlegung des Widerspruchs bzw. Einspruchs ein am Ort des Streitgerichts ansässiger RA beauftragt werden muss (→ Rn. 93; → RVG VV 7003 Rn. 127 ff.).

4. Klageabweisungsantrag zugleich mit Widerspruch

136 Stellt der RA des Antragsgegners zugleich mit dem Widerspruch Klageabweisungsantrag und nimmt der Antragsteller seinen Mahnantrag zurück, bevor er die Klage begründet, so kann er uU eine Verfahrensgebühr verdienen (→ Rn. 49 ff., 53). Zur Erstattungsfähigkeit wird nahezu alles, was überhaupt in Betracht kommt, vertreten.[167]

- Keine Erstattung einer 0,8 oder 1,3 Verfahrensgebühr aus Hauptsachewert,[168] bei Kostenantrag aber Erstattungsanspruch für 1,3 Verfahrensgebühr aus dem Kostenwert,[169]
- keine Erstattung einer 1,3 Verfahrensgebühr,[170]
- Erstattung nur einer 0,8 Verfahrensgebühr aus dem Hauptsachewert und einer 1,3 Verfahrensgebühr aus dem Kostenwert,[171]
- immer Erstattung einer 1,3 Verfahrensgebühr,[172]
- unter ganz besonderen Voraussetzungen Erstattung einer 1,3 Verfahrensgebühr.[173]

137 Folgt man der hier vertretenen Auffassung zum Entstehen der Gebühr (→ Rn. 51 ff.), so wird nahezu nie eine 1,3 Verfahrensgebühr anfallen. Sollte doch einmal eine entstehen, so ist sie mangels Notwendigkeit nicht zu erstatten. Ein Erstattungsanspruch entsteht aber, wenn es zur Abgabe kommt, in Höhe einer 0,8 Verfahrensgebühr für die Mitteilung, dass der RA den Antragsgegner im Prozess vertritt, sowie in Höhe einer 1,3 Verfahrensgebühr aus dem Kostenwert, wenn der RA noch Kostenantrag stellt. Letzterer setzt sich zusammen aus den außergerichtlichen Kosten des Anwalts des Antragstellers und des Antragsgegners sowie den Gerichtskosten.

Beispiel für Kostenwert:

Widerspruch mit Klageabweisungsantrag gegen Mahnbescheid über 5.000,– EUR. Auf Antrag des Gläubigers Abgabe an das Streitgericht. Dort nimmt Gläubiger Mahnbescheid zurück, bevor die Klage begründet wurde und der RA des Schuldners erneut tätig war.

Außergerichtliche Kosten des Gläubigers

1,0 Mahngebühr gem. VV 3305 RVG aus 5.000,– EUR	334,00 EUR
+ 1,3 Verfahrensgebühr gem. VV 3100 RVG aus 5.000,– EUR	434,20 EUR
– 1,0 Mahngebühr gem. VV 3305 RVG aus 5.000,– EUR wegen Anrechnung ge m. Anm. zu VV 3305 RVG	– 334,00 EUR
zzgl. 2 Pauschalen	20,00 EUR + 20,00 EUR
ohne Anrechnung der Pauschalen.[174]	

---

166 OLG München MDR 1993, 285 = OLGR 1993, 96.

167 Ausf. Übersicht über Rspr. und Lit. bei *Hansens* BRAGOreport 2002, 149.

168 KG JurBüro 2002, 641; OLG München MDR 2001, 296; OLG Schleswig JurBüro 1980, 1523.

169 OLG München MDR 2001, 296; **aA** KG JurBüro 2002, 641, da auch der Kostenantrag von der Widerspruchsgebühr erfasst sei.

170 OLG Frankfurt a. M. AnwBl 1984, 99, wobei offen bleibt, ob eine 0,8 Gebühr anfällt.

171 OLG Koblenz Rpfleger 2002, 485; OLG Köln JurBüro 2000, 77; AGS 2007, 344.

172 *N. Schneider* Anm. zu OLG Naumburg AGS 2012, 122.

173 OLG Düsseldorf JurBüro 1994, 431; OLG Saarbrücken JurBüro 1988, 1668.

174 → RVG VV 7001 Rn. 41 ff.

Außergerichtliche Kosten des Schuldners	
0,5 Widerspruchsgebühr gem. VV 3307 RVG aus 5.000,– EUR	167,00 EUR
+ 0,8 Verfahrensgebühr gem. VV 3101 Nr. 1 RVG aus 5.000,– EUR (→ Rn. 55)	267,20 EUR
– 0,5 Widerspruchsgebühr gem. VV 3307 RVG aus 5.000,– EUR wegen Anrechnung ge m. Anm. zu VV 3307 RVG	– 167,00 EUR
zzgl. 2 Pauschalen	20,00 EUR + 20,00 EUR
ohne Anrechnung der Pauschalen.	
Gerichtskosten	
0,5 Gebühr gem. KV 1110 GKG für Mahnverfahren aus 5.000,– EUR	80,50 EUR
+ 1,0 Allgemeine Verfahrensgebühr gem. KV 1211 GKG aus 5.000,– EUR	161,00 EUR
– 0,5 Gebühr gem. KV 1110 GKG für Mahnverfahren aus 5.000,– EUR wegen Anrechnung gem. KV 1210 Anm. GKG	– 80,50 EUR
Kostenwert	942,40 EUR

5. Späterer Klageabweisungsantrag, aber noch vor Klagebegründung

a) 0,8 Verfahrensgebühr. Streitig ist, ob der Beklagte überhaupt einen Erstattungsanspruch 138
für eine durch einen Abweisungsantrag ausgelöste Verfahrensgebühr gem. VV 3100 ff. RVG hat, wenn der Kläger die Klage zurücknimmt, bevor er sie begründet hat. In der Rspr. wird dies bejaht, da die gleichen Grundsätze wie bei einem verfrühten Antrag auf Zurückweisung einer Berufung (→ RVG VV 3201 Rn. 53 ff.) gelten müssen. Ist zB auf Antrag des Klägers die Sache an das Streitgericht abgegeben worden und beantragt der Beklagtenvertreter vor Eingang der Klagebegründung Klageabweisung, so ist mindestens eine 0,8 Verfahrensgebühr gem. VV 3101 Nr. 1 RVG zu erstatten.[175] Stellt der Beklagte nach der Rücknahme noch einen Kostenantrag, so kommt noch eine 1,3 Verfahrensgebühr aus dem Kostenwert (→ Anh. VI Rn. 341 ff.) hinzu, wobei § 15 Abs. 3 RVG zu beachten ist.[176] Nach *Hansens* ist hingegen der Beklagte erstattungsrechtlich gehalten, seinem RA nur einen bedingten Verfahrensauftrag für den Fall zu erteilen, dass der Kläger den Anspruch begründet oder Anlass besteht, selbst auf eine Terminsbestimmung hinzuwirken. Es ist daher nach ihm auch eine 0,8 Verfahrensgebühr nicht zu erstatten.[177] Die Situation sei nicht vergleichbar derjenigen bei einer Berufung ohne Berufungsbegründung, da der RA des Beklagten bereits auf Grund des Auftrags iSv VV 3307 RVG zu einer Beratung des Mandanten verpflichtet ist.[178]

b) 1,3 Verfahrensgebühr. Hat der Beklagte Klageabweisung beantragt, obwohl die Klage 139
noch nicht begründet war, so ist, wie beim Antrag auf Zurückweisung vor der Berufungsbegründung (→ RVG VV 3201 Rn. 54), keine 1,3 Verfahrensgebühr gem. VV 3100 RVG zu erstatten.[179] Etwas anderes gilt, wenn der Kläger die Klagebegründung in dem Beklagten nicht zumutbarer Weise verzögert (→ Rn. 140; → Rn. 59).

6. Antrag des Antragsgegners auf Durchführung des streitigen Verfahrens

Nach der hM ist die 1,3 Verfahrensgebühr, die durch einen Antrag des Antragsgegners auf 140
Durchführung des streitigen Verfahrens anfällt (→ Rn. 59), nur dann als notwendige Verteidigungsmaßnahme vom Antragsteller zu erstatten, wenn er den Antragsgegner in unzumutbarer Weise darüber im Unklaren gelassen hat, ob er das streitige Verfahren durchführen wird, indem er entweder den Antrag dafür nicht stellt oder die weiteren Gerichtskosten nicht einzahlt, aber auch den Mahnantrag nicht zurücknimmt.[180] Nach der Rspr. hat der Antragsgegner lange genug gewartet, wenn zwischen der Einlegung des Widerspruchs und dem Antrag auf Durchführung des streitigen Verfahrens zwei Wochen[181] bzw. nur etwas mehr als zwei Wochen verstrichen sind.[182]

---

[175] KG JurBüro 2007, 307 = AGS 2008, 23 mzustAnm *N. Schneider,* ohne Begr.: OLG Düsseldorf NJW-RR 2005, 1231 = JurBüro 2005, 473.

[176] KG JurBüro 2007, 307 = AGS 2008, 23 mzustAnm *N. Schneider.*

[177] OLG Düsseldorf JurBüro 1994, 431; *Hansens* RVGreport 2007, 232 (233) Ziff. IV 2.

[178] *Hansens* RVGreport 2007, 232 (233) Ziff. IV 2.

[179] OLG Hamburg AGS 2014, 153 mablAnm *N. Schneider;* KG JurBüro 2007, 307.

[180] OLG Düsseldorf JurBüro 1994, 429; 2004, 195; OLG Hamburg JurBüro 1993, 95 = MDR 1994, 520, neun Monate ausreichend; OLG Köln JurBüro 2000, 77; OLG Koblenz JurBüro 2010, 257 = AGS 2010, 517 mablAnm *N. Schneider;* OLG München JurBüro 1992, 604 = MDR 1992, 909 = Rpfleger 1992, 495, zehn Monate ausreichend; in diese Richtung auch OLG Naumburg Rpfleger 2012, 356 = AGS 2012, 122 **aA** OLG Koblenz JurBüro 2000, 305 (306), ohne Erwähnung der hM.

[181] OLG Hamburg NJW-Spezial 2014, 187 = Rpfleger 2014, 228 = AGS 2014, 153 mablAnm *N. Schneider.*

[182] OLG Düsseldorf JurBüro 2004, 195.

XIII. Vergütungsfestsetzung gem. § 11 RVG

141 Der RA kann die im Mahnverfahren entstandenen Gebühren gegen seinen Mandanten gem. § 11 RVG festsetzen lassen. Zuständig ist das Streitgericht, das bei einem streitigen Verfahren zuständig gewesen wäre, wie sich aus § 11 Abs. 2 S. 2 RVG ergibt.[183]

XIV. Prozesskostenhilfe

142 Wird der RA im Mahnverfahren beigeordnet,[184] so verdient der RA die Gebühren der VV 3305 ff. RVG, allerdings aus der PKH-Tabelle. Die PKH-Bewilligung kann auf das Mahnverfahren beschränkt werden und gilt dann nicht auch für das nachfolgende Streitverfahren.[185]

XV. Rechtsschutzversicherung

143 Der Rechtsschutz erstreckt sich auch auf notwendige Nebenverfahren und damit auch auf das Mahnverfahren, soweit für die Hauptsache Versicherungsschutz besteht.[186]

144 Vor der Änderung des § 78 ZPO (Erweiterung der Postulationsfähigkeit) wurde angenommen, dass zwei Anwälte vom Versicherer zu bezahlen waren, wenn ein zweiter Anwalt am Sitz des Hauptsachegerichts beauftragt wurde. Die Einschränkungen des § 5 Abs. 1a S. 2 ARB 1994/2000 waren beim Mahnbescheid nicht zu Lasten des Versicherungsnehmers anzuwenden. Anders war es nur, wenn mit Sicherheit zu erwarten war, dass der Schuldner Widerspruch einlegen würde.[187] Die gleichen Grundsätze gelten auch nach der Erweiterung der Postulationsfähigkeit, allerdings mit der Maßgabe, dass der Mahnanwalt als nunmehriger Verfahrensbevollmächtigter zum Gerichtstermin fahren muss, es sei denn es ist zu erwarten, dass ein Terminsvertreter nicht zu höheren Kosten führen wird (→ Rn. 99 ff., 114). Wären die Reisekosten niedriger gewesen, so kann ein Erstattungsanspruch bis zur Höhe der Mehrkosten eines Verkehrsanwalts gegeben sein, wenn die Voraussetzungen des § 5 Abs. 1a S. 2 ARB 1994/2000 vorliegen (→ RVG VV 3400 Rn. 115 ff.).

Nr.	Gebührentatbestand	Gebühr oder Satz der Gebühr nach § 13 RVG

Unterabschnitt 3. Vollstreckung und Vollziehung

Vorbemerkung 3.3.3:

(1) Dieser Unterabschnitt gilt für
1. die Zwangsvollstreckung,
2. die Vollstreckung,
3. Verfahren des Verwaltungszwangs und
4. die Vollziehung eines Arrestes oder einstweiligen Verfügung,

soweit nachfolgend keine besonderen Gebühren bestimmt sind. Er gilt auch für Verfahren auf Eintragung einer Zwangshypothek (§§ 867 und 870a ZPO).

(2) Im Verfahren nach der Verordnung (EU) Nr. 655/2014 werden Gebühren nach diesem Unterabschnitt nur im Fall des Artikels 5 Buchstabe b der Verordnung (EU) Nr. 655/2014 erhoben. In den Fällen des Artikels 5 Buchstabe a der Verordnung (EU) Nr. 655/2014 bestimmen sich die Gebühren nach den für Arrestverfahren geltenden Vorschriften.

3309	Verfahrensgebühr	0,3

Schrifttum: *Enders,* Erinnerung und Beschwerde gegen Kostenanforderungen des Gerichtsvollziehers in einer Räumungssache, JurBüro 2005, 579; *Mock,* Gebühren und Streitwerte in der Zwangsvollstreckung, AGS 2004, 177; *Volpert,* Zwangsvollstreckung – Vergütungsfragen, RVGreport 2004, 450 ff., 2005, 10 ff., 127 ff., 170 ff.; *Weinert,* Neujustierung der Kostenerstattung in der Zwangsvollstreckung, RPfleger 2005, 1 ff.

[183] BGH NJW 1991, 2084; OLG Naumburg AGS 2008, 186.
[184] Ob PKH im Mahnverfahren zulässig ist, ist str. Bejahend Zöller/*Schultzky* ZPO Vor § 114 Rn. 4.
[185] OLG München MDR 1997, 891; OLG Oldenburg NJW-RR 1999, 579.
[186] Harbauer/*Bauer,* 7. Aufl. 2004, ARB 1975 § 2 Rn. 20.
[187] Harbauer/*Bauer,* 7. Aufl. 2004, ARB 1975 § 2 Rn. 81.

Übersicht

I. Hinweis zur Kommentierung

Unter II–XVI (→ Rn. 2ff.) werden die allgemeinen Grundsätze dargestellt. Es folgen dann unter XVII (→ Rn. 166ff.) alphabetisch geordnete Einzelfälle. 1

II. Vorbemerkung zu den Begriffen

In der Kommentierung wird an den meisten Stellen nur von der Vollstreckung die Rede sein. Dies geschieht um die ständige Wiederholung der Phrase Zwangsvollstreckung, Vollstreckung oder Vollziehung zu vermeiden. Gemeint ist, wenn über die Vollstreckung geschrieben 2

wird, die Zwangsvollstreckung, die Vollstreckung nach dem FamFG und Vollziehung von im einstweiligen Rechtschutz ergangenen Entscheidungen. Wo erforderlich, erfolgen gesonderte Ausführungen zur Zwangsvollstreckung oder Vollziehung.

III. Allgemeines

3 **Übersicht über einschlägige Vorschriften.** Während früher in §§ 57–59 BRAGO weitgehend an einer Stelle die Vollstreckung und Vollziehung von Arrest und einstweiliger Verfügung geregelt wurde, finden sich nunmehr die diesbezüglichen Regelungen an verschiedenen Stellen und zwar

- in § 18 Abs. 1 Nr. 1 ff. RVG und § 19 RVG (eine oder mehrere Angelegenheiten),
- in § 25 RVG (Gegenstandswerte),
- in VV 3309, 3310 RVG (Gebühren).

4 **Zwangsvollstreckung, Vollstreckung und Vollziehung als besonderes Verfahren.** VV 3309, 3310 RVG regeln die Vergütung, die der RA für seine Tätigkeit in der Zwangsvollstreckung, Vollstreckung bzw. bei der Vollziehung verdient. Die Vollstreckung ist ein vom Hauptsacheverfahren getrenntes, besonderes Verfahren, in dem der RA neue Gebühren verdient. Die Vollziehung eines Arrests, einer einstweiligen Verfügung oder einer einstweiligen Anordnung verhält sich zu deren Anordnung wie die Vollstreckung zum Rechtsstreit. Das Vollziehungsverfahren ist ein von dem Anordnungsverfahren getrenntes Verfahren. Im Anordnungsverfahren erhält der RA die gleichen Gebühren wie im Hauptsacheverfahren (Gebühren gem. VV 3100 ff. RVG), im Vollziehungsverfahren die Gebühren nach VV 3309 ff. RVG.

5 **Gebührenhöhe.** Der RA verdient eine 0,3 Verfahrensgebühr gem. VV 3309 RVG, die sich gem. VV 1008 RVG pro weiteren Auftraggeber um jeweils eine 0,3 Gebühr erhöhen kann, sowie uU eine 0,3 Terminsgebühr gem. VV 3310 RVG.

IV. Anwendungsbereich

1. Verweisung auf Einzelfälle

6 Was im Einzelfall unter VV 3309 RVG fällt und was nicht, ist im Kapitel „Einzelfälle" (→ Rn. 166 ff.) in alphabetischer Reihenfolge dargelegt. Im Folgenden wird nur ein allgemeiner Überblick geboten.

2. VV 3309 anwendbar

7 **a) Erfasste Rechtsgebiete.** Der zu vollstreckende Titel muss in einem der in der Überschrift von VV Teil 3 RVG genannten Verfahren ergangen sein. VV 3309 RVG ist also anwendbar für Zivilsachen einschließlich Arbeitsrecht, Familiensachen, Verfahren der freiwilligen Gerichtsbarkeit und der öffentlich-rechtlichen Gerichtsbarkeit (Verwaltungsrecht, Finanzrecht, Sozialrecht) und Verfahren nach dem Strafvollzugsgesetz, auch iVm § 92 JGG, und ähnlichen Verfahren. Im Einzelnen → RVG VV Vorb. 3 Rn. 6 ff. Über VV Vorb. 3 Abs. 1 RVG gilt VV 3309 RVG auch in Verwaltungszwangsverfahren.

8 **b) Zwangsvollstreckung, Vollstreckung, Verwaltungszwang und Vollziehung.** VV 3309 f. RVG finden gem. VV Vorb. 3.3.3 RVG Anwendung auf

- die Zwangsvollstreckung,
- die Vollstreckung,
  - nach dem FamFG (§§ 86 ff. FamFG),
  - in Verwaltungssachen (§§ 167 ff. VwGO),
  - im Sozialrecht (§§ 198 ff. SGG),
  - in der Finanzgerichtsbarkeit (§§ 150 ff. FGO),
- das Verwaltungszwangsverfahren (§§ 6 ff. VwVG),
- die Vollziehung einer im Wege des einstweiligen Rechtsschutzes ergangenen Entscheidung (§§ 928 ff. ZPO),
- das Verfahren auf Eintragung einer Zwangshypothek (§§ 867, 870a ZPO).

9 Es muss eine Vollstreckung oder Vollziehung im Rechtssinne vorliegen. Vollstreckung ist die Anwendung von Zwang durch Vollstreckungsorgane des Staates, um Ansprüche unabhängig von dem Willen des Verpflichteten zu verwirklichen. Vollziehung ist die Vollstreckung aus einer Entscheidung des einstweiligen Rechtsschutzes.[1] Zu einstweiligen Anordnungen → Rn. 2.

10 **c) Vorbereitende Maßnahmen.** Zur Vollstreckung gehören auch die sie vorbereitenden Maßnahmen wie zB Zustellung des Titels, Erwirkung der Vollstreckungsklausel, Aufforderungs-

[1] BGH NJW 1996, 198.

schreiben mit Vollstreckungsandrohung. Siehe zB → Rn. 168ff., 186ff., 287ff., 355ff., 408, 432ff. Abgrenzung zur Geschäftsgebühr → Rn. 13ff.

11 **d) Gläubiger und Schuldner, nicht Dritter.** VV 3309ff. RVG sind anwendbar für den RA des Gläubigers und des Schuldners.

Dritter. VV 3309ff. RVG sind nicht anwendbar bei Tätigkeiten für einen Dritten. Wird aber versehentlich gegen einen Dritten vollstreckt, weil der Gläubiger ihn mit dem Schuldner verwechselt, so wird gegen den Dritten als – wenn auch vermeintlichen – Schuldner vorgegangen. Bei dem RA des Dritten, der den Irrtum klarstellt, fallen daher Gebühren nach VV 3309ff. RVG und nicht nach VV 2300ff. RVG an.[2] Weitere Ausnahmen → Rn. 204.

Wegen Drittschuldner → Rn. 217ff.

3. VV 3309 RVG nicht anwendbar

12 Nicht unter VV 3309 RVG fallen

- Maßnahmen, die erst die **Vollstreckbarkeit herbeiführen** wie zB
- die Erbringung der Sicherheitsleistung,
- die Vollstreckbarerklärung eines Anwaltsvergleichs (→ Rn. 340) oder ausländischer Titel (→ Rn. 341),
- Tätigkeiten, die bereits **zu einem Prozess gehören** (→ Rn. 28),
- Maßnahmen nach dem Urteil, wenn das Urteil **keiner Vollstreckung mehr bedarf** (→ Rn. 286, 297).

V. Abgrenzung zu anderen Gebühren

1. Abgrenzung zur Geschäftsgebühr

13 **a) Noch nicht begonnene Vollstreckung.** Auch die Vollstreckung vorbereitende Maßnahmen gehören zur Vollstreckung. Das bedeutet aber nicht, dass jede Tätigkeit im Vorfeld einer Vollstreckung zu einer Vollstreckungsgebühr gem. VV 3309 RVG führt.

14 **Gläubigervertreter.** Maßnahmen des Gläubigervertreters, die die Vollstreckung vorbereiten, können je nach Auftrag unter VV 3309 RVG, aber auch unter VV 2300 RVG fallen, zB

- Zahlungsaufforderung mit (→ Rn. 432ff.), uU aber auch ohne Vollstreckungsandrohung (→ Rn. 444ff.),
- Androhung einer Vollstreckungsmaßnahme (→ Rn. 355).

15 **Schuldnervertreter.** Droht ein Vollstreckungsverfahren und soll der RA des Schuldners dieses abwenden, so wurde bislang eine Gebühr gem. VV 3309 RVG[3] angenommen.

16 **Neuerdings** wird **ua vom BGH** im Vorfeld der Vollstreckung sowohl beim RA des Gläubiger als auch dem des Schuldners danach differenziert, ob sich die anwaltliche Tätigkeit auf vollstreckungsverfahrenstechnische Fragen bezieht (dann VV 3309 RVG) oder ob es um die Berechtigung des titulierten Anspruchs geht (dann VV 2300ff. RVG).

So hat der BGH in einem Fall, in dem der Gläubiger mit der Vollstreckung aus einem Titel gedroht und der **Schuldner** Erfüllung eingewandt sowie mit einer negativen Feststellungsklage gedroht hat, hinsichtlich des RA des Schuldners entschieden: „Zur Prüfung der Erfolgsaussichten einer Vollstreckungsabwehrklage (§ 767 ZPO), einer negativen Feststellungsklage, einer Nichtigkeits- oder Restitutionsklage (§§ 579, 580 ZPO) oder einer auf § 826 BGB gestützten Schadensersatzklage wegen Titelerschleichung oder sonstigen Urteilsmissbrauchs muss der beauftragte RA die materielle Rechtslage sowie die Beweislage in vollem Umfang durchdringen. Der Bearbeitungsaufwand unterscheidet sich dann nicht von demjenigen, den der RA hätte aufbringen müssen, wenn er vor Einleitung eines streitigen Erkenntnisverfahrens mit der zunächst außergerichtlichen Bearbeitung des Falls betraut worden wäre. Gleicht sich der jeweilige Bearbeitungsaufwand, gibt es keine Rechtfertigung, die Geschäftsgebühr nur deshalb als nicht angefallen anzusehen, weil sie möglicherweise in Konkurrenz zu einer Gebühr aus VV 3309 RVG tritt."[4]

17 Entsprechendes gilt nach dem BGH für den RA des **Gläubigers.** Kündigt der Schuldner „mehr als nur vollstreckungsverfahrensrechtliche Einwendung oder Vollstreckungsschutzanträge" an, sondern bekämpft er die Berechtigung der Forderung in einer Weise, „die in eine negative Feststellungsklage oder eine auf § 826 BGB gestützte Schadensersatzklage wegen Ti-

[2] LG Düsseldorf JurBüro 2007, 527 = AGS 2007, 450 mzustAnm *N. Schneider.*

[3] OLG Düsseldorf OLGR 2001, 214, zur BRAGO; OLG Hamm JurBüro 1996, 249; LG Düsseldorf NJW Spezial 2007, 524 = JurBüro 2007, 527.

[4] BGH NJW 2011, 1603 = AnwBl 2011, 402 Tz. 10.

telerschleichung oder Titelmissbrauchs münden würde, muss der RA des Vollstreckungsgläubigers diese Verteidigung prüfen und seinen Mandanten über das weitere Vorgehen beraten. Damit hat auch er die Geschäftsgebühr gem. VV 2300 RVG verdient."[5]

18 Noch etwas allgemeiner ausgedrückt läuft dies auf folgende Differenzierung hinaus: Geht es um einen Einwand gegen den titulierten Anspruch selbst, zB Erfüllungseinwand, so fällt eine Geschäftsgebühr an, geht es um eine vollstreckungsverfahrensrechtliche Einwendung oder um Vollstreckungsschutzanträge, so entsteht eine Vollstreckungsgebühr gem. VV 3309 RVG.

19 In ähnlicher Weise differenziert *N. Schneider.*[6] VV 3309 RVG greift ein, wenn es sich um eine Maßnahme handelt, die im laufenden Vollstreckungsverfahren eine Gebühr gem. VV 3309 RVG auslösen würde. Hierzu zählt er, wenn der RA geltend macht:

– Einwendungen gegen die Zulässigkeit der Vollstreckungsklausel gem. § 732 ZPO,
– Rüge der fehlenden Vollstreckungsklausel entsprechend § 766 ZPO,
– Pfändungsschutz bei Arbeitseinkommen entsprechend § 850k ZPO,
– Räumungsfrist entsprechend § 765a ZPO.

20 Hingegen sind VV 2300 ff. RVG anzuwenden, wenn materiell-rechtliche Einwendungen geltend gemacht werden, etwa dass zwischenzeitlich aufgerechnet wurde, was gerichtlich mit einer Vollstreckungsabwehrklage geltend zu machen wäre.[7]

21 Geht man hiervon aus, ist problematisch, ob unter VV 3309 RVG oder VV 2300 RVG fallen ein Auftrag,

– eine **Stundung** zu erreichen,[8]
– eine **Abstandnahme von Vollstreckung** nach Einspruch gegen Versäumnisurteil zu erreichen.[9]

22 **Vereinbarkeit mit Grundsätzen zum Auftrag.** Die Differenzierung des BGH ist mit den Prinzipien zum Auftrag vereinbar, wenn von Anfang an beim Schuldner ein Auftrag zu einer Verteidigung gegen den Anspruch selbst oder beim Gläubiger zur Abwehr dieser Verteidigung besteht. Das lässt sich damit rechtfertigen, dass die vom RA begehrte Tätigkeit über eine reine Vollstreckungsabwehr hinausgeht und den Anspruch selbst zu Fall bringen soll. Bei der sehr geringen 0,3 Vollstreckungsgebühr geht das Gesetz von einem beschränkten Aufgabenbereich aus. Diese Differenzierung führt zu angemessenen Ergebnissen.

23 Problematischer ist der Auftrag, wenn der Gläubiger lediglich einen Vollstreckungsauftrag erteilt hat, zB zu einer Zahlungsaufforderung mit Vollstreckungsandrohung, und dann der Schuldner Erfüllung behauptet. Hier scheint der BGH davon auszugehen, dass automatisch ein zweiter Auftrag, einer im Rahmen von VV 2300 ff. RVG erteilt ist. ME muss hier der RA mit seinem Mandanten klären, dass ein neues Auftragsverhältnis begründet wird. Trotz der Anrechnung (→ Rn. 24) ist für den Auftraggeber dieser zweite Auftrag erheblich belastender (0,5 bis 2,5 Geschäftsgebühr) als der Vollstreckungsauftrag (0,3 Vollstreckungsgebühr).

24 **Anrechnung.** Auch wenn erst eine Vollstreckungsgebühr und dann eine Geschäftsgebühr angefallen sind, ist die erste auf die zweite anzurechnen (→ RVG VV Vorb. 3 Rn. 290, 300).

25 **b) Bereits begonnene Vollstreckung.** Hält man die zuvor dargestellte Differenzierung für richtig, so gilt sie auch, wenn die Vollstreckung bereits begonnen hat.[10] Wendet der Schuldner also ein, der titulierte Anspruch sei bereits erfüllt, so entsteht eine Geschäftsgebühr.

26 **c) Gesonderte Verfahren zur Vorbereitung der Vollstreckung.** Manchmal sind zusätzliche, gesonderte Verfahren erforderlich, um die Vollstreckung durchführen zu können, zB Antrag auf vorherige Berichtigung des Grundbuchs (§ 14 GBO), Antrag auf Erteilung eines Erbscheins oder Antrag auf eine behördliche Genehmigung (→ Rn. 281). Dies sind besondere Verfahren, die gesondert zu vergüten sind. Sie gehören nicht zur Vollstreckung. Der RA ist daher gem. VV 2300 ff. RVG zu vergüten.

27 **d) Nach beendeter Vollstreckung.** Manchmal scheinen Maßnahmen noch zur Vollstreckung zu gehören. In Wahrheit ist diese aber bereits beendet, weil die gerichtliche Entscheidung die vom Schuldner zu erbringende Leistung, zB eine Einwilligungserklärung ersetzt.

---

[5] BGH NJW 2011, 1603 = AnwBl 2011, 402 Tz. 12.
[6] *N. Schneider* AGS 2010, 261.
[7] *N. Schneider* AGS 2010, 261.
[8] **Für Vollstreckungsgebühr** OLG Düsseldorf AGS 2002, 53 zu § 68 Abs. 1 Nr. 1 BRAGO; **für Geschäftsgebühr** OLG Celle AGS 2009, 63; *N. Schneider* AGS 2010, 261.
[9] Für VV 3309 RVG OLG Hamm JurBüro 1996, 249 in einem Fall, in dem sich der Schuldner gleichzeitig zu erheblichen Zahlungen verpflichtet hat, die wohl gleichzeitig mit der Abstandnahme ausgehandelt wurden.
[10] *N. Schneider* AGS 2010, 261.

Dann ist allgM, dass keine Vollstreckungsgebühr, sondern eine Geschäftsgebühr anfällt. Deshalb fallen zB nicht unter VV 3309 RVG, sondern unter VV 2300 ff. RVG.
- der Antrag auf Löschung einer Vormerkung bzw. eines Widerspruchs nach Aufhebung des Arrests oder einer einstweiligen Verfügung (→ Rn. 255), während der Antrag auf Eintragung dieser Vormerkung oder dieses Widerspruchs eine Vollstreckungsgebühr auslöst (→ Rn. 253),
- der Antrag auf Eintragung ins Grundbuch auf Grund einer Hauptsacheentscheidung (→ Rn. 278),
- der Antrag auf Eintragung ins Handelsregister (→ Rn. 256, 286),
- der Antrag auf Löschung einer Marke, eines Gebrauchsmusters oder Warenzeichens (→ Rn. 297),
- der Verkauf von Gegenständen, die der Gläubiger durch die Vollstreckung erlangt hat (→ Rn. 367).

2. Abgrenzung zur Verfahrensgebühr

Teilweise gehören Tätigkeiten nicht zur Vollstreckung, sondern zu einem gerichtlichen Verfahren oder stellen ein eigenes gerichtliches Verfahren dar, zB **28**
- **Sicherheitsleistung des Schuldners** zur Abwehr der Vollstreckung nach Rechtsmitteleinlegung (→ Rn. 348),
- Je nach Auftrag Aufforderung zur Verzichtserklärung und **Ankündigung einer Vollstreckungsabwehrklage** (→ Rn. 396) oder Drittschuldnerklage (→ Rn. 226 ff.).
- **Vollstreckbarerklärung eines Anwaltsvergleichs oder ausländischen Titels** (→ Rn. 392, 393).

3. Abgrenzung zu VV 1009

→ Rn. 346. **29**

VI. Titel

Voraussetzung der Vollstreckung ist das Vorliegen eines Vollstreckungstitels oder einer Entscheidung des einstweiligen Rechtsschutzes. **30**

Zu den **Vollstreckungstiteln** gehören zB Titel iSv §§ 704 ff., 794, 1079 ff. ZPO; § 35 FamFG; § 62 ArbGG; § 201 Abs. 2, 257 InsO; §§ 406b, 464b S. 3 StPO; § 31 LwVG. **31**

Zu den **Entscheidungen des einstweiligen Rechtsschutzes** gehören ua **32**
- Arrestbefehl,
- Einstweilige Verfügung,
- Einstweilige Anordnungen gem. § 49 FamFG (früher §§ 620, 621 f., 621g, 641d, 644 ZPO aF, § 24 Abs. 3 FGG aF),
- Einstweilige Anordnungen gem. § 123 VwGO,
- Einstweilige Anordnungen gem. § 114 FGO.

VII. Auftrag

Der RA muss einen Auftrag haben, in der Vollstreckung tätig zu werden. Dabei ist unerheblich, ob er einen Gesamtauftrag hat (RA soll die gesamte Vollstreckung betreiben) oder ob er nur mit einer Einzeltätigkeit beauftragt worden ist (zB RA soll nur Bürgschaft besorgen). Wird der RA dann auftragsgemäß tätig, so verdient er die 0,3 Gebühr. Ein Auftrag für das Vollstreckungsverfahren ergibt sich aber nicht bereits aus dem Verfahrensauftrag für die Hauptsache. Es muss darüber hinaus ein Auftrag für die Vollstreckung erteilt sein. **33**

Rückwirkung aus Kostenerstattung. Es ist zwischen der Entstehung der Gebühr und dem Erstattungsanspruch gegen den Gegner zu unterscheiden. Es besteht aber eine gewisse Wechselwirkung (→ Anh. X Rn. 7). Der Vollstreckungsauftrag wird regelmäßig dahingehend erteilt sein, dass der RA zusätzliche Gebühren auslösende Tätigkeiten nach außen erst vornehmen soll, wenn sein Tätigwerden auch erstattungsrechtlich als notwendig anzusehen ist (zur Kostenerstattung → Rn. 93 ff.).[11] Gleichzeitig ist aber folgendes zu beachten. Die Tätigkeit des Rechtsanwalts in der Vollstreckung beginnt nicht erst mit der Beantragung von staatlichem Zwang, sondern mit seinem ersten Tätigwerden nach Erteilung des Vollstreckungsauftrages, häufig mit der Entgegennahme der Information oder aber mit der – zu seinen Aufgaben gehö- **34**

---

[11] Gerold/Schmidt/*von Eicken,* 15. Aufl. 2002, BRAGO § 57 Rn. 16, stillschweigende Bedingung; *Hansens* BRAGO § 57 Rn. 6; OLG Düsseldorf MDR 1955, 495; OLG Frankfurt a. M. AnwBl 1984, 99, zu Prozessauftrag im Mahnverfahren.

renden – Prüfung, ob schon eine Vollstreckungsmaßnahme angebracht ist. Hierfür verdient er bereits eine 0,3 Vollstreckungsgebühr (→ Rn. 36 ff.). Die so entstandene Gebühr bleibt unberührt davon bestehen, ob der RA nach außen vorschnell tätig geworden ist. Diese Gebühr kann auch – abhängig von den Fähigkeiten des Auftraggebers – erstattungsfähig sein kann (→ Rn. 124).

VIII. Tätigkeit

1. Tätigkeiten iSv VV 3309 RVG

35 Zu den Tätigkeiten, die unter VV 3309 RVG fallen → Rn. 6 ff.; Einzelfälle → Rn. 166 ff.

2. Beginn der Tätigkeit

36 Für die Entstehung der Gebühr des VV 3309 RVG ist nicht erforderlich, dass der RA bereits einen Antrag auf Vollstreckung gestellt oder eine die Vollstreckung vorbereitende Tätigkeit mit Außenwirkung vorgenommen hat.[12]

37 **Entgegennahme der Information.** Die Tätigkeit des Rechtsanwalts in der Vollstreckung beginnt mit seinem ersten Tätigwerden nach Erteilung des Vollstreckungsauftrages, häufig mit der Entgegennahme der Information. Er befindet sich insoweit in der gleichen Lage wie der Verfahrensbevollmächtigte des Rechtsstreits, der mit der ersten Tätigkeit nach Erteilung des Klageauftrags eine Verfahrensgebühr gem. VV 3100 f. RVG verdient hat. Ob das Vollstreckungsorgan antragsgemäß tätig wird, ist für die Entstehung der RA-Gebühr ohne Belang. Beauftragt der Gläubiger einen RA, aus einer notariellen Urkunde die Vollstreckung einzuleiten, und erteilt er ihm die erforderlichen Informationen, dann steht dem RA eine 0,3 Gebühr auch dann zu, wenn der Schuldner die Forderung zwischenzeitlich bezahlt und deshalb wegen der Hauptforderung kein Vollstreckungsantrag mehr gestellt wird.[13]

38 **Interne Prüfung von Vollstreckungsmaßnahmen.** Hat der RA einen Vollstreckungsauftrag und bedarf er keiner Information mehr (zB RA war bereits Verfahrensbevollmächtigter im Hauptsacheverfahren), so entsteht die Gebühr bereits damit, dass er prüft, ob die Voraussetzungen, unter denen nach außen eine vorbereitende oder vollstreckende Maßnahme angebracht ist, gegeben sind und zwar auch dann, wenn er zu dem Ergebnis kommt, dass die Beantragung einer Vollstreckungsmaßnahme verfrüht wäre. Die Gebühr erwächst für die Prüfung als solche.

39 **Voraussetzungen der §§ 750, 751 ZPO.** Nicht nötig für die Entstehung der Gebühr gem. VV 3309 RVG ist, dass die Voraussetzungen der §§ 750, 751 ZPO bereits vorliegen oder gar dem Schuldner nachgewiesen sind.[14] Wenn das Gesetz die Gebühr des VV 3309 RVG für die Tätigkeit des RA „in der Vollstreckung" zubilligt (Anm. zu VV 3309 RVG), so kann das nicht bedeuten, dass schon vor dem Tätigwerden des RA eine Vollstreckung begonnen haben müsse oder doch jedenfalls iSd § 750 ZPO beginnen dürfe. Zwischen dem Abschluss der auf die Erwirkung oder Abwehr eines Vollstreckungstitels gerichteten RA-Tätigkeit, die mit der Verfahrensgebühr vergütet wird, und dem Beginn der Vollstreckung iSd § 750 ZPO, dh mit dem Beginn staatlicher Zwangsmaßnahmen, sind mannigfaltige Anwaltstätigkeiten möglich und oft auch nötig, die sich als Maßnahmen der Vorbereitung der Vollstreckung bezeichnen lassen. Prüft der RA nach Erhalt des Vollstreckungsauftrags, ob schon die Voraussetzungen vorliegen, unter denen vollstreckt werden kann, oder führt er ein Informationsgespräch mit dem Gläubiger, so werden diese Tätigkeiten grds. nicht mehr in Ausführung des Prozessauftrages vorgenommen, sondern auf Grund des neuen Auftrages, die Vollstreckung einzuleiten. Hierfür spricht auch, dass § 58 Abs. 2 Nr. 1, 2, 5 BRAGO viele Maßnahmen, die die Vollstreckung vorbereiten, dem Abgeltungsbereich der Vollstreckungsgebühr zuordnete. Dass das RVG – abweichend von § 58 Abs. 2 BRAGO – darauf verzichtet hat, besondere Fälle aufzuführen, die Teil des Vollstreckungsverfahrens sind, ändert nichts daran, dass diese vorbereitenden Maßnahmen zur Vollstreckung gehören. Wenn § 19 Abs. 1 S. 2 Nr. 9 RVG die Zustellung der Entscheidungen, die Erwirkung des Notfrist- bzw. Rechtskraftzeugnisses und die erstmalige Erteilung der Vollstreckungsklausel für den Verfahrensbevollmächtigten als zum Rechtszug gehörig bezeichnet, so ist das kein Widerspruch. Es handelt sich um eine nur für den Verfahrensbevollmächtigten geltende Zuordnung, nach der diese auf der Grenze zwischen Erkenntnisverfahren und Vollstreckung liegenden Maßnahmen dem Abgeltungsbereich der Verfahrensgebühr zugewiesen werden.

---

[12] OLG Hamburg MDR 1976, 56 = JurBüro 1975, 1346.
[13] LG Bonn JurBüro 1983, 241.
[14] OLG Frankfurt a. M. JurBüro 1988, 786; **aA** *Gerauer* Rpfleger 1987, 477.

3. Umfang der Tätigkeit

Unerheblich ist, welchen Umfang die Tätigkeit des RA hat. Auch eine geringfügige Tätigkeit in der Vollstreckung reicht aus.[15] So genügt zB der Antrag, an Stelle einer Hinterlegung eine Bankbürgschaft erbringen zu dürfen[16] oder ein einfaches Schreiben an den Gegner mit der Bitte, von der Vollstreckung abzusehen (→ Rn. 193).[17] 40

4. Keine Kenntnis

Wird der RA hinsichtlich eines Vollstreckungsantrags tätig, obgleich über ihn bereits entschieden ist, so fällt eine 0,3 Gebühr trotzdem an, wenn der RA hiervon keine Kenntnis hatte[18] und auch keine Kenntnis haben musste. Dasselbe gilt, wenn der RA keine Kenntnis von der zwischenzeitlichen Erfüllung der Schuld hatte und eine solche auch nicht haben musste. Ein Erstattungsanspruch für diese Kosten besteht nicht, es sei denn auch die Partei hatte unverschuldet keine Kenntnis (→ Anh. X Rn. 117 ff.).[19] 41

IX. Gebührenhöhe

1. 0,3 Gebühr

Der mit der Vollstreckung beauftragte RA verdient eine 0,3 Verfahrensgebühr, mindestens aber gem. § 13 Abs. 2 RVG 15,– EUR.[20] 42

2. Vorzeitiges Auftragsende

Bei vorzeitiger Beendigung des Auftrags tritt keine Ermäßigung der Verfahrensgebühr ein. Der mit der Vollstreckung beauftragte RA erhält sonach die 0,3 Verfahrensgebühr auch dann, wenn sich der Vollstreckungsauftrag vorzeitig erledigt (Bsp.: Der Schuldner zahlt freiwillig, bevor der RA des Gläubigers nach Entgegennahme der Information tätig werden konnte.) 43

3. Mehrere Auftraggeber

Derselbe Gegenstand. Vertritt der RA mehrere Auftraggeber und ist der Gegenstand der anwaltlichen Tätigkeit derselbe (zB RA beauftragt im Namen von zwei Gläubigern den Gerichtsvollzieher wegen einer beiden gemeinsam zustehenden Forderung), so erhöht sich die Vollstreckungsgebühr gem. VV 1008 RVG durch jeden weiteren Auftraggeber um 0,3.[21] Bei zwei Auftraggebern verdient er also eine 0,6 Gebühr (→ RVG VV 1008 Rn. 226). Zur Mindestgebühr bei mehreren Auftraggebern → § 13 Rn. 11 ff.[22] 44

Mehrere Gegenstände. Wenn der RA Unterhaltsansprüche für Ehefrau und Kind aus einem gemeinsamen Titel vollstreckt, so scheidet eine Erhöhung gem. VV 1008 RVG auch dann aus, wenn man von einer Angelegenheit ausgeht, da zwei Gegenstände vorliegen (VV 1008 Anm. Abs. 1 RVG),[23] deren Werte zu addieren sind (§ 22 Abs. 1 RVG). 45

X. Angelegenheit

1. Überblick

Zu unterscheiden ist, ob eine Tätigkeit im Rahmen der Vollstreckung 46
- eine Angelegenheit **mit der Hauptsache** ist,
- oder **mit anderen Vollstreckungstätigkeiten** eine Einheit bildet.

Die erste Frage beantworten mehrere Nummern in § 19 Abs. 1 S. 2 RVG, die zweite § 18 Abs. 1 Nr. 1 ff., § 19 Abs. 2 RVG. 47

Folgen für Gebühren. Liegen mehrere Angelegenheiten vor, so verdient der RA neben den Gebühren der Hauptsache Gebühren gem. VV 3309 ff. RVG bzw. mehrere Vollstreckungsgebühren nebeneinander. Liegt eine Angelegenheit vor, so können Vollstreckungsgebühren nur einmal anfallen. 48

---

15 OLG Frankfurt a. M. Rpfleger 1983, 502; OLG Hamm JurBüro 1996, 249.
16 OLG Düsseldorf JurBüro 1972, 648 mzustAnm *H. Schmidt*.
17 OLG Hamm JurBüro 1996, 249.
18 OLG Koblenz AnwBl 2002, 252.
19 OLG Koblenz AnwBl 2002, 252.
20 *Volpert* RVGreport 2004, 450 (453).
21 BGH DGVZ 2007, 68; *N. Schneider* NZM 2006, 361 (365) Ziff. 13.
22 *Volpert* RVGreport 2004, 450 (453).
23 OLG Celle JurBüro 1982, 1360.

2. Prüfungsreihenfolge

49 Bei der Frage, ob eine oder mehrere Angelegenheiten vorliegen, empfiehlt sich zuerst zu prüfen, ob ein im Gesetz besonders geregelter Fall vorliegt. Also sind zunächst § 18 Abs. 1 Nr. 4 ff. RVG und § 19 Abs. 1 S. 2, Abs. 2 RVG zu prüfen. Findet sich dort nichts, muss auf § 18 Abs. 1 Nr. 1, 2 RVG zurückgegriffen werden.

3. Verhältnis zum Hauptsacheverfahren

50 **a) Besondere Angelegenheit.** Die Vollstreckung bildet grds. gegenüber dem Hauptprozess eine besondere Angelegenheit. Daher kann auch der Verfahrensbevollmächtigte des Hauptverfahrens für seine Tätigkeit in der Vollstreckung die Gebühren des VV 3309 RVG besonders beanspruchen. Zur Vollziehung → Rn. 2.

51 **Ankündigung, Einleitung, Durchführung der Vollstreckung.** Nicht mehr zum Hauptsacheverfahren gehört es, wenn der Verfahrensbevollmächtigte Maßnahmen zur Verwirklichung des Anspruchs gegen den Schuldner ankündigt, einleitet oder durchführt. Das ist bereits Aufgabe des mit der Vollstreckung beauftragten Anwalts. Von dem Verfahrensbevollmächtigten des Rechtsstreits kann nicht erwartet werden, dass er zB den Gegner auffordert, dem Urteil Folge zu leisten.

52 **b) Teil des Erkenntnisverfahrens.** Gewisse Handlungen, die geeignet sind, die **Vollstreckung vorzubereiten,** gehören gem. § 19 RVG noch zu den Aufgaben des Verfahrensbevollmächtigten des Rechtsstreits. Führt er sie durch, erhält er für seine Tätigkeit keine zusätzliche Gebühr.[24] Hierher gehören zB die in § 19 Abs. 1 S. 2 Nr. 7, 9, 11, 12, 13 RVG, genannten Fälle. Sie werden im Kapitel über die Einzelfälle des Näheren erläutert. Werden sie aber von einem RA vorgenommen, der nicht Verfahrensbevollmächtigter war, so stellen sie gesondert zu vergütende Tätigkeiten in der Vollstreckung dar. Hierher gehören ua: Vorläufige Einstellung der Vollstreckung, Notfristzeugnis, Rechtskraftzeugnis, erstmalige Vollstreckungsklausel, Zustellung des Urteils, Zustellung einer vollstreckbaren Ausfertigung einer Einigung,[25] Zustellung einer einstweiligen Verfügung.

4. Verhältnis von Vollstreckungsmaßnahmen untereinander

53 **a) Überblick.** Hierfür greifen § 18 Abs. 1 Nr. 1 ff., 4 ff., § 19 Abs. 2 RVG ein. Für Vollziehungsmaßnahmen → Rn. 68 ff. Die allgemeine Regelung befindet sich in § 18 Abs. 1 Nr. 1, 2 RVG. Daneben sind Regelungen für Einzelfälle enthalten in § 18 Abs. 1 Nr. 4 ff. RVG (besondere Angelegenheiten) sowie in § 19 Abs. 2 RVG (eine Angelegenheit).

54 **b) Allgemeine Grundsätze.** § 18 Abs. 1 Nr. 1 RVG entspricht § 58 Abs. 1 BRAGO und erweitert dessen Geltung auf das Verwaltungszwangsverfahren (Verwaltungsvollstreckungsverfahren) sowie auf das Verfahren nach § 35 FamFG (§ 18 Abs. 1 Nr. 1 Hs. 2 RVG). § 18 Abs. 1 Nr. 4 ff. RVG entsprechen in gleicher Reihenfolge § 58 Abs. 3 BRAGO, §§ 19 Abs. 2, 58 Abs. 2 RVG.

55 **Angelegenheit in der Vollstreckung.** § 18 Abs. 1 Nr. 1 RVG definiert die Angelegenheit für das Vollstreckungsverfahren abweichend von § 15 Abs. 1 RVG. Eine Angelegenheit betrifft nicht entsprechend § 15 Abs. 1 RVG die gesamte Tätigkeit in der Vollstreckung vom Auftrag bis zur Erledigung der Angelegenheit. Wäre § 15 Abs. 1 RVG anzuwenden, so wäre die **gesamte Vollstreckung** eine Angelegenheit, unabhängig davon, wie viele unterschiedliche Vollstreckungsversuche dazugehören. Stattdessen bestimmt § 18 Abs. 1 Nr. 1 RVG, dass jede einzelne Vollstreckungsmaßnahme eine eigene Angelegenheit ist.

56 **Vollstreckungsmaßnahme und Vollstreckungshandlung.** Die Vollstreckungsmaßnahmen sind zu unterscheiden von den einzelnen Vollstreckungshandlungen.[26] Eine Vollstreckungsmaßnahme, zB die Pfändung, setzt sich aus mehreren Teilakten, Vollstreckungshandlungen, zusammen. Nach dem BGH bilden grds. „die gesamten zu einer bestimmten Vollstreckungsmaßnahme gehörenden, miteinander in einem inneren Zusammenhang stehenden Einzelmaßnahmen von der Vorbereitung der Vollstreckung bis zur Befriedigung des Gläubigers oder bis zum sonstigen Abschluss der Vollstreckung dieselbe gebührenrechtliche Angelegenheit. Dabei stehen nur diejenigen Einzelmaßnahmen in einem inneren Zusammenhang, welche die einmal eingeleitete Maßnahme mit demselben Ziel der Befriedigung fortsetzen".[27] Teil der Vollstreckungsmaßnahme Pfändung sind zB folgende Vollstreckungshandlungen: Entgegen-

---

[24] *Volpert* RVGreport 2005, 127 Ziff. II.
[25] **AA** LAG BW JurBüro 1974, 60.
[26] Riedel/Sußbauer/*Keller,* 8. Aufl. 2000, BRAGO § 58 Rn. 4.
[27] BGH NJW 2004, 1101 = FamRZ 2004, 536; AnwBl 2004, 728 = NJW-RR 2005, 78 = JurBüro 2005, 36.

nahme der Information, Beratung und Auswahl der zu treffenden Vollstreckungsmaßnahme, Antragstellung, Entgegennahme des Pfändungsprotokolls, Informierung des Gläubigers, Tätigkeiten wegen Stundung oder Verlegung des Versteigerungstermins, die Wahrnehmung des Versteigerungstermins, die Abrechnung mit dem Gerichtsvollzieher und Übersendung des Erlöses an den Gläubiger.[28]

Innerer Zusammenhang. Fortsetzung. Nur eine Vollstreckungsmaßnahme ist gegeben, wenn die einzelnen Teilakte in einem inneren Zusammenhang stehen[29] und der jeweils nächste Akt sich als eine Fortsetzung der vorausgehenden Vollstreckungshandlungen darstellt.[30] So sind zB die Sicherungsvollstreckung und die anschließende Verwertung nach Beibringung der Sicherheit dieselbe Angelegenheit.[31] Dasselbe gilt, wenn der Gerichtsvollzieher sich geweigert hatte, den Vollstreckungsauftrag auszuführen, dagegen das Vollstreckungsgericht mit Erfolg angerufen worden war und der RA jetzt weitere Tätigkeiten gegenüber dem Gerichtsvollzieher entfaltet. Eine Fortsetzung wird in der Rspr. auch dann angenommen, wenn der erste Vollstreckungsauftrag wegen Wohnungswechsels des Schuldners nicht ausgeführt werden konnte und deshalb ein neuer Vollstreckungsauftrag an einen neuen Gerichtsvollzieher gestellt werden muss.[32] Dasselbe gilt, wenn der Schuldner die Durchsuchung verweigert und dann nach Erlass des Durchsuchungsbeschlusses die Durchsuchung durchgeführt wird.[33] Weiter liegt eine Angelegenheit vor, wenn gegenüber demselben Drittschuldner eine Vorpfändung wiederholt wird, weil der Gläubiger nicht binnen eines Monats die Pfändung der Forderung erreicht hatte, sodass der ersten Vorpfändung nicht gem. § 845 Abs. 2 ZPO die Wirkung eines Arrestes zukommen konnte.[34] Dasselbe gilt, wenn wegen der Herausgabe der Wohnungsschlüssel der Gerichtsvollzieher zu einem neuen Versuch aufgefordert wird, weil sich der Schlüssel nicht am Ort des ersten Vollstreckungsversuchs befunden hatte.[35] 57

Mehrere Angelegenheiten. Beantragt ein Gläubiger wegen Forderungen gegen einen Schuldner Pfändungs- und Überweisungsbeschlüsse gegenüber mehreren Drittschuldnern, so handelt es sich um eine Angelegenheit.[36] Dasselbe muss gelten für vorläufige Zahlungsverbote gegen mehrere Drittschuldner.[37] Anders nach BGH bei Erinnerungen des Schuldneranwalts gegen diese Beschlüsse.[38] 58

Beginn. Eine Vollstreckungsmaßnahme beginnt mit der ersten Tätigkeit des Anwalts im Hinblick auf eine Maßnahme. Das kann die Entgegennahme der Information sein. Das kann aber auch, wenn der Anwalt bereits informiert ist, die erste nach außen wirkende Handlung sein wie zB ein Auftrag an den Gerichtsvollzieher oder ein Antrag an das Gericht. 59

Ende. Ist eine Vollstreckungsmaßnahme beendet, so ist die nächste Maßnahme eine neue Angelegenheit. Beendet ist die Vollstreckungsmaßnahme, wenn der Gläubiger befriedigt ist (zB das Geld ausgezahlt bekommt) oder wenn ein Vollstreckungsversuch als (auch teilweise) fruchtlos abgebrochen wird[39] oder die Vollstreckung für unzulässig erklärt worden ist. Beendet wird die Vollstreckung in körperliche Sachen nicht schon mit der Versteigerung oder dem freihändigen Verkauf der Pfänder, sondern erst mit der Ablieferung des Erlöses an den Gläubiger oder dem Zuschlag an den Gläubiger nach § 817 Abs. 4 ZPO. Wird der Erlös hinterlegt, so gehören auch noch alle auf die Erwirkung der Auszahlung gerichteten Tätigkeiten zu der Angelegenheit. Jedoch kann der RA für die Empfangnahme und Auszahlung des Erlöses die Hebegebühr des VV 1009 RVG beanspruchen. Hat eine Vollstreckungsmaßnahmen nur teilweise zur Befriedigung des Gläubigers geführt und wird deshalb ein neuer Vollstreckungsantrag gestellt, so handelt sich um eine neue Angelegenheit.[40] 60

---

[28] Riedel/Sußbauer/*Keller,* 8. Aufl. 2000, BRAGO § 58 Rn. 5.

[29] BGH JurBüro 2011, 434 Tz. 6; NJW 2004, 1101 = FamRZ 2004, 536; OLG Köln Rpfleger 2001, 149 (150) li. Sp. letzter Absatz.

[30] BGH NJW 2004, 1101 = FamRZ 2004, 536; KG RVGreport 2009, 303 mzustAnm *Hansens; N. Schneider* Anwaltsgebühren Kompakt 2010, 55; Riedel/Sußbauer/*Keller,* 8. Aufl. 2000, BRAGO § 58 Rn. 6.

[31] OLG Düsseldorf JurBüro 1987, 239 mzustAnm *Mümmler.*

[32] BGH JurBüro 2005, 139 = MDR 2005, 475; OLG Bamberg DGVZ 1999, 93; OLG München JurBüro 1992, 326; **aA** LG Darmstadt JurBüro 1983, 869; LG Düsseldorf JurBüro 1987, 1049.

[33] *Volpert* RVGreport 2005, 127 (130).

[34] BGH AnwBl 2004, 728 = NJW-RR 2005, 78.

[35] KG KGR Berlin 2009, 634 = RVGreport 2009, 303 mzustAnm *Hansens; N. Schneider* Anwaltsgebühren Kompakt 2010, 55.

[36] BGH JurBüro 2011, 434.

[37] **AA** LG Bonn mablAnm *N. Schneider.*

[38] BGH JurBüro 2005, 36 = AnwBl 2004, 728 Tz. 10.

[39] AG Wuppertal AGS 2013, 579 mzustAnm *N. Schneider.*

[40] LG Oldenburg JurBüro 1984, 884.

61 **Vorläufige Einstellung, Beschränkung, Aufhebung.** Die Angelegenheit ist nicht damit beendet, dass die Vollstreckung vorläufig eingestellt, beschränkt oder aufgehoben worden ist. Wird danach später das Verfahren fortgesetzt, so wird damit die alte Vollstreckungsmaßnahme nunmehr fortgesetzt. Es beginnt damit nicht eine neue Angelegenheit.[41] Die wiederholte Beauftragung des Gerichtsvollziehers bildet deshalb in diesem Falle mit der früheren Vollstreckungsmaßnahme die gleiche Angelegenheit.

62 Wird hingegen eine Mobiliarvollstreckung abgebrochen, weil ein Ratenzahlungsvergleich geschlossen wird, so ist damit die Vollstreckungsmaßnahme beendet. Wird später erneut eine Mobiliarvollstreckung beantragt, weil der Schuldner nicht gezahlt hat, so ist das eine neue Angelegenheit.[42] Anders ist es, wenn lediglich vorerst von der Verwertung des Gegenstandes abgesehen wird, weil abgewartet werden soll, ob der Schuldner die Raten zahlt.[43] § 15 Abs. 5 S. 2 RVG ist anzuwenden, wenn mehr als zwei Kalenderjahre verstrichen sind.

63 **Gleichartige Maßnahmen** zur Befriedigung des Gläubigers wegen derselben Forderung können, auch wenn sie sich gegen denselben Schuldner richten, zwei Angelegenheiten sein, wenn sich die eine nicht als die Fortsetzung der anderen darstellt. Im Schrifttum wird allerdings von einer Angelegenheit ausgegangen, wenn wegen verschiedener Anschriften des Schuldners gleichzeitig mehrere Gerichtsvollzieher mit der Mobiliarvollstreckung gegen denselben Schuldner beauftragt werden.[44]

64 **Ungleichartige Maßnahmen** sind in der Regel keine Fortsetzung der zuerst ergriffenen Maßnahme. Es beginnt also mit jedem Übergang zu einer anderen Art von Vollstreckungsmaßnahmen, zB von der Mobiliar- zur Forderungspfändung, eine neue Angelegenheit, ebenso mit der Vollstreckung in später erworbenes Vermögen.[45]

65 **Mehrere Schuldner.** Bei einer Mehrheit von Schuldnern besteht keine Streitgenossenschaft iSd §§ 59 ff. ZPO. Richtet sich das Vollstreckungsverfahren gegen mehrere Schuldner, so handelt es sich um mehrere Angelegenheiten[46] und zwar auch dann, wenn es auf Grund eines Titels und eines Auftrags[47] oder durch einen einzigen Vollstreckungsauftrag[48] betrieben wird. Das gilt auch zB für Vorpfändungen gegen mehrere Drittschuldner.[49] Im Übrigen → Rn. 301 ff. **Mehrere Gläubiger,** → Rn. 44, 428 ff.

66 **Selbständige Gerichtsverfahren** wie zB die Vollstreckungsabwehrklage (§ 767 ZPO), die Drittwiderspruchsklage (§ 771 ZPO), die Drittschuldnerklage (§ 840 ZPO), Beschwerden und Erinnerungen, soweit sie nicht unter § 19 Abs. 1 S. 2 Nr. 5 RVG fallen, stellen unterschiedliche Angelegenheiten dar.

67 **c) Bestimmungen zu Einzelfällen (§ 18 Abs. 1 Nr. 4 ff., § 19 Abs. 2 RVG).** § 18 Abs. 1 Nr. 4 ff. RVG bringen Beispiele für besondere Angelegenheiten, § 19 Abs. 2 solche für Handlungen, die keine besonderen Angelegenheiten darstellen. Diese Vorschriften sagen zweierlei. In erster Linie ergibt sich aus ihnen, ob eine oder mehrere Angelegenheiten gegeben sind und der RA weitere Gebühren verdient oder nicht. Andererseits besagen sie, dass die in ihnen genannten Tätigkeiten zur Vollstreckungsinstanz gehören und für den mit der Vollstreckung beauftragten RA die Vollstreckungsgebühr auslösen (in den Fällen des § 19 Abs. 2 RVG allerdings nur, wenn er nicht im Erkenntnisverfahren schon Verfahrensbevollmächtigter war). Die einzelnen Bestimmungen werden unten bei den Einzelfällen (→ Rn. 166 ff.) kommentiert. Die jeweilige Kommentarstelle ist in der Kommentierung zu §§ 18, 19 RVG bei den einzelnen Nummern angegeben.

5. Vollziehungsmaßnahmen untereinander

68 Gem. § 18 Abs. 1 Nr. 2 RVG ist jede Vollziehungsmaßnahmen bei der Vollziehung eines Arrestes oder einer einstweiligen Verfügung, die sich nicht auf die Zustellung beschränkt, eine besondere Angelegenheit. Es sind die Grundsätze der Vollstreckung heranzuziehen. Das gilt auch für das Verhältnis der Vollziehung zum Erkenntnisverfahren. Im Einzelnen → Rn. 171 ff.

---

[41] LG Wuppertal JurBüro 1988, 260 = DGVZ 1987, 189.
[42] LG Hannover JurBüro 1981, 284.
[43] LG Wuppertal JurBüro 1988, 260.
[44] Riedel/Sußbauer/*Keller,* 8. Aufl. 2000, BRAGO § 58 Rn. 6; *Mümmler* JurBüro 1979, 1325; **aA** LG Frankenthal JurBüro 1979, 1325.
[45] KG AnwBl 1973, 173; HBS VergütungsR/*Volpert/Schmidt* Teil 18 Rn. 118.
[46] BGH AnwBl 2006, 856; NJW-RR 2003, 1581 = MDR 2003, 1381.
[47] OLG Düsseldorf JurBüro 1987, 72; OLGR 1996, 248; OLG Hamm AnwBl 1988, 357; KG JurBüro 2004, 46; OLG Koblenz JurBüro 1986, 1838; OLG Köln Rpfleger 2001, 149; **aA** OLG Schleswig JurBüro 1996, 89.
[48] AG Singen JurBüro 2006, 329.
[49] BGH AnwBl 2004, 728 = NJW-RR 2005, 78 = JurBüro 2005, 36.

6. Auslagen

Soweit eine besondere Angelegenheit vorliegt, fallen die Auslagen gesondert an. Die Folge ist zB, dass der RA die Pauschale nach VV 7002 RVG sowohl für das Hauptsacheverfahren als auch für das Vollstreckungsverfahren gesondert fordern kann. Dasselbe gilt, wenn mehrere Vollstreckungsmaßnahmen untereinander besondere Angelegenheiten sind. Da in diesen Fällen die Gebühren aber gelegentlich sehr niedrig sind, ist darauf zu achten, dass uU 20% der Gebühren weniger als 20,– EUR ausmachen und die Pauschale gem. VV 7002 RVG dann unter 20,– EUR bleibt. 69

XI. Weitere Gebühren

Terminsgebühr VV 3310 RVG, Beweisaufnahmegebühr VV 1010 RVG. 70

Einigungsgebühr VV 1000 RVG, → RVG VV 1000 Rn. 232ff. 71

Erledigungsgebühr. Im gerichtlichen Verfahren über einen Akt der Vollstreckung des Verwaltungszwangs kann auch eine 1,5 Erledigungsgebühr gem. VV 1002 RVG anfallen.[50] 72

Beratungsgebühr. Lässt sich der Mandant hinsichtlich der Vollstreckung beraten, ohne den RA mit seiner Vertretung zu beauftragen, so verdient der RA eine Beratungsgebühr gem. § 34 RVG Auch die Beratung des Gläubigers über eine angedrohte Vollstreckungsgegenklage oder Drittwiderklage gehört nicht zur Vollstreckung. Der RA verdient vielmehr eine Ratsgebühr gem. § 34 RVG, die er sich aber auf die Verfahrensgebühr der VV 3100ff. RVG anrechnen lassen muss, wenn er den Gläubiger dann in dem folgenden Rechtsstreit vertritt (§ 34 Anm. Abs. 2 RVG). Mit der Tätigkeit des RA in der Vollstreckung hat diese Beratung nichts zu tun. § 788 ZPO gilt für sie nicht. 73

Geschäfts- und Verfahrensgebühr, → Rn. 12, 40. 74

Verkehrsgebühr. Auch im Vollstreckungsverfahren kann ein Verkehrsanwalt tätig sein. Er erhält, da er gem. VV 3400 RVG nicht mehr als der Verfahrensbevollmächtigte des Vollstreckungsverfahrens verdienen kann, die Vergütung des VV 3309 RVG, also eine 0,3 Gebühr.[51] 75

XII. Rechtsmittel und Rechtsbehelfe

1. Beschwerde (§ 18 Abs. 1 Nr. 3 RVG)

Angelegenheit. Jede Beschwerde stellt eine besondere Angelegenheit dar (§ 18 Abs. 1 Nr. 3 RVG; Ausnahme § 16 Nr. 10 RVG für Kostenfestsetzung und Kostenansatz). 76

Gebühren. Erstattung. Der RA verdient die Gebühren der VV 3500ff. RVG. VV 1008 RVG findet bei mehreren Auftraggebern Anwendung. Eine **Terminsgebühr** gem. VV 3513 RVG kann zum einen durch die Vertretung in einem gerichtlichen Termin anfallen, aber auch durch ein Vermeidungs- bzw. Beendigungsgespräch iSv VV Vorb. 3 Abs. 3 S. 1 Alt. 3 RVG.[52] Da VV 3513 RVG nur ganz generell von der Terminsgebühr spricht, ohne diese auf bestimmte Tätigkeiten einzugrenzen, gelten die allgemeinen Grundsätze für die Terminsgebühr, also auch VV Vorb. 3 Abs. 3 RVG. Eine **Kostenerstattung** findet nur aufgrund einer Kostenentscheidung im Beschwerdeverfahren statt.[53] 77

2. Erinnerung

a) Angelegenheit. Bei Erinnerungen kommt es darauf an, ob sie sich gegen eine Vollstreckungsmaßnahme oder gegen eine Entscheidung richten.[54] 78

aa) Erinnerung gem. § 766 ZPO. Bei Erinnerungen gegen eine Vollstreckungsmaßnahme des Rechtspflegers oder Gerichtsvollziehers bleibt es gem. § 18 Abs. 1 Nr. 1 RVG bei einer Angelegenheit mit der angegriffenen Maßnahme. Dies war im Rahmen von § 766 ZPO zur BRAGO einhellige Auffassung.[55] Es fiel also für den RA, der schon bzgl. der angegriffenen Maßnahme tätig gewesen und damit gem. § 57 BRAGO eine $^{3}/_{10}$ Gebühr verdient hatte, keine zusätzliche Gebühr an.[56] Daran hat sich beim RVG nichts geändert.[57] § 18 Abs. 1 Nr. 3 RVG 79

---

[50] FG Bln KostRspr BRAGO § 114 Nr. 20; Gerold/Schmidt/*Madert,* 15. Aufl. 2002, BRAGO § 114 Rn. 17.

[51] *Kroiß* RVG-Letter 2004, 125 (126) Ziff. B I.

[52] HBS VergütungsR/*Volpert/Schmidt* Teil 18 Rn. 126.

[53] OLG Celle JurBüro 1997, 101; OLG Dresden JurBüro 1999, 270.

[54] Zum Unterschied zwischen Vollstreckungsmaßnahme und Entscheidung Zöller/*Herget* ZPO § 766 Rn. 2.

[55] BGH AnwBl 2004, 728 = NJW-RR 2005, 78 = JurBüro 2005, 36; LG Berlin JurBüro 1986, 885; LG Frankfurt JurBüro 1985, 412 = Rpfleger 1984, 478; LG Bremen JurBüro 1999, 495.

[56] BGH AnwBl 2004, 728 = NJW-RR 2005, 78 = JurBüro 2005, 36.

[57] LG Mönchengladbach NJW-RR 2006, 1150 = JurBüro 2006, 76; *Enders* JurBüro 2005, 579 (580) Ziff. 2.1; *Hansens* RVGreport 2005, 466; *Volpert* RVGreport 2005, 170 (172).

erfasst nicht die Erinnerung gegen Vollstreckungsmaßnahmen, sondern nur die gegen Entscheidungen, gegen die an sich die Beschwerde gegeben wäre, wegen zu niedriger Beschwer aber nur die Erinnerung eingelegt werden kann. Dieses Ergebnis hat der Gesetzgeber durch die Einfügung von § 19 Abs. 2 Nr. 2 RVG mit dem 2. JuMoG bestätigt, so dass jedenfalls nunmehr kein Zweifel mehr bestehen kann.[58] Die Einheit der Angelegenheit gilt für den Gläubigeranwalt sowohl bei einer Tätigkeit gegen eine Erinnerung des Schuldners,[59] als auch gegen eine des Drittschuldners,[60] als auch gegen mehrere Erinnerungen sowohl des Schuldners als auch des Drittschuldners.[61]

80 Wird der RA jedoch **erstmals im Erinnerungsverfahren tätig,** so fällt eine Gebühr gem. VV 3500 RVG an, jedoch lediglich eine 0,3 Gebühr (→ Rn. 85).

81 **Einstweilige Einstellung.** Auch eine einstweilige Einstellung gem. § 766 Abs. 1 S. 2 iVm § 732 ZPO und die Erinnerung hiergegen gem. § 766 Abs. 1 S. 1 ZPO sind eine Angelegenheit.[62]

82 ***bb) Erinnerung gegen Entscheidung des Rechtspflegers außerhalb von § 766 ZPO.*** Erinnerungen gegen eine Entscheidung des Rechtspflegers führen zu einer neuen Angelegenheit (§ 18 Abs. 1 Nr. 3 RVG). Der RA verdient Gebühren gem. VV 3500 ff. RVG. In § 37 Nr. 5 BRAGO war die Erinnerung noch als zur Angelegenheit der angegriffenen Maßnahme gehörig aufgeführt. Zu den Gründen, warum in § 19 Abs. 1 S. 2 Nr. 5 RVG die Rechtspflegererinnerung nicht mehr genannt ist, führen die Gesetzesmotive aus:

„Durch das dritte Gesetz zur Änderung des Rechtspflegergesetzes und anderer Gesetze vom 6.8.1998 (BGBl. 1998 I 2030) wurde die Durchgriffserinnerung abgeschafft und durch das nach den allgemeinen Vorschriften gegebene Rechtsmittel ersetzt. Nur dann, wenn gegen die Entscheidung nach den allgemeinen Vorschriften kein Rechtsmittel gegeben wäre, findet nach § 11 Abs. 2 RPflG die Erinnerung statt. Die Erinnerung gebührenrechtlich anders zu behandeln als die Beschwerde erscheint nicht sachgerecht. Die Arbeit des Anwalts ist mit der Vorbereitung und Einreichung der Beschwerde vergleichbar."[63]

83 **Mehrere Erinnerungen innerhalb derselben Vollstreckungsangelegenheit.** Wird eine Erinnerung wiederholt eingelegt, hat sie aber eine einheitliche Vollstreckungsmaßnahme zum Gegenstand (zB wiederholte Vorpfändung gegen denselben Drittschuldner, weil der Gläubiger binnen vier Wochen die Pfändung der Forderung nicht erreicht hatte), so ist nur ein einheitliches Erinnerungsverfahren gegeben.[64] Das hat der BGH zwar zur BRAGO entschieden, gilt aber in gleicher Weise für das RVG.

84 ***cc) Erinnerung und Vollstreckungsgegenklage.*** Erhebt der RA Vollstreckungsgegenklage und legt er gegen einen Pfändungs- und Überweisungsbeschluss Erinnerung ein, so ist die Erinnerung im Verhältnis zum Klageverfahren eine selbständige Angelegenheit.[65]

85 **b) Gebühren.** ***aa) Erinnerung nach § 766 ZPO.*** In der 17. Aufl. 2006 habe ich vertreten, dass sich bei einer Vertretung im Erinnerungsverfahren nach § 776 ZPO für den RA, der vorher schon im Vollstreckungsverfahren tätig war, die ursprüngliche 0,3 Gebühr gem. VV 3309 RVG auf eine 0,5 Gebühr gem. VV 3500 RVG erhöht. Dieses Ergebnisse lässt sich nicht mehr halten, nachdem in § 15 Abs. 6 RVG durch das 2. JuMoG eingefügt wurde, dass der RA, der mit Einzeltätigkeiten, die nach § 19 RVG zum Rechtszug oder zum Verfahren gehören, beauftragt wurde, nicht mehr erhalten kann als der Verfahrensbevollmächtigte.[66] Es entsteht somit auch im Erinnerungsverfahren lediglich eine 0,3 Verfahrensgebühr und uU eine 0,3 Terminsgebühr (VV 3310 RVG).[67]

86 Das gilt auch für den **erstmals im Erinnerungsverfahren tätigen RA.** Es fällt lediglich eine 0,3 Gebühr gem. VV 3500 RVG an (→ Rn. 85).

87 **Mehrere Auftraggeber.** VV 1008 RVG findet bei mehreren Auftraggebern Anwendung.

88 ***bb) Sonstige Erinnerungen.*** Bei diesen richten sich die Gebühren nach 3500 ff. RVG, nachdem dort auch die Erinnerung geregelt ist. Also fallen eine 0,5 Verfahrensgebühr (VV 3500 RVG) und uU eine 0,5 Terminsgebühr (VV 3513 RVG) an.[68]

---

[58] BGH FamRZ 2010, 809 = JurBüro 2010, 300.
[59] LG Berlin JurBüro 1986, 885.
[60] LG Frankfurt JurBüro 1985, 412 = Rpfleger 1984, 478.
[61] LG Bremen JurBüro 1999, 495.
[62] OLG München JurBüro 1991, 78.
[63] BT-Drs. 15/1971, 194 1. Abs.
[64] BGH NJW-RR 2005, 78 = AnwBl 2004, 728 = JurBüro 2005, 36.
[65] LG Berlin JurBüro 1986, 393.
[66] *N. Schneider* RVGreport 2007, 87 (90).
[67] Musielak/Voit/*Grandel* ZPO § 766 Rn. 33.
[68] LG Freiburg AGS 2010, 174 mzustAnm *N. Schneider.*

cc) Schuldner. Drittschuldner. Die vorausgehenden Darlegungen gelten auch für den RA des Schuldners und Drittschuldners.[69] 89

c) Erstattung. Dem Gläubiger wie dem Schuldner steht ein Erstattungsanspruch auf Grund der im Erinnerungsverfahren ergehenden Kostenentscheidung[70] zu. 90

3. Rechtsbeschwerde

Während zur BRAGO noch eine $^{13}/_{10}$ Prozessgebühr bei Rechtsbeschwerden in Vollstreckungsverfahren angefallen ist,[71] verdient der RA nunmehr eine 1,0 Verfahrensgebühr gem. VV 3502 RVG. 91

XIII. Gegenstandswert

Der Gegenstandswert in der Vollstreckung ist in § 25 RVG geregelt. Auf die dortige Kommentierung sowie auf die hiesigen Ausführungen zu den Einzelfällen (→ Rn. 166 ff.) wird verwiesen. 92

XIV. Kostenerstattung gem. § 788 ZPO

1. Anwendungsbereich

a) § 788 anwendbar. § 788 ZPO ist anzuwenden 93

- bei den **unmittelbaren Vollstreckungskosten** als auch bei den die **Vollstreckung vorbereitenden Kosten,**
- für die Kosten einer **Einigung im Vollstreckungsverfahren** (zB Ratenzahlungseinigung), wenn der Schuldner in der Einigung die Kosten übernommen hat. Hierfür sprechen nach dem BGH die Prozessökonomie sowie das Veranlasserprinzip. Der Schuldner hat die Kosten dadurch veranlasst, dass er es zur Vollstreckung hat kommen lassen. Dass der Gerichtsvollzieher prüfen muss, ob eine Einigung vorliegt und eine Anwaltsgebühr entstanden ist, steht nicht entgegen, da er auch sonst mit der Prüfung materiell-rechtlicher Fragen, etwa iRd § 775 Nr. 4 ZPO und von Gebührentatbeständen befasst ist. Hat der Schuldner die Kosten in der Vereinbarung nicht übernommen, so gilt § 98 ZPO (Kostenaufhebung),[72]
- bei der **Vollziehung** von Entscheidungen des vorläufigen Rechtsschutzes,[73]
- für den **Gläubiger** und gem. Abs. 3, 4 auch, aber nur unter ganz begrenzten Voraussetzungen, für den **Schuldner** (→ Rn. 333), auch bei Aufhebung zB eines Arrests,[74]
- bei anderen Gebühren als die der VV 3309, 3310 RVG, soweit sie mit der Vollstreckung im Zusammenhang stehen, zB uU die Hebegebühr gem. VV 1009 RVG (str. → RVG VV 1009 Rn. 20), iÜ jeweils bei den Einzelfällen → Rn. 166 ff.

b) § 91 ZPO anwendbar. Nicht alle Kosten, die dadurch entstehen, dass der Schuldner aufgrund eines gegen ihn ergangenen Titels nicht freiwillig geleistet hat, sind nach § 788 ZPO beitreibbare Kosten der Vollstreckung. Die Erstattung richtet sich in einigen Fällen vielmehr nach §§ 91, 103 f. ZPO. Das ist zB der Fall bei 94

- **neuen Prozessen** im Zusammenhang mit der Vollstreckung; hierher gehören
- Vollstreckungsabwehrklage gem. 767 ZPO (→ Rn. 401),
- Drittwiderspruchsklage gem. § 771 ZPO (→ Rn. 231),
- Drittschuldnerprozess (→ Rn. 228 ff.),
- **Sicherheitsleistung des Schuldners** (→ Rn. 348).

c) §§ 91 ff., 788 ZPO ausgeschlossen. §§ 91 ff., 788 ZPO sind nicht anwendbar bei der Vollstreckung aus Titeln, die im Beschlussverfahren ergangen sind. Es findet keine Kostenerstattung statt.[75] 95

2. Ohne Kostengrundentscheidung

Die unter § 788 ZPO fallenden Vollstreckungskosten sind zu erstatten, ohne dass es einer Kostengrundentscheidung bedarf. 96

---

[69] Zöller/*Herget* ZPO § 766 Rn. 39; *Volpert* RVGreport 2005, 127 (133).
[70] Thomas/Putzo/*Seiler* ZPO § 766 Rn. 30.
[71] BGH RPfleger 2004, 317.
[72] BGH NJW 2006, 1598 = FamRZ 2006, 780 = JurBüro 2006, 327.
[73] Thomas/Putzo/*Seiler* ZPO § 788 Rn. 3.
[74] OLG Hamburg JurBüro 1979, 721.
[75] BAG JurBüro 2008, 550.

3. Kostenentscheidung oder Vergleich in der Hauptsache

97 Für die Erstattung von Vollstreckungs- und Vollziehungskosten ist die im Rechtsstreit getroffene Kostenentscheidung nicht maßgeblich. Die Erstattung richtet sich vielmehr nach § 788 ZPO. Auch wenn der Gläubiger teilweise die Kosten des Hauptsacheverfahrens zu tragen hat, sind ihm dennoch die Vollstreckungskosten in vollem Umfang zu erstatten, wenn der Vollstreckungstitel, aus dem vollstreckt worden ist, Bestand hat.[76] Schließen die Parteien im Rechtsmittelverfahren einen Vergleich in der Hauptsache, so erfasst die in dem Vergleich enthaltene Kostenregelung über die Kosten des Rechtsstreits nicht die auf Grund des erstinstanzlichen Urteils angefallenen Vollstreckungskosten.[77] Diese gehören nicht zu den Kosten des Rechtsstreits. Dasselbe gilt für einen Vergleich im Hauptsacheverfahren bzgl. der Kosten des Arrestes. Etwas anderes gilt, wenn in dem Vergleich deutlich ausgesprochen wird, dass die Kostenvereinbarung auch für die Vollstreckungskosten gelten soll.[78] Wegen Aufhebung oder Änderung des Titels → Rn. 145.

4. Befriedigungsabsicht

98 Ein Erstattungsanspruch gem. § 788 ZPO setzt voraus, dass der Zweck der Maßnahme darin besteht, die Befriedigung der titulierten Forderung zu erreichen. Hieran fehlt es, soweit die Aufwendungen des Gläubigers Maßnahmen außerhalb des Titels zum Ziel haben. Deshalb scheidet ein Erstattungsanspruch aus, wenn mit Vorschusszahlungen das Ziel verfolgt wird, für die laufenden nicht titulierten Wohnungsgeldforderungen in der Versteigerung des Wohnungseigentums die Rangklasse von § 10 Abs. 1 Nr. 1 ZVG zu erreichen.[79]

5. Notwendigkeit der Maßnahme. Übersicht

99 **a) Allgemeines.** Ein Erstattungsanspruch nach § 788 ZPO setzt – ebenso wie einer nach § 91 ZPO, auf den § 788 ZPO insoweit Bezug nimmt – voraus, dass die die Kosten auslösende Maßnahme notwendig war. Geht es um die Erstattung von Rechtsanwaltskosten, so bedarf es einer doppelten Notwendigkeit. Die Maßnahme muss als solche notwendig gewesen sein. Darüber hinaus muss es erforderlich gewesen sein, dass ein RA eingeschaltet wurde.

100 **b) Unterschiedliche Voraussetzungen je nach Maßnahme.** Welche Voraussetzungen gegeben sein müssen, ist je nach der Tätigkeit des RA unterschiedlich. Wenn teilweise gefordert wird, dass die Voraussetzungen des § 750 ZPO und uU noch weitere Voraussetzungen gegeben sein müssen, so ist das für viele Maßnahmen zutreffend, insbes. meistens, wenn staatliche Hilfe in Anspruch genommen wird (→ Rn. 101 ff.). Hingegen müssen diese Bedingungen nicht gegeben sein, wenn der RA ein Informationsgespräch führt oder prüft, ob die Voraussetzungen für die Beantragung einer staatlichen Maßnahme bereits gegeben sind (→ Rn. 142).

6. Notwendigkeit bei Vollstreckungsmaßnahmen

101 **a) Übersicht.** Notwendig ist eine staatliche Vollstreckungsmaßnahme oder eine die Vollstreckung vorbereitende Maßnahme wie zB die Stellung einer Bankbürgschaft nur, wenn der Gläubiger bei verständiger Würdigung der Sachlage die Maßnahme zur Durchsetzung seines titulierten Anspruchs objektiv für erforderlich halten durfte, wobei dem Schuldner eine nach den jeweiligen Umständen angemessene Frist zur freiwilligen Leistungen einzuräumen ist.[80]

102 **Notwendigkeit ist zu bejahen,**

– wenn dem Schuldner der Titel bereits zugestellt ist bzw. gleichzeitig mit der Vollstreckungsmaßnahmen zugestellt wird (§ 750 Abs. 1 S. 1 ZPO) (→ Rn. 104),
– wenn der Gläubiger im Besitz einer vollstreckbaren Ausfertigung des Titels ist (→ Rn. 105),[81]
– wenn die Maßnahme zu einem Zeitpunkt ausgelöst wurde, in dem der Schuldner nach dem Vollstreckungstitel bereits ohne weiteres zur Leistung verpflichtet war, aber nicht freiwillig geleistet hat (→ Rn. 112 ff.),
– wenn im Falle einer vorläufigen Vollstreckbarkeit gegen Sicherheit die Sicherheitsleistung gem. § 751 Abs. 2 nachgewiesen ist (→ Rn. 113, 114),

---

[76] OLG Schleswig SchlHA 1980, 120 = JurBüro 1980, 1040.
[77] BGH NJW-RR 2014, 1149 = JurBüro 2014, 606.
[78] BGH MDR 2004, 352; OLG Düsseldorf NJW-RR 1999, 943; OLG Koblenz Rpfleger 2004, 525 = AGS 2004, 496.
[79] BGH NJW 2005, 2460.
[80] BGH NJW-RR 2003, 1581 = MDR 2003, 1381; OLG Zweibrücken JurBüro 1998, 215 = MDR 1998, 240.
[81] BGH NJW-RR 2003, 1581 = MDR 2003, 1381.

– wenn der Schuldner hinreichend Zeit hatte zu erfüllen (→ Rn. 116 ff.),
– wenn im Fall der Zuhilfenahme eines Anwalts es nötig war, einen RA einzuschalten (→ Rn. 137 ff.). Die zuvor aufgeführten Voraussetzungen müssen kumulativ vorliegen.

Keine Notwendigkeitsvoraussetzung ist, 103
– dass vorher eine vollstreckbare Ausfertigung zugestellt wurde (→ Rn. 106),
– dass vorher sonst wie die Vollstreckung angedroht war (→ Rn. 107 ff.).

b) Zustellung des Titels. Es geht hier um die Zustellung des Titels und nicht um die Zustellung der vollstreckbaren Ausfertigung. Unzweifelhaft sollte sein, dass die Antragskosten für Maßnahmen der staatlichen Vollstreckungsorgane, die nur zulässig sind, wenn die Voraussetzungen der §§ 750 f. ZPO vorliegen, nur zu erstatten sind, wenn diese Voraussetzungen erfüllt sind. Denn ein Antrag auf unzulässige Maßnahmen kann nicht notwendig sein.[82] Voraussetzung ist daher insbes., dass der Titel bereits zugestellt ist oder gleichzeitig zugestellt wird (§ 750 Abs. 1 ZPO). Etwas anderes gilt, wenn das Gesetz wie bei der Vorpfändung (§ 802a Abs. 2 S. 1 Nr. 5 ZPO) die Zustellung des Titels nicht verlangt. 104

c) Besitz einer Vollstreckungsklausel. Voraussetzung für einen Erstattungsanspruch ist weiter, dass der Gläubiger eine vollstreckbare Ausfertigung des Titels im Besitz hat.[83] Ohne ihn ist die Vollstreckung unzulässig.[84] Eine unzulässige Maßnahme ist nicht notwendig.[85] Etwas anderes gilt wieder in den Fällen, in denen das Gesetz auf eine Vollstreckungsklausel verzichtet, wie bei der Vorpfändung (§ 802a Abs. 2 S. 1 Nr. 5 ZPO) und im Regelfall bei der Vollziehung von Arresten (§ 929 Abs. 1 ZPO). 105

d) Zustellung der Vollstreckungsklausel. Es bedarf keiner Zustellung einer vollstreckbaren Ausfertigung.[86] Das entspricht einer gesetzlichen Wertung. Das Gesetz verlangt für den Beginn der Vollstreckung im Regelfall nicht die Zustellung der Vollstreckungsklausel. 106

e) Sonstige Vorwarnpflicht. Es fragt sich aber, ob nicht ein Hinweis an den Schuldner vorausgehen muss, dass der Gläubiger zu vollstrecken beabsichtigt, wobei die Zustellung der vollstreckbaren Ausfertigung nur eines unter mehreren Mitteln (zB einfaches Schreiben der Partei selbst) wäre. 107

Von vorneherein muss dies bei einem **rechtskräftigen Titel** ausscheiden. Hier muss der Schuldner ohne weiteres mit der Vollstreckung rechnen. Er ist durch die zur Erfüllung eingeräumte Frist (→ Rn. 116 ff.) ausreichend geschützt. Dasselbe gilt, wenn sich der Schuldner durch Vergleich zur Räumung verpflichtet.[87] 108

Ebenso bedarf es keiner Vorwarnung bei nur **gegen Sicherheitsleistung vollstreckbaren Titeln,** da bei ihnen dem Schuldner nachgewiesen werden muss, dass die Sicherheit erbracht ist, und da die Wartefrist, innerhalb der der Schuldner leisten kann, erst ab diesem Nachweis läuft (→ Rn. 125). 109

Weniger eindeutig ist die Rechtslage bei einem **ohne Sicherheitsleistung vorläufig vollstreckbaren Titel.** Für eine Vorwarnung vor der Durchführung einer Vollstreckungsmaßnahme ließe sich aus § 717 Abs. 2, 3 ZPO ein Argument herleiten.[88] Bei nur vorläufig vollstreckbaren Titeln ist nicht selbstverständlich, dass der Gläubiger vollstrecken wird, da er im Falle einer Aufhebung oder Änderung des Titels Schadensersatzansprüche gem. § 717 Abs. 2, 3 ZPO riskiert. Andererseits steht dem Schuldner ein Ersatzanspruch nur zu, wenn der Schuldner auf Grund einer Vollstreckungsmaßnahme geleistet hat oder weil eine solche im Einzelfall bereits drohte.[89] Es wäre also wichtig für den Schuldner, dass der Gläubiger zunächst einmal diese Voraussetzungen schafft, also mit der Vollstreckung droht, damit ihm uU einen Erstattungsanspruch gem. § 717 Abs. 2, 3 ZPO zusteht. 110

Die gewichtigeren Gründe sprechen jedoch gegen eine derartige Vorwarnpflicht. 111

---

[82] OLG Hamburg NJW 1963, 1015 = DGVZ 1963, 136, anders bei nicht erkennbarer Unzulässigkeit; KG Rpfleger 1968, 229.
[83] BGH MDR 2012, 1369 Tz. 11; NJW-RR 2003, 1581 = MDR 2003, 1381, zu Zahlungsaufforderung mit Vollstreckungsandrohung.
[84] Thomas/Putzo/*Seiler* ZPO § 724 Rn. 3.
[85] OLG Düsseldorf JurBüro 1986, 1043; OLG Koblenz JurBüro 1985, 1657; OLG München JurBüro 1989, 1118; LAG Hamm MDR 1994, 202.
[86] BGH MDR 2012, 1369 Tz. 12 ff.; NJW-RR 2003, 1581 = MDR 2003, 1381; KG JurBüro 1983, 242; OLG Köln JurBüro 1986, 1582.
[87] BGH WuM 2019, 47.
[88] OLG Koblenz JurBüro 1985, 1657.
[89] Thomas/Putzo/*Seiler* ZPO § 717 Rn. 9.

- Zunächst einmal sagt es das Gesetz, wo es eine solche vorherige Mitteilung verlangt, zB § 882a Abs. 1 S. 1 ZPO, § 170 Abs. 2 VwGO.
- Im Übrigen wird in den meisten Fällen vom Gesetz keine Zustellung der vollstreckbaren Ausfertigung, der eine gewisse Warnfunktion zukommen würde, verlangt.
- Darüber hinaus muss nicht einmal der Titel eine gewisse Zeit lang vorher zugestellt sein, sondern genügt eine gleichzeitige Zustellung mit der Vollstreckungsmaßnahme (§ 750 ZPO).

112 **f) Unbedingte Leistungspflicht.** Der Schuldner muss bereits unbedingt zur Leistung verpflichtet sein; sie muss fällig sein.[90] Ob eine unbedingte Leistungspflicht besteht, hängt vom Inhalt des Titels ab. Ist der Schuldner zur Zug-um-Zug-Leistung verurteilt worden, so sind §§ 756, 765 ZPO zu beachten. Rechtskräftig muss die Entscheidung nicht sein.[91]

113 **Sicherheitsleistung.** Ist der Titel nur gegen Sicherheitsleistung vorläufig vollstreckbar, braucht der Schuldner erst zu leisten, wenn ihm die nach § 751 Abs. 2 ZPO nötigen Nachweise zugestellt sind (→ Rn. 115).[92] Wird das vorläufig vollstreckbare Urteil rechtskräftig, weil kein Rechtsmittel eingelegt wurde, so wird es ohne Sicherheitsleistung vollstreckbar. Der Gläubiger muss also keine Sicherheit mehr leisten. Hierfür reicht der Ablauf der Berufungsfrist. Eines Rechtskraftvermerkes bedarf es nicht.[93]

114 **Sicherungsvollstreckung.** Die Erbringung der Sicherheit ist nicht erforderlich, wenn der zur Vollstreckung gem. § 720a ZPO berechtigte Gläubiger den Schuldner auffordert, zur Abwendung der Vollstreckung gem. § 720a Abs. 3 ZPO Sicherheit zu leisten. Das Urteil muss allerdings nach § 750 Abs. 3 ZPO in diesem Fall mindestens zwei Wochen vorher zugestellt sein.[94]

115 **g) Nachweis der Sicherheitsleistung.** Der Nachweis der Sicherheitsleistung (§ 751 Abs. 2 ZPO) muss erbracht sein, wenn Erfüllung verlangt wird.[95] § 720a ZPO steht nicht entgegen, da es dort nur um eine Sicherung geht.[96]

116 **h) Ausreichende Zeit für Leistung des Schuldners.** Dem Schuldner muss ausreichend Zeit eingeräumt sein, um freiwillig leisten zu können.[97] Nachdem dies ganz hM ist und auch vom BVerfG und BGH vertreten wird, wird dies im Folgenden zugrunde gelegt, obgleich sich erhebliche Argumente gegen diese Auffassung finden lassen.[98]

117 Welche Zeit dafür zu gewähren ist, lässt sich nur nach den Umständen des Einzelfalls beurteilen. Zu berücksichtigen ist dabei, dass einerseits die Maßnahme, die die Vollstreckungsgebühr auslöst, für den Gläubiger zur zweckentsprechenden Rechtsverfolgung notwendig sein muss, was sicher noch nicht der Fall ist, solange die Leistung auch eines auf prompte Erfüllung bedachten Schuldners nach den konkreten Umständen noch nicht zu erwarten war. Andererseits muss berücksichtigt werden, dass in der Einzelvollstreckung mehrere Gläubiger in der zeitlichen Reihenfolge ihres Zugriffs berücksichtigt werden, dem Gläubiger also in der Regel nicht zugemutet werden kann, auf bloße Beteuerungen des Schuldners, demnächst freiwillig leisten zu wollen, einzugehen. Bedenklich ist es deshalb, wenn darauf abgestellt wird, ob der Gläubiger nicht mehr erwarten kann, dass der Schuldner freiwillig leisten werde.[99] Maßgeblich ist vielmehr, ob dem Gläubiger ein längeres Zuwarten unter Berücksichtigung seiner Interessen nicht mehr zugemutet werden kann. Zu beachten ist, dass es etwas Zeit kostet, bis der Schuldner über den Erlass eines Urteils von seinem RA informiert ist und dass die Überweisung per Bank auch etwas dauert (üblicherweise ca. eine Woche).[100]

118 **Regelfall 14 Tage.** Wie lange abgewartet werden muss, um dem Schuldner Gelegenheit zur freiwilligen Leistung zu geben, lässt sich zwar nicht einheitlich festlegen. In Rspr. und Lit. wird

---

[90] BGH MDR 2012, 1369 Tz. 11.
[91] BGH MDR 2012, 1369 Tz. 13.
[92] OLG Koblenz Rpfleger 1995, 313.
[93] OLG Schleswig AnwBl 1994, 473.
[94] OLG Hamburg JurBüro 1983, 92; OLG Koblenz Rpfleger 1995, 313.
[95] OLG Hamburg JurBüro 1972, 422; OLG Koblenz JurBüro 1985, 1657; 89, 91; Rpfleger 1995, 313; OLG Köln JurBüro 1982, 1526; OLG Schleswig JurBüro 1990, 923; **aA** OLG Düsseldorf MDR 1988, 784 unter Berufung auf § 720a ZPO.
[96] OLG Köln JurBüro 1982, 1526.
[97] BVerfG JurBüro 1999, 608; BGH NJW-RR 2003, 1581 = MDR 2003, 1381; KG AnwBl 1987, 335 = JurBüro 1987, 715 = MDR 1987, 595; OLG München AnwBl 1981, 161; OLG Saarbrücken JurBüro 1982, 242.
[98] *Weinert* RPfleger 2005, 1 ff.
[99] So aber OLG Koblenz AnwBl 1988, 299.
[100] OLG Koblenz JurBüro 1995, 208; OLG Schleswig JurBüro 1981, 873.

aber für den Normalfall immer wieder eine vierzehntägige Frist genannt;[101] im Regelfall ist von dieser auszugehen.

Gesetzliche Wartepflicht. In einigen Fällen sieht das Gesetz für spezielle Fälle sogar ausdrücklich Wartezeiten vor, zB in 119
- § 750 Abs. 3 ZPO; Sicherungsvollstreckung erst zwei Wochen nach Zustellung des Urteils und der Klausel,
- § 798 ZPO; Vollstreckung aus den dort genannten Beschlüssen (Kostenfestsetzungsbeschlüsse, Beschlüsse im vereinfachten Verfahren, Beschlüsse, die Anwaltsvergleiche für vollstreckbar erklären) und aus vollstreckbaren Urkunden erst zwei Wochen nach Zustellung des Schuldtitels,
- § 882a Abs. 1 S. 1 ZPO, § 170 Abs. 2 VwGO; gegen Bundesrepublik Deutschland oder Bundesland muss mit Vollstreckung wegen Geldforderung im Regelfall vier Wochen gewartet werden, nachdem die Absicht mitgeteilt wurde, dass vollstreckt wird.[102]

Besondere Umstände. Liegen besondere Umstände vor, so kann eine andere als die vierzehntägige Frist angemessen sein.[103] Diese können in der Person des Schuldners, in der Besonderheit des zugrunde liegenden Verfahrens oder in einem sonstigen Verhalten der Beteiligten begründet sein.[104] Weiß der Gläubiger, dass eine **Haftpflichtversicherung** hinter dem Schuldner steht, wird teilweise angenommen, dass mehr als drei Wochen angemessen sind.[105] 120

Bei erforderlicher Sicherheitsleistung, → Rn. 125.

i) Fristbeginn. ***aa) Kenntnis des Schuldners.*** Die Frist kann erst beginnen, wenn der Schuldner Kenntnis vom Titel hat oder haben müsste. 121

bb) Kenntnis vom Titel. Bei einer Einigung hat der Schuldner Kenntnis vom Titel 122
- wenn sie **unwiderruflich** ist, mit der Einigungsvereinbarung,[106]
- wenn sie **widerruflich** ist,
- mit dem Ablauf der Widerrufsfrist, wenn nur der Schuldner ein Widerrufsrecht hatte,
- mit der Kenntnisnahme des Schuldners, dass der Gläubiger nicht widerrufen hat, wenn auch oder nur der Gläubiger ein Widerrufsrecht hatte. Der Gläubiger kann durch eine entsprechende Mitteilung das Verfahren beschleunigen.

Vorher angekündigte gerichtliche Entscheidung. Bei einer Entscheidung, für die vorher ein Verkündungstermin bekannt gegeben wurde, ist mit der Verkündung von der Kenntnis des Schuldners auszugehen. Es ist Sache des Schuldners sich zu informieren, welche Entscheidung an dem ihm bekannten Termin ergangen ist.[107] 123

Nicht angekündigte gerichtliche Entscheidungen. Wird der Termin, an dem eine Entscheidung ergehen wird, vorher nicht bekannt gegeben, so ist auf den Zeitpunkt der Zustellung abzustellen.[108] Der Schuldner muss nicht dauernd nachfragen, ob zwischenzeitlich eine Entscheidung ergangen ist. Hierfür spricht auch § 798 ZPO, der gerade für bestimmte Beschlüsse, bei denen ein Verkündungstermin nicht vorher angegeben wird, auf die Zustellung abstellt. 124

cc) Kenntnis von Sicherheitsleistung. Die zu gewährende Zahlungsfrist beginnt erst mit dem Nachweis der Sicherheitsleistung.[109] Dass gem. § 751 Abs. 2 ZPO der Nachweis auch zugleich mit der Vollstreckungsmaßnahme zugestellt werden kann, betrifft nur die Frage der Zulässigkeit, nicht aber der Notwendigkeit.[110] 125

---

[101] BGH MDR 2012, 1369 Tz. 15 unter Berufung auf die in § 798 ZPO zum Ausdruck gebrachte gesetzliche Wertung; NJW-RR 2003, 1581 Tz. 14 = FamRZ 2003, 1742; OLG Koblenz Rpfleger 1995, 313; OLG Nürnberg JurBüro 1993, 751, unter Berufung auf § 798 ZPO; OLG Schleswig JurBüro 1981, 874; *Hansens* JurBüro 1995, 208; OLG Frankfurt a. M. JurBüro 1988, 786, elf Tage sind zu wenig; KG JurBüro 2001, 211, 17 Tage reichen jedenfalls; BGH NJW-RR 2003, 1581 = MDR 2003, 1381, der die tatsächlich eingehaltene 14-tägige Frist für ausreichend angesehen hat.

[102] Unzutreffend daher BVerfG NJW 1991, 2758, das eine sechswöchige Wartefrist annimmt.

[103] BGH MDR 2012, 1369 Tz. 15.

[104] BGH MDR 2012, 1369 Tz. 15.

[105] OLG Düsseldorf JurBüro 1991, 231 = MDR 1991, 162; **aA** OLG Nürnberg JurBüro 1993, 751.

[106] BGH NJW-RR 2003, 1581 = MDR 2003, 1381; OLG Köln JurBüro 1986, 1582.

[107] OLG Schleswig JurBüro 1981, 874; **aA** OLG Frankfurt a. M. JurBüro 1988, 786, abzustellen ist auf den Zeitpunkt, ab dem der Schuldner unter gewöhnlichen Umständen Kenntnisnahme vom Urteil erhält.

[108] BVerfG JurBüro 1999, 608 bzgl. Kostenfestsetzungsbeschluss.

[109] OLG Koblenz JurBüro 1989, 91; Rpfleger 1995, 313; in dieser Richtung auch OLG Schleswig JurBüro 1990, 923; Stein/Jonas/*Münzberg* ZPO, 22. Aufl., § 788 Rn. 29, gleichzeitiger Nachweis reicht nicht.

[110] OLG Schleswig JurBüro 1990, 923 mit dem Hinweis, dass es anders sein kann, wenn besondere Umstände vorliegen wie zB Zahlungsunfähigkeit oder -unwilligkeit.

126 ***dd) Späterer Fälligkeitstermin.*** Ist in der Einigung oder der Entscheidung ein späterer Fälligkeitstermin vorgesehen, so beginnt die Frist mit diesem Termin.[111]

127 **j) Eingang der Zahlung.** Entscheidend ist, ob innerhalb der Frist die Zahlung beim Gläubiger eingegangen ist.[112] Dem steht nicht § 270 Abs. 4 BGB entgegen. Die Fristen der §§ 798, 882a ZPO und der Rspr. sind Wartefristen für den Gläubiger und nicht Erfüllungsfristen für den Schuldner.[113] Nur Letztere richten sich nach dem materiellen Recht. In der zweiwöchigen Frist ist bereits berücksichtigt, dass Banküberweisungen eine gewisse Zeit dauern. Etwas anderes gilt, wenn bei der Bank des Gläubigers das Geld rechtzeitig eingegangen ist und sich dort eine Gutschrift auf dem Konto des Gläubigers verzögert. Im Übrigen kann der Schuldner bei später Überweisung dem Gläubiger Mitteilung von der Überweisung machen und ihn so von einer Vollstreckung abhalten.

128 **k) Heilung bei verfrühter Maßnahme.** Ob verfrühte Maßnahmen im Wege der Rückschau zu einer notwendigen Maßnahme werden können, wenn nachfolgend der Schuldner nicht innerhalb einer angemessenen Frist leistet, kann nicht einheitlich beantwortet werden.

129 **Staatliche Maßnahme.** Wird eine staatliche Maßnahme beantragt und diese wegen Vorzeitigkeit abgelehnt, so bringt sie auch später dem Gläubiger keinen Vorteil. Ein Erstattungsanspruch scheidet aus. Wird eine staatliche Maßnahme trotz Vorzeitigkeit vorgenommen und bleibt sie nach Ablauf der vom Schuldner ungenutzten Frist bestehen (zB Pfändung), so erweist sie sich nach Ablauf der Frist im Nachhinein als notwendig. Die Kosten sind zu erstatten.[114] Zur Zahlungsaufforderung → Rn. 441.

130 **l) Überflüssige Maßnahmen.** Hatte der Gläubiger davon Kenntnis, dass bereits das Gericht ein Eintragungsersuchen nach § 941 ZPO an das Grundbuchamt richten wollte und lässt er durch einen RA dennoch die Eintragung beantragen, so braucht die Gegenpartei die hierdurch entstehende Vollziehungsgebühr nicht zu erstatten, wenn nicht Grund zu der Annahme bestand, dass der Eingang des gerichtlichen Ersuchens beim Grundbuchamt sich erheblich verzögern werde.[115]

131 **m) Erfolg- und aussichtslose Maßnahmen.** Ob die gewählte Maßnahme zum Erfolg führt, ist für die Erstattungsfähigkeit grds. ohne Belang. Nur wenn eine auch nur teilweise Befriedigung von vornherein nicht zu erwarten war (dazu muss die Aussichtslosigkeit offensichtlich sein; dass die Maßnahme tatsächlich ohne Erfolg blieb, reicht nicht aus), kann die Maßnahme als nicht notwendig anzusehen sein. Das gilt besonders auch für die Wiederholung erfolglos gebliebener Maßnahmen in kurzen Abständen, ohne dass Anzeichen dafür vorlagen, dass sich die Verhältnisse geändert hätten.[116]

132 **n) Vollstreckung wegen geringer Beträge.** Werden durch die Nachforderung äußerst geringfügiger Zinsforderungen weit höhere Vollstreckungskosten verursacht, so ist dies nicht rechtsmissbräuchlich, da damit einer häufig anzutreffenden Unsitte entgegen gewirkt wird, solche Forderungen zu negieren.[117]

133 **o) Wahl der Vorgehensweise.** Welches Vorgehen der Gläubiger wählt, ist ihm überlassen.[118]

134 **p) Gleichzeitig mehrere Maßnahmen.** Ein Gläubiger kann grds. gleichzeitig mehrere erfolgversprechende Vollstreckungswege einschlagen, es sei denn, dass er damit rechnen muss, dass schon eine dieser Vollstreckungsmaßnahmen für sich allein zum Erfolg führen wird. Maßgeblicher Beurteilungszeitpunkt ist der, in dem die Vollstreckungsmaßnahmen veranlasst werden.[119] Der Gläubiger kann bei mehreren Schuldnern gleichzeitig gegen beide vorgehen,[120] es sei denn es ist sicher, dass die Vollstreckung gegen den einen zur vollen Befriedigung führen wird.

---

111 LAG Köln AnwBl 1995, 316, Ende des Arbeitsverhältnisses.

112 *Christmann* DGVZ 1991, 106; **aA** OLG Frankfurt a. M. JurBüro 1988, 786; *Hansens* JurBüro 1995, 208, ausreichend, dass Schuldner innerhalb der Frist den Überweisungsauftrag erteilt hat.

113 *Christmann* DGVZ 1991, 106.

114 KG JurBüro 1987, 715; LG Frankfurt AnwBl 1992, 287; *Hansens* Anm. zu BGH RVGreport 2007, 427.

115 OLG Düsseldorf JurBüro 1965, 657.

116 BGH WM 2014, 2229 = NJW-RR 2015, 59; MDR 2005, 951, Miteigentumsanteil an hoch belastetem Grundstück; LG Nürnberg-Fürth AnwBl 1982, 122; LG Paderborn JurBüro 1984, 464.

117 LG Moosbach NJW-RR 2001, 1439.

118 **AA** OLG Schleswig JurBüro 1983, 1266, bestehen keine Anhaltspunkte dafür, dass der Schuldner auf eine anwaltliche Aufforderung zur Zahlung unter Androhung der Vollstreckung die Vergleichssumme nicht freiwillig zahlen werde, so ist die Beauftragung eines Gerichtsvollziehers noch nicht nötig.

119 OLG Frankfurt a. M. AnwBl 1971, 209; OLG Hamburg JurBüro 1979, 854.

120 AG Singen JurBüro 2006, 329.

q) Getrennte Beantragung von Vollstreckungsmaßnahmen. Die Verursachung von Mehrkosten, die durch getrennte Beantragung von Vollstreckungsmaßnahmen entstehen, kann als rechtsmissbräuchlich unzulässig sein, wenn die Anträge ohne sachlichen Nachteil zusammengefasst werden konnten (→ Anh. X Rn. 244 ff.). **135**

r) Wiederholung. Wird eine Vollstreckungsmaßnahme wegen Erfolglosigkeit beendet und nicht lediglich vorläufig eingestellt und wird später erneut eine Vollstreckung versucht, so sind die Kosten beider Vollstreckungsversuche (zwei Angelegenheiten → Rn. 60) erstattungsfähig.[121] **135a**

s) Notwendige Kosten wegen Unkenntnis. Kosten für objektiv unnötige Maßnahmen können dennoch zu erstatten seien, wenn der Gläubiger und sein RA die objektiven Umstände weder kannten noch kennen mussten.[122] Es müssen hier dieselben Grundsätze gelten wie zB bei einer Klageerwiderung, die der RA bei Gericht einreicht, weil weder er noch sein Mandant wussten oder wissen mussten, dass die Klage zwischenzeitlich zurückgenommen worden ist (→ Anh. X Rn. 117 ff.).[123] **136**

7. Kosten eines RA

a) Notwendigkeit eines Rechtsanwalts. Anwendbarkeit von § 91 Abs. 2 ZPO. Nach dem 7. Zivilsenat des BGH ist § 91 Abs. 2 S. 1 ZPO dank der uneingeschränkten Verweisung in § 788 Abs. 1 ZPO auf § 91 ZPO für die Vollstreckung entsprechend anzuwenden. Ein RA ist also bei Vollstreckungsmaßnahmen in Zivilsachen immer als notwendig anzusehen und zwar, worauf der 7. Zivilsenat ausdrücklich hinweist, auch bei einem Großunternehmen.[124] Das wurde bislang von der hM anders gesehen.[125] Zu erstatten sind daher auch die Anwaltskosten für **137**

– die Erholung einer **Bankbürgschaft** bzw. für die **Hinterlegung** einer Sicherheit bzw. für die Ausfolgung der Sicherheit nach Wegfall des Grundes für die Sicherheit,[126]
– für die durch die Einschaltung eines Anwalts entstandene Vergleichs- oder Einigungsgebühr, wenn der Schuldner die Kosten einer im Vollstreckungsverfahren geschlossenen Einigung übernommen hat (→ Rn. 93 ff.).[127]

PKH-Berechtigter. Demgegenüber stellt der 9. Zivilsenat des BGH bei der Frage, ob einer bedürftigen Partei ein Anwalt für die Vollstreckung beizuordnen ist, auf den Einzelfall ab. Er versagt eine Beiordnung bei einer normalen **Mobiliarpfändung** wegen einer einfach zu errechnenden Unterhaltsforderung. Er weist dabei auch noch auf die Möglichkeit einer Unterstützung durch die Rechtsantragstelle hin.[128] Hingegen hält er die Hilfe eines Anwalts wegen § 850d ZPO für erforderlich, wenn es zB um die Pfändung von Arbeitseinkommen geht.[129] Ebenso hält es der 7. Zivilsenat wegen der rechtlichen Schwierigkeiten bei einer Pfändung aus einem Unterhaltstitel in der Regel für geboten, bei Bewilligung von Prozesskostenhilfe einen Anwalt beizuordnen. Der Unterhaltsgläubiger darf nicht auf einen Beistand nach § 1712 BGB verwiesen werden.[130] **138**

Verfassungskonformität der unterschiedlichen Behandlung. Es erscheint zweifelhaft, ob eine derartige unterschiedliche Behandlung des bemittelten und unbemittelten Gläubigers verfassungskonform ist (→ § 46 Rn. 28). **139**

In **Familiensachen** und **Sachen der freiwilligen Gerichtsbarkeit** muss, da in §§ 87 Abs. 5, 82 ff. FamFG eine generelle Verweisung auf § 91 ZPO fehlt, im Einzelfall im Kosten-

---

[121] AG Wuppertal AGS 2013, 579 mzustAnm *N. Schneider.*
[122] OLG Hamburg NJW 1963, 1015.
[123] OLG München AnwBl 1985, 44; OLG Oldenburg JurBüro 1992, 682.
[124] BGH NJW 2006, 1598 Ziff. II 2c bb = FamRZ 2006, 780 = JurBüro 2006, 327.
[125] Gerold/Schmidt/*Müller-Rabe,* 17. Aufl. 2006, RVG VV 3309 Rn. 115 ff.; *Hansens* BRAGO § 57 Rn. 23. Teilweise wurde allerdings vertreten, dass unabhängig von § 91 Abs. 2 S. 1 ZPO bei der Kompliziertheit des heutigen Vollstreckungsrechts die Notwendigkeit anwaltlicher Hilfe grds. anzunehmen sei, auch wenn der Gläubiger den Prozess selbst ohne RA geführt hat (Zustellung, Klausel, Wartefristen; § 882a ZPO usw) OLG Bamberg JurBüro 1979, 1520; LG Verden FamRZ 2003, 1938 (für eine Unterhaltsvollstreckung); Gerold/Schmidt/*von Eicken,* 15. Aufl. 2002, BRAGO § 57 Rn. 31; Riedel/Sußbauer/*Keller,* 8. Aufl. 2000, BRAGO § 57 Rn. 25; andere verlangten eine Einzelfallprüfung, bejahten aber von einfachen Ausnahmefällen abgesehen die Notwendigkeit *Hansens* BRAGO § 57 Rn. 23.
[126] **AA** OLG München JurBüro 1990, 866.
[127] BGH NJW 2006, 1598 = FamRZ 2006, 780 = JurBüro 2006, 327.
[128] BGH FamRZ 2003, 1921; 2003, 1547 = MDR 2003, 1245.
[129] BGH FamRZ 2003, 1921; 2003, 1547 = MDR 2003, 1245.
[130] BGH FamRZ 2012, 1637 = NJW-RR 2012, 1153; 2006, 856; AnwBl 2006, 289.

festsetzungsverfahren geprüft werden, ob ein RA nötig war (→ Anh. X Rn. 187). Wegen Sicherungshypothek → Rn. 283.

140 **b) RA in eigener Sache.** Nachdem der BGH entschieden hat, dass aufgrund der einschränkungslosen Verweisung in § 788 ZPO auf § 91 ZPO in der Vollstreckung auf § 91 Abs. 2 S. 1 ZPO anzuwenden ist (→ Rn. 137), muss Entsprechendes für § 91 Abs. 2 S. 3 ZPO gelten.[131] Der sich selbst vertretende RA kann also die gleichen Gebühren und Auslagen erstattet verlangen, die bei einem bevollmächtigten RA angefallen wären.

141 **c) Anwaltswechsel.** Wird im Verhältnis zum Hauptsacheverfahren für die Vollstreckung ein neuer RA beauftragt, verdient der neue Anwalt die Vollstreckungsgebühren gem. VV 3309 ff. RVG auch dann, wenn der bisherige RA keine zusätzlichen Gebühren verdient hätte. Dasselbe gilt, wenn während einer Vollstreckungsmaßnahme ein Anwalt gewechselt wird. Eine andere Frage ist aber, ob in diesen Fällen ein Erstattungsanspruch für die Kosten beider Anwälte besteht. Soweit es sich um eine Angelegenheit handelt, besteht ein Erstattungsanspruch grds. nur für einen Anwalt, es sei denn ein Anwaltswechsel sei notwendig geworden oder die Kosten sind nicht höher als bei Fortsetzung des Mandats durch den bisherigen RA (zB wegen ersparter Reisekosten des bisherigen Anwalts). Der Rechtsgedanke des § 91 Abs. 2 S. 2 ZPO und der Grundsatz, dass die Kosten niedrig zu halten sind, gilt auch hier. Im Regelfall werden die Voraussetzungen für einen Erstattungsanspruch für die Kosten eines zweiten Anwalts nicht gegeben sein. Etwas anderes kann zB gelten, wenn eine einstweilige Verfügung in einer Presse- oder Rundfunksache ohne die Hilfe eines ortsansässigen RA nicht rechtzeitig zugestellt werden könnte.[132]

8. Informationsbeschaffung. Prüfung der Vollstreckungsmöglichkeiten

142 Folgt man (mit der bislang hM → Rn. 137) dem BGH hinsichtlich der Anwendbarkeit von § 91 Abs. 2 S. 1 ZPO nicht, so ist Folgendes zu beachten: In vielen Fällen ist bereits dadurch eine erstattungsfähige Vollstreckungsgebühr entstanden, dass nach der Auftragserteilung der RA mit dem Mandanten ein Informationsgespräch geführt oder aber geprüft hat, ob bereits Vollstreckungsmaßnahmen zulässig und erforderlich sind, wodurch eine Vollstreckungsgebühr anfällt (→ Rn. 37 ff.). Liegt ein vollstreckbarer Titel vor, so ist diese Gebühr bei einem juristischen Laien zu erstatten. Er weiß nicht und muss auch nicht wissen, welche Voraussetzungen für den Beginn der Vollstreckung gegeben sein müssen (zB dass er für die meisten Maßnahmen eine vollstreckbare Ausfertigung besitzen und er dem Schuldner 14 Tage Zeit zum Zahlen gewähren muss) und welche Vollstreckungsmaßnahmen ihm zur Verfügung stehen. Für ihn ist es, nachdem der vollstreckbare Titel ergangen ist, erforderlich, sich beraten zu lassen. Die so entstandene Vollstreckungsgebühr ist daher gem. § 788 ZPO zu erstatten, es sei denn es handelt sich um einen in Vollstreckungssachen erfahrenen Gläubiger, zB Banken, Leasingunternehmen. Die Erstattungsfähigkeit entfällt auch nicht, wenn die Beantragung einer konkreten Vollstreckungsmaßnahme unterbleibt oder verfrüht beantragt wird. Im Falle der verfrühten Beantragung einer Maßnahme besteht zwar hinsichtlich dieser Maßnahme kein Erstattungsanspruch. Das berührt aber nicht den Erstattungsanspruch für die Anwaltskosten, die bereits durch das Informationsgespräch bzw. die Prüfung angefallenen sind.

Anwaltliche Zahlungsaufforderung → Rn. 432 ff.

9. Gesamtschuldner

143 Schuldner, die als Gesamtschuldner verurteilt worden sind, haften für die nach dem 1.1.1999 entstandenen Kosten der Vollstreckung gegen einen anderen Gesamtschuldner nach dem neu eingefügten § 788 Abs. 1 S. 3 Hs. 1 ZPO als Gesamtschuldner. Der Gesamtschuldner haftet auch dann für die gesamten Vollstreckungskosten, wenn er selbst noch nicht in Annahmeverzug war.[133] Für vor dem 1.1.1999 entstandene Kosten wurde eine gesamtschuldnerische Haftung überwiegend verneint.[134] Entstehen aber Kosten durch Einwendungen, die nur ein Gesamtschuldner im Vollstreckungsverfahren erhoben hat, so haftet für diese nur dieser Schuldner (§ 788 Abs. 1 S. 3 Hs. 2 ZPO iVm § 100 Abs. 3 ZPO).

---

[131] **AA** BGH NJW-RR 2003, 1581 = MDR 2003, 1381, in einem einzigen feststellenden Satz ohne Erwähnung der entgegenstehenden Gründe; Gerold/Schmidt/*von Eicken,* 15. Aufl. 2002, BRAGO § 57 Rn. 31, für entsprechende Anwendung.

[132] *Hansens* BRAGOreport 2002, 105.

[133] LG Stuttgart JurBüro 2004, 337.

[134] OLG München NJW 1974, 957 = JurBüro 1974, 235; LG Berlin MDR 1983, 140.

10. Erinnerungen und Beschwerden

Die Kosten, die durch Erinnerungen und sofortige Beschwerden im Vollstreckungsverfahren entstanden sind, sind nur dann zu erstatten, wenn sie der Gegenpartei in der betreffenden Entscheidung auferlegt worden sind (→ Rn. 77, 89). **144**

11. Aufhebung oder Änderung des Titels

Entfällt später die Vollstreckbarkeit, zB weil der Vollstreckungstitel aufgehoben wird, so besteht auch kein Erstattungsanspruch. Wird der Titel geändert, so besteht der Erstattungsanspruch in dem Umfang, in dem der ursprüngliche Titel aufrecht erhalten bleibt. Dabei sind die Vollstreckungskosten zu erstatten, die entstanden wären, wenn von vornherein aus dem herabgesetzten Titel vollstreckt worden wäre (**Differenzmethode** und nicht Quotenmethode).[135] Das gilt auch, wenn ein Urteil durch einen Vergleich geändert wird,[136] und zwar auch dann, wenn in dem Vergleich vereinbart ist, dass auf die Rechte aus dem Urteil verzichtet wird.[137] **145**

Werden in dem Vergleich weitere, von der ersten Entscheidung nicht erfasste Ansprüche mitgeregelt, so setzt die Festsetzung der Kosten der Zwangsvollstreckung voraus, dass sich feststellen lässt (glaubhaftmachungspflichtig Gläubiger), in welchem Umfang das Urteil in der Sache Bestand hat.[138] Wegen der vergleichbaren Problematik im Rahmen von § 15a RVG, dort → § 15a Rn. 47 ff. **145a**

Beispiel:

In der Berufung wird das erstinstanzliche Urteil, aus dem der RA des Gläubigers vollstreckt hatte, von 10.000,– EUR auf 7.000,– EUR gekürzt.

Der RA hat eine 0,3 Gebühr gem. VV 3309 RVG aus 10.000,– EUR iHv 184,20 EUR verdient.

Zu erstatten ist eine 0,3 Gebühr aus 7.000,– EUR = 133,80 EUR (und nicht $^7/_{10}$ aus 184,20 EUR = 128,94 EUR).

Wird der Titel hinsichtlich der **Fälligkeit** des Anspruchs so geändert, dass zum Zeitpunkt der Durchführung der Vollstreckungsmaßnahmen der Anspruch noch nicht fällig war, so besteht für die durch diese Maßnahmen entstandenen Kosten kein Erstattungsanspruch. Das hat der 8. Sen. des BGH für den Fall entschieden, dass das Berufungsgericht das Ersturteil hinsichtlich der Fälligkeit abgeändert hat.[139] **146**

Beispiel:

Ist nach der Rechtsmittelentscheidung die Leistung erst ab dem 1.1.2012 fällig, so sind die Kosten, die durch eine Vollstreckungsmaßnahme am 1.10.2011 entstanden sind, also nicht zu erstatten. Dabei ist aber, wenn der RA vor und nach der Zeitgrenze tätig war und trotzdem nur eine Angelegenheit gegeben ist (→ Rn. 53 ff.), zu beachten, dass jede neue Tätigkeit erneut eine Gebühr auslöst, die bei derselben Angelegenheit aber nur einmal geltend gemacht werden kann (→ § 15 Rn. 28).

Andererseits hat der 7. Senat des BGH entschieden, dass die fehlende Fälligkeit einem Ersatzanspruch nicht entgegensteht, wenn erstmals im Rahmen einer Ratenzahlungsvereinbarung die Fälligkeit geändert wird und Anhaltspunkte dafür fehlen, dass bereits nach dem ursprünglichen Titel die Fälligkeit gefehlt hat.[140] **Hinweis für RA des Gläubigers:** Da man in beiden Entscheidungen einen Widerspruch sehen könnte,[141] sollte zur Absicherung in eine Ratenzahlungsvereinbarung auch eine Kostenregelung aufgenommen werden. **146a**

12. Erstattung der Kosten des Festsetzungsverfahrens

War der RA bereits in der Vollstreckung tätig, so verdient er für die Vertretung im Verfahren über die Festsetzung der Vollstreckungskosten keine zusätzliche Gebühr. Es handelt sich um eine Angelegenheit. War er aber bislang nicht im Vollstreckungsverfahren tätig, so verdient er eine 0,3 Gebühr gem. VV 3309 RVG. Das gilt auch, wenn er vorher nur im Erkenntnisverfahren tätig war[142] oder wenn der RA zwar auch in der vorausgehenden Vollstreckung tätig war, seit Beendigung dieses Auftrags aber mehr als zwei Kalenderjahre vergangenen sind (§ 15 **147**

---

[135] BGH NJW-RR 2014, 1149 = JurBüro 2014, 606; MDR 2004, 352; OLG Koblenz JurBüro 1997, 425; OLG München NJW-RR 1999, 798 = JurBüro 1999, 212; OLG Nürnberg JurBüro 2018, 358; OLG Stuttgart Rpfleger 1994, 118; **aA** OLG Bremen NJW-RR 1987, 1208, Quotierung der ursprünglichen Gesamtkosten.

[136] BGH NJW-RR 2004, 503 = Rpfleger 2004, 112; JurBüro 2010, 319 Tz. 8; OLG Nürnberg JurBüro 2018, 358; OLG Stuttgart Rpfleger 1994, 118.

[137] BGH JurBüro 2010, 319 Tz. 8.

[138] BGH JurBüro 2010, 319.

[139] BGH NJW-RR 2012, 311 = JurBüro 2012, 105.

[140] BGH NJW-RR 2014, 1149 = JurBüro 2014, 606 = RVGreport 2014, 397 mablAnm *Hansens.*

[141] *Hansens* Anm. zu BGH RVGreport 2014, 397.

[142] OLG Koblenz JurBüro 1999, 328 = OLGR 1999, 367.

Abs. 5 S. 2 RVG). Die Gebühr ist auch gem. § 788 ZPO zu erstatten. Da es gute Gründe für eine Beantragung der Festsetzung gem. § 788 Abs. 2 ZPO gibt (→ Rn. 149), handelt sich nicht um eine sinnlose Maßnahme. Im Regelfall wird ein Laie für einen solchen Antrag die Hilfe eines Anwalts benötigen.[143] Der Gegenstandswert ergibt sich aus der Summe der geltend gemachten Vollstreckungskosten.[144]

XV. Kostenfestsetzungsverfahren

1. Ohne besonderen Kostenfestsetzungsbeschluss

148 Die Kosten der Vollstreckung werden in der Regel zugleich mit dem zu vollstreckenden Anspruch beigetrieben. Eines besonderen Schuldtitels für diese Kosten bedarf es nicht. Mit dem Hauptanspruch können nicht nur die Kosten der gegenwärtigen Vollstreckungsmaßnahme, sondern auch die Kosten früherer – vergeblicher – Vollstreckungsversuche beigetrieben werden.[145] ZB können in einem Pfändungs- und Überweisungsbeschluss die Anwaltskosten einer vorausgegangenen Ratenzahlungsvereinbarung festgesetzt werden (→ Rn. 93).[146]

2. Mit Kostenfestsetzungsbeschluss

149 **a) Allgemeines.** Dem Gläubiger steht es jedoch auch frei, die Kosten der Vollstreckung festsetzen zu lassen.[147] Er wird dies insbes. dann tun, wenn es nicht mehr zur Durchführung der Vollstreckung kommt, die Vollstreckungskosten aber vom Schuldner bestritten werden. Aber auch in den Fällen, in denen die Vollstreckungskosten ohne weiteres zusammen mit der Vollstreckungsmaßnahmen geltend gemacht werden könnten, gibt es gute Gründe, die Kosten festsetzen zu lassen. Es muss nicht bei jeder neuen Vollstreckungsmaßnahme ein Anlagenkonvolut für den Nachweis der bisher angefallenen Vollstreckungskosten beigefügt werden, womit gleichzeitig der Rechtspfleger bzw. Gerichtsvollzieher entlastet wird. Nur gem. § 788 Abs. 2 ZPO festgesetzte Kosten sind zu verzinsen und verjähren erst nach 30 Jahren (§ 197 Abs. 1 Nr. 3 BGB).[148] Das Kostenfestsetzungsverfahren ist Teil des Vollstreckungs- und nicht des Erkenntnisverfahrens.[149] Auf die Kostenfestsetzung gem. § 788 ZPO sind § 103 Abs. 2, §§ 104, 107 ZPO anzuwenden.

150 **b) Zuständigkeit.** ***aa) Zuständiges Vollstreckungsgericht (§ 788 Abs. 2 S. 1 ZPO).*** Zuständig für die Festsetzung der Vollstreckungskosten ist nach dem in § 788 ZPO eingefügten Abs. 2 nunmehr[150] grds. das Vollstreckungsgericht.[151] Zuständig ist das Vollstreckungsgericht, bei dem im Zeitpunkt der Antragstellung eine Vollstreckungshandlung anhängig ist, nach Beendigung der Vollstreckung das Gericht, in dessen Bezirk die letzte Vollstreckungshandlung erfolgt ist. Das ist zB

– das Grundbuchamt des Amtsgerichts, das mit der Vollziehung der einstweiligen Verfügung in Form der Eintragung der Vormerkung befasst war,[152]
– das Gericht, das als letzte Maßnahme der Vollstreckung dem Gläubiger eine Abschrift aus dem Vermögensverzeichnis erteilt hat.[153]

151 Auch wenn die Parteien sich bei einer Vollstreckungsabwehrklage über die Kosten der zuvor angefallenen Vollstreckungskosten einigen, ist für die Festsetzung dieser Vollstreckungskosten das Vollstreckungsgericht zuständig.[154] Das ändert aber nichts daran, dass die Kosten des Verfahrens über die Vollstreckungsabwehrklage vom Prozessgericht festzusetzen sind.

---

143 *Enders* JurBüro 2003, 449; *Meyer* JurBüro 2003, 74.
144 *Enders* JurBüro 2003, 449 (451) Ziff. 2.2.
145 *Hansens* BRAGO § 57 Rn. 29; **aA** *Lappe* MDR 1979, 795, Kosten früherer Vollstreckungsversuche müssen festgesetzt werden; *Lappe* Rpfleger 1983, 248.
146 BGH NJW 2006, 1598 = FamRZ 2006, 780 = JurBüro 2006, 327.
147 BVerfG NJW 1991, 2758; BGH NJW 1984, 1968 (1969); OLG Koblenz JurBüro 1999, 328.
148 *Enders* JurBüro 2003, 449. Deshalb ist OLG Karlsruhe JurBüro 1997, 607 nicht zu folgen, wonach für bereits in den Pfändungs- und Überweisungsbeschluss aufgenommene Kosten es eines besonderen Rechtsschutzinteresses bedarf, wenn zusätzlich ein Kostenfestsetzungsbeschluss wegen derselben Kosten begehrt wird.
149 OLG Koblenz JurBüro 1999, 328.
150 Anders zuvor BGH NJW 1986, 2438, dem die Instanzgerichte ganz überwiegend gefolgt waren.
151 OLG Karlsruhe JurBüro 2001, 371; OLG Koblenz MDR 2004, 835 = AGS 2004, 207 (Avalzinsen); OLG München NJW-RR 2000, 517; zur Kritik an der Zuständigkeit des Vollstreckungsgerichts *Hansens* Anm. zu OLG Düsseldorf RVGreport 2010, 391.
152 OLG Hamm JurBüro 2002, 588 = AGS 2002, 284.
153 OLG Brandenburg MDR 2005, 177.
154 OLG Celle RVGreport 2012, 431.

bb) Zuständiges Prozessgericht (§ 788 Abs. 2 S. 2 ZPO). Das Prozessgericht ist zuständig – in den Fällen der §§ 887, 888, 890 ZPO 152
– wenn es sich in Wahrheit um Kosten des Erkenntnisverfahrens handelt
– wenn es zu keiner Vollstreckungsmaßnahme kommt (→ Rn. 154).[155]

Zur ersten Gruppe gehören auch die Kosten für die Zustellung einer **einstweiligen Verfügung auf Unterlassung.** Zwar handelt es sich dabei gem. § 788 Abs. 1 S. 2 ZPO um eine Vollstreckungsmaßnahme, aber nicht um eine Vollstreckungsmaßnahme iSv § 890 ZPO, weil es die Verhängung der dort vorgesehenen Ordnungsmittel erst vorbereitet. Also wäre an sich das Vollstreckungsgericht zuständig. Das Ergebnis rechtfertigt sich aber daraus, dass der Zusammenhang mit den Vollstreckungshandlungen gem. § 890 ZPO sehr eng ist.[156] Hierfür sprechen praktische Gründe. Andernfalls wäre das Prozessgericht für die Kosten des einstweiligen Verfügungsverfahrens und der Vollstreckung gem. § 890 ZPO zuständig, aber nicht für die Kosten eines kleinen Zwischenschritts. 153

Abwehr oder Ermöglichung der Vollstreckung. Das Prozessgericht ist weiter zuständig, wenn es sich in Wahrheit um Kosten des Erkenntnisverfahrens handelt, also zB wenn der Schuldner Kosten zur Abwendung der Vollstreckung aus einem vorläufig vollstreckbaren Urteil, gegen das er Rechtsmittel eingelegt hat, geltend macht.[157] Leistet der Gläubiger Sicherheit, um aus einem nur gegen Sicherheitsleistung vorläufig vollstreckbaren Urteil vollstrecken zu können, so ist jedenfalls dann das Prozessgericht zuständig, wenn es dann nicht mehr zur Vollstreckung kommt.[158] 154

Keine Vollstreckungsmaßnahme. Kommt es zu keiner Vollstreckungsmaßnahme (etwa nach erfolgreichem Aufforderungsschreiben mit Vollstreckungsandrohung), so sind die Kosten durch das Prozessgericht gem. §§ 103 ff. ZPO als Verfahrenskosten im weiteren Sinn festzusetzen.[159] 155

Vollstreckung nur im Ausland. Hierher gehört auch der Fall, dass es in Deutschland zu keiner Vollstreckung kommen kann, weil nur eine Vollstreckung im Ausland in Betracht kommt.[160] 156

cc) Zuständigkeit bei Vollstreckbarerklärung ausländischer Titel. Für die Kostenfestsetzung in einem solchen Verfahren über die Vollstreckbarerklärung ist das Prozessgericht zuständig, solange keine Vollstreckung aus dem Titel anhängig ist oder bereits stattgefunden hat.[161] 157

dd) Folgen der unterschiedlichen Zuständigkeit. Sind unterschiedliche Zuständigkeiten gegeben, so müssen im Rahmen einer Vollstreckung uU mehrere Festsetzungsanträge gestellt werden. **Hinweis für den RA.** Da bisweilen zweifelhaft sein kann, welches Gericht zuständig ist, empfiehlt es sich, **hilfsweise die Verweisung** an das andere Gericht zu beantragen, da sonst eine Abweisung wegen fehlender Zuständigkeit droht.[162] 158

ee) Vergütungsfestsetzung gem. § 11 RVG, → § 11 Rn. 63. 159

ff) Übergangsrecht. Das 2. Zwangsvollstreckungsänderungsgesetz kennt keine Übergangsregelung. Deshalb gilt der allg. Grundsatz, dass Gesetzesänderungen zum Verfahrensrecht ab ihrem In-Kraft-Treten anzuwenden sind. Für ab dem 1.1.1999 eingehende Festsetzungsanträge gilt damit hinsichtlich der Zuständigkeit das neue Recht. Unerheblich ist, wann die Vollstreckungskosten entstanden sind.[163] 160

3. Festsetzungsantrag in Euro

Auch soweit Vollstreckungskosten aus der Zeit vor dem 31.12.2001 geltend gemacht werden, müssen diese nicht in DM-Beträgen, sondern können auch in Euro-Beträgen geltend gemacht werden.[164] 161

---

155 OLG Brandenburg NJW-Spezial 2020, 668 = AGS 2020, 510.
156 KG und *Hansens* in BRAGOreport 2001, 94.
157 BGH NJW-RR 2006, 1001 = FamRZ 2006, 480; OLG Düsseldorf JurBüro 1996, 430; OLG Karlsruhe JurBüro 1990, 64; OLG München MDR 1999, 1525 = Rpfleger 2000, 117; OLG Nürnberg JurBüro 1985, 775, zu Wechsel-Vorbehaltsurteil.
158 BGH JurBüro 2008, 214 = RVGreport 2008, 115 mzustAnm *Hansens.*
159 BGH JurBüro 2008, 214 = RVGreport 2008, 115 mzustAnm *Hansens;* OLG Düsseldorf JurBüro 2010, 438; KG JurBüro 2018, 652 = RVGreport 2019, 26 mzustAnm *Hansens* unter Aufgabe seiner bisherigen Rspr. in JurBüro 2008, 151.
160 OLG Düsseldorf JurBüro 2010, 438.
161 OLG München NJW-RR 2008, 1665 = AGS 2009, 351 unter Aufgabe seiner bisherigen Rspr.
162 OLG München NJW-RR 2002, 431.
163 KG JurBüro 2000, 666 = MDR 2000, 1213 = Rpfleger 2000, 556; OLG Koblenz JurBüro 2002, 199; 2003, 263; OLG München NJW-RR 2000, 517 = OLGR 1999, 372 = MDR 1999, 1525.
164 BGH RVGreport 2004, 39.

XVI. Prozesskostenhilfe

162 **Regelfall.** Die Beiordnung eines Rechtsanwalts im Wege der Prozesskostenhilfe erstreckt sich gem. § 48 Abs. 5 S. 1, 2 Nr. 1 RVG grds. nicht auf die Vollstreckung. Etwas anderes gilt gem. dieser Bestimmung nur, wenn die Beiordnung ausdrücklich auch auf die Vollstreckung erstreckt wird. Gegebenenfalls muss die Bewilligung der PKH und die Beiordnung neu beantragt werden.

163 **Einstweiliger Rechtsschutz.** Die Beiordnung für die Erwirkung eines Arrestes, einer einstweiligen Verfügung oder einer einstweiligen bzw. vorläufigen Anordnung erstreckt sich gem. § 48 Abs. 2 RVG auch auf deren Vollziehung, es sei denn dass im Beiordnungsbeschluss das Gegenteil bestimmt ist.

XVII. Rechtsschutzversicherung

164 Die Kosten in der Vollstreckung, einschließlich der Rechtsanwaltskosten, werden für den Gläubiger wie den Schuldner vom Rechtsschutz erfasst, soweit für das Hauptsacheverfahren Rechtsschutz bestand.[165]

165 Der Versicherer trägt nicht die Kosten,
– die auf Grund des vierten und jedes weiteren Antrags auf Vollstreckung (§ 2 Abs. 3b ARB 1975) bzw. einer solchen Vollstreckungsmaßnahme je Vollstreckungstitel entstehen (§ 5 Abs. 3d ARB 1994/2000),
– die aufgrund von Vollstreckungsmaßnahmen anfallen, die später als fünf Jahre nach Rechtskraft des Vollstreckungstitels eingeleitet werden (§ 5 Abs. 3e ARB 1994/2000). Vollstreckt der Versicherungsnehmer aus einem Titel gegen mehrere Schuldner, so handelt es sich um mehrere Anträge auf Vollstreckung bzw. Vollstreckungsmaßnahmen iSv § 2 Abs. 3b ARB 1975 bzw. § 5 Abs. 3d ARB 1994/2000. Das gilt jedoch nicht, wenn das Gericht gebührenrechtlich von nur einer Angelegenheit ausgeht.[166] Das anwaltliche Aufforderungsschreiben mit Vollstreckungsandrohungen stellt keinen Antrag auf Vollstreckung iSv § 2 Abs. 3b ARB 1975 und keine Vollstreckungsmaßnahme iSv § 5 Abs. 3d ARB 1994/2000 dar[167] und wird daher bei den drei zu ersetzenden Vollstreckungsanträgen bzw. -maßnahmen nicht mit gezählt. Die Drittschuldnerklage ist kein Antrag auf Vollstreckung und fällt daher nicht unter den Ausschluss von § 2 Abs. 3b ARB 1975 und wird auch nicht von § 2 Abs. 2b ARB 1975 erfasst.[168] Sie ist aber eine Vollstreckungsmaßnahme iSv § 5 Abs. 3d ARB 1994/2000, so dass, wenn diese Bestimmung anzuwenden ist, nach drei vorausgegangenen Vollstreckungsmaßnahmen die Drittschuldnerklage vom Versicherungsschutz ausgeschlossen ist.[169]

XVIII. Einzelfälle

1. Erläuterung zur Kommentierung

166 Wenn es im Folgenden heißt, dass eine Gebühr erstattungsfähig ist, so bedeutet das nur, dass sie grds. gem. § 788 ZPO erstattungsfähig sein kann. Es müssen dann aber immer noch im konkreten Fall die sonstigen Notwendigkeitsvoraussetzungen (→ Rn. 99 ff.) vorliegen.

2. Anordnung der sofortigen Wirksamkeit

167 **Angelegenheit.** Entscheidungen nach dem FamFG werden abweichend von § 40 FamFG erst mit der Rechtskraft wirksam und damit vollstreckbar. In diesen Fällen sieht das Gesetz teilweise eine Anordnung der sofortigen Wirksamkeit vor (zB § 209 Abs. 2 S. 2 FamFG). Unklar ist, ob das Verfahren hierzu, für das je nach Verfahrenstand das Erst- oder das Beschwerdegericht zuständig ist,[170] zum Hauptsacheverfahren gehört oder eine eigene Angelegenheit ist. In § 19 Abs. 1 S. 2 Nr. 16 RVG aF wurde es der Hauptsache zugewiesen. Nr. 16 wurde aber gestrichen. Ein Teil von ihr, soweit sie die Einstellung der Vollstreckung betrifft, wurde nach § 19 Abs. 1 S. 2 Nr. 12 RVG verschoben. Für die Anordnung der sofortigen Wirksamkeit wurde keine neue Regelung geschaffen. § 19 Abs. 1 S. 2 Nr. 11, 12 RVG sind analog anzuwenden; es liegt eine Angelegenheit vor.

---

165 Harbauer/*Bauer* § 5 AKB 2000 Rn. 208.
166 Harbauer/*Bauer* § 5 AKB 2000 Rn. 211.
167 Harbauer/*Bauer* § 5 AKB 2000 Rn. 218.
168 OLG Karlsruhe r+s 2007, 322; *Maier* r+s 2007, 312.
169 *Maier* r+s 2007, 312.
170 Keidel/*Meyer-Holz* FamFG § 40 Rn. 52.

3. Anzeige der Vollstreckungsabsicht gegen öffentlich-rechtliche Person (§§ 882a ZPO, 19 Abs. 2 Nr. 4)

Gebühr. Die Anzeige der Vollstreckungsabsicht löst eine Vollstreckungsgebühr aus.[171] Die Gebühr entfällt nicht und ermäßigt sich auch nicht, wenn die Vollstreckung unterbleibt, weil dann gezahlt wird.[172] Streitig ist, ob der Antrag auf Zulassung der Vollstreckung zB nach § 146 der Hessischen GO bzw. § 64 Rheinland-Pfälzischen LKO bzw. § 114 GO Nordrhein-Westfalen eine Tätigkeit in der Vollstreckung darstellt.[173] **168**

Angelegenheit. Die Anzeige ist im Verhältnis zu anderen Vollstreckungsmaßnahmen gem. § 19 Abs. 2 Nr. 4 RVG keine selbständige Angelegenheit. Der RA, der nicht für die Vollstreckungsmaßnahme selbst beauftragt ist, verdient eine 0,3 Verfahrensgebühr gem. VV 3309 RVG. Es gilt das zur → Rn. 232 Dargelegte entsprechend. **169**

4. Arbeitsrecht

Erstattung. § 12a ArbGG, wonach in arbeitsgerichtlichen Verfahren keine Kostenerstattung stattfindet, gilt nicht für die Vollstreckungskosten. Also kann auch bei der Vollstreckung aus arbeitsgerichtlichen Titeln Kostenerstattung gem. § 788 ZPO verlangt werden.[174] Hingegen fällt die Vollstreckungsgegenklage vor dem Arbeitsgericht unter § 12a ArbGG.[175] Zur Drittschuldnerklage → Rn. 228, 229. **170**

5. Arrest

a) Grundsätze. Die Vollziehung ist die Vollstreckung in Eilverfahren. VV 3309 f. RVG und § 788 ZPO sind anzuwenden. Rechtsanwaltskosten sind erstattungsfähig. **171**

b) Gleichzeitig Anträge zur Hauptsache und zur Vollziehung. Grundsätzlich sind Hauptsache und Vollziehung zwei Angelegenheiten. Das gilt auch dann, wenn gleichzeitig Anträge zur Hauptsache und zur Vollziehung gestellt werden. **172**

Beispiel:

Wird gleichzeitig ein Arrest und ein Pfändungsbeschluss beantragt und wird beiden Anträgen stattgegeben, so verdient der RA des Antragstellers die 0,3 Gebühr des VV 3309 RVG und die 1,3 Gebühr des VV 3100 RVG für den Hauptantrag.

Dasselbe gilt für den RA des Antragsgegners, wenn dieser hinsichtlich beider Anträge erfolglos Zurückweisung beantragt hat. Unerheblich ist, ob dann dem Arrestantrag stattgegeben, der Pfändungsantrag aber abgewiesen wird.[176] **173**

Ablehnung des Anordnungsantrags. Etwas anderes soll dann gelten, wenn der Anordnungsantrag abgelehnt wird. Dann soll die Vollziehungsgebühr für die gleichzeitig beantragte Vollziehungsmaßnahme nicht verlangt werden können, weil der Vollziehungsantrag nur für den Fall gestellt ist, dass dem Anordnungsantrag stattgegeben wird. Das soll für den RA des Antragstellers wie für den des Antragsgegners gelten.[177] Dasselbe müsste, wenn man dieser Ansicht folgt, gelten, wenn sich die Klage auf eine einheitliche Entscheidung richtet, die sowohl die Grundverfügung als auch die Androhung oder Festsetzung von Zwangsmitteln enthalten soll. **174**

Dieser Meinung ist nicht zuzustimmen. Die Gebühr des VV 3309 RVG ist eine Betriebsgebühr, die bereits mit der Entgegennahme der Information entsteht. Dass der Erfolg des Vollziehungsantrags vom Erfolg des Arrestantrags abhängt, ändert nichts daran, dass der RA bereits tätig geworden ist. Die Rechtslage ähnelt der bei der Entgegennahme von Informationen für eine dann letztlich doch nicht erhobene Klage bzw. der bei einem Verbundverfahren, bei dem die Anträge zu den Folgesachen gegenstandslos werden, wenn die Ehe nicht geschieden wird. § 44 Abs. 1 S. 1 FamGKG sieht unabhängig davon, ob die Scheidung ausgesprochen wird, eine Hinzuaddierung der Werte der Folgesachen vor. **175**

---

171 OLG Celle NVwZ-RR 2005, 215 = RVGreport 2006, 109; OLG Frankfurt a. M. JurBüro 1981, 571 = Rpfleger 1981, 158.

172 KG JurBüro 1970, 155.

173 Verneinend OLG Frankfurt a. M. JurBüro 1974, 1551 = Rpfleger 1974, 448; OLG Koblenz MDR 1990, 733 = JurBüro 1990, 998; **aA** OLG Celle NVwZ-RR 2005, 215 = RVGreport 2006, 109 mzustAnm *Hansens;* OLG Düsseldorf Rpfleger 1986, 109 = JurBüro 1986, 730, betr. § 114 GO NW.

174 LAG Köln AnwBl 1995, 316.

175 LAG Düsseldorf MDR 2003, 1021; ErfK/*Koch* ArbGG § 12a Rn. 3; *Hansens* BRAGO § 62 Rn. 62.

176 OLG München JurBüro 1994, 228 = Rpfleger 1994, 128.

177 OLG Düsseldorf Rpfleger 1984, 161 = JurBüro 1984, 709; Gerold/Schmidt/*von Eicken,* 15. Aufl. 2002, BRAGO § 59 Rn. 3; *Hartmann* BRAGO, 33. Aufl. 2003, BRAGO § 59 Rn. 6.

176 **Aufhebung.** Eine Angelegenheit liegt auch vor, wenn der RA des Schuldners gleichzeitig die Aufhebung des Arrests und der Arrestpfändung beantragt.

177 **c) Vollziehungsmaßnahmen untereinander.** Gem. § 18 Abs. 1 Nr. 2 RVG ist jede Vollziehungsmaßnahme hinsichtlich eines Arrests oder einer einstweiligen Verfügung, die sich nicht auf die Zustellung beschränkt, eine selbständige Angelegenheit. Es gelten die gleichen Grundsätze wie für die Vollstreckung. Mehrere Angelegenheiten der Arrestvollziehung liegen zB vor, wenn auf Grund eines Arrests weitere Pfändungsaufträge erteilt werden, weil die erste Pfändung fruchtlos war.[178] Auch das Verfahren zur Abnahme der eidesstattlichen Versicherung kommt als besondere Vollziehungsangelegenheit in Frage.

178 **d) Verhältnis Vollziehung zu Vollstreckung.** War der RA zunächst in der Vollziehung tätig und vertritt er den Mandanten sodann in der nachfolgenden Vollstreckung aus einem in der Zwischenzeit ergangenen Hauptsacheurteil, so handelt es sich um zwei Angelegenheiten. Die Vollstreckung unterscheidet sich von der Arrestvollziehung dadurch, dass die Arrestvollziehung der Sicherung, die Urteilsvollstreckung der Befriedigung dient. Es entsteht deshalb die Gebühr des VV 3309 RVG erneut. Ist eine Forderung auf Grund eines Arrests gepfändet, so gehört die Überweisung zur Urteilsvollstreckung; deshalb erhält der RA für den Überweisungsantrag die Gebühr des VV 3309 RVG auch dann, wenn er für die Pfändung bereits die Gebühr erhalten hatte.

179 Der Auftrag an den Gerichtsvollzieher zur Versteigerung der im Arrestverfahren gepfändeten Sachen leitet eine neue Vollstreckungsangelegenheit ein.

180 **e) Ende der Vollziehungsangelegenheit.** Die Vollziehungsangelegenheit endet mit der Aufhebung des Arrests oder der einstweiligen Verfügung oder mit dem Beginn der Vollstreckung aus dem in der Hauptsache ergangenen Urteil (früher ausdrücklich § 59 Abs. 2 BRAGO), ferner mit der Aufhebung der Arrestvollziehung nach § 934 ZPO oder mit einer in der Hauptsache vereinbarten Einigung. Durch die Aufhebung wird die weitere Vollziehung unstatthaft, durch den Beginn der Vollstreckung aus der Hauptsache wird sie überflüssig.

181 **f) Aufhebung der Vollziehungsmaßnahme.** Beantragt der RA des Schuldners die Aufhebung einer Arrestpfändung oder einer durch einstweilige Verfügung angeordneten Maßnahme nach Aufhebung des Arrests oder der einstweiligen Verfügung oder zufolge § 934 ZPO nach Hinterlegung des in dem Arrestbefehl festgesetzten Geldbetrags, so gehört dies zur Vollziehung und ist nicht Teil des Anordnungsverfahrens. Die Aufhebung ist aber mit der aufzuhebenden Vollziehungsmaßnahme eine Angelegenheit (§ 19 Abs. 2 Nr. 6 RVG). Nur der RA des Schuldners und des Gläubigers, der bisher noch nicht in der Vollziehung tätig war, verdient eine Gebühr gem. VV 3309 RVG.

182 **Erstattung.** Die durch das Aufhebungsverfahren entstehenden Kosten sind, wenn vorher kein RA eingeschaltet war oder ein Anwaltswechsel erforderlich war, für den Gläubiger gem. § 788 ZPO zu erstatten, nicht aber für den Schuldner (→ Rn. 333).

183 **g) Sicherungshypothek bei Arrest,** → Rn. 284.

184 **h) Gegenstandswert** → Anh. VI.

185 **i) PKH.** Dazu, dass PKH grds. auch die Vollziehung erfasst, → Rn. 140.

6. Aufenthalt des Schuldners

186 **Angelegenheit.** Ermittelt der RA wegen der Vollstreckung den Aufenthalt des Schuldners, so ist dies eine die Vollstreckung vorbereitende Maßnahme, die nicht zum Rechtszug der Hauptsache gehört.

187 **Gebühr und Erstattung.** Der RA verdient eine Gebühr gem. VV 3309 RVG,[179] die gem. § 788 ZPO erstattungsfähig sein kann. Hier kommt es aber im Einzelfall darauf an, ob der Gläubiger hierzu anwaltlicher Hilfe bedurft hat. Die Aufenthaltsermittlung und die nachfolgende Vollstreckungsmaßnahme sind eine Angelegenheit,[180] → Rn. 57.

7. Aufforderungsschreiben mit oder ohne Zahlungsaufforderung

188 → Rn. 432 ff., 444 ff.

---

[178] Vgl. aber OLG Zweibrücken Rpfleger 1992, 272, für mehrere im Wege der Arrestvollziehung beantragte Pfändungsbeschlüsse regelmäßig nur eine Vollziehungsgebühr.

[179] LG Konstanz Rpfleger 1992, 365; *Hansens* JurBüro 1987, 809; **aA** besondere nach VV 2301 RVG zu vergütende Angelegenheit (was nach neuem Recht ebenfalls zu einer 0,3 Gebühr führt) LG Konstanz AnwBl 1991, 168; AG Leverkusen AnwBl 1987, 294; AG Westerstede AnwBl 1987, 246 = KostRspr BRAGO §§ 57, 58 Nr. 47 mablAnm *Herget* KostRspr BRAGO §§ 57, 58 Nr. 70.

[180] BGH NJW 2004, 1101 = FamRZ 2004, 536.

8. Aufhebung von Vollstreckungsmaßnahmen (§ 19 Abs. 2 Nr. 6 RVG)

Angelegenheit. Maßnahmen oder Verfahren, bei denen es um die Aufhebung von Vollstreckungsmaßnahmen geht, begründen gem. § 19 Abs. 2 Nr. 6 RVG im Verhältnis zur aufzuhebenden Maßnahme keine besondere Angelegenheit. Zur Aufhebung einer Vollstreckungsmaßnahme gehören ua 189
- die Freigabe eines Pfandstücks,
- der Verzicht auf die Rechte aus der Pfändung,
- die Rücknahme des Pfändungsantrags,
- der Antrag, den Pfändungsbeschluss aufzuheben,[181]
- eine Erinnerung des Drittschuldners,[182]
- eine außergerichtliche Verhandlung mit einem Dritten, der Eigentum an einem gepfändeten Gegenstand geltend macht.[183]

9. Ausland

Vollstreckbarerklärung im Ausland → Rn. 394; Vollstreckbarerklärung ausländischer Titel in Deutschland → RVG VV Vorb. 3.2.1 Rn. 13 ff. Gegenstandswert → Anh. VI Rn. 712 ff. 190

10. §§ 53, 54 AuslG (Abschiebung)

Streitig ist, ob das verwaltungsgerichtliche Verfahren, in dem isoliert um eine Aussetzung der Abschiebung nach den §§ 53, 54 AuslG und die Erteilung einer entsprechenden Duldung gestritten wird, unter VV 3309 ff. RVG[184] oder unter VV 3100 ff. RVG[185] fällt. 191

11. Außenwirkung. Tätigkeit ohne Außenwirkung

Bei Tätigkeit ohne Außenwirkung kann eine Vollstreckungsgebühr auch anfallen, zB Entgegennahme der Information oder interne Prüfung, ob schon vollstreckt werden kann (→ Rn. 142). 192

12. Außergerichtliche Bitte, von Vollstreckung abzusehen

→ Rn. 15. 193

13. Aussetzung der Vollziehung in FG-Verfahren

Die bisherige Regelung hat sich verfahrensrechtlich durch das FamFG geändert. Die dazu passende gebührenrechtliche Regelung (bislang § 19 Abs. 1 S. 2 Nr. 16 RVG) befindet sich jetzt in § 19 Abs. 1 S. 2 Nr. 12 RVG. 194

14. Austauschpfändung (§§ 811a, b ZPO, § 18 Abs. 1 Nr. 7 RVG)

Angelegenheit. Über die Zulässigkeit der Pfändung eines unpfändbaren Gegenstandes gegen Überlassung eines Ersatzstücks oder des zur Ersatzbeschaffung erforderlichen Geldbetrags entscheidet nach § 811a Abs. 2 ZPO das Vollstreckungsgericht auf Antrag des Gläubigers durch Beschluss. Das Verfahren stellt eine besondere Angelegenheit dar (§ 18 Abs. 1 Nr. 7 RVG). 195

Stellt der Gläubiger nach Ablehnung seines ersten Antrages (etwa, weil das angebotene Ersatzstück keinen angemessenen Ersatz darstellt) einen zweiten Antrag, so entstehen durch diesen zweiten Antrag erneut Gebühren.[186] Die vorläufige Austauschpfändung durch den Gerichtsvollzieher (§ 811b ZPO) lässt eine zusätzliche Gebühr nicht entstehen, da die Aufzählung in § 18 Abs. 1 RVG abschließend ist. 196

15. Bankbürgschaft

→ Rn. 342 ff. 197

16. Beratungsgebühr

→ Rn. 192. 198

[181] Mayer/Kroiß/*Ebert* RVG § 19 Rn. 134.
[182] BGHZ 69, 148.
[183] OLG Düsseldorf NJW 1971, 1617; Mayer/Kroiß/*Ebert* RVG § 19 Rn. 134; **aA** *Schmidt* NJW 1971, 1617.
[184] VGH Mannheim NVwZ-RR 2009, 702 = AGS 2009, 391; AnwBl 2000, 138.
[185] OVG Berlin NVwZ 1998, 992; OVG Bremen NVwZ-RR 1999, 701; VGH München 19.1.1999 – 10 C 98.1943, BeckRS 1999, 18412.
[186] **AA** Riedel/Sußbauer/*Keller,* 8. Aufl. 2000, BRAGO § 58 Rn. 21; *Hansens* BRAGO § 58 Rn. 18. Wieso soll es keine neue Angelegenheit sein, wenn der Gläubiger nach – womöglich vom Beschwerdegericht bestätigter – Zurückweisung seines Antrags einen erneuten Antrag mit anderem konkreten Inhalt stellt?

17. Berichtigungsantrag (§ 19 Abs. 1 S. 2 Nr. 6 RVG)

199 Beantragt der RA eine Berichtigung eines im Vollstreckungsverfahren ergangenen Beschlusses, so fällt beim RA des Gläubigers und des Schuldners, soweit sie nicht bereits zuvor in dem Beschlussverfahren eine Vollstreckungsgebühr verdient haben (eine Angelegenheit § 19 Abs. 1 S. 2 Nr. 6 RVG) eine Gebühr gem. VV 3309 RVG an,[187] die beim Gläubiger auch erstattungsfähig ist, nicht aber beim Schuldner[188] (→ Rn. 333).

18. § 23 Abs. 3 BetrVG

200 § 23 Abs. 3 BetrVG (Verfahren zur Festsetzung eines Zwangs- oder Ordnungsgeldes) stellt eine Sonderregelung der Vollstreckung dar, die weitgehend den §§ 888, 890 ZPO entspricht.[189] Der RA verdient eine erstattungsfähige Vollstreckungsgebühr.

19. Drittauskunft gem. § 802l ZPO

200a **Angelegenheit.** Sie ist im Verhältnis zu anderen Vollstreckungsmaßnahmen nach Ansicht des BGH eine besondere Angelegenheit und nicht nur eine Fortsetzung (→ Rn. 53 f.).[190] Unerheblich ist hierbei, ob der Gerichtsvollzieher die Drittauskünfte aufgrund eines gesondert gestellten Antrags des Gläubigers nach § 802a Abs. 2 S. 1 Nr. 3 ZPO eingeholt hat oder ob der Gläubiger diesen Antrag im Rahmen eines einheitlichen Zwangsvollstreckungsauftrags zusammen mit dem Antrag auf Erholung der Vermögensauskunft nach § 802a Abs. 2 S. 1 Nr. 2 ZPO gestellt hat.[191]

Notwendigkeit der Kosten. Wird gemeinsam mit dem Antrag auf Einholung einer Vermögensauskunft gem. § 802c ZPO ein Antrag auf Einholung von Drittauskünften nach § 802l ZPO gestellt, so sind die Kosten für letzteren Antrag zu diesem Zeitpunkt nicht erforderlich und damit keine notwendigen Kosten iSv § 788 Abs. 1 S. 1 ZPO.[192]

19a. Dritter als Bürge

201 **a) Außergerichtlich. RA des Gläubigers.** Verlangt der RA zB von der Bank, die zur Sicherung eine Bürgschaft gegeben hat, Zahlung und führt er hierzu mit dieser Gespräche, so geht er nicht aus vorhandenen Titeln vor, sondern außergerichtlich aus einer nicht titulierten Forderung gegen einen Dritten. Er verdient zweifelsfrei Gebühren gem. VV 2300 ff. RVG.[193]

202 **RA des Dritten.** Der RA des Bürgen kann die Gebühr nach VV 3309 RVG nicht verdienen. Seine Tätigkeit gehört nicht zur Zwangsvollstreckung.[194]

203 **b) Prozess.** Wird ein **RA** in einem Prozess gegen den Dritten, zB wegen Bürgschaft tätig, so verdient er Gebühren gem. VV 3100 f. RVG, die auf Grund der Kostenentscheidung in diesem Verfahren zu erstatten sind.

20. Dritter. Unterhaltsberechtigter gem. § 850g ZPO

204 Stellt der RA für einen Dritten, der unterhaltsberechtigt ist, einen Antrag gem. § 850g Abs. 1 S. 2 ZPO, so verdient er eine Vollstreckungsgebühr.[195]

21. Drittschuldner. Pfändung und Überweisung

205 **a) Gebühren.** Beim Gläubigervertreter fallen Gebühren nach VV 3309 RVG an. Im Verfahren nach der **EU VO** Nr. 655/2014 richten sich gem. VV Vorb. 3.3.3 Abs. 2 RVG die Gebühren im Fall des Art. 5a nach denen, die für das Arrestverfahren gelten, also nach VV 3100 ff. RVG, im Fall des Art. 5b nach VV 3309 ff. RVG.

---

[187] OLG Koblenz AnwBl 2002, 252.

[188] **AA** OLG Koblenz AnwBl 2002, 252.

[189] LAG Bln AnwBl 1989, 685.

[190] BGH WM 2020, 1210; NJW 2019, 3080 Rn. 19; JurBüro 2019, 127 = NJW-Spezial 2019, 59 = RVGreport 2019, 62 mablAnm *Hansens;* ausführlich zur BGH-Entscheidung und ihre Folgen *Volpert/Schneider* AGS 2019, 2; LG Frankfurt JurBüro 2017, 44 = AGS 2017, 31 mablAnm *Volpert* = RVGreport 2017,97 mablAnm *Hansens;* **aA** LG Itzehoe Rpfleger 2018, 485 = AGS 2018, 393; AG Hechingen DGVZ 2018, 125 = AGS 2017, 391 mzustAnm *Volpert/Schneider;* AG Meißen NJW-Spezial 2017, 669 = DGVZ 2017, 183 = RVGreport 2017, 377 mzustAnm *Hansens.*

[191] BGH NJW 2020, 2564; RVGreport 2019, 290.

[192] BGH NJW 2020, 2564 Rn 15 ff. = RVGreport 2020, 352 mzustAnm *Hansens.*

[193] OLG München NJW-RR 2001, 936 = FamRZ 2001, 843; *N. Schneider* Anwaltsgebühren Kompakt 2010, 128.

[194] AG München AnwBl 1981, 40; AG Münster JurBüro 1991, 275; **aA** Riedel/Sußbauer/*Keller,* 8. Aufl. 2000, BRAGO § 57 Rn. 16.

[195] *Hansens* BRAGO § 57 Rn. 9; Zöller/*Herget* ZPO § 850g Rn. 10.

b) Angelegenheit. Alle Tätigkeiten, die zur Durchführung der Pfändung der gleichen Forderung des Schuldners gegen einen Dritten vorgenommen werden, gehören zu einer Angelegenheit, so der Antrag auf Überweisung an Zahlungsstatt oder zur Einziehung, auch bei getrennter Antragstellung, die Vollstreckung gegen den Schuldner auf Herausgabe der über die Forderung vorhandenen Urkunden nach § 836 Abs. 3 ZPO und die Pfändungsankündigung (Vorpfändung) gem. § 845 ZPO.[196] Wegen der Aufforderung an den Drittschuldner zur Erklärung nach § 840 ZPO (→ Rn. 213). **206**

Mehrere zu pfändende Forderungen. Anträge entscheidend. Einheitlicher Antrag. Entscheidend ist, ob ein oder mehrere Anträge gestellt werden. Wird die Pfändung mehrerer Forderungen desselben Schuldners gegen einen oder mehrere Drittschuldner in einem einheitlichen Antrag beantragt, so handelt es sich um ein Verfahren und damit um die gleiche Angelegenheit.[197] Das gilt auch dann, wenn der Gläubiger die Drittschuldner nacheinander benennt, der RA jedoch einen einheitlichen Antrag stellt. **207**

Mehrere Anträge. Bei mehreren Anträgen sind wegen § 15 Abs. 2 RVG auch dann mehrere Angelegenheiten gegeben, wenn ihnen ein einheitlicher Auftrag zu Grunde liegt.[198] Das führt grds. zu mehreren Gebühren. Der RA kann jedoch – unter dem Gesichtspunkt einer Schadensersatzpflicht wegen Verletzung seines Auftrags – nur eine Gebühr fordern, wenn die Aufsplitterung des Vollstreckungsauftrags in mehrere Anträge durch die Sachlage nicht geboten war.[199] Wegen Erforderlichkeit auch → Rn. 210 ff. **208**

c) Streitwert, → § 25 Rn. 6 ff. **209**

d) Erstattung. Mehrere Anträge. Der Schuldner muss, wenn der RA mehrere Anträge auf Pfändung und Überweisung gestellt hat, obgleich diese Trennung nicht nötig war, nur eine Vollstreckungsgebühr gem. § 788 ZPO erstatten, da die Entstehung der weiteren Vollstreckungsgebühren nicht notwendig war.[200] Zum Anspruch des RA gegen seinen Auftraggeber → Rn. 207 ff. Das gilt auch, wenn auf Grund mehrerer Schuldtitel grundlos getrennte Anträge auf Forderungspfändung gestellt werden. **210**

Eine getrennte Antragstellung ist jedoch zB gerechtfertigt, wenn Erklärungen nach § 840 ZPO gefordert werden (Zustellung durch verschiedene Gerichtsvollzieher) oder wenn die Pfändungen an unterschiedlichen Orten beantragt werden müssen[201] oder wenn ein Drittschuldner aus vertretbaren Gründen nichts von einem anderen Drittschuldner erfahren soll. **211**

e) Erinnerung des Dritten nach § 766 ZPO. Legt der RA für den erinnerungsberechtigten Drittschuldner[202] Erinnerung gem. § 766 ZPO ein, so wird er in der Vollstreckung tätig und erhält deshalb die Gebühr des VV 3309 RVG.[203] Die Kostenerstattung findet auf Grund der im Erinnerungsverfahren ergehenden Kostenentscheidung[204] statt, iÜ auch → Rn. 79 ff. **212**

22. Drittschuldner. Tätigkeit gegenüber Drittschuldner

a) Aufforderung zur Erklärung nach § 840 ZPO. ***aa) Angelegenheit.*** Die **erste Aufforderung** an den Drittschuldner zur Abgabe der Erklärung gem. § 840 ZPO ist für den RA, der schon vorher tätig war, zB den Pfändungs- und Überweisungsbeschluss beantragt hat, Teil der Vollstreckung und löst keine neuen Gebühren aus.[205] **213**

Zweite Aufforderung. Dasselbe gilt für die zweite Aufforderung an den Dritten, wenn er nicht rechtzeitig die Erklärung gem. § 840 ZPO abgegeben hat.[206] **214**

Prüft der RA des Drittschuldners erst den Pfändungs- und Überweisungsbeschluss und ist er dann noch im Rahmen der Erklärung nach § 840 ZPO tätig, so ist eine Angelegenheit gegeben. **215**

---

[196] OLG Düsseldorf AnwBl 1987, 619; *Mümmler* JurBüro 1987, 1328.
[197] BGH JurBüro 2011, 434; OLG Düsseldorf MDR 1993, 208; 1993, 701.
[198] HM OLG Köln Rpfleger 2001, 149 (151) li. Sp. letzter Absatz unter Aufgabe seiner bisherigen entgegengesetzten Meinung in JurBüro 1986, 1371.
[199] OLG Köln Rpfleger 2001, 149 (150) re. Sp. letzter Absatz; Gerold/Schmidt/*von Eicken,* 15. Aufl. 2002, BRAGO § 58 Rn. 11; Gebauer/Schneider/*Wolf,* 1. Aufl., BRAGO § 58 Rn. 21.
[200] OLG Düsseldorf MDR 1993, 701 = Rpfleger 1993, 208; OLG Köln Rpfleger 2001, 149 Tz. 3.
[201] OLG Köln Rpfleger 2001, 149.
[202] Der erinnerungsberechtigt ist BGH NJW 1993, 735 Tz. 34 mwN.
[203] LG Berlin JurBüro 1974, 61.
[204] Thomas/Putzo/*Seiler* ZPO § 766 Rn. 30.
[205] OLG Köln JurBüro 1992, 267; *Mümmler* JurBüro 1987, 1328.
[206] OLG Köln JurBüro 1992, 267.

216 ***bb) Gebühren des RA des Gläubigers.*** Der RA, der bereits zuvor eine Gebühr gem. VV 3309 RVG verdient hat, erhält keine weitere Gebühr. Ist er aber bei der Aufforderung zur Erklärung erstmals tätig, so entsteht eine Vollstreckungsgebühr gem. VV 3309 RVG.

217 ***cc) Gebühren des RA des Drittschuldners.*** Teilweise wird für die Tätigkeit des RA des Drittschuldners VV 3309 RVG angewandt,[207] teilweise, da der Drittschuldner nicht am Vollstreckungsverfahren teilnehme, VV 2300 RVG.[208] Dazu, dass auch ein Dritter einmal an der Vollstreckung beteiligt ist → Rn. 212; → Rn. 204.

218 **Gebührenhöhe.** Soll der RA lediglich in einem Einzeiler mitteilen, ob der Anspruch anerkannt wird oder nicht, so liegt, wenn VV 2300 ff. RVG anzuwenden sind, nicht selten ein Auftrag zu einem einfachen Schreiben vor, sodass VV 2301 RVG gegeben ist (0,3 Geschäftsgebühr).[209]

219 ***dd) Gegenstandswert.*** Es kommt bei der Erklärung nach § 840 ZPO auf den Wert der zu vollstreckenden Geldforderung einschließlich der Nebenforderungen an. Ist aber der Wert der gepfändeten Forderung niedriger, so ist auf ihn abzustellen (→ § 25 Rn. 6 ff.).[210] Ein Abzug ist nicht vorzunehmen, da es nicht nur um eine Auskunft, sondern auch um die Anerkennung des Anspruchs geht.[211]

220 ***ee) Erstattungsanspruch des Gläubigers.*** **Gegen Drittschuldner.** Gegen den Dritten besteht kein Erstattungsanspruch für ein anwaltliches Aufforderungsschreiben zur Auskunftserteilung. § 840 Abs. 1 ZPO begründet nur eine Obliegenheit bzw. Handlungslast des Drittschuldners. Ein Ersatzanspruch ergibt sich weder aus § 840 Abs. 2 ZPO, noch aus Verzug, also auch nicht für eine Anmahnung der Auskunft, wenn die erste Aufforderung unbeantwortet geblieben ist. Der Gläubiger ist ausreichend dadurch geschützt, dass er, wenn das erste Aufforderungsschreiben unbeantwortet bleibt, davon ausgehen darf, dass die gepfändeten Forderungen beigetrieben werden können (beredtes Schweigen).[212]

221 **Gegen Schuldner.** Aus dem gleichen Grund ist der Schuldner nicht gem. § 788 ZPO erstattungspflichtig für die Kosten eines nachfolgenden Mahnschreibens des Gläubigers an den Drittschuldner, da ein solches nicht nötig ist.[213]

222 ***ff) Erstattungsanspruch des Drittschuldners.*** Streitig ist, ob der Drittschuldner die Kosten, die ihm durch die Erklärung nach § 840 ZPO entstanden sind, vom Pfändungsgläubiger erstattet verlangen kann.[214] Geht man davon aus, dass der RA des Drittschuldners eine Vollstreckungsgebühr gem. VV 3309 RVG verdient (→ Rn. 217), so kommt als Anspruchsgrundlage § 788 ZPO in Betracht. Andernfalls ist eine Anspruchsgrundlage nicht zu finden.

223 **b) Zahlungsaufforderung.** ***aa) Angelegenheit.*** **Einziehung der Forderung gegenüber Dritten.** Wird der RA des Gläubigers über die Erklärung nach § 840 Abs. 1 ZPO hinaus gegenüber dem Drittschuldner tätig, zB fordert er ihn zur Zahlung auf oder korrespondiert er mit dem Drittschuldner über die Höhe der Forderung, so gehört das nicht mehr zur Zwangsvollstreckung und löst eine neue Gebühr aus.[215]

224 ***bb) Gebühren des RA des Gläubigers.*** Es kommt auf den erteilten Auftrag an. Hatte der RA bereits einen Prozessauftrag, schickt der RA aber vorher noch ein Aufforderungsschreiben ab, so greift VV 3101 Nr. 1 RVG ein.[216] Hatte er noch keinen Prozessauftrag, so sind VV 2300 ff. RVG anzuwenden. Eine Einzeltätigkeitsgebühr kann nicht anfallen, da die Tätigkeit nicht innerhalb eines Gerichtsverfahrens erfolgen soll.

225 ***cc) Gebühren des RA des Drittschuldners.*** Für ihn gilt dasselbe wie für den RA des Gläubigers. Es kommt wieder auf den Auftrag an. Meistens wird hier jedoch erst einmal nur ein Auftrag für eine vorgerichtliche Tätigkeit vorliegen, so dass VV 2300 ff. RVG eingreifen.

---

[207] AG Düsseldorf JurBüro 1985, 723; Zöller/*Herget,* 28. Aufl. 2010, ZPO § 840 Rn. 17.

[208] AG München AnwBl 1981, 40; AG Münster JurBüro 1991, 275; Musielak/Voit/*Grandel* ZPO § 840 Rn. 16; **aA** Riedel/Sußbauer/*Keller,* 8. Aufl. 2000, BRAGO § 57 Rn. 16; *N. Schneider* AGK 2010, 128.

[209] *N. Schneider* AGK 2010, 128.

[210] OLG München JurBüro 1985, 1522.

[211] *N. Schneider* AGK 2010, 128.

[212] Ganz hM BGH NJW 2010, 1674; NJW-RR 2006, 1566 = FamRZ 2006, 1195.

[213] BGH NJW 2010, 1674.

[214] **Verneinend** AG Münster JurBüro 1991, 276; **aA** AG Düsseldorf JurBüro 1985, 723, wenn wegen Schwierigkeit RA erforderlich mzustAnm *Mümmler.*

[215] Mayer/Kroiß/*Rohn* RVG § 18 Rn. 31.

[216] OLG Köln JurBüro 1992, 267.

23. Drittschuldnerklage (§ 840 ZPO)

a) Gebühren. Bei ihr fallen Gebühren beim RA des Gläubigers und des Dritten gem. VV 3100 ff. RVG an. 226

b) Gegenstandswert. Er richtet sich nach der Höhe der Zahlung, die der Gläubiger von dem beklagten Drittschuldner mit seiner Klage verlangt,[217] ohne die zugleich geltend gemachten Kosten des Pfändungs- und Überweisungsbeschlusses.[218] 227

c) Erstattungsanspruch gegen Drittschuldner. Verfahrenskosten. Der Erstattungsanspruch gegen den Gegner des Drittschuldnerklageverfahrens richtet sich nach der Kostenentscheidung in diesem Verfahren. Muss der Gläubiger den Zahlungsantrag zurücknehmen, weil der Drittschuldner zwischenzeitlich eine Erklärung abgegeben hat, dem Schuldner nichts zu schulden, so kann im Wege der Klageänderung der Schadensersatzanspruch des § 840 Abs. 2 S. 2 ZPO als Leistungs- oder Feststellungsantrag geltend gemacht werden.[219] Eine solche Umstellung auf einen Schadensersatzanspruch kann trotz § 12a ArbGG auch im Verfahren vor dem Arbeitsgericht[220] und dem Sozialgericht erfolgen.[221] Im Kostenfestsetzungsverfahren kann der Anspruch gem. § 840 Abs. 2 S. 2 ZPO nach dem BAG selbst dann nicht im Kostenfestsetzungsverfahren geltend gemacht werden, wenn nach der Rücknahme der Klage zugunsten des Klägers eine Kostengrundentscheidung nach § 269 Abs. 3 S. 2 ergangen ist.[222] 228

d) Erstattungsanspruch gegen Schuldner. Daneben steht dem Gläubiger auch gegen den Schuldner ein Erstattungsanspruch gem. § 788 ZPO zu.[223] Danach sind die Kosten, die der Gläubiger aufwenden muss, um gegen den Drittschuldner zu klagen, Kosten der Vollstreckung und erstattbar. Voraussetzung ist allerdings, dass die Klageerhebung ex ante betrachtet[224] notwendig und nicht von vornherein aussichtslos war.[225] Notwendigkeit ist zB gegeben, wenn der Drittschuldner erklärt, „die Forderung nicht als begründet anzuerkennen".[226] Nicht nötig ist, dass zuvor beim Drittschuldner ein erfolgloser Vollstreckungsversuch unternommen wurde. Es reicht aus, dass der Drittschuldner nicht freiwillig zahlt, obwohl ein Kostenfestsetzungsbeschluss gegen ihn ergangen ist.[227] 229

Hat der Drittschuldner erklärt, die Forderung nicht als begründet anzuerkennen, und bereitet der Gläubigervertreter daraufhin eine Klage vor, zu der es wegen zwischenzeitlicher Zahlung nicht mehr kommt, so haftet der Drittschuldner nicht für die 0,8 Verfahrensgebühr (VV 3101 Nr. 1 RVG) gem. § 840 Abs. 2 S. 2 ZPO, da er seiner Auskunftspflicht genügt hat. Der Gläubiger kann aber vom Schuldner Erstattung gem. § 788 ZPO verlangen.[228] Das Vorstehende gilt auch für die Kosten eines Drittschuldnerprozesses beim Arbeitsgericht, da § 12a ArbGG nicht die Vollstreckungskosten erfasst[229] (→ Rn. 171). Wegen Rechtsschutzversicherung → Rn. 164 ff.

24. Drittwiderspruch

a) Gebühren. ***aa) Außergerichtlich.*** Sowohl beim RA des Gläubigers wie bei dem des Dritten fallen Gebühren nach VV 2300 ff. RVG und nicht nach VV 3309 RVG an. 230

---

[217] BGH JurBüro 2015, 526 = NJW-RR 2015, 1340.
[218] BGH JurBüro 2015, 526 = NJW-RR 2015, 1340.
[219] BGHZ 79, 275; OLG Düsseldorf NJW-RR 1988, 574.
[220] BAG NJW 1990, 2643; LAG Düsseldorf JurBüro 1995, 478.
[221] BSG NJW 1999, 895.
[222] BAG NJW 2006, 717.
[223] BGH NJW 2019, 1816; NJW 2006, 1141; AGS 2010, 201; OLG Düsseldorf Rpfleger 1990, 527 = MDR 1990, 730 = JurBüro 1990, 1014; OLG Karlsruhe Rpfleger 1994, 118 = JurBüro 1994, 614; KG Rpfleger 1989, 382 = MDR 1989, 745; OLG Koblenz JurBüro 1991, 602; Rpfleger 1987, 385 = JurBüro 1987, 1257; OLG Stuttgart JurBüro 1986, 1735; *Hansens* JurBüro 1983, 1 mwN; *Mümmler* JurBüro 1995, 21; LAG RhPf AnwBl 1988, 299; **aA** OLG Bamberg JurBüro 1994, 612; OLG München Rpfleger 1990, 528 = JurBüro 1990, 1355 = MDR 1990, 931; OLG Stuttgart Rpfleger 1996, 117; LG Berlin JurBüro 1990, 1678.
[224] BGH NJW 2019, 1816.
[225] BGH NJW 2019, 1816; NJW 2006, 1141.
[226] BGH AGS 2010, 201.
[227] BGH NJW 2019, 1816 klarstellend, dass in früheren Entscheidungen (BGH NJW 2006, 1141; AGS 2010, 201), die noch die Nichtbeitreibung beim Drittschuldner als Voraussetzung eines Anspruchs gegen den Schuldner verlangt hatten, nicht gemeint war, dass ein vergeblicher Vollstreckungsversuch beim Drittschuldner versucht worden sein muss, dass vielmehr reicht, wenn der Drittschuldner nicht freiwillig zahlt.
[228] BGH AGS 2010, 201.
[229] BGH NJW 2006, 1141; OLG Düsseldorf JurBüro 1990, 1014 = MDR 1990, 730 = Rpfleger 1990, 527; OLG Karlsruhe MDR 1994, 95; KG MDR 1989, 745 = Rpfleger 1989, 382.

231 ***bb) Drittwiderspruchsklage (§ 771 ZPO).*** Der **RA des Gläubigers und des Dritten** verdienen die Gebühren der VV 3100 ff. RVG. Das gilt auch dann, wenn die Anwälte zwar außergerichtlich tätig werden, dies aber bereits im Rahmen eines unbedingten Verfahrensauftrag tun (→ RVG VV Vorb. 3 Rn. 15). Die Kostenerstattung findet auf Grund der in diesem Verfahren ergehenden Kostenentscheidung statt und nicht auf Grund von § 788 ZPO.[230]

232 **b) Gegenstandswert.** Gem. § 6 ZPO kommt es auf die Höhe der Forderung (ohne Zinsen und Kosten) an, für die die Pfändung erfolgt ist. Ist der Wert des Pfändungsgegenstandes niedriger, so ist auf diesen abzustellen. Dabei richtet sich der Wert nach dem objektiven Verkehrswert und nicht nach dem zu erwartenden Versteigerungserlös.[231]

25. Duldung

233 Unterlassung und Duldung → Rn. 355 ff.

26. Durchsuchung (§ 758a ZPO § 91 Abs. 1 FamFG, § 19 Abs. 2 Nr. 1 RVG)

234 Durch § 19 Abs. 2 Nr. 1 RVG wird klargestellt, dass der mit der Vollstreckung beauftragte RA allein für die Erwirkung der in § 758a ZPO § 91 Abs. 1 FamFG aufgeführten Anordnungen keine besondere Gebühr neben der in derselben Vollstreckungsangelegenheit bereits entstandenen oder später entstehenden Vollstreckungsgebühr beanspruchen kann. Auch eine neue Anordnung gem. § 758a ZPO § 91 Abs. 1 FamFG wegen Wohnungswechsels löst keine neue Gebühr aus.[232] Stellt dagegen ein anderer RA den Antrag, so erhält er dafür eine Einzeltätigkeitsgebühr und zwar nur iHv 0,3 gem. VV 3403, 3309 RVG, auch wenn er der Prozessbevollmächtigte des Erkenntnisverfahrens war. Denn diese Tätigkeit ist in § 19 RVG nicht als zum Rechtszug gehörig erwähnt und auch von der Sache her nicht mehr dem Erkenntnisverfahren zugehörig.

27. Eidesstattliche Versicherung (§§ 900 ff. ZPO aF, § 18 Abs. 1 Nr. 16 RVG aF)

235 Die eidesstattliche Versicherung gem. §§ 900 ff. ZPO aF wurde abgelöst durch die Abnahme der Vermögensauskunft gem. §§ 802c ff. ZPO (→ Rn. 368 ff.). Soweit der RA aber noch im Verfahren über die eidesstattliche Versicherung tätig war, gilt folgendes.

236 **Anwendungsbereich.** Die folgenden Ausführungen gelten nur für die eidesstattliche Versicherung nach §§ 900 ff. ZPO aF, nicht aber für eine eidesstattliche Versicherung, zu deren Abgabe der Schuldner auf Grund der Vorschriften des bürgerlichen Rechts verurteilt worden ist.[233] Auch dieses Verfahren stellt aber, obgleich in § 18 RVG nicht ausdrücklich erwähnt, eine besondere Angelegenheit der Vollstreckung dar (→ Rn. 288).

237 **Gebühren.** Im Verfahren auf Abgabe der eidesstattlichen Versicherung gem. §§ 900 f. ZPO aF entstehen die Gebühren nach VV 3309, 3310 RVG. Der Anspruch auf die Gebühr VV 3309 RVG entsteht schon mit dem Antrag auf Erteilung einer Auskunft aus dem Schuldnerverzeichnis (§ 915b ZPO),[234] jedenfalls aber mit der Stellung des Antrags, auch wenn die Ladung wegen inzwischen erfolgter Zahlung dem Schuldner nicht zugestellt wird.[235] Die Entstehung der Gebühr hängt weiter nicht davon ab, dass der RA vor Einreichung des Antrags feststellt, ob der Schuldner die eidesstattliche Versicherung innerhalb der letzten drei Jahre schon abgegeben hat, wenn dafür nicht besondere Anhaltspunkte vorliegen. Die Tatsache, dass die Vollstreckung fruchtlos war, bildet keinen solchen Anhaltspunkt.[236]

238 **RA des Schuldners.** Der RA des Schuldners, der zur Geltendmachung des Widerspruchs bestellt wird, erhält die Gebühr des VV 3309 RVG und für die Wahrnehmung des Termins auch die Terminsgebühr des VV 3310 RVG.

239 **Angelegenheit.** Das Verfahren zur Abnahme der eidesstattlichen Versicherung nach §§ 900 ff. ZPO aF bildet eine besondere Angelegenheit (§ 18 Abs. 1 Nr. 16 RVG).

240 **Ergänzung.** Verlangt der Gläubiger wegen Ungenauigkeit des Vermögensverzeichnisses Ergänzung und eine neue eidesstattliche Versicherung, so handelt es sich um eine Fortsetzung des bisherigen Verfahrens.

---

230 Stein/Jonas/*Münzberg* ZPO, 22. Aufl., § 788 Rn. 20.
231 BGH JurBüro 2017, 263.
232 LG Bamberg DGVZ 99, 93; Mayer/Kroiß/*Ebert* RVG § 19 Rn. 124.
233 Gerold/Schmidt/*von Eicken,* 15. Aufl. 2002, BRAGO § 58 Rn. 34; *Hansens* BRAGO § 58 Rn. 26.
234 *N. Schneider* AGS 2003, 75; **aA** AG Lahnstein AGS 2003, 75 = DGVZ 2002, 190.
235 LG Mainz JurBüro 1984, 1534; LG Hanau JurBüro 1989, 1552; LG Köln JurBüro 1989, 207, sofern Zwangsvollstreckung bereits eingeleitet; **aA** LG Detmold Rpfleger 1990, 391 = JurBüro 1991, 277.
236 Gerold/Schmidt/*von Eicken,* 15. Aufl. 2002, BRAGO § 58 Rn. 34.

Wiederholte Abnahme. Dagegen stellt der Antrag auf wiederholte Abnahme der eidesstattlichen Versicherung gem. § 903 ZPO aF (weil der Schuldner neues Vermögen erworben hat) eine neue Angelegenheit dar, die die Vollstreckungsgebühren erneut entstehen lässt. 241

Mehrere Schuldner. Wird das Verfahren gegen mehrere Schuldner betrieben, so ist das Verfahren gegen jeden Schuldner eine besondere Angelegenheit, auch wenn ein einheitlicher Antrag vorliegt, es sich um Gesamtschuldner handelt und dasselbe Urteil die Grundlage bildet. 242

Abgeltungsbereich. Zur Angelegenheit gehören alle Vollstreckungshandlungen von der Einreichung des Antrags bis zur Abgabe der eidesstattlichen Versicherung, auch der Antrag auf Haftbefehl, soweit er schriftlich gestellt wird, und der dem Gerichtsvollzieher erteilte Verhaftungsauftrag. Für diese Tätigkeiten kann daher keine besondere Gebühr berechnet werden.[237] Das gilt auch für einen **Widerspruch** gem. § 900 Abs. 4 ZPO aF Wegen Vollstreckungsschutzmaßnahme nach § 765a ZPO aber → Rn. 325. 243

Gegenstandswert, → § 25 Rn. 41. 244

Erstattung. Die Kosten des Gläubigers sind gem. § 788 ZPO erstattungsfähig, die des Schuldners nicht (→ Rn. 333). 245

28. Einigung in der Vollstreckung

a) Einigung in der Vollstreckung. Siehe VV 1000 RVG, → RVG VV 1000 Rn. 229 ff. 246

b) Kosteneinigung im Erkenntnisverfahren. Die Vereinbarung über die Kosten des Rechtsstreits in einer beim Berufungsgericht getroffenen Einigung erfasst in aller Regel nicht die Kosten der Vollstreckung aus dem Ersturteil. 247

29. Einstweilige Anordnung

→ Rn. 2. 248

30. Einstweilige und vorläufige Einstellung, Beschränkung oder Aufhebung der Vollstreckung

ZPO-Verfahren. Das Verfahren über die vorläufige Einstellung, Beschränkung oder Aufhebung der Vollstreckung gehört gem. § 19 Abs. 1 S. 2 Nr. 11 RVG zum Hauptsacheverfahren, in dem die Entscheidung ergangen ist, deren Vollstreckung eingestellt werden soll. So gehören Verfahren gem. §§ 707, 718, 719 zB zum Berufungsverfahren, Verfahren gem. § 769 zur Vollstreckungsabwehrklage[238] bzw. zum Unterhaltsabänderungsverfahren.[239] Das Gleiche gilt zB für §§ 771 Abs. 3, 785, 786, 805 Abs. 4, 810 Abs. 2, 924 Abs. 3, 1084 Abs. 2 S. 2 ZPO; § 30b Abs. 2 S. 2 ZVG.[240] Findet allerdings eine gesonderte mündliche Verhandlung statt, so handelt es sich um eine besondere Angelegenheit (§ 19 Abs. 1 S. 2 Nr. 11 RVG),[241] in der der RA Gebühren gem. VV 3328, 3332 RVG verdient. Dazu, wenn keine mündliche Verhandlung stattfindet, der RA aber im Hauptsacheverfahren nicht tätig war, → RVG VV 3328 Rn. 10. Zu prüfen ist aber, ob nicht ein Vollstreckungsverfahren gegeben ist, das zB nach § 18 Abs. 1 Nr. 6 RVG eine selbständige Angelegenheit darstellt, wie etwa ein Verfahren nach § 765a ZPO (→ Rn. 325 f.; 409 f.). **Gegenstandswert** → § 25 Rn. 45 ff. 249

FamFG-Verfahren. Dasselbe gilt für die **einstweilige Einstellung** oder Beschränkung der Vollstreckung und die Aufhebung der Vollstreckungsmaßnahme nach § 93 FamFG (§ 19 Abs. 1 S. 2 Nr. 12 RVG). 250

Erinnerung gem. § 766 Abs. 1 S. 1 ZPO. Eine einstweilige Einstellung gem. § 766 Abs. 1 S. 2 iVm § 732 ZPO ist eine Angelegenheit mit der Erinnerung gem. § 766 Abs. 1 S. 1 ZPO.[242] Im Übrigen → Rn. 85 ff. 251

Beschwerde. Hingegen ist das Beschwerdeverfahren eine eigene Angelegenheit. Der RA verdient die Gebühren der VV 3500 ff. RVG. Eine Kostenerstattung findet nur aufgrund einer Kostenentscheidung statt, die im Beschwerdeverfahren ergangen ist.[243] 252

31. Einstweilige Verfügung

a) Grundsätze. Wie beim Arrest, → Rn. 171 ff. 253

---

237 LG Oldenburg JurBüro 1991, 1003.

238 OLG Karlsruhe AGS 2013, 284; OLG Koblenz JurBüro 2007, 640, wo allerdings im konkreten Fall zu Unrecht eine Angelegenheit mit der Hauptsache angenommen wurde, obgleich kein Verfahren nach §§ 767, 768 ZPO betrieben wurde (*N. Schneider* Anm. zur Entscheidung von OLG Koblenz in AGS 2008, 63).

239 OLG Koblenz FamRZ 2013, 325.

240 Schneider/Wolf/*Fölsch/Mock/Schneider/Thiel/Volpert* RVG § 19 Rn. 151.

241 OLG München Rpfleger 1987, 36.

242 OLG München JurBüro 1991, 78.

243 OLG Celle JurBüro 1997, 101; OLG Dresden JurBüro 1999, 270.

254 **b) Vormerkung oder Widerspruch. Eintragung.** Beantragt der RA die Eintragung einer Vormerkung oder eines Widerspruchs auf Grund einer einstweiligen Verfügung, so verdient er eine erstattungsfähige und nicht unter § 19 RVG fallende Gebühr gem. VV 3309 RVG, da ein solcher Antrag gem. §§ 932 Abs. 3, 936 ZPO als Vollziehung anzusehen ist.[244] Die einstweilige Verfügung bedarf wegen ihres vorläufigen Sicherungscharakters noch der Vollziehung. Im Übrigen wegen Eintragung im Grundbuch → Rn. 278 ff.

255 **Löschung einer Vormerkung bzw. eines Widerspruchs.** Der Antrag auf Löschung einer Vormerkung bzw. eines Widerspruchs nach Aufhebung des Arrests oder einer einstweiligen Verfügung fällt nicht unter VV 3309 RVG.[245] Denn die aufgrund einer einstweiligen Verfügung eingetragene Vormerkung oder der Widerspruch erlischt schon dann, wenn die einstweilige Verfügung durch eine vollstreckbare Entscheidung aufgehoben wird. Ihre Löschung stellt deshalb lediglich eine Grundbuchberichtigung dar.[246] Für einen solchen Antrag kann Vergütung nach VV 2300 ff. RVG verlangt werden (→ Rn. 27), die nicht unter § 19 RVG bzw. § 788 ZPO fällt. Dasselbe gilt, wenn der Löschungsantrag auf Grund einer Einigung gestellt wird, der die Löschungsbewilligung und den Löschungsantrag enthält.

256 **c) Handelsregistereintrag.** Beantragt der RA die Eintragung einer durch einstweilige Verfügung angeordneten Entziehung der Geschäftsführung und Vertretung in das Handelsregister, so entsteht keine Vollziehungsgebühr, da eine derartige Eintragung von Amts wegen erfolgt (→ Rn. 29).

257 **d) Gegenstandswert,** → § 25 Rn. 43.

32. Entscheidungen im Vollstreckungsverfahren

258 **Bloße Entgegennahme und Weiterleitung.** Beschränkt sich die Tätigkeit des RA darauf, eine Entscheidung im Vollstreckungsverfahren entgegenzunehmen und an die Partei weiterzuleiten, so reicht das nicht für die Entstehung einer Vollstreckungsgebühr.[247] Zur Zustellung von Entscheidungen → Rn. 450 ff.

259 **Überprüfung.** Überprüft der RA aber eine solche Entscheidung, zB einen Pfändungsbeschluss, ob insoweit etwas veranlasst ist, so verdient er die Gebühr des VV 3309 RVG. Dabei ist zu unterstellen, dass der RA eine entsprechende Überprüfung vorgenommen hat, wenn dazu Anlass bestand. Dies ist zu verneinen zB wenn der RA eine in vollem Umfang zu Gunsten seines Mandanten ausgegangene Entscheidung erhalten hat. Bestreitet der Mandant bzw. im Kostenfestsetzungsverfahren der Gegner, dass eine solche Prüfung stattgefunden hat, so muss der RA darlegen, was er iE getan hat.

260 **Bitte um Abstandnahme von Vollstreckung nach Zustellung eines Urteils.** Sie löst eine Vollstreckungsgebühr aus.[248]

261 **Berichtigung von Vollstreckungsentscheidungen,** → Rn. 199.

262 **Erstattung.** Für den Vertreter des Gläubigers ist die Gebühr gem. § 788 ZPO zu erstatten, nicht jedoch für den RA des Schuldners (→ Rn. 333).

33. Erinnerung

263 → Rn. 78 ff.

33a. Erledigungsversuch

263a Wird der Versuch einer gütlichen Erledigung (§ 802a Abs. 2 S. 1 Nr. 1 ZPO) gesondert, also als isolierte Vollstreckungsmaßnahme in einem gesonderten Vollstreckungsauftrag beantragt, so ist sie eine besondere Angelegenheit.[249] Wird aber der Auftrag, eine gütliche Einigung mit dem Schuldner zu versuchen, kombiniert mit dem Auftrag für weitere Vollstreckungsmaßnahmen, so liegt keine besondere Angelegenheit vor.[250]

---

[244] OLG Hamm JurBüro 2002, 588 = AGS 2002, 284; OLG Köln JurBüro 1998, 639; OLG München AnwBl 1998, 348 = JurBüro 1998, 358.

[245] OLG Düsseldorf AnwBl 1993, 400 = JurBüro 1993, 674 = Rpfleger 1993, 421, Löschung einer Vormerkung zur Sicherung des Anspruchs auf Einräumung einer Sicherungshypothek; OLG Schleswig JurBüro 1988, 763 = SchlHA 1988, 171, Löschung eines Widerspruchs gegen Richtigkeit des Grundbuchs.

[246] BGHZ 39, 21.

[247] OLG Hamm JurBüro 1996, 249; OLG Koblenz AnwBl 1999, 124.

[248] OLG Hamm JurBüro 1996, 249.

[249] BGH JurBüro 2019, 127 Rn. 14 = FamRZ 2019, 384 = NJW-Spezial 2019, 59.

[250] BGH NJW 2019, 3080 = AGS 2019, 393 mwN auch für die Gegenmeinung mzustAnm *Volpert*.

34. Ersatzvornahme (§ 887 ZPO, § 18 Abs. 1 Nr. 12 RVG)

Antrag auf Ermächtigung zur Ersatzvornahme. Beantragt der RA, den Gläubiger zu ermächtigen, eine Handlung auf Kosten des Schuldners durch einen Dritten vornehmen zu lassen oder selbst vorzunehmen (§ 887 ZPO), verdient er die Gebühr des VV 3309 RVG, uU auch eine Gebühr gem. VV 3310 RVG, beide zusätzlich zu etwa bereits für andere Vollstreckungshandlungen angefallene Gebühren. Obwohl dieses Verfahren dem Prozessgericht des ersten Rechtszuges übertragen ist, gehört es nicht mehr zum Erkenntnisverfahren. Die hier verdienten Gebühren sind auch gem. § 788 ZPO erstattungsfähig. Zuständig für die Erstattung ist gem. § 788 Abs. 2 S. 2 ZPO das Prozessgericht. 264

Vorauszahlungsantrag wegen Kosten der Ersatzvornahme. Der Antrag auf Kostenvorauszahlung ist zusammen mit dem Antrag auf Ermächtigung zur Ersatzvornahme eine Angelegenheit, so dass für diese beiden die Vollstreckungsgebühr nur einmal anfallen kann (§ 18 Abs. 1 Nr. 1 RVG) und zwar auch dann, wenn der Vorauszahlungsantrag erst später gestellt wird. Beide sind im Verhältnis zu einander keine besondere Angelegenheit nach § 18 Abs. 1 Nr. 12 RVG. 265

Vollstreckung wegen Vorauszahlung der Kosten für Ersatzvornahme. Erst wenn der Schuldner weder die Handlung vornimmt, noch der Verurteilung zur Vorauszahlung der Kosten nachkommt und der Gläubiger die Vollstreckung wegen der Vorauszahlungspflicht betreibt (§ 887 Abs. 2 ZPO), ist gem. § 18 Abs. 1 Nr. 12 RVG eine weitere besondere Vollstreckungsangelegenheit gegeben. 266

Die weitere Vollstreckungsangelegenheit beginnt mit der Vollstreckung wegen der voraus zu zahlenden Kosten. Die Vollstreckung wegen der Vorauszahlung kann wieder in mehrere Angelegenheiten zerfallen. Es handelt sich dann nicht nur um eine Vollstreckungsmaßnahme, die die weiteren Vollstreckungsversuche iSd § 18 Abs. 1 Nr. 1 RVG erst vorbereitet. Kommt es zu einem Verfahren zur Abnahme der Vermögensauskunft gem. § 802f ZPO, so bildet auch dieses wieder eine besondere Angelegenheit. 267

Beispiel:

Der RA beantragt die Ermächtigung gem. § 887 Abs. 1 ZPO und macht einen Vorschuss gem. § 887 Abs. 2 ZPO geltend (a). Weil der Schuldner den Vorschuss nicht zahlt, beauftragt der RA den Gerichtsvollzieher mit einer Vollstreckungsmaßnahme (b). Als diese erfolglos bleibt, betreibt er das Verfahren zur Abnahme der Vermögensauskunft gem. § 802f ZPO (c).

Der RA hat verdient
3 × 0,3 Verfahrensgebühr gem. VV 3309 RVG (jeweils für a, b, c)
3 × Pauschale gem. VV 7002 RVG (jeweils für a, b, c).
Beide Maßnahmen nach a gehören zur selben Angelegenheit.

Mehrere Angelegenheiten liegen auch vor, wenn sich das Ermächtigungsverfahren gegen **zwei Schuldner** richtet. Das gilt auch für das Beschwerdeverfahren.[251] 268

Gegenstandswert. → § 25 Rn. 37. 269

35. Familiensachen – Verbund

Der Verbund entfällt in der Vollstreckung. Alle Vollstreckungsmaßnahmen unterliegen VV 3309 f. RVG (VV Vorb. 3.3.3 S. 1 Nr. 2 RVG). 270

36. FamFG-Verfahren (§§ 35, 86 ff., 120 FamFG)

Vollstreckungsmaßnahmen nach §§ 86 ff., 120 FamFG fallen alle unter VV 3309 ff. RVG (VV Vorb. 3.3.3 S. 1 Nr. 2 RVG), auch die nach § 35 FamFG,[252] die eine besondere Angelegenheit sind (§ 18 Abs. 1 Nr. 21 RVG). 271

37. Finanzverfahren

Vollstreckungsverfahren in Finanzsachen fallen unter VV 3309 ff. RVG (Überschrift Teil 3).[253] 272

38. Gebrauchsmuster

Marke → Rn. 297. 273

39. Geldforderungen (§§ 803 ff. ZPO)

→ Rn. 314 ff. Zur Zahlungsaufforderung → Rn. 432 ff. 274

---

[251] BGH AnwBl 2006, 856.
[252] Thomas/Putzo/*Seiler* FamFG § 35 Rn. 16.
[253] Zum alten Recht Gerold/Schmidt/*Madert,* 15. Aufl. 2002, BRAGO § 114 Rn. 17.

40. Gerichtsvollzieher, Sequester

275 Erteilt der RA einen Vollstreckungsauftrag an den Gerichtsvollzieher, verdient er eine erstattungsfähige Gebühr gem. VV 3309 RVG.

276 Die Bestimmung des Gerichtsvollziehers gem. § 827 Abs. 1 S. 1; § 854 Abs. 1 S. 2 ZPO ist im Verhältnis zum Vollstreckungsverfahren keine selbständige Angelegenheit (§ 19 Abs. 2 Nr. 3 RVG). Dasselbe gilt für die Bestimmung eines Sequesters gem. §§ 848, 855 ZPO. Im Übrigen gilt das in → Rn. 234 Dargelegte entsprechend.

277 Die Kosten einer Sequestration können im Kostenfestsetzungsverfahren auf Grund der Kostengrundentscheidung des Verfahrens festgesetzt werden, in dem die Sequestration angeordnet wurde.[254]

41. Grundbucheintragung

278 **a) Eintragung auf Grund einer Hauptsacheentscheidung.** Der Schuldner ist zur Bewilligung einer Eintragung ins Grundbuch rechtskräftig verurteilt. Der RA beantragt die Eintragung in das Grundbuch. Nach § 894 ZPO gilt die Bewilligungserklärung als abgegeben, sobald das Urteil die Rechtskraft erlangt hat und, wenn die Willenserklärung von einer Gegenleistung abhängig gemacht ist, sobald nach den Vorschriften der §§ 726, 730 ZPO eine vollstreckbare Ausfertigung des rechtskräftigen Urteils erteilt ist. Damit ist die Vollstreckung beendet. Für eine Tätigkeit des RA im Vollstreckungsverfahren ist hiernach kein Raum (→ Rn. 27). Der Eintragungsantrag liegt nach dem Ende der Vollstreckung. Er ist nach VV 2300 ff. RVG zu vergüten. Insoweit unterscheidet er sich nicht von dem Eintragungsantrag, der ebenfalls gestellt werden muss, wenn der zur Abgabe einer Eintragungsbewilligung Verpflichtete die Bewilligung aus freien Stücken abgibt.[255] Die Gebühr ist nicht gem. § 788 ZPO vom Schuldner zu erstatten.[256]

279 **b) Sicherungshypothek (§§ 867, 870a ZPO; § 18 Abs. 1 Nr. 11 RVG).** Die Eintragung einer Sicherungshypothek gem. § 867 ZPO fällt genauso wie die einer Schiffshypothek gem. § 870a ZPO unter VV 3309 ff. RVG (VV Vorb. 3.3.3 S. 2 RVG). Hier ist der Schuldner nicht nur zur Bewilligung der Eintragung verpflichtet; er ist vielmehr gehalten, die Eintragung zu beantragen und die Kosten hierfür aufzuwenden.[257]

280 **Besonderes Verfahren.** § 18 Abs. 1 Nr. 11 RVG bestimmt, dass das Verfahren auf Eintragung einer Zwangshypothek bzw. einer Schiffshypothek eine besondere Angelegenheit ist, wofür der RA eine zusätzliche Vollstreckungsgebühr erhält.

281 **Abgegolten** wird durch die Gebühr des VV 3309 RVG auch die Beschaffung der Vollstreckungs- und Eintragungsvoraussetzungen, zB der Vollstreckungsklausel, Zustellungsurkunde, der Verteilung der Forderung auf mehrere Grundstücke (§ 867 Abs. 2 ZPO). Dagegen führen der Antrag auf vorherige Berichtigung des Grundbuchs (§ 14 GBO), die Tätigkeit in Erbscheinerteilungsverfahren und in dem auf Beschaffung einer behördlichen Genehmigung sowie die Tätigkeit bei Löschung der Hypothek zu besonderen Verfahren und damit besonderen Angelegenheiten, die jeweils durch die Gebühren des VV 2300 ff. RVG vergütet werden (→ Rn. 27).[258] Für die Grundbuchbeschwerde gelten VV 3500 ff. RVG.

282 **Gegenstandswert.** → § 25 Rn. 29.

283 **Erstattung.** Die Gebühr für das Eintragungsverfahren ist gem. § 788 erstattungsfähig. Die Zuhilfenahme eines RA ist auch in einer Familiensache notwendig.[259]

284 **c) Sicherungshypothek bei Arrest.** Beantragt der RA auf Grund eines Arrests die Eintragung einer Sicherungshypothek, so verdient er eine erstattungsfähige und nicht unter § 19 fallende Gebühr gem. VV 3309 RVG, da dieser Antrag nach § 932 Abs. 3 ZPO als Vollziehung des Arrests gilt. Allerdings entsteht keine Vollziehungsgebühr, wenn der RA beantragt, das Gericht möge das Grundbuchamt nach § 941 ZPO um eine Eintragung ersuchen. Dies ist eine Anregung an das Gericht, von der Möglichkeit des § 941 ZPO Gebrauch zu machen. Nur wenn sich der RA selbst an das Grundbuchamt wendet, entsteht eine zusätzliche, erstattungsfähige Gebühr des VV 3309 RVG.[260]

285 **d) Vormerkung und Widerspruch,** → Rn. 254 ff.

---

[254] BGH JurBüro 2007, 34.
[255] OLG Hamm JurBüro 2000, 494.
[256] BayObLG OLGR 2005, 398.
[257] **AA** OLG Hamm JurBüro 1969, 1098, abl. *E. Schneider.*
[258] Hartmann/Toussaint/*Toussaint* RVG § 18 Rn. 35.
[259] OLG München Rpfleger 2017, 220 = FamRZ 2017, 747, zu Beiordnung eines RA in Unterhaltssache.
[260] OLG Bamberg JurBüro 1976, 637; KG MDR 1991, 66 = JurBüro 1991, 229 = Rpfleger 1991, 126.

42. Handelsregistereintrag

Beantragt der RA die Eintragung in das Handelsregister auf Grund eines Urteils des Prozessgerichts nach § 16 Abs. 1 S. 1 HGB, so verdient er nicht die Gebühr des VV 3309 RVG, da die Verurteilung nach § 16 Abs. 1 S. 1 HGB die Mitwirkung des Beklagten bereits ersetzt. Der RA verdient für diese Tätigkeit, die nicht zum Rechtszug der Hauptsache gehört, eine Gebühr gem. VV 2300 ff. RVG (→ Rn. 27). Diese ist weder auf Grund der Kostenentscheidung in der Hauptsache noch gem. § 788 ZPO zu erstatten.[261] Handelsregistereintrag auf Grund einstweiliger Verfügung, → Rn. 256. **286**

43. Handlungen, nicht vertretbare (§ 888 ZPO, § 172 VwGO, § 18 Abs. 1 Nr. 13 RVG)

Anwendungsbereich. § 18 Abs. 1 Nr. 13 RVG gilt für das Verfahren zur Ausführung der Vollstreckung auf Vornahme einer Handlung durch Zwangsmittel (§ 888 ZPO). Nach § 888 ZPO ist, wenn eine Handlung durch einen Dritten nicht vorgenommen werden kann und sie ausschließlich vom Willen des Schuldners abhängt, auf Antrag von dem Prozessgericht erster Instanz zu erkennen, dass der Schuldner zur Vornahme der Handlung durch Zwangsgeld oder durch Zwangshaft anzuhalten ist. Hier handelt es sich im Gegensatz zu Nr. 12 darum, den Schuldner selbst durch Zwangsmittel (Zwangsgeld oder Zwangshaft) zur Vornahme, Unterlassung oder Duldung der nur von ihm selbst erbringbaren Leistung zu zwingen. Zu vertretbaren Handlungen → Rn. 264. **287**

Da nach § 889 ZPO, wenn der Schuldner auf Grund der Vorschriften des bürgerlichen Rechts zur Abgabe der eidesstattlichen Versicherung verurteilt ist, aber in dem zur Abgabe bestimmten Termin nicht erscheint oder die Abgabe verweigert, nach § 888 ZPO zu verfahren ist, so ist auch in einem solchen Falle § 18 Abs. 1 Nr. 13 RVG anzuwenden. Der RA erhält deshalb in dem Verfahren auf Abgabe einer solchen eidesstattlichen Versicherung die Gebühren der VV 3309 ff. RVG, der Beklagte erscheint in dem Termin und gibt die eidesstattliche Versicherung ab. Die Gebühren sind dann aber nicht erstattungsfähig, da nach § 261 Abs. 3 BGB die Kosten der Abnahme der eidesstattlichen Versicherung derjenige zu tragen hat, der die Abgabe der eidesstattlichen Versicherung verlangt.[262] Kommt es aber zu einem Verfahren nach § 888 ZPO, so ist der Schuldner gem. § 788 ZPO erstattungspflichtig.[263] **288**

Gebühr. Der Anspruch auf die Gebühr des VV 3309 RVG wird schon durch den Antrag auf Erlass der Androhung begründet, da dieser Antrag schon eine Tätigkeit im Vollstreckungsverfahren ist (§ 19 Abs. 2 Nr. 5 RVG). **289**

Angelegenheit. Das Verfahren gehört zum Vollstreckungsverfahren, stellt also im Verhältnis zum vorausgehenden Hauptsacheverfahren eine eigene Angelegenheit dar. Das Verfahren selbst ist vom Antrag auf Verurteilung zu Zwangsmitteln bis zur Vollstreckung hinsichtlich des verhängten Zwangsgeldes eine Angelegenheit.[264] Eine dem § 18 Abs. 1 Nr. 12 RVG entsprechende Bestimmung, die die Vollstreckung hinsichtlich der Vorauszahlung zu einer eigenen Angelegenheit macht, gibt es in § 18 Abs. 1 Nr. 13 RVG nicht. Sogar dann ist nur eine Angelegenheit gegeben, wenn nach einem vergeblichen Vollstreckungsversuch ein erneutes Zwangsmittelverfahren eingeleitet wird. Nach § 18 Abs. 1 Nr. 13 RVG bildet das gesamte Verfahren eine Angelegenheit. Dieses Verfahren ist erst beendet ist, wenn der Schuldner die Handlung erbringt.[265] Eine Regelung wie in § 18 Abs. 1 Nr. 14 RVG, dass jede Verurteilung zu einem Ordnungsgeld eine eigene Angelegenheit bildet, gibt es hier nicht. Richtet sich das Verfahren gegen mehrere Schuldner, so sind mehrere Angelegenheiten gegeben.[266] **290**

Gegenstandswert, → § 25 Rn. 36 ff.

Das zuvor Dargelegte gilt auch für **§ 172 VwGO** (Zwangsgeld gegen Behörde), wobei dahingestellt bleiben kann, ob man hier § 18 Nr. 13 RVG analog anwendet oder § 18 Nr. 1 RVG heranzieht.[267] **291**

44. Hebegebühr

VV 1009 RVG. **292**

---

[261] KG MDR 1971, 1020 = JurBüro 1971, 950 = Rpfleger 1971, 446.
[262] Mayer/Kroiß/*Rohn* RVG § 18 Rn. 94.
[263] BGH NJW 2000, 2113 = MDR 2000, 907.
[264] BGH NJW 2020, 2196 mwN auch für die Gegenmeinung; OLG Hamm JurBüro 1984, 565.
[265] BGH NJW 2020, 2196 mwN auch für die Gegenmeinung; LG Mannheim Rpfleger 2008, 160 = NJW Spezial 2007, 587 = RVGreport 2008, 23 mzustAnm *Hansens.*
[266] Mayer/Kroiß/*Rohn* RVG § 18 Rn. 95.
[267] Für Nr. 1 OVG LSA JurBüro 2018, 469 = NVwZ-RR 2018, 831.

45. Herausgabe von Sachen (§§ 883 ff. ZPO)

293 Der RA verdient eine erstattungsfähige Vollstreckungsgebühr. Die Vollstreckung endet mit der Aushändigung an den Gläubiger.

46. Hinterlegung

294 Hinterlegung der Sicherheit, → Rn. 346 ff.

295 Auszahlung des hinterlegten Betrags, → Rn. 346 ff.

47. Insolvenzverfahren

296 Hierfür gibt es besondere Gebührenbestimmungen (VV 3313 ff. RVG).

48. Marke

297 Der Antrag auf Löschung einer Marke, eines Gebrauchsmusters oder Warenzeichens, wenn der Schuldner zur Einwilligung in die Löschung rechtskräftig verurteilt worden ist, gehört nicht zur Vollstreckung, da die Einwilligung durch das Urteil ersetzt wird, es also keiner Vollstreckung mehr bedarf (→ Rn. 27, 278 ff.). Der RA verdient eine Gebühr gem. VV 2300 ff. RVG. § 788 ZPO ist nicht anzuwenden.

49. Mehrere Forderungen

298 → Rn. 207 ff.

50. Mehrere Gläubiger

299 → Rn. 44, 428 ff.

51. Mehrere Maßnahmen

300 → Rn. 53 ff.; → Rn. 207 ff. (Pfändung von Forderungen).

52. Mehrere Schuldner

301 **Mehrere Angelegenheiten.** Bei einer Mehrheit von Schuldnern besteht keine Streitgenossenschaft iSd §§ 59 f. ZPO. Richtet sich das Vollstreckungsverfahren, auch das nach § 887 ZPO (→ Rn. 268), gegen mehrere Schuldner, so handelt es sich um mehrere Angelegenheiten.[268] Das gilt auch dann, wenn das Verfahren aufgrund eines Titels und eines Auftrags betrieben wird,[269] oder bei Vollstreckung eines Räumungsurteils wegen einer von Eheleuten gemeinsam bewohnten Wohnung.[270] Das gilt auch, wenn die Gesamtvollstreckung gegen Gesamtschuldner im gleichen Antrag beantragt wird.[271]

302 Diese Auffassung wird allerdings zT dahin eingeschränkt, in der Regel sei anzunehmen, dass der Gerichtsvollzieher zunächst beauftragt sein soll, gegen den Gesamtschuldner zu vollstrecken, von dem Befriedigung zu erwarten ist. Der Vollstreckungsauftrag gegen den zweiten Gesamtschuldner soll nur unter der Voraussetzung erteilt sein, dass bei dem ersten Gesamtschuldner eine vollständige Befriedigung nicht zu erlangen gewesen ist.[272] Dieser Meinung kann nicht zugestimmt werden. Zwar ist es möglich, dass ein Vollstreckungsauftrag in der dargelegten Form erteilt wird; zu empfehlen ist eine derartige Handhabung jedoch nicht. Auch kann eine solche Beschränkung in einen unbeschränkt erteilten Vollstreckungsauftrag nicht hineininterpretiert werden. Es ist wohl nicht die Regel, dass es Gesamtschuldner erst zur Vollstreckung kommen lassen, dass aber dann bei Erscheinen des Gerichtsvollziehers bereits der erste voraussehbar die gesamte Schuldsumme sofort und freiwillig tilgt. Dem Gerichtsvollzieher kann wohl auch kaum die Verantwortung dafür aufgeladen werden, dass er den „richtigen" Gesamtschuldner als den ersten heraussucht, bei dem er vollstreckt. Der Gerichtsvollzieher darf wohl auch von einer Vollstreckung gegen den zweiten Gesamtschuldner nicht absehen, wenn beim ersten Gesamtschuldner Gegenstände gepfändet worden sind, die die Vollstreckungsforderung an sich decken. Es muss immer damit gerechnet werden, dass ein Dritter die gepfändeten Ge-

---

268 BGH NJW-RR 2003, 1581 = RPfleger 2003, 596.

269 BGH AnwBl 2004, 728 = NJW-RR 2005, 78 = JurBüro 2005, 36; 2006, 856; OLG Düsseldorf InVO 1997, 196; OLG Hamm AnwBl 1988, 357; KG JurBüro 2004, 46; OLG Koblenz JurBüro 1986, 1838; OLG Köln Rpfleger 2001, 149; **aA** OLG Schleswig JurBüro 1996, 89.

270 OLG München NJW 1959, 1376 = AnwBl 1959, 131; LG Freiburg JurBüro 1968, 406; LG Hagen JurBüro 1971, 1048; LG Stuttgart Rpfleger 1989, 428; *Volpert* RVGreport 2005, 127 (129); **aA** OLG München NJW 1967, 2018, abl. *H. Schmidt;* OLG Bremen OLGR 1997, 362; LG Frankfurt AnwBl 1992, 287.

271 OLG Frankfurt a. M. JurBüro 2004, 133 = AGS 2004, 69.

272 *Bauer* JurBüro 1966, 717 unter Bezugnahme auf LG Kiel MDR 1959, 936; OLG Hamburg JurBüro 1977, 1739.

genstände als sein Eigentum in Anspruch nimmt. Es hat deshalb bei der Regel zu verbleiben, dass ein gegen zwei Gesamtschuldner erteilter Vollstreckungsauftrag auch zwei Vollstreckungsgebühren auslöst. Die Gesamtschuldner können die doppelte Kostenbelastung dadurch ersparen, dass sie rechtzeitig zahlen.

Bei gesonderten Maßnahmen gegen **mehrere Drittschuldner,** die ihren Wohnsitz oder Geschäftssitz an unterschiedlichen Orten haben, handelt es sich um mehrere Angelegenheiten.[273] **303**

Erstattung. Die mehreren Vollstreckungsgebühren sind in der Regel auch zu erstatten, es sei denn, dass ein gleichzeitiges Vorgehen gegen die mehreren Schuldner nicht geboten war. **304**

Aufforderungsschreiben. Der Verfahrensbevollmächtigte des Klägers, der nach der Zustellung des Urteils in einem an beide als Gesamtschuldner verurteilte Beklagten gerichteten Schreiben zur Vermeidung der Vollstreckung zur fristgemäßen freiwilligen Zahlung auffordert, verdient die Vollstreckungsgebühr zweimal, die der Kläger auch **erstattet** verlangen kann,[274] es sei denn es liegen Schikane oder Treuwidrigkeit vor,[275] wie dies zB bei Aufforderungsschreiben an 20 Mitglieder einer Eigentümergemeinschaft gegeben sein kann.[276] **305**

Die Notwendigkeit kann weiter fehlen, wenn nach den dem Gläubiger bekannten Umständen Erfüllung nur von einem Schuldner (zB der mitverurteilten Haftpflichtversicherung, dem Verwalter einer Wohnungseigentumsanlage) zu erwarten ist. **306**

53. Mehrere Vollstreckungstitel

→ Rn. 395. **307**

54. Notarkosten

Ein Anwaltsnotar, der seine Notarkosten beitreibt, verdient keine Gebühr gem. VV 3309 RVG. Hat er eine Beurkundungstätigkeit ausgeführt, so bleibt er für die gesamte Dauer dieses Geschäfts Notar und kann deshalb nur Kosten nach der GNotKG liquidieren. **308**

Es steht ihm aber ein Erstattungsanspruch zu, wenn er einen anderen Anwalt mit der Beitreibung beauftragt, da die Einschaltung eines RA als ohne weiteres notwendig anzusehen ist (→ Rn. 137, 140). **309**

55. Notfristzeugnis, Rechtskraftzeugnis, erstmalige Vollstreckungsklausel (§ 19 Abs. 1 S. 2 Nr. 9, 13 RVG)

Der Antrag auf Erstellung dieser Zeugnisse gehört für den Verfahrensbevollmächtigten gem. § 19 Abs. 1 S. 2 Nr. 9, 13 RVG zum Rechtszug. Das gilt auch dann, wenn der RA der ersten Instanz diesen Antrag bei der höheren Instanz bzw. der RA der zweiten Instanz ihn beim Gericht erster Instanz stellt.[277] Wird er aber von einem RA gestellt, der nicht Verfahrensbevollmächtigter im Erkenntnisverfahren war, so verdient dieser eine Gebühr gem. VV 3309 RVG oder wie überwiegend angenommen wird, gem. VV 3403 RVG,[278] jedoch lediglich iHv einer 0,3 Verfahrensgebühr, da der Einzeltätigkeitsanwalt nicht mehr als der Verfahrensbevollmächtigte einer bestimmten Verfahrensart verdienen kann (→ RVG VV 3403 Rn. 58). Diese Gebühr ist nicht erstattungsfähig, wenn den Antrag auch der RA des Hauptsacheverfahrens bzw. der Vollstreckung hätte beantragen können.[279] Für den mit der Vollstreckung beauftragten RA gehören diese Verfahren zum Rechtszug der Vollstreckung und lösen neben der Vollstreckungsmaßnahme keine weitere Vollstreckungsgebühr aus.[280] Wird allerdings wegen der Erteilung der Vollstreckungsklausel geklagt (§ 731 ZPO), so ist ein besondere Angelegenheit gegeben (Gebühren gem. VV 3100 ff. RVG). **310**

Da in § 19 Abs. 1 S. 2 Nr. 9, 13 RVG keine Einschränkung auf bestimmte Titel enthält, gilt die Vorschrift auch für den Fall, dass es sich um die Vollstreckungsklausel einer vollstreckbaren Urkunde handelt. **311**

---

[273] BGH AnwBl 2004, 728 = NJW-RR 2005, 78 = JurBüro 2005, 36; OLG Köln RPfleger 2001, 149.

[274] OLG Düsseldorf MDR 1983, 764 = JurBüro 1983, 1048 = Rpfleger 1983, 330; LG Berlin JurBüro 1995, 530, Zahlungsaufforderungen an mehrere Schuldner, auch wenn an deren gemeinsamen Verfahrensbevollmächtigten gerichtet; LG Düsseldorf JurBüro 1993, 217, Erinnerungen mehrerer Wohnungsinhaber gegen Räumungsvollstreckung löst für Gläubigeranwalt mehrere Vollstreckungsgebühren aus; **aA** OLG Köln JurBüro 1993, 602, durch gemeinsamen Prozessbevollmächtigten vertretene Wohnungseigentümer.

[275] OLG Düsseldorf MDR 1983, 764 = JurBüro 1983, 1048 = Rpfleger 1983, 330.

[276] LG Berlin JurBüro 1995, 530.

[277] Mayer/Kroiß/*Ebert* RVG § 19 Rn. 87.

[278] Schneider/Wolf/*Wolf/Mock* RVG § 19 Rn. 91 für Notfrist- und Rechtskraftzeugnis; Mayer/Kroiß/*Ebert* RVG § 19 Rn. 87.

[279] OLG Köln JurBüro 1995, 474.

[280] Schneider/Wolf/*Fölsch/Mock/Schneider/Thiel/Volpert* RVG § 19 Rn. 91.

312 Über Einwendungen gegen die Erteilung der Vollstreckungsklausel → Rn. 407 und über das Verfahren auf Erteilung einer weiteren vollstreckbaren Ausfertigung → Rn. 403.

56. Ordnungsgeld

313 → Rn. 355 ff.

57. Pfändung beweglicher Sachen

314 Bei der Pfändung von beweglichen Sachen gehören zur gleichen Angelegenheit der Auftrag an den Gerichtsvollzieher, die Benachrichtigung der Partei von dem Pfändungsergebnis, die Verhandlungen mit dem Gerichtsvollzieher wegen der Verlegung von Terminen, Anträge auf Versteigerung an einem Sonntag oder an einem bestimmten Ort auch Eingaben an das Vollstreckungsgericht, zB der Antrag auf richterliche Anordnung der Durchsuchung der Schuldnerwohnung (→ Rn. 234) oder Erinnerungen nach § 766 ZPO gegen die Weigerung des Gerichtsvollziehers, den Auftrag auszuführen (→ Rn. 78 ff.), und die nach Erfolg der Erinnerung erneute Beauftragung des Gerichtsvollziehers (→ Rn. 57).

315 **Mehrere Mobiliarvollstreckungsaufträge** auf Grund desselben Vollstreckungstitels gegen denselben Schuldner, zB weil der erste Auftrag wegen Wohnungswechsels oder unrichtiger Bezeichnung des Schuldners nicht ausgeführt werden konnte, begründen keine neue Angelegenheit. Maßgebend für die Beurteilung der Identität der Angelegenheit ist der Auftrag des Gläubigers, nicht ob der RA in Ausführung des Auftrags mehrere Gerichtsvollzieher beauftragen musste. Eine Mehrheit von Angelegenheiten ist allerdings anzunehmen, wenn

– Vollstreckungsaufträge nacheinander erteilt werden, die auch gleichzeitig durchführbar gewesen wären, zB Vollstreckung im Geschäftsbetrieb und in der an anderem Ort gelegenen Wohnung des Schuldners (was bei Wohnungswechsel gerade nicht zuträfe),
– oder anzunehmen ist, dass der Schuldner seit dem ersten Auftrag – auch am früheren Vollstreckungsort – neues pfändbares Vermögen erlangt hat,
– oder seit dem ersten Auftrag zwei Kalenderjahre vergangen sind (§ 15 Abs. 5 S. 2 RVG).

316 **Ausfallmobiliarpfändung.** Eine besondere Angelegenheit liegt vor, wenn der Anwalt wegen derselben Vollstreckungsforderung auf Grund eines nachgeschobenen Vollstreckungsauftrages eine Ausfallmobiliarpfändung vornimmt, weil sich noch vor der Verwertung herausstellt, dass die Erstpfändung zu keiner vollständigen Befriedigung des Gläubigers führen wird.[281]

58. Pfändung von Forderung

317 → Rn. 205 ff.

59. PKH

318 → Rn. 162 ff.

60. Pfändung eines Herausgabeanspruchs

319 Die Vollstreckung in einen Herausgabeanspruch nach §§ 846 ff. ZPO endet erst mit der Ablieferung des Erlöses an den Gläubiger. Die davor liegenden Tätigkeiten sind Teil einer Angelegenheit.

61. Pfändung einer Hypothek

320 Bei der Pfändung einer Hypothek gehört der Antrag auf Eintragung im Grundbuch zur Vollstreckungsinstanz. Er lässt deshalb keine weitere Gebühr entstehen (etwa nach VV 2300 RVG), löst aber auch für sich allein die Vollstreckungsgebühr aus, wenn sich der Auftrag des RA darauf beschränkt, den Eintragungsantrag zu stellen.

62. Pfändungsschutz, Landwirte

321 Es gelten die Grundsätze zum Vollstreckungsschutz (→ Rn. 409 ff.).

63. Pfändungsschutz, Miete und Pacht

322 Es gelten die Grundsätze zum Vollstreckungsschutz (→ Rn. 409 ff.).

64. Räumung

323 Bei der Vollstreckung aus einem Räumungstitel, deren Durchführung **wiederholt** von der Obdachlosenbehörde vereitelt wird, begründet jeder neue Räumungsauftrag an den Gerichts-

[281] OLG Karlsruhe JurBüro 1980, 1536.

vollzieher gebührenrechtlich eine neue Angelegenheit.[282] Die Vollstreckung endet mit der Einweisung des Gläubigers.

Ob die Räumungsvollstreckung **gegen mehrere Räumungsschuldner** dieselbe Angelegenheit ist, ist eine Frage des Einzelfalls; von derselben Angelegenheit dürfte bspw. dann auszugehen sein, wenn die Vollstreckungsgläubiger mit einem Vollstreckungsauftrag den Gerichtsvollzieher mit der Räumung der von den Schuldnern gemeinsam bewohnten Wohnung beauftragen.[283] 324

65. Räumungsschutzverfahren (§ 765a ZPO)

Angelegenheit. Das Räumungsschutzverfahren ist im Verhältnis zum Erkenntnisverfahren und zur Räumungsvollstreckung eine eigene Angelegenheit.[284] Jedes Vollstreckungsschutzverfahren ist eine eigene Angelegenheit. Wird in einem zweiten Vollstreckungsschutzverfahren eine weitere Verlängerung der im ersten Verfahren gewährten Räumungsfrist beantragt, so entstehen erneut anwaltliche Gebühren.[285] Zum nicht mit dem Verfahren gem. § 765a ZPO zu verwechselnden Räumungsfristverfahren s.VV 3334 RVG. Zum Räumungsschutzverfahren weiter auch → Rn. 409f. 325

Mehrere Antragsteller führen zu mehreren Angelegenheiten.[286] 326

Gegenstandswert, → § 25 Rn. 49. 327

66. Rechtskraftzeugnis

→ Rn. 310ff. 328

67. Rechtsnachfolger

→ Rn. 406. 329

68. Schifffahrtsrechtliche Verteilungsordnung

Verteilungsverfahren nach der Schifffahrtsrechtlichen Verteilungsordnung fallen unter VV 3309ff. RVG, soweit nicht ausdrücklich geregelt ist, dass VV 3313f. RVG eingreifen (VV Vorb. 3.3.5 Abs. 1 RVG). 330

69. Schiffshypothek (§ 870a ZPO)

→ Rn. 279ff. 331

70. Schuldner

Gebühren, → Rn. 11. 332

Erstattung. Gem. § 788 Abs. 3 ZPO sind dem Schuldner Kosten nur zu erstatten, soweit der Schuldner Vollstreckungskosten des Gläubigers ersetzt hatte. Nach dieser Bestimmung sind hingegen dem Schuldner nicht die Kosten zu erstatten, die er für seinen Anwalt im Vollstreckungsverfahren oder zur Abwendung der Vollstreckung aufgebracht hat, insbes. nicht die Kosten, die er für eine von ihm erbrachte Sicherheitsleistung hatte.[287] Beachte aber → Rn. 348. Dasselbe gilt für die Kosten, die im Zusammenhang mit der Aufhebung einer Vollstreckungsmaßnahme, zB einer Löschung im Grundbuch, entstanden sind.[288] Dies ergibt sich aus der Entstehungsgeschichte des § 717 ZPO[289] und daraus, dass ansonsten die materiellen und prozessualen Regelungen in § 717 ZPO für einen weiten Anwendungsbereich durch § 788 Abs. 3 ZPO, der eine eng gefasste Sonderregelung zu § 717 ZPO darstellt, unterlaufen würden.[290] Die erst nach Abschluss des Erkenntnisverfahrens vorgenommenen Handlungen des Schuldners 333

---

[282] LG Mannheim AnwBl 1967, 163 = MDR 1966, 939; LG Heilbronn JurBüro 1995, 546; **aA** LG Bonn Rpfleger 1990, 226 = JurBüro 1990, 349.

[283] So LG Tübingen MDR 2001, 1193 = Rpfleger 2001, 558 = NZM 2002, 632; vgl. auch Mayer/Kroiß/*Winkler* RVG § 15 Rn. 59.

[284] *N. Schneider* AGS 2003, 409; Zöller/*Herget,* 29. Aufl., ZPO § 900 Rn. 44.

[285] *N. Schneider* AGS 2003, 409.

[286] *N. Schneider* AGS 2003, 409.

[287] Sehr str. OLG Hamburg JurBüro 1985, 778; OLG Koblenz AnwBl 2002, 438; OLG Köln JurBüro 1994, 370; OLG München JurBüro 1994, 228; Stein/Jonas/*Münzberg* ZPO, 22. Aufl., § 788 Rn. 51 mwN, auch für Gegenmeinung; **aA** OLG Frankfurt a. M. JurBüro 1986, 109; OLG Nürnberg JurBüro 1985, 776; OLG Schleswig JurBüro 1984, 139.

[288] BAG NJW 2021, 257 = AGS 2021, 42 mzustAnm *Hansens;* OLG Köln JurBüro 1994, 370; LAG Rheinland-Pfalz AGS 2020, 349 = RVGreport 2020, 355 mzustAnm *Hansens.*

[289] Ausf. KG JurBüro 1978, 764 = Rpfleger 1978, 150.

[290] Stein/Jonas/*Münzberg* ZPO, 22. Aufl., § 788 Rn. 51.

werden auch nicht von der Kostenentscheidung des Erkenntnisverfahrens erfasst.[291] Diese Kosten müssen gem. § 717 Abs. 2, 3 ZPO oder mit selbständiger Klage zB auf Grund von § 945 ZPO geltend gemacht werden.[292] Zu beachten ist, dass, auch wenn man der Gegenmeinung folgt, jedenfalls Kosten, die dem Schuldner nach erfolglosen Rechtsbehelfen oder Vollstreckungsschutzanträgen auferlegt wurden, endgültig vom Schuldner zu tragen und nicht zu erstatten sind.[293]

334 **Sicherheitsleistung des Schuldners** zur Abwendung der vorläufigen Vollstreckbarkeit. → Rn. 305 ff.

335 **Abwehrschreiben des Schuldners** gegen Zahlungsaufforderung, → Rn. 443.

336 **Mehrere Schuldner,** → Rn. 207 ff.

71. Schuldnerverzeichnis

337 **a) Löschung der Eintragung (§ 882e ZPO, § 18 Abs. 1 Nr. 17 RVG).** Angelegenheit. Das Löschungsverfahren stellt eine besondere Angelegenheit dar (§ 18 Abs. 1 Nr. 17 RVG). Also kann der RA, der in ihm tätig wird, die Gebühren des VV 3309 RVG auch neben anderen bereits verdienten Vollstreckungsgebühren besonders berechnen. Meist wird wohl nur der RA des Schuldners in Frage kommen, der den Löschungsantrag stellt, der RA des Gläubigers nur dann, wenn dieser im Löschungsantragsverfahren gehört wird.

338 **Erneuter Antrag.** Das Verfahren endet mit der Entscheidung über den Antrag oder der sonstigen Erledigung des Verfahrens. Wird später ein neuer Antrag gestellt, so beginnt eine neue (wiederum besondere) Angelegenheit.

339 **Gegenstandswert** → § 25 Rn. 42.

340 **b) Anfrage an Schuldnerverzeichnis.** Die Anfrage ist eine Vorbereitungshandlung für die Zwangsvollstreckung und löst eine Gebühr gem. VV 3309 RVG aus. Sie stellt mit der nachfolgenden Vollstreckungsmaßnahme eine Angelegenheit dar, so dass Gebühren nicht zweimal anfallen.[294]

72. Sequester

341 → Rn. 275 ff.

73. Sicherheitsleistung

342 **a) Erbringung der Sicherheitsleistung durch Gläubiger. Erbringung.** Die Erbringung gehört nach dem 2. KostRMoG (§ 19 Abs. 1 S. 2 Nr. 7 RVG) zum Rechtszug. Nach den Motiven ist unter „Erbringung der Gegenleistung" nur die Tätigkeit im gerichtlichen Verfahren, also gegenüber dem Gericht und die Beratung des Mandanten über die Art der möglichen Sicherheitsleistung zu verstehen und nicht deren „Beschaffung".[295] Zur Beschaffung äußern sich die Motive zum 2. KostRMoG nicht direkt.

343 **Beschaffung.** Streitig war bislang, ob die Mitwirkung bei der Beschaffung der Sicherheitsleistung (Beschaffung der Bürgschaft, Hinterlegung) zusätzliche Gebühren auslöst.

- Nach einer Meinung gehört diese Tätigkeit noch zur Hauptsache. Wenn schon die von der Hauptsache viel weiter entfernte Mitwirkung bei der Rückgabe der Sicherheit zur Hauptsache gehöre, so müsse das erst recht für Erbringung der Sicherheitsleistung gelten.[296] Darüber hinaus spreche die Geschichte des § 37 Nr. 3 BRAGO (der in § 19 Abs. 1 S. 2 Nr. 7 RVG übernommen wurde), hierfür.[297]
- Nach einer zweiten Meinung, die auch der BGH vertritt, gehört diese Tätigkeit zur Vollstreckung, da sie diese vorbereite.[298] Folgt man dem, so fällt eine Gebühr gem. VV 3309 RVG

---

[291] BAG NJW 2021, 257 = AGS 2021, 42 mzustAnm *Hansens;* LAG Rheinland-Pfalz Pfalz AGS 2020, 349 = RVGreport 2020, 355.

[292] BAG NJW 2021, 257 = AGS 2021, 42.

[293] BGH WM 1965, 1022 = DB 1965, 1516.

[294] *N. Schneider* Anwaltsgebühren Kompakt 2010, 113.

[295] BT-Drs. 17/11471, 268.

[296] OLG Düsseldorf AGS 2008, 72; OLG Koblenz JurBüro 1984, 562 mwN auch für Gegenmeinungen; 1990, 995 = MDR 1990, 732; OLG Köln NJW 1965, 50; OLG Schleswig JurBüro 1969, 416; *Mümmler* JurBüro 1990, 995.

[297] OLG Koblenz JurBüro 1984, 562; OLG Köln NJW 1965, 50.

[298] BGH 7. Senat, NJW 2016, 2579 = RVGreport 2016, 192 mzustAnm *Hansens;* OLG München NJW-RR 2000, 517 = MDR 1999, 1525; vgl. auch OLG Dresden JurBüro 2005, 50, das in anderem Zusammenhang (Zuständigkeit für Kostenfestsetzung) diese Tätigkeit der Vollstreckung zuordnet. Der BGH 2. Senat (WM 2008, 276 = NJW Spezial 2008, 91) hat – ohne die Frage endgültig zu entscheiden – erklärt, dass er ein beachtliches Ar-

an. Es liegt dann aber eine einheitliche Angelegenheit mit der nächsten eigentlichen Vollstreckungsmaßnahme vor, so dass für diese nicht erneut eine 0,3 Verfahrensgebühr entsteht.

- Nach einer dritten Meinung gehört die Tätigkeit zur Vollstreckung, wenn es anschließend zu einer solchen kommt, ansonsten zur Hauptsache.[299]
- Nach einer vierten Meinung gehört diese Tätigkeit weder zur Hauptsache noch zur Vollstreckung, sondern stellt eine eigene Angelegenheit dar, für die der RA Gebühren gem. VV 2300 ff. RVG bzw. wenn er nur beratend tätig ist, eine Gebühr gem. § 34 RVG verdient.[300] Diese Ansicht wird vor allem für die Mitwirkung bei der Hinterlegung vertreten, da hier der RA in einem gesonderten FG-Verfahren tätig sei.[301] Folgt man dem, so entstehen im Falle der Mitwirkung im Hinterlegungsverfahren – abhängig vom Auftrag – Gebühren gem. VV 3100 ff. RVG oder VV 3403 ff. RVG (nicht mehr wie früher, weil FG-Verfahren, eine Geschäftsgebühr).

Der 1. Meinung kann jedenfalls nicht mehr gefolgt werden. Wenn das Gesetz ausdrücklich 344
die Erbringung der Hauptsache zuordnet und gleichzeitig erklärt, dass diese Regelung nicht für die Beschaffung gilt, so ist das dahingehend zu verstehen, dass die Beschaffung jedenfalls nicht zur Hauptsache gehören soll.

Zustellung der Hinterlegungs-/Bürgschaftsurkunde. Ist der RA lediglich bei der Zu- 345
stellung der Hinterlegungs- oder Bürgschaftsurkunde tätig, so gehört dies für den Verfahrensbevollmächtigten zum Erkenntnisverfahren,[302] für den Vollstreckungsbevollmächtigten, der nicht im Erkenntnisverfahren tätig war, zum Vollstreckungsverfahren.[303] Es kann nichts anderes als für die Rückgabe der Sicherheit (§ 19 Abs. 1 S. 2 Nr. 7 RVG) gelten. Dass § 19 diese Tätigkeiten nicht nennt, steht nicht entgegen, weil dessen Katalog nicht abschließend ist (→ § 19 Rn. 3).

Beispiel:

Der RA berät seinen Mandanten, in welcher Weise er eine Sicherheit erbringen kann. Sodann verhandelt er mit der Bank wegen einer Bürgschaft. Schließlich stellt er die Bankbürgschaft dem Gegner zu.

Die Beratung und die Zustellung stellt keine selbständige Angelegenheit dar. Anders das Verhandeln mit der Bank, für das eine Geschäftsgebühr anfällt.[304]

b) Hebegebühr bei Hinterlegung. Geht das zur Hinterlegung benötigte Geld durch sei- 346
ne Hände, erhält der RA zusätzlich die Gebühr des VV 1009 RVG.[305]

c) Rückgabe der Sicherheit. Das Rückgabeverfahren (§§ 109, 715 ZPO) gehört zum 347
Hauptsacheverfahren[306] (§ 19 Abs. 1 S. 2 Nr. 7 RVG). Hinsichtlich des Antrags auf Auszahlung des hinterlegten Betrages nach Wegfall des Grundes der Hinterlegung wird teilweise angenommen, dass der RA Gebühren gem. VV 3100 ff. RVG verdient.[307]

d) Sicherheitsleistung des Schuldners. Soweit der Schuldner, der gegen das erstinstanz- 348
liche Urteil Berufung eingelegt hat, eine Sicherheitsleistung zur Abwendung der vorläufigen Vollstreckbarkeit erbringt, besteht ein Erstattungsanspruch auf Grund der im Berufungsverfahren ergehenden Kostenentscheidung. Diese Kosten dienen der Vorbereitung des Prozesserfolgs und sind Kosten einer „zweckentsprechenden Rechtsverfolgung" iSv § 91 Abs. 1 ZPO.[308] War die Hilfe eines RA bei der Beschaffung der Sicherheit erforderlich, so sind die hierdurch entstandenen Anwaltskosten zu erstatten.[309]

---

gument gegen eine Zugehörigkeit zur Vollstreckung darin sieht, dass die Sicherheitsleistung erst die Vollstreckungsfähigkeit des Titels herbeiführen soll.

[299] OLG Bamberg JurBüro 1985, 1502.

[300] Nachweise bei OLG Koblenz JurBüro 1984, 562.

[301] OLG Karlsruhe JurBüro 1989, 78; Mayer/Kroiß/*Ebert* RVG § 19 Rn. 70; Gerold/Schmidt/*Madert,* 15. Aufl. 2002, BRAGO Vor § 118 Rn. 14; **aA** OLG Bamberg JurBüro 1985, 1502, falls RA aber auch für Vollstreckung beauftragt, so gehört Tätigkeit zu dieser; OLG Bremen JurBüro 1987, 547; OLG Koblenz JurBüro 1989, 78; OLG Stuttgart JurBüro 1981, 219.

[302] OLG Düsseldorf GRUR 1983, 688; OLG Frankfurt a. M. JurBüro 1990, 922 = Rpfleger 1990, 270; OLG Stuttgart JurBüro 1985, 1344; Gerold/Schmidt/*Madert,* 15. Aufl. 2002, BRAGO Vor § 118 Rn. 14.

[303] Gerold/Schmidt/*Madert,* 15. Aufl. 2002, BRAGO Vor § 118 Rn. 14.

[304] *Schneider/Thiel,* 1. Aufl., § 3 Rn. 136 ff.; Mayer/Kroiß/*Ebert* RVG § 19 Rn. 71.

[305] Mayer/Kroiß/*Ebert* RVG § 19 Rn. 72; Gerold/Schmidt/*Madert,* 15. Aufl. 2002, BRAGO Vor § 118 Rn. 14.

[306] Mayer/Kroiß/*Ebert* RVG § 19 Rn. 67.

[307] OLG München JurBüro 1990, 866.

[308] OLG Düsseldorf JurBüro 2001, 210 = Rpfleger 2001, 201; OLG München NJW-RR 2000, 1096; MDR 1999, 1525 = OLGR 1999, 372.

[309] OLG Düsseldorf JurBüro 2001, 210 = Rpfleger 2001, 201.

74. Sicherungshypothek

349 → Rn. 279 ff.

75. Sicherungsvollstreckung (§ 720a ZPO)

350 Die Sicherungsvollstreckung aus einem vorläufig vollstreckbaren Urteil gem. § 720a ZPO gehört zur Vollstreckungsinstanz und nicht mehr zur Hauptsache. Stellt der RA einen Antrag gem. § 720a ZPO, so verdient er eine erstattungsfähige Vollstreckungsgebühr. Neben den allgemeinen Voraussetzungen für die Erstattung ist noch Voraussetzung, dass der Schuldner nicht innerhalb der Frist des § 750 Abs. 3 ZPO Sicherheit nach § 720a Abs. 3 ZPO geleistet hat.[310]

351 **Gegenstandswert,** → § 25 Rn. 27.

76. Teilzahlung gem. § 802b ZPO

352 → RVG VV 1000 Rn. 243 ff.

77. Überprüfung von Vollstreckungsentscheidungen

353 → Rn. 259.

78. Unmittelbarer Zwang

354 Beschlüsse nach § 90 FamFG sind gem. § 19 Abs. 2 S. 1 RVG mit der Vollstreckung eine Angelegenheit.

79. Unterlassung und Duldung

355 **a) Androhung einer Ordnungsmaßnahme. Verhältnis zur Hauptsache.** Beantragt der RA, dem Schuldner eine Ordnungsmaßnahme anzudrohen, (weil das Urteil oder die Prozesseinigung keine Androhung enthält), so gehört dies nicht mehr zur Hauptsache, sondern zur Vollstreckung, wie sich aus § 19 Abs. 2 Nr. 5 RVG ergibt, der die Androhung als Teil der Vollstreckung behandelt.[311] Somit reicht sie aus, um die Vollstreckungsgebühr entstehen zu lassen (→ Rn. 14).[312] Wird die Androhung allerdings zusammen mit der Hauptsache beantragt, so gehört dieser Antrag zur Hauptsache und ist mit der Verfahrensgebühr gem. VV 3100 RVG abgegolten.[313]

356 **Ordnungshaft.** Obwohl § 19 Abs. 2 Nr. 5 RVG nur das Ordnungsgeld erwähnt, ist der Rechtsgedanke, auch auf die Androhung von Ordnungshaft anzuwenden.[314]

357 **Gebühr.** Der RA verdient die Gebühr des VV 3309 RVG (Vollstreckung vorbereitende Maßnahme).[315] Darauf, ob das Gericht einen entsprechenden Beschluss erlässt, kommt es nicht an. Unerheblich ist auch, ob der RA später die Anordnung der Ordnungsmaßnahme beantragt. Es genügt, wenn er dem Schuldner mit einem entsprechenden Antrag droht.[316]

358 **b) Verhängung der Ordnungsmaßnahme.** Stellt der RA den Antrag auf Verhängung des Ordnungsgeldes bzw. der Ordnungshaft, so verdient er gem. § 19 Abs. 2 Nr. 5 RVG hierdurch keine Verfahrensgebühr mehr, wenn er sie vorher schon durch die Androhung verdient hat. Ist dies nicht der Fall, etwa weil er die Androhung schon im Hauptsacheverfahren geltend gemacht hat, so entsteht die Vollstreckungsgebühr durch den Antrag auf Verhängung des Ordnungsmittels.[317]

359 **Mehrere Verurteilungen.** Jede Verurteilung zu einem Ordnungsgeld bzw. zu einer Ordnungshaft[318] gem. § 890 Abs. 1 ZPO bildet eine eigene Angelegenheit (§ 18 Abs. 1 Nr. 14 RVG). Nach § 890 Abs. 1 ZPO ist der Schuldner, der der Verpflichtung zuwiderhandelt, eine Handlung zu unterlassen oder die Vornahme einer Handlung zu dulden, wegen einer jeden Zuwiderhandlung auf Antrag des Gläubigers von dem Prozessgericht erster Instanz zu einem Ordnungsgeld oder zu einer Ordnungshaft zu verurteilen. Da das Gesetz auf „jede **Verurteilung**" abstellt, leitet nicht ohne weiteres jeder neue Antrag auch eine neue Angelegenheit ein. Eine neue Angelegenheit liegt vor, wenn ein neuer Antrag die erneute Zuwiderhandlung nach Verhängung eines Ordnungsgeldes rügt. Mit neuen Anträgen wird andererseits oft gerügt, dass der Schuldner einen mit dem Unterlassungs- oder Duldungsgebot nicht vereinbaren Zustand

---

[310] OLG Düsseldorf JurBüro 1988, 1415.
[311] OLG Hamm WRP 2014, 965 = AGS 2014, 518; Mayer/Kroiß/*Ebert* RVG § 19 Rn. 132.
[312] OLG Hamm WRP 2014, 965 = AGS 2014, 518; Mayer/Kroiß/*Ebert* RVG § 19 Rn. 132.
[313] BGH MDR 1979, 116; OLG München JurBüro 1967, 910; Mayer/Kroiß/*Ebert* RVG § 19 Rn. 131.
[314] Mayer/Kroiß/*Ebert* RVG § 19 Rn. 133; *Volpert* RVGreport 2005, 127 (133).
[315] OLG Bremen NJW 1971, 58; OLG München JurBüro 1967, 910.
[316] Gerold/Schmidt/*von Eicken,* 15. Aufl. 2002, BRAGO § 58 Rn. 21; Mayer/Kroiß/*Ebert* RVG § 19 Rn. 132.
[317] BGH MDR 1979, 116.
[318] *Volpert* RVGreport 2005, 127 (133).

noch fortbestehen lasse. Die Grenze zwischen fortbestehendem Nichtunterlassen und erneutem Verstoß kann nicht durch die Zahl der Anträge bestimmt werden, zumal diese bei genauem Hinsehen gar nicht immer auf erneute Verurteilung zielen, sondern das Gericht nur zur Verhängung eines höheren Ordnungsgeldes veranlassen wollen. Entscheidend ist vielmehr, ob nach Auffassung des Gerichts die Anträge erneute Zuwiderhandlungen gegen das gerichtliche Gebot betreffen oder ob es die gerügten Verstöße als eine einzige in Fortsetzungszusammenhang begangene Zuwiderhandlung wertet. In beiden Fällen kann es durch einheitlichen Beschluss entscheiden. Im ersten Fall handelt es sich um verschiedene Angelegenheiten, so dass mehrere Vollstreckungsgebühren entstehen und auch bestehen bleiben, wenn das Gericht die Fälle zur gemeinsamen Verhandlung und Beweisaufnahme verbunden hat. Im zweiten Fall handelt es sich trotz der mehreren Anträge nur um eine Angelegenheit, so dass die besonderen Gebühren je nur einmal neben der allgemeinen Vollstreckungsgebühr entstehen.[319]

c) Vollstreckung aus Ordnungsgeldurteil. Die Vollstreckung erfolgt ohne Mitwirkung **360**
des RA von Amts wegen. Durch sie kann deshalb keine besondere Gebühr entstehen.

d) Mehrere Schuldner. Richtet sich ein Vollstreckungsverfahren gegen mehrere Schuldner, **361**
so handelt es sich auch dann um mehrere Angelegenheiten, wenn sie auf Grund eines Titels und eines Auftrags betrieben wird (→ Rn. 301). Das gilt auch für Ordnungsgeldverfahren gegen mehrere Schuldner.[320]

e) Sicherheitsleistung (§ 890 Abs. 3 ZPO; § 18 Abs. 1 Nr. 15 RVG). Nach § 890 **362**
Abs. 3 ZPO kann der Schuldner auf Antrag des Gläubigers zur Bestellung einer Sicherheit für den durch fernere Zuwiderhandlungen entstehenden Schaden auf bestimmte Zeit verurteilt werden.

Besondere Angelegenheit. Das Verurteilungsverfahren bildet eine besondere Angelegen- **363**
heit, für welche die Vollstreckungsgebühren gesondert erwachsen (§ 18 Abs. 1 Nr. 15 RVG). Die Vollstreckung zur Bewirkung der Sicherheitsleistung bildet ein weiteres besonderes Vollstreckungsverfahren.

Rückgabe der Sicherheit, → Rn. 347. **364**

f) Gegenstandswert, → § 25 Rn. 36 ff. **365**

g) Erstattungsfähigkeit. Grundsätzlich kann der Gläubiger seine durch das Strafandro- **366**
hungsverfahren entstandenen Kosten gem. § 788 ZPO erstattet verlangen[321] und zwar auch dann, wenn es zu keinem Beschluss mehr kommt zB weil der Schuldner eine Unterlassungserklärung abgibt. Es bedarf für den Androhungsantrag weder einer Zuwiderhandlung, noch eines besonderen Rechtsschutzbedürfnisses.[322] Dasselbe hat für die Kostenerstattung zu gelten.[323] Geht es um ein Ordnungsmittelverfahren im Anschluss an eine Verurteilung wegen einer Patentrechtsverletzung, so sind die Patentanwaltskosten gem. § 143 Abs. 3 PatG zu erstatten. Die im Erkenntnisverfahren unterstellte Notwendigkeit der Hilfe eines Patentanwalts setzt sich im Vollstreckungsverfahren fort.[324]

Wegen unvertretbarer Handlung → Rn. 286 ff.

80. Veräußerung sicherungsübereigneter Gegenstände

Führt der RA Verhandlungen und verfasst er Verträge zum Verkauf von Gegenständen, die **367**
sein Mandant zur Vermeidung der Vollstreckung aus einem Urteil erhalten hat, so gehört dies nicht zur Hauptsache und auch nicht mehr zur Vollstreckung. Er verdient Gebühren gem. VV 2300 ff. RVG (→ Rn. 27).[325] § 788 ZPO ist nicht anzuwenden.

81. Vermögensauskunft (§§ 802f, g ZPO, § 18 Abs. 1 Nr. 16 RVG)

Anwendungsbereich. Die folgenden Ausführungen gelten für die Vermögensauskunft nach **368**
§§ 802f, g ZPO.

---

[319] Vgl. OLG Bamberg JurBüro 1992, 607; OLG Hamburg JurBüro 1993, 96; OLG Koblenz AGS 2000, 146 = JurBüro 2000, 325; *Hansens* BRAGO § 58 Rn. 24.

[320] OLG Düsseldorf JurBüro 1987, 72; KG JurBüro 2004, 46 = KGR Berlin 03, 93.

[321] OLG Bremen NJW 1971, 58; OLG München JurBüro 1967, 910.

[322] OLG Karlsruhe MDR 1994, 728; MüKoZPO/*Gruber* § 890 Rn. 26; **aA** KG NJW-RR 1987, 507, das den Unterlassungstitel aber hierfür genügen lässt; dann liegt nahezu immer ein Rechtsschutzbedürfnis vor.

[323] **AA** OLG Bremen NJW 1971, 58, das aber annimmt, dass, wenn ein Androhungsbeschluss ergangen ist, ohne erneute Prüfung im Kostenfestsetzungsverfahren von einem bestehenden Rechtsschutzbedürfnis auszugehen ist.

[324] OLG München OLGR 2005, 599 mwN.

[325] *H. Schmidt* Rpfleger 1971, 426; **aA** OLG Düsseldorf zit. bei *H. Schmidt.*

369 **Gebühren.** Im Verfahren der Vermögensauskunft nach §§ 802f, g ZPO entstehen die Gebühren nach VV 3309, 3310 RVG.

370 **Angelegenheit.** Das Verfahren zur Abnahme der Vermögensauskunft nach §§ 802f, g ZPO bildet eine besondere Angelegenheit (§ 18 Abs. 1 Nr. 16 RVG).

371 **Ergänzung.** Verlangt der Gläubiger wegen Ungenauigkeit der Vermögensauskunft Ergänzung und eine neue eidesstattliche Versicherung, so handelt es sich um eine Fortsetzung des bisherigen Verfahrens.

372 **Wiederholte Abnahme.** Dagegen stellt der Antrag auf erneute Vermögensauskunft gem. § 802d ZPO (weil der Schuldner neues Vermögen erworben hat) eine neue Angelegenheit dar, die die Vollstreckungsgebühren erneut entstehen lässt.

373 **Mehrere Schuldner.** Wird das Verfahren gegen mehrere Schuldner betrieben, so ist das Verfahren gegen jeden Schuldner eine besondere Angelegenheit, auch wenn ein einheitlicher Antrag vorliegt, es sich um Gesamtschuldner handelt und dasselbe Urteil die Grundlage bildet.

374 **Abgeltungsbereich.** Zur Angelegenheit gehören alle Vollstreckungshandlungen von der Einreichung des Antrags bis zur Abgabe der eidesstattlichen Versicherung, auch der Antrag auf Haftbefehl, soweit er schriftlich gestellt wird. Für diese Tätigkeiten kann daher keine besondere Gebühr berechnet werden.[326]

375 **Gegenstandswert,** → § 25 Rn. 41 ff.

376 **Erstattung.** Die Kosten des Gläubigers sind gem. § 788 ZPO erstattungsfähig, die des Schuldners nicht (→ Rn. 333).

82. Veröffentlichungsbefugnis (§ 18 Abs. 1 Nr. 18 RVG)

377 Die Ausübung einer Veröffentlichungsbefugnis ist in § 18 Abs. 1 Nr. 18 RVG ausdrücklich als besondere Angelegenheit der Vollstreckung bezeichnet.

378 Die Veröffentlichung in mehreren Zeitungen ist aber als eine Angelegenheit anzusehen. Es entsteht deshalb nur eine Vollstreckungsgebühr.

379 **Gegenstandswert** → § 25 Rn. 38.

83. Verteilungsverfahren außerhalb der Zwangsversteigerung und -verwaltung

380 VV 3333 RVG.

84. Verwaltung. Vollstreckung durch Verwaltung (§ 857 Abs. 4 ZPO, § 18 Abs. 1 Nr. 9 RVG)

381 **Pfändung und Verwaltung zwei Angelegenheiten.** Die Ausführung der Vollstreckung in ein gepfändetes Vermögensrecht durch Verwaltung nach § 857 Abs. 4 ZPO bildet im Verhältnis zur vorausgegangenen Pfändung eine besondere Angelegenheit der Vollstreckung (§ 18 Abs. 1 Nr. 9 RVG). Der RA erhält also neben der Gebühr für die Pfändung bis einschließlich der Anordnung der Verwaltung die Gebühr des VV 3309 RVG nochmals für seine weitere Tätigkeit während der Dauer der Verwaltung, die mit der ersten Verwaltungshandlung beginnt und mit der Befriedigung des Gläubigers endet, zB für Verhandlungen mit dem Verwalter, Prüfung der Rechnung usw. Dadurch wird seine gesamte Tätigkeit während der Verwaltung abgegolten.

382 **Gegenstandswert** → § 25 Rn. 26.

85. Verwaltungszwangsverfahren

383 Das Verwaltungszwangsverfahren (Verwaltungsvollstreckungsverfahren) sowie das gerichtliche Verfahren über einen Akt der Vollstreckung (des Verwaltungszwangs), werden von VV 3309 ff. RVG erfasst (VV Vorb. 3.3.3 RVG), zB der RA wendet sich mit einer gerichtlichen Klage gegen einen behördlichen Akt (Verwaltungsakt) der Vollstreckung (Anfechtungsklage).

86. Verwertung

384 **a) Verwertung einer Sicherheit,** → Rn. 201.

385 **b) Andere Verwertungsart (§ 825 ZPO, § 18 Abs. 1 Nr. 8 RVG). Anwendungsbereich.** Auf das Verfahren nach § 844 ZPO ist § 18 Abs. 1 Nr. 8 RVG nicht entsprechend anwendbar, weil die Aufzählung in § 18 RVG abschließend ist.[327]

386 **Besondere Angelegenheit.** Das Verfahren über Anträge nach § 825 ZPO stellt eine besondere Angelegenheit dar (§ 18 Abs. 1 Nr. 8 RVG).

387 **Mehrere Anträge.** Werden mehrere Anträge nur an den Gerichtsvollzieher oder nur an das Vollstreckungsgericht gestellt, so wird ein einziges Verfahren anzunehmen sein, solange über

[326] LG Oldenburg JurBüro 1991, 1003.

[327] LG Berlin Rpfleger 1990, 92 = JurBüro 1989, 1684.

den bisherigen Antrag noch nicht entschieden war und der geänderte Antrag an dasselbe Vollstreckungsorgan gestellt wurde. War aber dem zunächst gestellten Antrag stattgegeben worden, die Verwertung aber dennoch misslungen, so muss ein neuer Antrag auf andere Verwertung als Einleitung eines neuen Verfahrens angesehen werden.

Beim Ehegatten gepfändeter Gegenstand. Beantragt ein RA als Gläubigervertreter einen beim Ehegatten als Gesamtschuldnern gepfändeten Gegenstand gem. § 825 ZPO anderweit zu verwerten, so erhält er für diesen Antrag zwei Gebühren nach § 18 Abs. 1 Nr. 8 RVG[328] (→ Rn. 65). **388**

Kosten einer Verwahrung und Verwertung nach § 885a Abs. 3, 4 ZPO ab dem 1.5.2013 sind gem. § 885a Abs. 7 ZPO solche der Zwangsvollstreckung – anders als vorher.[329] **389**

Gegenstandswert, → § 25 Rn. 25. **390**

87. Verzicht (§ 843 ZPO)

Erklärt der RA einen Verzicht nach § 843 ZPO, entsteht die erstattungsfähige Gebühr des VV 3309 RVG. Das gilt aber nicht, wenn er schon vorher eine Vollstreckungsgebühr im Zusammenhang mit dem Recht, auf das verzichtet wird, verdient hat.[330] **391**

88. Vollstreckbarerklärung eines Anwaltsvergleichs

Es gelten VV 3100 ff. RVG (→ RVG VV 3100 Rn. 3). **392**

89. Vollstreckbarerklärung ausländischer Titel

Es fallen Gebühren gem. VV 3100 ff. RVG an (→ RVG VV Vorb. 3.2.1 Rn. 14 ff.). Wegen Festsetzung der Kosten der Vollstreckbarerklärung → Rn. 157. Für die Vollstreckung nach der Vollstreckbarerklärung sind VV 3309 f. RVG anzuwenden. **393**

90. Vollstreckbarerklärung im Ausland

Streitig ist, ob die Kosten eines im Ausland durchgeführten Verfahrens auf Vollstreckbarerklärung auch dann gem. § 788 ZPO geltend gemacht werden können, wenn die ausländische Entscheidung eine Kostenentscheidung enthält.[331] **394**

91. Vollstreckung aus mehreren Vollstreckungstiteln

Ob die Vollstreckung aus mehreren Vollstreckungstiteln gegen denselben Schuldner mehrere Angelegenheiten begründet, hängt vom Auftrag ab. Liegen die mehreren Titel schon bei Auftragserteilung vor, wird jedenfalls dann, wenn sie in gleicher Weise zu vollstrecken sind, eine einheitliche Vollstreckung, also nur ein Auftrag gewollt sein.[332] Liegt nur ein Titel vor und werden weitere demnächst erwartet, so ist anzunehmen, dass alsbald mit der Vollstreckung des vorliegenden Titels begonnen werden soll, damit nicht andere Gläubiger zuvorkommen. Erweiterung des erteilten Auftrags wird für den Fall gewollt sein, dass auch der dem Vollstreckungsorgan erteilte Auftrag noch erweitert werden kann, dh solange dessen früherer Auftrag nicht bereits ausgeführt ist, **395**

92. Vollstreckungsabwehrklage (§ 767 ZPO)

Angelegenheit und Gebühren. Die Vollstreckungsklage des § 767 ZPO ist gegenüber dem ersten Rechtsstreit und dem Zwangsvollstreckungsverfahren eine besondere Angelegenheit. Der RA verdient die Gebühren der VV 3100 ff. RVG. **396**

Gegenstandswert. Der Gegenstandswert richtet sich grds. nach dem Umfang der erstrebten Ausschließung.[333] Zinsen und Kosten des Vorprozesses werden nicht berücksichtigt;[334] auch nicht der Wert des mitangegriffenen Kostenfestsetzungsbeschlusses.[335] Zinsen sind jedoch dann extra zu bewerten, wenn sie sich auf den bereits unstreitig beglichenen und daher nicht anhängig gewordenen Teil des Hauptanspruchs beziehen.[336] **397**

---

328 **AA** AG Düren MDR 1969, 232 mablAnm *H. Schmidt.*

329 BGH MDR 2015, 542–543 = Rpfleger 2015, 346 = NZM 2015, 304.

330 Zöller/*Herget* ZPO § 843 Rn. 4, der aber gem. VV 3403 RVG ebenfalls zu einer 0,3 Gebühr kommt.

331 **Verneinend** OLG Hamm JurBüro 2001, 212, Niederlande; **bejahend** OLG Düsseldorf Rpfleger 1990, 184, Frankreich; iÜ zur Vollstreckbarerklärung im Ausland *Rufner* JurBüro 1999, 453.

332 OLG Köln RPfleger 2001, 149; *Volpert* RVGreport 2005, 127 (130).

333 BGH NJW-RR 2015, 1471 = JurBüro 2016, 29; NJW-RR 1988, 444; OLG Karlsruhe JurBüro 2018, 137 = NJW-RR 2018, 255.

334 BGH NJW-RR 2015, 1471 = JurBüro 2016, 29; MDR 2006, 1064; OLG Stuttgart JurBüro 2007, 33.

335 BGH NJW-RR 2015, 1471 = JurBüro 2016, 29.

336 OLG Stuttgart JurBüro 2007, 33.

398 Sollen Unterhaltsansprüche abgewehrt werden, so ist § 51 FamGKG heranzuziehen. Abzustellen ist auf den Einjahresbetrag. Geht es auch um titulierte Unterhaltsrückstände, sind diese gem. § 51 Abs. 2 FamGKG hinzuzuaddieren.[337]

Beispiel:
Der Abwehrantrag richtet sich gegen einen Beschluss, mit dem laufender Unterhalt von monatlich 500,– EUR sowie Rückstände in gleicher monatlicher Höhe für fünf Monate zuerkannt sind. Der Verfahrenswert beträgt 6.000,– EUR (12 × 500,– EUR) + 2.500,– EUR (5 × 500,– EUR) = 8.500,– EUR.

399 **Teilbetrag.** Nur auf einen Teilbetrag ist aber abzustellen, wenn sich aus den Anträgen oder der Begründung ergibt, dass die Vollstreckung nur wegen eines Teilbetrages oder eines Restbetrages für unzulässig erklärt werden soll.[338] Eine Beschränkung kann sich nach OLG Köln auch aus einer Verfahrenswertangabe ergeben, wenn der Antragsgegner nur hinsichtlich einer Teilforderung von 5.000,– EUR vollstreckt und der Antragsteller den Verfahrenswert mit 5.000,– EUR angibt.[339] Eine Beschränkung ist auch dann anzunehmen, wenn sich diese zwar noch nicht aus den Anträgen und der Begründung ergibt, aber von Anfang zwischen den Beteiligten unstreitig ist, dass der Antragsgegner sich nur hinsichtlich eines Teilbetrages eines Vollstreckungsrechts berühmt hat, wenn also angenommen werden kann, dass der Antragsteller sich von Anfang an nur gegen eine Vollstreckung in dieser Höhe wenden wollte, obgleich er dies in dem Antrag nicht deutlich zum Ausdruck gebracht hat.[340]

400 **Hinweis für den RA.** Soll nur beschränkte Vollstreckungsabwehr gerichtlich geltend werden, so muss dies klargestellt werden, am besten schon im Antrag. Andernfalls riskiert der Mandant einen hohen Verfahrenswert und uU sogar eine Teilabweisung mit den entsprechenden nachteiligen Kostenfolgen, für die uU der RA einzustehen hat.[341]

401 **Erstattung** kann die obsiegende Partei aufgrund der Kostengrundentscheidung in diesem Verfahren verlangen. Das gilt auch für eine Vollstreckungsabwehrklage gem. § 167 Abs. 1 VwGO oder § 151 Abs. 1 FGO iVm § 767 ZPO. Zuständiges Gericht → Rn. 150.

93. Vollstreckungsklausel (§§ 725 f. ZPO; § 18 Abs. 1 Nr. 4, 5 RVG)

402 **a) Erste Vollstreckungsklausel.** Der RA des Erkenntnisverfahrens verdient im Klauselerteilungsverfahren keine Vollstreckungsgebühr (§ 19 Abs. 1 S. 2 Nr. 13 RVG → Rn. 310 ff.), wohl aber der RA, der im Erkenntnisverfahren nicht tätig war.

403 **b) Weitere Vollstreckungsklausel.** Handelt es sich um die Erteilung einer weiteren vollstreckbaren Ausfertigung (§ 733 ZPO), so fällt auch für den RA, der bereits im Erkenntnisverfahren bzw. bereits in der Vollstreckung tätig war, eine Gebühr gem. VV 3309 RVG an. Es handelt sich um eine neue Angelegenheit (§ 18 Abs. 1 Nr. 5 RVG).[342] Das gilt auch dann, wenn der Antrag deshalb gestellt wird, weil die erste Ausfertigung der Partei nicht zugegangen ist. Um eine weitere vollstreckbare Ausfertigung geht es auch, wenn die Vollstreckungsklausel wegen wiederkehrender Leistungen (zB Rente) bereits früher erteilt war und nun wegen eines anderen Zeitraums erneut beantragt wird.[343] Auch der RA des Schuldners, der auftragsgemäß den Antrag des Gläubigers auf Erteilung einer weiteren vollstreckbaren Ausfertigung prüft, erhält dafür die Vollstreckungsgebühr.[344]

404 **Gegenstandswert** → § 25 Rn. 44.

405 **Erstattung.** Die Gebühr ist gem. § 788 ZPO erstattungsfähig, wenn eine weitere vollstreckbare Ausfertigung erforderlich ist und dies nicht vom Gläubiger zu vertreten ist.[345] Das ist der Fall,

---

[337] OLG Frankfurt a. M. JurBüro 2005, 97; OLG Karlsruhe FamRZ 2004, 1226; OLG München RVGreport 2013, 30.

[338] BGH JurBüro 2011, 329; MDR 2006, 1064; NJW 1995, 3318 = MDR 1995, 1258; OLG Bamberg OLGR 2005, 400 = AGS 2005, 453; OLG Celle AGS 2003, 552; OLG Düsseldorf JurBüro 1999, 326; OLG Frankfurt a. M. AGS 2003, 360; OLG Karlsruhe JurBüro 2018, 137 = NJW-RR 2018, 255.

[339] OLG Köln OLGR 2004, 140.

[340] OLG Celle AGS 2003, 552; OLG Hamm JurBüro 1988, 1078; **aA** KG FamRZ 2011, 668.

[341] *Goebel* RVG-B 2005, 21.

[342] OLG Hamm JurBüro 2001, 29; OLG Schleswig AnwBl 1991, 656 = JurBüro 1991, 1198; OLG Zweibrücken JurBüro 1999, 160; *Enders* JurBüro 2001, 29.

[343] OLG Schleswig JurBüro 1991, 1198; Mayer/Kroiß/*Ebert* RVG § 19 Rn. 113; *H. Schneider* JurBüro 2004, 632 Ziff. 4.

[344] *Enders* JurBüro 1997, 113 (114) Ziff. 3; *H. Schneider* JurBüro 2004, 632 Ziff. 3.

[345] OLG Karlsruhe FamRZ 2005, 49 = AGS 2005, 36 mAnm *Mock;* OLG München JurBüro 1992, 431; OLG Zweibrücken JurBüro 1999, 160.

– wenn an verschiedenen Orten gegen unterschiedliche Personen vollstreckt werden soll,[346]
– wenn dem Gläubiger, der weitere Vollstreckungsmaßnahmen durchführen will, der Titel längere Zeit nicht zur Verfügung steht, weil er die Eintragung einer Zwangshypothek beantragt hat,[347]
– wenn der erste Titel bei der Post verloren gegangen ist und der Gläubiger dies glaubhaft machen kann.[348]

c) Rechtsnachfolger (§ 727 ZPO). Wird die erste Klausel gleich auf den Rechtsnachfolger ausgestellt, so gehört dies gem. § 19 Abs. 1 S. 2 Nr. 13 RVG zum Erkenntnisverfahren.[349] Der RA des Erkenntnisverfahrens erhält keine zusätzliche Gebühr. Dasselbe wird angenommen, wenn die Umschreibung auf der zunächst zugunsten des Vorgängers erteilten Urkunde erfolgt, da dann keine zusätzliche vollstreckbare Ausfertigung erteilt werde.[350] § 18 Abs. 1 Nr. 5 RVG greift hier nicht ein.[351] Das kann aber nicht gelten, wenn der Auftrag an den RA nicht durch den Rechtsvorgänger, sondern durch den Rechtsnachfolger erfolgt, da dann ein ganz neues Auftragsverhältnis vorliegt.[352] Der RA verdient dann eine Vollstreckungsgebühr gem. VV 3309 RVG.[353] 406

d) Einwendungen gem. § 732 ZPO. Es ist nicht VV 3309 RVG, sondern VV 3500 RVG anzuwenden → RVG VV 3500 Rn. 6. Der Gegenstandswert entspricht dem Wert des zu vollstreckenden Anspruchs.[354] 407

94. Vollstreckungsmöglichkeiten finden

Beauftragt der RA eine Detektei, Vollstreckungsmöglichkeiten zu finden, so verdient er die erstattungsfähige Gebühr des VV 3309 RVG (Vollstreckung vorbereitende Tätigkeit). Diese Tätigkeit stellt eine Angelegenheit mit der folgenden Vollstreckungsmaßnahme dar. 408

95. Vollstreckungsschutz und Ähnliches (§§ 765a, 851a, 851b, 1084 Abs. 1 ZPO, § 31 AUG; § 18 Abs. 1 Nr. 6 RVG)

Anwendungsbereich. Von § 18 Abs. 1 Nr. 6 RVG sind betroffen der Vollstreckungsschutz gem. § 765a ZPO (hierzu auch → Rn. 325 f.), der Pfändungsschutz für Landwirte gem. § 851a ZPO bzw. bei Miete und Pacht gem. § 851b ZPO sowie gem. § 1084 ZPO die Verweigerung, Aussetzung oder Beschränkung der Vollstreckung aus einem Europäischen Vollstreckungstitel (→ § 19 Rn. 110) sowie Verfahren gem. § 31 AUG. Wegen sonstiger Vollstreckungsschutzmaßnahmen → Rn. 249 ff. 409

Nur gerichtliche Verfahren. Unter diese Bestimmung fallen nach allgM nur gerichtliche Verfahren, zB nicht der Aufschub des Gerichtsvollziehers nach § 765a Abs. 2 ZPO.[355] 410

Gebühren. Es fallen Gebühren nach VV 3309 RVG an. 411

Angelegenheit. Das Vollstreckungsschutzverfahren ist im Verhältnis zur Maßnahme, auf die es sich bezieht, eine besondere Angelegenheit. Mehrere Vollstreckungsschutzverfahren gelten nach der Neufassung des § 18 Abs. 1 Nr. 1 RVG als je besondere Angelegenheiten. Wird also zB in einem zweiten Vollstreckungsschutzverfahren die weitere Verlängerung der im ersten Vollstreckungsschutzverfahren bewilligten Räumungsfrist beantragt, so entstehen für beide Verfahren jeweils gesonderte Gebühren. 412

Mehrere Schuldner. Vollstreckungsschutzverfahren, die von mehreren Schuldnern gemeinsam betrieben werden, bleiben verschiedene Angelegenheiten (→ Rn. 65). Die Anwaltsgebühren entstehen deshalb mehrfach. Das gilt auch, wenn Eheleute Vollstreckungsschutz gegen die Räumung ihrer Wohnung begehren.[356] 413

---

[346] *H. Schneider* JurBüro 2004, 632 Ziff. 6.
[347] KG 7.4.1992 – 1 W 1682/92; *H. Schneider* JurBüro 2004, 632 Ziff. 6.
[348] OLG Hamm ZfS 1989, 380 = r+s 1989, 388; AG Leipzig JurBüro 2004, 214; *H. Schneider* JurBüro 2004, 632 Ziff. 6; **aA** *Brenner* JurBüro 2004, 214 (215), der Verlust fällt nicht in den Risikobereich des Schuldners; *Hansens* JurBüro 1985, 1121 (1123).
[349] OLG Köln JurBüro 1995, 474.
[350] OLG Hamm JurBüro 2001, 29 = OLGR 2000, 382; OLG Karlsruhe JurBüro 1990, 349; OLG München Rpfleger 1972, 264; so wohl auch OLG Köln JurBüro 1995, 474.
[351] *Enders* JurBüro 2000, 225 (226).
[352] *Enders* JurBüro 2000, 225 (226); 2001, 29; OLG Karlsruhe JurBüro 1990, 349.
[353] OLG Karlsruhe JurBüro 1990, 349, für Rechtsnachfolger des Schuldners; *Enders* JurBüro 2000, 225 (226).
[354] OLG Köln Rpfleger 1969, 247.
[355] Gerold/Schmidt/*von Eicken,* 15. Aufl. 2002, BRAGO § 58 Rn. 25; *Hansens* BRAGO § 58 Rn. 17; Riedel/Sußbauer/*Keller,* 8. Aufl. 2000, BRAGO § 58 Rn. 24.
[356] LG Mannheim Rpfleger 1982, 238; LG München II NJW 1964, 2311.

414 **Änderungsantrag.** Ein Antrag auf Änderung, insbes. einer auf Aufhebung eines Beschlusses, durch den Vollstreckungsschutz gewährt wurde, lässt erneut die Vollstreckungsgebühr entstehen (§ 18 Abs. 1 Nr. 6 RVG „und jedes Verfahren über Anträge auf Änderung der getroffenen Anordnungen").[357]

415 **Fortsetzung des Vollstreckungsverfahrens.** Die Fortsetzung des Vollstreckungsverfahrens nach Erledigung des Vollstreckungsschutzes (etwa nach Ablauf einer gewährten Räumungsfrist) stellt mit dem begonnenen (und einstweilen eingestellt gewesenen) Verfahren eine Angelegenheit dar. Die schon vor dem Vollstreckungsschutzverfahren erwachsene Vollstreckungsgebühr entsteht deshalb bei Fortsetzung des Vollstreckungsverfahrens nicht nochmals.[358]

416 **Gegenstandswert** → § 25 Rn. 46 ff.

417 **Kostenerstattung.** Der Schuldner muss die Kosten gem. § 788 ZPO erstatten. Soll aber gem. § 788 Abs. 4 ZPO der Gläubiger die Kosten tragen, ist dies in dem den Schutz anordnenden Beschluss auszusprechen.[359]

96. Vollstreckungstitel, Herausgabe

418 Der Wert einer Klage auf Herausgabe eines Vollstreckungstitels ist gem. § 3 ZPO nach freiem Ermessen zu bestimmen. Maßgeblich ist das Interesse des Klägers. Liegt bereits eine Entscheidung vor, die die Zwangsvollstreckung für unzulässig erklärt, so richtet sich der Wert nach der Missbrauchsgefahr. Je niedriger diese ist, umso geringer ist der Gegenstandswert.[360]

419 Liegt aber noch keine Entscheidung vor, die die Zwangsvollstreckung für unzulässig erklärt, so richtet sich der Wert nach dem Wert der erstrebten Ausschließung der Zwangsvollstreckung, wobei der Nennwert des vollstreckbaren Anspruchs ohne Rücksicht auf seine Realisierbarkeit anzusetzen ist.[361]

97. Vollziehung

420 → Rn. 171 ff., 253 ff.

98. Vorläufige Maßnahmen zur Vollstreckung

421 → Rn. 249 ff.

99. Vorpfändung (§ 845 ZPO)

422 Der RA verdient eine erstattungsfähige Gebühr gem. VV 3309 RVG.

423 **Angelegenheit. Vorpfändung und Pfändungsantrag.** Erfolgt fristgemäß die gerichtliche Pfändung der gleichen Forderung wegen des gleichen Anspruchs, so kann für die Vorpfändung (Vollstreckung vorbereitende Maßnahme) und den Pfändungsantrag nur eine Gebühr beansprucht werden (§ 18 Abs. 1 Nr. 1 RVG).[362] Werden bei der Vorpfändung mehrere Pfändungsankündigungen an verschiedene Drittschuldner wegen der gleichen Forderung gerichtet, so entsteht die Gebühr nur einmal, wenn ein einheitlicher Pfändungsbeschluss ergeht.

424 **Gegenstandswert,** → § 25 Rn. 28.

425 **Erstattung.** Die Vorpfändung bedarf weder einer vollstreckbaren Ausfertigung noch der Zustellung des Titels (§ 802a Abs. 2 S. 1 Nr. 5 ZPO).[363] Streitig ist, ob es für die Erstattung genügt, wenn dem Schuldner eine den Umständen nach angemessene Zeitspanne zur freiwilligen Leistung zur Verfügung stand,[364] oder ob noch hinzukommen muss, dass der Gläubiger begründeten **Anlass zur Besorgnis** hatte, er werde ohne Vorpfändung seine Forderung nicht realisieren können.[365] Grundsätzlich gilt, dass die Zulässigkeit der Vorpfändung nicht abhängig ist von irgendwelchen konkreten Anhaltspunkten dafür, dass der Gläubiger sonst Nacheile haben wird. § 845 ZPO stellt dem Gläubiger ein nahezu voraussetzungsloses Mittel der Absicherung zur Verfügung. Wenn er, der häufig keinen Einblick in die Vermögensverhältnisse seines Schuldners hat, davon Gebrauch macht, ist dies im Regelfall als zu seiner Absicherung notwendig anzusehen. Etwas anderes muss aber dann gelten, wenn aus der Sicht des Gläubigers

---

[357] LG München II AnwBl 1968, 362.

[358] OLG München AnwBl 1959, 131 mAnm *Chemnitz*.

[359] Zöller/*Seibel* ZPO § 765a Rn 23.

[360] BGH FamRZ 2014, 1996; 2004, 1477 = JurBüro 2004, 540.

[361] BGH FamRZ 2014, 1996.

[362] OLG Köln Rpfleger 2001, 149 (150) li. Sp. letzter Absatz.

[363] Zur Vorpfändung bei Vorratspfändung wegen Unterhaltsansprüchen: *Mümmler* JurBüro 1993, 204.

[364] KG AnwBl 1987, 335 = Rpfleger 1987, 216 = JurBüro 1987, 715.

[365] OLG Frankfurt a. M. MDR 1994, 843; OLG Hamburg JurBüro 1990, 533; LG München II AGS 2013, 539; LAG Köln MDR 1995, 423, kein Erstattungsanspruch, wenn Vorpfändung dazu missbraucht wird, den Schuldner zu einer schnelleren Zahlung zu bewegen.

auch ohne Vorpfändung mit Sicherheit eine Befriedigung in angemessener Zeit zu erwarten ist, zB der Gläubiger kennt die sehr guten Vermögensverhältnisse des Schuldners. Eine Vorpfändung gegenüber der Deutschen Bank ist bspw. derzeit nicht notwendig.

Nicht fristgemäße Pfändung. Der Erstattungsanspruch entfällt wieder, wenn die Pfändung ohne besonderen Grund nicht innerhalb der Frist des § 845 Abs. 2 ZPO nachfolgt, zB weil der Gläubiger auf seine Rechte verzichtet oder er die Frist aus Nachlässigkeit versäumt hat.[366] Der Erstattungsanspruch bleibt aber dann bestehen, wenn die Pfändung unterbleibt, weil der Schuldner nach der Pfändungsankündigung den Gläubiger befriedigt oder die Vollstreckung durch Sicherheitsleistung abwendet oder Ratenzahlung verspricht. Dasselbe gilt, wenn der Gläubiger von einer Pfändung absieht, weil erst die in Folge der Vorpfändung vom Drittschuldner abgegebene Erklärung Klarheit geschaffen hat, dass der vorgepfändete Anspruch nicht oder nicht mehr besteht. Bevor die Kosten der Vorpfändung wegen Fristversäumung nicht erstattet werden, ist deshalb stets zu prüfen, welche Gründe den Gläubiger zur Abstandnahme von weiteren Maßnahmen bewogen haben. 426

100. Warenzeichen

→ Rn. 297. 427

101. WEG

a) Ein Auftraggeber. VV 1008 RVG. Da die WEG rechts- und parteifähig ist (→ RVG VV 1008 Rn. 134 ff.), kann die WEG, soweit für oder gegen sie ein Titel ergangen ist, auch vollstrecken bzw. kann gegen sie vollstreckt werden.[367] In diesen Fällen vertritt der RA nur die WEG als solche, so dass VV 1008 RVG ausscheidet. 428

b) Mehrere Auftraggeber. VV 1008 RVG. Steht aber der Titel nicht der WEG, sondern den einzelnen Wohnungseigentümern gemeinsam zu, so gibt es mehrere Gläubiger und VV 1008 RVG ist anzuwenden.[368] 429

Erstattung. Fraglich ist, ob bei der Erstattung auch zu prüfen, ob nicht uU im Erkenntnisverfahren der Antrag auf die WEG hätte umgestellt werden müssen, sodass der Titel für sie bestanden hätte, in welchem Fall auch nur die WEG die Zwangsvollstreckung hätte betreiben können. Der BGH verneint dies in einem Fall, in dem die letzte mündliche Verhandlung zeitnah zur Änderung der Rspr. des BGH zur Rechts- und Parteifähigkeit der WEG stattgefunden hatte, wobei er auch darauf hinweist, dass das Verfahren bereits zwei Jahre anhängig war und weder das Gericht noch der Beklagte Einwände gegen die Parteibezeichnung erhoben haben.[369] 430

Grundsätzlich ist eine solche Überprüfung abzulehnen.[370] Es ist nicht Sache des Erstattungsverfahrens die Richtigkeit der Grundentscheidung zu überprüfen. 431

102. Zahlungsaufforderungen mit Vollstreckungsandrohung

a) Auftrag und Gebühr. Die Zahlungsaufforderung mit Vollstreckungsandrohung gehört als die Vollstreckung vorbereitende Maßnahme bereits zur Vollstreckung und nicht mehr zur Hauptsache (ganz hM). Auch der Verfahrensbevollmächtigte verdient also die Vollstreckungsgebühr. Voraussetzung ist allerdings, dass er einen Auftrag zu diesem Schreiben bzw. einen generellen Vollstreckungsauftrag hatte.[371] 432

b) Angelegenheit. Bleibt die unter Androhung von Vollstreckungsmaßnahmen erfolgte Zahlungsaufforderung des vom Gläubiger beauftragten Anwalts ohne Erfolg, so stellt der anschließend erteilte Vollstreckungsauftrag mit dem Aufforderungsschreiben eine Angelegenheit dar.[372] 433

c) Gegenstandswert, → § 25 Rn. 8. 434

d) Erstattungsfähigkeit. Die durch das Aufforderungsschreiben mit Vollstreckungsandrohung entstandenen Gebühren sind grds. gem. § 788 ZPO erstattungsfähig (ganz hM),[373] und 435

---

[366] OLG Köln Rpfleger 2001, 149 (151) re. Sp. letzter Absatz; LAG Köln MDR 1993, 915.

[367] BGH NJW 2005, 2061 (2067) Ziff. b–d = JurBüro 2005, 534.

[368] BGH DGVZ 2007, 68.

[369] BGH NJW 2010, 1007.

[370] *Hansens* RVGreport 2010, 77 Ziff. IV.

[371] BGH NJW-RR 2003, 1581 = MDR 2003, 1381; OLG Frankfurt a. M. JurBüro 1988, 786; KG JurBüro 2001, 211; 08, 151; OLG Koblenz MDR 1995, 753 = Rpfleger 1995, 313; OLG München AnwBl 1989, 685 = JurBüro 1989, 1117 = MDR 1989, 652; OLG Schleswig JurBüro 1995, 32 = AnwBl 1994, 473.

[372] AG Heilbronn AGS 2020, 512 mzustAnm *N. Schneider;* AG Worms DGVZ 1998, 127; AG Charlottenburg DGVZ 1998, 175; *Volpert* RVGreport 2005, 127 (131).

[373] BGH NJW-RR 2003, 1581 = MDR 2003, 1381; OLG Düsseldorf JurBüro 1991, 231; KG JurBüro 2001, 211; OLG Köln JurBüro 1993, 602 = Rpfleger 1993, 120; OLG München AnwBl 1989, 685 = JurBüro 1989,

zwar auch gegenüber dem Finanzamt.[374] Die Erstattungsfähigkeit kann nicht mit der Begründung abgelehnt werden, ein solches Schreiben sei unnötig. Zwar ist die Ankündigung der Vollstreckung nicht zu deren Durchführung nötig; sie ist aber erfahrungsgemäß ein geeignetes und auch im Interesse des Schuldners liegendes, weil im Verhältnis zu hoheitlichen Maßnahmen schonenderes Mittel, Erfüllung ohne Einschaltung staatlicher Vollstreckungsorgane zu erlangen. Ist die Aufforderung erfolglos und beantragt der RA nachfolgend eine hoheitliche Vollstreckungsmaßnahme, so verteuert sich auch das Verfahren für den Gläubiger und den Schuldner nicht, da Aufforderung und nachfolgende Vollstreckung eine Angelegenheit bilden (→ Rn. 433), eine Vollstreckungsgebühr also nur einmal anfällt.[375]

436 **e) Voraussetzungen der Erstattungsfähigkeit. Zustellung des Titels.** Streitig ist, ob beim Aufforderungsschreiben der Titel zumindest gleichzeitig zugestellt werden muss.[376] Die Frage ist zu verneinen, wenn man berücksichtigt, dass es sich um eine im Interesse des Schuldners schonendere Maßnahme handelt und dass der Gläubiger eine hoheitliche Maßnahme mit der gleichzeitigen Zustellung des Titels verbinden könnte. Auch der BGH hat bei der Aufzählung der Voraussetzungen für einen Erstattungsanspruch hinsichtlich eines Aufforderungsschreibens mit Vollstreckungsandrohung die Zustellung des Titels nicht genannt und einen Erstattungsanspruch anerkannt, obgleich das Aufforderungsschreiben einen Tag vor der Zustellung des Titels an den Schuldner datiert ist.[377] Allerdings hat er sich mit dem Problem, dass entgegen § 750 ZPO der Titel nicht zugestellt war, nicht befasst.

437 **Zustellung einer vollstreckbaren Ausfertigung.** Erst recht bedarf es keiner Zustellung einer vollstreckbaren Ausfertigung (→ Rn. 106).[378] Zwar wäre die Zustellung der Vollstreckungsklausel der billigere Weg, um den Schuldner zur Erfüllung zu drängen. Andererseits muss man aber auch anerkennen, dass der Gläubiger gleich die Vollstreckung betreiben könnte und die Zahlungsaufforderung das mildere Mittel ist. Darüber hinaus ist eine Zahlungsaufforderung mit Vollstreckungsandrohung jedenfalls für einen Laien ein viel eindeutigerer Hinweis für die Vollstreckungsabsicht. Die Bedeutung der Zustellung einer vollstreckbaren Ausfertigung wird vielen Laien verschlossen bleiben.

438 **Vorliegende Vollstreckungsklausel.** Hingegen wird zu Recht allgemein verlangt, dass der Titel bereits mit der Vollstreckungsklausel versehen ist.[379] Das bei dem Verzicht auf die Zustellung des Titels herangezogene Argument, dass eine hoheitliche Maßnahme mit der Zustellung verbunden werden könnte (→ Rn. 436), greift hier nicht. Ohne eine Vollstreckungsklausel kann keine Vollstreckung betrieben werden.[380] Etwas anderes gilt natürlich in den Fällen, in denen es keiner Vollstreckungsklausel bedarf wie zB bei der Vollziehung eines Arrestes.[381]

439 **Nachweis der Sicherheitsleistung.** Der Nachweis der Sicherheitsleistung (§ 751 Abs. 2 ZPO) muss erbracht sein.[382] § 720a ZPO steht nicht entgegen, da es dort nur um eine Sicherung geht, bei der Zahlungsaufforderung aber Erfüllung verlangt wird.[383] Die zu gewährende Zahlungsfrist beginnt erst mit dem Nachweis der Sicherheitsleistung (→ Rn. 125).[384]

1117 = MDR 1989, 652; OLG Nürnberg JurBüro 1993, 751; LAG Düsseldorf JurBüro 1996, 584; **aA** LG Berlin MDR 2003, 114, da die Zahlungsaufforderung nicht der Vollstreckung, sondern deren Vermeidung dienen soll; Stein/Jonas/*Münzberg* ZPO, 22. Aufl., § 788 Rn. 17, da im Regelfall die Zahlungsaufforderung der Vollstreckung nicht vorausgehen muss.

[374] *N. Schneider* Anm. zu der entgegengesetzte Meinung vertretendem FG Düsseldorf AGS 2013, 153.

[375] LG Kassel DGVZ 1996, 11; AG Worms DGVZ 1998, 127.

[376] **Bejahend** OLG Düsseldorf JurBüro 1986, 1043; OLG Koblenz JurBüro 1985, 1657 (bei OLG Düsseldorf und OLG Koblenz ohne Auseinandersetzung mit dem Problem; es kam nicht auf diese Frage an, da Zustellung erfolgt war); OLG München JurBüro 1989, 1117; LAG Hamm MDR 1994, 202; **verneinend** OLG Frankfurt a. M. JurBüro 1988, 786, das nicht auf die Zustellung, sondern auf die Kenntnis des Schuldners von der Entscheidung abstellt; KG JurBüro 1983, 242; OLG Saarbrücken JurBüro 1982, 242; LG Saarbrücken JurBüro 2019, 154 = RVGreport 2019, 267 mzustAnm *Hansens; Mock* AGS 2003, 562 (563) li. Sp. Abs. 3.

[377] BGH NJW-RR 2003, 1581 = MDR 2003, 1381.

[378] OLG Köln JurBüro 1986, 1582.

[379] BGH NJW-RR 2003, 1581 = MDR 2003, 1381; HessLAG JurBüro 1986, 1205; KG JurBüro 1987, 390; *Mümmler* JurBüro 1986, 1121 (1123).

[380] KG JurBüro 1987, 390.

[381] KG JurBüro 1987, 390.

[382] OLG Hamburg JurBüro 1972, 422; OLG Hamm JurBüro 2020, 46; OLG Koblenz JurBüro 1985, 1657; 89, 91; OLG Köln JurBüro 1982, 1526; OLG Schleswig JurBüro 1990, 923; **aA** OLG Düsseldorf MDR 1988, 784 unter Berufung auf § 720a ZPO.

[383] OLG Köln JurBüro 1982, 1526.

[384] OLG Koblenz JurBüro 1989, 91; in diese Richtung OLG Schleswig JurBüro 1990, 923; Stein/Jonas/*Münzberg* ZPO, 22. Aufl., § 788 Rn. 29, gleichzeitiger Nachw. reicht nicht.

Weitere Voraussetzungen. Hinsichtlich der weiteren Voraussetzungen wird auf die Darlegungen zu den hoheitlichen Maßnahmen Bezug genommen, die grundsätzlich, wenn auch nicht in allen Fällen, auch beim Aufforderungsschreiben gelten. Gegeben sein muss insbes. die unbedingte **Leistungspflicht**[385] (→ Rn. 112 ff.) und die **ausreichende Zeit** zur Erfüllung (→ Rn. 116 ff.). **440**

Heilung bei verfrühter Androhung. Bei der vorzeitigen Androhung der Zwangsvollstreckung ist hM, dass Erstattungsfähigkeit gegeben ist, wenn nachfolgend die Voraussetzungen für einen Erstattungsanspruch eintreten, weil der Schuldner erst nach Ablauf der Frist zahlt, die angemessen gewesen wäre (anders als bei hoheitlichen Maßnahmen, → Rn. 128 ff.).[386] **441**

f) Notwendigkeit des RA. Dass die Hilfe eines Anwalts zur Abfassung des Aufforderungsschreibens notwendig ist, wird inzidenter von den Gerichten in den Fällen angenommen, in denen sie einen Erstattungsanspruch hinsichtlich der Rechtsanwaltskosten bejahen. Jedenfalls ein in juristischen Dingen unerfahrener Gläubiger bedarf der Unterstützung durch einen RA. Im Übrigen wird bei juristischen Laien meistens schon vorher durch Information und Beratung eine erstattungsfähige Vollstreckungsgebühr entstanden sein (→ Rn. 142). **442**

g) Abwehrschreiben des Schuldners. Wendet sich der RA des Schuldners gegen eine Zahlungsaufforderung mit Vollstreckungsandrohung, → Rn. 128. **443**

103. Zahlungsaufforderungen ohne Vollstreckungsandrohung

a) Entstehung der Gebühr. Mit Vollstreckungsauftrag. Hatte der RA einen Vollstreckungsauftrag, so gehört die anwaltliche Tätigkeit zur Vollstreckung. Der RA verdient die Gebühr des VV 3309 RVG.[387] Es gilt das zuvor zur Zahlungsaufforderung mit Vollstreckungsandrohung Ausgeführte (→ Rn. 432 ff.). **444**

Ohne Vollstreckungsauftrag. Hatte er keinen Vollstreckungsauftrag, so liegt kein Einzelauftrag zB nach VV 3402 RVG vor.[388] Es fehlt an einem Auftrag im Rahmen eines gerichtlichen Verfahrens. Das Hauptsacheverfahren ist beendet, die Vollstreckung hat noch nicht angefangen. Es handelt sich um einen Vertretungsauftrag iSv VV 2300 f. RVG.[389] Nicht selten wird ein Fall des VV 2301 RVG gegeben sein, so dass der RA wie bei der Gebühr des VV 3309 RVG eine 0,3 Gebühr verdient. Wird der RA später in der Vollstreckung tätig, so ist die Vertretungsgebühr gem. VV Vorb. 3 Abs. 4 RVG auf die Vollstreckungsgebühr anzurechnen.[390] In den Fällen, in denen mindestens eine 0,6 Geschäftsgebühr (Anrechnung die Hälfte, also 0,3) angefallen ist, kommt es daher nicht darauf an, ob man bereits von einem Vollstreckungsauftrag oder einem außergerichtlichen Vertretungsauftrag ausgeht. **445**

Wendet der Schuldner ein, der Titel bestehe nicht (mehr) zu Recht, → Rn. 15. **446**

Gegenstandswert, → § 25 Rn 9. **447**

b) Erstattung. Ein Erstattungsanspruch gem. § 788 ZPO scheidet auch dann aus, wenn der RA aufgrund eines Vollstreckungsauftrags tätig war. Mangels einer Androhung der Vollstreckung ist das Schreiben nicht notwendig, um die Vollstreckung zu fördern oder vorzubereiten.[391] Da dem Schreiben aber häufig ein Informationsgespräch und/oder eine Prüfung im Rahmen eines Vollstreckungsauftrags vorausgeht und die bereits hierdurch beim RA angefallene Vollstreckungsgebühr erstattungsfähig sein kann (→ Rn. 142), wird dennoch häufig ein Erstattungsanspruch für eine Vollstreckungsgebühr gegeben sein. **448**

c) Abwehrschreiben des Schuldners, → Rn. 15. § 788 ZPO liegt nicht vor. **449**

104. Zug um Zug

Kann nur Zug um Zug vollstreckt werden, so sind die durch den Gerichtsvollzieher entstehenden Gerichtsvollziehergebühren im Regelfall als notwendige Kosten der Zwangsvollstre- **449a**

---

[385] KG AnwBl 1974, 186.

[386] KG JurBüro 2001, 211; OLG Schleswig JurBüro 1999, 609; Gerold/Schmidt/*von Eicken,* 15. Aufl. 2002, BRAGO § 57 Rn. 31; *Hansens* JurBüro 1995, 208.

[387] Schneider/Wolf/*Volpert* RVG § 25 Rn. 12; nach *Hansens* BRAGO § 57 Rn. 5 gehört das Aufforderungsschreiben aber für den Verfahrensbevollmächtigten zum Hauptsacheverfahren und löst keine gesonderte Gebühr aus.

[388] **AA** *Hansens* BRAGO § 57 Rn. 5, uU kann auch Einzelauftrag vorliegen.

[389] **AA** *N. Schneider* AGK 11, 21, Gebühr nach VV 3309 RVG.

[390] Auch zur BRAGO wurde angenommen, dass eine Anrechnung zu erfolgen hat *Hansens* BRAGO § 57 Rn. 5.

[391] OLG Brandenburg NJW-Spezial 2020, 668 = AGS 2020, 510 mzustAnm *N. Schneider;* LAG Hamm MDR 1994, 202.

ckung zu erstatten, und zwar einschließlich der Anwaltskosten im Zusammenhang mit der Beauftragung des Gerichtsvollziehers.[392]

105. Zustellung

450 **a) Zustellung des Urteils usw.** War der RA schon während des Erkenntnisverfahrens Verfahrensbevollmächtigter, so ist die Zustellung des Urteils oder sonstiger Vollstreckungstitel, der Vollstreckungsklausel und sonstiger in § 750 ZPO genannter Urkunden durch die vorher verdiente Verfahrensgebühr abgegolten (§ 19 Abs. 1 S. 2 Nr. 9 RVG). Erhält der RA einen Auftrag, der nur auf die Zustellung beschränkt ist, verdient er jedenfalls nur eine 0,3 Gebühr, egal ob man VV 3309 RVG oder VV 3403 ff. RVG anwendet,[393] da dann die Zustellung zur Vollstreckung gehört und der Einzeltätigkeitsanwalt nicht mehr verdienen kann als der Vollstreckungsanwalt (§ 15 Abs. 6 RVG; → RVG VV 3403 Rn. 58). War dagegen der RA nur mit der Durchführung der Vollstreckung beauftragt, so verdient er die Gebühr des VV 3309 RVG.[394]

451 **Erstattung.** Wird ein Titel im Ausland, das zur EU gehört, mit Hilfe eines Anwalts zugestellt, so sind nach der VO (EG) 1348/00 die hierdurch angefallenen Anwaltskosten erstattungsfähig; es muss bei der Zustellung nicht der diplomatische Weg gewählt werden.[395]

452 **b) Einstweilige Verfügung.** Die Zustellung einer einstweiligen Verfügung gehört zur Vollziehung und löst damit eine erstattungsfähige Gebühr gem. VV 3309 RVG aus, wenn der RA nicht schon im Anordnungsverfahren tätig war. Andernfalls gehört die Zustellung gem. § 19 Abs. 1 S. 2 Nr. 9 RVG zum Anordnungsverfahren.[396] Das gilt auch dann, wenn die einstweilige Verfügung ein Gebot oder ein Verbot enthält.[397]

453 **Erstattung.** Diese Gebühr ist zu erstatten, wenn die Einschaltung eines Anwalts notwendig war, was zB anzunehmen ist, wenn eine einstweilige Verfügung unverzüglich zugestellt werden musste und dies nur im Wege der anwaltlichen Zustellung erfolgen konnte.[398]

454 **c) Prozessvergleich, vollstreckbare notarielle Urkunde.** Stellt der RA einen Prozessvergleich oder eine vollstreckbare Notarsurkunde zu, so ist § 19 Abs. 1 S. 2 Nr. 16 RVG anzuwenden, da es sich um Vollstreckungstitel im Sinne dieser Bestimmung handelt.[399]

455 **d) Bankbürgschaft oder Hinterlegungsschein,** → Rn. 345.

XIX. Zwangsversteigerung und Zwangsverwaltung

456 Hierfür gibt es in VV 3311 ff. RVG besondere Gebührenvorschriften.

Nr.	Gebührentatbestand	Gebühr oder Satz der Gebühr nach § 13 RVG
3310	Terminsgebühr .... Die Gebühr entsteht für die Teilnahme an einem gerichtlichen Termin, einem Termin zur Abgabe der Vermögensauskunft oder zur Abnahme der eidesstattlichen Versicherung.	0,3

Übersicht

[392] BGH NJW 2014, 2508 = RVGreport 2014, 399 mzustAnm *Hansens.*
[393] *Gerauer* Rpfleger 1987, 477; **aA** OLG Frankfurt a. M. JurBüro 1990, 922.
[394] BT-Drs. 15/1971, 194; Riedel/Sußbauer/*Keller,* 8. Aufl. 2000, BRAGO § 58 Rn. 15.
[395] OLG Hamburg MDR 2007, 117.
[396] OLG Braunschweig Rpfleger 2006, 43; OLG Celle NJW-RR 2008, 1600 = AGS 2008, 283 mzustAnm *N. Schneider;* OLG Frankfurt a. M. JurBüro 2002, 140; OLG Hamm JurBüro 2001, 475; KG KGR 2009, 839; OLG Koblenz JurBüro 2003, 137 = Rpfleger 2003, 269; LG Saarbrücken AGS 2014, 181; *Hansens* JurBüro 1985, 340.
[397] OLG Koblenz JurBüro 1984, 887; OLG Schleswig JurBüro 1984, 410; *Hansens* BRAGOreport 2002, 105 (106).
[398] OLG Celle NJW-RR 2008, 1600 = AGS 2008, 283; KG KGR 2009, 839.
[399] Schneider/Wolf/*Fölsch/Mock/Schneider/Thiel/Volpert* RVG § 19 Rn. 173.

I. Motive

Die Motive führen zu VV 3100 RVG aus: 1

„Zusätzlich zur Verfahrensgebühr soll der Rechtsanwalt eine Terminsgebühr von 0,3 erhalten, wenn er in einem der dem Unterabschnitt 3 unterfallenden Verfahren an einem gerichtlichen Termin oder an einem Termin vor dem Gerichtsvollzieher zur Abnahme der eidesstattlichen Versicherung teilnimmt. Die Beschränkung der Terminsgebühr auf die Teilnahme an einem gerichtlichen Termin oder an einem Termin zur Abgabe der eidesstattlichen Versicherung ist sachgerecht. Im Hinblick auf die Neueinführung der Einigungsgebühr (Nummer 1000 VV RVG-E) kann eine Terminsgebühr für Besprechungen, die auf Erledigung zielen, als verzichtbar angesehen werden, weil vielfach die Einigungsgebühr, insbesondere bei Ratenzahlungsvereinbarungen, anfallen wird."[1]

II. Allgemeines

VV 3310 RVG regelt die Terminsgebühr im Vollstreckungsverfahren. Gem. der Anm. zu VV 3310 RVG erhält sie der RA für die Teilnahme an einem gerichtlichen Termin, einem Termin zur Abgabe der Vermögensauskunft[2] oder einem Termin zur Abnahme der eidesstattlichen Versicherung. Einer Antragstellung oder Erörterung bedarf es anders als zum alten Recht[3] nicht. 2

Anders als die Terminsgebühr des VV 3104 RVG kann die Terminsgebühr des VV 3310 RVG nicht für außergerichtliche Gespräche der Rechtsanwälte zur gütlichen Beilegung anfallen.[4] Die Motive begründen das damit, dass im Gefolge solcher Gespräche häufig eine Einigungsgebühr anfallen wird und es deshalb nicht auch noch einer Terminsgebühr bedarf (→ Rn. 1). 3

Das überzeugt nicht und sollte geändert werden. In vielen Fällen führen diese Gespräche nicht zu einer Einigung und bleiben dann ohne jede Vergütung. Mit der gleichen Begründung könnte man in VV Vorb. 3 Abs. 3 RVG die (sehr zu begrüßende) letzte Alternative (Terminsgebühr für Einigungsgespräche) generell wegfallen lassen. 4

III. Anwendungsbereich

→ RVG VV 3309 Rn. 6 f. 5

IV. Termine

1. Betroffene Termine

Nur eine Teilnahme an ganz bestimmten Terminen kann die Terminsgebühr des VV 3310 RVG auslösen. Es muss sich handeln 6
– um einen gerichtlichen Termin, auch wenn der Rechtspfleger zuständig ist,[5]
– oder um einen Termin zur Abgabe der Vermögensauskunft oder zur Abnahme der eidesstattlichen Versicherung.

Als Gerichtstermine kommen in Betracht Termine zur Anhörung im Rahmen von zB 7

---

[1] BT-Drs. 15/1971, 215.
[2] Eingeführt durch das G zur Reform der Sachaufklärung in der Zwangsvollstreckung BGBl. 2009 I 2258, in Kraft seit dem 1.1.2013.
[3] Gerold/Schmidt/*von Eicken,* 15. Aufl. 2002, BRAGO § 57 Rn. 26.
[4] *Kroiß* RVG-Letter 2004, 125 (126) Ziff. B II; *H. J. Mayer* RVG-Letter 2004, 41; *Volpert* RVGreport 2004, 450 (454).
[5] *Volpert* RVGreport 2004, 450 (455) Ziff. II 3c.

- §§ 887–890, 891 ZPO,
- Verteilungsverfahren gem. §§ 875 ff.,[6]
- dem Gericht zugewiesenen Anordnungen von Vollstreckungshandlungen gem. § 764 ZPO,
- Vollstreckungsschutzmaßnahmen gem. § 765a ZPO,[7]

2. Nicht betroffene Vorgänge

8 Keine Terminsgebühr lösen aus

- persönliche oder telefonische Gespräche mit dem Gericht außerhalb eines Termins,
- Teilnahme an Maßnahmen des Gerichtsvollziehers[8] oder Besprechungen mit dem Gerichtsvollzieher außerhalb eines Termins zur Abgabe der Vermögensauskunft oder zur Abnahme der eidesstattlichen Versicherung,
- Gespräche der Anwälte untereinander außerhalb eines der beiden vom Gesetz genannten Termine.

3. Beginn/Ende

9 Der Termin muss begonnen haben und darf noch nicht beendet gewesen sein zu dem Zeitpunkt, da der RA daran teilgenommen hat. Erscheint der RA zu einem anberaumten Termin und wird dieser erst gar nicht aufgerufen, so kann er keine Terminsgebühr verdienen. Im Übrigen → RVG VV Vorb. 3 Rn. 81 ff.

4. Arrest

10 Wird mit dem Arrestgesuch ein Antrag auf Forderungspfändung verbunden und wird über beide Anträge mündlich verhandelt, so entsteht sowohl eine 1,2 Terminsgebühr nach VV 3104 RVG als auch eine 0,3 Terminsgebühr gem. VV 3310 RVG. In der Regel wird allerdings wohl nur über das Arrestgesuch mündlich verhandelt werden, während die Entscheidung über den Pfändungsantrag zurückgestellt wird.[9] Legt der Arrestkläger gegen das Urteil, durch das der Arrestbefehl und der Pfändungsbeschluss aufgehoben worden sind, Berufung ein und außerdem noch Beschwerde gegen die Aufhebung des Pfändungsbeschlusses, so liegt in der Verhandlung über den Berufungsantrag nicht zugleich eine Verhandlung im Beschwerdeverfahren. Es entsteht keine 0,3 Terminsgebühr.[10]

V. Teilnahme

11 Für die Teilnahme genügt, dass der RA vertretungsbereit im Termin anwesend ist. Es ist nicht erforderlich, dass er etwas sagt oder dass er gar Anträge stellt. Unerheblich ist auch, ob in dem Termin etwas erörtert wird.[11] Wird die Sache alsbald nach dem Aufruf vertagt, so hat der RA die Terminsgebühr verdient. Im Übrigen → RVG VV Vorb. 3 Rn. 108 ff.

VI. Höhe der Gebühr

12 RA verdient eine 0,3 Terminsgebühr. Eine Herabsetzung der Gebühr unter irgendwelchen Voraussetzungen gibt es nicht. Die Mindestgebühr beträgt gem. § 13 Abs. 2 RVG 15,– EUR[12]

VII. Abgeltung, Angelegenheit

13 Finden in einer als eine Angelegenheit anzusehenden Vollstreckungssache mehrere Termine statt, so verdient der RA die Terminsgebühr nur einmal. Betreffen die Termine unterschiedliche Vollstreckungsangelegenheiten, so liegen mehrere Angelegenheiten vor und fällt die Terminsgebühr mehrfach an. Sie entsteht ebenso wie die Verfahrensgebühr (→ RVG VV 3309 Rn. 53 f.) nicht nur einmal im gesamten Vollstreckungsverfahren.

---

[6] *Volpert* RVGreport 2004, 450 (455) Ziff. II 3d.

[7] Wegen mündlicher Verhandlung Thomas/Putzo/*Seiler* ZPO § 764 Rn. 6, ZPO § 765a Rn. 14.

[8] *Goebel* RVG-B 2004, 76 (77) Ziff. II; *Volpert* RVGreport 2004, 450 (454), zu Räumungs- und Versteigerungstermin.

[9] *H. Schmidt* JurBüro 1962, 614.

[10] OLG Frankfurt a. M. JurBüro 1960, 453 = MDR 1960, 594 (Ls.).

[11] *Kroiß* RVG-Letter 2004, 125 (126) Ziff. B II; *Volpert* RVGreport 2004, 450 (454).

[12] *Volpert* RVGreport 2004, 450 (454).

VIII. Beschwerde und Erinnerung

Bei diesen verdient der RA eine 0,5 Terminsgebühr unter den dort geltenden Voraussetzungen gem. VV 3513 RVG. 14

IX. Kostenerstattung

Anwaltskosten können gem. § 788 ZPO zu erstatten sein. Es kommt wieder darauf an, ob die Maßnahme erforderlich und die Zuhilfenahme eines Rechtsanwaltes notwendig war; iÜ vgl. die Ausführungen zu → RVG VV 3309 Rn. 1 ff. 15

X. Prozesskostenhilfe

Wurde dem Gläubiger für die Vollstreckung oder generell für ein Eilverfahren (§ 48 Abs. 2 RVG) ein RA beigeordnet, so erfasst die Beiordnung auch die Terminsgebühr. 16

XI. Rechtsschutzversicherung

Soweit die Rechtsschutzversicherung Kosten in der Vollstreckung abdeckt (→ RVG VV 3309 Rn. 164 f.), gilt das auch für die Terminsgebühr. 17

Nr.	Gebührentatbestand	Gebühr oder Satz der Gebühr nach § 13 RVG
	Unterabschnitt 4. Zwangsversteigerung und Zwangsverwaltung	
3311	Verfahrensgebühr ... Die Gebühr entsteht jeweils gesondert 1. für die Tätigkeit im Zwangsversteigerungsverfahren bis zur Einleitung des Verteilungsverfahrens; 2. im Zwangsversteigerungsverfahren für die Tätigkeit im Verteilungsverfahren, und zwar auch für eine Mitwirkung an einer außergerichtlichen Verteilung; 3. im Verfahren der Zwangsverwaltung für die Vertretung des Antragstellers im Verfahren über den Antrag auf Anordnung der Zwangsverwaltung oder auf Zulassung des Beitritts; 4. im Verfahren der Zwangsverwaltung für die Vertretung des Antragstellers im weiteren Verfahren einschließlich des Verteilungsverfahrens; 5. im Verfahren der Zwangsverwaltung für die Vertretung eines sonstigen Beteiligten im ganzen Verfahren einschließlich des Verteilungsverfahrens und 6. für die Tätigkeit im Verfahren über Anträge auf einstweilige Einstellung oder Beschränkung der Zwangsvollstreckung und einstweilige Einstellung des Verfahrens sowie für Verhandlungen zwischen Gläubiger und Schuldner mit dem Ziel der Aufhebung des Verfahrens.	0,4
3312	Terminsgebühr ... Die Gebühr entsteht nur für die Wahrnehmung eines Versteigerungstermins für einen Beteiligten. Im Übrigen entsteht im Verfahren der Zwangsversteigerung und der Zwangsverwaltung keine Terminsgebühr.	0,4

Übersicht

I. Zwangsversteigerung

1. Allgemeines

1 Die Vorschriften der VV 3311, 3312 RVG sind anzuwenden auf Verfahren der Zwangsversteigerung nach dem Gesetz über die Zwangsversteigerung und die Zwangsverwaltung (ZVG). Das Zwangsversteigerungsverfahren findet statt
- in Grundstücke oder Bruchteile davon
- in das Stockwerkseigentum (Bayern),
- in das Wohneigentum,
- in Erbbaurechte,
- in Bergwerkseigentum und Bergwerkskuxe,
- in Fischereirechte,
- in Realgewerbeberechtigungen,
- in Hochseekabel,
- in Schiffe und Schiffsbauwerke, die im Schiffsregister eingetragen sind,
- in Luftfahrzeuge.

Nicht notwendig ist, dass ein Gläubiger das Verfahren gegen einen Schuldner betreibt. Versteigerungen nach dem ZVG finden auch statt
- auf Antrag des Insolvenzverwalters § 172 ZVG,
- auf Antrag der Erben im Falle des § 175 ZVG,

– zwecks Aufhebung einer Gemeinschaft § 180 ZVG.

Nicht anzuwenden sind VV 3311, 3312 RVG auf

– freiwillige Versteigerungen (hier gilt VV 2300 RVG),
– Zwangsversteigerungen auf Grund landesrechtlicher Vorschriften (hier gilt ebenfalls VV 2300 RVG),
– die Vollstreckung aus dem Zuschlagsbeschluss gegen den Grundstücksbesitzer, § 93 ZVG (hier gilt VV 3309 RVG),
– die Vollstreckung aus dem Zuschlagsbeschluss gegen den Ersteher, § 132 ZVG, auf Zahlung, soweit sie nicht in das ersteigerte Grundstück betrieben wird (hier gilt gleichfalls VV 3309 RVG),
– für die Eintragung einer Zwangshypothek (hier gelten VV 3309 RVG gem. VV Vorb. 3.3.3 RVG).

Dagegen ist die Wiederversteigerung des Grundstücks (§ 133 ZVG) ein Zwangsversteigerungsverfahren iSd VV 3311, 3312 RVG. Dieses Zwangsversteigerungsverfahren ist ein neues – von dem bisherigen unabhängiges – Verfahren; es lässt deshalb neue Gebühren entstehen.

2. Rechtsanwaltsgebühren

Der frühere Unterschied, je nachdem der RA einen Beteiligten oder einen Bieter vertrat, ist in VV 3311, 3312 RVG nicht mehr enthalten. 2

3. Vertretung eines Beteiligten

Der RA erhält als Vertreter eines Beteiligten „gesondert" 3

– nach VV 3311 RVG eine allgemeine Betriebsgebühr, die 0,4 beträgt,
– nach VV 3312 RVG eine Terminsgebühr für die Wahrnehmung der Versteigerungstermine iHv 0,4.
– für die Tätigkeit im Verteilungsverfahren ebenfalls eine 0,4-Gebühr.

Auch wenn der Auftraggeber des RA als Beteiligter der Antragsteller des Verfahrens ist, erhöhen sich die Gebühren nicht.

Der Gegenstandswert für diese Gebühren bestimmt sich nach § 26 RVG.

Als Beteiligte gelten nach § 9 ZVG der Gläubiger und der Schuldner, diejenigen, für die zzt. der Eintragung des Vollstreckungsvermerks ein Recht im Grundbuch eingetragen oder durch Eintragung gesichert ist, diejenigen, die ein der Zwangsvollstreckung entgegenstehendes Recht, ein Recht an dem Grundstück oder einem das Grundstück belastenden Recht, einen Anspruch mit dem Recht auf Befriedigung aus dem Grundstück oder ein Miet- oder Pachtrecht, auf Grund dessen ihnen das Grundstück überlassen ist, bei dem Vollstreckungsgericht anmelden und auf Verlangen des Gerichts oder eines Beteiligten glaubhaft machen. Auf die Zwangsvollstreckung eines im Schiffsregister eingetragenen Schiffes oder eines Schiffsbauwerks, das im Schiffsregister eingetragen ist oder in dieses Register eingetragen werden kann, finden nach § 162 ZVG diese Vorschriften entsprechende Anwendung. Nach § 163 Abs. 3 ZVG gelten die Träger der Sozialversicherung einschließlich der Arbeitslosenversicherung als Beteiligte, auch wenn sie eine Forderung nicht angemeldet haben. 4

Weiter gelten als Beteiligte iSd § 9 ZVG nach § 24 Erbbaurechtsgesetz bei der Zwangsvollstreckung in das Erbbaurecht auch die Grundstückseigentümer. Der Insolvenzverwalter ist im Falle des § 172 ZVG Gläubiger und Schuldner in einer Person.

Der Erbe und jeder andere, der das Aufgebot der Nachlassgläubiger beantragen kann, ist Beteiligter, wenn die übrigen Voraussetzungen des § 175 ZVG vorliegen. Beteiligte sind auch Teilhaber einer Gemeinschaft, die nach § 180 ZVG die Teilungsversteigerung beantragen können.[1]

Ob der Beteiligte vom Gericht als solcher anerkannt ist, ist für das Gebührenrecht unerheblich. Es kommt nur darauf an, in welcher Eigenschaft der Auftraggeber den RA beauftragt hat.

Keine Beteiligten sind der Bieter, der Ersteher, der Bürge des Erstehers und der Mobiliarpfandschuldner. Für die **Vertretung eines Bieters** gilt VV 3311 RVG auch, also 0,4. Der RA, der Nichtbeteiligte vertritt, hat Anspruch auf die Gebühren nach VV 2300 RVG.[2] 5

4. Die Verfahrensgebühr

a) Verfahrensgebühr als allgemeine Betriebsgebühr. Für das **Verfahren bis zur Einleitung des Verteilungsverfahrens** erhält der RA eine 0,4-Gebühr. Das Verteilungsverfahren wird nach der Erteilung des Zuschlags dadurch eingeleitet, dass das Gericht nach § 105 ZVG 6

[1] *Mümmler* JurBüro 1978, 1462.
[2] Hartung/Schons/Enders/*Hartung* RVG VV 3311 Rn. 6.

einen Termin zur Verteilung des Versteigerungserlöses bestimmt. Durch die Gebühr nach VV 3311 Anm. Nr. 1 RVG wird also die gesamte Tätigkeit des RA von der Erteilung des Auftrags zur Vertretung in dem Zwangsversteigerungsverfahren bis zur Bestimmung des Termins zur Verteilung des Versteigerungserlöses, jedoch mit Ausnahme der Wahrnehmung der Versteigerungstermine, abgegolten. Jede Tätigkeit, die der RA in diesem Verfahrensabschnitt vornimmt, begründet seinen Anspruch auf die Gebühr. Auch die Vorbereitung des Versteigerungstermins fällt darunter, ebenso die Wahrnehmung eines besonderen Verkündungstermins nach § 87 ZVG, ferner die die Zwangsversteigerung vorbereitende Tätigkeit wie die Beschaffung eines Notfrist- oder Rechtskraftzeugnisses, der erforderlichen Vollstreckungsklausel und deren Zustellung. Der Vertreter des Gläubigers erhält für die Stellung des Zwangsversteigerungsantrags oder die Erklärung des Beitritts keine zusätzliche Vergütung. Die gesamte Tätigkeit des Vertreters außerhalb des Versteigerungstermins wird durch die allgemeine Verfahrensgebühr abgegolten, wobei unerheblich ist, ob der RA eine umfangreiche und mühevolle oder nur eine unbedeutende Tätigkeit entwickelt.[3]

7 Die Vertretung eines Beteiligten im **Verfahren über die Erinnerung gegen die Anordnung der Zwangsversteigerung** gehört zum Zwangsversteigerungsverfahren der ersten Instanz und wird durch die Verfahrensgebühr nach VV 3311 RVG abgegolten.

Wegen der Vollstreckungsschutzverfahren nach § 180 Abs. 2 ZVG sowie § 765a ZPO nachstehend → Rn. 18, 19.

Der RA, der den Gläubiger in einem Zwangsversteigerungsverfahren in ein Grundstück, das Eheleuten gehört, vertritt, erhält die Gebühren nach VV 3311 nur einmal, obwohl zwei Schuldner vorhanden sind (Abweichung von der Mobiliarvollstreckung).[4]

8 **b) Nicht durchgeführte Verfahren.** Wird das Zwangsversteigerungsverfahren nicht durchgeführt, ermäßigt sich die Gebühr nach VV 3311 Anm. Nr. 1 RVG nicht.

5. Die Terminsgebühr

9 **a) Wahrnehmung der Versteigerungstermine.** Für die **Wahrnehmung** erhält der RA neben der Verfahrensgebühr nach VV 3311 RVG nach VV 3312 RVG eine weitere Gebühr von 0,4. Der Versteigerungstermin soll nach § 36 ZVG erst stattfinden nach der Beschlagnahme des Grundstücks, also nach dem Beschluss, durch den die Zwangsversteigerung angeordnet wird (§ 20 ZVG), und nach dem Eingang der Mitteilung des Grundbuchamts über die Eintragung der Anordnung der Zwangsversteigerung in das Grundbuch (§ 19 Abs. 3 ZVG). Für das Verfahren in dem Versteigerungstermin gelten die Vorschriften der §§ 66 ff. ZVG. Nach § 87 ZVG ist in dem Versteigerungstermin oder in einem sofort zu bestimmenden Termin der Beschluss, durch den der Zuschlag erteilt oder versagt wird, zu verkünden.

Der RA verdient die Gebühr, wenn er als Vertreter eines Beteiligten in dem Termin anwesend ist, selbst wenn er sich in dem Termin nicht weiter betätigt. Der im Termin auftretende RA erhält also in jedem Falle – auch wenn er vor dem Termin noch nicht tätig gewesen ist – die Verfahrensgebühr nach VV 3311 RVG iHv 0,4 und die Terminsgebühr iHv 0,4 nach VV 3312 RVG.[5]

Die Gebühr entsteht nicht für die Wahrnehmung anderer Termine als der Versteigerungstermine zB zur Verhandlung über einen Vollstreckungsschutzantrag, § 30b Abs. 2 S. 2 ZVG, eines Vortermins nach § 62 ZVG oder eines bloßen Verkündungstermins nach § 87 ZVG.[6]

10 **b) Mehrere Versteigerungstermine.** Sie sind nötig, wenn es in dem ersten Termin nicht zum Zuschlag kommt. Vertritt der RA einen Beteiligten in mehreren Versteigerungsterminen, so erwirbt er dadurch keinen Anspruch auf eine weitere Gebühr. Die Gebühr nach VV 3312 RVG entsteht in jedem Zwangsversteigerungsverfahren nur einmal, wie sich aus dem Text ergibt, der lautet: „Die Gebühr entsteht nur für die Wahrnehmung eines Versteigerungstermins für einen Beteiligten. Im Übrigen entsteht im Verfahren der Zwangsversteigerung und der Zwangsverwaltung keine Terminsgebühr". Auch aus § 15 Abs. 2 RVG folgt, dass die Gebühr nur einmal entstehen kann.[7]

---

[3] Riedel/Sußbauer/*Ahlmann* RVG VV 3311, 3312 Rn. 19 f.
[4] LG Münster JurBüro 1980, 1687; aA *Meyer* JurBüro 1999, 73.
[5] Hartmann/Toussaint/*Toussaint* RVG VV 3312 Rn. 1 f.
[6] Riedel/Sußbauer/*Ahlmann* RVG VV 3311, 3312 Rn. 27.
[7] Hartmann/Toussaint/*Toussaint* RVG VV 3312 Rn. 1; Riedel/Sußbauer/*Ahlmann* RVG VV 3311, 3312 Rn. 27.

6. Verteilungsverfahren

Für das **Verteilungsverfahren** erhält der RA nach VV 3311 Anm. Nr. 2 RVG eine 0,4-Gebühr. Das Verteilungsverfahren ist in den §§ 105 ff. ZVG geregelt. Es findet ein besonderer Verteilungstermin statt. Der RA verdient die Gebühr durch jede Tätigkeit, die er nach der Bestimmung des Verteilungstermins (§ 105 ZVG) für einen Beteiligten auftragsgemäß vornimmt, zB durch die Einreichung der Berechnung der Ansprüche seines Auftraggebers nach § 106 ZVG. Nicht notwendig ist, dass er in dem Verteilungstermin auftritt. Die Entgegennahme der Ladung zu dem Termin genügt für sich allein nicht, wohl aber die Prüfung des Verteilungsplans. 11

Abgegolten wird durch die Gebühr die gesamte Tätigkeit des RA bis zur Ausführung des Verteilungsplans, auch die Wahrnehmung des Verteilungstermins oder etwaiger mehrerer Verteilungstermine.

Wird der RA lediglich im Verteilungsverfahren tätig, so kann er nur die Gebühr des VV 3311 Anm. Nr. 2 RVG, nicht aber daneben noch die Gebühren nach VV 3311 Anm. Nr. 1 RVG berechnen. Ist der RA dagegen in dem gesamten Verfahren tätig, erhält er die 0,4 Verfahrensgebühr nach VV 3311 Anm. Nr. 1 RVG, die 0,4 Versteigerungsterminsgebühr nach VV 3312 RVG und die 0,4-Gebühr für das Verteilungsverfahren nach VV 3311 Anm. Nr. 2 RVG.

7. Außergerichtliche Einigung über die Verteilung

Haben sich die Beteiligten über die Verteilung des Erlöses außergerichtlich geeinigt, so findet nach § 143 ZVG die Verteilung des Versteigerungserlöses durch das Gericht nicht statt, wenn dem Gericht durch öffentliche oder öffentlich beglaubigte Urkunden die Einigung nachgewiesen wird. Es kann daher eine Verteilung in einem gerichtlichen Verteilungsverfahren nicht stattfinden. 12

Nach VV 3311 Anm. Nr. 2 RVG erhält der RA auch in diesem Falle die Gebühr mit 0,4, wenn die außergerichtliche **Verteilung unter seiner Mitwirkung** stattfindet. Dasselbe gilt für seine Mitwirkung bei der außergerichtlichen Befriedigung der Berechtigten (§ 144 ZVG). Als Mitwirkung genügt, wie beim Vergleich, die Beratung einer Partei. Eine Einigung iSd VV 1000 RVG braucht nicht vorzuliegen, da nach § 143 ZVG nur eine Einigung unter Mitwirkung des RA verlangt wird. Es genügt also ein Anerkenntnis der Ansprüche anderer Beteiligter oder ein Verzicht oder eine gemeinsame Berechnung, wie der Erlös zu verteilen ist; wobei Einigkeit über Rang und Höhe der einzelnen Ansprüche besteht. 13

Kommt es dagegen bei dieser außergerichtlichen Verteilung zu einer echten Einigung, so hat der RA auch die **Einigungsgebühr** nach VV 1000 RVG zu beanspruchen. Die Einigungsgebühr kann nicht mit der Begründung versagt werden, sie werde durch die Gebühr für die außergerichtliche Verteilung aufgesogen. Die Verteilungsgebühr ist eine Tätigkeitsgebühr; die Einigungsgebühr eine Erfolgsgebühr für die Erzielung eines Erfolges bei dieser Tätigkeit. Wird das gerichtliche Verfahren durchgeführt, können sich die Parteien im Widerspruchsprozess ebenfalls mit der Maßgabe vergleichen, dass für die beteiligten Rechtsanwälte die Einigungsgebühr anfällt. Es besteht kein Anlass, bei einem in einem früheren Zeitpunkt geschlossenen Vergleich die Einigungsgebühr nicht zuzubilligen.[8] 14

Liegt der Sonderfall vor, dass das Verteilungsverfahren ohne Verhandlung abgeschlossen und der Erlös hinterlegt wurde, so beginnt bei neuen Verhandlungen der Beteiligten eine neue Angelegenheit. Hierbei entstehen für den beteiligten RA die Gebühren aus VV 2300 RVG. 15

8. Vertretung eines nicht beteiligten Bieters

Vertritt der RA einen Bieter, der nicht Beteiligter ist, so erhält er die 0,4-Gebühr nach VV 3311 RVG. 16

Nicht abgegolten werden Verhandlungen vor dem Versteigerungstermin mit Hypothekengläubigern oder anderen Grundbuchberechtigten über das Bestehenbleiben oder den Erwerb dieser Rechte sowie Ausbietungsabkommen mit Dritten. Hierher gehört auch die namens des Erstehers mit einem dinglich Berechtigten geschlossene Vereinbarung über das Bestehenbleiben der Rechte. Diese sind nach VV 2300 RVG zu vergüten.

9. Gegenstandswert

Der Gegenstandswert in der Zwangsversteigerung richtet sich nach § 26 RVG. Vgl. die Anmerkungen → § 26 Rn. 1 ff. 17

[8] LG Bremen AnwBl 1993, 44.

II. Verfahren über Anträge auf einstweilige Einstellung, Verhandlungen zwischen Gläubiger und Schuldner mit dem Ziel der Aufhebung des Verfahrens

1. Verfahren über Anträge auf einstweilige Einstellung der Zwangsvollstreckung und des Verfahrens

18 In den §§ 30–32 ZVG sind die Voraussetzungen enthalten, nach denen das Zwangsversteigerungsverfahren einstweilen eingestellt werden kann. § 180 Abs. 2 ZVG verweist auf diese Vorschriften im Zwangsversteigerungsverfahren zum Zwecke der Aufhebung einer Gemeinschaft.

Nach VV 3311 Anm. Nr. 6 RVG erhält der RA für die Tätigkeit in solchen Einstellungsverfahrens oder für seine Tätigkeit mit dem Ziele einer Beschränkung der Zwangsvollstreckung eine 0,4 Verfahrensgebühr.

Eine Terminsgebühr erhält er nicht, wie VV 3312 Anm. S. 2 RVG ausdrücklich bestimmt.

2. Verhandlungen zwischen dem Gläubiger und dem Schuldner über die Aufhebung des Verfahrens

19 Nach VV 3311 Anm. Nr. 6 RVG erhält der RA für Verhandlungen zwischen Gläubiger und Schuldner mit dem Ziel der Aufhebung des Verfahrens eine 0,4 Verfahrensgebühr. Für solche Verhandlungen erhält er keine Terminsgebühr, wie VV 3312 RVG ausdrücklich anordnet.

In Vollstreckungsschutzverfahren nach § 765a ZPO erhält der RA grds. die Vergütung nach VV 3309 RVG. Nur wenn das Vollstreckungsschutzverfahren sich im Zwangsversteigerungsverfahren abspielt, erhält der RA die Gebühr nach VV 3311 Anm. Nr. 6.

III. Anwendbarkeit anderer Vorschriften von RVG und Vergütungsverzeichnis

1. Anwendbarkeit anderer Vorschriften. Vertretung mehrerer Auftraggeber

20 **a) Andere Vorschriften des RVG und des Vergütungsverzeichnisses.** Solche sind im Zwangsversteigerungsverfahren anwendbar, soweit sie im RVG und im VV Teil 1 RVG enthalten sind. Es gelten daher zB § 3a RVG über die Vereinbarung der Vergütung, § 5 RVG über die Tätigkeit von Stellvertretern. So erhält der RA zB die Hebegebühr nach VV 1009 RVG.

Nicht anwendbar sind dagegen die im VV Teil 3 RVG enthaltenen Vorschriften, mit Ausnahme des § 16 Nr. 3 RVG, VV 3311, 3330, 3334, 3500 RVG, § 16 Nr. 2 RVG, VV 3500, 3513 RVG hinsichtlich der Beschwerde gegen den Gerichtskostenansatz.

21 **b) Vertretung mehrere Auftraggeber.** Bei einer Tätigkeit für mehrere Auftraggeber gilt: Stehen die mehreren Auftraggeber in Rechtsgemeinschaft, liegt ein einheitlicher Auftrag vor.[9]

Beispiel:

Eine Erbengemeinschaft, bestehend aus drei Miterben, betreibt wegen einer ihr zustehenden Forderung die Zwangsvollstreckung. Oder der RA vertritt als Gesamtschuldner Ehemann und Ehefrau, die Miteigentümer je zur Hälfte sind.

Auch wenn die Auftraggeber nicht in Rechtsgemeinschaft stehen, liegt nur eine Angelegenheit vor.[10]

Beispiel:

Der RA vertritt den Gläubiger A mit einer Forderung von 20.000,– EUR und den Gläubiger B mit einer Forderung von 30.000,– EUR. Er erhält die Gebühren aus 50.000,– EUR.

Auch bei verschiedenartiger Beteiligung der Auftraggeber (Ehemann als Schuldner, Ehefrau als Hypothekengläubigerin und Bieterin) liegt nur eine Angelegenheit vor, wenn auch mit verschiedenen Gegenständen. Der RA hat in dem Beispiel gegen den Ehemann Anspruch auf die Gebühren aus VV 3311 Anm. Nr. 1, 2 RVG aus zB 200.000,– EUR, gegen die Ehefrau Anspruch auf die Gebühren nach VV 3311 RVG aus zB 20.000,– EUR und VV 3311 RVG aus zB 100.000,– EUR, so dass der RA beanspruchen kann die Gebühren nach VV 3311 Anm. Nr. 1, 2 RVG aus dem Werte 220.000,– EUR und die Gebühr nach VV 3311 RVG aus einem Werte von 100.000,– EUR.

Die Gebühren nach VV 3311 Anm. Nr. 1 RVG werden nach VV 1008 RVG erhöht, da es allgemeine Betriebsgebühren sind.[11]

---

[9] Riedel/Sußbauer/*Ahlmann* RVG VV 3311, 3312 Rn. 7.

[10] Mayer/Kroiß/*Gierl* RVG VV 3312 Rn. 9; Bischof/*Bräuer* RVG VV 3311 Rn. 6; aA Riedel/Sußbauer/*Ahlmann* RVG VV 3311, 3312 Rn. 8, die auf den inneren Zusammenhang abstellt.

[11] Vgl. Anm. 6 zu VV 1008 RVG.

2. Abgeltungsbereich der Gebühren

Für den Abgeltungsbereich der Gebühren gilt § 15 RVG. Im Verfahren bis zur Einleitung des Verteilungsverfahrens kann neben der Gebühr aus VV 3311 Nr. 1 RVG nur noch die Gebühr nach VV 3312 RVG entstehen. Im Verteilungsverfahren entsteht stets nur die Gebühr nach VV 3311 Nr. 2 RVG, im Einstellungsverfahren auch die Gebühren nach VV 3311 Nr. 2 RVG. **22**

3. Einzelaufträge

Der Fall, dass der RA nur mit Einzelhandlungen beauftragt ist, ist im UAbschn. 4 nicht ausdrücklich geregelt. Solche Einzelaufträge werden auch im Zwangsversteigerungsverfahren nicht sehr häufig vorkommen. Beschränkt sich zB der Auftrag des RA darauf, die Zwangsversteigerung zu beantragen, während sich der Gläubiger im übrigen Verfahren selbst vertritt, so wird man dem RA die Gebühren nach VV 3311 Anm. Nr. 1 RVG zubilligen müssen, denn VV 3311 RVG macht keinen Unterschied zwischen dem Bevollmächtigten mit Gesamtauftrag und dem mit Einzeltätigkeiten beauftragten RA. **23**

Wird der RA nur mit der Wahrnehmung des Versteigerungstermins beauftragt, so wird er nicht nur die Gebühr des VV 3312 RVG, sondern auch die Gebühr VV 3311 Anm. Nr. 1 RVG berechnen können, da er zur sachgemäßen Wahrnehmung des Termins sich über den Gang des ganzen Verfahrens unterrichten muss. Wird er nur mit der Prüfung des Verteilungsplans beauftragt, so ist es geboten, ihm die Gebühr VV 3311 Anm. Nr. 2 RVG zuzubilligen. Stets gilt § 15 Abs. 6 RVG, wonach der RA für Einzelaufträge nicht mehr an Gebühren erhalten kann, als der mit der gesamten Angelegenheit beauftragte RA für die gleiche Tätigkeit erhalten würde.

4. Vorbereitende Tätigkeiten

Betrifft der Auftrag lediglich eine die Zwangsversteigerung nur vorbereitende Tätigkeit, so ist, wenn es sich nur um Kündigungs- oder Mahnschreiben handelt, VV 2301 RVG, andernfalls VV 2300 RVG anzuwenden. Die Gebühr ist, wenn der RA in einem anschließenden Zwangsversteigerungsverfahren Vertretungsauftrag erhält, nach VV Vorb. 3 Abs. 4 RVG auf die Gebühr VV 3311 Anm. Nr. 1 RVG anzurechnen. Dasselbe gilt nach § 34 Abs. 2 RVG für die durch einen die Zwangsversteigerung betreffenden Rat oder eine darauf bezügliche Auskunft verdiente Vergütung. **24**

5. Festsetzung der Vergütung gegen den Auftraggeber

Die Festsetzung seiner Vergütung gegen den Auftraggeber nach § 11 RVG kann auch der mit der Vertretung im Zwangsversteigerungsverfahren beauftragte RA beantragen. **25**

6. Hebegebühr

Die Hebegebühr nach VV 1009 RVG entsteht auch im Zwangsversteigerungsverfahren, soweit die Voraussetzungen von VV 1009 RVG vorliegen. **26**

7. Einigungsgebühr

Auch die Einigungsgebühr nach VV 1000 RVG kann entstehen, wenn im Laufe des Zwangsversteigerungsverfahrens unter Mitwirkung des RA zwischen dem Gläubiger und dem Schuldner ein Vergleich über den Anspruch geschlossen wird, wegen dessen die Zwangsversteigerung eingeleitet worden war. Sie entsteht uU auch für eine unter Mitwirkung des RA über die Verteilung des Erlöses erzielte außergerichtliche Einigung (→ Rn. 13 f.). **27**

8. Auslagen

Der Anspruch auf **Ersatz von Auslagen** richtet sich nach VV 7001–7008 RVG. **28**

9. Rechtsmittelverfahren

Über die Gebühren im **Rechtsmittelverfahren** VV 3500–3509 RVG und die Erläuterungen dort. **29**

IV. Sonstiges

1. Bestellung als Zustellungsvertreter

Auf die Bestellung eines RA als Zustellungsvertreter nach § 6 ZVG ist das RVG nicht anwendbar. Vielmehr entscheidet nach § 7 ZVG über die Höhe der Vergütung und die Erstattung der Auslagen das Vollstreckungsgericht. **30**

2. Vertretung als Zustellungsvertreter

31 Dasselbe gilt, wenn ein RA nach § 135 ZVG als **Vertreter für die unbekannten Berechtigten** bestellt wird, denen ein Betrag aus dem Versteigerungserlös zuerkannt worden ist. Wenn allerdings ein zum Vertreter bestellter Nichtanwalt einen RA mit der Wahrnehmung der Interessen der unbekannten Berechtigten beauftragen müsste, kann der RA die Gebühren nach VV 3311 RVG in entsprechender Anwendung des § 1835 BGB beanspruchen.

3. Antrag auf Eintragung einer Sicherungshypothek

32 Hat der RA **Antrag auf Eintragung einer Sicherungshypothek** gestellt (§ 866 ZPO), so hat er für diesen Antrag die Gebühr nach VV 3309 RVG verdient. Beantragt er – gleichzeitig oder nach Eintragung der Sicherungshypothek – die Zwangsversteigerung wegen der Vollstreckungsforderung oder vertritt er sonst den Gläubiger in dem Zwangsversteigerungsverfahren, so entstehen die Gebühren aus VV 3311 RVG unabhängig von der Gebühr nach VV 3309 RVG.

Für die Eintragung einer Sicherungshypothek für die Forderung gegen den Ersteher nach § 128 ZVG entsteht keine besondere Zwangsvollstreckungsgebühr nach VV 3309 RVG, da es sich insoweit um ein Amtsverfahren des Versteigerungsgerichts handelt, das von Anträgen der Beteiligten unabhängig ist.

4. Zwangsvollstreckung aus Zuschlagsbeschluss

33 Wird die Zwangsvollstreckung aus dem Zuschlagsbeschluss nach § 93 ZVG gegen den Besitzer des Grundstücks oder einer mitversteigerten Sache auf Räumung oder Herausgabe betrieben oder wird nach § 132 ZVG gegen den Ersteher auf Grund einer vollstreckbaren Ausfertigung des Zuschlagsbeschlusses die Zwangsvollstreckung in andere Gegenstände als das Grundstück betrieben, so handelt es sich um ein gewöhnliches Zwangsvollstreckungsverfahren nach den Vorschriften der ZPO, für das der RA die Gebühren nach VV 3309 gesondert berechnen kann.

5. Zwangsversteigerung gegen Ersteher

34 Wird gegen den Ersteher die Zwangsversteigerung des Grundstücks nach § 133 ZVG **betrieben,** so handelt es sich um ein neues Zwangsversteigerungsverfahren, in dem die Gebühren nach VV 3311 RVG neu entstehen.

6. Aufgebotsverfahren

35 Bei dem Aufgebotsverfahren zum Zwecke der Ausschließung eines unbekannten Beteiligten nach §§ 138, 140 ZVG handelt es sich um ein Aufgebotsverfahren nach § 443 FamFG, in dem der RA Gebühren nach VV 3324 RVG erhält.

7. Widerspruchsklage

36 Werden Widersprüche gegen die Zwangsversteigerung durch Klage geltend gemacht, so handelt es sich um bürgerliche Rechtsstreitigkeiten, in denen sich die Gebühren nach VV 3100 ff. RVG berechnen. Dasselbe gilt für andere Prozesse, die aus einem Zwangsversteigerungsverfahren entstanden sind (§§ 115, 137, 139 ZVG).

8. Prozesskostenhilfe

37 Den Beteiligten (dem Schuldner nur für Rechtsbehelfe) kann PKH bewilligt und ein RA beigeordnet werden. Die Vergütung des beigeordneten RA richtet sich nach den §§ 45, 49 RVG. Ist dem Gläubiger im Rechtsstreit der RA auch für die Zwangsvollstreckung im Wege der PKH beigeordnet worden, erstreckt sich die Beiordnung auch auf das Zwangsversteigerungsverfahren.[12]

Die Gebühren für das PKH-Verfahren richten sich nach VV 3335 RVG.

9. Geltendmachen der Kosten

38 Die Kosten der die Befriedigung aus dem Grundstück bezweckenden Rechtsverfolgung sind gem. § 10 Abs. 2 ZVG im Range des Hauptanspruchs mit Vorrang vor diesem (§ 12 ZVG) zu berücksichtigen. Sie sind spezifiziert und rechtzeitig (§ 110 ZVG) anzumelden und auf Verlangen glaubhaft zu machen. Der Erwirkung eines Kostenfestsetzungsbeschlusses bedarf es nicht.[13]

---

[12] Riedel/Sußbauer/*Ahlmann* RVG VV 3311, 3312 Rn. 13.

[13] Riedel/Sußbauer/*Ahlmann* RVG VV 3311, 3312 Rn. 14, 17; LG Köln AnwBl 1981, 75, Teilnahme des RA eines Gläubigers eines im Grundbuch eingetragenen Rechts an einer Teilungsversteigerung.

Das Gericht hat die Kosten, wenn sie dem betreibenden Gläubiger vorgehen, bei der Feststellung des geringsten Gebots zu berücksichtigen (§ 45 ZVG), stets in den Teilungsplan aufzunehmen (§ 114 ZVG).[14]

Die Festsetzung des Gegenstandswertes für die Rechtsanwaltsgebühren erfolgt nach §§ 13, 33 RVG, sonach nur auf Antrag.

V. Zwangsverwaltung

1. Allgemeines

39 Die Zwangsverwaltung ist in den §§ 146–161 ZVG geregelt. Sie findet grds. auf Antrag eines persönlichen oder dinglichen Gläubigers wegen eines Geldanspruchs statt. Nach § 172 ZVG kann auch der Insolvenzverwalter die Zwangsverwaltung beantragen. Auf Antrag eines Miteigentümers – etwa zur besseren Verwaltung des Eigentums – kann die Zwangsverwaltung nicht angeordnet werden.

Der Zwangsverwaltung unterliegen Grundstücke, Erbbaurechte, Wohnungseigentum, Hochseekabel. Dagegen ist die Zwangsverwaltung bei Schiffen, Schiffsbauwerken und Luftfahrzeugen nicht vorgesehen.

2. Gebühren des Rechtsanwalts

40 Als Gebühren des RA sind in VV 3311 Anm. Nr. 1–6 RVG Verfahrensgebühren iHv 0,4 vorgesehen, die die anwaltliche Tätigkeit im ganzen Verfahren abgelten. Gleichgültig ist, ob der RA Gesamtvertretungsauftrag hat oder ob er mit einer Einzeltätigkeit beauftragt worden ist.[15]

3. Vertretung des Antragstellers im Antragsverfahren

41 Der RA erhält: Für die Vertretung des Antragstellers (auch des antragstellenden Insolvenzverwalters) im Verfahren über den Antrag auf Anordnung der Zwangsverwaltung oder auf Zulassung des Beitritts nach VV 3311 Anm. Nr. 3 RVG eine 0,4-Gebühr. Der Anspruch auf die Gebühr entsteht, sobald der RA den Auftrag zur Antragstellung erhalten und in Ausführung des Auftrags etwas getan hat, zB schon durch die Aufnahme der Information. Eine Ermäßigung der Gebühr für den Fall, dass der Auftrag vor Einreichung des Antrags endet, ist nicht vorgesehen. Die Antragsgebühr entsteht auch dann, wenn der RA als Vertreter des Antragstellers nach ergebnisloser Zwangsversteigerung gem. § 77 Abs. 2 ZVG beantragt, das Verfahren als Zwangsverwaltung fortzusetzen oder, falls die Zwangsverwaltung bereits von anderer Seite betrieben wird, seinen Beitritt zuzulassen.[16]

Abgegolten wird die gesamte Tätigkeit des RA, bis die Anordnung der Zwangsverwaltung oder die Zulassung des Beitritts erfolgt oder abgelehnt worden ist.

VV 1008 RVG ist anwendbar.

4. Vertretung im weiteren Verfahren

42 Vertritt der RA den Antragsteller auch in dem weiteren Verfahren nach Anordnung der Zwangsverwaltung oder nach Zulassung des Beitritts, so erhält er nach VV 3311 Anm. Nr. 4 RVG eine weitere 0,4-Gebühr.

Auch diese Gebühr verdient er durch jede Tätigkeit, die er auftragsgemäß nach diesem Zeitpunkt vornimmt. Abgegolten wird dadurch seine gesamte Tätigkeit bis zur Aufhebung des Verfahrens, gleichviel wie lange dieses dauert. Auch seine Tätigkeit in dem Verteilungsverfahren wird durch die Gebühr mit abgegolten, also auch die Wahrnehmung eines oder mehrerer Verteilungstermine. Wird der RA erst nach der Anordnung der Zwangsverwaltung oder nach der Zulassung des Beitritts beauftragt, so erhält er nur die Gebühr nach VV 3311 Anm. Nr. 4 RVG. Auch dann ist VV 1008 RVG anwendbar.

5. Gegenstandswert dieser Gebühren

43 Den Gegenstandswert regelt § 27 RVG, s. die Anmerkungen dort (→ § 27 Rn. 1 ff.).

---

[14] LG Köln AnwBl 1981, 75.

[15] OLG Köln JurBüro 1981, 54, der Anwalt erhält für den im Namen ein und desselben Gläubigers einheitlich gestellten Antrag auf Zwangsverwaltung von mehreren, im Eigentum desselben Schuldners stehenden Wohnungseigentumseinheiten die Gebühr des § 69 Abs. 1 Nr. 1 BRAGO [VV 3311 Anm. Nr. 3 RVG] nur einmal. Es handelt sich um eine Angelegenheit iSv § 13 Abs. 2 BRAGO [§ 15 Abs. 2 RVG].

[16] Hartmann/Toussaint/*Toussaint* RVG VV 3311 Rn. 12; Riedel/Sußbauer/*Ahlmann* RVG VV 3311, 3312 Rn. 33.

6. Sonstige Gebühren

44 **Andere Gebühren** kann der RA für seine Tätigkeit im Zwangsverwaltungsverfahren als solchem nicht beanspruchen. Für die Anwendbarkeit von Bestimmungen des 1. und 2. Abschnittes des RVG gilt das Gleiche wie im Zwangsversteigerungsverfahren (→ Rn. 20 ff.). Für Rechtsmittelverfahren vgl. VV 3500–3509 RVG und die Erläuterungen dort.

7. Vertretung in einem Rechtsstreit

45 Vertritt der RA seinen Auftraggeber in einem Rechtsstreit, der mit dem Zwangsverwaltungsverfahren zusammenhängt, zB einer Klage auf Planänderung nach § 159 ZVG, so erhält er in diesem Rechtsstreit die Gebühren nach VV 3100 ff. RVG neben den Gebühren des VV 3311 RVG.

8. Gerichtliche Verwaltung nach § 94 ZVG

46 Die gerichtliche Verwaltung nach § 94 ZVG ist keine Zwangsverwaltung iSv VV 3311 RVG, ebenso wenig eine nach § 25 ZVG als Sicherungsmaßregel angeordnete Sequestration des Grundstücks oder die angeordnete Bewachung und Verwahrung des Schiffes (§ 165 ZVG) oder des Luftfahrzeugs (§ 171c Abs. 2 ZVG).[17]

Die Tätigkeit des RA in einem solchen Verfahren wird durch die Gebühr nach VV 3311 Anm. Nr. 1 RVG abgegolten.

9. Sequestration nach § 938 Abs. 2 ZPO

47 Auch eine Sequestration, die nach §§ 848, 855, 857 Abs. 4 ZPO oder nach § 938 ZPO durch einstweilige Verfügung angeordnet worden ist, fällt nicht unter VV 3311 RVG.[18]

Durch einstweilige Verfügung kann aber auch ein Zwangsverwaltungsverfahren zum Zwecke der Beschlagnahme der Mieten zugunsten eines Hypothekengläubigers angeordnet werden, wenn der Grundstückseigentümer in Insolvenz geraten ist. Hat das Vollstreckungsgericht in einem solchen Falle die Zwangsverwaltung angeordnet, so hat diese, obwohl sie nur zur Sicherung, nicht zur Befriedung dient, dieselben rechtlichen Wirkungen wie eine Zwangsverwaltung nach dem ZVG. Dann ist auf die Rechtsanwaltsgebühren auch VV 3311 RVG anzuwenden.

10. RA als Zwangsverwalter

48 Wird ein RA als Zwangsverwalter bestellt, so wird seine Vergütung nach § 153 ZVG vom Gericht festgesetzt. Das RVG findet nach § 1 Abs. 2 RVG keine Anwendung. Durch die gerichtlich festgesetzte Vergütung werden alle Tätigkeiten abgegolten, die auch jeder andere Zwangsverwalter auszuführen hat, zB der Abschluss von Mietverträgen für das verwaltete Grundstück oder die Beauftragung eines Gerichtsvollziehers mit der Verschaffung des Besitzes am Grundstück nach § 150 Abs. 2 ZVG. Führt aber der RA in seiner Eigenschaft als Zwangsverwalter einen Rechtsstreit, so kann er in entsprechender Anwendung des § 1835 Abs. 2 BGB dafür Gebühren nach VV 3100 ff. RVG berechnen. Einzelheiten → § 1 Rn. 714 ff.

Nr.	Gebührentatbestand	Gebühr oder Satz der Gebühr nach § 13 RVG

Unterabschnitt 5. Insolvenzverfahren, Verteilungsverfahren nach der Schifffahrtsrechtlichen Verteilungsordnung, Verfahren nach dem Unternehmensstabilisierungs- und -restrukturierungsgesetz

Vorbemerkung 3.3.5:

(1) Die Gebührenvorschriften gelten für die Verteilungsverfahren nach der SVertO und Verfahren nach dem StaRUG, soweit dies ausdrücklich angeordnet ist.

(2) Bei der Vertretung mehrerer Gläubiger, die verschiedene Forderungen geltend machen, entstehen die Gebühren jeweils besonders. Das Gleiche gilt in Verfahren nach dem StaRUG, wenn mehrere Gläubiger verschiedene Rechte oder wenn mehrere am Schuldner beteiligte Personen Ansprüche aus ihren jeweiligen Beteiligungen geltend machen,

(3) Für die Vertretung des ausländischen Insolvenzverwalters entstehen die gleichen Gebühren wie für die Vertretung des Schuldners.

Nr.	Gebührentatbestand	Gebühr oder Satz der Gebühr nach § 13 RVG
3313	Verfahrensgebühr für die Vertretung des Schuldners im Eröffnungsverfahren .. Die Gebühr entsteht auch im Verteilungsverfahren nach der SVertO.	1,0

[17] Riedel/Sußbauer/*Ahlmann* RVG VV 3311, 3312 Rn. 31.
[18] *Noack* MDR 1967, 168, die durch einstweilige Verfügung angeordnete Sequestration.

Nr.	Gebührentatbestand	Gebühr oder Satz der Gebühr nach § 13 RVG
3314	Verfahrensgebühr für die Vertretung des Gläubigers im Eröffnungsverfahren ... Die Gebühr entsteht auch im Verteilungsverfahren nach der SVertO.	0,5
3315	Tätigkeit auch im Verfahren über den Schuldenbereinigungsplan: Die Verfahrensgebühr 3313 beträgt	1,5
3316	Tätigkeit auch im Verfahren über den Schuldenbereinigungsplan: Die Verfahrensgebühr 3314 beträgt	1,0
3317	Verfahrensgebühr für das Insolvenzverfahren .... Die Gebühr entsteht auch im Verteilungsverfahren nach der SVertO, in einem Verfahren nach dem StaRUG und im Verfahren über Anträge nach Artikel 36 Abs. 9 der Verordnung (EU) 2015/848.	1,0
3318	Verfahrensgebühr für das Verfahren über einen Insolvenzplan	1,0
3319	Vertretung des Schuldners, der den Plan vorgelegt hat: Die Verfahrensgebühr 3318 beträgt	3,0
3320	Die Tätigkeit beschränkt sich auf die Anmeldung einer Insolvenzforderung: Die Verfahrensgebühr 3317 beträgt .... Die Gebühr entsteht auch im Verteilungsverfahren nach der SVertO.	0,5
3321	Verfahrensgebühr für das Verfahren über einen Antrag auf Versagung oder Widerruf der Restschuldbefreiung .... (1) Das Verfahren über mehrere gleichzeitig anhängige Anträge ist eine Angelegenheit. (2) Die Gebühr entsteht auch gesondert, wenn der Antrag bereits vor Aufhebung des Insolvenzverfahrens gestellt wird.	0,5
3322	Verfahrensgebühr für das Verfahren über Anträge auf Zulassung der Zwangsvollstreckung nach § 17 Abs. 4 SVertO	0,5
3323	Verfahrensgebühr für das Verfahren über Anträge auf Aufhebung von Vollstreckungsmaßregeln (§ 8 Abs. 5 und § 41 SVertO)	0,5

Schrifttum: Nerlich/Römermann/*Madert,* InsO (Ausführliche Erläuterung der InsVV); *Vallendar,* Anwaltliche Gebühren im Verbraucherinsolvenz- und Restschuldbefreiungsverfahren, MDR 1999, 598; *Enders,* Auswirkungen der Änderungen der Insolvenzordnung auf die Anwaltsvergütung, JurBüro 2002, 169; *Fischer,* Rechtsanwaltsvergütung nach dem RVG bei der Vertretung von Schuldnern im Verbraucherinsolvenzverfahren, RVGreport 2004, 249.

Übersicht

I. VV Vorb. 3.3.5 RVG

1. Erstreckung des UAbschn. 5 auf Verteilungsverfahren nach der SVertO

1 Nach Abs. 1 der VV Vorb. 3.3.5 RVG gelten die Gebührenvorschriften für das Insolvenzverfahren auch für die Verteilungsverfahren nach der SVertO, soweit dies ausdrücklich angeordnet ist, wie zB in VV 3313, 3317, 3320, 3322, 3323 RVG. Die Gebührenvorschriften gelten auch für Verfahren nach dem StaRUG, soweit dies ausdrücklich angeordnet ist. Dies ist bei der Verfahrensgebühr VV 3317 RVG der Fall.

2. Vertretung mehrerer Gläubiger

2 Nach Abs. 2 S. 1 der VV Vorb. 3.3.5 RVG entstehen bei der Vertretung mehrerer Gläubiger, die verschiedene Forderungen geltend machen, die Gebühren jeweils besonders.

Die Vorschrift gilt nicht nur für das Insolvenzverfahren, sondern auch für das Seerechtliche Verteilungsverfahren.

Nur bei Vertretung mehrerer Gläubiger, die verschiedene Forderungen geltend machen, ist VV Vorb. 3.3.5 Abs. 2 S. 1 RVG anzuwenden. Der RA kann in jedem Verfahren von jedem Auftraggeber die Gebühren gesondert nach dem in Frage kommenden Gegenstandswert eines jeden Auftrags verlangen. Eine Mithaftung anderer Auftraggeber kann nur für Auslagen vorkommen, die sich für die einzelnen Aufträge nicht getrennt berechnen lassen. Im Übrigen wird die Gebührenfrage im Verhältnis RA zu jedem Auftraggeber so behandelt, als habe er nur von diesem Auftraggeber einen Auftrag erhalten.

Bei einem einheitlichen Auftrag durch eine Personenmehrheit (zB Anmeldung einer Insolvenzforderung für eine Erbengemeinschaft) sollte aber VV 1008 RVG anwendbar sein.[1]

3 Vertritt der RA nur **einen Gläubiger,** der mehrere Forderungen geltend macht, so liegt nur ein Auftrag vor, selbst wenn der Auftrag erst später auf weitere Forderungen erstreckt wird. Die verschiedenen Forderungen desselben Auftraggebers sind nach § 22 Abs. 1 RVG zusammenzurechnen.[2] Verschiedene Aufträge desselben Auftraggebers liegen selbst dann nicht vor, wenn sie inhaltlich in keinem Zusammenhang stehen, so zB wenn erst der Auftrag erteilt wird, eine Insolvenzforderung geltend zu machen, und später der RA mit der Geltendmachung einer Ausfallsforderung beauftragt wird.

4 Machen **mehrere Auftraggeber einen gemeinsamen Anspruch** geltend, so schlägt VV Vorb. 3.3.5 Abs. 2 S. 1 RVG nicht ein, so zB bei der Vertretung von Gesamtgläubigern, Miterben, Gläubigern und Pfandgläubigern. Ein einheitlicher Auftrag liegt auch dann vor, wenn sich ein Mitberechtigter erst später anschließt. Eine Erhöhung der Gebühr gem. VV 1008 RVG findet auch bei gleichzeitiger Auftragserteilung statt.

[1] LG Freiburg Rpfleger 1982, 393.
[2] Riedel/Sußbauer/*Ahlmann* RVG VV Vorb. 3.3.5. Rn. 6.

Handelt es sich um **Vertretung in mehreren selbständigen Verfahren,** so können die Gebühren für jedes Verfahren gesondert berechnet werden. Ein solcher Fall liegt zB auch dann vor, wenn der RA denselben Gläubiger wegen derselben Forderung oder den gleichen Schuldner sowohl im Insolvenzverfahren der Gesellschaft (§§ 11, 15 InsO) als auch im Insolvenzverfahren über das Privatvermögen eines persönlich haftenden Gesellschafters oder im Nachlassinsolvenzverfahren (§ 315 InsO) und im Insolvenzverfahren über das Vermögen des Erben (§ 331 InsO) oder in mehreren selbständigen Insolvenzverfahren vertritt. **5**

Vorbemerkung 3.3.5 Abs. 2 S. 2 wurde durch das Gesetz zur Fortentwicklung des Sanierungs- und Insolvenzrechts vom 22.12.2020[3] eingeführt und trat zum 1.1.2021 in Kraft. Die Bestimmung stellt klar, dass mehrere auftraggebende, von einem Verfahren nach dem StaRUG betroffene Gläubiger oder am Schuldner beteiligte Personen mit unterschiedlichen Forderungen, Rechten oder Beteiligungen jeweils gesonderte Gebühren auslösen.[4] **5a**

3. Die Vertretung des ausländischen Insolvenzverwalters in Sekundärinsolvenzverfahren

Nach VV Vorb. 3.3.5 Abs. 3 RVG entstehen für die Vertretung des ausländischen Insolvenzverwalters im Sekundärinsolvenzverfahren die gleichen Gebühren wie für die Vertretung des Schuldners. **6**

Das Sekundärinsolvenzverfahren ist in Art. 34 EuInsVO und den §§ 356–358 InsO geregelt.[5] Ist durch ein Gericht eines Mitgliedstaats ein Hauptinsolvenzverfahren eröffnet worden, das in einem anderen Mitgliedsstaat anerkannt worden ist, kann ein nach Art. 3 Abs. 2 EuInsVO zuständiges Gericht dieses anderen Mitgliedsstaats ein Sekundärinsolvenzverfahren eröffnen, Art. 34 S. 1 EuInsVO. War es für das Hauptinsolvenzverfahren erforderlich, dass der Schuldner insolvent ist, so wird die Insolvenz des Schuldners in dem Mitgliedsstaat, in dem ein Sekundärinsolvenzverfahren eröffnet werden kann, nicht erneut geprüft, Art. 34 S. 2 EuInsVO.

Für die Vertretung des ausländischen Insolvenzverwalters im Sekundärinsolvenzverfahren entstehen die gleichen Gebühren wie für die Vertretung des Schuldners.

II. VV Teil 3 Abschn. 3 UAbschn. 5

1. Allgemeines

Im UAbschn. 5 sind die Gebühren des RA geregelt, die er im Insolvenzverfahren sowie im schifffahrtsrechtlichen Verteilungsverfahren als Vertreter des Schuldners oder eines Gläubigers, der an dem Verfahren teilnimmt, zu erhalten hat. Der Gegenstandswert ist in §§ 28, 29 RVG geregelt. **7**

2. Vertreter eines anderen Auftraggebers

Der RA erhält als Vertreter des Schuldners oder eines Gläubigers, der am Verfahren teilnimmt, die Gebühren nach VV 3313 RVG bzw. VV 3314 RVG. **8**

Die Gebühr entsteht auch im Verteilungsverfahren nach der SVertO.

Vertritt der RA einen anderen Auftraggeber, erhält er folgende Gebühren: **9**

(1) als Vertreter eines Aussonderungsberechtigten.
Verhandelt der RA außergerichtlich, erhält er die Gebühren nach VV 2300; führt er einen Rechtsstreit auf Aussonderung, hat er die Gebühren nach VV 3100 ff. RVG zu beanspruchen.

(2) als Vertreter eines Absonderungsberechtigten.
Macht der RA die Absonderung außergerichtlich geltend, erhält er die Gebühren nach VV 2300 RVG. Kommt es zum Rechtsstreit wegen der Absonderung, hat er die Gebühren nach VV 3100 ff. RVG zu fordern.
Soweit der RA den Ausfall gem. § 52 InsO geltend macht, ist sein Auftraggeber Insolvenzgläubiger. Der RA vertritt insoweit einen Gläubiger und hat demgemäß die Gebühren des VV Teil 3 Abschn. 3 UAbschn. 5 RVG zu fordern.

(3) als Vertreter eines Vertragspartners des Gemeinschuldners betr. die Erfüllung der Rechtsgeschäfte (§§ 103 ff. InsO).

Für Verhandlungen mit dem Insolvenzverwalter über die Frage der Erfüllung oder Nichterfüllung hat der RA die Gebühren nach VV 2300 RVG zu beanspruchen. Lehnt der Insolvenzverwalter die Erfüllung ab und fordert der RA nunmehr für seinen Auftraggeber Schadenser- **10**

[3] BGBl. 2020 I 3256.
[4] BT-Drs. 19/24181, 221.
[5] Mayer/Kroiß/*Gierl* RVG VV 3313–3323 Vor Rn. 19.

satz (Insolvenzforderung), vertritt er nunmehr einen Insolvenzgläubiger und hat demgemäß die Gebühren nach VV 3314 ff. RVG zu erhalten.

11 Eine **Anrechnung** der Geschäftsgebühr nach VV 2300 RVG auf die Verfahrensgebühr nach VV 3313, 3314 RVG findet nicht statt. Die Erfüllung des Rechtsgeschäfts und die Erhebung von Schadensersatzansprüchen wegen Nichterfüllung sind zwei verschiedene Angelegenheiten, so dass für eine Anwendung des Abs. 4 der VV Vorb. 3 RVG kein Raum ist.

3. Gebühren

12 Der RA als Vertreter eines Gläubigers oder des Gemeinschuldners (Schuldners) kann im Insolvenzverfahren folgende Gebühren erhalten:

– die Gebühren nach VV 3313, 3314 RVG für die Tätigkeit im Eröffnungsverfahren,
– die Gebühren nach VV 3315, 3316 RVG für eine Tätigkeit auch im Verfahren über den Schuldenbereinigungsplan,
– die Gebühr nach VV 3317 RVG für die Vertretung im Insolvenzverfahren,
– die Gebühr nach VV 3318 RVG für die Tätigkeit im Verfahren über einen Insolvenzplan,
– die Gebühr nach VV 3320 RVG, falls sich die Tätigkeit auf die Anmeldung einer Insolvenzforderung beschränkt,
– die Gebühren nach VV 3500, 3513 RVG für eine Tätigkeit im Beschwerdeverfahren.

4. Ergänzende Vorschriften

13 Die Vorschriften aus Teil 1 Allgemeine Gebühren und Teil 7 Auslagen gelten ergänzend. VV 1008 RVG ist jedoch durch VV Vorb. 3.3.5 Abs. 2 S. 1 RVG ausgeschaltet.

5. Vergütung des Rechtanwalts als Insolvenzverwalter, Mitglied des Gläubigerausschusses oder Gläubigerbeirats

14 Die Vergütung des Rechtsanwalts als Insolvenzverwalter, Mitglied des Gläubigerausschusses oder Gläubigerbeirats bestimmt sich, wie in § 1 Abs. 2 RVG ausdrücklich hervorgehoben wird nicht nach dem RVG. Sie bestimmt sich nach der Insolvenzrechtlichen Vergütungsverordnung.

15 **Gebühren nach dem RVG** kann aber der RA auch in den vorgenannten Fällen dann berechnen, wenn es sich um Geschäfte handelt, die ein Insolvenzverwalter usw, der nicht RA ist, berechtigterweise einem RA übertragen hätte. Das folgt daraus, dass nach § 1 Abs. 2 RVG § 1835 BGB unberührt bleibt, → § 1 Rn. 622 ff.

16 So kann für die **Führung von Masseprozessen** der Insolvenzverwalter die Gebühren des VV Teil 3 RVG berechnen und sie der Insolvenzmasse in Rechnung stellen, falls er einen solchen Rechtsstreit selbst führt, statt ihn einem anderen RA zu übertragen. Durch die ihm nach der InsVV zustehende Vergütung wird die Prozessführung nicht abgegolten, → § 1 Rn. 625 f.

17 Auch bei **Vornahme einzelner Prozesshandlungen** in Rechtsstreitigkeiten, deren Führung einem anderen RA übertragen ist, können Gebühren nach dem RVG berechnet werden, zB wenn der RA als Insolvenzverwalter einen Beweisaufnahmetermin selbst wahrnimmt oder wenn er ein Zwangsversteigerungs- oder ein Zwangsverwaltungsverfahren auf Rechnung der Masse selbst betreibt.

18 Selbst die **Gebühren nach VV 3313 ff. RVG** kann der RA dann verlangen, wenn er als Insolvenzverwalter in einem Insolvenzverfahren über das Vermögen eines Schuldners des Gemeinschuldners tätig wird.

19 **Kein Vergütungsanspruch nach dem RVG** entsteht aber dann, wenn der RA als Insolvenzverwalter im Masseprozess als Partei vernommen wird oder wenn er lediglich den Verkehr mit dem Prozessbevollmächtigten führt. Siehe zu § 1 RVG und Erläuterungen zu VV 3400 RVG.

Ein RA, der als Vorsitzender des Gläubigerausschusses den vom Insolvenzverwalter zum Prozessbevollmächtigten bestellten RA unterrichtet, kann die Verkehrsgebühr nach VV 3400 RVG unter den gleichen Voraussetzungen beanspruchen, die für den RA als Insolvenzverwalter gelten.

20 **Reisekosten** für Reisen, die in der Eigenschaft als Insolvenzverwalter usw unternommen werden, können nicht nach VV 7003–7006 RVG berechnet werden. Es kann vielmehr nur Ersatz der tatsächlichen Auslagen verlangt werden, → § 1 Rn. 614 ff.

21 Eine **Hebegebühr** nach VV 1009 RVG kann für die Auszahlung oder Rückzahlung von Massegeldern nicht berechnet werden.

22 Über die **Erstattungspflicht der Gegenpartei** für die dem RA bei Führung von Masseprozessen entstandenen Gebühren → § 1 Rn. 234.

Vertritt ein anderer RA den Insolvenzverwalter, einen Gläubiger oder den Gemeinschuldner in einem Rechtsstreit, so erhält er die Gebühren nach VV Teil 3 RVG.

23 Erteilt ein RA einer an einem Insolvenzverfahren beteiligten Person, besonders einem Gläubiger, einen **Rat oder eine Auskunft,** so ist § 34 RVG anzuwenden.

24 Ist ein RA beauftragt, eine **außergerichtliche Einigung** mit den Gläubigern herbeizuführen, ohne dass ein Insolvenzverfahren anhängig gemacht werden soll, so ist seine Tätigkeit nach VV 2300 RVG zu vergüten.

25 Wirkt er bei einer Einigung mit, so erhält er die Einigungsgebühr nach VV 1000 RVG.

6. Erstattungspflicht

26 Rechtsanwaltsgebühren, die vor der Eröffnung des Insolvenzverfahrens entstanden sind, sind gewöhnliche Insolvenzforderungen, § 38 InsO.

Die Rechtsanwaltsvergütung, die die einzelnen Insolvenzgläubiger durch die Teilnahme am Insolvenzverfahren schulden, kann der Gläubiger im Insolvenzverfahren nachrangig nach § 39 Abs. 1 Nr. 2 InsO aus der Insolvenzmasse verlangen.[6]

Ein RA, der sich als Gläubiger selbst vertritt, kann die gleichen Kosten wie ein bevollmächtigter RA geltend machen. Im Insolvenzverfahren gilt zwar § 91 Abs. 2 S. 3 ZPO nicht. Die Tätigkeit des RA ist aber Berufstätigkeit. Für diese können Kosten geltend gemacht werden.[7]

27 Vertritt der RA den **Gemeinschuldner,** so können seine Gebühren nicht aus der Insolvenzmasse erstattet verlangt werden. Dabei ist gleichgültig, ob der RA den Gemeinschuldner im Insolvenzverfahren oder außerhalb desselben (etwa in einem Rechtsstreit) vertritt. Nur dann, wenn der Vertretungsauftrag durch den Insolvenzverwalter erteilt worden ist, handelt es sich bei dem Vergütungsanspruch des RA um einen Anspruch aus Geschäften des Insolvenzverwalters, so dass dieser nach § 55 InsO eine Masseschuld ist.

28 Welche Gebührenansprüche dem RA zustehen, der in einem Rechtsstreit zunächst den Gemeinschuldner und später nach der Aufnahme den Insolvenzverwalter vertritt, ist streitig. Nach einer Meinung[8] ist der aufgenommene Rechtsstreit die gleiche Angelegenheit wie der vom Gemeinschuldner geführte Rechtsstreit. Die Gebühren der Instanz – gleichgültig, ob vor oder nach Insolvenzeröffnung entstanden – werden Masseschulden.

Richtiger ist folgende Auffassung: Der Rechtsstreit bleibt die gleiche Angelegenheit, so dass die Gebühren insgesamt nur einmal entstehen können. Die Gebühren, die durch den Auftrag des Gemeinschuldners entstanden sind, bleiben Insolvenzforderungen. Gebühren, die durch den Auftrag des Insolvenzverwalters entstehen, werden Masseschulden. Gebühren, die sowohl durch die Tätigkeit für den Gemeinschuldner wie durch die Tätigkeit für den Insolvenzverwalter erwachsen (zB die Verfahrensgebühr), werden in der nach der Aufnahme angefallenen Höhe (bei Änderung des Streitwertes) Masseschulden, während sie wegen des Restes Insolvenzforderungen bleiben.[9]

§ 54 Nr. 1 InsO betrifft nur die Gerichtskosten. Sind die Rechtsanwaltskosten vor der Eröffnung des Insolvenzverfahrens entstanden, so ist der Vergütungsanspruch des RA eine gewöhnliche Insolvenzforderung, so zB, wenn der RA den Gemeinschuldner in einem der Insolvenzeröffnung vorausgegangenen Verfahren vertreten hat. Ist der Vergütungsanspruch des RA erst nach der Insolvenzeröffnung gegen den Gemeinschuldner entstanden, so ist er eine Neuforderung, die nicht aus dem zur Masse gehörigen Vermögen des Gemeinschuldners, sondern nur aus nach der Insolvenzeröffnung entstandenen Einkünften zu befriedigen ist.

Durch die Gebühr nach VV 3317 RVG wird nur die Tätigkeit des RA im Insolvenzverfahren abgegolten, nicht dagegen eine andere, nach außen gerichtete Tätigkeit, mag sie auch im Hinblick auf das Insolvenzverfahren und in dessen Interesse geleistet werden.[10]

7. Prozesskostenhilfe

29 Prozesskostenhilfe kann dem Insolvenzgläubiger bewilligt werden. Auch ein RA kann beigeordnet werden.

Dem Gemeinschuldner kann PKH nicht bewilligt werden. Infolgedessen ist auch für die Beiordnung eines RA kein Raum.

---

[6] Hartmann/Toussaint/*Toussaint* RVG VV Vorb. 3.3.5 Rn. 7.

[7] AM Riedel/Sußbauer/*Schütz* RVG VV Vorbem. 3.3.5 Rn. 8.

[8] *Jaeger/Lent,* Konkursordnung, 8. Aufl. 1958, KO § 59 Rn. 2; *Kilger/K. Schmidt,* Konkursordnung mit Gesamtvollstreckungsordnung, 1993, KO § 59 Rn. 1b.

[9] *Schmidt* NJW 1976, 98; Nerlich/Römermann/*Andres* InsO § 55 Rn. 14 ff.; vgl. auch MüKoInsO/*Schuhmacher* InsO § 85 Rn. 20.

[10] *Schmidt* MDR 1968, 206.

III. Verfahrensgebühr im Eröffnungsverfahren

1. Allgemeines

30 VV 3313, 3314 RVG bestimmen die Gebühren, die der RA für eine Tätigkeit im Eröffnungsverfahren zu beanspruchen hat. Dabei ist gleichgültig, ob der RA die Vertretung im gesamten Insolvenzverfahren übernommen hat oder sich seine Tätigkeit auf das Eröffnungsverfahren beschränkt (etwa Auftrag des Schuldners, die Insolvenzeröffnung abzuwenden). Ebenso ist unerheblich, ob der RA innerhalb des Eröffnungsverfahrens einen Gesamtauftrag erhalten hat oder ob er nur mit einer Einzeltätigkeit beauftragt worden ist.

2. Die Bestimmungen über das Eröffnungsverfahren

31 Das Eröffnungsverfahren beginnt mit der Einreichung des Antrags auf die Eröffnung. Antragsberechtigt sind der Gläubiger und der Schuldner, § 13 Abs. 1 InsO. § 15 InsO regelt das Antragsrecht bei juristischen Personen und Gesellschaften ohne Rechtspersönlichkeit. Das Eröffnungsverfahren endet mit der Rücknahme des Eröffnungsantrags (§ 13 Abs. 2 InsO), mit der Abweisung des Antrags auf Eröffnung des Insolvenzverfahrens (§ 26 Abs. 1 InsO) oder mit dem Erlass des Eröffnungsbeschlusses (§ 27 Abs. 1 InsO). Wird die Eröffnung des Insolvenzverfahrens abgelehnt, so steht gem. § 34 Abs. 1 InsO dem Antragsteller und, wenn die Abweisung des Antrags nach § 26 InsO erfolgt, dem Schuldner die sofortige Beschwerde zu. Wird das Insolvenzverfahren eröffnet, so steht gem. § 34 Abs. 2 InsO dem Schuldner die sofortige Beschwerde zu.

3. Verfahrensgebühren des Rechtsanwalts

32 Nach VV 3313 RVG beträgt die Verfahrensgebühr des RA bei **Vertretung des Schuldners 1,0.** Der RA erhält als Vertreter des Gemeinschuldners im Eröffnungsverfahren eine höhere Gebühr als der Vertreter des Gläubigers. Die Vertretung des Gemeinschuldners setzt in jedem Fall eine wesentlich intensivere Einarbeitung in die gesamten Vermögensverhältnisse des Schuldners voraus als die Stellung eines Insolvenzantrags für einen Gläubiger. Die Tätigkeit als Vertreter eines Gläubigers ist eher mit der Tätigkeit in der Zwangsvollstreckung gleichzusetzen, wobei der Umstand, dass im Insolvenzantrag nicht nur die Forderung des Antragstellers, sondern auch der Insolvenzgrund glaubhaft zu machen sind, einen im Vergleich zum Vollstreckungsverfahren maßvoll höheren Gebührensatz von 0,5 rechtfertigt.

33 Der **Gegenstandswert** ist in diesem Falle gem. § 28 Abs. 1 RVG nach dem Wert der Insolvenzmasse (§ 58 GKG) zu berechnen.[11]

34 Nach VV 3314 RVG beträgt die Verfahrensgebühr des RA bei **Vertretung eines Gläubigers 0,5.**

35 Die Gebühren entstehen auch im Verteilungsverfahren nach der SVertO.

Hinsichtlich der Gebühr für die Vertretung des Schuldners oder des Gläubigers ist es gleichgültig, ob der Schuldner oder der Gläubiger den Eröffnungsantrag stellt, oder ob der Antrag von den in § 15 InsO genannten Personen bei juristischen Personen und Gesellschaften ohne Rechtspersönlichkeit gestellt wird.

36 Der **Gegenstandswert** ist hier nach § 28 Abs. 2 RVG der Nennwert der Forderung nebst Nebenforderungen.

4. Abgeltungsbereich

37 Abgegolten wird durch diese Gebühren die **gesamte Tätigkeit** des RA **im Eröffnungsverfahren** bis zum Ende des Eröffnungsverfahrens.

Die Anordnung von Sicherungsmaßnahmen des § 21 InsO gehört zu dem Eröffnungsverfahren. Der RA kann also dafür keine besonderen Gebühren berechnen.

Der Anspruch auf die Gebühr nach VV 3313, 3314 RVG entsteht, sobald der RA in Ausführung des ihm erteilten Auftrags irgendwie tätig geworden ist. Das wird in der Regel die Entgegennahme der Information sein. Mitabgegolten werden auch vorbereitende Tätigkeiten.

Übernimmt es der RA aber, die erforderlichen Antragsgrundlagen für einen Insolvenzplan (§ 218 Abs. 1, §§ 229, 230 InsO) selbst zu beschaffen, sie herzustellen und hierzu Ermittlungen anzustellen, so kann er hierfür die Geschäftsgebühr nach VV 2300 RVG aus einem nach § 23 Abs. 3 RVG zu bemessenden Gegenstandswert fordern. Denn diese Besorgung ist nicht Aufgabe des RA; er übernimmt also eine ihm besonders angetragene Aufgabe, die einen selbständigen Gegenstand hat.

---

[11] → § 28 Rn. 2 ff.

Eine **Ermäßigung der Gebühr bei vorzeitiger Erledigung des Auftrags** ist nicht vorgesehen. Der RA des Gläubigers behält also zB seinen vollen Gebührenanspruch (0,5-Gebühr), wenn sich sein Auftrag, einen Antrag auf Insolvenzeröffnung zu stellen, alsbald nach Entgegennahme der Information erledigt, weil der Schuldner die Forderung des Gläubigers zwischenzeitlich getilgt hat. **38**

Fordert der RA den Schuldner nach Erhalt des Auftrags unter der Androhung, er werde den Antrag auf Insolvenzeröffnung stellen, zur Zahlung auf, so hat er Anspruch auf die Gebühr nach VV 3314 RVG, denn er ist nach Erhalt des Auftrags, Insolvenzantrag zu stellen, tätig geworden. Die Gebühr ist auch erstattungsfähig, wenn der Schuldner alsbald zahlt.

Auch wenn der RA nur einen **Einzelauftrag** erhalten hat, zB auf die Erwirkung von Sicherheiten nach § 21 InsO oder zur Anfertigung eines Entwurfs des Eröffnungsantrags, kann er die in VV 3314 RVG bestimmten Gebühren berechnen. Auch für die 0,5-Gebühr bei Vertretung eines Gläubigers ist für Einzelaufträge keine Ermäßigung vorgesehen.[12] **39**

Beschränkt sich der Auftrag auf die Erteilung eines Rates, so ist § 34 RVG anzuwenden. Die Gebühr nach VV 3313 RVG oder VV 3314 RVG entsteht daneben nicht.[13]

IV. Tätigkeit im Verfahren über den Schuldenbereinigungsplan

1. Allgemeines

Ist der Schuldner eine natürliche Person, die keine oder nur eine geringfügige selbständige wirtschaftliche Tätigkeit ausübt, so muss er gem. § 305 InsO mit dem Antrag auf Eröffnung des Insolvenzverfahrens oder unverzüglich nach diesem Antrag einen Schuldenbereinigungsplan vorlegen. Der Schuldenbereinigungsplan ist ein Vorschlag zu einer Art Vergleichsverfahren zur Abwendung des Verbraucherinsolvenzverfahrens. Beantragt ein Gläubiger die Eröffnung des Verfahrens, so hat das Insolvenzgericht vor der Entscheidung über die Eröffnung dem Schuldner Gelegenheit zu geben, seinerseits den Eröffnungsantrag zu stellen, der dann mit einem Schuldenbereinigungsplan verbunden sein muss. Das Verfahren über den Schuldenbereinigungsplan, vor allem die Aufstellung des Planes, ist arbeitsaufwändig, so dass die Tätigkeit nicht mit der Gebühr für das Eröffnungsverfahren ausreichend abgegolten ist. Deshalb sieht das Gesetz eine Erhöhung vor. **40**

2. Gebühren

Vertritt der RA den Schuldner auch im Verfahren über den Schuldenbereinigungsplan (§§ 305–310 InsO), so erhöht sich die 1,0-Gebühr nach VV 3313 RVG gem. VV 3315 RVG auf eine 1,5-Gebühr. **41**

Wird der RA als Vertreter des Gläubigers auch im Verfahren über den Schuldenbereinigungsplan tätig, so erhöht sich die 0,5-Gebühr nach VV 3313 RVG gem. VV 3316 RVG auf eine 1,0-Gebühr.

Die Gebühren des UAbschn. 5 gelten auch für den Rechtsanwalt, der nur mit Einzeltätigkeiten innerhalb der jeweiligen Verfahrensabschnitte beauftragt ist.[14]

Die Tätigkeit des RA für einen Schuldner oder einen Gläubiger, bevor der Antrag auf Eröffnung des Insolvenzverfahrens bei Gericht eingegangen ist, wird nach VV 2300 RVG vergütet, zB die außergerichtliche Tätigkeit bei der Aufstellung eines Schuldenbereinigungsplans. Die Geschäftsgebühr nach VV 2300 RVG ist gem. VV Vorb. 3 Abs. 4 RVG auf die Gebühr nach VV 3313 RVG anzurechnen. Der Gegenstandswert richtet sich nach § 28 RVG.

Vgl. VV 2500 RVG hinsichtlich der unzureichenden Vergütung, wenn Beratungshilfe gewährt wird.

Erstreckt sich die Tätigkeit des Rechtsanwalts auf das **Verfahren nach der Eröffnung** des Insolvenzverfahrens, so erhält er neben den Gebühren nach VV 3313–3316 RVG noch die in VV 3317, 3318 RVG vorgesehenen Gebühren. **42**

Der **Gegenstandswert** berechnet sich nach § 28 RVG. **43**

Ficht ein Beteiligter seine Zustimmung zu dem Schuldenbereinigungsplan an, so zählt das weitere Verfahren vor dem Insolvenzgericht über die Wirksamkeit dieser Anfechtung zum Gebührenrechtszug.[15] Die weitere Tätigkeit im fortgesetzten Verfahren löst deshalb keine weiteren Gebühren aus als dem RA im Ursprungsverfahren bereits angefallen sind.[16]

---

[12] Riedel/Sußbauer/*Schütz* RVG VV Vorb. 3.3.5. Rn. 5.
[13] Riedel/Sußbauer/*Schütz* RVG VV Vorb. 3.3.5. Rn. 5.
[14] Riedel/Sußbauer/*Schütz* RVG VV Vorb. 3.3.5. Rn. 5.
[15] LG Berlin BeckRS 2009, 16580 mAnm *Hansens* RVGreport 2010, 19 f.
[16] *Hansens* RVGreport 2010, 19 f.; Hartung/Schons/Enders/*Hartung* RVG VV 3313–3323 Rn. 8.

3. Kostentragungspflicht des Gläubigers

44 Nimmt der Gläubiger (Antragsteller) den Antrag auf Eröffnung des Insolvenzverfahrens zurück, so ist er nach § 269 Abs. 3 ZPO verpflichtet, die Verfahrenskosten zu zahlen. Auf Antrag des Schuldners (Antragsgegners) wird über diese Wirkungen durch Beschluss entschieden, § 269 Abs. 4 ZPO. Der RA des Schuldners kann seine Kosten gegen den Gläubiger festsetzen lassen.

Wird der Insolvenzantrag mangels einer die Verfahrenskosten deckenden Masse nach § 26 Abs. 1 InsO zurückgewiesen, legen viele Gerichte die Kosten des Eröffnungsverfahrens dem Antragsteller auf. Begründet wird dies mit einer entspr. Anwendung des § 91 ZPO, weil der antragstellende Gläubiger durch die Abweisung unterlegen sei. Dieser Auffassung ist nicht zuzustimmen. Richtig ist zwar, dass der Antragsteller Schuldner der Gerichtskosten und der gerichtlichen Auslagen ist. Aber er ist nicht zur Erstattung der außergerichtlichen Kosten des Schuldners verpflichtet. Ist der Schuldner derart zahlungsunfähig und vermögenslos, dass er nicht einmal imstande ist, die für die Verfahrenseröffnung erforderlichen Kosten aufzubringen, dann ist der Gläubiger nicht mit seinem Antrag unterlegen, sondern hat auch in den Fällen der Abweisung mangels Masse obsiegt.[17]

Wird der Eröffnungsantrag zurückgenommen, weil der Schuldner gezahlt hat, ist es notwendig, dass der Schuldner die Kosten übernimmt und auf die Erstattung eigener Kosten verzichtet, andernfalls Anzeige der Erledigung und Antrag, die Kosten dem Schuldner aufzuerlegen.

V. Vertretung im Insolvenzverfahren

1. Allgemeines

45 Mit der Eröffnung des Insolvenzverfahrens ist das Vorverfahren abgeschlossen. Die Tätigkeit des RA in diesem Vorverfahren wird durch die Gebühren nach VV 3313, 3314 RVG abgegolten.

Wird der RA außerdem im Insolvenzverfahren tätig, erhält er zusätzlich die 1,0-Gebühr nach VV 3317 RVG. Wird er erst nach der Insolvenzeröffnung tätig, erhält er nur die Gebühr nach VV 3317 RVG. Die Gebühr gem. VV 3317 RVG kann daher durch eine Tätigkeit vor Eröffnung des Insolvenzverfahrens nicht verdient werden.

Die Gebühr gem. VV 3317 RVG entsteht auch im Verteilungsverfahren nach der SVertO.

2. Die Gebühr nach VV 3317 RVG als allgemeine Betriebsgebühr

46 Sie entspricht im Wesentlichen der Verfahrensgebühr nach VV 3100 RVG. Sie setzt voraus, dass das Insolvenzverfahren eröffnet worden ist und dass der RA in dem Insolvenzverfahren den Schuldner oder einen Gläubiger vertritt. Sie entsteht, sobald der RA auftragsgemäß nach der Eröffnung des Insolvenzverfahrens irgendwie tätig geworden ist. Der Umfang der Tätigkeit ist belanglos. Abgegolten wird die gesamte Tätigkeit des RA im Insolvenzverfahren, soweit nicht in VV 3313, 3314 RVG (Eröffnungsverfahren) und in den gemeinsamen Vorschriften des VV Teil 1 RVG und VV Teil 7 RVG besondere Gebühren vorgesehen sind. Der RA des Gläubigers kann also zB die Hebegebühr nach VV 1009 RVG zusätzlich verdienen.

Unter die Gebühr fällt der allgemeine Geschäftsbetrieb, die Aufnahme der Information, die Beratung des Auftraggebers, die Wahrnehmung von Terminen, die Stellung von Anträgen, die Anfertigung von Eingaben, schriftliche und mündliche Verhandlung mit dem Insolvenzverwalter und sonstigen Beteiligten.[18]

Auch die Tätigkeit, welche die Abgabe der eidesstattlichen Versicherung durch den Gemeinschuldner nach § 153 Abs. 2 InsO betrifft, wird dadurch abgegolten.

Die Anmeldung einer Forderung im Insolvenzverfahren und die Einreichung eines Urteils, durch das eine bestrittene Insolvenzforderung festgestellt worden ist zwecks Berichtigung der Insolvenztabelle, fällt unter VV 3317 RVG.

47 Auch für die **Tätigkeit bei Prüfung der Forderungen und in dem Verteilungsverfahren** kann keine besondere Gebühr verlangt werden. Die Zwangsvollstreckung aus dem Tabellenauszug (§ 201 Abs. 2 InsO) ist jedoch eine besondere Angelegenheit, für die die Gebühren nach VV 3309, 3310 RVG entstehen.[19]

---

[17] *Uhlenbruck* AnwBl 1979, 96; KTS 1983, 311; *Kuhn/Uhlenbruck,* Konkursordnung, 1994, BRAGO § 107 Rn. 5e; Nerlich/Römermann/*Mönning/Zimmermann* InsO § 26 Rn. 154.

[18] Hartmann/Toussaint/*Toussaint* RVG VV 3317 Rn. 6 f.

[19] Riedel/Sußbauer/*Schütz* RVG VV Vorb. 3.3.5. Rn. 25.

Der Arbeitsaufwand des RA bei der Prüfung der Forderungen und im Verteilungsverfahren pflegt so gering zu sein, dass neben der Verfahrensgebühr gem. VV 3317 RVG besondere Gebühren als nicht gerechtfertigt angesehen worden sind.

3. Höhe der Gebühr

Die **Gebührenhöhe** ist beim Schuldnervertreter und beim Gläubigervertreter die gleiche. 48
Beide Anwälte erhalten eine 1,0-Gebühr. Allerdings ist der Gegenstandswert, aus dem die Gebühr zu berechnen ist, verschieden hoch (vgl. § 28 Abs. 1 RVG).

Geringer Umfang der Tätigkeit. Auch bei Endigung der Vertretung vor dem allgemeinen Prüfungstermin (§ 176 InsO) oder bei Beginn der Tätigkeit erst nach diesem Termin erhält der RA keine geringeren Gebühren.

War der RA schon im Eröffnungsverfahren tätig, so erhält er neben der Gebühr nach 49
VV 3317 RVG die Gebühr nach VV 3313 RVG.

Für die **Vertretung von Massegläubigern, Absonderungs- und Aussonderungsberechtigten** gilt VV 3317 RVG dann, wenn sie wegen Verzichts auf ihr Vorrecht oder wegen Ausfalls an dem Verfahren als Insolvenzgläubiger teilnehmen. Im Übrigen bestimmen sich die Gebühren für ihre Vertretung in einem Rechtsstreit nach VV 3100 ff. RVG, bei Tätigkeiten außerhalb eines Rechtsstreits nach VV 2300 RVG.[20] 50

Der Anwalt, der für einen **Vertragspartner** über die Erfüllung oder Nichterfüllung zweiseitiger Verträge (§ 103 InsO) verhandelt, hat Anspruch auf die Gebühren nach VV 2300 RVG. 51

Der Anwalt, der für den Schuldner außerhalb des Insolvenzverfahrens tätig wird, hat Anspruch auf weitere Gebühren neben der Gebühr nach VV 3317 RVG.[21] 52

4. Verfahren nach dem StaRUG

Nach der Anmerkung zum Vergütungstatbestand VV 3317 entsteht die Verfahrensgebühr 52a
auch in einem Verfahren nach dem StaRUG. Mit dieser durch das Gesetz zur Fortentwicklung des Sanierungs- und Insolvenzrechts vom 22.12.2020[22] eingeführten Änderung will der Gesetzgeber regeln, dass für das anwaltliche Tätigwerden in einem Verfahren nach dem StaRUG eine Gebühr mit einem Gebührensatz von 1,0 entsteht.[23]

5. Anträge nach Art. 36 Abs. 9 der Verordnung (EU 2015/848)

Die Verfahrensgebühr VV 3317 entsteht auch im Verfahren über Anträge nach Art. 36 Abs. 9 52b
der Verordnung (EU 2015/848). Die Regelung wurde durch das Gesetz zur Durchführung der Verordnung (EU) zu 2015/848 über Insolvenzverfahren[24] eingeführt. Nach Art. 36 Abs. 9 VO (EU) 2015/848 können lokale Gläubiger auch die Gerichte des Mitgliedstaats, in dem ein Sekundärinsolvenzverfahren eröffnet worden wäre, anrufen, damit das Gericht einstweilige Maßnahmen oder Sicherungsmaßnahmen trifft, um die Einhaltung des Inhalts der Zusicherung durch den Verwalter sicherzustellen. Art. 36 Abs. 1 S. 1 VO (EU) 2015/848 sieht vor, dass der Verwalter des Hauptinsolvenzverfahrens, um die Eröffnung eines Sekundärinsolvenzverfahrens zu vermeiden, in Bezug auf das Vermögen, das in dem Mitgliedstaat, in dem ein Sekundärinsolvenzverfahren eröffnet werden könnte, belegen ist, eine einseitige Zusicherung des Inhalts geben kann, dass er bei der Verteilung dieses Vermögens oder des bei seiner Verwertung erzielten Erlöses die Verteilungs- und Vorzugsrechte nach nationalem Recht wahrt, die Gläubiger hätten, wenn ein Sekundärinsolvenzverfahren in diesem Mitgliedstaat eröffnet worden wäre. Art. 36 Abs. 9 VO (EU) 2015/848 soll es dem lokalen Gläubiger ermöglichen, möglichst rasch Sicherungsanordnungen hinsichtlich der Insolvenzmasse im hypothetischen Sekundärverfahrensstaat zu erwirken.[25]

Die Verfahrensgebühr VV 3317 fällt somit auch in den Antragsverfahren der lokalen Gläubiger an, mit dem durch das Gericht einstweilige Maßnahmen oder Sicherungsmaßnahmen erstrebt werden.

---

[20] Riedel/Sußbauer/*Schütz* RVG VV Vorb. 3.3.5. Rn. 26; Hartung/Schons/Enders/*Hartung* RVG VV 3313–3323 Rn. 19.
[21] *Schmidt* MDR 1968, 206.
[22] BGBl. 2020 I 3256.
[23] BT-Drs. 19/24181, 221.
[24] BGBl. 2017 I 1476.
[25] *Kindler* in MüKoBGB EuInsVO Art. 36 Rn. 48.

VI. Verfahrensgebühr für das Verfahren über einen Insolvenzplan

1. Vertretung im Verfahren über den Insolvenzplan

53 Nach VV 3318 RVG beträgt die Verfahrensgebühr für das Verfahren über einen Insolvenzplan 1,0. Nach § 217 Abs. 1 InsO können die Befriedigung der absonderungsberechtigten Gläubiger und der Insolvenzgläubiger, die Verwertung der Insolvenzmasse und deren Verteilung an die Beteiligten sowie die Haftung des Schuldners nach der Beendigung des Insolvenzverfahrens in einem Insolvenzplan abweichend von den Vorschriften der InsO geregelt werden. Unerheblich ist, ob der Plan vom Insolvenzverwalter oder vom Schuldner vorgelegt wird oder ob die Gläubigerversammlung den Verwalter mit der Ausarbeitung des Plans beauftragt hat. VV 3318 RVG umfasst die gesamte Tätigkeit des RA im Verfahren über den Insolvenzplan bis zur Klärung der Frage, ob ein Rechtsmittel gegen die Entscheidung nach § 253 InsO einzulegen ist, ferner die Tätigkeit für das gesamte Verfahren nach §§ 254–269 InsO. Soweit der RA nur im Verfahren über den Insolvenzplan und nur für einen Gläubiger, den Insolvenzverwalter oder einen weiteren Beteiligten tätig wird, also nicht für den Schuldner, erhält er die besondere volle Gebühr nach VV 3318 RVG. Diese Gebühr tritt zu den üblicherweise schon verdienten Gebühren nach VV 3313, 3317 RVG hinzu.[26]

2. Vertretung des Schuldners, der den Plan vorgelegt hat

54 Nach VV 3319 RVG beträgt die Verfahrensgebühr nach VV 3318 RVG bei Vertretung des Schuldners, der den Plan vorgelegt hat, 3,0.

Legt der Schuldner gem. § 218 InsO den Insolvenzplan vor und wird der RA nur im Verfahren über den Insolvenzplan für den Schuldner tätig, so erhält der RA gem. VV 3319 RVG eine 3,0-Gebühr. Auch zu dieser 3,0-Gebühr treten möglicherweise die bereits verdienten Gebühren nach VV 3313, 3317 RVG hinzu.[27]

VII. Anmeldung einer Insolvenzforderung

1. Allgemeines

55 Hat der RA im Insolvenzverfahren nur einen bestimmten Einzelauftrag – die Anmeldung einer Insolvenzforderung – erhalten, so hat er nicht die Gebühr nach VV 3317 RVG verdient. Er kann nur die Gebühr nach VV 3320 RVG beanspruchen. Hat der RA zunächst die Insolvenzforderung angemeldet und später das Feststellungsurteil vorgelegt, erhält er die Gebühr nach VV 3320 RVG nur einmal.

Auf die Anmeldung einer Insolvenzforderung ist die Tätigkeit des RA beschränkt, wenn er ausschließlich den Auftrag erhalten hat, eine solche Forderung anzumelden, und in Ausführung dieses Auftrags tätig wird. Sein Auftrag also nicht dahin geht, den Gläubiger in dem Insolvenzverfahren allgemein zu vertreten. In einem solchen Falle kann der RA nur eine 0,5-Gebühr, nicht aber etwa daneben noch die Gebühr gem. VV 3317 RVG verlangen.

Die Gebühr berechnet sich zufolge § 28 Abs. 2 RVG nach dem Nennwert der anzumeldenden Forderung.

Anmeldung einer Forderung ist auch die Einreichung eines Urteils, durch das eine bestrittene Insolvenzforderung festgestellt ist, zwecks Berichtigung der Insolvenztabelle.

56 Hat der RA **Auftrag zur Vertretung** im Insolvenzverfahren oder erhält er später einen über die Anmeldung der Forderung hinausgehenden Auftrag, zB den Auftrag, den Gläubiger auch bei der Prüfung der Forderung oder im Verteilungsverfahren zu vertreten, so erhält er die Gebühr nach VV 3317 RVG. Durch die Gebühr nach VV 3317 RVG wird aber auch die Anmeldung der Forderung mit abgegolten.

Abgegolten durch die Gebühr wird ferner eine damit verbundene Beratung. Neben der Eröffnungsgebühr nach VV 3313 RVG, wenn diese als Einzelgebühr erwächst, kann die Gebühr nach VV 3320 RVG entstehen. Sie entsteht auch dann, wenn der Auftrag nur dahin geht, die Anmeldung zu entwerfen oder zu unterzeichnen, nicht aber, wenn nur ein Rat erteilt wird.

2. Höhe der Gebühr

57 Nach VV 3320 RVG beträgt die Verfahrensgebühr nach VV 3317 RVG für die Anmeldung einer Insolvenzforderung 0,5.

Die Gebühr entsteht auch im Verteilungsverfahren nach der SVertO.

---

[26] Hartmann/Toussaint/*Toussaint* RVG VV 3318–3319 Rn. 5.
[27] Hartmann/Toussaint/*Toussaint* RVG VV 3318–3319 Rn. 7.

VIII. Verfahren über einen Antrag auf Versagung oder Widerruf einer Restschuldbefreiung

1. Allgemeines

VV 3321 RVG regelt die Gebühren des RA für zwei unterschiedliche Besonderheiten des Insolvenzverfahrens, nämlich: 58

Die Tätigkeit nach der Aufhebung des Insolvenzplans in dem Verfahren auf Versagung oder Widerruf der Restschuldbefreiung.

Die Gebühr kann aber auch dann gesondert anfallen, wenn der Antrag vor Aufhebung des Insolvenzverfahrens gestellt wird.

2. Versagung oder Widerruf der Restschuldbefreiung

Hat der Schuldner Restschuldbefreiung erlangt, verstößt er aber gegen Obliegenheiten (§§ 295, 296 InsO) oder begeht er Insolvenzstraftaten (§ 297 InsO), so kann das Insolvenzgericht die Restschuldbefreiung auf Antrag eines Insolvenzgläubigers versagen. 59

Nach § 303 InsO kann das Insolvenzgericht auf Antrag eines Insolvenzgläubigers die Erteilung der Restschuldbefreiung widerrufen.

3. Höhe der Gebühr

Vertritt der RA den antragsberechtigten Insolvenzgläubiger, den Schuldner oder einen anderen an diesem Verfahrensabschnitt Beteiligten, etwa eine der anzuhörenden Personen (zB Treuhänder), dann erhält er nach VV 3321 RVG eine 0,5 Verfahrensgebühr.[28] 60

Nach VV 3321 Anm. Abs. 1 RVG ist das Verfahren über mehrere gleichzeitig anhängige Anträge eine Angelegenheit. Nach VV 3321 Anm. Abs. 2 RVG entsteht die Gebühr auch gesondert, wenn der Antrag bereits vor Aufhebung des Insolvenzverfahrens gestellt wird.

Der **Gegenstandswert** bestimmt sich nach § 28 Abs. 3 RVG. 61

IX. Beschwerdeverfahren

Für Beschwerdeverfahren im Insolvenzverfahren gelten die allgemeinen Bestimmungen für Beschwerdeverfahren, also die Verfahrensgebühr gem. VV 3500 RVG und die Terminsgebühr gem. VV 3513 RVG. 62

X. Anträge auf Zulassung der Zwangsvollstreckung, Anträge auf Aufhebung von Vollstreckungsmaßregeln

1. Anträge auf Zulassung der Zwangsvollstreckung

Gem. VV 3322 RVG beträgt die Verfahrensgebühr für das Verfahren über Anträge auf Zulassung der Zwangsvollstreckung nach § 17 Abs. 4 SVertO 0,5. 63

2. Anträge auf Aufhebung von Vollstreckungsmaßregeln

Gem. VV 3323 RVG beträgt die Verfahrensgebühr für das Verfahren über Anträge auf Aufhebung von Vollstreckungsmaßregeln nach § 8 Abs. 5 SVertO und § 41 SVertO 0,5. 64

Nr.	Gebührentatbestand	Gebühr oder Satz der Gebühr nach § 13 RVG

Unterabschnitt 6. Sonstige besondere Verfahren

Vorbemerkung 3.3.6:

Die Terminsgebühr bestimmt sich nach Abschnitt 1, soweit in diesem Unterabschnitt nichts anderes bestimmt ist. Im Verfahren über die Prozesskostenhilfe bestimmt sich die Terminsgebühr nach den für dasjenige Verfahren geltenden Vorschriften, für das die Prozesskostenhilfe beantragt wird.

VV Vorb. 3.3.6 RVG, der die Terminsgebühr im sechsten Unterabschnitt regelt, wird bei den einzelnen Bestimmungen der VV 3324 f. RVG kommentiert. An dieser Stelle nur eine **Übersicht:** 1

– Verfahren, bei denen der RA eine 0,5 Terminsgebühr verdient:
VV 3324–3329 RVG (VV 3332 RVG).

[28] Hartmann/Toussaint/*Toussaint* RVG VV 3321 Rn. 1.

– Verfahren, bei denen der RA die Terminsgebühr in Höhe des Verfahrens verdient, in dem die Rüge erhoben wird, maximal eine 0,5 Terminsgebühr (VV 3331 RVG).
– Verfahren bei denen der RA eine 1,2 Terminsgebühr verdient: VV 3334, 3335 RVG (VV Vorb. 3.3.6 RVG iVm VV 3104 RVG)
– Verfahren bei denen der RA keine Terminsgebühr verdienen kann VV 3333 RVG (VV 3333 Anm. S. 2 RVG).

2 **PKH Antragsverfahren.** Neu durch das 2. KostRMoG eingeführt wurde S. 2. Im PKH-Antragsverfahren (VV 3335 RVG) richtet sich die Terminsgebühr nach der Terminsgebühr des Verfahrens, für das PKH beantragt wird. Das entspricht der Regelung zur Verfahrensgebühr in VV 3335 RVG. Dazu, dass dies auch schon für das alte Recht anzunehmen war → RVG VV 3335 Rn. 52.

Nr.	Gebührentatbestand	Gebühr oder Satz der Gebühr nach § 13 RVG
3324	Verfahrensgebühr für das Aufgebotsverfahren	1,0

Schrifttum: *H. Schneider* Kosten im Aufgebotsverfahren AGS 2010, 521.

Übersicht

I. Allgemeines

1 VV 3324 RVG regelt den Gebührenanspruch des RA, der im Aufgebotsverfahren (zB § 433 FamFG, früher § 946 ZPO aF) tätig wird. Während § 45 BRAGO für vier einzeln aufgeführte Tätigkeiten jeweils eine $^{5}/_{10}$ Gebühr zuerkannte, wird diese Differenzierung in VV 3324 RVG aufgegeben. Stattdessen erhält der Anwalt eine 1,0 Verfahrensgebühr und ggf. eine Terminsgebühr von 0,5 (VV 3332 RVG). VV 3324 RVG differenziert auch nicht mehr zwischen der Vertretung des Antragstellers und der Vertretung einer anderen Person. § 45 BRAGO galt nur für Aufgebotsverfahren nach der ZPO. Dem gegenüber greift VV 3324 RVG in allen Aufgebotsverfahren in den in der Überschrift von VV Teil 3 RVG aufgeführten Verfahrensarten ein.

II. Anwendungsbereich

1. Gerichtliche Aufgebotsverfahren

2 VV 3324 RVG steht in VV Teil 3 RVG. Dieser Teil ist einschlägig für Zivilsachen, einschließlich Arbeitsrecht, Familiensachen, Verfahren der freiwilligen Gerichtsbarkeit, der öffentlich-rechtlichen Gerichtsbarkeit, Verfahren nach dem StVollzG, auch iVm § 72 JGG und ähnlichen Verfahren. Findet in einem dieser Verfahren ein Aufgebotsverfahren statt, so ist VV 3324 RVG anzuwenden. Deshalb ist VV 3324 RVG anwendbar
– für das Aufgebot zum Zwecke der Todeserklärung nach §§ 2 f. VerschG,
– sowie für bundes- und landesrechtliche (§ 11 EGZPO) Aufgebotsverfahren.

Weitere Anwendungsfälle sind zB die Aufgebotsverfahren zum Zwecke der Ausschließung 3
- des Eigentümers eines Grundstücks (§ 442 FamFG),
- des Schiffseigentümers (§ 446 FamFG),
- eines Hypotheken-, Grundschuld- oder Rentenschuldgläubigers (§ 447 FamFG),
- eines Schiffshypothekengläubigers (§ 452 FamFG),
- sonstiger Grund- und Schiffsberechtigter, zB von Berechtigten an Vormerkungen, Vorkaufsrechten, Reallasten, Pfandrechten an Schiffen (§ 453 FamFG),
- von Nachlassgläubigern (§ 454 FamFG),
- von Gesamtgutsgläubigern im Falle der fortgesetzten Gütergemeinschaft (§ 464 FamFG),
- von Schiffsgläubigern auf Grund des § 765 HGB und des § 110 des Binnenschifffahrtsgesetzes (§ 465 FamFG),

sowie das Aufgebotsverfahren zum Zwecke der Kraftloserklärung einer Urkunde zB Aktien, Wechsel, Pfandscheine, Hypothekenbriefe usw (§ 466 FamFG).

2. Nicht gerichtliche Aufgebotsverfahren, Beschwerdeverfahren

VV 3324 RVG steht im VV Teil 3 RVG, der sich auf gerichtliche Verfahren bezieht. Daher gilt VV 3324 RVG nicht für die Fälle, in denen das Aufgebot nicht vor einem Gericht in einem der aufgeführten Verfahren stattfindet, insbes. nicht auf die **private Aufforderung** sowie auf **Kraftloserklärungen ohne Aufgebot.** 4

VV 3324 RVG ist nicht anwendbar ua in folgenden Fällen 5
- das Aufgebot der Verlobten gem. PStG,
- das Aufgebot der Nachlassgläubiger gem. § 2061 BGB,
- die Kraftloserklärung von Aktien durch die Gesellschaft gem. § 73 AktG,
- das Aufgebot von Sparkassenbüchern, wenn es gem. § 18 Postsparkassenordnung durch die Sparkassen erfolgt,
- Kraftloserklärungen ohne Aufgebot (§§ 176, 2361, 64, 226 AktG). In allen diesen Fällen, in denen VV 3324 RVG nicht anzuwenden ist, wird die Tätigkeit des RA nach VV 2300 ff. RVG vergütet.

VV 3324 RVG ist weiter nicht anzuwenden im **Beschwerdeverfahren** (zB gem. §§ 439 Abs. 3, 61 Abs. 1 FamFG). Dort findet VV 3500 ff. RVG Anwendung. 6

3. Ende des Aufgebotsverfahrens

Eine Tätigkeit nach Beendigung des Aufgebotsverfahrens (mit Erlass des Ausschlussurteils oder eines Zurückweisungsbeschlusses) fällt nicht unter VV 3324 RVG. Im Einzelnen → Rn. 14 ff. 7

4. Antragsteller und andere Personen

Unerheblich ist nach neuem Recht, ob der Anwalt den Antragsteller oder eine andere Person vertritt, zB der RA meldet für jemanden, der nicht Antragsteller ist, Rechte an oder bestreitet das Recht des Antragstellers. Das Gesetz stellt nur darauf ab, ob der RA im Aufgebotsverfahren tätig war und differenziert nicht, wie noch § 45 BRAGO, zwischen Antragsteller und anderen Personen. 8

III. Tätigkeit

Erste Tätigkeit. Die Verfahrensgebühr entsteht ohne Rücksicht auf das spätere Schicksal des Verfahrens mit der ersten Tätigkeit des Anwalts nach der Auftragserteilung, zB der Entgegennahme der Information. Der mit der Vertretung im Aufgebotsverfahren beauftragte RA erhält sie auch dann, wenn ein Antrag nicht oder nicht durch ihn gestellt wird. Dazu dass sich dann aber die Gebühr gem. VV 3337 RVG auf 0,5 reduziert, → Rn. 10. 9

IV. Gebührenhöhe

Die Verfahrensgebühr beträgt eine 1,0 Gebühr, im Fall des VV 3337 RVG eine 0,5 Gebühr. Zu VV 3337 RVG → RVG VV 3335 Rn. 47, 56 ff. 10

Mehrere Personen. Vertritt der RA mehrere Personen, egal ob mehrere Antragsteller oder mehrere sonstige Personen, so ist bei identischem Gegenstand hinsichtlich der Verfahrensgebühr VV 1008 RVG anzuwenden. Der RA erhält die Verfahrensgebühr nur einmal. Sie erhöht sich für jede weitere Person um eine 0,3 Gebühr. Ist der Gegenstand nicht identisch, erhöht sich die Gebühr nicht. Der Wert der Gegenstände ist aber zusammen zu rechnen. 11

V. Weitere Gebühren

1. Terminsgebühr

12 Für die Vertretung in einem Termin erhält der Anwalt eine 0,5 Terminsgebühr gem. VV 3332 RVG. Dabei ist es wieder unerheblich, ob der RA für den Antragsteller oder eine andere Person tätig wird.

2. Einigungsgebühr

13 Kommt es in dem Aufgebotsverfahren oder außerhalb desselben zu einer Einigung zwischen dem Antragsteller und der anderen Person, so erhält der mitwirkende RA zusätzlich die Einigungsgebühr des VV 1000 RVG, und zwar bei anhängigem Aufgebotsverfahren iHv 1,0, bei nicht anhängigem Verfahren iHv 1,5.

3. Gebühren nach Ende des Aufgebotsverfahrens

14 Mit Erlass des Ausschluss- oder Zurückweisungsbeschlusses endet das Aufgebotsverfahren. Eine Tätigkeit des RA, die auf Grund des Ausschlussbeschlusses erfolgt, gehört nicht mehr zum Aufgebotsverfahren und ist besonders zu vergüten.

15 **VV 2300 ff. RVG.** Ferner entstehen besondere Gebühren nach VV 2300 f. RVG, wenn der RA Erteilung einer neuen Schuldverschreibung oder Aktie oder eines neuen Hypotheken-, Grundschuld- oder Rentenschuldbriefs beantragt.

VI. Angelegenheit

16 Innerhalb eines Aufgebotsverfahrens kann der Anwalt die Verfahrens- und die Terminsgebühr nur einmal verdienen, selbst wenn er mehrere Anträge stellt, zB Antrag auf Erlass des Aufgebots und Antrag auf Anordnung der Zahlungssperre, bzw. selbst wenn er an mehreren Terminen teilnimmt. Ein Aufgebotsverfahren ist eine Angelegenheit mit der Folge des § 15 Abs. 1 RVG. Insoweit weicht VV 3324 RVG von § 45 BRAGO ab, wonach der Antragstellervertreter für verschiedene Tätigkeiten innerhalb eines Aufgebotsverfahrens mehrere Gebühren verdienen konnte. Alle in § 45 Abs. 1 Nr. 1–3 BRAGO einzeln aufgeführten Tätigkeiten werden durch die Gebühr des VV 3324 RVG abgegolten.[1] Das gilt also auch, wenn der Antrag auf Zahlungssperre vor dem Antrag auf Erlass des Aufgebots gestellt wird.

17 **Verbindung.** Die Verbindung mehrerer Aufgebotsverfahren, die gem. § 20 FamFG auch nach Wegfall des § 959 ZPO aF weiterhin möglich ist, hat auf die vor der Verbindung entstandenen Gebühren des RA, der mehrere Antragsteller vertritt, keinen Einfluss. Der RA kann daher für jedes der verbundenen Verfahren seine vor der Verbindung entstandenen Gebühren besonders berechnen. Ab Verbindung liegt aber nur noch ein Verfahren vor. Neu entstehende Gebühren erwachsen nur einmal (jedoch aus den zusammengerechneten Verfahrenswerten, wenn die Anträge der einzelnen Auftraggeber verschiedene Gegenstände betreffen). Bei gleichem Gegenstand ist VV 1008 RVG anzuwenden (→ Rn. 11). Treten weitere Antragsteller einem bereits laufenden Aufgebotsverfahren bei, so handelt es sich von Anfang an um nur ein Aufgebotsverfahren.[2]

VII. Beschwerde

18 Das Beschwerdeverfahren (§ 58 FamFG) ist eine besondere Gebühreninstanz. Es entstehen die Gebühren der VV 3500 ff. RVG.

VIII. Kostenerstattung

19 Ist ein Beschluss in einer Aufgebotssache mit einer Kostenentscheidung versehen, so kann auf Grund dieser Entscheidung mangels eines Gegners im prozessrechtlichen Sinn keine Kostenerstattung verlangt werden.[3]

[1] BT-Drs. 15/1971, 217.
[2] Riedel/Sußbauer RVG/*Keller,* 8. Aufl. 2000, BRAGO § 45 Rn. 8.
[3] LG Frankenthal Rpfleger 1983, 412; LG Weiden Rpfleger 1998, 532.

Nr.	Gebührentatbestand	Gebühr oder Satz der Gebühr nach § 13 RVG
3325	Verfahrensgebühr für Verfahren nach § 148 Abs. 1 und 2, nach § 246a des Aktiengesetzes (auch i. V. m. § 20 Abs. 3 Satz 4 SchVG), nach § 319 Abs. 6 des Aktiengesetzes (auch i. V. m. § 327e Abs. 2 des Aktiengesetzes) oder nach § 16 Abs. 3 UmwG	0,75

Übersicht

I. Allgemeines

1 VV 3325 RVG betrifft verschiedene, im Einzelnen aufgezählte aktienrechtlichen Tätigkeiten des RA und nur diese.

II. Anwendungsbereich

2 Die Bestimmung **betrifft nicht**
– das **Klageverfahren über die Wirksamkeit** des Hauptversammlungsbeschlusses über die Eingliederung bzw. des Verschmelzungsbeschlusses; hier greifen VV 3100 f. RVG ein,
– das **Eintragungsverfahren** im Handelsregister bzw. in dem in § 16 Abs. 1 UmwG genannten Register; bei diesem, das dem Recht der freiwilligen Gerichtsbarkeit unterliegt, greifen VV 3100 f. RVG ein,
– das **sofortige Beschwerdeverfahren** gem. § 319 Abs. 6 S. 5 AktG, § 16 Abs. 3 S. 5 UmwG; hier greifen VV 3500 ff. RVG ein.[1]

III. Tätigkeit

3 Die Verfahrensgebühr entsteht bei einem entsprechenden Auftrag durch jede auf dieses Verfahren gerichtete Tätigkeit, zB der Entgegennahme der Information bzw. der Stellung des Antrags. Auch beim Antragsgegner genügt die Entgegennahme der Information bzw. eine Prüfung oder Besprechung, ob auf den Antrag reagiert werden soll. Einer schriftlichen Stellungnahme bedarf es nicht.

IV. Gebührenhöhe

4 Der Anwalt verdient eine 0,75 Verfahrensgebühr (VV 3325 RVG). Im Fall des VV 3337 RVG fällt eine 0,5 Gebühr an. Zu VV 3337 RVG → RVG VV 3335 Rn. 47, 56 ff. VV 1008 RVG ist anzuwenden, wenn der RA mehrere Auftraggeber vertritt.

V. Weitere Gebühren

1. Terminsgebühr

5 Der RA kann eine 0,5 Terminsgebühr (VV 3332 RVG) verdienen.

[1] *Hansens* BRAGO § 42 Rn. 7.

2. Einigungsgebühr

6 Eine Einigungsgebühr wird in dem Beschlussverfahren, dessen Gegenstand der Erlass eines gerichtlichen Beschlusses mit gesetzlich bestimmtem Inhalt ist, nicht entstehen. Die Parteien können sich nur im Klageverfahren vergleichen.[2]

VI. Abgeltungsbereich

7 Mit der Gebühr des VV 3325 RVG wird das gesamte Verfahren gem. § 319 Abs. 6 AktG, § 16 Abs. 3 UmwG abgegolten, zB auch die Formulierung von eidesstattlichen Versicherungen von Verfahrensbeteiligten oder Dritten sowie deren Belehrung.[3]

VII. Angelegenheit

8 Das Beschlussverfahren nach § 319 Abs. 6 AktG oder § 16 Abs. 3 UmwG ist gebührenrechtlich im Verhältnis zum Hauptsacheverfahren bzgl. der Unwirksamkeitsklage ebenso wie auch gegenüber dem Eintragungsverfahren eine selbständige Angelegenheit. Die Gebühren entstehen also gesondert neben den Gebühren in diesen Verfahren. Eine Anrechnung findet nicht statt.

VIII. Beschwerdeverfahren

9 Im sofortigen Beschwerdeverfahren (§ 319 Abs. 6 S. 5 AktG) verdient der RA Gebühren gem. VV 3500 ff. RVG.

Nr.	Gebührentatbestand	Gebühr oder Satz der Gebühr nach § 13 RVG
3326	Verfahrensgebühr für Verfahren vor den Gerichten für Arbeitssachen, wenn sich die Tätigkeit auf eine gerichtliche Entscheidung über die Bestimmung einer Frist (§ 102 Abs. 3 des Arbeitsgerichtsgesetzes), die Ablehnung eines Schiedsrichters (§ 103 Abs. 3 des Arbeitsgerichtsgesetzes) oder die Vornahme einer Beweisaufnahme oder einer Vereidigung (§ 106 Abs. 2 des Arbeitsgerichtsgesetzes) beschränkt	0,75

Übersicht

I. Allgemeines

1 Überblick über Bestimmungen zum Schiedsverfahren → § 16 Rn. 106.

VV 3326 RVG enthält besondere Gebühren für ganz bestimmte Gerichtsverfahren, in denen das Gericht im Zusammenhang mit einem arbeitsgerichtlichen Schiedsverfahren tätig wird (Fristbestimmung, Schiedsrichterablehnung, Beweisaufnahme, Vereidigung). Ansonsten gelten für das arbeitsgerichtliche Verfahren VV 3100 ff. RVG (s. VV Anh. I RVG) und zwar für die schiedsgerichtlichen Verfahren gem. § 104 ArbGG über § 36 Abs. 1 Nr. 2, VV 3326 RVG entspricht § 62 Abs. 3 S. 1 BRAGO, gewährt aber eine 0,75 Verfahrensgebühr und eine 0,5 Terminsgebühr (VV 3332 RVG) statt der bisherigen $^{5}/_{10}$ Gebühren.

[2] **AA** Hartmann/Toussaint/*Toussaint* RVG VV 3325 Rn. 4.
[3] *Hansens* BRAGO § 42 Rn. 3.

II. Anwendungsbereich

1. Verfahrensbevollmächtigter im Schiedsverfahren

VV 3326 RVG ist im Zusammenhang mit § 16 Nr. 9 RVG zu sehen. Daraus folgt, dass der RA, wenn er sowohl im Schiedsverfahren, als auch in einem der in VV 3326 RVG genannten Verfahren beim Arbeitsgericht tätig ist, grds. die Gebühren gem. § 36 RVG und gem. VV 3326, 3332 RVG verdient, sie jedoch nicht nebeneinander geltend machen kann. Hat der für das gesamte Schiedsverfahren bestellte RA also im Schiedsverfahren bislang nur die Verfahrensgebühr verdient, fällt aber im Unterstützungsverfahren durch das Arbeitsgericht eine Terminsgebühr gem. VV 3332 RVG an, so kann er diese Gebühr verlangen. **2**

2. Betroffene Einzeltätigkeiten

Folgende Einzeltätigkeiten werden von VV 3326 RVG erfasst: **3**
- Herbeiführung einer gerichtlichen Entscheidung über die Bestimmung einer Frist nach § 102 Abs. 3 ArbGG,
- Ablehnung eines Schiedsrichters nach § 103 Abs. 3 ArbGG,
- Unterstützung bei der Vornahme einer Beweisaufnahme oder einer Vereidigung durch ein Gericht (§ 106 Abs. 2 ArbGG).

III. Tätigkeit

Die Gebühr entsteht bei entsprechendem Auftrag durch jede Tätigkeit des RA, die im Zusammenhang mit einem der in VV 3326 RVG aufgeführten Verfahren steht, insbes. bereits mit der Entgegennahme der Information, der Prüfung der Rechtslage, einer Besprechung. Nicht ist erforderlich, dass ein Antrag gestellt oder sonst wie eine Äußerung nach außen gerichtet wird. Das gilt für den RA des Antragstellers wie des Antragsgegners. **4**

IV. Gebührenhöhe

Der RA verdient eine 0,75 Verfahrensgebühr. Im Fall des VV 3337 RVG entsteht eine 0,5 Gebühr. Zu VV 3337 RVG → RVG VV 3335 Rn. 47, 56 ff. **5**

V. Terminsgebühr

Der RA kann eine 0,5 Terminsgebühr verdienen (VV 3332 RVG). Das Gericht trifft seine Entscheidung nach mündlicher Anhörung der Parteien, kann aber auch entscheiden, wenn eine Partei nicht erscheint oder sich nicht äußert. Der RA dieser Partei verdient dann keine Terminsgebühr.[1] **6**

Nr.	Gebührentatbestand	Gebühr oder Satz der Gebühr nach § 13 RVG
3327	Verfahrensgebühr für gerichtliche Verfahren über die Bestellung eines Schiedsrichters oder Ersatzschiedsrichters, über die Ablehnung eines Schiedsrichters oder über die Beendigung des Schiedsrichteramts, zur Unterstützung bei der Beweisaufnahme oder bei der Vornahme sonstiger richterlicher Handlungen anlässlich eines schiedsrichterlichen Verfahrens.............	0,75

Schrifttum: *Enders,* Die Vergütung des Anwalts für eine Tätigkeit im schiedsrichterlichen Verfahren, JurBüro 1998, 169 ff., 281 ff.

Übersicht

[1] Riedel/Sußbauer/*Keller,* 8. Aufl. 2000, BRAGO § 62 Rn. 19.

I. Allgemeines

1 Überblick über Bestimmungen zum Schiedsverfahren → § 16 Rn. 106.

VV 3327 RVG betrifft nicht generell die Vertretung im schiedsrichterlichen Verfahren. Diese wird im RVG gem. § 36, VV 3100ff. RVG vergütet. VV 3327 RVG betrifft nur einzelne Mitwirkungshandlungen des staatlichen Gerichts. VV 3327 RVG entspricht § 46 Abs. 4 BRAGO. Anders als in § 46 Abs. 4 BRAGO, nach dem die Gebühren des § 31 BRAGO halbiert wurden, verdient der Anwalt nach VV 3327 RVG jedoch nunmehr eine 0,75 Verfahrensgebühr und ggf. eine 0,5 Terminsgebühr (VV 3332 RVG).

II. Betroffene Verfahren

2 **Aufzählung.** VV 3327 RVG betrifft nur **Teilaspekte.** Er greift ein, wenn es nur geht um
- die Bestellung eines Schiedsrichters (§§ 1034 Abs. 2, 1035 Abs. 3 ZPO) oder Ersatzschiedsrichters (§ 1039 ZPO),
- die Ablehnung eines Schiedsrichters (§ 1037 Abs. 3 ZPO),
- die Beendigung des Schiedsrichteramts (§ 1038 Abs. 1 S. 2 ZPO),
- die Unterstützung bei der Beweisaufnahme,
- oder die Vornahme sonstiger richterlicher Handlungen (§ 1050 ZPO).

3 **Zulassung der Vollziehung einer Eilmaßnahme.** Eine sonstige richterliche Handlung iSv VV 3327 RVG ist auch die gerichtliche Zulassung der Vollziehung von Eilmaßnahmen gem. § 1041 Abs. 2 ZPO, so dass sich in diesem Verfahren die Gebühren nach VV 3327, 3332 RVG richten.[1]

4 VV 3309, 3310 RVG scheiden aus.[2] Es geht um keine Vollstreckungsmaßnahmen, sondern um eine Handlung, mit der erst die Vollstreck- bzw. Vollziehbarkeit herbeigeführt werden soll (→ RVG VV 3309 Rn. 12).

5 VV 3100 ff. RVG sind anders als bei der Vollstreckbarerklärung von Schiedssprüchen (→ § 36 Rn. 10) nicht anzuwenden.[3] Die Zulassung der Vollziehung einer Eilmaßnahme ist nicht gleichzusetzen mit der Vollstreckbarerklärung der abschließenden Regelung des Schiedsspruchs.

III. Nicht Verfahrensbevollmächtigter des gesamten Verfahrens

6 VV 3327 RVG greift nicht ein, wenn in den genannten Verfahren der Verfahrensbevollmächtigte des gesamten Schiedsverfahrens tätig ist. Es gelten die gleichen Grundsätze wie zu VV 3326 RVG, jedoch mit der Maßgabe, dass an Stelle von § 16 Nr. 9 RVG hier § 16 Nr. 8 RVG mit zu berücksichtigen ist.

IV. Tätigkeit

7 Die Gebühr entsteht bei entsprechendem Auftrag durch jede Tätigkeit des RA, die im Zusammenhang mit einem der in VV 3327 RVG aufgeführten Verfahren steht, insbes. bereits mit der Entgegennahme der Information, der Prüfung der Rechtslage, einer Besprechung. Nicht ist erforderlich, dass ein Antrag gestellt oder ansonsten eine Äußerung nach außen gerichtet wird. Das gilt für den RA des Antragstellers wie des Antragsgegners.

[1] Bischof/*Bräuer* RVG § 16 Rn. 20, § 17 Rn. 19.

[2] Schneider/WolfSchneider/Wolf/*Mock/Fölsch/Schneider/Thiel* RVG § 17 Rn. 389; **aA** Gerold/Schmidt/*von Eicken,* 15. Aufl. 2002, BRAGO § 46 Rn. 5.

[3] **AA** Riedel/Sußbauer/*Keller,* 8. Aufl. 2000, BRAGO § 46 Rn. 4; *Enders* JurBüro 1998, 281 (283) Ziff. 7, wobei nicht klar ist, ob er sich auf das Anordnungs- oder Zulassungsverfahren bezieht.

V. Gebührenhöhe

Der RA verdient eine 0,75 Verfahrensgebühr, im Fall des VV 3337 RVG eine 0,5 Gebühr. Zu VV 3337 RVG → RVG VV 3335 Rn. 47, 56 ff. 8

VI. Weitere Gebühren

1. Terminsgebühr

Der RA kann auch eine 0,5 Terminsgebühr verdienen (VV 3332 RVG). 9

2. Einigungsgebühr

Der RA kann auch eine Einigungsgebühr verdienen. Allerdings ist dafür erforderlich, dass sich die Parteien in der Sache selbst einigen. Eine Einigung über die Vollstreckbarkeit ist unwirksam und kann daher keine Einigungsgebühr auslösen.[4] 10

VII. Angelegenheit

→ § 17 Rn. 98 ff. 11

VIII. Beschwerde

Wird eine Beschwerde eingelegt, so finden VV 3500 ff. RVG unbeschadet der Frage Anwendung, ob sie zulässig ist (vgl. § 1065 ZPO). 12

IX. Kostenerstattung

In allen Fällen – außer der gerichtlichen Unterstützung bei der Beweisaufnahme und den sonstigen richterlichen Handlungen iSv § 1050 ZPO – ergeht eine Kostenentscheidung.[5] Die Kostenerstattung findet dann auf Grund dieser Entscheidung statt. Bei der gerichtlichen Unterstützung der Beweisaufnahme oder den sonstigen gerichtlichen Handlungen ergeht keine Kostenentscheidung. Die Kostenerstattung findet statt auf Grund der Kostenentscheidung, die im schiedsrichterlichen Verfahren über die Vollstreckbarerklärung zu ergehen hat. 13

Nr.	Gebührentatbestand	Gebühr oder Satz der Gebühr nach § 13 RVG
3328	Verfahrensgebühr für Verfahren über die vorläufige Einstellung, Beschränkung oder Aufhebung der Zwangsvollstreckung oder die einstweilige Einstellung oder Beschränkung der Vollstreckung und die Anordnung, dass Vollstreckungsmaßnahmen aufzuheben sind	0,5
	Die Gebühr entsteht nur, wenn eine abgesonderte mündliche Verhandlung hierüber oder ein besonderer gerichtlicher Termin stattfindet. Wird der Antrag beim Vollstreckungsgericht und beim Prozessgericht gestellt, entsteht die Gebühr nur einmal.	

Übersicht

[4] Hartmann/Toussaint/*Toussaint* RVG VV 3327 Rn. 15.
[5] Thomas/Putzo/*Seiler* ZPO § 1034 Rn. 7, § 1035 Rn. 11, § 1037 Rn. 7, jeweils mit Verweisung auf Thomas/Putzo/*Seiler* ZPO § 1063 Rn. 5.

I. Allgemeines

1 VV 3328 RVG betrifft die Gebühren des bereits im vorausgegangenen Hauptsacheverfahren tätigen RA, wenn nach Erlass eines vollstreckbaren Titels die vorläufige bzw. einstweilige Einstellung, Beschränkung oder Aufhebung der Vollstreckung begehrt wird und eine **abgesonderte mündliche Verhandlung oder ein besonderer Termin** hierüber stattfindet. Er stellt für diesen Fall eine Ausnahme von dem Grundsatz dar, dass ein solches Verfahren gem. § 19 Abs. 1 S. 2 Nr. 11 RVG mit dem Hauptsacheverfahren eine Angelegenheit darstellt und keine gesonderten Gebühren auslöst. VV 3328 RVG greift nicht ein, wenn in der mündlichen Verhandlung zur Hauptsache über eine vorläufige Einstellung verhandelt wird.[1]

2 VV 3328 RVG stimmt weitgehend mit § 49 Abs. 1 BRAGO überein. Eine Abweichung liegt hinsichtlich der Höhe der Gebühren vor. Während gem. § 49 Abs. 1 BRAGO der RA $^{3}/_{10}$ der in § 31 BRAGO bestimmten Gebühren verdiente, erhält er nun eine 0,5 Verfahrensgebühr (VV 3328 RVG) und uU eine 0,5 Terminsgebühr (VV 3332 RVG). Während zum alten Recht sich in der Berufung- und Revisionsinstanz die Gebühren des § 49 BRAGO gem. § 11 Abs. 1 S. 4 BRAGO um $^{3}/_{10}$ erhöhten,[2] kennen VV 3328 RVG und VV 3332 RVG eine derartige Erhöhung nicht.

II. Anwendungsbereich

1. Sachlicher Anwendungsbereich

3 **a) Betroffene Verfahren.** VV 3328 RVG umfasst alle Verfahren vor dem Gericht der Hauptsache
- über die vorläufige Einstellung, Beschränkung oder Aufhebung der Vollstreckung;
- über die einstweilige Einstellung oder Beschränkung der Vollstreckung und die Anordnung, dass Vollstreckungsmaßnahmen aufzuheben sind (FamFG).

Zum Verfahren vor dem Vollstreckungsgericht → Rn. 22 ff.

4 **Rechtsgebiete.** Betroffen sind anders als in § 49 BRAGO sämtliche in der Überschrift zu VV Teil 3 RVG aufgeführten Verfahren, soweit diese eine vorläufige Einstellung, Beschränkung oder Aufhebung der Vollstreckung oder einstweilige Einstellung oder Beschränkung der Vollstreckung oder die Anordnung, dass Vollstreckungsmaßnahmen aufzuheben sind, mit abgesonderter mündlicher Verhandlung kennen.

5 **Nicht im Gesetz vorgesehene Einstellungen.** VV 3328 RVG hat auf eine Aufzählung der unter diese Bestimmung fallenden Verfahren verzichtet. Daher erfasst die Vorschrift alle Verfahren der vorläufigen Einstellung, Beschränkung und Aufhebung, selbst solche, die durchgeführt werden, obwohl das Verfahrensgesetz eine Einstellung usw nicht vorgesehen hat. So ist zB VV 3328 RVG anzuwenden, wenn auf eine Abänderungsklage aus § 323 ZPO die Vollstreckung aus dem angegriffenen Titel ganz oder teilweise nach abgesonderter mündlicher Verhandlung eingestellt wird.

6 **Hauptfälle** der Anwendung des VV 3328 RVG sind die §§ 707, 719, 769, 770, 771, 785, 786, 805, 810, 924 ZPO; 86 ff. FamFG.

7 **Fakultative mündliche Verhandlung.** VV 3328 RVG ist auch auf die Fälle der §§ 570 Abs. 3, 732 Abs. 2 ZPO anzuwenden, obgleich in der dazu gehörigen Hauptsache eine mündliche Verhandlung nicht vorgeschrieben ist.[3] Allerdings werden diese Fälle selten praktisch werden, da in Verfahren mit fakultativer mündlicher Verhandlung kaum eine abgesonderte mündliche Verhandlung über die Einstellung stattfindet.

---

[1] LAG München RVGreport 2008, 24 mzustAnm *N. Schneider.*
[2] LG Düsseldorf AnwBl 1972, 397 = Rpfleger 1972, 235 = JurBüro 1972, 511.
[3] Gerold/Schmidt/*von Eicken,* 15. Aufl. 2002, BRAGO § 49 Rn. 2; *Hansens* BRAGO § 49 Rn. 2; **aA** Riedel/Sußbauer/*Keller,* 8. Aufl. 2000, BRAGO § 49 Rn. 5, § 49 BRAGO setzt ein Verfahren mit obligatorischer mündlicher Verhandlung voraus.

b) Nicht betroffene Verfahren. Vorabentscheidung über vorläufige Vollstreckbarkeit. Für die abgesonderte Verhandlung nach § 718 ZPO erhält der RA die Gebühr nach VV 3328 RVG nicht, da es nicht um die Verhinderung, sondern um die Erreichung der vorläufigen Vollstreckbarkeit geht.[4] 8

2. Persönlicher Anwendungsbereich

a) Verfahrensbevollmächtigter. VV 3328 RVG stellt auf den RA ab, der auch Verfahrensbevollmächtigter der Hauptsache ist und bei dem die Tätigkeit im Verfahren über die einstweilige Einstellung der Vollstreckung grds. durch die Verfahrensgebühr gem. VV 3100 RVG bzw. VV 3101 RVG abgegolten wird. Gleich zu behandeln ist auch der RA, der zwar nicht Verfahrensbevollmächtigter iSv VV 3100f. RVG ist, aber bereits in der gleichen Instanz eine andere Verfahrensgebühr verdient hat, zB aufgrund einer Einzeltätigkeit gem. VV 3402 RVG. 9

b) Nicht Verfahrensbevollmächtigter. Stellt ein Rechtsanwalt, der in der gleichen Instanz nicht schon aus anderem Grund eine Verfahrensgebühr verdient hat, den Antrag, so fehlt es an einer Gebührenvorschrift. Zum alten Recht wurde angenommen, dass weder § 37 Nr. 3 BRAGO noch § 49 BRAGO unmittelbar passten. Für ihn bestand eine Lücke. Obwohl er keine Betriebsgebühr verdient hatte, fehlte eine Bestimmung, die ihm für das vorläufige Einstellungsverfahren usw eine Gebühr zuerkennt. Die Praxis wendete deshalb § 49 BRAGO auf ihn entsprechend an, jedoch mit der Maßgabe, dass er die Gebühren des § 49 BRAGO auch dann berechnen konnte, wenn über den Antrag keine abgesonderte mündliche Verhandlung stattgefunden hatte.[5] Das neue Recht hat insoweit nichts geändert. Dementsprechend ist VV 3328 RVG zum neuen Recht analog und mit der Maßgabe anzuwenden, dass es einer abgesonderten mündlichen Verhandlung nicht bedarf. 10

c) RA wird später Verfahrensbevollmächtigter. Wird der RA später Verfahrensbevollmächtigter zB iSv VV 3100 RVG und verdient er als solcher eine Verfahrensgebühr, eine nach VV 3101 RVG reicht, so erhält er neben den im Rechtsstreit verdienten Gebühren die Gebühr des VV 3328 RVG nur dann, wenn über die Einstellungsfrage abgesondert mündlich verhandelt wird. Entsprechendes gilt, wenn der RA den Einstellungsantrag stellt, bevor er einen Verfahrensauftrag erhalten hat, zB im Verfahren über die PKH. 11

d) Beklagtenvertreter bei Vollstreckungsgegenklage. Wird dem Beklagten vor Zustellung einer Vollstreckungsgegenklage vom Gericht Gelegenheit zur schriftlichen Stellungnahme zu einem Einstellungsantrag gegeben, so verdient der ihn betreuende RA, der noch keinen allgemeinen Verfahrensauftrag hat, für die Einzeltätigkeit in entsprechender Anwendung von VV 3328 RVG eine 0,5 Verfahrensgebühr nach dem „vorläufigen" Gegenstand der eingereichten Klage. Eine analoge Anwendung des VV 3328 RVG geht insoweit als die hinsichtlich der vorläufigen Einstellung besser passende Vorschrift den VV 3402ff. RVG (Einzeltätigkeit) vor. Diese Gebühr ist auf die Verfahrensgebühr anzurechnen, die der RA des Beklagten später für seine Tätigkeit als Verfahrensbevollmächtigter der Hauptsache nach dem Gegenstandswert bei Klagezustellung verdient.[6] 12

III. Tätigkeit

1. Verfahrensbevollmächtigter

Es muss eine abgesonderte mündliche Verhandlung über die vorläufige Einstellung, Beschränkung oder Aufhebung der Vollstreckung stattgefunden haben.[7] Dazu bedarf es einer Anordnung des Gerichts, dass von der Verhandlung über die Hauptsache getrennt über die Einstellung zu verhandeln ist. Hinzukommen muss, dass die abgesonderte Verhandlung dann auch stattfindet und der RA in ihr erscheint. Nicht ausreichend ist, dass ein Termin bestimmt ist und der RA in ihm nicht erscheint.[8] Das ergibt sich zwar nicht zwingend aus dem Wortlaut von VV 3328 RVG, folgt jedoch aus dem Sinn dieser Bestimmung, der gerade den Mehraufwand, 13

[4] OLG München AnwBl 1995, 197.

[5] Gerold/Schmidt/*von Eicken,* 15. Aufl. 2002, BRAGO § 49 Rn. 10; *Hansens* BRAGO § 49 Rn. 7; Riedel/Sußbauer/*Keller,* 8. Aufl. 2000, BRAGO § 49 Rn. 10.

[6] KG JurBüro 1981, 56 = Rpfleger 1981, 73, die Anrechnung erfolgt auch dann mit dem vollen Betrag, wenn die Klageanträge vor Zustellung eingeschränkt worden sind.

[7] OLG Naumburg JurBüro 2002, 531.

[8] OLG Düsseldorf JurBüro 1972, 511 = Rpfleger 1972, 235; Schneider/WolfSchneider/Wolf/*N. Schneider* RVG VV 3332 Rn. 10.

der durch die Teilnahme an einer abgesonderten mündlichen Verhandlung entsteht, vergüten will. Das ist auch der Grund, warum VV 3328 RVG in VV 3337 RVG nicht genannt ist.[9]

14 Zum alten Recht wurde darüber hinaus verlangt, dass in dem Termin verhandelt wird („mündliche Verhandlung … stattfindet").[10] Das gilt zum neuen Recht nicht weiter. Eine solche Auslegung widerspräche der Systematik des RVG. Nach dem RVG soll es gerade nicht auf die schwierigen Abgrenzungsfragen, was in der mündlichen Verhandlung iE passiert ist, ankommen. Es ist auch nicht nötig, dass der RA sich in der mündlichen Verhandlung äußert. Es reicht, dass in seiner Anwesenheit der Verhandlungstermin aufgerufen wird und er vertretungsbereit ist.

15 Nicht reicht aus, dass der Einstellungsantrag getrennt vom Hauptsacheantrag gestellt und getrennt über ihn entschieden wird.[11] Ebenso wenig genügt es, dass zwischen Einlegung und Begründung der Berufung mehrere Schriftsätze nur wegen der Einstellungsfrage gewechselt werden.

16 Der Anspruch auf die Verfahrensgebühr entsteht nicht wie sonst regelmäßig dadurch, dass der RA beauftragt wird, eine Einstellung, Beschränkung oder Aufhebung der Vollstreckung zu beantragen, und dass er in Ausführung dieses Auftrags tätig wird, zB Informationen entgegennimmt.[12]

2. Nicht Verfahrensbevollmächtigter

17 Beim RA, der nicht Verfahrensbevollmächtigter ist, entsteht die Gebühr des VV 3328 RVG bereits mit der ersten Tätigkeit, zB der Entgegennahme der Information.

IV. Gebührenhöhe

18 Der RA verdient eine 0,5 Verfahrensgebühr gem. VV 3328 RVG und ggf. eine 0,5 Terminsgebühr gem. VV 3332 RVG.

19 **Vorzeitige Beendigung.** Die vorzeitige Beendigung des Auftrags führt beim Verfahrensbevollmächtigten dazu, dass überhaupt keine zusätzliche Gebühr anfällt, weil keine mündliche Verhandlung stattfindet. Ist der RA nicht Verfahrensbevollmächtigter, so kommt es nicht darauf an, ob eine mündliche Verhandlung stattfindet (→ Rn. 16). Das vorzeitige Ende hat bei ihm keinen Einfluss auf die Gebührenhöhe, da es an einer speziellen Reduzierungsbestimmung zu VV 3328 RVG fehlt und das RVG eine dem § 32 Abs. 2 BRAGO entsprechende allgemeine Herabsetzungsvorschrift nicht kennt. Eine analoge Anwendung von VV 3337 RVG für diesen Fall, den das Gesetz an sich nicht im Auge hat, muss nicht erwogen werden, da die Gebührenhöhe im Falle des VV 3328 RVG und des VV 3337 RVG mit jeweils 0,5 gleich hoch ist.

20 **Berufungs- und Revisionsverfahren.** In diesen Instanzen erhöhen sich die Gebühren nicht.[13] Das RVG kennt keine dem § 11 Abs. 1 S. 4, 5 BRAGO entsprechende allgemeine Erhöhung der Gebühren im Berufung- oder Revisionsverfahren. Wenn in diesen Instanzen eine Erhöhung der Gebühr eintreten soll, so wird dies im RVG in einer Einzelbestimmung ausdrücklich angeordnet, so zB in VV 1004 RVG. Im Rahmen von VV 3328 RVG fehlt eine entsprechende Bestimmung.

V. Terminsgebühr

21 Eine 0,5 Terminsgebühr kann der RA gem. VV 3332 RVG für die Wahrnehmung eines gerichtlichen Termins verlangen. Auch hier gilt VV Vorb. 3 Abs. 3 RVG. Es genügt also eine Wahrnehmung des Termins der abgesonderten mündlichen Verhandlung. Dazu genügt die Anwesenheit des RA mit Vertretungsbereitschaft beim Aufruf der Sache. Da die Teilnahme an der mündlichen Verhandlung auch Voraussetzungen für die Verfahrensgebühr ist (→ Rn. 13), werden zumindest in den meisten Fällen die Verfahrens- und Terminsgebühr gemeinsam anfallen.

21a Findet keine abgesonderte mündliche Verhandlung statt, so kann keine Terminsgebühr i. S. v. VV Vorb. 3 Abs. 3 S. 1, 3 Nr. 2 RVG durch außergerichtliche Gespräche entstehen, da die Voraussetzung einer stattfindenden, abgesonderten mündlichen Verhandlung fehlt.[14] Findet eine

[9] Schneider/WolfSchneider/Wolf/*N. Schneider* RVG VV 3332 Rn. 10.
[10] OLG Köln JurBüro 1974, 1547.
[11] OLG München JurBüro 1991, 78 = MDR 1991, 66.
[12] LG Düsseldorf AnwBl 1972, 397 = Rpfleger 1972, 235 (Ls.) = JurBüro 1972, 511.
[13] Anders früher bei § 49 BRAGO, bei dem § 11 Abs. 1 S. 4, 5 BRAGO zur Anwendung kam Gerold/Schmidt/*von Eicken,* 15. Aufl. 2002, BRAGO § 49 Rn. 12.
[14] Schneider/WolfSchneider/Wolf/*N. Schneider* RVG VV 3332 Rn. 10.

solche statt und hat der RA an dieser nicht teilgenommen, hat er aber mit dem Gegner ein Erledigungsgespräch geführt, so entsteht eine Terminsgebühr.[15]

VI. Antrag beim Vollstreckungsgericht und Verfahrensgericht

Verfahrensgebühr. Wird der Antrag sowohl beim Vollstreckungsgericht (zB in dringenden Fällen gem. §§ 771 Abs. 3, 769 Abs. 2 ZPO) als auch beim Prozessgericht gestellt, so erhält der RA nach VV 3328 Anm. S. 2 RVG die Verfahrensgebühr nur einmal. Bei dem Verfahren vor dem Vollstreckungsgericht handelt es sich um eine Angelegenheit der Vollstreckung, für welche die 0,3 Gebühr des VV 3309 RVG entsteht.[16] VV 3328 RVG kann beim Vollstreckungsgericht nicht eingreifen, weil es dort keine „abgesonderte" mündliche Verhandlung geben kann.[17] Hat der RA den Antrag auch bei dem Gericht der Hauptsache gestellt und hat dort eine abgesonderte mündliche Verhandlung stattgefunden, so erhält er nur einmal eine 0,5 Verfahrensgebühr gem. VV 3328 RVG. 22

Terminsgebühr. Die Terminsgebühr entsteht, wenn ihre Voraussetzungen vorliegen, in beiden Verfahren. VV 3328 Anm. S. 2 RVG bezieht sich nur auf die Verfahrensgebühr. 23

VII. Kostenerstattung

Die Kosten des Verfahrens über die vorläufige Einstellung usw gehören zu den Kosten des Rechtsstreits. Sie werden deshalb von der Kostenentscheidung der Hauptsache umfasst und können demgemäß mit den Kosten der Hauptsache festgesetzt werden.[18] Das gilt auch für die Kosten des Verfahrens vor dem Vollstreckungsgericht jedenfalls dann, wenn das Prozessgericht von der einstweiligen Anordnung durch das Vollstreckungsgericht Kenntnis hatte.[19] 24

VIII. Prozesskostenhilfe

Die Prozesskostenhilfe, die für die Instanz bewilligt ist, erstreckt sich auch auf das Einstellungsverfahren der Instanz. Der in der Hauptsache beigeordnete RA erhält deshalb bei abgesonderter mündlicher Verhandlung auch die Gebühren des VV 3328 RVG und VV 3332 RVG aus der Staatskasse. 25

Nr.	Gebührentatbestand	Gebühr oder Satz der Gebühr nach § 13 RVG
3329	Verfahrensgebühr für Verfahren auf Vollstreckbarerklärung der durch Rechtsmittelanträge nicht angefochtenen Teile eines Urteils (§§ 537, 558 ZPO)	0,5

Übersicht

I. Allgemeines

Zweck. VV 3329 RVG befasst sich mit der Gebühr des RA, wenn die Vollstreckbarerklärung eines mit dem eingelegten Rechtsmittel nicht angefochtenen Teils der Vorentscheidung begehrt wird. Die Vollstreckbarerklärung ist erforderlich, weil die Berufung oder Revision auch der Rechtskraft hinsichtlich des nicht angegriffenen Teils entgegensteht, solange das Rechts- 1

[15] Schneider/WolfSchneider/Wolf/*N. Schneider* RVG VV 3332 Rn. 10; *Hansens* Anm. IV. 1b zu LAG Köln RVGreport 2018, 20.
[16] Gerold/Schmidt/*von Eicken,* 15. Aufl. 2002, BRAGO § 49 Rn. 8; *Hansens* BRAGO § 49 Rn. 4.
[17] Riedel/Sußbauer/*Keller,* 8. Aufl. 2000, BRAGO § 49 Rn. 9.
[18] RGZ 50, 356; OLG München Rpfleger 1987, 36.
[19] RGZ 50, 356 (358).

mittel noch auf diesen Teil erstreckt werden kann.[1] Die Vollstreckbarerklärung des durch Rechtsmittelanträge nicht angefochtenen Teiles eines Urteils gehört gem. § 19 Abs. 1 S. 2 Nr. 9 RVG („nachträgliche Vollstreckbarerklärung eines Urteils auf besonderen Antrag") zum Rechtszuge, und zwar zu dem Rechtszuge, in dem der Antrag gestellt wird. Erstinstanzliche Urteile sind vom Berufungsgericht (§ 537 Abs. 1 S. 1 ZPO), Berufungsurteile vom Revisionsgericht (§ 558 S. 1 ZPO) für teilweise vollstreckbar zu erklären. Das Verfahren über die teilweise Vollstreckbarerklärung gehört also zur Berufungs- bzw. Revisionsinstanz. Da der RA die Gebühren für das Rechtsmittelverfahren jedoch nur aus einem Gegenstandswert verdient, der sich aus dem Angriff gegen die Vorentscheidung ergibt, schließt VV 3329 RVG die sich ergebende Lücke und gewährt eine besondere Gebühr im Verfahren auf Vollstreckbarerklärung hinsichtlich des nicht angegriffenen Teils.

2 VV 3329 RVG entspricht § 49 Abs. 2 BRAGO. Abweichungen liegen insofern vor, als die Gebühr des § 49 Abs. 2 BRAGO die gesamte Tätigkeit des RA abgalt, also auch die Verhandlung, der RA somit nicht außerdem eine Verhandlungsgebühr erhielt.[2] Dem gegenüber kann nach neuem Recht gem. VV 3332 RVG der RA auch eine Terminsgebühr verdienen. Gem. § 49 Abs. 2 BRAGO fiel nur eine $^3/_{10}$ Gebühr an, nunmehr entsteht eine 0,5 Verfahrensgebühr gem. VV 3329 RVG und eine 0,5 Terminsgebühr gem. VV 3332 RVG.

II. Anwendungsbereich

3 **Zunächst oder später mit angefochten.** Da die Vollstreckbarerklärung nach §§ 537, 558 ZPO gem. § 19 Abs. 1 S. 2 Nr. 9 RVG zum Rechtszug gehört, entsteht dann keine Lücke, wenn der für vollstreckbar erklärte Teil zunächst ebenfalls angefochten war oder nach der Vollstreckbarerklärung noch angefochten wird. Deshalb erhält der RA die Gebühr des VV 3329 RVG dann nicht zusätzlich zu den sonst im Rechtsmittelverfahren verdienten Gebühren.

4 **Einbeziehung in Einigung.** Beziehen die Parteien den gem. §§ 537, 588 ZPO für vorläufig vollstreckbar erklärten Teil des erstinstanzlichen Urteils in eine Einigung ein, so fällt hinsichtlich des nicht angefochtenen Teils eine Gebühr gem. VV 3101 Nr. 2 RVG an. Es entsteht also wieder keine Gebührenlücke. Neben den Gebühren der VV 3101 Nr. 2, 1000 ff. RVG verdient der RA keine Gebühr gem. VV 3329 RVG.[3] Die **Terminsgebühr** des VV 3332 RVG bleibt aber, soweit ihre Voraussetzungen vorliegen, dann bestehen, wenn durch die Einbeziehung in die Vergleichsgespräche keine Terminsgebühr gem. VV 3104 RVG anfällt. Das ist der Fall, wenn im Gerichtstermin keine Besprechung stattfindet, sondern lediglich die Einigung protokolliert wird (VV 3104 Anm. Abs. 3 RVG).

III. Tätigkeit

5 Die Verfahrensgebühr entsteht ohne Rücksicht auf das spätere Schicksal des Verfahrens mit der ersten Tätigkeit des RA, egal ob Gläubiger- oder Schuldnervertreter, nach der Auftragserteilung, zB der Entgegennahme der Information. Der RA erhält sie auch dann, wenn ein Antrag nicht oder nicht durch ihn gestellt wird bzw. der Schuldnervertreter nicht Stellung nimmt.

IV. Gebührenhöhe

6 Es entsteht eine 0,5 Verfahrensgebühr. Eine Erhöhung im Hinblick darauf, dass das Verfahren Teil eines Rechtsmittelverfahrens ist, gibt es – anders als bei § 49 Abs. 2 BRAGO[4] – nicht.

7 **Vorzeitiges Ende.** Das vorzeitige Ende vermindert die Gebührenhöhe nicht, da eine entsprechende Bestimmung zu VV 3329 RVG fehlt und das RVG eine dem § 32 Abs. 2 BRAGO entsprechende allgemeine Herabsetzungsvorschrift nicht kennt.

8 **Mehrere Auftraggeber.** Bei Vertretung mehrerer Auftraggeber erhöht sich die Gebühr VV 1008 RVG für jede weitere Person um 0,3.[5]

9 **Höchstgrenze gem. § 15 Abs. 3 RVG.** Streitig ist, ob die Vollstreckbarerklärung mit dem Rechtsmittelverfahren eine Angelegenheit darstellt (§ 19 Abs. 1 S. 2 Nr. 9 RVG) und deshalb § 15 Abs. 3 RVG anzuwenden ist.[6] Zur Angelegenheit auch § 19 Abs. 1 S. 2 Nr. 9 RVG.

---

[1] BGHZ 7, 143 = NJW 1952, 1295.

[2] OLG Celle NdsRpfl. 1959, 152 = Rpfleger 1964, 199 (1).

[3] OLG Hamburg JurBüro 1982, 1512 = MDR 1982, 945.

[4] OLG München JurBüro 1993, 156; *Hartmann* BRAGO, 33. Aufl. 2003, BRAGO § 49 Rn. 10.

[5] OLG Düsseldorf JurBüro 1980, 62 = AnwBl 1980, 159.

[6] **Bejahend** Gerold/Schmidt/*von Eicken,* 15. Aufl. 2002, BRAGO § 49 Rn. 18; *Hansens* BRAGO § 49 Rn. 11; Riedel/Sußbauer/*Keller,* 8. Aufl. 2000, BRAGO § 49 Rn. 24; **aA** Schneider/Wolf/*N. Schneider* RVG VV 3329 Rn. 17 ff.

Beispiel:

Wird gegen eine Verurteilung hinsichtlich eines Teilbetrages von 10.000,– EUR Berufung eingelegt und iHv 5.000,– EUR die Vollstreckbarkeit beantragt, so verdient der RA

1,6 Verfahrensgebühr gem. VV 3200 RVG aus 10.000,– EUR	982,40 EUR
0,5 Verfahrensgebühr gem. VV 3329 RVG aus 5.000,– EUR	167,00 EUR
Summe	1.149,40 EUR
Höchstens wegen § 15 Abs. 3 RVG 1,6 Verfahrensgebühr aus 15.000,– EUR	1.148,80 EUR

V. Terminsgebühr

Es kann gem. VV 3332 RVG eine 0,5 Terminsgebühr anfallen (→ Rn. 4). 10

VI. Kostenerstattung

Da die Kostenentscheidung des Rechtsmittelurteils nur den Gegenstand des Rechtsmittels umfasst, zu dem die nicht angefochtenen Teile des angefochtenen Urteils nicht gehören, ist die Vollstreckbarkeitsentscheidung mit einer eigenen Kostenentscheidung zu versehen,[7] auf Grund derer dann die Kostenerstattung zu erfolgen hat. Zuordnungsprobleme sind dadurch nicht zu befürchten, weil keine Gerichtskosten entstehen und die Rechtsanwaltsgebühren zusätzlich zu denen des eigentlichen Rechtsmittelverfahrens entstehen. 11

VII. Prozesskostenhilfe

PKH für Antragsteller. Die dem Antragsteller in der Rechtsmittelinstanz bewilligte PKH erstreckt sich auch ohne besonderen Ausspruch auf den Antrag auf Vollstreckbarerklärung.[8] Der beigeordnete RA erhält für den Antrag die 0,5 Gebühren gem. VV 3329 RVG. 12

PKH für Antragsgegner. Die dem Antragsgegner in der Rechtsmittelinstanz bewilligte PKH erstreckt sich dagegen nicht auf die Vollstreckbarerklärung (insoweit kann die Bewilligung der PKH abzulehnen sein, weil die weitere Rechtsverteidigung keine Aussicht auf Erfolg bietet). 13

Nr.	Gebührentatbestand	Gebühr oder Satz der Gebühr nach § 13 RVG
3330	Verfahrensgebühr für Verfahren über eine Rüge wegen Verletzung des Anspruchs auf rechtliches Gehör	in Höhe der Verfahrensgebühr für das Verfahren, in dem die Rüge erhoben wird, höchstens 0,5, bei Betragsrahmengebühren höchstens 260,00 €

Übersicht

[7] OLG München JurBüro 1993, 156; OLG Schleswig SchlHA 1980, 188; *Hansens* BRAGO § 49 Rn. 13; **aA** Riedel/Sußbauer/*Keller,* 8. Aufl. 2000, BRAGO § 49 Rn. 22, Rechtsmittelurteil erfasst auch die Kosten des Verfahrens über die Vollstreckbarerklärung.

[8] Ganz hM Schneider/Wolf/*N. Schneider* RVG VV 3329 Rn. 35; Riedel/Sußbauer/*Keller,* 8. Aufl. 2000, BRAGO § 49 Rn. 23, der jedoch dem Rechtsmittelbeklagten anrät, vorsorglich einen Antrag auf Bewilligung für die Vollstreckbarkeitserklärung zu stellen.

I. Allgemeines

1 Der RA, der nur im Verfahren über eine Rüge wegen Verletzung des rechtlichen Gehörs (§ 321a ZPO) tätig wird, erhält die Gebühr des VV 3330 RVG. Ist er zugleich auch Verfahrensbevollmächtigter, so gehört die Rüge zur Hauptsache (§ 19 Abs. 1 S. 2 Nr. 5 RVG). Der RA verdient nicht zusätzlich die Gebühr des VV 3330 RVG.

II. Anwendungsbereich

2 Die Gebühr kann sowohl der RA des Antragstellers als auch der des Antragsgegners verdienen.

3 **Nicht Verfahrensbevollmächtigter.** VV 3330 RVG ist nur für den RA anwendbar, der nicht Verfahrensbevollmächtigter ist. Ist er Verfahrensbevollmächtigter, so gehört seine Tätigkeit im Rahmen der Rüge der Verletzung des rechtlichen Gehörs gem. § 19 Abs. 1 S. 2 Nr. 5 RVG zum Rechtszug und ist mit den Gebühren gem. VV 3100 f. RVG abgegolten. Das gilt auch dann, wenn der RA zunächst nur hinsichtlich der Gehörrüge beauftragt war, danach aber Verfahrensbevollmächtigter wird.

4 **Betragsrahmengebühren.** Mit dem 2. KostRMoG neu in VV 3330 RVG aufgenommen wurde die Gehörsrüge in Betragsrahmenverfahren vor Gerichten der Sozialgerichtsbarkeit. Bislang waren diese in VV 3406 RVG (Einzeltätigkeit) geregelt.

5 **Gegenvorstellung.** Soll der RA nur eine Gegenvorstellung geltend machen, so wird allgemein ein Einzelauftrag angenommen.[1] Dem ist nicht zu folgen. Die Gegenvorstellung steht der in VV 3330 RVG geregelten Gehörsrüge derart nah, dass eine Gleichbehandlung angebracht ist. Wenn in VV 3330 RVG die Gegenvorstellung nicht aufgeführt ist, so liegt das daran, dass das Gesetz die Gegenvorstellung nicht kennt. Es handelt sich um ein von der Rspr. entwickeltes Rechtsinstitut. VV 3330 RVG ist daher analog anzuwenden.

III. Tätigkeit

6 Die Verfahrensgebühr entsteht ohne Rücksicht auf das spätere Schicksal des Verfahrens mit der ersten Tätigkeit des RA nach der Auftragserteilung, zB der Entgegennahme der Information. Der mit der Vertretung im Rügeverfahren beauftragte RA erhält sie auch dann, wenn ein Antrag nicht oder nicht durch ihn gestellt wird bzw. der Vertreter des Antraggegners nicht Stellung nimmt.

IV. Gebührenhöhe

7 Bis zum 2. KostRMoG entstand bei Wertgebühren eine 0,5 Verfahrensgebühr (VV 3330 RVG). Dies wurde mit dem 2. KostRMoG dahingehend abgeändert, dass die Verfahrensgebühr in der Höhe der Verfahrensgebühr des Verfahrens, in denen die Rüge erhoben wird, anfällt. Die **Höchstgrenze** beträgt jedoch bei Wertgebühren eine 0,5 Verfahrensgebühr, bei Betragsrahmengebühren 260,00 EUR.

8 Das vorzeitige Ende vermindert die Gebührenhöhe nicht, da eine entsprechende Bestimmung zu VV 3330 RVG fehlt und das RVG eine dem § 32 Abs. 2 BRAGO entsprechende allgemeine Herabsetzungsvorschrift nicht kennt.

9 **Mehrere Auftraggeber.** Vertritt der RA mehrerer Auftraggeber, so erhöhen sich die Gebühren für jeden weiteren Auftraggeber um 0,3 (VV 1008 RVG) bzw. erhöht sich bei Betragsrahmengebühren die Höchstgebühr um 30%.

10 **Rechtsmittelinstanz.** Da das RVG keine allgemeine Erhöhung für Rechtsmittelverfahren entsprechend dem § 11 Abs. 1 S. 4, 5 BRAGO kennt und eine Spezialvorschrift für eine Erhöhung fehlt, ist es für die Höhe der Gebühr unerheblich, in welcher Instanz das Verfahren über eine Rüge wegen Verletzung des rechtlichen Gehörs stattfindet.

[1] HBS VergütungsR/*N. Schneider* Teil 7 Rn. 551; *Hansens* BRAGO § 61 Rn. 2; Gerold/Schmidt/*von Eicken*, 15. Aufl. 2002, BRAGO § 61 Rn. 2.

V. Weitere Gebühren

Es kann eine 1,0 bzw. 1,3 Einigungsgebühr (VV 1003, 1004 RVG) anfallen. Werden nicht rechtshängige Ansprüche in die Einigung mit einbezogen, so entsteht insoweit gem. VV 1000 RVG eine 1,5 Einigungsgebühr. Wegen Terminsgebühr vgl. VV 3331 RVG. **11**

VI. Angelegenheit

1. Verfahrensbevollmächtigter

Die Rüge wegen Verletzung rechtlichen Gehörs gehört gem. § 19 Abs. 1 S. 2 Nr. 5 RVG zum Hauptsacheverfahren, weshalb der RA, der als Verfahrensbevollmächtigter tätig wird, die Gebühr des VV 3330 RVG nicht verdienen kann. Das gilt auch dann, wenn er erst später Verfahrensbevollmächtigter wird.[2] Fällt aber eine Terminsgebühr nur im Rügeverfahren an, so kann auch der Verfahrensbevollmächtigte die Gebühr des VV 3331 RVG in Rechnung stellen.[3] Dasselbe gilt für die Gegenvorstellung (→ Rn. 5). **12**

Soll von Anfang an der RA nach erfolgreicher Gehörsrüge oder Gegenvorstellung den Rechtsstreit anschließend fortführen, so liegt ein Verfahrensauftrag vor. Der RA verdient eine 1,3 Gebühr gem. VV 3100 RVG (Gehörsrüge und Gegenvorstellung gegen Hauptsacheentscheidung sind Sachanträge), auch wenn die Gehörsrüge oder Gegenvorstellung erfolglos sind. Häufig wird aber wie bei der Wiedereinsetzung (→ RVG VV 3403 Rn. 41) ein unbedingter Auftrag iSv VV 3330 RVG und ein (für den Fall des Erfolges) bedingter Verfahrensauftrag erteilt sein. Dies wird meistens dem Willen des Auftraggebers entsprechen, da dies, wenn die Gegenvorstellung erfolglos ist, der billigere Weg ist (höchstens 0,5 Gebühr gem. VV 3330 RVG statt 1,3 Gebühr gem. VV 3100 RVG). Die Gefahr, dass es dadurch im Fall des Erfolges der Gehörsrüge oder Gegenvorstellung für den Mandanten teurer wird als bei einem anfänglichen Verfahrensauftrag, besteht nicht, da beide Gebühren nicht nebeneinander geltend gemacht werden können. **13**

Da es sich um eine Angelegenheit handelt, es also nicht nur um Anrechnung geht, kann der RA die Kommunikationspauschale des VV 7002 RVG nur einmal verlangen, da je Angelegenheit nur einmal die Pauschale anfällt (→ RVG VV 7001 Rn. 22). **14**

2. Mehrere Gehörsrügen

Hat eine Gehörsrüge zur Fortführung des Verfahrens geführt und wird nach erneutem Abschluss des Verfahrens wiederum eine Gehörsrüge erhoben, so ist dies eine neue Angelegenheit, sodass der RA, der nur für diese Rüge beauftragt ist, die Gebühr des VV 3330 RVG erneut verdient, auch wenn er sie schon im vorausgegangenen Rügeverfahren verdient hatte. Dies gilt nicht, wenn es sich lediglich um eine Anschlussrüge handelt.[4] **15**

VII. Rechtsmittel gegen Beschluss gem. § 321a ZPO

Außer der Verfassungsbeschwerde gibt es kein Rechtsmittel. Wird aber ein unzulässiges Rechtsmittel eingelegt, so verdient der RA die Gebühren, die für das jeweils eingelegte Rechtsmittel vorgesehen sind, bei einer Berufung und Revision also Gebühren gem. VV 3200 ff. RVG, bei Beschwerde oder Rechtsbeschwerde gem. VV 3500 ff. RVG. Ob ein Rechtsmittel zulässig ist, ist für den Anfall von Gebühren unerheblich. **16**

VIII. Kostenerstattung

Erfolgreiche Rüge. Bei Stattgabe der Rüge ist nach allgM eine gesonderte Kostenentscheidung nicht erforderlich. Die Rüge gehört zum Rechtszug. Sie ist kein Rechtsmittel iSv VV 3500 RVG. Die Kostenentscheidung der Hauptsache erfasst auch die Kosten der Gehörsrüge. Sie steht der Gegenvorstellung nahe. Wie bei dieser bedarf es keiner Kostenentscheidung. **17**

Erfolglose Rüge. Hat das Gericht eine Kostenentscheidung unterlassen, so findet die Kostenerstattung auf Grund der Kostenentscheidung in der Hauptsache statt. Trifft das Gericht aber eine gesonderte Kostenentscheidung, so richtet sich die Kostenerstattung nach dieser Kostenentscheidung. **18**

---

[2] *Enders* JurBüro 2002, 57 (58) Ziff. 1.2.2.

[3] *Enders* JurBüro 2002, 57 (58) Ziff. 1.2.2.

[4] Gerold/Schmidt/*von Eicken,* 15. Aufl. 2002, BRAGO, § 55 Rn. 1, zu mehreren Erinnerungen gem. § 573 ZPO.

19 **Weiterer RA.** Erhebt die Rüge der Verletzung des rechtlichen Gehörs ein anderer RA als der Verfahrensbevollmächtigte, so scheitert ein Erstattungsanspruch für die Gebühren der VV 3330, 3331 RVG neben den Gebühren des Verfahrensbevollmächtigten regelmäßig an § 91 Abs. 2 S. 2 ZPO.

IX. Prozesskostenhilfe

20 Wird ein anderer als der beigeordnete Verfahrensbevollmächtigte im Verfahren über die Gehörsrüge tätig, so ist der zweite RA nicht beigeordnet und ein Anspruch gegen die Staatskasse scheidet schon deshalb aus. Fällt hingegen bei dem beigeordneten Verfahrensbevollmächtigten eine Gebühr nur im Rügeverfahren an (zB eine mündliche Verhandlung findet nur im Verfahren über die Gehörsrüge statt), so erfasst die Beiordnung auch diese Gebühr, da das Verfahren über die Gehörsrüge zum Rechtszug gehört (§ 19 Abs. 1 S. 2 Nr. 5 RVG).

Nr.	Gebührentatbestand	Gebühr oder Satz der Gebühr nach § 13 RVG
3331	Terminsgebühr in Verfahren über eine Rüge wegen Verletzung des Anspruchs auf rechtliches Gehör	in Höhe der Terminsgebühr für das Verfahren, in dem die Rüge erhoben wird, höchstens 0,5, bei Betragsrahmengebühren höchstens 260,00 €

I. Motive

1 Die Motive (Rechtsausschuss) führen zu VV 3331 RVG aus:

„Der Regierungsentwurf sieht im Gehörsrügeverfahren eine Begrenzung der Höhe der Verfahrensgebühr auf die Verfahrensgebühr für das Verfahren, in dem die Rüge erhoben wird, vor. Sie soll höchstens 0,5, bei Betragsrahmengebühren höchstens 220,– € betragen. Die gleichen Gründe wie für eine Begrenzung der Verfahrensgebühr gelten auch für die Terminsgebühr. Daher wird eine eigenständige Terminsgebühr mit einer entsprechenden Begrenzung vorgesehen."[1]

II. Regelung

2 Es fällt wie bei der Verfahrensgebühr (VV 3330 RVG) nur eine Terminsgebühr in der Höhe an, in der sie in dem Verfahren entsteht, auf das sich die Gehörsrüge bezieht, also zB im Fall des VV 3310 RVG (Vollstreckung) iHv 0,3, maximal aber eine 0,5 bzw. 260,00 EUR Terminsgebühr. Dazu, wenn der Verfahrensbevollmächtigte der Hauptsache bzgl. der Gehörsrüge tätig ist → RVG VV 3330 Rn. 12.

Nr.	Gebührentatbestand	Gebühr oder Satz der Gebühr nach § 13 RVG
3332	Terminsgebühr in den in Nummern 3324 bis 3329 genannten Verfahren	0,5

1 Insoweit wird Bezug genommen auf die Kommentierung zu VV 3324–3329 RVG, in der die Terminsgebühr für jedes dieser Verfahren mitbehandelt ist.

Nr.	Gebührentatbestand	Gebühr oder Satz der Gebühr nach § 13 RVG
3333	Verfahrensgebühr für ein Verteilungsverfahren außerhalb der Zwangsversteigerung und der Zwangsverwaltung	0,4
	Der Wert bestimmt sich nach § 26 Nr. 1 und 2 RVG. Eine Terminsgebühr entsteht nicht.	

[1] BT-Drs. 17/13537, 16.

Übersicht

I. Allgemeines

VV 3333 RVG gilt für Verteilungsverfahren außerhalb der Zwangsversteigerung und der Zwangsverwaltung. Der RA verdient eine 0,4 Verfahrensgebühr. Eine Terminsgebühr kann nicht anfallen (VV 3333 Anm. S. 2 RVG). Die Bestimmung entspricht § 71 BRAGO.[1] Sie hat aber einen viel weiteren Anwendungsbereich; insbes. wird auch das Verteilungsverfahren nach §§ 858 Abs. 5, 872–877, 882 ZPO erfasst. 1

II. Anwendungsbereich

1. VV 3333 RVG anwendbar

VV 3333 RVG erfasst zunächst einmal die Verteilungsverfahren, die schon in § 71 BRAGO geregelt waren: 2

- § 75 Abs. 2 FlurbG idF v 16.3.1976 (BGBl. 1976 I 546),
- § 55 BLeistG idF v 27.9.1961 (BGBl. 1961 I 1769 (1920)),
- § 54 Abs. 3 LBG v. 23.2.1957 (BGBl. 1957 I 134),
- § 119 des Bundesbaugesetzbuches idF v 8.12.1986 (BGBl. 1986 I 2253),
- § 86 Abs. 1 des Städtebauförderungsgesetzes v. 18.8.1976 (BGBl. 1976 I 2318).

Weiter werden aber auch erfasst 3

- Verfahren nach der Schifffahrtsrechtlichen Verteilungsordnung, soweit nicht ausdrücklich angeordnet ist, dass VV 3313 ff. RVG anzuwenden sind (VV Vorb. 3.3.5 Abs. 1 RVG),
- das Verteilungsverfahren gem. §§ 858 Abs. 5, 872–877, 882 ZPO. § 71 BRAGO hatte noch bestimmt, dass diese Bestimmung nur zur Anwendung kommt, soweit die BRAGO nichts anderes bestimmt. In § 60 BRAGO gab es eine Sonderregelung für das Verteilungsverfahren gem. §§ 858 Abs. 5, 872–877, 882 ZPO. Das RVG kennt keine besondere Regelung mehr für dieses Verteilungsverfahren. Also gelten für es die allgemeinen Regeln in VV 3333 RVG für Verteilungsverfahren außerhalb der Zwangsversteigerung und Zwangsverwaltung.

Außergerichtliche Verteilung. VV 3333 RVG ist auch anzuwenden, wenn der RA einen Auftrag zur Mitwirkung beim Verteilungsverfahren hat, dann aber unter Mitwirkung des Rechtsanwalts eine außergerichtliche Einigung über die Verteilung zu Stande kommt. Hinsichtlich der Verfahrensgebühr greift VV 3333 RVG ein. Dazu, dass – anders als nach alten Recht – auch noch eine Einigungsgebühr anfallen kann, → Rn. 11. 4

2. VV 3333 RVG nicht anwendbar

VV 3333 RVG ist nicht anwendbar bei 5

- Zwangsversteigerung und Zwangsverwaltung (VV 3311 ff. RVG),
- Verteilungsverfahren nach der Schifffahrtsrechtlichen Verteilungsordnung,

soweit für dieses die Anwendbarkeit von VV 3313 ff. RVG ausdrücklich angeordnet ist (VV Vorb. 3.3.5 Abs. 1 RVG).

---

[1] BT-Drs. 15/1971, 217 zu VV 3332.

III. Tätigkeit

6 **Antragsverfahren.** Alle in → Rn. 2 genannten Verfahren mit Ausnahme der Verfahren nach § 858 Abs. 5, §§ 872–877, 882 ZPO sind Antragsverfahren. Für sie gelten die allgemeinen Grundsätze. Bereits mit der Entgegennahme der Informationen nach Erteilung eines entsprechenden Auftrags, erst recht mit der Beantragung eines Verteilungsverfahrens, entsteht die Verfahrensgebühr des VV 3333 RVG.

7 **Amtsverfahren.** Da das Verteilungsverfahren nach §§ 858 Abs. 5, 872–877, 882 ZPO von Amts wegen eingeleitet wird, wird die Ansicht vertreten, dass der Anspruch auf die Gebühr des VV 3333 RVG bei diesem Verfahren noch nicht dadurch entsteht, dass der RA einen Antrag auf Einleitung des Verfahrens stellt.[2] Das ist zutreffend, darf aber nicht dahingehend missverstanden werden, dass der RA vor Eröffnung des Verfahrens durch das Gericht noch keine Gebühr verdienen kann. Erteilt der Mandant im Hinblick auf ein zu erwartendes Verteilungsverfahren bereits einen Auftrag und gibt er dem RA Informationen, so verdient der RA bereits hierdurch die Gebühr des VV 3333 RVG.

IV. Gebührenhöhe

8 Es fällt eine 0,4 Verfahrensgebühr an. Das vorzeitige Ende hat keinen Einfluss auf die Gebührenhöhe, da es an einer speziellen Reduzierungsbestimmung zu VV 3333 RVG fehlt und das RVG eine dem § 32 BRAGO entsprechende allgemeine Herabsetzungsvorschrift nicht kennt.

9 **Mehrere Auftraggeber.** Bei Vertretung mehrerer Gläubiger handelt es sich um eine Angelegenheit. Der RA erhält die Gebühren nur einmal.[3] Eine VV Vorb. 3.3.5 Abs. 2 RVG entsprechende Regelung, wonach bei der Vertretung mehrerer Gläubiger mehrere Angelegenheiten vorliegen, kennt das RVG für die in VV 3333 RVG geregelten Verteilungsverfahren nicht. Ist der Gegenstand derselbe (zwei Gesamtgläubiger wegen derselben Forderung),[4] so erhöht sich die 0,4 Gebühr des VV 3333 RVG gem. VV 1008 RVG um eine 0,3 Gebühr (VV 1008 Anm. Abs. 1 RVG). Liegen zwei Gegenstände vor (zwei Gläubiger wegen zwei unterschiedlicher Forderungen), so sind beide Werte zu addieren (§ 22 Abs. 1 RVG); eine Erhöhung um eine 0,3 Gebühr findet nicht statt.

V. Weitere Gebühren

1. Terminsgebühr

10 Nach ausdrücklicher gesetzlicher Regelung kann eine Terminsgebühr nicht entstehen (VV 3333 Anm. S. 2 RVG).

2. Einigungsgebühr

11 Geht man davon aus, dass neben der Gebühr des VV 3311 Anm. Nr. 2 RVG auch eine Einigungsgebühr anfallen kann (→ RVG VV 3311 Rn. 12 ff.), so gilt das auch im Rahmen von VV 3333 RVG. Verneint man dies bei VV 3311 Anm. Nr. 2 RVG, so gibt es auch neben der Gebühr gem. VV 3333 RVG keine Einigungsgebühr.

VI. Abgeltungsbereich

12 Mit der Gebühr des VV 3333 RVG ist die Tätigkeit des Rechtsanwalts im gesamten Verteilungsverfahren abgegolten, also die Einreichung der Forderungsberechnung, die Prüfung des Verteilungsplans, die Wahrnehmung der Termine, die Erhebung von Widersprüchen und die Verhandlung über solche. Zur Einigung → Rn. 11.

VII. Angelegenheit

1. Sonstige Tätigkeit in der Vollstreckung

13 War der RA auch sonst in der Vollstreckung tätig, zB hat er einen Pfändungs- und Überweisungsbeschluss beantragt, so verdient er neben der Gebühr des VV 3333 RVG auch noch die des VV 3309 RVG.[5]

---

[2] Gerold/Schmidt/*von Eicken,* 15. Aufl. 2002, BRAGO § 60 Rn. 3, mit den Hinweis, dass die Entgegennahme der Anordnung des Gerichts, die Berechnung einzureichen, zum Verteilungsverfahren gehört; *Hansens* BRAGO § 60 Rn. 2.

[3] Gerold/Schmidt/*von Eicken,* 15. Aufl. 2002, BRAGO § 60 Rn. 5.

[4] Gebauer/Schneider/*Wolf* BRAGO § 60 Rn. 8.

[5] Gerold/Schmidt/*von Eicken,* 15. Aufl. 2002, BRAGO § 60 Rn. 1; *Hansens* BRAGO § 60 Rn. 1.

2. Nachfolgender Rechtsstreit

14 Für die Vertretung in einem Rechtsstreit auf die nach § 878 ZPO zu erhebende Klage erhält der RA neben der Gebühr des VV 3333 RVG die Gebühren des VV 3100f. RVG.

3. Anderweites Verteilungsverfahren

15 Findet ein anderweites Verteilungsverfahren nach § 882 ZPO wegen eines im Widerspruchsverfahren ergangenen Urteils statt, so erhält der RA, der schon in dem früheren Verteilungsverfahren tätig war, keine neuen Gebühren. Das anderweite Verteilungsverfahren ist nur die Fortsetzung des früheren. Das Verteilungsverfahren wird erst durch die Verteilung beendet.[6]

4. Fortlaufende Bezüge

16 Sind Gehaltsforderungen oder ähnliche in fortlaufenden Bezügen bestehende Forderungen von mehreren Gläubigern gem. § 832 ZPO gepfändet und ihnen zur Einziehung überwiesen, so ist ein einheitliches Verteilungsverfahren für alle – auch künftigen – Hinterlegungen zulässig. Es handelt sich in diesem Falle um ein einziges Verteilungsverfahren, das dementsprechend auch nur eine Gebühr aus VV 3333 RVG entstehen lässt.[7]

VIII. Beschwerdeverfahren

17 Der RA verdient eine 0,5 Verfahrensgebühr (VV 3500 RVG) und ggf. eine 0,5 Terminsgebühr (VV 3513 RVG).

Nr.	Gebührentatbestand	Gebühr oder Satz der Gebühr nach § 13 RVG
3334	Verfahrensgebühr für Verfahren vor dem Prozessgericht oder dem Amtsgericht auf Bewilligung, Verlängerung oder Verkürzung einer Räumungsfrist (§§ 721, 794a ZPO), wenn das Verfahren mit dem Verfahren über die Hauptsache nicht verbunden ist	1,0

Übersicht

I. Allgemeines

1 VV 3334 RVG behandelt die Vergütung des RA in Verfahren über eine Räumungsfrist (§§ 721, 794a ZPO), sofern das Verfahren selbständig – getrennt von der Hauptsache – durchgeführt wird. Dieses Verfahren wird als selbständige Angelegenheit behandelt. VV 3334 RVG stimmt hinsichtlich der Voraussetzungen mit § 50 BRAGO überein. Während der RA gem. § 50 BRAGO $^{5}/_{10}$ der in § 31 BRAGO bestimmten Gebühren verdiente, erhält er nunmehr eine 1,0 Verfahrensgebühr und ggf. eine 1,2 Terminsgebühr (VV Vorb. 3.3.6; VV 3104 RVG).

[6] Gerold/Schmidt/*von Eicken,* 15. Aufl. 2002, BRAGO § 60 Rn. 7; *Hansens* BRAGO § 60 Rn. 2.
[7] Gerold/Schmidt/*von Eicken,* 15. Aufl. 2002, BRAGO § 60 Rn. 7; *Hansens* BRAGO § 60 Rn. 2.

II. Anwendungsbereich

1. Voraussetzungen

2 Es muss sich handeln
– um ein Verfahren vor dem Prozessgericht oder dem Amtsgericht,
– das auf Bewilligung, Verlängerung oder Verkürzung einer Räumungsfrist (§§ 721, 794a ZPO) gerichtet,
– und mit dem Verfahren über die Hauptsache nicht verbunden ist.

3 Wird der RA während eines laufenden Räumungsverfahrens nur hinsichtlich der Räumungsfrist beauftragt, etwa weil iÜ sich die Partei selbst vertritt, so ist dies kein das ganze Verfahren betreffender Verfahrensauftrag, so dass VV 3100 ff. RVG ausscheiden. Hier kommen VV 3403 ff. RVG oder wohl näher liegend VV 3334 RVG analog zur Anwendung.

2. Verbundenes Verfahren

4 Ist das Verfahren mit der Hauptsache verbunden, erhält der RA für seine Tätigkeit keine zusätzliche Vergütung. Die Tätigkeit wird durch die in der Hauptsache erwachsenen Gebühren mit abgegolten. Der Antrag auf Bewilligung einer Räumungsfrist ist gem. § 721 Abs. 1 S. 2 ZPO vor dem Schluss der mündlichen Verhandlung, auf die das Urteil ergeht, zu stellen. Der Antrag wird damit regelmäßig innerhalb der Hauptsache behandelt.

5 **Gesonderte Beantragung oder Entscheidung.** Es reicht für ein gesondertes Verfahren nicht aus, dass der RA den Antrag in einem gesonderten Schriftsatz gestellt hat[1] oder das Gericht über den Antrag gesondert entschieden hat.[2]

6 **Ergänzung des Räumungsurteils.** Ist die Entscheidung über die Bewilligung der Räumungsfrist im Urteil übersehen worden und wird deshalb die Ergänzung des Urteils gem. § 321 ZPO begehrt, so liegt mit der Verhandlung über den Antrag keine abgesonderte Verhandlung vor; die Verhandlung gehört gem. § 19 Abs. 1 S. 2 Nr. 6 RVG zum Rechtszug.[3]

7 **Streitige Verhandlung nur zur Räumungsfrist.** Dass in einem nicht selbständigen Räumungsschutzverfahren über den Räumungsanspruch nichtstreitig und über den Räumungsschutzantrag streitig verhandelt wurde, ändert nichts daran, dass das Räumungsschutzverfahren mit der Hauptsache verbunden ist.[4]

8 **Verhandlungs- oder Beweistermin nur zu Räumungsfrist.** Wenn das Gericht in einem Termin nur über einen während des laufenden Hauptsacheverfahrens gestellten Bewilligungsantrag zur Räumungsfrist verhandelt oder Beweis erhebt, so bleibt es dennoch ein Verfahren. Insbesondere reicht es nicht, um eine Verfahrenstrennung anzunehmen. Wenn teilweise in der Lit. formuliert wird, dass eine Trennung vorliegt, wenn das Gericht durch eine gesonderte Verhandlung oder Beweiserhebung den Willen zu einer Trennung zum Ausdruck bringt,[5] so ist die Bedeutung dieser Formulierung unklar. Sollte damit gemeint sein, dass allein aus der gesonderten Verhandlung oder Beweiserhebung auf den Trennungswillen des Gerichts zu schließen und deshalb von einer Abtrennung auszugehen ist, so ist dem nicht zu folgen. Dieses Verfahren führt genauso wenig zu einer Abtrennung von der Hauptsache wie bei einer Klagehäufung der Umstand, dass in einem Termin nur zu einem Klageanspruch verhandelt oder Beweis erhoben wird.

9 **Vorausgehendes Anerkenntnisurteil zur Räumung.** Es bleibt auch ein Verfahren, wenn zuerst ein Anerkenntnisurteil ergeht und dann streitig über die Räumungsfrist verhandelt wird.[6] Ein Verfahren wird nicht dadurch getrennt, dass zunächst nur über einen Teil entschieden wird, zB durch ein Teilurteil. Über einen vor dem Schluss der letzten mündlichen Verhandlung gestellten Räumungsfristantrag muss das Gericht im Wege des Urteils entschei-

---

[1] RG JW 1936, 1970.

[2] Schneider/Wolf/*N. Schneider* RVG VV 3334 Rn. 5.

[3] Gerold/Schmidt/*von Eicken,* 15. Aufl. 2002, BRAGO § 50 Rn. 4.

[4] LG Frankfurt Rpfleger 1984, 287.

[5] *Hansens* BRAGO § 50 Rn. 1; Riedel/Sußbauer/*Keller,* 8. Aufl. 2000, BRAGO § 50 Rn. 4; *N. Schneider* ZAP 1992 Fach 24, 137 Ziff. I 2.

[6] **AA** zum alten Recht *Tschischgale* JurBüro 1966, 1010; Riedel/Sußbauer RVG/*Keller,* 8. Aufl. 2000, BRAGO § 50 Rn. 4; *N. Schneider* ZAP 1992 Fach 24, 137 Ziff. I 2. Das war schon zum alten Recht aus den oben genannten Gründen unzutreffend. Soweit das Bedürfnis empfunden wurde, hinsichtlich der Räumungsfrist zu berücksichtigen, dass insoweit eine streitige Verhandlung, die zu einer $^{10}/_{10}$ Verhandlungsgebühr statt der $^{5}/_{10}$ beim Anerkenntnis führt, und uU auch eine Beweiserhebung stattgefunden hat, hat dieses Argument nach heutigem Recht seine Bedeutung verloren, nachdem nicht mehr zwischen streitiger und nichtstreitigen Verhandlung unterschieden wird und es eine Beweisgebühr nicht mehr gibt.

den.[7] Das Anerkenntnisurteil müsste also, wenn nicht gleich über die Räumungsfrist mit entschieden werden soll, als Teilanerkenntnisurteil ergehen. Hat das Gericht dennoch ein Endurteil gefällt, ohne eine Entscheidung zur Räumungsfrist zu treffen, so greift § 321 ZPO ein (§ 721 Abs. 1 S. 3 ZPO). Etwas anderes gilt, wenn das Gericht das Räumungsfristverfahren abtrennt. Dafür genügt aber, wie § 721 Abs. 1 S. 3 ZPO zeigt, das bloße Unterlassen der Entscheidung im Urteil nicht.

3. Nicht verbundenes Verfahren

Ein solches liegt vor, wenn **10**

- **nach Abschluss des Räumungsprozesses** durch Entscheidung die Bewilligung (§ 721 Abs. 2 ZPO) der Räumungsfrist begehrt wird; dabei genügt, dass der Fristantrag erst in dem Schriftsatz gestellt wird, mit dem der Einspruch gegen ein Versäumnisurteil in der Räumungssache zurückgenommen wird, und daher über ihn in dem Urteil nicht mehr entschieden werden kann,[8]
- **nach Abschluss eines Vergleiches** (§ 794a ZPO) die Bewilligung einer Räumungsfrist beantragt wird,
- das Gericht das Verfahren über die Bewilligung der begehrten Räumungsfrist von der Hauptsacheverhandlung **abtrennt** (→ Rn. 8, 9),
- **die Verlängerung oder Verkürzung** der Räumungsfrist begehrt wird. Hier liegt regelmäßig ein selbständiges Verfahren vor, da sie erst nach Beendung der Hauptsache beantragt werden.

4. Verfahren nach § 765a ZPO

Es gehört nicht zu den Verfahren des VV 3334 RVG. Für die Tätigkeit des RA in diesem Verfahren fallen Vollstreckungsgebühren gem. VV 3309 ff. RVG an (→ RVG VV 3309 Rn. 409 ff.). **11**

III. Tätigkeit

Beim RA des Antragstellers wie bei dem des Antragsgegners entsteht die Gebühr mit der ersten Tätigkeit nach entsprechender Auftragserteilung, also zB mit der Entgegennahme der Information. **12**

IV. Gebührenhöhe

Der RA erhält einer 1,0 Verfahrensgebühr, im Fall des VV 3337 RVG eine 0,5 Gebühr. Zu VV 3337 RVG → RVG VV 3335 Rn. 47, 56 ff. **13**

V. Weitere Gebühren

1. Terminsgebühr

Es kann eine 1,2 Terminsgebühr anfallen (VV Vorb. 3.3.6 RVG iVm VV 3104 RVG). Da VV 3334 RVG in VV 3332 RVG nicht genannt ist und VV 3334 RVG anders als VV 3333 RVG einen Ausschluss der Terminsgebühr nicht kennt, greift VV Vorb. 3.3.6 RVG ein, die auf VV 3104 RVG verweist. Die Terminsgebühr ist also höher als die Verfahrensgebühr. **14**

Sind Räumung und Räumungsfrist Teil eines Verfahrens und findet nur zur Räumungsfrist eine mündliche Verhandlung statt, so verdient der RA eine Terminsgebühr aus dem Wert des Verfahrens über die Räumungsfrist. **15**

2. Einigungsgebühr

Es kann eine 1,0 (nicht 1,5) Einigungsgebühr (VV 1003 RVG) entstehen, falls es zu einer Einigung in dem Räumungsfristverfahren kommt. Dasselbe gilt, wenn innerhalb des Hauptsacheverfahrens eine Einigung nur über die Räumungsfrist erzielt wird. Einigen sich die Parteien nach Beendigung des Räumungsprozesses und ohne, dass ein selbständiges Räumungsfristverfahren anhängig gemacht wird, so entsteht neben einer Gebühr gem. VV 2300 f. RVG eine 1,5 Einigungsgebühr gem. VV 1000 RVG. **16**

---

[7] Zöller/*Seibel* ZPO § 721 Rn. 7.
[8] LG Berlin JurBüro 1995, 530.

VI. Angelegenheit

17 Ist ein selbständiges Räumungsfristverfahren abgeschlossen und wird ein neuer Antrag gestellt bzw. eine Verkürzung oder Verlängerung der Frist beantragt, so handelt es sich um eine neue Angelegenheit; die Gebühren gem. VV 3334, 3104 RVG iVm VV Vorb. 3.3.6 RVG fallen entsprechend dem Rechtsgedanken in § 18 Abs. 1 Nr. 6 RVG erneut an.

VII. Beschwerdeverfahren

18 Bei der sofortigen Beschwerde gem. § 721 Abs. 6 ZPO greifen VV 3500 f. RVG ein.

VIII. Kostenerstattung

19 Findet das Räumungsfristverfahren innerhalb des Rechtsstreits statt, erstreckt sich die Kostenentscheidung der Hauptsache auf die Kosten des Räumungsfristverfahrens. Findet ein gesondertes Verfahren außerhalb des Rechtsstreits – auch nach Räumungsvergleich – statt, hat die ergehende Entscheidung gem. § 93b ZPO über die Kosten des Verfahrens zu befinden; diese Kostenentscheidung ist dann die Grundlage für die Kostenerstattung. Die Kosten dieses Verfahrens sind weder Kosten des Hauptsacheverfahren noch Kosten der Vollstreckung iSv § 788 ZPO.[9] Sollte aber bei einem selbständigen Räumungsfristverfahren das Gericht eine Kostenentscheidung unterlassen haben, weil es der früher häufiger vertretenen Ansicht folgt, § 788 ZPO greife ein, so ist bei der Kostenerstattung dieser gerichtlichen Wertung zu folgen. Die Kostenfestsetzung muss sich dann an § 788 ZPO orientieren.

20 **Beschwerdeverfahren.** In ihm ergeht eine Kostenentscheidung, die die Grundlage für die Kosten dieses Verfahrens ist.[10]

IX. Prozesskostenhilfe

21 Die für das Hauptsacheverfahren gewährte Beiordnung erstreckt sich nicht auf die Gebühren im nicht verbundenen Räumungsfristverfahren. Die Prozesskostenhilfe und die Beiordnung erfolgt gem. § 119 Abs. 1 ZPO für jeden Rechtszug besonderes. Der Begriff des Rechtszugs ist kostenrechtlich zu verstehen. Als besonderer Rechtszug gilt jeder Verfahrensabschnitt, der besondere Kosten verursacht.[11] Das nicht verbundene Räumungsfristverfahren verursacht besondere Kosten.

Nr.	Gebührentatbestand	Gebühr oder Satz der Gebühr nach § 13 RVG
3335	Verfahrensgebühr für das Verfahren über die Prozesskostenhilfe	in Höhe der Verfahrensgebühr für das Verfahren, für das die Prozesskostenhilfe beantragt wird, höchstens 1,0, bei Betragsrahmengebühren höchstens 500,00 €
3336	*(aufgehoben)*	

Übersicht

[9] Heute hM Zöller/*Seibel* ZPO § 721 Rn. 15; Riedel/Sußbauer/*Keller,* 8. Aufl. 2000, BRAGO § 50 Rn. 11; **aA** LG Lübeck SchlHA 1961, 218.

[10] Zöller/*Seibel* ZPO § 721 Rn. 15.

[11] Zöller/*Schultzky* ZPO § 119 Rn. 2.

I. Motive

1 Die Motive zum 2. KostRMoG führen zu VV 3335 RVG betreffend der Aufnahme der Betragsrahmengebühr aus:

„Mit der Ergänzung der Angaben in der Gebührenspalte und der Änderung des Gebührentatbestandes ist die Vorschrift auch in Verfahren vor den Gerichten der Sozialgerichtsbarkeit anwendbar, wenn Betragsrahmengebühren anfallen. Der vorgeschlagene Höchstbetrag steht zu dem vorgeschlagenen Höchstbetrag der Verfahrensgebühr in der ersten Instanz (Nummer 3102 VV RVG) im Verhältnis 1,3 zu 1,0. Auf Gliederungsabschnitt III.4 des allgemeinen Teils der Begründung wird Bezug genommen. Die niedrigste Gebühr wird auf das Niveau der niedrigsten Verfahrensgebühr angehoben. Dies wird im Interesse der einheitlichen Regelungssystematik in Kauf genommen.“[1]

II. Allgemeines

2 Die Vorschrift regelt den Gebührenanspruch des RA, der in einem Verfahren über die PKH-Gewährung tätig wird, und zwar in einem Verfahren über die Bewilligung, Änderung oder Aufhebung der Bewilligung.

III. Anwendungsbereich

3 Das Verfahren über die PKH-Gewährung kann sich beziehen
- auf Zivilsachen (§ 13 GVG);
- auf Verfahren vor den Verfassungs-, Verwaltungs-, Sozial- oder Finanzgerichten;
- sowie auf Verfahren, die die Zwangsversteigerung oder die Zwangsverwaltung von Grundstücken betreffen.[2] Dagegen ist VV 3335 RVG nicht anwendbar in Strafsachen.[3]

4 VV 3335 RVG gilt nicht nur für das Verfahren über die Bewilligung von PKH, sondern auch für das über die **Aufhebung** der PKH gem. § 124 ZPO und die Festsetzung von **Zahlungen** gem. § 120 ZPO.

IV. Verhältnis zum Verfahrensbevollmächtigten

1. Überblick

5 Hier geht es zunächst darum, ob der RA eine Verfahrensgebühr gem. VV 3100 ff. RVG oder eine PKH-Antragsgebühr gem. VV 3335 RVG verdient. Ab → RVG VV 3335 Rn. 31 ff. geht es darum, wer die jeweils entstandene Gebühr dem RA zahlen muss.

6 **Auftrag und Tätigkeit.** Ob der RA Gebühren gem. VV 3335 RVG oder gem. VV 3100 f. RVG verdient, hängt zum einen von seinem **Auftrag,** zum anderen von seiner **Tätigkeit** ab. Nur wenn der RA bereits einen Verfahrensauftrag für das Hauptsacheverfahren hat und er auch für dieses tätig wird, verdient er Gebühren gem. VV 3100 ff. RVG. Hat der RA nur einen Auftrag für das Antragsverfahren bzw. nur einen bedingten Verfahrensauftrag, so kann er zunächst nur die Gebühr gem. VV 3335 RVG verdienen, auch wenn er bereits Klage erhebt oder Klageabweisung beantragt. Wird er nur hinsichtlich des Bewilligungsverfahrens tätig, hat er ebenfalls nur eine Gebühr gem. VV 3335 RVG verdient und zwar auch dann, wenn er auch einen unbedingten Auftrag für das Hauptsacheverfahren hat (→ Rn. 13). Dazu, wenn der RA zunächst im Antragsverfahren und dann in der Hauptsache tätig ist, → Rn. 64 ff.

2. Klägervertreter

7 **a) Auftrag. Im Regelfall nur Bewilligungsauftrag.** Nach ganz hM ist im Allgemeinen davon auszugehen, dass der RA des Klägervertreters zunächst nur mit der Stellung des PKH-Antrags beauftragt ist. Begründet wird dies damit, dass auf die objektive Interessenlage des Auftraggebers abzustellen ist. Diese geht im Regelfall dahin, dass der RA erst einmal nur einen PKH-Antrag stellen soll und der Verfahrensauftrag nur bedingt erteilt ist.[4] Etwas anderes wird nur ausnahmsweise angenommen, wenn eine sofortige unbedingte Klagerhebung notwendig ist.[5] Diese Fälle werden selten sein, nachdem die Verjährungshemmung gem. § 204 Nr. 14 BGB

---

[1] BT-Drs. 17/11471, 280.

[2] Gerold/Schmidt/*von Eicken,* 15. Aufl. 2002, BRAGO § 51 Rn. 1; Riedel/Sußbauer/*Keller,* 8. Aufl. 2000, BRAGO § 51 Rn. 3.

[3] Riedel/Sußbauer/*Keller,* 8. Aufl. 2000, BRAGO § 51 Rn. 3.

[4] OLG Bamberg JurBüro 1983, 1659; KG JurBüro 1989, 1551; OLG München JurBüro 1979, 1013.

[5] OLG Bamberg JurBüro 1983, 1659; OLG München JurBüro 1979, 1013.

und die Einhaltung von Ausschlussfristen nach der Rspr.[6] zunehmend durch PKH-Anträge erreicht werden kann. Ein sofortiger unbedingter Auftrag für das Hauptsacheverfahren kommt danach zB in Betracht, wenn der Mandant sehr schnell an einen Titel kommen will, weil er Zahlungsunfähigkeit des Schuldners befürchtet.

Dem ist grds. zuzustimmen. Es ist jedoch zu beachten, dass der Mandant nach seiner freien Wahl bestimmt, welchen Auftrag er erteilt. Will er sofort einen unbedingten Verfahrensauftrag erteilen, so kann er dies tun. Allerdings wird ihn ggf. der RA darüber aufklären müssen, dass er, ohne Nachteile befürchten zu müssen, erst einmal nur einen PKH-Antrag stellen kann und je nach der Begründung einer etwaigen Ablehnung überlegen kann, ob er den Rechtsstreit durchführen will. Es reicht also nicht, dass der RA nur fragt, ob der Mandant unabhängig vom Ausgang des PKH-Antragsverfahrens den Rechtsstreit durchführen will, solange Zweifel bestehen, ob sich der Mandant der kostenrechtlichen Folgen bewusst ist. Das gilt auch bei Scheidungssachen.[7] 8

Verfahrensvollmacht. Hat der Mandant eine Verfahrensvollmacht unterschrieben, so bedeutet dass nicht, dass bereits ein unbedingter Auftrag für das Hauptsacheverfahren erteilt wurde. Verfahrensvollmachten werden in aller Regel bei der ersten Besprechung zur späteren Ausnutzung erteilt, besagen jedoch über das Innenverhältnis nichts.[8] 9

Beweislast. Darlegungs-, glaubhaftmachungs- bzw. beweispflichtig dafür, dass trotz Aufklärung von Anfang ein unbedingter Prozessauftrag erteilt wurde, ist der RA.[9] 10

b) Bedingungseintritt bei bedingtem Verfahrensauftrag. Positive PKH-Entscheidung. Der bedingte Auftrag für die Hauptsache wird mit der positiven Entscheidung über den Bewilligungs- und Beiordnungsantrag wirksam. Dazu, mit welcher Tätigkeit der RA dann eine Verfahrensgebühr gem. VV 3100 ff. RVG verdient, → § 48 Rn. 120. 11

Negative PKH-Entscheidung. Bei einer negativen Entscheidung kommt es auf den Einzelfall an. Hatte der Mandant offen gelassen, ob er bei Versagung der PKH prozessieren will, so muss der RA fragen, ob er jetzt Klage erheben soll. Hatte der Mandant erklärt, er wolle den Prozess auch dann durchführen, wenn er keine PKH gewährt bekomme und wird PKH abgelehnt, weil er nicht mittellos ist, so ist die Bedingung für den Prozessauftrag nunmehr erfüllt.[10] Wird aber PKH wegen Aussichtslosigkeit der Klage verweigert, so muss der RA den Mandanten fragen, ob er trotz der geringen Erfolgsaussichten und der vom Gericht dargelegten Argumente den Prozess führen will.[11] 12

c) Tätigkeit. ***aa) Bei unbedingtem Verfahrensauftrag.*** Hat der RA einen unbedingten Klageauftrag, so verdient er dennoch nicht ohne weiteres eine 1,3 Gebühr gem. VV 3100 RVG. Entscheidend ist, was er tut, insbes., ob er gleichzeitig mit dem Bewilligungsantrag Klage erhebt. Ist dies der Fall, so verdient er sofort und unabhängig vom Ausgang des Bewilligungsverfahrens eine 1,3 Verfahrensgebühr gem. VV 3100 RVG. 13

Gleichzeitige Vorlage des Bewilligungsantrags und der Klageschrift/Berufungsschrift. Hier kann zweifelhaft sein, ob die Klage bereits als erhoben oder die Berufung bereits als eingelegt anzusehen ist. Im Regelfall ist dies anzunehmen, es sei denn dass eindeutig klar ist, dass der Klageantrag bzw. die Rechtsmitteleinlegung nur für den Fall der PKH-Bewilligung gestellt bzw. erfolgt sein soll.[12] Eine solche Klarstellung kann etwa erfolgen durch den Vermerk „Entwurf", durch unterlassene Unterschrift auf der Klage oder durch die Erklärung, dass Bedingung der Klageerhebung die Bewilligung der PKH ist.[13] 14

Teilweise wird auch als ausreichend angesehen 15
- der Hinweis, dass die Klage nur bei PKH-Bewilligung erhoben sein soll,[14]
- die Bitte, „vorab" über die PKH zu entscheiden, wenn nicht erklärt wird, dass die Klage dennoch gleich zugestellt werden soll,[15]

---

[6] ZB BGH NJW-RR 1989, 675 zu § 12 Abs. 3 VVG.
[7] KG AnwBl 1973, 399.
[8] OLG Frankfurt a. M. JurBüro 1991, 1645.
[9] OLG Frankfurt a. M. JurBüro 1991, 1645; KG JurBüro 1989, 1551.
[10] KG JurBüro 1989, 1551.
[11] KG JurBüro 1989, 1551.
[12] BGH FamRZ 1996, 1142; NJW-RR 2000, 879; NJW 2006, 693 = FamRZ 2006, 400; OLG Köln FamRZ 1997, 375 = OLGR 1997, 14; OLG München Rpfleger 1989, 70; NJW-RR 1998, 205; OLG Zweibrücken NJW-RR 2001, 1653; JurBüro 2008, 94; **aA** OLG Frankfurt a. M. JurBüro 1991, 1645; OLG Karlsruhe Rpfleger 1999, 212; Gerold/Schmidt/*von Eicken*, 15. Aufl. 2002, BRAGO § 51 Rn. 2.
[13] OLG Brandenburg FamRZ 2009, 1338.
[14] Zöller/*Schultzky* ZPO § 117 Rn. 11 mwN.
[15] OLG Brandenburg FamRZ 2009, 1338; KG FamRZ 2008, 1646.

– die Erklärung, dass die Klageschrift dem Gegner erst nach der Bewilligung zugestellt werden soll.[16]

16 **BGH.** Viel strenger ist der BGH. Nach ihm ist, wenn eine Berufungsbegründung, die allen an eine solche zu stellenden Anforderungen genügt, vorliegt, eine unbedingte Berufungseinlegung anzunehmen, selbst

– wenn erklärt wurde, dass die Berufung nur bei PKH-Bewilligung „durchgeführt" werden soll. Die Berufung sah er als unbedingt eingelegt an. Nur die Rücknahme sei vorbehalten.[17]
– wenn im PKH-Antrag erklärt wird, dass die Durchführung der Berufung von der Gewährung von Prozesskostenhilfe „abhängig gemacht" und weiter erklärt wird: „Die beabsichtigte Berufungsdurchführung bietet hinreichende Aussicht auf Erfolg und ist auch nicht mutwillig, insoweit wird vorsorglich auf den anliegenden Entwurf einer Berufungsbegründung Bezug genommen. Im Weiteren bleiben die Anträge und Begründung der Berufung, sofern die beantragte Prozesskostenhilfe gewährt werden sollte, einem gesonderten Schriftsatz vorbehalten".[18]
– wenn im Anschluss an eine ohne PKH-Antrag eingelegte Berufung in der „Berufungsbegründung" zunächst Prozesskostenhilfe beantragt wird und dann angekündigt wird, dass nach der Bewilligung der Prozesskostenhilfe folgender Antrag gestellt wird.[19]
– wenn beantragt wird, PKH für das beabsichtigte Berufungsverfahren zu bewilligen, und in der Begründung ausgeführt wird, dass „beabsichtigt" sei, gegen das Urteil des Amtsgerichts Berufung einzulegen. „Die Berufung ist nicht mutwillig … die Erfolgsaussichten ergeben sich aus der als Anlage beigefügten Berufungsbegründung."[20]

17 Hintergrund dieser Entscheidungen war, dass jeweils die Berufungen unzulässig gewesen wären, wenn eine Bedingung angenommen worden wäre. Der BGH wollte hier offensichtlich unbedingt die Zulässigkeit retten. Mancher Richter hätte wahrscheinlich unter Beachtung der Gesamtumstände anders entschieden. Die BGH-Entscheidungen zeigen jedenfalls, wie sehr bei der Formulierung der Bedingung aufgepasst werden muss, dass diese nicht missverständlich ist.

18 **Verhalten in der mündlichen Verhandlung.** Lag zunächst nur ein Klageentwurf einem Bewilligungsantrag bei, so ist die Klage ab der mündlichen Verhandlung erhoben, wenn in ihr die Anträge aus dem Klageentwurf gestellt werden.[21]

19 **Eilverfahren.** Wird der Antrag auf Erlass eines Arrestes oder einer einstweiligen Verfügung mit einem Antrag auf Bewilligung von PKH eingereicht, so spricht wegen der Eilbedürftigkeit erst Recht die Vermutung dafür, dass ohne Rücksicht auf die Entscheidung über den PKH-Antrag über den Eilantrag entschieden werden soll.

20 **Entgegennahme der Information.** Hat der RA bereits einen unbedingten Verfahrensauftrag und nimmt er die Informationen entgegen, so geschieht dies zunächst einmal im Rahmen beider Aufträge, also auch im Rahmen des unbedingten Verfahrensauftrags. Er verdient deshalb sofort eine 0,8 Verfahrensgebühr gem. VV 3101 Nr. 1 RVG und nicht nur eine höchstens 0,5 Gebühr gem. VV 3335, 3337 Anm. Nr. 1 RVG.

21 ***bb) Bei fehlendem unbedingtem Verfahrensauftrag.*** **Vor der PKH-Bewilligung.** Hat der RA nur einen unbedingten Auftrag für das Antragsverfahren, verdient er vor der Beiordnung nur eine Gebühr gem. VV 3335 RVG, auch wenn er sogleich mit dem PKH-Antrag Klage erhebt. Dasselbe gilt, wenn er hinsichtlich des Hauptsacheverfahrens nur einen Verfahrensauftrag unter der Bedingung hat, dass PKH gewährt und er beigeordnet wird. Auch die Entgegennahme der Information fällt dann nur unter VV 3335, 3337 RVG (höchstens 0,5 Verfahrensgebühr).

22 **Nach der Bewilligung.** Ist mit der Bewilligung die Bedingung eingetreten, so ist damit zunächst nur gesagt, dass jetzt ein unbedingter Auftrag vorliegt. Dazu, ob die Verfahrensgebühr der VV 3100 ff. RVG automatisch mit dem Eintritt der Bedingung anfällt oder erneut eine diese Verfahrensgebühr auslösende Tätigkeit erfolgen muss, → § 48 Rn. 120.

3. Beklagtenvertreter

23 **a) Auftrag.** ***aa) Bereits erhobene Klage.*** Ist Klage erhoben, so ist im Regelfall davon auszugehen, dass der RA vom Beklagten auch einen Prozessauftrag erhalten hat.

[16] OLG Brandenburg FamRZ 2009, 1338.
[17] BGH FamRZ 2007, 1726 = MDR 2007, 1387; KG MDR 2008, 113.
[18] FamRZ 2009, 1408.
[19] BGH FamRZ 2006, 400.
[20] FamRZ 2009, 494.
[21] OLG Karlsruhe JurBüro 2009, 263.

bb) Noch nicht erhobene Klage. Beim Anwalt des Beklagten scheidet in aller Regel ein unbedingter Auftrag für das Hauptsacheverfahren aus, wenn die Klage noch nicht iSv § 253 Abs. 1 ZPO erhoben ist,[22] sei es dass die Klage noch nicht als solche eingereicht ist, sei es dass sie vom Kläger oder vom Gericht formlos mitgeteilt, aber noch nicht förmlich zugestellt wurde. Dann ist im Zweifel davon auszugehen, dass der RA keinen Auftrag hatte, bereits in diesem Stadium im Hauptsacheverfahren tätig zu werden. Zwar setzt die Erteilung eines Verfahrensmandats nicht notwendigerweise ein bereits bestehendes Verfahrensverhältnis voraus (→ RVG VV Vorb. 3 Rn. 20). Jedoch kann ein im Vorstadium des PKH-Verfahrens erteiltes Mandat unter Berücksichtigung von Treu und Glauben nicht ohne weiteres als ein unbedingtes Mandat zur Vertretung in der Hauptsache verstanden werden.[23] 24

cc) Existenz einer Klageschrift. Voraussetzung für eine erhobene Klage ist zunächst einmal, dass vom Gegner bereits Klage erhoben werden soll und nicht nur ein Entwurf zur Begründung eines PKH-Antrags eingereicht sein soll (→ Rn. 13 ff.). Ist Letzteres erkennbar der Fall, so wird aus einem PKH-Gesuch auch dadurch keine wirksame Klageschrift, dass es förmlich zugestellt wird.[24] 25

dd) Zustellung der Klage. Weitere Voraussetzung für eine Klageerhebung ist, dass die Klage zugestellt ist. Eine Zustellung liegt nur vor, wenn das Gericht eine Zustellung vornehmen wollte. Ist eine Zustellung erfolgt, obgleich der Richter dies nicht wollte, so liegt keine Zustellung vor.[25] Durch die formlose Übermittlung einer mit einem PKH-Antrag verbundenen Klage an den Gegner wird die Klage nicht rechtshängig.[26] Erst recht gilt dies, wenn die Klage etwa mit dem Vermerk „zur Stellungnahme im PKH-Verfahren" dem gegnerischen RA formlos übersandt wird[27] oder das Gericht sonst wie zum Ausdruck bringt, dass einstweilen nur das PKH-Antragsverfahren betrieben werden soll. Dass eine Terminbestimmung unterblieben ist, steht andererseits einer Zustellung nicht entgegen. Daraus kann nicht entnommen werden, dass das Gericht nur das PKH-Bewilligungsverfahren in Gang bringen wollte.[28] 26

ee) Unkenntnis von fehlender Klageerhebung. Hatte der RA nicht erkannt und musste er auch nicht erkennen, dass eine Klage noch nicht eingereicht ist bzw. dass sie noch nicht zugestellt werden sollte, so verdient der RA eine Verfahrensgebühr gem. VV 3100 RVG, wenn er Klageabweisung beantragt, zB das Begleitschreiben des Klägers, aus dem sich ergibt, dass es sich lediglich um einen Klageentwurf handeln soll, wurde dem RA nicht zugeleitet. Dann muss dasselbe wie bei einer zurückgenommenen Klage oder Berufung gelten, wenn der Beklagte hiervon keine Kenntnis hatte und haben musste. In diesen Fällen wird dem Beklagtenvertreter, der Abweisung oder Zurückweisung beantragt hat, eine Verfahrensgebühr gem. VV 3100 RVG zuerkannt.[29] 27

b) Tätigkeit. Der RA muss des Weiteren, um eine Verfahrensgebühr gem. VV 3100 RVG zu verdienen, hinsichtlich der Hauptsache tätig werden, zB Klageabweisung beantragen. Nimmt er, etwa um seinem Mandanten Kosten zu ersparen, zunächst nur zum PKH-Antrag Stellung, so verdient er trotz Zustellung der Klage nur eine 1,0 Gebühr gem. VV 3335 RVG. 28

4. Berufungskläger

a) Auftrag. Hier gelten die gleichen Grundsätze wie beim Kläger der ersten Instanz. Allerdings wird hier beim Berufungskläger eher von Anfang an ein unbedingter Auftrag anzunehmen sein, da die Gefahr, die Berufungsfristen zu versäumen, gegeben ist und uU eine Wiedereinsetzung in den vorigen Stand verweigert wird, weil die Versagung der PKH vorhersehbar war, zB weil erkennbar keine Mittellosigkeit gegeben ist oder das Formblatt über die finanziellen Verhältnisse nicht rechtzeitig vorgelegt wurde.[30] 29

---

[22] OLG Bamberg AGS 2015, 119.
[23] OLG Karlsruhe JurBüro 1999, 191; KG JurBüro 1990, 1276 = MDR 1990, 935.
[24] OLG Dresden NJW-RR 1997, 1424; OLG Köln NJW 1994, 3360 = FamRZ 1994, 1383; Zöller/*Schultzky* ZPO § 117 Rn. 12.
[25] BGH NJW 2001, 3713 (3714).
[26] BGH NJW 1952, 1375 = JR 1953, 104; OLG Bamberg AGS 2015, 119.
[27] OLG Karlsruhe JurBüro 1999, 191; **aA** wohl KG MDR 2008, 113.
[28] BGHZ 11, 175 = NJW 1954, 640.
[29] OLG Hamburg JurBüro 1998, 303; OLG Köln JurBüro 1988, 351; OLG München AnwBl 1983, 523; OLG Oldenburg JurBüro 1992, 682; OLG Saarbrücken JurBüro 1988, 595; **aA** KG JurBüro 1963, 686; OLG Bamberg JurBüro 1975, 1340.
[30] BGH NJW-RR 2000, 879.

30 **b) Tätigkeit.** Die Gebühren gem. VV 3200 ff. RVG fallen wieder nur an, wenn der RA mit unbedingtem Auftrag auch hinsichtlich der Hauptsache tätig war, zB Berufung eingelegt hat. Hat der RA eine Berufungsschrift mit eingereicht, so ist nur bei ganz eindeutigen Fällen davon auszugehen, dass Berufung noch nicht eingelegt sein soll. Dafür reicht bei einem allen Anforderungen einer Berufungsschrift genügenden Schriftsatz nicht die Bitte, diesen zunächst zu den Akten zu nehmen und zuerst über den PKH-Antrag zu entscheiden. Dies kann nämlich auch eine unbedingte Berufungseinlegung sein mit der Ankündigung, bei Versagung der PKH uU die Berufung zurückzunehmen.[31]

V. Zahlungspflichtiger

1. Auftraggeber

31 **Gebühr gem. VV 3335 RVG.** Der Vergütungsanspruch des RA **im Bewilligungsverfahren** richtet sich hinsichtlich aller in diesem Verfahren angefallenen Gebühren gegen den Mandanten und nicht gegen die Staatskasse. Eine PKH-Gewährung für das Bewilligungsverfahren gibt es grds. nicht.[32] Zur Ausnahme (→ Rn. 35 ff.). Wird der RA nur im Bewilligungsverfahren tätig, etwa weil die Klage wegen zwischenzeitlicher Erfüllung nicht erhoben wird, so bestehen selbst dann nur Ansprüche gegen den Mandanten, wenn PKH gewährt und ein RA beigeordnet wurde (→ § 48 Rn. 113 ff.).[33]

32 **Später Prozessbevollmächtigter.** Wird der RA, der zunächst nur für das PKH-Bewilligungsverfahren beauftragt und tätig war, später nach der Beiordnung im Hauptsacheverfahren tätig, so kann er gem. § 122 Abs. 1 Nr. 3 ZPO keinen Anspruch mehr gegen seinen Auftraggeber geltend machen und zwar nach hM auch nicht in Höhe der Differenz zwischen Wahl- und PKH-Anwaltsgebühren.[34] Er muss sich gem. § 45 RVG an die Staatskasse halten, verdient dann aber nur noch Gebühren aus der PKH-Tabelle gem. § 49 RVG. § 122 Abs. 1 Nr. 3 ZPO hebt somit den Grundsatz auf, dass der RA einmal verdiente Gebühren nicht wieder verlieren kann.

33 Ist jedoch im Antragsverfahren eine Gebühr angefallen, die im Hauptsacheverfahren nicht entstanden ist, so kann der RA diese dem Mandanten in Rechnung stellen, → Rn. 69 ff.

1. Beispiel:

RA stellt PKH-Antrag (Wert 30.000,– EUR). Im PKH-Antragsverfahren findet eine Erörterung statt. PKH wird für das Hauptsacheverfahren gewährt und ein RA beigeordnet. Im Hauptsacheverfahren erhebt der RA nur noch die Klage. Eine Terminsgebühr fällt dort nicht mehr an.

Anspruch gegen Staatskasse

1,3 Verfahrensgebühr (VV 3100 RVG) aus 30.000,– EUR aus PKH-Tabelle (§ 49 RVG).

Anspruch gegen Mandanten

1,2 Terminsgebühr (VV 3335, Vorb. 3.3.6 RVG iVm VV 3104 RVG) aus 30.000,– EUR gem. Wahlanwaltstabelle (§ 13 RVG).

2. Beispiel:

Dem PKH-Antrag wegen 10.000,– EUR wird in vollem Umfang stattgegeben. Danach kommt es nur noch zu einem informativen Gespräch. Dann endet das Mandat. Von der zunächst nach VV 3335 RVG entstandenen 1,0 Verfahrensgebühr aus 10.000,– EUR = 614,00 EUR gehen 0,8 aus 10.000,– EUR in der 0,8 Verfahrensgebühr des VV 3101 RVG aus 10.000,– EUR auf, die die Staatskasse aus der PKH-Tabelle trägt. Daneben kann der RA von dem Mandanten noch die Differenz zwischen einer 1,0 und einer 0,8 Verfahrensgebühr aus 10.000,– EUR nach der Wahlanwaltstabelle verlangen, also

1,0 Verfahrensgebühr aus 10.000,– EUR aus Wahlanwaltstabelle	614,00 EUR
– 0,8 Verfahrensgebühr aus 10.000,– EUR aus Wahlanwaltstabelle	– 491,20 EUR
Differenz	122,80 EUR

Der RA hat somit einen Anspruch
gegen die Staatskasse: 0,8 Verfahrensgebühr gem. VV 3101 Nr. 1 RVG aus 10.000,– EUR aus der PKH-Tabelle = 271,20 EUR gegen Mandanten: 122,80 EUR.

2. Staatskasse

34 **a) Bewilligungsverfahren.** ***aa) Grundsatz.*** Grundsätzlich gibt es für im Bewilligungsverfahren entstandene Gebühren keinen Vergütungsanspruch gegen die Staatskasse.[35] Zu beachten ist jedoch, dass in Ausnahmefällen auch außerhalb eines Vergleichs (→ Rn. 35 ff.) zunehmend

[31] BGH MDR 1988, 394.
[32] BGHZ 91, 311.
[33] OLG Bamberg JurBüro 1986, 1251.
[34] BGH FamRZ 2008, 982; OLG Köln FamRZ 1995, 239; OLG München MDR 1991, 62; OLG Stuttgart JurBüro 1997, 649; → § 45 Rn. 27 f.; **aA** OLG Hamburg MDR 1985, 416; *Enders* JurBüro 1997, 449 (453).
[35] BGHZ 91, 311 = NJW 1984, 2106 = Rpfleger 1985, 38; BVerwG Rpfleger 1991, 63 (932).

für das Bewilligungsverfahren PKH gewährt wird. So wurde Prozesskostenhilfe für die Rechtsverteidigung im Prozesskostenhilfeverfahren ausnahmsweise dann bewilligt,

- wenn auch der Gegner des Antragstellers im Bewilligungsverfahren durch einen RA vertreten ist, zwischen den Parteien Vergleichsverhandlungen stattfinden und im Prozesskostenhilfe-Bewilligungsverfahren – seinem eigentlichen Zweck zuwider – bereits schwierige Rechts- oder Tatfragen erörtert werden,[36]
- wenn die Partei durch das Gericht zur Stellungnahme durch einen RA aufgefordert wird.[37]

Der BGH hat für eine Rechtsbeschwerde gegen die Einschränkung eines Beiordnungsbeschlusses PKH gewährt.[38]

bb) Einigung. **Umfang der Beiordnung.** Aus Gründen der Prozessökonomie kann und wird in der Praxis generell PKH gewährt, um eine Einigung im PKH-Antragsverfahren zu erreichen. 35

Bindung an Bewilligungsbeschluss. Für den Vergütungsanspruch ist maßgeblich, in welchem Umfang die Beiordnung im Beiordnungsbeschluss erfolgt ist. Denn im Festsetzungsverfahren ist nicht nachzuprüfen, ob PKH und Beiordnung zu Recht bewilligt worden sind.[39] Ist der RA für das PKH-Bewilligungsverfahren ohne Beschränkung auf die Einigungsgebühr beigeordnet, so sind ihm alle im Bewilligungsverfahren angefallenen Gebühren (also auch die ganze Verfahrensgebühr gem. VV 3335 RVG und die 1,2 Terminsgebühr (→ Rn. 49 ff.) aus der Staatskasse zu vergüten. Das gilt auch, wenn der RA „für den Abschluss des Vergleichs" beigeordnet wird. Es gilt das zum Hauptsacheverfahren Dargelegte (→ § 48 Rn. 160) entsprechend. Auch die Motive zum KostRÄG weisen darauf hin, dass § 48 Abs. 1 S. 2 RVG auch für eine Einigung im Bewilligungsverfahren gilt (→ § 48 Rn. 1c). Ist aber die Beiordnung „auf die Einigungsgebühr" beschränkt, so ist nur die Einigungsgebühr von der Staatskasse zu vergüten. Soweit Ansprüche gegen die Staatskasse wegen des Bewilligungsverfahrens bestehen, errechnen sich diese – anders als der Anspruch gegen den Mandanten – aus der PKH-Tabelle des § 49 RVG. 36

Auslegung. Wegen der Auslegung verschiedener möglicher Formulierungen wird auf die Ausführungen zu § 48 RVG Bezug genommen. Hier wie dort sind dieselben Formulierungen **in gleicher Weise auszulegen** (→ § 48 Rn. 154 ff.). Die dortigen Ausführungen gelten auch für die Beiordnung im Bewilligungsverfahren. Auch die Motive zum KostRÄG weisen darauf hin, dass § 48 Abs. 1 S. 2 RVG auch für eine Einigung im Bewilligungsverfahren gilt (→ § 48 Rn. 1c). 37

Hinweis für Rechtsanwalt. Der RA muss darauf hinwirken, dass das Gericht den Beiordnungsbeschluss so formuliert, dass sämtliche Gebühren betroffen sind. Es dürfte da auch keine größeren Probleme mehr geben. Die Ansicht, dass im PKH-Bewilligungsverfahren über die Einigungsgebühr hinaus keine PKH bewilligt werden darf, dürfte von den Gerichten im Gegensatz zu früher[40] immer seltener vertreten werden, nachdem der Gesetzgeber in den Motiven zum KostRÄG 2021 selbst zum Ausdruck gebracht hat, dass § 48 Abs. 1 S. 2 RVG auch für das PKH-Bewilligungsverfahren gilt (→ § 48 Rn. 1c) und der BGH und die Obergerichte zunehmend zu einer Ausdehnung der Zulässigkeit einer Beiordnung im Bewilligungsverfahren neigen (→ Rn. 34). Ist das Gericht hierzu nicht bereit, zB weil es sich durch die frühere Rspr. des BGH gehindert sieht, so kann man dem Gericht auch noch anbieten, dass unter Verzicht auf sämtliche Formalitäten in der Hauptsache Termin anberaumt wird. Im Hauptsacheverfahren lässt auch der BGH eine umfassende Beiordnung zu. Geht dieser Weg auch nicht, weil der Gegner nicht mitmacht oder sich das Gericht weigert, so kann man dem Anwalt im Interesse des Mandanten und seinem eigenen (Mandant häufig nicht zahlungsfähig) nur empfehlen, dem Druck zahlreicher Gerichte, zu einer Einigung im Bewilligungsverfahren zu widerstehen. Anders ist es nur, wenn zu erwarten ist, dass ohne einen sofortigen Vergleich der Mandant letztlich schlechter stehen wird. 38

Beispiel (Beiordnung für das gesamte Antragsverfahren):

Im Bewilligungsverfahren wegen Miete (10.000,– EUR) wird eine Einigung protokolliert, die auch ein Darlehen (5.000,– EUR) mit umfasst. Der RA wird für das ganze Bewilligungsverfahren beigeordnet.

---

[36] OLG Karlsruhe FamRZ 2008, 1354.
[37] KG FamRZ 2006, 1284.
[38] BGH NJW 2004, 2749 Rn. 3= FamRZ 2004, 1362.
[39] OLG München NJW-RR 2004, 65 = JurBüro 2003, 648; OLG Bamberg JurBüro 1994, 603 unter Aufgabe von JurBüro 1988, 901; OLG Stuttgart Rpfleger 1989, 416.
[40] Hierzu Gerold/Schmidt/*Müller-Rabe,* 24. Aufl., § 48 Rn. 160 ff.

Der RA verdient jeweils aus der Tabelle des PKH-Anwalts gem. § 49 RVG und kann von der Staatskasse vergütet verlangen

1,0 Verfahrensgebühr gem. VV 3335 RVG aus 10.000,– EUR	339,00 EUR	
0,5 Verfahrensgebühr gem. VV 3101 RVG aus 5.000,– EUR	142,00 EUR	
Summe	481,00 EUR	
Jedoch gem. § 15 Abs. 3 RVG höchstens 1,0 Verfahrensgebühr aus 15.000,– EUR		369,00 EUR
1,2 Terminsgebühr Gebühr gem. VV Vorb. 3.3.6, VV 3104 RVG aus 15.000,– EUR		442, 80 EUR
1,0 Einigungsgebühr gem. VV 1003 RVG aus 10.000,– EUR	339,00 EUR	
1,5 Einigungsgebühr gem. VV 1000 RVG aus 5.000,– EUR	426,00 EUR	
Summe	765,00 EUR	
Jedoch gem. § 15 Abs. 3 RVG höchstens 1,5 Einigungsgebühr aus 15.000,– EUR		553,50 EUR
Pauschale gem. VV 7002 RVG		20,00 EUR

Eine Terminsgebühr fällt aus einem Streitwert von 15.000,– EUR an. Wenn schon die außergerichtliche Besprechung unter Anwälten, die einen Verfahrensauftrag haben, gem. VV Vorb. 3 Abs. 3 RVG zu einer Terminsgebühr führt, muss das auch gelten, wenn der RA den Auftrag hat, nicht rechtshängige Ansprüche einer gerichtlich protokollierten Einigung zuzuführen, und entsprechend tätig wird.

Beispiel (Beiordnung nur für Einigungsgebühr):

Im Bewilligungsverfahren wegen Miete (10.000,– EUR) wird eine Einigung protokolliert, die auch ein Darlehen (5.000,– EUR) mit umfasst. Der RA wird nur für die Einigungsgebühr beigeordnet. Dann ist nur die Einigungsgebühr von der Staatskasse zu vergüten (→ Rn. 35 ff., → § 48 Rn. 159 ff.).

1,0 Einigungsgebühr gem. VV 1003 RVG aus 10.000,– EUR	339,00 EUR	
1,5 Einigungsgebühr gem. VV 1000 RVG aus 5.000,– EUR	426,00 EUR	
Summe	765,00 EUR	
Jedoch gem. § 15 Abs. 3 RVG höchstens 1,5 Einigungsgebühr aus 15.000,– EUR		553,50 EUR
Pauschale gem. VV 7002 RVG		20,00 EUR

Der RA hat Anspruch gegen **Mandanten aus Tabelle des Wahlanwalts**

1,0 Verfahrensgebühr gem. VV 3335 RVG aus 15.000,– EUR	718,00 EUR
1,2 Terminsgebühr gem. VV Vorb. 3.3.6, VV 3104 RVG aus 15.000,– EUR	861,60 EUR

39 ***cc) Besonderheit bei PKH-Antrag iVm unbedingter Klage.*** Hatte die Partei unbedingte Klage erhoben und gleichzeitig PKH beantragt und stellt das Gericht vor der Entscheidung über die PKH einen Vergleich gem. § 278 Abs. 6 ZPO fest, so ist ihr, wenn bei Klageeinreichung ausreichende Erfolgsaussichten bestanden, für das Hauptverfahren PKH zu bewilligen.[41] Die 1,3 Verfahrensgebühr gem. VV 3100 RVG, die 1,2 Terminsgebühr gem. VV 3104 Anm. Abs. 1 Nr. 1 RVG und die 1,0 Einigungsgebühr gem. VV 1003 RVG sind dann zu erstatten.

40 **b) Hauptsacheverfahren,** vgl. §§ 45 ff. RVG

VI. Verhältnis zu Verkehrsanwalt, Terminsvertreter

41 **Verkehrsanwalt.** Auch beim Verkehrsanwalt kann nacheinander oder gleichzeitig ein doppelter Auftrag bestehen. Eine Partei beauftragt einen RA, einen Antrag auf Bewilligung der PKH bei dem Verfahrensgericht einzureichen, einen am Ort des Verfahrensgerichts praktizierenden RA als Verfahrensbevollmächtigten auszusuchen und mit ihm den Verkehr zu führen. Stellt er zunächst nur PKH-Antrag, so hat er nur eine Gebühr gem. VV 3335 verdient. Wird er später als Verkehrsanwalt tätig, so verdient er auch die Gebühr gem. VV 3400 RVG. Allerdings hat er nur einen Anspruch gegen die Staatskasse. Da die Verkehrsgebühr der Verfahrensgebühr wesensverwandt ist, gilt für sie dasselbe wie für das Verhältnis der Gebühren gem. VV 3100 RVG und VV 3335 RVG untereinander (→ Rn. 64 ff.).

42 **Terminsvertreter.** Auch beim Terminsvertreter kommt in Betracht, dass neben der Gebühr gem. VV 3401 RVG eine Gebühr gem. VV 3335 RVG anfällt. Hinsichtlich der Verfahrensgebühr des Terminsvertreters im Verhältnis zur Verfahrensgebühr gem. VV 3335 RVG gilt dasselbe wie für die Verkehrsgebühr in Relation zur Verfahrensgebühr des VV 3100 RVG. Darüber hinaus kann eine in beiden Funktionen erworbene Terminsgebühr nur einmal geltend gemacht werden, bei Beiordnung nur von der Staatskasse.

VII. Verfahrensgebühr gem. VV 3335 RVG

1. Tätigkeit

43 **Bewilligungsverfahren.** Die Gebühr entsteht im Bewilligungsverfahren sowohl für den RA des Antragstellers als auch für den des Antragsgegners mit der Entgegennahme der Infor-

[41] OLG Karlsruhe FamRZ 2006, 798 = OLGR 2006, 281.

mation und nicht erst mit der Antragstellung bzw. der Stellungnahme zum Antrag.[42] Allerdings ist VV 3337 Anm. Nr. 1 RVG zu beachten (geringere Gebühr bei vorzeitigem Ende).

Aufhebungsverfahren. Wird ein RA ausschließlich im PKH-Aufhebungsverfahren tätig, so verdient er ebenfalls eine Gebühr gem. VV 3335 RVG. Sogar der Verfahrensbevollmächtigte kann im Aufhebungsverfahren diese Gebühr zusätzlich verdienen, wenn die Zweijahresfrist gem. § 15 Abs. 5 S. 2 RVG abgelaufen ist.[43] 44

2. Gebührenhöhe

a) Höhe wie im Bezugsverfahren, maximal 1,0 oder 500,00 EUR. Der RA verdient gem. VV 3335 RVG die Verfahrensgebühr in der Höhe, in der sie für das Verfahren, für das die PKH beantragt wird, anfällt, höchstens jedoch 1,0, bei Betragsrahmengebühren maximal 500,00 EUR. Die Verfahrensgebühr beträgt damit bei Wertgebühren in erster und zweiter Instanz 1,0, da die jeweiligen Verfahrensgebühren der Hauptsache (VV 3100, 3200 RVG) höher sind, es sei denn es ist ein Fall des VV 3337 RVG gegeben. Im Beschwerdeverfahren beträgt sie 0,5 (VV 3500 RVG), im Vollstreckungsverfahren 0,3 (VV 3309 RVG). Die Gebühr ist auf eine 1,0 Gebühr bzw. auf 500,00 EUR beschränkt, um das Kostenrisiko des sozial schwachen Mandanten in Grenzen zu halten.[44] 45

Wahlanwaltsgebühr. Die Gebühr des VV 3335 RVG errechnet sich aus der Wahlanwaltsgebührentabelle bzw. aus zB VV 3102 RVG (§ 13 RVG). 46

b) Vorzeitiges Ende. Bei der vorzeitigen Beendigung des Auftrags (zB PKH-Antrag wird wegen Zahlung des Gegners nicht mehr gestellt), beträgt gem. VV 3337 Anm. Nr. 1 RVG die Gebühr nur noch höchstens 0,5. Endet aber bei einem Verfahren, bei dem die volle Verfahrensgebühr bereits bei 0,5 oder darunter liegt (→ Rn. 45), vorzeitig und kennt dieses Verfahren, wie bei derart niedrigen Gebühren die Regel, keine Reduzierung bei vorzeitiger Beendigung, so reduziert sich auch die Gebühr des VV 3335 RVG nicht. Im Falle der Zwangsvollstreckung bleibt es also bei der 0,3 Verfahrensgebühr des VV 3309 RVG. Bei Betragsrahmengebühren wird das vorzeitige Ende dadurch berücksichtigt, dass innerhalb des Rahmens ein niedrigerer Betrag angesetzt wird. Dazu, welche Handlungen eine volle Verfahrensgebühr auslösen, → RVG VV 3101 Rn. 17 ff. Zur **Verfahrensdifferenzgebühr** → Rn. 56 ff. 47

Mehrere Auftraggeber. Die Gebühr des VV 3335 RVG erhöht sich gem. VV 1008 RVG.[45] Sie ist eine Verfahrensgebühr iSv VV 1008 RVG. Auch bei der reduzierten Gebühr gem. der Anm. zu VV 3337 RVG ist VV 1008 RVG anzuwenden (→ RVG VV 1008 Rn. 10). Eine Rahmengebühr erhöht sich pro Auftraggeber gem. VV 1008 RVG um 30%, also bei einem zweiten Auftraggeber auf höchstens 650,00 EUR (→ RVG VV 1008 Rn. 265 ff.). 48

VIII. Weitere Gebühren

1. Terminsgebühr

a) Entstehung. Findet im Rahmen des PKH-Bewilligungsverfahren eine mündliche Erörterung gem. § 118 Abs. 1 S. 3 ZPO oder eine Beweisaufnahme statt, verdient der daran teilnehmende RA gem. VV Vorb. 3.3.6 RVG iVm VV 3104 RVG eine Terminsgebühr. Wann eine Terminsgebühr anfällt, richtet sich nach VV Vorb. 3 Abs. 3 RVG. Es genügt zB die vertretungsbereite Teilnahme am Erörterungstermin oder eine außergerichtliche Besprechung mit dem Gegner zur gütlichen Regelung. Das gilt auch für den RA des Antragsgegners. Eine Terminsgebühr fällt nicht jedoch dadurch an, dass im Antragsverfahren unter Mitwirkung des Anwalts ein schriftlicher Vergleich geschlossen wird, weil die letzte Alternative von VV 3104 Anm. Abs. 1 Nr. 1 RVG voraussetzt, dass die Einigung in einem Verfahren mit obligatorischer mündlicher Verhandlung erfolgt (→ RVG VV 3104 Rn. 70 ff.), die Erörterung nach § 118 Abs. 1 S. 3 ZPO aber fakultativ ist.[46] 49

Abgrenzung zur Tätigkeit in der Hauptsache. Ist die Klage bereits erhoben, so kann es namentlich in Verfahren mit Amtsbetrieb zweifelhaft sein, ob eine mündliche Verhandlung oder Erörterung nur zur PKH-Bewilligung oder zugleich in der Sache selbst stattgefunden hat. Auf genaue Protokollierung ist zu achten. Ist erkennbar, dass die Sache selbst gefördert werden soll- 50

---

[42] *Enders* JurBüro 1997, 449 (450).
[43] *Enders* JurBüro 1997, 505 (506).
[44] BT-Drs. 15/1971, 217 zu VV 3334 RVG.
[45] *Enders* JurBüro 1997, 449 (450).
[46] Schneider/Wolf/*Fölsch* RVG VV 3335 Rn. 10 für Vergleich nach § 278 Abs. 6 ZPO; **aA** KG JurBüro 2008, 29 = RVGreport 2007, 458 mablAnm *Hansens* = AGS 2008, 68 mablAnm *N. Schneider.*

te, ist insbes. anschließend ein Beweisbeschluss ergangen, so spricht das für einen Verhandlungstermin in der Hauptsache.

51 **b) Gebührenhöhe.** Gem. VV Vorb. 3.3.6 RVG iVm VV 3104 RVG entsteht zB in 1. Instanz eine 1,2 Gebühr. Die Terminsgebühr ist also höher als die Verfahrensgebühr. Bis zum 2. KostRMoG erhöhte sie sich in der Rechtsmittelinstanz nicht. VV Vorb. 3.3.6 RVG nahm nur Bezug auf den Abschn. 1, also auf VV 3104 ff. RVG. Das hat sich mit dem 2. KostRMoG geändert, da sich nunmehr – ohne Einschränkung auf eine bestimmte Instanz – die Terminsgebühr nach den Vorschriften richtet, für das PKH beantragt wird.

52 **Bezugsverfahren mit niedrigerer Terminsgebühr.** Durch die Neuregelung in VV Vorb. 3.3.6 RVG, dass sich die Terminsgebühr nach den Vorschriften richtet, für das PKH beantragt wird, ist jetzt klargestellt, dass die Terminsgebühr nicht höher sein kann als die Terminsgebühr im Bezugsverfahren. Das war nach bisherigem Recht bei rein grammatikalischer Auslegung anders. In diesem Kommentar wurde aber auch schon bisher vertreten, dass dieses Ergebnis nicht zutreffen kann, weshalb in analoger Anwendung von § 15 Abs. 6 RVG eine Beschränkung vorzunehmen war.[47] Die Terminsgebühr beträgt daher zB im Bewilligungsverfahren für die Zwangsvollstreckung 0,3 (VV 3310 RVG) und für eine Beschwerde 0,5 (VV 3513 RVG).

2. Gebühren bei Einigung

53 **a) Von PKH-Antrag erfasste Ansprüche.** ***aa) Einigungsgebühr.*** Es entsteht ge m. Anm. zu VV 1003 RVG eine 1,0 Einigungsgebühr, in den höheren Instanzen gem. VV 1004 RVG eine 1,3 Einigungsgebühr, wenn im PKH-Bewilligungsverfahren ein Vergleich über den Anspruch abgeschlossen wird, für den die Bewilligung beantragt worden ist.

54 ***bb) Verfahrensgebühr.*** VV 3337 Nr. 2 RVG greift hier nicht ein, da der RA einen umfassenden Verfahrensauftrag hat und die volle Gebühr des VV 3335 RVG in aller Regel bereits durch Anträge oder Sachvortrag bzw. durch Terminswahrnehmung verdient hat. Es gilt dasselbe wie zum gleichlautenden § 32 Abs. 2 BRAGO, der nach allgM für rechtshängige Ansprüche nicht anzuwenden war.[48]

55 **b) Von PKH-Antrag nicht erfasste, nirgendwo anhängige Ansprüche.** ***aa) Einigungsgebühr.*** Der RA verdient eine 1,5 Einigungsgebühr gem. VV 1000 RVG und zwar auch dann, wenn die PKH Bewilligung für den Vergleichsabschluss auch diese Ansprüche mit erfasst (→ RVG VV 1003 Rn. 46).

56 ***bb) Verfahrensdifferenzgebühr.*** VV 3337 Nr. 2 RVG gilt für im Bewilligungsverfahren nicht rechtshängige Ansprüche, auch wenn VV 3337 Nr. 2 RVG – anders als VV 3101 Nr. 2 RVG – dies nicht ausdrücklich sagt. Wird also die Protokollierung einer Einigung über solche Ansprüche beantragt, fällt eine höchstens 0,5 Verfahrensgebühr gem. VV 3337 Nr. 2 RVG an.

57 **Verhandlung.** In VV 3337 Nr. 2 RVG ist nicht der in VV 3101 Nr. 2 RVG auch aufgeführte Fall genannt, dass lediglich Verhandlungen vor Gericht zur Einigung über solche Ansprüche geführt werden. Trotzdem ist in diesem Fall auch VV 3337 Nr. 2 RVG anzuwenden. Ein RA verdient für jede Tätigkeit eine Gebühr. Es ist unklar, warum in VV 3337 Nr. 2 RVG nicht die gleichen Fälle wie in VV 3101 Nr. 2 RVG aufgeführt sind. Da aber die Formulierung des § 32 Abs. 2 BRAGO wortwörtlich übernommen wurde und zu diesem allgM war, dass auch das Verhandeln ohne Protokollierungsantrag von ihm erfasst wird,[49] ist das Gleiche auch für VV 3337 Nr. 2 RVG anzunehmen.

58 **Bloße Entgegennahme der Informationen.** Der RA verdient auch eine höchstens 0,5 Verfahrensgebühr gem. VV 3337 Nr. 2 RVG, wenn es weder zu einer Verhandlung noch zu einem Protokollierungsantrag kommt, der RA aber den Auftrag hatte, im Bewilligungsverfahren nicht rechtshängige Ansprüche in eine Einigung mit einzubeziehen und er insoweit Informationen entgegengenommen hat. Zur BRAGO war anerkannt, dass hier eine $^{5}/_{10}$ Prozessgebühr anfällt, wobei teilweise § 32 Abs. 1 BRAGO und teilweise § 32 Abs. 2 BRAGO herangezogen wurde (→ RVG VV 3101 Rn. 105 ff.), ohne dass sich iErg dadurch etwas geändert hätte. Dasselbe hat für VV 3337 RVG zu gelten, wobei auch wieder dahingestellt bleiben kann, ob Nr. 1 und Nr. 2 gegeben ist.

---

[47] Gerold/Schmidt/*Müller-Rabe,* 20. Aufl. 2012, RVG VV 3335 Rn. 47; *N. Schneider* NJW 2007, 325 (331) Lit. i.

[48] KG MDR 1988, 787; OLG Koblenz JurBüro 1999, 634 = RPfleger 1999, 567; **aA** BGH NJW 1969, 932 = JurBüro 1969, 413.

[49] BGHZ 48, 333 (338).

Schriftlicher Vergleich. VV 3337 Nr. 2 RVG ist auch anzuwenden, wenn im Bewilligungsverfahren ein schriftlicher Vergleich gem. § 278 Abs. 6 ZPO geschlossen wird. 59

IX. Angelegenheit

1. Innerhalb des Antragsverfahrens (§ 16 Nr. 3 RVG)

Derselbe Rechtszug. In derselben Instanz kann es verschiedene Prozesskostenhilfeverfahren geben, nämlich solche zur Bewilligung, Änderung oder Aufhebung bzgl. der Bewilligung, der angeordneten Zahlungen oder der Beiordnung eines Anwalts. Ebenso ist auch die Wiederholung eines zunächst abgelehnten Antrags mit anderer Begründung möglich. Schließlich kann auch der Gegner seinerseits ein neues Prozesskostenhilfeverfahren einleiten. Gem. § 16 Nr. 3 RVG gehören diese mehreren Verfahren über die Prozesskostenhilfe in demselben Rechtszug zur selben Angelegenheit.[50] 60

Bei mehreren Verfahren über denselben Gegenstand findet keine Addition der Gegenstandswerte statt. Anders ist es, wenn das weitere Verfahren sich auf einen Gegenstand bezieht, für den bisher noch kein Antragsverfahren anhängig war. zB der Bewilligungsantrag des Gegners bezieht sich auf eine beabsichtigte Widerklage. 61

Mehrere Verfahren. Wird aber PKH für zwei Verfahren beantragt, die jedes für sich eine selbständige Angelegenheit sind, so sind auch zwei Antragsverfahren gegeben, die zweimal die Gebühr gem. VV 3335 RVG auslösen, zB der RA beantragt PKH für die Hauptsache und das Eilverfahren. 62

Neuer Rechtszug. Findet in einem neuem Rechtszug erneut ein PKH-Bewilligungsverfahren statt, so entstehen die Gebühren erneut (§ 16 Nr. 3 RVG „in demselben Rechtszug"). 63

2. Verhältnis zur Hauptsache (§ 16 Nr. 2 RVG)

a) Verfahrensbevollmächtigter. Ist der RA sowohl im PKH-Verfahren als auch im Hauptsacheverfahren tätig geworden, so fallen die Gebühren gem. VV 3100 ff. RVG und gem. VV 3335, Vorb. 3.3.6 RVG iVm VV 3104 RVG an. Allerdings kann der RA sie nicht nebeneinander fordern, da es sich gem. § 16 Nr. 2 RVG um eine Angelegenheit handelt, sodass gem. § 15 Abs. 2 RVG (pro Instanz Gebühren nur einmal) der RA die Verfahrens- und Terminsgebühr für das PKH- und das Hauptsacheverfahren in jeder Instanz nur einmal verlangen kann.[51] Das gilt unabhängig davon, ob er gleichzeitig oder nacheinander in beiden Funktionen tätig wird.[52] Dazu, dass der RA, soweit er beigeordnet wird, nur einen Anspruch gegen die Staatskasse hat, → Rn. 32. 64

Beispiel:

Der RA, der den Antrag auf Bewilligung von PKH gefertigt hat, wird nach Bewilligung Prozessbevollmächtigter und erwirbt als solcher die Verfahrensgebühr des VV 3100 RVG. Die Gebühr des VV 3335 RVG geht nunmehr in der des VV 3100 RVG auf.

Durch die Verfahrensgebühr wird auch abgegolten, wenn der Verfahrensbevollmächtigte, auch der bereits im Wege der PKH beigeordnete, in einem Verfahren über die Änderung oder Aufhebung der Bewilligung der PKH oder die Anordnung von Zahlungen tätig wird (§ 16 Nr. 2 RVG). Abgegolten wird auch die Vertretungstätigkeit für den Mandanten zu einem in derselben Angelegenheit vom Gegner gestellten PKH-Antrag. 65

Gleichartige Gebühren. Die Abgeltung gilt aber nur hinsichtlich gleichartiger Gebühren. Ist eine Terminsgebühr im PKH-Bewilligungsverfahren, nicht aber im Hauptsacheverfahren angefallen, so fällt eine 1,2 Terminsgebühr aus der Wahlanwaltsgebührentabelle an. Diese ist nicht auf die Verfahrensgebühr des Hauptsacheverfahrens anzurechnen.[53] 66

Unterschiedliche Rechtszüge. Wird der RA im Verfahren über die PKH in einem Rechtszug tätig, in dem er nicht Verfahrensbevollmächtigter ist, so handelt es sich um mehrere Angelegenheiten. Hat zB der Verfahrensbevollmächtigte der ersten Instanz für die zweite Instanz nur einen Auftrag für das PKH-Verfahren, so verdient er die Gebühr des VV 3335 RVG. 67

b) Verkehrs- oder Terminsanwalt. Die vorausgehenden Darlegungen gelten auch, wenn der RA in derselben Angelegenheit sowohl als Vertreter im PKH-Verfahren als auch als Verkehrsanwalt oder als Terminsvertreter tätig geworden ist (→ Rn. 41, 42).[54] 68

---

[50] Mayer/KroißMayer/Kroiß/*Rohn* RVG § 16 Rn. 10.
[51] OLG Karlsruhe Rpfleger 1999, 212.
[52] OLG Frankfurt a. M. FamRZ 2017, 992; OLG Nürnberg Rpfleger 1963, 138 (Ls.).
[53] *Enders* JurBüro 1997, 449 (452).
[54] Gerold/Schmidt/*von Eicken,* 15. Aufl. 2002, BRAGO § 51 Rn. 4.

X. Teil-PKH

1. Grundsätze

69 Bei nur teilweiser Bewilligung der PKH umfasst auch die Beiordnung nur diesen Teil. Der RA erhält eine Vergütung aus der Staatskasse nur nach dem Wert des Teils, für den er beigeordnet wurde, auch wenn die Partei ihn mit der weitergehenden Klageerhebung beauftragt. Dabei ist nicht quotenmäßig vorzugehen. Der Vergütungsanspruch gegen die Staatskasse ist so zu berechnen, als ob nur der von der Bewilligung umfasste Betrag geltend gemacht worden wäre (Differenzmethode).[55]

70 Vom Mandanten kann der RA die Differenz verlangen, die sich nach Abzug der Wahlanwaltsgebühr aus dem Teil, für den PKH gewährt wurde, von der Wahlanwaltsgebühr aus dem Gesamtwert ergibt.[56] Der Rest des ursprünglichen Anspruchs gegen den Mandanten geht nach § 16 Nr. 2 RVG in dem Anspruch gegen die Staatskasse auf.

2. Volle Klage trotz teilweiser PKH-Ablehnung

71 Die von der Staatskasse zu zahlende Vergütung des Prozessbevollmächtigten errechneten sich aus dem Wert, für den PKH gewährt wurde,[57] und nicht aus dem Anteil, der auf die Gesamtvergütung des Prozessbevollmächtigten entfällt.

Beispiel:

Für eine beabsichtigte Klage über 10.000,– EUR wird die PKH nur iHv 8.000,– EUR bewilligt und der RA nur für diese Höhe beigeordnet. Es werden dennoch 10.000,– EUR eingeklagt. Eine Terminsgebühr ist im Hauptsacheverfahren angefallen. Die Parteien einigen sich auf einen Betrag von 5.000,– EUR.

Ansprüche des RA gegen die Staatskasse	
1,3 Verfahrensgebühr gem. VV 3100 RVG aus 8.000,– EUR aus PKH-Anwaltstabelle	412,10 EUR
1,2 Terminsgebühr gem. VV 3104 RVG aus 8.000,– EUR aus PKH-Anwaltstabelle	380,40 EUR
1,0 Einigungsgebühr gem. VV 1003 RVG aus 8.000,– EUR aus PKH-Anwaltstabelle	317,00 EUR
Pauschale	20,00 EUR
Insgesamt gegen Staatskasse	**1.129,50 EUR**
Ansprüche des RA gegen Mandant	
1,3 Verfahrensgebühr gem. VV 3100 RVG aus 10.000,– EUR aus Wahlanwaltstabelle	798,20 EUR
1,2 Terminsgebühr gem. VV 3104 RVG aus 10.000,– EUR aus Wahlanwaltstabelle	736,80 EUR
1,0 Einigungsgebühr gem. VV 1003 RVG aus 10.000,– EUR aus Wahlanwaltstabelle	614,00 EUR
– Davon abzuziehen	
1,3 Verfahrensgebühr gem. VV 3100 RVG aus 8.000,– EUR aus Wahlanwaltstabelle	– 652,60 EUR
1,2 Terminsgebühr gem. VV 3104 RVG aus 8.000,– EUR aus Wahlanwaltstabelle	– 602,40 EUR
1,0 Einigungsgebühr gem. VV 1003 RVG aus 8.000,– EUR aus Wahlanwaltstabelle	– 502,00 EUR
Also insgesamt gegen Mandanten	**392,00 EUR**

Für den weitergehenden Auftrag erlangt der RA einen Vergütungsanspruch nur gegen die Partei, sofern er diese darüber belehrt hat, dass seine über die Beiordnung hinausgehende Tätigkeit von ihr zu vergüten ist.

Vorzeitige Erledigung der Hauptsache. Erledigt sich der Gesamtanspruch vor der Verhandlung und wird dann streitig über die Gesamtkosten verhandelt, so kann der für den Teilanspruch beigeordnete RA die Verfahrensgebühr nach dem Wert des Teilanspruchs und die Terminsgebühr nur nach dem Wert derjenigen Kosten beanspruchen, die entstanden wären, wenn der Rechtsstreit nur wegen des Teilanspruchs geführt worden wäre. Zur Terminsgebühr nach Erledigung → Anh. VI Rn. 575 ff.

3. Teilklage nach teilweiser PKH-Ablehnung

72 **Beispiel:**

PKH-Antrag wegen 10.000,– EUR, dem nur iHv 8.000,– EUR stattgegeben wird. Klage und mündliche Verhandlung im Hauptsacheverfahren deshalb nur wegen 8.000,– EUR.

Der RA kann verlangen

von der Staatskasse	
1,3 Verfahrensgebühr gem. VV 3100 RVG aus 8.000,– EUR aus PKH-Tabelle	412,10 EUR
1,2 Terminsgebühr gem. VV 3104 RVG aus 8.000,– EUR aus PKH-Tabelle	380,40 EUR
Pauschale gem. VV 7002 RVG	20,00 EUR

[55] BGH NJW 1954, 1406; OLG Düsseldorf JurBüro 2005, 321; MDR 2001, 57; OLG Koblenz JurBüro 1990, 73 = FamRZ 1990, 82; VG München AGS 2015, 293; aA, ohne Erwähnung der abweichenden hM OVG Berlin-Brandenburg RVGreport 2016, 378 mablAnm *Hansens.*

[56] OLG Celle AGS 2011, 495 mzustAnm *N. Schneider;* HBS VergütungsR/*Hansens* Teil 4 Rn. 124.

[57] BGH NJW 1954, 1406; OVG Bremen NVwZ-RR 2005, 862; Hess. VGH AGS 2019, 530 = NVwZ-RR 2020, 271; **aA** OVG Berlin-Brandenburg NVwZ-RR 2017, 73; OVG Bremen JurBüro 1989, 1689

von dem Mandanten

+ 1,0 Gebühr gem. VV 3335 RVG aus 10.000,– EUR aus Wahlanwaltstabelle	614,00 EUR
– 1,0 Gebühr gem. VV 3335 RVG aus 8.000,– EUR aus Wahlanwaltstabelle	– 502,00 EUR
Differenz	112,00 EUR[58]

§ 122 Abs. 1 Nr. 3 ZPO steht dem nicht entgegen. Die Gebühr für den erfolglos gebliebenen Teil des PKH-Antrags wird von der PKH-Bewilligung nicht erfasst und gehört deshalb nicht zu der Vergütung, die der beigeordnete RA nicht gegen den bedürftigen Auftraggeber geltend machen darf. **73**

XI. Rechtsmittel

1. Rechtsmittelverfahren in der Hauptsache

Zur Gebührenhöhe → Rn. 45, 51 ff. Auch in der Rechtsmittelinstanz kann höchstens eine Verfahrensgebühr iHv 1,0 (oder 500,00 EUR) entstehen. Bei der Einigungsgebühr ist VV 1004 RVG zu beachten. **74**

2. Beschwerde im Antragsverfahren

Besondere Angelegenheit. Die Beschwerde im Antragsverfahren, etwa dagegen, dass PKH nicht gewährt wurde, ist stets eine besondere Angelegenheit.[59] Weder Nr. 2 noch Nr. 3 von § 16 RVG stehen entgegen. Bei ihr fallen Gebühren gem. VV 3500 ff., 3513 RVG an. Diese Gebühren erwachsen auch dem Verfahrensbevollmächtigten oder dem Verkehrsanwalt neben seinen im Hauptprozess verdienten Gebühren, wenn er im Beschwerdeverfahren tätig wird. **75**

Mehrere Beschwerden. Werden mehrere Beschwerden eingelegt, so entstehen auch mehrere Beschwerdegebühren, zB zuerst Beschwerde gegen Ablehnung der PKH, später Beschwerde dagegen, dass die auf die erste Beschwerde hin gewährte PKH wieder aufgehoben wurde. **76**

Einigungsgebühr. Einigen sich die Parteien im Beschwerdeverfahren, so verdient der RA eine 1,0 Einigungsgebühr gem. VV 1003 RVG, nicht VV 1004 RVG, da keine Berufung oder Revision gegeben ist, und eine 0,5 Verfahrensgebühr gem. VV 3500 f. RVG sowie uU eine 0,5 Terminsgebühr (VV 3513 RVG). **77**

XII. Verfahrenswert

→ Anh. VI Rn. 410 ff. **78**

XIII. Kostenerstattung

1. Erstattungsanspruch im Antragsverfahren

Grundsatz: Keine Kostenerstattung. Zwischen den Parteien gibt es im PKH-Antragsverfahren keine Kostenentscheidungen[60] und keine Kostenerstattungsansprüche,[61] auch nicht hinsichtlich Auslagen.[62] Die Parteien sind im PKH-Antragsverfahren nicht Gegner iSv § 91 Abs. 1 ZPO. **79**

Vergleichsweise können allerdings auch die Kosten des Bewilligungsverfahrens übernommen werden. Dass die Parteien eine solche Übernahme gewollt haben, muss sich aber aus der Kostenvereinbarung des Vergleichs eindeutig ergeben. Die Klausel, dass die bedürftige Partei die Kosten des Rechtsstreits ganz oder teilweise übernimmt, reicht dazu aus.[63] Nicht genügt jedoch nach OLG Frankfurt a. M. eine Vereinbarung, dass die Entscheidung über die Kosten dem Gericht unter Ausschluss von § 98 ZPO vorbehalten bleiben soll.[64] **80**

Falsche Kostenentscheidung im Bewilligungsbeschluss. Ergeht im Bewilligungsverfahren eine Kostenentscheidung, so ist dies falsch (→ Rn. 79). Für die Frage, welche Folgen eine derartige Kostenentscheidung hat, gelten die gleichen Grundsätze wie zu § 127 Abs. 4 ZPO (→ Rn. 90) entsprechend. **81**

---

[58] OLG Celle AGS 2011, 495 = FamRZ 2011, 666 (L); Bischof/Jungbauer/*Klüsener* RVG VV 3335 RVG Rn. 22; Mayer/Kroiß/*Gierl* RVG VV 3335 RVG Rn. 17; Hartung/Schons/Enders/*Hartung* RVG VV 3335 Rn. 21.

[59] Mayer/Kroiß/*Rohn* RVG § 16 Rn. 11.

[60] OLG Brandenburg FamRZ 2009, 1338; *E. Schneider* JurBüro 1969, 1135 (1143).

[61] Zöller/*Geimer,* 32. Aufl., ZPO § 118 Rn. 31.

[62] OLG Celle JurBüro 1959, 379.

[63] KG JurBüro 2008, 29.

[64] OLG Frankfurt a. M. NJW-RR 2005, 943 = FamRZ 2006, 213.

2. Vorbereitungskosten des Hauptsacheverfahrens

82 Eine andere Frage ist, ob aufgrund der Kostenentscheidung im Hauptsacheverfahren Kosten des PKH-Antragsverfahrens – soweit sie nicht in den im Rechtsstreit entstandenen Gebühren der VV 3100 ff. RVG aufgegangen sind (→ Rn. 64 ff.) – als Prozessvorbereitungskosten erstattungsfähig sind. Diese Frage ist zB dann relevant, wenn der RA im Hauptsacheverfahren keinen Antrag mehr stellt und deshalb dort nur eine 0,8 Gebühr gem. VV 3101 RVG verdient, im PKH-Bewilligungsverfahren aber eine 1,0 Gebühr verdient hat oder wenn nur im Bewilligungsverfahren eine Terminsgebühr angefallen ist.

83 **Antragsgegner.** Für den Antragsgegner ist ein Erstattungsanspruch durch § 118 Abs. 1 S. 4 ZPO ausdrücklich ausgeschlossen. Für ihn ist allgemein anerkannt, dass er auch auf Grund der Kostenentscheidung im Hauptsacheverfahren keinen Erstattungsanspruch für seine Kosten im Bewilligungsverfahren hat.[65]

84 **Antragsteller.** Die sehr umstrittene Frage,[66] ob dem Antragsteller ein Erstattungsanspruch zustehen kann, ist zu bejahen. Hierfür spricht zunächst einmal, dass § 118 Abs. 1 S. 4 ZPO nur für den Antragsgegner einen Erstattungsanspruch ausschließt. Es gibt auch einen guten Grund für eine unterschiedliche Behandlung. Der Antragsgegner muss sich am PKH-Bewilligungsverfahren nicht beteiligen; es handelt sich also für ihn nicht um notwendige Kosten. Deshalb ist auch das Argument der Gegenmeinung, beide Parteien müssten gleich behandelt werden, unzutreffend.[67]

85 **Falsche Kostenentscheidung gem. § 269 Abs. 3 ZPO.** Aus ihr kann kein Erstattungsanspruch hergeleitet werden, hinsichtlich der Gebühren gem. VV 3100 f. RVG → Anh. X Rn. 45 ff. hinsichtlich der Gebühren gem. VV 3335 RVG steht § 118 Abs. 1 S. 4 ZPO entgegen.

86 **Erstattungsanspruch für Antrag gem. § 269 Abs. 4 ZPO.** Auch für diesen Antrag gibt es keinen Erstattungsanspruch, da er mangels zu erstattender Kosten sinnlos ist und es für durch sinnlose Tätigkeiten entstandene Kosten keinen Erstattungsanspruch gibt.[68]

3. Verzugsschaden

87 Ein Erstattungsanspruch kann allerdings aufgrund materiell-rechtlicher Ansprüche, etwa wegen Verzugs, gegeben sein.[69] Dieser muss dann aber im Klagewege verfolgt werden.

88 **Anrechnung der Geschäftsgebühr.** Es kann sein, dass der PKH-Antragsteller keinen materiell-rechtlichen Erstattungsanspruch hinsichtlich der Geschäftsgebühr, wohl aber hinsichtlich der Verfahrensgebühr gem. VV 3335 RVG hat. Das ist zB der Fall, wenn der RA wegen Unterhalts erstmals ein Verzug begründendes Schreiben an den Schuldner richtet und danach einen PKH-Antrag stellt, in dessen Folge der Schuldner die geforderte Leistung erbringt. Zu einem gerichtlichen Verfahren kommt es deshalb nicht mehr. Der Erstattungsanspruch hinsichtlich der Verfahrensgebühr reduziert sich nicht durch eine Anrechnung der Geschäftsgebühr gem. VV Vorb. 3 Abs. 4 RVG.[70] Es gilt hier das gleiche wie bei der parallel zu behandelnden Frage, ob eine Anrechnung der Geschäftsgebühr den prozessualen Kostenerstattungsanspruch gem. § 104 ZPO herabsetzt (→ § 15a Rn. 22 ff.). Die Anrechnungsbestimmung betrifft das Innenverhältnis zwischen dem Auftraggeber und dem RA und kommt nicht einem Dritten zugute. Wer mit dem BGH zu § 104 ZPO das Gegenteil vertritt, wird auch beim materiell-rechtlichen Erstattungsanspruch eine Anrechnung bejahen müssen.

4. PKH-Beschwerdeverfahren

89 Die dem Hilfsbedürftigen im PKH-Beschwerdeverfahren entstandenen Kosten sind nach – dem nicht verfassungswidrigen[71] – § 127 Abs. 4 ZPO nicht erstattungsfähig, und zwar nach

[65] Zöller/*Geimer,* 32. Aufl., ZPO § 118 Rn. 32.

[66] *Enders* JurBüro 1997, 449 (453); **verneinend** OLG Brandenburg FamRZ 2009, 1338; Zöller/*Geimer,* 32. Aufl., ZPO § 118 Rn. 32.

[67] *Enders* JurBüro 1997, 449 (453).

[68] OLG Bamberg JurBüro 1986, 62; OLG Koblenz MDR 1996, 211; OLG München MDR 1999, 568 = OLGR 1999, 98; OLG Schleswig JurBüro 1996, 540 (541); BGHZ 15, 394 f. (399), Verlustigerklärungsantrag hat im Regelfall keine streitwerterhöhende Wirkung; **aA** OLG Bamberg JurBüro 1989, 1262; KG MDR 1990, 935 = JurBüro 1990, 1276, Erstattungsanspruch für eine Gebühr gem. VV 3100 RVG aus dem Kostenwert.

[69] OLG Karlsruhe AnwBl 1982, 491; OLG Schleswig SchlHA 1978, 170.

[70] **AA** OLG Oldenburg AGS 2008, 49 = RVGreport 2007, 472 mablAnm *Hansens,* der zu Recht darauf hinweist, dass jedenfalls die Begr. des Gerichts das Ergebnis nicht trägt.

[71] OLG Hamburg MDR 2002, 910; OLG Koblenz NJW-RR 1995, 768; verfassungsrechtliche Bedenken hat *von Eicken* AGS 1995, 124 für den Fall vorgebracht, dass der Antragsteller bereits in erster Instanz alles für die PKH-Bewilligung erforderliche vorgetragen hatte.

dem Wortlaut und Sinn dieser Vorschrift auch nicht als Vorbereitungskosten für den Prozess.[72] Grund für ihre Einführung war nämlich nicht etwa die Entlastung der Staatskasse, sondern das auch in anderen Vorschriften zum Ausdruck kommende Prinzip, dass Kostenverfahren, die ohnehin nur Annex des Hauptverfahrens sind, nicht neue Kostenverfahren erzeugen sollen. Das aber wäre der Fall, wenn die dem Bedürftigen im PKH-Beschwerdeverfahren erwachsenen Kosten festsetzbar wären, denn sie wären auch als Vorbereitungskosten auf ihre Notwendigkeit hin zu prüfen. Diese läge von vornherein nicht vor, soweit über die Beschwerde zum Nachteil des Bedürftigen entschieden worden ist. Sie kann aber auch dann, wenn das Beschwerdeverfahren für ihn erfolgreich war, nicht ohne weiteres bejaht werden, weil in vielen Fällen der Erfolg darauf beruht, dass der Bedürftige das erforderliche Vorbringen zur Bejahung der hinreichenden Erfolgsaussicht oder zu seinen wirtschaftlichen und persönlichen Verhältnissen erst im Beschwerdeverfahren beigebracht hat, obwohl er es schon im erstinstanzlichen Bewilligungsverfahren hätte beibringen können und müssen. Dahingehende Prüfungen hat der Gesetzgeber kurzerhand abschneiden wollen.[73] § 127 Abs. 4 ZPO gilt für und gegen den Hilfsbedürftigen, den Prozessgegner[74] und die Staatskasse.[75]

Falsche Kostenentscheidung. Hat das Beschwerdegericht eine Kostenentscheidung getroffen, so geht die hM angesichts des eindeutigen § 127 Abs. 4 ZPO davon aus, dass dies routinemäßig und versehentlich geschehen ist und deshalb auch auf Grund dieser Kostenentscheidung keine Kostenerstattung zu erfolgen hat.[76] Andere halten die Kostenentscheidung für die Kostenerstattung für verbindlich,[77] wobei aber teilweise ein isoliertes Rechtsmittel gegen die Kostenentscheidung bejaht wird.[78] **90**

XIV. Vergütungsfestsetzung gem. § 11 RVG

Die Gebühr gem. VV 3335 RVG kann gem. § 11 RVG festgesetzt werden.[79] Wird gegenüber der Gebühr gem. VV 3100 RVG geltend gemacht, dass nur ein bedingter Prozessauftrag bestanden habe, ist dies eine nichtgebührenrechtliche Einwendung, die einer Vergütungsfestsetzung entgegensteht. **91**

XV. PKH im PKH-Antragsverfahren

Für das PKH-Bewilligungsverfahren gibt es grds. keine PKH.[80] Allerdings gibt es zu diesem Grundsatz Ausnahmen (→ Rn. 34 ff.).[81] **92**

Nr.	Gebührentatbestand	Gebühr oder Satz der Gebühr nach § 13 RVG
3337	Vorzeitige Beendigung des Auftrags im Fall der Nummern 3324 bis 3327, 3334 und 3335: Die Gebühren 3324 bis 3327, 3334 und 3335 betragen höchstens .... Eine vorzeitige Beendigung liegt vor, 1. wenn der Auftrag endigt, bevor der Rechtsanwalt den das Verfahren einleitenden Antrag oder einen Schriftsatz, der Sachanträge, Sachvortrag oder die Zurücknahme des Antrags enthält, eingereicht oder bevor er einen gerichtlichen Termin wahrgenommen hat, oder 2. soweit lediglich beantragt ist, eine Einigung der Parteien oder der Beteiligten zu Protokoll zu nehmen oder soweit lediglich Verhandlungen vor Gericht zur Einigung geführt werden.	0,5

[72] Ganz hM OLG Hamburg MDR 2002, 910; KG Rpfleger 1995, 508; OLG Koblenz NJW-RR 1995, 768; OLG München NJW-RR 2001, 1437 mwN.

[73] Soweit ältere Entscheidungen entgegengesetzte Standpunkte vertreten haben zB OLG München MDR 1982, 414, sind diese durch den seit 1.4.1991 in Kraft getretenen § 127 Abs. 4 ZPO überholt.

[74] OLG Hamburg MDR 2002, 910; so auch schon für die Zeit vor § 127 Abs. 4 ZPO über § 118 Abs. 1 S. 4 ZPO: OLG Karlsruhe AnwBl 1984, 456; OLG Zweibrücken JurBüro 1983, 459.

[75] Zöller/*Schultzky* ZPO § 127 Rn. 64.

[76] OLG München JurBüro 1993, 160 mwN; LG Berlin JurBüro 1988, 647 = Rpfleger 1988, 204.

[77] Stein/Jonas/*Bork* ZPO § 118 Rn. 39.

[78] *E. Schneider* MDR 1987, 723 (725) Ziff. II.

[79] OLG Koblenz NJW-RR 2003, 575 = AnwBl 2003, 180 = JurBüro 2002, 588.

[80] OLG Stuttgart FamRZ 2018, 702 = AGS 2017, 584.

[81] BGH AnwBl 2003, 375, PKH ist wegen des beim BGH herrschenden Anwaltszwangs auch bei einer Rechtsbeschwerde gegen die Ablehnung der Bewilligung zu gewähren; OLG Bamberg FamRZ 2005, 2001, wenn im Antragsverfahren bereits schwierige Rechts- oder Tatfragen abschließend geklärt werden sollen.

1 Es wird Bezug genommen auf die Kommentierung in → RVG VV 3335 Rn. 47, die für die anderen von VV 3337 RVG betroffenen Verfahren entsprechend gilt.

Nr.	Gebührentatbestand	Gebühr oder Satz der Gebühr nach § 13 RVG
3338	Verfahrensgebühr für die Tätigkeit als Vertreter des Anmelders eines Anspruchs zum Musterverfahren (§ 10 Abs. 2 KapMuG)	0,8

1 **Anmelder.** VV 3338 RVG[1] gilt nur für den Anmelder iSv § 10 Abs. 2 KapMuG und nicht für den Beteiligten des Verfahrens iSv § 9 Abs. 1 KapMuG (Musterkläger, Musterbeklagter, Beigeladener).

2 **Verfahrensgebühr.** Für den Anmelder fallen eine 0,8 Verfahrensgebühr, hingegen für die Beteiligten (→ Rn. 1) die Gebühren gem. VV 3100 ff. RVG an.

3 **Einigungsgebühr.** Im Falle einer Einigung entsteht eine 1,0 Einigungsgebühr. Gem. VV 1003 Anm. Abs. 1 S. 2 RVG steht die Anmeldung eines Anspruchs zum Musterverfahren einem anhängigen gerichtlichen Verfahren gleich.

4 **Angelegenheit.** Wird der RA nachfolgend im Klageverfahren tätig, so handelt es sich um eine Angelegenheit (§ 16 Nr. 13 RVG). Es fällt nicht eine neue Verfahrensgebühr an. Die Verfahrensgebühr erhöht sich von 0,8 auf 1,3.

5 **Gegenstandswert.** Er ergibt sich aus dem Wert des geltend gemachten Anspruchs (§ 23 Abs. 1 S. 1, § 51a Abs. 1 GKG).

Nr.	Gebührentatbestand	Gebühr oder Satz der Gebühr nach § 13 RVG

Abschnitt 4. Einzeltätigkeiten

Vorbemerkung 3.4:

Für in diesem Abschnitt genannte Tätigkeiten entsteht eine Terminsgebühr nur, wenn dies ausdrücklich bestimmt ist.

1 Die Terminsgebühr ist bei den jeweiligen Einzeltätigkeiten in VV 3400 f. RVG kommentiert (→ RVG VV 3400 Rn. 1 ff.).

2 Der **bisherige Abs. 2** wurde mit dem 2. KostRMoG gestrichen. → RVG VV 3400 Rn. 52.

Nr.	Gebührentatbestand	Gebühr oder Satz der Gebühr nach § 13 RVG
3400	Der Auftrag beschränkt sich auf die Führung des Verkehrs der Partei oder des Beteiligten mit dem Verfahrensbevollmächtigten: Verfahrensgebühr Die gleiche Gebühr entsteht auch, wenn im Einverständnis mit dem Auftraggeber mit der Übersendung der Akten an den Rechtsanwalt des höheren Rechtszugs gutachterliche Äußerungen verbunden sind.	in Höhe der dem Verfahrensbevollmächtigten zustehenden Verfahrensgebühr, höchstens 1,0, bei Betragsrahmengebühren höchstens 500,00 €

Schrifttum: *Bischof,* Verkehrsanwalts- und Mahnanwaltsgebühren bei überörtlicher Sozietät, JurBüro 1998, 60; *Mümmler,* Erstattungsfähigkeit der Kosten des Verkehrsanwalts einer ausländischen Partei, JurBüro 1997, 519; *Kaiser,* Verzicht auf Verkehrsgebühr bei Gebührenteilung?, AnwBl 1997, 619.

[1] Eingeführt durch das G zur Reform des Kapitalanleger-Musterverfahrens v. 19.10.2012, in Kraft getreten am 1.11.2012, BGBl. 2012 I 2182.

Übersicht

A. Motive

Die Motive zum KostRMoG führen zu VV 3400 RVG aus: 1

„Die vorgeschlagene Regelung ist aus § 52 BRAGO übernommen. Die Höhe der Gebühr soll jedoch auf höchstens 1,0, bei Betragsrahmengebühren auf 260,00 Euro, begrenzt werden, weil sich der Wegfall der Beweisgebühr bei dem Verkehrsanwalt nicht auswirkt. Damit wird auch verhindert, dass sich die für das Revisionsverfahren vor dem BGH zusätzlich erhöhte Verfahrensgebühr auf die Höhe der Gebühr für den Verkehrsanwalt auswirkt. Dies entspricht der allgemeinen Auffassung zur geltenden Rechtslage (Gerold/Schmidt/*v. Eicken/Madert,* 15. Aufl. 2002, BRAGO § 52 Rn. 9)."[1]

B. Verkehrsanwalt

I. Allgemeines

VV 3400 RVG behandelt den Gebührenanspruch des sog. Verkehrsanwalts (Korrespondenzanwalts). Das ist der RA, der den Verkehr der Partei mit dem Verfahrensbevollmächtigten führt. Außerdem ist in der Anm. zu VV 3400 RVG die gutachterliche Äußerung in Verbindung mit der Übersendung von Handakten an den Verfahrensbevollmächtigten der höheren Instanz geregelt. 2

II. Geringere Bedeutung des Verkehrsanwalts

Der Verkehrsanwalt hat seit der Erweiterung der Postulationsfähigkeit erheblich an Bedeutung verloren hat. Diese Tendenz wird noch durch die Rspr. des BGH gestützt, wonach im Regelfall eine Partei einen Verfahrensbevollmächtigten, der in der Nähe der Partei ansässig ist, beauftragen darf, ohne erstattungsrechtliche Nachteile davon zu haben (→ RVG VV 7003 Rn. 114 ff.). Hinzu kommt, dass – anders als bei der BRAGO – im Rahmen des RVG die Beauftragung eines Verfahrensbevollmächtigten am Sitz der Partei und, falls dessen Reisekosten höher sein sollten, die Einschaltung eines Terminsvertreters ex ante betrachtet in aller Regel billiger ist als die Beauftragung eines Verfahrensbevollmächtigten am Gerichtssitz unter Mithilfe eines Verkehrsanwalts. Der Verkehrsanwalt führt zu Mehrkosten von einer 1,0 Verfahrensgebühr gem. VV 3400 RVG zzgl. 20,– EUR Pauschale, während beim Terminsvertreter die Mehrkosten nur eine 0,65 Verfahrensgebühr gem. VV 3401 RVG zzgl. 20,– EUR Pauschale betragen. Eine etwaige Einigungsgebühr bleibt unberücksichtigt, da ihre Entstehung ungewiss ist. Ex ante ist ein weiterer Vorteil des Terminsvertreters, dass er häufig letztlich nicht benötigt wird, weil das Verfahren ohne mündliche Verhandlung beendet wird. Dennoch wird der Verkehrsanwalt nicht aus dem Rechtsleben verschwinden (→ Rn. 93 ff.). 3

III. Anwendungsbereich

1. Verfahren des VV Teil 3 RVG

VV 3400 RVG gilt für alle in der Überschrift zu VV Teil 3 RVG genannte Verfahren, also für Zivilsachen, einschließlich Arbeitssachen, Familiensachen, Sachen der freiwilligen Gerichtsbarkeit, der öffentlich-rechtlichen Gerichtsbarkeiten, nach dem StVollzG, auch iVm § 72 JGG, und ähnlichen Verfahren (→ RVG VV Vorb. 3 Rn. 6 ff.), wie sich aus der Einordnung des VV 3400 RVG in den VV Teil 3 RVG ergibt. VV Teil 3 Abschn. 4 RVG. 4

2. Verweisungen auf VV Teil 3 RVG

VV 3400 RVG gilt auch für Verfahren, die auf VV Teil 3 RVG verweisen, also zB für 5
- Schiedsverfahren nach dem 10. Buch der ZPO (§ 36 Abs. 1 Nr. 1 RVG),
- Verfahren vor dem Schiedsgericht gem. § 104 ArbGG (§ 36 Abs. 1 Nr. 2 RVG),
- Verfahren vor den Verfassungsgerichten, soweit in § 37 Abs. 2 RVG aufgeführt,
- Vorabentscheidungen des EuGH (§ 38 Abs. 1 S. 1 RVG).

Zwar werden in § 36 RVG nur Abschn. 1, 2 von VV Teil 3 RVG und in §§ 37, 38 RVG nur Abschn. 2 von VV Teil 3 RVG für anwendbar erklärt. Demgegenüber hatte das alte Recht generell bestimmt, dass der Abschn. 3 der BRAGO anzuwenden ist (zB § 113 Abs. 2 S. 1 BRA- 6

[1] BT-Drs. 15/1971, 218.

GO für Verfassungsgerichte, § 67 Abs. 1 BRAGO für schiedsrichterliche Verfahren, § 113a Abs. 1 BRAGO für das Vorabentscheidungsverfahren beim EuGH), so dass ganz eindeutig war, dass auch § 52 BRAGO gilt. Hieran hat die Bezugnahme im RVG nur auf bestimmte Abschnitte des 3. Teils nichts geändert. Schon von der Sache her kommt keine andere Bestimmung in Betracht. Insbesondere ist auszuscheiden, dass der RA, der dem Verfahrensbevollmächtigten eines dieser Verfahren die Informationen übermittelt, nach den Gebühren der außergerichtlichen Tätigkeit vergütet wird, während der Verfahrensbevollmächtigte nach dem 3. Teil honoriert wird. Auch den Motiven ist nicht zu entnehmen, dass sich insoweit etwas ändern sollte. Wenn auf Abschn. 1 und/oder Abschn. 2 verwiesen wird, so geschah das, um zu bestimmen, dass sich die Gebührenhöhe des für das gesamte Verfahren bestellten Anwalts nach Abschn. 1 oder Abschn. 2 richtet.

3. Vorläufiger Rechtsschutz

7 Auch im Rahmen des vorläufigen Rechtsschutzes kann ein Verkehrsanwalt tätig sein.[2]

4. Beschwerde, Vollstreckung, PKH-Antragsverfahren

8 Zu VV 3400 RVG wird und zu § 52 BRAGO wurde die Ansicht vertreten, dass diese nicht auf das Beschwerde-, Zwangsvollstreckungs- oder PKH-Antragsverfahren anzuwenden seien, da die Gebührenvorschriften für das Beschwerdeverfahren für alle Anwälte ohne Rücksicht auf die Art und den Umfang des Auftrags einschlägig seien.[3] Das gilt jedenfalls für das RVG nicht. Zur Begründung → RVG VV 3401 Rn. 6.

9 **Verkehrsanwalt als Verfahrensbevollmächtigter.** Zu beachten ist aber, dass das nur gilt, wenn der RA auch wirklich nur Verkehrsanwalt ist. Führt der Verkehrsanwalt der ersten Instanz das Beschwerde- oder Vollstreckungsverfahren als Verfahrensbevollmächtigter durch, so erhält er natürlich unmittelbar die Gebühren gem. VV 3500 ff. RVG. Bei der Zwangsvollstreckung ist es iÜ unerheblich, ob er Verkehrsanwalt oder Verfahrensbevollmächtigter ist, da er in jedem Fall nur eine 0,3 Gebühr verdient.

5. Außergerichtliche Tätigkeit

10 VV 3400 RVG gilt nicht für die in VV Teil 2 RVG geregelten außergerichtlichen Tätigkeiten einschließlich der Vertretung im Verwaltungsverfahren oder in einem **Schlichtungsverfahren** gem. § 15a EGZPO. So genügt es nicht, wenn der RA im Rahmen der vorprozessualen Auseinandersetzung die Partei beraten oder mit ihr einen Schriftsatz des späteren Verfahrensbevollmächtigten besprochen hat. Dafür kann er nur eine Ratsgebühr nach § 34 RVG beanspruchen.

IV. Verkehrsanwalt

1. Vermittlung

11 Verkehrsanwalt ist der RA, der den Verkehr der Partei mit dem Verfahrensbevollmächtigten vermittelt. Er selbst ist weder Verfahrensbevollmächtigter noch Terminsvertreter noch Vertreter des Verfahrensbevollmächtigten. Er ist vielmehr selbständiger Bevollmächtigter der Partei neben dem Verfahrensbevollmächtigten, der als Bindeglied zwischen Partei und Verfahrensbevollmächtigtem fungiert.[4] Er berät den Auftraggeber, nimmt die Informationen von ihm entgegen, wobei er darauf dringt, dass der Mandant sich zu allen wesentlichen Punkten äußert, und gibt diese an den Verfahrensbevollmächtigten weiter.[5] Die Vermittlung muss gegenüber dem Verfahrensbevollmächtigten erfolgen sollen.[6] Vom Verkehrsanwalt ist der RA zu unterscheiden, der selbst Verfahrensbevollmächtigter bleibt und nur die Vertretung in der mündlichen Verhandlung einem anderen RA überträgt (VV 3401 RVG).

12 **Reine Stoffsammlung oder Beratung.** Eine Vermittlung stellt es nicht dar, wenn ein RA nur mit der Ermittlung, Sammlung und Prüfung des Verfahrensstoffs beauftragt ist, ohne dann mit dem Verfahrensbevollmächtigten in Verbindung treten zu sollen,[7] oder wenn der RA nur prüfen soll, ob überhaupt ein Prozess geführt werden soll.[8]

---

[2] Gerold/Schmidt/*von Eicken,* 15. Aufl. 2002, BRAGO § 52 Rn. 19.

[3] Zu RVG Schneider/Wolf/*N. Schneider* RVG VV 3400 ff. Vor Rn. 6; zu BRAGO Gerold/Schmidt/*von Eicken,* 15. Aufl. 2002, BRAGO § 53 Rn. 2.

[4] OLG Köln GRUR 1988, 724.

[5] Riedel/Sußbauer/*Keller* RVG VV Teil 3 Abschn. 4 Rn. 6 S. 643.

[6] OLG Frankfurt a. M. AnwBl 1980, 462 = JurBüro 1980, 1586 mAnm *Mümmler.*

[7] OLG Frankfurt a. M. MDR 1991, 257.

[8] *Hansens* BRAGO § 52 Rn. 2.

2. Vermittlung für den ganzen Rechtszug

13 Die Tätigkeit muss auf die Vermittlung für den ganzen Rechtszug gerichtet sein.[9] Eine Verkehrsgebühr fällt daher nicht an,

- wenn ein RA nur darum gebeten wird, die Aussichten eines Rechtsmittels zu beurteilen oder einen RA für die nächste Instanz zu empfehlen. Es kommt nur eine Beratungsgebühr gem. § 34 RVG bzw. gem. VV 2100 ff. RVG in Betracht,
- wenn der RA nur einen Verfahrensbevollmächtigten für den Rechtsstreit beauftragen soll. Hier kann eine Einzeltätigkeit iSv VV 3403 RVG vorliegen,
- wenn der Verfahrensbevollmächtigte oder Verkehrsanwalt einen RA zu Hilfe nimmt, um sich über ein Parallelverfahren informieren zu lassen oder sonst Informationen, die gerade dieser RA hat, zu erholen. Hier handelt es sich um eine Einzeltätigkeit iSv VV 3403 RVG,[10]
- wenn sich der Schriftverkehr mit dem Verfahrensbevollmächtigten nur auf die Höhe der von diesem geltend gemachten Gebühren oder die Übersendung des Gebührenvorschusses beziehen soll[11] oder wenn der RA lediglich den Anwaltsvorschuss an den Verfahrensbevollmächtigten übersenden soll. Dann liegt eine Einzeltätigkeit iSv VV 3403 RVG vor.

14 Zu der Frage, inwieweit die vorgenannten Tätigkeiten noch zum ersten Rechtszug gehören, wenn sie der Verfahrensbevollmächtigte der ersten Instanz vornimmt, → § 19 Rn. 78 ff.

3. Drei Beteiligte

15 **a) Grundsätze.** Bereits für die Entstehung der Verkehrsgebühr, nicht nur für ihre Erstattungsfähigkeit, ist Voraussetzung, dass der Informationsfluss über drei Stationen geht, in deren Mitte der Verkehrsanwalt stehen muss. Es muss sich also darum handeln, dass er von einem anderen, der Partei, die Information entgegennimmt und sie an einen Dritten, den Verfahrensbevollmächtigten weiterleitet. Dass es am Anfang noch keinen Verfahrensbevollmächtigten gibt, da der Verkehrsanwalt häufig diesen erst bestimmen soll, hindert aber nicht, dass bereits ein Verkehrsanwaltsverhältnis begründet sein kann.

16 **b) RA in eigener Sache.** Mangels eines Dreiecksverhältnisses kann der RA als Partei nicht sein eigener Verkehrsanwalt sein.[12] Das gilt auch für einen ausländischen RA.[13] Hieran ändert § 91 Abs. 2 S. 3 ZPO nichts. Diese Bestimmung besagt nur, dass ein RA, der sich selbst vertritt, Rechtsanwaltsgebühren verdienen kann. Weiter erforderlich ist aber, dass sämtliche Voraussetzungen eines bestimmten Gebührentatbestandes erfüllt sind, also bei der Verkehrsgebühr ua, dass drei beteiligt sind. Anders ist es, wenn der RA als **Mitglied einer Erbengemeinschaft** zwar auch sich selbst, aber zugleich die anderen Miterben vertritt; dann kann er die Information der Gesamthandsgemeinschaft dem Verfahrensbevollmächtigten vermitteln.

17 **c) RA als Partei kraft Amts.** Auch hier ist es mangels drei Beteiligter nicht möglich, dass der RA sein eigener Verkehrsanwalt ist. Das ist der Fall beim

- Insolvenzverwalter, früher Konkursverwalter,[14]
- Gesamtvollstreckungsverwalter,[15]
- Nachlassverwalter,
- Testamentsvollstrecker,[16]
- gesetzlichen Treuhänder.[17]

18 **d) Gesetzlicher Vertreter einer juristischen Person.** Ob der RA nicht Verkehrsanwalt sein kann, wenn er Vertretungsorgan (gesetzlicher Vertreter) einer juristischen Person ist, ist fraglich, weil er in diesem Fall nicht selbst Partei ist, sondern diese nur vertritt. Jedenfalls dann,

---

[9] BGH NJW 1991, 2084.

[10] OLG Frankfurt a. M. JurBüro 1998, 305.

[11] Riedel/Sußbauer/*Keller* VV Teil 3 Abschn. 4 Rn. 13 S. 645.

[12] BGH NJW 2008, 1087 = FamRZ 2008, 508; OLG Düsseldorf Rpfleger 1984, 37 = JurBüro 1984, 766, auch nicht Zeitaufwand für Information des Verfahrensbevollmächtigten; OLG Koblenz JurBüro 1988, 616 = MDR 1987, 852, erstattbar nur Auslagen; OLG München JurBüro 1994, 546; OLG Rostock JurBüro 2001, 194 = MDR 2001, 115.

[13] OLG München AnwBl 1987, 245 = JurBüro 1987, 863; Schneider/Wolf/*N. Schneider* RVG VV 3400 Rn. 23; *Hansens* BRAGO § 52 Rn. 3.

[14] Für Konkursverwalter, heute Insolvenzverwalter OLG Bamberg JurBüro 1980, 1415; OLG Frankfurt a. M. AnwBl 1988, 298; KG Rpfleger 1981, 411 = JurBüro 1981, 1832; OLG Köln JurBüro 1983, 930; OLG München JurBüro 1994, 546; OLG Stuttgart Rpfleger 1983, 501 = JurBüro 1983, 1835; **aA** OLG Karlsruhe KTS 78, 260.

[15] *Hansens* JurBüro 1998, 37.

[16] OLG München JurBüro 1994, 546; OLG Stuttgart AnwBl 1980, 359.

[17] *Hansens* JurBüro 1998, 37.

wenn er der einzige gesetzliche Vertreter ist, kann er nicht Verkehrsanwalt sein.[18] Es obliegt dann ausschließlich ihm selbst, Informationen namens der juristischen Person als Partei zu erteilen. Es fehlt an der Vermittlung der Information zwischen der Partei und dem Verfahrensbevollmächtigten. Auch in tatsächlicher Hinsicht dürfte es fraglich sein, ob der RA in Ausführung eines ihm (sich selbst) erteilten Verkehrsmandats tätig geworden ist und nicht vielmehr auf Grund seiner anstellungsvertraglichen oder satzungsmäßigen Verpflichtung, ob also der Partei überhaupt ausscheidbare Mehraufwendungen erwachsen sind.[19] Gibt es mehrere gesetzliche Vertreter und ist der RA die für die Informationsmitteilung zuständige Person, so verdient er ebenfalls keine Verkehrsgebühr. Er kommt seinen Pflichten als gesetzlicher Vertreter nach.[20] Das hat die Rspr. angenommen bei einem RA als Mitgeschäftsführer einer GmbH[21] bzw. als Vorstand eines eingetragenen Vereins.[22] Ist er aber für die Informationsmitteilung nicht zuständig, so kann er eine Verkehrsgebühr verdienen.[23]

19 **e) Gesetzlicher Vertreter einer natürlichen Person.** Ist der RA gesetzlicher Vertreter einer natürlichen Person (zB Vormund, Betreuer, Pfleger), so wird teilweise vertreten, dass eine Verkehrsgebühr nicht entstehen kann, da der gesetzliche Vertreter eigene Kenntnisse übermittle[24] bzw. da genauso wenig wie bei einer Partei kraft Amtes eine Dreierbeziehung bestehe.[25] Dem steht die Auffassung gegenüber, dass in den Fällen, in denen ein Nichtrechtsanwalt einen Verkehrsanwalt einschalten dürfte und Anspruch auf Ersatz der hierdurch entstandenen Kosten hätte, dem RA als gesetzlichem Vertreter ein Anspruch auf eine Verkehrsgebühr zusteht.[26]

20 **f) Liquidator.** Der Liquidator ist gesetzlicher Vertreter. Teilweise wird in der Rspr. der Anfall einer Verkehrsgebühr bejaht,[27] teilweise verneint.[28]

21 **g) Vergleichsverwalter.** Der Vergleichsverwalter ist im Regelfall nicht gesetzlicher Vertreter. Deshalb wird angenommen, dass der RA als Vergleichsverwalter Verkehrsanwalt sein kann.[29]

22 **h) Überörtliche Sozietät.** Ist der Verfahrensauftrag einer RA-Sozietät, auch einer überörtlichen oder internationalen, erteilt, so ist die Sozietät als solche beauftragt, alle für die Prozessführung nötigen Tätigkeiten auszuführen.[30] Die überörtliche Sozietät kann nach inzwischen ganz hM nicht gleichzeitig eine Verfahrens- und eine Verkehrsgebühr geltend machen.[31] Das gilt auch, wenn sie über die Grenzen von Deutschland hinausreicht.[32] Eine Aufspaltung des Auftrags in einzelne Funktionen (ein Sozietätsmitglied Verfahrensbevollmächtigter, ein anderes Verkehrsanwalt) ist gekünstelt und entspricht auch nicht den Interessen des Mandanten. Nimmt also ein Mitglied der Sozietät in OLG München die Information von dem Auftraggeber auf und übermittelt sie einem anderen Mitglied der Sozietät, das den Prozess bei dem Prozessgericht in Berlin als Verfahrensbevollmächtigter führt, so entsteht neben der Verfahrensgebühr gem. VV 3100 RVG keine Verkehrsgebühr. Der Auftraggeber hat unmittelbar ein Mitglied der Sozietät informiert, so dass keine Vermittlung des Verkehrs mit dem Verfahrensbevollmächtigten nötig ist. Darüber hinaus dürfte, wenn eine Verkehrsgebühr angefallen wäre, die Sozietät

---

[18] Schneider/Wolf/*N. Schneider* RVG VV 3400 Rn. 29; Gerold/Schmidt/*von Eicken,* 15. Aufl. 2002, BRAGO § 52 Rn. 23; *Hansens* BRAGO § 52 Rn. 5.

[19] Verkehrsgebühr **verneinend** KG JurBüro 1977, 63 = MDR 1976, 761, für RA als Mitgeschäftsführer einer GmbH; OLG Stuttgart JurBüro 1976, 191; OLG München JurBüro 1982, 1034, für RA als Vorstand eines Vereins; *Hansens* BRAGO § 52 Rn. 5; **bejahend** OLG Koblenz KostRspr ZPO § 91 (A) 4.6, für RA als stellvertretender Vorsitzender des Anwaltsvereins.

[20] Schneider/Wolf/*N. Schneider* RVG VV 3400 Rn. 30.

[21] KG JurBüro 1977, 63.

[22] OLG München JurBüro 1982, 1034.

[23] Schneider/Wolf/*N. Schneider* RVG VV 3400 Rn. 31.

[24] OLG Stuttgart JurBüro 1998, 487, Betreuer; OLG Stuttgart JurBüro 1991, 839, Nachlasspfleger.

[25] OLG Köln JurBüro 1973, 970 = MDR 1973, 1031; OLG Frankfurt a. M. JurBüro 1979, 714, beide für RA als Pfleger; OLG München JurBüro 1998, 36 = OLGR 1997, 48, Betreuer.

[26] OLG Frankfurt a. M. JurBüro 1952, 194; OLG München NJW 1959, 539; OLG Hamm MDR 1974, 765 (Ls.); KG AnwBl 1976, 219 = JurBüro 1976, 1072; JurBüro 1987, 1396 = MDR 1987, 679; OLG Schleswig JurBüro 1979, 225 = SchlHA 1979, 60; HBS VergütungsR/*Hansens* Teil 8 Rn. 359; *Mümmler* JurBüro 1991, 840.

[27] OLG Düsseldorf JMBlNRW 78, 46.

[28] OLG Köln JurBüro 1978, 69 u. 241.

[29] OLG Köln AnwBl 1983, 562 = JurBüro 1982, 1851.

[30] BGH NJW 1991, 49.

[31] OLG Brandenburg AnwBl 1999, 413 = JurBüro 1999, 362; OLG Frankfurt a. M. MDR 1999, 385; OLG Karlsruhe JurBüro 1995, 31; KG JurBüro 1996, 140; OLG München AnwBl 2002, 436 = MDR 2002, 784; Riedel/Sußbauer/*Keller/Riedel* RVG VV Teil 3 Abschn. 4 Rn. 9 S. 644; *Hansens* JurBüro 1996, 63; *Bischof* JurBüro 1998, 60; **aA** OLG Düsseldorf MDR 1994, 1253; OLG Frankfurt a. M. AnwBl 1994, 46 = JurBüro 1994, 419.

[32] KG AnwBl 2001, 301 = JurBüro 2000, 86; OLG München AnwBl 1994, 198 = JurBüro 1994, 298.

wegen der Wesensgleichheit der beiden Gebühren die Verkehrsgebühr nach § 15 Abs. 2 RVG nicht neben der Gebühr des VV 3100 RVG geltend machen.[33]

4. Dritter Ort

Verkehrsanwalt kann auch ein RA sein, der nicht am Wohnsitz der Partei oder in deren Nähe seine Kanzlei hat.[34] VV 3400 RVG stellt nur auf die Führung des Verkehrs und nicht auf die Nähe der Partei zum Verkehrsanwalt ab. 23

5. Kein Teil einer anderen Angelegenheit

Eine Verkehrsgebühr scheidet aus, wenn die Tätigkeit des Anwalts noch seiner Tätigkeit in einer anderen Angelegenheit zuzurechnen ist, insbes. noch zur vorausgehenden Instanz gehört, § 19 Abs. 1 S. 2 Nr. 9, 10 RVG. 24

6. Rechtsbeistand

Auch ein Rechtsbeistand kann Verkehrsanwalt sein und die Gebühr gem. VV 3400 RVG verdienen (Art. IX Gesetz v. 26.7.1957, BGBl. 1957 I 861). 25

V. Auftrag

1. Grundsätze

Der Auftrag muss auf Vermittlung des Verkehrs mit dem – bereits bestellten oder noch zu bestellenden – Verfahrensbevollmächtigten gerichtet sein. Der Auftrag muss für jeden Rechtszug gesondert erteilt werden.[35] 26

2. Stillschweigender Auftrag

Der Auftrag kann auch stillschweigend erteilt werden.[36] Das ist dann anzunehmen, wenn der Verkehrsanwalt mit dem Verfahrensbevollmächtigten mit Wissen der Partei korrespondiert, die Partei im Wesentlichen ihre Informationen dem Verkehrsanwalt zur Weiterleitung an den Verfahrensbevollmächtigten gibt und dabei weiß, dass dies mit zusätzlichen Kosten verbunden ist.[37] 27

Verfahrensbevollmächtigter der Vorinstanz. Problematisch ist ein stillschweigender Auftrag insbes., wenn der Verfahrensbevollmächtigte der Vorinstanz gegenüber dem Verfahrensbevollmächtigten der Rechtsmittelinstanz vermittelnd tätig ist. Im Einzelnen → § 19 Rn. 81 ff., 93. 28

PKH-Anwalt der Vorinstanz. War der RA in erster Instanz als PKH-Anwalt beigeordnet und hat der RA Anlass anzunehmen, dass sich nach der Vorstellung des Mandanten die PKH auch auf die Vermittlung des Verkehrs in der Rechtsmittelinstanz erstreckt, so wird allgemein angenommen, dass der RA keine Verkehrsgebühr verdient, es sei denn er weist auf die Entgeltlichkeit seines Tuns hin.[38] 29

Hinweis für den RA. Dem Verfahrensbevollmächtigten der vorausgegangenen Instanz kann daher nur empfohlen werden, immer, wenn er als Verkehrsanwalt in der folgenden Instanz tätig sein soll, die Partei auf die zusätzlichen Kosten hinzuweisen. Gegebenenfalls wird er die Partei auch auf die Möglichkeit einer Beiordnung als Verkehrsanwalt im Wege der PKH aufmerksam machen müssen. 30

3. RA im Prozess seines Ehegatten/nahen Angehörigen

Meinungsstand. Rspr. Unter **Eheleuten** wird in der Rspr. in den meisten Fällen angenommen, dass kein entgeltliches Auftragsverhältnis entstanden ist. Dabei wird teilweise zur Begründung herangezogen, dass der Ehemann im Rahmen von § 1353 BGB zur Vermittlung der 31

---

[33] OLG Brandenburg AnwBl 1999, 413 = JurBüro 1999, 362; OLG Frankfurt a. M. MDR 1999, 385; OLG München AnwBl 2002, 436 = MDR 2002, 784; KG Rpfleger 1995, 433 = JurBüro 1996, 140; OLG Karlsruhe AGS 1995, 55 mkritAnm *von Eicken* = JurBüro 1995, 31; OLG Hamburg MDR 1996, 532; *Hansens* JurBüro 1991, 1037; **aA** OLG Frankfurt a. M. AnwBl 1994, 46 = JurBüro 1994, 419; NJW-RR 1994, 128; OLG Düsseldorf MDR 1994, 1253 = KostRspr ZPO § 91 (B-Vertretungskosten) Nr. 626 mkritAnm *von Eicken* und *Lappe.*

[34] Schneider/Wolf/*N. Schneider* RVG VV 3400 Rn. 21; **aA** OLG Düsseldorf AnwBl 1997, 569 = KostRspr BRAGO § 52 Nr. 27 mkritAnm *N. Schmidt,* nur am Wohnsitz der Partei oder in dessen nächster Nähe ansässiger RA kann als Verkehrsanwalt angesehen werden.

[35] Schneider/Wolf/*N. Schneider* RVG VV 3400 Rn. 10.

[36] BGH NJW 1991, 2084 = JurBüro 1991, 1647; OLG Koblenz NJW-RR 1993, 695 = MDR 1993, 180.

[37] OLG Koblenz NJW-RR 1993, 695 = MDR 1993, 180; Schneider/Wolf/*N. Schneider* RVG VV 3400 Rn. 9.

[38] BGH NJW 1991, 2084 = JurBüro 1991, 1647.

Information verpflichtet ist.[39] Andere stellen auf die Verkehrsanschauung[40] und darauf ab, ob bei dem Umfang der Arbeitsbelastung davon ausgegangen werden konnte, dass die Tätigkeit unentgeltlich ist.[41] Teilweise wird differenziert, ob der Ehepartner nur vereinzelt in Anspruch genommen wird oder ob er regelmäßig für einen Gewerbebetrieb des Ehegatten tätig wird.[42] Abgelehnt wird eine Verkehrsgebühr, wenn beide Ehegatten Partei sind und der RA-Ehegatte den Verfahrensbevollmächtigten auch im Namen des anderen Ehegatten informiert.[43] Das soll auch dann gelten, wenn die Eheleute im Güterstand der Gütertrennung leben.[44] Zunächst hatte der BFH entschieden, dass bei Prozessen vor dem Finanzgericht die Geltendmachung von Gebührenansprüchen des Anwalts gegen seine Ehefrau nach der Lebenserfahrung nicht üblich ist, wenn kein besonderer Zeitaufwand erforderlich war.[45] Demgegenüber hat der BFH später zu einem steuerrechtlichen Vorverfahren entschieden, dass dahingestellt bleiben kann, ob „heute noch" aus § 1353 BGB eine Pflicht zur unentgeltlichen Beratung hergeleitet werden kann, dass die Tätigkeit im konkreten, vom ihm zu entscheidenden Fall jedenfalls derart wesentlich war, dass sie über den Rahmen von § 1353 BGB weit hinausging.[46]

32 Ein entgeltlicher Auftrag zwischen **Mutter und RA-Sohn** wurde angenommen für den Fall, dass ein Erstattungsanspruch besteht. Unentgeltlichkeit soll nur bei fehlendem Erstattungsanspruch gelten.[47]

33 **Literatur.** In der Lit. wird teilweise vertreten, dass die rechtliche Beratung von § 1353 BGB erfasst wird,[48] der RA gegenüber Ehegatten oder sonstigen nahen Angehörigen meist in Erfüllung der familienrechtlichen Beistandspflicht handelt.[49] Nach aA steht allein eine familiäre Beziehung einem entgeltlichen Auftrag nicht entgegen.[50]

34 **Stellungnahme.** Jedenfalls bei nicht völlig unbedeutenden Tätigkeiten ist im Regelfall von einem entgeltlichen Verhältnis auszugehen, allerdings mit der Maßgabe, dass dem RA ein Anspruch nur zustehen soll, wenn ein Dritter dem Ehegatten die Kosten erstatten muss.[51] Dies zeigt ein Vergleich mit einem Verfahrensbevollmächtigten. Vertritt ein RA als Verfahrensbevollmächtigter seinen Ehegatten, so wird in der Praxis, ohne dass diese Frage überhaupt problematisiert würde, dem erstattungsberechtigten Ehegatten ein Erstattungsanspruch für die RA-Kosten zuerkannt. Dies entspricht also offensichtlich allgemeiner Lebensauffassung. Dasselbe hat hinsichtlich der Verkehrsgebühr zu gelten. So erheblich ist der Unterschied zum Verfahrensbevollmächtigten nicht. Dies entspricht auch der Handhabung auf anderen Gebieten. Ein Arzt, der seine versicherte Frau behandelt, wird ihr eine Rechnung stellen, soweit sie versichert ist.

35 **Hinweis für den RA:** Angesichts der oben dargestellten Rspr. ist dem RA allerdings zu raten, mit dem Ehegatten ausdrücklich zu vereinbaren, dass im Falle eines Erstattungsanspruchs ein Gebührenanspruch bestehen soll.[52] Natürlich können die Eheleute auch vereinbaren, dass unabhängig von einem Erstattungsanspruch eine Verkehrsgebühr anfallen soll. Das bietet sich zB dann an, wenn der andere Ehegatte ein Unternehmen betreibt, in dem es häufiger zu Prozessen kommt.

VI. Tätigkeit

36 Der Anspruch auf die Verkehrsgebühr entsteht, sobald der Verkehrsanwalt den Auftrag zur Führung des Verkehrs erhalten hat und in Ausführung dieses Auftrags irgendwie tätig geworden ist, regelmäßig also mit der Entgegennahme der Information,[53] wobei diese mündlich oder schriftlich erfolgen kann.[54] Jede Tätigkeit genügt.[55] Ausreichend ist auch, dass der Verkehrsan-

[39] OLG Hamburg JurBüro 1968, 892; OLG Hamm JurBüro 1992, 98.
[40] OLG Hamburg JurBüro 1968, 892.
[41] OLG Hamburg JurBüro 1968, 892.
[42] OLG Hamburg JurBüro 1968, 892.
[43] OLG Schleswig JurBüro 1986, 884.
[44] OLG Koblenz JurBüro 1984, 758.
[45] BFH NJW 1958, 648.
[46] BFH NJW 1970, 912.
[47] OLG Hamburg JurBüro 1974, 59; OLG Schleswig JurBüro 1992, 170.
[48] HBS VergütungsR/*Hansens* Teil 8 Rn. 360.
[49] *Hansens* BRAGO § 52 Rn. 7.
[50] Schneider/Wolf/*N. Schneider* RVG VV 3400 Rn. 32.
[51] Vgl. OLG Schleswig JurBüro 1992, 170; Riedel/Sußbauer/*Pankatz*, 9. Aufl. 2005, RVG § 1 Rn. 9.
[52] OLG Hamburg JurBüro 1968, 892.
[53] OLG Frankfurt a. M. JurBüro 1998, 305.
[54] *Mümmler* JurBüro 1979, 626; OLG Celle NdsRpfl. 1973, 77 = JurBüro 1973, 135.
[55] OLG Düsseldorf JurBüro 1980, 1367.

walt einen Verfahrensbevollmächtigten beauftragt hat, ohne schon die Informationen entgegengenommen zu haben.[56] Das gilt auch dann, wenn der Verfahrensbevollmächtigte anschließend nichts mehr tun konnte, weil sodann das Verfahren endete.[57] Erfolgt die Beauftragung des Verfahrensbevollmächtigten allerdings durch den Verfahrensbevollmächtigten der vorausgegangenen Instanz, so ist diese Tätigkeit noch durch die Verfahrensgebühr abgegolten (→ Rn. 26 ff.).

VII. Gebührenhöhe

1. Grundsätze

Der Verkehrsanwalt erhält eine Gebühr in Höhe der dem Verfahrensbevollmächtigten zustehenden Verfahrensgebühr, höchstens jedoch eine 1,0 Gebühr bzw. bei Betragsrahmengebühren höchstens 500,00 EUR. Auch in der **Rechtsmittelinstanz** kann sie nicht höher sein. Die Begrenzung auf eine 1,0 Gebühr wird damit begründet, dass der Verkehrsanwalt durch den Wegfall der Beweisgebühr nicht betroffen ist (Motive → Rn. 1). 37

Beispiele:

Verkehrsanwalt vermittelt zum RA der **Zwangsvollstreckung**

Da der RA der Zwangsvollstreckung gem. VV 3309 RVG nur eine 0,3 Verfahrensgebühr verdient, erhält der Verkehrsanwalt ebenfalls eine 0,3 Verkehrsgebühr.

Verkehrsanwalt vermittelt zum Verfahrensbevollmächtigten der **ersten Instanz.**

Der Verfahrensbevollmächtigte verdient eine 1,3 Verfahrensgebühr gem. VV 3100 RVG, der Verkehrsanwalt eine 1,0 Verkehrsgebühr.

Verkehrsanwalt vermittelt zum Verfahrensbevollmächtigten der **zweiten Instanz.**

Der Verfahrensbevollmächtigte verdient eine 1,6 Verfahrensgebühr gem. VV 3200 RVG, der Verkehrsanwalt eine 1,0 Verkehrsgebühr.

2. Vorzeitiges Ende

Bei einem vorzeitigen Ende kann sich die Verfahrensgebühr des Verkehrsanwalts auf unterschiedliche Weise reduzieren, zum einen dadurch dass beim Verfahrensbevollmächtigten keine volle Verfahrensgebühr anfällt, zum anderen dadurch dass unmittelbar über VV 3405 Nr. 1 RVG seine Verfahrensgebühr gekürzt wird. 38

a) Vorzeitiges Ende beim Verfahrensbevollmächtigten. Ist der Verkehrsanwalt bereits gegenüber dem Verfahrensbevollmächtigten tätig geworden (telefonische Information des Verfahrensbevollmächtigten genügt), verdient der Verfahrensbevollmächtigte aber wegen des vorzeitigen Endes seines Auftrages lediglich eine reduzierte Gebühr, zB eine 0,8 Verfahrensgebühr gem. VV 3101 Nr. 1 RVG, so verdient der Verkehrsanwalt ebenfalls nur eine 0,8 Verkehrsgebühr, da ihm nach VV 3400 RVG nicht mehr als dem Verfahrensbevollmächtigten zustehen kann. Es kommt dabei auf die Verfahrensgebühr an, die der Verfahrensbevollmächtigte im konkreten Einzelfall verdient hat **(konkrete Berechnung).**[58] Es gelten die gleichen Gründe wie beim Terminsvertreter (→ RVG VV 3401 Rn. 33 ff.). Die abstrakte Berechnungsweise[59] käme hier zu einer 1,0 Verfahrensgebühr. 39

Beispiel:

Der Verkehrsanwalt hat den Verfahrensbevollmächtigten bereits schriftlich informiert. Nach Abfassung der Klageschrift, aber vor deren Absendung, gibt der Mandant seine Klageabsicht auf.

Sowohl der Verfahrensbevollmächtigte als auch der Verkehrsanwalt haben eine 0,8 Verfahrensgebühr gem. VV 3101 Nr. 1 RVG bzw. gem. VV 3400 RVG verdient.

b) Beauftragter Verfahrensbevollmächtigter wird nicht tätig. Hatte der Verkehrsanwalt bereits den Verfahrensbevollmächtigten beauftragt, wird der Verfahrensbevollmächtigte aber in keiner Weise tätig, etwa weil die Klage, der er entgegentreten sollte, zurückgenommen wurde, so verdient der Verkehrsanwalt in der ersten Instanz eine 0,8, in der zweiten Instanz eine 1,0 Verfahrensgebühr gem. VV 3400 RVG iVm VV 3101 Nr. 1 RVG bzw. VV 3201 Anm. S. 1 Nr. 1 RVG. Nähme man VV 3400 RVG ganz wörtlich, so würde der Verkehrsanwalt überhaupt keine Gebühr verdienen, nachdem er nur eine Gebühr in Höhe des Verfahrensbevollmächtigten verdient und im vorliegenden Fall beim Verfahrensbevollmächtigten keine Gebühr anfällt. 40

---

[56] OLG Düsseldorf JurBüro 1980, 768 = JurBüro 1980, 1367.

[57] OLG Düsseldorf MDR 1980, 768 = JurBüro 1980, 1367; OLG Stuttgart Justiz 1975, 148; OLG Koblenz VersR 1979, 359 (Ls.); **aA** OLG Frankfurt a. M. JurBüro 1969, 962.

[58] HBS VergütungsR/*Hansens* Teil 8 Rn. 363; Schneider/Wolf/*N. Schneider* RVG VV 3400 Rn. 40.

[59] Für abstrakte Berechnung Riedel/Sußbauer/*Keller,* 9. Aufl. 2005, VV Teil 3 Abschn. 4 Rn. 25 S. 647.

Da es aber keine Tätigkeit eines Anwalts gibt, für die er überhaupt keine Vergütung bekommt, ist der Verkehrsanwalt so zu behandeln, als ob das Mandat des Verfahrensbevollmächtigten vorzeitig iSv VV 3101 Nr. 1 RVG bzw. VV 3201 Anm. S. 1 Nr. 1 RVG geendet hätte.[60] Der Verkehrsanwalt bekommt in der Berufungsinstanz nur eine 1,0 und nicht eine 1,1 Gebühr gem. VV 3201 Anm. S. 1 Nr. 1 RVG, da eine 1,0 Gebühr die Höchstgrenze darstellt. VV 3405 Nr. 1 RVG ist nicht gegeben, da der Verkehrsanwalt den Verfahrensbevollmächtigten bereits beauftragt hat und damit ihm gegenüber tätig geworden ist.

Beispiel:

Der Verkehrsanwalt beauftragt den Verfahrensbevollmächtigten, der seinerseits nicht mehr dazu kommt, etwas im Interesse des Mandanten zu tun.
Der Verkehrsanwalt erhält eine 0,8 Verfahrensgebühr, der Verfahrensbevollmächtigte nichts.

41 **c) Kein Auftrag an Verfahrensbevollmächtigten.** Hat der Verfahrensbevollmächtigte noch keinen Auftrag erhalten, so steht dem Verkehrsanwalt, der bereits tätig geworden ist, zB durch Empfang der Informationen, eine 0,5 Verkehrsgebühr gem. VV 3405 Nr. 1 RVG bzw. eine Betragsrahmengebühr von höchstens 250,00 EUR zu.[61]

Beispiel:

Nachdem der Verkehrsanwalt die Informationen vom Mandanten erhalten hat, kommt es nicht mehr dazu, dass der Auftraggeber oder der Verkehrsanwalt einen Verfahrensbevollmächtigten beauftragt.
Gem. VV 3405 Nr. 1 RVG verdient er nur eine 0,5 Verfahrensgebühr.

42 Eine weitere Reduzierung der Gebühr findet im Fall des VV 3405 RVG nicht statt, auch dann nicht, wenn auch die volle Gebühr ohnehin schon lediglich 0,5 ist, zB im Beschwerdeverfahren.

3. Verfahrensdifferenzgebühr

43 Soll der Verkehrsanwalt Einigungsversuche über nicht rechtshängige Ansprüche unternehmen, kann in erster Instanz eine 0,8[62] oder eine 0,5 Verfahrensgebühr anfallen.

44 **a) Verkehrsanwalt mit Verfahrensbevollmächtigten zusammen.** Ist der Verkehrsanwalt neben dem Verfahrensbevollmächtigten auch hinsichtlich der nicht rechtshängigen Ansprüche tätig und, ist der Verkehrsanwalt auch insoweit gegenüber dem Verfahrensbevollmächtigte tätig geworden, so verdient er eine 0,8 Verfahrensgebühr gem. VV 3400 RVG iVm VV 3101 Nr. 2 RVG.

45 **Obergrenze 1,0 gem. § 15 Abs. 3 RVG.** Der Verkehrsanwalt kann gem. § 15 Abs. 3 RVG höchstens eine 1,0 Verkehrsgebühr (Höchstgebühr des Verkehrsanwalts) aus dem Gesamtwert der verglichenen Ansprüche verlangen.[63]

Beispiel:

Der Verkehrsanwalt rät zur Annahme einer vom Verfahrensbevollmächtigten bei Gericht ausgehandelten Einigung über eine 5.000,– EUR Klageforderung und einen nicht anhängigen Herausgabeanspruch, der einen Wert von 10.000,– EUR hat.

Verkehrsgebühr:		
1,0 Verkehrsgebühr gem. VV 3400 RVG aus 5.000,– EUR	334,00 EUR	
0,8 Verfahrensgebühr gem. VV 3101 RVG aus 10.000,– EUR	491,20 EUR	
Summe	825,20 EUR	
Höchstens aber gem. § 15 Abs. 3 RVG eine 1,0 Verfahrensgebühr aus 15.000,– EUR		718,00 EUR
Einigungsgebühr:		
1,0 Einigungsgebühr gem. VV 1003 RVG aus 5.000,– EUR	334,00 EUR	
1,5 Einigungsgebühr gem. VV 1000 RVG aus 10.000,– EUR	921,00 EUR	
Summe	1.255,00 EUR	
Wegen § 15 Abs. 3 RVG aber nur 1,5 Einigungsgebühr aus 15.000,– EUR		1.077,00 EUR

[60] So schon zur BRAGO OLG Stuttgart JurBüro 1975, 1471; OLG Frankfurt a. M. AnwBl 1980, 462 = JurBüro 1980, 1586 mAnm *Mümmler.*

[61] Riedel/Sußbauer/*Schütz* RVG VV 3400 Rn. 24.

[62] Zum alten Recht für § 32 Abs. 2 BRAGO: OLG Bamberg JurBüro 1988, 1000, zu Scheidungsverfahren; OLG Frankfurt a. M. AnwBl 1981, 158 = JurBüro 1981, 396; OLG Hamm MDR 1981, 507; soweit teilweise darauf hingewiesen wurde, dass der BGH NJW 1969, 932 = JurBüro 1969, 413 **aA** sei, ist zweifelhaft, ob der BGH für einen Verkehrsanwalt § 118 BRAGO anwenden würde. Die BGH-Entscheidung betrifft einen Verfahrensbevollmächtigten, der nur außergerichtlich verhandeln sollte.

[63] OLG Bamberg JurBüro 1988, 1000.

b) Verkehrsanwalt allein. Soll der Verkehrsanwalt aber zunächst einmal allein versuchen, 46
eine Einigung zu vereinbaren, die dann ggf. vom Verfahrensbevollmächtigten gerichtlich protokolliert werden soll und kommt es danach nicht mehr zu einem Kontakt zum Verfahrensbevollmächtigten wegen dieser Ansprüche, so ist VV 3405 RVG gegeben.

Beispiel:

Der Verkehrsanwalt ist wegen einer rechtshängigen Klageforderung (5.000,– EUR) gegenüber dem Verfahrensbevollmächtigten tätig gewesen. Er versucht vergeblich in einem Telefongespräch mit dem Gegner, eine Einigung über einen nicht rechtshängigen Herausgabeanspruch im Wert von 10.000,– EUR und über den rechtshängigen Anspruch über 5.000,– EUR zu erreichen. Hinsichtlich des Herausgabeanspruchs erhält der Verfahrensbevollmächtigte keinen Auftrag.

Verkehrsgebühr:

1,0 Verkehrsgebühr gem. VV 3400 RVG aus 5.000,– EUR		334,00 EUR
0,5 Verkehrsgebühr gem. VV 3405 RVG aus 10.000,– EUR		307,00 EUR
Summe		641,00 EUR
Höchstens aber gem. § 15 Abs. 3 RVG eine 1,0 Verfahrensgebühr aus 15.000,– EUR	718,00 EUR	
1,2 Terminsgebühr gem. VV 3401 RVG aus 15.000,– EUR		861,60 EUR

Auftrag. Voraussetzung ist, dass ein Auftrag für eine Tätigkeit iSv VV Teil 3 RVG besteht. 47
Denkbar ist auch ein Auftrag zu einer außergerichtlichen Tätigkeit, so dass VV 2300 ff. RVG eingreifen würden. Wenn nichts Besonderes vereinbart ist, wird aber beim Verkehrsanwalt davon auszugehen sein, dass er im Rahmen seiner Vermittlungstätigkeit im gerichtlichen Verfahren tätig werden soll. Das gilt umso mehr als meistens derartige Einigungen, in denen rechtshängige und nicht rechtshängige Gegenstände zusammen geregelt werden sollen, gerichtlich protokolliert werden sollen. Das ist wiederum ein Grund dafür, einen Verkehrsauftrag und nicht einen Auftrag für eine außergerichtliche Tätigkeit anzunehmen (→ RVG VV Vorb. 3 Rn. 15 ff.).

4. Beschwerdeverfahren

Zur Anwendbarkeit des VV 3400 RVG im Beschwerdeverfahren → Rn. 8. Auch hier folgt 48
die Gebühr des Verkehrsanwalts, der des Verfahrensbevollmächtigten. Er kann jedoch höchstens eine 1,0 Gebühr verdienen. Er verdient also

- im Fall des VV 3500 RVG eine 0,5,
- in den Fällen der VV 3502, 3504, 3506 RVG eine 1,0 Gebühr,
- bei vorzeitigem Ende des Mandats des Verfahrensbevollmächtigten im Fall des VV 3503 RVG eine 0,5 Gebühr, im Fall des VV 3505 RVG eine 1,0 Gebühr,
- bei vorzeitigem Ende des Mandats des Verkehrsanwalts gem. VV 3405 Nr. 1 RVG eine 0,5 Gebühr. Zu den Gebühren, wenn der Verkehrsanwalt im Beschwerdeverfahren selbst als Verfahrensbevollmächtigter und nicht nur als Vermittler tätig wird → Rn. 9.

5. Korrespondenz mit ausländischem Verfahrensbevollmächtigten

Hat der deutsche RA den Verkehr mit einem ausländischen Verfahrensbevollmächtigten ge- 49
führt, so erhält er die Gebühr, die ein inländischer Verfahrensbevollmächtigter für eine der Tätigkeit des ausländischen Anwalts entsprechende Tätigkeit nach dem RVG erhalten würde, höchstens jedoch eine 1,0 Gebühr wegen VV 3400 RVG.[64] VV 3400 RVG orientiert sich an der Verfahrensgebühr des Verfahrensbevollmächtigten nach dem RVG.

Beispiel:

Ein französischer Verfahrensbevollmächtigter hat in Paris Klage erhoben, nachdem ihn ein deutscher Verkehrsanwalt informiert hat.
Verfahrensbevollmächtigter: Vergütung nach französischem Recht.
Verkehrsanwalt: 1,0 Verfahrensgebühr VV 3400 RVG iVm VV 3100 RVG.
Wäre es nach der Information nicht mehr zur Klagerhebung gekommen.
Verfahrensbevollmächtigter: Vergütung nach französischem Recht.
Verkehrsanwalt: 0,8 Verfahrensgebühr VV 3400 RVG iVm VV 3101 Nr. 1 RVG.

6. Mehrere Auftraggeber

→ RVG VV 1008 Rn. 273 ff. 50

[64] OLG Düsseldorf JurBüro 1990, 347 = MDR 1990, 165, Exequaturverfahren durch französischen RA.

7. Honorarvergütung des Verfahrensbevollmächtigten

51 Erhält der Verfahrensbevollmächtigte eine vereinbarte Vergütung, so erhält der Verkehrsanwalt trotzdem die gesetzliche Vergütung, falls nicht auch für ihn eine andere Vergütung vereinbart worden ist.

Beispiel:

Verfahrensbevollmächtigter mit Honorarvereinbarung von 1.000,– EUR hat Klage über 20.000,– EUR erhoben, nachdem ihn der Verkehrsanwalt informiert hat.
Verfahrensbevollmächtigter: Pauschale von 1.000,– EUR
Verkehrsanwalt: 1,0 Verfahrensgebühr gem. VV 3400 RVG aus 20.000,– EUR 822,– EUR

8. Betragsrahmengebühren

52 **a) Grundsätze.** Der Verkehrsanwalt errechnet seine Verfahrensgebühr aus dem gleichen Rahmen wie der Verfahrensbevollmächtigte, jedoch mit einem Höchstbetrag von 500,00 EUR. Der Rahmen des Verkehrsanwalts beträgt also

in erster Instanz gem. VV 3102 RVG	60,00 EUR bis 500,00 EUR.
bei Berufung gem. VV 3204 RVG	72,00 EUR bis 500,00 EUR.
bei Revision gem. VV 3212 RVG	96,00 EUR bis 500,00 EUR.

53 Innerhalb dieses Rahmens bestimmt der Verkehrsanwalt selbständig unter Berücksichtigung von § 14 RVG die ihm zustehende Gebühr und zwar unabhängig von der Bestimmung, die der Verfahrensbevollmächtigte für seine Verfahrensgebühr vornimmt.[65]

54 **b) Vorzeitiges Ende.** Ist ein **Fall des VV 3405 Nr. 1 RVG** gegeben, so ist gem. dieser Bestimmung der Höchstsatz von 500,00 EUR auf 250,00 EUR herabgesetzt.

Beispiel:

Weder beauftragt der Verkehrsanwalt den Verfahrensbevollmächtigten, noch wird er sonst wie ihm gegenüber tätig.
Der Verkehrsanwalt verdient eine Verfahrensgebühr aus einem Rahmen von 60,00 EUR bis 250,00 EUR (VV 3102, 3405 Nr. 1 RVG)

55 Ist **kein Fall des VV 3405 Nr. 1 RVG** gegeben, war der Verkehrsanwalt also bereits gegenüber dem Verfahrensbevollmächtigten tätig, kommt es aber nicht mehr zu einer Klageeinreichung, so ist ein etwaiger geringerer Aufwand des Verkehrsanwalts bei der Ausfüllung des Rahmens von zB 60,00 EUR bis 500,00 EUR zu berücksichtigen. Der Rahmen selbst wird nicht herabgesetzt.

56 **c) Frühere Tätigkeit des Einzeltätigkeitsanwalts.** War der Verkehrsanwalt bereits im vorausgehenden Verwaltungsverfahren oder im weiteren, der Nachprüfung des Verwaltungsaktes dienenden Verwaltungsverfahren tätig gewesen, so verminderten sich bis zum 2. KostRMoG die in VV 3400 RVG bestimmten Höchstbeträge für die Verfahrensgebühr auf die Hälfte (VV Vorb. 3.4 Abs. 2). Diese Bestimmung wurde gestrichen. Sie passte nicht mehr, nachdem nunmehr auch bei Betragsrahmengebühren eine Anrechnung stattfindet (VV Vorb. 3 Abs. 4 RVG). Für das alte Recht wird auf die Kommentierung bei Gerold/Schmidt/*Müller-Rabe,* 20. Aufl. 2012, RVG VV Vorb. 3.4 Rn. 3, VV 3400 Rn. 50 ff. verwiesen.

VIII. Weitere Gebühren neben Verkehrsgebühr

1. Grundsätze

57 **Andere Verfahrensgebühren neben Verkehrsgebühr.** Der Verkehrsanwalt verdient, wenn er noch mit weiteren Aufgaben betraut ist, auch noch weitere Verfahrensgebühren, zB wenn er auch als Terminsvertreter auftritt. Er kann aber die Verkehrsgebühr und mit ihr **verwandte Gebühren** in einer Angelegenheit nur einmal vom RA fordern.[66] Im Übrigen → RVG VV 3401 Rn. 57 ff.

58 **Sonstige Gebühren.** Für Tätigkeiten, für die der Verfahrensbevollmächtigte besondere Gebühren erhält (zB Termins- oder Einigungsgebühr), kann auch der Verkehrsanwalt besondere Gebühren beanspruchen. Das war zu § 52 Abs. 1 BRAGO schon anerkannt.[67] Hieran hat sich für VV 3400 RVG nichts geändert.

---

[65] Schneider/Wolf/*N. Schneider* RVG VV 3400 Rn. 48.

[66] OLG Frankfurt a. M. AnwBl 1981, 450; OLG Hamburg JurBüro 1986, 870; OLG München AnwBl 1982, 440 = JurBüro 1982, 1679; *Mümmler* JurBüro 1979, 625 (629).

[67] Gerold/Schmidt/*von Eicken,* 15. Aufl. 2002, BRAGO § 52 Rn. 15.

Auftrag. Voraussetzung ist weiter, dass der Verkehrsanwalt auch für die weitergehende Tätigkeit einen Auftrag hat. Dieser kann auch stillschweigend erteilt werden.[68] 59

2. Verfahrensgebühr gem. VV 3100 RVG

→ Rn. 73. 60

3. Terminsgebühr

a) Entstehung der Gebühr. Gem. VV Vorb. 3.4 RVG entsteht für die im vierten Abschnitt des dritten Teils genannten Tätigkeiten eine Terminsgebühr nur, wenn dies ausdrücklich bestimmt ist. Für den Verkehrsanwalt ist eine Terminsgebühr nicht vorgesehen. Soll der Verkehrsanwalt allerdings an einem gerichtlichen Termin oder an einem Ortstermin des vom Gericht bestellten Sachverständigen teilnehmen, so hat er nunmehr einen Auftrag als Terminsvertreter und verdient als solcher die Terminsgebühr des VV 3402 RVG. Dasselbe gilt, wenn er an einem Vermeidungs- oder Beendigungsgespräch ohne Gericht iSv VV Vorb. 3 Abs. 3 S. 1 Alt. 3 RVG teilnehmen soll, da dies auch ein Termin iSv VV 3401 RVG ist (→ RVG VV 3401 Rn. 22 ff.).[69] 61

Zur **Tätigkeit** → RVG VV Vorb. 3 Rn. 70 ff. 62

b) Gebührenhöhe. Gem. VV 3402 RVG verdient der RA, wenn er an einer mündlichen Verhandlung teilnimmt, eine Terminsgebühr in der Höhe, in der sie einem Verfahrensbevollmächtigten zustehen würde, in erster Instanz also gem. VV 3104 RVG eine 1,2 Terminsgebühr, iÜ → RVG VV 3402 Rn. 7 ff. 63

c) RA als Partei. Der RA verdient in eigener Sache oder als Konkursverwalter keine Terminsgebühr, wenn er neben dem Verfahrensbevollmächtigten an einem Termin teilnimmt; er nimmt als Partei und nicht als RA teil;[70] anders wenn er allein als Terminsvertreter auftritt. 64

4. Einigung

a) Einigung über anhängige Ansprüche. Die Einigungsgebühr nach VV 1000 ff. RVG kann der Verkehrsanwalt beanspruchen, auch in der Revisionsinstanz,[71] wenn er bei dem Abschluss einer Einigung mitgewirkt hat. Das darf nicht mit der Frage verwechselt werden, ob die dem Verkehrsanwalt entstandene Einigungsgebühr auch erstattungsfähig ist (→ Rn. 100 ff.). Ob auch dem Verfahrensbevollmächtigten eine Einigungsgebühr zusteht, ist unerheblich. 65

Ausreichende Tätigkeit. Die Einigungsgebühr entsteht nur dann, wenn der Verkehrsanwalt selbst beratend und vermittelnd in die Einigungsverhandlungen eingreift und sich erfolgreich um den Abschluss der Einigung bemüht, so dass seine Tätigkeit für den Abschluss der Einigung ursächlich ist. Folgende Tätigkeiten genügen für den Anfall der Einigungsgebühr: 66

- Erarbeitung von Einigungsvorschlägen, wenn diese für die spätere Einigung mit kausal waren,
- Besprechung des Einigungsentwurfs und ursächliche Beratung des Auftraggebers, die Einigung anzunehmen.[72]

Nicht ausreichende Tätigkeit. Folgende Tätigkeiten genügen nicht; sie werden durch die Verkehrsgebühr abgegolten: 67

- bloße Mitanwesenheit im Einigungstermin,[73]
- bloße Übermittlung von Einigungsvorschlägen,
- nur allgemeine Erörterungen über die Beendigung des Rechtsstreits im Wege einer Einigung zwischen Verkehrsanwalt und Mandant ohne Beteiligung an der konkret zu Stande gekommenen Einigung.[74]

Gebührenhöhe. Erste Instanz. Es gelten VV 1000 ff. RVG, bei anhängigen Ansprüchen also VV 1003 RVG (1,0 Gebühr). 68

---

[68] Riedel/Sußbauer/*Schütz* RVG VV 3400 Rn. 31.

[69] HBS VergütungsR/*Hansens* Teil 8 Rn. 370; Schneider/Wolf/*N. Schneider* RVG VV 3400 Rn. 4; *H. J. Mayer* RVG-Letter 2005, 38 Ziff. III 1; auch zur BRAGO wurde bereits vertreten, dass in diesen Fällen der Verkehrsanwalt eine Gebühr gem. § 53 BRAGO bzw. § 54 BRAGO verdient hat Riedel/Sußbauer/*Keller,* 8. Aufl. 2000, BRAGO § 52 Rn. 26.

[70] OLG Stuttgart JurBüro 1983, 1835.

[71] KG NJW 2007, 853 (Ls.) = NJW-RR 2007, 212.

[72] OLG Düsseldorf MDR 1999, 119; OLG Frankfurt a. M. AnwBl 1982, 248; OLG Saarbrücken JurBüro 1988, 1500, PKH-Anwalt; OLG Stuttgart AnwBl 1980, 263; **aA** OLG Düsseldorf AnwBl 1983, 187 mablAnm *Chemnitz* = JurBüro 1983, 564; OLG Frankfurt a. M. JurBüro 1986, 759.

[73] OLG Frankfurt a. M. JurBüro 1986, 757.

[74] OLG Hamburg JurBüro 1981, 706; OLG Schleswig JurBüro 1980, 1668.

Beispiel:

Verkehrsanwalt rät zur Annahme einer Einigung über eine 5.000,– EUR Klageforderung.
1,0 Verkehrsgebühr gem. VV 3400 RVG
1,0 Einigungsgebühr gem. VV 1003 RVG

69 **Rechtsmittelinstanz.** Die Einigungsgebühr, nicht aber die Verkehrsgebühr, erhöht sich auf 1,3, wenn über den Gegenstand der Einigung ein Berufungs- oder Revisionsverfahren anhängig ist (VV 1004 RVG).

Beispiel:

Der Verkehrsanwalt der Berufungsinstanz rät zur Annahme einer Einigung über eine 5.000,– EUR Klageforderung.
1,0 Verkehrsgebühr gem. VV 3400 RVG
1,3 Einigungsgebühr gem. VV 1004 RVG

70 **b) Einigung über nicht anhängige Ansprüche.** Erstreckt sich die Einigung auch auf nicht eingeklagte Ansprüche, so steht dem mitwirkenden Verkehrsanwalt insoweit eine 1,5 Einigungsgebühr gem. VV 1000 RVG zu. § 15 Abs. 3 RVG ist zu beachten.

71 **c) Prozesskostenhilfe.** Wegen des Anspruchs des als Verkehrsanwalt beigeordneten Anwalts auf die Einigungsgebühr gegen die Staatskasse → § 48 Rn. 137 ff.

5. Aussöhnungs- und Erledigungsgebühr

72 Der Verkehrsanwalt kann auch eine Aussöhnungs- oder Erledigungsgebühr gem. VV 1001 ff. RVG verdienen.[75]

6. Einzeltätigkeitsgebühr gem. VV 3403 RVG

73 Die von VV 3403 ff. RVG erfassten Einzeltätigkeiten werden, wenn sie vom Verkehrsanwalt vorgenommen werden, durch die Verkehrsgebühr des VV 3400 RVG abgegolten. Der Verkehrsanwalt ist nicht besser zu stellen als der Verfahrensbevollmächtigte, der diese Gebühr auch nicht neben der Verfahrensgebühr verdienen kann.[76]

Beispiel:

Nach einer Besprechung des Verkehrsanwalts mit dem Berufungsbeklagten ist es zu einer Beauftragung eines Verfahrensbevollmächtigten wegen Rücknahme der Berufung nicht mehr gekommen. Der Verkehrsanwalt des Berufungsverfahrens stellt nunmehr auftragsgemäß den Antrag, dem Berufungskläger die Kosten der Berufung aufzuerlegen.
Der RA verdient
0,5 Verkehrsgebühr gem. VV 3405 Nr. 1 RVG
0,3 Gebühr gem. VV 3404 RVG,
da der Kostenantrag über eine Vermittlungstätigkeit hinausgeht. Regelmäßig wird hier ein Auftrag zu einer Einzeltätigkeit iSv VV 3403 ff. RVG vorliegen. Die Einzeltätigkeitsgebühr geht jedoch in der Verkehrsgebühr auf.

7. Beschwerdegebühr

74 Ist der RA als Verkehrsanwalt tätig, betreibt er aber ein dazu gehöriges Beschwerdeverfahren selbst, so verdient er neben der Verkehrsgebühr zusätzlich für das Beschwerdeverfahren eine Gebühr gem. VV 3500 ff. RVG. Betreibt der Verkehrsanwalt zB die Kostenfestsetzung selbst und legt er gegen den Kostenfestsetzungsbeschluss sofortige Beschwerde ein, so erhält er hierfür zusätzlich und ohne Anrechnung die Beschwerdegebühr des VV 3500 RVG. Er verdient neben der 1,0 Verkehrsgebühr der ersten Instanz eine weitere, nicht anzurechnende 0,5 Verkehrsgebühr für die Beschwerdeinstanz (§ 17 Nr. 1 RVG). Vermittelt aber der RA im Beschwerdeverfahren an einen anderen RA, der Verfahrensbevollmächtigter des Beschwerdeverfahrens ist, so greift VV 3400 RVG ein (→ Rn. 8).

IX. Auslagen

75 Der Verkehrsanwalt kann Auslagen gem. VV 7000 ff. RVG ersetzt verlangen.

X. Abgeltungsbereich

1. Grundsätze

76 § 19 RVG ist anzuwenden. Das bedeutet, dass von der Verkehrsgebühr alle in § 19 RVG aufgeführten Tätigkeiten mit abgegolten werden. Abgegolten wird die gesamte Tätigkeit des Verkehrsanwalts, soweit sie als Tätigkeit des Verfahrensbevollmächtigten unter die Verfahrensgebühr

---

[75] Schneider/Wolf/*N. Schneider* RVG VV 3400 Rn. 67, 68.
[76] OLG Frankfurt a. M. AnwBl 1981, 450 = JurBüro 1980, 1195; OLG Hamm JurBüro 1972, 701.

fallen würde (→ RVG VV 3100 Rn. 23ff.). Zu fragen ist also: Würde die Tätigkeit von einem Verfahrensbevollmächtigten vorgenommen von der Verfahrensgebühr mit abgegolten?

2. Abgeltungsfälle

Abgegolten sind zB 77
- Beratung der Partei nach Erhalt eines Auftrags als Verkehrsanwalt,
- Akteneinsicht,
- Anfertigung eidesstattlicher Versicherungen,
- Suche des RA nach Zeugen,[77]
- uU Bestimmung des zuständigen Gerichts (→ § 19 Rn. 35),
- Besprechung des Urteils,
- Belehrung über zulässige Rechtsmittel,[78]
- Schriftwechsel mit dem Gegner oder dem Gericht,[79]
- Unterschriftsreife Anfertigung von Schriftsätzen für das Gericht,
- Stellung des Kostenfestsetzungsantrags,
- Überwachung, ob der vom Verkehrsanwalt erteilte Auftrag vom vorgesehenen RA innerhalb der Rechtsmittelfrist angenommen wurde.[80]

Nicht abgegolten ist zB die Erstattung einer Strafanzeige. Der Verkehrsanwalt verdient zusätzlich eine Gebühr gem. VV 4302 Nr. 2 RVG. 78

XI. Angelegenheit

1. Grundsätze

§ 15 Abs. 2 RVG ist anzuwenden. Das bedeutet, dass zum einen die **Verkehrsgebühr** in einer Angelegenheit nicht mehrmals verlangt werden kann. Es bedeutet aber weiter, dass die Verkehrsgebühr und mit ihr **verwandte Gebühren** in einer Angelegenheit nur einmal vom RA gefordert werden können. Mit der Verkehrsgebühr verwandt sind die 79
- Verfahrensgebühr gem. VV 3100 RVG,
- Mahngebühr gem. VV 3305 RVG,
- PKH-Antragsgebühr gem. VV 3334 RVG.

Zur Einzeltätigkeitsgebühr des VV 3403 RVG → RVG VV 3403 Rn. 65.

Zu beachten ist, dass mit jeder Tätigkeit des Anwalts, die den Tatbestand einer Gebühr erfüllt, die Gebühr neu entsteht. § 15 Abs. 2 RVG steht dem nicht entgegen. Diese Bestimmung besagt nur, dass die mehrfach entstandenen Gebühren nicht mehrmals gefordert werden können. Dies kann für die Verjährung und für die Kostenerstattung eine Rolle spielen. So kann die Verfahrensgebühr des Anwalts als Terminsvertreter oder Mahnanwalt im Gegensatz zu seiner Verfahrensgebühr als Verkehrsanwalt erstattungsfähig sein. 80

2. Verkehrsgebühr nur einmal

Zurückverweisung gem. § 146 FamFG. In einer Angelegenheit kann der RA die Verkehrsgebühr nur einmal verdienen. So kann er nach einer Zurückverweisung im Fall des § 146 FamFG (früher § 629b ZPO aF) die Verkehrsgebühr nicht zweimal verlangen, da es sich um eine Angelegenheit handelt (§ 21 Abs. 2 RVG). In anderen Fällen der Zurückweisung (zB VV Vorb. 3 Abs. 6 RVG) handelt es sich um eine Frage der Anrechnung (→ Rn. 87ff.). 81

Beschwerde. Die Abgeltung gilt aber nur innerhalb derselben Instanz. Wird der Verkehrsanwalt der ersten Instanz auch im Beschwerdeverfahren als Verkehrsanwalt tätig, so verdient er zweimal eine Verkehrsgebühr, einmal für die erste und einmal für die zweite Instanz. Jeder Rechtszug ist eine selbständige Angelegenheit (§ 17 Nr. 1 RVG). 82

3. Verhältnis zur Verfahrensgebühr gem. VV 3100 RVG

a) Wechsel zwischen Verkehrsanwalt und Verfahrensbevollmächtigtem. Wird der Verkehrsanwalt nach einer Abgabe oder Verweisung nachfolgend als Verfahrensbevollmächtigter tätig, so verdient er auch eine Verfahrensgebühr. Ebenso verdient der Verfahrensbevollmächtigte auch eine Verkehrsgebühr, wenn er nachfolgend Verkehrsanwalt wird. Beide Gebühren sind jedoch derart eng verwandt, dass sie innerhalb einer Instanz als eine Gebühr iSd § 15 Abs. 2 RVG gelten, dh der RA kann nur eine Gebühr, sei es als Verkehrsgebühr, sei es als Verfahrens- 83

[77] OLG Düsseldorf JurBüro 1969, 1073 = Rpfleger 1969, 393.
[78] Riedel/Sußbauer/*Schütz* RVG VV 3400 Rn. 25.
[79] Riedel/Sußbauer/*Schütz* RVG VV 3400 Rn. 25.
[80] Zur Überwachungspflicht BGH FamRZ 1988, 941.

gebühr, fordern.[81] Wenn der bisherige Verkehrsanwalt bisher nur Anspruch auf eine 1,0 Gebühr gem. VV 3400 RVG hatte, erhöht sich diese, wenn er nunmehr als Verfahrensbevollmächtigter tätig wird, auf eine 1,3 Gebühr gem. VV 3100 RVG.

84 **b) Überörtliche Sozietät.** Dasselbe gilt auch bei Beauftragung einer überörtlichen Sozietät. War sie bislang als Verkehrsanwalt tätig und wird sie sodann Verfahrensbevollmächtigter, so kann nur eine Gebühr geltend gemacht werden und zwar auch dann, wenn nach dem Wechsel ein RA mit einem anderen Kanzleisitz tätig wird (→ Rn. 22).

4. Verfahrensbevollmächtigter der vorausgehenden Instanz

85 War der RA Verfahrensbevollmächtigter der vorausgehenden Instanz, so kann er in der nächsten Instanz, die eine neue Angelegenheit darstellt, Verkehrsanwalt sein. Allerdings ist dann noch zu prüfen, ob nicht bestimmte Tätigkeiten nicht noch zur vorausgehenden Instanz gehören (→ § 19 Rn. 80 ff.; 117 ff.) und deshalb ein Anspruch gem. VV 3400 RVG ausscheidet.

5. Verhältnis zur PKH-Antragsgebühr

86 Für eine Tätigkeit im Verfahren über die Prozesskostenhilfe des gleichen Rechtszuges kann der RA nicht nebeneinander die Verkehrs- und die PKH-Antragsgebühr des VV 3335 RVG beanspruchen, da es sich bei beiden Verfahren um eine Angelegenheit handelt (§ 16 Nr. 2 RVG).[82] Hat der RA im PKH-Bewilligungsverfahren gem. VV 3335 RVG eine 1,0 Gebühr verdient, im Hauptsacheverfahren als Verkehrsanwalt aber eine geringere Gebühr, zB wegen VV 3405 Nr. 1 RVG nur eine 0,5 Gebühr, so bleibt der Anspruch auf die 1,0 Gebühr des VV 3335 RVG bestehen. Dasselbe gilt für den umgekehrten Fall, wenn der RA als Verkehrsanwalt eine höhere Gebühr als im Bewilligungsverfahren verdient hat. Der RA kann die höhere Gebühr verlangen.

XII. Anrechnungen

87 **Grundsätze.** Wegen der Gleichartigkeit der Verkehrsgebühr mit der Verfahrensgebühr sind die Gebühren, die auf die Verfahrensgebühr anzurechnen sind, auch auf die Verkehrsgebühr anzurechnen.[83] Das wird bestätigt durch die Motive zum 2. KostRMoG, wonach VV Vorb. 3.4 Abs. 2 RVG wegfallen kann, weil jetzt die erweiterten Anrechnungsvorschriften eingreifen.[84] Das gilt dahingehend, dass andere Betriebsgebühren auf die Verkehrsgebühr anzurechnen sind (zB Mahngebühr auf Verkehrsgebühr ge m. Anm. zu VV 3305 RVG). Das gilt weiter dahingehend, dass die Verkehrsgebühr auf andere Betriebsgebühren in den Fällen anzurechnen ist, in denen Verfahrensgebühren auf Verfahrensgebühren anzurechnen sind (zB nach Zurückverweisung an das Gericht, das bereits mit der Sache befasst war – VV Vorb. 3 Abs. 6 RVG).

88 **Einzelfälle.** Anzurechnen ist bei

- Ratsgebühr (§ 34 Abs. 2 RVG),
- Geschäftsgebühr (VV 2300 ff. RVG), allerdings nur zur Hälfte und höchstens bis zu einer 0,75 Gebühr (VV Vorb. 3 Abs. 4 RVG),[85]
- Mahngebühr (Anm. zu VV 3305 RVG),[86]
- Widerspruchsgebühr im Mahnverfahren (Anm. zu VV 3307 RVG),
- Gebühr im selbständigen Beweisverfahren (VV Vorb. 3 Abs. 5 RVG),
- Verfahrensgebühr gem. VV 3100 RVG nach Zurückverweisung an das Gericht, das mit der Sache bereits befasst war (VV Vorb. 3 Abs. 6 RVG),[87]
- vereinfachtem Unterhaltsverfahren (VV 3100 Anm. Abs. 1 RVG),
- Urkunden- oder Wechselprozess (VV 3100 Anm. Abs. 2 RVG),
- Vermittlungsverfahren nach § 165 FamFG (VV 3100 Anm. Abs. 3 RVG).

Beispiel:

RA hat als Verfahrensbevollmächtigter den Mandanten im Mahnverfahren vertreten. Im Rechtsstreit ist er Verkehrsanwalt. Gegenstandswert 5.000,– EUR.
RA verdient:

---

[81] OLG Düsseldorf JurBüro 2004, 536; OLG Bamberg JurBüro 1994, 544, PKH-Anwalt.
[82] Gerold/Schmidt/*von Eicken,* 15. Aufl. 2002, BRAGO § 52 Rn. 14.
[83] OLG München JurBüro 1992, 167.
[84] BT-Drs. 17/11471, 280.
[85] OLG München JurBüro 1986, 231.
[86] OLG Koblenz JurBüro 1986, 392.
[87] OLG München JurBüro 1992, 167.

1,0 Mahngebühr gem. VV 3355 RVG	334,00 EUR
Pauschale gem. VV 7002 RVG	20,– EUR
1,0 Verkehrsgebühr gem. VV 3400 RVG	334,00 EUR
Pauschale gem. VV 7002 RVG	20,– EUR
Anrechnung von 1,0 Mahngebühr	– 334,00 EUR
Gesamt	374,00 EUR

Im Übrigen → RVG VV Vorb. 3 Abs. 4.

XIII. Rechtsmittelinstanz

VV 3400 RVG ist auch in der Rechtsmittelinstanz anzuwenden und zwar auch bei der Beschwerde (→ Rn. 8). Zur Höhe der Verfahrensgebühr → Rn. 37 ff., 48; der Terminsgebühr → Rn. 60; der Einigungsgebühr → Rn. 68 ff. 89

XIV. Kostenerstattung

1. Grundsätze

Auch beim Verkehrsanwalt richtet sich der Erstattungsanspruch nach § 91 Abs. 1 S. 1 ZPO und nicht nach § 91 Abs. 2 S. 1 oder S. 2 ZPO).[88] Nachdem durch die Erweiterung der Postulationsfähigkeit anstelle eines Verkehrsanwalts im Regelfall nunmehr ein RA am Heimatsort mit der Prozessführung betraut werden kann, sind die Voraussetzungen, unter denen die Kosten eines Verkehrsanwalts zu erstatten sind, noch enger geworden. Von besonderen Konstellationen abgesehen ist die Einschaltung eines Verkehrsanwalts sogar nie notwendig i. S. v. § 91 Abs. 1 S. 1 ZPO. Denn, wenn schon neben dem Verfahrensbevollmächtigten ein weiterer RA eingeschaltet werden soll, ist die Zuhilfenahme eines Terminsvertreters immer der billigere Weg. Der Verkehrsanwalt führt zu Mehrkosten von einer 1,0 Verfahrensgebühr gem. VV 3400, während beim Terminsvertreter nur eine 0,65 Verfahrensgebühr mehr anfällt. Eine uU entstehende zweite Termins- und Einigungsgebühr bleibt unberücksichtigt, da ihre Entstehung ungewiss ist (zur gleichen Frage beim Terminsvertreter → VV 3401 Rn. 117 ff.). Das bedeutet, dass – von Ausnahmen abgesehen (→ Ziff. 2) – der Verkehrsanwalt nie der billigere Weg ist. 90

Die Kosten eines Verkehrsanwalts wären allerdings trotzdem zu erstatten, wenn die Partei einen erstattungsrechtlichen Anspruch darauf hätte, statt eines Terminsvertreters einen Verkehrsanwalt nehmen zu dürfen, was zu verneinen ist. Die Vorteile eines Verkehrsanwalts im Verhältnis zu einem Terminsvertreter, falls es solche überhaupt gibt, sind nicht derart, dass man der Partei die Möglichkeit, einen Verkehrsanwalt einzuschalten, zuerkennen müsste. Wegen ersparter, fiktiver Kosten → Ziff. 3. 91

Das gilt auch für das **Berufungsverfahren,** da auch hier die billigere Möglichkeit der Einschaltung eines Terminsvertreters besteht. Auf die von der hM vertretene Ansicht, dass die Erstattung von Verkehrsanwaltskosten im Verhältnis zur ersten Instanz dadurch eingeschränkt ist, dass der Prozessstoff bereits in der Vorinstanz aufbereitet wurde, weshalb eine Erstattung nur ausnahmsweise zuerkannt wird, zB wenn die Partei wegen Krankheit oder sonstiger persönlicher Unfähigkeit den Verfahrensbevollmächtigten nicht persönlich informieren kann oder wenn neuer, tatsächlich oder rechtlich besonders schwieriger Prozessstoff in das Verfahren eingeführt wird,[89] kommt es daher nicht an. 92

2. Unmittelbar zu erstattende Kosten des Verkehrsanwalts

a) Grundsätze. In einigen speziellen Fällen kann es erforderlich sein, einen Verkehrsanwalt einzuschalten, so dass die dadurch angefallenen Kosten unmittelbar zu erstatten sind. 93

b) Auslandsbezug. Ein unmittelbarer Erstattungsanspruch kommt in Betracht bei einer im Ausland ansässigen Partei, die in ihrer Nähe keinen postulationsfähigen RA beauftragen kann. Ob die Kosten eines Verkehrsanwalts zu erstatten sind, hängt dann davon ab, ob ein Verkehrsanwalt erforderlich war.[90] Das ist nach dem BGH in jedem Einzelfall zu prüfen.[91] Der BGH hat sich damit zu Recht nicht der heute in der obergerichtlichen Rspr. hM angeschlossen, im Regelfall sei die Einschaltung eines Verkehrsanwalts als erforderlich anzusehen, da ein Recht zu 94

[88] BGH NJW 2006, 301; MDR 2006, 1434 = NJW-RR 2006, 1563.
[89] BGH NJW 2006, 301; MDR 2006, 1434 = NJW-RR 2006, 1563.
[90] BGH NJW 2005, 1373 = AnwBl 2005, 431; OLG München AnwBl 1999, 352 = NJW-RR 1998, 1692.
[91] BGH NJW 2012, 938.

einer persönlichen Besprechung mit einem RA am Heimatort bestehe.[92] Es besteht nur ein Anspruch auf ein persönliches Gespräch mit dem Verfahrensbevollmächtigten. Daraus lässt sich, wie der BGH feststellt, kein Recht auf ein Gespräch vor Ort mit einem anderen RA als dem Verfahrensbevollmächtigten herleiten. Für die Einzelfallprüfung gilt folgendes: Eine ausländische Partei wird typischerweise etwa wegen sprachlicher Barrieren, kultureller Unterschiede und mangelnder Kenntnis des deutschen Rechts eher einen Verkehrsanwalt benötigen.[93] Andererseits ist ein solcher nicht nötig, wenn der deutsche Verfahrensbevollmächtigte bereits über die nötigen Informationen verfügt, etwa weil er schon vorprozessual tätig war,[94] oder wenn in einem Fall, in dem es auf das Heimatrecht der Partei nicht ankommt, die ausländische Partei aufgrund langjähriger Geschäftstätigkeit in Deutschland, etwa mit eigener Vertriebsorganisation und Kenntnissen der deutschen Sprache in der Lage ist, direkt mit dem deutschen Verfahrensbevollmächtigten zu verkehren.[95] Anders ist es aber, wenn besondere Umstände trotzdem den Verkehrsanwalt erforderlich machen.[96]

95 Für die Notwendigkeit eines Verkehrsanwalts kann dabei sprechen,
- dass es an Sprachkenntnissen fehlt,[97]
- dass die ausländische Firma keine Niederlassung und keine Vertriebsorganisation im Inland hat,[98]
- dass sie nicht schon häufig Prozesse mit einem deutschen Hausanwalt geführt hat,[99]
- dass das Heimatrecht der ausländischen Partei im Prozess von Bedeutung ist.[100]

96 **c) Spezialkenntnisse.** Ein unmittelbarer Erstattungsanspruch kommt weiter in Betracht, wenn Spezialkenntnisse benötigt werden. Im Arzthaftungsprozess ist es aber regelmäßig nicht notwendig, einen weder am Wohnsitz der Partei noch am Sitz des Gerichts niedergelassenen Verkehrsanwalt mit Spezialkenntnissen zu beauftragen.[101]

97 **d) Revisionsverfahren, Zulassungsbeschwerde.** Bei Verfahren, bei denen nur ein beim BGH zugelassener RA postulationsfähig ist, kommt zwar grds. ein unmittelbarer Erstattungsanspruch für Verkehrsanwalts-Kosten in Betracht, da ein Verfahrensbevollmächtigter am Heimatort der Partei nicht beauftragt werden kann. Hier besteht jedoch ein anderes, regelmäßig eingreifendes Hindernis. Bei Revisionen und Rechtsbeschwerden ist nach hM ein Verkehrsanwalt grds. nicht erforderlich, weil allein Rechtsfragen zu klären sind, für die eine Korrespondenz mit der Prozesspartei von untergeordneter Bedeutung ist.[102] Allerdings ist uU dann ein Verkehrsanwalt erforderlich, wenn der BGH weiteren Sachvortrag anfordert.[103] Dazu, dass uU die Erstattung einer Gebühr gem. VV 3403 RVG in Betracht kommt → RVG VV 3403 Rn. 67 ff.

3. Höhe bei ausländischem Verkehrsanwalt

98 Die Kosten eines ausländischen Verkehrsanwalts sind nach der Rspr. des BGH nur in Höhe der Gebühren eines deutschen RA erstattungsfähig, da für die Kostenerstattung hinsichtlich Grund und Höhe deutsches Recht anzuwenden ist.[104] Das widerspricht auch nicht Europäischem Recht.[105] Das gilt auch, wenn das Verfahren mit einer Kostenregelung in einer Einigung beendet wird, es sei denn deren Auslegung ergibt, dass etwas Abweichendes vereinbart sein

---

[92] OLG Hamburg MDR 2000, 664, auch innerhalb der EU; OLG Jena JurBüro 1998, 596; KG KGR Berlin 2008, 845 = Rpfleger 2008, 598; MDR 2009, 1312; OLG München JurBüro 2011, 265 unter Aufgabe seiner entgegengesetzten bisherigen Rspr.; OLG Stuttgart OLGR 2009, 452; NJW-RR 2004, 1581.

[93] BGH VersR 2012, 466.

[94] BGH VersR 2012, 466; KG MDR 2009, 1312.

[95] BGH VersR 2012, 466.

[96] OLG Stuttgart OLGR 2009, 452.

[97] BGH VersR 2012, 466; OLG Köln JurBüro 2010, 37.

[98] BGH VersR 2012, 466; OLG Jena JurBüro 1998, 596; OLG München JurBüro 2011, 265; OLG Stuttgart NJW-RR 2004, 1581.

[99] OLG München JurBüro 2011, 265.

[100] BGH NJW 2012, 938; OLG Köln JurBüro 2010, 37.

[101] OLG Koblenz NJW 2006, 1072, betreffend Rechtsmittelverfahren = AGS 2006, 519 mablAnm *Madert*.

[102] Zu Kostenfestsetzung: BGH NJW 2015, 633 = FamRZ 2015, 495 mwN; OLG Frankfurt JurBüro 2017, 320; OLG Hamburg JurBüro 2012, 371 = AGS 2012, 593; zu PKH: BGH MDR 2017, 57 = NJW-RR 2017, 630–631; BGH NJW-RR 2004, 1662 = AGS 2005, 123; BGH RVGreport 2011, 438 .

[103] OLG Hamm AnwBl 2003, 185; OLG Frankfurt JurBüro 2017, 320; OLG München 7.8.2012 – 11 W 1351/12 BeckRS 2015, 00957.

[104] BGH NJW 2013, 1310 Rn. 16; 05, 1373 = AnwBl 2005, 431; OLG München NJW-RR 1998, 1692 (1694); OLG Stuttgart NJW-RR 2004, 1581 = OLGR 2004, 435; **aA** *Mankowski* NJW 2005, 2346; AnwBl 2005, 705.

[105] EuGH NJW 2004, 833.

soll.[106] Auch nach Inkrafttreten des § 34 RVG 2006 wird nach der Rspr. des BGH höchstens die Verkehrsgebühr eines deutschen Verkehrsanwalts zu erstatten sein.[107]

4. Terminsgebühr

Die Terminsgebühr des Verkehrsanwalts, der am Termin teilnimmt, dann insoweit Terminsvertreter sein kann (→ Rn. 61), ist nur dann zu erstatten, wenn seine Einschaltung in der mündlichen Verhandlung notwendig war.[108] Das ist nur ganz ausnahmsweise der Fall, etwa weil der Sachverhalt besonders schwierig ist und die Partei nicht über hinlängliche Kenntnisse der Tatsachen oder der Zusammenhänge verfügt, während der Verkehrsanwalt ohne weiteres zur Klärung in der Lage ist.[109] Weiter kommt es in Betracht, wenn in der Nähe des Verkehrsanwalts der ersuchte Richter eine Beweisaufnahme durchführt und die Reisekosten des Verfahrensbevollmächtigten höher wären als die Mehrkosten, die durch die Tätigkeit des Verkehrsanwalts im Beweisaufnahmetermin entstehen. **99**

5. Einigungsgebühr

a) Nur ausnahmsweise Erstattung einer zweiten Einigungsgebühr. ***aa) Grundsatz.*** Auch für die Einigungsgebühr ist § 91 Abs. 1 S. 1 ZPO[110] und nicht § 91 Abs. 2 S. 2 ZPO anzuwenden. Die Erstattung einer zweiten Einigungsgebühr ist nicht schlechthin ausgeschlossen.[111] Es gibt sie aber nicht im Regelfall,[112] sondern nur ausnahmsweise.[113] Für die Erstattungsfähigkeit ist ein besonders strenger Maßstab anzulegen.[114] Im Normalfall ist es der Partei zumutbar, die Entscheidung über die Annahme der Einigung ohne Hinzuziehung des Verkehrsanwalts selbst zu treffen.[115] Es ist Sache des Verfahrensbevollmächtigten der von ihm vertretenen Partei das Für und Wider der Einigung schriftsätzlich und/oder fernmündlich darzulegen.[116] Es ist nicht darauf abzustellen, dass es in der Praxis üblich ist, dass der Verkehrsanwalt in die Einigungsgespräche mit einbezogen wird.[117] **100**

bb) Nicht ausreichende Fälle. Die bloße Mitwirkung oder Förderung der Einigung reicht nicht,[118] insbes. genügt nicht, dass der Verkehrsanwalt bei der Vorbereitung der Einigung beratend tätig geworden ist.[119] Es ist denkbar, dass der Verkehrsanwalt praktisch die ganze Einigung allein vorbereitet hat, weil der Verfahrensbevollmächtigte ihm das überließ oder die Partei es so wünschte. Dass dies so geschehen ist, besagt nichts darüber, dass es auch notwendig so geschehen musste.[120] Es ist deshalb nicht zutreffend, wenn teilweise als ausreichend angesehen wird, **101**

- dass der Verkehrsanwalt dem Mandanten rät, die Einigung nicht zu widerrufen,[121]
- dass der Verkehrsanwalt den Mandanten eingehend beraten hat und die Einigungsverhandlungen maßgeblicher als der Verfahrensbevollmächtigte geführt hat,[122]
- dass der Beitrag des Verkehrsanwalts von ausschlaggebender Bedeutung war.[123]

All diese Aktivitäten des Verkehrsanwalts besagen nicht, dass nicht der Verfahrensbevollmächtigte, wenn er sich entsprechend seinen Pflichten in den Fall gründlich eingearbeitet hätte, **102**

---

[106] BGH NJW 2005, 1373 = AnwBl 2005, 431.
[107] *Mankowski* AnwBl 2005, 705 (706) Ziff. III.
[108] OLG Hamm JurBüro 1988, 492 (493) mwN; *Hansens* BRAGO § 52 Rn. 25 „Vergleichsgebühr", nur in Ausnahmefällen.
[109] OLG Hamm JurBüro 1988, 492 (493).
[110] OLG Frankfurt a. M. JurBüro 1986, 758, der Gedanke des § 91 Abs. 2 S. 2 ZPO ist aber mit heranzuziehen; OLG Schleswig JurBüro 1987, 1042; *H. Schmidt* AnwBl 1983, 558; **aA** OLG München JurBüro 1981, 855; AnwBl 1983, 558, § 91 Abs. 2 S. 2 ZPO ist anzuwenden.
[111] BGH AnwBl 2005, 431 (432) Ziff. 3; OLG Frankfurt a. M. JurBüro 1986, 758 mit Gegenmeinungen.
[112] OLG Hamburg JurBüro 1988, 759.
[113] OLG Karlsruhe JurBüro 1993, 352; OLG Saarbrücken JurBüro 1987, 700; *Hansens* BRAGO § 52 Rn. 25 „Vergleichsgebühr".
[114] OLG Brandenburg MDR 1999, 1349; OLG Hamm JurBüro 1988, 492; OLG Schleswig JurBüro 1987, 1042; 89, 632 (633).
[115] OLG Hamburg JurBüro 1988, 759.
[116] OLG Brandenburg AnwBl 2001, 125 = MDR 1999, 1349; OLG Hamburg JurBüro 1988, 759; OLG Karlsruhe JurBüro 1993, 352; OLG Saarbrücken JurBüro 1987, 700; OLG Schleswig JurBüro 1989, 632 (633).
[117] OLG Brandenburg MDR 1999, 1349.
[118] OLG Frankfurt a. M. JurBüro 1986, 758; OLG Hamm JurBüro 1988, 492.
[119] OLG Hamm JurBüro 1986, 1088; OLG Karlsruhe JurBüro 1993, 352; *Hansens* BRAGO § 52 Rn. 25 „Vergleichsgebühr".
[120] Gerold/Schmidt/*von Eicken,* 15. Aufl. 2002, BRAGO § 52 Rn. 50.
[121] OLG Frankfurt a. M. JurBüro 1982, 237; **aA** OLG Saarbrücken JurBüro 1987, 700.
[122] OLG Frankfurt a. M. AnwBl 1982, 248; JurBüro 1986, 757.
[123] OLG Frankfurt a. M. JurBüro 1986, 757; OLG Hamm JurBüro 1988, 492.

auch in der Lage gewesen wäre, die Einigung auszuhandeln und seinen Mandanten zum Abschluss der Einigung zu führen. Die Gegenansicht führt dazu, dass es letztlich im Belieben der Partei oder von dessen Anwälten steht, ob ein Erstattungsanspruch besteht oder nicht und zwar unabhängig davon, ob die maßgebliche Rolle des Verkehrsanwalts erforderlich war oder nicht.

103 Entgegen einer weit verbreiteten Ansicht[124] genügt es auch nicht, wenn ohne den Verkehrsanwalt die **Einigung nicht zu Stande** gekommen wäre. Zum einen käme ein Erstattungsanspruch überhaupt nur in Betracht, wenn feststehen würde, dass es ohne den Verkehrsanwalt überhaupt nicht zu einer Einigung gekommen wäre. Dies nachzuweisen, wird aber der Erstattungsberechtigte, der darlegungs- und glaubhaftmachungspflichtig ist, in den wenigsten Fällen in der Lage sein. Was geschehen wäre, wenn der Verfahrensbevollmächtigte die Einigungsgespräche selbst in die Hand genommen bzw. sich bemüht hätte, seinen Mandanten zur Annahme der Einigung zu bewegen, wird in den meisten Fällen nicht beurteilt werden können. Darüber hinaus kann auch nicht vom Ergebnis ausgegangen werden. Es ist vielmehr zu fragen, ob unabhängig vom Ergebnis die Partei und der Verfahrensbevollmächtigte nicht in der Lage waren, ohne die Hilfe des Verkehrsanwalts alle für die Einigung wesentliche Umstände zu erörtern. Schon gar nicht kann es darauf ankommen, ob ohne den Verkehrsanwalt die Einigung einen etwas anderen Inhalt gehabt hätte, ob also der Mandant zB statt 100.000,– EUR nur 90.000,– EUR in der Einigung erhalten hätte, wenn nur der Verfahrensbevollmächtigte bei der Einigung tätig geworden wäre.

104 *cc) Ausreichende Fälle.* Ausreichend ist es,

- wenn der erstattungspflichtige Gegner sich wegen der gütlichen Beilegung des Rechtsstreits unmittelbar an den Verkehrsanwalt gewendet hat,[125]
- wenn der Verfahrensbevollmächtigte zur sachgemäßen Beratung der Parteien nicht in der Lage war[126] zB weil der Verkehrsanwalt auf Grund besonderer Erkenntnisse und Erfahrungen im Stande war, die Partei besser zu beraten als der Verfahrensbevollmächtigte[127] oder weil es sich um ein außergewöhnlich schwieriges Verfahren handelt.[128] In diesen Fällen steht auch nicht entgegen, dass die Partei im Termin selbst anwesend war, was ansonsten als ein Hinderungsgrund für einen Erstattungsanspruch angesehen wird.[129]

105 **b) Kostenübernahme in der Einigung,** → RVG VV 1000 Rn. 330.

6. Fiktive Kosten anstelle von Verkehrsanwaltskosten

106 **a) Grundsätze.** Liegen die Voraussetzungen für einen unmittelbaren Erstattungsanspruch für die Verkehrsanwaltskosten (→ Ziff. 2) nicht vor, so kommt ein Erstattungsanspruch für ersparte, fiktive Kosten in Betracht und zwar wegen ersparter Reisekosten des Verfahrensbevollmächtigten oder der Partei oder wegen der Kosten eines Terminsvertreters. Die höchsten Kosten, die nach einer dieser ersparten Kosten, wenn sie erstattungsfähig gewesen wären, angefallen wären, sind zu erstatten, allerdings maximal bis zur Höhe der durch den Verkehrsanwalt tatsächlich angefallenen Kosten.

107 **b) Ersparte Reisekosten eines auswärtigen Verfahrensbevollmächtigten.** Da im Regelfall die Partei erstattungsrechtlich berechtigt ist, einen Verfahrensbevollmächtigten an ihrem Heimatort einzuschalten, der auch zum Termin reisen kann (→ RVG VV 7003 Rn. 114), sind in diesen Fällen ex post die Reisekosten zu errechnen, die bei einem am Heimatort der Partei ansässigen RA angefallen wären. Diese sind bis maximal zur Höhe der durch den Verkehrsanwalt angefallenen Mehrkosten zu erstatten. Das gilt nicht in den Fällen, in denen eine Partei keinen Erstattungsanspruch für Reisekosten des Verfahrensbevollmächtigten gehabt hätte (→ RVG VV 7003 Rn. 114 ff.).

108 **c) Ersparte Reisekosten der Partei.** Die können, da die Partei zu Informationsgesprächen zum RA am Gerichtsort reisen kann, grds. auch als fiktive Kosten geltend gemacht werden. Sie werden jedoch iaR niedriger sein als die Reisekosten des gerichtsfernen Verfahrensbevollmächtigten zum Gericht. Sie werden daher kaum eine Rolle spielen.

---

[124] OLG Bamberg JurBüro 1987, 1517; OLG Frankfurt a. M. JurBüro 1986, 758; OLG Hamm JurBüro 1988, 492; OLG Saarbrücken JurBüro 1987, 700; OLG Schleswig JurBüro 1988, 765; *Mümmler* JurBüro 1982, 237.

[125] OLG Hamburg JurBüro 1988, 759; OLG Schleswig JurBüro 1987, 1042; *Hansens* BRAGO § 52 Rn. 25 „Vergleichsgebühr"; Hartmann/Toussaint/*Toussaint* RVG VV 3400 Rn. 56 „Vergleich".

[126] OLG Saarbrücken JurBüro 1987, 700.

[127] OLG Saarbrücken JurBüro 1987, 700; *Hansens* BRAGO § 52 Rn. 25 „Vergleichsgebühr".

[128] OLG Saarbrücken JurBüro 1987, 700.

[129] OLG Frankfurt a. M. JurBüro 1982, 237; *Mümmler* JurBüro 1982, 237; *Hansens* BRAGO § 52 Rn. 25 „Vergleichsgebühr".

d) Ersparte Kosten eines Terminsvertreters. Da die Einschaltung eines Terminsvertreters uU eine Maßnahme zweckentsprechender Rechtsverfolgung ist, können, wenn die erforderlichen Umstände gegeben sind (→ RVG VV 3401 Rn. 85 ff.), auch die Kosten, die bei einem Terminsvertreter angefallen wären, als ersparte Kosten herangezogen werden. Dann sind diese, wenn sie höher sind als die Reisekosten des Verfahrensbevollmächtigten, zB weil der Gerichtstermin kurzfristig abgesetzt wurde, zu erstatten. 109

Erstattung einer fiktiven Einigungsgebühr. Scheidet ein unmittelbarer Erstattungsanspruch für die Einigungsgebühr des Verkehrsanwalts aus, so kann ein fiktiver Erstattungsanspruch gegeben sein. Das ist gegeben, wenn für den Fall, dass nicht ein Verkehrsanwalt eingeschaltet worden wäre, sondern ein heimischer Verfahrensbevollmächtigter und ein Terminsvertreter hätten eingeschaltet werden dürfen, die Voraussetzungen vorgelegen hätten, unter denen eine zweite Einigungsgebühr zu erstatten gewesen wäre (→ RVG VV 3401 Rn. 132). 110

7. RA in eigener Sache

Eine Verkehrsgebühr für die Unterrichtung seines Verfahrensbevollmächtigten kann er nicht erstattet verlangen, da, wenn ein rechtskundiger RA Partei ist, die Zuziehung eines Verkehrsanwalts nicht als notwendig anerkannt werden kann.[130] Handelt der RA als gesetzlicher Vertreter oder als Partei kraft Amtes, ist streitig, ob die Verkehrsgebühr zu erstatten ist. 111

XV. Prozesskostenhilfe

Verkehrsgebühr. Nach der Rspr. des BGH ist im Falle der Bevollmächtigung eines Anwalts am Sitz des Gerichts die Zuziehung eines am Wohn- oder Geschäftsort der auswärtigen Partei ansässigen Verkehrsanwalts regelmäßig als zur zweckentsprechenden Rechtsverfolgung oder Rechtsverteidigung notwendig anzusehen.[131] Für die Vergütungsfestsetzung kommt es allerdings entscheidend auf den Beiordnungsbeschluss an. Einen Anspruch gegen die Staatskasse hat nur der RA, der beigeordnet wurde. Je nach Beiordnungsbeschluss kann das sowohl beim Verfahrensbevollmächtigten als auch beim Verkehrsanwalt der Fall sein. Ist hingegen nur der Verfahrensbevollmächtigte beigeordnet, so hat nur dieser einen Anspruch gegen die Staatskasse und zwar anhand der Tabelle für PKH-Gebühren. Der Verkehrsanwalt hat dann einen Anspruch gegen die Partei und zwar in Höhe der Wahlanwaltsgebühren.[132] Ist jedoch nur der Verkehrsanwalt beigeordnet, so hat er einen Anspruch anhand der Tabelle für PKH-Gebühren gegen die Staatskasse, während der Verfahrensbevollmächtigte Ansprüche aus der Wahlanwaltstabelle gegen den Auftraggeber hat.[133] 112

Terminsgebühr. Wird der Verkehrsanwalt über die reine Vermittlung hinaus tätig zB nimmt er auftragsgemäß an einem Termin teil, so besteht nach allg. Ansicht ein Anspruch gegen die Staatskasse nur, wenn die Beiordnung durch das Gericht auf die Teilnahme am Termin erweitert wurde.[134] 113

Einigungsgebühr, → § 48 Rn. 137 ff. 114

XVI. Rechtsschutzversicherung

1. Verkehrsgebühr

§ 5 Abs. 1a S. 2 ARB 1994 lautet: „Wohnt der Versicherungsnehmer mehr als 100 km Luftlinie vom zuständigen Gericht entfernt und erfolgt eine gerichtliche Wahrnehmung seiner Interessen, trägt der Versicherer bei den Leistungsarten gem. §§ 2a–g[135] weitere Kosten für einen im Landgerichtsbezirk des Versicherungsnehmers ansässigen RA bis zur Höhe der gesetzlichen Vergütung eines Rechtsanwalts, der lediglich den Verkehr mit dem Verfahrensbevollmächtigten führt." Inhaltlich gleich ist die Formulierung in § 2 Abs. 1a ARB 1975. Ist ein Verkehrsanwalt tätig geworden, so trägt der Versicherer unter den genannten Voraussetzungen die Verkehrsgebühr. Ob die Einschaltung eines Verkehrsanwalts erforderlich war, ist unerheblich, da die All- 115

[130] BGH NJW 2008, 1087 Tz. 9 mwN.

[131] BGH NJW 2004, 2749 = FamRZ 2004, 1362 = JurBüro 2004, 604.

[132] Schneider/Wolf/*N. Schneider* RVG VV 3400 Rn. 45.

[133] Schneider/Wolf/*N. Schneider* RVG VV 3400 Rn. 46.

[134] OLG Düsseldorf JurBüro 1981, 563; OLG Frankfurt a. M. JurBüro 1986, 1829; OLG Zweibrücken JurBüro 1986, 223, zu Verhandlungs- und Beweisgebühr.

[135] Schadensersatz-, Arbeits-, Wohnungs- und Grundstücksrechtsschutz, Rechtsschutz im Vertrags- und Sachenrecht, Steuerrechtsschutz vor Gerichten, Sozialgerichtsrechtsschutz, Verwaltungsrechtsschutz in Verkehrssachen.

gemeinen Bedingungen nicht hierauf abstellen.[136] Bei Eintritt eines Rechtsschutzfalles im Ausland besteht der Anspruch für die Kosten eines weiteren Anwalts in dem dargelegten Umfang, jedoch für alle in § 2 ARB 1994 aufgeführten Rechtsschutzversicherungen und nicht nur für die in § 2a–g aufgeführten (§ 5 Abs. 1b S. 3 ARB 1994/2000).

2. Terminsgebühr

116 Nimmt der Verkehrsanwalt statt des Verfahrensbevollmächtigten an einem auswärtigen Beweistermin teil, so greift § 5 Abs. 1a S. 2 ARB 1994/2000 nicht ein. Der Verkehrsanwalt verdient die Gebühr des VV 3401 RVG, die der Versicherer auch trägt.[137]

3. Einigungsgebühr

117 Aus der gewählten Wiederholung der Formulierung des § 52 BRAGO („… der lediglich den Verkehr des Versicherungsnehmers mit dem Verfahrensbevollmächtigten führt.") ergibt sich, dass nur Kosten bis zur Höhe einer Verkehrsgebühr einschließlich Kommunikationspauschale plus MwSt Kosten getragen werden, nicht aber auch zusätzlich eine Einigungsgebühr des Verkehrsanwalts, wenn bereits beim Verfahrensbevollmächtigten eine solche angefallen ist.[138]

118 **Hinweispflicht des RA.** Der RA muss einen rechtsunkundigen Mandanten darauf hinweisen, dass die zweite Einigungsgebühr von dem Versicherer nicht übernommen wird, wenn er neben dem Verfahrensbevollmächtigten an der Einigung mitwirkt.[139] Der Rechtsschutzversicherte geht gerade aufgrund seiner Versicherung davon aus, keine Kosten selbst tragen zu müssen.[140]

XVII. Gebührenteilung

119 → § 3a Rn. 78.

C. Gutachterliche Äußerung (Anm. zu VV 3400 RVG)

I. Allgemeines

120 Grundsätzlich löst die Übersendung von Handakten keine Verkehrsgebühr aus. Dasselbe gilt wenn der RA, häufig der Verfahrensbevollmächtigte der vorausgehenden Instanz, von sich aus die Übersendung mit gutachtlichen Äußerungen verbindet, etwa aus Gefälligkeit gegenüber dem neuen Verfahrensbevollmächtigten. Handelt hingegen der RA im Einverständnis mit dem Auftraggeber, so erhält er nach der Anm. zu VV 3400 RVG eine Verkehrsgebühr.

II. Anwendungsbereich

121 Die gutachterliche Äußerung muss sich auf ein von VV Teil 3 RVG erfasstes Verfahren beziehen. Es gilt das oben zum Verkehrsanwalt Dargelegte (→ Rn. 4 ff.).

III. Voraussetzungen

1. Übersendung der Handakten

122 Die gutachterliche Äußerung muss zur Übersendung der Akten hinzukommen, Mit Akten sind die Handakten gemeint, sonstige Akten muss der RA ja ohnehin dem Gericht zurückgeben.[141] Es muss nicht notwendiger Weise die gesamte Handakte, wohl aber so viel sein, dass sich der Rechtsmittelanwalt ein ausreichendes Bild machen kann.[142]

2. Übersendung an RA des höheren Rechtszugs

123 **Höherer Rechtszug.** Die Anm. zu VV 3400 RVG gilt nach seinem Wortlaut nur bei der Übersendung an den RA des höheren Rechtszuges, also der Berufungs-, Revisions- oder Beschwerdeinstanz, nicht aber bei Anwaltswechsel innerhalb eines Rechtszuges, zB bei Verwei-

[136] BGH NJW 2007, 1465 = FamRZ 2007, 719.
[137] Harbauer/*Bauer,* 7. Aufl. 2004, ARB 1994 § 5 Rn. 4 iVm ARB 1975 § 2 Rn. 79.
[138] Harbauer/*Bauer* ARB 2000 § 5 Rn. 67 Rn. 4 iVm ARB 1975 § 2 Rn. 77; LG Stuttgart ZfS 1986, 271; LG Hanau ZfS 1986, 146; **aA** *Mümmler* JurBüro 1983, 662; *Enders* JurBüro 2001, 464.
[139] Eine Belehrungspflicht wird von *Enders* JurBüro 2001, 464 (465) Nr. 2.3 verneint.
[140] BGH NJW 1991, 2084 = JurBüro 1991, 1647.
[141] Hartmann/Toussaint/*Toussaint* RVG VV 3400 Rn. 38.
[142] Hartmann/Toussaint/*Toussaint* RVG VV 3400 Rn. 39.

sung oder Zurückverweisung. Dann ist die gutachterliche Tätigkeit durch die Verfahrensgebühr abgegolten.[143]

An Verfahrensbevollmächtigten. „RA des höheren Rechtszugs" ist der Verfahrensbevollmächtigte des höheren Rechtszugs. Es reicht, dass der Empfänger als Verfahrensbevollmächtigter beauftragt ist. Nicht nötig ist, dass er bereits tätig geworden ist. 124

3. Gutachterliche Äußerung

Es muss ein Gutachten erstellt werden. Das ist mehr als ein Rat oder eine Auskunft iSv § 34 RVG, aber weniger als ein Gutachten iSv von VV 2103 RVG,[144] wie sich aus den unterschiedlichen Begriffen „Gutachten" (VV 2103 RVG) und „gutachterliche Äußerung" (Anm. zu VV 3400 RVG) ergibt. Die bloße Wiedergabe des Sachverhalts reicht nicht.[145] 125

4. Verbindung mit Handakten

Dem Wortlaut nach muss die gutachterliche Äußerung zusammen mit den Handakten dem Verfahrensbevollmächtigten zugeleitet werden. Jedenfalls eine kurze, versehentliche Verzögerung steht aber nicht der Gebühr entgegen.[146] Dasselbe gilt, wenn zunächst die Handakten zugeschickt werden und dann, wie angekündigt, die gutachterliche Stellungnahme wenig später nachfolgt. Die Stellungnahme muss zeitlich so rechtzeitig beim Verfahrensbevollmächtigten der höheren Instanz eingehen, dass er sie schon bei der ersten Durchsicht der Akten berücksichtigen kann.[147] Wird später das Rechtsmittel erweitert, so fällt die Gebühr auch an, wenn der RA nunmehr ohne erneute Übersendung der Handakten zum neuen Teil eine gutachterliche Äußerung abgibt.[148] 126

5. Absendender RA

Der absendende RA kann und wird auch meistens der Verfahrensbevollmächtigte der vorherigen Instanz sein. Dass die Übersendung von Handakten für den Verfahrensbevollmächtigten der Vorinstanz zum Rechtszug der Vorinstanz gehört, steht nicht entgegen, da die Anm. zu VV 3400 RVG zusätzlich zur Übersendung von Handakten noch eine gutachterliche Stellungnahme verlangt.[149] 127

6. Einverständnis des Auftraggebers

Zur Entstehung der Gebühr der Anm. zu VV 3400 RVG ist das Einverständnis des Auftraggebers erforderlich und genügend. Dieses kann ausdrücklich oder stillschweigend erteilt werden. Nicht reicht aus, dass im Außenverhältnis die Verfahrensvollmacht gem. § 81 ZPO auch die Berufungsinstanz erfasst.[150] Teilweise wird angenommen, 128

– dass es genügen kann, dass der Mandant Kenntnis von der Übersendung der gutachterlichen Äußerung hat und ihr nicht widerspricht,[151]
– dass ein Schweigen im Regelfall genügt, wenn der RA dem Auftraggeber mitgeteilt hat, er werde – sein Einverständnis vorausgesetzt – dem Berufungsanwalt eingehende Ausführungen zur Tat- und Rechtsfrage geben.[152]

Aber hier sind die gleichen Einschränkungen zu beachten, die unter → Rn. 28 ff. für einen stillschweigenden Vermittlungsauftrag dargelegt sind. 129

Hinweis für RA. Je nach den Rechtskenntnissen des Mandanten wird der RA, der bereits in der Vorinstanz tätig war, diesen darauf hinweisen müssen, dass eine zusätzliche Gebühr anfällt. Dabei ist auch wieder zu beachten, dass in den meisten Fällen eine derartige gutachterliche Äußerung nicht unbedingt erforderlich ist[153] und dass diese Gebühr in aller Regel nicht zu erstatten ist.[154] Erst recht gilt diese Hinweispflicht wieder, wenn der RA im ersten Rechtszug der Partei im Wege der PKH beigeordnet war (→ Rn. 29). 130

---

143 Riedel/Sußbauer/*Schütz* RVG VV 3400 Rn. 22.
144 Hartmann/Toussaint/*Toussaint* RVG VV 3400 Rn. 45.
145 OLG Frankfurt a. M. Rpfleger 1955, 207; Hartmann/Toussaint/*Toussaint* RVG VV 3400 Rn. 45.
146 Hartmann/Toussaint/*Toussaint* RVG VV 3400 Rn. 46.
147 Schneider/Wolf/*N. Schneider* RVG VV 3400 Rn. 131.
148 Schneider/Wolf/*N. Schneider* RVG VV 3400 Rn. 132.
149 **AA** Hartmann/Toussaint/*Toussaint* RVG VV 3400 Rn. 41.
150 BGH JurBüro 1991, 1647.
151 Hartmann/Toussaint/*Toussaint* RVG VV 3400 Rn. 43.
152 Riedel/Sußbauer/*Schütz* RVG VV 3400 Rn. 18.
153 OLG Koblenz NJW-RR 1993, 695.
154 BGH NJW 1991, 2084 (2086) li. Sp.; OLG Koblenz NJW-RR 1993, 695, beide zu Verfahrensbevollmächtigter der vorherigen Instanz als Verkehrsanwalt der nächsten Instanz.

131 **Nicht ausreichend** für ein Einverständnis ist, dass der Mandant mit der Einlegung des Rechtsmittels einverstanden ist oder den RA beauftragt hat, einen Verfahrensbevollmächtigten für den höheren Rechtszug zu bestellen.[155]

IV. Tätigkeit

132 Die Gebühr entsteht wieder mit der ersten Tätigkeit des Rechtsanwalts, also zB mit der der gutachterlichen Äußerung vorausgehenden Besprechung mit dem Mandanten. Allerdings erwächst dann zunächst einmal nur eine reduzierte Gebühr gem. VV 3405 Nr. 1 RVG.

V. Gebührenhöhe

133 Der RA verdient, wie der Verkehrsanwalt, eine Gebühr in Höhe der dem Verfahrensbevollmächtigten zustehenden Verfahrensgebühr, jedoch höchstens eine 1,0 Verfahrensgebühr, bei Betragsrahmengebühren höchstens 500,00 EUR. Bei einem vorzeitigen Auftragsende gilt VV 3405 Nr. 1 RVG (höchstens 0,5 Gebühr). Eine volle Gebühr gem. VV 3400 RVG verdient der RA erst, wenn alle Tatbestandsmerkmale der Anm. zu VV 3400 RVG erfüllt sind, also erst mit der Übersendung.

VI. Auslagen

134 Die gutachterliche Äußerung ist ge m. Anm. zu VV 3400 RVG eine neue Angelegenheit. Damit kann die Kommunikationspauschale gem. VV 7002 RVG gesondert geltend gemacht werden.

VII. Weitere Gebühren

135 Der RA kann die gleichen weiteren Gebühren verdienen, wie der Verkehrsanwalt (→ Rn. 57 ff.).

VIII. Gegenstandswert

136 Der Gegenstandswert richtet sich nach dem Wert des Gegenstandes, zu dem eine gutachterliche Äußerung abgegeben wird. Wird Berufung nur hinsichtlich eines Teilbetrages von 10.000,– EUR eingelegt und nur hierzu gutachterlich Stellung genommen, so errechnet sich die Gebühr aus 10.000,– EUR. Dabei ist denkbar, dass beim begutachtenden RA ein niedrigerer Wert als beim Verfahrensbevollmächtigten anzunehmen ist. Während der Verfahrensbevollmächtigte gegen das ganze Urteil vorgehen soll, bezieht sich die gutachterliche Äußerung nur auf einen Teil.

IX. Kostenerstattung

137 Ausschlaggebend ist ausschließlich, ob die gutachterliche Äußerung notwendig iSv § 91 ZPO war.[156] Das wird in den seltensten Fällen gegeben sein. Auch hier kommt allerdings wieder in Betracht, dass durch die Rspr. des BGH zur Erstattung der Reisekosten des Verfahrensbevollmächtigten (→ RVG VV 7003 Rn. 114 ff.) die Erstattung der Kosten für die gutachterliche Äußerung erleichtert wird. Werden Reisekosten eines Verfahrensbevollmächtigten bzw. Kosten eines Terminsvertreters durch die gutachterliche Äußerung erspart, weil zB ein am Berufungsgericht ansässiger RA eingeschaltet wird, so sind sie bis zur Höhe der Gutachterkosten zu erstatten.

X. Prozesskostenhilfe

138 Sollte eine Beiordnung einmal für die gutachterliche Äußerung erfolgt sein, so hat der RA einen Vergütungsanspruch gegen die Staatskasse nach der PKH-Anwaltstabelle.

XI. Rechtsschutzversicherung

139 Wenn die Voraussetzungen des § 5 Abs. 1a S. 2 ARB 1994 gegeben sind (→ Rn. 115: 100 km Luftlinie Entfernung vom zuständigen Gericht, im Landgerichtbezirk des Versicherungsnehmers ansässiger RA erstellt gutachterliche Äußerung), so trägt der Versicherer auch die Gebühr

---

[155] Hartmann/Toussaint/*Toussaint* RVG VV 3400 Rn. 44.
[156] LG Düsseldorf AnwBl 1968, 278.

für die gutachterliche Äußerung. § 5 Abs. 1a S. 2 ARB 1994 verlangt nicht, dass der zweite RA als Verkehrsanwalt iSv VV 3400 RVG tätig war. Es genügt, dass ein zweiter RA tätig war. Im Übrigen gilt das zum Verkehrsanwalt Dargelegte entsprechend (→ Rn. 115 ff.).

Nr.	Gebührentatbestand	Gebühr oder Satz der Gebühr nach § 13 RVG
3401	Der Auftrag beschränkt sich auf die Vertretung in einem Termin im Sinne der Vorbemerkung 3 Abs. 3: Verfahrensgebühr	in Höhe der Hälfte der dem Verfahrensbevollmächtigten zustehenden Verfahrensgebühr

Schrifttum: *Enders,* Prozessbevollmächtigte und Terminsvertreter/Unterbevollmächtigter, JurBüro 2004, 627 ff., 2005, 1 ff.; 62 ff.; *Hansens,* Die Vergütung des Terminsvertreters, RVGreport 2004, 369 ff.; *N. Schneider,* Die Vergütung des Terminsvertreters, AGS 2005, 93 ff.

Übersicht

I. Motive

Die Motive zum KostRMoG führen aus: 1

„Bei der Neufassung des Gebührentatbestandes für den Terminsvertreter ist berücksichtigt, dass eine Beweisgebühr künftig nicht mehr anfällt, eine dem § 53 Satz 3 BRAGO entsprechende Regelung daher zu entfallen hat."[1]

II. Allgemeines

VV 3401 RVG regelt die Verfahrensgebühr, wenn der RA den Mandanten in einem Termin vertritt, wobei unter einem Termin im Sinne dieser Bestimmung alle in VV Vorb. 3 Abs. 3 RVG erfassten Tätigkeiten zu verstehen sind. Für weitere Gebühren gelten VV 3402 RVG iVm VV 3104 ff. RVG (Terminsgebühr) und VV 1000 ff. RVG (Einigungsgebühr). 2

Verfahrensgebühr. VV 3401 RVG gewährt eine Verfahrensgebühr in Höhe der Hälfte der dem Verfahrensbevollmächtigten zustehenden Verfahrensgebühr. In der ersten Instanz beträgt die Verfahrensgebühr des Terminvertreters damit 0,65. Nach VV 3405 Nr. 2 RVG reduziert sich die Verfahrensgebühr auf höchstens eine 0,5 Gebühr bzw. bei Betragsrahmengebühren auf höchstens 250,00 EUR, wenn der Auftrag vor Beginn der mündlichen Verhandlung endigt. 3

Terminsgebühr des Verfahrensbevollmächtigten. Gem. § 33 Abs. 3 S. 1 BRAGO verdiente der Verfahrensbevollmächtigte neben dem Unterbevollmächtigten eine Gebühr iHv $^{5}/_{10}$ der diesem zustehenden Verhandlungs- oder Erörterungsgebühr, mindestens jedoch drei Zehntel der vollen Gebühr. Eine entsprechende Regelung kennt das RVG für die Terminsgebühr nicht. Der Hauptbevollmächtigte, der nicht an der mündlichen Verhandlung teilnimmt, verdient daher keine Terminsgebühr. 4

III. Anwendungsbereich

1. Grundsatz

VV 3401 RVG findet in allen Verfahren Anwendung, die in der Überschrift zu VV Teil 3 RVG aufgeführt sind (→ RVG VV Vorb. 3 Rn. 6 ff.). 5

2. Beschwerde, Vollstreckung, PKH-Antragsverfahren

Zu VV 3401 RVG und zu § 53 BRAGO wurde die Ansicht vertreten, dass diese nicht auf das Beschwerde-, Zwangsvollstreckungs- oder PKH-Antragsverfahren anzuwenden seien, da die Gebührenvorschriften für das Beschwerdeverfahren für alle Anwälte ohne Rücksicht auf die Art und den Umfang des Auftrags einschlägig seien.[2] Das gilt jedenfalls für das RVG nicht. VV 3401 RVG ist so allgemein gefasst, dass nach dem Wortlaut auch diese Verfahren darunter fallen. Es ist auch kein sachlicher Grund erkennen war, warum ein RA, wenn er in einem Beschwerdeverfahren lediglich einen Termin wahrnehmen soll, während das Beschwerdeverfahren sonst von einem anderen RA betrieben wird, nicht eine reduzierte Verfahrensgebühr verdienen soll. Er muss erheblich weniger machen als der Verfahrensbevollmächtigte. Eine unmittelbare Anwendung der VV 3500 ff. RVG würde auch zu unvertretbaren Ergebnissen führen. Dem Terminsvertreter würde zB bei einer Nichtzulassungsbeschwerde gem. VV 3504 RVG eine 1,6 Verfahrensgebühr zustehen, während er im Berufungsverfahren gem. VV 3401, 3200 RVG lediglich eine 0,8 Verfahrensgebühr bekäme. 6

Der Terminsvertreter verdient damit auch in den Beschwerde-Zwangsvollstreckungs- und PKH-Antragsverfahren lediglich die Hälfte der dem Verfahrensbevollmächtigten zustehenden Verfahrensgebühr, also 7

- im Fall des VV 3309 RVG eine 0,15 Verfahrensgebühr;
- im Fall der VV 3500 ff. RVG eine 0,25 Verfahrensgebühr bzw., wenn die Gebühr des Verfahrensbevollmächtigten höher ist, eine höhere Gebühr also zB im Fall des VV 3502 RVG eine 0,5 Verfahrensgebühr;
- im Fall des VV 3335 RVG eine 0,5 Verfahrensgebühr.

Zu beachten ist aber, dass das nur gilt, wenn der RA auch wirklich nur Terminsvertreter ist. Führt der Terminsvertreter der ersten Instanz das Beschwerde- oder Vollstreckungsverfahren **als Verfahrensbevollmächtigter** durch, so erhält er natürlich unmittelbar die Gebühren gem. VV 3500 ff. RVG, also im Fall des VV 3500 RVG eine 0,5 Verfahrensgebühr. 8

---

[1] BT-Drs. 15/1971, 218.

[2] Zu RVG: Schneider/Wolf/*N. Schneider,* 3. Aufl. 2006, RVG VV 3400 ff. Vor Rn. 7; zu BRAGO: Gerold/Schmidt/*von Eicken,* 15. Aufl. 2002, BRAGO § 53 Rn. 2.

IV. Terminsvertreter

1. Abgrenzung zum Verfahrensbevollmächtigten

9 VV 3401 RVG stellt darauf ab, dass sich der Auftrag auf die Vertretung in einem bestimmten Termin beschränkt. Trotzdem kann der RA die Gebühren des VV 3401 RVG auch dann verdienen, wenn er darüber hinaus noch weiter tätig ist. Mit der Beschränkung soll lediglich klar gestellt werden, dass es sich bei dem Terminsvertreter nicht um den Verfahrensbevollmächtigten handeln darf. Der Terminsvertreter kann also zB gleichzeitig Verkehrsanwalt sein oder im Sinne eines Unterbevollmächtigten Ladungen entgegennehmen. In diesen Fällen entsteht die Verfahrensgebühr mehrfach, sie kann jedoch insgesamt nur einmal in Rechnung gestellt werden (→ Rn. 58).[3]

10 **Hauptfälle** des VV 3401 RVG sind

- der RA, der den Verfahrensbevollmächtigten in einem Rechtsstreit vor einem auswärtigen Gericht in einem der von VV Vorb. 3 Abs. 3 RVG erfassten Termine vertritt,[4]
- der Spezialist auf einem Sonderrechtsgebiet (zB gewerblicher Rechtsschutz), der neben dem Verfahrensbevollmächtigten in der mündlichen Verhandlung auftritt,
- der **Unterbevollmächtigte.** In der Praxis hat sich die Übung herausgebildet, den bei dem auswärtigen Gericht tätigen Vertreter nicht nur zum Vertreter in der mündlichen Verhandlung zu bestellen, sondern ihm die Vertretung in Untervollmacht ganz allgemein zu übertragen. Der Unterbevollmächtigte wird ermächtigt, die Ladungen, Schriftsätze, Entscheidungen usw entgegenzunehmen und den Auftraggeber insoweit voll zu vertreten, als der Verfahrensbevollmächtigte wegen der Entfernung des Gerichts an der Vertretung verhindert ist. Hinsichtlich der Prozess- und der Verhandlungsgebühr wurde zur BRAGO allgemein angenommen, dass sich keine Unterschiede zum Vertreter in der mündlichen Verhandlung ergeben. Der Unterbevollmächtigte erhielt diese Gebühren in gleicher Weise wie der RA des § 53 BRAGO.[5] Auch im Rahmen des RVG ist der Unterbevollmächtigte wie ein Terminsvertreter zu behandeln.[6]

2. Terminsvertreter ohne Verfahrensbevollmächtigten

11 Der Terminsvertreter setzt nicht voraus, dass es neben ihm auch einen Verfahrensbevollmächtigten gibt. Nimmt die Partei ihre Rechte selbst war und will sie nur im Termin von einem RA vertreten sein, so ist letzterer Terminsvertreter.[7]

3. Vertretung iSv § 5 RVG

12 Der im Termin auftretende RA ist aber kein Terminsvertreter, wenn er als Vertreter des Verfahrensbevollmächtigten iSv § 5 RVG tätig wird (→ § 1 Rn. 122 ff.). Die Terminsgebühr fällt dann beim vertretenen Verfahrensbevollmächtigten an.[8]

13 **Gleichzeitig im eigenen und in fremden Namen.** Tritt ein Verfahrensbevollmächtigter in einem Termin sowohl für sich als auch als Vertreter iSv § 5 RVG eines Streitgenossen oder Streithelfers auf, so löst er sowohl bei sich als auch beim vertretenen RA eine Terminsgebühr aus.[9]

4. Überörtliche Sozietät

14 Hat eine solche einen Verfahrensauftrag, so scheidet ein Terminsvertreter aus, wenn ein Mitglied dieser Sozietät beim Gericht auftritt. Es gilt dasselbe wie beim Verkehrsanwalt (→ RVG VV 3400 Rn. 22). Die gesamte Sozietät hat den Verfahrensauftrag erhalten, also auch die Anwälte, die am Gerichtsort ansässig sind. Eine Aufspaltung des Auftrags in verschiedene Funktionen[10] ist zum einen gekünstelt. Zum andern hat der Auftraggeber auch nicht den geringsten Anlass, zwei unterschiedliche Aufträge zu erteilen und sich damit zusätzliche Kosten aufzuladen.

---

[3] Schneider/Wolf/*N. Schneider* RVG VV § 3401 Rn. 14.

[4] *Enders* JurBüro 2004, 627 (630).

[5] OLG Hamm AnwBl 1973, 210 = JurBüro 1973, 747; Gerold/Schmidt/*von Eicken,* 15. Aufl. 2002, BRAGO § 53 Rn. 16.

[6] *Enders* JurBüro 2004, 627 (630).

[7] Schneider/Wolf/*N. Schneider* RVG VV 3401 Rn. 17.

[8] BGH NJW 2006, 3571 = FamRZ 2006, 1373.

[9] **AA** OLG Brandenburg JurBüro 2010, 422 = AGS 2010, 370 mablAnm *N. Schneider.*

[10] Wie sie Schneider/Wolf/*N. Schneider* RVG VV 3401 Rn. 18 vornehmen wollen.

5. Postulationsfähigkeit

Ebenso wenig wie ein RA, dem die Postulationsfähigkeit bei einem bestimmten Gericht fehlt, Verfahrensbevollmächtigter sein und als solcher eine Terminsgebühr verdienen kann (→ RVG VV 3208 Rn. 16 ff.), kann er Terminsvertreter sein.[11] 15

6. Ausland

→ Rn. 56. 16

V. Auftrag

Entscheidend ist der Auftrag. Dieser muss auf die Vertretung in einem der unten dargelegten Termine gerichtet sein. 17

Ist der Auftrag auf die Teilnahme an einem anderen Termin gerichtet, so findet VV 3403 RVG Anwendung. Geht der Auftrag auf die Vertretung im gesamten Verfahren, so ist der RA Verfahrensbevollmächtigter. 18

VI. Auftraggeber

→ § 1 Rn. 122 ff. 19

VII. Termin

1. Betroffene Termine

Termin iSv VV Vorb. 3 Abs. 3 RVG. VV 3401 RVG ist nur anwendbar, wenn der RA in einem der von VV Vorb. 3 Abs. 3 RVG erfassten Termine vertreten soll. 20

Gerichtliche Termine. Hierzu gehören nicht nur – wie bisher – der Termin zur mündlichen Verhandlung, zur Erörterung oder zur Beweisaufnahme sowie der vom gerichtlich bestellten Sachverständigen anberaumte Termin, sondern dank der Erweiterung von VV Vorb 3 Abs. 3 RVG durch das 2. KostRMoG auch weitere Termine wie zB ein Anhörungstermin (→ RVG VV Vorb. 3 Rn. 74 ff.). Werden in einem Termin nicht rechtshängige Ansprüche wegen einer beabsichtigten Einigung mit besprochen und hat der Terminsvertreter auch insoweit einen Auftrag, so verdient er auch hierfür eine Gebühr gem. VV 3401 RVG.[12] Dass diese Besprechung mit zum Termin gehört, ergibt sich aus VV 3401 Anm. Abs. 1 RVG und VV 3402 Anm. Abs. 2 RVG. 21

Außergerichtliche Gespräche iSv VV Vorb. 3 Abs. 3 S. 1 Alt. 3 RVG. Auch diese Gespräche werden von VV 3401 RVG erfasst. Allerdings fällt es schwer, diese Gespräche, die auch telefonisch erfolgen können, unter den Begriff eines Termins einzuordnen, weshalb auch ganz überwiegend, in der 16. Aufl. 2004 auch von mir,[13] für diesen Fall VV 3401 RVG als nicht anwendbar angesehen wurde.[14] Das RVG sieht sie aber als einen Termin iSv VV 3401 RVG an. Die Motive führen hierzu aus: 22

> „Nach dem Wort „Termin" sollen die Wörter „im Sinne der Vorbemerkung 3 Abs. 3" angefügt werden. Die vorgeschlagene Ergänzung dient der Klarstellung, dass diese Verfahrensgebühr immer dann anfällt, wenn sich der Auftrag auf die Wahrnehmung eines Termins oder einer Besprechung im Sinne der Vorb. 3 Abs. 3 VV beschränkt".[15]

Diese Absicht hat auch seinen Niederschlag im Gesetz gefunden, wenn dort auf VV Vorb. 3 RVG Bezug genommen wird.[16] 23

Reiner Protokollierungstermin zu rechtshängigen Ansprüchen. Ein reiner Protokollierungstermin fällt, soweit er die Protokollierung von in diesem oder einem anderen Verfahren rechtshängige Ansprüche betrifft, unter die von VV Vorb. 3 Abs. 3 RVG erfassten Termine (→ RVG VV 3104 Rn. 139 ff.). Dann kann der Terminsvertreter auch in einem solchen Termin die Gebühr gem. VV 3401 RVG verdienen.[17] 24

---

[11] Schneider/Wolf/*N. Schneider* RVG VV 3401 Rn. 16.

[12] *Enders* JurBüro 2005, 1 (6).

[13] → RVG VV 3401 Rn. 13.

[14] HBS VergütungsR/*Hansens* Teil 8 Rn. 323; *Hansens* RVGreport 2004, 369 (370) Ziff. 2; *Enders* JurBüro 2005, 1 (6).

[15] BT-Drs. 15/2487, 180, Rechtsausschuss.

[16] Schneider/Wolf/*N. Schneider* RVG VV 3401 Rn. 20 ff.

[17] Schneider/Wolf/*N. Schneider* RVG VV 3401 Rn. 36.

2. Nicht betroffene Termine

25 **Reiner Protokollierungstermin zu nirgendwo rechtshängigen Ansprüchen.** Geht es aber lediglich um eine Protokollierung von in keinem Verfahren rechtshängigen Ansprüchen, so ist der RA nicht in einem der von VV 3401 RVG erfassten Termine tätig.

26 **RA nur für Rechtsmittelverzicht** → RVG VV 3403 Rn. 24 ff.

27 Für die Tätigkeit in einen Termin, der nicht von VV 3401 RVG erfasst wird, verdient der RA eine Gebühr gem. VV 3403 RVG.[18]

3. Anberaumung und Durchführung des Termins

28 **Anberaumung.** Grundsätzlich muss der Termin noch nicht anberaumt sein. Allerdings wird, wenn der Auftrag erteilt wird, bevor ein Termin anberaumt ist, häufig nur ein bedingter Auftrag für einen Terminsvertreter gegeben sein. Im Einzelfall kann das aber auch einmal anders sein, zB weil sich der Terminsvertreter im Hinblick auf einen möglicher Weise sehr kurzfristig angesetzten Termin schon einmal in die Sache einarbeiten soll.

29 **Durchführung des Termins.** Der Termin muss nicht durchgeführt werden. Allerdings fällt, wenn der Termin nicht stattfindet, nur eine 0,5 Terminsgebühr gem. VV 3405 Nr. 2 RVG an (→ Rn. 38).

VIII. Vertretung

30 Vertretung bedeutet, dass der RA für seinen Mandanten auftreten soll. Eine Teilnahme am Termin als bloßer Beobachter oder Ratgeber genügt nicht.[19]

IX. Tätigkeit

31 Es ist nicht erforderlich, dass ein Termin stattgefunden hat und dass der Terminsvertreter daran teilgenommen hat. Wie auch bei anderen Verfahrensgebühren genügt, dass der RA in Ausführung des Auftrags etwas getan, zB die Akten eingesehen oder Informationen entgegengenommen hat. Allerdings ist es wegen VV 3405 Nr. 2 RVG für die Höhe der Gebühr von Bedeutung, ob der Termin stattgefunden hat (→ Rn. 38).

X. Gebührenhöhe

1. Hälfte des Verfahrensbevollmächtigten

32 Der Terminsvertreter erhält, wenn er an einem Termin teilgenommen hat, eine Verfahrensgebühr in Höhe der Hälfte der dem Verfahrensbevollmächtigten zustehenden Verfahrensgebühr (VV 3401 RVG); also in der ersten Instanz einen Gebührensatz von 0,65 (VV 3100 RVG), in der Berufungsinstanz von 0,8 (VV 3200 RVG).

33 **Konkrete Berechnungsweise.** Abzustellen ist auf die Verfahrensgebühr, die der Verfahrensbevollmächtigte im konkreten Fall verdient hat. Die Hälfte davon ergibt die Verfahrensgebühr des Terminsvertreters (konkrete Berechnungsweise). Hat also der Verfahrensbevollmächtigte nur eine 0,8 Verfahrensgebühr gem. VV 3101 Nr. 1 RVG verdient, so steht dem Terminsvertreter nur eine 0,4 Verfahrensgebühr zu.[20] Demgegenüber stellt die abstrakte Berechnungsweise darauf ab, welche volle Verfahrensgebühr dem Verfahrensbevollmächtigten an sich zustehen würde.[21] Das würde zu einer 0,65 Verfahrensgebühr des Terminsvertreters führen.

34 Dass die konkrete Berechnungsweise zutreffend ist, zeigt ein Vergleich von VV 3401, 3402 RVG. Während in VV 3401 RVG abgestellt wird auf die dem (!) Verfahrensbevollmächtigten zustehende Verfahrensgebühr, kommt es in VV 3402 RVG auf die einem (!) Verfahrensbevollmächtigten zustehende Terminsgebühr an. Damit kommt zum Ausdruck, dass im Falle des VV 3402 RVG (Terminsgebühr) der Bezug zu einer konkreten Gebühr des Verfahrensbevollmächtigten fehlt, diese aber bei der Verfahrensgebühr gegeben ist. Dies lässt sich auch rechtfertigen, da, wenn es bei dem Verfahrensbevollmächtigten zu einem geringeren Arbeitsaufwand kommt, der Aufwand beim Terminsvertreter häufig auch geringer sein wird. Dass das in manchen Fällen auch anders sein kann und der Terminsvertreter trotzdem nur eine 0,4 Verfahrensgebühr verdient, ist dem RVG nicht fremd. Soweit dieses auf Pauschalgebühren abstellt, soll die Vergütung unabhängig vom Aufwand im konkreten Einzelfall sein.

---

[18] Schneider/Wolf/*Mock/Schneider,* 6. Aufl. 2012, RVG VV 3401 Rn. 26.
[19] Schneider/Wolf/*N. Schneider* RVG VV 3401 Rn. 39.
[20] *Hansens* RVGreport 2004, 369 (371); *Enders* JurBüro 2005, 1 (2) Bsp. 2.
[21] Schneider/Wolf/*N. Schneider* RVG VV 3401 Rn. 47; Riedel/Sußbauer/*Schütz* RVG VV 3400 Rn. 24 zum Verkehrsanwalt.

Ohne Verfahrensbevollmächtigten. Wird aber überhaupt kein Verfahrensbevollmächtigter bestellt, zB die Partei will vor dem Amtsgericht nur in der mündlichen Verhandlung anwaltlich vertreten sein, so führt die konkrete Berechnungsweise nicht dazu, dass der Terminsvertreter überhaupt keine Verfahrensgebühr verdient. Das ergibt sich bereits daraus, dass ein RA für jede Tätigkeit einen Vergütungsanspruch erhält. Da aber kein Verfahrensbevollmächtigter in einem solchen Umfang tätig war, dass bei ihm eine 1,3 Verfahrensgebühr angefallen wäre, ist auf die niedrigste Gebühr abzustellen, die der Verfahrensbevollmächtigte auf jeden Fall verdient hätte, also auf eine 0,8 Verfahrensgebühr. Der Terminsvertreter verdient also eine 0,4 Verfahrensgebühr.[22] 35

Übergangsrecht. Zur Berechnung der Ausgangsgebühr im Übergangsrecht s. *Müller-Rabe* NJW 2005, 1609 (1613) „Motive Auftraggeber". 36

Mehrere Auftraggeber. Zur Berechnung bei mehreren Auftraggebern → RVG VV 1008 Rn. 274 ff. 37

2. Vorzeitiges Auftragsende

a) Grundsätze. Die Verfahrensgebühr reduziert sich auf 0,5, wenn der Auftrag endet, bevor der Terminsvertreter den Termin wahrgenommen hat (VV 3405 Nr. 2 RVG). Zwar stellt VV 3405 Nr. 2 RVG nicht wörtlich auf die Wahrnehmung, sondern auf den Beginn des Termins ab. Da es aber auf die Tätigkeit des Anwalts ankommen muss, wenn er eine höhere Gebühr verdienen soll, ist darauf abzustellen, dass der Termin nicht nur begonnen, sondern der RA ihn auch wahrgenommen hat.[23] Wahrnehmung → RVG VV Vorb. 3 Rn. 108 ff. 38

Die Verfahrensgebühr des Terminsvertreters kann sich also auf zwei Wegen reduzieren. Einmal, wenn der Hauptbevollmächtigte nur eine reduzierte Gebühr verdient, zum anderen, wenn der Terminsvertreter an keinem Termin teilnimmt. Treffen beide zusammen, so fällt nur die niedrigste Gebühr an. 39

Beispiele:

Der Hauptbevollmächtigte hat nur eine 0,8 Verfahrensgebühr verdient. Der Terminsvertreter nimmt an keinem Termin teil. Der Terminsvertreter verdient nur eine 0,4 Verfahrensgebühr (die Hälfte der 0,8 Verfahrensgebühr des Hauptbevollmächtigten).

Der Hauptbevollmächtigte hat eine 1,3 Verfahrensgebühr verdient. Der Terminsvertreter nimmt an keinem Termin teil. Der Terminsvertreter verdient nur eine 0,5 Verfahrensgebühr gem. VV 3405 Nr. 2 RVG.

Teilweise vorzeitiges Ende. → Anh. VI Rn. 321 ff. 40

b) Stufenklage. Ist der Terminsvertreter für eine Stufenklage mandatiert und ist zunächst eine mündliche Verhandlung nur zur Auskunftsstufe anberaumt, so fällt die Terminsgebühr zunächst aus dem Wert des Auskunftsanspruchs an. Die Verfahrensgebühr entsteht iHv 0,65 aus dem Wert des Auskunftswerts und wegen VV 3405 Nr. 2 RVG iHv 0,5 aus der Differenz des Wertes der Auskunft zu dem der Leistung.[24] 41

Beispiel:

Der Kläger erhebt unbestimmte Leistungsklage (Wert 9.000,– EUR). Der Terminsvertreter, der für den gesamten Streitgegenstand mandatiert wurde, tritt auf in mündlicher Verhandlung, die nur für die Auskunftsstufe (Wert 3.000,– EUR) anberaumt war.

Beim Terminsvertreter fallen an

0,65 Verfahrensgebühr aus 3.000,– EUR		144,30 EUR
0,5 Verfahrensgebühr aus 6.000,– EUR		195,00 EUR
Summe		339,30 EUR
Maximal gem. § 15 Abs. 3 RVG 0,65 Verfahrensgebühr aus 9.000,– EUR	362,70 EUR	
1,2 Terminsgebühr aus 3.000,– EUR		266,40 EUR
Pauschale		20,00 EUR
Insgesamt		625,70 EUR

Findet später auch eine mündliche Verhandlung zum Leistungsanspruch statt, so **erhöhen** sich die zuvor angefallenen Gebühren des Terminsvertreters, so dass ihm insgesamt zustehen

0,65 Verfahrensgebühr aus 9.000,– EUR	362,70 EUR
1,2 Terminsgebühr aus 9.000,– EUR	669,60 EUR
Pauschale	20,00 EUR
Zusammen	1.052,30 EUR

[22] So zur BRAGO: OLG Stuttgart JurBüro 1975, 1471; OLG Frankfurt a. M. AnwBl 1980, 462 = JurBüro 1980, 1586 mAnm *Mümmler;* **aA** HBS VergütungsR/*Hansens* Teil 8 Rn. 330; *Hansens* RVGreport 2004, 369 (373), der die Hälfte aus einer 1,3 Verfahrensgebühr zuerkennt.

[23] *Enders* JurBüro 2005, 1 (2) Bsp. 3.

[24] *N. Schneider* AGS 2011, 527.

42 **Billigerer Weg.** Kommt es nicht zur mündlichen Verhandlung zum Leistungsanspruch, so ist es billiger, wenn der Terminsvertreter zunächst nur zur Auskunftsstufe mandatiert wird. Dann fällt im vorigen Beispiel die Verfahrensgebühr nur iHv 0,65 aus 3.000,– EUR an.

Berechnung:

0,65 Verfahrensgebühr aus 3.000,– EUR	144,30 EUR
1,2 Terminsgebühr aus 3.000,– EUR	266,40 EUR
Pauschale	20,00 EUR
Summe	430,70 EUR

43 Wird dann später das Mandat auf den Leistungsanspruch erweitert, so erhöht sich bei einer Tätigkeit in der mündlichen Verhandlung zum Leistungsanspruch wie im vorigen Beispiel die Verfahrensgebühr auf 0,65 aus 9.000,– EUR. Es liegt eine Auftragserweiterung vor; zumindest greift aber § 15 Abs. 6 RVG ein.[25]

44 Da es also, wenn es zu keiner mündlichen Verhandlung zum Leistungsanspruch kommt, billiger ist, den Terminsvertreter zunächst nur für die Auskunftsstufe zu mandatieren und da meistens kein Grund ersichtlich ist, warum man ihn gleich auch für den Leistungsanspruch beauftragen sollte, empfiehlt es sich für den Mandanten, ihn zunächst für die Auskunftsstufe zu mandatieren.[26] Will man, dass der Terminsvertreter im Termin zum Auskunftsanspruch auch zum Leistungsanspruch verhandeln kann, falls das Gespräch hierauf kommt, so kann man ihm für den Leistungsanspruch einen bedingten Auftrag erteilen.

3. Verfahrensdifferenzgebühr

45 Werden im Termin in diesem Verfahren nicht rechtshängige Ansprüche wegen einer beabsichtigten Einigung mit besprochen und hat der Terminsvertreter auch insoweit einen Auftrag, so verdient er insoweit eine Verfahrensdifferenzgebühr.

46 In der ersten Instanz entsteht eine 0,4 Verfahrensgebühr, die Hälfte der beim Verfahrensbevollmächtigten anfallenden 0,8 Verfahrensgebühr (→ Rn. 32 ff.).[27]

Beispiel:

RA ist als Terminsvertreter wegen Miete (10.000,– EUR) tätig. Im Termin wird unter seiner Mitwirkung eine Einigung wegen der Miete und wegen einer Ablöse (5.000,– EUR) herbeigeführt. Der Hauptbevollmächtigte hatte auftragsgemäß vor dem Termin auch hinsichtlich der Ablöse die Einigung weitgehend vorbereitet.

Der **Hauptbevollmächtigte** verdient

1,3 Verfahrensgebühr gem. VV 3100 RVG aus 10.000,– EUR	798,20 EUR	
0,8 Verfahrensgebühr im gem. VV 3101 Nr. 2 RVG aus 5.000,– EUR	267,20 EUR	
Summe	1.065,40 EUR	
Jedoch wegen § 15 Abs. 3 RVG höchstens 1,3 Verfahrensgebühr aus 15.000,– EUR		933,40 EUR
1,0 Einigungsgebühr gem. VV 1003 RVG aus 10.000,– EUR	614,00 EUR	
1,5 Einigungsgebühr gem. VV 1000 RVG aus 5.000,– EUR	501,00 EUR	
Summe	1.115,00 EUR	
Jedoch wegen § 15 Abs. 3 RVG höchstens 1,5 Einigungsgebühr aus 15.000,– EUR		1.077,00 EUR
Pauschale gem. VV 7002 RVG		20,00 EUR
Insgesamt		2.030,40 EUR

Der **Terminsvertreter** verdient

0,65 Verfahrensgebühr gem. VV 3401 RVG aus 10.000,– EUR	399,10 EUR	
0,4 Verfahrensgebühr im gem. VV 3101 RVG aus 5.000,– EUR	133,60 EUR	
Summe	532,70 EUR	
Jedoch wegen § 15 Abs. 3 RVG höchstens 0,65 Verfahrensgebühr aus 15.000,– EUR		466,70 EUR
1,2 Terminsgebühr gem. VV 3104 RVG aus 15.000,– EUR		861,60 EUR
1,0 Einigungsgebühr gem. VV 1003 RVG aus 10.000,– EUR	614,00 EUR	
1,5 Einigungsgebühr gem. VV 1000 RVG aus 5.000,– EUR	501,00 EUR	
Summe	1.115,00 EUR	
Jedoch wegen § 15 Abs. 3 RVG höchstens 1,5 Einigungsgebühr aus 15.000,– EUR		1.077,00 EUR
Pauschale gem. VV 7002 RVG		20,00 EUR
Insgesamt		2.425,30 EUR

47 Die Gebühren des Terminsvertreters bleiben dieselben, auch wenn der Verfahrensbevollmächtigte hinsichtlich der nicht rechtshängigen Ansprüche nicht beauftragt ist, der Terminsvertreter insoweit also allein für den Mandanten tätig ist, zB wenn erstmals im Termin in Gegen-

[25] *N. Schneider* AGS 2011, 527.
[26] *N. Schneider* AGS 2011, 527.
[27] Riedel/Sußbauer/*Schütz* RVG VV 3400 Rn. 44.

wart der Partei das Gespräch darauf kommt, dass weitere Ansprüche mitgeregelt werden könnten.

48 **Einigungsgespräche ohne Gericht.** Der Terminsvertreter verdient ebenfalls eine 0,4 Verfahrensgebühr, wenn er ohne Gericht Einigungsgespräche auch zu in diesem Verfahren nicht rechtshängigen Ansprüchen führen und eine Einigung gerichtlich protokollieren lassen soll. Das ist die Hälfte der 0,8 Verfahrensgebühr, die dem Verfahrensbevollmächtigten in diesem Fall gem. VV 3101 Nr. 1 RVG zustehen würde.

49 **Gegenmeinung.** Demgegenüber wird die Auffassung vertreten, dass der Terminsvertreter, der allein oder neben dem Verfahrensbevollmächtigten hinsichtlich der nicht rechtshängigen Ansprüche Einigungsgespräche führt, eine 0,8 Verfahrensgebühr analog VV 3101 Nr. 2 RVG verdiene. Dies rechtfertige sich damit, dass hier VV 3405 Nr. 2 RVG nicht eingreife und der Terminsvertreter durch eigene Tätigkeit den Tatbestand von VV 3101 Nr. 2 RVG erfülle.[28] Dem ist nicht zu folgen. Wenn VV 3401 Nr. 2 RVG keine Verfahrensdifferenzgebühr vorsieht, so bedeutet das, dass VV 3401 RVG anzuwenden ist, dass also der Terminsvertreter die Hälfte der Verfahrensgebühr des Verfahrensbevollmächtigten erhält. Es gilt dasselbe, wie wenn der zB sehr spät beauftragte Verfahrensbevollmächtigte des Beklagten bis zum Termin keine Klageerwiderung einreichen kann und der Terminsvertreter einen Termin wahrnimmt. Hier ist kein Zweifel, das dem Terminsvertreter nur eine 0,4 Verfahrensgebühr gem. VV 3401, 3101 Nr. 1 RVG zusteht. Der Gesetzgeber hat von einer abweichenden Regelung für die Einbeziehung nicht rechtshängiger Ansprüche abgesehen. Dass er diesen Fall bei der Schaffung von VV 3401 RVG und insbes. von VV 3405 RVG übersehen hat, kann kaum angenommen werden. Die Wertung des Gesetzes muss hingenommen werden. Im Übrigen gibt es durchaus auch vertretbare Gründe für diese Wertung. Es soll verhindert werden, dass sich das Verfahren durch die Einschaltung eines Terminsvertreters noch mehr verteuert, insbes. dass zwei Anwälte nebeneinander eine 0,8 Verfahrensdifferenzgebühr verdienen, was immer dann der Fall wäre, wenn auch der Verfahrensbevollmächtigte hinsichtlich der nicht rechtshängigen Ansprüche tätig wird. Zu einem anderen Ergebnis könnte man nur kommen, wenn man annehmen würde, dass der Terminsvertreter hinsichtlich der nicht rechtshängigen Ansprüche zum Verfahrensbevollmächtigten wird. Ebenso wenig wie ein Verkehrsanwalt zum Verfahrensbevollmächtigten wird, wenn er eine Einigung über nicht rechtshängige Ansprüche zu erreichen versucht, wird dies der Terminsvertreter. Häufig gäbe es dann zwei Verfahrensbevollmächtigte nebeneinander.

4. Betragsrahmengebühren

50 **a) Grundsätze.** Der Terminsvertreter errechnet seine Verfahrensgebühr aus der Hälfte des dem Verfahrensbevollmächtigten zustehenden Rahmens. Der Rahmen des Terminsvertreters beträgt also

in erster Instanz gem. VV 3102 RVG	30,00 EUR bis 330,00 EUR
bei Berufung gem. VV 3204 RVG	36,00 EUR bis 408,00 EUR
bei Revision gem. VV 3212 RVG	48,00 EUR bis 528,00 EUR

51 Innerhalb dieses Rahmens bestimmt der Terminsvertreter selbständig unter Berücksichtigung von § 14 RVG die ihm zustehende Gebühr und zwar unabhängig von der Bestimmung, die der Verfahrensbevollmächtigte für seine Verfahrensgebühr vorgenommen hat.[29]

52 **b) Vorzeitiges Ende.** Gem. VV 3405 Nr. 1 RVG ist die Betragsrahmengebühr bei vorzeitiger Beendigung des Auftrags auf 250,00 EUR begrenzt. Der Rahmen des Terminsvertreters beträgt also

in erster Instanz gem. VV 3102 RVG	30,00 EUR bis 250,00 EUR
bei Berufung gem. VV 3204 RVG	36,00 EUR bis 250,00 EUR
bei Revision gem. VV 3212 RVG	48,00 EUR bis 250,00 EUR

53 **c) Vorgerichtliche Tätigkeit im Verwaltungsverfahren.** War der Verkehrsanwalt bereits im vorausgehenden Verwaltungsverfahren oder im weiteren, der Nachprüfung des Verwaltungsaktes dienenden Verwaltungsverfahren tätig gewesen, so verminderten sich nach altem Recht gem. VV Vorb. 3.4 Abs. 2 S. 1 RVG aF die in VV 3401, 3405 RVG bestimmten Höchstbeträge für die Verfahrensgebühr auf die Hälfte. Damit sollte die Erleichterung der Arbeit des Anwalts berücksichtigt werden, der bereits auf Grund des Vorverfahrens in die Sache eingearbeitet ist. Dieser Umstand sollte aber nicht zweimal berücksichtigt werden. Deshalb war gem. VV Vorb. 3.4 Abs. 2 S. 2 RVG aF bei der Ausfüllung des Rahmens gem. § 14 RVG diese Erleichterung nicht mehr zu berücksichtigen.

---

[28] *Enders* JurBüro 2005, 1 (2) Ziff. 2.4.2.
[29] Schneider/Wolf/*N. Schneider* RVG VV 3400 Rn. 58.

54 Nachdem nunmehr aufgrund des 2. KostRMoG auch bei Betragsrahmengebühren statt einer Reduzierung des Rahmens eine Anrechnung (VV Vorb. 3 Abs. 4 RVG) vorgesehen ist, wurde VV Vorb. 3.4 Abs. 2 RVG aF gestrichen.

5. Mehrere Auftraggeber

55 → RVG VV 1008 Rn. 273 ff.

6. Ausländischer RA

56 Wird ein deutscher RA im Ausland als Terminsvertreter tätig, so verdient er die Gebühr des VV 3401 ff. RVG. Hingegen richten sich die Gebühren eines ausländischen Rechtsanwaltes, egal ob er an einem Termin im Ausland oder im Inland teilnimmt, nach dem Recht seines Heimatlandes (→ § 1 Rn. 798 ff.).[30] **Hinweis für den RA.** Da die Gebühren eines ausländischen Anwalts häufig sehr viel höher sind als die eines deutschen,[31] sollte gut überlegt werden, ob nicht der Verfahrensbevollmächtigte zum auswärtigen Beweistermin fährt oder ob man eine Gebührenvereinbarung mit dem ausländischen RA trifft. Das gilt umso mehr, als erstattungsfähig nur die Gebühren sind, die bei einem deutschen Anwalt angefallen wären (→ Rn. 136).

XI. Verhältnis zu anderen Verfahrensgebühren

57 Der Terminsvertreter kann, wenn er noch mit weiteren Aufgaben betraut ist, auch noch weitere Verfahrensgebühren verdienen, zB wenn er auch als Verkehrsanwalt auftritt. Das gleiche gilt zB für den Terminsvertreter, der im Laufe des Rechtszuges Verfahrensbevollmächtigter wird wie für den umgekehrten Fall.

58 Der RA kann aber die Verkehrsgebühr und mit ihr **verwandte Gebühren** in einer Angelegenheit nur einmal vom RA fordern und zwar mit dem höchsten Satz, der angefallen ist.[32] Wird aus dem Terminsvertreter im Laufe des Rechtszuges der Verfahrensbevollmächtigte, so wird die 0,65 Verfahrensgebühr des Terminsanwalts zur 1,3 Verfahrensgebühr des Verfahrensbevollmächtigten (VV 3100 RVG) aufgefüllt.[33] Wird aus dem Verfahrensbevollmächtigten der Terminsvertreter, so bleibt die einmal verdiente 1,3 Verfahrensgebühr des VV 3100 RVG dem RA erhalten. Mit der Terminsvertretergebühr verwandt sind ua die

- Verfahrensgebühr gem. VV 3100 RVG,
- Mahngebühr gem. VV 3305 RVG,
- PKH-Antragsgebühr gem. VV 3334 RVG,
- die Verkehrsgebühr gem. VV 3401 RVG.

59 Ist der RA aber in verschiedenen Angelegenheiten, zB Instanzen, in verschiedenen Funktionen tätig, so verdient er die jeweiligen Gebühren nebeneinander (s. § 15 RVG).

60 Zu beachten ist, dass mit jeder Tätigkeit des Anwalts, die den Tatbestand einer Gebühr erfüllt, die Gebühr neu entsteht. § 15 Abs. 2 RVG widerspricht dem nicht. Diese Bestimmung besagt nur, dass die mehrfach entstandenen Gebühren nicht mehrmals gefordert werden können. Das mehrfache Entstehen kann für die Verjährung und für die Kostenerstattung eine Rolle spielen. So kann die Verfahrensgebühr des Anwalts als Mahnanwalt im Gegensatz zu seiner Verfahrensgebühr als Terminsvertreter erstattungsfähig sein.

XII. Weitere Gebühren

1. Terminsgebühr und Beweisaufnahmezusatzgebühr

61 Wegen Terminsgebühr VV 3402 RVG. Eine Beweisaufnahmegebühr gem. VV 1010 RVG kann anfallen. VV Vorb. 3.4 RVG steht nicht entgegen, da sie nur die Terminsgebühr betrifft.

2. Einigungsgebühr

62 **a) Auftrag.** Beim Terminsvertreter kann eine Einigungsgebühr nur dann anfallen, wenn sein Auftrag auch dahin ging, bei einer Einigung mitzuwirken.[34]

---

[30] Schneider/Wolf/*N. Schneider* RVG VV 3401 Rn. 19.

[31] In einem Fall des BGH (AnwBl 2005, 723 = FamRZ 2005, 1670 = NJW-RR 2005, 1732) standen Gebühren des norwegischen Anwalts von 2.639,55 EUR den fiktiven und zu erstattenden Kosten eines deutschen Anwalts von 97,18 EUR (Streitwert 762,64 EUR) gegenüber.

[32] OLG Hamburg JurBüro 1986, 870 = MDR 1986, 596.

[33] OLG Celle NdsRpfl. 1965, 152 = JVBl. 65, 183; *N. Schneider* AGS 2005, 93 (96), der einen Fall des § 15 Abs. 6 annimmt.

[34] Schneider/Wolf/*N. Schneider* RVG VV 3401 Rn. 76.

Umfang des Auftrags. Ein Auftrag für eine Vertretung beim erkennenden Gericht umfasst ohne weiteres auch einen Auftrag für Einigungsgespräche. Sinn eines Verhandlungs- oder Erörterungstermins ist immer auch, eine Einigung zu erreichen. Dasselbe gilt für einen Beweisaufnahmetermin beim erkennenden Gericht, bei dem davon auszugehen ist, dass anschließend verhandelt oder erörtert wird. Zweifelhaft ist, ob das auch bei einem Beweisaufnahmetermin vor dem ersuchten Richter angenommen werden kann. 63

Nachträgliche Genehmigung. Eine Einigungstätigkeit kann auch nachträglich genehmigt werden, was teilweise angenommen wird, wenn der Terminsvertreter eine Einigung mit ausgehandelt hat und der Auftraggeber in Kenntnis der Mitwirkung des Terminsvertreters sein Widerrufsrecht nicht ausgeübt.[35] 64

b) Einigungsgebühr. Die Einigungsgebühr der VV 1000 ff. RVG erhält der Terminsanwalt, wenn er auftragsgemäß bei dem Abschluss eines Vergleiches ursächlich mitgewirkt hat 65

Doppelte Einigungsgebühr. Hat auch der Hauptbevollmächtigte bei der Einigung mitgewirkt, so kann auch dieser die Einigungsgebühr beanspruchen. So verdienen zB beide Anwälte eine Einigungsgebühr, wenn der Verfahrensbevollmächtigte die Einigung aushandelt bzw. zu einer anderweitig ausgehandelten Einigung seine Zustimmung erteilt und der Terminsvertreter sie protokolliert.[36] Anders wäre es nur, wenn ausnahmsweise und in Abweichung der Vermutung des § 154 BGB die Wirksamkeit der Einigung nicht von der Protokollierung abhängen würde. Dann hätte der Terminsvertreter nicht mehr beim Zustandekommen der Einigung mitgewirkt. Eine doppelte Einigungsgebühr kann am billigsten durch einen Vergleich gem. § 278 Abs. 6 ZPO verhindert werden.[37] 66

Höhe. Der Terminvertreter verdient die Einigungsgebühren in gleicher Höhe wie der Verfahrensbevollmächtigte, also hinsichtlich irgendwo anhängiger Gegenstände iHv 1,0 bzw. 1,3 (VV 1003, 1004 RVG), hinsichtlich nirgendwo anhängiger Ansprüche iHv 1,5 (VV 1000 RVG). Bei Betragsrahmengebühren gelten VV 1005 ff. RVG. 67

3. Erledigungsgebühr

Der Terminsvertreter kann auch eine Erledigungsgebühr (VV 1002 ff. RVG) verdienen.[38] 68

XIII. Auslagen

Auch für den Terminsvertreter gelten VV 7000 ff. RVG. 69

XIV. Angelegenheit

1. Eine Angelegenheit

Die Verfahrensgebühr des VV 3401 RVG kann in jedem Rechtszug nach § 15 Abs. 2 RVG nur einmal verlangt werden, selbst wenn der RA für mehrere Verhandlungstermine besondere Vertretungsaufträge erhält. Das gilt auch dann, wenn der RA außer mit der Vertretung in einem Verhandlungstermin noch mit der Wahrnehmung eines Beweistermins beauftragt worden ist. Wenn in VV 3401 RVG von der „Vertretung in einem Termin" die Rede ist, so ist damit nicht gemeint, dass bei mehreren Terminen mehrere Terminsgebühren anfallen. Wenn das gewollt gewesen wäre, hätte das Gesetz formuliert „in jedem Termin".[39] Verhältnis zu anderen Verfahrensgebühren → Rn. 57 ff. Wegen Stufenklage → Rn. 41 ff. 70

2. Mehrere Angelegenheiten

Handelt es sich aber um mehrere Angelegenheiten, zB der Terminsvertreter vertritt sowohl im Urkundenprozess als auch im Nachverfahren (zwei Angelegenheiten § 17 Nr. 5 RVG), so entsteht die Verfahrensgebühr mehrfach. Wegen Anrechnungen → Rn. 62. 71

XV. Anrechnung

Soweit sich ein Verfahrensbevollmächtigter Gebühren anrechnen lassen muss, gilt dies auch für die Verfahrensgebühr des Terminsvertreters.[40] So muss sich zB der Terminsvertreter anrechnen lassen 72

---

[35] Schneider/Wolf/*N. Schneider* RVG VV 3401 Rn. 77.

[36] OLG München FamRZ 2009, 1782 (Ls.) = JurBüro 2009, 487 = RVGreport 2009, 316; *Enders* JurBüro 2005, 1 (6).

[37] *Enders* JurBüro 2005, 1 (6).

[38] Schneider/Wolf/*N. Schneider* RVG VV 3401 Rn. 45.

[39] *Hansens* RVGreport 2004, 369 (374).

[40] Schneider/Wolf/*N. Schneider* RVG VV 3401 Rn. 46, 56.

– wenn er vorher außergerichtlich vertretend tätig war, die Geschäftsgebühr gem. VV Vorb. 3 Abs. 4 RVG,
– wenn er im Mahnverfahren tätig war, die Mahnanwaltsgebühr ge m. Anm. zu VV 3305 RVG bzw. VV 3307 RVG,

allerdings in allen Fällen maximal in der Höhe, in der er eine Verfahrensgebühr als Terminsvertreter verdient hat, also zB mit 0,65 bzw. 0,5. Eine 1,0 Verfahrensgebühr als Mahnanwalt kann nur mit 0,65 angerechnet werden, wenn später eine 0,65 Gebühr als Terminsvertreter entsteht.

XVI. Gebühren des Hauptbevollmächtigten

1. Verfahrensgebühr

73 Der Verfahrensbevollmächtigte verdient zunächst einmal die Verfahrensgebühr gem. VV 3100 ff. RVG.

2. Verfahrensdifferenzgebühr

74 Führt er Einigungsgespräche über nicht rechtshängige Ansprüche, die im Falle einer Einigung durch den Terminsvertreter gerichtlich protokolliert werden soll, so kann dahingestellt bleiben, ob VV 3101 Nr. 2 RVG unmittelbar eingreift. Jedenfalls ist dann diese Bestimmung analog oder aber VV 3101 Nr. 1 RVG unmittelbar anzuwenden.[41] Der RA verdient für jede Tätigkeit, die nicht nur ein Annex ist, eine Gebühr. VV 3101 Nr. 2 RVG ist jedenfalls unmittelbar anzuwenden, wenn der Verfahrensbevollmächtigte bei der Protokollierung eines schriftlichen Vergleichs gem. § 278 Abs. 6 ZPO mitwirkt.[42]

3. Terminsgebühr

75 **Verfahrensbevollmächtigter ohne Terminsgebühr.** Der Hauptbevollmächtigte, der nicht selbst eine der Alternativen, die eine Terminsgebühr auslöst, durch eigenes Tun ausfüllt, verdient keine Terminsgebühr. Eine dem § 33 Abs. 3 S. 1 BRAGO entsprechende Regelung kennt das RVG nicht. Das führt im Regelfall dazu, dass der Verfahrensbevollmächtigte nur eine 1,3 Verfahrensgebühr verdient, während dem Terminsvertreter insgesamt 1,85 Gebühren (0,65 + 1,2) zustehen. Wenn der Verfahrensbevollmächtigte im Verhältnis zum Terminsvertreter günstiger stehen will, so muss er eine Vereinbarung über eine abweichende Gebührenteilung treffen.[43]

76 DAV und BRAK schlagen vor, das Gesetz dahingehend zu ändern, dass auch der Verfahrensbevollmächtigte eine Terminsgebühr erhält, und zwar eine 0,5.[44]

77 **Verfahrensbevollmächtigter mit Terminsgebühr.** Eine Terminsgebühr entsteht beim Verfahrensbevollmächtigten aber, wenn er

– an einem Verhandlungs-, Erörterungs- oder Beweisaufnahmetermin selbst teilnimmt, zB neben dem Terminsvertreter oder nur in einem Termin, während ein anderer vom Terminsvertreter wahrgenommen wird, zB bei einem ersuchten Richter wegen einer Zeugeneinvernahme
– selbst einen vom Gerichtssachverständigen anberaumten Termin wahrnimmt
– selbst Vermeidungs- bzw. Erledigungsgespräche iSv VV Vorb. 3 Abs. 3 S. 1 Alt. 3 RVG führt
– bei einer schriftlichen Entscheidung in einer eine Terminsgebühr auslösenden Weise mitwirkt (Anm. zu VV 3104 RVG) oder ein schriftlicher Vergleich geschlossen wird.[45]

78 In diesen Fällen kann es sein, dass sowohl der Terminsvertreter als auch der Verfahrensbevollmächtigte eine Terminsgebühr verdienen.

79 Weiter fällt beim Verfahrensbevollmächtigten eine Terminsgebühr an, wenn er den Terminsvertreter im eigenen Namen beauftragt, weil dann der Terminsvertreter gem. § 5 RVG im Termin für den Verfahrensbevollmächtigten tätig wird (→ Rn. 11).

4. Einigungsgebühr

80 Die Einigungsgebühr (VV 1000 ff. RVG) steht dem Verfahrensbevollmächtigten zu, wenn er an der Einigung mitgewirkt hat, zB eine Einigung ausgehandelt bzw. zur Annahme der vom

---

[41] *Enders* JurBüro 2004, 627 (628).
[42] *Enders* JurBüro 2004, 627 (628).
[43] *Enders* JurBüro 2004, 627 (629).
[44] AGS 2011, 53 (55) Ziff. II 4.
[45] OLG Celle MDR 2018, 1278 = RVGreport 2018, 382 mzust Anm. *Hansens* = AGS 2018, 379 mzustAnm *N. Schneider*

Terminsvertreter ausgehandelten Einigung geraten hat (Bsp. → Rn. 46).[46] Es reicht sogar aus, wenn der Verfahrensbevollmächtigte mit dem Terminsvertreter, der die Einigungsgespräche führen soll, die Taktik und den Einigungsrahmen abgesprochen hat,[47] soweit diese Vorbesprechung kausal für die Einigung war.

5. Erledigungsgebühr

Diese kann auch beim Verfahrensbevollmächtigten, seine Mitwirkung vorausgesetzt, anfallen. **81**

XVII. Rechtsmittelverfahren

Im Rechtsmittelverfahren, insbes. auch im Beschwerdeverfahren, ist VV 3401 RVG auch an- **82**
zuwenden (→ Rn. 6). Der RA verdient also zB im Berufungsverfahren des VV 3200 RVG eine 0,8 Verfahrensgebühr und eine 1,2 Terminsgebühr (VV 3202 RVG), im Beschwerdeverfahren des VV 3500 RVG eine 0,25 Verfahrensgebühr und eine 0,5 Terminsgebühr (VV 3513 RVG).

XVIII. Besprechung mit Mandanten

Die Einschaltung eines Terminsvertreters im Namen des Mandanten kann zu erheblichen **83**
Mehrkosten für den Mandanten führen, die uU auch von niemandem erstattet werden zB weil der Mandant verliert oder weil nach den nachfolgend genannten Grundsätzen der Gegner ganz oder teilweise nicht erstattungspflichtig oder weil er zahlungsunfähig ist. Deshalb muss der RA mit seinem Mandanten besprechen, ob ein Terminsvertreter beauftragt werden soll.[48] Eine solche Besprechung ist nicht nötig, wenn der Verfahrensbevollmächtigte den Terminsvertreter im eigenen Namen beauftragt (→ Rn. 11).

XIX. Gegenstandswert

→ Anh. VI Rn. 594 ff. **84**

XX. Kostenerstattung

1. Ersparte Reisekosten des Verfahrensbevollmächtigten

Wegen vom Verfahrensbevollmächtigten im eigenen Namen beauftragten Terminsvertreter → Rn. 137 a ff.

a) Grundsatz. Es ist heute allgM, dass im Regelfall die Partei ohne Nachteile bei der Kos- **85**
tenerstattung einen Verfahrensbevollmächtigten an ihrem Wohnsitz beauftragen kann. Eine andere Frage ist, ob die Mehrkosten, die durch die Einschaltung eines Terminvertreters entstehen, zu erstatten sind. Hier greift § 91 Abs. 1 S. 1 ZPO ein; § 91 Abs. 2 S. 1 oder 2 ZPO ist nicht anzuwenden.[49] Das bedeutet, dass die Kosten eines Terminsvertreters nicht grundsätzlich zu erstatten sind, sondern nur dann, wenn zu erwarten ist, dass die Mehrkosten durch den Terminsvertreter nicht erheblich höher sind als die Reisekosten des Verfahrensbevollmächtigten. Wenn die Erwartung so ist, dann ist die Einschaltung eines Terminsvertreters eine Maßnahme zweckentsprechender Rechtsverfolgung.[50] Dann besteht ein unmittelbarer Erstattungsanspruch für die Terminsvertreter-Kosten. In besonderen Fällen kommt ein Erstattungsanspruch ohne Vergleichsrechnung mit ersparten Kosten in Betracht (→ Rn. 140 ff.).

b) Vergleichsrechnung. Im Eizelnen haben sich folgende Grundsätze inzwischen durchge- **86**
setzt.

Es sind einerseits die **Kosten zu vergleichen,** die durch die Einschaltung des Terminsver- **87**
treters zusätzlich anfallen, im Regelfall in 1. Instanz eine 0,65 Verfahrensgebühr gem. VV 3401 RVG, und andererseits die Kosten, die beim reisenden Verfahrensbevollmächtigten, der den oder die Termine selbst wahrnimmt, anfallen würden, also die Reisekosten. Die Terminsgebühr bleibt in aller Regel unbeachtet (→ Rn. 109 ff.).

Zunächst einmal sind im Wege einer **ex ante Prognose** diese Kosten zu vergleichen **88**
(→ Rn. 99 ff.).

Kommt die Prognose dabei zu dem **Ergebnis,** dass die Einschaltung des Terminsvertreters **89**
nicht zu mehr als 10 % Mehrkosten (→ Rn. 105) führen wird, so ist die Einschaltung des

[46] *Enders* JurBüro 2004, 627 (630).
[47] AnwKomm RVG/*N. Schneider* VV 3401 Rn. 90.
[48] *Hansens* RVGreport 2012, 122 (123) Ziff. II 2.
[49] BGH NJW 2003, 898 (Rn. 6) = FamRZ 2003, 441.
[50] BGH NJW 2003, 898; JurBüro 2005, 93 = NJW-RR 2005, 707.

Terminsvertreters erstattungsrechtlich gerechtfertigt. Das hat zur Folge, dass die Mehrkosten selbst dann in voller Höhe zu erstatten sind, wenn sich **ex post** herausstellt, dass sie erheblich höher waren als die fiktiven Reisekosten zB weil weniger Termine als in der Prognose zu Grunde gelegt stattgefunden haben (→ Rn. 106, 124 ff.).

90 Ergibt die Prognose hingegen, dass mit Mehrkosten zu rechnen ist, die die fiktiven Reisekosten **um mehr als 10 % übersteigen,** so ist die Einschaltung des Terminsvertreters nicht gerechtfertigt. Als Folge davon sind dann nur die Kosten des Terminsvertreters zu erstatten, soweit sie durch ersparte fiktive Reisekosten des Anwalts gedeckt sind. Es gibt dann nicht einen 10%igen Zuschlag. Das bedeutet, dass von den Kosten des Terminsvertreters zB überhaupt nichts zu erstatten ist, wenn es letztlich zu keinem Termin kommt.

91 **Keiner Prognose** bedarf es, wenn ex post betrachtet der den oder die Termine selbst wahrnehmende Verfahrensbevollmächtigte nicht billiger gewesen wäre als die Einschaltung eines Terminsvertreters. Dann sind die Kosten des Terminsvertreters als ersparte fiktive Kosten in voller Höhe zu erstatten.

92 Ungeklärt ist noch, von welcher **Anzahl von Terminen** bei dieser Prognose auszugehen ist; nach hiesiger Meinung im Regelfall von zwei (→ Rn. 114 ff.).

93 **c) Beispiele für drei zu unterscheidende Konstellationen.** Letztlich sind die drei nachfolgenden Konstellationen zu unterscheiden.

94 **Ex ante waren 10 % übersteigende Mehrkosten nicht zu erwarten.** Die Kosten des Terminsvertreters sind in vollem Umfange zu erstatten, egal ob ex post betrachtet sie höher sind als die Kosten des selbst terminswahrnehmenden Verfahrensbevollmächtigten.

Beispiel:

Der Kläger aus Hamburg klagt bei dem auswärtigen Gericht X 10.000,– EUR ein. Er lässt sich in der mündlichen Verhandlung von einem Terminsvertreter vertreten. Bei Unterstellung von zwei Terminen waren Reisekosten von 440,– EUR (2 × 220,– EUR) zu erwarten Das Verfahren erledigt sich wider Erwarten bereits nach einem Termin.

Den zu erwartenden Reisekosten von 440,– EUR stehen eine 0,65 Verfahrensgebühr aus 10.000 EUR gem. VV 3401 RVG iHv 399,10 EUR plus 20,– EUR Pauschale zzgl. 19 % MwSt, also 498,73 EUR gegenüber. Zu erwarten war, dass die durch den Terminsvertreter anfallenden Kosten die des reisenden Verfahrensbevollmächtigten nicht um mehr als 10 % übersteigen werden. Erstattungsrechtlich ist die Einschaltung des Terminsvertreters damit als berechtigt anzusehen. Das hat zur Folge, dass die Kosten des Terminsvertreters in vollem Umfang, also iHv 498,73 EUR, zu erstatten sind, obgleich es ex post betrachtet billiger gewesen wäre, wenn der Verfahrensbevollmächtigte selbst diesen Termin wahrgenommen hätte. Dann wären nur 220,– EUR angefallen.

95 **Ex ante waren 10 % übersteigende Mehrkosten zu erwarten.** Es sind die Kosten insgesamt zu erstatten, die angefallen wären, wenn der Verfahrensbevollmächtigte den oder die Termine selbst wahrgenommen hätte. Ein Zuschlag von 10 % der fiktiven Reiskosten ist nicht vorzunehmen (str. → Rn. 125).

Beispiel:

Im voriger Beispiel wären bei Unterstellung von zwei Terminen Reisekosten iHv nur 200,– EUR (jeweils 100,– EUR) angefallen.

Den zu erwartenden Reisekosten von insgesamt 200,– EUR stehen eine 0,65 Verfahrensgebühr gem. VV 3401 RVG 399,10 EUR + Pauschale 20,– EUR + 19 % MWSt iHv 498,73 EUR gegenüber. Die durch den Terminsvertreter entstehenden Mehrkosten übersteigen 10 % bei weitem. Erstattungsrechtlich ist die Einschaltung des Terminsvertreters als nicht berechtigt anzusehen. Es kommt daher nur eine Erstattung der ersparten fiktiven Reisekosten in Betracht, die tatsächlich angefallen wären, wenn der Verfahrensbevollmächtigte die Termine selbst wahrgenommen hätte. Hätten also tatsächlich zwei Termine stattgefunden, wären 200,– EUR zu erstatten. Hätte nur ein Teiltermin stattgefunden, wären 100,– EUR zu erstatten. Hätte kein Termin stattgefunden, so wäre von den Kosten des Terminsvertreters nichts zu erstatten.

96 **Durch die Einschaltung des Terminsvertreters sind ex post betrachtet keine höheren Kosten entstanden** als die, die angefallen wären, wenn der Verfahrensbevollmächtigte den oder die Termine selbst wahrgenommen hätte. Es bedarf keiner Prognose. Die Kosten des Terminsvertreters sind als fiktive ersparte Kosten zu erstatten (→ Rn. 91)

Beispiel:

Die Reisekosten des Verfahrensbevollmächtigten in einem Prozess über 10.000,– EUR zu zwei tatsächlich stattfindenden Terminen betrugen 500,– EUR.
Da beim Terminsvertreter lediglich 498,73 EUR angefallen sind, die unter den 500,– EUR Reisekosten liegen, sind, ohne dass es einer Prognose bedürfte, die Terminsvertreterkosten in vollem Umfang zu erstatten.

d) Keine Präjudizierung durch PKH-Beiordnung. Der Beiordnung eines Terminsvertreters im Wege der PKH kommt keine präjudizielle Bedeutung für das Kostenfestsetzungsverfahren zu.[51] 97

e) RA in eigener Sache. Folgt man der hier vertretenen Auffassung, dass der RA in eigener Sache grds. keinen Anspruch auf Ersatz von Reisekosten hat (→ RVG VV 7003 Rn. 134 ff.), so scheidet von vornherein ein Ersatzanspruch für einen Terminsvertreter wegen ersparter fiktiver Reisekosten aus. 98

2. Ex ante-Betrachtung

a) Fiktive Reisekosten ex post höher. Unproblematisch ist der Fall, in dem die Reisekosten, die bei einer Fahrt des Verfahrensbevollmächtigten ex post betrachtet zum Termin angefallen und zu erstatten gewesen wären, höher sind als die durch den Terminsvertreter angefallenen Mehrkosten. Die Kosten des Terminsvertreters sind dann immer und in vollem Umfang zu erstatten.[52] Das gilt auch dann, wenn eine vernünftige Partei keinen Terminsvertreter eingeschaltet hätte, weil ex ante zu erwarten war, dass der reisende Verfahrensbevollmächtigte billiger sein würde, zB weil nur mit zwei Terminen zu rechnen war, wider Erwarten aber fünf Termine stattfanden. Ersparte Kosten sind unabhängig von irgendwelchen Prognosen zu ersetzen. 99

b) Fiktive Reisekosten ex post niedriger. Problematischer ist es, wenn die Einschaltung eines Terminsvertreters zu höheren Kosten führt als der reisende Verfahrensbevollmächtigte, in dem Moment aber, in dem der Terminsvertreter beauftragt wurde, zu erwarten war, dass er nicht zu mehr als 10% höheren Kosten als der reisende Verfahrensbevollmächtigte führen würde. 100

aa) Ex ante Prognose entscheidend 101

Beispiel 1 (weniger Termine als zu erwarten):

Bei der Beauftragung des Terminsvertreters (dessen Kosten 498,73 EUR) durfte mit mehr als einem Termin gerechnet werden, in welchem Fall die fiktiven Reisekosten des Verfahrensbevollmächtigten 500,– EUR betragen hätten; die Sache erledigt sich aber wider Erwarten letztlich gleich im ersten Termin.

Hier ist nach heute allgM auf die berechtigte Erwartung, keine höheren Kosten zu verursachen, abzustellen, also eine ex ante Beurteilung vorzunehmen.[53] Die Partei muss zu einer sachgerechten Entscheidung in der Lage sein und es darf nicht vom Zufall abhängen, ob und in welcher Höhe die Kosten eines Terminsvertreters zu erstatten sind. Hierfür spricht auch, dass die Einschaltung eines Terminsvertreters in vielen Fällen auch im Interesse des erstattungspflichtigen Gegners liegt.[54] Gerade bei niedrigeren Gegenstandswerten und größeren Entfernungen ist es häufig auch für den Erstattungspflichtigen billiger, wenn ein Terminsvertreter beauftragt wird.[55] 102

Beispiel 2 (nach Beauftragung des Terminsvertreters abgesetzter Termin):

Zur Zeit der Beauftragung des Terminsvertreters (zehn Tage vor dem vorgesehenen Termin) ist ein Termin angesetzt, der Termin wird danach wieder abgesetzt.

Stellt man grds. auf eine ex ante Beurteilung ab, so sind auch hier die Kosten des Terminsvertreters zu erstatten. Es kann hier nichts anderes als im vorigen Beispiel gelten. 103

Beispiel 3 (vor Beauftragung des Terminsvertreters abgesetzter Termin):

Zur Zeit der Beauftragung des Terminsvertreters ist ein zuvor anberaumter Termin schon wieder abgesetzt, wovon der Beklagte und sein Verfahrensbevollmächtigter nichts wussten.

Bei den beiden ersten Beispielen steht zur Zeit der Beauftragung des Terminsvertreters noch nicht fest, dass die Maßnahme objektiv nicht erforderlich ist. Das Besondere am Beispiel 3 ist, 104

---

[51] OLG Bamberg JurBüro 1983, 1258.

[52] OLG Frankfurt a. M. AGS 2012, 44; **aA** OLG Bamberg JurBüro 2006, 541 = AGS 2007, 49 mablAnm *N. Schneider.* Ergibt die ex ante Prognose, dass Mehrkosten (ohne Zuschlag von 10%) zu erwarten sind, so scheidet nach OLG Bamberg eine Erstattung von Mehrkosten von vornherein aus.

[53] BGH AnwBl 2014, 454 Rn. 8 = FamRZ 2014, 747 = JurBüro 2014, 367; NJW 2012, 2888 = AnwBl 2012, 850; **aA** OLG Hamburg AGS 2012, 202 = RVGreport 2012, 115, diese Entscheidung hat der BGH in NJW 2012, 2888 aufgehoben.

[54] BGH JurBüro 2014, 367 = AnwBl 2014, 454 = FamRZ 2014, 747; NJW 2012, 2888 = AnwBl 2012, 850; sa BGH NJW 2003, 898 = AnwBl 2003, 309 = FamRZ 2003, 441 Tz. 9; OLG Celle RVGreport 2012, 269 mzustAnm *Hansens;* OLG Schleswig NJW-RR 2004, 1008; OLG Hamm JurBüro 2001, 366.

[55] OLG Celle RVGreport 2012, 269 mzustAnm *Hansens;* OLG Schleswig NJW-RR 2004, 1008; OLG Hamm JurBüro 2001, 366.

dass schon bei Beauftragung des Terminsvertreters objektiv feststand, dass es keines Terminsvertreters mehr bedarf. Hier ist die Problematik identisch mit der eines Beklagtenvertreters, der noch tätig wird, obgleich die Klage bereits zurückgenommen ist. Folgt man für diesen umstrittenen Fall der auf die subjektive Seite abstellenden Auffassung (→ Anh. X Rn. 117 ff.), so muss dies auch hinsichtlich der Kosten eines Terminsvertreters gelten. Dann sind die Mehrkosten des Terminsvertreters in Höhe fiktiver Reisekosten des Terminsvertreters bei unverschuldeter Unkenntnis von der Terminsabsetzung zu erstatten. Eine Entscheidung des BGH hierzu fehlt bislang.

105 ***bb) 10% Ungewissheitsspielraum.*** Wegen Ungewissheiten bei der Prognose (zB ungewisse Fahrt- und Terminsdauer) lässt es der BGH genügen, dass die zu erwartenden Mehrkosten die fiktiven Reisekosten um nicht mehr als 10% übersteigen.[56]

106 ***cc) Folgen der Prognose für die Erstattung.*** War zu erwarten, dass die Mehrkosten des Terminsvertreters unter der 10% Grenze bleiben, so war die Einschaltung eines Terminsvertreters erstattungsrechtlich gerechtfertigt mit der Folge, dass die tatsächlich angefallenen Kosten des Terminsvertreters in vollem Umfang und ohne jede Begrenzung zu erstatten sind. War hingegen eine Überschreitung der 10% Grenze zu erwarten, so sind die Folgen streitig (→ Rn. 126).

107 **c) Maßgeblicher Entscheidungszeitpunkt. Vernünftige Partei.** Aus den vorstehenden Ausführungen folgt, dass selbst dann, wenn sich später herausstellt, dass der reisende RA erheblich billiger gewesen wäre, die Kosten des Terminsvertreters uU zu erstatten sind.[57] Voraussetzung dafür ist, dass bei Beauftragung des Terminsvertreters, also ex ante die Partei davon ausgehen durfte, dass der Terminsvertreter keine erheblich höheren Kosten (nicht mehr als 10%) verursachen würde. Dabei ist auf den Zeitpunkt abzustellen, zu dem die Partei vernünftigerweise einen Terminsvertreter beauftragen musste.

108 **Im Regelfall 3 Wochen vor dem Termin.** Dieser Zeitpunkt ist im Regelfall jedenfalls dann noch nicht gegeben, wenn das Gericht noch keinen Termin angesetzt hat. Unerheblich ist, wenn ein zunächst anberaumter Termin wieder abgesetzt wird und deshalb fiktive Reiskosten nicht angefallen wären. Nach der hM darf immer gleich nach der Terminierung ein Terminsvertreter beauftragt werden; etwas anderes gilt nur, wenn die Absetzung vorhersehbar war.[58] Da jedoch immer mit Terminsaufhebungen zu rechnen ist, ist der Partei im Regelfall zuzumuten, bis mindestens drei Wochen vor dem Termin mit der Mandatierung eines Terminsvertreters zu warten, wie das eine vernünftige und wirtschaftlich denkende Partei in der Regel handhabt, wie die Praxis zeigt. Es bleibt dann noch genug Zeit, einen Terminsvertreter zu finden, der dann auch noch ausreichend Zeit zur Einarbeitung hat. Wird also der Termin zB vier Wochen vor dem Termin zB wegen Klagerücknahme abgesetzt, so sind die Kosten des Terminsvertreters nicht zu erstatten. Im Einzelfall, zB bei besonders umfangreichen Verfahren, können andere Fristen angebracht sein.

3. Vergleichsposten

109 **a) Vergleich Reisekosten und halbe Verfahrensgebühr.** Es muss ermittelt werden, ob ex ante zu erwarten war, dass die Beauftragung des Terminsvertreters die Kosten des reisenden Verfahrensbevollmächtigten um nicht mehr als 10% übersteigen werden. Dabei sind gegenüberzustellen die fiktiven Reisekosten des Verfahrensbevollmächtigten und die Verfahrensgebühr des Terminsvertreters zzgl. einer Pauschale von (meistens) 20,– EUR. Die beim Terminsvertreter anfallende Terminsgebühr kann in aller Regel unberücksichtigt bleiben, da sie dafür beim Verfahrensbevollmächtigten eingespart wird. Dasselbe gilt für die Gebühr für besonders aufwändige Beweisaufnahmen gem. VV 1010 RVG.

110 **b) Reisekosten des reisenden Verfahrensbevollmächtigten.** ***aa) Allgemeines.*** Bei der Errechnung der fiktiven Reisekosten des Verfahrensbevollmächtigten sind grds. die gleichen Grundsätze anzuwenden, wie in den Fällen, in denen der Verfahrensbevollmächtigte tatsächlich gereist ist (VV 7003–7006 RVG). Einzusetzen sind Fahrtkosten einschließlich, falls nötig, Übernachtungskosten (VV 7003, 7004 RVG), Tage- und Abwesenheitsgeld (VV 7005 RVG).

111 ***bb) Reisemittel.*** Da der Verfahrensbevollmächtigte jedoch nicht tatsächlich gereist ist und gerade bei weiteren Strecken verschiedene Reisemittel vom RA gewählt werden dürfen

[56] BGH NJW 2003, 898 Tz. 22 = AnwBl 2003, 309 = FamRZ 2003, 441.
[57] OLG Koblenz AGS 2013, 152.
[58] OLG Celle JurBüro 2014, 27; OLG Nürnberg MDR 2008, 1126 = OLGR 2008, 700; OLG Schleswig NJW-RR 2004, 1008.

(→ RVG VV 7003 Rn. 40), ergeben sich Probleme, von welchem Reisemittel auszugehen ist. Nach OLG Stuttgart dürfen die bei Nutzung eines eigenen Fahrzeugs anfallenden Kosten inkl. Übernachtung herangezogen werden, selbst wenn es billigere Reisemöglichkeiten gegeben hätte.[59] Dem gegenüber spricht sich *Hansens* für eine differenzierende Beurteilung im Einzelfall aus.[60] **ME** kann auch das teuerste Reisemittel in die Rechnung aufgenommen werden, soweit es bei tatsächlicher Nutzung zu erstatten gewesen wäre. Weiß aber der Prozessbevollmächtigte, dass er das teurere nicht benutzt hätte, zB fährt er nie von OLG München mit dem Auto zu einem Termin in Hamburg, so darf er, falls das Auto teurer wäre, dieses nicht in Rechnung stellen. Jedenfalls sind nicht nur die Kosten eines Billigfliegers anzusetzen (→ RVG VV 7003 Rn. 56).[61]

cc) Verfahrensbevollmächtigter am dritten Ort. Hat die Partei einen Verfahrensbevollmächtigten am sog. en dritten Ort beauftragt, so ist zu unterscheiden. Handelt es sich um einen Fall, in dem die Partei nur so zu stellen ist, als hätte sie einen RA in ihrer Nähe beauftragt (→ RVG VV 7003 Rn. 137 ff.), so sind die Reisekosten, die bei einem in der Nähe der Partei residierenden Verfahrensbevollmächtigten angefallen wären, anzusetzen, wenn er vom Gericht weiter entfernt ansässig ist als die Partei.[62] Ist er näher ansässig, so sind die Reisekosten vom Sitz des Verfahrensbevollmächtigten aus zu berechnen. **112**

Handelt es sich um einen Fall, in dem die Reisekosten des Verfahrensbevollmächtigten in vollem Umfang zu erstatten sind, auch wenn der RA weiter vom Gericht entfernt ist als die Partei (→ RVG VV 7003 Rn. 139 ff.), so ist auf die Reisekosten vom Sitz des Anwalts abzustellen. **113**

dd) Anzahl der unterstellten Termine. Meistens ist nicht vorhersehbar, wie sich ein Prozess entwickeln wird.[63] Der BGH hat in einem Fall, obwohl nur ein Termin stattgefunden hat, bei der Prognose „mehrere Termine" zu Grunde gelegt, wobei in seinem Fall bereits zwei Termine zu höheren fiktiven Reisekosten geführt haben. Dies hat er im Hinblick darauf getan, dass das Gericht nur Termin zur Güteverhandlung und mündlichen Verhandlung vor dem Einzelrichter ohne Ladung von Zeugen anberaumt hatte, obgleich von beiden Seiten Beweis zu strittigen Behauptungen angeboten war.[64] In einem anderen Fall hat der BGH entschieden, dass, da der Rechtsstreit in der Regel in einem umfassend vorbereiteten Termin zur mündlichen Verhandlung (Haupttermin) zu erledigen ist (§ 272 Abs. 1 ZPO), die Parteien jedenfalls nicht mit mehr als zwei Verhandlungsterminen rechnen mussten.[65] In der Lit. wird vertreten, dass in aller Regel von einem Termin[66] auszugehen ist. Im Einzelfall könnten aber mehrere Termine zu erwarten sein, zB bei einer Stufenklage oder einer zu erwartenden Beweisaufnahme.[67] **114**

ME sollte, wenn keine besonderen Umstände vorliegen, **im Regelfall von zwei Terminen** ausgegangen werden. In den meisten zivilrechtlichen Verfahren kommt es zu nicht mehr als zwei Terminen (ohne Verkündungstermine).[68] Andererseits ist mehr als ein Termin nicht die Ausnahme. Liegen aber besondere Umstände vor, so kann auch einmal von einer anderen Zahl der Termine ausgegangen werden. ZB der Gegner hatte vorprozessual schon die Berechtigung des geltend gemachten Anspruchs eingeräumt, weshalb mit einem Versäumnis- oder Anerkenntnisurteil zu rechnen ist. **115**

c) Kosten des Terminsvertreters. ***aa) Verfahrensgebühr und Pauschale.*** Mehrkosten entstehen in den meisten Fällen iHv einer 0,65 Gebühr plus Pauschale gem. VV 7002 RVG 20,– EUR. Bei einer ex ante Vergleichsrechnung ist die Pauschale gem. VV 7002 RVG 20,– EUR heranzuziehen und nicht, dass im Nachhinein möglicherweise der Terminsvertreter eine Einzelabrechnung gem. VV 7001 RVG vorgenommen hat.[69] **116**

---

[59] OLG Stuttgart JurBüro 2005, 367.
[60] *Hansens* RVGreport 2012, 122 (124) Ziff. III 3b.
[61] OLG Stuttgart JurBüro 2005, 367.
[62] BGH JurBüro 2004, 432 = MDR 2004, 838 wonach, wenn es um die tatsächlich angefallenen Reisekosten geht, diese zu erstatten sind, soweit sie sich im Rahmen der erstattungsfähigen Reisekosten halten, die angefallen wären, wenn die Partei einen Prozessbevollmächtigten in ihrer Nähe beauftragt hätte; OLG Düsseldorf Rpfleger 2007, 112.
[63] Dazu, wie schwer die Anzahl der Termine vorherzusehen ist *Hansens* RVGreport 2012, 122 (123) Ziff. II 1.
[64] BGH NJW 2012, 2888 = AnwBl 2012, 850.
[65] BGH WRP 2008, 363.
[66] *Enders* JurBüro 2005, 62 (65); *N. Schneider* AGS 2011, 521 (523) Ziff. II 3a dd.
[67] *N. Schneider* AGS 2011, 521 (523) Ziff. III 2a dd; *Hansens* RVGreport 2012, 122 (125) Ziff. III 3 f.
[68] LAG Hamm AGS 2018, 573.
[69] *Enders* JurBüro 2005, 62 (65).

117 ***bb) Doppelte Terminsgebühr.*** Grundsätzlich ist die beim Terminsvertreter anfallende Terminsgebühr außer Betracht zu lassen, da gleichzeitig beim Verfahrensbevollmächtigten im Regelfall eine Terminsgebühr eingespart wird.

118 UU kann allerdings die Terminsgebühr sowohl beim Verfahrensbevollmächtigten als auch beim Terminsvertreter anfallen (→ Rn. 77 ff.). Es muss hier dasselbe gelten, wie bei der Einigungsgebühr (→ Rn. 119). Die zweite Terminsgebühr ist im Regelfall wegen Unvorhersehbarkeit bei der Prognose bei den Mehrkosten nicht mit anzusetzen,[70] obwohl sie uU ebenfalls zu erstatten ist (→ Rn. 127 ff.).

119 ***cc) Doppelte Einigungsgebühr.*** Im Einzelfall kann die Einigungsgebühr sowohl beim Verfahrensbevollmächtigten als auch beim Terminsvertreter entstehen (→ Rn. 66, 80), was dann zu einer Erhöhung um eine weitere 1,0 bzw. 1,3 Gebühr führt. Die Einigungsgebühr ist beim Terminsvertreter im Rahmen der Prognose dennoch nicht als die Kosten erhöhend zu berücksichtigen. Es ist nicht vorhersehbar, ob die Einigungsgebühr doppelt anfallen wird.[71] Nach dem BGH muss jedenfalls dann nicht mit einer doppelten Einigungsgebühr gerechnet werden, wenn der Gegner vorher schon einen Vergleichsvorschlag abgelehnt hatte.[72] Wegen Erstattung der zweiten Einigungsgebühr → Rn. 132.

120 ***dd) Reisekosten des Terminsvertreters.*** Ist der Terminsvertreter nicht am Gerichtsort ansässig, so sind seine Reisekosten im Regelfall nur zu erstatten, soweit hierdurch die durch ihn ausgelösten Gesamtkosten nicht über den Kosten liegen, die angefallen wären, wenn der Verfahrensbevollmächtigte den Termin selbst wahrgenommen hätte. Der 10% Zuschlag greift hier nicht ein (→ Rn. 105 ff., 133). Dann müssen aber die Reisekosten bei der Prognose unbeachtet bleiben.

121 ***ee) Terminsvertreter ohne Verfahrensbevollmächtigten.*** Hat die Partei keinen Verfahrensbevollmächtigten beauftragt, sondern nur einen Terminsvertreter, so sind dessen Kosten, die immer unter denen des Verfahrensbevollmächtigten liegen, im Anwendungsbereich des § 91 Abs. 2 S. 1 ZPO stets zu erstatten.[73]

122 ***ff) Vereinbarte Vergütung.*** Da grds. nur die gesetzliche Vergütung zu erstatten ist (→ Rn. 90), ist bei der Vergleichsrechnung auch nur diese heranzuziehen, es sei denn die vereinbarte Vergütung ist einmal niedriger als die gesetzliche (→ Rn. 134).

123 **d) Vergleichbare Kosten eines Verkehrsanwalts unerheblich.** Es sind nur die Reisekosten und die Mehrkosten durch einen Terminsvertreter gegenüberzustellen. Eine Vergleichsrechnung, ob nicht uU ein Verkehrsanwalt in Verbindung mit einem am Gerichtsort ansässigen Verfahrensbevollmächtigten billiger gewesen wäre, ist nicht erforderlich. Zum einen ist der Verkehrsanwalt nach dem RVG immer teurer als der Terminsvertreter (→ RVG VV 3400 Rn. 90). Zum anderen hat der BGH zur BRAGO selbst in einem Fall, in dem der Verkehrsanwalt billiger gewesen wäre, entschieden, dass auf den Verkehrsanwalt nicht abzustellen ist.[74]

4. Höhe der Erstattung

124 **a) Ex ante nicht mehr als 10% teurer.** Durfte bei einer ex ante Betrachtung davon ausgegangen werden, dass Kosten des Terminsvertreters nicht mehr als 10% höher als die zu erwartenden fiktiven Reisekosten des Verfahrensbevollmächtigten sein werden, so sind grds. die Kosten des Terminsvertreters ohne Begrenzung zu erstatten. Es ist dann also unerheblich, ob **ex post betrachtet** die Mehrkosten durch den Terminsvertreter höher sind als die fiktiven Reisekosten des Verfahrensbevollmächtigten (→ Rn. 105 ff.). Die 10% Mehrkostengrenze spielt also nur eine Rolle bei der Prognose, bei der Frage, ob erstattungsrechtlich ein Terminsvertreter eingeschaltet werden durfte. Ist diese Frage einmal bejaht, so sind auch die über die 10% hinausgehende Kosten zu erstatten.

125 **b) Ex ante um mehr als 10% teurer.** Ergibt die ex ante Betrachtung, dass mit über 10% hinausgehenden Mehrkosten zu rechnen ist, so sind nicht die Mehrkosten des Terminsvertreters zu erstatten, sondern nur die Kosten, die angefallen wären, wenn der Verfahrensbevollmächtigte den oder die Termine selbst wahrgenommen hätte.

---

[70] OLG München 13.2.2012 – 11 W 1587/11; *N. Schneider* AGS 2011, 521 (524) Ziff. III 2b aa; **aA** *Hansens* RVGreport 2012, 122 (124) Ziff. III 3c.

[71] OLG München JurBüro 2007, 595 = RVGreport 2007, 392 mzustAnm *Hansens; Enders* JurBüro 2005, 62 (65); *N. Schneider* AGS 2011, 521 (525) Ziff. III 2b ee.

[72] BGH JurBüro 2014, 367 Rn. 10 = AnwBl 2014, 454 = FamRZ 2014, 747.

[73] Schneider/Wolf/*N. Schneider* RVG VV 3401 Rn. 106.

[74] BGHR 2005, 201.

Kein 10 % Zuschlag. Streitig ist, ob in diesem Fall nur 100 %[75] der fiktiven Reisekosten oder 110 %[76] zu erstatten sind. Der Meinung, die keinen Zuschlag gewährt, ist zu folgen. Das ergibt sich dogmatisch daraus, dass aufgrund der Prognose die Voraussetzungen für einen Erstattungsanspruch der Kosten des Terminsvertreters nicht gegeben sind. Dann kommt nur noch ein Erstattungsanspruch für fiktive Reisekosten in Betracht.[77] Bei fiktiven Reisekosten gibt es aber keinen Zuschlag. Dementsprechend hat der BGH in einem Fall lediglich 100 % zuerkannt[78] und in einem weiteren Fall festgestellt, dass nur die fiktiven Reisekosten zu erstatten sind, wenn die Mehrkosten des Terminsvertreters um mehr als 10 % höher waren.[79] Jüngst hat der 1. Senat des BGH entgegengesetzt entschieden (110 %), allerdings ohne die – wie dargelegt auch vom BGH, ua auch vom 1. Senat selbst vertretene – Gegenmeinung zu erwähnen.[80] 126

c) Doppelte Termins- oder Einigungsgebühr. An dieser Stelle geht es nicht um die Frage, ob bei der Prognose mehrere Termins- oder Einigungsgebühren zu berücksichtigen sind (→ Rn. 117 ff.), sondern darum, ob, wenn sie tatsächlich doppelt angefallen sind, auch doppelt, weil beide erforderlich, zu erstatten sind. Es kann durchaus sein, dass, obwohl bei der Vergleichsrechnung im Rahmen der Prognose wegen der Unvorhersehbarkeit einer zweiten Gebühr nur von einer dieser Gebühren auszugehen ist, dennoch zwei Termins- oder Einigungsgebühren zu erstatten sind. 127

aa) Doppelte Terminsgebühr. Die Terminsgebühr kann uU sowohl beim Verfahrensbevollmächtigten als auch beim Terminsvertreter anfallen (→ Rn. 77 ff.). Ob eine zweite Terminsgebühr zu erstatten ist, hängt davon ab, ob der Anfall einer zweiten Terminsgebühr notwendig war. 128

Außergerichtliches Einigungsgespräch, Entscheidung und Vergleich schriftlich. Führt der Verfahrensbevollmächtigte außergerichtlich mit dem Gegner ein Einigungsgespräch oder das Gericht entscheidet letztlich im schriftlichen Verfahren oder es wird ein schriftlicher Vergleich geschlossen, so ist die zweite Terminsgebühr zu erstatten.[81] Es ist in erster Linie Sache des Verfahrensbevollmächtigten, außergerichtliche Einigungsgespräche zu führen (→ Rn. 132 Einigungsgebühr). Der Verfahrensbevollmächtigte muss auch nicht das Einverständnis zur schriftlichen Entscheidung oder den Abschluss eines Vergleichs im schriftlichen Wege verweigern. Dies allein schon deshalb nicht, weil die Schriftlichkeit vom Gesetz auch im Interesse der Gerichte vorgesehen ist. Allerdings ist es auch nicht zu beanstanden und ist es für den Mandanten hinsichtlich der Kosten von Vorteil, wenn der Verfahrensbevollmächtigte die Schriftlichkeit nicht fördert. 129

Ein Termin mit Terminsvertreter, ein Termin mit Verfahrensbevollmächtigten. Finden mehrere Termine statt und tritt in einem der Verfahrensbevollmächtigte selbst auf, im anderen ein Terminsvertreter, so ist die zweite Terminsgebühr nur dann zu erstatten, wenn ganz ausnahmsweise diese Aufteilung erforderlich war. 130

Zwei RA in einer mündlichen Verhandlung. Wird nur die Ausführung der Parteirechte in der mündlichen Verhandlung einem anderen RA übertragen, so dass er neben dem Verfahrensbevollmächtigten in der mündlichen Verhandlung auftritt, so sind dadurch entstehende Mehrkosten nur in ganz besonderen Ausnahmefällen erstattungsfähig.[82] 131

bb) Doppelte Einigungsgebühr. Beim Terminsvertreter ist häufig dessen Einigungsgebühr neben der des Verfahrensbevollmächtigten zu erstatten. Hier wird in sehr vielen Fällen die Mitwirkung beider Anwälte notwendig sein.[83] Häufig wird der Terminsvertreter bei den Eini- 132

---

[75] OLG Bamberg NJW 2003, 898 = FamRZ 2003, 441 = AnwBl 2003, 309; OLG Oldenburg AnwBl 2008, 381 = JurBüro 2008, 321; *Hansens* Anm. zu OLG Hamburg RVGreport 2012, 115; *N. Schneider* AGS 2011, 521 (522) Ziff. III 2a cc.

[76] OLG Frankfurt a. M. OLGR 2005, 33; OLG Hamburg AGS 2012, 202 = RVGreport 2012, 115; KG VersR 2008, 271.

[77] BGH NJW-RR 2005, 707 = JurBüro 2005, 93; *Hansens* Anm. zu OLG Hamburg RVGreport 2012, 115.

[78] BGH NJW-RR 2012, 381 = JurBüro 2012, 201.

[79] BGH NJW-RR 2005, 707 = JurBüro 2005, 93.

[80] BGH NJW-RR 2015, 761Rn. 17, 18 mwN = Rpfleger 2015, 425 = RVGreport 2015, 267 mzustAnm *Hansens.*

[81] Zu schriftlichem Vergleich OLG Celle RVGreport 2018, 382 mzust Anm. *Hansens* = AGS 2018, 379 mzustAnm *N. Schneider.*

[82] OLG Hamburg JurBüro 1986, 879 = MDR 1986, 596; OLG Karlsruhe OLGR 2005, 776, Spezialkenntnisse im schweizerischen Versicherungsrecht genügen nicht; OLG Schleswig JurBüro 1981, 570 = SchlHA 1981, 70, wenn überhaupt, dann nur unter ganz strengen Voraussetzungen.

[83] BGH JurBüro 2014, 367 Rn. 14 = AnwBl 2014, 454 = FamRZ 2014, 747; OLG München FamRZ 2009, 1782 = JurBüro 2007, 595 = RVGreport 2007, 392 mkritAnm *Hansens;* JurBüro 2009, 487; LG Osnabrück AGK 12, 104; **einschränkend** OLG Zweibrücken AGS 2004, 497, wonach an die Notwendigkeit eines zweiten RA

gungsgesprächen vor Gericht mitwirken. Zumindest ist seine Mitwirkung bei der Protokollierung notwendig, wodurch häufig erst (§ 154 Abs. 2 BGB) die Einigungsgebühr ausgelöst wird.[84] Andererseits ist eine Mitwirkung des Verfahrensbevollmächtigten notwendig. Es ist dessen Aufgabe als Verfahrensbevollmächtigter, der am umfassendsten informiert und der Vertrauensanwalt[85] ist, zu entscheiden, ob eine Einigung zu Stande kommen soll. Insofern gleicht der Terminsvertreter nicht dem Verkehrsanwalt. Sollte man beim Verkehrsanwalt weiterhin eine zweite Einigungsgebühr im Regelfall nicht als erstattungsfähig ansehen (→ RVG VV 3400 Rn. 105 ff.), so gilt das nicht auch für den Terminsvertreter. Der Gegenmeinung,[86] die die Erstattung einer zweiten Einigungsgebühr verneint, weil der Terminsvertreter sich so in das Verfahren einarbeiten solle, dass er selbst darüber entscheiden könne, ob eine Einigung zu treffen ist, kann daher nicht gefolgt werden.

133 **d) Reisekosten des Terminsvertreters.** Ist der Terminsvertreter nicht am Gerichtsort ansässig, so sind zumindest im Regelfall seine Reisekosten nur zu erstatten, soweit hierdurch die durch ihn ausgelösten Gesamtkosten nicht höher als die Kosten sind, die beim den Termin selbst wahrnehmenden Verfahrensbevollmächtigten angefallen wären. Der 10% Zuschlag greift hier nicht ein,[87] weil es im Regelfall nicht nötig ist, einen Terminsvertreter am dritten Ort zu nehmen und dadurch mehr Kosten zu verursachen. Die Rspr. zur Reise des Verfahrensbevollmächtigten am dritten Ort ergibt nichts anderes.[88] Sie besagt, dass die Reisekosten vom dritten Ort zu erstatten sind, wenn die Reisekosten eines Verfahrensbevollmächtigten am Wohnsitz der Partei nicht geringer gewesen wären. Dieser Gesichtspunkt greift hier nicht ein, da grds. ein Terminsvertreter am Sitz des Gerichts auszuwählen ist. Wegen der Reisekosten im Rahmen der Prognose → Rn. 120.

134 **e) Vereinbarte Vergütung.** Eine vereinbarte Vergütung ist nicht erstattungsfähig, soweit sie die gesetzliche Vergütung überschreitet.

135 **Vergütungsvereinbarung mit Terminsvertreter.** Liegt die vereinbarte Vergütung des Terminsvertreters unter der gesetzlichen oder ist sie gleich hoch, so ist sie in der nach der Vereinbarung angefallenen Höhe unter den gleichen Voraussetzungen zu ersetzen wie die gesetzliche Vergütung des Terminsvertreters. Ist sie niedriger als die gesetzliche Vergütung, so ist nicht die gesetzliche, sondern die vereinbarte zu erstatten.[89] Ist sie höher als die gesetzliche Vergütung, so ist maximal die letztere zu erstatten.[90]

136 **f) Ausländischer RA.** Es sind nach der Rspr. des BGH grds. nur die Kosten zu erstatten, die bei einem deutschen Terminsvertreter angefallen wären[91] (zum ausländischen Verkehrsanwalt → RVG VV 3400 Rn. 98). Hat jedoch das ausländische ersuchte Gericht die Durchführung der Beweisaufnahme von der Anwesenheit eines Terminsvertreters aus dem Land des Gerichts abhängig gemacht, so sind jedenfalls dann auch die höheren Kosten des ausländischen Terminsvertreters zu erstatten.[92]

5. Terminsvertreter als Vertreter iSv § 5 RVG.

137 Beauftragt der Verfahrensbevollmächtigte den Terminsvertreter im eigenen Namen, so fallen Gebühren nur beim Verfahrensbevollmächtigten an (→ Rn. 11). Ist beim Verfahrensbevollmächtigten durch die Tätigkeit des Terminsvertreters eine Terminsgebühr angefallen, so ist diese zu erstatten.[93] S. auch → § 5 Rn. 14.

137a **Erstattung fiktiver Kosten.** Allgemein zur Erstattung fiktiver Kosten → Anh. X Rn. 285 ff.

---

ein besonders strenger Maßstab anzusetzen ist, wobei es sich jedoch ausschließlich auf Rspr. dazu beruft, dass im Regelfall beim Verkehrsanwalt die Einigungsgebühr nicht doppelt zu erstatten ist.

[84] Gerold/Schmidt/*von Eicken,* 15. Aufl. 2002, BRAGO § 23 Rn. 33; **aA** *N. Schneider* MDR 1999, 959 (960) Ziff. 4.

[85] BGH JurBüro 2014, 367 Rn. 14 = AnwBl 2014, 454 = FamRZ 2014, 747 Rn. 14; sa FamRZ 2004, 939 = NJW-RR 2004, 858 = JurBüro 2004, 432.

[86] **AA** OLG Zweibrücken OLGR 2004, 444 = RVGreport 2004, 192 mzustAnm *Hansens,* zu kaufmännisch versiertem Kläger.

[87] **AA** *N. Schneider* AGK 2012, 20; AGS 2011, 521 (525) Ziff. III 2b dd.

[88] Auf diese beruft sich aber *N. Schneider* AGS 2011, 521 (525) Ziff. III 2b dd für seine entgegengesetzte Meinung.

[89] KG KGR 2004, 393; *Hansens* RVGreport 2009, 363 (364) Ziff. II 3a.

[90] *N. Schneider* AGS 2011, 521 (526) Ziff. V.

[91] BGH NJW-RR 2005, 1732 = AnwBl 2005, 723 = FamRZ 2005, 1670.

[92] KG RVGreport 2005, 355.

[93] OLG Stuttgart JurBüro 2017, 538.

Nach einer Meinung sind neben der Terminsgebühr nicht noch fiktive Reisekosten, die angefallen wären, wenn der Verfahrensbevollmächtigte selbst zum Termin gefahren wäre, zu erstatten. Fiktive Kosten seien nur anstelle von tatsächlich angefallenen Kosten zu erstatten. Der Partei seien aber neben der Terminsgebühr keine zusätzlichen gesetzlichen Kosten entstanden.[94]

Dem ist nicht zu folgen. Allerdings wäre diese Auffassung zutreffend, wenn die in diesen Entscheidungen ohne weiteres vorgenommene, nicht näher untersuchte Unterstellung, dass die Partei keine weiteren gesetzlichen Kosten hat, richtig wäre. Denn nur tatsächlich angefallene Kosten können durch fiktive Kosten ersetzt werden (→ Anh. X Rn. 283, 285). Häufig sind der Partei jedoch tatsächlich zusätzliche gesetzliche Kosten entstanden. Der Prozessbevollmächtigte hatte Auslagen, den Betrag, den er dem Unterbevollmächtigten zahlen muss.[95] Wenn die Beauftragung des Unterbevollmächtigten für den Mandanten billiger ist als ein zum Termin reisender Prozessbevollmächtigter, hat der Prozessbevollmächtigte – wie auch sonst hinsichtlich von Hilfskräften (→ RVG VV Vorb. 7 Rn. 23) – einen Auslagenerstattungsanspruch gegen seinen Mandanten gem. RVG VV Vorb. 7 Anm. Abs. 1, §§ 670, 675 BGB in Höhe des Betrages, den der Verfahrensbevollmächtigte an den Terminsvertreter gezahlt hat. Wären die Reisekosten niedriger gewesen, so beschränkt sich dieser Auslagenerstattungsbetrag auf die Kosten, die durch den reisenden Verfahrensbevollmächtigten angefallen wären. Soweit der Gegner zur Erstattung von Reisekosten des Verfahrensbevollmächtigten erstattungspflichtig gewesen wäre, besteht ein Erstattungsanspruch gegen ihn, maximal bis zur Höhe der Mehrkosten durch den Unterbevollmächtigten. Das ist auch im Rahmen der PKH anerkannt (→ Rn. 138). Es gibt keinen Grund, außerhalb der PKH etwas anderes gelten zu lassen.[96] **137b**

Im Rahmen der PKH ist hM, dass dem beigeordnete RA, der die Terminsgebühr durch einen von ihm beauftragten Terminsvertreter verdient hat (→ § 45 Rn. 39), die ihm durch die Beauftragung eines Unterbevollmächtigten entstandenen Auslagen bis zu der Höhe zu erstatten sind, in der Kosten angefallen wären, wenn er selbst zum Termin gefahren wäre.[97] Nach LAG Nds sind sogar die gesamten Kosten des Terminsvertreters als Auslagen zu erstatten, wenn ein Terminsverlegungsantrag wegen Verhinderung des beigeordneten Anwalts und seiner Sozii abgelehnt worden war.[98] Bei den zitierten Entscheidungen handelt es sich teilweise um Fälle, in denen der beigeordnete RA offensichtlich den Terminsvertreter im eigenen Namen mandatiert hat, da dort darauf hingewiesen wird, dass der beigeordnete RA die Kosten des Terminsvertreters zu tragen hat[99] bzw. dass Auslagen des beigeordneten RA auszugleichen sind.[100] Bei den anderen Entscheidungen fehlen Hinweise, wer Auftraggeber war. Offensichtlich kam es den Gerichten auf diese Frage nicht an. Hierbei ist allerdings zu beachten, dass die Kosten des Terminsvertreters nur insoweit zu erstatten sind, als dadurch andere Kosten, die nach dem Beiordnungsbeschluss zu erstatten gewesen wären, erspart wurden. Dabei ist von dem Beiordnungsbeschluss, der auch hier wieder bindend ist, auszugehen. Fiktive Reisekosten können daher nur soweit herangezogen werden, als diese nach dem Beiordnungsbeschluss zu erstatten gewesen wären. **138**

Erstattungsanspruch bei ausgefallenem Termin. Fällt beim Prozessbevollmächtigten keine Terminsgebühr an, etwa weil der Termin kurzfristig abgesetzt wird, muss er aber dem von ihm beauftragten Terminsvertreter etwas zahlen, etwa weil dieser sich bereits in die Akte eingearbeitet hat, so kommt ein Erstattungsanspruch insofern in Betracht, als es sich um Aufwendungen im Sinne von VV Vorb. 7 Abs. 1 S. 2 RVG handelt. Zu einem anderen Ergebnis kommt man allerdings dann, wenn man es als das vom Verfahrensbevollmächtigten zu tragende eigene Risikos ansieht, wenn er mit Hilfe eines anderen versucht, eine Terminsgebühr zu verdienen und dies dann nicht funktioniert. **139**

---

[94] OLG Stuttgart JurBüro 2017, 538 = AGS 2017, 540 mablAnm *N.*Schneider; LG Flensburg JurBüro 2018, 478 = RVGreport 2018, 388 mzustAnm *Hansens; Hansens* RVGreport 2012, 248 (249) Ziff. II 2; LAG Berlin-Brandenburg NZA-RR 2019, 384 = RVGreport 2019, 261 mzustAnm *Hansens;* LAG Nürnberg AGS 2019, 574 mzustAnm *N. Schneider* = NZA-RR 2020, 35.

[95] OLG Brandenburg AnwBl 2007, 728 = MDR 2007, 1287 = FamRZ 2008, 628; KG JurBüro 2005, 264.

[96] *N. Schneider* Anm. zu OLG Stuttgart AGS 2018, 538.

[97] OLG Brandenburg FamRZ 2008, 628 = AnwBl 2007, 728; OLG Hamm AGS 2014, 194 = MDR 2014, 308; OLG Schleswig JurBüro 1985, 247; **aA** LAG Nürnberg AGS 2019, 574 mzustAnm *N. Schneider* = NZA-RR 2020, 35

[98] LAG Nds AGS 2006, 608.

[99] LAG Nds AGS 2006, 608.

[100] OLG Brandenburg FamRZ 2008, 628.

6. Erstattung ohne Vergleichsrechnung

140 In älterer Rspr. wurde angenommen, dass unter bestimmten Voraussetzungen die ganzen Kosten des Terminsvertreters unabhängig davon zu erstatten sind, ob sie vorhersehbar höher als die fiktiven Reisekosten des Verfahrensbevollmächtigten gewesen wären. In Betracht gezogen wurde dies,

– weil es als dem Verfahrensbevollmächtigten unzumutbar angesehen wurde, zum Beweistermin zu reisen,
– oder weil der Verfahrensbevollmächtigte durch ausreichende Gründe an der Teilnahme des Termins gehindert war.

141 **a) Unzumutbarkeit der Reise für Verfahrensbevollmächtigten. Auswärtiger Beweisaufnahmetermin.** Dass bei einem solchen Termin unter besonderen Voraussetzungen wegen Unzumutbarkeit der Reise für den Verfahrensbevollmächtigten die Kosten eines Terminsvertreter zu erstatten sind, war in der älteren Rspr. grds. anerkannt.[101]

Beispiele aus der Rspr.

Dem Verfahrensbevollmächtigten wurde die Reise zum auswärtigen Beweistermin nicht zugemutet, weshalb die Kosten eines Terminsvertreters als erstattungsfähig anerkannt wurden,

– weil einer Kostenersparnis von ca. 530 DM eine zeitliche Inanspruchnahme von mehr als zwölf Stunden bei einem Streitwert von rund 37.000 DM gegenüberstand,[102]
– weil auswärts nur ein Zeuge vernommen werden sollte und durch eine Reise dem RA ein ganzer Arbeitstag verloren gegangen wäre.[103]

142 Die Grundsätze, die bislang für auswärtige Beweisaufnahmen gegolten haben, sollten weiter gelten, wenn es um eine Terminsvertretung in einem auswärtigen Beweistermin geht. Die Besonderheit ist hier, dass sich der Verfahrensbevollmächtigte nicht von vornherein auf einen auswärtigen Termin einstellen musste. Allerdings ist hierbei folgendes zu beachten.

143 Grundsätzlich ist der Verfahrensbevollmächtigte verpflichtet, Gerichtstermine, auch auswärtige Beweistermine selbst wahrzunehmen.[104] Im Einzelfall kann die Reise zum Beweistermin für den Verfahrensbevollmächtigten jedoch unzumutbar sein.

144 Objektive Gründe sind entscheidend.[105] Nur wenn es als objektiv unzumutbar anzusehen ist, dass der Verfahrensbevollmächtigte selbst zum auswärtigen Beweistermin fährt, sind die Kosten des Terminsvertreters zu erstatten. Auf die Wünsche der Partei[106] oder die ganz persönliche Auffassung des Verfahrensbevollmächtigten kommt es nicht an.[107] Unerheblich ist, dass der Verfahrensbevollmächtigte viel beschäftigt ist.[108] Es darf nicht darauf ankommen, ob die Partei einen Verfahrensbevollmächtigten mit großer oder kleiner Praxis beauftragt hat.[109] Namentlich kann der Verfahrensbevollmächtigte die Wahrnehmung auswärtiger Beweistermine nicht deshalb ablehnen, weil die in VV 7003 ff. RVG vorgesehenen Reisekosten und Abwesenheitsgelder für die mit der Terminswahrnehmung verbundene Zeitversäumnis zu niedrig seien. Die Notwendigkeit der Bestellung des Beweisanwalts kann nicht damit begründet werden, dass die Partei zu ihm ein besonderes Vertrauen habe.[110]

145 **Termine beim erkennenden Gericht.** Die vorstehenden Grundsätze können nicht auf Termine am Ort des erkennenden Gerichts übertragen werden. Hier weiß der RA von Anfang an, was auf ihn zukommt. Hier gilt das oben zu → Rn. 99 ff. Dargelegte.

146 **b) Verhinderter Verfahrensbevollmächtigter.** Bislang wurde in der Rspr. angenommen, dass die Kosten eines Terminsvertreters allein schon deshalb erstattungsfähig sind, weil der Verfahrensbevollmächtigte wegen Terminskollision, Krankheit oder Urlaub verhindert war.[111] Da-

[101] OLG Hamm JurBüro 1984, 1565 = MDR 1984, 587; OLG Koblenz Rpfleger 1980, 69; OLG München AnwBl 1984, 211 = JurBüro 1984, 595.
[102] OLG München AnwBl 1984, 211 = JurBüro 1984, 595.
[103] OLG Frankfurt a. M.MDR 1958, 249 = JurBüro 1958, 342 = Rpfleger 1959, 63.
[104] OLG Hamburg MDR 1986, 592.
[105] OLG München AnwBl 1984, 211.
[106] OLG Düsseldorf AnwBl 1992, 44; OLG Schleswig JurBüro 1969, 859; *Mümmler* JurBüro 1975, 380.
[107] OLG Schleswig JurBüro 1969, 859; *Mümmler* JurBüro 1975, 380.
[108] OLG Frankfurt a. M. AnwBl 1984, 618; OLG Koblenz Rpfleger 1980, 69 = JurBüro 1980, 384.
[109] OLG Bamberg JurBüro 1975, 379; OLG Koblenz JurBüro 1980, 384.
[110] OLG Düsseldorf JurBüro 1992, 34.
[111] OLG Dresden JurBüro 2008, 653; OLG Frankfurt a. M. AnwBl 1984, 618 = JurBüro 1985, 128; OLG Hamburg MDR 1986, 592; OLG Hamm JurBüro 1984, 1565 = MDR 1984, 587; *Mümmler* JurBüro 1984, 1566; **aA** OLG Koblenz Rpfleger 1980, 69, Terminskollision bei viel beschäftigtem RA ist kein ausreichender Grund; RA muss das auf eigene Rechnung organisieren.

bei wurde angenommen: Ob ein Verhinderungsgrund vorlag, ist nach der jeweiligen Lage des Einzelfalls zu beurteilen. Erforderlich ist, dass der Verfahrensbevollmächtigte eine Verlegung des Termins erfolglos versucht hat.[112] Das Interesse, möglichst schnell zum Abschluss des Verfahrens zu kommen, macht im Regelfall einen Verlegungsantrag nicht überflüssig.[113] Der Erstattungsberechtigte muss die Verhinderung seines Verfahrensbevollmächtigten glaubhaft machen (§ 104 Abs. 2 S. 1 ZPO). Als Nachweis der Verhinderung muss im Allgemeinen die begründete Versicherung des Verfahrensbevollmächtigten iVm einem konkreten Vortrag über die durchgeführten Bemühungen zur Terminsverlegung genügen. Außerdem muss, wenn der Verfahrensbevollmächtigte Mitglied einer Sozietät ist, glaubhaft gemacht werden, dass auch kein Sozius am Termin teilnehmen konnte. Diese Grundsätze gelten auch nach neuem Recht fort.

7. Glaubhaftmachung

Meistens ergibt sich der Gebührenanfall nicht aus den Akten. Der Schriftsatz oder die Erklärung im Termin, mit denen der Terminvertreter seine Untervollmacht oder Terminvertretung anzeigt, lässt zwei Vertretungsmöglichkeiten zu (→ § 1 Rn. 122ff.). Ob seine Vergütung entweder durch die Partei nach dem RVG oder durch den Verfahrensbevollmächtigten aufgrund interner Vereinbarung mit ihm angefallen ist, ist danach unklar. Gem. § 10 RVG kann ein RA seine Vergütung nur aufgrund einer von ihm unterzeichneten und dem Auftraggeber (!) mitgeteilten Berechnung einfordern. Zur Glaubhaftmachung ist deshalb die Abrechnung des Terminvertreters selbst gegenüber der Partei erforderlich. Die Berechnung des Verfahrensbevollmächtigten, der nicht Gläubiger dieser Forderung ist, reicht dafür nicht.[114] Es reicht auch nicht die Vorlage einer Rechnung „zum Zweck der Kostenfestsetzung".[115] Das gilt für die Verfahrensgebühr des Terminsvertreters, nicht aber für die Terminsgebühr. Sollte nämlich der im Termin Aufgetretene vom Verfahrensbevollmächtigten beauftragt worden sein, so hat er gem. § 5 RVG als Vertreter des Verfahrensbevollmächtigten gehandelt. Auch in diesem Fall ist eine Terminsgebühr angefallen.[116] 147

XXI. Vergütungsfestsetzung gem. § 11 RVG

Die Gebühren des Terminsvertreters können auch im vereinfachten Vergütungsfestsetzungsverfahren gem. § 11 RVG festgesetzt werden. 148

Materiell-rechtliche Einwendungen, die einer Festsetzung entgegenstehen (§ 11 Abs. 5 RVG), sind ua die Behauptung, 149

– der Verfahrensbevollmächtigte habe im eigenen Namen den Terminsvertreter beauftragt,
– der Verfahrensbevollmächtigte sei nicht ermächtigt gewesen, einen Terminsvertreter zu beauftragen.

XXII. Prozesskostenhilfe

→ § 46 Rn. 59ff. 150

XXIII. Rechtsschutzversicherung

Es wird zunächst Bezug genommen auf die Ausführungen zum Verkehrsanwalt (→ RVG VV 3400 Rn. 115). Da nach dem dort zitierten § 5 Abs. 1a S. 2 ARB 1994 weitere Kosten für einen im Landgerichtsbezirks des Versicherungsnehmers ansässigen RA bis zur Höhe der gesetzlichen Vergütung eines Verkehrsanwalts von dem Versicherer zu tragen sind, kommt es nicht darauf an, dass tatsächlich ein Verkehrsanwalt eingeschaltet war. Deshalb können auch zusätzliche Kosten durch einen Terminsvertreter bis zur Höhe der Kosten eines Verkehrsanwalts geltend gemacht werden. Voraussetzung ist allerdings, dass der Verfahrensbevollmächtigte im Landgerichtsbezirk des Versicherungsnehmers ansässig ist. Hinzukommen muss wieder, dass das zuständige Gericht mehr als 100 km vom Wohnsitz des Versicherungsnehmers entfernt ist. 151

---

[112] OLG Frankfurt a. M. AnwBl 1984, 618 = JurBüro 1985, 128, für Terminskollision; OLG Hamburg MDR 1986, 592; OLG Hamm JurBüro 1984, 1565 = MDR 1984, 587, beide wohl auch bei Krankheit; OVG Münster NJW 2010, 459 = AnwBl 2010, 148; *Mümmler* JurBüro 1984, 1566, für Terminskollision, nicht bei Krankheit.

[113] OVG Münster NJW 2010, 459 = AnwBl 2010, 148.

[114] BGH AnwBl 2011, 787 = RVGreport 2011, 389 mzustAnm *Hansens;* KG AGS 2018, 352 = RVGreport 2018, 345; OLG Koblenz AGS 2013, 150 = JurBüro 2013, 143; **aA** OLG Frankfurt a. M. RVGreport 2011, 390 (Entscheidung durch Einzelrichter) offensichtlich in Unkenntnis der erst kurz zuvor ins Internet gestellten Entscheidung BGH AnwBl 2011, 787 = RVGreport 2011, 389.

[115] *Hansens* RVGreport 2010, 201 (203) Ziff. V.

[116] *Hansens* Anm. zu KG RVGreport 2018, 345; *N. Schneider* Anm. zu KG AGS 2018, 352.

Nr.	Gebührentatbestand	Gebühr oder Satz der Gebühr nach § 13 RVG
3402	Terminsgebühr in dem in Nummer 3401 genannten Fall	in Höhe der einem Verfahrensbevollmächtigten zustehenden Terminsgebühr

Übersicht

I. Anwendungsbereich

1 → RVG VV 3401 Rn. 3 ff.

II. Grundsätze

2 Der Terminsvertreter verdient gem. VV 3402 RVG eine Terminsgebühr in der Höhe, in der sie der Verfahrensbevollmächtigte verdienen würde, wenn er an dem Termin teilnehmen würde, also zB in erster Instanz gem. VV 3104 RVG eine 1,2 Terminsgebühr.

III. Betroffene Termine

3 → RVG VV 3401 Rn. 20 ff.

IV. Tätigkeit

4 Zur Vertretung im Termin → RVG VV Vorb. 3 Rn. 70 ff. Es gelten die gleichen Regeln wie bei der Terminsgebühr des Verfahrensbevollmächtigten. Die Terminsgebühr entsteht auch, wenn der Terminsvertreter Vermeidungs- oder Beendigungsgespräche iSv VV Vorb. 3 Abs. 3 S. 1 Alt. 3 RVG führt (→ RVG VV 3401 Rn. 22 ff.).

5 **Vorzeitiges Ende.** Endigt der Auftrag, bevor der Terminsvertreter einen Termin wahrgenommen hat, so entsteht kein Anspruch auf eine Terminsgebühr.[1]

V. Zusammen mit dem Verfahrensbevollmächtigten

6 Dazu, dass sowohl der Verfahrensbevollmächtigten als auch der Terminsvertreter eine Terminsgebühr verdienen (→ RVG VV 3401 Rn. 77 ff.) und beide zu erstatten sein können (→ RVG VV 3401 Rn. 128 ff.).

VI. Gebührenhöhe

1. Wertgebühren

7 Der Terminsvertreter verdient die Terminsgebühr in der Höhe, in der sie dem Verfahrensbevollmächtigten zustehen würde. Ihm steht also zu
– in der **ersten und der Berufungsinstanz** eine 1,2 Gebühr gem. VV 3104, 3202 RVG, unter den Voraussetzungen der VV 3105, 3203 RVG nur eine 0,5 Terminsgebühr,

[1] Schneider/Wolf/*N. Schneider* RVG VV 3401 Rn. 67.

– im **Revisionsverfahren** eine 1,5 Terminsgebühr gem. VV 3210 RVG, unter den Voraussetzungen des VV 3211 RVG nur einen 0,8 Terminsgebühr,
– im **Beschwerdeverfahren** eine 0,5 Terminsgebühr gem. VV 3513 RVG,
– in der **Zwangsvollstreckung** eine 0,3 Terminsgebühr gem. VV 3310 RVG.

2. Betragsrahmengebühren

Es gilt der gleiche Rahmen wie beim Verfahrensbevollmächtigten; also 8
in erster Instanz gem. VV 3106 RVG 60,00 EUR bis 610,00 EUR.
in zweiter Instanz gem. VV 3205 RVG 60,00 EUR bis 610,00 EUR.
in der Revision gem. VV 3213 RVG 96,00 EUR bis 990,00 EUR.

Der Terminsvertreter füllt dabei unabhängig vom Verfahrensbevollmächtigten den Rahmen gem. § 14 RVG aus.[2] 9

VII. Angelegenheit bei mehreren Terminen

Eine Angelegenheit. Nimmt der Terminsvertreter im gleichen Rechtszug mehrere Termine wahr, so kann er die Terminsgebühr trotzdem nur einmal verlangen, da nur eine Angelegenheit vorliegt (§ 15 Abs. 2 S. 1 RVG). Wegen Stufenklage → RVG VV 3401 Rn. 38 ff. 10

Mehrere Angelegenheiten. Soweit der Terminsvertreter in Terminen tätig wird, die verschiedenen Angelegenheiten angehören, so verdient in die Terminsgebühr mehrfach. Das ist zB der Fall im Verhältnis des selbständigen Beweisverfahrens zum Hauptsacheverfahren oder im Verhältnis verschiedener Instanzen zu einander (§ 17 Nr. 1 RVG). 11

Urkundenprozess. Ebenso wie der Verfahrensbevollmächtigte innerhalb eines Termins zweimal die Terminsgebühr verdienen kann, wenn vom Urkundenprozess Abstand genommen und sofort ins gewöhnliche streitige Verfahren übergegangen wird (→ RVG VV Vorb. 3 Rn. 379), kann der Terminsvertreter in der gleichen Situation die Terminsgebühr zweimal verdienen. 12

VIII. Kostenerstattung

Vgl. das zu → RVG VV 3401 Rn. 85 ff. Dargelegte. 13

Nr.	Gebührentatbestand	Gebühr oder Satz der Gebühr nach § 13 RVG
3403	Verfahrensgebühr für sonstige Einzeltätigkeiten, soweit in Nummer 3406 nichts anderes bestimmt ist	0,8
	Die Gebühr entsteht für sonstige Tätigkeiten in einem gerichtlichen Verfahren, wenn der Rechtsanwalt nicht zum Prozess- oder Verfahrensbevollmächtigten bestellt ist, soweit in diesem Abschnitt nichts anderes bestimmt ist.	

Übersicht

[2] Schneider/Wolf/*N. Schneider* RVG VV 3401 Rn. 71.

I. Motive

1 Die Motive zum KostRMoG führen aus:

„Statt einer halben Gebühr (§ 56 Abs. 1 BRAGO) soll der Rechtsanwalt künftig eine Gebühr von 0,8 erhalten. Der Aufwand des Rechtsanwalts, der nicht zum Prozess- oder Verfahrensbevollmächtigten bestellt ist, ist mit dem Aufwand eines Prozess- oder Verfahrensbevollmächtigten im Falle der Nummer 3101 VV RVG-E vergleichbar."[1]

II. Allgemeines

2 VV 3403 ff. RVG regeln Einzeltätigkeiten des RA. Sie sollen Lücken schließen („für sonstige Tätigkeiten").[2] Sie sind anzuwenden, wenn eine Tätigkeit von keiner anderen Bestimmung (zB VV 3100 ff., 3305 ff., 3309 ff., 3400, 3401, 3406 RVG) erfasst wird. Die anderen spezielleren Vorschriften gehen den VV 3403 ff. RVG vor.[3] VV 3403 ff. RVG setzen voraus, dass der RA nicht Verfahrensbevollmächtigter ist.

3 VV 3403 RVG verzichtet auf eine Aufzählung einzelner Tätigkeiten. Die Vorschrift gilt für alle sonstigen Tätigkeiten in einem gerichtlichen Verfahren, also alle Tätigkeiten in einem gerichtlichen Verfahren, die nicht unter eine andere Bestimmung fallen.

4 Dem Anwalt steht eine 0,8 Gebühr und bei einfachen Schreiben eine 0,3 Gebühr zu. Bei einer vorzeitigen Beendigung des Auftrags reduziert sich die Gebühr auf eine 0,5 Gebühr (Anm. zu VV 3405 RVG). Die Gebührenhöhe ist unabhängig davon, in welcher Instanz der Anwalt tätig ist.

III. Sachlicher Anwendungsbereich

1. Grundsätze

5 VV 3403 ff. RVG gelten für alle in der Überschrift zu VV Teil 3 RVG genannten Verfahren, also in Zivilsachen, einschließlich Arbeitssachen, Familiensachen, Sachen der freiwilligen Gerichtsbarkeit, der öffentlich-rechtlichen Gerichtsbarkeit, nach dem StVollzG, auch iVm § 92 JGG und ähnlichen Verfahren (→ RVG VV Vorb. 3 Rn. 6 ff.), wie sich aus der Einordnung des VV 3403 RVG in den VV Teil 3 RVG ergibt. VV 3403 ff. RVG gelten auch für Verfahren, für die auf VV Teil 3 RVG verwiesen wird, zB §§ 36 ff. RVG, auch wenn dort nur auf Abschn. 1, 2 von VV Teil 3 RVG Bezug genommen wird (→ RVG VV 3400 Rn. 5 ff.). VV 3403 ff. RVG

[1] BT-Drs. 15/1971, 218 zu Entwurf VV 3402 RVG.
[2] *Hansens* BRAGO § 56 Rn. 1.
[3] Hartmann/Toussaint/*Toussaint* RVG VV 3403 Rn. 2.

gelten nicht für die in VV Teil 2 RVG geregelten außergerichtlichen Tätigkeiten einschließlich der Vertretung im Verwaltungsverfahren. Für sozialgerichtliche Verfahren, in denen Betragsrahmengebühren anfallen, enthält VV 3406 RVG eine spezielle Bestimmung.

2. Vollstreckungs-, Beschwerde- oder Prozesskostenhilfeverfahren

6 In diesen Verfahren kann der RA sowohl einen Verfahrensauftrag als auch einen Auftrag für eine Einzeltätigkeit erhalten. Im zweiten Fall verdient der RA die Gebühren gem. VV 3403 ff., wobei jedoch die Gebühren nie höher sein können als die des Verfahrensbevollmächtigten. Die Auffassung, bei diesen Verfahren kämen immer nur VV 3309 ff., 3500 ff. RVG bzw. VV 3335 RVG unmittelbar zur Anwendung,[4] ist nicht zutreffend (→ RVG VV 3401 Rn. 6).

3. Gegenvorstellung

7 Dazu, dass die Gegenvorstellung unter VV 3330 RVG und nicht unter VV 3403 RVG fällt, → RVG VV 3330 Rn. 5.

IV. Persönlicher Anwendungsbereich

1. Grundsätze

8 VV 3403 ff. RVG sind nur anwendbar, soweit nicht andere Bestimmungen eingreifen, die VV 3403 RVG vorgehen. VV 3403ff RVG sind daher nicht anwendbar beim

– Verfahrensbevollmächtigten egal, ob er ein solcher für die Hauptsache, das Mahn-, Zwangsvollstreckungs- oder PKH-Antragsverfahren oder in einem der in VV 3324 ff. RVG aufgeführten Verfahren ist,
– Verkehrsanwalt,[5]
– Terminsvertreter.[6]

Alle können jedoch daneben dann noch eine Gebühr gem. VV 3403 ff. RVG verdienen, wenn sie zusätzlich eine Einzelaufgabe übernehmen. ZB der Terminsvertreter reicht zusätzlich einen Befangenheitsantrag gegen den Richter ein.[7]

Ein Einzelauftrag kommt besonders dann in Frage, wenn die Partei in einem Rechtsstreit, für den kein Anwaltszwang besteht, sich selbst vertritt und nur mit einer Einzeltätigkeit einen RA beauftragt.

9 Im **Spruchverfahren** wird der Vertreter der Antragsberechtigten, die nicht selbst einen Antrag stellen, so gestellt wie ein Verfahrensbevollmächtigter, weshalb er gem. VV 3100 ff. RVG und nicht gem. VV 3403 RVG vergütet wird.[8]

10 **Mehrere Verfahren.** Sind mehrere Verfahren gegeben, zB zwei Instanzen, so kann der RA in dem einen Verfahrensbevollmächtigter und im andern Einzeltätigkeitsanwalt sein.

11 **Fehlende Postulationsfähigkeit,** → Rn. 31 ff.; → RVG VV 3208 Rn. 16 ff.

2. Abgrenzung Verfahrens- und Einzelauftrag

12 **a) Allgemeines.** Nur der nicht zum Verfahrensbevollmächtigten bestellte RA kann die Gebühr des VV 3403 RVG verdienen. Ob der RA Verfahrensbevollmächtigter oder Einzeltätigkeitsanwalt ist, hängt ausschließlich vom **Auftrag** und nicht von der Tätigkeit ab. Es kann daher sein, dass für genau dieselbe Tätigkeit der eine RA Gebühren gem. VV 3100 ff. RVG und andere gem. VV 3403 ff. RVG verdient.[9]

13 **Laufendes Verfahren.** Auch während eines schon laufenden Verfahrens kann noch ein allgemeiner Verfahrensauftrag erteilt werden, sei es dass der bisherige RA wegfällt, sei es dass der Mandant sich erst jetzt entschließt, anwaltliche Hilfe in Anspruch zu nehmen. Wird im laufenden Verfahren noch ein Verfahrensbevollmächtigter bestellt, so erhält dieser dann, wenn er keine Tätigkeit mehr vornimmt, die den Anspruch auf eine 1,3 Verfahrensgebühr begründet (zB Sachantrag, Sachvortrag oder Terminsteilnahme), eine 0,8 Verfahrensgebühr nach VV 3100, 3101 RVG und nicht die Gebühr des VV 3403 RVG, auch wenn sich seine Tätigkeit nur auf die Einreichung eines Schriftsatzes beschränken sollte.

---

[4] **AA** Schneider/Wolf/*N. Schneider* RVG VV 3403 Rn. 8.
[5] OLG Frankfurt a. M. AnwBl 1981, 450 = JurBüro 1980, 1195; OLG Köln JurBüro 1988, 465; Schneider/Wolf/*N. Schneider* RVG VV 3403 Rn. 16; **aA** OLG Düsseldorf JurBüro 1985, 93.
[6] Schneider/Wolf/*N. Schneider* RVG VV 3403 Rn. 18.
[7] Schneider/Wolf/*N. Schneider* RVG VV 3403 Rn. 15, 16, 18.
[8] BGH JurBüro 2014, 140 Rn. 14 = NJW-RR 2014, 186.
[9] Schneider/Wolf/*N. Schneider* RVG VV 3403 Rn. 19.

14 **Nach der abschließenden Entscheidung.** Ist allerdings zum Zeitpunkt der Beauftragung bereits eine abschließende Entscheidung ergangen, so wird idR nur noch ein Einzelauftrag erteilt werden. Sollte aber ausnahmsweise der RA einen umfassenden Verfahrensauftrag erhalten haben, so gilt das zur Bestellung eines Verfahrensbevollmächtigten im laufenden Verfahren Dargelegte (→ Rn. 13) entsprechend.

15 **Zugehörigkeit zum vorausgehenden Rechtszug.** Ein Einzelauftrag scheidet auch aus für solche Tätigkeiten, die der Verfahrensbevollmächtigte der Vorinstanz vornimmt und die noch zum vorausgehenden Rechtszug gehören (§ 19 RVG).

16 **b) Einzelfälle. Adressenermittlung.** Ein Auftrag für eine Einzeltätigkeit ist gegeben, wenn der RA nur die Anschrift des Antragsgegners ermitteln und dem Gericht mitteilen soll.

17 **Einigung.** Soll der RA nur eine Einigung über nicht anhängige Ansprüche bei Gericht herbeiführen, so greift VV 3101 Nr. 1 RVG[10] bzw. wenn es zu einem Antrag auf Protokollierung oder zu Verhandlungen kommt, VV 3101 Nr. 2 RVG ein und nicht VV 3403 RVG (→ Rn. 28).

18 **Empfangnahme des Urteils.** Geht es nur um die Empfangnahme des Urteils, so wird in aller Regel ein Einzelauftrag vorliegen.

19 **Fluranwalt.**[11] In Familiensachen kommt es nicht selten vor, dass der Antragstellervertreter einen „Fluranwalt" bittet, in der mündlichen Verhandlung für den Gegner aufzutreten, um einen Rechtsmittelverzicht zu erklären oder eine fertige Einigung protokollieren zu lassen. IdR wird hier kein Verfahrensauftrag, sondern ein Auftrag zu einer Einzeltätigkeit vorliegen, obgleich ein Verfahrensauftrag auch erteilt werden könnte.[12]

20 **Hinweis auf anderweitige Rechtshängigkeit.** Soll der RA ausschließlich auf die anderweitige Rechtshängigkeit hinweisen, zB ein nicht postulationsfähiger RA, so liegt ein Einzelauftrag vor.[13]

21 **Kostenanträge gem. §§ 269 Abs. 4; 516 Abs. 3 ZPO.**[14] Hat der Berufungskläger die Berufung zurückgenommen und erhält der RA den Auftrag, eine Kostenentscheidung des Gerichts herbeizuführen, so liegt im Regelfall ein Einzelauftrag und kein Auftrag für das gesamte Verfahren vor.

22 **Kostenfestsetzung.** Soll der RA nur in der Kostenfestsetzung tätig werden, so liegt ein Einzelauftrag vor.[15]

23 **Nichtzulassungsbeschwerde. Nicht beim BGH zugelassener RA.** Es gilt dasselbe wie bei der Tätigkeit eines beim BGH nicht zugelassenen RA in der Revision → Rn. 31 ff.

24 **Rechtsmittelverzicht.** Hinsichtlich des Rechtsmittelverzichts gibt es zur BRAGO sowohl Entscheidungen und Literaturstellen, die einen allgemeinen Verfahrensauftrag, als auch solche, die einen Einzelauftrag annehmen, wobei nicht immer eindeutig ist, welchen konkreten Auftrag der Mandant erteilt hatte.[16] Die Frage, die bei Scheidungsverfahren von besonderer Bedeutung ist, ist nicht einheitlich zu beantworten. Es kommt entscheidend auf den **Auftrag** an.

25 **Rechtsmittelverzicht bei Einzelauftrag.** Gibt der Mandant dem RA von vornherein nur den Auftrag, Rechtsmittelverzicht zu erklären, so fehlt es an einem umfassenden Verfahrensauftrag, der Voraussetzung für VV 3100 ff. RVG ist. Daran ändert nichts, dass in jedem Stadium des Verfahrens, solange dieses noch rechtshängig ist, ein allgemeiner Verfahrensauftrag erteilt werden kann.[17] Hinzukommen muss noch, dass im konkreten Fall ein derartiger allgemeiner Auftrag erteilt ist. Es kann auch nicht eingewandt werden, dass, soweit Anwaltszwang besteht, nur ein umfassend beauftragter RA wirksam auf das Rechtsmittel verzichten könne, da nur dann der RA seiner Pflicht zur sachgerechten Wahrnehmung der Interessen des Auftraggebers genügen könne.[18] Wenn der RA nur den Auftrag erhält, Rechtsmittelverzicht zu erklären,

[10] BGHZ 48, 334 (338) = NJW 1968, 52.

[11] *N. Schneider* AGS 2003, 147 f.

[12] Ein solcher wurde angenommen in OLG Hamm JurBüro 1974, 209 = Rpfleger 1974, 79; OLG Schleswig JurBüro 1983, 1657.

[13] OLG Hamburg JurBüro 1994, 492.

[14] OLG München JurBüro 1971, 438; *Hansens* BRAGO § 32 Rn. 3.

[15] *Hansens* BRAGO § 56 Rn. 2.

[16] Für VV 3100 ff. RVG OLG Hamburg NJW 1973, 202; OLG Hamm NJW 1974, 465; OLG Karlsruhe NJW 1973, 202; OLG Schleswig JurBüro 1983, 1657; *H. Schmidt* NJW 1973, 202; Gerold/Schmidt/*von Eicken,* 15. Aufl. 2002, BRAGO § 31 Rn. 19; für VV 3403 RVG OLG Brandenburg FamRZ 2002, 1503 = JurBüro 2002, 365; OLG Hamburg JurBüro 1975, 1081; KG JurBüro 1986, 1366; OLG München MDR 1975, 153; OLG Schleswig JurBüro 1975, 475; *Hansens* BRAGO § 56 Rn. 2.

[17] Worauf OLG Hamm NJW 1974, 465 abstellt.

[18] So aber OLG Hamburg NJW 1973, 202; OLG Schleswig JurBüro 1983, 1657.

so geht sein Auftrag nicht weiter, selbst wenn man der Meinung sein sollte, dass er weiter gehen müsste. Im Übrigen ist kein Fall bekannt, in dem wegen eines derart beschränkten Auftrags die Verzichtserklärung unwirksam erklärt worden wäre. Eine umfassende Verfahrensvollmacht ist nicht nötig. Die Entscheidungen, die bei einem Rechtsmittelverzicht einen Verfahrensauftrag angenommen haben, taten dies auf Grund der falschen Annahme, dass nur ein Verfahrensbevollmächtigter wirksam auf das Rechtsmittel verzichten kann.[19]

Rechtsmittelverzicht bei Verfahrensauftrag. Hat der RA des Antraggegners zunächst einen umfassenden Verfahrensauftrag erhalten, rät der RA nach der Entgegennahme der Information zu einer einvernehmlichen Scheidung und anschließendem Rechtsmittelverzicht, so liegt ein Verfahrensauftrag vor. Der RA verdient eine 0,8 Gebühr gem. VV 3101 Nr. 1 RVG, wenn er in der mündlichen Verhandlung nicht auftritt. Der Rechtsmittelverzicht ist kein Sachantrag iSv VV 3101 RVG,[20] da er keinen Bezug zu der von der Partei angestrebten Entscheidung hat. Aus dem gleichen Grund liegt auch kein Sachvortrag iSv VV 3101 Nr. 1 RVG vor. Nimmt der RA an dem Gerichtstermin nur teil, um nach Verkündung der Entscheidung Rechtsmittelverzicht zu erklären, dann verdient er die 1,3 Gebühr des VV 3100 RVG. VV 3101 Nr. 1 RVG stellt nur auf die Wahrnehmung im Termin, nicht auf einen besonderen Termin, zB Termin zur mündlichen Verhandlung ab.[21] Wegen Terminsgebühr → RVG VV Vorb. 3 Rn. 70 ff.). 26

Rechtsmittelverzicht bei Rats- und Einzelauftrag. Erteilt der Mandant zunächst nur einen Ratsauftrag und rät der RA zu einer einvernehmlichen Scheidung, wobei der Mandant das Einverständnis selbst erklären soll,[22] und zu einem vom RA abzugebenden Rechtsmittelverzicht, so fehlt es an einem umfassenden Verfahrensauftrag iSv VV 3100 ff. RVG. Hier fällt eine Ratsgebühr gem. § 34 RVG und sodann eine Einzeltätigkeitsgebühr (mit Anrechnung gem. § 34 Abs. 2 RVG) an. 27

Rechtsmittelverzicht und Einigung. Das Vorstehende gilt auch dann, wenn der RA nicht nur Rechtsmittelverzicht erklären soll, sondern vorher auch noch über nicht anhängige Gegenstände eine Einigung herbeiführen soll. Auch dann kann hinsichtlich des Verzichts ein Einzelauftrag gegeben sein. In diesem Fall verdient der RA eine 0,8 Gebühr gem. VV 3403 RVG aus dem Wert des Scheidungsbeschlusses und eine 0,8 Gebühr gem. VV 3101 Nr. 1 RVG oder VV 3101 Nr. 2 RVG aus dem Wert der Einigung.[23] Eine Begrenzung gem. § 15 Abs. 3 RVG findet nicht statt, da es sich um zwei verschiedenartige Gebühren (allgemeine Verfahrensgebühr und Einzeltätigkeitsgebühr) handelt, die nicht wesensgleich sind.[24] Es ist aber § 15 Abs. 6 RVG zu beachten. Hätte der RA einen Verfahrensauftrag gehabt, so hätte er eine 1,3 Gebühr gem. VV 3100 RVG aus der Scheidungssache und eine 0,8 Gebühr gem. VV 3101 Nr. 2 RVG aus dem Einigungswert, insgesamt aber nur eine 1,3 Gebühr aus dem Gesamtwert verdient. Mehr als eine 1,3 Verfahrensgebühr kann der RA nicht verdienen. 28

Beispiel:

Wäre in der soeben angesprochenen Konstellation der Wert des Rechtsmittelverzichts 10.000,– EUR, der Wert der Vereinbarungen 5.000,– EUR, so würde der RA verdienen:

0,8 Verfahrensgebühr gem. VV 3403 RVG aus 10.000,– EUR		491,20 EUR
0,8 Verfahrensgebühr gem. VV 3101 Nr. 2 RVG aus 5.000,– EUR		267,20 EUR
Summe		758,40 EUR
Kontrolle gem. § 15 Abs. 6 RVG höchstens 1,3 Verfahrensgebühr aus 15.000,– EUR	933,40 EUR	
1,5 Einigungsgebühr gem. VV 1000 RVG aus 5.000,– EUR		501,00 EUR

Revision. Einlegung. Die frühere Problematik,[25] welche Gebührenvorschriften eingreifen, wenn in Bayern Revision beim BayObLG in einer Sache eingelegt wurde, für deren Entscheidung der BGH zuständig war, hat sich erledigt. Nach § 549 Abs. 1 S. 1 ZPO muss jetzt die Revision immer beim Revisionsgericht eingelegt werden.[26] 29

Sprungrevision. Soll der RA nur die Einwilligung zur Sprungrevision erklären, ohne jedoch einen Auftrag für das ganze Verfahren zu erhalten, so verdient er eine Gebühr gem. VV 3403 RVG. 30

---

19 OLG Hamburg NJW 1973, 202; OLG Schleswig JurBüro 1983, 1657.

20 OLG Hamm NJW 1974, 465; OLG Karlsruhe NJW 1973, 202; Gerold/Schmidt/*von Eicken,* 15. Aufl. 2002, BRAGO § 31 Rn. 19; *Mümmler* JurBüro 1984, 169; **aA** *H. Schmidt* NJW 1973, 202, volle Gebühr.

21 Gerold/Schmidt/*von Eicken,* 15. Aufl. 2002, BRAGO § 31 Rn. 19; *Mümmler* JurBüro 1984, 169.

22 Insoweit kein Anwaltszwang (§ 630 Abs. 2 S. 2, § 78 Abs. 3 ZPO).

23 KG JurBüro 1986, 1366 (1367) re. Sp.

24 **AA** *N. Schneider* AGS 2003, 147 (148), es fällt für beide Tätigkeiten nur eine Einzeltätigkeitsgebühr an; die Gebührenwerte für die Einigung und den Rechtsmittelverzicht sind zu addieren.

25 Gerold/Schmidt/*von Eicken,* 15. Aufl. 2002, BRAGO § 56 Rn. 6.

26 Zur Bestimmung des Revisionsgerichts in Bayern § 7 Abs. 1 EGZPO.

Nicht beim BGH zugelassener RA.

31 **(1)** Dazu, dass in Verfahren, in denen nur ein beim BGH zugelassener RA die Partei vertreten kann, eine Verfahrensgebühr gem. VV 3206 ff. RVG nicht entstehen kann → RVG VV 3208 Rn. 16 ff. Es kann aber eine **Verfahrensgebühr gem. VV 3403 RVG** anfallen. Vor dem Hintergrund der BGH-Rechtsprechung zu VV 3208 RVG (→ Rn. 16 ff.) ist ein Auftrag an einen beim BGH nicht zugelassenen RA, alles zu tun, um die Rücknahme der Nichtzulassung sofort zu erreichen, als ein Auftrag für eine Einzeltätigkeit zu verstehen.[27] Dieser Auftrag bedeutet, dass der RA alles tun soll, wozu er berechtigt ist. Berechtigt ist er aber nur für Einzeltätigkeiten. Sollte der Auftrag aus Sicht des Mandanten anders zu beurteilen sein, müsste der RA die Annahme eines solchen Auftrages ablehnen, weil er ihn nicht ausführen kann.

32 Aber auch andere Aufträge können zu einer Gebühr gem. VV 3403 RVG führen. Voraussetzung dafür, dass der RA diese gegenüber seinem Mandanten geltend machen kann, ist allerdings, dass der RA etwas tut, das **sinnvoll** sein kann (→ § 1 Rn. 166). Nicht erforderlich ist, dass ein Einfluss auf den Ausgang des Verfahrens nachweisbar ist.[28] Eine Aktion des Anwalts aber, die von vornherein keine Auswirkung haben kann (zB ein bloßer Zurückweisungsantrag ohne Begründung), stellt in aller Regel eine Pflichtverletzung dar, die einer Geltendmachung entgegensteht.

33/34 **(2)** Zu den **sinnvollen Tätigkeiten** gehören → Rn. 81.

35 **(3)** War der RA schon in der Vorinstanz tätig, so muss immer auch noch geprüft werden, ob die Tätigkeit des RA nicht noch **zum vorausgehenden Rechtszug gehört** (§ 19 Abs. 1 S. 2 Nr. 9, 10 RVG).

36 **(4)** Der RA muss, wenn in Betracht kommt, dass sich der Mandant beim BGH vertreten lassen will, seinen Auftraggeber darauf **hinweisen,** dass er dort nicht postulationsfähig ist und deshalb uU Mehrkosten durch Beauftragung eines weiteren Anwalts in Betracht kommen.

37 **Richterablehnung.** Der RA, der nicht Verfahrensbevollmächtigter ist und einen Schriftsatz zur Richterablehnung einreicht, verdient eine Einzeltätigkeitsgebühr. Dabei handelt es sich um nur eine Angelegenheit, auch wenn nacheinander mehrere Richter abgelehnt werden. Hat der RA den Auftrag, auch das Beschwerdeverfahren hinsichtlich der Ablehnung durchzuführen, so verdient er darüber hinaus die 0,5 Gebühr des VV 3500 RVG.[29]

38 **Schutzschrift,** → Anh. II Rn. 170 ff.

39 **Selbständiges Beweisverfahren.** Der Verfahrensbevollmächtigte im selbständigen Beweisverfahren ist Verfahrensbevollmächtigter und verdient die gleichen Gebühren wie der Verfahrensbevollmächtigte, also die Gebühren gem. VV 3100 ff. RVG (→ Anh. III Rn. 4) und nicht die Einzeltätigkeitsgebühr.

40 **Terminswahrnehmung.** Auch die Wahrnehmung von Terminen kann weiterhin die Einzeltätigkeitsgebühr auslösen. Geht der Auftrag aber dahin, den Mandanten in einem Verhandlungs-, Erörterungs- oder Beweisaufnahmetermin oder einen von einem gerichtlich bestellten Sachverständigen anberaumten Termin zu vertreten, so liegt ein Auftrag iSv VV 3401 RVG vor und nicht einer iSv VV 3403 RVG. Soweit zum früheren Sühnetermin, der dem Termin zur **Güteverhandlung** gem. § 278 Abs. 2 ZPO entspricht, zur BRAGO allgM war, dass er unter § 56 Abs. 1 Nr. 2 BRAGO fällt,[30] ist dies überholt, nachdem auch eine Vertretung in einem Erörterungstermin von VV 3401 RVG erfasst wird. In gleicher Weise wird der Auftrag zur Teilnahme an einem von einem vom Gericht bestellten **Sachverständigen anberaumten Termin,** der zur Vorbereitung des Gutachtens dienen soll, von VV 3401 RVG erfasst und nicht von VV 3403 RVG
– anders als noch zu § 56 Abs. 1 BRAGO.[31] VV 3403 RVG ist ua anzuwenden bei
– einem Termin, in dem sich eine Partei über die Echtheit einer Urkunde erklären soll,[32]
– einem Termin zu einer Parteianhörung nach § 141 ZPO,[33]
– Vergütungsfestsetzung gem. § 11 RVG; soll der RA nur in der Vergütungsfestsetzung tätig werden, so liegt wie bei der Kostenfestsetzung (→ Rn. 22) ein Einzelauftrag vor.

---

[27] BGH NJW 2006, 2266; ebenso OLG Düsseldorf AGS 2018, 353; **aA** *Onderka* AGS 2009, 26.

[28] KG NJW-RR 1996, 53; OLG München AnwBl 1994, 249. Unklar, ob eine Auswirkung tatsächlich eingetreten sein muss: OLG Düsseldorf JurBüro 1991, 683; OLG Hamm AnwBl 1986, 20.

[29] *N. Schneider* MDR 2001, 130 (131).

[30] Gerold/Schmidt/*von Eicken,* 15. Aufl. 2002, BRAGO § 56 Rn. 11; Riedel/Sußbauer/*Keller,* 8. Aufl. 2000, BRAGO § 56 Rn. 11; *Hansens* BRAGO § 56 Rn. 7.

[31] OLG Düsseldorf JurBüro 1985, 93 = VersR 1985, 743; OLG Stuttgart JurBüro 1986, 1837.

[32] *Hansens* BRAGO § 56 Rn. 7.

[33] *Hansens* BRAGO § 56 Rn. 7.

Wiedereinsetzung. Soll der RA wegen Versäumung der Rechtsmittelfrist Wiedereinsetzung beantragen, so kann ein Verfahrensauftrag oder aber auch ein Einzelauftrag vorliegen, der seinerseits mit einem bedingten allgemeinen Verfahrensauftrag verbunden sein kann.[34] Letzteres ist der Fall, wenn der RA für den Fall des Erfolgs des Antrags den Mandanten auch im Rechtsmittelverfahren vertreten soll. Dasselbe gilt für den erstinstanzlichen RA des Gegners, wenn er zum Wiedereinsetzungsantrag wegen Versäumung der Berufungsfrist Stellung nimmt.[35] **41**

3. Abgrenzung Einzeltätigkeit und Ratserteilung

Auch ein Rat, zB keinen beim BGH zugelassenen RA zu mandatieren oder sich einer Erledigungserklärung anzuschließen, löst eine Gebühr gem. VV 3403 RVG aus, wenn ein Auftrag für Einzeltätigkeiten erteilt war.[36] Beschränkt sich aber der Auftrag ausschließlich auf diesen Rat, so ist nur eine Beratungsgebühr gegeben.[37] **42**

4. Patentanwalt

Auch er kann gem. VV 3403 RVG iVm § 143 Abs. 3 PatG eine Einzeltätigkeitsgebühr verdienen, zB wenn er den Prozessbevollmächten der Vorinstanz im Rahmen einer Nichtzulassungsbeschwerde unterstützt.[38] **42a**

V. Auftrag

→ Rn. 12 ff. **43**

VI. Einzeltätigkeiten

1. Grundsätze

VV 3403 RVG verzichtet auf eine abschließende oder beispielhafte Aufzählung von Einzeltätigkeiten. Jede Tätigkeit in einem gerichtlichen Verfahren wird von VV 3403 RVG erfasst, es sei denn andere Bestimmungen wie zB VV 3100 ff., 3400, 3401 RVG greifen ein. Es muss also zunächst geprüft werden, ob eine andere Bestimmung einschlägig ist. Ist dies nicht der Fall und handelt es sich um eine Tätigkeit in einem gerichtlichen Verfahren, so ist VV 3403 RVG anzuwenden. **44**

Schriftsätze und Terminswahrnehmung. Insbesondere ist VV 3403 RVG weiterhin auch in den Fällen gegeben, die in § 56 BRAGO aufgezählt waren, also für die Einreichung, Anfertigung und Unterzeichnung von Schriftsätzen sowie die Wahrnehmung von Terminen. **45**

2. Schriftstücke

Schreiben ganz einfacher Art. Auch Schreiben ganz einfacher Art können, wie VV 3404 RVG zeigt, die Gebühr auslösen wenn auch uU nur eine 0,3 Gebühr. Das gilt auch für Schreiben, die sich nur auf den äußeren Betrieb eines Verfahrens beziehen.[39] **46**

Formulare. Die Verwendung von Formularen steht einer Anwendung von VV 3403 ff. RVG nicht entgegen.[40] **47**

Billigung durch RA. Zum alten Recht war zweifelhaft, ob der RA den von ihm gefertigten, unterzeichneten oder eingereichten Schriftsatz billigen muss oder eine Gebühr gem. § 56 BRAGO ausscheidet, wenn er erklärt, er lehne die Verantwortung für den Schriftsatz ab. Eine Gebühr fiel und fällt erst recht im Rahmen des noch weiter gefassten VV 3403 RVG an. Ganz kann der RA sich nicht freizeichnen, denn irgendwie hat er ja doch mitgewirkt, dass der Schriftsatz zum Gericht kommt.[41] **48**

Anfertigung. Nicht notwendig ist es, dass der RA den Schriftsatz unterzeichnet und dass er ihn bei Gericht einreicht. Es genügt ein für eine Partei gefertigter Schriftsatz, den diese selbst unterzeichnen und bei Gericht einreichen will. **49**

---

[34] Nach Riedel/Sußbauer RVG/*Keller,* 8. Aufl. 2000, BRAGO § 56 Rn. 15 ist ein Einzeltätigkeitsauftrag gegeben. Dort ist vermutlich aber nur an eine ganz bestimmte Konstellation gedacht.

[35] OLG München JurBüro 1963, 469.

[36] OLG Hamburg AGS 2014, 391 = MDR 2014, 1115 = NJW Spezial 2014, 571; OLG München AGS 2010, 217; OLG Naumburg AGS 2013, 488 = RVGreport 2013, 397 mzustAnm *Hansens.*

[37] OLG Karlsruhe AnwBl 1996, 412; KG JurBüro 1998, 20 Rn. 5 = AnwBl 1998, 103.

[38] BGH RVGreport 2020, 18.

[39] OLG Koblenz JurBüro 1991, 229.

[40] *Hartmann,* 18. Aufl., RVG VV 3403 Rn. 7.

[41] Gerold/Schmidt/*von Eicken,* 15. Aufl. 2002, BRAGO § 56 Rn. 5.

50 **Unterzeichnung des Schriftsatzes eines anderen.** Es genügt auch, dass der RA einen vom Auftraggeber selbst gefertigten Schriftsatz unterzeichnet.[42]

51 **Einreichung.** Zu § 56 BRAGO war streitig, ob sich die Einreichung auf fremde, von der Partei oder Dritten gefertigte und von dem RA nicht unterzeichnete Schriftsätze erstreckt oder ob sie nur vom RA gefertigte oder mit seiner Unterschrift versehene Schriftsätze betrifft.[43] Da § 56 Abs. 1 BRAGO die Einreichung eines Schriftsatzes neben der Anfertigung und Unterzeichnung als dritte Möglichkeit der Gebührenentstehung bezeichnet, konnte schon zu § 56 Abs. 1 BRAGO nicht gefordert werden, dass außerdem noch der Tatbestand der Anfertigung oder Unterzeichnung erfüllt sein musste.[44] Einreichen ist die Vorlage des Schriftsatzes an das Gericht unter Bekanntgabe des Vorlegers. Beispiel: Der RA überreicht einen Schriftsatz mit einem Begleitschreiben „beigeschlossen lege ich den Schriftsatz des … vom … mit der Bitte um Kenntnisnahme vor". Damit übernimmt der RA eine gewisse Verantwortung zumindest für den Eingang des Schriftsatzes bei Gericht. Zu einer anderen Auslegung besteht im Rahmen von VV 3403 RVG kein Anlass.[45] Diese Bestimmung ist noch weiter gefasst als § 56 Abs. 1 BRAGO. Hier ist allerdings VV 3404 RVG entsprechend anzuwenden.

52 **Anonymes Einwerfen bei Gericht.** Durch VV 3403 RVG werden dagegen die anonyme Mitnahme eines fremden Schriftsatzes zum Gericht und etwa sein Einwurf in den Nachtbriefkasten nicht vergütet. Diese Gebühr des VV 3403 RVG ist kein Botenlohn.[46]

3. Terminswahrnehmung

53 Die Einzeltätigkeit kann auch durch eine Terminswahrnehmung erfolgen. Voraussetzung ist, dass der RA weder Verfahrensbevollmächtigter noch Terminsvertreter ist (VV 3403 Anm. RVG). Eine Einzeltätigkeitsgebühr entsteht zB,

– wenn der RA lediglich als Beobachter an einem Verhandlungs-, Erörterungs- oder Beweisaufnahmetermin teilnehmen soll,
– wenn er nur eine ganz bestimmte, begrenzte Tätigkeit ausüben soll, wie dies beim Rechtsmittelverzicht der Fall sein kann (→ Rn. 24 ff.).

54 Bis zum 2. KostRMoG griff VV 3403 RVG auch ein, wenn der RA in einem Termin, der kein Verhandlungs-, Erörterungs- oder Beweisaufnahmetermin und kein vom Sachverständigen anberaumter Termin war, auftreten sollte. Das hat sich mit dem 2. KostRMoG durch die Erweiterung der Termine, in denen eine Terminsgebühr anfallen kann (→ RVG VV Vorb. 3 Rn. 74), geändert. So fällt die Vertretung in einem Anhörungstermin nunmehr unter VV 3401, 3402 RVG.

VII. In einem gerichtlichen Verfahren

55 Bei der sonstigen Tätigkeit iSv VV 3403 RVG muss es sich um eine Tätigkeit in einem gerichtlichen Verfahren handeln. Das bedeutet, dass die Tätigkeit sich auf ein gerichtliches Verfahren beziehen muss. Nicht erforderlich ist aber, dass die Tätigkeit gegenüber dem Gericht erfolgen muss. Soll der RA durch ein Gespräch mit dem Gegner dessen Zustimmung zu einer Terminsverlegung erreichen, so ist VV 3403 RVG anzuwenden.

VIII. Entstehung der Gebühr

56 Mit der ersten Tätigkeit nach Erhalt des Auftrags, verdient der RA eine Gebühr gem. VV 3403 RVG. Dabei kann der RA die Einzeltätigkeitsgebühr schon vor Beginn des gerichtlichen Verfahrens verdienen, zB wenn er nach Erhalt des Auftrags Informationen entgegennimmt oder eine Schutzschrift verfasst.[47]

IX. Gebührenhöhe

1. Grundsätze

57 Der RA verdient eine 0,8 Verfahrensgebühr. Bei Schreiben einfacher Art erhält der RA gem. VV 3404 RVG eine 0,3 Gebühr (VV 3404 RVG).

---

[42] Schneider/Wolf/*N. Schneider* RVG VV 3403 Rn. 30.
[43] Riedel/Sußbauer/*Keller,* 8. Aufl. 2000, BRAGO § 56 Rn. 7, nur die selbst gefertigten oder unterzeichneten Schriftsätze.
[44] Gerold/Schmidt/*von Eicken,* 15. Aufl. 2002, BRAGO § 56 Rn. 5.
[45] Schneider/Wolf/*N. Schneider* RVG VV 3403 Rn. 25.
[46] Schneider/Wolf/*N. Schneider* RVG VV 3403 Rn. 27; *Hansens* BRAGO § 56 Rn. 4.
[47] Schneider/Wolf/*N. Schneider* RVG VV 3403 Rn. 7.

2. Verfahren mit niedrigeren Gebühren

Gem. § 15 Abs. 6 RVG darf der RA mit Einzelauftrag nicht mehr verdienen als der Verfahrensbevollmächtigte für die gleiche Tätigkeit erhalten würde. Sind daher für ein Verfahren niedrigere Gebühren vorgesehen, zB eine 0,3 Gebühr, wie für das Zwangsvollstreckungsverfahren bzw. das Verfahren über die Vollziehung eines Arrests oder einer einstweiligen Verfügung (VV 3309 RVG), so kann auch der mit einer Einzeltätigkeit beauftragte RA keine höheren Gebühren beanspruchen.[48] Er erhält also zB für die Anfertigung eines Schriftsatzes in einem solchen Verfahren nur eine 0,3 Verfahrensgebühr. Dasselbe gilt für Tätigkeiten, die nach § 19 zum Rechtszug oder zum Verfahren gehören (→ RVG VV 3309 Rn. 79 ff.). Zur Rechtsmittelinstanz → Rn. 76. **58**

3. Vorzeitige Beendigung des Auftrags

Anwendungsbereich. Aus der Anm. zu VV 3405 RVG ergibt sich, dass nicht jede Tätigkeit eine 0,8 Verfahrensgebühr ausgelöst. Allerdings bezeichnet diese Anm. nicht näher die Voraussetzungen, unter denen nur eine beschränkte Gebühr anfällt – im Gegensatz zu sonstigen Beschränkungsfällen (zB VV 3101, 3405 RVG). Lediglich aus der Verweisung auf VV 3405 Nr. 2 RVG ergibt sich, dass bei einer vorgesehenen Terminswahrnehmung nur eine 0,5 Verfahrensgebühr entsteht, wenn der Termin nicht stattfindet. Da aber in der Anm. zu VV 3405 RVG nicht nur auf VV 3405 Nr. 2 RVG Bezug genommen wird, ist auch für die anderen Tätigkeiten VV 3405 RVG anzuwenden. **59**

Voraussetzungen. Entscheidend ist, ob der RA das getan hat, was er tun sollte. Ging sein Auftrag lediglich dahin, einen Schriftsatz anzufertigen, so hat er mit der **Anfertigung** eine 0,8 Verfahrensgebühr verdient.[49] Sollte er den Schriftsatz aber auch noch einreichen und kommt es nicht mehr dazu, so hat er nur eine 0,5 Gebühr verdient.[50] Zum **Einreichen** → RVG VV 3101 Rn. 11 ff. Bei der **Terminswahrnehmung** muss der Termin aufgerufen sein und der RA vertretungsbereit anwesend sein. Die Anm. zu VV 3405 RVG verweist für die Einzeltätigkeiten auf VV 3405 Nr. 2 RVG. Es reicht nicht, dass der RA zu einem ohne sein Wissen abgesetzten Termin erscheint.[51] **60**

Beträgt die volle Gebühr ohnehin schon nur 0,5 oder weniger, zB im Fall des VV 3500 RVG (Beschwerde) oder VV 3309 RVG (Zwangsvollstreckung), so ändert sich durch die vorzeitige Beendung an der Gebührenhöhe nichts. **61**

Bei **Betragsrahmengebühren** gilt das zu VV 3400, 3401 RVG Dargelegte entsprechend. **62**

4. „Verfahrensdifferenzgebühr"

Sollen nicht anhängige Ansprüche in eine Einigung miteinbezogen werden, so verdient der Einzeltätigkeitsanwalt eine 0,8 Verfahrensgebühr gem. VV 3403 RVG. Auch diese Tätigkeit wird von VV 3403 RVG erfasst, wenn der Auftrag sich auf eine Einzeltätigkeit beschränkt. Ein Rückgriff auf VV 3101 Nr. 2 RVG ist daher nicht nötig. **63**

5. Mehrere Auftraggeber

§ 7, VV 1008 RVG sind auf die Einzeltätigkeitsgebühr anwendbar. **64**

6. Verhältnis zu anderen Verfahrensgebühren

Wird der Einzeltätigkeitsanwalt später zum Verfahrensbevollmächtigten, Verkehrsanwalt oder Terminsvertreter, so verdient er neben der Gebühr gem. VV 3403 RVG auch noch die Verfahrensgebühren der VV 3100 ff., 3400 ff. RVG oder VV 3401 ff. RVG. Er kann die Verfahrensgebühr jedoch nur einmal geltend machen. Im Einzelnen → RVG VV 3401 Rn. 57 ff. **65**

X. Weitere Gebühren

1. Terminsgebühr

Neben der Verfahrensgebühr gibt es keine Terminsgebühr. Gem. VV Vorb. 3.4 RVG entsteht bei Einzeltätigkeiten iSv VV 3400 ff. RVG eine Terminsgebühr nur, wenn dies ausdrücklich bestimmt ist. Eine derartige Bestimmung fehlt im Zusammenhang mit einer Einzeltätigkeit des Anwalts iSv VV 3403 RVG. Daher kann der RA als Einzeltätigkeitsanwalt keine Terminsgebühr verdienen. **66**

---

[48] *Hansens* BRAGO § 56 Rn. 9.

[49] Schneider/Wolf/*N. Schneider* RVG VV 3403 Rn. 28, 41.

[50] Schneider/Wolf/*N. Schneider* RVG VV 3403 Rn. 40.

[51] Unklar ist es deshalb, wenn es nach Schneider/Wolf/*N. Schneider* RVG VV 3403 Rn. 48 genügt, dass der RA „zum Termin erscheint".

67 Wird aber der bisherige Einzeltätigkeitsanwalt beauftragt, außergerichtliche Einigungsgespräche über rechtshängige Ansprüche zu führen, so wird er in aller Regel zum Terminsvertreter. Ein solches Gespräch ist als ein Termin iSv VV 3401 RVG anzusehen (→ RVG VV 3401 Rn. 22 ff.). Wenn der RA in einem solchen Termin den Mandanten vertreten soll, so ist er Terminsvertreter. Dazu, dass entgegen der Auffassung des BGH im Verfahren über die Nichtzulassungsbeschwerde durch ein außergerichtliches Gespräch eine Terminsgebühr anfallen kann → RVG VV Vorb. 3 Rn. 141 ff.

68 Soll der bisherige Einzeltätigkeitsanwalt über nicht rechtshängige Ansprüche Einigungsgespräche führen, ohne dass eine Einigung gerichtlich protokolliert werden soll, so verlässt er ebenfalls den Bereich der Einzeltätigkeit. Er wird zum außergerichtlichen Vertreter und verdient Gebühren gem. VV 2300 ff. RVG.

2. Einigungsgebühr

69 Der RA mit Einzelauftrag verdient eine Einigungsgebühr, wenn er an einer Einigung mitwirkt, zB nach der informatorischen Anhörung der Parteien wird eine Einigung ausgehandelt. Er hat Anspruch auf eine 1,0 oder eine 1,5 Gebühr, je nachdem ob die Voraussetzungen des VV 1003 RVG vorliegen oder nicht. Wegen Verfahrensdifferenzgebühr → Rn. 63.

XI. Auslagen

70 Auch der Einzeltätigkeitsanwalt kann Auslagen gem. VV 7000 ff. RVG geltend machen. Soweit er mehrfach eine Gebühr gem. VV 3403 RVG verdient (→ Rn. 72), steht ihm die Pauschale gem. VV 7002 RVG mehrfach und ohne Anrechnung zu. § 15 Abs. 5, 6 RVG gilt nur für Gebühren (→ RVG VV 7001 Rn. 41 ff.).[52]

XII. Abgeltungsbereich

71 Durch VV 3403 RVG wird die gesamte Tätigkeit im Zusammenhang mit dem Einzelauftrag abgegolten, also die Entgegennahme der Information, die Ratserteilung, der Schriftwechsel, die Teilnahme am Termin, die Benachrichtigung des Mandanten vom Termin und vom Terminsergebnis.[53]

XIII. Angelegenheit

1. Mehrere Angelegenheiten

72 Zu § 56 BRAGO war anerkannt, dass im selben Rechtszug die Gebühren des VV 3403 RVG für die Einreichung, Anfertigung und Unterzeichnung von Schriftsätzen einerseits, für die Wahrnehmung von Terminen andererseits nebeneinander entstehen und auch gefordert werden konnten.[54] Es wurden zwei selbständig nebeneinander bestehende Angelegenheiten angenommen. Das gilt auch im Rahmen von VV 3403 RVG. Daran ändert nichts, dass die Tätigkeiten im Zusammenhang mit Schriftsätzen und mit der Terminswahrnehmung anders als in § 56 BRAGO nicht mehr in selbständigen Nummern aufgenommen, sondern in einer Nummer zusammengefasst sind.

73 Zu beachten ist aber, dass gem. § 15 Abs. 6 RVG der mit Einzelhandlungen beauftragte RA nicht mehr an Gebühren verdienen kann als der mit der gesamten Angelegenheit beauftragte RA für die gleiche Tätigkeit.

Beispiel:

RA fertigt zunächst einen Schriftsatz an und erklärt später einen Rechtsmittelverzicht. Streitwert 10.000,– EUR
RA verdient höchstens

0,8 Verfahrensgebühr aus 10.000,– EUR für Schriftsatz	491,20 EUR
0,8 Verfahrensgebühr aus 10.000,– EUR für Rechtsmittelverzicht	491,20 EUR
Summe	982,40 EUR
Wegen § 15 Abs. 6 RVG iVm VV 3100 RVG aber insgesamt nur eine 1,3 Verfahrensgebühr aus 10.000,– EUR	798,20 EUR

52 Schneider/Wolf/*N. Schneider* RVG VV 3403 Rn. 63.
53 *Hartmann* BRAGO, 33. Aufl. 2003, BRAGO § 56 Rn. 24.
54 Gerold/Schmidt/*von Eicken,* 15. Aufl. 2002, BRAGO § 56 Rn. 14; *Hartmann* BRAGO, 33. Aufl. 2003, BRAGO § 56 Rn. 17; Riedel/Sußbauer/*Keller,* 8. Aufl. 2000, BRAGO § 56 Rn. 17.

2. Eine Angelegenheit

Jede der oben dargelegten Tätigkeitsgruppen (Schriftsätze einerseits, Terminswahrnehmung andererseits) sind für sich genommen nur eine Angelegenheit, wenn für die mehreren Einzelakte von vornherein ein Auftrag bestand. Die Gebühren im Zusammenhang mit Schriftsätzen können daher in einem Rechtszug nur einmal anfallen. Dasselbe gilt für die Gebühr für die Wahrnehmung von Terminen, also wenn der RA mehrere Schriftsätze einreicht oder mehrere Termine wahrnimmt. Dies war zu § 56 BRAGO anerkannt.[55] Dies wurde auf die allgemeinen Grundsätze zur Angelegenheit sowie darauf gestützt, dass in § 56 Abs. 1 BRAGO von „Schriftsätzen" und von „Terminen" die Rede war.[56] Auch wenn diese Begriffe nicht mehr verwendet werden, gilt dies weiterhin. Die allgemeinen Grundsätze, wann eine Angelegenheit vorliegt, sprechen für dieses Ergebnis. Nimmt der RA aufgrund eines einheitlichen Auftrags in einem gerichtlichen Verfahren an mehreren Terminen teil oder verfasst er innerhalb eines gerichtlichen Verfahrens aufgrund eines einheitlichen Auftrags[57] mehrere Schriftsätze, so handelt es sich um eine Tätigkeit im Rahmen eines einheitlichen Auftrages, wobei der gleiche Rahmen eingehalten wird und ein innerer Zusammenhang besteht. Erhält allerdings der RA nacheinander den Auftrag zu mehreren Schriftsätzen oder zur Teilnahme an mehreren Terminen und war zur Zeit des weiteren Auftrags der vorausgehende bereits abgeschlossen, so sind mehrere Angelegenheiten gegeben (Obergrenze § 15 Abs. 6 RVG).[58] 74

3. Abgrenzung zur vorausgehenden Instanz

Dazu, dass bestimmte Tätigkeiten auch nach dem Endurteil noch zur Instanz gehören und insoweit für den Verfahrensbevollmächtigten dieser Instanz keine Einzeltätigkeitsgebühr anfallen kann, § 19 Abs. 1 S. 2 Nr. 9 RVG. 75

XIV. Rechtsmittelinstanz

VV 3403 RVG gilt auch für Einzeltätigkeiten in der Rechtsmittelinstanz (→ Rn. 6). Die Gebühr des VV 3403 RVG erhöht sich im Berufungs- und oder Revisionsverfahren nicht. 76

XV. Kostenerstattung

Nicht zusätzlich erstattungsfähig sind im Regelfall die Gebühren des VV 3403 RVG, wenn neben einem Verfahrensbevollmächtigten ein anderer RA einen Einzelauftrag erhalten hat, auch nicht bei Verfahren, bei denen § 91 Abs. 2 S. 2 ZPO anwendbar ist.[59] Das gilt auch dann, wenn zur Zeit des Anfalls der Einzeltätigkeitsgebühr noch kein Verfahrensbevollmächtigter beauftragt war, aber von vornherein die Möglichkeit bestand, dass sich aus der Sicht der Partei die Beauftragung eines RA als notwendig erweisen würde, zB eines beim BGH zugelassenen Anwalts.[60] Eine Ausnahme gilt, wenn besondere Gründe vorliegen. 77

Kein zweiter RA. Hat aber die Partei sich selbst vertreten und nur zur Anfertigung eines Schriftsatzes oder zur Wahrnehmung eines Termins einen RA zugezogen, so dass nur ein RA tätig geworden ist, so kann die Gebühr des VV 3403 RVG erstattungsfähig sein, wobei bei Zivilprozessen § 91 Abs. 2 S. 1 ZPO zu beachten ist. 78

Wiedereinsetzung. Nimmt der Landgerichtsanwalt auftragsgemäß und auf Aufforderung durch das Oberlandesgericht Stellung zu einem Wiedereinsetzungsgesuch des Gegners, der Berufung zum Oberlandesgericht eingelegt hat, Stellung, so hat er, wenn er nur einen Einzelauftrag hatte, eine Gebühr gem. VV 3403 RVG verdient. Diese Gebühr ist jedenfalls erstattbar, wenn kein Berufungsanwalt bestellt wird.[61] 79

---

55 BGHZ 93, 12 (16); OLG München NJW 1971, 149 = JurBüro 1970, 960 (961); *Hartmann* BRAGO, 33. Aufl. 2003, BRAGO § 56 Rn. 16, alle zu mehreren Schriftsätzen; Gerold/Schmidt/*von Eicken,* 15. Aufl. 2002, BRAGO § 56 Rn. 14; *Hansens* Rn. 9; Riedel/Sußbauer/*Keller,* 8. Aufl. 2000, BRAGO § 56 Rn. 5.

56 OLG München NJW 1971, 149 = JurBüro 1970, 960 (961); Gerold/Schmidt/*von Eicken,* 15. Aufl. 2002, BRAGO § 56 Rn. 14; Riedel/Sußbauer/*Keller,* 8. Aufl. 2000, BRAGO § 56 Rn. 5.

57 Zu § 56 BRAGO wurde angenommen, dass auch dann eine Angelegenheit vorlag, wenn der RA auf Grund mehrerer Aufträge mehrere Schriftsätze angefertigt hat (OLG München NJW 1971, 149 = JurBüro 1970, 960 (961); Gerold/Schmidt/*von Eicken,* 15. Aufl. 2002, BRAGO § 56 Rn. 14; Riedel/Sußbauer/*Keller,* 8. Aufl. 2000, BRAGO § 56 Rn. 5).

58 Schneider/Wolf/*N. Schneider* RVG VV 3403 Rn. 57, 58.

59 BGH NJW 2012, 2734; OLG Nürnberg MDR 2011, 264.

60 BGH NJW 2012, 2734; **aA** OLG Frankfurt a. M. AGS 2012, 250, dessen Entscheidung mit BGH NJW 2012, 2734 aufgehoben wurde.

61 OLG Braunschweig JurBüro 1973, 137 mzustAnm *H. Schmidt;* OLG Hamburg JurBüro 1979, 722, trotz des Grundsatzes des § 91 Abs. 2 S. 2 ZPO kann die vom Unterbevollmächtigten verdiente Gebühr für die Einrei-

80 **Revision und Nichtzulassungsbeschwerde.** Nimmt ein nicht beim BGH zugelassener RA auftragsgemäß zur Revision oder zur Nichtzulassungsbeschwerde Stellung und wird nachfolgend kein weiterer RA eingeschaltet, so kann die hierdurch anfallende **Gebühr gem. VV 3403 RVG** (→ Rn. 31 ff.) zu erstatten sein.[62] Allerdings ist Voraussetzung, dass der RA eine sinnvolle Tätigkeit ausgeübt hat. Für überflüssige Tätigkeiten gibt es keinen Erstattungsanspruch.[63] Teilweise wird allerdings für den Rat, keinen beim BGH zugelassenen RA zu mandatieren, lediglich die Entstehung einer **Beratungsgebühr** angenommen (→ Rn. 35), die, wenn kein weiterer RA beauftragt wird, auch zu erstatten ist.[64]

81 **Ausreichende Tätigkeiten.** Ein Erstattungsanspruch für eine beim Anwalt des Gegners der Nichtzulassungsbeschwerde angefallene Einzeltätigkeits- oder Beratungsgebühr wurde anerkannt,

– für Hinweise auf anderweitige Rechtshängigkeit,[65] auf eine Schiedsvereinbarung, auf ausschließliche Gerichtsstände, auf Rechtsmittelverzicht,
– für Prüfung der Erfolgsaussichten unter Berücksichtigung der Rechtsmittelbegründung (→ § 19 Rn. 92a),
– für Hinweis auf Unschlüssigkeit,
– für Mitwirkung bei einer Einigung,[66]
– für eine Tätigkeit, die auf die Rücknahme der Beschwerde gerichtet war,[67]
– für den Rat, ob sich der Mandant einer Erledigungserklärung anschließen soll,[68]
– für die rechtliche Überprüfung der Nichtzulassungsbeschwerde und den Rat, keinen eigenen BGH-Anwalt zu bestellen, aber → Rn. 82.[69]

82 **Nicht ausreichende Tätigkeit.** Ein Erstattungsanspruch wurde verneint,

– für einen bloßen – völlig bedeutungslosen – Zurückweisungsantrag.[70] Anders ist es, wenn der RA diesen Antrag begründet. Unbeschadet dessen, dass der RA beim BGH nicht postulationsfähig ist, wird der BGH die vorgetragenen Argumente berücksichtigen,
– für die Anzeige, dass der Revisionsbeklagte keinen Revisionsanwalt bestellen wird,[71] OLG Hamm hätte allerdings noch prüfen müssen, ob der RA geraten hatte, wegen Aussichtslosigkeit der Nichtzulassungsbeschwerde keinen Revisionsanwalt zu bestellen und ob dann nicht zumindest eine erstattungsfähige Ratsgebühr angefallen ist,[72]
– für die Prüfung der Erfolgsaussichten einer Nichtzulassungsbeschwerde, wenn diese noch nicht begründet ist.[73]

82a **Patentanwalt.** Bei entsprechender Tätigkeit kann auch die die 0,8 Einzeltätigkeitsgebühr des bei der Prüfung mitwirkenden Patentanwalts (→ Rn. 42a) zu erstatten sein.[74]

83 **Fiktive ersparte Kosten.** Wären beim Verfahrensbevollmächtigte ohne den Einzeltätigkeitsanwalt zusätzliche Kosten angefallen, zB Reisekosten, so sind diese bis zur Höhe der durch den Einzeltätigkeitsanwalt angefallenen Kosten zu erstatten.[75]

---

chung eines Schriftsatzes – VV 3403 RVG – ausnahmsweise erstattungsfähig sein, wenn seine Tätigkeit notwendig gewesen ist.

[62] BGH NJW 2019, 3459; RVGreport 2020, 18; NJW 2006, 2266; OLG Bamberg JurBüro 1986, 440; OLG Hamburg MDR 1980, 66; JurBüro 1988, 1343; KG NJW-RR 1996, 53 = AnwBl 1996, 347; OLG Düsseldorf AGS 2018, 353; OLG Köln Rpfleger 2017, 243; OLG München JurBüro 1985, 91 = MDR 1984, 950; AnwBl 1994, 249; Gerold/Schmidt/*von Eicken,* 15. Aufl. 2002, BRAGO § 56 Rn. 16; **aA** OLG Brandenburg MDR 2006, 1259; OLG Karlsruhe JurBüro 1997, 484 = MDR 1997, 508; OLG Köln AGS 2007, 301; OLG Stuttgart JurBüro 1982, 869; *Hartmann* BRAGO, 33. Aufl. 2003, BRAGO § 56 Rn. 30, 31, es sei denn der BGH hat zur Stellungnahme aufgefordert.

[63] OLG München AnwBl 1994, 249; KG NJW-RR 1996, 53, das auch darauf abstellt, dass die anwaltliche Tätigkeit zweckdienlich war.

[64] OLG Karlsruhe AnwBl 1996, 412; KG JurBüro 1998, 20 = AnwBl 1998, 103.

[65] OLG Düsseldorf JurBüro 1991, 683.

[66] OLG Schleswig JurBüro 1983, 551.

[67] BGH NJW 2006, 2266.

[68] BGH NJW 2012, 2734 Tz. 5.

[69] OLG Hamburg AGS 2014, 391 = MDR, 2014, 1115 = NJW Spezial 2014, 571; OLG München AGS 2010, 217; OLG Naumburg AGS 2013, 488 = RVGreport 2013, 397 mzustAnm *Hansens.*

[70] KG NJW-RR 1996, 53 = AnwBl 1996, 347 Rn. 5; OLG München AnwBl 1994, 249.

[71] OLG Hamm AnwBl 2001, 371.

[72] OLG Hamm AnwBl 2001, 371.

[73] BGH NJW 2014, 557 = RVGreport, 2014, 76 mzustAnm *Hansens.*

[74] BGH NJW 2019, 3459; RVGreport 2020, 18.

[75] BGH NJW 2006, 2266.

Nr.	Gebührentatbestand	Gebühr oder Satz der Gebühr nach § 13 RVG
3404	Der Auftrag beschränkt sich auf ein Schreiben einfacher Art: Die Gebühr 3403 beträgt	0,3
	Die Gebühr entsteht insbesondere, wenn das Schreiben weder schwierige rechtliche Ausführungen noch größere sachliche Auseinandersetzungen enthält.	

Übersicht

I. Motive

Die Motive zum KostRMoG führen zu VV 3404 RVG aus: 1

„Die Regelung ist dem geltenden Recht in § 56 Abs. 3 iVm § 120 Abs. 1 BRAGO entnommen. Die Gebühr soll jedoch von $^2/_{10}$ auf 0,3 erhöht werden.“[1]

II. Allgemeines

Bei einfachen Schreiben verdient der RA eine 0,3-Gebühr. Zu beachten ist, dass VV 3404 RVG darauf abstellt, ob der Auftrag sich auf ein Schreiben einfacher Art beschränkt. Demgegenüber hatte § 120 BRAGO, auf den § 56 Abs. 3 BRAGO Bezug genommen hat, darauf abgestellt, ob sich die Tätigkeit auf Schreiben einfacher Art beschränkt hat. Aus letzterem hatte sich Streit ergeben, ob auf den Auftrag oder auf die Tätigkeit abzustellen ist.[2] Nach dem nunmehrigen Wortlaut von VV 3404 RVG kann kein Zweifel mehr sein, das darauf abzustellen ist, ob der Auftrag von vornherein auf ein einfaches Schreiben gerichtet war. Dasselbe ergibt sich aus der Anm. zu VV 3405 RVG, die andernfalls unsinnig wäre. 2

III. Anwendungsbereich

Er ist derselbe wie bei VV 3403 RVG (→ RVG VV 3403 Rn. 5 ff.). 3

IV. Voraussetzungen

1. Allgemeines

Zunächst einmal müssen die Voraussetzungen von VV 3403 RVG gegeben sein. Hinzukommen muss, dass der **Auftrag** auf ein Schreiben einfacher Art gerichtet ist. Es kommt auf den Auftrag und nicht auf das letztlich herauskommende Schreiben an (→ Rn. 2). Die Anm. zu VV 3404 RVG erläutert, dass dies der Fall ist, wenn das Schreiben weder schwierige rechtliche Ausführungen noch größere sachliche Auseinandersetzungen enthalten soll. 4

2. Einzelfälle

Äußerer Betrieb des Verfahrens. Beschränkt sich die Tätigkeit des Anwalts auf ein Schreiben, das nur dem äußeren Betreiben eines Verfahrens dient, insbes. eine Benachrichtigung, ein Beschleunigungsgesuch, ein Gesuch um Erteilung von Ausfertigungen oder Abschriften, so liegt entsprechend dem Gedanken des § 120 Abs. 2 BRAGO ein Schreiben einfacher Art vor.[3] 5

---

[1] BT-Drs. 15/1971, 218 zu Entwurf-VV 3403.
[2] Gerold/Schmidt/*Madert,* 15. Aufl. 2002, BRAGO § 120 Rn. 2.
[3] Schneider/Wolf/*N. Schneider* RVG VV 3403 Rn. 38; *Hansens* BRAGO § 56 Rn. 11.

6 **Kostenanträge** gem. §§ 269 Abs. 4, 516 Abs. 3, 565 ZPO fallen unter VV 3404 RVG.[4] Bei Kostenanträgen gem. § 91a ZPO kommt es auf den Einzelfall an.

7 **Kostenfestsetzungsanträge** fallen nicht unter VV 3404 RVG. Derartige Anträge zusammenzustellen, ist häufig nicht einfach, schon gar nicht für einen mit einem Einzelauftrag versehenen Rechtsanwalt, der den Verfahrensablauf nicht kennt.[5]

8 **Rechtsmittelverzicht.** Ist der Auftrag ausschließlich darauf gerichtet, dass der RA ohne Prüfung, ob ein Rechtsmittelverzicht angebracht ist, den Verzicht erklären soll, so ist VV 3404 RVG gegeben. Anders ist es, wenn der RA die Erklärung nur abgeben soll, wenn er nach Prüfung der Entscheidung dies für im Interesse des Auftraggebers liegend ansieht.

9 **Stellungnahme des Berufungsanwalts zum BGH.** Im Rahmen von § 56 BRAGO hat die Rspr. teilweise eine Reduzierung der Gebühr im Falle einer Stellungnahme des Berufungsanwalts zum BGH abgelehnt,[6] teilweise eine solche angenommen, wobei sich allerdings das Schreiben auf die Mitteilung beschränkte, dass sich die Revisionsbeklagte zur Revisionsbegründung vor der Entscheidung des BGH über die Annahme der Revision nicht äußern wolle.[7] Es ist auf den Auftrag abzustellen. Ging dieser von vornherein nur dahin mitzuteilen, dass sich der Revisionsbeklagte nicht äußern will, so ist VV 3404 RVG gegeben. Ein solcher Fall wird allerdings selten sein. In aller Regel wird der Mandant seinem Berufungsanwalt einen umfangreicheren Auftrag erteilen, etwa das im Anschluss an die Revisionseinlegung Erforderliche zu tun, was eine umfassendere Überprüfung erfordert. Dann ist die Gebühr nicht zu reduzieren. Hat der Verfahrensbevollmächtigte der Berufungsinstanz in einem Nichtzulassungsverfahren einem Fristverlängerungsverfahren zugestimmt, sich aber im Kostenfestsetzungsverfahren nicht zum Umfang seines Auftrags geäußert, so ist von einem Auftrag zu einem Schreiben einfacher Art auszugehen.[8] Will der RA dies vermeiden, muss er sich zum Umfang des Auftrags erklären.

V. Tätigkeit

10 Es ist nicht erforderlich, dass der RA ein Schreiben angefertigt oder gar abgeschickt hat. Es genügt, dass er im Rahmen des Auftrags überhaupt tätig war, zB dass er Informationen entgegen genommen hat.

VI. Gebührenhöhe

11 Der RA verdient eine 0,3 Gebühr. Das gilt auch für die Rechtsmittelinstanzen. Bei vorzeitiger Beendigung des Auftrags wird die 0,3 Gebühr nicht noch einmal reduziert. Bei mehreren Auftraggebern gelten § 7, VV 1008 RVG.

Nr.	Gebührentatbestand	Gebühr oder Satz der Gebühr nach § 13 RVG
3405	Endet der Auftrag 1. im Fall der Nummer 3400, bevor der Verfahrensbevollmächtigte beauftragt oder der Rechtsanwalt gegenüber dem Verfahrensbevollmächtigten tätig geworden ist, 2. im Fall der Nummer 3401, bevor der Termin begonnen hat: Die Gebühren 3400 und 3401 betragen .... Im Fall der Nummer 3403 gilt die Vorschrift entsprechend.	höchstens 0,5, bei Betragsrahmengebühren höchstens 250,00 €

[4] *Hansens* BRAGO § 56 Rn. 3.

[5] Schneider/Wolf/*N. Schneider* RVG VV 3403 Rn. 37; **aA** OLG Düsseldorf JurBüro 1964, 367 zitiert bei Schneider/Wolf/*N. Schneider* RVG VV 3403 Rn. 37.

[6] OLG Bamberg JurBüro 1986, 440; OLG München JurBüro 1985, 91 = MDR 1984, 950.

[7] OLG Hamburg JurBüro 1988, 1343.

[8] IErg OLG Brandenburg AGS 2013, 224, wobei jedoch unklar bleibt, ob es auf den Auftrag oder irrigerweise auf die Tätigkeit abstellt.

Die Motive zum KostRMoG führen aus: 1

„Die Gebühr entspricht dem Grundsatz, dass in den Fällen, in denen die Verfahrensgebühr höher als 0,5 ist, eine Ermäßigung für den Fall der vorzeitigen Beendigung des Mandats vorzusehen ist.“[1]

Bei Betragsrahmengebühren im Sozialrecht fallen höchstens 250,– EUR an. 2

Es wird auf die Ausführungen zu den einzelnen Vorschriften, jeweils unter „Gebührenhöhe“, verwiesen. 3

Nr.	Gebührentatbestand	Gebühr oder Satz der Gebühr nach § 13 RVG
3406	Verfahrensgebühr für sonstige Einzeltätigkeiten in Verfahren vor Gerichten der Sozialgerichtsbarkeit, wenn Betragsrahmengebühren entstehen (§ 3 RVG) ..... Die Anmerkung zu Nummer 3403 gilt entsprechend.	36,00 bis 408,00 €

Vgl. die Kommentierung → § 3 Rn. 45 ff. 1

Nr.	Gebührentatbestand	Gebühr oder Satz der Gebühr nach § 13 RVG
	Abschnitt 5. Beschwerde, Nichtzulassungsbeschwerde und Erinnerung *Vorbemerkung 3.5:* Die Gebühren nach diesem Abschnitt entstehen nicht in den in Vorbemerkung 3.1 Abs. 2 und in den Vorbemerkungen 3.2.1 und 3.2.2 genannten Beschwerdeverfahren.	
3500	Verfahrensgebühr für Verfahren über die Beschwerde und die Erinnerung, soweit in diesem Abschnitt keine besonderen Gebühren bestimmt sind	0,5

Übersicht

[1] BT-Drs. 15/1971, 218 zu Entwurf VV 3404 RVG.

I. Motive

1 Die Motive führen aus:

„**Zu Abschnitt 5**

Dieser Abschnitt enthält die Regelung der Gebühren des Rechtsanwalts im Erinnerungsverfahren sowie im Verfahren über die Beschwerde, soweit sie nicht dem Abschnitt 2 unterfallen. Zu den Beschwerden gehören auch die Rechtsbeschwerden.

Zu Nummer 3500

In dieser Vorschrift soll die Höhe der dem Rechtsanwalt für die Vertretung im Beschwerde- und Erinnerungsverfahren zustehenden Verfahrensgebühr auf grundsätzlich 0,5 festgelegt werden, soweit in den folgenden Gebührentatbeständen nichts Abweichendes bestimmt ist. Sie entspricht hinsichtlich der Beschwerde und der Erinnerung gegen die Kostenfestsetzung und den Kostenansatz dem geltenden Recht (§ 61 BRAGO). Die Vorschrift erfasst nunmehr alle Arten der Erinnerung (zB nach § 11 RPflG, §§ 573 und 766 ZPO). Insoweit ist die Gebühr gegenüber dem geltenden Recht (§ 55 BRAGO) leicht erhöht. Auf die Begründung zu § 19 Abs. 1 S. 2 Nr. 5 RVG-E wird Bezug genommen.“[1]

II. Allgemeines zum Abschnitt 5

2 Die Vorschriften des Abschn. 5 gelten für Beschwerden und Erinnerungen. Die Beschwerden sind jedoch nicht nur in Abschn. 5, sondern auch noch an anderen Stellen geregelt, insbes. in VV Vorb. 3.1 Abs. 2, Vorb. 3.2.1, 3.2.2 RVG (→ Rn. 4 ff.). Hinsichtlich der Frage, wann bei Beschwerden und Erinnerungen eine oder mehrere Angelegenheiten vorliegen, haben sich große Veränderungen ergeben (→ Rn. 22 ff.).

III. Anwendungsbereich

1. Rechtsgebiete

3 Die Vorschriften des Abschn. 5 finden für den **gesamten Bereich des VV Teil 3 RVG** (→ RVG VV Vorb. 3 Rn. 6 ff.) Anwendung, also für Zivilsachen, einschließlich Arbeitssachen, Familiensachen, Sachen der freiwilligen Gerichtsbarkeit, für öffentlich-rechtliche Gerichtsbarkeiten (dh Verwaltungs-, Finanz- und Sozialgerichtsbarkeit), Verfahren nach dem Strafvollzugsgesetz, auch iVm § 92 JGG, und ähnliche Verfahren.

2. Betroffene Beschwerden oder Erinnerungen

4 **a) Speziellere Regelungen für Beschwerden.** Bevor man VV 3500 RVG anwendet, muss man berücksichtigen, dass es speziellere Regelungen für bestimmte Beschwerden gibt. VV 3500 RVG ist eine Auffangvorschrift.[2] Speziellere Vorschriften sind enthalten in

- **VV Vorb. 3.1** Abs. 2 RVG Rechtsbeschwerden in schiedsrichterlichen Verfahren, die sich nach VV 3100 ff. RVG richten (→ RVG VV Vorb. 3.1 Rn. 3 ff.),
- **VV Vorb. 3.2.1 RVG.** Beschwerden und Rechtsbeschwerden, bei denen die Bestimmungen über die Berufung (VV 3200 ff. RVG) anzuwenden sind (s. die Kommentierung zu VV Vorb. 3.2.1 RVG),
- **Beschwerden in FG-Verfahren, insbes. in Erbschein- oder Nachlassverfahren.** Während es bislang hM war, dass bei diesen Beschwerden VV Vorb. 3.2.1 RVG ist nicht entsprechend anwendbar war,[3] hat sich die Rechtslage geändert. Das 2. KostRMoG hat gem. VV Vorb. 3.2.1 Nr. 2b RVG die Beschwerden gegen Endentscheidungen zur Hauptsache in Angelegenheiten der freiwilligen Gerichtsbarkeit (§ 23a GVG) gebührenrechtlich der Berufung gleichgestellt. Das gilt auch für Beschwerden in Erbscheins- oder Nachlassverfahren,[4]
- **VV 3.2.2. RVG. Rechtsbeschwerden,** die unter VV 3206 ff. RVG fallen,
- **VV 3502 ff. RVG.** Besondere Arten von Beschwerden.

5 **b) Weitere nicht von VV 3500 RVG erfasste Verfahren.** VV 3500 RVG ist nicht anwendbar auf

- die **Gehörsrüge,** die für den RA, der nicht Verfahrensbevollmächtigter ist, in VV 3330 RVG geregelt ist. Für den Verfahrensbevollmächtigten fällt keine zusätzliche Gebühr an, da dieses Verfahren Teil des Hauptsacheverfahrens ist (§ 19 Abs. 1 S. 2 Nr. 5 RVG),

---

[1] BT-Drs. 15/1971, 218.

[2] Hartmann/Toussaint/*Toussaint* RVG VV 3500 Rn. 1.

[3] OLG Köln JurBüro 2011, 252; OLG München NJW-RR 2006, 1727 = JurBüro 2006, 312 = AGS 2006, 475 mzustAnm *N. Schneider;* AGK 2010, 122; OLG Schleswig AGS 2006, 478; LG OLG Bamberg AGS 2006, 595 mzustAnm *N. Schneider;* LG Heidelberg AGS 2007, 399.

[4] OLG Köln RVGreport 2019, 139 mzustAnm *Hansens.*

– die **Gegenvorstellung,** die für den Verfahrensbevollmächtigten zum Verfahren gehört und beim Nichtverfahrensbevollmächtigten eine Gebühr gem. VV 3330 RVG auslöst (→ RVG VV 3330 Rn. 5),
– den **Widerspruch** gegen Mahnbescheid wegen der spezielleren Regelung in VV 3307 RVG,
– den **Einspruch** gegen Vollstreckungsbescheid (→ RVG VV 3305 Rn. 58).

c) Von VV 3500 RVG erfasste Beschwerden und Erinnerungen. Von VV 3500 RVG werden zB erfasst 6
– Beschwerden nach **§ 78 Abs. 1 S. 1 ArbGG;**[5] VV Vorb. 3.2.1 Nr. 2c RVG greift nicht ein, da diese Beschwerde das Urteilsverfahren betrifft. Wegen Rechtsbeschwerde → RVG VV 3502 Rn. 3,
– Beschwerden gegen die Zurückweisung eines Antrags auf **Arrest oder einstweilige Verfügung,** selbst wenn das Beschwerdegericht auf Grund mündlicher Verhandlung durch Urteil entscheidet.[6] Das entspricht der Rspr. des BGH[7] und zahlreicher Oberlandesgerichte[8] zu § 40 BRAGO. Das gilt auch für das RVG.[9] Hierfür spricht, dass das RVG für diesen Fall eine Sonderregelung nur für die Terminsgebühr kennt (VV 3514 RVG), nicht aber für die Verfahrensgebühr,
– die Beschwerde oder Erinnerung im **PKH-Antragsverfahren,**
– die Beschwerde gegen eine abhelfende **Abhilfeentscheidung,**
– Beschwerden gem. **§ 159,**[10] **§ 181 GVG und § 4 Abs. 3 JVEG,**[11]
– Rechtspflegererinnerungen gem. **§ 11 Abs. 2 RPflG,**[12]
– **Erinnerung nach § 573** ZPO, soweit ein anderer RA als der Verfahrensbevollmächtigte beauftragt ist.[13] Der Verfahrensbevollmächtigte hingegen verdient keine zusätzliche Gebühr gem. VV 3500 ff. RVG, da diese Erinnerung zum Rechtszug gehört (§ 19 Abs. 1 S. 2 Nr. 5 RVG),
– die Erinnerung gegen Zurückweisung des Antrags auf Erlass eines **Vollstreckungsbescheides,**[14] nicht aber der Einspruch gegen Vollstreckungsbescheid (→ RVG VV 3305 Rn. 58),
– Beschwerden gegen **Kostenentscheidungen** gem. §§ 91a, 99 ZPO,[15] wegen Familiensachen → RVG VV Vorb. 3.2.1 Rn. 28,
– Erinnerungen und Beschwerden gegen die Festsetzung der aus der **Staatskasse zu zahlenden Vergütungen** und Vorschüsse. § 56 Abs. 2 S. 1 RVG steht nicht entgegen. Die dort angesprochene Gebührenfreiheit bezieht sich nur auf die Gerichtsgebühren. Der beigeordnete Anwalt verdient allerdings keine Gebühr gegenüber seinem Mandanten, da er in diesem Verfahren nicht für diesen tätig ist,
– Beschwerden gegen die **Streitwertfestsetzung,** wenn der RA sie im Namen des Mandanten einlegt. Legt er sie im eigenen Namen ein, so kann er vom Mandanten keine Vergütung verlangen,[16]
– die Erinnerungen in der **Zwangsvollstreckung** (zB §§ 732, 766 ZPO), soweit der RA keinen Verfahrensauftrag für die Vollstreckung hat,[17]
– die Beschwerde oder Erinnerung in der **Kostenfestsetzung** oder beim **Kostenansatz** und zwar auch in Strafsachen (VV Vorb. 4 Abs. 5 Nr. 1 RVG), Bußgeldsachen (VV Vorb. 5 Abs. 4 Nr. 1 RVG) und Sonstigen Verfahren iSv VV Teil 6 Abschn. 2 RVG (VV Vorb. 6.2 Abs. 3 Nr. 1 RVG),
– **weitere Beschwerden,**

---

5 Hartmann/Toussaint/*Toussaint* RVG VV 3500 Rn. 3.
6 Riedel/Sußbauer/*Keller* VV Teil 3 Abschn. 5 Rn. 4 S. 663.
7 BGH MDR 2003, 528.
8 Ua OLG Brandenburg NJW-RR 2000, 511; OLG Hamburg JurBüro 1996, 248.
9 Riedel/Sußbauer/*Schütz* RVG VV 3500 Rn. 6.
10 Schneider/Wolf/*N. Schneider* RVG VV 3500 Rn. 61 für § 159 Abs. 2 GVG, gemeint wohl Abs. 1.
11 Schneider/Wolf/*N. Schneider* RVG VV 3500 Rn. 60.
12 Schneider/Wolf/*N. Schneider* RVG VV 3500 Rn. 59.
13 Schneider/Wolf/*N. Schneider* RVG VV 3500 Rn. 56.
14 Schneider/Wolf*N. Schneider* RVG VV 3500 Rn. 65.
15 Gebührenreferenten der Rechtsanwaltskammern RVGreport 2007, 206, die allerdings insofern eine Änderung für angebracht halten.
16 *Onderka* AGK 2011, 34 (35) Ziff. VI.
17 LG Freiburg AGS 2010, 174; *Hansens* RVGreport 2017, 2, 4 Ziff. III 2c; Schneider/Wolf/*N. Schneider* RVG VV 3500 Rn. 62 ff.; Riedel/Sußbauer/*Schütz* RVG VV 3500 Rn. 5.

– **unzulässige Beschwerden, zB außerordentliche Beschwerden oder weitere Beschwerden** in Verfahren, in denen solche nicht vorgesehen sind. Sie sind nicht in eine Rechtsbeschwerde umzudeuten, wenn diese ebenfalls unzulässig wäre.[18]
– **Beschwerdeverfahren in Notarsachen** gehören gem. § 15 Abs. 2 S. 3 BNotO, § 23a Abs. 2 Nr. 11 GVG zur freiwilligen Gerichtsbarkeit. Soweit sie sich gegen Endentscheidungen über die Hauptsache (nicht gegen Nebenentscheidungen) richten, fallen – abweichend vom alten Recht[19] – nunmehr gem. VV Vorb. 3.2.1 Nr. 2b RVG Gebühren gem. VV 3200 ff. an.[20] Das gilt auch für eine Beschwerde gem. § 15 Abs. 2 BNotO gegen die Endentscheidung, mit der der Notar eine Urkundenerteilung verweigert hat.[21] Für das gerichtliche Verfahren nach § 111 BNotO richten sich die Gebühren nach VV 3100 ff. RVG;[22] ebenso für Verfahren nach § 127 GNotKG (gerichtliche Entscheidung zu Kosten).[23] Die Beschwerde gegen die nach § 127 GNotKG ergangene Entscheidung wird gem. VV 3500 ff. vergütet.

IV. Persönlicher Anwendungsbereich

7 Die Auffassung, es sei unerheblich, ob der RA als Verfahrensbevollmächtigter oder nur hinsichtlich einer Einzeltätigkeit beauftragt worden sei, VV 3500 ff. RVG fänden immer Anwendung,[24] ist unzutreffend, kommt aber letztlich zu den gleichen Ergebnissen (→ RVG VV 3403 Rn. 6).

V. Auftrag

Der Auftrag kann ausdrücklich, aber auch konkludent erteilt werden (→ RVG VV 3200 Rn. 3 ff.).[25]

8 **Auftrag als Verfahrensbevollmächtigter.** VV 3500 RVG kommt nur zur Anwendung, wenn der RA einen Auftrag als Verfahrensbevollmächtigter hat (→ RVG VV 3200 Rn. 13 ff.). Soll er nur beraten, insbes. die Erfolgsaussichten der eigenen oder gegnerischen Beschwerde oder Erinnerung prüfen, so entsteht eine Gebühr gem. § 34 RVG bzw. VV 2100 ff. RVG. Soll er nur als Verkehrsanwalt, Terminsvertreter oder Einzeltätigkeitsanwalt tätig werden, sind VV 3400 ff. RVG anzuwenden.

VI. Tätigkeit

9 Da es keine Reduzierung der Gebühr bei vorzeitigem Ende des Auftrages gibt (→ Rn. 14), genügt jede Tätigkeit im Interesse des Mandanten, um die volle 0,5 Verfahrensgebühr zu verdienen. Insbesondere genügt die Entgegennahme der Information oder die Prüfung der Erfolgsaussichten des Rechtsbehelfs. Die Einreichung eines Schriftsatzes ist nicht erforderlich,[26] iÜ → RVG VV 3201 Rn. 26 ff.

10 An der Entstehung der Verfahrensgebühr ändert sich nichts, wenn die Akten dem Beschwerdegericht nicht mehr vorgelegt werden, etwa weil das Erstgericht abgeholfen oder die Sache sich sonst wie erledigt hat.[27] Da Kosten entstanden sind, muss das Erstgericht in diesem Fall über die Kosten der Beschwerde eine Entscheidung treffen.

11 **Zur Vorinstanz gehörende Tätigkeit.** Teilweise gehören allerdings Tätigkeiten, die mit einer Beschwerde oder Erinnerung in Verbindung stehen, für den Verfahrensbevollmächtigten der Vorinstanz noch zu dieser und lösen damit keine Gebühren nach VV 3500 ff. RVG aus. Zur Abgrenzung → § 19 Rn. 80 ff.

---

[18] BGH RVGreport 2004, 1200 Ls. zu Gerichtskosten.
[19] BGH JurBüro 2011, 87 = AGS 2010, 594 mablAnm *N. Schneider;* KG AGS 2010, 368.
[20] Hartung/Schons/Enders/*Schons* VV Vorb. 3.2.1 Rn. 15 ff.
[21] OLG Frankfurt AGS 2020, 466 mzustAnm *N. Schneider;* OLG München Beschl. v. 24.7.2018 – 11 W 668/18.
[22] OLG Köln DNotZ 2009, 396 = AGS 2008, 543 für § 111 BNotO aF.
[23] Alle noch zu § 156 KostO: LG Berlin RVGreport 2006, 306 mzustAnm *Hansens* = AGS 2006, 384; **aA** KG RVGreport 2010, 224, das VV 3500 ff. RVG anwendet.
[24] Schneider/Wolf/*N. Schneider* RVG VV 3500 Rn. 13.
[25] HBS VergütungsR/*N. Schneider* Teil 8 Rn. 563.
[26] OLG Rostock MDR 2005, 1194.
[27] OVG Bremen JurBüro 1988, 605.

VII. Gebührenhöhe

1. 0,5 Verfahrensgebühr

Im Erinnerungs- und Beschwerdeverfahren beträgt die Gebühr 0,5 (VV 3500 RVG). Unerheblich ist, welche Gebühren der RA im ersten Rechtszug zu beanspruchen hat. Er erhält deshalb auch in den Fällen, in denen ihm schon für seine Tätigkeit im Verfahren des ersten Rechtszugs nur eine unter 0,5 liegende Gebühr zusteht, die 0,5 Verfahrensgebühr, nicht etwa nur die geringere Verfahrensgebühr der Vorinstanz (zB der 0,3 Zwangsvollstreckungsgebühr gem. VV 3309 RVG, → RVG VV 3309 Rn. 88). Wegen Betragsrahmengebühr im Sozialrecht s. VV 3501 RVG. 12

Als „Berufung" bezeichnete Beschwerde. Auch wenn eine „Berufung" als Beschwerde zu behandeln ist, kann nur die 0,5 Gebühr nach VV 3500 RVG berechnet werden. Die falsche Bezeichnung als Berufung ändert nichts daran, dass es sich in Wahrheit um eine Beschwerde behandelt.[28] 13

Vorzeitiges Auftragsende. Eine Reduzierung der Verfahrensgebühr bei vorzeitigem Auftragsende gibt es nicht. Es fehlt eine dem VV 3503 RVG entsprechende Bestimmung für VV 3500 RVG. 14

2. Erinnerung gem. § 766 ZPO

→ RVG VV 3309 Rn. 85 ff. 15

3. Keine Verfahrensdifferenzgebühr

Soweit auftragsgemäß darüber verhandelt wird, nichtrechtshängige Ansprüche in eine Einigung mit einzubeziehen, so entsteht ebenfalls eine 0,5 Verfahrensgebühr gem. VV 3500 RVG[29] und nicht, wie auch vertreten wird,[30] eine 0,8 Verfahrensdifferenzgebühr gem. VV 3101 Nr. 2 RVG. Es handelt sich um eine Tätigkeit im Rahmen des Beschwerde- oder Erinnerungsverfahrens. 16

Dasselbe gilt, wenn sich die Tätigkeit des Anwalts nur auf die Protokollierung einer Einigung bezieht. Dabei ist es unerheblich, ob sich die Einigung auf rechtshängige oder nicht rechtshängige Ansprüche bezieht.[31] Da hinsichtlich der rechtshängigen und der nicht rechtshängigen Ansprüche die gleiche Gebühr anfällt, ist eine einheitliche 0,5 Verfahrensgebühr aus dem um den nicht rechtshängigen Gegenstand erhöhten Gegenstandswert zu errechnen. § 15 Abs. 3 RVG ist nicht anzuwenden, da keine verschiedenen Gebührensätze anzuwenden sind.[32] 17

4. Mehrheit von Auftraggebern (VV 1008 RVG)

Wird das Erinnerungs- oder das Beschwerdeverfahren für mehrere Auftraggeber wegen desselben Gegenstandes betrieben, so wird die wertabhängige Verfahrensgebühr für jeden zusätzlichen Auftraggeber nach VV 1008 RVG um 0,3 erhöht (Grenze 2,0).[33] Voraussetzung ist allerdings, dass gerade hinsichtlich des Beschwerdegegenstandes Identität vorliegt. Eine solche im Hauptsacheverfahren reicht nicht.[34] 18

Beispiel:

A und B klagen eine ihnen gemeinsam zustehende Forderung ein. Sie unterliegen und müssen die Kosten tragen. In der Kostenfestsetzung werden gem. § 100 Abs. 1 ZPO jedem die Hälfte der dem Beklagten entstandenen Kosten auferlegt. Beide wenden sich dagegen, dass Reisekosten des Beklagtenvertreters iHv 800,– EUR anerkannt wurden.

Da jeder von beiden nur die Hälfte der Reisekosten trägt, besteht im Beschwerdeverfahren keine Identität des Gegenstandes. Der RA verdient die Gebühr des VV 3500 RVG aus 800,– EUR (2 × 400,– EUR), aber ohne Mehrvertretungszuschlag.

VIII. Weitere Gebühren

1. Terminsgebühr

Gem. VV 3513 RVG kann der RA auch eine 0,5. Terminsgebühr verdienen. Für die Entstehung gilt VV Vorb. 3 Abs. 3 RVG (→ RVG VV Vorb. 3 Rn. 70 ff.). Eine Terminsgebühr bei einer 19

---

[28] OLG Hamm JurBüro 1972, 891 = Rpfleger 1972, 328; Schneider/Wolf/*N. Schneider* RVG VV 3500 Rn. 29.
[29] HBS VergütungsR/*N. Schneider* Teil 8 Rn. 573.
[30] Riedel/Sußbauer/*Schütz* RVG VV 3500 Rn. 10.
[31] Schneider/Wolf/*N. Schneider* RVG VV 3500 Rn. 36.
[32] HBS VergütungsR/*N. Schneider* Teil 8 Rn. 573.
[33] OLG Dresden JurBüro 2005, 656.
[34] HBS VergütungsR/*N. Schneider* Teil 8 Rn. 567.

Entscheidung im schriftlichen Verfahren kann nicht anfallen, da VV 3513 RVG keine dem VV 3104 Anm. Abs. 1 Nr. 1 RVG entsprechende Regelung kennt und iÜ über Beschwerden durch Beschluss (Ausnahme VV 3514 RVG) entschieden wird, was ohne mündliche Verhandlung erfolgen kann (§ 128 Abs. 4 ZPO).

2. Einigungsgebühr

20 Auch die Einigungsgebühr kann zusätzlich zur Verfahrens/oder Terminsgebühr entstehen, jedoch nur nach einem Satz vom 1,0 (VV 1003 RVG). Denn das Erinnerungs- und das Beschwerdeverfahren sind ein „anderes gerichtliches Verfahren" im Sinne dieser Vorschrift.[35] VV 1004 RVG gilt nur für Berufung und Revision und ist daher nicht anzuwenden. Werden zugleich auch Ansprüche in die Einigung miteinbezogen, die nirgendwo anhängig sind, so fällt insoweit eine 1,5 Einigungsgebühr gem. VV 1000 RVG an.[36]

IX. Auslagen

21 Der RA hat, soweit eine gesonderte Angelegenheit gegeben ist, Anspruch auf Ersatz der Auslagen gem. VV 7000 ff. RVG, insbes. auf die Pauschale gem. VV 7002 RVG.

X. Angelegenheit

22 **Allgemeines.** Drei Bestimmungen sind insoweit von Bedeutung.

23 Die **Grundbestimmung** ist **§ 18 Abs. 1 Ziff. 3 RVG.** Danach ist jedes Verfahren über eine Beschwerde und jedes Verfahren über eine Erinnerung gegen eine Entscheidung des Rechtspflegers eine besondere Angelegenheit. Die Rechtsbehelfe sind im Verhältnis zur Hauptsache, aber auch untereinander besondere Angelegenheiten (→ § 18 Rn. 6 ff.).

24 Etwas anderes gilt jedoch gem. **§ 16 Nr. 10 RVG** für Erinnerungen und Beschwerden in **Kostenfestsetzungs- und Kostenansatzverfahren.** Hier bilden Beschwerden bzw. Erinnerungen im Kostenfestsetzungsverfahren untereinander eine Angelegenheit. Dasselbe gilt für Beschwerden und Erinnerungen im Kostenansatzverfahren untereinander. Demgegenüber sind Erinnerungen und Beschwerden im Kostenfestsetzungsverfahren im Verhältnis zu denjenigen im Kostenansatzverfahren mehrere Angelegenheiten (→ § 16 Rn. 114 ff.).

25 **§ 19 Abs. 1 S. 2 Nr. 5, Abs. 2 Nr. 2 RVG** enthalten noch einmal eine Sonderregelung für Verfahren über **Erinnerungen gem. § 573 ZPO bzw. § 766 ZPO.** Diese gehören zum Hauptsacheverfahren (→ Rn. 15; → § 19 Rn. 63 ff.). Wegen der Frage, welche Tätigkeiten für einen in der Vorinstanz bereits tätigen RA zu welcher Instanz gehören → § 19 Rn. 78 ff.

XI. Kostenerstattung

26 Die 0,5 Verfahrensgebühr gem. VV 3500 RVG ist in den meisten Fällen erstattbar (Ausnahmen zB § 66 Abs. 8 GKG, betreffend Gerichtskostenansatz). Deshalb hat jede abschließende Entscheidung über eine Erinnerung oder Beschwerde, auch im Kostenfestsetzungsverfahren, eine Kostenentscheidung zu enthalten. § 308 ZPO ist auch für Beschwerden anzuwenden. Das gilt auch dann, wenn der Gegner der Beschwerde oder Erinnerung nicht entgegengetreten ist oder beide Parteien Beschwerde oder Erinnerung eingelegt haben.[37] Dasselbe muss für Erinnerungen gelten,[38] es sei denn für sie ist ausnahmsweise vorgesehen, dass keine Kostenerstattung stattfindet. § 516 Abs. 3 ZPO ist analog anzuwenden.[39]

26a Wegen einer Tätigkeit des Verfahrensbevollmächtigten des Beschwerdegegners vor der Begründung der Beschwerde gilt das zu → Anh. X Rn. 45 ff. Dargelegte entsprechend, wobei jedoch, wenn ein Erstattungsanspruch besteht, immer – auch im Fall einer einseitigen Bitte um ein Stillhalten – eine 0,5 Gebühr zu erstatten ist.[40]

27 **Streitwertbeschwerde.** Es findet grds. keine Kostenerstattung statt (§ 68 Abs. 3 S. 2 GKG). Anders ist es jedoch, wenn die Beschwerde unzulässig war, zB weil sie sich gegen eine vorläufige Festsetzung richtet.[41]

---

[35] Riedel/Sußbauer/*Schütz* RVG VV 3500 Rn. 10; HBS VergütungsR/*N. Schneider* Teil 8 Rn. 916.

[36] HBS VergütungsR/*N. Schneider* Teil 8 Rn. 572.

[37] Schneider/Wolf/*N. Schneider* RVG VV 3500 Rn. 80; **aA** OLG Koblenz JurBüro 1984, 446; KostRspr ZPO § 104 (B) Nr. 109.

[38] Schneider/Wolf/*N. Schneider* RVG VV 3500 Rn. 80.

[39] BayObLG AGS 2005, 357.

[40] BGH AGS 2013, 251.

[41] BGH BeckRS 2011, 16069; OLG Saarbrücken AGS 2011, 193.

28 **Hinweis für RA.** Gerade die erstinstanzlichen Gerichte vergessen häufig eine Kostenentscheidung, zB bei abschließender Entscheidung über eine Erinnerung oder bei abhelfender Abhilfeentscheidung. Der Rechtsanwalts muss gem. § 321 ZPO binnen zwei Wochen (!) einen Ergänzungsantrag stellen.

Wegen Kosten bei Beschwerde gegen Richterablehnung → § 19 Rn. 51 ff., im PKH-Bewilligungsverfahren → RVG VV 3335 Rn. 79 ff.

XII. Prozesskostenhilfe

29 Die Beiordnung des Anwalts im Wege der Prozesskostenhilfe für den Rechtsstreit erstreckt sich nicht auf das Erinnerungs- und Beschwerdeverfahren. Es ist deshalb eine gesonderte PKH-Bewilligung und Beiordnung erforderlich.[42] Für die Beiordnung im Beschwerdeverfahren ist das Beschwerdegericht zuständig. **Hinweis für RA.** Den neuen PKH-Antrag nicht vergessen.

Nr.	Gebührentatbestand	Gebühr oder Satz der Gebühr nach § 13 RVG
3501	Verfahrensgebühr für Verfahren vor den Gerichten der Sozialgerichtsbarkeit über die Beschwerde und die Erinnerung, wenn in den Verfahren Betragsrahmengebühren entstehen (§ 3 RVG), soweit in diesem Abschnitt keine besonderen Gebühren bestimmt sind	24,00 bis 250,00 €

1 Vgl. die Kommentierung → § 3 Rn. 83 ff.

Nr.	Gebührentatbestand	Gebühr oder Satz der Gebühr nach § 13 RVG
3502	Verfahrensgebühr für das Verfahren über die Rechtsbeschwerde	1,0
3503	Vorzeitige Beendigung des Auftrags: Die Gebühr 3502 beträgt Die Anmerkung zu Nummer 3201 ist entsprechend anzuwenden.	0,5

Übersicht

I. Motive

1 Die Motive führen aus:

„Zu den Nummern 3502 und 3503

Die vorgeschlagenen Regelungen sollen dem bei Rechtsbeschwerden vor dem Bundesgerichtshof nach den §§ 574 ff. ZPO erhöhten Aufwand Rechnung tragen. Die Rechtsbeschwerde zum Bundesgerichtshof ist durch das Gesetz zur Reform des Zivilprozesses (Zivilprozessreformgesetz – ZPO-RG) vom 27.7.2001 (BGBl. I S. 1887) eingeführt worden.“[1]

[42] Riedel/Sußbauer/*Schütz* RVG VV 3500 Rn. 18.
[1] BT-Drs. 15/1971, 219.

II. Allgemeines

2 Auch die Rechtsbeschwerde nach § 574 ZPO fällt trotz ihres revisionsähnlichen Charakters und obwohl sie wirksam nur durch einen beim BGH zugelassenen RA eingelegt werden kann und der BGH über sie nach § 133 GVG zu entscheiden hat, unter den Abschn. 5. Der RA verdient eine 1,0 Verfahrensgebühr. Soweit nachfolgend nichts Abweichendes dargelegt ist, gelten die Ausführungen zu VV 3500 RVG.

III. Sachlicher Anwendungsbereich

3 **Grundsatz.** VV 3502 RVG ist grds. anwendbar für alle Rechtsbeschwerden gem. § 574 ZPO, auch für die nach § 78 S. 2 ArbGG und die nach §§ 177, 202 SGG.[2]

4 **Sonderregelungen.** Allerdings gibt es Sonderregelungen, die bestimmte Rechtsbeschwerden anderen Vergütungsregelungen zuordnen. Das gilt für

VV Vorb. 3.1 Abs. 2 RVG. Rechtsbeschwerden in schiedsrichterlichen Verfahren richten sich nach VV 3100 ff. RVG → RVG VV Vorb. 3.1 Rn. 3.

VV Vorb. 3.2.1 Nr. 4 RVG. Die Rechtsbeschwerde nach dem StVollzG ist wie ein Berufungsverfahren abzurechnen.

VV Vorb. 3.2.2 RVG. Einige Rechtsbeschwerden lösen Gebühren gem. VV 3206 ff. RVG aus.

5 **Weitere Beschwerde.** Die ZPO kennt die weitere Beschwerde nicht mehr, wohl aber kommt sie in anderen Gesetzen vor, zB in §§ 66 Abs. 4, 68 Abs. 1 S. 6 GKG, § 33 Abs. 6 RVG.[3] Sie ist keine Rechtsbeschwerde, sodass für sie VV 3502 RVG nicht anzuwenden ist. Die Frage, ob für die weitere Beschwerde gem. § 27 FGG aF etwas anderes gelten muss,[4] hat sich erledigt, nachdem es im FamFG keine weitere Beschwerde mehr gibt.

IV. Auftrag

6 Beauftragt der Gegner der Rechtsbeschwerde einen beim BGH nicht zugelassenen RA, so kann dieser keine Gebühren als Verfahrensbevollmächtigter verdienen (→ RVG VV 3208 Rn. 16 ff.).

V. Gebührenhöhe

7 **1,0 Verfahrensgebühr.** Es fällt eine 1,0 Verfahrensgebühr an. Anders als bei der Revision und Zulassungsbeschwerde erhöht sich die Gebühr nicht dadurch, dass ein beim BGH zugelassener Anwalt tätig sein muss. Es fehlt eine dem VV 3508 RVG entsprechende Regelung.

8 **Nicht statthafte Rechtsbeschwerde.** Ist der RA im Verfahren über eine nicht statthafte Rechtsbeschwerde tätig, so verdient er dennoch eine 1,0 Verfahrensgebühr gem. VV 3502 RVG. Die fehlende Statthaftigkeit ändert nichts daran, dass ein Verfahren über eine Rechtsbeschwerde durchzuführen ist.

9 **Vorzeitiges Auftragsende und Verfahrensdifferenzgebühr.** Beim vorzeitigen Auftragsende entsteht gem. VV 3503 RVG nur eine 0,5 Verfahrensgebühr. Die Anm. zu VV 3503 RVG verweist hinsichtlich der Voraussetzungen auf die Anm. zu VV 3201 RVG (s. Kommentierung zu VV 3201 RVG). Es kann also gem. der Anm. zu VV 3503 RVG iVm VV 3201 Anm. S. 1 Nr. 2 RVG auch eine 0,5 Verfahrensdifferenzgebühr entstehen (→ RVG VV 3201 Rn. 42 ff.).

10 **Mehrere Auftraggeber.** VV 1008 RVG ist anzuwenden (→ RVG VV 3500 Rn. 18).

VI. Weitere Gebühren

1. Terminsgebühr

11 Gem. VV 3516 RVG kann der RA auch eine 1,2 Terminsgebühr verdienen. Für die Entstehung gilt VV Vorb. 3 Abs. 3 RVG (→ RVG VV Vorb. 3 Rn. 70 ff.). Bei einer Entscheidung im schriftlichen Verfahren gibt es keine Terminsgebühr (→ RVG VV 3500 Rn. 19).

---

[2] HessLSG RVGreport 2015, 22 mzustAnm *Hansens* = AGS 2015, 127 mzustAnm *N. Schneider.*

[3] Thomas/Putzo/*Reichold* ZPO Vorb. § 567 Rn. 9.

[4] Gerold/Schmidt/*Müller-Rabe,* 18. Aufl. 2008, RVG VV 3502 Rn. 6; verneinend OLG Celle MDR 2012, 680 = AGS 2012, 124.

2. Einigungsgebühr

Im Rechtsbeschwerdeverfahren kann hinsichtlich rechtshängiger Ansprüche eine 1,0 Einigungsgebühr (VV 1003 RVG), hinsichtlich nirgendwo rechtshängiger Ansprüche eine 1,5 Einigungsgebühr anfallen (→ RVG VV 3500 Rn. 20). 12

VII. Auslagen

Der RA kann seine Auslagen gem. VV 7000 ff. RVG ersetzt verlangen. War der RA in der ersten Instanz, im Beschwerdeverfahren und im Verfahren über die Rechtsbeschwerde tätig, so verdient er dreimal ohne Anrechnung die Pauschale gem. VV 7002 RVG. 13

VIII. Angelegenheit

Das Verfahren über die Rechtsbeschwerde ist eine besondere Angelegenheit, da sie einen weiteren Rechtszug begründet. 14

IX. Kostenerstattung

Die Kosten des Rechtsbeschwerdeverfahrens sind erstattungsfähig. Voraussetzung ist allerdings wieder eine Kostengrundentscheidung. 15

Rücknahme vor Begründung. Hat der Beschwerdegegner – unnötiger Weise – einen Zurückweisungsantrag gestellt, obgleich die Rechtsbeschwerde noch gar nicht begründet war, so ist nur eine 0,5 Verfahrensgebühr gem. VV 3503 RVG zu erstatten (→ RVG VV 3201 Rn. 57). 16

Nr.	Gebührentatbestand	Gebühr oder Satz der Gebühr nach § 13 RVG
3504	Verfahrensgebühr für das Verfahren über die Beschwerde gegen die Nichtzulassung der Berufung, soweit in Nummer 3511 nichts anderes bestimmt ist ... Die Gebühr wird auf die Verfahrensgebühr für ein nachfolgendes Berufungsverfahren angerechnet.	1,6
3505	Vorzeitige Beendigung des Auftrags: Die Gebühr 3504 beträgt ... Die Anmerkung zu Nummer 3201 ist entsprechend anzuwenden.	1,0

Übersicht

I. Motive

Die Motive zum KostRMoG führen aus: 1

„Zu den Nummern 3504 und 3505

Die Nummern 3504 und 3505 VV RVG-E enthalten besondere Vorschriften über die Verfahrensgebühr in Verfahren über die Nichtzulassung der Berufung vor dem Landessozialgericht. Die vorgeschlagenen Vorschriften sollen nur Anwendung finden, wenn der Rechtsanwalt Wertgebühren erhält.“[1]

II. Allgemeines

VV 3504 RVG erkennt dem RA im Verfahren über die Beschwerde gegen die Nichtzulassung der **Berufung** eine 1,6 Verfahrensgebühr zu. Etwas anderes gilt jedoch gem. VV 3511 2

[1] BT-Drs. 15/1971, 219.

RVG in sozialgerichtlichen Verfahren bei einer Nichtzulassungsbeschwerde in einem Verfahren mit Betragsrahmengebühren. Soweit nachfolgend nichts Abweichendes dargelegt ist, gilt das zu VV 3506, 3500 RVG Ausgeführte entsprechend.

III. Anwendungsbereich

3 VV 3504 ff. RVG gelten grds. für alle von VV Teil 3 RVG erfassten Verfahren. Beschwerden gegen die Nichtzulassung von Berufungen kommen vor allem in sozialgerichtlichen Verfahren vor. Speziellere Bestimmungen, die VV 3504 ff. RVG vorgehen, enthält VV 3511 RVG für sozialgerichtliche Verfahren mit Betragsrahmengebühren.

IV. Gebührenhöhe

4 Gem. VV 3504 RVG entsteht eine 1,6 Verfahrensgebühr. Bei einem vorzeitigen Ende des Auftrages und bei Einbeziehung von in diesem Verfahren nicht rechtshängigen Ansprüchen (Verfahrensdifferenzgebühr) beträgt der Gebührensatz gem. VV 3505 RVG 1,0. Die Anm. zu VV 3505 RVG nimmt auf die Anm. zu VV 3201 RVG Bezug. Es wird auf die Ausführungen zu VV 3201 RVG verwiesen.

V. Weitere Gebühren

5 **Terminsgebühr.** Gem. VV 3516 RVG kann der RA auch eine 1,2 Terminsgebühr verdienen. Für die Entstehung gilt VV Vorb. 3 Abs. 3 RVG (→ RVG VV Vorb. 3 Rn. 70 ff.). Bei einer Entscheidung im schriftlichen Verfahren gibt es keine Terminsgebühr (→ RVG VV 3500 Rn. 19).

6 **Einigungsgebühr.** Im Falle einer Einigung entsteht eine 1,3 Einigungsgebühr gem. VV 1004 RVG.

VI. Angelegenheit und Anrechnung

7 Das Ausgangsverfahren, das Verfahren über die Nichtzulassungsbeschwerde und ein nachfolgendes Berufungsverfahren stellen drei Angelegenheiten dar, sodass die Gebühren und die Auslagenpauschale dreifach anfallen (§ 17 Nr. 9 RVG → § 17 Rn. 120). Die Verfahrensgebühr des Beschwerdeverfahrens ist jedoch gem. der Anm. zu VV 3504 RVG auf die Verfahrensgebühr des Berufungsverfahrens anzurechnen. Bei der Auslagenpauschale findet keine Anrechnung statt.

Nr.	Gebührentatbestand	Gebühr oder Satz der Gebühr nach § 13 RVG
3506	Verfahrensgebühr für das Verfahren über die Beschwerde gegen die Nichtzulassung der Revision oder über die Beschwerde gegen die Nichtzulassung einer der in der Vorbemerkung 3.2.2 genannten Rechtsbeschwerden, soweit in Nummer 3512 nichts anderes bestimmt ist	1,6
	Die Gebühr wird auf die Verfahrensgebühr für ein nachfolgendes Revisions- oder Rechtsbeschwerdeverfahren angerechnet.	
3507	Vorzeitige Beendigung des Auftrags: Die Gebühr 3506 beträgt	1,1
	Die Anmerkung zu Nummer 3201 ist entsprechend anzuwenden.	
3508	In dem Verfahren über die Beschwerde gegen die Nichtzulassung der Revision können sich die Parteien nur durch einen beim Bundesgerichtshof zugelassenen Rechtsanwalt vertreten lassen: Die Gebühr 3506 beträgt	2,3
3509	Vorzeitige Beendigung des Auftrags, wenn sich die Parteien nur durch einen beim Bundesgerichtshof zugelassenen Rechtsanwalt vertreten lassen können: Die Gebühr 3506 beträgt	1,8
	Die Anmerkung zu Nummer 3201 ist entsprechend anzuwenden.	

Übersicht

I. Motive

Die Motive zum KostRMoG führen aus: 1

„Zu den Nummern 3506 und 3507

Die vorgeschlagenen Regelungen sind aus § 61a Abs. 1 Nr. 2 und Abs. 4 in Verbindung mit § 32 Abs. 1 BRAGO übernommen. Die Höhe der Gebühr 3506 entspricht der Verfahrensgebühr nach Nummer 3200 und die Höhe der Gebühr 3507 der Gebühr Nummer 3201 VV RVG-E.

Zu den Nummern 3508 und 3509

Die vorgeschlagenen Regelungen entsprechen den Regelungen in den Nummern 3506 und 3507 VV RVG-E mit der für beim Bundesgerichtshof zugelassene Rechtsanwälte in § 11 Abs. 1 S. 5 und 6 BRAGO vorgesehenen Erhöhung. Die Höhe der Gebühr 3508 entspricht der Verfahrensgebühr nach Nummer 3208 und die Höhe der Gebühr 3509 der Gebühr Nummer 3209 VV RVG-E.“[1]

Der Regierungsentwurf führt zum 2. KostRMoG aus: 2

Zu VV 3506

„In die Gebührenvorschrift für die Beschwerde gegen die Nichtzulassung der Revision sollen die Beschwerden gegen die Nichtzulassung der Rechtsbeschwerden nach § 92a des Arbeitsgerichtsgesetzes und § 75 GWB ausdrücklich aufgenommen werden. In diesen Fällen wird der Gebührentatbestand schon heute im Wege der Auslegung angewendet (Gerold/Schmidt/*Müller-Rabe,* 19. Aufl. 2010, RVG VV 3504, 3505 Rn. 5, 6).“[2]

Der Rechtsausschuss des Deutschen Bundestags führt zu VV 3506 aus:

„Der Geltungsbereich der vorgesehenen Vorschrift ist zu eng. Er umfasst insbesondere nicht die Rechtsbeschwerden nach § 87 EnWG, § 35 Abs. 4 S. 2 KSpG und § 25 VSchDG. Die nunmehr vorgeschlagene Formulierung ist allgemeiner gefasst und erfasst alle Beschwerden gegen die Nichtzulassung von Rechtsbeschwerden, für die Gebühren wie bei einer Revision anfallen.“[3]

II. Allgemeines

Das Verfahren über die Nichtzulassungsbeschwerde stellt im Verhältnis zum Berufungsverfahren und zu einem etwaigen Revisionsverfahren oder Rechtsbeschwerdeverfahren (nach Zulassung) eine besondere Angelegenheit dar (§ 17 Nr. 9 RVG → § 17 Rn. 118 ff.). UU sind also drei Angelegenheiten gegeben (→ § 17 Rn. 120). Die Verfahrensgebühr des Nichtzulassungsverfahrens ist allerdings auf die Verfahrensgebühr des nachfolgenden Revisionsverfahrens anzurechnen (Anm. zu VV 3506 RVG). Wird neben dem Revisionsverfahren wegen desselben Gegenstandes **hilfsweise** Nichtzulassungsbeschwerde eingelegt, weil unklar ist, in welchem Umfang das Berufungsgericht die Revision zugelassen hat, so nimmt der BGH an, dass nur eine Angelegenheit gegeben ist und neben den Gebühren für das Revisionsverfahren keine weiteren Gebühren anfallen.[4] Legen **beide Parteien Nichtzulassungsbeschwerde** ein und liegt nur eine Angelegenheit vor (→ § 17 Rn. 118) und ist nur eine von beiden erfolgreich, so ist der Teil der Verfahrensgebühr, der auf den erfolgreichen Teil entfällt, auf die Verfahrensgebühr des Revisionsverfahrens anzurechnen.[5] 3

[1] BT-Drs. 15/1971, 219.
[2] BT-Drs. 17/11471, 280.
[3] BT-Drs. 17/13537.
[4] BGH NJW 2015, 1253.
[5] OLG München JurBüro 2016, 634 = AGS 2016, 566.

4 Die Gebühren (Verfahrens- wie Terminsgebühr), die bei einer Beschwerde gegen die Nichtzulassung der Revision anfallen, entsprechen denen im Berufungsverfahren. Handelt es sich aber um ein Verfahren, in dem sich die Parteien nur durch einen beim BGH zugelassenen RA vertreten lassen können, so fallen die gleichen Gebühren an wie in einem Revisionsverfahren, in dem sich die Parteien nur durch einen beim BGH zugelassenen RA vertreten lassen können (VV 3508 RVG).

5 Soweit nachfolgend nichts Abweichendes dargelegt ist, gilt das zu VV 3500 RVG Ausgeführte entsprechend.

III. Anwendungsbereich

1. Allgemeines

6 VV 3506 ff. RVG gilt für alle von VV Teil 3 RVG erfassten Rechtsgebiete, wenn die Nichtzulassung der Revision durch das Berufungsgericht gerügt wird. In sozialgerichtlichen Verfahren gilt jedoch die Sondervorschrift des VV 3512 RVG, wenn es um ein Verfahren geht, in dem Betragsrahmengebühren entstehen.

2. Nichtzulassungsbeschwerde zum BAG gem. § 72a ArbGG

7 VV 3506 ff. RVG sind auch auf das Verfahren wegen Nichtzulassung der Revision beim BAG gem. § 72a ArbGG anzuwenden.[6] VV 3506 RVG enthält – anders als § 61a Abs. 1 Nr. 2 BRAGO – keine Beschränkung auf Verfahren nach § 544 ZPO.[7]

3. Beschwerde gegen Nichtzulassung der Rechtsbeschwerde

8 VV 3506 RVG findet weiter Anwendung für die Beschwerde gegen die Nichtzulassung einer der in VV Vorb. 3.2.2 RVG genannten Rechtsbeschwerden, soweit nicht VV 3512 RVG etwas anderes bestimmt. Daher fallen unter VV 3506 RVG zB Nichtzulassungsbeschwerden

– nach § 75 GWB und § 92a ArbGG; sie hat das 2. KostRMoG VV 3506 RVG unterstellt (Motive → Rn. 2), während sie bisher in diesem Kommentar VV 3504, 3505 RVG zugeordnet wurden,[8]
– nach § 87 EnWG,
– nach § 35 Abs. 4 S. 2 KSpG,
– und § 25 VSchDG (Motive → Rn. 2).

9 **Familiensachen.** In Familiensachen gibt es abweichend von § 621e Abs. 2 S. 1 Nr. 2 ZPO aF keine Nichtzulassungsbeschwerde mehr. Wird trotzdem eine – unzulässige – Nichtzulassungsbeschwerde eingelegt, so ist dies in entsprechender Weise zu behandeln wie eine zulässige Rechtsbeschwerde. Also ist VV 3506 RVG analog anzuwenden.

IV. Auftrag

10 Zum Auftrag für nicht postulationsfähigen RA → RVG VV 3208 Rn. 16 ff.; → RVG VV 3403 Rn. 31 ff.

V. Gebührenhöhe

11 **1,6 bzw. 2,3 Verfahrensgebühr.** Der RA verdient eine 1,6 Verfahrensgebühr (VV 3506 RVG). Handelt es sich aber um ein Verfahren, bei dem die Parteien sich nur durch einen beim BGH zugelassenen RA vertreten lassen können, so verdient der beim BGH zugelassene RA eine 2,3 Verfahrensgebühr. Im Einzelnen vgl. VV 3208 RVG. In den meisten Fällen ist bei der Beschwerde zum BGH wegen Nichtzulassung der Revision die Vertretung durch einen beim BGH zugelassenen RA vorgeschrieben (§ 78 Abs. 1 S. 4, 5 ZPO. Ausnahmen § 78 Abs. 2 ff. ZPO).

12 **Vorzeitiges Auftragsende.** Bei vorzeitigem Auftragsende entsteht eine 1,1 Verfahrensgebühr (VV 3507 RVG) bzw. beim BGH-Anwalt in einem Verfahren, in dem sich die Parteien nur durch einen beim BGH zugelassenen RA vertreten lassen können, eine 1,8 Verfahrensgebühr (VV 3509 RVG). Die Anm. zu VV 3507 RVG und zu VV 3509 RVG verweisen hinsichtlich der Voraussetzungen auf die Anm. zu VV 3201 RVG. Es wird auf die zu VV 3201 RVG gemachten Ausführungen Bezug genommen (→ RVG VV 3201 Rn. 7 ff.).

---

[6] HessLAG NZA-RR 2006, 600 = AGS 2007, 612 mzustAnm *N. Schneider; Hansens* RVGreport 2005, 107; **aA** noch ArbG Koblenz AGS 2005, 261 = RVGreport 2005, 106.

[7] HessLAG RVGreport 2006, 309.

[8] Gerold/Schmidt/*Müller-Rabe,* 20. Aufl. 2012, RVG VV 3504, 3505 Rn. 4–6.

Verfahrensdifferenzgebühr. Auch sie kann gem. der Anm. zu VV 3507 RVG bzw. VV 3509 RVG iVm VV 3201 Anm. S. 1 Nr. 2 RVG entstehen (→ RVG VV 3201 Rn. 42 ff.). 13

Mehrere Auftraggeber. VV 1008 RVG ist anzuwenden (→ RVG VV 3500 Rn. 18). 14

VI. Weitere Gebühren

Terminsgebühr. Gem. VV 3516 RVG kann der RA auch eine 1.2 Terminsgebühr verdienen. Für die Entstehung gilt VV Vorb. 3 Abs. 3 RVG (→ RVG VV Vorb. 3 Rn. 70 ff.). Wegen einer Entscheidung im schriftlichen Verfahren kann keine Terminsgebühr anfallen → RVG VV 3500 Rn. 19. 15

Einigungsgebühr. Sie kann auch im Verfahren über die Nichtzulassungsbeschwerde anfallen (→ RVG VV 3500 Rn. 20). Wegen der Höhe → RVG VV 1003 Rn. 59 ff. 16

VII. Auslagen

Der RA kann seine Auslagen gem. VV 7000 ff. RVG ersetzt verlangen. War der RA in der ersten Instanz, im Berufungsverfahren, im Verfahren über die Nichtzulassungsbeschwerde und im Revisionsverfahren (bei letzteren beiden zB als Verkehrsanwalt) tätig, so verdient er viermal ohne Anrechnung die Pauschale gem. VV 7002 RVG. 17

VIII. Angelegenheit und Anrechnung

→ Rn. 3. 18

IX. Kostenerstattung

Erstattungsfähigkeit. Die Kosten des Verfahrens über die Nichtzulassungsbeschwerde sind erstattungsfähig. 19

Kostenentscheidung. Voraussetzung ist wieder eine Kostengrundentscheidung. Wird die Revision zugelassen, so umfasst die Kostenentscheidung im Revisionsverfahren die Kosten des Verfahrens über die Nichtzulassungsbeschwerde, ohne dass dies gesondert ausgesprochen werden müsste.[9] Wird die Nichtzulassungsbeschwerde zurückgewiesen, so ist gleichzeitig über die Kosten des Beschwerdeverfahrens zu entscheiden.[10] 20

Rücknahme vor Begründung. Hat der Beschwerdegegner – unnötiger Weise – einen Zurückweisungsantrag gestellt, obgleich die Nichtzulassungsbeschwerde noch gar nicht begründet war, so ist nur eine 1,1 Verfahrensgebühr gem. VV 3507 RVG zu erstatten (→ RVG VV 3201 Rn. 55 ff.).[11] 21

Nicht beim BGH zugelassener RA, → RVG VV 3403 Rn. 31 ff.; → Rn. 80 ff. 22

Nr.	Gebührentatbestand	Gebühr oder Satz der Gebühr nach § 13 RVG
3510	Verfahrensgebühr für Beschwerdeverfahren vor dem Bundespatentgericht 1. nach dem Patentgesetz, wenn sich die Beschwerde gegen einen Beschluss richtet, a) durch den die Vergütung bei Lizenzbereitschaftserklärung festgesetzt wird oder Zahlung der Vergütung an das Deutsche Patent- und Markenamt angeordnet wird, b) durch den eine Anordnung nach § 50 Abs. 1 PatG oder die Aufhebung dieser Anordnung erlassen wird, c) durch den die Anmeldung zurückgewiesen oder über die Aufrechterhaltung, den Widerruf oder die Beschränkung des Patents entschieden wird, 2. nach dem Gebrauchsmustergesetz, wenn sich die Beschwerde gegen einen Beschluss richtet, a) durch den die Anmeldung zurückgewiesen wird, b) durch den über den Löschungsantrag entschieden wird, 3. nach dem Markengesetz, wenn sich die Beschwerde gegen einen Beschluss richtet,	

[9] Schneider/Wolf/*N. Schneider* RVG VV 3506 Rn. 42.
[10] OLG Hamburg MDR 2003, 1261 = AGS 2003, 539 mAnm *N. Schneider.*
[11] Schneider/Wolf/*N. Schneider* RVG VV 3506 Rn. 43.

Nr.	Gebührentatbestand	Gebühr oder Satz der Gebühr nach § 13 RVG
	a) durch den über die Anmeldung einer Marke, einen Widerspruch oder einen Antrag auf Löschung oder über die Erinnerung gegen einen solchen Beschluss entschieden worden ist oder b) durch den ein Antrag auf Eintragung einer geographischen Angabe oder einer Ursprungsbezeichnung zurückgewiesen worden ist, 4. nach dem Halbleiterschutzgesetz, wenn sich die Beschwerde gegen einen Beschluss richtet, a) durch den die Anmeldung zurückgewiesen wird, b) durch den über den Löschungsantrag entschieden wird, 5. nach dem Designgesetz, wenn sich die Beschwerde gegen einen Beschluss richtet, a) durch den die Anmeldung eines Designs zurückgewiesen worden ist, b) durch den über den Löschungsantrag gemäß § 36 DesignG entschieden worden ist, c) durch den über den Antrag auf Feststellung oder Erklärung der Nichtigkeit gemäß § 34a DesignG entschieden worden ist, 6. nach dem Sortenschutzgesetz, wenn sich die Beschwerde gegen einen Beschluss des Widerspruchsausschusses richtet	1,3

Übersicht

I. Motive

1 Die Motive führen aus:

Wie derzeit sollen die Beschwerdeverfahren vor dem Patentgericht gebührenrechtlich den Zivilprozessen gleichgestellt werden (§ 66 Abs. 2 BRAGO). Es wird daher wie in Nummer 3100 VV RVG-E eine Verfahrensgebühr von 1,3 vorgeschlagen."[1]

II. Allgemeines

2 VV 3510 RVG sieht für iE aufgeführte Beschwerden beim BPatG eine 1,3 Verfahrensgebühr vor. Daneben kann der RA noch eine 1,2 Terminsgebühr verdienen (VV 3516 RVG).

3 Soweit nachfolgend nichts Abweichendes dargelegt wird, wird auf die Ausführungen zu VV 3500 RVG Bezug genommen.

III. Anwendungsbereich

4 VV 3510 RVG gilt nur für Verfahren vor dem BPatG und dort auch nur für die in VV 3510 RVG einzeln aufgeführten Beschwerden. Dabei kann es sich handeln um Beschwerden nach dem PatG, MarkenG, GebrMG, DesignG, HalblSchG und SortSchG.

5 **Nicht anwendbar ist VV 3510 RVG**

– auf Verfahren beim **Patentamt,**
– auf **nicht in VV 3510 RVG aufgeführte Beschwerden** beim BPatG, wie zB Beschwerde gegen Kostenfestsetzungsbeschluss gem. § 62 Abs. 2 S. 4 PatG (hier Gebühr gem. VV 3500 RVG),[2]
– auf **klageweise** geltend zu machende Ansprüche wie zB Verfahren gem. § 143 PatG.[3]

[1] BT-Drs. 15/1971, 219.
[2] Schneider/Wolf/*Wolf/Thiel* RVG VV 3510 Rn. 3.
[3] Schneider/Wolf/*Wolf/Thiel* RVG VV 3510 Rn. 3.

IV. Verfahrensgebühr

Der RA verdient eine 1,3 Verfahrensgebühr, sobald er auftragsgemäß (→ RVG VV 3500 Rn. 8 ff.) im Interesse des Mandanten tätig geworden ist, zB Informationen entgegengenommen oder hinsichtlich einer Beschwerde des Gegners geprüft hat, ob eine Reaktion erforderlich ist (→ RVG VV 3500 Rn. 10 ff.). Da es an einer Sondervorschrift für ein vorzeitiges Auftragsende fehlt, hängt die 1,3 Verfahrensgebühr nicht davon ab, dass der RA eine der in VV 3101 Nr. 1 RVG aufgeführten Handlungen vorgenommen hat. Nimmt man die Motive mit hinzu, wonach diese Beschwerden gebührenrechtlich dem Zivilprozess gleichgestellt werden sollen, was zu der 1,3 Verfahrensgebühr geführt hat, so verwundert, dass keine dem VV 3101 RVG entsprechende Bestimmung ins Gesetz aufgenommen wurde.[4] Dennoch kann eine Gesetzeslücke nicht mit ausreichender Sicherheit angenommen werden, nachdem in unmittelbarer Umgebung dieser Bestimmung wiederholt spezielle Bestimmungen für das vorzeitige Auftragsende aufgenommen sind. Es ist daher hinzunehmen, dass auch bei vorzeitigem Auftragsende eine 1,3 Verfahrensgebühr anfällt.[5] 6

V. Weitere Gebühren

1. Terminsgebühr

Gem. VV 3516 RVG fällt unter den Voraussetzungen von VV Vorb. 3 Abs. 3 RVG eine 1,2 Terminsgebühr an. VV 3510 RVG kennt keine den Anm. zu VV 3104 RVG bzw. VV 3202 RVG entsprechende Regelung für eine Terminsgebühr im schriftlichen Verfahren. Eine solche scheidet daher aus. 7

2. Einigungs- und Erledigungsgebühr

In den von VV 3510 RVG erfassten Verfahren gibt es keine Einigung, sodass in ihnen eine Einigungsgebühr nicht anfallen kann.[6] Dafür kann aber eine Erledigungsgebühr gem. VV 1002 RVG entstehen.[7] 8

3. Gebühren gem. VV 3400 ff. RVG

Bei entsprechendem Auftrag kann der RA in den in VV 3510 RVG genannten Verfahren die Gebühren eines Verkehrsanwalts (VV 3400 RVG), Terminsvertreters (VV 3401 RVG) oder Einzeltätigkeitsanwalts (VV 3403 RVG) verdienen.[8] 9

VI. Kostenerstattung

Voraussetzung für eine Erstattung ist eine Kostenentscheidung. Unter welchen Voraussetzungen eine solche zu ergehen hat, ergibt sich zB aus § 80 PatG, § 71 MarkenG, § 18 Abs. 2 S. 1 GebrMG, § 23 Abs. 4 S. 3 DesignG, §§ 34, 36 SortSchG. Die Kostenfestsetzung richtet sich nach den Vorschriften der ZPO über das Kostenfestsetzungsverfahren und die Zwangsvollstreckung aus Kostenfestsetzungsbeschlüssen (§ 80 Abs. 5 PatG; § 71 Abs. 5 MarkenG; § 18 Abs. 2 S. 1 GebrMG). 10

VII. Verfahrenskostenhilfe

Einem Beteiligten kann Verfahrenskostenhilfe gewährt und ein Patentanwalt oder RA beigeordnet werden (§ 129 PatG; § 21 Abs. 2 GebrMG; § 24 DesignG; § 36 SortSchG).[9] Beim beigeordneten RA errechnen sich die Gebühren aus der PKH-Tabelle gem. § 49 RVG. 11

[4] Schneider/Wolf/*Wolf/Thiel* RVG VV 3510 Rn. 5.
[5] Schneider/Wolf/*Wolf/Thiel* RVG VV 3510 Rn. 5, 6.
[6] Schneider/Wolf/*Wolf/Thiel* RVG VV 3510 Rn. 8.
[7] Schneider/Wolf/*Wolf/Thiel* RVG VV 3510 Rn. 8.
[8] Ebenso Schneider/Wolf/*Wolf/Thiel* RVG VV 3510 Rn. 8.
[9] Schneider/Wolf/*Wolf/Thiel* RVG VV 3510 Rn. 15.

Nr.	Gebührentatbestand	Gebühr oder Satz der Gebühr nach § 13 RVG
3511	Verfahrensgebühr für das Verfahren über die Beschwerde gegen die Nichtzulassung der Berufung vor dem Landessozialgericht, wenn Betragsrahmengebühren entstehen (§ 3 RVG) .... Die Gebühr wird auf die Verfahrensgebühr für ein nachfolgendes Berufungsverfahren angerechnet.	72,00 bis 816,00 €

1 Vgl. die Kommentierung → § 3 Rn. 113 ff.

Nr.	Gebührentatbestand	Gebühr oder Satz der Gebühr nach § 13 RVG
3512	Verfahrensgebühr für das Verfahren über die Beschwerde gegen die Nichtzulassung der Revision vor dem Bundessozialgericht, wenn Betragsrahmengebühren entstehen (§ 3 RVG) .... Die Gebühr wird auf die Verfahrensgebühr für ein nachfolgendes Revisionsverfahren angerechnet.	⊠ 96,00 bis 1.056,00 €

1 Vgl. die Kommentierung → § 3 Rn. 127 ff.

Nr.	Gebührentatbestand	Gebühr oder Satz der Gebühr nach § 13 RVG
3513	Terminsgebühr in den in Nummer 3500 genannten Verfahren	0,5

Übersicht

I. Motive

1 Die Motive führen aus:

„Für die von Nummer 3500 VV RVG-E erfassten Beschwerde- und Erinnerungsverfahren wird eine Terminsgebühr von 0,5 vorgeschlagen. Dies entspricht der Regelung in § 61 BRAGO."

II. Überblick

2 VV 3513–3518 RVG regeln die Terminsgebühr in folgenden Fällen:
- VV 3513 RVG gewöhnliche Beschwerde,
- VV 3514 RVG Beschwerde gegen Zurückweisung des Arrest- bzw. einstweiligen Verfügungsantrags, wenn das Gericht Termin zur mündlichen Verhandlung bestimmt hat,
- VV 3516–3518 RVG Beschwerden in sozialgerichtlichen Verfahren mit Betragsrahmengebühren und zwar
- VV 3516 RVG gewöhnliche Beschwerde,
- VV 3517 RVG Beschwerde gegen Nichtzulassung der Berufung,
- VV 3518 RVG Beschwerde gegen Nichtzulassung der Revision.

Im Übrigen wird auf → RVG VV 3500 Rn. 19 Bezug genommen.

III. Tätigkeit

3 Welche Tätigkeiten zu einer Terminsgebühr führen, ergibt sich aus VV Vorb. 3 Abs. 3 RVG, VV 3104 Anm. RVG ist nicht anwendbar.

Nr.	Gebührentatbestand	Gebühr oder Satz der Gebühr nach § 13 RVG
3514	In dem Verfahren über die Beschwerde gegen die Zurückweisung des Antrags auf Anordnung eines Arrests, des Antrags auf Erlass eines Europäischen Beschlusses zur vorläufigen Kontenpfändung oder des Antrags auf Erlass einer einstweiligen Verfügung bestimmt das Beschwerdegericht Termin zur mündlichen Verhandlung: Die Gebühr 3513 beträgt	1,2

Übersicht

I. Motive

1 Die Motive zum KostRMoG führen aus:

„Die Terminsgebühr erhöht sich auf den im erstinstanzlichen Prozessverfahren vorgesehenen Gebührensatz von 1,2 (vgl. Nummer 3104 VV RVG-E), wenn das Beschwerdegericht über eine Beschwerde gegen die Zurückweisung des Antrags auf Anordnung eines Arrests oder Erlass einer einstweiligen Verfügung durch Urteil entscheidet. Dies entspricht der Rechtsprechung aufgrund der derzeitigen Regelung in der BRAGO (Gerold/Schmidt/*v. Eicken/Madert,* 15. Aufl. 2002, BRAGO § 40 Rn. 16).“[1]

2 Die Motive zum 2. KostRMoG führen aus:

„Bestimmt das Beschwerdegericht im Verfahren über die Beschwerde gegen die Zurückweisung des Antrags auf Anordnung eines Arrests oder Erlass einer einstweiligen Verfügung Termin zur mündlichen Verhandlung, so leitet es in das Urteilsverfahren über und muss durch Endurteil – wie auf Berufung gegen die erstinstanzliche Entscheidung hin – entscheiden (Baumbach/Lauterbach/Albers/Hartmann, 61. Aufl. 2003, ZPO § 922 Rn. 29). Durch die Neufassung des Gebührentatbestands soll klargestellt werden, dass dem Rechtsanwalt in diesem Fall die Terminsgebühr wie in einem erstinstanzlichen Prozessverfahren zusteht und zwar unabhängig davon, ob der Verhandlung tatsächlich ein Urteil folgt oder das Verfahren ohne Entscheidung durch Zurücknahme des Antrags oder durch Vergleich erledigt wird. Findet nach Terminbestimmung eine auf die Vermeidung oder Erledigung des Verfahrens gerichtete Besprechung ohne Beteiligung des Gerichts statt, soll die erhöhte Terminsgebühr in gleicher Weise wie für die Wahrnehmung des anberaumten Termins anfallen (Vorbemerkung 3 Abs. 3 VV RVG).“[2]

II. Allgemeines

3 **Zurückgewiesener Antrag.** Weist das Gericht einen Antrag auf Arrest oder einstweilige Verfügung oder auf Erlass eines Europäischen Beschlusses zur vorläufigen Kontenpfändung im Beschlusswege zurück, so ist dagegen die Beschwerde gegeben. Das Beschwerdegericht kann ohne mündliche Verhandlung durch Beschluss oder mit mündlicher Verhandlung durch Urteil entscheiden. Bis zum 2. KostRMoG hat VV 3514 RVG wurde für den zweiten Fall dem RA eine 1,2 Terminsgebühr und nicht nur die sonst übliche 0,5 Gebühr (VV 3513 RVG) zuerkannt. Das hat das 2. KostRMoG dahingehend geändert, dass es nicht mehr darauf ankommt, ob durch Urteil entschieden wurde, sondern nur darauf, ob das Gericht einen Termin zur mündlichen Verhandlung bestimmt hat. Für die Verfahrensgebühr bleibt es bei VV 3500 RVG, auch wenn ein Termin zur mündlichen Verhandlung bestimmt war.

4 **Stattgegebener Antrag.** Wurde ein Arrest oder eine einstweilige Verfügung erlassen, so greift VV 3514 RVG nicht ein.

[1] BT-Drs. 15/1971, 219.
[2] BT-Drs. 17/11471, 281.

III. Voraussetzungen

1. Neues Recht

5 **a) Bestimmung eines Termins.** Nur wenn vom Gericht ein Termin bestimmt wurde, kommt eine Terminsgebühr nach VV 3514 RVG überhaupt in Betracht.

6 **b) Tätigkeit des RA.** Es muss aber noch eine Tätigkeit dazukommen, die eine Terminsgebühr auslösen kann. Es genügt nicht, dass ein Termin bestimmt ist. VV 3514 RVG erhöht lediglich die Terminsgebühr des VV 3513 RVG, die wiederum nur anfällt, wenn eine Tätigkeit, die zu einer Terminsgebühr führen kann, gegeben ist.

7 **c) Wahrnehmung eines Termins.** Die Tätigkeit kann sein zB die Wahrnehmung eines Termins iSv VV Vorb. 3 Abs. 3 S. 1 Alt. 1 RVG. Was dann in dem Termin passiert, ist unerheblich. Die 1,2 Terminsgebühr fällt also auch an, wenn letztlich der Antrag zurückgenommen oder für erledigt erklärt wird (→ RVG VV Vorb. 3 Rn. 105 ff.).

8 **d) Gespräche ohne Gericht.** Es kann aber auch ein Vermeidungs- oder Erledigungsgespräch iSv VV Vorb. 3 Abs. 3 S. 1 Alt. 3 RVG sein. Voraussetzung ist allerdings, dass dieses Gespräch nach Anordnung eines mündlichen Verhandlungstermins geführt wird. Ohne eine solche Anordnung entsteht nur eine 0,5 Terminsgebühr gem. VV 3513 RVG. War die Anordnung erst nach dem Gespräch, so kann das nicht zu einer erhöhten Terminsgebühr führen. Die spätere Terminsbestimmung wirkt nicht zurück.

9 **e) Terminsgebühr im schriftlichen Verfahren.** VV 3514 RVG kennt keine dem VV 3104 Anm. Abs. 1 Nr. 1, VV 3202 Anm. Abs. 1 RVG entsprechende Regelung. Allein aufgrund eines Urteils im schriftlichen Verfahren oder eines schriftlichen Vergleichs gäbe es daher, wenn man nur vom Wortlaut des Gesetzes ausgeht, keine Terminsgebühr. VV 3104 RVG betrifft unmittelbar nur VV Teil 3 Abschn. 1 RVG, also das Verfahren im ersten Rechtszug. Wo in einem anderen Rechtszug VV 3104 Anm. RVG gilt, bringt dies das Gesetz extra zum Ausdruck, zB in VV 3202 Anm. Abs. 1 RVG und in der Anm. zu VV 3210 RVG. VV 3104 Anm. Abs. 1 Nr. 1 RVG ist jedoch analog anzuwenden. Es gibt keinen Grund, warum, wenn man schon im Urteilsverfahren ist, hier etwas anderes gelten soll. Es liegt nahe, dass der Gesetzgeber in VV 3514 RVG eine Verweisung auf VV 3104 RVG vergessen hat.

2. Altfälle

10 **Verfahrensende ohne Urteil.** VV 3514 RVG aF stellt darauf ab, ob durch Urteil entschieden wird. Wörtlich genommen würde dies bedeuten, dass eine mündliche Verhandlung nicht zur erhöhten Terminsgebühr gem. VV 3514 RVG führt, wenn das Verfahren auf andere Weise beendet wird, zB durch Einigung, Erledigung oder Rücknahme. Unbeschadet des Wortlauts ist jedoch bei einem Verfahrensende ohne Urteil eine 1,2 Terminsgebühr anzuerkennen, wenn der RA den Mandanten in einer mündlichen Verhandlung vertreten hat.[3] Hierfür spricht:

- Bestimmt das Beschwerdegericht Termin zur mündlichen Verhandlung, so leitet es in das Urteilsverfahren über und muss folglich durch Endurteil (wie im Berufungsverfahren) entscheiden.[4] Mit der Anberaumung der mündlichen Verhandlung ist das Verfahren in ein Urteilsverfahren übergegangen. Dann gibt es aber keinen Grund, es hinsichtlich der Terminsgebühr anders behandeln als andere Urteilsverfahren.
- Eine andere Handhabung würde der Tendenz des RVG widersprechen, den RA durch einvernehmliche Regelungen nicht gebührenrechtlich schlechter stehen zu lassen.
- Dem RVG ist fremd, dass, obgleich der RA an einem Verhandlungs- oder Erörterungstermin mitgewirkt hat, die Termins- bzw. Verhandlungs- oder Erörterungsgebühr davon abhängt, ob am Ende ein Urteil ergeht.
- Nach den Motiven zum KostRMoG soll VV 3514 RVG hinsichtlich der Terminsgebühr die hM legalisieren.[5] Diese ging aber dahin, dass ab Anberaumung einer mündlichen Verhandlung Gebühren gem. § 31 BRAGO und nicht mehr gem. § 61 BRAGO anfallen.[6] Aus diesen Gründen ist davon auszugehen, dass VV 3514 RVG, der sich wohl an § 922 ZPO orientiert hat, redaktionell an dem eigentlich Gewollten vorbeigegangen ist.

---

[3] Schneider/Wolf/*N. Schneider* RVG VV 3514 Rn. 7.

[4] Musielak/*Huber,* 9. Aufl. 2012, ZPO § 922 Rn. 10b.

[5] BT-Drs. 15/1971, 219.

[6] Gerold/Schmidt/*von Eicken,* 15. Aufl. 2002, BRAGO § 40 Rn. 16; Schneider/Wolf/*N. Schneider* RVG VV 3514 Rn. 7.

IV. Gem. VV 3203 RVG reduzierte Terminsgebühr

Behandelt man das Verfahren nach Anordnung der mündlichen Verhandlung wie ein normales Urteilsverfahren in der Berufungsinstanz, so muss man konsequenterweise auch VV 3203 RVG entsprechend anwenden. Es kann nicht sein, dass im Arrest- oder einstweiligen Verfügungsverfahren, das in der Beschwerdeinstanz hinsichtlich der Terminsgebühr dem Berufungsverfahren angenähert wird, höhere Terminsgebühren anfallen als im gewöhnlichen Berufungsverfahren. 11

Nr.	Gebührentatbestand	Gebühr oder Satz der Gebühr nach § 13 RVG
3515	Terminsgebühr in den in Nummer 3501 genannten Verfahren	24,00 bis 250,00 €

Vgl. die Kommentierung → § 3 Rn. 89 ff. 1

Nr.	Gebührentatbestand	Gebühr oder Satz der Gebühr nach § 13 RVG
3516	Terminsgebühr in den in Nummern 3502, 3504, 3506 und 3510 genannten Verfahren	1,2

Die jeweilige Kommentierung in VV 3502, 3504 RVG (VV 3506, 3510 RVG) jeweils unter „Weitere Gebühren" „Terminsgebühr". 1

Nr.	Gebührentatbestand	Gebühr oder Satz der Gebühr nach § 13 RVG
3517	Terminsgebühr in den in Nummer 3511 genannten Verfahren	60,00 bis 610,00 €

Vgl. die Kommentierung → § 3 Rn. 122 ff. 1

Nr.	Gebührentatbestand	Gebühr oder Satz der Gebühr nach § 13 RVG
3518	Terminsgebühr in den in Nummer 3512 genannten Verfahren	72,00 bis 792,00 €

Vgl. die Kommentierung → § 3 Rn. 133 ff. 1

Teil 4. Strafsachen

Einleitung

Schrifttum: *Brockhaus,* Die Übernahme von Verteidigerkosten durch Dritte, StraFo 2019, 133; *Burhoff/Volpert,* RVG Straf- und Bußgeldsachen, 6. Aufl. 2021; *Burhoff,* Handbuch für das strafrechtliche Ermittlungsverfahren, 8. Aufl. 2019; *Burhoff,* Handbuch für die strafrechtliche Hauptverhandlung, 9. Aufl. 2019; Burhoff/Kotz (Hrsg.), Handbuch für die strafrechtlichen Rechtsmittel und Rechtsbehelfe, 2. Aufl. 2016 Burhoff/Kotz (Hrsg.), Handbuch für die strafrechtliche Nachsorge, 2016; *Burhoff,* Aktuelle Streitfragen zum Begriff der Angelegenheiten im Straf-/Bußgeldverfahren, RENOpraxis 2008, 2; *Burhoff,* Vier Jahre RVG – Baustellen und Probleme bei der Abrechnung der anwaltlichen Vergütung nach VV Teil 4, 5 oder 6 RVG, in Strafverteidigung im Rechtsstaat 25 Jahre Arbeitsgemeinschaft Strafrecht des Deutschen Anwaltvereins, 2009, 107 (im Folgenden kurz: FS ARGE Strafrecht); *Burhoff,* Fünf Jahre RVG – Baustellen/Probleme im Bereich der anwaltlichen Vergütung nach VV Teil 4 RVG, Sonderheft 20 Jahre ZAP, Oktober 2009, 15; *Burhoff,* Fragen aus der Praxis zu aktuellen Gebührenproblemen in Straf- und Bußgeldverfahren, RVGreport 2010, 362; *Burhoff,* Vorschuss aus der Staatskasse (§ 47 RVG), RVGreport 2011, 327; *Burhoff,* Vorschuss vom Auftraggeber (§ 9 RVG), RVGreport 2011, 365; *Burhoff,* Fragen aus der Praxis zu Gebührenproblemen in Straf- und Bußgeldverfahren, RVGreport 2011, 466; *Burhoff,* Die Abrechnung von Beschwerden in Straf- und Bußgeldsachen, RVGreport 2012, 12; *Burhoff,* Die Abrechnung (förmlicher/formloser) Rechtsbehelfe im Straf- und Bußgeldverfahren, StRR 2012, 172; *Burhoff,* Fragen aus der Praxis zu Gebührenproblem in Straf- und Bußgeldverfahren, StRR 2012, 336; *Burhoff,* Fragen aus der Praxis zu

Gebührenproblemen in Straf- und Bußgeldverfahren aus dem Jahr 2012, RVGreport 2013, 42; *Burhoff,* Abrechnung im Bußgeldverfahren: Verfahren wegen Akteneinsicht und eines damit verbundenen Rechtsmittels, VRR 2013, 213; *Burhoff,* Abrechnung im Bußgeldverfahren: Verfahren wegen Akteneinsicht und eines damit verbundenen Rechtsmittels, StRR 2013, 294; *Burhoff,* Die Abrechnung (förmlicher/formloser) Rechtsbehelfe im Straf- und Bußgeldverfahren, RVGreport 2013, 212; *Burhoff,* Fragen aus der Praxis zu Gebührenproblemen in Straf- und Bußgeldverfahren aus dem Jahr 2013, RVGreport 2014, 2; *Burhoff,* Straf- und Bußgeldsachen: Besonderheiten für die Beschwerdeabrechnung, RVG prof. 2014, 30; *Burhoff,* Angelegenheiten in Straf- und Bußgeldsachen – Teil 1 Dieselbe Angelegenheit (§ 16 RVG), RVGreport 2014, 210; *Burhoff,* 10 Jahre RVG – Rückblick und Ausblick zu VV Teil 4, 5 RVG, oder auch: Was man sich noch wünschen könnte, RVGreport 2014, 250; *Burhoff,* Angelegenheiten in Straf- und Bußgeldsachen – Teil 2: Verschiedene und besondere Angelegenheiten (§§ 17, 18 RVG), RVGreport 2014, 290; *Burhoff,* Angelegenheiten in Straf- und Bußgeldsachen – Teil 3: Rechtszug (§ 19 RVG), RVGreport 2014, 330; *Burhoff,* Die Erstattung/Festsetzung der Verfahrensgebühr für das strafverfahrensrechtliche Rechtsmittelverfahren im Fall der Rechtsmittelrücknahme der Staatsanwaltschaft, RVGreport 2014, 410; *Burhoff,* Fragen aus der Praxis zu Gebührenproblem in Straf- und Bußgeldverfahren aus dem Jahr 2014, StRR 2015, 52; *Burhoff,* Fragen aus der Praxis zu Gebührenproblemen in Straf- und Bußgeldverfahren aus dem Jahr 2014, RVGreport 2015, 242; *Burhoff,* Anwaltsvergütung für die Verteidigung in Verkehrsstraftaten, RVGreport 2015, 282; *Burhoff,* Anwaltsvergütung für die Verteidigung in Verkehrsordnungswidrigkeiten-Verfahren, RVGreport 2015, 322; *Burhoff,* Anwaltsvergütung für die Verteidigung in Schwurgerichtsverfahren, RVGreport 2015, 362; *Burhoff,* Besonderheiten der Vergütung des Pflichtverteidigers/-beistands im Strafverfahren, RVGreport 2015, 406; *Burhoff,* Anwaltsvergütung für Tätigkeiten im sog. Klageerzwingungsverfahren, RVGreport 2016, 2; *Burhoff,* Einzeltätigkeiten gewinnbringend abrechnen, RVG prof. 2016, 14; *Burhoff,* Fragen aus der Praxis zu Gebührenproblemen in Straf- und Bußgeldverfahren aus dem Jahr 2015, RVGreport 2016, 42; *Burhoff,* Anwaltsvergütung für die Tätigkeiten als Nebenklägervertreter/Opferanwalt, RVGreport 2016, 82; *Burhoff,* Anwaltsvergütung für die Tätigkeit als Zeugenbeistand im Strafverfahren, RVGreport 2016, 122; *Burhoff,* Rechtsanwalt stellt Strafanzeige: So erhalten Sie die Kosten erstattet, RVG prof. 2016, 75; *Burhoff,* Auslagenerstattung Wenn das Strafverfahren eingestellt wird, RVG prof. 2016, 95; *Burhoff,* Die Abrechnung der anwaltlichen Tätigkeit bei Einziehung und verwandten Maßnahmen (VV 4142, 5116 RVG), RVGreport 2016, 282; *Burhoff,* Die Vergütung des Terminsvertreters" im Strafverfahren, RVGreport 2017, 242; *Burhoff,* Fragen aus der Praxis zu Gebührenproblemen in Straf- und Bußgeldverfahren aus dem Jahr 2016/2017 – Teil 1 Allgemeine Fragen und Paragrafenteil des RVG, RVGreport 2017, 322; *Burhoff,* Fragen aus der Praxis zu Gebührenproblemen in Straf – und Bußgeldverfahren aus dem Jahr 2016/2017 – Teil 2 Vergütungsverzeichnis, insbesondere Teil 4 VV RVG, RVGreport 2017, 362; *Burhoff,* Kostenrechtliche Auswirkungen der Änderungen in der StPO 2017, RVGreport 2017, 402; *Burhoff,* Änderungen bei der Verteidigervergütung durch das KostRÄG 2021, StRR 1/2021, 5; *Burhoff,* Änderungen bei der Vergütung der Verteidiger/Rechtsanwälte in Straf- und Bußgeldsachen durch das KostRÄG 2021, StraFo 2021, 8; *Burhoff,* Änderungen bei der Vergütung der Verteidiger/Rechtsanwälte in Straf- und Bußgeldsachen durch das KostRÄG 2021, S. 1815; *Burhoff,* Änderungen bei der Vergütung der Verteidiger/Rechtsanwälte durch das KostRÄG 2021 betreffend Teile 4 und 5 VV, AGS 2021, 49; *Burhoff,* Anwaltsvergütung im Auslieferungsverfahren nach dem IRG, RVGreport 2018, 42; *Burhoff,* Fragen aus der Praxis zu Gebührenproblemen in den Teilen 5–7 VV RVG aus dem Jahr 2017/2018, RVGreport 2018, 82; *Burhoff,* Abrechnung der Tätigkeiten des Verteidigers in Verfahren betreffend die Vollstreckung ausländischer Geldsanktionen, RVGreport 2018, 122; *Burhoff,* Anwaltsvergütung im Adhäsionsverfahren, RVGreport 2018, 282; *Burhoff,* Rechtsprechungsübersicht zu den Teilen 4–7 VV RVG aus den Jahren 2018/2019 – Teil 1, RVGreport 2019, 282; *Burhoff,* Rechtsprechungsübersicht zu den Teilen 4–7 VV RVG aus den Jahren 2018/2019 – Teil 2, RVGreport 2019, 322; *Burhoff,* Fragen aus der Praxis zu Gebührenproblemen in Straf-, Bußgeldverfahren und Verfahren nach Teil 6 VV RVG aus den Jahren 2018/2019, RVGreport 2019, 402; *Burhoff,* Fragen aus der Praxis zu Gebührenproblemen in Straf-, Bußgeldverfahren und Verfahren nach Teil 6 VV RVG aus den Jahren 2018/2019 – Teil 2, RVGreport 2019, 442; *Burhoff,* Die anwaltliche Vergütung im strafverfahrensrechtlichen Revisionsverfahren, RVGreport 2020, 42; *Burhoff,* Die Vergütung des Verteidigers in der Strafvollstreckung, RVGreport 2020, 82; *Burhoff,* Die Vergütung des Rechtsanwalts in Verfahren nach dem Strafvollzugsgesetz; RVGreport 2020, 122; *Burhoff,* Die Vergütung des Rechtsanwalts in Verfahren nach §§ 23ff. EGGVG, RVGreport 2020, 162; *Burhoff,* Die Rechtsprechung zur Abrechnung im Straf- und Bußgeldverfahren (Teile 4 und 5 VV RVG), in den Jahren 2016–2019 – Teil 1, Rpfleger 2020, 297; *Burhoff,* Rechtsprechungsübersicht zu den Teilen 4–7 VV RVG aus den Jahren 2019/2020 – Teil 1, RVGreport 2020, 202; *Burhoff,* Rechtsprechungsübersicht zu den Teilen 4–7 VV RVG aus den Jahren 2019/2020 – Teil 2, RVGreport 2020, 243; *Burhoff,* Die Rechtsprechung zur Abrechnung im Straf- und Bußgeldverfahren (Teile 4 und 5 VV RVG), in den Jahren 2016–2019 – Teil 2, Rpfleger 2020, 553; *Burhoff,* Geplante Änderungen bei der Anwaltsvergütung durch das KostRÄG 2021 – Teil 2, RVGreport 2020, 402; *Enders,* Die Änderungen in der StPO 2017 und deren Auswirkungen auf die Vergütung des Verteidigers, JurBüro 2018, 564; *Exner-Kuhn,* Vergütung und Haftung bei Einziehungsentscheidungen, StraFo 2020, 177; *Fromm,* Kostentragungspflicht im Strafverfahren bei Freisprüchen und Einstellungen – ein Überblick, JurBüro 2015, 175; *Fromm,* „Rationalisierungsabkommen" mit Rechtsschutzversicherungen über das Rechtanwaltshonorar in Verkehrsstrafsachen, JurBüro 2015, 507; *Fromm,* Corona-Krise: Infektionsrisiko als gebührenbildenden Merkmal gemäß § 14 Abs. 1 RVG?, JurBüro 2020,228; *Gregor,* Beratungshilfe für das strafrechtliche Mandat, StRR 2014, 13; *Hansens,* Gemeinsamer Katalog von DAV und BRAK zur Anpassung des RVG, RVGreport 2018, 202; *Klüsener,* Vergütung des gem. § 68b Abs. 2 StPO bestellte Zeugenbeistandes, JurBüro 2018, 393; *Klüsener,* Gesetz zur Änderung des Justizkosten- und des Rechtsanwaltsvergütungsrecht (Kostenrechtsänderungsgesetz) 2021 – KostRÄG 2021, JurBüro 2020, 505; *Mertens/Stuff/Mück,* Verteidigervergütung, 2. Aufl. 2015; *Ried,* Effektive Verteidigung in Staatsschutzverfahren unter den Bedingungen des RVG, in: Festschrift für

Ottmar Breidling zum 70. Geburtstag, 2017, S. 245; *N. Schneider,* Abrechnung beim Übergang vom Bußgeld- zum Strafverfahren, AGS 2011, 469; *N. Schneider,* Die Neuerungen bei der Zusätzlichen Gebühr in Strafsachen (VV 4141 RVG), NZV 2014, 149; *N. Schneider,* Abrechnung bei Wechsel zwischen Straf- und Bußgeldverfahren, DAR 2015, 432; *N. Schneider,* Die Vergütung im Rechtsbeschwerdeverfahren, DAR 2016, 428; *N. Schneider,* Einstellung des Strafverfahren bei gleichzeitiger Ordnungswidrigkeit, DAR 2017, 176; *N. Schneider,* KostRÄG 2021 – das neue Übergangsrecht nach § 60 RVG, ZAP 24 S. 1782; *N. Schneider,* KostRÄG 2021: Das neue Übergangsrecht nach § 60 RVG, AGS 2021, 1; *Ried,* Effektive Verteidigung in Staatsschutzverfahren unter den Bedingungen des RVG, in: Festschrift für Ottmar Breidling zum 70. Geburtstag, 2017, S. 245; *Schönemann,* Wann ist ein Kostenerstattungsanspruch verwirkt?, RVG prof. 2004, 177; *Schönemann,* Was ist zu tun, wenn im Tenor die Kostenregelung vergessen wird?, RVG prof. 2006, 31; *Terriuolo,* Einholung der Deckungszusage durch den Rechtsanwalt – Die Deckungsanfrage als abrechenbare Angelegenheit, AnwBl. 2017, 44; *Volpert,* Wann erhält der Anwalt eine doppelte Auslagenpauschale, RVG prof. 2006, 86; *Volpert,* Tätigkeiten im Strafvollzug richtig abrechnen, RVG prof. 2006, 214; *Volpert,* Die Kostenfestsetzung bei Freispruch oder Teilfreispruch des Mandanten – Teil 1: Das Verfahren, RVGreport 2007, 289; *Volpert,* Die Kostenfestsetzung bei Freispruch oder Teilfreispruch des Mandanten – Teil 2: Besonderheiten beim Teilfreispruch, RVGreport 2007, 444; *Volpert,* Der Auslagenerstattungsanspruch des gerichtlich beigeordneten oder bestellten Rechtsanwalts – Teil 1, StRR 2008, 55; *Volpert,* Der Auslagenerstattungsanspruch des gerichtlich beigeordneten oder bestellten Rechtsanwalts – Teil 2, StRR 2008, 95; *Volpert,* Der Auslagenerstattungsanspruch des gerichtlich beigeordneten oder bestellten Rechtsanwalts – Teil 3, StRR 2008, 212; *Volpert,* Der Auslagenerstattungsanspruch des gerichtlich beigeordneten oder bestellten Rechtsanwalts – Teil 4, StRR 2008, 293; *Volpert,* Das Kostenfestsetzungsverfahren gegen die Staatskasse gem. § 464b StPO – Teil 1, StRR 2008, 412; *Volpert,* Das Kostenfestsetzungsverfahren gegen die Staatskasse gem. § 464b StPO – Teil 2, StRR 2009, 16; *Volpert,* Das Kostenfestsetzungsverfahren gegen die Staatskasse gem. § 464b StPO – Teil 3, StRR 2009, 52; *Volpert,* Die Erstattungspflicht der Staatskasse bei der Kostenfestsetzung gem. § 464b StPO – Teil 1, StRR 2009, 132; *Volpert,* Die Erstattungspflicht der Staatskasse bei der Kostenfestsetzung gem. § 464b StPO – Teil 2, StRR 2009, 214; *Volpert,* Die Erstattungspflicht der Staatskasse bei der Kostenfestsetzung gem. § 464b StPO – Teil 3, StRR 2009, 293; *Volpert,* Kostenfestsetzung bei Teilfreispruch – Teil, StRR 2009, 372; *Volpert,* Beratungshilfegebühren in Angelegenheiten des Strafrechts, StRR 2010, 333; *Volpert,* Vergütung des Rechtsanwalts in Verfahren nach dem Strafvollzugsgesetz, RVGreport 2012, 362; *Volpert,* Vergütungsanspruch gegen die Staatskasse bei Prozesskostenhilfe in Strafsachen (§§ 45 Abs. 1, 48 Abs. 6 RVG), AGS 2020, 365; *Volpert,* Kostenrechtsänderungsgesetz 2021 – Die wichtigsten geplanten Änderungen im RVG, AGS 2020, 445; *Volpert,* KostRÄG 2021: Neues Übergangsrecht in Strafsachen nach § 60 RVG, StRR 2/2021, 5; *Winkler,* Die Zeit – kein Bewertungskriterium des § 14 RVG? – Anmerkung zu LSG Niedersachsen-Bremen AGS 2019, 461, AGS 2019, 549; sa die Hinweise bei → RVG VV Vorb. 4 Vor Rn. 1 und bei den jeweiligen Vorschriften des Vergütungsverzeichnisses.[1]

Übersicht

[1] Die von mir stammenden Beiträge sind zum großen Teil im Volltext eingestellt auf www.burhoff.de. Dasselbe gilt im Wesentlichen für die zitierten, nicht veröffentlichten Entscheidungen. Auch die stehen auf www.burhoff.de, und zwar bei den RVG-Entscheidungen bei dem entsprechenden Paragrafen oder bei der Nummer des Vergütungsverzeichnisses.

I. Anwendungsbereich

1. Begriff der Strafsachen

1 VV Teil 4 RVG regelt nach der amtlichen Überschrift die Gebühren des RA in Strafsachen. Einer Erläuterung bedarf der Begriff „Strafsachen" nicht. Er ist in Wissenschaft und Praxis genügend klar umgrenzt ist. Gemeint sind damit **alle Verfahren,** die als Strafverfahren ausgestaltet sind, also alle Verfahren **nach** der **StPO,** dem **JGG** und nach landesrechtlichen Strafvorschriften sowie die Verfahren, für die in VV Teil 4 RVG vergütungsrechtliche Regelungen getroffen worden sind.[2] Zu den „Strafsachen" gehören also zB auch Privatklageverfahren und die sog. Klageerzwingungsverfahren nach §§ 172 ff. StPO.[3] „Strafsache" iSd RVG ist aufgrund der Regelung in VV Vorb. 4.1 Abs. 1 RVG auch das in § 275a StPO geregelte Verfahren über die vorbehaltene Sicherungsverwahrung.[4] Auch beim **Sicherungsverfahren** nach den §§ 413 ff. StPO handelt sich um eine „Strafsache" in Form eines besonderen Erkenntnisverfahrens, das bis zum Erlass des Urteils nach den (normalen) Regeln der StPO abläuft.[5]

2 VV Teil 4 RVG gilt nach VV Vorb. 4 Abs. 1 RVG ausdrücklich auch für die Verfahren nach dem Strafrechtlichen **Rehabilitierungsgesetz** (StrRehaG).[6] In den in § 37 RVG geregelten strafprozessähnlichen Verfahren vor den **Verfassungsgerichten** gelten nach § 37 Abs. 1 RVG die Vorschriften für die Revision des VV Teil 4 RVG (VV 4130 ff. RVG) entsprechend.[7] Auch im Verfahren vor dem **Europäischen Gerichtshof** kann es nach § 38 Abs. 2 RVG zur Anwendung von Vorschriften des VV Teil 4 RVG kommen.[8] Für Verfahren vor dem Europäischen Gerichtshof für **Menschenrechte** (EGMR) gilt nach dem durch das 2. KostRMoG[9] eingefügten § 38a VV Teil 3 Abschn. 3 UAbschn. 2 RVG.[10]

3 **Ermittlungsverfahren** der Polizei sind dann Strafsachen iSd VV Teil 4 RVG, wenn die Ermittlungsergebnisse nach ihrem Abschluss an die Staatsanwaltschaft abzugeben sind. Dabei ist gleichgültig, ob die ermittelnden Polizeibeamten Ermittlungspersonen iSd § 152 GVG sind

---

[2] Burhoff/Volpert RVG/*Burhoff* VV Vorb. 4 Rn. 7.

[3] Zur Abrechnung von Klageerzwingungsverfahren *Burhoff* StRR 2012, 172; *Burhoff* RVG prof. 2014, 216; RVG prof. 2015, 14; Burhoff/Kotz StrafR-Rechtsmittel-HdB/*Burhoff* Teil D Rn. 252 ff.

[4] → RVG VV Vorb. 4.1 Rn. 2 f.

[5] *Burhoff* RVGreport 2016, 42 (44).

[6] Eing. Burhoff/Volpert RVG/*Burhoff* VV Vorb. 4 Rn. 31 ff.; aus der Rspr. KG RVGreport 2011, 98 = NStZ-RR 2011, 159 = JurBüro 2011, 136 (Ls.); AGS 2015, 387 = Rpfleger 2015, 598 = JurBüro 2015, 519.

[7] Vgl. die Kommentierung bei → § 37 Rn. 4 ff.

[8] → § 38 Rn. 13 ff.

[9] BGBl. 2013 I 2586.

[10] Vgl. die Kommentierung bei → § 38a Rn. 1 ff.

oder nicht. Sind die Ermittlungsergebnisse dagegen nach dem Abschluss der Ermittlungen an die Verwaltungsbehörden abzugeben, etwa zur Einleitung eines Bußgeldverfahrens oder eines sonstigen Verwaltungsverfahrens, bildet das polizeiliche Verfahren ein Vorverfahren dieses Verfahrens. Es gehört deshalb dann gebührenmäßig zum VV Teil 5 RVG, also nicht in den VV Teil 4 RVG.

2. Sonstige Verfahren

Nicht unter den Begriff **„Strafsachen"** iSd VV Teil 4 RVG fallen die eigenständig in **VV Teil 5 RVG** geregelten Bußgeldverfahren. Ebenfalls keine Strafsachen sind die in **VV Teil 6 RVG** geregelten sog. „sonstigen Verfahren", wie zB 4

- das Verfahren nach dem Gesetz über die internationale Rechtshilfe in Strafsachen (VV Teil 6 Abschn. 1 RVG), insbes. also die Auslieferungsverfahren oder das Verfahren zur Vollstreckung einer ausländischen Geldsanktion (VV Vorb. 6.1.1 RVG und VV 6100 RVG).
- die Disziplinarverfahren (VV Teil 6 Abschn. 2 RVG),
- die Wehrbeschwerdeverfahren vor den Wehrdienstgerichten (VV Vorb. 6.4 Abs. 1, VV 6400 RVG),
- die ehren- und berufsgerichtlichen Verfahren (VV Teil 6 Abschn. 2 RVG),
- die gerichtlichen Verfahren bei Freiheitsentziehung und in Unterbringungssachen (§§ 312, 415 FamFG sowie § 151 Nr. 6, 7 FamFG) (VV Teil 6 Abschn. 3 RVG).

VV Teil 4 RVG gilt auch **nicht** für die **Strafvollzugsverfahren** nach den §§ 109–115 StVollzG. Für sie gilt nach der amtlichen Überschrift zu VV Teil 3 RVG die Gebührenregelung in **VV Teil 3 RVG.**[11] Das bedeutet, dass im Verfahren vor der Strafvollstreckungskammer (§§ 109 ff. StVollzG) eine Gebühr nach VV 3100 RVG entsteht. Im Rechtsbeschwerdeverfahren entsteht eine Gebühr nach VV 3200 RVG. Wird der RA außergerichtlich tätig, entsteht eine Geschäftsgebühr nach VV 2300 RVG.[12] IÜ gilt: Wird im Verfahren vor der Strafvollstreckungskammer auch eine einstweilige Anordnung beantragt (§ 114 StVollzG), handelt es sich dabei nicht um dieselbe Angelegenheit wie die Hauptsache, so dass insoweit also noch einmal eine Gebühr nach VV 3100 RVG anfällt.[13] Das gilt nach der Gesetzesbegründung zur Neufassung des § 17 Nr. 4 RVG durch das 2. KostRMoG auf jeden Fall, da die Regelung sämtliche Verfahren betrifft.[14] Schließlich gilt VV Teil 4 RVG auch **nicht** für die sog. **„ähnlichen Verfahren".** Für die gilt nach der amtlichen Überschrift zu VV Teil 3 RVG die Gebührenregelung in VV Teil 3 RVG[15] Bei den ähnlichen Verfahren handelt es sich ua um die Verfahren nach den **§§ 23 ff. EGGVG,**[16] für die das RVG in VV Teil 6 RVG keine besondere Regelung getroffen hat.[17] 5

3. Strafsachen/Bußgeldsachen

Beim **Strafverfahren** handelt es sich im **Verhältnis** zu einem sich **anschließenden Bußgeldverfahren** nach § 17 Nr. 10b RVG um verschiedene Angelegenheiten.[18] Das hat zur Folge, dass der RA, der den Beschuldigten/Betroffenen sowohl im Strafverfahren als auch in einem sich anschließenden Bußgeldverfahren verteidigt, neben den im Strafverfahren verdienten Gebühren zusätzlich auch noch die entsprechenden Gebühren des Bußgeldverfahrens erhält. Eine Anrechnung findet nicht statt,[19] allerdings entsteht im Bußgeldverfahren nicht noch 6

---

[11] KG RVGreport 2008, 100 = AGS 2008, 227 = StraFo 2008, 132 = StRR 2008, 238 mAnm *Burhoff;* LG Marburg StraFo 2006, 216 = AGS 2007, 81; zu den Strafvollzugsverfahren eing. Burhoff/Volpert RVG/*Burhoff* Teil A Rn. 2228 ff.; Burhoff/Kotz StrafR-Nachsorge-HdB/*Volpert* Teil J Rn. 331 ff.; *Volpert* RVG prof. 2006, 214; *Volpert* RVGreport 2012, 362; *Burhoff* RVGreport 2020, 122.

[12] Burhoff/Volpert RVG/*Burhoff* Teil A Rn. 2338.

[13] KG RVGreport 2008, 100 = AGS 2008, 227 = StraFo 2008, 132 = StRR 2008, 238 mAnm *Burhoff;* LG Marburg StraFo 2006, 216 = AGS 2007, 81.

[14] BT-Drs. 17/11471, 418.

[15] Zu den ähnlichen Verfahren eing. Burhoff/Volpert RVG/*Burhoff* Teil A Rn. 2228 ff. und *Burhoff* RVGreport 2020, 162

[16] OLG Jena RVGreport 2017, 23 = StRR 4/2017, 27; OLG Zweibrücken StraFo 2010, 515 = RVGreport 2011, 140 = StRR 2010, 480 = NStZ-RR 2011, 32 = Rpfleger 2011, 116; LG Wiesbaden 11.9.2014 – 2 Qs 69/14; Burhoff/Kotz StrafR-Rechtsmittel-HdB/*Burhoff* Teil D Rn. 41 ff.

[17] Burhoff/Volpert RVG/*Burhoff* Teil A Rn. 2331 ff.

[18] Vgl. wegen Lit. und Rechtsprechungsnachweise zum früheren Streit in dieser Frage Gebauer/Schneider/*N. Schneider* BRAGO § 105 Rn. 91 ff.

[19] Burhoff/Volpert RVG/*Burhoff* VV Vorb. 5 Rn. 24; Hartung/Schons/Enders/*Hartung* RVG VV Teil 4 Einf. Rn. 22.

einmal eine Grundgebühr.[20] Es entsteht wenn das Strafverfahren eingestellt und das Bußgeldverfahren an die Verwaltungsbehörde abgegeben wird, nach der Klarstellung durch das 2. KostRMoG in VV 4141 Anm. 1 S. 1 Nr. 1 RVG durch Ersetzung des Wortes „Verfahren" durch „Strafverfahren", auf jeden Fall auch die VV 4141 Anm. 1 S. 1 Nr. 1 RVG. Das hatte die hM in Rspr. und Lit. iÜ auch unter Geltung der früheren Formulierung zutreffend schon so gesehen.[21] Der Sinn und Zweck der VV 4141 RVG, den Anreiz zu erhöhen, Strafverfahren ohne Hauptverhandlung zu erledigen, gilt auch in diesen Fällen.[22] Der **BGH** hatte diese Frage früher anders entschieden und sich der **Mindermeinung,** die auch von den Rechtsschutzversicherern vertreten worden war, angeschlossen, wonach in diesen Fällen die VV 4141 RVG nicht entstehen sollte.[23] Dem hat der Gesetzgeber durch die die Umformulierung der Nr. 1 eine eindeutige Absage erteilt.[24] Die frühere aA ist danach nicht mehr haltbar.[25]

7 **Entsprechendes** gilt für den **umgekehrten Fall,** dass sich also das Strafverfahren an ein Bußgeldverfahren anschließt. Anders lässt sich die Anrechnungsregelung in VV 4100 Anm. 2 RVG im Hinblick auf § 15 Abs. 2 RVG nicht erklären.[26]

4. Persönlicher Geltungsbereich

8 VV Teil 4 RVG regelt die Vergütung des RA sowohl als (Wahl-)**Verteidiger** bzw. als **Pflichtverteidiger**[27] als auch als **sonstiger Vertreter** des Beschuldigten oder eines anderen Beteiligten[28] des Strafverfahrens.[29] Die Vergütung des RA richtet sich nach dem Inhalt des ihm erteilten Auftrags. Hat der RA den vollen Verteidigungsauftrag erhalten, rechnet er nach VV Teil 4 Abschn. 1 RVG ab. Ist ihm nur eine Einzeltätigkeit übertragen worden, rechnet er nach VV Teil 4 Abschn. 3 RVG ab. Es ist davon auszugehen, dass dem RA idR der volle Auftrag übertragen wird; VV Teil 4 Abschn. 3 RVG wird nur subsidiär angewandt (vgl. VV Vorb. 4.3 Abs. 1 RVG).[30] Das wird in der Praxis leider häufig übersehen, kann aber für den RA hinsichtlich der ihm zustehenden Honorierung fatale gebührenrechtliche Folgen haben.[31] Um „volle Verteidigertätigkeit" handelt es sich auch, wenn der RA als Vertreter eines „vermeintlichen Angeklagten", dem aufgrund einer Personenverwechselung fälschlicherweise ein Strafbefehl zugestellt worden ist, Einspruch gegen den Strafbefehl einlegt[32] (unzutreffend aA LG Berlin, RVGreport 2019, 387 mAbl Anm Burhoff)

II. Struktur der Rechtsanwaltsvergütung in Strafsachen

1. Aufbau des VV Teil 4 RVG

9 VV Teil 4 RVG umfasst einschließlich der jeweiligen Vorbemerkungen drei Abschnitte, von denen der Abschn. 1 in fünf Unterabschnitte unterteilt ist.

---

[20] Vgl. die Erläuterungen bei → RVG VV 5100 Rn. 5.

[21] Zutr. ua LG Aurich RVG prof. 2011, 188 = StRR 2011, 443; LG Oldenburg BRAK-Mitt. 2009, 40; LG Osnabrück RVG prof. 2008, 7; AG Bad Kreuznach 5.5.2006 – 2 C 1747/05; AG Gelnhausen AGS 2007, 453; AG Hannover AGS 2006, 235; AG Lemgo ZfS 2008, 712 = AGS 2009, 28 = VRR 2009, 199 = JurBüro 2009, 254; AG Köln AGS 2006, 234 = JurBüro 2007, 83 = ZfS 2006, 646; AG Nettetal AGS 2007, 404; AG Nürnberg ZfS 2006, 345, für § 84 Abs. 2 BRAGO; AG Regensburg AGS 2006, 125 = StraFo 2006, 88 = RVGreport 2007, 225; AG Saarbrücken AGS 2007, 306 = RVG prof. 2007; zu allem auch Burhoff/Volpert RVG/*Burhoff* Teil A Rn. 99, VV Vorb. 5 Rn. 21, VV 4141 Rn. 19; *Burhoff* RVGreport 2007, 161; RENOpraxis 2008, 2; VRR 2009, 133; AnwKomm RVG/*N. Schneider* VV 4141 Rn. 20 ff.; *N. Schneider* ZAP Fach 24, 1074; sa → RVG VV 4141 Rn. 18.

[22] BR-Drs. 517/12, 439 = BT-Drs. 17/11 741, 442.

[23] BGH AGS 2010, 1 mablAnm *N. Schneider* = RVGreport 2010, 70 mablAnm *Burhoff* = StRR 2010, 109 = VRR 2010, 38 = JurBüro 2010, 228 mablAnm *Kotz*.

[24] BR-Drs. 517/12, 439 = BT-Drs. 17/11741, 442.

[25] Unzutreffend aA LG Hildesheim VRR 2014, 116 = RVGreport 2014, 147 = AGS 2014, 183 = RVG prof. 2014, 100; AG Wiesbaden AGS 2014, 64 = VRR 2014, 159 = StRR 2014, 276 = RVGreport 2014, 274.

[26] Burhoff/Volpert RVG/*Burhoff* VV Vorb. 5 Rn. 47 f., Teil A Rn. 136; Schneider/Wolf/*N. Schneider* RVG Vor VV Teil 5 Rn. 8; eing. zur Abrechnung beim Übergang vom Bußgeld- zum Strafverfahren *N. Schneider* AGS 2011, 469 mit Beispielsfällen.

[27] Zu den Besonderheiten der Vergütung des Pflichtverteidigers/-beistands im Strafverfahren *Burhoff* RVGreport 2015, 406.

[28] Zu den Besonderheiten der Vergütung des Nebenklägers *Burhoff* RVGreport 2016, 82, des Zeugenbeistandes *Burhoff* RVGreport 2016, 122 und des Terminsvertreters *Burhoff* RVGreport 2017, 242.

[29] Wegen der Einzelheiten eing. → RVG VV Vorb. 4 Rn. 3 ff.

[30] Vgl. ua KG StraFo 2005, 439 = RVGreport 2005, 341; StraFo 2007, 41 = AGS 2006, 329; OLG Schleswig StV 2005, 206 = RVGreport 2005, 70 = AGS 2005, 120.

[31] → RVG VV Teil 4 Abschn. 1 Rn. 5 ff.

[32] Unzutreffend aA LG Berlin RVGreport 2019, 387 mablAnm *Burhoff.*

- **Abschn. 1** Gebühren des Verteidigers,
  - UAbschn. 1 Allgemeine Gebühren (VV 4100–4103 RVG),
  - UAbschn. 2 Vorbereitendes Verfahren (VV 4104, 4105 RVG),
  - UAbschn. 3 Gerichtliches Verfahren 1. Rechtszug (VV 4106–4123 RVG), Berufung (VV 4124–4129 RVG), Revision (VV 4130–4135 RVG),
  - UAbschn. 4 Wiederaufnahmeverfahren (VV 4136–4140 RVG),
  - UAbschn. 5 Zusätzliche Gebühren (VV 4141–4147 RVG).
- **Abschn. 2** Gebühren in der Strafvollstreckung (VV 4200–4207 RVG).
- **Abschn. 3** Einzeltätigkeiten (VV 4300–4304 RVG).

2. Verfahrensabschnitte

Das Entstehen der Gebühren hängt davon ab, dass der RA/Verteidiger in dem für die jeweilige Gebühr vorgesehenen Verfahrensabschnitt **tätig geworden** ist. Die Gebühren entstehen mit der ersten Tätigkeit, die der RA in dem jeweiligen Verfahrensabschnitt entwickelt.[33] Es ist nicht erforderlich, dass die Tätigkeit sich aktenmäßig niedergeschlagen hat oder gegenüber der Staatsanwaltschaft/dem Gericht erfolgt ist. Ausreichend ist eine Tätigkeit gegenüber dem Mandanten.[34] Der RA kann erhalten/erhält 10

- für die Einarbeitungstätigkeiten die **Grundgebühr** (VV 4100 RVG), die nach der Ergänzung – „neben der Verfahrensgebühr" – durch das 2. KostRMoG[35] nach Anm. Abs. 1 immer neben der/einer Verfahrensgebühr entsteht,[36]
- die (Verfahrens)Gebühr nach VV 4104 RVG für das **vorbereitende Verfahren** mit der ersten Tätigkeit im vorbereitenden Verfahren,
- die (Verfahrens)Gebühr für das **gerichtliche Verfahren** ohne Hauptverhandlung mit der ersten Tätigkeit nach dem Ende des vorbereitenden Verfahrens im ersten Rechtszug (VV 4106, 4112, 4112, 4118 RVG bzw. der ersten Tätigkeit im Berufungs- (VV 4124 f. RVG) oder Revisionsverfahren (VV 4130 f. RVG),
- die (Termins)Gebühren für die **Teilnahme** an der **Hauptverhandlung** (vgl. zB VV 4108 RVG oder VV 4126 RVG für das Berufungsverfahren oder VV 4132 RVG für das Revisionsverfahren),
- die Gebühren für die Tätigkeit im **Wiederaufnahmeverfahren** (VV 4136 ff. RVG),
- die **zusätzlichen (Verfahrens)Gebühren** (VV 4141 ff. RVG).

3. Geltung allgemeiner/sonstiger Vorschriften

VV Teil 4 RVG regelt die Gebühren in Strafsachen grds. abschließend. Weitere Regelungen finden sich in **Abschn. 7** (Straf- und Bußgeldsachen) mit § 42 RVG (Feststellung einer Pauschgebühr) und § 43 RVG (Abtretung des Kostenerstattungsanspruchs) sowie in **Abschn. 8** für den beigeordneten oder bestellten RA mit § 48 Abs. 6 RVG hinsichtlich des Umfangs seiner gesetzlichen Gebühren und des § 51 RVG (Festsetzung einer Pauschgebühr) sowie den §§ 52, 53, 53a RVG. Eine besondere strafverfahrensrechtliche Anrechnungsregelung ist zudem in § 58 Abs. 3 RVG enthalten. Für den RA, der von der Staatanwaltschaft im Rahmen ihrer Eilzuständigkeit nach § 142 Abs. 4 StPO als Pflichtverteidiger oder gem. § 163 Abs. 4 S. 1 Nr. 3 bzw. 161a Abs. 1 S. 2 StPO von der Staatsanwaltschaft als Zeugenbeistand gem. § 68b Abs. 2 StPO bestellt worden ist, gilt § 59a RVG. 11

Daneben gelten auch noch allgemeine Bestimmungen des **Abschn. 1** des RVG. Hervorzuheben sind 12

- §§ 3a ff. RVG (**Vereinbarung** einer Vergütung/eines Erfolgshonorars),[37]
- § 5 RVG (Vergütung für Tätigkeiten von Vertretern des RA),
- § 6 RVG (die Vergütung mehrerer RA),
- § 7, VV 1008 RVG (die **Erhöhung** der Gebühren bei Vertretung mehrerer Auftraggeber),
- § 8 RVG (die Fälligkeit der Gebühren),
- § 9 RVG (der Vorschuss),
- § 10 RVG (die Berechnung der Gebühren),

---

[33] Vgl. zB KG VRR 2009, 277 = AGS 2009, 389 = RVGreport 2009, 346 = StRR 2009, 399 mAnm *Burhoff* für das Entstehen der Verfahrensgebühr VV 4130 RVG im Revisionsverfahren.

[34] → RVG VV Vorb. 4 Rn. 12 mwN.

[35] Vgl. Fn. 9.

[36] Zum Abgeltungsbereich der Grundgebühr und zum Verhältnis Grundgebühr/Verfahrensgebühr → RVG VV 4100 Rn. 9 f. mwN; → RVG VV Vorb. 4 Rn. 10 f. mwN.

[37] Zur Vergütungsvereinbarung in Strafsachen eing. Burhoff/Volpert RVG/*Burhoff* Teil A Rn. 2420 ff.

- § 14 RVG (die Bemessung der Rahmengebühren),[38]
- § 15 RVG (der Abgeltungsbereich der Gebühren),
- §§ 16 ff. RVG (Angelegenheiten),[39]
- § 34 RVG (Beratung/Gutachten).

13 Außerdem sind auch noch **Gebührenvorschriften** aus **anderen Abschnitten** des **Vergütungsverzeichnisses** anwendbar, soweit auf sie verwiesen ist. Das ist zB in der VV Vorb. 1 RVG oder auch in VV 2102 f. RVG ausdrücklich bestimmt. So gelten zB:

- VV 1000 ff. RVG **(Einigungsgebühr),** die im Adhäsionsverfahren anwendbar ist (VV 4143, 4144 RVG),[40]
- VV 1008 ff. RVG,[41]
- VV 1009 RVG (Hebegebühr),[42]
- VV 2102 RVG, wobei der Umfang der Anwendbarkeit im Strafverfahren streitig ist,[43]
- VV 2500–2508 RVG (Beratungshilfe),[44]
- VV 3309, 3500 RVG (VV 3513 RVG) (s. VV Vorb. 4 Abs. 5 RVG),
- VV 7000 ff. RVG (Auslagen).

4. Gebührenstruktur

14 Auch in Strafsachen kennt das RVG grds. nur die **Verfahrens-** und die **Terminsgebühr.** Darüber hinaus sieht das RVG in VV 4100 RVG für Strafsachen aber die **Grundgebühr** vor. Sie steht jedem RA, der als Verteidiger des Beschuldigten oder als Vertreter eines sonstigen Verfahrensbeteiligten in Strafsachen tätig wird, stets neben der jeweiligen Verfahrensgebühr zu.[45]

15 Das RVG **unterscheidet** hinsichtlich des Gebührentatbestandes **nicht** zwischen den Gebühren des **Wahlverteidigers** und denen des gerichtlich **bestellten** oder beigeordneten RA. Die Gebührentatbestände sind für den Wahlverteidiger wie für den gerichtlich bestellten Verteidiger gleich. Die entstehenden Gebühren sind aber der Höhe nach unterschiedlich.

5. Rahmen-/Festbetragsgebühren

16 Der RA, der als Verteidiger nach VV Teil 4 RVG abrechnet, erhält **Pauschgebühren,** durch die die gesamte von ihm erbrachte Tätigkeit abgegolten wird (vgl. VV Vorb. 4.1 Abs. 2 RVG).[46] Die Bedeutung der Sache für den Mandanten ist ebenso unerheblich wie im Wesentlichen der zeitliche Aufwand, den der Pflichtverteidiger erbringt; der hat allenfalls beim Längenzuschlag Bedeutung, auch die „Arbeitssituation" des Pflichtverteidigers ist für seine Festbetragsgebühren ohne Belang.[47]

---

[38] Vgl. die Kommentierung bei → § 14 Rn. 18 ff. und eing. gerade für den strafverfahrensrechtlichen Bereich Burhoff/Volpert RVG/*Burhoff* Teil A Rn. 1747 ff.; zu § 14 RVG und Corona *Fromm* JurBüro 2020, 228.

[39] Vgl. die Kommentierung bei → Rn. 19 ff.

[40] → RVG VV 4143, 4144 Rn. 17 f.; Burhoff/Volpert RVG/*Burhoff* VV 4143 Rn. 32 ff. mit Bsp.; OLG Jena NJW 2010, 455 = AGS 2009, 587 mablAnm *N. Schneider* = RVGreport 2010, 106 = StRR 2010, 114 = JurBüro 2010, 82. OLG Nürnberg StraFo 2014, 37 = RVGreport 2014, 72 = AGS 2014, 18 = NStZ-RR 2014, 63 = JurBüro 2014, 135 = StRR 2014, 515 2014, 97 zur Höhe der Einigungsgebühr wenn über den Einigungsgegenstand bereits ein Adhäsionsverfahren anhängig ist, s. OLG Jena NJW 2010, 455; OLG Köln AGS 2009, 29 = StraFo 2009, 87; OLG Nürnberg NStZ-RR 2014, 63 (Anwendung von VV 1003 RVG).

[41] OLG Düsseldorf JurBüro 2010, 33 = ZfS 2009, 707 = RVG prof. 2010, 6 = AGS 2010, 71; OLG Koblenz AGS 2005, 504 = JurBüro 2005, 589 = RVGreport 2006, 430 = StraFo 2005, 526; LG Hamburg RVGreport 2011, 134 = RVG prof. 2010, 80, aufgehoben durch OLG Hamburg NStZ-RR 2011, 64 (Ls.) = wistra 2011, 120 (Ls.).

[42] OLG Düsseldorf RVGreport 2005, 306 = AGS 2005, 501; LG Duisburg AGS 2005, 501, zugleich auch zum Umfang der Beiordnung des Pflichtverteidigers; zur Hebegebühr im Strafverfahren Burhoff/Volpert RVG/*Burhoff* Teil A Rn. 1273 ff.

[43] Burhoff/Volpert RVG/*Burhoff* Teil A Rn. 344 ff. mwN; und einerseits – Anfall der Gebühr nur, wenn ein bislang noch nicht gerichtlich tätig gewordener RA die Prüfung des Rechtsmittels vornimmt – KG AGS 2006, 433; OLG Dresden AGS 2014, 221 sowie aA OLG Düsseldorf RVGreport 2007, 66, allerdings für das familiengerichtliche Verfahren; LG Berlin AGS 2006, 73 mzustAnm *N. Schneider* AGS 2006, 74.

[44] Vgl. zB OLG Köln RVGreport 2007, 301 = AGS 2007, 468, wonach die Vertretung eines ausländischen JVA-Häftlings und Besuch in der JVA über eine Beratung iSv § 3 Abs. 2 BerHG hinausgeht; zur Beratungshilfe in Strafsachen Burhoff/Volpert RVG/*Volpert* Teil A Rn. 369 ff.; *Gregor* StRR 2014, 13; *Burhoff/Volpert* StRR 2010, 333.

[45] Zum Abgeltungsbereich der Grundgebühr und zum Verhältnis Grundgebühr/Verfahrensgebühr → RVG VV 4100 Rn. 9 f. mwN; → RVG VV Vorb. 4 Rn. 10 f. mwN.

[46] Wegen der Einzelheiten → RVG VV Vorb. 4.1 Rn. 4 ff.

[47] AA offenbar LG Kaiserslautern RVGreport 2018, 137.

17 Der **Wahlverteidiger** erhält **Betragsrahmengebühren,** deren Höhe abhängig ist vom Verfahrensabschnitt und/oder von der Zuständigkeit des Gerichts. Die Betragsrahmen, die seit 1994 nicht mehr angehoben worden waren, sind 2013 durch das 2. KostRMoG[48] an die wirtschaftliche Entwicklung angepasst worden.[49] Diese Erhöhungen lagen bei etwa 19%. Durch das KostRÄG 2021 v. 21.12.2020[50] sind die Gebühren um weitere rund 10% angehoben worden. Der Gesetzgeber sieht darin eine angemessene Beteilung der RA an der wirtschaftlichen Entwicklung, was man mE bezweifeln kann/muss.[51] Die jeweilige Gebühr wird aufgrund der **Umstände** des **Einzelfalls** ermittelt. Eine Typisierung anhand von Tabellen ist nicht zulässig.[52]

18 Der gerichtlich bestellte oder **beigeordnete** RA erhält **Festgebühren.** Die Bedeutung der Sache für den Mandanten ist ebenso unerheblich wie im Wesentlichen der zeitliche Aufwand, den der Pflichtverteidiger erbringt; der hat allenfalls beim sog. Längenzuschlag Bedeutung, auch die „Arbeitssituation" des Pflichtverteidigers ist für seine Festbetragsgebühren ohne Belang.[53] Die Festbeträge Sie basieren auf den Wahlanwaltsgebühren. Grundlage der Gebührenberechnung ist die Mittelgebühr eines Wahlanwalts. Davon erhält der gerichtlich bestellte RA 80%.[54] Bei dem Anspruch des RA auf Zahlung der Pflichtverteidigervergütung handelt es sich iÜ um einen eigenständigen Anspruch des RA. Diesen kann die Staatskasse nicht unter Hinweis auf die gegen den Kostenerstattungsanspruch des freigesprochenen Angeklagten erklärte Aufrechnung kürzen.[55]

III. Angelegenheiten in Strafsachen (§§ 15 ff. RVG)

1. Allgemeines

19 Der Begriff der „Angelegenheit" ist auch für die Abrechnung der anwaltlichen Tätigkeit in Strafsachen von **erheblicher Bedeutung.** Von der Einordnung der anwaltlichen Tätigkeit in eine bestimmte Angelegenheit hängt es nämlich ab, ob und welche Gebühren der RA erhält. Die mit den Angelegenheiten zusammenhängenden Fragen der anwaltlichen Vergütung sind in den §§ 15 ff. RVG geregelt. Diese Vorschriften sind Grundlage für das Gebührensystem des RVG, das die anwaltliche Tätigkeit in gebührenrechtliche Angelegenheiten aufteilt. Der Begriff der „Angelegenheit" ist im RVG nicht definiert. Für Strafsachen gilt ebenfalls die von Rspr. und Lit. entwickelte **allgemeine Definition:** Danach ist unter einer (gebührenrechtlichen) „Angelegenheit" das gesamte Geschäft zu verstehen, das der RA für seinen Auftraggeber erledigen soll. Dieses umfasst sämtliche Tätigkeiten von der Erteilung des (Verteidigungs-)Auftrags bis zu seiner Erledigung.[56] Hier können nicht alle mit den Angelegenheiten zusammenhängenden Fragen iE dargestellt werden. Die nachfolgenden Ausführungen geben nur einen Überblick. Wegen der Einzelheiten wird auf die weiterführenden Hinweise verwiesen.

20 Zu **unterscheiden** sind „dieselbe Angelegenheit" (§ 16 RVG; → Rn. 21 ff.), „verschiedene Angelegenheiten" (§ 17 RVG; → Rn. 31 ff.) und „besondere Angelegenheiten" (§ 18 RVG; → Rn. 41 ff.). Die mit dem „Rechtszug" zusammenhängenden Fragen sind in § 19 RVG geregelt.[57]

---

[48] Vgl. Fn. 9.

[49] Zur Begr. vgl. BR-Drs. 517/12, 210 f. = BT-Drs. 17/11741, 224 f.

[50] BGBl. I 3229.

[51] Sa *Burhoff* RVGreport 2020, 402; StraFo 2021, 8 (15); AGS 2021, 49 vgl. auch noch den gemeinsamen Katalog von DAV und BRAK zur Anpassung des RVG bei *Hansens* RVGreport 2018, 202.

[52] LSG Sachsen AGS 2013, 389 = JurBüro 2013, 417 = RVG prof. 2013, 115, in dem zutr. die frühere Rspr. des LSG aufgegeben worden ist; zur Rahmengebühr in Strafsachen s. a. Burhoff/Volpert RVG/*Burhoff* Teil A Rn. 1747 ff.

[53] AA offenbar LG Kaiserslautern RVGreport 2018, 137.

[54] BT-Drs. 15/1971, 220.

[55] BVerfG NJW 2009, 2735 = AnwBl 2009, 551 = RVGreport 2009, 260 = JurBüro 2009, 418 = StRR 2009, 276 mzustAnm *Burhoff;* OLG Frankfurt a. M. JurBüro 2011, 34; LG Magdeburg RVGreport 2014, 343 = StRR 2014, 269 = RVG prof. 2014, 135.

[56] Zum Begriff der Angelegenheit ua BGH NJW 2010, 3035 = JurBüro 2010, 638 = RVGreport 2011, 16 mwN; NJW 2011, 155 = AGS 2010, 590 = JurBüro 2011, 82; NJW 2011, 3167 = JurBüro 2011, 522 = RVGreport 2011, 339; AGS 2013, 323; NJW 2014, 2126 = RVGreport 2014, 388 = AGS 2014, 263; NJW-RR 2016, 883 = RVGreport 2016, 215 = AGS 2016, 316; NJW 2019, 1522 = JurBüro 2019, 183 = RVGreport 2019, 174 = AGS 2019, 173; OLG Oldenburg JurBüro 2017, 82; s. a. Burhoff/Volpert RVG/*Burhoff* Teil A Rn. 134; *Burhoff* RVGreport 2014, 250 f.; Schneider/Wolf/*N. Schneider* RVG § 15 Rn. 22 ff.; hier die Kommentierung bei → § 15 Rn. 2 ff.

[57] *Burhoff* RVGreport 2014, 330.

2. Dieselbe Angelegenheit (§ 16 RVG)

21 Wann es sich um dieselbe Angelegenheit handelt, ist ua in § 16 RVG geregelt.[58] Über die die dort ausdrücklich erwähnten Fälle hinaus, kann aber auch in anderen Fällen von „derselben Angelegenheit" ausgegangen werden. Handelt es sich um dieselbe Angelegenheit" können die **Gebühren** nach § 15 Abs. 2 RVG **nur einmal** entstehen.[59] Für das Strafverfahren gilt:[60]

22 **a) Vorbereitendes/gerichtliches Verfahren:** Die bis zum Inkrafttreten des 2. KostRMoG umstrittene Frage, ob vorbereitendes und gerichtliches Verfahren in Strafsachen dieselbe oder verschiedene Angelegenheiten sind, ist durch die ausdrückliche Regelung in § 17 Nr. 10a RVG **geklärt.**[61] Es handelt sich um verschiedene Angelegenheiten.

23 **b) Verbindung/Trennung von Verfahren:** Für die Praxis von erheblicher Bedeutung ist die Frage, wie mit **mehreren** gegen den Beschuldigten anhängigen **Ermittlungsverfahren** oder gerichtlichen Verfahren umzugehen ist. Die Problematik lösen Rspr. und Lit. dahingehend, dass, wenn von den Strafverfolgungsbehörden gegen einen Beschuldigten mehrere Ermittlungsverfahren geführt werden, jedes eine eigene Angelegenheit ist, solange die Verfahren nicht miteinander **verbunden** worden sind, was für das gerichtliche Verfahren entsprechend gilt.[62] Entsprechendes gilt für die Abtrennung von Verfahren. Bis zur (Ab)Trennung von Verfahren handelt es sich um dieselbe Angelegenheit mit der Folge, dass die Gebühren nur einmal entstehen können. Mit der (Ab)**Trennung** von Verfahren werden die abgetrennten Verfahren dann aber selbständige Verfahren mit der Folge, dass jedes Verfahren eine eigene Angelegenheit darstellt und sowohl mehrere Verfahrensgebühren als auch mehrere Terminsgebühren anfallen können.[63] Voraussetzung dafür ist jedoch, insbes. im Hinblick auf eine Verfahrensgebühr, dass es sich nicht mehr um dieselbe Angelegenheit iSd § 15 Abs. 2 RVG handelt.[64] Nach Auffassung des LG Kaiserslautern ist davon aus zu gehen, dass dieselbe Instanz eines Strafverfahrens gebührenrechtlich (immer) dieselbe Angelegenheit verkörpert, auch wenn unterschiedliche prozessuale Taten und damit Verfahrensgegenstände zugrunde liegen,[65] was m. E. in der Allgemeinheit nicht zutrifft.

24 **c) Rücknahme der Anklage:** Um dieselbe Angelegenheit handelt es sich (auch), wenn eine bereits erhobene **Anklage** von der Staatsanwaltschaft **zurückgenommen** und bei einem anderen Gericht **neu erhoben** wird.[66] Entsprechendes gilt, wenn nach Rücknahme der Anklage in das Sicherungsverfahren übergegangen wird.[67] Folge ist, dass nicht eine weitere Verfahrensgebühr entsteht (§ 15 Abs. 2 RVG). Eine (weitere/neue) gerichtliche Verfahrensgebühr entsteht auch nicht, wenn das – zunächst mit der Sache befasste – Landgericht die Eröffnung des Hauptverfahrens vor ihm teilweise ablehnt und den danach noch verbleibenden Anklagevorwurf gem. § 209 Abs. 1 StPO vor dem dann zuständigen Amtsgericht eröffnet.[68]

---

[58] Wegen der allgemeinen Einzelheiten s. Schneider/Wolf/*N. Schneider* RVG § 15 Rn. 22 ff. mwN; → § 15 Rn. 5.

[59] → § 15 Rn. 5 ff.

[60] Eing. *Burhoff* RVGreport 2014, 210 ff.; RVGreport 2014, 290 ff.

[61] → RVG VV Vorb. 4.1 Einl. Rn. 2 ff. mwN auch zur früheren anderen Ansicht; zum Anfall der Dokumentenpauschale VV 7000 Nr. 1 RVG – sowohl im vorbereitenden Verfahren als auch im gerichtlichen Verfahren – OLG Frankfurt a. M. RVGreport 2015, 345 = StRR 2015, 315 = AGS 2015, 383 = DAR 2015, 674.

[62] KG StRR 2011, 359 = RVGreport 2012, 456 für den vergleichbaren Fall mehrerer Rehabilitierungsverfahren nach dem StrRehaG; LG Bonn RVGreport 2019, 212 = StRR 2012, 200 = AGS 2012, 176 = VRR 2012, 238; RVGreport 2016, 255 = AGS 2016, 274 = JurBüro 2016, 474; LG Braunschweig RVGreport 2010, 422 = VRR 2010, 359; LG Hamburg AGS 2008, 545; LG Potsdam RVGreport 2014, 68 = JurBüro 2013, 587 = VRR 2014, 118, für das Bußgeldverfahren; AG Braunschweig RVGreport 2010, 69 = StRR 2010, 200 = VRR 2010, 39; AG Liebenwerda AG 2020, 566 = RVGreport 2020, 56 = RVG prof. 2019, 148; Mayer/Kroiß/*Winkler* RVG § 15 Rn. 35; zur Verbindung von Verfahren eing. Burhoff/Volpert RVG/*Burhoff* Teil A Rn. 2246; *Burhoff* RVGreport 2008, 405; RVGreport 2014, 210, 211 mit Bespielen; zum sog. „Sammelvorgang" KG JurBüro 2013, 362 = StraFo 2012, 305 = AGS 2013, 407.

[63] KG RVG prof. 2007, 139; LG Bremen RVGreport 2013, 232 = VRR 2012, 357 = StRR 2012, 479; LG Itzehoe AGS 2008, 233; AG Tiergarten RVGreport 2010, 140 = AGS 2010, 220 = StRR 2010, 400; wegen der Einzelheiten Burhoff/Volpert RVG/*Burhoff* Teil A Rn. 2114 ff. mwN; s. a. *Burhoff* RVGreport 2014, 210 (212).

[64] LG Dortmund RVGreport 2015, 177 = StRR 2015, 238.

[65] LG Kaiserslautern RVGreport 2018, 137.

[66] OLG Köln AGS 2010, 175 = JurBüro 2010, 362; ähnlich OLG Düsseldorf NStZ-RR 2014, 359 = RVGreport 2015, 64 = AGS 2015, 128 mablAnm *N. Schneider;* aA LG Duisburg RVGreport 2011, 419 = StRR 2012, 40 = AGS 2011, 596; *Burhoff* RVGreport 2014, 210, 212.

[67] OLG Köln AGS 2010, 175 = JurBüro 2010, 362.

[68] LG Bad Kreuznach AGS 2011, 235 = RVGreport 2011, 226 = StRR 2011, 282; *Burhoff* RVGreport 2014, 210, 212.

d) Wiederaufnahme nach vorläufiger Einstellung: Wird das (Ermittlungs)Verfahren zur Erfüllung von Auflagen oder Weisungen nach **§ 153a StPO (vorläufig) eingestellt,** aber, nachdem der Beschuldigte die ihm gemachten Auflagen oder Weisungen nicht erfüllt hat, wiederaufgenommen, handelt es sich bei dem „wiederaufgenommenen" Verfahren nicht um eine neue Angelegenheit mit der Folge, dass ggf. Verfahrensgebühren noch einmal entstehen würden. Das Verfahren bleibt vielmehr dieselbe gebührenrechtliche Angelegenheit iSd § 15 Abs. 2 RVG.[69] Entsprechendes gilt für die Wiederaufnahme nach **§ 154 Abs. 2 StPO.**[70] Auch bei einer „Wiederaufnahme" gem. § 37 Abs. 1 u.2 BtMG handelt es sich nur um die Fortsetzung des vorläufig nach § 37 BtMG eingestellten Verfahrens, das nun, weil der Beschuldigte seinen Auflagen nicht nachgekommen ist, fortgesetzt wird. Das bedeutet, dass der RA die Gebühren, wenn er den Beschuldigten im Zurückstellungsverfahren vertreten hat, nach § 15 Abs. 2 RVG nicht noch einmal verdient, wenn er ihn im „Wiederaufnahmeverfahren" (weiter) vertritt.[71] 25

e) Fortsetzung eines nicht betriebenen Verfahrens: Nicht um ein Problem des § 16 RVG, sondern um eine Problematik des § 15 RVG handelt es sich bei der Frage, wie damit umzugehen ist, wenn ein **Verfahren** eine **Zeitlang nicht betrieben,** dann aber fortgesetzt wird. Der Fall ist in § 15 Abs. 5 RVG geregelt. Als Grundsatz gilt: Wird der Rechtsanwalt, nachdem er in einer Angelegenheit tätig geworden war, erneut beauftragt, in derselben Angelegenheit weiter tätig zu werden, erhält er nicht mehr an Gebühren, als er erhalten würde, wenn er von vornherein hiermit beauftragt worden wäre (§ 15 Abs. 5 S. 1 RVG).[72] Die Frage spielt im Strafverfahren dann eine Rolle, wenn das Verfahren nach einer Einstellung später wiederaufgenommen wird, seit der Einstellung aber mehr als zwei Jahre verstrichen sind. Dann geht es um die Anwendung der Ausnahme § 15 Abs. 5 S. 2 RVG. Die wird in der Rspr. verneint.[73] 26

f) Adhäsionsverfahren: Ob Adhäsionsverfahren und Strafverfahren dieselbe oder verschiedene gebührenrechtliche Angelegenheiten bilden, ist nicht unstrittig. Der Gesetzgeber hat in § 17 Nr. 10 ff. RVG das Verhältnis des Strafverfahrens zum Adhäsionsverfahren nicht ausdrücklich geregelt. Zutreffend dürfte es sein, das Adhäsionsverfahren als Teil des Strafverfahrens anzusehen, das allerdings nicht der Verwirklichung des staatlichen Strafanspruchs dient, sondern der Geltendmachung der zivilrechtlichen Schadensersatz- und Schmerzensgeldansprüche des Verletzten. Das insoweit zivilrechtlich geprägte Adhäsionsverfahren ist somit aus prozessökonomischen Gründen als Annex an das Strafverfahren angegliedert. Damit dürften Strafverfahren und Adhäsionsverfahren **dieselbe Angelegenheit** sein.[74] Auch dann, wenn der RA als Vertreter mehrerer Nebenkläger mit der Durchsetzung von Schadensersatz- und Schmerzensgeldansprüchen der mehreren Nebenkläger im Rahmen des Adhäsionsverfahrens innerhalb desselben Strafverfahrens beauftragt oder vom Gericht beigeordnet war, erhält er die insoweit entstandenen Gebühr VV 4143 RVG idR nur einmal, weil er in derselben Angelegenheit tätig geworden ist.[75] Da es sich bei den Ansprüchen der Nebenkläger aber um verschiedene Gegenstände han- 27

---

69 *Burhoff* RVGreport 2014, 2, 3; RVGreport 2014, 210, 212.

70 Burhoff/Volpert RVG/*Burhoff* Teil A Rn. 118.

71 S. a. *Burhoff* RVGreport 2016, 42, (43); Burhoff/Volpert RVG/*Burhoff* Teil A Rn. 119.

72 Burhoff/Volpert RVG/*Burhoff* Teil A Rn. 8 ff.; → § 15 Rn. 134 ff.

73 LG München I RVGreport 2013, 346 = AGS 2013, 406 = StRR 2013, 311; s. a. noch Schneider/Wolf/*N. Schneider* RVG § 15 Rn. 289; zum Begriff der „Erledigung" (keine Handlungen des RA mehr zu erwarten) für das Zivilrecht BGH RVGreport 2006, 219 = NJW 2006, 1525 = AGS 2006, 323; NJW 2018, 1322 = RVGreport 2018, 175 = AGS 2018, 373; KG RVGreport 2011, 19 = AGS 2010, 599 = JurBüro 2011, 81, für familienrechtliches Verfahren; BayVGH NJW 2015, 648 = AGS 2015, 62 = RVGreport 2015, 96 und OVG Thüringen AGS 2019, 105 = JurBüro 2019, 77 = RVGreport 2019, 94 für verwaltungsrechtliche Verfahren; OLG Köln AGS 2011, 321; OLG Schleswig AGS 2013, 123 mAnm *N. Schneider; N. Schneider* AGS 2006, 323 in der Anm. zu BGH RVGreport 2006, 219; *N. Schneider* AG-Kompakt 2011, 98, 99 mwN aus der Rspr.; aA *Burhoff* RVGreport 2014, 210, 213.

74 OLG Brandenburg RVGreport 2009, 341 = AGS 2009, 325; OLG Düsseldorf AGS 2014, 176 = RVGreport 2014, 227 = StRR 2014, 450; NStZ-RR 2017, 296 = JurBüro 2017, 412 = RVGreport 2017, 375 = AGS 2017, 460; OLG Stuttgart NJW 2015, 1400 = StraFo 2015, 86 = AGS 2015, 73 = NStZ-RR 2015, 128 = RVGreport 2015, 192; LG Düsseldorf, RVGreport 2011, 104 = StRR 2010, 410 = VRR 2010, 479 mAnm *Volpert;* AGS 2017, 28 = JurBüro 2016, 637 = RVGreport 2016, 414; inzidenter auch OLG Köln RVGreport 2009, 465 = AGS 2009, 29 = StraFo 2009, 87; Burhoff/Volpert RVG/*Burhoff* Teil A Rn. 129, VV 4143 Rn. 4; Schneider/Wolf/*N. Schneider* RVG VV 4143–4144 Rn. 18; *N. Schneider* AGS 2009, 1; aA wohl KG RVGreport 2009, 302 = AGS 2009, 484 = JurBüro 2009, 529 = VRR 2009, 238.

75 OLG Brandenburg RVGreport 2009, 341 = AGS 2009, 325; vgl. zum Begriff derselben Angelegenheit bei mehreren Geschädigten ua BGH NJW 2010, 3035 = JurBüro 2010, 638 = RVGreport 2011, 16 mwN; OLG Karlsruhe RVGreport 2019, 228 = AGS 2019, 330 = JurBüro 2019, 410; OLG Oldenburg JurBüro 2017, 82;

delt, werden die Gegenstandswerte gem. § 22 RVG addiert.[76] Für den Verteidiger im Verfahren mit mehreren Adhäsionsklägern gelten die vorstehenden Ausführungen entsprechend.[77]

28 **g) Nebenklage:** Vertritt der RA mehrere Nebenkläger in demselben Verfahren, liegt nur dieselbe Angelegenheit vor.[78] Die Gebühren werden allerdings über VV 1008 RVG erhöht. Tritt der RA zunächst als Verteidiger und später dann als Nebenklägervertreter bzgl. derselben Tat auf, liegt gebührenrechtlich jedenfalls dann dieselbe Angelegenheit vor, wenn Verteidigung und Nebenklage dieselbe prozessuale Tat betreffen.[79]

29 **h) Rechtsmittelverfahren:** Berufung und Revisionsverfahren sind nach § 17 Nr. 1 RVG nicht dieselbe Angelegenheit wie das vorhergehende Erkenntnisverfahren. Bei einer Annahmeberufung nach § 313 Abs. 1 S. 1 StPO handelt es sich nicht um die Frage der Zulassung der Berufung. § 16 Nr. 13 RVG gilt also nicht. Es gilt vielmehr die Regelung des § 19 Abs. 1 S. 2 Nr. 10 RVG. Es entstehen also keine gesonderten Gebühren.[80] Um dieselbe Angelegenheit handelt es sich (auch), wenn nach (zunächst) zurückgenommener Berufung das Berufungsverfahren dann später fortgesetzt wird.[81] Bei mehreren Revisionen, zB vom Angeklagten und vom Nebenkläger, gegen dasselbe Urteil handelt sich um dieselbe Angelegenheit mit der Folge, dass dem Nebenklägervertreter für seine Tätigkeit im Revisionsverfahren nur einmal ein Gebührenanspruch zusteht. Das gilt auch dann, wenn das Revisionsgericht über die Revision des Angeklagten durch Beschluss gem. § 349 Abs. 2 StPO entscheidet und die gegen dasselbe Urteil gerichteten Revisionen des Nebenklägers und der Staatsanwaltschaft durch Urteil verwirft.[82]

30 **i) Privatklage/Widerklage:** Für das Strafverfahren von Bedeutung ist aus den in § 16 RVG ausdrücklich geregelten Fällen noch die Nr. 12. Gem. **§ 16 Nr. 12 RVG** sind das Verfahren über die Privatklage und die Widerklage dieselbe Angelegenheit, und zwar auch im Fall des § 388 StPO. Das bedeutet, dass sich die Gebühren des RA als Beistand oder Vertreter des Privatklägers und des Widerbeklagten sowie des Verteidigers des Privatbeklagten durch die Widerklage auch dann nicht erhöhen, wenn der Privatkläger nicht der Verletzte ist. Gemeint ist damit der Fall, in dem der RA nicht nur den Privatkläger, sondern auch den Verletzten, der nicht mit dem Privatkläger identisch ist (§ 374 Abs. 2 StPO), gegen eine Widerklage des Beschuldigten verteidigt (§ 388 Abs. 2 StPO). Das ist zB denkbar bei wechselseitigen Beleidigungen, wenn auch der Dienstvorgesetzte nach § 194 Abs. 3 StGB, § 374 Abs. 2 StPO privatklageberechtigt ist.[83]

3. Verschiedene Angelegenheiten (§ 17 RVG)

31 Die Frage wann „verschiedene Angelegenheiten" vorliegen mit der Folge, dass dann gem. § 15 RVG in jeder dieser Angelegenheiten eigenständige Gebühren geltend gemacht werden können, ist in § 17 RVG grds. abschließend geregelt.[84]

32 **a) Gesetzliche Regelungen in § 17 RVG:** In § 17 RVG sind einige für das Strafverfahren bedeutsame Regelungen zu „verschiedenen Angelegenheiten" enthalten, und zwar:

- nach **Nr. 1** sind auch im Strafverfahren das Verfahren über ein Rechtsmittel und der vorausgegangene Rechtszug verschiedene Angelegenheiten, soweit sich aus § 19 Abs. 1 S. 2 Nr. 10a RVG nichts anderes ergibt,[85]
- nach **Nr. 4b** sind das Verfahren in der Hauptsache und der Erlass einer einstweiligen Anordnung verschiedene Angelegenheiten, was in Strafvollzugssachen von Bedeutung ist; in der

OLG Stuttgart NJW 2015, 1400 = StraFo 2015, 86 = AGS 2015, 73 = NStZ-RR 2015, 128 = RVGreport 2015, 192.

[76] OLG Brandenburg RVGreport 2009, 341 = AGS 2009, 325; OLG Düsseldorf AGS 2014, 176 = VRR 2014, 239 = RVGreport 2014, 227; OLG Oldenburg JurBüro 2017, 82; OLG Stuttgart NJW 2015, 1400 = StraFo 2015, 86 = AGS 2015, 73 = NStZ-RR 2015, 128 = RVGreport 2015, 92; LG Düsseldorf AGS 2017, 28 = JurBüro 2016, 637 = RVGreport 2016, 414.

[77] *Burhoff* RVGreport 2014, 210, 214; Burhoff/Volpert RVG/*Burhoff* Teil A Rn. 130.

[78] OLG Düsseldorf JurBüro 1991, 70; *Burhoff* RVGreport 2014, 210, 214.

[79] OLG Celle RVGreport 2011, 19 = StRR 2011, 37 = AGS 2011, 25.

[80] *Burhoff* RVGreport 2014, 210, 215; Burhoff/Volpert RVG/*Burhoff* Teil A Rn. 125.

[81] *Burhoff* RVGreport 2014, 210, 215; Burhoff/Volpert RVG/*Burhoff* Teil A Rn. 126; OLG Düsseldorf RVGreport 2015, 64 = NStZ-RR 2014, 359 = AGS 2015, 128.

[82] OLG München RVGreport 2008, 137 = JurBüro 2008, 248 = AGS 2008, 224.

[83] Wegen der Einzelheiten → § 16 Rn. 158 ff.

[84] → RVG VV Vorb. 4.1 Rn. 8; zur Frage, ob Einholung der Deckungszusage bei der Rechtsschutzversicherung dieselbe oder verschiedene Angelegenheiten sind, → Rn. 45.

[85] → Rn. 43 und → § 17 Rn. 2 ff.

Gesetzesbegründung zum 2. KostRMoG zur Änderung des § 17 Nr. 4b RVG wird ausdrücklich davon ausgegangen, dass die Regelung sämtliche Verfahren über den einstweiligen Rechtsschutz betrifft,[86] was bedeutet, dass auch die Tätigkeit im Rahmen der einstweiligen Anordnung nach § 114 Abs. 2 S. 2 StVollzG nun auf jeden Fall als **besondere Angelegenheit** angesehen werden muss und damit der frühere Streit in dieser Frage erledigt ist,[87]

- nach **Nr. 10a** sind das vorbereitende Verfahren und das gerichtliche Verfahren verschiedene Angelegenheiten,[88]
- nach **Nr. 10b** sind Strafverfahren und Bußgeldverfahren verschiedene Angelegenheiten,[89]
- **Nr. 12** regelt das Verhältnis von Strafverfahren und Verfahren über die vorbehaltene Sicherungsverwahrung als verschiedene Angelegenheiten,[90]
- nach **Nr. 13** sind das Wiederaufnahmeverfahren und das wiederaufgenommene Verfahren verschiedene Angelegenheiten,[91] entsprechendes gilt für das Wiederaufnahmeverfahren und das vorausgegangene Strafverfahren[92] sowie für das wiederaufgenommene und das frühere Strafverfahren,[93]

b) Verbindung/Trennung von Verfahren: Von erheblicher Bedeutung ist die Frage, wie mit mehreren gegen den Beschuldigten anhängigen Ermittlungsverfahren oder gerichtlichen Verfahren umzugehen ist. Dazu wird verwiesen auf → Rn. 23. Werden im **Berufungsverfahren** die Berufungssache und ggf. bei der Berufungskammer (als allgemeiner Strafkammer) anhängige erstinstanzliche Verfahren verbunden, handelt es sich weiter um verschiedene Angelegenheiten. Es liegt nämlich nicht eine Verschmelzungsverbindung iSd § 2 StPO, sondern eine Verhandlungsverbindung iSd § 237 StPO vor.[94] Werden gegen ein amtsgerichtliches Urteil sowohl vom Angeklagten als auch von der Staatsanwaltschaft Berufung eingelegt und wird später vom LG eins dieser Verfahren abgetrennt (z. B., um die Berufung des Angeklagten gem. § 329 Abs 1. StPO zu verwerfen), liegen unterschiedliche Angelegenheiten vor, mit der Folge, dass in beiden Angelegenheiten die Berufungsgebühren entstehen können und es sich, wenn Revision eingelegt wird, auch um unterschiedliche Revisionsverfahren handelt.[95] 33

c) Tätigkeit als Zeugenbeistand nach vorausgegangener Verteidigertätigkeit: Die Tätigkeit des RA als Zeugenbeistand wird nicht als dieselbe Angelegenheit iSd § 15 Abs. 2 RVG sondern als eine von der vorausgegangenen oder auch zeitlich parallel laufenden Verteidigertätigkeit verschiedene Angelegenheit angesehen.[96] 34

d) Nachtragsanklage: § 266 StPO sieht die Erhebung einer Nachtragsanklage vor. Diese wird in der Hauptverhandlung erhoben. Das Gericht kann die weiteren Straftaten, auf die sich die Nachtragsanklage bezieht, durch Beschluss in das Verfahren einbeziehen Gebührenrechtlich handelt es sich bei dem „Nachtragsanklageverfahren" und bei dem Ursprungsverfahren, in dem die Nachtragsanklage erhoben wird, um **verschiedene Angelegenheiten.** Das hat zur Folge, dass der RA nach den Grundsätzen des § 15 RVG in beiden Verfahren Gebühren verdienen kann.[97] 35

e) Jugendgerichtsverfahren (§§ 27, 30 JGG). Im JGG ist in § 27 JGG die Möglichkeit vorgesehen, die Verhängung einer Jugendstrafe zur Bewährung auszusetzen. Stellt sich dann vor allem durch schlechte Führung des Jugendlichen während der Bewährungszeit heraus, dass eine Jugendstrafe erforderlich ist, erkennt der Jugendrichter nach § 30 Abs. 1 JGG auf die Strafe, die er im Zeitpunkt des Schuldspruchs ausgesprochen hätte. Diese Entscheidung ergeht 36

[86] BT-Drs. 17/11471, 267.

[87] Bejahend KG RVGreport 2008, 100 = StraFo 2008, 132 = AGS 2008, 227 = StV 2008, 374; LG Marburg StraFo 2006, 216; verneinend Frankfurt a. M. 31.8.2006 – 2 Ws 44/06.

[88] Zum früheren Streit → RVG VV Vorb. 4.1 Einl. Rn. 2 mwN; *Burhoff* RVGreport 2014, 210, 211; RVGreport 2014, 290 f.; Burhoff/Volpert RVG/*Burhoff* Teil A Rn. 106 ff., 146 ff.; zum Anfall der Dokumentenpauschale VV 7000 Nr. 1 RVG – sowohl im vorbereitenden Verfahren als auch im gerichtlichen Verfahren – OLG Frankfurt a. M. RVGreport 2015, 345 = StRR 2015, 315 = AGS 2015, 383 = DAR 2015, 674.

[89] → Rn. 22; s. a. noch *N. Schneider* AGS 2011, 469; NZV 2014, 149; DAR 2015, 432.

[90] → § 17 Rn. 131.

[91] Zu den Gebühren des Verteidigers im Wiederaufnahmeverfahren s. VV 4136 ff. RVG.

[92] → § 17 Rn. 134; Mayer/Kroiß/*Rohn* RVG § 17 Rn. 56; *Burhoff* RVGreport 2014, 290, 291.

[93] → § 17 Rn. 135; Mayer/Kroiß/*Rohn* RVG § 17 Rn. 56; *Burhoff* RVGreport 2014, 290, 291.

[94] Burhoff/Volpert RVG/*Burhoff* Teil A Rn. 158 f.; *Burhoff* RVGreport 2015, 242, 244.

[95] Burhoff/Volpert RVG/*Burhoff* Teil A Rn. 152 mit Bsp.

[96] *Burhoff* RVGreport 2014, 290, 292; → RVG VV Vorb. 4.1 Einl. Rn. 10 mwN.

[97] OLG Brandenburg StraFo 2018, 87 = RVGreport 2018, 174 = AGS 2018, 118 = RVG prof. 2018, 78 = StRR Sonderausgabe 6/2018, 17; *Burhoff* RVGreport 2014, 290, 292; Burhoff/Volpert RVG/*Burhoff* Teil A Rn. 149 mit Bsp.

nach § 62 Abs. 1 S. 1 JGG aufgrund einer Hauptverhandlung durch Urteil. Fraglich ist, ob diese Regelung dazu führt, eine vom ursprünglichen Erkenntnisverfahren verschiedene Angelegenheit annehmen zu können, in der die Gebühren des VV Teil 4 Abschn. 1 RVG sämtlich noch einmal entstehen. Das ist nicht der Fall. Bei der der ggf. nach §§ 27, 30 JGG zu treffenden Entscheidung handelt es sich um die das (ursprüngliche) Erkenntnisverfahren abschließende (gerichtliche) Entscheidung: Für die Teilnahme an dieser Hauptverhandlung entsteht dann die jeweilige Hauptverhandlungsterminsgebühr. Andere Gebühren, vor allem die gerichtliche Verfahrensgebühr, entstehen nicht (noch einmal).[98]

37 **f) Strafvollstreckung (VV Teil 4 Abschn. 2 RVG):** Jedes einzelne Vollstreckungsverfahren stellt eine **verschiedene Angelegenheit** iSv § 15 Abs. 2 RVG dar.[99] Das Verfahren über die Aussetzung des Restes der Freiheitsstrafe zur Bewährung und das Verfahren über die Aussetzung einer Maßregel sollen nach Auffassung des OLG Nürnberg und des LG Amberg als eine gebührenrechtliche Angelegenheit zu werten sein, wenn Freiheitsstrafe und Maßregel aus demselben Urteil stammen.[100]

38 **g) Strafverfahren und sich anschließendes Privatklageverfahren:** Die Frage, ob ein Strafverfahren und ein sich daran nach Einstellung betriebenes Privatklageverfahren unterschiedliche Angelegenheiten sind, regelt das RVG nicht. Sie kann aber Bedeutung erlangen, wenn nach Einstellung eines Strafverfahrens und/oder Verweisung des Anzeigeerstatters auf den Privatklageweg dieser das Privatklageverfahren betreibt. Strafverfahren und ein sich ggf. nach dessen Einstellung anschließendes Privatklageverfahren sind nicht dieselbe, sondern sind **verschiedene Angelegenheiten.** Dafür spricht schon, dass das Privatklageverfahren nicht eine Fortführung des (staatlichen) Strafverfahrens als Offizialverfahren ist, sondern eine besondere Verfahrensart, für die eigene Regeln gelten Das Strafverfahren kann auch nicht etwa als „Vorverfahren" eines sich ggf. anschließenden Privatklageverfahrens angesehen werden. Beide Verfahren sind eigenständige Verfahren,[101] in denen daher jeweils Gebühren entstehen können.

39 **h) Sühneversuch und Privatklage:** Der Sühneversuch nach § 380 StPO und das Privatklageverfahren nach §§ 375 ff. StPO sind verschiedene Angelegenheiten sind.[102]

40 **i) Einzeltätigkeiten (VV Teil 4 Abschn. 3 RVG):** Für Einzeltätigkeiten ist auf VV Vorb. 4.3 Abs. 3 RVG zu verweisen. Danach entsteht die Gebühr für jede der genannten Tätigkeiten gesondert, soweit nichts anderes bestimmt ist.[103]

4. Besondere Angelegenheiten (§ 18 RVG)

41 **a) Allgemeines:** In § 18 RVG sind die besonderen Angelegenheiten geregelt. Besondere strafrechtliche Regelungen sind nicht enthalten. Die Vorschrift fasst vielmehr im Wesentlichen Regelungen zur Zwangsvollstreckung und zu Familiensachen zusammen, die früher über die BRAGO verstreut waren. Auf folgende Fälle ist aber dennoch hinzuweisen:

42 **b) Beschwerden.** Für Angelegenheiten, die in VV Teil 3 RVG geregelt sind, stellt die Beschwerde eine neue Angelegenheit dar. Das ergibt sich aus § 15 Abs. 2 RVG und aus § 18 Abs. 1 Nr. 3 RVG. Demgemäß sehen die VV 3500 ff. RVG für die Beschwerdeverfahren nach VV Teil 3 RVG auch gesonderte Vergütungsregelungen vor. Für Beschwerden im Strafverfahren gilt das grds. nicht. In diesen Verfahren löst die Beschwerde vielmehr idR keine neue besondere Angelegenheit aus. Das Beschwerdeverfahren gehört aufgrund des Pauschgebührencharakters der Vorschriften noch **zum Rechtszug.**[104] Das ist durch das 2. KostRMoG in § 19 Abs. 1 S. 2 Nr. 10a RVG ausdrücklich geregelt worden[105] Das KostRÄG 2021 v. 21.12.2020[106] hat in § 17 Nr. 1 RVG durch den Einschub „soweit sich aus § 19 Abs. 1 S. 2 Nr. 10a RVG nicht an-

---

[98] *Burhoff* RVGreport 2014, 290, 293; Burhoff/Volpert RVG/*Burhoff* Teil A Rn. 154 ff.

[99] → RVG VV Vorb. 4.2 Einl. Rn. 4 f.; *Burhoff* RVGreport 2014, 290, 293; Burhoff/Volpert RVG/*Burhoff* Teil A Rn. 161 ff.; LG Magdeburg StraFo 2010, 172 = RVGreport 2010, 183 = StRR 2010, 279 = AGS 2010, 429.

[100] OLG Nürnberg RVGreport 2017, 256; LG Amberg RVGreport 2017, 256.

[101] *Burhoff* RVGreport 2014, 290 (294).

[102] → RVG VV 7001, 7002 Rn. 26 mwN; *Burhoff* RVGreport 2014, 290, 295; Burhoff/Volpert RVG/*Burhoff* Teil A Rn. 146.

[103] Wegen der Einzelheiten → RVG VV Vorb. 4.3 Rn. 11 ff.

[104] Schneider/Wolf/*N. Schneider* RVG § 15 Rn. 113 ff., § 18 Rn. 86; *Volpert* VRR 2006, 453; *Burhoff* RVGreport 2012, 12 und RVG prof. 2014, 30; s. a. Burhoff/Volpert RVG/*Volpert* Teil A Rn. 562 ff. mwN.

[105] *Burhoff* RVGreport 2014, 330; für das alte Recht ua BGH NJW 2009, 2682 = MDR 2009, 1193 = StRR 2009, 385; OLG Düsseldorf AGS 2011, 70 = RVGreport 2011, 22 = StRR 2011, 38; AG Hof AGS 2011, 68 = JurBüro 2011, 253 = VRR 2011, 83; AG Sinzig JurBüro 2008, 249.

[106] BGBl. I 3229.

deres ergibt" noch einmal zusätzlich klargestellt. Gesonderte (Beschwerde)Gebühren entstehen also grundsätzlich nicht.[107]

Von diesem Grundsatz macht das RVG jedoch folgende **Ausnahmen:** 43

- Nach **VV Vorb. 4 Abs. 5 RVG** lösen in Strafsachen die Erinnerungen und Beschwerden gegen den Kostenansatz, gegen einen Kostenfestsetzungsbeschluss sowie Beschwerden in Zwangsvollstreckungssachen eine Beschwerdegebühr nach VV 3500 ff. RVG aus.[108]
- Im **Wiederaufnahmeverfahren** ist nach VV 4139 RVG eine (besondere) Verfahrensgebühr für das Beschwerdeverfahren vorgesehen.
- Nach VV Vorb. 4.2 RVG erhält der RA bei den Gebühren in der **Strafvollstreckung** nach VV Teil 4 Abschn. 2 RVG im Verfahren über die Beschwerde gegen die Entscheidung in der Hauptsache eine besondere „Verfahrensbeschwerdegebühr".[109]
- Nach VV 4145 RVG erhält der RA für die sofortige Beschwerde nach **§ 406a StPO,** mit der er sich im Adhäsionsverfahren gegen die sog. Absehensentscheidung wendet, eine eigenständige Gebühr.
- Eine besondere Gebühr erhält der RA nach **VV 4146 RVG** auch, wenn er für den Mandanten gegen eine das Verfahren über den Antrag auf gerichtliche Entscheidung beendende Entscheidung gem. § 25 Abs. 1 S. 4 StrRehaG iVm § 13 StrRehaG Beschwerde einlegt.
- Auch bei den **Einzeltätigkeiten** in Strafsachen entsteht nach VV Vorb. 4.3 Abs. 3 S. 2 RVG die Beschwerdegebühr gesondert.

c) Therapieunterbringungsgesetz. § 20 Abs. 3 S. 2 ThUG bestimmt, dass die Tätigkeit, die der nach § 7 Abs. 1 ThUG beigeordnete RA im Verfahren zur Therapierung und Unterbringung psychisch gestörter Gewalttäter zwischen dem Anordnungs- bzw. Verlängerungsverfahren und einem weiteren Verfahren über die Therapieunterbringung erbringt, eine besondere Angelegenheit darstellt, für die die Verfahrensgebühr VV 6302 RVG anfällt.[110] 44

d) Einholung der Deckungszusage. Der in Straf- und Bußgeldsachen vertretene Mandant ist häufig rechtsschutzversichert. Hat der RA das Bestehen einer Rechtsschutzversicherung bei der Übernahme des Mandats festgestellt, wird der Anwalt häufig die Deckungszusage der Rechtsschutzversicherung für das anstehende Verfahren einholen. Jedenfalls dann, wenn es sich nicht um einen unproblematischen Standardfall handelt, ist die Einholung keine von den später in der Straf- oder Bußgeldsache anfallenden Gebühren abgegoltene Serviceleistung des Anwalts.[111] Nach hM handelt es sich vielmehr um eine besondere Angelegenheit iSv § 15 Abs. 2 RVG.[112] Nach Auffassung des BGH[113] spricht allerdings viel dafür, die Einholung der Deckungszusage jedenfalls dann nicht als besondere gebührenrechtliche Angelegenheit anzusehen, wenn sich die Tätigkeit des RA in der Anforderung der Deckungszusage bei der Rechtsschutzversicherung unter Beifügung eines Entwurfs der Klageschrift erschöpft und die Zusage anschließend umstandslos erteilt wird.[114] 45

IV. Erstattungsfragen

1. Allgemeines

Die Fragen der Kostentragung im Strafverfahren sind in den **§§ 464 ff. StPO** geregelt. Nach § 464a Abs. 1 S. 1 StPO muss jedes Urteil, jeder Strafbefehl und jede eine Untersuchung einstellende gerichtliche Entscheidung eine Bestimmung darüber treffen, von wem die Kosten des Verfahrens zu tragen sind. Nach § 464 Abs. 2 StPO hat das Gericht auch über die notwendigen Auslagen des oder der Beteiligten zu entscheiden; inwieweit das auch für (unselbständige) 46

[107] Vgl. aber → Rn. 43.

[108] Wegen der Einzelheiten → RVG VV Vorb. 4 Rn. 51; Burhoff/Volpert RVG/*Burhoff* VV Vorb. 4 Rn. 130 ff.

[109] Vgl. die Kommentierung bei → RVG VV Vorb. 4.2 Rn. 1 ff.

[110] BT-Drs. 17/3403, 59; s. a. Burhoff/Volpert RVG/*Volpert* Teil A Rn. 30; zu Einzelheiten Burhoff/Volpert RVG/*Volpert* Teil A Rn. 1955 ff.

[111] AG Schwäbisch-Hall VersR 2010, 1332.

[112] Vgl. ua KG AnwBl 2010, 445 = MDR 2010, 840; OLG Düsseldorf AGS 2011, 366 = MDR 2011, 760 = AnwBl 2011, 964; LG Ulm ZfS 2010, 521; LG Duisburg ZfS 2010, 520; Burhoff/Volpert RVG/*Volpert* Teil A Rn. 617 ff.; OLG Celle AGS 2011, 152 = RVGreport 2011, 149 = VRR 2011, 198; OLG Düsseldorf AGS 2011, 366 = MDR 2011, 760 = AnwBl 2011, 964.

[113] BGH NJW 2012, 6 = AGS 2012, 152 = RVGreport 2012, 154; zur Erstattungsfähigkeit der Rechtsanwaltskosten für die Einholung einer Deckungszusage des Rechtsschutzversicherers BGH NJW 2011, 1122 = AGS 2011, 254.

[114] Wegen der Einzelheiten zu allem Burhoff/Volpert RVG/*Volpert* Teil A Rn. 587 ff.; *Terriuolo* AnwBl 2017, 44.

Zwischenentscheidungen gilt, ist umstritten.[115] Stellt die **Staatsanwaltschaft** das Ermittlungsverfahren ein, ohne dass das Verfahren gerichtlich anhängig war, ist eine Kosten- und Auslagenentscheidung idR **nicht** veranlasst. Eine Entscheidung über die notwendigen Auslagen, nicht über die Verfahrenskosten, ist dann nur vorgesehen, wenn die Sache gerichtlich anhängig war und die Staatsanwaltschaft die Anklage oder den Antrag auf Erlass eines Strafbefehls zurückgenommen hat (vgl. § 467a StPO).[116]

47 Die §§ 464 ff. StPO **unterscheiden** zwischen den „Kosten des Verfahrens" und den „notwendigen Auslagen eines Beteiligten". Kosten des Verfahrens sind nach § 464a Abs. 1 S. 1 StPO die Gebühren und Auslagen der Staatskasse, zu den notwendigen Auslagen der Beteiligten zählt nach § 464a Abs. 2 Nr. 2 StPO insbes. die gesetzliche Vergütung eines RA.[117]

48 Nur, wenn eine **Kostengrundentscheidung** über die notwendigen Auslagen getroffen worden ist, können die Anwaltskosten festgesetzt werden. Fehlt eine solche Entscheidung ist eine Festsetzung nicht möglich.[118] Der Kostenbeamte ist im Rahmen des Kostenfestsetzungsverfahrens grds. an eine bestandskräftige Kostengrundentscheidung **gebunden,** und zwar selbst dann, wenn diese eine dem geltenden Recht unbekannte und von vornherein unzulässige Rechtsfolge ausspricht, fehlerhaft oder sogar grob gesetzeswidrig ist.[119] Lediglich dann, wenn die Kostengrundentscheidung nach allgemeinen Rechtsgrundsätzen nichtig/offenkundig gesetzwidrig ist, kann die Entscheidung unbeachtlich sein.[120]

49 Beim **Fehlen** einer ausdrücklichen Auslagenentscheidung verbleiben die (notwendigen) Auslagen bei demjenigen, dem sie entstanden sind. Eine nachträgliche Ergänzung der Kostenentscheidung ist unzulässig,[121] sie kann aber ausgelegt werden.[122] Es muss gegen die (unvollständige) Kostenentscheidung nach § 464 Abs. 3 StPO **sofortige Beschwerde,** ggf. kombiniert mit einem Wiedereinsetzungsantrag, eingelegt werden.[123] Gegebenenfalls ist die Anfechtbarkeit der Kostenentscheidung aber nach § 464 Abs. 3 S. 1 Hs. 2 StPO ausgeschlossen, wenn die Hauptentscheidung **unanfechtbar** ist.[124] Das gilt aber zB nicht, wenn das Rechtsmittel dem Beteiligten, wie zB dem Angeklagten mangels Beschwer, nur nicht zusteht.[125]

2. Kostenentscheidung/Kostenschuldner

50 Wird der **Angeklagte verurteilt,** scheidet die **Erstattung** seiner notwendigen Auslagen **aus,** da er diese nach § 465 Abs. 1 StPO selbst tragen muss (s. aber § 465 Abs. 2 StPO).[126]

Demgegenüber kommt eine **Erstattung** in folgenden Fällen in Betracht:

---

[115] Verneint von KG StRR 2012, 307 mAnm *Hanschke* und einer eingehenden Darstellung des Streitstandes.

[116] Zur Auslagenerstattung im Ermittlungsverfahren Burhoff StrafR-EV-HdB Rn. 730 ff.; *Burhoff* RVG prof. 2016, 95; vgl. auch *Fromm* JurBüro 2015, 175.

[117] Zur Auslagenerstattung für den gerichtlich beigeordneten oder bestellten RA *Volpert* StRR 2008, 55 ff.; 2008, 95 ff.; 2008, 212 ff.; 2008, 293 ff.

[118] Vgl. zB OLG Celle NJW 2013, 486 (Ls.) = NStZ-RR 2013, 63 (Ls.) = StRR 2012, 443 (Ls.) = OLGSt GKG § 66 Nr. 1 für eine in einem auf § 154 Abs. 2 StPO beruhenden Einstellungsbeschluss fehlende Kostentscheidung.

[119] OLG Düsseldorf I-10 W 49/18, I-2 W 44/17; LG Koblenz AGS 2011, 353 = StRR 2011, 3 (Ls.); LG Saarbrücken NStZ-RR 2001, 383; Meyer-Goßner/Schmitt/*Schmitt* StPO § 464b Rn. 1; ähnlich LG Traunstein RVGreport 2018, 469.

[120] Ua KG RVGreport 2011, 183 = AGS 2012, 45 = ZfS 2011, 346; LG Koblenz StraFo 2011, 353 = AGS 2011, 353 = StRR 2011, 3 (Ls.); JurBüro 2014, 514; LG Saarbrücken NStZ-RR 2001, 383; ähnlich LG Traunstein RVGreport 2018, 469 = Sonderausgabe StRR 12/2018, 5; Meyer-Goßner/Schmitt/*Schmitt* StPO § 464b Rn. 1; Burhoff/Volpert RVG/*Volpert* Teil A Rn. 1338 ff.

[121] Zuletzt ua KG NStZ-RR 2004, 190; OLG Oldenburg NStZ-RR 2006, 191; LG Potsdam AGS 2015, 438 = JurBüro 2015, 367 = Rpfleger 2015, 424; Meyer-Goßner/Schmitt/*Schmitt* StPO § 464 Rn. 12 mwN.

[122] Ähnlich LG Traunstein AGS 2019, 144 = RVGreport 2018, 469 = StRR Sonderausgabe 12/2018, 5.

[123] KG NStZ-RR 2004, 190; OLG Köln AGS 2010, 411 = RVG prof. 2010, 191; für das vollständige Unterlassen einer an sich gebotenen Kostenentscheidung OLG Hamm BeckRS 2017, 114354.

[124] Wegen der Einzelheiten Meyer-Goßner/Schmitt/*Schmitt* StPO § 464 Rn. 17 ff. mwN.

[125] OLG Düsseldorf JurBüro 2012, 431; ähnlich OLG Hamburg StRR 2015, 307 = RVGreport 2015, 320; OLG Stuttgart Justiz 2013, 156 = NStZ-RR 2013, 95 (Ls.) = StRR 2012, 442 (Ls.) für Anfechtung der Kostenentscheidung des Berufungsurteils durch den Nebenkläger; OLG Brandenburg NStZ-RR 2016, 392 für Anfechtung der Kostenentscheidung nach Berufungsrücknahme; Meyer-Goßner/Schmitt/*Schmitt* StPO § 464 Rn. 19.

[126] Zu § 465 Abs. 2 StPO BGH NStZ-RR 2014, 390 = RVGreport 2015, 199 = StRR 2015, 180; OLG Karlsruhe RVGreport 2019, 198 = RVG prof. 2019, 42 =VRR 1/2019, 24; OLG Stuttgart Justiz 2018, 516; LG Oldenburg AGS 2019, 94 = JurBüro 2019, 309 = RVGreport 2019, 145 = StRR Sonderausgabe 7/2019, 5 = VRR 11/2019, 15; LG Wuppertal StraFo 2010, 88 = VRR 2010, 158 = VA 2010, 36; zur Übernahme von Verteidigerkosten durch Dritte *Brockhaus* StraFo 2019, 133.

§ 467 Abs. 1 StPO regelt den **Grundsatz,** und zwar die Erstattung der notwendigen Auslagen durch die Staatskasse im Fall des **Freispruchs,** Ablehnung der Eröffnung des Hauptverfahrens oder bei Einstellung. Grds. werden die notwendigen Auslagen der Staatskasse auferlegt.[127] Eine Kostenentscheidung enthalten müssen alle (abschließenden) Entscheidungen. Das bedeutet, dass zB auch eine gerichtliche Entscheidung, in der im Beschwerdeverfahren eine vollständige Abhilfeentscheidung getroffen wird, eine Kostenentscheidung enthalten muss.[128] Für den **Teilfreispruch** sieht § 464d StPO die Möglichkeit der Auslagenverteilung nach Bruchteilen vor.[129] Das Gericht kann von dieser Möglichkeit jedoch auch keinen Gebrauch machen und die Verteilung dem Kostenfestsetzungsverfahren vorbehalten.[130] Dann kommt in der Praxis idR die sog. **Differenztheorie** zur Anwendung,[131] und zwar ggf. auch für die Auslagenerstattung.[132] Dem Angeklagten können danach auch bei überwiegendem Freispruch alle Verfahrenskosten auferlegt werden.[133] 51

Nach **§ 467 Abs. 3 S. 2 Nr. 2 StPO** kann das Gericht (ausnahmsweise) davon absehen, die notwendigen Auslagen des Angeschuldigten der Staatskasse aufzuerlegen, wenn er wegen einer Straftat nur deshalb nicht verurteilt wird, weil ein **Verfahrenshindernis** besteht. Dies setzt voraus, dass der Angeschuldigte ohne das Vorliegen des Verfahrenshindernisses mit Sicherheit verurteilt worden wäre. Voraussetzung ist das Bestehen eines erheblichen Tatverdachts.[134] Eine Schuldzuweisung darf in dem Zusammenhang allerdings nicht erfolgen.[135] Die Erstattung der dem Nebenkläger entstandenen notwendigen Auslagen kommt bei Einstellung wegen eines Verfahrenshindernisses, wie zB Versterben des Angeklagten, nicht in Betracht.[136] 52

Von dem oa Grundsatz gelten folgende weitere **Ausnahmen:** Eine Ausnahme enthält **§ 467 Abs. 2 StPO.** Danach werden die Kosten des Verfahrens, die der Angeschuldigte durch eine **schuldhafte Säumnis** verursacht hat, ihm und nicht der Staatskasse auferlegt.[137] Ob ein Fall der Säumnis vorlag und deshalb dem Angeschuldigten die Kosten des Verfahrens auferlegt bzw. seine Auslagen insoweit der Staatskasse nicht auferlegt werden, entscheidet das Gericht in der Kostengrundentscheidung. Unterbleibt das, so kann das im Kostenfestsetzungsverfahren nicht nachgeholt, insbes. dort nicht ausgesprochen werden, dass die im versäumten Termin entstandenen Auslagen des Erstattungsberechtigten nicht notwendig gewesen wären.[138] 53

Eine Ausnahme enthält auch **§ 467 Abs. 3 S. 1 StPO.** Danach werden die notwendigen Auslagen des Angeschuldigten der Staatskasse nicht auferlegt, wenn der Angeschuldigte die 54

---

[127] Eing. *Fromm* JurBüro 2015, 175; *Burhoff* RVG prof. 2016, 95; OLG Hamm StraFo 2009, 261 = StRR 2008, 203 zur Frage Kostenerstattung für eine im Laufe des Verfahrens erfolglos eingelegte Haftbeschwerde, wenn der Angeklagte dann frei gesprochen wird; zur Verletzung des Willkürverbots durch schlechthin unvertretbare Auferlegung von Kosten und Auslagen im OWi-Verfahren nach Verfahrenseinstellung BVerfG NJW 2016, 861 = StRR 2015, 474 = RVGreport 2016, 158; zur Erstattung von Wahlanwaltsgebührenbei erstinstanzlicher Verurteilung und Freispruch im Berufungsverfahren LG Bad Kreuznach JurBüro 2018, 480.

[128] OLG Nürnberg RVG prof. 2017, 8 = StRR 12/2016, 5; Löwe/Rosenberg/*Hilger* StPO § 473 Rn. 14 mwN; KK-StPO/*Gieg* § 464 Rn. 3 mwN; Burhoff/Volpert RVG/*Burhoff* VV Vorb. 4 Rn. 14.

[129] KG StraFo 2009, 260 = RVGreport 2009, 231 = JurBüro 2009, 316.

[130] Meyer-Goßner/Schmitt/*Schmitt* StPO § 464d Rn. 1.

[131] Meyer-Goßner/Schmitt/*Schmitt* StPO § 465 Rn. 9; Burhoff/Volpert RVG/*Volpert* Teil A Rn. 1336 ff.; Burhoff/Kotz StrafR-Rechtsmittel-HdB/*Volpert* Teil J Rn. 188 ff.; *Volpert* RVGreport 2007, 289; RVGreport 2007, 444; StRR 2009, 372; OLG Celle RVGreport 2016, 429 = NdsRpfl 2017, 18 = Rpfleger 2017, 179 = StRR Sonderausgabe 12/2016, 2; OLG München NStZ-RR 2017, 96 (Ls.) = RVGreport 2017, 231; OLG Oldenburg StraFo 2007, 127 = StRR 2007, 278 = RVGreport 2007, 469; AG Koblenz JurBüro 2008, 313.

[132] KG NStZ-RR 2004, 190; zum pflichtgemäßen Ermessen des Rechtspflegers bei der Entscheidung, ob im Falle des Teilfreispruchs im Kostenfestsetzungsverfahren der Erstattungsanspruch des Angeklagten nach der Differenztheorie oder nach sachgerechter Schätzung durch eine Quotelung bestimmt werden soll, KG AGS 2012, 392 = JurBüro 2012, 482 = RVGreport 2012, 391.

[133] OLG Köln StRR 2010, 437 = NStZ-RR 2010, 326 (Ls.).

[134] BayObLG NJW 1970, 875; KG StraFo 2005, 483; OLG Hamburg NJW 1969, 945; MDR 1974, 160; OLG Jena NStZ-RR 2007, 254; OLG Karlsruhe AnwBl 1976, 305; OLG Köln OLGSt StPO § 467 Nr. 12; OLG München JurBüro 1989, 128; LG Düsseldorf StraFo 2009, 396, bei Verjährung trägt idR die Staatskasse die notwendigen Auslagen; AG Frankfurt VRR 2008, 443 (Ls.); BVerfG NStZ 1987, 421; 1988, 84; NJW 1992, 1612; KK-StPO/*Gieg* § 467 Rn. 10b mwN aus der Rspr. (nv); auch Burhoff StrafR-EV-HdB Rn. 1998 ff.

[135] StRspr, grdl. BVerfG NJW 1992, 1612; NJW 2016, 861 = RVGreport 2016, 158 = StRR 2015, 474 (Bußgeldverfahren); sa BVerfGK 3, 229; aus neuerer Zeit EGMR NJW 2020, 1275; Meyer-Goßner/Schmitt/*Schmitt* StPO § 467 Rn. 19 mwN.

[136] BGH NStZ-RR 2009, 21 = StraFo 2009, 42; StraFo 2008, 442.

[137] Vgl zur zu späten Rücknahme eines Rechtsmittels OLG Bremen zfs 2020, 532 mablAnm *Burhoff* VRR 8/2020, 28 = JurBüro 2020, 484 (für Rücknahme des Einspruchs gegen einen Bußgeldbescheid).

[138] Str., vgl. die Nachw. bei Meyer-Goßner/Schmitt/*Schmitt* StPO § 467 Rn. 20.

Erhebung der öffentlichen Klage dadurch veranlasst hat, dass er in einer **Selbstanzeige** vorgetäuscht hat, die ihm zur Last gelegte Tat begangen zu haben. Die unwahre Selbstanzeige muss die Erhebung der öffentlichen Klage verursacht haben.[139]

55 **§ 467 Abs. 3 S. 2 Nr. 1 StPO** regelt die **wahrheitswidrige Belastung.** Das Gericht kann davon absehen, die notwendigen Auslagen des Angeschuldigten der Staatskasse aufzuerlegen, wenn der Angeschuldigte die Erhebung der öffentlichen Klage dadurch veranlasst hat, dass er sich selbst in wesentlichen Punkten wahrheitswidrig oder im Widerspruch zu seinen späteren Erklärungen belastet.[140]

56 Auch beim **Verschweigen wesentlicher entlastender Umstände** kann das Gericht von der Überbürdung absehen, **§ 467 Abs. 3 S. 2 Nr. 1 StPO.** Das Verschweigen hat aber nur dann kostenrechtliche Nachteile, wenn der Angeschuldigte sich vor Klageerhebung zur Beschuldigung geäußert hat. Schweigt der Beschuldigte bis zur Anklageerhebung, gibt aber nach Anklageerhebung sein Schweigen auf und wird dann wegen seines Vorbringens entlastender Umstände freigesprochen, so ist § 467 Abs. 3 S. 2 Nr. 1 StPO nicht anzuwenden.[141]

57 Bei einer **Ermessenseinstellung** kann das Gericht davon absehen, die notwendigen Auslagen des Angeschuldigten der Staatskasse aufzuerlegen, **§ 467 Abs. 4 StPO.** Gemeint sind die Fälle der endgültigen Verfahrenseinstellung, zB § 153 Abs. 2 StPO. Ist das Verfahren nach § 153a StPO vorläufig eingestellt und wird es nach Erfüllung der Auflagen und Weisungen endgültig eingestellt, so werden die notwendigen Auslagen des Angeschuldigten der Staatskasse nicht auferlegt, **§ 467 Abs. 5 StPO.**

58 Nimmt die Staatsanwaltschaft die **öffentliche Klage zurück** und stellt sie das Verfahren ein, so hat das Gericht auf Antrag die dem Angeschuldigten erwachsenen notwendigen Auslagen der Staatskasse aufzuerlegen, **§ 467a Abs. 1 S. 1 StPO.** Die öffentliche Klage muss also erhoben und wirksam zurückgenommen sein, sodann muss die Staatsanwaltschaft das Ermittlungsverfahren eingestellt haben. Daraus folgt, dass die Vorschrift bei Einstellung eines Ermittlungsverfahrens, das nicht gerichtlich anhängig gewesen ist, nicht anzuwenden ist.[142]

59 **§ 469 Abs. 1 StPO** regelt die Erstattung der notwendigen Auslagen durch den Anzeigenden, wenn er das Strafverfahren durch eine vorsätzlich oder leichtfertig erstattete unwahre Anzeige veranlasst hat.

60 **§ 470 S. 1 StPO** regelt die Erstattungspflicht des (Straf-)Antragstellers, wenn das Verfahren wegen **Rücknahme** des **Strafantrags** eingestellt wird.

61 In **§ 471 Abs. 2 StPO** ist die Erstattungspflicht des **Privatklägers** geregelt, wenn die Klage gegen den Beschuldigten zurückgewiesen oder dieser freigesprochen wird.

62 **§ 473 StPO** regelt schließlich die Erstattungspflicht durch die Staatskasse, den Privat- oder Nebenkläger bei von diesen erfolglos eingelegten Rechtsmitteln und die Erstattungspflicht durch die Staatskasse, wenn ein **Rechtsmittel** des Beschuldigten Erfolg hatte.[143]

3. Erstattungsfähige Kosten

63 Nach **§ 464a Abs. 2 Nr. 2 StPO** sind die Gebühren und Auslagen eines RA zu erstatten, soweit sie nach § 91 Abs. 2 ZPO erstattungsfähig sind.[144] Auf die Notwendigkeit der Mitwirkung des Verteidigers iSv § 140 StPO kommt es nicht an.[145] In Strafsachen werden einem RA

---

[139] KK-StPO/*Gieg* § 467 Rn. 5.

[140] Löwe/Rosenberg/*Hilger* StPO § 467 Rn. 37, 40; KK-StPO/*Gieg* § 467 Rn. 7; OLG Braunschweig NJW 1973, 158; OLG Koblenz VRS 45, 374.

[141] OLG Bremen JurBüro 1977, 696; OLG Brandenburg VRR 2009, 243 (Ls.) = StRR 2009, 282 (Ls.) = wistra 2009, 366; OLG Düsseldorf StV 1984, 108; OLG Hamburg DAR 1980, 279; OLG Frankfurt a. M. JurBüro 1981, 885; OLG Koblenz AnwBl 1979, 393; LG Münster AnwBl 1974, 227; LG Nürnberg-Fürth AnwBl 1977, 262; LG Hannover Rpfleger 1978, 200; LG Braunschweig AnwBl 1979, 41; AG Gießen JurBüro 1980, 100; AG Hersfeld AnwBl 1978, 320; Meyer-Goßner/Schmitt/*Schmitt* StPO § 467 Rn. 8 mwN; zur Ausnahme im OWi-Verfahren s. § 109a Abs. 1 OWiG; zum Schweigen bei einer informatorischen Befragung BGH NStZ-RR 2003, 103.

[142] BGHSt 30, 152 = NJW 1981, 2651 (Ls.) = NStZ 1981, 441 = StV 1981, 536.

[143] Zur Kostenentscheidung beim beschränkten Rechtsmittel dem OLG Celle 5.2.2020 – 2 Ws 35/20; zur Kostenerstattung nach Rücknahme des zuungunsten des Angeklagten eingelegten Rechtsmittels der Staatsanwaltschaft s. die Nachw. bei → RVG VV 4124, 4125 Einl. Rn. 6.

[144] Wegen der erstattungsfähigen Kosten ua Meyer-Goßner/Schmitt/*Schmitt* StPO § 464 Rn. 6 ff. mwN; Burhoff/Volpert RVG/*Volpert* Teil A Rn. 1365 ff. mwN; s. a. noch Schneider/Wolf/*N. Schneider* RVG VV Vorb. 4 Rn. 115 ff.

[145] Meyer-Goßner/Schmitt/*Schmitt* StPO § 464 Rn. 9 mwN.

für seine „Verteidigung" in eigener Sache keine Gebühren und Auslagen nach dem RVG erstattet.[146]

64 Erstattet werden nach § 464a Abs. 2 Nr. 2 StPO die Gebühren und Auslagen eines RA. Dazu zählen grds. nur die **gesetzlichen Gebühren.** Bei **Betragsrahmengebühren** prüft das Gericht die Angemessenheit der vom Verteidiger nach § 14 Abs. 1 S. 1 RVG getroffenen Bestimmung in eigener Verantwortung. Die vom RA geltend gemachte Gebühr wird heruntergesetzt, wenn sie unbillig hoch ist. Das wird von den Gerichten angenommen, wenn sie die angemessene Gebühr um mehr als 20% übersteigt.[147] Der Einholung eines Gutachtens des Vorstands der Rechtsanwaltskammer nach § 14 Abs. 2 RVG bedarf es nicht.[148]

65 Hat der Beschuldigte mit seinem Verteidiger eine **Vergütungsvereinbarung** getroffen, entsteht eine Erstattungspflicht nur bis zur Höhe der gesetzlichen Vergütung.[149] Insofern hat die Regelung in § 42 Abs. 1 S. 4 RVG Bedeutung, da sie die Feststellung einer Pauschgebühr für den Wahlanwalt bis zum Doppelten der Wahlanwaltshöchstgebühr zulässt. IÜ gilt auch bei besonderem Umfang oder besonderer Schwierigkeit keine Ausnahme.[150]

4. Kostenfestsetzungsverfahren

66 Die Kosten sind gem. **§ 464b StPO** im Kostenfestsetzungsverfahren geltend zu machen;[151] Grundlage der Kostenfestsetzung nach § 464b StPO ist nicht die sich aus der StPO ergebende materielle Rechtslage, sondern allein die gem. § 464 Abs. 2 StPO zu treffende gerichtliche Auslagenentscheidung.[152] Nach § 464b S. 3 gelten für das Kostenfestsetzungsverfahren die Vorschriften der ZPO über das Verfahren entsprechend.[153] Über das Kostenfestsetzungsgesuch entscheidet der Rechtspfleger des Gerichts des ersten Rechtszugs (§ 21 Nr. 1 RPflG). Gegen seine Entscheidung ist nach §§ 11 Abs. 1 RPflG, 311 StPO das Rechtsmittel der sofortigen Beschwerde gegeben. Dieses Beschwerdeverfahren richtet sich grds. nach den entsprechenden Vorschriften der §§ 304 ff. StPO.[154] Umstritten ist/war, welche Frist für die Einlegung der **sofortigen Beschwerde** gilt. Zutreffend ist es, von einer Einlegungsfrist von einer Woche ab Zustellung des Kostenfestsetzungsbeschlusses auszugehen.[155] Der Beschwerdewert beträgt nach § 304 Abs. 3 StPO mehr als 200,– EUR.

---

[146] LG Nürnberg-Fürth NJW 1973, 913; LG Göttingen Rpfleger 1991, 337; LG Potsdam NStZ-RR 2014, 125 = NZV 2014, 233 = RVGreport 2014, 279 mwN zu aA; Meyer-Goßner/Schmitt/*Schmitt* StPO § 464a Rn. 14 mwN zu aA.

[147] Vgl. ua aus der Rspr.: **BGH** NJW 2011, 1603 = AGS 2011, 120 = RVGreport 2011, 136 = JurBüro 2011, 301, Zivilverfahren; AGS 2012, 221 mAnm *Schons* AGS 2012, 267 = RVG prof. 2012, 112 = RVGreport 2012, 258 = ZfS 2012, 402 = VRR 2012, 281, Zivilverfahren; und aus der Rspr. der **OLG:** KG StV 2006, 198 = AGS 2006, 73; RVGreport 2011, 174 = Rpfleger 2011, 347 = StRR JurBüro 2011, 414; AGS 2012, 392 = JurBüro 2012, 482 = RVGreport 2012, 391; OLG Bamberg NStZ-RR 2018, 192 = RVGreport 2018, 172 = RVG prof. 2018, 79; OLG Dresden 16.9.2014 – 3 Ws 27/14; OLG Düsseldorf RVGreport 2011, 57 = StRR 2011, 119; RVG prof. 2012, 117 = JurBüro 2012, 358 = StRR 2012, 397; OLG Hamm StraFo 2007, 218 = Rpfleger 2007, 426 = JurBüro 2007, 309; OLG Hamm AGS 2013, 254; OLG Hamm RVGreport 2017, 468, insoweit nicht in NStZ-RR 2017, 360 (Ls.); OLG Jena AnwBl 2008, 151 = RVGreport 2008, 56; OLG Karlsruhe RVGreport 2017, 386 = JurBüro 2017, 523; OLG Köln AGS 2008, 32 = RVG prof. 2008, 12 = RVGreport 2008, 5; OLG Köln RVG prof. 2016, 125 = RVGreport 2016, 452; OLG Saarbrücken RVGreport 2014, 103 = AGS 2014, 251 = RVG prof. 2014, 43; inzidenter OLG Stuttgart AGS 2010, 292 = RVGreport 2010, 263 = VRR 2010, 319; wegen weiterer Nachw. aus der Rspr. der LG iÜ: Burhoff/Volpert RVG/*Burhoff* Teil A Rn. 1747 ff.

[148] → § 14 Rn. 41 ff.

[149] BVerfG NJW 1985, 727; OLG Celle Rpfleger 1971, 28; OLG Düsseldorf JurBüro 1979, 398; OLG Frankfurt a. M. NJW 1971, 1327 und JurBüro 1978, 259; OLG Hamburg MDR 1976, 952; OLG Hamm NJW 1969, 1450; OLG Köln JMBlNRW 1973, 101; OLG Koblenz Rpfleger 1974, 289; 1984, 286; OLG München JurBüro 1975, 336; OLG Nürnberg JurBüro 1973, 733; Meyer-Goßner/Schmitt/*Schmitt* StPO § 464a Rn. 11; Löwe/Rosenberg/*Hilger* StPO § 464a Rn. 40.

[150] Meyer-Goßner/Schmitt/*Schmitt* StPO § 464 Rn. 11 mwN.

[151] Zur Erstattungspflicht der Staatskasse *Volpert* StRR 2009, 132 ff.; 2009, 214 ff.; 2009, 293 ff.

[152] LG Potsdam AGS 2015, 438 = JurBüro 2015, 367 = Rpfleger 2015, 424.

[153] Wegen der Einzelheiten Burhoff/Volpert RVG/*Volpert* Teil A Rn. 1336 ff. mwN; *Volpert* StRR 2009, 412 ff. (StRR 2009, 16 ff.); *Volpert* StRR 2009, 52 ff.

[154] BGH NJW 2003, 763 = StV 2003, 93 = StraFo 2003, 67.

[155] Vgl. den durch das 2. KostRMoG eingefügten § 1 Abs. 3 RVG; s. a. früher schon BGHSt 48, 106 ff.; OLG Celle StV 2001, 635 = Rpfleger 2001, 97; OLG Dresden StV 2001, 634; OLG Düsseldorf Rpfleger 2001, 96 = JurBüro 2001, 47; Rpfleger 2004, 120; OLG Hamm Rpfleger 2004, 732 = AGS 2005, 40; OLG Koblenz NJW 2005, 917; Meyer-Goßner/Schmitt/*Schmitt* StPO § 464b Rn. 7; Burhoff/Volpert RVG/*Volpert* Teil A Rn. 1336 ff.; Burhoff/Kotz StrafR-Rechtsmittel-HdB/*Volpert* Teil D Rn. 267 ff. mwN; Burhoff/Kotz StrafR-Rechtsmittel-HdB/*Volpert* Teil J Rn. 159 ff.; *Volpert* StRR 2009, 52, jeweils mwN.

V. Rechtsschutzversicherung in Strafsachen

1. Rechtsschutz für die Verteidigung

67 **a) Allgemeines.** Die ARB gewähren auch in Strafsachen grds. Rechtsschutz.[156] Es darf sich allerdings nur um ein **Vergehen** handeln. § 4 Abs. 3 ARV 1975 bzw. § 2i ARB 1994/2000 schließen den Versicherungsschutz für die Kosten der Verteidigung gegen den Vorwurf eines Verbrechens ausdrücklich aus. Beim Verteidigungs-Strafrechtsschutz wird eine Prüfung der Erfolgsaussichten nicht vorgenommen. Der Versicherungsnehmer darf allerdings nicht mutwillig handelt.[157]

68 **b) Vorsatztaten.** Bei Vorsatztaten gewähren die ARB nur **eingeschränkten** Versicherungsschutz. Es wird danach unterschieden, ob dem Versicherungsnehmer ein „verkehrsrechtliches Vergehen" oder ein „sonstiges Vergehen" vorgeworfen wird.

69 Bei **verkehrsrechtlichen Vergehen** besteht nach § 4 Abs. 3b ARB 1975 bzw. § 2iaa ARB 1994/2000 grds. Versicherungsschutz.[158] Erst wenn rechtskräftig festgestellt wird, dass der Versicherungsnehmer das Vergehen vorsätzlich begangen hat, entfällt der Versicherungsschutz. Eventuell gezahlte Kosten hat der Versicherungsnehmer dann zurückzuzahlen. Der Verteidiger sollte also auf die rechtzeitige Zahlung von Vorschüssen achten.[159] Bei **sonstigen Vergehen** besteht immer Versicherungsschutz, wenn die Vergehen nur fahrlässig begehbar sind. Für Vergehen, die nur vorsätzlich begangen werden können, besteht auf keinen Fall Versicherungsschutz. Soweit sowohl fahrlässige als auch vorsätzliche Begehung möglich ist (zB bei einer Trunkenheitsfahrt oder einer Körperverletzung), besteht Versicherungsschutz, wenn ein fahrlässiges Verhalten vorgeworfen wird. Beim Vorwurf vorsätzlicher Begehung ist Versicherungsschutz nach § 4 Abs. 3a ARB 1975 bzw. § 2ibb ARB 1994/2000 ausgeschlossen. Kommt es nicht zu einer Verurteilung (wegen Vorsatz), entsteht der Versicherungsschutz rückwirkend.[160] Bei einer **OWi** wird ohne Einschränkung Rechtsschutz gewährt.

70 Bei **verkehrsrechtlichen Straftaten** ist der Versicherungsschutz **darüber hinaus** ausgeschlossen, wenn der Fahrer bei Eintritt des Versicherungsfalls nicht die vorgeschriebene Fahrerlaubnis hatte, der Fahrer zum Führen des Fahrzeugs nicht berechtigt, das Fahrzeug nicht zugelassen oder das Fahrzeug nicht mit einem Versicherungskennzeichen versehen war. In diesen Fällen besteht Versicherungsschutz nur für solche Personen, die von der Nichtberechtigung zum Führen des Fahrzeugs oder von dem Fehlen der Zulassung oder des Versicherungskennzeichens ohne Verschulden keine Kenntnis hatten. Es handelt sich um eine Obliegenheitsverletzung. Das bedeutet, dass der Verstoß kausal für den Rechtsschutzfall sein muss.

2. Rechtsschutz im Adhäsionsverfahren

71 Will der **Geschädigte** seine Ersatzansprüche im Adhäsionsverfahren geltend machen, besteht im Umfang des versicherten Risikos Versicherungsschutz. Für die Abwehr der im Adhäsionsverfahren gegen den **Beschuldigten** geltend gemachten Ansprüche besteht kein Versicherungsschutz nach den ARB, da die Abwehr von Schadensersatzansprüchen hier grds. nicht versichert ist. Insoweit kann allerdings ein Anspruch auf Rechtsschutz gegen den Haftpflichtversicherer aus § 3 Abs. 2 Nr. 3 AHB; § 10 Abs. 1 AKB bestehen, soweit der geforderte Schadensersatz unter das versicherte Risiko fällt.

Nr.	Gebührentatbestand	Gebühr oder Satz der Gebühr nach § 13 oder § 49 RVG	
		Wahlanwalt	gerichtlich bestellter oder beigeordneter Rechtsanwalt
Vorbemerkung 4: (1) Für die Tätigkeit als Beistand oder Vertreter eines Privatklägers, eines Nebenklägers, eines Einziehungs- oder Nebenbeteiligten, eines Verletzten, eines Zeugen oder Sachverständigen und im Verfahren nach dem Strafrechtlichen Rehabilitierungsgesetz sind die Vorschriften dieses Teils entsprechend anzuwenden.			

[156] Burhoff OWiVerf-HdB/*Burhoff* Rn. 3309 ff.; *Brückner* in Ludovisy/Eggert/Burhoff, Praxis des Straßenverkehrsrechts, 6. Aufl. 2015, § 14 Rn. 1 ff.

[157] Schneider/Wolf/*N. Schneider* RVG VV Vorb. 4 Rn. 129 ff.

[158] Zu „Rationalisierungsabkommen" mit Rechtsschutzversicherungen über das Rechtanwaltshonorar in Verkehrsstrafsachen *Fromm* JurBüro 2015, 507.

[159] Schneider/Wolf/*N. Schneider* VV Vorb. 4 Rn. 130.

[160] LG Saarbrücken AGS 2003, 42 mAnm *N. Schneider;* Schneider/Wolf/*N. Schneider* RVG VV Vorb. 4 Rn. 133.

<table>
<tr><th rowspan="2">Nr.</th><th rowspan="2">Gebührentatbestand</th><th colspan="2">Gebühr oder Satz der Gebühr nach § 13 oder § 49 RVG</th></tr>
<tr><th>Wahlanwalt</th><th>gerichtlich bestellter oder beigeordneter Rechtsanwalt</th></tr>
<tr><td colspan="4">(2) Die Verfahrensgebühr entsteht für das Betreiben des Geschäfts einschließlich der Information.
(3) Die Terminsgebühr entsteht für die Teilnahme an gerichtlichen Terminen, soweit nichts anderes bestimmt ist. Der Rechtsanwalt erhält die Terminsgebühr auch, wenn er zu einem anberaumten Termin erscheint, dieser aber aus Gründen, die er nicht zu vertreten hat, nicht stattfindet. Dies gilt nicht, wenn er rechtzeitig von der Aufhebung oder Verlegung des Termins in Kenntnis gesetzt worden ist.
(4) Befindet sich der Beschuldigte nicht auf freiem Fuß, entsteht die Gebühr mit Zuschlag.
(5) Für folgende Tätigkeiten entstehen Gebühren nach den Vorschriften des Teils 3:
1. im Verfahren über die Erinnerung oder die Beschwerde gegen einen Kostenfestsetzungsbeschluss (§ 464b StPO) und im Verfahren über die Erinnerung gegen den Kostenansatz und im Verfahren über die Beschwerde gegen die Entscheidung über diese Erinnerung,
2. der Zwangsvollstreckung aus Entscheidungen, die über einen aus der Straftat erwachsenen vermögensrechtlichen Anspruch oder die Erstattung von Kosten ergangen sind (§§ 406b, 464b StPO), für die Mitwirkung bei der Ausübung der Veröffentlichungsbefugnis und im Beschwerdeverfahren gegen eine dieser Entscheidungen.</td></tr>
</table>

Schrifttum:[1] *Brockhaus,* Übernahme von Verteidigerkosten durch Dritte, StraFo 2019, 133; *Burhoff,* Die neue Verfahrensgebühr im Strafverfahren, RVGreport 2004, 127; *Burhoff,* Die neue Terminsgebühr im Strafverfahren, RVGreport 2004, 177; *Burhoff,* Vergütung des Zeugenbeistands im Strafverfahren, RVGreport 2004, 458; *Burhoff,* Die Abrechnung der Tätigkeit des Zeugenbeistands im Strafverfahren, RVGreport 2006, 81; *Burhoff,* Der sog. Haftzuschlag nach VV Vorb. 4 Abs. 4 RVG, StRR 2007, 54; *Burhoff,* Abrechnung der Tätigkeit des Zeugenbeistands im Straf- und OWi-Verfahren, StRR 2007, 220; *Burhoff,* Tätigkeit des Zeugenbeistands richtig abrechnen, RVG prof. 2007, 187; *Burhoff,* Die anwaltliche Vergütung im Strafbefehlsverfahren, RVGreport 2008, 201; *Burhoff,* Gebührenbemessung im OWi-Verfahren, RVG prof. 2008, 136; *Burhoff,* Die Abrechnung der anwaltlichen Tätigkeit in mehreren Strafverfahren Teil 1: Verbindung von Verfahren, RVGreport 2008, 405; *Burhoff,* Die Abrechnung der anwaltlichen Tätigkeit in mehreren Strafverfahren Teil 2: Trennung von Verfahren, RVGreport 2008, 444; *Burhoff,* Die Abrechnung der anwaltlichen Tätigkeit in mehreren Strafverfahren Teil 3: Verweisung und Zurückverweisung, RVGreport 2009, 9; *Burhoff,* So rechnen Sie verbundene Verfahren richtig ab; RVG prof. 2009, 78; *Burhoff,* Die Gebührenfrage: Haftzuschlag – ja oder nein?, StRR 2009, 174; *Burhoff,* Die Grundgebühr im Straf- und Bußgeldverfahren, RVGreport 2009, 361; *Burhoff,* Die Verfahrensgebühr im Straf- bzw. Bußgeldverfahren, RVGreport 2009, 443; *Burhoff,* Die Terminsgebühr im Straf- bzw. Bußgeldverfahren, RVGreport 2010, 3; *Burhoff,* Rechtsprechungsübersicht zu § 14 RVG in Straf- und Bußgeldsachen, RVGreport 2010, 204; *Burhoff,* Was Sie im Strafverfahren zum Haftzuschlag wissen sollten, RVG prof. 2010, 77; *Burhoff,* Fragen aus der Praxis zu aktuellen Gebührenproblemen in Straf- und Bußgeldverfahren, RVGreport 2010, 362; *Burhoff,* Anwaltsgebühren bei der Verständigung im Straf- und Bußgeldverfahren, RVGreport 2010, 401; *Burhoff,* Abrechnung des Antrags auf gerichtliche Entscheidung gem. § 111f Abs. 5 StPO, RVGreport 2010, 441; *Burhoff,* Persönlicher Geltungsbereich des VV Teil 4 RVG, eine Bestandsaufnahme der Rspr., RVGreport 2011, 85; *Burhoff,* Die Grundgebühr im Straf- und Bußgeldverfahren, RENOpraxis 2011, 102; *Burhoff,* Die Verfahrensgebühr im Straf- bzw. Bußgeldverfahren, RENOpraxis 2011, 126; *Burhoff,* Der Haftzuschlag nach VV Vorb. 4 Abs. 4 RVG, RVGreport 2011, 242; *Burhoff,* ABC der Gegenstandswerte im Straf- und Bußgeldverfahren, RVGreport 2011, 281; *Burhoff,* Fragen aus der Praxis zu Gebührenproblemen in Straf- und Bußgeldverfahren, VRR 2011, 294; *Burhoff,* Vorschuss aus der Staatskasse (§ 47 RVG), RVGreport 2011, 327; *Burhoff,* Die Terminsgebühr im Straf- und Bußgeldverfahren, RENOpraxis 2011, 198; *Burhoff,* Vorschuss vom Auftraggeber (§ 9 RVG), RVGreport 2011, 365; *Burhoff,* Fragen aus der Praxis zu Gebührenproblemen in Straf- und Bußgeldverfahren, RVGreport 2011, 446; *Burhoff,* Die Abrechnung von Beschwerden in Straf- und Bußgeldsachen, RVGreport 2012, 12; *Burhoff,* Verfahrensverzögerung, überlange Gerichtsverfahren und Verzögerungsrüge – die Neuregelungen im GVG, StRR 2012, 4; *Burhoff,* Die Abrechnung (förmlicher/formloser) Rechtsbehelfe im Straf- und Bußgeldverfahren, StRR 2012, 172; *Burhoff,* Fragen aus der Praxis zu Gebührenproblem in Straf- und Bußgeldverfahren, StRR 2012, 336; *Burhoff,* Verbindung von Verfahren: So wirkt sie sich auf die Gebühren aus, RVG prof. 2012, 189; *Burhoff,* Trennung von Verfahren: So wirkt sie sich auf die Gebühren aus, RVG prof. 2012, 213; *Burhoff,* Fragen aus der Praxis zu Gebührenproblemen in Straf- und Bußgeldverfahren aus dem Jahr 2012, RVGreport 2013, 42; *Burhoff,* Verweisung und Zurückverweisung von Verfahren: So wirkt sie sich auf die Gebühren aus, RVG prof. 2013, 50; *Burhoff,* Straßenverkehrs-OWi-Verfahren: Anträge auf gerichtliche Entscheidung richtig abrechnen, RVG prof. 2013, 88; *Burhoff,* Abrechnung im Bußgeldverfahren: Verfahren wegen Akteneinsicht und eines damit verbundenen Rechtsmittels, VRR 2013, 213; *Burhoff,* Die Abrechnung förmlicher und formloser Rechtsbehelfe im Straf- und Bußgeldverfahren, RVGreport 2013, 213; *Burhoff,* 25 Fragen und Antworten zur Terminsgebühr in Straf- und Bußgeldverfahren, RVG prof. 2013, 124; *Burhoff,* Rechtsprechungsübersicht zur Bemessung der Terminsgebühr in Strafverfahren, RVG prof. 2013, 142; *Burhoff,* Abrechnung im Bußgeldverfahren: Verfahren wegen Akteneinsicht und eines damit verbundenen Rechtsmittels, StRR 2013, 294; *Burhoff,* 25 Fragen und Antworten zur Verfahrensgebühr in Straf- und Bußgeld-

[1] Meine Literaturbeiträge stehen zT im Volltext auf www.burhoff.de.

verfahren, RVG prof. 2013, 176; *Burhoff,* Fragen aus der Praxis zu Gebührenproblemen in Straf- und Bußgeldverfahren aus dem Jahr 2013, RVGreport 2014, 2; *Burhoff,* Straf- und Bußgeldsachen: Besonderheiten für die Beschwerdeabrechnung, RVG prof. 2014, 30; *Burhoff,* Die Grundgebühr im Straf- und Bußgeldverfahren, RVGreport 2014, 42; *Burhoff,* Beschwerderecht: Straf- und Bußgeldsachen: Rechnen Sie richtig ab, RVG prof. 2014, 51; *Burhoff,* Kostenfestsetzungsverfahren Straf- und Bußgeldsachen: Beschwerdevergütung, RVG prof. 2014, 68; *Burhoff,* Zehn Jahre RVG – Rückblick und Ausblick zu VV Teil 4, 5 RVG, oder auch: Was man sich noch wünschen könnte, RVGreport 2014, 250; *Burhoff,* Klageerzwingungsverfahren: So rechnen Sie als Vertreter des Antragstellers ab, RVG prof. 2014, 216; *Burhoff,* Klageerzwingungsverfahren: So rechnen Sie als Vertreter des Antragstellers mit „Einzelauftrag" ab, RVG prof. 2015, 14; *Burhoff,* Klageerzwingungsverfahren Das können Sie als Vertreter für Ihre anwaltliche Tätigkeit abrechnen, RVG prof. 2015, 33; *Burhoff,* News zur (Vernehmungs-)Terminsgebühr Nr. 4102, 4103 VV RVG, RVGreport 2015, 213; *Burhoff,* Fragen aus der Praxis zu Gebührenproblemen in Straf – und Bußgeldverfahren aus dem Jahr 2014, RVGreport 2015, 242; *Burhoff,* Besonderheiten der Vergütung des Pflichtverteidigers/-beistands im Strafverfahren, RVGreport 2015, 406; *Burhoff,* Anwaltsvergütung für Tätigkeiten im sog. Klageerzwingungsverfahren, RVGreport 2016, 2; *Burhoff,* Fragen aus der Praxis zu Gebührenproblemen in Straf- und Bußgeldverfahren aus dem Jahr 2015, RVGreport 2016, 42; *Burhoff,* Anwaltsvergütung für die Tätigkeiten als Nebenklägervertreter/Opferanwalt, RVGreport 2016, 82; *Burhoff,* Anwaltsvergütung für die Tätigkeit als Zeugenbeistand im Strafverfahren, RVGreport 2016, 122; *Burhoff,* Die Abrechnung der anwaltlichen Tätigkeit bei Einziehung und verwandten Maßnahmen (VV 4142, 5116 RVG), RVGreport 2016, 282; *Burhoff,* Anwaltsvergütung für die Tätigkeit als Terminsvertreter im Strafverfahren, RVGreport 2016; *Burhoff,* Anwaltsvergütung für die Tätigkeit als Terminsvertreter im Strafverfahren, RVGreport 2017, 242; *Burhoff,* Fragen aus der Praxis zu Gebührenproblemen in Straf- und Bußgeldverfahren aus dem Jahr 2016/2017 – Teil 1 Allgemeine Fragen und Paragrafenteil des RVG, RVGreport 2017, 322; *Burhoff,* Fragen aus der Praxis zu Gebührenproblemen in Straf – und Bußgeldverfahren aus dem Jahr 2016/2017 – Teil 2 Vergütungsverzeichnis, insbesondere Teil 4 VV RVG, RVGreport 2017, 362; *Burhoff,* Kostenrechtliche Auswirkungen der Änderungen in der StPO 2017, RVGreport 2017, 402; *Burhoff,* Trotz „geplatztem" Termin Vergütung verdienen, RVG prof. 2017, 212; *Burhoff,* Fragen aus der Praxis zu Gebührenproblemen in den Teilen 5–7 VV RVG aus dem Jahr 2017/2018, RVGreport 2018, 82; *Burhoff,* Abrechnung der Tätigkeiten des Verteidigers in Verfahren betreffend die Vollstreckung ausländischer Geldsanktionen, RVGreport 2018, 122; *Burhoff,* Anwaltsvergütung im Adhäsionsverfahren, RVGreport 2018, 282; *Burhoff,* Rechtsprechungsübersicht zu den Teilen 4–7 VV RVG aus den Jahren 2018/2019 – Teil 1, RVGreport 2019, 282; *Burhoff,* Rechtsprechungsübersicht zu den Teilen 4–7 VV RVG aus den Jahren 2018/2019 – Teil 2, RVGreport 2019, 322; *Burhoff,* Fragen aus der Praxis zu Gebührenproblemen in Straf-, Bußgeldverfahren und Verfahren nach Teil 6 VV RVG aus den Jahren 2018/2019, RVGreport 2019, 402; *Burhoff,* Fragen aus der Praxis zu Gebührenproblemen in Straf-, Bußgeldverfahren und Verfahren nach Teil 6 VV RVG aus den Jahren 2018/2019 – Teil 2, RVGreport 2019, 442; *Burhoff,* Die anwaltliche Vergütung im strafverfahrensrechtlichen Revisionsverfahren, RVGreport 2020, 42; *Burhoff,* Die Vergütung des Verteidigers in der Strafvollstreckung, RVGreport 2020, 82; *Burhoff,* Die Vergütung des Rechtsanwalts in Verfahren nach dem Strafvollzugsgesetz; RVGreport 2020, 122; *Burhoff,* Die Vergütung des Rechtsanwalts in Verfahren nach §§ 23 ff. EGGVG, RVGreport 2020, 162; *Burhoff,* Die Rechtsprechung zur Abrechnung im Straf- und Bußgeldverfahren (Teile 4 und 5 VV RVG), in den Jahren 2016–2019 – Teil 1, Rpfleger 2020, 297; *Burhoff,* Rechtsprechungsübersicht zu den Teilen 4–7 VV RVG aus den Jahren 2019/2020 – Teil 1, RVGreport 2020, 202; *Burhoff,* Rechtsprechungsübersicht zu den Teilen 4–7 VV RVG aus den Jahren 2019/2020 – Teil 2, RVGreport 2020, 243; *Burhoff,* Die Rechtsprechung zur Abrechnung im Straf- und Bußgeldverfahren (Teile 4 und 5 VV RVG), in den Jahren 2016–2019 – Teil 2, Rpfleger 2020, 553; *Burhoff,* Geplante Änderungen bei der Anwaltsvergütung durch das KostRÄG 2021 – Teil 2, RVGreport 2020, 402; *Burhoff,* Rechtsprechungsübersicht zu § 14 RVG in Straf- und Bußgeldsachen aus den Jahren 2019/2020, RVGreport 2020, 447; *Burhoff,* Änderungen bei der Verteidigervergütung durch das KostRÄG 2021, StRR 1/2021, 5; *Burhoff,* Änderungen bei der Vergütung der Verteidiger/Rechtsanwälte in Straf- und Bußgeldsachen durch das KostRÄG 2021, StraFo 2021, 8; *Burhoff,* Änderungen bei der Vergütung der Verteidiger/Rechtsanwälte in Straf- und Bußgeldsachen durch das KostRÄG 2021, S. 1815; *Burhoff,* Änderungen bei der Vergütung der Verteidiger/Rechtsanwälte durch das KostRÄG 2021 betreffend Teile 4 und 5 VV, AGS 2021, 49; *Enders,* Umfang der anwaltlichen Tätigkeit, JurBüro 2004, 459; *Enders,* Schwierigkeit der anwaltlichen Tätigkeit, JurBüro 2004, 515; *Enders,* Verbindung und Trennung – Teil IV, JurBüro 2007, 383; *Enders,* Die Änderungen in der StPO 2017 und deren Auswirkungen auf die Vergütung des Verteidigers, JurBüro 2018, 564; *Gerhold,* Über die Vergütung des Rechtsanwalts für die Teilnahme an Verhandlungen im Rahmen des Täter-Opfer-Ausgleichs nach VV 4102 Nr. 4 RVG und die unausweichliche Konsequenz ihrer zu restriktiven Auslegung, JurBüro 2010, 172; *Glock/Scharenberg,* Die steuerliche Abzugsfähigkeit von Strafverteidigungskosten – Voraussetzungen und Praxishinweise, StraFo 2017, 92; *Jungbauer,* Zur Frage der Mittelgebühr in OWi-Sachen – gleichzeitig Anmerkung zum Beitrag von Pfeiffer in DAR 2006, 653 – DAR 2007, 56; *Klüsener,* Die Grundgebühr im Strafverfahren, JurBüro 2016, 561; *Klüsener,* Vergütung des gem. § 68b Abs. 2 StPO bestellte Zeugenbeistandes, JurBüro 2018, 393; *Klüsener,* Tätigkeit im strafrechtlichen Entschädigungsverfahren, JurBüro 2020, 561; *Kotz,* Eine Lanze für den Underdog Zur Vergütungslage des bestellten Terminsvertreters in Strafsachen, StraFo 2008, 412; *Kotz,* Entschädigung für einen geplatzten Termin in Strafsachen – Zugleich Besprechung von OLG München vom 13.11.2007 – 1 Ws 986/07, JurBüro 2008, 402; *Kotz,* (Haft-)Zuschlag bei stationärem Therapieaufenthalt des Mandanten, JurBüro 2010, 403; Krug/Schott, Verteidigung in steuerstrafrechtlichen Verfahren: Die Vergütung des Verteidigers, PStR 2019, 84; *Lissner,* Eine Betrachtung der „üblichen" Strafverteidigergebühren unter Berücksichtigung von § 14 RVG aus der Sicht eines Rechtspflegers, RVGreport 2013, 166; *Mock,* Wenn der Mandant selbst Strafantrag stellt, RVG prof. 2017, 66; *Samimi,* Rechtsschutzversicherer und Anwaltschaft: Wie entwickelt sich ein Wirbelsturm?, VRR 2011, 413; *H. Schneider,* Längenzuschlag des Pflichtverteidigers in Strafsachen, Jur-

Büro 2018, 225; *H. Schneider,* Kosten des Kostenfestsetzungsverfahrens, JurBüro 2020, 621; *N. Schneider,* Vergütung des Verteidigers bei Verbindung mehrerer Ermittlungs- oder Strafverfahren, BRAGOreport 2001, 49; *N. Schneider,* Gebührenberechnung bei Verbindung mehrerer Strafsachen im gerichtlichen Verfahren, AGS 2003, 432; *N. Schneider,* KostRÄG 2021 – das neue Übergangsrecht nach § 60 RVG, ZAP 24 S. 1782; *N. Schneider,* KostRÄG 2021: Das neue Übergangsrecht nach § 60 RVG, AGS 2021, 1; *Thiel,* Überblick zur Terminsgebühr in Strafsachen mit Rechtsprechungshinweisen, ZAP F. 24, S. 1579; *Volpert,* Die Vergütung im Beschwerdeverfahren in Straf- und Bußgeldsachen, VRR 2006, 453; *Volpert,* Abrechnung der Tätigkeit im strafrechtlichen Beschwerdeverfahren, RVG prof. 2007, 101; *Volpert,* Die Vergütung bei der psychosozialen Prozessbegleitung, RVGreport 2017, 202; *Volpert,* Vergütungsanspruch gegen die Staatskasse bei Prozesskostenhilfe in Strafsachen (§§ 45 Abs. 1, 48 Abs. 6 RVG), AGS 2020, 365; *Volpert,* Kostenrechtsänderungsgesetz 2021 – Die wichtigsten geplanten Änderungen im RVG, AGS 2020, 445; *Volpert,* Kostenrechtsänderungsgesetz 2021 – Die wichtigsten geplanten Änderungen im RVG, AGS 2020, 445; *Volpert,* KostRÄG 2021: Neues Übergangsrecht in Strafsachen nach § 60 RVG, StRR 2/2021, 5; *Winkler,* Die Zeit – kein Bewertungskriterium des § 14 RVG? – Anmerkung zu LSG Niedersachsen-Bremen AGS 2019, 461, AGS 2019, 549; sa die Hinweise bei → RVG VV Teil 4 Vor Rn. 1 und bei den Vorschriften des Vergütungsverzeichnisses.[2]

Übersicht

I. Allgemeines

Die VV Vorb. 4 RVG enthält in **fünf Absätzen** die **allgemeinen Regelungen,** die für sämtliche Gebühren nach VV Teil 4 RVG gelten, soweit nichts Abweichendes bestimmt ist. Geregelt wird in Abs. 1 der persönliche Anwendungsbereich des VV Teil 4 RVG,[3] in Abs. 2 die Verfahrensgebühr,[4] in Abs. 3 die (gerichtliche) Terminsgebühr[5] und in Abs. 4 der sog. (Haft)Zuschlag.[6] Abs. 5 enthält schließlich Regelungen zur Erinnerung und Beschwerde gegen den Kostenansatz und die Kostenfestsetzung, zur Zwangsvollstreckung aus Entscheidungen 1

[2] Die von mir stammenden Beiträge sind zum großen Teil im Volltext eingestellt auf www.burhoff.de. Dasselbe gilt im Wesentlichen für die zitierten, nicht veröffentlichten Entscheidungen. Auch die stehen auf www.burhoff.de, und zwar bei den RVG-Entscheidungen bei dem entsprechenden Paragrafen oder bei der Nummer des Vergütungsverzeichnisses.

[3] → Rn. 3 ff.

[4] → Rn. 9 ff.

[5] → Rn. 24 ff.

[6] → Rn. 44 ff.

über einen der Straftat erwachsenen vermögensrechtlichen Anspruch sowie aus Kostenerstattungsansprüchen und für weitere Beschwerdeverfahren. In diesen Fällen gelten die Regelungen des VV Teil 3 RVG.[7]

II. Anwendungsbereich (Abs. 1)

1. Sachlich (Abs. 1)

2 VV Vorb. 4 RVG gilt für **Strafsachen.** Gemeint sind damit alle Verfahren nach der StPO, dem JGG und nach landesrechtlichen Strafvorschriften sowie die Verfahren, für die in VV Teil 4 RVG vergütungsrechtliche Regelungen getroffen worden sind. VV Vorb. 4 RVG gilt nach Abs. 1 ausdrücklich auch für die Verfahren nach dem Strafrechtlichen **Rehabilitierungsgesetz** StrRehaG.[8]

2. Persönlich (Abs. 1)

3 VV Teil 4 RVG regelt die Vergütung des RA sowohl als (Wahl-)**Verteidiger** bzw. als **Pflichtverteidiger** als auch als sonstiger Vertreter des **Beschuldigten** oder eines anderen Beteiligten des Strafverfahrens. Er gilt – zumindest analog – auch für den nach § 69 JGG bestellten Beistand.

4 Erfasst wird von Abs. 1 zunächst der **Vollverteidiger,** also derjenige RA, dem die Verteidigung als Ganzes übertragen ist. Er rechnet nach VV Teil 4 Abschn. 1 RVG bzw. VV Teil 4 Abschn. 2 RVG ab. Werden dem RA nur **Einzeltätigkeiten** übertragen, erhält er seine Vergütung nach VV Teil 4 Abschn. 3 RVG. IdR wird dem RA aber die volle Vertretung übertragen und nur ausnahmsweise wird er bloß in einer Einzeltätigkeit beauftragt.[9] Entsprechendes gilt für die Beiordnung.[10] Daher ist auch der nach § 408b StPO bestellte Pflichtverteidiger ein „Vollverteidiger", dessen Tätigkeit also nicht nur nach VV Teil 4 Abschn. 3 RVG abgerechnet wird.[11] Das war schon vor den Änderungen in § 408b StPO durch das „Gesetz zur Neuregelung der Rechts der notwendigen Verteidigung v. 10.12.2019"[12] der Fall, es gilt nach den Änderungen – Aufnahme der Formulierung: „Pflichtverteidiger" – nun erst recht.[13] Um „volle Verteidigertätigkeit" handelt es sich auch, wenn der RA als Vertreters eines „vermeintlichen Angeklagten", dem aufgrund einer Personenverwechselung fälschlicherweise ein Strafbefehl zugestellt worden ist, Einspruch gegen den Strafbefehl einlegt.[14]

5 Abs. 1 regelt auch die Gebühren des RA als (bestellter) Beistand oder Vertreter des **Privatklägers,** des **Nebenklägers** (vgl. §§ 397a Abs. 1, 397b, 406g Abs. 3 StPO), eines **Einziehungs-** oder **Nebenbeteiligten** sowie eines **Verletzten**[15] oder für den nach § 69 JGG bestellten Beistand. Auch für die insoweit beauftragten RA können alle Gebühren des VV Teil 4 RVG entstehen. Es entsteht also für den Vertreter der Verfallsbeteiligten im selbständigen Verfallsverfahren zB nicht nur die Gebühr VV 4142 RVG.[16] Wird der RA in einem dieser Fälle

---

[7] → Rn. 51 ff.

[8] Wegen der Einzelheiten zum sachlichen Anwendungsbereich → RVG VV Einl. Teil 4 Rn. 1 ff.

[9] KG StraFo 2005, 439 = AGS 2005, 557; ähnlich OLG Schleswig StV 2006, 206 = RVGreport 2005, 70 = AGS 2005, 120 für die Abgrenzung der Tätigkeiten in der Strafvollstreckung von der Einzeltätigkeit; zur Stellung eines Strafantrags *Mock* RVG prof. 2017, 66.

[10] KG StraFo 2005, 439 = AS 2005, 557; OLG Schleswig StV 2006, 206 = RVGreport 2005, 70 = AGS 2005, 120; zu den Besonderheiten der Vergütung des Pflichtverteidigers/-beistands im Strafverfahren *Burhoff* RVGreport 2015, 406.

[11] (Inzidenter) OLG Celle StraFo 2011, 291; StV 2011, 661; JurBüro 2011, 481 = NStZ-RR 2011, 295 (2); OLG Düsseldorf AGS 2008, 343 = RVGreport 2008, 351 = StraFo 2008, 441 = JurBüro 2008, 587; (inzidenter) OLG Karlsruhe StraFo 2015, 36; OLG Köln AGS 2009, 481 = NStZ-RR 2010, 31 = StRR 2010, 68 = StV 2010, 68; OLG Oldenburg StraFo 2010, 430 = AGS 2010, 491 = NStZ-RR 2010, 391 = VRR 2011, 39 = RVGreport 2011, 24; OLG Oldenburg StRR 11/2017, 13 = VRR 12/2017, 14 = StV 2018, 152 (Ls.); OLG Saarbrücken RVGreport 2015, 358; unzutreffend aA LG Aurich RVG prof. 2009, 189 = VRR 2010, 79 = StRR 2010, 116; zur Abrechnung im Strafbefehlsverfahren *Burhoff* RVGreport 2008, 201; Burhoff/Volpert RVG/*Burhoff* Teil A Rn. 2047 ff.

[12] BGBl. I 2128.

[13] Vgl. a. BT-Drs. 19/13829, 52.

[14] Unzutreffend aA LG Berlin RVGreport 2019, 387 mablAnm *Burhoff.*

[15] Zum Begriff des Nebenbeteiligten Meyer-Goßner/Schmitt/*Schmitt* StPO Einl. Rn. 73; *Burhoff* RVGreport 2010, 441 für den Antrag auf gerichtliche Entscheidung gem. § 111f Abs. 5 aF StPO; zum neuen § 397b StPO → § 53a Rn. 1 ff.

[16] LG Karlsruhe RVGreport 2013, 234 = AGS 2013, 230 = VRR 2013, 238 = DAR 2013, 358 = StRR 2013, 310; LG Oldenburg RVGreport 2013, 62 = JurBüro 2013, 135 = VRR 2013, 159 = RVG prof. 2013, 153 = AGS 2014, 65; LG Stuttgart, Beschl. v. 20.2.2020 – 20 Qs 15/19; LG Trier RVGreport 2016, 385 = RVG prof. 2017,

beigeordnet bzw. bestellt, erhält er dann die Gebühren der Höhe nach wie ein **Pflichtverteidiger.** Die Gewährung einer **Pauschvergütung** nach § 51 RVG ist dann ebenfalls möglich.

Abs. 1 enthält zudem eine ausdrückliche Regelung für den RA als **Beistand** eines **Zeugen** oder **Sachverständigen,** auf den „die Vorschriften entsprechend anzuwenden" sind.[17] Gemeint ist damit sowohl der Wahlbeistand als auch der nach § 68b Abs. 2 StPO beigeordnete Vernehmungsbeistand.[18] Seit Inkrafttreten des RVG 2004 ist in Rspr. und Lit. höchst strittig, ob der Zeugenbeistand nach VV Teil 4 Abschn. 1 RVG oder nach VV Teil 4 Abschn. 3 RVG abrechnet. Gesetzgeberischer Wille und damit zutreffend ist die Abrechnung nach VV Teil 4 Abschn. 1 RVG.[19] Das sollte durch das 2. KostRMoG[20] ausdrücklich dadurch klargestellt werden, dass Abs. 1 der VV Vorb. 4 RVG noch deutlicher gefasst werden sollte. Diese von der Bundesregierung vorgeschlagene Regelung ist (leider) jedoch nicht übernommen worden.[21] Der gemeinsame Katalog von DAV und BRAK für eine 3. KostRMoG hatte eine Ergänzung des § 48 RVG um einen Abs. 7 vor gesehen, der klarstellen sollte, dass sich die Beiordnung eines Zeugenbeistandes auf alle vorbereitenden und nachsorgenden Tätigkeiten erstrecken soll.[22] Aber auch das ist nicht Gesetz geworden. Der Gesetzgeber meinte vielmehr durch das KostRÄG 2021 v. 21.12.2020[23] den Wortlaut der VV Vorb. 5 Abs. 1 RVG, der bis zu den Änderungen durch das KostRÄG 2021 v. 21.12.2020 anders formuliert war als die VV Vorb. 4 Abs. 1 RVG, an die VV Vorb. 4 Abs. 1 RVG anpassen zu müssen. Damit ist ein Argument im Kampf um die richtige Abrechnung der Tätigkeit des Zeugenbeistands in Strafverfahren, nämlich nach VV Teil 4 Absch. 1 RVG und nicht nur als Einzeltätigkeit, weggefallen.[24] 6

VV Vorb. 4 Abs. 1 RVG erfasst nicht den RA, der dem Gefangenen **gem. § 34a EGGVG** als **Kontaktperson** beigeordnet worden ist. Er erhält, da er nach § 34a Abs. 3 S. 3 EGGVG nie Verteidiger ist, seine Vergütung nach VV 4304 RVG.[25] 7

VV Vorb. 4 RVG gilt nach Abs. 1 schließlich auch für die Tätigkeit im strafrechtlichen **Rehabilitierungsverfahren.**[26] In dem entsteht allerdings keine Verfahrensgebühr für das vorbereitende Verfahren nach VV 4104 RVG, weil das strafrechtliche Rehabilitierungsverfahren ein Vorverfahren nicht kennt.[27] Und: Auch der gerichtlich zur Vertretung des Betroffenen im Rehabilitierungsverfahren zugelassene **Rentenberater** (§ 7 Abs. 4 StrRehaG) rechnet nach VV Teil 4 RVG ab, und zwar auch dann, wenn das RDG und das Einführungsgesetz hierzu zum Zeitpunkt seiner Beauftragung noch nicht galten.[28] Erhält der RA den Auftrag, in demselben Verfahren mehrere Rehabilitierungsanträge gegen mehrere Verurteilungen einzureichen, erhält er die Gebühren nach § 15 Abs. 2 RVG nur einmal.[29] Etwas anderes gilt, wenn die Verfahren selbständig geführt werden.[30] Vertritt der RA mehrere Beteiligte, erhöht sich die Gebühr gem. VV 1008 RVG, soweit der Gegenstand der Vertretung derselbe. Das ist nur der Fall, wenn sich die mehreren Beteiligten gemeinschaftlich gegen dieselbe Entscheidung richten.[31] Nach Auffassung des OLG Naumburg soll in Verfahren zur Rehabilitierung von Heimkindern im Regelfall die Höchstgebühr angemessen sein.[32] 8

102 = StRR 9/2016, 3 (Ls.); unzutreffend aA OLG Karlsruhe RVGreport 2012, 301 = StRR 2012, 279 = VRR 2012, 319 mit jeweils abl. Anm. *Burhoff;* LG Kassel RVGreport 2019, 343; LG Koblenz RVGreport 2018, 386 = AGS 2018, 494, jeweils für die VV 5116 RVG im Bußgeldverfahren.

[17] Eing. → RVG VV Teil 4 Abschn. 1 Rn. 5 ff.; Burhoff/Volpert RVG/*Burhoff* VV Vorb. 4 Rn. 27, VV Vorb. 4.1 Rn. 5 ff. mwN aus der Rspr. und zum Sach-/Streitstand.

[18] Burhoff/Volpert RVG/*Burhoff* VV Vorb. 4 Rn. 28.

[19] → RVG VV Teil 4 Abschn. 1 Rn. 5 ff. mwN.

[20] → RVG VV Teil 4 Einl. Fn. 9.

[21] *Burhoff* RVGreport 2014, 250, 251.

[22] Vgl. *Hansens* RVGreport 2018, 202 (204).

[23] BGBl. I 3229.

[24] Krit. *Burhoff* RVGreport 2020, 402; StraFo 2021, 8 (11); AGS 2021, 49; *Volpert* AGS 2020, 445, (455 f.); wegen der Einzelh. → RVG VV Teil 4 Abschn. 1 Rn. 5 ff. mwN.

[25] Vgl. die Erläuterungen zu → RVG VV 4304 Rn. 1 ff.

[26] OLG Jena RVGreport 2007, 119; KG RVGreport 2011, 98 = NStZ-RR 2011, 159.

[27] KG AGS 2015, 387 = Rpfleger 2015, 598 = JurBüro 2015, 519; OLG Jena Rpfleger 2012, 226 = RVGreport 2012, 152 = JurBüro 2012, 145 (Ls.); zum Ablauf dieses Verfahrens und wegen der Gebührenbemessung Burhoff/Volpert RVG/*Burhoff* VV Vorb. 4 Rn. 30 ff.

[28] KG RVGreport 2011, 98 = NStZ-RR 2011, 159 = JurBüro 2011, 136 (Ls.).

[29] KG StRR 2011, 359 = RVGreport 2012, 456; OLG Brandenburg JurBüro 1995, 418; OLG Naumburg JurBüro 1994, 157.

[30] KG StRR 2011, 359 = RVGreport 2012, 456.

[31] AA OLG Naumburg JurBüro 1994, 157.

[32] OLG Naumburg, RVGreport 2018, 296.

III. Verfahrensgebühr (Abs. 2)

1. Allgemeines

9 Abs. 2 regelt allgemein den Abgeltungsbereich der Verfahrensgebühr. Der RA erhält diese für das **Betreiben** des **Geschäfts einschließlich** der **Information.**[33] Diese Definition, die der in VV Teil 3 Abs. 2 RVG entspricht,[34] gilt für alle Verfahrensgebühren, die im Strafverfahren nach VV Teil 4 RVG entstehen können. Das sind die im vorbereitenden Verfahren (VV 4104 RVG), die im gerichtlichen Verfahren nach UAbschn. 3, die im Wiederaufnahmeverfahren (nach UAbschn. 4 in den VV 4136 ff. RVG), die „Zusätzlichen Gebühren" aus UAbschn. 5 (VV 4141 ff. RVG), die Verfahrensgebühren in VV Teil 4 Abschn. 2 RVG „Strafvollstreckung" und die Verfahrensgebühren in VV Teil 4 Abschn. 3 RVG „Einzeltätigkeiten". Die Verfahrensgebühr entsteht gem. § 15 Abs. 2 RVG in jeder Angelegenheit nur einmal. Das gilt auch, wenn eine Anklage zurückgenommen und neu erhoben wird, da durch die erneute Anklageerhebung keine neue Angelegenheit entsteht.[35]

2. Abgeltungsbereich

10 **a) Betreiben des Geschäfts.** Die Verfahrensgebühr entsteht nach der Legaldefinition „für das **Betreiben** des **Geschäfts** einschließlich der Information". Mit dieser Definition wird teilweise auf die frühere Geschäftsgebühr in § 118 Abs. 1 Nr. 1 BRAGO zurückgegriffen. Abgegolten wird die gesamte Tätigkeit des RA im jeweiligen Verfahrensabschnitt und jeweiligen Rechtszug, soweit hierfür keine besonderen Gebühren vorgesehen sind.[36] Die zu vergütenden Tätigkeiten müssen sich **nicht** aus der **Verfahrensakte ergeben;** eine Tätigkeit gegenüber dem Gericht ist nämlich nach dem Wortlaut des Abs. 2 nicht erforderlich.[37] Ausreichend für das Entstehen der Gebühr ist jede Tätigkeit des RA, die in den Abgeltungsbereich der Verfahrensgebühr fällt. Ausreichend ist also zB auch eine Tätigkeit nur gegenüber dem Mandanten (Beratung, Besprechung usw). Der RA sollte die von ihm erbrachten Tätigkeiten, die sich ggf. nicht aus der Akten ergeben, im Rahmen der Vergütungsfestsetzung darlegen.[38]

11 Bis zum Inkrafttreten des 2. KostRMoG war die **Abgrenzung** der (jeweiligen) **Verfahrensgebühr** von der **Grundgebühr** streitig. Teilweise wurde davon ausgegangen, dass für den RA, der sich in den Rechtsfall einarbeitet, nicht nur die Grundgebühr, sondern immer zugleich auch eine Verfahrensgebühr entsteht.[39] Demgegenüber hatte die wohl hM[40] unter

[33] Wegen der Einzelheiten → Rn. 10 ff.; *Burhoff* RVGreport 2009, 443; RENOpraxis 2011, 126.

[34] → RVG VV Vorb. 3 Rn. 22.

[35] OLG Düsseldorf RVGreport 2015, 64 = NStZ-RR 2014, 359 = AGS 2015, 128; OLG Köln AGS 2010, 175 = JurBüro 2010, 362, auch bei erneuter Anklageerhebung bei einem anderen Gericht; aA offenbar LG Duisburg AGS 2011, 596 = StRR 2012, 40 mAnm *Burhoff* = RVGreport 2011, 419 = RVG prof. 2011, 186; zu den Angelegenheiten oben → RVG VV Teil 4 Einl. Rn. 19 ff.

[36] Schneider/Wolf/*N. Schneider* RVG VV Vorb. 4 Rn. 20 ff.; Burhoff/Volpert RVG/*Burhoff* VV Vorb. 4 Rn. 37 ff.; *Burhoff* RVGreport 2009, 443 ff.; RENOpraxis 2011, 126; RVG prof. 2013, 176; BT-Drs. 15/1971, 220; OLG Hamm RVGreport 2009, 149 = StRR 2009, 39; OLG München RVGreport 2016, 145 = AGS 2014, 174 = StRR 2014, 271 = Rpfleger 2014, 445; OLG Saarbrücken RVGreport 2015, 64 = StRR 2015, 117 = RVG prof. 2015, 60; OLG Schleswig RVGreport 2017, 173 = Sonderausgabe StRR 5/2017, 7 für die VV 4104, 4130 RVG.

[37] Allgemein BGH NJW 2005, 2233 = AGS 2005, 413 = RVGreport 2005, 275; NJW 2013, 312 = AGS 2013, 7 = Rpfleger 2013, 175 = JurBüro 2013, 134 = RVGreport 2013, 58 = VRR 2013, 120; OLG Naumburg JurBüro 2012, 312 = MDR 2012, 553 = RVG prof. 2012, 97; für die Verfahrensgebühr VV 4142 RVG; KG JurBüro 2005, 531 = RVGreport 2005, 390 = Rpfleger 2005, 698; OLG Dresden 8.11.2006 – 3 Ws 80/06; OLG Düsseldorf StRR 2011, 78; OLG Karlsruhe StraFo 2007, 438 = AGS 2008, 30 = StV 2008, 373; OLG Oldenburg NJW 2010, 884 = AGS 2010, 128 = RVGreport 2010, 303 = StRR 2010, 356; OLG Koblenz StV 2008, 372; OLG Schleswig RVGreport 2017, 173 = Sonderausgabe StRR 5/2017, 7; LG Essen AGS 2006, 501 = RVGreport 2007, 465; LG Chemnitz 25.9.2006 – 2 Qs 59/06; LG Wuppertal, RVGreport 2020, 221 = JurBüro 2020, 357; VG Frankfurt (Oder) BeckRS 2018, 34631; Burhoff/Volpert RVG/*Burhoff* VV Vorb. 4 Rn. 39; vgl. auch → Rn. 12.

[38] S. die Fallgestaltung bei LG Wuppertal RVGreport 2020, 221 = JurBüro 2020, 357.

[39] Vgl. ua AG Tiergarten StRR 2009, 237 = AGS 2009, 322 = RVGreport 2009, 385; Schneider/Wolf/*N. Schneider* RVG VV Vorb. 4 Rn. 22, VV 4104, 4105 Rn. 19; s. a. OLG Koblenz AGS 2005, 158 mablAnm *N. Schneider* = JurBüro 2005, 199; AG Koblenz RVGreport 2004, 469 mablAnm *Hansens* = AGS 2004, 448 für die Gebühren des erst in der Hauptverhandlung des Strafbefehlsverfahrens beigeordneten RA; vgl. die Darstellung des Streitstandes bei *N. Schneider/Thiel,* Das neue Gebührenrecht für Rechtsanwälte § 3 Rn. 1128 ff.

[40] KG RVGreport 2009, 186 = StRR 2009, 239 mAnm *Burhoff* = AGS 2009, 271 mAnm *N. Schneider* = JurBüro 2009, 311; wohl auch AG Andernach AGS 2012, 234; AG Koblenz JurBüro 2006, 266 = NStZ-RR 2006, 350; *Burhoff* RVGreport 2009, 361; Burhoff/Volpert RVG/*Burhoff* VV Vorb. 4 Rn. 40 ff., VV 4100 Rn. 25 ff.;

Hinweis auf den der Grundgebühr vom RVG zugewiesenen eigenen Abgeltungsbereich[41] die Auffassung vertreten, dass es sich bei der Verfahrensgebühr nicht um eine reine Betriebsgebühr handelt, die immer auch – neben der Grundgebühr – entsteht, wenn der RA als Verteidiger tätig wird.[42] Diese auch hier vertretene Auffassung[43] war nicht mehr haltbar, nachdem der Gesetzgeber in Abs. 1 Anm. zu VV 4100 RVG ausdrücklich aufgenommen hat, dass die Grundgebühr immer neben der Verfahrensgebühr entsteht.[44] Sie ist daher aufgegeben worden. Es entsteht also für die Tätigkeit des RA in jedem (gerichtlichen) Verfahren eine Verfahrensgebühr als Ausgangsgebühr. Durch sie wird bereits die Information als Bestandteil des „Betreibens des Geschäfts" entgolten (vgl. die Formulierung in VV Vorb. 4 Abs. 2 RVG – „einschließlich der Information"). Außerdem entsteht (jeweils daneben) auch eine **Grundgebühr** VV 4100 RVG.[45] Sie honoriert den **zusätzlichen Aufwand,** der für die erstmalige Einarbeitung anfällt. Die Grundgebühr VV 4100 RVG hat also den „Charakter einer Zusatzgebühr, die den Rahmen der Verfahrensgebühr erweitert".[46] Wegen der sich daraus ergebenden Probleme bei der Bemessung der Grundgebühr wird verwiesen auf → RVG VV 4100 Rn. 9.[47]

Das Entstehen der Verfahrensgebühr hängt **nicht** davon ab, dass die von der Gebühr abgegoltenen Tätigkeiten **aktenkundig** sind.[48] Abs. 2 verlangt insbes. nicht das Betreiben des Geschäfts gegenüber dem Gericht; die Tätigkeit muss nicht nach außen erkennbar sein.[49] Entscheidend ist allein, dass der RA in dem entsprechenden Verfahrensabschnitt eine Tätigkeit erbracht hat, die von der jeweiligen Verfahrensgebühr erfasst wird.[50] Es ist iÜ nicht Aufgabe des Gerichts bzw. des Kostenbeamten im Rahmen der Kostenfestsetzung die Notwendigkeit einer Verteidigungsmaßnahme zu (be)werten.[51] Allerdings sollte der Verteidiger/RA, wenn sich seine Tätigkeit für den Mandanten nicht aus der Akte ergibt, konkret vortragen, durch welche von ihm erbrachte Tätigkeit die jeweilige Verfahrensgebühr entstanden ist.[52] 12

b) Erfasste Tätigkeiten. Die Verfahrensgebühr erfasst/honoriert nur die Tätigkeiten, für die keine **besonderen Gebühren** vorgesehen sind. Eine besondere Gebühr ist zunächst einmal die **Grundgebühr** VV 4100 RVG, die den zusätzlichen Aufwand, der für die erstmalige Einarbeitung anfällt, erfasst/honoriert.[53] Das ist zB der durch die erste, idR besonders umfangreiche Information des RA verursachte Aufwand, alle weiteren Informationen honoriert die Verfahrensgebühr,[54] und zwar auch dann, wenn das Gespräch, in dem die Informationen erteilt werden, in zeitlicher Nähe zu den die Grundgebühr auslösenden Tätigkeiten geführt 13

ähnlich OLG Köln NStZ-RR 2007, 287 = AGS 2007, 451 mablAnm *N. Schneider* = JurBüro 2007, 484 = RVGreport 2007, 425 für den Fall der Verbindung von Verfahren; LG Aurich AGS 2011, 593 = RVGreport 2011, 464 = RVG prof. 2011, 188 = StRR 2011, 443.

[41] BT-Drs. 15/1971, 222.

[42] So ua Burhoff RVG/*Burhoff* (4. Aufl.) VV Vorb. 4 Rn. 36 ff. mit Bsp.; *Burhoff* RVGreport 2009, 361 und 443; RENOpraxis 2011, 126; KG RVGreport 2009, 186 = StRR 2009, 239.

[43] Gerold/Schmidt/*Burhoff*, 20. Aufl. 2012, RVG VV Vorb. 4 Rn. 10.

[44] BR-Drs. 517/12, 439 = BT-Drs. 17/11471, 281.

[45] OLG Saarbrücken RVGreport 2015, 64 mAnm *Burhoff* = StRR 2015, 117 = RVG prof. 2015, 60; LG Chemnitz RVGreport 2015, 265 = StRR 2015, 319 = AGS 2015, 379; LG Amberg RVGreport 2020, 141 = RVG prof. 2020, 65; LG Duisburg AGS 2014, 330 = ZfS 2014, 468 = RVGreport 2014, 427 = StRR 2014, 360 = VRR 2014, 319 = RVG prof. 2014, 155; LG Oldenburg RVGreport 2014, 470 mAnm *Burhoff* = ZfS 2014, 648 mAnm *Hansens* = AGS 2014, 552 = StRR 2015, 80; LG Saarbrücken RVGreport 2015, 221 = StRR 2015, 239 = AGS 2015, 389, Aufgabe der Rspr. aus dem Beschluss StRR 2015, 199 = RVGreport 2015, 182; aA offenbar – allerdings ohne nähere Begr. – OLG Nürnberg StraFo 2015, 39 = AGS 2015, 29 mkritAnm *N. Schneider* = RVGreport 2016, 105; LG Saarbrücken AGS 2015, 379; StRR 2015, 119 = RVGreport 2015, 182 = AGS 2015, 388.

[46] BR-Drs. 517/12, 439 = BT-Drs. 17/11471, 281.

[47] Zur Kritik an der Neuregelung *Burhoff* RVGreport 2012, 42 (45); zur Neuregelung noch *N. Schneider/Thiel* AGS 2012, 105; zur (neuen) Grundgebühr *Burhoff* RVGreport 2014, 42.

[48] Vgl. auch → Rn. 10 mwN aus der Rspr.

[49] → Rn. 10 mwN; für das Zivilverfahren BGH NJW 2005, 2233 = AGS 2005, 413 = RVGreport 2005, 275; 2013, 312 = AGS 2013, 7 = Rpfleger 2013, 175 = RVGreport 2013, 58; OLG Naumburg JurBüro 2012, 312 = MDR 2012, 553 = RVG prof. 2012, 97.

[50] → Rn. 14.

[51] LG Dessau-Roßlau JurBüro 2009, 427 für Beauftragung eines Sachverständigen im OWi-Verfahren.

[52] LG Wuppertal RVGreport 2020, 221 = JurBüro 2020, 357

[53] Zum Abgeltungsbereich der Grundgebühr iE s. die Erläuterungen zu VV 4100 RVG; *Burhoff* RVGreport 2009, 361; RENOpraxis 2011, 102; RVGreport 2012, 42.

[54] Zur Abgrenzung Burhoff/Volpert RVG/*Burhoff* VV Vorb. 4 Rn. 41; Schneider/Wolf/*N. Schneider* RVG VV 4104, 4105 Rn. 20; LG Düsseldorf 26.10.2006 – XX-31/05.

wird.[55] Besondere Gebühren sind außerdem die **Terminsgebühren** für die Teilnahme an gerichtlichen (Vernehmungs-)Terminen in VV 4102 RVG und für die Teilnahme an der Hauptverhandlung, wie zB VV 4108, 4114, 4120 RVG. Von diesen wird auch die damit zusammenhängende (konkrete) Vorbereitung und Nachbereitung des Termins abgegolten.[56] Die allgemeine Vorbereitung der Hauptverhandlung/des Termins wird hingegen von der (jeweiligen) Verfahrensgebühr erfasst.[57] Dazu gehört zB auch das intensive Bemühen um eine Verständigung (§ 257c StPO)[58] oder das Studium von Urkunden, die nach § 249 Abs. 2 StPO (Selbstleseverfahren) zum Gegenstand der Beweisaufnahme gemacht werden sollen.[59] Auch die Vorbereitung eines Termins der VV 4102 RVG wird von der Verfahrensgebühr erfasst.[60]

14 Von der Verfahrensgebühr werden zB **folgende Tätigkeiten** des Verteidigers erfasst:[61] Alle **Beratungen** und **Besprechungen** mit dem Mandanten nach der sog. Erstinformation,[62] die nach einer ersten Akteneinsicht durchgeführten weiteren Akteneinsichten, und Informationsbeschaffungen,[63] der gesamte Schriftverkehr mit der Staatsanwaltschaft, dem Gericht, sonstigen Behörden oder mit Dritten, eigene Ermittlungen des Verteidigers,[64] Besprechungen mit den Verfahrensbeteiligten, Teilnahme an **außergerichtlichen Terminen,** wie zB Besprechungen mit Mitverteidigern, Teilnahme an Durchsuchungsmaßnahmen, (allgemeine) Vorbereitung von gerichtlichen Terminen.[65] Stellt der RA einen Antrag, zum Pflichtverteidiger bestellt zu werden, wird das bereits von der jeweiligen Verfahrensgebühr erfasst, da ein solcher Antrag eine Einarbeitung in die Sache voraussetzt.[66] Die jeweilige Verfahrensgebühr erfasst zB auch die Tätigkeiten im Verfahren nach § 111a StPO,[67] in Wiedereinsetzungsverfahren,[68] (allgemeine) Tätigkeiten im Rahmen des Täter-Opfer-Ausgleichs (§§ 153a Abs. 1 Nr. 5, 155a, 155b StPO) und zB auch die Einlegung eines Rechtsmittels (§ 19 Abs. 1 S. 2 Nr. 10 RVG). Erfasst werden Dienstaufsichtsbeschwerden[69] ebenso wie eigene Ermittlungen des RA, wie zB die Ermittlung

---

[55] OLG München RVGreport 2016, 145 = AGS 2014, 174 = StRR 2014, 271 = RVG prof. 2014, 133 = Rpfleger 2014, 445; OLG Saarbrücken RVGreport 2015, 64 = StRR 2015, 117 = RVG prof. 2015, 60.

[56] Burhoff/Volpert RVG/*Burhoff* VV Vorb. 4 Rn. 42; KG JurBüro 2013, 361 = Jena StV 2006, 204 = RVGreport 2006, 423 = JurBüro 2005, 470; OLG Hamm AGS 2006, 498 mzustAnm *N. Schneider* AGS 2006, 499 = JurBüro 2006, 591 für Abfassung eines Beweisantrages; OLG Hamm RVGreport 2009, 309 = RVG prof. 2009, 157 = StRR 2009, 438 mzustAnm *Burhoff;* KG RVGreport 2014, 111; OLG München AGS 2014, 174 = StRR 2014, 271 = RVG prof. 2014, 133; RVGreport 2016, 145 = AGS 2014, 174 = StRR 2014, 271 = RVG prof. 2014, 133 = Rpfleger 2014, 445; OLG Oldenburg JurBüro 2007, 528; OLG Stuttgart RVGreport 2006, 32 = Rpfleger 2006, 36; AG Tiergarten StraFo 2012, 117 für Haftprüfungstermin; inzidenter ua BGH BeckRS 2013, 00839 für die Vorbereitung der Revisionshauptverhandlung; krit. insoweit *Enders* JurBüro 2005, 32 in der Anm. zu AG Koblenz AGS 2004, 484 = JurBüro 2005, 33; unzutreffend aA OLG Bremen StraFo 2012, 39 = RVGreport 2012, 63 = StRR 2012, 278 mablAnm *Burhoff;* SG Berlin AGS 2012, 470, für das sozialgerichtliche Verfahren; s. a. bei → Rn. 27.

[57] Burhoff/Volpert RVG/*Burhoff* VV Vorb. 4 Rn. 42; vgl. die vorstehend zitierte Rspr.

[58] OLG Bremen NStZ-RR 2013, 128; zur Abrechnung dieser Tätigkeiten Burhoff/Volpert RVG/*Burhoff* Teil A Rn. 2412; *Burhoff* RVGreport 2010, 401.

[59] KG JurBüro 2013, 361 = RVGreport 2014, 111.

[60] LG Saarbrücken RVGreport 2015, 183 = StRR 2015, 239 für Termin nach VV 4102 Nr. 4 RVG.

[61] Vgl. den Katalog bei Burhoff/Volpert RVG/*Burhoff* VV Vorb. 4 Rn. 43 f.; sowie die Erläuterungen bei den jeweiligen Verfahrensgebühren.

[62] OLG München RVGreport 2016, 145 = AGS 2014, 174 = StRR 2014, 271 = RVG prof. 2014, 133 = Rpfleger 2014, 445; LG Braunschweig StraFo 2010, 513 = RVGreport 2010, 422 = VRR 2010, 359 = StRR 2011, 39, eine ausführliche Erörterung der Sach- und Rechtslage mit dem Mandanten fällt bereits in den Abgeltungsbereich der Verfahrensgebühr.

[63] OLG München RVGreport 2016, 145 = AGS 2014, 174 = StRR 2014, 271 = RVG prof. 2014, 133 = Rpfleger 2014, 445.

[64] OLG Köln RVGreport 2009, 136, das bei rund dreieinhalb Stunden dauernden eigenen Ermittlungen die Höchstgebühr als angemessen angesehen hat.

[65] Weitere Aufzählung zB bei Burhoff/Volpert RVG/*Burhoff* VV Vorb. 4 Rn. 43; *Burhoff* RVGreport 2009, 361 ff.; Schneider/Wolf/*N. Schneider* RVG VV 4104, 4105 Rn. 20.

[66] AG Tiergarten AGS 2009, 322 = RVGreport 2009, 385 = StRR 2009, 237; Burhoff/Volpert RVG/*Burhoff* VV 4100 Rn. 25; aA, allerdings ohne nähere Begr., OLG Köln AGS 2007, 451 mablAnm *N. Schneider* = JurBüro 2007, 484 = RVGreport 2007, 425.

[67] LG Detmold StRR 2008, 243 (Ls.) = VRR 2008, 243 (Ls.).

[68] AG Betzdorf VRR 2009, 240 mAnm *Burhoff* = AGS 2009, 390 wonach im OWi-Verfahren für Tätigkeiten bei Versäumung von Fristen nicht etwa die VV 5113 entsteht; AG Sinzig JurBüro 2008, 249, Erhöhung der Mittelgebühr der Verfahrensgebühr um 15%; Burhoff/Kotz StrafR-Rechtsmittel-HdB/*Burhoff* Teil D Rn. 777; *Burhoff* StRR 2012, 172.

[69] LG Bad Kreuznach BeckRS 2020, 4798; AG Bielefeld AGS 2006, 439 = VRR 2006, 358 mzustAnm *N. Schneider* AGS 2006, 440; so auch schon LG Köln JurBüro 2001, 195 mAnm *Enders;* Burhoff/Kotz StrafR-Rechtsmittel-HdB/*Burhoff* Teil D Rn. 193.

von Zeugen.[70] Auch die Tätigkeiten in **Beschwerdeverfahren** (Haftbeschwerden, Beschwerden gegen einen § 111a-Beschluss usw) werden, was nach den Änderungen/Einfügungen durch das 2. KostRMoG[71] bzw. durch das KostRÄG 2021 v. 21.12.2020[72] ausdrücklich aus §§ 17 Nr. 1, 19 Abs. 1 S. 2 Nr. 10a RVG folgt, mit der Verfahrensgebühr abgegolten.[73] Eine der VV 3500 RVG entsprechende Regelung mit einer besonderen Beschwerdegebühr ist in VV Teil 4 RVG – mit Ausnahme ua der VV 4139 RVG, der VV Vorb. 4.2 RVG[74] und der VV Vorb. 4.3 Abs. 3 S. 3 RVG[75] nicht vorgesehen. Die erbrachten Tätigkeiten gehören vielmehr – nach der (Neu)Regelung ausdrücklich – zum Rechtszug und müssen daher im Rahmen der Bestimmung der Höhe der Gebühr nach § 14 Abs. 1 RVG gebührenerhöhend geltend gemacht werden.[76] Die Verfahrensgebühr erfasst auch Anträge auf gerichtliche Entscheidungen.[77] Wird der Verteidiger für den Beschuldigten auch im sog. Klagerzwingungsverfahren (§ 172 StPO) tätig, entstehen dafür keine gesonderten Gebühren; vielmehr werden die Tätigkeiten durch die Gebühren VV 4100 ff. RVG, insbes. die VV 4104 RVG abgegolten.[78] Lediglich der ggf. entstandene Mehraufwand kann geltend gemacht werden.[79] Nimmt der RA an Erörterungen des Standes des Verfahrens nach den §§ 160b, 202a, 212 StPO zur Vorbereitung einer **Verständigung** nach **§ 257c StPO** teil, wird auch dieser Aufwand von der jeweiligen Verfahrensgebühr abgegolten.[80] Das gilt ebenfalls für ein Abstimmungsgespräch nach **§ 213 Abs. 2 StPO.**[81] Entsprechendes gilt für die im Zusammenhang mit einer **Verzögerungsrüge** nach § 198 Abs. 3, 199 GVG erbrachte Tätigkeiten.[82] Erfasst werden schließlich auch Tätigkeiten im **Kostenfestsetzungsverfahren,** soweit sie nicht in VV Vorb. 4 Abs. 5 RVG geregelt sind.[83] *Klüsener* geht davon aus, dass auch Tätigkeiten nach dem StrEG von der Verfahrensgebühr erfasst werden.[84] Erfasst werden endlich auch **Abwicklungstätigkeiten,**[85] wozu – in entsprechender Anwendung von § 19 Abs. 1 S. 2 Nr. 10 RVG – zB auch die Tätigkeiten gehören, die der Verteidiger nach Einstellung des Verfahrens im Hinblick auf die Löschung personenbezogener Daten bei der Polizei erbringt.[86]

3. Gebührenhöhe

Die Höhe der Verfahrensgebühr bestimmt sich nach den unterschiedlichen Gebührenrahmen, aus denen der **Wahlverteidiger** unter Anwendung der Kriterien des **§ 14** Abs. 1 RVG 15

---

[70] OLG Köln RVGreport 2009, 136.

[71] → RVG VV Teil 4 Einl. Fn. 9.

[72] BGBl. I 3229.

[73] So schon zum früheren Recht BGH NJW 2009, 2682 = MDR 2009, 1193 = StRR 2009, 385; KG BeckRS 2012, 12419; StRR 2012, 307 mAnm *Hanschke;* OLG Düsseldorf AGS 2011, 70 = RVGreport 2011, 22 = StRR 2011, 38 = RVG prof. 2011, 53; OLG Hamm RVGreport 2009, 149 = StRR 2009, 39; LG Arnsberg RVGreport 2020, 177 = RVG prof. 2020, 64; AG Hof JurBüro 2011, 253 = AGS 2011, 68 = RVGreport 2011, 262 = VRR 2011, 160; AG Sinzig JurBüro 2008, 249; eing. *Volpert* VRR 2006, 453; ua Burhoff/Volpert RVG/*Burhoff* VV Vorb. 4 Rn. 14, 43; Burhoff/Volpert RVG/*Volpert* Teil A Rn. 554 ff.; Burhoff/Kotz StrafR-Rechtsmittel-HdB/*Burhoff* Teil D Rn 130 ff.; *Burhoff* RVGreport 2012, 12; RVG prof. 2014, 51; → RVG VV Teil 4 Einl. Rn. 42; LG Wuppertal RVGreport 2019, 146 = NZV 2019, 156 = RVG prof. 2019, 21 für Antrag nach § 62 OWiG im Bußgeldverfahren; aA für das Bußgeldverfahren AG Senftenberg AGS 2013, 231 = VRR 2013, 239 = StRR 2013, 319.

[74] → RVG VV Vorb. 4.2 Rn. 1 ff.

[75] → RVG VV Vorb. 4.3 Rn. 17.

[76] LG Detmold StRR 2008, 243 (Ls.) = VRR 2008, 243 (Ls.), das bei einer § 111a-StPO-Beschwerde die Erhöhung der Mittelgebühr um nur 10% als angemessen angesehen hat; AG Sinzig JurBüro 2008, 249 für Beschwerde gegen die Zurückweisung eines Wiedereinsetzungsantrags.

[77] *Burhoff* RVG prof. 2013, 88; VRR 2013, 213, StRR 2013, 294; RVGreport 2013, 213, jeweils für das Bußgeldverfahren; offenbar aA, aber unzutreffend, LG Potsdam NStZ-RR 2014, 126 = AGS 2014, 171 = StRR 2014, 277 = JurBüro 2014, 316 = RVGreport 2014, 347 für einen Antrag nach § 98 Abs. 2 StPO.

[78] OLG Koblenz RVGreport 2014, 397 = StRR 2014, 511 mAnm *Burhoff; Burhoff* RVG prof. 2014, 216; 2015, 14; 2015, 33; RVGreport 2016, 2; Burhoff/Volpert RVG/*Burhoff* Teil A Rn. Klageerzwingungsverfahren, Abrechnung, Rn. 1302; *Burhoff* RVGreport 2013, 213; Burhoff/Kotz StrafR-Rechtsmittel-HdB/*Burhoff* Teil D Rn. 252.

[79] OLG Koblenz RVGreport 2014, 397 = StRR 2014, 511 mAnm *Burhoff* für Auslagen.

[80] OLG Bremen NStZ-RR 2013, 128; zur Abrechnung dieser Tätigkeiten Burhoff/Volpert RVG/*Burhoff* Teil A Rn. 2507; *Burhoff* RVGreport 2010, 401.

[81] *Burhoff* RVGreport 2017, 402 (404); *Enders* JurBüro 2018, 564 (567).

[82] *Burhoff* StRR 2012, 4; Burhoff/Kotz StrafR-Rechtsmittel-HdB/*Burhoff* Teil D Rn. 548.

[83] LG Koblenz JurBüro 2010, 32.

[84] *Klüsener* JurBüro 2020, 561; → RVG VV 4143.

[85] Vgl. (für das Zivilrecht) OLG Karlsruhe AGS 2009, 19.

[86] S. a. *Burhoff* RVGreport 2013, 42 (44), keine Einzeltätigkeit nach VV 4302 RVG.

die jeweils angemessene Gebühr bestimmen muss.[87] Der Pflichtverteidiger erhält **Festbetragsgebühren.**

16 Der **Betragsrahmen** der gerichtlichen Verfahrensgebühr richtet sich im gerichtlichen Verfahren jeweils nach der Zuständigkeit/Ordnung des jeweiligen Gerichts. Für das Vorverfahren gibt es allerdings nur eine einheitliche Verfahrensgebühr in VV 4104 RVG. Der Betragsrahmen erhöht sich ggf. nach VV 1008 RVG, wenn der RA **mehrere Auftraggeber** vertritt, wie zB mehrere Nebenkläger oder als Zeugenbeistand mehrere Zeugen.[88]

17 Die Verfahrensgebühr kann ggf. mit **Zuschlag** entstehen, wenn das RVG dies vorsieht.[89]

18 Bei einer Tätigkeit, die sich auf **Fahrverbot** oder die Entziehung der **Fahrerlaubnis** bezieht, kommt – wie früher nach § 88 S. 3 BRAGO – ein Überschreiten des Gebührenrahmens nicht in Betracht. Diese Tätigkeiten werden auch nicht über die Verfahrensgebühr VV 4142 RVG abgerechnet[90] sondern müssen bei der Bestimmung der angemessenen Gebührenhöhe der Verfahrensgebühr über § 14 Abs. 1 S. 1 RVG berücksichtigt werden.

19 Die **konkrete Bemessung** der Verfahrensgebühr erfolgt auf der Grundlage der sog. Mittelgebühr.[91] Von der ist auszugehen und dann sind alle erbrachten Tätigkeiten und sonstigen Umstände, die von der Verfahrensgebühr erfasst werden, gebührenerhöhend bzw. -mindernd zu berücksichtigen.[92] Damit wird bei der Bemessung der Verfahrensgebühr der zusätzliche Aufwand, der für die erstmalige Einarbeitung anfällt, nicht berücksichtigt. Der wird durch die Grundgebühr VV 4100 RVG abgegolten.[93] Von Bedeutung für die Gebührenhöhe können zusätzliche Tätigkeiten, für die das RVG besondere Gebühren nicht vorsieht, sein.[94] Auch die Anzahl der vom RA geführten Gespräche und/oder die Schwierigkeit der Beweisführung können von Belang sein.[95] Der Umfang der Anklageschrift hat bei Strafrichteranklagen, die idR sehr kurz sind, keine Bedeutung.[96] Schließlich fallen ggf. auch persönliche Umstände in der Person des Mandanten ins Gewicht.[97] Das OLG Stuttgart[98] hat die Verfahrensgebühr für das vorbereitende Verfahren (VV 4104 RVG) um die Hälfte der Differenz zwischen Mittelgebühr und Höchstgebühr in einem Schwurgerichtsverfahren mit rund 600 Blatt Akten und schwieriger Sachlage (Aussage-gegen-Aussage-Konstellation) erhöht.

---

[87] Vgl. die Kommentierung zu → § 14 Rn. 1 ff.; zu Strafsachen besonders Burhoff/Volpert RVG/*Burhoff* Teil A Rn. 1747 ff., 1808 ff.; s. a. die jährlichen Übersichten zur Rspr. zu § 14 RVG in RVGreport (Fundstellen bei der Lit.); iÜ noch *Lissner* RVGreport 2013, 166; zur Maßgeblichkeit/Unbilligkeit der Bestimmung des RA ua KG StV 2006, 198 = AGS 2006, 73; AGS 2012, 392 = JurBüro 2012, 482 = RVGreport 2012, 391; OLG Düsseldorf RVGreport 2011, 57 = StRR 2011, 119; OLG Hamm StraFo 2007, 218 = Rpfleger 2007, 426 = JurBüro 2007, 309; Jena AnwBl 2008, 151 = RVGreport 2008, 56; OLG Köln AGS 2008, 32 = RVG prof. 2008, 12 = RVGreport 2008, 55; inzidenter OLG Stuttgart AGS 2010, 292 = RVGreport 2010, 263 = VRR 2010, 319; AG Bensheim NZV 2008, 108.

[88] OLG Koblenz StraFo 2005, 526 = AGS 2005, 504 = JurBüro 2005, 589; wegen der Einzelheiten s. die Kommentierung bei VV 1008 RVG und → § 53a Rn. 1 ff.

[89] Allg. zum Zuschlag → Rn. 43 ff.

[90] → RVG VV 4142 Rn. 9.

[91] Burhoff/Volpert RVG/*Burhoff* Teil A Rn. 1680 ff., 1725; zuletzt ua OLG Bamberg NStZ-RR 2018, 192 = RVGreport 2018, 172 = RVG prof. 2018, 79; OLG Düsseldorf RVGreport 2017, 375 = JurBüro 2017, 468; OLG Karlsruhe RVGreport 2017, 386 = JurBüro 2017, 523; OLG Naumburg RVGreport 2018, 296; zur Bedeutung der Mittelgebühr (im Bußgeldverfahren) noch *Jungbauer* DAR 2007, 56; s. a. die Kommentierung bei → RVG § 14 Rn. 10 ff.

[92] Zur Bemessung der Gebühren ua KG StV 2006, 198 = AGS 2006, 73; OLG Köln RVGreport 2016, 452 = RVG prof. 2016, 125 jeweils für Terminsgebühr; anschaulich zur Abwägung OLG Saarbrücken RVGreport 2014, 103 = RVGreport 2014, 43; LG Meiningen JurBüro 2011, 642; LG Zweibrücken RVGreport 2010, 377 = VRR 2010, 360; AG Lüdinghausen RVGreport 2006, 183; AG Trier RVGreport 2005, 271 für die Terminsgebühr; LG Zweibrücken AGS 2012, 433; die Nachw. bei Burhoff/Volpert RVG/*Burhoff* Teil A Rn. 1795; vgl. noch die Ausführungen bei den jeweiligen Verfahrensgebühren.

[93] Dazu und zu den Auswirkungen → RVG VV 4100 Rn. 9; BR-Drs. 517/12, 439 = BT-Drs. 17/11471, 281 f.; s. wohl auch *N. Schneider/Thiel* AGS 2012, 105.

[94] → Rn. 14.

[95] AG Lüdinghausen RVGreport 2006, 183.

[96] AG Lüdinghausen RVGreport 2006, 183.

[97] KG StV 2006, 198 = AGS 2006, 278 = RVGreport 2007, 180 für schwerhörigkeitsbedingte Verständigungsschwierigkeiten mit dem Mandanten.

[98] OLG Stuttgart RVGreport 2014, 66 = RVG prof. 2014, 24 = NStZ-RR 2014, 32 (Ls.) = Rpfleger 2014, 161.

4. Verfahrensgebühr bei Verbindung/Trennung/(Zurück-)Verweisung von Verfahren

Es gilt der **allgemeine Grundsatz,** dass Gebühren, die der RA bereits verdient hat durch Verbindung/Trennung/(Zurück-)Verweisung von Verfahren nicht wieder verloren gehen (Rechtsgedanke aus § 15 Abs. 4 RVG).[99] 20

Im Fall der **Verbindung** handelt es sich bei den zu verbindenden Verfahren bis zur Verbindung zunächst um gebührenrechtlich getrennte Angelegenheiten, in denen die bereits entstandenen Verfahrensgebühren dem RA erhalten bleiben.[100] Nach der Verbindung liegt nur noch eine Angelegenheit vor, in der aber eine in den verbundenen Verfahren bereits entstandene Verfahrensgebühr nicht noch einmal entsteht.[101] Jedoch ist der größere Umfang der anwaltlichen Tätigkeit und die größere Bedeutung bei der Bemessung der konkreten Gebühr zu berücksichtigen.[102] Die (Vor-)Verfahrensgebühr entsteht allerdings dann ggf. mehrfach, wenn ursprünglich getrennte Ermittlungsverfahren bereits vor Anklageerhebung durch die Staatsanwaltschaft verbunden werden. Für den Anfall der Gebühren kommt es allein darauf an, in welchem Verfahrenszeitpunkt der Verteidiger sich gemeldet hat und/oder tätig geworden ist.[103] Die Verbindung führt nicht zum Wegfall einer bereits entstandenen Verfahrensgebühr.[104] 21

Beispiel:[105]

Gegen den Beschuldigten wird in vier Ermittlungsverfahren wegen Diebstahls ermittelt. Die Verfahren werden von der Staatsanwaltschaft vor Anklageerhebung zum Landgericht verbunden.

Der Verteidiger erhält in jedem der vier Ermittlungsverfahren für das vorbereitende Verfahren eine Verfahrensgebühr VV 4104 RVG. Diese entfallen nach § 15 Abs. 4 RVG nicht durch die Verbindung.

Für das ggf. nachfolgende gerichtliche Verfahren erhält der RA allerdings nur noch eine Verfahrensgebühr. Diese richtet sich, da Anklage zum Landgericht erhoben worden ist, nach VV 4112 RVG.

Für die **Trennung** gilt Entsprechendes.[106] Bis zur Trennung handelt es sich um eine gebührenrechtliche Angelegenheit, danach um verschiedene Angelegenheiten.[107] Das hat zur Folge, dass der RA ab Trennung für jedes Verfahren gesonderte Verfahrensgebühren erhält.[108] In den nach Trennung entstandenen Verfahren entsteht aber nicht noch einmal eine Grundgebühr VV 4100 RVG. Der Verteidiger hat sich in die jeweiligen Rechtsfälle bereits vor der Trennung eingearbeitet.[109] 22

---

[99] Eing. zu dieser Problematik bei der Verfahrensgebühr Burhoff/Volpert RVG/*Burhoff* VV Vorb. 4 Rn. 52 ff., Teil A Rn. 2313 ff.; *Burhoff* RVGreport 2008, 405; RVG prof. 2012, 189; s. a. *Enders* JurBüro 2007, 383; aus der Rspr. KG AGS 2012, 392 = JurBüro 2012, 482 = RVGreport 2012, 391; AG Tiergarten AGS 2010, 132 = RVGreport 2010, 18 = VRR 2010, 120 = StRR 2010, 120 = RVG prof. 2009, 203; zum Pflichtverteidiger und der damit zusammenhängenden Erstreckungsproblematik die Kommentierung bei → RVG § 48 Rn. 171 ff.

[100] → RVG VV Teil 4 Einl. Rn. 23, 33; zum Begriff der Verbindung Burhoff/Volpert RVG/*Burhoff* Teil A Rn. 2313; KG AGS 2012, 392; JurBüro 2012, 482 = RVGreport 2012, 391; StRR 2011, 359 = RVGreport 2012, 456; LG Hamburg AGS 2010, 545; AG Tiergarten AGS 2010, 132 = RVGreport 2010, 18 = VRR 2010, 120 = StRR 2010, 120 = RVG prof. 2009, 203; *Burhoff* RVGreport 2013, 42 (44) für VV 4102 RVG.

[101] Vgl. die Beispiele bei Burhoff/Volpert RVG/*Burhoff* VV Vorb. 4 Rn. 60 ff., Teil A Rn. 2313 ff.; sowie *Burhoff* RVGreport 2008, 405; *Enders* JurBüro 2007, 383 (384); AG Tiergarten AGS 2010, 132.

[102] *Enders* JurBüro 2007, 383 (384); zum systematischen Abgeltungsbereich der Grundgebühr und der Verfahrensgebühr bei hinzuverbundenen Verfahren OLG Köln NStZ-RR 2007, 287 = AGS 2007, 451 mablAnm *N. Schneider* = JurBüro 2007, 484 = RVGreport 2007, 425 mzustAnm *Burhoff*.

[103] AG Tiergarten AGS 2010, 132 = RVGreport 2010, 18 = VRR 2010, 120 = StRR 2010, 120 = RVG prof. 2009, 203; LG Braunschweig StraFo 2010, 513 = VRR 2010, 359 = RVGreport 2010, 422 = StRR 2011, 39; AG Braunschweig RVGreport 2010, 69 = RVG prof. 2010, 59 = StRR 2010, 200 = VRR 2010, 39.

[104] KG AGS 2012, 392 = JurBüro 2012, 482 = RVGreport 2012, 391; AG Tiergarten AGS 2010, 132.

[105] Burhoff/Volpert RVG/*Burhoff* VV Vorb. 4 Rn. 61; wegen weiterer Beispiele *Burhoff* RVGreport 2008, 405; RVG prof. 2012, 189.

[106] Zu den Gebühren bei Trennung von Verfahren eing. *Burhoff* RVGreport 2008, 444; RVG prof. 2012, 213; Burhoff/Volpert RVG/*Burhoff* Teil A Rn. 2114 ff.; → RVG VV Teil 4 Einl. Rn. 23, 33.

[107] KG RVG prof. 2007, 139 = StRR 2007, 4 (Ls.); LG Dortmund RVGreport 2015, 177 = StRR 2015, 238; LG Itzehoe AGS 2008, 233 = StraFo 2008, 92; AG Tiergarten RVGreport 2010, 140 = AGS 2010, 220 = StRR 2010, 400; *Burhoff* RVGreport 2008, 444; RVG prof. 2012, 213; *Enders* JurBüro 2007, 383 f.; vgl. die Fallgestaltung bei LG Bremen RVGreport 2013, 231 = VRR 2012, 357 = StRR 2012, 479 jeweils mAnm *Burhoff* = AGS 2013, 279, für das Bußgeldverfahren; s. a. auch LG Kaiserslautern RVGreport 2018, 137.

[108] KG RVGreport 2007, 239 = RVG prof. 2007, 139 = StRR 2007, 4 (Ls.); LG Itzehoe AGS 2008, 233; = StraFo 2008, 92; AG Tiergarten RVGreport 2010, 140 = AGS 2010, 220 = StRR 2010, 400; *Burhoff* RVGreport 2008, 444; RVG prof. 2012, 213; Burhoff/Volpert RVG/*Burhoff* VV Vorb. 4 Rn. 58 f.; s. a. HBS VergütungsR/*N. Schneider* Teil 15 Rn. 290.

[109] → RVG VV 4100, 4101 Rn. 18.

Beispiel:[110]

Gegen den Beschuldigten wird in einem Verfahren wegen des Vorwurfs mehrerer Diebstahlstaten ermittelt. Es wird Anklage zum Landgericht erhoben. Dieses trennt vor der Hauptverhandlung ein Verfahren ab und stellt es später ein.

Der Verteidiger erhält für das vorbereitende Verfahren eine Verfahrensgebühr VV 4104 RVG. Durch die Abtrennung entsteht in dem abgetrennten/neuen Verfahren nicht noch eine weitere VV 4104 RVG, da der Verfahrensabschnitt „Vorbereitendes Verfahren" bereits beendet ist.

Es entsteht allerdings im abgetrennten Verfahren für das gerichtliche Verfahren ein weitere gerichtliche Verfahrensgebühr VV 4112 RVG. Es liegen mit der Trennung zwei gebührenrechtliche Angelegenheiten vor, in denen die Gebühren entstehen (§ 15 Abs. 2 RVG).

23 Nach § 20 S. 1 RVG sind, soweit eine Sache an ein anderes Gericht **verwiesen** oder abgegeben wird, die Verfahren vor dem verweisenden oder abgebenden und vor dem übernehmenden Gericht ein Rechtszug. Die Gebühren entstehen also nur einmal. Das gilt in diesen Fällen auch für die (gerichtliche) Verfahrensgebühr. Der Höhe nach entsteht sie aber nach dem Gebührenrahmen des höchsten jeweils mit der Sache befassten Gerichts (Rechtsgedanken des § 15 Abs. 4 RVG).[111] Für abgeschlossene Gebührentatbestände bleibt es bei einem ggf. geringeren Gebührenrahmen.[112] Im Fall der **Zurückverweisung** gilt § 21 Abs. 1 RVG. Das weitere Verfahren vor dem Gericht, an das zurückverwiesen wird, ist ein neuer Rechtszug.[113] Es entsteht also eine (neue) gerichtliche Verfahrensgebühr.[114]

IV. Terminsgebühr (Abs. 3)

1. Allgemeines

24 Abs. 3 regelt allgemein den Abgeltungsbereich der Terminsgebühr.[115] Diese erhält der RA nur für die Teilnahme an gerichtlichen Terminen, soweit nichts anderes bestimmt ist. Etwas anderes bestimmt ist für die Termine in VV 4102 Nr. 2, 4, 5 RVG.[116]

2. Abgeltungsbereich

25 **a) Teilnahme an (gerichtlichen) Terminen.** Erforderlich ist die Teilnahme des RA an **gerichtlichen Terminen.** Das können Hauptverhandlungstermine und darüber hinaus die in VV 4102 RVG erwähnten (Vernehmungs-)Termine sein. Für andere, nicht gerichtliche Termine, zB Besprechungstermine mit anderen Verfahrensbeteiligten, wie Mitverteidigern, Gericht (zB nach §§ 202a, 212 StPO) oder Vertretern der Staatsanwaltschaft (zB nach § 160b StPO), oder Abstimmungsgespräche nach § 213 Abs. 2 StPO entstehen keine Terminsgebühren. Die Teilnahme an diesen Terminen wird bei der Bemessung der konkreten (Verfahrens-)Gebühr über § 14 Abs. 1 S. 1 RVG berücksichtigt.[117]

26 Voraussetzung für eine Terminsgebühr ist die „**Teilnahme** an" gerichtlichen Terminen. Erforderlich ist die Anwesenheit des RA in dem Termin. Gemeint ist damit grundsätzlich die körperliche Anwesenheit.[118] Davon geht auch die Gesetzesbegründung zum RVG 2004 aus, in

---

[110] Sa Burhoff/Volpert RVG/*Burhoff* VV Vorb. 4 Rn. 59 und die Fallgestaltung bei KG RVGreport 2007, 239 = RVG prof. 2007, 139 = StRR 2007, 4 (Ls.).

[111] Vgl. die Beispiele bei Burhoff/Volpert RVG/*Burhoff* VV Vorb. 4 Rn. 52 ff., Teil A Rn. 2571; *Burhoff* RVGreport 2009, 8; RVG prof. 2012, 213; RVG prof. 2013, 50; s. a. LG Bad Kreuznach AGS 2011, 434 = RVGreport 2011, 226 = StRR 2011, 282 zur Teileinstellung und Eröffnung des übrigen Verfahrensteils beim AG.

[112] OLG Hamburg JurBüro 1990, 478 = Rpfleger 1999, 223; Schneider/Wolf/*N. Schneider* RVG § 20 Rn. 19 ff.

[113] BGH AGS 2013, 453 = RVGreport 2013, 465 = JurBüro 2014, 20 = RVG prof. 2014, 2 = VRR 2014, 80 = StRR 2014, 238; OLG Koblenz JurBüro 2019, 630 = RVGreport 2020, 92; AG Wernigerode RVGreport 2015, 137 = AGS 2015, 224.

[114] Burhoff/Volpert RVG/*Burhoff* VV Vorb. 4 Rn. 57 mwN; *Burhoff* RVGreport 2009, 9; RVG prof. 2012, 213; BGH AGS 2013, 453 = RVGreport 2013, 465 = JurBüro 2014, 20 = RVG prof. 2014, 2 = VRR 2014, 80 = StRR 2014, 238 für Zurückverweisung durch das BVerfG; OLG Koblenz JurBüro 2019, 630 = RVGreport 2020, 92.

[115] Eing. zum Abgeltungsbereich der Terminsgebühr Burhoff/Volpert RVG/*Burhoff* VV Vorb. 4 Rn. 65; *Burhoff* RVGreport 2010, 3; RENOpraxis 2011, 198; RVG prof. 2013, 124; *Thiel* ZAP F. 24, S. 1579.

[116] Vgl. wegen der Einzelheiten → RVG VV 4102, 4103 Rn. 10 ff., 16 ff., 19.

[117] Burhoff/Volpert RVG/*Burhoff* VV Vorb. 4 Rn. 63 ff.; zur Abrechnung der Tätigkeiten in Zusammenhang mit einer Verständigung nach § 257c StPO Burhoff/Volpert RVG/*Burhoff* Teil A Rn. 2522 ff.; *Burhoff* RVGreport 2010, 401; für Termine nach § 213 Abs. 2 StPO *Burhoff* RVGreport 2017, 402 (404); *Enders* JurBüro 2018, 564 (567).

[118] So wohl OLG München NJW 2008, 1607 = RVGreport 2008, 109 = NStZ-RR 2008, 159 = AGS 2008, 233 = StRR 2008, 199 mablAnm *Burhoff* = JurBüro 2008, 418 mablAnm *Kotz;* RVGreport 2015, 66 = StRR

der ausgeführt wird, dass die Terminsgebühr die Tätigkeit des RA „in" der Hauptverhandlung erfassen soll.[119] Eine Regelung wie in VV Vorb. 3 Abs. 3 RVG fehlt in VV Teil 4 RVG; eine Ausnahme davon macht VV Vorb. 4 Abs. 3 S. 2 RVG. Nehmen der Pflichtverteidiger und sein Terminsvertreter nacheinander an einem Hauptverhandlungstermin teil, soll nach der Rspr. nur eine Terminsgebühr entstehen,[120] was mE nur dann zutreffend ist, wenn man in diesen Fällen von einer „Einheit" von Pflichtverteidiger und Terminsvertreter ausgeht.[121]

Von der Terminsgebühr werden alle Tätigkeiten in der Hauptverhandlung, wie zB auch ein Rechtsmittelverzicht,[122] erfasst. Die Terminsgebühr erfasst aber auch über die eigentliche Teilnahme/Anwesenheit im gerichtlichen Termin hinaus noch **sonstige** mit dem jeweiligen Termin in Zusammenhang stehende **Tätigkeiten,** wie zB die konkrete Vor-/Nachbereitung dieses Termins erfasst.[123] Zum Teil wird das in der Rspr. unzutreffend anders gesehen[124] Dem ist jedoch die Gesetzesbegründung zu VV Vorb. 4 Abs. 3 S. 2 RVG entgegen zu halten, wo zur Begründung der Terminsgebühr für einen „geplatzten Termin" gerade auch auf den zur Vorbereitung dieses „geplatzten Termins" erbrachten Zeitaufwand abgestellt wird.[125] Erfasst von der Terminsgebühr werden also die Tätigkeiten, die der Vor-/Nachbereitung des konkreten Hauptverhandlungstermins dienen. Die Tätigkeiten, mit denen allgemein die Hauptverhandlung vorbereitet wird, sind „Betreiben des Geschäfts" iSv VV Vorb. 4 Abs. 2 RVG und werden von der (gerichtlichen) Verfahrensgebühr erfasst.[126] Diese Sichtweise entspricht iÜ auch der Rspr. des BGH. Dieser stellt(e) nämlich bei der Bewilligung einer Pauschgebühr für die Teilnahme an der Revisionshauptverhandlung (§ 350 StPO aF) idR auch auf die vom Verteidiger zur Vorbereitung der Hauptverhandlung erbrachten Tätigkeiten ab.[127] **27**

b) Entstehen der Terminsgebühr. Der RA verdient die Terminsgebühr, wenn ein (gerichtlicher) **Termin stattgefunden** hat, an dem er teil RVG genommen hat. Eine Ausnahme gilt im Fall der VV Vorb. 4 Abs. 3 S. 2 RVG.[128] Grundsätzlich ausreichend ist es, wenn der RA im Termin anwesend ist. Der RA muss im Termin keine besonderen Tätigkeiten erbracht, also zB Anträge gestellt haben.[129] Etwas anderes gilt aber im Fall der VV 4102 Anm. 1 Nr. 3 RVG.[130] Ist ein Termin (noch) nicht anberaumt, entsteht durch die Vorbereitung dieses Termins keine Terminsgebühr.[131] Auch die Dauer des Termins ist für das Entstehen der Terminsgebühr ohne Bedeutung.[132] IÜ sind, wenn der **Nebenklägervertreter** in einem Verfahren, in dem mehrere selbständige prozessuale Taten verhandelt werden, die nicht alle zum Anschluss als Nebenkläger berechtigen, an sämtlichen Hauptverhandlungstagen teilnimmt, die dadurch ent- **28**

2014, 451 = AGS 2015, 70; aA, allerdings ohne nähere Begr., AG Koblenz RVG prof. 2008, 23 = RVGreport 2008, 61.

[119] Burhoff/Volpert RVG/*Burhoff* VV Vorb. 4 Rn. 64 unter Hinweis auf BT-Drs. 15/1971, 220; HBS VergütungsR/*N. Schneider* Teil 15 Rn. 262.

[120] KG RVGreport 2011, 260 = StRR 2011, 281 mAnm *Burhoff* = NStZ-RR 2011, 295 = JurBüro 2011, 479; LG Osnabrück JurBüro 2011, 527.

[121] Zum Gebührenanspruch des Terminsvertreters des Pflichtverteidigers → RVG VV Vorb. 4.1 Einl. Rn. 12 ff.

[122] AG Koblenz BeckRS 2011, 06304 = VRR 2011, 203 (Ls.) für Terminsgebühr VV 4108 RVG.

[123] So die zutreffende hM, KG 7.5.2012 – 1 Ws 31/12; OLG Hamm AGS 2006, 498 = JurBüro 2006, 591; BeckRS 2009, 13428; OLG Jena StV 2006, 204 = RVGreport 2006, 423 = JurBüro 2005, 470; OLG Karlsruhe StraFo 2008, 439 = NJW 2008, 2935 = RVG prof. 2008, 208 = JurBüro 2008, 586; OLG Köln AGS 2008, 447 = StRR 2008, 323 (Ls.); OLG München AGS 2014, 174 = StRR 2014, 271; RVGreport 2016, 145 = AGS 2014, 174 = StRR 2014, 271 = Rpfleger 2014, 445; OLG Oldenburg JurBüro 2007, 528; OLG Stuttgart RVGreport 2006, 32 = Rpfleger 2006, 36; LG Dessau-Roßlau JurBüro 2009, 427, für OWi-Verfahren; AG Tiergarten StraFo 2012, 117 für Haftprüfungstermin; Burhoff/Volpert RVG/*Burhoff* VV Vorb. 4 Rn. 65.

[124] OLG Bremen StraFo 2012, 39 = StRR 2012, 278 = RVGreport 2012, 64 mablAnm *Burhoff;* LG Detmold BeckRS 2009, 7360; LG Hannover NdsRpfl 2005, 327; LG Magdeburg StRR 2008, 480 mablAnm *Burhoff;* AG Koblenz AGS 2008, 346 = VRR 2008, 319 = RVGreport 2009, 340; aA – für das sozialgerichtliche Verfahren – SG Berlin AGS 2012, 470.

[125] BT-Drs. 15/1971, 221.

[126] → Rn. 13.

[127] S. ua BGH NJW 2012, 167 = StRR 2012, 77 = RVGreport 2012, 101; AGS 2012, 221 = RVGreport 2012, 344 = RVG prof. 2012, 112; BeckRS 2013, 00839.

[128] → Rn. 39 ff.

[129] Schneider/Wolf/*N. Schneider* RVG VV Vorb. 4 Rn. 26; Burhoff/Volpert RVG/*Burhoff* VV Vorb. 4 Rn. 68 f.; Hartung/Römermann/Schons/*Hartung* RVG VV Vorb. 4 Rn. 25; LG Bremen VRR 2012, 357 = StRR 2012, 479 = DAR 2013, 58 = RVGreport 2013, 231.

[130] → RVG VV 4102, 4103 Rn. 12.

[131] LG Düsseldorf AGS 2011, 430.

[132] Hartung/Schons/Enders/*Hartung* RVG VV Vorb. 4 Rn. 25; s. a. noch die Erl. bei → RVG VV 4108–4111 Rn. 3 ff.

standenen Terminsgebühren auch hinsichtlich derjenigen Verhandlungstage, an denen das Nebenklagedelikt nicht Gegenstand der Hauptverhandlung war, als notwendige Auslagen erstattungsfähig, wenn die Taten einen inneren Zusammenhang aufweisen, der es nicht ausgeschlossen erscheinen lässt, dass die Interessen des Nebenklägers auch in den ihn nicht unmittelbar betreffenden Verhandlungsabschnitten tangiert werden.[133]

3. Gebührenhöhe

29 Die Höhe der Terminsgebühr bestimmt sich aus den unterschiedlichen Gebührenrahmen, aus denen der **Wahlverteidiger** unter Anwendung der Kriterien des **§ 14 Abs. 1 S. 1 RVG** die jeweils angemessene Gebühr bestimmen muss.[134] Der Pflichtverteidiger erhält **Festbetragsgebühren.**

30 Der **Betragsrahmen** der Terminsgebühr richtet sich im gerichtlichen Verfahren jeweils nach der Ordnung/Zuständigkeit des jeweiligen Gerichts. Die (Vernehmungs-)Terminsgebühr VV 4102 RVG ist allerdings nicht von der Zuständigkeit des Gerichts abhängig. Die Terminsgebühr entsteht mit **Zuschlag,** wenn der Mandant nicht auf freiem Fuß ist.[135]

31 Vertritt der RA **mehrere Auftraggeber,** wie zB mehrere Nebenkläger oder als Zeugenbeistand mehrere Zeugen, kommt eine Erhöhung der Terminsgebühr nach VV 1008 RVG nicht in Betracht.[136] In VV 1008 RVG ist nur die Erhöhung der Verfahrensgebühr vorgesehen und nicht auch die einer Terminsgebühr.[137]

32 Die **konkrete Bemessung** der Terminsgebühr erfolgt auf der Grundlage der sog. Mittelgebühr.[138] Die Höhe der Gebühr ist für den Wahlverteidiger sodann nach den Kriterien des § 14 Abs. 1 S. 1 RVG zu bemessen.[139] Dies ist vor allem die **Dauer** des Termins, an dem der RA teilgenommen hat.[140] Das ergibt sich ua daraus, dass beim Pflichtverteidiger allein an den Umstand eines Termins mit einer Dauer von mehr als fünf Stunden bzw. mehr als 8 Stunden zusätzliche Gebühren knüpft.[141] Diese Längenzuschläge sind für den Wahlverteidiger nicht vorgesehen, können aber über § 14 Abs. 1 S. 1 RVG eine Hilfestellung geben, so dass für eine über acht Stunden dauernde Hauptverhandlung auf jeden Fall die Höchstgebühr angemessen ist.[142] Die Dauer eines Hauptverhandlungstermins ist aber nicht das alleinige Kriterium für die Bemessung der Terminsgebühr.[143] Insbesondere dann, wenn die weiteren Bemessungskriterien nach § 14 Abs. 1 RVG überdurchschnittlich sind und der RA zB einen überdurchschnittlichen Vorbereitungsaufwand auf die Hauptverhandlung hatte, fällt eine ggf. nur kurze Dauer des (Hauptverhandlungs-)Termins weniger schwerwiegend ins Gewicht.[144] Hat der RA an mehre-

---

[133] OLG Düsseldorf JurBüro 2012, 358 = StRR 2012, 397 = RVG prof. 2012, 117 = RVGreport 2013, 232; LG Aurich 8.12.2011 – 11 Ks 210 Js 3075/11 (2/11).

[134] Vgl. die Erläuterungen zu § 14 RVG → Rn. 18 ff.; zu Strafsachen besonders Burhoff/Volpert RVG/*Burhoff* Teil A Rn. 1680 ff.; s. a. die jährlichen Übersichten zur Rspr. zu § 14 RVG im RVGreport (wegen Fundstellen s. bei der Lit.); sa *Lissner* RVGreport 2013, 166 und *Fromm* zur Corona-Krise/zum Infektionsrisiko als gebührenbildenden Merkmal in JurBüro 2020, 228.

[135] Allg. zum (Haft)Zuschlag → Rn. 44 ff.

[136] Koblenz StraFo 2005, 526 = AGS 2005, 504 = JurBüro 2005, 589; wegen der Einzelheiten s. die Kommentierung bei → RVG VV 1008 Rn. 1 ff.

[137] Vgl wegen der Einzelheiten → RVG VV 1008 Rn. 6 ff.

[138] Vgl die Nachw. bei → Rn. 19 und noch LG Detmold StRR 1/2019, 28; LG Hechingen RVGreport 2019, 376.

[139] Zur Bemessung der Gebühren KG StV 2006, 198 = AGS 2006, 73; OLG Bamberg NStZ-RR 2018, 192 = RVGreport 2018, 172 = RVG prof. 2018, 79; OLG Düsseldorf RVGreport 2017, 375 = JurBüro 2017, 468; OLG Köln RVGreport 2016, 452 = RVG prof. 2016, 125; LG Detmold StRR 1/2019, 28, jeweils für Terminsgebühr; LG Meiningen, JurBüro 2011, 642; AG Lüdinghausen RVGreport 2006, 183; AG Trier RVGreport 2005, 271 für die Terminsgebühr; AG Hamburg-Wandsbek JurBüro 2012, 26; → Rn. 17; s. a. LG Cottbus RVGreport 2019, 93 für das Bußgeldverfahren.

[140] Zur Bemessung der Terminsgebühr für einen „geplatzten" Termin LG Bochum BeckRS 2012, 16377, für den Nebenklägervertreter.

[141] KG StV 2006, 198 = AGS 2006, 73; OLG Stuttgart RVGreport 2014, 66 = RVG prof. 2014, 24 mwN.

[142] KG AGS 2006, 73; AGS 2012, 392 = JurBüro 2012, 482 = RVGreport 2012, 391; OLG Bamberg NStZ-RR 2018, 192 = RVGreport 2018, 172 = RVG prof. 2018, 78; OLG Düsseldorf RVGreport 2017, 376 = JurBüro 2017, 468; OLG Köln RVGreport 2016, 452 = RVG prof. 2016, 125; Burhoff/Volpert RVG/*Burhoff* VV Vorb. 4 Rn. 76.

[143] OLG Jena RVGreport 2008, 56; OLG Saarbrücken RVGreport 2014, 103 = RVG prof. 2014, 43; LG Koblenz BeckRS 2012, 4527; AG Hamburg-Wandsbek JurBüro 2012, 26; unzutreffend aA AG Koblenz AGS 2004, 484.

[144] OLG Düsseldorf JurBüro 2012, 358 = StRR 2011, 397 = RVG prof. 2012, 117 = RVGreport 2013, 232; OLG Jena RVGreport 2008, 56; OLG Köln AGS 2008, 32 = RVG prof. 2008, 12 = RVGreport 2008, 55; 2008, 76; zur Abwägung OLG Hamm BeckRS 2010, 2547.

ren Hauptverhandlungsterminen Teil genommen, findet keine „Gesamtbewertung" der Termine in der Form statt, dass etwaige kürzere Hauptverhandlungsdauern längere Terminsdauer kompensieren.[145] Bei der Bemessung sind alle in § 14 Abs. 1 S. 1 RVG erwähnten Kriterien heranzuziehen. Ist ein Kriterium bereits bei der Bemessung einer anderen (Rahmen)Gebühr herangezogen worden, ist es für die Bemessung der Terminsgebühr nicht verbraucht.[146] Das Einlegen einer Beschwerde vier Tage nach Verkünden des Urteils kann aber nicht gebührenerhöhend für die maßgebliche Terminsgebühr des Wahlanwalts herangezogen werden.[147]

Bei der Feststellung der Terminsdauer sind **Wartezeiten** und **Pausen** grds. zu berücksichtigen;[148] das folgt nach der Einführung einer entsprechenden Regelung für die Längenzuschläge des Pflichtverteidigers in VV Vorb. 4.1 Ab. 3 RVG durch das KostRÄG 2021 v. 21.12.2020[149] jetzt inzidenter aus dieser(neu)Regelung.[150] Zu berücksichtigen ist auch, wenn die Hauptverhandlungsdauer unvorhersehbar verkürzt wird.[151] Die Terminsdauer ist aber nicht das einzige Kriterium für die Bemessung der Terminsgebühr.[152] Zu berücksichtigen ist auch die Vor-/Nachbereitung des (konkreten) (Hauptverhandlungs-)Termins.[153] **33**

Nach *Burhoff*[154] sind als **durchschnittlich,** wobei die allgemeine Tendenz zu kürzeren Hauptverhandlungsdauern zu berücksichtigen ist, festzustellen und damit grds. die Mittelgebühr rechtfertigend eine Hauptverhandlung **34**

- beim Strafrichter bis zu einer Stunde,[155]
- beim Schöffengericht bis zu zwei oder drei Stunden,[156]
- bei der Strafkammer von etwa drei bis vier Stunden;[157] bei der Berufungskammer eine Dauer von etwa zweieinhalb bis drei Stunden,[158]
- beim Schwurgericht bis fünf Stunden.[159]

Davon sind **Abweichungen** nach unten oder oben möglich.[160]

Aus der **Rspr.** zur **Bemessung** der **Terminsgebühr** ist hinzuweisen ua[161] auf OLG Bamberg,[162] wonach eine Verhandlungsdauer von bis zu fünf Stunden beim Schwurgericht durchschnittlich ist, OLG Düsseldorf,[163] wonach die Bestimmung der Mittelgebühr trotz einer unterdurchschnittlichen Dauer der Hauptverhandlung vor dem Schwurgericht von weniger als **35**

---

[145] OLG Nürnberg StRR 2014, 512 = RVGreport 2014, 463 mAnm *Burhoff* StRR 2014, 512; unzutreffend aA LG Nürnberg-Fürth 19.5.2014 – 5 Ks 109 Js 368/13.

[146] Aa LG Ravensburg RVGreport 2014, 174 = StRR 2015, 198 mablAnm *Burhoff* für „Schwierigkeit" bei Grundgebühr/Terminsgebühr.

[147] OLG Celle RVGreport 2018, 95 = JurBüro 2017, 467.

[148] KG StV 2006, 198; → RVG VV 4108–4111 Rn. 22 ff. mwN aus der Rspr, auch zur aA; für das Bußgeldverfahren LG Cottbus RVGreport 2019, 93 = RVG prof. 2019, 75 = VRR 2/2019, 17; für das sozialgerichtliche Verfahren auch Schleswig-Holsteinisches LSG RVGreport 2017, 176 = AGS 2017, 109;s. aber KG AGS 2012, 392 = JurBüro 2012, 482 = RVGreport 2012, 391, nicht eine Pause von mehr als einer Stunde; zur teilweise aA beim Längenzuschlag →VV 4108 – 411 RVG 22 ff.

[149] BGBl. I 3229.

[150] Dazu *Burhoff* RVGreport 2020, 402 (406) StraFo 2021, 8 (13).

[151] OLG Schleswig SchlHA 2010, 269 Rechtsprechungsübersicht bei *Döllel/Dressen,* für Ankündigung eines nur kurzen Hauptverhandlungstermins wegen des Todes des Vaters eines der Mitangeklagten.

[152] AA AG Koblenz AGS 2004, 484; s. a. → Rn. 30.

[153] → Rn. 13, 27 mwN aus der Rspr.

[154] Burhoff/Volpert RVG/*Burhoff* VV Vorb. 4 Rn. 72 mit Rechtsprechungsbeispielen bei → Rn. 78; s. a. Schneider/Wolf/*Onderka/N. Schneider* § 14 Rn. 33; s. a. noch AG Westerburg JurBüro 2007, 310 f.; AG Betzdorf JurBüro 2007, 311.

[155] LG Magdeburg 17.3.2015 – 22 Qs 7/15 mwN; AG Bensheim NZV 2008, 108, eine Stunde keineswegs unterdurchschnittlich; aA AG LG Ravensburg RVGreport 2015, 174 = StRR 2015, 198, Durchschnitt von ein bis zwei Stunden; AG Koblenz NStZ-RR 2007, 327, weniger als eineinhalb Stunden beim AG unterdurchschnittlich; AG Koblenz JurBüro 2005, 33.

[156] Vgl. AG Saarlouis 9.9.2020 – 6 Ls 35 Js 1187/19 (49/19) mwN; 15.1.2021 – 6 Ls 35 Js 1187/19 (49/19).

[157] KG StV 2006, 198 = AGS 2006, 73; AGS 2012, 392 = JurBüro 2012, 482 = RVGreport 2012, 391.

[158] LG Detmold RVGreport 2019, 73 = StRR 1/2019, 28; LG Hannover JurBüro 2011, 304; LG Wiesbaden JurBüro 2007, 27; s. a. LG Landau 3.6.2016 – 3 Qs 29/16, drei Stunden 55 Minuten übliche Dauer; LG Saarbrücken 5.2.2015 – 6 Qs 17/15.

[159] OLG Bamberg RVGreport 2018, 172 = NStZ-RR 2018, 192 = RVG prof. 2018, 79; OLG Düsseldorf JurBüro 2012, 358 = StRR 2012, 397 = RVGreport 2013, 232, Terminsdauer von einer Stunde unterdurchschnittlich; OLG Stuttgart RVGreport 2014, 66 = RVG prof. 2014, 24; aber OLG Saarbrücken RVGreport 2014, 103, sechs bis acht Stunden für Schwurgericht oder Wirtschaftsstrafkammer.

[160] Burhoff/Volpert RVG/*Burhoff* VV Vorb. 4 Rn. 73.

[161] Vgl. wegen weiterer Nachw. Burhoff/Volpert RVG/*Burhoff* VV Vorb. 4 Rn. 78.

[162] OLG Bamberg NStZ-RR 2018, 192 = RVGreport 2018, 172 =RVG prof. 2018, 79.

[163] OLG Düsseldorf JurBüro 2012, 358 = StRR 2011, 397 = RVG prof. 2012, 117 = RVGreport 2013, 232.

einer Stunde noch der Billigkeit entsprechen kann, wenn der geringe Umfang der anwaltlichen Tätigkeit durch die überdurchschnittliche Relevanz der übrigen Bemessungskriterien des § 14 Abs. 1 RVG kompensiert wird, auf OLG Hamm,[164] wonach bei kurzen Hauptverhandlungsterminen eine Festsetzung von Verteidigergebühren unterhalb der Mittelgebühr zulässig ist, auch wenn die Sache insgesamt umfangreich und schwierig gewesen ist, auf OLG Köln[165] zur Bemessung der Terminsgebühr im Schwurgerichtsverfahren, auf OLG Jena,[166] wonach bei umfangreichen Vorbereitungszeiten auch bei nur geringer Hauptverhandlungsdauer (20 Minuten bzw. rund 40 Minuten) eine Terminsgebühr iHv 350,– EUR gerechtfertigt ist, auf OLG Koblenz[167] zur Höhe der Gebühren in einem Schwurgerichtsverfahren, auf OLG Köln,[168] das für einen Haftprüfungstermin die umfangreiche Vorbereitung berücksichtigt und bei einer Hauptverhandlungsdauer zwischen fünf und acht Stunden einen Ansatz im oberen Bereich des Rahmens für angemessen hält, auf OLG Stuttgart,[169] wonach eine Hauptverhandlungsdauer von über fünf Stunden bei einem ansonsten durchschnittlichen Fall auch in Verfahren vor dem Schwurgericht eine Erhöhung der Mittelgebühr rechtfertigt, auf LG Braunschweig,[170] das eine Terminsdauer von 20 Minuten beim AG als deutlich unterdurchschnittlich angesehen hat, LG Detmold,[171] das für eine Hauptverhandlungsdauer von 15 Minuten beim AG eine unterhalb der Mittelgebühr liegende Gebühr als angemessen angesehen hat, auf LG Detmold,[172] das als durchschnittliche Dauer einer Hauptverhandlung vor dem Berufungsgericht einen Zeitraum von 2 bis 3 Stunden annimmt, auf LG Hamburg,[173] das eine Terminsdauer von 30 Minuten beim AG als durchschnittlich ansieht, was die Mittelgebühr rechtfertigt, eine Terminsdauer von sieben Minuten beim AG rechtfertigt hingegen nur eine Gebühr von 100,– EUR, Terminsdauer von 25 Minuten in der Berufungsinstanz ist deutlich unterdurchschnittlich und führt nur zu einer Gebühr von 160,– EUR, auf LG Heilbronn,[174] wonach eine Terminsdauer von 51 Minuten beim AG unterdurchschnittlich ist und nur eine Terminsgebühr i. H. v. 195,– EUR rechtfertigt, auf LG Koblenz,[175] wonach in einer einfach gelagerten Strafsache eine Hauptverhandlungsdauer von 20 Minuten beim Amtsgericht nicht den Ansatz der Mittelgebühr rechtfertigt, auf LG Koblenz,[176] wonach die unterdurchschnittliche Dauer der Hauptverhandlung (10 Minuten) den Ansatz einer Gebühr VV 4112 RVG von 450,– EUR regelmäßig nicht rechtfertigt, sondern mit einer Gebühr von 270,– EUR die Verteidigertätigkeit dann angemessen honoriert ist, auf LG Koblenz,[177] wonach eine siebenstündige Hauptverhandlung beim Schöffengericht die Höchstgebühr rechtfertigt, auf LG Koblenz,[178] wonach eine Hauptverhandlungsdauer von 35 Minuten in einer Strafsache beim Strafrichter auch in einem Verfahren von großer Bedeutung nur eine Terminsgebühr von 190,– EUR rechtfertigt, auf LG Landau,[179] wonach für eine Berufungshauptverhandlung eine Dauer von drei Stunden 55 Minuten im üblichen Rahmen liegt, auf LG Magdeburg,[180] wonach für eine Hauptverhandlung beim Strafrichter, die bis zu einer Stunde dauert, die Mittelgebühr durchschnittlich gerechtfertigt ist, auf LG Mühlhausen,[181] wonach im Bußgeldverfahren eine Hauptverhandlung von nur 17 Minuten bei iÜ weit unterdurchschnittlicher Bedeutung zu einem Abschlag von 50% von der Mittelgebühr führt, auf LG Osnabrück,[182] wonach im OWi-Verfahren Hauptverhandlungstermine mit einer Dauer von sieben, zehn oder auch 30 Minuten unterdurchschnittlich sind, auf LG Saarbrücken,[183] wonach eine Verhandlungsdauer von 30 Minuten im Berufungsverfah-

[164] OLG Hamm BeckRS 2010, 2547 für Urteilsverkündungstermin von 22 Minuten.
[165] OLG Köln RVGreport 2016, 452 = RVG prof. 2016, 125.
[166] OLG Jena RVGreport 2008, 56.
[167] OLG Koblenz BeckRS 2008, 00269.
[168] OLG Köln AGS 2008, 32 = RVG prof. 2008, 12; ähnlich AGS 2008, 76.
[169] OLG Stuttgart RVGreport 2014, 66 = RVG prof. 2014, 24.
[170] LG Braunschweig JurBüro 2011, 524 = StraFo 2011, 377 = RVGreport 2011, 383 = RVG prof. 2011, 156.
[171] LG Detmold BeckRS 2008, 17129; ähnlich LG Detmold BeckRS 2009, 7360, für Bußgeldverfahren.
[172] LG Detmold RVGreport 2019, 73 = StRR 2/2019, 28.
[173] LG Hamburg BeckRS 2012, 08814.
[174] LG Heilbronn RVGreport 2017, 174.
[175] LG Koblenz JurBüro 2006, 364.
[176] LG Koblenz JurBüro 2008, 589.
[177] LG Koblenz JurBüro 2009, 253.
[178] LG Koblenz JurBüro 2010, 475.
[179] LG Landau 3.6.2016 – 3 Qs 29/16.
[180] LG Magdeburg JurBüro 2008, 85.
[181] LG Mühlhausen RVGreport 2009, 187.
[182] LG Osnabrück JurBüro 2008, 143.
[183] LG Saarbrücken 5.2.2015 – 6 Qs 17/15.

ren unterdurchschnittlich ist und nur eine Gebühr von 110,– EUR rechtfertigt, auf LG Zweibrücken,[184] wonach Hauptverhandlungen beim Amtsgericht von 35 Minuten und 40 Minuten die Mittelgebühr rechtfertigen, auf AG Koblenz,[185] wonach eine erheblich unterdurchschnittliche Dauer der Hauptverhandlung von nur zwei Minuten im OWi-Verfahren nur den Ansatz einer Gebühr von 90,– EUR rechtfertigt, auf AG Westerburg,[186] wonach die durchschnittliche Dauer der Hauptverhandlung beim Amtsgericht von 115 Minuten den Ansatz der Mittelgebühr, nicht aber eine Gebühr von 300,– EUR rechtfertigt,[187] auf AG Westerburg,[188] wonach die deutlich unterdurchschnittliche Dauer der Berufungshauptverhandlung von 25 Minuten nicht den Ansatz der Mittelgebühr rechtfertigt, sondern nur eine Gebühr von 200,– EUR angemessen ist. Bei dem oa Beträgen ist zu berücksichtigen, dass die angeführte Rspr. aus der Zeit vor der Anhebung der Rahmengebühren durch das 2. KostRMoG stammt, die Beträge also entsprechend höher angesetzt werden müssen, wenn jetzt mit den Entscheidungen argumentiert werden soll.

4. Terminsgebühr bei Verbindung/Trennung/Verweisung von Verfahren

Werden im Fall einer **Verweisung** Gerichte verschiedener Ordnung mit dem Verfahren befasst, gilt für die Terminsgebühr Folgendes:[189] Wenn sich durch die Verweisung der Be tragsrahmen der Terminsgebühr erhöht, gilt der höhere Gebührenrahmen nur für diejenigen Gebühren, die vor dem höheren Gericht (noch) entstehen. Für bereits abgeschlossene Gebührentatbestände bleibt es hingegen bei dem niedrigeren Rahmen.[190] Erniedrigt sich der Betragsrahmen, gilt der niedrigere Gebührenrahmen nur für diejenigen Gebühren, die noch entstehen, nicht hingegen für bereits entstandene Gebühren.[191] 36

Wird ein einheitliches Verfahren in verschiedene Verfahren **getrennt,** erhält der RA ab der Trennung für jedes Verfahren gesonderte Terminsgebühren für die Termine, an denen er in diesen Verfahren teilnimmt.[192] Wird der Termin/die Hauptverhandlung in einem getrennten Verfahren am selben Kalendertag fortgesetzt, hat das auf die Entstehung der Terminsgebühr keinen Einfluss. Denn es wird nicht etwa dieselbe Hauptverhandlung in zwei getrennt aufgerufenen Terminen an einem Hauptverhandlungstag durchgeführt, sondern es findet jeweils ein Hauptverhandlungstag in jedem der selbständigen Verfahren statt. Das hat zur Folge, dass in diesen Fällen zwei Terminsgebühren entstehen.[193] 37

Werden mehrere gerichtliche Verfahren miteinander **verbunden,** bleiben bereits in den einzelnen Verfahren entstandene Terminsgebühren erhalten.[194] Wie viele Terminsgebühren darüber hinaus entstehen, hängt vom Zeitpunkt der Verbindung ab.[195] Werden die Verfahren vor Beginn der Hauptverhandlung miteinander verbunden, erhält der RA nur noch im verbundenen Verfahren eine Terminsgebühr, da nur in diesem Verfahren eine Hauptverhandlung stattfindet. Die gleichzeitige Terminierung von Verfahren bedeutet aber nicht deren stillschweigen Verbindung.[196] Werden die Verfahren erst in der Hauptverhandlung verbunden, kommt es darauf an, ob in allen Verfahren oder nur in einem Teil eine Hauptverhandlung stattgefunden hat. Ob eine Hauptverhandlung in allen Verfahren anberaumt war, ist unerheblich.[197] Eine Terminsgebühr entsteht nach dem eindeutigen Wortlaut des Abs. 3 nämlich nicht nur, wenn eine Haupt- 38

---

[184] LG Zweibrücken VRR 2012, 199 = StRR 2012, 239; 2012, 199 = StRR 2012, 239 = RVGreport 2012, 218 = RVG prof. 2012, 82.

[185] AG Koblenz RVG prof. 2008, 124 = AGS 2008, 346 = VRR 2008, 319.

[186] AG Westerburg JurBüro 2007, 310; AGS 2008, 346 = VRR 2008, 319 = RVGreport 2009, 340.

[187] Ähnlich AG Betzdorf JurBüro 2007, 311.

[188] AG Westerburg JurBüro 2007, 311.

[189] Allg. zu den Gebühren bei Verweisung → § 20 Rn. 1 ff.; iÜ Burhoff/Volpert RVG/*Burhoff* VV Vorb. 4 Rn. 80, Teil A Rn. 2461 ff.; sowie *Burhoff* RVGreport 2009, 9 und RVG prof. 2013, 50, jeweils mit Beispielen.

[190] Schneider/Wolf/*N. Schneider* RVG § 20 Rn. 19.

[191] Burhoff/Volpert RVG/*Burhoff* VV Vorb. 4 Rn. 76.

[192] LG Hamburg AGS 2020, 273 = RVGreport 2020, 296 = JurBüro 2020, 354.

[193] KG RVGreport 2007, 239 = RVG prof. 2007, 139 = StRR 2007, 4 (Ls.); LG Itzehoe StraFo 2008, 92; *Burhoff* RVGreport 2008, 444; RVG prof. 2013, 213; Burhoff/Volpert RVG/*Burhoff* Teil A Rn. 2114 ff.; unzutreffend aA ua LG Berlin 3.8.2007 – 518 Qs 36/07;

[194] Wegen der Einzelheiten Burhoff/Volpert RVG/*Burhoff* VV Vorb. 4 Rn. 88 ff., Teil A Rn. 2225 ff.; *Burhoff* RVGreport 2008, 405; RVG prof. 2013, 189; *N. Schneider* AGS 2003, 432; *Enders* JurBüro 2007, 383 (384 f.).

[195] AG Koblenz RVG prof. 2008, 124 = AGS 2008, 346 = VRR 2008, 319.

[196] OLG Köln JurBüro 2002, 303 = AnwBl 2002, 113 mwN; LG Hanau RVGreport 2005, 382.

[197] LG Düsseldorf RVGreport 2007, 108; RVGreport 2015, 424 = RVG prof. 2016, 46; Burhoff/Volpert RVG/*Burhoff* VV Vorb. 4 Rn. 89 mwN; ähnlich AG Kiel StRR 2013, 3 (Ls.).

verhandlung anberaumt war.[198] Eine Hauptverhandlung kann vielmehr auch dann stattfinden, wenn der Angeklagte und der Verteidiger auf die dispositiven Förmlichkeiten und Fristen (§§ 216, 217 StPO) verzichten.[199] Wird zu einem Strafverfahren nach dem Aufruf der Sache ein weiteres Verfahren hinzuverbunden, das durch das Gericht zu diesem Zweck aber erst unmittelbar vor der Verbindung in der Hauptverhandlung (noch) eröffnet worden ist, so kann der Verteidiger für das hinzuverbundene Verfahren nach Auffassung der obergerichtlichen Rspr. allerdings keine Terminsgebühr beanspruchen.[200] Erörterungen vor Verkündung des Eröffnungsbeschlusses sind solche nach § 202a StPO und lösen daher keine Terminsgebühr für den Verteidiger aus.[201]

5. „Geplatzter Termin" (Abs. 3 S. 2, 3)

39 VV Vorb. 4 Abs. 3 S. 2 RVG regelt, dass der RA die Terminsgebühr auch erhält, wenn er zu einem anberaumten Termin erscheint, dieser aber aus Gründen, die er nicht zu vertreten hat, **nicht stattfindet.** Die Gebühr fällt danach in allen Fällen an, in denen der RA zur Hauptverhandlung erschienen ist,[202] das Gericht aber die Hauptverhandlung dann nicht durchführt oder nicht durchführen kann. Auch ein (nur) telefonisch mit dem Verteidiger abgestimmter Termin, ist ein **anberaumter Termin** iS von Abs. 3 S. 2, eine Ladung ist zu dem Hauptverhandlungstermin nicht erforderlich.[203] Hintergrund der Regelung in Abs. 3 S. 2 ist, dass dem RA/Verteidiger nutzlos aufgewendete Zeit vergütet werden soll.[204] Gemeint sind also zB die Fälle, in denen der Angeklagte oder ein Zeuge nicht erschienen oder die Richterbank nicht vollständig besetzt ist, zB weil ein Schöffe nicht erschienen ist oder der Vorsitzende (plötzlich) erkrankt ist,[205] und der RA erst kurz vor Beginn der Hauptverhandlung erfährt, dass diese nicht stattfinden kann. Sie fällt auch an, wenn zB der RA kurz vor Beginn der HV auf der Geschäftsstelle einen Ablehnungsantrag (§§ 24 ff. StPO) gestellt hat und das Gericht dann – entgegen der Regelung des § 29 StPO – nicht mit der Hauptverhandlung beginnt. Die Gebühr entsteht auch, wenn der RA nicht oder nicht rechtzeitig abgeladen wird[206] bzw. auch, wenn aufgrund eines kurz vor der Hauptverhandlung vor Aufruf geführten Rechtsgesprächs der Verteidiger einen Zeugen benennt, was dann noch zur kurzfristigen Aussetzung der Hauptverhandlung führt[207] oder das Gericht dem Verteidiger die Teilnahme am Termin zwar nicht durch Aufhebung des Termins, sondern durch Vorverlegung unmöglich macht.[208] Das RVG unterscheidet nicht zwischen „geplatzten" Termin und nachträglich rechtsgrundlos gewordenen Terminen. Das bedeutet, dass der RA die Terminsgebühr zB auch erhält, wenn die Berufung des Angeklagten kurz vor der anberaumten Berufungshauptverhandlung zurückgenommen wird;[209] allerdings muss er die Terminsgebühr je nach Vorbereitungsaufwand angemessen reduzieren.[210] Abs. 3 S. 2 gilt für alle Termine, für die im RVG eine Terminsgebühr vorgesehen ist, also auch für den Haft(prüfungs)termin nach VV 4102 Nr. 3 RVG.[211] Das OLG Celle hat schließlich in Erweiterung der VV Vorb. 4 Abs. 3 S. 2 RVG eine Terminsgebühr auch dann gewährt, wenn der

---

198 *Volpert* BRAGO prof. 2004, 19.

199 Burhoff/Volpert RVG/*Burhoff* VV Vorb. 4 Rn. 89 unter Hinweis auf OLG Saarbrücken JurBüro 1999, 471 f.; LG Düsseldorf RVGreport 2007, 108; RVGreport 2015, 424 = RVG prof. 2016,46; AG Bochum 30.12.2005 – 26 L 22 Js 204/05; AG Eckernförde 31.1.2007 – 5 Ls jug. 567 Js 26487/05 JuG (43/05).

200 OLG Bremen NStZ-RR 2013, 128; OLG Dresden RVGreport 2009, 62 mzustAnm *Burhoff* = wistra 2009, 80 (Ls.) = NStZ-RR 2009, 128 = AGS 2009, 223; LG Dortmund RVGreport 2017, 261; LG Bad Kreuznach RVGreport 2018, 60 = StRR 1/2018, 24; LG Düsseldorf RVGreport 2015, 424 = RVG prof. 2016, 46; s. a. LG Kaiserslautern RVGreport 2018, 137; aA AG Kiel 12.11.2012 – 41 Ls 8/12 unter Hinweis darauf, dass nach der Rspr. des BGH ein fehlender Eröffnungsbeschluss in der Hauptverhandlung nachgeholt werden kann (BGHSt 29, 224; aA Meyer-Goßner/Schmitt/*Schmitt* StPO § 203 Rn. 4).

201 OLG Bremen NStZ-RR 2013, 128; LG Dortmund RVGreport 2017, 261; zur Abrechnung der Erörterungen nach § 202a StPO *Burhoff* RVGreport 2010, 401; Burhoff/Volpert RVG/*Burhoff* Teil A Rn. 2522 ff.

202 → Rn. 40; eing. *Burhoff* RVG prof. 2017, 212.

203 AG Hamburg-Harburg RVGreport 2020, 345.

204 BT-Drs. 15/1971, 221; ua LG Potsdam NStZ-RR 2015, 231 = RVGreport 2015, 308 = StRR 2015, 399 = AGS 2015, 381.

205 BT-Drs. 15/1971, 221; Burhoff/Volpert RVG/*Burhoff* VV Vorb. 4 Rn. 94.

206 LG Bonn AGS 2007, 563 mAnm *N. Schneider* = JurBüro 2007, 590 = RVGreport 2008, 61.

207 LG Berlin AGS 2011, 284 = RVGreport 2011, 64 = StRR 2010, 117 = RVG prof. 2010, 8.

208 LG Dortmund RVGreport 2016, 221 = RVG prof. 2017, 58.

209 LG Potsdam RVGreport 2015, 308 = NStZ-RR 2015, 231 = StRR 2015, 399 = AGS 2015, 381 für den zum Termin erschienenen Verteidiger, der im Anschluss an ein Rechtsgespräch und nach Rücksprache mit dem Angeklagten – noch vor Beginn der Hauptverhandlung die Berufungsrücknahme erklärt.

210 LG Bochum BeckRS 2012, 16377, für den Nebenklägervertreter.

211 → RVG VV 4102 Rn. 12 ff.; *Burhoff* RVGreport 2013, 44.

Verteidiger eines Angeklagten in einem gegen Dritte gerichteten Parallelverfahren, in dem er bislang nicht beteiligt war, eine Terminsbenachrichtigung mit dem Hinweis erhalten hat, dass beabsichtigt sei, im Hauptverhandlungstermin des Parallelverfahren beide Verfahren zu verbinden, auch wenn die Verfahrensverbindung anschließend wegen Ausbleibens der Angeklagten im Parallelverfahren unterblieben ist, der Verteidiger aber erschienen war.[212] Man wird zudem den Rechtsgedanken der VV Vorb. 4 Abs. 3 S. 2 RVG auch anwenden können, wenn der Termin zwar nicht insgesamt entfällt, aber aus vom Verteidiger nicht vorhersehbaren Gründen kürzer als zunächst vorgesehen stattfindet. Denn auch dann hat der Verteidiger im Zweifel nutzlose (Vorbereitungs)zeit aufgewendet.[213]

Für das Entstehen der Gebühr ist nicht erforderlich, dass der RA im Gerichtssaal **erscheint** 40
und erst dort erfährt, dass der Termin nicht stattfindet.[214] Die Gebühr entsteht vielmehr auch, wenn ein Termin aufgehoben oder verlegt wird, die entsprechende Terminsnachricht den RA aber aus Gründen, die er nicht zu vertreten hat, nicht oder (zu) spät erreicht und er deshalb zum Termin noch anreist bzw. erscheint.[215] Auch in diesen Fällen hat der RA nutzlosen Zeitaufwand, den die VV Vorb. 4 Abs. 3 S. 2 RVG honorieren will. Die in der Rspr. zT vertretene aA[216] ist abzulehnen.[217] Sie verkennt den Sinn und Zweck der Gebühr für den „geplatzten" Termin. Das gilt erst recht, wenn man, wie das OLG München,[218] davon ausgeht, dass eine Terminsgebühr auch dann nicht anfällt, wenn der RA zu mehreren nacheinander terminierten Hauptverhandlungsterminen angereist ist, von denen einer kurzfristig abgesetzt wird, wovon der RA aber erst am Gerichtsort erfährt. Auch die zur Stützung der von der abweichenden Auffassung angeführte „Vielzahl von Abgrenzungsproblemen"[219] rechtfertigt die zu enge, ihrem Sinn und Zweck widersprechende Auslegung der Vorschrift nicht. Sicherlich stellt sich in Fällen, in denen der RA nicht körperlich „erscheint", die Frage, wann der Weg zum Termin angetreten ist. Aber die Probleme lassen sich ohne Schwierigkeiten dadurch regeln, dass sie innerhalb des Gebührenrahmens berücksichtigt werden.[220] Je eher der RA von der Aufhebung des Termins erfährt, desto geringer ist der nutzlose Zeitaufwand und desto geringer ist die Höhe der entstehenden Terminsgebühr.[221] Entscheidend ist iÜ, dass der Termin **nicht** mit dem **(geladenen) RA** stattfindet. Es kommt nicht darauf an, ob der Termin überhaupt nicht stattfindet.[222]

Eine **Ausnahme** gilt nach VV Vorb. 4 Abs. 3 S. 3 RVG dann, wenn der RA rechtzeitig von 41
der Aufhebung oder Verlegung des Termins in Kenntnis gesetzt worden ist. „Rechtzeitig" ist der RA auf jeden Fall immer dann in Kenntnis gesetzt, wenn er die Fahrt zum Termin noch

---

212 OLG Celle RVGreport 2011, 343 = NStZ-RR 2011, 328 (Ls.) = StRR 2011, 440 = JurBüro 2011, 526 = RVG prof. 2011, 187, das von einer analogen Anwendung der Terminsgebühr VV 4114 RVG ausgeht; mE handelt es sich um eine vom Sinn und Zweck der VV Vorb. 4 Abs. 3 S. 2 RVG gedeckte erweiternde Anwendung der Vorschrift.

213 OLG Schleswig SchlHA 2010, 269 Rechtsprechungsübersicht bei *Döllel/Dressen,* für die kurzfristige Verkürzung eines Hauptverhandlungstermins wegen des Todes des Vaters eines Mitangeklagten; allerdings ohne Bezug auf die VV Vorb. 4 Abs. 3 S. 2 RVG.

214 *Burhoff* FS ARGE Strafrecht, 2009, 107 (118).

215 Zum RVG LG Magdeburg AGS 2020, 324 = RVGreport 2020, 387 = RVG prof. 2020, 136; zum alten Recht OLG München AGS 2004, 150 zur BRAGO mAnm *N. Schneider* AGS 2004, 151; s. a. Hartung/Römermann/Schons/*Hartung* RVG VV Vorb. 4 Rn. 27; Hartung/Schons/Enders/*Hartung* RVG VV Vorb. 4 Rn. 30; s. a. LG Marburg 16.8.2011 – 4 Qs 56/11; AG Hagen AGS 2008, 78 = RVGreport 2007, 426 = RVG prof. 2007, 24; AG Marburg 14.6.2011 – 55 Ds 3 Js 14334/10.

216 OLG Frankfurt a. M. JurBüro 2011, 422 = RVGreport 2012, 64 = StRR 2012, 118; OLG München NJW 2008, 159 = RVGreport 2008, 109 = NStZ-RR 2008, 159 = AGS 2008, 233 = StRR 2008, 199 mablAnm *Burhoff* = JurBüro 2008, 418 mablAnm *Kotz;* AGS 2015, 70 = RVGreport 2015, 66 = StRR 2014, 451 mablAnm *Burhoff;* OLG München NStZ-RR 2018, 296 = RVGreport 2018, 301 = AGS 2018, 339; OLG Naumburg AGS 2020, 569.

217 Vgl. a. LG Magdeburg AGS 2020, 324 = RVGreport 2020, 387 = RVG prof. 2020, 136.

218 OLG München AGS 2015, 70 = RVGreport 2015, 66 = StRR 2014, 451 mablAnm *Burhoff.*

219 Vgl. ua OLG München NJW 2008, 1607 = AGS 2008, 233 = RVGreport 2008, 109 = StRR 2008, 199 mablAnm *Burhoff* = JurBüro 2008, 418 mablAnm *Kotz.*

220 Vgl. a. LG Magdeburg AGS 2020, 324 = RVGreport 2020, 387 = RVG prof. 2020, 136 (die Lösung von Abgrenzungsschwierigkeiten ist richterliche Kerntätigkeit).

221 LG Bochum BeckRS 2012, 16377, für den Nebenklägervertreter.

222 Vgl. das Bsp. bei Burhoff/Volpert RVG/*Burhoff* VV Vorb. 4 Rn. 79: LG Marburg 16.8.2011 – 4 Qs 56/11; AG Hagen RVGreport 2007, 426 = AGS 2008, 78 = RVG prof. 2007, 24; AG Marburg 14.6.2011 – 55 Ds 3 Js 14334/10; AG Nürnberg RVGreport 2020, 140 = RVG prof. 2020, 37 für den Pflichtverteidiger, der in Unkenntnis seiner Entbindung zum Hauptverhandlungstermin erscheint; aA offenbar OLG Frankfurt a. M. RVGreport 2012, 64 = = StRR 2012, 118 = JurBüro 2011, 422.

nicht angetreten hat.[223] Hat er sie bereits angetreten und erfährt er erst dann von der Aufhebung oder Verlegung, ist das nicht mehr rechtzeitig, wenn der RA nicht mehr umkehren kann, um seine Arbeitszeit anderweitig zu nutzen.[224] Sinn und Zweck der Neuregelung ist es ja gerade, den nutzlosen Zeitaufwand, den der RA bei einem geplatzten bzw. nicht stattfindenden Termin, zu dem er aber dennoch erscheint, zu honorieren.[225] Hat der Verteidiger kurzfristig vor dem Termin einen Aufhebungsantrag gestellt, wird er sich ggf. vor der Abreise zum Termin erkundigen (müssen), ob dieser aufgehoben worden ist und ihn ggf. nur die Abladung noch nicht erreicht hat.[226] Es kann auch nicht darauf ankommen, wie nahe die Kanzlei des RA zum Gericht gelegen ist.[227] Deshalb ist es unzutreffend, wenn darauf abgestellt wird,[228] dass es bei einer telefonische Aufhebung des Hauptverhandlungstermins nur der Nähe der Kanzlei des Verteidigers zu verdanken sei, dass er vor dem Gericht nicht erscheint. Entscheidend ist, ob der RA bereits nutzlos Zeit aufgewendet hat.

42 Bei der **Bemessung** der Terminsgebühr für den „geplatzten Termin" muss über § 14 Abs. 1 RVG beim Wahlanwalt der geringere Zeitaufwand, den der RA in den Fällen des „geplatzten Termins" hat, berücksichtigt werden.[229] Allerdings ist die Zeit für die konkrete Vorbereitung dieses Termins mit zu berücksichtigen.[230] Erreicht bei einer Strafsache von nur geringer Bedeutung die Dauer der Wartezeit nicht einmal die durchschnittliche Dauer einer Hauptverhandlung, so soll der nutzlose Zeitaufwand des wartenden Verteidigers allenfalls mit zwei Dritteln der mittleren Terminsgebühr vergütet werden können.[231]

43 Fällt der Termin aus, muss der Mandant die entstehende Terminsgebühr zahlen bzw. der verurteilte Angeklagte muss sie ggf. dem Nebenkläger **erstatten.**[232] Für den Mandanten stellt sich dann aber die Frage, ob und von wem er Ersatz/Erstattung verlangen kann. Insoweit kommen gegen einen Zeugen/Sachverständigen die §§ 51 Abs. 1 S. 1, 72 StPO in Betracht. Ist die Abladung nicht erfolgt, haftet die Staatskasse ggf. aus § 839 BGB.[233]

V. Haftzuschlag (Abs. 4)

1. Allgemeines

44 Nach Abs. 4 erhält der Verteidiger/RA die Gebühr in den im Vergütungsverzeichnis bestimmten Fällen mit einem sog. Haftzuschlag, wenn der **Mandant nicht** auf **freiem Fuß** ist.[234] Das ist zB auch bei den in VV Teil 4 Abschn. 2 RVG geregelten Gebührentatbeständen der Fall, nicht hingegen bei VV Teil 4 Abschn. 3 RVG.

45 Bei einer Gebühr mit Zuschlag ist die **Höchstgebühr** der Betragsrahmen bzw. die Festbetragsgebühr jeweils um 25% **angehoben.** Grund für diese Anhebung ist es, dass dadurch die Anforderungen an den RA, soweit sie durch die Haft oder Unterbringung des Mandanten bedingt sind, besser berücksichtigt werden können. Bei der Verteidigung eines Untersuchungshäftlings treten zu den allgemeinen Kommunikationserschwernissen hinzu: spezifische Verrichtungen wie etwa Haftprüfungsanträge oder Haftbeschwerden sowie eine verstärkte psychologi-

[223] Zum Verschulden LG Neuruppin RVGreport 2010, 36 = RVG prof. 2009, 140 = VRR 2009, 320, das davon ausgeht, dass der RA, der an einem Freitag einen Aufhebungsantrag stellt, der erst nach Dienstschluss bei Gericht eingeht, sich vor Abreise zu dem am folgenden Montag um 9.30 Uhr stattfindenden Termin erkundigen muss, ob der Termin stattfindet oder aufgehoben worden ist.

[224] Burhoff/Volpert RVG/*Burhoff* VV Vorb. 4 Rn. 81; weitergehend Hartung/Schons/Enders/*Hartung* RVG VV Vorb. 4 Rn. 30, nicht mehr rechtzeitig, wenn der RA von der Aufhebung nicht erfährt, bevor er seine Kanzlei bereits verlassen.

[225] BT-Drs. 15/1971, 221.

[226] Vgl. die Fallgestaltung bei LG Neuruppin RVGreport 2010, 26 = VRR 2009, 320 = StRR 2010, 119 = RVG prof. 2009, 140; s. a. OLG München AGS 2004, 150; RVGreport 2015, 66 = StRR 2014, 451 = AGS 2015, 70, wonach der RA grds. verpflichtet ist, dafür zu sorgen, dass ihn Terminsabladungen rechtzeitig erreichen.

[227] So aber wohl LG Osnabrück JurBüro 2008, 649.

[228] LG Osnabrück JurBüro 2008, 649.

[229] LG Bonn AGS 2007, 563 mzustAnm *N. Schneider* = RVGreport 2008, 61.

[230] → Rn. 35.

[231] LG Potsdam JurBüro 2014, 188, für Hauptverhandlung beim Strafrichter.

[232] LG Bonn AGS 2007, 563 mzustAnm *N. Schneider* = RVGreport 2008, 61.

[233] S. für das Zivilrecht OLG Dresden NJW 2018, 2274 = RVGreport 2018, 277 = zfs 2018, 403 = AGS 2018, 336; Schneider/Wolf/*N. Schneider* RVG VV Vorb. 4 Rn. 33; *N. Schneider* AGS 2004, 152 in der Anm. zu OLG München AGS 2004, 150; AGS 2007, 563 in der Anm. zu LG Bonn AGS 2007, 563; eing. auch *Meyer* JurBüro 2009, 126.

[234] Eing. zu dieser Regelung Burhoff/Volpert RVG/*Burhoff* VV Vorb. 4 Rn. 105 ff.; *Burhoff* StRR 2007, 54; 2009, 174; RVG prof. 2010, 77; RVGreport 2011, 242; Schneider/Wolf/*N. Schneider* RVG VV Vorb. 4 Rn. 34 ff.

sche Betreuung, die einen besonderen, durch die Pauschgebühr abzugeltenden Aufwand verursachen.[235]

2. Anwendungsbereich

Für das Entstehen der Gebühr mit Zuschlag ist es **unerheblich, wann** und **wie lange** der Beschuldigte nicht auf freiem Fuß ist.[236] Das folgt schon daraus, dass die Regelung nicht mehr wie früher § 83 Abs. 3 BRAGO als Ermessensregelung ausgebildet ist. Entscheidend ist, dass der Mandant in dem Verfahrensabschnitt, für den die erhöhte Betragsrahmengebühr geltend gemacht wird, irgendwann nicht auf freiem Fuß war.[237] Die Voraussetzungen für den Haftzuschlag müssen also nicht schon vorliegen, wenn die Gebühr entsteht, es reicht aus, dass der Mandant während des Verfahrensabschnitts, für den die Gebühr geltend gemacht wird, inhaftiert wird.[238] Wird der Mandant allerdings erst im Laufe des Verfahrens inhaftiert, hat das auf das Entstehen des Haftzuschlags für Gebühren, die für bereits abgeschlossene Verfahrensabschnitte anfallen, keinen Einfluss (mehr).[239] Es entstehen nur die Gebühren, die ab Inhaftierung anfallen, mit Haftzuschlag. Für das Entstehen einer **Terminsgebühr** mit Zuschlag reicht es danach aus, wenn der Angeklagte erst am Ende des Verhandlungstages, aber vor Beendigung des Hauptverhandlungstermins, in Haft genommen wird.[240] Die Terminsgebühr entsteht auch mit Zuschlag, wenn der Haftbefehl, zB ein Haftbefehl nach § 230 Abs. 2 StPO, während der Hauptverhandlung aufgehoben wird. Entscheidend ist, dass der Mandant dann zumindest während eines Teils der Hauptverhandlung nicht auf freiem Fuß war; der einmal entstandene (Haft-)Zuschlag entfällt nicht durch die Aufhebung des Haftbefehls (§ 15 Abs. 4 RVG).[241] 46

Ohne Belang ist, ob **tatsächlich Erschwernisse** entstanden sind.[242] Das ergibt sich aus dem Wortlaut der VV Vorb. 4 Abs. 4 RVG, der eine generelle, nicht auf den Einzelfall bezogene Regelung enthält.[243] 47

Nicht auf freiem Fuß muss der **Mandant** sein. Dh: Befindet sich der Angeklagte in Haft, entstehen nur für den Verteidiger die Gebühren mit Zuschlag, nicht zB auch für den Nebenklägervertreter.[244] 48

3. Nicht auf freiem Fuß

Aus welchem Grund der Mandant **nicht** auf **freiem Fuß** ist, ist unerheblich. Der Mandant muss nach inzwischen (wieder) einhelliger Meinung nicht in der Sache in Haft sein, in der er von dem RA verteidigt/vertreten wird.[245] Der Begriff „nicht auf freiem Fuß" ist **weit auszulegen.**[246] Es kann sich um Untersuchungs- oder Strafhaft, Haft nach § 230 Abs. 2 49

---

[235] BT-Drs. 15/1971, 12.

[236] OLG Nürnberg AGS 2013, 15 = RVGreport 2013, 18 = StRR 2013, 39 mAnm *Burhoff* = RVG prof. 2013, 27.

[237] KG RVG prof. 2007, 41; OLG Celle StraFo 2008, 443 = AGS 2008, 490 = StRR 2009, 38 = NStZ-RR 2008, 392; OLG Hamm StRR 2009, 39 mzustAnm *Burhoff* = RVGreport 2009, 149, jeweils für Inhaftierung am Ende des Hauptverhandlungstermins; LG Görlitz AGS 2017, 272; LG Köln 28.2.2014 – 117 AR 8/13; AG Heilbronn StraFo 2006, 516; Schneider/Wolf/*N. Schneider* RVG VV Vorb. 4 Rn. 52 ff.; Burhoff/Volpert RVG/*Burhoff* VV Vorb. 4 Rn. 112; *Burhoff* RVGreport 2011, 242.

[238] KG RVG prof. 2007, 41.

[239] OLG Karlsruhe AGS 2017, 504 = RVGreport 2017, 386 = JurBüro 2017, 523; inzidenter LG Köln 26.2.2014 – 117 AR 8/13.

[240] OLG Celle AGS 2008, 490; OLG Düsseldorf AGS 2011, 227 = JurBüro 2011, 197 = RVGreport 2011, 143 = NStZ-RR 2011, 159, vor Rechtsmittelbelehrung; OLG Hamm RVGreport 2009, 149 = StRR 2009, 39, vor Rechtsmittelbelehrung; vgl. die Kommentierung bei → RVG VV 4108–4111 Rn. 20.

[241] Burhoff/Volpert RVG/*Burhoff* VV Vorb. 4 Rn. 112; vgl. auch LG Görlitz AGS 2017, 272.

[242] KG RVGreport 2007, 149; StraFo 2007, 483 = RVGreport 2007, 462 = StRR 2007, 359 = JurBüro 2007, 644; AGS 2008, 32; OLG Celle AGS 2008, 490; OLG Hamm RVGreport 2009, 149 = StRR 2009, 39; OLG Nürnberg RVGreport 2013, 18 = StRR 2013, 39; AG Hanau 19.5.2009 – 50 Ds 4200 Js 20340/07; Burhoff/Volpert RVG/*Burhoff* VV Vorb. 4 Rn. 106; unzutreffend aA AG Bochum StRR 2009, 440 mablAnm *Burhoff.*

[243] Ua KG AGS 2008, 32 mwN aus der Rspr. des KG.

[244] So (inzwischen auch) OLG Düsseldorf AGS 2006, 435 unter Aufgabe seiner früheren Rspr. mablAnm *N. Schneider* = RVGreport 2006, 389; OLG Hamm Rpfleger 2007, 502 = JurBüro 2007, 528; Köln AGS 2010, 72 = RVGreport 2010, 146 = RVG prof. 2010, 39; LG Flensburg AGS 2008, 340; aA Schneider/Wolf/*N. Schneider* RVG VV Vorb. 4 Rn. 61 unter Hinweis auf OLG Düsseldorf NStZ 1997, 605 = AGS 1999, 135.

[245] OLG Düsseldorf StV 1997, 422 = JurBüro 1997, 473 = Rpfleger 1997, 495; AGS 2011, 227 = JurBüro 2011, 197 = RVGreport 2011, 143; (jetzt wieder) OLG Hamm AGS 2010, 17 = RVGreport 2010, 27 unter Aufgabe von OLG Hamm JurBüro 2005, 535 f.; OLG Oldenburg StV 1996, 165 = JurBüro 1996, 473 = Rpfleger 1996, 260; LG Bochum BeckRS 2009, 26726; AG Bochum AGS 2009, 325 = RVG prof. 2009, 80 = StRR 2009, 280; s. a. Burhoff/Volpert RVG/*Burhoff* VV Vorb. 4 Rn. 109 mwN.

[246] Burhoff/Volpert RVG/*Burhoff* VV Vorb. 4 Rn. 108; AG Heilbronn AGS 2006, 516.

StPO[247] Sicherungsverwahrung, Unterbringung nach dem Psychische-Krankheitengesetz (PsychKG), Auslieferungs- oder Abschiebehaft, Polizeigewahrsam handeln. Auch die Unterbringung nach § 47 Abs. 1 Nr. 1 JGG oder nach § 72 Abs. 4 JGG iVm § 71 Abs. 2 JGG zählen hierzu.[248] Der überwiegende Teil der Rspr. geht zutreffend davon aus, dass die Gebühr mit Zuschlag auch entsteht, wenn sich der Mandant im **offenen Vollzug** befindet.[249] Entsprechendes gilt für eine freiwillige stationären Therapie, da sich dann der Mandant ebenfalls nicht frei bewegen kann und sich der Verteidiger/RA, wenn er ihn besucht, strengen Kontrollen – wie in der JVA – unterziehen muss.[250] Auch in dem Mandatsverhältnisse können Erschwernisse entstehen, womit auch Sinn und Zweck her der Zuschlag auf die „normale" Gebühr berechtigt ist. Schließlich befindet sich auch der nach §§ 127 Abs. 1, 127b StPO **vorläufig Festgenommene** nicht auf freiem Fuß[251] bzw. derjenige, gegen den ein Vorführungsbefehl nach § 230 StPO vollstreckt wird.[252] Zutreffend dürfte es allerdings sein, davon auszugehen, dass ein Haftzuschlag nicht entsteht, wenn der in einem psychiatrischem Krankenhaus untergebrachte Mandant bereits dauerhaft in einem externen Pflegeheim wohnt (betreutes Wohnen), sich also gar nicht mehr im Krankenhaus der Maßregelvollzugs aufhält.[253] Der Aufenthalt in einem Übergangswohnheim im Rahmen von (Haft)Lockerungen führt hingegen zum Zuschlag.[254]

4. Höhe der Gebühr mit Zuschlag

50 Die **angemessene Gebühr** mit Zuschlag ist innerhalb des jeweiligen Gebührenrahmes unter Anwendung der **Kriterien des § 14** Abs. 1 S. 1 RVG zu finden. Auch hier ist von der Mittelgebühr der um den Zuschlag erhöhten Gebühr ausgehen, wenn es sich um eine durchschnittliche Haftsache handelt. Ergibt sich aufgrund der Inhaftierung eine besondere Schwierigkeit oder ein höherer Umfang, kann das zum Überschreiten der Mittelgebühr führen.[255] Beim Wahlanwalt ist die Länge des Zeitraums von Bedeutung, während dessen sich der Mandant nicht auf freiem Fuß befunden hat. Zu berücksichtigen sind außerdem die durch die Haft verursachten Tätigkeiten, wie Haftprüfungsanträge, Haftbeschwerden, Anzahl der Besuche in der Justizvollzugsanstalt usw. Beim Pflichtverteidiger ist der Umfang seiner Tätigkeiten wegen der diesem zustehenden Festbetragsgebühr ohne Belang. Er kann aber die Erschwernisse ggf. im Rahmen einer Pauschgebühr nach § 51 RVG geltend machen.

VI. Kostenfestsetzung; Zwangsvollstreckung (Abs. 5)

1. Allgemeines

51 Nach VV Vorb. 4 Abs. 5 RVG entstehen Gebühren nach VV Teil 3 RVG. Diese Gebühren erhält der RA gesondert zu den übrigen nach VV Teil 4 RVG als Verteidiger oder Vertreter eines anderen Beteiligten verdienten Gebühren, aber nur in den in Abs. 5 bestimmten Fällen.[256] Es handelt sich um eigene gebührenrechtliche Angelegenheiten.[257] Die erbrachten Tätigkeiten

---

[247] LG Berlin RVGreport 2011, 226 = StRR 2011, 4.

[248] OLG Jena StraFo 2003, 219 = AGS 2003, 313; LG Düsseldorf AGS 2014, 178.

[249] KG StraFo 2007, 483 = RVGreport 2007, 462 = AGS 2007, 619 = StRR 2007, 359; OLG Jena AGS 2009, 385 = NStZ-RR 2009, 224 (Ls.); (inzidenter) OLG Stuttgart AGS 2010, 429 = RVGreport 2010, 388 = RVG prof. 2010, 169; LG/AG Aachen AGS 2007, 242 = StRR 2007, 40 = RVGreport 2007, 463; LG Wuppertal StraFo 2009, 528; Burhoff/Volpert RVG/*Burhoff* VV Vorb. 4 Rn. 110; aA AG Osnabrück AGS 2006, 232; BGH NStZ 2005, 265 f.; ähnlich OLG Köln StraFo 2007, 345 = NStZ-RR 2007, 213 = VRR 2007, 349, wonach ein Freigang iRd offenen Vollzugs als Verwahrung in der Anstalt zu werten ist.

[250] S. a. *Kotz* JurBüro 2010, 403; aA OLG Bamberg RVGreport 2008, 225 = StRR 2007, 283 (Ls.); OLG Hamm StraFo 2008, 222; OLG Dresden RVGreport 2020, 102; OLG München BeckRS 2008, 140980; LG Wuppertal JurBüro 2009, 532; AGS 2010, 16 = JurBüro 2009, 532 = Rpfleger 2009, 697; AG Koblenz JurBüro 2007, 82 = AGS 2007, 138; AG Neuss 25.8.2008 – 7 Ds 30 Js 1509/07 (263/07); AG Osnabrück AGS 2006, 232; 2008, 229.

[251] KG StraFo 2007, 482 = RVGreport 2007, 462 = AGS 2008, 31 = StRR 2007, 359; KG AGS 2008, 32 für Haft im beschleunigten Verfahren; AG Tiergarten AGS 2010, 73.

[252] Burhoff/Volpert RVG/*Burhoff* VV Vorb. 4 Rn. 110; LG Berlin RVGreport 2011, 262 = StRR 2011, 4 (Ls.).

[253] KG RVGreport 2008, 463 = RVG prof. 2008, 212 = NStZ-RR 2009, 31 = JurBüro 2009, 83 = StRR 2009, 156; OLG Stuttgart AGS 2010, 429 = RVGreport 2010, 388 = RVG prof. 2010, 169; LG Berlin AGS 2007, 562 = RVG prof. 2007, 186 = StRR 2007, 280.

[254] OLG Jena AGS 2009, 385 = NStZ-RR 2009, 224 (Ls.).

[255] Schneider/Wolf/*N. Schneider* RVG VV Vorb. 4 Rn. 60; Burhoff/Volpert RVG/*Burhoff* VV Vorb. 4 Rn. 115.

[256] LG Koblenz JurBüro 2010, 32; zudem Kosten des Kostenfestsetzungsverfahrens *H. Schneider* JurBüro 2020, 621.

[257] Schneider/Wolf/*N. Schneider* RVG VV Vorb. 4 Rn. 63.

werden nicht durch die Gebühren nach VV 4100 ff. RVG abgegolten. VV Vorb. 4.1 Abs. 2 RVG gilt nicht.[258]

2. Abgeltungsbereich

a) Sachlich. Die **Nr. 1 Alt. 1** greift ein, wenn der RA gegen einen Kostenfestsetzungsbeschluss nach § 11 Abs. 2 RPflG Erinnerung oder nach § 304 Abs. 1 StPO Beschwerde einlegt. Dann erhält er eine 0,5 Verfahrensgebühr gem. VV 3500 RVG, evtl. auch die 0,5 Terminsgebühr nach VV 3513 RVG.[259] Die Verfahrensgebühr kann sich bei mehreren Auftraggebern (zB mehreren Nebenklägern) nach VV 1008 RVG erhöhen.[260] 52

Der **Gegenstandswert** bemisst sich danach, in welchem Umfang eine Änderung des Festsetzungsbeschlusses beantragt wird.[261] Der Wert für die Beschwerde beträgt nach § 304 Abs. 3 StPO mehr als 200,– EUR. 53

Nr. 1 Alt. 2 regelt die Fälle der Erinnerung und Beschwerde gegen den Kostenansatz. Nach § 66 Abs. 1 GKG kann Erinnerung und nach § 66 Abs. 2 GKG gegen die Entscheidung über die Erinnerung Beschwerde eingelegt werden, wenn der Wert des Beschwerdegegenstandes 200,– EUR übersteigt. Der RA, der mit der Einlegung eines dieser Rechtsmittel beauftragt wird, erhält die Gebühren nach VV 3500 RVG und ggf. nach VV 3513 RVG und VV 1008 RVG.[262] 54

Auch in einem Strafverfahren können Entscheidungen ergehen, aus denen einer der Beteiligten die **Zwangsvollstreckung** betreiben kann (zB § 406b StPO). Wenn der RA insoweit tätig ist, erhält er nach **Abs. 5 Nr. 2** ebenfalls Gebühren nach VV Teil 3 RVG, nämlich nach VV 3309 RVG und VV 3310 RVG 0,3-Gebühren. Der Gegenstandswert bestimmt sich nach § 25 RVG.[263] 55

Wird der RA in der Zwangsvollstreckung in einem **Beschwerdeverfahren** tätig, erhält er zusätzlich Gebühren nach VV 3500 RVG und ggf. nach VV 3513 RVG. Denn nach § 18 Nr. 5 RVG sind Beschwerdeverfahren in der Zwangsvollstreckung eigene Angelegenheiten. 56

b) Persönlich. Der **beigeordnete** oder **bestellte** RA erhält für die in VV Vorb. 4 Abs. 5 RVG genannten Tätigkeiten keine Vergütung aus der Staatskasse. Die entsprechenden Tätigkeiten sind nicht durch eine Pflichtverteidigerbestellung oder Beiordnung gedeckt. Der RA muss sich daher einen Auftrag seines Mandanten geben lassen; dann richtet sich sein Vergütungsanspruch gegen den Mandanten. Ist der Mandant arm, kommt nach der überwiegenden Auffassung in der Rspr. auch eine Beiordnung im Rahmen der PKH nicht in Betracht.[264] 57

Abschnitt 1. Gebühren des Verteidigers

Einleitung

Schrifttum: *Burhoff,* Vergütung des Zeugenbeistands im Strafverfahren, RVGreport 2004, 458; *Burhoff,* Die Abrechnung der Tätigkeit des Zeugenbeistands im Strafverfahren, RVGreport 2006, 81; *Burhoff,* Tätigkeit des Zeugenbeistands richtig abrechnen, RVG prof. 2007, 187; *Burhoff,* Anwaltliche Vergütung für die Tätigkeit im strafrechtlichen Entschädigungsverfahren, RVGreport 2007, 372; *Burhoff,* Abrechnung der Tätigkeit des Zeugenbeistands im Straf- und OWi-Verfahren, StRR 2007, 220; *Burhoff,* Die anwaltliche Vergütung im Strafbefehlsverfahren, RVGreport 2008, 201; *Burhoff,* Abrechnung der Tätigkeiten des Terminsvertreters im Strafverfahren, RVG prof. 2010, 153; *Burhoff,* Persönlicher Geltungsbereich des VV Teil 4RVG, eine Bestandsaufnahme der Rechtsprechung, RVGreport 2011, 85; *Burhoff,* Die Abrechnung von Beschwerden in Straf- und Bußgeldsachen, RVGreport 2012, 12; *Burhoff,* Verfahrensverzögerung, überlange Gerichtsverfahren und Verzögerungsrüge – die Neure-

---

[258] Burhoff/Volpert RVG/*Burhoff* VV Vorb. 4 Rn. 117; s. a. Schneider/Wolf/*N. Schneider* RVG VV Vorb. 4 Rn. 64; *N. Schneider* AG-Kompakt 2010, 130; RVGreport 2012, 12; RVG prof. 2014, 68.

[259] Unzutreffend aA AG Dresden AGS 2010, 531, 1,3 Verfahrensgebühr nach VV 3100 RVG, allerdings für VV Teil 5 RVG; zutr. abl. *N. Schneider* AGS 2010, 532 in der Anm. zu AG Dresden AGS 2010, 531; aA auch Burhoff/Volpert RVG/*Burhoff* VV Vorb. 4 VV Rn. 118.

[260] Wegen der Einzelheiten s. die Erläuterungen bei VV 3500, 3513, 1008 RVG.

[261] Zu den Gegenstandswerten *Burhoff* RVGreport 2011, 281; s. a. Anh. VII RVG.

[262] Burhoff/Volpert RVG/*Burhoff* VV Vorb. 4 Rn. 123; Schneider/Wolf/*N. Schneider* RVG VV Vorb. 4 Rn. 84 ff.

[263] Wegen der Einzelheiten s. die Erläuterungen zu § 25, VV 3309, 3310 RVG; zu den Gegenstandswerten *Burhoff* RVGreport 2011, 281.

[264] OLG Celle NJW 2013, 486 (Ls.) = NStZ-RR 2013, 63 (Ls.) = StRR 2012, 443 (Ls.); OLG Düsseldorf JurBüro 2012, 534 = AGS 2012, 541 = RVGreport 2013, 284, wonach die zivilprozessualen Regelungen über die Gewährung von PKH iRd Verfahrens über die Erinnerung gegen den Kostenansatz gem. § 66 GKG nicht analog anwendbar sind.

gelungen im GVG, StRR 2012, 4; *Burhoff,* Anwaltsvergütung für die Tätigkeit als Zeugenbeistand im Strafverfahren, RVGreport 2016, 122; *Burhoff,* Anwaltsvergütung für die Tätigkeit als Terminsvertreter im Strafverfahren, RVGreport 2017, 242; *Burhoff,* Kostenrechtliche Auswirkungen der Änderungen in der StPO 2017, RVGreport 2017, 402; *Burhoff,* Geplante Änderungen bei der Anwaltsvergütung durch das KostRÄG 2021 – Teil 2, RVGreport 2020, 402; *Burhoff,* Änderungen bei der Verteidigervergütung durch das KostRÄG 2021, StRR 1/2021, 5; *Burhoff,* Änderungen bei der Vergütung der Verteidiger/Rechtsanwälte in Straf- und Bußgeldsachen durch das KostRÄG 2021, StraFo 2021, 8; *Burhoff,* Änderungen bei der Vergütung der Verteidiger/Rechtsanwälte in Straf- und Bußgeldsachen durch das KostRÄG 2021, S. 1815; *Burhoff,* Änderungen bei der Vergütung der Verteidiger/Rechtsanwälte durch das KostRÄG 2021 betreffend Teile 4 und 5 VV, AGS 2021, 49; *Enders,* Die Änderungen in der StPO 2017 und deren Auswirkungen auf die Vergütung des Verteidigers, JurBüro 2018, 564; *Klüsener,* Vergütung des gem. § 68b Abs. 2 StPO bestellte Zeugenbeistandes, JurBüro 2018, 393; *Klüsener,* Gesetz zur Änderung des Justizkosten- und des Rechtsanwaltsvergütungsrecht (Kostenrechtsänderungsgesetz) 2021 – KostRÄG 2021, JurBüro 2020, 505; *Kotz,* Eine Lanze für den Underdog Zur Vergütungslage des bestellten Terminsvertreters in Strafsachen, StraFo 2008, 412; *Onderka,* Gebührenrechtliche Angelegenheit im RVG, RVG prof. 2004, 73; *Onderka,* § 19 Abs. 1 RVG richtig anwenden, RVG prof. 2006, 15; *Volpert,* Die richtige Abrechnung der Tätigkeit im Verfahren nach dem Strafrechtsentschädigungsgesetz, BRAGO prof. 2003, 91; *Volpert,* Die Vergütung im Beschwerdeverfahren in Straf- und Bußgeldsachen, VRR 2006, 453; *Volpert,* Richtige Abrechnung der Tätigkeit im strafrechtlichen Beschwerdeverfahren, RVG prof. 2007, 101; *Volpert,* Kostenrechtsänderungsgesetz 2021 – Die wichtigsten geplanten Änderungen im RVG, AGS 2020, 445; sa die Hinweise bei → RVG VV Teil 4 Einl. Vor Rn. 1; → RVG VV Vorb. 4 Vor Rn. 1.

Übersicht

I. Allgemeines

1 Die in VV Teil 4 Abschn. 1 RVG geregelten Gebühren des Verteidigers in Strafsachen sind in **fünf Unterabschnitte** aufgeteilt. Geregelt werden in UAbschn. 1 „Allgemeine Gebühren", in UAbschn. 2 „Vorbereitendes Verfahren", in UAbschn. 3 „Gerichtliches Verfahren", in UAbschn. 4 „Wiederaufnahmeverfahren" und in UAbschn. 5 „Zusätzliche Gebühren".

II. Angelegenheiten

2 Das Strafverfahren ist in **verschiedene Angelegenheiten** aufgeteilt. Zu unterscheiden sind das Vorbereitende Verfahren und das gerichtliche Verfahren der ersten Instanz, das Verfahren über die Berufung vor dem Landgericht, das Verfahren über die Revision vor dem BGH oder dem Oberlandesgericht und das Wiederaufnahmeverfahren.[1] Die Frage, ob vorbereitendes Verfahren und gerichtliches Verfahren verschiedene Angelegenheiten iSd § 17 RVG sind, ist durch das 2. KostRMoG[2] in § 17 Nr. 10a RVG ausdrücklich dahin entschieden worden, dass es sich um verschiedenen Angelegenheiten handelt.[3] Der frühere Streit hat sich damit erledigt.[4]

---

[1] Zu den Angelegenheiten in Strafsachen iÜ umf. → RVG VV Teil 4 Einl. Rn. 19 ff.

[2] → RVG VV Teil 4 Einl. Fn. 9.

[3] So in der Vergangenheit auch schon zutr. LG Düsseldorf VRR 2006, 357; LG Konstanz ZfS 2010, 167 = AGS 2010, 175; AG Aachen VRR 2009, 400 = StRR 2009, 363 (Ls.) = AGS 2009, 485 = RVGreport 2009, 466; AG Detmold ZfS 2007, 405; AG Düsseldorf VRR 2006, 399; AG Frankenberg AGS 2011, 326 = JurBüro 2011, 366; AG Friedberg AGS 2009, 225 = NJW-RR 2009, 560; AG Gelnhausen AGS 2007, 453; AG Herford RVG prof. 2011, 103; AG Nauen ZfS 2007, 407 = AGS 2007, 405; AG Neuss AGS 2008, 598; AG Saarbrücken RVG prof. 2007, 118; AG Siegburg AGS 2011, 325; AG Wildeshausen RVG prof. 2010, 173 = NZV 2011, 91; HBS VergütungsR/*N. Schneider* Teil 15 Rn. 274; Schneider/Wolf/*N. Schneider,* 6. Aufl. 2012, RVG VV 7001–7002 Rn. 37 f.; *N. Schneider* AGS 2005, 7; weitere Nachw. bei Burhoff/Volpert RVG/*Burhoff* Teil A Rn. 145 ff.

Die dem Verteidiger zustehenden Gebühren sind stärker als früher in der BRAGO an den Gang des Verfahrens **angepasst.**[5] Der RA verdient immer eine Grundgebühr nach VV 4100 RVG. Daneben entsteht (immer)[6] eine Verfahrensgebühr, und zwar im Ermittlungsverfahren (zusätzlich) die Verfahrensgebühr VV 4104 RVG. Im gerichtlichen Verfahren wird die Tätigkeit des RA in jedem Rechtszug (zusätzlich) mit einer (weiteren) Verfahrensgebühr (VV 4106, 4112, 4118, 4124, 4130 RVG) honoriert. Für die Teilnahme an (gerichtlichen) Terminen erhält der RA dann ggf. noch Terminsgebühren (vgl. zB VV 4102, 4108, 4114, 4120, 4126, 4132 RVG). 3

III. Persönlicher Abgeltungsbereich

1. Allgemeines

VV Teil 4 Abschn. 1 RVG bestimmt die Gebühren des RA als sog. **voller Verteidiger,** Beistand oder Vertreter im Ermittlungsverfahren, im gerichtlichen Verfahren und im Wiederaufnahmeverfahren. Ist der RA nur mit einer Einzeltätigkeit beauftragt, rechnet er nach VV Teil 4 Abschn. 3 RVG ab.[7] VV Teil 4 Abschn. 1 RVG gilt auch für den nach § 69 JGG zum Beistand bestellten RA gelten, auch wenn der nicht Verteidiger i. e. S. ist. Er wird aber vom JGG wie ein solcher behandelt.[8] 4

2. Tätigkeit als Zeugenbeistand

a) Abrechnung wie ein Verteidiger. Nach VV Vorb. 4 Abs. 1 RVG gilt VV Teil 4 RVG auch für den RA, der als Zeugenbeistand tätig (gewesen) ist. In der Gesetzesbegründung zum RVG 2004 ist ausdrücklich dargelegt, dass der RA auch im Strafverfahren als Beistand für einen Zeugen oder Sachverständigen die gleichen Gebühren wie ein Verteidiger erhalten soll. Weiter wird ausgeführt, die **Gleichstellung** des Zeugenbeistandes mit dem **Verteidiger** sei sachgerecht, weil die Gebührenrahmen ausreichenden Spielraum böten, dem konkreten Arbeitsaufwand des RA Rechnung zu tragen. Bei der Bestimmung der konkreten Gebühr werde sich der RA als Beistand für einen Zeugen oder Sachverständigen allerdings an dem üblichen Aufwand eines Verteidigers in einem durchschnittlichen Verfahren messen lassen müssen.[9] Trotz dieser eindeutigen Regelung ist es schon bald nach Inkrafttreten des RVG 2004 zum Streit in der (obergerichtlichen) Rspr. und Lit. gekommen, ob auf die Tätigkeiten des Zeugenbeistandes VV Teil 4 Abschn. 1 RVG oder VV Teil 4 Abschn. 3 RVG anzuwenden ist, es sich also ggf. nur um eine Einzeltätigkeit handelt und nur eine Verfahrensgebühr VV 4301 Nr. 4 RVG anfällt.[10] Die Bundesregierung hatte diese Frage durch das 2. KostRMoG[11] unter ausdrücklichem Hinweis auf den gesetzgeberischen Willen bei Schaffung des RVG[12] klarstellen wollen. Im Regierungsentwurf zum 2. KostRMoG war nämlich zur VV Vorb. 4 Abs. 1 RVG die (klarstellende) Formulierung enthalten, dass der RA für die Tätigkeit als Zeugenbeistand „die gleichen Gebühren wie ein Verteidiger im Strafverfahren" erhält. Damit wäre noch deutlicher ohne Zweifel unmittelbar aus dem Gesetz zu entnehmen gewesen, dass für die Tätigkeit als Zeugenbeistand nach VV Teil 4 Abschn. 1 RVG abzurechnen ist. Denn der Verteidiger rechnet nach VV Teil 4 Abschn. 1 RVG ab[13] und nicht nach VV Teil 4 Abschn. 3 RVG. Diese Klarstellung ist jedoch nicht Gesetz geworden. Sie ist auf Widerspruch des Bundesrates,[14] der „nicht sachge- 5

---

[4] → RVG VV Teil 4 Einl. Rn. 22 mwN; zur **aA nach früherem Recht** BGH AGS 2013, 56 = JurBüro 2013, 187 = RVGreport 2013, 105 = StRR 2013, 118 = VRR 2013, 118, jeweils mablAnm *Hansens;* KG RVGreport 2008, 339; OLG Köln AGS 2009, 585; OLG Saarbrücken AGS 2007, 78 = NStZ-RR 2007, 127 = RVGreport 2007, 181; zu allem *Burhoff* FS ARGE Strafrecht, 2009, 107 f.; RVGreport 2014, 210, 211; RVGreport 2014 290 f.; Burhoff/Volpert RVG/*Burhoff* (4. Aufl.) Teil A Rn. 96 ff., 127 ff.; s. a. AG Kempen JurBüro 2014, 303 = AGS 2014, 332.

[5] Burhoff/Volpert RVG/*Burhoff* VV Vorb. 4 Rn. 2, VV Vorb. 4.1 Rn. 1.

[6] Vgl. wegen Rechtsprechungsnachweise → RVG VV 4100, 4101 Fn. 31.

[7] Zum allgemeinen persönlichen Abgeltungsbereich des VV Teil 4 RVG → RVG VV Vorb. 4 Rn. 3 ff.

[8] Burhoff/Volpert RVG/*Burhoff* VV Vorb. 4.1 Rn. 4.

[9] BT-Drs. 15/1971, 220.

[10] Burhoff/Volpert RVG/*Burhoff* VV Vorb. 4 Rn. 27, VV Vorb. 4.1 Rn. 5 ff.; Burhoff/Volpert RVG/*Burhoff* Teil A Rn. 2673; zur Vergütung des Zeugenbeistandes eing. *Burhoff* RVGreport 2004, 458; RVGreport 2006, 81; StRR 2007, 220; RVGreport 2011, 85; RVGreport 2014, 250 (251); RVGreport 2016, 122; *Burhoff* FS ARGE Strafrecht, 2009, 107 (109).

[11] → RVG VV Teil 4 Einl. Fn. 9.

[12] BR-Drs. 517/12, 438 = BT-Drs. 17/11471, 281.

[13] → Rn. 4.

[14] BR-Drs. 517/12, 91.

rechte" Ergebnisse befürchtet hat, vorerst wieder zurückgestellt worden.[15] Der Streit hat sich also leider fortgesetzt. [16] Teilweise haben die Oberlandesgerichte nach Inkrafttreten des 2. KostRMoG ihre Rspr. zur Abrechnung des Zeugenbeistands sogar noch geändert, was mE im Hinblick auf das 2. KostRMoG kaum nach zu vollziehen war/ist[17] Der gemeinsame Katalog von DAV und BRAK für ein 3. KostRMoG hat dann eine Ergänzung des § 48 RVG um einen Abs. 7 vorgesehen, der klarstellen sollte, dass sich die Beiordnung eines Zeugenbeistandes auf alle vorbereitenden und nachsorgenden Tätigkeiten erstrecken soll(te).[18] Das ist aber nicht umgesetzt worden. Vielmehr hat der Gesetzgeber im KostRÄG 2021 v. 21.12.2020[19] die Regelungen in VV Teil 4 RVG unverändert gelassen, die davon abweichende Formulierung der VV Vorb. 5 Abs. 1 VV aber an die Formulierung in VV Vorb. 4 Abs. 1 VV angepasst. Dem Gesetzgeber erschien es – so ausdrücklich die Gesetzesbegründung[20] – im Hinblick auf die ausdrückliche Beschränkung der Beiordnung in § 68b Abs. 2 StPO auf die Dauer der Vernehmung sachgerecht, den Zeugenbeistand wie RA zu vergüten, die keine Verteidiger sind und nur eine Einzeltätigkeit ausüben. Damit fällt in Zukunft in der Diskussion um die richtige Abrechnung der Tätigkeiten des Zeugenbeistandes ein Argument weg, dass bisher als Beleg für die „richtige" Abrechnung dieser Tätigkeiten im Strafverfahren angeführt worden ist.[21] Man wird sehen, ob die Auffassung, die sich für die Abrechnung nach VV Teil 4 Abschn. 1 RVG ausspricht, noch weiter zurückgehen wird.

6 **b) Abrechnung nach VV Teil 4 Abschn. 1 RVG.** Es stehen sich weiterhin derzeit zwei immer noch etwa gleich starke „Lager" gegenüber.[22] **Zutreffend** ist es, auf die Tätigkeit des Zeugenbeistands VV Teil 4 **Abschn. 1** RVG anzuwenden.[23] Das entspricht der ausdrücklichen – bei → Rn. 5 dargelegten – Intention des Gesetzgebers zum RVG 2004.[24] Die ist mE noch dadurch verstärkt worden, dass durch das 2. KostRMoG[25] zur Erledigung des Streits die oa Klarstellung aufgenommen werden sollte, wenn auch nicht übersehen werden darf, dass diese letztlich dann nicht Gesetz geworden ist. Dieses Vorhaben des Regierungsentwurfs kann man jedoch nicht einfach negieren[26] oder damit abtun, dass das Vorhaben eben gescheitert sei.[27] Dabei wird nämlich übersehen, was der Regierungsentwurf von der Auffassung in der Rspr., die VV Teil 4 Abschn. 3 RVG anwendet, hält, nämlich nichts, und wie die Gesetzesbegründung

---

[15] BT-Drs. 17/11471, 357 f.

[16] *Burhoff* in der Anm. zu KG, RVGreport 2014, 23 = StRR 2014, 120; *Burhoff* RVGreport 2014, 250; RVGreport 2016, 122.

[17] Aus der Zeit nach Inkrafttreten des 2. KostRMoG KG RVGreport 2014, 23 = StRR 2014, 120; OLG Braunschweig BeckRS 2016, 18622; OLG Koblenz RVGreport 2016, 144; OLG Köln AGS 2016, 397 = JurBüro 2016, 472 = RVGreport 2017, 62; OLG München AGS 2014, 219 = StRR 2014, 270 = RVGreport 2014, 274; OLG München BeckRS 2014, 07256; s. a. LG Leipzig NZWiSt 2014, 385; LG Hagen 30.4.2014 – 46 KLs-408 Js 285/12–24/13; krit. Burhoff/Volpert RVG/*Burhoff* VV Vorb. 4.1 Rn. 6.

[18] Vgl. *Hansens* RVGreport 2018, 202 (204).

[19] BGBl. I 3229.

[20] BT-Drs. 19/23484, 86.

[21] Krit. *Burhoff* RVGreport 2020, 402 (406 f.); StraFo 2021, 8 (14); AGS 2021, 49; *Volpert* AGS 2020, 445.

[22] Vgl. die nachstehenden Rechtsprechungsnachweise und ua die Zusammenstellung bei *Burhoff* RVGreport 2016, 122.

[23] Burhoff/Volpert RVG/*Burhoff* VV Vorb. 4.1 Rn. 5 ff.; vgl. die Nachw. bei Fn. 11; Burhoff/Volpert RVG/*Volpert* VV Vorb. 4.3 Rn. 25; s. a. BT-Drs. 15/1971, 145; *Burhoff* RVGreport 2014, 250 (251); RVGreport 2016, 122 (123); in der Rspr. so auch BGH 17.4.2007 – StB 1/06; KG StraFo 2005, 439 = RVGreport 2005, 341; 2007, 41 = AGS 2006, 329; OLG Dresden AGS 2008, 126 = RVGreport 2008, 264; StraFo 2009, 42 = NJW 2009, 455 = RVGreport 2009, 308; OLG Dresden 16.12.2011 – 2 Ws 85/11; OLG Düsseldorf StRR 2008, 78 = RVGreport 2008, 182; JurBüro 2010, 33 = AGS 2010, 70; StraFo 2011, 116; OLG Hamm StraFo 2008, 45 = JurBüro 2008, 83 = StRR 2008, 79; OLG Koblenz RVGreport 2006, 232 = AGS 2006, 598 = NStZ-RR 2006, 254; OLG Koblenz BeckRS 2011, 20727; OLG Köln NStZ 2006, 410; AGS 2008, 128 = StraFo 2008, 222 = StRR 2008, 439; StraFo 2008, 350 = RVGreport 2009, 150; OLG München AGS 2008, 120; RVGreport 2008, 266 = StRR 2008, 320 = AGS 2008, 449, aufgegeben in OLG München AGS 2014, 219 = StRR 2014, 270 = RVGreport 2014, 274; OLG Rostock 3.5.2006 – 1 Ws 36/06; OLG Schleswig NStZ-RR 2007, 126 = RVG prof. 2007, 64 = AGS 2007, 191; OLG Stuttgart NStZ 2007, 343; LG Dresden AGS 2008, 120; Rpfleger 2010, 236; LG Hamburg RVGreport 2011, 134 = RVG prof. 2010, 80; LG München I 19.2.2007 – 12 KLs 247 Js 228539/05; LG Ulm StraFo 2007, 219.

[24] BR-Drs. 517/12, 438 = BT-Drs. 17/11471, 422 unter Hinweis auf BT-Drs. 15/1971, 220.

[25] → RVG VV Teil 4 Einl. Rn. 9.

[26] So aber KG RVGreport 2014, 23 = StRR 2014, 120 mAnm *Burhoff*.

[27] So aber OLG München AGS 2014, 219 = StRR 2014, 270 = RVGreport 2014, 274 mAnm *Burhoff*; OLG München BeckRS 2014, 07256; LG Leipzig NZWiSt 2014, 385; s. a. noch KG RVGreport 2014, 23 = StRR 2014, 120, das zu dieser Frage schweigt.

zum RVG 2004 zu verstehen ist, nämlich im Sinn einer Abrechnung nach VV Teil 4 Abschn. 1 RVG. Es kann zudem zur Begründung der Abrechnung nach VV Teil 4 Abschn. 3 RVG auch nicht darauf abgestellt werden, dass der RA im Strafverfahren nur in einem Teilbereich tätig wird und es sich deshalb um eine Einzeltätigkeit handelt, wie es die **aA** aber tut[28] und was auch in der Gesetzesbegründung zum KostRÄG 2021 v. 21.12.2020 anklingt.[29] Denn abgesehen davon, dass dem RA idR die volle Vertretung übertragen und er nur ausnahmsweise in einer Einzeltätigkeit beauftragt wird,[30] ist der RA in der Angelegenheit „Zeugenbeistand", auf die abzustellen ist, als voller Vertreter tätig.[31] Bei der Anwendung von VV Teil 4 Abschn. 3 RVG werden schließlich auch die durch das 2. OpferRRG v. 29.7.2009[32] vorgenommene Stärkung der Rechtsstellung des Zeugenbeistands und der weitere Ausbau des Schutzes des Zeugen/Opfers im Strafverfahren übersehen. Das setzt eine angemessene Honorierung der Tätigkeit eines Zeugenbeistandes voraus. Bei der Bewertung dürfen endlich Billigkeitserwägungen oder die Überlegung, dass der RA durch die Anwendung des VV Teil 4 Abschn. 1 RVG „zu hohe" Gebühren, die ggf. nicht „sachgerecht" sein sollen,[33] erhalten würde, keine Rolle spielen.[34]

Durch das 2. KostRMoG ist aber die in der Rspr. früher teilweise auch noch diskutierte Frage erledigt, ob der Zeugenbeistand – wenn man nach VV Teil 4 Abschn. 1 RVG abrechnet – ggf. nur die Grundgebühr VV 4100 RVG und für die Teilnahme an dem Termin eine Terminsgebühr erhält oder ob ihm zusätzlich **auch** noch eine **Verfahrensgebühr** zusteht.[35] Nachdem durch den klarstellenden Zusatz in Abs. 1 der Anm. zu VV 4100 RVG klar gestellt ist, dass die Grundgebühr VV 4100 RVG immer/stets[36] neben der jeweiligen Verfahrensgebühr entsteht, gilt das auch für den Zeugenbeistand. Der Zeugenbeistand erhält, wenn er nach VV Teil 4 Abschn. 1 RVG abrechnet, also immer Grundgebühr VV 4100 RVG, die jeweilige Verfahrensgebühr und eine Terminsgebühr, wenn er an einem abrechnungsfähigen Termin teilgenommen hat. 7

c) Beigeordneter Zeugenbeistand. Die Abrechnung nach VV Teil 4 Abschn. 1 RVG gilt **auch** im **Fall** der **Beiordnung** nach § 68b Abs. 2 StPO,[37] und zwar auch dann, wenn der Bei- 8

[28] Vgl. ua KG AGS 2008, 235 = StRR 2008, 117 = NJ 2008, 184 = RVGreport 2008, 227; RVGreport 2014, 23 = StRR 2014, 120; OLG Bamberg DAR 2008, 493; OLG Brandenburg RVGreport 2011, 259 = StRR 2011, 360 unter Aufgabe der früheren Rspr. in JurBüro 2007, 482 = NStZ-RR 2007, 287 = RVGreport 2008, 144; OLG Braunschweig NdsRpfl. 2010, 339; BeckRS 2016, 18622; OLG Celle RVGreport 2008, 144; OLG Dresden RVGreport 2008, 265; OLG Düsseldorf Rpfleger 2009, 528 = JurBüro 2009, 255 (Ls.); OLG Frankfurt a. M. NStZ-RR 2008, 264 (Ls.); OLG Hamburg NStZ-RR 2010, 327; OLG Hamm NStZ-RR 2008, 96; 17.7.2007 – 3 Ws 307/07; RVGreport 2009, 20; 21.11.2008 – 5 Ws 396/08; StRR 2009, 437 = StraFo 2009, 474 mablAnm *Burhoff* = RVGreport 2009, 426; OLG Jena 9.2.2008 – 1 Ws 378/08; OLG Karlsruhe StraFo 2009, 262; (inzwischen auch) OLG München AGS 2014, 219 = StRR 2014, 270 = RVGreport 2014, 274; OLG Naumburg 2.5.2006 – 1 Ws 154/06; 27.8.2009 – 1 Ws 105/09; OLG Nürnberg 19.5.2009 – 2 Ws 646/08; OLG Oldenburg AGS 2006, 332 = RVGreport 2006, 107 = StraFo 2006, 130; (früher) OLG Schleswig NStZ-RR 2006, 255; OLG Saarbrücken StRR 2015, 196 = RVGreport 2015, 216; BeckRS 2013, 198421; OLG Stuttgart NStZ-RR 2008, 328 (Ls.); OLG Stuttgart 23.12.2009 – 6-2 StE 8/07; BeckRS 2011, 21796; OLG Zweibrücken BeckRS 2008, 05957; LG Saarbrücken AGS 2015, 225.

[29] BT-Drs. 19/23484, 86.

[30] KG NStZ-RR 2005, 327 = JurBüro 2005, 536 = AGS 2006, 177; ähnlich OLG Schleswig zur Abgrenzung der Tätigkeiten in der Strafvollstreckung von der Einzeltätigkeit RVGreport 2005, 70 = AGS 2005, 120 = JurBüro 2005, 25 = StV 2006, 206.

[31] Sa OLG Hamm StraFo 2008, 45 = JurBüro 2008, 83 = StRR 2008, 79; Burhoff/Volpert RVG/*Burhoff* VV Vorb. 4. Rn. 7 aE; aA allerdings KG BeckRS 2009, 89220; OLG Celle RVGreport 2008, 144; OLG Oldenburg AGS 2006, 332; OLG Frankfurt a. M. NStZ-RR 2008, 264 (Ls.); OLG Schleswig NStZ-RR 2006, 255.

[32] BGBl. 2009 I 2280.

[33] BR-Drs. 517/12, 91.

[34] Zutr. OLG Koblenz RVGreport 2006, 232; aA inzwischen wohl OLG Brandenburg RVGreport 2011, 259 = StRR 2011, 360.

[35] KG AGS 2006, 176 = RVGreport 2006, 107; OLG Hamm StraFo 2008, 45 = JurBüro 2008, 83 = StRR 2008, 79; RVGreport 2008, 108; OLG Koblenz AGS 2006, 598 = NStZ-RR 2006, 254 = RVGreport 2006, 232; OLG Köln StraFo 2008, 350 = AGS 2008, 389; OLG Rostock 3.5.2006 – 1 Ws 36/06; OLG Stuttgart NStZ 2007, 343; s. a. LG Ulm StraFo 2007, 219; LG Dresden 7.9.2007 – 5 KLs 109 Js 27593/05; LG München I 19.2.2007 – 12 KLs 247 Js 228539/05.

[36] Vgl. wegen Rechtsprechungsnachweise → RVG VV 4100, 4101 Fn. 31.

[37] S. a. KG StraFo 2005, 439 = RVGreport 2005, 341 = AGS 2005, 557; OLG Düsseldorf StRR 2008, 78; (früher) OLG Hamm StraFo 2008, 45 = JurBüro 2008, 83 = StRR 2008, 79, aufgegeben in OLG Hamm StRR 2009, 437 = StraFo 2009, 474 mablAnm *Burhoff* = RVGreport 2009, 426; OLG Rostock 3.5.2006 – 1 Ws 36/06; OLG Schleswig StV 2006, 206 = RVGreport 2005, 70 = AGS 2005, 120 für den vergleichbaren Fall der Abgren-

ordnungsbeschluss nur mit dem Gesetzestext formuliert, der RA also für die „Dauer der Vernehmung des Zeugen" beigeordnet wird.[38] Auch diese Formulierung lässt mE nicht den Schluss auf eine (bloße) Einzeltätigkeit zu.[39] Abgesehen davon, dass selbst diese Formulierung immer auch ein Vorgespräch mit dem Mandanten umfassen würde,[40] hat diese Formulierung keine gebührenrechtlichen Auswirkungen. Vielmehr ist der RA in dem ihm übertragenen (begrenzten) Tätigkeitsbereich „voller Vertreter", so dass auf seine Tätigkeit gebührenrechtlich VV Teil 4 Abschn. 1 RVG anzuwenden ist.[41] Das OLG Stuttgart[42] gewährt allerdings dann Gebühren nach VV Teil 4 Abschn. 1 VV, wenn nach Art der übertragenen und tatsächlich ausgeübten Tätigkeit von einer faktisch umfassenden Vertretung des Zeugen auszugehen, was bei einer intensiven Betreuung eines sehbehinderten Zeugen in drei aufwendigen Terminen bejaht worden ist. Eine Einzelfallprüfung nimmt – zumindest teilweise – auch das OLG Brandenburg vor.[43] Die Beiordnung nach § 68b Abs. 2 StPO erstreckt sich aber nicht auf die Einlegung eines Rechtsmittels für den Zeugen, wie zB eine Beschwerde gegen die Anordnung der Beugehaft.[44] Eine Vergütung dieser Tätigkeiten, kann der RA nur verlangen, wenn ihm die entsprechenden Aufgaben mit der Beiordnung übertragen worden sind.[45]

9 **d) Höhe der Gebühren.** Dem Zeugenbeistand stehen auch nicht der **Höhe** nach grds. **geringere Gebühren** zu als einem Verteidiger.[46] Der RA muss sich zwar an der durchschnittlichen Tätigkeit des Verteidigers messen lassen.[47] Entscheidend ist aber der konkrete Einzelfall und die richtige Anwendung der Kriterien des § 14 Abs. 1 S. 1 RVG. In Betracht kommen zB (terminsvorbereitende) Besprechungen und Beratungen des Zeugenbeistands.[48] Geht man davon aus, dass die Tätigkeit des Zeugenbeistands (nur) nach VV Teil 4 Abschn. 3 RVG abgerechnet wird, kann die Bewilligung einer Pauschgebühr auch für die Einzeltätigkeit nach VV 4301 Nr. 4 RVG in Betracht kommen, wenn sich die gesetzliche Gebühr als unangemessen niedrig erweisen sollte, was häufig der Fall sein wird.[49] Nach Auffassung des BVerfG soll aber die Tätigkeit des Zeugenbeistands an drei HV-Tagen nicht zur Bewilligung einer Pauschgebühr führen.[50]

10 **e) Angelegenheiten.** Ist der RA **zwei Zeugen** als **Beistand** beigeordnet worden, wird er für zwei Auftraggeber in derselben Angelegenheit iSv § 7 Abs. 1 RVG tätig. Er erhält seine Gebühren nur einmal, die Verfahrensgebühr allerdings mit der Erhöhung nach VV 1008 RVG.[51] Die Tätigkeit als Zeugenbeistand ist iÜ **nicht dieselbe Angelegenheit** iSd § 15 Abs. 2 RVG

---

zung der Einzeltätigkeit im Überprüfungsverfahren; LG Dresden AGS 2008, 120; aA die in Fn. 24 zitierte abwM; *Lohle* JurBüro 2007, 202 in der Anm. zu OLG Oldenburg StraFo 2006, 130 = AGS 2006, 332; aA in neuerer Zeit auch *Klüsener* JurBüro 2018, 393.

[38] Burhoff/Volpert RVG/*Burhoff* VV Vorb. 4.1 Rn. 14 ff. mwN zur aA, wie zB OLG Brandenburg RVGreport 2011, 259 = StRR 2011, 360; LG Münster StRR 2013, 312 = RVGreport 2013, 349.

[39] OLG Brandenburg NStZ-RR 2007, 287 = JurBüro 2007, 482 = RVGreport 2008, 145, aufgegeben in OLG Brandenburg RVGreport 2011, 259 = StRR 2011, 360; OLG Hamm in StRR 2009, 437 = StraFo 2009, 474 mit abl. Anm. *Burhoff* = RVGreport 2009, 426; OLG Köln AGS 2008, 128 = StraFo 2008, 222; aA wohl die Gesetzesbegründung in BT-Drs. 19/23484, 86 zum KostRÄG 2021 v. 21.12.2020 (BGBl. I 3229).

[40] Meyer-Goßner/Schmitt/*Schmitt* StPO § 68b Rn. 5 mwN; zum Tätigkeitsbereich des Vernehmungsbeistands s. a. *Burhoff* StrafREV-HdB Rn. 4398 ff.

[41] KG RVGreport 2005, 341; s. a. *Burhoff* RVGreport 2006, 81.

[42] RVGreport 2010, 340 = StRR 2010, 357.

[43] OLG Brandenburg JurBüro 2007, 482 = NStZ-RR 2007, 287 = RVGreport 2008, 144.

[44] KG AGS 2009, 533 = RVGreport 2009, 310 = StRR 2009, 398, eine Vergütung dieser Tätigkeiten, kann der RA nur verlangen, wenn ihm die entsprechenden Aufgaben mit der Beiordnung übertragen worden sind.

[45] KG AGS 2009, 533 = RVGreport 2009, 310 = StRR 2009, 398.

[46] So aber KG RVGreport 2005, 341 = StraFo 2005, 439 = AGS 2005, 557.

[47] BT-Drs. 15/1971, 145; BR-Drs. 517/12, 438 = BT-Drs. 17/11471, 281; Burhoff/Volpert RVG/*Volpert* VV Vorb. 4.3 Rn. 24; s. a. *Burhoff* RVGreport 2005, 341; StRR 2007, 220.

[48] OLG Hamm StraFo 2008, 45 = JurBüro 2008, 83 = StRR 2008, 79; LG München I 19.2.2007 – 12 KLs 247 Js 228539/05.

[49] BVerfG NJW 2019, 3370 = RVGreport 2020, 13 = JurBüro 2019, 573; KG RVGreport 2013, 229 = NStZ-RR 2013, 232; JurBüro 2013, 362 = RVGreport 2013, 271; OLG Jena 9.2.2009 – 1 Ws 370/08; BeckRS 2011, 15180; OLG Saarbrücken StRR 2015, 196 = RVGreport 2015, 216; BeckRS 2013, 198421; 6.5.2013 – 1 AR 3/13.

[50] BVerfG NJW 2019, 3370 = RVGreport 2020, 13 = JurBüro 2019, 573.

[51] OLG Celle NdsRpfl. 2007, 351 = RVGreport 2008, 144; OLG Düsseldorf AGS 2010, 71 = JurBüro 2010, 33 = RVG prof. 2010, 6; OLG Koblenz JurBüro 2005, 589 = AGS 2005, 504 = RVGreport 2006, 430; OLG Saarbrücken StRR 2015, 196; LG Hamburg RVGreport 2011, 134 = RVG prof. 2010, 80; teilweise aA OLG Hamburg NStZ-RR 2011, 64 (Ls.) = wistra 2011, 120; → RVG VV 1008 Rn. 159.

wie eine vorausgegangene oder auch zeitlich parallel laufende Verteidigertätigkeit.[52] Damit fällt für diese Tätigkeit eine gesonderte Vergütung an. Dazu gehört auch die Grundgebühr VV 4100 RVG. Ohne ausdrückliche Anrechnungsklausel (s. zB VV Vorb. 3 Abs. 4 RVG) ist der RA in der „anderen Angelegenheit" so zu honorieren als wäre er erstmals für den Mandanten tätig geworden. Die weniger aufwändige Einarbeitung kann aber beim Wahlbeistand über § 14 Abs. 1 S. 1 RVG berücksichtigt werden.[53]

Geht man davon aus, dass der Zeugenbeistand nach VV Teil 4 Abschn. 3 RVG eine **Einzeltätigkeit** nach VV 4301 Nr. 4 RVG abrechnet,[54] erstreckt sich die Beiordnung des RA als Zeugenbeistand gem. § 68b StPO auf die (gesamte) Dauer der Vernehmung des Zeugen und endet grds. erst mit dessen Entlassung. Wird daher die in einem Termin begonnene und mangels Entlassung des Zeugen noch nicht beendete Vernehmung in einem anderen Termin fortgesetzt, handelt es sich weiterhin um dieselbe Angelegenheit und es entsteht daher insgesamt nur eine Verfahrensgebühr nach VV 4301 RVG.[55] 11

3. Tätigkeit als Terminsvertreter

Ebenso **umstritten** wie die Abrechnung der Tätigkeit des Zeugenbeistandes, ist die Frage der Abrechnung der Tätigkeiten des RA, der nur für einen oder mehrere Termine für den verhinderten Pflichtverteidiger als Terminsvertreter beigeordnet wird/worden ist.[56] Auch hier stehen sich zwei „Lager" gegenüber. Einig sind sich die (Ober)Gerichte allerdings weitgehend zumindest darin, dass dieser RA seine (gesetzlichen) Gebühren auch nach VV Teil 4 Abschn. 1 RVG abrechnet.[57] Er ist für diesen beschränkten Bereich „voller Vertreter" iSv VV Vorb. 4 Abschn. 1 RVG.[58] Die zeitliche Begrenzung der Beiordnung auf bestimmte Hauptverhandlungstermine ist kein taugliches Kriterium für die Abgrenzung zwischen VV Teil 4 Abschn. 1 RVG und VV Teil 4 Abschn. 3 RVG.[59] Entscheidend ist vielmehr, dass die Beiordnung für die jeweiligen Hauptverhandlungstermine ohne inhaltliche Beschränkung erfolgte.[60] Etwas anderes gilt auch nicht für eine „Vertretung"/Beiordnung im Fall des § 140 Abs. 1 Nr. 4 und 10 StPO, da sich die Beschränkung auf den Zeitraum des jeweiligen Hafttermins oder der jeweiligen richterlichen Vernehmung aus dem Gesetz ergibt[61] Der „Terminsvertreter" verdient also insbes. 12

---

[52] OLG Düsseldorf StRR 2008, 78 = RVGreport 2008, 182; OLG Hamm StraFo 2008, 45; OLG Koblenz AGS 2005, 504; OLG Köln AGS 2008, 126; OLG München BeckRS 2007, 32917; LG München I 19.2.2007 – 12 KLs 247 Js 228539/05; Burhoff/Volpert RVG/*Burhoff* VV Vorb. 4.1 Rn. 22 ff.; allg. zu Angelegenheiten in Strafsachen → RVG VV Teil 4 Einl. Rn. 19 ff.

[53] Burhoff/Volpert RVG/*Burhoff* VV Vorb. 4.1 Rn. 22 ff. mwN.

[54] Vgl. die Nachw. bei Fn. 26.

[55] KG BeckRS 2012, 12352; OLG Düsseldorf RVGreport 2012, 454 mAnm *Volpert* = StRR 2013, 79 = RVG prof. 2012, 169; aA – allerdings unzutreffend – OLG Stuttgart Justiz 2011, 367 = StRR 2011, 357 = RVGreport 2011, 340 für die Beistandsleistung als Zeugenbeistand in mehreren Vernehmungsterminen.

[56] Eing. zu der Problematik *Kotz* StraFo 2008, 412; *Burhoff* FS ARGE Strafrecht, 2009, 107 (112); *Burhoff* RVGreport 2017, 242 mwN.

[57] KG NStZ-RR 2005, 327 = AGS 2006, 177; StraFo 2008, 349 = StRR 2008, 358 = AGS 2008, 387 mablAnm *N. Schneider* = RVGreport 2008, 349; RVGreport 2011, 260 = StRR 2011, 281 mAnm *Burhoff* = NStZ-RR 2011, 295 = JurBüro 2011, 479; OLG Bamberg NStZ-RR 2011, 223 (Ls.) = StRR 2011, 167 (Ls.); OLG Braunschweig RVGreport 2016, 184 = NdsRpfl. 2015, 263 = AGS 2016, 78; OLG Bremen BeckRS 2011, 03437; OLG Celle RVGreport 2007, 71 = StraFo 2006, 471 = Rpfleger 2006, 669; OLG Dresden 5.9.2007 – 1 Ws 155/07; OLG Hamburg BeckRS 2011, 141623; OLG Hamm RVGreport 2006, 230 = RVG prof. 2006, 92; 31.1.2015 – 5 Ws 367/14; OLG Jena JurBüro 2011, 292 = AGS 2011, 292 = AGS 2011, 484; OLG Karlsruhe StraFo 2008, 439 = NJW 2008, 2935 = RVG prof. 2008, 208 = AGS 2008, 489 = JurBüro 2008, 586; OLG Koblenz RVGreport 2013, 17 = AGS 2013, 460 = JurBüro 2013, 84 = StRR 2013, 304; OLG Köln AGS 2011, 286 = RVGreport 2010, 462 = RVG prof. 2010, 153; OLG München NStZ-RR 2009, 32; AGS 2014, 174 = RVGreport 2016, 145 = StRR 2014, 271; JurBüro 2014, 359 = Rpfleger 2014, 546; OLG Nürnberg StraFo 2015, 39 = AGS 2015, 29 = StRR 2015, 118 = RVGreport 2016, 105; OLG Oldenburg RVGreport 2015, 23; OLG Saarbrücken NStZ-RR 2011, 391 (Ls.); OLG Schleswig SchlHA 2010, 269 Rechtsprechungsübersicht bei *Döllel/Dressen;* vgl. iÜ *Burhoff* RVGreport 2011, 85; 2017, 242 mit einem Rechtsprechungsüberblick.

[58] Zum Entstehen der Grundgebühr in diesen Fällen → RVG VV 4100, 4101 Rn. 5.

[59] So aber wohl offenbar OLG Celle StraFo 2018, 534 = RVGreport 2019, 17 =JurBüro 2018, 580 für den nach § 141 Abs. 3 S. 4 StPO bestellten „Terminsvertreter"; zutreffend aA *Burhoff* RVGreport 2017, 402; *Enders* JurBüro 2018, 564 f.

[60] OLG Dresden AGS 2007, 618; LG Leipzig 11.6.2007 – 7 KLs 430 Js 51464/05; OLG Stuttgart StraFo 2011, 198 = RVGreport 2011, 411 = AGS 2011, 224 = StRR 2011, 442, wonach der Wortlaut der „Bestellungsverfügung" aber auch die Umstände des Einzelfalls von Bedeutung sind.

[61] Sa zu § 141 Abs. 3 S. 4 StPO aF *Burhoff* RVGreport 2017, 402 (404); *Enders* JurBüro 2018, 564 f.; LG Magdeburg StraFo 2018, 314 = AGS 2018, 341 = RVGreport 2018, 257 = StRR 5/2018, 24; aA offenbar OLG Celle StraFo 2018, 534 = RVGreport 2019, 17 =JurBüro 2018, 580; LG Leipzig StraFo 2019, 439 = RVGre-

auch die Grundgebühr VV 4100 RVG.[62] Nach den Änderungen durch das 2. KostRMoG entsteht daneben außerdem immer die jeweilige Verfahrensgebühr, da Grundgebühr und Verfahrensgebühr immer nebeneinander entstehen.[63] Das OLG Hamm (3. Strafsenat) stellt iÜ darauf ab, ob der „Terminsvertreter" an einem vollwertigen Hauptverhandlungstermin teilgenommen und eine umfassende Tätigkeit als Verteidiger entfaltet hat, die nach ihrer Bedeutung und dem tatsächlich geleisteten Aufwand einer Terminswahrnehmung durch den ordentlichen (Pflicht-) Verteidiger gleichsteht; dann hat er auf jeden Fall Anspruch auf sämtliche im Einzelfall verwirklichten Gebührentatbestände des VV Teil 4 Abschn. 1 RVG.[64] Teilweise wird auch auf die Formulierung des Beiordnungsbeschlusse abgestellt und danach der Gebührenanspruch ausgerichtet.[65] Soweit die Vertretung des Pflichtverteidigers als zulässig angesehen und mit der Begründung unter Hinweis auf § 5 RVG eine eigene Vergütung des „Terminsvertreters" abgelehnt wird, ist das unzutreffend und widerspricht den allgemeinen Regeln der Pflichtverteidigung.[66]

4. Tätigkeit als nach § 408b StPO beigeordneter Pflichtverteidiger

13 Im Strafbefehlsverfahren ist in § 408b StPO die Bestellung eines Pflichtverteidigers vorgesehen, wenn ein Strafbefehl mit einer Freiheitsstrafe von bis zu einem Jahr unter Strafaussetzung zur Bewährung festgesetzt werden soll (§ 407 Abs. 2 S. 2 StPO). Zutreffend ist es, auch auf diesen RA **VV Teil 4 Abschn. 1 RVG** anzuwenden.[67] Auch er ist „voller Verteidiger" iSv VV Vorb. 4 Abs. 1 RVG. Seine Tätigkeit unterliegt inhaltlich keinen Beschränkungen mit der Folge, dass ggf. von einer Einzeltätigkeit nach VV Teil 4 Abschn. 3 RVG auszugehen

---

port 2019, 338 = Sonderausgabe StRR 12/2019, 22; LG Mannheim RVGreport 2019, 217; vgl. noch Burhoff/Volpert RVG/*Burhoff* Teil A Rn. 1673.

[62] OLG Bamberg NStZ-RR 2011, 223 (Ls.) = StRR 2011, 167 (Ls.); OLG Düsseldorf StRR 2009, 157; OLG Hamm RVGreport 2006, 230; Jena JurBüro 2011, 478; OLG Karlsruhe StraFo 2008, 349 = NJW 2008, 2935 = JurBüro 2008, 586 = RVGreport 2009, 19 = StRR 2009, 119; OLG Köln AGS 2011, 286 = RVGreport 2010, 462 = RVG prof. 2010, 153; OLG München NStZ-RR 2009, 32 = RVG prof. 2009, 32 = StRR 2009, 120; RVGreport 2016, 145 = AGS 2014, 174 = StRR 2014, 271 = Rpfleger 2014, 445, OLG Schleswig SchlHA 2010, 269 Rechtsprechungsübersicht bei *Döllel/Dressen;* LG Koblenz StraFo 2007, 175; LG Magdeburg StraFo 2018, 314 = AGS 2018, 341 = RVGreport 2018, 257 = StRR 5/2018, 24 für § 141 Abs. 3 S. 4 StPO; **aA** KG StraFo 2008, 349 = AGS 2008, 387 mablAnm *N. Schneider* = StRR 2008, 358 mablAnm *Burhoff;* KG RVGreport 2011, 260 = StRR 2011, 281 mAnm *Burhoff* = NStZ-RR 2011, 295 = JurBüro 2011, 479; OLG Brandenburg RVG prof. 2010, 83; OLG Bremen BeckRS 2011, 03437; OLG Celle StraFo 2006, 471 = Rpfleger 2006, 669 = RVGreport 2007, 71; OLG Celle NStZ-RR 2009, 158 (Ls.) = RVGreport 2009, 226; OLG Celle StraFo 2018, 534 = RVGreport 2019, 17 =JurBüro 2018, 580; OLG Dresden 5.9.2007 – 1 Ws 155/07; OLG Hamm RVGreport 2007, 108; OLG Koblenz JurBüro 2005, 199; 2013, 84 = RVGreport 2013, 17; OLG Köln AGS 2006, 452 = RVGreport 2007, 306; OLG Nürnberg StraFo 2015, 39 = AGS 2015, 29 = StRR 2015, 118; OLG Saarbrücken NStZ-RR 2011, 391 (Ls.) = BeckRS 2011, 22474; RVGreport 2015, 65 = StRR 2015, 117; LG Düsseldorf RVG prof. 2008, 53 = StRR 2008, 159; LG Koblenz 21.8.2012 – 2 Qs 77/12; LG Saarbrücken 30.6.2014 – 2 KLs 2/13; AG Sinzig 11.7.2002 – 2090 Js 71483/10 jug 3 Ds; *Hartmann/* Toussaint RVG VV 4100 Rn. 2; iÜ → RVG VV 4100 Rn. 5.

[63] S. die Kommentierung → RVG VV 4100, 4101 Rn. 9; Burhoff/Volpert RVG/*Burhoff* VV 4100 Rn. 13; zutr. ua OLG Saarbrücken RVGreport 2015, 65 = StRR 2015, 117; unzutreffend – allerdings ohne nähere Begr. OLG Nürnberg StraFo 2015, 39 = AGS 2015, 29 = StRR 2015, 118.

[64] OLG Hamm RVGreport 2009, 309 = RVG prof. 2009, 157 = StRR 2009, 438 mzustAnm *Burhoff;* ähnlich OLG Stuttgart 23.12.2009 – 6-2 StE 8/07, für Zeugenbeistand.

[65] OLG Rostock RVGreport 2012; 186; OLG Stuttgart AGS 2011, 224 = StraFo 2011, 198 = RVGreport 2011, 141 = StRR 2011, 442; LG Koblenz 21.8.2012 – 2 Qs 77/12; s. wohl auch für § 141 Abs. 3 S. 4 StPO OLG Celle StraFo 2018, 534 = RVGreport 2019, 17 = JurBüro 2018, 580.

[66] Zutr. OLG Saarbrücken RVGreport 2015, 64 = StRR 2015, 117 = RVG prof. 2015, 60; zur Pflichtverteidigung *Burhoff* StrafREV-HdB Rn. 3298 ff. mwN; BGHSt 59, 284; unzutreffend **aA** OLG Celle NStZ-RR 2009, 158 (Ls.) = RVGreport 2009, 226; OLG Rostock RVGreport 2012; 186; OLG Stuttgart AGS 2011, 224 = StraFo 2011, 198 = RVGreport 2011, 141 = StRR 2011, 442; NK-GK/*Stollenwerk* RVG VV Vorb. 4 Rn. 18; s. a. noch OLG Koblenz JurBüro 2013, 84 = RVGreport 2013, 17; LG Potsdam JurBüro 2011, 417; LG Saarbrücken 30.6.2014 – 2 KLs 2/13.

[67] (Inzidenter) OLG Celle StraFo 2011, 291 = NStZ-RR 2011, 295 (Ls.) = VRR 2011, 399 = JurBüro 2011, 481 = StV 2011, 661 = RVGreport 2012, 421 = RVG prof. 2012, 42; OLG Düsseldorf AGS 2008, 343 = RVGreport 2008, 351 = StraFo 2008, 441 = JurBüro 2008, 587; (inzidenter) OLG Karlsruhe StraFo 2015, 36; OLG Köln AGS 2009, 481 = NStZ-RR 2010, 30 = StRR 2010, 68; OLG Oldenburg StraFo 2010, 430 = AGS 2010, 491 = RVGreport 2011, 24 = NStZ-RR 2010, 391; StV 2018, 152 (Ls.) = StRR 11/2017, 13 = VRR 12/2017, 14; OLG Saarbrücken RVGreport 2015, 358; AG Oberhausen JurBüro 2012, 423; s. a. noch KG JurBüro 2013, 381; unzutreffend **aA** nur LG Aurich RVG prof. 2009, 189 = VRR 2010, 79 = StRR 2010, 116; s. a. NK-GK/*Stollenwerk* RVG VV 4300–4304 Rn. 28; zur Abrechnung im Strafbefehlsverfahren allg. *Burhoff* RVGreport 2008, 201; Burhoff/Volpert RVG/*Burhoff* Teil A Rn. 2047.

wäre.[68] Der RA hat nicht etwa nur nach § 145a Abs. 1 StPO den Strafbefehl für den Angeklagten in Empfang zu nehmen und hiergegen nach dessen Willen oder vorsorglich ggf. Einspruch einzulegen. Vielmehr gehört zu seinen Aufgaben, dem Angeklagten fachkundige Beratung zukommen zu lassen und dessen verfahrensmäßigen Rechte in dem Strafbefehlsverfahren wahrzunehmen. Um dieser Funktion gerecht zu werden, ist er gehalten, Einsicht in die Ermittlungsakten zu nehmen und als fachkundiger Berater mit dem Angeklagten zu erörtern, ob es zweckmäßig erscheint, Einspruch gegen den Strafbefehl einzulegen. Eine Beschränkung der Verteidigerbefugnisse besteht wegen der auf das Strafbefehlsverfahren beschränkten Bestellung lediglich in zeitlicher Hinsicht. Anders kann auch der Beiordnungsbeschluss nicht verstanden werden.[69] Für den RA entsteht daher auf jeden Fall als gesetzliche Gebühr die VV 4100 RVG und die VV 4106 RVG bzw. VV 4107 RVG. Die Auffassung, die von einer zeitlichen Beschränkung der Verteidigerbefugnisse des im Strafbefehlsverfahren nach § 408b StPO beigeordneten RA ausgegangen ist und mit der teilweise eine andere Auffassung begründet worden ist,[70] ist nach den Änderungen des § 408b StPO durch das „Gesetz zur Neuregelung des Rechts der notwendigen Verteidigung v. 10.12.2019“ (BGBl. I 2128) nicht mehr haltbar.[71] Die Beiordnung erstreckt sich auch auf die Hauptverhandlung, wovon die hM zutreffend schon vor den gesetzlichen Änderungen ausgegangen ist.[72] Der RA kann also für seine Teilnahme, auf jeden Fall auch die Terminsgebühr als gesetzliche Gebühr geltend machen.[73]

IV. Gebührenstruktur

VV Teil 4 Abschn. 1 RVG regelt die für den RA als Verteidiger in Strafsachen entstehenden Gebühren. Das sind die **Grundgebühr** VV 4100 RVG, die **Verfahrensgebühren** und ggf. die **Terminsgebühr** für die Teilnahme des RA an (gerichtlichen) Terminen, insbes. an Hauptverhandlungen. 14

Daneben können entstehen die Gebühren aus VV Teil 4 UAbschn. 1, 5 RVG sowie aus VV Teil 7 RVG, also ua: 15

- Terminsgebühr VV 4102 RVG,
- Zusätzliche Gebühr VV 4141 RVG,
- Zusätzliche Gebühr VV 4142 RVG,
- Zusätzliche Gebühr VV 4143, 4144 RVG.
- Auslagen VV 7000 ff. RVG

Die Höhe der anwaltlichen Gebühren ist im ersten Rechtszug von der **Ordnung** des **Gerichts abhängig,** und zwar unterteilt in Verfahren beim Amtsgericht, beim Landgericht – Straf-/Jugendkammer – und in Schwurgericht, Jugendkammer als Schwurgericht, Wirtschaftsstraf- und Staatsschutzsachen (§§ 74a, 74c GVG) und erstinstanzliche Sachen beim Oberlandesgericht. 16

V. Pauschgebühr (§§ 42, 51 RVG)

Wenn die in VV Teil 4 Abschn. 1 RVG vorgesehenen (gesetzlichen) Gebühren im Hinblick auf die vom Verteidiger/RA erbrachten Tätigkeiten unzumutbar sind, kann der RA in einem „besonders umfangreichen“ bzw. „besonders schwierigen“ Verfahren eine Pauschgebühr beantragen. Diese richtet sich für den **Wahlanwalt** nach § 42 RVG und für den **Pflichtverteidiger** nach § 51 RVG.[74] 17

---

68 So aber LG Aurich RVG prof. 2009, 189 = VRR 2010, 79 = StRR 2010, 116.

69 Unzutreffend aA LG Aurich RVG prof. 2009, 189 = VRR 2010, 79 = StRR 2010, 116.

70 LG Aurich RVG prof. 2009, 189 = VRR 2010, 79 = StRR 2010, 116.

71 Sa BT-Drs. 19/13829, 52.

72 Dazu OLG Celle StraFo 2011, 291 = NStZ-RR 2011, 295 (Ls.) = VRR 2011, 399 = JurBüro 2011, 481 = StV 2011, 661 = RVGreport 2012, 421; OLG Köln AGS 2009, 481 = NStZ-RR 2010, 30 = StRR 2010, 68; OLG Oldenburg StV 2018, 152 (Ls.) = StRR 11/2017, 13 = VRR 12/2017, 14; OLG Saarbrücken RVGreport 2015, 358; s. a. *Burhoff* StrafREV-HdB Rn. 2180; offen gelassen von OLG Oldenburg StraFo 2010, 430 = AGS 2010, 491 = RVGreport 2011, 24 = NStZ-RR 2010, 391; aA Meyer-Goßner/Schmitt/*Schmitt* StPO § 408b Rn. 6 mwN; KG JurBüro 2013, 381; aA KG JurBüro 2013, 381; OLG Saarbrücken RVGreport 2015, 358.

73 OLG Celle StraFo 2011, 291 = NStZ-RR 2011, 295 (Ls.) = VRR 2011, 399 = JurBüro 2011, 481 = StV 2011, 661 = RVGreport 2012, 421 = RVG prof. 2012, 42.

74 Wegen der Einzelheiten die dortigen Erläuterungen → § 51 Rn. 1 ff.

Nr.	Gebührentatbestand	Gebühr oder Satz der Gebühr nach § 13 oder § 49 RVG	
		Wahlanwalt	gerichtlich bestellter oder beigeordneter Rechtsanwalt

Abschnitt 1. Gebühren des Verteidigers

Vorbemerkung 4.1:

(1) Dieser Abschnitt ist auch anzuwenden auf die Tätigkeit im Verfahren über die im Urteil vorbehaltene Sicherungsverwahrung und im Verfahren über die nachträgliche Anordnung der Sicherungsverwahrung.

(2) Durch die Gebühren wird die gesamte Tätigkeit als Verteidiger entgolten. Hierzu gehören auch Tätigkeiten im Rahmen des Täter-Opfer-Ausgleichs, soweit der Gegenstand nicht vermögensrechtlich ist.

(3) Kommt es für eine Gebühr auf die Dauer der Teilnahme an der Hauptverhandlung an, so sind auch Wartezeiten und Unterbrechungen an einem Hauptverhandlungstag als Teilnahme zu berücksichtigen. Dies gilt nicht für Wartezeiten und Unterbrechungen, die der Rechtsanwalt zu vertreten hat, sowie für Unterbrechungen von jeweils mindestens einer Stunde, soweit diese unter Angabe einer konkreten Dauer der Unterbrechung oder eines Zeitpunkts der Fortsetzung der Hauptverhandlung angeordnet wurden.

Schrifttum: *Burhoff,* Geplante Änderungen bei der Anwaltsvergütung durch das KostRÄG 2021 – Teil 2, RVGreport 2020, 402; *Burhoff,* Änderungen bei der Verteidigervergütung durch das KostRÄG 2021, StRR 1/2021, 5; *Burhoff,* Änderungen bei der Vergütung der Verteidiger/Rechtsanwälte in Straf- und Bußgeldsachen durch das KostRÄG 2021, StraFo 2021, 8; *Burhoff,* Änderungen bei der Vergütung der Verteidiger/Rechtsanwälte in Straf- und Bußgeldsachen durch das KostRÄG 2021, S. 1815; *Burhoff,* Änderungen bei der Vergütung der Verteidiger/Rechtsanwälte durch das KostRÄG 2021 betreffend Teile 4 und 5 VV, AGS 2021, 49; *Klüsener,* Gesetz zur Änderung des Justizkosten- und des Rechtsanwaltsvergütungsrecht (Kostenrechtsänderungsgesetz) 2021 – KostRÄG 2021, JurBüro 2020, 505; *N. Schneider,* KostRÄG 2021 – das neue Übergangsrecht nach § 60 RVG, ZAP 24 S. 1782; *N. Schneider,* KostRÄG 2021: Das neue Übergangsrecht nach § 60 RVG, AGS 2021, 1; *Volpert,* Kostenrechtsänderungsgesetz 2021 – Die wichtigsten geplanten Änderungen im RVG, AGS 2020, 445; *Volpert,* KostRÄG 2021: Neues Übergangsrecht in Strafsachen nach § 60 RVG, StRR 2/2021, 5; s. iÜ die Hinweise bei → RVG VV Teil 4 Einl. Vor Rn. 1; → RVG VV Vorb. 4 Einl. Vor Rn. 1; und bei Abschn. 1 → Einl. Vor Rn. 1.

Übersicht

I. Allgemeines

1 Die VV Vorb. 4.1 RVG regelt den **sachlichen Abgeltungsbereich** des VV Teil 4 Abschn. 1 RVG. **Abs. 1** bezieht die Tätigkeit im Verfahren über die im Urteil vorbehaltene Sicherungsverwahrung und im Verfahren über die nachträgliche Anordnung der Sicherungsverwahrung ein.[1] **Abs. 2** bestimmt die anwaltlichen Gebühren als Pauschgebühren.[2]

[1] → Rn. 2 f.
[2] → Rn. 4 ff.

II. Verfahren über die vorbehaltene Sicherungsverwahrung (Abs. 1)

Nach Abs. 1 gilt der Abschn. 1 auch für das in § 275a StPO geregelte Verfahren über die vorbehaltene Sicherungsverwahrung.[3] Bei diesem handelt es sich nach § 17 Nr. 12 RVG um ein von dem Strafverfahren, in dem die Entscheidung mit dem Vorbehalt ergangen ist, verschiedene Angelegenheit.[4] Der RA, der den Verurteilten (später) im Verfahren nach § 275a StPO vertritt, erhält für seine Tätigkeiten also gesonderte Gebühren.[5] Der RA, der für den Untergebrachten nach dem **ThUG** tätig geworden ist, rechnet gem. § 20 ThUG iVm § 62 RVG nicht nach VV Teil 4 RVG, sondern in entsprechender Anwendung von VV Teil 6 Abschn. 3 RVG ab.[6] 2

Der RA verdient im Verfahren nach § 275a StPO die **Grundgebühr** VV 4100 RVG, und zwar auch dann, wenn er den Verurteilten bereits im Strafverfahren verteidigt hat.[7] Der RA kann außerdem noch die gerichtliche **Verfahrensgebühr** und **Terminsgebühr** nach UAbschn. 3, und zwar die VV 4112 ff. RVG bzw. die VV 4118 ff. RVG, verdienen. Nur diese Gerichte können als Gericht des ersten Rechtszugs über eine vorbehaltene Sicherungsverwahrung entscheiden. Gebühren für das vorbereitende Verfahren können nicht mehr anfallen, da es sich um ein reines gerichtliches Erkenntnisverfahren handelt. Wird gegen das ergehende Urteil Revision eingelegt, können Gebühren nach VV 4130 ff. RVG entstehen. 3

III. Pauschgebühren (Abs. 2)

1. Allgemeines

Abs. 2 S. 1 bestimmt, dass die in VV Teil 4 Abschn. 1 RVG enthaltenen Gebühren **Pauschgebühren** sind, die die gesamte Tätigkeit des Verteidigers abgelten, soweit nichts anderes angeordnet ist. Damit wird die Regelung aus § 15 Abs. 1 RVG auf VV Teil 4 Abschn. 1 RVG übertragen. Innerhalb des jeweiligen Verfahrensabschnitts[8] wird die **gesamte Tätigkeit** des RA als Verteidiger von Anfang bis Ende des jeweiligen Verfahrensabschnitts, für den die betreffende Gebühr vorgesehen ist, abgegolten.[9] Dazu gehören nach Abs. 2 S. 2 auch Tätigkeiten im Rahmen des **Täter-Opfer-Ausgleichs,** soweit der Gegenstand nicht vermögensrechtlich ist. 4

2. Erfasste Tätigkeiten

Abs. 2 S. 1 erfasst **alle** vom RA erbrachte **Tätigkeiten.** Dazu gibt es sog. „Tätigkeitskataloge",[10] die jedoch keinen Anspruch auf Vollständigkeit erheben (können). Zu den erfassten Tätigkeiten können gehören:[11] 5

- **Akteneinsicht,** 6
- **Anträge** auf **gerichtliche Entscheidung** und/oder sonstige Rechtsmittel im Zusammenhang mit **Akteneinsichtsanträgen** des Beschuldigten,[12]
- **sonstige Anträge** auf **gerichtliche Entscheidung,**[13]
- der Antrag auf **Verwerfung** des gegnerischen **Rechtsmittels,**

---

[3] Eingefügt in die StPO durch das G zur Einführung der vorbehaltenen Sicherungsverwahrung v. 21.8.2002 (BGBl. 2002 I 3344) und ausgedehnt durch Art. 7 des Gesetzes zur Einführung der nachträglichen Sicherungsverwahrung v. 23.7.2004 (BGBl. 2004 I 1838); geändert durch das Gesetz zur Neuordnung des Rechts der Sicherungsverwahrung und zu begleitenden Regelungen v. 22.12.2010 (BGBl. 2010 I 2300) mWv 1.1.2011.

[4] Vgl. die Erläuterungen bei → § 17 Rn. 131 f.; → RVG VV Teil 4 Einl. Rn. 19 ff.

[5] Eing. Burhoff/Volpert RVG/*Burhoff* VV Vorb. 4.1 Rn. 29 ff.

[6] Burhoff/Volpert RVG/*Burhoff* VV Vorb. 4.1 Rn. 29 f.; dazu die Kommentierung in VV Teil 6 Abschn. 3 RVG; Burhoff/Volpert RVG/*Volpert* VV 6300 Rn. 4.

[7] Burhoff/Volpert RVG/*Burhoff* VV Vorb. 4.1 Rn. 30.

[8] → RVG VV Teil 4 Einl. Rn. 10.

[9] Burhoff/Volpert RVG/*Burhoff* VV Vorb. 4 Rn. 34.

[10] Hartung/Römermann/Schons/*Hartung* RVG VV Vorb. 4.1 Rn. 7.

[11] Vgl. zB Burhoff/Volpert RVG/*Burhoff* VV Vorb. 4.1 Rn. 35; Schneider/Wolf/*N. Schneider* VV Vorb. 4.1 Rn. 5 ff.

[12] *Burhoff* VRR 2013, 213; RVG prof. 2013, 88; RVGreport 2013, 213; StRR 2013, 294; LG Wuppertal RVGreport 2019, 146 = NZV 2019, 156 = RVG prof. 2019, 21 für Antrag nach § 62 OWiG im Bußgeldverfahren; unzutreffend aA für das Bußgeldverfahren AG Senftenberg AGS 2013, 231 = VRR 2013, 239 = StRR 2013, 319.

[13] Unzutreffend aA, nämlich Einzeltätigkeit, LG Potsdam NStZ-RR 2014, 126 = AGS 2014, 171 = StRR 2014, 277 = JurBüro 2014, 316 = RVGreport 2014, 347 für Antrag auf gerichtliche Entscheidung nach § 98 Abs. 2 StPO, um die Rechtmäßigkeit der Ermittlungsmaßnahme überprüfen bzw. deren Rechtswidrigkeit feststellen zu lassen; sa *Burhoff* VRR 2013, 213; RVG prof. 2013, 88; RVGreport 2013, 213.

- **Aufnahme** der **Information,**
- **Beiordnungsverfahren** als **Pflichtverteidiger,**
- **Beratung** des Auftraggebers, und zwar auch über die Einlegung von Rechtsmitteln,[14]
- **Beschwerdeverfahren** (§ 19 Abs. 1 S. 2 Nr. 10a RVG), mit Ausnahme der in VV Vorb. 4 Abs. 5 RVG erwähnten Verfahren, der VV 4139 RVG für die Beschwerde nach § 372 StPO im Wiederaufnahmeverfahren, der VV 4145 RVG für die Beschwerde gegen die Absehensentscheidung im Adhäsionsverfahren (§ 406 Abs. 5 StPO) sowie der Beschwerden in VV Teil 4 Abschn. 2 RVG (vgl. VV Vorb. 4.2 RVG) und bei Einzeltätigkeiten (vgl. VV Vorb. 4.3 Abs. 2 S. 2 RVG),[15]
- **Besprechungen** mit dem Mandanten und/oder Dritten und dem Gericht,
- eigene **Ermittlungen** des Verteidigers, wie zB die Ermittlung von Zeugen,[16]
- **Einlegung** von **Rechtsmitteln,**[17]
- **Haftbesuche,**
- **Haftbeschwerden,**
- Tätigkeiten des ohnehin im Ermittlungsverfahren tätigen Verteidigers für den Beschuldigten im **Klageerzwingungsverfahren** nach § 172 StPO,[18]
- **Kostenfestsetzungsverfahren** mit Ausnahme der in VV Vorb. 4 Abs. 5 RVG erwähnten Verfahren,[19]
- idR wohl die nach einer Einstellung des Verfahrens nach § 170 StPO im Hinblick auf eine **Löschung** der **personenbezogenen Daten** des Mandanten erbrachten Tätigkeiten (vgl. zB § 489 StPO), da es sich dabei grds. um Abwicklungstätigkeiten handelt,[20]
- **Protokollberichtigungsanträge,**
- **Prüfung** der **Beweismittel** auf ihre Verwertbarkeit,
- **Rechtsmittelbegründung,**
- **Rechtsmittelerwiderung,**
- **Rücknahme** des **Rechtsmittels,**
- Tätigkeiten nach den §§ 160b, 202a, 212 StPO zur Vorbereitung einer **Verständigung** nach § 257c StPO,[21]
- **Schriftverkehr** mit Staatsanwaltschaft, Gericht, Mandant und Dritten,
- Tätigkeiten in Zusammenhang mit **förmlichen/formlosen Rechtsbehelfen,**[22]
- Tätigkeiten im Rahmen des **Täter-Opfer-Ausgleichs,** also nach den §§ 153a Abs. 1 Nr. 5, 155a, 155b StPO,
- **Teilnahme** an allen **Terminen,** die nicht Hauptverhandlungstermine und nicht Termine aus dem Katalog der VV 4102 RVG sind, wie zB Termine nach §§ 202a, 212 StPO zur Erörterung des Verfahrensstandes oder Termine, in denen ein Abstimmungsgespräch nach § 213 Abs. 2 StPO geführt wird,[23]
- **Vertretung** in der **Hauptverhandlung,**
- (Allgemeine) **Vorbereitung** der **Hauptverhandlung** (durch die Verfahrensgebühr),[24]

---

[14] Vgl. die Erläuterungen bei → RVG § 19 Rn. 111 ff.

[15] → RVG VV Teil 4 Einl. Rn. 42 f.; → RVG VV Vorb. 4.3 Rn. 17; *Volpert* VRR 2006, 453; RVG prof. 2007, 101; Burhoff/Volpert RVG/*Volpert* Teil A Rn. 554 ff.; *Burhoff* RVGreport 2012, 12; BGH NJW 2009, 2682 = MDR 2009, 1193 = StRR 2009, 385; OLG Düsseldorf AGS 2011, 70 = RVGreport 2011, 22 = StRR 2011, 38 = RVG prof. 2011, 53; OLG Hamm RVGreport 2009, 149 = StRR 2009, 39; LG Arnsberg RVGreport 2020, 179 = RVG prof. 2020, 64; AG Hof JurBüro 2011, 253 = AGS 2011, 68 = RVGreport 2011, 262 = VRR 2011, 160; AG Sinzig JurBüro 2008.

[16] OLG Köln RVGreport 2009, 136.

[17] → Rn. 9.

[18] OLG Koblenz RVGreport 2014, 397 = StRR 2014, 511 = RVG prof. 2014, 208; wegen der Einzelheiten *Burhoff* RVGreport 2016, 2; RVG prof. 2014, 216; RVG prof. 2015, 14; Burhoff/Kotz StrafR-Rechtsmittel-HdB/*Burhoff* Teil D Rn 252; Burhoff/Volpert RVG/*Burhoff* Teil A Rn. 1316 ff.

[19] → RVG VV Vorb. 4 Rn. 51 ff.

[20] *Burhoff* RVGreport 2013, 43.

[21] Zur Abrechnung der Tätigkeiten im „Verständigungsverfahren" Burhoff/Volpert RVG/*Burhoff* Teil A Rn. 2412 ff.

[22] *Burhoff* StRR 2012, 172; RVGreport 2013, 213; VRR 2013, 213; StRR 2013, 294; Burhoff/Kotz StrafR-Rechtsmittel-HdB/*Burhoff* Teil D Rn. 1 ff.

[23] Zu letzteren *Burhoff* RVGreport 2017, 402 (404).

[24] Ua KG JurBüro 2013, 361 = RVGreport 2014, 111; OLG Hamm AGS 2006, 498 = JurBüro 2006, 591; RVGreport 2009, 309 = RVG prof. 2009, 157 = StRR 2009, 438; OLG Jena StV 2006, 204 = RVGreport 2006, 423 = JurBüro 2005, 470; OLG Stuttgart, RVGreport 2006, 32 = Rpfleger 2006, 36; aA OLG Bremen RVGreport 2012, 63 = StraFo 2012, 39 = StRR 2012, 278.

- **Wiedereinsetzungsanträge** bei Fristversäumungen,[25]
- **Verzögerungsrüge** nach §§ 198 Abs. 3, 199 GVG.[26]

Die Pauschgebühren VV 4100ff. RVG erfassen **nicht** die Tätigkeit des RA im Hinblick auf **Einziehung** und verwandte Maßnahmen sowie im **Adhäsionsverfahren.** Dafür sieht das RVG in den VV 4142 RVG und VV 4143 RVG gesonderte Wertgebühren vor. Soweit allerdings der Gegenstandswert der Tätigkeit iRd VV 4142 RVG unter 30,– EUR liegt, wird die Tätigkeit wegen VV 4142 Anm. 2 RVG durch die jeweilige Verfahrensgebühr mitabgegolten.[27] Wie die Tätigkeit des RA im strafrechtlichen Entschädigungsverfahren nach dem **StrEG** honoriert wird, ist umstritten.[28] 7

3. Besondere Tätigkeiten

Darüber hinaus gibt es sog. **„besondere Tätigkeiten"**[29] bzw. **„verschiedene Tätigkeiten",**[30] die nicht von den (allgemeinen) Pauschgebühren erfasst werden. Das wird ua in den §§ 15, 20f. RVG geregelt.[31] Zu diesen Tätigkeiten zählen ua: 8

- die in VV Vorb. 4 Abs. 5 RVG genannten **Erinnerungs-** und Beschwerdeverfahren,[32]
- ein **erneuter Auftrag,** wenn der RA bereits früher tätig geworden ist und zwischen der Erledigung des früheren Auftrags und der Erteilung des neuen mehr als zwei Kalenderjahre liegen (vgl. § 15 Abs. 5 RVG),[33]
- das Verfahren über **Gnadengesuche** (vgl. VV 4304 RVG),
- das Verfahren nach **Zurückverweisung** (§ 21 Abs. 1 RVG),[34]
- das Verfahren nach **Verweisung** an ein Gericht des **niedrigeren Rechtszuges** (§ 20 S. 1 RVG),
- das **Wiederaufnahmeverfahren** (§ 17 Nr. 13 RVG; vgl. VV 4136ff. RVG),
- das nach erfolgreichem Antrag stattfindende **Verfahren nach Wiederaufnahme** (§ 17 Nr. 13 RVG),
- die vom beigeordneten RA nach dem **ThUG** zwischen dem Anordnungs- bzw. Verlängerungsverfahren und einem weiteren Verfahren über die Therapieunterbringung erbrachten Tätigkeiten,[35]
- die in VV Vorb. 4 Abs. 5 RVG genannten **Zwangsvollstreckungsverfahren.**[36]

4. Einlegung bzw. Beratung über ein Rechtsmittel

Eine Ergänzung zu VV Vorb. 4.1 Abs. 2 RVG enthält **§ 19 Abs. 1 S. 2 Nr. 10 RVG.** Danach gehört die **Einlegung** von **Rechtsmitteln** bei dem Gericht desselben Rechtszugs durch den Verteidiger, der in dem Rechtszug tätig war, noch zum Rechtszug und wird mit der jeweiligen Verfahrensgebühr abgegolten ist.[37] Das gilt iÜ für alle sog. Abwicklungstätigkeiten.[38] Die Begründung des Rechtsmittels und weitere Tätigkeiten, wie zB die Überprüfung des Urteils auf formelle oder materielle Rechtsfehler, werden hingegen von der Verfahrensgebühr der Rechtsmittelinstanz erfasst.[39] 9

---

[25] *Burhoff* StRR 2012, 172; RVGreport 2013, 213; Burhoff/Kotz StrafR-Rechtsmittel-HdB/*Burhoff* Teil D Rn. 634ff.

[26] *Burhoff* StRR 2012, 2 (4); Burhoff/Kotz StrafR-Rechtsmittel-HdB/*Burhoff* Teil D Rn. 451.

[27] Burhoff/Volpert RVG/*Burhoff* VV Vorb. 4.1 Rn. 28.

[28] Wegen der Nachw. → RVG VV 4143 Rn. 9; → RVG VV 4302 Rn. 28; *Burhoff* RVGreport 2007, 372; eing. Burhoff/Kotz StrafR-Rechtsmittel-HdB/*Volpert* Teil D Rn. 51ff.

[29] → RVG VV Teil 4 Einl. Rn. 41ff.; iÜ angelehnt an Burhoff/Volpert RVG/*Burhoff* VV Vorb. 4.1 Rn. 34ff.; s. a. noch Schneider/Wolf/*N. Schneider* VV Vorb. 4.1 Rn. 10ff.

[30] → RVG VV Teil 4 Einl. Rn. 31ff.

[31] *Burhoff* RVGreport 2014, 210; 2014, 290; → RVG VV Teil 4 Einl. Rn. 19ff.

[32] → RVG VV Vorb. 4 Rn. 51ff.

[33] → RVG VV Teil 4 Einl. Rn. 26ff.

[34] BGH AGS 2013, 453 = RVGreport 2013, 465 = JurBüro 2014, 20 = RVG prof. 2014, 2 = VRR 2014, 80 = StRR 2014, 238; LG Dresden AGS 2006, 169.

[35] Vgl. § 20 Abs. 3 S. 2 ThUG, Verfahrensgebühr nach VV 6302 RVG; Burhoff/Volpert RVG/*Burhoff* VV Vorb. 4.1 Rn. 30, Teil A Rn. 150; Burhoff/Volpert RVG/*Volpert* Teil A Rn. 1780ff.

[36] → RVG VV Vorb. 4 Rn. 51ff.

[37] KG VRR 2009, 277 = AGS 2009, 389 = RVGreport 2009, 346 = StRR 2009, 399 mAnm *Burhoff;* NStZ 2017, 305 = StraFo 2016, 513 = RVGreport 2017, 237; OLG Jena JurBüro 2006, 365; OLG Köln StraFo 2016, 382 = StV 2016, 789 = RVGreport 2017, 17 = RVG prof. 2017, 81; OLG Schleswig SchlHA 2006, 299 Rechtsprechungsübersicht bei *Döllel/Dressen;* LG Osnabrück RVGreport 2019, 339 = RVG prof. 2019, 180; sa → § 19 Rn. 111ff.

[38] OLG Karlsruhe AGS 2009, 19 = NJW-RR 2008, 658 = MDR 2008, 1226 für das Zivilverfahren.

[39] KG VRR 2009, 277 = AGS 2009, 389 = RVGreport 2009, 346 = StRR 2009, 399, OLG Jena JurBüro 2006, 365; OLG Schleswig SchlHA 2006, 299 Rechtsprechungsübersicht bei *Döllel/Dressen;* LG Aurich RVGre-

10 Für einen **neuen Verteidiger** gehört allerdings auch die Einlegung eines Rechtsmittels schon zum nächsten Rechtszug.[40]

11 **Fraglich** ist, wie die Vergütung der RA für die **Beratung über** ein **Rechtsmittel** zu bestimmen ist. Insoweit ist zu unterscheiden, ob die Beratung durch den Verteidiger erfolgt, der den Mandanten bereits in der Vorinstanz vertreten hat, oder durch einen RA, der nicht in der Vorinstanz tätig gewesen ist. Die Abgrenzung ist nicht einfach, da häufig auch Erstattungsfragen eine Rolle spielen und diese mit den Fragen des Entstehens der Gebühr vermengt werden.[41] Die Fragen sind eingehend dargestellt bei → § 19 Rn. 111 ff. Hierauf wird verwiesen.[42]

IV. Teilnahmezeit für Hauptverhandlungsterminsgebühren (Abs. 3)

1. Allgemeines

12 Durch das **KostRÄG 2021** v. 21.12.2020[43] ist mit Wirkung vom 1.1.2021 der VV Vorb. 4.1RVG ein (neuer) **Abs. 3 angefügt** worden. Diese Ergänzung Regelung steht in Zusammenhang mit den für die Pflichtverteidiger/beigeordneten RA in den VV 4110, 4111, 4116, 4117, 4122, 4123, 4128, 4129, 4134 und 4135 RVG vorgesehenen sog. **Längenzuschläge** zu den Hauptverhandlungsterminsgebühren, wenn diese an einem mehr als fünf oder mehr als acht Stunden dauernden Hauptverhandlungstag teilgenommen haben. Bei der Berechnung der für diese Längenzuschläge maßgebenden Dauer der Hauptverhandlung hatte es in der Vergangenheit es zahlreiche Zweifels- und Streitfragen und eine umfangreiche und zum Teil kleinteilige Rechtsprechung gegeben.[44] In dem Streit ging es im Wesentlichen um die Frage, ob Wartezeiten des RA zu berücksichtigen sind und vor allem, wie mit (langen) Pausen am Hauptverhandlungstag umzugehen war. Zur Beseitigung dieser Streitfragen hat das KostRÄG 2021 v. 21.12.2020 den Abs. 3 angefügt, der eine Regelung hinsichtlich der Berücksichtigung von Wartezeiten und von (langen) Pausen bei der für den RA für den Längenzuschlag maßgeblichen Teilnahmezeit enthält.[45]

13 Die (Neu)Regelung **gilt** in Verfahren, die der Pflichtverteidiger/beigeordnete RA nach **neuem Recht abrechnet.**[46] Das sind die Verfahren, in denen die Bestellung/Beiordnung ab dem 1.1.2021 erfolgt ist. In den **„Altfällen"** gilt diese Regelung **noch nicht.** Mit ihr kann/muss jedoch zur Klärung von Streitfragen in Zusammenhang von Wartezeiten und/oder (langen) Pausen, die sich nach altem Recht ggf. diskutiert werden. Die frühere Rechtsprechung zur Berücksichtigung von Wartezeiten und/oder langen Pausen, die in „Altfällen" noch von Bedeutung sein kann, ist weiterhin noch zusammengestellt bei → RVG VV Nr. 4108 – 4111 Rn 22 ff.[47]

14 Die (Neu)Regelung hat im Wesentlichen den **Stand** der **Rspr.** und **Lit.** zum **Zeitpunkt** der **Einführung** der **Regelung** am 1.1.2021 umgesetzt. Weitgehend einig war man sich, dass es für den Beginn der Hauptverhandlung und damit für die Berücksichtigung von Wartezeit nicht auf deren tatsächlichen, unter Umständen verzögerten Beginn ankommt, sondern auf den Zeitpunkt, zu dem der RA geladen und tatsächlich erschienen ist.[48] Ob Sitzungspausen ggf. abzuziehen waren, wurde in Rspr. und Lit. nicht einheitlich beantwortet. Einigkeit bestand, dass kurze Unterbrechungen des Hauptverhandlungstermin nicht abgezogen wurden. Wurde die Sitzung für eine Pause unterbrochen, in der sich die Beteiligten regelmäßig länger

---

port 2013, 60 = AGS 2013, 174 = RVG prof. 2013, 10 = StRR 2013, 159; LG Osnabrück RVGreport 2019, 339 = RVG prof. 2019, 180; s. a. Burhoff/Volpert RVG/*Burhoff* VV Vorb. 4.1 Rn. 28; VV 4130 Rn. 11 ff.; zur Verfahrensgebühr in Rechtsmittelverfahren Burhoff/Kotz StrafR-Rechtsmittel-HdB/*Burhoff* Teil D Rn. 431 ff.; zur Erstattungsfähigkeit der Verfahrensgebühr für das Rechtsmittelverfahren → RVG VV 4124, 4125 Einl. Rn. 6 mwN.

[40] Burhoff/Volpert RVG/*Burhoff* VV 4130 Rn. 13 ff.

[41] Anschaulich KG JurBüro 2010, 599 = RVGreport 2010, 351 = VRR 2010, 479; zu den Erstattungsfragen KG StRR 2011, 387 = VRR 2011, 397 jeweils mAnm *Burhoff;* LG Dortmund RVGreport 2016, 223 = StRR 5/2016, 4 = AGS 2016, 189; LG Düsseldorf 27.4.2010 – 20 KLs 7/06; LG Görlitz 9.1.2014 – 2 KLs 120 Js 14370/12; LG Hannover JurBüro 2014, 190; LG Köln StraFo 2007, 305 = AGS 2007, 351 = RVGreport 2007, 224; LG München I StRR 2015, 78 mAnm *Werning;* → RVG VV 4124, 4125 Einl. Rn. 6 ff.

[42] S. aber Burhoff/Volpert RVG/*Burhoff* VV Vorb. 4.1 Rn. 38 ff. mwN.

[43] BGBl. I 3229.

[44] Vgl. die Übersicht bei → RVG VV 4108 – 4111 Rn. 22 ff. mwN.

[45] Sa BT-Drs. 19/23484, 84 f.

[46] Dazu → RVG § 60 Rn. 67.

[47] Auch *Burhoff* RVGreport 2006, 1; *Fromm* JurBüro 2014, 564 und Burhoff/Volpert RVG/*Burhoff* VV Vorb. 4.1 Rn. 43 ff. und VV 4110 Rn. 15 ff.

[48] Dazu → RVG VV 4108–4111 Rn 25. mNachw. aus der Rspr.

aus dem Gerichtssaal entfernen und daher nicht mehr zur Verfügung stehen, bestand Uneinigkeit, unter welchen Voraussetzungen diese Pausen zur Sitzungsdauer rechnen. Von der wohl überwiegenden Zahl der OLG wurde eine (längere) Sitzungspause abgezogen, wenn der Verteidiger sie sinnvoll nutzen konnte. Dabei wurden grds. Sitzungspausen ab einer Stunde Dauer in Abzug gebracht.[49] Zur Beseitigung dieser „Konfusion" hat das KostRÄG 2021 auf der Grundlage der ergangenen Rspr. eine generalisierende Regelung eingeführt, die eine einfache Feststellung ermöglichen soll, ob die Voraussetzungen für die Gewährung eines Längenzuschlags erfüllt sind.[50]

2. Sachlicher Anwendungsbereich

Der Abs. 3 der VV Vorb. 4.1 RVG kommt zur **Anwendung,** wenn es für eine Terminsgebühr auf die **Dauer** der **Teilnahme** an der **Hauptverhandlung** in einem Strafverfahren ankommt. Das gilt für die in den VV 4110, 4111, 4116, 4117, 4122, 4123, 4128, 4129, 4134 und 4135 RVG vorgesehenen sog. Längenzuschläge zu den Hauptverhandlungsterminsgebühren für den beigeordneten/bestellten RA. Denn deren Entstehen ist davon abhängig, dass der RA an einer Hauptverhandlungstermin teilgenommen hat, der mehr als fünf oder mehr als acht Stunden gedauert hat.[51] Sinn und Zweck dieser durch das RVG 2004 eingeführten Regelung ist es,[52] dem Pflichtverteidiger „bei langen Hauptverhandlungen ein fester Zuschlag zu gewähren werden. Dadurch soll auch bei ihm der besondere Zeitaufwand für seine anwaltliche Tätigkeit angemessen honoriert werden, so dass er deswegen nicht mehr ausschließlich auf die Bewilligung einer Pauschgebühr (§ 51 RVG) angewiesen. 15

3. Abgeltungsbereich der Gebühren

Wegen des persönlichen und sachlichen Abgeltungsbereichs und der eigentliche Teilnahme an dem Hauptverhandlungstermin wird auf die Ausführungen bei → **RVG VV 4111–4118** Rn. 23 f. mwN verwiesen. 16

4. Berücksichtigung von Wartezeiten (Abs. 3 S. 1)

a) Allgemeines. Abs. 3 S. 1 VV trifft die Regelung, dass Wartezeiten des RA an einem Hauptverhandlungstag **grds.** als Teilnahmezeit an dem Hauptverhandlungstag zu **berücksichtigen** sind.[53] Dies soll nach Vorbem. 4 Abs. 3 S. 2 VV nur dann nicht gelten, wenn der Rechtsanwalt die Wartezeit zu vertreten hat. Diese zutreffende Berücksichtigung von Wartezeiten, die der RA nicht zu vertreten hat, korrespondiert mit der VV Vorb. 4 Abs. 3 S. 2 RVG, wonach die Terminsgebühr auch entsteht, wenn RA zu einem anberaumten Termin erscheint, der Termin aber aus von ihnen nicht zu vertretenden Gründen nicht stattfindet.[54] Dies soll nach VV Vorb. 4 Abs. 3 S. 2 RVG nur dann nicht gelten, wenn der RA die Wartezeit zu vertreten hat.[55] 17

Diese (Neu-)Regelung **entspricht** der **hM** in **Rspr.** und **Lit.** zur Berechnung der Dauer des HV-Termins nach altem Recht, die Wartezeiten mitgerechnet hat.[56] Auf die (Streit)Frage, ob die Wartezeit als Teilnahme an der HV gesehen werden kann oder dies dem Wortlaut der Regelung zum Längenzuschlag entgegensteht, kommt es nicht mehr an.[57] kommt es nicht mehr an. Es ist jetzt ausdrücklich gesetzlich geregelt, dass Wartezeit Teilnahme an dem Hauptverhandlungstermin ist. 18

b) Dauer der Wartezeit. Die **Dauer** der Wartezeit ist **unbeachtlich.** Die Begrenzung auf „mehr als eine Stunde" in VV Vorb. 4.1 Abs. 3 S. 2 VV gilt ausdrücklich nur für Unterbrechungen des Hauptverhandlungstermins.[58] Maßgeblich für den Beginn der Zeitberechnung der Dauer des Hauptverhandlungstermins/der Teilnahmezeit ist der Zeitpunkt, zu dem geladen ist, 19

---

49 Zu allem → RVG 4108–4111 Rn. 26 mNachw. aus der Rspr.

50 BT-Drs. 19/23484, 84 f.

51 BT-Drs. 19/23484, 84 f.

52 BT-Drs. 15/1971, 224.

53 BT-Drs. 19/23484, 84 f.; *Burhoff* RVGreport 2020, 402 (406 f.); *Volpert* AGS 2020, 445, 454 f.; Burhoff/Volpert RVG/*Burhoff* VV Vorb. 4.1 Rn. 43 ff.

54 → RVG VV Vorb. 4 Rn. 39 ff.

55 → RVG VV Vorb. 4.1 Rn. 21.

56 Vgl. aus der Lit. u. a. → RVG VV 4108–4114 Rn 25; Schneider/Wolf/*N. Schneider,* RVG VV 4108–4111 Rn. 28; *Hartmann*/Toussaint RVG VV 4110, 4111 Rn. 1; Hartung/Schons/Enders/*Hartung,* RVG VV 4108–4111 Rn 26; Fromm JurBüro 2014, 564; *H. Schneider* JurBüro 2018, 224; *Winkler* AGS 2019, 549; wegen Rspr.-Nachw. → RVG VV 4108–4111 Rn. 25.

57 So früher insbesondere OLG Saarbrücken NStZ-RR 2006, 191 = AGS 2006, 336; RVGreport 2014, 103 = RVG prof. 2014, 43; 9.1.2007 – 1 Ws 236/06; AG Pirmasens RVGreport 2016, 347 = NStZ-RR 2016, 128.

58 Burhoff/Volpert RVG/*Burhoff* VV Vorb. 4.1 Rn. 50.

wenn der RA zu diesem Zeitpunkt erschienen ist.[59] Das gilt auch für den Wiederbeginn der Hauptverhandlung nach einer (Mittags-)Pause.[60] Nehmen an der Hauptverhandlung mehrere RA Teil kommt es für den Längenzuschlag auf die Hauptverhandlungszeit des jeweiligen RA an; der Längenzuschlag ist „personenbezogen".[61]

20 Zur Vermeidung von späteren Streitigkeiten sollte der **RA darauf achten,** dass **aktenkundig** gemacht wird,[62] dass und wann er Verteidiger zum anberaumten Termin anwesend war bzw. bei seiner etwaigen Verspätung den Zeitpunkt seines Erscheinens festzuhalten.[63] Ein im Protokoll der Hauptverhandlung enthaltener Vermerk, ab wann der Verteidiger vor Aufruf anwesend war, wie z. B. – „anwesend seit … Uhr", entfaltet allerdings keine formelle Beweiskraft i. S. von § 274 StPO, da er sich nicht auf Vorgänge in der Hauptverhandlung selbst erstreckt. Er erbringt jedoch einen Anscheinsbeweis dafür, dass der RA (erst) zu dem angegebenen Zeitpunkt verhandlungsbereit im Sitzungssaal erschienen ist. Dieser Anscheinsbeweis kann aber grds. durch einen substantiierten und schlüssigen Vortrag des Rechtsanwalts erschüttert werden.[64] Der RA muss also in seinem Festsetzungsantrag dazu ggf. entsprechend vortragen.

21 **c) Vertretenmüssen des Rechtsanwalts (Abs. 3 S. 2).** Nach VV Vorb. 4.1 Abs. 3 S. 2 RVG werden Wartezeiten des RA nicht berücksichtigt, wenn er diese zu vertreten hat. Zu denken ist insoweit an **Verspätungen** des RA, obwohl es sich dabei nicht um eine „Wartezeit" i. e. S. handelt, sondern um eine Frage, ab wann die maßgebliche Zeit für die Teilnahme an der Hauptverhandlung berechnet wird.[65] Denn geht man davon aus, dass nach Sinn und Zweck der Regelung der Längenzuschläge für den Beginn der Berechnung der Teilnahmezeit für den RA der Zeitpunkt maßgeblich ist, zu dem der jeweilige Rechtsanwalt erschienen ist,[66] handelt es sich bei einer Verspätung des Verteidigers nicht um Wartezeit. IÜ gilt: Der RA ist verpflichtet, pünktlich zu dem in der Ladung angegebenen Zeitpunkt des Beginns des Hauptverhandlungstermins zu erscheinen. Das bedeutet, dass er – wenn er von auswärts anreisen muss – ggf. auch Verkehrsverzögerungen einkalkulieren muss, um pünktlich erscheinen zu können.[67]

5. Berücksichtigung von Pausen (Abs. 3 S. 1)

22 **a) Allgemeines. Grds.** werden nach der durch das KostRÄG 2021 v. 21.12.2020[68] in VV Vorb.1 Abs. 3 S. 1 eingeführten ausdrücklichen gesetzlichen Regelung **auch Unterbrechungen/Pausen** während eines Verhandlungstags als Teilnahme an der Hauptverhandlung berücksichtigt werden. Dies soll nur dann nicht gelten, wenn der Rechtsanwalt die Unterbrechung zu vertreten hat oder die Unterbrechung länger als eine Stunde dauert.[69]

23 **b) Unterbrechung/Pause bis zu einer Stunde.** Nach Abs. 3 S. 1 u. 2 werden Unterbrechungen **bis zu einer Stunde grds. immer**[70] als Teilnahmezeit berücksichtigt. Bei mehreren Unterbrechungen an einem Hauptverhandlungstag kommt es jeweils auf die Dauer der einzelnen Unterbrechungen und nicht auf die Gesamtdauer der Unterbrechungen an dem Hauptverhandlungstag an, es werden also mehrere Unterbrechungen nicht zusammengezählt.[71] Es kommt nach der Regelung nicht (mehr) darauf an, ob der RA im konkreten Einzelfall die Pause sinnvoll genutzt hat oder überhaupt nutzen konnte. Der Streit um die Berücksichtigung der/einer Mittagspause ist erledigt.[72] Die Bewertung, ob der RA eine Unterbrechung sinnvoll für andere Tätigkeiten nutzen kann, ist nämlich weder dem Urkundsbeamten der Geschäftsstel-

[59] Zuletzt zum alten Recht OLG Celle NStZ-RR 2016, 358 = RVGreport 2017, 16 = JurBüro 2016, 574; vgl. iÜ die Nachw. bei → RVG VV 4108–4114 Rn. 25; Burhoff/Volpert RVG/*Burhoff* VV Vorb. 4.1 Rn. 51.

[60] LG Ingolstadt RVGreport 2016, 384 = RVG prof. 2016, 142 = zfs 2016, 469 = AGS 2017, 181 (für Wartezeit infolge der verspäteten Rückkehr des gerichtlichen Sachverständigen aus der Mittagpause).

[61] Burhoff/Volpert RVG/*Burhoff* VV Vorb. 4.1 Rn. 55, 60.

[62] So auch KG RVGreport 2006, 33 = AGS 2006, 123.

[63] S. noch KG RVGreport 2020, 20.

[64] KG RVGreport 2020, 20.

[65] Burhoff/Volpert RVG/*Burhoff* VV Vorb. 4.1 Rn. 1 f.

[66] → RVG VV Vorb. 4.1 Rn. 9.

[67] Vgl. das Bsp. bei Burhoff/Volpert RVG/*Burhoff* VV Vorb. 4.1 Rn. 55.

[68] BGBl. I 3229.

[69] → RVG VV Vorb. 4.1 Rn. 24.

[70] Vgl. aber → RVG VV Vorb. 4.1 Rn. 24.

[71] BT-Dr. 19/23484, 84 f.; *Burhoff* RVGreport 2020, 402 (406 f.); Burhoff/Volpert RVG/*Burhoff* VV Vorb. 4.1 Rn. 57.

[72] Dazu → RVG VV 4108–4111 Rn. 26 mwN zum alten Recht.

le noch dem Gericht möglich; die Gesetzesbegründung erwähnt ausdrücklich als Beispiel die Mittagspause.[73]

24 **c) Unterbrechung/Pause von mehr als einer Stunde (Abs. 3 S. 2 Halbs. 2).** Grds. werden nur Pausen von bis zu einer Stunde als Teilnahme des RA an dem Hauptverhandlungstermin gewertet.[74] Dem Gesetzgeber erschien auf der Grundlage der früheren Rspr. zur Berücksichtigung von Pausen beim Längenzuschlag[75] bei einer Unterbrechung von mehr als einer Stunde deren Nichtberücksichtigung bei der Berechnung der für einen Längenzuschlag maßgeblichen Teilnahmezeit als sachgerecht.[76] Hintergrund dafür ist, dass die Rspr. schon früher davon ausgegangen ist, dass der RA längere Pausen für andere Dinge sinnvoll nutzen kann.[77] Da eine (ggf. sinnvolle) Nutzung einer Unterbrechung aber nur möglich ist, wenn der RA bei der Anordnung der Unterbrechung deren Zeitraum kennt, sieht Abs. 2 S. 2 Halbs. 2 vor, dass ggf. **auch längere Pausen** berücksichtigt werden (können). Das ist dann der Fall, wenn der Vorsitzende des Gerichts den Hauptverhandlungstermin für **unbestimmte Zeit** – etwa für eine Beratungspause oder zur Führung von Verständigungsgesprächen[78] – **unterbricht;** entscheidend ist allein, ob der Vorsitzende eine konkrete Dauer der Unterbrechung oder einen **Zeitpunkt** der **Fortsetzung** der Hauptverhandlung **angeordnet** hatte. Es wird nur der angekündigte Zeitraum der Unterbrechung nicht als Teilnahme an der Hauptverhandlung berücksichtigt werden.[79] Wird hingegen die Hauptverhandlung für eine konkrete Dauer unterbrochen bzw. ein konkreter Zeitpunkt für die Fortsetzung bestimmt, wird die längere Dauer der Unterbrechung berücksichtigt.[80]

25 **d) Vertretenmüssen des Rechtsanwalts (Abs. 3 S. 2 Halbs. 1 VV).** Nach VV Vorb. 4.1 Abs. 3 S. 2 Halbs. 1 RVG werde Unterbrechungen des Hauptverhandlungstermins von bis zu einer Stunde dann nicht als Teilnahmezeit des RA berücksichtigt, wenn der RA die Unterbrechung zu vertreten hat. In Betracht kommen hier **Unterbrechungen,** die auf **Wunsch** des **RA** angeordnet werden, etwa weil dieser in der Pause einen anderen Termin wahrnehmen will/muss. Entscheidend für die Frage, ob eine Unterbrechung vom Verteidiger zu vertreten ist, ist, ob es sich um einen verfahrensbezogenen Anlass handelt, der zu der Unterbrechung geführt hat.[81] Unterbrechungen, um Gespräche mit dem Mandanten zu führen, um z. B. über die Stellung eines Befangenheitsantrages zu entscheiden oder um Beweisanträge vorzubereiten, sind verfahrensbezogen. Die entsprechenden Pausenzeiten sind also bei der Berechnung der Teilnahmezeit heranzuziehen.[82] Die Regelung ist ebenfalls **personenbezogen** zu sehen. Entscheidend ist, ob der RA, der den Längenzuschlag geltend macht, die Unterbrechung/Pause zu vertreten hat. Etwas anderes gilt, wenn der Hauptverhandlungstermin unterbrochen wird, damit etwa der RA in der Unterbrechungszeit einen anderen Termin wahrnehmen kann oder er eine vergessene Akte aus dem Büro holen kann. Solche Unterbrechungen sind nicht verfahrensbezogen. Ob ggf. ein anderer RA eine Unterbrechung zu vertreten hat, ist unbeachtlich.[83]

V. Anrechnung einer Einzeltätigkeit

26 Wenn der RA zunächst nur mit einer **Einzeltätigkeit** nach VV Teil 4 Abschn. 3 RVG beauftragt war und erst später den Auftrag zur (Voll)Verteidigung erhält, werden die dafür angefallenen Gebühren nach VV Vorb. 4.3 Abs. 3 RVG auf die für die Verteidigung oder Vertretung entstehenden Gebühren **angerechnet.**[84]

27 Bei der Bemessung der Gebühren für die (Voll)Verteidigung **§ 14 Abs. 2 RVG** zu beachten.[85]

---

[73] BT-Drs. 19/23484, 84 f.

[74] → RVG VV Vorb. 4.1 Rn. 23.

[75] → RVG VV 4018–4111 Rn. 26.

[76] BT-Drs. 19/23484, 84 f.

[77] → RVG VV 4018–4111 Rn. 26.

[78] S. zum früheren Recht OLG München RVGreport 2015, 106 = StRR 2015, 159; AG Aschaffenburg StraFo 2012, 118.

[79] BT-Drs. 19/23484, 84 f. und das Bsp. bei Burhoff/Volpert RVG/*Burhoff* VV Vorb. 4.1 Rn. 64.

[80] Bsp. bei Burhoff/Volpert RVG/*Burhoff* VV Vorb. 4.1 Rn. 64.

[81] Sa Burhoff/Volpert RVG/*Burhoff* VV Vorb. 4.1 Rn. 1 ff.

[82] AA die Gesetzesbegründung in BT-Drs. 19/23484, 84 f.; sa das Bsp. bei Burhoff/Volpert RVG/*Burhoff* VV Vorb. 4.1 Rn. 66.

[83] Vgl. die Bsp. bei Burhoff/Volpert RVG/*Burhoff* VV Vorb. 4.1 Rn. 55, 66.

[84] → RVG VV Vorb. 4.3 Rn. 26 f.

[85] → RVG § 14 Rn. 1; *Burhoff* RVGreport 2020, 402 (402 f.); StraFo 2021, 8 (9); AGS 2021, 49.

Unterabschnitt 1. Allgemeine Gebühren

Einleitung

1 In UAbschn. 1 sind die „Allgemeine Gebühren" geregelt. Das sind die **Grundgebühr** (VV 4100 RVG), die mit Zuschlag anfallen kann (VV 4101 RVG), und die **(Vernehmungs-) Terminsgebühr** (VV 4102 RVG), die der RA für die Teilnahme an besonderen (Vernehmungs-)Terminen verdient, die ebenfalls mit Zuschlag entstehen kann (VV 4103 RVG).

2 Die Stellung dieser Gebühren im UAbschn. 1 zeigt, dass diese „Allgemeinen Gebühren" nicht nur im vorbereitenden Verfahren anfallen können, sondern auch in **allen** späteren **Verfahrensabschnitten** des VV Teil 4 Abschn. 1 RVG.[1] Allerdings wird die Grundgebühr idR im vorbereitenden Verfahren entstehen.

3 Die „Allgemeinen Gebühren" entstehen aber **nicht** in **anderen (Verfahrens)Abschnitten** als in VV Teil 4 Abschn. 1 RVG. Das gilt insbes. für die Grundgebühr VV 4100 RVG. Diese fällt weder im Strafvollstreckungsverfahren an, das sich nach VV Teil 4 Abschn. 2 RVG richtet,[2] noch bei einer Einzeltätigkeit nach VV Teil 4 Abschn. 3 RVG;[3] und zwar auch dann nicht, wenn der RA im isolierten Adhäsionsverfahren nach VV Vorb. 4.3 Abs. 2 RVG tätig geworden ist.[4] Die Grundgebühr VV 4100 RVG kann in diesen Verfahrensabschnitten auch **nicht analog** angewendet werden. Dem steht die Systematik des RVG entgegen. Die Grundgebühr VV 4100 RVG ist als „Allgemeine Gebühr" in VV Teil 4 Abschn. 1 RVG eingestellt. Dieser erfasst nur das Erkenntnis- und das Wiederaufnahmeverfahren, **nicht** aber die **Strafvollstreckung** und/ oder Einzeltätigkeiten. Ein Rückgriff in den in diesen Abschnitten geregelten Angelegenheiten auf die Grundgebühr VV 4100 RVG ist nicht möglich. Das lässt sich auch nicht mit dem Hinweis auf ein „redaktionelles Versehen des Gesetzgebers" rechtfertigen.[5] Allerdings wäre eine entsprechende Gesetzesänderung – zumindest für VV Teil 4 Abschn. 2 RVG – wünschenswert (gewesen), da insoweit nicht einzusehen ist, warum der RA, der den Verurteilten nicht im Erkenntnisverfahren vertreten hat, für seine Einarbeitung nicht (auch) eine Grundgebühr verdienen soll.[6] Die insoweit für ein 3. KostRMoG vorgesehene Änderung/Erweiterung[7] hat das KostRÄG 2021 v. 21.12.2020 nicht übernommen. Die Einarbeitung muss daher weiterhin beim Wahlanwalt iRd § 14 Abs. 1 S. 1 RVG berücksichtigt werden und beim Pflichtverteidiger ggf. über eine Pauschgebühr nach § 51 RVG.[8] Der RA, der den Verurteilten nicht im Erkenntnisverfahren vertreten hat und sich daher stärker in das Strafvollstreckungsverfahren einarbeiten muss, erhält daher eine höhere Gebühr als derjenige, der den Verurteilten von Anfang an vertreten hat.

Nr.	Gebührentatbestand	Gebühr oder Satz der Gebühr nach § 13 oder § 49 RVG	
		Wahlanwalt	gerichtlich bestellter oder beigeordneter Rechtsanwalt
4100	Grundgebühr ...... (1) Die Gebühr entsteht neben der Verfahrensgebühr für die erstmalige Einarbeitung in den Rechtsfall nur einmal, unabhängig davon, in welchem Verfahrensabschnitt sie erfolgt.	44,00 bis 396,00 €	176,00 €

[1] Vgl. das Bsp. bei Burhoff/Volpert RVG/*Burhoff* VV 4100 Rn. 17.

[2] KG RVGreport 2008, 463 = NStZ-RR 2009, 31 = JurBüro 2009, 83 = StRR 2009, 156 mAnm *Burhoff;* OLG Schleswig RVGreport 2005, 70 = AGS 2005, 120 = JurBüro 2005, 252 = StV 2006, 206; LG Berlin AGS 2007, 562 = StRR 2007, 280; offenbar aA, aber ohne Begr., OLG Frankfurt a. M. StRR 2014, 277 = RVGreport 2015, 23 mablAnm *Burhoff* = AGS 2014, 251.

[3] OLG Düsseldorf AGS 2009, 14 = MDR 2009, 654 = AnwBl 2009, 312; OLG Köln AGS 2007, 452 mAnm *N. Schneider* = RVGreport 2007, 306 = NStZ 2007, 287 (Ls.); OLG Schleswig StV 2006, 206 = RVGreport 2005, 70 = JurBüro 2005, 252, für VV Teil 4 Abschn. 2 RVG; LG Bielefeld RVGreport 2020, 23 = RVG prof. 2020, 3 = AGS 2020, 17 (für Bußgeldverfahren); Burhoff/Volpert RVG/*Burhoff* VV 4100 Rn. 4 f.; Burhoff/Volpert RVG/*Volpert* VV Vorb. 4.3 Rn. 46; Schneider/Wolf/*N. Schneider* VV Vorb. 4.3 Rn. 36; Hartung/Schons/Enders/ *Hartung* RVG VV Vorb. 4.2, VV 4207 Rn. 7; aA MAH VergütungsR/*Hellwig* § 23 Rn. 75.

[4] OLG Dresden JurBüro 2017, 128 = AGS 2017, 320; LG Meiningen AGS 2013, 330.

[5] So aber MAH VergütungsR/*Hellwig* § 23 Rn. 76.

[6] S. a. *Burhoff* RVGreport 2014, 250 (255)

[7] Vgl. dazu den gemeinsamen Katalog von DAV und BRAK zu einem 3. KostRMoG bei *Hansens* RVGreport 2018, 202 (203).

[8] S. a. Burhoff/Volpert RVG/*Burhoff* VV 4100 Rn. 5; Burhoff/Volpert RVG/*Volpert* VV 4200 Rn. 13 ff.

Nr.	Gebührentatbestand	Gebühr oder Satz der Gebühr nach § 13 oder § 49 RVG	
		Wahlanwalt	gerichtlich bestellter oder beigeordneter Rechtsanwalt
	(2) Eine wegen derselben Tat oder Handlung bereits entstandene Gebühr 5100 ist anzurechnen.		
4101	Gebühr 4100 mit Zuschlag	44,00 bis 495,00 €	216,00 €

Schrifttum: *Burhoff,* Abrechnungsbeispiele zum RVG Grundgebühr und Vorbereitendes Verfahren, RVGreport 2004, 292; *Burhoff,* Die anwaltliche Vergütung im Strafbefehlsverfahren, RVGreport 2008, 201; *Burhoff,* Die Grundgebühr in Straf- und Bußgeldverfahren, RVGreport 2009, 361; *Burhoff,* Abrechnung der Tätigkeiten des Terminsvertreters im Strafverfahren, RVG prof. 2010, 153; *Burhoff,* Persönlicher Geltungsbereich des VV Teils 4 RVG, eine Bestandsaufnahme der Rechtsprechung, RVGreport 2011, 85; *Burhoff,* Der Abgeltungsbereich der Grundgebühr in Straf- und Bußgeldverfahren, RENOpraxis 2011, 102; *Burhoff,* Was ist nach dem 2. KostRMoG neu bei der Abrechnung im Straf-/Bußgeldverfahren?, VRR 2013, 287 = StRR 2013, 284; *Burhoff,* Die 20 wichtigsten Änderungen in Straf- und Bußgeldsachen, RVG prof. Sonderheft 8/2013, 30; *Burhoff,* Neuerungen für die Abrechnung im Straf-/Bußgeldverfahren nach dem 2. KostRMoG, RVGreport 2013, 330; *Burhoff,* Die wichtigsten Änderungen und Neuerungen für die Abrechnung im Straf-/Bußgeldverfahren durch das 2. KostRMoG, StraFo 2013, 397; *Burhoff,* Die Grundgebühr im Straf- und Bußgeldverfahren, RVGreport 2014, 42; *Burhoff,* Grundgebühr: Wichtiges Basiswissen zur Grundgebühr, RVG prof. 2015, 16; *Burhoff,* Grundgebühr honoriert Aufwand für ersten Einarbeitung (mit Checkliste), RVG prof. 2015, 35; *Burhoff,* Grundgebühr Mit dieser Rechtsprechung bemessen Sie die Gebühr richtig, RVG prof. 2015, 52; *Burhoff,* Anwaltsvergütung für die Tätigkeit als Zeugenbeistand im Strafverfahren, RVGreport 2016, 122; *Burhoff,* Anwaltsvergütung für die Tätigkeit als Terminsvertreter im Strafverfahren, RVGreport 2017, 242; *Burhoff,* Geplante Änderungen bei der Anwaltsvergütung durch das KostRÄG 2021 – Teil 2, RVGreport 2020, 402; *Burhoff,* Änderungen bei der Verteidigervergütung durch das KostRÄG 2021, StRR 1/2021, 5; *Burhoff,* Änderungen bei der Vergütung der Verteidiger/Rechtsanwälte in Straf- und Bußgeldsachen durch das KostRÄG 2021, StraFo 2021, 8; *Burhoff,* Änderungen bei der Vergütung der Verteidiger/Rechtsanwälte in Straf- und Bußgeldsachen durch das KostRÄG 2021, S. 1815; *Burhoff,* Änderungen bei der Vergütung der Verteidiger/Rechtsanwälte durch das KostRÄG 2021 betreffend Teile 4 und 5 VV, AGS 2021, 49; *Klüsener,* Die Grundgebühr im Strafverfahren, JurBüro 2016, 561; *Klüsener,* Vergütung des gem. § 68b Abs. 2 StPO bestellte Zeugenbeistandes, JurBüro 2018, 393; Klüsener, Gesetz zur Änderung des Justizkosten- und des Rechtsanwaltsvergütungsrecht (Kostenrechtsänderungsgesetz) 2021 – KostRÄG 2021, JurBüro 2020, 505; *Kotz,* Eine Lanze für den Underdog. Zur Vergütungslage des bestellten Terminsvertreters in Strafsachen, StraFo 2008, 412; *Meyer,* Gebühren des nach § 408b StPO bestellten Verteidigers, JurBüro 2005, 186; *N. Schneider,* Neue Grundgebühr in Straf- und Bußgeldsachen, RVG prof. 2005, 119; *N. Schneider,* Grundgebühr auch bei vorangegangener Einzeltätigkeit, RENOpraxis 2007, 82; *N. Schneider,* KostRÄG 2021 – das neue Übergangsrecht nach § 60 RVG, ZAP 24 S. 1782; *N. Schneider,* KostRÄG 2021: Das neue Übergangsrecht nach § 60 RVG, AGS 2021, 1; *Volpert,* Kostenrechtsänderungsgesetz 2021 – Die wichtigsten geplanten Änderungen im RVG, AGS 2020, 445; *Volpert,* KostRÄG 2021: Neues Übergangsrecht in Strafsachen nach § 60 RVG, StRR 2/2021, 5; vgl. auch die Hinweise bei → RVG VV Teil 4 Einl. Vor Rn. 1; → RVG VV Vorb. 4 Einl. Vor Rn. 1; → RVG VV Vorb. 4.1 Einl. Vor Rn. 1.

Übersicht

I. Allgemeines

1 Die Grundgebühr steht dem RA für die **(erstmalige) Einarbeitung** in den Rechtsfall zu. Das 2. KostRMoG[1] hat ausdrücklich klargestellt, dass Grundgebühr und jeweilige Verfahrensgebühr (immer) nebeneinander entstehen.[2] Mit der Grundgebühr wird der zusätzliche Arbeitsaufwand abgegolten, der mit der Übernahme des Mandats entsteht.[3] Voraussetzung für das Entstehen der Grundgebühr ist die **Annahme des Mandats.**[4] Kommt es nicht zu Annahme des Mandats bzw. wird der RA nicht beigeordnet, entsteht keine Grundgebühr. Der RA kann dann aber ggf. eine Beratungsgebühr nach § 34 RVG bzw. nach VV 2102 f. RVG verdienen.

2 Die Grundgebühr ist als **Rahmengebühr** ausgestaltet und der Höhe nach nicht von der Ordnung des Gerichts abhängig. Der durch sie honorierte Arbeitsaufwand des RA ist nämlich weitgehend unabhängig von der späteren Gerichtszuständigkeit. Zudem bietet der Rahmen genügend Raum zur Berücksichtigung der Besonderheiten des jeweiligen Einzelfalls.[5]

II. Anwendungsbereich

1. Persönlich

3 Die Grundgebühr steht sowohl dem **Wahlanwalt** als auch dem **Pflichtverteidiger** sowie auch dem sonstigen **Vertreter** oder **Beistand** eines Verfahrensbeteiligten zu.[6] Ist der RA zunächst Wahlverteidiger gewesen und wird dann zum Pflichtverteidiger bestellt, kann er später auch die Grundgebühr VV 4100 RVG als gesetzliche Gebühr abrechnen.[7] Das folgt aus § 48 Abs. 6 S. 1 RVG.[8]

4 Der RA, der im **Strafvollstreckungsverfahren** tätig wird oder mit einer Einzeltätigkeit beauftragt ist, erhält keine Grundgebühr.[9] Auch im **Wiederaufnahmeverfahren** entsteht nach VV Vorb. 4.1.4 RVG keine Grundgebühr.[10] Für den RA, der sich nach erfolgter Wiederaufnahme erstmals im wiederaufgenommenen Verfahren einarbeitet, entsteht allerdings die Grundgebühr, nicht hingegen für den Verteidiger, der den Mandanten bereits im Ausgangsverfahren vertreten hat.[11]

5 Nur der RA, der Verteidiger oder einer der in VV Vorb. 4 Abs. 1 RVG genannten Vertreter von Verfahrensbeteiligten[12] ist, erhält eine Grundgebühr. Das ergibt sich aus der systematischen Einordnung der Gebühr in Abschn. 1, in dem die „Gebühren des Verteidigers" geregelt sind. Das bedeutet, dass auch der RA, dem **nur** für einen (Hauptverhandlungs-)**Termin** die Vertretung oder Verteidigung übertragen bzw. der beigeordnet wird, die Grundgebühr erhält, denn er ist **„(Pflicht)Verteidiger"** bzw. **„Vertreter"** und muss sich in den Rechtsfall einarbeiten.[13]

---

[1] → RVG VV Teil 4 Einl. Fn. 9.

[2] *Burhoff* RVGreport 2014, 42; RVGreport 2013, 330; StraFo 2013, 397; RVG prof. 2015, 16; Burhoff/Volpert RVG/*Burhoff* VV 4100 Rn. 30 ff.; Schneider/Wolf/*N. Schneider* RVG VV 4100, 4101 Rn. 31 ff.; wegen Rspr. → Rn. 9.

[3] → Rn. 9.

[4] So die Gesetzesbegründung zum RVG in BT-Drs. 15/1971, 281 und zum 2. KostRMoG in BR-Drs. 517/12, 439 = BT-Drs. 17/11471, 281.

[5] Zur Höhe der Gebühr s. a. → Rn. 21 ff.

[6] → RVG VV Vorb. 4 Rn. 3 ff.

[7] AA Hartung/Römermann/Schons/*Hartung* RVG VV 4100, 4101 Rn. 6 mit Hinweis auf OLG Frankfurt a. M. NJW 2005, 377 = StV 2005, 76 = AGS 2005, 69; der Hinweis ist allerdings so unzutreffend, weil die Entscheidung des OLG Frankfurt a. M. eine Übergangsproblematik betrifft; s. wohl auch Hartung/Schons/Enders/*Hartung* RVG VV 4100, 4101 Rn. 10.

[8] Vgl. → § 48 Rn. 194 ff.; s. die Erläuterungen bei Burhoff/Volpert RVG/*Burhoff* § 48 Abs. 6 Rn. 1 ff.; wie hier auch OLG Frankfurt a. M. NJW 2005, 377 = StV 2005, 76 = AGS 2005, 69; Hartung/Schons/Enders/*Hartung* RVG VV 4100, 4101 Rn. 10.

[9] UAbschn. 1 Allgemeine Gebühren → Rn. 3.

[10] OLG Köln RVGreport 2007, 304 = NStZ 2006, 410.

[11] LG Dresden RVGreport 2013, 60; → Rn. 19.

[12] → RVG VV Vorb. 4 Rn. 3 ff.

[13] Zutr. OLG Bamberg NStZ-RR 2011, 223 (Ls.) = StRR 2011, 167 (Ls.); OLG Düsseldorf StRR 2009, 157 mzustAnm *Volpert;* OLG Hamm RVGreport 2006, 230; Jena JurBüro 2011, 478; OLG Karlsruhe StraFo 2008, 349 = NJW 2008, 2935 = JurBüro 2008, 586 = RVGreport 2009, 19 = StRR 2009, 119 mzustAnm *Burhoff;* OLG Köln AGS 2011, 286 = RVGreport 2010, 462 = RVG prof. 2010, 153; OLG München NStZ-RR 2009, 32 = RVG prof. 2009, 32 = StRR 2009, 120 mzustAnm *Burhoff;* AGS 2014, 174 = StRR 2014, 271 = RVGreport 2016, 145 = Rpfleger 2014, 445; OLG Nürnberg RVGreport 2016, 105 = StraFo 2015, 39 = AGS 2015, 29 = StRR 2015, 118; OLG Schleswig SchlHA 2010, 269 Rechtsprechungsübersicht bei *Döllel/Dressen;* LG Koblenz StraFo 2007, 175; LG Magdeburg StraFo 2018, 314 = AGS 2018, 341 = RVGreport 2018, 257 = StRR 5/2018, 24; *Volpert* VRR 2005, 320; Burhoff/Volpert RVG/*Burhoff* VV 4100 Rn. 10; *Burhoff* RVGreport

Es entsteht nicht nur die Terminsgebühr.[14] Das gilt auch für den nach § 140 Abs. 1 Nr. 4 oder 10 StPO bestellten Pflichtverteidiger.[15] Der ist nicht etwa nur Terminsvertreter mit der Folge, dass er seine Tätigkeit ggf. nur als Einzeltätigkeit oder ohne Grundgebühr abrechnet.[16] Das gilt auch, wenn der RA in einem Termin (nur) durch einen anderen Verteidiger abgelöst wird.[17] Soweit in der Rspr.[18] ua darauf verwiesen wird, dass die Grundgebühr auch deshalb nicht entstehe, weil sie bereits für den gegebenenfalls Vertretenen entstanden sei und die Grundgebühr im Verfahren nur einmal entstehen könne, ist dem entgegenzuhalten, dass die Einmaligkeit der Grundgebühr[19] nur personenbezogen ist. Im Verfahren kann die Grundgebühr hingegen häufiger entstehen.[20] Das OLG Hamm[21] stellt in dem Zusammengang darauf ab, ob der Terminsvertreter an einem „vollwertigen" Hauptverhandlungstermin teilnimmt und eine umfassende Tätigkeit als Verteidiger entfaltet, die nach ihrer Bedeutung und dem tatsächlich geleisteten Aufwand einer Terminswahrnehmung durch den ordentlichen Pflichtverteidiger gleichsteht. Ist das der Fall, hat der RA Anspruch auf sämtliche im Einzelfall verwirklichten Gebührentatbestände des VV Teil 4 Abschn. 1 RVG. Das OLG Stuttgart[22] und das OLG Rostock[23] machen die Gewährung der Grundgebühr davon abhängig, ob der „Terminsvertreter" zum Vertreter iSv § 5 RVG oder zum weiteren Verteidiger bestellt worden ist und entscheiden diese Frage nach dem Wortlaut der Bestellungsverfügung und den weiteren Umständen. So spreche zB „die Bestellung von RA X. für den heutigen Sitzungstag" für den Status als weiterer Pflichtverteidiger.[24]

2. Sachlich

a) Einmaliges Entstehen der Grundgebühr (Anm. 1). Anm. 1 regelt, dass die Grundgebühr im Verfahren **nur einmal** entsteht. Das Entstehen ist allerdings unabhängig davon, wann die Einarbeitung erfolgt. Die Grundgebühr kann also auch noch im Berufungs- oder Revisionsverfahren entstehen, wenn der RA erst dann (erstmals) beauftragt wird.[25] 6

Im Verfahren kann die Grundgebühr jedoch häufiger entstehen, und zwar so oft, wie sich unterschiedliche Verteidiger in den Rechtsfall einarbeiten.[26] Die Beschränkung „nur einmal" ist **personen-,** nicht verfahrensbezogen;[27] eine andere Frage ist es, in welchem Umfang die 7

2011, 85 (87); RVGreport 2017, 242; RVGreport 2017, 402 (404); *Kotz* StraFo 2008, 412; s. a. MAH VergütungsR/*Hellwig* § 23 Rn. 63 ff.; Hartung/Schons/Enders/*Hartung* RVG VV 4100, 4101 Rn. 15.

[14] Burhoff/Volpert RVG/*Burhoff* VV 4100 Rn. 10; **aA** (mit unterschiedlichen Begründungen) KG StV 2006, 206 = JurBüro 2005, 536 = AGS 2006, 177; StraFo 2008, 349 = StRR 2008, 358 mablAnm *Burhoff* = AGS 2008, 387 mablAnm *N. Schneider;* KG RVGreport 2011, 260 = StRR 2011, 281 mAnm *Burhoff* = NStZ-RR 2011, 29; OLG Brandenburg RVG prof. 2010, 83; OLG Braunschweig RVGreport 2016, 184 = NdsRpfl. 2015, 263 = AGS 2016, 78; OLG Bremen BeckRS 2011, 03437; OLG Celle StraFo 2006, 471 = Rpfleger 2006, 669 = RVGreport 2007, 71; OLG Celle NStZ-RR 2009, 158 (Ls.) = RVGreport 2009, 226; OLG Celle StraFo 2018, 534 = JurBüro 2018, 580 = RVGreport 2019, 17 für Pflichtverteidiger bei einer richterlichen Vernehmung (§ 141 Abs. 3 S. 4 StPO); OLG Dresden 5.9.2007 – 1 Ws 155/07; OLG Hamm RVGreport 2007, 108; OLG Hamm 31.1.2015 – 5 Ws 367/14; OLG Koblenz JurBüro 2005, 199; 2013, 84 = RVGreport 2013, 17; OLG Köln RVGreport 2007, 306 = AGS 2006, 452 mAnm *N. Schneider;* OLG Oldenburg RVGreport 2015, 23; OLG Saarbrücken RVGreport 2015, 64 = StRR 2015, 117 = RVG prof. 2015, 60; LG Düsseldorf RVG prof. 2008, 53 = StRR 2008, 159; LG Koblenz RVGreport 2020, 427; LG Köln 7.12.2010 – 105 Qs 343/10; LG Saarbrücken 30.6.2014 – 2 KLs 2/13; AG Sinzig 11.7.2002 – 2090 Js 71483/10 jug 3 Ds; *Hartmann*/Toussaint RVG VV 4100 Rn. 2, Hartung/Römermann/Schons/*Hartung* RVG VV 4100, 4101 Rn. 10.

[15] Wegen der Einzelh. Burhoff/Volpert RVG/*Burhoff* VV 4100 Rn. 8 ff. m. w. N.; zu § 141 Abs. 3 S. 4 StPO aF *Burhoff* RVGreport 2017, 402 (404); *Enders* JurBüro 2018 (564 f.).

[16] Zum alten Recht LG Magdeburg RVGreport 2018, 257 = StRR 5/2018, 24 = StraFo 2018, 314 = AGS 2018, 341; unzutreffend a. A. OLG Celle RVGreport 2019, 17 = StraFo 2018, 534 = JurBüro 2018, 580; LG Leipzig RVGreport 2019, 338 = StraFo 2019, 439.

[17] LG Koblenz StraFo 2007, 175; Burhoff/Volpert RVG/*Burhoff* VV 4100 Rn. 10.

[18] Vgl. ua KG AGS 2006, 177.

[19] → Rn. 6.

[20] → Rn. 7.

[21] OLG Hamm RVGreport 2009, 309 = RVG prof. 2009, 157.

[22] OLG Stuttgart AGS 2011, 224 = StraFo 2011, 198 = RVGreport 2011, 141 = StRR 2011, 442.

[23] OLG Rostock RVGreport 2012, 186.

[24] OLG Stuttgart AGS 2011, 224; s. aber OLG Rostock RVGreport 2012, 186.

[25] OLG Frankfurt a. M. NJW 2005, 377 = StV 2005, 76 = RVGreport 2005, 28 für das Berufungsverfahren, Burhoff/Volpert RVG/*Burhoff* VV 4100 Rn. 11; Burhoff/Kotz StrafR-Rechtsmittel-HdB/*Burhoff* Teil D Rn. 228; Schneider/Wolf/*N. Schneider* RVG VV 4100, 4101 Rn. 6; MAH VergütungsR/*Hellwig* § 23 Rn. 77.

[26] LG Kleve AGS 2012, 64 = StRR 2012, 159 = RVGreport 2012, 31 = RVG prof. 2011, 206.

[27] Burhoff/Volpert RVG/*Burhoff* VV 4100 Rn. 17 ff.; *Burhoff* RVGreport 2009, 361 ff.; RVGreport 2014, 42; RENOpraxis 2011, 102; KG StV 2006, 206 = JurBüro 2005, 536 = AGS 2006, 177; aA, jedenfalls aber missverständlich, offenbar KG StraFo 2008, 349 = StRR 2008, 358 mablAnm *Burhoff* = AGS 2008, 387 mablAnm

ggf. mehrfach entstandene Grundgebühr dem Beschuldigten im Fall des Freispruchs erstattet wird.[28] Eine Ausnahme gilt im Fall des § 15 Abs. 5 S. 2 RVG.[29] Liegen dessen Voraussetzungen vor, kann auch der RA, der im Verfahren schon einmal eine Grundgebühr verdient hat, nochmals eine Grundgebühr verdienen.

8 **b) Vorangegangene Einzeltätigkeit.** War der RA zunächst nur mit einer Einzeltätigkeit beauftragt und hat er erst dann den Auftrag als (Voll)Verteidiger erhalten, stellt sich die Frage, ob dann noch eine **Grundgebühr entsteht.** Davon ist auszugehen. Zwar hat der RA sich ggf. im Rahmen der Einzeltätigkeit schon (teilweise) eingearbeitet. Diese Einarbeitung ist aber eine andere Einarbeitung als die Einarbeitung in die nachfolgende (umfassende) Strafsache.[30] Für die Bemessung ist dann der durch das KostRÄG 2021 v. 21.12.2020[31] eingefügte § 14 Abs. 2 RVG zu beachten.[32]

9 **c) Grundgebühr/Verfahrensgebühr.** Das Verhältnis von Grundgebühr und jeweiliger Verfahrensgebühr war umstritten.[33] Nach der Ergänzung der Anm. 1 durch das 2. KostRMoG[34] ist inzwischen aber klargestellt, dass die **immer neben** der jeweiligen **Verfahrensgebühr** die **Grundgebühr** entsteht;[35] der insoweit früher bestehende Streit ist damit erledigt.[36] Es entsteht also mit der ersten Tätigkeit des RA für den Mandanten in jedem (gerichtlichen) Verfahren eine Verfahrensgebühr als Ausgangsgebühr. Durch sie wird bereits die Information als Bestandteil des „Betreibens des Geschäfts" entgolten (vgl. die Formulierung in VV Vorb. 4 Abs. 2 RVG – „einschließlich der Information"). Außerdem entsteht jeweils daneben auch eine Grundgebühr VV 4100 RVG. Diese **honoriert** den **zusätzlichen Aufwand,** der für die **erstmalige Einarbeitung** anfällt. Die Grundgebühr VV 4100 RVG hat also den „Charakter einer Zusatzgebühr, die den Rahmen der Verfahrensgebühr erweitert".[37] Sie ist damit im Grunde eine besondere Verfahrensgebühr, die das Betreiben des Geschäfts durch die besonderen Einarbeitungstätigkeiten des RA honoriert. Das ändert aber nichts daran, dass die Grundgebühr einen eigenen Abgeltungsbereich und auch nach der Ergänzung durch das 2. KostRMoG[38] behalten hat, was durch die Begründung zur Regelung durch das 2. KostRMoG[39] noch deutlicher geworden ist, als es in der Vergangenheit schon war.[40] Das wiederum hat **Auswirkungen** auf die **Bemessung** der Grundgebühr und vor allem der daneben anfallenden jeweiligen Verfahrensgebühr.[41] Denn die Tätigkeiten, die vom Abgeltungsbereich der Grundge-

---

N. Schneider = RVG prof. 2008, 190; OLG Celle RVGreport 2007, 71; OLG Hamm RVGreport 2007, 108, jeweils betr. Terminsvertreter; wie hier OLG Hamm RVGreport 2006, 230 = AGS 2007, 37.

[28] Verneinend LG Kleve RVG prof. 2011, 206 für den nicht notwendigen Anwaltswechsel.

[29] Vgl. die Erläuterungen bei → § 15 Rn. 153 ff.; s. a. Schneider/Wolf/*N. Schneider* RVG VV 4100–4101 Rn. 12, Burhoff/Volpert RVG/*Burhoff* VV 4100 Rn. 19; vgl. aber LG München I RVGreport 2013, 346 = AGS 2013, 406 = StRR 2013, 311 = RVG prof. 2013, 137; zum Begriff der Erledigung iSd § 15 Abs. 5 S. 2 RVG BayVGH NJW 2015, 648 = AGS 2015, 62 = RVGreport 2015, 96 = ZfS 2015, 225 = RVG prof. 2015, 62; OLG Thüringen AGS 2019, 105 = JurBüro 2019, 77 = RVGreport 2019, 94.

[30] Ähnlich *N. Schneider* RENOpraxis 2007, 82, dort auch zur Anrechnung und Burhoff/Volpert RVG/*Burhoff* VV 4100 Rn. 21.

[31] BGBl. I 3229.

[32] → RVG § 14 Rn. 1.

[33] → RVG VV Vorb. 4 Rn. 11 mwN; die Darstellung des Streitstandes bei *N. Schneider/Thiel,* Das neue Gebührenrecht für Rechtsanwälte § 3 Rn. 1128 ff.; Burhoff/Volpert RVG/*Burhoff* VV 4100 Rn. 25 ff.; *Burhoff* RVGreport 2014, 42.

[34] → RVG VV Teil 4 Einl. Rn. 9.

[35] OLG Saarbrücken RVGreport 2015, 64 = StRR 2015, 117 = RVG prof. 2015, 60; LG Amberg RVGreport 2020, 141 = RVG prof. 2020, 65 = JurBüro 2020, 358; LG Chemnitz RVGreport 2015, 265 = StRR 2015, 319 = AGS 2015, 379; LG Duisburg RVGreport 2014, 427 = VRR 2014, 319 = AGS 2014, 330 = ZfS 2014, 468 = StRR 2014, 360; LG Oldenburg RVGreport 2014, 470 = ZfS 2014, 648 = AGS 2014, 552 = StRR 2015, 80; LG Saarbrücken RVGreport 2015, 221 = StRR 2015, 239 = AGS 2015, 389, Aufgabe der Rspr. aus StRR 2015, 119 = RVGreport 2015, 182; aA – ohne nähere Begr. – OLG Nürnberg RVGreport 2016, 105 = StraFo 2015, 39 = AGS 2015, 29 = StRR 2015, 118 = NStZ-RR 2015, 95 (Ls.); LG Saarbrücken AGS 2015, 379; StRR 2015, 119 = RVGreport 2015, 182 = AGS 2015, 388.

[36] → RVG VV Vorb. 4 Rn. 11; s. a. zur Neuregelung *N. Schneider/Thiel* AGS 2012, 105; *Burhoff* RVGreport 2012, 42; StRR 2012, 14 = VRR 2012, 16; RVG prof. 2012, 12; VRR 2013, 287 = StRR 2013, 284; Burhoff/Volpert RVG/*Burhoff* VV 4100 Rn. 25 ff.; Schneider/Wolf/*N. Schneider* RVG VV 4100, 4101 Rn. 31 ff.

[37] BR-Drs. 517/12, 439 = BT-Drs. 17/11471, 281.

[38] → RVG VV Teil 4 Einl. Rn. 7.

[39] BR-Drs. 517/12, 439 = BT-Drs. 17/11471, 281.

[40] Zum Abgeltungsbereich der Grundgebühr → Rn. 10.

[41] So auch *N. Schneider/Thiel* AGS 2012, 105 (108); *N. Schneider/Thiel* Das neue Gebührenrecht für Rechtsanwälte § 3 Rn. 1132 ff.; OLG Düsseldorf RVGreport 2016, 99 = StRR 2015, 359 = JurBüro 2015, 637 = Rpfle-

bühr erfasst werden, können bei der Bemessung der Verfahrensgebühr nicht (noch einmal) herangezogen werden. Das wird in der Praxis aber idR nur dann deutlich werden, wenn das Mandat noch in der Einarbeitungsphase endet. Denn dann wird im Zweifel der zusätzliche Aufwand durch die Einarbeitung, der von der VV 4100 RVG abgegolten wird, überwiegen und dazu führen, dass die Verfahrensgebühr unter Berücksichtigung der Kriterien des § 14 Abs. 1 S. 1 RVG geringer zu bemessen ist als bei einer Mandatsbeendigung in späteren Verfahrensphasen. Als **Faustregel** wird man davon ausgehen können, dass die Verfahrensgebühr umso geringer ist, je früher das Mandat endet.[42]

d) Erfasste Tätigkeiten. Die Grundgebühr hat einen eigenen **Abgeltungsbereich.**[43] Sie honoriert den zusätzlichen Arbeitsaufwand des RA, der einmalig mit/bei/nach der **Übernahme** des **Mandates** für dieerstmalige Einarbeitung entsteht.[44] Das ist einmal das erste, häufig nicht sehr lange Gespräch mit dem Mandanten. Spätere, sich anschließende Gespräche, die zB dem konkreten Aufbau einer Verteidigungsstrategie dienen, werden nicht mehr von der Grundgebühr, sondern von der neben der Grundgebühr entstehenden Verfahrensgebühr abgegolten.[45] Das gilt auch dann, wenn das Gespräch, in dem weitere Informationen erteilt werden, in zeitlicher Nähe zu den die Grundgebühr auslösenden Tätigkeiten geführt wird.[46] Erfasst wird von der Grundgebühr auch die erste Beschaffung der erforderlichen Informationen.[47] Darunter sind alle Tätigkeiten des RA zu verstehen, die notwendig für die ordnungsgemäße Erstbearbeitung des Rechtsfalls sind. Dazu gehört, wenn das Mandat von einem Dritten angetragen wird, ggf. auch die Beschaffung einer Besuchserlaubnis, um den ggf. inhaftierten Mandanten in der JVA besuchen zu können. Hierzu gehört vor allem idR die **erste Akteneinsicht** nach § 147 StPO.[48] Weitere, im Verlauf des Verfahrens und sich anschließender Verfahrensabschnitte durchgeführte Akteneinsichten werden nicht mehr von der Grundgebühr, sondern von den jeweiligen Verfahrensgebühren abgegolten. Darüber hinaus werden sämtliche übrige Tätigkeiten, die in zeitlich nahem Zusammenhang mit der Übernahme des Mandats und einem ersten Informationsgespräch[49] anfallen und der erstmaligen Einarbeitung dienen, 10

ger 2015, 668; vgl. auch LG Hagen 23.4.2018 – 43 Qs 14/18, wonach die Verfahrensgebühr nur in Höhe der Mindestgebühr anfällt, wenn der RA nach Einarbeitung in das Verfahren keine über den Abgeltungsbereich der Grundgebühr hinausgehenden Tätigkeiten erbracht hat.

[42] *N. Schneider/Thiel* AGS 2012, 105 (108); *N. Schneider/Thiel* Das neue Gebührenrecht für Rechtsanwälte § 3 Rn. 1132 ff.; *Burhoff* StraFo 2013, 397; RVGreport 2013, 330; RVGreport 2014, 42; RVG prof. 2015, 16; Burhoff/Volpert RVG/*Burhoff* VV 4100 Rn. 28.

[43] So (zum früheren Recht) KG RVGreport 2009, 186 = StRR 2009, 239 mzustAnm *Burhoff* = RVG prof. 2009, 138; OLG Köln AGS 2007, 451 mablAnm *N. Schneider* = JurBüro 2007, 484 = RVGreport 2007, 425; OLG München AGS 2014, 174 = StRR 2014, 271 = AGS 2014, 174 = StRR 2014, 271 = RVG prof. 2014, 133; LG Aurich AGS 2011, 593 = RVGreport 2011, 464 = RVG prof. 2011, 188 = StRR 2011, 443 = VRR 2011, 440; AG Tiergarten StRR 2009, 237 mablAnm *Burhoff* = AGS 2009, 322; *N. Schneider/Thiel* AGS 2012, 105 (108); iErg auch die Gesetzesbegründung zum RVG in BT-Drs. 15/1971, 222 und zum 2. KostRMoG in BR-Drs. 517/12, 439 = BT-Drs. 17/11471, 281; zum Recht **nach** dem **2. KostRMoG** OLG Düsseldorf RVGreport 2016, 99 = StRR 2015, 359 = JurBüro 2015, 637 = Rpfleger 2015, 668; (inzidenter) OLG Saarbrücken RVGreport 2015, 64 = StRR 2015, 117 mAnm *Burhoff;* LG Amberg RVGreport 2020, 141 = RVG prof. 2020, 65 = JurBüro 2020, 358; LG Chemnitz RVGreport 2015, 265 = StRR 2015, 319 = AGS 2015, 379; LG Duisburg AGS 2014, 330 = ZfS 2014, 468 = RVGreport 2014, 427 = StRR 2014, 360 = VRR 2014, 319 = RVG prof. 2014, 155; LG Oldenburg RVGreport 2014, 470 = ZfS 2014, 648 = AGS 2014, 552 = StRR 2015, 81; LG Wuppertal RVGreport 2020, 221 = JurBüro 2020, 354; *Burhoff* RVGreport 2014, 42; Burhoff/Volpert RVG/*Burhoff* VV 4100 Rn. 29; aA offenbar – allerdings ohne nähere Begr. OLG Nürnberg StraFo 2015, 39 = AGS 2015, 29 = StRR 2015, 118; LG Saarbrücken StRR 2015, 119 = RVGreport 2015, 182.

[44] Vgl. die Gesetzesbegründung zum RVG 2004 in BT-Drs. 15/1971, 222 und zum 2. KostRMoG in BR-Drs. 517/12, 439 = BT-Drs. 17/11471, 281; OLG München AGS 2014, 174 = StRR 2014, 271; LG Aurich AGS 2011, 593 = RVGreport 2011, 464 = StRR 2011, 443 = VRR 2011, 440.

[45] OLG München RVGreport 2016, 145 = AGS 2014, 174 = StRR 2014, 271 = Rpfleger 2014, 445; LG Braunschweig StraFo 2010, 513 = RVGreport 2010, 422 = StRR 2011, 39 = VRR 2010, 359, die davon ausgehen, dass die ausführliche Erörterung der Sach- und Rechtslage mit dem Mandanten nicht mehr von der Grundgebühr, sondern von der Verfahrensgebühr erfasst wird; LG Düsseldorf 6.10.2006 – XII Qs 40/06; 26.10.2006 – XX-31/05; AG Neuss AGS 2008, 598.

[46] OLG München AGS 2014, 174.

[47] BT-Drs. 15/1971, 281; zum Abgeltungsbereich der Grundgebühr *Burhoff* RVGreport 2009, 361; RVGreport 2014, 42.

[48] OLG Düsseldorf RVGreport 2016, 99 = StRR 2015, 359 = JurBüro 2015, 637 = Rpfleger 2015, 668; OLG Hamm StraFo 2005, 130 = Rpfleger 2005, 214 = JurBüro 2005, 196 = AGS 2005, 117 = RVGreport 2005, 68; OLG Jena AGS 2005, 341 = StV 2006, 202 = StraFo 2006, 172; OLG München RVGreport 2016, 145 = AGS 2014, 174 = StRR 2014, 271 = Rpfleger 2014, 445; LG Dessau-Roßlau JurBüro 2009, 427, für OWi-Verfahren.

[49] OLG München AGS 2014, 174 = StRR 2014, 271 = RVG prof. 2014, 133.

von der Grundgebühr erfasst.[50] Der Abgeltungsbereich der Grundgebühr ist aber nicht auf „erste Tätigkeiten" gegenüber dem Mandanten begrenzt.[51] Auch ein im Zusammenhang mit der Übernahme des Mandats getätigter Anruf bei der Staatsanwaltschaft, zB um sich nach dem Stand des Verfahrens zu erkundigen, gehört noch zu ihrem Abgeltungsbereich.[52] Die Grundgebühr erfasst aber nicht die Fahrtkosten, die durch die Fahrt zur JVA zur Anbahnung des Mandats entstehen.[53]

11 Alle anderen bzw. **weiteren** Tätigkeiten, die nicht zusätzlicher Aufwand der erstmaligen Einarbeitung sind, werden mit der jeweiligen, ebenfalls anfallenden **Verfahrensgebühr** abgegolten.[54] Dazu gehört neben (weiteren) (Informations)Gesprächen[55] dann zB auch ein Antrag, dem Beschuldigten als Pflichtverteidiger beigeordnet zu werden. Das ist nicht mehr nur erstmalige Einarbeitung in den Rechtsfall,[56] sondern dieser Antrag baut auf einer durchgeführten Einarbeitung auf.[57] Entsprechendes gilt für die Tätigkeit im Haftprüfungsverfahren zur Vorbereitung der Vertretung in einem Haftprüfungstermin.[58] Auch das „eingehende Studium" der Verfahrensakten wird nicht mehr von der Grundgebühr erfasst.[59]

12 **e) Entstehen der Gebühr.** Die Grundgebühr entsteht **gleichzeitig mit** der jeweiligen **Verfahrensgebühr** – „neben" – mit der ersten Tätigkeit, die der RA für den Mandanten erbringt.[60] Auf die Bedeutung und den Umfang dieser Tätigkeit kommt es nicht an.[61] Beim Pflichtverteidiger oder sonst beigeordneten RA ist für das Entstehen der Gebühr nicht der Eingang des Bestellungsbeschlusses erforderlich.[62]

13 **f) Rechtsfall.** Nach VV 4100 RVG entsteht die Gebühr für die erstmalige Einarbeitung in den Rechtsfall. Mit dem **Begriff** „Rechtsfall" ist neben dem Begriff der Angelegenheit in § 15 RVG und dem der Tat oder Handlung in VV 4100 Anm. 1 RVG kein neuer Begriff geschaffen worden.[63] Entscheidend für die Eingrenzung des Begriffs ist der strafrechtliche Vorwurf, der dem Beschuldigten gemacht und wie er von den Strafverfolgungsbehörden behandelt wird. Deshalb kann ein Rechtsfall verschiedene (Tat)Vorwürfe zum Gegenstand haben. Als **Anhaltspunkt** gilt, jedes von den Strafverfolgungsbehörden betriebene Ermittlungsverfahren ist ein Rechtsfall, solange die Verfahren nicht miteinander verbunden sind.[64] Das gilt auch dann, wenn mehrere Taten zufällig am gleichen Tage begangen worden sind, wenn wegen die-

---

[50] Unzutreffend aA AG Koblenz NStZ-RR 2006, 266, nur Tätigkeiten, die zum „Kernbereich der Verteidigung gehören", nicht vorbereitende Tätigkeiten; ähnlich AG Andernach AGS 2012, 234.

[51] So aber Schneider/Wolf/*N. Schneider* RVG VV 4100, 4101 Rn. 1.

[52] Burhoff/Volpert RVG/*Burhoff* VV 4100 Rn. 32.

[53] Unzutreffend aA OLG München StraFo 2012, 37 mablAnm *Burhoff* = RVGreport 2012, 62.

[54] LG Aurich AGS 2011, 593 = RVGreport 2011, 464 = RVG prof. 2011, 188 = StRR 2011, 443 = VRR 2011, 440; LG Düsseldorf 26.7.2006 – XX 31/05, zum Abgeltungsbereich der Grundgebühr und der Verfahrensgebühr bei hinzuverbundenen Verfahren OLG Köln NStZ-RR 2007, 287 = AGS 2007, 451 mablAnm *N. Schneider* = JurBüro 2007, 484 = RVGreport 2007, 425.

[55] OLG München AGS 2014, 174 = StRR 2014, 271 = RVG prof. 2014, 133.

[56] So auch Burhoff/Volpert RVG/*Burhoff* VV Vorb. 4 Rn. 40; *Burhoff* RVGreport 2007, 425 (426); aA, allerdings ohne nähere Begr., OLG Köln NStZ-RR 2007, 287 = AGS 2007, 451 mablAnm *N. Schneider* = JurBüro 2007, 484 = RVGreport 2007, 425.

[57] *Burhoff* StRR 2009, 238 in der Anm. zu AG Tiergarten StRR 2009, 237 = AGS 2009, 322.

[58] LG Hamburg JurBüro 2010, 302; AG Tiergarten StraFo 2012, 117; so inzidenter auch KG AGS 2009, 271 = RVGreport 2009, 186 = StRR 2009, 239 = RVG prof. 2009, 138.

[59] LG Neuruppin BeckRS 2012, 16722.

[60] OLG Saarbrücken RVGreport 2015, 64 = StRR 2015, 117 mAnm *Burhoff;* LG Chemnitz RVGreport 2015, 265; LG Duisburg AGS 2014, 330 = ZfS 2014, 468 = StRR 2014, 360 = VRR 2014, 319 = RVG prof. 2014, 155; LG Oldenburg RVGreport 2014, 470 = ZfS 2014, 648 = AGS 2014, 552 = StRR 2015, 81; Schneider/Wolf/*N. Schneider* RVG VV 4100, 4101 Rn. 18; Burhoff/Volpert RVG/*Burhoff* VV 4100 Rn. 24; aA offenbar Hartung/Römermann/Schons/*Hartung* RVG VV 4100, 4101 Rn. 9, mit Abschluss des Mandatsvertrages; Hartung/Schons/Enders/*Hartung* RVG VV 4100, 4101 Rn. 14, idR mit Abschluss des Mandatsvertrages.

[61] Burhoff/Volpert RVG/*Burhoff* VV 4100 Rn. 24, 35 f.; unzutreffend aA AG Koblenz NStZ-RR 2006, 288, keine Grundgebühr, wenn nur ein Akteneinsichtsantrag gestellt worden ist.

[62] AA Hartung/Römermann/Schons/*Hartung* RVG VV 4100, 4101 Rn. 9.

[63] Burhoff/Volpert RVG/*Burhoff* VV 4100 Rn. 37.

[64] Zu allem Burhoff/Volpert RVG/*Burhoff* VV 4100 Rn. 37 ff.; *Burhoff* RVGreport 2009, 361; RENOpraxis 2011, 102; RVGreport 2014, 42; KG StRR 2011, 359 = RVGreport 2012, 456 für den vergleichbaren Fall mehrerer Rehabilitierungsverfahren nach dem StrRehaG; LG Braunschweig StraFo 2010, 513 = RVGreport 2010, 422 = StRR 2011, 39 = VRR 2010, 359; AG Braunschweig RVGreport 2010, 69 = StRR 2010, 200 = VRR 2010, 39 = RVG prof. 2010, 59; AG Tiergarten AGS 2010, 132 = RVGreport 2010, 18 = VRR 2010, 120 = StRR 2010, 120.

ser Taten unterschiedliche Verfahren geführt werden.[65] Auf die Eigenständigkeit der Verfahren bzw. der Annahme mehrerer Rechtsfälle iSd VV 4100 RVG hat es auch keinen Einfluss, wenn die Verfahren in einem Aktenband geführt werden.[66] Gebührenrechtlich soll es sich nach Auffassung des KG auch um einen Rechtsfall/eine Angelegenheit handeln, wenn bei mehreren Tatvorwürfen die Ermittlungen in einem (polizeilichen) Verfahren betrieben werden, wie zB einem polizeilichen Sammelvorgang mit den als Untervorgängen bezeichneten Strafanzeigen.[67] Um einen anderen Rechtsfall handelt es sich auch, wenn der RA als Zeugenbeistand für einen Mandanten tätig wird, für den er zuvor bereits als Verteidiger tätig gewesen ist: Es entsteht dann in der Angelegenheit „Zeugenbeistand" neben der Verfahrensgebühr (noch einmal) eine Grundgebühr.[68] Nach Auffassung des OLG Köln[69] handelt sich um denselben Rechtsfall, wenn die bereits erhobene **Anklage zurückgenommen** und dann bei einem anderen Gericht (neu) erhoben wird. ME ist die Lösung dieser verfahrensrechtlichen Konstellation nicht über den Begriff des „Rechtsfalls" iSd VV 4100 RVG zu suchen, sondern über § 15 RVG. Es handelt sich in den Fällen bei der bei dem anderen Gericht erhobenen Anklage um dieselbe Angelegenheit iSd §§ 15 ff. RVG, sodass § 15 Abs. 2 RVG eingreift und der RA, der bereits eine Grundgebühr verdient hat, nicht erneut diese Gebühr verdient.[70] Bei der Erhebung einer Nachtragsanklage und deren Einbeziehung in ein laufendes Verfahren handelt es sich allerdings um einen selbständigen Rechtsfall im Sinne der Anm. 1 zu VV Nr. 4100 RVG.[71]

Beispiel 1: 14

Dem Beschuldigten wird vorgeworfen, einen Pkw entwendet und mit diesem anschließend alkoholisiert gefahren zu sein. Wegen beider Vorwürfe wird gegen den Beschuldigten ein Ermittlungsverfahren betrieben.[72]
Es handelt sich um einen Rechtsfall, so dass nur einmal die Grundgebühr nach VV 4100 RVG entsteht.

Beispiel 2: 15

Dem Beschuldigten wird vorgeworfen, einen Pkw entwendet zu haben. Mit diesem soll er alkoholisiert gefahren sein, was jedoch erst später bekannt wird. Wegen beider Vorwürfe sind gegen den Beschuldigten dann (zunächst) zwei Ermittlungsverfahren anhängig.[73]
Es handelt sich um zwei Rechtsfälle, so dass auch in jedem Verfahren eine Grundgebühr nach VV 4100 RVG entsteht, wenn der Beschuldigte einen RA mit der Verteidigung beauftragt. Ob diese Verfahren ggf. später verbunden werden, hat auf das Entstehen der Grundgebühr keinen Einfluss.

Beispiel 3: 16

Zunächst wie im vorherigen Beispiel. Die Polizei gibt ihre Ermittlungen an die Staatsanwaltschaft ab, die sie zu einem Verfahren verbindet. Erst danach beauftragt der Beschuldigte einen RA.[74]
Hier handelt es sich in dem Zeitpunkt, in welchem der Beschuldigte den RA beauftragt wird, nur (noch) um einen Rechtsfall. Folglich entsteht nur eine Grundgebühr.

III. Grundgebühr bei Verbindung/Trennung/(Zurück)Verweisung/Wiederaufnahme

Werden mehrere Verfahren miteinander **verbunden,** ist jedes Verfahren bis zur Verbindung 17
eine eigene Angelegenheit iSd § 15 RVG.[75] Folglich erhält der RA bis zur Verbindung für jedes Verfahren gesonderte Gebühren. Die spätere Verbindung hat darauf keinen Einfluss. Nach der

[65] LG Hamburg AGS 2008, 545; ähnlich AG Tiergarten AGS 2010, 132 = RVGreport 2010, 18 = VRR 2010, 120 = StRR 2010, 120.
[66] KG StRR 2011, 359 = RVGreport 2012, 456.
[67] KG JurBüro 2013, 362 = StraFo 2012, 305 = AGS 2013, 407.
[68] OLG Koblenz RVGreport 2006, 430 = JurBüro 2005, 589 = AGS 2005, 504 = StraFo 2005, 526 = AnwBl 2006, 148; LG München I 19.2.2007 – 12 KLs 247 Js 228539/05.
[69] OLG Köln AGS 2010, 175 = JurBüro 2010, 362.
[70] Ähnlich LG Bad Kreuznach AGS 2011, 435 = RVGreport 2011, 226 = StRR 2011, 282 für Teileinstellung und Teileröffnung beim AG.
[71] OLG Brandenburg StraFo 2018, 87 = RVGreport 2018, 174 = AGS 2018, 118 = RVG prof. 2018, 78 = StRR Sonderausgabe 6/2018, 17.
[72] Nach Burhoff/Volpert RVG/*Burhoff* VV 4100 Rn. 38.
[73] Nach Burhoff/Volpert RVG/*Burhoff* VV 4100 Rn. 39.
[74] Nach Burhoff/Volpert RVG/*Burhoff* VV 4100 Rn. 40.
[75] → RVG VV Teil 4 Einl. Rn. 23, 33; *Burhoff* RVGreport 2008, 405; RVG prof. 2012, 189; Burhoff/Volpert RVG/*Burhoff* Teil A Rn. 2313; KG StRR 2011, 359 = RVGreport 2012, 456 für den vergleichbaren Fall mehrerer Rehabilitierungsverfahren nach dem StrRehaG; OLG Köln NStZ-RR 2007, 288 (Ls.) = AGS 2007, 451 = JurBüro 2007, 484 = RVGreport 2007, 425; LG Braunschweig StraFo 2010, 513 = RVGreport 2010, 422 = StRR 2011, 39 = VRR 2010, 359; AG Braunschweig RVGreport 2010, 69 = StRR 2010, 200 = VRR 2010, 39 = RVG prof. 2010, 59; AG Tiergarten AGS 2010, 132 = RVGreport 2010, 18 = VRR 2010, 120 = StRR 2010, 120.

Verbindung erhält er aber nicht noch eine weitere Grundgebühr. Denn im verbundenen Verfahren erfolgt keine erstmalige Einarbeitung in den Rechtsfall mehr. Der Rechtsfall, der dem verbundenen Verfahren zu Grunde liegt, setzt sich aus den Rechtsfällen der Ursprungsverfahren zusammen. In diese hat der RA sich aber bereits eingearbeitet, wofür er jeweils eine Grundgebühr nach VV 4100 RVG erhalten hat.[76]

18 Wird ein Verfahren in mehrere selbständige Verfahren **getrennt,** so liegen ab Trennung verschiedene Angelegenheiten iSd § 15 RVG vor.[77] Grundsätzlich erhält der RA in jedem der abgetrennten Verfahren selbständige Gebühren, allerdings gilt das nicht (mehr) für die Grundgebühr. Denn es erfolgt nicht noch einmal eine erste Einarbeitung. Eingearbeitet in den Rechtsfall hat der RA sich bereits im Ursprungsverfahren.[78]

19 Wird eine Sache von dem Rechtsmittelgericht an ein untergeordnetes Gericht **zurückverwiesen,** ist das weitere Verfahren vor diesem Gericht nach § 21 Abs. 1 RVG ein neuer Rechtszug. Folglich entstehen alle Gebühren erneut.[79] Für die Grundgebühr gilt das aber nicht uneingeschränkt.[80] Sie entsteht nur für den RA, der den Angeklagten nicht schon im Ausgangsverfahren vertreten/verteidigt hat, nur er muss sich in die Sache einarbeiten.[81]

20 Wird das **Verfahren wieder aufgenommen,** ist das wieder aufgenommene Verfahren eine eigene Angelegenheit (§ 17 Nr. 13 RVG). In diesem erhält der RA, der den Verurteilten im vorangegangenen Verfahren verteidigt hat, aber ebenfalls **keine Grundgebühr,** da er sich nicht (noch einmal) in den Rechtsfall einarbeiten muss.[82] Etwas anderes gilt, wenn ein Fall des § 15 Abs. 5 S. 2 RVG vorliegt.[83] Beauftragt der Verurteilte im wieder aufgenommenen Verfahren einen anderen Verteidiger, erhält dieser allerdings auf jeden Fall die Grundgebühr. Der RA, der im wieder aufgenommenen Verfahren bislang nicht tätig war, muss sich in die Sache einarbeiten und kann dafür die Grundgebühr geltend machen.[84]

IV. Höhe der Gebühr

1. Allgemeines

21 Der Wahlanwalt erhält eine **Betragsrahmengebühr,** die unabhängig ist von der Ordnung des Gerichtes. Für die Bemessung der Grundgebühr gilt § 14 Abs. 1 S. 1 RVG. Die Grundgebühr nach VV 4100 RVG beträgt 44,– EUR bis 396,– EUR, die Mittelgebühr 220,– EUR. Für den Pflichtverteidiger beträgt sie 176,– EUR. Reicht der Betragsrahmen nicht aus und handelt es sich um eine besonders schwieriges bzw. „besonders umfangreiches" Verfahren kann die Bewilligung/Feststellung einer Pauschgebühr nach den §§ 42, 51 RVG in Betracht kommen.[85]

2. Bemessungskriterien

22 Für die Bemessung der Grundgebühr gelten grds. die **allgemeinen Kriterien** des § 14 Abs. 1 S. 1 RVG.[86] Von Bedeutung sind insbes. der Umfang der Akten, in die zur erstmaligen

[76] Burhoff/Volpert RVG/*Burhoff* VV 4100 Rn. 42 f.

[77] OLG Stuttgart AGS 2010, 292 = RVG prof. 2010, 119; *Burhoff* RVGreport 2008, 444 mwN; *Burhoff* RVG prof. 2012, 189; zur Trennung von Verfahren auch Burhoff/Volpert RVG/*Burhoff* Teil A Rn. 2114 ff.

[78] Burhoff/Volpert RVG/*Burhoff* VV 4100 Rn. 44.

[79] Vgl. die Erläuterungen bei → § 21 Rn. 12; RVGreport 2009, 8; RVG prof. 2013, 50; Burhoff/Volpert RVG/*Burhoff* VV 4100 Rn. 48 f., Teil A Rn. 2704.

[80] KG AGS 2005, 449 mAnm *Madert* = RVGreport 2005, 343; 8.5.2008 – 1 Ws 134/08; insoweit zutr. OLG Frankfurt a. M. StRR 2014, 277 = RVGreport 2015, 23 = AGS 2015, 451.

[81] Burhoff/Volpert RVG/*Burhoff* VV 4100 Rn. 48 f.; Burhoff/Kotz StrafR-Rechtsmittel-HdB/*Burhoff* Teil D Rn. 601 ff.; zur Problematik in Übergangsfällen Burhoff/Volpert RVG/*Burhoff* VV 4100 Rn. 50 f.

[82] LG Dresden RVGreport 2013, 60.

[83] Burhoff/Volpert RVG/*Burhoff* VV Vorb. 4.1.4 Rn. 3; Schneider/Wolf/*N. Schneider* RVG VV 4136–4140 Rn. 62.

[84] Wie hier Hartung/Schons/Enders/*Hartung* RVG VV 4100, 4101 Rn. 13; MAH VergütungsR/*Hellwig* § 23 Rn. 138.

[85] Burhoff/Volpert RVG/*Burhoff* VV 4100 Rn. 57; zur Pauschgebühr nach § 51 RVG einerseits OLG Düsseldorf RVGreport 2016, 99 = StRR 2015, 359 = JurBüro 2015, 637 = Rpfleger 2015, 668, nicht mehr als das Studium von 500 Blatt Akten zumutbar; andererseits gegen eine „mathematische Berechnung" OLG Stuttgart RVGreport 2017, 56 und auch OLG Düsseldorf RVGreport 2018, 213, wo das OLG seine „500-Blatt-Rechtsprechung" wieder aufgegeben hat.

[86] Vgl. die Erläuterungen zu § 14 RVG → Rn. 15 ff.; s. a. Burhoff/Volpert RVG/*Burhoff* VV 4100 Rn. 55 ff.; *Lissner* RVGreport 2013, 166 (167); wegen Rechtsprechungsnachweisen s. iÜ die Hinweise in den jährlichen Rechtsprechungsübersichten im RVGreport (Fundstellennachweise) → RVG VV Teil 4 Einl. Vor Rn. 1.

Einarbeitung Einsicht genommen wird[87] und die Dauer des Erstgesprächs.[88] Für die Pauschgebühr ist das OLG Düsseldorf[89] davon ausgegangen, dass vom Pflichtverteidiger angesichts der nur geringen Höhe der Grundgebühr nicht mehr als das Studium von 500 Blatt Akten erwartet werden kann; diese Rspr., die man für die Bemessung der Wahlanwaltsgebühren heranziehen kann, hat das OLG für die Pauschgebühr allerdings inzwischen wieder aufgegeben.[90] Zu beachten ist, dass zur Bemessung nur die dem Abgeltungsbereich der Grundgebühr unterfallenden Tätigkeiten herangezogen werden. Alle anderen Tätigkeiten sind bei der Bemessung der daneben entstehenden Verfahrensgebühr zu berücksichtigen.[91] Allein eine drohende nicht aussetzungsfähige Freiheitsstrafe rechtfertigt nicht das Überschreiten der Mittelgebühr um 30%.[92]

Die (spätere) **Ordnung** des **Gerichts** hat keine Bedeutung[93] bzw. erlangt nur Bedeutung 23
über das Kriterium „Schwierigkeit der anwaltlichen Tätigkeit" oder „Bedeutung der Angelegenheit".[94] Allerdings wird zu beachten sein, in welchem **Verfahrensstadium** der Verteidiger eingeschaltet wird. Wird er erst in zweiter oder dritter Instanz oder nach Zurückverweisung oder im Wiederaufnahmeverfahren beauftragt, kann die Höchstgebühr gerechtfertigt sein. Denn seine Einarbeitung wird dann umfangreich(er) sein. Er muss den gesamten Prozessstoff auflisten, die Akten lesen und die rechtlichen Fragen bewerten. Umgekehrt gilt: Wird der RA als Verteidiger unmittelbar nach Beginn des Ermittlungsverfahrens eingeschaltet, wird idR nur die Mittelgebühr angemessen sein.[95]

V. Grundgebühr mit Zuschlag (VV 4101 RVG)

Die Grundgebühr entsteht mit Zuschlag, wenn der **Mandant** sich während des Zeitraums, 24
für den die Grundgebühr entsteht, **nicht** auf **freiem Fuß** befindet. Insoweit kann auf die Erläuterungen bei → RVG VV Vorb. 4 Rn. 44ff. verwiesen werden.

Insbesondere bei der Grundgebühr ist darauf zu achten, dass diese auch dann mit Zuschlag 25
entsteht, wenn der Mandant zunächst „nur" **vorläufig festgenommen** worden ist.[96] Für die Entstehung des Zuschlags kommt es iÜ nicht darauf an, ob der Mandant ggf. schon bei der Auftragserteilung inhaftiert war. Ausreichend ist es, wenn er irgendwann während des Ab-

[87] OLG Düsseldorf RVGreport 2011, 57 = StRR 2011, 119, Anhebung der Grundgebühr auf 250,– EUR bei einem Aktenumfang von ca. 400–500 Seiten, zahlreichen Straftaten und mehreren Beschuldigten; OLG Stuttgart RVGreport 2014, 66 = RVG prof. 2014, 24, Erhöhung die Grundgebühr um die Hälfte der Differenz zwischen Mittelgebühr und Höchstgebühr in einem Schwurgerichtsverfahren mit rund 600 Blatt Akten und schwieriger Sachlage wegen Aussage-gegen-Aussage-Konstellation; LG Hagen RVGreport 2016, 451, 25 Seiten Akten zum Zeitpunkt der Akteneinsicht in einem Strafrichterverfahren „äußerst überschaubarer Umfang", der deutlich als unterdurchschnittlich zu bewerten ist; LG Hechingen RVGreport 2019, 376 (ca. 35 Blatt Aktenumfang unterdurchschnittlich); LG Heilbronn RVGreport 2017, 174, 33 Seiten; LG Koblenz RVGreport 2014, 264 = RVG prof. 2014, 99 = StRR 2014, 261 = VRR 2014, 275 = JurBüro 2014, 302, Aktenumfang von 167 Blatt bis zum Beginn der Hauptverhandlung in einem amtsgerichtlichen Körperverletzungsverfahren jedenfalls durchschnittlich an; LG Meinigen JurBüro 2011, 642, Grundgebühr von 100,– EUR für einfaches Privatklageverfahren (Vorwurf der Sachbeschädigung) und Akten von nur 30 Blatt; AG Nürnberg 12.10.2012 – 56 Cs 705 Js 69713/11 (Vorwurf des unerlaubten Entfernens vom Unfallort gem. § 142 StGB ist eine durchschnittliche Straftat, was unter Berücksichtigung eines konkreten Aktenumfangs und -inhalts von 31 Seiten bei Akteneinsicht den Ansatz der Mittelgebühr rechtfertigt).

[88] OLG Hamm RVG prof. 2009, 112, das aufgrund einer zweistündigen Vorbereitung auf das Erstgespräch und dem dann dreieinhalb Stunden dauernden Erstgespräch eine Grundgebühr von 300,– EUR als angemessen angesehen hat; ähnlich LG Dresden 9.8.2006 – 4 Qs 20/06.

[89] OLG Düsseldorf RVGreport 2016, 99 = StRR 2015, 359 = JurBüro 2015, 637 = Rpfleger 2015, 668.

[90] OLG Düsseldorf RVGreport 2018, 213.

[91] OLG Düsseldorf RVGreport 2016, 99 = StRR 2015, 359 = JurBüro 2015, 637 = Rpfleger 2015, 668; zum Verhältnis Grundgebühr/Verfahrensgebühr → Rn. 9.

[92] LG Saarbrücken RVGreport 2016, 254 = AGS 2016, 171.

[93] Burhoff/Volpert RVG/*Burhoff* VV 4100 Rn. 58; KG StV 2006, 198 = AGS 2006, 278 = RVGreport 2007, 180 = StV 2007, 476 (Ls.); OLG Stuttgart RVGreport 2014, 66 = RVG prof. 2014, 24; LG Karlsruhe 2.11.2005 – 2 Qs 26/05; s. a. AG Pirna StRR 2009, 323 (Ls.) = VRR 2009, 323 (Ls.), wonach bei der Bemessung der Grundgebühr Strafverfahren vor dem AG nicht grds. dem unteren Gebührenrahmen zuzuordnen sind.

[94] OLG Saarbrücken RVGreport 2014, 103; LG Hamburg BeckRS 2012, 08814; LG Karlsruhe 2.11.2005 – 2 Qs 26/05; LG Heilbronn RVGreport 2017, 174.

[95] Ähnlich Schneider/Wolf/*N. Schneider* RVG VV 4100, 4101 Rn. 24; OLG Hamm AGS 2013, 254 = (teilweise) StRR 2012, 438 = RVGreport 2013, 71.

[96] KG StraFo 2007, 482; AGS 2008, 32; AG Tiergarten AGS 2010, 73.

geltungsbereichs der Grundgebühr – Stichwort: Einarbeitung, nicht auf freiem Fuß ist.[97] Es gibt keinen Grund das Entstehen des Zuschlags bei der Grundgebühr anders als bei anderen Gebühren zu behandeln. **Unerheblich** ist es auch, **wie lange** der Mandant nicht auf freiem Fuß ist. Auch eine nur kurz andauernde vorläufige Festnahme lässt den Zuschlag entstehen.[98]

26 Die Gebühr VV 4101 RVG **beträgt** 44,– EUR bis 495,– EUR, die Mittelgebühr beträgt 269,50 EUR. Für den Pflichtverteidiger beträgt die Grundgebühr mit Zuschlag 216,– EUR.

VI. Anrechnung (Anm. 2)

27 Ist wegen derselben Tat oder Handlung, die Gegenstand der erstmaligen Einarbeitung im Strafverfahren gewesen ist, schon ein **Bußgeldverfahren** geführt worden und ist insoweit eine Grundgebühr nach **VV 5100 RVG** entstanden, wird diese nach Anm. 2 auf die nach VV 4100 RVG entstehende Grundgebühr für das Strafverfahren angerechnet. Für den Begriff „derselben Tat oder Handlung" gilt der prozessuale Tatbegriff des § 264 StPO.[99] Entscheidend ist also, dass das OWi-Verfahren wegen desselben einheitlichen geschichtlichen Vorgangs geführt worden ist.

28 In diesen Fällen ist dann bei der Bemessung der Grundgebühr VV 4100 RVG der durch das KostRÄG 2021 v. 21.12.2020[100] einfügte § 14 Abs. 2 RVG zu berücksichtigen.[101]

29 Haben das Bußgeldverfahren und das Strafverfahren **unterschiedliche Taten** oder Handlungen zum Gegenstand, entstehen die Grundgebühren VV 4100 RVG und VV 5100 RVG gesondert. Eine Anrechnung findet nicht statt. Es ist unerheblich, in welcher Reihenfolge Straf- und Bußgeldverfahren betrieben werden.[102]

Nr.	Gebührentatbestand	Gebühr oder Satz der Gebühr nach § 13 oder § 49 RVG	
		Wahlanwalt	gerichtlich bestellter oder beigeordneter Rechtsanwalt
4102	Terminsgebühr für die Teilnahme an 1. richterlichen Vernehmungen und Augenscheinseinnahmen, 2. Vernehmungen durch die Staatsanwaltschaft oder eine andere Strafverfolgungsbehörde, 3. Terminen außerhalb der Hauptverhandlung, in denen über die Anordnung oder Fortdauer der Untersuchungshaft oder der einstweiligen Unterbringung verhandelt wird, 4. Verhandlungen im Rahmen des Täter-Opfer-Ausgleichs sowie 5. Sühneterminen nach § 380 StPO Mehrere Termine an einem Tag gelten als ein Termin. Die Gebühr entsteht im vorbereitenden Verfahren und in jedem Rechtszug für die Teilnahme an jeweils bis zu drei Terminen einmal	44,00 bis 330,00 €	150,00 €
4103	Gebühr 4102 mit Zuschlag	44,00 bis 413,00 €	183,00 €

Schrifttum: *Burhoff,* Die neue Terminsgebühr im Strafverfahren, RVGreport 2004, 177; *Burhoff,* Die (Vernehmungs)Terminsgebühr VV 4102 RVG, RVGreport 2004, 245; *Burhoff,* Abrechnungsbeispiele zum RVG Grundgebühr und Vorbereitendes Verfahren, RVGreport 2004, 292; *Burhoff,* Die (Vernehmungs)Terminsgebühr VV 4102, 4103 RVG, RVGreport 2010, 282; *Burhoff,* Anwaltsgebühren bei der Verständigung im Straf- und Bußgeldverfah-

[97] KG RVG prof. 2007, 41; OLG Karlsruhe AGS 2017, 504 = RVGreport 2017, 386 = JurBüro 2017, 523; offen gelassen, aber ähnlich, LG Köln 28.2.2014 – 117 AR 8/13; aA AG Nürnberg RVGreport 2020, 4605 = AGS 2020, 506, auch ausreichend, wenn später inhaftiert; Burhoff/Volpert RVG/*Burhoff* VV 4101 Rn. 2 f. mit Bsp.

[98] Ähnlich AG Heilbronn AGS 2006, 516.

[99] Meyer-Goßner/Schmitt/*Schmitt* StPO § 264 Rn. 1 ff. mwN; Burhoff/Volpert RVG/*Burhoff* VV 4100 Rn. 59; Schneider/Wolf/*N. Schneider* RVG VV 4100–4101 Rn. 26 ff.

[100] BGBl. I 3229.

[101] → RVG § 14 Rn. 1; *Burhoff* RVGreport 2020, 402 f.; StraFo 2021, 8 (9); AGS 2021, 49; *Volpert* RVGreport 2020, 445 (448).

[102] Schneider/Wolf/*N. Schneider* RVG VV 4100–4101 Rn. 28 f.; Burhoff/Volpert RVG/*Burhoff* VV 4100 Rn. 60.

ren, RVGreport 2010, 401; Fragen aus der Praxis zu Gebührenproblemen in Straf- und Bußgeldverfahren aus dem Jahr 2013, RVGreport 2014, 2; *Burhoff,* News zur (Vernehmungs)Terminsgebühr VV 4102, 4103 RVG, StRR 2015, 213; *Burhoff,* Kostenrechtliche Auswirkungen der Änderungen in der StPO 2017, RVGreport 2017, 402; Enders, Die Änderungen in der StPO 2017 und deren Auswirkungen auf die Vergütung des Verteidigers, JurBüro 2018, 564; *Fromm,* Vergütung des Strafverteidigers für Bemühungen zur Schadenswiedergutmachung, NJW 2013, 1720; *Gerhold,* Über die Vergütung des Rechtsanwalts für die Teilnahme an Verhandlungen im Rahmen des Täter-Opfer-Ausgleichs nach VV 4102 Nr. 4 RVG und die unausweichliche Konsequenz ihrer zu restriktiven Auslegung, JurBüro 2010, 172; *Madert,* Terminsgebühr VV 4102 Nr. 2 RVG für Vernehmungen durch die Staatsanwaltschaft oder eine andere Strafverfolgungsbehörde, AGS 2005, 277; *N. Schneider,* Schließt die Terminsgebühr für die Teilnahme an der Hauptverhandlung eine weitere Terminsgebühr nach VV 4102 RVG für denselben Tag aus?, AGS 2007, 165; *Thiel,* Überblick zur Terminsgebühr in Strafsachen mit Rechtsprechungshinweisen, ZAP F. 24, S. 1579; vgl. auch die Hinweise bei → RVG VV Teil 4 Einl. Vor Rn. 1; → RVG VV Vorb. 4 Vor Rn. 1; → RVG VV Vorb. 4.1 Vor Rn. 1.

Übersicht

I. Allgemeines

Die (Vernehmungs-)Terminsgebühr VV 4102 RVG entsteht für die Teilnahme an den in den Nr. 1–5 genannten Terminen. Diese Gebührentatbestände erfassen im Wesentlichen im Ermittlungsverfahren stattfindende Termine, wie zB die Vernehmung des Beschuldigten oder von Zeugen. Durch die Einstellung in den UAbschn. 1 (Allgemeine Gebühren) ist aber klargestellt, dass die Terminsgebühr **nicht nur** für das **vorbereitende Verfahren,** sondern auch für alle (nachfolgenden gerichtlichen) Verfahrensabschnitte gilt, also zB auch für die Teilnahme an entsprechenden Terminen nach Beginn der Hauptverhandlung oder im Rechtsmittelverfahren. Das hat zur Folge, dass der Verteidiger auch für die Teilnahme an außerhalb der Hauptverhandlung stattfindenden Terminen, wie zB an kommissarischen Vernehmungen oder Haftprüfungsterminen, eine Terminsgebühr VV 4102 RVG erhält. Die Gebühr kann also mehrfach anfallen. 1

II. Anwendungsbereich

1. Persönlich

Die Vernehmungsterminsgebühr entsteht sowohl für den **Wahlanwalt** als auch für den gerichtlich bestellten oder beigeordneten RA oder Vertreter, idR also für den **Pflichtverteidiger.**[1] Sie entsteht insbesondere auch für den nach § 140 Abs. 1 Nr. 4 oder 10 StPO bestellten Pflichtverteidiger/RA, der nicht nur die Terminsgebühr verdient, sondern auch Grund- und Verfahrensgebühr.[2] 2

---

[1] BT-Drs. 15/1971, 281; zu den Auswirkungen der Einführung der Gebühr auf die Pauschgebühr → § 51 Rn. 12.

[2] Sa zu § 141 Abs. 3 S. 4 StPO aF *Burhoff* RVGreport 2017, 402 (404); zum alten Recht LG Magdeburg StraFo 2018, 314 = AGS 2018, 341 = RVGreport 2018, 257 = StRR 5/2018, 24; aA offenbar OLG Celle StraFo 2018, 534 = JurBüro 2018, 580 = RVGreport 2019, 17 für den Terminsvertreter des nach § 141 Abs. 3 S. 4 StPO aF bestellten Pflichtverteidigers; LG Leipzig RVGreport 2019, 338 = StraFo 2019, 439.

2. Sachlich

3 **a) Allgemeines.** Bei der VV 4102 RVG handelt es sich um eine „Terminsgebühr". Abgegolten wird also die **Teilnahme** an dem jeweiligen Termin und die dazugehörige Vor- und Nachbereitung.[3] Andere Vorbereitungshandlungen werden von der jeweiligen Verfahrensgebühr erfasst.[4] Der RA erhält die Terminsgebühr nach VV 4102 RVG auch in den Fällen des sog. geplatzten Termins (VV Vorb. 4 Abs. 3 S. 2, 3 RVG).[5]

4 Es muss sich um einen Termin **außerhalb** der **Hauptverhandlung** handeln. Dies folgt für die Hafttermine ausdrücklich aus VV 4102 Nr. 3 RVG. Im Übrigen ergibt sich dies daraus, dass es sich sachlich bei den in VV 4102 RVG aufgeführten Terminen nur um Termine außerhalb der Hauptverhandlung handelt. Um einen Termin außerhalb der Hauptverhandlung handelt es sich auch dann, wenn zB die Hauptverhandlung unterbrochen wird, um einen Termin iSd VV 4102 RVG durchzuführen.[6] Entsprechendes gilt, wenn von einem Haftprüfungstermin iSd VV 4102 Nr. 3 RVG unmittelbar in die Hauptverhandlung übergegangen wird. Der Termin nach VV 4102 Nr. 3 RVG und der Hauptverhandlungstermin sind unterschiedliche Termine, für die das RVG auch unterschiedliche Gebühren vorsieht.[7]

4a Um einen Termin iS der VV 4102 RVG handelt es sich auch, wenn der Termin in der Form einer **Videokonferenz** durchgeführt wird. Auch diese Art von Zusammentreffen sind „Termine", da sie zu einem (vom Gericht) bestimmten Zeitpunkt stattfinden. Das hat in allen Fällen Bedeutung, in denen die StPO Videokonferenzen zulässt. Das ist nach den Änderungen durch das „Gesetz zur Intensivierung des Einsatzes von Videokonferenztechnik in gerichtlichen und staatsanwaltschaftlichen Verfahren v. 25.4.2013" u. a. in den Fällen der § 58b StPO, § 118a Abs. 2 S. 2 StPO, § 161a Abs. 1 S. 2 StPO iVm § 58b StPO der Fall. Auch in diesen Fällen entsteht daher ggf. eine Vernehmungsterminsgebühr.[8]

5 Die Vernehmungstermingebühr entsteht nur in den im RVG geregelten Fällen. Eine **analoge Anwendung scheidet** nach zutreffender hM **aus.**[9] Die VV 4102 RVG ist schon eine Ausnahmeregelung, die abschließend aufgezählte Fälle auflistet. Eine analoge Anwendung ist daher nicht möglich. Das gilt sowohl für die Teilnahme des RA an einer Durchsuchung als auch an der Exploration des Beschuldigten durch einen Sachverständigen oder für die Teilnahme des RA an einer Gegenüberstellung oder für einen Termin nach §§ 202a, 212 StPO[10] oder ein

---

[3] KG RVGreport 2009, 186 = StRR 2009, 239 = RVG prof. 2009, 138; OLG Hamm RVGreport 2009, 309 = RVG prof. 2009, 157 = StRR 2009, 438; (ausdrücklich) AG Berlin-Tiergarten StraFo Zum alten Recht aF 2012, 117; s. a. Burhoff/Volpert RVG/*Burhoff* VV 4102 Rn. 7, 62.

[4] Allg. zum Abgeltungsbereich der Terminsgebühr → RVG VV Vorb. 4 Rn. 24 ff.

[5] Vgl. das Beispiel bei Burhoff/Volpert RVG/*Burhoff* VV 4102 Rn. 8; s. a. *N. Schneider* AGS 2007, 165; zum „geplatzten Termin" → RVG VV Vorb. 4 Rn. 39 ff.

[6] AG Münster AGS 2007, 350 mAnm *Volpert* = RVGreport 2007, 303 für Unterbrechung der Hauptverhandlung zur Durchführung von Täter-Opfer-Verhandlungen.

[7] *N. Schneider* AGS 2007, 165 ff.

[8] Sa Burhoff/Volpert RVG/ *Volpert* VV 4102 Rn. 11; a. noch → Rn. 16.

[9] KG RVGreport 2006, 151 für ein Vorbereitungsgespräch für die Hauptverhandlung; RVGreport 2012, 298 = AGS 2012, 388 für Termin nach § 202a StPO; OLG Köln RVGreport 2015, 108 = StRR 2015, 158 = NStZ-RR 2014, 392 (Ls.) für Termin nach § 202a StPO; OLG Saarbrücken RVGreport 2012, 66 = StRR 2011, 483 = NStZ-RR 2011, 391 (Ls.) = RVG prof. 2012, 43 für Termin nach § 202a StPO; LG Düsseldorf AGS 2011, 430 für Teilnahme an einem Termin des Sachverständigen zur Besichtigung und Gegenüberstellung eines Kfz; LG Essen AGS 2012, 390 für Termin nach § 202a StPO; LG Osnabrück JurBüro 2011, 640 = RVGreport 2012, 65 = StRR 2011, 483 = NStZ-RR 2011, 391 (Ls.) für eine Erörterung nach § 212 StPO; LG Zweibrücken JurBüro 2013, 35 für Teilnahme an einem Termin des Sachverständigen zur Besichtigung und Gegenüberstellung eines Kfz; AG Oschatz StRR 2012, 240 = VRR 2012, 240 für Teilnahme an einem Sachverständigentermin, Burhoff/Volpert RVG/*Burhoff* VV 4102 Rn. 49 ff.; *Burhoff* StRR 2015, 213; Hartung/Schons/Enders/*Hartung* RVG VV 4102, 4103 Rn. 3; nicht eindeutig Schneider/Wolf/*N. Schneider* RVG VV 4102 Rn. 5 ff., der einerseits eine analoge Anwendung bejaht (vgl. dort Rn. 5 aE), andererseits jedoch verneint (vgl. dort Rn. 7 ff.).

[10] So ausdrücklich für einen Termin nach § 202a StPO KG RVGreport 2012, 298 = AGS 2012, 388; OLG Köln NStZ-RR 2014, 392 (Ls.); OLG Saarbrücken RVGreport 2012, 66 = StRR 2011, 483 = NStZ-RR 2011, 391 (Ls.) = RVG prof. 2012, 43 und LG Essen AGS 2012, 390; für einen Termin nach § 212 StPO LG Osnabrück JurBüro 2011, 640 = RVGreport 2012, 65 = StRR 2011, 483 = NStZ-RR 2011, 391 (Ls.); vgl. iÜ die Nachw. bei Fn. 9; **aA** – also analoge Anwendung – für die Teilnahme an einem von einem Sachverständigen durchgeführten Crash-Test LG Braunschweig StraFo 2011, 377 = RVGreport 2011, 383 = RVG prof. 2011, 156 = JurBüro 2011, 524 = StRR 2011, 484 mablAnm *Burhoff,* für die Teilnahme an einem Explorationsgespräch bei einem Sachverständigen LG Freiburg StRR 2014, 518 mAnm *Burhoff* = RVGreport 2015, 24 = AGS 2015, 28; LG Hamburg AGS 2017, 182 = RVGreport 2017, 179; AGS 2020, 567 und LG Offenburg RVGreport 2006, 350 = AGS 2006, 436 = StV 2007, 478; AG Freiburg AGS 2011, 69 = RVGreport 2011, 65 = StRR 2011, 123 für

Abstimmungsgespräch gem. § 213 Abs. 2 StPO.[11] Die Teilnahme an solchen Terminen ist über § 14 Abs. 1 S. 1 RVG zu berücksichtigen, wenn, wovon idR auszugehen ist, die Teilnahme des RA notwendig ist.[12] Für den Pflichtverteidiger bleibt ggf. nur der Weg über § 51 RVG. Für die Teilnahme des Verteidigers an einer Durchsuchung entsteht aber die Vernehmungsterminsgebühr der VV 4102 Nr. 1 VV RVG, wenn es während der Durchsuchungsmaßnahme zu einer Vernehmung des Beschuldigten i. e. S. gekommen ist.[13] Das ist dann aber keine Frage der analogen Anwendung der VV 4102 RVG, sondern eine originäre Vernehmungsterminsgebühr VV 4102 Nr. 1 VV RVG.[14]

Nimmt der RA an einem Termin außerhalb der Hauptverhandlung teil, der nach (zutreffender) hM nicht von VV 4102 RVG erfasst wird, muss er die Teilnahme im Rahmen der jeweiligen (gerichtlichen) **Verfahrensgebühr** gebührenerhöhend geltend machen. Ggf. muss eine Pauschgebühr beantragt werden (§ 42 RVG). Letzteres gilt auch für den Pflichtverteidiger (§ 51 RVG). Ggf. muss der RA für seine Teilnahme eine **Vergütung vereinbaren** (§ 3a RVG). 5a

b) Teilnahme an richterlichen Vernehmungen und Augenscheinseinnahmen (Nr. 1). Die Terminsgebühr nach VV 4102 Nr. 1 RVG für die Teilnahme an **richterlichen Vernehmungen**[15] kommt ua in Betracht für richterliche Vernehmungen im Ermittlungsverfahren nach § 168c StPO aber auch für die Termine vor einem beauftragten oder ersuchten Richter im gerichtlichen Verfahren (§ 223 StPO). Da die Vorschrift nicht auf das Ermittlungsverfahren beschränkt ist, entsteht die Gebühr auch für die Teilnahme am Anhörungstermin im Verfahren gem. § 57 JGG.[16] Keine richterliche Vernehmung iSd Nr. 1 ist die Teilnahme an Erörterungen mit dem Gericht nach den §§ 202a, 212 StPO zur Vorbereitung des Zustandekommens einer Verständigung (§ 257c StPO)[17] oder im Rahmen eines Abstimmungsgesprächs. Die Gebühr entsteht auch für die Teilnahme an Vernehmungen im Ausland.[18] Es ist unerheblich, ob der Beschuldigte oder ein Zeuge richterlich vernommen wird. Auch die Teilnahme an einer (richterlichen) „Videovernehmung" (§ 58b StPO) führt zu der Gebühr.[19] 6

Auch die **Augenscheinseinnahme** des Richters (VV 4102 Nr. 1 RVG) muss außerhalb der Hauptverhandlung stattfinden. Eine Augenscheinseinnahme während der Hauptverhandlung wird mit der Hauptverhandlungsterminsgebühr abgegolten.[20] Teilnahme an einer Augenscheinseinnahme (§ 86 StPO) iSd VV 4102 Nr. 1 RVG ist zB der Fall, das der RA an einem Ortstermin des Richters teilnimmt. Wird die Augenscheinseinnahme nicht durch einen Richter, sondern durch die Polizei oder die Staatsanwaltschaft vorgenommen, handelt es sich nicht um eine richterliche Augenscheinseinnahme iSd Nr. 1. Folglich entsteht für den RA, der an ihr teilnimmt, nicht die Gebühr nach VV 4102 Nr. 1 RVG. Diese Tätigkeit muss gem. § 14 Abs. 1 S. 1 RVG berücksichtigt werden.[21] 7

Unter richterliche Augenscheinseinnahme fällt **auch** die **Leichenschau** nach § 87 StPO, wenn diese von einem Richter vorgenommen wird. Die Teilnahme an einer staatsanwaltschaftlichen Leichenschau fällt nicht darunter. 8

---

die Teilnahme des RA an einem Erörterungstermin nach § 202a S. 1 StPO; AG Hamburg-Altona AGS 2020, 567; AG Oschatz AGS 2012, 390 = StRR 2012, 280 = VRR 2012, 280 für Sachverständigentermin; für analoge Anwendung offenbar auch (wieder) *N. Schneider* AGS 2011, 432 in der Anm. zu LG Düsseldorf AGS 2011, 430; vgl. zu der Problematik Burhoff/Volpert RVG/*Burhoff* Teil A Rn. 2412; *Burhoff* RVGreport 2010, 401; StRR 2015, 213 (214); RVGreport 2014, 250, 253 mit einem „Plädoyer" für eine Erweiterung der VV 4102 RVG.

[11] *Burhoff* RVGreport 2017, 402.

[12] Insoweit unzutreffend aA AG Oschatz StRR 2012, 240 = VRR 2012, 240 für Sachverständigentermin.

[13] AG Bad Kreuznach RVGreport 2018, 259 = AGS 2018, 342.

[14] AG Bad Kreuznach RVGreport 2018, 259 = AGS 2018, 342 zugleich auch zum Begriff der Vernehmung.

[15] Zum Begriff der Vernehmung Burhoff StrafREV-HdB Rn. 4384 ff.

[16] LG Mannheim RVG prof. 2008, 26 = StRR 2008, 120 = AGS 2008, 179 = RVGreport 2008, 145, keine Strafvollstreckung; s. a. Burhoff/Volpert RVG/*Volpert* VV Vorb. 4.2 Rn. 7; Abschn. 2 → Einl. Teil 4 Rn. 11.

[17] Wie hier Burhoff/Volpert RVG/*Burhoff* VV 4102 Rn. 9, Teil A Rn. 2514; *Burhoff* RVGreport 2010, 401 ff., für Termine nach § 202a StPO KG RVGreport 2012, 298 = AGS 2012, 388; OLG Köln RVGreport 2015, 108 = StRR 2015, 158 = AGS 2015, 329; OLG Saarbrücken RVGreport 2012, 66 = StRR 2011, 483 = NStZ-RR 2011, 391 (Ls.); LG Essen AGS 2012, 90; für eine Erörterung nach § 212 StPO LG Osnabrück JurBüro 2011, 640 = RVGreport 2012, 65 = StRR 2011, 483; s. a. OLG Bremen NStZ-RR 2013, 128; aA AG Freiburg AGS 2011, 69 = RVGreport 2011, 65 = StRR 2011, 123 mit abl. Anm. *Burhoff,* das die Vorschrift entsprechend anwendet; → Rn. 5 mwN.

[18] *Burhoff* RVGreport 2014, 2 (6).

[19] → Rn. 4a.-

[20] Burhoff/Volpert RVG/*Burhoff* VV 4102 Rn. 10.

[21] Burhoff/Volpert RVG/*Burhoff* VV 4102 Rn. 17.

9 Ausreichend für das **Entstehen** der Gebühr ist die Teilnahme des RA an dem Vernehmungstermin. Unerheblich ist, ob der RA Fragen gestellt oder sonst den Gang der Verhandlung beeinflusst hat.[22] Es ist auch unerheblich, in welcher Funktion der RA an der Vernehmung teilnimmt. Er kann zB als Verteidiger an der richterlichen Vernehmung des Beschuldigten oder eines Zeugen teilnehmen, er kann aber auch als Beistand eines vernommenen Zeugen (§ 161a StPO) anwesend sein.[23] Nach dem Wortlaut entsteht die Gebühr allein für die Teilnahme;[24] auf ein „Verhandeln" kommt es – anders als bei Nr. 3 – nicht an. Allein das Gewähren von rechtlichem Gehör macht aber aus einem Vorführungstermin noch keinen Vernehmungstermin.[25]

10 **c) Teilnahme an Vernehmungen durch die Staatsanwaltschaft oder eine andere Strafverfolgungsbehörde (Nr. 2).** Nach den Änderungen in der StPO durch das „Zweite Gesetz zur Stärkung der Verfahrensrechte von Beschuldigten im Strafverfahren und zur Änderung des Schöffenrechts" v. 27.8.2017[26] steht dem Verteidiger nun nicht nur ein Anwesenheitsrecht bei staatsanwaltschaftlichen Vernehmungen oder im Steuerstrafverfahren an einer Vernehmung durch die **Finanzbehörde** (§§ 386, 399 Abs. 1 AO) zu, sondern auch bei **polizeilichen** Vernehmungen des Beschuldigten (§§ 163a Abs. 4 S. 3, 168c Abs 1 StPO). Die Jugendgerichtshilfe (JGH) ist aber keine Strafverfolgungsbehörde, sondern erfüllt gem. § 52 SGB VIII als Dienst des Jugendamtes durch „Mitwirkung im jugendgerichtlichen Verfahren" eine sog „andere" Aufgabe des Jugendamts. Nimmt der RA an einer Vernehmungen bei einer der genannten Strafverfolgungsbehörden teil, erhält er dafür die Terminsgebühr VV 4102 Nr. 2 RVG. Es muss sich aber um eine „Vernehmung" ieS handeln. Nimmt der RA an einer Gegenüberstellung teil (§ 58 Abs. 2StPO), handelt es sich grundsätzlich nicht um eine Vernehmung iS des Nr. 2, so dass dafür eine Vernehmungsterminsgebühr nicht entsteht. Findet jedoch während der Gegenüberstellung auch eine Vernehmung[27] statt, entsteht die Gebühr.[28] Auch die Teilnahme an einer „Videovernehmung" (z.B. § 161a Abs. 1 S. 2 iVm § 58b StPO) führt zu der Gebühr.[29]

11 **Wann** die Vernehmung stattfindet, ist für den Anfall der Gebühr **unerheblich.** Es kann sich um eine Vernehmung im vorbereitenden Verfahren (§ 163a StPO) oder um eine im späteren gerichtlichen Verfahren handeln.[30] Es muss sich aber um eine „Vernehmung" ieS handeln.[31] Daher kann der RA für seine Teilnahme an einem bei der Staatsanwaltschaft nach § 160b StPO stattfindenden Termin zur Erörterung des Standes des Verfahrens die Gebühr nicht abrechnen.[32] Auch führt die bloße Mitteilung des späteren Nebenklägervertreters gegenüber einem Kriminalbeamten von einer Straftat nicht zum Anfall der Gebühr.[33] Es ist auch **unerheblich,** in welcher **Funktion** der RA an der Vernehmung teilnimmt. Er kann zB als Verteidiger an der Vernehmung des Beschuldigten oder eines Zeugen teilnehmen, er kann aber auch als Beistand eines vernommenen Zeugen (§ 161a StPO) anwesend sein.[34] Entscheidend ist aber, dass der RA am Termin teilgenommen hat. Der Anruf des Verteidigers bei der Ermittlungsbehörde zu dem Zeitpunkt, zu der die Vernehmung des Mandanten bei der Polizei/Staatsanwaltschat stattfindet bzw. stattfinden soll, führt daher nicht zur Gebühr VV 4102 RVG.[35]

12 **d) Teilnahme an Haftprüfungsterminen (Nr. 3).** VV 4102 Nr. 3 RVG sieht eine Terminsgebühr für die Teilnahme an einem Termin vor, in dem über die **Anordnung** oder die **Fortdauer** der **Untersuchungshaft verhandelt** wird. Das kann auch ein sog. „Vorführter-

---

[22] LG Bremen VRR 2012, 357 für Hauptverhandlungstermin.
[23] Burhoff/Volpert RVG/*Burhoff* VV 4102 Rn. 21.
[24] Burhoff/Volpert RVG/*Burhoff* VV 4102 Rn. 13.
[25] KG AGS 2009, 480 = RVGreport 2009, 227 = StRR 2009, 277.
[26] BGBl. I 3295.
[27] Zum Begriff der Vernehmung *Burhoff* StrafREV-HdB Rn. 4384 ff.
[28] Vgl. AG Bad Kreuznach RVGreport 2018, 259 = AGS 2018, 342 für die Vernehmung während einer Durchsuchung.
[29] → Rn. 4a.
[30] Burhoff/Volpert RVG/*Burhoff* VV 4102 Rn. 20.
[31] Zum Vernehmungsbegriff *Burhoff* StrafREV-HdB Rn. 4384 ff.; zum Begriff des Termins *Gerhold* JurBüro 2010, 172 (174).
[32] Burhoff/Volpert RVG/*Burhoff* VV 4102 Rn. 20, Teil A Rn. 2514; *Burhoff* RVGreport 2010, 401 ff.
[33] AG Köln JurBüro 2010, 474; missverständlich insoweit Schneider/Wolf/*N. Schneider* RVG VV 4102, 4103 Rn. 6.
[34] Burhoff/Volpert RVG/*Burhoff* VV 4102 Rn. 21.
[35] AA AG Koblenz RVGreport 2008, 61 = StRR 2008, 160 = RVG prof. 2008, 26; s. a. *Madert* AGS 2005, 277.

min" sein.[36] Auch die Teilnahme an einer Haftprüfung in Form der Videokonferenz (§ 118a Abs. 2 S. 2 StPO) führt zu der Gebühr.[37] Es muss sich bei der Haftprüfung aber um einen Termin „außerhalb der Hauptverhandlung" handeln. Um einen solchen handelt es sich auch, wenn die Hauptverhandlung unterbrochen wird, um am selben Tag eine Haftprüfung durchzuführen. Dann greift iÜ auch nicht etwa die Beschränkung von S. 1 der Anm. zu VV 4102 RVG.[38] Entsprechendes gilt, wenn von der Haftprüfung iSd VV 4102 Nr. 3 RVG sofort in die Hauptverhandlung übergegangen wird, was etwa im beschleunigten Verfahren der Fall sein kann.[39]

Beispiel:
Der inhaftierte Angeklagte ist wegen Raubes angeklagt. Nach mehrtätiger Hauptverhandlung wird er vom Landgericht nur zu einer kurzen Freiheitsstrafe verurteilt. Das Gericht hebt den Haftbefehl aber nicht auf, da noch Bewährungsstrafen offen sind. Nach Urteilsverkündung und Begründung beantragt der RA die Aufhebung des Haftbefehls. Darüber wird kurz verhandelt und der Haftbefehl vom Gericht außer Vollzug gesetzt.[40]
Es ist die Terminsgebühr nach VV 4102 Nr. 3 RVG entstanden. Die Hauptverhandlung war mit der Verkündung und Begründung des Urteils und anschließender Rechtsmittelbelehrung zu Ende. Die daran anschließende Verhandlung zum Haftbefehl ist daher ein Termin außerhalb der Hauptverhandlung.

Erforderlich für das Entstehen der Gebühr der Nr. 3 ist – anders als bei den anderen Fällen der VV 4102 RVG – ein **Verhandeln.**[41] Die häufig nur sehr kurzen reinen Haftbefehlsverkündungstermine werden also nicht erfasst.[42] Schließt sich allerdings an die Verkündung des Haftbefehls eine Verhandlung über die Fortdauer der Untersuchungshaft an, entsteht die Terminsgebühr,[43] und zwar auch, wenn der Haftprüfungsantrag zurückgenommen wird.[44] Bei der Verkündung eines auf § 230 Abs. 2 StPO gestützten Haftbefehl wird es idR zu einem „Verhandeln" iSd Nr. 3 kommen, da in diesen Fällen meist zu überprüfen ist, ob der Angeklagte der Hauptverhandlung tatsächlich unentschuldigt ferngeblieben ist, zudem ergeben sich in diesen Fällen die Haftgründe meist nicht aus der Akte.[45] Nach zutreffender Auffassung des LG Düsseldorf ist es aber auch ausreichend, um die Gebühr VV 4102 Nr. 3 RVG entstehen zu lassen, wenn vor Aufruf der Sache zur Haftbefehlsverkündung längere und auch eingehende sachbezogene Erörterungen, ua zu den Möglichkeiten einer Verfahrensbeschleunigung, zu den Untersuchungshaftbedingungen und dergleichen stattgefunden haben.[46] Zwei vor Beginn des Termins mit dem Richter, der sich noch in seinen Diensträumen befindet, geführte Telefonate sind aber noch kein „Verhandeln".[47] Auch die bloße Möglichkeit der Äußerung soll kein Verhandeln darstellen.[48] Ebenso sollen der Antrag auf Akteneinsicht und die Übergabe von Akten im Termin,[49] der der Antrag auf Beiordnung zum Pflichtverteidiger,[50] die bloße Rücknahme 13

[36] KG AGS 2007, 241; LG Berlin StraFo 2006, 472.
[37] → Rn. 4a.
[38] AG Münster AGS 2007, 350 mAnm *Volpert* = RVGreport 2007, 303 für Täter-Opfer-Ausgleichs-Gespräche; *N. Schneider* AGS 2007, 165; Burhoff/Volpert RVG/*Burhoff* VV 4102 Rn. 25 ff.
[39] Burhoff/Volpert RVG/*Burhoff* VV 4102 Rn. 27.
[40] Nach Burhoff/Volpert RVG/*Burhoff* VV 4102 Rn. 27; s. a. die weiteren Beispiele bei Burhoff/Volpert RVG/*Burhoff* VV 4102 Rn. 26 ff.
[41] Eing. Burhoff/Volpert RVG/*Burhoff* VV 4102 Rn. 30 ff. mwN; *Burhoff* RVGreport 2010, 282 ff.; StRR 2015, 213.
[42] KG AGS 2009, 480 = RVGreport 2009, 227 = StRR 2009, 277; OLG Bamberg 19.1.2021 – 1 Ws 692/20; OLG Hamm AGS 2006, 122 mAnm *Madert* AGS 2006, 179 = JurBüro 2006, 136 = RVGreport 2006, 469; 27.10.2020 – 5 RVGs 63/20; OLG Jena RVGreport 2014, 24 = StRR 2014, 239; OLG Saarbrücken StraFo 2014, 350 = RVGreport 2014, 428 = StRR 2014, 517 mAnm *Burhoff;* LG Bielefeld StV 2006, 198; LG Traunstein AGS 2013, 16 = RVGreport 2013, 19 = StRR 2013, 40 mAnm *Burhoff* = RVG prof. 2013, 79; LG Osnabrück JurBüro 2018, 467; JurBüro 2020, 478; AG Bersenbrück JurBüro 2013, 303; *Burhoff* RVGreport 2010, 282.
[43] KG AGS 2006, 545 = RVGreport 2006, 310 = StraFo 2006, 472.
[44] LG Bad Kreuznach 10.8.2020 – 2 KLs 1042 Js 12567/18.
[45] LG Berlin AGS 2011, 434 = RVGreport 2011, 226 = StRR 2011, 204 = RVG prof. 2011, 122.
[46] LG Düsseldorf 25.3.2005 – I Qs 9/05; s. a. Burhoff/Volpert RVG/*Burhoff* VV 4102 Rn. 34.
[47] AA AG Koblenz RVG prof. 2008, 23 = RVGreport 2008, 61 = StRR 2008, 160.
[48] ME zweifelhaft, so aber KG RVGreport 2009, 227 = StRR 2009, 7 = AGS 2009, 480; (wohl auch) OLG Bamberg 19.1.2021 – 1 Ws 692/20; OLG Hamm AGS 2007, 240 = JurBüro 2006, 641; OLG Jena RVGreport 2014, 24 = StRR 2014, 239; OLG Saarbrücken StraFo 2014, 350 = RVGreport 2014, 428 = StRR 2014, 517; LG Osnabrück JurBüro 2018, 467; AG Bersenbrück JurBüro 2013, 303; aA LG Bielefeld StV 2006, 198; LG Traunstein AGS 2013, 16 = RVGreport 2013, 19 = StRR 2013, 40 = RVG prof. 2013, 79.
[49] OLG Hamm AGS 2007, 240 = JurBüro 2006, 641; OLG Saarbrücken StraFo 2014, 350 = RVGreport 2014, 428 = StRR 2014, 517; AG Bersenbrück JurBüro 2013, 303.
[50] OLG Hamm AGS 2007, 241.

eines Antrags auf Haftprüfung[51] oder die Erörterung von organisatorischen Fragen[52] das Tatbestandsmerkmal des Verhandelns iSd Nr. 3 nicht erfüllen. Das erscheint allerdings fraglich, da es sich in den Fällen nicht mehr um reine Haftbefehlsverkündungen handelt. Nur die sollten aber dem Anwendungsbereich der Vorschrift nicht unterfallen.[53] Überlegungen und Gespräche des Verteidigers mit dem Mandanten, ob dieser eine Einlassung zur Sache abgeben wolle oder nicht, stellen allerdings wohl kein Verhandeln dar.[54] Nicht erforderlich ist aber, dass ein Antrag gestellt wird.[55] Erforderlich, aber auch ausreichend ist die Mitwirkung an einem Entscheidungsprozess durch jegliche sachdienliche Handlungen, welche die Herbeiführung einer Entscheidung zu fördern geeignet sind.[56]

14 Für das Entstehen der Gebühr ist es **unerheblich,** zu **welchen Haftfragen** die **„Verhandlung"** stattgefunden hat;[57] in welchem Umfang verhandelt worden ist, ist nur über § 14 Abs. 1 S. 1 RVG zu berücksichtigen. Die Stellung eines Antrags auf Aufhebung des Haftbefehls ist also nicht erforderlich,[58] allerdings werden widerstreitende Anträge von Verteidiger und Staatsanwalt auf jeden Fall zum Entstehen der Gebühr führen.[59] Meistens wird es um die Außervollzugsetzung des Haftbefehls gehen. Es genügt aber auch eine Stellungnahme zur Haftfähigkeit des Mandanten. Entscheidend ist, dass im Termin mehr geschieht als die bloße Verkündung des Haftbefehls.[60] Ob der Mandant (auf Anraten seines Verteidigers) schweigt oder Angaben zur Sache macht, ist unerheblich.[61] Es kommt auch nicht darauf an, ob am Ende der Haftprüfung eine gerichtliche Entscheidung verkündet wird. Die Gebühr entsteht somit auch, wenn der Verteidiger während der Verhandlung seinen schriftlichen Haftprüfungsantrag zurücknimmt.[62]

15 Die Frage der „Verhandlung" iSd VV 4102 Nr. 3 RVG kann allerdings bei einem **„geplatzten" Haftprüfungstermin** keine Rolle spielen, weil das im Grunde ein fiktiver Termin ist. In diesen Fällen gilt ausschließlich VV Vorb. 4 Abs. 3 S. 2 RVG.[63] Es kommt auf die zusätzliche Voraussetzung des Verhandeln Müssens nicht an, weil sich beides denknotwendig ausschließt. Anderenfalls wäre die VV Vorb. 4 Abs. 3 S. 2 RVG in diesen Fällen gar nicht anwendbar.

16 **e) Verhandlungen im Rahmen des Täter-Opfer-Ausgleichs (Nr. 4).** VV 4102 Nr. 4 RVG sieht für den Verteidiger, Beistand oder Vertreter eine Terminsgebühr für die Teilnahme an Verhandlungen im Rahmen des Täter-Opfer-Ausgleiches vor. Es muss sich um die Teilnahme an Terminen in den Verfahren nach **§§ 153a Abs. 1 Nr. 5, §§ 155a, 155b StPO** handeln, das Vorliegen eines institutionalisierten Täter-Opfer-Ausgleich-Verfahrens nach § 155a StPO ist jedoch nicht Voraussetzung für das Entstehen der Gebühr.[64] Nach § 155a Abs. 1 S. 1 StPO sollen Staatsanwaltschaft und Gericht in jedem Stadium des Verfahrens die Möglichkeiten eines Täter-Opfer-Ausgleichs prüfen. Folglich kann die Gebühr zB auch erst im Berufungsverfahren entstehen. Ob der Beschuldigte, sein Verteidiger oder der Verletzte das Verfahren angeregt hat,

---

[51] OLG Hamm AGS 2007, 240; LG Osnabrück JurBüro 2018, 467; AG Bersenbrück JurBüro 2013, 303.

[52] OLG Hamm 27.10.2020 – 5 RVGs 63/20.

[53] BT-Drs. 15/1971, 223; krit. zur restriktiven Anwendung der Vorschrift daher Burhoff/Volpert RVG/*Burhoff* VV 4102 Rn. 32.

[54] LG Osnabrück, JurBüro 2020, 478.

[55] LG Würzburg 25.11.2020 – 8 KLs 981 Js 20829/18; aA OLG Bamberg 19.1.2021 – 1 Ws 692/20 in dem die LG-Entscheidung aufhebenden Beschluss.

[56] LG Würzburg aaO.

[57] LG Berlin AGS 2011, 434 = RVGreport 2011, 226 = StR 2011, 204 = RVG prof. 2011, 122 für die Verkündung eines auf § 230 Abs. 2 StPO gestützten Haftbefehls.

[58] Unzutreffend aA offenbar AG Bersenbrück JurBüro 2013, 303.

[59] KG AGS 2006, 545 = RVGreport 2006, 310 = StraFo 2006, 472; LG Bad Kreuznach 10.8.2020 – 2 KLs 1042 Js 12567/18; sa AG Koblenz RVG prof. 2008, 23, wonach sogar bloße fernmündliche Erörterungen zur Vernehmungsterminsgebühr führen sollten, was mE unzutreffend ist.

[60] OLG Hamm AGS 2006, 122 mAnm *Madert* AGS 2006, 179 = JurBüro 2006, 136 = RVGreport 2006, 469; LG Traunstein AGS 2013, 16 = RVGreport 2013, 19 = StRR 2013, 40; daher unverständlich OLG Saarbrücken StraFo 2014, 350 = RVGreport 2014, 428 = StRR 2014, 517; LG Osnabrück JurBüro 2018, 467; für Rücknahme des Haftprüfungsantrags.

[61] Burhoff/Volpert RVG/*Burhoff* VV 4102 Rn. 32; *Burhoff* RVGreport 2010, 282 ff.; StRR 2015, 213; LG Berlin StraFo 2006, 472; LG Bielefeld StV 2006, 198; LG Traunstein AGS 2013, 16 = RVGreport 2013, 19 = StRR 2013, 40; aA OLG Hamm AGS 2007, 240 = JurBüro 2006, 641; OLG Saarbrücken StraFo 2014, 350 = RVGreport 2014, 428 = StRR 2014, 517.

[62] Burhoff/Volpert RVG/*Burhoff* VV 4102 Rn. 33; aA LG Osnabrück JurBüro 2018, 467.

[63] → RVG VV Vorb. 4 Rn. 39.

[64] LG Kiel AGS 2010, 295 = RVGreport 2010, 147 = StRR 2010, 320; NK-GK/*Stollenwerk* RVG VV Vorb. 4 Rn. 15; aA Bischof/Jungbauer/Bräuer/Curkovic/Mathias/Uher/*Uher* RVG VV Vorb. 4.1, VV 4100–4103 Rn. 79.

ist unerheblich. Erforderlich ist lediglich, dass ein **Termin** stattfindet,[65] an dem der Verteidiger, ggf. auch ohne Gericht und Staatsanwaltschaft,[66] teilnimmt. Ausreichend ist auch ein Termin, in dem der Verteidiger mit dem Geschädigten und/oder dessen Vertreter zur Vorbereitung eines Täter-Opfer-Ausgleichs (zunächst) ohne Beteiligung der Staatsanwaltschaft und des Gerichtes, zB in einer Hauptverhandlungspause, über eine Schadenswiedergutmachung verhandelt.[67] Auch der „Spontan"-Termin, der sich aus einem Rechtsgespräch mit dem Gericht entwickelt, führt zur Gebühr.[68] Eine telefonische oder durch Email erfolgende Kontaktaufnahme des Verteidigers mit dem Vertreter des Geschädigten zwecks Klärung der Frage, ob die Bereitschaft besteht, ein Schmerzensgeld entgegenzunehmen, führt aber nicht zu der Gebühr.[69]

Inhalt des Termins[70] muss eine mündliche Besprechung der Beteiligten des Täter-Opfer-Ausgleich-Verfahrens um einen Täter-Opfer-Ausgleich sein. Ob es zu einem Ausgleich kommt oder die Verhandlung ergebnislos abgebrochen wird, ist unerheblich. 17

Nach der Gesetzesbegründung entsteht für eine bloße **telefonische,** kurze **Verhandlung** eine Terminsgebühr nicht, da die Gebühr die Teilnahme an einem Termin voraussetze.[71] Mit Recht wird darauf hingewiesen,[72] dass das nicht folgerichtig ist. Vielmehr reicht auch die Teilnahme an einer Telefon- oder Videokonferenz aus, wenn sie terminiert ist.[73] Nicht ausreichend ist jedoch ein bloßer Anruf des RA beim Opfer.[74] 18

f) Sühnetermin nach § 380 StPO (Nr. 5). VV 4102 Nr. 5 RVG sieht die Terminsgebühr für die Teilnahme an einem Sühnetermin nach § 380 StPO vor. Es muss sich um einen Termin handeln, der anberaumt ist von einer von den Landesjustizverwaltungen nach § 380 Abs. 1 S. 1 StPO eingerichteten **Vergleichsbehörde.** Ein formloses Zusammentreffen der Parteien und ihrer Vertreter in der Absicht, den Streit zu schlichten, reicht nicht aus.[75] 19

III. Beschränkungen

1. Mehrere Termine an einem Tag (Anm. S. 1)

Nach S. 1 der Anm. zu VV 4102 RVG gelten mehrere Termine an einem Tag als **ein Termin.** Der Umstand, dass es sich um mehrere Termine gehandelt hat, ist bei der Bemessung der Gebühr gem. § 14 Abs. 1 S. 1 RVG zu berücksichtigen.[76] Die Beschränkung ist verfahrensbezogen, bezieht sich also nur auf die Vernehmungstermine in dem jeweiligen Verfahren.[77] Die Beschränkung gilt auch nur für mehrere Termine iSd VV 4102 RVG.[78] Weitere Termine an dem Tag, zB Hauptverhandlungstermine, werden von der Beschränkung nicht erfasst.[79] 20

2. Begrenzung auf drei Termine (Anm. S. 2)

Nach S. 2 der Anm. zu VV 4102 RVG entsteht die Gebühr im vorbereitenden Verfahren und in jedem Rechtszug für die **Teilnahme an jeweils bis zu drei Terminen** (nur) einmal. Diese Begrenzung soll nach den Vorgaben des RVG 2004 verhindern, dass Verteidiger, um die Terminsgebühr abrechnen zu können, zu häufig richterliche, polizeiliche oder staatsanwaltschaftliche Vernehmungen beantragen. Also entsteht die Gebühr für drei Termine an drei verschiedenen Tagen nur einmal. Erst für die Teilnahme an einem vierten Termin entsteht die 21

---

[65] Zum Begriff des Termins LG Saarbrücken RVGreport 2015, 183 = StRR 2015, 239 = AGS 2015, 276; AG Schwäbisch-Hall Justiz 2011, 347.

[66] LG Kiel AGS 2010, 295; Burhoff/Volpert RVG/*Burhoff* VV 4102 Rn. 34; *Gerhold* JurBüro 2010, 172 (173).

[67] AG Münster AGS 2007, 350 mAnm *Volpert* = RVGreport 2007, 303; Schneider/Wolf/*N. Schneider* RVG VV 4102–4103 Rn. 5; Burhoff/Volpert RVG/*Burhoff* VV 4102 Rn. 36.

[68] LG Saarbrücken RVGreport 2015, 183 = StRR 2015, 239.

[69] AG Darmstadt RVGreport 2017, 106; AG Schwäbisch-Hall Justiz 2011, 347.

[70] Zum Begriff des Termins *Gerhold* JurBüro 2010, 172 (174).

[71] BT-Drs. 15/1971, 223.

[72] Burhoff/Volpert RVG/*Burhoff* VV 4102 Rn. 39; s. a. *Gerhold* JurBüro 2010, 172 (174).

[73] → Rn. 4a; ebenfalls krit. MAH VergütungsR/*Hellwig* § 23 Rn. 91.

[74] *Gerhold* JurBüro 2010, 172 (175) unter Hinweis darauf, dass eine der VV Vorb. 3 Abs. 3 RVG entsprechende Regelung in VV Teil 4 RVG nicht enthalten ist.

[75] Burhoff/Volpert RVG/*Burhoff* VV 4102 Rn. 42.

[76] Burhoff/Volpert RVG/*Burhoff* VV 4102 Rn. 48; → Rn. 22 ff.

[77] Burhoff/Volpert RVG/*Burhoff* VV 4102 Rn. 51 mit Bsp.

[78] AG Münster AGS 2007, 350 für Täter-Opfer-Ausgleichs-Verhandlungen während einer unterbrochenen Hauptverhandlung.

[79] *N. Schneider* AGS 2007, 165.

Gebühr erneut. Es muss sich aber nicht um Termine derselben Nummer handeln.[80] Diese Beschränkung, die keinen Sinn macht, sollte ggf. durch ein 3. KostRMoG entfallen,[81] das KostRÄG 2021 v. 21.12.2020[82] hat das aber nicht umgesetzt.

22 Die Beschränkung ist Verfahrensabschnitt – bzw. **Rechtszug bezogen.** Das bedeutet: Im vorbereitenden Verfahren bzw. in einem Rechtszug entstandene Terminsgebühren können nur im vorbereitenden Verfahren bzw. in dem jeweiligen Rechtszug, in dem sie entstanden sind, zur Anwendung der Beschränkung herangezogen werden.[83]

IV. Höhe der Gebühr

23 Die Terminsgebühr nach VV 4102 RVG beträgt für den **Wahlanwalt** 44,– EUR bis 330,– EUR, die Mittelgebühr 187,00 EUR. Innerhalb dieses Rahmens ist die Höhe der Gebühr gem. § 14 Abs. 1 S. 1 RVG zu bestimmen, wobei zu berücksichtigen ist, dass der Gebührenrahmen für drei Termine pro Verfahrensabschnitt ausgelegt ist.[84] Bei der Abrechnung ist nach Auffassung des KG hinsichtlich der Gebührenhöhe aber zu berücksichtigen, dass die **Beschränkung** der **Gebühr** durch **S. 2** der Anmerkung nicht generell dazu führt, dass in Fällen mit nur einem einzigen Haftprüfungstermin nur eine weit unterhalb des Mittelwerts liegende Gebühr gerechtfertigt ist,[85] wenn es sich um einen iÜ nur durchschnittlichen Termin gehandelt hat.[86] Das KG sieht das Gewicht der Bestimmung vielmehr bei ihrer gesetzgeberisch gewollten Funktion, nämlich zu verhindern, dass Termine nur aus Gebühreninteresse des RA herbeigeführt werden. Demgemäß stellt es zutreffend auf die Besonderheiten des Einzelfalls ab.[87] Die Höhe der Gebühr ist **unabhängig** von der **Ordnung** des **Gerichtes,** bei dem das Verfahren, in dem der Termin stattfindet, anhängig ist oder später anhängig wird. Beim Bemessungskriterium „Umfang der anwaltlichen Tätigkeit" ist vor allem die Dauer des Termins zu berücksichtigen,[88] sowie auch eine ggf. umfangreiche Vor- und/oder Nachbereitung des eigentlichen Termins.[89] Die allgemeine Vorbereitung einer Haftprüfung, insbes. das Stellen des Haftprüfungsantrags, wird jedoch nicht von Vernehmungsterminsgebühr erfasst, sondern entsprechend den allgemeinen Regeln[90] von der jeweiligen Verfahrensgebühr.[91] Eine Terminsdauer von bis zu einer Stunde wird auf jeden Fall die Mittelgebühr rechtfertigen.[92] Dabei ist ggf. auch berücksichtigt werden, dass bei der Teilnahme an mehreren Vernehmungsterminen gem. den Beschränkungen von VV 4102 S. 1 RVG bzw. VV 4102 S. 2 RVG mehrere Termine zu einem zusammengefasst werden.[93]

24 Die Gebühr für den gerichtlich bestellten oder beigeordneten RA, also idR der **Pflichtverteidiger,** beträgt 150,– EUR.

25 Es kann die Bewilligung/Feststellung einer **Pauschgebühr** nach §§ 42, 51 RVG in Betracht kommen. Das gilt vor allem bei länger dauernden Vernehmungen.[94] Gerade hier kann es sich ggf. empfehlen eine Pauschgebühr auf den Verfahrensabschnitt (VV 4102 RVG) zu beschränken.[95]

---

80 Burhoff/Volpert RVG/*Burhoff* VV 4102 Rn. 55; Schneider/Wolf/*N. Schneider* RVG VV 4102, 4103 Rn. 15 unter Hinweis auf § 18 Abs. 1 Nr. 1 aF; *Burhoff* RVGreport 2010, 282; StRR 2015, 213 (218).

81 S. den gemeinsamen Vorschlag von DAV und BRAK für ein 3. KostRMoG bei *Hansens* RVGreport 2018, 202 (204).

82 BGBl. I 3229.

83 KG AGS 2006, 546 mAnm *N. Schneider;* Burhoff/Volpert RVG/*Burhoff* VV 4102 Rn. 58, 56 ff. mit Beispielen; Schneider/Wolf/*N. Schneider* RVG VV 4102, 4103 Rn. 13–15.

84 KG AGS 2009, 271 = RVGreport 2009, 186 = StRR 2009, 239 = RVG prof. 2009, 138; OLG Karlsruhe JurBüro 2017, 523 = AGS 2017, 504 = RVGreport 2017, 386; zu den Kriterien *Lissner* RVGreport 2013, 166.

85 KG AGS 2009, 271 = RVGreport 2009, 186 = StRR 2009, 239 = RVG prof. 2009, 138.

86 Dahin tendierend aber Schneider/Wolf/*N. Schneider* RVG VV 4102, 4103 Rn. 20.

87 KG AGS 2009, 271 = RVGreport 2009, 186 = StRR 2009, 239 = RVG prof. 2009, 138.

88 Burhoff/Volpert RVG/*Burhoff* VV 4102 Rn. 63; s. a. KG AGS 2006, 278 = StV 2006, 198 = RVGreport 2007, 180.

89 (Ausdrücklich) OLG Hamm RVGreport 2009, 309 = RVG prof. 2009, 157 = StRR 2009, 438, AG Berlin-Tiergarten StraFo 2012, 117; Burhoff/Volpert RVG/*Burhoff* VV 4102 Rn. 61 mwN.

90 → RVG VV Vorb. 4 Rn. 13 ff.

91 AG Tiergarten StraFo 2012, 117.

92 Burhoff/Volpert RVG/*Burhoff* VV 4102 Rn. 63; Hartung/Römermann/Schons/*Hartung* RVG VV 4102, 4103 Rn. 21.

93 KG RVGreport 2009, 231.

94 Hartung/Römermann/Schons/*Hartung* RVG VV 4102, 4103 Rn. 27.

95 → § 51 Rn. 37 f.

V. Terminsgebühr mit Zuschlag (VV 4103 RVG)

Nach VV 4103 RVG entsteht die Terminsgebühr VV 4102 RVG mit Zuschlag, wenn der Mandant sich zum Zeitpunkt des Termins **nicht** auf **freiem Fuß** befindet.[96] Die Gebühr entsteht auch dann mit Zuschlag, wenn nach S. 1 oder S. 2 der Anm. zu VV 4102 RVG **mehrere Termine** gebührenrechtlich zu einem Termin **zusammengefasst** werden,[97] der Mandant sich aber nicht während aller zusammengefassten Termine nicht auf freiem Fuß befunden hat, also die Voraussetzungen für die Entstehung der Gebühr mit Zuschlag nicht für alle Termine vorliegen. Nach Sinn und Zweck des Zuschlags entsteht dann aber dennoch insgesamt **eine Gebühr** nach **VV 4103 RVG.**[98] 26

Gem. VV 4103 RVG beträgt für den **Wahlanwalt** die Gebühr nach VV 4102 RVG mit Zuschlag 44,– EUR bis 413,– EUR, die Mittelgebühr beträgt 228,50 EUR. Der Umstand, dass der Mandant sich ggf. nur während ein oder zwei Terminen nicht auf freiem Fuß befunden hat, kann bei der Bemessung der konkreten Gebühr berücksichtigt werden. 27

Die Terminsgebühr mit Zuschlag für den gerichtlich bestellten oder beigeordneten RA, also idR den **Pflichtverteidiger,** beträgt 183,– EUR. 28

Unterabschnitt. 2. Vorbereitendes Verfahren

Einleitung

Schrifttum: *Burhoff,* Die neue Verfahrensgebühr im Strafverfahren, RVGreport 2004, 127; *Burhoff,* Abrechnungsbeispiele zum RVG Grundgebühr und Vorbereitendes Verfahren, RVGreport 2004, 292; *Burhoff,* Richtige Abrechnung außergerichtlicher Strafverfahren, RVG prof. 2004, 48; *Burhoff,* Die Verfahrensgebühr im Straf- und Bußgeldverfahren, RVGreport 2009, 443; *Burhoff,* Die Verfahrensgebühr im Straf- bzw. Bußgeldverfahren, RENOpraxis 2011, 126; *Burhoff,* Die Abrechnung von Beschwerden in Straf- und Bußgeldsachen, RVGreport 2012, 12; *Burhoff,* Anwaltsgebühren rund um das strafrechtliche Ermittlungsverfahren I, RVG prof. 2012, 124; *Burhoff,* Anwaltsgebühren rund um das strafrechtliche Ermittlungsverfahren II, RVG prof. 2012, 141; *Burhoff,* Die Abrechnung (förmlicher/formloser) Rechtsbehelfe im Straf- und Bußgeldverfahren, StRR 2012, 172; *Burhoff,* Anwaltsgebühren rund um das strafrechtliche Ermittlungsverfahren I, RVG prof. 2012, 124; *Burhoff,* Anwaltsgebühren rund um das strafrechtliche Ermittlungsverfahren II, RVG prof. 2012, 141; *Burhoff,* Abrechnung im Bußgeldverfahren: Verfahren wegen Akteneinsicht und eines damit verbundenen Rechtsmittels, StRR 2013, 294; *Burhoff,* Die Abrechnung förmlicher und formloser Rechtsbehelfe im Straf- und Bußgeldverfahren, RVGreport 2013, 213; *Burhoff,* 25 Fragen und Antworten zur Verfahrensgebühr in Straf- und Bußgeldverfahren, RVG prof. 2013, 176; *Burhoff,* Straf- und Bußgeldsachen: Besonderheiten für die Beschwerdeabrechnung, RVG prof. 2014, 30; *Burhoff,* Anwaltsvergütung für Tätigkeiten im sog. Klageerzwingungsverfahren, RVGreport 2016, 2; *Burhoff,* Kostenrechtliche Auswirkungen der Änderungen in der StPO 2017, RVGreport 2017, 402; *Enders,* Gesonderte Gebühr für die Beratung über den Einspruch gegen einen Strafbefehl, JurBüro 2000, 281; *N. Schneider,* Abrechnung bei Wechsel zwischen Straf- und Bußgeldverfahren, DAR 2015, 432; *Volpert,* Die Vergütung im Beschwerdeverfahren in Straf- und Bußgeldsachen, VRR 2006, 453; sa die Hinweise bei → RVG VV Teil 4 Einl. Vor Rn. 1; → RVG VV Vorb. 4 Vor Rn. 1; → RVG VV Vorb. 4.1 Einl. Vor Rn. 1.

UAbschn. 2 regelt die im vorbereitenden Verfahren entstehenden Gebühren. Das ist neben der immer entstehenden Grundgebühr VV 4100 RVG[1] ggf. nur die **Verfahrensgebühr** der VV 4104, 4105 RVG. Im strafrechtlichen Rehabilitierungsverfahren entsteht diese allerdings trotz der Regelung in VV Vorb. 4 Abs. 1 RVG nicht, da das strafrechtliche Rehabilitierungsverfahren kein Vorverfahren kennt, sondern mit dem Antrag auf gerichtliche Entscheidung beginnt.[2] Die vorgehenden Tätigkeiten werden durch die VV 4100 RVG oder die Verfahrensgebühr für das gerichtliche Verfahren abgegolten. 1

Daneben können im vorbereitenden Verfahren die allgemeinen Gebühren aus VV Teil 1 RVG entstehen[3] und die Gebühren aus UAbschn. 1, 5 sowie aus VV Teil 7 RVG, also: 2

- Grundgebühr VV 4100 RVG
- Terminsgebühr VV 4102 RVG,
- Zusätzliche Gebühr VV 4141 RVG,

---

[96] Zum Zuschlag allg. → RVG VV Vorb. 4 Rn. 44 ff.

[97] → Rn. 12.

[98] Burhoff/Volpert RVG/*Burhoff* VV 4103 Rn. 3.

[1] → RVG VV 4100, 4101 Rn. 9 mwN.

[2] KG AGS 2015, 387 = Rpfleger 2015, 598 = JurBüro 2015, 520; OLG Jena Rpfleger 2012, 226 = RVGreport 2012, 152 = JurBüro 2012, 145 (Ls.).

[3] → RVG VV Teil 4 Einl. Rn. 11.

- Zusätzliche Gebühr VV 4142 RVG,
- Auslagen nach VV 7000 ff. RVG.

3 Das vorbereitende Verfahrens ist gegenüber dem (späteren) erstinstanzlichen gerichtlichen Verfahren nach der durch das 2. KostRMoG[4] in § 17 Nr. 10a RVG aufgenommenen ausdrücklichen Regelung eine **eigene Angelegenheit** iSd § 15 RVG.[5] Es entsteht also nach VV 7002 Anm. 1 RVG sowohl im vorbereitenden Verfahren als auch im gerichtlichen Verfahren die Postentgeltpauschale.[6] Die Regelung hat zudem Auswirkungen auf die Anrechnung von Vorschüssen/Zahlungen.[7]

4 Im vorbereitenden Verfahren richten sich die **Gebühren** der **Höhe** – anders als früher in der BRAGO – nicht nach der Ordnung des für das (späteren) gerichtliche Verfahren zuständigen Gerichts. Vergleichsmaßstab für die Bemessung sind sämtliche Strafverfahren.[8]

Nr.	Gebührentatbestand	Gebühr oder Satz der Gebühr nach § 13 oder § 49 RVG	
		Wahlanwalt	gerichtlich bestellter oder beigeordneter Rechtsanwalt

Vorbemerkung 4.1.2:

Die Vorbereitung der Privatklage steht der Tätigkeit im vorbereitenden Verfahren gleich.

Schrifttum: *Burhoff,* Rechtsanwalt stellt Strafanzeige: So erhalten Sie die Kosten erstattet, RVG prof. 2016, 75; *N. Schneider,* Die zusätzliche Verfahrensgebühr der VV 4141 RVG im Privatklageverfahren, RVG-B 2005, 156.

1 Zu § 94 **BRAGO** war in Rspr. und Lit. **umstritten,** ob und wie die zur Vorbereitung einer Privatklage erbrachten Tätigkeiten gebührenmäßig zu erfassen waren, da die BRAGO eine ausdrückliche Regelung dieser Frage nicht enthielt. Die hM hat diese Tätigkeiten denen der allgemeinen Tätigkeiten im vorbereitenden Verfahren gleichgestellt.[1] Diese Auffassung hat das RVG in VV Vorb. 4.1.2 RVG ausdrücklich übernommen.

2 Es kann also sowohl für den **Vertreter** des **Privatklägers,** der mit der Vorbereitung der Privatklage beschäftigt ist, als auch für den RA, der den **Privatbeklagten** verteidigen soll, die Verfahrensgebühr VV 4104 RVG entstehen. Die Verfahrensgebühr VV 4104 RVG erfasst sämtliche Tätigkeiten bis zur Einreichung der Privatklage beim Gericht (§ 381 StPO).[2] Dazu gehört aber nicht die Erstattung einer **Strafanzeige.** Dafür entsteht eine Gebühr nach VV 4302 Nr. 2 RVG, die nach VV Vorb. 4.3 Abs. 3 RVG ggf. auf die (spätere) Verfahrensgebühr VV 4104 RVG anzurechnen ist.[3]

3 Zusätzlich entstehen kann eine **Terminsgebühr** VV 4102 Nr. 5 RVG, wenn der RA an einem Sühnetermin nach § 380 StPO teilgenommen hat.[4*]

4 Wenn das Privatklageverfahren unter Vermeidung einer Hauptverhandlung eingestellt wird, entsteht die Gebühr **VV 4141 RVG.**[5*] Wird die Privatklage zurückgenommen, entsteht nach der Ergänzung von S. 2 in VV 4141 Anm. 1 RVG durch das 2. KostRMoG[6*] die VV 4141 Nr. 3 RVG.[7*]

[4] → RVG VV Teil 4 Einl. Rn. 9.

[5] → RVG VV Vorb. 4.1 Rn. 2 mwN zum früheren Streit in dieser Frage und auch zur früheren vertretenen aA; allg. zu den Angelegenheiten im Strafverfahren → RVG VV Teil 4 Einl. Rn. 19 ff.

[6] Zum Anfall der Dokumentenpauschale VV 7000 Nr. 1 RVG – sowohl im vorbereitenden Verfahren als auch im gerichtlichen Verfahren – OLG Frankfurt a. M. RVGreport 2015, 345 = StRR 2015, 315 = AGS 2015, 383 = DAR 2015, 674.

[7] → § 58 Rn. 54 ff.

[8] KG StV 2006, 198 = AGS 2006, 278 = RVGreport 2007, 180 = StV 2007, 476 (Ls.); OLG Jena Saarbrücken RVGreport 2014, 103 = RVG prof. 2014, 43; LG Hamburg BeckRS 2012, 08814; LG Karlsruhe 2.11.2005 – 2 Qs 26/05 – teilweise zur Grundgebühr; s. a. → RVG VV 4104, 4105 Rn. 9 ff.

[1] Vgl. die Nachw. bei Gerold/Schmidt/*v. Eicken/Madert,* BRAGO, 15. Aufl. 2002, BRAGO § 94 Rn. 5; Gebauer/Schneider/*N. Schneider* BRAGO § 94 Rn. 32; BT-Drs. 15/1971, 283.

[2] Burhoff/Volpert RVG/*Burhoff* VV Vorb. 4.1.2 Rn. 2.

[3] → RVG VV 4302 Rn. 7; Burhoff/Volpert RVG/*Burhoff* VV Vorb. 4.1.2 Rn. 2; s. a. *Burhoff* RVG prof. 2016, 75; Schneider/Wolf/*N. Schneider* RVG VV Vorb. 4.1.2 Rn. 5.

[4*] → RVG VV 4102 Rn. 17.

[5*] Eing. *N. Schneider* RVG-B 2005, 156.

[6*] → RVG VV Teil 4 Einl. Rn. 9.

[7*] → RVG VV 4141 Rn. 40 ff.

Nr.	Gebührentatbestand	Gebühr oder Satz der Gebühr nach § 13 oder § 49 RVG	
		Wahlanwalt	gerichtlich bestellter oder beigeordneter Rechtsanwalt
4104	Verfahrensgebühr ... Die Gebühr entsteht für eine Tätigkeit in dem Verfahren bis zum Eingang der Anklageschrift, des Antrags auf Erlass eines Strafbefehls bei Gericht oder im beschleunigten Verfahren bis zum Vortrag der Anklage, wenn diese nur mündlich erhoben wird.	44,00 bis 319,00 €	145,00 €
4105	Gebühr 4104 mit Zuschlag ...	44,00 bis 399,00 €	177,00 €

Schrifttum: S. die Hinweise bei → RVG VV Teil 4 Einl. Vor Rn. 1; → RVG VV Vorb. 4 Vor Rn. 1; → RVG VV Vorb. 4.1 Vor Rn. 1; und bei UAbschn. 2 → Vor Rn. 1.

Übersicht

I. Allgemeines

1 VV 4104 RVG bestimmt, **wann** der RA die Verfahrensgebühr für eine Tätigkeit im vorbereitenden Verfahren erhält. In der Anmerkung wird zudem geregelt, was das RVG unter dem Begriff „vorbereitendes Verfahren" versteht. Neben der Verfahrensgebühr VV 4104 RVG entsteht die Grundgebühr VV 4100 RVG. Der RA kann im vorbereitenden Verfahren auch noch eine Terminsgebühr VV 4102 RVG und ggf. die Befriedungsgebühr VV 4141 RVG verdienen. Auch die Gebühr VV 4142 RVG kann entstehen, wenn der RA im vorbereitenden Verfahren bereits eine auf Einziehung gerichtete Tätigkeit erbringt.[1]

II. Vorbereitendes Verfahren (Anm.)

2 Das vorbereitende Verfahren wird unterschieden von dem gerichtlich anhängigen Verfahren. Es **beginnt** mit dem **Zeitpunkt,** in dem von einer Behörde eine strafrechtliche Untersuchung eingeleitet wird, und dauert bis zum Beginn des gerichtlichen Verfahrens. Es fällt hierunter vor allem das Verfahren vor der Staatsanwaltschaft, besonders das in den §§ 158–177 StPO geregelte Ermittlungsverfahren. Es gehört aber auch das polizeiliche Ermittlungsverfahren zum vorbereitenden Verfahren, da das RVG und das Vergütungsverzeichnis nicht nur für die Tätigkeit des RA vor den Gerichten bzw. bei der Staatsanwaltschaft gilt. Es muss sich aber um ein Ermittlungsverfahren handeln, bei dem die Ergebnisse später an die Staatsanwaltschaft abzugeben sind. Sonst kann das polizeiliche Ermittlungsverfahren zu einem Bußgeldverfahren oder einem sonstigen Verwaltungsverfahren gehören. Steht nicht fest, ob wegen einer Straftat oder einer Ordnungswidrigkeit ermittelt wird, ist im Zweifel von Ermittlungen wegen einer Straftat auszugehen, und somit VV 4104 RVG anzuwenden.[2]

3 Das vorbereitende Verfahren **endet** mit der **Einstellung** des Verfahrens oder der Überleitung in das gerichtliche Verfahren.[3] Weshalb eingestellt wird, ist unerheblich. Auch vorläufige Einstellungen nach § 170 Abs. 2 StPO oder nach § 153a StPO, die eine Wiederaufnahme des Verfahrens ermöglichen, beenden zunächst das Verfahren. Werden die Ermittlungen später wie-

[1] Vgl. VV 4142 Anm. 3 RVG.

[2] Schneider/Wolf/*N. Schneider* RVG VV 4104, 4105 Rn. 5; Burhoff/Volpert RVG/*Burhoff* VV 4104 Rn. 3; Hartung/Schons/Enders/*Hartung* RVG VV 4104, 4105 Rn. 5; zur Abrechnung bei Wechsel zwischen Straf- und Bußgeldverfahren *N. Schneider* DAR 2015, 432.

[3] → Rn. 4.

der aufgenommen, erhält der RA wegen § 15 Abs. 2 RVG die Verfahrensgebühr VV 4104 RVG jedoch nicht noch einmal. Sind allerdings zwischen der vorläufigen Einstellung und der Wiederaufnahme mehr als zwei Jahre vergangen, gilt nach § 15 Abs. 5 S. 2 RVG das Verfahren nach Wiederaufnahme als neue Angelegenheit. Der RA erhält die Gebühren nach VV 4104 RVG erneut.[4]

4 Das vorbereitende Verfahren endet zudem mit dem **Eingang** der **Anklageschrift** oder des **Antrags** auf **Erlass** eines **Strafbefehls** beim (Erkenntnis)Gericht. Dadurch wird das Verfahren in das gerichtliche Verfahren übergeleitet. Nicht ausreichend ist der Eingang der Akten beim Beschwerdegericht (§ 306 Abs. 2 StPO) oder beim Ermittlungsrichter.[5] Im **beschleunigten Verfahren** endet das vorbereitende Verfahren nach dem eindeutigen Wortlaut der Vorschrift nicht schon mit der Einreichung des Antrags auf Verhandlung im beschleunigten Verfahren, sondern erst mit dem Beginn des Vortrags der Anklage in der Hauptverhandlung, wenn die Anklage nur mündlich erhoben wird;[6] ansonsten endet auch im beschleunigten Verfahren das vorbereitende Verfahren mit dem Eingang der Anklageschrift beim AG (§ 418 Abs. 1, 3 StPO).[7] Wird der RA erst nach dem Eingang der Anklageschrift beauftragt, entsteht für ihn keine VV 4104 RVG mehr. Etwas anderes gilt aber, wenn nach der nach Eingang der Anklageschrift bei Gericht erfolgten Auftragserteilung die Ermittlungen zunächst wieder aufgenommen, sie dann wieder abgeschlossen und unter Zurücknahme der ursprünglichen Anklageschrift ggf. eine neue Anklage erhoben wird. War der RA in dem Zwischenraum tätig, steht ihm die VV 4104 RVG zu.[8] Denn nimmt die Staatsanwaltschaft ihre Anklage zurück, versetzt sie damit das Verfahren in den Stand des Ermittlungsverfahrens zurück, mit der Folge, dass der RA, der vom Beschuldigten erst nach Anklageerhebung beauftragt worden ist, die Verfahrensgebühr VV 4104 RVG verdient.[9] Etwas anderes gilt auch, wenn ein Fall des § 15 Abs. 5 S. 2 RVG vorliegt.[10] Die **Rücknahme** der **ursprünglichen Anklage** und die Neueinreichung einer weitgehend inhaltsgleichen Anklage begründet aber keine neue Angelegenheit im gebührenrechtlichen Sinn mit der Folge, dass für den RA, der bereits vor Erhebung der ursprünglichen Anklage tätig war, die Verfahrensgebühr VV 4104 RVG noch einmal entstehen würde.[11]

5 Alle **Tätigkeiten** des RA, die **zeitlich nach** Eingang der Anklageschrift oder des Antrags auf Erlass eines Strafbefehles bei Gericht oder im beschleunigten Verfahren nach Vortrag der Anklageschrift liegen, werden nicht mehr durch die Gebühr VV 4104 RVG abgegolten. Diese Tätigkeiten gehören nach der Anm. 1 bereits zum gerichtlichen Verfahren und werden durch die Verfahrensgebühr im gerichtlichen Verfahren honoriert (zB VV 4106, 4112 RVG oder VV 4118 RVG).[12] Im **Strafbefehlsverfahren** gehört die Einlegung des Einspruchs gegen den Strafbefehl also bereits zum gerichtlichen Verfahren und löst die Verfahrensgebühr VV 4106 RVG aus.[13]

---

[4] Burhoff/Volpert RVG/*Burhoff* VV 4104 Rn. 5 f.; Schneider/Wolf/*N. Schneider* RVG VV 4104, 4105 Rn. 6; → RVG VV Teil 4 Einl. Rn. 25 f. mwN.

[5] AG Hof JurBüro 2011, 253 = AGS 2011, 68 = VRR 2011, 160 = RVGreport 2011, 262 mAnm *Burhoff.*

[6] Burhoff/Volpert RVG/*Burhoff* VV 4104 Rn. 5; zur Hauptverhandlung im beschleunigten Verfahren Burhoff StrafRHV-HdB Rn. 759 ff.

[7] Burhoff/Volpert RVG/*Burhoff* VV 4104 Rn. 6.

[8] LG Berlin RVGreport 2017, 106 = AGS 2017, 80 = RVG prof. 2017 142 für Rücknahme der Anklage nach Einspruch gegen Strafbefehl; LG Oldenburg 25.6.2008 – 5 Qs 230/08; LG Nürnberg-Fürth 13.10.2020 – 7 Qs 56/20; AG Gießen RVGreport 2016, 348 = AGS 2016, 394 = RVG prof. 2017, 62; AG Passau 13.8.2019 – 5 Ds 25 Js 1540/17 jug [2] für Akteneinsicht und Beantragung der Kostengrundentscheidung nach Einstellung.

[9] LG Berlin RVGreport 2017, 106 = AGS 2017, 80 = RVG prof. 2017 142; LG Oldenburg 25.6.2008 – 5 Qs 230/08; AG Gießen AGS 2016, 394; ebenso für Strafbefehlsantrag LG Nürnberg-Fürth 13.10.2020 – 7 Qs 56/20.

[10] Burhoff/Volpert RVG/*Burhoff* VV 4104 Rn. 9 f. mit Bsp.

[11] OLG Jena Düsseldorf NStZ-RR 2014, 359 = RVGreport 2015, 64 = AGS 2015, 124; OLG Köln AGS 2010, 175 = JurBüro 2010, 362; unzutreffend aA LG Duisburg AGS 2011, 596 = RVGreport 2011, 419 = StRR 2012, 40 = RVG prof. 2011, 186.

[12] Burhoff/Volpert RVG/*Burhoff* VV 4104 Rn. 7; Hartung/Schons/Enders/*Hartung* RVG VV 4104, 4105 Rn. 7.

[13] OLG Jena Hamm AGS 2002, 34 mAnm *Madert* = Rpfleger 2002, 95; AG Meinerzhagen NStZ-RR 2002, 63; Burhoff/Volpert RVG/*Burhoff* VV 4104 Rn. 11; zur Abrechnung im Strafbefehlsverfahren Burhoff/Volpert RVG/*Burhoff* Teil A Rn. 1978.

III. Abgeltungsbereich

Die Verfahrensgebühr VV 4104 RVG entsteht „für das **Betreiben** des **Geschäfts** einschließlich der Information" (vgl. VV Vorb. 4 Abs. 2 RVG).[14] Also gilt die Gebühr die gesamte Tätigkeit des RA im vorbereitenden Verfahren mit Ausnahme der (besonderen) Tätigkeiten, die durch die Grundgebühr nach VV 4100 RVG[15] und ggf. durch die Gebühr für die Teilnahme an den in VV 4102 RVG genannten Terminen[16] abgegolten werden, ab. Die vom RA erbrachte Tätigkeit muss aber nicht gegenüber der Staatsanwaltschaft bzw. dem Gericht erbracht worden sein bzw. sich nicht aus der Akte ergeben.[17] Die Verfahrensgebühr entsteht für alle Tätigkeiten des RA, also zB auch für Besprechungen/Telefonate mit dem Mandanten oder Mitverteidigern, die sich gerade nicht aus der Verfahrensakte ergeben. Sie entsteht mit der ersten Tätigkeit, die der RA aufgrund des Auftrags, die Verteidigung im Ganzen zu übernehmen, erbringt. Auf die Wertigkeit/den Umfang dieser Tätigkeit kommt es für das Entstehen der Gebühr nicht an,[18] das ist ein Problem des § 14 Abs. 1 S. 1 RVG. 6

Zu den **erfassten Tätigkeiten** zählen:[19] Der gesamte Schriftverkehr mit dem eigenen Auftraggeber, mit Dritten, mit der Staatsanwaltschaft und dem Gericht, weitere Akteneinsicht und eigene Ermittlungen des RA, Besprechungen mit sonstigen Verfahrensbeteiligten, Tätigkeit im Rahmen des Versuchs einer Einstellung des Verfahrens, im Rahmen des Täter-Opfer-Ausgleiches, Verhandlungen mit der Staatsanwaltschaft und/oder des Gerichtes über den Erlass eines Strafbefehles oder über eine Verständigung/Absprache, allgemeine Vorbereitungen von (Vernehmungs)Terminen nach VV 4102 RVG, von Haftprüfungsterminen,[20] allgemeine Vorbereitung der Hauptverhandlung, Wiedereinsetzungsanträge[21] und Tätigkeiten in **Beschwerdeverfahren**[22] sowie **Anträge** auf **gerichtliche Entscheidung** und/oder sonstige Rechtsmittel, ua im Zusammenhang mit Akteneinsichtsanträgen des Beschuldigten,[23] sowie Tätigkeiten im „Klageerzwingungsverfahren".[24] Auch ein Antrag nach Einstellung des Verfahrens, bei der Polizei gespeicherte Dateien zu löschen, wird noch von der VV 4104 RVG abgegolten.[25] Nicht erfasst wird aber die Tätigkeit des RA die sich gegen eine polizeiliche Anordnung nach § 81b Alt. 2 StPO richtet, da es sich insoweit nicht (mehr) um eine Tätigkeit des RA im eigentlichen Strafverfahren handelt. Dafür entsteht dann eine Gebühr nach VV Teil 2 RVG.[26] 7

IV. Verfahrensgebühr bei Verbindung und Trennung

Verbindung oder Trennung von Verfahren haben auf bis dahin bereits entstandene Gebühren **keinen Einfluss.**[27] Werden mehrere Ermittlungsverfahren miteinander verbunden, bleiben also bis dahin in den zu verbindenden Verfahren bereits entstandene Verfahrensgebühren VV 4104 RVG dem RA erhalten. Im verbundenen/führenden Verfahren entsteht aber keine neue Ver- 8

---

14 → RVG VV Vorb. 4 Rn. 13 f.; zum Abgeltungsbereich der Verfahrensgebühr allg. *Burhoff* RVGreport 2009, 443; RENOpraxis 2011, 126; RVG prof. 2013, 176.

15 → RVG VV 4100 Rn. 9 ff.

16 S. die Erläuterungen bei VV 4102 RVG.

17 → RVG VV Vorb. 4 Rn. 10; Burhoff/Volpert RVG/*Burhoff* VV Vorb. 4 Rn. 39 mwN.

18 Burhoff/Volpert RVG/*Burhoff* VV 4104 Rn. 13; aA AG Koblenz NStZ-RR 2006, 288 = JurBüro 2006, 366; AG Andernach AGS 2012, 234.

19 Vgl. den Katalog bei Burhoff/Volpert RVG/*Burhoff* VV 4104 Rn. 14, Schneider/Wolf/*N. Schneider* RVG VV 4104, 4105 Rn. 20; OLG Schleswig RVGreport 2017, 173.

20 AG Tiergarten StraFo 2012, 117.

21 *Burhoff* StRR 2012, 172; Burhoff/Kotz StrafR-Rechtsmittel-HdB/*Burhoff* Teil D Rn. 752.

22 §§ 17 Nr. 1, 19 Abs. 1 S. 2 Nr. 10a; die Nachw. aus der Rspr. (zur neuen und zur früheren Rechtslage) bei → RVG VV Vorb. 4 Fn. 71; s. a. Burhoff/Volpert RVG/*Volpert* Teil A Rn. 550 ff.; Burhoff/Kotz StrafR-Rechtsmittel-HdB/*Burhoff* Teil D Rn. 130; *Volpert* VRR 2006, 453; *Burhoff* RVGreport 2012, 12; RVG prof. 2014, 30.

23 *Burhoff* VRR 2013, 213 = StRR 2013, 294; RVG prof. 2013, 88; RVGreport 2012, 213; für das Bußgeldverfahren LG Wuppertal AGS 2019, 254 = DAR 2019, 477 = RVG prof.. 2019, 21 = VRR 2/2019, 15 = RVGreport 2019, 146; unzutreffend aA AG Senftenberg AGS 2013, 231 = VRR 2013, 239 = StRR 2013, 319 und LG Potsdam NStZ-RR 2014, 126 = AGS 2014, 171 = StRR 2014, 277 = JurBüro 2014, 316 = RVGreport 2014, 347 für einen Antrag nach § 98 Abs. 2 StPO.

24 *Burhoff* RVG prof. 2014, 216 mwN; *Burhoff* RVG prof. 2015, 14; RVGreport 200 2016, 2; Burhoff/Kotz StrafR-Rechtsmittel-HdB/*Burhoff* Teil D Rn 252.

25 *Burhoff* RVGreport 2013, 43.

26 *Burhoff* RVGreport 2013, 43.

27 Wegen der Einzelheiten → RVG VV Vorb. 4 Rn. 20 ff.; *Burhoff* RVGreport 2008, 405; RVGreport 2008, 444; RVG prof. 2012, 189; 2012, 213; *Enders* JurBüro 2007, 383.

fahrensgebühr VV 4104 RVG, denn das ist keine neue Angelegenheit iSv § 15 RVG.[28] Allerdings wird die größere Bedeutung des Verfahrens bei der Gebührenbemessung der Verfahrensgebühr im führenden Verfahren iRd § 14 Abs. 1 RVG eine Rolle spielen (müssen).[29]

V. Höhe der Gebühr

9 Der **Wahlanwalt** erhält eine **Betragsrahmengebühr,** die unabhängig von der Ordnung des Gerichts ist, bei dem später das gerichtliche Verfahren stattfindet bzw. stattgefunden hätte. Die Verfahrensgebühr VV 4104 RVG beträgt 44,– EUR bis 319,– EUR, die Mittelgebühr beträgt 181,50 EUR.

10 Vertritt der RA **mehrere Auftraggeber,** zB mehrere Zeugen als Zeugenbeistand oder mehrere Nebenkläger, erhöht sich der Gebührenrahmen nach VV 1008 RVG.[30]

11 Bei der **Bemessung** der Höhe der Gebühr des **Wahlanwalts** sind über § 14 Abs. 1 S. 1 RVG die vom RA erbrachten Tätigkeiten, aber auch der Umfang und das Gewicht des Vorwurfs, der dem Mandanten gemacht wird, zu berücksichtigen.[31] Auszugehen ist von der Mittelgebühr.[32] Hat der RA nach Einarbeitung in das Verfahren keine über den Abgeltungsbereich der Grundgebühr hinausgehenden Tätigkeiten erbracht, ist die Verfahrensgebühr nur in Höhe der Mindestgebühr zu bemessen.[33] Die Frage der **Ordnung** des **Gerichts** hat bei der Bemessung der konkreten Verfahrensgebühr **keine Bedeutung.**[34] Das folgt schon daraus, dass der Gesetzgeber die VV 4104 RVG gerade nicht von der Ordnung des Gerichts abhängig gemacht hat.

12 Für den gerichtlich bestellten oder beigeordneten RA/Vertreter, also idR der **Pflichtverteidiger,** beträgt die Verfahrensgebühr 145,– EUR.

13 Reicht der Betragsrahmen nicht aus bzw. handelt es sich um eine „besonders schwieriges" bzw. „besonders umfangreiches" Verfahren kann die Bewilligung/Feststellung einer **Pauschgebühr** nach den §§ 42, 51 RVG in Betracht kommen.[35]

VI. Verfahrensgebühr mit Zuschlag (VV 4105 RVG)

14 Die Verfahrensgebühr entsteht mit Zuschlag, wenn der **Mandant** sich während des Zeitraums, für den die Verfahrensgebühr VV 4104 RVG entsteht, **nicht** auf **freiem Fuß** befindet. Insoweit kann wegen der Einzelheiten auf die Erläuterungen bei → RVG VV Vorb. 4 Rn. 44 ff. verwiesen werden.

15 Entscheidend ist, dass der Beschuldigte/Angeklagte während des vorbereitenden Verfahrens[36] irgendwann nicht auf freiem Fuß war. **Unerheblich** ist es, **wie lange** der Mandant nicht auf freiem Fuß ist.[37] Auch eine nur kurz andauernde vorläufige Festnahme lässt den Zuschlag entstehen.[38]

16 Die Verfahrensgebühr VV 4105 RVG beträgt 44,– EUR bis 399,00 EUR, die Mittelgebühr 221,50 EUR. Für den gerichtlich bestellten oder beigeordneten RA/Vertreter, idR also der **Pflichtverteidiger,** beträgt die Verfahrensgebühr mit Zuschlag 177,– EUR.

---

[28] → RVG VV Teil 4 Einl. Rn. 19 ff. und die vorstehenden Nachw.

[29] Vgl. das Bsp. bei Schneider/Wolf/*N. Schneider* RVG VV 4104, 4105 Rn. 24.

[30] OLG Jena Koblenz StraFo 2005, 526 = AGS 2005, 504 = JurBüro 2005, 589; → § 53a.

[31] Zu den Kriterien Burhoff/Volpert RVG/*Burhoff* VV 4104 Rn. 21; *Lissner* RVGreport 2013, 166; iÜ die bei den Literaturhinweisen angeführten Rechtsprechungsübersichten.

[32] KG StV 2006, 198 = AGS 2006, 73 (für die Terminsgebühr); OLG Bamberg RVGreport 2018, 172 = NStZ-RR 2018, 192 = RVGprofessionell 2018, 79 (Terminsgebühr); OLG Hamm StraFo 2007, 218 = Rpfleger 2007, 426 = JurBüro 2007, 309; OLG Köln RVGreport 2016, 452; AG Lüdinghausen RVGreport 2006, 183; AG Trier RVGreport 2005, 271.

[33] LG Hagen 23.4.2018 – 43 Qs 14/18.

[34] Zum Maßstab KG StV 2006, 198 = AGS 2006, 278 = RVGreport 2007, 180 = StV 2007, 476 (Ls.); OLG Jena Saarbrücken RVGreport 2014, 103 = RVG prof. 2014, 43; LG Hamburg BeckRS 2012, 08814; LG Karlsruhe 2.11.2005 – 2 Qs 26/05; eing. Burhoff/Volpert RVG/*Burhoff* VV 4104 Rn. 23.

[35] Burhoff/Volpert RVG/*Burhoff* VV 4104 Rn. 18 f.

[36] Zum Begriff → Rn. 2 ff.

[37] OLG Nürnberg AGS 2013, 15 = RVGreport 2013, 18 = VRR 2012, 479 = StRR 2013, 39 = RVG prof. 2013, 27.

[38] Ähnlich AG Heilbronn AGS 2006, 516.

Unterabschnitt 3. Gerichtliches Verfahren

Schrifttum: *Burhoff,* RVG: Abrechnung gerichtlicher Strafverfahren, RVG prof. 2004, 65; *Burhoff,* Abrechnungsbeispiele zum RVG Gerichtliches Verfahren I. Instanz, RVGreport 2004, 336; *Burhoff,* Die Verfahrensgebühr im Straf- bzw. Bußgeldverfahren, RVGreport 2009, 443; *Burhoff,* Die Terminsgebühr im Straf- bzw. Bußgeldverfahren, RVGreport 2010, 8; *Burhoff,* Die Verfahrensgebühr im Straf- bzw. Bußgeldverfahren, RENOpraxis 2011, 126; *Burhoff,* 25 Fragen und Antworten zur Terminsgebühr in Straf- und Bußgeldverfahren, RVG prof. 2013, 124; *Burhoff,* 25 Fragen und Antworten zur Verfahrensgebühr in Straf- und Bußgeldverfahren, RVG prof. 2013, 176; *Burhoff,* Kostenrechtliche Auswirkungen der Änderungen in der StPO 2017, RVGreport 2017, 402; *Enders,* Die Änderungen in der StPO 2017 und deren Auswirkungen auf die Vergütung des Verteidigers, JurBüro 2018, 564; s. a. die Hinweise bei → RVG Teil 4 Einl. Vor Rn. 1; → RVG VV Vorb. 4 Vor Rn. 1; → RVG VV Vorb. 4.1 Einl. Vor Rn. 1; und bei UAbschn. 2 → Einl. Vor Rn. 1.

Vorbemerkung

Übersicht

I. Allgemeines

1 An das vorbereitende Verfahren des UAbschn. 2 schließt das gerichtliche Verfahren an. Die in diesem ggf. entstehenden Gebühren sind in UAbschn. 3 geregelt. Das gerichtliche Verfahren ist in **verschiedene Rechtszüge** unterteilt, und zwar in die sog. Erste Instanz (VV 4108 ff. RVG), in den Berufungsrechtzug (VV 4124 ff. RVG) und in das Revisionsverfahren (VV 4130 ff. RVG).

II. Angelegenheit

2 Das gerichtliche Verfahren der ersten Instanz ist nach der ausdrücklichen Regelung durch das 2. KostRMoG[1] in § 17 Nr. 10a RVG gegenüber dem vorbereitenden Verfahren eine **eigene Angelegenheit** iSd § 15 RVG.[2] Es entsteht also nach VV 7002 Anm. 1 RVG sowohl im gerichtlichen Verfahren als auch im vorhergehenden vorbereitenden Verfahren die Postentgeltpauschale.[3] Die Regelung hat zudem Auswirkungen auf die Anrechnung von Vorschüssen/Zahlungen.[4]

III. Gebührenstruktur

3 UAbschn. 3 regelt die im gerichtlichen Verfahren entstehenden Gebühren. Das sind die Grundgebühr VV 4100 RVG, wenn der RA erst im gerichtlichen Verfahren den Auftrag erhält und sich erst dann einarbeitet, die gerichtliche **Verfahrensgebühr** und die **Terminsgebühr** für die Teilnahme des RA an der Hauptverhandlung.

4 **Daneben** können im gerichtlichen Verfahren die **allgemeinen Gebühren** aus VV Teil 1 entstehen[5] und die Gebühren aus UAbschn. 1, 5 sowie aus VV Teil 7 RVG, also:
- Terminsgebühr VV 4102 RVG,
- Zusätzliche Gebühr VV 4141 RVG,
- Zusätzliche Gebühr VV 4142 RVG,
- Zusätzliche Gebühr VV 4143 RVG,
- Auslagen nach VV 7000 ff. RVG.

5 Die Höhe der anwaltlichen Gebühren ist im **ersten Rechtszug** von der **Ordnung** des **Gerichts abhängig,** und zwar unterteilt in Verfahren beim Amtsgericht, beim Landgericht – Straf-/Jugendkammer – und in Schwurgericht, Jugendkammer als Schwurgericht, Wirt-

[1] → RVG VV Teil 4 Einl. Fn. 9.

[2] Vgl. die Ausführungen bei → RVG VV Vorb. 4.1 Rn. 2 mwN auch zum früheren Streit in dieser Frage und zur früher vertretenen aA.

[3] Zum Anfall der Dokumentenpauschale VV 7000 Nr. 1 RVG – sowohl im vorbereitenden Verfahren als auch im gerichtlichen Verfahren – OLG Frankfurt a. M. RVGreport 2015, 345 = StRR 2015, 315 = AGS 2015, 383 = DAR 2015, 674.

[4] → § 58 Rn. 54 ff.

[5] → RVG VV Teil 4 Einl. Rn. 11; AG Münster RVGreport 2007, 303 = AGS 2007, 350 mAnm *Volpert* für Täter-Opfer-Ausgleichs-Verhandlungen (VV 4102 Nr. 4 RVG) in einer Hauptverhandlungspause.

schaftsstraf- und Staatsschutzsachen (§§ 74a, 74c GVG) und erstinstanzliche Sachen beim Oberlandesgericht.

Erster Rechtszug

Einleitung

Schrifttum: S. die Hinweise bei → RVG VV Teil 4 Einl. Vor Rn. 1; → RVG VV Vorb. 4 Vor Rn. 1; → RVG VV 4104, 4104, 4106 Vor Rn. 1; → RVG VV 4108 Vor Rn. 1.

Übersicht

I. Allgemeines

1 Die Vergütung des RA im ersten Rechtszug des gerichtlichen Verfahrens ist in den VV 4106–4123 ff. RVG geregelt. Diese gelten für den RA, der als Verteidiger den vollen Verteidigungsauftrag erhalten hat. Hat der RA nicht den vollen Verteidigungsauftrag erhalten, sondern ist ihm nur eine **Einzeltätigkeit** im gerichtlichen Verfahren übertragen worden, gelten nicht die VV 4106 ff. RVG, sondern VV Teil 4 Abschn. 3 RVG. IdR erhält der RA jedoch den vollen Auftrag.[1]

II. Eigene Angelegenheit

2 Das gerichtliche Verfahren des ersten Rechtszugs ist gegenüber dem vorbereitenden Verfahren nach § 17 Nr. 10a RVG eine **eigene Angelegenheit** iSd § 15 RVG.[2]

III. Gebührenstruktur

3 Nach den VV 4106 ff. RVG kann der RA im gerichtlichen Verfahren der 1. Instanz eine **Verfahrensgebühr** und ggf. die **Terminsgebühr** für die Teilnahme an der Hauptverhandlung verdienen. Daneben können die in → RVG VV Teil 4 Abschn. 1 UAbschn. 3 Rn. 4 aufgeführten Gebühren verdient werden.

4 Die Gebühren entstehen im ersten Rechtszug in **unterschiedlicher Höhe,** und zwar je nachdem, ob das Verfahren beim Amtsgericht (VV 4106 ff. RVG), bei der Straf-/Jugendkammer des Landgerichts (VV 4112 ff. RVG) oder beim Oberlandesgericht, dem Schwurgericht, der Wirtschaftstraf- oder Staatsschutzkammer (VV 4118 ff. RVG) durchgeführt wird.

Nr.	Gebührentatbestand	Gebühr oder Satz der Gebühr nach § 13 oder § 49 RVG	
		Wahlanwalt	gerichtlich bestellter oder beigeordneter Rechtsanwalt
4106	Verfahrensgebühr für den ersten Rechtszug vor dem Amtsgericht	44,00 bis 319,00 €	145,00 €
4107	Gebühr 4106 mit Zuschlag	44,00 bis 399,00 €	177,00 €

Schrifttum: *Burhoff,* Die neue Verfahrensgebühr im Strafverfahren, RVGreport 2004, 127; *Burhoff,* Die Verfahrensgebühr in Straf- bzw. Bußgeldverfahren, RVGreport 2009, 443; *Burhoff,* Die Verfahrensgebühr im Straf- bzw. Bußgeldverfahren, RENOpraxis 2011, 126; *Burhoff,* Die Abrechnung von Beschwerden in Straf- und Bußgeldsachen, RVGreport 2012, 12; *Burhoff,* Die Abrechnung (förmlicher/formloser) Rechtsbehelfe im Straf- und Bußgeldverfahren, StRR 2012, 172; *Burhoff,* Die Abrechnung (förmlicher/formloser) Rechtsbehelfe im Straf- und Bußgeldverfahren, RVGreport 2013, 212; *Burhoff,* 25 Fragen und Antworten zur Verfahrensgebühr in Straf- und Bußgeldverfahren, RVG prof. 2013, 176; *Burhoff,* Straf- und Bußgeldsachen: Besonderheiten für die Beschwerdeabrechnung, RVG prof. 2014, 30; *Burhoff,* Kostenrechtliche Auswirkungen der Änderungen in der StPO 2017,

[1] Vgl. die Nachw. bei → RVG VV Teil 4 Einl. Rn. 7.
[2] → RVG VV Vorb. 4.1 Rn. 2 mwN auch zur früher teilweise aA.

RVGreport 2017, 402; *Volpert,* Die Vergütung im Beschwerdeverfahren in Straf- und Bußgeldsachen, VRR 2006, 453; s. a. die Hinweise bei → RVG VV Teil 4 Einl. Vor Rn. 1; → RVG VV Vorb. 4 Vor Rn. 1; → RVG VV Vorb. 4.1 Vor Rn. 1; und bei UAbschn. 3 → Vor Rn. 1.

Übersicht

I. Allgemeines

VV 4106 RVG regelt, **wann** der RA im **gerichtlichen Verfahren** eine **Verfahrensgebühr** 1
erhält.[1] Neben der VV 4106 RVG kann der RA im gerichtlichen Verfahren allerdings auch (noch) die Grundgebühr VV 4100 RVG verdienen, wenn er nämlich erst im gerichtlichen Verfahren den Verteidigungsauftrag erhält und sich in den Rechtsfall einarbeitet. Außerdem können noch eine Terminsgebühr für die Teilnahme an der Hauptverhandlung sowie eine Terminsgebühr VV 4102 RVG und ggf. die zusätzliche Verfahrensgebühr/Befriedungsgebühr VV 4141 RVG anfallen. Auch die Gebühr VV 4142 RVG kann entstehen, wenn der RA im gerichtlichen Verfahren eine auf Einziehung gerichtete Tätigkeit erbringt.[2] Außerdem kann der RA die Gebühr VV 4143 RVG verdienen.

II. Gerichtliches Verfahren

Das gerichtliche Verfahren **beginnt,** wie aus der Legaldefinition in der Anm. zu VV 4104 2
RVG[3] folgt,

- mit dem Eingang der Anklageschrift bei Gericht; nicht ausreichend ist es, wenn im Lauf des vorbereitenden Verfahrens die Akte zB zur Entscheidung über eine Beschwerde beim Gericht eingeht;[4] damit beginnt noch nicht das „gerichtliche Verfahren" iSd Anm. zu VV 4104 RVG, der Wortlaut der Anm. ist insoweit eindeutig,
- mit dem Eingang des Antrags auf Erlass eines Strafbefehls bei Gericht,
- im beschleunigten Verfahren mit dem Vortrag der Anklage, wenn diese nur mündlich gehalten wird, §§ 417 ff. StPO.[5]

Wird das amtsgerichtliche Urteil vom Oberlandesgericht aufgrund einer Sprungrevision 3
aufgehoben und das Verfahren Oberlandesgericht an das Amtsgericht **zurückverwiesen,** gilt § 34a StPO. Da die Entscheidung des Oberlandesgerichts nicht mehr mit einem Rechtsmittel angegriffen werden kann und somit durch die Entscheidung unmittelbar die Rechtskraft herbeigeführt wird, gilt nach § 34a StPO die Rechtskraft als mit Ablauf des Tages der Beschlussfassung eingetreten. In dem Zeitpunkt ist dann also das Verfahren wieder beim Amtsgericht als erstinstanzliches Verfahren anhängig.[6]

Voraussetzung für das Entstehen der gerichtlichen Verfahrensgebühr ist, dass der RA eine 4
Tätigkeit erbringt. Zwar beginnt das gerichtliche Verfahren mit dem Eingang der Akten bei dem Gericht. Dies bedeutet jedoch nicht, dass zugleich auch die entsprechende Verfahrensgebühr entsteht. Hierfür ist vielmehr eine anwaltliche Tätigkeit während des gerichtlichen Verfahrens erforderlich.[7] **Abgegolten** werden alle Tätigkeiten des Anwalts, die jeweils nach einem

[1] Allg. zur Verfahrensgebühr → RVG VV Vorb. 4 Rn. 9 ff.; Burhoff/Volpert RVG/*Burhoff* VV Vorb. 4 Rn. 35 ff.; *Burhoff* RVGreport 2009, 443; RENOpraxis 2011, 126; RVG prof. 2013, 176.

[2] Vgl. die Anm. 3 zu VV 4142 RVG.

[3] → RVG VV 4104, 4105 Rn. 2.

[4] AG Hof JurBüro 2011, 253 = AGS 2011, 68 = RVGreport 2011, 262 = VRR 2011, 160 für die Beschwerde gegen einen § 111a-StPO-Beschluss.

[5] Burhoff/Volpert RVG/*Burhoff* VV 4106 Rn. 2.

[6] Burhoff/Volpert RVG/*Burhoff* VV 4124 Rn. 3 f. mit Bsp. für das Berufungsverfahren.

[7] Zutr. LG Berlin BeckRS 2012, 11923; LG Wuppertal RVGreport 2020, 221 = JurBüro 2020, 357.

der oa Ereignisse liegen.[8] Auch die Beratung über den Einspruch gegen den Strafbefehl und die Einlegung des Einspruchs gehören hierzu.[9] Ua die Verfahrensgebühr und nicht nur die VV 4302 Nr. 2 RVG entsteht, wenn der RA im Strafbefehlsverfahren nach § 408b StPO als Pflichtverteidiger beigeordnet wird.[10] Entgegen der Auffassung eines Teils der Rspr.[11] entsteht die Verfahrensgebühr für das gerichtliche Verfahren auch, wenn der RA erst im Hauptverhandlungstermin zum Verteidiger bestellt und am Ende des einzigen Hauptverhandlungstermins Rechtsmittelverzicht erklärt wird.[12] Auch das ist „Betreiben des Geschäfts" iSv VV Vorb. 4 Abs. 2 RVG.

5 Das gerichtliche Verfahren vor dem Amtsgericht **endet** mit dem Abschluss des ersten Rechtszuges. Das ist nicht schon die Verkündung des Urteils in der Hauptverhandlung oder die Einstellung des Verfahrens. Vielmehr werden auch darüber hinausgehende Tätigkeiten noch von der gerichtlichen Verfahrensgebühr erfasst. Dies kann zB die Beratung des Mandanten über die Einlegung eines Rechtsmittels sein. Auch die Einlegung des Rechtsmittels wird nach § 19 Abs. 1 S. 2 Nr. 10 RVG noch von der gerichtlichen Verfahrensgebühr erfasst.[13]

III. Abgeltungsbereich

1. Persönlich

6 Für den persönlichen Abgeltungsbereich gelten die allgemeinen Regeln.[14] Die gerichtliche Verfahrensgebühr steht also sowohl dem **Wahlanwalt** als auch dem **Pflichtverteidiger** sowie auch sonstigen Vertretern oder dem Beistand eines Verfahrensbeteiligten zu.

7 Ist der RA als **„Terminsvertreter"** tätig, gilt: Ist dem RA die Tätigkeit nur als eine Einzeltätigkeit iSv VV Teil 4 Abschn. 3 RVG übertragen worden, erhält er für seine Tätigkeit keine Verfahrensgebühr VV 4106 RVG, sondern nur eine Gebühr VV 4301 Nr. 4 RVG. Ist der RA allerdings (auch) Verteidiger, steht ihm die Verfahrensgebühr nach VV 4106 RVG zu. Die Ausführungen zum Anfall der Grundgebühr beim Terminsvertreter gelten entsprechend.[15]

2. Sachlich

8 Abgegolten wird durch die Verfahrensgebühr die **gesamte Tätigkeit** des RA im Strafverfahren des ersten Rechtszugs vor dem AG nach Abschluss des vorbereitenden Verfahrens.[16] Ausgenommen sind Tätigkeiten, für die besondere Gebühren vorgesehen sind, wie zB die Grundgebühr VV 4100 RVG, die Terminsgebühr für die Hauptverhandlung VV 4108, 4109 RVG und die Terminsgebühr für Termine außerhalb der Hauptverhandlung nach VV 4102 RVG.

9 **Entgolten** werden iE zB folgende **Tätigkeiten:**[17] die Beratung des Auftraggebers, der gesamte schriftliche oder mündliche Verkehr mit dem Auftraggeber, der nicht mehr zur ersten Information, die durch die Grundgebühr VV 4100 RVG abgegolten wird,[18] gehört, der gesam-

---

[8] Burhoff/Volpert RVG/*Burhoff* VV 4106 Rn. 2 f.

[9] OLG Hamm Rpfleger 2002, 95; AG Meinerzhagen NStZ-RR 2002, 63; Burhoff/Volpert RVG/*Burhoff* VV 4104 Rn. 12, VV 4106 Rn. 33; zu den anwaltlichen Gebühren im Strafbefehlsverfahren *Burhoff* RVGreport 2008, 201; Burhoff/Volpert RVG/*Burhoff* Teil A Rn. 2047 ff.

[10] (Inzidenter) OLG Celle StraFo 2011, 291 = JurBüro 2011, 481 = VRR 2011, 399 = NStZ-RR 2011, 295 (Ls.); OLG Düsseldorf AGS 2008, 343 = RVGreport 2008, 351 = StraFo 2008, 441 = JurBüro 2008, 587; (inzidenter) OLG Karlsruhe StraFo 2015, 36; OLG Köln AGS 2009, 481 = NStZ-RR 2010, 31 = StRR 2010, 68 = StV 2010, 68; OLG Oldenburg StraFo 2010, 430 = AGS 2010, 491 = NStZ-RR 2010, 391 = VRR 2011, 39 = RVGreport 2011, 24; OLG Oldenburg StV 2018, 152 (Ls.) = StRR 11/2017, 13 = VRR 12/2017, 14; unzutreffend aA LG Aurich RVG prof. 2009, 189 = RVG prof. 2009, 189 = VRR 2010, 79 = StRR 2010, 116.

[11] OLG Koblenz AGS 2005, 158 = JurBüro 2005, 199; AG Koblenz RVGreport 2004, 469 = AGS 2004, 448 für die Beiordnung in der Hauptverhandlung im Strafbefehlsverfahren.

[12] Wie hier LG Wuppertal RVGreport 2020, 221 = JurBüro 2020, 357; *N. Schneider* in den abl. Anm. zu AG Koblenz in AGS 2004, 449 bzw. *Hansens* in den abl. Anm. zu RVGreport 2004, 469; Burhoff/Volpert RVG/*Burhoff* VV 4106 Rn. 4; AnwKomm RVG/*N. Schneider* VV 4106, 4107 Rn. 5; Hartung/Römermann/Schons/*Hartung* RVG VV 4106, 4107 Rn. 12; sa Burhoff/Volpert RVG/*Burhoff* VV Vorb. 4 Rn. 40.

[13] Vgl. die Erläuterungen bei → § 19 Rn. 111 ff.; sa Burhoff/Volpert RVG/*Burhoff* VV 4106 Rn. 6, VV Vorb. 4.1 Rn. 39 ff.; ua KG NStZ 2017, 305 = RVGreport 2017, 237 = StraFo 2016, 513 = RVG prof. 2017, 153; OLG Jena JurBüro 2006, 365; OLG Schleswig SchlHA 2006, 299 Rechtsprechungsübersicht bei *Döllel/Dressen*.

[14] → RVG VV Vorb. 4 Rn. 3 ff.

[15] Abschn. 1 → Einl. Teil 4 Rn. 12; wie hier Burhoff/Volpert RVG/*Burhoff* VV 4106 Rn. 7.

[16] Zum Abgeltungsbereich der Verfahrensgebühr allg. → RVG VV Vorb. 4 Rn. 10 ff.; *Burhoff* RVGreport 2009, 443 ff.; RENOpraxis 2011, 126; RVG prof. 2013, 176.

[17] Burhoff/Volpert RVG/*Burhoff* VV 4106 Rn. 9; Schneider/Wolf/*N. Schneider* RVG VV 4106, 4107 Rn. 3 f.

[18] OLG München AGS 2014, 174 = StRR 2014, 271 = RVG prof. 2014, 133.

te schriftliche (Eingaben, Schriftsätze) oder mündliche (zB Vorsprachen) Verkehr mit der Polizei, der Staatsanwaltschaft oder dem Gericht, die (weitere) Akteneinsicht und die Fertigung von Notizen aus ihnen, die gesamte Tätigkeit im Haftprüfungsverfahren (ausschließlich der Teilnahme an Haftprüfungsterminen),[19] die Vorbereitung der Hauptverhandlung (zB vorherige Besichtigung des Tatorts), die Einlegung von Rechtsmitteln (vgl. §§ 17 Nr. 1, 19 Abs. 1 S. 2 Nr. 10 RVG) und ihre Begründung, soweit es sich nicht um Berufungs- oder Revisionsbegründungen handelt – diese gehören bereits zur nächsten Instanz,[20] insbes. auch **Anträge** auf **gerichtliche Entscheidung** und/oder sonstige förmliche/formlose Rechtsmittel.[21] Auch die Teilnahme an Terminen, für die besonderer Vernehmungsterminsgebühren in VV 4102 RVG nicht vorgesehen sind, wird ggf. von der gerichtlichen Verfahrensgebühr erfasst.[22] Dazu zählen insbes. Tätigkeiten nach den §§ 202a, 212 StPO, also die Teilnahme an Terminen zur Erörterungen des Standes des Verfahrens, ggf. zur Vorbereitung einer **Verständigung** nach § 257c,[23] oder sog. Abstimmungsgespräche nach § 213 Abs. 2 StPO.[24] Ebenso gehört die Rücknahme der Berufung oder Revision bereits zum nächsten Rechtszug, sowie die Feststellung, ob der Gegner ein Rechtsmittel eingelegt und ob er es wieder zurückgenommen hat, sowie die Mitteilung hiervon an den Auftraggeber.

Ferner werden durch VV 4106 RVG **abgegolten:**[25] Das Verfahren auf Bestellung eines Pflichtverteidigers; die Beratung über ein noch einzulegendes Rechtsmittel; Anträge auf Berichtigung des Urteils oder eines Beschlusses; **Beschwerdeverfahren**[26] mit Ausnahme der Erinnerung und Beschwerde gegen eine Kostenfestsetzung, VV Vorb. 4 Abs. 5 Nr. 1 RVG, und in der Zwangsvollstreckung VV Vorb. 4 Abs. 5 Nr. 2 RVG, Besuche in der Haftanstalt; das Haftprüfungsverfahren, wobei für die Teilnahme an Verhandlungen im Haftprüfungstermin zusätzlich die Gebühr nach VV 4102 RVG entsteht; die Entgegennahme und Weiterleitung gegnerischer Rechtsmittelschriften;[27] das Kostenfestsetzungsverfahren[28] mit Ausnahme der Erinnerung und Beschwerde (§ 19 Abs. 1 S. 2 Nr. 13 RVG); die Überprüfung der Kostenrechnung und des Kostenansatzes, mit Ausnahme der Erinnerung und Beschwerde gegen den Kostenansatz (VV Vorb. 4 Abs. 5 Nr. 1 RVG); das Verfahren über die Bewilligung und Aufhebung der Prozesskostenhilfe (§ 16 Nr. 2 RVG); Anträge auf **Wiedereinsetzung** in den vorherigen Stand. 10

IV. Verfahrensgebühr bei Verbindung/Trennung/(Zurück)Verweisung

Bei Verbindung und Trennung von Verfahren gelten die **allgemeinen Regeln,** dh, dass Verbindung oder Trennung von Verfahren auf bis dahin in diesen Verfahren bereits entstandenen Verfahrensgebühren keinen Einfluss haben.[29] Durch die **Verbindung** entsteht in dem verbundenen Verfahren eine bereits entstandene Verfahrensgebühr also nicht noch einmal. Im Fall der **Trennung** entsteht die Verfahrensgebühr in den abgetrennten Verfahren ggf. aber erneut.[30] Ver- 11

---

[19] AG Tiergarten StraFo 2012, 117.

[20] KG NStZ 2017, 305 = RVGreport 2017, 237 = StraFo 2016, 513 = RVG prof. 2017, 153; OLG Jena JurBüro 2006, 365; OLG Schleswig SchlHA 2006, 299; LG Osnabrück RVGreport 2019, 339 = JurBüro 2020, 24 = RVG prof. 2019, 180.

[21] *Burhoff* VRR 2013, 213; StRR 2012, 172; RVG prof. 2013, 88; RVGreport 2013, 213; StRR 2013, 294; LG Wuppertal AGS 2019, 254 = DAR 2019, 477 = RVG prof. 2019, 21 = VRR 2/2019, 15 = RVGreport 2019, 146; aA offenbar AG Senftenberg AGS 2013, 231 = VRR 2013, 239 für das Bußgeldverfahren.

[22] → RVG VV 4102, 4103 Rn. 5 mwN aus der Rspr.

[23] Burhoff/Volpert RVG/*Burhoff* Teil A Rn. 2514; KG RVGreport 2012, 298 = AGS 2012, 388; OLG Köln RVGreport 2015, 108 = StRR 2015, 158 = NStZ-RR 2014, 392 (Ls.) = AGS 2015, 329; OLG Saarbrücken RVGreport 2012, 66 = StRR 2011, 483 = NStZ-RR 2011, 391 (Ls.) = RVG prof. 2012, 43 = JurBüro 2011, 524; LG Essen, AGS 2012, 390; aA AG Freiburg AGS 2011, 69 = RVGreport 2011, 65 = StRR 2011, 123, das für die Teilnahme des RA an einem Erörterungstermin nach § 202a S. 1 StPO eine Gebühr entsprechend VV 4102 Nr. 1, 3 RVG gewährt hat; vgl. wegen weiterer Rechtsprechungsnachweise → RVG VV 4102, 4203 Rn. 5 mwN zur zutreffenden hM.

[24] *Burhoff* RVGreport 2017, 402 (404); *Enders* JurBüro 2018, 564 (567).

[25] Schneider/Wolf/*N. Schneider* RVG VV 4106, 4107 Rn. 3 f.

[26] Vgl. die Nachw. aus der Rspr. bei VV Vorb. 4 Fn. 63; s. a. Burhoff/Volpert RVG/*Burhoff* Teil A Rn. 550 ff.; *Volpert* VRR 2006, 453; *Burhoff* RVGreport 2012, 12; RVG prof. 2014, 30; → RVG VV Teil 4 Einl. Rn. 42 f.

[27] OLG Düsseldorf AnwBl 1976, 178.

[28] LG Koblenz JurBüro 2010, 32.

[29] IE → RVG VV Vorb. 4 Rn. 36 ff.

[30] Eing. mit Beispielen Burhoff/Volpert RVG/*Burhoff* VV 4106 Rn. 11 ff., *Burhoff* RVGreport 2008, 405; RVGreport 2008, 444; RVG prof. 2012, 189; RVG prof. 2013, 213; Schneider/Wolf/*N. Schneider* RVG VV 4106, 4107 Rn. 8 f.; s. a. *Enders* JurBüro 2007, 383.

bindung und Trennung können über § 14 Abs. 1 S. 1 RVG Einfluss auf die Höhe der Gebühren in den verbundenen/getrennten Verfahren haben.

12 Wird das Verfahren vom Rechtsmittelgericht **zurückverwiesen,** entsteht die gerichtliche Verfahrensgebühr nach § 21 Abs. 1 RVG erneut.[31]

V. Höhe der Gebühr

13 Der **Wahlanwalt** erhält eine Betragsrahmengebühr. Die Verfahrensgebühr VV 4106 RVG beträgt 44,– EUR bis 319,– EUR, die Mittelgebühr 181,50 EUR.

14 Vertritt der RA **mehrere Auftraggeber,** zB mehrere Zeugen als Zeugenbeistand oder mehrere Nebenkläger, erhöht sich der Gebührenrahmen nach VV 1008 RVG.[32]

15 Bei der **Bemessung** der Höhe der Gebühr sind beim Wahlanwalt über § 14 Abs. 1 S. 1 RVG alle vom RA erbrachten Tätigkeiten zu berücksichtigen.[33] Auszugehen ist von der Mittelgebühr.[34]

16 Für den gerichtlich bestellten oder beigeordneten RA, also idR den **Pflichtverteidiger,** beträgt sie 145,– EUR.

17 Reicht der Betragsrahmen nicht aus und handelt es sich um ein „besonders schwieriges" oder „besonders umfangreiches" Verfahren kann die Bewilligung/Feststellung einer **Pauschgebühr** nach den §§ 42, 51 RVG in Betracht kommen.[35]

VI. Gebühr mit Zuschlag (VV 4107 RVG)

18 Die Verfahrensgebühr entsteht mit Zuschlag, wenn der **Mandant** sich während des Zeitraums, für den die Verfahrensgebühr VV 4106 RVG entsteht, **nicht** auf **freiem Fuß** befindet. Insoweit kann wegen der Einzelheiten auf die Erläuterungen bei → RVG VV Vorb. Rn. 44 ff. verwiesen werden.

19 Entscheidend ist, dass der Beschuldigte/Angeklagte während des gerichtlichen Verfahrens beim AG **irgendwann** nicht auf freiem Fuß war. Das ist zB auch der Fall, wenn der Angeklagte ggf. erst am Schluss der Hauptverhandlung in Haft genommen wird. Denn auch das ist noch Teil des gerichtlichen Verfahrens.[36] **Unerheblich** ist es, **wie lange** der Mandant nicht auf freiem Fuß ist.[37] Auch eine nur kurz andauernde vorläufige Festnahme lässt den Zuschlag entstehen.[38]

20 Die Gebühr VV 4107 RVG **beträgt** für den Wahlanwalt 44,– EUR bis 399,– EUR, die Mittelgebühr 221,50 EUR. Für den gerichtliche bestellten oder beigeordneten RA, idR den Pflichtverteidiger, beträgt die Verfahrensgebühr mit Zuschlag 177,– EUR.

Nr.	Gebührentatbestand	Gebühr oder Satz der Gebühr nach § 13 oder § 49 RVG	
		Wahlanwalt	gerichtlich bestellter oder beigeordneter Rechtsanwalt
4108	Terminsgebühr je Hauptverhandlungstag in den in Nummer 4106 genannten Verfahren	77,00 bis 528,00 €	242,00 €
4109	Gebühr 4108 mit Zuschlag	77,00 bis 660,00 €	295,00 €
4110	Der gerichtlich bestellte oder beigeordnete Rechtsanwalt nimmt mehr als 5 und bis 8 Stunden an der Hauptverhandlung teil:		

[31] Burhoff/Volpert RVG/*Burhoff* VV 4106 Rn. 12 mit Bsp.; *Burhoff* RVGreport 2009, 8; RVG prof. 2013, 50; sa OLG Koblenz JurBüro 2019, 630 = RVGreport 2020, 92; AG Wernigerode RVGreport 2015, 137 = AGS 2015, 224.

[32] OLG Celle NdsRpfl 2007, 351 = RVGreport 2008, 144; OLG Düsseldorf AGS 2010, 71 = JurBüro 2010, 33 = RVG prof. 2010, 6; OLG Koblenz StraFo 2005, 526 = AGS 2005, 504 = JurBüro 2005, 589; LG Hamburg RVGreport 2011, 134 = RVG prof. 2010, 80; aA Hamburg NStZ-RR 2011, 64 (Ls.) = wistra 2011, 120; → RVG VV 1008 Rn. 159.

[33] Zu den Kriterien s. a. Burhoff/Volpert RVG/*Burhoff* VV 4104 Rn. 21; *Lissner* RVGreport 2013, 166; vgl. zur konkreten Bemessung der Verfahrensgebühr iÜ die bei den Literaturhinweisen aufgeführten Rechtsprechungsübersichten zu § 14.

[34] Zur Bemessung der Verfahrensgebühr vgl. die Nachw. bei → RVG VV Vorb. 4 Rn. 15 ff.

[35] Burhoff/Volpert RVG/*Burhoff* VV 4104 Rn. 18 f.

[36] Burhoff/Volpert RVG/*Burhoff* VV 4107 Rn. 3, s. a. → Rn. 5; → RVG VV Vorb. 4 Rn. 46 mwN.

[37] OLG Nürnberg AGS 2013, 15 = RVGreport 2013, 18 = StRR 2013, 39 = RVG prof. 2013, 27.

[38] Ähnlich AG Heilbronn AGS 2006, 516.

Nr.	Gebührentatbestand	Gebühr oder Satz der Gebühr nach § 13 oder § 49 RVG	
		Wahlanwalt	gerichtlich bestellter oder beigeordneter Rechtsanwalt
	Zusätzliche Gebühr neben der Gebühr 4108 oder 4109		121,00 €
4111	Der gerichtlich bestellte oder beigeordnete Rechtsanwalt nimmt mehr als 8 Stunden an der Hauptverhandlung teil: Zusätzliche Gebühr neben der Gebühr 4108 oder 4109		242,00 €

Schrifttum: *Burhoff,* Die neue Terminsgebühr im Strafverfahren, RVGreport 2004, 177; *Burhoff,* Abrechnungsbeispiele zum RVG Gerichtliches Verfahren I. Instanz, RVGreport 2004, 336; *Burhoff,* Der Längenzuschlag auf die Terminsgebühr für den Pflichtverteidiger, RVGreport 2006, 1; *Burhoff,* Die Terminsgebühr in Straf- bzw. Bußgeldverfahren, RVGreport 2010, 3; *Burhoff,* Die Terminsgebühr im Straf- bzw. Bußgeldverfahren, RENOpraxis 2011, 198; *Burhoff,* 25 Fragen und Antworten zur Terminsgebühr in Straf- und Bußgeldverfahren, RVG prof. 2012, 124; *Burhoff,* Kostenrechtliche Auswirkungen der Änderungen in der StPO 2017, RVGreport 2017, 402; *Burhoff,* Geplante Änderungen bei der Anwaltsvergütung durch das KostRÄG 2021 – Teil 2, RVGreport 2020, 402; *Burhoff,* Änderungen bei der Verteidigervergütung durch das KostRÄG 2021, StRR 1/2021, 5; *Burhoff,* Änderungen bei der Vergütung der Verteidiger/Rechtsanwälte in Straf- und Bußgeldsachen durch das KostRÄG 2021, StraFo 2021, 8; *Burhoff,* Änderungen bei der Vergütung der Verteidiger/Rechtsanwälte in Straf- und Bußgeldsachen durch das KostRÄG 2021, S. 1815; *Burhoff,* Änderungen bei der Vergütung der Verteidiger/Rechtsanwälte durch das KostRÄG 2021 betreffend Teile 4 und 5 VV, AGS 2021, 49; *Enders,* Die Änderungen in der StPO 2017 und deren Auswirkungen auf die Vergütung des Verteidigers, JurBüro 2018, 564; *Fromm,* Gebührentechnische Überlegungen zum Längenzuschlag im Strafverfahren, JurBüro 2014, 564; *Klüsener,* Gesetz zur Änderung des Justizkosten- und des Rechtsanwaltsvergütungsrecht (Kostenrechtsänderungsgesetz) 2021 – KostRÄG 2021, JurBüro 2020, 505; *Kotz,* Das Leid mit dem Längenzuschlag Aspekte zu VV 4110 f., 4122 f., 4128 f., 4134 f. RVG, NStZ 2009, 414; *H. Schneider,* Längenzuschlag des Pflichtverteidigers in Strafsachen, JurBüro 2018, 225; *N. Schneider,* KostRÄG 2021 – das neue Übergangsrecht nach § 60 RVG, ZAP 24 S. 1782; *N. Schneider,* KostRÄG 2021: Das neue Übergangsrecht nach § 60 RVG, AGS 2021, 1; *Volpert,* Kostenrechtsänderungsgesetz 2021 – Die wichtigsten geplanten Änderungen im RVG, AGS 2020, 445; *Volpert,* KostRÄG 2021: Neues Übergangsrecht in Strafsachen nach § 60 RVG, StRR 2/2021, 5; *Winkler,* Die Zeit – kein Bewertungskriterium des § 14 RVG? – Anmerkung zu LSG Niedersachsen-Bremen AGS 2019, 461, AGS 2019, 549; s. a. die Hinweise bei → RVG VV Teil 4 Einl. Vor Rn. 1; → RVG VV Vorb. 4 Vor Rn. 1; → RVG VV Vorb. 4.1 Einl. Vor Rn. 1.

Übersicht

I. Allgemeines

1 In VV 4108 ff. RVG ist die Terminsgebühr für die **Teilnahme** des RA an der **Hauptverhandlung** in den amtsgerichtlichen Verfahren (§§ 24 ff. GVG) geregelt. Für diese gelten grds. die allgemeinen Ausführungen zur Terminsgebühr in VV Vorb. 4 Abs. 3 RVG.[1] Der RA erhält die Hauptverhandlungsterminsgebühr nach VV Vorb. 4 Abs. 3 S. 2 RVG auch, wenn er zu einem Hauptverhandlungstermin erscheint, der Termin aber aus Gründen, die er nicht zu vertreten hat, nicht stattfindet (sog. „geplatzter Termin").[2]

2 Die Terminsgebühr entsteht für **alle Hauptverhandlungstermine** in gleicher Höhe. Es wird nicht zwischen dem ersten Hauptverhandlungstermin, Fortsetzungsterminen und/oder einem nach Aussetzung der Hauptverhandlung erneuten ersten Hauptverhandlungstermin unterschieden. Der gerichtliche bestellte oder beigeordnete RA, also idR der Pflichtverteidiger, erhält, wenn er an besonders langen Hauptverhandlungsterminen teilnimmt, sog. „Längenzuschläge".[3]

II. Terminsgebühr für die Hauptverhandlung (VV 4108 RVG)

1. Hauptverhandlungstermin

3 Die amtsgerichtliche Terminsgebühr entsteht, wenn ein Hauptverhandlungstermin beim AG **stattgefunden** und der RA daran **teilgenommen** hat. VV 4108 RVG spricht ausdrücklich von „Hauptverhandlungstag". Mehrere Hauptverhandlungstermine (in derselben Sache) an einem Tag führen also nur zu einer Terminsgebühr.[4] Das gilt aber nur, wenn die mehreren Termine in derselben gebührenrechtlichen Angelegenheit/in demselben Verfahren durchgeführt worden sind. Liegen, zB nach Abtrennung von Verfahren, verschiedene Angelegenheiten[5] vor, in denen dann jeweils noch eine Hauptverhandlung stattfindet, entsteht in jeder (unterschiedlichen) Angelegenheit eine Terminsgebühr.[6] Dasselbe gilt, wenn die Hauptverhandlung ausgesetzt und am selben Tag dann neu begonnen wird.[7] Auch der „Verkündungstermin" iSd § 268 StPO ist iÜ ein Hauptverhandlungstermin iSd RVG. Bei einem Erörterungstermin nach §§ 212, 202a StPO handelt es sich nicht um einen Hauptverhandlungstermin, so dass für die Teilnahme daran keine Terminsgebühr nach VV 4108 RVG entsteht.[8] Dasselbe gilt für ein Abstimmungsgespräch iSd des § 213 Abs. 2 StPO.[9]

2. Beginn der Hauptverhandlung

4 Die Hauptverhandlung beginnt nach § 243 Abs. 1 StPO mit dem **Aufruf** der Sache. Unterbleibt der Aufruf der Sache durch den Vorsitzenden, beginnt die Hauptverhandlung mit derjenigen Handlung des Gerichts, die den Beteiligten als erstes erkennbar macht, dass die Sache nunmehr verhandelt wird.[10] Die Hauptverhandlung hat daher auch dann begonnen, wenn der Vorsitzende nach dem Aufruf der Sache feststellt, dass der Angeklagte nicht erschienen ist und zB Haftbefehl ergeht oder dass die Zeugen ausgeblieben sind, und daraufhin sofort die Verta-

---

[1] → RVG VV Vorb. 4 Rn. 24 ff.; *Burhoff* RVGreport 2010, 3; RVG prof. 2012, 124.

[2] → RVG VV Vorb. 4 Rn. 39 ff.

[3] → Rn. 20 ff. und *Burhoff* RVGreport 2006, 1 ff.; *Fromm* JurBüro 2014, 564; *H. Schneider* JurBüro 2018, 224.

[4] LG Hannover JurBüro 1996, 190; Schneider/Wolf/*N. Schneider* RVG VV 4108–4111 Rn. 18, Burhoff/Volpert RVG/*Burhoff* VV 4108 Rn. 3.

[5] → RVG VV Vorb. 4 Rn. 33 mwN; *Burhoff* RVGreport 2008, 444.

[6] KG RVG prof. 2007, 139; LG Hamburg AGS 2020, 273 = JurBüro 2020, 354 = RVGreport 2020, 296; LG Itzehoe StraFo 2008, 92; unzutreffend aA ua LG Berlin 3.8.2007 – 518 Qs 36/07; → RVG VV Vorb. 4 Rn. 37.

[7] AG Cottbus RVGreport 2017, 61 = AGS 2017, 27.

[8] OLG Bremen NStZ-RR 2013, 128; LG Osnabrück JurBüro 2011, 483 = RVGreport 2012, 65 = StRR 2011, 483 = NStZ-RR 2011, 391 (Ls.), auch nicht nach VV 4114 RVG oder VV 4120 RVG oder analog VV 4102 RVG; s. a. → RVG VV 4102, 4103 Rn. 5; zur Abrechnung bei Verständigungen nach § 257c StPO s. *Burhoff* RVGreport 2010, 401.

[9] *Burhoff* RVGreport 2017, 402 (404).

[10] OLG Bremen NStZ-RR 2013, 128; OLG Dresden AGS 2009, 223 = NStZ-RR 2009, 128 = RVGreport 2009, 62; OLG Frankfurt a. M. RVGreport 2015, 462 = AGS 2015, 568 = NStZ-RR 2016, 128; OLG Karlsruhe Rpfleger 2005, 627; LG Düsseldorf RVGreport 2007, 108; LG Freiburg AnwBl 1995, 626; Burhoff/Volpert RVG/*Burhoff* VV 4108 Rn. 6; Burhoff StrafRHV-HdB Rn. 1803.

gung beschlossen wird.[11] Ebenfalls fällt die Gebühr an, wenn nach Aufruf der Sache (nur) der Einspruch gegen den Strafbefehl zurückgenommen wird.[12]

Dagegen findet **keine Hauptverhandlung** statt, wenn der Aufruf der Sache unterbleibt, weil zB der Vorsitzende erkrankt oder ein Schöffe nicht erschienen ist. Allerdings erhält der RA nach dem RVG auch für einen solchen „Hauptverhandlungstermin" eine Terminsgebühr, da es sich dann um einen Anwendungsfall der VV Vorb. 4 Abs. 3 S. 2 RVG handelt.[13] 5

Ein Termin vor dem **beauftragten** oder **ersuchten Richter** ist keine Hauptverhandlung, die Tätigkeit in einem solchen Termin ist somit Tätigkeit außerhalb der Hauptverhandlung. Für die Teilnahme an diesen Terminen entsteht eine Gebühr VV 4102 Nr. 1 RVG. Diese kann neben der Hauptverhandlungsterminsgebühr entstehen.[14] 6

3. Schluss der Hauptverhandlung

Gebührenrechtlich **endet** die Hauptverhandlung, wenn der Vorsitzenden nach der auf die Beratung folgenden Verkündung des Urteils (§ 260 StPO) und der anschließenden Rechtsmittelbelehrung die Verhandlung schließt. Das gebührenrechtliche Ende der Hauptverhandlung unterscheidet sich also von § 260 Abs. 1 StPO, wonach die Hauptverhandlung mit der Verkündung des Urteils endet.[15] Diese Unterscheidung ist im Hinblick auf einen Haftzuschlag nach VV Vorb. 4 Abs. 4 RVG von Bedeutung.[16] Danach entsteht der Zuschlag nämlich zB auch dann, wenn der Angeklagte zwar erst nach der Urteilsverkündung, aber noch vor der Rechtsmittelbelehrung festgenommen wird.[17] Die Hauptverhandlung kann ausnahmsweise auch mit dem Erlass eines Beschlusses enden, so zB im Fall der Einstellung des Verfahrens wegen Geringfügigkeit nach § 153 Abs. 2 StPO oder nach § 153a StPO oder der Verweisung an ein höheres zuständiges Gericht (§ 270 StPO). 7

4. Entstehen der Gebühr

Voraussetzung für das Entstehen der Hauptverhandlungsgebühr ist die **Anwesenheit** des RA in der Hauptverhandlung. Der RA muss keine besonderen Tätigkeiten entfalten oder Anträge stellen.[18] Seine bloße Anwesenheit als Verteidiger/Vertreter reicht also aus. Der RA muss auch nicht bis zum Schluss der Hauptverhandlung anwesend sein.[19] Der insoweit dann aber geringere Umfang der anwaltlichen Tätigkeit hat beim Wahlanwalt jedoch Einfluss auf die Höhe der Terminsgebühr.[20] 8

III. Abgeltungsbereich

1. Persönlich

Die Terminsgebühr VV 4108 RVG entsteht **nur** für den **Wahlanwalt** und den gerichtlich bestellten oder **beigeordneten** RA, nicht hingegen für den nur mit einer Einzeltätigkeit beauftragten RA.[21] Dieser erhält keine eigenständige Terminsgebühr, sondern für seine Teilnahme nur eine Verfahrensgebühr VV 4301 Nr. 4 RVG. Die Terminsgebühr erhält nur der mit der vol- 9

[11] Schneider/Wolf/*N. Schneider* RVG VV 4108–4111 Rn. 5 f.; OLG Hamm JurBüro 1955, 270; NJW 1953, 1198; LG Berlin JurBüro 1983, 1049; AGS 1993, 54 mAnm *Madert;* LG Saarbrücken AnwBl 1985, 152; LG Hamburg StV 1991, 481.

[12] LG Hamburg StV 1991, 481.

[13] → RVG VV Vorb. 4 Rn. 36 ff.; zu dieser Problematik unter Geltung der BRAGO vgl. KG Rpfleger 1971, 369; LG Schweinfurt JurBüro 1980, 573.

[14] Burhoff/Volpert RVG/*Burhoff* VV 4108 Rn. 2; Schneider/Wolf/*N. Schneider* RVG VV 4108–411 Rn. 11; s. a. → RVG VV 4102, 4103 Rn. 4.

[15] OLG Düsseldorf JurBüro 2011, 197 = NStZ-RR 2011, 159 = RVGreport 2011, 143 = RVG prof. 2011, 61; s. a. Burhoff/Volpert RVG/*Burhoff* VV 4108 Rn. 7.

[16] Vgl. die Fallgestaltungen bei OLG Celle StraFo 2008, 443 = AGS 2008, 490 = StRR 2009, 38 mzustAnm *Burhoff* = NStZ-RR 2008, 392; OLG Düsseldorf JurBüro 2011, 197 = NStZ-RR 2011, 159 = RVGreport 2011, 143 = RVG prof. 2011, 61.

[17] OLG Düsseldorf JurBüro 2011, 197 = NStZ-RR 2011, 159 = RVGreport 2011, 143 = RVG prof. 2011, 61; OLG Hamm RVGreport 2009, 149 = StRR 2009, 39; Hartmann/Toussaint RVG VV 4108, 4109 Rn. 13; Burhoff/Volpert RVG/*Burhoff* VV 4108 Rn. 7; aA OLG Celle AGS 2008, 490 in einem obiter dictum.

[18] LG RVGreport 2013, 232 = Bremen VRR 2012, 357 = StRR 2012, 441 = DAR 2013, 58.

[19] Burhoff/Volpert RVG/*Burhoff* VV 4108 Rn. 8.

[20] Zur Bemessung der Terminsgebühr → Rn. 14 ff.

[21] Vgl. die Beispiele bei Burhoff/Volpert RVG/*Burhoff* VV 4108 Rn. 12 ff.

len Verteidigung beauftragte RA, weil nur er nach VV Teil 4 Abschn. 1 RVG abrechnet.[22] Auch der nur für einen Termin beigeordnete/bestellte RA erhält die Terminsgebühr.[23]

2. Sachlich

10 Die (amtsgerichtliche) Terminsgebühr gilt die „**Teilnahme** an" gerichtlichen Hauptverhandlungsterminen ab. Abgegolten wird die gesamte Tätigkeit des RA im Hauptverhandlungstermin.[24] Erfasst wird allerdings **auch** die **Vorbereitung** des konkreten (Hauptverhandlungs-) Termins, nicht hingegen jedoch die allgemeine Vorbereitung der Hauptverhandlung. Die insoweit erbrachten Tätigkeiten werden von der Verfahrensgebühr abgegolten.[25] Dazu gehört zB auch, wenn der RA/Verteidiger an einem außerhalb der Hauptverhandlung statt findenden Termin mit dem Gericht zur Vorbereitung einer Verständigung (§ 257c StPO) teilnimmt.[26]

IV. Terminsgebühr bei Verbindung/Trennung/(Zurück)Verweisung

11 Bei Verbindung und Trennung von Verfahren gelten die **allgemeinen Regeln.**[27] Verbindung oder Trennung von Verfahren haben also auf bis dahin bereits entstandene Gebühren keinen Einfluss.[28]

12 Werden Verfahren erst in der Hauptverhandlung **verbunden,** ist für das Entstehen mehrerer Terminsgebühren entscheidend, ob die Verbindung erst **nach Aufruf aller Sachen** erfolgt ist. Erst dann hat in den jeweiligen Verfahren eine Hauptverhandlung stattgefunden.[29] Ob eine Hauptverhandlung in allen Verfahren anberaumt war, ist unerheblich.[30] Die Durchführung einer Hauptverhandlung setzt nicht voraus, dass der Termin anberaumt war.[31] Werden Verfahren in der Hauptverhandlung (ab)**getrennt,** liegen mit der Trennung unterschiedliche Angelegenheiten vor, in denen jeweils Terminsgebühren entstehen können.[32]

13 Nach **Zurückverweisung** des Verfahrens durch das Rechtsmittelgericht entsteht die Terminsgebühr erneut, wenn dann beim Amtsgericht eine Hauptverhandlung stattfindet. Es gilt § 21 Abs. 1 RVG.

V. Höhe der Gebühr

1. Allgemeines

14 Der **Wahlanwalt** erhält eine **Betragsrahmengebühr.** Die Terminsgebühr VV 4108 RVG beträgt 77,– EUR bis 528,– EUR, die Mittelgebühr beträgt 302,50 EUR.

---

[22] Ua in Zusammenhang mit der Problematik des sog. Terminsvertreters für den Pflichtverteidiger KG NStZ-RR 2005, 327 = StV 2006, 206 = JurBüro 2005, 536 = AGS 2006, 177; OLG Celle StraFo 2006, 471; OLG Dresden 5.9.2007 – 1 Ws 155/07; OLG Hamm RVGreport 2006, 230; OLG Karlsruhe StraFo 2008, 349 = NJW 2008, 2935 = JurBüro 2008, 586 = RVGreport 2009, 19 = StRR 2009, 119 mzustAnm *Burhoff;* OLG Köln RVGreport 2007, 306 = AGS 2006, 452 mzustAnm *N. Schneider;* OLG München NStZ-RR 2009, 32; AGS 2014, 174 = StRR 2014, 271; s. a. → RVG VV Vorb. 4.1 Rn. 9 mwN aus der Rspr.

[23] Ua KG NStZ-RR 2005, 327 = StV 2006, 206 = JurBüro 2005, 536 = AGS 2006, 177; OLG Brandenburg StRR 2010, 113 = RVG prof. 2010, 83 = RVGreport 2010, 218; Hamm RVGreport 2006, 230; LG Düsseldorf RVG prof. 2008, 53; wegen weiterer Nachweise s. oben → RVG VV Vorb. 4.1 Einl. Vor Rn. 12; s. die Zusammenstellung der Rspr. bei *Burhoff* RVGreport 2011, 85; RVGreport 2017, 242, dort jeweils zugleich auch zu der umstrittenen Frage, ob der Terminsvertreter darüber hinaus auch die Grundgebühr VV 4100 RVG verdient.

[24] Allg. zum Abgeltungsbereich der Terminsgebühr → RVG VV Vorb. 4 Rn. 25 ff.

[25] → RVG VV Vorb. 4 Rn. 13; s. a. Burhoff/Volpert RVG/*Burhoff* VV Vorb. 4 Rn. 65; AnwKomm RVG/*N. Schneider* VV 4108–4111 Rn. 16 ff. aus der Rspr. ua OLG Hamm AGS 2013, 254 = (teilweise) StRR 2012, 438 = RVGreport 2013, 71 für eine umfassende Vorbereitung des Opfers auf den Hauptverhandlungstermin; OLG Karlsruhe StraFo 2008, 349 = NJW 2008, 2935 = JurBüro 2008, 586 = RVGreport 2009, 19 = StRR 2009, 119 mzustAnm *Burhoff;* OLG Köln AGS 2008, 447 = StRR 2008, 323 (Ls.); aA OLG Bremen StraFo 2012, 39 = RVGreport 2012, 63, alles durch Verfahrensgebühr abgegolten.

[26] → RVG VV Vorb. 4 Rn. 13; *Burhoff* RVGreport 2010, 401; Burhoff/Volpert RVG/*Burhoff* Teil A Rn. 2412.

[27] → RVG VV Vorb. 4 Rn. 36 ff. mwN.

[28] S. a. die Erläuterungen bei → RVG VV Vorb. 4 Rn. 20 ff.; *Burhoff* RVGreport 2008, 405; RVGreport 2008, 444.

[29] Wegen dieser Problematik die Ausführungen bei → RVG VV Vorb. 4 Rn. 38; Burhoff/Volpert RVG/*Burhoff* VV Vorb. 4 Rn. 93 ff.

[30] Zutr. OLG Bremen NStZ-RR 2013, 138; LG Dortmund RVGreport 2017, 261; LG Düsseldorf RVGreport 2007, 108; AG Bochum 30.12.2005 – 26 Ls. 22 Js 204/05–70/05; Burhoff/Volpert RVG/*Burhoff* VV 4108 Rn. 17 f.; Hartung/Schons/Enders/*Hartung* RVG VV 44108–4110 Rn. 13; aA MAH VergütungsR/*Hellwig* § 23 Rn. 108.

[31] Vgl. die Fallgestaltung bei LG Dortmund RVGreport 2017, 261; LG Düsseldorf RVGreport 2007, 108; AG Bochum 30.12.2005 – 26 Ls. 22 Js 204/05–70/05.

[32] LG Hamburg AGS 2020, 273 = JurBüro 2020, 354 = RVGreport 2020, 296

Für den gerichtliche bestellten oder beigeordneten RA, also idR der **Pflichtverteidiger,** entsteht eine Festbetragsgebühr von 242,– EUR. 15

Reicht der Betragsrahmen nicht aus bzw. handelt es sich um ein „besonders schwieriges" bzw. „besonders umfangreiches" Verfahren kann die Bewilligung/Feststellung einer Pauschgebühr nach den §§ 42, 51 RVG in Betracht kommen.[33] 16

2. Bemessung der Wahlanwaltsgebühr

Bei der Bemessung der Gebühr sind gem. § 14 Abs. 1 S. 1 RVG die **Besonderheiten** des jeweiligen **Einzelfalls** zu berücksichtigen.[34] Wird zB nach **Aussetzung** der Hauptverhandlung mit ihr neu begonnen, kann sich ggf. gebührenmindernd auswirken, dass der RA auf die Vorbereitungsarbeiten zur ausgesetzten Hauptverhandlung zurückgreifen kann.[35] Allerdings dürfen diese dann noch nicht so lange zurückliegen, dass eine komplette neue Einarbeitung erforderlich ist. 17

Bei der Terminsgebühr für einen Hauptverhandlungstermin ist, da durch sie der **zeitliche Aufwand** vergütet werden soll, den der RA durch die Teilnahme an diesem Termin hat, die zeitliche Dauer der Hauptverhandlung von erheblicher Bedeutung. Auszugehen ist grds. von der Mittelgebühr.[36] Bei der **Bemessung** kann sich der Wahlanwalt an den **Grenzen** der Längenzuschläge VV 4110, 4111 RVG orientieren.[37] Unter deren Berücksichtigung wird eine Hauptverhandlungsdauer von mehr als fünf bis acht Stunden eine erheblich über die Mittelgebühr hinausgehende Terminsgebühr rechtfertigen. Wird mehr als acht Stunden verhandelt, ist auf jeden Fall die Höchstgebühr gerechtfertigt. Denn auch der Pflichtverteidiger erhält in diesem Fall schon fast die Wahlverteidigerhöchstgebühr.[38] Hat der RA an mehreren Hauptverhandlungsterminen teilgenommen, findet keine „Gesamtbewertung" der Termine in der Form statt, dass etwaige kürzere Hauptverhandlungsdauern längere Terminsdauern kompensieren.[39] Werden Verfahren getrennt und findet dann in der abgetrennten Sache noch ein Hauptverhandlungstermin statt, kann dessen kurze Dauer bei der Höhe der Gebühr VV 4108 RVG zu berücksichtigen sein; sie kann rechtfertigen, dass nur die Mindestgebühr verdient ist.[40] 18

VI. Gebühr mit Zuschlag (VV 4109 RVG)

Die Terminsgebühr entsteht nach VV 4109 RVG mit **(Haft-)Zuschlag,** wenn sich der Mandant des RA während der Hauptverhandlung, für die die Terminsgebühr entsteht, nicht auf freiem Fuß befindet.[41] 19

Für den Anfall des Zuschlags ist **unerheblich, wie lange** der Mandant nicht auf freiem Fuß ist/war. Entscheidend ist, dass er während des oder eines Hauptverhandlungstermins irgendwann „nicht auf freiem Fuß" war.[42] Der Mandant muss auch nicht während der gesamten Hauptverhandlung nicht auf freiem Fuß sein. Es schadet also nicht, wenn er während der Hauptverhandlung entlassen wird.[43] Haben **mehrere Termine** stattgefunden, verdient der RA die Terminsgebühr mit Zuschlag immer nur für die Termine, während derer der Angeklagte 20

---

[33] Vgl. die Erläuterungen zu §§ 42, 51 RVG.

[34] *Lissner* RVGreport 2013, 166; zur Bemessung der Terminsgebühr *Burhoff* RVGreport 2013, 172; RVG prof. 2013, 142.

[35] Schneider/Wolf/*N. Schneider* RVG VV 4108–4111 Rn. 22; Burhoff/Volpert RVG/*Burhoff* VV 4108 Rn. 31.

[36] KG StV 2006, 198 = AGS 2006, 73; OLG Bamberg NStZ-RR 2018, 192 = RVGreport 2018, 172 = RVG prof. 2018, 79; OLG Düsseldorf RVGreport 2017, 376 = JurBüro 2017, 468; OLG Hamm StraFo 2007, 218 = Rpfleger 2007, 426 = JurBüro 2007, 309; OLG Köln RVGreport 2016, 452 = RVG prof. 2016, 125; LG Trier RVGreport 2005, 271; vgl. allg. zu den Bemessungskriterien → RVG VV Vorb. 4 Rn. 29 ff. mwN aus der Rspr.; zur durchschnittlichen Terminsdauer s. a. → RVG VV Vorb. 4 Rn. 34; Burhoff/Volpert RVG/*Burhoff* VV Vorb. 4 Rn. 78; sa AnwKomm RVG/*N. Schneider* VV 4108–4111 Rn. 24 f.; *Lissner* RVGreport 2013, 166; und die Rechtsprechungs- und Literaturnachweise bei → RVG VV Vorb. 4 Rn. 29 ff., 34.

[37] KG StV 2006, 198 = AGS 2006, 73; OLG Bamberg NStZ-RR 2018, 192 = RVGreport 2018, 172 = RVG prof. 2018, 79; OLG Düsseldorf RVGreport 2017, 376 = JurBüro 2017, 468; OLG Hamm StraFo 2007, 218 = Rpfleger 2007, 426 = JurBüro 2007, 309; OLG Köln RVGreport 2016, 452 = RVG prof. 2016, 125; OLG Stuttgart RVGreport 2014, 66 = RVG prof. 2014, 24.

[38] KG StV 2006, 198 = AGS 2006, 73; OLG Hamm StraFo 2007, 218 = Rpfleger 2007, 426 = JurBüro 2007, 309; Burhoff/Volpert RVG/*Burhoff* VV 4108 Rn. 30.

[39] OLG Nürnberg BeckRS 2015, 07345; unzutreffend aA LG Nürnberg-Fürth 19.5.2014 – 5 Ks 109 Js 368/13.

[40] LG Hamburg AGS 2020, 273 = JurBüro 2020, 354 = RVGreport 2020, 296.

[41] Allg. zu den Voraussetzungen des Zuschlags nach VV Vorb. 4 Abs. 4 RVG s. → RVG VV Vorb. 4 Rn. 44 ff.

[42] Zur Dauer der Hauptverhandlung → Rn. 4 ff.; Burhoff/Volpert RVG/*Burhoff* VV 4109 Rn. 3.

[43] Burhoff/Volpert RVG/*Burhoff* VV 4109 Rn. 6.

sich nicht auf freiem Fuß befunden hat.[44] Wird der Angeklagte während eines Hauptverhandlungstermins in Untersuchungshaft genommen, entsteht schon für diesen Termin die Gebühr nach VV 4109 RVG, wenn dieser zum Zeitpunkt der Festnahme noch nicht beendet war.[45] Ausreichend ist es, wenn der Mandant vor der Schließung der Hauptverhandlung durch den Vorsitzenden (noch) in Haft genommen wird.[46]

21 Die Gebühr VV 4109 RVG **beträgt** für den Wahlanwalt 77,– EUR bis 660,– EUR, die Mittelgebühr beträgt 368,50 EUR. Für den gerichtliche bestellten oder beigeordneten RA, also idR der Pflichtverteidiger, beträgt die Verfahrensgebühr mit Zuschlag 295,– EUR.

VII. Längenzuschlag für den gerichtlich bestellten oder beigeordneten RA (VV 4110, 4111 RVG)

1. Allgemeines

22 VV 4110, 4111 RVG gewähren sog. Längenzuschläge, wenn der gerichtlich bestellte oder beigeordnete RA an **langen Hauptverhandlungsterminen teilgenommen** hat.[47] Die Termine müssen mehr als fünf Stunden und bis acht Stunden (VV 4110 RVG) bzw. mehr als acht Stunden (VV 4111 RVG) gedauert haben. Die durch das RVG 2004 eingeführte Regelung hat(te) Auswirkungen auf die Gewährung von Pauschgebühren, da der besondere Zeitaufwand des gerichtlich bestellten oder beigeordneten RA nach dem RVG schon zu erhöhten gesetzlichen Gebühren führt.[48]

22a In der obergerichtlichen Rspr. bestand **bis** zum **Inkrafttreten** des **KostRÄG 2021** v. 21.12.2020[49] erheblicher **Streit** in der Frage, ob Wartezeiten des RA vor bzw. während der Hauptverhandlung zu berücksichtigen sind bzw. ob Pausen von der Hauptverhandlungszeit abgezogen werden müssen.[50] Dieser Streit hat sich durch die Einfügung des Abs. 3 in die VV Vorb. 4.1 RVG erledigt. Diese sieht jetzt eine gesetzliche Regelung für die Berücksichtigung von Wartezeiten und Pausen/Unterbrechungen vor. Wegen der Einzelh. wird auf → RVV VV Vorb. 4.1 Rn 12ff. verwiesen. Die (Neu-)**Regelung gilt** wegen der Übergangsregelung in § 60 Abs. 1 RVG idR aber **erst** in Verfahren, in denen der RA **ab dem 1.1.2021 bestellt worden** ist.[51] Die Fragen werden die Rspr. also in den Verfahren, in denen der RA vor dem Inkrafttreten des KostRÄG 2021 v. 21.12.2020 bestellt worden ist, ggf. noch beschäftigen. Daher ist nachfolgend bei den Rn. 25f. noch der (frühere) Streit in Rspr. und Lit. dargestellt.

2. Abgeltungsbereich

23 **a) Persönlich.** Die VV 4110, 4111 RVG entstehen nur für den gerichtlich bestellten oder beigeordneten RA, also idR für den **Pflichtverteidiger.** Der Wahlanwalt erhält die Gebühren nicht.[52] Das gilt auch dann, wenn der Wahlverteidiger nach einem Freispruch des Mandanten dessen an ihn abgetretenen Kostenerstattungsanspruch geltend macht.[53] Er kann innerhalb des zur Verfügung stehenden Rahmens die angemessene Gebühr bestimmen bzw. muss notfalls eine Vergütungsvereinbarung (§ 3a RVG) treffen.

24 **b) Sachlich.** Die zusätzlichen Gebühren verdient der gerichtliche bestellte oder beigeordnete RA, wenn er an einem Hauptverhandlungstermin teilgenommen hat, der **mehr als fünf**

---

[44] Burhoff/Volpert RVG/*Burhoff* VV 4109 Rn. 7.

[45] Zum gebührenrechtlichen Ende der Hauptverhandlung → Rn. 7 mwN aus der Rspr.; Burhoff/Volpert RVG/*Burhoff* VV 4109 Rn. 8.

[46] Vgl. die Fallgestaltung bei OLG Celle StraFo 2008, 443 = AGS 2008, 490 = StRR 2009, 38 mzustAnm *Burhoff* = NStZ-RR 2008, 392; OLG Hamm StRR 2009, 39 = RVGreport 2009, 149.

[47] Eing. *Burhoff* RVGreport 2006, 1 ff.; *Kotz* NStZ 2009, 414 ff.; *Fromm* JurBüro 2014, 564; *H. Schneider* JurBüro 2018, 224.

[48] → § 51 Rn. 12 ff.; BT-Drs. 15/1971, 224; aus der Rspr. ua OLG Hamm StraFo 2005, 263; OLG NJW 2006, 74, OLG Jena StV 2006, 202 = StraFo 2005, 273 = RVGreport 2005, 103; OLG Karlsruhe RVGreport 2005, 315; StV 2006, 205 = RVGreport 2006, 420; OLG Nürnberg RVGreport 2015, 181 = StRR 2015, 157 = AGS 2015, 171 = Rpfleger 2015, 355; RVGreport 2018, 140 = Sonderausgabe StRR 12/2018, 18; OLG Saarbrücken RVG prof. 2015, 206; teilweise krit. zu der Regelung Burhoff/Volpert RVG/*Burhoff* VV 4110 Rn. 3; krit. OLG Celle RVGreport 2014, 313 = StRR 2014, 274 = JurBüro 2014, 301.

[49] BGBl. I 3229.

[50] → Rn. 25 ff.; aus der Lit. *Burhoff* RVGreport 2006, 1; RVGreport 2014, 250 (254); *Kotz* NStZ 2009, 414.

[51] Wegen der Einzelheiten → RVG 60; *N. Schneider* ZAP Fach 24 S. 1784; AGS 2021, 1; *Volpert* StRR 2/2021, 5.

[52] OLG Karlsruhe RVGreport 2016, 222 = JurBüro 2016, 194 = AGS 2016, 179 = AGS 2016, 219.

[53] OLG Karlsruhe RVGreport 2016, 222.

Stunden und bis acht Stunden oder **mehr als acht Stunden** gedauert hat.[54] Die fünfte oder achte Stunde endet mit Ablauf der Sekunde 59:59, danach beginnt die nächste Stunde.[55] Verständigungsgespräche während der Hauptverhandlung zählen bei der Ermittlung der für den Längenzuschlag maßgeblichen Hauptverhandlungszeit mit,[56] und zwar auch, wenn sie in einer Sitzungspause durchgeführt werden. Gemeint ist mit dem Begriff „Hauptverhandlungstermin" der jeweilige Hauptverhandlungstag; das folgt aus der Formulierung in VV 4108 RVG. Bei einer mehrtägigen Hauptverhandlung wird die zeitliche Dauer der einzelnen Hauptverhandlungstermine nicht addiert.[57] **Entscheidend** für das Entstehen der Zuschlagsgebühr ist die **Dauer** der **Teilnahme** des gerichtlich bestellten oder beigeordneten RA an der Hauptverhandlung. Dass der Hauptverhandlungstermin ggf. länger gedauert hat, als der RA teilgenommen hat, ist für das Entstehen der Zuschlagsgebühr ohne Belang.[58] Etwas anderes gilt ggf., wenn für den Angeklagten zunächst der Pflichtverteidiger und dann anschließend für diesen ein Terminsvertreter teilgenommen hat. Geht man davon aus, dass Pflichtverteidiger und ihn vertretender Terminsvertreter eine Einheit bilden,[59] dann entsteht in diesen Fällen ein Längenzuschlag auch dann, wenn zwar keiner der beiden RA mehr als fünf Stunden und bis acht Stunden oder mehr als acht Stunden an der Hauptverhandlung teilgenommen hat, die Hauptverhandlungsdauer aber insgesamt die für die Entstehung eines Längenzuschlags maßgeblichen Grenzen überschreitet. Die jeweiligen Teilnahmezeiten werden dann zusammengerechnet.[60] Die einfache Terminsgebühr und die zusätzliche Gebühr sind in diesen Fällen, wenn sich Pflichtverteidiger und Terminsvertreter nicht einigen können, zwischen ihnen nach dem Anteil der zeitlichen Beanspruchung zu verteilen.[61] Sieht man hingegen Pflichtverteidiger und Terminsvertreter jeweils eigenständig, was zutreffend ist,[62] dann ist in diesen Fällen kein Längenzuschlag entstanden.[63]

c) Berücksichtigung von Wartezeiten. Für die Verfahren, in denen noch das bis zum Inkrafttreten des KostRÄG 2021 v. 21.12.2020[64] am 1.1.2021 geltende **frühere Recht** anzuwenden ist, gilt: Bei der Berechnung der Dauer der Hauptverhandlung werden nach inzwischen wohl weitgehend einhelliger Meinung der Obergerichte Wartezeiten **mitgerechnet.**[65] Maßgeblich für den Beginn der Zeitberechnung ist also der Zeitpunkt der Ladung, wenn der 25

[54] Zu Beginn und Ende/Schluss der Hauptverhandlung → Rn. 4 ff.; Burhoff/Volpert RVG/*Burhoff* VV 4110 Rn. 14.

[55] LG Karlsruhe 29.12.2020 – 3 Kls 220 Js 16158/10.

[56] OLG München RVGreport 2015, 106 = StRR 2015, 159; AG Aschaffenburg StraFo 2012, 118.

[57] Burhoff/Volpert RVG/*Burhoff* VV 4110 Rn. 6 ff.

[58] OLG Hamm StV 2006, 201 = RVGreport 2005, 351 = JurBüro 2005, 532; *Kotz* NStZ 2009, 414 f.; Burhoff/Volpert RVG/*Burhoff* VV 4110 Rn. 9 f.

[59] So die wohl überwiegende Auffassung; vgl. die Nachw. bei → RVG VV Vorb. 4.1 Einl. Rn. 12.

[60] KG RVGreport 2011, 260 = StRR 2011, 281 mAnm *Burhoff* = NStZ-RR 2011, 295 = JurBüro 2011, 479 in einer entsprechenden Fallgestaltung.

[61] KG RVGreport 2011, 260 = StRR 2011, 281 mAnm *Burhoff* = NStZ-RR 2011, 295 = JurBüro 2011, 479.

[62] Vgl. die Nachw. bei → RVG VV Vorb. 4.1 Einl. Rn. 12; → RVG VV 4100, 4101 Rn. 5.

[63] Burhoff/Volpert RVG/*Burhoff* VV 4100 Rn. 10 ff.; Riedel/Sußbauer/*Kremer* VV 4110 Rn. 6.

[64] BGBl. I 3229; für den aktuellen Rechtszustand → RVG VV Vorb. 4.1 Rn. 12 ff. und Burhoff/Volpert RVG/*Burhoff* VV Vorb. 4.1 Rn. 44 ff.

[65] KG StV 2006, 198 = AGS 2006, 278 = RVGreport 2007, 180 = StV 2007, 476 (Ls.); RVGreport 2006, 33 = AGS 2006, 123; 2007, 305 = StRR 2007, 238; RVGreport 2020, 20; OLG Bamberg AGS 2006, 124 mAnm *N. Schneider;* OLG Celle NStZ-RR 2007, 391 = StRR 2007, 203 (Ls.); OLG Celle NStZ-RR 2016, 358 = RVGreport 2017, 16 = JurBüro 2016, 574; OLG Dresden StRR 2008, 203 (Ls.); OLG Düsseldorf RVGreport StraFo 2006, 473 = NStZ-RR 2006, 391 = JurBüro 2006, 641 = RVGreport 2006, 470 = StV 2007, 480; OLG Hamm RVGreport 2005, 351 = StV 2006, 201; AGS 2006, 337; OLG Karlsruhe RVGreport 2005, 315 = StV 2006, 201; StraFo 2014, 39 = AGS 2013, 573 = RVG prof. 2014, 20 = StRR 2014, 159 = RVGreport 2014, 194; OLG Koblenz NJW 2006, 1150 = StraFo 2006, 175 = AGS 2006, 285 = RVGreport 2007, 305; OLG Köln AGS 2012, 233 = StraFo 2012, 249; OLG Naumburg 12.12.2006 – 1 Ws 579/06; OLG Nürnberg RVGreport 2008, 143 = StRR 2008, 200; OLG Oldenburg AGS 2008, 178 = StRR 2007, 163 (Ls.); OLG Stuttgart RVGreport 2006, 32 = Rpfleger 2006, 36 = StV 2006, 200 = StV 2007, 479; OLG Zweibrücken StRR 2009, 123 (Ls.); LG Essen AGS 2006, 287; LG Ingolstadt RVGreport 2016, 384 = AGS 2017, 181 = RVG prof. 2016, 142 = ZfS 2016, 469; aus der Lit. s. ua Burhoff/Volpert RVG/*Burhoff* VV 4110 Rn. 13 ff.; Schneider/Wolf/*N. Schneider* RVG VV 4108–4111 Rn. 28; Hartung/Schons/Enders/*Hartung* RVG VV 4108–4114 Rn. 27; *Kotz* NStZ 2009, 414; aA soweit ersichtlich nur OLG Saarbrücken NStZ-RR 2006, 191 = AGS 2006, 336 = JurBüro 2007, 28; RVGreport 2014, 103 = RVG prof. 2014, 43; AG Pirmasens NStZ-RR 2016, 128 = RVGreport 2016, 347; *Kotz* NStZ 2009, 414 f.; *Fromm* JurBüro 2014, 564; *H. Schneider* JurBüro 2018, 224; *Winkler* AGS 2019, 549; aA – für § 14 RVG – LSG Niedersachsen-Bremen, AGS 2019, 461 mablAnm *Winkler* aaO.

RA zu diesem Zeitpunkt erschienen ist.[66] Das ist im Hinblick auf den Sinn und Zweck der Regelung, die den Zeitaufwand des Pflichtverteidigers honorieren will, zutreffend. Zudem erhält der RA nach VV Vorb. 4 Abs. 3 S. 2 RVG für einen „geplatzten Termin" auch eine Vergütung. Dann ist aber nicht einzusehen, warum Wartezeit nicht vergütet werden soll.[67] Der Zeitpunkt der Ladung ist maßgeblich auch für Wartezeiten nach Pausen in der Hauptverhandlung. Verspätet sich der Wiederbeginn der Hauptverhandlung ist maßgeblich der Zeitpunkt, der für den Wiederbeginn (vom Vorsitzenden) bestimmt worden ist.[68] Auch Wartezeiten des RA während der Urteilsberatung sind zu berücksichtigen.[69] Zur **Vermeidung** von **Streitigkeiten** ist zu **empfehlen**[70] aktenkundig zu machen, dass und wann der Verteidiger zum anberaumten Termin anwesend war, bzw. bei seiner etwaigen Verspätung den Zeitpunkt seines Erscheinens festzuhalten. Ein im Protokoll der Hauptverhandlung enthaltener Vermerk, ab wann der Verteidiger vor Aufruf anwesend war, wie z. B. – „anwesend seit … Uhr", entfaltet allerdings keine formelle Beweiskraft iS von § 274 StPO, da er sich nicht auf Vorgänge in der Hauptverhandlung selbst erstreckt. Er erbringt jedoch einen Anscheinsbeweis dafür, dass der RA (erst) zu dem angegebenen Zeitpunkt verhandlungsbereit im Sitzungssaal erschienen ist. Dieser Anscheinsbeweis kann aber grundsätzlich durch einen substantiierten und schlüssigen Vortrag des RA erschüttert werden.[71] Der Verteidiger muss also ggf. entsprechend vortragen

26 **d) Berücksichtigung von Pausen.** Für die Verfahren, in denen noch das bis zum Inkrafttreten des KostRÄG 2021 v. 21.12.2020[72] am 1.1.2021 geltende **frühere Recht** anzuwenden ist, gilt: Die Frage, ob Pausen abgezogen werden, wird **nicht einheitlich beantwortet.**[73] Das OLG Karlsruhe und das OLG Düsseldorf bringen (Mittags)Pausen grds. überhaupt nicht in Abzug,[74] was dem gesetzgeberischen Zweck der Regelung[75] durch das RVG 2004 nämlich Verfahrensvereinfachung, sicherlich am besten entspricht. Einigkeit besteht dann weitgehend in der OLG-Rechtsprechung zumindest insoweit, dass kürzere Pausen – „zur Vermeidung einer kleinlichen Handhabung der Vorschrift"[76] – nicht abgezogen werden.[77] **Längere** (Mittags-)**Pausen** wollen dann hingegen das OLG Bamberg, das OLG Brandenburg, das OLG Braunschweig, das OLG Celle, das OLG Frankfurt a. M., das OLG München, das OLG Nürnberg, das OLG Oldenburg, das OLG Saarbrücken, das OLG Zweibrücken, das LG Berlin und das LG Ingolstadt (immer) abziehen.[78] Werden in der Pause Verständigungsgespräche geführt,

---

[66] OLG Celle NStZ-RR 2016, 358 = RVGreport 2017, 16 = JurBüro 2016, 574; OLG Hamm AGS 2006, 337; *Kotz* NStZ 2009, 414; *Burhoff* RVGreport 2006, 1; aA OLG Saarbrücken NStZ-RR 2006, 191 = AGS 2006, 336 = JurBüro 2007, 28; *H. Schneider* JurBüro 2018, 224 (226).

[67] Burhoff/Volpert RVG/*Burhoff* VV 4110 Rn. 17.

[68] LG Ingolstadt RVGreport 2016, 384 = AGS 2017, 181 = RVG prof. 2016, 142 = ZfS 2016, 469 für Wartezeit infolge der verspäteten Rückkehr des gerichtlichen Sachverständigen aus der Mittagpause.

[69] LG Landshut 2.4.2019 – 1 KLs 301 Js 29971/18.

[70] So auch KG RVGreport 2006, 33 = AGS 2006, 123; RVGreport 2020, 20.

[71] Zu allem KG aaO.

[72] BGBl. I 3229; für den aktuellen Rechtszustand → RVG VV Vorb. 4.1 Rn. 12 ff. und Burhoff/Volpert RVG/*Burhoff* VV Vorb. 4.1 Rn. 44 ff.

[73] Zur Darstellung des Streitstandes s a Burhoff/Volpert RVG/*Burhoff* VV 4110 Rn. 19 ff. mit Beispielen; *Kotz* NStZ 2009, 414 ff.; *Burhoff* RVGreport 2014, 250, 254; *Fromm* JurBüro 2014, 564; *H. Schneider* JurBüro 2018, 224 (226 f.).

[74] OLG Düsseldorf AGS 2016, 359; OLG Karlsruhe StraFo 2014, 39 = AGS 2013, 573 = RVG prof. 2014, 20 = StRR 2014, 159 = RVGreport 2014, 194.

[75] BT-Drs. 15/1972, 221.

[76] KG RVGreport 2007, 305 = StRR 2007, 238 = RVG prof. 2007, 176; OLG Bamberg AGS 2006, 124 mAnm *N. Schneider.*

[77] Sa OLG Bamberg AGS 2006, 124 mAnm *N. Schneider;* OLG Celle NStZ-RR 2016, 358 = RVGreport 2017, 16 = JurBüro 2016, 574; OLG Düsseldorf RVGreport StraFo 2006, 473 = NStZ-RR 2006, 391 = JurBüro 2006, 641 = RVGreport 2006, 470 = StV 2007, 480; OLG Jena RVGreport 2008, 459 = StRR 2008, 478 mAnm *Burhoff;* OLG München RVGreport 2009, 110 = StRR 2009, 199; OLG München RVGreport 2015, 106 = StRR 2015, 159; OLG München RVGreport 2019, 65; OLG Naumburg 5.12.2006 – 1 Ws 579/06 06, bis 40 Minuten; 11.1.2010 – 1 Ws 634/09, ab 40 Minuten und länger werden abgezogen; OLG Nürnberg RVGreport 2008, 143 = StRR 2008, 200; OLG Oldenburg AGS 2008, 178; OLG Rostock JurBüro 2018, 135; OLG Stuttgart RVGreport 2006, 32 = Rpfleger 2006, 36 = StV 2006, 200 = StV 2007, 479; StraFo 2012, 384; OLG Zweibrücken Rpfleger 2006, 669 = RVGreport 2006, 470; so wohl auch OLG Frankfurt a. M. NJW 2013, 28 = AGS 2012, 465 = NStZ-RR 2012, 359; LG Göttingen StraFo 2020, 262 = RVGreport 2020, 263.

[78] OLG Bamberg AGS 2006, 124 mAnm *N. Schneider;* OLG Brandenburg 6.8.2018 – 1 Ws 106/18; OLG Braunschweig NStZ-RR 2014, 295 (Ls.); OLG Celle NStZ-RR 2007, 391 = StRR 2007, 203 (Ls.); OLG Celle RVGreport 2014, 313 = StRR 2014, 274 = JurBüro 2014, 301; OLG Celle NStZ-RR 2016, 358 = RVGreport 2017, 16 = JurBüro 2016, 574, mehr als 60 Minuten; OLG Celle RVGreport 2016, 417; OLG Frankfurt a. M.

zählt deren Dauer bei der Ermittlung der für den Längenzuschlag maßgeblichen Hauptverhandlungszeit aber mit.[79] Nach Auffassung des OLG Frankfurt[80] soll bei der Berechnung der für den Längenzuschlag maßgeblichen Hauptverhandlungsdauer eine einstündige (Mittags) Pause aber auch dann abzuziehen sein, wenn der Verteidiger sie für die Erstellung eines Befangenheitsantrages genutzt hat,[81] was mE unzutreffend ist und dem Sinn und Zweck der Regelung der VV 4110 RVG widerspricht. Teilweise wird auch **differenziert:** So sollen nach Auffassung des KG,[82] des OLG Brandenburg[83] und des OLG Jena[84] längere unvorhergesehen Pausen nicht abgezogen werden, da sich der RA in der Zeit für das Gericht zur Verfügung halten müsse, vorhersehbare längere (Mittags)Pausen sollen hingegen abgezogen werden.[85] Auch das OLG Celle zieht (längere) Pausen in der Zeit von 12.00–14.00 Uhr als Mittagspausen grds. immer ab.[86] Das OLG Stuttgart,[87] das OLG Koblenz,[88] das OLG Düsseldorf,[89] das OLG Dresden,[90] das OLG Hamm[91] und das OLG Naumburg[92] stellen– insoweit zutreffend – immer darauf, ob und wie der RA die freie Zeit sinnvoll hat nutzen können.[93] Nach Auffassung des OLG Brandenburg,[94] OLG Stuttgart,[95] des OLG Koblenz,[96] des OLG Hamm[97] und des LG Göttingen[98] ist iÜ dem RA **immer** eine **angemessene Mittagspause** von mindestens einer Stunde zuzubilligen.[99] Ob es sich bei einer Pause um eine Mittagspause handelt, lässt sich ggf. aus dem zur Mittagszeit gelegenen Unterbrechungszeitpunkt entnehmen [100]Die Zeit der Mittagspause ist von einer längeren Pause abzuziehen und dann zu fragen, ob der RA die verbleibende Zeit sinnvoll hat nutzen können.[101] Zumindest dem muss(te) man sich im Hin-

---

NJW 2013, 28 = AGS 2012, 465 = NStZ-RR 2012, 359; OLG Frankfurt a. M. RVGreport 2017, 457; OLG München RVGreport 2009, 110 = StRR 2009, 199; RVGreport 2015, 106 = StRR 2015, 159; RVGreport 2019, 65; JurBüro 2019, 355; OLG Nürnberg RVGreport 2008, 143 = StRR 2008, 200; OLG Oldenburg AGS 2008, 178; RVGreport 2014, 430; OLG Saarbrücken NStZ-RR 2008, 96 (Ls.); RVGreport 2014, 103 = RVG prof. 2014, 43; OLG Zweibrücken Rpfleger 2006, 669 = RVGreport 2006, 470; LG Berlin 12.3.2007 – (536) 2 StB Js 215/01 KLs (13/04); LG Ingolstadt RVGreport 2016, 384 = AGS 2017, 181 = RVG prof. 2016, 142 = ZfS 2016, 469; LG Stade 30.4.2018 – 201 KLs 161 Js 6995/17 (9/17).

[79] OLG München RVGreport 2015, 106 = StRR 2015, 159; AG Aschaffenburg StraFo 2012, 118.

[80] OLG Frankfurt a. M. RVGreport 2015, 462 = AGS 2015, 568 = NStZ-RR 2016, 128; OLG Frankfurt a. M. NJW 2013, 28 = AGS 2012, 465 = NStZ-RR 2012, 359; ähnlich OLG Frankfurt a. M. RVGreport 2017, 457.

[81] Ähnlich OLG Celle NStZ-RR 2016, 358 = RVGreport 2017, 16 = JurBüro 2016, 574.

[82] KG RVGreport 2007, 305 = StRR 2007, 238 = RVG prof. 2007, 176; KG JurBüro 2010, 363 zur Frage, wann eine „lange Pause" vorliegt, wobei das KG von einer Mittagspause von mindestens einer Stunde ausgeht.

[83] OLG Brandenburg 6.8.2018 – 1 Ws 108/18.

[84] OLG Jena RVGreport 2008, 458 = StRR 2008, 479 mAnm *Burhoff* = RVG prof. 2009, 2; 28.7.2011 – 1 Ws 48/11, ebenfalls auch zur langen Pause.

[85] So auch OLG Brandenburg 8.2018 – 1 Ws 106/18 und noch LG Osnabrück StRR 2011, 207 (Ls.) für eine aufgrund des „umfassenden und zügigen Einlassungsverhalten des Angeklagten" entstandene längere Pause; aA OLG Karlsruhe StraFo 2014, 39 = AGS 2013, 573 = StRR 2014, 159 = RVGreport 2014, 194; OLG Stuttgart StraFo 2012, 384.

[86] OLG Celle NStZ-RR 2016, 358 = RVGreport 2017, 16 = JurBüro 2016, 574; vgl. aber LG Göttingen StraFo 2020, 262 = RVGreport 2020, 263.

[87] OLG Stuttgart RVGreport 2006, 32 = Rpfleger 2006, 36 = StV 2006, 200 = StV 2007, 479; StraFo 2012, 384.

[88] OLG Koblenz StraFo 2006, 175 = AGS 2006, 285.

[89] OLG Düsseldorf RVGreport StraFo 2006, 473 = NStZ-RR 2006, 391 = JurBüro 2006, 641 = RVGreport 2006, 470 = StV 2007, 480.

[90] OLG Dresden StraFo 2008, 133; OLG Dresden 10.7.2018 – 1 Ws 142/18.

[91] OLG Hamm StraFo 2006, 173 = AGS 2006, 333; 2006, 337 = RVGreport 2007, 224; AGS 2007, 76.

[92] OLG Naumburg 12.12.2006 – 1 Ws 579/06 für eine Pause von 40 Minuten.

[93] OLG Oldenburg BeckRS 2008, 02344, das bei einem ortsansässigen RA eine vierstündige Pause abzieht; ähnlich OLG Nürnberg RVGreport 2008, 143 = StRR 2008, 200.

[94] OLG Brandenburg RVGreport 2017, 142.

[95] OLG Stuttgart RVGreport 2006, 32 = Rpfleger 2006, 36 = StV 2006, 200 = StV 2007, 479; StraFo 2012, 384; aA OLG Celle NStZ-RR 2016, 358 = RVGreport 2017, 16 = JurBüro 2016, 574, unerheblich.

[96] OLG Koblenz StraFo 2006, 175 = AGS 2006, 285; eingehend auch JurBüro 2020, 26 = RVGreport 2020, 102.

[97] OLG Hamm StraFo 2006, 173 = AGS 2006, 333.

[98] LG Göttingen StraFo 2020, 262 = RVGreport 2020, 263.

[99] Insoweit auch KG JurBüro 2010, 363.

[100] LG Göttingen StraFo 2020, 262 = RVGreport 2020, 263.

[101] Ua OLG Dresden (3. Strafsenat), StraFo 2008, 133; 10.7.2018 – 1 Ws 142/18; OLG Koblenz StraFo 2006, 175 = AGS 2006, 285; OLG Stuttgart RVGreport 2006, 32 = Rpfleger 2006, 36 = StV 2006, 200 = StV 2007, 479; StraFo 2012, 384; aA ua OLG Celle NStZ-RR 2016, 358 = RVGreport 2017, 16 = JurBüro 2016, 574, das Pausen von mehr als 60 Minuten immer vollständig abzieht.

blick auf den mit der gesetzlichen Neuregelug verfolgten Zweck[102] anschließen.[103] Insgesamt kann man sagen, dass die Rechtslage und die vertretenen Auffassungen so unübersichtlich sind/waren, dass zu Recht eine gesetzgeberische Regelung angemahnt worden ist.[104] Diese ist durch das KostRÄG 2021 v. 21.12.2020[105] in VV Vorb. 4.1 RVG eingeführt worden. Der RA/Verteidiger kann mit ihr in **„Altfällen" argumentieren.**[106]

3. Höhe der Gebühr

27 Die Gebühr wird als **Festgebühr** in Form eines **festen Zuschlags** zu den Terminsgebühren VV 4108, 4109 RVG gewährt. Dieser beträgt bei einer Hauptverhandlungsdauer von mehr als fünf Stunden und bis acht Stunden nach VV 4110 RVG 121,– EUR und bei mehr als acht Stunden nach VV 4111 RVG 242,– EUR.

Nr.	Gebührentatbestand	Gebühr oder Satz der Gebühr nach § 13 oder § 49 RVG	
		Wahlanwalt	gerichtlich bestellter oder beigeordneter Rechtsanwalt
4112	Verfahrensgebühr für den ersten Rechtszug vor der Strafkammer	55,00 bis 352,00 €	163,00 €
	Die Gebühr entsteht auch für Verfahren 1. vor der Jugendkammer, soweit sich die Gebühr nicht nach Nummer 4118 bestimmt, 2. im Rehabilitierungsverfahren nach Abschnitt 2 StrRehaG.		
4113	Gebühr 4112 mit Zuschlag	55,00 bis 440,00 €	198,00 €
4114	Terminsgebühr je Hauptverhandlungstag in den in Nummer 4112 genannten Verfahren	88,00 bis 616,00 €	282,00 €
4115	Gebühr 4114 mit Zuschlag	88,00 bis 770,00 €	343,00 €
4116	Der gerichtlich bestellte oder beigeordnete Rechtsanwalt nimmt mehr als 5 und bis 8 Stunden an der Hauptverhandlung teil: Zusätzliche Gebühr neben der Gebühr 4114 oder 4115		141,00 €
4117	Der gerichtlich bestellte oder beigeordnete Rechtsanwalt nimmt mehr als 8 Stunden an der Hauptverhandlung teil: Zusätzliche Gebühr neben der Gebühr 4114 oder 4115		282,00 €

Schrifttum: S. die Hinweise bei → RVG VV Teil 4 Einl. Vor Rn. 1; → RVG VV Vorb. 4 Vor Rn. 1; → RVG VV Vorb. 4.1 Einl. Vor Rn. 1; → RVG VV 4106–4107 Vor Rn. 1; → RVG VV 4108–4111 Vor Rn. 1.

Übersicht

[102] BT-Drs. 15/1972, 221.
[103] S. a. Burhoff/Volpert RVG/*Burhoff* VV 4110 Rn. 24; mit Argumentationshilfe bei Burhoff/Volpert RVG/*Burhoff* VV 4110 Rn. 35; Schneider/Wolf/*N. Schneider* RVG VV 4108–4111 Rn. 29.
[104] OLG Celle RVGreport 2014, 313 = StRR 2014, 274 = JurBüro 2014, 301; *Burhoff* RVGreport 2014, 250 (254); vgl. a. noch den Gebührenatlas von *Kotz* NStZ 2009, 414 (421).
[105] BGBl. I 3229.
[106] Wegen der Einzelh. → RVG VV Vorb. 4.1 Rn. 12 ff.; *Burhoff* RVGreport 2029, 402 (406 f.); StraFo 2021, 8; StRR 1/2021, 5; Burhoff/Volpert RVG/*Burhoff* VV Vorb. 4.1 Rn. 44 ff.

I. Allgemeines

Die VV 4112–4117 RVG enthalten die Verfahrensgebühr und die Terminsgebühr für das gerichtliche Verfahren **erster Instanz** vor der **Strafkammer,** vor der **Jugendkammer,** soweit sich die Gebühr nicht nach VV 4118 RVG bestimmt (§ 41 JGG) und im Rehabilitierungsverfahren nach dem StrRehaG.[1] Beide Gebühren können mit Zuschlag entstehen (VV 4113, 4115 RVG). Auch hier sind für besonders lange Hauptverhandlungstermine beim gerichtlich bestellten oder beigeordneten RA Zuschläge vorgesehen (VV 4116, 4117 RVG). 1

Neben diesen Gebühren können auch im gerichtlichen Verfahren des ersten Rechtszugs bei der Strafkammer **weitere Gebühren** entstehen. Insoweit wird verwiesen auf die Erläuterungen bei UAbschn. 3 → Rn. 4. 2

II. Anwendungsbereich (Anm. zu VV 4112 RVG)

Die Gebühren VV 4112–4117 RVG **entstehen:** 3

- in den in **§ 74 Abs. 1 GVG** geregelten Fällen, also den allgemeinen Strafkammerverfahren, und zwar auch im sog. Sicherungsverfahren, wenn die Strafkammer als solche tätig wird,
- nach Nr. 1 der Anm. zu VV 4112 RVG im Fall des § 41 JGG **(Jugendkammer),** soweit diese in Sachen entscheidet, die nach den allgemeinen Vorschriften nicht zur Zuständigkeit des Schwurgerichts (§ 74 Abs. 2 GVG) gehören bzw. im Fall des § 74a JGG (Jugendkammer als Jugendschutzkammer),
- nach Nr. 2 der Anm. zu VV 4112 RVG im **Rehabilitierungsverfahren** nach Abschn. 2 StrRehaG.[2]

III. Verfahrensgebühr (VV 4112 RVG)

Der RA verdient die VV 4112 RVG für das „**Betreiben** des **Geschäfts** einschließlich der Information" im ersten Rechtszug vor der Strafkammer/Jugendkammer. Es gelten sowohl hinsichtlich der allgemeinen Anforderungen an das Entstehen einer Verfahrensgebühr als auch hinsichtlich des Entstehens der Verfahrensgebühr im gerichtlichen Verfahren keine Besonderheiten, so dass verwiesen werden kann auf die Erläuterungen bei → RVG VV Vorb. 4 Rn. 9 ff.; und auf die Erläuterungen zu VV 4106–4107 RVG. 4

IV. Terminsgebühr (VV 4114 RVG)

Der RA verdient die VV 4114 RVG für die **Teilnahme** an der **Hauptverhandlung** im ersten Rechtszug vor der Strafkammer/Jugendkammer. Es gelten sowohl hinsichtlich der allgemeinen Anforderungen an das Entstehen einer Terminsgebühr als auch hinsichtlich des Entstehens der Terminsgebühr im gerichtlichen Verfahren keine Besonderheiten, so dass verwiesen werden kann auf die Erläuterungen bei → RVG VV Vorb. 4 Rn. 24 ff.; und auf die Erläuterungen zu VV 4108–4111 RVG. 5

V. Gebühren mit Zuschlag (VV 4113, 4115 RVG)

Sowohl die Verfahrensgebühr VV 4112 RVG als auch die Terminsgebühr VV 4114 RVG kann mit **Zuschlag** entstehen. Es gelten die allgemeinen Erläuterungen.[3] 6

VI. Höhe der Gebühren

Gem. VV 4112 RVG beträgt die Höhe der **Verfahrensgebühr** 55,– EUR bis 352,– EUR, die Mittelgebühr beträgt 203,50 EUR. Der gerichtliche bestellte oder beigeordnete RA, also idR der Pflichtverteidiger, erhält eine Festbetragsgebühr von 163,– EUR. 7

Fällt die Gebühr mit **Zuschlag** nach VV 4113 RVG an, beträgt die Gebühr 55,– EUR bis 440,– EUR und die Mittelgebühr 247,50 EUR. Für den Pflichtverteidiger entsteht eine Festbetragsgebühr von 198,– EUR. 8

Gem. VV 4114 RVG beträgt die Höhe der **Terminsgebühr** 88,– EUR bis 616,– EUR, die Mittelgebühr beträgt 352,– EUR. Der gerichtliche bestellte oder beigeordnete RA, also idR der Pflichtverteidiger, erhält eine Festbetragsgebühr von 282,– EUR. 9

---

[1] → Rn. 3.
[2] Zum Verfahren nach Abschn. 2 des StrRehaG s. Burhoff/Volpert RVG/*Burhoff* VV Vorb. 4 Rn. 30 ff.
[3] → RVG VV Vorb. 4 Rn. 44 ff., → RVG VV 41060, 4107 Rn. 17 ff.; → RVG VV 4108–4111 Rn. 19 ff.

10 Fällt die Gebühr mit **Zuschlag** nach VV 4115 RVG an, beträgt die Gebühr 88,– EUR bis 770,– EUR und die Mittelgebühr 429, EUR. Für den Pflichtverteidiger entsteht eine Festbetragsgebühr von 343,– EUR.

VII. Längenzuschlag für den gerichtlich bestellten oder beigeordneten RA (VV 4116, 4117 RVG)

11 Die Terminsgebühr entsteht mit einem sog. Längenzuschlag, wenn der Hauptverhandlungstermin **mehr als fünf Stunden und bis acht Stunden** (VV 4116 RVG) bzw. **mehr als acht Stunden** (VV 4117 RVG) dauert. Wegen der Einzelheiten kann verwiesen werden auf → RVG VV Vorb. 4.1 Rn. 12 ff. → RVG VV 4108–4111 Rn. 20 ff. Der Längenzuschlag beträgt bei mehr als fünf Stunden und bis acht Stunden (VV 4116 RVG) 141,– EUR und bei mehr als acht Stunden (VV 4117 RVG) 282,– EUR.

Nr.	Gebührentatbestand	Gebühr oder Satz der Gebühr nach § 13 oder § 49 RVG: Wahlanwalt	Gebühr oder Satz der Gebühr nach § 13 oder § 49 RVG: gerichtlich bestellter oder beigeordneter Rechtsanwalt
4118	Verfahrensgebühr für den ersten Rechtszug vor dem Oberlandesgericht, dem Schwurgericht oder der Strafkammer nach den §§ 74a und 74c GVG .... Die Gebühr entsteht auch für Verfahren vor der Jugendkammer, soweit diese in Sachen entscheidet, die nach den allgemeinen Vorschriften zur Zuständigkeit des Schwurgerichts gehören.	110,– bis 759,– EUR	348,– EUR
4119	Gebühr 4118 mit Zuschlag	110,– bis 949,– EUR	424,– EUR
4120	Terminsgebühr je Hauptverhandlungstag in den in Nummer 4118 genannten Verfahren	143,– bis 1.023,– EUR	466,– EUR
4121	Gebühr 4120 mit Zuschlag	143,– bis 1.279,– EUR	569,– EUR
4122	Der gerichtlich bestellte oder beigeordnete Rechtsanwalt nimmt mehr als 5 und bis 8 Stunden an der Hauptverhandlung teil: Zusätzliche Gebühr neben der Gebühr 4120 oder 4121		233,– EUR
4123	Der gerichtlich bestellte oder beigeordnete Rechtsanwalt nimmt mehr als 8 Stunden an der Hauptverhandlung teil: Zusätzliche Gebühr neben der Gebühr 4120 oder 4121		466,– EUR

Schrifttum: S. die Hinweise bei → RVG VV Teil 4 Einl. Vor Rn. 1; → RVG VV Vorb. 4 Vor Rn. 1; → RVG VV Vorb. 4.1 Einl. Vor Rn. 1; → RVG VV 4106–4107 Einl. Vor Rn. 1; → RVG VV 4108–4111 Vor Rn. 1.

Übersicht

I. Allgemeines

Die VV 4118–4123 RVG enthalten die Verfahrensgebühr und die Terminsgebühr für das gerichtliche Verfahren **1. Instanz** beim **Oberlandesgericht,** beim **Schwurgericht** und in den übrigen genannten Verfahren. Beide Gebühren können mit Zuschlag entstehen (VV 4119, 4121 RVG). Auch hier sind für besonders lange Hauptverhandlungstermine beim gerichtlich bestellten oder beigeordneten RA Zuschläge vorgesehen (VV 4122, 4123 RVG). 1

Neben diesen Gebühren können auch im gerichtlichen Verfahren des ersten Rechtszugs beim Oberlandesgericht bzw. Schwurgericht **weitere Gebühren** entstehen. Insoweit wird verwiesen auf die Erläuterungen bei UAbschn. 3 → Rn. 4. 2

II. Anwendungsbereich (Anm. zu VV 4118 RVG)

Die Gebühren VV 4118–4123 RVG **entstehen:** 3

- in den in § 120 GVG geregelten Fällen, wenn also das **Oberlandesgericht** als **1. Instanz tätig** wird,
- in den in § 74 Abs. 2 GVG geregelten Fällen der **Schwurgerichtsverfahren,** und zwar auch, wenn das Schwurgericht im sog. Sicherungsverfahren tätig wird,
- nach der Anm. zu VV 4118 RVG im Fall des § 41 Abs. 1 Nr. 1 JGG im Verfahren vor der **Jugendkammer,** wenn diese in Sachen entscheidet, in denen nach den allgemeinen Vorschriften das **Schwurgericht** entscheidet,
- in den in § 74a GVG geregelten Verfahren bei der **Staatsschutzkammer,**
- in den in § 74c GVG geregelten Fällen der **großen Strafkammer** als **Wirtschaftsstrafkammer.**

Für die Fälle der **Zurückverweisung** gilt: Wenn ein erstes von einer Kammer mit besonderer Zuständigkeit (Schwurgerichts- oder Jugendkammer) erlassenes Urteil aufgehoben worden ist, ist vorbehaltlich einer besonderen Anordnung nach § 354 Abs. 3 StPO nach Zurückverweisung für die neue Hauptverhandlung eine Kammer gleicher Art auch dann zuständig, wenn das Revisionsgericht nicht ausdrücklich von ihr gesprochen hat und es zB nur noch um die Strafaussetzung wegen eines Delikts geht, das dem zB dem Schwurgerichtskatalog des § 74 Abs. 2 GVG oder einer sonstigen „Sonderzuständigkeit" nicht unterfällt.[1] Der RA, der in diesem zurückverwiesenen Verfahren verteidigt, erhält seine Gebühren dann (ebenfalls/erneut) aus dem besonderen Rahmen.[2] 4

III. Verfahrensgebühr (VV 4118 RVG)

Der RA verdient die VV 4118 RVG für das **Betreiben** des **Geschäfts** im ersten Rechtszug in den in VV 4118 RVG genannten Verfahren. Es gelten sowohl hinsichtlich der allgemeinen Anforderungen an das Entstehen einer Verfahrensgebühr als auch hinsichtlich des Entstehens der Verfahrensgebühr im gerichtlichen Verfahren keine Besonderheiten, so dass verwiesen werden kann auf die Erläuterungen bei → RVG VV Vorb. 4 Rn. 9 ff. und auf die Erläuterungen zu VV 4106–4107 RVG. Die besondere Bedeutung des Verfahrens für den Nebenkläger als Opfer eines versuchten Mordes soll bei den Gebühren VV 4118, 4120 RVG bereits berücksichtigt sein, was Bedeutung bei der Bemessung der Rahmengebühr haben kann.[3] 5

IV. Terminsgebühr (VV 4120 RVG)

Der RA verdient die VV 4120 RVG für die **Teilnahme** an der **Hauptverhandlung** im ersten Rechtszug in den genannten Verfahren. Es gelten sowohl hinsichtlich der allgemeinen Anforderungen an das Entstehen einer Terminsgebühr als auch hinsichtlich des Entstehens der Terminsgebühr im gerichtlichen Verfahren keine Besonderheiten, so dass verwiesen werden kann auf die Erläuterungen bei → RVG VV Vorb. 4 Rn. 24 ff. und auf die Erläuterungen zu VV 4108–4111 RVG. Die Terminsgebühr VV 4120 RVG fällt auch dann an, wenn die Strafkammer ggf. in der Hauptverhandlung nur mit zwei Berufsrichtern besetzt ist (§ 76 Abs. 2 GVG). Entscheidung ist allein, ob es sich um eins der in VV 4118 RVG genannten Verfahren handelt. 6

---

[1] Meyer-Goßner/Schmitt/*Schmitt* StPO § 354 Rn. 34, 42 mwN.
[2] LG Osnabrück RVGreport 2014, 24 = StRR 2013, 439.
[3] OLG Nürnberg StRR 2015, 195 = RVGreport 2015, 213.

V. Gebühren mit Zuschlag (VV 4119, 4121 RVG)

7 Sowohl die Verfahrensgebühr VV 4118 RVG als auch die Terminsgebühr VV 4120 RVG können mit **Zuschlag** entstehen; vgl. die VV 4119, 4121 RVG. Es gelten die allgemeinen Erläuterungen.[4]

VI. Höhe der Gebühren

8 Gem. VV 4118 RVG beträgt die Höhe der **Verfahrensgebühr** 110,– EUR bis 759,– EUR, die Mittelgebühr beträgt 434,50 EUR. Der gerichtliche bestellte oder beigeordnete RA, also idR der Pflichtverteidiger, erhält eine Festbetragsgebühr von 348,– EUR.

9 Fällt die Gebühr nach VV 4119 RVG mit **Zuschlag** an, beträgt die Gebühr 110,– EUR bis 949,– EUR und die Mittelgebühr 529,50 EUR. Für den Pflichtverteidiger entsteht eine Festbetragsgebühr von 424,– EUR.

10 Gem. VV 4120 RVG beträgt die Höhe der **Terminsgebühr** 143,– EUR bis 1.023,– EUR, die Mittelgebühr beträgt 583,– EUR. Der gerichtliche bestellte oder beigeordnete RA, also idR der Pflichtverteidiger, erhält eine Festbetragsgebühr von 466,– EUR.

11 Fällt die Gebühr mit **Zuschlag** nach VV 4121 RVG an, beträgt die Gebühr 143,– EUR bis 1.279,– EUR und die Mittelgebühr 711,00 EUR. Für den Pflichtverteidiger entsteht eine Festbetragsgebühr von 569,– EUR.

VII. Längenzuschlag für den gerichtlich bestellten oder beigeordneten RA (VV 4122, 4123 RVG)

12 Die Terminsgebühr entsteht mit einem sog. Längenzuschlag, wenn der Hauptverhandlungstermin **mehr als fünf Stunden und bis acht Stunden** (VV 4122 RVG) bzw. **mehr als acht Stunden** (VV 4123 RVG) dauert. Wegen der Einzelheiten kann verwiesen werden auf → RVG VV Vorb. 4.1 Rn. 12 ff. und → RVG VV 4108–4111 Rn. 20 ff. Der Längenzuschlag beträgt bei mehr als fünf Stunden und bis acht Stunden (VV 4122 RVG) 233,– EUR und bei mehr als acht Stunden (VV 4123 RVG) 466,– EUR.

Berufung

Einleitung

Schrifttum: *Burhoff,* Berufung im Strafverfahren So rechnen Sie nach dem RVG ab, RVG prof. 2004, 156; *Burhoff,* Berechnungsbeispiele zum RVG: Berufungsinstanz, RVGreport 2006, 284; *Burhoff,* Die Verfahrensgebühr im Straf- bzw. Bußgeldverfahren, RVGreport 2009, 443; *Burhoff,* Die Terminsgebühr im Straf- bzw. Bußgeldverfahren, RVGreport 2010, 3; *Burhoff,* Die Verfahrensgebühr im Straf- bzw. Bußgeldverfahren, RENOpraxis 2011, 126; *Burhoff,* Die Terminsgebühr im Straf- bzw. Bußgeldverfahren, RENOpraxis 2011, 198; *Burhoff,* Die Abrechnung von Beschwerden in Straf- und Bußgeldsachen, RVGreport 2012, 12; *Burhoff,* Die Abrechnung (förmlicher/formloser) Rechtsbehelfe im Straf- und Bußgeldverfahren, StRR 2012, 172; *Burhoff,* Die Abrechnung (förmlicher/formloser) Rechtsbehelfe im Straf- und Bußgeldverfahren, RVGreport 2013, 213; *Burhoff,* Die anwaltliche Vergütung im strafverfahrensrechtlichen Berufungsverfahren, RVGreport 2012, 165; *Burhoff,* 25 Fragen und Antworten zur Terminsgebühr in Straf- und Bußgeldverfahren, RVG prof. 2013, 124; *Burhoff,* 25 Fragen und Antworten zur Verfahrensgebühr in Straf- und Bußgeldverfahren, RVG prof. 2013, 176; *Burhoff,* Straf- und Bußgeldsachen: Besonderheiten für die Beschwerdeabrechnung, RVG prof. 2014, 30; *Burhoff,* Die Erstattung/Festsetzung der Verfahrensgebühr für das strafverfahrensrechtliche Rechtsmittelverfahren im Fall der Rechtsmittelrücknahme der Staatsanwaltschaft, RVGreport 2014, 410; vgl. auch die Hinweise bei → RVG VV Teil 4 Einl. Vor Rn. 1; → RVG VV Vorb. 4 Vor Rn. 1; → RVG VV Vorb. 4.1 Einl. Vor Rn. 1; → RVG VV 4106, 4107 Vor Rn. 1; → RVG VV 4108–4111 Vor Rn. 1.

Übersicht

[4] → RVG VV Vorb. 4 Rn. 44 ff.; → RVG VV 4106, 4107 Rn. 17 ff.; → RVG VV 4108–4111 Rn. 19 ff.

I. Allgemeines

Die Vergütung des RA im strafverfahrensrechtlichen Berufungsverfahren ist in den VV 4124ff. RVG geregelt. Diese gelten für den RA, der als Verteidiger den vollen Verteidigungsaufenthalt erhalten hat. Hat der RA **nicht** den **vollen Verteidigungsauftrag** erhalten, sondern ist ihm nur eine **Einzeltätigkeit,** weil er zB nur die Berufung einlegen oder begründen soll, übertragen worden, gelten nicht die VV 4124ff. RVG, sondern VV Teil 4 Abschn. 3 RVG.[1] IdR erhält der RA jedoch den vollen Auftrag.[2] 1

II. Eigene Angelegenheit

Das Berufungsverfahren ist gegenüber dem vorbereitenden Verfahren und dem gerichtlichen Verfahren 1. Instanz eine **eigene Angelegenheit** iSd § 15 RVG.[3] Werden **mehrere Berufungen** eingelegt, kommt es darauf an, ob diese sich gegen dieselbe Entscheidung oder gegen verschiedene Entscheidungen richten. Richten sich die Berufungen gegen dieselbe Entscheidung, liegt lediglich eine Angelegenheit vor mit der Folge, dass die Gebühren VV 4124ff. RVG auch nur einmal entstehen.[4] Wird das Berufungsverfahren mit einem erstinstanzlichen Verfahren **verbunden,** was nur noch im JGG-Verfahren möglich ist, verlieren die Verfahren nicht ihre Selbständigkeit, das Berufungsverfahren bleibt also Berufungsverfahren.[5] Das bedeutet, dass in beiden Verfahren die jeweiligen Gebühren entstehen.[6] Um dieselbe Angelegenheit mit der Folge, dass nur eine Verfahrensgebühr VV 4124 RVG entsteht, handelt es sich aber, wenn nach einer zunächst erfolgten Rücknahme der Berufung das Berufungsverfahren später, zB wegen Unwirksamkeit der Berufungsrücknahme, fortgesetzt wird. Die Rspr. zur Rücknahme der Anklage und neuer Anklage[7] gilt entsprechend. Werden mehrere Berufungen eingelegt, zB von dem Angeklagten und der Staatsanwaltschaft und wird dann später ein Berufungsverfahren abgetrennt, z.B. weil der Angeklagte im Berufungshauptverhandlungstermin nicht erschienen ist, liegen infolge der Abtrennung/Trennung der beiden Berufungen zwei Angelegenheiten vor mit der Folge, dass nach § 15 Abs. 2 RVG in jeder dieser Angelegenheiten Gebühren geltend gemacht werden können.[8] 2

Wird vom Verteidiger/RA gegen ein amtsgerichtliches Urteil nach § 335 Abs. 1 StPO **Sprungrevision** eingelegt und wird dann von einem anderen Verfahrensbeteiligten eine sog. (Sperr)Berufung eingelegt, wird die Revision nach § 335 Abs. 3 StPO als Berufung behandelt. Gebührenmäßig wird die Tätigkeit des RA bis zur Einlegung der Berufung nach VV 4130 RVG behandelt. Mit der Einlegung der Berufung beginnt eine neue Angelegenheit. Für diese erhält der Verteidiger dann die Vergütung nach VV 4124ff. RVG, die neben der Vergütung nach VV 4130 RVG besteht.[9] 3

III. Gebührenstruktur

Die VV 4124ff. RVG regeln die anwaltliche Vergütung im Berufungsverfahren ebenso wie die im gerichtlichen Verfahren der 1. Instanz. Der RA kann also eine **Verfahrensgebühr** (VV 4124, 4125 RVG) und die **Terminsgebühr** für seine Teilnahme an der Berufungshauptverhandlung (VV 4126ff. RVG) verdienen. 4

Daneben können auch im Berufungsverfahren die allgemeinen Gebühren aus VV Teil 1 RVG[10] und die Gebühren aus UAbschn. 1, 5 sowie aus VV Teil 7 RVG entstehen, also: 5

---

[1] Zur Abrechnung im Berufungsverfahren zuletzt *Burhoff* RVGreport 2012, 165; Burhoff/Kotz StrafR-Rechtsmittel-HdB/*Burhoff* Teil D Rn. 82ff.

[2] Vgl. die Nachw. bei → RVG VV Teil 4 Einl. Rn. 7.

[3] Allg. zu den Angelegenheiten → RVG VV Teil 4 Einl. Rn. 19ff.

[4] Burhoff/Volpert RVG/*Burhoff* VV Teil 4 UAbschn. 3 Berufung Einl. Rn. 3 mit Bsp.; s. a. OLG München JurBüro 2008, 248 = NStZ-RR 2008, 192 = AGS 2008, 224 mAnm *N. Schneider* = RVGreport 2008, 137 mAnm *Burhoff* für Rev. des Nebenklägers und der Staatsanwaltschaft bzw. des Angeklagten.

[5] Meyer-Goßner/Schmitt/*Schmitt* StPO § 237 Rn. 8.

[6] *Burhoff* RVGreport 2015, 242 (244).

[7] OLG Düsseldorf RVGreport 2015, 64 = NStZ-RR 2014, 359 = AGS 2015, 128; OLG Köln AGS 2010, 175 = JurBüro 2010, 362; LG Duisburg AGS 2011, 596 = RVGreport 2011, 419 = StRR 2012, 40 = RVG prof. 2011, 186.

[8] Vgl. das Beispiel bei Burhoff/Volpert RVG/*Burhoff* VV Teil 4 UAbschn. 3 Berufung Einl. Rn. 7.

[9] Zutr. LG Hamburg StraFo 2014, 526 zugleich auch zur Notwendigkeit der Revisionsbegründung; ähnlich LG Memmingen RVGreport 2015, 307 = StRR 2015, 320.

[10] → RVG VV Teil 4 Einl. Rn. 11.

- (immer)[11] die Grundgebühr VV 4100 RVG, wenn der RA erstmals im Berufungsverfahren beauftragt wird,
- Terminsgebühr VV 4102 RVG,
- Zusätzliche Gebühr VV 4141 RVG,
- Zusätzliche Gebühr VV 4142 RVG, und zwar auch dann neben der Verfahrensgebühr VV 4124 RVG, wenn die Berufung auf die Anordnung des Verfalls beschränkt wurde,[12]
- Zusätzliche Gebühr VV 4143, 4144 RVG.

6 Richtet sich die Berufung ausschließlich gegen eine Entscheidung über die **vermögensrechtlichen Ansprüche,** entstehen keine Gebühren nach VV 4124 ff. RVG, sondern nur die nach VV 4144 RVG.[13]

IV. Erstattungsfragen

7 Die gerichtliche Kostenentscheidung richtet sich im Berufungsverfahren nach **§ 473 Abs. 1–4 StPO.** Danach werden die Kosten einer erfolglosen oder zurückgenommenen Berufung demjenigen auferlegt, der die Berufung eingelegt hat. Bei Freispruch des Angeklagten gilt § 467 StPO. Der Umfang der zu erstattenden Kosten richtet sich auch im Berufungsverfahren nach **§ 464a StPO;** es gelten die allgemeinen Regeln.[14]

8 Streit besteht in Rspr. und Lit. hinsichtlich der **Kostenerstattung** im Fall der **Berufung** der **Staatsanwaltschaft,** wenn diese nach Beauftragung eines RA durch den Angeklagten, aber vor Begründung des Rechtsmittels durch die Staatsanwaltschaft von dieser zurückgenommen wird (vgl. § 473 Abs. 2 S. 1 StPO). Teilweise wird vertreten, dass dann die Verfahrensgebühr VV 4124 RVG, die mit Auftragserteilung und Information des Mandanten durch den RA entstanden ist, nicht erstattungsfähig iSd § 473 Abs. 2 S. 1, § 464a Abs. 2 Nr. 2 StPO iVm § 91 Abs. 2 ZPO sei,[15] weil es sich um eine nutzlose Tätigkeit handle, da der Angeklagte mangels Begründung der Berufung das Ziel der Berufung gar nicht kenne. Dem ist zu widersprechen. Der Angeklagte hat nämlich ab Einlegung der Berufung durch die Staatsanwaltschaft Handlungs- und Beratungsbedarf, so zB über den weiteren Gang des Verfahrens usw.[16] Dieser hängt nicht etwa von der Begründung der Berufung ab. Zudem ist die abweichende Rspr. teilweise auch nicht konsequent.[17] Denn einerseits wird vom „verständigen und erfahrenen Verteidiger" erwartet, dass er vor dem Eingang der Berufungsbegründung „auf voreilige Überlegungen, spekulative Beratungen sowie auf Mutmaßungen über Umfang und Erfolgsaussichten des Rechtsmittels" verzichtet, andererseits wird aber davon ausgegangen, dass der Verteidiger/RA das ohne nennenswerten Zeitaufwand auch dem Angeklagten begreiflich machen

---

[11] Vgl. die Nachw. bei → Rn. 5.

[12] OLG Hamm RVGreport 2012, 152 = StRR 2012, 158 = RVG prof. 2012, 41; LG Detmold BeckRS 2012, 05838.

[13] Burhoff/Volpert RVG/*Burhoff* VV Teil 4 UAbschn. 3 Berufung Einl. Rn. 9.

[14] Vgl. die Erläuterungen zu § 464a StPO bei Meyer-Goßner/Schmitt/*Schmitt* StPO § 464a Rn. 10; → RVG VV Teil 4 Einl. Rn. 46 ff.; zur Auslegung einer Kostenentscheidung betreffend Berufung LG Traunstein RVGreport 2018, 469 = Sonderausgabe StRR 12/2018, 5.

[15] Vgl. aus der Rspr. – teilweise die entsprechende Problematik bei der Rev. betr.: grdl. KG BeckRS 2010, 19904; JurBüro 2010, 599 = RVGreport 2010, 351 = VRR 2010, 479 = RVG prof. 2010, 132; s. a. KG StraFo 2006, 432 = RVGreport 2006, 352 = AGS 2006, 375; StRR 2011, 387 = VRR 2011, 398 jur. mablAnm *Burhoff* = JurBüro 2012, 471, ausdrücklich für die VV 4124 RVG; OLG Brandenburg = Sonderausgabe StRR 11/2020, 4, RVGreport 2020, 230; OLG Bremen NStZ-RR 2011, 391; OLG Düsseldorf JurBüro 1981, 229; OLG Hamm MDR 1978, 586; OLG Koblenz NStZ 2007, 423 = Rpfleger 2006, 670; NStZ-RR 2014, 327; OLG Köln RVGreport 2015, 383 = AGS 2015, 511 = NStZ-RR 2015, 294 (Ls.) = StRR 2016, Nr. 5 S. 2; OLG München JurBüro 1977, 490; LG Berlin StraFo 2006, 432; LG Bochum JurBüro 2007, 38 mablAnm *Madert;* LG Cottbus JurBüro 2007, 416 für Rev. des Nebenklägers mablAnm *Madert;* LG Detmold JurBüro 2017, 584; LG Koblenz JurBüro 2009, 198; LG Köln Rpfleger 2014, 624 = StRR 2014, 356 = RVGreport 2014, 360; LG Osnabrück JurBüro 2018, 187; LG Schweinfurt RVGreport 2018, 224 = StRR Sonderausgabe 6/2018, 13; LG Verden VRR 2012, 323 (Ls.).

[16] Zutr. OLG Stuttgart StV 1998, 615; LG Aurich RVGreport 2015, 266 = StRR 2015, 280; LG Dortmund RVGreport 2016, 223 = StRR 5/2016, 4 = AGS 2016, 18; LG Dresden 23.5.2011 – 3 Qs 75/07; LG Göttingen StraFo 2019, 175 = RVGreport 2019, 108 = RVGprof. 2019, 113; LG Heidelberg StV 1998, 607; LG München I StRR 2015, 79 mAnm *Werning;* LG Aurich RVGreport 2105, 266; AG Iserlohn StraFo 2011, 530 = StRR 2012, 260 mAnm *Nobis* = RVG prof. 2012, 22; wie hier Schneider/Wolf/*N. Schneider* RVG VV 4124, 4125 Rn. 16 mwN; Burhoff/Volpert RVG/*Burhoff* VV 4124 Rn. 29; Hartung/Schons/Enders/*Hartung* RVG VV 4124, 4215 Rn 11; Meyer-Goßner/Schmitt/*Schmitt* StPO § 464a Rn. 10, idR.

[17] KG JurBüro 2012, 471 = RVGreport 2012, 187 = StRR 2011, 387 = VRR 2011, 398, jeweils mablAnm *Burhoff.*

kann. Wird die Tätigkeit aber erwartet, dann ist sie notwendig und nicht nutzlos. Deshalb kann der Angeklagte, wenn sein RA diese Tätigkeit erbringt, Erstattung der VV 4124 RVG verlangen.[18]

Nr.	Gebührentatbestand	Gebühr oder Satz der Gebühr nach § 13 oder § 49 RVG	
		Wahlanwalt	gerichtlich bestellter oder beigeordneter Rechtsanwalt
4124	Verfahrensgebühr für das Berufungsverfahren .... Die Gebühr entsteht auch für Beschwerdeverfahren nach § 13 StrRehaG.	88,– bis 616,– EUR	282,– EUR
4125	Gebühr 4124 mit Zuschlag	88,– bis 770,– EUR	343,– EUR

Übersicht

I. Allgemeines

Die VV 4124 RVG regelt die Verfahrensgebühr für das strafverfahrensrechtliche Berufungs- 1
verfahren, das einen **eigenen Rechtszug** iSd §§ 15 Abs. 2, 17 Nr. 1 RVG darstellt.[1] Die Gebühr kann nach VV 4125 RVG mit Zuschlag entstehen. Nach der Anm. entsteht die Verfahrensgebühr auch im Beschwerdeverfahren nach § 13 StrRehaG.[2]

II. Berufungsverfahren

Das strafverfahrensrechtliche Berufungsverfahren schließt sich an das Verfahren des ersten 2
Rechtszuges an. Es **beginnt** mit dessen Ende, also idR mit der Einlegung der Berufung (§ 314 StPO).[3] Wird von einem anderen Verfahrensbeteiligten Berufung eingelegt, beginnt das Berufungsverfahren für den Verteidiger mit der Erteilung des Auftrags, den Mandanten im Berufungsverfahren zu vertreten.[4] Im Fall der Aufhebung des Berufungsurteils durch das **Oberlandesgericht** (§ 349 Abs. 4 StPO) und Zurückverweisung an das Landgericht gilt § 34a StPO. Da die Entscheidung des Oberlandesgerichts nicht mehr mit einem Rechtsmittel angegriffen werden kann und somit durch die Entscheidung unmittelbar die Rechtskraft herbeigeführt wird, gilt nach § 34a StPO die Rechtskraft als mit Ablauf des Tages der Beschlussfassung einge-

[18] S. a. BGH NJW 2003, 756, für Zivilsache; LG Heidelberg StV 1998, 607; LG Münster AGS 2003, 314; LG Düsseldorf 8.7.2003 – XVII Qs 47/03; LG Aurich RVGreport 2015, 266; AG Iserlohn StraFo 2011, 530; wie hier Burhoff/Volpert RVG/*Burhoff* VV 4124 Rn. 27 ff. mit Argumentationshilfe; Schneider/Wolf/*N. Schneider* RVG VV 4124, 4125 Rn. 13 ff. mwN; Meyer-Goßner/Schmitt/*Schmitt* StPO § 464a Rn. 10 mwN (idR); *Hartmann*/Toussaint RVG VV 4124 Rn. 7; *Burhoff* RVGreport 2014, 410; s. a. noch LG Köln AGS 2007, 351 = StraFo 2007, 305 = RVGreport 2007, 224 = StV 2007, 481 (Ls.).

[1] Eing. *Burhoff* RVGreport 2012, 165 ff.; Burhoff/Kotz StrafR-Rechtsmittel-HdB/*Burhoff* Teil D Rn. 106 ff.

[2] → RVG VV Vorb. 4 Rn. 8.

[3] Zum Entstehen der Verfahrensgebühr im Berufungsverfahren → Rn. 4 ff.; *Burhoff* RVGreport 2012, 165; Burhoff/Kotz StrafR-Rechtsmittel-HdB/*Burhoff* Teil D Rn. 106 ff.

[4] Schneider/Wolf/*N. Schneider* RVG VV 4124, 4125 Rn. 5; Burhoff/Volpert RVG/*Burhoff* VV 4124 Rn. 8; → Rn. 7.

treten. In dem Zeitpunkt ist also dann das Verfahren wieder beim Landgericht im Berufungsverfahren anhängig.[5]

3 Das Berufungsverfahren **endet** mit dem **Abschluss** der **Berufungsinstanz.** Insoweit gilt dasselbe wie für den Abschluss des gerichtlichen Verfahrens der 1. Instanz. Auch im Berufungsverfahren ist das gerichtliche Verfahren nicht unbedingt mit der Verkündung des Urteils, der Einstellung des Verfahrens oder ggf. der Rücknahme der Berufung beendet. Vielmehr werden auch darüber hinaus gehende Nachbereitungstätigkeiten noch von der Verfahrensgebühr VV 4124 RVG erfasst.[6] Das gilt nach § 19 Abs. 1 S. 2 Nr. 10 RVG auch für die Einlegung der Revision.[7]

III. Abgeltungsbereich

1. Persönlich

4 Die VV 4124 RVG steht sowohl dem **Wahlanwalt** als auch dem **gerichtlich bestellten** oder **beigeordneten RA** zu sowie auch dem sonstigen Vertreter oder Beistand eines Verfahrensbeteiligten. Es gelten die allgemeinen Regeln.[8] Das gilt auch, wenn der Verteidiger seine Vertretung in der Berufungshauptverhandlung einem anderen RA überträgt. Dieser erhält, wenn er nicht auch Verteidiger wird, nur eine Gebühr nach VV 4301 Nr. 3 RVG.[9]

2. Sachlich

5 **a) Entstehen der Verfahrensgebühr.** Die Gebühr VV 4124 RVG entsteht, wenn der RA **erstmals nach Auftragserteilung** für den Mandanten im Berufungsverfahren **tätig** wird. Das muss nicht eine nach außen erkennbare Tätigkeit sein. Es genügt zB die (interne) Beratung des Mandanten über den weiteren Gang des Verfahrens.[10] Zugleich mit der Verfahrensgebühr entsteht (immer)[11] die Grundgebühr nach VV 4100 RVG, wenn der RA erst im Berufungsverfahren beauftragt worden ist.[12]

6 War der RA **bereits** in der **1. Instanz Verteidiger,** gehört die Einlegung der Berufung nach § 19 Abs. 1 S. 2 Nr. 10 RVG noch zum gerichtlichen Verfahren der ersten Instanz.[13] Jede danach für den Mandanten erbrachte Tätigkeit führt aber, wenn der RA den Auftrag zur Verteidigung im Berufungsverfahren erhalten hat, zur Verfahrensgebühr VV 4124 RVG. Das kann zB ein Antrag auf Akteneinsicht sein.[14] War der RA erstinstanzlich überhaupt noch nicht oder nicht als Verteidiger tätig, beginnt für ihn das Berufungsverfahren mit der Erteilung des Auftrags, das Rechtsmittel einzulegen. Die Einlegung der Berufung wird dann von der Gebühr VV 4124 RVG erfasst.

7 Wenn von einem **anderen Verfahrensbeteiligten Berufung** eingelegt worden ist, beginnt für den Verteidiger das Berufungsverfahren mit der Erteilung des Auftrags, den Mandanten im Berufungsverfahren zu vertreten.[15] Auf den Erhalt oder die Kenntnis von dem gegnerischen

---

[5] Burhoff/Volpert RVG/*Burhoff* VV 4124 Rn. 4.

[6] Burhoff/Volpert RVG/*Burhoff* VV 4124 VV Rn. 5.

[7] KG AGS 2009, 389 = RVGreport 2009, 346 = VRR 2009, 277 = StRR 2009, 399; Jena JurBüro 2006, 365; OLG Schleswig SchlHA 2006, 299 Rechtsprechungsübersicht bei *Döllel/Dressen,* s. a. § 19 Rn. 119 ff.; OLG Karlsruhe AGS 2009, 19, für das Zivilrecht.

[8] → RVG VV Vorb. 4 Rn. 3 ff.

[9] Zum Terminsvertreter → RVG VV Teil 4 Abschn. 1 Rn. 12; Burhoff/Volpert RVG/*Burhoff* VV 4124 Rn. 11.

[10] Zur Frage der Erstattung der VV 4124 RVG, wenn der Verteidiger/RA den Mandanten vor der Begr. des durch einen anderen Verfahrensbeteiligten eingelegten Rechtsmittels berät, das Rechtsmittel dann aber zurückgenommen wird, s. die Nachw. bei → RVG VV Teil 4 Abschn. 1 UAbschn. 3 Einl. Rn. 6 f.

[11] OLG Saarbrücken RVGreport 2015, 64 = StRR 2015, 117 = RVG prof. 2015, 60; LG Chemnitz RVGreport 2015, 265 = StRR 2015, 319 = AGS 2015, 379; LG Duisburg RVGreport 2014, 427 = VRR 2014, 319 = AGS 2014, 330 = ZfS 2014, 468 = StRR 2014, 360; LG Oldenburg RVGreport 2014, 470 = ZfS 2014, 648 = AGS 2014, 552 = StRR 2015, 80; LG Saarbrücken RVGreport 2015, 221 = StRR 2015, 239 = AGS 2015, 389, Aufgabe der Rspr. aus StRR 2015, 119 = RVGreport 2015, 182; aA – ohne nähere Begr. – OLG Nürnberg RVGreport 2016, 105 = StraFo 2015, 39 = AGS 2015, 29 = StRR 2015, 118 = NStZ-RR 2015, 95 (Ls.); LG Saarbrücken AGS 2015, 379; StRR 2015, 119 = RVGreport 2015, 182 = AGS 2015, 388.

[12] Zum Verhältnis von Verfahrensgebühr und Grundgebühr, vgl. die Nachw. bei → TVG VV 4100 Rn. 9.

[13] KG NStZ 2017, 305 = StraFo 2016, 513 = RVGreport 2017, 237 mwN; OLG Hamm AGS 2006, 547 für Rev.; LG Osnabrück RVGreport 2019, 339 = JurBüro 2020, 24 = RVG prof. 2019, 180; zur Beratung über ein Rechtsmittel die Erläuterungen zu → § 19 Rn. 111, 122, 134 ff.

[14] KG AGS 2009, 389 = RVGreport 2009, 346 = VRR 2009, 277 = StRR 2009, 399; OLG Jena JurBüro 2006, 365; Mayer/Kroiß/*Kroiß* RVG VV 4130–4135 Rn. 9 für die Rev.

[15] Schneider/Wolf/*N. Schneider* RVG VV 4124, 4125 Rn. 4 f.; Burhoff/Volpert RVG/*Burhoff* VV 4124 Rn. 8.

Rechtsmittel kommt es nicht an.[16] Ausreichend für das Entstehen der Verfahrensgebühr ist die Beratung des Mandanten über das Berufungsverfahren;[17] von dieser Frage zu unterscheiden ist, ob der Mandant die VV 4124 RVG erstattet erhält, wenn der Gegner seine Berufung zurücknimmt.[18] Hat der RA allerdings schon vorab (bedingt) den Auftrag zur Verteidigung im Berufungsverfahren erhalten, ist ein weiterer Auftrag nicht mehr erforderlich und es reicht für das Entstehen der Gebühr VV 4124 RVG aus, wenn der Verteidiger nach Einlegung der Berufung durch den anderen Verfahrensbeteiligten tätig wird.[19]

b) Erfasste Tätigkeiten. Die Verfahrensgebühr VV 4124 RVG entsteht für das **Betreiben** 8
des **Geschäfts** im Berufungsverfahren.[20] Es werden also alle Tätigkeiten des RA abgegolten, soweit dafür keine besonderen Gebühren vorgesehen sind.[21] Besondere Gebühren sind die für einen Berufungshauptverhandlungstermin (VV 4126 f. RVG) sowie außerdem die Terminsgebühr VV 4102 RVG, die auch noch im Berufungsverfahren entstehen kann, sowie die Grundgebühr VV 4100 RVG, wenn der RA erst im Berufungsverfahren beauftragt worden ist.[22] Von der Verfahrensgebühr VV 4124 RVG erfasst wird insbes. eine ggf. zu erstellende Berufungsbegründung und die allgemeine Vorbereitung des Berufungshauptverhandlungstermins. Aber auch Gespräche mit der Staatsanwaltschaft und/oder mit dem Gericht mit dem Ziel der Rücknahme der Berufung[23] bzw. mit dem Ziel, nun im Berufungsverfahren noch zu einer Verständigung (§ 257c StPO) zu kommen. führen zur Verfahrensgebühr. Entsprechendes gilt, wenn der RA das angefochtene Urteil auf Fehler prüft und den Mandanten ggf. berät, ob und mit welchem Ziel das Rechtsmittel dann weiter durchgeführt werden soll.[24] Wird das Rechtsmittel dann zurückgenommen, entfällt nicht die bereits entstandene Verfahrensgebühr.[25] Legt der RA im Berufungsverfahren noch **Beschwerden** ein, zB nach § 111a StPO oder gegen einen Haftbefehl, werden die dafür aufgewandten Tätigkeiten entsprechend den allgemeinen Regeln (§ 19 Abs. 1 S. 2 Nr. 10a RVG) durch die VV 4124 RVG erfasst.[26]

IV. Höhe der Gebühr

Die Verfahrensgebühr nach VV 4124 RVG **beträgt** 88,– EUR bis 616,– EUR, die Mittelge- 9
bühr beträgt 352,– EUR; für den gerichtlich bestellten oder beigeordneten RA, also idR den Pflichtverteidiger, beträgt die Verfahrensgebühr 282,– EUR. Vertritt der RA **mehrere Auftraggeber,** zB mehrere Nebenkläger/Zeugen, erhöht sich der Gebührenrahmen nach VV 1008 RVG.

Der **Wahlanwalt** bemisst die Verfahrensgebühr anhand der Kriterien des **§ 14 Abs. 1** 10
RVG.[27] Bei dem Bemessungskriterium „Umfang der anwaltlichen Tätigkeit" kann die Schwierigkeit des Tatvorwurfs berücksichtigt werden oder, ob die Berufung von Anfang an auf das Strafmaß beschränkt[28] bzw. die Berufung des Nebenklägers ggf. unzulässig war.[29] Auch ist

---

16 Schneider/Wolf/*N. Schneider* RVG VV 4124, 4125 Rn. 4 f.; Burhoff/Volpert RVG/*Burhoff* VV 4124 Rn. 8.

17 Burhoff/Volpert RVG/*Burhoff* VV 4124 Rn. 8; LG Dortmund RVGreport 2016, 223 = StRR 5/2016, 4 = AGS 2016, 189; LG Hannover JurBüro 2014, 190; LG Köln, StraFo 2007, 305 = AGS 2007, 351 = RVGreport 2007, 224; LG München I StRR 2015, 78 mAnm *Werning;* nicht ganz eindeutig LG Aurich RVGreport 2015, 266 = StRR 2015, 280, objektiver Beratungsbedarf gegeben.

18 Zu den Erstattungsfragen → RVG VV Teil 4 Abschn. 1 UAbschn. 3 Einl. Rn. 6 f.

19 Schneider/Wolf/*N. Schneider* RVG VV 4124, 4125 Rn. 7; Burhoff/Volpert RVG/*Burhoff* VV 4124 Rn. 8.

20 Vgl. die allgemeinen Erläuterungen zur Verfahrensgebühr bei → RVG VV Vorb. 4 Rn. 9 ff.

21 Zum Umfang der erfassten Tätigkeiten s. a. den „Tätigkeitskatalog" bei Burhoff/Volpert RVG/*Burhoff* VV 4124 Rn. 13 ff.

22 Burhoff/Volpert RVG/*Burhoff* VV 4124 Rn. 13; zum Abgeltungsbereich der Grundgebühr → RVG VV 4100 Rn. 9 f.

23 LG Köln RVGreport 2007, 224 = AGS 2007, 351 = StraFo 2007, 305 = StV 2007, 481 (Ls.).

24 KG VRR 2009, 277 = AGS 2009, 389 = RVGreport 2009, 346 = StRR 2009, 399 für die Rev.; zB LG Dortmund RVGreport 2016, 223 = StRR 5/2016, 4 = AGS 2016, 189; LG Hannover JurBüro 2014, 190; LG Köln StraFo 2007, 305 = AGS 2007, 351 = RVGreport 2007, 224; LG München I StRR 2015, 78 mAnm *Werning.*

25 KG AGS 2009, 389, zugleich mit einem Appell an einen verantwortungsvollen Umgang des RA mit den Rechtsmitteln.

26 Burhoff/Volpert RVG/*Burhoff* Teil A Rn. 553 ff.; *Burhoff* RVGreport 2012, 12; StRR 2012, 172; RVGreport 2013, 213; RVGreport 2013, 330; StRR 2013, 294; RVG prof. 2014, 30; aus neuerer Zeit LG Arnsberg RVGreport 2020, 179 = RVG prof. 2020, 64.

27 Vgl. die Erläuterungen zu → § 14 Rn. 1 ff.

28 LG Hannover JurBüro 2011, 304; LG Neuruppin StRR 2012, 83 (Ls.) = VRR 2012, 43 (Ls.), bei Bagatelldelikt weit unterdurchschnittlich.

29 LG Köln JurBüro 2011, 307, 100,– EUR als Verfahrensgebühr.

von Bedeutung, wie umfangreich zB das Rechtsmittel begründet worden ist oder ob sich der RA mit einer umfangreichen Berufungsbegründung des Berufungsgegners auseinandersetzen musste. Auch die allgemeine Vorbereitung der Berufungshauptverhandlung hat Auswirkungen auf die Höhe der Gebühr;[30] eine zeitintensive Vorbereitung der Berufungshauptverhandlung kann die Festsetzung der Höchstgebühr rechtfertigen.[31]

V. Gebühr mit Zuschlag (VV 4125 RVG)

11 Die Verfahrensgebühr VV 4124 RVG entsteht mit **Zuschlag,** wenn sich der Mandant während des Berufungsverfahrens irgendwann nicht auf freiem Fuß befunden hat. Es gelten die allgemeinen Erläuterungen.[32]

12 Nach VV 4125 RVG **beträgt** die Gebühr nach VV 4124 RVG mit Haftzuschlag 88,– EUR bis 770,– EUR, die Mittelgebühr beträgt 429,– EUR: Für den gerichtlich bestellten oder beigeordneten RA entsteht eine Festbetragsgebühr iHv 343,– EUR.

Nr.	Gebührentatbestand	Gebühr oder Satz der Gebühr nach § 13 oder § 49 RVG	
		Wahlanwalt	gerichtlich bestellter oder beigeordneter Rechtsanwalt
4126	Terminsgebühr je Hauptverhandlungstag im Berufungsverfahren ... Die Gebühr entsteht auch für Beschwerdeverfahren nach § 13 StrRehaG.	88,– bis 616– EUR	282,– EUR
4127	Gebühr 4126 mit Zuschlag ...	88,– bis 770,– EUR	343,– EUR
4128	Der gerichtlich bestellte oder beigeordnete Rechtsanwalt nimmt mehr als 5 und bis 8 Stunden an der Hauptverhandlung teil: Zusätzliche Gebühr neben der Gebühr 4126 oder 4127 ...		141,– EUR
4129	Der gerichtlich bestellte oder beigeordnete Rechtsanwalt nimmt mehr als 8 Stunden an der Hauptverhandlung teil: Zusätzliche Gebühr neben der Gebühr 4126 oder 4127 ...		282,– EUR

Übersicht

I. Allgemeines

1 In VV 4126 ff. RVG ist die Terminsgebühr für die **Teilnahme** des RA an der **Hauptverhandlung** in den strafverfahrensrechtlichen Berufungsverfahren (§§ 324 ff. StPO) geregelt.[1] Die Gebühren entstehen nach der Anm. auch für Beschwerdeverfahren nach § 13 StrRehaG.[2] Für die Terminsgebühr nach VV 4126 RVG gelten die allgemeinen Ausführungen zur Ter-

[30] Burhoff/Volpert RVG/*Burhoff* VV 4124 Rn. 23.
[31] LG Hechingen 29.5.2020 – 3 Qs 43/20, BeckRS 2020, 14116.
[32] → RVG VV Vorb. 4 Rn. 44 ff.; → RVG VV 4106, 4107 Rn. 17 ff.; → RVG VV 4108–4111 Rn. 19 ff.
[1] *Burhoff* RVGreport 2012, 165; Burhoff/Kotz StrafR-Rechtsmittel-HdB/*Burhoff* Teil D Rn. 99 ff.
[2] → RVG VV Vorb. 4 Rn. 8.

minsgebühr in VV Vorb. 4 Abs. 3 RVG.[3] Der RA erhält die Berufungshauptverhandlungsterminsgebühr nach VV Vorb. 4 Abs. 3 S. 2 RVG also auch, wenn er zu einem Berufungshauptverhandlungstermin erscheint, der Termin aber aus Gründen, die er nicht zu vertreten hat, nicht stattfindet (sog. **„geplatzter Termin"**).[4] Das kann zB der Fall sein, wenn der Hauptverhandlungstermin wegen einer vom Verteidiger – im Anschluss an ein Rechtsgespräch und nach Rücksprache mit dem Angeklagten – noch vor Beginn der Hauptverhandlung erklärten Berufungsrücknahme nicht stattfindet,[5] und zwar auch dann, wenn sich der Mandant erst kurz vor der Hauptverhandlung zur Berufungsrücknahme entschlossen hat.[6]

Die Terminsgebühr entsteht für **alle Berufungshauptverhandlungstermine** in gleicher Höhe. Es wird nicht zwischen dem ersten Berufungshauptverhandlungstermin, Fortsetzungsterminen und einem neuen ersten Hauptverhandlungstermin unterschieden. Der gerichtliche bestellte oder beigeordnete RA erhält, wenn er an besonders langen Hauptverhandlungsterminen teilnimmt, die sog. „Längenzuschläge" (VV 4128, 4129 RVG).[7] 2

II. Entstehen der Terminsgebühr (VV 4126 RVG)

Die Terminsgebühr für die Berufungshauptverhandlung entsteht, wenn ein **Hauptverhandlungstermin** im Berufungsverfahren beim Landgericht stattgefunden und der RA daran **teilgenommen** hat. Es gelten die allgemeinen Regeln und die Erläuterungen zu VV 4108–4111 RVG entsprechend.[8] 3

Die Berufungshauptverhandlung **beginnt** gem. §§ 324, 243 Abs. 1 StPO mit dem **Aufruf** der Sache. Wegen der übrigen Einzelheiten kann verwiesen werden auf die Erläuterungen zu VV 4108–4111 RVG.[9] Diese gelten entsprechend. Die Berufungshauptverhandlung **endet,** wenn der Vorsitzenden nach der auf die Beratung folgenden Verkündung des Urteils (§ 260 StPO) und der anschließenden Rechtsmittelbelehrung, die Verhandlung schließt. Auf die Erläuterungen zu VV 4108–4111 RVG wird verwiesen.[10] 4

Voraussetzung für das **Entstehen** der Hauptverhandlungsgebühr ist die Anwesenheit des RA in der Hauptverhandlung. Der RA muss keine besonderen Tätigkeiten entfalten. Die bloße Anwesenheit als Verteidiger/Vertreter reicht aus. Der RA muss auch nicht bis zum Schluss der Hauptverhandlung anwesend sein.[11] Ein wegen teilweiser Abwesenheit in der Hauptverhandlung geringerer Umfang der anwaltlichen Tätigkeit wird aber Einfluss auf die Höhe der Gebühr haben.[12] Insoweit gilt also dasselbe wie für die VV 4108 RVG. 5

III. Abgeltungsbereich

Wegen des **persönlichen Abgeltungsbereichs** kann auf die Erläuterungen zu VV 4124 RVG verwiesen werden. Diese gelten für die VV 4126 RVG entsprechend.[13] 6

Auch für den **sachlichen** Abgeltungsbereich gelten im Berufungsverfahren **keine Besonderheiten.** Die Terminsgebühr gilt die „Teilnahme an" Berufungshauptverhandlungsterminen ab. Abgegolten wird die gesamte Tätigkeit des RA im Hauptverhandlungstermin.[14] Erfasst wird auch die Vorbereitung des konkreten (Hauptverhandlungs-)Termins.[15] 7

IV. Höhe der Gebühr

Der **Wahlanwalt** erhält eine **Betragsrahmengebühr.** Die Terminsgebühr VV 4126 RVG beträgt 88,– EUR bis 616,– EUR, die Mittelgebühr 352,– EUR. 8

---

[3] → RVG VV Vorb. 4 Rn. 24 ff.
[4] → RVG VV Vorb. 4 Rn. 39 ff.
[5] LG Potsdam RVGreport 2015, 308 = NStZ-RR 2015, 231 = StRR 2015, 399 = AGS 2015, 381.
[6] LG Potsdam RVGreport 2015, 308.
[7] → Rn. 14.
[8] → RVG VV 4108–4111 Rn. 10.
[9] → RVG VV 4108–4111 Rn. 4 ff.
[10] → RVG VV 4108–4111 Rn. 7.
[11] Burhoff/Volpert RVG/*Burhoff* VV 4108 Rn. 6.
[12] Zur Bemessung der Terminsgebühr → Rn. 9.
[13] → RVG VV 4108–4111 Rn. 14.
[14] Allg. zum Abgeltungsbereich der Terminsgebühr → RVG VV Vorb. 4 Rn. 25 ff.
[15] → RVG VV Vorb. 4 Rn. 11 ff.; sa → RVG VV 4108–4111 Rn. 10.

9 Bei der **Bemessung** der Terminsgebühr des Wahlanwalts sind die Kriterien des § 14 Abs. 1 S. 1 RVG heranzuziehen. Auf die Erläuterungen bei VV 4108–4111 RVG wird verwiesen.[16] Hat der RA in der Hauptverhandlung die Berufung auf das Strafmaß beschränkt, sollte er auf den dadurch während der Vorbereitung im Zweifel entstandenen erhöhten Zeitaufwand hinweisen.[17]

10 Für den gerichtliche bestellten oder beigeordneten RA, also idR der **Pflichtverteidiger,** entsteht eine Festbetragsgebühr von 282,– EUR.

11 Reicht der Betragsrahmen nicht aus bzw. handelt es sich um eine „besonders schwieriges bzw. „besonders umfangreiches" Verfahren kommt auch für das Berufungsverfahren die Bewilligung/Feststellung einer **Pauschgebühr** nach den §§ 42, 51 RVG in Betracht kommen.[18]

V. Gebühr mit Zuschlag (VV 4127 RVG)

12 Die Terminsgebühr entsteht nach VV 4127 RVG mit **(Haft-)Zuschlag,** wenn sich der Mandant des RA während der Berufungshauptverhandlung nicht auf freiem Fuß befindet. Wegen der Einzelheiten wird auf die Kommentierung bei VV 4108–4111 RVG verwiesen.[19]

13 Die Gebühr VV 4127 RVG **beträgt** für den Wahlanwalt 88,– EUR bis 769,– EUR, die Mittelgebühr 429,– EUR. Für den Pflichtverteidiger beträgt die Terminsgebühr mit Zuschlag 343,– EUR.

VI. Längenzuschlag für den gerichtlich bestellten oder beigeordneten RA (VV 4128, 4129 RVG)

14 Die Terminsgebühr VV 4126, 4127 RVG entsteht mit Zuschlag, wenn die Berufungshauptverhandlung **mehr als fünf Stunden und bis acht Stunden** bzw. **mehr als acht Stunden** gedauert hat. Wegen der Einzelheiten, insbes. wegen der Berechnung der maßgeblichen Hauptverhandlungsdauer, wird auf VV 4108–4111 RVG verwiesen.[20] Der Zuschlag beträgt 141,– EUR (VV 4128 RVG) bzw. 282,– EUR (VV 4129 RVG).

Revision

Einleitung

Schrifttum: *Burhoff,* Revision im Strafverfahren So rechnen Sie nach dem RVG ab, RVG prof. 2004, 174; *Burhoff,* Abrechnungsbeispiele zum RVG Revisionsinstanz, RVGreport 2006, 250; *Burhoff,* Die Verfahrensgebühr im Straf- bzw. Bußgeldverfahren, RVGreport 2009, 443; *Burhoff,* Die Terminsgebühr im Straf- bzw. Bußgeldverfahren, RVGreport 2010, 3; *Burhoff,* Die Verfahrensgebühr im Straf- bzw. Bußgeldverfahren, RENOpraxis 2011, 126; *Burhoff,* Die Terminsgebühr im Straf- bzw. Bußgeldverfahren, RENOpraxis 2011, 198; *Burhoff,* Die Abrechnung von Beschwerden in Straf- und Bußgeldsachen, RVGreport 2012, 12; *Burhoff,* Die Abrechnung (förmlicher/formloser) Rechtsbehelfe im Straf- und Bußgeldverfahren, StRR 2012, 172; *ders.,* Die anwaltliche Vergütung im strafverfahrensrechtlichen Revisionsverfahren, RVGreport 2012, 402; *Burhoff,* Die Abrechnung (förmlicher/formloser) Rechtsbehelfe im Straf- und Bußgeldverfahren, RVGreport 2013, 213; *Burhoff,* 25 Fragen und Antworten zur Terminsgebühr in Straf- und Bußgeldverfahren, RVG prof. 2013, 124; *Burhoff,* 25 Fragen und Antworten zur Verfahrensgebühr in Straf- und Bußgeldverfahren, RVG prof. 2013, 176; *Burhoff,* Straf- und Bußgeldsachen: Besonderheiten für die Beschwerdeabrechnung, RVG prof. 2014, 30; *Burhoff,* Die Erstattung/Festsetzung der Verfahrensgebühr für das strafverfahrensrechtliche Rechtsmittelverfahren im Fall der Rechtsmittelrücknahme der Staatsanwaltschaft, RVGreport 2014, 410; *Burhoff,* Die anwaltliche Vergütung im strafverfahrensrechtlichen Revisionsverfahren, RVGreport 2020, 42; s. a. die Hinweise bei → RVG VV Teil 4 Einl. Vor Rn. 1; → RVG VV Vorb. 4 Vor Rn. 1; → RVG VV Vorb. 4.1 Einl. Vor Rn. 1; → RVG VV 4106 Vor Rn. 1; → RVG VV 4108 Vor Rn. 1.

---

[16] Vgl. auch Schneider/Wolf/*N. Schneider* RVG VV 4108–4111 Rn. 23 ff.; Burhoff/Volpert RVG/*Burhoff* VV 4108 Rn. 30, VV 4126 Rn. 16 ff. mit Rechtsprechungsbeispielen.

[17] Burhoff/Volpert RVG/*Burhoff* VV 4126 Rn. 16 unter Hinweis auf LG Mühlhausen AGS 2003, 402 mzustAnm *Madert*.

[18] Vgl. die Erläuterungen bei den §§ 42, 51 RVG.

[19] → RVG VV 4108-411 Rn. 19 ff.; allg. zu den Voraussetzungen des Zuschlags nach VV Vorb. 4 Abs. 4 RVG → RVG VV Vorb. 4 Rn. 44 ff.

[20] → RVG VV Vorb. 4.1 Rn. 1 ff. und → RVG VV 4108–4111 Rn. 22 ff.

Übersicht

I. Allgemeines

1 Die Vergütung für die Tätigkeit des RA im strafrechtlichen Revisionsverfahren ist in den VV 4130 ff. RVG geregelt. Diese gelten für den RA, der als Verteidiger den vollen Verteidigungsaufenthalt erhalten hat. Hat der RA nicht den **vollen Verteidigungsauftrag** erhalten, sondern ist ihm nur eine Einzeltätigkeit, weil er zB nur die Revision einlegen oder begründen soll, übertragen worden, gelten nicht die VV 4130 ff. RVG, sondern VV Teil 4 Abschn. 3 RVG.[1] IdR erhält der RA jedoch den vollen Auftrag.[2]

II. Eigene Angelegenheit

2 Das Revisionsverfahren ist gegenüber dem gerichtlichen Verfahren 1. Instanz und dem Berufungsverfahren eine **eigene Angelegenheit** iSd § 15 Abs. 2, 17 Nr. 1 RVG.[3] Werden **mehrere Revisionen** eingelegt, kommt es darauf an, ob diese sich gegen dieselbe Entscheidung oder gegen verschiedene Entscheidungen richten. Richten sich die Revisionen gegen dieselbe Entscheidung, liegt lediglich eine Angelegenheit vor mit der Folge, dass die Gebühren VV 4130 ff. RVG auch nur einmal entstehen.[4]

III. Gebührenstruktur

3 Die VV 4130 ff. RVG regeln die anwaltliche Vergütung im Revisionsverfahren ebenso wie die im gerichtlichen Verfahren der 1. Instanz und im Berufungsverfahren Der RA kann also eine **Verfahrensgebühr** (VV 4130, 4131 RVG) und die **Terminsgebühr** für die Teilnahme an der Revisionshauptverhandlung (VV 4132 ff. RVG) verdienen.

4 **Daneben** können auch im Revisionsverfahren die allgemeinen Gebühren aus VV Teil 1 RVG[5] und die Gebühren aus UAbschn. 1, 5 sowie aus VV Teil 7 RVG entstehen, also:

- (immer)[6] die Grundgebühr VV 4100 RVG, wenn der RA erstmals im Revisionsverfahren beauftragt wird,
- Terminsgebühr VV 4102 RVG, wenn noch einer der dort genannten Termine im Revisionsverfahren stattfindet, was nur noch für den Hafttermin der Nr. 3 in Betracht kommen dürfte,
- Zusätzliche Gebühr VV 4141 RVG,
- Zusätzliche Gebühr VV 4142 RVG, und zwar auch dann neben der Verfahrensgebühr VV 4130 RVG, wenn die Revision auf die Anordnung des Verfalls beschränkt wurde,[7]
- Zusätzliche Gebühr VV 4143, 4144 RVG.

5 Richtet sich die Revision ausschließlich gegen eine Entscheidung über die **vermögensrechtlichen Ansprüche,** entstehen keine Gebühren nach VV 4130 ff. RVG, sondern nur die nach VV 4144 RVG.[8]

---

[1] Vgl. zur Abrechnung im Revisionsverfahren zuletzt *Burhoff* RVGreport 2012, 402; Burhoff/Kotz StrafR-Rechtsmittel-HdB/*Burhoff* Teil D Rn. 355 ff.

[2] Vgl. die Nachw. bei → RVG VV Teil 4 Einl. Rn. 7.

[3] Zu den Angelegenheiten im Strafverfahren → RVG VV Teil 4 Einl. Rn. 19 ff.

[4] Burhoff/Volpert RVG/*Burhoff* UAbschn. 3 Revision Rn. 4; OLG München JurBüro 2008, 248 = NStZ-RR 2008, 192 = AGS 2008, 224 mAnm *N. Schneider* = RVGreport 2008, 137 mAnm *Burhoff* für Rev. des Nebenklägers und der Staatsanwaltschaft bzw. des Angeklagten (unabhängig von der Interessenlage der Revisionsführer).

[5] → RVG VV Teil 4 Einl. Rn. 11.

[6] OLG Saarbrücken RVGreport 2015, 64 = StRR 2015, 117 = RVG prof. 2015, 60; LG Chemnitz RVGreport 2015, 265 = StRR 2015, 319 = AGS 2015, 379; LG Duisburg RVGreport 2014, 427 = VRR 2014, 319 = AGS 2014, 330 = ZfS 2014, 468 = StRR 2014, 360; LG Oldenburg RVGreport 2014, 470 = ZfS 2014, 648 = AGS 2014, 552 = StRR 2015, 80; LG Saarbrücken RVGreport 2015, 221 = StRR 2015, 239 = AGS 2015, 389, Aufgabe der Rspr. aus StRR 2015, 119 = RVGreport 2015, 182; aA – ohne nähere Begr. – OLG Nürnberg RVGreport 2016, 105 = StraFo 2015, 39 = AGS 2015, 29 = StRR 2015, 118 = NStZ-RR 2015, 95 (Ls.); LG Saarbrücken AGS 2015, 379; StRR 2015, 119 = RVGreport 2015, 182 = AGS 2015, 388.

[7] Für die Berufung OLG Hamm RVGreport 2012, 152 = StRR 2012, 158 = RVG prof. 2012, 41; LG Detmold BeckRS 2012, 05838.

[8] Burhoff/Volpert RVG/*Burhoff* UAbschn. 3 Revision Rn. 6; Schneider/Wolf/*N. Schneider* RVG Vor VV 4130 ff. Rn. 12.

IV. Erstattungsfragen

6 Die gerichtliche Kostenentscheidung richtet sich auch im Revisionsverfahren nach **§ 473 Abs. 1–4 StPO.** Danach werden die Kosten einer erfolglosen oder zurückgenommenen Revision demjenigen auferlegt, der die Revision eingelegt hat. Bei Freispruch des Angeklagten gilt § 467 StPO. Der Umfang der zu erstattenden Kosten richtet sich auch im Revisionsverfahren nach **§ 464a StPO;** es gelten die allgemeinen Regeln.[9]

7 Insbesondere im Revisionsverfahren wird in Zusammenhang mit der Frage der Notwendigkeit der Kosten iSd § 473 Abs. 2 S. 1 im Fall der **Rücknahme** der **Revision** der **Staatsanwaltschaft** vor Begründung des Rechtsmittels diskutiert, inwieweit die Kosten eines in dieser Phase vom Angeklagten bereits eingeschalteten RA erstattungsfähig sind. Ähnlich wie bei der Berufung[10] wird argumentiert, dass in diesen Fällen die Verfahrensgebühr VV 4130 RVG nicht erstattungsfähig iSd §§ 473 Abs. 2 S. 1, 464a Abs. 2 Nr. 2 StPO iVm § 91 Abs. 2 ZPO sei,[11] weil es sich um eine nutzlose Tätigkeit handle. Das gelte vor allem im Revisionsverfahren, da der Angeklagte/Verteidiger hier wegen der reinen Rechtsprüfung ohne Kenntnis der Revisionsbegründung der Staatsanwaltschaft nicht tätig werden könne. (Auch) dem ist zu widersprechen. Der Angeklagte hat – ebenso wie bei der Berufung – ab Einlegung der Revision durch die Staatsanwaltschaft Handlungs- und Beratungsbedarf, der nicht von der Begründung der Revision des Revisionsgegners abhängt.[12] Zudem ist ihm aus dem Hauptverhandlung und aus der mündlichen Urteilsbegründung bekannt, ob Rechtsfehler aufgetreten sind oder nicht. Deshalb kann er auch Erstattung der VV 4130 RVG verlangen; die Ausführungen zur Erstattung der VV 4124 RVG gelten entsprechend.[13]

8 **Erstattung** kann auch verlangt werden, wenn es sich um einen Fall der sog. **Sperrberufung** der Staatsanwaltschaft gehandelt, da der Angeklagte/Verteidiger nicht weiß, ob seine Revision nicht ggf. doch noch zum Tragen kommt. Die Revisionsbegründung ist also „notwendig".[14] Entsprechendes gilt, wenn der Verteidiger gegen ein nach § 329 Abs. 1 StPO ergangenes Verwerfungsurteil Wiedereinsetzung in den vorigen Stand (§ 329 Abs. 7 StPO) beantragt, Revision einlegt und diese begründet. Die Begründung der Revision ist (auch) in dem Fall „notwendig", da der Lauf der Revisionsbegründungsfrist durch den Wiedereinsetzungsantrag nicht gehemmt wird (§ 342 Abs. 2 StPO).

Nr.	Gebührentatbestand	Gebühr oder Satz der Gebühr nach § 13 oder § 49 RVG	
		Wahlanwalt	gerichtlich bestellter oder beigeordneter Rechtsanwalt
4130	Verfahrensgebühr für das Revisionsverfahren	132,– bis 1.221,– EUR	541,– EUR
4131	Gebühr 4130 mit Zuschlag	132,– bis 1.526,00 EUR	663,– EUR

[9] Vgl. die Erläuterungen zu § 464a StPO bei Meyer-Goßner/Schmitt/*Schmitt* StPO § 464a Rn. 10; KK-StPO/*Gieg* § 464a Rn. 10; → RVG VV Teil 4 Einl. Rn. 16 ff.

[10] → RVG VV Teil 4 Einl. Rn. 6 f.

[11] Aus der Rspr. – teilweise zur Berufung – grdl. KG BeckRS 2010, 19904; JurBüro 2010, 599 = RVGreport 2010, 351 = VRR 2010, 479 = RVG prof. 2010, 132; aus neuerer Zeit KG StraFo 2006, 432 = RVGreport 2006, 352 = AGS 2006, 375; StRR 2011, 387 – VRR 2011, 398, ausdrücklich für die VV 4124 RVG; JurBüro 2012, 471 = VRR 2011, 397 = StRR 2011, 387 = RVGreport 2012, 187; OLG Bremen NStZ-RR 2011, 391; OLG Düsseldorf JurBüro 1981, 229; OLG Hamm MDR 1978, 586; OLG Koblenz NStZ 2007, 423 = Rpfleger 2006, 670; NStZ-RR 2014, 327; OLG Köln RVGreport 2015, 383 = AGS 2015, 511 = NStZ-RR 2015, 294 [LS] = StRR 2016, Nr. 5 S. 2; OLG München JurBüro 1977, 490; LG Berlin StraFo 2006, 432; LG Bochum JurBüro 2007, 38 mablAnm *Madert;* LG Cottbus StraFo 2007, 416 für den Nebenkläger; LG Detmold JurBüro 2017, 584; LG Dresden RVGreport 2020, 22; LG Koblenz JurBüro 2009, 198; LG Köln Rpfleger 2014, 624 = StRR 2014, 356 = RVGreport 2014, 360; LG Schweinfurt RVGreport 2018, 224 = StRR Sonderausgabe 6/2018, 13; LG Verden VRR 2012, 323 (Ls.).

[12] Zuletzt LG Göttingen StraFo 2019, 175 = RVGreport 2019, 108.

[13] S. a. Schneider/Wolf/*N. Schneider* RVG VV 4130, 4131 Rn. 16; Meyer-Goßner/Schmitt/*Schmitt* StPO § 464a Rn. 10, idR; Burhoff/Volpert RVG/*Burhoff* VV 4130 Rn. 29; *Burhoff* RVGreport 2014, 410, jeweils mwN; zur Frage der Erstattung bei der Berufung bei → RVG VV Teil 4 Abschn. 1 UAbschn. 3 Einl. Rn. 6 f mwN aus der Rspr.

[14] LG Hamburg StraFo 2014, 526; Schneider/Wolf/*N. Schneider* RVG VV 4130 Rn. 4.

Übersicht

I. Allgemeines

Die VV 4130 RVG regelt die Verfahrensgebühr für das strafverfahrensrechtliche Revisionsverfahren, das einen eigenen Rechtszug iSd §§ 15 Abs. 2, 17 Nr. 1 RVG darstellt. Die Gebühr kann nach VV 4131 mit Zuschlag entstehen. Wird vom Verteidiger/RA gegen ein amtsgerichtliches Urteil nach § 335 Abs. 1 StPO **Sprungrevision** eingelegt und wird dann von einem anderen Verfahrensbeteiligten eine sog. **(Sperr)Berufung** eingelegt, wird die Revision nach § 335 Abs. 3 StPO als Berufung behandelt. Gebührenmäßig wird die Tätigkeit des RA bis zur Einlegung der Berufung nach VV 4130 RVG behandelt. Mit der Einlegung der Berufung beginnt eine neue Angelegenheit. Für diese erhält der Verteidiger dann die Vergütung nach VV 4124 RVG.[1] 1

II. Revisionsverfahren

Das strafverfahrensrechtliche Revisionsverfahren schließt sich an das erstinstanzliche Verfahren bzw. ggf. das Berufungsverfahren an. Es **beginnt** mit dem Ende dieser Verfahren, also idR mit der Einlegung der Revision (§ 341 StPO).[2] Wird im Rechtsbeschwerdeverfahren des Bußgeldverfahrens ein Hinweis nach § 81 OWiG gegeben und das Bußgeldverfahren nun noch in das Strafverfahren übergeleitet, beginnt mit diesem Hinweis das Revisionsverfahren.[3] Die zuvor im OWi-Verfahren für die Tätigkeiten im Zusammenhang mit der Rechtsbeschwerde entstandenen Gebühren bleiben dem Verteidiger erhalten. Sie werden nicht auf die Gebühren des Strafverfahrens angerechnet. Es handelt sich um unterschiedliche Angelegenheiten (§ 17 Nr. 10a RVG). Das Revisionsverfahren **endet** mit dem Abschluss der Revisionsinstanz. Insoweit gilt dasselbe wie für den Abschluss des gerichtlichen Verfahrens der 1. Instanz und das Berufungsverfahren.[4] Das gilt nach § 19 Abs. 1 S. 2 Nr. 10 RVG auch für die Einlegung der Revision. 2

III. Abgeltungsbereich

1. Persönlich

Die VV 4130 RVG steht sowohl dem **Wahlanwalt** als auch dem **gerichtlich bestellten** oder **beigeordneten RA** zu sowie auch dem sonstigen Vertreter oder Beistand eines Verfahrensbeteiligten. Es gelten die allgemeinen Regeln.[5] Nach den Änderungen des Rechts der Pflichtverteidigung durch das „Gesetz zur Neuregelung des Rechts der notwendigen Verteidigung v. 10.12.2019[6] umfasst nach § 142 Abs. 1 StPO die Bestellung im Erkenntnisverfahren jetzt insgesamt auch die Tätigkeit im Revisionsverfahren. Eine besondere Bestellung durch das Revisionsgericht (§ 350 StPO) ist daher nur noch in Ausnahmefällen erforderlich. 3

---

[1] Wie hier Burhoff/Volpert RVG/*Burhoff* VV 4130 Rn. 8 unter Hinweis auf LG Aachen JurBüro 1991, 12 = Rpfleger 1991, 431; Schneider/Wolf/*N. Schneider* VV 4130, 4131 Rn. 4 mwN; LG Hamburg StraFo 2014, 528; aA LG Göttingen JurBüro 1987, 1368; LG Hamburg StraFo 2014, 526 mwN; LG Memmingen RVGreport 2015, 307 = StRR 2015, 320, wonach dann, wenn von mehreren Angeklagten einer Berufung und einer Rev. einlegt, die von dessen Verteidiger begründet wird, dieser Verteidiger die Verfahrensgebühr für das Revisionsverfahren erhält, und zwar unabhängig davon, dass die Wirkung des § 335 Abs. 3 S. 1 StPO eingetreten ist.

[2] Zum Entstehen der Verfahrensgebühr im Revisionsverfahren → Rn. 4.

[3] Göhler/*Seitz/Bauer* OWiG § 81 Rn. 25 mwN.

[4] → RVG VV 4124, 4125 Rn. 2; Burhoff/Volpert RVG/*Burhoff* VV 4124 Rn. 10.

[5] → RVG VV Vorb. 4 Rn. 3 ff.

[6] BGBl. I 2128.

2. Sachlich

4 **a) Entstehen der Verfahrensgebühr.** Die Gebühr VV 4130 RVG entsteht, wenn der RA **erstmals nach Auftragserteilung** für den Mandanten im Revisionsverfahren **tätig** wird.[7] Zugleich/neben mit der Verfahrensgebühr entsteht (immer)[8] die Grundgebühr nach VV 4100 RVG, wenn der RA erst im Revisionsverfahren beauftragt worden ist.[9] Nicht erforderlich ist, dass die Revision zulässig ist.

5 Die vom RA erbrachte Tätigkeit muss **nicht** eine **nach außen erkennbare Tätigkeit** sein.[10] Es genügt zB die (interne) Beratung des Mandanten über den weiteren Gang des Verfahrens.[11] Auf einen „objektiven Beratungsbedarf" kommt es nicht an.[12] Das gilt auch, wenn der RA zu der Revision eines anderen Verfahrensbeteiligten vor deren Begründung Stellung nimmt. Dass diese noch nicht begründet ist, hat auf das Entstehen der Gebühr keinen Einfluss, sondern ist ein Umstand, der ggf. auf die Erstattung der Verfahrensgebühr Auswirkungen hat, wenn diese Revision zurückgenommen wird.[13]

6 Für das Entstehen der Gebühr ist auch **nicht** Voraussetzung, dass das **schriftliche Urteil bereits** vorliegt.[14] Auch die Prüfung und Beratung, ob ggf. und mit welchen Anträgen eine Revision, die nur aus Zeitgründen zur Fristwahrung eingelegt worden ist, begründet und weiter durchgeführt werden soll, führt zur Verfahrensgebühr.[15] Wird die Revision dann zurückgenommen, entfällt dadurch nicht die Verfahrensgebühr.[16] Es genügt iÜ für das Entstehen der Verfahrensgebühr, wenn die Revisionsbegründung nur mit der einfachen materiellen Rüge ausgeführt wird.[17]

7 War der RA **bereits** in der **1. Instanz Verteidiger,** gehört die Einlegung der Revision nach § 19 Abs. 1 S. 2 Nr. 10 RVG noch zum gerichtlichen Verfahren der ersten Instanz.[18] Entsprechendes gilt für den im Berufungsverfahren als Verteidiger tätigen RA. Jede danach für den Mandanten erbrachte Tätigkeit führt aber, wenn der RA den Auftrag zur Verteidigung im Revisionsverfahren erhalten hat, zur Verfahrensgebühr VV 4130 RVG. Das kann zB die Beratung des Mandanten über den Fortgang des Verfahrens, ein Antrag auf Akteneinsicht oder auf Übersendung des Protokolls der Hauptverhandlung sein oder auch die Rücknahme der Revision.[19] Auch ein Wiedereinsetzungsantrag gegen die Versäumung der Frist zur Einlegung der Revision

---

[7] *Burhoff* RVGreport 2012, 402; Burhoff/Kotz StrafR-Rechtsmittel-HdB/*Burhoff* Teil D Rn. 355 ff.

[8] OLG Saarbrücken RVGreport 2015, 64 = StRR 2015, 117 = RVG prof. 2015, 60; LG Chemnitz RVGreport 2015, 265 = StRR 2015, 319 = AGS 2015, 379; LG Duisburg RVGreport 2014, 427 = VRR 2014, 319 = AGS 2014, 330 = ZfS 2014, 468 = StRR 2014, 360; LG Oldenburg RVGreport 2014, 470 = ZfS 2014, 648 = AGS 2014, 552 = StRR 2015, 80; LG Saarbrücken RVGreport 2015, 221 = StRR 2015, 239 = AGS 2015, 389, Aufgabe der Rspr. aus StRR 2015, 119 = RVGreport 2015, 182; aA – ohne nähere Begr. – OLG Nürnberg RVGreport 2016, 105 = StraFo 2015, 39 = AGS 2015, 29 = StRR 2015, 118 = NStZ-RR 2015, 95 (Ls.); LG Saarbrücken AGS 2015, 379; StRR 2015, 119 = RVGreport 2015, 182 = AGS 2015, 388.

[9] Zum Verhältnis von Verfahrensgebühr und Grundgebühr → RVG VV Vorb. 4 Rn. 11 mwN.

[10] Burhoff/Volpert RVG/*Burhoff* VV 4130 Rn. 14.

[11] LG Dortmund RVGreport 2016, 223 = StRR 5/2016, 4= AGS 2016, 189; LG Hannover JurBüro 2014, 190; LG Köln StraFo 2007, 305 = AGS 2007, 351 = RVGreport 2007, 224; aA LG Görlitz 9.1.2014 – 2 KLs 120 Js 14370/12; → RVG VV 4130, 4131 Einl. Rn. 6 mwN.

[12] So aber OLG Koblenz NStZ-RR 2014, 327; LG Aurich RVGreport 2015, 266 = StRR 2015, 280; LG München I StRR 2015, 78 mAnm *Werning.*

[13] Wie hier Burhoff/Volpert RVG/*Burhoff* VV 4130 Rn. 7; aA offenbar KG StraFo 2006, 432 = RVGreport 2006, 352 = AGS 2006, 375; OLG Koblenz Rpfleger 2006, 670 mwN; s. a. OLG Köln Rpfleger 2003, 685; OLG Oldenburg JurBüro 2002, 531; LG Dresden RVGreport 2020, 22; zur Abgrenzung von Entstehen/Erstattung der Verfahrensgebühr aber ua KG JurBüro 2010, 599 = RVGreport 2010, 351 = VRR 2010, 479 = RVG prof. 2010, 132; StRR 2011, 387 = VRR 2011, 398, ausdrücklich für die VV 4124 RVG.

[14] KG AGS 2006, 435 mAnm *Madert;* Hamm AGS 2006, 547 = RVGreport 2006, 352 = NJW-RR 2007, 72; StraFo 2006, 433 = AGS 2006, 600 = JurBüro 2007, 30; OLG Schleswig SchlHA 2006, 299; LG Aurich RVGreport 2013, 60 = AGS 2013, 174 = RVG prof. 2013, 10 = StRR 2013, 159.

[15] KG VRR 2009, 277 = AGS 2009, 389 = RVGreport 2009, 346 = StRR 2009, 399 mAnm *Burhoff;* LG Aurich AGS 2013, 174 = RVGreport 2013, 60 = StRR 2013, 159 = RVG prof. 2013, 10.

[16] KG VRR 2009, 277 = AGS 2009, 389 = RVGreport 2009, 346 = StRR 2009, 399; LG Aurich RVGreport 2013, 60 = AGS 2013, 174 = RVG prof. 2013, 10 = StRR 2013, 159.

[17] KG AGS 2006, 435 mAnm *Madert;* OLG Hamm AGS 2006, 547 = RVGreport 2006, 352 = NJW-RR 2007, 72; StraFo 2006, 433 = AGS 2006, 600 = JurBüro 2007, 30 = Rpfleger 2007, 112.

[18] KG NStZ 2017, 305 = StraFo 2016, 513 = RVGreport 2017, 237 (für Berufung); OLG Hamm AGS 2006, 547 für Rev.; LG Osnabrück RVGreport 2019, 339 = JurBüro 2020, 24 = RVG prof. 2019, 180; zur Beratung über ein Rechtsmittel s. die Erläuterungen zu → § 19 RVG Rn. 1 ff.

[19] OLG Jena JurBüro 2006, 365; LG Osnabrück RVGreport 2019, 339 = JurBüro 2020, 24 = RVG prof. 2019, 180 für die Rücknahme Mayer/Kroiß/*Kroiß* RVG VV 4130–4135 Rn. 9 für die Rev.

führt zur Verfahrensgebühr VV 4130 RVG. Die insoweit erbrachten Tätigkeiten werden nicht etwa noch von der Verfahrensgebühr der Vorinstanz mit abgegolten. Es handelt sich nicht um sog. „Abwicklungstätigkeiten".[20] Das gilt auch, wenn die Berufung des Angeklagten wegen unentschuldigten Ausbleibens nach § 329 Abs. 1 StPO verworfen worden ist und der Verteidiger dann nach § 329 Abs. 7 StPO Wiedereinsetzung in den vorigen Stand beantragt und gleichzeitig die Revision begründet. Denn es ist Revision eingelegt und damit entstehen eben nur noch die VV 4130 ff. RVG. Das LG Amberg[21] geht davon aus, dass der RA mit der Durchführung des Revisionsverfahrens beauftragt sein muss, damit die Verfahrensgebühr entsteht. Das ist mE so nichtzutreffend, wenn zumindest der Auftrag zur Einlegung der Revision vorgelegen hat bzw. der Verteidiger Revision aus anwaltlicher Vorsorge hat einlegen müssen und danach dann beraten wird, ob man das Revisionsverfahren durchführt oder einen Wiedereinsetzungsantrag nach § 329 Abs. 7 StPO stellt.[22]

War der Verteidiger **erstinstanzlich** überhaupt **noch nicht** oder nicht als **Verteidiger** tätig, beginnt für ihn das Revisionsverfahren mit der Erteilung des Auftrags, das Rechtsmittel einzulegen. Die Einlegung der Revision wird dann von der Gebühr VV 4130 RVG erfasst.

Wenn von einem **anderen Verfahrensbeteiligten Revision** eingelegt worden ist, beginnt für den Verteidiger das Revisionsverfahren mit der **Erteilung** des **Auftrags,** den Mandanten im Revisionsverfahren zu vertreten.[23] Insoweit gelten die Ausführungen bei VV 4124–4125 RVG entsprechend.[24] 8

b) Erfasste Tätigkeiten. Die Verfahrensgebühr VV 4130 RVG entsteht für das **Betreiben** des **Geschäfts** im Revisionsverfahren.[25] Es werden also alle Tätigkeiten des RA abgegolten, soweit dafür keine besonderen Gebühren vorgesehen sind.[26] Besondere Gebühren sind die für einen Revisionshauptverhandlungstermin (VV 4132 f. RVG) sowie außerdem die Terminsgebühr VV 4102 RVG, die auch noch im Revisionsverfahren entstehen kann, sowie die Grundgebühr VV 4100 RVG, wenn der RA erst im Revisionsverfahren beauftragt worden ist.[27] Wegen der erfassten Tätigkeiten gelten die Ausführungen bei → RVG VV 4142, 4125 Rn. 7 entsprechend. Auf sie wird verwiesen. 9

Von der Verfahrensgebühr VV 4130 RVG erfasst wird insbes. die Beratung[28] zur und die Anfertigung der **Revisionsbegründung** („anwaltliche Kerntätigkeit im Revisionsverfahren")[29] bzw. die Stellungnahme zur Revisionsbegründung eines anderen Verfahrensbeteiligten und die allgemeine Vorbereitung des Revisionshauptverhandlungstermins.[30] 10

IV. Höhe der Gebühr

Die Verfahrensgebühr nach VV 4130 RVG **beträgt** 132,– EUR bis 1.221,– EUR, die Mittelgebühr beträgt 676,50,– EUR; für den Pflichtverteidiger beträgt die Verfahrensgebühr 541,– EUR. In „besonders schwierigen" oder „besonders umfangreichen" Verfahren kann eine Pauschgebühr nach §§ 42, 51 RVG zu gewähren sein. 11

Der **Wahlanwalt** bemisst die Verfahrensgebühr anhand der Kriterien des **§ 14 Abs. 1 S. 1 RVG.**[31] Für das Bemessungskriterium Umfang der anwaltlichen Tätigkeit ist zB von Bedeutung, wie umfangreich der Verteidiger das Rechtsmittel begründet hat, ob er also ggf. nur die allgemeine Sachrüge erhoben hat.[32] Dabei sind aber ggf. vorhergehende erhebliche Prü- 12

[20] Sa *Burhoff* VRR 2009, 240 in der Anm. zu AG Betzdorf VRR 2009, 240 = AGS 2009, 390.

[21] LG Amberg RVGreport 2020, 141 = RVG prof. 2020, 65 = JurBüro 2020, 358.

[22] Burhoff/Volpert RVG/*Burhoff* VV 4130 Rn. 14.

[23] Schneider/Wolf/*N. Schneider* RVG VV 4130, 4131 Rn. 6; Burhoff/Volpert RVG/*Burhoff* VV 4130 Rn. 7; zur Frage, welche Gebühren entstehen, wenn eine Sprungrevision wegen der von einem anderen Verfahrensbeteiligten eingelegten Berufung gem. § 335 Abs. 3 StPO als Berufung behandelt wird, Schneider/Wolf/*N. Schneider* RVG VV 4130, 4131 Rn. 4; Burhoff/Volpert RVG/*Burhoff* VV 4130 Rn. 8; → Rn. 1.

[24] → RVG VV 4124–4125 Rn. 6.

[25] OLG Köln RVGreport 2017, 17 = StraFo 2016, 382 = StV 2016, 789; OLG Schleswig RVGreport 2017, 173; vgl. die allgemeinen Erläuterungen bei → RVG VV Vorb. 4 Rn. 11 ff.

[26] Zum Umfang der erfassten Tätigkeiten s. den „Tätigkeitskatalog" bei Burhoff/Volpert RVG/*Burhoff* VV 4130 Rn. 19 ff.

[27] Burhoff/Volpert RVG/*Burhoff* VV 4130 Rn. 13; zum Abgeltungsbereich der Grundgebühr → RVG VV 4100 Rn. 9 f.

[28] OLG Düsseldorf JurBüro 2008, 85.

[29] KG VRR 2009, 277 = AGS 2009, 389 = RVGreport 2009, 346 = StRR 2009, 399.

[30] OLG Köln StraFo RVGreport 2017, 17 = StraFo 2016, 382 = StV 2016, 789.

[31] Vgl. die Erläuterungen bei → § 14 Rn. 1 ff.

[32] Burhoff/Volpert RVG/*Burhoff* VV 4130 Rn. 25.

fungsarbeiten von Belang. Bei der Revision eines anderen Verfahrensbeteiligten ist von Bedeutung, ob der RA sich mit einer (umfangreichen) Revisionsbegründung des Revisionsgegners auseinandersetzen musste.[33] Auch die allgemeine Vorbereitung der Revisionshauptverhandlung hat Auswirkungen auf die Höhe der Gebühr.[34] Schließlich kann bei der Bemessung der Verfahrensgebühr VV 4130 RVG gebührenmindernd die Tätigkeit berücksichtigt werden, für die der RA ggf. auch/schon nach VV 5113 RVG eine Verfahrensgebühr verdient hat.[35]

13 Die Gebühren sind der Höhe nach **unabhängig** von der **Ordnung** des **Revisionsgerichts.** Es ist also unerheblich, ob es sich um eine Revision zum Oberlandesgericht oder zum BGH handelt.[36] Der Umstand, dass es sich um eine Revision beim BGH handelt, kann allenfalls im Hinblick auf die zu beurteilenden Rechtsfragen über das Merkmal der Schwierigkeit der anwaltlichen Tätigkeit Bedeutung erlangen.

V. Gebühr mit Zuschlag (VV 4131 RVG)

14 Die Verfahrensgebühr VV 4130 RVG entsteht mit **Zuschlag,** wenn sich der Mandant während des Revisionsverfahrens irgendwann nicht auf freiem Fuß befunden hat. Es gelten die allgemeinen Erläuterungen.[37]

15 Nach VV 4131 RVG **beträgt** die Gebühr VV 4130 RVG mit Haftzuschlag 132,– EUR bis 1.526,– EUR, die Mittelgebühr beträgt 829,00 EUR: Für den gerichtlich bestellten oder beigeordneten RA entsteht eine Festbetragsgebühr iHv 663,– EUR.

Nr.	Gebührentatbestand	Gebühr oder Satz der Gebühr nach § 13 oder § 49 RVG	
		Wahlanwalt	gerichtlich bestellter oder beigeordneter Rechtsanwalt
4132	Terminsgebühr je Hauptverhandlungstag im Revisionsverfahren	132,– bis 616,– EUR	300,– EUR
4133	Gebühr 4132 mit Zuschlag	132,– bis 770,– EUR	361,– EUR
4134	Der gerichtlich bestellte oder beigeordnete Rechtsanwalt nimmt mehr als 5 und bis 8 Stunden an der Hauptverhandlung teil: Zusätzliche Gebühr neben der Gebühr 4132 oder 4133		150,– EUR
4135	Der gerichtlich bestellte oder beigeordnete Rechtsanwalt nimmt mehr als 8 Stunden an der Hauptverhandlung teil: Zusätzliche Gebühr neben der Gebühr 4132 oder 4133		300,– EUR

Übersicht

[33] OLG Schleswig RVGreport 2017, 173 (Bemessung in Höhe der Pflichtverteidigervergütung), zur Bemessung in Höhe der Mittelgebühr OLG Oldenburg RVGreport 2018, 260; zur Bemessung der Gebühr des Nebenklägervertreters 20 % über der Mittelgebühr OLG Celle RVGreport 2020, 311 = JurBüro 2020, 523 = StraFo 2020, 471.

[34] Burhoff/Volpert RVG/*Burhoff* VV 4130 Rn. 25.

[35] → Rn. 2.

[36] Burhoff/Volpert RVG/*Burhoff* VV 4130 Rn. 25.

[37] → RVG VV Vorb. 4 Rn. 44 ff.; → RVG VV 4106, 4107 Rn. 17 ff.; → RVG VV 4108–4111 Rn. 19 ff.

I. Allgemeines

In VV 4132ff. RVG ist die Terminsgebühr für die **Teilnahme** des RA an der Hauptverhandlung im strafverfahrensrechtlichen Revisionsverfahren (§§ 350ff. StPO) geregelt. Auch für diese gelten die allgemeinen Ausführungen zur Terminsgebühr in VV Vorb. 4 Abs. 3 RVG.[1] Der RA erhält die Hauptverhandlungsterminsgebühr nach VV Vorb. 4 Abs. 3 S. 2 RVG also auch, wenn er zu einem Revisionshauptverhandlungstermin erscheint, der Termin aber aus Gründen, die er nicht zu vertreten hat, nicht stattfindet (sog. „geplatzter Termin“).[2] 1

Die Terminsgebühr entsteht für **alle Revisionshauptverhandlungstermine** in gleicher Höhe. Es wird nicht zwischen einem ersten Hauptverhandlungstermin, Fortsetzungsterminen und einem neuen ersten Hauptverhandlungstermin unterschieden. Der gerichtliche bestellte oder beigeordnete RA erhält, wenn er an besonders langen Hauptverhandlungsterminen teilnimmt, die sog. „Längenzuschläge“ (VV 4134, 4135 RVG).[3] 2

II. Entstehen der Terminsgebühr (VV 4132 RVG)

Die Terminsgebühr für die Revisionshauptverhandlung entsteht, wenn ein **Hauptverhandlungstermin** im Revisionsverfahren beim Oberlandesgericht oder BGH stattgefunden und der RA daran **teilgenommen** hat.[4] Es gelten die allgemeinen Regeln und die Erläuterungen zu VV 4108–4111 RVG entsprechend.[5] Auch der sog. Verkündungstermin iSd §§ 356, 268 StPO ist Hauptverhandlungstermin iSd RVG. Zwar besteht keine Anwesenheitspflicht,[6] das ändert aber nichts daran, dass dem RA, der an diesem Termin teilnimmt, eine Terminsgebühr nach VV 4132 RVG zusteht. 3

Die Revisionshauptverhandlung **beginnt** gem. § 243 Abs. 1 StPO mit dem **Aufruf** zur Sache und dem sich nach § 351 Abs. 1 StPO anschließenden **Vortrag** des **Berichterstatters.** Wegen der übrigen Einzelheiten kann verwiesen werden auf die Erläuterungen zu VV 4108–4111 RVG.[7] Diese gelten entsprechend. Die Revisionshauptverhandlung **endet,** wenn der Vorsitzenden nach der auf die Beratung folgenden Verkündung des Urteils (§ 260 StPO) die Verhandlung schließt. Auf die Erläuterungen zu VV 4108–4111 RVG wird verwiesen.[8] 4

Voraussetzung für das **Entstehen** der Hauptverhandlungsgebühr ist die Anwesenheit des RA in der Hauptverhandlung. Der RA muss keine besonderen Tätigkeiten entfalten. Die bloße Anwesenheit als Verteidiger/Vertreter reicht aus. Der RA muss auch nicht bis zum Schluss der Hauptverhandlung anwesend sein.[9] Ein wegen teilweiser Abwesenheit geringerer Umfang der anwaltlichen Tätigkeit wird Einfluss auf die Höhe der Gebühr haben.[10] Insoweit gilt also dasselbe wie für die VV 4108 RVG. 5

III. Abgeltungsbereich

Wegen des **persönlichen Abgeltungsbereichs** kann auf die Erläuterungen zu VV 4130, 4131 RVG verwiesen werden. Diese gelten für die VV 4132 RVG entsprechend.[11] 6

Auch für den **sachlichen** Abgeltungsbereich gelten im Revisionsverfahren keine Besonderheiten. Die Terminsgebühr gilt die „**Teilnahme** an“ Revisionshauptverhandlungsterminen ab. Abgegolten wird die gesamte Tätigkeit des RA im Hauptverhandlungstermin.[12] Erfasst wird **auch** die **Vorbereitung** des konkreten (Hauptverhandlungs-)Termins.[13] 7

---

[1] → RVG VV Vorb. 4 Rn. 24ff.

[2] → RVG VV Vorb. 4 Rn. 39ff.; LG Potsdam RVGreport 2015, 308 = NStZ-RR 2015, 231 = StRR 2015, 399 = AGS 2015, 381 zum Entstehen der Terminsgebühr für die Berufungshauptverhandlung nach Rücknahme aufgrund eines Rechtsgesprächs vor Beginn der Hauptverhandlung.

[3] → Rn. 14.

[4] *Burhoff* RVGreport 2012, 402; Burhoff/Kotz StrafR-Rechtsmittel-HdB/*Burhoff* Teil D Rn. 372ff.

[5] → RVG VV 4108–4111 Rn. 10.

[6] Meyer-Goßner/Schmitt/*Schmitt* StPO § 350 Rn. 4 mwN.

[7] → RVG VV 4108–4111 Rn. 4ff.

[8] → RVG VV 4108 Rn. 7.

[9] Burhoff/Volpert RVG/*Burhoff* VV 4108 Rn. 8.

[10] Zur Bemessung der Terminsgebühr → Rn. 10.

[11] → RVG VV 4108–4111 Rn. 9f.

[12] Allg. zum Abgeltungsbereich der Terminsgebühr → RVG VV Vorb. 4 Rn. 25ff.

[13] → RVG VV Vorb. 4 Rn. 24ff.; s. a. → RVG VV 4108–4111 Rn. 3ff.; zB BGH NJW 2012, 167 = StRR 2012, 77 = RVGreport 2012, 101.

8 Zum **Entstehen** der Terminsgebühr kann verwiesen werden auf die entsprechend geltenden Ausführungen bei → RVG VV 4108–4111 Rn. 4 ff.

IV. Höhe der Gebühr

9 Der **Wahlanwalt** erhält eine Betragsrahmengebühr. Die Terminsgebühr VV 4132 RVG beträgt 132,– EUR bis 616,– EUR, die Mittelgebühr beträgt 374,– EUR.

10 Bei der **Bemessung** der Terminsgebühr des **Wahlanwalts** sind die Kriterien des § 14 Abs. 1 S. 1 RVG heranzuziehen. Auf die Erläuterungen bei VV 4108–4111 RVG wird verwiesen.[14] Das Zeitmoment spielt allerdings bei der Bemessung der Gebühr für die Teilnahme an der Revisionshauptverhandlung eine geringere Rolle als bei den übrigen Terminsgebühren. Denn es ist bereits im Hinblick darauf, dass Revisionshauptverhandlungen in der Praxis nur eine geringe Bedeutung haben und die Haupttätigkeit des RA im Revisionsverfahren bei der Anfertigung der Revisionsbegründungsschrift liegt – („anwaltliche Kerntätigkeit im Revisionsverfahren")[15] – und Revisionshauptverhandlungen häufig nur kurze Zeit dauern, der Betragsrahmen gesenkt worden.[16] Deshalb kann eine ggf. geringe Dauer der Hauptverhandlung nicht noch einmal gebührenmindernd herangezogen werden.[17] Entsprechendes gilt für die Ordnung des Revisionsgerichts.[18]

11 Für den gerichtlich bestellten oder beigeordneten RA, also idR der **Pflichtverteidiger,** entsteht eine Festgebühr von 300,– EUR.

12 Reicht der Betragsrahmen nicht aus bzw. handelt es sich um eine „besonders schwieriges" bzw. „besonders umfangreiches" Verfahren kommt auch im Revisionsverfahren die Bewilligung/Feststellung einer **Pauschgebühr** nach den §§ 42, 51 RVG in Betracht.[19]

V. Gebühr mit Zuschlag (VV 4133 RVG)

13 Die Terminsgebühr entsteht nach VV 4133 RVG mit **(Haft-)Zuschlag,** wenn sich der Mandant des RA während der Revisionshauptverhandlung nicht auf freiem Fuß befindet. Wegen der Einzelheiten wird auf die Kommentierung bei VV 4108–4111 RVG verwiesen.[20]

14 Die Gebühr VV 4133 RVG **beträgt** für den Wahlanwalt 132,– EUR bis 770,– EUR, die Mittelgebühr 451,– EUR. Für den gerichtlich bestellten oder beigeordneten RA, also idR der Pflichtverteidiger, beträgt die Terminsgebühr mit Zuschlag 361,– EUR.

VI. Längenzuschlag für den gerichtlich bestellten oder beigeordneten RA (VV 4134, 4135 RVG)

15 Die Terminsgebühr VV 4132, 4133 RVG entsteht mit Zuschlag, wenn die Revisionshauptverhandlung **mehr als fünf Stunden und bis acht Stunden** bzw. **mehr als acht Stunden** gedauert hat. Wegen der Einzelheiten, insbes. wegen der Berechnung der maßgeblichen Hauptverhandlungsdauer wird auf VV 4108–4111 RVG verwiesen.[21] Der Zuschlag beträgt 150,– EUR (VV 4134 RVG) bzw. 300,– EUR (VV 4135 RVG).

Unterabschnitt 4. Wiederaufnahmeverfahren

Vorbemerkung

Schrifttum: *Burhoff,* Wiederaufnahme im Strafverfahren: So rechnen Sie nach dem RVG ab, RVG prof. 2004, 103; *Burhoff,* Die anwaltliche Vergütung im strafverfahrens- und bußgeldrechtlichen Wiederaufnahmeverfahren, RVGreport 2013, 2; s. a. die Hinweise bei → RVG VV Teil 4 Einl. Vor Rn. 1; → RVG VV Vorb. 4 Vor Rn. 1; → RVG VV Vorb. 4.1 Einl. Vor Rn. 1.

---

[14] Schneider/Wolf/*N. Schneider* RVG VV 4108–4111 Rn. 23; Burhoff/Volpert RVG/*Burhoff* VV 4108 Rn. 31.
[15] KG AGS 2009, 389 = VRR 2009, 277 = RVGreport 2009, 346 = StRR 2009, 399.
[16] BT-Drs. 15/1971, 226.
[17] Burhoff/Volpert RVG/*Burhoff* VV 4132 Rn. 16.
[18] Burhoff/Volpert RVG/*Burhoff* VV 4132 Rn. 16.
[19] Vgl. die Erläuterungen bei §§ 42, 51 RVG.
[20] → RVG VV 4108–4111 Rn. 19 ff.; allg. zu den Voraussetzungen des Zuschlags nach VV Vorb. 4 Abs. 4 RVG die Erläuterungen bei → RVG VV Vorb. 4 Rn. 44 ff.
[21] → RVG VV 4108–4111 Rn. 22 ff.

Übersicht

I. Allgemeines

In VV Teil 4 Abschn. 1 UAbschn. 4 RVG sind die für den RA ggf. im **strafverfahrensrechtlichen Wiederaufnahmeverfahren** entstehenden Gebühren geregelt.[1] Die Gebühren sind durch das RVG gegenüber der Gebühr, die der RA früher nach der BRAGO verdienen konnte, erheblich angehoben worden.[2] 1

II. Eigene Angelegenheit

Die Tätigkeit des RA im Wiederaufnahmeverfahren nach den §§ 359 ff. StPO ist gem. § 17 Nr. 13 RVG eine **eigene Angelegenheit.**[3] Dennoch entsteht nach der ausdrücklichen Regelung in VV Vorb. 4.1.4 RVG **keine Grundgebühr,**[4] und zwar auch nicht für den RA, der erstmals im Wiederaufnahmeverfahren für den Mandanten tätig wird. Wird das Verfahren wieder aufgenommen, stellt auch das wieder aufgenommene Verfahren nach § 17 Nr. 13 RVG eine eigene Angelegenheit dar.[5] Ergeht im Wiederaufnahmeverfahren eine Entscheidung nach § 371 Abs. 2 StPO, in der der Freispruch des Verurteilten erfolgt ist, ist das die abschließende Entscheidung im Wiederaufnahmeverfahren. Es handelt sich noch nicht um eine Entscheidung im wiederaufgenommenen Verfahren. Es können also insoweit keine Gebühren entstehen, § 17 Nr. 13 RVG greift (noch) nicht ein.[6] 2

III. Gebühren im Wiederaufnahmeverfahren

Das Wiederaufnahmeverfahren ist in **mehrere Verfahrensabschnitte** unterteilt, die eigene Angelegenheiten iSd § 15 Abs. 1 RVG darstellen. In jedem dieser Verfahrensabschnitte entsteht also eine Auslagenpauschale VV 7002 RVG.[7] Die Gebühren VV 4136–4139 RVG entsprechen den Verfahrensabschnitten des Wiederaufnahmeverfahrens.[8] 3

Im Wiederaufnahmeverfahren können **folgende Gebühren** entstehen: 4

- Geschäftsgebühr VV 4136 RVG für die Vorbereitung des Wiederaufnahmeantrags,
- Verfahrensgebühr VV 4137 RVG für das Verfahren über die Zulässigkeit des Antrags,
- Verfahrensgebühr VV 4138 RVG für das weitere Verfahren,
- Verfahrensgebühr VV 4139 RVG für das Beschwerdeverfahren (§ 372 StPO),
- Terminsgebühr VV 4140 RVG für jeden Verhandlungstag.

---

[1] *Burhoff* RVGreport 2013, 2; Burhoff/Kotz StrafR-Rechtsmittel-HdB/*Burhoff* Teil D Rn. 590 ff., 611 ff.
[2] Zu den Gründen BT-Drs. 15/1971, 226.
[3] Allg. zu den Angelegenheiten → RVG VV Teil 4 Einl. Rn. 19 ff.
[4] OLG Köln NStZ 2006, 410 = RVGreport 2007, 304; LG Dresden RVGreport 2013, 60 = StRR 2013, 60; Burhoff/Kotz StrafR-Rechtsmittel-HdB/*Burhoff* Teil D Rn. 614.
[5] Zum Anfall der Grundgebühr → RVG VV 4100 Rn. 6 ff.
[6] *Burhoff* RVGreport 2016, 42 (44).
[7] Schneider/Wolf/*N. Schneider* RVG VV Vorb. 4.1.4 UAbschn. 4 Rn. 2; Burhoff/Volpert RVG/*Burhoff* VV Vorb. 4.1.4 Rn. 4.
[8] Zu den einzelnen Gebühren die Erläuterungen bei VV 4136–4140 RVG.

5 Die zusätzlichen Gebühren **VV 4142, 4143 RVG** können im **Wiederaufnahmeverfahren nicht** entstehen.[9] Die zusätzliche Gebühr **VV 4141 RVG** kann hingegen entstehen.[10]

IV. Anwendungsbereich des VV Teil 4 UAbschn. 4 RVG

1. Persönlich

6 VV Teil 4 Abschn. 1 UAbschn. 4 RVG gilt sowohl für den **Verteidiger** als auch für den RA, der einen **anderen Verfahrensbeteiligten** im Wiederaufnahmeverfahren vertritt. Das kann ein Hinterbliebener des Angeklagten sein, der nach § 361 Abs. 2 StPO die Wiederaufnahme betreibt, oder der Privatkläger, wenn er nach § 390 Abs. 1 S. 2 StPO das Wiederaufnahmeverfahren anstrengt, bzw. auch der Antragsteller im Adhäsionsverfahren. Der Nebenkläger kann das Wiederaufnahmeverfahren nicht betreiben und sich auch einem Wiederaufnahmeantrag eines anderen Verfahrensbeteiligten nicht anschließen.[11]

7 Der RA, der im Wiederaufnahmeverfahren tätig wird, erhält die Gebühren VV 4136–4140 RVG unabhängig davon, ob er in dem **vorangegangenen Verfahren tätig** war. Wird er später auch im wieder aufgenommenen Verfahren tätig, erhält er die dort entstehenden Gebühren, ohne dass eine Anrechnung stattfindet.[12] Nach § 17 Nr. 13 RVG handelt es sich um eine eigene Angelegenheit.

8 Die Vorschriften in VV Teil 4 Abschn. 1 UAbschn. 4 RVG gelten auch für den **Pflichtverteidiger.** Zum Recht vor Inkrafttreten der Neuregelungen durch das das „Gesetz zur Neuregelung des Rechts der notwendigen Verteidigung v. 10.12.2019" am 13.12.2019[13] ist die HM davon ausgegangen, dass Bestellung des Pflichtverteidigers im vorangegangenen Verfahren für das Wiederaufnahmeverfahren fortwirkt.[14] Daran dürfte nach den Änderungen im Hinblick auf die Regelung in § 143 Abs. 1 StPO jetzt kaum noch festzuhalten sein.[15] Nach § 45 Abs. 4 RVG erhält der Pflichtverteidiger die Geschäftsgebühr nach VV 4136 RVG, wenn er von der Stellung des Wiederaufnahmeantrags abrät, aber nur, wenn zuvor gem. § 364b Abs. 1 S. 2 StPO die Voraussetzungen des § 364b Abs. 1 S. 1 StPO festgestellt worden sind.[16] Wird der RA erst im Wiederaufnahmeverfahren zum Pflichtverteidiger bestellt, bedarf es dieser Feststellung nicht, da die Voraussetzungen des § 364b Abs. 1 S. 1 StPO dann bereits bei der Beiordnung geprüft worden sind.[17]

2. Sachlich

9 Die Gebühren nach VV Teil 4 Abschn. 1 UAbschn. 4 RVG werden nur verdient, wenn der RA mit der (vollen) **Vertretung** eines Verfahrensbeteiligten im **gesamten Wiederaufnahmeverfahren beauftragt** worden ist. Erhält der RA nur den Auftrag zu einer Einzeltätigkeit, wie zB zur Stellung des Wiederaufnahmeantrags, entsteht nur eine Gebühr nach VV 4302 Nr. 2 RVG. Im Übrigen gilt ebenso wie bei der Einlegung eines Rechtsmittels:[18] Berät der RA über die Erfolgsaussichten eines noch nicht gestellten Wiederaufnahmeantrags, entsteht die Geschäftsgebühr nach VV 4136 RVG, wenn der RA bereits mit der Vertretung im Wiederaufnahmeverfahren beauftragt worden ist,[19] und zwar auch dann, wenn er von der Stellung eines Antrags abrät.[20] Ist der RA aber nicht schon mit der Vertretung im Wiederaufnahmeverfahren beauftragt worden, sondern berät nur, gilt § 34 RVG.

---

[9] Wegen der Einzelheiten → Rn. 15.

[10] Wegen der Einzelheiten → Rn. 16.

[11] Meyer-Goßner/Schmitt/*Schmitt* StPO § 365 Rn. 8; Schneider/Wolf/*N. Schneider* RVG VV 4136–4140 Rn. 7; Burhoff/Volpert RVG/*Burhoff* VV Vorb. 4.1.4 Rn. 9 f.

[12] Zum Anfall der Grundgebühr → RVG VV 4100 Rn. 6; s. a. Schneider/Wolf/*N. Schneider* RVG VV 4136–4140 Rn. 59 ff.

[13] BGBl. I 2128.

[14] S. zB KG NJW 2013, 182 = StraFo 2013, 22; OLG Braunschweig NStZ-RR 2014, 314 (Ls.); OLG Düsseldorf MDR 1983, 428; OLG Frankfurt a. M. BeckRS 2012, 15152; OLG Schleswig SchlHA 2005, 255; Meyer-Goßner/Schmitt/*Schmitt* StPO § 140 Rn. 33 mwN.

[15] Vgl. OLG Frankfurt a. M. RVGreport 2020, 280 = RVGprof. 2020, 133; schon früher aA OLG Jena StV 2015, 15 (Ls.); OLG Oldenburg StraFo 2009, 242 = NStZ-RR 2009, 208; s. jetzt a. Burhoff/Volpert RVG/*Volpert* Teil A Rn. 2279; Burhoff/Volpert RVG/*Burhoff* VV Vorb. 4.1.4 Rn. 10.

[16] Vgl. die Erläuterungen zu → § 45 Rn. 132; eing. Burhoff/Volpert RVG/*Volpert* § 45 Abs. 4 Rn. 1 ff.

[17] Schneider/Wolf/*N. Schneider* RVG VV 4136–4140 Rn. 69; Burhoff/Volpert RVG/*Burhoff* VV Vorb. 4.1.4 Rn. 10.

[18] Vgl. die Erläuterungen bei → § 19 Rn. 111 ff.

[19] Schneider/Wolf/*N. Schneider* RVG VV 4136–4140 Rn. 5; Burhoff/Volpert RVG/*Burhoff* VV Vorb. 4.1.4 Rn. 6.

[20] Vgl. die Erläuterungen bei VV 4136 RVG.

Die Gebühren nach den VV 4136 ff. RVG entstehen auch, wenn sich der Verurteilte/ Mandant gegen einen **Wiederaufnahmeantrag** eines **anderen Verfahrensbeteiligten verteidigt.** Der Fall ist bislang in der Rspr. nicht und in der Lit. nur vereinzelt behandelt.[21] Es entstehen insbes. die Gebühren VV 4136, 4137 RVG. Die VV 4136 RVG sieht eine „Geschäftsgebühr für die Vorbereitung eines Antrags" und die VV 4137 RVG eine „Verfahrensgebühr für das Verfahren über die Zulässigkeit des Antrags" vor. Die VV 4137 RVG schließt sich nahtlos an die VV 4136 RVG an und umfasst die Fertigung des Wiederaufnahmeantrags. Dies gilt dann aber auch für die Verteidigung gegen einen Wiederaufnahmeantrag eines anderen Verfahrensbeteiligten und den Antrag auf Zurückweisung dessen Wiederaufnahmeantrages. 10

V. Höhe der Gebühren

1. Allgemeines

Für die Gebühren im Wiederaufnahmeverfahren gilt die Regelung in VV Vorb. 4.1 Abs. 2 RVG, sie haben also **Pauschgebührencharakter.**[22] Sie entstehen mit der jeweils ersten Tätigkeit in dem jeweiligen Verfahrensabschnitt des Wiederaufnahmeverfahrens und decken die gesamte Tätigkeit während dieses Verfahrensabschnitts ab. 11

2. Gebührenrahmen

Die Gebühren entstehen **jeweils** in **Höhe** der **Verfahrensgebühr** für den ersten Rechtszug. Damit bestimmt die Ordnung des Gerichts, das im ersten Rechtszug des vorangegangenen Verfahrens entschieden hat, die Höhe der anwaltlichen Vergütung. Maßgebend sind also die Verfahrensgebühren aus UAbschn. 3.[23] Wird also gegen ein landgerichtliches Berufungsurteil ein Wiederaufnahmeantrag gestellt, richten sich die Gebühren für das Wiederaufnahmeverfahren nach den VV 4106 ff. RVG und nicht nach VV 4124 ff. RVG.[24] 12

3. Gebühr mit Zuschlag

In VV Teil 4 Abschn. 1 UAbschn. 4 RVG ist keine ausdrückliche Regelung für Gebühren mit Zuschlag für den Fall enthalten, dass sich der Mandant während des Wiederaufnahmeverfahrens nicht auf freiem Fuß befindet. Es wird jedoch wegen der **Höhe** der **Gebühren allgemein** auf die **Verfahrensgebühr erster Instanz** verwiesen. Das bedeutet, dass die Gebühr für das Wiederaufnahmeverfahren zzgl. Zuschlag zu gewähren ist, wenn der Verurteilte sich in dem Verfahrensabschnitt, für den die Gebühr anfällt, nicht auf freiem Fuß befindet.[25] Insoweit gelten die allgemeinen Erläuterungen entsprechend.[26] 13

4. Mehrere Auftraggeber

Vertritt der RA **mehrere Auftraggeber,** was zB der Fall sein kann, wenn gem. § 361 Abs. 2 StPO mehrere Hinterbliebene vertreten werden, kommt die Anwendung von § 7 RVG bzw. VV 1008 RVG in Betracht.[27] 14

VI. Zusätzliche Gebühren

Die zusätzlichen Gebühren **VV 4142, 4143 RVG** für eine Tätigkeit des RA im Hinblick auf Einziehung und auf vermögensrechtliche Ansprüche können im Wiederaufnahmeverfahren nicht entstehen. Verfahrensgegenstand des Wiederaufnahmeverfahrens ist nämlich nur die Frage, ob Gründe für eine Wiederaufnahme des rechtskräftig abgeschlossenen Verfahrens vorliegen. Die Sache selbst wird nicht geprüft, so dass keine von den VV 4142, 4143 RVG erfassten Tätigkeiten vom RA erbracht werden müssen. 15

Auch die zusätzliche Gebühr **VV 4141 RVG** wird idR nicht entstehen. Nach Auffassung des LG Dresden soll die Gebühr VV 4141 RVG allerdings dann entstehen, wenn im Rahmen des Wiederaufnahmeantrags so umfassend vorgetragen wird, dass das Gericht nach § 371 Abs. 2 StPO vorgehen kann und dadurch eine Hauptverhandlung im wieder aufgenommenen Verfah- 16

---

[21] *Burhoff* RVGreport 2015, 242 (246); Burhoff/Kotz StrafR-Rechtsmittel-HdB/*Burhoff* Teil D Rn. 594.

[22] → RVG VV Vorb. 4.1 Rn. 4 ff.

[23] Schneider/Wolf/*N. Schneider* RVG VV 4136–4140 Rn. 46 f.

[24] Burhoff/Volpert RVG/*Burhoff* VV Vorb. 4.1.4 Rn. 13 ff. mit Beispielen.

[25] BT-Drs. 15/1971, 227 zu VV 4136 RVG; Schneider/Wolf/*N. Schneider* RVG VV 4136–4140 Rn. 48; Burhoff/Volpert RVG/*Burhoff* VV Vorb. 4.1.4 Rn. 16; Mayer/Kroiß/*Kroiß* RVG VV 4136–4140 Rn. 1.

[26] Zum Anfall der Gebühr mit Haftzuschlag → RVG VV Vorb. 4 Rn. 44 ff.

[27] Burhoff/Volpert RVG/*Burhoff* VV Vorb. 4.1.4 Rn. 17; vgl. die Erläuterungen zu → RVG VV 1008 RVG Rn. 1 ff.

ren entbehrlich wird.[28] Dem wird man wegen des Sinns und Zweck der VV 4141 RVG zustimmen können.

VII. Auslagen

17 Der RA erhält seine **Auslagen** nach VV 7000ff. RVG ersetzt. Da es sich bei dem Wiederaufnahmeverfahren nach § 17 Nr. 13 RVG um eine gesonderte Angelegenheit handelt, entsteht auch die Auslagenpauschale VV 7002 RVG, und zwar in jedem der oa Verfahrensabschnitte (→ Rn. 3).

VIII. Pauschgebühr (§§ 42, 51 RVG)

18 Auch im Wiederaufnahmeverfahren kann eine **Pauschgebühr** gem. §§ 42, 51 RVG in Betracht kommen, wenn es sich um ein „besonders schwieriges" oder „besonders umfangreiches" Wiederaufnahmeverfahren gehandelt hat. Es gelten die allgemeinen Erläuterungen zu den §§ 42, 51 RVG.[29]

Nr.	Gebührentatbestand	Gebühr oder Satz der Gebühr nach § 13 oder § 49 RVG	
		Wahlanwalt	gerichtlich bestellter oder beigeordneter Rechtsanwalt
4136	Geschäftsgebühr für die Vorbereitung eines Antrags ... Die Gebühr entsteht auch, wenn von der Stellung eines Antrags abgeraten wird.	in Höhe der Verfahrensgebühr für den ersten Rechtszug	
4137	Verfahrensgebühr für das Verfahren über die Zulässigkeit des Antrags	in Höhe der Verfahrensgebühr für den ersten Rechtszug	
4138	Verfahrensgebühr für das weitere Verfahren	in Höhe der Verfahrensgebühr für den ersten Rechtszug	
4139	Verfahrensgebühr für das Beschwerdeverfahren (§ 372 StPO)	in Höhe der Verfahrensgebühr für den ersten Rechtszug	
4140	Terminsgebühr für jeden Verhandlungstag	in Höhe der Terminsgebühr für den ersten Rechtszug	

Schrifttum: S. die Hinweise bei → RVG VV Vorb. 4.1.4 Vor Rn. 1.

Übersicht

[28] LG Dresden StraFo 2006, 475.
[29] Zur Pauschgebühr im Wiederaufnahmeverfahren s. OLG Karlsruhe StV 1992, 428; OLG Hamm StraFo 2000, 286; Burhoff/Volpert RVG/*Burhoff* § 51 Rn. 197.

I. Allgemeines

1 Die Gebühren der VV 4136–4140 RVG entsprechen den Verfahrensabschnitten des Wiederaufnahmeverfahrens, in die es von der StPO **gegliedert** wird. Durch die starke Differenzierung der Gebühren im Wiederaufnahmeverfahren ist eine erhebliche Anhebung der anwaltlichen Gebühren gegenüber der früheren Regelung in der BRAGO eingetreten, die vom Gesetzgeber im Hinblick auf eine effiziente Verteidigung auch im Wiederaufnahmeverfahren ausdrücklich gewünscht war.[1]

II. Allgemeiner Anwendungsbereich

1. Persönlich

2 Die Gebühren VV 4136–4140 RVG stehen sowohl dem **Wahlanwalt,** der den vollen Verteidigungsauftrag erhalten hat, als auch dem gerichtlich bestellten oder beigeordneten RA, also idR der **Pflichtverteidiger,** sowie auch sonstigen Vertretern oder Beiständen eines Verfahrensbeteiligten zu, soweit diese sich am Wiederaufnahmeverfahren beteiligen können bzw. beteiligt sind.[2] Die Gebühren entstehen für den RA auch dann, wenn er sich für den Mandanten gegen einen Wiederaufnahmeantrag eines anderen Verfahrensbeteiligten, der zu **Ungunsten** des Verurteilten/Mandanten gestellt ist (vgl. § 362 StPO), verteidigt.[3] Auch diese Tätigkeiten sind nach dem Wortlaut der VV von den VV 4136 ff. RVG erfasst.[4] Die Gebühren nach den VV 4143 ff. RVG stehen dem RA unabhängig davon zu, ob er den Verurteilten oder den anderen Verfahrensbeteiligten im vorangegangenen Verfahren vertreten hat oder ob er erstmals im Wiederaufnahmeverfahren beauftragt worden ist. Es findet keine Anrechnung statt. Ist der RA ggf. nur mit einer Einzeltätigkeit im Wiederaufnahmeverfahren beauftragt, entstehen nur Gebühren nach VV Teil 4 Abschn. 3 RVG.[5]

2. Sachlich

3 Die Gebühren des UAbschn. 4 erfassen alle Tätigkeiten, die der RA im Wiederaufnahmeverfahren für seinen Mandanten erbringt. Sie haben **Pauschgebührencharakter.**[6] Sie entstehen mit der jeweils ersten Tätigkeit in dem jeweiligen Verfahrensabschnitt des Wiederaufnahmeverfahrens und decken die gesamte Tätigkeit während dieses Verfahrensabschnitts ab.

III. Geschäftsgebühr für die Vorbereitung eines Antrags (VV 4136 RVG)

4 Nach VV Vorb. 4.1.4 RVG erhält der RA im Wiederaufnahmeverfahren keine Grundgebühr.[7] Dafür steht ihm jedoch die Geschäftsgebühr VV 4136 RVG zu, die ua die mit der **ersten Einarbeitung** verbundenen Tätigkeiten des RA honoriert. Nach dem Wortlaut – „Geschäftsgebühr für die Vorbereitung eines Antrags" deckt die Gebühr auch Tätigkeiten des RA, der einen Antrag vorbereitet, mit dem zu einem zu Ungunsten des Mandanten gestellten Wiederaufnahmeantrags Stellung genommen wird.

5 Die Gebühr **entsteht** mit der **ersten Tätigkeit nach Erteilung** des **Auftrags** zur Vertretung des Verurteilten oder eines anderen Verfahrensbeteiligten im Wiederaufnahmeverfahren. Hat der RA den Verurteilten im vorangegangenen Verfahren nicht vertreten, wird die Gebühr idR mit der Informationserteilung entstehen. War er im Vorverfahren bereits Verteidiger/Vertreter, entsteht die Gebühr mit jeder sonst auf das Wiederaufnahmeverfahren gerichteten Tätigkeit.[8]

6 Die Geschäftsgebühr VV 4136 RVG entsteht nach der Anm. zur Vorschrift auch, wenn der RA von der Stellung eines Wiederaufnahmeantrags **abrät.** Für das Entstehen der Gebühr ist also das Stellen eines Wiederaufnahmeantrags nicht Voraussetzung.[9] Der RA muss allerdings

---

[1] BT-Drs. 15/1971, 226.
[2] Wegen der Einzelheiten UAbschn. 4 → Einl. Rn. 6.
[3] *Burhoff* StRR 2015, 52 (56) = RVGreport 2015, 242 (246).
[4] → Rn. 4.
[5] S. a. *Burhoff* RVGreport 2013, 2 ff.; Burhoff/Kotz StrafR-Rechtsmittel-HdB/*Burhoff* Teil D Rn. 590 ff.
[6] → RVG VV Vorb. 4.1 Rn. 4 f., Burhoff/Volpert RVG/*Burhoff* VV Vorb. 4.1.4 Rn. 12.
[7] OLG Köln NStZ 2006, 410 = RVGreport 2007, 304; → RVG VV Vorb. 4.1.4 Rn. 2.
[8] Burhoff/Volpert RVG/*Burhoff* VV 4136 Rn. 2 f.
[9] Burhoff/Volpert RVG/*Burhoff* VV 4136 Rn. 4; Schneider/Wolf/*N. Schneider* RVG VV 4136–4140 Rn. 22; München JurBüro 1973, 45 = Rpfleger 1973, 70 für die frühere Regelung in § 90 Abs. 1 S. 2 BRAGO; aA Koblenz Rpfleger 1972, 462.

bereits mit der Vertretung im Wiederaufnahmeverfahren beauftragt worden sein. Ist das nicht der Fall und soll er zunächst nur beraten, gilt § 34 RVG.[10]

7 Von der Geschäftsgebühr VV 4136 RVG erfasst werden **alle Tätigkeiten** des RA, die für die **Vorbereitung** des Wiederaufnahmeantrags oder eines Antrags zur Stellungnahme zu einem zu Ungunsten des Mandanten gestellten Wiederaufnahmeantrags bis zu dessen jeweiliger Fertigung anfallen. Das ist vornehmlich die Informationsbeschaffung durch Gespräche mit dem Mandanten und/oder eine Akteneinsicht.[11] Dazu zählen aber auch eigene Ermittlungen des RA, wie zB die Anhörung von (neuen) Zeugen.[12] Die Geschäftsgebühr hat damit teilweise den Charakter einer Grundgebühr.

IV. Verfahrensgebühr für das Verfahren über die Zulässigkeit des Antrags (VV 4137 RVG)

8 Die Verfahrensgebühr für das Verfahren über die Zulässigkeit des Antrags nach VV 4137 RVG **schließt** an die **Geschäftsgebühr** VV 4136 RVG **an.**

9 Die Verfahrensgebühr VV 4137 RVG **entsteht** mit der **ersten Tätigkeit,** die der RA zur (An-)Fertigung des Wiederaufnahmeantrags oder eines Antrags zur Stellungnahme zu einem zu Ungunsten des Mandanten gestellten Wiederaufnahmeantrags erbringt. Sie erfasst alle Tätigkeiten zur Entscheidung über die Zulässigkeit eines Wiederaufnahmeantrags. Mit der Entscheidung über die Zulässigkeit **endet** der Verfahrensabschnitt, der durch die VV 4137 RVG erfasst wird. Werden die Zulässigkeits- und die Begründetheitsentscheidung zeitgleich erlassen/zusammengefasst, entsteht auch (noch) die VV 4138 RVG, wenn der RA vor Erlass der Entscheidung zur Begründetheit Stellung genommen hat.[13] Wird der Antrag als unzulässig verworfen, kann dann aber noch eine (gesonderte) Verfahrensgebühr nach VV 4139 RVG für das Beschwerdeverfahren entstehen, wenn gegen die ablehnende Entscheidung sofortige Beschwerde eingelegt oder der RA sonst in einem von einem anderen Verfahrensbeteiligten eingeleiteten Beschwerdeverfahren tätig wird. Anderenfalls entsteht mit der ersten Tätigkeit des RA nach der Entscheidung über die Zulässigkeit des Wiederaufnahmeantrags die Verfahrensgebühr VV 4138 RVG.

10 Die Verfahrensgebühr VV 4137 RVG kann ggf. **mehrfach** entstehen. Das hängt vom Inhalt der vom Beschwerdegericht ggf. getroffenen Entscheidung ab.[14] Entscheidet das Beschwerdegericht selbst, ist das Verfahren über die Zulässigkeit des Wiederaufnahmeantrags mit dieser Entscheidung beendet. Es entsteht dann nur noch eine Verfahrensgebühr VV 4138 RVG. Hebt hingegen das Beschwerdegericht die Zulässigkeitsentscheidung des Ausgangsgerichts auf und verweist das Verfahren dorthin zurück, stellt das Verfahren nach Zurückverweisung nach § 21 Abs. 1 S. 1 RVG **eine neue Angelegenheit** dar, in der dann die Gebühr der VV 4137 RVG erneut entsteht.[15] Eine Geschäftsgebühr VV 4136 RVG entsteht allerdings nicht noch einmal, da der Verfahrensabschnitt „Vorbereitung eines Antrags" bereits beendet ist.[16]

11 Bei der VV 4137 RVG handelt es sich um eine Verfahrensgebühr, die der RA für das **Betreiben** des **Geschäfts** im Verfahren über die Zulässigkeit des Wiederaufnahmeantrags erhält. Sie erfasst alle Tätigkeiten im Verfahren über die Zulässigkeit des Antrags **bis zur Entscheidung** des Gerichts nach **§ 368 Abs. 1 StPO** Der Verfahrensabschnitt **beginnt** mit der **Fertigung** des Wiederaufnahmeantrags oder eines Antrags zur Stellungnahme zum Wiederaufnahmeantrag eines anderen Verfahrensbeteiligten. Auch die Stellung des (Wiederaufnahme)Antrags selbst wird von der VV 4137 RVG erfasst.[17]

V. Verfahrensgebühr für das weitere Verfahren (VV 4138 RVG)

12 Im Anschluss an die Verfahrensgebühr für das Verfahren über die Zulässigkeit des Antrags (VV 4137 RVG) entsteht mit der **ersten** anwaltlichen **Tätigkeit** nach **der Entscheidung**

[10] Burhoff/Volpert RVG/*Burhoff* VV 4136 Rn. 4; vgl. die Erläuterungen zu § 34 RVG (→ § 34 Rn. 1 ff.).
[11] Zum Abgeltungsbereich sa BT-Drs. 15/1971, 227 zu VV 4137 RVG; Burhoff/Volpert RVG/*Burhoff* VV 4136 Rn. 5.
[12] S. a. den Katalog der erfassten Tätigkeiten bei Burhoff/Volpert RVG/*Burhoff* VV 4136 Rn. 9.
[13] LG Arnsberg 6.10.2014 – II 2 KIs – 360 Js 176/13 – 38/13.
[14] Wegen der Einzelheiten Burhoff/Volpert RVG/*Burhoff* VV 4137 Rn. 4 ff. mit Beispielen.
[15] Schneider/Wolf/*N. Schneider* RVG VV 4136–4140 Rn. 35; Burhoff/Volpert RVG/*Burhoff* VV 4137 Rn. 6.
[16] Burhoff/Volpert RVG/*Burhoff* VV 4137 Rn. 6.
[17] BT-Drs. 15/1971, 227 f.; Burhoff/Volpert RVG/*Burhoff* VV 4137 Rn. 9 f. und den Katalog der erfassten Tätigkeiten bei Rn. 10 f.

über die **Zulässigkeit** des Wiederaufnahmeantrags die Verfahrensgebühr VV 4138 RVG. Das wird idR die Entgegennahme des Beschlusses über die Zulässigkeit des Wiederaufnahmeantrags sein.[18] Werden Zulässigkeits- und Begründetheitsentscheidung zeitgleich erlassen/zusammengefasst, entsteht die Gebühr VV 4138 RVG auch dann, wenn der RA schon vor Erlass der Entscheidung zur Begründetheit Stellung genommen hat.[19] Es darf dem RA kein Nachteil daraus erwachsen, dass die Entscheidungen zusammengefasst wurden.

Auch die Verfahrensgebühr VV 4138 RVG kann ggf. **mehrfach** entstehen. Das ist der Fall, wenn das Beschwerdegericht über die Beschwerde gegen die Zurückweisung des Wiederaufnahmeantrags als unbegründet nicht in der Sache selbst entscheidet, sondern die Entscheidung des Ausgangsgerichts aufhebt und das Verfahren zur erneuten Entscheidung an das Ausgangsgericht zurückverweist. Dann findet § 21 Abs. 1 S. 1 RVG[20] Anwendung mit der Folge, dass alle Gebühren noch einmal entstehen. 13

Bei der VV 4138 RVG handelt es sich um eine Verfahrensgebühr, die der RA für das **Betreiben** des **Geschäfts** im Verfahren über die Zulässigkeit des Wiederaufnahmeantrags bis zur Entscheidung über die Begründetheit des Wiederaufnahmeantrags nach § 370 StPO erhält. Sie erfasst **alle Tätigkeiten,** die der RA in diesem Verfahrensabschnitt des Wiederaufnahmeverfahrens erbringt.[21] Wird gegen die Entscheidung des Gerichts Beschwerde eingelegt, gehört die Einlegung der Beschwerde nach § 19 Abs. 1 S. 2 Nr. 10 RVG noch zum Abgeltungsbereich der VV 4138 RVG. Die Tätigkeit im Beschwerdeverfahren selbst wird hingegen durch VV 4139 RVG abgegolten. 14

VI. Verfahrensgebühr für das Beschwerdeverfahren (§ 372 StPO) (VV 4139 RVG)

Eine **Besonderheit** des strafverfahrensrechtlichen Wiederaufnahmeverfahrens ist die Regelung in VV 4139 RVG. Wegen der besonderen Bedeutung der Beschwerde im Wiederaufnahmeverfahren, in dem ggf. abschließend über den Wiederaufnahmeantrag entschieden wird mit der Folge, dass vorgebrachte Wiederaufnahmegründe für ein neues Wiederaufnahmeverfahren verbraucht sind, hat der Gesetzgeber hier von der allgemeinen Regel, dass das Beschwerdeverfahren im strafverfahrensrechtlichen Bereich sonst grds. durch die jeweilige Verfahrensgebühr mit abgegolten wird, eine Ausnahme gemacht.[22] Bei der VV 4139 RVG handelt es sich um eine der in § 19 Abs. 1 S. 2 Nr. 10a RVG gemeinten Ausnahmen. 15

Die Verfahrensgebühr VV 4139 RVG für das Beschwerdeverfahren **entsteht** mit der ersten Tätigkeit nach Einlegung der Beschwerde gegen eine aus Anlass eines Antrags auf Wiederaufnahme des Verfahrens erlassene Entscheidung. Die Einlegung der Beschwerde gehört noch zum Abgeltungsbereich der Gebühren VV 4137, 4138 RVG. 16

Die Verfahrensgebühr entsteht für alle Beschwerdeverfahren, unabhängig davon, ob sich das Rechtsmittel gegen die Verwerfung des Wiederaufnahmeantrags als unzulässig oder als unbegründet richtet.[23] Die Vorschrift VV 4139 RVG **unterscheidet nicht** hinsichtlich der Entscheidung, gegen die sich die Beschwerde richtet. Das folgt auch aus dem Klammerzusatz „(§ 372)".[24] 17

Die Verfahrensgebühr VV 4139 RVG kann **mehrfach** entstehen. Jedes Beschwerdeverfahren ist eine eigene Angelegenheit iSd § 15 Abs. 2, § 17 Nr. 1 RVG.[25] 18

Die Verfahrensgebühr honoriert das **Betreiben** des **Geschäfts** im Beschwerdeverfahren nach § 372 StPO und erfasst alle Tätigkeiten des RA im Zusammenhang mit einer Beschwerde gegen eine im Wiederaufnahmeverfahren ergangene gerichtliche Entscheidung. Der Verfahrensabschnitt beginnt nach der Einlegung des Rechtsmittels und endet mit dem Beschluss des Beschwerdegerichts.[26] 19

VII. Terminsgebühr für jeden Verhandlungstag (VV 4140 RVG)

Schließlich kann der RA auch im Wiederaufnahmeverfahren eine Terminsgebühr verdienen, wenn er dort an einem **Termin teilnimmt.** IdR wird es sich dabei um einen Termin nach 20

[18] Burhoff/Volpert RVG/*Burhoff* VV 4138 Rn. 2.
[19] LG Arnsberg 6.10.2014 – II 2 KIs – 360 Js 176/13 – 38/13.
[20] Burhoff/Volpert RVG/*Burhoff* VV 4138 Rn. 3 f. mit Bsp.
[21] Vgl. den Katalog bei Burhoff/Volpert RVG/*Burhoff* VV 4138 Rn. 7.
[22] Zur allgemeinen Regelung ua → RVG VV Vorb. 4 Rn. 14; → RVG VV Vorb. 4.1 Rn. 6.
[23] Schneider/Wolf/*N. Schneider* RVG VV 4136–4140 Rn. 31.
[24] Burhoff/Volpert RVG/*Burhoff* VV 4139 Rn. 4.
[25] Burhoff/Volpert RVG/*Burhoff* Teil A Rn. 144; Schneider/Wolf/*N. Schneider* RVG VV 4136–4140 Rn. 37.
[26] Zu den erfassten Tätigkeiten s. den Katalog bei Burhoff/Volpert RVG/*Burhoff* VV 4139 Rn. 9.

§ 369 Abs. 1 StPO, in dem nach der Entscheidung über die Zulässigkeit des Wiederaufnahmeantrags die angetretenen Beweise aufgenommen werden, handeln. Wird im Wiederaufnahmeverfahren zeitgleich in einem Termin über die Begründetheit des Wiederaufnahmeantrages und in der Hauptsache selbst entschieden, was zulässig, aber unüblich ist, entsteht dafür nicht die Terminsgebühr VV 4140 RVG, sondern die entsprechende Hauptverhandlungsterminsgebühr.[27]

21 Für das **Entstehen** der Terminsgebühr VV 4140 RVG gelten die allgemeinen Regeln.[28] Ausreichend ist die bloße Anwesenheit des RA im Termin. Der RA muss an dem Termin nicht aktiv teilgenommen haben. Der RA erhält die Gebühr auch für einen sog. „geplatzten" Termin iSd VV Vorb. 4 Abs. 3 S. 2 RVG.[29] Wegen des Abgeltungsbereichs der Terminsgebühr kann auf die allgemeinen Ausführungen zur Terminsgebühr verwiesen werden.[30]

22 Diese Terminsgebühr steht dem RA für die **Teilnahme** an einem **Termin** im Wiederaufnahmeverfahren zu.[31] Sie setzt entgegen dem Wortlaut der Gesetzesbegründung[32] keine „Vernehmung" voraus. Die „Beweisaufnahme nach § 369 Abs. 1 StPO" ist in der Begründung zu VV 4140 RVG nur beispielhaft aufgeführt.[33]

23 Finden im Wiederaufnahmeverfahren **Haftprüfungen** statt, entsteht nach Sinn und Zweck der Vorschrift grds. die dafür vorgesehene Gebühr nach **VV 4102** Nr. 3 RVG.[34] Die Gebühr entsteht jedoch nicht, wenn in einem Vernehmungstermin, für den eine Gebühr nach VV 4140 RVG anfällt, auch über die Fortdauer der Haft des Verurteilten verhandelt wird; dann entsteht nur die Gebühr VV 4140 RVG.[35]

VIII. Höhe der Gebühren

1. Allgemeines

24 Für den **Wahlanwalt** entstehen die Gebühren VV 4136–4140 RVG als **Betragsrahmengebühren** in Höhe der Verfahrensgebühr für den ersten Rechtszug.[36] Der Betragsrahmen ist also abhängig von der Ordnung des Gerichts, bei dem das vorangegangene Verfahren im **ersten Rechtszug** anhängig war.[37] Der gerichtlich bestellte bzw. beigeordnete RA erhält eine Festbetragsgebühr.

25 Die **Geschäfts-/Verfahrensgebühr** VV 4136–4139 RVG beträgt, wenn

- in erster Instanz das **Amtsgericht** entschieden hat, nach VV 4106 44,– EUR bis 319,– EUR, die Mittelgebühr beträgt 181,50 EUR; für den Pflichtverteidiger beträgt die Verfahrensgebühr 145,– EUR,
- in erster Instanz das **Landgericht** (Strafkammer/allgemeine Jugendkammer) entschieden hat, nach VV 4112 RVG 55,– EUR bis 352,– EUR, die Mittelgebühr beträgt 203,50 EUR; für den Pflichtverteidiger beträgt die Verfahrensgebühr 163,– EUR,
- wenn in erster Instanz das **Oberlandesgericht,** das **Schwurgericht** oder eine Strafkammer nach **§§ 74a, 74c GVG** bzw. die Jugendkammer als Schwurgericht entschieden hat, gem. VV 4118 RVG 110,– EUR bis 759,– EUR, die Mittelgebühr beträgt 434,50,– EUR; für den Pflichtverteidiger beträgt die Verfahrensgebühr 348,– EUR.

26 Die **Terminsgebühr** VV 4140 RVG beträgt, wenn

- in erster Instanz das **Amtsgericht** entschieden hat, nach VV 4108 RVG 77,– EUR bis 528,– EUR, die Mittelgebühr beträgt 302,50 EUR; für den Pflichtverteidiger beträgt die Terminsgebühr 242,– EUR,
- in erster Instanz das **Landgericht** (Strafkammer/allgemeine Jugendkammer) entschieden hat, nach VV 4114 RVG 88,– EUR bis 616,– EUR, die Mittelgebühr beträgt 352,– EUR; für den Pflichtverteidiger beträgt die Terminsgebühr 282,– EUR,
- wenn in erster Instanz das **Oberlandesgericht,** das **Schwurgericht** oder eine Strafkammer nach **§§ 74a, 74c GVG** bzw. die Jugendkammer als Schwurgericht entschieden hat, gem.

[27] LG Dresden RVGreport 2013, 60 = StRR 2013, 306.
[28] → RVG VV Vorb. 4 Rn. 24 ff.
[29] Wegen der allgemeinen Einzelheiten → RVG VV Vorb. 4 Rn. 39 ff.
[30] → RVG VV Vorb. 4 Rn. 25.
[31] Allg. zur Terminsgebühr → RVG VV Vorb. 4 Rn. 24 ff.
[32] BT-Drs. 15/1971, 227.
[33] Burhoff/Volpert RVG/*Burhoff* VV 4140 Rn. 4.
[34] Hartung/Schons/Enders/*Hartung* RVG VV 4136–4140 Rn. 31.
[35] S. a Burhoff/Volpert RVG/*Burhoff* VV 4140 Rn. 5; Schneider/Wolf/*N. Schneider* RVG VV 4136–4140 Rn. 44.
[36] → RVG VV Teil 4 Abschn. 1 UAbschn. 4 Rn. 9 ff.
[37] Burhoff/Volpert RVG/*Burhoff* VV 4136 Rn. 9 f.

VV 4120 RVG 143,– EUR bis 1.023,– EUR, die Mittelgebühr beträgt 583,– EUR; für den Pflichtverteidiger beträgt die Terminsgebühr 466,– EUR.

Hat der Termin mehr als fünf Stunden und bis acht Stunden bzw. mehr als acht Stunden gedauert steht dem gerichtlich bestellten oder beigeordneten RA nach den VV 4110, 4111, 4116, 4117, 4122, 4123 RVG ein **Längenzuschlag** zu.[38] **27**

2. Gebühren mit Zuschlag

Alle Gebühren im Wiederaufnahmeverfahren können mit **Haftzuschlag** nach VV Vorb. 4 Abs. 4 RVG entstehen, wenn sich der Auftraggeber des RA nicht auf freiem Fuß befindet.[39] Der Auftraggeber muss sich nicht in dem Verfahren nicht auf freiem Fuß befindet, dessen Wiederaufnahme angestrebt wird. **28**

Die **Geschäfts-/Verfahrensgebühr** VV 4136–4139 RVG mit **Zuschlag** beträgt, wenn **29**

- in erster Instanz das **Amtsgericht** entschieden hat, nach VV 4106, 4107 RVG 44,– EUR bis 399,– EUR, die Mittelgebühr beträgt 221,50 EUR; für den Pflichtverteidiger beträgt die Verfahrensgebühr 177,– EUR,
- in erster Instanz das **Landgericht** (Strafkammer/allgemeine Jugendkammer) entschieden hat, nach VV 4112, 4113 RVG 55,– EUR bis 440,– EUR, die Mittelgebühr beträgt 247,50 EUR; für den Pflichtverteidiger beträgt die Verfahrensgebühr 198,– EUR,
- wenn in erster Instanz das **Oberlandesgericht,** das **Schwurgericht** oder eine Strafkammer nach **§§ 74a, 74c GVG** bzw. die Jugendkammer als Schwurgericht entschieden hat, gem. VV 4118, 4118 RVG 110,– EUR bis 949,– EUR, die Mittelgebühr beträgt 529,50 EUR; für den Pflichtverteidiger beträgt die Verfahrensgebühr 424,– EUR.

Die **Terminsgebühr** VV 4140 RVG mit **Haftzuschlag** beträgt, wenn **30**

- in erster Instanz das **Amtsgericht** entschieden hat, nach VV 4108, 4109 RVG 77,– EUR bis 660,– EUR, die Mittelgebühr beträgt 368,50 EUR; für den Pflichtverteidiger beträgt die Terminsgebühr 295,– EUR,
- in erster Instanz das **Landgericht** (Strafkammer/allgemeine Jugendkammer) entschieden hat, nach VV 4114, 4115 RVG 88,– EUR bis 770,– EUR, die Mittelgebühr beträgt 429,– EUR; für den Pflichtverteidiger beträgt die Terminsgebühr 343,– EUR,
- wenn in erster Instanz das **Oberlandesgericht,** das **Schwurgericht** oder eine Strafkammer nach §§ 74a, 74c GVG bzw. die Jugendkammer als Schwurgericht entschieden hat, gem. VV 4120, 4121 RVG 143,– EUR bis 1.279,– EUR, die Mittelgebühr beträgt 710,50 EUR; für den Pflichtverteidiger beträgt die Terminsgebühr 569,– EUR.

3. Bemessung der Gebühren

Für die konkrete **Bemessung** der Gebühren sind beim Wahlanwalt neben dem allgemeinen Umfang der vom RA erbrachten Tätigkeiten und der Schwierigkeit der Sache bei der Geschäftsgebühr VV 4136 RVG insbes. der **Umfang der Akten,** in die sich der RA einarbeiten musste, von Belang. Die Ordnung des Gerichts ist bei allen Gebühren ohne Bedeutung, da die Ordnung des Gerichts schon aufgrund der Ankoppelung der Gebühr an die Verfahrens-/Terminsgebühr für den ersten Rechtszug bestimmend für den Gebührenrahmen ist. **31**

Beim gerichtlich bestellten oder beigeordneten RA fallen, wenn er an Terminen teil genommen hat, die mehr als fünf Stunden und bis acht Stunden oder mehr als acht Stunden gedauert haben, die **Längenzuschläge** der VV 4110, 4111, 4116, 4117, 4122, 4123 RVG an. Insoweit gelten die Ausführungen bei → RVG VV Vorb. 4.1 Rn. 1 ff. → RVG VV 4108–4110 Rn. 22 ff. entsprechend. **32**

Unterabschnitt 5. Zusätzliche Gebühren

Einleitung

Die in UAbschn. 5 enthaltenen „Zusätzlichen Gebühren" erhält der RA **zusätzlich** zu den ihm sonst nach VV Teil 4 RVG zustehenden Gebühren. Sie werden nicht auf andere Gebühren angerechnet. **1**

Geregelt sind in UAbschn. 5 **2**

- die VV 4141 RVG, die sog. **Befriedungsgebühr,**

---

[38] Burhoff/Volpert RVG/*Burhoff* VV 4140 Rn. 10; zur Berechnung der maßgeblichen Zeit → RVG VV 4108–4111 Rn. 20 ff.

[39] Wegen der Einzelheiten zum Zuschlag nach VV Vorb. 4 Abs. 4 RVG die Erläuterungen bei → RVG VV Vorb. 4 Rn. 44 ff.

- die „Verfahrensgebühr bei **Einziehung** und verwandten Maßnahmen“ (VV 4142 RVG),
- die Verfahrensgebühr für Tätigkeiten im **Adhäsionsverfahren** (VV 4143, 4144 RVG),
- die Verfahrensgebühr VV 4145 RVG für Tätigkeiten im sofortigen Beschwerdeverfahren nach **§ 406a StPO,**
- die Verfahrensgebühr VV 4146 RVG für das Verfahren über einen Antrag auf gerichtliche Entscheidung oder über die Beschwerde gegen eine den Rechtszug beendende Entscheidung nach **§ 25 Abs. 1 S. 3–5, § 13 StrRehaG,**
- die **Einigungsgebühr** im **Privatklageverfahren** (VV 4147 RVG).

3 Bei den zusätzlichen Gebühren handelt es sich mit Ausnahme der VV 4141 RVG um reine **Wertgebühren.** Die dem RA zustehenden Gebühren richten sich betragsmäßig daher bei den Gebühren für den Wahlanwalt nach der Tabelle des § 13 RVG und für den gerichtlich bestellten oder beigeordneten Anwalt, also idR der Pflichtverteidiger, nach der Tabelle des § 49 RVG.

Nr.	Gebührentatbestand	Gebühr oder Satz der Gebühr nach § 13 oder § 49 RVG	
		Wahlanwalt	gerichtlich bestellter oder beigeordneter Rechtsanwalt
4141	Durch die anwaltliche Mitwirkung wird die Hauptverhandlung entbehrlich: Zusätzliche Gebühr in Höhe der Verfahrensgebühr (1) Die Gebühr entsteht, wenn 1. das Strafverfahren nicht nur vorläufig eingestellt wird oder 2. das Gericht beschließt, das Hauptverfahren nicht zu eröffnen oder 3. sich das gerichtliche Verfahren durch Rücknahme des Einspruchs gegen den Strafbefehl, der Berufung oder der Revision des Angeklagten oder eines anderen Verfahrensbeteiligten erledigt; ist bereits ein Termin zur Hauptverhandlung bestimmt, entsteht die Gebühr nur, wenn der Einspruch, die Berufung oder die Revision früher als zwei Wochen vor Beginn des Tages, der für die Hauptverhandlung vorgesehen war, zurückgenommen wird; oder 4. das Verfahren durch Beschluss nach § 411 Abs. 1 Satz 3 StPO endet. Nummer 3 ist auf den Beistand oder Vertreter eines Privatklägers entsprechend anzuwenden, wenn die Privatklage zurückgenommen wird. (2) Die Gebühr entsteht nicht, wenn eine auf die Förderung des Verfahrens gerichtete Tätigkeit nicht ersichtlich ist. Sie entsteht nicht neben der Gebühr 4147. (3) Die Höhe der Gebühr richtet sich nach dem Rechtszug, in dem die Hauptverhandlung vermieden wurde. Für den Wahlanwalt bemisst sich die Gebühr nach der Rahmenmitte. Eine Erhöhung nach Nummer 1008 und der Zuschlag (Vorbemerkung 4 Abs. 4) sind nicht zu berücksichtigen.		

Schrifttum: *Brunner,* Gebühren des Pflichtverteidigers gegenüber der Staatskasse bei Rücknahme der Anklage und anschließender Neueinreichung, RENOpraxis 2012, 103; *Burhoff,* Die „Befriedungsgebühr“ des § 84 Abs. 2 BRAGO, RENOpraxis 2003, 23; *Burhoff,* Befriedungs-/Erledigungsgebühr VV 4114 RVG, RVGreport 2005, 248. *Burhoff,* Sind die Befriedungsgebühren VV 4141 RVG bzw. VV 5115 RVG Festgebühren?, RVGreport 2005, 401. *Burhoff,* Die anwaltliche Vergütung im Strafbefehlsverfahren, RVGreport 2008, 201; *Burhoff,* Was Sie zu VV 4141 RVG und VV 5115 RVG wissen sollten, RVG prof. 2010, 47; *Burhoff,* Fragen aus der Praxis zu aktuellen Gebührenproblemen in Straf- und Bußgeldverfahren, RVGreport 2010, 362; *Burhoff,* Eine zusätzliche Gebühr nach VV 4141 RVG oder VV 5115 RVG entsteht auch dann, wenn schon eine Hauptverhandlung stattgefunden hat, diese ausgesetzt wird und danach ein Neubeginn der Hauptverhandlung durch anwaltliche Mitwirkung

vermieden wird – Anm. zu AG München, Urteil v. 9.9.2011 – 155 C 5938/10, JurBüro 2011, 26 mAnm *Mack,* JurBüro 2011, 287; *Burhoff,* 2. KostRMoG. Das ist neu in Straf- und Bußgeldsachen, RVG prof. 2012, 12; *Burhoff,* Die anwaltliche Vergütung im strafverfahrensrechtlichen Berufungsverfahren, RVGreport 2012, 165; *Burhoff,* Der Regierungsentwurf zum 2. KostRMoG, RVGreport 2012, 359; *Burhoff,* Die anwaltliche Vergütung im strafverfahrensrechtlichen Revisionsverfahren, RVGreport 2012, 402; *Burhoff,* Fragen aus der Praxis zu Gebührenproblemen in Straf- und Bußgeldverfahren aus dem Jahr 2013, RVGreport 2014, 2; *Burhoff,* Die zusätzliche Verfahrensgebühr VV 4141 RVG – Teil 1: Allgemeines, Mitwirkung und Gebührenhöhe, RVGreport 2015, 3; *Burhoff,* Die zusätzliche Verfahrensgebühr VV 4141 RVG – Teil 2, RVGreport 2015, 42, Die Fälle der zusätzlichen Verfahrensgebühr; *Burhoff,* Die zusätzliche Verfahrensgebühr VV 5115 RVG im Bußgeldverfahren, RVGreport 2015, 82; *Burhoff,* Fragen aus der Praxis zu Gebührenproblemen in Straf – und Bußgeldverfahren aus dem Jahr 2014, RVGreport 2015, 242; *Burhoff,* Die zusätzliche Verfahrensgebühr nach Nr. 4141 VV RVG – Rechtsprechungsübersicht, RENOpraxis 2017, 287; *Burhoff,* Rechtsprechungsübersicht zur zusätzlichen Verfahrensgebühr Nr. 4141 VV RVG, RVGreport 2019, 44; *Burhoff,* Die anwaltliche Vergütung im strafverfahrensrechtlichen Revisionsverfahren, RVGreport 2020, 42; *Burhoff/N. Schneider,* Wie berechnet sich die zusätzliche Gebühr der VV 4141 RVG bei Einstellung im vorbereitenden Verfahren?, AGS 2005, 434; *Enders,* Anwendbarkeit des § 84 Abs. 2 BRAGO, wenn Rücknahme des Einspruchs erfolgt, bevor Hauptverhandlungstermin bestimmt war, JurBüro 1996, 281; *Enders,* Zusätzliche Gebühren nach den VV 4141 RVG oder VV 5115 RVG auch dann, wenn die Einstellung erst nach dem ersten Hauptverhandlungstermin erfolgt?, JurBüro 2006, 449; *Hansens,* Gemeinsamer Katalog von DAV und BRAK zur Anpassung des RVG, RVGreport 2018, 202; *Jungbauer,* Zusätzliche Verfahrensgebühr in Straf- und Bußgeldsachen, DAR-Extra 2008, 757; *Kotz,* Befriedungsgebühr (VV 414, 5115 RVG) bei Doppeleinstellungen von Straf- und dann Ordnungswidrigkeiten Verfahren – causa finita? – Zugleich Besprechung von BGH, Urt. v. 5.11.2009 – IX ZR 237/08, JurBüro 2010, 132, JurBüro 2010, 228; *N. Schneider,* Verteidigergebühren bei Einstellung und Einspruchsrücknahme nach der Hauptverhandlung, AGS 2000, 21; *N. Schneider,* Prüfung der Erfolgsaussichten eines Einspruchs gegen den einen Strafbefehl, BRAGOreport 2001, 38; *N. Schneider,* Die zusätzliche Verfahrensgebühr der VV 4141 RVG im Privatklageverfahren, RVG-B 2005, 156; *N. Schneider,* Das vergessene schriftliche Verfahren in Strafsachen. Analoge Anwendung der VV 4141 RVG?, AnwBl 2006, 274; *N. Schneider,* Zusätzliche Gebühr bei Rücknahme des Strafbefehls und Neuerlass, AGS 2006, 416; *N. Schneider,* Die zusätzlichen Gebühren in Straf- und Bußgeldsachen nach den VV 4141, 5115 RVG, ZAP Fach 24, 1073; *N. Schneider,* Berechnung der sog. „Zwei-Wochen-Frist" bei Rücknahme eines Einspruchs oder eines Rechtsmittels in Straf- und Bußgeldsachen, DAR 2007, 671; *N. Schneider,* Zusätzliche Gebühr nach VV 4141 RVG – Weitere Anwendungsfälle, NJW-Spezial 2008, 251; *N. Schneider,* Zusätzliche Gebühr auch bei Verweisung auf den Privatklageweg, AG-Kompakt 2009, 28; *N. Schneider,* Die Einstellung nach der Einstellung, AG-Kompakt 2011, 19; *N. Schneider,* Zusätzliche Gebühr nach § 411 StPO, AG-Kompakt 2011, 86; *N. Schneider,* Die zusätzliche Gebühr in Strafsachen, DAR 2011, 488; *N. Schneider,* Abrechnung beim Übergang vom Bußgeld- zum Strafverfahren, AGS 2011, 469; *N. Schneider,* Die Neuerungen bei der Zusätzlichen Gebühr in Strafsachen (VV 4141 RVG), NZV 2014, 149; *N. Schneider,* Abrechnung bei Wechsel zwischen Straf- und Bußgeldverfahren, DAR 2015, 432; *N. Schneider,* Zusätzliche Gebühr im Strafbefehlsverfahren, DAR 2015, 771; *N. Schneider,* Zusätzliche Gebühr in Strafsachen – unter Berücksichtigung der Rechtsprechung seit Inkrafttreten des 2. KostRMoG, ZAP Fach 24, 1493; *N. Schneider,* Einstellung des Strafverfahrens bei gleichzeitiger Ordnungswidrigkeit, DAR 2017, 176; *N. Schneider,* Verfahrenserledigungen außerhalb der Nr. 4141 VV RVG, DAR 2017, 431; *N. Schneider,* Die Zusätzliche Gebühr im Strafbefehlsverfahren, AGS 2018, 541; *Soujon,* Das Strafbefehlsverfahren – ein Gebührendefizit, ZfS 2007, 662.

Übersicht

I. Allgemeines

1 In VV 4141 RVG hat das RVG im Wesentlichen die Regelung des früheren § 84 Abs. 2 BRAGO übernommen. Dieser war eingeführt worden, um intensive und zeitaufwändige Tätigkeiten des Verteidigers, die zu einer Vermeidung der Hauptverhandlung und damit beim Verteidiger zum Verlust der (halben) Hauptverhandlungsgebühr führten, gebührenrechtlich zu honorieren.[1] Zur Abgeltung dieser Tätigkeiten des RA/Verteidigers sieht VV 4141 RVG jetzt eine **zusätzliche Gebühr** in Höhe der jeweiligen Verfahrensgebühr vor.

2 Die weitgehende Übernahme der Regelung des § 84 Abs. 2 BRAGO in das RVG hat dazu geführt, dass die zu der alten Vorschrift **vorliegende Rspr.** und Lit. **angewendet** werden kann. Die zu § 84 Abs. 2 BRAGO bestehenden Streitfragen waren durch die Neuregelung durch das KostRMoG von 2004 zT gelöst, wie zB die grundsätzliche Anwendung der Vorschrift auch auf die Rücknahme der Revision, zT haben aber auch Streitfragen fortbestanden, zT hatten sich bei Anwendung der VV 4141 RVG neue Streitfragen ergeben. Das 2. KostRMoG[2] hat diese (teilweise) gelöst. So ist zB durch eine Änderung der Anm. 1 S. 1 Nr. 1 gesetzlich geklärt worden, dass die Gebühr VV 4141 RVG auch anfällt, wenn das Strafverfahren eingestellt und die Sache gem. § 43 OWiG an die Verwaltungsbehörde abgegeben wird.[3] Für ein 3. KostRMoG waren weitere Änderungen vorgesehen,[4] das KostRÄG 2021 v. 21.12.2020 hat diese jedoch nicht eingeführt.

II. Persönlicher Anwendungsbereich

3 Die zusätzliche Gebühr VV 4141 RVG entsteht für den **Wahlanwalt** und den gerichtlich bestellten oder beigeordneten RA, idR also der **Pflichtverteidiger,** und zwar auch im Falle der Beiordnung nach § 408b StPO, wenn der Verteidiger erreicht, dass das (Strafbefehls)Verfahren eingestellt wird.[5] Die Vorschrift gilt aber auch für die **sonstigen** in VV Vorb. 4 Abs. 1 RVG genannten **Vertreter**/Beistände, wenn sie an der Vermeidung einer Hauptverhandlung mitgewirkt haben. Das kommt insbes. im Fall der Rücknahme der Berufung oder Revision (Anm. 1 S. 1 Nr. 3) in Betracht,[6] wenn diese durch einen sonstigen Verfahrensbeteiligten eingelegt war. Die Gebühr kann aber auch iÜ von anderen Verfahrensbeteiligten verdient werden, die an der Vermeidung einer Hauptverhandlung mitwirken, wie zB dem Nebenklägervertreter, der daran mitwirkt, dass der Angeklagte seine Berufung zurücknimmt.[7] Die Gebühr entsteht aber **nicht** für den Vertreter des Betroffenen im **strafrechtlichen Rehabilitierungsverfahren,** weil dort idR ohne mündliche Verhandlung entschieden werden soll.[8]

4 Im **Privatklageverfahren** wird die Gebühr auch vom Vertreter/Beistand des Privatklägers verdient.[9] Das ist in Anm. 1 S. 2 ausdrücklich klargestellt. Wirkt der Verteidiger des Privatbeklagten an der Rücknahme der Privatklage mit, entsteht für ihn die Gebühr nach den allge-

---

[1] BT-Drs. 12/6962, 106 und BGH AGS 2010, 1 mablAnm *N. Schneider* = RVGreport 2010, 70 mablAnm *Burhoff* = StRR 2010, 109 = VRR 2010, 38 = JurBüro 2010, 228 mablAnm *Kotz;* s. a. Schneider/Wolf/*N. Schneider* RVG VV 4141 Rn. 14 ff.; Burhoff/Volpert RVG/*Burhoff* VV 4141 Rn. 3; *N. Schneider* DAR 2011, 488 (490); *Fischer* NJW 2012, 265; *Burhoff* RVGreport 2015, 3.

[2] → RVG VV Teil 4 Einl. Fn. 9.

[3] → Rn. 18; wegen weiterer Änderungen → Rn. 40 ff. und 46 ff.

[4] Vgl. *Hansens* RVGreport 2018, 202 (205).

[5] AG Tiergarten RVGreport 2016, 20 = AGS 2015, 511 = RVG prof. 2016, 43 = StRR 6/2016, 23.

[6] → Rn. 34 ff.

[7] MAH VergütungsR/*Hellwig* § 23 Rn. 153 mit Bsp.; s. a. *Burhoff* RVGreport 2010, 362 und das Bsp. bei Burhoff/Volpert RVG/*Burhoff* VV 4141 Rn. 8.

[8] KG RVGreport 2017, 18 = Rpfleger 2017, 116 = Sonderausgabe StRR 5/2017, 12.

[9] Zum früheren Recht Burhoff/Volpert RVG/*Burhoff* VV 4141 Rn. 80.

meinen Regeln. In Anm. 1 S. 2 ist zwar ausdrücklich nur das Entstehen der Gebühr für den Beistand oder Vertreter des Privatklägers geregelt. Es besteht aber kein Grund, dem Verteidiger des Privatbeklagten, der an der Rücknahme der Privatklage mitgewirkt hat, diese Mitwirkung nicht auch über VV 4141 RVG zu honorieren.[10]

III. Mitwirkung des Rechtsanwalts (Anm. 2)

1. Umfang

Erforderlich für die Anwendung der VV 4141 RVG ist, dass durch die „anwaltliche Mitwirkung" eine Hauptverhandlung entbehrlich wird. Welchen **Umfang** die anwaltliche Mitwirkung hat, ist **unerheblich.**[11] Entscheidend ist nur, dass der RA überhaupt zur Vermeidung der Hauptverhandlung beigetragen hat.[12] Etwas anderes folgt auch nicht daraus, dass in der Gesetzesbegründung zur Vorgängerregelung des § 84 BRAGO[13] von einer intensiven und zeitaufwändigen Mitwirkung des RA im Ermittlungsverfahren die Rede ist. Unter Berufung auf diese Formulierung wird von Rechtschutzversicherungen zwar häufig die Ansicht vertreten, nur eine nachgewiesene intensive und zeitaufwändige Mitwirkung führe zur Anwendung von VV 4141 RVG. Das ist jedoch unrichtig.[14] Denn dem maßgeblichen Gesetzeswortlaut ist eine Aussage über Quantität oder Qualität des Mitwirkungsbeitrages des RA nicht zu entnehmen. 5

Unerheblich ist, ob das Verfahren **auch ohne Mitwirkung** des RA eingestellt worden wäre.[15] Nicht ausreichend ist es aber, wenn das Verfahrens ausschließlich von Amts wegen eingestellt wird.[16] Nach Auffassung des AG Aschaffenburg soll die zusätzliche Verfahrensgebühr auch dann nicht entstehen, wenn das Gericht ungeachtet einer vom Verteidiger vorgetragenen Einlassung des Angeklagten das Verfahren nach § 154 StPO wegen einer zu erwartenden Strafe in einem anderen Verfahren einstellt, was m. E. unzutreffend ist, wenn/weil die Tätigkeit des RA objektiv geeignet war.[17] 6

2. Mitwirkungstätigkeiten

Welche Tätigkeit der RA erbringt, ist **unerheblich.** Ausreichend ist jede zur Förderung der Einstellung geeignete Tätigkeit.[18] Es genügt auch, wenn eine Tätigkeit des RA aus einem anderen Verfahrensabschnitt fortwirkt und dann später zur Einstellung führt.[19] Der häufigste Fall der Mitwirkung[20] wird die Einreichung einer Einlassungs- oder Verteidigungsschrift sein,[21] 7

---

[10] So auch *N. Schneider/Thiel* AGS 2012, 105 (112); Burhoff/Volpert RVG/*Burhoff* VV 4141 Rn. 11; *Burhoff* RVGreport 2013, 330; StraFo 2013, 397; VRR 2013, 287 = StRR 2013, 284.

[11] KG RVGreport 2012, 110 = JurBüro 2012, 466 = StRR 2011, 438 = VRR 2011, 438 unter Aufgabe von KG RVG prof. 2007, 79; LG Leipzig StraFo 2020, 395 = AGS 2020, 507 = RVGreport 2020, 389 = RVG prof. 2020, 207; LG Verden 29.10.2020 – 4 KLs 461 Js 23425/20 (9/20); *Burhoff* RVGreport 2015, 3 (6 f.).

[12] BGH AGS 2008, 491 = RVGreport 2008, 431 = JurBüro 2008, 639 = DAR 2009, 56 mAnm *N. Schneider* = StRR 2009, 77 mzustAnm *Burhoff;* OLG Düsseldorf NStZ-RR 2003, 31 = Rpfleger 2003, 41; OLG Stuttgart AGS 2010, 202 = RVGreport 2010, 263 = VRR 2010, 320 = StRR 2010, 440; LG Hamburg DAR 2008, 611 = AGS 2008, 597; LG Köln StV 2004, 34 = AGS 2003, 544; LG Leipzig StraFo 2020, 395 = AGS 2020, 507 = RVGreport 2020, 389 = RVG prof. 2020, 207; LG Oldenburg VRR 2013, 316 = RVGreport 2013, 320 = RVG prof. 2013, 114 = ZfS 2013, 467, für VV 5115 RVG; LG Stralsund AGS 2005, 442 = RVGreport 2005, 272; LG Trier StraFo 2007, 306; AG Zossen AGS 2009, 72 = RVGreport 2009, 188 = RVG prof. 2009, 77 = VRR 2009, 200; Burhoff/Volpert RVG/*Burhoff* VV 4141 Rn. 12; Schneider/Wolf/*N. Schneider* RVG VV 4141 Rn. 11 ff.

[13] BT-Drs. 12/6962, 106; LG Verden 29.10.2020 – 4 KLs 461 Js 23425/20 (9/20).

[14] Inzwischen zutr. KG RVGreport 2012, 110 = JurBüro 2012, 466 = StRR 2011, 438 = VRR 2011, 438 unter Aufgabe von KG RVG prof. 2007, 79.

[15] AG Kempten AGS 2003, 312 mAnm *N. Schneider;* LG Arnsberg JurBüro 2007, 82; aA AG Betzdorf JurBüro 2008, 589.

[16] AG Viechtach AGS 2006, 289 mzustAnm *N. Schneider;* so wohl a. LG Osnabrück JurBüro 2020, 246 für das Bußgeldverfahren.

[17] So aber AG Aschaffenburg RVGreport 2018, 97 = AGS 2017, 506 = RVG prof. 2018, 113; AG Nürnberg 17.11.2020 – 56 GS 4066/20; zur „objektiven Eignung" → Rn. 7 ff.

[18] BGH AGS 2008, 491 = RVGreport 2008, 431 = JurBüro 2008, 639 = DAR 2009, 56 mAnm *N. Schneider* = StRR 2009, 77 mzustAnm *Burhoff;* s. a. den Katalog bei Burhoff/Volpert RVG/*Burhoff* VV 4141 Rn. 14, 46 ff.; *Burhoff* RVGreport 2015, 3; *N. Schneider* DAR 2011, 488 (491).

[19] BGH AGS 2008, 491 = RVGreport 2008, 431 = JurBüro 2008, 639 = DAR 2009, 56 mAnm *N. Schneider* = StRR 2009, 77 mzustAnm *Burhoff* für die Abgabe einer Stellungnahme des Verteidigers im Strafverfahren, die nach Abgabe des Verfahrens an die Verwaltungsbehörde dann dort zur Einstellung führt; KG JurBüro 2012, 466 = StRR 2011, 438 = VRR 2011, 438 = RVG prof. 2011, 210; LG Cottbus RVGreport 2017, 108 = AGS 2017, 186; ähnlich AG Zossen AGS 2009, 72 = VRR 2009, 200 = RVGreport 2009, 188.

[20] Burhoff/Volpert RVG/*Burhoff* VV 4141 Rn. 10, 43, 47, 52, 58, 69; *N. Schneider* ZAP Fach 24, 1075 f.

[21] Schneider/Wolf/*N. Schneider* RVG VV 4141 Rn. 48 ff.

die ggf. mit einem Einstellungsantrag kombiniert ist.[22] Als Beitrag zur Förderung der Einstellung des Verfahrens kommen aber auch Gespräche mit der Staatsanwaltschaft/dem Gericht in Betracht,[23] wie zB nach §§ 160b, 202a, 212 StPO, die zu einer Verständigung/Einstellung des Verfahrens führen.[24] Der Beitrag des Verteidigers kann auch bereits in dem Antrag auf Verweisung des Verfahrens vom Amtsgericht an das Landgericht liegen[25] oder in dem Rat an den Mandanten, sich zur Sache zu äußern.[26] Die Mitwirkung muss sich auch **nicht aus** den **Akten ergeben,** so dass also auch der RA, der dem Mandanten nach Einlegung des Einspruchs gegen den Strafbefehl lediglich rät, diesen nicht weiter zu verfolgen, und ihm empfiehlt, den Einspruch zurückzunehmen, die zusätzliche Verfahrensgebühr verdient.[27] Das OLG Nürnberg weist allerdings darauf hin, dass die zusätzliche Gebühr nicht anfällt, wenn der Verteidiger den Verurteilten dahingehend berät, ein den Rechtszug beendendes Urteil oder den erlassenen Strafbefehl hinzunehmen und kein Rechtsmittel einzulegen.[28] Auch wenn der Verteidiger im Hinblick auf ein **Verfahrenshindernis** tätig geworden ist, liegt Mitwirkung vor,[29] oder wenn ein Antrag des Verteidigers zum Eintritt der Verfolgungsverjährung geführt hat.[30] Entsprechendes gilt für einen Antrag auf Einholung eines SV-Gutachtens.[31] Auch die Zustimmungserklärung zur Einstellung nach § 153 StPO ist Mitwirkung des Verteidigers.[32] Allein die Mitteilung des Verteidigers: „Jegliche Einlassungen zur Sache bleiben vorbehalten." soll aber nicht ausreichen.[33] Das ist mE unzutreffend, da auch in dem Fall im Zweifel die Mitteilung des Verteidigers Grund für die Einstellung und damit „ursächlich" für die Verfahrensbeendigung ohne Hauptverhandlung geworden ist. Auch die Mitteilung, dass „vorerst geschwiegen wird", soll nicht genügen.[34]

8 Es genügt **jede** auf die Einstellung des Verfahrens gerichtete **Tätigkeit** des RA.[35] Für eine Mitwirkung reicht es daher aus, wenn der Verteidiger unter Bezugnahme auf einen bereits angeregten Täter-Opfer-Ausgleich die Zustimmung zum später erfolgreich durchgeführten Täter-Opfer-Ausgleich signalisiert. Damit wird ein nach außen erkennbarer Beitrag zur Erledigung des Verfahrens geleistet.[36] Schließlich ist auch die Mitteilung über das Ableben des Mandanten Mitwirkung an der dann später gem. § 206a StPO erfolgenden Einstellung des Verfahrens.[37] Erfolgt die Einstellung des Verfahrens nach dem Tod des Mandanten aber, bevor

---

[22] (Für das Bußgeldverfahren) LG Kiel ZfS 2007, 106; LG Potsdam JurBüro 2013, 189, 190 = RVGreport 2013, 275 = AGS 2013, 280 = VRR 2013, 317; ähnlich AG Köln AGS 2013, 229 = RVG prof. 2013, 105.

[23] Vgl. die Fallgestaltung bei LG Köln AGS 2007, 351 = StraFo 2007, 305; LG Saarbrücken RVGreport 2016, 254 = AGS 2016, 171 = StRR 2016, Nr. 10 S. 24; AG Tiergarten RVGreport 2016, 20 = AGS 2015, 511 = RVG prof. 2016, 43 = StRR 6/2016, 23; AG Lörrach AGS 1999, 70.

[24] Burhoff/Volpert RVG/*Burhoff* VV 4141 Rn. 10, Teil A Rn. 2412.

[25] LG Mühlhausen StV 2000, 439.

[26] AG Düsseldorf RVGreport 2018, 59 = AGS 2018, 120 = RVG prof. 2018, 37; AG Kronach RVGreport 2017, 107 = AGS 2017, 82 = RVG prof. 2017, 38 = ZfS 2017, 230; AG Leipzig RVGreport 2018, 22 = VRR 3/2018, 21 = AGS 2018, 217.

[27] AG Braunschweig AGS 2000, 54; Schneider/Wolf/*N. Schneider* RVG VV 4141 Rn. 92; *Enders* JurBüro 2000, 281; Burhoff/Volpert RVG/*Burhoff* VV 4141 Rn. 12.

[28] OLG Nürnberg VRR 2009, 399 = AGS 2009, 534 = RVGreport 2009, 464; StRR 2010, 443 (Ls.); s. a. LG Bad Kreuznach RVGreport 2018, 60 = StRR 1/2018, 24; AG Hamburg-St. Georg RVGreport 2015, 143 = AGS 2015, 70 = ZfS 2015, 228 = StRR 2015, 200; AG Remscheid AGS 2017, 188 für Nichteinlegung eines Einspruchs gegen den Bußgeldbescheid.

[29] Für Verjährung LG Baden-Baden AGS 2002, 38 mAnm *Madert;* LG Schwerin DAR 2000, 333; unzutreffend aA AG Köln AGS 2010, 75 = JurBüro 2010, 137; für ein Beweisverwertungsverbot LG Düsseldorf AGS 2010, 599 mzustAnm *N. Schneider* = VRR 2010, 440 = RVG prof. 2010, 212.

[30] LG Oldenburg VRR 2013, 316 = RVGreport 2013, 320 = RVG prof. 2013, 114 = AGS 2013, 408 für das Bußgeldverfahren.

[31] LG Düsseldorf AGS 2011, 430.

[32] LG Saarbrücken RVGreport 2016, 254 = AGS 2016, 171 = StRR 10/2016, 24.

[33] AG Schöneberg AGS 2016, 400 für VV 5115 RVG; ähnlich AG Schöneberg RVGreport 2019, 184 mablAnm *Burhoff* = AGS 2019, 182 mit zustAnm *N. Schneider.*

[34] AG Schöneberg RVGreport 2019, 184 mit ablAnm. *Burhoff* = AGS 2019, 182 mzustAnm *N. Schneider* = RVG prof. 2019, 93.

[35] BGH AGS 2008, 491 = RVGreport 2008, 431 = JurBüro 2008, 639 = DAR 2009, 56 mAnm *N. Schneider* = StRR 2009, 77 mzustAnm *Burhoff;* LG Arnsberg JurBüro 2007, 82; LG Hamburg DAR 2008, 611 = AGS 2008, 597; LG Oldenburg VRR 2013, 316 = RVGreport 2013, 320 = RVG prof. 2013, 114 = ZfS 2013, 467, für VV 5115 RVG; Burhoff/Volpert RVG/*Burhoff* VV 4141 Rn. 21.

[36] AG Hannover StV 2006, 201 = NdsRpfl 2006, 222; Burhoff/Volpert RVG/*Burhoff* VV 4141 Rn. 13 f.

[37] LG Leipzig StraFo 2020, 395 = AGS 2020, 507 = RVGreport 2020, 389 = RVG prof. 2020, 207; grds. auch LG Potsdam JurBüro 2013, 586 = RVGreport 2014, 71 = Rpfleger 2013, 648 = VRR 2014, 120 = StRR 2014, 239; AG Magdeburg Rpfleger 2000, 514; *N. Schneider* ZAP Fach 24, 1077; AnwKomm RVG/*N. Schneider*

der Verteidiger vom Tod Nachricht erhält, führt das nicht zur Gebühr.[38] Mitwirkung ist nach Auffassung des LG Dresden schließlich auch die Einlegung einer Revision, wenn das dazu führt, dass die Staatsanwaltschaft ein von ihr eingelegtes Rechtsmittel zurücknimmt.[39] Das AG Berlin-Tiergarten hat auch im Nichteinlegen von Rechtsmitteln (in einem anderen Verfahren) Mitwirkung gesehen.[40]

Mitwirkung iSd Anm. 2 ist auch der Rat des RA an den Mandanten sich auf das Aussageverweigerungsrecht zu berufen; sog. **„gezieltes Schweigen"**.[41] Berät der RA seinen Auftraggeber nämlich in diese Richtung und wird, weil ggf. das einzige Beweismittel verloren geht, daraufhin das Verfahren eingestellt, hat der Verteidiger an der Einstellung mitgewirkt.[42] Der RA sollte aber klar und deutlich zu erkennen geben, dass sich der Mandant auf sein Aussageverweigerungsrecht beruft.[43] Demgemäß ist die Mitteilung, dass der Beschuldigte sich **nicht** zur **Sache einlassen** wird bzw. der **„Rat zum Schweigen"**, Mitwirkung iSd Anm. 2, da gerade das die Staatsanwaltschaft zur Einstellung des Verfahrens veranlassen kann.[44] Der BGH[45] geht allerdings (für die VV 5115 RVG) davon aus, dass die zusätzliche Gebühr durch den Rat zum Schweigen nicht entstehen soll, wenn unabhängig von der Einlassung des Beschuldigten/Betroffenen offenkundig ist, dass dieser die ihm vorgeworfene Tat nicht begangen haben kann; die Beweislast dafür trage der Gebührenschuldner. Dies ist, weil die Auffassung zu Abgrenzungsschwierigkeiten führt, abzulehnen:[46] Zudem wird durch diese Ansicht inzidenter die Erforderlichkeit der „Ursächlichkeit der Mitwirkung" gefordert.[47] 9

Es stellt dagegen **keine Mitwirkung** des RA dar, wenn sich die Tätigkeit des RA auf die (bloße) Verteidigerbestellung und Akteneinsicht beschränkt[48] oder er einen unbegründeten Einstellungsantrag stellt[49] bzw. lediglich seine Mandatierung angezeigt, Akteneinsicht gefordert 10

VV 4141 Rn. 35; Burhoff/Volpert RVG/*Burhoff* VV 4141 Rn. 13; aA AG Koblenz AGS 2004, 390 mablAnm *N. Schneider.*

[38] AG Koblenz AGS 2008, 345.

[39] LG Dresden AGS 2010, 131 = RVGreport 2010, 69 = StRR 2010, 239 = RVG prof. 2010, 27; aufgehoben, weil aA, durch OLG Dresden AGS 2011, 66 = RVGreport 2011, 23 = RVG prof. 2010, 187 = VRR 2011, 38.

[40] AG Berlin-Tiergarten AGS 2010, 220 = RVGreport 2010, 140 = StRR 2010, 400 = RVG prof. 2010, 40; aA für Abraten, ein Rechtsmittel einzulegen, OLG Nürnberg Rpfleger 2009, 645 = RVGreport 2009, 464 = StRR 2010, 115 = VRR 2009, 399; StRR 2010, 443 (Ls.); LG Bad Kreuznach RVGreport 2018, 60 = StRR 1/2018, 24; AG Hamburg St. Georg RVGreport 2015, 143 = ZfS 2015, 228 = StRR 2015, 200 für Einspruch gegen Strafbefehl; *N. Schneider* DAR 2017, 431; AGS 2018, 541, 545.

[41] BGH – für VV 5115 – AGS 2011, 128 teilweise mkritAnm *N. Schneider* = JurBüro 2011, 244 = VRR 2011, 118 = StRR 2011, 201 jeweils mkritAnm *Burhoff;* AG Köln AGS 2007, 621; AG Charlottenburg AGS 2007, 309 mAnm *N. Schneider;* AG Düsseldorf RVGreport 2018, 59 = AGS 2018, 120 = RVG prof. 2018, 37; AG Hamburg-Barmbek JurBüro 2011, 365 = AGS 2011, 597 = RVGreport 2012, 109 = VRR 2011, 199 mkritAnm *Burhoff;* AG Leipzig RVGreport 2018, 22 = VRR 3/2018, 21 = AGS 2018, 217; so auch schon zur BRAGO AG Bremen AGS 2003, 29 mAnm *N. Schneider* = ZfS 2002, 351; ähnlich LG Oldenburg VRR 2013, 316 = RVGreport 2013, 320 = RVG prof. 2013, 114 = AGS 2013, 408 für das Bußgeldverfahren; s. a. Schneider/Wolf/*N. Schneider* RVG VV 4141 Rn. 48 ff.; Nr. 5115 Rn. 32 f.; Burhoff/Volpert RVG/*Burhoff* VV 4141 Rn. 14; Bischof/*Uher* RVG VV 5115, 5116 Rn. 30b; Mayer/Kroiß/*Kroiß* RVG VV 5100–5200 Rn. 18; *Hartmann* RVG VV 5115 Rn. 1; Hartung/Schons/Enders/*Hartung* RVG VV 5115 Rn. 10; sa *Burhoff* RVGreport 2015, 3 (7); AG-Kompakt 2015, 19; **aA** AG Meinerzhagen RVG prof. 2007, 67 = RVGreport 2008, 146; AG Halle AGS 2007, 77 (85); AG Hannover JurBüro 2006, 79 mAnm *Enders.;* zur Kostenerstattung beim „schweigenden Betroffenen" LG Düsseldorf RVGreport 2017, 349 = AGS 2018, 15 = JurBüro 2017, 585 = ZfS 2017, 407.

[42] *N. Schneider* ZAP Fach 24, 1075; Hartung/Schons/Enders/*Hartung* RVG VV 5115 Rn. 10, Rat darf nicht mandatsintern bleiben; s. a. die vorstehend zitierte Rspr.

[43] AGkompakt 2012, 52.

[44] BGH AGS 2011, 128 teilweise mkritAnm *N. Schneider* = JurBüro 2011, 244 = VRR 2011, 118 = StRR 2011, 201 jeweils mkritAnm *Burhoff;* AG Bremen AG Bremen AGS 2003, 29; AG Dinslaken JurBüro 1996, 308 für das OWi-Verfahren; Schneider/Wolf/*N. Schneider* RVG VV 4141 Rn. 48 ff. mwN; AG Achern JurBüro 2001, 304; AG Düsseldorf RVGreport 2018, 59 = AGS 2018, 120 = RVG prof. 2018, 37; AG Leipzig RVGreport 2018, 22 = VRR 3/2018, 21 = AGS 2018, 217; vgl. auch AGkompakt 2017, 130; aA AG Halle AGS 2007, 77 (85); AG Hannover JurBüro 2006, 79 mablAnm *Enders;* AG Meinerzhagen RVG prof. 2007, 67 = RVGreport 2008, 146.

[45] BGH AGS 2011, 128 = JurBüro 2011, 244 = VRR 2011, 118 = StRR 2011, 201; *Fischer* NJW 2012, 265.

[46] Abl. *N. Schneider* AGS 2011, 29 in der Anm. zu BGH AGS 2011, 128.

[47] → Rn. 11.

[48] AG Hamburg-Barmbek AGS 2011, 596 = RVGreport 2012, 109 = VRR 2011, 199 mkritAnm *Burhoff* = JurBüro 2011, 365; AG Hannover JurBüro 2006, 79; 2006, 313; AGS 2006, 290 mAnm *N. Schneider;* Burhoff/Volpert RVG/*Burhoff* VV 4141 Rn. 11; Schneider/Wolf/*N. Schneider* RVG VV 4141 Rn. 47.

[49] AG Bad Kreuznach RVGreport 2017, 263 = AGS 2017, 322; AG Hamburg-Barmbek AGS 2011, 596 = RVGreport 2012, 109 = VRR 2011, 199 mkritAnm *Burhoff* = JurBüro 2011, 365 zugleich auch zum nur „internen Rat zum Schweigen"; AG Viechtach AGS 2006, 289 für Einspruch ohne Begr.

und eine mögliche Einlassung zu einem späteren Zeitpunkt in Aussicht gestellt hat.[50] Auch der sog. interne Rat zum Schweigen soll nicht ausreichen.[51]

3. Zeitpunkt und Ursächlichkeit

11 Die Mitwirkung muss nach zutreffender hM **nicht ursächlich** für die Einstellung sein.[52] Es genügt jede auf die Förderung des Verfahrens gerichtete Tätigkeit.[53] Ausreichend ist insbes. die Einlegung eines Einspruchs, verbunden mit einer Einlassung und einem Einstellungsantrag.[54] Auch ein Hinweis auf die zwischenzeitlich eingetretene Verfolgungsverjährung genügt, wenn das Verfahren danach eingestellt wird.[55] Die Einstellung allein von Amts wegen reicht jedoch nicht.[56] Teilweise wird in der Rspr. allerdings gefordert, dass die Mitwirkung des RA zumindest mitursächlich gewesen sein müsse.[57] In der Praxis sind die Unterschiede zur hM insoweit jedoch nicht groß. Die hM verzichtet zwar auf eine (Mit-)Ursächlichkeit. Sie verlangt aber eine auf die Förderung des Verfahrens gerichtete und zur Verfahrensbeendigung „objektiv geeignete" Tätigkeit des RA. Das ist inzidenter im Grunde auch „mitursächlich", denn, ist die Tätigkeit nicht „objektiv geeignet", hat sie nicht mitgewirkt und war mithin auch nicht ursächlich.[58]

12 Es ist **unerheblich,** in welchem **Verfahrensabschnitt** der RA die Mitwirkung erbringt. Es genügt ein früherer Beitrag, der fortwirkt und zur Erledigung in einem späteren Verfahrensabschnitt führt.[59]

Beispiel:[60]

Der RA gibt im vorbereitenden Verfahren eine Stellungnahme ab. Dennoch klagt die Staatsanwaltschaft an. Das Gericht stellt das Verfahren im Hinblick auf die Stellungnahme des Verteidigers außerhalb der Hauptverhandlung ein.

Der RA hat die Gebühr nach VV 4141 RVG verdient. Seine Stellungnahme muss er nicht noch einmal im gerichtlichen Verfahren wiederholen. Sie wirkt aus dem vorbereitenden Verfahren fort.

4. Darlegungs- und Beweislast

13 Die anwaltliche Mitwirkung wird nach der Formulierung der Anm. 2 S. 1 **gesetzlich vermutet.** Die Darlegungs- und Beweislast für das Fehlen der Mitwirkung liegt also beim Ge-

[50] AG Wiesbaden AGS 2014, 64 = VRR 2014, 159 = StRR 2014, 276 = RVGreport 2014, 274 (mE zw).

[51] AG Hamburg-Barmbek AGS 2011, 596 = RVGreport 2012, 109 = VRR 2011, 199 mkritAnm *Burhoff* = JurBüro 2011, 365; AG Köln, Urt. v. 2.9.2020 – 117 C 233/20

[52] Vgl. ua BGH AGS 2008, 491 = RVGreport 2008, 431 = JurBüro 2008, 639 = DAR 2009, 56 mAnm *N. Schneider* = VRR 2009, 77 mzustAnm *Burhoff;* OLG Stuttgart AGS 2010, 202 = RVGreport 2010, 263 = VRR 2010, 320 = StRR 2010, 440; LG Arnsberg JurBüro 2007, 82; LG Aurich AGS 2011, 593 = RVGreport 2011, 464 = RVG prof. 2011, 188 = StRR 2011, 443 = VRR 2011, 440; LG Hamburg AGS 2008, 59 = DAR 2008, 611; LG Köln AGS 2007, 351 = StraFo 2007, 305; LG Oldenburg VRR 2013, 316 = RVGreport 2013, 320 = AGS 2013, 408; LG Saarbrücken RVGreport 2016, 254 = AGS 2016, 171 = StRR 2016, Nr. 10 S. 24; LG Stralsund RVGreport 2005, 272 = AGS 2005, 442; LG Verden 29.10.2020 – 4 KLs 461 Js 23425/20 (9/20); AG Köln AGS 2013, 229 = RVG prof. 2013, 105; AG Waldbröl RVGreport 2018, 61 = AGS 2018, 119; weitere Nachw. bei Burhoff/Volpert RVG/*Burhoff* VV 4141 Rn. 13; zur aA s. Fn. 48 f., ua OLG Frankfurt a. M. RVGreport 2017 419 = AGS 2017, 505; AG Bad Kreuznach RVGreport 2017, 263 = AGS 2017, 322.

[53] LG Arnsberg JurBüro 2007, 82; Burhoff/Volpert RVG/*Burhoff* VV 4141 Rn. 21; Schneider/Wolf/*N. Schneider* RVG VV 4141 Rn. 11; Riedel/Sußbauer/*Kremer* VV 4141 Rn. 3; so auch schon zur BRAGO OLG Düsseldorf AGS 2003, 112 = Rpfleger 2003, 41 = NStZ-RR 2003, 31 = StV 2003, 181; KG BeckRS 2009, 21120.

[54] LG Kiel RVGreport 2007, 24 = ZfS 2007, 106; LG Potsdam JurBüro 2013, 189 (190) unter Hinweis auf Burhoff/Volpert RVG/*Burhoff* VV 5115 Rn. 11 ff.; ähnlich AG Köln RVG prof. 2013, 105.

[55] LG Baden-Baden AGS 2001, 38 = ZfS 2001, 84; Burhoff/Volpert RVG/*Burhoff* VV 4141 Rn. 41; aA AG Köln AGS 2010, 75 = JurBüro 2010, 137.

[56] AG Viechtach AGS 2006, 289 mAnm *N. Schneider.*

[57] So auch noch KG JurBüro 2012, 466 = StRR 2011, 438 = VRR 2011, 438 = RVG prof. 2011, 210; s. a. AG Betzdorf JurBüro 2008, 589, wonach die Gebühr nicht anfallen soll, wenn die Einlassung des Verteidigers noch vor der Erhebung der Anklage erfolgt und das Gericht die Ablehnung der Eröffnung des Hauptverfahrens von Amts wegen beschließt; nicht eindeutig– für VV 5115 RVG – BGH AGS 2011, 128 teilweise mkritAnm *N. Schneider* = JurBüro 2011, 244 = VRR 2011, 118 = StRR 2011, 201 jeweils mkritAnm *Burhoff.*

[58] KG JurBüro 2012, 466 = StRR 2011, 438 = VRR 2011, 438 = RVG prof. 2011, 210.

[59] BGH AGS 2008, 491 = RVGreport 2008, 431 = JurBüro 2008, 639 = DAR 2009, 56 mAnm *N. Schneider* = StRR 2009, 77 mzustAnm *Burhoff;* OLG Stuttgart AGS 2010, 202 = RVGreport 2010, 263 = VRR 2010, 320 = StRR 2010, 440; LG Cottbus AGS 2017, 186 = RVGreport 2017, 108; vgl. die weiteren Nachw. aus der Rspr. der LG/AG bei Burhoff/Volpert RVG/*Burhoff* VV 4141 Rn. 18 f.; *Burhoff* RVGreport 2015, 3 (6).

[60] Nach Burhoff/Volpert RVG/*Burhoff* VV 4141 Rn. 15; ähnlich BGH AGS 2008, 491 = RVGreport 2008, 431 = JurBüro 2008, 639 = DAR 2009, 56 = StRR 2009, 77.

bühren- oder Erstattungsschuldner.[61] Da die Gerichte das möglicherweise anders sehen,[62] sollte der RA vorsorglich immer darlegen, welche Tätigkeiten er im Hinblick auf die Vermeidung der Hauptverhandlung erbracht hat.[63] Unter Berücksichtigung von Sinn und Zweck der Vorschrift genügt es zB, wenn der Verteidiger anwaltlich versichert, es habe zwischen ihm und seinem Mandanten ein reger Briefwechsel stattgefunden, der maßgeblich zur Vermeidung der Hauptverhandlung geführt habe.[64]

IV. Sachlicher Anwendungsbereich

1. Allgemeines

14 Die Gebühr VV 4141 RVG, die im Privatklageverfahren über VV Vorb. 4 Abs. 1 RVG allgemein entsprechende Anwendung findet,[65] kann im Laufe des Verfahrens in verschiedenen Verfahrensabschnitten **mehrfach** entstehen. Wird zB das vorbereitende Verfahren nicht nur vorläufig eingestellt, dann jedoch wieder aufgenommen und Anklage erhoben, kann im gerichtlichen Verfahren, wenn das Verfahren dann nochmals eingestellt wird, die Gebühr VV 4141 RVG noch einmal entstehen.[66] Etwas anderes gilt für die „Wiederaufnahme" eines zB im Verfahrensstadium „vorbereitendes Verfahren" zunächst eingestellten Verfahrens, das wieder aufgenommen und dann nochmals eingestellt wird. Hier entsteht die Gebühr VV 4141 RVG nur einmal, da eine Gebühr nach § 15 Abs. 2 RVG in derselben Angelegenheit nur einmal entstehen kann,[67] es sei denn die Zweijahresfrist des § 15 Abs. 5 S. 2 RVG ist verstrichen.[68] Eine einmal entstandene Gebühr entfällt nicht durch nachfolgende Verfahrensvorgänge, sondern bleibt dem RA erhalten.[69] Hat also die Staatsanwaltschaft das Ermittlungsverfahren nach § 170 Abs. 2 StPO eingestellt und ist dafür eine zusätzliche Verfahrensgebühr VV 4141 RVG angefallen, fällt diese nicht dadurch wieder weg, dass die Staatsanwaltschaft die Ermittlungen wieder aufnimmt.[70]

2. Nicht nur vorläufige Einstellung des Strafverfahrens (Anm. 1 S. 1 Nr. 1)

15 Nach Anm. 1 S. 1 Nr. 1 entsteht die Gebühr VV 4141 RVG, wenn das Strafverfahren nicht nur vorläufig eingestellt wird.[71]

16 **a) Einstellung des Strafverfahrens.** Nach Anm. 1 S. 1 Nr. 1 entsteht die Gebühr VV 4141 RVG, wenn das Strafverfahren nicht nur vorläufig eingestellt wird. Mit dieser Regelung werden die **Fälle** der **Verfahrenseinstellung** mit dem **Ziel** der **Endgültigkeit** der Einstellung erfasst.[72] Das sind die Einstellungen nach § 153 Abs. 1, 2, § 153a Abs. 1, 2 nach Erfüllung der

---

[61] BGH AGS 2011, 128 = JurBüro 2011, 244 = VRR 2011, 118 = StRR 2011, 201; KG AGS 2009, 324; AG Hamburg JurBüro 2002, 30; AG Bremen AGS 2003, 29 mAnm *N. Schneider* = ZfS 2002, 353; AG Offenbach Rpfleger 1999, 38; AG Unna JurBüro 1998, 410; AG Saarbrücken RVGreport 1996, 181 = AGS 2006, 126; Schneider/wolf/*N. Schneider* RVG VV 4141 Rn. 11 ff.; Burhoff/Volpert RVG/*Burhoff* VV 4141 Rn. 20; *Burhoff* RVGreport 2015, 3, 5.

[62] Vgl. zB AG Berlin-Tiergarten AGS 2000, 53.

[63] Burhoff/Volpert RVG/*Burhoff* VV 4141 Rn. 20 f.

[64] Für Berufungsrücknahme AG Aschaffenburg RVGreport 2017, 458 = VRR 3/2018, 22 = RVG prof. 2018, 75, 112.

[65] Schneider/Wolf/*N. Schneider* RVG VV 4141 Rn. 144; *N. Schneider* RVG-B 2005, 156; Burhoff/Volpert RVG/*Burhoff* VV 4141 Rn. 79 ff.; zur Rücknahme der Privatklage s. ua Anm. 1 S. 2 und dazu → Rn. 40 ff.

[66] AG Düsseldorf AGS 2010, 224 mzustAnm *N. Schneider* = RVGreport 2010, 301 = StRR 2010, 359 = RVG prof. 2010, 82; *N. Schneider* AGkompakt 2011, 19; vgl. das Bsp. bei Schneider/Wolf/*N. Schneider* RVG VV 4141 Rn. 154 ff. und bei Burhoff/Volpert RVG/*Burhoff* VV 4141 Rn. 25 ff.; auch *N. Schneider* DAR 2011, 488 (493 f.); *N. Schneider* NZV 2014, 149 (152); vgl. a. AGkompakt 2019, 74 mit weiteren Beispielen; unzutreffend, nämlich unter Verkennung der Reichweite des § 15 Abs. 2 RVG, aA AG Lemgo AGS 2012, 335 = RVG prof. 2012, 130 = RVGreport 2012, 346 = StRR 2012, 439.

[67] AG Osnabrück AGS 2009, 113 mzustAnm *N. Schneider;* Burhoff/Volpert RVG/*Burhoff* VV 4141 Rn. 25.

[68] Vgl. aber OLG Köln AGS 2011, 321, keine neue Angelegenheit, wenn ein Zivilrechtsstreit zwei Jahre nach § 251 ZPO ruht; → RVG VV Teil 4 Einl. Rn. 19 ff.

[69] Burhoff/Volpert RVG/*Burhoff* VV 4141 Rn. 28 unter Hinweis auf § 15 Abs. 4 RVG; *N. Schneider* AG-Kompakt 2011, 19; AG Erding StraFo 2016, 436; AG Tiergarten RVGreport 2014, 232 = VRR 2014, 160 = ZfS 2014, 29 = StRR 2014, 276 = AGS 2014, 273.

[70] AG Erding StraFo 2016, 436 = AGS 2017, 180; AG Tiergarten RVGreport 2014, 232 = VRR 2014, 160 = ZfS 2014, 29 = StRR 2014, 276 = AGS 2014, 273; *N. Schneider* AG-Kompakt 2011, 19.

[71] Zum Anwendungsbereich der Anm. 1 S. 1 Nr. 1 auch *Burhoff* RVGreport 2015, 42 ff.; AGkompakt 2014, 122.

[72] Burhoff/Volpert RVG/*Burhoff* VV 4141 Rn. 23; Schneider/Wolf/*N. Schneider* RVG VV 4141 Rn. 19 ff.; Hartung/Römermann/Schons/*Hartung* RVG VV 4141 Rn. 12.

Auflage,[73] § 153b Abs. 1, 2, § 153c Abs. 1, 2, 3, § 153d Abs. 1, § 153e Abs. 1, § 154 Abs. 1, 2,[74] § 154b Abs. 1–3, §§ 154c, 170 Abs. 2 S. 1,[75] § 206a,[76] §§ 206b, 383 Abs. 2 StPO sowie nach § 45 JGG und § 47 JGG[77] und nach § 37 BtMG.[78] Das Gesetz verwendet die Formulierung „nicht nur vorläufig" eingestellt, weil in zahlreichen Fällen unter bestimmten Voraussetzungen auch nach derartigen Einstellungen das Verfahren wieder aufgenommen werden kann. Die Gebühr entsteht auch, wenn der Anzeigeerstatter von der Staatsanwaltschaft „auf den Privatklageweg verwiesen" wird, da dem eine auf der Verneinung des öffentlichen Interesses beruhende Einstellung nach § 170 Abs. 2 StPO vorausgeht.[79] Um einen Fall der Nr. 1 handelt es sich auch, wenn die Privatklage nach Eröffnung des Hauptverfahrens zurückgenommen wird.[80]

17 Die Einstellung nach **§ 154 Abs. 1, 2 StPO** ist einer endgültigen Einstellung gleichzusetzen, weil einer Fortführung des Verfahrens gem. § 154 Abs. 4, 5 StPO erhebliche Hindernisse entgegenstehen.[81]

18 Die VV 4141 Anm. 1 S. 1 Nr. 1 RVG entsteht nach der Klarstellung im Wortlaut – anstelle von früher „Verfahren" jetzt „Strafverfahren" – durch das 2. KostRMoG[82] in jedem Fall auch, wenn das Strafverfahren eingestellt und anschließend das Verfahren gem. § 43 OWiG an die **Verwaltungsbehörde abgegeben** wird zur Durchführung eines Bußgeldverfahrens.[83] Ua der BGH war zur früheren Regelung aA,[84] hat dabei aber die Systematik des RVG und die Regelung in § 17 Nr. 10 RVG aF verkannt. Der Gesetzgeber hat diese aA ausdrücklich abgelehnt.[85] Sie ist damit – auch in sog. „Altfällen", in denen wegen der Übergangsregelung in den § 60 RVG noch die alte Fassung der Nr. 1 Anwendung findet – nicht mehr haltbar.[86]

---

[73] Schneider/Wolf/*N. Schneider* RVG VV 4141 Rn. 40; Burhoff/Volpert RVG/*Burhoff* VV 4141 Rn. 30 f.; inzidenter BGH NJW 2011, 3166 = AGS 2011, 419 teilweise mkritAnm *N. Schneider* = StRR 2011, 357 = VRR 2011, 358 = ZfS 2011, 524 mit teilweise abl. Anm. *Hansens* = RVGreport 2011, 385 = DAR 2011, 612 mAnm *N. Schneider* = JurBüro 2011, 584.

[74] Vgl. die Nachw. bei Fn. 79.

[75] Auch nach Einstellung nach Rücknahme der Anklage LG Köln StV 2004, 34 = AGS 2003, 544; AG Gießen RVGreport 2016, 348 = AGS 2016, 394 = RVG prof. 2017, 62; ähnlich LG Berlin RVGreport 2017, 106 = AGS 2017, 80 = RVG prof. 2017, 142 für Rücknahme des Antrags auf Erlass eines Strafbefehls.

[76] AG Magdeburg Rpfleger 2000, 154; Schneider/Wolf/*N. Schneider* RVG VV 4141 Rn 39; *Burhoff* RVGreport 2016, 42 (45).

[77] Zu letzterem LG Hagen AGS 2004, 71.

[78] Burhoff/Volpert RVG/*Burhoff* VV 4141 Rn. 30.

[79] Burhoff/Volpert RVG/*Burhoff* VV 4141 Rn. 44 (Nr. 3); *N. Schneider* AGkompakt 2009, 28 mwN; AG Hannover JurBüro 2006, 313, wo das AG Hannover offenbar keine Bedenken gegen das Entstehen der Gebühr dem Grunde nach hat.

[80] Zur Rücknahme einer Privatklage → Rn. 40 ff.

[81] OLG Stuttgart AGS 2010, 202 = RVGreport 2010, 263 = VRR 2010, 320 = StRR 2010, 440; LG Arnsberg StraFo 2017, 131 = AGS 2017, 216; LG Köln StV 2001, 638 (Ls.); LG Saarbrücken StV 2001, 638; AGS 2015, 225; LG Verden 29.10.2020 – 4 KLs 461 Js 23425/20 (9/20); AG Koblenz RVGreport 2020, 262 = AGS 2020, 508 = RVG prof. 2020, 207; AG Mettmann RVG prof. 2011, 58; RVGreport 2011, 228 = StRR 2011, 124 mAnm *Wacker;* AG Rendsburg StraFo 1998, 323; AG Rheinbach JurBüro 2002, 469; AG Tiergarten RVGreport 2016, 423 = AGS 2016, 216 = RVG prof. 2016, 102; offen gelassen KG RVG prof. 2007, 79; zur Frage der Endgültigkeit der Einstellung nach § 154 Abs. 2 StPO s. a. KK-StPO/*Diemer* § 154 Rn. 29; BGH NStZ 2007, 476; StraFo 2012, 207 = NStZ-RR 2012, 159 mwN.

[82] → RVG VV Teil 4 Einl. Rn. 9.

[83] So schon zur alten Regelung zutr. die hM in Rspr. und Lit., wie LG Aurich AGS 2011, 593 = RVGreport 2011, 464 = StRR 2011, 443 = VRR 2011, 440; LG Oldenburg BRAK-Mitt. 2009, 40; LG Osnabrück RVG prof. 2008, 7; AG Hannover AGS 2006, 235; AG Lemgo ZfS 2008, 712 = AGS 2009, 28 = VRR 2009, 199 = JurBüro 2009, 254; AG Köln AGS 2006, 234 = ZfS 2006, 646 mzustAnm *Madert;* AG Nettetal AG 2007, 404; AG Regensburg StraFo 2006, 88 = AGS 2006, 125; AG Bad Kreuznach 5.5.2006 – 2 C 1747/05; AG Saarbrücken AGS 2007, 306; AG Stuttgart AGS 2007, 306; Burhoff/Volpert RVG/*Burhoff,* 3. Aufl. 2011, VV 4141 Rn. 17; Burhoff/Volpert RVG/*Burhoff* Teil A Rn. 101, VV Vorb. 5 Rn. 21 mit Bsp.; Schneider/Wolf/*N. Schneider,* 6. Aufl. 2012, RVG VV 4141 Rn. 18; *N. Schneider* ZAP Fach 24, 1074; *Burhoff* RVGreport 2007, 161; RENOpraxis 2008, 2; VRR 2009, 133.

[84] BGH NJW 2010, 1209 = AGS 2010, 1 mablAnm *N. Schneider* = RVGreport 2010, 70 mablAnm *Burhoff* = StRR 2010, 109 = VRR 2010, 38 = JurBüro 2010, 228 mablAnm *Kotz; Fischer* NJW 2012, 265; ohne nähere Begr. ebenfalls aA, AG München JurBüro 2007, 87 = RVG prof. 2006, 203; 28.9.2007 – 141 C 18336/07; AG Osnabrück RVG prof. 2008, 52 = VRR 2008, 199.

[85] BR-Drs. 517/12, 439 = BT-Drs. 17/11471, 282.

[86] Vgl. zur Neuregelung Burhoff/Volpert RVG/*Burhoff* VV 4141 Rn. 37 ff.; *N. Schneider/Thiel* Das neue Gebührenrecht für Rechtsanwälte § 3 Rn. 1138; *Burhoff* RVGreport 2013, 330; StraFo 2013, 397; VRR 2013, 287 = StRR 2013, 284; RVGreport 2015, 3 (6); *N. Schneider* DAR 2015, 432; s. a. AGkompakt 2013, 125; s. aber AG Wiesbaden AGS 2014, 64 = VRR 2014, 159 = StRR 2014, 276 = RVGreport 2014, 274.

Nicht von Anm. 1 S. 1 Nr. 1 erfasst werden die Fälle einer (nur) **vorläufigen Einstellung.** Vorläufige Einstellungen sind vor allem solche nach § 153a StPO bis zur Feststellung der Erfüllung der Auflagen und Weisungen,[87] nach § 154d S. 1 StPO, wenn die Staatsanwaltschaft dem Anzeigenden (zunächst) eine Frist setzt, um eine Frage, die nach bürgerlichem Recht oder nach Verwaltungsrecht zu beurteilen ist, im bürgerlichen Streitverfahren oder im Verwaltungsstreitverfahren auszutragen, oder nach §§ 154f, 205 StPO, weil zB dem Verfahrensfortgang für längere Zeit die Abwesenheit des Angeklagten oder ein anderes in seiner Person liegendes Hindernis entgegensteht. Hierzu zählen nicht die Einstellungen nach § 154 StPO.[88] 19

Das (Straf-)Verfahren muss durch die Einstellung insgesamt erledigt sein. Daher führt die **Teileinstellung** wegen einer einzelnen von mehreren Taten nicht zur Gebühr VV 4141 RVG.[89] Richtet sich das Verfahren gegen mehrere Beschuldigte, ist entscheidend, ob das Verfahren gegen den einen Beschuldigten endgültig erledigt ist.[90] Nicht um einen Fall der (bloßen) Teilerledigung handelt es sich, wenn z. B. in einem ersten Hauptverhandlungstermin eine von mehreren Taten abgetrennt wird und das Verfahren insoweit zunächst offen bleibt, iÜ aber der Angeklagte verurteilt wird. Wird dann später auf Betreiben des Verteidigers von der Staatsanwaltschaft der Antrag nach § 154 Abs. 2 StPO hinsichtlich der abgetrennten Tat gestellt und wird insoweit eingestellt, ist die Gebühr VV 4141 Anm. 1 S. 1 Nr. 1 RVG entstanden.[91] 20

b) Rücknahme der Anklage/des Antrags auf Erlass eines Strafbefehls. In Anm. 1 S. 1 Nr. 1 ist der Fall der **Rücknahme** der **Anklage** oder der Rücknahme des Antrags auf Erlass eines Strafbefehls nicht genannt. Es stellt sich daher die Frage einer **analogen Anwendung.** Diese wird davon abhängen, ob die Rücknahme der Anklage oder die Rücknahme des Antrags auf Erlass des Strafbefehls mit einer „nicht nur vorläufigen Einstellung des Verfahrens" iSd Anm. 1 S. 1 Nr. 1 vergleichbar ist, da nicht jede Rücknahme der Anklage das Verfahren beendet. Ist das zu bejahen, kann Anm. 1 S. 1 Nr. 1 angewendet werden.[92] Zudem gelten die Ausführungen zur Teileinstellung entsprechend. Eine Teilrücknahme führt nicht zur Gebühr VV 4141 RVG. Auch die vollständige Rücknahme einer ersten Anklage und Neuerhebung einer neuen Anklage, in der die Vorwürfe aus der ersten Anklage nur noch zT erhalten sind, führt nicht zur VV 4141 RVG wegen der teilweise nicht mehr verfolgten Vorwürfe.[93] 21

c) Einstellung nach Hauptverhandlung. Der Wortlaut der Anm. 1 S. 1 Nr. 1 spricht allgemein von der Einstellung des Verfahrens. Er enthält **keine zeitliche Beschränkung** mit Ausnahme des Umstandes, dass durch die Einstellung eine Hauptverhandlung entbehrlich geworden sein muss. Damit sind die Fälle der endgültigen Einstellung noch im gerichtlich anhängigen Verfahren außerhalb der Hauptverhandlung nicht ausgeschlossen, wenn dadurch eine Hauptverhandlung entbehrlich wird.[94] Also führt auch eine endgültige Einstellung nach Anklageerhebung[95] oder, wenn der RA im Strafbefehlsverfahren erreicht, dass das Gericht einen beantragten Strafbefehl nicht erlässt, sondern das Verfahren nach § 153a StPO einstellt,[96] zur Anwendung von VV 4141 RVG. 22

---

[87] Schneider/Wolf/*N. Schneider* RVG VV 4141 Rn. 40; Burhoff/Volpert RVG/*Burhoff* VV 4141 Rn. 26 f.; inzidenter BGH, NJW 2011, 3166 = AGS 2011, 419 teilweise mkritAnm *N. Schneider* = StRR 2011, 357 = VRR 2011, 358 = ZfS 2011, 524 mit teilweise abl. Anm. *Hansens* = RVGreport 2011, 385 = DAR 2011, 612 mAnm *N. Schneider* = JurBüro 2011, 584; OLG Celle AGkompakt 2018, 98; AG Bochum RVGreport 2017, 180; AG Hannover RVGreport 2018, 458 = AGS 2018, 561 = RVG prof. 2018, 182.

[88] → Rn. 16; zur „vorläufigen Einstellung" auch *N. Schneider* DAR 2011, 488 (489 f.).

[89] LG Bad Kreuznach AGS 2011, 435 = RVGreport 2011, 226 = StRR 2011, 282 für die teilweise Nichteröffnung; Schneider/Wolf/*N. Schneider* RVG VV 4141 Rn. 38; Burhoff/Volpert RVG/*Burhoff* VV 4141 Rn. 28 ff.; *N. Schneider* DAR 2011, 488 (489).

[90] Burhoff/Volpert RVG/*Burhoff* VV 4141 Rn. 24 ff. mit Beispielen.

[91] AG Tiergarten RVGreport 2016, 423 = AGS 2016, 216 = RVG prof. 2016, 102.

[92] OLG Köln AGS 2010, 175 = JurBüro 2010, 362; LG Berlin RVGreport 2017, 106 = AGS 2017, 80; LG Düsseldorf AGS 2011, 430; noch zur BRAGO LG Düsseldorf AGS 1999, 120 = JurBüro 1999, 131 = StV 2000, 92; LG Aachen AGS 1999, 59 = ZfS 1999, 33; LG Osnabrück AGS 1999, 136 = JurBüro 1999, 131; AG Gießen RVGreport 2016, 348 = AGS 2016, 394 = RVG prof. 2017, 62; Schneider/Wolf/*N. Schneider* RVG VV 4141 Rn. 118 ff.; Burhoff/Volpert RVG/*Burhoff* VV 4141 Rn. 32 u. 41; *Burhoff* AGkompakt 2014, 122 (127); RVGreport 2015, 242 (246) und zur Frage, welche Gebühren bei Rücknahme eines Strafbefehls und anschließendem Neuerlass entstehen, *N. Schneider* AGS 2006, 416 u. AGS 2018, 541, 545 f.

[93] Unzutreffend aA *Brunner* RENOpraxis 2012, 103.

[94] Vgl. die Fallkonstellationen bei Burhoff/Volpert RVG/*Burhoff* VV 4141 Rn. 45.

[95] *Enders* JurBüro 1995, 57; *Mümmler* JurBüro 1995, 575; 1996, 74; LG Düsseldorf AGS 2011, 430; LG Aachen AGS 1999, 59; LG Darmstadt AGS 1996, 126 mAnm *Madert*.

[96] AG Tiergarten RVGreport 2016, 20 = AGS 2015, 511 = RVG prof. 2016, 43 = StRR 2016, Nr. 6 S. 23.

23 Hat bereits eine **Hauptverhandlung stattgefunden,** sind folgende Fälle zu unterscheiden:

- Es hat eine Hauptverhandlung stattgefunden, in der sich der Angeklagte selbst verteidigt hat. Die Hauptverhandlung wird **ausgesetzt** und **nun** bestellt sich der **Verteidiger** und unter seiner Mitwirkung wird das Verfahren außerhalb der Hauptverhandlung eingestellt wird. Die Gebühr nach VV 4141 RVG ist entstanden. Abs. 1 S. 1 Nr. 1 stellt nicht auf einen ersten Hauptverhandlungstermin ab. Daher entsteht die Gebühr auch, wenn ein Hauptverhandlungstermin ausgesetzt und durch die Mitwirkung des Verteidigers ein neu angesetzter Termin entbehrlich wird.[97]
- Der Verteidiger verteidigt den Angeklagten in einer Hauptverhandlung, die **ausgesetzt** wird. Danach gelingt es ihm, dass das Verfahren außerhalb der Hauptverhandlung eingestellt wird. Auch hier ist die Gebühr entstanden, weil es unerheblich ist, dass bereits eine Hauptverhandlung stattgefunden hat.[98] Honoriert wird die „Mitwirkung" des Verteidigers an der Vermeidung des nächsten Hauptverhandlungstermins, was dem mit der Regelung der VV 4141 RVG für die Justiz verfolgten Entlastungseffekt entspricht.[99] Die teilweise vertretene aA[100] verkennt den Sinn und Zweck der Regelung.
- Das Gericht stellt in der Hauptverhandlung das Verfahren nach **§ 153a StPO** unter einer Auflage ein. Nach deren Erfüllung wird das Verfahren endgültig eingestellt.[101] Die hM, ua auch der BGH lehnt, hier – mE zutreffend – das Entstehen der VV 4141 RVG ab.[102] Diskutieren kann man aber, ob dann, wenn der Angeklagte die Auflage nicht erfüllt, daraufhin der Verteidiger nochmals vorträgt und es dann aus anderen Gründen zur Einstellung des Verfahrens kommt, nicht die VV 4141 RVG anfällt.[103]
- Eine Hauptverhandlung wird unterbrochen und ein **Fortsetzungstermin** bestimmt. Dazwischen gelingt es dem Verteidiger, die Einstellung des Verfahrens zu erreichen. Hier ist die zusätzliche Verfahrensgebühr nach hM nicht entstanden. Denn bei Unterbrechung und Fortsetzung gilt danach der Grundsatz der Einheit der Hauptverhandlung, eine Hauptverhandlung ist also nicht entbehrlich iS der VV 4141 RVG geworden.[104] Etwas anderes gilt, wenn

---

[97] Burhoff/Volpert RVG/*Burhoff* VV 4141 Rn. 45 unter Ziff. 7; Schneider/Wolf/*N. Schneider* RVG VV 4141 Rn. 98 ff.; *N. Schneider* AGS 2000, 21; Hartung/Schons/Enders/*Hartung* RVG VV 4141 Rn. 15; BGH NJW 2011, 3166 = JurBüro 2011, 584 = AGS 2011, 419 = RVGreport 2011, 385 = StRR 2011, 357 = VRR 2011, 358 = ZfS 2011, 524 mit teilweise abl. Anm. *Hansens* = DAR 2011, 612 mAnm *N. Schneider;* OLG Bamberg AGS 2007, 139 = RVGreport 2007, 150 = StV 2007, 481; OLG Hamm AGS 2008, 228 mAnm *N. Schneider;* OLG Köln StraFo 2018, 43 = RVGreport 2018, 23 = zfs 2018, 43 mkritAnm *Hansens* = AGS 2018, 12 = JurBüro 2018, 136; LG Arnsberg StraFo 2017, 131 = AGS 2017, 216; LG Düsseldorf AGS 2007, 36 = JurBüro 2007, 83; LG Oldenburg BeckRS 2011, 03412; AGS 2011, 598 = RVGreport 2011, 337 = VRR 2011, 400, zu VV 5115 RVG; LG Saarbrücken NStZ-RR 2001, 191 = StV 2001, 638; AG Dessau AGS 2006, 240; AG Köln AGS 2007, 621 = NZV 2007, 637; AG Koblenz NZV 2007, 638; AG Oldenburg 23.6.2008 – 43 Ds 441 Js 17420/06 (101/06); AG Riedlingen AGS 2019, 63 = DAR 2019, 116; AG Tiergarten AGS 2007, 140 = VRR 2007, 130; ZfS 2010, 288; AG Bad Urach JurBüro 2007, 361 = RVGreport 2007, 272; offen gelassen KG BeckRS 2009, 21120; **unzutreffend aA** OLG Frankfurt a. M. 5.3.2011 – 2 Ws 177/11; LG Detmold AGS 2009, 588 mit abl. Anm. *Henke* = NStZ-RR 2010, 64 = RVGreport 2010, 107 mablAnm *Burhoff* = VRR 2010, 119, das für eine restriktive Auslegung plädiert, wofür sich allerdings aus dem G keine Anhaltspunkte ergeben, für VV 5115 RVG; AG Hanau AGS 2017, 31, für VV 5115 RVG; AG Hannover 22.11.2007 – 425 C 141444/07; AG München JurBüro 2011, 26 mzustAnm *Mack* und abl. Anm. *Burhoff* JurBüro 2011, 287; AGS 2010, 599 mablAnm *N. Schneider* = VRR 2011, 80 mit abl. Anm. *Burhoff* = RVG prof. 2011, 109.

[98] Burhoff/Volpert RVG/*Burhoff* VV 4141 Rn. 45 unter Ziff. 8 sowie die vorstehend zitierte Rspr. und zudem noch LG Bonn NStZ-RR 2002, 30; LG Frankfurt/Oder AGS 2003, 26 = AnwBl 2002, 662; LG Saarbrücken StV 2001, 638; unzutreffend aA LG Detmold AGS 2009, 588 = NStZ-RR 2010, 64 = RVGreport 2010, 107; AG Hannover 22.11.2007 – 425 C 141444/07; s. a. noch AG Tiergarten RVGreport 2016, 423 = AGS 2016, 216 = RVG prof. 2016, 102, Teilabtrennung in der Hauptverhandlung und spätere Einstellung nach § 154 StPO.

[99] → Rn. 1; *Burhoff* JurBüro 2011, 287 f.; Burhoff/Volpert RVG/*Burhoff* VV 4141 Rn. 45 Ziff. 7.

[100] Vgl. die Nachw. bei → Fn. 95.

[101] BGH NJW 2011, 3166 = JurBüro 2011, 584 = AGS 2011, 419 = RVGreport 2011, 385 = StRR 2011, 357 = VRR 2011, 358 = ZfS 2011, 524 mit teilweise abl. Anm. *Hansens* = DAR 2011, 612 mAnm *N. Schneider;* OLG Celle AGkompakt 2018, 98; AG Bochum RVGreport 2017, 180; AG Hannover RVGreport 2018, 458 = AGS 2018, 561 = RVG prof. 2018, 182.

[102] AA offenbar *N. Schneider* AGS 2011, 420 in der Anm. zu BGH NJW 2011, 3166 = JurBüro 2011, 584 = AGS 2011, 419 = RVGreport 2011, 385 = StRR 2011, 357 = VRR 2011, 358 = ZfS 2011, 524 = DAR 2011, 612.

[103] So *N. Schneider* AGS 2011, 420 (421) in der Anm. zu BGH NJW 2011, 3166 = JurBüro 2011, 584 = AGS 2011, 419 = RVGreport 2011, 385 = StRR 2011, 357 = VRR 2011, 358 = ZfS 2011, 524 = DAR 2011, 612.

[104] Burhoff/Volpert RVG/*Burhoff* VV 4141 Rn. 45 unter Ziff. 14; Schneider/Wolf/*N. Schneider* RVG VV 4141 Rn. 64; *Fischer* NJW 2012, 265; OLG Köln AGS 2006, 339 mzustAnm *Madert* = RVGreport 2006, 152; LG Siegen 3.7.2020 – 10 Qs 61/20, BeckRS 2020, 37917; AG Hannover RVGreport 2018, 458 = AGS 2018, 561 =

eine zunächst – ggf. in der Hauptverhandlung – erfolgte Einstellung nach § 153a StPO (zunächst) „misslingt", etwa weil der Angeklagte die Auflagen und/oder Weisungen nicht erfüllt und dann das eingestellte Verfahren fortgesetzt, später unter Mitwirkung des Verteidigers aber erneut eingestellt und eine Hauptverhandlung vermieden wird.[105]

d) Zurückverweisung/Wiederaufnahme. Wird das Verfahren vom Rechtsmittelgericht zur erneuten Entscheidung an das Erstgericht **zurückverwiesen** und wird dort außerhalb der Hauptverhandlung das Verfahren eingestellt, so erhält der RA für das Verfahren nach Zurückverweisung unter den Voraussetzungen von VV 4141 Anm. 1 S. 1 Nr. 1 RVG die zusätzliche Gebühr. Denn das Verfahren nach Zurückverweisung stellt gem. § 21 Abs. 1 RVG eine neue gebührenrechtliche Angelegenheit dar, in der die Gebühren erneut entstehen.[106] 24

Wird das Verfahren zunächst beendet und dann nach Ablauf von **zwei Kalenderjahren** wieder aufgenommen und dann erneut eingestellt, so entsteht die Gebühr nach VV 4141 RVG gem. § 15 Abs. 5 S. 2 RVG zweimal.[107] 25

3. Nichteröffnung des Verfahrens (Anm. 1 S. 1 Nr. 2)

Nach Anm. 1 S. 1 Nr. 2 entsteht eine zusätzliche Verfahrensgebühr dann, wenn das Gericht gem. § 204 Abs. 1 StPO die Eröffnung des Hauptverfahrens **ablehnt.** Eine Teilnichteröffnung ist nicht ausreichend.[108] Die Gebühr entsteht auch, wenn das Amtsgericht den Erlass eines Strafbefehls ablehnt, da nach § 408 Abs. 2 S. 2 StPO diese ablehnende Entscheidung dem Beschluss gleichsteht, durch den die Eröffnung des Hauptverfahrens abgelehnt worden ist.[109] Die zusätzliche Gebühr entsteht auch dann, wenn die Staatsanwaltschaft gegen die Nichteröffnung Beschwerde einlegt und das Beschwerdegericht das Verfahren eröffnet.[110] Zutreffend wird darauf hingewiesen,[111] dass das der Regelung für den Fall der Einstellung des Verfahrens und auch dem Sinn und Zweck der Vorschrift entspricht. Die aA des LG Potsdam widerspricht zudem der Regelung in § 15 Abs. 4 RVG. Entsprechendes gilt, wenn das Verfahren nach einer nach § 170 Abs. 2 StPO erfolgten Einstellung aufgrund einer innerhalb der Frist des § 171 Abs. 1 StPO eingelegten Beschwerde des Anzeigenerstatters fortgeführt wird, da einer Einstellung nach § 170 Abs. 2 StPO keinerlei Rechtskraftwirkung zukommt und das Ermittlungsverfahren jederzeit wieder aufgenommen werden kann, wenn Anlass dazu besteht.[112] Nach dem gemeinsamen Vorschlag des DAV und der BRAK für ein 3. KostRMoG soll die Gebühr nach Anm. 1 S. 1 Nr. 2 auch dann anfallen, wenn das Gericht beschließt, das Hauptverfahren nicht zu eröffnen und den Antrag auf Erlass eines Strafbefehls ablehnt.[113] 26

Für die **Mitwirkung** des Verteidigers gelten die allgemeinen Regeln.[114] Es genügt auch eine bereits im vorbereitenden Verfahren abgegebene Einlassung, wenn diese nun im gerichtlichen 27

RVG prof. 2018, 182; so wohl auch BGH NJW 2011, 3166 = JurBüro 2011, 584 = AGS 2011, 419 = RVGreport 2011, 385 = StRR 2011, 357 = VRR 2011, 358 = ZfS 2011, 524 mit teilweise abl. Anm. *Hansens* DAR 2011, 612 mAnm *N. Schneider;* aA MAH VergütungsR/*Hellwig* § 23 Rn. 157; Hartung/Schons/Enders/*Hartung* RVG VV 4141 Rn. 15; krit. auch Burhoff/Volpert RVG/*Burhoff* VV 4141 Rn. 45.

[105] So auch *N. Schneider* DAR 2011, 614 in der Anm. zu BGH NJW 2011, 3166 = JurBüro 2011, 584 = AGS 2011, 419 = RVGreport 2011, 385 = StRR 2011, 357 = VRR 2011, 358 = ZfS 2011, 524 = DAR 2011, 612.

[106] Schneider/Wolf/*N. Schneider* RVG VV 4141 Rn. 66; Burhoff/Volpert RVG/*Burhoff* VV 4141 Rn. 45 unter Ziff. 17.

[107] Schneider/Wolf/*N. Schneider* RVG VV 4141 Rn. 67; Burhoff/Volpert RVG/*Burhoff* VV 4141 Rn. 45 unter Ziff. 18; *N. Schneider* AGS 2009, 114 in der Anm. zu AG Osnabrück AGS 2009, 113; sa → Rn. 13.

[108] LG Bad Kreuznach AGS 2011, 435 = RVGreport 2011, 226 = StRR 2011, 282 für die teilweise Nichteröffnung und Eröffnung des „Restverfahrens" beim AG.

[109] AA mit nicht nachvollziehbarer Begr. AG Rosenheim RVGreport 2014, 470 = VRR 2014, 440 = AGS 2014, 553.

[110] OLG Köln StraFo 2018, 43 = RVGreport 2018, 23 = zfs 2018, 43 mkritAnm *Hansens* = AGS 2018, 12 = JurBüro 2018, 136; aA LG Potsdam NStZ-RR 2013, 31 = AGS 2012, 564.

[111] *N. Schneider* AGS 2012, 564 in der abl. Anm. zu LG Potsdam NStZ-RR 2013, 31 = AGS 2012, 564; Schneider/Wolf/*N. Schneider* RVG VV 4141 Rn. 86 ff.; Burhoff/Volpert RVG/*Burhoff* VV 4141 Rn. 49; AG Erding StraFo 2016, 436 und AG Tiergarten RVGreport 2014, 232 = VRR 2014, 160 = ZfS 2014, 290 = StRR 2014, 276 = AGS 2014, 273, die davon ausgehen, dass dann, wenn die Staatsanwaltschaft das Ermittlungsverfahren nach § 170 Abs. 2 StPO eingestellt hat, die dafür angefallenen Verfahrensgebühr VV 4141 RVG, nicht dadurch wegfällt, dass die Staatsanwaltschaft die Ermittlungen wieder aufnimmt.

[112] OLG Köln StraFo 2018, 43 = RVGreport 2018, 23 = ZfS 2018, 43 mkritAnm *Hansens* = AGS 2018, 12 = JurBüro 2018, 136.

[113] *Hansens* RVGreport 2018, 202 (205).

[114] → Rn. 5 ff.

Verfahren zur Einstellung führt.[115] Der Verteidiger muss die Einlassung nicht im gerichtlichen Verfahren noch einmal wiederholen.[116] Die Gründe, die das Gericht zur Begründung seiner Nichteröffnungsentscheidung heranzieht, müssen auch nicht identisch mit denen sein, die der Verteidiger vorgetragen hat.[117]

4. Rücknahme des Einspruchs gegen den Strafbefehl (Anm. 1 S. 1 Nr. 3)

28 **a) Rücknahme des Einspruchs.** Nach Anm. 1 S. 1 Nr. 3 erhält der Verteidiger die Gebühr VV 4141 RVG, wenn er den Einspruch gegen den Strafbefehl zurücknimmt.[118] Voraussetzung für das Entstehen der Gebühr ist grds., dass der RA den Einspruch gegen den Strafbefehl **insgesamt zurücknimmt** und damit das Verfahren insgesamt erledigt ist. Insoweit gelten die Ausführungen zur Teileinstellung entsprechend.[119] Wird der Einspruch gegen den Strafbefehl nachträglich, nachdem der Einspruch zunächst auf die Höhe des Tagessatzes beschränkt war, insgesamt zurückgenommen, fällt die entstandene Gebühr VV 4141 Anm. 1 Nr. 4 RVG nicht weg.[120]

29 Für das Entstehen der Gebühr reicht die Rücknahme des Einspruchs nach **Rücksprache** mit dem Angeklagten aus.[121] Es genügt, wenn der Mandant selbst den Einspruch aufgrund der Beratung des Verteidigers zurücknimmt.[122]

30 **b) Rücknahmezeitpunkt.** Nach Anm. 1 S. 1 Nr. 3 ist die Rücknahme des Einspruchs gegen den Strafbefehl **fristgebunden,** wenn bereits ein Termin zur Hauptverhandlung anberaumt worden ist. Dann muss der Einspruch **früher** als zwei **Wochen vor** Beginn des Tages, der für die **Hauptverhandlung** vorgesehen war, zurückgenommen werden. Entscheidend für die Einhaltung der Frist **Fristwahrung** ist der Eingang der Rücknahmeerklärung bei Gericht, nicht deren Abgabe.[123] Wenn der RA die Frist zur Rücknahme versäumt hat, kommt eine Wiedereinsetzung in den vorigen Stand nicht in Betracht. Bei der Frist handelt es sich **nicht** um eine **Notfrist,** sondern um einen Zeitraum, auf den die §§ 44 ff. StPO, §§ 186 ff. BGB nicht anwendbar sind.[124]

31 Auch die Gebühr nach Anm. 1 S. 1 Nr. 3 kann noch entstehen, nachdem bereits **Hauptverhandlungstermin stattgefunden** hat. Insoweit gilt dasselbe wie bei → Rn. 22 f. VV 4141 RVG stellt nicht auf einen „ersten“ Hauptverhandlungstermin ab. Es genügt auch die Vermeidung eines „weiteren“ Hauptverhandlungstermins.[125] Entsprechendes gilt, wenn der Hauptverhandlung verlegt wird und dann der Einspruch noch unter Mitwirkung des Verteidigers zurückgenommen wird.[126] Allerdings muss dann die Zweiwochenfrist eingehalten werden. Nach (zutreffender) Ansicht des AG Saarbrücken entsteht die Gebühr ggf. auch dann, wenn ein Hauptverhandlungstermin aufgrund der Mitwirkung des Verteidigers, weil dieser die Einspruchsrücknahme angekündigt hat, weniger als zwei Wochen vor dem anberaumten Termin aufgehoben und dann der Einspruch zurückgenommen wird.[127]

32 **c) Analoge Anwendung der Anm. 1 S. 1 Nr. 3.** Anm. 1 S. 1 Nr. 3 erfasst ausdrücklich **nicht alle** Fälle der Vermeidung einer Hauptverhandlung in Zusammenhang mit dem Erlass

---

[115] Zur „Fortwirkung“ BGH AGS 2008, 491 = RVGreport 2008, 431 = JurBüro 2008, 639 = DAR 2009, 56 mAnm *N. Schneider* = StRR 2009, 77 mzustAnm *Burhoff;* OLG Stuttgart AGS 2010, 202 = RVGreport 2010, 263 = VRR 2010, 320 = StRR 2010, 440.

[116] BGH AGS 2008, 491 = RVGreport 2008, 431 = JurBüro 2008, 639 = DAR 2009, 56 = StRR 2009, 77; Schneider/Wolf/*N. Schneider* RVG VV 4141 Rn. 82 ff.; Burhoff/Volpert RVG/*Burhoff* VV 4141 Rn. 47 f.

[117] LG Arnsberg JurBüro 2007, 82.

[118] Eing. *N. Schneider* AGS 2018, 541 f.

[119] → Rn. 21; Burhoff/Volpert RVG/*Burhoff* VV 4141 Rn. 35.

[120] AG Freiburg 6.11.2020 – 4 C 1193/20, BeckRS 2020, 33138.

[121] LG Duisburg AGS 2006, 234 = RVGreport 2006, 230 für Berufung; AG Wiesbaden AGS 2003, 545 für den Einspruch gegen den Bußgeldbescheid im OWi-Verfahren.

[122] Schneider/Wolf/*N. Schneider* RVG VV 4141 Rn. 96; Burhoff/Volpert RVG/*Burhoff* VV 4141 Rn. 37; LG Duisburg AGS 2006, 234 = RVGreport 2006, 230.

[123] Zur Fristberechnung Schneider/Wolf/*N. Schneider* RVG VV 4141 Rn. 101 ff.; *N. Schneider* DAR 2007, 671.

[124] Burhoff/Volpert RVG/*Burhoff* VV 4141 Rn. 40; *N. Schneider* DAR 2007, 671 ff.; aA *Hartmann* RVG VV 4141 Rn. 6, Wiedereinsetzung.

[125] Vgl. ua OLG Bamberg AGS 2007, 139 = RVGreport 2007, 150; AG Dessau AGS 2006, 240; AG Tiergarten AGS 2007, 140; AG Wittlich AGS 2006, 500 = JurBüro 2006, 590; AG Freiburg 6.11.2020 – 4 C 1193/20, BeckRS 2020, 33138; *Burhoff* JurBüro 2011, 287; weitere Nachw., auch zur unzutreffenden aA bei → Rn. 21.

[126] LG Köln AGS 1997, 138 = StV 1997, 425; AG Wiesbaden AGS 2005, 553 für die Rücknahme des Einspruchs nach Verlegung des Hauptverhandlungstermins im OWi-Verfahren; Schneider/Wolf/*N. Schneider* RVG VV 4141 Rn. 114; Burhoff/Volpert RVG/*Burhoff* VV 4141 Rn. 57 unter Ziff. 4.

[127] AG Saarbrücken AGS 2009, 324 für Berufungsrücknahme.

eines Strafbefehls. Dazu wird in der Lit. nach Sinn und **Zweck der Vorschrift** z. T. eine entsprechende Anwendung vertreten.[128] Im Übrigen gilt:

Im RVG 2004 nicht geregelt war die Anwendung der VV 4141 RVG für den Fall, dass der Verteidiger nach **Beschränkung** des **Einspruchs** auf die **Tagessatzhöhe** an der Zustimmung des Mandanten zur Entscheidung ohne Hauptverhandlung im schriftlichen Verfahren mitwirkt und das Verfahren durch Beschluss endet. Der Fall ist inzwischen durch das 2. KostRMoG[129] in Nr. 4 ausdrücklich normiert.[130] Nach wie vor nicht durch das RVG geregelt ist aber die Frage, ob die VV 4141 RVG entsteht, wenn der RA nach Eröffnung des Hauptverfahrens noch daran mitwirkt, dass in das Strafbefehlsverfahren nach § 408a StPO übergegangen und somit eine Hauptverhandlung entbehrlich wird. Das ist in entsprechender Anwendung der Anm. 1 S. 1 Nr. 3 zu bejahen.[131] Offen ist auch noch die Frage, ob die Gebühr VV 4141 RVG entsteht, wenn der Verteidiger sich mit der Staatsanwaltschaft und dem Gericht im Rahmen einer **Absprache** darüber **einigt,** dass ein **Strafbefehl** ergehen soll, der vom Mandanten anerkannt wird, so dass kein Einspruch eingelegt wird. Für den Fall ist mE eine entsprechende Anwendung der VV 4141 RVG zu bejahen. Es handelt sich um einen von der Interessenlage vergleichbaren Fall zu VV 5115 Anm. 1 Nr. 3 RVG im Bußgeldverfahren. Einen Grund für eine unterschiedliche Behandlung dieser beiden Fälle gibt es nicht.[132] 33

5. Rücknahme der Berufung (Anm. 1 S. 1 Nr. 3)

Nach Anm. 1 S. 1 Nr. 3 erhält der Verteidiger die Gebühr VV 4141 RVG auch, wenn er die Berufung zurücknimmt. Für das **Entstehen** der Gebühr in diesen Fällen und den **Rücknahmezeitpunkt** gelten die Ausführungen bei → Rn. 28 ff. entsprechend. Nimmt die Staatsanwaltschaft ihre Berufung zurück, gilt die Frist nach zutreffender Ansicht des LG Dresden[133] nicht. Die Vorschrift ist teleologisch dahingehend zu reduzieren, dass sie nur auf die Rücknahme der Berufung des Angeklagten gilt. Wird das Verfahren im Berufungsverfahren nicht nur vorläufig eingestellt, ohne dass die Berufung zurückgenommen worden ist, entsteht die Gebühr VV 4141 Anm. 1 S. 1 Nr. 1 RVG. Das Entstehen der Gebühr setzt nicht voraus, dass das Berufungsverfahren bereits beim Rechtsmittelgericht anhängig ist.[134] 34

Auch für die **Mitwirkung** des Verteidigers gelten die allgemeinen Grundsätze. Es sind also auch hier keine besonders hohen Anforderungen an die Mitwirkung des Verteidigers zu stel- 35

---

[128] So insbes. *Soujon* ZfS 2007, 662, der offenbar immer dann, wenn es zu einem rechtskräftigen Strafbefehl ohne Hauptverhandlung kommt, eine Gebühr nach VV 4141 RVG gewähren will; zu allem auch *Burhoff* RVGreport 2008, 201 ff.; *Burhoff* FS ARGE Strafrecht, 2009, 107 (119); Burhoff/Volpert RVG/*Burhoff* VV 4141 Rn. 58; *N. Schneider* AnwBl 2006, 274; AGkompakt 2011, 86; Schneider/Wolf/*N. Schneider* RVG VV 4141 Rn. 149 ff.; vgl. auch *N. Schneider* AGS 2018, 541, 544; AG Darmstadt AGS 2008, 344; ähnlich AG Köln RVGreport 2008, 226 = AGS 2008, 284 = StRR 2008, 240 mzustAnm *Burhoff* = VRR 2008, 239 mzustAnm *Burhoff;* aus der Rspr. AG Darmstadt AGS 2008, 344; ähnlich AG Köln RVGreport 2008, 226 = AGS 2008, 284 = StRR 2008, 240 mzustAnm *Burhoff* = VRR 2008, 239 mzustAnm *Burhoff;* **aA** zur analogen Anwendung der VV 4141 RVG OLG Frankfurt a. M. NStZ-RR 2008, 360 (Ls.) = AGS 2008, 487 = RVGreport 2008, 428 = VRR 2009, 80 = StRR 2009, 159; OLG Hamm NStZ-RR 2008, 360 (Ls.); LG Darmstadt 25.6.2008 – 3 Qs 279/08.

[129] → RVG VV Teil 4 Einl. Rn. 9.

[130] → Rn. 43 ff.; Burhoff/Volpert RVG/*Burhoff* VV 4141 Rn. 58; Schneider/Wolf/*N. Schneider* RVG VV 4141 Rn. 149; *N. Schneider* AnwBl 2006, 274.

[131] Vgl. AG Bautzen AGS 2007, 307 mAnm *Holzauer;* Burhoff/Volpert RVG/*Burhoff* VV 4141 Rn. 59; Schneider/Wolf/*N. Schneider* RVG VV 4141 Rn 152; *N. Schneider* AGS 2011, 488 (493); NZV 2014, 149 (150); DAR 2015, 771 (772); s. a. AGkompakt 2014, 122 (127).

[132] Burhoff/Volpert RVG/*Burhoff* VV 4141 Rn. 60 und insoweit die gemeinsamen Vorschläge von DAV und BRAK zur strukturellen Änderung bzw. Ergänzung der VV 4141 RVG in Nr. 11d in AnwBl 2011, 120 (122), die jedoch vom Gesetzgeber nicht in das 2. KostRMoG übernommen worden sind; **aA** *N. Schneider* DAR 2015, 771 (772); NZV 2014, 149 (151); DAR 2017, 431, der den entsprechenden Mehraufwand des Verteidigers über § 14 Abs. 1 RVG honorieren will; OLG Frankfurt a. M. NStZ-RR 2008, 360 (Ls.) = AGS 2008, 487 = RVGreport 2008, 428 = VRR 2009, 80 = StRR 2009, 159; OLG Hamm NStZ-RR 2008, 360 (Ls.); LG Darmstadt 25.6.2008 – 3 Qs 279/08; LG Bad Kreuznach RVGreport 2018, 60; LG Kempen RVGreport 2018, 422; LG Mannheim RVGreport 2017, 262 = AGS 2017, 276 = DAR 2017, 430 mzustAnm *N. Schneider.*

[133] LG Dresden AGS 2010, 131 = RVGreport 2010, 69 = StRR 2010, 239; aA unter Hinweis auf den eindeutigen Wortlaut der Vorschrift OLG Dresden AGS 2011, 66 = RVGreport 2011, 23 = RVG prof. 2010, 187 = VRR 2011, 38.

[134] OLG Braunschweig RVGreport 2016, 262 = AGS 2016, 272, für die Rev.; OLG Celle RVGreport 2014, 155 = AGS 2014, 125 = NStZ-RR 2014, 128 = JurBüro 2014, 241 = StraFo 2014, 219; OLG Oldenburg 21.1.2015 – 1 Ws 583/14; LG Hagen StraFo 2015, 526 = AGS 2016, 77; AG Hagen StraFo 2015, 525; zum Beginn des Berufungsverfahrens → RVG VV 4124 Rn. 2.

len.[135] Geht es um die Rücknahme der Berufung eines anderen Verfahrensbeteiligten, muss der Verteidiger an dessen Rücknahme mitgewirkt haben.[136] Das ist zB der Fall, wenn er durch zivilrechtliche Zahlungsversprechen den Nebenkläger/Geschädigten zur Rücknahme seiner Berufung bewegt oder er Ausführungen macht, die zur Förderung einer Verfahrenseinstellung geeignet erscheinen, worauf zB die Staatsanwaltschaft ihr Rechtsmittel zurücknimmt.[137] Umstritten ist, ob anwaltliche Mitwirkung bei der Rücknahme des Rechtsmittels durch die Staatsanwaltschaft auch dann vorliegt, wenn der RA durch eine erfolgreiche Revision darauf hingewirkt hat, dass die Berufungsentscheidung aufgehoben und zur erneuten Verhandlung an das Landgericht zurückverwiesen wird, wo dann die Staatsanwaltschaft ihre Berufung zurücknimmt.[138]

6. Rücknahme der Revision (Anm. 1 S. 1 Nr. 3)

36 Nach Anm. 1 S. 1 Nr. 3 entsteht für den Verteidiger/RA die zusätzliche Verfahrensgebühr auch im Revisionsverfahren, wenn er die Revision zurücknimmt.[139] Für das **Entstehen** der Gebühr in diesen Fällen und den **Rücknahmezeitpunkt** gelten die Ausführungen bei → Rn. 28 ff. entsprechend. Wird das Verfahren im Revisionsverfahren nicht nur vorläufig eingestellt, ohne dass die Revision zurückgenommen worden ist, entsteht die Gebühr VV 4141 Anm. 1 S. 1 Nr. 1 RVG.

37 Für die **Mitwirkung** des Verteidigers gelten ebenfalls die allgemeinen Grundsätze.[140] Besonders hohe Anforderungen an die Mitwirkung des Verteidigers werden nicht gestellt.[141] Allerdings reicht es nicht aus, wenn der Verteidiger nur die Revision zurücknimmt, ohne dass sich Anhaltspunkte dafür ergeben, dass er auf die Rücknahme Einfluss genommen hat, es handelt sich nicht um eine bloße Rücknahmegebühr.[142] Die Mitwirkung des Verteidigers muss sich aber nicht aus den Akten ergeben.[143]

38 In Rspr. und Lit. wird **gestritten,** ob im Fall der Rücknahme der Revision noch **weitere Voraussetzungen** für das Entstehen der Gebühr VV 4141 Anm. 1 S. 1 Nr. 3 RVG vorliegen müssen. Von der inzwischen wohl überwiegenden Auffassung wird angenommen, dass es für das Entstehen der Gebühr erforderlich sei, dass Revisionshauptverhandlungstermin anberaumt ist bzw. zumindest konkrete Anhaltspunkte dafür vorhanden sind, dass eine Hauptverhandlung durchgeführt worden wäre, wenn nicht die Revision zurückgenommen worden wäre.[144] Eine

---

[135] BGH AGS 2008, 491 = RVGreport 2008, 431 = JurBüro 2008, 639 = DAR 2009, 56 mAnm *N. Schneider* = StRR 2009, 77 mzustAnm *Burhoff;* OLG Stuttgart, AGS 2010, 202 = RVGreport 2010, 263 = VRR 2010, 320 = StRR 2010, 440; Burhoff/Volpert RVG/*Burhoff* VV 4141 Rn. 63; LG Trier StraFo 2007, 306; zur Mitwirkung auch → Rn. 5 ff.

[136] OLG Braunschweig RVGreport 2016, 262 = AGS 2016, 272, für die Rev.; OLG Köln StraFo 2009, 175 = AGS 2009, 271 = RVGreport 2009, 348; LG Dresden RVGreport 2020, 20 (verneint für Mitwirkung an Rücknahme der Revision der Staatsanwaltschaft vor deren Begründung); LG Freiburg AGS 1997, 55 = StV 1997, 617; LG Hagen StraFo 2015, 526 = AGS 2016, 77; AG Hagen StraFo 2015, 525.

[137] OLG Köln StraFo 2009, 175 = AGS 2009, 271 = RVGreport 2009, 348; LG Köln AGS 2007, 351 = StraFo 2007, 305; LG Stralsund AGS 2005, 442 = RVGreport 2005, 272 für OWi-Verfahren.

[138] Bejaht von LG Dresden AGS 2010, 131 = RVGreport 2010, 69 = StRR 2010, 239; verneint von OLG Dresden AGS 2011, 66 = RVGreport 2011, 23 = RVG prof. 2010, 187 = VRR 2011, 38.

[139] Zur (verneinten) Frage, ob die Gebühr entsteht, wenn gegen ein nach § 329 Abs. 1 StPO ergangenes Verwerfungsurteil Wiedereinsetzung in den vorigen Stand beantragt und vorsorglich Rev. eingelegt wird, die nach Gewährung von Wiedereinsetzung dann zurückgenommen wird, Burhoff/Volpert RVG/*Burhoff* VV 4141 Rn. 74.

[140] → Rn. 6 ff.

[141] AA offenbar, aber unzutreffend, LG Göttingen AGS 2006, 180 mAnm *N. Schneider* = RVGreport 2007, 464.

[142] Ähnlich OLG Hamm StraFo 2006, 433 = AGS 2006, 600; zum „verantwortungsvollen Umgang" mit der Einlegung und Rücknahme von Rechtsmittel s. den deutlichen Hinweis in KG VRR 2009, 277 mAnm *Burhoff* = AGS 2009, 389 = RVGreport 2009, 346 = StRR 2009, 399 mAnm *Burhoff;* dazu auch bereits KG StraFo 2006, 432 = NStZ 2007, 119.

[143] OLG Düsseldorf AGS 2006, 124 mzustAnm *N. Schneider* = RVGreport 2006, 67.

[144] KG 4.5.2006 – 4 Ws 57/06; OLG Brandenburg AGS 2007, 403 = JurBüro 2007, 484; OLG Braunschweig NdsRpfl 2012, 42; OLG Celle RVGreport 2019, 340 = StraFo 2019, 394 = JurBüro 2019, 409 = AGS 2019, 504; OLG Düsseldorf JurBüro 2008, 85; OLG Hamburg RVGreport 2008, 340 = RVG-prof. 2008, 192; OLG Hamm StraFo 2006, 474 = AGS 2006, 548 = JurBüro 2006, 519 = NStZ-RR 2007, 160; OLG Jena BeckRS 2007, 5408; OLG Koblenz BeckRS 2009, 06771; OLG Köln AGS 2008, 447 = RVGreport 2008, 428 = StRR 2009, 239; OLG München NStZ-RR 2013, 64 = AGS 2013, 74 = StRR 2012, 403 (Ls.); grds. OLG Naumburg AGS 2013, 521 = VRR 2013, 479 = StRR 2014, 79; OLG Oldenburg NStZ-RR 2011, 96 = JurBüro 2011, 254 (Ls.); OLG Rostock JurBüro 2012, 301 (Ls.) = BeckRS 2012, 06433; OLG Saarbrücken JurBüro 2007, 28 mablAnm *Madert;* OLG Stuttgart JurBüro 2007, 200 (Ls.) = AGS 2007, 402 = RVGreport 2007, 190 = StRR 2007, 78; OLG Zweibrücken AGS 2006, 74 mablAnm *N. Schneider;* LG Göttingen RVGreport 2007, 464; LG

andere Auffassung in der Rspr., geht davon aus, dass die VV 4141 Anm. 1 S. 1 Nr. 3 RVG im Revisionsverfahren nicht entsteht, wenn die Revision nicht zumindest bereits begründet worden war[145] und die Akten dem Revisionsgericht vorgelegt worden sind.[146] In dem Zusammenhang wird zT darauf abgestellt, ob sich aus der Stellungnahme der Generalstaatsanwaltschaft zur Revisionsbegründung neue rechtliche Gesichtspunkte ergeben haben, die den Verteidiger zum Überdenken seines bis dahin vertretenen Standpunktes zwingen und so eine weitere Prüfung und ggf. Beratung des Mandanten erfordern und damit iErg zur Rücknahme der Revision führen.[147] Eine dritte Auffassung bezieht sich schließlich auf den Wortlaut der Vorschrift und macht das Entstehen der Gebühr nicht von weiteren Voraussetzungen abhängig.[148]

Zutreffend ist die **Auffassung,** die allein auf den **Wortlaut** der Vorschrift abstellt. Für diese Ansicht spricht auch, dass der Gesetzgeber in Kenntnis des früheren Streits um die Frage, ob die entsprechende Anwendung des § 84 Abs. 2 BRAGO auf § 86 BRAGO voraussetzte, dass zumindest eine Revisionshauptverhandlung anberaumt war, das Entstehen der Verfahrensgebühr im Revisionsverfahren nicht an weitere Voraussetzungen geknüpft hat.[149] In dem Zusammenhang weist das KG zutreffend darauf hin, dass im Fall der Rücknahme der von der Staatsanwaltschaft eingelegten Revision, wenn der Verteidiger zu dieser bereits Stellung genommen hatte, die Gebühr idR entstehen wird, da im Fall der Revision der Staatsanwaltschaft idR eine Hauptverhandlung stattfindet.[150] **39**

7. Rücknahme einer Privatklage (Anm. 1 S. 2)

Bis zu den Änderungen durch das 2. KostRMoG[151] mit Einfügung der Anm. 1 S. 2 waren die mit der Rücknahme einer Privatklage zusammenhängenden Fragen nicht bzw. nur unzureichend geregelt. Geregelt war nur der Fall, dass die Privatklage nach Eröffnung des Hauptverfahrens zurückgenommen worden ist. Der Sachverhalt wurde (und wird) von Anm. 1 S. 1 Nr. 1 erfasst,[152] da die Rücknahme nämlich zur Einstellung des Verfahrens führt.[153] Nicht geregelt/erfasst davon waren aber die Fälle, in denen die Privatklage vor Eröffnung des Hauptverfahrens zurückgenommen wird. In denen wird nämlich das Verfahren nicht eingestellt, sondern die Privatklage wird nach § 383 Abs. 1 StPO zurückgewiesen.[154] Die Lit. hatte diese Fälle über eine analoge Anwendung der VV 4141 RVG honoriert.[155] **40**

Lüneburg 16.1.2008 – 26 Qs 10/08; LG Limburg RVGreport 2018, 340 = JurBüro 2018, 357; LG Potsdam JurBüro 2013, 586 = RVGreport 2014, 71 = AGS 2014, 17 = Rpfleger 2013, 648 = VRR 2014, 120 = StRR 2014, 239 für den Sonderfall der Beendigung des Revisionsverfahrens durch Einstellung wegen Todes des Mandanten; AG Charlottenburg RVGreport 2020, 257, VV 5115 RVG; zur Erforderlichkeit der Vorlage der Akten an das Revisionsgericht s. a. OLG Braunschweig RVGreport 2016, 262 = AGS 2016, 272; OLG Celle RVGreport 2014, 155 = AGS 2014, 125 = NStZ-RR 2014, 128 = JurBüro 2014, 241 = StraFo 2014, 219; OLG Oldenburg 21.1.2015 – 1 Ws 583/14.

[145] S. zB KG AGS 2005, 434 mAnm *N. Schneider* = RVGreport 2005, 352 = JurBüro 2005, 533; OLG Bamberg BeckRS 2006, 04053; OLG Braunschweig AGS 2006, 232 = RVGreport 2006, 228; OLG Hamm StraFo 2006, 433 = AGS 2006, 600; OLG München BeckRS 2008, 05443; NStZ-RR 2013, 64 = AGS 2013, 174 = StRR 2012, 403 (Ls.); OLG Nürnberg 30.9.2010 – StRR 2010, 443 (Ls.); LG Braunschweig AGS 2011, 434; 2011, 484 = RVGreport 2011, 307 = RVG prof. 2011, 144, aufgehoben durch OLG Braunschweig NdsRpfl 2012, 42; LG Duisburg RVGreport 2006, 230; LG Freiburg 24.3.2009 – 1 KLs 630 Js 33575/07 AK 4/08.

[146] OLG Celle AGS 2014, 125 = RVGreport 2014, 155 = NStZ-RR 2014, 128 = VRR 2014, 199 = RVG prof. 2014, 77 = JurBüro 2014, 241 = StraFo 2014, 219 = StRR 2014, 275; OLG Oldenburg 21.1.2015 – 1 Ws 583/14.

[147] OLG Düsseldorf JurBüro 2008, 85; OLG Naumburg AGS 2013, 521 = VRR 2013, 479 = StRR 2014, 79 = RVGreport 2016, 62.

[148] OLG Düsseldorf AGS 2006, 124 mzustAnm *N. Schneider* = RVGreport 2006, 6; LG Aschaffenburg RVGreport 2018, 421 = AGS 2018, 386; LG Chemnitz RVGreport 2015, 290 = StRR 2015, 319 = AGS 2015, 379; LG Hagen AGS 2006, 233 = RVGreport 2006, 229; *Burhoff* RVGreport 2015, 42 (48 f.); Burhoff/Volpert RVG/*Burhoff* VV 4141 Rn. 72.

[149] S. a. LG Verden StraFo 2005, 439 = AGS 2005, 551; wie hier auch Schneider/Wolf/*N. Schneider* VV 4141 Rn. 137 ff.; Burhoff/Volpert RVG/*Burhoff* VV 4141 Rn. 71 ff., der für einen „verantwortungsvollen Umgang" mit der Gebühr plädiert; MAH VergütungsR/*Hellwig* § 23 Rn. 168; Hartung/Schons/Enders/*Hartung* RVG VV 4141 Rn. 36 f.

[150] KG AGS 2009, 324.

[151] → RVG VV Teil 4 Einl. Fn. 9.

[152] → Rn. 15 ff.

[153] Meyer-Goßner/Schmitt/*Schmitt* StPO § 391 Rn. 7 mwN.

[154] Meyer-Goßner/Schmitt/*Schmitt* StPO § 391 Rn. 7 mwN.

[155] Burhoff/Volpert RVG/*Burhoff,* 3. Aufl. 2011, VV 4141 Rn. 47; Schneider/Wolf/*N. Schneider,* 6. Aufl. 2012, RVG VV 4141 Rn. 125 ff.

41 Diese Lücke ist durch das 2. KostRMoG[156] durch die Regelung in Anm. 1 S. 2 geschlossen worden. Diese stellt jetzt ausdrücklich klar, dass die Rücknahme einer Privatklage der Rücknahme eines Einspruchs, einer Berufung oder einer Revision gleichsteht.[157] Durch Rücknahme der Privatklage entsteht für den Beistand oder Vertreter des Privatklägers also, wenn er an der Rücknahme mitgewirkt hat, die VV 4141 Anm. 1 S. 1 Nr. 3 RVG.[158] Für das **Entstehen** der Gebühr und den **Rücknahmezeitpunkt,** wenn im Privatklageverfahren eine Hauptverhandlung anberaumt worden ist, gelten die Ausführungen bei → Rn. 28 ff. entsprechend.

42 Trotz der Formulierung der Anm. 1 S. 2 – „auf den Beistand oder Vertreter eines Privatklägers" – entsteht die Gebühr VV 4141 RVG **auch** für den **Verteidiger** des **Privatbeklagten.** Für ihn gelten, wenn er an der Rücknahme der Privatklage mitgewirkt hat, die allgemeinen Regeln. Es besteht kein Grund, dem Verteidiger des Privatbeklagten, der an der Rücknahme der Privatklage mitgewirkt hat, diese Mitwirkung nicht auch über VV 4141 RVG zu honorieren.[159] Etwas anderes lässt sich der Regelung nicht entnehmen.[160]

8. Entscheidung durch Beschluss im Strafbefehlsverfahren (Anm. 1 S. 1 Nr. 4)

43 Nach **§ 411 Abs. 1 S. 3 StPO** kann das Gericht mit Zustimmung des Angeklagten, des Verteidigers und der Staatsanwaltschaft ohne Hauptverhandlung durch Beschluss entscheiden, wenn der Angeklagte seinen Einspruch gegen den Strafbefehl auf die Höhe der Tagessätze einer festgesetzten Geldstrafe beschränkt hat. Früher war im RVG nicht geregelt, wie die Mitwirkung des RA am Zustandekommen der Zustimmung des Angeklagten honoriert wird. Lit. und teilweise auch die Rspr. haben auf diese Fälle VV 4141 RVG entsprechend angewendet.[161] Das ist damit begründet worden, dass der Sachverhalt vergleichbar sei mit dem in VV 5115 Anm. 1 Nr. 5 RVG geregelten Fall.

44 Mit dieser Begründung hat das 2. KostRMoG[162] die Nr. 4 eingeführt, die dem Verteidiger, der nach Beschränkung des Einspruchs gegen den Strafbefehl auf die Tagessatzhöhe an der Zustimmung des Mandanten zur Entscheidung ohne Hauptverhandlung im schriftlichen Verfahren mitwirkt und wenn das Verfahren durch Beschluss endet, **ausdrücklich** eine **VV 4141 RVG** gewährt. Damit ist die Ansicht aus Rspr. und Lit., die früher die Vorschrift auf diese Fälle analog angewendet hat, übernommen worden.[163] Das ist sachgerecht, da auch diese Mitwirkung zu einer Vermeidung unnötiger Hauptverhandlungen führt.

45 Für die **Mitwirkung** des Verteidigers gelten auch in diesem Fall die allgemeinen Regeln.[164] [1] Wird der Einspruch gegen den Strafbefehl nachträglich, nachdem der Einspruch zunächst auf die Höhe des Tagessatzes beschränkt war, insgesamt zurückgenommen, fällt die entstandene Gebühr nach Nr. 4 nicht weg.[165]

V. Verhältnis zu VV 4147 RVG (Anm. 2 S. 2)

46 Erledigt sich ein Privatklageverfahren durch eine Einigung hinsichtlich des Strafausspruchs und des Kostenerstattungsanspruchs, wird auch der Gebührentatbestand der VV 4147 RVG ausgelöst.[166] Gleichzeitig erledigt sich aber auch das Strafverfahren, so dass je nach Stadium des Verfahrens ggf. eine Hauptverhandlung vermieden wird und damit an sich auch eine zusätzliche Gebühr nach VV 4141 RVG anfallen würde. Anm. 2 S. 2 regelt, dass die VV 4141 nicht

---

[156] → RVG VV Teil 4 Einl. Fn. 9.

[157] → Rn. 34 ff.

[158] *Burhoff* StRR 2013, 84 = VRR 2013, 287; RVG prof. 2013 Sonderheft 8/2013, 33; RVGreport 2013, 330; StraFo 2013, 397; Burhoff/Volpert RVG/*Burhoff* VV 4141 Rn. 80 f.

[159] So auch *N. Schneider/Thiel* AGS 2012, 105 (112); *N. Schneider/Thiel* Das neue Gebührenrecht für Rechtsanwälte, § 3 Rn. 1148; Burhoff/Volpert RVG/*Burhoff* VV 4141 Rn. 82; *N. Schneider* RVG-B 2005, 156.

[160] *N. Schneider/Thiel* AGS 2012, 105 (112).

[161] AG Darmstadt AGS 2008, 344; ähnlich AG Köln RVGreport 2008, 226 = AGS 2008, 284 = StRR 2008, 240 mzustAnm *Burhoff* = VRR 2008, 239 mzustAnm *Burhoff;* s. a. Burhoff/Volpert RVG/*Burhoff* VV 4141 Rn. 58; *N. Schneider* AnwBl 2006, 274; AGkompakt 2011, 86; Schneider/Wolf/*N. Schneider* RVG VV 4141 Rn. 142 ff.; aA OLG Frankfurt a. M. NStZ-RR 2008, 360 (Ls.) = AGS 2008, 487 = RVGreport 2008, 428 = VRR 2009, 80 = StRR 2009, 159; OLG Hamm NStZ-RR 2008, 360 (Ls.); LG Darmstadt 25.6.2008 – 3 Qs 279/08; LG Mannheim DAR 2017, 430.

[162] → RVG VV Teil 4 Einl. Rn. 7; zur Begr. s. BR-Drs. 517/12, 439 = BT-Drs. 17, 11471 (282).

[163] Vgl. die Nachw. bei → Rn. 43; *Burhoff* RVGreport 2013, 330; StraFo 2013, 397; *N. Schneider* ZAP Fach 24, 1493 (1500); DAR 2015, 771; AGS 2018, 541, 542 f.

[164] → Rn. 5 ff.

[165] AG Freiburg 6.11.2020 – 4 C 1193/20, BeckRS 2020, 33138.

[166] Zu VV 4147 RVG vgl. die dortigen Erläuterungen → RVG VV 4147 Rn. 1 ff.

neben der Einigungsgebühr VV 4147 RVG entsteht. Diese **schließen** sich vielmehr **wechselseitig aus.**[167]

Hintergrund dieser durch das 2. KostRMoG[168] eingeführten Regelung ist, dass beide Vorschriften letztlich demselben Zweck dienen, eine **Doppelhonorierung** des RA aber insoweit nicht angezeigt ist.[169] Daher stellt Anm. Abs. 2 S. 2 zu VV 4141 RVG klar, dass beide Gebühren nicht nebeneinander entstehen können. 47

Vorrang im Verhältnis der Gebühren hat die Gebühr **VV 4147 RVG.**[170] Das folgt aus der Formulierung der Anm. 2 S. 2. Entsteht also eine Einigungsgebühr VV 4147 RVG, ist kein Raum mehr für die zusätzliche Gebühr nach VV 4141 RVG.[171] Die Anm. 2 S. 2 hat allerdings keine Auswirkungen auf eine ggf. neben der Gebühr VV 4147 RVG entstehende Einigungsgebühr nach VV 1000 ff. RVG.[172] Diese entsteht, wenn eine Einigung über weitere (zivilrechtliche) Ansprüche zustande kommt. 48

VI. Gebührenhöhe (Anm. 3)

1. Allgemeines

Als zusätzliche Gebühr VV 4141 RVG erhält der RA eine **Verfahrensgebühr,** deren Höhe sich nach dem Rechtszug bemisst, in dem die Hauptverhandlung entbehrlich geworden ist.[173] Im vorbereitenden Verfahren ist allerdings nicht auf VV 4104 RVG abzustellen, sondern auf die Verfahrensgebühren der VV 4106 ff. RVG und zu fragen, welches Gericht mit dem Verfahren befasst worden wäre, wenn sich das Verfahren nicht erledigt hätte.[174] 49

2. Festgebühr

Der **Wahlanwalt** erhält die Gebühr als **Betragsrahmengebühr.** Diese bemisst sich nach der ausdrücklichen Regelung in Anm. 3 S. 2 „nach der Rahmenmitte". Die Umstände des Einzelfalls, die sonst über § 14 Abs. 1 S. 1 RVG zu berücksichtigen wären, sind also ohne Bedeutung; es handelt sich um eine **Festgebühr.**[175] Die zT in Rspr. und Lit. vertretene aA[176] wonach die Kriterien des § 14 Abs. 1 S. 1 RVG Anwendung finden sollen, ist unzutreffend. Sie widerspricht dem eindeutigen Wortlaut der Vorschrift, auch wenn das Wort „nur" oder „stets" fehlt, und zudem auch Sinn und Zweck der Regelung, die der Vereinfachung dienen soll.[177] 50

---

167 *N. Schneider/Thiel* AGS 2012, 105 (112 f.); *N. Schneider/Thiel* Das neue Gebührenrecht für Rechtsanwälte, § 3 Rn. 1155 ff.

168 *Burhoff* RVGreport 2013, 330; StraFo 2013, 397; VRR 2013, 287 = StRR 2013, 284.

169 BR-Drs. 517/12, 439 = BT-Drs. 17/11471, 282.

170 *N. Schneider/Thiel* AGS 2012, 105 (112 f.).

171 *N. Schneider/Thiel* AGS 2012, 105 (112); *Burhoff* RVGreport 2013, 330; StraFo 2013, 397; VRR 2013, 287 = StRR 2013, 284.

172 *N. Schneider/Thiel* AGS 2012, 105 (113); *Burhoff* RVGreport 2013, 330; StraFo 2013, 397; VRR 2013, 287 = StRR 2013, 284; → RVG VV 4147 Rn. 6.

173 LG Marburg RVGreport 2019, 102 = AGS 2019, 61 = JurBüro 2019, 247 = RVG prof. 2019, 121; Burhoff/Volpert RVG/*Burhoff* VV 4141 Rn. 91; *Burhoff* RVGreport 2015, 3 (7); zur Berechnung *Burhoff/N. Schneider* AGS 2005, 434; *N. Schneider* ZAP Fach 24, 1493 (1495).

174 LG Marburg RVGreport 2019, 102 = AGS 2019, 61; *Burhoff/N. Schneider* AGS 2005, 434; Burhoff/Volpert RVG/*Burhoff* VV 4141 Rn. 91 ff. mit Beispielen; Schneider/Wolf/*N. Schneider* RVG VV 4141 Rn. 158 f.; Hartung/Schons/Enders/*Hartung* RVG VV 4141 Rn. 55; *N. Schneider* DAR 2011, 488 (489).

175 KG JurBüro 2012, 466 = StRR 2011, 438 = VRR 2011, 438 = RVG prof. 2011, 210; LG Dresden RVGreport 2010, 454 = RVG prof. 2011, 30, für VV 5115 RVG; LG Düsseldorf AGS 2007, 36; LG Halle RVGreport 2020, 19; LG Köln AGS 2007, 351 = StraFo 2007, 306; LG Saarbrücken AG-Kompakt 2015, 17; AGS 2015, 511; AG Hamburg AGS 2006, 439 = RVGreport 2006, 351; AG Karlsruhe BeckRS 2008, 29288; 13.2.2017 – 7 OWi 139/17 (für VV 5115 RVG); AG Stuttgart VRR 2008, 400 = RVGreport 2008, 430; AG Viechtach AGS 2007, 83; AG Waldbröl RVGreport 2016, 371, VV 5115 RVG; AG Weilburg AGS 2007, 561 mzustAnm *Henke; Burhoff* RVGreport 2005, 401; Schneider/Wolf/*N. Schneider* RVG VV 4141 Rn. 156 f.; Burhoff/Volpert RVG/*Burhoff* VV 4141 Rn. 97; Hartung/Schons/Enders/*Hartung* RVG VV 4141 Rn. 56; *N. Schneider* DAR 2011, 488 (489); s. a. *Hartmann* RVG VV 4141 Rn. 12.

176 So – allerdings ohne Begr. – OLG Stuttgart AGS 2010, 292 mablAnm *N. Schneider* AGS 2010, 295 = RVGreport 2010, 263 = VRR 2010, 320; LG Berlin BeckRS 2012, 11923, für VV 5115 RVG; stRspr LG Leipzig AGS 2010, 19; AGS 2010, 019; LG Oldenburg RVGreport 2011, 337 = VRR 2011, 400 = AGS 2011, 598; RVGreport 2011, 337 = VRR 2011, 400 = AGS 2011, 598; VRR 2013, 316 = RVGreport 2013, 320 = RVG prof. 2013, 114; AG Heidelberg RVGreport 2016, 185 = AGs 2016, 273 = VRR 5/2016, 21, für VV 5115 RVG; AG Neustadt an der Weinstraße JurBüro 2014, 531, für VV 5115 RVG; AG Viechtach/LG Deggendorf AGS 2005, 504 mAnm *N. Schneider* AGS 2006, 130 = RVGreport 2005, 431.

177 BT-Drs. 15/1971, 228.

51 Der gerichtlich bestellte oder **beigeordnete** RA, also idR der Pflichtverteidiger, erhält den **Festbetrag** der jeweiligen Verfahrensgebühr.

3. Zuschlag/mehrere Auftraggeber

52 Die Verfahrensgebühr entsteht **ohne Zuschlag.** Der Umstand, dass sich der Mandant ggf. nicht auf freiem Fuß befindet, bleibt also außer Betracht. Das ist in Anm. 3 S. 3 ausdrücklich geregelt.

53 Bis zu den Änderungen der Anm. 3 durch das 2. KostRMoG war auf die zusätzliche Gebühr die Regelung nach § 7 RVG iVm VV 1008 RVG anzuwenden. Das bedeutete, dass sich auch die VV 4141 RVG erhöhte, wenn der RA in derselben Angelegenheit **mehrere Personen** vertreten hat, was im Strafverfahren namentlich bei Vertretung mehrerer Nebenkläger in Betracht kommen konnte. Nach den Änderungen durch das 2. KostRMoG ist in Anm. 3 S. 3 jedoch ausdrücklich bestimmt, dass eine **Erhöhung** nach **VV 1008 RVG nicht** zu berücksichtigen ist.[178] Das entspricht der Regelung in VV 1006 Anm. 1 S. 1 RVG.[179] Der Wegfall der Erhöhung der VV 4141 RVG im Fall der Vertretung mehrerer Personen ist allerdings nicht einsichtig, da der Sinn und Zweck der VV 1008 RVG gerade auch in diesen Fällen greift.

VII. Rechtsschutzversicherung

54 Besteht Versicherungsschutz ist die Verfahrensgebühr VV 4141 RVG davon **umfasst,** so dass der Versicherer verpflichtet ist, auch die zusätzliche Gebühr zu zahlen.[180]

VIII. Vorschuss

55 Bei der Abrechnung eines Vorschusses nach § 9 RVG kann der RA die zusätzliche Gebühr VV 4141 RVG mit **geltend machen,** da solche Gebühren erwartungsgemäß anfallen können.[181]

Nr.	Gebührentatbestand	Gebühr oder Satz der Gebühr nach § 13 oder § 49 RVG – Wahlanwalt	Gebühr oder Satz der Gebühr nach § 13 oder § 49 RVG – gerichtlich bestellter oder beigeordneter Rechtsanwalt
4142	Verfahrensgebühr bei Einziehung und verwandten Maßnahmen .... (1) Die Gebühr entsteht für eine Tätigkeit für den Beschuldigten, die sich auf die Einziehung, dieser gleichstehende Rechtsfolgen (§ 439 StPO), die Abführung des Mehrerlöses oder auf eine diesen Zwecken dienende Beschlagnahme bezieht. (2) Die Gebühr entsteht nicht, wenn der Gegenstandswert niedriger als 30,00 € ist. (3) Die Gebühr entsteht für das Verfahren des ersten Rechtszugs einschließlich des vorbereitenden Verfahrens und für jeden weiteren Rechtszug.	1,0	1,0

Schrifttum: *Burhoff,* Die zusätzliche Verfahrensgebühr des Verteidigers bei Einziehung und verwandten Maßnahmen, RVGreport 2006, 412; *Burhoff,* Zusätzliche Verfahrensgebühr VV 4142 RVG: Da steckt eine Menge Geld drin, RVG prof. 2009, 65; *Burhoff,* Abrechnung des Antrags auf gerichtliche Entscheidung gem. § 111f Abs. 5 StPO, RVGreport 2010, 441; *Burhoff,* ABC der Gegenstandswerte im Straf- und Bußgeldverfahren, RVGreport 2011, 282; *Burhoff,* Die Abrechnung der anwaltlichen Tätigkeit bei Einziehung und verwandten Maßnahmen (VV 4142, 5116 RVG), RVGreport 2016, 282; *Burhoff,* Die Anwaltsvergütung bei Einziehung und verwandten Maßnahmen – ein Update, RVGreport 2019, 82; *Burhoff,* Geplante Änderungen bei der Anwaltsvergütung durch das KostRÄG 2021 – Teil 2, RVGreport 2020, 402; *Burhoff,* Änderungen bei der Verteidigervergütung durch das KostRÄG 2021, StRR 1/2021, 5; *Burhoff,* Änderungen bei der Vergütung der Verteidiger/Rechtsanwälte in Straf- und Bußgeldsachen durch das KostRÄG 2021, StraFo 2021, 8; *Burhoff,* Änderungen bei der Vergütung der Ver-

[178] *N. Schneider* ZAP Fach 24, 1493 (1496); NZV 2014, 149, 152; AGkompakt 2015, 100 (102).
[179] BT-Drs. 17/13537, 15; Burhoff/Volpert RVG/*Burhoff* VV 4141 Rn. 95 f.
[180] Schneider/Wolf/*N. Schneider* RVG VV 4141 Rn. 167 ff.
[181] AG Darmstadt AGS 2006, 212 mAnm *N. Schneider* = ZfS 2006, 169 = RVGreport 2007, (60 u. 220); zur Höhe des Vorschusses auch Burhoff/Volpert RVG/*Burhoff* Teil A Rn. 2639 mwN.

teidiger/Rechtsanwälte in Straf- und Bußgeldsachen durch das KostRÄG 2021, S. 1815; *Burhoff,* Änderungen bei der Vergütung der Verteidiger/Rechtsanwälte durch das KostRÄG 2021 betreffend Teile 4 und 5 VV, AGS 2021, 49; *Exner-Kuhn,* Vergütung und Haftung bei Einziehungsentscheidungen, StraFo 2020, 177; *Fromm,* Zusätzliche Verfahrensgebühr nach VV 5116 RVG bei Verfallsverfahren gem. § 29a OWiG, JurBüro 2008, 507; *Fromm,* Aktuelles zur zusätzlichen Verfahrensgebühr Nr. 4142 VV RVG, JurBüro 2019, 59; *Henke,* Keine zusätzlichen Gebühren nach VV 4142 RVG bzw. VV 5116 RVG bei Entziehung der Fahrerlaubnis oder Fahrverbot, AGS 2007, 545; *Klüsener,* Verfahrensgebühr bei Einziehung und verwandten Maßnahmen (Nr. 4142 VV RVG, JurBüro 2018, 169; *Krause,* Zusätzliche Gebühr nach VV 4142 RVG, auch bei Entziehung einer Fahrerlaubnis, JurBüro 2006, 118; *D. Meyer,* Zusätzliche Vergütung des Rechtsanwalts für die Vertretung im straf-/bußgeldrechtlichen Einziehungsverfahren pp. – VV 4142, 5116 RVG, JurBüro 2005, 355; *Pillmann/Onderka,* Kokain und Falschgeld als Bewertungsgrundlage der Verteidigervergütung? – Die neue Zusatzgebühr nach VV 4142 RVG, in Festschrift für *Richter,* Bd. II, 2006, 419; *H. Schneider,* Rechtsbehelfe gegen kostenrechtliche Entscheidungen, AGS 2020, 261; *N. Schneider,* Richtige Gebührenabrechnung bei Entziehung der Fahrerlaubnis und Fahrverbot, RVG prof. 2007, 99; *N. Schneider,* Festsetzung des Gegenstandswertes in Strafsachen, AGkompakt 2010, 116; *N. Schneider,* Gebühren(erhöhung) bei Fahrverbotssachen, DAR 2017, 762.

Übersicht

I. Allgemeines

Die VV 4142 RVG[1] sieht als **Wertgebühr** eine **besondere Verfahrensgebühr** vor, wenn der RA bei Einziehung und verwandten Maßnahmen (§ 439 StPO) eine darauf bezogene Tätigkeit für den Beschuldigten oder einen anderen Verfahrensbeteiligten ausübt. Die Regelung wird an Bedeutung erheblich zunehmen, nachdem durch das am 1.7.2017 in Kraft getretene „Gesetz zur Reform der Vermögensabschöpfung" v. 13.4.2017[2] eine umfassende Neuregelung der strafrechtlichen Vermögensabschöpfung erfolgt ist, und zwar sowohl im materiellen Bereich, also bei den §§ 73 ff. StGB, als auch hinsichtlich des Verfahrens in den §§ 111b ff., 421 ff. StPO. Die Reform hat zu einer völligen Umgestaltung des Rechts der Vermögensabschöpfung und damit, was die Rechtsprechung des BGH aus neuerer Zeit belegt, zu einer erheblichen Zunahme von Einziehungsentscheidungen geführt.[3] An die Neuregelung der Vermögensabschöpfung ist die VV 4142 RVG angepasst worden. Die Neuregelung hat zu einer erhöhten Bedeutung der gebührenrechtlichen Regelung geführt.[4] 1

Die Regelung in VV 4142 RVG ist – anders als es die Vorgängervorschrift § 88 BRAGO war – **nicht** als **„Kann-Vorschrift"** ausgebildet; vielmehr entsteht die zusätzliche Gebühr immer, ohne dass es darauf ankommt, ob der Gebührenrahmen der jeweiligen Verfahrensgebühr ausreicht, um die Tätigkeiten des RA angemessen zu berücksichtigen. Auch auf den Umfang der vom RA erbrachten Tätigkeiten kommt es nicht an. Die Höhe der Gebühr VV 4142 RVG ist **nur** am **Gegenstandswert** ausgerichtet, es handelt sich um eine **reine Wertgebühr** iSd § 2 RVG. 2

[1] Eing. zu der Gebühr *Burhoff* RVGreport 2016, 282 ff.; RVGreport 2019, 82; *Klüsener* JurBüro 2018, 169.
[2] BGBl. I 872.
[3] Vgl. BT-Drs. 18/9592; wegen Literatur zur Neuregelung *Burhoff* StrafR-EV-HdB Rn. 4951.
[4] Sa *Exner-Kuhn* StraFo 2020, 177; *Klüsener* JurBüro 2018, 169.

II. Anwendungsbereich

1. Persönlich

3 Nach VV Vorb. 4 Abs. 1 RVG gilt die VV 4142 RVG für den Wahlanwalt als **Vollverteidiger.** Es genügt, wenn der RA nur für das sog. objektive Verfahren nach §§ 421 ff. StPO beauftragt worden ist.[5] Die Vorschrift gilt auch für den Beistand oder Vertreter eines Privat- oder Nebenklägers, wenn er entsprechende Tätigkeiten erbringt, oder für den Beistand eines Nebenbeteiligten.[6] Das folgt aus VV Vorb. 4 Abs. 1 RVG.[7] Die Gebühr entsteht allerdings nicht isoliert, etwa für den Verfahrensbevollmächtigten eines Antragstellers nach § 111k Abs. 3 StPO (früher § 111f Abs. 5 StPO a. F.), sondern nur als zusätzliche Gebühr neben einer Verfahrensgebühr.[8] Daher entstehen für den Vollverteidiger, der den Betroffenen auch gegen Abschöpfungsmaßnahmen verteidigt, nach revisionsgerichtlicher Aufhebung des Urteils und Zurückverweisung in der neuen Tatsacheninstanz nicht nur die zusätzliche Verfahrensgebühr VV 4142 VV, sondern auch die (gerichtliche) Verfahrensgebühr und Terminsgebühren, und zwar auch dann, wenn das Urteil nur im Ausspruch über die Abschöpfungsmaßnahme aufgehoben worden ist.[9] Ist ein Nebenbeteiligter von einer der von VV 4142 RVG erfassten Maßnahmen betroffen, wird die Gebühr für den Verteidiger nicht ebenfalls anfallen, da er in diesen Fällen im Zweifel keine Tätigkeit erbringt, die sich auf die Maßnahme bezieht.[10]

4 Die VV 4142 RVG erfasst **auch** den gerichtlich bestellten oder beigeordneten RA, idR also den **Pflichtverteidiger.** Dieser erhält die Gebühren grds. in gleicher Höhe wie der Wahlanwalt, allerdings mit den sich aus § 49 RVG ergebenden Beschränkungen. Eine besondere Bestellung oder Erstreckung der Pflichtverteidigerbestellung ist nicht erforderlich.

2. Einzeltätigkeiten

5 Zu § 88 BRAGO war umstritten, ob ein RA, der nur mit Einzeltätigkeiten beauftragt worden war, die Erhöhung des Gebührenrahmens nach § 88 BRAGO beanspruchen konnte.[11] Die Streitfrage ist erledigt. VV 4142 RVG steht im Abschn. 1 des VV Teil 4 RVG, der nur für den Vollverteidiger gilt. Also kann die Gebühr nach VV 4142 RVG **nicht** für einen nur mit einer Einzeltätigkeit beauftragten RA anfallen. Ist der nur mit einer Einzeltätigkeit beauftragte RA auch tätig im Hinblick auf eine Einziehung, ist dies iRd § 14 Abs. 1 S. 1 RVG zu berücksichtigen. Reicht der Rahmen nicht aus, muss er die Feststellung einer Pauschgebühr nach § 42 RVG beantragen bzw. der Pflichtverteidiger eine nach § 51 RVG.[12]

3. Sachlich

6 **a) Allgemeines.** Die Tätigkeit des RA muss sich auf die **Einziehung,** oder **verwandte Maßnahmen** – das sind die in § 439 StPO genannten Maßnahmen – und die in VV 4142 Anm. 1 RVG aufgeführten weiteren Fälle beziehen. Für den Rechtszustand vor dem 1.7.2017 ist die hM zur VV 4142 RVG davon ausgegangen, dass es sich um eine Maßnahme handeln musste, die dem Betroffenen den Gegenstand endgültig entzog und es dadurch zu einem endgültigen Vermögensverlust kommen musste.[13] Auf den Strafcharakter der (Einziehungs)Maß-

---

[5] Schneider/Wolf/*N. Schneider* RVG VV 4142 Rn. 5; Burhoff/Volpert RVG/*Burhoff* VV 4142 Rn. 10.

[6] OLG Stuttgart RVGreport 2018, 142 = JurBüro 2018, 134 für den Beistand einer Nebenbeteiligten, gegen die die Verhängung eines Bußgelds nach § 30 Abs. 1 Nr. 1 OWiG beantragt wird.

[7] Vgl. auch Burhoff/Volpert RVG/*Burhoff* VV 4142 Rn. 11; für die VV 5116 RVG im Bußgeldverfahren LG Freiburg AGS 2020, 122 = StRR 6/2020, 31 = JurBüro 2020, 130 = RVGprofessionell 2020, 69 = RVGreport 2020, 461; LG Karlsruhe RVGreport 2013, 234 = VRR 2013, 238 = AGS 2013, 230; LG Oldenburg JurBüro 2013, 135 = VRR 2013, 159 = AGS 2014, 65; LG Stuttgart RVGreport 2020, 347 = DAR 2020, 358 = RVG prof. 2020, 13; LG Trier RVGreport 2016, 385 = RVG prof. 2017, 102 = StRR 9/2016, 3 (Ls.); unzutreffend **aA** OLG Karlsruhe RVGreport 2012, 301 = AGS 2013, 173 = StRR 2012, 279 = VRR 2012, 319 mit jeweils abl. Anm. *Burhoff;* LG Kassel RVGreport 2019, 342; LG Koblenz RVGreport 2018, 386 = AGS 2018, 494.

[8] *Burhoff* RVGreport 2010, 441, wonach das aus der sonst überflüssigen Regelung in VV Vorb. 4.3 Abs. 2 RVG folgt (für § 111f Abs. 5 StPO aF); *Burhoff* RVGreport 2016, 282, 293; s. a. Burhoff/Volpert RVG/*Burhoff* VV 4142 Rn. 10; s. a. KG NStZ-RR 2018, 128 = RVGreport 2018, 97 = StRR 2/2018, 20 = JurBüro 2018, 246 = RVG prof. 2018, 99.

[9] KG NStZ-RR 2018, 128 = RVGreport 2018, 97 = StRR 2/2018, 20 = JurBüro 2018, 246 = RVG prof. 2018, 99.

[10] Burhoff/Volpert RVG/*Burhoff* VV 4142 Rn. 10; s. a. *Fromm* JurBüro 2008, 507 (508) zu VV 5116.

[11] Gerold/Schmidt/*v. Eicken/Madert,* BRAGO, 15. Aufl. 2002, BRAGO § 88 Rn. 2; Gebauer/Schneider/*N. Schneider* BRAGO § 88 Rn. 6.

[12] Burhoff/Volpert RVG/*Burhoff* VV 4142 Rn. 12; Schneider/Wolf/*N. Schneider* RVG VV 4142 Rn. 8 ff.

[13] KG AGS 2009, 224 = RVGreport 2008, 429 = JurBüro 2009, 30 = StRR 2009, 157; OLG Köln StraFo 2007, 131 = RVGreport 2007, 273; LG Chemnitz AGS 2008, 342 mzustAnm *Volpert.*

nahme kommt es nach der Neuregelung in VV 4142 RVG nun nicht mehr an.[14] Der Wortlaut der Regelung entspricht vielmehr der (Neu)Regelung in den §§ 73 ff. StGB, die alle möglichen Anordnungen als „Einziehung", die nach neuem Recht immer endgültig ist, bezeichnet, der „Verfall" ist entfallen. Auch ist eine Beschlagnahme zum Zwecke der **Rückgewinnungshilfe** (§ 111b Abs. 5 aF StPO) nicht mehr möglich. Damit hat sich die zum alten Recht bestehende Streitfrage, ob eine Tätigkeit des RA in diesem Bereich zur VV 4142 RVG führt oder nicht, erledigt.[15] Die zuletzt insoweit wohl hM in der Rspr. war dazu zutreffend davon ausgegangen, dass die zusätzliche Verfahrensgebühr in den Fällen anfällt.[16] Bei der Anwendung der Neuregelung ist allerdings darauf zu achten, dass die neue Rechtslage nach § 14 EGStPO nicht für Verfahren gilt, in denen bis zum 1.7.2017 im Urteil oder Strafbefehl festgestellt wurde, dass deshalb nicht auf Verfall erkannt wird, weil Ansprüche eines Verletzten iSd § 73 Abs. 1 S. 2 StGB aF entgegenstehen. Insoweit gilt noch das alte Recht.[17] Die Verfahrensgebühr VV 4142 RVG entsteht aber, wenn der vor dem 1.7.2017 mit der Verteidigung beauftragte oder zum Pflichtverteidiger bestellte RA zunächst nur Tätigkeiten zu erbringen hatte, die sich gegen vermögenssichernde Maßnahmen im Rahmen einer Rückgewinnungshilfe nach altem Recht (§§ 73 Abs. 1 S. 2, 73a, 73b StGB aF) richteten.[18]

b) Maßnahmenkatalog. VV 4142 RVG ist daher **anzuwenden** bei[19] 7

- alle Fälle der **Einziehung** nach den §§ 73 ff. StGB, also auch, wenn die gem. §§ 73, 73c, 73d StGB angeordnete Einziehung nicht Strafcharakter hat, sondern allein der Entziehung durch die Straftat erlangter unrechtmäßiger wirtschaftlicher Vorteile dient[20] und § 7 WiStG, und zwar auch von Tatwerkzeug,[21]
- Tätigkeiten im Rahmen eines Vermögensarrestes zur Sicherung der Wertersatzeinziehung **(§ 111e Abs. 1 StPO),**[22]
- Vernichtung (§ 144 Abs. 4 MarkenG),
- Unbrauchbarmachung (§ 74d StGB),
- Abführung des Mehrerlöses (§§ 8, 10 WiStG),
- Beschlagnahme, welche der Sicherung der vorgenannten Maßnahmen dient (§§ 111b– 111d StPO),

---

[14] KG RVGreport 2019, 219 = StRR 5/2019, 27; RVGreport 2020, 76; LG Berlin RVGreport 2018, 178 = RVG prof. 2018, 80 = StRR 2/2018, 24; LG Berlin 26.1.2018 – 537 Qs 26/18; 13.4.2018 – 511 KLs 255 Js 739/14 (11/17); LG Cottbus 22.1.2018– 22 Wi Qs 16/17; AG Frankfurt am Main RVGreport 2020, 390; vgl. dazu auch *Burhoff* RVGreport 2019, 82; *Fromm* JurBüro 2019, 59; vgl. auch KG 6.3.2019 – 1 Ws 31/18.

[15] S. a. *Burhoff* RVGreport 2019, 82 f.; *Exner-Kuhn* StraFo 2020, 177 (178); *Klüsener* JurBüro 2018, 169 (170).

[16] BGH RVGreport 2019, 77 = AGS 2018, 558 = JurBüro 2019, 75 = RVG prof. 2019, 45; so mit beachtlichen Argumenten auch OLG Frankfurt a. M. RVGreport 2017, 420 = RVG prof. 2017, 140 = StRR 7/2017, 22; OLG Stuttgart RVGreport 2014, 348 = StRR 2014, 454 = RVG prof. 2014, 188 = NStZ-RR 2014, 360; LG Essen StraFo 2015, 41; s. a. – allerdings ohne nähere Begr. – OLG Hamm, AGS 2008, 175 mablAnm *Onderka;* AGS 2008, 341 = wistra 2008, 160; OLG München wistra 2010, 456; aA zum früheren Recht KG AGS 2009, 224 = RVGreport 2008, 429 = JurBüro 2009, 30 = StRR 2009, 157 mAnm *Burhoff* = AGS 2009, 224; OLG Hamm BeckRS 2009, 08073; RVGreport 2017, 422 = JurBüro 2017, 355; OLG Köln StraFo 2007, 131 = RVGreport 2007, 273; OLG München 30.7.2013 – 4 Ws 074/13 (K); OLG Oldenburg RVGreport 2018, 142 = JurBüro 2018, 356.

[17] Vgl. dazu 23. Aufl. VV 4142 RVG Rn. 7 ff.; zur Anwendung des neuen Rechts u. a. BGH NStZ-RR 2017, 342; KG 1.12.2017 – (5) 161 Ss 148/17 (69/17); OLG Hamburg NStZ-RR 2018, 205 = StraFo 2018, 257 = wistra 2018, 396; OLG Hamm StraFo 2018, 63 f.; OLG Köln StraFo 2018, 204; OLG Stuttgart NJW 2017, 3731; AG Kehl 28.11.2017 – 3 Cs 308 Js 10338/17.

[18] KG RVGreport 2019, 219 = StRR 5/2019, 27; RVGreport 2020, 76; vgl. a. LG Berlin RVGreport 2018, 178 = RVG prof. 2018, 80 = StRR 2/2018, 24; 26.1.2018 – 537 Qs 26/18; 13.4.2018 – 511 KLs 255 Js 739/14 [11/17]; LG Hanau RVGreport 2019, 342; *Burhoff,* RVGreport 2019, 82 ff.; *Fromm* JurBüro 2019, 59 ff.; unzutreffend aA OLG Frankfurt RVGreport 2020, 307; 28.6.2019 2 Ws 13/19.

[19] Zum neuen Recht *Burhoff* RVGreport 2019, 82 f.; *Klüsener* JurBüro 2018, 169 f.; BeckOK-RVG/*Knaudt* VV 4142 Rn. 3 ff.; Burhoff/Volpert RVG/*Burhoff* VV 4142 Rn. 6 f.; zum alten Recht Schneider/Wolf/*N. Schneider* RVG VV 4142 Rn. 12 ff.; *Burhoff* RVGreport 2006, 413; RVG prof. 2009, 65; zum ggf. noch anwendbaren alten Recht Voraufl. VV 4142 RVG Rn. 7 ff.

[20] KG RVGreport 2019, 219 = StRR 5/2019, 27; RVGreport 2020, 76; LG Berlin RVGreport 2018, 178 = RVG prof. 2018, 80 = StRR 2/2018, 24; LG Berlin, 26.1.2018 – 537 Qs 26/18; 13.4.2018 – 511 KLs 255 Js 739/14 (11/17); AG Frankfurt a. M. RVGreport 2020, 390; *Klüsener* JurBüro 2018, 169 f.; *Exner-Kuhn* StraFo 2020, 177 (178); unzutreffend aA OLG Frankfurt a. M. RVGreport 2020, 307.

[21] OLG Dresden 8.11.2006 – 3 Ws 80/06 für § 74 a. F. StGB.

[22] *Burhoff* RVGreport 2019, 82 (83); *Klüsener* JurBüro 2018, 169 (170).

- ausnahmsweise auch bei einer Beschlagnahme nach §§ 94, 98 StPO, wenn die Sache – zumindest auch – als etwaiger Einziehungsgegenstand von Bedeutung ist,[23]
- wenn gegen einen Nebenbeteiligten die Verhängung eines Bußgelds nach § 30 Abs. 1 Nr. 1 OWiG beantragt wird, obwohl dieser Fall in VV 4142 RVG nicht ausdrücklich erwähnt wird, weil die Verbandsgeldbuße des § 30 OWiG sich aus einem Ahndungs- und einem Abschöpfungsteil zusammensetzt und der Abschöpfungsteil dem Zweck dient, der Nebenbeteiligten diesen Geldbetrag endgültig zu entziehen,[24]

8 hingegen **nicht anwendbar** bei:[25]

- Rückerstattung des Mehrerlöses nach § 9 WiStG, da insoweit VV 4143 RVG anwendbar ist,
- Durchsetzung von Ansprüchen nach dem StrEG,[26]
- Verfall einer Sicherheit nach § 128 Abs. 1 StPO,
- Beschlagnahme zur Sicherstellung von Beweismitteln nach § 94 StPO,[27]
- Vermögensbeschlagnahme (§§ 290, 443 StPO),
- **Vermögensarrest** zur Sicherung der Vollstreckung einer Geldstrafe und der voraussichtlichen Kosten des Strafverfahrens **(§ 111e Abs. 2 StPO),**[28]

9 **c) Entziehung der Fahrerlaubnis/Fahrverbot.** Nach § 88 S. 3 BRAGO konnte der RA den Betragsrahmen um bis zu 25 % übersteigen, wenn er eine Tätigkeit ausübte, die sich auf ein Fahrverbot oder die Entziehung der Fahrerlaubnis erstreckte und der Betragsrahmen der Gebühr nicht ausreichte, die Tätigkeiten des RA angemessen zu vergüten. Dieser Zuschlag ist im RVG entfallen.[29] Für die entsprechenden Tätigkeiten steht dem RA **nicht** eine **Gebühr** nach **VV 4142 RVG** zu. Die Entziehung der Fahrerlaubnis ist keine Einziehung iSv VV 4142 RVG. Die Vorschrift kann auch nicht entsprechend angewendet werden.[30] Die gegenteilige Auffassung[31] lässt sich mit der Gesetzeslage nicht vereinbaren. Der RA muss die von ihm im Hinblick auf Entziehung der Fahrerlaubnis/Fahrverbot erbrachten Tätigkeiten bei der Bemessung der konkreten Gebühr innerhalb des jeweiligen Gebührenrahmens gem. **§ 14 Abs. 1 S. 1 RVG** geltend machen.[32] Für die **Einziehung** des **Führerscheinformulars fällt** aber die Gebühr VV 4142 RVG **an.**[33]

III. Erfasste Tätigkeiten (Anm. 1, 3)

10 Bei VV 4142 RVG handelt es sich um eine **Verfahrensgebühr.** Abgegolten wird nach VV Vorb. 4 Abs. 2 RVG also das „Betreiben des Geschäfts" im Hinblick auf die Einziehung oder einer ihr verwandte Maßnahme.[34] Es muss sich aber um eine Tätigkeit handeln, die sich (zumindest auch) auf die Einziehung bezieht.[35] Allein die Rücknahme der Berufung/Revision gegen ein Urteil, in dem die Einziehung angeordnet ist, dürfte daher i. d. R. die Gebühr nicht entstehen lassen. Erfasst werden von der Gebühr **sämtliche Tätigkeiten,** die der RA im Hinblick auf die Einziehung erbringt. Das können sein das Fertigen von Schriftsätzen, Stellungnahmen, Besprechungen, Beschwerden usw, die zumindest auch einen Bezug zur Einziehung

[23] Zum alten Recht OLG Düsseldorf RVGreport 2011, 228 = StRR 2011, 78 mAnm *Volpert,* in 1. Instanz wird die Beschlagnahme ausschließlich auf die §§ 94, 98 StPO als Beweismittel gestützt, während in der Beschwerdeinstanz alternativ eine auf Einziehungsrecht gestützte Begr. der Beschlagnahmeanordnung gegeben wird; aber auch → Rn. 8.

[24] OLG Stuttgart RVGreport 2018, 141 mzustAnm *Burhoff* = JurBüro 2018, 134.

[25] BeckOK-RVG/*Knaudt* VV 4142 Rn. 3 ff.; Burhoff/Volpert RVG/*Burhoff* VV 4142 Rn. 9; teilweise zum alten Recht Schneider/Wolf/*N. Schneider* RVG VV 4142 Rn. 14; *Burhoff* RVGreport 2006, 413; RVGreport 2016, 282, 283; RVG prof. 2009, 65; RVGreport 2019, 82 f.

[26] → RVG VV 4143 Rn. 9.

[27] OLG Hamm BeckRS 2009, 08073; LG Mainz AGS 2007, 139; vgl. aber OLG Düsseldorf RVGreport 2011, 228 = StRR 2011, 78 mAnm *Volpert;* → Rn. 7.

[28] *Klüsener* JurBüro 2018, 169 (170); *Burhoff,* RVGreport 2019, 82 f.

[29] BT-Drs. 15/1971, 280.

[30] OLG Koblenz AGS 2006, 236 = RVGreport 2006, 192 = VRR 2006, 238; AG Nordhorn AGS 2006, 238; AG Weilburg AGS 2007, 561; Schneider/Wolf/*N. Schneider* RVG VV 4142 Rn. 16; Burhoff/Volpert RVG/*Burhoff* VV 4142 Rn. 9; *Burhoff* RVGreport 2006, 191; *Henke* AGS 2007, 545; *Volpert* VRR 2006, 238; mit Recht krit. zu der Neuregelung *Pillmann/Onderka* FS Richter, Bd. II, 2006, 419 (426).

[31] *Krause* JurBüro 2006, 118; *Hartmann/Toussaint* RVG VV 4142 Rn. 5.

[32] Burhoff/Volpert RVG/*Burhoff* VV 4142 Rn. 9; *Burhoff* RVGreport 2006, 191; RVGreport 2016, 282, 286; *Volpert* VRR 2006, 238; Schneider/Wolf/*N. Schneider* RVG VV 4142 Rn. 16.

[33] AG Freiburg StRR 2/2021, 38; Burhoff/Volpert RVG/*Burhoff* VV 4142 Rn. 9, 54; *Burhoff* RVGreport 2006, 191; RVGreport 2016, 282, 286; aA *N. Schneider* DAR 2017, 723; zum Gegenstandswert s. Anh. VII RVG.

[34] Zum allgemeinen Abgeltungsbereich der Verfahrensgebühr → RVG VV Vorb. 4 Rn. 25 ff.

[35] BGH NStZ-RR 2019, 127 = RVGreport 2019, 103 = RVG prof. 2019, 58.

bzw. einer der verwandten Maßnahmen haben.[36] Auch die Teilnahme des Rechtsanwalts an einem Termin wird von der VV 4142 RVG erfasst.[37] Im Revisionsverfahren genügt für das Entstehen der Gebühr die Erhebung der Sachrüge.[38] Zu den zu honorierenden Tätigkeiten gehören auch solche in Bezug auf vorläufige Maßnahmen im Ermittlungsverfahren, die dem Zweck dienen, dem Betroffenen die gesicherten Vermögenswerte später endgültig zu entziehen und es dadurch zu einem dauerhaften Vermögensverlust bei ihm kommen zu lassen.[39]

Da es sich um eine reine Wertgebühr handelt, ist der **Umfang** der vom RA erbrachten Tä- 11
tigkeiten für das Entstehen und die Höhe der Gebühr ohne Belang.[40] So führt zB allein die Prüfung einer im tatrichterlichen Urteil ausgesprochenen Einziehung im Rahmen der Fertigung einer Revisionsbegründungsschrift zum Entstehen der Gebühr VV 4142 RVG für die Revisionsinstanz.[41] Für das Entstehen der Gebühr ist es auch ohne Bedeutung, ob der Gebührenrahmen der jeweiligen (allgemeinen) Verfahrensgebühr ausreicht, um die Tätigkeiten des Rechtsanwaltes angemessen zu berücksichtigen.[42]

Die VV 4142 RVG setzt **keine gerichtliche** Tätigkeit des RA voraus. Insbesondere muss 12
die Einziehung nicht im Verfahren beantragt worden sein. Ausreichend ist es, wenn sie in Betracht kommt, teilweise formuliert die Rspr. mit „nach Aktenlage geboten";[43] insoweit wird es darauf ankommen, ob im Zeitpunkt des Tätigwerdens des RA die Beratung „geboten war", es kommt nicht darauf an, ob sich nachträglich herausstellt, dass eine Einziehung nicht in Betracht kam.[44] Davon wird man immer ausgehen können, wenn die Fragen der Einziehung nahe liegen,[45] weil aufgrund der Aktenlage (ggf. Dealgeld) zB mit einem Einziehungsantrag in der Hauptverhandlung zu rechnen ist[46] oder weil in der Anklage die Einziehung beantragt wird;[47] auf einen Antrag der Staatsanwaltschaft kommt es aber nicht an.[48] Ebenso ist es bedeutungslos, wenn es an einer gerichtlichen Entscheidung über die Einziehung fehlt.[49] Die Gebühr wird auch für eine außergerichtliche **nur beratende Tätigkeit** des RA verdient.[50] Es genügt, wenn sich der Verteidiger in der Hauptverhandlung mit der außergerichtlichen Einziehung einverstanden erklärt oder er den Angeklagten nur über die (außergerichtliche) Einziehung berät.[51] Unerheblich ist auch, ob nach der Beratung dann ggf. (anschließend) nicht der

[36] Zu den erfassten Tätigkeiten auch OLG Frankfurt a. M. RVGreport 2017, 420; OLG Karlsruhe AGS 2008, 30 = StraFo 2007, 438 = StV 2008, 373; LG Kiel StraFo 2007, 307.

[37] BGH NStZ-RR 2019, 127 = RVGreport 2019, 103 = RVG prof. 2019, 58.

[38] BGH NStZ-RR 2019, 127 = RVGreport 2019, 103 = RVG prof. 2019, 58.

[39] Vgl. KG RVGreport 2020, 76; OLG Rostock JurBüro 2018, 407, 408: OLG Stuttgart RVGreport 2018, 142 = JurBüro 2018, 134 (135).

[40] OLG Hamm RVGreport 2012, 152 = StRR 2012, 158 = RVG prof. 2012, 41; OLG Oldenburg NJW 2010, 884 = AGS 2010, 128 = StraFo 2010, 132 = RVGreport 2010, 303 = StRR 2010, 356 = RVG prof. 2010, 29; *Klüsener* JurBüro 2018, 169 (170).

[41] Ähnlich BGH NStZ-RR 2019, 127 = RVGreport 2019, 103 = RVG prof. 2019, 58.

[42] LG Erfurt RVGreport 2020, 62.

[43] OLG Düsseldorf 10.12.2009 – III-1 Ws 654/09; RVGreport 2011, 228 = StRR 2011, 78 mAnm *Volpert;* OLG Karlsruhe AGS 2008, 30 = StraFo 2007, 438 = StV 2008, 373; OLG Oldenburg NJW 2010, 884 = AGS 2010, 128 = StraFo 2010, 132 = RVGreport 2010, 303 = StRR 2010, 356 = RVG prof. 2010, 29; LG Aschaffenburg RVGreport 2007, 72; LG Berlin AGS 2005, 395 = RVGreport 2005, 193; LG Kiel StraFo 2007, 307; LG Verden NStZ-RR 2019, 128 = RVGreport 2019, 65 = RVG prof. 2019, 39; AG Minden AGS 2012, 66; Schneider/Wolf/*N. Schneider* RVG VV 4142 Rn. 18; aA offenbar KG StRR 2008, 478 mablAnm *Burhoff* = NStZ-RR 2008, 391 = JurBüro 2009, 30 = RVGreport 2009, 74 = AGS 2009, 224; RVGreport 2020, 20; zu eng AG Mainz RVGreport 2019, 141; sa *Exner-Kuhn* StraFo 2020, 177 (178).

[44] Zu eng daher LG Amberg RVGreport 2019, 354; RVGreport 2019, 431; AG Mainz RVGreport 2019, 141; RVGreport 2019, 424.

[45] KG 8.11.2019 – 1 Ws 53/19.

[46] OLG Karlsruhe AGS 2008, 30 = StraFo 2007, 438 = StV 2008, 373; LG Berlin AGS 2005, 395 = RVGreport 2005, 193; LG Kiel StraFo 2007, 307; *Klüsener* JurBüro 2018, 169 f.

[47] OLG Düsseldorf 10.12.2009 – III-1 Ws 654/09; OLG Oldenburg NJW 2010, 884 = AGS 2010, 128 = StraFo 2010, 132 = RVGreport 2010, 303 = StRR 2010, 356 = RVG prof. 2010, 29; *Klüsener* JurBüro 2018, 169 (170).

[48] Zu eng daher AG Mainz RVGreport 2019, 141.

[49] LG Berlin AGS 2005, 395 = RVGreport 2005, 193; Burhoff/Volpert RVG/*Burhoff* VV 4142 Rn. 21; zu eng AG Mainz RVGreport 2019, 141.

[50] KG AGS 2005, 550 = JurBüro 2005, 531 = RVGreport 2005, 390; OLG Dresden RVGreport 2020, 227; OLG Karlsruhe AGS 2008, 30 = StraFo 2007, 438 = StV 2008, 373; LG Chemnitz 9.1.2020 – 4 KLS 310 Js 40553/18; LG Kiel StraFo 2007, 307; LG Verden NStZ-RR 2019, 128 = RVGreport 2019, 65 = RVG prof. 2019, 39; AG Minden AGS 2012, 66.

[51] KG AGS 2005, 550 = JurBüro 2005, 531 = RVGreport 2005, 390; OLG Dresden 8.11.2006 – 3 Ws 80/06; OLG Koblenz StV 2008, 372; LG Essen AGS 2006, 501 = RVGreport 2007, 465; LG Chemnitz 25.9.2006 – 2 Qs 59/06.

RA, sondern nur der Mandant eine nach außen sichtbare Handlung („objektive Tätigkeit") vornimmt.[52] Gerade bei einer nur beratenden Tätigkeit sollte der RA aber, obwohl seine Tätigkeit nicht nach außen hin erkennbar geworden sein muss, dokumentieren, dass er für den Mandanten auch im Hinblick auf Einziehung oder eine verwandte Maßnahme tätig war.[53] Die Gebühr entsteht iÜ aber nicht für erst nach rechtskräftigem Abschluss des Hauptverfahrens erbrachte Tätigkeiten. Die nach rechtskräftigem Abschluss des Hauptsacheverfahrens vorgenommenen Bemühungen stellen Tätigkeiten im Rahmen der Strafvollstreckung dar und können damit (nur) nach VV Teil 4 Abschn. 2 RVG, und zwar nach VV 4204 RVG, zu vergüten sein.[54]

13 Die Gebühr erfasst sämtliche in einem Rechtszug erbrachte Tätigkeiten. Sie ist **rechtszugbezogen.**[55] Die Gebühr entsteht nach Anm. 3 in jedem Rechtszug einmal. Vorbereitendes Verfahren und Verfahren des ersten Rechtszuges bilden nach Anm. 3 eine Einheit. Im Rechtsmittelverfahren entsteht die Gebühr auch neben der jeweiligen Verfahrensgebühr für das Rechtsmittelverfahren (VV 4124, 4130 RVG), wenn das Rechtsmittel zB auf die Anordnung der Einziehung beschränkt war.[56]

IV. Gebührenhöhe (Anm. 2)

1. Allgemeines

14 Die Verfahrensgebühr VV 4142 RVG ist eine **reine Wertgebühr;**[57] sie ist unabhängig davon, ob der Gebührenrahmen der jeweiligen Verfahrensgebühr ausreicht oder nicht.[58] Es handelt sich nicht um eine Ermessensvorschrift. Vielmehr entsteht die Gebühr in jedem der in der Vorschrift geregelten Fälle.[59]

15 Für die Berechnung der Höhe der Gebühr des Wahlanwalts gilt **§ 13 RVG.** Danach entsteht also bei einem Gegenstandswert von 30,– EUR bis 500,– EUR eine (Mindest-)Gebühr von 49,– EUR. Darüber hinaus gilt die Tabelle zu § 13 RVG. Für den gerichtlich bestellten RA/ **Pflichtverteidiger** gilt die Begrenzung aus **§ 49 RVG.** Für ihn entstehen also ab einem Gegenstandswert von mehr als 4.000,– EUR geringere Gebühren.[60] Die Begrenzung gilt aber nur, wenn der Rechtsanwalt (seine) Pflichtverteidigervergütung geltend machen. Macht er den Kostenerstattungsanspruch des Mandanten geltend, gilt § 13 RVG.[61]

16 Wenn der RA für **mehrere Auftraggeber** wegen desselben Gegenstandes tätig ist, wird VV 1008 RVG angewendet, da es sich um eine Verfahrensgebühr handelt.

2. Gebühr im Bagatellbereich (Anm. 2)

17 Nach Anm. 2 entsteht die Gebühr **nicht,** wenn der **Gegenstandswert niedriger als 30,– EUR** ist. Damit greift die Vorschrift nicht bei der Einziehung von Gegenständen im Bagatellbereich, insbes. also nicht bei der Einziehung nur geringwertiger Tatwerkzeuge.[62] Sinn und Zweck dieser Regelung ist eine Vereinfachung bei der Festsetzung der anwaltlichen Gebühren. Dadurch soll verhindert werden, dass in sehr vielen Verfahren sonst die Mindestgebühr anfallen würde. Die Tätigkeit im Hinblick auf die Einziehung solcher geringwertiger Gegenstände muss der RA über § 14 Abs. 1 S. 1 RVG bei der Bemessung der konkreten Verfahrensgebühr geltend machen.

---

[52] KG AGS 2005, 550 = JurBüro 2005, 531 = RVGreport 2005, 390; Burhoff/Volpert RVG/*Burhoff* VV 4142 Rn. 20.

[53] Burhoff/Volpert RVG/*Burhoff* VV 4142 Rn. 21.

[54] OLG Köln RVGreport 2018, 423 = StRR 6/2018, 26.

[55] Burhoff/Volpert RVG/*Burhoff* VV 4142 Rn. 14f.

[56] Für Berufung OLG Hamm RVGreport 2012, 152 = StRR 2012, 158 = RVG prof. 2012, 41; LG Detmold BeckRS 2012, 05838.

[57] Krit. zur Höhe der Gebühren BGH StraFo 2007, 302 mkritAnm *Pananis;* s. a. OLG Köln StraFo 2007, 525.

[58] LG Erfurt RVGreport 2020, 62.

[59] *Pillmann/Onderka* FS Richter, Bd. II, 2006, 419 (420).

[60] Zu den Änderungen durch das KostRÄG 2021 v. 21.12.2020 (BGBl. I 3229); Burhoff RVGreport 2020, 402 (404); StraFo 2021, 8 (11); StRR 1/2021, 5 (7).

[61] Burhoff/Volpert RVG/*Burhoff* VV 4142 Rn. 35.

[62] BT-Drs. 15/1971, 228.

3. Gegenstandswert

18 Die Gebühr VV 4142 RVG berechnet sich nach dem **Gegenstandswert.**[63] Das ist nach § 2 RVG der Wert, den der Gegenstand der anwaltlichen Tätigkeit hat. Mehrere Gegenstandswerte in derselben Angelegenheit werden nach § 7 Abs. 2 RVG zusammengerechnet.[64] Es gelten die §§ 22 ff. RVG. Bei mehreren Beschuldigten/Betroffenen wird jedem der volle Verkehrswert zugerechnet.[65]

19 Für den Gegenstandswert maßgebend ist der **objektive Wert,** das subjektive Interesse des Betroffenen ist ohne Belang.[66] Auch eine Fälschung kann also einen Wert haben.[67] Der Wert bemisst sich nach dem wirtschaftlichen Interesse der Angeklagten auf die Abwehr der Einziehung. Maßgeblich ist der Nominalwert einer ggf. titulierten Einziehungsforderung. Es kommt nicht darauf an, ob ggf. wegen Vermögenslosigkeit des Angeklagten erhebliche Zweifel an der Werthaltigkeit der Einziehungsforderung bestehen.[68] Bei einem **dinglichen Arrest** nach § 111b Abs. 2, 5 StPO aF ist für den Gegenstandswert auszugehen von einer Schätzung des zu sichernden Anspruch gem. § 23 Abs. 1 S. 1 und 2 iVm § 53 Abs. 1 Nr. 1 GKG, § 3 ZPO.[69] Maßgebend ist dabei das wirtschaftliche Interesse des Betroffenen an der Abwehr der Arrestforderung, wobei die konkrete wirtschaftliche Situation in den Blick zu nehmen ist. Beträge, deren Durchsetzbarkeit nicht ernstlich in Betracht kommt und die deshalb eher fiktiven Charakter haben, bleiben unberücksichtigt.[70] Das für die Wertberechnung gemäß § 2 Abs. 1 maßgebliche Interesse des Betroffenen an der Abwehr des Arrests geht aber nicht weiter, als Vermögenswerte vorhanden sind, auf die im Wege der Arrestvollziehung zugegriffen werden kann.[71] Der Gegenstandswert für die Tätigkeit des Verteidigers im **Revisionsverfahren** bemisst sich nach dem wirtschaftlichen Interesse am Erfolg der Revision.[72] Dem steht nicht entgegen, dass dem Verteidiger auch für die Verteidigung gegen den Tatvorwurf Gebühren zustehen.[73] Der Gegenstandswert für die **Gebühren** der Tätigkeit des Vertreters einer **Einziehungsbeteiligten** im Revisionsverfahren bemisst sich nach dem wirtschaftlichen Interesse des Einziehungsbeteiligten an der Abwehr der Revision der Staatsanwaltschaft, soweit diese das Unterlassen einer Einziehungsanordnung gegen den Einziehungsbeteiligten mit der Sachrüge beanstandet hat,[74] und zwar grds. auch dann, wenn über das Vermögen der Einziehungsbeteiligten bereits das Insolvenzverfahren eröffnet war.[75] Handelt es sich nur um eine vorläufige Maßnahme, wie zB eine Beschlagnahme, ist wegen der Vorläufigkeit ein Abschlag vorzunehmen.[76] Insbesondere bei der Einziehung von Betäubungsmitteln wird zutreffend darauf abgestellt, dass VV 4142

---

[63] Zu den Gegenstandswerten das ABC Anh.VII RVG; *Burhoff* RVGreport 2011, 281; Burhoff/Volpert RVG/*Burhoff* VV 4142 Rn. 33 ff. mwN; *Burhoff* RVGreport 2019, 82, 87 f.; *Klüsener* JurBüro 2018, 169 (170); *Exner-Kuhn* StraFo 2020, 177 (178 f.).

[64] Zur Festsetzung des Wertes in den Fällen der Verbindung von Verfahren LG Kiel 3.1.2020 – 10 Ws 60/19.

[65] OLG Bamberg AGS 2007, 192; LG Aschaffenburg RVGreport 2007, 72.

[66] Burhoff/Volpert RVG/*Burhoff* VV 4142 Rn. 28; zum Gegenstandswert im Rechtsmittelverfahren *Exner-Kuhn* StraFo 2020, 177 (178 f.); BGH RVGreport 2019, 77 = AGS 2018, 558; OLG Hamm AGS 2008, 341 mAnm *Volpert* = wistra 2008, 160; LG Essen 4.12.2108 – 63 Qs 23/18.

[67] Schneider/Wolf/*N. Schneider* RVG VV 4142 Rn. 39.

[68] BGH RVGreport 2019, 412 mwN.

[69] BGH NStZ-RR 2019, 127 = RVGreport 2019, 77 = AGS 2018, 558 = JurBüro 2019, 75 = RVG prof. 2019, 46.

[70] BGH NStZ-RR 2019, 127 = RVGreport 2019, 77 = AGS 2018, 558 = JurBüro 2019, 75 = RVG prof. 2019, 46.

[71] BGH NStZ-RR 2019, 127 = RVGreport 2019, 77 = AGS 2018, 558 = JurBüro 2019, 75 = RVG prof. 2019, 46.

[72] Zum Gegenstandswert im Rechtsmittelverfahren *Exner-Kuhn* StraFo 2020, 177 (179).

[73] BGH RVGreport 2019, 103 = NStZ-RR 2019, 127 = RVG prof. 2019, 58.

[74] BGH StRR 2014, 262 = RVGreport 2014, 364; RVGreport 2015, 35 = StRR 2015, 38 = wistra 2015, 35 = StraFo 2015, 38; RVGreport 2015, 193 = NStZ-RR 2015, 159 (Ls.); NStZ-RR 2018, 231 = RVGreport 2018, 233 mzustAnm *Burhoff* = ZfS 2018, 402 = StraFo 2018, 446 = JurBüro 2018, 465; BGH RVGreport 2019, 103 = NStZ-RR 2019, 127 = RVG prof. 2019, 58.

[75] BGH StraFo 2015, 38 = wistra 2015, 35 = RVGreport 2015, 35 = StRR 2015, 38 für Verfall nach altem Recht; vgl. aber BGH NStZ 2007, 341 = RVGreport 2007, 313 = wistra 2007, 232 = StraFo 2007, 302 mAnm *Pananis.*

[76] Burhoff/Volpert RVG/*Burhoff* VV 4142 Rn. 28; *Klüsener* JurBüro 2018, 169 (170); OLG Hamm AGS 2008, 175; 2008, 341 = wistra 2008, 160; OLG Stuttgart NStZ-RR 2014, 360 = JurBüro 2015, 132 = wistra 2014, 365 = RVGreport 2014, 348 = StRR 2014, 454 = RVG prof. 2014, 188, bei Entscheidung über dinglichen Arrest 1/3 des zu sichernden Hauptanspruches; LG Kempten JurBüro 2018, 596; offen gelassen von BGH RVGreport 2019, 77 = AGS 2018, 558 = JurBüro 2019, 75 = RVG prof. 2019, 46.

RVG eine Gebühr ist, die die Tätigkeiten des RA vergütet, die darauf gerichtet sind, dem Beschuldigten erhaltenswerte Gegenstände zu erhalten.[77] Deshalb wird der Gegenstandswert von **Betäubungsmitteln** unterschiedslos mit Null angesetzt. Diese Rspr. wird allerdings dahin einzuschränken sein, dass das nur für Betäubungsmittel der Anl. I zu § 1 Abs. 1 BtMG gilt, während der Gegenstandswert bei Betäubungsmitteln der Anl. III zu § 1 Abs. 1 BtMG (verkehrs- und verschreibungsfähige Betäubungsmittel) nach dem objektiven Verkehrswert zu bestimmen sein dürfte.[78] Ähnlich dürfte bei den Betäubungsmitteln der Anl. II zu § 1 Abs. 1 BtMG (verkehrsfähige, aber nicht verschreibungsfähige Betäubungsmitteln) zu verfahren sein, deren Verkehrswert nach den im legalen Handel zu erzielenden Preisen zu bestimmen sein wird.[79] Diese Unterscheidung entspricht der Bestimmung des Verkehrswerts von unversteuerten und **unverzollten Zigaretten,** der sich nach dem Materialwert zzgl. der üblichen Handelsspanne richtet.[80] Bei eingezogenem Dealgeld ist der Nennbetrag maßgeblich.[81]

20 Für die Berechnung der VV 4142 RVG ist vom **Verkaufswert** bzw. objektiven Verkehrswert möglicher Einziehungsgegenstände auszugehen und nicht von einem späteren, ggf. niedrigeren, Versteigerungserlös.[82] Bei mehreren Beschuldigten ist jedem der volle Verkehrswert zuzurechnen.[83] Für die Höhe des Gegenstandswertes ist der **Zeitpunkt des Entstehens der Gebühr** entscheidend.[84] Es kommt nicht auf den später in der Hauptverhandlung von der Staatsanwaltschaft gestellten Schlussantrag an[85] oder auf den im Urteil tatsächlich eingezogenen Betrag.[86] Bei einer außergerichtlichen Beratung sind die zum Zeitpunkt der Beratung erkennbaren Anhaltspunkte in der Verfahrensakte maßgebend.[87] Bei einer Entscheidung über einen dinglichen Arrest gem. §§ 111b Abs. 2, 111d ist es nach hM in der Rspr. angemessen, im Regelfall als Gegenstandswert $^1/_3$ des zu sichernden Hauptanspruchs festzusetzen.[88]

21 Der RA muss ggf. den Gegenstandswert nach § 33 RVG festsetzen lassen. Für das Verfahren zur **Wertfestsetzung** gelten die allgemeinen **Regeln** des § 33 RVG.[89]

V. Pauschgebühr (§§ 42, 51 RVG)

22 Die Feststellung/Festsetzung einer **Pauschgebühr** nach §§ 42, 51 RVG ist nach § 42 Abs. 1 S. 2 RVG bzw. § 51 Abs. 1 S. 2 RVG **ausgeschlossen,** da es sich bei der Gebühr VV 4142 RVG um eine Wertgebühr handelt.[90] Daraus folgt, dass auf eine Pauschgebühr eine zuvor bereits

---

[77] KG AGS 2005, 550 = JurBüro 2005, 531 = RVGreport 2005, 390; Burhoff/Volpert RVG/*Burhoff* VV 4142 Rn. 29, 40; s. a. noch OLG Frankfurt a. M. JurBüro 2007, 201 mablAnm *Madert* = RVGreport 2007, 71; OLG Hamm 29.3.2007 – 3 Ws 44/07; OLG Koblenz AGS 2006, 237 = StraFo 2006, 215 = JurBüro 2006, 255; OLG München AGS 2010, 543 = NStZ-RR 2010, 32 (Ls.); OLG Schleswig StraFo 2006, 516; LG Göttingen AGS 2006, 75 mAnm *Madert;* AG Nordhorn AGS 2006, 238; krit. Schneider/Wolf/*N. Schneider* RVG VV 4142 Rn. 40.

[78] Burhoff/Volpert RVG/*Burhoff* VV 4141 Rn. 40; BeckOK-RVG/*Knaudt* VV 4142 Rn. 14.1, jeweils unter Hinweis auf BGHSt 51, 318 = NJW 2007, 2054 = StRR 2007, 271 mAnm *Kotz;* ähnlich für Streckmittel OLG Schleswig StraFo 2006, 516.

[79] Burhoff/Volpert RVG/*Burhoff* VV 4141 Rn. 40.

[80] LG Essen AGS 2006, 501 = RVGreport 2007, 465; aA LG Berlin BeckRS 2007, 10100, rkr. durch Verwerfungsbeschluss des KG 20.12.2006 – 5 Ws 687/06: Wert Null; s. a. LG Hof AGS 2008, 80, Schwarzmarktpreis.

[81] KG AGS 2005, 550 = RVGreport 2005, 390 = JurBüro 2005, 531; s. a. OLG Frankfurt a. M. RVGreport 2007, 71 = JurBüro 2007, 271, Falschgeld hat keinen Verkehrswert.

[82] OLG Bamberg AGS 2007, 192; LG Aschaffenburg RVGreport 2007, 72.

[83] OLG Bamberg AGS 2007, 192; LG Aschaffenburg RVGreport 2007, 72.

[84] BGH RVGreport 2019, 77 = AGS 2018, 558 = JurBüro 2019, 75 = RVG prof. 2019, 46; OLG Oldenburg NJW 2010, 884 = AGS 2010, 128 = StraFo 2010, 132 = RVGreport 2010, 303 = StRR 2010, 356; NStZ-RR 2011, 392 = RVGreport 2011, 393 = RVG prof. 2011, 161, für Verfall nach altem Recht; OLG Stuttgart RVG prof. 2010, 170; LG Mosbach StraFo 2006, 517; AG Minden AGS 2012, 66; s. aber für Beratung – unzutreffend – LG Amberg, RVGreport 2019, 354;, RVGreport 2019, 431; ähnlich unzutreffend AG Mainz RVGreport 2019, 141; 2019, 424.

[85] OLG Oldenburg NJW 2010, 884 = AGS 2010, 128 = StraFo 2010, 132 = RVGreport 2010, 303 = StRR 2010, 356 = RVG prof. 2010, 29; LG Magdeburg StRR 2008, 480 mzustAnm *Burhoff.*

[86] LG Essen AGS 2019, 407.

[87] KG NStZ-RR 2005, 358 = JurBüro 2005, 531 = Rpfleger 2005, 698; OLG Karlsruhe StraFo 2007, 438 = NStZ-RR 2007, 391 = AGS 2008, 30.

[88] OLG Hamm AGS 2008, 341 = wistra 2008, 160; AGS 2008, 175; OLG Stuttgart NStZ-RR 2014, 360 = JurBüro 2015, 132 = wistra 2014, 365 = RVGreport 2014, 348 = StRR 2014, 454 = RVG prof. 2014, 188; aA OLG Frankfurt a. M. RVGreport 2017, 420 = RVGprof. 2017, 140 = StRR 7/2017, 22.

[89] Vgl. die Erläuterungen zu → § 33 Rn. 1 ff.

[90] OLG Karlsruhe NStZ-RR 2015, 96 = RVGreport 2015, 215 = StRR 2015, 156.

festgesetzte und ausgezahlte Gebühr VV 4142 RVG nicht angerechnet werden darf, weil die Pauschvergütung nicht an die Stelle der Einzelgebühren tritt.[91]

VI. Kostenerstattung

Muss die **Staatskasse** die Gebühren erstatten, kann auch Erstattung der Gebühr VV 4142 RVG verlangt werden.[92] 23

Gegen den **Auftraggeber** kann der RA die Gebühr VV 4142 RVG festsetzen lassen. § 11 Abs. 8 RVG steht nicht entgegen, da es sich um eine reine Wertgebühr handelt.[93] 24

Nr.	Gebührentatbestand	Gebühr oder Satz der Gebühr nach § 13 oder § 49 RVG – Wahlanwalt	Gebühr oder Satz der Gebühr nach § 13 oder § 49 RVG – gerichtlich bestellter oder beigeordneter Rechtsanwalt
4143	Verfahrensgebühr für das erstinstanzliche Verfahren über vermögensrechtliche Ansprüche des Verletzten oder seines Erben	2,0	2,0
	(1) Die Gebühr entsteht auch, wenn der Anspruch erstmalig im Berufungsverfahren geltend gemacht wird. (2) Die Gebühr wird zu einem Drittel auf die Verfahrensgebühr, die für einen bürgerlichen Rechtsstreit wegen desselben Anspruchs entsteht, angerechnet.		
4144	Verfahrensgebühr im Berufungs- und Revisionsverfahren über vermögensrechtliche Ansprüche des Verletzten oder seines Erben	2,5	2,5

Schrifttum: *Burhoff,* Anwaltliche Vergütung für die Tätigkeit im strafrechtlichen Entschädigungsverfahren, RVGreport 2007, 372; *Burhoff,* Erstreckung der Bestellung eines Rechtsanwalts auch auf das Adhäsionsverfahren?, RVGreport 2008, 249; *Burhoff,* ABC der Gegenstandswerte im Straf- und Bußgeldverfahren, RVGreport 2011, 281; *Burhoff,* Fragen aus der Praxis zu Gebührenproblemen in Straf – und Bußgeldverfahren aus dem Jahr 2014, RVGreport 2015, 242; *Burhoff,* Besonderheiten der Vergütung des Pflichtverteidigers/-beistands im Strafverfahren, RVGreport 2015, 406; *Burhoff,* Fragen aus der Praxis zu Gebührenproblemen in Straf- und Bußgeldverfahren aus dem Jahr 2015, RVGreport 2016, 42; *Burhoff,* Adhäsionsverfahren gegen mehrere Angeklagte: So ist die Vergütung zu berechnen, RVG prof. 2016, 107; *Burhoff,* Anwaltsvergütung im Adhäsionsverfahren, RVGreport 2018, 282; *Burhoff,* Geplante Änderungen bei der Anwaltsvergütung durch das KostRÄG 2021 – Teil 2, RVGreport 2020, 402; *Burhoff,* Änderungen bei der Verteidigervergütung durch das KostRÄG 2021, StRR 1/2021, 5; *Burhoff,* Änderungen bei der Vergütung der Verteidiger/Rechtsanwälte in Straf- und Bußgeldsachen durch das KostRÄG 2021, StraFo 2021, 8; *Burhoff,* Änderungen bei der Vergütung der Verteidiger/Rechtsanwälte in Straf- und Bußgeldsachen durch das KostRÄG 2021, S. 1815; *Burhoff,* Änderungen bei der Vergütung der Verteidiger/Rechtsanwälte durch das KostRÄG 2021 betreffend Teile 4 und 5 VV, AGS 2021, 49; *Effer-Uhe,* Rechtsschutz im Adhäsionsverfahren und nach dessen Abschluss unter besonderer Berücksichtigung zivilprozessualer Rechtsbehelfe, StV 2015, 510; *Enders,* Gegenstandswert der Anwaltsgebühren bei Abwehr von Schadensersatzansprüchen, JurBüro 2003, 631; *Fromm,* Vergütung des Strafverteidigers für Bemühungen zur Schadenswiedergutmachung, NJW 2013, 1720; *Fromm,* Anwaltliche Vertretung des Verletzten im Strafverfahren – Über die Abrechnungsweise des Opferanwalts, JurBüro 2014, 619; *Hergenröder,* Die Gebühren des Adhäsionsverfahrens, AGS 2006, 158; *Klüsener,* Tätigkeiten im strafrechtlichen Entschädigungsverfahren, JurBüro 2020, 561; *H. Schneider,* Rechtsbehelfe gegen kostenrechtliche Entscheidungen, AGS 2020, 261; *N. Schneider,* Anrechnung der Geschäftsgebühr im Adhäsionsverfahren, AGS 2005, 51; *N. Schneider,* Vergütung im isolierten Adhäsionsverfahren, AGS 2006, 582; *N. Schneider,* Abrechnung im strafrechtlichen Adhäsionsverfahren, AGS 2009, 1; *Volpert,* Die richtige Abrechnung der Tätigkeit im Verfahren nach dem Strafrechtsentschädigungsgesetz, BRAGO prof. 2003, 91; *Volpert,* Vergütungsanspruch gegen die Staatskasse bei Prozesskostenhilfe in Strafsachen (§§ 45 Abs. 1, 48 Abs. 6 RVG), AGS 2020, 365.

[91] OLG Karlsruhe NStZ-RR 2015, 96 = RVGreport 2015, 215 = StRR 2015, 156; LG Rostock AGS 2011, 24 = RVGreport 2010, 417 mAnm *Burhoff.*

[92] Schneider/Wolf/*N. Schneider* RVG VV 4142 Rn. 53; Burhoff/Volpert RVG/*Burhoff* VV 4142 Rn. 35.

[93] Burhoff/Volpert RVG/*Burhoff* VV 4142 Rn. 35.

Übersicht

I. Allgemeines

1 Die VV 4143, 4144 RVG enthalten eine **zusätzliche Verfahrensgebühr** für Verfahren über vermögensrechtliche Ansprüche des Verletzten oder seines Erben. Gemeint ist damit die Tätigkeit des RA im sog. Adhäsionsverfahren (§§ 403 ff. StPO). Die Gebühr fällt als **Wertgebühr** an. VV 4143 RVG regelt das erstinstanzliche Verfahren, VV 4144 RVG das Berufungs- und Revisionsverfahren.

2 Der Verteidiger bzw. der Vertreter eines Verfahrensbeteiligten erhält die Gebühr **zusätzlich** zu den ihm iÜ zustehenden Gebühren. Sie wird – über die Anm. 2 hinaus – auf diese nicht angerechnet.[1]

3 Die Vorschriften finden nach VV Vorb. 4.3 Abs. 2 RVG im sog. **isolierten Adhäsionsverfahren** entsprechende Anwendung.[2]

II. Anwendungsbereich

1. Persönlich

4 Die VV 4143, 4144 RVG gelten für den **Wahlanwalt,** der als voller Verteidiger/Vertreter für den Angeschuldigten/Angeklagten zur Abwehr der gegen diesen nach den §§ 403 ff. StPO erhobenen Ansprüche tätig wird oder als Vertreter eines Privat- oder Nebenklägers für den Verletzten im Adhäsionsverfahren Ansprüche geltend macht. Über VV Vorb. 4.3 Abs. 2 RVG gelten die Vorschriften auch für den RA, der mit der Geltendmachung oder Abwehr eines Anspruchs als **Einzeltätigkeit** beauftragt ist.

5 Die Vorschriften gelten ebenfalls für den gerichtlich bestellten oder beigeordneten RA. Insoweit ist allerdings der Umfang der Beiordnung/Bestellung streitig. Beim **Pflichtverteidiger** ist/war in Rspr. und Lit. heftig **umstritten,** ob sich seine Bestellung ohne weiteres auch auf das Adhäsionsverfahren erstreckt. Von der Lit. wird das weitgehend bejaht.[3] In der Rspr. lehnt(e) die wohl überwiegende Auffassung die automatische Erstreckung ab,[4] was ua mit der

[1] OLG Celle AGS 2020, 568 = JurBüro 2020, 584 = StraFo 2021, 43; zur Anrechnung nach Anm. 2 → Rn. 19 ff.

[2] OLG Dresden JurBüro 2017, 128 = AGS 2017, 320; LG Meiningen AGS 2013, 330; *N. Schneider* AGS 2006, 582; s. a. *Burhoff* RVGreport 2015, 242 (247), keine Terminsgebühr, wenn der RA im isolierten Adhäsionsverfahren an einem Hauptverhandlungstermin teilnimmt.

[3] Meyer-Goßner/Schmitt/*Schmitt* StPO § 143 Rn. 1; zum alten Recht *Burhoff* StrafREV-HdB Rn. 3293; *Burhoff* RVGreport 2018, 282; Meyer-Goßner/Schmitt/*Schmitt* StPO, 61. Aufl., § 140 Rn. 5; KK-StPO/*Willnow* § 140 Rn. 4; MAH VergütungsR/*Hellwig* § 23 Rn. 178; Burhoff/Volpert RVG/*Burhoff* VV 4143 Rn. 19 ff.; Hartung/Schons/Enders/*Hartung* RVG VV 4143, 4144 Rn. 5; Mayer/Kroiß/*Kroiß* RVG VV 4141–4147 Rn. 20; offen gelassen Schneider/Wolf/*N. Schneider* VV 4143, 4144 Rn. 65 f.; aA BeckOK RVG/*Knaudt* VV 4143 Rn. 1b.

[4] KG RVGreport 2011, 142 = JurBüro 2011, 254 (Ls.) = RVG prof. 2011, 174 unter Aufgabe der früheren Rspr.; OLG Bamberg NStZ-RR 2009, 114 (Ls.) = StRR 2009, 3 (Ls.); Brandenburg AGS 2009, 69 = StRR 2009, 3 (Ls.); OLG Celle StraFo 2006, 41; RVGreport 2008, 102 = StRR 2008, 33 (Ls.); StraFo 2017, 131 = RVGreport 2017, 339 = JurBüro 2017, 197 = RVG prof. 2017, 100; OLG Düsseldorf StRR 2012, 283 (Ls.); OLG Hamburg NStZ 2010, 652 = StraFo 2010, 307 = RVG prof. 2010, 190 = RVGreport 2012, 67; OLG Hamm NJW 2013, 325 = AGS 2013, 13 = StraFo 2013, 85 = JurBüro 2013, 192; OLG Jena Rpfleger 2008, 529

unterschiedlichen Zielsetzung von Strafverfahren und Adhäsionsverfahren begründet wird. Zum Teil ist in der Rspr. die automatische Erstreckung aber auch bejaht (worden).[5] Diese Sicht ist zutreffend.[6] Das gilt vor allem jetzt, nachdem in § 143 Abs. 1 StPO durch das „Gesetz zur Neuregelung des Rechts der notwendigen Verteidigung v. 10.12.2019"[7] der Umfang der Bestellung des Pflichtverteidigers ausdrücklich geregelt worden ist.[8] Der Pflichtverteidiger sollte wegen dieses Streits in der Rspr. der Obergerichte vorsorglich aber immer die Erstreckung der Bestellung auch auf die Tätigkeiten im Adhäsionsverfahren beantragen.[9] Ist der RA hingegen dem **Nebenkläger**/Verletzten im Wege der PKH beigeordnet worden, auch im Fall des § 397b StPO, ist er nur dann befugt, für vermögensrechtliche Ansprüche gegen den Angeklagten im Adhäsionsverfahren und seine entsprechenden Gebühren gegen die Staatskasse geltend zu machen, wenn er dem Nebenkläger im Rahmen der Gewährung von PKH gem. § 404 Abs. 5 S. 2 StPO, § 121 Abs. 2 ZPO ausdrücklich gesondert für das Adhäsionsverfahren beigeordnet worden ist.[10] Dieser RA muss also seine ausdrückliche Beiordnung auf jeden Fall beantragen. Es ist darauf zu achten, dass eine ggf. erfolgte Beiordnung auch die jeweilige Tätigkeit, wie zB den Abschluss eines Vergleichs, umfasst. Gegebenenfalls ist sie zu erweitern.[11] Für die Bewilligung von PKH gelten die allgemeinen Regeln.[12] Die Ablehnung von PKH ist im strafverfahrensrechtlichen Adhäsionsverfahren iÜ unanfechtbar.[13]

2. Sachlich (Anm. 1)

a) Allgemeines. VV 4143 RVG ist eine **zusätzliche Verfahrensgebühr** in Form einer Wertgebühr: Sie entsteht, wenn der RA beauftragt ist, im Strafverfahren vermögensrechtliche Ansprüche des Verletzten geltend zu machen, mit der ersten darauf gerichteten Tätigkeit.[14] Die Gebühr entsteht nicht nur, wenn ein Adhäsionsverfahren ieS anhängig ist.[15] Sie entsteht also auch, wenn vermögensrechtliche Ansprüche im Strafverfahren lediglich mit erledigt werden, wie zB im Rahmen eines Täter-Opfer-Ausgleichs oder bei einer Einstellung nach § 153a StPO.[16] 6

= RVGreport 2008, 395 = StRR 2008, 429; OLG Karlsruhe StraFo 2013, 84 = StV 2013, 690 (Ls); AGS 2018, 459 = JurBüro 2018, 580; OLG Koblenz JurBüro 2014, 356 = AGS 2014, 399; OLG Köln AGS 2016, 65; OLG München StV 2004, 38; OLG Oldenburg StraFo 2010, 306 = AGS 2010, 306; OLG Stuttgart AGS 2009, 387 = NStZ-RR 2009, 264 (Ls.); OLG Zweibrücken JurBüro 2006, 643 = RVGreport 2006, 429; weitere Nachw. (aus der landgerichtlichen Rspr.) bei Burhoff/Volpert RVG/*Burhoff* VV 4143 Rn. 18 ff.

[5] Früher KG 4.9.2006 – 4 Ws 31/06, aufgegeben in KG RVGreport 2011, 142 = JurBüro 2011, 254 (Ls.); OLG Dresden AGS 2007, 404; OLG Hamm StraFo 2001, 361 = AGS 2002, 110 = JurBüro 2001, 531 mwN; OLG Köln StraFo 2005, 394 = AGS 2005, 436 = RVGreport 2005, 316, aufgegeben in OLG Köln AGS 2016, 65; OLG Hamburg wistra 2006, 37 = NStZ-RR 2006, 347; OLG Rostock StraFo 2011, 378 = AGS 2011, 540 = RVGreport 2011, 423 = StRR 2011, 441 = StV 2011, 656; OLG Schleswig StraFo 2013, 305 = AGS 2013, 406; LG Berlin StraFo 2004, 400; LG Görlitz AGS 2006, 502; LG Kiel 26.6.2020 – 10 Qs 34/20; LG München StV 2018, 153; .

[6] Burhoff/Volpert RVG/*Burhoff* VV 4143 Rn. 21.

[7] BGBl. I 2128.

[8] So wohl auch Meyer-Goßner/Schmitt/*Schmitt* StPO § 143 Rn. 1.

[9] S. a. *Burhoff* StrafREV-HdB Rn. 3293 ff.; Burhoff/Volpert RVG/*Burhoff* VV 4143 Rn. 21.

[10] BGH NJW 2001, 2486 = Rpfleger 2001, 370; NStZ-RR 2009, 253 = StraFo 2009, 349; OLG Celle NStZ-RR 2008, 190; OLG Dresden AGS 2007, 404; OLG Hamm JurBüro 2001, 530 = Rpfleger 2001, 565 = NStZ-RR 2001, 351 = AGS 2002, 252.

[11] OLG Jena NJW 2010, 455 = AGS 2009, 587 mablAnm *N. Schneider* = RVGreport 2010, 106 = StRR 2010, 114 = JurBüro 2010, 82; OLG Nürnberg RVGreport 2014, 72 = StraFo 2014, 37 = AGS 2014, 18 = NStZ-RR 2014, 64 = JurBüro 2014, 135; *Fromm* NJW 2013, 1720.

[12] Zur Mutwilligkeit iSv § 114 ZPO und zum Verhältnis des Adhäsionsverfahren zum Zivilverfahren s. OLG Rostock AGS 2010, 450 = JurBüro 2010, 600 = RVGreport 2011, 38; zur PKH in Strafverfahren *Volpert* AGS 2020, 365.

[13] OLG Brandenburg RVGreport 2011, 439 = StRR 2011, 321 =VRR 2011, 359.

[14] OLG Jena NJW 2010, 455 = AGS 2009, 587 mablAnm *N. Schneider* = RVGreport 2010, 106 = StRR 2010, 114 = JurBüro 2010, 82.

[15] OLG Jena NJW 2010, 455 = AGS 2009, 587 mablAnm *N. Schneider* = RVGreport 2010, 106 = StRR 2010, 114 = JurBüro 2010, 82; OLG Nürnberg RVGreport 2014, 72 = AGS 2014, 18 mablAnm *N. Schneider* = NStZ-RR 2014, 64 = StraFo 2014, 37 = JurBüro 2014, 135; LG Braunschweig RVGreport 2012, 299 = JurBüro 2014, 135; aA AG Darmstadt RVGreport 2017, 106 = AGS 2017, 272; s. a. Burhoff/Volpert RVG/*Burhoff* VV 4143 Rn. 2 f.; Hartung/Schons/Enders/*Hartung* RVG VV 4143, 4144 Rn. 9; Schneider/Wolf/*N. Schneider* RVG VV 4143, 4144 Rn. 20; aA *Hartmann/Toussaint* RVG VV 4143, 4144 Rn. 8.

[16] OLG Jena NJW 2010, 455 = AGS 2009, 587 mablAnm *N. Schneider* = RVGreport 2010, 106 = StRR 2010, 114 = JurBüro 2010, 82; OLG Nürnberg RVGreport 2014, 72 = AGS 2014, 18 mablAnm *N. Schneider* = NStZ-RR 2014, 64 = StraFo 2014, 37 = JurBüro 2014, 135; LG Braunschweig RVGreport 2012, 299 = JurBüro 2014,

7 **b) Betreiben des Geschäfts.** Als Verfahrensgebühren verdient der RA die VV 4143, 4144 RVG für das „**Betreiben** des **Geschäfts**".[17] Die Gebühren gelten also alle mit dem Adhäsionsverfahren zusammenhängenden Tätigkeiten des RA ab, und zwar die VV 4143 RVG die im erstinstanzlichen Verfahren und die VV 4144 RVG die Tätigkeiten im Berufungs- oder Revisionsverfahren. Abgegolten werden auch die Tätigkeiten, die der RA im Hinblick auf das Adhäsionsverfahren im Hauptverhandlungstermin und zu dessen Vorbereitung erbringt; eine (besondere) Terminsgebühr ist im Adhäsionsverfahren nicht vorgesehen.[18] Für die Beschwerde gegen eine nach § 406 Abs. 5 S. 2 StPO ergangene Absehensentscheidung entsteht allerdings eine besondere Beschwerdegebühr nach VV 4145 RVG.

8 Die Gebühren **entstehen** mit der ersten Tätigkeit, die der RA hinsichtlich der vermögensrechtlichen Ansprüche, idR im Adhäsionsverfahren bzw. zu dessen Vorbereitung erbringt. Im Zweifel wird das die Information durch den Mandanten sein. Es kommt nicht darauf an, dass der RA gegenüber dem Gericht tätig wird.[19] Das „erstinstanzliche Verfahren" beginnt nicht erst mit einem Hauptverhandlungstermin. Im vorbereitenden Verfahren entsteht aber keine Gebühr VV 4143 RVG. Das Gesetz spricht ausdrücklich vom „erstinstanzlichen Verfahren". Das ist das gerichtliche Verfahren. Die Tätigkeiten des RA außerhalb des gerichtlichen Verfahrens werden daher durch die Geschäftsgebühr VV 2300 RVG abgegolten.[20]

9 **c) Tätigkeiten im Strafrechtsentschädigungsverfahren.** Die VV 4143, 4144 RVG sind nach hM in der Lit. auf das Verfahren nach dem Gesetz über die Entschädigung von Strafverfolgungsmaßnahmen (StrEG) entsprechend anzuwenden.[21] AA ist insoweit die Rspr.[22] und zum Teil die Lit.[23] Die Anwendung der VV 4143 RVG gilt aber nur für das sog. **Grundverfahren.**[24] Im sog. **Betragsverfahren** richtet sich die Vergütung des RA für vorgerichtliche Tätigkeiten nach VV 2300 RVG. Auf die gerichtlichen Tätigkeiten nach §§ 13 ff. StrEG ist dann VV Teil 3 RVG anzuwenden.[25]

III. Höhe der Gebühren

1. Allgemeines

10 Bei den Gebühren VV 4143, 4144 RVG handelt es sich um reine Wertgebühren, die der RA zusätzlich zu seinen übrigen Gebühren erhält. Beim **Wahlanwalt** gilt für die Berechnung der Höhe der Gebühren **§ 13 RVG.** Danach entsteht bei einem Gegenstandswert bis 500,– EUR eine (Mindest-)Gebühr von 49,– EUR. Darüber hinaus gilt die Tabelle zu § 13 RVG. Für den gerichtlich bestellten oder beigeordneten RA/**Pflichtverteidiger** gilt die Begrenzung aus **§ 49 RVG.**[26] Die ihm zustehenden Gebühren sind also auf die einem im Wege der PKH beigeordneten RA zustehenden Gebührenbeträge begrenzt. Ab einem Gegenstandswert von 4.000,– EUR ergeben sich damit niedrigere Gebühren als bei einem Wahlanwalt.[27]

135; aA AG Darmstadt RVGreport 2017, 106 = AGS 2017, 272; Burhoff/Volpert RVG/*Burhoff* VV 4143 Rn. 5; *Burhoff* RVGreport 2016, 42 (45).

[17] Allg. → RVG VV Vorb. 4 Rn. 10 ff.

[18] *N. Schneider* AGS 2009, 1; *Burhoff* RVGreport 2015, 242 (247).

[19] Burhoff/Volpert RVG/*Burhoff* VV 4143 Rn. 9; Schneider/Wolf/*N. Schneider* RVG VV 4143, 4144 Rn. 19; BeckOK-RVG/*Knaudt* VV 4143 Rn. 5; aA *Hartmann/Toussaint* RVG VV 4143, 4144 Rn. 7.

[20] Schneider/Wolf/*N. Schneider* RVG VV 4143, 4144 Rn. 14.

[21] Burhoff/Volpert RVG/*Burhoff* VV 4143 Rn. 11; *Burhoff* RVGreport 2007, 372; Schneider/Wolf/*N. Schneider* VV 4143, 4144 Rn. 8; *Hartmann/Toussaint* RVG VV 4143, 4144 Rn. 4; Hartung/Schons/Enders/*Hartung* RVG VV 4143, 4144 Rn. 8; offen BeckOK RVG/*Knaudt* RVG VV 4143 Rn. 10.1; aA Riedel/Sußbauer/*Kremer* RVG VV 4143 Rn. 1; *Meyer* JurBüro 1992, 4; Burhoff/Volpert RVG/*Volpert* VV Vorb. 4.3 Rn. 21, VV 4302 Rn. 31 ff.; OLG Düsseldorf JurBüro 1986, 869 mwN; zur Abrechnung des Entschädigungsverfahrens auch noch Burhoff/Kotz StrafR-Rechtsmittel-HdB/*Volpert* Teil J Rn. 51 ff.

[22] OLG Frankfurt a. M. NStZ-RR 2007, 223 = RVGreport 2007, 390 = AGS 2007, 618, keine Regelungslücke; OLG Köln AGS 2009, 483 (Ls.) = NStZ-RR 2010, 64 (Ls.); NStZ-RR 2010, 128 (Ls.); AG Koblenz 26.10.2010 – 2060 Js 29642/09.25 Ls.

[23] *Klüsener* JurBüro 2020, 561.

[24] *Burhoff* RVGreport 2007, 372; Burhoff/Volpert RVG/*Burhoff* VV 4143 Rn. 10; Schneider/Wolf/*N. Schneider* RVG VV 4143, 4144 Rn. 8.

[25] Burhoff/Volpert RVG/*Volpert* VV 4302 Rn. 31 ff. mit Beispielen; Burhoff/Kotz StrafR-Rechtsmittel-HdB/*Volpert* Teil J Rn. 51 ff.

[26] OLG Köln AGS 2009, 29 = StraFo 2009, 87.

[27] Zu den Änderungen durch das KostRÄG 2021 v. 21.12.2020 (BGBl. I 3229); *Burhoff* RVGreport 2020, 402 (404); *Burhoff* StraFo 2021, 8 (11); StRR 2/2021, 5 (7).

2. Gegenstandswert

Die Gebühren berechnen sich nach dem **Gegenstandswert,** gem. § 2 RVG also nach dem Wert, den der Gegenstand der anwaltlichen Tätigkeit hat.[28] IdR ist das die Höhe des geltend gemachten bzw. abgewehrten Anspruchs.[29] Soweit die Feststellung der Haftung für künftige Schäden begehrt wird, hängt der Gegenstandswert davon ab, wie hoch der drohende Schaden bzw. das Risiko eines künftigen Schadens und einer tatsächlichen Inanspruchnahme des Angeklagten ist.[30] Es gelten die §§ 22 ff. RVG.[31] „Dieselbe Angelegenheit" iSd § 22 RVG liegt, wenn zwei Adhäsionsklagen in einer Hauptverhandlung verfolgt werden, (nur) dann vor, wenn ein einheitlicher Auftrag vorliegt, die Tätigkeit des RA sich in gleichem Rahmen hält und zwischen den einzelnen Handlungen ein innerer Zusammenhang besteht.[32] Die Vertretung zweier Geschädigter in einem Verfahren ist eine gebührenrechtliche Angelegenheit.[33] Betreffen die geltend gemachten Ansprüche verschiedene Gegenstände, werden die Gegenstandswerte zusammengerechnet.[34] 11

Der Wert für die Gebühren VV 4143, 4144 RVG ist durch das Gericht **festzusetzen.** Für das Verfahren gelten die **allgemeinen Regeln.**[35] Da im Adhäsionsverfahren nach KV 3700 GKG Gerichtsgebühren nur ausgelöst werden, wenn das Gericht dem Antrag stattgibt, wird auch nur in den Fällen nach § 63 Abs. 2 GKG ein Gegenstandswert von Amts wegen festgesetzt. In den anderen Fällen ist die Festsetzung des Gegenstandswertes von der Antragstellung eines Beteiligten abhängig (§§ 33 ff. RVG).[36] 12

3. Gebührenhöhe

Im **erstinstanzlichen Verfahren** erhält der RA das Doppelte der vollen Gebühr des § 11 RVG, und zwar sowohl der Wahlanwalt als auch der gerichtlich bestellte oder beigeordnete RA. Werden die vermögensrechtlichen Ansprüche erstmals im Berufungsverfahren geltend gemacht, gilt nach VV 4143 RVG ebenfalls die VV 4143 RVG und nicht etwa VV 4144 RVG.[37] VV 4144 RVG regelt die Höhe der Gebühren für den Fall „Berufungs- und Revisionsverfahren über vermögensrechtliche Ansprüche", also im Rechtsmittelverfahren. Ein Rechtsmittelverfahren liegt aber nur dann vor, wenn zuvor ein erstinstanzliches Verfahren stattgefunden hat. 13

Im **Berufungs-** oder **Revisionsverfahren** erhält der RA nach VV 4144 RVG das **2,5-fache** der vollen Gebühr nach § 13 RVG bzw. nach § 49 RVG. Ob der RA erstmalig im Berufungs- oder Revisionsverfahren tätig wird, ist für die Höhe der Gebühren unerheblich.[38] 14

---

[28] → Anh. VII Rn. 1 ff.; *Burhoff* RVGreport 2011, 282.

[29] BGHZ 182, 192 = NJW 2009, 2682 = StRR 2009, 385 mwN zur vom BGH abgelehnten aA; vgl. aber BGH BeckRS 2010, 11840, der Gegenstandswert im Adhäsionsverfahren bestimmt sich nach dem zugesprochenen und nicht nach dem beantragten Betrag; Schneider/Wolf/*N. Schneider* RVG VV 4143, 4144 Rn. 26; zur Bestimmung des Gegenstandswertes einer Schmerzensgeldforderung KG StraFo 2009, 306 = RVGreport 2011, 436; OLG Celle RVGreport 2015, 155 = AGS 2015, 72 = NdsRpfl 2015, 157; OLG Karlsruhe NStZ-RR 2011, 390; s. a. den Streitwertteil Anh. VII RVG.

[30] BGH NStZ-RR 2018, 263 = RVGreport 2018, 393 m. Anm. *Hansens* = AGS 2019, 75.

[31] KG StraFo 2009, 306 = RVGreport 2011, 436; vgl. wegen der Einzelheiten die Erläuterungen zu §§ 22 ff. RVG; s. a. Burhoff/Volpert RVG/*Burhoff* VV 4143 Rn. 22 ff.; *Burhoff* RVG prof. 2016, 107.

[32] KG RVGreport 2009, 302 = AGS 2009, 484 = JurBüro 2009, 529; OLG Brandenburg AGS 2009, 325 = RVGreport 2009, 341 mzustAnm *Hansens;* OLG Düsseldorf RVGreport 2014, 227 = AGS 2014, 176 = VRR 2014, 239; RVGreport 2017, 375 = AGS 2017, 460 = NStZ-RR 2017, 296 = JurBüro 2017, 412; OLG Stuttgart NJW 2015, 1400 = StraFo 2015, 86 = AGS 2015, 73 = RVGreport 2015, 92; OLG Karlsruhe RVGreport 2019, 228 = AGS 2019, 330; OLG Oldenburg JurBüro 2017, 82; LG Düsseldorf RVGreport 2016, 414 = JurBüro 2016, 637 = AGS 2017, 28; *Burhoff* RVG prof. 2016, 107.

[33] OLG Brandenburg AGS 2009, 325 = RVGreport 2009, 341; OLG Düsseldorf AGS 2014, 176 = VRR 2014, 239 = RVGreport 2014, 227 = RVG prof. 2014, 115; NStZ-RR 2017, 296 = RVGreport 2017, 375 = AGS 2017, 460 = JurBüro 2017, 412; OLG Karlsruhe RVGreport 2019, 228 = AGS 2019, 330; OLG Oldenburg JurBüro 2017, 82 für Betrug; JurBüro 2017, 82: OLG Stuttgart NJW 2015, 1400 = StraFo 2015, 86 = AGS 2015, 73 = NStZ-RR 2015, 128 = RVGreport 2015, 192; LG Düsseldorf RVGreport 2016, 414 = JurBüro 2016, 637 = AGS 2017, 28; für das Zivilverfahren BGH RVGreport 2016, 215 = AGS 2016, 316; **aA** KG RVGreport 2009, 302 = AGS 2009, 484 = JurBüro 2009, 529 = RVG prof. 2009, 113; s. a. *Burhoff* RVG prof. 2016, 107.

[34] KG RVGreport 2009, 302 = AGS 2009, 484 = JurBüro 2009, 529 = VRR 2009, 238; OLG Brandenburg AGS 2009, 325 = RVGreport 2009, 341; OLG Düsseldorf AGS 2014, 176 = VRR 2014, 239 = RVGreport 2014, 227; NStZ-RR 2017, 296 = RVGreport 2017, 375 = AGS 2017, 460 = JurBüro 2017, 412; OLG Oldenburg JurBüro 2017, 82; OLG Stuttgart NJW 2015, 1400 = StraFo 2015, 86 = AGS 2015, 73 = RVGreport 2015, 92; LG Düsseldorf RVGreport 2016, 414 = JurBüro 2016, 637 = AGS 2017, 28; *Burhoff* RVG prof. 2016, 107.

[35] Wegen der Einzelheiten die Erläuterungen zu → RVG § 33 Rn. 1 ff.

[36] OLG Celle AGS 2015, 72 mAnm *Thiel* = NdsRpfl 2015, 157 = RVGreport 2015, 155.

[37] Burhoff/Volpert RVG/*Burhoff* VV 4143 Rn. 18; Schneider/Wolf/*N. Schneider* RVG VV 4143, 4144 Rn. 3.

[38] Burhoff/Volpert RVG/*Burhoff* VV 4144 Rn. 6.

15 Bei **mehreren Auftraggebern** erhöhen sich die Gebühren nach den Grundsätzen der VV 1008 RVG um jeweils 0,3.[39]

16 Die Bewilligung einer **Pauschgebühr** ist weder für den Wahlanwalt noch für den bestellten oder beigeordneten Anwalt möglich, da es sich bei der VV 4143, 4144 RVG um eine Wertgebühr handelt und somit die Ausschlussregelung nach § 42 Abs. 1 S. 2, § 51 Abs. 1 S. 2 RVG eingreift.

IV. Einigungsgebühr (VV 1000 ff. RVG)

17 Seine Mitwirkung bei einer Einigung im Adhäsionsverfahren wird dem RA mit einer Einigungsgebühr nach VV 1000 ff. RVG vergütet, die nach der ausdrücklichen Regelung der VV Vorb. 1 RVG auch in VV Teil 4 RVG anfallen können. Für die Berechnung der Gebühr gelten die **allgemeinen Regeln** zu VV 1000 ff. RVG.[40] Erfolgt die Einigung (nur) über Ansprüche, die im Adhäsionsverfahren geltend gemacht worden sind, entsteht die Einigungsgebühr VV 1003 RVG iHv 1,0.[41] Werden hingegen Ansprüche in die Einigung einbezogen, die nicht gerichtlich anhängig sind, erhält der RA die Einigungsgebühr VV 1000 RVG iHv 1,5. Außerdem erhöht sich der Gegenstandswert für die Gebühr VV 4143 RVG.[42]

18 Für eine im **Berufungsverfahren** zustande gekommene Einigung gilt VV 1004 RVG.[43] Der RA erhält dann das 1,3-fache der Gebühr nach §§ 13, 49 RVG. Etwas anderes gilt, wenn die im Adhäsionsverfahren verfolgten Ansprüche erstmalig im Berufungsverfahren geltend gemacht wurden. Es entsteht dann nur die Einigungsgebühr VV 1003 RVG nach dem einfachen Gebührensatz.[44]

V. Anrechnung (VV 4143 Anm. 2 RVG)

1. Allgemeines

19 VV 4143 Anm. 2 RVG regelt die Anrechnung der Gebühr VV 4143 RVG auf die **Verfahrensgebühr** für einen **bürgerlichen Rechtsstreit,** der sich ggf. trotz des Adhäsionsverfahrens noch vor einem Zivilgericht anschließt. Die Gebühr wird aber nur zu einem Drittel angerechnet.

2. Anrechnungsvoraussetzungen

20 Für die Anrechnung gilt nach Anm. 2:[45] Die Anrechnung findet nur statt, wenn **derselbe RA,** der im Adhäsionsverfahren beauftragt worden war, auch für das Zivilverfahren beauftragt war. Die Anrechnungsvorschrift gilt nur für den als Prozessbevollmächtigten tätigen RA.[46] Es muss sich um denselben Antragsteller bzw. seinen Rechtsnachfolger handeln.[47] Im Zivilverfahren muss „derselbe Anspruch" geltend gemacht werden wie im Adhäsionsverfahren.[48] Entscheidend dafür ist der konkrete Anspruch, der im Strafverfahren geltend gemacht worden ist. Insoweit muss mit dem des Zivilverfahrens **Identität** bestehen.

Beispiel:[49]
Wurde im Strafverfahren vom Verletzten ein Schmerzensgeld verlangt, wird im Zivilverfahren hingegen Verdienstausfall geltend gemacht, handelt es sich nicht um denselben Anspruch.

---

[39] Burhoff/Volpert RVG/*Burhoff* VV 4143 Rn. 31; Schneider/Wolf/*N. Schneider* RVG VV 4143, 4144 Rn. 17 f.; AGkompakt 2013, 1 (2); vgl. OLG Karlsruhe RVGreport 2019, 228 = AGS 2019, 330.

[40] OLG Köln AGS 2009, 29 = StraFo 2009, 87; OLG Nürnberg RVGreport 2014, 72 = StraFo 2014, 37 = AGS 2014, 18 = NStZ-RR 2014, 64 = JurBüro 2014, 135; vgl. a. noch LG Kiel 26.6.2020 – 10 Qs 34/20.

[41] OLG Köln AGS 2009, 29 = StraFo 2009, 87; OLG Jena NJW 2010, 455 = AGS 2009, 587 mit abl. Anm. *N. Schneider* = RVGreport 2010, 106 = StRR 2010, 114 =JurBüro 2010, 82; OLG Nürnberg RVGreport 2014, 72 = AGS 2014, 18 = NStZ-RR 2014, 64; vgl. das Bsp. bei *Schneider* AGS 2009, 1 (2).

[42] Burhoff/Volpert RVG/*Burhoff* VV 4143 Rn. 33 ff.

[43] Schneider/Wolf/*N. Schneider* RVG VV 4143, 4144 Rn. 36.

[44] Schneider/Wolf/*N. Schneider* RVG VV 4143, 4144 Rn. 36; Burhoff/Volpert RVG/*Burhoff* VV 4144 Rn. 9.

[45] Burhoff/Volpert RVG/*Burhoff* VV 4143 Rn. 39 ff.; Schneider/Wolf/*N. Schneider* RVG VV 4143, 4144 Rn. 38 ff.; *N. Schneider* AGS 2009, 1 (2), Bsp. 6.

[46] Burhoff/Volpert RVG/*Burhoff* VV 4143 Rn. 42; *Hartmann/Toussaint* RVG VV 4143, 4144 Rn. 16; aA Schneider/Wolf/*N. Schneider* RVG VV 4143, 4144 Rn. 41, unter Hinweis darauf, dass anderenfalls der mit einer Einzeltätigkeit im Zivilprozess beauftragte RA sonst mehr verdienen könnte als der Prozessbevollmächtigte.

[47] Schneider/Wolf/*N. Schneider* RVG VV 4143, 4144 Rn. 43.

[48] Burhoff/Volpert RVG/*Burhoff* VV 4143 Rn. 40 f.

[49] *N. Schneider* AGS 2009, 1 f.

In VV 4144 RVG wird nicht auf VV 4143 RVG verwiesen. Daher wird nach VV 4143 Anm. 2 RVG nur die Gebühr der ersten Instanz angerechnet. Eine Anrechnung der im **Berufungs-** oder **Revisionsverfahren** entstandenen Gebühr auf die Verfahrensgebühr wegen desselben Anspruchs im bürgerlichen Rechtsstreit unterbleibt vollständig. Eine ggf. entstandene Verfahrensgebühr VV 3200 RVG bzw. VV 3206 RVG bleibt dem RA vollständig neben einer Gebühr nach VV 4143, 4144 RVG erhalten.[50] 21

Angerechnet wird nur $^1/_3$ der im Adhäsionsverfahren angefallenen Gebühr. Für die **Höhe** der **Anrechnung** ist der Wert des nachfolgenden Rechtsstreits maßgeblich. 22

Beispiel:[51]

Im Adhäsionsverfahren hat der Verletzte ein Schmerzensgeld von 5.000,– EUR geltend gemacht. Das Strafgericht hat nach § 405 StPO von der Entscheidung abgesehen. Der Verletzte macht anschließend vor dem Zivilgericht nur ein Schmerzensgeld von 3.000,– EUR geltend.

Angerechnet werden darf nur aus dem Wert von 3.000,– EUR. Denn nur insoweit besteht Identität der Ansprüche des Straf- und des Zivilverfahren.[52]

Angerechnet wird nach dem ausdrücklichen Wortlaut der Anrechnungsbestimmung auch nur **auf** die **Verfahrensgebühr,** die im bürgerlichen Rechtsstreit wegen desselben Anspruchs entsteht. Auf eine im Zivilverfahren anfallende Termins- und/oder Einigungsgebühr wird nicht angerechnet.[53] 23

VI. Kostenerstattung

Für die **Erstattung** der notwendigen Auslagen durch den Angeklagten bzw. im Fall der Erfolglosigkeit des Antrags durch den Neben- oder Privatkläger gelten die §§ 464a, 464b StPO. Eine (teilweise) Erstattung der notwendigen Auslagen durch die Staatskasse scheidet im Adhäsionsverfahren aus.[54] Der Staatskasse können nach § 472a Abs. 2 S. 2 StPO allenfalls die gerichtlichen Auslagen auferlegt werden.[55] 24

Der RA kann die Gebühren VV 4143, 4144 RVG nach § 11 RVG gegen seinen **Mandanten festsetzen** (lassen).[56] 25

Nr.	Gebührentatbestand	Gebühr oder Satz der Gebühr nach § 13 oder § 49 RVG	
		Wahlanwalt	gerichtlich bestellter oder beigeordneter Rechtsanwalt
4145	Verfahrensgebühr für das Verfahren über die Beschwerde gegen den Beschluss, mit dem nach § 406 Abs. 5 Satz 2 StPO von einer Entscheidung abgesehen wird	0,5	0,5

Schrifttum: *Burhoff,* ABC der Gegenstandswerte im Straf- und Bußgeldverfahren, RVGreport 2011, 281.

Übersicht

[50] BT-Drs. 15/1971, 228.
[51] Burhoff/Volpert RVG/*Burhoff* VV 4143 Rn. 42.
[52] Burhoff/Volpert RVG/*Burhoff* VV 4143 Rn. 42.
[53] Wegen der Anrechnung von vorgerichtlich entstandenen Gebühren Burhoff/Volpert RVG/*Burhoff* VV 4143 Rn. 43; Schneider/Wolf/*N. Schneider* RVG VV 4143, 4144 Rn. 56 ff.
[54] S. aber OLG Celle StraFo 2006, 41.
[55] Zur Auslegung der kostenrechtlichen Regelung eines Vergleichs KG RVGreport 2015, 348 = AGS 2016, 6 = ZfS 2015, 525 = StRR 2015, 438.
[56] Schneider/Wolf/*N. Schneider* RVG VV 4143, 4144 Rn. 70 f.; Burhoff/Volpert RVG/*Burhoff* VV 4143 Rn. 46.

I. Allgemeines

1 Die VV 4145 RVG ist in das RVG eingefügt worden, nachdem durch das Opferrechtsreformgesetz[1] die §§ 406 Abs. 5, 406a StPO in die StPO aufgenommen worden sind. Diese sehen in § 406 Abs. 5 S. 1 StPO vor, dass das Gericht im **Adhäsionsverfahren** nach Anhörung der Beteiligten durch Beschluss entscheiden kann, dass es von einer Entscheidung über den Adhäsionsantrag absieht. Gegen diesen Beschluss kann der Antragsteller nach § 406a StPO sofortige Beschwerde einlegen. VV 4145 RVG macht für diese sofortige Beschwerde eine Ausnahme von der allgemeinen Pauschalregelung der VV Vorb. 4.1 Abs. 2 S. 1 RVG bzw. Regelung in §§ 17 Nr. 1, 19 Abs. 1 S. 2 Nr. 10a RVG und sieht die Beschwerde nach § 406a StPO als eine eigene Angelegenheit iSd § 15 Abs. 2 RVG an.[2] Der RA erhält für seine Tätigkeit in diesem Beschwerdeverfahren also eine gesonderte Vergütung. Die Regelung ist eine der in § 19 Abs. 1 S. 2 Nr. 10a RVG gemeinten Ausnahmen.

2 Bei der VV 4145 RVG handelt es sich um eine **zusätzliche** Gebühr, die der RA für die Beschwerde nach § 406a StPO neben den Gebühren der VV 4100 ff. RVG und der VV 4143, 4144 RVG erhält.

II. Anwendungsbereich

1. Persönlich

3 Die Verfahrensgebühr VV 4145 RVG verdient der **RA** des **Antragstellers,** der für diesen im Adhäsionsverfahren im sofortigen Beschwerdeverfahren nach § 406a StPO tätig wird. Sie fällt aber auch für den **Verteidiger** des Angeklagten an, der für diesen in diesem Beschwerdeverfahren Tätigkeiten ausübt.

2. Sachlich

4 Der RA verdient die Verfahrensgebühr VV 4145 RVG für das **Betreiben** des **Geschäfts** im Beschwerdeverfahren nach § 406a StPO. Mit ihr werden alle im Beschwerdeverfahren nach § 406a StPO erbrachten Tätigkeiten, **einschließlich** der **Information,** abgegolten.[3]

5 Die Gebühr **entsteht** mit der ersten Tätigkeit, die der RA im Beschwerdeverfahren nach § 406a StPO erbringt. Das Einlegen der Beschwerde zählt allerdings nach § 19 Abs. 1 S. 2 Nr. 10 RVG noch zum Ausgangsverfahren, wenn der RA des Antragstellers die Beschwerde einlegt.[4] Auch ein ggf. stattfindender Termin wird von der Verfahrensgebühr abgegolten.[5]

III. Höhe der Gebühr

6 Für die Berechnung der Gebühr kann auf die Ausführungen bei → RVG VV 4143 Rn. 11 f. verwiesen werden. Die Höhe der Gebühr richtet sich also nach dem **Gegenstandswert.**[6] Maßgebend ist der Wert, hinsichtlich dessen das Gericht nach § 406 Abs. 5 S. 2 StPO von einer Entscheidung absehen will und hiergegen Beschwerde erhoben wird.[7] Vertritt der RA mehrere Verletzte, die jeweils eigene Ansprüche geltend machen, werden die Gegenstände addiert.[8] Es gelten die Tabellen zu § 13 RVG bzw. zu § 49 RVG. Die Verfahrensgebühr entsteht iHv 0,5.

7 Den Gegenstandswert muss das Beschwerdegericht gem. § 33 RVG auf Antrag **festsetzen,** da im Beschwerdeverfahren an Gerichtskosten nur eine Festgebühr von 66,– EUR erhoben wird.[9]

---

[1] BGBl. 2004 I 1354 (1357).

[2] Schneider/Wolf/*N. Schneider* RVG VV 4145 Rn. 1; Burhoff/Volpert RVG/*Burhoff* VV 4145 Rn. 2; → RVG VV Teil 4 Einl. Rn. 42 f.

[3] Allg. zum Abgeltungsbereich der Verfahrensgebühr → RVG VV Vorb. 4 Rn. 10 ff.

[4] Burhoff/Volpert RVG/*Burhoff* VV 4145 Rn. 6.

[5] Burhoff/Volpert RVG/*Burhoff* VV 4145 Rn. 6; Schneider/Wolf/*N. Schneider* RVG VV 4145 Rn. 6.

[6] Zu den Gegenstandswerten *Burhoff* RVGreport 2011, 281; und Teil Gegenstandswert im → Anh. VII Rn. 8.

[7] Schneider/Wolf/*N. Schneider* RVG VV 4145 Rn. 7.

[8] Vgl. OLG Brandenburg AGS 2009, 325 = RVGreport 2009, 341; OLG Düsseldorf RVGreport 2013, 227 = AGS 2014, 176 = VRR 2014, 239 = StRR 2014, 450; RVGreport 2017, 375 = AGS 2017, 460 = NStZ-RR 2017, 296 = JurBüro 2017, 412; OLG Oldenburg JurBüro 2017, 82; OLG Stuttgart NJW 2015, 1400 = StraFo 2015, 86 = AGS 2015, 73 = NStZ-RR 2015, 128 = RVGreport 2015, 192; s. aber auch KG AGS 2009, 484 = JurBüro 2009, 529 = RVGreport 2009, 302 = VRR 2009, 238.

[9] Vgl. KV 3602 GKG; Schneider/Wolf/*N. Schneider* RVG VV 4145 Rn. 10; Burhoff/Volpert RVG/*Burhoff* VV 4145 Rn. 9.

IV. Auslagen

Da das Beschwerdeverfahren eine eigene Angelegenheit iSv § 15 Abs. 2 RVG ist, erhält der RA gesonderte **Auslagen,** insbes. eine gesonderte **Auslagenpauschale** nach VV 7002 RVG.[10] 8

V. Einigungsgebühr

Auch im Beschwerdeverfahren kann noch eine Einigungsgebühr VV 1003 RVG **entstehen,** wenn sich Antragsteller und Angeklagter noch im Beschwerdeverfahren einigen. Es gelten die allgemeinen Regeln. 9

Nr.	Gebührentatbestand	Gebühr oder Satz der Gebühr nach § 13 oder § 49 RVG	
		Wahlanwalt	gerichtlich bestellter oder beigeordneter Rechtsanwalt
4146	Verfahrensgebühr für das Verfahren über einen Antrag auf gerichtliche Entscheidung oder über die Beschwerde gegen eine den Rechtszug beendende Entscheidung nach § 25 Abs. 1 Satz 3 bis 5, § 13 StrRehaG	1,5	1,5

Schrifttum: *Burhoff,* ABC der Gegenstandswerte im Straf- und Bußgeldverfahren, RVGreport 2011, 281.

Übersicht

I. Allgemeines

Nach §§ 16–25a StrRehaG können Ausgleichsleistungen in Form einer Kapitalentschädigung gewährt werden. Zuständig sind dafür Verwaltungsbehörden. Wird der RA insoweit im **Verwaltungsverfahren** tätig, richtet sich seine Vergütung nach **VV 2300 RVG.** VV 4146 RVG gilt erst für das Rechtsbehelfsverfahren, wenn der RA nach § 25 Abs. 1 S. 3–5 StrRehaG Antrag auf gerichtliche Entscheidung stellt. 1

VV 4146 RVG enthält **zwei Gebührentatbestände:** In der ersten Alternative ist die Gebühr für die anwaltliche Tätigkeit im Verfahren über den Antrag auf gerichtliche Entscheidung nach § 25 Abs. 1 S. 3–5 StrRehaG geregelt. Die zweite Alternative regelt die Vergütung des RA, wenn er im Verfahren auf gerichtliche Entscheidung nach § 25 Abs. 1 S. 3–5 StrRehaG gegen eine den Rechtszug beendende Entscheidung Beschwerde eingelegt hat. 2

II. Anwendungsbereich

1. Persönlich

Die Gebühr entsteht für den **Wahlanwalt** oder für den **gerichtlich bestellten** bzw. beigeordneten RA, der für den Mandanten im StrRehaG tätig wird. 3

[10] Schneider/Wolf/*N. Schneider* RVG VV 4145 Rn. 13; Burhoff/Volpert RVG/*Burhoff* VV 4145 Rn. 13.

2. Sachlich

4 Die Gebühr entsteht mit der ersten Tätigkeit, die der RA im Hinblick auf den **Antrag** auf **gerichtliche Entscheidung** erbringt. Das ist idR die Information durch den Mandanten. Alle nachfolgenden Tätigkeiten des RA werden durch die Gebühr abgedeckt. Der RA erhält auch dann die volle 1,5-Gebühr, wenn sich sein Antrag vorzeitig erledigt, da eine Regelung wie in VV 3102 RVG in VV Teil 4 RVG nicht vorgesehen ist.[1]

5 Legt der RA gegen eine das Verfahren über den Antrag auf gerichtliche Entscheidung beendende Entscheidung **Beschwerde** ein, erhält er die Gebühr nach VV 4146 RVG noch einmal.[2]

6 Als Verfahrensgebühr deckt die Gebühr jeweils **alle** für den Auftraggeber erbrachten Tätigkeiten ab.

III. Höhe der Gebühr

7 Die Verfahrensgebühr VV 4146 RVG ist eine **Wertgebühr** und damit der Höhe nach vom Gegenstandswert abhängig.[3] Die Gebühr entsteht in beiden Alternativen in Höhe des 1,5-fachen der vollen Gebühr, und zwar sowohl für den Wahlanwalt als auch für den gerichtlich bestellten oder beigeordneten RA.

8 Bei der Vertretung **mehrerer Auftraggeber** erhöht sich die Gebühr gem. VV 1008 RVG, sofern diese an dem Anspruch gemeinschaftlich beteiligt sind.

9 Der Wert für die Gebühr ist durch das Gericht festzusetzen. Für das **Festsetzungsverfahren** gelten die allgemeinen Regeln des § 33 RVG.[4]

IV. Auslagen

10 Der RA erhält seine Auslagen nach den **VV 7000 ff. RVG** vergütet. Das Beschwerdeverfahren nach Alt. 2 ist eine eigene Angelegenheit iSv § 15 Abs. 2 RVG. Deshalb erhält der RA gesonderte Auslagen, insbes. eine gesonderte Postentgeltpauschale nach VV 7002 RVG.[5]

V. Einigungsgebühr

11 **Neben** der Gebühr nach VV 4146 RVG kann die Einigungsgebühr nach VV 1000 RVG entstehen.[6]

Nr.	Gebührentatbestand	Gebühr oder Satz der Gebühr nach § 13 oder § 49 RVG – Wahlanwalt	Gebühr oder Satz der Gebühr nach § 13 oder § 49 RVG – gerichtlich bestellter oder beigeordneter Rechtsanwalt
4147	Einigungsgebühr im Privatklageverfahren bezüglich des Strafanspruchs und des Kostenerstattungsanspruchs: Die Gebühr 1000 entsteht .... Für einen Vertrag über sonstige Ansprüche entsteht eine weitere Einigungsgebühr nach Teil 1. Maßgebend für die Höhe der Gebühr ist die im Einzelfall bestimmte Verfahrensgebühr in der Angelegenheit, in der die Einigung erfolgt. Eine Erhöhung nach Nummer 1008 und der Zuschlag (Vorbemerkung 4 Abs. 4) sind nicht zu berücksichtigen.	in Höhe der Verfahrensgebühr	

Schrifttum: *Burhoff,* Was ist nach dem 2. KostRMoG neu bei der Abrechnung im Straf-/Bußgeldverfahren?, VRR 2013, 287 = StRR 2013, 284; *Burhoff,* Die 20 wichtigsten Änderungen in Straf- und Bußgeldsachen, RVG

[1] Burhoff/Volpert RVG/*Burhoff* VV 4146 Rn. 7.
[2] Burhoff/Volpert RVG/*Burhoff* VV 4146 Rn. 8 f.
[3] Zu den Gegenstandswerten Anh. VII RVG; *Burhoff* RVGreport 2011, 281.
[4] Burhoff/Volpert RVG/*Burhoff* VV 4146 Rn. 13.
[5] Burhoff/Volpert RVG/*Burhoff* VV 4146 Rn. 14; Schneider/Wolf/*N. Schneider* RVG VV 4146 Rn. 25 unter Hinweis auf die Regelung in § 19 Abs. 1 S. 2 Nr. 10a RVG.
[6] Burhoff/Volpert RVG/*Burhoff* VV 4146 Rn. 15.

prof. Sonderheft 8/2013, 30; *Burhoff,* Neuerungen für die Abrechnung im Straf-/Bußgeldverfahren nach dem 2. KostRMoG, RVGreport 2013, 330; *Burhoff,* Die wichtigsten Änderungen und Neuerungen für die Abrechnung im Straf-/Bußgeldverfahren durch das 2. KostRMoG, StraFo 2013, 397; *N. Schneider/Thiel,* Ausblick auf das 2. KostRMoG. Die Neuerungen in Strafsachen, AGS 2012, 105; s. a. die Hinweise bei → RVG VV 4141 Vor Rn. 1.

Übersicht

I. Allgemeines

VV 4147 RVG regelt die Höhe der Gebühr, die der RA für die Mitwirkung an einer Einigung im Privatklageverfahren nach VV 1000 RVG verdient. Bei der Gebühr handelt es sich dem Grunde nach um eine **Einigungsgebühr,** wie sie in VV 1000 RVG geregelt ist.[1] Die VV 4147 RVG ist erforderlich, weil auch eine Regelung hinsichtlich der Einigungsgebühr für den gerichtlich bestellten oder beigeordneten RA erfolgen musste, diese aber im VV Teil 1 RVG nicht erfolgen konnte. 1

Die VV 4147 RVG regelt nur die **Höhe** der Einigungsgebühr. Bis zum 1.7.2013 war für die Einigung im Privatklageverfahren bzgl. des Strafanspruchs und des Kostenerstattungsanspruchs ein eigener Betragsrahmen vorgesehen. Durch das 2. KostRMoG[2] ist das ab 1.7.2013 geändert worden. Die Gebühr ist nun – wie die VV 1005, 1006 RVG – an die jeweilige Verfahrensgebühr gekoppelt.[3] 2

II. Anwendungsbereich

1. Persönlich

Die Gebühr entsteht sowohl für den **Wahlanwalt** als auch für den gerichtlich bestellten oder **beigeordneten** RA, also für den Pflichtverteidiger. 3

2. Sachlich

Bei der VV 4147 RVG handelt es sich um eine (echte) **„Einigungsgebühr"** iSd RVG. Entscheidend für das Entstehen dieser Gebühr ist, dass entweder ein bereits anhängiges Privatlageverfahren beendet oder ein noch nicht eingeleitetes verhindert wird. Das bedeutet, dass die Gebühr zB auch im Sühneverfahren nach § 380 StPO entstehen kann, wenn es dort zu einer Einigung kommt. Entsprechend der Regelung der VV 1000 RVG kommt es auf ein gegenseitiges Nachgeben nicht an.[4] Es reicht jedes Übereinkommen aus, das zur Beendigung des Verfahrens führt und eine Privatklage erledigt oder vermeidet. An das Vorliegen einer Einigung sind nur geringe Anforderungen zu stellen, es muss jedoch zumindest eine der Parteien von ihrer Rechtsposition abrücken.[5] 4

Die Gebühr **erfasst** alle Tätigkeiten, die mit der Einigung zusammenhängen. Die Gebühr kann in jedem Stadium des Verfahrens anfallen.[6] 5

Wird daneben ein **Vertrag** über **sonstige Ansprüche** geschlossen, entsteht nach der Anmerkung zu VV 4147 RVG eine weitere Einigungsgebühr nach VV Teil 1 RVG. Gemeint ist damit insbes. eine Einigung über (weitere) vermögensrechtliche Ansprüche. Insoweit gelten die allgemeinen Regeln zu VV 1000 ff. RVG.[7] 6

---

[1] BT-Drs. 15/1971, 229.
[2] → RVG VV Teil 4 Einl. Fn. 9.
[3] Wegen der Einzelheiten → Rn. 8 ff.
[4] Vgl. die Erläuterungen zu → RVG VV 1000 Rn. 2 ff.
[5] Schneider/Wolf/*N. Schneider* RVG VV 4147 Rn. 11; Burhoff/Volpert RVG/*Burhoff* VV 4147 VV Rn. 6.
[6] Burhoff/Volpert RVG/*Burhoff* VV 4143 Rn. 7.
[7] Vgl. die Erläuterungen zu VV 1000 ff. RVG; Burhoff/Volpert RVG/*Burhoff* VV 4147 Rn. 8 f.

7 Neben der VV 4147 RVG kann nach VV 4141 Anm. 2 S. 2 RVG die **VV 4141 RVG nicht** entstehen. Als „Befriedungsgebühr" entstehen die Gebühren also nicht nebeneinander.[8] Diese Regelung erfasst aber nicht eine Einigungsgebühr nach VV Teil 1 RVG.[9]

III. Höhe der Gebühr

1. Allgemeines

8 Nach den Änderungen durch das 2. KostRMoG[10] erhalten sowohl der Wahlanwalt als auch der bestellte oder beigeordnete RA eine Verfahrensgebühr, die in der Höhe an die **jeweilige Verfahrensgebühr** im **gerichtlichen Verfahren gekoppelt** ist. Damit soll die Höhe der Einigungsgebühr an die Höhe der zusätzlichen Gebühr VV 4141 RVG angeglichen werden. Diese richtet sich ebenfalls nach der jeweiligen Verfahrensgebühr. Hintergrund ist, dass die Einigungsgebühr VV 4147 RVG ebenso wie die VV 4141 RVG dem Zweck dient, den RA dafür zu belohnen bzw. dafür einen Anreiz zu schaffen, das Verfahren zu beenden und dadurch dem Gericht Arbeit zu ersparen.[11] Damit kann grds. auf die Ausführungen zu VV 4141 RVG verwiesen werden.

2. Anknüpfungspunkt

9 Als zusätzliche Gebühr VV 4147 RVG erhält der RA eine **Verfahrensgebühr,** deren Höhe sich nach der Instanz bemisst, in der das Privatklageverfahren durch die Einigung beendet worden ist. Im Sühneverfahren und im vorbereitenden Verfahren bemisst sich die Gebühr also nach VV 4104 RVG, im gerichtlichen Verfahren beim Amtsgericht nach der VV 4106 RVG. In den Rechtsmittelverfahren – Berufungs- und/oder Revisionsverfahren – sind die VV 4124, 4130 RVG anwendbar.

3. Zuschlag/mehrere Auftraggeber

10 Die Verfahrensgebühr entsteht nach dem ausdrücklichen Zusatz bei der Bestimmung der Höhe der Gebühr **ohne Zuschlag** nach VV Vorb. 4 Abs. 4 RVG. Der Umstand, dass sich der Mandant ggf. nicht auf freiem Fuß befindet, bleibt also außer Betracht.

11 Entsteht die Verfahrensgebühr nach § 7 RVG iVm VV 1008 RVG erhöht, weil der RA in derselben Angelegenheit **mehrere Personen** vertritt, erhöht sich auch die Gebühr nach VV 4147 RVG. Das kann im Strafverfahren namentlich bei Vertretung mehrerer Privatkläger in Betracht kommen (vgl. § 375 StPO).

4. Bemessung der Gebühr

12 Der **Wahlanwalt** erhält die Gebühr als **Betragsrahmengebühr.** Diese bemisst sich jedoch anders als die VV 4141 RVG (vgl. VV 4141 Anm. 3 S. 2 RVG)[12] nicht als Festgebühr immer „nach der Rahmenmitte". Vielmehr ist die Verfahrensgebühr VV 4147 RVG an die vom RA im Verfahren, in dem die Einigung erfolgt, jeweils konkret abgerechnete Verfahrensgebühr angekoppelt. Diese Regelung entspricht der Regelung in den VV 1005 f. RVG. Sie trägt dem Umstand Rechnung, dass sich der Beitrag des RA an der Einigung mit den Kriterien des § 14 Abs. 1 S. 1 RVG idR nur schwer bewerten lässt.[13] Dies hat hinsichtlich der Einigungsgebühr zwar gegenüber dem früheren Recht zu einer überdurchschnittlichen Erhöhung geführt, die aber wegen des angestrebten Zwecks als gut vertretbar angesehen wird.[14] Die Anknüpfung an die jeweilige Verfahrensgebühr führt auch zu einer sachgerechten Gewichtung. Ist ein Privatklageverfahren besonders umfangreich und schwierig und fällt deshalb eine hohe Verfahrensgebühr für das (gerichtliche) Verfahren an, ist der Entlastungseffekt einer Einigung oder Erledigung und die Verantwortung des Rechtsanwalts entsprechend hoch.[15]

---

[8] So ausdrücklich BR-Drs. 517/12, 440 = BT-Drs. 17/11471, 443; und die Erläuterungen bei → RVG VV 4141 Rn. 45 ff.

[9] *N. Schneider/Thiel* AGS 2012, 105 (113); s. a. *Burhoff* VRR 2013, 287 = StRR 2013, 284; RVGreport 2013, 330; StraFo 2013, 397; vgl. auch die Erläuterungen bei → RVG VV 4141 Rn. 46 ff.

[10] → RVG VV Teil 4 Einl. Rn. 7.

[11] BR-Drs. 517/12, 440 iVm der Begr. zu VV 1005 f. RVG = BT-Drs. 17/11471, 443; *N. Schneider/Thiel* AGS 2012, 105 (113); *Burhoff* VRR 2013, 287 = StRR 2013, 284; RVGreport 2013, 330; StraFo 2013, 397.

[12] → RVG VV 4141 Rn. 49 ff.

[13] *N. Schneider/Thiel* AGS 2012, 105 (113).

[14] BT-Drs. 517/12, 440 = BT-Drs. 17/11471, 282.

[15] Vgl. die Begr. zu VV 1005 f. RVG in der BR-Drs. 517/12, 421 f.

13 Eine Erhöhung der Gebühr nach **VV 1008 RVG** und der **Zuschlag,** wenn der Mandant sich **nicht** auf freiem Fuß befindet (VV Vorb. 4 Abs. 4 RVG), sind nach Anm. S. 3 nicht zu berücksichtigen. Das entspricht der Regelung in VV 4141 RVG.[16]

14 Der gerichtlich bestellte oder **beigeordnete** RA, also idR der Pflichtverteidiger, erhält den **Festbetrag** der jeweiligen Verfahrensgebühr.

Abschnitt 2. Gebühren in der Strafvollstreckung

Einleitung

Schrifttum: *Burhoff,* Die Gebühren in der Strafvollstreckung, RVGreport 2007, 8; *Burhoff,* Die anwaltliche Vergütung in der Strafvollstreckung, StRR 2010, 93; *Burhoff,* Fragen aus der Praxis zu Gebührenprobleme in Straf- und Bußgeldverfahren, VRR 2011, 294; *Burhoff,* Die Abrechnung (förmlicher/formloser) Rechtsbehelfe im Straf- und Bußgeldverfahren, StRR 2012, 336; *Burhoff,* Die anwaltliche Vergütung im strafverfahrensrechtlichen Revisionsverfahren, RVGreport 2012, 402; *Burhoff,* Richtig abrechnen in der Strafvollstreckung, RVG prof. 2013, 69; *Burhoff,* Die Abrechnung (förmlicher/formloser) Rechtsbehelfe im Straf- und Bußgeldverfahren, RVGreport 2013, 213; JurBüro 2015, 507; *Burhoff,* Die Vergütung des Verteidigers in der Strafvollstreckung, RVGreport 2020, 82; *Burhoff,* Die Vergütung des Rechtsanwalts in Verfahren nach dem Strafvollzugsgesetz; RVGreport 2020, 122; *Burhoff,* Die Vergütung des Rechtsanwalts in Verfahren nach §§ 23 ff. EGGVG, RVGreport 2020, 162; *Gregor,* Beratungshilfe für das strafrechtliche Mandat, StRR 2014, 13; *Hansens,* Gemeinsamer Katalog von DAV und BRAK zur Anpassung des RVG, RVGreport 2018, 202; *Lissner,* Gebühren in der Strafvollstreckung, AGS 2013, 445; *Volpert,* Verkehrsstrafsachen: Die Vergütung des Verteidigers in der Strafvollstreckung, VRR 2005, 453; *Volpert,* Tätigkeiten im Strafvollzug richtig abrechnen, RVG prof. 2006, 214; *Volpert,* Vergütung des Rechtsanwalts in Verfahren nach dem Strafvollzugsgesetz, RVGreport 2012, 362; *Zieger,* Vernachlässigte Tätigkeitsfelder der Verteidigung, insbesondere Strafvollstreckung und Vollzug, StV 2006, 375; s. a. die Hinweise bei → RVG VV Teil 4 Einl. Vor Rn. 1; → RVG VV Vorb. 4 Vor Rn. 1; → RVG VV Vorb. 4.1 Einl. Vor Rn. 1.

Übersicht

I. Allgemeines

1 Um auch im Bereich der Strafvollstreckung eine **angemessene Verteidigung** bzw. Vertretung des Verurteilten sicherzustellen, sieht das RVG im VV Teil 4 Abschn. 2 RVG besondere Gebühren für die Tätigkeit des Verteidigers in der Strafvollstreckung vor. Sinn dieser Regelung ist es, durch eigene Gebührentatbestände für Strafvollstreckungssachen, die häufig einen erheblichen Zeitaufwand des RA erfordern, für eine angemessene Vergütung und damit bessere Verteidigung des Verurteilten in Strafvollstreckungssachen zu sorgen.

[16] → RVG VV 4141 Rn. 52 f.

2 Die Gebührentatbestände der VV 4200–4207 RVG entsprechen im Wesentlichen der **Struktur** der strafverfahrensrechtlichen Gebühren des VV Teil 4 **Abschn. 1 RVG.** Der RA kann also eine Verfahrensgebühr und eine Terminsgebühr verdienen.[1]

3 Das RVG **unterteilt** die Verfahren, in denen Gebühren in der Strafvollstreckung entstehen können, allerdings in **zwei Gruppen.** In VV 4200 ff. RVG sind die besonders bedeutsamen Verfahren geregelt, in VV 4204 ff. RVG die sonstigen Verfahren. Die Verfahren werden hinsichtlich der Gebührentatbestände und der allgemeinen Fragen gleich behandelt. Unterschiede bestehen lediglich hinsichtlich der Gebührenhöhe. Wegen der Einzelheiten wird auf die Erläuterungen bei VV 4204–4207 RVG verwiesen.

II. Angelegenheiten im Bereich der Strafvollstreckung

4 Jedes einzelne Strafvollstreckungsverfahren stellt eine gesonderte **gebührenrechtliche Angelegenheit** iSd § 15 RVG dar.[2] So ist zB jedes Verfahren auf Widerruf zur Strafaussetzung eine eigene gebührenrechtliche Angelegenheit.[3] Auch die Tätigkeit in jedem neuen Überprüfungsverfahren nach § 67e StGB stellt für den RA jeweils eine neue gebührenrechtliche Angelegenheit dar.[4] In jeder dieser Angelegenheiten kann daher nach der Anm. 1 zu VV 7002 RVG auch eine Auslagenpauschale entstehen. Allerdings liegt auch dann, wenn in einem Strafvollstreckungsverfahren, in dem die Aussetzung des Strafrestes zur Bewährung beantragt wird, mehrere Anhörungstermine stattfinden, aber keine Beschlussfassung erfolgt, nur eine Angelegenheit iSd § 15 Abs. 2 RVG vor.[5] Auch das Verfahren über die Aussetzung des Restes der Freiheitsstrafe zur Bewährung und das Verfahren über die Aussetzung einer Maßregel sollen nach Auffassung des OLG Nürnberg und des LG Amberg als eine gebührenrechtliche Angelegenheit zu werten sein, wenn Freiheitsstrafe und Maßregel aus demselben Urteil stammen,[6] was mE zweifelhaft ist. Zutreffend ist daher die Auffassung des OLG Düsseldorf, das davon ausgeht, dass dann, wenn im Beschwerdeverfahren in dem einen Verfahren auch über die Fortdauer einer Maßregel zu befinden und in dem anderen Verfahren zu prüfen ist, ob eine Reststrafe bereits nach der Hälfte der erkannten Strafe ausgesetzt werden kann, zwei Angelegenheiten vorliegen.[7]

5 Nach VV Vorb. 4.2 RVG entstehen im Bereich der Strafvollstreckung die Gebühren im Verfahren über die **Beschwerde** gegen die Hauptsache **besonders.** Wegen der Einzelheiten dazu wird verwiesen auf die Erläuterungen bei VV Vorb. 4.2 RVG.

III. Abgeltungsbereich der Gebühren des Abschn. 2

1. Persönlich

6 Die Gebühren des VV Teil 4 Abschn. 2 RVG stehen dem **Wahlanwalt** zu, der den vollen Verteidigungsauftrag erhalten hat. Ist der RA lediglich mit einer Einzeltätigkeit beauftragt, gilt nicht VV Teil 4 Abschn. 2 RVG, sondern VV Teil 4 Abschn. 3 RVG. Aber auch im Bereich der Strafvollstreckung gilt der allgemeine Grundsatz, dass der RA idR den vollen Auftrag über-

---

[1] Wegen der Einzelheiten → Rn. 14 ff.

[2] Schneider/Wolf/*N. Schneider* RVG VV Vorb. 4.2, VV 4200–4207 Rn. 4; Burhoff/Volpert RVG/*Volpert* VV Vorb. 4.2 Rn. 34; Burhoff/Kotz StrafR-Rechtsmittel-HdB/*Volpert* Teil J Rn. 265 ff.; *Burhoff* RVGreport 2007, 8 (10); StRR 2010, 93; s. a. noch Burhoff/Volpert RVG/*Burhoff* Teil A Rn. 161 ff. mit Bsp.

[3] Schneider/Wolf/*N. Schneider* RVG VV Vorb. 4.2, VV 4200–4207 Rn. 4; Burhoff/Volpert RVG/*Burhoff* Teil A Rn. 161 f.; Burhoff/Volpert RVG/*Volpert* VV Vorb. 4.2 Rn. 39; LG Magdeburg StraFo 2010, 172 = RVGreport 2010, 183 = StRR 2010, 279 = AGS 2010, 429; aA – allenfalls dann, wenn es um den Widerruf der Bewährung aus verschiedenen Entscheidungen geht – OLG Köln RVGreport 2011, 103 mablAnm *Burhoff* = AGS 2011, 174 mablAnm *Volpert* = StRR 2011, 214 mablAnm *Burhoff;* OLG Oldenburg AGS 2016, 511; LG Aachen AGS 2010, 428 mablAnm *N. Schneider* = RVGreport 2010, 379 = StRR 2011, 39, für Maßregelvollzug; LG Oldenburg RVGreport 2016, 415 = AGS 2016, 510.

[4] Zum Überprüfungsverfahren KG RVGreport 2005, 102 = NStZ-RR 2005, 127 = JurBüro 2005, 251 = AGS 2005, 393; OLG Celle 31.7.2020 – 2 Ws 122/20 (neues Recht); OLG Frankfurt a. M. NStZ-RR 2005, 253 = AGS 2006, 76; OLG Jena AGS 2006, 287 = RVGreport 2006, 470; JurBüro 2006, 366; OLG Karlsruhe StRR 8/2019, 34 = JurBüro 2019, 299 = RVGreport 2019, 218; OLG Rostock RVGreport 2018, 334 = StRR Sonderausgabe 12/2018, 20; OLG Schleswig RVGreport 2005, 70 = AGS 2005, 120 = JurBüro 2005, 25 = StV 2006, 206; AGS 2005, 444 = RVGreport 2006, 153 = SchlHA 2006, 300; zum Überprüfungsverfahren eing. Burhoff/Volpert RVG/*Volpert* VV 4200 Rn. 12 f.

[5] LG Neubrandenburg BeckRS 2012, 12904.

[6] OLG Nürnberg RVGreport 2017, 256; LG Amberg StRR 2017, 23 = RVGreport 2017, 256.

[7] OLG Düsseldorf BeckRS 2014, 12951.

tragen bekommt.[8] Für die Abgrenzung ist es unerheblich, wann der RA den Auftrag erhalten hat. Volle Vertretung kann auch dann vorliegen, wenn der RA zB erst im Verfahren über den Widerruf der Strafaussetzung nach § 56f StGB beauftragt worden ist.[9]

Auch der im Strafvollstreckungsverfahren **gerichtlich bestellte** oder **beigeordnete** RA, 7
idR also der Pflichtverteidiger, verdient die Gebühren nach VV Teil 4 Abschn. 2 RVG. Die Pflichtverteidigerbestellung für das Hauptverfahren endet allerdings mit dem rechtskräftigen Abschluss des Verfahrens;[10] sie erfasst allerdings auch noch eine nachträgliche Gesamtstrafenbildung. Das ist durch das „Gesetz zur Neuregelung des Rechts der notwendigen Verteidigung v. 10.12.2019“[11] in § 143 Abs. 1 StPO jetzt ausdrücklich geregelt. Der frühere Streit in der Rspr. [12] hat sich also erledigt. Insoweit muss der RA seine Bestellung nicht mehr beantragen, wenn er bereits im Erkenntnisverfahren bestellt war.[13] War er nicht bestellt, muss er seine Bestellung jedoch beantragen. Für das Strafvollstreckungsverfahren iÜ muss der RA seine Bestellung, und zwar für jede Angelegenheit, besonders/erneut beantragen.[14] Daran hat sich durch das „Gesetz zur Neuregelung des Rechts der notwendigen Verteidigung v. 10.12.2019“[15] nichts geändert.[16] Wird der RA erst im Laufe des Strafvollstreckungsverfahrens bestellt, gilt für die Vergütung bereits vor der Bestellung erbrachter Tätigkeiten § 48 Abs. 6 RVG.[17] Die Beiordnung eines RA in Straf- und Maßregelvollstreckungsverfahren betrifft iÜ immer nur das konkrete (Überprüfung)Verfahren und nicht die gesamte Straf- oder Maßregelvollstreckung bis zur Entlassung des Verurteilten oder Untergebrachten.[18]

2. Sachlich

a) Begriff der Strafvollstreckung. Der Verteidiger erhält die Gebühren des VV Teil 4 8
Abschn. 2 RVG für eine Tätigkeit in der Strafvollstreckung. Gebühren nach VV Teil 4 Abschn. 2 RVG können also frühestens ab Rechtskraft des Urteils entstehen.[19] Erfasst von dem Begriff werden alle die Tätigkeiten, die mit Maßnahmen und Anordnungen, die in den **§§ 449–463d StPO** geregelt sind, zusammenhängen.[20] Die VV 4200–4207 RVG gelten also für den RA, der im Rahmen der Vollstreckung (im weitesten Sinne) von Kriminalstrafen und strafrechtlichen Maßnahmen tätig wird. „Strafvollstreckung“ umfasst alle Maßnahmen und Anordnungen, die auf die Vollstreckung der von einem Strafgericht erlassenen Entscheidung gerichtet sind. Dazu gehören Urteile, Strafbefehle, Urteile im Sicherungsverfahren, Beschlüsse im Einziehungsverfahren, Beschlüsse über nachträglich gebildete Gesamtstrafen und Beschlüsse über die Verurteilung zu der vorbehaltenen Strafe. Auch die Tätigkeit des Verteidigers im Überprüfungsverfah-

---

[8] KG RVGreport 2005, 102 = NStZ-RR 2005, 127 = JurBüro 2005, 251 = AGS 2005, 393; OLG Frankfurt a. M. NStZ-RR 2005, 253 = AGS 2006, 76; OLG Jena AGS 2006, 287 = RVGreport 2006, 470; JurBüro 2006, 366; OLG Rostock RVGreport 2018, 334 = StRR Sonderausgabe 12/2018, 20; OLG Schleswig RVGreport 2005, 70 = AGS 2005, 120 = JurBüro 2005, 25 = StV 2006, 206.

[9] OLG Frankfurt a. M. NStZ-RR 2005, 253 = AGS 2006, 76.

[10] Vgl. zB OLG Brandenburg StV 2007, 95.

[11] BGBl. I 2128.

[12] Vgl. KG StraFo 2011, 43 = StV 2012, 6 (Ls.) = NStZ-RR 2011, 86 = VRS 120, 26; OLG Brandenburg RVGreport 2018, 385 = AGs 2018, 494; OLG Köln NStZ-RR 2010, 283 (Ls.) = StV 2011, 219 (Ls.); LG Cottbus RVGreport 2018, 385 = AGS 2018, 494; LG Osnabrück RVGreport 2020, 347 = AGS 2020, 509; *Burhoff* StrafREV-HdB Rn. 3288.

[13] Meyer-Goßner/Schmitt/*Schmitt* StPO § 140 Rn. 33 f. mwN aus der obergerichtlichen Rspr. zur Pflichtverteidigerbestellung im Strafvollstreckungsverfahren zum alten Recht; s. a. *Burhoff* StrafREV-HdB Rn. 3048 ff.; Burhoff/Volpert RVG/*Volpert* VV Vorb. 4.2 Rn. 27.

[14] Zu den Angelegenheiten → Rn. 4 f.

[15] BGBl. I 2128.

[16] Meyer-Goßner/Schmitt/*Schmitt* StPO § 140 Rn. 33.

[17] Wegen der Einzelheiten die Nachw. bei → § 48 Rn. 193 ff.; vgl. die Kommentierung zu § 48 Abs. 6 RVG bei Burhoff/Volpert RVG/*Burhoff* § 48 Abs. 6 RVG Rn. 1 ff.

[18] KG JurBüro 2002, 75 = NStZ-RR 2002, 63 = StV 2004, 39; NStZ-RR 2005, 127 = RVGreport 2005, 102 = AGS 2005, 393; OLG Celle 31.7.2020 – 2 Ws 122/20 (neues Recht); OLG Düsseldorf StV 2011, 680 [Ls.] = StraFo 2011, 371; OLG Frankfurt a. M. NStZ-RR 2003, 252; OLG Hamburg StraFo 2020, 198; OLG Schleswig SchlHA 1989, 105; StV 2006, 206 = RVGreport 2005, 70 = AGS 2005, 120; OLG Zweibrücken StraFo 2008, 40; StraFo 2010, 216 = NStZ 2010, 470 = StRR 2010, 163; aA OLG Hamm BeckRS 2002, 30287603; OLG Naumburg BeckRS 2010, 18497; OLG Stuttgart NJW 2000, 3367; AGS 2010, 429 = StRR 2010, 438 = RVGreport 2010, 388.

[19] OLG Hamm RVGreport 2009, 149 = StRR 2009, 39 mAnm *Burhoff;* Burhoff/Volpert RVG/*Volpert* VV Vorb. 4.2 Rn. 27; Burhoff/Kotz StrafR-Rechtsmittel-HdB/*Volpert* Teil J Rn. 268.

[20] Eing. zum Begriff der Strafvollstreckung Burhoff/Volpert RVG/*Volpert* VV Vorb. 4.2 Rn. 5 ff.; Burhoff/Kotz StrafR-Rechtsmittel-HdB/*Volpert* Teil J Rn. 268 ff.; *Burhoff* StRR 2010, 93; *Lissner* AGS 2013, 445 ff.

ren nach §§ 463, 454 StPO, 67e StGB wird also grds. von VV Teil 4 Abschn. 2 RVG erfasst.[21] Entsprechendes gilt für erst nach rechtskräftigem Abschluss des Hauptverfahrens erbrachte Tätigkeiten im Hinblick auf eine Einziehung nach den §§ 73 ff. StGB; für diese fällt nicht die VV 4142 RVG an, es handelt sich vielmehr um Tätigkeiten im Rahmen der Strafvollstreckung dar, die nach VV Teil 4 Abschn. 2 RVG zu vergüten sein.[22]

9 VV Teil 4 Abschn. 2 RVG **gilt nicht,** wenn eine gerichtliche Entscheidung nach dem OWiG (s. VV Teil 5 RVG),[23] Ordnungs- und Zwangshaft in Straf- und Bußgeldsachen (s. VV Vorb. 4.1 RVG und VV Teil 4 Abschn. 3 RVG) oder eine Disziplinarmaßnahme nach den Disziplinargesetzen (VV Teil 6 Abschn. 2 RVG) vollstreckt wird.[24]

10 VV Teil 4 Abschn. 2 RVG gilt auch für die Vollstreckung von Entscheidungen gegen **Jugendliche** und **Heranwachsende.**[25] In Betracht kommt hier die Vollstreckung aus Urteilen und Beschlüssen gem. §§ 56, 66 JGG. Bei der Tätigkeit im Rahmen einer Entscheidung nach **§ 57 JGG** handelt es sich nach der obergerichtlichen Rspr. (noch) nicht um Strafvollstreckung.[26] Die insoweit erbrachten Tätigkeiten werden also noch durch die Gebühren aus VV Teil 4 Abschn. 1 RVG abgegolten. Gegebenenfalls kann noch eine Terminsgebühr nach VV Teil 4 Abschn. 1 RVG entstehen, und zwar nach VV 4102 Nr. 1 RVG.[27] Auch die Tätigkeit des RA im Verfahren über die Aussetzung der Verhängung der Jugendstrafe zur Bewährung nach **§ 27 JGG** ist nicht Strafvollstreckung iSv VV Teil 4 Abschn. 2 RVG, sondern es handelt sich um die Fortsetzung des ursprünglichen Erkenntnisverfahrens.[28] Der RA erhält also keine Gebühren nach VV Teil 4 Abschn. 2 RVG, sondern für die Teilnahme an dem weiteren Termin eine weitere Terminsgebühr für die Hauptverhandlung nach VV Teil 4 Abschn. 1 RVG.[29]

11 **b) Abgrenzung zum Strafvollzug/zu Verfahren nach §§ 23 ff. EGGVG.** Während Strafvollstreckung alle Maßnahmen und Anordnungen umfasst, die auf die Vollstreckung der von einem Strafgericht erlassenen Entscheidung gerichtet sind, umfasst Strafvollzug alle Tätigkeiten und Maßnahmen, die auf die **praktische Durchführung** der **Strafvollstreckung** gerichtet sind.[30] Für die Tätigkeit des RA im Strafvollzug entstehen keine Gebühren nach VV Teil 4 RVG, sondern nach VV Teil 2 RVG oder VV Teil 3 RVG.[31] Entsprechendes gilt für Verfahren nach den §§ 23 ff. EGGVG, die sich ggf. an strafvollstreckungsrechtliche Verfahren anschließen.[32] Wird der RA in diesen tätig, zB im Rahmen der Zurückstellung der Strafvollstreckung nach § 35 BtMG, entstehen zusätzlich zu ggf. vorhergehend entstandenen Gebühren nach VV Teil 4 Abschn. 2 RVG noch Gebühren nach VV Teil 3 RVG.[33] Die Tätigkeiten im Verfahren nach §§ 23 ff. EGGVG werden nicht durch die Gebühren nach VV Teil 4 Abschn. 2 RVG abgegolten.[34]

---

[21] Vgl. ua KG NStZ-RR 2005, 127 = RVGreport 2005, 102 = AGS 2005, 393; OLG Karlsruhe StRR 8/2019, 34 = JurBüro 2019, 299 = RVGreport 2019, 218.

[22] OLG Köln RVGreport 2018, 423 = StRR 6/2018, 26 (VV 4204 RVG).

[23] Insoweit gilt VV 5200 RVG.

[24] Burhoff/Volpert RVG/*Volpert* VV Vorb. 4.2 Rn. 7; Burhoff/Kotz StrafR-Rechtsmittel-HdB/*Volpert* Teil J Rn. 269; *Burhoff* RVGreport 2007, 8 f.; StRR 2010, 93; RVGreport 2020, 82 ff.

[25] Burhoff/Volpert RVG/*Volpert* VV Vorb. 4.2 Rn. 8; Burhoff/Kotz StrafR-Rechtsmittel-HdB/*Volpert* Teil J Rn. 275; *Burhoff* RVGreport 2007, 8 f.; StRR 2010, 93; RVGreport 2020, 82 ff.

[26] OLG Karlsruhe StV 1998, 348.

[27] LG Mannheim RVG prof. 2008, 26 = StRR 2008, 120; s. a. Burhoff/Volpert RVG/*Volpert* VV Vorb. 4.2 Rn. 13; Burhoff/Kotz StrafR-Rechtsmittel-HdB/*Burhoff* Teil D Rn. 241 ff.; Burhoff/Kotz StrafR-Rechtsmittel-HdB/*Volpert* Teil J Rn. 274.

[28] Burhoff/Volpert RVG/*Burhoff* Teil A Rn. 158 ff.; Burhoff/Volpert RVG/*Volpert* VV Vorb. 4.2 Rn. 13; Burhoff/Kotz StrafR-Rechtsmittel-HdB/*Burhoff* Teil D Rn. 241 ff.

[29] Vgl. die vorstehenden Nachw.

[30] Zur Abgrenzung Burhoff/Volpert RVG/*Volpert* VV Vorb. 4.2 Rn. 14; Burhoff/Kotz StrafR-Rechtsmittel-HdB/*Volpert* Teil J Rn. 331 ff.; OLG Hamm RVGreport 2009, 149 = StRR 2009, 39.

[31] → RVG VV Teil 4 Einl. Rn. 5; Burhoff/Volpert RVG/*Burhoff* Teil A Rn. 2193; Burhoff/Kotz StrafR-Rechtsmittel-HdB/*Volpert* Teil J Rn. 276; *Volpert* RVG prof. 2006, 214; RVGreport 2012, 362.

[32] → RVG VV Teil 4 Einl. Rn. 5; Burhoff/Volpert RVG/*Burhoff* Teil A Rn. 2328; Burhoff/Volpert RVG/*Volpert* VV Vorb. 4.2 Rn. 16.

[33] Inzidenter OLG Jena RVGreport 2017, 23; OLG Zweibrücken AGS 2011, 433 = StraFo 2010, 515 = NStZ-RR 2011, 32 = Rpfleger 2011, 116 = StRR 2010, 480; LG Wiesbaden 11.9.2014 – 2 Qs 69/14.

[34] Inzidenter OLG Jena RVGreport 2017, 23, OLG Zweibrücken AGS 2011, 433 = StraFo 2010, 515 = NStZ-RR 2011, 32 = Rpfleger 2011, 116 = StRR 2010, 480; LG Wiesbaden 11.9.2014 – 2 Qs 69/14; zur Erstattung → Rn. 22.

c) Abgrenzung zur Einzeltätigkeit. Wird der RA in der Strafvollstreckung nur mit **einzelnen Tätigkeiten beauftragt,** gilt VV Teil 4 **Abschn. 3 RVG.**[35] Hat der RA hingegen ein umfassendes Mandat erhalten, wovon idR auszugehen ist, gilt VV Teil 4 Abschn. 2 RVG.[36] Das gilt auch hinsichtlich der Vertretung des Verurteilten im Beschwerdeverfahren. Die Verfahrensgebühr VV 4302 Nr. 1 RVG fällt insoweit nur an, wenn der RA lediglich mit einer Einzeltätigkeit beauftragt worden ist, zB nur mit der Einlegung der Beschwerde gegen den Widerruf der Strafaussetzung zur Bewährung, aber nicht mit der weiteren Vertretung im Beschwerdeverfahren.[37] Auch im Überprüfungsverfahren nach § 67e StGB erfolgt die Bestellung des RA idR nicht für eine Einzeltätigkeit, sondern für das gesamte Überprüfungsverfahren und es ist daher nach VV Teil 4 Abschn. 2 RVG abzurechnen.[38] 12

IV. Gebühren in VV Teil 4 Abschn. 2 RVG

1. Grundgebühr

Eine Grundgebühr ist in VV Teil 4 Abschn. 2 RVG **nicht** vorgesehen, und zwar auch nicht für den RA, der nicht bereits im Erkenntnisverfahren tätig war.[39] Die VV 4100 RVG ist auch nicht entsprechend anwendbar.[40] Der gemeinsame Vorschlag von DAV und BRAK sah für ein 3. KostRMoG die Einführung einer Grundgebühr vor,[41] dies ist vom KostRÄG 2021 v. 21.12.2020[42] jedoch nicht umgesetzt worden. 13

2. Verfahrensgebühr

Entstehen kann für die Tätigkeit im Bereich der Strafvollstreckung eine Verfahrensgebühr. Für deren (allgemeinen) Abgeltungsbereich gilt die VV Vorb. 4 Abs. 2 RVG. Die Gebühr entsteht also für das „**Betreiben** des **Geschäfts**".[43] Die Verfahrensgebühr fällt nach VV 4200 f. RVG bzw. nach VV 4204 f. RVG in unterschiedlicher Höhe an. Die Höhe ist abhängig davon, in welchen Verfahren der RA tätig wird. 14

3. Terminsgebühr

Im Strafvollstreckungsverfahren kann nach VV 4202 f. RVG bzw. nach VV 4206 f. RVG auch eine Terminsgebühr entstehen, wenn der RA an einem **gerichtlichen Termin** im Strafvollstreckungsverfahren teilnimmt. Die Höhe der Terminsgebühr ist ebenfalls abhängig von dem Verfahren, in dem der RA tätig wird. 15

4. Sonstige Gebühren

Die (Vernehmung)Terminsgebühr nach **VV 4102, 4103 RVG** fällt in der Strafvollstreckung nicht an.[44] **Zusätzliche** Gebühren, wie zB in VV Teil 4 Abschn. 1 RVG die VV 4141 RVG, sind in Abschnitt 2 nicht vorgesehen und können daher ebenfalls nicht anfallen. Eine entsprechende Anwendung der Gebührentatbestände aus VV Teil 4 Abschn. 1 RVG ist nicht möglich.[45] 16

---

[35] Eing. Burhoff/Volpert RVG/*Volpert* VV Vorb. 4.2 Rn. 19 ff., VV Vorb. 4.3 Rn. 2, 19 mwN; Burhoff/Kotz StrafR-Rechtsmittel-HdB/*Volpert* Teil J Rn. 288 ff.

[36] OLG Jena RVGreport 2006, 470 = AGS 2006, 287; JurBüro 2006, 366, wonach die Anwendung des VV Teil 4 Abschn. 3 RVG durch die vorrangigen besonderen Bestimmungen der VV 4200 ff. RVG ausgeschlossen ist; vgl. zur Abgrenzung auch OLG Karlsruhe StRR 8/2019, 34 = JurBüro 2019, 299 = RVGreport 2019, 218 für Tätigkeiten im Rahmen der Führungsaufsicht.

[37] Burhoff/Volpert RVG/*Volpert* VV Vorb. 4.2 Rn. 9.

[38] OLG Frankfurt a. M. NStZ-RR 2005, 253 = AGS 2006, 76 = RVGreport 2007, 35; OLG Jena JurBüro 2006, 366; Schleswig StV 2006, 206 = RVGreport 2005, 70 = AGS 2005, 120.

[39] KG RVGreport 2008, 463 = NStZ-RR 2009, 31 = JurBüro 2009, 83 = StRR 2009, 156; OLG Schleswig RVGreport 2005, 70 = AGS 2005, 120 = JurBüro 2005, 252 = StV 2006, 206; LG Berlin AGS 2007, 562 = StRR 2007, 280; Burhoff/Volpert RVG/*Volpert* VV Vorb. 4.2 Rn. 3, 30 mwN; Burhoff/Kotz StrafR-Rechtsmittel-HdB/*Volpert* Teil J Rn. 296 ff.; aA – allerdings ohne Begr. OLG Frankfurt a. M. StRR 2014, 277 = RVGreport 2015, 23.

[40] → RVG VV Teil 4 UAbschn. 1 Einl. Rn. 3; KG RVGreport 2008, 463 = NStZ-RR 2009, 31 = JurBüro 2009, 83 = StRR 2009, 156 mAnm *Burhoff;* OLG Köln AGS 2007, 452 mAnm *N. Schneider* = RVGreport 2007, 306 = NStZ 2007, 287 (Ls.); OLG Schleswig StV 2006, 206 = RVGreport 2005, 70 = JurBüro 2005, 252; LG Berlin AGS 2007, 562 = StRR 2007, 280 mAnm *Burhoff;* Burhoff/Volpert RVG/*Burhoff* VV 4100 Rn. 4 f.; Hartung/Schons/Enders/*Hartung* RVG VV Vorb. 4.2 Rn. 7; *Burhoff* RVGreport 2007, 8 (10); StRR 2010, 93; RVGreport 2020, 82 ff.; aA MAH VergütungsR/*Hellwig* § 23 Rn. 75.

[41] *Hansens* RVGreport 2018, 202 (204).

[42] BGBl. I 3229.

[43] Vgl. die Erläuterungen bei → RVG VV Vorb. 4 Rn. 10 ff.

[44] Burhoff/Volpert RVG/*Volpert* VV Vorb. 4.2 Rn. 25.

[45] Burhoff/Volpert RVG/*Volpert* VV Vorb. 4.2 Rn. 29.

17 Der RA erhält aber neben den Gebühren der VV 4200 ff. RVG. Ersatz seiner **Auslagen** nach den VV 7000 ff. RVG. Insbesondere fällt in jeder Angelegenheit eine eigene Auslagenpauschale VV 7002 RVG.[46]

V. Pauschgebühr

18 Auch in Strafvollstreckungssachen besteht die **Möglichkeit,** eine Pauschgebühr zu **bewilligen.**[47] Daran hat sich durch das RVG gegenüber der BRAGO nichts geändert. Da jedoch die in VV Teil 4 Abschn. 2 RVG enthaltenen Gebührentatbestände zu gegenüber der BRAGO erheblich höheren Gebühren führen, werden die Fälle, in denen eine Pauschgebühr zu gewähren ist, gegenüber dem Rechtsstand der BRAGO noch weiter zurückgehen.[48]

19 Für die Bewilligung einer Pauschgebühr gelten die **allgemeinen Regeln:** Dem gerichtlich bestellten oder beigeordneten RA wird die Pauschgebühr nach § 51 RVG bewilligt. Für den in der Strafvollstreckung tätigen Wahlanwalt besteht die Möglichkeit, nach § 42 RVG eine Pauschgebühr feststellen zu lassen. Wegen der Einzelheiten wird auf die Erläuterungen zu §§ 42, 51, 52, 53 RVG verwiesen.[49]

VI. Inanspruchnahme des Verurteilten

20 Der im Strafvollstreckungsverfahren gerichtlich bestellte oder beigeordnete RA, also idR der Pflichtverteidiger, kann, wenn die Voraussetzungen der §§ 52, 53 Abs. 1 RVG vorliegen, vom Verurteilten die Zahlung der Wahlanwaltsgebühren verlangen.[50] Auf die Erläuterungen zu **§§ 52, 53 RVG** wird verwiesen.

VII. Erstattung

21 Eine Kosten- und Auslagenentscheidung wird in Verfahren nach §§ 453 ff. StPO für den **ersten Rechtszug nicht** getroffen.[51] Etwas **anderes** gilt jedoch für die Kosten des **Beschwerdeverfahrens** und die ggf. in diesem dem Beschwerdeführer entstandenen notwendigen Auslagen, da es sich insoweit um eine das (Beschwerde)Verfahren abschließende Entscheidung iSd § 464 Abs. 1 StPO handelt.[52] Für die Kostenentscheidung gilt § 473 StPO. War die Beschwerde des Verurteilten erfolgreich, ist die Staatskasse danach zur Tragung der notwendigen Auslagen des Verurteilten verpflichtet. Zu den notwendigen Auslagen gehören die nach VV Teil 4 Abschn. 2 RVG berechneten Gebühren des Verteidigers im Strafvollstreckungsverfahren.

22 Außergerichtliche Kosten, die dem Betroffenen in einem dem gerichtlichen Verfahren nach **§§ 23 ff. EGGVG** vorangegangenen Verwaltungsverfahren gem. § 24 EGGVG entstanden sind, sind nicht als Kosten des Verfahrens nach § 23 EGGVG erstattungsfähig.[53]

Nr.	Gebührentatbestand	Gebühr oder Satz der Gebühr nach § 13 oder § 49 RVG	
		Wahlanwalt	gerichtlich bestellter oder beigeordneter Rechtsanwalt
Vorbemerkung 4.2: Im Verfahren über die Beschwerde gegen die Entscheidung in der Hauptsache entstehen die Gebühren besonders.			

[46] Schneider/Wolf/*N. Schneider* RVG VV Vorb. 4.2, VV 4200–4207 Rn. 27; zur Auslagenpauschale im Beschwerdeverfahren F0E0 → RVG VV Vorb. 4.2 Rn. 6 ff.

[47] Zur Pauschgebühr nach § 99 BRAGO s. ua OLG Braunschweig NdsRpfl 2000, 295; OLG Hamm JurBüro 2001, 641 = AGS 2001, 201; OLG Koblenz NStZ 1990, 345 = JurBüro 1990, 879; Köln StV 1997, 37 = JurBüro 1997, 83.

[48] S. zur Bewilligung einer Pauschgebühr nach § 51 im Strafvollstreckungsverfahren OLG Hamm AGS 2007, 618 = AGS 2008, 167 = RVGreport 2007, 426; 10.8.2006 – 2 (s) Sbd. IX 77/06; OLG Rostock RVGreport 2018, 334 = StRR Sonderausgabe 12/2018, 20.

[49] S. a. → RVG VV 4200–4207 Rn. 18.

[50] Schneider/Wolf/*N. Schneider* RVG VV Vorb. 4.2, VV 4200–4207 Rn. 40; Burhoff/Volpert RVG/*Volpert* VV Vorb. 4.2 Rn. 58.

[51] Zuletzt OLG Celle StV 2006, 30; OLG Frankfurt a. M. NStZ-RR 2005, 253 = AGS 2006, 76 mwN; Meyer-Goßner/Schmitt/*Schmitt* StPO § 464 Rn. 11; Burhoff/Volpert RVG/*Volpert* VV Vorb. 4.2 Rn. 63.

[52] OLG Frankfurt a. M. NStZ-RR 2005, 253 = AGS 2006, 76; Meyer-Goßner/Schmitt/*Schmitt* StPO § 464 Rn. 11; Burhoff/Volpert RVG/*Volpert* VV Vorb. 4.2 Rn. 60.

[53] OLG Jena RVGreport 2017, 23.

Schrifttum: *Burhoff,* Die Abrechnung von Beschwerden in Straf- und Bußgeldsachen, RVGreport 2012, 12; *Burhoff,* Beschwerderecht Straf- und Bußgeldsachen: Rechnen Sie richtig ab, RVG prof. 2014, 51; s. a. die Hinweise bei → RVG VV Teil 4 Einl. Vor Rn. 1; → RVG VV Vorb. 4 Vor Rn. 1; → RVG VV Vorb. 4.1 Einl. Vor Rn. 1; → RVG VV Teil 4 Abschn. 2 Einl. Vor Rn. 1.

Übersicht

I. Allgemeines

Nach VV Vorb. 4.2 RVG verdient der RA im Verfahren über die **Beschwerde** gegen die Entscheidung **in der Hauptsache** die Gebühren des VV Teil 4 Abschn. 2 RVG **besonders.** Die insoweit erbrachten Tätigkeiten werden also nicht wie sonst strafrechtliche Beschwerdeverfahren aufgrund der Regelung in § 19 Abs. 1 S. 2 Nr. 10a RVG[1] bzw. des Pauschalcharakters der Gebühren nach der VV Vorb. 4.1 Abs. 2 S. 1 RVG durch die Gebühren im Ausgangsverfahren mitabgegolten.[2] Es entsteht auch nicht etwa eine Gebühr nach VV 4302 Nr. 1 RVG.[3] 1

Bei dem Beschwerdeverfahren handelt es sich um eine **eigene/besondere Angelegenheit.**[4] 2

II. Abgeltungsbereich

Die Gebühr für die Beschwerde ist ebenfalls eine Verfahrensgebühr, die der RA nach VV Vorb. 4. Abs. 2 RVG für das „**Betreiben** des **Geschäfts**" erhält.[5] Sie erfasst alle in Zusammenhang mit der Beschwerde erbrachten Tätigkeiten. Die Einlegung der Beschwerde gehört für den im Strafvollstreckungsverfahren bereits tätigen RA allerdings noch zur Verfahrensgebühr des Ausgangsverfahrens (§ 19 Abs. 1 S. 2 Nr. 10 RVG).[6] 3

Die Beschwerdegebühr **entsteht** aber nur, wenn sich die Beschwerde gegen die Entscheidung in der **Hauptsache** richtet.[7] Bei einem Rechtsmittel gegen andere Entscheidungen ist die Tätigkeit des RA mit den erstinstanzlichen Gebühren abgegolten.[8] 4

III. Höhe der Beschwerdegebühr

Die Gebühren im Beschwerdeverfahren richten sich, weil keine besonderen Gebührenregelungen vorhanden sind, nach den **Ausgangsverfahren,** also nach den VV 4200 ff. RVG.[9] Ist 5

---

[1] Vgl. die Erläuterungen bei → § 19 Rn. 133.

[2] OLG Brandenburg AGS 2013, 276 = RVGreport 2013, 268 = VRR 2013, 314; OLG Braunschweig StraFo 2009, 220 = AGS 2009, 327 = RVGreport 2009, 311 = StRR 2009, 203; OLG Düsseldorf RVGreport 2011, 22 = StRR 2011, 38; OLG Frankfurt a. M. NStZ-RR 2005, 253 = RVGreport 2007, 35 = AGS 2006, 76; OLG Schleswig AGS 2005, 444 = RVGreport 2006, 153 = SchlHA 2006, 300; LG Berlin RVGreport 2016, 145 = AGS 2016, 172; Schneider/Wolf/*N. Schneider* RVG VV Vorb. 4.2, VV 4200–4207 Rn. 34 ff.; Burhoff/Volpert RVG/*Volpert* VV Vorb. 4.2 Rn. 49; Burhoff/Volpert RVG/*Burhoff* Teil A Rn. 550 ff.; Burhoff/Kotz StrafR-Rechtsmittel-HdB/*Volpert* Teil J Rn. 280 ff.; *Burhoff* RVGreport 2012, 12 (15 ff.); RVG prof. 2014, 51; *Volpert* VRR 2006, 453.

[3] So aber unzutreffend LG Osnabrück RVGreport 2020, 347 = AGS 2020, 509 für die Beschwerde gegen eine Nachtragsentscheidung betreffend Gesamtstrafe.

[4] → § 19 Rn. 133; → RVG VV Teil 4 Einl. Rn. 42 f.; Burhoff/Volpert RVG/*Volpert* VV Vorb. 4.2 Rn. 59; Burhoff/Kotz StrafR-Rechtsmittel-HdB/*Volpert* Teil J Rn. 282; *N. Schneider* NJW 2013, 1553 (1554); Schneider/Wolf/*N. Schneider* RVG VV Vorb. 4.2, VV 4200–4207 Rn. 37.

[5] Allg. → RVG VV Vorb. 4 Rn. 9 ff.

[6] Schneider/Wolf/*N. Schneider* RVG VV Vorb. 4.2, VV 4200–4207 Rn. 34; Burhoff/Volpert RVG/*Volpert* VV Vorb. 4.2 Rn. 49.

[7] *Burhoff* RVGreport 2007, 8 (10); RVGreport 2020, 82 ff.; Burhoff/Volpert RVG/*Volpert* VV Vorb. 4.2 Rn. 57; Burhoff/Kotz StrafR-Rechtsmittel-HdB/*Volpert* Teil J Rn. 285 f.

[8] Burhoff/Volpert RVG/*Volpert* VV Vorb. 4.2 Rn. 57.

[9] OLG Frankfurt a. M. NStZ-RR 2005, 253 = AGS 2006, 76; OLG Schleswig AGS 2005, 444 = RVGreport 2006, 153 = SchlHA 2006, 300; LG Düsseldorf AGS 2007, 352 = StRR 2007, 83; LG Magdeburg StraFo 2010, 172 = AGS 2010, 429 = RVGreport 2010, 429 = StRR 2010, 279; Burhoff/Kotz StrafR-Rechtsmittel-HdB/*Volpert* Teil J Rn. 283.

der RA in einem der in VV 4200 RVG genannten Verfahren tätig, erhält er für die Tätigkeit im Beschwerdeverfahren daher eine Gebühr nach den VV 4200–4203 RVG und nicht nach VV 4204 RVG, weil die Tätigkeiten im Hauptverfahren und im Beschwerdeverfahren gleichgestellt sind.[10] In **sonstigen Verfahren** der Strafvollstreckung gelten im Beschwerdeverfahren die VV 4204–4207 RVG.

IV. Auslagen (VV 7000 ff. RVG)

6 Der RA, der den Verurteilten **ausschließlich** im **Beschwerdeverfahren** vertritt, erhält die im Beschwerdeverfahren entstandenen Auslagen ersetzt. Dazu gehört auch die Auslagenpauschale VV 7002 RVG.

7 Ob auch der RA, der den Verurteilten **bereits** im **erstinstanzlichen Verfahren** vertreten hat, im Beschwerdeverfahren eine zweite/weitere **Auslagenpauschale** VV 7002 RVG verdient, war **umstritten.**[11] Zum Teil wurde darauf verwiesen, dass nach der VV Vorb. 4.2 RVG im Beschwerdeverfahren lediglich die Gebühren besonders entstehen und nicht geregelt ist, dass das Beschwerdeverfahren eine besondere Angelegenheit darstellt.[12] Demgegenüber ging die wohl überwiegende Auffassung, allerdings zT ohne nähere Begründung, davon aus, dass im Beschwerdeverfahren auch eine Auslagenpauschale VV 7002 RVG entsteht.[13] Legt man die Legaldefinition des § 1 Abs. 1 S. 1 RVG zugrunde, wonach die anwaltliche Vergütung sich aus den Gebühren und Auslagen zusammensetzt, musste man der ersteren Auffassung den Vorzug geben.

8 Dieser Streit ist durch die Einfügung des § 19 Abs. 1 S. 2 Nr. 10a RVG erledigt. Denn sind für Beschwerden „besondere Gebührentatbestände vorgesehen" – wie für die Beschwerde in Strafvollstreckungssachen in VV Vorb. 4.2 RVG – gehören die Tätigkeiten ausdrücklich nicht zum Rechtszug und ist damit gleichzeitig auch eine neue Angelegenheit gegeben, in der – unabhängig von der Formulierung in VV Vorb. 4.2 RVG – dann nach den allgemeinen Regeln auch die VV 7002 RVG entsteht.[14]

Nr.	Gebührentatbestand	Gebühr oder Satz der Gebühr nach § 13 oder § 49 RVG	
		Wahlanwalt	gerichtlich bestellter oder beigeordneter Rechtsanwalt
4200	Verfahrensgebühr als Verteidiger für ein Verfahren über 1. die Erledigung oder Aussetzung der Maßregel der Unterbringung a) in der Sicherungsverwahrung, b) in einem psychiatrischen Krankenhaus oder c) in einer Entziehungsanstalt, 2. die Aussetzung des Restes einer zeitigen Freiheitsstrafe oder einer lebenslangen Freiheitsstrafe oder 3. den Widerruf einer Strafaussetzung zur Bewährung oder den Widerruf der Aussetzung einer Maßregel der Besserung und Sicherung zur Bewährung	66,00 bis 737,00 €	321,00 €
4201	Gebühr 4200 mit Zuschlag	66,00 bis 921,00 €	395,00 €

[10] Burhoff/Volpert RVG/*Volpert* VV Vorb. 4.2 Rn. 53.

[11] Bejahend OLG Brandenburg AGS 2013, 276 = RVGreport 2013, 268 = VRR 2013, 314; OLG Braunschweig StraFo 2009, 220 = AGS 2009, 327 mAnm *Volpert* = RVGreport 2009, 311.

[12] Burhoff/Volpert RVG/*Volpert* VV Vorb. 4.2 Rn. 58 ff. mwN unter Hinweis auf die andere Regelung in VV Vorb. 4.3 Abs. 3 S. 3 RVG; *Volpert* AGS 2009, 327 in der Anm. zu OLG Braunschweig StraFo 2009, 220 = AGS 2009, 327 = RVGreport 2009, 311; LG Düsseldorf AGS 2007, 352; 1.4.2010 – 51 StVK 10/09, zit. nach Burhoff/Volpert RVG/*Volpert* VV Vorb. 4.2 Rn. 55 ff.; Schneider/Wolf/*N. Schneider* RVG VV Vorb. 4.2, VV 4200–4207 Rn. 34 ff.

[13] Zum frühen Recht OLG Braunschweig StraFo 2009, 220 = AGS 2009, 327 = RVGreport 2009, 311; OLG Schleswig AGS 2005, 444 = RVGreport 2006, 153 mzustAnm *Burhoff* = SchlHA 2006, 300; LG Magdeburg StraFo 2010, 172 = AGS 2010, 429 = RVGreport 2010, 183 = StRR 2010, 270.

[14] Burhoff/Kotz StrafR-Rechtsmittel-HdB/*Volpert* Teil J Rn. 287; zum alten Recht *Hansens* RVGreport 2013, 268 in der Anm. zu OLG Brandenburg AGS 2013, 276 = RVGreport 2013, 268 = VRR 2013, 314.

Nr.	Gebührentatbestand	Gebühr oder Satz der Gebühr nach § 13 oder § 49 RVG	
		Wahlanwalt	gerichtlich bestellter oder beigeordneter Rechtsanwalt
4202	Terminsgebühr in den in Nummer 4200 genannten Verfahren	66,00 bis 330,00 €	158,00 €
4203	Gebühr 4202 mit Zuschlag	66,00 bis 413,00 €	192,00 €
4204	Verfahrensgebühr für sonstige Verfahren in der Strafvollstreckung	33,00 bis 330,00 €	145,00 €
4205	Gebühr 4204 mit Zuschlag	33,00 bis 413,00 €	178,00 €
4206	Terminsgebühr für sonstige Verfahren	33,00 bis 330,00 €	145,00 €
4207	Gebühr 4206 mit Zuschlag	33,00 bis 413,00 €	178,00 €

Schrifttum: Vgl. die Hinweise bei → RVG VV Teil 4 Abschn. 2 Einl. Vor Rn. 1.

Übersicht

I. Allgemeines

1 Die VV 4200–4203 RVG regeln die Verfahrensgebühr und die Terminsgebühr in den für den Verurteilten besonders **bedeutsamen** Verfahren der Strafvollstreckung.[1] Für diese Verfahren ist wegen ihrer Bedeutung und des idR höheren Zeitaufwandes des Verteidigers ein höherer Gebührenrahmen vorgesehen als in den VV 4204 ff. RVG für die **sonstigen** Verfahren in der Strafvollstreckung. Die Vorschriften sind nicht im Bereich der **Strafvollzugs** oder in „sonstigen Verfahren anwendbar. Das bedeutet zB, dass sich die Vergütung des RA, der nach §§ 23 ff. EGGVG eine nach § 35 BtMG ergangene Entscheidung betreffend die Zurückstellung der Strafvollstreckung gegen betäubungsmittelabhängige Straftäter angefochten hat, VV 3100 f. RVG und nicht VV 4204 RVG richtet.[2]

II. Anwendungsbereich

1. Besonders bedeutsame Verfahren (VV 4200 ff. RVG)

2 Der RA erhält die Gebühren VV 4200 ff. RVG für das Tätigwerden in einem Verfahren über

- die **Erledigung** oder **Aussetzung** der **Maßregel** der Unterbringung in der Sicherungsverwahrung, in einem psychiatrischen Krankenhaus oder in einer Entziehungsanstalt (Nr. 1),[3]

---

[1] Zum Begriff der Strafvollstreckung → RVG VV Teil 4 Abschn. 2 Einl. Rn. 8 ff.

[2] OLG Jena RVGreport 2017, 23 = StRR 4/2017, 27; OLG Zweibrücken AGS 2011, 433 = StRR 2010, 480 = StraFo 2010, 513 = RVGreport 2011, 139 = NStZ-RR 2011, 32 = Rpfleger 2011, 116; LG Wiesbaden 11.9.2014 – 2 Qs 69/14.

[3] Wegen der Einzelheiten die Erläuterungen bei Burhoff/Volpert RVG/*Volpert* VV 4200 Rn. 4 ff.; Burhoff/Kotz StrafR-Rechtsmittel-HdB/*Volpert* Teil J Rn. 324.

- die **Aussetzung** des Restes einer zeitigen Freiheitsstrafe oder einer lebenslangen Freiheitsstrafe (Nr. 2),[4] wozu auch das Verfahren über die Festsetzung der Mindestverbüßungsdauer einer lebenslangen Freiheitsstrafe als Teil des Verfahrens über die Aussetzung einer lebenslangen Freiheitsstrafe zählt,[5] oder
- den **Widerruf** einer **Strafaussetzung** zur Bewährung oder den Widerruf der Aussetzung einer **Maßregel** der Besserung und Sicherung zur Bewährung (Nr. 3),[6] wozu auch das Verfahren über die befristete Wiederinvollzugsetzung einer ausgesetzten Unterbringungsmaßregel nach §§ 63, 64 StGB (Krisenintervention gem. § 67h StGB) zählt.[7]

3 Die Gebühren VV 4200 ff. RVG entstehen nur in den in der VV 4200 RVG **ausdrücklich aufgeführten** Verfahren.[8] Für dort nicht genannte sonstige Verfahren in der Strafvollstreckung fällt eine Gebühr nach VV 4204 ff. RVG an.[9] Das ist zB auch der Fall, wenn es im Verfahren von vornherein nur um die Verlängerung der Bewährungszeit gegangen ist,[10] was schon aus dem Wortlaut der Nr. 3 folgt, der vom „Widerruf" spricht. Für die Aussetzung einer freiheitsentziehenden Maßregel der Besserung und Sicherung im **Gnadenwege** gilt VV 4303 RVG. Die Tätigkeit in einem nach § 67e StGB erforderlichen Überprüfungsverfahren wird hingegen von VV 4200 Nr. 1 RVG erfasst.[11]

2. Sonstige Verfahren in der Strafvollstreckung (VV 4204 ff. RVG)

4 Alle nicht in den VV 4200 ff. RVG geregelten Verfahren werden von den VV 4204 ff. RVG erfasst, die die anwaltliche Tätigkeit in „sonstigen Verfahren" der Strafvollstreckung abgelten. Zu diesen sonstigen Verfahren in der Strafvollstreckung **gehören** zB[12] Verfahren zur Aussetzung eines **Berufsverbotes** zur Bewährung gem. §§ 61 Nr. 6, 70a StGB, §§ 463 Abs. 5, 462 StPO, Verfahren über nachträgliche Entscheidungen über eine Verwarnung mit Strafvorbehalt (vgl. §§ 56a–56g, 58, 59a, 59b StGB, § 453 Abs. 1 StPO),[13] Verfahren über die Gewährung von **Zahlungserleichterungen** nach § 450a StPO § 42 StGB,[14] Verfahren gem. § 459h StPO, Verfahren nach §§ 458, 462 StPO, Verfahren zur nachträglichen Bildung einer **Gesamtstrafe** gem. § 460 StPO,[15] und zwar auch in den Fällen des § 354 Abs. 1b StPO, Verfahren nach § 456 StPO, Verfahren § 69a Abs. 7 StGB,[16] Verfahren nach § 35 BtMG[17] über die Zurückstellung der Strafvollstreckung[18] und Verfahren nach § 67a StGB.[19] Über die VV 4204 RVG abgerechnet werden auch erst nach rechtskräftigem Abschluss des Hauptverfahrens erbrachte Tätigkeiten im Hinblick auf eine Einziehung nach den §§ 73 ff. StGB.[20]

---

[4] Wegen der Einzelheiten die Erläuterungen bei Burhoff/Volpert RVG/*Volpert* VV 4200 Rn. 7; Burhoff/Kotz StrafR-Rechtsmittel-HdB/*Volpert* Teil J Rn. 325.

[5] KG NStZ-RR 2011, 359 = StraFo 2011, 377 = RVGreport 2011, 343 = StRR 2011, 401 mzustAnm *Burhoff* = JurBüro 2011, 590 = AGS 2011, 542.

[6] Wegen der Einzelheiten die Erläuterungen bei Burhoff/Volpert RVG/*Volpert* VV 4200 Rn. 8; Burhoff/Kotz StrafR-Rechtsmittel-HdB/*Volpert* Teil J Rn. 326 f.

[7] OLG Dresden NStZ-RR 2012, 326 = StRR 2012, 477 = RVG prof. 2012, 170.

[8] OLG Dresden JurBüro 2017, 194.

[9] Burhoff/Volpert RVG/*Volpert* VV 4200 Rn. 2; Burhoff/Kotz StrafR-Rechtsmittel-HdB/*Volpert* Teil J Rn. 328 f.

[10] Burhoff/Volpert RVG/*Volpert* VV 4200 Rn. 8.

[11] KG NStZ-RR 2005, 127 = RVGreport 2005, 102 = AGS 2005, 393; OLG Frankfurt a. M. NStZ-RR 2005, 253 = RVGreport 2007, 35 = AGS 2006, 76; OLG Jena JurBüro 2006, 366; RVGreport 2006, 470 = AGS 2006, 287; OLG Rostock RVGreport 2018, 334 = StRR Sonderausgabe 12/2018, 20; OLG Schleswig StV 2006, 206 = RVGreport 2005, 70 = AGS 2005, 120; AGS 2005, 444 = RVGreport 2006, 153 = SchlHA 2006, 300.

[12] S. a. Burhoff/Volpert RVG/*Volpert* VV 4204 Rn. 2 ff.; Burhoff/Kotz StrafR-Rechtsmittel-HdB/*Volpert* Teil J Rn. 328 f.; OLG Karlsruhe StRR 8/2019, 34 = JurBüro 2019, 299 = RVGreport 2019, 218.

[13] Vgl. KG StraFo 2011, 377 = RVGreport 2011, 343 = StRR 2011, 401; OLG Karlsruhe StRR 8/2019, 34 = JurBüro 2019, 299 = RVGreport 2019, 218.

[14] *Volpert* VRR 2005, 179.

[15] *Burhoff* RVGreport 2007, 8; StRR 2010, 93; RVGreport 2020, 82 ff.; Burhoff/Volpert RVG/*Volpert* VV 4204 Rn. 2; Hartung/Schons/Enders/*Hartung* RVG VV 4207 Rn. 20; NK-GK/*Stollenwerk* RVG VV 4200–4207 Rn. 11; KG NStZ-RR 2011, 359 = StraFo 2011, 377 = RVGreport 2011, 343 = StRR 2011, 401 mzustAnm *Burhoff* = JurBüro 2011, 590 = AGS 2011, 542 (allerdings nicht tragend); OLG Brandenburg RVGreport 2018, 385 = AGS 2018, 494; LG Cottbus RVGreport 2018, 385; aA LG Bonn RVGreport 2017, 297.

[16] *Burhoff* RVGreport 2007, 8; StRR 2010, 93; RVGreport 2020, 82 ff.; *Volpert* VRR 2005, 179.

[17] Burhoff/Volpert RVG/*Volpert* VV 4204 Rn. 19; OLG Zweibrücken StraFo 2010, 515 = NStZ-RR 2011, 32 = Rpfleger 2011, 116 = StRR 2010, 480.

[18] Burhoff/Volpert RVG/*Volpert* VV 4204 Rn. 17.

[19] OLG Dresden JurBüro 2017, 194.

[20] OLG Köln RVGreport 2018, 423 = StRR 6/2018, 26.

III. Persönlicher Abgeltungsbereich

Die Gebühren stehen sowohl dem **Wahlanwalt** als auch dem **gerichtlich bestellten** oder **beigeordneten** RA zu. Wegen der Einzelheiten kann verwiesen werden auf → RVG VV Teil 4 Abschn. 2 Einl. Rn. 6f.[21] Die Gebühr VV 4204 VV entsteht im nachträglichen Gesamtstrafenverfahren auch für den (Pflicht)Verteidiger, der den Angeklagten im Erkenntnisverfahren vertreten hat.[22] Das folgt jetzt ausdrücklich aus § 143 Abs. 1 StPO. 5

IV. Sachlicher Abgeltungsbereich

1. Verfahrensgebühr (VV 4200, 4204 RVG)

Die Verfahrensgebühren VV 4200, 4204 RVG werden für das „**Betreiben** des **Geschäfts**" im jeweiligen Strafvollstreckungsverfahren verdient. Sie gelten alle Tätigkeiten ab, soweit dafür nicht besondere Gebühren vorgesehen sind.[23] Besondere Gebühren wären die Grundgebühr, die allerdings im Strafvollstreckungsverfahren nicht entstehen kann,[24] und die Terminsgebühr. Da eine Grundgebühr nicht entsteht, wird durch die Verfahrensgebühren auch die Einarbeitung in das Verfahren abgegolten. IÜ werden sämtliche sonstige Tätigkeiten erfasst, wie zB (nochmalige) Akteneinsicht, Beratung des Verurteilten, Schriftverkehr usw.[25] 6

2. Terminsgebühr (VV 4202, 4206 RVG)

Die Terminsgebühren VV 4202, 4206 RVG verdient der RA für die Teilnahme an einem gerichtlichen Termin. Es gilt VV Vorb. 4 Abs. 3 RVG. Honoriert wird nur die **Teilnahme** an **gerichtlichen Terminen.** Die Teilnahme an anderen als gerichtlichen Terminen wird durch die Verfahrensgebühren VV 4200, 4204 RVG mit abgegolten.[26] Für das Entstehen der Terminsgebühr gelten die **allgemeinen Regeln.**[27] Auch die Teilnahme an einer „Videovernehmung/-anhörung" (§ 462 Abs. 2 S. 2 StPO bzw. § 463 Abs. 6 StPO) führt zu einer Termingebühr. Die Ausführungen bei → RVG VV 4102 Rn. 4a gelten entsprechend.[28] 7

Nach der Formulierung der VV 4202, 4206 RVG entsteht **eine Terminsgebühr.** Es ist aber nicht – wie bei den in VV Teil 4 Abschn. 1 RVG geregelten Terminsgebühren – formuliert, dass die „Terminsgebühr je Hauptverhandlungstag" anfällt. Es verbleibt also bei dem in § 15 Abs. 2 RVG aufgestellten Grundsatz, dass die Gebühr in derselben Angelegenheit in jedem **Rechtszug nur einmal** gefordert werden kann. Der RA, der im Strafvollstreckungsverfahren an mehreren Terminen teilnimmt, verdient also nur eine Terminsgebühr.[29] Eine „Angleichung"[30] scheidet wegen des eindeutigen Wortlauts der Vorschrift aus.[31] Der Umstand, dass in einem Strafvollstreckungsverfahren, in dem die Aussetzung des Strafrestes zur Bewährung beantragt 8

---

[21] Zur Pflichtverteidigung im Strafvollstreckungsverfahren die Nachw. bei → RVG VV Vorb. 4.2 Einl. Rn. 6 f.

[22] → Einl. VV Vorb. 4.2 RVG Rn. 7; zum alten Recht KG NStZ-RR 2011, 359 = StraFo 2011, 377 = RVGreport 2011, 343 = StRR 2011, 401 mzustAnm *Burhoff* = JurBüro 2011, 590 = AGS 2011, 542 (allerdings nicht tragend); OLG Brandenburg RVGreport 2018, 385 = AGS 2018, 494; LG Cottbus RVGreport 2018, 385; NK-GK/*Stollenwerk* RVG VV 4200–4207 Rn. 11; aA LG Bonn RVGreport 2017, 297.

[23] Zum allgemeinen Abgeltungsbereich der Verfahrensgebühr → RVG VV Vorb. 4 Rn. 10 ff.

[24] KG RVGreport 2008, 463 = RVG prof. 2008, 212 = NStZ-RR 2009, 31 = JurBüro 2009, 83 = StRR 2009, 156; OLG Schleswig RVGreport 2005, 70 = AGS 2005, 120 = JurBüro 2005, 252 = StV 2006, 206; LG Berlin AGS 2007, 562 = StRR 2007, 280; aA allerdings ohne Begr. – OLG Frankfurt a. M. StRR 2014, 277 = RVGreport 2015, 23; vgl. die Erläuterungen bei → RVG VV Teil 4 Abschn. 2 Einl. Rn. 13 mwN.

[25] Vgl. auch den Tätigkeitskatalog bei Burhoff/Volpert RVG/*Volpert* VV 4200 Rn. 19.

[26] *Burhoff* RVGreport 2007, 8 (10).

[27] Vgl. die Erläuterungen bei → RVG VV Vorb. 4 Rn. 24 ff.

[28] → RVG VV 4102 Rn. 4a und Burhoff/Volpert RVG/*Volpert* VV 4202 Rn. 7.

[29] KG AGS 2006, 549 = RVGreport 2006, 353; OLG Düsseldorf AGS 2018, 121; OLG Hamm AGS 2007, 618 = AGS 2008, 176 = RVGreport 2007, 426; OLG Schleswig AGS 2005, 444 = RVGreport 2006, 153 = SchlHA 2006, 300 Rechtsprechungsübersicht bei *Döllel/Dressen;* Rpfleger 2011, 346 = AGS 2011, 371; LG Magdeburg StraFo 2010, 172 = AGS 2010, 429 = RVGreport 2010, 429 = StRR 2010, 279; LG Osnabrück NdsRpfl 2007, 166; Burhoff/Volpert RVG/*Volpert* VV 4202 Rn. 10; Burhoff/Kotz StrafR-Rechtsmittel-HdB/*Volpert* Teil J Rn. 310; *Burhoff* RVGreport 2007, 8 (10); StRR 2010, 93; Hartung/Schons/Enders/*Hartung* RVG VV 4200–4207 Rn. 16; krit. Hartung/Römermann/Schons/*Hartung* RVG VV Vorb. 4.2, VV 4207 Rn. 17 f.; Schneider/Wolf/*N. Schneider* RVG VV Vorb. 4.2, VV 4200–4207 Rn. 26; s. a. *Burhoff* FS ARGE Strafrecht, 2009, 107 (121); *Burhoff* RVGreport 2007, 8; StRR 2010, 03.

[30] So Hartung/Römermann/Schons/*Hartung* RVG VV Vorb. 4.2, VV 4207 Rn. 17 f.; Schneider/Wolf/*N. Schneider* RVG VV Vorb. 4.2, VV 4200–4207 Rn. 26.

[31] *Burhoff* RVGreport 2007, 8 (10); StRR 2010, 93; Burhoff/Volpert RVG/*Volpert* VV 4202 Rn. 10.

wird, mehrere Anhörungstermine stattfinden, aber keine Beschlussfassung erfolgt, führt auch nicht dazu, dass mehrere Angelegenheiten iSd § 15 Abs. 2 RVG vorliegen.[32]

V. Gebühren mit Zuschlag (VV 4201, 4203, 4205, 4207 RVG)

9 Alle Gebühren können mit Zuschlag entstehen. Dafür gelten die **allgemeinen Regeln.**[33] Insbesondere im Strafvollstreckungsverfahren ist von Bedeutung, dass der Mandant nicht in dem Verfahren nicht auf freiem Fuß sein muss, in dem der RA tätig wird.[34] Entscheidend ist, dass der Mandant überhaupt irgendwann innerhalb des betreffenden Verfahrensabschnitts nicht auf freiem Fuß war.

VI. Höhe der Gebühren

1. Verfahrensgebühren (VV 4200, 4201, 4204, 4205 RVG)

10 Der **Wahlanwalt** erhält Betragsrahmengebühren. Innerhalb des Rahmens ist unter Anwendung der Kriterien des § 14 Abs. 1 S. 1 RVG die angemessene Gebühr zu bestimmen. Dabei ist zu berücksichtigen, dass die Bedeutung eines Verfahrens über die bedingte Entlassung eines Verurteilten aus der Strafhaft vom Gesetzgeber bereits bei der Bemessung des von vornherein hohen Gebührenrahmens der VV 4200, 4201 RVG berücksichtigt worden ist.[35]

11 Der **Rahmen** beläuft sich bei der **VV 4200 RVG** auf 66,– EUR bis 737,– EUR, die Mittelgebühr beträgt 401,50 EUR. Die Gebühr VV 4200 RVG mit Haftzuschlag beträgt nach VV 4201 RVG 66,– EUR bis 921,– EUR, die Mittelgebühr beträgt 493,50 EUR. Die Verfahrensgebühr nach **VV 4204 RVG** beträgt 33,– EUR bis 330,– EUR, die Mittelgebühr beträgt 181,50 EUR. Nach VV 4205 RVG beträgt die Gebühr nach VV 4204 RVG mit Haftzuschlag 33,– EUR bis 413,– EUR, die Mittelgebühr beträgt 223,– EUR.

12 Der gerichtlich bestellte RA, also der **Pflichtverteidiger,** erhält als gesetzliche Gebühren aus der Staatskasse nach VV 4200 RVG eine Festgebühr von 321,– EUR, mit Haftzuschlag nach VV 4201 RVG iHv 395,– EUR. Für den Pflichtverteidiger beträgt die Verfahrensgebühr VV 4204 RVG 145,– EUR, die Gebühr mit Haftzuschlag beträgt nach VV 4205 RVG 178,– EUR.

13 Nach VV Vorb. 4.2 RVG entstehen im Verfahren über die **Beschwerde** gegen die Entscheidung in der Hauptsache die Gebühren in gleicher Höhe.[36]

2. Terminsgebühren (VV 4202, 4203, 4206, 4207 RVG)

14 Auch die Terminsgebühren des **Wahlanwalts** sind als Betragsrahmengebühren ausgestaltet. Innerhalb des Rahmens ist unter Anwendung der Kriterien des § 14 Abs. 1 S. 1 RVG die angemessene Gebühr zu bestimmen. Hat der RA an mehreren Terminen in der Strafvollstreckung teilgenommen, wofür nur eine Terminsgebühr entsteht,[37] ist das bei der Bemessung der Terminsgebühr zu berücksichtigen.[38]

15 Der Rahmen beläuft sich bei der **VV 4202 RVG** auf 65,– EUR bis 330,– EUR, die Mittelgebühr beträgt 198,– EUR. Die Gebühr VV 4202 RVG mit Haftzuschlag beträgt nach VV 4203 RVG 66,– EUR bis 413,– EUR, Mittelgebühr 239,50 EUR. Die Terminsgebühr nach **VV 4206 RVG** beträgt 33,– EUR bis 330,– EUR, die Mittelgebühr beträgt 181,50 EUR. Nach VV 4207 RVG beträgt die Gebühr nach VV 4206 RVG mit Haftzuschlag 33,– EUR bis 413,– EUR, die Mittelgebühr beträgt 223,– EUR.

16 Der **gerichtlich bestellte Verteidiger** erhält aus der Staatskasse nach VV 4202 RVG eine Festgebühr von 158,– EUR, mit Haftzuschlag nach VV 4203 RVG iHv 192,– EUR. Für den Pflichtverteidiger beträgt die Terminsgebühr VV 4206 RVG 145,– EUR, die Gebühr VV 4206 RVG mit Haftzuschlag beträgt nach VV 4207 RVG 178,– EUR. Die Terminsgebühren entstehen, wenn es sich um besonders lange Termine handelt, **ohne Längenzuschläge.** Anders als in VV Teil 4 Abschn. 1 RVG sind Längenzuschläge in VV Teil 4 Abschn. 2 RVG nicht vorgesehen.

---

32 LG Neubrandenburg BeckRS 2012, 12904.
33 Vgl. die Erläuterungen bei → RVG VV Vorb. 4 Rn. 44 ff.
34 Vgl. die Nachw. bei → RVG VV Vorb. 4 Rn. 49.
35 OLG Celle RVGreport 2016, 214 = JurBüro 2016, 373.
36 → RVG VV Vorb. 4.2 Rn. 4.
37 → Rn. 8.
38 *Burhoff* RVGreport 2007, 8; StRR 2010, 93; Burhoff/Volpert RVG/*Volpert* VV 4202 Rn. 11; Burhoff/Kotz StrafR-Rechtsmittel-HdB/*Volpert* Teil J Rn. 310.

17 Nach VV Vorb. 4.2 RVG entstehen im Verfahren über die **Beschwerde** gegen die Entscheidung in der Hauptsache, falls ein Termin stattfinden sollte, die Gebühren in gleicher Höhe.

18 Es darf nicht übersehen werden, dass die **Terminsgebühren** der **Höhe** nach erheblich von den Verfahrensgebühren **abweichen.** Ob es sich dabei um ein gesetzgeberisches Versehen des RVG 2004 handelt, wofür die Formulierung in der Gesetzesbegründung, wonach „eine Terminsgebühr in jeweils gleicher Höhe wie die Verfahrensgebühr" vorgesehen ist,[39] spricht, kann offen bleiben.[40] Jedenfalls scheidet wegen des eindeutigen Wortlauts der VV 4202, 4206 RVG eine Heraufsetzung der Gebühren entsprechend der Regelung in den VV 4200, 4204 RVG aus.[41] Es ist nicht Aufgabe der Gerichte einen (vermeintlichen) Fehler des Gesetzgebers durch eine dem eindeutigen Wortlaut widersprechende Anwendung zu reparieren. Das gilt vor allem, wenn es sich – wie hier – um der Höhe nach konkret bestimmte Gebührensätze handelt.[42]

VII. Pauschgebühr (§§ 42, 51 RVG)

19 Die Vorschriften über Pauschgebühren (§§ 42, 51 RVG) sind in der Strafvollstreckung **anwendbar.**[43] Es kann also sowohl der Wahlanwalt nach § 42 RVG als auch der Pflichtverteidiger nach § 51 RVG vorgehen. Für den Pflichtverteidiger wird eine Pauschgebühr insbes. in Betracht kommen, wenn er an mehreren Terminen in der Strafvollstreckung teilgenommen hat, dafür aber nur eine Terminsgebühr erhält.[44] Dieses kann/muss dann ggf. durch eine Pauschgebühr ausgeglichen werden.[45]

Abschnitt 3. Einzeltätigkeiten

Einleitung

Schrifttum: *Burhoff,* Einzeltätigkeiten richtig abrechnen, RVG prof. 2005, 52; *Burhoff,* Die Abrechnung der Tätigkeit des Zeugenbeistands im Strafverfahren, RVGreport 2006, 81; *Burhoff,* Tätigkeit des Zeugenbeistands richtig abrechnen, RVG prof. 2007, 187; *Burhoff,* Anwaltliche Vergütung für die Tätigkeit im strafrechtlichen Entschädigungsverfahren, RVGreport 2007, 372; *Burhoff,* Abrechnung der Tätigkeit des Zeugenbeistands im Straf- und OWi-Verfahren, StRR 2007, 220; *Burhoff,* Die anwaltliche Vergütung im Strafbefehlsverfahren, RVGreport 2008, 201; *Burhoff,* Die anwaltliche Vergütung in der Strafvollstreckung, StRR 2010, 93; *Burhoff,* Abrechnung der Tätigkeiten des Terminsvertreters im Strafverfahren, RVG prof. 2010, 153; *Burhoff,* Abrechnung des Antrags auf gerichtliche Entscheidung gem. § 111f Abs. 5 StPO, RVGreport 2010, 441; *Burhoff,* Persönlicher Geltungsbereich des VV Teil 4 RVG, eine Bestandsaufnahme der Rechtsprechung, RVGreport 2011, 85; *Burhoff,* Fragen aus der Praxis zu Gebührenprobleme in Straf- und Bußgeldverfahren, VRR 2011, 294; *Burhoff,* Die Abrechnung von Beschwerden in Straf- und Bußgeldsachen, RVGreport 2012, 12; *Burhoff,* Die Abrechnung (förmlicher/formloser) Rechtsbehelfe im Straf- und Bußgeldverfahren, StRR 2012, 172; *Burhoff,* Die anwaltliche Vergütung im strafverfahrensrechtlichen Berufungsverfahren, RVGreport 2012, 165; *Burhoff,* Die Abrechnung (förmlicher/formloser) Rechtsbehelfe im Straf- und Bußgeldverfahren, RVGreport 2013, 213; *Burhoff,* Straßen-Verkehrs-OWi-Verfahren: Anträge auf gerichtliche Entscheidung richtig abrechnen, RVG prof. 2013, 88; *Burhoff,* Abrechnung im Bußgeldverfahren: Verfahren wegen Akteneinsicht und eines damit verbundenen Rechtsmittels, VRR 2013, 213; *Burhoff,* Abrechnung im Bußgeldverfahren: Verfahren wegen Akteneinsicht und eines damit verbundenen Rechtsmittels, StRR 2013, 294; *Burhoff,* Straf- und Bußgeldsachen: Besonderheiten für die Beschwerdeabrechnung, RVG prof. 2014, 30; *Burhoff,* Die Grundgebühr im Straf- und Bußgeldverfahren, RVGreport 2014, 42; *Burhoff,* Beschwerderecht: Straf- und Bußgeldsachen: Rechnen Sie richtig ab, RVG prof. 2014, 51; *Burhoff,* Kostenfestsetzungsverfahren Straf- und Bußgeldsachen: Beschwerdevergütung, RVG prof. 2014, 68; *Burhoff,* Klageerzwingungsverfahren: So rechnen Sie als Vertreter des Antragstellers mit „Einzelauftrag" ab, RVG prof. 2015, 14; *Burhoff,* Klageerzwingungsverfahren Das können Sie als Vertreter für Ihre anwaltliche Tätigkeit abrechnen, RVG prof. 2015, 33; *Burhoff,* Anwaltsvergütung für Tätigkeiten im sog. Klageerzwingungsverfahren, RVGreport 2016, 2; *Burhoff,* Anwaltsvergütung für die Tätigkeit als Zeugenbeistand im Strafverfahren, RVGreport 2016, 122; Burhoff, Strafverfahren, RVGreport 2016, 122; *Burhoff,* Rechtsanwalt stellt Strafanzeige: So erhalten Sie die Kosten erstattet, RVG prof. 2016, 75; *Burhoff,* Anwaltsvergütung für die Tätigkeit als Terminsvertreter im

---

[39] BT-Drs. 15/1971, 229.

[40] S. aber Schneider/Wolf/*N. Schneider* RVG VV Vorb. 4.2, VV 4200–4207 Rn. 26; Hartung/Römermann/Schons/*Hartung* RVG VV Vorb. 4.2, VV 4207 Rn. 18; offen gelassen MAH VergütungsR/*Hellwig* § 23 Rn. 193.

[41] AA Schneider/Wolf/*N. Schneider* RVG VV Vorb. 4.2, VV 4200–4207 Rn. 26; Hartung/Römermann/Schons/*Hartung* RVG VV Vorb. 4.2, VV 4207 Rn. 18.

[42] Zutr. OLG Hamm RVGreport 2007, 426; s. a. Burhoff/Volpert RVG/*Volpert* VV Vorb. 4.2 Rn. 29, der davon ausgeht, dass sich der Streit durch die nicht erfolgte Angleichung durch das 2. KostRMoG erledigt hat.

[43] → RVG VV Teil 4 Abschn. 2 Einl. Rn. 20 f.

[44] → Rn. 8.

[45] OLG Hamm AGS 2007, 618 = AGS 2008, 167 = RVGreport 2007, 426.

Strafverfahren, RVGreport 2017, 242; *Burhoff,* Kostenrechtliche Auswirkungen der Änderungen in der StPO 2017, RVGreport 2017, 402; *Enders/Mümmler,* Anwaltsgebühren für die Erstattung einer Strafanzeige/Vertretung der Anzeigeerstatterin, JurBüro 1998, 69; *Klüsener,* Vergütung des gem. § 68b Abs. 2 StPO bestellte Zeugenbeistandes, JurBüro 2018, 393; *Kotz,* Eine Lanze für den Underdog Zur Vergütungslage des bestellten Terminsvertreters in Strafsachen, StraFo 2008, 412; *Mock,* Wenn der Mandant selbst Strafantrag stellt, RVG prof. 2017, 66; *N. Schneider,* Grundgebühr auch bei vorangegangener Einzeltätigkeit?, RENOpraxis 2007, 82; *Volpert,* Die richtige Abrechnung der Tätigkeit im Verfahren nach dem Strafrechtsentschädigungsgesetz, BRAGO prof. 2003, 91; *Volpert,* Die Vergütung im Beschwerdeverfahren in Straf- und Bußgeldsachen, VRR 2006, 453; *Volpert,* Vergütung des Rechtsanwalts in Verfahren nach dem Strafvollzugsgesetz, RVGreport 2012, 362; vgl. auch noch die Hinweise bei → RVG VV Teil 4 Einl. Vor Rn. 1; → RVG VV Vorb. 4 Vor Rn. 1; und bei Abschn. 1 Gebühren des Verteidigers → Vor Rn. 1.

1 In VV Teil 4 Abschn. 3 RVG sind die – früher in §§ 91–93, 94 Abs. 4, 89 Abs. 3 S. 1 BRAGO und § 97a BRAGO enthaltenen – **Regelungen** für **Einzeltätigkeiten** im Strafverfahren **zusammen gefasst.** Diese Gebühren kann der RA verdienen, dem sonst die Verteidigung oder die Vertretung nicht übertragen ist. Die Anwendung des VV Teil 4 Abschn. 3 RVG ist **subsidiär.**[1] Es handelt sich um Betragsrahmengebühren. Die Gebührenrahmen bei den einzelnen Gebühren entsprechen der jeweiligen Bedeutung der anwaltlichen Tätigkeit.

2 Bei den in VV Teil 4 Abschn. 3 RVG geregelten Gebühren handelt es sich zT um **Einzelaktgebühren,** wie etwa bei der Gebühr für die Einlegung der Berufung oder Revision (VV 4302 Nr. 1 RVG).[2] Zum Teil sind die Gebühren aber auch als echte Verfahrensgebühren ausgebildet, wie etwa bei der Verkehrsanwaltsgebühr (VV 4301 Nr. 3 RVG) oder der Gebühr für die Vertretung im Klageerzwingungsverfahren (VV 4301 Nr. 5 RVG),[3] die jeweils sämtliche Tätigkeiten in einem Verfahrensabschnitt abgelten.[4]

Nr.	Gebührentatbestand	Gebühr oder Satz der Gebühr nach § 13 oder § 49 RVG	
		Wahlanwalt	gerichtlich bestellter oder beigeordneter Rechtsanwalt

Vorbemerkung 4.3:

(1) Die Gebühren entstehen für einzelne Tätigkeiten, ohne dass dem Rechtsanwalt sonst die Verteidigung oder Vertretung übertragen ist.

(2) Beschränkt sich die Tätigkeit des Rechtsanwalts auf die Geltendmachung oder Abwehr eines aus der Straftat erwachsenen vermögensrechtlichen Anspruchs im Strafverfahren, so erhält er die Gebühren nach den Nummern 4143 bis 4145.

(3) Die Gebühr entsteht für jede der genannten Tätigkeiten gesondert, soweit nichts anderes bestimmt ist. § 15 RVG bleibt unberührt. Das Beschwerdeverfahren gilt als besondere Angelegenheit.

(4) Wird dem Rechtsanwalt die Verteidigung oder die Vertretung für das Verfahren übertragen, werden die nach diesem Abschnitt entstandenen Gebühren auf die für die Verteidigung oder Vertretung entstehenden Gebühren angerechnet.

Schrifttum: vgl. die Hinweise bei → RVG VV Teil 4 Abschn. 3 Einl. Vor Rn. 1.

Übersicht

[1] OLG Düsseldorf StraFo 2008, 441 = RVGreport 2008, 351 = StRR 2008, 358; Rpfleger 2009, 528 = JurBüro 2009, 255; OLG Oldenburg StraFo 2010, 430 = AGS 2010, 491 = NStZ-RR 2010, 391 = VRR 2011, 39 = RVGreport 2011, 24; dazu auch Burhoff/Volpert RVG/*Volpert* VV Vorb. 4.3 Rn. 2.

[2] Schneider/Wolf/*N. Schneider* RVG VV Vorb. 4.3 Rn. 1; Burhoff/Volpert RVG/*Volpert* VV Vorb. 4.3 Rn. 3.

[3] *Burhoff* RVGreport 2016, 2 ff.

[4] Schneider/Wolf/*N. Schneider* RVG VV Vorb. 4.3 Rn. 1; Burhoff/Volpert RVG/*Volpert* VV Vorb. 4.3 Rn. 3.

I. Allgemeines

VV Teil 4 Abschn. 3 RVG regelt die Vergütung des RA, dem nicht der volle Verteidigungsauftrag übertragen worden ist, sondern der nur mit einer einzelnen Tätigkeit beauftragt wurde. Voraussetzung für die Anwendung der in Abschn. 3 geregelten Gebühren ist also, dass dem RA lediglich ein **Einzelauftrag** und nicht ein umfassendes Mandat erteilt worden ist. Maßgeblich für die Abgrenzung ist beim Wahlanwalt der Umfang des erteilten Auftrags und beim Pflichtverteidiger der Umfang der gerichtlichen Bestellung.[1] 1

II. Anwendungsbereich

1. Persönlich

Die in VV Teil 4 Abschn. 3 RVG geregelten Verfahrensgebühren VV 4300–4303 RVG und die Gebühren VV 4304 RVG kann sowohl der **Wahlanwalt** als auch der **gerichtlich bestellte** oder **beigeordnete** RA verdienen. Darüber hinaus können auch die in VV Vorb. 4 Abs. 1 RVG aufgeführten Vertreter und Beistände Anspruch auf die Gebühren haben.[2] Die Erläuterungen bei → RVG VV Vorb. 4 Rn. 3 ff. gelten entsprechend. 2

2. Sachlich: Einzeltätigkeit des Rechtsanwalts (Abs. 1)

In VV Teil 4 Abschn. 3 RVG sind die Gebühren für Einzeltätigkeiten des RA geregelt, „**ohne** dass dem RA **sonst** die Verteidigung oder Vertretung übertragen ist." 3

Diese Formulierung erfasst zunächst die Einzeltätigkeit durch einen **nicht mit** der **Verteidigung** oder Vertretung **beauftragten RA** bzw. die einzelne Tätigkeit des RA, der nur mit dieser Tätigkeit beauftragt worden und nicht zum Verteidiger oder sonstigen Vertreter bestellt worden ist.[3] Er übernimmt also aus dem Aufgabenbereich eines „Vollverteidigers" oder „Vollvertreters" nur eine einzelne Tätigkeit.[4] Gerade deshalb ist die Tätigkeit des RA als Zeugenbeistand idR keine Einzeltätigkeit. Denn der RA, der als Zeugenbeistand tätig wird, übernimmt nicht aus dem Aufgabenbereich des Verteidigers eine einzelne Tätigkeit, sondern ist in dem Bereich „Zeugenbeistand" idR voller Vertreter.[5] Das gilt auch für den gerichtlich nach § 68b StPO beigeordneten Zeugenbeistand.[6] Entsprechendes gilt für den sog. „Terminsvertreter" des Pflichtverteidigers[7] und auch für den nach § 408b StPO als Pflichtverteidiger beigeordneten RA.[8] Unzutreffend ist daher auch die Auffassung des LG Potsdam,[9] das davon ausgeht, dass das Einreichen eines Antrags auf gerichtliche Entscheidung, um die Rechtmäßigkeit einer Ermittlungsmaßnahme überprüfen bzw. deren Rechtswidrigkeit feststellen zu lassen, eine anwaltliche Einzeltätigkeit darstelle, wie sie in VV Teil 4 Abschn. 3 RVG geregelt sei und die deshalb mit 4

---

[1] Hartung/Römermann/Schons/*Hartung* RVG VV Vorb. 4.3 Rn. 7.
[2] *Burhoff* RVGreport 2004, 16.
[3] OLG Karlsruhe StRR 8/2019, 34 = JurBüro 2019, 299 = RVGreport 2019, 218.
[4] Schneider/Wolf/*N. Schneider* RVG VV Vorb. 4.3 Rn. 2; Burhoff/Volpert RVG/*Volpert* VV Vorb. 4.3 Rn. 7 ff.; vgl. a. OLG Karlsruhe StRR 8/2019, 34 = JurBüro 2019, 299 = RVGreport 2019, 218.
[5] Eing. Abschnitt 1 Einleitung. Gebühren des Verteidigers Rn. 5 ff. mwN aus der Rspr auch zur aA und auch zur beabsichtigten, aber „gescheiterten Klarstellung" durch das 2. KostRMoG; s. a. noch Burhoff/Volpert RVG/*Volpert* VV Vorb. 4.3 Rn. 21; *Burhoff* StRR 2007, 220; RVGreport 2016, 122.
[6] Vgl. die vorstehenden Nachweise; aA *Klüsener* JurBüro 2018, 339.
[7] Eing. → RVG VV Teil 4 Abschn. 1 Einl. Rn. 9 mwN aus der Rspr.; *Kotz* StraFo 2008, 412; *Burhoff* RVG prof. 2010, 153; RVGreport 2017, 242.
[8] Eing. → RVG VV Teil 4 Abschn. 1 Einl. Rn. 10 ff. mwN aus der Rspr. auch zur unzutreffenden aA.
[9] LG Potsdam NStZ-RR 2014, 126 = AGS 2014, 171 = StRR 2014, 277 = JurBüro 2014, 316.

einer Verfahrensgebühr VV 4302 Nr. 2 RVG zu vergüten sei. Bei solchen Tätigkeiten handelt es sich nämlich (auch) um originäre Verteidigertätigkeit.[10]

5 Welche Tätigkeiten Einzeltätigkeiten sein können, wird in den VV 4300 ff. RVG aufgezählt. Der RA, dem die **volle Verteidigung** übertragen worden ist, könnte für diese Tätigkeiten keine gesonderte Vergütung erhalten. Seine Arbeit wird insoweit jeweils durch die jeweilige Grund- und Verfahrensgebühr, die ihm nach VV Teil 4 Abschn. 1 RVG oder VV Teil 4 Abschn. 2 RVG zustehen, abgegolten.

Beispiel:

Der RA, der den Angeklagten vor dem Amtsgericht verteidigt hat, kann also für die Einlegung der Berufung und die ihr vorausgehende Beratung des Angeklagten nicht die Gebühr nach VV 4302 RVG fordern, da die Tätigkeit durch die Verfahrensgebühr der Instanz abgegolten wird.[11]

Der RA, der für seine Tätigkeit im Revisionsverfahren die Verfahrensgebühr VV 4130 RVG erhält, kann für die Anfertigung der Revisionsbegründung nicht außerdem noch die Gebühr nach VV 4300 RVG verlangen, da diese Tätigkeit durch die Verfahrensgebühr VV 4130 RVG abgegolten wird.[12]

6 Darüber hinaus erfasst VV Teil 4 Abschn. 3 RVG, ohne dass dies im Gesetz klar herausgestellt ist, die Tätigkeit des RA, der zwar zum Verteidiger usw bestellt worden ist, aber – **zusätzlich** – eine **Tätigkeit** erbringt, die durch die Verteidigergebühren aus VV Teil 4 Abschn. 1 RVG bzw. VV Teil 4 Abschn. 2 RVG nicht abgegolten ist.[13] Die Verteidigertätigkeit in der Instanz endet mit der Einlegung des Rechtsmittels oder der Rechtskraft der Entscheidung. Jede danach entwickelte Tätigkeit – die Kostenfestsetzung gehört nach § 19 Abs. 1 S. 2 Nr. 3 RVG grds. noch zum Rechtszug – ist, sofern nicht eigene Gebührenvorschriften bestehen, wie zB in VV 4303 RVG oder in VV Vorb. 4 Abs. 5 RVG mit Verweis auf VV Teil 3 RVG, durch die Verfahrensgebühren gem. VV 4300–4302 RVG zu vergüten.[14]

Beispiele:[15]

- (Allgemein) Tätigkeiten in der Strafvollstreckung, soweit nicht VV Teil 4 Abschn. 2 RVG eingreift,[16]
- Nachträglicher Antrag auf Strafaussetzung zur Bewährung (§ 56 StGB),
- Antrag auf Erlass der Strafe und Absehen vom Widerruf (§ 56f StGB),
- Anträge auf Aussetzung des Strafrestes gem. § 57 StGB,
- Verfahren vor der Strafvollstreckungskammer betreffend eine Strafaussetzung zur Bewährung im Verfahren nach § 57a StGB,
- Anträge auf vorzeitige Aufhebung bzw. der Abkürzung der Sperre für den Führerschein,
- Anträge auf nachträgliche Anordnung der Nichteintragung in die Zentralkartei,
- Beschwerden nach Beendigung der Instanz, wie zB gegen die nach § 268a StPO durch Beschluss verhängten Bewährungsauflagen,[17]
- Tätigkeit im DNA-Feststellungsverfahren nach §§ 81e ff. StPO,[18]
- ggf. die Tätigkeit des RA im Strafrechtsentschädigungsverfahren.[19]

7 Nicht nach VV 4300 ff. RVG, sondern durch VV 2300, VV Vorb. 3.2.1 Nr. 4, VV 3200, 3201, 3202 RVG werden die Tätigkeiten im Verfahren über den Antrag auf gerichtliche Entscheidung

---

[10] *Burhoff* StRR 2014, 277 in der Anm. zu LG Potsdam NStZ-RR 2014, 126.

[11] Zur Einlegung des Rechtsmittels § 19 Abs. 1 S. 2 Nr. 10 RVG und die Erläuterungen bei → § 19 Rn. 111 ff.

[12] Burhoff/Volpert RVG/*Volpert* VV Vorb. 4.3 Rn. 10 ff.

[13] Burhoff/Volpert RVG/*Volpert* VV Vorb. 4.3 Rn. 9; Schneider/Wolf/*N. Schneider* RVG VV Vorb. 4.3 Rn. 3 f.; unzutreffend daher LG Potsdam NStZ-RR 2014, 126 = AGS 2014, 171 = StRR 2014, 277 = JurBüro 2014, 316 für einen Antrag nach § 98 Abs. 2 StPO.

[14] LG Koblenz JurBüro 2010, 32, für Kostenfestsetzungsantrag; AG Hamburg-St. Georg AGS 2007, 39 = VRR 2007, 119 mAnm *Volpert;* AG Koblenz AGS 2007, 139 = JurBüro 2007, 86 für die Begr. der nach Rechtskraft eingelegten Beschwerde gegen einen Bewährungsbeschluss; Düsseldorf AGS 2009, 14 = MDR 2009, 654 = AnwBl 2009, 312 für den Fall, dass eine Verteidigung iSd VV Teil 4 Abschn. 1 RVG noch gar nicht möglich ist/war.

[15] Burhoff/Volpert RVG/*Volpert* VV Vorb. 4.3 Rn. 10 ff.; Burhoff/Kotz StrafR-Rechtsmittel-HdB/*Volpert* Teil J Rn. 288 ff.

[16] Burhoff/Volpert RVG/*Volpert* VV Vorb. 4.3 Rn. 10, 19; vgl. zur Abgrenzung OLG Karlsruhe BeckRS 2019, 4986 für Tätigkeiten im Rahmen der Führungsaufsicht.

[17] Burhoff/Volpert RVG/*Volpert* VV Vorb. 4.3 Rn. 14 f.; AG Hamburg-St. Georg AGS 2007, 39; AG Koblenz AGS 2007, 139.

[18] Burhoff/Volpert RVG/*Volpert* VV Vorb. 4.3 Rn. 13; zur BRAGO LG Bielefeld StraFo 2002, 340 = NStZ-RR 2002, 320; LG Potsdam NJW 2003, 3001 = NStZ-RR 2003, 383.

[19] Vgl. die Erläuterungen bei → RVG VV 4143 Rn. 9; Burhoff/Volpert RVG/*Burhoff* VV 4143 Rn. 7; Burhoff/Volpert RVG/*Volpert* VV Vorb. 4.3 Rn. 18 ff. mwN; Burhoff/Kotz StrafR-Rechtsmittel-HdB/*Volpert* Teil J Rn. 51 ff. mwN.

nach § 109 **StVollzG** und im Verfahren über die Rechtsbeschwerde nach § 116 StVollzG abgegolten.[20]

Für eine Anwendung der VV 4300–4302 RVG ist kein Raum, wenn die Tätigkeit des RA durch eine **andere Gebührenvorschrift** vergütet wird. **8**

Beispiele:

- Tätigkeiten im Wiederaufnahmeverfahren (VV 4136–4140 RVG),
- Tätigkeit im Gnadenverfahren (VV 4303 RVG),
- Tätigkeit im Erinnerungs- und Beschwerdeverfahren in der Kostenfestsetzung (VV Vorb. 4 Abs. 5 Nr. 1 RVG),
- Tätigkeit in der Zwangsvollstreckung (VV Vorb. 4 Abs. 5 Nr. 2 RVG).

III. Abgeltungsbereich der Gebühren

Bis auf die Festgebühr VV 4304 RVG sind die in VV 4300–4303 RVG enthaltenen Gebühren einheitlich als Verfahrensgebühren ausgebildet. Sie entstehen daher nach der Legaldefinition in VV Vorb. 4 Abs. 2 RVG für das „**Betreiben** des **Geschäfts** einschließlich der Information" für den jeweiligen Einzelauftrag.[21] Die Gebühren haben Pauschgebührencharakter. Sie gelten nach § 15 Abs. 1 RVG also sämtliche vom RA erbrachte Tätigkeiten ab. **9**

IV. Grundgebühr

Eine Grundgebühr VV 4100 RVG entsteht für den mit einer Einzeltätigkeit beauftragten RA **nicht.**[22] Das gilt auch, wenn der RA im sog. isolierten Adhäsionsverfahren tätig geworden ist.[23] **10**

V. Angelegenheiten (Abs. 3)

1. Allgemeines (Abs. 3 S. 1)

Nach Abs. 3 S. 1 führt jeder Einzelauftrag nach VV 4300 ff. RVG grds. zu einer **eigenen Angelegenheit** iSd § 15 RVG. Ob mehrere Angelegenheiten vorliegen, richtet sich nach den Umständen des Einzelfalls und den zu § 15 RVG geltenden allgemeinen Regeln.[24] Für den gerichtlich **bestellten oder** beigeordneten RA ist aber für jede Einzeltätigkeit (zunächst) eine erneute Bestellung/Beiordnung erforderlich.[25] Geht man (unzutreffend) davon aus, dass die Tätigkeit des Zeugenbeistands als Einzeltätigkeit anzusehen ist,[26] ist eine Vernehmung des Zeugen über mehrere Hauptverhandlungstermine dieselbe Angelegenheit und die Verfahrensgebühr VV 4301 Nr. 4 RVG entsteht nur einmal.[27] **11**

Das bedeutet, dass in derselben Strafsache die Gebühren nach VV 4300 ff. RVG mehrmals anfallen können, und zwar sowohl **mehrere Gebühren** der VV 4300, 4301, 4302 RVG als auch mehrere Gebühren nach derselben Gebührenvorschrift als auch nach derselben Nummer einer Vorschrift.[28] **12**

Beispiel:

Jeweils Auftrag zur Erstellung einer Strafanzeige und einer Privatklage führt zu den Gebühren nach VV 4302 Nr. 1 RVG und nach VV 4301 Nr. 1 RVG.

---

[20] Burhoff/Volpert RVG/*Burhoff* Teil A Rn. 2328 ff.; Burhoff/Kotz StrafR-Rechtsmittel-HdB/*Volpert* Teil J Rn. 331 ff.; *Volpert* RVGreport 2012, 362 ff.

[21] S. die Erläuterungen zu → RVG VV Vorb. 4 Rn. 10 ff.; Schneider/Wolf/*N. Schneider* RVG VV Vorb. 4.3 Rn. 61; Burhoff/Volpert RVG/*Volpert* VV Vorb. 4.3 Rn. 44 f.

[22] → RVG VV Teil 4 UAbschn. 1 Einl. Rn. 3; *Burhoff* RVGreport 2014, 42; OLG Düsseldorf AGS 2009, 14 = MDR 2009, 654 = AnwBl 2009, 312; OLG Köln NStZ-RR 2007, 287 = RVGreport 2007, 306 = AGS 2007, 452; OLG Schleswig JurBüro 2005, 252 = RVGreport 2005, 70 = StV 2006, 206; SchlHA 2007, 27.

[23] OLG Dresden JurBüro 2017, 128 = AGS 2017, 320; LG Meiningen AGS 2013, 330.

[24] Vgl. die Erläuterungen bei → § 15 Rn. 1 ff.; → RVG VV Teil 4 Einl. Rn. 9 ff.

[25] OLG Braunschweig NdsRpfl 2010, 339; OLG Düsseldorf Rpfleger 2009, 528 = JurBüro 2009, 255, beide für den gem. § 68b Abs. 2 StPO beigeordneten Zeugenbeistand; s. a. Burhoff/Volpert RVG/*Volpert* VV Vorb. 4.3 Rn. 55 ff.

[26] → RVG VV Vorb. 4.1 Einl. Rn. 5 ff. mwN.

[27] KG BeckRS 2012, 12352; OLG Düsseldorf RVGreport 2012, 454 mAnm *Volpert* = StRR 2013, 79 = RVG prof. 2012, 169; aA – allerdings wohl unzutreffend – OLG Stuttgart Justiz 2011, 367 = StRR 2011, 357 = RVGreport 2011, 340 für die Beistandsleistung als Zeugenbeistand in mehreren Vernehmungsterminen; Burhoff/Volpert RVG/*Volpert* VV Vorb. 4.3 Rn. 55; vgl. aber auch LG Mannheim RVGreport 2019, 217 = StRR 7/2019, Sonderausgabe, 8.

[28] Schneider/Wolf/*N. Schneider* RVG VV Vorb. 4.3 Rn. 12 ff.; Burhoff/Volpert RVG/*Volpert* VV Vorb. 4.3 Rn. 50 ff. mit weiteren Beispielen.

13 Eine **Ausnahme** besteht nach der Anm. zu VV 4300 RVG bzw. der Anm. zu VV 4301 RVG für Einlegung und Begründung von Berufung und/oder Revision.[29]

14 Liegen mehrere Angelegenheiten vor, entsteht in jeder Angelegenheit nach der Anm. 1 zu VV 7002 RVG eine **Auslagenpauschale.**

2. Einlegung/Begründung von Berufung oder Revision

15 Anm. 1 zu VV 4300, 4301 RVG regelt jeweils eine **Ausnahme** vom Grundsatz des Abs. 3 S. 1. Danach entsteht neben den Gebühren nach VV 4300 Nr. 1 RVG und nach VV 4301 Nr. 2 RVG für die Begründung der Revision oder für die Rechtfertigung der Berufung keine besondere Gebühr für die Einlegung der Revision oder der Berufung nach VV 4302 Nr. 1 RVG.[30] Die Beschränkung gilt nicht, wenn der RA zB den (Einzel)Auftrag erhält, die Revision des Mandanten zu begründen, und außerdem den Auftrag, zu der von der Staatsanwaltschaft eingelegten Revision Stellung zu nehmen. Dann entstehen Gebühren nach VV 4300 Nr. 1 RVG und nach VV 4300 Nr. 2 RVG.[31]

16 Die Beschränkung gilt auch nicht entsprechend für die Einlegung und Begründung einer **Beschwerde.**[32] Ist zunächst auftragsgemäß Beschwerde eingelegt und diese später auftragsgemäß begründet worden, fallen gem. VV Vorb. 4.3 Abs. 3 S. 1 RVG die Verfahrensgebühr VV 4302 Nr. 1 RVG für die Einlegung und nach VV 4302 Nr. 2 RVG für die Begründung der Beschwerde gesondert an. Denn anders als in den Anm. zu VV 4300, 4301 RVG ist zu VV 4302 RVG insoweit nichts anderes bestimmt worden. Die Anm. zu VV 4300, 4301 RVG gelten für das Beschwerdeverfahren nicht entsprechend.[33]

3. Besondere Angelegenheit Beschwerdeverfahren (Abs. 3 S. 3)

17 VV Vorb. 4.3 Abs. 3 S. 3 RVG regelt, dass das Beschwerdeverfahren eine **besondere Angelegenheit** ist (§§ 17 Nr. 1, 19 Abs. 1 S. 2 Nr. 10a RVG).[34] Die insoweit erbrachten Tätigkeiten werden also nicht durch die Gebühren im Ausgangsverfahren mit abgegolten.[35] Der RA erhält daher sowohl für die Einzeltätigkeit als auch für das Beschwerdeverfahren hinsichtlich dieser Einzeltätigkeit besondere Gebühren.[36] Die Gebühren für das Beschwerdeverfahren hinsichtlich der Einzeltätigkeit richten sich nach der für die Einzeltätigkeit angefallenen Gebühr.[37] Wird der RA von vornherein gleichzeitig mit der Beschwerdeeinlegung und -begründung beauftragt, entsteht von vornherein nur eine Verfahrensgebühr nach VV 4302 RVG.[38] Denn bei gleichzeitiger Auftragserteilung gilt die Verfahrensgebühr gem. VV Vorb. 4.3 Abs. 3 S. 2, § 15 Abs. 1 RVG die Tätigkeit des RA vom Auftrag bis zur Erledigung der Angelegenheit ab.[39]

4. Begrenzung nach § 15 RVG (Abs. 3 S. 2)

18 Nach VV Vorb. 4.3 Abs. 3 S. 2 RVG bleibt **§ 15 RVG unberührt,** dh die Regelungen des § 15 RVG sind entsprechend anzuwenden. Von Bedeutung ist insoweit insbes. die Anwendung von § 15 Abs. 6 RVG.[40] Danach darf der mit verschiedenen oder mehreren Einzeltätigkeiten iSv VV Teil 4 Abschn. 3 RVG beauftragte RA nicht mehr Gebühren erhalten als der mit der gesamten Angelegenheit beauftragte RA, also der Vollverteidiger oder der Vollvertreter. Bei mehreren Einzeltätigkeiten, die einem RA übertragen worden sind, ist also zu ermitteln, wel-

---

[29] → Rn. 15 ff.

[30] Burhoff/Volpert RVG/*Volpert* VV Vorb. 4.3 Rn. 68 f.; Burhoff/Kotz StrafR-Rechtsmittel-HdB/*Burhoff* Teil D Rn. 104 f., 434 ff.; *Burhoff* StRR 2012, 336; RVGreport 2013, 213; Schneider/Wolf/*N. Schneider* RVG VV Vorb. 4.3 Rn. 15 ff.

[31] KG AGS 2006, 435 mAnm *Madert;* Burhoff/Volpert RVG/*Volpert* VV Vorb. 4.3 Rn. 34; *Burhoff* RVGreport 2012, 12 (14 f.); Schneider/Wolf/*N. Schneider* RVG VV Vorb. 4.3 Rn. 20.

[32] → Rn. 17.

[33] Burhoff/Volpert RVG/*Volpert* VV Vorb. 4.3 Rn. 60; Schneider/Wolf/*N. Schneider* RVG VV Vorb. 4.3 Rn. 21 ff.

[34] → RVG VV Teil 4 Einl. Rn. 42 f.

[35] OLG Schleswig AGS 2005, 444 = RVGreport 2006, 153 = SchlHA 2006, 300; Burhoff/Volpert RVG/*Volpert* VV Vorb. 4.3 Rn. 65 f. und Burhoff/Volpert RVG/*Volpert* Teil A Rn. 550; *Volpert* VRR 2006, 453; *Burhoff* RVGreport 2012, 12; RVGreport 2014, 50; RVG prof. 2014, 30; RVG prof. 2014, 51; RVG prof. 2014.

[36] Hartung/Römermann/Schons/*Hartung* RVG VV Vorb. 4.3 Rn. 21.

[37] Schneider/Wolf/*N. Schneider* RVG VV 4300 Rn. 12: Burhoff/Volpert RVG/*Volpert* VV Vorb. 4.3 Rn. 65.

[38] Burhoff/Volpert RVG/*Volpert* VV Vorb. 4.3 Rn. 65; Schneider/Wolf/*N. Schneider* RVG VV Vorb. 4.3 Rn. 22.

[39] Burhoff/Volpert RVG/*Volpert* VV Vorb. 4.3 Rn. 43.

[40] Zur entsprechenden Anwendung von § 15 Abs. 5 RVG s. Schneider/Wolf/*N. Schneider* RVG VV Vorb. 4.3 Rn. 24; → Rn. 29.

che Gebühren der Vollverteidiger oder Vollvertreter erhalten würde, wenn er die gleichen Tätigkeiten wie der nur mit Einzeltätigkeiten beauftragte RA wahrnehmen würde.[41]

Die Einzelgebühren dürfen **nicht höher** sein als die Gebühr, die dem vollen Verteidiger oder Vertreter für die gleiche Tätigkeit zustehen würde, auf die Gebühr(en) sind die dem mit mehreren Einzeltätigkeiten beauftragten RA zustehenden Gebühren begrenzt. Dabei ist zu beachten, dass die Gebühren in VV Teil 4 Abschn. 3 RVG als Verfahrensgebühren ausgebildet sind. Das führt dazu, dass die Verfahrensgebühr des Rechtszugs, in dem die Einzeltätigkeit erbracht wird, jeweils die Höchstgrenze bildet.[42] Die Grundgebühr VV 4100 RVG ist zusätzlich zu berücksichtigen.[43] Das gilt auch für eine dem Vollverteidiger oder Vollvertreter zustehende Terminsgebühr, da VV Teil 4 Abschn. 3 RVG in der VV 4301 Nr. 4 RVG eine Verfahrensgebühr vorsieht, die eine Terminswahrnehmung abgilt.[44] 19

VI. Entstehen der Gebühren

Die Verfahrensgebühren entstehen mit der ersten Tätigkeit, die der RA zur Ausführung des Auftrags erbringt.[45] Erhält der RA, nachdem er mit einer Einzeltätigkeit beauftragt worden war, den Auftrag, in dieser Einzeltätigkeit **weiter tätig** zu **werden,** entsteht keine neue Gebühr. Das folgt aus VV Vorb. 4.3 Abs. 3 S. 2 RVG iVm § 15 Abs. 4 RVG. Es bleibt insgesamt bei nur einer Gebühr, die allerdings wegen der Mehrarbeit nach § 14 Abs. 1 RVG zu erhöhen ist. Eine Ausnahme gilt, wenn die Voraussetzungen des § 15 Abs. 5 S. 2 RVG vorliegen.[46] 20

Erledigt sich der Einzelauftrag, bevor der RA ihn beendet hat, ist das für das Entstehen und den Anfall der Gebühren unerheblich. Auf bereits entstandene Gebühren hat die vorzeitige Erledigung keinen Einfluss. Das folgt aus VV Vorb. 4.3 Abs. 3 S. 2 RVG iVm § 15 Abs. 4 RVG. Eine den VV 3101, 3404 RVG entsprechende Regelung ist in den VV 4300 ff. RVG nicht enthalten. Die vorzeitige Beendigung der Angelegenheit kann allerdings iRd § 14 Abs. 1 RVG gebührenmindernd zu berücksichtigen sein.[47] 21

VII. Höhe der Gebühren

Die Gebühren VV 4300 ff. RVG sind als **Betragsrahmengebühren** ausgebildet. Die Höhe der Rahmen richtet sich nach der Bedeutung der jeweiligen Einzeltätigkeit. Der gerichtlich bestellte oder beigeordnete RA erhält einen Festbetrag. 22

Bei der Bemessung der Gebühren ist beim Wahlanwalt **§ 14 Abs. 1 S. 1 RVG** anzuwenden. 23

Vertritt der RA **mehrere Auftraggeber,** ist VV 1008 RVG anzuwenden, wenn in derselben Angelegenheit mehrere Auftraggeber vorhanden sind.[48] 24

Die Gebühren entstehen, wenn sich der Mandant des RA nicht auf freiem Fuß befindet, **ohne** den **Haftzuschlag** der VV Vorb. 4 Abs. 4 RVG. Gebühren mit Zuschlag sind in VV Teil 4 Abschn. 3 RVG nicht vorgesehen. Der Umstand, dass sich der Mandant nicht auf freiem Fuß befindet, ist ggf. über § 14 Abs. 1 RVG zu berücksichtigen. 25

VIII. Geltendmachung oder Abwehr vermögensrechtlicher Ansprüche (Abs. 2)

Wenn sich die Tätigkeit des RA auf die Geltendmachung oder Abwehr eines aus der Straftat erwachsenen vermögensrechtlichen Anspruchs im Strafverfahren beschränkt, handelt es sich nicht um eine Einzeltätigkeit iSd VV Teil 4 Abschn. 3 RVG. Vielmehr erhält dieser RA nach der ausdrücklichen Regelung in Abs. 2 VV die Verfahrensgebühren nach den **VV 4143, 4144 RVG.** Eine auf vermögensrechtliche Ansprüche beschränkte Tätigkeit des RA liegt zB vor, 26

[41] Vgl. das Bsp. bei Burhoff/Volpert RVG/*Volpert* VV Vorb. 4.3 Rn. 72; sa LG Mannheim RVGreport 2019, 217 = StRR 7/2019, Sonderausgabe, 8.

[42] Sa Hartung/Schons/Enders/*Hartung* RVG VV Vorb. 4.3 Rn. 21 f.; Burhoff/Volpert RVG/*Volpert* VV Vorb. 4.3 Rn. 72.

[43] Ausdrücklich Burhoff/Volpert RVG/*Volpert* VV Vorb. 4.3 Rn. 72; inzidenter in dem Bsp. Schneider/Wolf/*N. Schneider* RVG VV Vorb. 4.3 Rn. 70.

[44] Wie hier Burhoff/Volpert RVG/*Volpert* VV Vorb. 4.3 Rn. 75; HBS VergütungsR/*N. Schneider* Teil 15 Rn. 767; aA Hartung/Römermann/Schons/*Hartung* RVG VV Vorb. 4.3 Rn. 18.

[45] Burhoff/Volpert RVG/*Volpert* VV Vorb. 4.3 Rn. 43.

[46] Vgl. die Erläuterungen bei → § 15 Rn. 1 ff.

[47] Schneider/Wolf/*N. Schneider* RVG VV Vorb. 4.3 Rn. 27; Burhoff/Volpert RVG/*Volpert* VV Vorb. 4.3 Rn. 44; Hartung/Römermann/Schons/*Hartung* RVG VV Vorb. 4.3 Rn. 16; Hartung/Schons/Enders/*Hartung* RVG VV Vorb. 4.3 Rn. 20.

[48] Burhoff/Volpert RVG/*Volpert* VV Vorb. 4.3 Rn. 35 mwN.

wenn der RA nicht mit der Verteidigung in der Strafsache, sondern nur mit der Abwehr oder mit der Geltendmachung des vermögensrechtlichen Anspruchs beauftragt worden ist.[49]

27 Kommt es später wegen der vermögensrechtlichen Ansprüche noch zu einem bürgerlichen Rechtsstreit, ist für die **Anrechnung** der Verfahrensgebühren VV 4143, 4144 RVG nicht nach VV Vorb.4.3 Abs. 4 RVG zu verfahren,[50] sondern nach der Anrechnungsregelung in VV 4143 Anm. 2 RVG.[51]

IX. Anrechnung (Abs. 4)

28 Die nach VV Teil 4 Abschn. 3 RVG für Einzeltätigkeiten entstandenen Gebühren werden nach VV Vorb. 4.3 Abs. 4 RVG angerechnet, wenn der RA anschließend mit der Vertretung im gesamten Verfahren beauftragt wird. Eine Anrechnung von Einzelgebühren erfolgt aber nur bei **späterer Übertragung** der **vollen Verteidigung** oder Vertretung.[52] Ist dem RA die Verteidigung oder Vertretung bereits übertragen worden, und nimmt er danach nach VV Teil 4 Abschn. 3 RVG zu vergütende Einzeltätigkeiten wahr, erfolgt keine nachträgliche Anrechnung/Verrechnung mit den Gebühren für die Einzeltätigkeiten auf die Verteidigergebühren.

29 Die Anrechnung der Gebühren für die Einzeltätigkeiten ist zudem nur dann durchzuführen, wenn die Tätigkeiten in den **Abgeltungsbereich** der Vollverteidiger- oder Vollvertretergebühren fallen.[53] Gebühren für Einzeltätigkeiten, die auch der Vollverteidiger oder der Vollvertreter neben den Vollverteidiger- oder Vollvertretergebühren erhalten würde, werden nicht angerechnet. Voraussetzung für die Anrechnung ist daher, dass **dieselbe gebührenrechtliche Angelegenheit** vorliegt. Betrifft die Einzeltätigkeit eine andere gebührenrechtliche Angelegenheit als die spätere Gesamtvertretung, erfolgt keine Anrechnung.[54] Eine Anrechnung findet außerdem auch dann nicht statt, wenn dem RA der Auftrag zur Verteidigung oder Vertretung später als zwei Kalenderjahre nach Erledigung des Auftrages hinsichtlich der Einzeltätigkeit erteilt worden ist (vgl. Abs. 3 S. 2 iVm § 15 Abs. 5 S. 2 RVG).

X. Pauschgebühr (§§ 42, 51 RVG)

30 Es besteht die Möglichkeit, eine Pauschgebühr für eine Einzeltätigkeit zu bewilligen;[55] daran hat sich durch das RVG nichts geändert. Für die Bewilligung gelten die **allgemeinen Regeln:** Dem gerichtlich bestellten oder beigeordneten RA wird die Pauschgebühr nach § 51 RVG bewilligt. Der Wahlanwalt kann sich nach § 42 RVG eine Pauschgebühr feststellen zu lassen. Wegen der Einzelheiten wird auf die Erläuterungen zu §§ 42, 51, 52, 53 RVG verwiesen.

XI. Erstattung/Anspruch gegen den Verurteilten bzw. Auftraggeber

31 Hinsichtlich der Erstattung der Gebühren für Einzeltätigkeiten kann verwiesen werden auf die allgemeinen Ausführungen bei → RVG VV Teil 4 Einl. Rn. 19 ff. Diese gelten **entsprechend.**[56]

32 Auch der nur für eine Einzeltätigkeit gerichtlich bestellte oder beigeordnete RA kann unter den Voraussetzungen der §§ 52, 53 Abs. 1 RVG die Zahlung der Wahlanwaltsgebühren vom Beschuldigten bzw. vom Auftraggeber verlangen.[57]

---

[49] Burhoff/Volpert RVG/*Volpert* VV Vorb. 4.3 Rn. 36 ff. mit Bsp.

[50] → Rn. 28 ff.

[51] Burhoff/Volpert RVG/*Volpert* VV Vorb. 4.3 Rn. 36; Hartung/Schons/Enders/*Hartung* RVG VV Vorb. 4.3 Rn. 15; zur Anrechnung nach VV 4143 Anm. 2 RVG → RVG VV 4143 Rn. 19 ff.

[52] Vgl. BT-Drs. 15/1971, 230; Hartung/Römermann/Schons/*Hartung* RVG VV Vorb. 4.3 Rn. 22; HBS VergütungsR/*N. Schneider* Teil 15 Rn. 765; Burhoff/Volpert RVG/*Volpert* VV Vorb. 4.3 Rn. 78; Hartung/Schons/Enders/*Hartung* RVG VV Vorb. 4.3 Rn. 24.

[53] Zur Anrechnung auf die und zum Entstehen der Grundgebühr s. *N. Schneider* RENOpraxis 2007, 82.

[54] Burhoff/Volpert RVG/*Volpert* VV Vorb. 4.3 Rn. 77; Schneider/Wolf/*N. Schneider* RVG VV Vorb. 4.3 Rn. 39; Hartung/Römermann/Schons/*Hartung* RVG VV Vorb. 4.3 Rn. 22.

[55] Vgl. zB BVerfG RVGreport 2020, 13 = JurBüro 2019, 573; KG BeckRS 2012, 12352 für die Pauschgebühr des Zeugenbeistandes für die Wahrnehmung mehrerer Termine; OLG Saarbrücken StRR 2015, 196 = RVGreport 2015, 216; BeckRS 2013, 198421; 6.5.2013 – 1 AR 3/13 ua zur Bewilligung einer Pauschgebühr für den RA, der für zwei Zeugen als Zeugenbeistand tätig geworden ist; zur Pauschgebühr noch nach § 99 BRAGO im Strafvollstreckungsverfahren s. ua OLG Braunschweig NdsRpfl 2000, 295; OLG Hamm JurBüro 2001, 641 = AGS 2001, 201; OLG Koblenz NStZ 1990, 345 = JurBüro 1990, 879; OLG Köln StV 1997, 37 = JurBüro 1997, 83; → § 51 Rn. 1 ff.

[56] Eing. zur Erstattung auch Schneider/Wolf/*N. Schneider* RVG VV Vorb. 4.3 Rn. 43 ff.

[57] Wegen der Einzelheiten die Kommentierung → § 52 Rn. 1 ff.; → § 53 Rn. 1 ff.

Nr.	Gebührentatbestand	Gebühr oder Satz der Gebühr nach § 13 oder § 49 RVG	
		Wahlanwalt	gerichtlich bestellter oder beigeordneter Rechtsanwalt
4300	Verfahrensgebühr für die Anfertigung oder Unterzeichnung einer Schrift 1. zur Begründung der Revision, 2. zur Erklärung auf die von dem Staatsanwalt, Privatkläger oder Nebenkläger eingelegte Revision oder 3. in Verfahren nach den §§ 57a und 67e StGB Neben der Gebühr für die Begründung der Revision entsteht für die Einlegung der Revision keine besondere Gebühr	66,00 bis 737,00 €	321,00 €

Schrifttum: S. die Hinweise bei → RVG VV Teil 4 Abschn. 3 Einl. Vor Rn. 1.

Übersicht

I. Allgemeines

In VV 4300 RVG ist die Verfahrensgebühr für folgende Einzeltätigkeiten des RA geregelt: 1

- Anfertigung oder Unterzeichnung einer Schrift zur **Begründung** der **Revision** (Nr. 1),[1]
- **(Gegen)Erklärung** auf die von dem Staatsanwalt, Privatkläger oder Nebenkläger eingelegte Revision (Nr. 2)[2] oder
- Anfertigung oder Unterzeichnung einer Schrift in Verfahren nach den **§§ 57a, 67e StGB** (Nr. 3).[3]

Geregelt ist die Verfahrensgebühr für den RA, der **nicht Verteidiger** oder sonstiger Vollvertreter ist. Ist der RA Verteidiger oder sonstiger Vollvertreter, verdient er seine Gebühren nach VV Teil 4 Abschn. 1 RVG bzw. nach VV Teil 4 Abschn. 2 RVG.[4] 2

II. Anwendungsbereich

1. Einzeltätigkeit im Revisionsverfahren (Nr. 1, 2)

a) Anfertigung oder Unterzeichnung einer Schrift zur Begründung der Revision (Nr. 1). Die Verfahrensgebühr entsteht für die Anfertigung oder die Unterzeichnung der Revisionsbegründung, soweit dem RA diese Tätigkeiten als Einzeltätigkeiten übertragen worden sind. Beide Tätigkeiten sind also **gebührenrechtlich gleichwertig.** Die Gebühr entsteht aber nicht doppelt, wenn der RA die Revisionsbegründung anfertigt und sie dann unterzeich- 3

[1] → Rn. 3 ff.; zu den Gebühren im Revisionsverfahren *Burhoff* RVGreport 2012, 402; Burhoff/Kotz StrafR-Rechtsmittel-HdB/*Burhoff* Teil D Rn. 355 ff.

[2] → Rn. 6 f. und die weiteren vorstehenden Nachw.

[3] → Rn. 9 ff.; Burhoff/Volpert RVG/*Volpert* VV 4300 Rn. 18 ff.; *Burhoff* StRR 2010, 93.

[4] Zum persönlichen Geltungsbereich → Rn. 12.

net.[5] Die Nr. 1 gilt auch die Stellungnahme des die Revisionsbegründung fertigenden RA auf die Gegenerklärung des Revisionsgegners ab.[6] Fertigt der RA aber zusätzlich zur Revisionsbegründung auftragsgemäß eine Gegenerklärung zu der Revision eines anderen Beteiligten, fällt eine zusätzliche Verfahrensgebühr nach VV 4300 Nr. 2 RVG an.[7]

4 Nach VV Vorb. 4.3 Abs. 3 S. 2 RVG iVm § 15 Abs. 4 RVG **reicht** die Anfertigung eines **Entwurfs** der Revisionsbegründung für das Entstehen der Verfahrensgebühr aus.[8] Auch muss das schriftlich begründete Urteil noch nicht zugestellt sein.[9] Ausreichend ist es, wenn in der Revisionsschrift nur die allgemeine Sachrüge erhoben wird.[10] Wird die Begründung später ergänzt, ist diese Ergänzung aber nach VV Vorb. 4 Abs. 3 S. 2 RVG iVm § 15 Abs. 1 RVG mitabgegolten. Unerheblich ist auch, ob die Revisionsbegründung den Zulässigkeitsvoraussetzungen der StPO, insbes. dem § 344 StPO, entspricht.[11] Es handelt sich nicht um eine „Erfolgsgebühr".

5 Hat der RA **zunächst Revision eingelegt** und ist dafür eine Gebühr VV 4302 Nr. 1 RVG entstanden, wandelt sich diese nach der Anm. zu VV 4300 RVG in eine Gebühr nach VV 4300 Nr. 1 RVG um, wenn der RA später die Revision begründet.

6 **b) Gegenerklärung zur Revision eines anderen Verfahrensbeteiligten (Nr. 2).** Nach Nr. 2 erhält der RA die Verfahrensgebühr VV 4300 RVG für die Anfertigung oder Unterzeichnung einer Schrift zur Erklärung auf die von dem Staatsanwalt, dem Privatkläger oder Nebenkläger eingelegte Revision. Auch diese Gebühr entsteht sowohl für die **Anfertigung** als auch für die **Unterzeichnung** der Erklärung. Die Ausführungen bei → Rn. 3 ff. gelten entsprechend.[12] Die Verfahrensgebühr VV 4300 Nr. 2 RVG fällt iÜ nicht an, wenn der RA nicht eine Erklärung als Gegner zur Revision eines anderen Verfahrensbeteiligten abgibt, sondern nur als weiterer Verfahrensbeteiligter Stellung nimmt.

Beispiel:[13]

Der Angeklagte wird verurteilt. Die Staatsanwaltschaft legt – im Interesse des Nebenklägers – Revision ein. Der Nebenkläger selbst hat keine Revision eingelegt. Er beauftragt aber einen RA zur Revision der Staatsanwaltschaft Stellung zu nehmen.

In diesem Fall ist Gegner der Revision der Staatsanwaltschaft nur der Angeklagte, nicht der Nebenkläger. Diesem wird also die Revision der Staatsanwaltschaft auch nicht zur Gegenerklärung zugestellt. Daraus folgt, dass die vom RA abgegebene Erklärung keine (Gegen-)Erklärung iSd VV 4300 Nr. 2 RVG ist. Das ergibt sich auch aus dem Wortlaut und dem Regelungsgefüge der Einzeltätigkeiten in VV Teil 4 Abschn. 3 RVG. Denn die hier abgegebene Erklärung ist keine Erklärung „auf die von dem Staatsanwalt … eingelegte Revision", sondern es ist eine „zu der von dem Staatsanwalt – eingelegten Revision". Es bleibt daher für die Tätigkeit nur eine Gebühr nach VV 4302 Nr. 2 RVG.[14]

2. Wechselseitige Revisionen

7 Der RA kann sowohl die Gebühr nach Nr. 1 als auch die nach Nr. 2 verdienen. Wird er nämlich sowohl mit der Fertigung der Revisionsbegründung als auch mit der Abgabe der Gegenerklärung auf eine zB von der Staatsanwaltschaft eingelegte Revision beauftragt, erhält er sowohl die Verfahrensgebühr nach Nr. 1 als auch die Verfahrensgebühr nach Nr. 2, wenn es sich um **zwei eigenständige Einzelaufträge** und damit um zwei verschiedene Angelegenheiten handelt.[15] Nach VV Vorb. 4 Abs. 3 S. 2 RVG iVm § 15 Abs. 6 RVG kann der RA aber nie mehr als eine Gebühr nach VV 4130 RVG verdienen.[16]

---

5 Burhoff/Volpert RVG/*Volpert* VV 4300 Rn. 4; Hartung/Schons/Enders/*Hartung* RVG VV 4300 Rn. 9.

6 → RVG VV Vorb. 4.3 Abs. 3 S. 2 VV iVm § 15 Abs. 1; Schneider/Wolf/*N. Schneider* RVG VV 4300 Rn. 5; Burhoff/Volpert RVG/*Volpert* VV 4300 Rn. 8.

7 Burhoff/Volpert RVG/*Volpert* VV 4300 Rn. 9.

8 Schneider/Wolf/*N. Schneider* RVG VV 4300 Rn. 4; Burhoff/Volpert RVG/*Volpert* VV 4300 Rn. 5.

9 KG AGS 2006, 435 mAnm *Madert;* OLG Hamm AGS 2006, 547 = RVGreport 2006, 352 = NJW-RR 2007, 72; StraFo 2006, 433 = AGS 2006, 600 = JurBüro 2007, 30; OLG Schleswig SchlHA 2006, 299 Rechtsprechungsübersicht bei *Döllel/Dressen.*

10 KG AGS 2006, 435 zu VV 4130 RVG; OLG Schleswig SchlHA 2006, 299 Rechtsprechungsübersicht bei *Döllel/Dressen.*

11 Burhoff/Volpert RVG/*Volpert* VV 4300 Rn. 6; Schneider/Wolf/*N. Schneider* RVG VV 4300 Rn. 3; Hartung/Schons/Enders/*Hartung* RVG VV 4300 Rn. 12.

12 Burhoff/Volpert RVG/*Volpert* VV 4300 Rn. 11 ff. mwN.

13 Nach *Burhoff* RVGreport 2013, 42 (46).

14 So auch *Burhoff* RVGreport 2013, 42 (46).

15 Schneider/Wolf/*N. Schneider* RVG VV 4300 Rn. 8, Hartung/Schons/Enders/*Hartung* RVG VV 4300 Rn. 14; Burhoff/Volpert RVG/*Volpert* VV 4300 Rn. 16 f.

16 → RVG VV Vorb. 4.3 Rn. 18 f.; Schneider/Wolf/*N. Schneider* RVG VV 4300 Rn. 8.

3. Tätigkeiten in Strafvollstreckungsverfahren nach §§ 57a, 67e StGB (Nr. 3)

Nach Nr. 3 verdient der RA die Verfahrensgebühr VV 4300 RVG für die Anfertigung oder Unterzeichnung einer Schrift in Verfahren nach den §§ 57a, 67e StGB, also in den Verfahren, in denen es um die Aussetzung einer **lebenslangen Freiheitsstrafe** zur Bewährung geht, bzw. in den sog. **Überprüfungsverfahren** bei untergebrachten Verurteilten.[17] Dazu gehört auch eine Tätigkeit im Verfahren über die Festsetzung der Mindestverbüßungsdauer einer lebenslangen Freiheitsstrafe, da dieses (kostenrechtlich) als Teil des Verfahrens über die Aussetzung des Restes einer zeitigen Freiheitsstrafe oder einer lebenslangen Freiheitsstrafe anzusehen ist.[18] 8

Alle sonstigen Einzeltätigkeiten in der Strafvollstreckung fallen unter den Auffangtatbestand in VV 4301 Nr. 6 RVG.[19] Hat der RA auch den Einzelauftrag, den Verurteilten in Verfahren nach §§ 57a, 67e StGB bei einer gerichtlichen Anhörung zu vertreten, erhält er für diese weitere Tätigkeit im Strafvollstreckungsverfahren eine Verfahrensgebühr nach VV 4301 Nr. 4 RVG. Einer Anwendung von VV 4301 Nr. 6 RVG ist nicht erforderlich, weil die Beistandsleistung bei einer **gerichtlichen Anhörung** – auch in der Strafvollstreckung – ausdrücklich von VV 4301 Nr. 4 RVG erfasst wird.[20] 9

Wird der RA im **Beschwerdeverfahren** tätig, erhält er über VV Vorb. 4.3 Abs. 3 S. 2 RVG auch für das Beschwerdeverfahren die Verfahrensgebühr VV 4300 Nr. 3 RVG.[21] 10

III. Abgeltungsbereich

1. Persönlich

Die Verfahrensgebühr entsteht sowohl für den als **Wahlanwalt,** dem der entsprechende Einzelauftrag übertragen worden ist, als auch für den **gerichtlich bestellten** oder beigeordneten Rechtsanwalt. Daneben können auch die in VV Vorb. 4 Abs. 1 RVG aufgeführten Beistände von Zeugen, Sachverständigen und Vertreter von sonstigen Verfahrensbeteiligten die Gebühr verdienen. 11

Hinsichtlich der Verfahrensgebühr nach **Nr. 1** für die Revisionsbegründung ist auf folgendes zu **achten:**[22] Die Revisionsbegründung gehört zur Revisionsinstanz und nicht mehr zum Tatsachenrechtszug. Das bedeutet, dass der für die Revisionsinstanz beauftragte Wahlanwalt oder der bestellte Pflichtverteidiger keinen Anspruch auf die Gebühren VV 4300 Nr. 1 RVG hat, da die entsprechenden Tätigkeiten bei ihm in den Abgeltungsbereich der VV 4130 RVG fallen.[23] Ist der Vollverteidiger der Tatsacheninstanz aber nicht auch mit der vollen Verteidigung in der Revisionsinstanz beauftragt, kann, wenn er eine Revisionsbegründung anfertigt, für ihn die Gebühr VV 4300 Nr. 1 RVG entstehen. Im Übrigen entsteht sie grds. nur für den RA, der den Einzelauftrag erhalten hat. 12

Die Erklärung nach **Nr. 2** gehört zur Revisionsinstanz und nicht mehr zum bisherigen Rechtszug. Für den mit der vollen Verteidigung im Revisionsverfahren beauftragten RA ist diese Anfertigung oder Unterzeichnung einer „Gegenerklärung" daher mit den Gebühren für die Revisionsinstanz nach VV 4130 ff. RVG abgegolten.[24] 13

Bei **Nr. 3** ist wegen des persönlichen Abgeltungsbereichs darauf zu achten, dass die Gebühr nicht für den RA entsteht, der den vollen Auftrag zur Vertretung/Verteidigung im Strafvollstreckungsverfahren erhalten hat. Der rechnet seine Tätigkeit nach VV Teil 4 Abschn. 2 RVG ab.[25] Nach der obergerichtlichen Rspr. gilt das insbes. auch im Überprüfungsverfahren. Zutreffend wird davon ausgegangen, dass dem RA auch hier idR die volle Vertretung übertragen wird.[26]

---

[17] Burhoff/Volpert RVG/*Volpert* VV 4300 Rn. 20 ff.; Burhoff/Kotz StrafR-Rechtsmittel-HdB/*Volpert* Teil J Rn. 288 ff.

[18] KG NStZ-RR 2011, 359 = StraFo 2011, 377 = RVGreport 2011, 343 = StRR 2011, 401 mzustAnm *Burhoff,* für den entsprechenden Fall der VV 4200 Nr. 2 RVG.

[19] Burhoff/Kotz StrafR-Rechtsmittel-HdB/*Volpert* Teil J Rn. 291 ff.; zur Strafvollstreckung OLG Karlsruhe StRR 8/2019, 34 = JurBüro 2019, 299 = RVGreport 2019, 218.

[20] Burhoff/Volpert RVG/*Volpert* VV 4300 Rn. 20; Hartung/Römermann/Schons/*Hartung* RVG VV 4301 Rn. 17.

[21] Vgl. die Erläuterungen bei → RVG VV Vorb. 4.3 Rn. 17; Burhoff/Kotz StrafR-Rechtsmittel-HdB/*Volpert* Teil J Rn. 295.

[22] Burhoff/Volpert RVG/*Volpert* VV 4300 Rn. 11 ff.

[23] KG AGS 2006, 375 = RVGreport 2006, 352.

[24] Burhoff/Volpert RVG/*Volpert* VV 4300 Rn. 15.

[25] Schneider/Wolf/*N. Schneider* RVG VV 4300 Rn. 9; Burhoff/Volpert RVG/*Volpert* VV 4300 Rn. 18; sowie → RVG VV Vorb. 4.2 Einl. Rn. 12.

[26] KG RVGreport 2005, 102 = NStZ-RR 2005, 127 = JurBüro 2005, 251 = AGS 2005, 393; OLG Frankfurt a. M. NStZ-RR 2005, 253 = AGS 2006, 76; OLG Jena AGS 2006, 287 = RVGreport 2006, 470; OLG Schleswig

2. Sachlich

14 Es handelt sich bei der Gebühr VV 4300 RVG um eine Verfahrensgebühr. Sie erfasst also **alle** von dem RA in Zusammenhang mit der jeweiligen Einzeltätigkeit **erbrachten Tätigkeiten.**[27] Das ist das „Betreiben des Geschäfts", aber auch die Information.

IV. Höhe der Gebühr

15 Der **Wahlanwalt** erhält eine Betragsrahmengebühr von 66,– EUR bis 737,– EUR. Die Mittelgebühr beträgt 401,50 EUR. Innerhalb dieses Rahmens ist die iSd § 14 Abs. 1 S. 1 RVG angemessene Gebühr zu bestimmen. Dabei kann die bloße Unterzeichnung einer von einem anderen RA gefertigten Revisionsbegründung geringer zu bewerten sein als deren Anfertigung.[28] Der **gerichtlich bestellte** oder beigeordnete RA erhält eine Festgebühr von 321,– EUR.

16 Die Gebühren entstehen, wenn der Mandant sich nicht auf freiem Fuß befindet, **ohne Haftzuschlag.** Dieser ist in VV Teil 4 Abschn. 3 RVG nicht geregelt. Die Inhaftierung ist über § 14 Abs. 1 RVG zu berücksichtigen. Gegebenenfalls kann die Gebühr nach VV 1008 RVG erhöht werden.[29]

17 Wegen der Bewilligung einer **Pauschgebühr** wird verwiesen auf → RVG VV Vorb. 4.3 Rn. 30.

V. Anrechnung

18 Für die Anrechnung der VV 4300 RVG auf die Gebühren, die entstehen, wenn der RA später den vollen Auftrag übernimmt, gilt **VV Vorb. 4.3 Abs. 4 RVG.** Auf die Erläuterungen bei → RVG VV Vorb. 4.3 Rn. 28 f. wird daher verwiesen.

VI. Erstattung

19 Die Frage der Erstattung einer Gebühr nach VV 4300 RVG richtet sich nach der Erstattungsfähigkeit der entsprechenden Gebühren des Vollverteidigers oder des Vollvertreters. Wenn für dessen Gebühren die Erstattungsfähigkeit zu bejahen ist, sind auch die Gebühren des nur mit einer Einzeltätigkeit nach VV 4300 RVG beauftragten RA erstattungsfähig. Für die Erstattung der Gebühren aus VV 4300 RVG gelten daher die Ausführungen zur **Erstattungsfähigkeit** der **Gebühren** des **Verteidigers** oder des sonstigen Vertreters **entsprechend.**[30]

Nr.	Gebührentatbestand	Gebühr oder Satz der Gebühr nach § 13 oder § 49 RVG	
		Wahlanwalt	gerichtlich bestellter oder beigeordneter Rechtsanwalt
4301	Verfahrensgebühr für 1. die Anfertigung oder Unterzeichnung einer Privatklage, 2. die Anfertigung oder Unterzeichnung einer Schrift zur Rechtfertigung der Berufung oder zur Beantwortung der von dem Staatsanwalt, Privatkläger oder Nebenkläger eingelegten Berufung, 3. die Führung des Verkehrs mit dem Verteidiger, 4. die Beistandsleistung für den Beschuldigten bei einer richterlichen Vernehmung, einer Vernehmung durch die Staatsanwaltschaft oder eine andere Strafverfolgungsbehörde oder in einer Hauptverhandlung, einer mündlichen Anhörung oder bei einer Augenscheinseinnahme,		

RVGreport 2005, 70 = AGS 2005, 120 = JurBüro 2005, 25 = StV 2006, 206; Burhoff/Volpert RVG/*Volpert* VV Vorb. 4.3 Rn. 14 ff., 24 ff.; Schneider/Wolf/*N. Schneider* RVG VV 4300 Rn. 9.

[27] S. a. die Erläuterungen bei → RVG VV Vorb. 4 Rn. 10 ff.; → RVG VV Vorb. 4.3 Rn. 9.

[28] Hartung/Römermann/Schons/*Hartung* RVG VV 4300 Rn. 18.

[29] → RVG VV Vorb. 4.3 Rn. 25.

[30] → RVG VV Teil 4 Einl. Rn. 6 mwN; → RVG VV Teil 4 Einl. Rn. 6 f.; eing. Burhoff/Volpert RVG/*Volpert* VV 4300 Rn. 37 ff.; Burhoff/Volpert RVG/*Burhoff* VV 4130 Rn. 29, VV 4124 Rn. 27 ff.

Nr.	Gebührentatbestand	Gebühr oder Satz der Gebühr nach § 13 oder § 49 RVG: Wahlanwalt	gerichtlich bestellter oder beigeordneter Rechtsanwalt
	5. die Beistandsleistung im Verfahren zur gerichtlichen Erzwingung der Anklage (§ 172 Abs. 2 bis 4, § 173 StPO) oder 6. sonstige Tätigkeiten in der Strafvollstreckung Neben der Gebühr für die Rechtfertigung der Berufung entsteht für die Einlegung der Berufung keine besondere Gebühr	44,00 bis 506,00 €	220,00 €

Schrifttum: S. die Hinweise bei → RVG VV Teil 4 Abschn. 3 Einl. Vor Rn. 1.

Übersicht

I. Allgemeines

In VV 4301 RVG ist die Verfahrensgebühr für folgende Einzeltätigkeiten des RA geregelt: 1

- die Anfertigung oder Unterzeichnung einer **Privatklage** (Nr. 1),[1]
- die Anfertigung oder Unterzeichnung einer Schrift zur Rechtfertigung der **Berufung** oder zur Beantwortung der von dem Staatsanwalt, Privatkläger oder Nebenkläger eingelegten Berufung (Nr. 2),[2]
- die Führung des **Verkehrs** mit dem **Verteidiger** (Nr. 3),[3]
- die **Beistandsleistung** für den Beschuldigten bei einer richterlichen Vernehmung, einer Vernehmung durch die Staatsanwaltschaft oder eine andere Strafverfolgungsbehörde oder in einer Hauptverhandlung, einer mündlichen Anhörung oder bei einer Augenscheinseinnahme (Nr. 4),
- die Beistandsleistung im Verfahren zur **gerichtlichen Erzwingung** der **Anklage** (§ 172 Abs. 2–4, § 173 StPO) (Nr. 5),[4] oder
- **sonstige Tätigkeiten** in der **Strafvollstreckung** (Nr. 6).[5]

Geregelt ist die **Verfahrensgebühr** für den RA, der nicht (voller) Verteidiger oder sonstiger Vollvertreter ist. Ist der RA (voller) Verteidiger oder sonstigen Vollvertreter, verdient er seine Gebühren nach VV Teil 4 Abschn. 1 RVG bzw. nach VV Teil 4 Abschn. 2 RVG.[6] 2

[1] → Rn. 3 f.
[2] → Rn. 5 ff.
[3] → Rn. 10 ff.
[4] → Rn. 14 ff.
[5] → Rn. 18 ff.
[6] Zum persönlichen Geltungsbereich → Rn. 18.

II. Anwendungsbereich

1. Anfertigung oder Unterzeichnung einer Privatklage (Nr. 1)

3 Die Verfahrensgebühr entsteht für die **Anfertigung** oder die **Unterzeichnung** der Privatklage, soweit dem RA diese Tätigkeiten als Einzeltätigkeiten übertragen worden sind. Beide Tätigkeiten sind gebührenrechtlich gleichwertig. Die Gebühr entsteht aber nicht doppelt, wenn der RA die Privatklage anfertigt und sie dann unterzeichnet.[7] Nach VV Vorb. 4.3 Abs. 3 S. 2 RVG iVm § 15 Abs. 4 RVG reicht der Entwurf der Privatklage für das Entstehen der Verfahrensgebühr aus.[8]

4 Die **Einigungsgebühr** VV 4147 RVG kann neben der Gebühr nach Nr. 1 nicht anfallen, weil der RA die Einigungsgebühr nur erhält, wenn er im Privatklageverfahren tätig war.[9] Das Privatklageverfahren wird aber durch die Anfertigung oder die Unterzeichnung der Privatklage erst vorbereitet.[10]

2. Einzeltätigkeit im Berufungsverfahren (Nr. 2)

5 **a) Anfertigung oder Unterzeichnung einer Schrift zur Begründung der Berufung (Nr. 2 Alt. 1).** Die Verfahrensgebühr VV 4301 Nr. 2 Alt. 1 RVG entsteht für die **Anfertigung** oder die **Unterzeichnung** der Berufungsbegründung, soweit dem RA diese Tätigkeiten als Einzeltätigkeiten übertragen worden sind. Dies entspricht der Regelung in VV 4300 Nr. 1 RVG. Auf die Ausführungen bei → RVG VV 4300 Rn. 2 f. kann daher verwiesen werden. Sie gelten entsprechend.[11]

6 Die Gebühr entsteht nach VV Vorb. 4.3 Abs. 3 S. 2 RVG iVm § 15 Abs. 4 RVG auch, wenn der RA die Berufungsbegründung nur **entwirft** und der Mandant sie dann selbst einreicht. Ausreichend dürfte es auch sein, wenn der RA eine vom Mandanten angefertigte Berufungsbegründung beim Gericht einreicht, ohne sie auch noch zu unterzeichnen. Entscheidend ist, dass der RA die Verantwortung für die Berufungsbegründungsschrift übernimmt.

7 Hat der RA **zunächst Berufung eingelegt** und ist dafür eine Gebühr VV 4302 Nr. 1 RVG entstanden, wandelt sich diese nach der Anm. zu VV 4301 RVG in eine Gebühr nach VV 4301 Nr. 2 RVG um, wenn der RA später die Berufung begründet.

8 **b) Gegenerklärung zur Berufung eines anderen Verfahrensbeteiligten (Nr. 2 Alt. 2).** Die Regelung in der Alt. 2 der Nr. 2 entspricht der Regelung für Gegenerklärungen im **Revisionsverfahren** in VV 4300 Nr. 2 RVG. Auf die dortigen Ausführungen bei → Rn. 6 f. kann daher verwiesen werden. Sie gelten entsprechend.

9 **c) Wechselseitige Berufungen.** Für wechselseitige Berufungen gelten die Ausführungen für wechselseitige Revisionen entsprechend. Es kann daher auf → RVG VV 4300 Rn. 8 verwiesen werden.

3. Führung des Verkehrs mit dem Verteidiger (Nr. 3)

10 Unter VV 4301 Nr. 3 RVG fällt die Tätigkeit des RA, der mit dem Verteidiger den Verkehr führt. Die Gebühr ist mit der in VV Teil 3 Abschn. 4 RVG geregelten **Verkehrsgebühr** VV 3400 RVG vergleichbar. Erfasst wird nicht nur die Führung des Verkehrs mit dem Verteidiger, sondern über VV Vorb. 4 Abs. 1 RVG auch die Führung des Verkehrs mit dem Vertreter des Nebenklägers oder des Privatklägers.[12]

11 **Abgegolten** wird die gesamte Tätigkeit des RA. Das kann sein die Beratung und Information des Mandanten, Besprechungen mit ihm und die Korrespondenz mit dem Verteidiger, insbes. dessen Information.

12 Wird der RA zusätzlich als Einzeltätigkeit mit der **Wahrnehmung** von **Terminen** beauftragt, entsteht nach VV Vorb. 4.3 Abs. 3 S. 1 RVG ggf. zusätzlich die Gebühr nach VV 4301 Nr. 4 RVG. In diesen Fällen wird aber immer besonders sorgfältig zu prüfen sein, ob der RA dann noch zwei eigenständige Einzelaufträge erhalten hat oder ob er nicht voller Verteidiger/Vertreter ist und daher nach VV Teil 4 Abschn. 1 RVG abrechnet.

---

[7] Burhoff/Volpert RVG/*Volpert* VV 4301 Rn. 5; Hartung/Schons/Enders/*Hartung* RVG VV 4301 Rn. 9.

[8] Schneider/Wolf/*N. Schneider* RVG VV 4300 Rn. 4 für die Revisionsbegründung; → RVG VV 4300 Rn. 3.

[9] Zur Gebühr VV 4146 RVG vgl. die dortigen Erläuterungen → RVG VV 4146 Rn. 1 ff.

[10] Hartung/Schons/Enders/*Hartung* RVG VV 4301 Rn. 10 „schließen sich gegenseitig aus"; Burhoff/Volpert RVG/*Volpert* VV 4301 Rn. 5.

[11] Zu den Gebühren im Berufungsverfahren *Burhoff* RVGreport 2012, 165; Burhoff/Kotz StrafR-Rechtsmittel-HdB/*Burhoff* Teil D Rn. 82 ff.

[12] Burhoff/Volpert RVG/*Volpert* VV 4301 Rn. 12; Schneider/Wolf/*N. Schneider* RVG VV 4301 Rn. 8; Hartung/Schons/Enders/*Hartung* RVG VV 4301 Rn. 14.

Die Verkehrsgebühr nach Nr. 4 entsteht nach VV Vorb. 4 Abs. 3 S. 2 RVG iVm § 15 Abs. 2 RVG in **jedem Rechtszug** erneut.[13] 13

4. Beistandsleistung bei (gerichtlichen) Terminen (Nr. 4)

Die VV 4301 Nr. 4 RVG für die Beistandsleistungen für den **Beschuldigten** oder einen **sonstigen Verfahrensbeteiligten** (vgl. VV Vorb. 4 Abs. 1 RVG). Das kann auch der **Zeugenbeistand** sein, wenn er (nach der hier vertretenen Ansicht) nur ausnahmsweise im Rahmen einer Einzeltätigkeit tätig wird; die wohl hM geht allerdings grds. von einer Einzeltätigkeit des Zeugenbeistands aus.[14] Nimmt man bei der Tätigkeit des Zeugenbeistandes eine Einzeltätigkeit an, erstreckt sich die Beiordnung des RA als Zeugenbeistand gem. § 68b StPO auf die Dauer der Vernehmung des Zeugen und endet grds. erst mit dessen Entlassung. Wird daher die in einem Termin begonnene und mangels Entlassung des Zeugen noch nicht beendete Vernehmung in einem anderen Termin fortgesetzt, entsteht insgesamt nur eine Verfahrensgebühr nach VV 4301 RVG.[15] 14

Ausdrücklich gilt die Vorschrift für die Beistandsleistung 15

- in einer **Hauptverhandlung,** wozu nach OLG Rostock auch die Tätigkeit für einen verhinderten Pflichtverteidiger gehören soll,[16]
- ggf. bei einer **richterlichen Vernehmung,** wie zB die Vernehmung bei einer Vorführung (§§ 115 ff. StPO), in Haftprüfungsterminen (§§ 118 ff. StPO), Verhandlungen beim Oberlandesgericht (Verhandlung über die Fortdauer der Untersuchungshaft nach § 122 Abs. 2 StPO), bei Verhandlungen über den einstweiligen Unterbringungsbefehl (§ 126a StPO), aber auch bei richterlichen Zeugenvernehmungen nach § 168c StPO sowie bei Vernehmungen durch den beauftragten oder ersuchten Richter nach § 223 StPO, nach Auffassung des KG auch als Zeugenbeistand für die Teilnahme an der richterlichen Vernehmung eines Zeugen aufgrund eines auswärtigen Rechtshilfeersuchens;[17] ist der RA nach § 140 Abs. 1 Nr. 4 oder 10 StPO (früher § 141 Abs. 3 S. 4 StPO aF) zum Pflichtverteidiger bestellt, handelt es sich nicht um eine Einzeltätigkeit, sondern um Tätigkeiten iS von VV Teil 4 Abschn. 1 RVG mit der Folge, dass der RA dann ggf. Grund-, Verfahrens- und Terminsgebühr verdient.[18]
- bei einer **Vernehmung** vor der **Staatsanwaltschaft** oder einer anderen Strafverfolgungsbehörde nach § 163a Abs. 3 StPO,[19]
- bei einer **Augenscheinseinnahme** gem. §§ 86, 87, 225 StPO, wozu auch Durchsuchungen zählen sollen,[20]
- bei einer **Anhörung,** wozu insbes. Anhörungen im Strafvollstreckungsverfahren nach §§ 56f, 57a, 67e StGB gehören,[21]
- wohl auch Termine über die nachträgliche Bewährungsaussetzung gem. **§ 57 JGG** oder über die Aussetzung der Verhängung der Jugendstrafe zur Bewährung nach **§ 27 JGG,** soweit der RA nicht Verteidiger ist, für den VV 4102 RVG gilt.[22]

Wird der RA mit der Beistandsleistung in **mehreren Terminen** beauftragt, kann die Verfahrensgebühr VV 4301 Nr. 4 RVG nach VV Vorb. 4.3 Abs. 3 S. 1 RVG zwar grds. mehrfach 16

---

[13] Burhoff/Volpert RVG/*Volpert* VV 4301 Rn. 13; Hartung/Schons/Enders/*Hartung* RVG VV 4301 Rn. 15; Schneider/Wolf/*N. Schneider* RVG VV 4301 Rn. 11.

[14] Zum Zeugenbeistand → RVG VV Teil 4 Abschn. 1 Einl. Rn. 5 ff. mwN aus Rspr. und Lit.; zur Gewährung einer Pauschgebühr ua KG BeckRS 2012, 12352; Jena AGS 2011, 483 = StraFo 2011, 292 (Ls.) = JurBüro 2011, 473; OLG Saarbrücken BeckRS 2013, 198421; StRR 2015, 196 = RVGreport 2015, 216, zwei Zeugen.

[15] KG BeckRS 2012, 12352; OLG Düsseldorf RVGreport 2012, 454 mAnm *Volpert* = StRR 2013, 79 = RVG prof. 2012, 169; aA – allerdings wohl unzutreffend – OLG Stuttgart StRR 2010, 357 = RVGreport 2010, 340 = Justiz 2011, 367, für die Beistandsleistung als Zeugenbeistand in mehreren Vernehmungsterminen.

[16] OLG Rostock RVGreport 2012, 186; zur Vergütung der Tätigkeit des sog. Terminsvertreters des Pflichtverteidigers → RVG VV Teil 4 Abschn. 1 Rn. 9; → RVG VV 4100, 4101 Rn. 5.

[17] KG StRR 2008, 117 = AGS 2008, 130 mit zutr. abl. Anm. *Volpert* AGS 2008, 131 = RVGreport 2008, 227, nicht Gebühren nach VV 6100, 6101 RVG.

[18] S. a. *Burhoff* RVGreport 2017, 402 (404); zum früheren Recht LG Magdeburg StraFo 2018, 314 = AGS 2018, 341 = RVGreport 2018, 257 = StRR 5/2018, 24; unzutreffend aA zum früheren Recht OLG Celle StraFo 2018, 534 = JurBüro 2018, 580 = RVGreport 2019, 17 (nur Terminsgebühr); LG Leipzig RVGreport 2019, 338 = StraFo 2019, 439 (Einzeltätigkeit).

[19] Vgl. die Erläuterungen bei → RVG VV 4102 Rn. 10 ff.

[20] Schneider/Wolf/*N. Schneider* RVG VV 4301 Rn. 18; Hartung/Römermann/Schons/*Hartung* RVG VV 4301 Rn. 17; Hartung/Schons/Enders/*Hartung* RVG VV 4300 Rn. 26; Burhoff/Volpert RVG/*Volpert* VV 4301 Rn. 17; mE wegen des eindeutigen Wortlauts zweifelhaft.

[21] Schneider/Wolf/*N. Schneider* RVG VV 4301 Rn. 17.

[22] Burhoff/Volpert RVG/*Volpert* VV 4301 Rn. 18 f.; zum Verteidiger s. OLG Karlsruhe StV 1998, 348; LG Mannheim AGS 2008, 179 = RVGreport 2008, 145 = RVG prof. 2008, 26 = StRR 2008, 120.

entstehen.[23] Es greift dann aber ggf. die Begrenzung nach § 15 Abs. 6 RVG.[24] Zu beachten ist auch, dass trotz des Auftrags, mehrere Termine wahr zu nehmen, insgesamt nur eine einheitliche Angelegenheit vorliegen kann und daher dann die Gebühr VV 4301 Nr. 4 RVG nur einmal entsteht.[25]

5. Beistandsleistung im Klageerzwingungsverfahren (Nr. 5)

17 Nr. 5 honoriert die Beistandsleitung im sog. Klageerzwingungsverfahren. Erfasst wird nach der ausdrücklichen Regelung aber nur die Beistandsleistung in dem in §§ 172 Abs. 2–4, 173 StPO geregelten **Antragsverfahren.**[26] Die Beistandsleistung im Beschwerdeverfahren nach § 172 Abs. 1 StPO fällt unter VV 4302 Nr. 3 RVG bzw. unter VV 4302 Nr. 1, 2 RVG.[27] Wird der RA nur mit der Einlegung der **Beschwerde** nach § 172 Abs. 1 StPO beauftragt, entsteht eine Gebühr nach VV 4302 Nr. 1 RVG.[28] Es liegen verschiedene Angelegenheiten vor, wenn der RA als Einzeltätigkeit sowohl mit der Beschwerde nach § 172 Abs. 1 StPO als auch im Verfahren nach §§ 172 Abs. 2, 173 StPO beauftragt wird.[29] Die Gebühren nach VV 4301 Nr. 5, VV 4302 RVG entstehen dann nebeneinander. Ist der RA als Beistand bestellt worden, entstehen Gebühren nach VV Teil 4 Abschn. 1 RVG.[30] Hat sich der Beschuldigte ohnehin im Ermittlungsverfahren eines Verteidigers bedient, so ist dessen Tätigkeit im Klageerzwingungsverfahren allerdings durch die Tätigkeit im Ermittlungsverfahren nach den VV 4100 ff. RVG abgegolten.[31]

6. Sonstige Tätigkeiten in der Strafvollstreckung (Nr. 6)

18 Die Nr. 6 erfasst schließlich als Einzeltätigkeiten **alle (sonstigen)** Tätigkeiten in der Strafvollstreckung[32] mit Ausnahme der Anfertigung oder Unterzeichnung einer Schrift in Verfahren nach den §§ 57a, 67e StGB, für die VV 4300 Nr. 3 RVG gilt. Zum Begriff der Strafvollstreckung kann verwiesen werden auf → RVG Abschn. 2 Einl. Rn. 8 ff. Erfasst von der VV 4301 Nr. 6 RVG werden alle Tätigkeiten in den dort erwähnten Verfahren, wie **insbes.** im Verfahren über den **Widerruf** der **Strafaussetzung** zur Bewährung.[33] Tätigkeiten nach dem StVollzG werden – schon nach dem Wortlaut der Nr. 6 – „Strafvollstreckung" – nicht als eine Einzeltätigkeit abgerechnet, sondern nach VV Teil 3 RVG.[34]

III. Abgeltungsbereich

1. Persönlich

19 Die Verfahrensgebühr VV 4301 RVG entsteht sowohl für den als **Wahlanwalt,** dem der entsprechende Einzelauftrag übertragen worden ist, als auch für den **gerichtlich bestellten** oder beigeordneten Rechtsanwalt. Daneben können auch die in VV Vorb. 4 Abs. 1 RVG aufgeführ-

---

[23] Vgl. – allerdings wohl unzutreffend – OLG Stuttgart Justiz 2011, 367 = StRR 2011, 357 = RVGreport 2010, 340 für die Beistandsleistung als Zeugenbeistand in mehreren Vernehmungsterminen; zutr. aA Düsseldorf RVGreport 2012, 454 mAnm *Volpert;* RVG prof. 2012, 169.

[24] Hartung/Römermann/Schons/*Hartung* RVG VV 4301 Rn. 15.

[25] Burhoff/Volpert RVG/*Volpert* VV 4301 Rn. 18 f.; Schneider/Wolf/*N. Schneider* RVG VV 4301 Rn. 21 mit Bsp.

[26] Burhoff/Volpert RVG/*Volpert* VV 4301 Rn. 25; *Burhoff* StRR 2012, 336; RVGreport 2013, 213; RVG prof. 2014, 216; RVG prof. 2015, 14; RVGreport 2016, 2; Burhoff/Kotz StrafR-Rechtsmittel-HdB/*Burhoff* Teil D Rn. 252 ff.; Hartung/Römermann/Schons/*Hartung* RVG VV 4301 Rn. 20.

[27] Burhoff/Volpert RVG/*Volpert* VV 4301 Rn. 25; Hartung/Römermann/Schons/*Hartung* RVG VV 4301 Rn. 20; Schneider/Wolf/*N. Schneider* RVG VV 4301 Rn. 23; Hartung/Schons/Enders/*Hartung* RVG VV 4301 Rn. 27.

[28] Vgl. aber OLG Stuttgart Rpfleger 2008, 441 = RVG prof. 2008, 123 = StRR 2008, 359 = RVGreport 2008, 383, wonach keine Gebühren nach VV 4301 Nr. 5 RVG sowie VV 4302 Nr. 3 RVG anfallen, wenn der RA dem Antragsteller im Klageerzwingungsverfahren als Beistand bestellt worden ist, sondern die Abrechnung dann nach VV Teil 4 Abschn. 1 RVG erfolgt.

[29] Schneider/Wolf/*N. Schneider* RVG VV 4301 Rn. 24; Burhoff/Volpert RVG/*Volpert* VV 4301 Rn. 25.

[30] OLG Stuttgart Rpfleger 2008, 441 = RVG prof. 2008, 123 = StRR 2008, 359 = RVGreport 2008, 383.

[31] OLG Koblenz RVGreport 2014, 397 = StRR 2014, 511 = RVG prof. 2014, 208.

[32] Vgl. zur Abgrenzung von der Vollverteidigung OLG Karlsruhe JurBüro 2019, 299 = RVGreport 2019, 218 = StRR 8/2019, 34 für Tätigkeiten im Rahmen der Führungsaufsicht.

[33] Eing. Burhoff/Volpert RVG/*Volpert* VV 4301 Rn. 16 ff.; Burhoff/Kotz StrafR-Rechtsmittel-HdB/*Volpert* Teil J Rn. 288 ff.; Hartung/Schons/Enders/*Hartung* RVG VV 4301 Rn. 30 „generalklauselartig"; Hartung/Schons/Enders/*Hartung* RVG VV 4301 Rn. 28; *Burhoff* StRR 2010, 93.

[34] Burhoff/Volpert RVG/*Volpert* VV Vorb. 4.3 Rn. 32; Burhoff/Kotz StrafR-Rechtsmittel-HdB/*Volpert* Teil J Rn. 331 ff.; teilweise aA Schneider/Wolf/*N. Schneider* RVG VV 4301 Rn. 29 für die „Haftvergünstigung".

ten Beistände von Zeugen, Sachverständigen und Vertreter von sonstigen Verfahrensbeteiligten die Gebühr verdienen.[35]

Ebenso wie bei der Verfahrensgebühr VV 4300 RVG ist darauf zu achten, dass die Gebühr nur dann entsteht, wenn der RA nur die jeweilige Einzeltätigkeit übertragen bekommen hat. Hat er den **vollen Auftrag** und ist voller Vertreter eines Verfahrensbeteiligten bzw. Verteidiger des Beschuldigten entstehen keine Gebühren nach VV 4301 RVG, sondern nach VV Teil 4 Abschn. 1 RVG bzw. VV Teil 4 Abschn. 2 RVG.[36] Für das Strafvollstreckungsverfahren gilt das entsprechend. Ist der RA mit der Verteidigung oder Vertretung für das gesamte jeweilige Strafvollstreckungsverfahren beauftragt oder insoweit bestellt worden, liegt keine sonstige Einzeltätigkeit in der Strafvollstreckung iSd VV 4301 Nr. 6 RVG vor. Vielmehr richten sich die Gebühren dann nach VV Teil 4 Abschn. 2 RVG, insbes. also nach den VV 4204 ff. RVG. 20

2. Sachlich

Es handelt sich bei der Gebühr VV 4301 RVG um eine Verfahrensgebühr. Sie erfasst also **alle** von dem RA in Zusammenhang mit der jeweiligen Einzeltätigkeit **erbrachten Tätigkeiten.**[37] Das ist das „Betreiben des Geschäfts", aber auch die Information. 21

Bei der **Beistandsleistung** in einem **Termin** wird nicht nur die Teilnahme am Termin, sondern auch dessen Vorbereitung durch Schriftwechsel und sonstige Aktivitäten abgegolten.[38] 22

Im Falle der **vorzeitigen Beendigung** des Auftrags gilt über VV Vorb. 4.3 Abs. 3 S. 2 RVG die Regelung in § 15 Abs. 4 RVG. Der RA erhält die Verfahrensgebühr daher zB auch dann, wenn es zu einer Beistandsleistung in einem Termin nicht (mehr) gekommen ist, er aber nach Erteilung des Einzelauftrages bzw. nach seiner Bestellung bereits eine erste Tätigkeit entfaltet hat. 23

IV. Höhe der Gebühr

Der **Wahlanwalt** erhält eine Betragsrahmengebühr von 44,– EUR bis 506,– EUR. Die Mittelgebühr beträgt 275,– EUR. Innerhalb dieses Rahmens ist die iSd § 14 Abs. 1 S. 1 RVG angemessene Gebühr zu bestimmen. Dabei kann zB bei der Nr. 2 Alt. 1 die bloße Unterzeichnung einer von einem anderen RA gefertigten Berufungsbegründung geringer zu bewerten sein als deren Anfertigung.[39] Der **gerichtlich bestellte** oder beigeordnete RA erhält eine Festgebühr von 220,– EUR. 24

Die Gebühren entstehen, wenn der Mandant sich nicht auf freiem Fuß befindet, **ohne Haftzuschlag.** Die Inhaftierung ist über § 14 Abs. 1 S. 1 RVG zu berücksichtigen. Gegebenenfalls kann die Gebühr nach **VV 1008 RVG** erhöht werden.[40] Bei der Beistandsleistung in der Hauptverhandlung oder bei einem sonstigen Termin sind Längenzuschläge, wie sie VV Teil 4 Abschn. 1 RVG für den gerichtlich bestellten oder beigeordneten RA kennt, nicht vorgesehen. Die Länge des Termins ist daher bei der Bemessung der Gebühr mit heran zu ziehen. 25

Wegen der Bewilligung einer **Pauschgebühr** wird verwiesen auf → RVG VV Vorb. 4.3 Rn. 30. 26

V. Anrechnung

Für die Anrechnung der VV 4301 RVG auf die Gebühren, die entstehen, wenn der RA später den vollen Auftrag übernimmt, gilt **VV Vorb. 4.3 Abs. 4 RVG.** Auf die Erläuterungen bei → RVG VV Vorb. 4.3 Rn. 28 f. wird daher verwiesen. 27

VI. Erstattung

Wegen der Erstattung der Gebühr VV 4301 RVG wird verwiesen auf die Erläuterungen bei → RVG VV 4300 Rn. 20 mwN.[41] 28

---

[35] Schneider/Wolf/*N. Schneider* RVG VV 4301 Rn. 13; Hartung/Schons/Enders/*Hartung* RVG VV 4301 Rn. 4, 18.

[36] → RVG VV 4300 Rn. 12 ff.; vgl. OLG Koblenz RVGreport 2014, 397 = StRR 2014, 511 = RVG prof. 2014, 208 für das sog. „Klageerzwingungsverfahren".

[37] S. a. die Erläuterungen bei → RVG VV Vorb. 4 Rn. 10 ff.; → RVG VV Vorb. 4.3 Rn. 9.

[38] Schneider/Wolf/*N. Schneider* RVG VV 4301 Rn. 20.

[39] Hartung/Römermann/Schons/*Hartung* RVG VV 4300 Rn. 18 für die Anfertigung bzw. Unterzeichnung einer Revisionsbegründung.

[40] → RVG VV Vorb. 4.3 Rn. 24.

[41] Sa noch Burhoff/Volpert RVG/*Volpert* VV 4301 Rn. 30 ff.

Nr.	Gebührentatbestand	Gebühr oder Satz der Gebühr nach § 13 oder § 49 RVG — Wahlanwalt	gerichtlich bestellter oder beigeordneter Rechtsanwalt
4302	Verfahrensgebühr für 1. die Einlegung eines Rechtsmittels 2. die Anfertigung oder Unterzeichnung anderer Anträge, Gesuche oder Erklärungen oder 3. eine andere nicht in Nummer 4300 oder 4301 erwähnte Beistandsleistung	33,00 bis 319,00 €	141,00 €

Schrifttum: S. die Hinweise bei → RVG VV Teil 4 Abschn. 3 Einl. Vor Rn. 1.

Übersicht

I. Allgemeines

1 In VV 4302 RVG ist die Verfahrensgebühr für folgende Einzeltätigkeiten des RA geregelt:
- die **Einlegung** eines **Rechtsmittels** (Nr. 1),[1]
- die **Anfertigung** oder **Unterzeichnung** anderer Anträge, Gesuche oder Erklärungen (Nr. 2)[2] oder
- **andere** nicht in VV 4300, 4301 RVG erwähnte **Beistandsleistungen** (Nr. 3).[3]

2 Geregelt ist die Verfahrensgebühr für den RA, der **nicht Verteidiger** oder sonstiger Vollvertreter ist. Ist der RA Verteidiger oder sonstigen Vollvertreter, verdient er seine Gebühren für diese Tätigkeiten nach VV Teil 4 Abschn. 1 RVG bzw. nach VV Teil 4 Abschn. 2 RVG.[4]

II. Anwendungsbereich

1. Einlegung eines Rechtsmittels (Nr. 1)

3 Die Verfahrensgebühr entsteht nach Nr. 1 für die Einlegung eines Rechtsmittels. Für die „Einlegung eines Rechtsmittels" **reicht** die **bloße Erklärung,** dass ein Rechtsmittel eingelegt wird; eine Antragstellung oder eine Begründung sind nicht erforderlich.[5]

4 Wird daher die Revision zugleich bei ihrer Einlegung mit der allgemeinen Sachrüge **begründet,** entsteht dafür dann nur eine Verfahrensgebühr nach VV 4300 Nr. 1 RVG (vgl. Anm. 1 zu VV 4300 RVG).[6] Entsprechendes gilt für die Begründung einer Berufung zugleich

[1] → Rn. 3 ff.
[2] → Rn. 7 ff.
[3] → Rn. 10 ff.
[4] Zum persönlichen Geltungsbereich → Rn. 12.
[5] Schneider/Wolf/*N. Schneider* RVG VV 4302 Rn. 3; Burhoff/Volpert RVG/*Volpert* VV 4302 Rn. 4; Burhoff/Kotz StrafR-Rechtsmittel-HdB/*Kotz* Teil A Rn. 1466 ff.; Burhoff/Kotz StrafR-Rechtsmittel-HdB/*Burhoff* Teil D Rn. 82 ff., 106 ff., 379 ff.
[6] Burhoff/Volpert RVG/*Volpert* VV 4302 Rn. 6; Hartung/Schons/Enders/*Hartung* RVG VV 4302 Rn. 5.

mit der Einlegung (vgl. Anm. 1 zu VV 4301 RVG).[7] Ist aber zunächst auftragsgemäß **Beschwerde** eingelegt und wird diese dann später begründet, entstehen gem. VV Vorb. 4.3 Abs. 3 S. 1 RVG die Verfahrensgebühr VV 4302 Nr. 1 RVG für die Einlegung und die Verfahrensgebühr VV 4302 Nr. 2 RVG für die Begründung der Beschwerde gesondert; insoweit dürfte es sich bei gleichzeitiger Auftragserteilung auch um zwei Angelegenheiten handeln.[8] Eine den Anm. 1 bei den VV 4300, 4301 RVG entsprechende Anm. ist bei VV 4302 nicht vorgesehen. Die Anm. zu VV 4300, 4301 RVG sind auf das Beschwerdeverfahren nicht entsprechend anwendbar.[9]

Zu den **Rechtsmitteln** iSv Nr. 1 gehören nicht nur die formellen strafverfahrensrechtlichen Rechtsmittel, wie Berufung und Revision, sondern auch die strafverfahrensrechtlichen Beschwerde(n),[10] und zwar auch die Beschwerde im Wiederaufnahmeverfahren, wenn insoweit ein Einzelauftrag vorliegt.[11] Auch der Einspruch gegen einen Strafbefehl kann als Einzeltätigkeit nach VV 4302 Nr. 2 RVG honoriert werden; das gilt aber nicht für den Einspruch des Vertreters eines „vermeintlichen Angeklagten", dem aufgrund einer Personenverwechselung fälschlicherweise ein Strafbefehl zugestellt worden ist, das es sich um Verteidigertätigkeit im Sinn von VV Teil 4 Abschn. 1 RVG handelt.[12] Schließlich wird man auch die Anhörungsrüge nach § 356a StPO und den Antrag nach § 33a StPO darunter fassen können, wenn dem RA insoweit (nur) ein Einzelauftrag übertragen wird.[13] Für die Erinnerung oder Beschwerde gegen einen Kostenfestsetzungsbeschluss fallen nach VV Vorb. 4 Abs. 5 RVG für den Verteidiger Gebühren nach VV Teil 3 RVG an.[14] 5

Bei der **Einlegung** eines **Rechtsmittels** ist darauf zu achten, dass die Einlegung eines Rechtsmittels nach § 19 Abs. 1 S. 2 Nr. 10 RVG für den Vollverteidiger oder Vollvertreter mit den Gebühren für die Instanz abgegolten ist.[15] Die Verfahrensgebühr nach VV 4302 Nr. 1 RVG kann daher sowohl für den Vollverteidiger oder Vollvertreter der Vorinstanz als auch denjenigen der Rechtsmittelinstanz für die Einlegung eines Rechtsmittels nicht entstehen. 6

2. Anfertigung oder Unterzeichnung anderer Anträge, Gesuche oder Erklärungen (Nr. 2)

Die Verfahrensgebühr VV 4302 Nr. 2 RVG entsteht für die **Anfertigung** oder die **Unterzeichnung anderer Anträge,** Gesuche oder Erklärungen, soweit dem RA diese Tätigkeiten als Einzeltätigkeiten übertragen worden sind. Dies entspricht der Regelung in VV 4300 Nr. 1 RVG bzw. VV 4301 Nr. 2 RVG. Auf die dortigen Ausführungen bei → Rn. 2 bzw. bei → Rn. 4 kann daher verwiesen werden. Sie gelten entsprechend. 7

Die Gebühr entsteht nach VV Vorb. 4.3 Abs. 3 S. 2 RVG iVm § 15 Abs. 4 RVG auch, wenn der RA den Antrag, das Gesuch oder die sonstige Erklärung nur **entwirft** und der Mandant sie dann selbst einreicht. Ausreichend dürfte es auch sein, wenn der RA ein vom Mandanten angefertigte Gesuch usw nur beim Gericht einreicht, ohne sie auch noch zu unterzeichnen. Entscheidend ist, dass der RA die Verantwortung für das Schriftstück übernimmt.[16] 8

Zu den Anträgen, Gesuchen oder Erklärungen iSv VV 4302 Nr. 2 RVG **gehören** insbes. die **Strafanzeige,**[17] der **Strafantrag,** einzelne Beweisanträge, obwohl es in der Praxis selten vorkommen dürfte, dass die Fertigung eines Beweisantrages als Einzelauftrag vergeben wird, einzelne Haftanträge und Anträge im Hinblick auf Maßnahmen im Ordnungsverfahren gegen Zeugen.[18] Auch Tätigkeiten im **Wiederaufnahmeverfahren** können als Einzeltätigkeit er- 9

---

7 Burhoff/Volpert RVG/*Volpert* VV 4302 Rn. 6.

8 Schneider/Wolf/*N. Schneider* RVG VV 4302 Rn. 5; Burhoff/Volpert RVG/*Volpert* VV 4302 Rn. 8; Hartung/Schons/Enders/*Hartung* RVG VV 4302 Rn. 5.

9 Burhoff/Volpert RVG/*Volpert* VV 4302 Rn. 7; Schneider/Wolf/*N. Schneider* RVG VV Vorb. 4.3 Rn. 21, VV 4302 Rn. 5; Hartung/Römermann/Schons/*Hartung* RVG VV 4302 Rn. 5.

10 Schneider/Wolf/*N. Schneider* RVG VV 4302 Rn. 4 mwN; Burhoff/Volpert RVG/*Volpert* VV 4302 Rn. 8 mwN.

11 AA Schneider/Wolf/*N. Schneider* RVG VV 4302 Rn. 12.

12 LG Berlin RVGreport 2019, 387.

13 AA Burhoff/Volpert RVG/*Volpert* VV 4302 Rn. 09; zu allem *Burhoff* StRR 2012, 172 ff.; RVGreport 2013, 213 ff.; Burhoff/Kotz StrafR-Rechtsmittel-HdB/*Burhoff* Teil D Rn. 49 ff.

14 Vgl. die Kommentierung bei → RVG VV Vorb. 4 Rn. 51 ff.; Burhoff/Volpert RVG/*Volpert* VV 4302 Rn. 5.

15 OLG Jena JurBüro 2006, 365.

16 Schneider/Wolf/*N. Schneider* VV 4302 Rn. 3.

17 KG JurBüro 1982, 1251 = AnwBl 1983, 565; LAG Schleswig AGS 2001, 75 = AnwBl 2001, 185; zur Erstattung der Kosten einer Strafanzeige *Burhoff* RVG prof. 2016, 75.

18 Burhoff/Volpert RVG/*Volpert* VV 4302 Rn. 10; Schneider/Wolf/*N. Schneider* VV 4302 Rn. 10; zum Strafantrag *Mock* RVG prof. 2017, 66.

bracht werden. Wenn *N. Schneider*[19] dazu ausführt, dass Anträge im Wiederaufnahmeverfahren durch die jeweiligen besonderen Gebührentatbestände abgegolten werden, gilt das nur, wenn der RA insoweit den vollen Auftrag erhalten hat. Ist er zB nur mit der Anfertigung eines Wiederaufnahmeantrags beauftragt, entstehen dafür nicht die VV 4136, 4137 RVG, sondern es entsteht die VV 4302 Nr. 2 RVG. Für die Tätigkeit im **Kostenfestsetzungsverfahren** gilt: Ist der RA Verteidiger oder sonstiger Vertreter greift § 19 Abs. 1 S. 2 Nr. 14 RVG. Die entsprechende Tätigkeit gehört zum Rechtszug und wird mit den Verteidigergebühren nach VV Teil 4 Abschn. 1 RVG abgegolten.[20] Ist der RA im Kostenfestsetzungsverfahren nur im Rahmen einer Einzeltätigkeit beauftragt, gilt für ihn die VV 4302 Nr. 2 RVG.[21] Auch die **Verzögerungsrüge** des § 198 Abs. 3 GVG wird erfasst.[22] Das Einreichen eines Antrags auf gerichtliche Entscheidung, um die Rechtmäßigkeit einer Ermittlungsmaßnahme überprüfen bzw. deren Rechtswidrigkeit feststellen zu lassen, stellt jedoch für den Verteidiger keine anwaltliche Einzeltätigkeit dar, die also „Anfertigung eines (anderen) Antrags" mit einer Verfahrensgebühr nach VV 4302 Nr. 2 RVG zu vergüten wäre,[23] sondern ist eine Tätigkeit die durch die jeweilige Verfahrensgebühr des Verteidigers nach VV Teil 4 Abschn. 1 RVG abgegolten wird.[24]

3. Sonstige nicht in VV 4300 RVG oder VV 4301 RVG genannte Beistandsleistungen (Nr. 3)

10 Bei der VV 4302 Nr. 3 RVG handelt es sich um einen **Auffangtatbestand,** der alle nicht ausdrücklich in VV 4300, 4301, 4302 Nr. 1, 2 RVG erwähnten Beistandsleistungen erfasst. Dazu gehören zB die Tätigkeit im DNA-Feststellungsverfahren nach §§ 81e ff. StPO,[25] die Beistandsleistung im Beschwerdeverfahren nach **§ 172 Abs. 1 StPO,**[26] da VV 4301 Nr. 5 RVG nur für die Beistandsleistung in dem in §§ 172 Abs. 2–4, 173 StPO geregelten Verfahren gilt,[27] die Vertretung des Verletzten im Verfahren nach § 111k StPO,[28] ggf. die Einsichtnahme in Ermittlungsakten,[29] aber nicht die Tätigkeit des RA als nach § 408b StPO im Strafbefehlsverfahren beigeordneter Pflichtverteidiger.[30] Zur Abrechnung der Tätigkeit im Strafrechtsentschädigungsverfahren → RVG VV 4143 Rn. 9.[31]

11 Die **ausschließliche Beratung** in strafrechtlichen Fragen, die in der Praxis allerdings selten sein dürfte, ist keine Beistandsleistung iSv VV 4302 Nr. 3 RVG.[32] Diese Tätigkeit ist nach der speziellen Vorschrift des § 34 Abs. 1 S. 1 RVG abzurechnen. Die **Prüfung** der **Erfolgsaussicht** eines **Rechtsmittels** wird für den RA, der nicht Vollverteidiger ist, nach VV 2102, 2103 RVG honoriert.[33]

---

[19] Schneider/Wolf/*N. Schneider* VV 4302 Rn. 12.

[20] LG Koblenz JurBüro 2010, 32; vgl. aber VV Teil 4 Abs. 5 RVG, wonach für die Tätigkeit im Erinnerungs- und Beschwerdeverfahren gegen einen Kostenfestsetzungsbeschluss Gebühren nach VV Teil 3 RVG entstehen; *Burhoff* RVGreport 2014, 68.

[21] LG Krefeld JurBüro 1979, 240 = AnwBl 1979, 120; Schneider/Wolf/*N. Schneider* § 19 Rn. 142, VV 4302 Rn. 10; Burhoff/Volpert RVG/*Volpert* VV 4302 Rn. 13; LG Koblenz JurBüro 2010, 32.

[22] *Burhoff* RVGreport 2013, 213 (217); Burhoff/Kotz StrafR-Rechtsmittel-HdB/*Burhoff* Teil D Rn. 451 ff.; Burhoff/Volpert RVG/*Volpert* VV 4302 Rn. 12.

[23] So aber LG Potsdam NStZ-RR 2014, 126 = AGS 2014, 171 = StRR 2014, 277 = JurBüro 2014, 316 = RVGreport 2014, 347.

[24] *Burhoff* StRR 2014, 277 in der Anm. zu LG Potsdam NStZ-RR 2014, 126 = AGS 2014, 171 = StRR 2014, 277 = JurBüro 2014, 316 = RVGreport 2014, 347.

[25] LG Bielefeld StraFo 2002, 340 = NStZ-RR 2002, 320; LG Potsdam NJW 2003, 300.

[26] *Burhoff* StRR 2012, 172 (175); RVGreport 2013, 213; RVGreport 2016, 2 ff.

[27] → RVG VV 4301 Rn. 16.

[28] LG Kiel JurBüro 1982, 564; Burhoff/Volpert RVG/*Volpert* VV 4302 Rn. 17 f.; Schneider/Wolf/*N. Schneider* VV 4302 Rn. 13.

[29] Burhoff/Volpert RVG/*Volpert* VV 4302 Rn. 19 mwN; Schneider/Wolf/*N. Schneider* VV 4302 Rn. 13 mwN.

[30] Wie hier zutr. (inzidenter) OLG Celle StraFo 2011, 291 = NStZ-RR 295 (Ls.) = JurBüro 2011, 481 = StV 2011, 661 = VRR 2011, 399; OLG Düsseldorf AGS 2008, 343 = RVGreport 2008, 351 = StraFo 2008, 441 = JurBüro 2008, 587; inzidenter OLG Karlsruhe, StraFo 2015, 36; OLG Köln AGS 2009, 481 = NStZ-RR 2010, 31 = StRR 2010, 68 = StV 2010, 68; OLG Oldenburg StraFo 2010, 430 = AGS 2010, 491 = NStZ-RR 2010, 391 = VRR 2011, 39 = RVGreport 2011, 24; NK-GK/*Stollenwerk* RVG VV 4300–4304 Rn. 28; s. a. → RVG VV Teil 4 Abschn. 1 Einl. Rn. 10; unzutreffend aA LG Aurich RVG prof. 2009, 189 = VRR 2010, 79 = StRR 2010, 116.

[31] Burhoff/Volpert RVG/*Volpert* VV 4302 Rn. 25 ff.; *Burhoff* RVGreport 2007, 372.

[32] Hartung/Römermann/Schons/*Hartung* RVG VV 4302 Rn. 10; Hartung/Schons/Enders/*Hartung* RVG VV 4302 Rn. 12; Schneider/Wolf/*N. Schneider* VV 4302 Rn. 14; Burhoff/Volpert RVG/*Volpert* VV Vorb. 4.3 Rn. 46, VV 4302 Rn. 14.

[33] Burhoff/Volpert RVG/*Burhoff* Teil A Rn. 116; KG AGS 2006, 433 mAnm *N. Schneider;* OLG Dresden AGS 2014, 221; aA OLG Düsseldorf AGS 2006, 482 mAnm *N. Schneider;* LG Berlin AGS 2006, 73.

III. Abgeltungsbereich

1. Persönlich

12 Die Verfahrensgebühr VV 4302 RVG entsteht sowohl für den als **Wahlanwalt,** dem der entsprechende Einzelauftrag übertragen worden ist, als auch für den **gerichtlich bestellten** oder beigeordneten RA. Daneben können auch die in VV Vorb. 4 Abs. 1 RVG aufgeführten Beistände von Zeugen, Sachverständigen und Vertreter von sonstigen Verfahrensbeteiligten die Gebühr verdienen.[34]

13 Ebenso wie bei den Verfahrensgebühren VV 4300, 4301 RVG ist darauf zu achten, dass die Gebühr nur dann entsteht, wenn der RA die jeweilige Einzeltätigkeit übertragen bekommen hat. Hat er den **vollen Auftrag** und ist voller Vertreter eines Verfahrensbeteiligten bzw. Verteidiger des Beschuldigten, entstehen keine Gebühren nach VV 4302 RVG, sondern nach VV Teil 4 Abschn. 1 RVG.[35]

2. Sachlich

14 Es handelt sich bei der Gebühr VV 4302 RVG um eine Verfahrensgebühr. Sie erfasst also **alle** von dem RA in Zusammenhang mit der jeweiligen Einzeltätigkeit **erbrachten Tätigkeiten.**[36] Das ist das „Betreiben des Geschäfts", aber auch die Information.

15 Im Falle der **vorzeitigen Beendigung** des Auftrags gilt über VV Vorb. 4.3 Abs. 3 S. 2 RVG die Regelung in § 15 Abs. 4 RVG. Der RA erhält die Verfahrensgebühr daher zB auch dann, wenn es zB zu Anfertigung einer Strafanzeige nicht mehr gekommen ist, er aber nach Erteilung des Einzelauftrages bzw. nach seiner Bestellung bereits eine erste Tätigkeit entfaltet hat.

IV. Höhe der Gebühr

16 Der **Wahlanwalt** erhält eine Betragsrahmengebühr von 33,– EUR bis 319,– EUR. Die Mittelgebühr beträgt 176,– EUR. Innerhalb dieses Rahmens ist die iSd § 14 Abs. 1 S. 1 RVG angemessene Gebühr zu bestimmen. Dabei kann zB die bloße Unterzeichnung eines von einem anderen RA gefertigten Antrags geringer zu bewerten sein als deren Anfertigung.[37] Der **gerichtlich bestellte** oder beigeordnete RA erhält eine Festgebühr von 141,– EUR.

17 Die Gebühren entstehen, wenn der Mandant sich nicht auf freiem Fuß befindet, **ohne Haftzuschlag.** Der ist in VV Teil 4 Abschn. 3 RVG nicht vorgesehen. Die Inhaftierung ist über § 14 Abs. 1 S. 1 RVG zu berücksichtigen. Gegebenenfalls kann die Gebühr nach VV 1008 RVG erhöht werden.[38] Wegen der Bewilligung einer **Pauschgebühr** wird verwiesen auf → RVG VV Vorb. 4.3 Rn. 30.

V. Anrechnung

18 Für die Anrechnung der VV 4302 RVG auf die Gebühren, die entstehen, wenn der RA später den vollen Auftrag übernimmt, gilt **VV Vorb. 4.3 Abs. 4 RVG.** Auf die Erläuterungen bei → RVG VV Vorb. 4.3 Rn. 28 f. wird daher verwiesen.

VI. Erstattung

19 Wegen der Erstattung der Gebühr VV 4302 RVG wird verwiesen auf die Erläuterungen bei → RVG VV 4300 Rn. 20 mwN.[39]

---

[34] Schneider/Wolf/*N. Schneider* VV 4301 Rn. 13; Hartung/Römermann/Schons/*Hartung* RVG VV 4301 Rn. 9.

[35] S. a. → RVG VV 4300 Rn. 11 ff.

[36] S. a. die Erläuterungen bei → RVG VV Vorb. 4 Rn. 10 ff.; → RVG VV Vorb. 4.3 Rn. 9.

[37] Hartung/Römermann/Schons/*Hartung* RVG VV 4300 Rn. 18 für die Anfertigung bzw. Unterzeichnung einer Revisionsbegründung.

[38] → RVG VV Vorb. 4.3 Rn. 26.

[39] S. a. noch Burhoff/Volpert RVG/*Volpert* VV 4301 Rn. 36 ff.

Nr.	Gebührentatbestand	Gebühr oder Satz der Gebühr nach § 13 oder § 49 RVG	
		Wahlanwalt	gerichtlich bestellter oder beigeordneter Rechtsanwalt
4303	Verfahrensgebühr für die Vertretung in einer Gnadensache .... Der Rechtsanwalt erhält die Gebühr auch, wenn ihm die Verteidigung übertragen war.	33,00 bis 330,00 €	

Schrifttum: S. die Hinweise bei → RVG VV Teil 4 Abschn. 3 Einl. Vor Rn. 1.

Übersicht

I. Allgemeines

1 VV 4303 RVG ist die Verfahrensgebühr geregelt, die der RA für die Vertretung in einer Gnadensache erhält. Aus der Regelung folgt, dass es sich bei dieser Vertretung um eine **eigene gebührenrechtliche Angelegenheit** handelt. Daher erhält nach der Anm. zu VV 4303 RVG auch der RA, der im vorangegangenen Strafverfahren als Verteidiger tätig war, die Gebühr. Nach den Änderungen durch das 2. KostRMoG[1] ist die Gebühr nur noch für den Wahlanwalt vorgesehen.[2]

II. Anwendungsbereich

2 Der RA muss für den Verurteilten in einer Gnadensache tätig geworden sein. Zu den von VV 4303 RVG erfassten Gnadensachen gehören nur die **Gnadenverfahren,** die in den Gnadenordnungen für Strafsachen geregelt sind und bei denen es darum geht, das Gnadenrecht des Staatsoberhaupts durch dieses oder durch Stellen, denen es besonders übertragen worden ist, auszuüben (§ 453 StPO).[3] Nicht zu den Gnadensachen zählen Verfahren, in denen es um eine nicht im Gnadenwege erstrebte Milderung, Reduzierung oder den Erlass einer Strafe geht, wie zB Verfahren auf Strafaussetzung zur Bewährung nach § 57 StGB usw.[4]

III. Angelegenheiten

3 Nach der Anm. zu VV 4303 RVG steht die Gebühr auch dem RA zu, dem vorher die Verteidigung übertragen war. Es handelt sich also im Grunde nicht um eine Einzeltätigkeit, sondern um eine **„besondere Angelegenheit".**

[1] → RVG VV Teil 4 Einl. Fn. 9.

[2] → Rn. 7.

[3] Burhoff/Volpert RVG/*Volpert* VV 4303 Rn. 2; Schneider/Wolf/*N. Schneider* RVG VV 4303 Rn. 5; Hartung/Römermann/Schons/*Hartung* RVG VV 4303 Rn. 2; Hartung/Schons/Enders/*Hartung* RVG VV 4303 Rn. 2 f.; zu Gnadenverfahren Burhoff/Kotz StrafR-Rechtsmittel-HdB/*Schulz-Merkel* Teil G Rn. 1 ff.

[4] Vgl. die Zusammenstellung bei Schneider/Wolf/*N. Schneider* RVG VV 4303 Rn. 7; Burhoff/Volpert RVG/*Volpert* VV 4303 Rn. 5.

Jedes **neue Gnadengesuch** ist nach VV Vorb. 4.3 Abs. 2 S. 1, 2 RVG iVm § 15 RVG eine neue Angelegenheit. Das neue Gnadengesuch muss sich inhaltlich von dem abgelehnten Gnadengesuch nicht unterscheiden, es muss also nicht auf neue Gründe gestützt werden.[5] **4**

Vertritt der RA **mehrere Verurteilte** in einer Gnadensache, entstehen für jeden Verurteilten besondere Verfahrensgebühren nach VV 4303 RVG, da für jeden eine besondere Angelegenheit vorliegt, da die Gnade für jeden Verurteilten individuell bewilligt wird.[6] **5**

IV. Abgeltungsbereich

1. Persönlich

Die Verfahrensgebühr steht (nur) dem RA zu, der als **Wahlanwalt** mit der Vertretung im gesamten Gnadenverfahren beauftragt worden ist. Auch die in VV Vorb. 4 Abs. 1 RVG aufgeführten Beistände und Vertreter haben ggf. Anspruch auf die Gebühr, wenn sie ihren Auftraggeber in einer Gnadensache vertreten haben sollten, was in der Praxis aber kaum vorkommen dürfte. Nach der Anm. zu VV 4303 RVG steht die Gebühr auch dem RA zu, dem vorher die Verteidigung übertragen war. **6**

Bis zu den Änderungen durch das 2. KostRMoG[7] war die Verfahrensgebühr für die Vertretung in einer Gnadensache auch für den **gerichtlich bestellten** RA vorgesehen. Es ist jedoch in der Lit. darauf hingewiesen worden, dass in Gnadensachen die Bestellung eines Pflichtverteidigers kaum in Betracht kommen dürfte,[8] was grds. zutreffend ist, da die Gnadenverfahren nicht in der StPO sondern in (Landes-)Gnadenordnungen geregelt sind. Die Frage hat sich durch die Streichung der Gebühr für den gerichtlich bestellten oder beigeordneten RA durch das 2. KostRMoG[9] erledigt. Zur Begründung ist in der Gesetzesbegründung darauf hingewiesen worden, dass es eine „anwaltliche Beiordnung" in einer Gnadensache nicht gibt".[10] **7**

Ist der RA lediglich mit einer **Einzeltätigkeit** im Gnadenverfahren beauftragt, also zB nur mit der Erstellung des Gnadengesuchs, bzw. für eine solche bestellt worden, entsteht nur eine Gebühr nach VV 4302 Nr. 2 RVG oder VV 4302 Nr. 3 RVG.[11] **8**

2. Sachlich

Bei der VV 4303 RVG handelt es sich um eine Verfahrensgebühr: Der RA erhält die Gebühr daher „für das **Betreiben** des **Geschäfts** einschließlich der Information".[12] Die Gebühr deckt sämtliche Tätigkeiten des RA in der Gnadensache ab.[13] Es handelt sich um eine pauschale Gebühr, die auch die Teilnahme an ggf. stattfindenden Terminen erfasst, da besondere Terminsgebühren für das Gnadenverfahren nicht vorgesehen sind.[14] **9**

V. Grundgebühr (VV 4100 RVG)

Eine Grundgebühr VV 4100 RVG fällt für denjenigen RA, der erstmals für den Mandanten im Gnadenverfahren tätig wird, für die Tätigkeit im Gnadenverfahren **nicht** an.[15] Dieser RA ist nicht als Verteidiger tätig. Eine entsprechende Anwendung der VV 4100 RVG scheidet daher aus.[16] War der RA für den Verurteilten bereits im vorangegangenen Strafverfahren als Verteidiger tätig, hat er zudem hierfür bereits die Grundgebühr erhalten. **10**

---

[5] Schneider/Wolf/*N. Schneider* RVG VV 4303 Rn. 12; aA Riedel/Sußbauer/*Kremer* VV 4303 Rn. 12; Burhoff/Volpert RVG/*Volpert* VV 4303 Rn. 8, die aber in der Praxis kaum zu anderen Ergebnissen kommen dürften, da sie es als neuen Grund ausreichen lassen, wenn der Verurteilte bei weiterhin guter Führung einen weiteren nicht ganz unbeträchtlichen Teil der Strafe verbüßt hat.

[6] Riedel/Sußbauer/*Kremer* VV 4303 Rn. 11; Burhoff/Volpert RVG/*Volpert* VV 4303 Rn. 16; Schneider/Wolf/*N. Schneider* RVG VV 4303 Rn. 13.

[7] → RVG VV Teil 4 Einl. Rn. 9.

[8] Gerold/Schmidt/*Burhoff,* 20. Aufl. 2012, RVG VV 4303 Rn. 7; Schneider/Wolf/*N. Schneider,* 6. Aufl. 2012, RVG VV 4303 Rn. 20; Burhoff/Volpert RVG/*Volpert,* 3. Aufl. 2011, VV 4303 Rn. 17.

[9] → RVG VV Teil 4 Einl. Rn. 9.

[10] BR-Drs. 517/12, 441 = BT-Drs. 17/11471, 282 f.

[11] Burhoff/Volpert RVG/*Volpert* VV 4303 Rn. 7.

[12] Wegen der Einzelheiten die Erläuterungen bei → RVG VV Vorb. 4 Rn. 10 ff.

[13] S. den Tätigkeitskatalog bei Burhoff/Volpert RVG/*Volpert* VV 4303 Rn. 11.

[14] Burhoff/Volpert RVG/*Volpert* VV 4303 Rn. 11; Schneider/Wolf/*N. Schneider* RVG VV 4303 Rn. 15 f.

[15] Schneider/Wolf/*N. Schneider* VV 4303 Rn. 16; Burhoff/Volpert RVG/*Volpert* VV 4303 Rn. 11; Hartung/Schons/Enders/*Hartung* RVG VV 4303 Rn. 10.

[16] → RVG VV Teil 4 Abschn. 1 UAbschn. 1 Einl. Rn. 3.

VI. Beschwerdeverfahren

11 Nach VV Vorb. 4.3 Abs. 2 S. 3 RVG ist das Beschwerdeverfahren in einer Gnadensache eine **besondere Angelegenheit.** Der RA erhält daher für die Vertretung des Verurteilten in der Beschwerdeinstanz eine besondere Gebühr nach VV 4303 RVG.[17]

VII. Höhe der Gebühr

12 Der **Wahlanwalt** erhält eine Betragsrahmengebühr von 33,– EUR bis 330,– EUR. Die Mittelgebühr beträgt 181,50 EUR. Innerhalb dieses Rahmens ist die iSd § 14 Abs. 1 S. 1 RVG angemessene Gebühr zu bestimmen. Gegebenenfalls kann die Gebühr nach VV 1008 RVG erhöht werden.[18]

13 Die Gebühren entstehen, wenn der Mandant sich nicht auf freiem Fuß befindet, **ohne Haftzuschlag.** Der ist in VV Teil 4 Abschn. 3 RVG nicht vorgesehen. Die Inhaftierung ist über § 14 Abs. 1 RVG zu berücksichtigen.

14 Wegen der Bewilligung einer **Pauschgebühr** für den Wahlanwalt wird verwiesen auf → RVG VV Vorb. 4.3 Rn. 30.

VIII. Anrechnung

15 Die Anrechnungsregelung in VV Vorb. 4.3 Abs. 4 RVG **läuft** bei der Vertretung in einer Gnadensache **leer.** Der Gnadensache folgt kein umfassenderes Verfahren nach, auf das angerechnet werden könnte.[19]

Nr.	Gebührentatbestand	Gebühr oder Satz der Gebühr nach § 13 oder § 49 RVG	
		Wahlanwalt	gerichtlich bestellter oder beigeordneter Rechtsanwalt
4304	Gebühr für den als Kontaktperson beigeordneten Rechtsanwalt (§ 34a EGGVG)		3850,00 €

Übersicht

I. Allgemeines

1 VV 4304 RVG bestimmt die Gebühr für den als Kontaktperson nach § 34a EGGVG beigeordneten RA. Es handelt sich um eine **Festgebühr.**

---

[17] Burhoff/Volpert RVG/*Volpert* VV 4303 Rn. 12; Hartung/Römermann/Schons/*Hartung* RVG VV 4303 Rn. 6; Hartung/Schons/Enders/*Hartung* RVG VV 4303 Rn. 7; nicht eindeutig einerseits Schneider/Wolf/*N. Schneider* RVG VV 4303 Rn. 18.

[18] → RVG VV Vorb. 4.3 Rn. 24.

[19] Allg. zur Anrechnung bei den Erläuterungen zu → RVG VV Vorb. 4.3 Rn. 28 f.; auch Burhoff/Volpert RVG/*Volpert* VV 4303 Rn. 19 f.; Schneider/Wolf/*N. Schneider* RVG VV 4303 Rn. 17.

II. Abgeltungsbereich

1. Persönlich

Die Gebühr steht nur dem als Kontaktperson **beigeordneten RA** zu. Der (Wahl-)Verteidiger des Gefangenen kann nicht Kontaktperson sein. Demgemäß ist für den Wahlanwalt auch keine Gebühr vorgesehen. 2

2. Sachlich

Die Gebühr steht dem beigeordneten RA für seine gesamte Tätigkeit als Kontaktperson zu. Es handelt sich um eine **pauschale Gebühr,** die also sämtliche Tätigkeiten des RA im Rahmen der rechtlichen Betreuung des Gefangenen abgilt. Dazu gehören die Stellung von Anträgen jeder Art, Schriftwechsel mit dem Gericht und auch die Teilnahme an Terminen, da eine besondere Terminsgebühr nicht vorgesehen ist, usw.[1] 3

Die Festgebühr **entsteht** mit der ersten Tätigkeit nach Beiordnung des RA als Kontaktperson. Entsprechend VV Vorb. 4 Abs. 2 RVG wird das idR die Entgegennahme der Information oder des Beiordnungsbeschlusses sein.[2] Der Umfang der anwaltlichen Tätigkeit ist für die Gebühr ohne Bedeutung. Erledigt sich die Tätigkeit des RA vorzeitig, bleibt dem RA die volle Festgebühr erhalten.[3] 4

III. Höhe der Gebühr

Der beigeordnete RA erhält eine **Festgebühr** iHv 3.850,– EUR. Ein Haftzuschlag nach VV Vorb. 4 Abs. 4 RVG ist nicht vorgesehen. Auch eine Erhöhung nach VV 1008 RVG scheidet aus, da die Beiordnung eines RA für mehrere Personen unzulässig ist.[4] 5

IV. Sonstige Gebühren/Haftzuschlag

Es entsteht schon deshalb keine **Grundgebühr** VV 4100 RVG, da der beigeordnete RA nicht Verteidiger ist.[5] Daher können auch die **zusätzlichen Gebühren** nach VV 4141 ff. RVG nicht entstehen.[6] Im Übrigen sind diese Gebühren in VV Teil 4 Abschn. 3 RVG nicht vorgesehen. Auch ein Haftzuschlag ist nicht vorgesehen. 6

Der als Kontaktperson beigeordnete RA hat aber nach §§ 45 Abs. 3, 46 RVG einen Anspruch auf Ersatz der aufgrund seiner Tätigkeit angefallenen **Auslagen** und der auf die Vergütung entfallenden Umsatzsteuer nach den VV 7000 ff. RVG. 7

V. Festsetzung der Gebühr

Die Vergütung des beigeordneten RA wird auf Antrag des RA nach **§ 55 RVG** festgesetzt.[7] Zuständig ist der Urkundsbeamte desjenigen Landgerichts, in dessen Bezirk die Justizvollzugsanstalt liegt, in der der Gefangene inhaftiert ist. Für die Festsetzung gelten die allgemeinen Regeln. 8

Über **Erinnerungen** des RA und der Staatskasse gegen die Festsetzung entscheidet nach § 56 Abs. 1 S. 2 RVG die Strafkammer des Landgerichts durch Beschluss. Für das Beschwerdeverfahren gegen den Beschluss des Landgerichts gelten § 33 Abs. 3–8 RVG. 9

Auf Antrag des RA kann gem. § 47 RVG ein angemessener **Vorschuss** festgesetzt werden. Da die Gebühr mit der ersten Tätigkeit des RA entsteht und danach – auch bei vorzeitiger Beendigung der Angelegenheit – sich nicht reduziert,[8] wird im Zweifel auf den Antrag des RA die gesamte Gebühr festgesetzt werden müssen und der RA nicht nur auf einen Abschlag verwiesen werden können.[9]

---

[1] Vgl. den Tätigkeitskatalog bei Burhoff/Volpert RVG/*Volpert* VV 4304 Rn. 4; Schneider/Wolf/*N. Schneider* RVG VV 4304 Rn. 6.

[2] Schneider/Wolf/*N. Schneider* RVG VV 4304 Rn. 5; Burhoff/Volpert RVG/*Volpert* VV 4304 Rn. 3.

[3] Burhoff/Volpert RVG/*Volpert* VV 4304 Rn. 3; krit. Schneider/Wolf/*N. Schneider* RVG VV 4304 Rn. 14.

[4] Vgl. BT-Drs. 10/902, 8.

[5] Burhoff/Volpert RVG/*Volpert* VV 4300 Rn. 6; Hartung/Schons/Enders/*Hartung* RVG VV 4300 Rn. 9.

[6] Schneider/Wolf/*N. Schneider* RVG VV 4304 Rn. 10 f.; Burhoff/Volpert RVG/*Volpert* VV 4304 Rn. 6.

[7] Vgl. die Erläuterungen bei → § 55 Rn. 1 ff.

[8] → Rn. 4.

[9] Schneider/Wolf/*N. Schneider* RVG VV 4304 Rn. 22; offen gelassen Burhoff/Volpert RVG/*Volpert* VV 4304 Rn. 13; zweifelnd HBS/*N. Schneider* Teil 15 Rn. 726.

VI. Pauschgebühr

11 Aus § 51 Abs. 2 S. 1 RVG folgt, dass auch dem gem. § 34a EGGVG als Kontaktperson beigeordneten RA eine **Pauschgebühr bewilligt** werden kann, wenn die vorgesehene Festgebühr von 3.850,– EUR nicht ausreicht, um die Tätigkeit des RA angemessen zu honorieren. Zuständig für die Bewilligung ist das Oberlandesgericht, in dessen Bezirk die Justizvollzugsanstalt liegt, in der der Gefangene einsitzt. Zum Verfahren der Bewilligung einer Pauschgebühr wird auf die Erläuterungen zu § 51 RVG verwiesen.

VII. Anrechnung

12 Wird der zunächst als Kontaktperson beigeordnete RA später als Verteidiger des Gefangenen tätig, ist nach VV Vorb. 4.3 Abs. 4 RVG die Festgebühr VV 4304 RVG auf die Gebühren für die Tätigkeit als Verteidiger **anzurechnen.**[10]

Teil 5. Bußgeldsachen

Einleitung

Schrifttum: *Burhoff/Volpert,* RVG, Straf- und Bußgeldsachen, 6. Aufl. 2021; *Burhoff,* Handbuch für das strafrechtliche Ermittlungsverfahren, 8. Aufl. 2019; *Burhoff,* Handbuch für die strafrechtliche Hauptverhandlung, 9. Aufl. 2019; *Burhoff* (Hrsg.), Handbuch für das straßenverkehrsrechtliche OWi-Verfahren, 6. Aufl. 2021; *Burhoff/Kotz* (Hrsg.), Handbuch für die strafrechtlichen Rechtsmittel und Rechtsbehelfe, 2. Aufl. 2016; *Burhoff/Kotz* (Hrsg.), Handbuch für die strafrechtliche Nachsorge, 2016; *Burhoff,* Abhängigkeit der anwaltlichen Vergütung im Bußgeldverfahren von der Höhe der Geldbuße, RVG prof. 2004, 121; *Burhoff,* Gebührenbemessung im OWi-Verfahren, RVGreport 2005, 361; *Burhoff,* Gebührenbemessung im straßenverkehrsrechtlichen OWi-Verfahren, RVGreport 2007, 252; *Burhoff,* Gebührenbemessung im OWi-Verfahren, RVG prof. 2008, 136; *Burhoff,* Die Verfahrensgebühr im Straf- bzw. Bußgeldverfahren, RVGreport 2009, 443; *Burhoff,* Die Terminsgebühr im Straf- bzw. Bußgeldverfahren, RVGreport 2010, 3; *Burhoff,* Fragen aus der Praxis zu aktuellen Gebührenproblemen in Straf- und Bußgeldverfahren, RVGreport 2010, 362; *Burhoff,* Anwaltsgebühren bei der Verständigung im Straf- und Bußgeldverfahren, RVGreport 2010, 401; *Burhoff,* Die Verfahrensgebühr im Straf- bzw. Bußgeldverfahren, RENOpraxis 2011, 126; *Burhoff,* ABC der Gegenstandswerte im Straf- und Bußgeldverfahren, RVGreport 2011, 282; *Burhoff,* Vorschuss aus der Staatskasse (§ 47 RVG), RVGreport 2011, 327; *Burhoff,* Vorschuss vom Auftraggeber (§ 9 RVG), RVGreport 2011, 365; *Burhoff,* Fragen aus der Praxis zu Gebührenproblemen in Straf- und Bußgeldverfahren, RVGreport 2011, 446; *Burhoff,* Die Abrechnung von Beschwerden in Straf- und Bußgeldsachen, RVGreport 2012, 12; *Burhoff,* Die Abrechnung (förmlicher/formloser) Rechtsbehelfe im Straf- und Bußgeldverfahren, StRR 2012, 172; *Burhoff,* Fragen aus der Praxis zu Gebührenproblem in Straf- und Bußgeldverfahren, StRR 2012, 336; *Burhoff,* Die anwaltliche Vergütung im strafverfahrens- und bußgeldrechtlichen Wiederaufnahmeverfahren, RVGreport 2013, 2; *Burhoff,* Fragen aus der Praxis zu Gebührenproblemen in Straf- und Bußgeldverfahren aus dem Jahr 2012, RVGreport 2013, 42; *Burhoff,* Straßenverkehrs-OWi-Verfahren: Anträge auf gerichtliche Entscheidung richtig abrechnen, RVG prof. 2013, 88; *Burhoff,* Abrechnung im Bußgeldverfahren: Verfahren wegen Akteneinsicht und eines damit verbundenen Rechtsmittels, VRR 2013, 213; *Burhoff,* Fragen aus der Praxis zu Gebührenproblemen in Straf- und Bußgeldverfahren aus dem Jahr 2012, RVGreport 2013, 42; *Burhoff,* Die Abrechnung (förmlicher/formloser) Rechtsbehelfe im Straf- und Bußgeldverfahren, RVGreport 2013, 213; *Burhoff,* 25 Fragen und Antworten zur Terminsgebühr in Straf- und Bußgeldverfahren, RVG prof. 2013, 124 *Burhoff,* Was ist nach dem 2. KostRMoG neu bei der Abrechnung im Straf-/Bußgeldverfahren?, VRR 2013, 287 = StRR 2013, 284; *Burhoff,* Abrechnung im Bußgeldverfahren: Verfahren wegen Akteneinsicht und eines damit verbundenen Rechtsmittels, StRR 2013, 294; *Burhoff,* Neuerungen für die Abrechnung im Straf-/Bußgeldverfahren nach dem 2. KostRMoG, RVGreport 2013, 330; *Burhoff,* 25 Fragen und Antworten zur Verfahrensgebühr in Straf- und Bußgeldverfahren, RVG prof. 2013, 176; *Burhoff,* Fragen aus der Praxis zu Gebührenproblemen in Straf- und Bußgeldverfahren aus dem Jahr 2013, RVGreport 2014, 2; *Burhoff,* Die Grundgebühr im Straf- und Bußgeldverfahren, RVGreport 2014, 42; *Burhoff,* Rechtsprechungsübersicht zu § 14 RVG in Straf- und Bußgeldsachen und sonstigen Verfahren, RVGreport 2014, 140; *Burhoff,* Straf- und Bußgeldsachen: Besonderheiten für die Beschwerdeabrechnung, RVG prof. 2014, 30; *Burhoff,* Angelegenheiten in Straf- und Bußgeldsachen – Teil 1 Dieselbe Angelegenheit (§ 16 RVG), RVGreport 2014, 210; *Burhoff,* Die Rechtsprechung zur Abrechnung im Straf- und Bußgeldverfahren, insbesondere nach den VV Teil 4, 5 RVG, in den Jahren 2011–2014, StraFo 2014, 137; *Burhoff,* Kostenfestsetzungsverfahren Straf- und Bußgeldsache: Beschwerdevergütung, RVG prof. 2014, 68; *Burhoff,* Rechtsprechungsübersicht zu den Teilen 4–7 VV RVG aus dem Jahr 2013 – Teil 3, RVGreport 2014, 176; *Burhoff,* 10 Jahre RVG – Rückblick und Ausblick zu den Teilen 4 und 5 VV RVG, oder auch: Was man sich noch wünschen könnte, RVGreport 2014, 250; *Burhoff,* Angelegenheiten in Straf- und Bußgeldsachen – Teil 2:

[10] Offen insoweit Burhoff/Volpert RVG/*Volpert* VV 4304 Rn. 15, unklar Schneider/Wolf/*N. Schneider* RVG VV 4304 Rn. 17, der davon ausgeht, dass der beigeordnete RA auch nach Aufhebung der Kontaktsperre später nicht Verteidiger des Gefangenen werden kann, was sich aber § 34a EGGVG nicht entnehmen lässt.

Verschiedene und besondere Angelegenheiten (§§ 17, 18 RVG), RVGreport 2014, 290; *Burhoff,* Angelegenheiten in Straf- und Bußgeldsachen – Teil 3: Rechtszug (§ 19 RVG); RVGreport 2014, 330; *Burhoff,* Die Erstattung/Festsetzung der Verfahrensgebühr für das strafverfahrensrechtliche Rechtsmittelverfahren im Fall der Rechtsmittelrücknahme der Staatsanwaltschaft, RVGreport 2014, 410; *Burhoff,* Grundgebühr Wichtiges Basiswissen zur Grundgebühr, RVG prof. 2015, 16; *Burhoff,* Grundgebühr Mit dieser Rechtsprechung bemessen Sie die Gebühr richtig, RVG prof. 2015, 52; *Burhoff,* Rechtsprechungsübersicht zu § 14 in Straf- und Bußgeldverfahren, RVGreport 2015, 202; *Burhoff,* Fragen aus der Praxis zu Gebührenproblemen in Straf- und Bußgeldverfahren aus dem Jahr 2014, RVGreport 2015, 242; *Burhoff,* Keine Berücksichtigung der Höhe der Geldbuße bei der Gebührenbestimmung in Bußgeldsachen, RVGreport 2006, 210; *Burhoff,* Anwaltsvergütung für die Verteidigung in Verkehrsordnungswidrigkeiten-Verfahren, RVGreport 2015, 322; *Burhoff,* Rechtsprechungsübersicht zu den Teilen 4–7 VV RVG aus dem Jahr 2014/2015 – Teil 1, StRR 2015, 330; *Burhoff,* Klarstellung/Änderungen im RVG ab 25.7.2015, VRR 8/2015, 3; *Burhoff,* Aktuelle Änderungen im RVG ab 25.7.2015, RVGreport 2015, 328; *Burhoff,* Änderungen im RVG, ZAP Fach 24, 1423; *Burhoff,* Anpassungen Punktereform und Klarstellung für Nebenklägerbeistand, RVG prof. 2015, 157; *Burhoff,* Rechtsprechungsübersicht zu den Teilen 4–7 VV RVG aus dem Jahr 2014 – Teil 2, StRR 2015, 370; *Burhoff,* Klarstellung/Änderungen im RVG ab 25.7.2015, StRR 2015, 408; *Burhoff,* Einzeltätigkeiten gewinnbringend abrechnen, RVG prof. 2016, 14; *Burhoff,* Fragen aus der Praxis zu Gebührenproblemen in Straf- und Bußgeldverfahren aus dem Jahr 2015, RVGreport 2016, 42; *Burhoff,* Anwaltsvergütung für die Tätigkeit als Zeugenbeistand im Strafverfahren, RVGreport 2016, 122; *Burhoff,* Rechtsprechungsübersicht zu den Teilen 4–7 VV RVG aus dem Jahr 2015/2016 – Teil 1, RVGreport 2016, 166; *Burhoff,* Auslagenerstattung Wenn das Strafverfahren eingestellt wird, RVG prof. 2016, 95; *Burhoff,* Rechtsprechungsübersicht zu den Teilen 4–7 VV RVG aus dem Jahr 2015/2016 – Teil 2, RVGreport 2016, 202; *Burhoff,* Rechtsprechungsübersicht zu § 14 RVG in Straf- und Bußgeldsachen im Jahr 2015/2016 – Teil 3, RVGreport 2016, 242; *Burhoff,* Die Abrechnung der anwaltlichen Tätigkeit bei Einziehung und verwandten Maßnahmen (VV 4142, 5116 RVG), RVGreport 2016, 282; *Burhoff,* Überblick zur Abrechnung in Verkehrsordnungswidrigkeiten-Verfahren, RENOpraxis 2016, 175; *Burhoff,* Die Rechtsprechung zur Abrechnung im Straf- und Bußgeldverfahren, insbesondere nach den Teilen 4 und 5 VV RVG, in den Jahren 2014–2016, StraFo 2016, 353; *Burhoff,* Anwaltsvergütung für die Verteidigung im bußgeldrechtlichen Verwarnungsverfahren nach §§ 56 ff. OWiG, RVGreport 2016, 362; *Burhoff,* Die Rechtsprechung zu § 14 RVG in Straf- und Bußgeldsachen in den Jahren 2014–2016, StraFo 2016, 403; *Burhoff,* Rechtsprechungsübersicht zu den Teilen 4–7 RVG aus dem Jahr 2016/2017 – Teil 1, RVGreport 2017, 166; *Burhoff,* Rechtsprechungsübersicht zu VV Teil 4–7 RVG aus dem Jahr 2014 – Teil 2, RVGreport 2017, 282; *Burhoff,* Die Vergütung des Terminsvertreters" im Strafverfahren, RVGreport 2017, 242; *Burhoff,* Rechtsprechungsübersicht zu VV Teil 4–7 RVG aus dem Jahr 2016/2017 – Teil 2, RVGreport 2017, 282; *Burhoff,* Fragen aus der Praxis zu Gebührenproblemen in Straf- und Bußgeldverfahren aus dem Jahr 2016/2017 – Teil 1 Allgemeine Fragen und Paragrafenteil des RVG, RVGreport 2017, 322; *Burhoff,* Fragen aus der Praxis zu Gebührenproblemen in Straf – und Bußgeldverfahren aus dem Jahr 2016/2017 – Teil 2 Vergütungsverzeichnis, insbesondere Teil 4 VV RVG, RVGreport 2017, 362; *Burhoff,* Kostenrechtliche Auswirkungen der Änderungen in der StPO 2017, RVGreport 2017, 402; *Burhoff,* Rechtsprechungsübersicht zu § 14 RVG in Straf- und Bußgeldsachen in 2016/2017, RVGreport 2017, 442; *Burhoff,* Anwaltsvergütung im Auslieferungsverfahren nach dem IRG, RVGreport 2018, 42; *Burhoff,* Fragen aus der Praxis zu Gebührenproblemen in den Teilen 5–7 VV RVG aus dem Jahr 2017/2018, RVGreport 2018, 82; *Burhoff,* Die zusätzliche Verfahrensgebühr nach Nr. 5115 VV RVG – Rechtsprechungsübersicht, RENOpraxis 2018, 55; *Burhoff,* Abrechnung der Tätigkeiten des Verteidigers in Verfahren betreffend die Vollstreckung ausländischer Geldsanktionen, RVGreport 2018, 122; *Burhoff,* Die Rechtsprechung zur Abrechnung im Straf- und Bußgeldverfahren, insbesondere nach den Teilen 4 und 5 VV RVG, in den Jahren 2016–2018 – Teil 1, StraFo 2018, 140; *Burhoff,* Die Rechtsprechung zur Abrechnung im Straf- und Bußgeldverfahren, insbesondere nach den Teilen 4 und 5 VV RVG, in den Jahren 2016–2018 Teil 2, StraFo 2018, 184; *Burhoff,* Anwaltsvergütung im Adhäsionsverfahren, RVGreport 2018, 282; *Burhoff,* Rechtsprechungsübersicht zu den Teilen 4 – 7 VV RVG aus den Jahren 2017/2018 – Teil 1, RVGreport 2018, 322; *Burhoff,* Rechtsprechungsübersicht zu den Teilen 4–7 VV RVG aus den Jahren 2017/2018 – Teil 2, RVGreport 2018, 362; *Burhoff,* Rechtsprechungsübersicht zu § 14 RVG in Straf- und Bußgeldsachen aus den Jahren 2017/2018, RVGreport 2018, 402; *Burhoff,* Die Anwaltsvergütung bei Einziehung und verwandten Maßnahmen – ein Update, RVGreport 2019, 82; *Burhoff,* Die Vergütung des Verteidigers im Bußgeldverfahren – Teil 1: Allgemeine Fragen, RVGreport 2019, 122; *Burhoff,* Die Vergütung des Verteidigers im Bußgeldverfahren – Teil 2: Gebühren, RVGreport 2019, 162; *Burhoff,* Rechtsprechungsübersicht zur zusätzlichen Verfahrensgebühr Nr. 5115 VV RVG, RVGreport 2019, 202; *Burhoff,* Die Vergütung des Verteidigers im Bußgeldverfahren – Teil 1: Allgemeine Fragen, ZAP F 24, S. 1705; *Burhoff,* Rechtsprechungsübersicht zu den Teilen 4–7 VV RVG aus den Jahren 2018/2019 – Teil 1, RVGreport 2019, 282; *Burhoff,* Rechtsprechungsübersicht zu den Teilen 4–7 VV RVG aus den Jahren 2018/2019 – Teil 2, RVGreport 2019, 322; *Burhoff,* Die Vergütung des Verteidigers im Bußgeldverfahren – Teil 2 Gebühren, ZAP F 24, S. 1715; *Burhoff,* Die Rechtsprechung zur Abrechnung im Straf- und Bußgeldverfahren (Teile 4 und 5 VV RVG), in den Jahren 2016–2019 – Teil 1, Rpfleger 2020, 297; *Burhoff,* Rechtsprechungsübersicht zu den Teilen 4–7 VV RVG aus den Jahren 2019/2020 – Teil 1, RVGreport 2020, 202; *Burhoff,* Rechtsprechungsübersicht zu den Teilen 4–7 VV RVG aus den Jahren 2019/2020 – Teil 2, RVGreport 2020, 243; *Burhoff,* Die Rechtsprechung zur Abrechnung im Straf- und Bußgeldverfahren (Teile 4 und 5 VV RVG), in den Jahren 2016–2019 – Teil 2, Rpfleger 2020, 553; *Burhoff,* Geplante Änderungen bei der Anwaltsvergütung durch das KostRÄG 2021 – Teil 2, RVGreport 2020, 402; *Burhoff,* Änderungen bei der Verteidigervergütung durch das KostRÄG 2021, StRR 1/2021, 5; *Burhoff,* Änderungen bei der Vergütung der Verteidiger/Rechtsanwälte in Straf- und Bußgeldsachen durch das KostRÄG 2021, StraFo 2021, 8; *Burhoff,* Änderungen bei der Vergütung der Verteidiger/Rechtsanwälte in Straf- und Bußgeldsachen durch das KostRÄG 2021, S. 1815; *Burhoff,* Änderungen bei der Vergütung der Ver-

teidiger/Rechtsanwälte durch das KostRÄG 2021 betreffend Teile 4 und 5 VV, AGS 2021, 49; *Burmann,* Fragen zur Rechtsschutzversicherung im verkehrsrechtlichen Mandat, ZfS 2020, 8; Exner-Kuhn, Vergütung und Haftung bei Einziehungsentscheidungen, StraFo 2020, 177; *Fromm,* Kostentragungspflicht bei Verurteilung des Betroffenen im Bußgeldverfahren, JurBüro 2012, 510; *Fromm,* Gebührentechnische Besonderheiten in bußgeldrechtlichen Verbundverfahren, JurBüro 2013, 228; *Fromm,* Der unterbevollmächtigte Rechtsanwalt in Bußgeldsachen, SVR 2015, 49; *Fromm,* Unbegrenzte Kostentragungspflicht von Sachverständigengutachten durch den Betroffenen im Bußgeldverfahren? – Checkliste, DAR 2017, 428; *Fromm,* Die Abrechnung der anwaltlichen Tätigkeit zur Abwendung einer Fahrtenbuchauflage gem. § 31a StVZO, JurBüro 2017, 341; *Jungbauer,* Zur Frage der Mittelgebühr in OWi-Sachen – gleichzeitig Anmerkung zum Beitrag von *Pfeiffer* in DAR 2006, 653, DAR 2007, 56; *Jungbauer,* Bemessung der Gebühren in Bußgeldsachen im Jahr 2014, DAR 2014, 355; *Klüsener,* Die Grundgebühr im Strafverfahren, JurBüro 2016, 561; *Krumm,* Verspäteter Verteidigungsvortrag als Kostenrisiko im OWi-Verfahren, VRR 2008, 289; *Meyer,* Anwaltsvergütung für Anträge auf gerichtliche Entscheidung gegen einen Kostenbescheid nach § 25a StVG (Halterhaftung), SVR 2008, 94; DAR 2006, 653; *Pfeiffer,* Zur sogenannten Mittelgebühr in Bußgeldverfahren aus Sicht eines Rechtsschutzversicherers, DAR 2006, 653; *Sandherr,* Die Versagung der Auslagenerstattung nach § 109a II OWiG, NZV 2009, 327; Mock, So ist in verwaltungsrechtlichen OWiG-Verfahren abzurechnen, RVGprofessionell 2020, 13; *N. Schneider,* Bemessung der Verteidigergebühren in Verkehrs-Bußgeldsachen, ZAP Fach 24, 429; *N. Schneider,* Gebührenberechnung bei Einstellung des Strafverfahrens und späterer Einstellung des Bußgeldverfahrens, AGS 2004, 6; *N. Schneider,* Gebühren nach dem RVG in verkehrsrechtlichen Straf- und Bußgeldsachen, ZfS 2004, 495; *N. Schneider,* Zwei Auslagenpauschalen für vorbereitendes und gerichtliches Verfahren?, AGS 2005, 7; *N. Schneider,* Vorbereitendes und gerichtliches Verfahren in Straf- und Bußgeldsachen, eine oder zwei Angelegenheiten? Auswirkungen auf die Umsatzsteuer, AGS 2007, 1; *N. Schneider,* Vertretung des Halters im Bußgeldverfahren, RVG prof. 2007, 189; *N. Schneider,* Übergang vom Bußgeld- ins Strafverfahren, DAR-Extra 2008, 754; *N. Schneider,* Abrechnung beim Übergang vom Bußgeld- zum Strafverfahren, AGS 2011, 469; *N. Schneider,* Straf- und Bußgeldsachen, AnwBl 2013, 286; *N. Schneider,* Änderung der Gebühren in Bußgeldsachen – Anpassung der Staffelung der Gebührenrahmen in Bußgeldsachen an die neue Punktegrenze –, AGS 2015, 313; *N. Schneider,* Abrechnung bei Wechsel zwischen Straf- und Bußgeldverfahren, DAR 2015, 432; *N. Schneider,* Die Vergütung im Rechtsbeschwerdeverfahren, DAR 2016, 428; *N. Schneider,* Gebühren(erhöhung) bei Fahrverbotssachen, DAR 2017, 762; *N. Schneider,* Grundgebühr im bußgeldrechtlichen Wiederaufnahmeverfahren?, NJW-Spezial 2018, 27; *N. Schneider,* Abrechnung bei Rückgabe des Bußgeldverfahrens an die Verwaltungsbehörde, AGkompakt 2018, 86; *N. Schneider/Thiel,* Ausblick auf das Zweite Kostenrechtsmodernisierungsgesetz Die Neuerungen in Strafsachen, AGS 2012, 105; *Volpert,* Verwarnungsverfahren richtig abrechnen, RVG prof. 2006, 12; *Volpert,* Wann erhält der Anwalt eine doppelte Auslagenpauschale, RVG prof. 2006, 86; *Volpert,* Die Verteidigervergütung im straßenverkehrsrechtlichen Verwarnungsverfahren gem. §§ 56 ff. OWiG, VRR 2006, 213; *Volpert,* Vergütung im Beschwerdeverfahren in Straf- und Bußgeldsachen, VRR 2006, 453 *Volpert,* Kostenrechtsänderungsgesetz 2021 – Die wichtigsten geplanten Änderungen im RVG, AGS 2020, 445 s. a. die Hinweise bei Einl. VV Teil 4 RVG, → RVG VV Teil 4 Einl. Vor Rn. 1.[1]

Übersicht

[1] Die von mir stammenden Beiträge sind zum großen Teil im Volltext eingestellt auf www.burhoff.de. Dasselbe gilt im Wesentlichen für die zitierten, nicht veröffentlichten Entscheidungen. Auch die stehen auf www.burhoff.de, und zwar bei den RVG-Entscheidungen bei dem entsprechenden Paragrafen oder bei der Nummer des Vergütungsverzeichnisses.

I. Allgemeines

Die Gebühren für Bußgeldsachen regelt das RVG **eigenständig** in VV Teil 5 RVG.[2] Die Gebührenstruktur entspricht aber weitgehend der für Strafsachen in VV Teil 4 RVG. 1

II. Anwendungsbereich

1. Begriff der Bußgeldsachen

Nach der amtlichen Überschrift regelt VV Teil 5 RVG die Gebühren des RA in „Bußgeldsachen". Ebenso wie den Begriff der „Strafsache" definiert das RVG nicht, was es unter dem Begriff „Bußgeldsache" versteht. Gemeint sind damit alle Verfahren, die sich **verfahrensmäßig** nach dem **OWiG** richten.[3] Insoweit kommt es nicht darauf an, ob tatsächlich eine Ordnungswidrigkeit vorliegt. Entscheidend ist, in welche Richtung ermittelt wird.[4] 2

Zu den Bußgeldsachen iSd VV Teil 5 RVG gehört nach VV Vorb. 5.1.2 RVG auch das **Verwarnungsverfahren** nach §§ 56 ff. OWiG. Die Gebühren des RA, der in diesem tätig wird, bestimmen sich nach VV Teil 5 Abschn. 1 UAbschn. 2 RVG.[5] 3

2. Verhältnis Strafsachen/Bußgeldsachen

Durch die Regelung in § 17 Nr. 10b RVG ist die früher strittige Frage, in welchem Verhältnis zueinander **Strafverfahren** und sich **anschließendes Bußgeldverfahren** stehen, geklärt.[6] Es handelt sich um verschiedene Angelegenheiten. Das hat zur Folge, dass der RA, der den Beschuldigten/Betroffenen sowohl im Strafverfahren als auch in einem sich anschließenden Bußgeldverfahren verteidigt, neben den im Strafverfahren verdienten Gebühren zusätzlich auch noch die entsprechenden Gebühren des Bußgeldverfahrens erhält.[7] Im Strafverfahren verdient er zudem die VV 4141 RVG. Das ist gesetzlich infolge der Änderung in der VV 4141 Anm. 1 S. 1 Nr. 1 RVG durch das 2. KostRMoG[8] ausdrücklich klargestellt. Die hM in Rspr. und Lit. hatte das zutreffend auch für die frühere Fassung der Nr. 1 gesehen,[9] der BGH[10] hatte das jedoch anders entschieden.[11] Der Gesetzgeber hat mit der Regelung durch das 2. KostRMoG[12] der Auffassung des BGH ausdrücklich eine Absage erteilt.[13] **Schließt** sich an ein **Bußgeldverfahren** ein **Strafverfahren** an, gelten die vorstehenden Ausführungen entsprechend. Auch dann ist von verschiedenen Angelegenheiten auszugehen. Anders lässt sich nämlich die Anrechnungsregelung in VV Vorb. 4100 Anm. 2 RVG im Hinblick auf § 15 Abs. 2 RVG nicht erklären.[14] 4

3. Persönlicher Geltungsbereich

VV Teil 5 RVG regelt ebenso wie VV Teil 4 RVG die Vergütung des RA sowohl als (Wahl-) **Verteidiger** bzw. als **Pflichtverteidiger** als auch als **sonstiger Vertreter** des Betroffenen oder eines anderen Beteiligten des Bußgeldverfahrens.[15] Die Vergütung des RA richtet sich nach dem Inhalt des ihm erteilten Auftrags. Hat der RA den vollen Verteidigungsauftrag erhalten, rechnet er nach VV Teil 5 Abschn. 1 RVG ab. Ist ihm nur eine Einzeltätigkeit, wie zB die Abgabe einer schriftlichen Zeugenaussage für den Halter,[16] übertragen worden, rechnet er nach 5

---

[2] Zusf. zur Anwaltsvergütung für die Verteidigung in Verkehrsordnungswidrigkeitenverfahren *Burhoff* RVGreport 2015, 322; ZAP F 24, S. 1705; ZAP F 24, S. 1715.

[3] Burhoff/Volpert RVG/*Burhoff* VV Vorb. 5 Rn. 9; Hartung/Schons/Enders/*Hartung* RVG VV Vorb. 5 Rn. 13.

[4] Burhoff/Volpert RVG/*Burhoff* VV Vorb. 5 Rn. 9.

[5] Burhoff/Volpert RVG/*Volpert* Teil A Rn. 2562 ff.; *Volpert* VRR 2006, 213; *Burhoff* RVGreport 2016, 362.

[6] Wegen der Literatur- und Rechtsprechungsnachweise zu der unter Geltung der BRAGO auch zuletzt noch umstrittenen Frage, Gebauer/Schneider/*N. Schneider* BRAGO § 105 Rn. 91 ff.

[7] → RVG VV Teil 4 Einl. Rn. 6 mwN aus der Rspr.; s. a. *Burhoff* RVGreport 2007, 161; *N. Schneider* AGS 2005, 7; DAR 2008, 754; AGS 2011, 469; DAR 2015, 432.

[8] → RVG VV Teil 4 Einl. Rn. 7.

[9] Vgl. die weiteren Nachw. bei → RVG VV 4141 Rn. 16 ff.; Burhoff/Volpert RVG/*Burhoff* VV Vorb. 5 Rn. 23 ff., Teil A Rn. 120.

[10] BGH AGS 2010, 1 mablAnm *N. Schneider* = RVGreport 2010, 70 mablAnm *Burhoff* = StRR 2010, 109 = VRR 2010, 38 = JurBüro 2010, 228 mablAnm *Kotz*.

[11] Wegen weiterer Nachw. aus der amtsgerichtlichen Rspr. zur früheren Fassung → RVG VV 4141 Rn. 16 ff.

[12] → RVG VV Teil 4 Einl. Rn. 7.

[13] BR-Drs. 517/12, 439 = BT-Drs. 17/11471, 282.

[14] Burhoff/Volpert RVG/*Burhoff* VV Vorb. 5 Rn. 50 f.; Schneider/Wolf/*N. Schneider* RVG VV Teil 5 Vor Rn. 8; → § 17 Rn. 126.

[15] Wegen der Einzelheiten → RVG VV Vorb. 4 Rn. 3 ff.

[16] *N. Schneider* RVG prof. 2007, 190.

VV Teil 5 Abschn. 2 RVG ab. Es ist – ebenso wie im Strafverfahren – davon auszugehen, dass der RA idR den vollen Auftrag übertragen bekommt; VV Teil 5 Abschn. 2 RVG wird nach Abs. 1 der Anm. zu VV 5200 RVG nur subsidiär angewandt.[17]

III. Struktur der Rechtsanwaltsvergütung in Bußgeldsachen

1. Dreigeteilte Gebühren

6 Auch in Bußgeldsachen ist eine **Dreiteilung** der Gebühren vorgesehen. Die Stufe 1 betrifft Bußgeldverfahren wegen einer Geldbuße von weniger als 60,– EUR; das entspricht der Grenze für Eintragungen von Punkten in das Fahreignungsregister.[18] Für Bußgeldverfahren mit darüber liegenden Geldbußen bis 5.000,– EUR ist die Stufe 2 vorgesehen. Bußgeldverfahren mit noch darüber liegenden Geldbußen werden nach der Stufe 3 vergütet.

7 Diese Dreiteilung gilt allerdings nur für das Vorbereitende Verfahren bei der Verwaltungsbehörde und das gerichtliche Verfahren 1. Instanz. Im Verfahren über die **Rechtsbeschwerde** sind die Gebühren **nicht** von der Höhe der Geldbuße abhängig. Entsprechendes gilt für die **Grundgebühr** VV 5100 RVG.

2. Aufbau des VV Teil 5 RVG

8 VV Teil 5 RVG ist ähnlich aufgebaut wie VV Teil 4 RVG. Er umfasst einschließlich der jeweiligen Vorbemerkungen zwei Abschnitte, von denen der Abschn. 1 in fünf Unterabschnitte unterteilt ist.

- **Abschn. 1** Gebühren des Verteidigers
  UAbschn. 1 Allgemeine Gebühren (VV 5100 RVG),
  UAbschn. 2 Verfahren vor der Verwaltungsbehörde (VV 5101–5106 RVG) einschließlich Verwarnungsverfahren,[19]
  UAbschn. 3 Gerichtliches Verfahren 1. Rechtszug (VV 5107–5112 RVG),
  UAbschn. 4 Verfahren über die Rechtsbeschwerde (VV 5113, 5114 RVG),
  UAbschn. 5 Zusätzliche Gebühren (VV 5115, 5116 RVG),
- **Abschn. 2** Einzeltätigkeiten (VV 5200 RVG).

3. Verfahrensabschnitte/Angelegenheiten

9 Das Entstehen der Gebühren hängt davon ab, dass der RA/Verteidiger in dem für die jeweilige Gebühr vorgesehenen Verfahrensabschnitt **tätig geworden** ist. Die Gebühren entstehen mit der ersten Tätigkeit, die der RA in dem jeweiligen Verfahrensabschnitt erbringt. Der RA kann in Bußgeldsachen im Wesentlichen dieselben Gebühren verdienen wie als Verteidiger in Strafsachen. Daher kann auf die Ausführungen bei → RVG VV Teil 4 Einl. Rn. 9, verwiesen werden. Auch in Bußgeldsachen ist für das Entstehen der Gebühr nicht erforderlich, dass die Tätigkeit des RA aktenkundig (geworden) ist.[20]

10 Das Bußgeldverfahren ist ebenso wie das Strafverfahren[21] in **verschiedene Angelegenheiten** aufgeteilt. Wegen der allgemeinen Fragen zu den Angelegenheiten kann auf → RVG VV Teil 4 Einl. Rn. 19 ff. verwiesen werden. Das gilt auch hinsichtlich der Frage, wie mit mehreren „Ermittlungsverfahren[22] und der Frage der Trennung und Verbindung von Verfahren umzugehen ist.[23]

11 IÜ gilt: Zu **unterscheiden** sind im Bußgeldverfahren das Verfahren vor der Verwaltungsbehörde, das gerichtliche Verfahren der ersten Instanz und das Verfahren über die Rechtsbeschwerde vor dem BGH oder dem OLG. Die Frage, ob das Verfahren vor der Verwaltungsbehörde und das gerichtliche Verfahren erster Instanz verschiedene Angelegenheiten sind, war in Rspr. und Lit. – ebenso wie im Strafverfahren die Frage, ob vorbereitendes Verfahren und gerichtliches Verfahren dieselbe oder verschiedene Angelegenheiten sind – umstritten. Zutreffend ist die wohl überwiegende Meinung davon ausgegangen, dass es sich auch hier um verschiede-

---

[17] Vgl. ua KG StraFo 2005, 439 = RVGreport 2005, 341; StraFo 2007, 41 = AGS 2006, 329; OLG Schleswig StV 2006, 206 = RVGreport 2005, 70 = AGS 2005, 120, jeweils für das Verhältnis von VV Teil 4 Abschn. 1 RVG zu VV Teil 4 Abschn. 3 RVG.

[18] Vgl. „Gesetz zur Stärkung des Rechts des Angeklagten auf Vertretung in der Berufungsverhandlung und über die Anerkennung von Abwesenheitsentscheidungen in der Rechtshilfe v. 17.7.2015; BGBl. 2015 I 1332.

[19] *Volpert* VRR 2006, 213; *Burhoff* RVGreport 2016, 362.

[20] → RVG VV Vorb. 4 Rn. 12 mwN aus der Rspr.

[21] → RVG VV Teil 4 Einl. Rn. 19 ff.

[22] → RVG VV Teil 4 Einl. Rn. 21, 31.

[23] → RVG VV Teil 4 Einl. Rn. 23, 33.

ne Angelegenheiten handelt.[24] Unzutreffend aA war ua der BGH.[25] Die Streitfrage ist vom Gesetzgeber durch das 2. KostRMoG[26] jedoch durch die ausdrückliche Regelung in § 17 Nr. 11 RVG im Sinne der aA der hM entschieden worden.[27] Der RA kann also nach der Anm. zu VV 7002 RVG sowohl für das Verfahren vor der Verwaltungsbehörde als auch für das gerichtliche Verfahren die Postentgeltpauschale abrechnen.[28] Die aA und die dazu ergangene Rspr. ist überholt.

4. Geltung allgemeiner/sonstiger Vorschriften

VV Teil 5 RVG regelt die Gebühren in Bußgeldsachen ebenfalls grds. abschließend. Weitere Regelungen finden sich aber in **Abschn. 7** des RVG (Straf- und Bußgeldsachen) mit § 42 RVG (Feststellung einer Pauschgebühr) und § 43 RVG (Abtretung des Kostenerstattungsanspruchs). Außerdem ist auf den beigeordneten bzw. bestellten RA **Abschn. 8** des RVG (Beigeordneter oder bestellter Rechtsanwalt, Beratungshilfe) anzuwenden. Daneben gelten aber noch allgemeine Bestimmungen des **Abschn. 1** des RVG. Insoweit wird verwiesen auf die Zusammenstellung bei → RVG VV Teil 4 Einl. Rn. 12, die für VV Teil 5 RVG entsprechend gilt. 12

Außerdem sind auch noch **Gebührenvorschriften** aus **anderen Abschnitten** des **Vergütungsverzeichnisses** anwendbar, soweit auf sie verwiesen ist. Auch insoweit gelten die Ausführungen bei → RVG VV Teil 4 Einl. Rn. 13, entsprechend. 13

5. Gebührenstruktur

Das RVG kennt in Bußgeldsachen ebenfalls nur die **Verfahrens-** und die **Terminsgebühr.** Zusätzlich entsteht in VV 5100 RVG wie im Strafverfahren aber ebenfalls immer neben der jeweiligen Verfahrensgebühr eine **Grundgebühr.** Sie steht jedem RA zu, der als Verteidiger des Betroffenen oder als Vertreter eines sonstigen Verfahrensbeteiligten in Bußgeldsachen tätig wird, und honoriert die „besonderen Einarbeitungstätigkeiten".[29] 14

Das RVG **unterscheidet** auch in VV Teil 5 RVG hinsichtlich des Gebührentatbestandes **nicht** zwischen den Gebühren des Wahlverteidigers und denen des gerichtlich bestellten oder beigeordneten RA. Die Gebührentatbestände sind für den Wahlverteidiger wie für den gerichtlich bestellten Verteidiger gleich. Sie sind aber ebenso wie in VV Teil 4 RVG der Höhe nach unterschiedlich.[30] 15

6. Gebühren in Bußgeldsachen

a) Pauschalgebühren. Die Gebühren, die der RA, der als Verteidiger nach VV Teil 5 RVG abrechnet, erhält, haben **Pauschalgebührencharakter.** Durch die Gebühren wird also die gesamte von dem RA erbrachte Tätigkeit abgegolten.[31] 16

b) Rahmen-/Festbetragsgebühren. Der **Wahlverteidiger** erhält **Betragsrahmengebühren,** deren Höhe abhängig ist vom Verfahrensabschnitt und ggf. von der Höhe der Geldbuße. Die Gebühren des gerichtlich bestellten oder **beigeordneten** RA sind als **Festgebühren** ausgebildet. Sie basieren auf den Wahlanwaltsgebühren. Grundlage der Gebühren ist die Mittelgebühr eines Wahlanwalts. Davon erhält der gerichtlich bestellte RA 80 %.[32] 17

c) Bemessung der Gebühren des Wahlanwalts. Das RVG sieht für die Vergütung des in Bußgeldsachen tätigen RA unterschiedliche Gebührenrahmen vor,[33] deren Höhe sich nach der Höhe der verhängten Geldbuße richtet.[34] Innerhalb der vorgegebenen Gebührenrahmen muss der RA unter Anwendung der Kriterien des **§ 14 Abs. 1 S. 1 RVG** die jeweils angemessene Gebühr bestimmen. Von Bedeutung sind alle Umstände des Einzelfalls, vor allem aber Umfang 18

---

[24] Vgl. die Nachweise in der Voraufl. VV Einl. Teil 5 RVG Fn. 23 und die Nachw. bei → RVG VV Vorb. 4.1 Rn. 2 zur vergleichbaren Problematik im Strafverfahren für vorbereitendes und gerichtliches Verfahren.

[25] BGH AGS 2013, 56 = JurBüro 2013, 187 = ZfS 13, 168 = RVGreport 2013, 105 = StRR 2013, 118 = VRR 2013, 118, jeweils mablAnm *Hansens;* abl. Anm. *N. Schneider* DAR 2013, 175; weitere Nachweise in der Voraufl. VV Einl. Teil 5 RVG Fn. 24.

[26] → RVG VV Teil 4 Einl. Rn. 7.

[27] BR-Drs. 517/12, 414 = BT-Drs. 17/11471, 267.

[28] S. a. *Burhoff* VRR 2012, 16 = StRR 2012, 14 = 2012, 12 = RVGreport 2012, 42; RVGreport 2013, 330; StraFo 2013, 397; VRR 2013, 287 = StRR 2013, 284; AG Kempen JurBüro 2014, 303 = AGS 2014, 332, zum alten Recht.

[29] → RVG VV 5100 Rn. 2 mwN.

[30] → Rn. 17.

[31] VV Vorb. 5.1 Abs. 1 RVG; wegen der Einzelheiten → RVG VV Vorb. 4.1 Rn. 4.

[32] Ausdrücklich BT-Drs. 15/1971, 220.

[33] → Rn. 6.

[34] Wegen der Anknüpfung an die Höhe der Geldbuße → RVG VV Vorb. 5.1 Rn. 5 ff.

und Schwierigkeit der Tätigkeit des RA, die Bedeutung der Angelegenheit und auch die Einkommens- und Vermögensverhältnisse des Betroffenen.[35] Bei der Gebührenbemessung ist auch in Bußgeldsachen von der sog. **Mittelgebühr auszugehen.**[36] Sie gilt für die „normalen" Fälle, in den weitgehend alle Umstände durchschnittlich sind. Weicht ein Umstand vom Normalfall ab, kann das zu einem Unterschreiten oder Überschreiten der Mittelgebühr führen, es sei denn die Abweichung wird durch andere unter- bzw. überdurchschnittliche Umstände kompensiert. Bußgeldverfahren, die **erstinstanzlich** vor dem **Oberlandesgericht** verhandelt werden, sind in der Regel bedeutend.[37] Die Mindestgebühr kommt nur in Betracht, wenn alle Umstände unterdurchschnittlich sind.[38] Die Anwendung der Höchstgebühr wird grds. voraussetzen, dass alle Umstände zumindest überdurchschnittlich sind; allerdings kann aber auch schon das Vorliegen eines einzigen bedeutenden Umstandes die Höchstgebühr rechtfertigen.[39]

19 Fraglich ist, ob nach Einführung der Dreiteilung der Gebühren in Bußgeldsachen (auch) die **Höhe** der (verhängten) **Geldbuße** für die konkrete Bemessung der Verfahrensgebühr herangezogen werden kann. Die Frage ist zu **verneinen.** Die Höhe der Geldbuße ist nämlich schon **Anknüpfungspunkt** für die Frage, aus welcher Stufe der RA seine Gebühren berechnet. Das Kriterium „Höhe der Geldbuße" ist damit verbraucht, es besteht ein **„gebührenrechtliches Doppelverwertungsverbot".**[40] ZT wird das in Rspr. und Lit. aber auch anders gesehen.[41] Das ist jedoch unzutreffend. Für den idR zulässigen Ansatz der Mittelgebühr und gegen die (nochmalige) Verwertbarkeit der Höhe der Geldbuße spricht vielmehr schon die vom RVG vorgenommene Dreiteilung der Gebühren selbst. Wenn der Gesetzgeber zur Begründung der Dreiteilung der Gebühren in Bußgeldsachen nämlich ua darauf abstellt,[42] dass gerade die bei 60,– EUR liegende Punktegrenze für Eintragungen in das Fahreignungsregister Anknüpfungspunkt für den bis dahin niedrigeren Betragsrahmen der Anwaltsgebühren ist, zeigt das sehr deutlich, dass darüber hinaus die Geldbuße nicht noch zusätzlich zum Anlass genommen werden darf, um die konkrete Gebühr niedriger zu bemessen. Zudem lässt sich dem RVG an keiner Stelle entnehmen, dass die Vergütung des RA in Bußgeldsachen – über die geschaffene Stufenregelung hinaus – zusätzlich noch weiter über die Geldbuße von dem Gegenstand des Verfahrens, in dem der RA tätig wird, abhängig sein soll.[43] Die ggf. niedrige Bedeutung der Angelegenheit kommt eben bereits durch die Staffelung der Gebühren zum Ausdruck.

---

[35] Vgl. die Erläuterungen → § 14 Rn. 1 ff.; Burhoff/Volpert RVG/*Burhoff* Teil A Rn. 1747 ff.

[36] Burhoff/Volpert RVG/*Burhoff* VV Vorb. 5 Rn. 31, 54 ff. für straßenverkehrsrechtliche Bußgeldsachen mwN zur teilweise vertretenen aA; Hartung/Schons/Enders/*Hartung* RVG VV Vorb. 5 Rn. 5; Hartmann/Toussaint RVG § 14 Rn. 14; MAH VergütungsR/*Stahl* § 241 Rn. 3 ff.; *Burhoff* RVGreport 2005, 361; *Jungbauer* DAR 2007, 56 ff.; DAR 2014, 355 (356), die zutr. darauf hinweist, dass der Gesetzgeber in den Gesetzesmaterialien selbst bei Beispielen immer von der Mittelgebühr ausgeht; ua LG Chemnitz, RVGreport 2016, 297; 2016, 371; LG Cottbus RVGreport 2018, 10 = RVG prof. 2018, 5; LG Itzehoe RVGreport 2019, 10 = RVG prof. 2019, 4; LG Leipzig RVGreport 2009, 61 = VRR 2009, 119 = RVGreport 2009, 218; LG Saarbrücken VRR 2013, 39 = RVGreport 2013, 53 = StRR 2013, 315 = RVG prof. 2013, 107; VRR 2014, 359; AG Landstuhl RVGreport 2020, 295 = VRR 8/2020, 31; AG Meißen RVGreport 2015, 136; AG München DAR 2013, 733; BeckRS 2019, 33308; AG Plauen DAR 2018, 418 = AGS 2018, 498 (aufgehoben von LG Zwickau 27.6.2018 – 1 Qs 90/18); AG Tauberbischofsheim RVGreport 2015, 62 = VRR 2014, 397; AG Viechtach RVGreport 2019, 57 = RVG prof. 2019, 6 = DAR 2019, 58; AG Waldbröl RVGreport 2016, 371; s. aber auch LG Essen VRR 2009, 119 = RVGreport 2009, 218; LG Hannover RVGreport 2008, 182; 23.2.2012 – 11 Qs 3/12, sowie die o. a. Rechtsprechungsübersichten zu § 14 RVG von *Burhoff.*

[37] OLG Düsseldorf NStZ-RR 2012, 264 = JurBüro 2012, 424 = RVGreport 2012, 378.

[38] Vgl. die Erläuterungen → § 14 Rn. 1 ff.; Burhoff/Volpert RVG/*Burhoff* Teil A Rn. 1680 ff. (§ 14 RVG).

[39] LG München I JurBüro 2013, 86 für erhebliche Schwierigkeit der anwaltlichen Tätigkeit in einem Verfahren wegen unzulässiger Handwerksausübung.

[40] S. a. Burhoff/Volpert RVG/*Burhoff* VV Vorb. 5 Rn. 31, 57; *Jungbauer* DAR 2007, 56; DAR 2014, 355 ff.; *Burhoff* RVGreport 2005, 361; VRR 2006, 333; RVGreport 2007, 252; RVGreport 2009, 85; RVGreport 2010, 204; VRR 2010, 416; RVGreport 2011, 202; *Hansens* RVGreport 2006, 210; Schneider/Wolf/*N. Schneider* RVG VV Vorb. 5.1 Vor Rn. 6; zuletzt AG Bottrop RVGreport 2018, 172 = RVG prof. 2018, 79; vgl. a. noch die Argumentation – betreffend Pflichtverteidigung im OWi-Verfahren – bei LG Potsdam ZfS 2019, 354.

[41] *Pfeiffer* DAR 2006, 653 f.; LG Deggendorf RVGreport 2006, 341; LG Dortmund RVGreport 2005, 465; LG Göttingen VRR 2006, 239 = RVGreport 2007, 454; LG Köln AGS 2019, 504 = RVGreport 2020, 69 = RVG prof. 2019, 184 = Sonderausgabe StRR 12/2019, 15 = VRR 2/2020, 30; AG Bitterfeld-Wolfen 13.7.2014 – 7 C 306/13; AG Düsseldorf RVGreport 2014, 226 = VRR 2014, 276; AG Hamburg-Sankt-Georg 25.5.2009 – 922 C 198/09.

[42] BT-Drs. 15/1971, 230.

[43] S. a. Burhoff/Volpert RVG/*Burhoff* VV Vorb. 5 Rn. 31; Hartung/Römermann/Schons/*Hartung* RVG VV Vorb. 5 Rn. 9; *Jungbauer* DAR 2006, 56; ähnlich AG Viechtach 4.4.2007 – 6 II OWi 00467/07.

d) Bemessung der Gebühren in straßenverkehrsrechtlichen Bußgeldsachen. Ein besonderes Problem stellt die konkrete **Gebührenbemessung** in **verkehrsrechtlichen Bußgeldsachen** dar.[44] Zu dieser Problematik ist unter Geltung der BRAGO in der Vergangenheit in der Rspr. zT die Auffassung vertreten worden, dass straßenverkehrsrechtliche Bußgeldverfahren gegenüber anderen Bußgeldverfahren grds. geringer bzw. als unterdurchschnittlich zu bewerten seien. Deshalb wurde meist die Festsetzung der sog. Mittelgebühr abgelehnt.[45] Teilweise ist diese Rspr. unter Geltung des RVG fortgeführt worden.[46] Dem ist zu widersprechen. Vielmehr ist nach zutreffenden Stimmen in der Lit.[47] und auch Rspr.[48] auch in straßenverkehrsrechtlichen Bußgeldverfahren grds. der Ansatz der **Mittelgebühr gerechtfertigt** und ist von ihr bei der Bemessung der konkreten Gebühr auszugehen.[49] Ein pauschaler Abschlag auf die gesetzlichen Gebühren ist unzulässig.[50] Das wird zunehmend auch in der Rspr. so gesehen.[51] Auch ist in straßenverkehrsrechtlichen Bußgeldsachen allein die Höhe der Geldbuße 20

---

[44] Eing. Burhoff/Volpert RVG/*Burhoff* VV Vorb. 5 Rn. 58 ff., mit Checkliste und Rechtsprechungs-ABC; *Burhoff* RVGreport 2007, 252; VRR 2006, 333; Schneider/Wolf/*N. Schneider* RVG VV Teil 5 Vor Rn. 54 ff.

[45] Vgl. die zahlreichen Rechtsprechungsnachweisen zum alten Recht bei Gebauer/Schneider/*N. Schneider* BRAGO § 105 Rn. 146 ff.

[46] Vgl. zB LG Cottbus ZfS 2007, 529 mit teilweise abl. Anm. *Hansens;* LG Dortmund RVGreport 2005, 465 unter ausdrücklichem Hinweis auf die „Rechtsprechung zur alten Rechtslage"; LG Dresden 21.7.2014 – 2 Qs 8/14; LG Dresden 5.10.2020 – 5 Qs 77/20; LG Göttingen VRR 2006, 239; LG Halle RVGreport 2020, 91; LG Hannover RVGreport 2008, 182; LG Kaiserslautern RVGreport 2015, 214 = RVG prof. 2015, 118 = DAR 2014, 493; LG Landshut 23.3.2010 – 2 Qs 326/09, merklich unter dem Durchschnitt; LG Landshut 20.1.2017 – 3 Qs 12/17; LG Neuruppin 23.2.2012 – 11 Qs 3/12; LG Osnabrück JurBüro 2020, 246; LG Weiden 1.8.2005 – 1 Qs 60/05; LG Zwickau RVGreport 2016, 57 = VRR 2/2016, 20.

[47] S. a. Burhoff/Volpert RVG/*Burhoff* VV Vorb. 5 Rn. 54 ff.; Schneider/Wolf/*N. Schneider* RVG VV Teil 5 Vor Rn. 54 ff.; Hartung/Schons/Enders/*Hartung* RVG VV Vorb. 5 Rn. 9, VV Vorb. 5 Rn. 5; *Burhoff* VRR 2006, 333; RVGreport 2007, 252; RVG prof. 2008, 136; *Jungbauer* DAR 2007, 56 ff.; DAR 2014, 3 55 ff.; *Hansens* RVGreport 2006, 210; Leipold Anwaltsvergütung Rn. 495; aA *Pfeiffer* DAR 2006, 653, der davon ausgeht, dass es nach dem RVG überhaupt keine Mittelgebühr mehr gibt.

[48] LG Arnsberg 27.4.2012 – 6 Qs 17/12; LG Leipzig RVGreport 2009, 61 = VRR 2009, 119 = RVGreport 2009, 218; LG Saarbrücken VRR 2013, 39 = RVGreport 2013, 53 = RVG prof. 2013, 107; VRR 2014, 358 = ZfS 2014, 586; LG Stralsund ZfS 2006, 407; LG Wuppertal RVG prof. 2020, 57; AG Altenburg RVGreport 2006, 182; AG Bad Segeberg BeckRS 2009, 44285; AG Biberach RVGreport 2019, 254 AG Bottrop RVGreport 2018, 172 = RVG prof. 2018, 79; AG Bühl NZV 2009, 401; AG Chemnitz AGS 2006, 113; AG Darmstadt AGS 2006, 212 = ZfS 2006, 169; AG Grimma 18.7.2012 – 9 OWi 14/11; AG Limburg RVGreport 2009, 98 = VRR 2009, 159 = AGS 2009, 161 mablAnm *Onderka* = StRR 2009, 200; AG Frankenthal RVGreport 2005, 271 = VRR 2005, 280 = AGS 2005, das die Mittelgebühr zumindest immer dann gewähren will, wenn es im Verfahren um die Verhängung eines Fahrverbotes geht oder dem Betroffenen Punkte im VZR drohen; AG Meißen RVGreport 2015, 137; AG München RVGreport 2005, 381 = AGS 2005, 430; DAR 2013, 733; AG Pinneberg AGS 2005, 552; AG Saarbrücken RVGreport 2006, 181 = AGS 2006, 126; AG Saarlouis VRR 2013, 440 = RVGreport 2013, 465 = ZfS 2013, 710 mzustAnm *Hansens;* bei zwei Punkten im VZR grds. immer: AG Rudolstadt RVGreport 2012, 24 = VRR 2011, 479 = RVG prof. 2011, 207; AG Saarlouis RVGreport 2006, 182 = AGS 2006, 126; AG Tauberbischofsheim RVGreport 2015, 62 = VRR 2014, 397; AG Viechtach RVGreport 2006, 341 = VRR 2006, 349; AGS 2007, 83; StraFo 2008, 351 = RVGreport 2008, 338 = VRR 2008, 440; AG Fürstenwalde 24.10.2006 – 3 Jug OWi 291 Js-OWi 40513/05 (26/05); wegen weiterer Rechtsprechungsnachweise s. die bei den Literaturhinweisen aufgeführten Rechtsprechungsübersichten.

[49] S. a. Burhoff/Volpert RVG/*Burhoff* VV Vorb. 5 Rn. 54 ff.; Schneider/Wolf/*N. Schneider* RVG VV Teil 5 Vor Rn. 54 ff.; Hartung/Schons/Enders/*Hartung* RVG VV Vorb. 5 Rn. 5; *Burhoff* VRR 2006, 333; RVGreport 2007, 252; RVG prof. 2008, 136; *Jungbauer* DAR 2007, 56 ff.; 2014, 3 55 ff.; *Hansens* RVGreport 2006, 210; Leipold Anwaltsvergütung Rn. 495; aA *Pfeiffer* DAR 2006, 653.

[50] Zutr. vor allem LG Chemnitz RVGreport 2016, 297 – RVG prof. 2016, 219; 2016, 371; vgl. aber zB LG Dresden 21.7.2014 – 2 Qs 8/14; 5.10.2020 – 5 Qs 77/20; LG Zwickau RVGreport 2016, 57 = VRR 5/2016, 20.

[51] LG Arnsberg 27.4.2012 – 6 Qs 17/12; LG Itzehoe RVGreport 2019, 10 = RVGprofessionell 2019, 4 für 160,– EUR Geldbuße, 2 Punkte im FAER, Fahrverbot, Verjährungsfragen; LG Leipzig RVGreport 2009, 61 = VRR 2009, 119 = RVGreport 2009, 218; LG Saarbrücken VRR 2013, 39 = RVGreport 2013, 53 = RVG prof. 2013, 107; VRR 2014, 358 = ZfS 2014, 586; LG Stralsund ZfS 2006, 407; AG Altenburg RVGreport 2006, 182; AG Bad Segeberg BeckRS 2009, 44285; AG Bühl NZV 2009, 401; AG Chemnitz AGS 2006, 113; AG Darmstadt AGS 2006, 212 = ZfS 2006, 169; AG Grimma 18.7.2012 – 9 OWi 14/11; AG Limburg RVGreport 2009, 98 = VRR 2009, 159 = AGS 2009, 161 mablAnm *Onderka* = StRR 2009, 200; AG Frankenthal RVGreport 2005, 271 = VRR 2005, 280 = AGS 2005, das die Mittelgebühr zumindest immer dann gewähren will, wenn es im Verfahren um die Verhängung eines Fahrverbotes geht oder dem Betroffenen Punkte im VZR drohen; AG Meißen RVGreport 2015, 137; AG München RVGreport 2005, 381 = AGS 2005, 430; DAR 2013, 733; AG Pinneberg AGS 2005, 552; AG Saarbrücken RVGreport 2006, 181 = AGS 2006, 126; AG Saarlouis VRR 2013, 440 = RVGreport 2013, 465 = ZfS 2013, 710 mzustAnm *Hansens;* bei zwei Punkten im VZR grds. immer: AG Rudolstadt RVGreport 2012, 24 = VRR 2011, 479 = RVG prof. 2011, 207; AG Saarlouis RVGreport 2006, 182 = AGS 2006, 126; AG Tauberbischofsheim RVGreport 2015, 62 = VRR 2014, 397; AG Viechtach RVGreport 2006, 341

kein zulässiger Anknüpfungspunkt für die konkrete Bemessung der anwaltlichen Gebühren.[52] Das gilt vor allem auch für die Verfahren, bei denen die Stufe 2 – Geldbuße von mehr als 60,– EUR bis 5.000,– EUR – gilt. Allein mit deren weiten Rahmen und der nur geringen Höhe der Geldbuße lässt sich nicht begründen, dass die idR geringeren Geldbuße für Verkehrsordnungswidrigkeiten dazu führen, dass in diesen Sache grds. nicht die Mittelgebühr gerechtfertigt ist.[53] Dabei wird nämlich übersehen, dass gerade in Verkehrsordnungswidrigkeitensachen die Mehrzahl der Geldbußen im unteren Bereich festgesetzt werden, es sich also insoweit um die durchschnittlichen Fällen handelt.[54] Die andere Sichtweise verschiebt und verkennt das Gesamtgefüge der anwaltlichen Gebühren[55] und übersieht, dass die Höhe der Geldbuße in straßenverkehrsrechtlichen Bußgeldsachen ausschließlich im verkehrsrechtlichen Zusammenhang gesehen werden darf.[56]

21 Es ist auch **falsch,** dass straßenverkehrsrechtliche Bußgeldverfahren vom RA grds. **geringeren Aufwand** erfordern[57] und für den Mandanten geringere Bedeutung haben.[58] Vielmehr ist angesichts der umfangreichen und teilweise komplizierten Rspr. der Obergerichte in straßenverkehrsrechtlichen Bußgeldsachen eher das Gegenteil der Fall.[59] Demgemäß stellt die (amtsgerichtliche) Rspr. zu Recht zunehmend auf die **(Gesamt-)Umstände des Einzelfalles** ab und berücksichtigt deren Gewicht iE.[60] Insoweit lässt sich aber zu der jeweiligen Bewertung der einzelnen Kriterien keine allgemeine Aussage treffen, da diese in den Entscheidungen unterschiedlich gewichtet werden. Der Verteidiger hat daher keine andere Möglichkeit als die vorliegende Rspr. auszuwerten und auf der gefundenen Grundlage den von ihm als angemessen angesehenen Gebührenbetrag zu begründen.[61] Ein Teil der Rspr., auch der nicht veröffentlichten, ist eingestellt auf www.burhoff.de.

= VRR 2006, 349; AGS 2007, 83; StraFo 2008, 351 = RVGreport 2008, 338 = VRR 2008, 440; AG Fürstenwalde 24.10.2006 – 3 Jug OWi 291 Js-OWi 40513/05 (26/05); AG Viechtach RVGreport 2019, 57 = DAR 2019, 58 = RVG prof. 2019, 6; **aA** LG Dortmund RVGreport 2006, 465; LG Erfurt 7.9.2011 – 7 Qs 277/11, idR 20% unter der Mittelgebühr; LG Göttingen VRR 2006, 239; LG Hannover RVGreport 2012, 26 mablAnm *Burhoff;* LG Magdeburg JurBüro 2008, 85; AG Lüdinghausen JurBüro 2008, 83 = RVG prof. 2008, 51 = StRR 2008, 79; wegen weiterer Rechtsprechungsnachweise s. die bei den Literaturhinweisen aufgeführten Rechtsprechungsübersichten.

[52] Vgl. die vorstehenden Zitate sowie die Nachw. bei Burhoff/Volpert RVG/*Burhoff* VV Vorb. 5 Rn. 86 und wegen noch weiterer Rechtsprechungsnachweise die bei den Literaturhinweisen aufgeführten Rechtsprechungsübersichten; aA, aber unzutreffend, zB LG Deggendorf RVGreport 2006, 341, entscheidender Anknüpfungspunkt; LG Göttingen VRR 2006, 239 = RVGreport 2007, 454.

[53] Burhoff/Volpert RVG/*Burhoff* VV Vorb. 5 Rn. 57; die Nachw. aus der Rspr. bei Burhoff/Volpert RVG/*Burhoff* VV Vorb. 5 Rn. 80; aA offenbar LG Kiel AGS 2007, 14; LG Neuruppin 23.2.2012 – 11 Qs 3/12; AG Norderstedt 18.10.2005 – 72 OWi (87/05), jeweils für die Grundgebühr; s. a. noch AG Aachen BeckRS 2010, 29353, bei einer Geldbuße von nur 40,– EUR nur unterdurchschnittliche Bedeutung.

[54] Schneider/Wolf/*N. Schneider* VV Teil 5 Vor Rn. 54 ff.; Burhoff/Volpert RVG/*Burhoff* VV Vorb. 5 Rn. 57; *Jungbauer* DAR 2007, 56; AG Bad Segeberg VRR 2010, 240; AG Bottrop RVGreport 2018, 172 = RVG prof. 2018, 79; AG Cloppenburg RVGreport 2011, 295 = RVG prof. 2011, 143 = VRR 2011, 478; AG Fürstenwalde 24.10.2006 – 3 Jug OWi 291 Js-OWi 40513/05 (26/05).

[55] AA ua offenbar LG Göttingen VRR 2006, 239.

[56] Burhoff/Volpert RVG/*Burhoff* VV Vorb. 5 Rn. 57; zutr. AG Darmstadt AGS 2006, 212; wohl auch LG Arnsberg 27.4.2012 – 6 Qs 17/12; LG Saarbrücken VRR 2013, 39 = RVGreport 2013, 53 = RVG prof. 2013, 107; AG Cloppenburg RVGreport 2011, 295 = RVG prof. 2011, 143 = VRR 2011, 478; aA, aber unzutreffend, LG Göttingen VRR 2006, 239; LG Hanau RVGreport 2020, 420.

[57] S. a. *Jungbauer* DAR 2007, 56; aA *Pfeiffer* DAR 2006, 653.

[58] AG Cloppenburg RVGreport 2011, 295 = RVG prof. 2011, 143 = VRR 2011, 478, eher das Gegenteil.

[59] AG Viechtach 4.4.2007 – 6 II OWi 00467/07.

[60] LG Chemnitz RVGreport 2016, 297; 2016, 371; LG Düsseldorf 4.8.2006 – I Qs 83/06 BuK; LG Kaiserslautern RVGreport 2015, 214; LG Kiel ZfS 2007, 106 mzustAnm *Hansens* = RVGreport 2007, 24; LG Saarbrücken VRR 2013, 39 = RVGreport 2013, 53 = StRR 2013, 315 = RVG prof. 2013, 107; RVGreport 2014, 387 = VRR 2014, 358 = ZfS 2014, 586; AG Biberach RVGreport 2019, 254; AG Bitterfeld-Wolfen 13.7.2014 – 7 C 306/13; AG Bottrop RVGreport 2018, 172 = RVG prof. 2018, 79; AG Meißen RVGreport 2015, 136; AG München DAR 2013, 733; AG Norderstedt 18.10.2005 – 72 OWi (87/05); AG Saarbrücken 19.5.2006 – 42 C 377/05, allein zutreffende Auslegung; AG Tauberbischofsheim RVGreport 2014, 62 = VRR 2014, 397; AG Viechtach RVGreport 2005, 420 = AGS 2006, 239 = RVGreport 2019, 57 = DAR 2019, 58 = RVG prof. 2019, 6; 4.4.2007 – 6 II OWi 00467/07; die im „Rechtsprechungs-ABC" bei Burhoff/Volpert RVG/*Burhoff* VV Vorb. 5 Rn. 61 ff. zitierten amtsgerichtlichen Entscheidungen; s. a. *Jungbauer* DAR 2007, 56; 2014, 355, 356; sowie die Zusammenstellung bei Schneider/Wolf/*N. Schneider* RVG VV Teil 5 Vor Rn. 64 ff.; und die Zusammenstellung der Rspr. zu § 14 RVG auf www.burhoff.de.

[61] Vgl. zB instruktiv AG München AGS 2007, 81; AG Grimma 18.7.2012 – 9 OWi 14/11, ausgehend von der Mittelgebühr rechtfertigen Fragen zur Verwertbarkeit der Messung, der zu ihrer Klärung zu betreibende Auf-

Aus der **umfangreichen Rspr.** zur Bemessung der Gebühren in straßenverkehrsrechtlichen Bußgeldsachen soll hier nur kurz auf einige Punkte kurz hingewiesen werden.[62] 22

- Der **Aktenumfang** ist grds. zu berücksichtigen,[63] wobei aber nicht übersehen werden darf, dass in straßenverkehrsrechtlichen Bußgeldverfahren die Akten idR keinen erheblichen Umfang haben; das also das der Durchschnitt ist.[64]
- Ggf. bei Verstoß gegen das sog. Zitiergebot – Stichwort: StVO-Novelle 2020.[65]
- Auch eine drohende Eintragung im **Fahreignungsregister** ist von Belang und kann die Mittelgebühr rechtfertigen[66] bzw. unterdurchschnittlichen Aufwand ausgleichen.[67] In dem Zusammenhang kann die individuelle fahrerlaubnisrechtliche Situation des Betroffenen eine gesteigerte „Bedeutung der Angelegenheit" iSd § 14 Abs. 1 RVG begründen, wenn nicht nur lediglich die Eintragung eines Punktes oder mehrere Punkte im Fahreignungsregister (früher VZR) droht, sondern sich der Betroffene mit dieser Eintragung im Hinblick auf die bestehenden Voreintragungen der zwingenden Fahrerlaubnisentziehung aus § 4 Abs. 3 Ziff. 3 StVG weiter angenähert hätte.[68] Bei Anwendung der bei Fn. 66 ff. zitierten Rspr. ist zu beachten, dass durch die sog. „Punktereform" erhebliche Änderungen eingetreten sind. Während früher der Entzug der Fahrerlaubnis erst bei 18 Punkten im VZR drohte, kann diese nun schon bei acht Punkten entzogen werden. Ebenso ist die Verlängerung der Tilgungsfristen zu berücksichtigen, die sich bei Ordnungswidrigkeiten von zwei auf zweieinhalb Jahre für schwere Verstöße und auf fünf Jahre bei besonders schweren Verstößen erhöht haben. Dies führt zu einer stärken Bedeutung des Umstandes einer Eintragung im Fahreignungsregister.[69]

---

wand, die Höhe der Geldbuße iVm einem drohenden Fahrverbot sowie die Konsequenz der Bewertung der Tat mit vier Punkten bei bestehenden erheblichen Voreintragungen im VZR ein spürbares Abweichen von der Mittelgebühr nach oben.

[62] Wegen weiterer Argumente und einer Checkliste Burhoff/Volpert RVG/*Burhoff* VV Vorb. 5 Rn. 56 ff.; und die Zusammenstellung der Rspr. bei den o. a. zitierten Rechtsprechungsübersichten von *Burhoff*.

[63] LG Düsseldorf 4.8.2006 – I Qs 83/06 BuK; RVGreport 2017, 373 = JurBüro 2017, 356; LG Leipzig RVGreport 2009, 61 = VRR 2009, 119 = RVGreport 2009, 218; AG Charlottenburg RVGreport 2020, 257 – 32 Akten durchschnittlich; AG München 26.1.2007 – 132 C 2248/06.

[64] S. a. Burhoff/Volpert RVG/*Burhoff* VV Vorb. 5 Rn. 63; LG Berlin 22.3.2012 – 517 Qs 5/12, geringer Aktenumfang von 24 Blatt wird ua durch Höhe der Geldbuße und das angeordnete Fahrverbot aufgewogen; LG Zwickau RVGreport 2016, 57 = VRR 5/2016, 20, Aktenumfang von 22 Seiten durchschnittlich; AG Düsseldorf RVGreport 2014, 226 = VRR 2014, 276, 11 Blatt unterdurchschnittlich.

[65] AG Trier VRR 1/2021, 26.

[66] Vgl. die Nachw. bei Burhoff/Volpert RVG/*Burhoff* VV Vorb. 5 Rn. 76, wie ua Mittelgebühr **gerechtfertigt:** LG Halle RVGreport 2016, 412, Entziehung nach dem FAER droht; LG Köln AGS 2019, 504 = RVGreport 2020, 69 = RVG prof. 2019, 184 = Sonderausgabe StRR 12/2019, 15= VRR 2/2020, 30; LG Neuruppin 30.1.2015 – 11 Qs 60/14, bei 11 Punkten im VZR erhöhte Bedeutung, wenn weitere drei Punkte drohen; LG Wuppertal ZfS 2005, 39, ein Punkt; AG Altenburg RVGreport 2006, 182 = AGS 2006, 128, zwei Punkte; AG Bad Segeberg BeckRS 2009, 44285, drei Punkte; AG Bottrop RVGreport 2018, 172 = RVG prof. 2018, 79, durchschnittliche Bedeutung der Angelegenheit schon ab drohender Eintragung von einem Punkt im FAER, da schon ab vier Punkten Maßnahmen erfolgen können; AG Frankenthal RVGreport 2006, 271 = AGS 2005, 292; AG Fürstenwalde 24.10.2006 – 3 Jug OWi 291 Js-OWi 40513/05 (26/05), ein Punkt durchschnittlich; AG Halle AGS 2007, 77 (85); AG Karlsruhe AGS 2008, 492; AG Pinneberg AGS 2005, 552; AG Rotenburg AGS 2006, 288; AG Rudolstadt RVGreport 2012, 24 = VRR 2011, 479 = RVG prof. 2011, 207, bei zwei Punkten im VZR grds. immer; AG Saarlouis RVGreport 2006, 182 = AGS 2006, 127; AG Viechtach RVGreport 2005, 420 = AGS 2006, 239, ua bei bereits eingetragenen neun Punkte, drei weitere drohen; AG Viechtach 30.3.2006 – 7 II OWi 00334/06, ein Punkt eingetragen, drei weitere drohen; Mittelgebühr **nicht gerechtfertigt:** LG Hannover RVGreport 2012, 26 = VRR 2012, 79, unterdurchschnittliche Bedeutung bei einer Geldbuße von 100,– EUR; auch der drohenden Eintragung von drei Punkten im VZR kommt eine überdurchschnittliche Bedeutung nicht zu; LG Regensburg 26.10.2006 – 2 Qs 190/06, zwar drohen drei Punkte, aber nur weit durchschnittliche Tätigkeit des Verteidigers; AG Düsseldorf 13.1.2006 – 51 C 9886/05, nicht bei zwei Punkten ohne danach drohende Entziehung der Fahrerlaubnis; AG München 27.6.2006 – 251 C 9315/06, noch nicht bei einem Punkt, sondern erst, wenn die konkrete Gefahr der Entziehung der Fahrerlaubnis droht; AG Viechtach 27.9.2005 – 7 II OWi 01501/05, Rotlichtverstoß; nur geringe Bedeutung für den Betroffenen; drei Punkte drohen, aber keine Entziehung der Fahrerlaubnis nach dem StVG.

[67] So wohl LG Itzehoe RVGreport 2019, 10 = RVG prof. 2019, 4; AG Bielefeld RVGreport 2011, 296 = VRR 2011, 360 = JurBüro 2011, 524.

[68] LG Saarbrücken VRR 2013, 39 = RVGreport 2013, 53 = RVG prof. 2013, 107; LG Halle RVGreport 2016, 412; AG Landstuhl RVGreport 2020, 295 = VRR 8/2020, 31; vgl. aber auch AG Charlottenburg RVGreport 2020, 257, wonach zukünftige Maßnahmen nicht von Bedeutung sein sollen.

[69] S. a. *Jungbauer* DAR 2014, 355 (358); sa AG Landstuhl RVGreport 2020, 295 = VRR 8/2020, 31.

- Schließlich ist die Frage des (drohenden) **Fahrverbotes** von erheblicher Bedeutung und wird idR mindestens zur Mittelgebühr führen, meist jedoch sogar eine noch höhere Gebühr rechtfertigen.[70]
- Kommt es zur **Hauptverhandlung,** wird deren Dauer bei der Bemessung der Terminsgebühr eine nicht unerhebliche Rolle spielen.[71] Auch insoweit dürfen aber nur Hauptverhandlungstermine in straßenverkehrsrechtlichen Bußgeldsachen miteinander verglichen werden, die erfahrungsgemäß häufig nicht sehr lange dauern. Unzutreffend ist es daher, wenn von einer durchschnittlich Terminsdauer ab eine Stunde Dauer und der Vernehmung von drei bis vier Zeugen ausgegangen wird.[72]

23 **e) Vollstreckung in Bußgeldsachen.** Anders als für Strafsachen in VV Teil 4 Abschn. 2 RVG sieht das RVG in Bußgeldsachen **keine eigenständigen Gebühren** für die Tätigkeit des RA im Rahmen der (Straf)Vollstreckung im OWi-Verfahren vor. Auf die vom RA/Verteidiger insoweit erbrachten Tätigkeiten ist auch VV Teil 4 Abschn. 2 RVG nicht entsprechend anwendbar, da die dortigen Gebührenvorschriften nur für das Strafverfahren gelten. In Bußgeldsachen muss die Tätigkeit in der Vollstreckung daher über VV 5200 RVG als Einzeltätigkeit abgerechnet werden.[73]

24 **f) Pauschgebühren (§§ 42, 51 RVG).** Reichen die gesetzlichen Gebühren, die der ggf. in Bußgeldsachen beigeordnete oder gerichtlich bestellte RA, idR also der Pflichtverteidiger, erhält, nicht aus, um die von ihm erbrachte Tätigkeit zumutbar zu honorieren, kann auch für das OWi-Verfahren eine **Pauschgebühr** nach § 51 RVG beantragt werden. Der Wahlanwalt hat die Möglichkeit, nach § 42 RVG die Feststellung einer Pauschgebühr zu beantragen. Es gelten die Erläuterungen zu §§ 42, 51 RVG.

IV. Erstattungsfragen

25 Die Fragen der Kostentragung im Bußgeldverfahren ist über § 46 Abs. 1 OWiG ebenfalls in den **§§ 464 ff. StPO** geregelt. Erforderlich ist eine Kosten(grund)entscheidung.[74] Kommt es lediglich zu einer Verwarnung durch die Verwaltungsbehörde, wird weder über die Kosten noch über die notwendigen Auslagen des Betroffenen entschieden. Der Betroffene muss diese ggf. vielmehr selbst tragen.[75] Für die Frage, welche Kosten erstattungsfähig sind, gilt **§ 464a Abs. 2 Nr. 2 StPO** iVm § 46 OWiG.[76] Hinzuweisen ist auf die Sonderregelung in § 109a Abs. 1 OWiG. Danach werden, wenn gegen den Betroffenen eine Geldbuße von nicht mehr

---

[70] OLG Oldenburg AnwBl 1976, 255; LG Berlin 22.3.2012 – 517 Qs 5/12; LG Cottbus RVGreport 2016, 337 = VRR 8/2016, 18, berufliche Auswirkungen bei einem dreimonatigen Fahrverbot immens; LG Halle RVGreport 2016, 412, zwei Monate Fahrverbot überdurchschnittliche Bedeutung; LG Köln AGS 2019, 504 = RVGreport 2020, 69 = RVG prof. 2019, 184 = Sonderausgabe StRR 12/2019, 15= VRR 2/2020, 30; LG Itzehoe RVGreport 2019, 10 = RVG prof. 2019, 4; LG Stralsund ZfS 2006, 407; AG Chemnitz AGS 2005, 431; AG Dresden AGS 2010, 431 mit aus anderen Gründen abl. Anm. *N. Schneider;* AG Frankenthal RVGreport 2006, 271 = AGS 2005, 292; AG Karlsruhe AGS 2008, 492; AG München AGS 2005, 430 = RVGreport 2005, 381; 26.10.2006 – 191 C 33490/05; AG Saarlouis RVGreport 2006, 182 = AGS 2006, 127; AG Völklingen RVG prof. 2008, 125, Überschreiten der Mittelgebühr um 20%; wegen weiterer Nachw. Burhoff/Volpert RVG/*Burhoff* VV Vorb. 5 Rn. 78; **aA** offenbar ua LG Kiel AGS 2007, 140, nicht generell, aber bei einem Taxifahrer ist wegen der größeren Bedeutung der Verhängung eines Fahrverbotes für ihn, die Mittelgebühr gerechtfertigt; LG Osnabrück JurBüro 2020, 246; AG Norderstedt 18.10.2005 – 72 OWi (87/05).

[71] Vgl. die Nachw. bei Burhoff/Volpert RVG/*Burhoff* VV Vorb. 5 Rn. 70; ua LG Cottbus RVGreport 2019, 93, Hauptverhandlungsdauer von 34 Minuten in straßenverkehrsrechtlichen Bußgeldsachen noch durchschnittlich, 13 Minuten sind unterdurchschnittlich; LG Düsseldorf RVGreport 2017, 373 = JurBüro 2017, 356.

[72] S. aber LG Hannover RVGreport 2012, 26 = VRR 2012, 79; demgegenüber LG Aurich AGS 2011, 593 = StRR 2011, 443 = VRR 2011, 440 = RVGreport 2011, 464, Mittelgebühr noch angemessen, wenn der Hauptverhandlungstermin zwar lediglich 25 Minuten gedauert hat und nur ein Zeuge vernommen worden ist, der Amtsrichter jedoch im Vorfeld sowie auch im Termin dem Betroffenen jeweils ungünstige Hinweise erteilt hat, wie keine Erfolgsaussicht des Einspruchs; Erhöhung des Bußgeldes von 90,– EUR auf 180,– EUR; LG Chemnitz RVGreport 2016, 297 = RVG prof. 2016, 219, Mittelgebühr angemessen bei einer Hauptverhandlung, die mit 44 Minuten Verspätung begonnen und 49 Minuten – davon 25 Minuten Pause – gedauert hat; LG Kaiserslautern RVGreport 2015, 214, 53 Minuten Hauptverhandlungsdauer nicht unterdurchschnittlich.

[73] Vgl. die Erläuterungen zu → RVG VV 5200 Rn. 1 ff.

[74] Insoweit wegen der Einzelheiten Burhoff/Volpert RVG/*Burhoff* VV Vorb. 5 Rn. 16 ff.; *Fromm* JurBüro 2012, 510.

[75] AG Hannover NdsRpfl 1988, 64; AG Lüdinghausen RVGreport 2017, 238 = DAR 2016, 537 = VRR 8/2016, 20 = VA 2016, 173.

[76] → RVG VV Teil 4 Einl. Rn. 33 ff.

als 10,– EUR verhängt worden ist, die durch die Hinzuziehung eines RA entstandenen Kosten grds. nicht erstattet.[77]

V. Rechtsschutzversicherung in Bußgeldsachen

Versicherungsschutz für die Verteidigung in Bußgeldsachen besteht nach **Ziff. 2.1.1 VK/f ARB 2012** (§ 21 ARB 2010 bis ARB 75).[78] 26

Der Versicherungsschutz ist allerdings **ausgeschlossen** in Bußgeldsachen wegen eines Halte- und Parkverstoßes (§ 3 Abs. 3e ARB 1994 und ARB 2000). Außerdem ist der Versicherungsschutz in straßenverkehrsrechtlichen Bußgeldsachen ausgeschlossen, wenn der Versicherte nicht im Besitz einer gültigen Fahrerlaubnis war (§ 21 Abs. 6, § 22 Abs. 5 ARB; § 6 VVG aF/§ 28 VVG 2008). 27

Nr.	Gebührentatbestand	Gebühr oder Satz der Gebühr nach § 13 oder § 49 RVG	
		Wahlanwalt	gerichtlich bestellter oder beigeordneter Rechtsanwalt

Vorbemerkung 5:

(1) Für die Tätigkeit als Beistand oder Vertreter eines Einziehungs- oder Nebenbeteiligten, eines Zeugen oder eines Sachverständigen sind die Vorschriften dieses Teils entsprechend anzuwenden.

(2) Die Verfahrensgebühr entsteht für das Betreiben des Geschäfts einschließlich der Information.

(3) Die Terminsgebühr entsteht für die Teilnahme an gerichtlichen Terminen, soweit nichts anderes bestimmt ist. Der Rechtsanwalt erhält die Terminsgebühr auch, wenn er zu einem anberaumten Termin erscheint, dieser aber aus Gründen, die er nicht zu vertreten hat, nicht stattfindet. Dies gilt nicht, wenn er rechtzeitig von der Aufhebung oder Verlegung des Termins in Kenntnis gesetzt worden ist.

(4) Für folgende Tätigkeiten entstehen Gebühren nach den Vorschriften des Teils 3:

1. für das Verfahren über die Erinnerung oder die Beschwerde gegen einen Kostenfestsetzungsbeschluss, für das Verfahren über die Erinnerung gegen den Kostenansatz, für das Verfahren über die Beschwerde gegen die Entscheidung über diese Erinnerung und für Verfahren über den Antrag auf gerichtliche Entscheidung gegen einen Kostenfestsetzungsbescheid und den Ansatz der Gebühren und Auslagen (§ 108 OWiG), dabei steht das Verfahren über den Antrag auf gerichtliche Entscheidung dem Verfahren über die Erinnerung oder die Beschwerde gegen einen Kostenfestsetzungsbeschluss gleich,
2. in der Zwangsvollstreckung aus Entscheidungen, die über die Erstattung von Kosten ergangen sind, und für das Beschwerdeverfahren gegen die gerichtliche Entscheidung nach Nummer 1.

Schrifttum: *Burhoff,* Die neue Verfahrensgebühr im Strafverfahren, RVGreport 2004, 127; *Burhoff,* Die neue Terminsgebühr im Strafverfahren, RVGreport 2004, 177; *Burhoff,* Die Abrechnung der anwaltlichen Tätigkeit in mehreren Strafverfahren Teil 1: Verbindung von Verfahren, RVGreport 2008, 405; *Burhoff,* Die Abrechnung der anwaltlichen Tätigkeit in mehreren Strafverfahren Teil 2: Trennung von Verfahren, RVGreport 2008, 444; *Burhoff,* Die Abrechnung der anwaltlichen Tätigkeit in mehreren Strafverfahren Teil 3: Verweisung und Zurückverweisung, RVGreport 2009, 9; *Burhoff,* So rechnen Sie verbundene Verfahren richtig ab, RVG prof. 2009, 78; *Burhoff,* Die Grundgebühr in Straf- und Bußgeldverfahren, RVGreport 2009, 361; *Burhoff,* Die Verfahrensgebühr in Straf- bzw. Bußgeldverfahren, RVGreport 2009, 443; *Burhoff,* Die Terminsgebühr in Straf- bzw. Bußgeldverfahren, RVGreport 2010, 3; *Burhoff,* Fragen aus der Praxis zu aktuellen Gebührenproblemen in Straf- und Bußgeldverfahren, RVGreport 2010, 362; *Burhoff,* Die Grundgebühr im Straf- und Bußgeldverfahren, RENOpraxis 2011, 102; *Burhoff,* Die Verfahrensgebühr im Straf- bzw. Bußgeldverfahren, RENOpraxis 2011, 126; *Burhoff,* ABC der Gegenstandswerte im Straf- und Bußgeldverfahren, RVGreport 2011, 281; *Burhoff,* Fragen aus der Praxis zu Gebührenproblemen in Straf- und Bußgeldverfahren, VRR 2011, 294; *Burhoff,* Die Terminsgebühr im Straf- und Bußgeldverfahren, RENOpraxis 2011, 198; *Burhoff,* Die Abrechnung von Beschwerden in Straf- und Bußgeldsachen, RVGreport 2012, 12; *Burhoff,* Die Abrechnung (förmlicher/formloser) Rechtsbehelfe im Straf- und Bußgeldverfahren, StRR 2012, 172; *Burhoff,* Verbindung von Verfahren: So wirkt sie sich auf die Gebühren aus, RVG prof. 2012, 189; *Burhoff,* Trennung von Verfahren: So wirkt sie sich auf die Gebühren aus, RVG prof. 2012, 213; *Burhoff,* Die anwaltliche Vergütung im strafverfahrens- und bußgeldrechtlichen Wiederaufnahmeverfahren, RVGreport 2013, 2; *Burhoff,* Straßenverkehrs-OWi-Verfahren: Anträge auf gerichtliche Entscheidung richtig abrechnen, RVG prof. 2013, 88; *Burhoff,* Abrechnung im Bußgeldverfahren: Verfahren wegen Akteneinsicht und

[77] BVerfG NJW 1994, 1855 = VRS 88, 81; aus neuerer Zeit LG Osnabrück JurBüro 2011, 538, keine Erstattung von Anwaltskosten bei mehreren Parkverstößen mit einem Bußgeld von 5,– EUR, wenn das AG bereits im Anhörungsschreiben auf ein Beweisverwertungsverbot hinweist.

[78] Wegen der Einzelh. Burhoff OWiVerf-HdB/ *Burhoff* Rn. 3309 ff.; *Burmann* ZfS 2020, 8; → RVG VV Teil 4 Einl. Rn. 37 ff.

eines damit verbundenen Rechtsmittels, VRR 2013, 213; *Burhoff,* 25 Fragen und Antworten zur Terminsgebühr in Straf- und Bußgeldverfahren, RVG prof. 2013, 124: *Burhoff,* Abrechnung im Bußgeldverfahren: Verfahren wegen Akteneinsicht und eines damit verbundenen Rechtsmittels, StRR 2013, 294; *Burhoff,* 25 Fragen und Antworten zur Verfahrensgebühr in Straf- und Bußgeldverfahren, RVG prof. 2013, 176; *Burhoff,* Die Grundgebühr im Straf- und Bußgeldverfahren, RVGreport 2014, 42; *Burhoff,* Straf- und Bußgeldsachen: Besonderheiten für die Beschwerdeabrechnung, RVG prof. 2014, 30; *Burhoff,* Kostenfestsetzungsverfahren Straf- und Bußgeldsache: Beschwerdevergütung, RVG prof. 2014, 68; *Burhoff,* Fragen aus der Praxis zu Gebührenproblemen in Straf- und Bußgeldverfahren aus dem Jahr 2014, RVGreport 2015, 242; *Burhoff,* Anwaltsvergütung für die Verteidigung in Verkehrsordnungswidrigkeitenverfahren, RVGreport 2015, 322; *Burhoff,* Klarstellung/Änderungen im RVG ab 25.7.2015, VRR 8/2015, S. 3; *Burhoff,* Aktuelle Änderungen im RVG ab 25.7.2015, RVGreport 2015, 328; *Burhoff,* Änderungen im RVG, ZAP Fach 24, 1423; *Burhoff,* Anpassungen Punktereform und Klarstellung für Nebenklägerbeistand, RVG prof. 2015, 157; *Burhoff,* Klarstellungsänderungen im RVG ab 25.7.2015, StRR 2015, 408; *Burhoff,* Einzeltätigkeiten gewinnbringend abrechnen, RVG prof. 2016, 14; *Burhoff,* Fragen aus der Praxis zu Gebührenproblemen in Straf- und Bußgeldverfahren aus dem Jahr 2015, RVGreport 2016, 42; *Burhoff,* Anwaltsvergütung für die Tätigkeit als Zeugenbeistand im Strafverfahren, RVGreport 2016, 122; *Burhoff,* Auslagenerstattung Wenn das Strafverfahren eingestellt wird, RVG prof. 2016, 95; *Burhoff,* Anwaltsvergütung für die Verteidigung im bußgeldrechtlichen Verwarnungsverfahren nach §§ 56 ff. OWiG, RVGreport 2016, 362; *Burhoff,* Die Vergütung des Verteidigers im Bußgeldverfahren – Teil 1: Allgemeine Fragen, ZAP F 24, S. 1705; *Burhoff,* Rechtsprechungsübersicht zu den Teilen 4–7 VV RVG aus den Jahren 2018/2019 – Teil 1, RVGreport 2019, 282; *Burhoff,* Die Vergütung des Verteidigers im Bußgeldverfahren – Teil 2 Gebühren, ZAP F 24, S. 1715; *Burhoff,* Die Rechtsprechung zur Abrechnung im Straf- und Bußgeldverfahren (Teile 4 und 5 VV RVG), in den Jahren 2016–2019 – Teil 1, Rpfleger 2020, 297; *Burhoff,* Rechtsprechungsübersicht zu den Teilen 4–7 VV RVG aus den Jahren 2019/2020 – Teil 1, RVGreport 2020, 202; *Burhoff,* Rechtsprechungsübersicht zu den Teilen 4–7 VV RVG aus den Jahren 2019/2020 – Teil 2, RVGreport 2020, 243; *Burhoff,* Geplante Änderungen bei der Anwaltsvergütung durch das KostRÄG 2021 – Teil 2, RVGreport 2020, 402; *Burhoff,* Rechtsprechungsübersicht zu § 14 RVG in Straf- und Bußgeldsachen aus den Jahren 2019/2020, RVGreport 2020, 447; *Burhoff,* Änderungen bei der Verteidigervergütung durch das KostRÄG 2021, StRR 1/2021, 5; *Burhoff,* Änderungen bei der Vergütung der Verteidiger/Rechtsanwälte in Straf- und Bußgeldsachen durch das KostRÄG 2021, StraFo 2021, 8; *Burhoff,* Änderungen bei der Vergütung der Verteidiger/Rechtsanwälte in Straf- und Bußgeldsachen durch das KostRÄG 2021, S. 1815; *Burhoff,* Änderungen bei der Vergütung der Verteidiger/Rechtsanwälte durch das KostRÄG 2021 betreffend Teile 4 und 5 VV, AGS 2021, 49; *Klüsener,* Die Grundgebühr im Strafverfahren, JurBüro 2016, 561; *N. Schneider,* Einstellung des Strafverfahrens bei gleichzeitiger Ordnungswidrigkeit, DAR 2017, 176; *N. Schneider,* Vergütung für Ratenzahlungsantrag in Bußgeldsachen, NJW-Spezial 2017, 219; *N. Schneider,* Abrechnung bei Rückgabe des Bußgeldverfahrens an die Verwaltungsbehörde, AGkompakt 2018, 86; *N. Schneider,* KostRÄG 2021 – das neue Übergangsrecht nach § 60 RVG, ZAP 24 S. 1782; *N. Schneider,* KostRÄG 2021: Das neue Übergangsrecht nach § 60 RVG, AGS 2021, 1; *Volpert,* Die Vergütung im Beschwerdeverfahren in Straf- und Bußgeldsachen, VRR 2006, 453; *Volpert,* Richtige Abrechnung der Tätigkeit im strafrechtlichen Beschwerdeverfahren, RVG prof. 2007, 101; *Volpert,* Kostenrechtsänderungsgesetz 2021 – Die wichtigsten geplanten Änderungen im RVG, AGS 2020, 445; *Volpert,* KostRÄG 2021: Neues Übergangsrecht in Strafsachen nach § 60 RVG, StRR 2/2021, 5; s. a. noch die Hinweise bei → RVG VV Teil 5 Einl. Vor Rn. 1; → RVG VV Teil 4 Einl. Vor Rn. 1; sowie → RVG VV Vorb. 4 Vor Rn. 1.

Übersicht

I. Allgemeines

1 Die VV Vorb. 5 RVG enthält in **vier Absätzen** die **allgemeinen Regelungen,** die für sämtliche Gebühren in Bußgeldverfahren nach VV Teil 5 RVG gelten, soweit nichts Abweichendes bestimmt ist. Geregelt wird in Abs. 1 der persönliche Anwendungsbereich des VV Teil 5 RVG,[1] in Abs. 2 die Verfahrensgebühr,[2] in Abs. 3 die (gerichtliche) Terminsgebühr.[3]

[1] → Rn. 3.
[2] Wegen der Einzelheiten → Rn. 6 ff.

Abs. 4 enthält schließlich Regelungen zur Erinnerung und Beschwerde gegen den Kostenansatz und die Kostenfestsetzung, zur Zwangsvollstreckung aus Entscheidungen über Kostenerstattungsansprüchen und für weitere Beschwerdeverfahren. In diesen Fällen gelten die Regelungen des VV Teil 3 RVG.[4]

II. Anwendungsbereich (Abs. 1)

1. Sachlich

Die VV Vorb. 5 RVG gilt für **„Bußgeldsachen"**. Wegen der Bedeutung und Auslegung dieses Begriffs wird verwiesen auf die Erläuterungen bei → RVG VV Einl. Teil 5 Rn. 2. 2

2. Persönlich (Abs. 1)

In VV Teil 5 RVG wird die Vergütung des RA sowohl als **(Wahl-)Verteidiger** sowie als Vertreter eines Einziehungs- und Nebenbeteiligten (vgl. zB §§ 29a, 87 OWiG) bzw. als **Pflichtverteidiger** des Betroffenen[5] als auch als Beistand für einen Zeugen oder Sachverständigen in einem Verfahren geregelt, in dem sich die Gebühren nach VV Teil 5 RVG bestimmen.[6] Auch für den nicht als Verteidiger tätigen RA können alle Gebühren des VV Teil 5 RVG entstehen. Es entsteht also für den Vertreter der Verfallsbeteiligten im selbständigen Verfallsverfahren nicht nur die Gebühr VV 5116 RVG.[7] 3

Ist dem RA die Verteidigung als **Ganzes** übertragen, ist er voller Verteidiger und rechnet seine Tätigkeit nach VV Teil 5 Abschn. 1 RVG ab. Sind dem RA hingegen nur **Einzeltätigkeiten** übertragen, wird seine Tätigkeit nach VV Teil 5 Abschn. 2 RVG mit einer Verfahrensgebühr VV 5200 RVG honoriert.[8] 4

Auch für Bußgeldsachen ist in VV Vorb. 5 Abs. 1 RVG ausdrücklich bestimmt, dass der RA, der als **Beistand** eines **Zeugen** oder Sachverständigen tätig wird, die Gebühren wie ein Verteidiger erhält, und zwar entweder die des Vollverteidigers oder die des Pflichtverteidigers, wenn er beigeordnet worden ist (vgl. § 46 OWiG iVm § 68b Abs. 2 StPO iVm §§ 46, 71 OWiG). Bis zu den Änderungen durch das KostRÄG 2021 v. 21.12.2020[9] war die VV Vorb. 5 Abs. 1 RVG anders formuliert ist als die VV Vorb. 4 Abs. 1 RVG. Dort hieß es, für den Zeugenbeistand „entstehen die gleichen Gebühren wie für einen Verteidiger in diesem Verfahren". Das KostRÄG 2021 v. 21.12.2020 hat diese Formulierung geändert und an die VV Vorb. 4 Abs. 1 RVG angepasst. Damit kann nun auch im Bußgeldverfahren der für das Strafverfahren bestehende Streit, ob die Tätigkeiten ggf. als Einzeltätigkeit anzusehen sind, entstehen; wegen der in Rspr. und Lit. (für das Strafverfahren) insoweit umstrittenen Frage, ob der RA als voller Verteidiger oder nur wegen einer Einzeltätigkeit abrechnet, wird verwiesen auf → RVG VV Vorb. 4 Rn. 5 ff. mwN aus Rspr. und Lit.[10] 5

III. Verfahrensgebühr (Abs. 2)

1. Abgeltungsbereich

VV Vorb. Abs. 2 RVG regelt allgemein den Abgeltungsbereich der Verfahrensgebühr. Diese erhält der RA auch in Bußgeldsachen „für das **Betreiben** des **Geschäfts einschließlich** der **Information**". Die VV Vorb. 5 Abs. 2 RVG ist wortgleich formuliert mit der für das Strafverfahren geltenden Regelung in VV Vorb. 4 Abs. 2 RVG. Wegen der Einzelheiten kann daher auf die entsprechend geltenden Erläuterungen bei → RVG VV Vorb. 4 Rn. 9 ff. verwiesen werden. 6

---

[3] Wegen der Einzelheiten → Rn. 10 ff.

[4] Wegen der Einzelheiten → Rn. 16 ff.

[5] Zur Pflichtverteidigung im OWi-Verfahren ua OLG Bremen DAR 2009, 710 = VRR 2009, 357 = StRR 2009, 343; OLG Köln StV 2012, 455 = VA 12, 48 (Ls.) = StRR 2012, 43 (Ls.); OLG Saarbrücken NJW 2007, 309 = NStZ 2007, 240 = VRS 112, 54; LG Mainz AGS 2010, 134 = NZV 2009, 404 = StRR 2009, 307 =VRR 2009, 395; Burhoff OWiVerf-HdB/*Burhoff* Rn. 2977.

[6] → RVG VV Vorb. 4 Rn. 3 ff.

[7] So auch LG Freiburg AGS 2020, 122 = JurBüro 2020, 130 = RVG prof. 2020, 69; LG Karlsruhe RVGreport 2013, 234 = AGS 2013, 230 = VRR 2013, 238; LG Oldenburg JurBüro 2013, 135 = RVGreport 2013, 62 = VRR 2013, 159 = AGS 2014, 65; LG Trier RVGreport 2016, 385 = RVG prof. 2017, 102 = StRR 2016, 3 (Ls.); LG Stuttgart RVGreport 2020, 347 = DAR 2020, 358 = RVGprof. 2020, 131; unzutreffend aA OLG Karlsruhe RVGreport 2012, 301 = StRR 2012, 279 = VRR 2012, 319 mit jeweils abl. Anm. *Burhoff;* LG Kassel RVGreport 2019, 343; LG Koblenz RVGreport 2018, 386 mablAnm *Burhoff* = AGS 2018, 494.

[8] LG Bielefeld RVGreport 2020, 23 = RVG prof. 2020, 3 = AGS 2020, 17 = DAR 2020, 237 = JurBüro 2020, 129; zum Terminsvertreter im Bußgeldverfahren *Fromm* SVR 2015, 49 (51).

[9] BGBl. I 3229; dazu *Burhoff* RVGreport 2020, 402 (407); StraFo 2021, 8 (11); StRR 2021, 5; AGS 2021, 49.

[10] *Burhoff* RVGreport 2014, 250 (251); RVGreport 2016, 122.

7 Eine in Bußgeldsachen entstehende Verfahrensgebühr deckt die **gesamte Tätigkeit** des RA im jeweiligen Verfahrensabschnitt und jeweiligen Rechtszug **ab,** soweit hierfür keine besonderen Gebühren vorgesehen sind.[11] Insoweit gelten die Ausführungen zum Strafverfahren bei → RVG VV Vorb. 4 Rn. 10 ff. entsprechend.

8 Als **besondere Gebühr** sieht VV Teil 5 RVG die **Grundgebühr** VV 5100 RVG vor, die immer neben der Verfahrensgebühr entsteht und „die erstmalige Einarbeitung in den Rechtsfall" honoriert.[12] Für die Teilnahme an (gerichtlichen) Terminen entstehen nach VV Vorb. 5.1.2 Abs. 2 RVG die **Terminsgebühr** des UAbschn. 2 bzw. die Terminsgebühren für die Hauptverhandlung.

2. Gebührenhöhe

9 Das RVG sieht auch für die Verfahrensgebühren in Bußgeldsachen zT **unterschiedliche Gebührenrahmen** vor, deren Höhe sich nach der Höhe der Geldbuße richtet.[13] Wegen der Bemessung der Verfahrensgebühren wird allgemein verwiesen auf die Ausführungen bei → RVG VV Vorb. 4 Rn. 15 ff. und wegen der Bemessung der Gebühr in Bußgeldsachen besonders auf → RVG VV Teil 5 Einl. Rn. 16 ff.[14]

IV. Terminsgebühr (Abs. 3)

1. Abgeltungsbereich

10 VV Vorb. 5 Abs. 3 RVG regelt den **allgemeinen Abgeltungsbereich** der Terminsgebühr in Bußgeldsachen. Diese erhält der RA für die Teilnahme an gerichtlichen Terminen, soweit nichts anderes bestimmt ist. Demgemäß entstehen die Terminsgebühren für die Teilnahme des RA an Hauptverhandlungsterminen und an Vernehmungsterminen im Verfahren vor der Verwaltungsbehörde (vgl. VV 5102, 5104, 5106 RVG) sowie nach VV Vorb. 5.1.3 Anm. 1 RVG für gerichtliche Termine außerhalb der Hauptverhandlung und ggf. im Wiederaufnahmeverfahren (vgl. VV Vorb. 5.1.3 Anm. 2 RVG).

11 Für den **Abgeltungsbereich** der Terminsgebühr in Bußgeldsachen gilt dasselbe wie für das Strafverfahren.[15] Voraussetzung für das Entstehen der Gebühr ist, dass ein Termin stattgefunden hat. Die VV Vorb. 5 RVG sieht aber in Abs. 3 S. 2 ebenfalls eine Ausnahme für den „geplatzten Termin" vor.[16]

2. Gebührenhöhe

12 Das RVG sieht für die Terminsgebühren in Bußgeldsachen ebenfalls zT unterschiedliche Gebührenrahmen vor, deren Höhe sich nach der Höhe der Geldbuße richtet.[17] Wegen der **konkreten Bemessung** der Terminsgebühr wird verwiesen auf die Ausführungen bei → RVG VV Vorb. 4 Rn. 29 ff. und wegen der Anknüpfung bzw. der Bedeutung der Höhe der Geldbuße für die Bemessung der Terminsgebühr auf → RVG VV Teil 5 Einl. Rn. 16 f.[18]

13 In der Praxis ist wesentliches Bemessungskriterium für die Höhe einer Terminsgebühr in Bußgeldsachen die **zeitliche Dauer** des Termins, an dem der RA teilgenommen hat.[19] Die Rspr. dazu ist fast unüberschaubar.[20] Als durchschnittlich anzusehen ist eine Verhandlungsdauer von 10–20 Minuten.[21]

---

[11] BT-Drs. 15/1971, 221; LG Bad Kreuznach 26.2.2020 – 2 Qs 18/20 für Dienstaufsichtsbeschwerde.

[12] Erläuterungen zu VV 5100 RVG bzw. VV 4100 RVG.

[13] → RVG VV Vorb. 5.1 Rn. 5 ff.

[14] Vgl. die Zusammenstellung bei Schneider/Wolf/*N. Schneider* RVG VV Teil 5 Vor Rn. 54 ff.; Burhoff/Volpert RVG/*Burhoff* VV Vorb. 5 Rn. 62 ff.; sowie die in der Literaturübersicht zitierten Rechtsprechungsübersichten mwN.

[15] → RVG VV Vorb. 4 Rn. 25 ff.

[16] → RVG VV Vorb. 4 Rn. 39 ff.

[17] → RVG VV Vorb. 5.1 Rn. 5 ff.

[18] Zur Gebührenhöhe auch noch die Zusammenstellung bei Schneider/Wolf/*N. Schneider* RVG VV Teil 5 Vor Rn. 64 ff.; Burhoff/Volpert RVG/*Burhoff* VV Vorb. 5 Rn. 62 ff.; sowie die bei den Literaturhinweisen aufgeführten Rechtsprechungsübersichten.

[19] → RVG VV Vorb. 4 Rn. 32; Burhoff/Volpert RVG/*Burhoff* VV Vorb. 5 Rn. 55 ff.

[20] Burhoff/Volpert RVG/*Burhoff* VV Vorb. 5 Rn. 56; die Nachw. bei Burhoff/Volpert RVG/*Burhoff* VV Vorb. 5 Rn. 74; Schneider/Wolf/*N. Schneider* RVG VV Teil 5 Vor Rn. 89; aus der Rspr. ua LG Aurich AGS 2011, 593 = RVGreport 2011, 464 = RVG prof. 2011, 189 = StRR 2011, 443 = VRR 2011, 440, Mittelgebühr noch angemessen, wenn der Hauptverhandlungstermin zwar lediglich 25 Minuten gedauert hat und nur ein Zeuge vernommen worden ist, der Amtsrichter jedoch im Vorfeld sowie auch im Termin dem Betroffenen jeweils ungünstige Hinweise erteilt hat; LG Aurich AGS 2011, 593 = RVG prof. 2011, 189 = StRR 2011, 443 = VRR 2011, 440 = RVGreport 2011, 464, Mittelgebühr noch angemessen, wenn der Hauptverhandlungstermin zwar ledig-

In Bußgeldsachen sind **Längenzuschläge** für den Fall, dass der gerichtlich bestellte oder beigeordnete RA an besonderes langen Hauptverhandlungen teilgenommen hat (vgl. zB VV 4110 RVG) **nicht** vorgesehen. 14

V. (Haft)Zuschlag

Ein (Haft)Zuschlag für den Fall, dass sich der Mandant **nicht auf freiem Fuß befindet,** ist in VV Teil 5 RVG **nicht** vorgesehen. Diese Fälle müssen über § 14 Abs. 1 S. 1 RVG gelöst werden. Entfallen ist auch der früher in §§ 105 Abs. 1, 88 S. 3 BRAGO enthaltene 25%ige Zuschlag, wenn der RA eine Tätigkeit ausübte, die sich auf das **Fahrverbot** erstreckte. Die entsprechenden Tätigkeiten sind nach dem RVG innerhalb des Gebührenrahmens bei der Bestimmung der konkreten Gebühr unter Anwendung der Kriterien des **§ 14 Abs. 1 S. 1 RVG** zu berücksichtigen. Auf diesen Fall ist VV 5116 RVG nicht entsprechend anzuwenden.[22] 15

VI. Kostenfestsetzung/Zwangsvollstreckung (Abs. 4)

VV Vorb. 5 Abs. 4 RVG regelt, wann dem RA für bestimmte Tätigkeiten im Rahmen der Kostenfestsetzung und der Zwangsvollstreckung Gebühren nach den Vorschriften des VV Teil 3 RVG zustehen. Die Regelung **entspricht** im Wesentlichen der **VV Vorb. 4 Abs. 5 RVG,** so dass auf die Erläuterungen bei → RVG VV Vorb. 4 Rn. 51 ff. verwiesen werden kann. 16

Nach der Neufassung des § 18 Abs. 1 Nr. 3 RVG durch das 2. KostRMoG ist klargestellt, dass alle Erinnerungen gegen einen Kostenfestsetzungsbeschluss erfasst werden, und zwar auch, wenn die angegriffene Entscheidung vom Urkundsbeamten der Geschäftsstelle der Staatsanwaltschaft stammt (§ 108a Abs. 30 OWiG). 17

Durch das 2. KostRMoG[23] ist in Abs. 4 Nr. 1 zudem klargestellt (worden), dass das Verfahren über einen Antrag auf gerichtliche Entscheidung gegen einen Kostenfestsetzungsbescheid und gegen den Ansatz der Gebühren und Auslagen in Bußgeldsachen der Erinnerung oder Beschwerde beim Kostenansatz und in der Kostenfestsetzung gleichstehen, die Gebühren sich also nach VV 3500 RVG richten.[24] Werden verschiedene Festsetzungsbescheide angegriffen, liegen mehrere Angelegenheiten vor.[25]

---

lich 25 Minuten gedauert hat und nur ein Zeuge vernommen worden ist, der Amtsrichter jedoch im Vorfeld sowie auch im Termin dem Betroffenen jeweils ungünstige Hinweise erteilt hat, wie keine Erfolgsaussicht des Einspruchs; Erhöhung des Bußgeldes von 90,– EUR auf 180,– EUR; LG Cottbus RVGreport 2019, 93, Hauptverhandlungsdauer von 34 Minuten in straßenverkehrsrechtlichen Bußgeldsachen noch durchschnittlich, 13 Minuten sind unterdurchschnittlich; LG Dessau-Roßlau JurBüro 2009, 427, Hauptverhandlungsdauer zwar nur neun Minuten, aber Terminsvorbereitung durch Sachverständigengutachten, Gebühr für VV 5110 RVG von 210,– EUR noch angemessen; LG Detmold BeckRS 2009, 7360, 15 Minuten unterhalb der Mittelgebühr; LG Düsseldorf RVGreport 2017, 373 = JurBüro 2017, 356; LG Kaiserslautern RVGreport 2015, 214 = RVG prof. 2015, 118 = DAR 2014, 493, Hauptverhandlungstermin von (nahezu) einer Stunde nicht unterdurchschnittlich; LG Koblenz ZfS 1992, 134; aber LG Koblenz ZfS 2004, 332, 40 Minuten durchschnittlich; LG Koblenz JurBüro 2008, 589 = VRR 2009, 40 = RVGreport 2009, 97, zehn Minuten unterdurchschnittlich; LG Karlsruhe 19.4.2005 – 1 Qs 5/05, zehn Minuten unterdurchschnittlich; LG Leipzig RVGreport 2009, 61 = VRR 2009, 119 = RVGreport 2009, 218, Hauptverhandlungsdauer zehn Minuten, zwei geladene Zeugen werden ungehört entlassen, führt zu einer Gebühr von 20% unterhalb der Mittelgebühr; LG Leipzig RVGreport 2010, 182, Hauptverhandlungsdauer von 15 Minuten unterdurchschnittlich, aber Mittelgebühr, wenn Fahrverbot droht und die schwierige Frage der Unterbrechung der Verjährung durch Zustellung an den Verteidiger eine Rolle spielt; LG Osnabrück JurBüro 2008, 143, Hauptverhandlungen von sieben, zehn oder auch 30 Minuten Dauer sind im OWi-Verfahren unterdurchschnittlich; LG Saarbrücken VRR 2014, 358 = ZfS 2014, 586, Hauptverhandlung von vier Minuten und von 17 Minuten (noch) unterdurchschnittlich; LG Potsdam JurBüro 2013, 640 = RVGreport 2014, 18 = VRR 2014, 117, Unterdurchschnittliche Bewertung eines ohne Zeugenvernehmung bereits nach weniger als 15 Minuten beendeten Hauptverhandlungstermins; AG Andernach JurBüro 2005, 95, 20 Minuten unterdurchschnittlich; AG Fürstenwalde 24.10.2006 – 3 Jug OWi 291 Js-OWi 40513/05 (26/05), 64 Minuten überdurchschnittlich; AG Koblenz RVG prof. 2008, 124, zwei Minuten erheblich unterdurchschnittlich; AG Stadtroda ZfS 1997, 68; **unzutreffend** LG Hannover RVGreport 2008, 182; RVGreport 2012, 26 = VRR 2012, 79, Verhandlungsdauer von eine Stunde und Vernehmung von drei bis vier Zeugen durchschnittlich; LG Hildesheim ZfS 2004, 376, eine Stunde zehn Minuten durchschnittlich.

[21] Burhoff/Volpert RVG/*Burhoff* VV Vorb. 5 Rn. 56; s. a. LG Cottbus RVGreport 2019, 93 für das Bußgeldverfahren (34 Minuten noch durchschnittlich).

[22] → RVG VV 5116 Rn. 5 mwN.

[23] → RVG VV Teil 4 Einl. Rn. 9.

[24] Schneider/Wolf/*N. Schneider* RVG VV Vorb. 5 Rn. 9 ff.; zum Rechtszustand vor der Neuregelung AG Gießen AGS 2012, 466; AG Viechtach AGS 2012, 467 mit teilweise abl. Anm. *N. Schneider;* zum Gegenstandswert → Anh. VII Rn. 1 ff.

[25] *N. Schneider* AGS 2012, 469 in der Anm. zu AG Viechtach AGS 2012, 467, das die aA vertreten hat.

Abschnitt 1. Gebühren des Verteidigers

Einleitung

1 Die in VV Teil 5 Abschn. 1 RVG geregelten Gebühren des Verteidigers in Bußgeldsachen sind in **fünf Unterabschnitte** aufgeteilt. Geregelt sind in
- UAbschn. 1: Allgemeine Gebühr,
- UAbschn. 2: Gebühren im Verfahren vor der Verwaltungsbehörde,
- UAbschn. 3: Gebühren im gerichtlichen Verfahren im ersten Rechtszug,
- UAbschn. 4: Gebühren im Verfahren über die Rechtsbeschwerde,
- UAbschn. 5: Zusätzliche Gebühren.

2 Die Gebühren in Bußgeldsachen sind ebenso wie in Strafsachen[1] je nach Verfahrensstadium in **verschiedene Angelegenheiten** aufgeteilt.[2] Zu unterscheiden sind:
- das **Verfahren vor der Verwaltungsbehörde,**
- das **gerichtliche Verfahren** im **ersten Rechtszug,**
- das Verfahren über die **Rechtsbeschwerde** einschließlich des Verfahrens auf **Zulassung der Rechtsbeschwerde,**
- das **Wiederaufnahmeverfahren.**

3 Das vorbereitende Verfahren vor der Verwaltungsbehörde und das gerichtliche Verfahren sind nach den Änderungen durch das 2. KostRMoG[3] nach § 17 Nr. 11 RVG ausdrücklich **verschiedene Angelegenheiten.**[4] Das hat zur Folge, dass nach der Anm. 1 zu VV 7002 RVG die Auslagenpauschale VV 7002 RVG zweimal entsteht.

4 In Bußgeldsachen kann der RA/Verteidiger folgende Gebühren verdienen:
- Für die mit der erstmaligen Einarbeitung erbrachten Tätigkeiten verdient der Verteidiger/RA die **Grundgebühr** (VV 5100 RVG), die immer neben der jeweiligen Verfahrensgebühr entsteht.[5]
- Im **Verfahren** vor der **Verwaltungsbehörde** erhält der Verteidiger/RA ggf. Verfahrens- und Terminsgebühr (vgl. VV 5101 ff., VV Vorb. 5.1.2 Abs. 2 RVG und zB VV 5102 RVG).
- Im **gerichtlichen Verfahren** können in jeder Instanz **Verfahrensgebühr** (VV 5107 ff., 5113 RVG) und für die Teilnahme an gerichtlichen Terminen **Terminsgebühren** (VV Vorb. 5.1.3 Abs. 1, VV 5108 ff., VV 5114 RVG) entstehen.
- Im **Wiederaufnahmeverfahren** entstehen nach VV Vorb. 5.1.3 Abs. 2 RVG die Gebühren aus UAbschn. 3. Gerichtliches Verfahren im ersten Rechtszug.
- Außerdem können **zusätzliche Gebühren** nach UAbschn. 5 verdient werden (VV 5115, 5116 RVG).

5 Für das Verfahren vor der Verwaltungsbehörde und das gerichtliche Verfahren des ersten Rechtszugs sind die Gebühren nach VV Vorb. 5.1 RVG je nach **Höhe** des **Bußgeldes gestaffelt.**

Nr.	Gebührentatbestand	Gebühr oder Satz der Gebühr nach § 13 oder § 49 RVG	
		Wahlanwalt	gerichtlich bestellter oder beigeordneter Rechtsanwalt

Vorbemerkung 5.1:

(1) Durch die Gebühren wird die gesamte Tätigkeit als Verteidiger entgolten.

(2) Hängt die Höhe der Gebühren von der Höhe der Geldbuße ab, ist die zum Zeitpunkt des Entstehens der Gebühr zuletzt festgesetzte Geldbuße maßgebend. Ist eine Geldbuße nicht festgesetzt, richtet sich die Höhe der Gebühren im Verfahren vor der Verwaltungsbehörde nach dem mittleren Betrag der in der Bußgeldvorschrift angedrohten Geldbuße. Sind in einer Rechtsvorschrift Regelsätze bestimmt, sind diese maßgebend. Mehrere Geldbußen sind zusammenzurechnen.

---

[1] → RVG VV Teil 4 Abschn. 1 Einl. Rn. 8.
[2] → RVG VV Teil 4 Einl. Rn. 19 ff.; → RVG VV Teil 5 Einl. Rn. 9 mwN.
[3] → RVG VV Teil 4 Einl. Rn. 9.
[4] Vgl. die Nachw. bei → RVG VV Teil 5 Einl. Rn. 10.
[5] Vgl. die Nachw. → RVG VV 5100 Rn. 2; *Burhoff* RVGreport 2014, 42; RVG prof. 2015, 16.

Schrifttum: *Burhoff,* Abhängigkeit der anwaltlichen Vergütung im Bußgeldverfahren von der Höhe der Geldbuße; RVG prof. 2004, 121; *Burhoff,* Die anwaltliche Vergütung im bußgeldrechtlichen Rechtsbeschwerdeverfahren, RVGreport 2012, 448; *Burhoff,* Die Grundgebühr im Straf- und Bußgeldverfahren, RVGreport 2014, 42; *Burhoff,* Grundgebühr Wichtiges Basiswissen zur Grundgebühr, RVG prof. 2015, 16; *Burhoff,* Grundgebühr Mit dieser Rechtsprechung bemessen Sie die Gebühr richtig, RVG prof. 2015, 52; *Burhoff,* Klarstellung/Änderungen im RVG ab 25.7.2015, VRR 8/2015, 3; *Burhoff,* Änderungen im RVG, ZAP Fach 24, 1423; *Burhoff,* Anpassungen Punktereform und Klarstellung für Nebenklägerbeistand, RVG prof. 2015, 157; *Burhoff,* Anwaltsvergütung für die Verteidigung in Verkehrsordnungswidrigkeiten-Verfahren, RVGreport 2015, 322; *Burhoff,* Aktuelle Änderungen im RVG ab 25.7.2015, RVGreport 2015, 328; *Burhoff,* Klarstellung/Änderungen im RVG ab 25.7.2015, StRR 2015, 408; *Burhoff,* Die Abrechnung der anwaltlichen Tätigkeit bei Einziehung und verwandten Maßnahmen (VV 4142, 5116 RVG), RVGreport 2016, 282; *Burhoff,* Anwaltsvergütung für die Verteidigung im bußgeldrechtlichen Verwarnungsverfahren nach §§ 56 ff. OWiG, RVGreport 2016, 362; *Burhoff,* Die Anwaltsvergütung bei Einziehung und verwandten Maßnahmen – ein Update, RVGreport 2019, 82; *Burhoff,* Die Vergütung des Verteidigers im Bußgeldverfahren – Teil 1: Allgemeine Fragen, ZAP F 24, S. 1705; *Fromm,* Zusätzliche Verfahrensgebühr nach VV 5116 RVG bei Verfallsverfahren gem. § 29a OWiG, JurBüro 2008, 507; *Klüsener,* Die Grundgebühr im Strafverfahren, JurBüro 2016, 561; *Krumm,* Die zusätzliche Verfahrensgebühr bei Einziehung im Bußgeldverfahren (Nr. 5116 VV RVG), wistra 2018, 499; *N. Schneider,* Änderung der Gebühren in Bußgeldsachen – Anpassung der Staffelung der Gebührenrahmen in Bußgeldsachen an die neue Punktegrenze –, AGS 2015, 313; s. a. die Hinweise bei → RVG VV Teil 5 Einl. Vor Rn. 1; und bei → RVG VV Vorb. 5 Vor Rn. 1.

Übersicht

I. Allgemeines

Die VV Vorb. 5.1 RVG regelt in **Abs. 1** den Abgeltungs- und Anwendungsbereich der anwaltlichen Gebühren in Bußgeldsachen. **Abs. 2** knüpft die Höhe der anwaltlichen Vergütung an die Höhe der Geldbuße, die Gegenstand des Verfahrens ist, an.[1] 1

II. Abgeltungsbereich

1. Persönlich (Abs. 1)

VV Teil 5 Abschn. 1 RVG gilt für den RA, der als **(Voll)Verteidiger**/Wahlanwalt den gesamten Verteidigungsauftrag übertragen bekommen hat. Er gilt außerdem für den in Bußgeldsachen beigeordneten oder gerichtlich bestellten RA, idR also den **Pflichtverteidiger.**[2] Darüber hinaus gilt er für den als Vertreter eines Neben- oder Einziehungsbeteiligten und den ggf. als Beistand eines Zeugen oder Sachverständigen tätigen RA.[3] Die Tätigkeit des RA im Rahmen einer Einzeltätigkeit wird nach VV 5200 RVG vergütet.[4] 2

2. Sachlich/Pauschgebührencharakter (Abs. 1)

Nach VV Vorb. 5.1 Abs. 1 RVG haben auch die Gebühren in Bußgeldsachen – ebenso wie die in Strafsachen[5] – Pauschgebührencharakter. Sie gelten also die **gesamte Tätigkeit,** die der RA im jeweiligen Verfahrensabschnitt erbringt, ab.[6] Wegen des Umfangs der erfassten Tätigkeiten kann auf den Tätigkeitskatalog bei → RVG VV Vorb. 4.1 Rn. 4 ff. verwiesen werden. Dieser gilt entsprechend.[7] Ebenfalls gelten die Ausführungen zu den besonderen Tätigkeiten bei 3

---

[1] → Rn. 5.

[2] Vgl. die Nachw. bei → RVG VV Vorb. 5 Rn. 3.

[3] → RVG VV Vorb. 5 Rn. 3 ff.

[4] S. dazu LG Bielefeld RVGreport 2020, 23 = RVG prof. 2020, 3 = AGS 2020, 17 = DAR 2020, 237 = JurBüro 2020, 129.

[5] → RVG VV Vorb. 4 Rn. 14 ff.

[6] LG Bad Kreuznach 26.2.2020 – 2 Qs 18/20 für Dienstaufsichtsbeschwerde.

[7] S. a. noch Burhoff/Volpert RVG/*Burhoff* VV Vorb. 4 Rn. 46, VV Vorb. 4.1 Rn. 29; wegen weiterer Tätigkeiten Schneider/Wolf/*N. Schneider* RVG VV Vorb. 4.1 Rn. 5.

→ RVG VV Vorb. 4.1 Rn. 8 entsprechend.[8] Vom Pauschalcharakter der VV 5100 ff. RVG nicht erfasst wird die Tätigkeit des RA im Hinblick auf Einziehung und verwandte Maßnahmen. Für die insoweit erbrachten Tätigkeiten erhält er eine zusätzliche Gebühr nach VV 5116 RVG.[9]

4 **§ 19 Abs. 1 S. 2 Nr. 10 RVG** gilt auch für Bußgeldsachen. Damit sind für die Einlegung der Rechtsbeschwerde gegen das amtsgerichtliche Urteil und für die Beratung über die Rechtsbeschwerde die Erläuterungen bei → § 19 Rn. 111 ff. entsprechend anzuwenden.[10] Die Einlegung der Rechtsbeschwerde wird also für den Verteidiger der ersten Instanz noch mit der Verfahrensgebühr des amtsgerichtlichen Verfahrens abgegolten.[11]

III. Anknüpfungspunkt Höhe der Geldbuße (Abs. 2)

1. Allgemeines

5 In Abs. 2 der VV Vorb. 5.1 RVG hat das RVG die Höhe der anwaltlichen Gebühren an die Höhe der (verhängten) Geldbuße angebunden. Vorgesehen sind im vorbereitenden Verfahren sowie im gerichtlichen Verfahren jeweils **drei Gebührenrahmen,** und zwar je nach der Höhe der Geldbuße die

- Stufe 1: weniger als 60,– EUR,
- Stufe 2: 60,– EUR bis 5.000,– EUR und
- Stufe 3: über 5.000,– EUR.

Durch Art. 5. des „Gesetz zur Stärkung des Rechts des Angeklagten auf Vertretung in der Berufungsverhandlung und über die Anerkennung von Abwesenheitsentscheidungen in der Rechtshilfe" v. 17.7.2015)[12] ist die unterste Stufe ab 60,– EUR angehoben worden. Sie hatte bis dahin 40,– EUR betragen. Die Anhebung ist eine Folgeregelung der sog. „Punktereform" zum 1.5.2014. Es gilt die Übergangsregelung des § 60RVG.[13]

6 Für die **Grundgebühr** (VV 5100 RVG) und für das **Rechtsbeschwerdeverfahren** einschließlich des Verfahrens auf Zulassung der Rechtsbeschwerde (VV 5115, 5116 RVG) ist eine Staffelung **nicht** vorgesehen.

2. Anbindung iE

7 Abs. 2 regelt **allgemein,** wie die Höhe der Geldbuße für die Bestimmung der Gebührenrahmen der jeweiligen Verfahrensabschnitte maßgebend ist.[14] Im Einzelnen gilt:

8 Nach **Abs. 2 S. 1** ist grds. maßgebend die zum Zeitpunkt des Entstehens der Gebühr **„zuletzt festgesetzte Geldbuße".** Maßgeblich ist also nicht die zuletzt rechtskräftig festgesetzte Geldbuße,[15] so dass Reduzierungen der Höhe der Geldbuße innerhalb eines Verfahrensabschnitts für die Höhe der anwaltlichen Vergütung ohne Bedeutung sind.[16] Wird der RA beauftragt, nachdem ein Bußgeldbescheid erlassen worden, ist die darin festgesetzte Geldbuße zugrunde zu legen.[17] Kommt es innerhalb eines Verfahrensabschnitts nach der Beauftragung des RA zu Erhöhung einer Geldbuße, weil zB das Amtsgericht eine höhere Geldbuße festsetzt, als sie im Bußgeldbescheid enthalten war, führt das nicht zur Anwendung der ggf. nächst höheren Gebührenstufe. Die Überschreitung ist vielmehr über § 14 Abs. 1 RVG zu berücksichtigen.[18]

9 Ist bei Beauftragung des RA im Verfahren vor der **Verwaltungsbehörde** eine Geldbuße noch nicht festgesetzt, richtet sich gem. **Abs. 1 S. 2, 3** die Höhe des Gebührenrahmens nach dem Regelsatz, wenn ein solcher vorgesehen ist, wie etwa nach dem Bußgeldkatalog in Stra-

---

[8] Zu „besonderen Tätigkeiten" in Bußgeldsachen Burhoff/Volpert RVG/*Burhoff* VV Vorb. 5.1 Rn. 10.

[9] Wegen der Einzelheiten → RVG VV 5116 Rn. 1 ff.; *Burhoff* RVGreport 2016, 282; RVGreport 2019, 82; *Fromm* JurBüro 2008, 507.

[10] Zur Beratung über ein Rechtsmittel Burhoff/Volpert RVG/*Burhoff* VV Vorb. 4.1 Rn. 38 ff.

[11] *Burhoff* RVGreport 2012, 448 ff.; Burhoff/Kotz StrafR-Rechtsmittel-HdB/*Burhoff* Teil D Rn. 339 ff.

[12] BGBl. I 1332.

[13] Vgl. mit Beispielen *Burhoff* VRR 8/2015, 3; RVGreport 2015, 328; ZAP Fach 24, 1423; RVG prof. 2015, 157; StRR 2015, 408; *N. Schneider* AGS 2015, 313; zu den Übergangsproblemen Burhoff/Volpert RVG/*Burhoff* VV Vorb. 5.1 Rn. 26 ff.

[14] Eing *Burhoff* RVG prof. 2004, 121; Burhoff/Volpert RVG/*Burhoff* VV Vorb. 5.1 Rn. 11 ff.; Schneider/Wolf/*N. Schneider* RVG VV Vorb. 5.1 Rn. 2 ff.; Hartung/Schons/Enders/*Hartung* RVG VV Vorb. 5.1 Rn. 4 ff.

[15] BT-Drs. 15/1971, 230; Burhoff/Volpert RVG/*Burhoff* VV Vorb. 5.1 Rn. 12, 13 mit Bsp.

[16] Burhoff/Volpert RVG/*Burhoff* VV Vorb. 5.1 Rn. 15; zutr. AG Stuttgart AGS 2009, 547 = RVGreport 2008, 430 = VRR 2008, 400 mzustAnm *Burhoff* für Änderung im Verwarnungsverfahren.

[17] BT-Drs. 15/1971, 230.

[18] Burhoff/Volpert RVG/*Burhoff* VV Vorb. 5.1 Rn. 38; aA Schneider/Wolf/*N. Schneider* RVG VV 5107 ff. Vor Rn. 9, der VV Vorb. 5.1 Abs. 2 S. 2 RVG entsprechend anwenden will.

ßenverkehrssachen oder nach sonstigen Bußgeldkatalogen.[19] Das gilt auch, wenn nur eine Verwarnung ausgesprochen wird.[20] Ansonsten richtet sich die Geldbuße nach dem mittleren Betrag des in der Bußgeldvorschrift vorgesehen Bußgeldrahmens.[21] Der mittlere Betrag wird errechnet durch die Addition des Mindest- und des Höchstbetrages und anschließender Division durch 2.[22] Die Höhe der später festgesetzten Geldbuße ist ohne Bedeutung. Sie ist erst für das anschließende gerichtliche Verfahren von Belang.[23]

Wenn wegen **mehrerer Ordnungswidrigkeiten** ermittelt wird, gilt **Abs. 2 S. 4.** Danach werden mehrere Geldbußen zusammengerechnet. Dabei ist zu unterscheiden, ob die Geldbußen tateinheitlich oder tatmehrheitlich drohen. Hat der Betroffene mehrere Bußgeldtatbestände tateinheitlich verwirklicht, ist nach § 19 Abs. 2 OWiG auf den höchsten Bußgeldtatbestand abzustellen, sind mehrere Bußgeldtatbestände in Tatmehrheit verwirklicht, werden nach § 20 Abs. 1 OWiG die einzelnen Geldbußen addiert.[24] 10

Für die Höhe der anwaltlichen Gebühren sind **sonstige Folgen** eines Bußgeldbescheides, insbes. also ein Fahrverbot, bei der Bestimmung des Gebührenrahmens ohne Belang. Diese Umstände sind aber iRd § 14 Abs. 1 S. 1 RVG erhöhend zu berücksichtigen.[25] 11

Unterabschnitt 1. Allgemeine Gebühr

Einleitung

In UAbschn. 1 ist die „Allgemeine Gebühr" geregelt. Das ist in Bußgeldsachen nur die **Grundgebühr** (VV 5100 RVG). Eine (besondere) **(Vernehmungs-)Terminsgebühr,** wie sie für Strafsachen in VV 4102 f. RVG vorgesehen ist, kennt das RVG in VV Teil 5 UAbschn. 1 RVG nicht. Dafür sind aber in VV Vorb. 5.1.2 Abs. 2 RVG und in VV Vorb. 5.1.3 Abs. 1 RVG Regelungen enthalten, wonach die in den jeweiligen Unterabschnitten geregelten Terminsgebühren auch für andere (gerichtliche) Termine als Hauptverhandlungen entstehen.[1] 1

Die Aufnahme der **„Grundgebühr"** in den UAbschn. 1 zeigt, dass sie nicht nur im vorbereitenden Verfahren vor der Verwaltungsbehörde anfallen kann, sondern auch in **allen späteren** Verfahrensabschnitten des VV Teil 5 Abschn. 1 RVG.[2] 2

Die Grundgebühr VV 5100 RVG verdient der RA **nicht,** wenn er in einer Bußgeldsache nur mit einer **Einzeltätigkeit** beauftragt worden ist. Dann entsteht nur die VV 5200 RVG. Es gelten die Erläuterungen bei → RVG VV Teil 4 Abschn. 1 UAbschn. 1 Rn. 3 entsprechend. Eine entsprechende Anwendung der VV 5100 RVG scheidet aus den dort dargelegten Gründen aus. 3

Nr.	Gebührentatbestand	Gebühr oder Satz der Gebühr nach § 13 oder § 49 RVG	
		Wahlanwalt	gerichtlich bestellter oder beigeordneter Rechtsanwalt
5100	Grundgebühr .... (1) Die Gebühr entsteht neben der Verfahrensgebühr für die erstmalige Einarbeitung in den Rechtsfall nur einmal, unabhängig davon, in welchem Verfahrensabschnitt sie erfolgt.	33,00 bis 187,00 €	88,00 €

[19] Burhoff/Volpert RVG/*Burhoff* VV Vorb. 5.1 Rn. 38; aA Schneider/Wolf/*N. Schneider* RVG VV 5107 ff. Vor Rn. 9, der VV Vorb. 5.1 Abs. 2 S. 2 RVG entsprechend anwenden will.

[20] AG Stuttgart RVGreport 2008, 430 = AGS 2009, 547 = VRR 2008, 400 mzustAnm *Burhoff.*

[21] Wegen der Einzelheiten Burhoff/Volpert RVG/*Burhoff* VV Vorb. 5.1 Rn. 20 ff.

[22] BT-Drs. 15/1971, 230; Burhoff/Volpert RVG/*Burhoff* VV Vorb. 5.1 Rn. 20, Schneider/Wolf/*N. Schneider* RVG VV Vorb. 5.1 Rn. 3.

[23] Burhoff/Volpert RVG/*Burhoff* VV Vorb. 5.1 Rn. 18 ff.; Schneider/Wolf/*N. Schneider* RVG VV Vorb. 5.1 Rn. 3.

[24] Vgl. die Beispiele bei Burhoff/Volpert RVG/*Burhoff* VV Vorb. 5.1 Rn. 17 ff.; *Burhoff* ZAP Fach 24, 1137; zur Verbindung von Verfahren *Fromm* JurBüro 2013, 228.

[25] Schneider/Wolf/*N. Schneider* RVG VV Vorb. 5.1 Rn. 6.

[1] Vgl. die Erläuterungen → RVG VV Vorb. 5.1.2 Rn. 7; → RVG VV Vorb. 5.1.3 Rn. 13.

[2] Vgl. das entsprechend geltende Beispiel bei Burhoff/Volpert RVG/*Burhoff* VV 4100 Rn. 15 f. für den Anfall der Grundgebühr VV 4100 RVG in einem späteren Verfahrensstadium.

Nr.	Gebührentatbestand	Gebühr oder Satz der Gebühr nach § 13 oder § 49 RVG	
		Wahlanwalt	gerichtlich bestellter oder beigeordneter Rechtsanwalt
	(2) Die Gebühr entsteht nicht, wenn in einem vorangegangenen Strafverfahren für dieselbe Handlung oder Tat die Gebühr 4100 entstanden ist.		

Schrifttum: *Burhoff,* Die Grundgebühr in Straf- und Bußgeldverfahren, RVGreport 2009, 361; *Burhoff,* Der Abgeltungsbereich der Grundgebühr in Straf- und Bußgeldverfahren, RENOpraxis 2011, 102; *Burhoff,* Die Grundgebühr im Straf- und Bußgeldverfahren, RVGreport 2014, 42; *Burhoff,* Grundgebühr Wichtiges Basiswissen zur Grundgebühr, RVG prof. 2015, 16; *Burhoff,* Grundgebühr Mit dieser Rechtsprechung bemessen Sie die Gebühr richtig, RVG prof. 2015, 52; *Burhoff,* Die Vergütung des Verteidigers im Bußgeldverfahren – Teil 2 Gebühren, ZAP F 24, S. 1715; *Klüsener,* Die Grundgebühr im Strafverfahren, JurBüro 2016, 561; *N. Schneider,* Neue Grundgebühr in Straf- und Bußgeldsachen, RVG prof. 2005, 119; *N. Schneider,* Abrechnung bei Wechsel zwischen Straf- und Bußgeldverfahren, DAR 2015, 432; s. iÜ auch die Hinweise bei VV 4100 RVG und die Hinweise bei → RVG VV Teil 5 Einl. Vor Rn. 1; bei → RVG VV Vorb. 5 Vor Rn. 1; bei → RVG VV Teil 5 Abschn. 1 Vor Rn. 1.

Übersicht

I. Allgemeines

1 VV 5100 RVG enthält die für **Bußgeldsachen** geltende Grundgebühr. Eine Staffelung der Gebühr nach der Höhe der Geldbuße ist nicht vorgesehen.

II. Abgeltungsbereich (Anm. 1)

2 Die Grundgebühr steht dem RA nach Anm. 1 neben der jeweiligen Verfahrensgebühr für die **(erstmalige) Einarbeitung** in den **Rechtsfall** zu. Durch das 2. KostRMoG[1] ist – ebenso wie in VV 4100 RVG für das Strafverfahren – klargestellt, dass die Grundgebühr (immer) neben[2] der jeweiligen Verfahrensgebühr entsteht. Mit der Grundgebühr wird der zusätzliche Arbeitsaufwand abgegolten, der einmalig mit der Übernahme des Mandats entsteht. also idR die erste Akteneinsicht und die erste Information. Anm. 1 ist wortgleich mit der Anm. zu VV 4100 RVG. Es kann daher auf die entsprechend geltenden Erläuterungen bei → RVG VV 4100 Rn. 6 ff.; und bei → RVG VV Vorb. 4 Rn. 10 ff., vor allem auch zum Verhältnis der Grundgebühr zur Verfahrensgebühr, verwiesen werden. Die Einlegung des Einspruchs gegen den Bußgeldbescheid gehört nicht mehr zum Abgeltungsbereich der Grundgebühr.[3]

III. Höhe der Gebühr

3 Der **Wahlanwalt** erhält eine Betragsrahmengebühr, die unabhängig ist von der Höhe der Geldbuße und der Ordnung des Gerichtes. Für die Bemessung der Grundgebühr gilt § 14

[1] → RVG VV Teil 4 Einl. Rn. 7.

[2] OLG Saarbrücken RVGreport 2015, 64 = StRR 2015, 117 = RVG prof. 2015, 60; LG Amberg RVGreport 2020, 141 = RVG prof. 2020, 65; LG Chemnitz RVGreport 2015, 265 = StRR 2015, 319 = AGS 2015, 379; LG Duisburg RVGreport 2014, 427 = VRR 2014, 319 = AGS 2014, 330 = ZfS 2014, 468 = StRR 2014, 360; LG Oldenburg RVGreport 2014, 470 = ZfS 2014, 648 = AGS 2014, 552 = StRR 2015, 80 = RVG prof.2015, 45; LG Saarbrücken RVGreport 2015, 221 = StRR 2015, 239 = AGS 2015, 389, Aufgabe der Rspr. aus dem Beschl. v. 3.2.2015, StRR 2015, 119 = RVGreport 2015, 182; aA – ohne nähere Begr. – OLG Nürnberg RVGreport 2016, 105 = StraFo 2015, 39 = AGS 2015, 29 = StRR 2015, 118 = NStZ-RR 2015, 95 (Ls.); LG Saarbrücken AGS 2015, 379; StRR 2015, 119 = RVGreport 2015, 182 = AGS 2015, 388; *Burhoff* RVGreport 2014, 42; StraFo 2013, 330; RVG prof. 2015, 16; *Klüsener* JurBüro 2016, 561.

[3] LG Düsseldorf VRR 2006, 357.

Abs. 1 S. 1 RVG. Die Grundgebühr nach VV 5100 RVG beträgt 33,– EUR bis 187,– EUR, die Mittelgebühr beträgt 110,– EUR. Für den Pflichtverteidiger beträgt sie 88,– EUR. Reicht der Betragsrahmen nicht aus bzw. handelt es sich um eine „besonders schwierige" bzw. „besonders umfangreiche" Bußgeldsache kann die Bewilligung/Feststellung einer Pauschgebühr nach den §§ 42, 51 RVG in Betracht kommen.[4]

Für die **Bemessung** der Grundgebühr des Wahlanwalts gelten die Erläuterungen bei → RVG VV Teil 5 Einl. Rn. 16 ff. entsprechend.[5] Die Ordnung des Gerichts hat also ebenso wenig Einfluss auf die Höhe der Grundgebühr wie die Höhe der Geldbuße. Der Umstand, dass der Gesetzgeber die Höhe der Grundgebühr gerade nicht an die Höhe der Geldbuße gekoppelt hat, zeigt, dass diese bei der Gebührenbemessung nicht zu berücksichtigen ist. Von Belang ist aber auch in Bußgeldsachen der Umfang der Akten, in die der RA Einsicht nimmt.[6] Insoweit ist allerdings für das straßenverkehrsrechtliche OWi-Verfahren darauf zu achten, dass in diesen die Akten idR keinen sehr erheblichen Umfang haben, vor allem, wenn noch im Verfahren bei der Verwaltungsbehörde Akteneinsicht genommen wird. Dies ist bei der Gebührenbemessung zu berücksichtigen.[7] Ist weder zum Zeitpunkt des Erstgesprächs, noch im Rahmen des Einspruchsverfahrens bis zur Einstellung des Verfahrens Akteneinsicht gewährt worden, umfasst die Einarbeitung in den Fall bis zur Einstellung „nur" das Studium des Bußgeldbescheides und das Mandantengespräch, eine Grundgebühr von nur 80,– EUR ist dann angemessen.[8] 4

IV. Grundgebühr nach vorangegangenem Strafverfahren (Anm. 2)

Nach Anm. 2 entsteht die Grundgebühr VV 5100 RVG nicht, wenn wegen derselben Tat oder Handlung, die Gegenstand der erstmaligen Einarbeitung im OWi-Verfahren ist, **bereits** ein **Strafverfahren geführt** worden und insoweit bereits eine Grundgebühr VV 4100 RVG entstanden ist. Für den Begriff „derselben Tat oder Handlung" gilt der prozessuale Tatbegriff des § 264 StPO.[9] Entscheidend ist, dass die Bußgeldsachen denselben einheitlichen geschichtlichen Vorgang zum Verfahrensgegenstand hat.[10] Ist das nicht der Fall, entsteht auch im Bußgeldverfahren (noch) eine Grundgebühr.[11] 5

Unterabschnitt 2. Verfahren vor der Verwaltungsbehörde

Einleitung

UAbschn. 2 regelt die Gebühren in Bußgeldsachen im Verfahren vor der Verwaltungsbehörde. Die Gebühren sind strukturell ebenso gegliedert wie für das vorbereitende Verfahren im Strafverfahren. Der Verteidiger erhält für das Betreiben des Geschäfts die **Verfahrensgebühr** und für seine Teilnahme an Vernehmungsterminen ggf. eine **Terminsgebühr.** 1

Das Verfahren vor der Verwaltungsbehörde und das sich ggf. anschließende gerichtliche Verfahren sind nach der (Neu)Regelung in § 17 Nr. 11 RVG durch das 2. KostRMoG[1] ausdrücklich **verschiedene Angelegenheiten.**[2] 2

---

[4] Burhoff/Volpert RVG/*Burhoff* VV 4100 Rn. 55 für die VV 4100 RVG.

[5] → RVG VV 4100 Rn. 21 ff.

[6] Vgl. die Ausführungen bei → RVG VV Teil 5 Einl. Rn. 20 mwN; s. a. die Rechtsprechungszusammenstellung in den bei den Literaturhinweisen angeführten Rechtsprechungsübersichten.

[7] Zutr. LG Berlin 22.3.2012 – 517 Qs 5/12, geringer Aktenumfang von 24 Blatt wird durch andere erhöhende Umstände aufgewogen; LG Düsseldorf RVGreport 2017, 373 = JurBüro 2017, 356, Aktenumfang von zwölf Seiten ist als sehr gering einzustufen; AG München AGS 2007, 81, 26 Seiten; unzutreffend LG Leipzig RVGreport 2009, 61 = VRR 2009, 119 = RVG prof. 2009, 33, Abstellen auf Aktenumfang von nur neun Seiten; LG Saarbrücken 9.7.2014 – 2 Qs 30/14; LG Zwickau RVGreport 2016, 57 = VRR 5/2016, 20, Aktenumfang von 26 Seiten unterdurchschnittlich; AG Charlottenburg RVGreport 2020, 257 – 32 Blatt; AG München 26.1.2007 – 132 C 2248/06, Abstellen auf Aktenumfang von nur 16 Seiten; *Burhoff* RVGreport 2014, 42 ff.; RVG prof. 2015, 52.

[8] AG Viechtach RVGreport 2019, 57 = DAR 2019, 58 = RVG prof. 2019, 6.

[9] Burhoff/Volpert RVG/*Burhoff* VV 5100 Rn. 7; zum Begriff derselben Tat Meyer-Goßner/Schmitt/*Schmitt* StPO § 264 Rn. 1 ff. mwN; Göhler/*Seitz/Bauer* OWiG Vor § 59 Rn. 50 ff.

[10] Vgl. die Beispiele bei Burhoff/Volpert RVG/*Burhoff* VV 5100 Rn. 9.

[11] Zur Abrechnung bei Wechsel zwischen Straf- und Bußgeldverfahren *N. Schneider* DAR 2015, 432.

[1] → RVG VV Teil 4 Einl. Rn. 9.

[2] S. bei → RVG VV Teil 5 Einl. Rn. 10; zu Angelegenheiten → RVG VV Teil 4 Einl. Rn. 19 ff.; → RVG VV Teil 5 Einl. Rn. 9.

Nr.	Gebührentatbestand	Gebühr oder Satz der Gebühr nach § 13 oder § 49 RVG	
		Wahlanwalt	gerichtlich bestellter oder beigeordneter Rechtsanwalt

Vorbemerkung 5.1.2:

(1) Zu dem Verfahren vor der Verwaltungsbehörde gehört auch das Verwarnungsverfahren und das Zwischenverfahren (§ 69 OWiG) bis zum Eingang der Akten bei Gericht.

(2) Die Terminsgebühr entsteht auch für die Teilnahme an Vernehmungen vor der Polizei oder der Verwaltungsbehörde.

Schrifttum: *Burhoff,* Anwaltsvergütung für die Verteidigung im bußgeldrechtlichen Verwarnungsverfahren nach §§ 56 ff. OWiG, RVGreport 2016, 362; *N. Schneider,* Abrechnung bei Rückgabe des Bußgeldverfahrens an die Verwaltungsbehörde, AGkompakt 2018, 86; *Volpert,* Die Verteidigervergütung im straßenverkehrsrechtlichen Verwarnungsverfahren gem. §§ 56 ff. OWiG, VRR 2006, 213; s. a. die Hinweise bei → RVG VV Teil 5 Einl. Vor Rn. 1; bei → RVG VV Vorb. 5 Vor Rn. 1; bei → RVG VV Teil 5 Abschn. 1 Vor Rn. 1.

Übersicht

I. Allgemeines

1 VV Vorb. 5.1.2 RVG regelt in **Abs. 1** den sachlichen Abgeltungsbereich der Gebühren im „Verfahren vor der Verwaltungsbehörde" und in **Abs. 2** die Frage, wann die in VV 5102, 5104, 5106 RVG vorgesehenen Terminsgebühren entstehen.

II. Sachlicher Abgeltungsbereich (Abs. 1)

2 UAbschn. 2 enthält die Regelung der anwaltlichen Vergütung im bußgeldrechtlichen **(Vor-)Verfahren** vor der **Verwaltungsbehörde.**[1] Dieser Verfahrensabschnitt dauert von der Einleitung des Bußgeldverfahrens bis zum Eingang der Akten bei Gericht nach § 69 OWiG. Damit beginnt dann das gerichtliche Bußgeldverfahren und die anwaltliche Vergütung richtet sich nach UAbschn. 3.

3 Das Verfahren nach UAbschn. 2 **beginnt** entweder mit der Aufnahme der Ermittlungen oder mit der Abgabe eines Strafverfahrens von der Staatsanwaltschaft an die Verwaltungsbehörde gem. § 43 OWiG.[2] Das Verfahren **endet** spätestens mit dem Eingang der Akten bei Gericht (§ 69 Abs. 3 S. 1 OWiG) bzw. mit einer sonstigen vorherigen verfahrensbeendenden Maßnahme.[3] Es lebt nicht dadurch wieder auf, dass der Betroffene/Verteidiger anschließend noch mit der Verwaltungsbehörde korrespondiert.[4]

4 Abs. 1 der Anmerkung regelt ausdrücklich, dass das Verwarnungsverfahren nach §§ 56 ff. OWiG und das Zwischenverfahren zum „Verfahren vor der Verwaltungsbehörde" gehören. Wird im **Verwarnungsverfahren** vom Betroffenen die Verwarnung angefochten, richtet sich das Verfahren nach §§ 62 ff. OWiG. Der danach zulässige Antrag auf gerichtliche Entscheidung gehört noch zum „Verfahren vor der Verwaltungsbehörde" und leitet nicht etwa schon das gerichtliche Verfahren nach UAbschn. 3 ein.[5] Auch das sog. **Zwischenverfahren** gehört noch zum „Verfahren vor der Verwaltungsbehörde". Dieses endet erst mit dem Eingang der Akten

[1] Zum Begriff der Bußgeldsache → RVG VV Teil 5 Einl. Rn. 1; zum Abgeltungsbereich s. a. noch Burhoff/Volpert RVG/*Burhoff* VV Vorb. 5.1.2 Rn. 3.

[2] *N. Schneider* DAR 2015, 432 (433).

[3] LG Zweibrücken 12.2.2020 – 1 Qs 33/20; Burhoff/Volpert RVG/*Burhoff* VV Vorb. 5.1.2 Rn. 6; zum Verfahren vor der Verwaltungsbehörde Hartung/Schons/Enders/*Hartung* RVG VV Vorb. 5.1.2 Rn. 2 ff.

[4] LG Zweibrücken 12.2.2021 – Qs 33/20.

[5] Zur anwaltlichen Vergütung im Verwarnungsverfahren nach §§ 56 ff. OWiG eing. Burhoff/Volpert RVG/*Volpert* Teil A Rn. 2562 ff.; *Volpert* VRR 2006, 213; *Burhoff* RVGreport 2016, 362.

bei Gericht (vgl. § 69 Abs. 4 S. 2 OWiG). Daraus folgt, dass alle anwaltlichen Tätigkeiten im Zwischenverfahren durch die nach UAbschn. 2 entstehenden Gebühren abgegolten werden, also zB auch ein Streit über die Rechtzeitigkeit des Einspruchs (§ 69 Abs. 1 OWiG) oder um Akteneinsicht usw.[6] Wird das Verfahren nach § 69 Abs. 5 S. 1 OWiG vom AG wegen offensichtlich ungenügender Aufklärung an die Verwaltungsbehörde **zurückverwiesen,** entsteht dadurch nicht eine weitere Verfahrensgebühr für das Verfahren vor der Verwaltungsbehörde. Es handelt sich nicht um eine Zurückverweisung iSv § 21 Abs. 1 RVG, sondern um die Fortsetzung des Verfahrens bei der Verwaltungsbehörde.[7] Der RA kann/muss die zusätzlichen Tätigkeiten über § 14 Abs. 1 S. 1 RVG geltend machen.[8] Allerdings ist zu überlegen, ob § 21 RVG nicht ggf. **analog** angewendet werden kann. Die „Zurückverweisung" führt zu neuen tatsächlichen Ermittlungen und weiterer Aufklärung. Danach muss die Verwaltungsbehörde in Form eines neuen Abschlussvermerks nach § 69 Abs. 3 OWiG erneut entschieden.[9] Auf jeden Fall sind die zusätzlichen Tätigkeiten über § 14 Abs. 1 S. 1 RVG bei der Bemessung der Verfahrensgebühr zu berücksichtigen. Etwas anderes gilt, wenn die Verwaltungsbehörde den ursprünglichen Bußgeldbescheid aufhebt und – ggf. nach weiteren Ermittlungen – einen neuen Bußgeldbescheid erlässt. Dann handelt es ich um eine neue Angelegenheit, deren Gegenstand ein anderer Bußgeldbescheid ist, mit der Folge, dass über § 15 RVG die Gebühren neu/noch einmal entstehen.[10]

Aus der Verweisung in VV Vorb. 5.1.2 Abs. 1 RVG auf § 69 OWiG folgt iÜ, dass der **Einspruch** gegen den Bußgeldbescheid noch zum außergerichtlichen „Verfahren vor der Verwaltungsbehörde" gehört.[11] Das Einlegen des Einspruchs wird aber nicht durch die Grundgebühr VV 5100 RVG abgegolten, sondern durch die (jeweilige) Verfahrensgebühr.[12] Die insoweit erbrachte Tätigkeit des RA ist mehr als (erste) „Einarbeitung". 5

Zum „Verfahren bei der Verwaltungsbehörde" gehört schließlich auch ein gerichtliches Verfahren, dass im bußgeldrechtlichen Vorverfahren aufgrund eines **Antrags** auf **gerichtliche Entscheidung** nach § 62 OWiG eingeleitet worden ist.[13] Dieses ist noch kein „gerichtliches Verfahren" iSv UAbschn. 3, da das „Verfahren vor der Verwaltungsbehörde", erst mit Eingang der Akten beim Amtsgericht nach § 69 Abs. 4 S. 2 OWiG endet.[14] Entsprechendes gilt für ein Wiedereinsetzungsverfahren, zB bei versäumtem Einspruch. 6

III. Terminsgebühr (Abs. 2)

In UAbschn. 2 sind in den VV 5102, 5104, 5106 RVG Terminsgebühren vorgesehen. Diese entstehen nach VV Vorb. 5.1.2 Abs. 2 RVG nicht nur für gerichtliche Termine, sondern (auch) für die Teilnahme an **Vernehmungen** vor der **Polizei** oder der Verwaltungsbehörde. Es muss sich aber um Vernehmungstermine handeln. Besprechungstermine mit der Verwaltungsbehörde, zB mit dem Ziel der Änderungen der Rechtsfolgen in einem bereits erlassenen Bußgeldbescheid oder mit dem Ziel der Einstellung des Verfahrens sind keine Termine iSd VV Vorb. 5.1.2 Abs. 2 RVG.[15] Findet das außergerichtliche Bußgeldverfahren nach §§ 63, 42 OWiG vor der Staatsanwaltschaft statt, hat diese die Funktion der „Verwaltungsbehörde". Dann führen Termine bei ihr ggf. auch zu einer Terminsgebühr nach VV 5102, 5104, 5106 RVG.[16] 7

---

[6] Burhoff/Volpert RVG/*Burhoff* VV Vorb. 5.1.2 Rn. 11; zur Akteneinsicht LG Wuppertal RVGreport 2019, 146 = NZV 2019, 156 = RVG prof. 2019, 21; *Burhoff* VRR 2013, 213; RVGreport 2013, 212; StRR 2013, 294; RVG prof. 2013, 88; aA offenbar AG Senftenberg AGS 2013, 231 = VRR 2013, 239 = StRR 2013, 319.

[7] Sa *N. Schneider* AGkompakt 2018, 86.

[8] Burhoff/Volpert RVG/*Burhoff* VV Vorb. 5.1.2 Rn. 9.

[9] Sa Burhoff/Volpert RVG/*Burhoff* VV Vorb. 5.1.2 Rn. 9.

[10] *N. Schneider* AGkompakt 2018, 86.

[11] Burhoff/Volpert RVG/*Burhoff* VV Vorb. 5.1.2 Rn. 7; Hartung/Schons/Enders/*Hartung* RVG VV Vorb. 5.1.2 Rn. 3.

[12] LG Düsseldorf VRR 2006, 357.

[13] *Burhoff* VRR 2013, 213; RVGreport 2013, 212; RVG prof. 2013, 88; StRR 2013, 294; LG Wuppertal RVGreport 2019, 146 = NZV 2019, 156 = RVG prof. 2019, 21; unzutreffend aA für den Antrag auf gerichtliche Entscheidung gegen eine nicht bzw. nicht ausreichend gewährte Akteneinsicht AG Senftenberg AGS 2013, 231 = VRR 2013, 239 = StRR 2013, 319.

[14] S. a. Burhoff/Volpert RVG/*Burhoff* VV Vorb. 5.1.2 Rn. 11; ähnlich AG Hof JurBüro 2011, 253 = AGS 2011, 68 = VRR 2011, 160 = RVGreport 2011, 262, im Strafverfahren noch keine gerichtliches Verfahren iSv VV Teil 4 RVG, wenn die Akten nur aufgrund einer Beschwerde gegen einen § 111a StPO-Beschluss zum Prozessgericht gelangen.

[15] S. a. *Burhoff* RVGreport 2013, 42 (46); *Burhoff* RVGreport 2014, 2, 7.

[16] Burhoff/Volpert RVG/*Burhoff* VV Vorb. 5.1.2 Rn. 12.

8 Für den **Abgeltungsbereich** der in VV Vorb. 5.1.2 Abs. 2 RVG genannten Termine gelten die Erläuterungen zu VV 4102 Nr. 1, 2 RVG entsprechend.[17] Der RA erhält die Terminsgebühr auch, wenn der Termin aus Gründen, die er nicht zu vertreten hat, nicht stattfindet (VV Vorb. 5 Abs. 3 S. 2 RVG).

Nr.	Gebührentatbestand	Gebühr oder Satz der Gebühr nach § 13 oder § 49 RVG	
		Wahlanwalt	gerichtlich bestellter oder beigeordneter Rechtsanwalt
5101	Verfahrensgebühr bei einer Geldbuße von weniger als 60,00 €	22,00 bis 121,00 €	57,00 €
5102	Terminsgebühr für jeden Tag, an dem ein Termin in den in Nummer 5101 genannten Verfahren stattfindet	22,00 bis 121,00 €	57,00 €
5103	Verfahrensgebühr bei einer Geldbuße von 60,00 bis 5.000,00 €	33,00 bis 319,00 €	141,00 €
5104	Terminsgebühr für jeden Tag, an dem ein Termin in den in Nummer 5103 genannten Verfahren stattfindet	33,00 bis 319,00 €	141,00 €
5105	Verfahrensgebühr bei einer Geldbuße von mehr als 5.000,00 €	44,00 bis 330,00 €	150,00 €
5106	Terminsgebühr für jeden Tag, an dem ein Termin in den in Nummer 5105 genannten Verfahren stattfindet	44,00 bis 330,00 €	150,00 €

Schrifttum: *Burhoff,* Abrechnungsbeispiele zum RVG Gerichtliches Verfahren I. Instanz, RVGreport 2004, 336; *Burhoff,* Der Längenzuschlag auf die Terminsgebühr für den Pflichtverteidiger, RVGreport 2006, 1; *Burhoff,* Die Verfahrensgebühr im Straf- bzw. Bußgeldverfahren, RVGreport 2009, 443; *Burhoff,* Die Terminsgebühr im Straf- bzw. Bußgeldverfahren, RVGreport 2010, 3; *Burhoff,* Die Verfahrensgebühr im Straf- bzw. Bußgeldverfahren, RENOpraxis 2011, 126; *Burhoff,* 25 Fragen und Antworten zur Terminsgebühr in Straf- und Bußgeldverfahren, RVG prof. 2013, 124; *Burhoff,* 25 Fragen und Antworten zur Verfahrensgebühr in Straf- und Bußgeldverfahren, RVG prof. 2013, 176; s. a. die Hinweise bei → RVG VV Teil 5 Einl. Vor Rn. 1; bei → RVG VV Vorb. 5 Vor Rn. 1; bei → RVG VV Teil 5 Abschn. 1 Vor Rn. 1.

Übersicht

I. Allgemeines

1 Die VV 5101, 5103, 5105 RVG regeln die **Verfahrensgebühren,** die VV 5102, 5104, 5106 RVG die **Terminsgebühren** im vorbereitenden „Verfahren vor der Verwaltungsbehörde". Die Gebühren unterscheiden sich jeweils nur durch den Rahmen der dem RA zustehenden Gebühr, der abhängig ist von der Höhe der Geldbuße.[1]

2 Durch das „Gesetz zur Stärkung des Rechts des Angeklagten auf Vertretung in der Berufungsverhandlung und über die Anerkennung von Abwesenheitsentscheidungen in der Rechtshilfe" v. 17.7.2015[2] sind die **Gebührentatbestände** mWv 25.7.2015 an die Neurege-

[17] S. a. Burhoff/Volpert RVG/*Burhoff* VV Vorb. 5.1.2 Rn. 14.
[1] → RVG VV Vorb. 5.1 Rn. 5 ff.
[2] BGBl. 2015 I 1332.

lung der Eintragsgrenze am 1.5.2014 **angepasst** worden. Die Stufe 1 erfasst jetzt Verfahren mit Geldbußen von weniger als 60,– EUR. Es gilt die Übergangsregelung des § 60 RVG.[3]

II. Verfahrensgebühren (VV 5101, 5103, 5105 RVG)

1. Abgeltungsbereich

Für den **persönlichen Abgeltungsbereich** kann auf die Erläuterungen bei → RVG VV Vorb. 5 Rn. 3 ff. verwiesen werden. 3

Sachlich verdient der RA die Verfahrensgebühren VV 5101, 5013, 5105 RVG nach der Legaldefinition der VV Vorb. 5 Abs. 2 RVG im „Verfahren vor der Verwaltungsbehörde" für das „**Betreiben** des **Geschäfts** einschließlich der **Information**".[4] Die Verfahrensgebühr gilt jeweils alle im vorbereitenden Verfahren vom RA erbrachte Tätigkeiten ab. Dazu gehören insbes. auch die Tätigkeiten im gerichtlichen Zwischenverfahren oder in Zusammenhang mit Rechtsbehelfen betreffend Akteneinsicht.[5] Nicht erfasst wird der zusätzliche Arbeitsaufwand durch die erste Einarbeitung. Der wird durch die Grundgebühr VV 5100 RVG abgegolten, die immer neben der Verfahrensgebühr entsteht.[6] Die Verfahrensgebühr erfasst auch nicht die Teilnahme an (gerichtlichen) Terminen. Dafür sind Terminsgebühren vorgesehen. 4

2. Höhe der Gebühren

Der **Wahlanwalt** erhält[7] 5

- in der Stufe 1 (Geldbuße weniger als 60,– EUR) nach VV 5101 RVG eine Betragsrahmengebühr iHv 22,– EUR bis 121,– EUR, die Mittelgebühr beträgt 71,50 EUR,
- in der Stufe 2 (Geldbuße von 60,– EUR bis 5.000,– EUR) nach VV 5103 RVG eine Betragsrahmengebühr iHv 33,– EUR bis 329,– EUR, die Mittelgebühr beträgt 176,– EUR,
- in der Stufe 3 (Geldbuße von mehr als 5.000,– EUR) nach VV 5105 RVG eine Betragsrahmengebühr iHv 44,– EUR bis 330,– EUR, die Mittelgebühr beträgt 187,– EUR.[8]

Der **gerichtlich bestellte** oder beigeordnete RA erhält, 6

- in der Stufe 1 (Geldbuße weniger als 60,– EUR) nach VV 5101 RVG eine Festgebühr iHv 57,– EUR,
- in der Stufe 2 (Geldbuße von 60,– EUR bis 5.000,– EUR) nach VV 5103 RVG eine Festgebühr iHv 141,– EUR,
- in der Stufe 3 (Geldbuße von mehr als 5.000,– EUR) nach VV 5105 RVG eine Festgebühr iHv 150,– EUR.

III. Terminsgebühren (VV 5102, 5104, 5106 RVG)

1. Abgeltungsbereich

Für den **persönlichen** Abgeltungsbereich kann auf die Erläuterungen bei → RVG VV Vorb. 5 Rn. 3 ff. verwiesen werden. 7

Sachlich gelten die Terminsgebühren VV 5102, 5104, 5106 RVG die **Teilnahme** des RA an einem (gerichtlichen) Termin während des Verfahrens vor der Verwaltungsbehörde ab. Hinsichtlich des Abgeltungsbereichs und des Entstehens der Gebühren iE kann auf die Erläuterungen bei → RVG VV 4102 Rn. 2 ff. verwiesen werden kann. Die gelten entsprechend.[9] 8

---

[3] Vgl. mit Beispielen *Burhoff* VRR 8/2015, 3; RVGreport 2015, 328; ZAP Fach 24, 1423; RVG prof. 2015, 157; StRR 2015, 408; *N. Schneider* AGS 2015, 313; zu den Übergangsproblemen Burhoff/Volpert RVG/*Burhoff* VV Vorb. 5.1 Rn. 26 ff.

[4] Zum allgemeinen Abgeltungsbereich der Verfahrensgebühr → RVG VV Vorb. 5 Rn. 6 ff.; *Burhoff* RVGreport 2009, 443; RVG prof. 2014, 176.

[5] *Burhoff* VRR 2013, 213; RVGreport 2013, 212; RVG prof. 2013, 88; StRR 2013, 294; für den Antrag auf gerichtliche Entscheidung gegen eine nicht bzw. nicht ausreichend gewährte Akteneinsicht LG Wuppertal RVGreport 2019, 146 = NJW 2019, 156 = RVG prof. 2019, 21; unzutreffend aA AG Senftenberg AGS 2013, 231 = VRR 2013, 239 = StRR 2013, 319, für Beschwerden s. LG Arnsberg RVGreport 2020, 179 = RVG prof. 2020, 64.

[6] Vgl. die Nachw. bei → RVG VV 5100 Rn. 2; *Burhoff* RVGreport 2014, 42; RVG prof. 2015, 16; *Klüsener* JurBüro 2016, 561.

[7] Wegen der Anbindung der Höhe der Gebühren an die Geldbuße → RVG VV Vorb. 5.1.2 Rn. 5 ff.

[8] Zur Gebührenbemessung in Bußgeldsachen → RVG VV Teil 5 Einl. Rn. 16 ff. mwN aus der Rspr. sowie die Zusammenstellung der Rspr. in den bei den Literaturhinweisen angeführten Rechtsprechungsübersichten.

[9] Zum allgemeinen Abgeltungsbereich der Terminsgebühr s. *Burhoff* RVGreport 2010, 3 und RVG prof. 2013, 124.

9 Erfasst werden von den Gebührenvorschriften nach VV Vorb. 5.1.2 Abs. 2 RVG (auch) **Vernehmungstermine** vor der **Polizei** oder der **Verwaltungsbehörde.** IÜ gelten die VV 5102, 5104, 5106 RVG die gerichtlichen Termine, die im Verfahren vor der Verwaltungsbehörde stattfinden, ab (VV Vorb. 5 Abs. 3 RVG). Es muss sich dabei aber nicht um einen Vernehmungstermin handeln. Die VV 5102, 5104, 5106 RVG nennen uneingeschränkt Termine, so dass also auch die Teilnahme des RA an sonstigen (gerichtlichen) Terminen erfasst wird, soweit diese in Bußgeldsachen überhaupt anfallen.[10] Das kann zB der Fall sein, wenn das AG im Verfahren über die Zulässigkeit des Einspruchs (§ 60 OWiG) einen „Termin zur Beweisaufnahme" anberaumt und in dem dann Zeugen vernimmt.

10 Der RA verdient die Gebühren für die **Teilnahme** „für **jeden Tag,** an dem ein Termin stattfindet". Das bedeutet, dass auch dann, wenn an einem Tag mehrere Vernehmungen in derselben Angelegenheit stattfinden sollten, die Terminsgebühr nur einmal anfällt.

11 Darüber hinaus sind die Terminsgebühren aber **nicht begrenzt.** Finden also mehrere Vernehmungen an unterschiedlichen Tagen statt, erhält der RA die Terminsgebühren auch mehrfach. Eine Begrenzung wie in VV 4102 Anm. 2 S. 2 RVG ist für Bußgeldsachen nicht vorgesehen. Die Regelung aus VV Teil 4 RVG kann nicht entsprechend angewendet werden.

12 Die Terminsgebühren entstehen nach VV Vorb. 5 Abs. 3 S. 2 RVG auch im Fall des sog. **„geplatzten Termins".**[11]

2. Höhe der Gebühren

13 Der **Wahlanwalt** erhält[12]

- in der Stufe 1 (Geldbuße weniger als 60,– EUR) nach VV 5102 RVG eine Betragsrahmengebühr iHv 22,– EUR bis 121,– EUR, die Mittelgebühr beträgt 71,50 EUR,
- in der Stufe 2 (Geldbuße von 60,– EUR bis 5.000,– EUR) nach VV 5104 RVG eine Betragsrahmengebühr iHv 33,– EUR bis 319,– EUR, die Mittelgebühr beträgt 176,– EUR,
- in der Stufe 3 (Geldbuße von mehr als 5.000,– EUR) nach VV 5106 RVG eine Betragsrahmengebühr iHv 44,– EUR bis 330,– EUR, die Mittelgebühr beträgt 187,– EUR.[13]

14 Der **gerichtlich bestellte** oder beigeordnete RA erhält,

- in der Stufe 1 (Geldbuße weniger als 60,– EUR) nach VV 5102 RVG eine Festgebühr iHv 57,– EUR,
- in der Stufe 2 (Geldbuße von 60,– EUR bis 5.000,– EUR) nach VV 5104 RVG eine Festgebühr iHv 141,– EUR,
- in der Stufe 3 (Geldbuße von mehr als 5.000,– EUR) nach VV 5106 RVG eine Festgebühr iHv 150,– EUR.

IV. Zusätzliche/Sonstige Gebühren

15 Neben den Verfahrensgebühren VV 5101, 5103, 5105 RVG bzw. den Terminsgebühren VV 5102, 5104 RVG (VV 5106 RVG) kann die zusätzliche Gebühr VV 5115 RVG entstehen, wenn der RA an der **Vermeidung** einer **Hauptverhandlung** mitwirkt, bzw. kann er die Gebühr VV 5116 RVG verdienen, wenn er in der Bußgeldsache „bei **Einziehung** und verwandten Maßnahmen" tätig geworden ist.[14]

16 Der RA erhält schließlich Ersatz seiner **Auslagen** nach VV 7000 ff. RVG erstattet. Im „Verfahren vor Verwaltungsbehörde" entsteht, da es sich gegenüber dem gerichtlichen Verfahren nach § 17 Nr. 11 RVG um eine eigene Angelegenheit handelt, auch eine gesonderte Auslagenpauschale VV 7002 RVG.[15]

Unterabschnitt 3. Gerichtliches Verfahren im ersten Rechtszug

1 UAbschn. 3 regelt die Gebühren in Bußgeldsachen im gerichtlichen Verfahren des ersten Rechtszuges. Die Gebühren sind strukturell ebenso gegliedert wie für das gerichtliche Verfahren im Strafverfahren. Der Verteidiger erhält für das Betreiben des Geschäfts die **Verfahrensgebühr** und für seine Teilnahme an Hauptverhandlungen ggf. eine **Terminsgebühr.** Außer-

[10] Burhoff/Volpert RVG/*Burhoff* VV Vorb. 5.1.2 Rn. 14 f.
[11] Vgl. die entsprechend geltenden Erläuterungen bei → RVG VV Vorb. 4 Rn. 39 ff.
[12] Wegen der Anbindung der Höhe der Gebühren an die Geldbuße → RVG VV Vorb. 5.1.2 Rn. 5 ff.
[13] Zur Gebührenbemessung in Bußgeldsachen → RVG VV Teil 5 Einl. Rn. 16 ff. mwN aus der Rspr.; s. a. die bei den Literaturhinweisen angeführten Rechtsprechungsübersichten.
[14] Vgl. die Erläuterungen bei VV 5115, 5116 RVG.
[15] Vgl. die Nachw. bei → RVG VV Teil 5 Einl. Rn. 10.

dem können Terminsgebühren für die Teilnahme an gerichtlichen Termine außerhalb der Hauptverhandlung entstehen.

Der UAbschn. 3 erfasst nicht nur das erstinstanzliche Verfahren beim **Amtsgericht,** sondern nach den Änderungen durch das 2. JuMoG[1] auch die Bußgeldsachen, in denen das **Oberlandesgericht** erstinstanzlich tätig wird (vgl. §§ 81, 83 GWB; §§ 60, 62 WpÜG; §§ 95, 98 EnWG).[2] Der RA wird allerdings in den Bußgeldsachen, die erstinstanzlich beim Oberlandesgericht anhängig sind/werden, kaum für die im RVG vorgesehenen Gebühren arbeiten können. Im Zweifel wird er in diesen Sachen daher eine Vergütungsvereinbarung (§ 3a RVG) abschließen oder zumindest ein Pauschgebühr nach § 42 RVG beantragen (müssen).[3] 2

UAbschn. 3 gilt nach VV Vorb. 5.1.3 **Abs. 2** RVG auch für das **Wiederaufnahmeverfahren.** Das RVG hat also in Bußgeldsachen auf eine eigenständige Regelung wie für das Strafverfahren in den VV 4136 ff. RVG verzichtet.[4] 3

Das gerichtliche Verfahren im ersten Rechtszug nach UAbschn. 3 und das vorhergehende „Verfahren vor der Verwaltungsbehörde" nach UAbschn. 2 sind gem. § 17 Nr. 11 RVG **verschiedene Angelegenheiten.**[5] 4

Nr.	Gebührentatbestand	Gebühr oder Satz der Gebühr nach § 13 oder § 49 RVG	
		Wahlanwalt	gerichtlich bestellter oder beigeordneter Rechtsanwalt

Vorbemerkung 5.1.3:

(1) Die Terminsgebühr entsteht auch für die Teilnahme an gerichtlichen Terminen außerhalb der Hauptverhandlung.

(2) Die Gebühren dieses Unterabschnitts entstehen für das Wiederaufnahmeverfahren einschließlich seiner Vorbereitung gesondert; die Verfahrensgebühr entsteht auch, wenn von der Stellung eines Wiederaufnahmeantrags abgeraten wird.

Schrifttum: *Burhoff,* Wiederaufnahme im Strafverfahren: So rechnen Sie nach dem RVG ab, RVG prof. 2004, 103; *Burhoff,* Die anwaltliche Vergütung im strafverfahrens- und bußgeldrechtlichen Wiederaufnahmeverfahren, RVGreport 2013, 2; *Burhoff,* Was ist nach dem 2. KostRMoG neu bei der Abrechnung im Straf-/Bußgeldverfahren?, VRR 2013, 287 = StRR 2013, 284; *Burhoff,* Neuerungen für die Abrechnung im Straf-/Bußgeldverfahren nach dem 2. KostRMoG, RVGreport 2013, 330; *Burhoff,* Die wichtigsten Änderungen und Neuerungen für die Abrechnung im Straf-/Bußgeldverfahren durch das 2. KostRMoG, StraFo 2013, 397; *Burhoff,* Fragen aus der Praxis zu Gebührenproblemen in Straf – und Bußgeldverfahren aus dem Jahr 2014, RVGreport 2015, 242; *N. Schneider,* Grundgebühr im bußgeldrechtlichen Wiederaufnahmeverfahren?, NJW-Spezial 2018, 27; sa die Hinweise bei → RVG VV Teil 5 Einl. Vor Rn. 1; bei → RVG VV Vorb. 5 Vor Rn. 1; bei → RVG VV Teil 5 Abschn. 1 Vor Rn. 1.

Übersicht

[1] BGBl. 2006 I 3416.
[2] Zur früheren Streitfrage, welche Vorschriften auf das Verfahren vor dem OLG anzuwenden sind, Schneider/Wolf/*N. Schneider,* 4. Aufl., RVG VV 5107 ff. Vor Rn. 2.
[3] OLG Düsseldorf NStZ-RR 2012, 264 = JurBüro 2012, 424 = RVGreport 2012, 378 = AGS 2012, 566.
[4] Zum Wiederaufnahmeverfahren in Bußgeldsachen → RVG VV Vorb. 5.1.3 Rn. 4 ff.
[5] S. die Nachw. aus Rspr. und Lit. zum früheren Streit in dieser Frage bei → RVG VV Teil 5 Einl. Rn. 10.

I. Allgemeines

1 Die VV Vorb. 5.1.3 Abs. 1 RVG regelt die anwaltliche Vergütung in Form einer **Terminsgebühr** für die Teilnahme an gerichtlichen Terminen außerhalb der Hauptverhandlung und in Abs. 2 die dem RA zustehenden Gebühren im **Wiederaufnahmeverfahren** in Bußgeldsachen.

II. Termine außerhalb der Hauptverhandlung (Abs. 1)

2 VV Vorb. 5.1.3 Abs. 1 RVG regelt ausdrücklich, dass die gerichtlichen Terminsgebühren VV 5108, 5110, 5112 RVG nicht nur für die Teilnahme des RA an einem Hauptverhandlungstermin entstehen, sondern auch für die Teilnahme an **gerichtlichen** Terminen **außerhalb** der Hauptverhandlung. Dabei wird es sich idR um einen **Vernehmungstermin** handeln, also zB die kommissarische Vernehmung eines Zeugen vor einem auswärtigen Gericht. Es werden aber auch andere gerichtliche Termine von der Regelung erfasst. Bei dem Termin außerhalb der Hauptverhandlung muss es sich nach der ausdrücklichen Regelung in VV Vorb. 5.1.3 Abs. 1 RVG um einen gerichtlichen Termin handeln. Vernehmungstermine bei der Staatsanwaltschaft, der Finanzbehörde in einem steuerrechtlichen Bußgeldverfahren oder Polizei sind nicht genannt. Für diese erhält der RA also keine Terminsgebühr. Insoweit muss er daher ggf. eine Vergütungsvereinbarung (§ 3a RVG) treffen und/oder den entstehenden Aufwand im Rahmen der Verfahrensgebühr geltend machen (§ 14 Abs. 1 S. 1 RVG).

3 Hinsichtlich des **Entstehens** der Terminsgebühr gelten die allgemeinen Regeln, so dass auf die Erläuterungen bei → RVG VV Vorb. Rn. 10 ff.; → RVG VV Vorb. 4 Rn. 25 ff. verwiesen werden. IÜ kann auf die Ausführungen bei → RVG VV 4102 Rn. 2 ff. und wegen der Begrenzung der Terminsgebühr auf die Erläuterungen bei → RVG VV 5101–5106 Rn. 8 verwiesen werden.

III. Wiederaufnahmeverfahren in Bußgeldsachen (Abs. 2)

1. Allgemeines

4 Die Gebühren für das Wiederaufnahmeverfahren in Bußgeldsachen[1] regelt das RVG abweichend von der Regelung in VV Teil 4 RVG für Strafsachen. Während dort der RA nach VV 4136 ff. RVG bis zu fünf Gebühren verdienen kann, verdient er im Bußgeldverfahren höchstens **bis zu zwei Gebühren,** und zwar eine Verfahrensgebühr und ggf. eine Terminsgebühr.[2]

5 Die Gebühren entstehen auch für den RA, der den Betroffenen bereits im vorangegangenen Verfahren, dessen Wiederaufnahme erstrebt wird, vertreten hat. Die Gebühren entstehen nach VV Vorb. 5.1.3 Abs. 2 Hs. 1 RVG **„gesondert".**[3]

2. Persönlicher Anwendungsbereich

6 Die Gebühren stehen sowohl dem **Wahlanwalt** als auch dem gerichtlich bestellten oder beigeordneten RA, also idR dem **Pflichtverteidiger,** bzw. auch sonstigen Vertretern oder Beiständen zu.[4] Diese müssen aber den vollen Auftrag erhalten haben. Sind sie nur mit einer Einzeltätigkeit im Wiederaufnahmeverfahren beauftragt, entsteht für ihre Tätigkeit nur eine Gebühr VV 5200 RVG.[5]

3. Grundgebühr

7 Im bußgeldrechtlichen Wiederaufnahmeverfahren entsteht **keine Grundgebühr** VV 5100 RVG. Zwar handelt es sich nach § 17 Nr. 13 RVG um eine zum vorausgegangenen Verfahren „verschiedene" Angelegenheit[6] und ist – anders als in VV Vorb. 4.1.4 RVG – das Entstehen der Grundgebühr auch nicht ausdrücklich ausgeschlossen. VV Vorb. 5.1.3 RVG verweist aber nach den Änderungen durch das 2. KostRMoG[7] ausdrücklich auf „die Gebühren dieses Unterab-

---

[1] Zur Wiederaufnahme in Bußgeldsachen Burhoff/Kotz StrafR-Rechtsmittel-HdB/*Amelung/Werning* Teil B Rn. 1233 ff.

[2] Burhoff/Volpert RVG/*Burhoff* VV Vorb. 5.1.3 Rn. 7; Burhoff/Kotz StrafR-Rechtsmittel-HdB/*Burhoff* Teil D Rn. 735 ff.; *Burhoff* RVGreport 2013, 2 (5).

[3] → § 17 Rn. 13.

[4] → RVG VV Vorb. 5 Rn. 3 ff.; → RVG VV Vorb. 4.1.4 Rn. 5 ff.

[5] Burhoff/Kotz StrafR-Rechtsmittel-HdB/*Burhoff* Teil D Rn. 601 ff.; *Burhoff* RVGreport 2013, 2 (5 f.).

[6] → § 17 Rn. 134; Mayer/Kroiß/*Rohn* RVG § 17 Rn. 56.

[7] → RVG VV Teil 4 Einl. Rn. 7.

schnitts", was nur auf den Gliederungsabschnitt „Unterabschnitt 3" zu beziehen ist.[8] Damit wird die in UAbschn. 1 geregelte Grundgebühr VV 5100 RVG nicht erfasst.[9] Wenn *N. Schneider*[10] unter Hinweis auf die „pauschale Verweisung" dennoch immer noch eine Grundgebühr gewähren will, ist dem entgegen zu halten, dass die (frühere (Streit)Frage sich auf jeden Fall durch die mit dem 2. KostRMoG erfolgte Klarstellung erledigt hat.[11] Im Übrigen kann aber auch nach Auffassung von *N. Schneider* die Grundgebühr jedenfalls nur für den RA entstehen, der den Betroffenen erstmals im Wiederaufnahmeverfahren vertreten hat.[12]

4. Verfahrensgebühr

a) Abgeltungsbereich. Die Verfahrensgebühr im Wiederaufnahmeverfahren erfasst **alle** mit dem Wiederaufnahmeverfahren **zusammenhängenden Tätigkeiten** des RA, die dieser während der einzelnen Abschnitte des Wiederaufnahmeverfahrens erbringt. Wegen der einzelnen Verfahrensabschnitte und des Abgeltungsbereichs kann auf die Regelungen in VV 4136 ff. RVG und die dazu gemachten Erläuterungen verwiesen werden. Allerdings entsteht in Bußgeldsachen nicht auch eine besondere Beschwerdegebühr. Die Regelung der VV 4139 RVG ist nicht übernommen worden. Es bleibt also bei dem allgemeinen Pauschgebührencharakter der Verfahrensgebühr, die in Bußgeldsachen auch Tätigkeiten im Beschwerdeverfahren abdeckt (VV Vorb. 5.1 Abs. 1 RVG).[13] Die Verfahrensgebühr verdient iÜ auch der RA, der den Betroffenen gegen den Wiederaufnahmeantrag eines anderen Verfahrensbeteiligten verteidigt.[14] 8

b) Abraten von der Stellung eines Wiederaufnahmeantrags (Abs. 2 Hs. 2). Die Verfahrensgebühr entsteht nach VV Vorb. 5.1.3 Abs. 2 Hs. 2 RVG auch, wenn der RA von der Stellung eines Wiederaufnahmeantrags **abrät.** Das entspricht der Regelung für das Strafverfahren in der Anmerkung zu VV 4136 RVG, so dass auf die Erläuterungen zu → RVG VV 4136–4140 Rn. 6 verwiesen werden kann.[15] 9

c) Höhe der Gebühr. Der **Wahlanwalt** erhält als Verfahrensgebühr eine Betragsrahmengebühr. Diese ist abhängig von der Höhe der Geldbuße, die in dem Urteil festgesetzt worden ist, das im Wiederaufnahmeverfahren beseitigt werden soll.[16] Der gerichtlich bestellte oder beigeordnete RA, also idR der **Pflichtverteidiger,** erhält eine Festgebühr ebenfalls in Höhe der Verfahrensgebühr für das gerichtliche Verfahren im ersten Rechtszug. 10

Danach ergeben sich für den **Wahlanwalt** folgende **Gebührenhöhen,** auf der 11

- Stufe 1 (Geldbuße von weniger als 60,– EUR) eine Betragsrahmengebühr von 22,– EUR bis 121,– EUR, die Mittelgebühr beträgt 71,50 EUR,
- Stufe 2 (Geldbuße von 60,– EUR bis 5.000,– EUR) eine Betragsrahmengebühr von 33,– EUR bis 319,– EUR, die Mittelgebühr beträgt 176,– EUR,
- Stufe 3 (Geldbuße von mehr als 5.000,– EUR) eine Betragsrahmengebühr von 55,– EUR bis 385,– EUR, die Mittelgebühr beträgt 220,– EUR.

Für den gerichtlich bestellten oder beigeordneten RA, also idR den **Pflichtverteidiger** ergeben sich folgende **Gebührenhöhen,** auf der 12

- Stufe 1 (Geldbuße von weniger als 60,– EUR) eine Festgebühr von 57,– EUR,
- Stufe 2 (Geldbuße von 60,– EUR bis 5.000,– EUR) eine Festgebühr von 141,– EUR,
- Stufe 3 (Geldbuße von mehr als 5.000,– EUR) eine Festgebühr von 176,– EUR.

---

[8] BT-Drs. 17/13537, 15.

[9] Zur Regelung vor Änderung durch das 2. KostRMoG, in der es hieß „die Gebühren dieses Abschnitts" Burhoff/Volpert RVG/*Burhoff,* 3. Aufl. 2011, VV Vorb. 5.1.3 Rn. 5; Burhoff/Kotz StrafR-Rechtsmittel-HdB/*Burhoff* Teil D Rn. 601 ff.; *Burhoff* RVGreport 2013, 2 (5); VRR 2013, 287 = StRR 2013, 284; RVGreport 2013, 330; StraFo 2013, 397; Schneider/Wolf/*N. Schneider* RVG VV Vorb. 5.1.3 Rn. 6; Hartung/Schons/Enders/*Hartung* RVG VV Vorb. 5.1.3 Rn. 12.

[10] Schneider/Wolf/*N. Schneider* RVG VV Vorb. 5.1.3 Rn. 7; *N. Schneider* NJW-Spezial 2018, 27; Riedel/Sußbauer RVG/*Kremer* Vorb. 5.1.3 Rn. 4; NK-GK/*Stollenwerk* RVG VV Vorb. 5.1.3 Rn. 10.

[11] AA *N. Schneider* NJW-Spezial 2018, 27.

[12] S. a. Schneider/Wolf/*N. Schneider* RVG VV Vorb. 5.1.3 Rn. 7; *N. Schneider* NJW-Spezial 2018, 27.

[13] Burhoff/Volpert RVG/*Burhoff* VV Vorb. 5.1.3 Rn. 10; Burhoff/Kotz StrafR-Rechtsmittel-HdB/*Burhoff* Teil D Rn. 601.; *Burhoff* RVGreport 2013, 2 (5 f.).

[14] Burhoff/Kotz StrafR-Rechtsmittel-HdB/*Burhoff* Teil D Rn. 594; *Burhoff* RVGreport 2015, 242 (246).

[15] S. a. Burhoff/Volpert RVG/*Burhoff* VV Vorb. 5.1.3 Rn. 15; Burhoff/Kotz StrafR-Rechtsmittel-HdB/*Burhoff* Teil D Rn. 601 ff.; *Burhoff* RVGreport 2013, 2 (5 f.).

[16] Burhoff/Volpert RVG/*Burhoff* VV Vorb. 5.1.3 Rn. 16; zur Bemessung der Verfahrensgebühr Burhoff/Volpert RVG/*Burhoff* VV Vorb. 5.1.3 Rn. 17 f.; zur Anbindung an die Höhe der Geldbuße auch noch → RVG VV Vorb. 5.1 Rn. 5 ff.

5. Terminsgebühr

13 **a) Abgeltungsbereich.** Findet im Wiederaufnahmeverfahren ein (gerichtlicher) Termin statt, an dem der RA **teilnimmt,** entsteht eine Terminsgebühr nach VV 5108, 5110, 5112 RVG. Wegen des **Abgeltungsbereichs** und des Entstehens dieser Terminsgebühr kann verwiesen werden auf die Erläuterungen zu → RVG VV 4136–4140 Rn. 20 ff.[17]

14 **b) Höhe der Gebühr.** Der **Wahlanwalt** erhält als Terminsgebühr eine Betragsrahmengebühr in Höhe der Terminsgebühr für einen Termin im ersten Rechtszug. Diese ist abhängig von der Höhe der Geldbuße, die in dem Urteil festgesetzt worden ist, das im Wiederaufnahmeverfahren beseitigt werden soll.[18] Der gerichtlich bestellte oder beigeordnete RA, also idR der **Pflichtverteidiger,** erhält eine Festgebühr ebenfalls in Höhe der Terminsgebühr für das Verfahren im ersten Rechtszug.

15 Danach ergeben sich für den **Wahlanwalt** folgende **Gebührenhöhen,** auf der
- Stufe 1 (Geldbuße von weniger als 60,– EUR) eine Betragsrahmengebühr von 22,– EUR bis 264,– EUR, die Mittelgebühr beträgt 143,– EUR,
- Stufe 2 (Geldbuße von 60,– EUR bis 5.000,– EUR) eine Betragsrahmengebühr von 44,– EUR bis 517,– EUR, die Mittelgebühr beträgt 280,50 EUR,
- Stufe 3 (Geldbuße von mehr als 5.000,– EUR) eine Betragsrahmengebühr von 88,– EUR bis 616,– EUR, die Mittelgebühr beträgt 352,– EUR.

16 Für den gerichtlich bestellten oder beigeordneten RA, also idR den **Pflichtverteidiger** ergeben sich folgende **Gebührenhöhen,** auf der
- Stufe 1 (Geldbuße von weniger als 60,– EUR) eine Festgebühr von 114,– EUR,
- Stufe 2 (Geldbuße von 60,– EUR bis 5.000,– EUR) eine Festgebühr von 224,– EUR,
- Stufe 3 (Geldbuße von mehr als 5.000,– EUR) eine Festgebühr von 282,– EUR.

17 Bei besonders langen Terminen entstehen **keine Längenzuschläge.** Diese sind in VV Teil 5 RVG nicht vorgesehen.[19]

6. Sonstige/zusätzliche Gebühren

18 Die zusätzliche Gebühr **VV 5116 RVG** für eine Tätigkeit im Hinblick auf Einziehung entsteht nicht.[20] Auch die zusätzliche Gebühr **VV 5115 RVG** wird idR nicht entstehen. Geht das Amtsgericht allerdings nach § 371 StPO iVm § 46 OWiG vor und spricht den Betroffenen ohne neue Hauptverhandlung frei, entsteht, wenn der RA so umfassend vorgetragen hat, dass eine Hauptverhandlung im wieder aufgenommenen Verfahren entbehrlich geworden ist, eine zusätzliche Gebühr nach VV 5115 RVG.[21]

19 Der RA erhält seine **Auslagen** nach VV 7000 ff. RVG ersetzt. Da es sich bei dem Wiederaufnahmeverfahren nach § 17 Nr. 13 RVG um eine gesonderte Angelegenheit handelt, entsteht auch die Auslagenpauschale VV 7002 RVG.

7. Pauschgebühr (§§ 42, 51 RVG)

20 Auch im Wiederaufnahmeverfahren des VV Teil 5 RVG kann gem. **§§ 42, 51 RVG** eine Pauschgebühr in Betracht kommen, wenn es sich um ein „besonders schwieriges" oder „besonders umfangreiches" Wiederaufnahmeverfahren gehandelt hat. Es gelten die allgemeinen Erläuterungen zu den §§ 42, 51 RVG.[22]

---

[17] Burhoff/Volpert RVG/*Burhoff* VV Vorb. 5.1.3 Rn. 20 ff.; s. a. die Erläuterungen bei → RVG VV 5107–5112 Rn. 16 f.

[18] Burhoff/Volpert RVG/*Burhoff* VV Vorb. 5.1.3 Rn. 25; zur Bemessung der Terminsgebühr allg. auf → RVG VV Vorb. 5 Rn. 16 ff.; zur Anbindung an die Höhe der Geldbuße auch noch → RVG VV Vorb. 5.1 Rn. 5 ff.

[19] Burhoff/Volpert RVG/*Burhoff* VV Vorb. 5.1.3 Rn. 27.

[20] Vgl. die Erläuterungen bei → RVG VV Vorb. 4.1.4 Rn. 14 f.

[21] LG Dresden StraFo 2006, 475 für VV 4141 RVG; s. a. Burhoff/Volpert RVG/*Burhoff* VV Vorb. 5.1.3 Rn. 27, VV 4138 Rn. 12.

[22] Zur Pauschgebühr im Wiederaufnahmeverfahren OLG Karlsruhe StV 1992, 428; OLG Hamm StraFo 2000, 286; Burhoff/Volpert RVG/*Burhoff* § 51 Rn. 194, jeweils zur Pauschgebühr in Strafsachen.

Nr.	Gebührentatbestand	Gebühr oder Satz der Gebühr nach § 13 oder § 49 RVG	
		Wahlanwalt	gerichtlich bestellter oder beigeordneter Rechtsanwalt
5107	Verfahrensgebühr bei einer Geldbuße von weniger als 60,00 €	22,00 bis 121,00 €	57,00 €
5108	Terminsgebühr je Hauptverhandlungstag in den in Nummer 5107 genannten Verfahren	22,00 bis 264,00 €	114,00 €
5109	Verfahrensgebühr bei einer Geldbuße von 60,00 bis 5.000,00 €	33,00 bis 319,00 €	141,00 €
5110	Terminsgebühr je Hauptverhandlungstag in den in Nummer 5109 genannten Verfahren	44,00 bis 517,00 €	224,00 €
5111	Verfahrensgebühr bei einer Geldbuße von mehr als 5.000,00 €	55,00 bis 385,00 €	176,00 €
5112	Terminsgebühr je Hauptverhandlungstag in den in Nummer 5111 genannten Verfahren	88,00 bis 616,00 €	282,00 €

Schrifttum: *Burhoff,* Der Längenzuschlag auf die Terminsgebühr für den Pflichtverteidiger, RVGreport 2006, 1; *Burhoff,* Die Verfahrensgebühr im Straf- bzw. Bußgeldverfahren, RVGreport 2009, 443; *Burhoff,* Die Terminsgebühr im Straf- bzw. Bußgeldverfahren, RVGreport 2010, 3; *Burhoff,* Anwaltsgebühren bei der Verständigung im Straf- und Bußgeldverfahren, RVGreport 2010, 401; *Burhoff,* Die Verfahrensgebühr im Straf- bzw. Bußgeldverfahren, RENOpraxis 2011, 126; *Burhoff,* 25 Fragen und Antworten zur Terminsgebühr in Straf- und Bußgeldverfahren, RVG prof. 2013, 124; *Burhoff,* 25 Fragen und Antworten zur Verfahrensgebühr in Straf- und Bußgeldverfahren, RVG prof. 2013, 176; *Burhoff,* Anwaltsvergütung für die Verteidigung in Verkehrsordnungswidrigkeiten-Verfahren, RVGreport 2015, 322; *Burhoff,* Vergütung des Verteidigers im OWi-Verfahren, – Teil 2: Grund-, Verfahrens- und Terminsgebühr, ZAP F 24, S. 1715; sa die Hinweise bei → RVG VV Teil 5 Einl. Vor Rn. 1; bei → RVG VV Vorb. 5 Vor Rn. 1; bei → RVG VV Teil 5 Abschn. 1 Vor Rn. 1.

Übersicht

I. Allgemeines

1 Die VV 5107, 5109, 5111 RVG regeln die **Verfahrensgebühren,** die VV 5108, 5110, 5112 RVG die **Terminsgebühren** im gerichtlichen Verfahren im ersten Rechtszug. Die Gebühren unterscheiden sich jeweils nur durch den Rahmen der dem RA zustehenden Gebühr, der abhängig ist von der Höhe der Geldbuße.[1] Die Gebühren entstehen sowohl im ersten Rechtszug des gerichtlichen Bußgeldverfahrens beim Amtsgericht als auch beim Oberlandesgericht.[2]

II. Verfahrensgebühren (VV 5107, 5109, 5111 RVG)

1. Abgeltungsbereich

2 Zum **persönlichen** Abgeltungsbereich wird auf die Erläuterungen bei → RVG VV Vorb. 5 Rn. 3 ff. verwiesen.

3 Die VV 5107, 5109, 5111 RVG erfassen die Tätigkeit des RA im gerichtlichen Verfahren des ersten Rechtszugs. Das gerichtliche Verfahren **beginnt** mit dem Eingang der Akten beim

[1] → RVG VV Vorb. 5.1 Rn. 5 ff.
[2] → RVG VV Teil 5 Abschn. 1 UAbschn. 3 Rn. 2.

Amtsgericht oder Oberlandesgericht.[3] Es **endet** mit dem Abschluss der Instanz beim Amtsgericht oder Oberlandesgericht.[4]

4 Abgegolten wird durch die jeweilige Verfahrensgebühr die **gesamte Tätigkeit** des RA im Bußgeldverfahren des ersten Rechtszugs nach Abschluss des Verfahrens vor der Verwaltungsbehörde. Ausgenommen sind Tätigkeiten, für die besondere Gebühren vorgesehen sind, wie zB die Grundgebühr VV 5100 RVG, die nach der Klarstellung durch das 2. KostRMoG[5] immer neben[6] der Verfahrensgebühr entsteht, die Terminsgebühr für die Hauptverhandlung VV 5108, 5110, 5112 RVG und die Terminsgebühr für Termine außerhalb der Hauptverhandlung nach VV Vorb. 5.1.3 Abs. 1 RVG.[7]

5 **Entgolten** wird iE zB[8] die **Beratung** des Auftraggebers, der gesamte **schriftliche** oder mündliche **Verkehr** mit dem Auftraggeber, der gesamte schriftliche (Eingaben, Schriftsätze) oder mündliche (zB Vorsprachen) Verkehr mit der Polizei, der Verwaltungsbehörde, der Staatsanwaltschaft oder dem Gericht,[9] die **(weitere) Akteneinsicht** und die Fertigung von Notizen aus ihnen, die Vorbereitung der Hauptverhandlung (zB vorherige Besichtigung des Tatorts), die Einlegung von Rechtsmitteln, vgl. § 19 Abs. 1 S. 2 Nr. 10 RVG.[10] Sollte im Bußgeldverfahren das Zustandekommen einer Verständigung (§§ 71 OWiG iVm § 257c StPO) angestrebt werden, was allerdings in der Praxis die Ausnahme sein dürfte, werden die insoweit vom Verteidiger erbrachten Tätigkeiten ebenfalls mit der Verfahrensgebühr abgegolten.[11]

6 Werden Verfahren **verbunden** oder **getrennt,** gelten die allgemeinen Regeln:[12] Verbindung oder Trennung von Verfahren haben also auf bis dahin in diesen Verfahren bereits entstandenen Verfahrensgebühren keinen Einfluss. Ab **Verbindung** entstehen die Gebühren in dem verbundenen Verfahren nur noch einmal. Im Fall der **Trennung** entstehen die Gebühren in den abgetrennten Verfahren ggf. noch einmal.[13] Verbindung und Trennung können über § 14 Abs. 1 S. 1 RVG Einfluss auf die Höhe der Gebühren in den getrennten/verbundenen Verfahren haben.

7 Wird das Verfahren vom Oberlandesgericht/BGH **zurückverwiesen,** entsteht die gerichtliche Verfahrensgebühr nach § 21 Abs. 1 RVG erneut.[14]

2. Höhe der Gebühr

8 Der **Wahlanwalt** erhält als Verfahrensgebühr eine Betragsrahmengebühr. Für deren Bemessung gelten die allgemeinen Kriterien des § 14 Abs. 1 RVG[15] und ggf. die besonderen Kriterien für die Bemessung der anwaltlichen Gebühren in (straßenverkehrsrechtlichen) Bußgeldsachen.[16]

---

[3] → RVG VV Vorb. 5.1.2 Rn. 2 ff.

[4] Wegen der Einzelheiten → RVG VV 4106–4107 Rn. 4.

[5] → RVG VV Teil 4 Einl. Rn. 9.

[6] Vgl. die Nachw. → RVG VV 5100 Rn. 2; *Burhoff* RVGreport 2014, 42; RVG prof. 2015, 16; *Klüsener* JurBüro 2016, 561.

[7] → RVG VV Vorb. 5.1.3 Rn. 2 f.; zum Abgeltungsbereich der Verfahrensgebühr *Burhoff* RVGreport 2009, 443.

[8] → RVG VV Vorb. 4 Rn. 9 ff.; Burhoff/Volpert RVG/*Burhoff* VV 4106 Rn. 7; Schneider/Wolf/*N. Schneider* RVG VV 4106–4107 Rn. 4.

[9] Für Rechtsmittel in Zusammenhang mit Akteneinsichtsanträgen *Burhoff* VRR 2013, 213; RVGreport 2013, 212; RVG prof. 2013, 88; StRR 2013, 294; für den Antrag auf gerichtliche Entscheidung gegen eine nicht bzw. nicht ausreichend gewährte Akteneinsicht LG Wuppertal RVG prof. 2019, 21; unzutreffend aA AG Senftenberg AGS 2013, 231 = VRR 2013, 239.

[10] Vgl. iÜ den Katalog bei → RVG VV 4106–4107 Rn. 8 f.; Burhoff/Volpert RVG/*Burhoff* VV 5107 Rn. 6.

[11] Wegen Einzelheiten der Abrechnung der Tätigkeiten in Zusammenhang mit einer Verständigung *Burhoff* RVGreport 2010, 401; Burhoff/Volpert RVG/*Burhoff* Teil A Rn. 2522.

[12] Zu Verbindung und Trennung von Verfahren → RVG VV Vorb. 4 Rn. 20 ff.; *Burhoff* RVGreport 2008, 405; RVGreport 2008, 444; RVG prof. 2012, 189; RVG prof. 2012, 213; Burhoff/Volpert RVG/*Burhoff* Teil A Rn. 2114, 2313; s. a. *Fromm* JurBüro 2013, 228.

[13] → RVG VV Vorb. 4 Rn. 18 ff.; eing. mit Beispielen Burhoff/Volpert RVG/*Burhoff* VV 4106 Rn. 9 ff.; Schneider/Wolf/*N. Schneider* RVG VV 4106–4107 Rn. 8 f.; s. a. *Enders* JurBüro 2007, 383.

[14] BGH AGS 2013, 453 = RVGreport 2013, 465 = JurBüro 2014, 20 = RVG prof. 2014, 2 = VRR 2014, 80 = StRR 2014, 238; JurBüro 2020, 70 = MDR 2020, 123 = AGS 2020, 63 = RVGreport 2020, 132 = zfs 2020, 284; OLG Koblenz JurBüro 2019, 630 = RVGreport 2020, 93 = AGS 2020, 120; AG Wernigerode RVGreport 2015, 137 = AGS 2015, 224; → RVG VV Vorb. 4 Rn. 12; sa Burhoff/Volpert RVG/*Burhoff* VV 4106 Rn. 9 mit Bsp.; *Burhoff* RVGreport 2009, 8; RVG prof. 2013; Burhoff/Volpert RVG/*Burhoff* Teil A Rn. 2690 ff.

[15] Vgl. die Erläuterungen bei → § 14 Rn. 1 ff.; vgl. die bei den Literaturhinweisen zitierten Rechtsprechungsübersichten.

[16] → RVG VV Teil 5 Einl. Rn. 16 ff. mwN.

9 Die Höhe der Verfahrensgebühr ist von der Höhe der **Geldbuße abhängig.**[17] Durch das „Gesetz zur Stärkung des Rechts des Angeklagten auf Vertretung in der Berufungsverhandlung und über die Anerkennung von Abwesenheitsentscheidungen in der Rechtshilfe" v. 17.7. 2015[18] sind die **Gebührentatbestände** mWv 25.7.2015 an die Neuregelung der Eintragsgrenze am 1.5.2014 **angepasst** worden; es gilt die Übergangsregelung des § 60 RVG.[19] Die 1. Gebührenstufe erfasst jetzt Verfahren mit Geldbußen bis 60,– EUR. Wird im gerichtlichen Verfahren eine höhere Geldbuße angedroht, als im Bußgeldbescheid festgesetzt worden war, ist darauf § 14 Abs. 1 RVG anzuwenden und der Umstand der erhöhten bzw. drohenden höheren Geldbuße erhöhend zu berücksichtigen.[20] Werden Verfahren verbunden, gilt VV Vorb. 5.1 Abs. 2 S. 4 RVG.[21]

10 Auf dieser Grundlage erhält der Wahlanwalt folgende **Gebühren**[22]

- in der Stufe 1 (von weniger als 60,– EUR) nach VV 5107 RVG eine Betragsrahmengebühr iHv 22,– EUR bis 121,– EUR, die Mittelgebühr beträgt 71,50 EUR,
- in der Stufe 2 (von 60,– EUR bis 5.000,– EUR) nach VV 5109 RVG eine Betragsrahmengebühr iHv 33,– EUR bis 319,– EUR, die Mittelgebühr beträgt 176,– EUR,
- in der Stufe 3 (von mehr als 5.000,– EUR) nach VV 5111 RVG eine Betragsrahmengebühr iHv 55,– EUR bis 385,– EUR, die Mittelgebühr beträgt 220,– EUR.

11 Der gerichtlich bestellte oder beigeordnete RA, also idR der **Pflichtverteidiger,** erhält eine Festgebühr. Er erhält

- in der Stufe 1 (von weniger als 60,– EUR) nach VV 5107 RVG eine Festgebühr iHv 57,– EUR,
- in der Stufe 2 (von 60,– EUR bis 5.000,– EUR) nach VV 5109 RVG eine Festgebühr iHv 141,– EUR,
- in der Stufe 3 (von mehr als 5.000,– EUR) nach VV 5111 RVG eine Festgebühr iHv 176,– EUR.

III. Terminsgebühren (VV 5108, 5110, 5112 RVG)

1. Abgeltungsbereich

12 Zum **persönlichen** Abgeltungsbereich wird auf die Erläuterungen bei → RVG VV Vorb. 5 Rn. 3 ff. verwiesen.

13 Die VV 5108, 5110, 5112 RVG honorieren die Tätigkeit des RA für die **Teilnahme** an der **Hauptverhandlung** im gerichtlichen Verfahren des ersten Rechtszugs in Bußgeldsachen beim Amtsgericht bzw. beim Oberlandesgericht.[23] Vergütet wird aber nur die Teilnahme an der Hauptverhandlung. Die Teilnahme an anderen Terminen wird ggf. nach VV Vorb. 5.1.3 Abs. 1 RVG vergütet, wenn es sich um einen gerichtlichen Termin außerhalb der Hauptverhandlung handelt. Andere Termine, also zB Vernehmungstermine bei der Staatsanwaltschaft oder der Verwaltungsbehörde, werden nicht mit einer Terminsgebühr honoriert, sondern müssen über die Verfahrensgebühr abgerechnet werden.

14 Zum **Entstehen** der Terminsgebühr kann verwiesen werden auf die entsprechend geltenden Ausführungen bei → RVG VV 4108–4111 Rn. 4 ff.

15 Auch für das Entstehen einer Terminsgebühr bei **Verbindung/Trennung/(Zurück-)Verweisung** gelten die allgemeinen Regeln. Es wird verwiesen auf → RVG VV 4108–4111 Rn. 11 f. und auf die Erläuterungen bei → RVG VV Vorb. 4 Rn. 36 ff. mwN.[24]

---

[17] → RVG VV Vorb. 5.1 Rn. 5 ff.

[18] BGBl. 2015 I 1332.

[19] Vgl. mit Beispielen *Burhoff* VRR 8/2015, 3; RVGreport 2015, 328; ZAP Fach 24, 1423; RVG prof. 2015, 157; StRR 2015, 408; *N. Schneider* AGS 2015, 313; zu den Übergangsproblemen Burhoff/Volpert RVG/*Burhoff* VV Vorb. 5.1 Rn. 25 ff.

[20] S. a. Burhoff/Volpert RVG/*Burhoff* VV 5107 Rn. 14; aA Schneider/Wolf/*N. Schneider* RVG VV 5107 ff. Vor Rn. 9, analoge Anwendung der VV Vorb. 5.1 Abs. 2 S. 2 RVG.

[21] → RVG VV Vorb. 5.1 Rn. 10 mwN.

[22] Zur Gebührenbemessung in Bußgeldsachen s. → RVG VV Teil 5 Einl. Rn. 16 ff. mwN aus der Rspr.; zur Anbindung der Gebühren an die Höhe der Geldbuße → RVG VV Vorb. 5.1 Rn. 5 ff.

[23] Wegen der Einzelheiten → RVG VV Teil 5 Abschn. 1 UAbschn. 3 Rn. 2.

[24] Zu Verbindung und Trennung von Verfahren → RVG VV Vorb. 4 Rn. 18 ff.; *Burhoff* RVGreport 2008, 405; RVGreport 2008, 444; RVG prof. 2012, 189; RVG prof. 2012, 213; Burhoff/Volpert RVG/*Burhoff* Teil A Rn. 2114, Teil A Rn. 2313; s. a. noch *Fromm* JurBüro 2013, 228.

2. Höhe der Gebühr

16 Der **Wahlanwalt** erhält als Terminsgebühr eine Betragsrahmengebühr. Für deren Bemessung gelten die allgemeinen Kriterien des § 14 Abs. 1 S. 1 RVG[25] und die besonderen Kriterien für die Bemessung der anwaltlichen Gebühren in (straßenverkehrsrechtlichen) Bußgeldsachen.[26]

17 Die Höhe der Terminsgebühr ist von der Höhe der Geldbuße abhängig.[27] Auf die entsprechend geltenden Ausführungen bei → Rn. 9 wird verwiesen.

18 Auf dieser Grundlage erhält der Wahlanwalt folgende **Gebühren**[28]

- in der Stufe 1 (von weniger als 60,– EUR) nach VV 5108 RVG eine Betragsrahmengebühr iHv 22,– EUR bis 264,– EUR, die Mittelgebühr beträgt 143,– EUR,
- in der Stufe 2 (von 60,– EUR bis 5.000,– EUR) nach VV 5110 RVG eine Betragsrahmengebühr iHv 44,– EUR bis 517,– EUR, die Mittelgebühr beträgt 280,50 EUR,
- in der Stufe 3 (von mehr als 5.000,– EUR) nach VV 5112 RVG eine Betragsrahmengebühr iHv 88,– EUR bis 616,– EUR, die Mittelgebühr beträgt 352,,– EUR.

19 Der gerichtlich bestellte oder beigeordnete RA, also idR der **Pflichtverteidiger,** erhält eine Festgebühr. Er erhält

- in der Stufe 1 (von weniger als 60,– EUR bis 5.000,– EUR) nach VV 5109 RVG eine Festgebühr iHv 114,– EUR,
- in der Stufe 2 (von 60,– EUR bis 5.000,– EUR) nach VV 5110 RVG eine Festgebühr iHv 224,– EUR,
- in der Stufe 3 (von mehr als 5.000,– EUR) nach VV 5112 RVG eine Festgebühr iHv 282,– EUR.

20 Hat der gerichtliche bestellte oder bei geordnete RA an einer besonders langen Hauptverhandlung teilgenommen (mehr als fünf bis acht bzw. mehr als acht Stunden), entsteht dafür **kein Längenzuschlag.** Der ist in VV Teil 5 RVG nicht vorgesehen. Die besonders lange Dauer der Hauptverhandlung muss also über § 14 Abs. 1 S. 1 RVG berücksichtigt werden.

IV. Zusätzliche und sonstige Gebühren

21 Neben den Verfahrensgebühren VV 5107, 5109, 5111 RVG bzw. den Terminsgebühren VV 5108, 5110 RVG (VV 5112 RVG) kann die **zusätzliche Gebühr** VV 5115 RVG entstehen, wenn der RA an der Vermeidung einer Hauptverhandlung mitwirkt, bzw. der RA kann die Gebühr VV 5116 RVG verdienen, wenn er in der Bußgeldsache „bei **Einziehung** und verwandten Maßnahmen" tätig geworden ist.[29]

22 Da das gerichtliche Verfahren im ersten Rechtszug und das vorhergehende Verfahren vor der Verwaltungsbehörde nach UAbschn. 2 nach den Änderungen durch das 2. KostRMoG[30] gem. § 17 Nr. 11 RVG ausdrücklich verschiedene Angelegenheiten sind,[31] erhält der RA im gerichtlichen Verfahren seine **Auslagen** nach VV 7000 ff. RVG gesondert erstattet. Es entsteht insbes. auch die Auslagenpauschale VV 7002 RVG (s. die Anm. 1 zu VV 7002 RVG).

Unterabschnitt 4. Verfahren über die Rechtsbeschwerde

Einleitung

Schrifttum: *Burhoff,* Die anwaltliche Vergütung im bußgeldrechtlichen Rechtsbeschwerdeverfahren, RVGreport 2012, 448; *Burhoff,* 25 Fragen und Antworten zur Terminsgebühr in Straf- und Bußgeldverfahren, RVG prof. 2013, 124; *Burhoff,* 25 Fragen und Antworten zur Verfahrensgebühr in Straf- und Bußgeldverfahren, RVG prof. 2013, 176; *Burhoff,* Die Grundgebühr im Straf- und Bußgeldverfahren, RVGreport 2014, 42; *Burhoff,* Grundgebühr Wichtiges Basiswissen zur Grundgebühr, RVGprofessionell 2015, 16; *Burhoff,* Grundgebühr Mit dieser Rechtsprechung bemessen Sie die Gebühr richtig, RVG prof. 2015, 52; *N. Schneider,* Vergütung im Rechtsbe-

[25] Vgl. die Erläuterungen bei → § 14 Rn. 1 ff.

[26] → RVG VV Teil 5 Einl. Rn. 1 ff., 16 ff.; vgl. die bei den Literaturhinweisen angeführten Rechtsprechungsübersichten.

[27] Dazu → RVG VV Vorb. 5.1 Rn. 5 ff.

[28] Zur Gebührenbemessung in Bußgeldsachen → RVG VV Teil 5 Einl. Rn. 16 ff. mwN aus der Rspr. sowie die bei den Literaturhinweisen angeführten Rechtsprechungsübersichten.

[29] Vgl. die Erläuterungen bei VV 5115, 5116 RVG.

[30] → RVG VV Teil 4 Einl. Rn. 9.

[31] S. die Nachw. aus Rspr. und Lit. zum früheren Streit in dieser Frage bei → RVG VV Teil 5 Einl. Rn. 10 mwN.

schwerdeverfahren, DAR-Extra 2008, 753; *N. Schneider,* Die Vergütung im Rechtsbeschwerdeverfahren, DAR 2016, 428; s. a. die Hinweise bei → RVG VV Teil 5 Einl. Vor Rn. 1; bei → RVG VV Vorb. 5 Vor Rn. 1; bei → RVG VV Teil 5 Abschn. 1 Vor Rn. 1.

1 VV Teil 5 Abschn. 1 UAbschn. 4 RVG enthält die Regelungen für die Vergütung des RA, der als **Verteidiger** im **Rechtsbeschwerdeverfahren** tätig ist. Die Gebühren sind strukturell ebenso gegliedert wie die für das erstinstanzliche Verfahren. Der Verteidiger erhält also eine Verfahrensgebühr VV 5113 RVG und für die Teilnahme an einer Hauptverhandlung im Rechtsbeschwerdeverfahren eine Terminsgebühr VV 5114 RVG.[1]

2 Das Rechtsbeschwerdeverfahren ist gegenüber dem gerichtlichen Verfahren der ersten Instanz eine **eigene Angelegenheit** iSd § 15 Abs. 2 RVG.[2]

3 Das Verfahren über die **Zulassung** der **Rechtsbeschwerde** nach § 79 Abs. 1 S. 2 OWiG ist keine eigene Gebührenangelegenheit iSd § 17 Nr. 9 RVG. Im Zulassungsverfahren entstehen also keine gesonderten Gebühren. Die im Zulassungsverfahren erbrachte Tätigkeit wird durch die Verfahrensgebühr VV 5113 RVG abgegolten, die also auch entsteht, wenn die Rechtsbeschwerde nicht zugelassen wird.[3]

4 Wenn **mehrere Rechtsbeschwerden** eingelegt werden, gelten die Ausführungen bei → RVG VV Teil 4 Einl. Rn. 2 entsprechend.[4]

5 Im Rechtsbeschwerdeverfahren können folgende **Gebühren entstehen:**[5]

- **Grundgebühr** VV 5100 RVG, und zwar (immer)[6] neben der Verfahrensgebühr VV 5113 RVG,[7] wenn der RA erstmals im Rechtsbeschwerdeverfahren beauftragt wird; wenn die Grundgebühr anfällt, wird wegen des dann idR vorliegenden umfangreichen Verfahrensstoffs, in den der RA sich einarbeiten muss, meist eine überdurchschnittliche Gebühr gerechtfertigt sein,[8]
- **Verfahrensgebühr** VV 5113 RVG,[9]
- **Terminsgebühr** VV 5115 RVG für die Teilnahme an einem Hauptverhandlungstermin im Rechtsbeschwerdeverfahren,[10]
- Zusätzliche Gebühr **VV 5115 RVG** für Tätigkeiten im Hinblick auf die Vermeidung der Hauptverhandlung,[11]
- Zusätzliche Gebühr **VV 5116 RVG** für Tätigkeiten im Hinblick auf **Einziehung,**[12]
- **Auslagen** nach VV 7000 ff. RVG.

6 Gebühren für Termine **außerhalb** der **Hauptverhandlung** können **nicht** entstehen. Eine der VV Vorb. 5.1.3 Abs. 2 RVG vergleichbare Regelung fehlt.[13] Die Teilnahme an solchen Terminen, die in der Praxis aber auch kaum stattfinden dürften, muss also über § 14 Abs. 1 S. 1 RVG bei der Bemessung der Verfahrensgebühr VV 5113 RVG berücksichtigt werden.

7 Über die **Kosten** und **Auslagen** des Rechtsbeschwerdeverfahrens wird nach § 79 Abs. 3 OWiG, § 473 Abs. 1–4 StPO bzw. iVm § 84 GWB entschieden. Soweit das Oberlandesgericht bzw. der BGH das angefochtene Urteil aufhebt und den Betroffenen freispricht, sind die Kosten einschließlich der notwendigen Auslagen gem. § 467 Abs. 1 StPO der Staatskasse aufzuerlegen. Wird die Rechtsbeschwerde verworfen, trägt der Betroffene gem. § 473 Abs. 1 StPO die Kosten des Verfahrens einschließlich seiner notwendigen Auslagen.

8 Zur **Erstattung** kann auf die Ausführungen zu → RVG VV Teil 4 Einl. Rn. 5 f., die entsprechend gelten, verwiesen werden.

---

[1] Zu den Gebühren im Rechtsbeschwerdeverfahren *Burhoff* RVGreport 2012, 448; Burhoff/Kotz StrafR-Rechtsmittel-HdB/*Burhoff* Teil D Rn. 410 ff.

[2] → RVG VV Teil 4 Einl. Rn. 19 ff.; → RVG VV Teil 5 Einl. Rn. 9.

[3] Schneider/Wolf/*N. Schneider* RVG VV 5113–5114 Rn. 28 ff.; Burhoff/Volpert RVG/*Burhoff* VV Teil 5 Rn. 3; *N. Schneider* DAR 2016, 428 (432 f.).

[4] Vgl. auch Burhoff/Volpert RVG/*Burhoff* VV Teil 5 UAbschn. 4 Rn. 4, Schneider/Wolf/*N. Schneider* RVG VV 5113 Vor Rn. 14 f.

[5] *Burhoff* RVGreport 2012, 448; *N. Schneider* DAR 2016, 428; Burhoff/Kotz StrafR-Rechtsmittel-HdB/*Burhoff* Teil D Rn 339 ff.

[6] Vgl. die Nachw. bei → VV 5100 Rn. 2; *Burhoff* RVGreport 2014, 42; RVG prof. 2015, 16.

[7] → RVG VV 5100 Rn. 2 mwN.

[8] S. a. *N. Schneider* DAR 2008, 753, Schneider/Wolf/*N. Schneider* RVG VV 5113–5114 Rn. 6.

[9] Vgl. die Erläuterungen zu → RVG VV 5113, 5114 Rn. 3 ff.

[10] Vgl. die Erläuterungen zu → RVG VV 5113, 5114 Rn. 9 ff.

[11] Vgl. die Erläuterungen zu → RVG VV 5115 Rn. 1 ff.

[12] Vgl. die Erläuterungen zu → RVG VV 5116 Rn. 1 ff.

[13] Burhoff/Volpert RVG/*Burhoff* VV Teil 5 UAbschn. 4 Rn. 5.

Nr.	Gebührentatbestand	Gebühr oder Satz der Gebühr nach § 13 oder § 49 RVG	
		Wahlanwalt	gerichtlich bestellter oder beigeordneter Rechtsanwalt
5113	Verfahrensgebühr	88,00 bis 616,00 €	282,00 €
5114	Terminsgebühr je Hauptverhandlungstag	88,00 bis 616,00 €	282,00 €

Schrifttum: *Burhoff,* Der Abgeltungsbereich der Verfahrensgebühr im Straf- bzw. Bußgeldverfahren, RVGreport 2009, 443; *Burhoff,* Der Abgeltungsbereich der Terminsgebühr im Straf- bzw. Bußgeldverfahren, RVGreport 2010, 3; *Burhoff,* Die anwaltliche Vergütung im bußgeldrechtlichen Rechtsbeschwerdeverfahren, RVGreport 2012, 448; *Burhoff,* 25 Fragen und Antworten zur Terminsgebühr in Straf- und Bußgeldverfahren, RVG prof. 2013, 124; *Burhoff,* 25 Fragen und Antworten zur Verfahrensgebühr in Straf- und Bußgeldverfahren, RVG prof. 2013, 176; s. a. die Hinweise bei → RVG VV Teil 5 Einl. Vor Rn. 1.

Übersicht

I. Allgemeines

1 Die VV 5113 RVG regelt die **Verfahrensgebühr,** die VV 5114 RVG die **Terminsgebühr** im Rechtsbeschwerdeverfahren in Bußgeldsachen. Die Gebühren entstehen sowohl im Rechtsbeschwerdeverfahren beim Oberlandesgericht als auch beim BGH.[1]

II. Rechtsbeschwerdeverfahren

2 In Bußgeldsachen schließt sich an das erstinstanzliche Verfahren beim Amtsgericht oder Oberlandesgericht das Rechtsbeschwerdeverfahren an. Es **beginnt** mit dessen Ende, also idR mit der Einlegung der Rechtsbeschwerde (§ 79 Abs. 3 OWiG, § 341 StPO). Das Rechtsbeschwerdeverfahren **endet** mit dem Abschluss der Rechtsbeschwerdeinstanz. Insoweit gilt dasselbe wie für den Beginn und den Abschluss des strafverfahrensrechtlichen Revisionsverfahrens.[2] Das gilt nach § 19 Abs. 1 S. 2 Nr. 10 RVG auch für die Einlegung der Rechtsbeschwerde.[3]

III. Verfahrensgebühr (VV 5113 RVG)

1. Abgeltungsbereich

3 Zum **persönlichen** Abgeltungsbereich wird auf die Erläuterungen bei → RVG VV Vorb. 5 Rn. 3 ff. verwiesen.

4 **Sachlich** entsteht die Verfahrensgebühr VV 5113 RVG für das **Betreiben** des Geschäfts im Rechtsbeschwerdeverfahren.[4] Es werden also alle Tätigkeiten des RA abgegolten, soweit dafür

[1] → RVG VV Teil 5 Abschn. 1 UAbschn. 3 Rn. 2.
[2] → RVG VV 4130, 4131 Rn. 2; Burhoff/Volpert RVG/*Burhoff* VV 5113 Rn. 4 ff.
[3] Vgl. die Erläuterungen bei → § 19 Rn. 111 ff.
[4] Allg. die Erläuterungen bei → RVG VV Vorb. 4 Rn. 10 ff.; *Burhoff* RVGreport 2009, 443; RVG prof. 2013, 176.

keine besonderen Gebühren vorgesehen sind.[5] Besondere Gebühren sind die für einen Rechtsbeschwerdehauptverhandlungstermin (VV 5114 RVG) sowie ggf. die Grundgebühr VV 5100 RVG für den durch die erstmalige Einarbeitung entstehenden zusätzlichen Aufwand,[6] wenn der RA erstmals im Rechtsbeschwerdeverfahren beauftragt worden ist.[7] Von der Verfahrensgebühr VV 5113 RVG erfasst wird insbes. die Anfertigung der **Rechtsbeschwerdebegründung**[8] bzw. die Stellungnahme zur Rechtsbeschwerdebegründung eines anderen Verfahrensbeteiligten und die allgemeine Vorbereitung eines ggf. stattfindenden Rechtsbeschwerdehauptverhandlungstermins.

Die **Gebühr** VV 5113 RVG **entsteht,** wenn der RA erstmals nach Auftragserteilung für den Mandanten im Rechtsbeschwerdeverfahren tätig wird. Nicht erforderlich ist, dass die Rechtsbeschwerde zulässig ist. Auch die Prüfung und Beratung, ob und ggf. mit welchen Anträgen eine Rechtsbeschwerde, die nur aus Zeitgründen zur Fristwahrung eingelegt worden ist, begründet und weiter durchgeführt werden soll, führt zur Verfahrensgebühr.[9] Wird die Rechtsbeschwerde dann zurückgenommen, entfällt dadurch nicht die Verfahrensgebühr.[10] Insoweit gelten iÜ die Ausführungen zu Verfahrensgebühr in der Revisionsinstanz in Strafsachen bei → RVG VV 4130, 4131 Rn. 4 ff. entsprechend. Auf diese kann daher wegen weiterer Einzelheiten verwiesen werden. 5

2. Höhe der Gebühr

Der **Wahlanwalt** erhält als Verfahrensgebühr eine Betragsrahmengebühr. Für deren Bemessung gelten die allgemeinen Kriterien des § 14 Abs. 1 S. 1 RVG[11] und die besonderen Kriterien für die Bemessung der anwaltlichen Gebühren in (straßenverkehrsrechtlichen) Bußgeldsachen.[12] Die Höhe der Verfahrensgebühr ist im Rechtsbeschwerdeverfahren nicht von der Höhe der Geldbuße abhängig.[13] 6

Die Verfahrensgebühr nach VV 5113 RVG beträgt 88,– EUR bis 616,– EUR, die Mittelgebühr beträgt 352,– EUR. Zur **Bemessung** der Gebühr kann auf die Ausführungen bei → RVG VV 4130, 4131 Rn. 9 f. verwiesen werden, die entsprechend gelten.[14] Es ist also insbes. unerheblich, ob es sich um eine Rechtsbeschwerde beim Oberlandesgericht oder beim BGH handelt.[15] Der Umstand, dass es sich um eine Rechtsbeschwerde beim BGH handelt, wird allenfalls über das Merkmal der Schwierigkeit der Sache (§ 14 Abs. 1 S. 1 RVG) Bedeutung erlangen. 7

Für den gerichtlich bestellten oder beigeordneten RA, idR also der **Pflichtverteidiger,** beträgt die Verfahrensgebühr als Festgebühr 282,– EUR. 8

IV. Terminsgebühr (VV 5114 RVG)

1. Abgeltungsbereich

Zum **persönlichen** Abgeltungsbereich wird auf die Erläuterungen bei → RVG VV Vorb. 5 Rn. 3 ff. verwiesen. 9

Sachlich honoriert die Terminsgebühr VV 5114 RVG die Teilnahme des RA an der Hauptverhandlung im Rechtsbeschwerdeverfahren. Für den sachlichen Abgeltungsbereich der Terminsgebühr gelten im Rechtsbeschwerdeverfahren keine Besonderheiten. Abgegolten wird die gesamte Tätigkeit des RA im Hauptverhandlungstermin.[16] Erfasst wird auch die Vorbereitung des konkreten (Hauptverhandlungs-)Termins.[17] 10

---

[5] Zum Umfang der erfassten Tätigkeiten → RVG VV 4130, 4141 Rn. 7 und den „Tätigkeitskatalog" bei Burhoff/Volpert RVG/*Burhoff* VV 5113 Rn. 9 f.

[6] → RVG VV 4100 Rn. 9 f.; *Burhoff* RVGreport 2014, 42.

[7] Burhoff/Volpert RVG/*Burhoff* VV 4130 Rn. 12 für das Revisionsverfahren.

[8] KG AGS 2009, 389 = RVGreport 2009, 346 = VRR 2009, 277 = StRR 2009, 399, für die Rev.: Kerntätigkeit.

[9] KG AGS 2009, 389 = RVGreport 2009, 346 = VRR 2009, 277 = StRR 2009, 399; unzutreffend aA für das Revisionsverfahren LG Amberg RVGreport 2020, 141 = RVG prof. 2020, 65.

[10] KG AGS 2009, 389 = RVGreport 2009, 346 = VRR 2009, 277 = StRR 2009, 399.

[11] Vgl. die Erläuterungen bei § 14 RVG; *Burhoff* RVGreport 2008, 405; RVGreport 2008, 444; RVGreport 2009, 85; RVGreport 2010, 204; VRR 2010, 416; RVGreport 2011, 202; StRR 2011, 416.

[12] → RVG VV Teil 5 Einl. Rn. 16 ff.; vgl. die bei den Literaturhinweisen zitierten Rechtsprechungsübersichten.

[13] → RVG VV Vorb. 5.1 Rn. 5 ff.

[14] S. a. noch Burhoff/Volpert RVG/*Burhoff* VV 5113 Rn. 17.

[15] Burhoff/Volpert RVG/*Burhoff* VV 5113 Rn. 15.

[16] Allg. zum Abgeltungsbereich der Terminsgebühr → RVG VV Vorb. 4 Rn. 24 ff.; *Burhoff* RVGreport 2010, 3; RVG prof. 2013, 124.

[17] → RVG VV Vorb. 4 Rn. 27 ff.; s. a. → RVG VV 4108–4111 Rn. 10.

11 Zum **Entstehen** der Terminsgebühr kann verwiesen werden auf die entsprechend geltenden Ausführungen bei → RVG VV 4108–4111 Rn. 4 ff.

2. Höhe der Gebühr

12 Der **Wahlanwalt** erhält als Terminsgebühr eine Betragsrahmengebühr. Für deren Bemessung gelten die allgemeinen Kriterien des § 14 Abs. 1 S. 1 RVG[18] und die besonderen Kriterien für die Bemessung der anwaltlichen Gebühren in (straßenverkehrsrechtlichen) Bußgeldsachen.[19] Die Höhe der Terminsgebühr ist nicht von der Höhe der Geldbuße abhängig.[20]

13 Die Terminsgebühr nach VV 5114 RVG beträgt 88,– EUR bis 616,– EUR, die Mittelgebühr beträgt 352,– EUR. Zur **Bemessung** der Gebühr kann auf die Ausführungen bei → RVG VV 4132–4135 Rn. 10 f. verwiesen werden, die entsprechend gelten.[21] Es ist also insbes. unerheblich, ob es sich um einen Hauptverhandlungstermin beim Oberlandesgericht oder beim BGH handelt.[22] Der Umstand, dass es sich um eine Hauptverhandlung in einer Rechtsbeschwerdesache beim BGH handelt, kann allenfalls über das Merkmal der Schwierigkeit Bedeutung erlangen.

14 Für den gerichtlich bestellten oder beigeordneten RA, idR also der **Pflichtverteidiger,** beträgt die Terminsgebühr als Festgebühr 282,– EUR. Es entstehen bei der Teilnahme an besonders langen Hauptverhandlungen keine Längenzuschläge.

V. Zusätzliche/sonstige Gebühren

15 Der RA kann neben der Verfahrensgebühr VV 5113 RVG bzw. der Terminsgebühr VV 5114 RVG die **zusätzliche Gebühr** VV 5115 RVG verdienen, wenn er an der Vermeidung einer Hauptverhandlung mitwirkt, bzw. es kann die Gebühr VV 5116 RVG entstehen, wenn der RA in der Bußgeldsache auch noch in der Rechtsbeschwerdeinstanz „bei **Einziehung** und verwandten Maßnahmen" tätig geworden ist.[23]

16 Da das Verfahren in der Rechtsbeschwerde eine eigene Angelegenheit iSd § 15 Abs. 2 RVG darstellt, erhält der RA seine **Auslagen** nach VV 7000 ff. RVG erstattet. Es entsteht insbes. nach der Anm. zu VV 7002 RVG auch eine Auslagenpauschale VV 7002 RVG.

VI. Pauschgebühr (§§ 42, 51 RVG)

17 Auch im Rechtsbeschwerdeverfahren des VV Teil 5 RVG kann gem. **§§ 42, 51 RVG** eine Pauschgebühr in Betracht kommen, wenn es sich um ein „besonders schwieriges" oder „besonders umfangreiches" Verfahren gehandelt hat. Es gelten die allgemeinen Erläuterungen zu den §§ 42, 51 RVG.

Unterabschnitt 5. Zusätzliche Gebühren

Einleitung

1 UAbschn. 5 enthält „Zusätzliche Gebühren", und zwar die **Befriedungsgebühr** VV 5115 RVG und die „**Verfahrensgebühr** bei **Einziehung** und verwandten Maßnahmen" nach VV 5116 RVG.

2 Der RA verdient diese Gebühren **zusätzlich** zu den ihm iÜ zustehenden Verfahrens- und Terminsgebühren. Es findet keine Anrechnung statt.

---

[18] Vgl. die Erläuterungen bei § 14 RVG und die bei den Literaturhinweisen angeführten Rechtsprechungsübersichten.

[19] → RVG VV Teil 5 Einl. Rn. 16 ff. mwN.

[20] → RVG VV Vorb. 5.1 Rn. 5 ff.

[21] S. a. Burhoff/Volpert RVG/*Burhoff* VV 5114 Rn. 6.

[22] Burhoff/Volpert RVG/*Burhoff* VV 5113 Rn. 15.

[23] Vgl. die Erläuterungen bei VV 5115, 5116 RVG.

Nr.	Gebührentatbestand	Gebühr oder Satz der Gebühr nach § 13 oder § 49 RVG – Wahlanwalt	Gebühr oder Satz der Gebühr nach § 13 oder § 49 RVG – gerichtlich bestellter oder beigeordneter Rechtsanwalt
5115	Durch die anwaltliche Mitwirkung wird das Verfahren vor der Verwaltungsbehörde erledigt oder die Hauptverhandlung entbehrlich: Zusätzliche Gebühr (1) Die Gebühr entsteht, wenn 1. das Verfahren nicht nur vorläufig eingestellt wird oder 2. der Einspruch gegen den Bußgeldbescheid zurückgenommen wird oder 3. der Bußgeldbescheid nach Einspruch von der Verwaltungsbehörde zurückgenommen und gegen einen neuen Bußgeldbescheid kein Einspruch eingelegt wird oder 4. sich das gerichtliche Verfahren durch Rücknahme des Einspruchs gegen den Bußgeldbescheid oder der Rechtsbeschwerde des Betroffenen oder eines anderen Verfahrensbeteiligten erledigt; ist bereits ein Termin zur Hauptverhandlung bestimmt, entsteht die Gebühr nur, wenn der Einspruch oder die Rechtsbeschwerde früher als zwei Wochen vor Beginn des Tages, der für die Hauptverhandlung vorgesehen war, zurückgenommen wird, oder 5. das Gericht nach § 72 Abs. 1 Satz 1 OWiG durch Beschluss entscheidet. (2) Die Gebühr entsteht nicht, wenn eine auf die Förderung des Verfahrens gerichtete Tätigkeit nicht ersichtlich ist. (3) Die Höhe der Gebühr richtet sich nach dem Rechtszug, in dem die Hauptverhandlung vermieden wurde. Für den Wahlanwalt bemisst sich die Gebühr nach der Rahmenmitte.	in Höhe der jeweiligen Verfahrensgebühr	

Schrifttum: *Burhoff,* Befriedungs-/Erledigungsgebühr VV 4114 RVG, RVGreport 2005, 248; *Burhoff,* Sind die Befriedungsgebühren VV 4141 RVG bzw. VV 5115 RVG Festgebühren?, RVGreport 2005, 401; *Burhoff,* Was Sie zu VV 4141 RVG und VV 5115 RVG wissen sollten, RVG prof. 2010, 47; *Burhoff,* Fragen aus der Praxis zu aktuellen Gebührenproblemen in Straf- und Bußgeldverfahren, RVGreport 2010, 362; *Burhoff,* Eine zusätzliche Gebühr nach VV 4141 RVG oder VV 5115 RVG entsteht auch dann, wenn schon eine Hauptverhandlung stattgefunden hat, diese ausgesetzt wird und danach ein Neubeginn der Hauptverhandlung durch anwaltliche Mitwirkung vermieden wird – Anmerkung zu AG München, Urteil v. 9.9.2011 – 155 C 5938/10 – JurBüro 2011, 26 mAnm *Mack,* JurBüro 2011, 287; *Burhoff,* Die anwaltliche Vergütung im bußgeldrechtlichen Rechtsbeschwerdeverfahren, RVGreport 2012, 448; *Burhoff,* Fragen aus der Praxis zu Gebührenproblemen in Straf- und Bußgeldverfahren aus dem Jahr 2013, RVGreport 2014, 2; *Burhoff,* Die zusätzliche Verfahrensgebühr VV 4141 RVG – Teil 1 Allgemeines, Mitwirkung und Gebührenhöhe, RVGreport 2015, 3; *Burhoff,* Die zusätzliche Verfahrensgebühr VV 4141 RVG – Teil 2 Die Fälle der zusätzlichen Verfahrensgebühr, RVGreport 2015, 42; *Burhoff,* Die zusätzliche Verfahrensgebühr VV 5115 RVG im Bußgeldverfahren, RVGreport 2015, 82; *Burhoff,* Fragen aus der Praxis zu Gebührenproblemen in Straf- und Bußgeldverfahren aus dem Jahr 2014, RVGreport 2015, 244; *Burhoff,* Die zusätzliche Verfahrensgebühr nach Nr. 5115 VV RVG – Rechtsprechungsübersicht, RENOpraxis 2018, 55; *Burhoff,* Rechtsprechungsübersicht zur zusätzlichen Verfahrensgebühr Nr. 5115 VV RVG, RVGreport 2019, 202; *Burhoff/N. Schneider,* Wie berechnet sich die zusätzliche Gebühr der VV 4141 RVG bei Einstellung im vorbereitenden Verfahren?, AGS 2005, 434; *Enders,* Zusätzliche Gebühren nach den VV 4141 RVG oder VV 5115 RVG auch dann, wenn die Einstellung erst nach dem ersten Hauptverhandlungstermin erfolgt?, JurBüro 2006, 449; *Fischer,* Der Anwendungsbereich der Befriedigungsgebühr, NJW 2012, 265; *Jungbauer,* Zusätzliche Verfahrensgebühr in Straf- und Bußgeldsachen, DAR 2008, 757; *Kotz,* Befriedungsgebühr (VV 4141, 5115 RVG) bei Doppeleinstellungen von Straf- und dann Ordnungswidrigkeiten Verfahren – causa finita? – Zugleich Besprechung von BGH, Urt. v. 5.11.2009 – IX ZR 237/08 – JurBüro 2010, 132, JurBüro 2010, 228; *N. Schneider,* Verteidigergebühren bei Einstellung und Einspruchsrücknahme nach der Hauptverhandlung, AGS 2000, 21; *N. Schneider,*

Die zusätzlichen Gebühren in Straf- und Bußgeldsachen nach den VV 4141 RVG und VV 5115 RVG, ZAP Fach 24, 1073; *N. Schneider,* Berechnung der sog. „Zwei-Wochen-Frist" bei Rücknahme eines Einspruchs oder eines Rechtsmittels in Straf- und Bußgeldsachen, DAR 2007, 671; *N. Schneider,* Abrechnung beim Übergang vom Bußgeld- zum Strafverfahren, AGS 2011, 469; *N. Schneider,* Mehrfacher Anfall der zusätzlichen Gebühr VV 4141 RVG, DAR 2013, 431; *N. Schneider,* Abrechnung bei Wechsel zwischen Straf- und Bußgeldverfahren, DAR 2015, 432; *N. Schneider,* Zusätzliche Gebühr in Strafsachen – unter Berücksichtigung der Rechtsprechung seit Inkrafttreten des 2. KostRMoG, ZAP Fach 24, 1493; *N. Schneider,* Abrechnung bei Rückgabe des Bußgeldverfahrens an die Verwaltungsbehörde, AGkompakt 2018, 86; *Volpert,* Zusätzliche Gebühr gem. § 84 BRAGO bei Tätigkeit nach ausgesetzter Hauptverhandlung, BRAGO prof. 2003, 177; s. iÜ auch noch die Hinweise bei → RVG VV 4141 Vor Rn. 1.

Übersicht

I. Allgemeines

1 In VV 5115 RVG hat das RVG im Wesentlichen die Regelung der früheren §§ 105 Abs. 2, 84 Abs. 2 BRAGO übernommen.[1] Diese weitgehende Übernahme führt dazu, dass die zu der früheren Regelung des § 84 Abs. 2 BRAGO **vorliegende Rspr.** und Lit. **weiter angewendet** werden kann. Die zu § 84 Abs. 2 BRAGO bestehenden Streitfragen sind durch die Neuregelung zT gelöst, wie zB die Anwendung der Vorschrift auch auf die Rücknahme der Rechtsbeschwerde, zT bestehen die Streitfragen aber auch fort.

Die Regelung der VV 5115 RVG entspricht im Wesentlichen der in **VV 4141 RVG** für das Strafverfahren. Das hat zur Folge, dass die dortigen Erläuterungen für die Auslegung und Anwendung der VV 5115 RVG übernommen werden können. Sinn und Zweck der VV 5115 RVG ist es – ebenso wie bei der VV 4141 RVG –, ggf. intensive und zeitaufwendige Mitwirkung des RA, die dazu führt, dass eine Hauptverhandlung entbehrlich wird, zu honorieren. Das muss bei der Auslegung der Vorschrift beachtet werden.[2]

Der Verteidiger verliert durch solche Tätigkeiten nämlich (s)eine Terminsgebühr. VV 5115 RVG will durch die zusätzliche Gebühr daher einen Anreiz schaffen, sich trotz der Gebühreneinbuße dennoch um eine möglichst frühzeitige Erledigung des Verfahrens ohne Hauptverhandlung zu bemühen. Die Vorschrift dient also insbes. auch der **Entlastung der Gerichte.** Das gilt vor allem für den Fall der Rücknahme des Einspruchs gegen den Bußgeldbescheid und die Anm. 1 Nr. 3.[3]

2 Auch die Gebühr VV 5115 RVG kann im Laufe des Verfahrens **mehrfach** entstehen.[4] Wird zB das vorbereitende Verfahren vor der Verwaltungsbehörde zunächst nicht nur vorläufig eingestellt, dann jedoch wieder aufgenommen und ein Bußgeldbescheid erlassen, kann im gericht-

[1] Zum Sinn und Zweck der Regelung in § 84 Abs. 2 BRAGO → RVG VV 4141 Rn. 1; BT-Drs. 12/6962, 106; *Burhoff* RVGreport 2015, 82 ff.; s. a. die Rechtsprechungsübersicht in RENOpraxis 2018, 55 und in RVGreport 2019, 202.

[2] Zum Sinn und Zweck der VV 5115 RVG auch Schneider/Wolf/*N. Schneider* RVG VV 5115 Rn. 2 ff.; Burhoff/Volpert RVG/*Burhoff* VV 5115 Rn. 4; *Burhoff* JurBüro 2011, 287; RVGreport 2015, 82; *Fischer* NJW 2012, 265.

[3] → Rn. 13 ff.

[4] *N. Schneider* DAR 2013, 431; → RVG VV 4141 Rn. 14 mwN.

lichen Verfahren, wenn das Verfahren dann nochmals eingestellt wird, die Gebühr VV 5115 RVG noch einmal entstehen.[5]

3 Die VV 5115 RVG kann im Bußgeldverfahren auch dann noch entstehen, wenn zuvor wegen derselben Tat ein **Strafverfahren stattgefunden** hat, das eingestellt worden ist. Nach § 17 Nr. 10b RVG sind Strafverfahren und sich anschließendes Bußgeldverfahren unterschiedliche Angelegenheiten. Das führt dazu, dass in jeder Angelegenheit die eigenständigen Gebühren entstehen können.[6] Wird im Bußgeldverfahren allerdings ins Strafverfahren übergegangen, wird das Bußgeldverfahren nicht eingestellt. Es entsteht dann keine VV 5115 RVG.[7]

II. Persönlicher Anwendungsbereich

4 Die zusätzliche Gebühr VV 5115 RVG entsteht für den **Wahlanwalt** und den gerichtlich bestellten oder beigeordneten RA, idR also der **Pflichtverteidiger.** Im Fall der Rücknahme der Rechtsbeschwerde (Anm. 1 Nr. 4) entsteht sie auch für die Rücknahme der durch einen Nebenbeteiligten eingelegten Rechtsbeschwerde.

III. Mitwirkung des Rechtsanwalts (Anm. 2)

5 **Voraussetzung** für das Entstehen der zusätzlichen Verfahrensgebühr ist – ebenso wie bei VV 4141 RVG – auch in Bußgeldsachen, dass sich durch die – ggf. nur geringfügige – „anwaltliche Mitwirkung" das Verfahren vor der Verwaltungsbehörde erledigt oder die Hauptverhandlung entbehrlich wird. Insoweit gelten daher die Ausführungen bei → RVG VV 4141 Rn. 5 ff. **entsprechend.** Das gilt für den Umfang der anwaltlichen Mitwirkung ebenso wie für die Umkehr der Darlegungs- und Beweislast hinsichtlich der Mitwirkung.

6 Die Tätigkeit des RA muss insbes. auch **nicht ursächlich** für die Einstellung oder die Rücknahme der Rechtsbeschwerde gewesen sein. Es reicht jede auf die Förderung der Erledigung des Verfahrens gerichtete Tätigkeit aus.[8] Nicht ausreichend ist es allerdings, wenn das Verfahren ausschließlich von Amts wegen eingestellt wird[9] oder der RA nur Akteneinsicht beantragt.[10] Für die vom Verteidiger im Hinblick auf die Förderung der Einstellung zu erbringende Mitwirkung gelten keine Besonderheiten. Es **reicht jede Tätigkeit** des Verteidigers aus, die geeignet ist, die Einstellung des Verfahrens zu fördern.[11] Das gilt gerade in Bußgeldsachen auch für das sog. **„gezielte Schweigen".**[12] Ausreichend ist auch eine in einem ggf. vorhergehenden Strafverfahren erbrachte Tätigkeit, die fortwirkt und dann (auch) zur Einstellung des Bußgeldverfahrens führt;[13] entsprechendes gilt für eine Tätigkeit aus einem vorhergehenden Verfah-

[5] Vgl. das Beispiel bei Schneider/Wolf/*N. Schneider* RVG VV 4141 Rn. 20 ff.; Burhoff/Volpert RVG/*Burhoff* VV 5115 Rn. 6, VV 4141 Rn. 18; unzutreffend aA AG Lemgo AGS 2012, 335 = RVG prof. 2012, 130 = RVGreport 2012, 346 = StRR 2012, 439 mablAnm *Burhoff* für das Strafverfahren.

[6] Burhoff/Volpert RVG/*Burhoff* VV 5115 Rn. 7, 8 mit Bsp.; *N. Schneider* AGS 2011, 469 mit Beispielsfällen; zum Anfall der VV 4141 RVG → RVG VV 4114 Rn. 18 mwN aus der Rspr.

[7] Vgl. die Nachw. bei → Rn. 8; s. a. *N. Schneider* DAR 2015, 432 (433 ff.).

[8] BGH AGS 2008, 491 = RVGreport 2008, 431 = ZfS 2008, 709 = JurBüro 2008, 639 = VRR 2008, 438 = DAR 2009, 56 mzustAnm *N. Schneider;* ua auch Stuttgart AGS 2010, 202 = RVGreport 2010, 263 = VRR 2010, 320 = StRR 2010, 440; LG Kiel ZfS 2007, 106 für Einlegen des Einspruchs und dessen Begr. verbunden mit einem Einstellungsantrag; LG Oldenburg VRR 2013, 316 = RVGreport 2013, 320 = AGS 2013, 408 = RVG prof. 2013, 114; AG Köln AGS 2013, 229 = RVG prof. 2013, 105; zu allem Burhoff/Volpert RVG/*Burhoff* VV 5115 Rn. 10 ff., VV 4141 Rn. 6 ff.; Schneider/Wolf/*N. Schneider* RVG VV 5115 Rn. 27 ff.; so im Wesentlichen KG VRR 2011, 438 = StRR 2011, 438 unter Aufgabe von KG RVG prof. 2007, 79 mwN zu VV 4141 RVG, zumindest mitursächlich; nicht ganz eindeutig jetzt BGH AGS 2011, 128 mit teilweise abl. Anm. *N. Schneider* = RVGreport 2011, 182 = VRR 2011, 118 = StRR 2011, 199, jeweils mAnm *Burhoff* = JurBüro 2011, 244; schließlich auch → RVG VV 4141 Rn. 11 mwN.

[9] LG Saarbrücken RVGreport 2020, 463, für Einstellung des Verfahrens in der Rechtsbeschwerdeinstanz nach § 47 Abs. 2 OWiG auf Vorschlag der Generalstaatsanwaltschaft; AG Viechtach AGS 2006, 289 mzustAnm *N. Schneider* für Einlegung des Einspruchs ohne Begr.; ähnlich AG Hamburg-Barmbek AGS 2011, 597 = RVG prof. 2011, 86 = VRR 2011, 199 mkritAnm *Burhoff* = JurBüro 2011, 365 = RVGreport 2012, 109.

[10] AG Hamburg-Barmbek AGS 2011, 597 = RVG prof. 2011, 86 = VRR 2011, 199,

[11] → RVG VV 4141 Rn. 7 ff.

[12] Ausdrücklich BGH AGS 2011, 128 mit teilweise abl. Anm. *N. Schneider* = RVGreport 2011, 182 = VRR 2011, 118 = StRR 2011, 199; aus neuerer Zeit AG Düsseldorf RVGreport 2018, 59 = AGS 2018, 120 = RVG prof. 2018, 37; AG Leipzig RVGreport 2018, 22 = VRR 3/2018, 21 = AGS 2018, 217; wegen weiterer Nachw. bei → RVG VV 4141 Rn. 9, die dortigen Ausführungen gelten für die VV 5115 RVG entsprechend; Burhoff/Volpert RVG/*Burhoff* VV 5115 Rn. 17 f.; Schneider/Wolf/*N. Schneider* RVG VV 5115 Rn. 34 ff.

[13] BGH AGS 2008, 491 = RVGreport 2008, 431 = ZfS 2008, 709 = JurBüro 2008, 639 = VRR 2008, 438 = DAR 2009, 56 mzustAnm *N. Schneider;* OLG Stuttgart AGS 2010, 202 = RVGreport 2010, 263 = VRR 2010,

rensabschnitt.[14] Auch der Hinweis des RA auf ein **Verfahrenshindernis** ist ausreichend.[15] Das gilt auch für den Hinweis auf den Eintritt der Verfolgungsverjährung.[16] Ausreichend ist es, wenn aufgrund einer Stellungnahme des Verteidigers das Verfahren nicht weiterbetrieben und dann später wegen zwischenzeitlich eingetretener Verjährung eingestellt wird[17] oder wenn die Einstellung erfolgt, weil die Verwaltungsbehörde vom Verteidiger angeforderte Unterlagen nicht zur Verfügung gestellt hat.[18] Entsprechendes gilt für den Rat des RA nach Erlass eines Bußgeldbescheides, eine Verwarnung oÄ zu akzeptieren.[19] Es genügt als für die Verhinderung der Hauptverhandlung ursächliche Mitwirkung des Verteidigers auch, dass dieser sich namens und im Auftrag des Mandanten mit der seitens des Amtsgerichts beabsichtigten Verfahrenseinstellung einverstanden erklärt;[20] nicht ausreichend ist es, wenn der Verteidiger, der nur Akteneinsicht genommen hat, auf die Mitteilung des AG, es werde das Verfahren einstellen, schweigt.[21] Und endlich ist auch der Antrag, das Verfahren an die Bußgeldstelle wegen offensichtlich ungenügender Aufklärung bzgl. der Fahreridentität zurückzuverweisen (§ 69 Abs. 5 OWiG), eine für den Anfall der zusätzlichen Verfahrensgebühr erforderliche Mitwirkung des RA an der späteren Einstellung des Verfahrens durch die Bußgeldstelle.[22] **Nicht ausreichend** soll es sein, wenn der Verteidiger lediglich seine Mandatierung angezeigt, Akteneinsicht gefordert und eine mögliche Einlassung zu einem späteren Zeitpunkt in Aussicht gestellt hat[23] oder der sog. interne Rat zum Schweigen.[24] Entsprechendes soll gelten für die bloße die Mitteilung des Verteidigers gegenüber der Behörde: „Jegliche Einlassungen zur Sache bleiben vorbehalten."[25] Das ist m. E. unzutreffend, da auch in dem Fall im Zweifel die Mitteilung des Verteidigers Grund für die Verfahrensbeendigung ohne Hauptverhandlung ist. Schließlich soll auch allein der Umstand, dass vor dem Hintergrund eines standardisierten Messverfahrens prophylaktisch ein SV-Gutachten durch das Gericht eingeholt werden sollte und der Verteidiger hierzu seine Zustimmung erteilte, nicht zum Anfall der zusätzlichen Verfahrensgebühr führen.[26]

IV. Sachlicher Anwendungsbereich

1. Nicht nur vorläufige Einstellung des Verfahrens (Anm. 1 Nr. 1)

7 VV 5115 Anm. 1 Nr. 1 RVG regelt den Fall der nicht nur vorläufigen Einstellung des Bußgeldverfahrens. Für den Begriff der nicht nur „vorläufigen Einstellung" gelten die Ausführungen bei → RVG VV 4141 Rn. 15 ff. entsprechend. Gemeint ist also auch in Bußgeldsachen

320 = StRR 2010, 440; LG Hamburg AGS 2008, 59 = DAR 2008, 611; LG Köln AGS 2007, 351 = StraFo 2007, 305; LG Stralsund AGS 2005, 442 = RVGreport 2005, 272; LG Trier StraFo 2007, 306; AG Stadtroda RVGreport 2016, 21 = AGS 2016, 8 = RVG prof. 2016, 84 = StRR 2016, Nr. 7 S. 22; AG Zossen AGS 2009, 72 = VRR 2009, 200 = RVGreport 2009, 188.

[14] LG Cottbus RVGreport 2017, 108 = AGS 2017, 186 = RVG prof. 2017, 114.

[15] LG Düsseldorf AGS 2010, 599 mzustAnm *N. Schneider* = VRR 2010, 440 = RVG prof. 2010, 212 für den Hinweis auf ein Beweisverwertungsverbot; ähnlich LG Potsdam JurBüro 2013, 189 = RVGreport 2013, 275 = AGS 2013, 280 = VRR 2013, 317.

[16] Unzutreffend aA AG Köln AGS 2010, 75 = JurBüro 2010, 137, Anwaltstätigkeit nicht kausal, weil es dieses Hinweises nämlich idR nicht bedarf, da die Verjährungsfristen den Bußgeldbehörden grds. bekannt sind.

[17] LG Oldenburg VRR 2013, 316 = RVGreport 2013, 320 = AGS 2013, 408 = RVG prof. 2013, 114; aA offenbar LG Bayreuth AGS 2020, 301, wenn es dem Verteidiger gelingt, durch Anträge pp. den Eintritt der absoluten Verjährung zu erreichen und dann das Verfahren von Amts wegen eingestellt wird.

[18] LG Zweibrücken 2.12.2020 – 1 Qs 33/20.

[19] *Burhoff* RVGreport 2014, 2 (7); zum „Abraten" s. aber OLG Nürnberg Rpfleger 2009, 645 = VRR 2009, 399 = RVGreport 2009, 464 = StRR 2010, 115; StRR 2010, 443 (Ls.), wonach allein durch das Abraten, Revision einzulegen, die VV 4141 RVG nicht entsteht; auch noch LG Bad Kreuznach RVGreport 2018, 60 = StRR 1/2018, 24; AG Hamburg-St. Georg RVGreport 2015, 143 = AGS 2015, 70 = ZfS 2015, 228 = StRR 2015, 200.

[20] LG Saarbrücken RVGreport 2016, 254 = AGS 2016, 171 für Strafverfahren und Einstellung nach § 153 Abs. 2 StPO.

[21] LG Osnabrück JurBüro 2020, 246.

[22] AG Stadtroda RVGreport 2016, 21 = AGS 2016, 8 = RVG prof. 2016, 84 = StRR 7/2016, 22; zur Abrechnung der VV 5115 RVG in den Fällen der Rückgabe des Bußgeldverfahrens an die Verwaltungsbehörde *N. Schneider* AGkompakt 2018, 86.

[23] AG Wiesbaden AGS 2014, 64 = VRR 2014, 159 = StRR 2014, 276 = RVGreport 2014, 274 für das Strafverfahren.

[24] AG Hamburg-Barmbek AGS 2011, 596 = RVGreport 2012, 109 = VRR 2011, 199 mkritAnm *Burhoff* = JurBüro 2011, 365, AG Köln Urt. v. 2.9.2020 – 117 C 233/20.

[25] AG Schöneberg AGS 2016, 400, ähnlich AG Schöneberg RVGreport 2019, 184 mablAnm *Burhoff* = AGS 2019, 182 mzustAnm *N. Schneider.*

[26] LG Dresden 5.10.2020 – 5 Qs 77/20.

nicht eine prozessual endgültige Einstellung, sondern diejenige, bei der Verwaltungsbehörde oder Gericht subjektiv von einer endgültigen Einstellung ausgegangen sind.[27]

Über die bei → RVG VV 4141 Rn. 16 genannten Fälle hinaus findet VV 5115 Anm. 1 Nr. 1 RVG **Anwendung** bei einer Einstellung nach § 47 OWiG. Wird das Bußgeldverfahren an die Staatsanwaltschaft zur Übernahme des Verfahrens wegen des Verdachts einer Straftat nach **§ 41 OWiG** abgegeben, liegt hingegen kein Fall der Nr. 1 vor, da mit der Abgabe keine Einstellung verbunden ist.[28] 8

Für die gebührenrechtlichen Folgen einer **Teileinstellung** und der Einstellung des Verfahrens gegen einen Betroffenen, wenn sich das Verfahren gegen mehrere Betroffene richtet, gelten die Erläuterungen bei → RVG VV 4141 Rn. 20. 9

Für die Einstellung des Verfahrens gilt keine zeitliche Grenze. Das bedeutet, dass die Einstellung in **jedem Verfahrensstadium** erfolgen kann, also sowohl im Verwarnungsverfahren,[29] im vorbereitenden Verfahren vor der Verwaltungsbehörde, im Zwischenverfahren (§ 69 OWiG) als auch noch im gerichtlichen Verfahren des ersten Rechtszugs beim Amtsgericht oder beim Oberlandesgericht oder im Verfahren über die Rechtsbeschwerde beim Oberlandesgericht bzw. beim BGH. Entscheidend ist allein, dass die Einstellung rechtzeitig vor Beginn einer ggf. terminierten Hauptverhandlung erfolgen muss.[30] Die Einstellung kann auch noch nach einer Hauptverhandlung erfolgen. Ebenso wie bei VV 4141 RVG entsteht die Gebühr nicht nur, wenn ein „erster" Hauptverhandlungstermin nicht stattgefunden hat, sondern entscheidend ist, dass überhaupt ein Hauptverhandlungstermin vermieden worden ist.[31] Die Ausführungen bei → RVG VV 4141 Rn. 22 ff. und die dort angeführten weiteren Nachweise aus der Rspr. gelten entsprechend. 10

2. Rücknahme des Einspruchs gegen den Bußgeldbescheid im Verfahren vor der Verwaltungsbehörde (Anm. 1 Nr. 2)

VV 5115 Anm. 1 Nr. 2 RVG honoriert die Rücknahme des Einspruchs gegen den Bußgeldbescheid, wenn die Rücknahme im „**Verfahren** vor der **Verwaltungsbehörde**" erfolgt. Die Rücknahme des Einspruchs im gerichtlichen Verfahren, also nach Eingang der Akten beim Gericht,[32] wird durch VV 5115 Anm. 1 Nr. 4 RVG erfasst.[33] 11

Für die **Rücknahme** gelten die Ausführungen bei → RVG VV 4141 Rn. 21 f.; → Rn. 26 f. Wegen der erforderlichen Mitwirkung des RA kann verwiesen werden oben auf Rn. 5 ff. Die Rücknahme des Einspruchs nach Rücksprache mit dem Betroffenen reicht aus.[34] Im Übrigen kann auch auf die Kommentierung bei → RVG VV 4141 Rn. 28 f. verwiesen werden. Die Rücknahme des Einspruchs ist im Verfahren vor der Verwaltungsbehörde **nicht fristgebunden.** 12

---

[27] Burhoff/Volpert RVG/*Burhoff* VV 5115 Rn. 14 mwN; Hartung/Schons/Enders/*Hartung* RVG VV 5115 Rn. 15.

[28] S. a. Burhoff/Volpert RVG/*Burhoff* VV 5115 Rn. 14; Schneider/Wolf/*N. Schneider* RVG VV 5115 Rn. 21; *N. Schneider* DAR 2008, 754 f.; 2015, 432 ff.

[29] Burhoff/Volpert RVG/*Volpert* Teil A Rn. 2562 ff.; *Burhoff* RVGreport 2016, 362, 364.

[30] Zu allem Burhoff/Volpert RVG/*Burhoff* VV 5115 Rn. 20; Schneider/Wolf/*N. Schneider* RVG VV 5115 Rn. 11 ff.; → RVG VV 4141 Rn. 22; vgl. die Tabelle bei Burhoff/Volpert RVG/*Burhoff* VV 4141 Rn. 43.

[31] Burhoff/Volpert RVG/*Burhoff* VV 5115 Rn. 21 mwN; Schneider/Wolf/*N. Schneider* RVG VV 5115 Rn. 52 ff.; Hartung/Schons/Enders/*Hartung* RVG VV 4141 Rn. 14, VV 5115 Rn. 13; *Burhoff* JurBüro 2011, 282; *Fischer* NJW 2012, 265; aus der Rspr. – teilweise zu VV 4141 RVG – insbes. BGH NJW 2011, 3166 = AGS 2011, 419 teilweise mzustAnm *N. Schneider* = RVG prof. 2011, 162 = StRR 2011, 357 = VRR 2011, 358 = ZfS 2011, 524 mit teilweise abl. Anm. *Hansens* = RVGreport 2011, 385 = DAR 2011, 612 mAnm *N. Schneider* = JurBüro 2011, 584; OLG Bamberg AGS 2007, 138 = RVGreport 2007, 150; Hamm AGS 2008, 228 mAnm *N. Schneider,* jeweils für VV 4141 RVG; OLG Köln RVGreport 2018, 23 = ZfS 2018, 43 mkritAnm Hansens = StraFo 2018, 43 = AGS 2018, 12 = JurBüro 2018, 136; LG Oldenburg AGS 2011, 598 = RVGreport 2011, 337 = VRR 2011, 400; AG Hanau AGS 2017, 31; AG Koblenz NZV 2007, 637; AG Wiesbaden AGS 2005, 553 = AnwBl 2006, 148; s. a. die Nachw. bei → RVG VV 4141 Rn. 22 f.; LG Cottbus ZfS 2007, 529; AG Dessau AGS 2006, 240; AG Köln AGS 2007, 621 für den Fall des Übergangs ins Beschlussverfahren nach einer ausgesetzten Hauptverhandlung; AG Riedlingen AGS 2019, 63 = DAR 2019, 116; **unzutreffend aA** – teilweise ebenfalls für VV 4141 RVG – OLG Frankfurt a. M. 5.3.2011 – 2 Ws 177/11; LG Detmold AGS 2009, 588 mablAnm *Henke* = NStZ-RR 2010, 64 = RVGreport 2010, 107 mablAnm *Burhoff* = VRR 2010, 119; AG Hanau AGS 2017, 31; AG Hannover 22.11.2007 – 425 C 141444/07; AG München JurBüro 2011, 26 mzustAnm *Mack* und mablAnm *Burhoff* JurBüro 2011, 287; AG München AGS 2010, 599 mablAnm *N. Schneider* = VRR 2011, 80 mablAnm *Burhoff* = RVG prof. 2011, 109.

[32] → RVG VV Vorb. 5.1.2 Rn. 2.

[33] Burhoff/Volpert RVG/*Burhoff* VV 5115 Rn. 22; Schneider/Wolf/*N. Schneider* RVG VV 5115 Rn. 12.

[34] LG Duisburg RVGreport 2006, 230 = AGS 2006, 234 für Berufung; AG Charlottenburg VRR 2007, 199; AG Wiesbaden AGS 2003, 545.

3. Kein Einspruch gegen neuen Bußgeldbescheid (Anm. 1 Nr. 3)

13 Nach Anm. 1 Nr. 3 verdient der RA die Gebühr VV 5115 RVG, wenn er gegen einen **neuen Bußgeldbescheid,** der von der Bußgeldbehörde erlassen worden ist, nachdem sie einen ursprünglichen Bußgeldbescheid zurückgenommen hat, **nicht (wieder) Einspruch** einlegt.[35]

14 Für die **Mitwirkung** des Verteidigers gelten die allgemeinen Grundsätze.[36]

15 Da es Sinn und Zweck dieser Regelung ist, die Bereitschaft des Verteidigers an einer (außergerichtlichen) Erledigung des gesamten Verfahrens zu fördern,[37] muss nach Erlass des neuen Bußgeldbescheides **insgesamt** auf einen **erneuten Einspruch verzichtet** werden. Wird der neue Bußgeldbescheid auch nur teilweise angegriffen werden, entsteht die Gebühr VV 5115 Anm. 1 Nr. 3 RVG nicht.[38] VV 5115 Anm. 1 Nr. 3 RVG führt allerdings nicht dazu, dass die Befriedungsgebühr auch anfällt, wenn lediglich gegen einen Bußgeldbescheid kein Einspruch eingelegt wird.[39]

16 In der **Lit.**[40] wird in folgenden Fällen eine **entsprechende Anwendung** der VV 5115 Anm. 1 Nr. 3 RVG diskutiert:

- Die Verwaltungsbehörde nimmt den Bußgeldbescheid (aufgrund der Mitwirkung des RA) ohne Einspruch zurück.
- Dem RA erreicht in Verhandlungen mit der Verwaltungsbehörde, dass von vornherein nur ein Bußgeldbescheid erlassen wird, gegen den kein Einspruch eingelegt wird.

In beiden Fällen wird die Anwendung der Vorschrift **zutreffend bejaht.**[41] Sinn und Zweck der Vorschrift ist die Förderung der Kompromissbereitschaft und eine Abkürzung des Verfahrens und eine damit einher gehende Entlastung sowohl bei den Verwaltungsbehörden als auch bei den Gerichten. Beides wird durch die entsprechende Anwendung der Nr. 3 auf die dargestellten Fälle erreicht. Wenn demgegenüber *Hartung*[42] das im ersten Fall anders sieht, weil das Verfahren durch die Rücknahme des Bußgeldbescheides bereits erledigt sei, übersieht er, dass daran und damit an der Beendigung der Hauptverhandlung der RA mitgewirkt hat. Das muss über die VV 5115 RVG honoriert werden.

- Entsprechend anzuwenden ist die Nr. 3 auch, wenn die Verwaltungsbehörde nach der Begründung des Einspruchs durch den RA die Aufhebung des Bußgeldbescheides und den Erlass eines Verwarnungsgeldes „anbietet". Auch in diesem Fall wird eine Hauptverhandlung vermieden.

4. Rücknahme des Einspruchs gegen den Bußgeldbescheid im gerichtlichen Verfahren (Anm. 1 Nr. 4)

17 VV 5115 Anm. 1 Nr. 4 RVG regelt ua die anwaltliche Gebühr, wenn der RA im gerichtlichen Verfahren den Einspruch gegen den Bußgeldbescheid zurücknimmt. Für den Begriff der Rücknahme und die anwaltliche Mitwirkung gelten die allgemeinen Regeln, so dass verwiesen werden kann auf die → Rn. 5 ff. und auf → Rn. 13. Die Gebühr entsteht auch dann (noch), wenn bereits ein Hauptverhandlungstermin stattgefunden hat und dann noch der Einspruch zurückgenommen wird.[43]

18 Die Rücknahme des Einspruchs gegen den Bußgeldbescheid im gerichtlichen Verfahren des ersten Rechtszugs ist allerdings **fristgebunden.** Ebenso wie die Rücknahme des Einspruchs gegen den Strafbefehl, die Rücknahme der Berufung oder der Revision in VV 4141 Anm. 1 Nr. 3 RVG muss, wenn bereits ein Termin zur Hauptverhandlung anberaumt worden ist, der Einspruch ebenfalls früher als zwei Wochen vor Beginn des Tages, der für die Hauptverhandlung vorgesehen war, zurückgenommen werden.[44] Es gelten die Ausführungen bei → RVG

[35] BT-Drs. 15/1971, 230.
[36] → Rn. 5 ff.
[37] BT-Drs. 15/1971, 230.
[38] Burhoff/Volpert RVG/*Burhoff* VV 5115 Rn. 23 ff. mit Beispielen.
[39] S. a. Burhoff/Volpert RVG/*Burhoff* VV 5115 Rn. 32 f.; OLG Nürnberg VRR 2009, 399 = AGS 2009, 534 = RVGreport 2009, 464, wonach die zusätzliche Gebühr VV 4141 RVG nicht anfällt, wenn der Verteidiger den Verurteilten dahingehend berät, ein den Rechtszug beendendes Urteil oder einen erlassenen Strafbefehl hinzunehmen und kein Rechtsmittel einzulegen; auch noch LG Bad Kreuznach RVGreport 2018, 60 = StRR 1/2018, 24; AG Hamburg-St. Georg RVGreport 2015, 143 = AGS 2015, 70 = ZfS 2015, 228 = StRR 2015, 200.
[40] Schneider/Wolf/*N. Schneider* RVG VV 5115 Rn. 62; Burhoff/Volpert RVG/*Burhoff* VV 5115 Rn. 31 ff.
[41] Schneider/Wolf/*N. Schneider* RVG VV 5115 Rn. 62; Burhoff/Volpert RVG/*Burhoff* VV 5115 Rn. 31 ff.; *Burhoff* RVGreport 2015, 244 (249).
[42] Hartung/Schons/Enders/*Hartung* RVG VV 5115 Rn. 23.
[43] → Rn. 10.
[44] Zur Berechnung der Frist eing. *N. Schneider* DAR 2007, 671.

VV 4141 Rn. 30 entsprechend. Ist ein ursprünglich anberaumter Hauptverhandlungstermin verlegt worden, gilt eine neue Zwei-Wochen-Frist bezogen auf die neu anberaumte Hauptverhandlung.[45]

5. Rücknahme der Rechtsbeschwerde (Anm. 1 Nr. 4)

Nach VV 5115 Anm. 1 Nr. 4 RVG verdient der RA im Rechtsbeschwerdeverfahren die zusätzliche Gebühr ggf. auch, wenn er die **Rechtsbeschwerde zurücknimmt.** Die Gebühr entsteht ebenfalls, wenn im Zulassungsverfahren der Antrag auf Zulassung der Rechtsbeschwerde zurückgenommen wird. Mit dem Zulassungsantrag ist automatisch vorsorglich Rechtsbeschwerde eingelegt (vgl. § 80 Abs. 3 S. 2 OWiG). Wird der Zulassungsantrag zurückgenommen, enthält dieser dann auch die Rücknahme der (vorsorglich eingelegten) Rechtsbeschwerde. 19

Für den Begriff der **Rücknahme** gelten die Ausführungen bei → Rn. 13 und die dortigen Verweisungen entsprechend. Für die Mitwirkung des Verteidigers gelten die **allgemeinen Grundsätze** (→ Rn. 5 ff.).[46] Auch die Rücknahme der Rechtsbeschwerde ist, wenn bereits ein Termin zur Hauptverhandlung anberaumt worden ist, **fristgebunden.** Insoweit gelten die Ausführungen bei → Rn. 18; → RVG VV 4141 Rn. 30 f. entsprechend. 20

An **weitere Voraussetzungen** ist das Entstehen der Gebühr **nicht** geknüpft. Auch insoweit kann auf die Ausführungen zur Rücknahme der Revision bei → RVG VV 4141 Rn. 38 f. verwiesen werden. Diese gelten entsprechend für die Rücknahme der Rechtsbeschwerde.[47] Die Frage, ob weitere Voraussetzungen, wie zB die Anberaumung eines Hauptverhandlungstermins oder eine zumindest naheliegende Terminierung vorliegen müssen, stellt sich jedoch nur dann, wenn das Amtsgericht durch Urteil und nicht gem. § 72 OWiG nur durch Beschluss entschieden hat. Denn nur bei einer (amtsgerichtlichen) Urteilsentscheidung kann gem. § 79 Abs. 5 S. 2 OWiG das Rechtsbeschwerdegericht überhaupt durch Urteil aufgrund einer Hauptverhandlung entscheiden.[48] 21

6. Entscheidung im Beschlussverfahren nach § 72 OWiG (Anm. 1 Nr. 5)

Nach der Vorschrift VV 5115 Anm. 1 Nr. 5 RVG erhält der RA eine zusätzliche Gebühr auch dann, wenn er der Entscheidung ohne Hauptverhandlung nicht widerspricht und so eine Hauptverhandlung entbehrlich macht. Die Gebühr entsteht also, wenn im Beschlussverfahren nach **§ 72 OWiG** entschieden werden kann, also der Betroffene dieser Verfahrensweise nicht widerspricht.[49] Nr. 5 findet immer dann Anwendung, wenn das Amtsgericht aufgrund des Verhaltens des RA die Möglichkeit hat, im Beschlusswege zu entscheiden und dadurch eine Hauptverhandlung entbehrlich wird. Das ist zB auch der Fall, wenn der RA einen zunächst erhobenen Widerspruch gegen die Verfahrensweise nach § 72 zurücknimmt und damit den Weg für das Verfahren nach § 72 OWiG frei macht.[50] Die Gebühr nach Nr. 5 entsteht auch, wenn nach einer bereits durchgeführter Hauptverhandlung noch ins Beschlussverfahren übergegangen wird.[51] Die Gebühr entsteht aber nur im Beschlussverfahren nach § 72 OWiG, nicht hingegen, wenn das Rechtsbeschwerdegericht im Beschussverfahren nach § 79 Abs. 5 OWiG entscheidet.[52] 22

Für die **Mitwirkung** des Verteidigers gelten auch in diesem Fall die allgemeinen Regeln.[53] 23

V. Gebührenhöhe (Anm. 3)

VV 5115 RVG ermöglicht dem RA in den aufgeführten Fällen nicht mehr nur wie die §§ 105, 84 Abs. 2 BRAGO eine Erhöhung bzw. Überschreitung des Gebührenrahmens, son- 24

---

[45] Zutr. AG Wiesbaden AGS 2005, 553; Schneider/Wolf/*N. Schneider* RVG VV 5115 Rn. 85; Burhoff/Volpert RVG/*Burhoff* VV 5115 Rn. 37.

[46] Burhoff/Volpert RVG/*Burhoff* VV 5115 Rn. 41.

[47] S. a. Burhoff/Volpert RVG/*Burhoff* VV 5115 Rn. 43; zu VV 5115 RVG ausdrücklich LG Saarbrücken AGS 2015, 171 = RVGreport 2015, 221 zugleich auch zum Anfall der Gebühr bei einer der Rechtsbeschwerde der Staatsanwaltschaft; LG Saarbrücken RVGreport 2020, 463, Hauptverhandlung im Rechtsbeschwerdezulassungsverfahren fernliegend. .

[48] S. a. LG Verden 7.4.2008 – 1 Ws 218/07; Burhoff/Volpert RVG/*Burhoff* VV 5115 Rn. 44 f.

[49] Zum Verfahren nach § 72 OWiG Burhoff OWiVerf-HdB/*Gieg/Krenberger* Rn. 456 ff.; Göhler/*Seitz/Bauer* OWiG § 72 Rn. 11 ff.

[50] Wegen weiterer Konstellationen Burhoff/Volpert RVG/*Burhoff* VV 5115 Rn. 47.

[51] LG Cottbus ZfS 2007, 529; AG Dessau AGS 2006, 240; AG Köln AGS 2007, 621; *Burhoff* JurBüro 2011, 287.

[52] AG Düsseldorf RVGreport 2014, 232 mablAnm *Burhoff* = AGS 2014, 180 = VRR 2013, 276 = DAR 2014, 433 mablAnm *N. Schneider.*

[53] → Rn. 5 ff.

dern billigt ihm eine **zusätzliche Gebühr** in Höhe der jeweiligen (gerichtlichen) Verfahrensgebühr zu.

25 Wegen der Bemessung der Gebühr gelten für den Wahlanwalt im Wesentlichen die Ausführungen bei → RVG VV 4141 Rn. 49 ff. entsprechend. Es handelt sich also beim Wahlanwalt um eine **Festgebühr.**[54] Durch das 2. KostRMoG[55] ist die Anm. 3 zu VV 4141 RVG ua dadurch neu gefasst worden, dass nach S. 3 eine Erhöhung der VV 4141 RVG nach VV 1008 RVG, wenn der RA mehrere Personen vertritt, nicht zu berücksichtigen ist.[56] Diese Änderung ist vom 2. KostRMoG für die VV 5115 RVG nicht übernommen worden. Vertritt der RA also im Bußgeldverfahren mehrere Personen, was ggf. als Beistand/Vertreter eines Einziehungs- oder Nebenbeteiligten oder mehrerer Zeugen in Betracht kommen könnte, ist die Anwendung der VV 1008 RVG nicht ausgeschlossen. Die Fälle dürften aber in der Praxis äußerst selten sein. Eine analoge Anwendung der Anm. 3 S. 3 zu VV 4141 RVG ist iÜ ausgeschlossen.

26 Die Höhe der Verfahrensgebühr **knüpft** – wie im Strafverfahren – an die Instanz an, in der die Hauptverhandlung entbehrlich geworden ist. Das ist also entweder eine Verfahrensgebühr für das Verfahren des ersten Rechtszuges beim Amtsgericht oder Oberlandesgericht nach den VV 5107 ff. RVG oder bei Rücknahme der Rechtsbeschwerde eine Verfahrensgebühr nach VV 5113 RVG. Bei einer Gebühr nach den VV 5107 ff. RVG sind die unterschiedlichen Stufen zu beachten, wenn eine Reduzierung der Geldbuße eingetreten sein sollte. Entscheidend ist nach VV 5115 Anm. 3 S. 1 RVG für die Anknüpfung der VV 5115 RVG nicht die Verfahrensgebühr der Stufe, in dem sich das Verfahren erledigt, sondern die Verfahrensgebühr der Stufe, in dem bei Nichterledigung die Hauptverhandlung stattgefunden hätte.[57]

27 Der gerichtlich bestellte oder beigeordnete Rechtsanwalt, also idR der **Pflichtverteidiger,** erhält den Festbetrag der jeweiligen Verfahrensgebühr.

VI. Rechtsschutzversicherung

28 Besteht eine Rechtsschutzversicherung, ist die Gebühr VV 5115 RVG **mitversichert.** Gegebenenfalls liegt eine Obliegenheitsverletzung vor, wenn der RA, dessen Verhalten sich der Betroffene zurechnen lassen muss, einen Einspruch einlegt und diesen später wieder zurücknimmt.[58] Das Amtsgericht Gelsenkirchen hat eine Obliegenheitsverletzung zB auch dann angenommen, wenn der Einspruch noch im Verfahren vor der Verwaltungsbehörde zurückgenommen wird, ohne dass der RA begründen kann, wieso die Einspruchseinlegung erforderlich war, also die 14-tägige Einspruchsfrist nicht ausreichend gewesen ist, um die Erfolgsaussichten eines Einspruchs vorab zu überprüfen.[59] Das KG lässt aber in seiner Rspr. (zu VV 4141 RVG) in gewissem Umfang Verständnis dafür erkennen, dass ein Rechtsmittel ggf. zunächst nur „fristwahrend" eingelegt und dann wieder zurückgenommen wird, mahnt aber einen „verantwortungsvollen" Umgang mit der Gebühr VV 4141 RVG an.[60] Das gilt für die VV 5115 RVG entsprechend.

Nr.	Gebührentatbestand	Gebühr oder Satz der Gebühr nach § 13 oder § 49 RVG	
		Wahlanwalt	gerichtlich bestellter oder beigeordneter Rechtsanwalt
5116	Verfahrensgebühr bei Einziehung und verwandten Maßnahmen	1,0	1,0
	(1) Die Gebühr entsteht für eine Tätigkeit für den Betroffenen, die sich auf die Einziehung oder dieser		

[54] Vgl. die Nachw. aus Rspr. und Lit. → RVG VV 4141 Rn. 50, die teilweise auch zu VV 5115 RVG ergangen sind; jetzt auch *Hartmann/Toussaint* RVG VV 5115 Rn. 11 f.
[55] → RVG VV Teil 4 Einl. Rn. 9.
[56] → RVG VV 4141 Rn. 53.
[57] Schneider/Wolf/*N. Schneider* RVG VV 5115 Rn. 100; Burhoff/Volpert RVG/*Burhoff* VV 5115 Rn. 53 ff. mit Beispielen; Hartung/Schons/Enders/*Hartung* RVG VV 5115 Rn. 34; vgl. dazu LG Marburg RVGreport 2019, 102 = AGS 2019, 61 = JurBüro 2019, 247 für das Strafverfahren.
[58] Schneider/Wolf/*N. Schneider* RVG VV 5115 Rn. 106.
[59] AG Gelsenkirchen AGS 2004, 323 = JurBüro 2003, 640.
[60] KG AGS 2009, 389 = RVGreport 2009, 346 = VRR 2009, 277 = StRR 2009, 399.

Nr.	Gebührentatbestand	Gebühr oder Satz der Gebühr nach § 13 oder § 49 RVG	
		Wahlanwalt	gerichtlich bestellter oder beigeordneter Rechtsanwalt
	gleichstehende Rechtsfolgen (§ 46 Abs. 1 OWiG, § 439 StPO) oder auf eine diesen Zwecken dienende Beschlagnahme bezieht. (2) Die Gebühr entsteht nicht, wenn der Gegenstandswert niedriger als 30,00 € ist. (3) Die Gebühr entsteht nur einmal für das Verfahren vor der Verwaltungsbehörde und für das gerichtliche Verfahren im ersten Rechtszug. Im Rechtsbeschwerdeverfahren entsteht die Gebühr besonders.		

Schrifttum: *Breyer,* Die Vergütung des Verteidigers bei Entziehung der Fahrerlaubnis oder Fahrverbot, RVG-B 2005, 72; *Burhoff,* Die zusätzliche Verfahrensgebühr des Verteidigers bei Einziehung und verwandten Maßnahmen, RVGreport 2006, 412; *Burhoff,* Die anwaltliche Vergütung im bußgeldrechtlichen Rechtsbeschwerdeverfahren, RVGreport 2012, 448; *Burhoff,* Die Abrechnung der anwaltlichen Tätigkeit bei Einziehung und verwandten Maßnahmen (VV 4142, 5116 RVG), RVGreport 2016, 282; *Burhoff,* Die Anwaltsvergütung bei Einziehung und verwandten Maßnahmen – ein Update, RVGreport 2019, 82; *Fromm,* Zusätzliche Verfahrensgebühr nach VV 5116 RVG bei Verfallsverfahren gem. § 29a OWiG, JurBüro 2008, 507; *Humberg,* Drittverfall nach § 28a OWiG im Verkehrsbereich, NZV 2016, 309; *Henke,* Keine zusätzlichen Gebühren nach VV 4142 RVG bzw. VV 5116 RVG bei Entziehung der Fahrerlaubnis oder Fahrverbot, AGS 2007, 545; *Krause,* Zusätzliche Gebühr nach VV 4142 RVG, auch bei Entziehung einer Fahrerlaubnis, JurBüro 2006, 118; *Krumm,* Die zusätzliche Verfahrensgebühr bei Einziehung im Bußgeldverfahren (Nr. 5116 VV RVG), wistra 2018, 499; *D. Meyer,* Zusätzliche Vergütung des Rechtsanwalts für die Vertretung im straf-/bußgeldrechtlichen Einziehungsverfahren pp. – VV 4142, 5116 RVG, JurBüro 2005, 355; *Pillmann/Onderka,* Kokain und Falschgeld als Bewertungsgrundlage der Verteidigervergütung? – Die neue Zusatzgebühr nach VV 4142 RVG, in Festschrift für *Richter,* Bd. II, 2006, 419; *N. Schneider,* Richtige Gebührenabrechnung bei Entziehung der Fahrerlaubnis und Fahrverbot, RVG prof. 2007, 99; *N. Schneider,* Gebühren(erhöhung) bei Fahrverbotssachen, DAR 2017, 762.

Übersicht

I. Allgemeines

1 Die VV 5116 RVG erhält der RA als zusätzliche **Verfahrensgebühr,** wenn er bei Einziehung und verwandten Maßnahmen (§ 439 StPO) eine darauf bezogene Tätigkeit für den Betroffenen ausübt.[1] Diese Gebühr entsteht immer, wenn einer der Fälle der VV 5116 RVG vorliegt. Die Gebühr ist **nicht** als **Ermessensvorschrift** ausgebildet, also nicht davon abhängig, ob der Gebührenrahmen der jeweiligen Verfahrensgebühr ausreicht. Ist der RA im selbständigen Einziehungsverfahren Vertreter des Einziehungsbeteiligten entsteht für ihn nicht nur die Gebühr VV 5116 RVG.[2] Vielmehr entstehen über VV Vorb. 5 Abs. 1 RVG auch die sonstigen Gebühren, wie zB VV 5100 RVG und die jeweiligen Verfahrensgebühren.[3]

[1] Zur wirtschaftlichen Bedeutung der Gebühr *Fromm* JurBüro 2008, 507.

[2] So auch LG Freiburg AGS 2020, 122 = JurBüro 2020, 130 = RVG prof. 2020, 69 = RVGreport 2020, 461, nur die Grundgebühr; LG Karlsruhe RVGreport 2013, 234 = VRR 2013, 238 mAnm *Burhoff* = AGS 2013, 230; LG Oldenburg JurBüro 2013, 135 = RVGreport 2013, 62 = VRR 2013, 159 = AGS 2014, 65; LG Stuttgart RVGreport 2020, 347 = DAR 2020, 358 = RVG prof. 2020, 131; LG Trier RVGreport 2016, 385 = RVG prof. 2017, 102 = StRR 9/2016, 3 (Ls.); unzutreffend aA OLG Karlsruhe RVGreport 2012, 301 = StRR 2012, 279 =

II. Anwendungsbereich/Abgeltungsbereich

1. Allgemeines

2 VV 5116 RVG ist eine **zusätzliche Verfahrensgebühr.** Der RA erhält die Gebühr nach dem Wortlaut VV 5116 Anm. 3 RVG „für das Verfahren vor der Verwaltungsbehörde und für das gerichtliche Verfahren im ersten Rechtszug" sowie für das Rechtsbeschwerdeverfahren jeweils einmal. Sie kann in Bußgeldsachen also insgesamt zweimal entstehen.

3 Durch das 2. KostRMoG[4] ist der Wortlaut der Anm. Abs. 3 S. 1 der Änderung der Überschrift von UAbschn. 3 in „Gerichtliches Verfahren erster Rechtszug" durch das 2. JuMoG[5] angepasst und damit dahin erweitert worden, dass auch die erstinstanzlichen Bußgeldverfahren vor den **Oberlandesgerichten** erfasst werden. Damit ist das redaktionelle Versehen des 2. JuMoG[6] beseitigt, so dass die Vorschrift im erstinstanzlichen Verfahren vor dem Oberlandesgericht nicht mehr nur entsprechend angewendet werden muss.[7]

2. Anwendung der Erläuterungen zu VV 4142 RVG

4 VV 5116 RVG, die insbes. auch für die „Einziehung von Taterträgen" nach § 29a OWiG gilt,[8] entspricht der Formulierung der für das Strafverfahren geltenden VV 4142 RVG. Es kann daher wegen der Erläuterungen auf die dortigen Ausführungen verwiesen werden. Diese **gelten entsprechend.**

5 Das gilt insbes. auch hinsichtlich der Anwendung der VV 4142 RVG auf die Entziehung der Fahrerlaubnis.[9] Diese gelten für Tätigkeiten im Hinblick auf ein **Fahrverbot** im Bußgeldverfahren ebenso.[10]

III. Gebührenhöhe

1. Allgemeines

6 Die Verfahrensgebühr VV 5116 RVG ist eine **reine Wertgebühr.**[11] Es handelt sich nicht um eine Ermessensvorschrift. Vielmehr entsteht die Gebühr in jedem der in der Vorschrift geregelten Fälle.[12] Bei der **Bemessung** der Gebühr ist der Wert des einzuziehenden/eingezogenen Gegenstandes zugrunde zu legen.[13] Das gilt auch, wenn – wie in den Fällen der selbständigen Einziehung nach § 29a OWiG – eine Geldbuße nicht festgesetzt worden ist. Es kommt dann nicht etwa zur Anwendung von VV Vorb. 5.1 Abs. 2 S. 2 RVG.[14]

7 Für die Berechnung der Höhe der Gebühr des Wahlanwalts gilt **§ 13 RVG.** Danach entsteht also bei einem Gegenstandswert von 30,– EUR bis 500,– EUR eine (Mindest-)Gebühr von 45,– EUR. Darüber hinaus gilt die Tabelle zu § 13 RVG. Für den gerichtlich bestellten RA/**Pflichtverteidiger** gilt die Begrenzung aus **§ 49 RVG.**

2. Gebühr im Bagatellbereich (Anm. 2)

8 Nach Anm. 2 entsteht die Gebühr **nicht,** wenn der **Gegenstandswert niedriger als 30,– EUR** ist. Insoweit kann auf die Erläuterungen bei → RVG VV 4142 Rn. 17 verwiesen werden.

VRR 2012, 319 mit jeweils abl. Anm. *Burhoff* LG Kassel RVGreport 2019, 342; LG Koblenz RVGreport 2018, 386 = AGS 2018, 494; Mayer/Kroiß/*Krumm* RVG VV Vorb. 5 Rn 38.

[3] LG Oldenburg JurBüro 2013, 135 = RVGreport 2013, 62 = VRR 2013, 159 = AGS 2014, 65; LG Trier RVGreport 2016, 385 = RVG prof. 2017, 102 = StRR 9/2016, 3 (Ls.); *Burhoff* StRR 2012, 280 = VRR 2012, 320 in den Anmerkungen zu OLG Karlsruhe RVGreport 2012, 301 = StRR 2012, 279 = VRR 2012, 319.

[4] → RVG VV Teil 4 Einl. Rn. 9.

[5] BGBl. 2006 I 3416.

[6] BGBl. 2006 I 3416.

[7] Sa Burhoff/Volpert RVG/*Burhoff* VV 5116 Rn. 3.

[8] *Fromm* JurBüro 2008, 507 ff. zum alten Recht.

[9] → RVG VV 4142 Rn. 9 mwN.

[10] S. a. Burhoff/Volpert RVG/*Burhoff* VV 5116 Rn. 4; *N. Schneider* RVG prof. 2007, 99.

[11] Krit. zur Höhe der Gebühren nach VV 4142 BGH StraFo 2007, 302 mkritAnm *Pananis;* s. a. noch OLG Köln StraFo 2007, 525.

[12] *Pillmann/Onderka* aaO S. 420.

[13] LG Stuttgart RVGreport 2019, 194.

[14] LG Stuttgart RVGreport 2019, 194.

Abschnitt 2. Einzeltätigkeiten

VV Teil 5 Abschn. 2 RVG regelt mit der einzigen in ihm enthaltenen Gebührenvorschrift VV 5200 RVG die **Einzeltätigkeiten** in Bußgeldsachen. Diese entsteht für den RA, dem sonst die Verteidigung nicht übertragen ist. 1

Nr.	Gebührentatbestand	Gebühr oder Satz der Gebühr nach § 13 oder § 49 RVG	
		Wahlanwalt	gerichtlich bestellter oder beigeordneter Rechtsanwalt
5200	Verfahrensgebühr .... (1) Die Gebühr entsteht für einzelne Tätigkeiten, ohne dass dem Rechtsanwalt sonst die Verteidigung übertragen ist. (2) Die Gebühr entsteht für jede Tätigkeit gesondert, soweit nichts anderes bestimmt ist. § 15 RVG bleibt unberührt. (3) Wird dem Rechtsanwalt die Verteidigung für das Verfahren übertragen, werden die nach dieser Nummer entstandenen Gebühren auf die für die Verteidigung entstehenden Gebühren angerechnet. (4) Der Rechtsanwalt erhält die Gebühr für die Vertretung in der Vollstreckung und in einer Gnadensache auch, wenn ihm die Verteidigung übertragen war.	22,00 bis 121,00 €	57,00 €

Schrifttum: *Burhoff,* Einzeltätigkeiten richtig abrechnen, RVG prof. 2005, 52; *Burhoff,* Die Abrechnung (förmlicher/formloser) Rechtsbehelfe im Straf- und Bußgeldverfahren, StRR 2012, 172; *Burhoff,* Fragen aus der Praxis zu Gebührenproblem in Straf- und Bußgeldverfahren, RVGreport 2013, 42; *Burhoff,* Die Abrechnung (förmlicher/formloser) Rechtsbehelfe im Straf- und Bußgeldverfahren, RVGreport 2013, 213; *Burhoff,* Einzeltätigkeiten vollständig abrechnen, RVG prof. 2015, 210; *Burhoff,* Einzeltätigkeiten gewinnbringend abrechnen, RVG prof. 2016, 14; *N. Schneider,* Vertretung des Halters im Bußgeldverfahren, RVG prof. 2007, 189; *N. Schneider,* Vergütung für Ratenzahlungsantrag in Bußgeldsachen, NJW-Spezial 2017, 219; *N. Schneider,* Gebührenrechtliche Fragen im Zusammenhang mit der „Kölner Knöllchenpanne – Heumarer Dreieck", DAR 2017, 356; s. iÜ die Hinweise bei → RVG VV Teil 5 Einl. Vor Rn. 1; bei → RVG VV Vorb. 5 Vor Rn. 1; bei → RVG VV Teil 5 Abschn. 1 Vor Rn. 1.

Übersicht

I. Allgemeines

Der RA, dem sonst nicht die Verteidigung in einer Bußgeldsache übertragen ist, verdient die Gebühr VV 5200 RVG, wenn er für den Betroffenen oder einen sonstigen Beteiligten eine 1

einzelne Tätigkeit erbringt. VV 5200 RVG ist eine **Verfahrensgebühr.** Sie entsteht nach der Anm. 4 für die Vertretung in der Vollstreckung bzw. in einer Gnadensache auch dann, wenn dem RA die Verteidigung übertragen war. Das entspricht der Regelung in VV Teil 4 Abschn. 2 RVG für die Strafvollstreckung und in VV 4303 RVG für die Gnadensache in Strafsachen.

2 VV 5200 RVG entspricht im Wesentlichen der **VV Vorb. 4.3 RVG.** Die Erläuterungen zu VV Vorb. 4.3 RVG gelten also grds. entsprechend.

II. Anwendungsbereich

1. Persönlich

3 Die VV 5200 RVG steht sowohl dem **Wahlanwalt** als auch dem gerichtlich bestellten oder beigeordneten RA, also idR dem **Pflichtverteidiger,** zu. Auch die übrigen in VV Vorb. 5 Abs. 1 RVG genannten Beistände und Vertreter von Verfahrensbeteiligten haben ggf. Anspruch auf die Gebühr.[1]

2. Sachlich

4 Sachlich erfasst die VV 5200 RVG die **Einzeltätigkeit,** die der RA in einer Bußgeldsache erbringt, „ohne dass ihm sonst die Verteidigung übertragen ist". Insoweit gelten die Ausführungen bei → RVG VV Vorb. 4.3 Rn. 3 ff. entsprechend:

5 **Erfasst** wird also zunächst die Einzeltätigkeit durch einen nicht mit der Verteidigung oder Vertretung beauftragten RA bzw. die einzelne Tätigkeit des RA, der nur mit dieser Tätigkeit beauftragt worden und nicht zum Verteidiger oder sonstigen Vertreter bestellt worden ist.[2] Darüber hinaus erfasst VV 5200 RVG die Tätigkeit des RA, der zwar zum vollen Verteidiger bestellt worden ist, aber – zusätzlich – eine Tätigkeit erbringt, die durch die Verteidigergebühren aus VV Teil 5 Abschn. 1 RVG nicht abgegolten ist.[3] Das gilt nach Abs. 4 der Anm. zu VV 5200 RVG für den RA, der den Auftraggeber im Bußgeldverfahren in einer **Vollstreckungs-** oder in einer **Gnadensache** vertritt. Dieser erhält die Gebühr nach VV 5200 RVG auch dann, wenn ihm vorher die Verteidigung übertragen war. Die Tätigkeit des Verteidigers in der Vollstreckung wird in Bußgeldsachen also als Einzeltätigkeit abgerechnet. Tätigkeit im Rahmen der „Vollstreckung" iSd VV 5200 RVG ist jedoch nicht die Tätigkeit des RA im Hinblick auf die Vollstreckung ausländischer Geldsanktionen nach §§ 86 ff. IRG. Die dort erbrachten Tätigkeiten werden nach VV Teil 6 Abschn. 1 RVG abgerechnet.[4]

III. Abgeltungsbereich der Gebühr

6 Bei der VV 5200 RVG handelt es sich um eine **Verfahrensgebühr.** Der RA erhält sie also „für das **Betreiben** des **Geschäfts** einschließlich der Information".[5] In VV Teil 5 Abschn. 2 RVG werden – anders als in VV Teil 4 Abschn. 3 RVG – keine bestimmten Einzeltätigkeiten aufgeführt. Das bedeutet, dass die Verfahrensgebühr für alle Tätigkeiten entstehen kann, die dem RA in Bußgeldsachen als Einzeltätigkeit übertragen werden können bzw. die für den Verteidiger nicht durch eine der Gebühren des VV Teil 5 Abschn. 1 RVG abgegolten sind.[6] Das kann auch die Vertretung oder Beistandsleistung in einem Termin sein.[7]

7 Als Einzeltätigkeiten kann der RA ua **folgende Tätigkeiten** erledigen: Anfertigung und Erstellung von Anträgen,[8] Einlegung und Begründung von Rechtsmitteln, isolierte Akteneinsicht, Stellungnahmen zu Erklärungen anderer Verfahrensbeteiligter, Tätigkeiten in der Strafvollstreckung.[9] Ist der RA **Terminsvertreter** gilt: Ist er Vollverteidiger, rechnet er nach VV Teil 5 Abschn. 1 RVG ab.[10] Es entsteht nicht die VV 5200 RVG und zusätzlich noch für die

---

[1] → RVG VV Vorb. 5 Rn. 3 ff.; *Burhoff* RVGreport 2004, 16.

[2] Vgl. zB *N. Schneider* RVG prof. 2007, 189 für die Vertretung des Halters im Bußgeldverfahren, wenn dieser nicht Betroffener ist.

[3] Burhoff/Volpert RVG/*Burhoff* VV 5200 Rn. 7; s. a. → RVG VV Vorb. 4.3 Rn. 6 f. mwN.

[4] S. die Kommentierung zu VV 6.1.1 RVG.

[5] → RVG VV Vorb. 5 Rn. 6; → RVG VV Vorb. 4 Rn. 9 ff.

[6] Burhoff/Volpert RVG/*Burhoff* VV 5200 Rn. 11 f.; Hartung/Schons/Enders/*Hartung* RVG VV 5200 Rn. 3 „offener Gebührentatbestand".

[7] Burhoff/Volpert RVG/*Burhoff* VV 5200 Rn. 11 f.

[8] Zu Ratenzahlungsanträgen *N. Schneider* NJW-Spezial 2017, 219; zu Gnadenanträgen *N. Schneider* DAR 2017, 356.

[9] IÜ Burhoff/Volpert RVG/*Burhoff* VV 5200 Rn. 11 f.

[10] Zur entsprechenden Problematik im Strafverfahren → RVG VV Teil 4 Abschn. 1 Einl. Rn. 9.

Teilnahme am Termin eine Terminsgebühr.[11] Nur dann, wenn der RA nur mit der Wahrnehmung des Termins als Einzeltätigkeit beauftragt worden ist, entsteht die Gebühr VV 5200 RVG. Dann entsteht aber auch nur diese und nicht auch noch eine Terminsgebühr nach VV Teil 5 Abschn. 1 RVG.[12]

IV. Entstehen der Gebühr

Die Verfahrensgebühr entsteht mit der **ersten Tätigkeit,** die der RA zur Ausführung des Auftrags erbringt.[13] In Anm. 2 S. 2 wird ebenso wie in VV Vorb. 4.3 Abs. 3 S. 2 RVG auf § 15 RVG verwiesen. Das bedeutet, dass auch in Bußgeldsachen, wenn der RA, nachdem er mit einer Einzeltätigkeit beauftragt worden war, den Auftrag, in dieser Einzeltätigkeit **weiter tätig** zu werden, erhält, keine neue Gebühr entsteht. **8**

Zudem gilt: **Erledigt** sich der Einzelauftrag, bevor der RA ihn beendet hat, ist das für das Entstehen und den Anfall der Gebühr unerheblich. Auf eine bereits entstandene Gebühr hat die vorzeitige Erledigung keinen Einfluss. Das folgt aus Anm. 2 S. 2 iVm § 15 Abs. 4 RVG.[14] Auf die Ausführungen zu → RVG VV Vorb. 4.3 Rn. 20 f. wird verwiesen. **9**

V. Grundgebühr

Eine Grundgebühr VV 5100 RVG entsteht für den mit einer Einzeltätigkeit in einer Bußgeldsache beauftragten RA **nicht.**[15] **10**

VI. Angelegenheiten (Anm. 2 S. 1)

Nach Anm. 2 S. 1 führt jeder Einzelauftrag nach VV 5200 RVG grds. zu einer **eigenen Angelegenheit** iSd § 15 RVG. Ob mehrere Angelegenheiten vorliegen, richtet sich nach den Umständen des Einzelfalls und den zu § 15 RVG geltenden allgemeinen Regeln.[16] Das bedeutet, dass in derselben Bußgeldsache die Gebühr nach VV 5200 RVG mehrmals anfallen kann.[17] **11**

Anders als in Strafsachen nach VV Vorb. 4 Abs. 3 S. 3 RVG ist das **Beschwerdeverfahren** keine besondere Angelegenheit. Die insoweit erbrachten Tätigkeiten werden also durch die Gebühr im Ausgangsverfahren mit abgegolten,[18] es sei denn, der RA hat für das Beschwerdeverfahren einen Einzelauftrag erhalten. **12**

Liegen mehrere Angelegenheiten vor, entsteht in jeder Angelegenheit eine **Auslagenpauschale** VV 7002 RVG. **13**

VII. Begrenzung (Anm. 2 S. 2)

Über die Anm. 2 S. 2 ist auch § 15 Abs. 6 RVG anwendbar. Das hat zur Folge, dass der mit verschiedenen oder mehreren Einzeltätigkeiten iSv VV 5200 RVG beauftragte RA **nicht mehr** an Gebühren erhalten darf als der mit der gesamten Angelegenheit beauftragte **Vollverteidiger.** Es ist also immer zu ermitteln, welche Gebühren der Vollverteidiger oder Vollvertreter erhalten würde, wenn er die gleichen Tätigkeiten wie der nur mit Einzeltätigkeiten beauftragte RA wahrnehmen würde.[19] **14**

VIII. Anrechnung (Anm. 3)

Nach Anm. 3 des Vergütungsverzeichnisses sind die für eine oder mehrere Einzeltätigkeiten entstandenen Gebühren auf die Gebühren **anzurechnen,** die entstehen, wenn dem RA die **15**

[11] So aber unzutreffend LG Wuppertal AGS 2010, 492 mit abl. Anm. *N. Schneider* = RVGreport 2010, 463 mablAnm *Burhoff* = VRR 2011, 79, das übersieht, dass einer solchen Abrechnungsweise schon die Subsidiaritätsklausel von VV 5200 Anm. 1 RVG entgegensteht; wie hier Burhoff/Volpert RVG/*Burhoff* VV 5200 Rn. 9.

[12] AA LG Wuppertal AGS 2010, 492 = RVGreport 2010, 463 = VRR 2011, 79.

[13] Burhoff/Volpert RVG/*Burhoff* VV 5200 Rn. 14.

[14] Schneider/Wolf/*N. Schneider* RVG VV Vorb. 4.3 Rn. 30; Burhoff/Volpert RVG/*Volpert* VV Vorb. 4.3 Rn. 47; Hartung/Schons/Enders/*Hartung* RVG VV Vorb. 4.3 Rn. 16.

[15] → RVG VV Teil 5 Abschn. 1 UAbschn. 1 Einl. Rn. 3; LG Bielefeld RVGreport 2020, 23 = RVGprofessionell 2020, 3 = AGS 2020, 17 munzutrAnm *N. Schneider;* für VV Teil 4 Abschn. 3 RVG OLG Düsseldorf, AGS 2009, 14 = AnwBl. 2009, 312; OLG Köln NStZ-RR 2007, 287 = RVGreport 2007, 306 = AGS 2007, 452.

[16] Vgl. die Erläuterungen bei § 15 RVG.

[17] Burhoff/Volpert RVG/*Burhoff* VV 5200 Rn. 17.

[18] Burhoff/Volpert RVG/*Burhoff* VV 5200 Rn. 17; Hartung/Schons/Enders/*Hartung* RVG VV 5200 Rn. 6.

[19] Vgl. das Bsp. bei Burhoff/Volpert RVG/*Burhoff* VV 5200 Rn. 19 f.

volle Verteidigung übertragen wird. Das entspricht der VV Vorb. 4.3 Abs. 4 RVG. Daher kann auf die Ausführungen bei → RVG VV Vorb. 4.3 Rn. 26 ff. verwiesen werden.

IX. Höhe der Gebühr

16 Der **Wahlanwalt** erhält die Verfahrensgebühr VV 5200 RVG als Betragsrahmengebühr. Der Betragsrahmen beträgt 22,– EUR bis 121,– EUR, die Mittelgebühr beträgt 71,50 EUR. Die Gebühr ist nicht von der Höhe der Geldbuße abhängig. Für die **Bemessung** der Gebühr gelten die Kriterien des § 14 Abs. 1 S. 1 RVG. Es gelten die allgemeinen Regeln.

17 Der gerichtlich bestellte oder beigeordnete RA, also idR der **Pflichtverteidiger,** erhält die Verfahrensgebühr als **Festgebühr** iHv 57,– EUR.

X. Pauschgebühr (§§ 42, 51 RVG)

18 In „besonders schwierigen" oder „besonders umfangreichen" Verfahren kann die Gewährung/Feststellung einer Pauschgebühr nach §§ 42, 51 RVG **in Betracht** kommen.

Teil 6. Sonstige Verfahren

Nr.	Gebührentatbestand	Gebühr	
		Wahlverteidiger oder Verfahrensbevollmächtigter	gerichtlich bestellter oder beigeordneter Rechtsanwalt

Vorbemerkung 6:

(1) Für die Tätigkeit als Beistand für einen Zeugen oder Sachverständigen in einem Verfahren, für das sich die Gebühren nach diesem Teil bestimmen, entstehen die gleichen Gebühren wie für einen Verfahrensbevollmächtigten in diesem Verfahren.

(2) Die Verfahrensgebühr entsteht für das Betreiben des Geschäfts einschließlich der Information.

(3) Die Terminsgebühr entsteht für die Teilnahme an gerichtlichen Terminen, soweit nichts anderes bestimmt ist. Der Rechtsanwalt erhält die Terminsgebühr auch, wenn er zu einem anberaumten Termin erscheint, dieser aber aus Gründen, die er nicht zu vertreten hat, nicht stattfindet. Dies gilt nicht, wenn er rechtzeitig von der Aufhebung oder Verlegung des Termins in Kenntnis gesetzt worden ist.

Abschnitt 1. Verfahren nach dem Gesetz über die internationale Rechtshilfe in Strafsachen und Verfahren nach dem Gesetz über die Zusammenarbeit mit dem Internationalen Strafgerichtshof

Unterabschnitt 1. Verfahren vor der Verwaltungsbehörde

Vorbemerkung 6.1.1:

Die Gebühr nach diesem Unterabschnitt entsteht für die Tätigkeit gegenüber der Bewilligungsbehörde in Verfahren nach Abschnitt 2 Unterabschnitt 2 des Neunten Teils des Gesetzes über die internationale Rechtshilfe in Strafsachen.

6100	Verfahrensgebühr	55,00 bis 374,00 €	172,00 €
	Unterabschnitt 2. Gerichtliches Verfahren		
6101	Verfahrensgebühr	110,00 bis 759,00 €	348,00 €
6102	Terminsgebühr je Verhandlungstag	143,00 bis 1.023,00 €	466,00 €

Übersicht

I. Vorbemerkungen

1. Allgemeines

Der Abschnitt 1 des VV Teil 6 RVG regelt die Gebühren des RA, der tätig ist in Verfahren nach dem Gesetz über die internationale Rechtshilfe in Strafsachen (IRG) v. 27.6.1994 (BGBl. 1994 I 1538) oder in Verfahren nach dem Gesetz über die Zusammenarbeit mit dem Internationalen Strafgerichtshof (IStGH) v. 21.6.2002 (BGBl. 2002 I 2144). 1

Diese Verfahren sind keine Strafverfahren iSd VV Teil 4 RVG. Es handelt sich bei ihnen um ein Verfahren eigener Art, das teils der Strafrechtspflege ausländischer Staaten Rechtshilfe leistet, teils die Interessen der Betroffenen wahrt.[1]

VV Teil 6 RVG gilt ebenso wie VV Teil 4 RVG für den Wahlanwalt und den Pflichtverteidiger.

Nach VV Vorb. 6 Abs. 1 RVG (ebenso wie VV Vorb. Teil 4 Abs. 1 RVG) erhält der RA für die Tätigkeit als Beistand für einen Zeugen oder Sachverständigen in einem Verfahren, für das sich die Gebühren nach VV Teil 6 RVG bestimmen, die gleichen Gebühren wie für einen Verfahrensbevollmächtigten in diesem Verfahren. Insoweit wird verwiesen auf die Erläuterungen zu VV 4100 RVG.

2. Grundsätze

Ebenso wie im VV Teil 4 RVG wird die gesamte Tätigkeit eines RA in Verfahren nach dem IRG entgolten durch **Verfahrens- und Terminsgebühren.** 2

Ein wesentlicher Unterschied zu VV Teil 4 RVG besteht darin, dass für die Tätigkeit in Verfahren nach dem IRG eine Grundgebühr nach VV 4100 RVG nicht vorgesehen ist.

3. Verfahren vor der Verwaltungsbehörde

Durch das Gesetz zur Umsetzung des Rahmenbeschlusses 2005/214/JI des Rates v. 24.2. 2005 über die Anwendung des Grundsatzes der gegenseitigen Anerkennung von Geldstrafen und Geldbußen v. 18.10.2010[2] wurde der bisherige Abschn. 1 in den UAbschn. 1 (Verfahren vor der Verwaltungsbehörde) und in den Unterabschnitt 2 (Gerichtliches Verfahren) neu aufgegliedert. Die VV Vorb. 6.1.1 RVG in UAbschn. 1 bestimmt, dass die Gebühr nach diesem Unterabschnitt für die Tätigkeit gegenüber der Bewilligungsbehörde in Verfahren nach Abschn. 2 UAbschn. 2 des Neunten Gesetzes über die internationale Rechtshilfe in Strafsachen, also nach den §§ 87 ff. IRG, entsteht. Die Vorschrift wurde notwendig, da nach Abs. 2 der VV Vorb. 2.3 RVG die Vorschriften des zweiten Teils über die außergerichtliche Tätigkeit nicht anzuwenden sind.[3] 2a

UAbschn. 1 sieht für die Tätigkeit gegenüber der Bewilligungsbehörde mit dem Vergütungstatbestand VV 6100 RVG eine Verfahrensgebühr mit einem Rahmen von 55,– EUR bis 374,–

[1] BGHSt 2, 44 = NJW 1952, 435; BGHSt 6, 236 = NJW 1954, 1455.
[2] BGBl. 2010 I 1408.
[3] BT-Drs. 17/1288, 37; Burhoff/Volpert RVG/ *Volpert* VV Vorb. 6.1.1 Rn. 3.

EUR und eine Festgebühr für den gerichtlich bestellten oder beigeordneten RA iHv 172,– EUR vor. Für Altfälle vor Inkrafttreten des KostRÄG 2021[4] am 1.1.2021 gilt insoweit noch ein Gebührenrahen von 50,– EUR bis 340,– EUR und für den gerichtlich bestellten oder beigeordneten RA eine Festgebühr von 156,– EUR.

Eine Terminsgebühr für die Tätigkeit gegenüber der Bewilligungsbehörde wurde vom Gesetzgeber nicht angesetzt, da eine Vernehmung des Betroffenen im Verwaltungsverfahren nicht vorgesehen ist.[5]

II. Verfahrensgebühr (VV 6101 RVG)

1. Allgemeines

3 Das **Rechtshilfegesetz (IRG)** regelt die Auslieferung eines Ausländers an die Behörde eines ausländischen Staates zur Strafverfolgung oder Strafvollstreckung (§§ 2–42 IRG) und die Durchlieferung eines Ausländers durch das Gebiet der Bundesrepublik (§§ 43–47 IRG). Die §§ 38, 39 IRG regeln die Herausgabe von Gegenständen an die Regierung eines ausländischen Staates. Der vierte Teil (§§ 48–58 JRG) regelt die Rechtshilfe durch Vollstreckung ausländischer Erkenntnisse. Im fünften Teil (§§ 59–67a IRG) ist die sonstige Rechtshilfe geregelt. Der sechste Teil (§§ 68–72 IRG) befasst sich mit den ausgehenden Ersuchen. Im siebenten Teil (§§ 73–77b IRG) sind die gemeinsamen Vorschriften enthalten.

Zur Entscheidung über die Zulässigkeit ist das Oberlandesgericht zuständig (§ 29 Abs. 1 IRG).

Nach § 40 IRG kann sich der Verfolgte in jeder Lage des Auslieferungsverfahrens des Beistandes eines RA oder eines Rechtslehrers einer deutschen Hochschule bedienen. § 45 Abs. 6 IRG ordnet die entsprechende Anwendung dieser Bestimmung auf das Durchlieferungsverfahren an.

4 Zu den Verfahren des IStGH-Gesetzes gehören: Verfahren zur Überstellung von Personen an den Internationalen Gerichtshof zur Strafverfolgung oder Strafvollstreckung (§§ 2–33 IStGHG), Verfahren zur Durchbeförderung von Personen zur Strafverfolgung oder Strafvollstreckung durch das Bundesgebiet (§§ 34–39 IStGHG), Verfahren über die Rechtshilfe durch Vollstreckung von Entscheidungen und Anordnungen des Gerichtshofs (§§ 40–46 IStGHG), Verfahren über die sonstige Rechtshilfe (§§ 47–63 IStGHG), Verfahren über ausgehende Ersuchen (§§ 64–67 IStGHG).

2. Höhe der Gebühr

5 Die Verfahrensgebühr nach
VV 6101 RVG beträgt **110,–** EUR **bis 759,–** EUR,
Mittelgebühr 434,5,– EUR;
die Verfahrensgebühr für den **Pflichtverteidiger** beträgt **348,– EUR.**

Für Altfälle vor Inkrafttreten des KostRÄG 2021[6] am 1.1.2021 gilt ein Gebührenrahmen von 100,– EUR bis 690,– EUR mit einer Mittelgebühr von 395,– EUR, die Verfahrensgebühr für den Pflichtverteidiger beträgt 316,– EUR.

Der **Anspruch** auf die Gebühr **entsteht** durch jede Tätigkeit des RA in seiner Eigenschaft als Beistand, wobei es gleichgültig ist, ob er neben dem Verfolgten oder dem Beteiligten oder als sein Vertreter auftritt. Die erste Tätigkeit ist in der Regel die Entgegennahme der Information. Mit ihr entsteht die Gebühr. Sie verbleibt dem RA auch dann, wenn es zu keiner weiteren Tätigkeit in dem Verfahren kommt, etwa weil der Verfolgte stirbt. Der geringe Umfang der Tätigkeit des RA ist nur bei Ausfüllung des Gebührenrahmens gem. § 14 RVG zu beachten. Als Tätigkeit des Beistandes sind zB zu nennen die Einsicht in die Gerichtsakten, der schriftliche und mündliche Verkehr mit dem Verfolgten, die Verhandlungen mit dem Staatsanwalt oder dem Gericht, die Einreichung von Schriftsätzen, Einwendungen gegen einen Haftbefehl und die Vorbereitung der mündlichen Verhandlung, auch wenn diese nicht stattfindet.[7]

Die Gebühr ist eine **Pauschgebühr.** Sie steht dem RA auch dann zu, wenn er die Gebühr für die Beistandsleistung bei einer mündlichen Verhandlung nach VV 6102 RVG erhält. Das gilt selbst dann, wenn der RA nur mit der Beistandsleistung in der mündlichen Verhandlung beauftragt worden ist.[8]

---

[4] BGBl. 2020 I 3229.
[5] BT-Drs. 17/288, 37.
[6] BGBl. 2020 I 3229.
[7] Hartmann/Toussaint/*Schmitt* RVG VV 6100–6102 Rn. 7 ff.
[8] Hartmann/Toussaint/*Schmitt* RVG VV 6100–6102 Rn. 12.

Abgegolten werden alle Tätigkeiten des RA als Beistand bis zur Beendigung des Verfahrens mit Ausnahme der Beistandsleistung in einer mündlichen Verhandlung. Ist der RA auch in der mündlichen Verhandlung tätig, erhält er zusätzlich die Gebühr nach VV 6102 RVG.

Sollte der Gebührenrahmen nicht ausreichen, die Tätigkeit des Anwalts angemessen zu vergüten, kann eine Pauschvergütung nach § 42 RVG oder § 51 RVG beantragt werden. 6

III. Terminsgebühr

1. Allgemeines

Die **Terminsgebühr nach VV 6102 RVG** erhält der RA je Verhandlungstag. Eine mündliche Verhandlung kann nach § 30 Abs. 3 IRG vor der Entscheidung über die Zulässigkeit der Auslieferung durch das Oberlandesgericht angeordnet werden. Das Verfahren bei dieser mündlichen Verhandlung ist in § 31 IRG geregelt. Treten, nachdem das Gericht die Auslieferung für zulässig erklärt hat, Umstände ein, die es zweifelhaft erscheinen lassen, ob die Voraussetzungen der Zulässigkeit noch bestehen, so kann nach § 33 IRG erneut mündliche Verhandlung angeordnet werden. Dasselbe gilt nach § 35 IRG, wenn nach Durchführung der Auslieferung die ausländische Regierung um Zustimmung zur Strafverfolgung, Strafvollstreckung oder Weiterlieferung wegen einer Tat ersucht, für die die Auslieferung nicht bewilligt ist. Für die Durchlieferung gelten diese Bestimmungen entsprechend, ebenso für die Herausgabe von Gegenständen. 7

Nach hM soll, sofern Termine vor dem Amtsgericht stattfinden, in denen lediglich der Auslieferungshaftbefehl verkündet, der Verfolgte vernommen wird oder die Belehrung des Verfolgten nach § 41 IRG erfolgt, der RA für die Teilnahme an diesen Terminen keine Terminsgebühr nach VV 6102 RVG erhalten.[9] Auch für die Teilnahme an einer Anhörung im Vollstreckungshilfeverfahren nach §§ 85 ff. IRG, die der Erklärung eines Einverständnisses des Verurteilten nach § 85 Abs. 2 S. 1 Nr. 1 IRG dient, wird von den Vertretern dieser Auffassung die Entstehung der Terminsgebühr abgelehnt.[10] Der Gegenauffassung, die auf den Wortlaut von VV Vorb. 6 Abs. 3 RVG abstellt, wonach die Terminsgebühr für die Teilnahme an einem gerichtlichen Termin entsteht, ist jedoch der Vorzug zu geben. Gerichtliche Termine nach dem IRG sind nicht nur um die mündliche Verhandlung nach § 30 Abs. 3, § 31 IRG, sondern auch die Vernehmungs- oder Belehrungstermine bzw. Haftprüfungstermine vor dem AG nach den §§ 11, 20, 21, 22, 28, 41 IRG sind gerichtliche Termine iSv VV Vorb. 6 Abs. 3 RVG.[11] Die früher vertretene Gegenauffassung wurde aufgegeben.

Der **Anspruch** auf die Gebühr nach VV 6102 RVG **entsteht** durch Anwesenheit des RA als Beistand in der mündlichen Verhandlung. Da den Beteiligten Gelegenheit zu geben ist, sich zur Sache zu äußern, wird es wohl kaum vorkommen, dass der RA in der Verhandlung völlig schweigt. Sollte es doch der Fall sein, so wird der Anspruch auf die Gebühr dadurch nicht berührt. Die Verhandlung beginnt mit der Erörterung der Sache.[12]

2. Höhe der Gebühr

Die Terminsgebühr beträgt **143,– EUR bis 1023,– EUR**, 8
Mittelgebühr 583,– EUR.

Für Altfälle vor Inkrafttreten des KostRÄG 2021[13] am 1.1.2021 gilt ein Gebührenrahmen von 130,– EUR bis 930,– EUR mit einer Mittelgebühr von 530,– EUR.

Zur Terminsgebühr für den **Pflichtverteidiger** → Rn. 12.

Die Terminsgebühr entsteht je Verhandlungstag.

Der RA erhält die Terminsgebühr je Verhandlungstag auch dann, wenn die Verhandlung unterbrochen und später fortgesetzt oder wenn die Entscheidung in einem späteren Termin verkündet wird. Bei Vertagung der Verhandlung vor ihrem Beginn entsteht der Anspruch auf die Gebühr nach VV 6102 RVG erst mit der Beistandsleistung in dem neuen Verhandlungstermin.

---

[9] Statt vieler OLG Hamm BeckRS 2016, 114567; OLG Brandenburg NStZ-RR 2009, 392; OLG Dresden BeckRS 2017, 134733 = RVGreport 2018, 22 mAnm *Mayer* FD-RVG 2018, 400299; OLG Köln BeckRS 2018, 2565 = AGS 2018, 178 mAnm *Mayer* FD-RVG 2018, 404385; OLG Hamburg BeckRS 2021, 2221 Burhoff/Volpert RVG/*Volpert* VV 6102 Rn. 6 mwN.

[10] OLG Dresden BeckRS 2018, 11939 = JurBüro 2018, 407 mAnm *Mayer* FD-RVG 2018, 407337

[11] Burhoff/Volpert RVG/*Volpert* VV 6102 Rn. 7; Schneider/Wolf/*N. Schneider* RVG VV 6100–6102 Rn. 26; OLG Jena NStZ-RR 2008, 63 für Termine nach § 28 IRG

[12] Hartmann/Toussaint/*Schmitt* RVG VV 6100, 6102 Rn. 13.

[13] BGBl. 2020 I 3299.

Wird aber die Verhandlung nach ihrem Beginn vertagt, so erstreckt sich die Verhandlung über einen Kalendertag hinaus.

Wird nach § 33 IRG erneut mündliche Verhandlung angeordnet (→ Rn. 7), so entsteht ebenfalls cie Terminsgebühr erneut.[14]

Dagegen ist das Verfahren nach § 35 IRG eine neue Angelegenheit, in der die Gebühren nach VV 6101, 6102 RVG neu entstehen.[15]

IV. Verfahrens- und Terminsgebühr des Pflichtverteidigers

1. Allgemeines

9 Der gerichtlich bestellte oder beigeordnete RA erhält – wie der Wahlanwalt – sowohl die Verfahrens- als auch die Terminsgebühr.

2. Beiordnung eines Rechtsanwalts

10 Die **Beiordnung eines Rechtsanwalts** als Beistand hat unter den Voraussetzungen des § 40 Abs. 2 IRG zu erfolgen, wenn der Verfolgte noch keinen Rechtsbeistand gewählt hat. Für das Durchlieferungsverfahren und für das Verfahren wegen Herausgabe von Gegenständen ist eine entsprechende Anwendung dieser Bestimmung in § 45 Abs. 6 IRG vorgesehen.

Ist der RA dem Verfolgten in entsprechender Anwendung der Vorschriften über den Notanwalt beigeordnet worden (weil der Verfolgte keinen zur Übernahme des Auftrags bereiten RA gefunden hat), so ist VV 6101, 6102 RVG nicht anzuwenden. Der RA hat aber einen Gebührenanspruch gegen den Verfolgten unmittelbar. Er kann auch Vorschuss fordern und die Übernahme des Auftrags von der Vorschussleistung abhängig machen.

3. Höhe der Gebühren

11 **a) Verfahrensgebühr.** Aus der Staatskasse erhält der beigeordnete RA nicht die vollen Gebühren, die ihm als Wahlbeistand zustehen würden, sondern nur gekürzte Gebühren. Die **Verfahrensgebühr** nach **VV 6101 RVG** beträgt 348,– EUR, für Altfälle vor Inkrafttreten des KostRÄG 2021[16] am 1.1.2021 316,– EUR.

12 **b) Terminsgebühr.** Findet eine mündliche Verhandlung statt, so muss der beigeordnete RA, um die Gebühr nach **VV 6102 RVG** zu verdienen, auch in der mündlichen Verhandlung tätig gewesen sein. Sie beträgt 466,– EUR, für Altfälle vor Inkrafttreten des KostRÄG 2021[17] am 1.1.2021 424,– EUR.

Erstreckt sich die mündliche Verhandlung **über einen Kalendertag hinaus,** so erhält der beigeordnete RA für jeden weiteren Verhandlungstag wiederum 466,– EUR bzw. 424,– EUR. Ein weiterer Verhandlungstag ist auch dann gegeben, wenn an dem zweiten Kalendertag nur die Entscheidung verkündet wird. Voraussetzung ist allerdings, dass der RA hierbei anwesend ist.

4. Gemeinschaftlicher Beistand mehrerer Beteiligter

13 Als gemeinschaftlicher Beistand mehrerer Beteiligter (§ 146 StPO gilt nicht) erhält der beigeordnete RA nach VV 1008 RVG eine Gebührenerhöhung um drei Zehntel je weiteren Beteiligten.

5. Ersatz von Auslagen

14 Für den Anspruch auf Ersatz von Auslagen gilt § 46 RVG.

6. Festsetzung der Gebühr

15 Für die Festsetzung der Gebühr gelten §§ 55 Abs. 1, 56 Abs. 1 RVG und § 56 Abs. 2 S. 2 RVG sinngemäß, also nicht die Vorschriften des § 56 Abs. 2 S. 1 RVG über die Beschwerde, da ja über die Erinnerung schon das Oberlandesgericht entscheidet. Der Festsetzungsantrag ist an den Urkundsbeamten der Geschäftsstelle des Oberlandesgericht zu richten. Gegen die Entscheidung findet die Erinnerung statt. Die Entscheidung trifft der Vorsitzende des zuständigen Strafsenats. Seine Entscheidung ist unanfechtbar; auch eine Anrufung des Senats ist nicht vorgesehen.

---

[14] Hartmann/Toussaint/*Schmitt* RVG VV 6100–6102 Rn. 12.
[15] Hartmann/Toussaint/*Schmitt* RVG VV 6100–6102 Rn. 4.
[16] BGBL 2020 I 3229.
[17] BGBL 2020 I 3229.

In den Verfahren nach §§ 53, 71 Abs. 4 S. 5 IRG, in denen das Landgericht entscheidet, ist § 56 Abs. 2 S. 1 RVG anzuwenden, dh, gegen den Beschluss über die Erinnerung ist die Beschwerde zulässig.[18]

7. Pauschvergütung

Die Zubilligung einer höheren Pauschvergütung ist zulässig gem. § 51 RVG. 16

Auch die **Vorschrift des § 58 Abs. 3 RVG** über die Anrechnung oder Rückzahlung ist sinngemäß anzuwenden.

Die Annahme freiwilliger Zahlungen ist zulässig, auch eine Vergütungsvereinbarung, da der im Auslieferungsverfahren beigeordnete RA kein im Wege der PKH beigeordneter RA ist. Doch darf der beigeordnete RA seine Tätigkeit weder vom Abschluss einer Vergütungsvereinbarung noch von der Leistung von Zahlungen abhängig machen.

Gem. § 47 RVG kann der RA einen **Vorschuss** auf die bereits entstandenen Gebühren und die entstandenen und voraussichtlich entstehenden Auslagen erhalten.

8. Pauschgebühren

Pauschgebühren sind die Gebühren nach VV 6100–6102 RVG. Durch sie werden sämtliche 17
Tätigkeiten des RA, die das gleiche Verfahren betreffen, entgolten, so die Information, die Beratung des Auftraggebers, die Anwesenheit bei Vernehmungsterminen oder bei einzelnen Beweisaufnahmen, die Anfertigung und Unterzeichnung aller das Verfahren betreffenden Anträge und Erklärungen an die beteiligten Behörden und der Schriftwechsel mit dem Verfolgten, den Beteiligten und dritten Personen.

Der **Rechtszug endet** mit der Durchführung der Auslieferung, Durchlieferung oder Herausgabe von Gegenständen, mit der Rücknahme oder Ablehnung des Ersuchens.

Wird nach § 33 IRG erneut mündliche Verhandlung angeordnet, nachdem das Gericht die Auslieferung schon für zulässig erklärt hatte, so beginnt kein neues Auslieferungsverfahren. Daher entsteht die Verfahrensgebühr nach VV 6101 RVG nicht neu. Die zusätzliche Tätigkeit ist bei Ausfüllung des Gebührenrahmens gem. § 14 RVG zu beachten. Ist die früher angefallene Gebühr bereits beglichen, kann der RA den Mehrbetrag nachfordern. Bei erneuter Beistandsleistung für eine mündliche Verhandlung kann die Gebühr nach VV 6102 RVG verlangt werden.

Findet aber nach § 35 IRG eine neue Verhandlung deshalb statt, weil nach Durchführung der Auslieferung die ausländische Regierung um Zustimmung zur Strafverfolgung, Strafvollstreckung oder Weiterlieferung wegen einer Tat ersucht, für welche die Auslieferung nicht bewilligt worden war, so beginnt damit eine neue Angelegenheit. Daher entsteht nicht nur die Gebühr nach VV 6102 RVG, sondern auch die Gebühr nach VV 6101 RVG von neuem.

9. Terminsgebühr für einen Termin, der nicht stattfindet

Nach VV Vorb. 6 Abs. 3 S. 2 RVG erhält der RA die Terminsgebühr auch, wenn er zu einem 18
anberaumten Termin erscheint, dieser aber aus Gründen, die er nicht zu vertreten hat, nicht stattfindet. Nach S. 3 gilt dies nicht, wenn er rechtzeitig vor der Aufhebung oder Verlegung des Termins in Kenntnis gesetzt worden ist.

V. Sonstige Gebühren

1. Beistandsleistung für mehrere Beteiligte

Übernimmt der RA die **Beistandsleistung für mehrere Beteiligte** (§ 146 StPO gilt 19
nicht), so erhöhen sich seine Gebühren gem. VV 1008 RVG bei jedem weiteren Beteiligten um drei Zehntel.

Eine Beistandsleistung für mehrere Beteiligte liegt nur dann vor, wenn es sich um ein einheitliches Verfahren handelt. Das ist nicht der Fall, wenn es sich bei dem einen Auftraggeber um ein Auslieferungsverfahren, bei dem anderen um ein Durchlieferungsverfahren handelt. Dann entstehen getrennte Gebühren.

2. Einzeltätigkeiten

Beschränkt sich der Auftrag des RA auf Einzeltätigkeiten, so erhält er die Gebühr nach 20
VV 6500 RVG (→ RVG VV 6500 Rn. 2).

[18] OLG Koblenz JurBüro 1991, 827.

3. Ergänzende Vorschriften

21 Die allgemeinen Bestimmungen gelten auch für die Vergütung in Auslieferungssachen. Anzuwenden sind deshalb vor allem die Vorschriften des
- § 3a RVG, Vereinbarung einer Vergütung,
- § 5 RVG, Vergütung für Tätigkeiten von Vertretern des Rechtsanwalts,
- VV 1008 RVG, Mehrere Auftraggeber,
- §§ 8–10 RVG, Fälligkeit, Vorschuss, Berechnung,
- VV 7000 RVG, Postentgelte,
- VV 7001, 7002 RVG, Schreibauslagen,
- VV 7003–7006 RVG, Geschäftsreisen.

§ 11 RVG ist nur unter den Voraussetzungen des § 11 Abs. 8 RVG anzuwenden, da es sich bei den Gebühren nach VV 6100, 6101 RVG um Rahmengebühren handelt.

4. Erstattung

22 Eine Erstattung der in den Verfahren des IRG dem Verfolgten notwendigen Auslagen findet gem. § 77 IRG iVm §§ 467, 467a StPO statt.[19]

Nr.	Gebührentatbestand	Gebühr	
		Wahlverteidiger oder Verfahrensbevollmächtigter	gerichtlich bestellter oder beigeordneter Rechtsanwalt

Abschnitt 2. Disziplinarverfahren, berufsgerichtliche Verfahren wegen der Verletzung einer Berufspflicht

Vorbemerkung 6.2:

(1) Durch die Gebühren wird die gesamte Tätigkeit im Verfahren abgegolten.

(2) Für die Vertretung gegenüber der Aufsichtsbehörde außerhalb eines Disziplinarverfahrens entstehen Gebühren nach Teil 2.

(3) Für folgende Tätigkeiten entstehen Gebühren nach Teil 3:
1. für das Verfahren über die Erinnerung oder die Beschwerde gegen einen Kostenfestsetzungsbeschluss, für das Verfahren über die Erinnerung gegen den Kostenansatz und für das Verfahren über die Beschwerde gegen die Entscheidung über diese Erinnerung,
2. in der Zwangsvollstreckung aus einer Entscheidung, die über die Erstattung von Kosten ergangen ist, und für das Beschwerdeverfahren gegen diese Entscheidung.

Übersicht

[19] BGHSt 32, 221 (227); Hartmann/Toussaint/*Schmitt* RVG VV 6100–6102 Rn. 17; Schneider/Wolf/*N. Schneider* RVG VV 6100–6102 Rn. 39.

I. Anwendungsbereich

Abschn. 2 von VV Teil 6 RVG umfasst die Vergütungstatbestände VV 6200–6216 RVG. Diese Vergütungstatbestände gelten für den Wahlverteidiger oder Verfahrensbevollmächtigten sowie für den gerichtlich bestellten oder beigeordneten Rechtsanwalt.[1] Die Vergütungstatbestände dieses Abschnittes gelten nach der VV Vorb. 6 Abs. 1 RVG auch für den RA, der als Beistand für einen Zeugen oder Sachverständigen tätig wird.[2] 1

Abschn. 2 von VV Teil 6 RVG gilt für Disziplinarverfahren und berufsgerichtliche Verfahren wegen Verletzung einer Dienstpflicht.

1. Disziplinarverfahren

Gegenstand von Disziplinarverfahren sind Pflichtverletzungen von Richtern des Bundes und der Länder, Pflichtverletzungen von Beamten des Bundes, eines Landes, einer Gemeinde oder einer öffentlich-rechtlichen Körperschaft, Anstalt oder Stiftung sowie Pflichtverletzungen von Notaren und Soldaten.[3] 2

Abschnitt 2 von Teil 6 betrifft die Disziplinarverfahren

– nach dem Bundesdisziplinargesetz (BDG v. 9.7.2001)[4] sowie nach den Landesdisziplinarordnungen
– nach der Wehrdisziplinarordnung (WDO)[5]
– nach dem Deutschen Richtergesetz (§§ 63, 64 DRiG iVm dem BDG) und den Landesrichtergesetzen iVm den Landesdisziplinarordnungen und Landesdisziplinargesetzen[6]
– nach der Bundesnotarordnung[7]
– nach dem Zivildienstgesetz (§§ 58 ff. ZDG).[8]

VV Teil 6 Abschn. 2 RVG ist jedoch auf folgende Disziplinarverfahren nicht anzuwenden:

– Richteranklagen nach Art. 98 Abs. 2 GG, § 13 Nr. 9 BVerfGG – insoweit gelten gem. § 37 Abs. 1 Nr. 3 RVG die Vergütungstatbestände VV 4130–4135 RVG[9]
– nach der Wehrbeschwerdeordnung, insoweit sind die Vergütungstatbestände VV 6400–6403 RVG[10] anzuwenden
– vor akademischen Disziplinarbehörden – insoweit ist VV 2300 RVG anzuwenden[11]
– vor Ehrengerichten studentischer Vereinigungen, insoweit ist VV 2300 RVG anzuwenden[12]
– vor Gerichten von Sportverbänden oder Vereinen, auch insoweit gilt VV 2300 RVG[13]
– Verfahren nach § 9 BBesG wegen Feststellung des Verlusts der Dienstbezüge von Beamten, die dem BDG unterfallen, insoweit gilt VV Teil 3 RVG[14]

Strittig ist die Behandlung von Disziplinarverfahren vor öffentlichen Religionsgesellschaften; so sind die Vergütungstatbestände von Abschn. 2 des VV Teil 6 RVG auch auf die Tätigkeit in Disziplinarverfahren von Kirchenbeamten anzuwenden, soweit dieses ihrem Verfahren nach wie Disziplinarverfahren nach dem BDG oder den Landesdisziplinarordnungen und den Lan-

[1] Hartung/Römermann/Schons/*Hartung* RVG VV Vorb. 6.2 Rn. 1.
[2] Hartung/Römermann/Schons/*Hartung* RVG VV Vorb. 6.2 Rn. 1.
[3] Hartung/Römermann/Schons/*Hartung* RVG VV Vorb. 6.2 Rn. 3.
[4] BGBl. I 1510.
[5] Schneider/Wolf/*N. Schneider* RVG VV Vorb. 6.2 Rn. 4; Hartung/Römermann/Schons/*Hartung* RVG VV Vorb. 6.2 Rn. 5; Hartmann/Toussaint/*Schmitt* RVG VV Vorb. 6.2 Rn. 1.
[6] Schneider/Wolf/*N. Schneider* RVG VV Vorb. 6.2 Rn. 4; Hartmann/Toussaint/*Schmitt* RVG VV Vorb. 6.2 Rn. 1; Hartung/Römermann/Schons/*Hartung* RVG VV Vorb. 6.2 Rn. 5.
[7] Schneider/Wolf/*N. Schneider* RVG VV Vorb. 6.2 Rn. 4; Hartung/Römermann/Schons/*Hartung* RVG VV Vorb. 6.2 Rn. 5; Hartmann/Toussaint/*Schmitt* RVG VV Vorb. 6.2 Rn. 1.
[8] Hartung/Römermann/Schons/*Hartung* RVG VV Vorb. 6.2 Rn. 5; Hartmann/Toussaint/*Schmitt* RVG VV Vorb. 6.2 Rn. 1.
[9] Hartung/Römermann/Schons/*Hartung* RVG VV Vorb. 6.2 Rn. 6; Schneider/Wolf/*N. Schneider* RVG VV Vorb. 6.2 Rn. 5.
[10] Hartung/Römermann/Schons/*Hartung* RVG VV Vorb. 6.2 Rn. 6; Schneider/Wolf/*N. Schneider* RVG VV Vorb. 6.2 Rn. 5.
[11] HBS VergütungsR/*Schneider* Teil 17 Rn. 19; Hartung/Römermann/Schons/*Hartung* RVG VV Vorb. 6.2 Rn. 6; Hartung/Schons/Enders/*Hartung* RVG VV Vorb. 6.2 Rn. 6.
[12] HBS VergütungsR/*Schneider* Teil 17 Rn. 19; Hartung/Römermann/Schons/*Hartung* RVG VV Vorb. 6.2 Rn. 6.
[13] HBS VergütungsR/*Schneider* Teil 17 Rn. 19; Hartung/Römermann/Schons/*Hartung* RVG VV Vorb. 6.2 Rn. 6; Hartung/Schons/Enders/*Hartung* RVG VV Vorb. 6.2 Rn. 6.
[14] Schneider/Wolf/*N. Schneider* RVG VV Vorb. 6.2 Rn. 8.

desdisziplinargesetzen ausgestaltet ist.[15] Nach anderer Auffassung gilt insoweit VV 2300 RVG,[16] da das Verfahren nicht auf staatlichem Recht beruht.[17]

2. Grundlegendes zum Disziplinarverfahren

3 **a) Dienstvergehen.** Grundlage jeder Disziplinarverfolgung nach §§ 2, 17 ff. BDG ist nach § 77 Abs. 1 S. 1 BBG gegeben, wenn der Beamte schuldhaft seine Pflichten verletzt.

4 **b) Disziplinarmaßnahmen.** § 5 BDG enthält den Katalog der möglichen Disziplinarmaßnahmen. Diese sind iE:

– Der **Verweis** nach § 6 S. 1 BDG,
– die **Geldbuße** nach § 7 BDG,
– eine **Kürzung der Dienstbezüge** nach § 8 BDG. Bei Ruhestandsbeamten gilt § 8 BDG für die Kürzung des Ruhegehalts entsprechend.
– Die **Zurückstufung** nach § 9 BDG. Diese mögliche schwerste Disziplinarmaßnahme gegen einen weiter im Dienst belassenen Beamten ist nur durch Urteil des Disziplinargerichts möglich.
– **Entfernung aus dem Beamtenverhältnis** und **Aberkennung des Ruhegehalts** nach §§ 10, 12 BDG.

Das sind die einzigen Möglichkeiten aus disziplinarrechtlichen Gründen, ein Beamtenverhältnis auf Lebenszeit oder Zeit gegen den Willen des Beamten zu beendigen. Die Folge der Entfernung ist der gänzliche Verlust aller Dienst- und Versorgungsbezüge. An die Stelle der Entfernung des Beamtenverhältnisses tritt beim Ruhestandsbeamten die Aberkennung des Ruhegehalts.

5 **c) Dienstvorgesetzte.** Dienstvorgesetzte oder Dienstvorgesetzter ist nach § 3 Abs. 2 BBG, wer für die beamtenrechtlichen Entscheidungen über die persönlichen Angelegenheiten der ihr oder ihm nachgeordneten Beamtinnen und Beamten zuständig ist.

Dabei sind zu unterscheiden:

– Der (unmittelbare) Dienstvorgesetzte, der immer dann zuständig ist, wenn sich im Gesetz kein anderweitiger Zusatz findet;
– sodann der höhere Dienstvorgesetzte; ihm wird zB die Befugnis zuerkannt, ein Disziplinarverfahren an sich zu ziehen (§ 21 Abs. 1 S. 3 BDG),
– schließlich die oberste Dienstbehörde, der zB die Entscheidung über Widersprüche nach § 42 BDG oder die Verhängung des Höchstmaßes einer Kürzung der Dienstbezüge vorbehalten bleibt.

6 **d) Das behördliche Disziplinarverfahren.** Liegen zureichende tatsächliche Anhaltspunkte vor, die die Annahme eines Dienstvergehens rechtfertigen, so muss der Dienstvorgesetzte ein Disziplinarverfahren einleiten, § 17 Abs. 1 BDG.

Jeder Beamte kann die Einleitung eines Verfahrens gegen sich selbst beantragen, um sich von dem Verdacht eines Dienstvergehens zu reinigen, § 18 BDG.

7 Ist gegen den Beamten wegen des Sachverhalts, der dem Disziplinarverfahren zu Grunde liegt, im Strafverfahren die öffentliche Klage erhoben worden, wird das Disziplinarverfahren ausgesetzt, § 22 Abs. 1 BDG. Das Disziplinarverfahren kann auch ausgesetzt werden, wenn in einem anderen gesetzlich angeordneten Verfahren über die Frage zu entscheiden ist, deren Beurteilung für die Entscheidung im Disziplinarverfahren von wesentlicher Bedeutung ist, § 22 Abs. 3 BDG. Hier kommt vor allem das staatsanwaltschaftliche Ermittlungsverfahren in Betracht wegen der dort besseren und weitergehenden Aufklärungsmöglichkeiten.

8 In § 3 BDG wird das behördliche Verfahren den Bestimmungen des Verwaltungsverfahrensgesetz unterstellt. Also gilt über § 14 VwVfG, dass sich jeder Verfahrensbeteiligte durch einen Bevollmächtigten vertreten lassen kann.

9 Nach Abschluss der Ermittlungen hat der Dienstvorgesetzte folgende Möglichkeiten:

– Er kann das Disziplinarverfahren nach § 32 BDG einstellen.
– Er kann das Verfahren mit einer gegen den Beamten zu verhängenden Disziplinarverfügung abschließen und eine der ihm zur Verfügung stehenden Disziplinarmaßnahmen verhängen, § 33 BDG.
– Er kann mit dem Ziel, auf eine Zurückstufung des Beamten, die Entfernung aus dem Beamtenverhältnis oder die Aberkennung des Ruhegehalts erkennen zu lassen, gegen den Beamten die Disziplinarklage vor dem Verwaltungsgericht zu erheben §§ 34, 52 Abs. 1 BDG.

---

[15] Schneider/Wolf/*N. Schneider* RVG VV Vorb. 6.2 Rn. 6.

[16] HBS VergütungsR/*Schneider* Teil 17 Rn. 19; Burhoff/Volpert/*Volpert* RVG VV Vorb. 6.2 Rn. 10; Riedel/Sußbauer/*H. Schneider* RVG VV 6200–6216 Rn. 14; Hartung/Römermann/Schons/*Hartung* RVG VV Vorb. 6.2 Rn. 6.

[17] Riedel/Sußbauer/*H. Schneider* RVG VV 6200–6216 Rn. 14.

Die für die Erhebung der Disziplinarklage zuständige Behörde kann gleichzeitig mit oder nach der Einleitung des Disziplinarverfahrens unter bestimmten Voraussetzungen den Beamten vorläufig des Dienstes entheben und gleichzeitig damit oder später anordnen, dass ein Teil der Dienstbezüge einbehalten wird, §§ 38–40 BDG. **10**

Gegen die vorläufigen Maßnahmen des § 38 BDG kann ein Antrag auf Aussetzung derselben gestellt werden, § 63 Abs. 1 BDG. Der Antrag ist beim Verwaltungsgericht zu stellen, beim Oberverwaltungsgericht dann, wenn bei ihm in derselben Sache ein Disziplinarverfahren anhängig ist. **11**

Für die Änderung oder Aufhebung von Beschlüssen nach § 63 Abs. 1 BDG gilt § 80 Abs. 7 der VwGO entsprechend.

3. Berufsgerichtliches Verfahren wegen Verletzung einer Berufspflicht

a) Berufsgericht. Für das Verfahren muss ein auf Grund eines Bundes- oder Landesgesetzes eingerichtetes Gericht zuständig sein.[18] Das Gericht muss nicht den Charakter eines Gerichts im verfassungsrechtlichen Sinn entsprechen, jedoch als Spruchkörper auftreten und in einem justizförmigen Verfahren entscheiden.[19] **12**

Zu Berufsgerichten iSv Abschn. 2 des VV Teil 6 RVG gehören:

- die Anwaltsgerichte nach der Bundesrechtsanwaltsordnung (Anwaltsgericht §§ 92 ff. BRAO; Anwaltsgerichtshof §§ 100 ff. BRAO; Anwaltssenat beim BGH §§ 106 ff. BRAO)[20]
- die Gerichte für Patentanwaltssachen nach der Patentanwaltsordnung (§§ 85 ff. PatAnwO)[21]
- Kammern und Senate für Wirtschaftsprüfersachen nach §§ 72 ff. WPO[22]
- Kammern und Senate für Steuerberater- und Steuerbevollmächtigtensachen nach §§ 95 ff. StBerG[23]
- die nach Landesrecht eingerichteten Berufsgerichte der Ärzte, Zahnärzte, Tierärzte, Apotheker und Psychotherapeuten[24]
- die nach Landesrecht eingerichteten Gerichte für Architekten[25]
- das OLG, soweit es nach den §§ 138a–138d StPO entscheidet.[26]

Keine Berufsgerichte iSv Abschn. 2 von VV Teil 6 RVG sind Ehrengerichte studentischer Vereinigungen sowie Gerichte von Sportverbänden und Sportvereinen, dazu gehören auch die vom Deutschen Fußballverband eingerichteten Sportgerichte.[27] Diese beruhen nämlich auf den Satzungen der jeweiligen Organisation und nicht auf einem Bundes- oder Landesgesetz.[28] Für die Tätigkeit in diesen Verfahren erhält der RA Gebühren nach VV Teil 2 RVG, soweit es sich um Schiedsgerichte handelt, gilt § 36 RVG.[29]

b) Berufspflicht. Abschn. 2 von VV Teil 6 RVG ist ferner nur dann anwendbar, wenn es sich um ein berufsgerichtliches Verfahren wegen der Verletzung einer Berufspflicht handelt; betrifft das Verfahren andere Angelegenheiten, greifen die Vergütungstatbestände des Abschn. 2 von VV Teil 6 RVG nicht ein.[30] Hierzu gehören bspw. Zulassungsverfahren, Verfahren betref- **13**

---

[18] Hartung/Römermann/Schons/*Hartung* RVG VV Vorb. 6.2 Rn. 7; Schneider/Wolf/*N. Schneider* RVG VV Vorb. 6.2 Rn. 10.

[19] Hartung/Römermann/Schons/*Hartung* RVG VV Vorb. 6.2 Rn. 7; *Hartung* NJW 2005, 3093 ff. (3094); Schneider/Wolf/*N. Schneider* RVG VV Vorb. 6.2 Rn. 10.

[20] Hartung/Römermann/Schons/*Hartung* RVG VV Vorb. 6.2 Rn. 7; Schneider/Wolf/*N. Schneider* RVG VV Vorb. 6.2 Rn. 11; Burhoff/Volpert RVG/*Volpert* VV Vorb. 6.2 Rn. 15.

[21] Schneider/Wolf/*N. Schneider* RVG VV Vorb. 6.2 Rn. 11; Burhoff/Volpert RVG/*Volpert* VV Vorb. 6.2 Rn. 15; Hartung/Römermann/Schons/*Hartung* RVG VV Vorb. 6.2 Rn. 7; *Hartung* NJW 2005, 3093 ff. (3094), der insoweit missverständlich nur von Senat für Patentanwaltssachen spricht.

[22] Hartung/Römermann/Schons/*Hartung* RVG VV Vorb. 6.2 Rn. 7; *Hartung* NJW 2005, 3093 ff. (3094); Schneider/Wolf/*N. Schneider* RVG VV Vorb. 6.2 Rn. 11; Burhoff/Volpert RVG/*Volpert* VV Vorb. 6.2 Rn. 15.

[23] Hartung/Römermann/Schons/*Hartung* RVG VV Vorb. 6.2 Rn. 7; *Hartung* NJW 2005, 3093 ff. (3094); Schneider/Wolf/*N. Schneider* RVG VV Vorb. 6.2 Rn. 11; Burhoff/Volpert RVG/*Volpert* VV Vorb. 6.2 Rn. 15.

[24] Hartung/Römermann/Schons/*Hartung* RVG VV Vorb. 6.2 Rn. 7; Schneider/Wolf/*N. Schneider* RVG VV Vorb. 6.2 Rn. 11; Burhoff/Volpert RVG/*Volpert* VV Vorb. 6.2 Rn. 15.

[25] Hartung/Römermann/Schons/*Hartung* RVG VV Vorb. 6.2 Rn. 7; Schneider/Wolf/*N. Schneider* RVG VV Vorb. 6.2 Rn. 11; Burhoff/Volpert RVG/*Volpert* VV Vorb. 6.2 Rn. 15.

[26] Hartung/Römermann/Schons/*Hartung* RVG VV Vorb. 6.2 Rn. 7; Schneider/Wolf/*N. Schneider* RVG VV Vorb. 6.2 Rn. 11; Burhoff/Volpert RVG/*Volpert* VV Vorb. 6.2 Rn. 15.

[27] Hartung/Römermann/Schons/*Hartung* RVG VV Vorb. 6.2 Rn. 8; Schneider/Wolf/*N. Schneider* RVG VV Vorb. 6.2 Rn. 12; Burhoff/Volpert RVG/*Volpert* VV Vorb. 6.2 Rn. 15.

[28] Hartung/Römermann/Schons/*Hartung* RVG VV Vorb. 6.2 Rn. 8.

[29] Schneider/Wolf/*N. Schneider* RVG VV Vorb. 6.2 Rn. 12; Riedel/Sußbauer/*H. Schneider* RVG VV 6200–6216 Rn. 21; Burhoff/Volpert RVG/*Volpert* RVG VV Vorb. 6.2 Rn. 15.

[30] Hartung/Römermann/Schons/*Hartung* RVG VV Vorb. 6.2 Rn. 9; *Hartung* NJW 2005, 3093 ff. (3094).

fend die Anfechtung von Wahlen und Beschlüssen nach der Bundesrechtsanwaltsordnung und der Patentanwaltsordnung sowie Verfahren betreffend die Anfechtung von Verwaltungsakten nach § 112a Abs. 1 BRAO bzw. § 94a PAO.[31]

Strittig ist die Behandlung der Rüge- und Einspruchsverfahren in den Berufsgesetzen der rechts- und steuerberatenden Berufe. So kann der Vorstand das Verhalten eines Rechtsanwalts (§ 74 Abs. 1 BRAO), eines Patentanwalts (§ 70 Abs. 1 PAO), eines Wirtschaftsprüfers (§ 68 Abs. 1 Nr. 1 WPO) und eines Mitglieds der Steuerberaterkammer (§ 81 Abs. 1 StBerG) rügen, wenn die Schuld des Betreffenden gering ist und ein Antrag auf Einleitung eines berufsgerichtlichen Verfahrens nicht erforderlich erscheint. Gegen den Bescheid, welcher das inkriminierte Verhalten rügt, kann nach den genannten Gesetzen der Betroffene Einspruch erheben (§ 74 Abs. 5 BRAO; § 70 Abs. 5 PAO; § 68 Abs. 5 WPO und § 81 Abs. 5 StBerG). Wird der Einspruch gegen den Rügebescheid zurückgewiesen, kann der Betroffene Antrag auf berufsgerichtliche Entscheidung stellen (§ 74a Abs. 1 BRAO; § 70a Abs. 1 PAO; § 71a WPO und § 82 Abs. 1 S. 1 StBerG). Nach einer Auffassung beginnt das berufsrechtliche Verfahren erst mit dem Antrag auf gerichtliche Entscheidung, so dass die anwaltliche Tätigkeit nach einer Auffassung im Rüge- und Einspruchsverfahren nach VV Teil 2 RVG zu vergüten ist.[32] Die andere Auffassung weist jedoch zutreffend darauf hin, dass der Gesetzgeber mit dem RVG das gesamte berufsrechtliche Verfahren insgesamt an die geänderte Gebührenstruktur in Strafsachen anpassen wollte und wendet für das Rüge- und Einspruchsverfahren den Vergütungstatbestand VV 6202 RVG an.[33] Die zuletzt genannte Auffassung dürfte vorzuziehen sein. Der Vergütungstatbestand VV 6202 RVG sieht eine Verfahrensgebühr für das außergerichtliche Verfahren vor, wobei nach Abs. 2 der Anmerkung die Gebühr für eine Tätigkeit in dem Verfahren bis zum Eingang des Antrags oder der Anschuldigungsschrift bei Gericht entsteht. Demzufolge gilt der Vergütungstatbestand unmittelbar für das Rügeverfahren im Sinne der genannten Berufsgesetze. Nach Abs. 1 der Anmerkung zum Vergütungstatbestand entsteht die Gebühr auch für eine Tätigkeit in einem dem gerichtlichen Verfahren vorausgehenden und der Überprüfung der Verwaltungsentscheidung dienenden weiteren außergerichtlichen Verfahren, mithin also entsteht die Verfahrensgebühr gesondert noch für die Tätigkeit im Einspruchsverfahren.

II. Abgeltungsbereich

14 Nach Abs. 1 der VV Vorb. 6.2 RVG wird durch die Gebühren des Abschn. 2 die gesamte Tätigkeit im Verfahren abgegolten. Die Vorschrift regelt somit den Abgeltungsbereich der anwaltlichen Gebühren in Disziplinarverfahren und berufsgerichtlichen Verfahren wegen Verletzung einer Berufspflicht.[34] Die Gebühren sind Pauschgebühren, die die gesamte Tätigkeit des Anwalts abdecken.[35]

Lediglich die allgemeinen Gebühren des VV Teil 1 RVG können neben den in Abschn. 2 geregelten Vergütungstatbeständen anfallen, da die in VV Teil 1 RVG geregelten Vergütungstatbestände auch in den folgenden Teilen des Vergütungsverzeichnisses anwendbar sind.[36]

Eine Bewilligung einer Pauschgebühr iSd §§ 42, 51 RVG ist bei den in Abschn. 2 geregelten Verfahren nicht möglich; die genannten Vorschriften nehmen ua nicht auch auf Abschn. 2 Bezug.[37]

Für Einzeltätigkeiten in Disziplinarverfahren oder berufsgerichtlichen Verfahren wegen der Verletzung einer Berufspflicht gilt nunmehr VV 6500 RVG (→ RVG VV 6500 Rn. 2).[38] Nach der Gegenauffassung entsteht in den in Abschn. 2 geregelten Verfahren des VV Teil 6 RVG die Grundgebühr neben einer etwaigen Verfahrens- oder Terminsgebühr auch dann, wenn der RA in diesem Verfahren nur mit einer Einzeltätigkeit beauftragt wird.

---

31 Hartung/Römermann/Schons/*Hartung* RVG VV Vorb. 6.2 Rn. 9; *Hartung* NJW 2005, 3093 ff. (3094); Schneider/Wolf/*N. Schneider* RVG VV Vorb. 6.2 Rn. 13; Burhoff/Volpert RVG/*Volpert* VV Vorb. 6.2 Rn. 13.

32 Schneider/Wolf/*N. Schneider* RVG VV Vorb. 6.2 Rn. 15.

33 Hartung/Römermann/Schons/*Hartung* RVG VV Vorb. 6.2 Rn. 11; Burhoff/Volpert RVG/*Volpert* VV Vorb. 6.2 Rn. 12; Hartung/Schons/Enders/*Hartung* RVG VV Vorb. 6.2 Rn. 12; BT-Drs. 15/1971, 231.

34 Burhoff/Volpert RVG/*Volpert* VV Vorb. 6.2 Rn. 20.

35 Burhoff/Volpert RVG/*Volpert* VV Vorb. 6.2 Rn. 20; Schneider/Wolf/*N. Schneider* RVG VV Vorb. 6.2 Rn. 17; Hartung/Römermann/Schons/*Hartung* RVG VV Vorb. 6.2 Rn. 13.

36 Hartung/Römermann/Schons/*Hartung* RVG VV Vorb. 6.2 Rn. 12 für die Einigungsgebühr nach VV 1000 RVG und die Erledigungsgebühr nach VV 1002 RVG.

37 Schneider/Wolf/*N. Schneider* RVG VV Vorb. 6.2 Rn. 18; Hartung/Schons/Enders/*Hartung* RVG VV Vorb. 6.2 Rn. 13.

38 Burhoff/Volpert RVG/*Volpert* VV Vorb. 6.2 Rn. 48.

III. Vertretung gegenüber der Aufsichtsbehörde außerhalb eines Disziplinarverfahrens

Nach Abs. 2 der VV Vorb. 6.2 RVG entstehen für die Vertretung gegenüber der Aufsichtsbehörde außerhalb des Disziplinarverfahrens Gebühren nach VV Teil 2 RVG. Für die Vertretung entsteht in diesen Fällen außerhalb eines Disziplinarverfahrens eine Geschäftsgebühr nach den VV 2300 f. RVG, wobei es sich um eine Wertgebühr handelt.[39] **15**

Bei der Abgrenzung, welche anwaltliche Tätigkeit außerhalb eines Disziplinarverfahrens liegt und somit nach Abs. 2 der VV Vorb. 6.2 RVG bei Vertretung gegenüber der Aufsichtsbehörde zu Gebühren nach VV Teil 2 RVG führt, von dem Disziplinarverfahren ist zu beachten, dass zum Bereich des „Disziplinarverfahrens" auch schon die Vorermittlungen gehören. Gebühren nach VV Teil 2 RVG kommen nur für Tätigkeiten in Betracht, die noch vor dem Beginn des behördlichen Disziplinarverfahrens nach den §§ 17 ff. BDG bzw. §§ 32, 92 WDO und den disziplinarrechtlichen Vorermittlungen nach den Disziplinarordnungen der Länder liegen.[40] Die Gebühren nach VV Teil 2 RVG sind somit anwendbar, wenn es um die Beratung oder Vertretung eines Beamten bei der Abgabe von dienstlichen Äußerungen nach einer Dienst- oder Fachaufsichtsbeschwerde oder bei einer informellen Sachverhaltsaufklärung des Dienstvorgesetzten außerhalb eines behördlichen Disziplinarverfahrens oder disziplinarrechtlicher Vorermittlungen geht.[41] Auch für die Vertretung eines Kommunalbeamten gegen Maßnahmen der Kommunalaufsicht (Rechts- oder Fachaufsicht) gelten nach Abs. 2 der VV Vorb. 6.2 RVG die Gebühren nach VV Teil 2 RVG für die außergerichtliche Tätigkeit.[42]

IV. Gebühren nach VV Teil 3 RVG

Abs. 3 der VV Vorb. 6.2 RVG nimmt vergleichbar mit Abs. 5 der VV Vorb. 4 RVG und Abs. 4 der VV Vorb. 5 RVG bestimmte Tätigkeiten des Rechtsanwalts aus dem Anwendungsbereich des VV Teil 6 RVG heraus und weist sie den Regelungen des VV Teil 3 RVG zu.[43] So gelten nach VV Vorb. 6.2 Abs. 3 Nr. 1 RVG für das Verfahren über die Erinnerung oder die Beschwerde gegen einen Kostenfestsetzungsbeschluss, für das Verfahren über die Erinnerung gegen den Kostenansatz und für das Verfahren über die Beschwerde gegen die Entscheidung über diese Erinnerung die Gebühren nach VV Teil 3 RVG. Nach Abs. 3 Nr. 2 der VV Vorb. 6.2 RVG gelten Gebühren nach VV Teil 3 RVG in der Zwangsvollstreckung aus einer Entscheidung, die über die Erstattung von Kosten ergangen ist, und für das Beschwerdeverfahren gegen diese Entscheidung. **16**

In den genannten Erinnerungs- und Beschwerdeverfahren können eine 0,5 Verfahrensgebühr nach VV 3500 RVG, eine 0,5 Terminsgebühr nach VV 3513 RVG sowie in Zwangsvollstreckungsverfahren eine 0,3 Verfahrensgebühr nach VV 3309 RVG sowie eine 0,3 Terminsgebühr nach VV 3310 RVG in Betracht kommen.[44]

V. Kosten, Kostenerstattung, Honorarvereinbarung, Rechtsschutzversicherung, Gegenstandswert und Kostenfestsetzung

1. Kosten der Behörden und der Gerichte im Disziplinarverfahren

Für das behördliche Disziplinarverfahren gilt § 37 BDG, für das gerichtliche die §§ 77, 78 BDG. **17**

Im behördlichen Verfahren können die entstandenen Auslagen (zB Zeugen- und Sachverständigenentschädigungen, aber auch der Behörde entstandene Ermittlungskosten usw) dem gemaßregelten Beamten auferlegt werden, § 37 Abs. 1 BDG. § 37 Abs. 1 BDG enthält insoweit eine Kann-Vorschrift, eröffnet also dem Dienstvorgesetzten ein Entscheidungsermessen.

Nach § 78 S. 1 BDG werden für das das gerichtliche Disziplinarverfahren Gebühren erhoben. Diese richten sich nach Anlage 1 zum BDG.

---

[39] Hartung/Römermann/Schons/*Hartung* RVG VV Vorb. 6.2 Rn. 14; Hartung/Schons/Enders/*Hartung* RVG VV Vorb. 6.2 Rn. 15.

[40] Schneider/Wolf/*N. Schneider* RVG VV Vorb. 6.2 Rn. 20 f.; Burhoff/Volpert RVG/*Volpert* VV Vorb. 6.2 Rn. 33.

[41] Schneider/Wolf/*N. Schneider* RVG VV Vorb. 6.2 Rn. 22; Burhoff/Volpert RVG/*Volpert* VV Vorb. 6.2 Rn. 33.

[42] Schneider/Wolf/*N. Schneider* RVG VV Vorb. 6.2 Rn. 23.

[43] Hartung/Römermann/Schons/*Hartung* RVG VV Vorb. 6.2 Rn. 16; Hartung/Schons/Enders/*Hartung* RVG VV Vorb. 6.2 Rn. 19.

[44] Hartung/Römermann/Schons/*Hartung* RVG VV Vorb. 6.2 Rn. 16; Hartung/Schons/Enders/*Hartung* RVG VV Vorb. 6.2 Rn. 21; wegen der weiteren Einzelheiten → RVG VV Vorb. 4 Rn. 51 f.; → RVG VV Vorb. 5 Rn. 16.

Die Kostentragungspflicht im behördlichen Disziplinarverfahren wird durch § 37 BDG geregelt, im gerichtlichen Disziplinarverfahren in § 77 BDG; § 77 Abs. 1 BDG verweist im Grundsatz auf die Bestimmungen der VwGO.

2. Kostenerstattung im Disziplinarverfahren

18 Die Kosten der anwaltlichen Vertretung und die sonstigen Aufwendungen des Beamten folgen hinsichtlich der Erstattung im gerichtlichen Disziplinarverfahren der Kostenentscheidung. Die gesetzlichen Gebühren und Auslagen eines Rechtsanwalts sind nach § 77 Abs. 1 BDG iVm § 162 Abs. 2 VwGO stets erstattungsfähig.

Im behördlichen Disziplinarverfahren erfolgt die Erstattungsfähigkeit der für die Rechtsverteidigung notwendigen Aufwendungen des gemaßregelten Beamten der Entscheidung des Dienstvorgesetzten darüber, wer die Auslagen zu tragen hat, § 37 BDG. Nach § 37 Abs. 4 S. 2 BDG sind die Gebühren und Auslagen dann, wenn sich der Beamte eines Bevollmächtigten oder Beistands bedient hat, stets erstattungsfähig.

3. Vergütungsvereinbarung und Disziplinarverfahren

19 Die Erfahrung zeigt, dass insgesamt die Rahmensätze in Relation zum Aufwand einer Disziplinarverteidigung durchweg immer noch zu gering bemessen sind. Dies gilt jedenfalls dann, wenn mit umfangreichen Terminen für Beweisaufnahmen gerechnet werden muss, wie sie typischerweise auch bereits im behördlichen Disziplinarverfahren anfallen. Daher sind im Disziplinarrecht Vergütungsvereinbarungen üblich, die die gesetzlichen Gebühren oft um ein Mehrfaches überschreiten, sei es durch die Vereinbarung von Stundensätzen, sei es durch Pauschalhonorare.

4. Rechtsschutzversicherung und Disziplinarverfahren

20 Rechtsschutzversicherungen decken innerhalb der gesetzlichen Gebühren die Kosten eines Disziplinarverfahrens ab, solange das betreffende Risiko versichert wurde und keine Vorsatztaten gegeben sind. Die infolge der Vergütungsvereinbarung entstehenden Mehrkosten gegenüber den gesetzlichen Gebühren werden von der Rechtsschutzversicherung nicht ersetzt.

5. Kosten und Kostenerstattung im berufsgerichtlichen Verfahren

21 Ob die Auslagen des Beschuldigten zu erstatten sind, wenn er ganz oder teilweise freigesprochen wird, bestimmt die für das ehrengerichtliche Verfahren maßgebende Verfahrensordnung.

Für das anwaltsgerichtliche Verfahren gelten die §§ 195 ff. BRAO. Soweit ein Fall der notwendigen Verteidigung nicht vorliegt, kann der beschuldigte Rechtsanwalt sich zwar selbst verteidigen,[45] nach herrschender Meinung stehen jedoch dem sich im anwaltsgerichtlichen Verfahren selbst vertretenden Rechtsanwalt nicht die Gebühren und Auslagen zu, die ein als Verteidiger bevollmächtigter Rechtsanwalt erstattet verlangen könne.[46]

6. Kostenfestsetzung

22 Auch die Kostenfestsetzung im berufsgerichtlichen Verfahren wegen Verletzung einer Berufspflicht richtet sich nach der für das jeweilige Verfahren maßgebenden Verfahrensordnung. Von Bedeutung sind insbes. die §§ 136 ff., 140 Abs. 1, 8 WDO, die §§ 146 ff. StBerG, §§ 122 ff. WPO, §§ 148 ff. PAO sowie die §§ 195 ff. BRAO.

Nr.	Gebührentatbestand	Gebühr: Wahlverteidiger oder Verfahrensbevollmächtigter	Gebühr: gerichtlich bestellter oder beigeordneter Rechtsanwalt
	Unterabschnitt 1. Allgemeine Gebühren		
6200	Grundgebühr .... Die Gebühr entsteht neben der Verfahrensgebühr für die erstmalige Einarbeitung in den Rechtsfall nur einmal, unabhängig davon, in welchem Verfahrensabschnitt sie erfolgt.	44,00 bis 385,00 €	172,00 €

[45] Feuerich/Weyland/*Reelsen* BRAO § 117a Rn 3.

[46] BGH BRAK-Mitteilungen 2003, 24; EGH Stuttgart, AnwBl. 1983, 331; Burhoff/Volpert RVG/*Volpert* VV Vorbem. 6 2 Rn. 52; Schneider/Wolf/*N. Schneider* RVG VV Vorbem. 6.2 Rn. 55; Kleine-Cosack/Kleine-Cosack BRAO § 197 Rn. 4; Feuerich/Weyland/*Reelsen* BRAO § 117a Nr. 3.

Nr.	Gebührentatbestand	Gebühr	
		Wahlverteidiger oder Verfahrensbevollmächtigter	gerichtlich bestellter oder beigeordneter Rechtsanwalt
6201	Terminsgebühr für jeden Tag, an dem ein Termin stattfindet ... Die Gebühr entsteht für die Teilnahme an außergerichtlichen Anhörungsterminen und außergerichtlichen Terminen zur Beweiserhebung.	44,00 bis 407,00 €	180,00 €

Übersicht

I. Allgemeines

1 UAbschn. 1 mit dem Titel Allgemeine Gebühren umfasst die Vergütungstatbestände VV 6200, 6201 RVG. Mit der Bezeichnung dieses Unterabschnitts als „allgemeine Gebühren" bringt der Gesetzgeber zum Ausdruck, dass diese Vergütungstatbestände auch in späteren Verfahrensabschnitten noch entstehen können.[1]

II. Grundgebühr VV 6200 RVG

1. Allgemeines

2 Die Grundgebühr VV 6200 RVG entsteht für die erstmalige Einarbeitung in den Rechtsfall, und zwar nur einmal, unabhängig davon, in welchem Verfahrensabschnitt die Einarbeitung erfolgt. Mit dem 2. KostRMoG[2] hat der Gesetzgeber die Anmerkung zum Vergütungstatbestand geändert und ausdrücklich bestimmt, dass die Grundgebühr „neben der Verfahrensgebühr" für die erstmalige Einarbeitung in den Rechtsfall entsteht. Dabei wollte der Gesetzgeber zum Ausdruck bringen, dass die Grundgebühr grds. nicht allein anfällt, sondern regelmäßig neben der Verfahrensgebühr. Für die Tätigkeit in einem jedem gerichtlichen Verfahren entstehe eine Verfahrensgebühr als Ausgangsgebühr, durch sie werde bereits die Information als Bestandteil des „Betreibens des Geschäfts" entgolten, die Zusatzgebühr solle den zusätzlichen Aufwand entgelten, der für die erstmalige Einarbeitung anfalle, sie hat daher den Charakter einer Zusatzgebühr, die den Rahmen der Verfahrensgebühr erweitert.[3] Im Übrigen wird auf die Erläuterungen zur Grundgebühr zu → RVG VV 4100, 4101 Rn. 1 ff. verwiesen.

2. Höhe

3 Die Grundgebühr entsteht mit einem Rahmen von 44,– EUR bis 385,– EUR, Mittelgebühr 214,5,– EUR; für den Pflichtverteidiger entsteht sie in Höhe einer Festgebühr iHv 172,– EUR Für Altfälle vor Inkrafttreten des KostRÄG 2021[4] am 1.1.2021 galt für die Grundgebühr ein Rahmen von 40,– EUR bis 350,– EUR mit einer Mittelgebühr von 195,– EUR, für den Pflichtverteidiger entstand sie in Höhe einer Festgebühr mit 156,– EUR.

III. Terminsgebühr VV 6201 RVG

1. Allgemeines

4 Der Vergütungstatbestand VV 6201 RVG sieht eine Terminsgebühr für jeden Tag, an dem ein Termin stattfindet, vor. Nach der Anmerkung zum Vergütungstatbestand entsteht die Gebühr

[1] Burhoff/Volpert RVG/ *Volpert* VV 6200 Rn. 1.
[2] BGBl. 2013 I 2586.
[3] BT-Drs. 17/11471 (neu), 283 (281).
[4] BGBl. 2020 I 3229.

für die Teilnahme an außergerichtlichen Anhörungsterminen und außergerichtlichen Terminen mit Beweiserhebung. Dabei ist gleichgültig, ob solche Termine zu Beginn oder während eines gerichtlichen Verfahrens stattfinden.[5]

Anders als beim Vergütungstatbestand VV 4102 RVG findet eine Begrenzung auf drei Termine nicht statt.[6]

Der Gebührentatbestand setzt in der Variante der Teilnahme an außergerichtlichen Anhörungsterminen voraus, dass neben dem RA auch der Mandant an dem Termin teilnimmt oder im Falle des „geplatzten Termins" an dem Termin teilnehmen sollte.[7] Ob der Mandant auch im Anhörungstermin dann tatsächlich angehört wird, ist jedoch ohne Belang, ausreichend ist, dass eine Anhörung vorgesehen war.[8]

Im Übrigen wird auf die Erläuterungen zur Terminsgebühr in → RVG VV 4102, 4103 Rn. 1 ff. verwiesen.

2. Höhe

5 Die Terminsgebühr entsteht für jeden Tag, an dem ein Termin stattfindet mit einem Rahmen von 44,– EUR bis 407,– EUR, die Mittelgebühr beträgt 225,50– EUR; für den Pflichtverteidiger entsteht eine Festgebühr iHv 180,– EUR. Für Altfälle vor Inkrafttreten des KostRÄG 2021[9] am 1.1.2021 gilt noch ein Rahmen von 40,– EUR bis 370 EUR mit einer Mittelgebühr von 205 EUR, und einer Festgebühr für den Pflichtverteidiger iHv 164,– EUR.

IV. Pauschgebühr

6 Nach überwiegender Meinung ist die Bewilligung einer Pauschgebühr im Disziplinarverfahren und im berufsgerichtlichen Verfahren wegen der Verletzung einer Berufspflicht nicht möglich, da die §§ 42, 51 RVG von den Verfahren aus VV Teil 6 RVG lediglich Verfahren nach dem Gesetz über die internationale Rechtshilfe in Strafsachen und Verfahren nach dem IStGH-Gesetz sowie Freiheitsentziehungs- und Unterbringungssache erwähnen.[10]

Nr.	Gebührentatbestand	Gebühr Wahlverteidiger oder Verfahrensbevollmächtigter	 gerichtlich bestellter oder beigeordneter Rechtsanwalt
	Unterabschnitt 2. Außergerichtliches Verfahren		
6202	Verfahrensgebühr .... (1) Die Gebühr entsteht gesondert für eine Tätigkeit in einem dem gerichtlichen Verfahren vorausgehenden und der Überprüfung der Verwaltungsentscheidung dienenden weiteren außergerichtlichen Verfahren. (2) Die Gebühr entsteht für eine Tätigkeit in dem Verfahren bis zum Eingang des Antrags oder der Anschuldigungsschrift bei Gericht.	44,00 bis 319,00 €	145,00 €

Schrifttum: *Hartung,* Die Vergütung des Rechtsanwalts im berufsgerichtlichen Verfahren, NJW 2005, 3093.

[5] Hartung/Römermann/Schons/*Hartung* RVG VV 6200, 6201 Rn. 7; *Hartung* NJW 2005, 3093 ff. (3095); Hartung/Schons/Enders/Hartung RVG VV 6200, 6201 Rn. 7.

[6] Hartung/Römermann/Schons/*Hartung* RVG VV 6200, 6201 Rn. 9; *Hartung* NJW 2005, 3093 ff. (3095); Hartung/Schons/Enders/Hartung RVG VV 6200, 6201 Rn. 9; Burhoff/Volpert RVG/*Volpert* VV 6201 Rn. 12.

[7] Burhoff/Volpert/*Volpert* RVG VV 6201 Rn. 7; Hartung/Römermann/Schons/*Hartung* RVG VV 6200, 6201 Rn. 8; *Hartung* NJW 2005, 3093 ff. (3095); Hartung/Schons/Enders/*Hartung* RVG VV 6200, 6201 Rn. 8.

[8] Hartung/Römermann/Schons/*Hartung* RVG VV 6200, 6201 Rn. 8; *Hartung* NJW 2005, 3093 ff. (3095).; Hartung/Schons/Enders/*Hartung* RVG VV 6200, 6201 Rn. 8.

[9] BGBl. 2020 I 3229.

[10] Hartung/Römermann/Schons/*Hartung* RVG VV 6200, 6201 Rn. 13; *Hartung* NJW 2005, 3093 ff. (3095); Burhoff/Volpert RVG/*Volpert* VV Vorb. 6.2 Rn. 50; Hartung/Schons/Enders/*Hartung* RVG VV 6200, 6201 Rn. 12; aA Mayer/Kroiß/*Klees* RVG VV 6200–6216 Rn. 6.

I. Allgemeines

UAbschn. 2 mit dem Titel „außergerichtliches Verfahren“ umfasst nur einen Vergütungstatbestand, nämlich die Verfahrensgebühr nach VV 6202 RVG. Das außergerichtliche Verfahren beginnt mit dem Zeitpunkt der Einleitung einer disziplinar- bzw. berufsrechtlichen Untersuchung und dauert bis zum Beginn des gerichtlichen Verfahrens.[1] 1

Das außergerichtliche Verfahren endet gem. Abs. 2 der Anmerkung zum Vergütungstatbestand mit dem Eingang des Antrags oder der Anschuldigungsschrift bei Gericht.

Da Abs. 2 der Anmerkung zum Vergütungstatbestand ausdrücklich auf das „Verfahren“ abstellt, greift der Vergütungstatbestand in Disziplinarsachen nur dann ein, wenn der RA den Mandanten innerhalb eines Disziplinarverfahrens vertritt, nicht jedoch auch, wenn er außerhalb eines Disziplinarverfahrens gegenüber der Aufsichtsbehörde tätig wird.[2]

Nach Abs. 1 der Anmerkung zu VV 6202 RVG erhält der RA die Gebühr gesondert für eine Tätigkeit in einem dem gerichtlichen Verfahren vorausgehenden und der Überprüfung der Verwaltungsentscheidung dienenden weiteren außergerichtlichen Verfahren. Dies entspricht der für das Verwaltungsverfahren in VV Teil 2 Abschn. 3 RVG enthaltenen Systematik. Wird der Anwalt sowohl in dem einer Disziplinarverfügung vorausgehenden Disziplinarverfahren als auch im Verfahren über den Widerspruch gegen die Disziplinarverfügung tätig, hat er Anspruch auf zwei Verfahrensgebühren nach VV 6202 RVG.[3]

Eine Anrechnung der im außergerichtlichen Verfahren anfallenden Verfahrensgebühr auf die im nachfolgenden gerichtlichen Verfahren entstehenden Gebühren erfolgt nicht.[4]

VV 6202 RVG ist jedoch nur dann anwendbar, soweit nicht in Abs. 4 Anmerkung zu VV 6500 RVG eine besondere Gebühr vorgesehen ist.[5]

II. Höhe

Die Verfahrensgebühr nach VV 6202 RVG beträgt 44,– EUR bis 319,– EUR, die Mittelgebühr 181,5,– EUR; für den Pflichtverteidiger erwächst sie als Festgebühr iHv 145,– EUR. Für Altfälle vor Inkrafttreten des KostRÄG 2021[6] am 1.1.2021 gilt noch ein Rahmen von 40,– EUR bis 290,– EUR mit einer Mittelgebühr von 165,– EUR, für den Pflichtverteidiger entsteht sie in Höhe einer Festgebühr mit 132,– EUR. 2

Nr.	Gebührentatbestand	Gebühr: Wahlverteidiger oder Verfahrensbevollmächtigter	Gebühr: gerichtlich bestellter oder beigeordneter Rechtsanwalt
	Unterabschnitt 3. Gerichtliches Verfahren *Erster Rechtszug*		
	Vorbemerkung 6.2.3: (1) Die nachfolgenden Gebühren entstehen für das Wiederaufnahmeverfahren einschließlich seiner Vorbereitung gesondert. (2) Kommt es für eine Gebühr auf die Dauer der Teilnahme an der Hauptverhandlung an, sind auch Wartezeiten und Unterbrechungen an einem Hauptverhandlungstag als Teilnahme zu berücksichtigen. Dies gilt nicht für Wartezeiten und Unterbrechungen, die der Rechtsanwalt zu vertreten hat, sowie für Unterbrechungen von jeweils mindestens einer Stunde, soweit diese unter Angabe einer konkreten Dauer der Unterbrechung oder eines Zeitpunkts der Fortsetzung der Hauptverhandlung angeordnet wurden.		
6203	Verfahrensgebühr	55,00 bis 352,00 €	163,00 €
6204	Terminsgebühr je Verhandlungstag	88,00 bis 616,00 €	282,00 €

[1] Burhoff/Volpert RVG Volpert VV 6202 Rn. 5; Hartung/Römermann/Schons/*Hartung* RVG 6200, 6201 Rn. 8; Hartung NJW 2005, 3093 ff. (3095); Hartung/Schons/Enders/*Hartung* RVG VV 6202 Rn. 4.

[2] Burhoff/Volpert RVG/*Volpert* VV 6202 Rn. 5.

[3] Hartung/Römermann/Schons/*Hartung* RVG VV 6202 Rn. 3; *Hartung* NJW 2005, 3093 ff. (3095); Burhoff/Volpert RVG/*Volpert* VV 6202 Rn. 19; Hartung/Schons/Enders/*Hartung* RVG VV 6202 Rn. 4.

[4] Hartung/Römermann/Schons/*Hartung* RVG VV 6202 Rn. 8; Burhoff/Volpert RVG/*Volpert* VV 6202 Rn. 23. *Hartung* NJW 2005, 3093 ff. (3095).

[5] Burhoff/Volpert RVG/*Volpert* VV 6202 Rn. 4.

[6] BGBl. 2020 I 3229.

Nr.	Gebührentatbestand	Gebühr	
		Wahlverteidiger oder Verfahrensbevollmächtigter	gerichtlich bestellter oder beigeordneter Rechtsanwalt
6205	Der gerichtlich bestellte Rechtsanwalt nimmt mehr als 5 und bis 8 Stunden an der Hauptverhandlung teil: Zusätzliche Gebühr neben der Gebühr 6204		141,00 €
6206	Der gerichtlich bestellte Rechtsanwalt nimmt mehr als 8 Stunden an der Hauptverhandlung teil: Zusätzliche Gebühr neben der Gebühr 6204		282,00 €

Übersicht

I. Allgemeines

1 UAbschn. 3 gerichtliches Verfahren – Erster Rechtszug – umfasst die Vergütungstatbestände VV 6203–6206 RVG. Vorgesehen sind eine Verfahrensgebühr nach VV 6203 RVG, eine Terminsgebühr nach VV 6204 RVG sowie Längenzuschläge für den Pflichtverteidiger nach VV 6205 f. RVG.

Nach VV Vorb. 6.2.3 Abs. 1 RVG entstehen nach überwiegender Meinung die nachfolgenden Gebühren für das Wiederaufnahmeverfahren einschließlich seiner Vorbereitung gesondert. Da die Vorbemerkung ausdrücklich von den „nachfolgenden Gebühren" spricht, wird gefolgert, dass es im Wiederaufnahmeverfahren keine Grundgebühr nach VV 6200 RVG gibt.[1]

Anders als beim Vergütungstatbestand VV 4136 RVG und Abs. 2 der VV Vorb. 5.1.3 RVG findet sich in diesem Unterabschnitt keine ausdrückliche Regelung für den Fall, dass von einem Wiederaufnahmeverfahren abgeraten wird. Da aber kein Grund dafür ersichtlich ist, das Abraten von einem Wiederaufnahmeantrag aus dem Anwendungsbereich der Verfahrensgebühr auszuschließen, verdient der Anwalt auch dann die Verfahrensgebühr, wenn er von einem Wiederaufnahmeverfahren bei einem Disziplinarverfahren oder einem berufsgerichtlichen Verfahren wegen Verletzung einer Berufspflicht abrät, vorausgesetzt er hat einen Vertretungsauftrag im Wiederaufnahmeverfahren erhalten.[2]

1a Absatz 2 von VV Vorb. 6.2.3 RVG wurde durch das KostRÄG 2021[3] neu eingeführt und regelt die Berücksichtigung von Wartezeiten beim Längenzuschlag. Auch in Teil 6 des Vergütungsverfahrensverzeichnisses sind Längenzuschläge für den gerichtlich bestellten Rechtsanwalt vorgesehen, so in VV 6205, 6206, 6209, 6210, 6213, 6214 RVG. Entsprechend der Regelung in VV Vorbemerkung 4.1 Abs. 3 wird nunmehr auch für die sonstigen Verfahren geregelt, dass bei der Bemessung von Längenzuschlägen auch Wartezeiten und Unterbrechungen an einem Hauptverhandlungstag als Teilnahme zu berücksichtigen sind. Dies gilt jedoch nicht für Wartezeiten und Unterbrechungen, die der Rechtsanwalt selbst zu vertreten hat, sowie für Unterbrechungen von jeweils mindestens 1 Stunde, soweit diese unter Angabe einer konkreten Dauer

[1] Hartung/Römermann/Schons/*Hartung* RVG VV Vorb. 6.2.3 Rn. 3; Burhoff/Volpert RVG/*Volpert* VV Vorb. 6.2.3 Rn. 6; Hartung/Schons/Enders/*Hartung* RVG VV Vorb. 6.2.3 Rn. 3; aA Schneider/Wolf/*N. Schneider* RVG VV Vorb. 6.2.3 Rn. 9.

[2] Burhoff/Volpert RVG/*Volpert* VV Vorb. 6.2.3 Rn. 10; Hartung/Römermann/Schons/*Hartung* RVG VV Vorb. 6.2.3 Rn. 6; Hartung/Schons/Enders/*Hartung* RVG VV Vorb. 6.2.3 Rn. 6.

[3] BGBl. 2020 I 3229.

der Unterbrechung oder eines Zeitpunkts der Fortsetzung der Hauptverhandlung angeordnet wurde (hierzu näher → Vorb. 4.1, Rn. 22 ff.).

II. Gebühren im gerichtlichen Verfahren, erster Rechtszug

1. Verfahrensgebühr

Die Verfahrensgebühr nach VV 6203 RVG beträgt 55,– EUR bis 352,– EUR, Mittelgebühr 203,5,– EUR; für den Pflichtverteidiger beträgt die Verfahrensgebühr 163,– EUR. Für Altfälle vor Inkrafttreten des KostRÄG 2021[4] am 1.1.2021 gilt noch ein Gebührenrahmen von 50,– EUR bis 320,– EUR mit einer Mittelgebühr von 185,– EUR und einer Festgebühr für den Pflichtverteidiger von 148,– EUR. 2

Zum Umfang der Verfahrensgebühr → RVG VV Vorb. 4 Rn. 9; → RVG VV 4104, 4105 Rn. 6.

2. Terminsgebühr je Verhandlungstag

Gem. VV 6204 RVG beträgt die Terminsgebühr je Verhandlungstag 88,– EUR bis 616,– EUR, Mittelgebühr 352,– EUR; für den Pflichtverteidiger beträgt die Terminsgebühr 282,– EUR. Für Altfälle vor Inkrafttreten des KostRÄG 2021[5] am 1.1.2021 gilt noch ein Gebührenrahmen von 80,– EUR bis 560,– EUR mit einer Mittelgebühr von 320,– EUR und einer Festgebühr für den Pflichtverteidiger von 256,– EUR. 3

Zur Terminsgebühr → RVG VV 4108–4111 Rn. 1 ff.

3. Terminsgebühr für den Pflichtverteidiger bei mehr als fünfstündiger Hauptverhandlung

Nimmt der gerichtlich bestellte RA mehr als fünf bis acht Stunden an der Hauptverhandlung teil, so erhält er zu der Gebühr gem. VV 6204 RVG mit 282,– EUR einen Längenzuschlag nach VV 6205 RVG iHv 141,– EUR, zusammen 423,– EUR, in Altfällen vor Inkrafttreten des KostRÄG[6] am 1.1.2021 eine Gebühr gem. VV 6204 RVG mit 256,– EUR und einem Längenzuschlag nach VV 6205 RVG iHv 128,– EUR, insgesamt somit 384,– EUR. 4

4. Terminsgebühr für den Pflichtverteidiger bei mehr als achtstündiger Hauptverhandlung

Nimmt der gerichtlich bestellte RA an einer mehr als acht Stunden dauernden Hauptverhandlung teil, so erhält er gem. VV 6206 RVG zu der Gebühr nach VV 6204 RVG mit 282,– EUR weitere 282,– EUR, zusammen 564,– EUR, in Altfällen vor Inkrafttreten des KostRÄG[7] am 1.1.2021 die Gebühr VV 6206 RVG mit 256,– EUR und die Gebühr VV 6204 RVG ebenfalls mit 256,– EUR, insgesamt 512,– EUR. 5

5. Pauschgebühr

Nach überwiegender Meinung ist die Bewilligung einer Pauschgebühr nicht möglich.[8] 6

III. Das gerichtliche Disziplinarverfahren

1. Gerichtsaufbau und Verfahrensgrundsätze

Die Aufgaben der Disziplinargerichtsbarkeit nach dem BDG nehmen die Gerichte der Verwaltungsgerichtsbarkeit wahr. 7

Hierzu werden bei den Verwaltungsgerichten Kammern und bei dem Oberverwaltungsgericht Senate für Disziplinarsachen gebildet.

Die Kammern für Disziplinarsachen entscheiden in der Besetzung von drei Richtern und zwei Beamtenbeisitzern als ehrenamtliche Richter. Für die Übertragung des Rechtsstreits auf den Einzelrichter gilt § 6 der VwGO (§ 46 Abs. 1, 2 BDG). Das Oberverwaltungsgericht und das BVerwG entscheidet durch Senate für Disziplinarsachen.

Verfahren zur Ahndung von Verstößen gegen eine Anstaltsdisziplin, zB durch akademische Disziplinarbehörden, sowie Verfahren, die von öffentlichen Religionsgemeinschaften durchgeführt werden, fallen nicht unter VV Teil 6 Abschn. 2 RVG, da sie nicht auf staatlichem Recht

[4] BGBl. 2020 I 3229.
[5] BGBl. 2020 I 3229.
[6] BGBl. 2020 I 3229.
[7] BGBl. 2020 I 3229
[8] → RVG VV 6200, 6201 Rn. 6; aA Mayer/Kroiß/*Klees* RVG VV 6200–6216 Rn. 6.

beruhen. Wird der RA in solchen Verfahren tätig, so richtet sich seine Vergütung nach VV 2300 RVG.

Verfahren gegen Bundesrichter sind Anklagen gegen Richter nach Art. 98 Abs. 2 GG. Sie fallen unter § 37 Abs. 1 Nr. 3 RVG.[9]

Erstinstanzlich ist das Verwaltungsgericht zuständig. Das Klageverfahren zum Verwaltungsgericht ist in den §§ 52–61 BDG geregelt.

Vor der Erhebung der **Klage des Beamten** ist ein **Widerspruchsverfahren** durchzuführen (§ 41 Abs. 1 S. 1 BDG). Ein Widerspruchsverfahren findet nicht statt, wenn die angefochtene Entscheidung durch die oberste Dienstbehörde erlassen worden ist (§ 41 Abs. 1 S. 2 BDG). Für die Form und die Frist des Widerspruchs gilt § 70 VwGO (§ 41 Abs. 2 BDG).

Gegen das Urteil des Verwaltungsgerichts über eine Disziplinarklage steht den Beteiligten die **Berufung** an das Oberverwaltungsgericht zu. Das Verfahren ist in den §§ 64–66 BDG geregelt.

Für die Zulassung der **Revision,** für die Form und Frist der Einlegung der Revision und der Einlegung der Beschwerde gegen ihre Nichtzulassung sowie für die Revisionsgründe gelten die §§ 132, 133, 137–139 VwGO sowie § 127 BRRG, sowie § 70 BDG.

2. Anwaltszwang in der zweiten und dritten Instanz nach § 67 VwGO

8 Vor dem BVerwG und dem Oberverwaltungsgericht bzw. dem VGH muss sich jeder Beteiligte, soweit er einen Antrag stellt, durch einen RA oder einen Rechtslehrer einer deutschen Hochschule im Sinne des Hochschulrahmengesetzes mit Befähigung zum Richteramt als Bevollmächtigten vertreten lassen.[10]

Nr.	**Gebührentatbestand**	Gebühr	
		Wahlverteidiger oder Verfahrensbevollmächtigter	gerichtlich bestellter oder beigeordneter Rechtsanwalt
	Zweiter Rechtszug		
6207	Verfahrensgebühr	88,00 bis 616,00 €	282,00 €
6208	Terminsgebühr je Verhandlungstag	88,00 bis 616,00 €	282,00 €
6209	Der gerichtlich bestellte Rechtsanwalt nimmt mehr als 5 und bis 8 Stunden an der Hauptverhandlung teil: Zusätzliche Gebühr neben der Gebühr 6208		141,00 €
6210	Der gerichtlich bestellte Rechtsanwalt nmmt mehr als 8 Stunden an der Hauptverhandlung teil: Zusätzliche Gebühr neben der Gebühr 6208		282,00 €

Übersicht

[9] → RVG VV Vorb. 6.2 Rn. 2.
[10] BeckOK VwGO/*Hartung* § 67 Rn. 42 ff.; Sodan/Ziekow/*Czybulka*/*Siegel* VwGO § 67 Rn. 9.

Zweiter Rechtszug

I. Allgemeines

Nach dem Willen des Gesetzgebers entstehen die Gebühren für die zweite Instanz unabhängig davon, ob es sich um eine Berufung oder Beschwerde gegen eine den Rechtszug beendende Entscheidung handelt.[1] 1

In Disziplinarverfahren gegen Notare entscheidet im 2. Rechtszug der BGH, auch insoweit richtet sich die Verfahrensgebühr nach VV 6207 RVG.[2]

II. Verfahrensgebühr

Gem. **VV 6207 RVG** beträgt die Verfahrensgebühr im zweiten Rechtszug **88,– EUR bis 616,– EUR, Mittelgebühr 352,– EUR;** für den **Pflichtverteidiger** beträgt die Verfahrensgebühr **282,– EUR.** In Altfällen vor Inkrafttreten des KostRÄG[3] am 1.1.2021 beträgt der Rahmen 80,– EUR bis 560,– EUR, Mittelgebühr 320,– EUR, die Verfahrensgebühr für den Pflichtverteidiger 256,– EUR. 2

III. Terminsgebühr je Verhandlungstag

Gem. **VV 6208 RVG** beträgt die Terminsgebühr je Verhandlungstag **88,– EUR bis 616,– EUR, Mittelgebühr 352,– EUR;** für den **Pflichtverteidiger** beträgt die Terminsgebühr **282,– EUR.** In Altfällen vor dem Inkrafttreten des KostRÄG[4] am 1.1.2021 beträgt der Gebührenrahmen für die Terminsgebühr je Verhandlungstag 80,– EUR bis 560,– EUR, Mittelgebühr 320,– EUR, für den Pflichtverteidiger beträgt die Terminsgebühr 256,– EUR. 3

IV. Gerichtlich bestellter RA bei mehr als fünf und bis acht Stunden

Nimmt der gerichtlich bestellte RA mehr als fünf und bis acht Stunden an dem Termin teil, beträgt die Gebühr gem. **VV 6209 RVG** neben der Gebühr gem. VV 6208 RVG weitere **141,– EUR,** zusammen **423,– EUR,** in Altfällen vor dem Inkrafttreten des KostRÄG[5] am 1.1.2021 beträgt die Gebühr gem. VV 6209 RVG 128,– EUR, sodass neben der Gebühr VV 6208 RVG insgesamt 384,– EUR anfallen. 4

V. Gerichtlich bestellter RA bei mehr als acht Stunden

Nach **VV 6210 RVG** erhält der gerichtlich bestellte RA, der an einem Termin von mehr acht Stunden teilnimmt, zu der Gebühr nach VV 6208 RVG mit 282,– EUR **weitere 282,– EUR,** zusammen also 564,– EUR, in Altfällen vor dem Inkrafttreten des KostRÄG[6] am 1.1.2021 erhält der gerichtlich bestellte RA zu der Gebühr nach VV 6208 RVG mit 256,– EUR weitere 256,– EUR, also insgesamt 512,– EUR. 5

VI. Pauschgebühr

Die Bewilligung einer Pauschgebühr ist nach überwiegender Meinung nicht zulässig.[7] 6

---

[1] BT-Drs. 15/1971, 231; Burhoff/Volpert/*Volpert* RVG VV 6207 Rn. 2.

[2] Hartung/Römermann/Schons/*Hartung* RVG VV 6207–6210 Rn. 2; Burhoff/Volpert/*Volpert* RVG VV 6207 Rn. 2; Hartung/Schons/Enders/*Hartung* RVG VV 6207–6210 Rn. 2.

[3] BGBl. 2020 I 3229.

[4] BGBl. 2020 I 3229.

[5] BGBl. 2020 I 3229.

[6] BGBl. 2020 I 3229..

[7] → RVG VV 6200, 6201 Rn. 6; aA Mayer/Kroiß/*Klees* RVG VV 6200–6216 Rn. 6.

Nr.	Gebührentatbestand	Gebühr	
		Wahlverteidiger oder Verfahrensbevollmächtigter	gerichtlich bestellter oder beigeordneter Rechtsanwalt
	Dritter Rechtszug		
6211	Verfahrensgebühr	132,00 bis 1 221,00 €	541,00 €
6212	Terminsgebühr je Verhandlungstag	132,00 bis 605,00 €	294,00 €
6213	Der gerichtlich bestellte Rechtsanwalt nimmt mehr als 5 und bis 8 Stunden an der Hauptverhandlung teil:		
	Zusätzliche Gebühr neben der Gebühr 6212		147,00 €
6214	Der gerichtlich bestellte Rechtsanwalt nimmt mehr als 8 Stunden an der Hauptverhandlung teil:		
	Zusätzliche Gebühr neben der Gebühr 6212		294,00 €
6215	Verfahrensgebühr für das Verfahren über die Beschwerde gegen die Nichtzulassung der Revision	77,00 bis 1 221,00 €	519,00 €
	Die Gebühr wird auf die Verfahrensgebühr für ein nachfolgendes Revisionsverfahren angerechnet.		

Übersicht

I. Allgemeines

1 Nach dem Willen des Gesetzgebers entstehen die Gebühren für die dritte Instanz unabhängig davon, ob es sich um eine Revision oder Beschwerde gegen eine den Rechtszug beendende Entscheidung handelt.[1] Die Gebühren für den dritten Rechtszug können nicht entstehen in Verfahren nach der Wehrdisziplinarordnung, da nur das Verfahren im ersten Rechtszug vor dem Truppendienstgericht und im zweiten Rechtszug vor dem BVerwG vorgesehen ist, §§ 115ff. WDO.[2] Auch im Disziplinarverfahren gegen Notare sind als Disziplinargerichte im ersten Rechtszug das Oberlandesgericht und im zweiten Rechtszug der BGH nach § 99 BNotO zuständig; Gebühren für den dritten Rechtszug entstehen daher nicht.[3] Bei Disziplinarsachen von Richtern im Bundesdienst entscheidet nach den §§ 61, 62 Abs. 1 Nr. 1 DRiG als Dienstgericht des Bundes ein besonderer Senat des BGH; es handelt sich hierbei um ein Verfahren im ersten Rechtszug, so dass die Verfahrensgebühr VV 6203 RVG entsteht.[4]

II. Verfahrensgebühr

2 Gem. **VV 6211 RVG** beträgt die Verfahrensgebühr im dritten Rechtszug **132,– EUR bis 1.221,– EUR, Mittelgebühr 676,50 EUR;** für den **Pflichtverteidiger** beträgt die Verfahrensgebühr **541,– EUR,** in Altfällen vor Inkrafttreten des KostRÄG[5] am 1.1.2021 beträgt der

---

[1] BT-Drs. 15/1971, 231; Burhoff/Volpert RVG/ *Volpert* VV 6211 Rn. 1; Hartung/Schons/Enders/Hartung VV 6211–6215 Rn. 4.

[2] Hartung/Römermann/Schons/*Hartung* RVG VV 6211–6215 Rn. 3; Burhoff/Volpert/ *Volpert* RVG VV 6211 Rn. 1; Hartung/Schons/Enders/*Hartung* RVG VV 6211–6215 Rn. 3.

[3] Hartung/Römermann/Schons/*Hartung* RVG VV 6211–6215 Rn. 3; Burhoff/Volpert/ *Volpert* RVG VV 6211 Rn. 1; Hartung/Schons/Enders/*Hartung* RVG VV 6211–6215 Rn. 3.

[4] Hartung/Römermann/Schons/*Hartung* RVG VV 6211–6215 Rn. 3; Burhoff/Volpert/ *Volpert* RVG VV 6211 Rn. 1; Hartung/Schons/Enders/*Hartung* RVG VV 6211–6215 Rn. 3.

[5] BGBl. 2020 I 3229.

Gebührenrahmen für die Verfahrensgebühr 120,– EUR bis 1110,– EUR, Mittelgebühr 615,– EUR, die Verfahrensgebühr für den Pflichtverteidiger 492,– EUR.

III. Terminsgebühr je Verhandlungstag

3 Nach **VV 6212 RVG** beträgt die Terminsgebühr je Verhandlungstag **132,– EUR bis 605,– EUR, Mittelgebühr 368,50 EUR;** für den **Pflichtverteidiger** beträgt die Terminsgebühr **294,– EUR** in Altfällen vor Inkrafttreten des KostRÄG[6] am 1.1.2021 beträgt der Gebührenrahmen für die Terminsgebühr je Verhandlungstag 120,– EUR bis 550,– EUR, Mittelgebühr 335,– EUR, die Terminsgebühr für den Pflichtverteidiger beträgt lediglich 268,– EUR.

IV. Terminsgebühr für Pflichtverteidiger bei mehr als fünfstündiger Hauptverhandlung

4 Nimmt der gerichtlich bestellte RA mehr fünf und bis acht Stunden an einem Termin teil, so entsteht neben der Gebühr nach VV 6212 RVG mit 294,– EUR zusätzlich die Gebühr nach **VV 6213 RVG** mit **147,– EUR,** zusammen **441,– EUR.** In Altfällen vor Inkrafttreten des KostRÄG 2021[7] am 1.1.2021 entsteht neben der Gebühr nach VV 6212 RVG mit 268,– EUR zusätzlich die Gebühr nach VV 6213 RVG mit 134,– EUR, insgesamt somit 402,– EUR.

V. Gerichtlich bestellter RA bei mehr als acht Stunden

5 Nach **VV 6214 RVG** erhält der gerichtlich bestellte RA, der an einem Termin von mehr als acht Stunden teilnimmt, zu der Gebühr nach VV 6212 RVG mit 294,– EUR zusätzlich weitere **294,– EUR,** zusammen **588,– EUR.** In Altfällen vor Inkrafttreten desKostRÄG 2021[8] am 1.1.2021 fallen neben der Gebühr nach VV 6212 RVG mit 268,– EUR zusätzlich nach VV 6214 RVG weitere 268,– EUR, also insgesamt 536,– EUR an.

VI. Verfahrensgebühr für das Verfahren über die Beschwerde gegen die Nichtzulassung der Revision

6 Die Nichtzulassungsbeschwerde ist ua vorgesehen in § 145 Abs. 3 BRAO, § 127 Abs. 3 PAO, § 129 Abs. 3 StBerG, § 107 Abs. 3 WPO, § 69 BDG und § 81 Abs. 1 und Abs. 2 DRiG.[9] Die Verfahrensgebühr VV 6500 RVG entsteht, wenn der RA nur mit einer Einzeltätigkeit, zB nur der Einlegung oder Begründung der Beschwerde gegen die Nichtzulassung der Revision beauftragt wird, ohne dass ihm sonst die Verteidigung oder Vertretung übertragen ist.[10] Mit der durch das 2. KostRMoG[11] eingeführten Anmerkung zum Vergütungstatbestand, dass die Gebühr VV 6215 RVG auf die Verfahrensgebühr auf ein nachfolgendes Revisionsverfahren angerechnet wird, hat der Gesetzgeber eine Harmonisierung mit der Regelung ua für die Nichtzulassungsbeschwerde im sozialgerichtlichen Verfahren[12] vorgenommen. Die zur früheren Rechtslage vertretene Auffassung, dass eine Anrechnung der Verfahrensgebühr VV 6215 RVG für die Tätigkeit im Verfahren über die Nichtzulassungsbeschwerde auf die Verfahrensgebühr VV 6211 RVG bei Zulassung der Revision anschließende Revisionsverfahren nicht vorgesehen ist,[13] ist somit überholt.[14]

7 Gem. **VV 6215 RVG** beträgt die Verfahrensgebühr für das Verfahren über die Beschwerde gegen die Nichtzulassung der Revision **77,– EUR bis 1.221,– EUR, Mittelgebühr 649,– EUR;** für den **Pflichtverteidiger** beträgt sie **519,– EUR;** in Altfällen vor Inkrafttreten des KostRÄG[15] am 1.1.2021 beträgt der Rahmen für die Verfahrensgebühr 70,– EUR bis 1110,– EUR, Mittelgebühr 590,– EUR, für den Pflichtverteidiger beträgt sie lediglich 472,– EUR.

---

[6] BGBl. 2020 I 3229.
[7] BGBl 2020 I 3229.
[8] BGBl. 2020 I 3229.
[9] Hartung/Römermann/Schons/*Hartung* RVG VV 6211–6215 Rn. 18; Burhoff/Volpert/*Volpert* RVG VV 6215 Rn. 2.
[10] Burhoff/Volpert/*Volpert* RVG VV 6215 Rn. 6; aA Hartung/Römermann/Schons/*Hartung* RVG VV 6211–6215 Rn. 19; Hartung/Schons/Enders/*Hartung* RVG VV 6211–6215 Rn. 14.
[11] BGBl. 2013 I 2586.
[12] BT-Drs. 17/11471 (neu), 283.
[13] Hartung/Römermann/Schons/*Hartung* RVG VV 6211–6215 Rn. 20.
[14] Schneider/Wolf/*N. Schneider* RVG VV 6211–6215 Rn. 12.
[15] BGBl. 2020 I 3229.

Diese besondere Verfahrensgebühr ist niedriger als die Verfahrensgebühr für das Revisionsverfahren.

VII. Pauschgebühr

8 Die Bewilligung einer Pauschgebühr ist nach überwiegender Meinung nicht zulässig.[16]

Nr.	Gebührentatbestand	Gebühr	
		Wahlverteidiger oder Verfahrensbevollmächtigter	gerichtlich bestellter oder beigeordneter Rechtsanwalt
	Unterabschnitt 4. Zusatzgebühr		
6216	Durch die anwaltliche Mitwirkung wird die mündliche Verhandlung entbehrlich: Zusätzliche Gebühr	in Höhe der jeweiligen Verfahrensgebühr	
	(1) Die Gebühr entsteht, wenn eine gerichtliche Entscheidung mit Zustimmung der Beteiligten ohne mündliche Verhandlung ergeht oder einer beabsichtigten Entscheidung ohne Hauptverhandlungstermin nicht widersprochen wird. (2) Die Gebühr entsteht nicht, wenn eine auf die Förderung des Verfahrens gerichtete Tätigkeit nicht ersichtlich ist. (3) Die Höhe der Gebühr richtet sich nach dem Rechtszug, in dem die Hauptverhandlung vermieden wurde. Für den Wahlanwalt bemisst sich die Gebühr nach der Rahmenmitte.		

Übersicht

I. Allgemeines

1 UAbschn. 4 von Abschn. 2 sieht mit VV 6216 RVG eine zusätzliche Gebühr für den Fall vor, dass durch die anwaltliche Mitwirkung die mündliche Verhandlung entbehrlich wird. Vergleichbar mit den Regelungen in anderen Verfahren soll die besondere Bemühung des Rechtsanwalts honoriert werden, die eine mündliche Verhandlung im gerichtlichen Verfahren entbehrlich macht, wobei insbes. die Fälle des § 59 BDG und des § 102 WDO in Betracht kommen.[1]

Nach Abs. 1 der Anmerkung zum Vergütungstatbestand VV 6216 RVG entsteht die Gebühr, wenn eine gerichtliche Entscheidung mit Zustimmung der Beteiligten ohne mündliche Verhandlung ergeht oder einer beabsichtigten Entscheidung ohne Hauptverhandlungstermin nicht widersprochen wird. Der Wortlaut dieser Anmerkung legt den Schluss nahe, dass die zusätzliche Gebühr VV 6216 RVG nur bei Vorliegen eines gerichtlichen Verfahrens in Betracht kommt.[2] Gegen diese Auffassung spricht jedoch die Systematik des Gesetzes; die Zusatzgebühr ist in den gesonderten UAbschn. 4 von VV Teil 6 RVG eingegliedert, was dafür spricht, dass diese Gebühr in allen Verfahrensstadien der UAbschn. 2, 3 des VV Teil 6 RVG anfallen kann.[3] Auch Sinn und Zweck dieser Regelung sprechen für die Anwendung von VV 6216 RVG bereits im außergerichtlichen Verfahren; ein Verteidiger, dem es frühzeitig, noch bevor es überhaupt zu einem gerichtlichen Verfahren kommt, gelingt, die Erledigung des Verfahrens herbeizuführen, hat dem Gericht noch mehr Arbeit erspart als ein Anwalt, dem es erst im gerichtlichen Verfahren gelingt, eine Einstellung herbeizuführen.[4] Vielmehr sollte durch diesen

[16] → RVG VV 6200, 6201 Rn. 6; aA Mayer/Kroiß/*Klees* RVG VV 6200–6216 Rn. 6.
[1] BT-Drs. 15/1071, 231.
[2] Burhoff/Volpert RVG/*Volpert* VV 6216 Rn. 4.
[3] *N. Schneider* AGS 2007, 225 (226); Schneider/Wolf/*N. Schneider* RVG VV 6216 Rn. 3.
[4] *N. Schneider* AGS 2007, 225 (226).

Vergütungstatbestand ein Anreiz dafür geschaffen werden, zu einer Beendigung des Verfahrens bereits im außergerichtlichen Bereich beizutragen, um dadurch eine mündliche Verhandlung zu vermeiden.[5]

Nach Abs. 2 der Anmerkung zu VV 6216 RVG entsteht die Gebühr nicht, wenn eine auf Förderung des Verfahrens gerichtete Tätigkeit des Anwalts nicht ersichtlich ist. Insoweit kann auf die Kommentierung zu → RVGVV 4141 Rn. 5ff. verwiesen werden.

II. Höhe der Gebühr

Die zusätzliche Gebühr VV 6216 RVG entsteht in Höhe der jeweiligen Verfahrensgebühr. Die Höhe dieser Gebühr bemisst sich nach dem Rechtszug, in dem die Hauptverhandlung vermieden wurde.[6] Nach S. 2 von Abs. 3 der Anmerkung zu VV 6216 RVG bestimmt sich für den Wahlanwalt die Gebühr nach der Rahmenmitte, die Umstände des Einzelfalls, die sonst über § 14 RVG zu berücksichtigen wären, sind also ohne Bedeutung.[7] 2

Nr.	Gebührentatbestand	Gebühr Wahlverteidiger oder Verfahrensbevollmächtigter	Gebühr gerichtlich bestellter oder beigeordneter Rechtsanwalt
	Abschnitt 3. Gerichtliche Verfahren bei Freiheitsentziehung, bei Unterbringung und bei sonstigen Zwangsmaßnahmen		
6300	Verfahrensgebühr in Freiheitsentziehungssachen nach § 415 FamFG, in Unterbringungssachen nach § 312 FamFG und in Verfahren nach § 151 Nr. 6 und 7 FamFG	44,00 bis 517,00 €	224,00 €
	Die Gebühr entsteht für jeden Rechtszug.		
6301	Terminsgebühr in den Fällen der Nummer 6300	44,00 bis 517,00 €	224,00 €
	Die Gebühr entsteht für die Teilnahme an gerichtlichen Terminen.		
6302	Verfahrensgebühr in sonstigen Fällen	22,00 bis 330,00 €	141,00 €
	Die Gebühr entsteht für jeden Rechtszug des Verfahrens über die Verlängerung oder Aufhebung einer Freiheitsentziehung nach den §§ 425 und 426 FamFG oder einer Unterbringungsmaßnahme nach den §§ 329 und 330 FamFG.		
6303	Terminsgebühr in den Fällen der Nummer 6302	22,00 bis 330,00 €	141,00 €
	Die Gebühr entsteht für die Teilnahme an gerichtlichen Terminen.		

Übersicht

[5] *N. Schneider* AGS 2007, 225 (226); Burhoff/Volpert/*Volpert* RVG VV 6216 Rn. 4.
[6] Burhoff/Volpert/*Volpert* RVG VV 6216 Rn. 23.
[7] Burhoff/Volpert/*Volpert* RVG VV 6216 Rn. 24.

I. Allgemeines

1 Abschn. 3 des VV Teil 6 RVG gilt mit den Vergütungstatbeständen VV 6300–6303 RVG für die anwaltliche Vergütung in gerichtlichen Verfahren bei Freiheitsentziehung nach § 415 FamFG, in Unterbringungssachen nach § 312 FamFG und in Verfahren nach § 151 Nr. 6 und 7 FamFG. Das gerichtliche Verfahren bei Freiheitsentziehung ist in den §§ 415 ff. FamFG geregelt. Über die Zulässigkeit und Fortdauer einer Freiheitsentziehung hat nach Art. 104 Abs. 2 GG nur der Richter zu entscheiden. Bei jeder nicht auf gerichtlicher Anordnung beruhenden Freiheitsentziehung ist unverzüglich eine richterliche Entscheidung herbeizuführen. Nach § 417 FamFG kann das Gericht nur auf Antrag der zuständigen Verwaltungsbehörde die Freiheitsentziehung anordnen. Das Gericht entscheidet nach persönlicher Anhörung der Person, der die Freiheit entzogen werden soll (§ 420 FamFG), durch Beschluss (§ 38 FamFG). In der Entscheidung, durch die eine Freiheitsentziehung angeordnet wird, ist eine Frist für die Freiheitsentziehung bis zur Höchstdauer eines Jahres zu bestimmen, soweit nicht in einem anderen Gesetz eine kürzere Höchstdauer der Freiheitsentziehung bestimmt ist (§ 425 FamFG).

Für Freiheitsentziehungen, die auf Grund Landesrechts angeordnet werden, gelten VV 6300–6303 RVG, wenn die landesrechtlichen Vorschriften auf §§ 415 ff. FamFG verweisen.[1] VV 6300 ff. RVG behandeln die Vergütung des Rechtsanwalts, der in gerichtlichen Verfahren bei Freiheitsentziehungen als Vertreter oder Beistand des Betroffenen oder eines anderen Verfahrensbeteiligten tätig wird. VV 6300 ff. RVG sind anzuwenden, wenn das ordentliche Gericht auf Grund der bundes- und landesrechtlichen Regelung entscheidet; ferner werden von VV 6300 RVG die Unterbringungsmaßnahmen gem. § 312 FamFG und die freiheitsentziehende Unterbringung sowie die freiheitsentziehenden Maßnahmen nach § 151 Nr. 6, 7 FamFG erfasst.[2] Auch das Verfahren in Abschiebungshaftsachen fällt unter VV 6300 ff. RVG.[3]

Abschn. 3 von VV Teil 6 RVG ist auch bei der Tätigkeit des RA in Verfahren nach dem Infektionsschutzgesetz (IfSG) anwendbar,[4] vgl. § 30 Abs. 2 S. 4 IfSG, auch in Verfahren nach dem Therapieunterbringungsgesetz über die Anordnung, Verlängerung oder Aufhebung der Therapieunterbringung ist VV Teil 6 Abschn. 3 RVG entsprechend anzuwenden, § 20 Abs. 1 ThUG.[5]

Nicht unter VV 6300 ff. RVG fällt – trotz des sehr weitgehenden Wortlauts – die Tätigkeit des RA in Strafsachen, soweit er in Haftprüfungsterminen, in Haftbeschwerdeverfahren oder in Verfahren nach § 81 StPO (Einweisung in eine Heil- und Pflegeanstalt zur Untersuchung auf strafrechtliche Verantwortung des Beschuldigten) tätig wird.[6]

Diese Tätigkeit wird durch die Gebühren nach VV Teil 4 RVG abgegolten. Auch die Überprüfung der Unterbringung gem. §§ 67d, e StGB fallen nicht unter VV 6300 ff. RVG.[7]

Ebenso betrifft VV 6300 ff. RVG nicht Verfahren auf Freiheitsentziehung, soweit diese von Verwaltungsbehörden betrieben werden. Solche Tätigkeiten werden durch die Gebühr nach VV 2300 RVG abgegolten.[8]

---

[1] Burhoff/Volpert/*Volpert* RVG VV 6300 Rn. 6 mwN.

[2] Schneider/Wolf/*Thiel* RVG VV 6300–6303 Rn. 10 ff.; Burhoff/Volpert/*Volpert* RVG VV 6300 Rn. 12; Hartung/Römermann/Schons/*Hartung* RVG VV 6300–6303 Rn. 4.

[3] BayObLG 1988, 228; OLG Düsseldorf JurBüro 1981, 234; Schneider/Wolf/*Thiel* RVG VV 6300–6303 Rn. 10; Burhoff/Volpert/*Volpert* RVG VV 6300 Rn. 9; Hartung/Römermann/Schons/*Hartung* RVG VV 6300–6303 Rn. 4.

[4] Burhoff/Volpert/*Volpert* RVG VV 6300 Rn. 10; Hartung/Römermann/Schons/*Hartung* RVG VV 6300–6303 Rn. 4.

[5] Hartung/Schons/Enders/*Hartung* RVG VV 6300–6303 Rn. 6.

[6] Burhoff/Volpert/*Volpert* RVG VV 6300 Rn. 7; Schneider/Wolf/*Thiel* RVG VV 6300–6303 Rn. 16; Hartung/Römermann/Schons/*Hartung* RVG VV 6300–6303 Rn. 3.

[7] Burhoff/Volpert/*Volpert* RVG VV 6300 Rn. 7; Schneider/Wolf/*Thiel* RVG VV 6300–6303 Rn. 16; OLG Köln Strafverteidiger 1997, 37; OLG Frankfurt a. M. AGS 2000, 71; OLG Hamm Strafverteidiger 1994, 501; OLG Koblenz NStZ 1990, 345; aA *Hansens* BRAGO § 112 Rn. 1; OLG Düsseldorf JurBüro 1985, 234; OLG Stuttgart Rechtspfleger 1994, 126.

[8] Schneider/Wolf/*Thiel* RVG VV 6300–6303 Rn. 17; Burhoff/Volpert/*Volpert* RVG VV 6300 Rn. 7; Hartmann/Toussaint RVG VV 6300–6303 Rn. 3; BayObLG JurBüro 1988, 1663.

II. Verfahrensgebühr bei erstmaliger Freiheitsentziehung

1. Verfahrensgebühr bei erstmaliger Freiheitsentziehung oder Unterbringungsmaßnahmen

VV 6300 RVG sieht eine Verfahrensgebühr in Freiheitsentziehungssachen nach § 415 FamFG, in Unterbringungssachen nach § 312 FamFG und in Verfahren nach § 151 Nr. 6, 7 FamFG vor. 2

Die Verfahrensgebühr nach VV 6300 RVG gilt die gesamte Tätigkeit des RA im Anordnungsverfahren ab. Ausgenommen sind Terminstätigkeiten.[9]

Die Gebühr entsteht mit der ersten Tätigkeit, also im Allgemeinen mit der Informationsaufnahme nach Erteilung des Auftrages.[10]

Der RA, der einen von einer Freiheitsentziehung Betroffenen in einem nach Beendigung der Freiheitsentziehung bei dem Amtsgericht weitergeführten Verfahren auf Feststellung der Rechtswidrigkeit der Freiheitsentziehung vertritt, erhält die Gebühren gem. VV 6300 RVG.[11]

2. Für jeden Rechtszug

Die Anmerkung zu VV 6300 RVG bestimmt, dass der RA die vorstehend aufgeführte Gebühr „für jeden Rechtszug" erhält. Der RA, der in mehreren Rechtszügen tätig wird, erhält also die Gebühr mehrfach.[12] 3

Im **Beschwerdeverfahren** gegen die gerichtliche Entscheidung über die Freiheitsentziehung entstehen die gleichen Gebühren (für jeden Rechtszug) nochmals. Die Beschwerdegebühr entsteht mit der ersten Tätigkeit im Beschwerdeverfahren (in der Regel mit der Einlegung der Beschwerde), unabhängig davon, ob es zu einer Entscheidung des Beschwerdegerichts kommt).[13]

Ein neuer Rechtszug iSv VV 6300 RVG, für den der RA eine gesonderte Vergütung verlangen kann, wird durch ein Rechtsmittel nur dann eröffnet, wenn sich dieses gegen die eine Instanz beendende gerichtliche Sachentscheidung richtet; bei Beschwerden gegen Entscheidungen, die die Instanz nicht beenden, gehört die Tätigkeit des Rechtsanwalts im Beschwerdeverfahren noch zur Vorinstanz und wird mit den dort ggf. verdienten Pauschgebühren abgegolten.[14]

Die Terminsgebühr nach VV 6301 RVG entsteht nur dann, wenn im Beschwerdeverfahren die Person, der die Freiheit entzogen werden soll, nochmals gehört wird oder noch eine Vernehmung von Zeugen oder Sachverständigen stattfindet und der RA dabei mitwirkt. Dabei ist unerheblich, ob neue Zeugen oder Sachverständige vernommen werden oder ob nur die Vernehmung der ersten Instanz wiederholt und ergänzt wird.

Eine Besprechung mit dem Betroffenen, wenn dieser die Beschwerde selbst eingelegt hat, löst die Verfahrensgebühr des Beschwerdeverfahrens aus.[15]

3. Höhe der Verfahrensgebühr

Die **Verfahrensgebühr nach VV 6300 RVG** beträgt **44,– EUR bis 517,– EUR, Mittelgebühr 280,50 EUR;** für den **Pflichtverteidiger** beträgt sie **224,– EUR.** In Altfällen vor dem Inkrafttreten des KostRÄG 2021[16] am 1.1.2021 gilt ein Gebührenrahmen von 40,– EUR bis 470,– EUR, Mittelgebühr 255,– EUR, für den Pflichtverteidiger entsteht eine Festgebühr von 204,– EUR. 4

Zur Verfahrensgebühr im Allgemeinen s. die Erläuterungen zu → RVG VV 4104, 4105 Rn. 6.

---

[9] Burhoff/Volpert/*Volpert* RVG VV 6300 Rn. 31.

[10] LG Aachen AnwBl 1975, 102; OLG München NJW-RR 2006, 931 (932); Burhoff/Volpert/*Volpert* RVG VV 6300 Rn. 33; Schneider/Wolf/*Thiel* RVG VV 6300–6303 Rn. 22.

[11] LG Berlin JurBüro 1976, 1084; Schneider/Wolf/*Thiel* RVG VV 6300–6303 Rn. 24.

[12] Schneider/Wolf/*Thiel* RVG VV 6300–6303 Rn. 25; Burhoff/Volpert/*Volpert* RVG VV 6300 Rn. 35.

[13] LG Aurich NdsRpfl. 1976, 259; LG Kiel AnwBl 1983, 332; LG Oldenburg NdsRpfl. 1976, 176; LG Osnabrück AnwBl 1975, 405; LG Verden NdsRpfl. 1977, 107.

[14] Schneider/Wolf/*Thiel* RVG VV 6300–6303 Rn. 42; Burhoff/Volpert/*Volpert* RVG VV 6300 Rn. 37; Hartung/Schons/Enders/*Hartung* RVG VV 6300–6303 Rn. 10; aA Hartung/Römermann/Schons/*Hartung* RVG VV 6300–6303 Rn. 8.

[15] LG Bonn AnwBl 1984, 326.

[16] BGBl. 2020 I 3229.

III. Terminsgebühr

1. Allgemeines

5 Nach VV 6301 RVG kann in den Fällen von VV 6300 RVG eine Terminsgebühr entstehen. Sie entsteht für die **Mitwirkung bei der mündlichen Anhörung** der Person, der die Freiheit entzogen werden soll, **und bei der mündlichen Vernehmung von Zeugen und Sachverständigen.**

Für mehrfache Anhörungen oder mehrfache Vernehmungen im gleichen Rechtszug kann die Gebühr nach § 15 Abs. 2 RVG nur einmal berechnet werden. Der RA erhält also die Gebühr nach VV 6301 RVG auch dann nur einmal, wenn die Person, der die Freiheit entzogen werden soll, angehört **und** Zeugen und Sachverständige mündlich vernommen werden.[17]

Zur Entstehung der Gebühr ist erforderlich, dass der RA bei der Vernehmung oder Anhörung mitgewirkt hat. Dazu ist erforderlich, aber auch ausreichend, dass er an der Vernehmung bzw. Anhörung teilnimmt. Nicht notwendig ist, dass er Fragen bei dem Gericht anregt oder selbst stellt. Ein nach dem Termin gestellter Antrag auf Beeidigung genügt nicht.[18]

Die Gebühr entsteht, sobald unter Teilnahme des RA mit der Vernehmung begonnen wird,[19] es sei denn, es liegt ein sog. „geplatzter" Termin iSv Abs. 3 S. 2 von VV Vorb. 6 RVG vor.

Nicht genügt, wenn der RA, der bei der Vernehmung nicht anwesend war, nachträglich den Unterzubringenden aufsucht.[20]

Durch eine andere Tätigkeit kann die Gebühr nach VV 6301 RVG nicht **verdient** werden. Es genügt also zB nicht die Nachricht an den Auftraggeber von der beabsichtigten Vernehmung oder die Überprüfung eines schriftlichen Gutachtens.[21]

Die Terminsgebühr entsteht in weiteren Rechtszügen neu, soweit der RA in diesen Rechtszügen an gerichtlichen Terminen teilnimmt.[22] Somit kann auch im Beschwerdeverfahren die Terminsgebühr verdient werden.

Voraussetzung ist, dass der RA an einem Termin in einem Beschwerdeverfahren teilnimmt.

2. Höhe der Terminsgebühr

6 Die Terminsgebühr in den Fällen der VV 6300 RVG beträgt gem. VV 6301 RVG **44,– EUR bis 517,– EUR, Mittelgebühr 280,50 EUR;** die Terminsgebühr für den **Pflichtverteidiger** beträgt **224,– EUR.** In Altfällen vor dem Inkrafttreten des KostRÄG[23] am 1.1.2021 gilt für die Terminsgebühr ein Gebührenrahmen von 40,– EUR bis 470,– EUR, Mittelgebühr 255,– EUR, die Terminsgebühr VV 6301 RVG beträgt für den Pflichtverteidiger in den Altfällen 204,– EUR.

IV. Verfahrensgebühr in sonstigen Fällen

1. Allgemeines

7 Nach VV 6302 RVG entsteht eine Verfahrensgebühr für jeden Rechtszug des Verfahrens über die Verlängerung oder Aufhebung einer Freiheitsentziehung nach den §§ 425, 426 FamFG oder einer Unterbringungsmaßnahme nach den §§ 329, 330 FamFG.

Das Verfahren über die Dauer und Verlängerung sowie Aufhebung der Freiheitsentziehung ist in den §§ 425, 426 FamFG geregelt. Der Vergütungstatbestand VV 6302 RVG findet auch in anderen bundesgesetzlich oder landesgesetzlich geregelten Freiheitsentziehungsverfahren Anwendung, die auf § 425 FamFG verweisen.[24] Das Verfahren über den Antrag auf Aufhebung der Freiheitsentziehung ist in § 426 FamFG geregelt.[25]

---

[17] Hartung/Römermann/Schons/*Hartung* RVG VV 6300–6303 Rn. 13; Schneider/Wolf/*Thiel* RVG VV 6300–6303 Rn. 30; Burhoff/Volpert/*Volpert* RVG VV 6301 Rn. 9; *Sußbauer* Rpfleger 1959, 211; LG Koblenz Rpfleger 1960, 419; LG Berlin JurBüro 1986, 395. Vgl. aber OLG Stuttgart JurBüro 1994, 602, wonach der Begriff „in jedem Rechtszug" bedeutet, dass damit jedes einzelne Überprüfungsverfahren – ggf. einschließlich einer weiteren Anhörung nach Aufhebung und Zurückverweisung durch das Rechtsmittelgericht – gemeint ist.

[18] LG Aachen AnwBl 1975, 102; LG Lüneburg AnwBl 1967, 414; LG München I AnwBl 1960, 117; AG Winsen AnwBl 1967, 66.

[19] LG Aachen AnwBl 1975, 102.

[20] LG Osnabrück Büro 1959, 464; OLG Hamm Rpfleger 1961, 258.

[21] LG Osnabrück JurBüro 1982, 1205.

[22] Burhoff/Volpert/*Volpert* RVG VV 6301 Rn. 8; Schneider/Wolf/*Thiel* RVG VV 6300–6303 Rn. 40; Hartung/Römermann/Schons/*Hartung* RVG VV 6300–6303 Rn. 12.

[23] BGBl. 2020 I 3229.

[24] Burhoff/Volpert/*Volpert* RVG VV 6302 Rn. 3.

[25] Schneider/Wolf/*Thiel* RVG VV 6300–6303 Rn. 48; Burhoff/Volpert/*Volpert* RVG VV 6302 Rn. 4.

VV 6302 RVG ist ferner anwendbar in Verfahren zur Aufhebung der Freiheitsentziehung von Amts wegen nach § 426 Abs. 1 FamFG,[26] in Verfahren betreffend die Aussetzung des Vollzugs gem. § 424 Abs. 1 FamFG[27] sowie in Verfahren auf Widerruf der Aussetzung nach § 424 Abs. 2 FamFG.[28]

Die Verfahrensgebühr VV 6302 RVG entsteht nur einmal, wenn über die Fortdauer der Freiheitsentziehung von Amts wegen gem. § 426 Abs. 1 FamFG und zugleich auf Antrag gem. § 426 Abs. 2 FamFG zu entscheiden ist.[29] Ist der RA in demselben Verfahren hinsichtlich Verlängerung und Aufhebung tätig, entsteht die Verfahrensgebühr VV 6302 RVG ebenfalls nur einmal.[30] Wird die Aufhebung schon im Anordnungsverfahren beantragt, so entsteht die Gebühr nach VV 6302 RVG nicht neben der Gebühr nach VV 6300 RVG.[31]

Ist die Fortdauer angeordnet worden, sind weitere – spätere – Verfahren, in denen erneut über eine weitere Fortdauer entschieden wird, neue Angelegenheiten.[32]

In jedem Rechtszug entsteht die Gebühr nach VV 6302 RVG erneut.[33]

2. Höhe der Gebühr

Nach VV 6302 RVG beträgt die Verfahrensgebühr in sonstigen Fällen **22,– EUR bis 330,– EUR, Mittelgebühr 176,– EUR;** für den **Pflichtverteidiger** beträgt sie **141,– EUR.** In Altfällen vor dem Inkrafttreten des KostRÄG[34] am 1.1.2021 gilt für die Verfahrensgebühr VV 6302 RVG ein Gebührenrahmen von 20,– EUR bis 300,– EUR, Mittelgebühr 160,– EUR, für den Pflichtverteidiger entsteht eine Festgebühr von 128,– EUR. 8

V. Terminsgebühren in sonstigen Fällen

Gem. VV 6303 RVG beträgt die Terminsgebühr in den Fällen der VV 6302 RVG **22,– EUR bis 330,– EUR, Mittelgebühr 176,– EUR;** für den **Pflichtverteidiger** beträgt sie **141,– EUR.** Für Altfälle vor dem Inkrafttreten des KostRÄG 2021[35] am 1.1.2021 ist für den Vergütungstatbestand VV 6303 RVG ein Rahmen von 20,– EUR bis 300,– EUR, Mittelgebühr 160,– EUR und für den Pflichtverteidiger eine Gebühr iHv 128,– EUR vorgesehen. 9

Auf die Erläuterung vorstehend zu VV 6301 RVG wird verwiesen.

VI. Sonstiges

1. Einstweilige Anordnungen

Das Verfahren auf einstweilige Anordnung zur vorläufigen Freiheitsentziehung (zB nach § 427 FamFG) und das Hauptsacheverfahren sind nach § 17 Nr. 4b RVG gebührenrechtlich verschiedene Angelegenheiten; wird der RA in beiden Verfahren tätig, erhält er gesonderte Gebühren nach VV 6300 ff. RVG.[36] 10

Wird gegen eine einstweilige Anordnung Beschwerde erhoben, entstehen im Beschwerdeverfahren neue Gebühren.[37]

2. Einzeltätigkeiten

Beschränkt sich der Auftrag des RA auf Einzeltätigkeiten, entsteht die Verfahrensgebühr VV 6500 RVG.[38] 11

---

[26] Schneider/Wolf/*Thiel* RVG VV 6300–6303 Rn. 48; Hartung/Römermann/Schons/*Hartung* RVG VV 6300–6303 Rn. 17; Burhoff/Volpert/*Volpert* RVG VV 6302 Rn. 4.

[27] Hartung/Römermann/Schons/*Hartung* RVG VV 6300–6303 Rn. 17; Burhoff/Volpert/*Volpert* RVG VV 6302 Rn. 4; *Hansens* JurBüro 1989, 903.

[28] Burhoff/Volpert/*Volpert* RVG VV 6302 Rn. 4; LG Osnabrück JurBüro 1982, 1002.

[29] Burhoff/Volpert/*Volpert* RVG VV 6302 Rn. 12.

[30] Burhoff/Volpert/*Volpert* RVG VV 6302 Rn. 12.

[31] Burhoff/Volpert/*Volpert* RVG VV 6302 Rn. 13; aA – VV 6302 anzuwenden – Schneider/Wolf/*Thiel* RVG VV 6300–6303 Rn. 53.

[32] Riedel/Sußbauer/*H. Schneider* VV 6300 Rn. 18; Burhoff/Volpert/*Volpert* RVG VV 6302 Rn. 11.

[33] Schneider/Wolf/*Thiel* RVG VV 6300–6303 Rn. 55.

[34] BGBl. 2020 I 3229.

[35] BGBl. 2020 I 3229.

[36] Burhoff/Volpert/*Volpert* RVG VV 6300 Rn. 26; Schneider/Wolf/*Thiel* RVG VV 6300 Rn. 4; Riedel/Sußbauer/*H. Schneider* VV 6302–6303 Rn. 21; OLG München NJW-RR 2006, 931 f.; aA Gerold/Schmidt/*Madert,* 17. Aufl. 2006, RVG VV 6300–6303 Rn. 12.

[37] Schneider/Wolf/*Thiel* RVG VV 6300–6303 Rn. 41; Hartung/Römermann/Schons/*Hartung* RVG VV 6300–6303 Rn. 8; Burhoff/Volpert/*Volpert* RVG VV 6300 Rn. 39.

[38] Burhoff/Volpert/*Volpert* RVG VV 6300 Rn. 44.

3. Mehrvertretungszuschlag

12 Vertritt der RA mehrere Betroffene, ist VV 1008 RVG anzuwenden.[39]

4. Pflichtverteidiger

13 Ist der RA vom Gericht beigeordnet, so erhält er die in VV 6300–6303 RVG angegebenen Gebühren als gerichtlich bestellter oder beigeordneter RA.

Eine Pauschgebühr nach § 51 RVG ist nunmehr zulässig; § 51 Abs. 1 S. 1 RVG bezieht jetzt auch die Freiheitsentziehungs- und Unterbringungssachen sowie die Verfahren über freiheitsentziehende Unterbringungen und freiheitsentziehende Maßnahmen nach § 151 Nr. 6 und Nr. 7 FamFG ein.[40]

Die Vorschriften des § 52 RVG über den Anspruch gegen den Vertretenen und des § 58 Abs. 3 RVG über die Anrechnung und Rückzahlung von Vorschüssen und Zahlungen gelten sinngemäß.

Die Beiordnung eines RA gilt für das gesamte Unterbringungsverfahren bis zu dessen Abschluss. Es bedarf keiner besonderen Beiordnung für das Beschwerdeverfahren.[41]

VII. Kostenerstattung, Vorschuss und Kostenfestsetzung

14 **Erstattung.** Erstattungsfähig sind die Gebühren dann, wenn das Gericht nach § 430 FamFG die Auslagen des Betroffenen der Gebietskörperschaft, der die Verwaltungsbehörde angehört, auferlegt hat, weil es den Antrag der Verwaltungsbehörde auf Freiheitsentziehung abgelehnt hat oder dieser zurückgenommen wurde und das Verfahren ergeben hat, dass kein begründeter Anlass zur Stellung des Antrags vorgelegen hat.[42]

15 **Tätigkeit vor den Verwaltungsbehörden.** Wird der RA im Zusammenhang mit einem gerichtlichen Verfahren nach VV 6300–6303 auch vor der Verwaltungsbehörde tätig, die den Antrag gestellt hat, so wird diese Tätigkeit durch die Gebühr nach VV 6300 RVG abgegolten. Kommt es dagegen nicht zu einem gerichtlichen Verfahren oder wird der RA in ihm nicht tätig oder liegt die Tätigkeit vor dem Beginn des gerichtlichen Verfahrens, erhält der RA die Gebühren nach VV 2300 RVG.

16 **Reisekosten.** Der im Unterbringungsverfahren beigeordnete RA ist verpflichtet, sich persönlich über den Zustand des Betroffenen zu unterrichten und zu versuchen, mit ihm zu sprechen. Eine fernmündliche Rückfrage beim behandelnden Arzt würde dieser Pflicht nicht genügen. Für diesen Zweck aufgewendete Reisekosten sind ihm auch dann aus der Staatskasse zu erstatten, wenn der Betroffene sich als nicht ansprechbar erweist.[43]

17 Der Pflichtverteidiger kann **Vorschuss** nach Maßgabe des § 47 RVG begehren.

18 Die aus der Staatskasse zu zahlende Vergütung wird entsprechend § 55 RVG von Urkundsbeamten der Geschäftsstelle festgesetzt.[44]

Nr.	Gebührentatbestand	Gebühr	
		Wahlverteidiger oder Verfahrensbevollmächtigter	gerichtlich bestellter oder beigeordneter Rechtsanwalt

Abschnitt 4. Gerichtliche Verfahren nach der Wehrbeschwerdeordnung

Vorbemerkung 6.4:

(1) Die Gebühren nach diesem Abschnitt entstehen in Verfahren auf gerichtliche Entscheidung nach der WBO, auch i. V. m. § 42 WDO, wenn das Verfahren vor dem Truppendienstgericht oder vor dem Bundesverwaltungsgericht an die Stelle des Verwaltungsrechtswegs gemäß § 82 SG tritt.

(2) Soweit wegen desselben Gegenstands eine Geschäftsgebühr nach Nummer 2302 für eine Tätigkeit im Verfahren über die Beschwerde oder über die weitere Beschwerde vor einem Disziplinarvorgesetzten entstanden ist, wird diese Gebühr zur Hälfte, höchstens jedoch mit einem Betrag von 207,00 €, auf die Verfahrensgebühr des gerichtlichen Verfahrens vor dem Truppendienstgericht oder dem Bundesverwaltungsgericht angerechnet. Sind mehrere Gebühren entstanden, ist für die Anrechnung die zuletzt entstandene Gebühr maßgebend.

---

[39] *Hansens* JurBüro 1989, 903.
[40] BT-Drs. 17/11471 (neu), 270.
[41] OLG Frankfurt a. M. AnwBl 1983, 335; LG Kiel AnwBl 1984, 332; LG Detmold Rpfleger 1986, 154.
[42] BayObLG MDR 1985, 773.
[43] AG Medingen AnwBl 1966, 140.
[44] Schneider/Wolf/*Thiel* RVG VV 6300–6303 Rn. 74.

Nr.	Gebührentatbestand	Gebühr Wahlverteidiger oder Verfahrensbevoll-mächtigter	gerichtlich bestellter oder beigeordneter Rechtsanwalt
6400	Verfahrensgebühr für das Verfahren auf gerichtliche Entscheidung vor dem Truppendienstgericht	88,00 bis 748,00 €	
6401	Terminsgebühr je Verhandlungstag in den in Nummer 6400 genannten Verfahren	88,00 bis 748,00 €	
6402	Verfahrensgebühr für das Verfahren auf gerichtliche Entscheidung vor dem Bundesverwaltungsgericht, im Verfahren über die Rechtsbeschwerde oder im Verfahren über die Beschwerde gegen die Nichtzulassung der Rechtsbeschwerde	110,00 bis 869,00 €	
	Die Gebühr für ein Verfahren über die Beschwerde gegen die Nichtzulassung der Rechtsbeschwerde wird auf die Gebühr für ein nachfolgendes Verfahren über die Rechtsbeschwerde angerechnet.		
6403	Terminsgebühr je Verhandlungstag in den in Nummer 6402 genannten Verfahren	110,00 bis 869,00 €	

Übersicht

I. Allgemeines

Die Gebühren in Abschn. 4 des VV Teil 6 RVG – Verfahren nach der Wehrbeschwerdeordnung – VV 6400–6403 RVG entstehen nach VV Vorb. 6.4 RVG in Verfahren auf gerichtliche Entscheidung nach der WBO, auch iVm § 42 WDO, wenn das Verfahren vor dem Truppendienstgericht oder vor dem BVerwG an die Stelle des Verwaltungsrechtswegs nach § 82 SG tritt.[1] **1**

Die Vergütungstatbestände des Abschn. 4 wurden durch das Wehrrechtsänderungsgesetz 2008[2] neu gefasst. Entsprechend der Neuregelung bei Betragsrahmengebühren in sozialrechtlichen Angelegenheiten durch das 2. KostRMoG[3] sind nunmehr auch in Verfahren nach der Wehrbeschwerdeordnung keine verminderte Rahmen mehr für den Fall vorgesehen, dass die Rechtsanwältin oder der RA bereits im Verfahren vor dem Disziplinarvorgesetzten tätig war bzw. im Rechtsbeschwerdeverfahren vor dem BVerwG, wenn bereits ein Verfahren vor dem Truppendienstgericht vorausgegangen ist. Vgl. zur Geschäftsgebühr VV 2302 Nr. 2 RVG.

Eine Grundgebühr ist nicht vorgesehen.[4]

[1] Wehrdisziplinarordnung v. 16.8.2001, BGBl. 2001 I 2093.
[2] BGBl. 2008 I 1629.
[3] BGBl. 2013 I 2586.
[4] BT-Drs. 15/1971, 231; Hartung/Schons/Enders/*Hartung* RVG VV Vorb. 6.4 Rn. 18.

Die Bestimmungen über die Prozesskostenhilfe finden in Verfahren nach der WBO nach hM keine Anwendung.[5] Dies gilt auch für Beschwerden der Soldaten gegen Disziplinarmaßnahmen sowie gegen sonstige Maßnahmen und Entscheidungen des Disziplinarvorgesetzten, weil für diese Beschwerden nach § 42 WDO ebenfalls die Vorschriften der WBO anzuwenden sind.[6]

II. Die Gebühren

1. Verfahrensgebühr für das Verfahren auf gerichtliche Entscheidung vor dem Truppendienstgericht

2 Die Verfahrensgebühr nach **VV 6400 RVG** beträgt 88,– EUR bis 748,– EUR, **Mittelgebühr 418,– EUR,** in Altfällen, vor Inkrafttreten des KostRÄG 2021[7] am 1.1.2021 sieht der Vergütungstatbestand VV 6400 RVG einen Rahmen von 80,– EUR bis 680,– EUR und eine Mittelgebühr von 380,– EUR vor.

Hinsichtlich der Entstehungsvoraussetzungen der Verfahrensgebühr wird auf die Erläuterungen zu VV 4104, 4105 RVG verwiesen.

2. Verfahrensgebühr bei vorausgegangener Tätigkeit im Verfahren über die Beschwerde oder die weitere Beschwerde vor einem Disziplinarvorgesetzten

3 Der Vergütungstatbestand VV 6401 RVG aF wurde durch das 2. KostRMoG[8] aufgehoben. Denn auch bei den Gebühren für gerichtliche Verfahren nach der Wehrbeschwerdeordnung hat der Gesetzgeber, da auch sie als Betragsrahmengebühren ausgestaltet sind, mit dem neu eingeführten Abs. 2 der VV Vorb. 6.4 RVG eine Umstellung auf eine echte Anrechnungslösung durchgeführt.[9] Die Regelung entspricht im Wesentlichen der Neufassung von VV Vorb. 3 Abs. 4 RVG.[10] Der Vergütungstatbestand VV 6401 RVG aF hatte, wenn eine Tätigkeit im Verfahren über die Beschwerde und die weitere Beschwerde vor dem Disziplinarvorgesetzten vorausgegangen war, eine Gebühr VV 6400 RVG nur mit einem Rahmen von 35,– EUR bis 405,– EUR vorgesehen. Mit dem verminderten Rahmen wollte der Gesetzgeber der Tatsache Rechnung tragen, dass die Rechtsanwältin bzw. der RA durch die vorausgegangene Tätigkeit bereits in die Angelegenheit eingearbeitet ist.

Mit der Anmerkung zum Vergütungstatbestand, dass bei der Bemessung der Gebühr nicht zu berücksichtigen ist, dass der Umfang der Tätigkeit infolge der Tätigkeit im Verfahren über die Beschwerde oder die weitere Beschwerde vor dem Disziplinarvorgesetzten geringer ist, wollte der Gesetzgeber sicherstellen, dass die vorausgegangene Tätigkeit ausschließlich durch die Anwendung des verringerten Gebührenrahmens berücksichtigt wird. Die Mittelgebühr betrug 220,– EUR.

Durch das KostRÄG 2021[11] wurde Satz 3 von Vorbem. 6.4 Abs. 2 aufgehoben, die entsprechende Regelung findet sich jetzt in 14 Abs. 2 (s. näher → § 14 Rn. 1).

3. Terminsgebühr für die in VV 6400 RVG genannten Verfahren

4 Gem. **VV 6401 RVG** beträgt die Terminsgebühr je Verhandlungstag in den in VV 6400 RVG genannten **88,– EUR bis 748,– EUR, Mittelgebühr 418,– EUR.** Für Altfälle vor dem Inkrafttreten des KostRÄG 2021[12] gilt eine Gebühr von 80,– EUR bis 680,– EUR, mithin eine Mittelgebühr von 380,– EUR.

4. Verfahrensgebühr für das Verfahren auf gerichtliche Entscheidung vor dem BVerwG oder im Verfahren über die Rechtsbeschwerde oder in Verfahren gegen die Nichtzulassung der Rechtsbeschwerde

5 Im Gebührentatbestand VV 6402 RVG wurde durch das 2. KostRMoG[13] nunmehr ausdrücklich das Verfahren über die Beschwerde gegen die der Nichtzulassung der Rechtsbeschwerde ergänzt. Mit der Änderung des Gebührentatbestandes wollte der Gesetzgeber die

[5] Burhoff/Volpert RVG/*Volpert* VV Vorb. 6.4 Rn. 28; BT-Drs. 15/1971, 231.
[6] Burhoff/Volpert RVG/*Volpert* VV Vorb. 6.4 Rn. 28; HBS VergütungsR/*Schneider* Teil 17 Rn. 98; Hartung/Schons/Enders/*Hartung* RVG VV Vorb. 6.4 Rn. 17, BT-Drs. 15/1971, 231.
[7] BGBl. 2020 I 3229.
[8] BGBl. 2013 I 2586.
[9] BT-Drs. 17/11471 (neu), 283.
[10] BT-Drs. 17/11471 (neu), 283.
[11] BGBl. 2020 I 3229.
[12] BGBl. 2020 I 3229.
[13] BGBl. 2013 I 2586.

bisher fehlende Gebührenregelung für das Verfahren über die Beschwerde gegen die Nichtzulassung der Rechtsbeschwerde (§ 22b WBO) schaffen.[14] Die Verfahrensgebühr wird auf eine Verfahrensgebühr für ein sich anschließendes Rechtsbeschwerdeverfahren angerechnet, dies entspricht der Regelung zB für die Nichtzulassungsbeschwerde im sozialgerichtlichen Verfahren (VV 3511 RVG).[15]

Gem. VV 6402 RVG beträgt die Verfahrensgebühr für das Verfahren auf gerichtliche Entscheidung vor dem BVerwG, im Verfahren über die Rechtsbeschwerde oder im Verfahren über die Beschwerde gegen die Nichtzulassung der Rechtsbeschwerde **110,– EUR bis 869,– EUR, Mittelgebühr 489,50 EUR,** für Altfälle vor dem Inkrafttreten des KostRÄG 2021[16] am 1.1.2021 beträgt die Verfahrensgebühr 100,– EUR bis 790,– EUR, Mittelgebühr 445,– EUR.

5. Vorausgegangene Tätigkeit im Verfahren über die Beschwerde oder die weitere Beschwerde vor einem Disziplinarvorgesetzten oder im Verfahren vor dem Truppendienstgericht

Durch das 2. KostRMoG[17] wurde der Vergütungstatbestand VV 6404 RVG aufgehoben, durch den Übergang auf eine Anrechnungslösung wurde er überflüssig. Für Altfälle vor Inkrafttreten des 2. KostRMoG[18] am 1.8.2013 ist er jedoch weiterhin für Bedeutung: 6

Ist eine Tätigkeit im Verfahren über die Beschwerde oder die weitere Beschwerde vor einem Disziplinarvorgesetzten oder im Verfahren vor dem Truppendienstgericht vorausgegangen, entsteht nach **VV 6404** RVG aF die Verfahrensgebühr VV 6403 RVG aF aus einem Rahmen von lediglich **40,– EUR bis 460,– EUR, Mittelgebühr 250,– EUR.**

Durch eine entsprechende Anmerkung wie beim Vergütungstatbestand VV 6401 RVG aF will der Gesetzgeber sicherstellen, dass die Tatsache, dass der Umfang der Tätigkeit infolge der Tätigkeit im Verfahren über die Beschwerde oder die weitere Beschwerde vor einem Dienstvorgesetzten oder im Verfahren vor dem Truppendienstgericht geringer ist, ausschließlich durch Anwendung des niedrigeren Gebührenrahmens umgesetzt wird.

6. Terminsgebühr je Hauptverhandlungstag in den in VV 6402 RVG genannten Verfahren

Nach **VV 6403 RVG** beträgt die Terminsgebühr für den Hauptverhandlungstag in dem in VV 6402 RVG genannten Verfahren **110,– EUR bis 869,– EUR, Mittelgebühr 489,50 EUR,** für Altfälle vor Inkrafttreten des KostRÄG 2021[19] beträgt die Terminsgebühr für den Hauptverhandlungstag 100,– EUR bis 790,– EUR, Mittelgebühr 445,– EUR. 7

III. Erstattung

Nach § 20 Abs. 1 S. 1 WBO sind die dem Beschwerdeführer im Verfahren vor dem Truppendienstgericht einschließlich der im vorgerichtlichen Verfahren erwachsenen notwendigen Auslagen dem Bund aufzuerlegen, soweit dem Antrag stattgegeben wird.[20] 8

Ist ein Antrag nach § 43 WDO erfolgreich, so sind nach den § 45 Abs. 2 S. 2 WDO iVm § 20 WBO die dem Beschwerdeführer im Verfahren vor dem Truppendienstgericht erwachsenen notwendigen Auslagen dem Bund aufzuerlegen.[21] Dies gilt nach § 45 Abs. 2 S. 2 Hs. 2 WDO nicht, wenn der Disziplinarvorgesetzte den Aufhebungsantrag gem. § 44 Abs. 1 WDO oder § 44 Abs. 2 WDO gestellt hat.[22]

IV. Kosten des Verfahrens

Die §§ 136–142 WDO enthalten die Bestimmungen über den Umfang der Kostenpflicht, die Kosten bei Rechtsmitteln und Rechtsbehelfen, über die notwendigen Auslagen und die Kostenfestsetzung. 9

---

[14] BT-Drs. 17/11471 (neu), 284.
[15] BT-Drs. 17/11471 (neu), 284.
[16] BGBl. 2020 I 3229.
[17] BGBl. 2013 I 2586.
[18] BGBl. 2013 I 2586.
[19] BGBl. 2020 I 3229.
[20] Burhoff/Volpert/*Volpert* RVG VV 6400 Rn. 15, VV Vorb. 6.4 Rn. 37; Schneider/Wolf/*N. Schneider* RVG VV Vorb. 6.4 Rn. 24.
[21] Burhoff/Volpert/*Volpert* RVG VV 6500 Rn. 26.
[22] Burhoff/Volpert/*Volpert* RVG VV 6500 Rn. 26.

Nr.	Gebührentatbestand	Gebühr Wahlverteidiger oder Verfahrensbevollmächtigter	Gebühr gerichtlich bestellter oder beigeordneter Rechtsanwalt
	Abschnitt 5. Einzeltätigkeiten und Verfahren auf Aufhebung oder Änderung einer Disziplinarmaßnahme		
6500	Verfahrensgebühr	22,00 bis 330,00 €	141,00 €
	(1) Für eine Einzeltätigkeit entsteht die Gebühr, wenn dem Rechtsanwalt nicht die Verteidigung oder Vertretung übertragen ist. (2) Die Gebühr entsteht für jede einzelne Tätigkeit gesondert, soweit nichts anderes bestimmt ist. § 15 RVG bleibt unberührt. (3) Wird dem Rechtsanwalt die Verteidigung oder Vertretung für das Verfahren übertragen, werden die nach dieser Nummer entstandenen Gebühren auf die für die Verteidigung oder Vertretung entstehenden Gebühren angerechnet. (4) Eine Gebühr nach dieser Vorschrift entsteht jeweils auch für das Verfahren nach der WDO vor einem Disziplinarvorgesetzten auf Aufhebung oder Änderung einer Disziplinarmaßnahme und im gerichtlichen Verfahren vor dem Wehrdienstgericht.		

I. Allgemeines

1 Durch das Wehrrechtsänderungsgesetz 2008[1] hat der Gesetzgeber mit einem neuen Abschn. 5 die Gebühren für Einzeltätigkeiten geregelt.[2]

II. Anwendungsbereich

2 Nach Abs. 1 der Anmerkung zum Vergütungstatbestand entsteht die Gebühr für eine Einzeltätigkeit, wenn dem RA nicht die Verteidigung oder Vertretung übertragen ist. Nach Abs. 2 der Anmerkung entsteht die Gebühr für jede einzelne Tätigkeit gesondert, soweit nichts anderes bestimmt ist, § 15 RVG bleibt unberührt.

Nach Abs. 3 der Anmerkung zum Vergütungstatbestand werden die nach VV 6500 RVG entstandenen Gebühren auf die für die Verteidigung oder Vertretung entstehenden Gebühren angerechnet, wenn dem RA die Verteidigung oder Vertretung für das Verfahren übertragen wird.

Abs. 1–3 der Anmerkung entsprechen der Anmerkung zu VV 5200 RVG, auf die diesbezüglichen Ausführungen wird verwiesen.[3]

Nach Abs. 4 der Anmerkung zum Vergütungstatbestand entsteht eine Gebühr nach dieser Vorschrift jeweils auch für das Verfahren nach der WDO vor dem Disziplinarvorgesetzten auf Aufhebung oder Änderung einer Disziplinarmaßnahme und im Verfahren vor dem Wehrdienstgericht. Nach dem Willen des Gesetzgebers soll für das Verfahren vor dem Disziplinarvorgesetzten über die Aufhebung oder Änderung einer Disziplinarmaßnahme die Gebühr VV 6500 RVG entstehen, die insoweit an die Stelle von VV 6404 RVG aF trat.[4] Entsprechendes soll nach dem Willen des Gesetzgebers für ein Verfahren vor dem Wehrdienstgericht gelten.[5]

Umstritten war, ob der Vergütungstatbestand VV 6500 RVG für Einzeltätigkeiten des Rechtsanwalts in allen von den Abschn. 1–4 des VV Teil 6 RVG erfassten Verfahren gilt[6] oder ob diese Vorschrift lediglich VV 6404 RVG aF ersetzt, die nur für Einzeltätigkeiten in den in VV Vorb. 6.4 Nr. 1–4 RVG aF genannten besonderen Verfahren gegolten hat.[7] Die Gesetzesbegründung ist missverständlich, so heißt es dort ua „Teil 6 Abschnitt 4 wird durch folgende

[1] BGBl. 2008 I 1629.
[2] BT-Drs. 16/7955, 38.
[3] → RVG VV 5200 Rn. 4 ff.
[4] BT-Drs. 16/7955, 38.
[5] BT-Drs. 16/7955, 38.
[6] Burhoff/Volpert/*Volpert* RVG VV 3500 Rn. 3.
[7] Schneider/Wolf/*Wahlen*, 5. Aufl. 2010, RVG VV Vorb. 6.2 Rn. 18.

Abschnitte 4 und 5 ersetzt".[8] Auch soll der Vergütungstatbestand VV 6500 RVG an die Stelle der derzeitigen VV 6404 RVG treten.[9] Da aber der Vergütungstatbestand VV 6500 RVG in einem anderen Abschnitt von VV Teil 6 RVG eingestellt worden ist, einschränkungslos als Verfahrensgebühr für Einzeltätigkeiten bezeichnet wird und auch im Gegensatz zu den Vergütungstatbeständen VV 6400–6405 RVG eine Vergütung für den gerichtlich bestellten oder beigeordneten RA vorsieht, ist der Auffassung zu folgen, dass VV 6500 RVG für Einzeltätigkeiten in allen von den Abschn. 1–4 des VV Teil 6 RVG erfassten Verfahren gilt.[10]

III. Höhe

Die Verfahrensgebühr nach VV 6500 RVG beträgt **22,– EUR bis 330,– EUR, Mittelgebühr 176,– EUR;** für den gerichtlich bestellten oder beigeordneten RA beträgt sie 141,– EUR, für Altfälle vor Inkrafttreten des KostRÄG 2021[11] am 1.1.2021 beträgt die Verfahrensgebühr VV 6500 RVG 20,– EUR bis 300,– EUR, Mittelgebühr 160,– EUR, für den gerichtlich bestellten oder beigeordneten RA 128,– EUR. 3

Teil 7. Auslagen

Nr.	Auslagentatbestand	Höhe

Vorbemerkung 7:

(1) Mit den Gebühren werden auch die allgemeinen Geschäftskosten entgolten. Soweit nachfolgend nichts anderes bestimmt ist, kann der Rechtsanwalt Ersatz der entstandenen Aufwendungen (§ 675 i. V. m. § 670 BGB) verlangen.

(2) Eine Geschäftsreise liegt vor, wenn das Reiseziel außerhalb der Gemeinde liegt, in der sich die Kanzlei oder die Wohnung des Rechtsanwalts befindet.

(3) Dient eine Reise mehreren Geschäften, sind die entstandenen Auslagen nach den Nummern 7003 bis 7006 nach dem Verhältnis der Kosten zu verteilen, die bei gesonderter Ausführung der einzelnen Geschäfte entstanden wären. Ein Rechtsanwalt, der seine Kanzlei an einen anderen Ort verlegt, kann bei Fortführung eines ihm vorher erteilten Auftrags Auslagen nach den Nummern 7003 bis 7006 nur insoweit verlangen, als sie auch von seiner bisherigen Kanzlei aus entstanden wären.

Schrifttum: *Hansens* Gebühren- und erstattungsrechtliche Aspekte von Datenbankrecherchen ZAP Fach 24, S. 521.

Übersicht

[8] BT-Drs. 16/7955, 14.
[9] BT-Drs. 16/7955, 38.
[10] Zutr. Burhoff/Volpert/*Volpert* RVG VV 6500 Rn. 3; nunmehr auch Schneider/Wolf/*N. Schneider* RVG VV 6500 Rn. 2.
[11] BGBl. 2020 I 3229.

I. Motive

1 Die Motive führen aus:

„**Zu Teil 7**
Im letzten Teil des Vergütungsverzeichnisses sollen alle Regelungen über die Erhebung von Auslagen zusammengefasst werden. Nach Absatz 1 Satz 1 der Vorbemerkung soll die Regelung des § 25 Abs. 1 BRAGO übernommen werden, nach der die allgemeinen Geschäftskosten durch die Gebühren abgegolten werden. Mit Satz 2 soll klargestellt werden, dass § 675 iVm § 670 BGB über den Ersatz von Aufwendungen grundsätzlich anwendbar bleibt. Dies entspricht der allgemeinen Auffassung für die geltende Regelung (Gerold/Schmidt/v. Eicken/Madert, aaO, Rn. 4 zu § 25 BRAGO; Riedel/Sußbauer, aaO, Rn. 2 und 3 zu § 25 BRAGO)."[1]

II. Allgemeines zu Auslagen

1. Verhältnis Ersatzanspruch – Erstattungsanspruch

2 VV Teil 7 RVG regelt die Ersatzansprüche des RA gegen seinen Mandanten für Auslagen. Sie sind nicht zu verwechseln mit dem Erstattungsanspruch gegen den Gegner. Zwischen beiden bestehen jedoch Beziehungen. Ein Erstattungsanspruch gegen den Gegner setzt immer voraus, dass der RA einen Anspruch auf Auslagenersatz gegen seinen Mandanten hat bzw. bei einer fiktiven Berechnung (zB → RVG VV 7003 Rn. 138) hätte. Häufig gelten bei beiden die gleichen Grundsätze, zB zur Frage der Notwendigkeit einer Auslage. Sie können aber auch auseinanderfallen. Wünscht der Mandant die Vertretung durch einen RA am dritten Ort, so besteht ein Ersatzanspruch gegen den Mandanten, aber häufig kein Erstattungsanspruch gegen den Gegner (→ RVG VV 7003 Rn. 137 ff.).

2. Vergütungsvereinbarung

3 **Achtung RA:** Wird eine Vergütungsvereinbarung ohne eine spezielle Regelung zu den Auslagen getroffen, so hat der RA für diese keinen Ersatzanspruch. Das gilt insbes, wenn ein Stundensatz oder eine Pauschale vereinbart wird. Anders ist es, wenn die Anwendung des RVG vereinbart wird und iÜ nur einzelne Fragen abweichend behandelt werden wie zB dass das Doppelte der gesetzlichen Gebühren anfällt oder dass der Gegenstandswert in einer bestimmten Höhe angesetzt wird.

4 **Nur zu Auslagen.** Eine Vergütungsvereinbarung kann sich auch auf Regelungen zu Auslagen beschränken, zB auf ein höheres Tage- und Abwesenheitsgeld oder auf Ersatz für alle Fotokopien.

3. Übergangsrecht

5 → § 60 Rn. 21.

III. Geschäftskosten (Abs. 1)

1. Bereits erteilter Auftrag

6 Voraussetzung für einen Vergütungsanspruch hinsichtlich Auslagen ist, dass der RA bereits einen Auftrag hat. Fertigt er lediglich Ablichtungen an, um sich ein Bild zu machen, ob er einen Auftrag annehmen soll, so scheidet ein Anspruch aus.

7 Bittet die Partei dann aber um Überlassung der Kopien, besteht ein Anspruch in analoger Anwendung von VV Vorb. 7000 RVG bzw. VV 7000 RVG.

[1] BT-Drs. 15/1971, 231.

2. 3 Arten von Geschäftskosten

Es sind drei Arten von Geschäftskosten zu unterscheiden 8
– Allgemeine Geschäftskosten, die mit den Gebühren abgegolten sind und für die deshalb kein zusätzlicher Ersatzanspruch des Rechtsanwaltes besteht,
– Spezielle Geschäftskosten, deren Ersatz in VV 7000–7008 RVG besonders geregelt ist,
– Spezielle in VV 7000–7008 RVG nicht geregelte Geschäftskosten, für die gem. VV Vorb. 7 Abs. 1 S. 2 RVG iVm §§ 670, 675 BGB ein Ersatzanspruch bestehen kann.

3. Allgemeine Geschäftskosten

a) Grundsatz. Die Gebühren, die der Auftraggeber an den RA entrichtet, sind die Gegenleistung für die Tätigkeit des RA. Aus diesen Einnahmen muss der RA alle Ausgaben bestreiten, die notwendig sind, damit er seinem Beruf nachgehen kann. VV Vorb. 7 Abs. 1 RVG bestimmt deshalb als Grundsatz, dass mit den Gebühren auch die allgemeinen Geschäftskosten entgolten werden; dh der RA darf die Erstattung der allgemeinen Geschäftskosten nicht neben den Gebühren fordern. Diese muss der RA selbst tragen. Zu den allgemeinen Geschäftskosten gehören die Aufwendungen, die für den allgemeinen Bürobetrieb entstehen, nicht jedoch Aufwendungen, die für die Bearbeitung eines konkreteren Mandats anfallen.[2] Diese allgemein übliche Abgrenzung ist zutreffend. Es muss jedoch berücksichtigt werden, dass sich bisweilen aus den speziellen Vorschriften VV 7000 ff. RVG ergeben kann, dass das Gesetz bestimmte, für die Bearbeitung eines konkreteren Mandats anfallende Kosten wie allgemeine Geschäftskosten behandelt. Das ist zB der Fall, wenn VV 7000 Nr. 1b, c RVG bestimmen, dass die ersten 100 Seiten nicht zu ersetzen sind, obgleich sie zweifellos für das konkrete Mandat anfallen. 9

b) Einzelfälle. Allgemeine Geschäftskosten sind ua 10
– die durch die Unterhaltung der Kanzlei entstehenden Kosten wie Miete der Büroräume,
– die Gehälter der Angestellten,
– die Kosten für Anschaffung und Unterhaltung von Büromaschinen und Software, inklusive der Fixkosten, die mit der Erweiterung des elektronischen Rechtsverkehrs einschließlich der für das besondere elektronische Anwaltsfach verbunden sind,[3]
– die Aufwendungen für Literatur,
– die Grundgebühr für Juris und ähnliche Informationsdienste,[4] nicht aber die Gebühren für die einzelne Recherche (→ Rn. 17),
– die Grundgebühr für den Fernsprecher, Fernschreiber, Internet,
– die Mitgliedsbeiträge bei einer Kreditauskunft (zur einzelnen gebührenpflichtigen Auskunft → Rn. 17) oder einer Fachvereinigung,[5]
– die Kosten für Briefpapier, Formulare, Briefumschläge, Aktenordner,[6]
– die Aufwendungen für Fahrspesen innerhalb des Ortsverkehrs (etwa von der Kanzlei zum Gericht),
– die Kosten für die Bahncard → RVG VV 7003 Rn. 46,
– die Kosten für Dokumente, soweit VV 7000 RVG keine Vergütung hierfür vorsieht,
– das Porto für Honorarnote (Anm. zu VV 7001 RVG).

4. Gesondert nach VV 7000 ff. RVG zu ersetzende Auslagen

Nicht zu den allgemeinen Kosten zählen die Auslagen, die nach VV 7000 ff. RVG zu ersetzen sind. In diesen Bestimmungen sind geregelt: 11
– Dokumentenpauschale gem. VV 7000 RVG, 12
– Entgelt für Post- und Telekommunikationsdienstleistungen gem. VV 7001, 7002 RVG,
– Ersatz der Reisekosten gem. VV 7003 ff. RVG,
– Ersatz der Prämie für eine Einzelfallhaftpflichtversicherung gem. VV 7007 RVG,
– Ersatz der Umsatzsteuer gem. VV 7008 RVG.

Im Einzelnen die Kommentierung zu VV 7000–7008 RVG.

5. Gem. VV Vorb. 7 Abs. 1 S. 2 RVG zu ersetzende Auslagen

a) Grundsatz. Neben den in VV 7000 ff. RVG gesondert aufgeführten Auslagen kann der RA die Erstattung weiterer, nicht zu den allgemeinen Geschäftskosten zählender Aufwendun- 13

---

[2] *Hansens* RVGreport 2005, 151.

[3] Nach allem, was man so hört, hat das Bundesjustizministerium trotz der erheblichen Kosten auch nicht vor, hieran etwas zu ändern.

[4] OLG Nürnberg BRAGOreport 2000, 09; SG Berlin AnwBl 1994, 367.

[5] KG BRAGOreport 2000, 9.

[6] Schneider/Wolf/*N. Schneider* RVG VV Vorb. 7 Rn. 8.

gen fordern. Gem. § 670 BGB, der über § 675 BGB auf den Anwaltsvertrag anzuwenden ist, hat der Auftraggeber alle Aufwendungen zu ersetzen, die der RA den Umständen nach für erforderlich halten durfte. Das sind alle notwendigen und nützlichen Auslagen, die der RA zur Ausführung des Auftrags auf Wunsch oder im Interesse des Auftraggebers gemacht hat, soweit sie nicht zu den allgemeinen Geschäftskosten (→ Rn. 9 ff.) zählen.

14 Bevor ein Ersatzanspruch hiernach zuerkannt werden kann, muss ein zweifacher Ausschluss vorher vorgenommen werden. Der Vorgang darf nicht bereits in VV 7000 ff. RVG geregelt sein und es darf sich nicht um Kosten handeln, die zu den allgemeinen Geschäftskosten zählen.

15 **Abschließende Regelungen in VV 7000 ff. RVG.** Soweit in VV 7000 ff. RVG Spezialregelungen einen bestimmten Bereich abschließend regeln (VV Vorb. 7 Abs. 1 S. 2 RVG „soweit nachfolgend nichts anderes bestimmt ist"),[7] kann, soweit das Abschließende reicht und sich aus diesen Spezialvorschriften kein Anspruch ergibt, ein solcher nicht ohne weiteres aus VV Vorb. 7 Abs. 1 S. 2 RVG hergeleitet werden. Vielmehr ist dann davon auszugehen, dass das Gesetz diese Kosten als allgemeine Geschäftskosten ansieht.

16 Wenn VV 7000 Nr. 1b, c RVG bestimmen, dass ein Ersatzanspruch erst besteht, soweit mehr als 100 Kopien angefertigt werden, so kann nicht für die ersten 100 ein Ersatzanspruch aus VV Vorb. 7 Abs. 1 S. 2 RVG hergeleitet werden. Des Weiteren ist in VV 7000 Nr. 2 RVG abschließend geregelt, in welchem Umfang die Übertragung oder Überlassung von elektronischen Dateien Ansprüche auslösen. Daher ist es nicht zutreffend, wenn OLG Düsseldorf einem Pflichtverteidiger für die Übertragung einer DVD auf eine andere DVD einen Ersatzanspruch gem. VV Vorb. 7 Abs. 1 S. 2 RVG zuerkannt hat. Denn es hatte zuvor zutreffend festgestellt, dass die Voraussetzungen von VV 7000 Nr. 2 RVG iVm VV 7000 Nr. 1d RVG nicht gegeben sind.

17 **b) Aktenversendungspauschale.** ***aa) Erstattung.*** Hierher gehört die Aktenversendungspauschale nach KV 9003 GKG, die der anfordernde RA der Landeskasse zahlt. Da sie sich auf einen konkreten Einzelfall bezieht, gehört sie nicht zu den allgemeinen Geschäftskosten. Sie gehört auch nicht zu den Portokosten. Sie ist auch kein sonstiges Entgelt für Post- und Telekommunikationsleistungen.[8] Es handelt sich vielmehr um Gerichtskosten. Sie ist deshalb bei entsprechender Notwendigkeit (→ Rn. 24) vom Auftraggeber, dem RA zusätzlich zu den Auslagen des VV 7001, 7002 RVG gem. §§ 670, 675 BGB zu erstatten.[9]

17a ***bb) Versendung innerhalb eines Ortes.*** Auch die Versendung innerhalb einer Stadt lässt die Pauschale anfallen.[10]

18 ***cc) Justizinterner Transport.*** Seit dem 2. KostRMoG[11] v. 23.7.2013 ist allg. M., dass eine Versendungspauschale nur dann anfällt, wenn Auslagen an Dritte und nicht nur interne Personal- und Sachkosten angefallen sind.[12] Das 2. KostRMoG hat klargestellt, dass die Pauschale „für die bei der Versendung von Akten … anfallenden Auslagen an Transport- und Verpackungskosten" erhoben wird (KV 9003 GKG; KV 2003 FamGKG; KV 3103 GNotKG).[13] Der Regierungsentwurf zu diesem Gesetz lautete noch dahingehend, dass die Pauschale für die „Versendung von Akten auf Antrag je Sendung" erhoben wird. In der Begründung wies die Bundesregierung darauf hin, dass auch die Personal- und Sachkosten der Gerichte mit abgegolten werden sollen.[14] Der Rechtsausschuss des Deutschen Bundestages hat eine Änderung vorgeschlagen, die dem Wortlaut, der Gesetz geworden ist, entspricht („anfallende Auslagen"). Begründet wird dies damit, dass klarer zum Ausdruck kommen soll, dass mit der Pauschale der Ersatz barer Auslagen gemeint ist.[15] Deshalb fällt keine Versendungspauschale an, wenn die Akte lediglich in das **Anwaltsfach** gelegt wird, und zwar auch dann nicht, wenn sie justizintern, also ohne einen zu bezahlenden Dritten, zu einem anderen Gericht transportiert und dort ins Anwaltsfach gelegt wird.[16] Wird die Akte aber durch einen Dritten zum Gericht

---

[7] OLG Düsseldorf AGS 2018, 499.

[8] BGH JurBüro 2011, 412 = AnwBl 2011, 583; HBS VergütungsR/*Hansens* Teil 19 Rn. 5; *Hansens* RVGreport 2005, 151; **aA** LG Berlin RVGreport 2005, 151; AG Starnberg AGS 2009, 113.

[9] KG JurBüro 2009, 93 = AGS 2009, 198; SG Fulda RVGreport 2016, 386 mzustAnm *Hansens.*

[10] AG Köln NJW-Spezial 2018, 573 = RVGreport 2018, 347 mzustAnm *Hansens.*

[11] Zur Rechtslage vorher Gerold/Schmidt/*Müller-Rabe,* 21. Aufl. 2013, RVG VV Vorb. 7 Rn. 17 ff.

[12] OLG Bamberg AGS 2015, 278; OLG Celle JurBüro 2016, 302; OLG Düsseldorf AGS 2015, 572; OLG Köln NJW-RR 2015, 1342; OLG Nürnberg AGS 2016, 84 = StraFo 2016, 87; OLG Saarbrücken JurBüro 2016, 31.

[13] OLG Köln NJW-Spezial 2014, 699 = AGS 2014, 513.

[14] BT-Drs. 17/11471, 314.

[15] BT-Drs. 17/13537, 268 zur Änderung von KVGKG 9003.

[16] OLG Celle JurBüro 2016, 302 mwN; OLG Koblenz JurBüro 2014, 379; OLG Köln AGS 2014, 513; OLG Nürnberg AGS 2016, 84 = StraFo 2016, 87.

an einem anderen Ort transportiert und dann ins Anwaltsfach gelegt, so entsteht die Pauschale.[17]

19 ***dd) Pauschalvergütung an dritten Transporteur.*** Fraglich kann nur noch sein, ob bei einer Pauschalvergütung an einen Dritten für den Transport die Aktenversendungspauschale anfällt. Das ist zu bejahen,[18] da die Höhe der Pauschale von der Anzahl der zu befördernden Gegenstände abhängt. Das OLG Bamberg und das OLG Köln stellen allerdings darauf ab, ob bei der Versendung über einen externen Postdienstleister ein konkreter, grds. bezifferbarer Geldbetrag verursacht wurde.[19] In ihren Fällen war dies gegeben, weil das Gericht davon ausging, dass jedes Paket von dem Dritten einzeln abgerechnet wird.

20 ***ee) Mehrere Akten oder Sendungen.*** Werden in **einer Sendung** die Akten für mehrere Verfahren versandt, so fällt die Pauschale nur einmal an. Die Kosten werden auf die einzelnen Verfahren angemessen verteilt (GKG KV Vorb. 9 Abs. 2).[20] Werden Akten in **mehreren Sendungen** verschickt, so fällt die Aktenversendungspauschale nur dann mehrfach an, wenn der RA ausdrücklich die Übersendung einzelner Aktenteile beantragt hat. Nicht hingegen ist dies der Fall, wenn die Geschäftsstelle von sich aus die Versendung aufteilt.[21]

21 ***ff) Unfreie Rücksendung an das Gericht.*** Nach Einfügung der Worte „durch Gerichte oder Staatsanwaltschaften" in KV 9003 Anm. Abs. 1 GKG kann mit der hM[22] kein Zweifel mehr bestehen, dass die Kosten der Rücksendung durch die Post zulasten des Anwalts gehen. Der RA ist daher auch nicht berechtigt, Portokosten, die er für die Rücksendung aufwendet, von der Aktenversendungspauschale abzuziehen.[23]

21a ***gg) Kostenschuldner.*** Umstritten ist, wer gegenüber der Staatskasse Kostenschuldner ist, wenn der RA die Versendung beantragt.[24] Kostenschuldner ist der RA. Hierfür spricht, dass sonst die Spezialvorschrift des § 28 Abs. 2 GKG unnötig gewesen wäre und dass diese Bestimmung dem Umstand Rechnung trägt, dass die Art der Akteneinsicht, nämlich durch Aktenversendung im Wesentlichen im eigenen Interesse des Anwalts liegt (Ersparnis eines Weges, Unterstützung durch Hilfskräfte und technische Geräte) und dass eine Versendung nur an den RA, nicht auch an die Partei erfolgen darf.[25] Der RA ist auch dann Schuldner, wenn er den Antrag im Namen und für Rechnung seines Mandanten stellt.[26] Wegen MwSt → RVG VV 7008 Rn. 20 ff.

21b **Asylverfahren.** Streitig ist, ob die Gerichtskostenfreiheit gem. § 83b AsylG auch den Verfahrensbevollmächtigten hinsichtlich der Aktenversendungspauschale freistellt.[27]

21c ***hh) Aktenversendungspauschale und Auslagenpauschale nebeneinander.*** Beide können nebeneinander geltend gemacht werden.[28]

22 ***ii) Aktenversendung in OWi-Verfahren gem. § 107 Abs. 5 OWiG.*** Die Versendungspauschale fällt nur an, wenn der zur Akteneinsicht gewährte Auszug auch die vorhandenen Vermerke gem. § 110b OWiG beinhaltet.[29] Wird eine elektronische Akte ohne Rechtsgrundlage geführt,

---

[17] OLG Bamberg AGS 2015, 278; OLG Köln NJW-RR 2015, 1342; OLG Saarbrücken JurBüro 2016, 31.

[18] Bejahend OLG Saarbrücken JurBüro 2016, 31 = RVGreport 2015, 478 mzustAnm *Hansens;* LG Saarbrücken AGS 2015, 519.

[19] OLG Bamberg AGS 2015, 278; OLG Köln RVGreport 2015, 355.

[20] Bay. LSG AGS 2018, 402 = RVGreport 2018, 396 mzust Anm. *Hansens.*

[21] BSG ZfS 2015, 461 = RVGreport 2015, 356 mzustAnm *Hansens.*

[22] BVerwG NVwZ-RR 2014, 982 = AnwBl 2015, 99 (Ls.); OLG Hamm NJW 2006, 306; OLG Naumburg JurBüro 2008, 374 = NJW-RR 2008, 1666.

[23] OLG Celle AGS 2007, 261; OLG Hamm NJW 2006, 306; OLG Koblenz NJW 2006, 1072; OLG Jena JurBüro 2007, 598; *Burhoff* RVGreport 2006, 41.

[24] Schuldner ist der **Mandant:** OLG Düsseldorf JurBüro 2008, 375 OVG Bautzen AGS 2009, 492; OVG Hamburg RVGreport 2006, 318 mzustAnm *Hansens;* VG Düsseldorf JurBüro 2006, 90; **aA** Schuldner ist **RA** BGH JurBüro 2011, 412 = AnwBl 2011, 583; BVerwG JurBüro 2010, 476; OLG Bamberg DAR 2009, 433 = AGS 2009, 320; OLG Köln MDR 2009, 955; OLG Naumburg AGS 2009, 218 = RVGreport 2009, 110 mzustAnm *Burhoff;* OVG Lüneburg NJW 2010, 1392; VGH München NJW 2007, 1483; Gebührenreferenten der Rechtsanwaltskammern 55. Tagung RVG-report 2007, 403; Gebührenreferenten der Rechtsanwaltskammern 58. Tagung RVGreport 2009, 255 Ziff. VI; *Hanke* AnwBl 2007, 224.

[25] BGH JurBüro 2011, 412 = AnwBl 2011, 583.

[26] BGH JurBüro 2011, 412 = AnwBl 2011, 583; BSG ZfS 2015, 461 = AGS 2015, 398.

[27] Bejahend VG Meiningen AGS 2020, 491 mablAnm *Volpert;* verneinend VG Weimar Beschl. v. 16.5.2019 7 S 320/19, 4 S 341/19.

[28] OLG Düsseldorf JurBüro 2002, 307; **aA** LG Leipzig RVGreport 2009, 61 Tz. 27 mablAnm *Hansens.*

[29] AG Osnabrück AGS 2014, 332 = RVGreport 2013, 162 mzustAnm *Burhoff;* AG Duderstadt AGS 2014, 333; AG Bad Segeberg AGS 2014, 334; AG Eutin VRR 2009, 480; AG Lüdinghausen NStZ 2016, 163 = RVGreport 2015, 398; AG Osnabrück ZfS 2013, 171 mAnm *Hansens* = DAR 2013, 404.

so fällt für die Übersendung eines Ausdrucks der elektronischen Akte keine Versendungspauschale an.[30]

22a *jj) Höhe der Aktenversendungspauschale.* Es fällt eine Pauschale von 12,– EUR (KV 9003 GKG; KV 2003 FamGKG; KV 31003 GNotKG; § 107 Abs. 5 OWiG), bei elektronischer Überlassung von 1,50 EUR (KV 9000 Nr. 3 GKG; KV 2000 Nr. 3 FamGKG; KV 31000 Nr. 3 GNotKG) an.

23 **c) Weitere Einzelfälle.** Zu den in VV 7000 RVG nicht genannten, aber zu erstattenden Aufwendungen gehören insbes.

- Vorschüsse auf Gerichtskosten, die der RA aus eigenen Mitteln vorgestreckt hat,
- verauslagte Gerichtsvollzieherkosten,
- sonstige Akteneinsichtskosten,[31]
- Kosten für die Ermittlung der Anschriften von Schuldnern, Zeugen usw,[32]
- Detektivkosten,[33]
- Kosten für Auskünfte des Handelsregisters, des Gewerbeamtes usw,
- Gebühren für die Nutzung des automatisierten Verfahrens zum Abruf von Daten aus dem maschinellen Grundbuch,[34]
- Recherchekosten in juristischer Datenbank oder bei einem Auskunftsdienst hinsichtlich eines Einzelfalls, soweit hierdurch im Einzelfall zusätzliche Gebühren anfallen,[35] nicht jedoch die Kosten für Unterhaltung der Datenbank (→ Rn. 10 ff.),
- ärztliches Attest,[36]
- Auslagen für die Übersetzung in fremder Sprache abgefasster Urkunden ins Deutsche und umgekehrt[37] (zur Frage, wann der RA eine Vergütung für von ihm selbst gefertigte Übersetzungen beanspruchen kann, → RVG VV 3100 Rn. 25 ff.),
- Kosten für die Herstellung von Fotos (aber auch → RVG VV 7000 Rn. 26 ff.),
- Kosten (Anschaffungs- und Personalkosten) für das Kopieren von CD auf CD,[38] 1,– EUR pro Stück plus MwSt,[39]
- Kosten für Festplatte, angeschafft speziell für ein bestimmtes, sehr umfangreiches Verfahren,[40]
- Kosten für eine besondere – im Anwaltsbetrieb unübliche – Verpackung, zB für den Transport von Beweisstücken, etwa Kisten, für Maschinen,
- Flugkosten, die durch die notwendige Zustellung einer einstweiligen Verfügung durch eine von dem Verfahrensbevollmächtigten beauftragte Botin entstanden sind, jedoch nur ganz ausnahmsweise, zB Zustellung einer einstweiligen Verfügung wegen Unterlassungen einiger Passagen in einem Buch mit hoher Auflage, dessen Veröffentlichung unmittelbar bevorsteht (Flugkosten 581,07 EUR); eine Verweisung auf Telefaxübermittlung ist angesichts deren gelegentlicher Unzuverlässigkeit nicht angebracht,[41]
- Kosten für Hilfskräfte, soweit erforderlich, zB in schwierigem Strafverfahren,[42]

Wegen Kosten für vom Verfahrensbevollmächtigten im eigenen Namen beauftragten Sitzungsvertreters → RVG VV 3401 Rn. 137.

24 **d) Notwendigkeit.** Gem. § 670 BGB, auf den VV Vorb. 7 Abs. 1 S. 2 RVG verweist, sind Aufwendungen zu ersetzen, die der RA den Umständen nach für erforderlich halten darf. Voraussetzung für einen Vergütungsanspruch für Auslagen ist also auch, dass die sie verursachende Tätigkeit notwendig erschien.

---

[30] AG Idar-Oberstein AGS 2020, 319 mzustAnm *Burhoff;* AG Landstuhl und AG Trier RVGreport 2020, 190 mzustAnm *Burhoff.*

[31] HBS VergütungsR/*Hansens* Teil 19 Rn. 5; **aA** HessFG EFG 1997, 427.

[32] LG Berlin JurBüro 1985, 628; LG Bochum JurBüro 1988, 256; LG Bonn JurBüro 1990, 349; LG Hannover AnwBl 1989, 687.

[33] LG Köln JurBüro 1983,1571.

[34] BayObLG MDR 2005, 479 mwN auch für die Gegenmeinung.

[35] SG Berlin AnwBl 1994, 367; SG München NJW-RR 1993, 381 = AnwBl 1994, 146; Schneider/Wolf/*N. Schneider* RVG VV Vorb. 7 Rn. 18.

[36] VG Karlsruhe RVGreport 2016, 340.

[37] OLG Celle Rpfleger 1964, 327 (Ls.).

[38] KG AGS 2014, 50 = RVGreport 2014, 233 mzustAnm *Hansens.*

[39] KG AGS 2014, 50.

[40] OLG Hamm RVGreport mzustAnm *Burhoff;* LG Duisburg RVGreport 2019, 66 mzustAnm *Burhoff,* wo aber ein Erstattungsanspruch für eine dritte Festplatte im selben Verfahren als nicht notwendig abgelehnt wurde.

[41] OLG Hamburg NJW 2004, 3723.

[42] OLG Brandenburg StV 1996, 615 = NStZ-RR 1997, 64; HBS VergütungsR/*Hansens* Teil 19 Rn. 5.

Das kann zB fraglich sein, wenn die Aktenversendungspauschale geltend gemacht wird, obgleich der RA am Ort des Gerichtes ansässig ist, er sie also auch hätte abholen können, ohne dass damit dem Mandanten Mehrkosten entstanden wären. Bei einem auswärtigen RA stellt sich diese Frage nicht, da er bei persönlicher Abholung einen Anspruch auf Vergütung der Reisekosten hätte, die in aller Regel höher sind.[43] 25

6. Kostenerstattung und Vergütungsfestsetzung

Sowohl die Auslagen iSv VV 7000ff. RVG als auch die sonstigen Aufwendungen gem. §§ 670, 675 BGB sind grds. im Kostenfestsetzungsverfahren erstattungsfähig.[44] Voraussetzung ist allerdings, dass die Aufwendungen notwendig iSv § 91 ZPO waren. Die Notwendigkeit der Aktenversendungspauschale kann nicht deshalb verneint werden, weil der RA beim versendenden Gericht kein Gerichtsfach unterhalten hat.[45] 26

Die zunächst vom RA zu tragenden Kosten der **Rücksendung von Akten,** die ihm in die Kanzlei zur Einsichtnahme zugesandt waren, sind grds. erstattungsfähig.[46] Eine Einschränkung kann sich aber dann ergeben, wenn die Einsichtnahme auf der Geschäftsstelle des Gerichts weniger Kosten verursacht hätte (Gebot der Niedrighalten der Kosten → RVG Anh. X Rn. 239ff.[47] Diese Einschränkung entfällt aber, wenn die Reisekosten des RA zur Geschäftsstelle höher gewesen wären oder es dem RA in Anbetracht des Umfangs der Akten unzumutbar gewesen wäre, die Akten im Gericht einzusehen.[48]

Zur Festsetzbarkeit dieser Aufwendungen nach § 11 RVG → § 11 Rn. 82ff. Zum Verhältnis Ersatzanspruch gegen Mandanten und Kostenerstattung gegen Gegner → Rn. 2.

7. Rechtsschutzversicherung

Grundsätzlich gehören auch Auslagen zur anwaltlichen Vergütung (§ 1 RVG) und sind daher auch Teil der gesetzlichen Vergütung iSd § 2 Abs. 1a ARB 1975. Die im Gesetz vorgesehenen Auslagen (VV 7000ff. RVG) sind daher vom Rechtsschutzversicherer zu bezahlen. Etwas anderes gilt für die vom Auftraggeber dem Anwalt gem. §§ 675, 670 BGB zu vergütenden Auslagen. Handelt es sich um Auslagen für Tätigkeiten, die nicht zwangsläufig dem RA vorbehalten sind, sondern auch vom Auftraggeber selbst vorgenommen werden könnten, so fallen sie nicht unter den Versicherungsschutz. Das gilt zB für beweissichernde Fotos, die Ermittlung von Anschriften, die Übersetzung von Urkunden, die Erholung von Registerauskünften wie zB vom Gewerbe- oder Einwohnermeldeamt[49] uÄ. Hingegen ist die Aktenversendungspauschale vom Rechtsschutzversicherer dem Versicherungsnehmer zu erstatten.[50] 27

IV. Reisekosten (Abs. 2, 3)

S. VV 7003ff. RVG 28

V. Fälligkeit, Vorschuss, Rechnungsstellung

§§ 8–10 gelten auch für Auslagen. 29

Nr.	Auslagentatbestand	Höhe
7000	Pauschale für die Herstellung und Überlassung von Dokumenten: 1. für Kopien und Ausdrucke a) aus Behörden- und Gerichtsakten, soweit deren Herstellung zur sachgemäßen Bearbeitung der Rechtssache geboten war, b) zur Zustellung oder Mitteilung an Gegner oder Beteiligte und Verfahrensbevollmächtigte aufgrund einer Rechtsvorschrift oder nach Aufforderung durch das Gericht, die Behörde oder die sonst das Verfahren führende Stelle, soweit hierfür mehr als 100 Seiten zu fertigen waren,	

[43] *Hansens* RVGreport 2005, 151.
[44] OLG Celle Rpfleger 1964, 327 (Ls.) für Übersetzungskosten; VG Düsseldorf JurBüro 2006, 90.
[45] AG Köln ZfS 2014, 109 = AGS 2014, 103 mzustAnm *N. Schneider.*
[46] BVerwG NVwZ-RR 2014, 982 = AnwBl 2015, 99 (Ls.).
[47] BVerwG NVwZ-RR 2014, 982 = AnwBl 2015, 99 (Ls.).
[48] BVerwG NVwZ-RR 2014, 982 = AnwBl 2015, 99 (Ls.).
[49] *Prölls/Martin,* Versicherungsvertragsgesetz, 30. Aufl. 2018, ARB 2008 § 5 Rn. 11; **aA** *Kilian* r+s 2010, 501ff.
[50] BGH JurBüro 2011, 412 = AnwBl 2011, 583.

Nr.	Auslagentatbestand	Höhe
	c) zur notwendigen Unterrichtung des Auftraggebers, soweit hierfür mehr als 100 Seiten zu fertigen waren,	
	d) in sonstigen Fällen nur, wenn sie im Einverständnis mit dem Auftraggeber zusätzlich, auch zur Unterrichtung Dritter, angefertigt worden sind:	
	für die ersten 50 abzurechnenden Seiten je Seite	0,50 €
	für jede weitere Seite	0,15 €
	für die ersten 50 abzurechnenden Seiten in Farbe je Seite	1,00 €
	für jede weitere Seite in Farbe	0,30 €
	2. Überlassung von elektronisch gespeicherten Dateien oder deren Bereitstellung zum Abruf anstelle der in Nummer 1 Buchstabe d genannten Kopien und Ausdrucke:	
	je Datei	1,50 €
	für die in einem Arbeitsgang überlassenen, bereitgestellten oder in einem Arbeitsgang auf denselben Datenträger übertragenen Dokumente insgesamt höchstens	5,00 €
	(1) Die Höhe der Dokumentenpauschale nach Nummer 1 ist in derselben Angelegenheit und in gerichtlichen Verfahren in demselben Rechtszug einheitlich zu berechnen. Eine Übermittlung durch den Rechtsanwalt per Telefax steht der Herstellung einer Kopie gleich.	
	(2) Werden zum Zweck der Überlassung von elektronisch gespeicherten Dateien Dokumente im Einverständnis mit dem Auftraggeber zuvor von der Papierform in die elektronische Form übertragen, beträgt die Dokumentenpauschale nach Nummer 2 nicht weniger, als die Dokumentenpauschale im Fall der Nummer 1 betragen würde.	

Schrifttum: *Enders,* Neuregelung der Rundungsvorschriften und Dokumentenpauschale anstatt Schreibauslagen, JurBüro 2002, 113; *Enders,* Schreibauslagen – Entstehung und Erstattungsfähigkeit, JurBüro 1999, 281; *von Eicken,* Erstattung von Fotokopiekosten, AGS 1998, 79; *Mümmler,* Entstehung und Erstattungsfähigkeit von Schreibauslagen des Rechtsanwalts, JurBüro 1983, 491.

Übersicht

I. Motive

Die Motive zum KostRMoG führen aus: 1

Zu Nummer 7000

„Die vorgeschlagene Regelung über die Dokumentenpauschale entspricht im Wesentlichen inhaltlich der Regelung Drucksache 15/1971 – 232 – Deutscher Bundestag – 15. Wahlperiode in § 27 BRAGO. Die (dynamische) Verweisung auf die gerichtliche Dokumentenpauschale nach dem GKG soll durch eine „anwenderfreundlichere" konkrete Bezifferung der zu ersetzenden Beträge abgelöst worden. Mit der auch inhaltlich neuen Fassung von Nummer 1 Buchstabe b und c wird ein sachgerechterer und in den meisten Fällen auch höherer Auslagenersatz als bisher bezweckt. Ausschlaggebend soll allein die Anzahl der konkret notwendig gewesenen Ablichtungen sein, weil sich nicht (schon) aus der Anzahl der Gegner, weiteren Beteiligten oder Auftraggeber ergibt, in welchen Fällen ein Ersatz wegen erhöhten Aufwands angezeigt erscheint. Auch bei nur einem Gegner, weiteren Beteiligten oder Auftraggebern kann es im Einzelfall – zum Beispiel bei einer umfangreichen zivilrechtlichen Klage – erforderlich sein, eine Vielzahl von Ablichtungen zu erstellen, während es andererseits nicht bei jedem Verfahren mit mehr als drei Gegnern oder weiteren Beteiligten bzw. bei mehr als zehn Auftraggebern einer tatsächlich ins Gewicht fallenden Anzahl von Ablichtungen bedarf. Allerdings soll nur die Anfertigung von mehr als 100 Ablichtungen die Ersatzpflicht auslösen. Es erscheint angemessen, die Anfertigung von weniger Ablichtungen als mit den Gebühren abgegolten anzusehen (vgl. Vorbemerkung 7 [zu Teil 7] Abs. 1 S. 1)."[1]

Die Motive zu 2. KostRMoG führen aus 2

Zu Nummer 7000 VV RVG

„Die Dokumentenpauschale soll an den gegenüber dem geltenden Recht geänderten Auslagentatbestand in Nummer 31000 KV GNotKG-E angepasst und die Pauschale für die Übermittlung elektronischer Dokumente auf 1,50 EUR ermäßigt werden. Auch der für diesen Fall neu eingefügte Höchstbetrag soll übernommen werden. Auf die Begründung zu Artikel 1 (Teil 3 Hauptabschnitt 1 KV GNotKG-E) wird verwiesen. Neu ist auch die Differenzierung zwischen Schwarz-Weiß-Kopien und Farbkopien. Für Farbkopien sind die doppelten Sätze vorgesehen. Wegen der Änderung des Begriffs „Ablichtung" in „Kopie" wird auf die Begründung zu Artikel 1 § 11 GNotKG-E Bezug genommen."[2]

Die Motive zu 2. KostRMoG führen aus: 3

Zu § 11 GNotKG

„...

Der Entwurf sieht im gesamten Gerichts- und Notarkostengesetz die Verwendung des Begriffs „Kopie" anstelle des Begriffs „Ablichtung" vor. Grund der Änderung ist – neben der Einführung einer heute gebräuchlicheren Bezeichnung – die Vermeidung von Missverständnissen bei der Erstellung von elektronischen Dokumenten (Scans). Da auch beim Scannen in der Regel das Papierdokument „abgelichtet" wird, wird zum Teil unter den Begriff der „Ablichtung" auch ein eingescanntes Dokument verstanden. Nunmehr soll klargestellt werden, dass es sich hierbei gerade nicht um Ablichtungen im Sinne des geltenden Rechts und damit auch nicht um Kopien im Sinne des Gerichts- und Notarkostengesetzes handelt. Kopie im Sinne des Kostenrechts ist die Reproduktion einer Vorlage auf einem körperlichen Gegenstand, bspw. Papier, Karton oder Folie."[3]

II. Allgemeines

1. Stellung im Gesetz

Die Vorschrift ist vor dem Hintergrund von VV Vorb. 7 Abs. 1 S. 1 RVG zu verstehen, wonach die allgemeinen Geschäftskosten mit den Gebühren entgolten werden. Aus VV 7000 RVG ergibt sich, dass dazu auch die Herstellung eines Dokuments zählt, soweit nicht VV 7000 RVG einen Anspruch auf die Dokumentenpauschale begründet. VV 7000 Nr. 1 RVG betrifft Kopien und Ausdrucke, Nr. 2 elektronisch gespeicherte Dateien. 4

[1] BT-Drs. 15/1971, 231.
[2] BT-Drs. 17/11471, 284.
[3] BT-Drs. 17/11471, 156.

2. Ältere Rspr.

5 Bei älterer Rspr. sowohl zu § 27 BRAGO, dem Vorgänger von VV 7000 RVG, als auch zu VV 7000 RVG ist zu berücksichtigen, dass beide Bestimmungen wiederholt geändert wurden. Frühere Rspr. kann deswegen auf die aktuelle Rechtslage nicht ohne weiteres übertragen werden.

3. Unklarheiten der Gründe für Ersatzanspruch

6 Eine einheitliche Linie, warum in VV 7000 RVG der eine Vorgang zu einem Ersatzanspruch führt und der andere nicht, ist nicht immer zu erkennen. Unklar ist, ob dem RA ein Ersatzanspruch für Arbeitsaufwand oder für Materialkosten (zB Toner, Papier) oder für beides gewährt wird.

7 **Sowohl Arbeitsaufwand als auch Materialkosten** kommen in Betracht, wenn der RA von Papier auf Papier kopiert.

8 Nur **Materialkosten** können es sein, wenn der RA eine elektronische Datei, zB einen von ihm diktierten Schriftsatz aus seinem PC ausdruckt. Es entsteht ein zu vernachlässigender Arbeitsaufwand. Trotzdem ist der Ersatzanspruch genauso hoch wie im ersten Fall. Andererseits genügen aber wieder die (uU beträchtlichen) Materialkosten nicht, wenn der RA eine Faxsendung empfängt und auf seinem Gerät ausdruckt.

9 **Nur Arbeitsaufwand** kann es sein, wenn der RA ein Dokument per Fax absendet oder ein Dokument vom Papier auf eine elektronische Datei überträgt. Andererseits wird der Arbeitsaufwand wieder nicht honoriert, wenn eine Gerichtsakte nicht Papier für Papier kopiert, sondern eingescannt wird.

III. Anwendungsbereich von VV 7000 RVG

10 **Persönlicher Anwendungsbereich.** Nur vom RA hergestellte oder überlassene Dokumente werden von VV 7000 RVG erfasst. Nicht anwendbar ist diese Bestimmung auf von Behörden[4] oder der Partei hergestellten Kopien und Ausdrucken oder von ihnen überlassenen bzw. bereitgestellten Dateien.

11 Unmittelbar ist VV 7000 RVG auch nicht anwendbar, wenn ein RA eine der **in § 1 Abs. 2 RVG aufgeführten Tätigkeiten** vornimmt, auch nicht wenn die Berufsmäßigkeit festgestellt ist. Hinsichtlich der Höhe der Kopierkosten von 0,50 EUR für die ersten 50 Kopien und von 0,15 EUR für die weiteren Kopien kann im Wege einer vorzunehmenden Schätzung auf VV 7000 RVG, der insoweit mit anderen Parallelbestimmungen zB § 7 Abs. 2 JVEG übereinstimmt, zurückgegriffen werden, wenn die Kopien auf einem Gerät des RA hergestellt werden. Dies hat der BGH für einen zum Verfahrenspfleger bestellten RA entschieden.[5] Das Gleiche muss für alle in § 1 Abs. 2 genannten Personen gelten, und zwar auch bei einem Nicht-Rechtsanwalt.[6]

12 **Sachlicher Anwendungsbereich.** VV 7000 RVG – gilt, egal welchen Auftrag der RA hat und in welcher Gerichtsbarkeit er tätig sein soll. Er gilt sowohl für die außergerichtliche als auch für die gerichtliche Tätigkeit. Er gilt auch zB für den PKH-Anwalt, Pflichtverteidiger und RA im Rahmen von Beratungshilfe[7] sowie den Rechtsbeistand (Art. IX Rechtspflege-Anpassungsgesetz).[8] Dies ergibt sich aus der Stellung in Teil 7, der alle Tätigkeiten, die in den vorausgehenden Bestimmungen geregelt sind, erfasst.

Wegen Vergütungsvereinbarung → RVG VV Vorb. 7 Rn. 3 ff.

IV. Begriffe und deren Anwendungsbereich

1. Pauschale

13 **Begriff.** Das Wort „Pauschale" bringt nur zum Ausdruck, dass mit der Pauschale alle für die Herstellung des Schreibwerks erforderlichen Aufwendungen pauschal abgegolten sein sollen, insbes. also Personal- und Materialkosten, zB für Papier, Formulare, Schreib- und Kopiergeräte und deren Bedienung und Wartung. Diese dürfen dem Auftraggeber also nicht zusätzlich zu den Gebühren berechnet werden.

14 **Anwendungsbereich.** Das gilt für VV 7000 RVG insgesamt.

---

[4] OLG Hamm RPfleger 1982, 439; OLG Nürnberg AnwBl 1975, 68.
[5] BGH NJW 2014, 1668 = FamRZ 2014, 465 = RVGreport 2014, 126 mzustAnm *Hansens.*
[6] *Hansens* Anm. zu BGH RVGreport 2014, 126.
[7] AG Germersheim NJW-Spezial 2017, 381= RVGreport 2017, 259 mzustAnm *Hansens.*
[8] AG Riga AGS 2012, 485, Beratungshilfe.

2. Kopie

a) Reproduktion auf körperlichen Gegenstand. Das 2. KostRMoG hat den Begriff der Ablichtung durch den der Kopie ersetzt. Damit soll zum einen die heute gebräuchlichere Bezeichnung gewählt werden. Gleichzeitig soll aber im Gegensatz zu einer teilweisen – auch in diesem Kommentar bis zur 20. Aufl. 2012 – vertretenen Meinung[9] klargestellt werden, dass das **Scannen** nicht erfasst sein soll (Motive → Rn. 3; näher zum Scannen → Rn. 173 ff.).[10] 15

Das Scannen kann sich aber unter ganz besonderen Voraussetzungen erhöhend auf den Ersatzanspruch auswirken (VV 7000 Anm. Abs. 2 RVG; → Rn. 200 ff.). 16

Kopie ist nach den Motiven die Reproduktion einer Vorlage auf einen körperlichen Gegenstand, zB Papier, Karton oder Folie (Motive → Rn. 3). 17

b) Herstellungsart. Gleichgültig ist die Art der Herstellung. Ob die Kopie oder der Ausdruck einzeln oder im Durchschlagverfahren, ob per Kopierer, ob durch Abspeichern der Urschrift und Ausdruck mittels Drucker hergestellt wurde, ist für die Entstehung der Pauschale nach VV 7000 Nr. 1 RVG und für deren Höhe ohne Belang. Erfasst werden auch Durchschläge mit Blaupapier sowie selbst durchschreibende Durchschläge.[11] 18

c) Telefax. Kopieren mit Faxgerät. Wird durch den RA eine Kopie mit dem Telefaxgerät angefertigt, indem das Faxgerät als Kopierer verwendet wird, so ist dies eine Kopie. 19

Faxabsendung. Der frühere Streit, ob die Absendung eines Faxes einer Kopie gleichgestellt ist,[12] ist vom Gesetz durch die Einfügung von S. 2 in die VV 7000 Anm. Abs. 1 RVG bejahend beendet worden. Dabei zählt jedes per Fax abgesandte Blatt als eine Kopie. Muss der RA die Absendung wiederholen, weil das Gerät des Empfängers defekt ist, so fällt auch für die Wiederholung die Dokumentenpauschale an. Diese entsteht jedoch nicht noch einmal, wenn der Defekt im Gerät des absendenden RA begründet ist. Es reicht, wenn der RA das Sendejournal vorlegt und sich aus diesem ergibt, dass zeitnah andere Sendungen erfolgreich durchgeführt wurden und nur bei den Wiederholten Fehleranzeigen erfolgt sind.[13] 20

Faxempfang. Der RA kann als Empfänger der Telefaxsendung nicht für deren automatischen Ausdruck (nicht zu verwechseln mit vom RA angefertigten Ausdrucken von ihm zugesandten elektronischen Dateien → Rn. 52) die Dokumentenpauschale dafür berechnen, dass er seine Anlage zum Empfang bereithält und das Papier und den Toner stellt, auf dem der ihm übermittelte Text gedruckt wird.[14] 21

Dieses Ergebnis kann jedenfalls nach der Neueinfügung von S. 2 in die VV 7000 Anm. Abs. 1 RVG[15] nicht mehr bezweifelt werden. Wenn dort nur die Absendung eines Faxes einer Herstellung einer Kopie gleichgestellt wird, so hat das Gesetz damit zum Ausdruck gebracht, dass dies nicht für den Empfang gilt. Im seinerzeitigen Regierungsentwurf war die heutige Fassung enthalten.[16] Der Bundesrat wandte sich gegen sie und schlug seinerseits vor, dass der RA nur für den Empfang (!) von Faxsendungen einen Ersatzanspruch erhält.[17] Nachdem die Bundesregierung auf ihrem Entwurf bestanden hat,[18] wurde dieser Gesetz. Damit ist nach geltendem Recht eine Interpretation ausgeschlossen, dass auch der Empfang von Faxsendungen zu einem Ersatzanspruch führt. 22

Von der Sache her scheint dies nicht gerechtfertigt, da ganz erhebliche Materialkosten beim Ausdrucken des empfangenen Faxes anfallen können. Außerdem scheint es nicht gerechtfertigt, 23

– dass der Ausdruck von im PC gespeicherten Schriftsätzen zu einem Ersatzanspruch führt, der Ausdruck von Faxsendungen aber nicht, obgleich der Aufwand für den RA nahezu identisch ist,

---

9 Gerold/Schmidt/*Müller-Rabe,* 20. Aufl. 2012, RVG VV 7000 Rn. 6.

10 KG JurBüro 2016, 18 = RVGreport 2015, 464 mit der Entscheidung zustimmender, den Gesetzgeber kritisierender Anm. *Burhoff;* LSG Bayern RVGreport 2018, 460; LSG Niedersachsen AGS 2017, 329; **aA** *Klüsener* JurBüro 2016, 2; *Meyer* JurBüro 2014, 127.

11 HBS VergütungsR/*Hansens* Teil 19 Rn. 14.

12 Gerold/Schmidt/*Müller-Rabe,* 17. Aufl. 2006, RVG VV 7000 Rn. 9.

13 LSG Niedersachsen AGS 2017, 329 zu Gerichtskostenansatz. Dasselbe muss aber auch für RV VV 7000 gelten.

14 KG JurBüro 2007, 589; VG Dresden AGS 2019, 468; *N. Schneider* NJW 2007, 325; **aA** Hartmann/Toussaint/*Schmitt* RVG VV 7000 Rn. 5.

15 Durch das 2. Justizmodernisierungsgesetz v. 22.12.2006, BGBl. 2006 I 3416.

16 BT-Drs. 16/3038, 18.

17 BT-Drs. 16/3038, 72.

18 BT-Drs. 16/3038, 78.

– dass beim Gericht für den Ausdruck per Fax empfangener Mehrfertigungen gem. KV 9000 Nr. 1b GKG eine Herstellungspauschale anfällt,[19] beim RA aber nicht.

24 **d) Elektronische Datei. Keine Kopie.** Eine solche ist keine Kopie (wegen des Begriffs → Rn. 15).

25 **DVD mit Audiodateien auf andere DVD.** Eine unmittelbare oder analoge Anwendung von VV 7000 Nr. 1 RVG auf die Übertragung einer DVD mit Audiodateien von Telefonüberwachungs-Mitschnitten auf eine weitere DVD scheidet damit entgegen OLG Köln aus.[20] Auch eine analoge Anwendung kommt nicht in Betracht. VV 7000 Nr. 1 RVG befasst sich mit Vorgängen, die zu Produkten führen, die sinnvollerweise nach Seitenzahlen berechnet werden können. Das passt auf eine Übertragung einer elektronischen Datei auf einen anderen elektronischen Dateiträger schlechthin nicht. Ob eine derartige elektronische Datei zu einem Ersatzanspruch führt, beurteilt sich nach VV 7000 Nr. 2 RVG.

26 **e) Fotos.** Zu § 27 BRAGO war es allg. M, dass VV 7000 Nr. 1 RVG nur Abschriften und Ablichtungen (so die seinerzeit verwendeten Begriffe) von **Schreibwerk** betraf.[21] Im Gegensatz zu § 27 BRAGO ist jetzt nicht mehr von „Schreibauslagen" für Abschriften und Ausdrucke, sondern nur noch von Kopien und Ausdrucken die Rede. Bisher wurde allgemein (auch in diesem Kommentar bis zur 20. Aufl. 2012)[22] vertreten, dass dies nichts daran geändert hat, dass VV 7000 RVG Kopien von Schreibwerk verlange. Durch das Weglassen des Begriffs Abschriften habe sich inhaltlich nichts ändern sollen. Auch den Motiven sei kein Hinweis für eine beabsichtigte inhaltliche Änderung zu entnehmen.

27 Fotos und Fotoabzüge (neue Bezeichnung s. § 12 Abs. 1 S. 2 Nr. 2 JVEG; früher Lichtbilder und Lichtbildabzüge genannt) wurden, da sie kein Schreibwerk darstellen, nach der zuvor dargelegten Auffassung nicht als Ablichtungen (nach der Terminologie vor dem 2. KostRMoG) und Ausdrucke iSd § VV 7000 RVG angesehen.[23] Der Auftraggeber sollte nach dieser Meinung aber nach §§ 675, 670 BGB verpflichtet sein, dem RA die Herstellungskosten zu ersetzen, wenn dieser sie für die sachgemäße Erledigung des Auftrags für erforderlich halten durfte.[24] Richtig ist nach neuem Recht das Folgende.

28 **Herstellung des Originals.** Die Herstellung des Bildes, also zB das Fotografieren selbst und das erste entwickelte Bild bzw. der erste Ausdruck vom elektronisch gespeicherten Bild fallen weiterhin nicht unter VV 7000 RVG. Diese sind ebenso wie eine Urschrift keine Kopien oder Ausdrucke (→ Rn. 34). Für diese kommt ein Ersatzanspruch nur gem. VV Vorb. Abs. 1 S. 2 RVG iVm §§ 675, 670 BGB in Betracht.[25]

29 **Weitere Abzüge.** Diese stellen Kopien dar.[26] Es kommt nicht mehr darauf an, ob die Kopie oder der Ausdruck von einem Schreibwerk getätigt wird. § 27 BRAGO war noch ganz anders aufgebaut. Dort wurde noch ein Ersatz der „Schreibauslagen" für Abschriften und Ablichtungen gewährt. Heute fehlt jeder Anhaltspunkt, dass es sich um Kopien oder Ausdrucke von Schreibwerken handeln muss. Auch inhaltlich ist kein Grund zu erkennen, warum eine Kopie oder ein Ausdruck von einem Lichtbild anders zu behandeln sein sollte als eine Kopie oder ein Ausdruck von einem Schriftstück. Der technische Vorgang ist derselbe. Es wird auch nicht teurer. Soweit Lichtbilder häufig farbig sind, wird dem in VV 7000 RVG dadurch ausreichend Rechnung getragen, dass sich der Ersatzanspruch für farbige Kopien und Ausdrucke erhöht.

30 Dass dies auch der Gesetzgeber so sieht, zeigt die neue Fassung von § 12 Abs. 1 S. 2 Nr. 2 JVEG. Dort wird bestimmt, dass für Abzüge oder Ausdrucke von Fotos ein bestimmter Betrag zu zahlen ist, es sei denn sie sind Teil des Gutachtens und damit bereits gem. § 7 Abs. 2 JVEG vergütet. In § 7 Abs. 2 JVEG geht es um Ersatzansprüche für die Anfertigung von Kopien und Ausdrucken. Als Teil des Gutachtens sind Fotos also Kopien oder Ausdrucke. In Anbetracht dessen, dass das 2. KostRMoG den Ersatz von Kopien hinsichtlich der Gerichtskosten und der Anwaltskosten harmonisieren wollte, muss dasselbe im Rahmen von VV 7000 RVG gelten.

---

19 OLG Koblenz JurBüro 2016, 361.

20 **AA** OLG Köln AGS 2009, 536.

21 Gerold/Schmidt/*von Eicken,* 15. Aufl. 2002, BRAGO § 27 Rn. 1, 2.

22 Gerold/Schmidt/*Müller-Rabe,* 20. Aufl. 2012, RVG VV 7000 Rn. 5.

23 Schneider/Wolf/*Volpert* RVG VV 7000 Rn. 24; Hartung/Schons/Enders/*Hartung* RVG VV 7000 Rn. 6.

24 Heute noch so Bischof/*Bräuer* RVG VV 7000 Rn. 10a; unklar Hartung/Schons/Enders/*Hartung* RVG VV 7000 Rn. 5; ebenso bis zur 7. Aufl. 2014: Schneider/Wolf/*Volpert* RVG VV 7000 Rn. 24; zur Erstattungsfähigkeit OLG Hamm NJW 1967, 1763 = JurBüro 1967, 737; zu vom Sachverständigen hergestellten Farbfotos OLG München OLGR 2008, 155.

25 Schneider/Wolf/*Volpert* RVG VV 7000 Rn. 40.

26 Nunmehr auch Schneider/Wolf/*Volpert* RVG VV 7000 Rn. 39.

f) Urschrift. Sie ist keine Kopie, → Rn. 34. 31

g) Anwendungsbereich. Der Begriff der Kopie ist nur im Rahmen von VV 7000 Nr. 1 RVG von Bedeutung. Er kommt nur in der ersten Zeile von Nr. 1und nicht in der Kopfzeile von VV 7000 RVG vor. 32

3. Ausdruck

a) Begriff. Hierunter ist das Ausdrucken eines Inhalts, der sich auf einem elektronischen Datenträger (zB PC, DVD, Cloud) befindet, zu verstehen, zB das Ausdrucken 33

– von auf dem PC des Rechtsanwaltes diktierten Schriftsätzen, etwa des Originalschriftsatzes[27] (allerdings nicht der erste Ausdruck, der die Urschrift darstellt → Rn. 34),
– von auf einer CD gespeicherten Telefongesprächen auf Papier,[28]
– von einer vorher eingescannten Datei (→ Rn. 53).

b) Urschrift. Urschriften, obgleich in vielen Fällen nach allgemeinem Sprachgebrauch als Ausdrucke bezeichnet, sind keine Ausdrucke iSv VV 7000 RVG. Das ist einhellig hM.[29] Briefe an den Auftraggeber, den Gegner oder an dritte Personen, Schriftsätze an das Gericht, die Fertigung eines schriftlichen Gutachtens oder eines Vertrages sind als allgemeine Geschäftskosten durch die Gebühren abgegolten (VV Vorb. 7 Abs. 1 S. 1 RVG). Auf den Umfang des Schriftwerks kommt es dabei nicht an. Deshalb lösen auch zB mehrere Schriftsätze von 50 und mehr Seiten keine Dokumentenpauschale aus. Das gilt selbst dann, wenn hierdurch die Gebühren übersteigende Kosten anfallen. Unerheblich ist, bei wem die Urschrift verbleibt. 34

c) Anwendungsbereich. Der Begriff des Ausdrucks ist nur im Rahmen von VV 7000 Nr. 1 RVG von Bedeutung. Er kommt nur in der ersten Zeile von Nr. 1 und nicht in der Kopfzeile von VV 7000 RVG vor. 35

4. Herstellung und Fertigung

a) Begriff. Herstellung bedeutet ebenso wie der in Nr. 1 wiederholt gebrauchte Begriff der Fertigung, dass der RA eine Kopie oder einen Ausdruck selbst anfertigt oder anfertigen lässt; zB werden in der Kanzlei Schriftstücke mittels eines Druckers kopiert. 36

b) Anwendungsbereich. Für Nr. 1 ist erforderlich, dass der RA die Kopien und Ausdrucke herstellt. Der RA erhält nicht pro Seite 0,50 EUR, wenn er ihm vom gegnerischen RA zur Verfügung gestellte Kopien von dessen Schriftsatz an seinen Mandanten weiterleitet. In sämtlichen Varianten von Nr. 1 wird auf die „Herstellung" bzw. „Fertigung" abgestellt. Hingegen stellt Nr. 2 auf die Überlassung bzw. Bereitstellung ab. 37

5. Datei, Überlassung, Bereitstellung zum Abruf, Übertragung

→ Rn. 164 ff. 38

6. Dokument

Begriff. Durch das Wort „Dokumenten" statt „Schreibauslagen" soll zum Ausdruck gebracht werden, dass es nicht auf die Art der Herstellung, sondern auf das Produkt ankommt, mithin auch eine elektronische Datei erfasst sein soll. 39

Anwendungsbereich. Das gilt für VV 7000 RVG insgesamt. 40

V. Aus Behörden und Gerichtsakten (VV 7000 Nr. 1a RVG)

1. Beispiel

RA kopiert aus einer Strafakte 90 für ein Zivilverfahren relevante Seiten. 41

Er erhält die Dokumentenpauschale und zwar für die ersten 50 Seiten je 0,50 EUR = 25,– EUR zzgl. für die folgenden 40 je 0,15 EUR = 6,– EUR, zusammen 31,– EUR.

2. Allgemeines

Für Kopien und Ausdrucke aus Behörden- und Gerichtsakten kann die Dokumentenpauschale gefordert werden, soweit sie zur sachgemäßen Bearbeitung der Rechtssache geboten waren. Auf das Einverständnis des Auftraggebers mit der Herstellung und darauf, ob er sie billiger hätte herstellen können, kommt es nicht an. Wenn nachfolgend von Kopien die Rede ist, 42

---

[27] Schneider/Wolf/*Volpert* RVG VV 7000 Rn. 31.

[28] OLG Celle NJW 2012, 1671 = RVGreport 2012, 265 mzustAnm *Hansens,* der jedoch **aA** ist, soweit die Verkleinerung des Drucks gefordert wird.

[29] KG JurBüro 1975, 346; Hartmann/Toussaint/*Schmitt* RVG VV 7000 Rn. 6; Schneider/Wolf/*Volpert* RVG VV 7000 Rn. 31.

so gilt entsprechendes auch für Ausdrucke, soweit solche aus elektronischen Behörden- und Gerichtsakten hergestellt werden.

3. Adressaten

43 Anders als in Nr. 1b, c bestimmt Nr. 1a nicht, für wen die Ablichtungen vorzunehmen sind.

44 **RA für sich.** Kein Zweifel besteht, dass diese Bestimmung eingreift, wenn der RA für sich Kopien aus Behörden- und Gerichtsakten hergestellt.

45 **RA für Mandanten.** Da Nr. 1a hinsichtlich des Adressaten keine Einschränkung kennt, findet diese Bestimmung auch Anwendung, wenn der RA (auch) für seinen Mandanten Kopien von Behörden- und Gerichtsakten herstellt.[30]

46 **Versicherung.** Zweifelhaft ist, ob Kopien aus Behörden- und Gerichtsakten für die hinter dem Mandanten stehende Versicherung auch dann von Nr. 1a erfasst werden, wenn der **Mandant das Verfahren selbst führt.** Bejahen ließe sich dies im Hinblick darauf, dass Nr. 1a hinsichtlich des Adressaten keinerlei Einschränkung vorsieht. Dagegen spricht allerdings, dass Nr. 1d wohl die speziellere Vorschrift ist, wenn es um die Information Dritter geht.

47 Wenn allerdings das Verfahren **von der Versicherung für den Versicherten** geführt wird, so ist das so zu behandeln, als ob der RA für den Mandanten die Kopien hergestellt hat, zB bei einer Haftpflichtversicherung, der der Versicherungsnehmer die Führung des Prozesses überlassen muss (§ 3 Abs. 2 Nr. 3 AHB, § 7 Abs. 2 Nr. 5 AKB).[31] Also ist Nr. 1a anzuwenden.

48 Erst Recht gilt dies, wenn der **Versicherer selbst Auftraggeber** ist.

Wegen Auftrag durch Versicherer **nur für Akteneinsicht,** → Rn. 246 ff.

4. Aus Behörden- und Gerichtsakten

49 **a) Erfasste Vorgänge.** Es muss sich um Kopien aus Behörden- oder Gerichtsakten handeln.

50 **Nicht nötig aus anderen Akten.** Unter Nr. 1a fallen auch Kopien aus der Gerichtsakte des Verfahrens, in dem der RA gerade tätig ist, und nicht nur solche aus anderen Verfahren, zB der RA kopiert aus der Akte einen handschriftlichen Vermerk des Richters oder er fertigt als Streithelfervertreter Kopien. Der Gesetzestext umfasst alle Behörden- und Gerichtsakten.[32] Im Einzelnen → Rn. 67 ff.

51 **Sammlungen von Dokumenten.** Zu den Akten gehören auch vom Gericht angelegte und zu dem Verfahren beigezogene Sammlungen von Dokumenten.[33]

52 **Ausdrucke von elektronischer Gerichtsakte.** Wird dem RA eine elektronische Gerichtsakte zugeleitet und fertigt er, etwa um bestimmte Vorgänge plastischer vor Augen zu haben oder in der Handakte leichter zu finden, hiervon Ausdrucke, so ist das kein Fall der Nr. 2. Vielmehr stellt er Ausdrucke aus einer Gerichtsakte her.[34] Dem Wortlaut von Nr. 1a ist nicht zu entnehmen, dass sie nur eingreifen soll, wenn Kopien von körperlichen Akten vorgenommen werden. Dass Ersatzansprüche für Ausdrucke aus elektronischen Dateien VV 7000 RVG nicht fremd sind, zeigen Nr. 1b, c. Bei ihnen werden die Ausdrucke in aller Regel von einer elektronischen Datei angefertigt. Dazu, ob ein solcher Ausdruck geboten ist → Rn. 62 ff.

53 **Ausdruck von eingescannter körperlicher Gerichtsakte.** Hat der RA die Gerichtsakte eingescannt und macht er dann davon insgesamt oder von einigen Teilen Ausdrucke, so muss dasselbe gelten wie bei Ausdrucken aus einer elektronischen Gerichtsakte.[35] Es wäre überspitzt zu argumentieren, dass jetzt nicht mehr die Gerichtsakte selbst, sondern nur eine von ihr genommene elektronische Datei kopiert werde, die nicht mehr die Gerichtsakte sei.

54 **b) Nicht erfasste Vorgänge. Von gegnerischen, dem RA zugesandten Schriftsätzen.** Nicht unter Nr. 1a fallen Kopien von gegnerischen Schriftsätzen und Anlagen, die der RA

[30] OLG Düsseldorf StV 2003, 176 = AGS 2002, 91; OLG Frankfurt a. M. NStZ 2002, 164 haben zu § 27 BRAGO entschieden, dass dessen Nr. 1, der der heutige Nr. 1a von VV 7000 RVG entspricht, gegeben ist; teilweise wurde hier Nr. 1d angewendet Schneider/Wolf/*N. Schneider,* 5. Aufl. 2010, RVG VV 7000 Rn. 36; ebenso wurde teilweise zur BRAGO § 27 Nr. 3 (entspricht Nr. 1d RVG) herangezogen Gerold/Schmidt/*von Eicken,* 15. Aufl. 2002, BRAGO § 27 Rn. 16.

[31] OLG München AnwBl 1987, 97; OLG Stuttgart JurBüro 1985, 122.

[32] Teilweise wurden jedoch Ablichtungen aus der Gerichtsakte des Verfahrens, in dem der RA gerade tätig ist, § 27 Nr. 3 BRAGO (entspricht Nr. 1d RVG) zugeordnet, zB *Hansens* BRAGO § 27 Rn. 5, (Gerichtsgutachten), bzw. Nr. 1d RVG; Schneider/Wolf/*Volpert,* 5. Aufl. 2010, RVG VV 7000 Rn. 59, Gerichtsgutachten.

[33] OVG Bremen AnwBl 1988, 253 = JurBüro 1988, 872, Sammlung asylrechtlich relevanter Vorgänge; OVG Münster JurBüro 1989, 973.

[34] OLG Düsseldorf NStZ-RR 2015, 64 Rn. 6; VG Dresden AGS 2019, 468.

[35] Indirekt KG JurBüro 2016, 18; RVGreport 2016, 224 wenn es eine Erstattung nur deshalb ablehnt, weil es an der Erforderlichkeit zur sachgemäßen Bearbeitung fehle; **aA** wohl *Burhoff* Anm. zu KG RVGreport 2015, 464.

vom Gegner oder vom Gericht erhalten hat. Das sind schon begrifflich keine Kopien aus einer Akte. Sie fallen unter Nr. 1c oder Nr. 1d (→ Rn. 127 ff., 139 ff.).

Aus Handakten oder Akten des Versicherers. Da Nr. 1a nur Kopien aus Behörden- oder Gerichtsakten erfasst, kann für Kopien aus einer Handakte oder aus der Akte des Versicherers keine Vergütung gem. Nr. 1a verlangt werden,[36] aber → Rn. 154. 55

5. Zur sachgemäßen Bearbeitung geboten

Nr. 1a verlangt ausdrücklich für einen Ersatzanspruch, dass die Herstellung zur sachgemäßen Bearbeitung geboten war. 56

a) Keine Beschränkung auf Akteneinsicht. Der RA muss sich nicht mit einer Akteneinsicht begnügen. Insbesondere bei mehrseitigen Schriftstücken ist die Entscheidung des Verfahrensbevollmächtigten, sie bei der weiteren Bearbeitung der Sache jederzeit mit ihrem vollständigen Inhalt parat zu haben, als idR sachgerecht hinzunehmen. Das gilt auch in der Revisionsinstanz; ebenso für die Beratungshilfe.[37] Für die reine rechtliche Durchdringung eines Sachverhalts kann es nämlich einem verständigen RA geboten erscheinen, jedenfalls die ihn betreffenden Schriftsätze und die Instanzurteile zur Verfügung zu haben.[38] 57

b) Ermessensspielraum des RA. Bei der Beurteilung, was zur Bearbeitung der Sache, insbes. auch zur Vermeidung von unnötigen Verzögerungen, sachgemäß ist, ist auf die Sicht abzustellen, die ein verständiger und durchschnittlich erfahrener RA ex ante[39] haben kann, wenn er sich mit der betreffenden Gerichtsakte beschäftigt und alle Eventualitäten bedenkt, die bei der dann noch erforderlichen eigenen Bearbeitung der Sache auftreten können.[40] Dabei darf kein kleinlicher Maßstab angelegt werden.[41] Es ist auf den objektiven Standpunkt eines vernünftigen Dritten abzustellen.[42] Dem RA ist ein gewisser Ermessenspielraum einzuräumen,[43] denn er, nicht das Gericht, das nachträglich über die Berechnung oder Erstattbarkeit der Dokumentenpauschale zu entscheiden hat, ist für die ihm anvertraute Führung der Rechtssache verantwortlich. Bei der Vorbereitung muss er sich im Rahmen des Verständigen auf alle Eventualitäten vorbereiten. Nicht selten stellt sich erst in der Verhandlung heraus, dass zunächst nur nebensächlich erscheinenden Umständen eine wesentliche Bedeutung zukommt. Es liegt in der Natur der Sache, dass nicht alle Eventualitäten, auf die der RA sich pflichtgemäß vorbereiten musste, auch eintreten. Daraus kann aber nicht gefolgert werden, dass das Kopieren solcher Schriftstücke, die sich schließlich als unerheblich erwiesen haben, nicht iSd Nr. 1a sachgemäß war. Unnötig sind jedoch Kopien von Aktenbestandteilen, die für das weitere Vorgehen des Anwalts von vornherein irrelevant sind.[44] 58

Tatsächliche Ermessensausübung durch RA. Der RA muss allerdings das ihm eingeräumte Ermessen auch ausüben und darf nicht kurzerhand die gesamte Behörden- oder Gerichtsakte von einer juristisch nicht geschulten Kanzleikraft kopieren lassen,[45] einschließlich solcher Schriftstücke, die für die Sachbearbeitung offensichtlich ohne Belang und Informationswert sind. Andererseits ist es dem RA aber auch nicht zumutbar, bei Auswahl der abzulichtenden Seiten jede einzelne Seite vollständig zu lesen.[46] Nicht in Rechnung gestellt werden können Kopien von Blättern, bei denen auf den ersten Blick ihre Irrelevanz für die sachgemäße Bearbeitung zu erkennen ist, zB 59

– doppelt im Akt liegende Schriftsätze (heute häufig wegen Vorwegübersendung per Fax),
– Unterlagen, über welche die Handakten eines früheren Verfahrensbevollmächtigten nach § 50 Abs. 1 BRAO ein geordnetes Bild geben müssen,[47]

---

[36] HBS VergütungsR/*Hansens* Teil 19 Rn. 19.

[37] AG Germersheim NJW-Spezial 2017, 381 = RVGreport 2017, 259 mzustAnm *Hansens.*

[38] BGH AGS 2005, 573.

[39] BayVGH BayVBl 2020, 535 = RVGreport 2020, 178.

[40] BGH AGS 2005, 573; OLG Karlsruhe AGS 2011, 308 Tz. 14; OLG Rostock JurBüro 2014, 637; OVG Münster BauR 2002, 530.

[41] BGH MDR 2005, 956 = AGS 2005, 306; AGS 2005, 573; BayVGH BayVBl 2020, 535 = RVGreport 2020, 178; NVwZ-RR 2001, 413.

[42] OLG Düsseldorf AGS 2000, 84 = JurBüro 2000, 359; OLG Karlsruhe AGS 2011, 308 Tz. 14; VGH Kassel KostRspr BRAGO § 27 Nr. 79; OVG Lüneburg AnwBl 1984, 322.

[43] OLG Düsseldorf AGS 2000, 84 = JurBüro 2000, 359; OLG Karlsruhe AGS 2011, 308 Tz. 14; BayVGH BayVBl 2020, 535 = RVGreport 2020, 178; OVG Lüneburg AnwBl 1984, 322.

[44] BGH NJW 2005, 2317 = JurBüro 2005, 480.

[45] BFH BStBl. II 1984 S. 422; OLG Düsseldorf AGS 2000, 84 = JurBüro 2000, 359.

[46] OLG Brandenburg AGS 2003, 497; OLG Düsseldorf AGS 2000, 84 = JurBüro 2000, 359.

[47] BGH NJW 2005, 2317 = JurBüro 2005, 480; **aA** Schneider/Wolf/*N. Schneider,* 5. Aufl. 2010, RVG VV 7000 Rn. 31.

– eigene Schriftsätze des Anwalts oder sonstige Urkunden, die der RA bereits hat.[48] Bei Letzteren kann etwas anderes gelten, wenn es auf den Eingangsstempel ankommt. Dasselbe gilt für Zustellungsurkunden und Empfangsbekenntnisse.[49]

60 In der Rspr. ist teilweise eine Tendenz erkennbar, grundsätzlich[50] oder im Einzelfall ein vollständiges Kopieren des gesamten Akteninhalts als gerechtfertigt anzuerkennen, zB weil es darauf ankommt, wann ein Schriftstück mit welcher Anlage bei einer bestimmten Stelle eingegangen ist[51] oder weil eine besondere Eilbedürftigkeit bestanden hat.[52]

61 **c) Zwei Verteidiger in einer Bürogemeinschaft.** Nach OLG Celle darf bei zwei Verteidigern, die in einer Bürogemeinschaft verbunden sind, jeder für sich alle CDs ausdrucken.[53]

62 **d) Ausdruck aus vom Gericht überlassener elektronischer Datei.** Umstritten ist, ob für eine sachgemäße Bearbeitung der Rechtssache ein Ausdruck der elektronischen Datei erforderlich ist. Was in diesem Zusammenhang zur „Bearbeitung" einer Sache sachgemäß ist, bestimmt sich jedenfalls nicht nach der subjektiven Auffassung des beigeordneten RA, sondern nach dem objektiven Standpunkt eines vernünftigen, sachkundigen Dritten (→ Rn. 58).

63 **1. Meinung.** Im Vordringen ist die Ansicht, die einen Ausdruck der elektronischen Akte ablehnt. Begründet wird dies damit, dass der RA durch die Nutzung entsprechender Hard- und Software jederzeit auf die Akten Zugriff nehmen kann und ihm dies im Hinblick darauf, dass die Arbeit am Computerbildschirm inzwischen zum Berufsalltag gehört, zumutbar ist.[54] Das soll jedenfalls dann gelten, wenn die elektronische Akte dem RA zur dauernden Nutzung überlassen wurde und durch Ordner und Verzeichnisse übersichtlich gestaltet ist.[55] Soweit der RA diese Auszüge auch angefertigt hat, um bestimmte Vorgänge plastischer vor Augen zu haben oder in der Handakte leichter finden zu können, handelt es sich nach dieser Auffassung nicht um zur sachgemäßen Bearbeitung der Rechtssache gebotene Ausdrucke. Vielmehr dienten diese Ausdrucke lediglich der Vereinfachung der Arbeit des RA. Es handele sich daher um allgemeine Geschäftskosten, die mit den allgemeinen Gebühren abgegolten werden.[56]

63a **2. Meinung.** Andere halten es für zumutbar, dass der RA die digitalisierten Akten „am Bildschirm" wenigstens daraufhin durchsieht, ob und welche Teile er für seine weitere Tätigkeit, insbes. während einer eventuellen Hauptverhandlung, zur sachgerechten Verteidigung des Mandanten auch in Papierform benötigt. Für den Ausdruck der so ausgewählten Ausdrucke wird ein Ersatzanspruch anerkannt.[57]

63b **Eigene Meinung.** Ich hatte mich bis zur 23. Aufl. der zweiten Meinung angeschlossen, aber darauf hingewiesen, dass sich dies mit fortschreitender Digitalisierung ändern wird. Die Entwicklung ist inzwischen so weit fortgeschritten, dass ich nunmehr der ersten Meinung folge. Die elektronische Aktenbearbeitung gehört mittlerweile in weiten Teilen der Wirtschaft und der öffentlichen Verwaltung und auch der Gerichte zum Alltag. Der gezielte Zugriff auf bestimmte Informationen – gerade bei umfangreichem Verfahrensstoff – wird dadurch sogar erheblich erleichtert. Inzwischen ist jeder RA verpflichtet, ein besonderes elektronisches Anwaltspostfach zu unterhalten. Angesichts dieser Entwicklung muss jeder RA heute in der Lage sein, mit elektronischen Akten zu arbeiten. Das schließt nicht aus, dass im Einzelfall der Ausdruck eines Aktenteils für den RA oder den Mandanten erforderlich sein kann. Um zu vermeiden, dass die Rspr. die Anfertigung von Ausdrucken aus elektronischen Dateien einengt, schlagen DAV und BRAK in ihrem gemeinsamen, der Justizministerin überreichten Katalog

---

[48] OVG Hamburg AnwBl 1987, 290; LSG RhPf NZS 1998, 207; *Hansens* BRAGO § 27 Rn. 2.

[49] *N. Schneider* AGS 2003, 497.

[50] LG Kleve AGS 2015, 598, offenlassend, ob das auch bei umfangreichen Akten gilt; AG Riga AGS 2012, 485; SG Leipzig AGS 2017, 360 = RVGreport 2017, 298 mzustAnm *Hansens.*

[51] OLG Nürnberg StraFo 2010, 396 = RVGreport 2011, 26, zu Auslieferungsverfahren.

[52] OLG Nürnberg StraFo 2010, 396 = RVGreport 2011, 26, zu Auslieferungsverfahren; BayVGH BayVBl 2020, 535 = RVGreport 2020, 178.

[53] OLG Celle NJW 2012, 1671 = RVGreport 2012, 265 mzustAnm *Burhoff.*

[54] OLG Braunschweig JurBüro 2016, 82 = RVGreport 2016, 97 mablAnm *Burhoff;* OLG Celle RVGreport 2016, 417 mAnm *Burhoff,* CD mit Aufzeichnung der Telekommunikation im Umfang von insgesamt 33.394 Seiten; KG JurBüro 2016,18 = RVGreport 2015, 464; OLG Köln ZfS 2010, 106; OLG München RVGreport 2015, 106 mablAnm *Burhoff;* LG Berlin AGS 2015, 374.

[55] OLG Braunschweig JurBüro 2016, 82 = RVGreport 2016, 97 mablAnm *Burhoff.*

[56] OLG München RVGreport 2015, 106 mablAnm *Burhoff.*

[57] OLG Düsseldorf RVGreport 2016, 64 Rn. 29; OLG Rostock JurBüro 2014, 637; ähnlich OLG Frankfurt a. M. NStZ-RR 2018, 231 = JurBüro 2018, 352.

zur Verbesserung des RVG eine Regelung vor, nach der die Dokumentenpauschale ab der 500. Kopie nur noch 0,05 EUR je Seite betragen soll.[58]

Vollständige E-akte. Eine Ablichtung der gesamten Originalakte ist aber erforderlich, wenn die überlassene elektronische Akte nicht vollständig ist.[59] **63c**

e) Zwei Seiten auf eine Kopieseite. OLG Celle hat die Kosten für das Ausdrucken von auf CDs gespeicherten Dateien (81.900 Telefongespräche) auf 43.307 Seiten mit der Einschränkung für zu erstatten erklärt, dass bei Verkleinerung im Querdruck zwei Seiten auf ein Blatt gegangen wären.[60] Dem ist generell nicht[61] und jedenfalls nicht zu folgen, wenn es um die gesamte Akte (und nicht nur um Ausdrucke von Telefongesprächen) geht[62] bzw. wenn ein Beschluss gem. § 46 Abs. 2 RVG vorliegt, der der Waffengleichheit dienen soll.[63] **64**

f) Darlegungs- und Beweislast. Dass die Kopien in der Art und Weise und dem Umfang erforderlich waren, ist vom RA darzulegen und zu beweisen.[64] **65**

6. Billigere Herstellung durch Mandanten

Unerheblich ist, ob der Mandant oder ein Copyshop die Kopie billiger herstellen könnte.[65] Zum einen stellt das Gesetz nur darauf ab, ob die Herstellung zur sachgemäßen Bearbeitung erforderlich war. Darüber hinaus darf der RA die ihm als Organ der Rechtspflege vom Gericht oder einer Behörde anvertrauten Akten nicht ohne weiteres seinem Auftraggeber überlassen. **66**

7. Einzelfälle

a) Kopien aus dem Akt des anhängigen Verfahrens. Protokolle, Urteile, Beschlüsse, Vergleiche. Von diesen erhält der RA in aller Regel gem. KV 9000 Anm. Abs. 2 GKG für sich und seinen Mandanten Abschriften. Daher bedarf es im Normalfall keiner Anfertigung einer Ablichtung. Hat das Gericht keine ausreichende Anzahl zugeschickt, so muss sie der RA beim Gericht anfordern. Er hat keinen Anspruch auf die Dokumentenpauschale, soweit er von Vorgängen kostenfrei vom Gericht Kopien erhalten könnte.[66] Etwas anderes gilt, wenn sich auf dem Original beim Gericht zB richterliche Anmerkungen oder Datumsstempel befinden.[67] Will der Mandant noch eine weitere Kopie haben, zB zur Information seiner Versicherung, und stellt der RA aus der ihm vom Gericht zugesandten Abschrift eine Kopie her, so hat er einen Anspruch gem. Nr. 1d (→ Rn. 135 ff.). **67**

Gerichtliche Verfügungen. Sie fallen nicht unter KV 9000 Anm. Abs. 2 GKG.[68] Sie können einen so umfangreichen Inhalt haben, dass eine kurze Zusammenfassung durch den RA nicht reicht, es vielmehr erforderlich ist, eine Abschrift dem Mandanten zukommen zu lassen. Dann liegt allerdings ein Fall der Nr. 1d vor, da der RA eine ihm bereits vorliegende Abschrift kopiert. **68**

Gutachten. Gehört ein Gutachten zur Behörden- oder Gerichtsakte, so fallen Kopien hiervon unter Nr. 1a. Geht es aber um ein Gutachten, von dem der Gutachter in der Regel für jede anwaltlich vertretene Partei zwei Abschriften vorlegt, hat der RA aber nur eine erhalten und stellt er für seinen Mandanten eine weitere her, so erfolgt dies nicht aus einer Behörden- oder Gerichtsakte. Es greift deshalb Nr. 1c und nicht Nr. 1a ein (→ Rn. 119). **69**

Kopien durch Streithelfervertreter. Der Verfahrensbevollmächtigte des Streithelfers kann von dem vorausgegangenen Inhalt der Prozessakte, soweit er für die Bearbeitung von Bedeutung ist und ihm Abschriften nicht von der unterstützten Partei zur Verfügung gestellt werden, je zwei Kopien (für sich und für den Streithelfer) fertigen. Er muss sich nicht mit einer Akteneinsicht begnügen. Für diese Kopien hat der RA nach Nr. 1a Anspruch auf die Dokumentenpauschale.[69] Das gilt auch für den mit der Revision befassten Anwalt des **70**

---

[58] *Hansens* RVGreport 2018, 202, 205 Ziff. III 11.
[59] OLG Köln ZfS 2010, 106.
[60] OLG Celle NJW 2012, 1671 = RVGreport 2012, 265 mablAnm *Burhoff.*
[61] *Burhoff* Anm. zu OLG Celle RVGreport 2012, 265; Anm. zu LG Duisburg RVGreport 2014, 435.
[62] LG Duisburg RVGreport 2014, 435 mzustAnm *Burhoff* = StraFo 2014, 307.
[63] OLG Düsseldorf NStZ-RR 2015, 64 Rn. 24 = RVGreport 2016, 64.
[64] OLG München RVGreport 2015, 106 Rn. 35 ff.; OLG Rostock JurBüro 2014, 637; VG Dresden AGS 2019, 468.
[65] OLG Düsseldorf NStZ-RR 2015, 64 = RVGreport 2016, 64 Rn. 30.
[66] OLG München AnwBl 1981, 507.
[67] Schneider/Wolf/ *Volpert* RVG VV 7000 Rn. 29.
[68] Hartmann/Toussaint/ *Toussaint* GKG KV 9000 Rn. 20.
[69] BGH AGS 2005, 573; OLG Düsseldorf VersR 1979, 870.

Streithelfers für Auszüge aus Akten der Vorinstanzen. Anders ist es aber, wenn der Mandant gegen den früheren Verfahrensbevollmächtigten einen Anspruch auf Herausgabe der Handakten hat.[70]

71 **b) Kopien aus Strafakten.** ***aa) Für den Verteidiger.*** Häufig wird es erforderlich sein, dass sich der Verteidiger Kopien aus den Strafakten anfertigt.[71] Er kann nicht auf handschriftliche Notizen verwiesen werden.

72 Dabei ist gleichgültig, ob viele oder nur wenige Seiten abzulichten sind.[72] Unrichtig ist die Meinung, Ablichtungskosten bis zu 5% des Verteidigerhonorars seien durch das Honorar mit abgegolten[73] bzw. bei ihnen seien pauschal 25% abzuziehen.[74] Ebenso verfehlt ist es, von dem Verteidiger zu verlangen, dass er sich von weniger umfangreichen Akten nur handschriftliche Auszüge fertigt.[75] Gerade beim Strafverteidiger ist ein großzügiger Maßstab angebracht, soll er nicht im Verhältnis zur Staatsanwaltschaft und zum Gericht benachteiligt werden. Vom Strafverteidiger vorgenommene Kopien aus der Hauptakte, der Beiakte und den Beweismittelordnern sind nur dann nicht zu vergüten, wenn schon zum Zeitpunkt der Fertigung der Kopien zweifelsfrei feststand, dass die abgelichteten Unterlagen für eine sachgerechte Verteidigung nicht benötigt werden. Dabei ist zu berücksichtigen, dass auch Dokumente, die auf den ersten Blick für die Verteidigung nicht wesentlich sind, im späteren Verlauf des Verfahrens bedeutsam werden können. Nur so kann eine wiederholte Akteneinsicht verhindert werden.[76]

73 **Rspr. zu Einzelfällen.** Dementsprechend haben **umfangreiche Kopien anerkannt**

OLG Düsseldorf über 9.000 Blätter[77]

OLG Köln 105.000 Blätter durch einen Pflichtverteidiger, der zur Sicherheit neben einem anderen Pflichtverteidiger bestellt wurde.[78]

74 Die Kopie der ganzen Gerichtsakte wurde wiederholt von Landgerichten anerkannt.[79]

75 Andererseits wurden **teilweise Kopien nicht anerkannt.** OLG Köln hat von 1.640 Kopien aus Strafakten nur 117 anerkannt, wobei allerdings die Besonderheit bestand, dass der Angeklagte bei 14 Anklagepunkten nur von zwei und dabei auch nur eingeschränkt betroffen war, worauf sich OLG Köln aber nur ergänzend gestützt hat.[80]

76 ***bb) Für den Angeklagten.*** Voraussetzung ist, dass es zur sachgemäßen Bearbeitung erforderlich ist, dass auch der Angeklagte den Inhalt der Strafakte zur Verfügung haben muss.

77 **Rspr.** Teilweise wird angenommen, dass im Regelfall eine vollständige Kopie der gesamten Akte nicht erforderlich ist. Vielmehr wird es als Aufgabe des Verteidigers angesehen, das Wesentliche herauszuschälen und mit dem Angeklagten anhand der in den Händen des Verteidigers befindlichen Unterlagen zu besprechen, wobei dann einzelne Schriftstücke heranzuziehen sind.[81] Auch sehr umfangreiche Akten[82] oder Zeitdruck sollen hieran nichts ändern.[83] Für vom Pflichtverteidiger **für den Angeschuldigten** angefertigten Ablichtungen der Ermittlungsakten (ca. 5.000 Seiten) hat das KG entschieden, dass trotz der Beweislastregel zu Gunsten des Anwalts in § 46 RVG eine Vergütung ausscheidet, wenn gewichtige Anhaltspunkte dafür ersichtlich sind, dass hierdurch die Verteidigung des Angeschuldigten nicht gefördert würde. Das KG hat einen Vergütungsanspruch verneint, weil bei der Kürze der zur Verfügung stehenden Zeit eine so große Anzahl von Kopien den Angeschuldigten eher verwirren würde.[84] Teilweise sind Rspr. und Lit. jedoch großzügiger.[85]

---

[70] BGH AGS 2005, 573.
[71] OLG Frankfurt a. M. AnwBl 1978, 183.
[72] HBS VergütungsR/*Hansens* Teil 19 Rn. 21.
[73] Schneider/Wolf/*Volpert* RVG VV 7000 Rn. 72.
[74] OLG Düsseldorf JurBüro 2002, 307 = RPfleger 2002, 224.
[75] AG München AnwBl 1970, 27.
[76] OLG Düsseldorf AGS 2007, 243 = StRR 2007, 199.
[77] OLG Düsseldorf AGS 2007, 243 = StRR 2007, 199.
[78] OLG Köln RVGreport 2010, 99 = StRR 2010, 278.
[79] LG Duisburg RVGreport 2014, 435 mzustAnm *Burhoff* = StraFo 2014, 307; LG Essen JurBüro 2011, 474; LG Kleve RVGreport 2012, 31 mzustAnm *Burhoff.*
[80] OLG Köln RVGreport 2012, 427 mablAnm *Hansens.*
[81] OLG Braunschweig NStZ-RR 2014, 263 = RVGreport 2014, 317 mAnm *Burhoff* mwN; KG RVGreport 2016, 224; RVGreport 2006, 109; LAG Kreuznach RVGreport 2011, 25.
[82] KG RVGreport 2006, 109.
[83] KG RVGreport 2006, 109.
[84] KG RVGreport 2006, 109 für Pflichtverteidiger.
[85] LG Aachen AGS 2014, 429 = RVGreport 2014, 344 mAnm *Burhoff;* Schneider/Wolf/*Volpert* RVG VV 7000 Rn. 93 ff.

Kopiert der Verteidiger nicht die gesamte Akte ein zweites Mal, sondern trifft er eine Auswahl, so wird sich das Gericht leichter tun, von einer sachgerechten Ermessensausübung auszugehen und einen Anspruch auch für die Zweitkopien anzuerkennen,[86] als wenn er die Akte ein zweites Mal insgesamt kopiert,[87] wodurch nicht der Eindruck entsteht, dass er sich große Gedanken über die Notwendigkeit gemacht hat. **78**

In Betäubungsmittelverfahren wird es aber als notwendig angesehen, die Telefonüberwachungsprotokolle für den Angeklagten vollständig zu kopieren, da bei diesen Händlern in verschlüsselter Sprache telefoniert zu werden pflegt, der Verteidiger aber diese Codierung nicht selbst kennt.[88] **79**

cc) Für den Zivilprozess. Schließt sich an das Strafverfahren ein Zivilprozess an (zB der Schadensersatzprozess nach einer Verkehrsstrafsache), ist auch für den Verfahrensbevollmächtigten des Zivilprozesses die Kenntnis vom Inhalt der Strafakten geboten. Es ist deshalb angemessen, dass er sich – falls nicht bereits während des Strafverfahrens gefertigte Kopien vorliegen sollten – die wesentlichen Aktenseiten kopiert.[89] **80**

c) Kopien im verwaltungsgerichtlichen Verfahren. Auch in ihm kann die Herstellung von Kopien aus Behörden- und Gerichtsakten zur ordnungsmäßigen Bearbeitung für den RA notwendig sein. Auch hier muss es seinem Ermessen überlassen bleiben, zu entscheiden, welche Teile dieser Akten er ständig gegenwärtig haben muss, um die Angelegenheit sachgerecht und ohne Verzögerung bearbeiten zu können. Dem RA kann es nicht zugemutet werden, sich die erforderliche Kenntnis notfalls auch durch mehrmalige Akteneinsicht zu verschaffen. Die Herstellung solcher Kopien ist im Rahmen des zur sachgemäßen Bearbeitung der Rechtssache Gebotenen nach Nr. 1a zu vergüten. Im Übrigen → Rn. 58 ff. Bezüglich zum Verfahren beigezogener Sammlungen → Rn. 51. **81**

Angefochtener Bescheid. Zur Herstellung der nach § 82 Abs. 1 S. 2 VwGO der Klageschrift beizufügenden Abschriften des angefochtenen Bescheids bedarf es in der Regel nicht der Kopierung aus einer Behördenakte, da sie von der dem Auftraggeber zugegangenen Ausfertigung gefertigt werden können.[90] **82**

Für sie gelten die Grundsätze für Anlagen (→ Rn. 86 ff.). **83**

8. Vereinbarung

Wenn der Anwalt nicht gezwungen sein will, zB bei Kopien aus Akten iE zu prüfen, welche Seiten er kopieren darf (→ Rn. 58 ff.), so bietet sich eine Vereinbarung dahingehend an, dass er berechtigt ist, zu den Vergütungssätzen des VV 7000 RVG einen kompletten Auszug aus der Gerichtsakte anzufertigen. Diese Vereinbarung bedarf der Form des § 3a Abs. 1 RVG, da sie über den gesetzlichen Vergütungsanspruch hinausgeht.[91] Auslagen gehören gem. § 1 Abs. 1 S. 1 RVG auch zur Vergütung. **84**

9. Mehrere Auftraggeber

Es kann sein, dass Aktenteile nur für einen von mehreren Auftraggebern kopiert werden müssen. Es gilt dann dasselbe wie zu Nr. 1b (→ Rn. 116). **85**

VI. Unterrichtung von Gegnern oder Beteiligten (Nr. 1b)

1. Beispiel

Der RA legt von seinen Schriftsätzen und Anlagen 160 Seiten Ausdrucke und Kopien für den Gegner sowie 120 Blatt Originalschriftsätze und 50 Blatt Kopien von Anlagen für das Gericht vor. **86**

Der RA hat einen Vergütungsanspruch für 50 Kopien zu je 0,50 EUR, also 25,– EUR, und für zehn Ablichtungen je 0,15 EUR, also 1,50 EUR, insgesamt 26,50 EUR.

Für die für das Gericht bestimmte Schriftsätze und Anlagen sowie für die ersten 100 Ausdrucke und Kopien für den Gegner erhält er nichts.

---

[86] So in LG Aachen AGS 2014, 429 = RVGreport 2014, 344 mAnm *Burhoff,* der auf diesen Unterschied hinweist.

[87] So im Fall OLG Braunschweig RVGreport 2014, 317.

[88] LG Kreuznach RVGreport 2011, 25 mzustAnm *Hansens.*

[89] OLG Nürnberg JurBüro 1963, 712.

[90] Sie sind durch die Verfahrensgebühr abgegolten und kein zusätzlich gefertigtes Schreibwerk VGH Kassel AnwBl 1984, 52.

[91] **Zweifelnd,** ob die Form des § 3a Abs. 1 zu wahren ist: *N. Schneider* AGS 2003, 497 (498).

2. Allgemeines

87 Nr. 1b betrifft Kopien und Ausdrucke für die Gegenseite, während Nr. 1c solche für den Auftraggeber regelt. In Nr. 1b sind ua die **Schriftsatzausdrucke und Anlagen für den Gegner** geregelt.[92]

88 Kopien und Ausdrucke für die Unterrichtung von Gegnern oder Beteiligten und Verfahrensbevollmächtigten gehören grds. zu den allgemeinen Geschäftskosten. Etwas anderes gilt unter zwei Voraussetzungen. Es waren
– mehr als 100 Kopien oder Ausdrucke zu fertigen und
– sie mussten auf Grund einer Rechtsvorschrift oder nach Aufforderung des Gerichts, der Behörde oder sonst einer das Verfahren führenden Stelle angefertigt werden.

89 Hinzukommen muss noch, dass nicht die Unterrichtung nur eines Vertreters der Gegenseite ausgereicht hätte und dann weniger Kopien und Ausdrucke angefallen wären (→ Rn. 113 ff.).

3. Anwendungsbereich

90 **Auch Anlagen.** Nach seinem Wortlaut fallen Kopien und Ausdrucke, die für den Gegner bestimmt sind, unter Nr. 1b. Diese Bestimmung differenziert nicht zwischen eigenen Schriftsätzen und Anlagen. Sie betrifft schlechthin alle Ausdrucke und Kopien, die für den Gegner bestimmt sind, also auch Anlagen.

91 **Kopien für Zustellung von Arrest oder einstweilige Verfügung.** Soweit diese für die Zustellung an den Gegner angefertigt werden, fallen sie unter Nr. 1b („zur Zustellung an … Gegner").[93]

4. Gegner, Beteiligte, Verfahrensbevollmächtigte

92 Adressat können Gegner und deren Verfahrensbevollmächtigte sowie Beteiligte bzw. deren Verfahrensbevollmächtigte sein.

93 **a) Gegner und Beteiligte. Zu den Gegnern und Beteiligten gehören**
– der Gegner des Verfahrens,
– Verfahrensbeteiligte in solchen Verfahren, in denen sich keine Parteien als Gegner gegenüberstehen (zB in FG-Verfahren),
– Streitverkündete, Streithelfer (aber → Rn. 99) und Beigeladene,
– Nebenkläger,
– Beteiligte im Verwaltungsverfahren,
– Äußerungsberechtigte nach § 94 Abs. 1 BVerfGG im Urteilsverfassungsbeschwerdeverfahren.[94]

94 Zu diesen **gehören nicht**
– der Rechtsschutzversicherer,
– ein sonstiger Versicherer außer dem Haftpflichtversicherer (→ Rn. 141). Kopien und Ausdrucke für den Versicherer sind nur unter den Voraussetzungen der Nr. 1d zu ersetzen (→ Rn. 141),
– das Gericht, weshalb Ausdrucke und Kopien von Anlagen für das Gericht nicht von Nr. 1b erfasst werden (→ Rn. 148 ff.).[95]

95 **b) Verfahrensbevollmächtigte.** Hierher **gehören** die Verfahrensbevollmächtigten der Gegner und Beteiligten, einschließlich der Verfahrensbevollmächtigten des Streithelfers.

96 **Verkehrsanwälte und Terminsvertreter.** Nicht unter Nr. 1b fallen Verkehrsanwälte und Terminsvertreter,[96] egal ob die eigenen oder die des Gegners. Zum einen sind diese keine Verfahrensbevollmächtigten. Zum anderen gibt es keine Rechtsvorschriften, die die Unterrichtung dieser ebenfalls am Verfahren beteiligten Anwälte durch Übersendung von Kopien und Ausdrucken vorschreiben. Auch das Gericht hat keine Veranlassung zu Anordnungen, diesen Anwälten Abschriften zukommen zu lassen. Hier kommt aber Nr. 1d in Betracht.

5. Auf Grund einer Rechtsvorschrift oder Aufforderung

97 Ein Vergütungsanspruch setzt voraus, dass die Zustellung oder Mitteilung auf Grund einer Rechtsvorschrift oder nach Aufforderung durch das Gericht, die Behörde oder die sonst das Verfahren führende Stelle erfolgt ist.

---

[92] HBS VergütungsR/*Hansens* Teil 19 Rn. 24.
[93] Schneider/Wolf/*Volpert* RVG VV 7000 Rn. 146.
[94] BVerfG NJW 1996, 382.
[95] KG AGS 2006, 274; HBS VergütungsR/*Hansens* Teil 19 Rn. 26.
[96] Schneider/Wolf/*Volpert* RVG VV 7000 Rn. 114, wenn sie zum Lager des Mandanten gehören.

a) Auf Grund einer Rechtsvorschrift. ***aa) Gesetzliche Vorschriften.*** Als Rechtsvorschrift kommen zB §§ 131 Abs. 1, 133, 253 Abs. 5 ZPO, §§ 86 Abs. 5, 86 Abs. 1 S. 2 VwGO, § 93 S. 1 SGO, § 64 Abs. 2 S. 1, § 77 Abs. 1 S. 3 FGO in Betracht.[97] Der Hauptanwendungsfall ist die Vorlage von Schriftsatzabschriften nebst Anlagen für Gericht und Gegner, wobei die Kopien für das Gericht (→ Rn. 94) und auch der Originalschriftsatz, der keine Kopie und kein Ausdruck ist (→ Rn. 34), nicht mitzählen. 98

Streitverkündung. Nebenintervention. Die Herstellung von Kopien der bisher gewechselten Schriftsätze zur Zustellung an einen Streitverkündeten oder zur Unterrichtung eines beigetretenen Nebenintervenienten ist vom Gesetz nicht vorgeschrieben. Gem. § 73 ZPO genügt die Beschreibung der Lage des Rechtsstreits.[98] Der Streitverkündete bzw. -helfer kann Akteneinsicht nehmen (§ 299 ZPO). Wenn dessen RA dann aus den Akten Kopien anfertigt, so ist Nr. 1a gegeben (→ Rn. 50). 99

bb) Anzahl pro Dokument. Teilweise legen Anwälte für den anwaltlich vertretenen Gegner Kopien von Schriftsätzen und Anlagen zweifach vor (je eine für den gegnerischen RA und für dessen Auftraggeber). Durch Rechtsvorschrift ist in § 133 Abs. 1 ZPO nur die Beifügung der für die Zustellung erforderlichen Zahl von Abschriften der Schriftsätze und deren Anlagen vorgeschrieben. Da bei einem anwaltlich vertretenen Gegner die Zustellung an den Verfahrensbevollmächtigten zu erfolgen hat, reicht also nach dem Gesetz je Partei eine Abschrift aus. Gerichtliche Anordnungen, zusätzliche Exemplare für die Partei (den Beteiligten) zu übersenden, kommen kaum vor. Daher ist die zweite Abschrift nicht zu vergüten.[99] Angesichts des eindeutigen Wortlauts des Gesetzes kommt man nicht um dieses Ergebnis herum,[100] auch wenn man eine andere Handhabung iErg für wünschenswert halten würde. Das gilt auch dann, wenn ein gegnerischer Verfahrensbevollmächtigter mehrere Streitgenossen vertritt, da dann dem Verfahrensbevollmächtigten nur einmal Abschriften zur Verfügung gestellt werden müssen.[101] Wird der Gegner von mehreren Anwälten aus unterschiedlichen Kanzleien vertreten, so sind Abschriften für jede Kanzlei beizufügen. 100

Handakte. Soweit bisweilen noch eine weitere Kopie von Schriftsätzen des Anwalts oder von ihm vorgelegten Urkunden für seine Handakte anerkannt wird,[102] ist dem nicht zu folgen (→ Rn. 122). 101

cc) Notwendige Anlagen. **Notwendigkeitsprüfung erforderlich.** Generell, in besonderem Maße aber bei den Anlagen, muss auch geprüft werden, ob es erforderlich war, die einzelnen Kopien vorzulegen, auch wenn das in Nr. 1b nicht angesprochen ist. Die fehlende Erwähnung bedeutet nicht, dass der RA Entschädigung für unnötige Kopien verlangen kann.[103] Rechtsvorschriften verlangen nicht, dass unnötige Anlagen vorgelegt werden. Teilweise ergibt sich das unmittelbar aus den gesetzlichen Vorschriften, zB §§ 131 Abs. 2, 3, 133 Abs. 1 S. 2 ZPO. Gegen ein Hineinlesen einer Notwendigkeitsprüfung in die VV 7000 Nr. 1b wendet sich *Hansens,* der jedoch bei unnötigen Kopien eine anwaltliche Pflichtverletzung annimmt.[104] 102

Großzügiger Maßstab. Bei der Beurteilung der Notwendigkeit ist kleinliche Beckmesserei nicht am Platze. Es lässt sich immer darüber streiten, ob diese oder jene Abschrift wirklich notwendig war in dem Sinne, dass die Partei konkreten Nachteilen ausgesetzt gewesen wäre, wenn die Fertigung unterblieben wäre. Dem RA muss ein gewisses Ermessen eingeräumt werden. 103

Einzelfälle. Notwendigkeit ist zu verneinen, 104

– wenn der Inhalt der Anlage für den Ausgang des Verfahrens **ohne jede Bedeutung** ist.[105] Das ist zB häufig bei vorgelegter vorprozessualer Korrespondenz der Fall. Was die Parteien vorprozessual alles geschrieben haben, kann für den Ausgang von Bedeutung sein. In vielen Fällen ist es das aber nicht,

---

97 *Hansens* BRAGO § 27 Rn. 3.

98 OLG Karlsruhe AGS 2011, 308; OLG München MDR 1989, 548.

99 OLG Hamm JurBüro 2002, 201 (202) Ziff. 3, ob der gegnerische Anwalt zur Unterrichtung seiner Partei weitere Ablichtungen anfertigt, ist dessen Sache; OLG Karlsruhe AGS 2011, 308; KG AGS 2006, 274; *Hansens* RVGreport 2004, 348.

100 Gerold/Schmidt/*von Eicken,* 15. Aufl. 2002, BRAGO § 27 Rn. 5; Schneider/Wolf/*Volpert* RVG VV 7000 Rn. 120; **aA** *Enders* JurBüro 1999, 283.

101 OLG München OLGR 1994, 105.

102 OLG München JurBüro 1983, 386.

103 OLG Hamburg JurBüro 2017, 413 = RVGreport 2017, 343.

104 *Hansens* Anm. zu OLG Hamburg RVGreport 2017, 343.

105 OLG Braunschweig JurBüro 1999, 300; OLG München AnwBl 1983, 569.

– wenn durch Anlagen **Sachvortrag ersetzt** wird.[106] Wenn sich der RA durch Bezugnahme auf eine Anlage eigenen Sachvortrag erspart, sich also die Arbeit erleichtert, steht ihm dafür nicht auch noch eine Dokumentenpauschale zu,
– wenn vorhersehbar ist, dass zu der Frage, zu der die Anlage vorgelegt wird, **kein Streit** bestehen wird.[107] Der Beklagte hat vorprozessual behauptet, er habe die Kaufschuld bezahlt. Dass er den geltend gemachten Kaufpreis ursprünglich geschuldet hat, hat er nie in Frage gestellt. Es ist unnötig den Kaufvertrag in Kopie vorzulegen, schon gar nicht einen fünfzig Seiten langen. Sollte dann wider Erwarten der Vertrag doch noch bestritten werden, kann eine Vorlage von Kopien des Vertrages nachgeholt werden,
– wenn Urkunden in vollem Umfang vorgelegt werden, obwohl gem. § 131 Abs. 2 ZPO die Vorlage von **Auszügen** genügt hätte,[108] zB in einem umfangreichen Bauvertrag geht es um einen Mangel, für den ausschließlich ein Vertragspassus auf S. 34 von Bedeutung ist. § 131 Abs. 2 ZPO regelt, welche Teile dann vorzulegen sind,
– wenn Anlagen zweimal vorgelegt werden, die dem **Gegner bereits bekannt** sind. Derartige Kopien sind für das Gericht, nicht aber für den Gegner beizufügen.[109] Das entspricht dem, was das Gesetz – ob sinnvoller Weise oder nicht – vorsieht (§§ 131 Abs. 3, 133 Abs. 1 S. 2 ZPO). Allerdings braucht der RA keine Ermittlungen darüber anzustellen, ob, wenn dies zweifelhaft ist, bestimmte einzelne Schriftstücke dem Gegner bereits vorliegen, wenn der dafür erforderliche Aufwand in keinem vernünftigen Verhältnis zu den durch die Herstellung der Kopie entstehenden Kosten steht,[110]
– wenn sich die Urkunde **bereits bei den Gerichtsakten oder den Beiakten** befindet.[111] Dann bedarf es keiner Kopie für das Gericht,
– wenn Anlagen von **bedeutendem Umfang** beigefügt werden, bei denen nach § 131 Abs. 3 ZPO die genaue Bezeichnung mit dem Erbieten, Einsicht zu gewähren, ausreicht, sofern nicht im Einzelfall von der Kopie eine wesentliche Beschleunigung oder Vereinfachung des Prozesses zu erwarten war und ein Auszug (§ 131 Abs. 2 ZPO) dafür nicht ausreicht. Es gibt keinen absoluten Maßstab, wann Urkunden iSv § 131 Abs. 3 ZPO einen „bedeutenden Umfang" haben. Bei der Beurteilung spielen sowohl der Umfang des Rechtsstreits als auch Beschleunigungs- und Zumutbarkeitsgesichtspunkte eine Rolle. Auf der anderen Seite ist aber auch eine unkontrollierte Anerkennung nicht angebracht.

105 **b) Aufforderung.** Ein Ersatzanspruch kann sich auch daraus ergeben, dass die Stelle, die das Verfahren führt, dazu auffordert, Kopien für die andere Seite vorzulegen oder dieser zukommen zulassen. Dies kann das Gericht, aber auch eine Behörde oder sonst eine das Verfahren führende Stelle sein. In diesen Fällen muss die Notwendigkeit nicht mehr geprüft werden.

106 **c) Einverständnis des Auftraggebers.** Auf das Einverständnis des Auftraggebers kommt es nicht an. Wenn dieses erforderlich sein soll, sagt es das Gesetz ausdrücklich (vgl. Nr. 1d).

6. 100 Kopien bzw. Ausdrucke

107 **a) Gesonderte Zählung für jeden Buchstaben von Nr. 1.** Jeder Buchstabe in Nr. 1 stellt einen selbständigen Tatbestand dar. Hinsichtlich jedes einzelnen müssen für sich isoliert betrachtet die Voraussetzungen gegeben sein, die er für einen Zahlungsanspruch aufstellt. Es können also nicht 80 Kopien für den Gegner den 80 Kopien, die aus Gerichtakten angefertigt wurden, hinzu addiert werden. Dasselbe gilt für das Verhältnis von Nr. 1b zu c. In beiden ist verlangt, dass in jedem für sich allein betrachtet mehr als 100 Kopien oder Ausdrucke anzufertigen waren. Die Kopien und Ausdrucke für b und c werden also nicht addiert[112] und zwar auch dann nicht, wenn bei einem von beiden die 100 überschritten ist.

Beispiel:

Werden für die Gegner 120 Kopien angefertigt (Nr. 1b), für den Auftraggeber aber nur 90 (Nr. 1c), so sind dem RA nur zwanzig Kopien gem. Nr. 1b zu vergüten und nicht 110 Kopien.

---

[106] Vgl. BVerfG NJW 1996, 382; 97, 2668; OLG Braunschweig JurBüro 1999, 300; OLG Dresden JurBüro 1999, 301; OLG Köln JurBüro 1987, 1357 (1358).
[107] OLG München AnwBl 1983, 569.
[108] HBS VergütungsR/*Hansens* Teil 19 Rn. 29.
[109] OLG Hamburg JurBüro 2017, 413 (Unterlagen aus Parallelverfahren); OLG Hamm JurBüro 2000, 412; 02, 201 (202) Ziff. 3, zur Erstattung; HBS VergütungsR/*Hansens* Teil 19 Rn. 29; **aA** OLG München Rpfleger 1982, 438; OLG Frankfurt a. M. AnwBl 1985, 204; LAG Hamm AnwBl 1984, 316.
[110] OLG Hamburg JurBüro 2017, 413 = = RVGreport 2017, 343.
[111] OLG Braunschweig JurBüro 1999, 300; VG Arnsberg JurBüro 1981, 858.
[112] *N. Schneider* AGS 2004, 4 re. Sp. Abs. 2.

Zusammenrechnung von Schwarz-Weiß- und Farbkopien. Dass seit dem 2. KostRMoG VV 7000 Nr. 1 RVG hinsichtlich der Höhe des zu ersetzenden Betrags zwischen Schwarz-weiß- und Farbkopien differenziert wird, ändert nichts daran, dass nur für die über 100 hinausgehenden Kopien ein Ersatzanspruch besteht, wobei die Schwarz-weiß- und die Farbkopien zu addieren sind.[113] Wegen der Reihenfolge bei der Abrechnung → Rn. 211. 108

b) Gesonderte Zählung bei mehreren Angelegenheiten. Handelt es sich um mehrere Angelegenheiten (zB Urkundenprozess und Nachverfahren), so ist in jeder Angelegenheit gesondert zu zählen.[114] Die Kopien und Ausdrucke aus beiden Angelegenheiten können nicht addiert werden. 109

Beispiel:

Hat der RA für die vorprozessuale Vertretung 80 Kopien, für das selbständige Beweisverfahren 70 Kopien und für das Hauptsacheverfahren 90 Kopien zur Unterrichtung des Gegners angefertigt, so steht ihm kein Anspruch nach VV 7000 RVG zu.

Hätte er im Hauptsacheverfahren 110 Kopien angefertigt, so wären ihm zehn Kopien zu je 0,50 EUR zu vergüten gewesen.

Anrechnungen. Das gilt auch dann, wenn zwischen beiden Angelegenheiten eine Anrechnung zu erfolgen hat (zB VV 3100 Anm. Abs. 2 RVG). Aus der Anrechnung kann nicht geschlossen werden, dass die Beschränkung auf die 100 Kopien und Ausdrucke pro Angelegenheit dann nicht anzuwenden sei. Es kann nicht ein ganz neuer Tatbestand für einen Ersatzanspruch geschaffen werden, der nicht im Gesetz steht. Es gibt nur einen Ersatzanspruch für mehr als 100 Kopien und Ausdrucke pro Angelegenheit.[115] 110

c) Mehrere Auftraggeber. Bei der Ermittlung der abzurechnenden Kopien sind, wenn es sich um eine einheitliche Angelegenheit handelt (zB ein gerichtliches Verfahren), alle für die Gegner bestimmten Kopien und Ausdrucke zusammenzurechnen, auch wenn einige nur einen einzelnen Auftraggeber betreffen. Liegt hingegen bei jedem Auftraggeber eine eigene Angelegenheit vor, so sind die Kopien und Ausdrucke bei jedem gesondert zu berechnen, zB jeder ist in einem gesonderten Verfahren Kläger oder Beklagter.[116] Zur Haftung bei mehreren Auftraggebern → Rn. 116, zur Höhe → Rn. 214 f.). 111

d) Kopien und Ausdrucke ab über 100. Einen Anspruch auf Ersatz hat der RA nur, soweit mehr als 100 Kopien oder Ausdrucke zu fertigen waren.[117] Aus der Verwendung des Begriffes „soweit" ergibt sich, dass der Vergütungsanspruch nur für die Kopien und Ausdrucke, die über die ersten 100 hinausgehen, besteht und nicht etwa, wenn die Zahl 100 einmal überschritten ist, alle Kopien bei der Vergütung zu berücksichtigen sind. Unterstrichen wird dies noch durch die – nachträglich in den Entwurf aufgenommene – Formulierung, dass nur die ersten 50 „abzurechnenden" Kopien und Ausdrucke mit 0,50 EUR je Seite zu vergüten sind. Ein weiteres Argument hierfür ist, dass das Gesetz die ersten 100 Kopien und Ausdrucke zu den allgemeinen Geschäftskosten zählt und diese diesen Charakter nicht dadurch verlieren, dass weitere Kopien und Ausdrucke hinzukommen. 112

7. Unterrichtung nur eines Vertreters ausreichend

Reicht trotz großer Zahl von Gegnern die Zustellung an einen einzigen Vertreter derselben aus, so ist die Fertigung weiterer Abschriften nicht notwendig. So reicht die Übergabe einer Abschrift an den mit umfassender Vollmacht ausgestatteten „Treuhänder" einer Bauherrengemeinschaft.[118] 113

WEG. Ist Partei eines Verfahrens die Wohnungseigentümergemeinschaft als solche (→ RVG VV 1008 Rn. 134 ff.), so sind Kopien und Ausdrucke nur einmal für den Vertreter der WEG und nicht für jeden Wohnungseigentümer anzufertigen.[119] Anders ist es, wenn die Wohnungseigentümer als solche Partei sind. Lassen sich die Wohnungseigetümer in diesem Fall aber von 114

---

113 *Schneider/Thiel,* 1. Aufl., § 3 Rn. 1296.

114 HBS VergütungsR/*Hansens* Teil 19 Rn. 36; Schneider/Wolf/*N. Schneider* RVG VV 7000 Rn. 183.

115 **AA** *N. Schneider* AGS 2004, 4 re. Sp. Abs. 3.

116 Schneider/Wolf/*Volpert* RVG VV 7000 Rn. 130.

117 OLG Hamburg MDR 2011, 1014 unter Aufgabe seiner bisherigen abweichenden Rspr.; OLG Karlsruhe AGS 2011, 308 mzustAnm *N. Schneider;* LG Berlin RVGreport 2005, 391; HBS VergütungsR/*Hansens* Teil 19 Rn. 24 unter Berufung auf die Gesetzesbegründung BR-Drs. 830/03; *Enders* JurBüro 2004, 291 (295).

118 OLG München JurBüro 1987, 704 = MDR 1987, 418; OLGR 1994, 105, auch bei sehr umfangreichem Schriftsatz; BGH NJW 1981, 282 = MDR 1981, 220, Verwalter großer Wohnungseigentümergemeinschaft.

119 BGH NJW 2009, 2135 Tz. 9; OLG Koblenz AnwBl 2006, 147 = JurBüro 2006, 86.

dem Verwalter vertreten, so müssen den Wohnungseigentümern keine Abschriften zugesandt werden.[120] Wegen Kostenerstattung → Rn. 224.

8. Billigere Herstellung durch Mandanten

115 Auch hier ist wie bei Nr. 1a unerheblich, ob der Mandant die Kopien billiger herstellen könnte.[121] Das Gesetz hat die Voraussetzungen für Nr. 1b genau umschrieben und bestimmt, dass, wenn sie vorliegen, der RA einen Vergütungsanspruch hat. Es ist für einen RA auch nicht zumutbar, erst die Anlagen herauszusuchen, die er benötigt, und dann mit der Absendung des Schriftsatzes einige Zeit zu warten, bis sein Mandant entsprechend den – uU dann auch noch missverstandenen – Anweisungen Fotokopien vorgelegt hat. Die häufig kurzen Schriftsatzfristen wären nicht mehr einzuhalten. Verfahren würden verzögert.

9. Haftung mehrerer Auftraggeber

116 In vielen Fällen werden die für den Gegner bestimmten Abschriften von Schriftsätzen und Anlagen alle Auftraggeber des Anwalts betreffen. Das muss aber nicht so sein. Ein Schriftsatz und insbes. Anlagen können nur einen Auftraggeber betreffen, zB der RA vertritt den Architekten und den Zimmermann, die gemeinsam verklagt sind; der Architekt ist in viel weiterem Umfang verklagt als der Zimmermann. Gem. § 7 Abs. 2 S. 1 Hs. 1 RVG schuldet jeder Auftraggeber nur die Vergütung für die Auslagen, die er zahlen müsste, wenn der RA nur in seinem Auftrag tätig geworden wäre. Es ist also zu unterscheiden zwischen den Kopien und Ausdrucken, die nur einen der Auftraggeber betreffen und denen, die sich auf alle beziehen. Für letztere haften alle gemeinsam, für erstere nur der jeweils betroffene Auftraggeber. § 7 Abs. 2 S. 1 Hs. 2 RVG steht dem nicht entgegen. Danach schulden sämtliche Auftraggeber die Vergütung für die Dokumentenpauschale, die für die Unterrichtung mehrerer Auftraggeber entstanden ist. Nach ihrem eindeutigen Wortlaut bezieht sich diese Haftungserweiterung nur auf den Fall von Nr. 1c („durch die Unterrichtung mehrerer Auftraggeber entstanden").[122] Dieser Gedanke kann nicht auf die anderen Nummern von VV 7000 RVG angewendet werden. Hierfür spricht, dass das Gesetz ausdrücklich eine Beschränkung auf die Unterrichtung mehrerer Auftraggeber vorgesehen hat. Der Gesetzgeber konnte auch nicht übersehen, dass weitere Tatbestände von VV 7000 RVG eine Dokumentpauschale vorsehen, die damit von der gemeinsamen Haftung aller Auftraggeber ausgeschlossen sind. Diese Beschränkung auf Nr. 1c ist zumindest im Fall des Nr. 1b von der Sache her nicht gerechtfertigt. Das Gesetz sollte insoweit geändert werden. Es führt zu einer sehr beschwerlichen und in vielen Fällen kaum wirklich durchführbaren Aufgabe herauszufinden, welche Kopien und Ausdrucke für den Gegner mehrere Auftraggeber und welche nur einen betreffen. Dazu müsste mancher Fall inhaltlich nachvollzogen werden. Zur Ermittlung der abzurechnenden Kopien und Ausdrucke → Rn. 231 ff., zur Höhe → Rn. 214 ff.

VII. Unterrichtung der Auftraggeber (Nr. 1c)

1. Beispiel

117 RA schickt in einem Verfahren mit umfangreichen Schriftsätzen 150 Seiten Ausdrucke seiner Schriftsätze und 30 Seiten Kopien von Anlagen an seinen Mandanten zu dessen Unterrichtung.
Er kann verlangen für 50 Seiten jeweils 0,50 EUR, also 25,– EUR, zzgl. für 30 weitere Seiten jeweils 0,15 EUR, also 4,50 EUR, insgesamt 29,50 EUR.

2. Allgemeines

118 Nr. 1c betrifft die Kopien und Ausdrucke zur Unterrichtung des Auftraggebers. Der Vergütungsanspruch entsteht, soweit davon mehr als 100 Seiten angefertigt sind, unabhängig davon für wie viele Auftraggeber sie bestimmt waren (Motive → Rn. 1). Die ersten 100 Ausdrucke und Kopien sind allgemeine Geschäftskosten und damit mit den Gebühren abgegolten.

3. Betroffene Dokumente

119 Eine Einschränkung, dass nur der Ausdruck oder die Kopie von ganz bestimmten Dokumenten von Nr. 1c erfasst sein soll, ist dem Gesetz nicht zu entnehmen. Somit werden nicht nur Ausdrucke oder Kopien von **eigenen Schriftsätzen des Rechtsanwalts,** von **Anlagen,**

---

[120] BGH NJW 2009, 2135.

[121] *Enders* JurBüro 2001, 425; **aA** zu der unklaren Anspruchsgrundlage nach § 27 BRAGO: OLG Frankfurt a. M. JurBüro 2001, 425 = MDR 2001, 772; OLG Köln JurBüro 1988, 351; JurBüro 1987, 1356 = MDR 1987, 678, alle zur Kostenerstattung.

[122] Hartung/Schons/Enders/*Enders* RVG § 7 Rn. 30; wohl auch Bischof/*Bräuer*/*Bischof* RVG § 7 Rn. 25, 26.

von **Schriftsätzen des Gegners,** sondern auch Kopien von **Gutachten und Auskünfte** erfasst. In aller Regel bedarf es allerdings keiner Herstellung von Kopien von Gutachten, da der Sachverständige für jede anwaltlich vertretene Partei zwei Abschriften vorlegt. Hat der Sachverständige jedoch einmal nicht genügend Kopien zur Verfügung gestellt und fertigt der RA von seiner Abschrift eine weitere an, um sie seinem Mandanten zur Verfügung zu stellen, so fällt dies unter Nr. 1c und nicht unter 1d.[123] Dasselbe gilt bei dem RA nur einfach zugegangenen Auskünften oder schriftlichen Zeugenaussagen.[124]

4. Zur Unterrichtung des Auftraggebers

Dabei sind nur die Kopien und Ausdrucke mitzuzählen, die für die Unterrichtung der Auftraggeber bestimmt waren. **120**

a) Verkehrsanwalt, Terminsvertreter, Versicherer usw. Nicht von Nr. 1c erfasst sind Kopien und Ausdrucke für den Verkehrsanwalt, den Terminsvertreter, den Versicherer oder sonstige Personen, die auf der Seite des Auftraggebers stehen. Sie sind keine Auftraggeber. Hier kann allerdings uU Nr. 1d vorliegen (→ Rn. 140 ff.). Jedoch ist Nr. 1c gegeben, wenn einem der Genannten die Kopien und Ausdrucke an Stelle des Auftraggebers (zB dem Haftpflichtversicherer) zugeleitet werden (→ Rn. 141). **121**

b) RA für seine Handakten. Für die Handakten bestimmte Kopien und Ausdrucke fallen nicht unter Nr. 1c.[125] **122**

c) Besonderheiten im Musterverfahren. Das BVerwG[126] erkennt in Musterverfahren eine Dokumentenpauschale nach VV 7000 RVG (welche Nr. wird nicht angeführt) für die Erstellung von Schreiben zur Unterrichtung der Kläger an. Gemeint sind dabei wohl die Anschreiben,[127] mit denen der RA des zunächst nach § 93a Abs. 1 S. 1 VwGO ausgesetzten Verfahrens seinen Mandanten über den Stand des weitergeführten Musterverfahrens unterrichtet hatte. Das BVerwG meint, dass dieser Fall zwar nicht die Voraussetzungen von Nr. 1c erfüllt, scheint aber, nachdem es nur diese Bestimmung erwähnt, eine vergleichbare Situation anzunehmen. Diese Entscheidung ist mit dem Wortlaut von VV 7000 RVG und den Grundsätzen von VV Vorb. 7, 7000 RVG schlechthin unvereinbar und enthält kaum Ausführungen, die als Begründung für diese Meinung gewertet werden könnten.[128] Das BVerwG begnügt sich mit dem bloßen Hinweis auf die „besondere Verfahrenssituation", ohne dies weiter zu erläutern. **123**

Sollte es wirklich um Schreiben des Verfahrensbevollmächtigten an seinen Mandanten gegangen sein, so würde es sich um Urschriften handeln, für die ein Ersatzanspruch nach VV 7000 RVG, egal welche Nr., von vornherein ausscheidet. Derartige Urschriften gehören wie auch sonst Anschreiben an Mandanten zu den allgemeinen Geschäftskosten (→ Rn. 31). Darüber hinaus wären, wenn in irgendeiner Weise eine vergleichbare Lage wie in Nr. 1c gegeben wäre, nur Seiten, die über 100 hinausgehen, zu ersetzen gewesen, ein Aspekt, der in der Entscheidung des BVerwG allem Anschein nach keine Berücksichtigung gefunden hat. **124**

5. Notwendigkeit

a) Doppelte Notwendigkeit. Die Kopien und Ausdrucke müssen der „notwendigen Unterrichtung" gedient haben. Zum einen muss es überhaupt notwendig gewesen sein, den Mandanten zu unterrichten. Zum anderen muss es erforderlich gewesen sein, dass zu diesem Zweck gerade die übersandten Kopien und Ausdrucke hergestellt wurden. **125**

b) Eigene Schriftsätze des Anwalts. Es ist erforderlich, dass der Mandant eine Abschrift der Schriftsätze seines Anwalts, jedenfalls soweit diese zur Sache vortragen, erhält. Er hat ein Recht darauf, zu wissen, was sein Anwalt in seinem Namen vorträgt. Es ist sein Verfahren. Nur so kann er für Ergänzungen oder Berichtigungen sorgen. **126**

c) Gegnerische Schriftsätze und Anlagen. Der Mandant muss wissen, was der Gegner vorträgt und was dieser für Anlagen vorgelegt hat. Nur so kann er seinen RA ausreichend informieren. **127**

---

123 **AA** Schneider/Wolf/*Volpert* RVG VV 7000 Rn. 147 der Nr. 1d für gegeben hält.

124 **AA** Schneider/Wolf/*Volpert* RVG VV 7000 Rn. 148, der Nr. 1d für gegeben hält.

125 OLG Hamm JurBüro 2002, 201 (202) Ziff. 3; KG AGS 2006, 274; OLG Stuttgart JurBüro 1982, 1193; **aA** OLG München JurBüro 1983, 386.

126 BVerwG RVGreport 2010, 341 mablAnm *Hansens.*

127 Zur Unklarheit dieser Entscheidung in dieser Hinsicht und dazu, dass die Entscheidung wohl diesen Fall meint auch *Hansens* in Anm. zu dieser Entscheidung in RVGreport 2010, 341.

128 Abl. *Hansens* in Anm. zu dieser Entscheidung in RVGreport 2010, 341.

128 Hat der gegnerische RA **nur eine Abschrift** seines Schriftsatzes und zwei Ablichtungssätze für die Anlagen vorgelegt (einen für das Gericht, einen für den RA), so wird es in vielen Fällen notwendig seien, dass der RA Kopien anfertigt, um diese seinem Mandanten zuzuleiten. Diese Kopien fallen unter Nr. 1c und sind dem RA unter den dort genannten Voraussetzungen zu ersetzen.[129] Wenn dies früher teilweise verneint wurde, so beruhte das darauf, dass weniger als zehn Auftraggeber zu informieren waren und ein Fall des § 27 Nr. 3 BRAGO verneint wurde. Nachdem das Erfordernis der zehn Auftraggeber aufgegeben wurde, kann kein Zweifel mehr sein, dass ein Vergütungsanspruch besteht, vorausgesetzt dass die Zahl 100 übertroffen wird.

129 **Keine Anforderung bei Gegner oder Gericht.** Dem Anspruch steht auch nicht entgegen, dass der RA die Möglichkeit hätte, auf billigere Weise beim Gegner bzw. beim Gericht kostenlos weitere Kopien oder Ausdrucke anzufordern. Wie oben dargelegt, ist der Gegner nur verpflichtet, Kopien oder Ausdrucke für die Gegenseite einfach vorzulegen. Wenn der Gegenanwalt nicht freiwillig einen weiteren Satz vorlegt (für den er keine Vergütung bekommt), so muss der RA ihn nicht auffordern, einen weiteren Satz nachzureichen. Auch das Gericht stellt nicht unentgeltlich Kopien her.[130] Abgesehen von Kopien von ganz bestimmten gerichtlichen Vorgängen (zB Entscheidungen, Protokollen – KV 9000 Anm. Abs. 2 GKG) verlangt das Gericht für Kopien die gleichen Beträge (wenn auch ohne MwSt), die ein Anwalt in Rechnung stellen kann. Eine Aufforderung an das Gericht kann sogar teurer für den Mandanten werden, zB weil vom Anwalt angefertigte Kopien, da weniger als 100, vom Mandanten nicht zu bezahlen sind oder weil uU dem RA für die ersten 50 anderweitig entstandenen Kopien 0,50 EUR und dem Gericht noch einmal für die ersten 50 Kopien 0,50 EUR zu zahlen sind.

6. 100 Kopien und Ausdrucke

130 **a) Isolierte Zählung.** In gleicher Weise wie bei Nr. 1b ist auch bei Nr. 1c bei der Ermittlung, ob 100 überschritten werden, Nr. 1c gesondert zu berechnen (→ Rn. 107 ff.). Ebenfalls gesondert zu berechnen ist jede Angelegenheit (→ Rn. 109 ff.). Dazu, dass Schwarz-Weiß- und Farbkopien zu addieren sind → Rn. 108.

131 **b) Mehrere Auftraggeber.** Bei der Ermittlung der zu berechnenden Kopien innerhalb einer Angelegenheit sind alle für die unterschiedlichen Auftraggeber erstellten Kopien und Ausdrucke zusammenzurechnen (→ Rn. 111). Zur Haftung bei mehreren Auftraggebern → Rn. 116, zur Höhe → Rn. 231 ff.

132 **c) Kopien und Ausdrucke ab über 100,** → Rn. 112.

7. Billigere Herstellung durch Mandanten

133 Auch hier ist wie bei Nr. 1a, b unerheblich, ob der Mandant die Kopien billiger herstellen könnte. Das Gesetz hat die Voraussetzungen für Nr. 1c genau umschrieben und bestimmt, dass, wenn sie vorliegen, der RA einen Vergütungsanspruch hat (→ Rn. 66).

8. Haftung mehrerer Auftraggeber

134 Hat der RA im selben Gerichtsverfahren 90 Kopien zur Unterrichtung seines Mandanten A und weitere 100 für seinen Mandanten B erstellt, so bestimmt § 7 Abs. 2 S. 1 Hs. 2 RVG abweichend von der sonst für die Auslagen und Dokumentenpauschale geltenden Regelung (→ Rn. 116), dass jeder Auftraggeber für die gesamte Dokumentenpauschale, also für alle der Unterrichtung der Auftraggeber dienenden Kopien haftet. Das bedeutet dann aber auch, dass bei der Frage, ob und um wie viel 100 Kopien überschritten wurden, alle Kopien bei jedem Auftraggeber, auch die für die anderen, mit zu zählen sind. Zur Höhe → Rn. 231 ff.

VIII. Sonstige Kopien und Ausdrucke (Nr. 1d)

1. Beispiel

135 Der RA sendet auf Wunsch des Mandanten Abschriften seiner Schriftsätze samt Anlagen (insgesamt 70 Seiten) an dessen Verkehrsanwalt.
Er erhält die Dokumentenpauschale sowohl für die Abschriften als auch für die Anlagen und zwar 0,50 EUR für die ersten 50 Seiten, also 25,– EUR zzgl. 0,15 EUR für die restlichen 20 Seiten, also 3,– EUR, insgesamt 28,– EUR.

2. Allgemeines

136 Nr. 1d gilt „in sonstigen Fällen", also für Kopien und Ausdrucke, die nicht in Nr. 1a–c geregelt sind. Nr. 1d ist kein Auffangtatbestand. Die Unterrichtung von Gegnern iSv Nr. 1b zB löst

---

129 Zum alten Recht iErg ebenso OLG Karlsruhe AnwBl 1986, 546; OLG München JurBüro 1982, 1190.
130 OLG Bamberg JurBüro 1984, 1676 (1677).

daher bei weniger als 101 Kopien auch dann keine Dokumentenpauschale aus, wenn der Auftraggeber damit einverstanden ist (→ RVG VV Vorb. 7 Rn. 16).

Fertigt der RA hingegen zB auf Wunsch oder im Einverständnis der Partei weitere Abschriften (zB neben den Abschriften für den Mandanten) auch noch solche für einen Dritten, etwa den Verkehrsanwalt seines Mandanten, so greift Nr. 1d ein. Er kann für diese Ersatz gem. Nr. 1d fordern. **137**

3. Betroffene Adressaten

a) Überblick. Nr. 1d erfasst nicht nur die Fälle Unterrichtung Dritter, was sich bereits aus dem „auch" zur Unterrichtung Dritter ergibt. **138**

– **Mögliche Adressaten.** Als Adressat der Dokumente kommen in Betracht: Gegner und sonstige unter Nr. 1b fallende Adressaten (→ Rn. 92 ff.), **139**
– Auftraggeber, bei denen aber meistens Nr. 1c gegeben sein wird (→ Rn. 120),
– Gericht (→ Rn. 94),
– Dritte.

b) Verkehrsanwalt, Steuerberater usw. Unter Nr. 1d fallen zB Kopien und Ausdrucke für den Patentanwalt, Steuerberater, Verkehrsanwalt, Terminsvertreter des Auftraggebers, es sei denn sie sollen diese an Stelle des Auftraggebers erhalten. Dann ist Nr. 1c gegeben (→ Rn. 121). **140**

c) Versicherung. Es gilt hier das zu Nr. 1a Dargelegte (→ Rn. 46). **141**
– Führt der Versicherungsnehmer das Verfahren selbst und informiert er den RA selbst, so fallen weitere Kopien und Ausdrucke für den Versicherer unter Nr. 1d.
– Ist der Versicherungsnehmer zwar Auftraggeber des Rechtsanwalts, überlässt er aber die Führung des Verfahrens dem Versicherer, etwa dem Haftpflichtversicherer entsprechend der Verpflichtung gem. § 3 Abs. 2 Nr. 3 AHB, § 7 Abs. 2 Nr. 5 AKB und sollen deshalb Ausdrucke und Kopien nur an diesen gehen, so sind Nr. 1a bzw. Nr. 1c gegeben.[131]
– Erst recht sind Nr. 1a, c gegeben, wenn der Versicherer selbst der Auftraggeber ist.
– Wegen Auftrag durch Versicherer nur für Akteneinsicht → Rn. 246 ff.

4. Sonstige Fälle

a) Ausschluss von Nr. 1d. Nr. 1d greift nicht ein **142**
– wenn eine abschließende Regelung für bestimmte Vorgänge bereits in Nr. 1a–c enthalten ist. Ist dies der Fall, so ist kein sonstiger Fall gegeben. Da Nr. 1b eine abschließende Regelung für Kopien und Ausdrucke für den Gegner aufgrund einer Rechtsvorschrift enthält, scheidet ein Ersatzanspruch gem. Nr. 1d für die ersten 100 Kopien und Ausdrucke für den Gegner aus,
– wenn es sich um Kosten handelt, die das Gesetz den allgemeinen Geschäftskosten zuordnet und die damit mit den Gebühren abgegolten sind (VV Vorb. 7 Abs. 1 S. 1 RVG; → RVG VV Vorb. 7 Rn. 9 ff.).

Es ist also immer eine doppelte Prüfung erforderlich. Zum einen, ob der Fall bereits in Nr. 1a–c geregelt ist und zum anderen ob es sich um allgemeine Geschäftskosten handelt. **143**

b) Doppelte Ausdrucke und Kopien für Gegner. Legt der RA dem Gericht neben seinem Schriftsatz plus Anlagen noch Ausdrucke und Kopien in doppelter Fertigung vor, also nicht nur für den gegnerischen Verfahrensbevollmächtigten, sondern auch für den Gegner, so fällt der Dokumentensatz für den Gegner unter Nr. 1d. **144**

Nicht Nr. 1b. Der zweite Dokumentensatz ist nicht von VV 7000 Nr. 1b RVG erfasst (→ Rn. 100). **145**

Keine allgemeinen Geschäftskosten. Es handelt sich bei diesen Kopien und Ausdrucken auch nicht um allgemeine Geschäftskosten. Nr. 1b enthält keine abschließende Regelung für Kopien und Ausdrucke für den Gegner und weitere in Nr. 1b angesprochene Adressaten. Nr. 1b ist lediglich eine Wertung des Gesetzes für vom Gesetz oder vom Gericht geforderte Dokumente zu entnehmen. Nur bei diesen gehören die ersten 100 Kopien und Ausdrucke zu den allgemeinen Geschäftskosten. Wenn aber schon Kopien und Ausdrucke, zu deren Herstellung der RA durch Gesetz oder gerichtliche Aufforderung verpflichtet ist, nicht schlechthin zu den allgemeinen Geschäftskosten zählen, dann können weitere Kopien und Ausdrucke, für die eine derartige Verpflichtung nicht besteht, nicht als generell von den allgemeinen Geschäftskosten umfasst angesehen werden. **146**

c) Unterrichtung des Auftraggebers. Teilweise werden Kopien, die der RA zur Unterrichtung seines Auftraggebers erstellt, weil der gegnerische RA den Ausdruck seines Schriftsat- **147**

[131] OLG München AnwBl 1987, 97; OLG Stuttgart JurBüro 1985, 122.

zes und Kopien der Anlagen lediglich zweifach dem Gericht (einmal fürs Gericht und einmal für Gegner) vorgelegt hat, bei Nr. 1d eingeordnet.[132] Dabei wird ältere Rspr. zitiert. Das ist jedenfalls im Rahmen von VV 7000 RVG nicht zutreffend. In welchem Maß Kopien und Ausdrucke zur Unterrichtung des Auftraggebers zu ersetzen sind, ist in Nr. 1c geregelt. Das gilt auch für Kopien und Ausdrucke von Schriftsätzen des Gegners (→ Rn. 119, 127).

148 **d) Dokumente fürs Gericht.** Kosten für Ausdrucke und Kopien von seinen Schriftsätzen nebst notwendigen Anlagen, die für das Gericht bestimmt sind, sind dem RA nicht zu ersetzen. Sie fallen weder unter Nr. 1b (→ Rn. 94) noch unter Nr. 1d.

149 **Schriftsätze und beizufügende Anlagen.** Nr. 1d ist nicht gegeben, weil eine Gesamtschau von VV 7000 Nr. 1 RVG ergibt, dass diese Ausdrucke und Kopien zu den allgemeinen Geschäftskosten gehören. Wenn das Gesetz in Nr. 1b vorsieht, dass Ausdrucke und Kopien von Schriftsätzen und Anlagen, soweit diese für den Gegner bestimmt sind, nur zu ersetzen sind, wenn mehr als 100 Seiten anfallen, so bedeutet das, dass die Kosten für derartige Dokumente nicht schlechthin zu ersetzen sind, dass vielmehr die ersten 100 Seiten zu den allgemeinen Geschäftskosten gehören. Wenn dann die für das Gericht vorzulegenden Dokumente in Nr. 1b nicht erwähnt sind, so ist davon auszugehen, dass diese Dokumente erst recht grds. zu den allgemeinen Geschäftskosten gehören.

150 Hinzu kommt noch, dass Nr. 1d anders als Nr. 1a–c zusätzlich das besondere Einverständnis des Mandanten voraussetzt. Es kann ausgeschlossen werden, dass das Gesetz dieses Einverständnis verlangt für Dokumente, die der RA nach dem Gesetz oder aufgrund einer Aufforderung durch das Gericht dem Gericht vorlegen muss.

151 Das gilt aber nur für solche Dokumente, zu deren Vorlage der RA auch wirklich verpflichtet ist. Das sind die Originalschriftsätze, die ohnehin Urschriften sind (→ Rn. 34), und die Anlagen, die den Schriftsätzen beizufügen sind. Das sind gem. § 131 ZPO nur bestimmte Urkunden.

152 **Kopien von Publikationen von Literatur und Entscheidungen.** Da sie dem Gericht nicht vorgelegt werden müssen, kommt bei ihnen ein Ersatzanspruch grds. gem. Nr. 1d in Betracht.[133] Zur Notwendigkeit → Rn. 226.

153 **e) Kopien von Literatur und Entscheidungen. Für den RA.** Beschafft sich der RA Kopien von Literatur für seine eigene Arbeit, gehören die Kosten zu den allgemeinen Geschäftskosten, die gem. VV Vorb. 7 Abs. 1 S. 1 RVG mit den Gebühren abgegolten werden.[134] **Für das Gericht,** → Rn. 152.

154 **f) Kopien von dem Gericht vorzulegenden Originalurkunden.** Teilweise wird zutreffend angenommen, dass es unter Nr. 1d fällt, wenn für die Handakte des Anwalts eine Kopie angefertigt werden muss, weil die Originalurkunde dem Gericht vorgelegt werden muss, zB weil das Original dem Schriftsachverständigen zu überlassen war.[135] Andere sehen hier Nr. 1a gegeben. Es könne keinen Unterschied machen, ob der Anwalt sich für seine Handakten eine Kopie fertige und dann das Original bei Gericht einreiche oder ob er zunächst das Original bei Gericht einreiche und sich dann aus der Gerichtsakte eine Kopie anfertige.[136]

5. Einverständnis des Auftraggebers

155 **a) Auftraggeber. Auftraggeber des Pflichtverteidigers.** Es muss das Einverständnis des Auftraggebers gegeben sein. Deshalb scheidet Nr. 1d für den Pflichtverteidiger aus. Weder der Staat noch der Angeklagte sind dessen Auftraggeber.[137]

156 **b) Einverständnis.** Der RA kann die Dokumentenpauschale, anders als in Nr. 1a–c, nur fordern, wenn er die zusätzlichen Abschriften „im Einverständnis mit dem Auftraggeber" gefertigt hat. Das Einverständnis muss sich auf die Fertigung der Abschriften beziehen, ein allgemeines Einverständnis mit der Prozessführung genügt nicht.

157 **Auch stillschweigend oder generell.** Das Einverständnis kann ausdrücklich oder stillschweigend erfolgen und wird sich vielfach auch aus den Umständen ergeben. Es kann auch generell für alle Kopien und Ausdrucke erteilt werden, die zur sachgerechten Bearbeitung vom

---

[132] Mayer/Kroiß/*Kroiß* RVG VV 7000 Rn. 8.

[133] OLG Koblenz MDR 2007, 1347, das grds. wohl einen Ersatzanspruch für denkbar hält, ohne aber zu erwähnen welche Bestimmung einschlägig sein soll, insoweit mzustAnm *Hansens,* der Nr. 1d für einschlägig hält.

[134] OLG Bamberg JurBüro 1978, 1188; OLG Schleswig JurBüro 1979, 373 = SchlHA 1979, 43.

[135] LAG Hamm AnwBl 1984, 316; LG Berlin JurBüro 1982, 230 = Rpfleger 1982, 159.

[136] Schneider/Wolf/*Volpert* RVG VV 7000 Rn. 145.

[137] OLG Düsseldorf NJW 2008, 2058 Tz. 8 ff.; KG AGS 2014, 50 Rn. 5.

RA als erforderlich angesehen werden.[138] Beauftragt der Mandant den RA, den Versicherer umfassend zu informieren, so liegt darin auch das Einverständnis, die erforderlichen Kopien und Ausdrucke herzustellen.

Das Einverständnis darf aber nicht ohne weiteres unterstellt werden. Allein daraus, dass zusätzliche Kopien zur sachgemäßen Bearbeitung geboten sind, ist – entgegen einer heute weit verbreiteten Ansicht[139] – noch nicht auf ein Einverständnis zu schließen. Heute besitzen viele Auftraggeber eigene Kopiergeräte; Kopien können auf dem freien Markt zu einem erheblich niedrigeren Preis beschafft werden, als von dem RA für zusätzliche Kopien und Ausdrucke gefordert werden darf. Das gilt jedenfalls, wenn eine größere Menge Kopien angefertigt werden soll. Geht es nur um einige wenige Kopien, so wird man nicht verlangen müssen, dass der RA erst noch bei seinem Mandanten rückfragt, ob dieser damit einverstanden ist. 158

Hinweis für den RA. Der RA sollte den Auftraggeber schon bei Auftragserteilung ausdrücklich befragen, ob er die Fertigung zusätzlicher Abschriften durch das Büro des RA zu dem dafür gesetzlich vorgesehenen Preis wünscht. 159

Auch nachträglich. Das Einverständnis kann vor, aber auch nach der Herstellung der Kopien und Ausdrucke erklärt werden.[140] 160

Form. Die Form des § 3a Abs. 1 RVG muss nicht eingehalten werden, da es nur um das Einverständnis geht. 161

6. Billigere Herstellung durch Mandanten

Ist der Mandant mit der Herstellung der Kopien und Ausdrucke durch den RA einverstanden, versteht sich von selbst, dass einem Vergütungsanspruch gegenüber dem Mandanten nicht entgegensteht, dass dieser Kopien und Ausdrucke billiger herstellen könnte. 162

7. Mehrere Auftraggeber

Jeder Auftraggeber haftet nur für die mit seinem Einverständnis angefertigten Kopien und Ausdrucke. § 7 Abs. 2 S. 1 Hs. 2 RVG ist hier nicht anzuwenden (→ Rn. 116 zu Nr. 1b). Zur Höhe → Rn. 231 ff. 163

IX. Elektronisch gespeicherte Dateien (Nr. 2; Anm. Abs. 2)

1. Begriffe und Anwendungsbereiche

a) Datei. Unter einer elektronisch gespeicherten Datei ist eine Einheit zu verstehen, die unter einem Namen elektronisch abgespeichert ist. 164

ZIP-Datei und Ordner. Demgegenüber befinden sich in einer ZIP-Datei mehrere Dateien.[141] In einem Ordner kann sich nur eine, können sich aber und werden sich auch meistens mehrere Dateien befinden. 165

Anwendungsbereich. Nur in VV 7000 Nr. 2 RVG wird auf Dateien abgestellt. 166

b) Überlassung und Bereitstellung zum Abruf (Nr. 2). Überlassen bedeutet, einem anderen ein Dokument zur Verfügung zu stellen, wobei es unerheblich ist, wer die Datei hergestellt hat. 167

Überlassen werden kann ua 168
- durch die Übergabe oder Versendung auf einem Speicherungsträger, wie zB Diskette, CD, DVD, Sticker
- oder durch Versendung per E-Mail, DE-Mail.[142]

Beispiel:
RA schickt auf Wunsch des Mandanten seinen Schriftsatz nicht nur an den Mandanten, sondern per E-Mail auch an dessen Versicherung. Der RA verdient für die Übermittlung an die Versicherung eine Dokumentenpauschale gem. Nr. 2 iHv 1,50 EUR für den gesamten Schriftsatz.

Bereitstellen zum Abruf. Es geschieht, indem eine Datei so bereitgestellt wird, dass sie ein anderer downloaden kann. 169

---

[138] HBS VergütungsR/*Hansens* Teil 19 Rn. 35.

[139] HBS VergütungsR/*Hansens* Teil 19 Rn. 35; Schneider/Wolf/*Volpert* RVG VV 7000 Rn. 149; wohl auch Hartung/Schons/Enders/*Hartung* RVG VV 7000 Rn. 31, Einverständnis durch widerspruchlose Duldung.

[140] Hartung/Schons/Enders/*Hartung* RVG VV 7000 Rn. 31.

[141] **AA** HBS VergütungsR/*Hansens* Teil 19 Rn. 17.

[142] Weitere Wege *Jungbauer/Jungbauer,* Das besondere elektronische Anwaltspostfach (beA) und der ERV, 2. Aufl. 2017, § 3; *Degen/Emmert,* Elektronischer Rechtsverkehr, § 4 Rn. 1 ff.

170 **Anwendungsbereich.** Die Überlassung und Bereitstellung zum Abruf genügt für einen Ersatzanspruch im Rahmen von VV 7000 Nr. 2 RVG, nicht aber für Nr. 1.

171 **Erstellung der Datei.** Darauf, ob der RA die Datei selbst hergestellt hat, kommt es nicht an. Das Gesetz stellt nach seinem eindeutigen Wortlaut ausschließlich auf die Überlassung oder Bereitstellung ab.

172 Allerdings spielt die Herstellung insofern im Rahmen von Nr. 2 eine Rolle, als die Herstellung oder Bereitstellung in einem einheitlichen Arbeitsgang zu einer Begrenzung auf maximal 5,– EUR bzw. als das Einscannen von Papierdokumenten gem. VV 7000 Anm. Abs. 2 RVG zu einem höheren Ersatzanspruch führen kann (→ Rn. 200 ff.).

173 **c) Übertragung (Scannen) (Anm. Abs. 2).** ***aa) Begriff.*** Übertragung ist das Übertragen eines Dokuments in ein anderes, insbes. das Übertragen von der Papierform in die elektronische Form (Scannen).

174 ***bb) Anwendungsbereich.*** Die Übertragung ist nur im Rahmen von VV 7000 Nr. 2 RVG von Bedeutung, setzt dort aber zusätzlich eine Überlassung oder Bereitstellung zum Abruf voraus.

2. Ersatzanspruch nach Nr. 2

175 **a) An Stelle von Nr. 1d.** Nr. 2 ist nur anzuwenden, wenn in Nr. 1d genannte Dokumente elektronisch überlassen werden („anstelle der in Nr. 1d genannten Kopien"). Übermittelt der RA seine Schriftsätzen nebst Anlagen an den Gegner oder die eigene Partei mittels elektronisch gespeicherter Datei, so ist ihm das nicht zu vergüten (es sei denn er hat eine Vereinbarung in der Form des § 3a Abs. 1 RVG getroffen).[143] Nr. 2 gibt also immer nur iVm Nr. 1d einen Anspruch. Es müssen, abgesehen von der Anfertigung von Kopien oder Ausdrucken, alle Voraussetzungen der Nr. 1d vorliegen.[144]

176 **b) Urdokument.** Daraus, dass die Voraussetzungen von Nr. 1d gegeben sein müssen, folgt, dass die Überlassung oder Bereitstellung eines Urdokuments, also zB eines vom RA elektronisch hergestellten Schriftsatzes, per elektronischer Datei zu keinem Anspruch nach Nr. 2 führen kann. Denn Nr. 1d gilt nur für Kopien und Ausdrucke, das Originaldokument, die „Urschrift", fällt nicht darunter (→ Rn. 34). Auch hier gilt, dass die Herstellung des Urdokuments mit den Gebühren abgegolten ist.[145]

177 **c) Anlagen.** Werden im Einverständnis mit dem Auftraggeber Anlagen eingescannt und die Datei dann einem Dritten überlassen, so sind die Voraussetzungen von Nr. 2 erfüllt. Zu beachten ist aber, dass das Einscannen von Anlagen und Überlassen zusammen mit der Urdatei an das Gericht nicht zu einem Ersatzanspruch führt.[146] Das Gericht als Adressat der Urdatei wird nicht von Nr. 1d erfasst.

178 **d) Wahlrecht des Anwalts.** Der RA ist – zumindest derzeit – weder verpflichtet, die elektronische Übermittlung zu wählen, wenn diese billiger gewesen wäre (zB umfangreiches Schriftstück), noch muss er die Kopie wählen, wenn diese mit weniger Kosten verbunden gewesen wäre (Dokument mit nur einer Seite).[147] Dies wird durch das ERVG[148] bestätigt. Dort wird mit dem neu eingefügten § 130d ZPO (und entsprechenden Bestimmungen für andere Verfahrensordnungen) iVm Art. 26 Abs. 7 ERVG erst ab dem 1.1.2022 die Verpflichtung begründet, dass bestimmte an das Gericht gerichtete Dokumente als elektronisches Dokument übermittelt werden müssen. Dann besteht vorher keine entsprechende Verpflichtung. Dies ändert sich aber mit dem 1.1.2022. Zu beachten ist, dass aufgrund der Ermächtigung gem. Art. 24 Abs. 2 ERVG, in einzelnen Bundesländern schon vorher (ab 1.1.2020 oder 1.1.2021) eine Verpflichtung bestehen kann. Auch für die StPO ist eine entsprechende Verpflichtung im Gesetzgebungsverfahren. Beachte → Rn. 62.

179 Fordert der Mandant den RA zu einer elektronischen Übermittlung auf und sind die technischen Voraussetzungen dafür sowohl beim Anwalt als auch beim Mandanten gegeben, so muss der Anwalt den elektronischen Weg wählen.

3. Empfang von Dateien

180 Für den Empfang von Dateien erhält der RA nach dem eindeutigen Wortlaut des Gesetzes keinen Ersatz.

---

[143] HBS VergütungsR/*Hansens* Teil 19 Rn. 38 ff.
[144] *Henke* AnwBl 2005, 208.
[145] *Enders* JurBüro 2012, 561.
[146] *Enders* JurBüro 2012, 561.
[147] Schneider/Wolf/*Volpert* RVG VV 7000 Rn. 152 zu billigerer Ablichtung.
[148] G zur Förderung des elektronischen Rechtsverkehrs mit den Gerichten v. 10.10.2013.

4. Kein Ersatzanspruch für Einscannen

Einscannen begründet keinen eigenen Ersatzanspruch.[149] Das Einscannen für sich allein betrachtet führt weder nach VV 7000 Nr. 1 RVG noch nach Nr. 2 zu einem Ersatzanspruch. Es hat aber uU innerhalb des Anspruchs gem. Nr. 2 eine begrenzende oder eine erhöhende Wirkung auf die Höhe. 181

Nr. 1 ist nicht gegeben. Bis zum 2. KostRMoG genügte allerdings für einen Ersatzanspruch die Herstellung und Überlassung ua von Ablichtungen. Überwiegend wurde in Rspr. und Lit., auch im vorliegenden Kommentar,[150] angenommen, dass durch Einscannen eine Ablichtung im Sinne der bisherigen Fassung von VV 7000 RVG entstanden war und damit zu einem Ersatzanspruch nach Nr. 1 führen konnte.[151] Das kann nunmehr nicht mehr vertreten werden.[152] Mit der Verwendung des Begriffes Kopie anstelle von „Ablichtung" sollte gerade erreicht werden, dass das Einscannen nicht erfasst ist, wie die Motive eindeutig erklären. Eine Kopie im Sinne des gerichtlichen Kosten- und des anwaltlichen Vergütungsrechts ist nach diesen nur die Reproduktion einer Vorlage auf einem körperlichen Gegenstand, bspw. auf Papier, Karton oder Folie (→ Rn. 15 ff.; Motive → Rn. 2, 3).[153] Allerdings hat das Bundesministerium der Justiz die Ansicht vertreten, dass es entgegen der Ansicht des KG mit VV 7000 RVG vereinbar sei, das Einscannen unter die zu erstattenden Auslagen gem. VV 7000 RVG fallen zu lassen.[154] Ob es sich dabei um eine Kopie oder um was sonst es sich handeln soll, wird an dieser Stelle allerdings nicht dargetan. Angesichts der oben dargelegten Gründe ist dem nicht zu folgen. 182

Kritik. Diese Handhabung führt mE zu ungerechtfertigten Ergebnissen.[155] Sie bedeutet zB, dass der Rechtsanwalt, der eine Gerichtsakte einscannt, statt sie auf Papier zu kopieren (womit er einen Ersatzanspruch gem. VV 7000 Nr. 1a RVG erlangen würde), ersatzlos bleibt. Zwar erspart er hierdurch teilweise Materialkosten (Papier und Toner). Dabei wird aber nicht berücksichtigt, dass ein Kopiervorgang auch Arbeitskraft kostet. Dass Letztere ein relevanter Faktor ist, wird in VV 7000 Anm. Abs. 2 RVG aber anerkannt. Denn sonst dürfte das Scannen unabhängig von irgendwelchen zusätzlichen Voraussetzungen zu keinem höheren Ersatzanspruch führen. Es erscheint auch nicht zeitgemäß, wenn Papierkopien für den RA so viel günstiger sind als Kopien in eine elektronische Datei. Allerdings sollte der Ersatzanspruch geringer sein als die Anfertigung einer Kopie, da Kosten für Papier und Toner entfallen. Im Übrigen → Rn. 6 ff. DAV und BRAK schlagen in ihrem gemeinsamen, der Justizministerin überreichten Katalog zur Verbesserung des RVG vor, ausdrücklich einen Erstattungsanspruch in RVG VV 7000 aufzunehmen.[156] 183

5. Ausdrucken einer eingescannten Datei

→ Rn. 53 ff., 62 ff. 184

6. Mehrere Auftraggeber

→ Rn. 163. 185

X. Höhe der Pauschale

1. Kopie und Ausdruck

a) Überblick. Die Dokumentenpauschale beträgt in den Fällen der Nr. 1 für die ersten 50 Seiten, für die eine Vergütung verlangt werden kann, 0,50 EUR bzw. bei Farbkopien 1,– EUR, für jede weitere Seite 0,15 EUR bzw. 0,30 EUR (VV 7000 Nr. 1 RVG). Es gibt also 0,50 EUR bzw. 1,– EUR in den Fällen Nr. 1a, d für die ersten 50 Seiten, in den Fällen Nr. 1b, c für die Kopien 101–150 (→ Rn. 112, 132). 186

---

[149] KG RVGreport 2016, 224 mAnm *Burhoff; Hansens* RVGreport 2017, 47; **aA** Hartung/Schons/Enders/*Hartung* RVG VV 7000 Rn. 3.

[150] Gerold/Schmidt/*Müller-Rabe,* 20. Aufl. 2012, RVG VV 7000 Rn. 6.

[151] So zuletzt BayLSG 2013, 121.

[152] KG JurBüro 2015, 18; *Hansens* ZfS 2015, 706; LSG München AGS 2019, 65; LSG Niedersachsen-Bremen AGS 2017, 329; Schneider/Wolf/*Volpert* RVG VV 7000 Rn. 29; **aA** *Klüsener* JurBüro 2016, 2; *Meyer* JurBüro 2014, 127; *Recklin* AnwBl 2015, 59.

[153] KG JurBüro 2016,18 = RVGreport 2015, 464 mzustAnm *Burhoff.*

[154] *Burhoff* Anm. zu KG RVGreport 2016, 224; http://blog.burhoff.de/2015/12/erstattung-von-scan.

[155] Ebenso *Burhoff* Anm. zu KG RVGreport 2015, 464.

[156] *Hansens* RVGreport 2018, 202, 205 Ziff. III 11.

187 **b) Farbkopien.** Farbkopien sind aufgrund einer Gesetzesänderung durch das 2. KostRMoG nunmehr mit 1,– EUR bzw. 0,30 EUR je Kopie zu vergüten.

188 **Notwendigkeit von Farbkopien.** Nachdem Farbkopien erheblich teurer sind, sind nur diejenigen Dokumente farblich zu kopieren, bei denen dies erforderlich ist.[157] Dies leitet sich aus dem allg. Grundsatz her, dass der RA dem Mandanten keine unnötigen Kosten verursachen darf. Ist zB in der kopierten Akte ein Schriftsatz eines RA erhalten, dessen Briefkopf farbig gestaltet ist, so besteht kein Grund, dieses Dokument farbig zu kopieren. Geht es hingegen um einen Stadtplan oder eine Bauzeichnung, so wird eine Farbkopie häufig übersichtlicher und damit geboten sein.

189 **Farbkopien in Altfällen.** Für die Altfälle bleibt es dabei, dass für Farbkopien gleiche Beträge wie für Schwarzweiß-Kopien anzusetzen sind Das Gesetz hat bis zum 2. KostRMoG nicht zwischen Schwarzweiß- und Farbkopien differenziert.[158] Dem Gesetzgeber war sicherlich auch nicht entgangen, dass es Farbkopien gibt. Dennoch machte er keine Unterschiede. Laut den Motiven ist auch die Differenzierung zwischen Schwarzweiß- und Farbkopieren „neu" (→ Rn. 2). Es handelt sich also nicht um eine Klarstellung.

190 **c) DIN-A4.** Vertreten wird, dass das Gesetz auf DIN-A4 Format abstellt, weshalb für DIN-A 3 Seiten der doppelte Betrag einzusetzen sei.[159] Dem ist nicht zu folgen, nachdem das Gesetz nicht auf eine bestimmte DIN-Größe abstellt und bei Schaffung des Gesetzes sicherlich bekannt war, dass es verschiedene Größen gibt.[160] Noch größere Formate, insbes. in Bausachen, werden ohnehin meistens in besonderen Kopieranstalten vervielfältigt. Die dadurch entstehenden Kosten kann der RA gem. VV Vorb. 7 Abs. 1 S. 2 RVG vergütet verlangen.[161] ZB können für die Kopie eines Bebauungsplans 26,98 EUR noch angemessen sein.[162] Ansonsten sollte eine Vergütungsvereinbarung unter Einhaltung der Vorschrift von § 3a RVG getroffen werden.[163]

2. Elektronische Datei

191 **a) 1,50 EUR pro Datei. Pro Datei.** Im Fall der Nr. 2 erhält der RA seit dem 2. KostRMoG pro Datei, nicht pro Sendung 1,50 EUR (VV 7000 Nr. 2 RVG) statt früher 2,50 EUR.

192 **Mehrere Dateien.** Schickt der RA mehrere Dateien mittels einer E-Mail, so übermittelt er mehrere Dateien. Mehrere Dateien sind auch dann gegeben, wenn sie in einer ZIP-Datei oder in einem Ordner zusammengefasst sind und dann verschickt werden.

193 **Ermessensspielraum.** Soweit der RA die Datei selbst anlegt, hat er einen Ermessensspielraum, was er zu einer Datei verbindet. Legt er zB für jeden seiner Schriftsätze eine eigene Datei an (Datei „Schriftsatz vom 18.7.2005" und Datei „Schriftsatz vom 20.9.2005"), so sind mehrere Dateien gegeben. Speichert er hingegen mehrere Schriftsätze unter einer Datei (Datei „Meine Schriftsätze in Sache X gegen Y"), so ist eine Datei gegeben. Solange sich der RA dabei im Rahmen dessen hält, wie ein vernünftiger Anwalt seine Dateien anlegt, ist seine Entscheidung hinzunehmen. Es ist also gerechtfertigt, wenn er für jeden Schriftsatz eine eigene Datei anlegt. Hingegen wäre es im Regelfall willkürlich, wenn er einen Schriftsatz in mehrere Dateien aufteilen würde.

194 **Mehrfache Überlassung einer Datei.** Überlässt der RA Dateien mehrfach, zB der Rechtsschutz- und der Haftpflichtversicherung, so entsteht auch die Dokumentenpauschale mehrfach.[164]

195 **b) Mehrere Dateien in einem Arbeitsgang, maximal 5,– EUR. Altes Recht.** In der Rspr. wurde schon zum Recht vor dem 2. KostRMoG angenommen, dass nicht auf die einzelnen Dateien abgestellt werden kann, wenn der dem RA dann zustehende Ersatzanspruch in keinem Verhältnis mehr zu seinem Aufwand stehen würde. Deshalb wurde einem Verteidiger für das bloße Kopieren einer DVD nur ein Anspruch in Höhe der bei der Herstellung des Datenträgers tatsächlich angefallenen Kosten zuerkannt. Auf den DVDs befanden sich über 3.000

---

[157] **AA** *Hansens* RVGreport 2014, 13 (14), Buchbesprechung zu Gerold/Schmidt, 21. Aufl. 2013.

[158] OLG Stuttgart JurBüro 2002, 195; HBS VergütungsR/*Hansens* Teil 19 Rn. 15 mwN; Schneider/Wolf/*Volpert* RVG VV 7000 Rn. 107; **aA** OLG Düsseldorf RVGreport 2005, 232, 1 EUR pro Kopie; LG Frankfurt/Oder JurBüro 1996, 658, 6 DM pro Farbkopie von Lichtbild; Schneider/Wolf/*N. Schneider,* 5. Aufl. 2010, RVG VV 7000 Rn. 77, tatsächliche Kosten bzw. übliche Vergütung nach § 612 BGB.

[159] Schneider/Wolf/*N. Schneider,* 5. Aufl. 2010, RVG VV 7000 Rn. 75.

[160] Schneider/Wolf/*Volpert* RVG VV 7000 Rn. 105.

[161] HBS VergütungsR/*Hansens* Teil 19 Rn. 16; Schneider/Wolf/*Volpert* RVG VV 7000 Rn. 199.

[162] OVG Koblenz JurBüro 2010, 370.

[163] HBS VergütungsR/*Hansens* Teil 19 Rn. 16.

[164] HBS VergütungsR/*Hansens* Teil 19 Rn. 17.

Dateien (23.000 Seiten Ermittlungsakten) bzw. über 6.000 Audiodateien (Telefonüberwachungs-Mitschnitte).[165] Geltend gemacht waren von den Verteidigern über 8.000,– EUR bzw. über 17.000,– EUR. Teilweise wurde dabei zur Bestimmung der tatsächlichen Kopierkosten auf VV 7000 Nr. 2 RVG für die ganze DVD abgestellt, sodass dem RA 2,50 EUR plus MwSt zu vergüten waren.[166]

Neues Recht. Diese Frage hat das 2. KostRMoG geklärt. VV 7000 Nr. 2 RVG wurde dahingehend ergänzt, dass maximal 5,– EUR zu erstatten sind, wenn die Überlassung, Bereitstellung oder Übertragung auf denselben Datenträger in einem Arbeitsgang erfolgt ist. 196

Ermessen. Dabei ist es nicht in das Belieben des Rechtsanwalts gestellt, ob er in einem oder mehreren Arbeitsgängen tätig wird. Allerdings ist ihm ein gewisser Ermessenspielraum einzuräumen. Es ist wieder darauf abzustellen, wie sich ein vernünftiger RA verhalten würde (→ Rn. 193). 197

Mit der **ersten Alternative** (Überlassen und Bereitstellen generell) sind folgende Vorgänge erfasst: 198

Der RA hat auf seinen PC fünf Dateien.

– Er erstellt in einem Arbeitsvorgang eine E-Mail, dem er die fünf Dateien als Anhang anhängt, und sendet dieses ab oder
– der RA erstellt in einem Arbeitsvorgang von den fünf Dateien fünf PDF-Dateien und stellt diese ins Internet.

Mit der **zweiten Alternative** (in einem Arbeitsgang auf denselben Datenträger übertragenen Dokumente) soll nach Auskunft des Bundesjustizministeriums folgender Fall erfasst werden: Ein Verteidiger erhält von der Staatsanwaltschaft eine Reihe von Videoaufnahmen, die wegen ihrer Größe auf mehrere Datenträger gespeichert werden. Übermittelt der RA Kopien dieser Datenträger, soll er pro Datenträger 5,– EUR erhalten. Ohne diese Alternative könnte man die Auffassung vertreten, der RA hätte die Datenträger „in einem Arbeitsgang" überlassen und könnte daher nur einmal 5,– EUR ansetzen. 199

c) Höherer Ersatz bei Einscannen (Anm. Abs. 2). ***aa) Anm. Abs. 2 Keine eigene Anspruchsgrundlage.*** Wie oben dargelegt (→ Rn. 175) stellt jedenfalls ab dem 2. KostRMoG das Scannen nicht die Herstellung einer Kopie iSv Nr. 1 dar. Das Scannen als solches führt auch sonst zu keinem selbständigen Ersatzanspruch. Gem. VV 7000 Anm. Abs. 2 RVG kann sich jedoch der Anspruch des VV 7000 Nr. 2 RVG für die Überlassung einer elektronischen Datei erhöhen, wenn der RA zuvor von der Papierform durch Scannen eine elektronische Datei hergestellt hat. 200

bb) Voraussetzungen von Nr. 2 iVm Nr. 1d. Zunächst einmal müssen alle Voraussetzungen gegeben sein, die beim Überlassen einer elektronischen Datei zu einem Ersatzanspruch gem. Nr. 2 führen (→ Rn. 175 ff.). 201

cc) Scannen zum Überlassen iSv Nr. 2. Hinzukommen muss dann noch, dass die elektronische Datei von der Papierform in die elektronische Form übertragen wurde, also eingescannt wurde, und dass dies zum Zweck der Überlassung erfolgt ist. 202

Das ist zB gegeben, wenn der Mandant von den Kopien, die der RA aus einer Gerichtsakte gezogen hat, oder von einem Schriftsatz des Gegners eine elektronische Datei zugesandt haben will. 203

Es reicht nicht eine Übertragung für die Handakte des RA selbst. 204

dd) Einverständnis des Auftraggebers. Die Übertragung muss im Einverständnis mit dem Auftraggeber erfolgen. Es gilt das zu Nr. 1d Dargelegte entsprechend (→ Rn. 155 ff.). 205

ee) Höhe des Ersatzanspruchs. **Mindestens 1,50 EUR bzw. 5,– EUR.** Liegen die Voraussetzungen von VV 7000 Anm. Abs. 2 RVG vor, so entsteht zunächst ein Anspruch von mindestens 1,50 EUR bzw. uU von 5,– EUR. Anm. Abs. 2 führt nicht zu einer Unterschreitung dieser Beträge („… nicht weniger, als …"). 206

Beispiel:

Auf Wunsch des Auftraggebers scannt der RA eine Seite ein und überlässt die so hergestellte elektronische Datei einer Versicherung.

Dem RA steht ein Ersatzanspruch iHv 1,50 EUR zu und nicht nur ein Anspruch von 1 × 0,50 EUR.

Höherer Anspruch. Häufig wird der Anspruch aber ge m. Anm. Abs. 2 höher sein, da der RA so zu stellen ist, als hätte er im Rahmen von VV 7000 Nr. 1d RVG körperliche Kopien 207

---

165 OLG Düsseldorf NJW 2008, 2058; OLG Köln AGS 2009, 536.
166 OLG Köln AGS 2009, 536.

hergestellt. Zwar ist in der Anm. Abs. 2 Bezug genommen auf die Dokumentenpauschale im Fall der Nr. 1. Ankommen kann es aber nur auf Nr. 1d, da Nr. 2 nur einen Anspruch anstelle von Nr. 1d gibt.

Beispiel:

Der RA hat aus einer Gerichtsakte 60 Kopien **auf Papier** gezogen. Der Mandant möchte, dass **der RA durch Scannen davon eine elektronische** Datei herstellt und **diese ihm** zumailt.
Der Mandant muss ersetzen 50 × 0,50 EUR und 10 × 0,15 EUR gem. VV 7000 Anm. Abs. 2 RVG iVm Nr. 1d.

207a **d) Verhältnis zu VV 7001–7002 RVG.** → RVG VV 7001–7002 Rn. 9.

3. Einheitliche Berechnung je Angelegenheit

208 **a) Eine Angelegenheit.** Die Höhe der Dokumentenpauschale wird in derselben Angelegenheit, also zB in gerichtlichen Verfahren im selben Rechtszug einheitlich berechnet (Anm. zu VV 7000 RVG). In diesen fällt also die erhöhte Pauschale von 0,50 EUR je Seite für die ersten 50 Seiten nur einmal an. Daran ändert sich nach dem eindeutigen Wortlaut des Gesetzes, das auf die Angelegenheit und nicht auf die einzelnen Tatbestände von VV 7000 RVG abstellt, nichts, wenn mehrere der in VV 7000 RVG aufgeführten Tatbestände erfüllt sind.

Beispiel:

Hat der RA in einem Zivilverfahren 80 Seiten aus Gerichtsakten kopiert (Nr. 1a) und 120 Seiten für den Gegner angefertigt (Nr. 1b), so erhält er für 50 Seiten 0,50 EUR und für weitere 50 Seiten 0,15 EUR.

209 **b) Schwarzweiß- und Farbkopien nebeneinander. 2 × erste 50.** Werden 40 Schwarzweiß-Kopien und 30 Farbkopien in derselben Angelegenheit zB aus Gerichtsakten angefertigt, so sind sowohl für die ersten 50 Schwarzweiß-Kopien jeweils 0,50 EUR als auch für die ersten 50 Farbkopien jeweils 1,– EUR anzusetzen, obwohl beide zusammen über 50 Kopien ausmachen. Der Wortlaut der Bestimmung ist eindeutig. Für die ersten Schwarzweiß-Kopien sind 0,50 EUR und für die ersten 50 Farbkopien sind 1,– EUR zu ersetzen.

210 Wenn 80 Schwarz-Weißkopien und 70 Farbkopien angefertigt werden, so sind die ersten 50 Schwarzkopien mit 0,50 EUR und die ersten 50 Farbkopien mit 1,– EUR zu ersetzen, die übrigen mit 0,15 EUR bzw. 0,30 EUR.

Der RA kann in diesem Fall also abrechnen:

50 Farbkopien zu je 1,– EUR, 20 Farbkopien zu je 0,30 EUR, also	56,00 EUR
50 Schwarzweißkopien zu je 0,50 EUR, 30 Schwarzweißkopien zu je 0,15 EUR, also	29,50 EUR
Insgesamt	85,50 EUR

211 **Reihenfolge Farb- und Schwarzweiß-Kopie.** Werden im Fall von Nr. 1b oder Nr. 1c insgesamt mehr als 100 Kopien angefertigt, dabei teilweise Schwarzweiß-, teilweise Farbkopien, so kann der RA die für ihn günstigere Berechnung vornehmen.[167]

Beispiel:

Der RA hat zur Unterrichtung seines Auftraggebers 170 Kopien angefertigt, davon 90 in Farbe.
Der RA hat gem. VV 7000 Nr. 1c RVG einen Ersatzanspruch iHv 50 × 1,– EUR (50,– EUR) für die 50 ersten Farbkopien plus 20 × 0,50 EUR (10,– EUR) für die 20 ersten Schwarzweiß-Kopien, also insgesamt 60,– EUR.
Hätte er 220 Kopien, davon wieder 90 in Farbe hergestellt, so hätte er einen Ersatzanspruch iHv 50 × 1,– EUR (50,– EUR) für die 50 ersten Farbkopien plus 50 × 0,50 EUR (25,– EUR) für die ersten Schwarzweiß-Kopien, plus 20 × 0,30 EUR (6,– EUR) für weitere Farbkopien, also insgesamt 81,– EUR.

212 **c) Mehrere Angelegenheiten.** Liegen mehrere Angelegenheiten vor, so erhält der RA in jeder Angelegenheit für die ersten abzurechnenden 50 Schwarzweiß-Kopien 0,50 EUR und die ersten abzurechnenden 50 Farbkopien 1,– EUR, für die restlichen 0,15 EUR bzw. 0,30 EUR.

Beispiel:

Der RA ist zunächst im Urkundenprozess tätig und fertigt dort für den Gegner 160 Schwarzweiß-Kopien an. Im Nachverfahren stellt er für den Gegner noch einmal 200 Kopien her.
Der RA kann verlangen
für den Urkundenprozess 50 × 0,50 EUR und 10 × 0,15 EUR,
für das Nachverfahren 50 × 0,50 EUR und 50 × 0,15 EUR.

---

[167] *Schneider/Thiel,* 1. Aufl., § 3 Rn. 1300; *Hansens* RVGreport 2014, 13 (14), Buchbesprechung zu Gerold/Schmidt, 21. Aufl. 2013; Riedel/Sußbauer/*Ahlmann* RVG VV 7000 Rn. 14.

Da das Ermittlungs- und Strafverfahren gem. § 17 Nr. 10 RVG zwei Angelegenheiten darstellen (→ RVG § 17 Rn. 128), sind, wenn zuerst für das Ermittlungs- und später für das Strafverfahren Kopien angefertigt werden, diese jeweils gesondert zu berechnen.[168]

d) Keine Anrechnungen. Soweit das Gesetz hinsichtlich Gebühren Anrechnungen kennt, betrifft das die Dokumentenpauschale nicht (→ RVG VV 7001 Rn. 41 ff.). Die Anrechnung führt also weder dazu, dass bei der Errechnung von 100 Kopien die Zahlen aus beiden Verfahren zu addieren wären (→ Rn. 110), noch dazu, dass in beiden Verfahren insgesamt nur einmal für die ersten 50 Kopien 0,50 EUR zu zahlen wären. 213

4. Mehrere Auftraggeber

Aus der Anm. Abs. 1 S. 1 zu VV 7000 RVG ergibt sich, dass bei mehreren Auftraggebern in derselben Angelegenheit nicht pro Auftraggeber die ersten 50 Kopien mit 0,50 EUR zu vergüten sind, sondern dass insgesamt für die ersten 50 Kopien nur 0,50 EUR berechnet werden können. Dass der RA mehrere Auftraggeber vertritt, ändert nichts daran, dass es sich um nur eine Angelegenheit handelt und deshalb die in der Anm. Abs. 1 S. 1 zu VV 7000 RVG vorgesehene einheitliche Berechnung eingreift. Hierfür spricht auch, dass die Anfertigung nur weniger Kopien verhältnismäßig mehr Personalaufwand verursacht als die Kopie vieler Seiten in einem Arbeitsgang, wobei es keine Rolle spielt, ob die Kopien für eine oder mehrere Personen angefertigt werden.[169] Überholt ist die zum alten Recht allgM,[170] dass KV 9000 Anm. Abs. 1 GKG entsprechend angewandt werden müsse, wonach die Höhe der Schreibauslagen für jeden Kostenschuldner besonders zu berechnen ist, es sei denn sie sind Gesamtschuldner. 214

Im Fall der Nr. 1c führt das zu keinen Problemen, nachdem hier die Auftraggeber Gesamtschuldner sind (§ 7 Abs. 2 S. 1 Hs. 2 RVG). Bei den anderen Nummern sind, wenn in unterschiedlichem Umfang Kopien für die einzelnen Auftraggeber angefertigt wurden, die ersten 50 Kopien wie folgt aufzuteilen. 215

Beispiel:

Der Rechtsanwalt, der zwei Beklagte vertritt, schickt an den Gegner Kopien, von denen 120 beide Auftraggeber betreffen, 20 nur den Auftraggeber A, 40 nur den Auftraggeber B.
Der RA kann verlangen
von beiden 20 × 0,50 EUR
von A 10 × 0,50 EUR (ein Drittel der verbleibenden 30 Kopien zu 0,50 EUR) + 10 × 0,15 EUR
von B 20 × 0,50 EUR + 20 × 0,15 EUR.
Hätten im vorigen Beispiel statt 120 150 Kopien beide Auftraggeber betroffen, so hätte der RA verlangen können
von beiden 50 × 0,50 EUR
von A 20 × 0,15 EUR
von B 40 × 0,15 EUR.

Unterschiedliche Gegenstände. Soweit in der Literatur vertreten wird, dass bei verschiedenen Gegenständen für diesen Auftraggeber die ersten 50 abzurechnenden Seiten mit 0,50 EUR anzusetzen seien,[171] ist das mit dem Gesetz, das auf die Angelegenheit und nicht den Gegenstand abstellt, nicht vereinbar. 216

5. Dieselben Dokumente für mehrere Angelegenheiten

Soweit dieselben Kopien oder Ausdrucke für verschiedene Angelegenheiten angefertigt wurden, sind sie zu gleichen Teilen auf die Verfahren zu verteilen.[172] 217

XI. Kostenerstattung

Allg. zum Verhältnis Ersatzanspruch gegen Mandanten und Kostenerstattung gegen Gegner → RVG VV Vorb. 7 Rn. 2. 218

1. Erstattungsfähigkeit

Grundsätzlich sind die Dokumentenkosten zu erstatten, auch die nach Nr. 1d. 219

Soweit der BGH zur BRAGO die Auffassung vertreten hatte, dass Anlagen zu Schriftsätzen bei der Kostenfestsetzung nicht berücksichtigt werden können, beruhte dies gerade darauf, dass

[168] OLG Frankfurt a. M. ZfS 2015, 526 mAnm *Hansens.*
[169] BGH MDR 2007, 365 zum Erstattungsanspruch des Notars nach der KostO.
[170] Gerold/Schmidt/*von Eicken,* 15. Aufl. 2002, BRAGO § 27 Rn. 21; *Hansens* BRAGO § 27 Rn. 13.
[171] Schneider/Wolf/*Volpert* RVG VV 7000 Rn. 189.
[172] OVG Lüneburg RVGreport 2014, 476, in entsprechender Anwendung von VV Vorb. 7 Abs. 3 S. 1 RVG, iErg mzustAnm *Hansens,* der das bei Streitgenossen anerkannte Kopfteilprinzip → RVG VV 1008 Rn. 312 ff. anwendet; VG Hamburg JurBüro 2008, 95.

der RA gegen seinen Mandanten keinen Anspruch auf Erstattung dieser Kosten hatte.[173] Diese Rspr. ist überholt, soweit im Fall von Nr. 1b mehr als 100 Kopien oder Ausdrucke anzufertigen waren. Soweit der RA gegen seinen Mandanten einen Anspruch hat, kann ein entsprechender Betrag in der Kostenfestsetzung geltend gemacht werden.

2. Zugehörigkeit zum Rechtsstreit

220 Erstattungsfähig sind nur die Kosten für Dokumente, die das gerichtliche Verfahren betreffen. Die Kostenentscheidung erfasst nur die Kosten des Rechtsstreits.

221 **Vorgerichtliches Verfahren.** Ebenso wenig wie die vorprozessuale Geschäftsgebühr im Kostenfestsetzungsverfahren geltend gemacht werden kann,[174] können Dokumente, die im vorgerichtlichen Verfahren angefertigt wurden, zur Kostenfestsetzung angemeldet werden.[175]

222 **Streitverkündung.** Mit der Streitverkündung verbundene Dokumente gehören nicht zu den „Kosten des Rechtsstreits" und sind daher aufgrund einer Entscheidung zu diesen nicht zu erstatten.[176] Nach dem KG sind Auslagen des Rechtsanwalts für zum Zwecke der Streitverkündung gefertigte Dokumente auch dann nicht zu erstatten, wenn eine Kostenentscheidung über die Kosten der Nebenintervention ergangen ist. Es handele sich nicht um „durch die Streithilfe entstandene" Kosten, da eine Streithilfe erst vorliege, wenn der Dritte als Streithelfer der Hauptpartei beitritt.[177]

3. Notwendigkeit

223 **a) Nr. 1a–c.** ***aa) Allgemeines.*** Im Anwendungsbereich des § 91 Abs. 2 ZPO (Anwaltsverfahren) ergibt sich aus dessen S. 1 Hs. 1, dass auch die Auslagen des Anwalts der obsiegenden Partei stets als zweckentsprechende Kosten der Rechtsverfolgung oder Rechtsverteidigung anzusehen sind.[178] Es ist daher nur noch zu prüfen, ob gegenüber dem Mandanten ein Vergütungsanspruch bestand.[179] Ist dies der Fall, so besteht automatisch auch ein Erstattungsanspruch gegen den Gegner. Hingegen ist es unzutreffend, wenn in der Lit. vertreten wird,[180] dass Auslagen des RA nur ausnahmsweise (!) nicht zu erstatten seien, wenn kein Anlass für die Tätigkeit des RA bestanden habe. Vielmehr ist ohne die Annahme eines Regel-Ausnahme-Prinzips zu prüfen, ob nach VV Vorb. 7 ff. RVG dem RA ein Ersatzanspruch gegeben ist, wobei vom RA die Erforderlichkeit darzulegen und zu beweisen ist (→ Rn. 65).

Dasselbe gilt auch außerhalb des Anwendungsbereichs des § 91 ZPO. Ist davon auszugehen, dass die Einschaltung eines Anwalts erforderlich war, so sind auch Ablichtungskosten, die unter Nr. 1a–c fallen, zu erstatten, da bereits der Erstattungsanspruch gegen den Mandanten voraussetzt, dass die Anfertigung zur sachgemäßen Bearbeitung geboten war (Nr. 1a), von Rechtsvorschriften oder der verfahrensführenden Stelle verlangt wurde (Nr. 1b) oder der notwendigen Unterrichtung gedient hat (Nr. 1c). Sind diese Voraussetzungen gegeben, so ist auch die Notwendigkeit iSv § 91 ZPO zu bejahen. Das gilt auch für die Unterrichtung der Auftraggeber. Diesen ist insbes. nicht zuzumuten, sich damit zu begnügen, beim RA Einblick in dessen Schriftsätze zu nehmen.

224 ***bb) WEG.*** Es ist zu unterscheiden, ob die WEG als solche oder ob Wohnungseigentümer Partei sind. Welche Auslagenkosten zu erstatten sind, hängt davon ab, in welchem Umfang Kopien dem Auftraggeber vom RA zuzuleiten waren (→ Rn. 114).

225 **b) Nr. 1d.** Stellt der RA im Einverständnis seines Mandanten Dokumente her, so ist jedoch in jedem Einzelfall zu prüfen, ob dies zur Prozessführung erforderlich war.[181] Das gilt auch im Anwendungsbereich von § 91 Abs. 2 ZPO. Allerdings hat der BGH ohne Einschränkung entschieden, dass in diesem Bereich die Auslagen ohne Notwendigkeitsprüfung zu erstatten sind, wenn nur ein Anspruch des Anwalts gegen den Mandanten besteht (→ Rn. 223). Es kann aber ausgeschlossen werden, dass dies auch für Dokumente gem. Nr. 1d gilt. Wenn der Mandant wünscht, dass Kopien auch seinem Steuerberater zugeleitet werden, so begründet das einen

[173] BGH NJW 2003, 1127 = AnwBl 2003, 241.
[174] BGH AnwBl 2005, 434 = FamRZ 2005, 604 = JurBüro 2005, 261.
[175] HBS VergütungsR/*Hansens* Teil 19 Rn. 42.
[176] KG JurBüro 2006, 34; *N. Schneider* in Anm. zu OLG Karlsruhe AGS 2011, 308.
[177] KG JurBüro 2006, 34; OLG München JurBüro 1989, 1121.
[178] BGH MDR 2005, 956 = AGS 2005, 306; NJW 2003, 1532 = VersR 2004, 216 = RPfleger 2003, 320; AGS 2005, 573.
[179] BGH AGS 2005, 573.
[180] *Hansens* Anm. zu VGH München RVGreport 2020, 178 (180) Ziff. III 4.
[181] KG Rpfleger 1975, 30.

Vergütungsanspruch des Anwalts gegen seinen Auftraggeber. Das kann aber nicht ohne weiteres zu einem Erstattungsanspruch gegen den Gegner führen.

Die Vorlage von Kopien von veröffentlichten **Entscheidungen oder von Lit.** zur Information des Gerichts (→ Rn. 152) ist nach einer Meinung nicht erforderlich, da dem Richter zum einen nur die Fakten gegeben werden müssen und da zum anderen Richter durchaus in der Lage sind, die im konkreten Fall maßgeblichen Entscheidungen selbst aus juristischen Datenbanken oder sonstigen Fundstellen herauszusuchen.[182] Auf der anderen Seite wird eine sehr weitgehende Erstattung bejaht, da in vielen Gerichten viele Zeitschriften nicht vorhanden sind und der vorlegende RA nicht wissen kann, welches elektronische System der Adressat benutzt und ob in diesem die Entscheidung enthalten ist.[183] Richtiger Weise ist die Vorlage nur dann als notwendig anzusehen, wenn das Gericht zur Vorlage aufgefordert hat. Ohne eine solche Aufforderung kann der vorlegende RA weder wissen, ob der Richter den Inhalt der Entscheidung überhaupt lesen möchte, noch ob er nicht ohnehin Zugriff auf die Entscheidung hat. 226

4. Herstellung durch RA

Im Regelfall kann der RA die Dokumente selbst herstellen. Die gleichen Gesichtspunkte, die dafür sprechen, dass dem Anspruch des Anwalts gegen seinen Mandanten nicht entgegensteht, dass dieser die Dokumente billiger herstellen könnte, gelten auch für den Erstattungsanspruch (→ Rn. 66, 115, 133). Dabei ist hinsichtlich Nr. 1b, c auch zu berücksichtigen, dass die Grenze von 100 Dokumenten bereits einen Schutz des Gegners darstellt. 227

Das würde sogar dann gelten, wenn man davon ausginge, dass der Mandant von seinem RA verlangen könnte, dass er ihm das Kopieren überlässt. Das würde nicht besagen, dass er unter erstattungsrechtlichen Gesichtspunkten selbst kopieren muss. Es ist ihm, wenn er nicht will, nicht zumutbar, den Schriftsatz beim RA abzuholen und dann selbst zu kopieren.[184] 228

Dem steht teilweise obergerichtliche Rspr. entgegen, die speziell zu Kopien von Anlagen verlangt, dass die Partei von der Möglichkeit, diese selbst billiger herzustellen, Gebrauch macht.[185] Bei dieser Rspr. ist zu berücksichtigen, dass sie als Anspruchsgrundlage § 27 Nr. 3 BRAGO angenommen hat, bei der es auf das Einverständnis der Partei angekommen ist. Nachdem nunmehr geklärt ist, dass bei den notwendigen Anlagen Nr. 1b und c anzuwenden sind und diese Bestimmungen so zu verstehen sind, dass der RA aus guten Gründen hier ohne Nachfrage eigenständig Kopien anfertigen kann, gibt es bei diesen Anlagen keinen Grund, die Notwendigkeit zu verneinen, weil der Mandant billiger kopieren könnte. 229

Auch der Gegner kann dem Erstattungsanspruch nicht entgegenhalten, dass er auf einem eigenen Kopiergerät hätte billiger kopieren können.[186] 230

5. Darlegung und Glaubhaftmachung

Differenzierter Vortrag zu den einzelnen Buchstaben. Im Hinblick darauf, dass bei den einzelnen Buchstaben von Nr. 1 ganz unterschiedliche Voraussetzungen gegeben sind, muss differenziert vorgetragen werden, zu welchem Buchstaben wie viele Dokumente angefallen sind.[187] Soweit zur BRAGO vertreten wurde, dass die bloße Geltendmachung ausreiche, solange der Anfall der Dokumente nicht bestritten worden ist,[188] ist das durch die erforderliche Differenzierung überholt. Werden im Anschluss an einen derartigen differenzierten Vortrag der Anfall und die Notwendigkeit nicht bestritten, gelten sie als zugestanden.[189] 231

Gläubiger ist pflichtig. Wird die Zahl oder im Fall der Nr. 1d die Notwendigkeit der Dokumente oder aber bestritten, dass im Verhältnis zum Mandanten überhaupt ein Vergütungsanspruch vorlag, so ist streitig, unter welchen Voraussetzungen der Gläubiger darlegen und glaubhaft machen muss. Dieses Problem stellt sich besonders bei Anlagen. Nach einer Mindermeinung ist der Erstattungsberechtigte nur darlegungs- und glaubhaftmachungspflichtig, wenn der Schuldner iE konkret vorgetragen hat, welche Kopien nicht erforderlich wa- 232

---

[182] OLG Hamburg JurBüro 2017, 413; OLG Koblenz NJW-RR 2008, 375.

[183] *Hansens* Anm. zu OLG Hamburg RVGreport 2017, 343.

[184] OLG München MDR 1989, 367, generell für notwendige Kopien.

[185] OLG Frankfurt a. M. JurBüro 2001, 425 = MDR 2001, 772; OLG Köln JurBüro 1988, 351; Rpfleger 1987, 433 = JurBüro 1987, 1356 = MDR 1987, 678.

[186] HBS VergütungsR/*Hansens* Teil 19 Rn. 43; **aA** OLG Frankfurt a. M. JurBüro 2002, 425; BRAGOreport 2002, 15.

[187] HBS VergütungsR/*Hansens* Teil 19 Rn. 41.

[188] OLG München JurBüro 1983, 1092 = RPfleger 1983, 86; **aA** Anfall und Notwendigkeit muss dargelegt werden OLG Frankfurt a. M. AnwBl 1983, 186 = KostRspr BRAGO § 27 Nr. 63 mAnm *Lappe*.

[189] OLG München JurBüro 1983, 1092 = RPfleger 1983, 86.

ren.[190] Andere lassen ein allgemeines Bestreiten des Schuldners genügen. Der Gläubiger muss dann iE die Notwendigkeit darlegen und glaubhaft machen.[191]

233 Der zweiten Meinung ist zu folgen. Angesichts des § 104 Abs. 2 S. 1 ZPO (der Gläubiger muss generell seinen Erstattungsanspruch glaubhaft machen), wäre die erste Ansicht nur zutreffend, wenn eine Vermutung für die Notwendigkeit der Dokumente bestehen würde. Die Praxis zeigt aber gerade bei Anlagen immer wieder, dass zahlreiche Anlagen unnötiger bzw. in vom Gesetz nicht vorgesehener Weise vorgelegt werden, so dass ausreichende tatsächliche Voraussetzungen für eine solche Vermutung fehlen. Dabei ist nicht zu unterstellen, dass Anwälte dies tun, weil sie an Kopien gut verdienen würden. Es geht vielmehr darum, dass es für die Anwälte viel leichter ist, bei der Auswahl der zu kopierenden Anlagen großzügig zu sein, als jedes Mal zu überlegen, ob eine Anlage wirklich erforderlich ist, ob sie in vollem Umfang vorgelegt werden muss und ob sie möglicherweise sich schon in der Akte befindet usw.

234 § 46 Abs. 1 RVG, der im Verhältnis zur Staatskasse eine negative Formulierung wählt, weshalb bei der PKH die Staatskasse für eine fehlende Notwendigkeit beweisbelastet ist (→ § 46 Rn. 87), ist nicht anwendbar. VV 7000 Nr. 1 RVG und § 91 Abs. 1 S. 1 ZPO formulieren positiv („soweit … geboten war" bzw. „soweit … notwendig waren").

235 **Nach Bestreiten des Schuldners.** Hat der Schuldner die Kopien bestritten, so muss der Erstattungsgläubiger dartun, wie oft kopiert wurde, inwiefern sein RA einen Vergütungsanspruch hat bzw. warum die Kopien im Fall der Nr. 1d notwendig waren. Dem kann nicht entgegengehalten werden, dies sei für den Antragsteller nicht verhältnismäßig. Zu Recht stellt OLG Brandenburg fest, dass die gesetzlich gebotene Prüfung der Notwendigkeit der Vorlage im Rechtsstreit für jeden der Beteiligten unverhältnismäßig ist und dass kein Anlass besteht, die Arbeit demjenigen abzunehmen, der sie nach allgemeinen Darlegungs- und Glaubhaftmachungsregeln zu erbringen hat.[192]

236 Das Gericht ist auch nicht von sich aus verpflichtet, sämtliche Anlagen auf ihre Notwendigkeit hin zu überprüfen.[193]

237 **Unbefriedigendes Gesetz.** Das Vorstehende zeigt, dass es auch dem RVG nicht gelungen ist, eine auch nur halbwegs befriedigende Lösung hinsichtlich der Dokumentenpauschale zu finden. Entweder die Gerichte machen bei der Kostenerstattung ernst mit der Darlegungs- und Glaubhaftmachungspflicht des Erstattungsberechtigten. Dann haben die Anwälte damit so viel zu tun, dass es für sie letztlich günstiger ist, auf eine Vergütung insoweit zu verzichten. Oder aber die Gerichte zählen, wie dies häufig geschieht, nur, wie viele Dokumente hergestellt wurden, und handeln damit zu Lasten des Erstattungspflichtigen gegen das Gesetz. Denkbar wäre noch, dass das Gericht von sich aus eine intensive Überprüfung vornimmt und den Prozess noch einmal nachvollzieht, um zu prüfen, welche Dokumente erforderlich waren. Zum einen wäre damit der Rechtspfleger oder Urkundsbeamte in vielen Fällen überfordert. Zum andern passt es nicht zu den jüngsten Justizentlastungsbemühungen des Gesetzgebers, die sich in der ZPO-Novelle gezeigt haben und die auch immer wieder in den Motiven zur Rechtfertigung der strukturellen Änderungen im RVG herangezogen werden.

238 **De lege ferenda.** Es müsste eine einfach zu handhabende Regelung gefunden werden. Denkbar wäre, dass der RA von seinem Mandanten eine echte Pauschale erhält. Diese könnte einheitlich für alle Verfahren sein, sie könnte aber auch abhängig sein vom Umfang der Akte, zB pro 100 Blatt der Akte ein bestimmter Betrag. Der Erstattungsanspruch der Partei gegenüber dem Gegner wäre dann auch leicht zu ermitteln. Richtig ist, dass der Aktenumfang kein sehr guter Indikator ist und im Einzelfall der RA dann zu viel oder zu wenig bekommt. Und dennoch ist eine solche Unzulänglichkeit besser, als wenn für den Mandanten überhaupt nicht überprüfbar ist, für wie viele Dokumente er nach dem Gesetz seinem RA etwas schuldet und die Kostenfestsetzung von dem jeweiligen Gutdünken des Gerichts abhängt, ob es bei der Erstattung großzügig ist oder sich selbst viel Arbeit macht oder einen Erstattungsanspruch ablehnt, weil es vom RA so viel Darlegung verlangt, dass dieser dem bei vernünftiger Einteilung seiner Arbeitszeit kaum nachkommen wird.

---

[190] OLG Koblenz JurBüro 2001, 364 (366) = MDR 2001, 534.

[191] OLG Braunschweig JurBüro 1999, 300; OLG Celle RVGreport 2016, 417; OLG Frankfurt a. M. Rpfleger 1980, 399 = JurBüro 1980, 1521; OLG Karlsruhe AGS 2011, 308; AnwBl 2000, 264; KG RVGreport 2017, 18, dazu, ob Kopien tatsächlich angefordert wurden, teilweise mzustAnm *Burhoff;* OLG München AnwBl 1983, 569; HessLAG MDR 2001, 598; VG Meiningen RVGreport 2004, 151; *Hergenröder* AGS 2005, 473.

[192] OLG Brandenburg JurBüro 1999, 300.

[193] OLG Frankfurt a. M. AnwBl 1985, 204; OLG München AnwBl 1983, 569; SG Berlin AGS 2011, 232; **aA** OLG Frankfurt a. M. AnwBl 1983, 186.

6. Versicherer

Werden Kopien zur Information des hinter dem Auftraggeber stehenden Versicherers hergestellt (in aller Regel ein Fall der Nr. 1d, → Rn. 141), so ist dies nicht zur Prozessführung erforderlich. Es besteht kein Erstattungsanspruch.[194] 239

Haftpflichtversicherer. Die vom Haftpflichtversicherer vor Prozessbeginn zur Vorbereitung des Prozesses aufgewandten Anwaltskosten für Kopien aus den Strafakten sind erstattungsfähig, auch wenn der Versicherer nicht Prozesspartei war.[195] Der Versicherungsnehmer muss dem Haftpflichtversicherer die Führung des Prozesses überlassen (→ Rn. 141). Dasselbe gilt, wenn der Auftraggeber den RA gebeten hat, für den Haftpflichtversicherer Kopien herzustellen. Werden aber die Aktenauszüge zur vorprozessualen Prüfung der Einstandspflicht des Versicherers angefertigt, so besteht kein prozessrechtlicher Erstattungsanspruch, da derartige vorprozessuale Kosten keine Prozesskosten sind.[196] 240

7. Außergerichtliche Schadensregulierung

Bei der außergerichtlichen Schadensregulierung gehören auch die Kosten für Kopien aus den Strafakten zu den notwendigen Folgekosten. Es besteht dann uU ein materiell-rechtlicher Erstattungsanspruch.[197] 241

8. Strafverfahren

Auch im Strafverfahren sind nur die notwendigen Auslagen zu erstatten. 242

XII. Prozesskostenhilfe und Pflichtverteidiger

Die Dokumentenpauschale des im Wege der Prozesskostenhilfe beigeordneten Rechtsanwalts und des Pflichtverteidigers ist grds. von der Landeskasse zu ersetzen. Sie wird gem. § 46 Abs. 1 nur dann nicht entrichtet, wenn die Auslagen zur sachgemäßen Wahrnehmung der Interessen der Partei (des Angeklagten) nicht erforderlich waren. Im Einzelnen → § 46 Rn. 72 ff., 87. 243

Kopien aus den Strafakten sind idR nach Abs. 1 Nr. 1a zu vergüten. Der Pflichtverteidiger hat deshalb Anspruch auf Ersatz der Kosten für die Kopien, deren Herstellung er im Interesse des Angeklagten für geboten erachtet hat. 244

XIII. Rechtsschutzversicherung

Die Dokumentenpauschale gehört zur anwaltlichen Vergütung iSv § 2 Abs. 1a ARB 1975; § 5 Abs. 1a AKB 2000 (vgl. § 1 RVG) und wird damit, soweit die Anfertigung von Dokumenten erforderlich war bzw. der Rechtsschutzversicherer selbst um solche gebeten hat, vom Versicherungsschutz umfasst.[198] 245

XIV. DAV und HUK Abkommen zur Akteneinsicht

1. Das Abkommen

Hat der Versicherer, zB der Haftpflichtversicherer, den RA mit der Einsichtnahme in die Verkehrsstrafakten und der Anfertigung von Aktenauszügen beauftragt, so erhielt der RA hierfür vom Versicherer eine Vergütung gem. dem Abkommen zwischen dem DAV und dem HUK-Verband über das Honorar für Akteneinsicht und Aktenauszüge aus Unfallstrafakten für Versicherungsgesellschaften. 246

Das Abkommen lautet: 247

„1. a) Der Anwalt erhält für die Einsichtnahme in Unfallakten und für die Herstellung eines Auszugs zur Abgeltung seiner persönlichen Arbeitsleistung und der üblicherweise mit der Erledigung eines solchen Auftrags verbundenen Kosten (Porto und Telefon – außer Ferngesprächen, die besonders berechnet werden), ein Pauschalhonorar iHv 26,– EUR für jede Sache

b) Er erhält außerdem für jede Seite des Aktenauszugs (auch Fotokopie) die Schreibgebühr gem. § 27 BRAGO.

[194] OLG Schleswig JurBüro 1973, 966; *Hansens* BRAGO § 27 Rn. 14.
[195] OLG Nürnberg AnwBl 1972, 104.
[196] OLG Celle JurBüro 1969, 741; OLG Nürnberg JurBüro 1966, 671.
[197] LG Aachen AnwBl 1973, 149.
[198] Harbauer/*Bauer*, 7. Aufl. 2004, ARB 1975 § 2 Rn. 33.

c) Wird eine Ergänzung des Aktenauszugs gewünscht, die sich auf nach dem Zeitpunkt der ersten Akteneinsicht zur Akte gelangten Aktenteile oder Beiakten bezieht, so erhält der RA für diese Tätigkeit ein Pauschalhonorar von 13,– EUR zzgl. der Schreibgebühren.

2. Durch diese Pauschale sind nicht abgegolten:
   a) Gerichtskosten und sonstige außergewöhnliche Kosten des Auftraggebers, die vom RA verauslagt worden sind.
   b) Außergewöhnliche Aufwendungen, die zu einer vom Auftraggeber gewünschten beschleunigten Ausführung des Auftrags aufgewandt worden sind.
   c) die auf die obige Vergütung zu zahlende Umsatzsteuer (MwSt) oder der stattdessen dem Anwalt nach § 25 Abs. 2 BRAGO zustehende Ausgleichsbetrag."

2. Fortgeltung

248 Das Abkommen, das auf BRAGO-Bestimmungen Bezug nimmt, wurde bislang noch nicht dem RVG angepasst. Es wird aber weiter angewandt, wobei die entsprechenden Bestimmungen des RVG herangezogen werden. Es wird von allen Arten von Versicherungen angewandt und gilt nicht nur für Anwälte, die Mitglied im DAV sind.[199]

3. Nicht bei Verfahrensauftrag

249 Dieses Abkommen greift nur ein, wenn sich der dem RA erteilte Auftrag auf die Einsichtnahme und Herstellung eines Auszuges beschränkt. Hat der RA hingegen ein darüber hinausgehendes Mandat, soll er zB die Versicherung gegenüber dem Versicherten vertreten, so richtet sich der Anspruch wegen der Dokumentenpauschale nach VV 7000 RVG.[200]

4. Vergütungsansprüche

250 **Gebühr.** Der RA erhält eine Pauschalgebühr von 26,– EUR bzw. bei einem ergänzenden Auszug eine weitere Pauschalgebühr von 13,– EUR.

251 **Kopierkosten.** Die Verweisung auf § 27 BRAGO ist dahingehend zu verstehen, dass sich die Kopierkosten nach der im Gesetz vorgesehenen Dokumentenpauschale richten sollen. Somit ist nunmehr VV 7000 RVG anzuwenden. Bei Schwarzweiß-Kopien sind für die ersten 50 Seiten 0,50 EUR, bei den Farbkopie für die ersten 50 Seiten 1,– EUR, iÜ 0,15 EUR bzw. 0,30 EUR anzusetzen.

252 **Aktenversendungskosten.** Diese sind gem. Nr. 2a des Abkommens dem RA zu ersetzen.[201]

253 **Kommunikationspauschale gem. VV 7002 RVG.** Ein Anspruch auf diese ist nicht gegeben, da im Abkommen nicht vorgesehen.[202]

Beispiel:

Der RA wird von einem Versicherer ausschließlich mit der Akteneinsicht und Anfertigung von Kopien beauftragt. Er lässt sich die Akte zusenden und stellt 70 Schwarzweiß Kopien her.
Dem RA steht folgender Anspruch gegen den Versicherer zu

Gebührenpauschale	26,00 EUR
Kopierkosten 50 mal 0,50 EUR +20 × 0,15 EUR	28,00 EUR
Aktenversendungspauschale	12,00 EUR
Summe	66,00 EUR
19 % MwSt	12,54 EUR
Insgesamt	78,54 EUR

254 **Mehrere Angelegenheiten.** Wird der RA von mehreren Versicherern beauftragt oder soll er Kopien aus mehreren Akten herstellen, so fällt die Pauschale von 26,– EUR mehrfach an.[203]

Beispiel:

Hätte im vorigen Beispiel der RA jeweils 70 Schwarzweiß-Kopien aus zwei verschiedenen Akten angefertigt, so hätte sich sein Anspruch auf 157,08 EUR verdoppelt.

Wegen MwSt → RVG VV 7008 Rn. 85.

[199] Schneider/Wolf/*N. Schneider* Anh. II Rn. 5.
[200] Schneider/Wolf/*N. Schneider* Anh. II Rn. 3.
[201] Schneider/Wolf/*N. Schneider* Anh. II Rn. 14.
[202] Schneider/Wolf/*N. Schneider* Anh. II Rn. 16.
[203] Schneider/Wolf/*N. Schneider* Anh. II Rn. 7, 8.

5. Kostenerstattung

255 Erfolgt die anwaltliche Tätigkeit im Rahmen eines gerichtlichen Verfahrens, so unterliegen die Kosten der Kostenerstattung. Wurde sie vorgenommen im Rahmen einer vorgerichtlichen Auseinandersetzung zur Prüfung der Einstandspflicht, so handelt es sich nicht um erstattungsfähige Verfahrenskosten.[204]

Nr.	Auslagentatbestand	Höhe
7001	Entgelte für Post- und Telekommunikationsdienstleistungen .... Für die durch die Geltendmachung der Vergütung entstehenden Entgelte kann kein Ersatz verlangt werden.	in voller Höhe
7002	Pauschale für Entgelte für Post- und Telekommunikationsdienstleistungen (1) Die Pauschale kann in jeder Angelegenheit anstelle der tatsächlichen Auslagen nach 7001 gefordert werden. (2) Werden Gebühren aus der Staatskasse gezahlt, sind diese maßgebend.	20 % der Gebühren – höchstens 20,00 €

Schrifttum: *Enders,* Außergerichtliche Tätigkeit – Mahnverfahren – ordentlicher Zivilprozess/3 × Auslagenpauschsatz des § 26 S. 2 BRAGO, JurBüro 1996, 561; *Mümmler,* Auslagenpauschale bei Ratserteilung, JurBüro 1994, 589; *Mümmler,* Mehrzahl der Auslagenpauschale des § 26 S. 2 BRAGO, JurBüro 1995, 187; *N. Schneider,* Zwei Auslagenpauschalen für vorbereitendes und gerichtliches Verfahren?, AGS 2005, 7.

Übersicht

[204] Schneider/Wolf/*N. Schneider* Anh. II Rn. 21, 22.

I. Motive

1 **„Zu den Nummern 7001 und 7002**
Die Auslagentatbestände übernehmen inhaltlich die Regelung des § 26 BRAGO, jedoch soll die derzeit in Höhe von 15% der Gebühren und mit einem Höchstbetrag von 15,00 Euro in Straf- und Bußgeldverfahren und 20,00 Euro in sonstigen Verfahren zu erhebende Pauschale auf einheitlich 20,00 Euro festgelegt werden."[1]

II. Allgemeines

2 Die in VV 7001, 7002 RVG aufgeführten Entgelte für Post- und Telekommunikationsdienstleistungen (im Weiteren als Kommunikationsentgelt oder -kosten bezeichnet) gehören zu den Auslagen, die der RA nicht aus seinen Gebühren zu bestreiten braucht, die er vielmehr zusätzlich in Rechnung stellen kann. Er kann sie nach seiner Wahl entweder in der tatsächlich entstandenen Höhe (VV 7001 RVG) oder in Höhe eines Pauschsatzes (VV 7002 RVG) fordern. Sie sind dem RA vom Auftraggeber zu zahlen, soweit sie bei der Ausführung des Auftrages entstanden sind und der RA sie den Umständen nach für erforderlich halten durfte. Die Pauschale ist mit 20% der Gebühren zu berechnen. Ihre Obergrenze beträgt – auch für Straf- und Bußgeldverfahren – 20,– EUR.

III. Anwendungsbereich

1. Persönlicher Anwendungsbereich

3 **Beratung.** Auch bei einem reinen Beratungsmandat können dem RA ihm zu vergütende Kommunikationskosten entstehen, zB durch schriftliche Zusammenfassung oder telefonische Ergänzung des Beratungsergebnisses, Anforderung oder Rücksendung von Unterlagen.[2]

4 Dem RA als **Zeugenbeistand** steht die Pauschale ebenfalls zu.[3]

5 **RA als Vormund, Pfleger usw.** In dieser Funktion erhält der RA seine Vergütung nicht nach dem RVG (§ 1 Abs. 2 RVG). Er kann deshalb grds. keine Ansprüche nach VV 7001, 7002 RVG geltend machen.[4] Etwas anderes gilt aber dann, wenn der RA gem. § 1835 Abs. 3 BGB ausnahmsweise nach dem RVG zu vergüten ist. Das ist der Fall, wenn ein Vormund, Pfleger usw ohne volljuristische Ausbildung rechtliche Unterstützung durch einen RA benötigen würde.[5] Dann kann der RA die Ansprüche der VV 7001, 7002 RVG geltend machen.[6]

6 **RA als Briefkasten des Mandanten.** Soll der RA ausschließlich für den Mandanten, der seine Adresse nicht bekannt geben will, Post entgegennehmen und weiterleiten, greifen VV 7001, 7002 RVG nicht ein. Der RA erhält seine Auslagen gem. § 670 BGB ersetzt.[7]

7 **Patentanwalt und Rechtsbeistand.** Die Vorschrift gilt auch für Patentanwälte und Personen, denen die Erlaubnis zum Besorgen fremder Rechtsangelegenheiten erteilt worden ist.[8]

2. Sachlicher Anwendungsbereich

8 **a) Allgemeines.** Die Abgrenzung der VV 7001, 7002 RVG hat in zwei Richtungen zu erfolgen; zum einen im Verhältnis zu den allgemeinen Geschäftskosten, für die dem Anwalt nichts zusteht, zum anderen im Verhältnis zu den Aufwendungen, die gem. §§ 675, 670 BGB zu vergüten sind. Letztere können zusätzlich neben der Pauschale des VV 7002 RVG geltend gemacht werden.[9]

9 **b) Von VV 7001, 7002 RVG erfasste Kosten.** VV 7001, 7002 RVG erfassen die Post- und Telekommunikationsdienstleistungen. Hierzu gehören Portokosten für Briefe, Postkarten, Einschreiben, Rückscheine, förmliche Zustellungen, Päckchen, Pakete usw, Telefon-, Fax-,[10] E-Mail-Gebühren für die einzelne Übermittlung, Telegrammgebühren.[11]

---

[1] BT-Drs. 15/1971, 232.
[2] HBS VergütungsR/*Hansens* Teil 19 Rn. 46.
[3] KG Rpfleger 2005, 694.
[4] BayObLG AnwBl 1996, 346.
[5] BVerfG FamRZ 2000, 1280; BayObLG Rpfleger 2002, 441.
[6] LG Berlin NJW 1970, 246 zust. *H. Schmidt* = JurBüro 1969, 1180; **aA** Schneider/Wolf/*N. Schneider* RVG VV 7001 Rn. 2, immer nur § 670 BGB.
[7] *V. Eicken* AGS 1999, 160; Schneider/Wolf/*N. Schneider* RVG VV 7001 Rn. 2.
[8] OLG Frankfurt a. M. JurBüro 1978, 530 (532), Patentanwalt; Schneider/Wolf/*N. Schneider* RVG VV 7001 Rn. 2.
[9] *Hansens* Anm. zu BVerwG RVGreport 2015, 108.
[10] OLG Köln JurBüro 2002, 591.
[11] Schneider/Wolf/*N. Schneider* RVG VV 7001 Rn. 6, 7.

Übersendet der RA gem. VV 7000 Nr. 2 RVG eine **elektronisch gespeicherte Datei** mit der Post (zB Diskette per Brief) oder auf elektronischem Weg, so ist ihm eine dafür erbrachte Zahlung zu ersetzen. Auch bei einer Übersendung im elektronischen Weg ist eine etwaige Sonderzahlung nicht mit dem 1,50 EUR Ersatz gem. VV 7000 Nr. 2 RVG abgegolten. Die Übersendungskosten sollen von VV 7000 Nr. 2 RVG nicht erfasst sein, wie sich bereits daraus ergibt, dass auch die bloße Bereitstellung einer elektronisch gespeicherten Datei einen Ersatzanspruch iHv 1,50 EUR begründet. 9a

c) Von VV 7001, 7002 RVG nicht erfasste Kosten. ***aa) Allgemeine Geschäftskosten.*** Kosten für die Einrichtung und Unterhaltung von Fernsprech-, Fernschreib-, Fernfotokopieranlagen, Computer – auch soweit dafür Entgelte zu entrichten sind – sowie die Grundgebühren (etwa für Internet-Anschluss) und Nebenkosten gehören zu den allgemeinen Geschäftskosten, denn sie sind keine bei Ausführung des einzelnen Auftrages entstandenen Auslagen. Sie lösen daher keinen Vergütungsanspruch nach VV 7001, 7002 RVG aus. 10

bb) Besondere Beförderungsmittel. Auslagen für die Besorgung eiliger Briefe durch besonderen Boten fallen nicht unter VV 7001, 7002 RVG. Für sie gelten §§ 670, 675 BGB. Lässt der RA Briefe durch Kanzleipersonal austragen, kann er, ggf. neben der Pauschale, für dabei entstehende Auslagen (zB Straßenbahnkosten) im Rahmen der Notwendigkeit Ersatz verlangen. Dasselbe gilt für Expressgut- und Frachtkosten (bei Bahn oder Transportunternehmen).[12] 11

Aktenversendungspauschale. → RVG VV Vorb. 7 Rn. 17.

cc) Geltendmachung der Honorarrechnung. Kosten für die Geltendmachung der Vergütung des RA sind nicht bei der Ausführung des Auftrags entstanden und dürfen daher weder in tatsächlich entstandener Höhe noch als Pauschale gefordert werden. Das gilt für die Versendung der Rechnung an den Auftraggeber und für den Vergütungsfestsetzungsantrag gem. § 11 RVG oder § 44 RVG.[13] Das war bisher schon anerkannt[14] und ist jetzt ausdrücklich in der Anm. zu VV 7001 RVG geregelt.[15] 12

IV. Wahlrecht

1. Grundsatz

Der RA kann zwischen tatsächlichen Auslagen und Pauschbetrag wählen (Anm. zu VV 7002 RVG). Das bringt dem RA eine erhebliche Erleichterung in seinem Bürobetrieb. Er darf statt der tatsächlich entstandenen Entgelte einen Pauschbetrag fordern, was ihn von Einzelaufzeichnungen jedenfalls in den Fällen entlastet, in denen nicht zu erwarten ist, dass die tatsächlichen Aufwendungen den Pauschbetrag erreichen werden. 13

2. Wahlrecht für jede Angelegenheit

Das Wahlrecht besteht gesondert für jede einzelne gebührenrechtliche Angelegenheit; es braucht nicht einheitlich für die gesamte Rechtssache ausgeübt zu werden.[16] Der RA darf zB für seine vorgerichtliche Tätigkeit den Pauschbetrag ansetzen, im ersten Rechtszug die dort tatsächlich entstandenen Aufwendungen berechnen und für die Berufungsinstanz wieder zum Pauschbetrag zurückkehren. 14

3. Nachträgliche Änderung der Wahl

Die getroffene Wahl kann auch nachträglich noch geändert werden,[17] solange nicht entweder eine nicht mehr änderbare Entscheidung über die von dem Auftraggeber, der Landeskasse oder einem unterlegenen Gegner zu erstattenden Auslagen ergangen ist[18] oder die Abänderung der getroffenen Wahl gegen Treu und Glauben verstößt (Verwirkung). 15

V. Tatsächlich angefallene Auslagen (VV 7001 RVG)

Die tatsächlich entstandenen Auslagen dürfen nur in Höhe der im Zeitpunkt der Aufwendung geltenden Tarife berechnet werden. Sowohl Orts- wie Ferngespräche sind nach Gebüh- 16

[12] OLG Frankfurt a. M. Rpfleger 1984, 433; Schneider/Wolf/*N. Schneider* RVG VV 7001 Rn. 6; HBS VergütungsR/*Hansens* Teil 19 Rn. 47.
[13] HBS VergütungsR/*Hansens* Teil 19 Rn. 47.
[14] AG Nürtingen AGS 1998, 116.
[15] **AA** *Minwegen* JurBüro 2005, 621, der die Anm. zu VV 7001 übersehen hat.
[16] Hartmann/Toussaint/*Schmitt* RVG VV 7001 Rn. 7.
[17] OLG Stuttgart NJW 1970, 287; OLG Hamm JurBüro 1967, 913; KG KGR Berlin 2000, 182; HBS VergütungsR/*Hansens* Teil 19 Rn. 52.
[18] OLG Hamm JurBüro 1967, 913.

reneinheiten abzurechnen. Soweit nicht zu erwarten ist, dass statt der tatsächlichen Auslagen die Pauschale gewählt werden wird, empfiehlt sich eine genaue Notierung der Gespräche. Es gibt Software, die dabei behilflich ist.

17 **Abrechnung.** Nach § 10 Abs. 2 S. 2 RVG genügt zunächst in der Rechnung des Anwalts für die Kommunikationsleistungen die Angabe des Gesamtbetrages. Falls jedoch der Auftraggeber die Höhe der – nicht als Pauschbetrag berechneten – Kommunikationskosten bestreitet, muss der RA auf Verlangen des Mandanten die einzelnen Vorgänge auflisten und nachweisen.[19] Man wird jedoch den Gedanken des § 104 Abs. 2 S. 2 ZPO und die Rspr. hierzu auch für das Verhältnis des RA zu seinem Mandanten mit heranziehen können. Es besteht kein Grund, den RA im Verhältnis zu seinem Mandanten insoweit strengeren Regeln zu unterwerfen als den Mandanten im Verhältnis zum Gegner. Im Einzelnen → Rn. 49 ff.

18 **MwSt.** Soweit in den Auslagen Umsatzsteuer enthalten ist, muss der RA die Nettobeträge ausweisen und dann die Umsatzsteuer hinzurechnen. Nur so kann der Mandant den Vorsteuerabzug verlangen.[20] Das gilt jedenfalls gegenüber einem vorsteuerabzugsberechtigten Mandanten.

VI. Pauschale (VV 7002 RVG)

1. Anwendungsbereich

19 Die Pauschale kann in jeder Angelegenheit geltend gemacht werden (Anm. zu VV 7002 RVG), also nicht nur in gerichtlichen Verfahren, sondern auch für die Beratungstätigkeit, die außergerichtliche Tätigkeit und die Tätigkeit in behördlichen Verfahren.

2. Voraussetzungen

20 Voraussetzung für die Berechnung der Pauschale ist, dass in der Angelegenheit, dh in Ausführung des Auftrages **überhaupt Kosten** der in VV 7001 RVG bezeichneten Art **angefallen sind** („anstelle der tatsächlichen Auslagen")[21] – und zwar nicht erst nach dessen Beendigung. Das wird in der Regel der Fall sein, wenn sich die Tätigkeit des Anwalts nicht auf die mündliche Beratung oder Auskunftserteilung beschränkt.

21 Nach dem Sinn der Pauschale ist unerheblich, ob die tatsächlich angefallenen Entgelte auch nur annähernd den Pauschsatz erreicht haben. Der Auftraggeber kann deshalb nicht mit dem Einwand gehört werden, tatsächlich sei nur ein einziger Brief abgesandt worden; denn auch wenn das zutreffen sollte, gehört die von dem RA gewählte Pauschale zu dessen gesetzlicher Vergütung. Eine diesen Einwand zulassende Bestimmung im Entwurf des KostRÄndG 1994 ist nicht Gesetz geworden. Auch das RVG lässt sie nicht zu.

21a **Flatrate.** Bezahlt der RA für sein Telekommunikationsmittel eine Flatrate, so löst deren auch nur einmalige Benutzung in einer Angelegenheit die Pauschale aus.[22] Dem kann nicht entgegengehalten werden, dass die Vorhaltung einer Telefon- oder Internetvorrichtung zu den allgemeinen Geschäftskosten gehöre.[23] Denn die Flatrate umfasst auch Kosten für die Gespräche oder E-mails. Das gilt, da eine Pauschale vergütet wird, selbst dann, wenn man bei Bahnfahrten, bei denen das Gesetz keine Erstattung einer Pauschale vorsieht, sondern Einzelabrechnung zu erfolgen hat, im Falle der Benutzung einer Bahncard einen Ersatzanspruch verneint. Erst recht gilt dies, wenn man, wie hier sogar bei der Bahncard einen Erstattungsanspruch anerkennt (→ VV 7003 Rn. 46).

3. Pro Angelegenheit eine Pauschale

22 **a) Grundsatz.** Innerhalb jeder besonderen Angelegenheit des gerichtlichen Verfahrens kann die Pauschale berechnet werden (Anm. zu VV 7002 RVG). Ohne Bedeutung ist es, ob die Angelegenheit in mehr oder weniger engem Zusammenhang mit einer anderen Angelegenheit steht. Entscheidend ist nur, dass sie gebührenrechtlich eine selbständige Angelegenheit ist oder kraft gesetzlicher Anordnung als solche gilt. Dabei ist entscheidend, ob gebührenrechtlich eine Angelegenheit vorliegt. Unerheblich ist, ob auch prozessual eine solche gegeben ist.[24] Immer

---

[19] Schneider/Wolf/*N. Schneider* RVG VV 7001 Rn. 16; Gerold/Schmidt/*von Eicken,* 15. Aufl. 2002, BRAGO § 26 Rn. 3.

[20] Schneider/Wolf/*N. Schneider* RVG VV 7001 Rn. 17.

[21] OLG München JurBüro 1970, 242; LG Berlin JurBüro 1985, 1343; **aA** AG Winsen AGS 2016, 162 mablAnm *N. Schneider.*

[22] OLG Frankfurt JurBüro 2017, 414 = RVGreport 2017, 300 mzustAnm *Hansens.*

[23] So aber Schneider/Wolf/*N. Schneider* RVG VV 7001 Rn. 7.

[24] Schneider/Wolf/*N. Schneider* RVG VV 7001 Rn. 35.

wenn sich aus dem RVG ergibt, dass dieses von mehreren Angelegenheiten ausgeht, fällt die Pauschale mehrfach an.

Beispiel:
Der RA
(a) berät zunächst seinen Auftraggeber,
(b) vertritt ihn dann außergerichtlich,
(c) dann im selbständigen Beweisverfahren,
(d) dann im Hauptsacheverfahren
(e) dann im Berufungsverfahren,
(f) nimmt für Mandanten Geld entgegen und leitet es an diesen weiter.
Der RA hat sechsmal die Pauschale verdient. Eine Anrechnung findet nicht statt.

b) Mehrere Angelegenheiten. Mehrere Rechtszüge. Im gerichtlichen Verfahren kann die Pauschale für jeden Rechtszug berechnet werden, da jeder Rechtszug eine neue Angelegenheit darstellt (§ 17 Nr. 1 RVG). Das gilt auch in den Fällen, in denen das Gesetz anordnet, ein bestimmter Verfahrensteil bilde einen neuen Rechtszug, wie zB in § 20 S. 2, § 21 Abs. 1 S. 1 RVG.[25] 23

Mehrere Angelegenheiten kraft gesetzlicher Bestimmung. Die Pauschale kann zweimal verlangt werden, wenn das Gesetz bestimmt, dass ein Verfahren eine verschiedene oder besondere Angelegenheit ist, also in den in §§ 17, 18 RVG genannten Fällen zB für den **Urkunden- oder Wechselprozess** und das ordentliche Nachverfahren (§ 17 Nr. 5 RVG), Mahn- und Streitverfahren (§ 17 Nr. 2 RVG). Im Übrigen s. §§ 17, 18 RVG. Zwei Pauschalen stehen dem RA auch zu, wenn der RA in einer Sache erneut tätig werden soll, inzwischen aber mehr als zwei Kalenderjahre verstrichen sind (§ 15 Abs. 5 S. 2 RVG). 24

Einspruch gegen Versäumnisurteil. Soweit früher angenommen wurde, dass die Pauschale erneut geltend gemacht werden kann, wenn der Einspruch gegen ein Versäumnisurteil zurückgenommen oder verworfen wurde, beruhte das darauf, dass gem. § 38 Abs. 1 S. 1 BRAGO in diesem Fall eine besondere Angelegenheit vorlag.[26] Nachdem eine entsprechende Vorschrift im RVG fehlt, das Verfahren nach einem Einspruch gegen ein Versäumnisurteil also immer eine Angelegenheit mit dem Verfahren bis zum Einspruch darstellt, kann nach neuem Recht keine weitere Pauschale anfallen. 25

Mehrere Angelegenheiten kraft Aufbau des Gesetzes. Es kann sich auch aus dem Aufbau des Gesetzes ergeben, dass besondere Angelegenheiten vorliegen, weshalb die Pauschale erneut entsteht. Das ist vor allem der Fall, wenn für bestimmte, in § 19 RVG nicht als zum Rechtszug gehörig bezeichnete Verfahren oder Verfahrensabschnitte besondere allgemeine Betriebsgebühren neben entsprechenden Gebühren für das Hauptverfahren ausgeworfen sind bzw. wenn das Gesetz Gebührenanrechnungen vorsieht. Das gilt zB 26

- für die Beratung (§ 34 RVG) im Verhältnis zur außergerichtlichen Vertretung (VV 2300 ff. RVG) oder zur gerichtlichen Vertretung (VV 3100 ff. RVG),
- für die außergerichtlichen Vertretung (VV 2300 ff. RVG) im Verhältnis zur gerichtlichen Vertretung (VV 3100 ff. RVG),
- für jedes einzelne Rechtsmittelverfahren, auch wenn sich die Rechtsmittel gegen Teilurteile derselben Instanz oder mehrere Beschwerden gegen verschiedene Entscheidungen derselben Instanz richten,
- teilweise für die in VV 3324 ff. RVG aufgeführten Verfahren, zB Verfahren über die vorläufige oder einstweilige Einstellungsbeschränkung oder Aufhebung der Zwangsvollstreckung, wenn eine abgesonderte mündliche Verhandlung hierüber stattfindet (VV 3328 RVG). Im Übrigen die Kommentierungen zu VV 3324 ff. RVG,
- für den Sühneversuch (§ 380 StPO) und für die Privatklage,[27]
- im Fall des VV 6300 RVG das Verfahren über die erstmalige Freiheitsentziehung und Unterbringung und die nachfolgenden Verfahren iSv VV 6302 RVG,
- für die Hebegebühr gem. VV 1009 RVG. Die Zahlung an den RA stellt immer eine selbständige Angelegenheit dar und zwar auch dann, wenn der RA den Mandanten auch darüber hinaus vertritt und deshalb zB auch Gebühren nach VV 2300 f. RVG oder VV 3100 ff. RVG verdient.[28] Das bedeutet, dass der RA, der die Pauschale bereits im Rahmen seiner

---

[25] LG Dresden AGS 2006, 169.
[26] KG JurBüro 2000, 583 = MDR 2000, 604.
[27] Madert Rechtsanwaltsvergütung Rn. 104; in diese Richtung tendierend *Burhoff* RVGreport 2014, 290, 295g; **aA** AG Mainz Rpfleger 1972, 234; AnwBl 1981, 512.
[28] OLG München JurBüro 1967, 228; **aA** Gerold/Schmidt/*von Eicken,* 15. Aufl. 2002, BRAGO § 26 Rn. 9; *Enders* JurBüro 1998, 131.

nach VV 2300ff. RVG oder VV 3100ff. RVG vergüteten Tätigkeit verdient hat, diese noch einmal verdienen kann.[29]

27 **Anrechnung,** → Rn. 41 ff.

28 **c) Eine Angelegenheit.** Eine Angelegenheit ist ua gegeben, wenn das Gesetz dies wie etwa in § 16 RVG bestimmt, zB Scheidungssache und Scheidungsfolgesachen (§ 16 Nr. 4 RVG) und zwar auch, wenn Abtrennungen gem. § 140 FamFG erfolgen, da der Verbund bestehen bleibt (§ 137 Abs. 5 S. 1 FamFG).[30] Das gilt auch für die Anwaltsgebühren in Kindschaftssachen wegen § 21 Abs. 3 RVG, obwohl sie nach der Abtrennung verfahrensrechtlich selbständig werden (§ 137 Abs. 5 S. 2 FamFG, → § 21 Rn. 16).

29 **Beschwerden gegen die Kostenfestsetzung und Erinnerung gegen den Kostenansatz.** § 16 Nr. 10 RVG, → § 16 Rn. 114ff.).

30 **Einbeziehung von nicht oder anderweitig anhängigen Ansprüchen in eine Gesamteinigung.** Eine derartige Einbeziehung in eine gerichtliche Einigung begründet keine neue Angelegenheit (→ RVG VV 3101 Rn. 114). Wird die Einigung außergerichtlich vereinbart, so kann eine weitere Pauschale entstehen. Das allerdings nur, wenn zusätzlich zu dem Verfahrensauftrag ein besonderer Auftrag zur Herbeiführung einer außergerichtlichen (zB notariell beurkundeten) Einigung erteilt worden war.

31 **Strafsachen,** → § 17 Rn. 122ff.

32 **Bußgeldverfahren,** → § 17 Rn. 122ff.

33 **d) Verbindung und Trennung.** Bei Verbindung und Trennung von Verfahren ist zu beachten, dass vor der Verbindung bzw. nach der Trennung mehrere Verfahren und damit mehrere Angelegenheiten vorliegen. Berechnet der RA – was zulässig ist – die Gebühren getrennt für diese mehreren Verfahren, so kann er auch gesonderte Pauschalen für jedes Verfahren, nicht aber daneben auch noch eine dritte Pauschale für das Verfahren während der Verbindung berechnen.[31] Bei der **Verbindung** ursprünglich getrennter Verfahren geschieht das in der Weise, dass eines dieser Verfahren als dieselbe Angelegenheit wie das Verfahren nach der Verbindung behandelt wird. Bei der **Trennung** eines einheitlichen Verfahrens werden die nur vor der Trennung erwachsenen Gebühren nach dem Verhältnis der Streitwerte auf die getrennten Verfahren aufgeteilt, sofern sie nicht von vornherein nur den Gegenstand eines dieser Verfahren betrafen. Dabei ist aber zu berücksichtigen, dass dieselbe Gebühr oder derselbe Gebührenteil nicht mehrfach als Grundlage der Pauschalenberechnung herangezogen werden darf.

Beispiel 1 Verbindung:

Zwei Klagen über 400,– EUR und 300,– EUR werden vor Entstehung der Terminsgebühr verbunden; nach der Verbindung wird verhandelt. Der RA hat verdient

1,3 Verfahrensgebühr gem. VV 3100 RVG aus 400,– EUR	63,70 EUR
1,3 Verfahrensgebühr gem. VV 3100 RVG aus 300,– EUR	63,70 EUR
1,2 Terminsgebühr gem. VV 3104 RVG aus 700,– EUR	105,60 EUR
Der RA kann an Pauschsätzen berechnen	
für das Verfahren über ursprünglich 400,– EUR, später über 700,– EUR	20,00 EUR
für das Verfahren über 300,– EUR vor Verbindung 20 % von 63,70 EUR	12,74 EUR
Pauschale insgesamt	32,74 EUR[32]

Beispiel 2 Trennung:

Ein Rechtsstreit über 700,– EUR wird nach der mündlichen Verhandlung getrennt in Prozesse über 400,– EUR und über 300,– EUR. In beiden fallen nur noch Verfahrensgebühren an.
Im Verfahren vor der Trennung fällt eine Pauschale von 20,– EUR (1,3 Verfahrensgebühr 114,40 EUR + 1,2 Terminsgebühr 105,60 EUR jeweils aus 700,– EUR) an. Werden nach der Trennung beide Verfahren getrennt in Rechnung gestellt, so kann trotzdem in einem von beiden die 20,– EUR Pauschale geltend gemacht werden. Im 2. Verfahren, zB dem über 300,– EUR kann dann nur noch eine Pauschale von 12,74 EUR in Rechnung gestellt werden. Der RA kann zusammen 32, 74 EUR Pauschale verlangen.[33]

4. Höhe

34 **a) Grundsätze.** Der Pauschsatz beträgt 20% der Gebühren, die in der gebührenrechtlichen Angelegenheit entstanden sind, jedoch höchstens 20,– EUR. Das RVG stellt auf die Gebühren

---

[29] **AA** Gerold/Schmidt/*von Eicken,* 15. Aufl. 2002, BRAGO § 26 Rn. 9; *Enders* JurBüro 1998, 131, mit Berechnungsbeispiel.

[30] OLG München AnwBl 1984, 203 = JurBüro 1984, 769.

[31] BGH NJW 2010, 3377 Tz. 6.

[32] LG Berlin JurBüro 1985, 1343.

[33] HessFG AnwBl 1976, 45 (Ls.).

und nicht mehr wie die BRAGO auf die gesetzlichen Gebühren ab, weshalb es bei vereinbarten Gebühren auf diese ankommt. Auslagen, auch soweit sie nach VV 7000 RVG zur gesetzlichen Vergütung gehören, auch die MwSt, bleiben bei der Berechnung der 20% unberücksichtigt. 18,445 EUR werden auf 18,45 EUR aufgerundet, 18,444 auf 18,44 EUR abgerundet. Die Pauschale beträgt mindestens 3,– EUR (20% von 15,– EUR), da gem. § 13 Abs. 2 RVG die Mindestgebühr 15,– EUR beträgt (Ausnahme bei Hebemindestgebühr von 1,– EUR = Pauschale von 0,20 EUR). Auch für die Pauschale fällt MwSt an.

b) Rahmengebühren. Auch aus Rahmengebühren kann die Pauschale berechnet werden. 35
Gesetzliche Gebühr ist bei den Betrags- ebenso wie bei den Satzrahmengebühren diejenige Gebühr, die der RA unter Beachtung der Grundsätze des § 14 Abs. 1 RVG bestimmt hat. Hat das Gericht die Bestimmung nach § 14 Abs. 1 S. 4 RVG oder nach § 315 Abs. 3 S. 2 BGB geändert, weil sie nicht der Billigkeit entsprach, so ist die geänderte Gebühr auch für die Bemessung des Pauschsatzes maßgebend.

c) Mehrere Auftraggeber. Hat der RA in einer Angelegenheit mehrere Gebührenschuldner (VV 1008 RVG), so wird die Erhöhung der Prozess- oder Geschäftsgebühr bei der Berechnung der Pauschale berücksichtigt. Der Höchstsatz von 20,– EUR erhöht sich jedoch nicht. Dem einzelnen Auftraggeber darf nur eine Pauschale iHv 20% der Gebühren berechnet werden, die er schulden würde, wenn der RA nur in seinem Auftrag tätig geworden wäre, höchstens aber 20,– EUR.[34] 36

Beispiel:

Der RA vertritt zwei Beklagte als Gesamtschuldner mit einem Streitwert von 400,– EUR.

Er verdient	
1,3-Verfahrensgebühr gem. VV 3100 RVG aus 400,– EUR	63,70 EUR
Erhöhung 0,3-Gebühr gem. VV 1008 RVG aus 400,– EUR	14,70 EUR
Summe	78,40 EUR
RA kann von jedem nur 20 % aus 63,70 EUR	12,74 EUR
insgesamt aber nur 20 % aus 78,40 EUR	15,68 EUR
verlangen.	

d) PKH-Anwalt und Pflichtverteidiger. Auch der beigeordnete RA und der Pflichtverteidiger können gegenüber der Landeskasse den Pauschsatz berechnen. § 46 RVG bringt keine Einschränkung des Grundsatzes des VV 7002 RVG. 37

Ausgangsgebühr bei PKH. Die 20% sind nach bisherigem Recht aus den Wahlanwaltsgebühren zu errechnen.[35] Das hat sich mit dem am 1.1.2014 in Kraft getretenen Abs. 2 von VV 7002 RVG[36] geändert. Die 20% errechnen sich dann aus den Gebühren, die die Staatskasse zahlt. Die Bedeutung dieser Neuregelung wird nicht sehr groß sein, da bereits ab einer Gebühr von 100,– EUR die Pauschale von 20,– EUR erreicht ist. 38

Ausgangsgebühr beim Pflichtverteidiger. Bei ihm gilt dasselbe.

e) Beratungshilfe. Gem. § 44 S. 1 RVG erhält der RA eine Vergütung aus der **Landeskasse.** Zur Vergütung gehören gem. § 1 RVG auch die Auslagen. VV 7001, 7002 RVG gelten daher auch für den in der Beratungshilfe tätigen RA, soweit es um seine Ansprüche gegen die Landeskasse geht. Dabei errechnen sich. die 20% aus den Gebühren gem. VV 2501 ff. RVG und nicht aus hypothetischen Wahlanwaltsgebühren. Das war schon vor 2014 ganz einhM.[37] Der RA verdient keine Gebühren, die anhand der Wahlanwaltstabelle errechnet werden könnten. Er verdient nur die Gebühr gem. VV 2501 ff. RVG. Der Gesetzgeber hat dieses Ergebnis durch Einfügung von Anm. Abs. 2 zu VV 7002 RVG klargestellt. 39

Dem **Mandanten** kann der RA gem. der Anm. zu VV 2500 RVG nur die Beratungshilfegebühr von 15,– EUR, nicht aber Auslagen in Rechnung stellen. 40

5. Anrechnung

Keine Anrechnung der Pauschalen. Eine Bestimmung, dass die Kommunikationspauschalen aufeinander anzurechnen wären, gibt es nicht. Dementsprechend findet keine unmittelbare Anrechnung einer Pauschale auf die andere statt. 41

[34] Vgl. AG Frankfurt AnwBl 1967, 242.

[35] Ganz hM, BGH AnwBl 1971, 315 = NJW 1971, 1845; KG JurBüro 1980, 1198; OLG Düsseldorf JurBüro 1987, 703, alle zur BRAGO; OLG Nürnberg JurBüro 2010, 40 mit ausf. Begr.

[36] G zur Änderung des Gesetzes des Prozesskosten- und Beratungshilferechts, Art. 14.

[37] OLG Bamberg JurBüro 2007, 645; OLG Celle OLGR 2009, 81 = AGS 2009, 189; OLG Dresden MDR 2009, 414 = AGS 2008, 559 mzustAnm *N. Schneider;* OLG Düsseldorf AGS 2007, 630; OLG Nürnberg NJW-RR 2008, 1671; *Hansens* RVGreport 2007, 133.

42 **Keine Anrechnung der zu Grunde zu legenden Gebühren.** Eine andere Frage ist, ob die Pauschale aus der Gebühr zu berechnen ist, die nach der Anrechnung bleibt,[38] oder ob die Gebührenanrechnung völlig außer Betracht bleibt.[39] Letzteres ist anzunehmen.[40] Zwingende Gründe lassen sich nicht dafür finden, dass die Pauschale nur mit 20% aus der Gebühr zu errechnen wäre, die nach der Anrechnung bleibt. Im Gesetz finden sich dafür keine Anhaltspunkte. Unbeschadet der Anrechnung fallen in beiden Angelegenheiten die Gebühren an (§ 15a Abs. 1 RVG). Das spricht dafür, dass die Pauschalen jeweils aus diesen angefallenen Gebühren zu errechnen sind. Es macht auch durchaus Sinn, die Pauschalen von der Anrechnung der Gebühren abzukoppeln. Die Anrechnung von Gebühren trägt dem Umstand Rechnung, dass der RA mit der Sache schon vertraut ist und eine ganz neue Einarbeitung nicht erforderlich ist. Demgegenüber werden sich die Auslagen in den Anrechnungsfällen häufig nicht erheblich reduzieren. Der RA, der zunächst in einem selbständigen Beweisverfahren tätig ist, telefoniert und Schriftsätze verschickt, wird in vielen Fällen dasselbe noch einmal tun, wenn er im anschließenden Hauptsacheverfahren seinen Mandanten vertritt.

Beispiel:

RA berät wegen 3.000,– EUR; zur Ausführung des Auftrages hält der RA zwei fernmündliche Rückfragen. Er berechnet eine 0,3 Ratsgebühr von 66,60 EUR (§ 34) mit Pauschale von 13,32 EUR (gem. VV 7002 RVG). Später macht er den Anspruch außergerichtlich geltend. Er berechnet eine 1,0 Geschäftsgebühr 222,00 EUR (VV 2300 RVG) und eine Pauschale von 20,– EUR. Die Ratsgebühr wird auf die Geschäftsgebühr angerechnet. Der RA erhält also letztlich als Gebühren 222,– EUR.

Hier vertretene Meinung: Die Pauschalen werden von den Gebührenanrechnungen nicht berührt. Der RA hat also Anspruch auf eine Pauschale von 13,32 EUR und eine von 20,– EUR, zusammen 33,32 EUR.

Erste Gegenmeinung: Die erste Pauschale von 13,32 EUR bleibt unberührt. Die zweite Pauschale errechnet sich aus dem Gebührenbetrag nach erfolgter Anrechnung, also aus 155,40 EUR (222,– EUR – 66,60 EUR) = 20,– EUR, zusammen 33,32 EUR.[41]

Eine **3. Meinung** berücksichtigt nur die Gebühren, die nach der Anrechnung bleiben. Aus dem sich dann ergebenden Betrag wird eine Pauschale errechnet.[42] Der RA erhält also nur einmal eine Pauschale aus 222,– EUR, also insgesamt nur 20,– EUR.

43 Die erste Gegenmeinung führt bei Gebühren ab einer gewissen Größe noch zu den gleichen Ergebnissen wie die hier vertretene Ansicht. Bei sehr niedrigen Gegenstandswerten ergeben sich aber auch bei ihr unterschiedliche Ergebnisse.

Beispiel:

Nach der **hier vertretenen Ansicht** ergibt sich bei einem Gegenstandswert von 400,– EUR folgende Rechnung:

0,3 Ratsgebühr	14,70 EUR
Pauschale	2,94 EUR
1,0 Geschäftsgebühr	49,00 EUR
Pauschale	9,80 EUR
Pauschale insgesamt:	12,74 EUR

Nach der **ersten Gegenmeinung** ergeben sich:

Pauschale	2,94 EUR (aus 14,70 EUR)
Pauschale	6,86 EUR (aus 49,– EUR – 14,70 EUR = 34,30 EUR)
Pauschale insgesamt:	9,80 EUR

VII. Vergütungsvereinbarung

44 Ob die tatsächlich entstandenen oder pauschalierten Entgelte auch neben einem vereinbarten Honorar (§§ 3a ff. RVG) gefordert werden können, ist eine Frage der Auslegung der Gebührenvereinbarung. Im Zweifel ist anzunehmen, dass das vereinbarte Honorar (insbes. ein Pauschalhonorar) nicht nur die anwaltliche Tätigkeit, sondern auch seine Auslagen abgelten

[38] So KG JurBüro 2000, 583; LG Berlin Rpfleger 1988, 42; Gerold/Schmidt/*von Eicken,* 15. Aufl. 2002, BRAGO § 26 Rn. 10.

[39] OLG Köln Rpfleger 1994, 432; LG Essen JurBüro 2002, 246; AG Nürtingen JurBüro 2003, 417; AG Siegburg JurBüro 2003, 533; HBS VergütungsR/*Hansens* Teil 19 Rn. 56 ff.; *Enders* JurBüro 1996, 561; 2004, 169 (173); *N. Schneider* AGS 2003, 94.

[40] Der BGH hat sich auch gegen eine Anrechnung ausgesprochen, ohne sich jedoch bisher mit dem Problem zu befassen, ob bei den 20% die Gebühren nach Anrechnung zu Grunde zu legen sind (NJW-RR 2004, 1656 = FamRZ 2004, 1720 = JurBüro 2004, 649; NJW-RR 2005, 939 = JurBüro 2005, 142).

[41] Gerold/Schmidt/*von Eicken,* 15. Aufl. 2002, BRAGO § 26 Rn. 10.

[42] LG Offenburg Rpfleger 2002, 49; *Hansens* JurBüro 1987, 1744.

soll.[43] Denn das wird der Auftraggeber, der sich auf eine vom Gesetz abweichende Vergütung einlässt, annehmen. Von dem RA muss erwartet werden, dass er die Honorarvereinbarung so formuliert, dass bei dem Auftraggeber insoweit kein Irrtum entsteht. Hinzu kommt, dass gem. § 1 RVG die Vergütung die Gebühren und Auslagen umfasst.[44] Zur gleichen Problematik bei VV 7008 RVG → RVG VV 7008 Rn. 23.

Höhe. Zum alten Recht wurde angenommen, dass die 20% nicht aus dem vereinbarten Honorar, sondern aus den gesetzlichen Gebühren zu berechnen sind, die angefallen wären, wenn keine Gebührenvereinbarung getroffen worden wäre.[45] Das ergab sich daraus, dass § 26 S. 2 BRAGO ausdrücklich auf die gesetzlichen Gebühren abgestellt hat. Nachdem dies nicht mehr der Fall ist, ist nunmehr auf die vereinbarte Vergütung abzustellen.[46] **45**

VIII. Kostenerstattung

Allg. zum Verhältnis Ersatzanspruch gegen Mandanten und Kostenerstattung gegen Gegner → RVG VV Vorb. 7 Rn. 2. **46**

1. Pauschale

a) Grundsatz. Der erstattungspflichtige Gegner hat jedenfalls die in VV 7002 RVG genannte Pauschale zu erstatten. Denn in Höhe der Pauschsätze sind die Postentgelte als notwendig anzusehen. Voraussetzung ist allerdings, dass überhaupt Entgelte der in VV 7001 RVG bezeichneten Art angefallen sind, zB durch mindestens einen Brief, ein Telefonat usw (→ Rn. 20), was gem. § 104 Abs. 2 S. 2 ZPO durch anwaltliche Versicherung glaubhaft gemacht werden kann. Einer solchen bedarf es allerdings nur, wenn Zweifel daran bestehen, dass dem Anwalt überhaupt Kommunikationskosten entstanden sind.[47] **47**

b) Anwaltswechsel. Bei einem von der siegenden Partei vorgenommenen Anwaltswechsel können die bei beiden Anwälten entstandenen Pauschalen nur nebeneinander geltend gemacht werden, wenn der Wechsel notwendig war.[48] **48**

2. Tatsächliche Auslagen

Unbestrittene Auslagen. Werden die geltend gemachten, tatsächlichen Auslagen im Kostenfestsetzungsverfahren nicht bestritten, so sind sie zu Grunde zu legen, ohne dass es einer anwaltlichen Versicherung bedarf. Es muss auch nicht von vornherein schon konkret dargelegt werden, wann welche Kosten durch welchen Vorgang entstanden sind.[49] **49**

Bestrittener Anfall der Auslagen. Wird aber bestritten, dass die Auslagen überhaupt angefallen sind, so muss der RA zunächst einmal detailliert den Anfall darlegen. Dafür genügt eine Kopie einer internen Auflistung. Zur Glaubhaftmachung genügt nach § 104 Abs. 2 S. 2 ZPO die Versicherung des Anwalts, dass diese Kommunikationskosten entstanden sind.[50] Die Versicherung muss derjenige RA abgeben, dessen Auslagen erstattet werden sollen, da nur er hierzu das erforderliche Wissen hat. Es genügt also für Portoauslagen des Verkehrsanwalts nicht die Versicherung des Verfahrensbevollmächtigten.[51] **50**

Streit über Notwendigkeit. Die Versicherung des RA, dass die Kommunikationskosten entstanden sind, genügt jedoch nicht, wenn Streit über ihre Notwendigkeit besteht.[52] In diesem Fall muss die Partei grds. die Erforderlichkeit der Auslagen iE darlegen. In der Rspr. wird **51**

---

[43] LG Koblenz AnwBl 1984, 206 mAnm *Madert* = JurBüro 1984, 1667; Schneider/Wolf/*N. Schneider* RVG VV 7001 Rn. 4.

[44] LG Koblenz AnwBl 1984, 206 mzustAnm *Madert.*

[45] Gerold/Schmidt/*von Eicken,* 15. Aufl. 2002, BRAGO § 26 Rn. 9.

[46] **AA** Schneider/Wolf/*N. Schneider* RVG VV 7001 Rn. 25, wonach weiter 20% von der gesetzlichen Vergütung zu nehmen sind, der aber zu Recht auch darauf hinweist, dass in der Praxis selten ein Unterschied herauskommen wird, da Gebühren selten unter 100 EUR liegen.

[47] BPatGE 27, 235 (239).

[48] OLG Oldenburg JurBüro 1982, 718.

[49] **AA** wohl HBS VergütungsR/*Hansens* Teil 19 Rn. 65, wonach wohl eine konkrete Darlegung von Anfang an erforderlich ist.

[50] OLG Hamburg JurBüro 1981, 454; VGH Mannheim JurBüro 1990, 1001.

[51] OLG Hamm JurBüro 1958, 82 (84).

[52] OLG Hamburg JurBüro 1981, 454; OLG Frankfurt a. M. JurBüro 1982, 555; HBS VergütungsR/*Hansens* Teil 19 Rn. 65.

dieser Grundsatz jedoch abgemildert, wobei die Akzente unterschiedlich gesetzt werden.[53] Es bedarf eines Nachweises nicht,

– wenn die geltend gemachte Höhe nicht ersichtlich unangemessen ist,[54]
– wenn sie im Verhältnis zum Prozessstoff angemessen ist,[55]
– wenn sie das den besonderen Umständen des Falls entsprechende Maß nicht erheblich übersteigt.[56]

52 Teilweise wird angenommen, dass in vielen Fällen ohne weiteres von der Notwendigkeit ausgegangen werden kann.[57]

53 Abzustellen ist darauf, ob die Höhe im Verhältnis zum Prozessstoff angemessen ist. Ist dies zu verneinen und ist eine Glaubhaftmachung nicht möglich oder zumutbar, so können gem. § 287 Abs. 2 ZPO die notwendigen Kosten geschätzt werden.

54 **Telefongespräche.** Die Notwendigkeit von tatsächlich angefallenen Kosten ist zu verneinen, wenn statt im Schriftverkehr nahezu die gesamte Information im Wege von Ferngesprächen übermittelt wurde.[58] Anders allerdings, wenn der Sachverhalt durch fernmündliche Besprechungen besser und schneller geklärt werden kann als durch Briefwechsel. Telefonkosten sind von der Gegenpartei insbes. dann zu erstatten, wenn durch fernmündliche Besprechungen ein sonst notwendiger Verkehrsanwalt eingespart worden ist.[59]

55 **Fahrradkurier.** Wurde ein Fahrradkurier geschickt, hätte das Schriftstück aber auch per Telefax verschickt werden können, besteht kein Erstattungsanspruch für die Kurierkosten.

IX. Rechtsschutzversicherung

56 Das Kommunikationsentgelt gehört zur anwaltlichen Vergütung iSv § 2 Abs. 1a ARB 1975, § 5 Abs. 1a ARB 2000 (vgl. § 1 RVG) und wird damit vom Versicherungsschutz umfasst.

Nr.	Auslagentatbestand	Höhe
7003	Fahrtkosten für eine Geschäftsreise bei Benutzung eines eigenen Kraftfahrzeugs für jeden gefahrenen Kilometer	0,42 €
	Mit den Fahrtkosten sind die Anschaffungs-, Unterhaltungs- und Betriebskosten sowie die Abnutzung des Kraftfahrzeugs abgegolten.	
7004	Fahrtkosten für eine Geschäftsreise bei Benutzung eines anderen Verkehrsmittels, soweit sie angemessen sind	in voller Höhe
7005	Tage- und Abwesenheitsgeld bei einer Geschäftsreise	
	1. von nicht mehr als 4 Stunden	30,00 €
	2. von mehr als 4 bis 8 Stunden	50,00 €
	3. von mehr als 8 Stunden	80,00 €
	Bei Auslandsreisen kann zu diesen Beträgen ein Zuschlag von 50 % berechnet werden.	
7006	Sonstige Auslagen anlässlich einer Geschäftsreise, soweit sie angemessen sind	in voller Höhe

Schrifttum: *Madert,* Fahrtkosten- und Abwesenheitsgeld eines am Prozessgericht nicht zugelassenen, aber seit dem 1.1.2000 postulationsfähigen Rechtsanwalts, AGS 2001, 218; *Reck,* Zum Ausschluss der Auslagenerstattung des Rechtsanwalts für Geschäftsreisen innerhalb der Gemeinde, Rpfleger 2010, 256; *N. Schneider,* Die Abrechnung von Geschäftsreisen, ZAP Fach 24, 507; *N. Schneider,* Aufteilung der Reisekosten für mehrere Geschäfte, NJW-Spezial 2009, 315; *N. Schneider,* Reisekosten des auswärtigen Anwalts, AnwBl 2010, 512.

[53] Nach VGH Mannheim JurBüro 1990, 1001 ist sogar im Regelfall von den Angaben des RA auszugehen. Ohne Erleichterung OLG Frankfurt a. M. AnwBl 1982, 202, das nach seiner Begründung aber eigentlich auch zu einer solchen kommen müsste.
[54] BFH NJW 1970, 352.
[55] OLG München MDR 1992, 1004.
[56] OLG Celle JurBüro 1972, 69.
[57] OLG Hamburg JurBüro 1981, 454.
[58] OLG München MDR 1992, 1004.
[59] OLG Karlsruhe JurBüro 1975, 206, Telefongebühren eines auswärtigen Strafverteidigers.

Übersicht

I. Motive

„Zu den Nummern 7003 bis 7006 1

Die Regelungsvorschläge übernehmen inhaltlich die Regelungen aus § 28 BRAGO. Die Höhe der Kilometerpauschale soll an die Wegstreckenentschädigung angepasst werden, die einem Beamten nach § 1 Abs. 1 Nr. 3 Buchstabe b Doppelbuchstabe aa der Verordnung zu § 6 Abs. 2 BRKG für eine Dienstreise mit seinem eigenen Kraftfahrzeug, das im überwiegenden dienstlichen Interesse gehalten wird, zu gewähren ist. Ein Betrag in dieser Höhe wird auch steuerlich bei der Benutzung privater Kraftfahrzeuge anerkannt. Zu den sonstigen Auslagen nach Nummer 7006 VV RVG-E gehören auch die notwendigen Übernachtungskosten."[1]

II. Anwendungsbereich

Nur RVG-Tätigkeiten. VV 7003–7006 RVG kommen (nur) zur Anwendung, wenn sich die Vergütung des RA nach dem RVG richtet, wobei sich dies aus dem Gesetz oder aus einer Vereinbarung (zB Vereinbarung mit Schiedsrichter) ergeben kann. Wegen Vergütungsvereinbarung, aber → RVG VV Vorb. 7 Rn. 3 ff. 2

RA als Vormund, Betreuer usw. Diese Bestimmungen sind zB nicht in den in § 1 Abs. 2 S. 1 RVG angesprochenen Fällen (zB RA als Vormund, Insolvenzverwalter) anwendbar. Außerhalb des RVG kommen entweder spezielle Bestimmungen, wie zB § 1835 BGB oder aber § 670 ff. BGB zur Anwendung. Unternimmt aber der Anwalt als Vormund, Insolvenzverwalter usw eine Geschäftsreise in einer Angelegenheit, für die er Gebühren nach dem RVG berechnen kann (→ § 1 Rn. 391 ff.), erhält er auch Reisekosten nach VV 7003–7006 RVG ersetzt. 3

RA in eigener Sache. Da der RA sich keinen Auftrag erteilt und sich nicht selbst eine Rechnung stellt, spielen VV 7003 ff. nur insoweit eine Rolle, als es um die Kostenerstattung durch einen anderen geht (→ Rn. 134). 4

Vertreter. Führt der RA die Reise nicht selbst durch, sondern lässt sich vertreten, so kann er die Reisekosten des Vertreters gleichfalls nach VV 7003 ff. RVG abrechnen, sofern es sich um einen der in § 5 RVG aufgezählten Vertreter handelt. Für andere Vertreter kann der RA nur die ihm tatsächlich entstandenen Auslagen verlangen (→ § 5 Rn. 9 ff.), jedoch nach oben begrenzt durch Sätze nach VV 7003–7006 RVG. Für den Vertreter kann nicht mehr ersetzt verlangt werden als für den RA selbst. Fahrtkosten eines Büroangestellten werden analog § 5 JVEG wie die eines Zeugen berechnet.[2] 5

Patentanwalt. Reisekosten des in einer Patentrechtssache hinzugezogenen Patentanwalts sind nach Maßgabe von VV 7003 ff. RVG zu berechnen und zu ersetzen.[3] 6

III. Geschäftsreisen (VV Vorb. 7 Anm. Abs. 2 RVG)

1. Allgemeines

Eine Geschäftsreise liegt vor, wenn der RA zur Durchführung des Mandats die Gemeinde, in der seine Kanzlei oder Wohnung liegt, verlässt. 7

2. Ortsveränderung

a) Verlassen der Gemeinde. Verlassen der Gemeinde der Kanzlei oder Wohnung. Eine Geschäftsreise setzt ua voraus, dass der RA ein Geschäft an einem Ort vornimmt, der außerhalb der Gemeinde liegt, in dem der RA seine Wohnung oder seine Kanzlei hat (VV Vorb. 7 Anm. Abs. 2 RVG). Unerheblich ist, wo der RA zugelassen ist. 8

---

[1] BT-Drs. 15/1971, 232.
[2] OLG Düsseldorf JurBüro 1987, 1031; *Hansens* Anm. zu LG Dessau RVGreport 2015, 420.
[3] OLG Düsseldorf Rpfleger 1972, 416.

9 **Politische Gemeinde.** Es kommt auf die politische Gemeinde an.[4] Irrelevant ist, ob die Entfernung beim Verlassen der Gemeinde gering oder beim Bleiben in dieser groß ist. Eine kommunale Neugliederung, die zwei bisher getrennte Orte zu einem Ort vereinigt, schließt sie zu einem Ort iSv VV 7003 RVG zusammen. Unerheblich ist, ob politisch selbständige Gemeinden infolge geschlossener Bebauung so ineinander übergehen, dass man das Überschreiten der Kommunalgrenze nicht merkt oder ob umgekehrt ein anderer Gerichtsbezirk innerhalb derselben Gemeinde vorliegt, was zB in Berlin von Bedeutung ist.[5]

Beispiel:

Ein Berliner RA, der in Ausführung eines Mandats eine lange Pkw-Fahrt innerhalb von Berlin zu einem anderen Gerichtsbezirk zurücklegt, erhält keine Auslagen für eine Geschäftsreise.

10 **b) Zweigstellen des RA.** Eine Zweigstelle einer RA-Kanzlei ist eine Kanzlei iSv VV Vorb. 7 Anm. Abs. 2 RVG. Fahrtkosten für eine Fahrt zu der Gemeinde der Zweigstelle sind deshalb nicht zu erstatten.[6] Das gilt sowohl für eine Fahrt zur Zweigstelle als auch zu einem Gerichtstermin in dieser Gemeinde.[7] Dasselbe gilt, wenn der RA von der Zweigstelle zum Hauptsitz der Kanzlei oder zu einem Gerichtstermin am Ort der Hauptkanzlei fährt.[8] Wegen überörtlicher Sozietät → Rn. 126.

11 **c) Auswärtige Gerichtszweigstellen.** Befindet sich die Kanzlei des RA am Hauptsitz des Gerichts, so ist eine Reise zur Zweigstelle des Gerichts eine Geschäftsreise. Dasselbe gilt für eine Reise zum Hauptgericht, wenn der RA am Ort der Zweigstelle ansässig ist.[9]

12 Hat der RA aber am Ort des Hauptsitzes oder der Zweigstelle des Gerichts selbst eine Kanzlei, sei es auch nur eine Zweigstelle, so ist keine Geschäftsreise gegeben, selbst wenn der RA üblicher Weise an diesem Tag nicht zu der Kanzlei, in der der Gerichtstermin stattfindet, fahren würde. Die Kanzleizweigstelle gehört zur Kanzlei. Der RA hat somit in diesen Fällen immer auch eine Kanzlei am Gerichtsort.[10]

13 **d) Verlegung der Kanzlei.** Ein Rechtsanwalt, der seine Kanzlei in eine andere Gemeinde verlegt, kann bei Fortführung eines ihm vorher erteilten Auftrags Reisekosten und Abwesenheitsgelder nur insoweit verlangen, als sie auch von seiner bisherigen Kanzlei aus entstanden wären (VV Vorb. 7 Abs. 3 S. 2 RVG). Durch die Verlegung der Kanzlei dürfen die Reisekosten zwar niedriger, aber niemals höher werden. Wären auch vom ursprünglichen Ort der Kanzlei Reiskosten angefallen, die jedoch niedriger gewesen wären, so sind die niedrigeren zu ersetzen. Aus welchem Grunde die Verlegung erfolgt, ist gleichgültig.

14 Vertreten wird, dass eine Gesamtschau vorzunehmen ist. Unternimmt der RA nach der Kanzleiverlegung mehrere Geschäftsreisen für einen Mandanten, von denen die eine vom neuen Kanzleisitz aus billiger, die andere teurer ist, so sind alle Kosten zu addieren und ist dann zu vergleichen, ob dieselben Reisen vom alten Kanzleisitz billiger gewesen sind. Nur der Betrag, um den die Reisen vom neuen Kanzleisitz insgesamt teurer sind, ist dann abzuziehen.[11]

15 **Abweichende Vereinbarung.** Eine **solche** mit dem Auftraggeber ist wirksam. Die Gegenpartei braucht aber nach § 91 Abs. 2 S. 1 ZPO die Mehrkosten nicht zu erstatten.

16 **e) Wohnsitz.** ***aa) Fahrt zwischen Wohnung und Kanzlei.*** **(1) Ohne dortigen Gerichtstermin.** Die Fahrt zwischen der Gemeinde des Wohnsitzes und der Kanzlei ist jedenfalls, wenn dort nicht eine spezielle Tätigkeit, wie zB ein Gerichtstermin wahrzunehmen ist (→ Rn. 17), gem. VV Vorb. 7 Abs. 2 RVG unstreitig nie eine Geschäftsreise, auch nicht wenn beide in verschiedenen Gemeinden liegen.[12] Die Fahrtkosten sind allgemeine Geschäftskosten.[13]

17 **(2) Mit dortigem Gerichtstermin.** Teilweise wird vertreten, dass eine Geschäftsreise vorliegt, wenn der RA von seinem Wohnsitz zu einem Termin am Sitz seiner Kanzlei oder umge-

---

[4] Schneider/Wolf/*N. Schneider* RVG VV Vorb. 7 Rn. 43.
[5] Schneider/Wolf/*N. Schneider* RVG VV Vorb. 7 Rn. 43.
[6] OLG Dresden NJW 2011, 869 mwN auch für Gegenmeinung = RVGreport 2011, 145 mzustAnm *Burhoff;* OLG Koblenz NJW-RR 2015, 1408 = MDR 2015, 860 = AGS 2015, 507 mablAnm *N. Schneider.*
[7] Mayer/Kroiß/*Ebert* RVG VV Vorb. 7 Anm. Abs. 1, 2 Rn. 7.
[8] Mayer/Kroiß/*Ebert* RVG VV Vorb. 7 Anm. Abs. 1, 2 Rn. 7.
[9] OLG Frankfurt a. M. MDR 1999, 958; OLG München JurBüro 1999, 644 = FamRZ 2000, 622.
[10] Mayer/Kroiß/*Ebert* RVG VV Vorb. 7 Anm. Abs. 1, 2 Rn. 7.
[11] Schneider/Wolf/*N. Schneider* RVG VV Vorb. 7 Rn. 57.
[12] **AA** *Reck* Rpfleger 2010, 258.
[13] Hartung/Schons/Enders/*Hartung* RVG VV Vorb. 7 Rn. 15.

kehrt vom Sitz seiner Kanzlei zu einem Termin an seinem Wohnsitz fährt.[14] Innerhalb dieser Meinung wird noch differenziert. Für die einen ist keine Geschäftsreise gegeben, wenn der RA nach dem Termin im Gerichtsort bleibt, um sich zu seiner Wohnung bzw. Kanzlei zu begeben.[15] Für andere ist es unerheblich, wo sich der RA nach dem Termin hinbegibt.[16]

Dieser Meinung ist nicht zu folgen. Eine Reise von der Wohnung zu einem Gerichtstermin am Sitz der Kanzlei ist nie eine Geschäftsreise.[17] Dasselbe gilt für eine Fahrt von der Kanzlei zu einem Gerichtstermin am Wohnsitz des RA. Entgegen OLG Düsseldorf[18] kann für diese Frage nichts aus dem Wortlaut des Gesetzes hergeleitet werden.[19] Es muss auf den Sinn abgestellt werden. Der Ersatz der Auslagen zielt darauf ab, zusätzliche Kosten, die über die allgemeinen Geschäftskosten hinausgehen, zu ersetzen (→ RVG VV Vorb. 7 Rn. 9). Fährt der RA von seinem Wohnsitz in die Gemeinde seiner Kanzlei, wohin er in aller Regel an Wochentagen ohnehin fährt, so fallen keine zusätzlichen Kosten an. In diesen Fällen ist es also von der ganzen Systematik der Auslagenerstattung nicht gerechtfertigt, eine Auslagenerstattung stattfinden zu lassen. So verstanden vermeidet das Gesetz auch nicht mehr zu rechtfertigende Unterscheidungen. Fährt der RA erst zum Termin am Sitz seiner Kanzlei und dann direkt in seine Kanzlei, würde er die Reisekosten erstattet erhalten. Fährt er erst in die Kanzlei, und sei es auch nur kurz, und dann zum Termin, so erhielte er keine Reisekosten ersetzt. **18**

Es gibt auch Sinn, wenn das Gesetz auch in den Fällen, in denen der RA nach dem Termin wieder an seinen Startort zurückkehrt, also zB nach dem Termin an seinem Wohnort gleich wieder in seine Kanzlei zurückkehrt, in welchem Fall von Mehrkosten die Rede sein könnte, die Fahrtkosten nicht erstattet. Es ist im Interesse einer einfachen und objektivierbaren Handhabung hier nicht zu differenzieren, zumal weder für die Partei noch für das Gericht überprüfbar ist, ob der RA zurückgekehrt ist. **19**

bb) Fahrt von Wohnsitz zu Gerichtstermin. Auch hier sind die Fahrtkosten nicht unmittelbar zu ersetzen. Der Mandant darf davon ausgehen, dass keine höheren Fahrkosten als die von der Kanzlei des RA aus von ihm zu tragen sind. Es sind nur die Kosten zu ersetzen, die angefallen wären, wenn der RA von seinem Kanzleisitz aus gefahren wäre. Sind jedoch die Fahrtkosten vom Wohnsitz niedriger, so sind nach dem Grundsatz, dass nur tatsächlich angefallene Kosten zu erstatten sind, nur die niedrigeren Kosten zu erstatten.[20] **19a**

3. Geschäftszweck

a) Zur Durchführung des Mandats. Die Reise muss zur Durchführung eines Mandats erfolgen.[21] In Betracht kommen zB Reisen zu Gerichts-, Besprechungs- und Ortsterminen, zu Besprechungen mit Behörden oder Sachverständigen, zu Besprechungen mit dem Mandanten, der nicht zum RA reisen kann oder will, zur Unfallstelle usw.[22] **20**

b) RA als Zeuge. Wird der RA als Zeuge oder Sachverständiger vernommen, so kann er für die Reise nur eine Entschädigung nach dem JVEG verlangen. Das gilt selbst dann, wenn der RA über seine Handlungen oder Wahrnehmungen als Prozessbevollmächtigter vernommen wird. **21**

4. Erforderlichkeit der Reise

Ein Ersatzanspruch nach VV 7003 ff. RVG besteht nur, wenn die Reise auch erforderlich war. Für die Erforderlichkeit gilt dasselbe wie für die Notwendigkeit iSv § 91 Abs. 1 S. 1 ZPO. Es kommt darauf an, ob der RA die Reise bei sorgsamer vernünftiger Überlegung für notwendig halten durfte. Abzustellen ist auf das wohlverstandene Interesse des Mandanten.[23] **22**

---

[14] OLG Düsseldorf JurBüro 2012, 299 = RVGreport 2012, 189 mzustAnm *Hansens;* Schneider/Wolf/*N. Schneider* RVG VV Vorb. 7 Rn. 41.
[15] Schneider/Wolf/*N. Schneider* RVG VV Vorb. 7 Rn. 41.
[16] So wohl OLG Düsseldorf *Hansens* Bsp. 2 der Anm. zu OLG Düsseldorf RVGreport 2012, 189.
[17] Mayer/Kroiß/*Ebert* RVG VV Vorb. 7 Abs. 1, 2 Rn. 9.
[18] OLG Düsseldorf JurBüro 2012, 299 = RVGreport 2012, 189 mzustAnm *Hansens.*
[19] Die von OLG Düsseldorf zu Grunde gelegte Annahme, nur bei einer negativen Verknüpfung komme ein inklusives „oder" in Betracht, gilt – jedenfalls außerhalb von Düsseldorf – nicht. Für ein inklusives „oder" gibt der Schülerduden Grammatik, 5. Aufl., Nr. 350 als Bsp. an: „Wenn ich noch weiter rennen muss, bekomme ich gewiss Seitenstechen oder einen Krampf in den Beinen."
[20] OLG Karlsruhe AGS 2016, 332 = Rpfleger 2016, 607.
[21] Hartmann/Toussaint/*Schmitt* RVG VV 7003 Rn. 10.
[22] Schneider/Wolf/*N. Schneider* RVG VV Vorb. 7 Rn. 46.
[23] Mayer/Kroiß/*Ebert* RVG VV Vorb. 7 Anm. Abs. 1, 2 Rn. 13.

23 **Reisen zu Gerichtsterminen.** Die Reise des auswärtigen Verfahrensbevollmächtigten zu diesen ist grds. erforderlich, es sei denn es handelt sich um einen reinen Verkündungstermin.

24 **Auswärtiger Beweistermin.** Dasselbe gilt für die Fahrt des Verfahrensbevollmächtigten zum auswärtigen Beweistermin (→ § 46 Rn. 66ff.).

25 **Verkehrsschwierigkeiten. Versäumt** der RA infolge unvorhergesehener Verkehrsschwierigkeiten (plötzlicher Ausfall eines Zuges) den Termin, so ist der Auftraggeber gleichwohl zur Bezahlung der entstandenen Reisekosten verpflichtet. Wegen Kostenerstattung durch Gegner → Rn. 125.

26 **Wegfall eines Gerichtstermins.** Die Erforderlichkeit fehlt, wenn der RA zu einem auswärtigen Termin reist, obwohl er von dessen Absetzung hätte Kenntnis haben müssen und obwohl er die Reise dann noch hätte vermeiden können. Kurzfristige Terminsaufhebungen oder -verlegungen kommen nicht nur ausnahmsweise vor. Der RA muss mit ihnen rechnen und muss, was angesichts der modernen Kommunikationstechniken auch kein Problem ist, dafür sorgen, dass die Mitteilung hiervon ihn jedenfalls innerhalb seiner Bürostunden auch sofort erreicht.[24] Deshalb ist eine Reise nicht erforderlich, wenn die Mitteilung von der Klagerücknahme in der Kanzlei am Vortag des Termins um 15.23 Uhr, eine Zeit, die laut seinem Briefkopf in seine Bürozeit fällt, eingeht und der zu dieser Zeit noch nicht abgereiste RA keine Vorkehrungen getroffen hat, dass die Mitteilung ihn noch erreicht.[25] Anders ist es, wenn der RA sich wegen der weiten Strecke bereits am Nachmittag des Vortags auf den Weg gemacht hat.[26] Aber auch hier muss der RA Sorge dafür tragen, dass eine während der Öffnungszeiten der Kanzlei eingehende Absage ihm noch übermittelt werden kann, sodass er die Reise wenigstens abbrechen kann.

IV. Reise- und Fahrkosten. Überblick

27 Die Reisekosten, deren Ersatz der RA als Aufwendungen bei Durchführung von Geschäftsreisen fordern kann, gliedern sich in drei Gruppen:
– die Fahrtkosten (Wegeentschädigung),
– das Tage- und Abwesenheitsgeld,
– die Übernachtungskosten.

28 **Kombination.** Auch eine Kombination verschiedener Fahrmittel kann zu ersetzen sein, zB weil der RA mit seinem Kfz zum Flughafen oder Bahnhof fährt und am Ziel ein Taxi benutzt.[27]

V. Benutzung des eigenen Kraftfahrzeugs (VV 7003 RVG)

1. Wahlrecht

29 Der RA darf Geschäftsreisen grds. mit dem **eigenen** Kraftfahrzeug unternehmen (→ Rn. 40). Die hierdurch entstehenden Kosten sind notwendig. Dem RA kann mithin nicht mehr vorgerechnet werden, die Reisekosten wären billiger ausgefallen, wenn er statt seines Kraftfahrzeugs ein öffentliches Verkehrsmittel benutzt hätte.[28] Dies folgt aus § 5 Abs. 2 JVEG, wonach die Erstattungsfähigkeit der Kosten, die mit der Nutzung des eigenen Kraftfahrzeugs verbunden sind, zu erstatten sind. Der RA kann nicht schlechter stehen. Weiter spricht hierfür, dass der Gesetzestext einen Ersatzanspruch für andere Verkehrsmittel als den eigenen Pkw nur zuerkennt, wenn die Fahrkosten angemessen sind (VV 7004 RVG), während er für die Benutzung des eigenen Kraftfahrzeugs diese Einschränkung nicht kennt. Im Übrigen dürfte, da der RA mit der 1. Klasse Bahn fahren darf (→ Rn. 40), jedenfalls im Verhältnis zur Bahn ein Missbrauchsfall kaum bzw. nur in Ausnahmefällen[29] in Betracht kommen. Die frühere Rspr. zu den sog. Missbrauchsfällen ist überholt.

2. Eigenes Kraftfahrzeug

30 **„Kraftfahrzeug"** ist iSv § 1 Abs. 2 StVG zu verstehen. Also gehören dazu auch Motorrad, Moped oder Mofa. Das ist auch zweckmäßig, da bei allen diesen Fahrzeugen die Ermittlung

[24] Schneider/Wolf/*N. Schneider* RVG VV 7003 Rn. 10.

[25] OLG Stuttgart AGS 2003, 246 mablAnm *N. Schneider;* **aA** Schneider/Wolf/*N. Schneider* RVG VV 7003 Rn. 9, der andererseits aber auch verlangt, dass der RA auch unterwegs erreichbar sein muss (Schneider/Wolf/*N. Schneider* RVG VV 7003 Rn. 10).

[26] OLG München AGS 2004, 150 mzustAnm *N. Schneider.*

[27] LG Berlin JurBüro 1999, 526.

[28] OLG Köln AGS 2009, 27; OLG Saarbrücken NJW-RR 2009, 1008; LAG Nds AGS 2011, 553.

[29] Mayer/Kroiß/*Ebert* RVG VV 7003 Rn. 3; OLG Saarbrücken NJW-RR 2009, 1008.

der wahren anteiligen Fahrkosten dieselben Schwierigkeiten bereiten würde wie bei einem vierrädrigen Kraftwagen. Es besteht kein Grund, den vom Gesetz gebrauchten Allgemeinbegriff Kraftfahrzeug auf Kraftwagen einzuschränken.[30]

Eigenes Kraftfahrzeug bedeutet, dass der RA Eigentümer oder Halter[31] sein muss, also der, der es für eigene Rechnung in Gebrauch hat.[32] Gehört das Fahrzeug der Sozietät, so ist jeder Sozius als Eigentümer zu behandeln.[33] Die Eigenschaft als Leasingnehmer reicht ebenfalls aus.[34] Bei angemieteten Fahrzeugen muss der RA dagegen konkret abrechnen.[35] 31

3. Höhe

0,42 EUR. Die Entschädigung ist pauschal auf 0,42 EUR für den km festgesetzt worden (VV 7003 RVG). Mit diesem Betrag sind die Anschaffungs-, Unterhaltungs- und Betriebskosten sowie die Abnutzung des Kraftfahrzeugs abgegolten (Anm. zu VV 7003 RVG). Bei der pauschalen Entschädigung von 0,42 EUR hat es auch dann zu verbleiben, wenn die tatsächlichen Aufwendungen des RA im Einzelfall höher (er benutzt einen großen Wagen) oder niedriger (er fährt einen Kleinwagen) sind. 32

4. Gefahrene km

a) Tatsächlich gefahrene km. Zu vergüten sind – im Rahmen der Notwendigkeit – die tatsächlich gefahrenen km (VV 7003 RVG „gefahrenen Kilometer").[36] Zu berechnen ist die Fahrt von der Kanzlei des RA, nicht vom Wohnsitz bis zum Ort des Geschäfts und wieder zurück bis zur Kanzlei.[37] Ist er aber tatsächlich weniger km gefahren, weil sein Wohnsitz näher am Ort des Geschäfts war, so sind nur die tatsächlich gefahrenen km zu ersetzen. Ergibt die Hin- und Rückreise (zusammengerechnet) einen angefangenen km, ist er aufzurunden.[38] 33

b) Reiseweg. Niedrige Kosten. Der Reiseweg ist so zu wählen, dass er unter Berücksichtigung der Tage- und Übernachtungsgelder die geringsten Kosten verursacht, sofern er nach dem Zweck der Reise und den Umständen des Falles benutzt werden kann. 34

Angemessener Weg. Der RA darf für seine Reise den zweckmäßigsten oder der Verkehrssitte entsprechenden Reiseweg wählen, auch wenn dieser etwas länger ist als die kürzeste Straßenverbindung.[39] Beträgt zB die Entfernung von Ort zu Ort auf schlechter, kurvenreicher und durch viele Ortschaften führender Landstraße 95 km und kann der Zielort über die Autobahn mit 110 km erreicht werden, darf der RA die Autobahn benutzen und somit 110 km berechnen.[40] Dasselbe gilt, wenn die kürzere Strecke stark staugefährdet ist oder der RA durch Umleitungen an der Benutzung der direkten Strecke gehindert ist. 35

Keine Bindung an Routenplaner. Aus den vorgenannten Gründen besteht keine Bindung an die von einem Routenplaner angegebenen km. 36

5. Parkgebühren und sonstige Aufwendungen

Nach VV 7006 RVG können sonstige Auslagen ersetzt werden, soweit sie angemessen sind. Dazu gehören die durch die Benutzung des Kraftfahrzeugs aus Anlass der Geschäftsreise regelmäßig anfallenden Barauslagen, vor allem die Parkgebühren.[41] In § 28 Abs. 2 Nr. 1 BRAGO waren die Parkgebühren namentlich genannt. Dass sie in VV 7006 RVG nicht mehr erwähnt werden, bedeutet nicht, dass ihr Ersatz nicht verlangt werden kann, zumal § 5 Abs. 2 JVEG die Parkentgelte ausdrücklich anführt. Nur Parkgebühren auf Geschäftsreisen, nicht innerhalb der Gemeinde, in der der RA seine Kanzlei oder seinen Wohnsitz hat, sind zu erstatten.[42] 37

---

[30] Hartmann/Toussaint/*Schmitt* RVG VV 7003 Rn. 24; Riedel/Sußbauer/*Ahlmann* RVG VV 7003 Rn. 6.

[31] Mayer/Kroiß/*Ebert* RVG VV 7003 Rn. 5.

[32] BGHZ 13, 351 = NJW 1994, 514.

[33] Hartung/Schons/Enders/*Hartung* RVG VV 7003 Rn. 10.

[34] Mayer/Kroiß/*Ebert* RVG VV 7003 Rn. 5.

[35] Schneider/Wolf/*N. Schneider* RVG VV 7003 Rn. 15; Mayer/Kroiß/*Ebert* RVG VV 7003 Rn. 5.

[36] *Hartmann* BRAGO, 33. Aufl. 2004, Rn. 19; Riedel/Sußbauer/*Ahlmann* RVG VV 7003 Rn. 7; OLG Celle AnwBl 1967, 210 = NdsRpfl. 1967, 63; dem Armenanwalt sind aus der Staatskasse die tatsächlich gefahrenen Pkw-Kilometer zu vergüten. Die amtliche Streckenkarte ist dafür nicht maßgebend, jedoch müssen erhebliche Abweichungen begründet werden.

[37] Hartmann/Toussaint/*Schmitt* RVG VV 7003 Rn. 28.

[38] LG Rostock StraFo 2009, 439 = NJW Spezial 2009, 715.

[39] OLG Hamm JurBüro 1981, 1681; KG AGS 2004, 12 = KGR Berlin 2003, 360; OLG Naumburg AGS 2009, 218; OVG Thüringen NJW-Spezial 2018, 509 = RVGreport 2018, 301.

[40] *Schmidt* zu LG Ansbach NJW 1966, 1762.

[41] Mayer/Kroiß/*Ebert* RVG VV 7003 Rn. 8.

[42] OLG Düsseldorf JurBüro 2018, 634 = RVGreport 2019, 19 mzustAnm *Hansens.*

38 Weiter kommen als sonstige Auslagen in Betracht Kosten für Maut, Fähre, Vignette.[43]

VI. Benutzung anderer Verkehrsmittel (VV 7004 RVG)

1. Tatsächliche Aufwendungen

39 Bei Benutzung anderer Verkehrsmittel sind dem RA gem. VV 7004 RVG die tatsächlichen Aufwendungen (keine Pauschale) zu ersetzen, soweit sie angemessen sind.

2. Bahn

40 **a) Wahlrecht.** Dabei darf der RA frei wählen, ob er mit der Bahn oder mit seinem eigenen Kraftfahrzeug fährt. Was gem. § 5 Abs. 1 JVEG für die Reisekosten einer Partei gilt, muss auch für den RA gelten. Für die Benutzung der Bahn gilt dasselbe wie für die Benutzung des eigenen Kfz (→ Rn. 29). Es ist deshalb unzutreffend, wenn teilweise vertreten wird, es müsse eine Vergleichsrechnung hinsichtlich der Kosten mit dem eigenen Kfz und der Bahn durchgeführt werden. Zu erstatten seien nur die Kosten des billigeren Verkehrsmittels (→ Rn. 29).[44] Da der RA immer die 1. Klasse benutzen darf, besteht auch kein großer Unterschied zwischen der Benutzung des eigenen Pkw und der Bahn. Außerdem würde eine Verweisung auf das Kfz dem heute stark im Vordergrund stehenden Gedanken des Umweltschutzes widersprechen.

41 **b) Kosten. Zugehörigkeit zu den Kosten.** Zu den Kosten gehören bei Benutzung öffentlicher Verkehrsmittel, vor allem der Bundesbahn, die Ausgaben für die Fahrkarte einschließlich der Mehrkosten für zuschlagpflichtige Züge, für Platzkarten und für die Benutzung von Liegeplätzen in Nachtschnellzügen und für Schlafwagen oder Schiffskabinen, wenn sie angemessen waren, zB weil dadurch Übernachtungskosten in einem Hotel erspart wurden.

42 **Wege zur und von der Bahn.** Beim Zu- und Abgang zu und von den Beförderungsmitteln sind als Nebenkosten die notwendigen Auslagen für die Beförderung des RA und des zum Gebrauch dienenden Gepäcks in angemessenen Grenzen zu erstatten. Zu- und Abgang ist die Zurücklegung des Weges in der Wohngemeinde oder am Geschäfts- oder Übernachtungsort zu und vom Bahnhof.

43 **1. Klasse.** Zu vergüten sind die bei Benutzung fahrplanmäßiger Beförderungsmittel entstehenden Fahrgelder gem. den Tarifbestimmungen und zwar auch für die Benutzung der 1. Wagenklasse, soweit sie tatsächlich entstanden sind. Auch hier gilt wieder, dass ein RA nicht schlechter zu stellen ist als eine Partei, die gem. § 5 Abs. 1 JVEG die 1. Klasse benutzen darf.[45] Abweichende frühere Rspr. ist durch § 5 Abs. 1 JVEG überholt. Da diese Bestimmung nicht zwischen kurzen und langen Strecken unterscheidet, darf der RA auch auf kurzen Strecken die 1. Klasse benutzen.[46]

44 **ICE, IC.** Es ist immer angemessen, wenn der RA den ICE oder IC benutzt und zwar auch auf kurzen Strecken. Auch § 5 Abs. 1 JVEG kennt insoweit keine Einschränkung.

45 **Verbilligungen.** Nur der tatsächlich gezahlte Fahrpreis ist zu ersetzen. Verbilligungen (zB wegen Frühbuchung) kommen dem Mandanten zu gute.[47] Der RA ist, soweit dies zeitlich noch möglich ist, verpflichtet, durch Flexpreistickets – nicht Super-Sparpreis-Fahrkarten – die Bahnkarte billiger zu erwerben.[48]

46 **Bahncard.** Aufwendungen für eine Bahncard sind nach hM als allgemeine Geschäftskosten auch nicht anteilig erstattungsfähig.[49] Das ist wenig befriedigend und überzeugend. Die Zuordnung zu den allgemeinen Geschäftskosten ist wohl in erster Linie auf die Schwierigkeiten der Zuordnung der Bahncard zu den einzelnen Fahrten zurückzuführen. Andererseits liegt es aber gerade auch im Interesse des Mandanten, dass der RA verbilligt die Bahn benutzen kann. Es ist deshalb eine möglichst wenig aufwendige Art zu finden, wie eine Berücksichtigung erfolgen kann. Anhand der Erfahrungen des Vorjahrs ist zu schätzen, wie häufig die Bahncard für

---

[43] Mayer/Kroiß/*Ebert* RVG VV 7003 Rn. 8.

[44] Für Vergleichsrechnung OLG Celle RVGreport 2009, 193.

[45] OLG Köln JurBüro 2010, 480; LAG Nds AGS 2011, 553; nach OLG Celle RVGreport 2009, 193 sind jedenfalls bei längeren Strecken (zB mit einer Reisezeit von über vier Stunden) die Kosten der ersten Klasse zu Grunde zu legen.

[46] Mayer/Kroiß/*Ebert* RVG VV 7004 Rn. 4.

[47] Mayer/Kroiß/*Ebert* RVG VV 7004 Rn. 6.

[48] BVerwG JurBüro 2019, 534 = RVGreport 2019, 388 (zu Reisekosten einer Partei, die auch auf Reisekosten des RA übertragen werden können; *Hansens* Anm zu BVerwG RVGreport 2019, 388).

[49] OLG Celle MDR 2004, 1445; OLG Düsseldorf RVGreport 2008, 259; OLG Karlsruhe Rpfleger 2000, 129; OLG Naumburg JurBüro 2006, 87; OVG Münster NJW 2006, 1897; VG Ansbach AnwBl 2001, 185; VG Köln RVGreport 2006, 154; *Mümmler* JurBüro 1993, 336; offen gelassen BayLSG AGS 2015, 75.

Geschäftsfahrten (und ggf. für private) genutzt wird. Hat der RA zB die Bahncard 1. Klasse ausschließlich für 50 Geschäftsfahrten benutzt, so ist auf den reduzierten Fahrpreis einer Fahrt 2% der Bahncard-Kosten – maximal bis zur Höhe des Normalpreises – dazuzurechnen. Das ist zwar eine sehr ungenaue Rechnung. Sie hat aber den Vorteil, dass zum einen der RA nicht zum Nachteil seiner Mandanten vom Erwerb der Bahncard abgehalten wird, zum anderen die Berechnung relativ einfach ist und gleichzeitig mit ihr nicht bis zum Jahresende gewartet werden muss.[50]

Beispiel:

Der RA hat eine Bahncard 50 für die 1. Klasse (Preis 440,– EUR). Im letzten Jahr hat er ausschließlich für Geschäftsreisen die Bahn benutzt und zwar 50-mal.

Pro Fahrt entfallen 2 % der Bahncard-Kosten auf eine einzelne Fahrt, also 8,80 EUR, die auf den tatsächlich vom RA gezahlten Fahrpreis zu addieren sind.

3. Taxi

Dessen Benutzung für kürzere Strecken wird als angemessen anzusehen sein.[51] Von dem RA kann nicht erwartet werden, dass er grds. nur mit der Straßenbahn fährt. Benutzt er allerdings die Straßenbahn, kann er nur die Fahrgelder für diese berechnen.[52] Fährt vom Flughafen eine S-Bahn im 20 Minutentakt in die Nähe des Ziels des RA, wie zB vom Münchner Flughafen zum AG, LG und OLG München, so muss er diese und nicht das Taxi benutzen. 47

4. Fahrrad, zu Fuß

Da außer bei der Benutzung eines Kfz nur tatsächliche Aufwendungen ersetzt werden, gibt es keinen Ersatz, wenn der RA zu Fuß geht oder mit dem Fahrrad fährt. 48

5. Flugzeug

a) Wahlrecht. Nicht uneingeschränkt. Der RA darf nicht ohne jede Einschränkung das Flugzeug benutzen.[53] Das Gegenteil ergibt sich auch nicht aus § 5 JVEG, weder für Zeugen noch für Parteien und auch nicht für Rechtsanwälte.[54] § 5 JVEG sieht zwar keine Begrenzung mehr auf das billigste öffentliche Verkehrsmittel vor. Er begrenzt aber, wenn nicht besondere Umstände gem. § 5 Abs. 3 JVEG vorliegen, die Erstattung auf die bei Benutzung der 1. Klasse der Bahn anfallenden Kosten. 49

b) Gleich hohe Reisekosten. Völlig problemlos ist es, wenn die Gesamtkosten der Anreise mit dem Flugzeug nicht höher sind als die Gesamtkosten bei einer Anreise mit der 1. Klasse der Bahn. Hier ergibt sich die Angemessenheit und Erstattungsfähigkeit bereits aus § 5 JVEG. Der RA ist nicht schlechter zu behandeln als eine reisende Partei, der die Kosten bis zur Höhe der Kosten mit der 1. Klasse der Bahn zu erstatten sind.[55] 50

Sollten die fiktiven Reisekosten mit dem eigenen Fahrzeug höher sein als mit der 1. Klasse der Bahn, so sind sie im Hinblick auf VV 7003 RVG bei der **Vergleichsrechnung** heranzuziehen.[56] Bei der Vergleichsrechnung sind auch ggf. Übernachtungs- und die bei mehreren Tagen Abwesenheit höheren Kosten für Tage- und Abwesenheitsgeld gem. VV 7005 RVG zu berücksichtigen.[57] 51

c) Höhere Reisekosten. ***aa) Grundsätze.*** **BGH.** Flugreisen sind nur zu erstatten, wenn die dabei entstehenden Mehrkosten nicht außer Verhältnis zu den Kosten einer Bahnreise stehen.[58] Dabei kommt es nicht allein auf die Zeitersparnis an. Für die Prüfung, ob die Mehrkosten einer Flugreise außer Verhältnis zu den Kosten der Benutzung der Bahn stehen, ist außer der Höhe der Mehrkosten und der Bedeutung des Rechtsstreits auch die bei Benutzung des Flugzeugs gewonnene Zeitersparnis von Bedeutung. Dabei müssen auch die Zeiten für Trans- 52

---

[50] Ähnlich OLG Koblenz Rpfleger 1994, 85; Schneider/Wolf/*N. Schneider* RVG VV 7003 Rn. 25; ebenfalls für eine Berücksichtigung der Kosten der Bahncard OLG Frankfurt a. M. AGS 2007, 136 mAnm *Schneider.*

[51] OLG Köln AGS 2009, 27 = RVGreport 2009, 189; LAG Nds AGS 2011, 553; OLG Hamburg AGS 2011, 463.

[52] LG Berlin JurBüro 1999, 526, Taxikosten vom Flughafen zum Gericht.

[53] BGH AnwBl 2015, 529 Rn. 10 = GRUR 2015, 509; NJW-RR 1992, 689.

[54] BGH NJW-RR 2008, 654 = Rpfleger 2008, 279; OLG Brandenburg NJW-RR 2014, 828 = Rpfleger 2014, 106; OLG Zweibrücken RVGreport 2014, 430 **aA** KG RVGreport 2006, 113 mablAnm *Hansens,* das sich zu Unrecht auf § 5 JVEG beruft.

[55] KG RVGreport 2006, 113, für Reisekosten der Partei; LG Leipzig MDR 2007, 433.

[56] OLG Naumburg JurBüro 2006, 87; OLG Stuttgart JurBüro 2005, 367.

[57] KG RVGreport 2006, 113.

[58] BGH AnwBl 2015, 529 Rn. 10 mwN = GRUR 2015, 509; NJW-RR 1992, 698.

fers jeweils zum und vom Bahnhof oder Flughafen sowie für Sicherheitskontrollen und Boarding bei einer Flugreise berücksichtigt werden.[59] Darlegungspflichtig ist der Anspruchsteller.[60] Wegen Vergleichspositionen (→ Rn. 50 ff.; → Rn. 40 ff.).

53 **OLG.** Die OLG stellen bislang teilweise darauf ab, dass die Flugkosten nicht außer Verhältnis zu den Kosten einer Bahnfahrt 1. Klasse stehen und sich in einem angemessenen Verhältnis zu der Bedeutung des Rechtsstreits bewegen.[61] Andere halten das Verhältnis von Mehrkosten und ersparter Zeit für maßgeblich.[62] Für wieder andere kommt es ausschließlich auf die ersparte Zeit an.[63] Nachdem der BGH nunmehr die maßgeblichen Kriterien näher und in zutreffender Weise dargelegt hat, ist zu erwarten, dass ihm die meisten Oberlandesgerichte folgen werden. Vereinzelt geblieben und unzutreffend sind jedenfalls die Meinungen von OLG Frankfurt a. M., das grds. und ohne jede Vergleichsrechnung Flugkosten als erstattungsfähig anerkennt (für die Strecke Berlin – Frankfurt)[64] sowie von OLG Celle, das die Zeitersparnis als irrelevant ansieht.[65]

53a ***bb) Einzelfälle.*** **BGH.** Die Verhältnismäßigkeit hat der BGH

- **verneint** bei Flugkosten von 279,70 EUR im Verhältnis zu 116,50 EUR, also mehr als das Doppelte bei einem Streitwert von 568,35 EUR und einer Zeitersparnis von einem halben Arbeitstag.[66] Die Entscheidung betrifft die Reisekosten eines Steuerberaters als Partei. Ihre Grundsätze können aber auch auf die Reisekosten eines Anwalts übertragen werden,
- **bejaht** bei Flugkosten von 1.266,– EUR (= Mehrkosten von 58,5 %) und einem Streitwert von 30.000,– EUR (etwa das 15-fache der Flugreisekosten) und einem halben Tag Arbeitszeitersparnis.[67]

53b **Oberlandesgericht.** Die Erstattungsfähigkeit wurde – ausgehend von den unterschiedlichen Grundsätzen der einzelnen Oberlandesgerichte (→ Rn. 53) – anerkannt für

- München – Frankfurt;[68] entgegen OLG Koblenz, das die Flugreisekosten von 614,87 EUR netto im Verhältnis zu Kosten mit der Bahn von 358,– EUR brutto bei Weiterreise nach Koblenz nicht als zu erstatten anerkannt hat,[69]
- Düsseldorf – Hamburg,[70]
- Berlin – Frankfurt,[71]
- für Zugreisezeiten von viereinhalb bis fünfeinhalb Stunden (München – Saarbrücken),[72]
- eine Ersparnis von drei Stunden.[73]

54 **d) Business Class.** Einen grundsätzlichen Anspruch auf Benutzung der Business Class gibt es nicht,[74] auch nicht für Patentanwälte, auch wenn sie üblicherweise mit der Business Class reisen.[75] Er lässt sich auch nicht aus § 5 JVEG herleiten; ebenso wenig daraus, dass der RA in der Business Class besser arbeiten kann.[76] Sind aber die Kosten der Business Class nicht höher als die bei Benutzung der 1. Klasse der Bahn oder des eigenen Pkw, so sind sie vom Mandanten zu vergüten und vom Gegner zu erstatten. Außerdem wird vertreten, dass bei längeren

---

[59] BGH AnwBl 2015, 529 Rn. 15 mwN = GRUR 2015, 509.
[60] BGH AnwBl 2015, 529 Rn. 15 mwN = GRUR 2015, 509.
[61] OLG Brandenburg NJW-RR 2014, 828 = Rpfleger 2014, 106; OLG Hamburg AGS 2011, 463.
[62] OLG Naumburg JurBüro 2006, 87.
[63] OLG Hamburg JurBüro 2008, 432.
[64] OLG Frankfurt a. M. 16.2.2006 12 W 196/05 BeckRS 2011, 25443; **dagegen** OLG Brandenburg NJW-RR 2014, 828 = Rpfleger 2014, 106.
[65] OLG Celle JurBüro 2014, 368.
[66] BGH NJW-RR 1992, 698.
[67] BGH AnwBl 2015, 529 Rn. 13/14 mwN = GRUR 2015, 509.
[68] OLG Brandenburg NJW-RR 2014, 828 = Rpfleger 2014, 106; OLG Hamburg AGS 2011, 463; OLG Frankfurt a. M. MDR 2008, 1005; OLG Koblenz JurBüro 2010, 430.
[69] OLG Koblenz JurBüro 2010, 430.
[70] OLG Hamburg AGS 2011, 463.
[71] HessLAG BRAGOreport 2001, 190 = LAGReport 2002, 23.
[72] OLG Saarbrücken NJW-RR 2009, 1423.
[73] OLG Hamburg JurBüro 2008, 432.
[74] BGH AnwBl 2015, 529 = GRUR 2015, 509; OLG Brandenburg NJW-RR 2014, 828 = Rpfleger 2014, 106; OLG Frankfurt a. M. MDR 2008, 1005; OLG Köln JurBüro 2010, 480 Tz. 10; OLG Hamburg AGS 2011, 463; LG Freiburg NJW 2003, 3359, Economy Class für Strecke Dresden – Basel; LAG Hmb RVGreport 2010, 33; VGH Mannheim VA 2000, 202 (Ls.), Inlandflug; **aA** OLG Hamburg JurBüro 2008, 432 = RVGreport 2008, 39 mablAnm *Hansens;* KG RVGreport 2006, 113 mablAnm *Hansens,* für Strecke Frankfurt – Berlin.
[75] OLG Düsseldorf JurBüro 2009, 199 = AGS 2009, 141; **aA** OLG Hamburg JurBüro 2008, 432 mablAnm *Hansens;* Hartmann/Toussaint/*Schmitt* RVG VV 7003 Rn. 34 für weite Auslandflüge.
[76] OLG Brandenburg NJW-RR 2014, 828 = Rpfleger 2014, 106; OLG Zweibrücken RVGreport 2014, 430.

Flügen ins Ausland dem RA das Recht zuzuerkennen ist, die Business Class zu benutzen.[77] Sind die Kosten der Business Class nicht zu ersetzen, sind mindestens die Kosten, die bei einer Bahnfahrt 1. Klasse angefallen wären, zu ersetzen,[78] auch wenn die Kosten der Economy Class niedriger gewesen wären.[79] Wären die Kosten der Economy Class höher als die Kosten einer Bahnfahrt 1. Klasse gewesen und wäre der RA berechtigt gewesen, mit dem Flugzeug zu fliegen, so sind die Kosten der Economy Class zu ersetzen.[80]

e) Economy Class mit zwei Tarifen. Grundsätzlich darf der RA einen Flugpreistarif in der Economy Class wählen, der die Möglichkeit zur kurzfristigen Umbuchung des Flugs gewährleistet.[81] Bietet die vom RA gewählte Fluglinie jedoch eine Economy Class an, bei der es zwei Tarife gibt, der eine ohne Umbuchungszuschlag, der andere mit, so muss der RA den zweiten Tarif nehmen, falls dieser trotz der Umbuchungsgebühr insgesamt billiger ist.[82] So war es zB 2010 bei der Lufthansa auf der Strecke Berlin – München. Der Tarif Economy Basis (Gratisumbuchung) kostete etwa 200,– EUR mehr als der Tarif Economy Flex. Da bei diesem eine Umbuchung in gleicher Weise wie bei Economy Basic möglich war, die Umbuchungsgebühr aber nur 50,– EUR beträgt, war er selbst im Fall einer Umbuchung erheblich günstiger. Es war daher dem RA zumutbar, diesen zu wählen.[83] Voraussetzung ist allerdings, dass der RA in dem Moment, da er bucht, ihn noch erhalten kann. 55

f) Billigflüge ohne Umbuchungsmöglichkeit. Kein Muss. Der RA ist nicht verpflichtet, einen Billigflug zu benutzen, bei dem er nicht umbuchen kann.[84] Häufig ist nicht vorhersehbar, wie lange ein Gerichtstermin dauern wird. Dem RA ist aber nicht zumutbar von vornherein ein Polster einzuplanen und dann bei fehlender Umbuchungsmöglichkeit stundenlang seine Zeit wartend totzuschlagen.[85] 56

Terminsverlegung bei Billigflug. Hat der RA einen nicht stornierbaren Billigflug gebucht und muss ein zweiter Flug gebucht werden, weil der Gerichtstermin abgesetzt wurde, so sind zwei Flüge vom Mandanten zu vergüten und, wenn die erstattungsberechtigte Partei an der Verlegung kein Verschulden trifft, vom Gegner zu erstatten.[86] 57

g) Bonus-Meilen. Erwirbt der RA durch den Flug sog. Bonus-Meilen, so sind diese nicht von den tatsächlich angefallenen Flugkosten abzuziehen.[87] 58

VII. Tage- und Abwesenheitsgeld (VV 7005 RVG)

1. Allgemeines

Das Tage- und Abwesenheitsgeld nach VV 7005 RVG dient dazu, die Mehrkosten, die durch die Geschäftsreise verursacht werden, wie zB auswärts essen und trinken, auszugleichen. Es ist auch Entschädigung für die wegen der Reise nicht mögliche Ausübung sonstiger Geschäfte.[88] 59

2. Pauschalen

a) Grundpauschale. Es ist pauschaliert, also in voller Höhe auch dann zu erstatten, wenn die Mehrkosten des RA geringer sind. Andererseits kann der RA im Einzelfall entstandene, den Pauschalsatz übersteigende Mehrkosten nicht berechnen.[89] Hier bleibt bei Voraussehbarkeit nur die Vergütungsvereinbarung, bei der dann §§ 3a ff. RVG beachtet werden müssen. 60

Das Gesetz unterscheidet zwischen einem Tage- und Abwesenheitsgeld bei Geschäftsreisen von 61

---

[77] *Hansens* RVGreport 2007, 308 Ziff. II 3; Mayer/Kroiß/*Ebert* RVG VV 7004 Rn. 10.

[78] OLG Zweibrücken RVGreport 2014, 430.

[79] OLG Brandenburg NJW-RR 2014, 828 = Rpfleger 2014, 106.

[80] OLG Brandenburg NJW-RR 2014, 828 = Rpfleger 2014, 106 zur Kostenerstattung durch Gegner, um schwierige Ermittlungen zu vermeiden, was allein schon wegen der Beweislast bzw. Glaubhaftmachungspflicht des RA bzw. der erstattungsberechtigten Partei nicht überzeugt.

[81] BGH AnwBl 2015, 529 Rn. 10 mwN = GRUR 2015, 509.

[82] OLG Hamburg AGS 2011, 463; so wohl auch LAG Hmb RVGreport 2010, 33.

[83] OLG Köln JurBüro 2010, 480.

[84] BGH AnwBl 2015, 529, Rn. 10 mwN = GRUR 2015, 509.

[85] BVerwG JurBüro 1989, 1456; OLG Stuttgart JurBüro 2005, 367; LG Leipzig MDR 2007, 433.

[86] LG Leipzig MDR 2007, 433.

[87] OLG Braunschweig FamRZ 2012, 1514 = MDR 2012, 472 = RVGreport 2012, 271 mzustAnm *Hansens.*

[88] BayObLG MDR 1987, 870.

[89] Hartmann/Toussaint/*Schmitt* RVG VV 7003 Rn. 26ff; **aA** *Hartmann,* 48. Aufl., RVG VV 7003 Rn. 29, bei außergewöhnlich hohen Kosten kann sich der RA auf Geschäftsführung ohne Auftrag berufen.

nicht mehr als vier Stunden 30,– EUR
von mehr als vier bis acht Stunden 50,– EUR
und einem solchen bei Geschäftsreisen von über acht Stunden
(mindestens acht Stunden und eine Minute) 80,– EUR

62 **Sonn- und Feiertagen.** Bei Geschäftsreisen an Sonn- und Feiertagen erhält der RA dasselbe Tage- und Abwesenheitsgeld wie an Werktagen.

63 **b) Mehrtägige Abwesenheit. Isolierte Berechnung.** Bei einer mehrtägigen Reise werden die obigen Pauschalen für jeden Tag isoliert berechnet.

Beispiel:

Der RA verlässt freitags am Abend des 11.9. um 19.00 Uhr die Kanzlei und kehrt am Abend des 13.9. nach Hause zurück. Ihm steht ein Tage- und Abwesenheitsgeld von 210,– EUR (1 × 50,– EUR + 2 × 80,– EUR) zu

64 **c) Auslandsreisen. Erhöhung.** Bei ihnen kann das Tage- und Abwesenheitsgeld um 50% **erhöht** werden (Anm. zu VV 7005 RVG). Eine Auslandsreise ist gegeben, sobald der RA auch nur einmal die BRD verlässt.

65 **Kann-Bestimmung.** Es handelt sich angesichts der klaren Formulierung „kann" um eine Kann-Bestimmung. Der RA muss in analoger Anwendung zu § 14 RVG bestimmen, in welcher Höhe er den Rahmen ausfüllt.[90]

66 **Visa- und Passkosten.** Nicht richtig ist die Meinung, mit dieser Erhöhung seien auch Visa- und Passkosten abgegolten.[91] Diese haben nichts mit den Kosten, die das Tage- und Abwesenheitsgeld abdecken soll (→ Rn. 59), zu tun. Sie gehören vielmehr zu den sonstigen Auslagen bei Geschäftsreisen iSv VV 7006 RVG.

3. Zeit der Abwesenheit

67 Die Zeit wird gerechnet vom Verlassen der Kanzlei bzw. Wohnung bis zum Wiederbetreten.[92] Es kommt auf die tatsächlichen Abgangs- und Zugangszeiten an. Zugverspätungen und Staus sind nicht abzuziehen. Die Zeit des **Mittagessens** ist mit einzurechnen.[93] Es wird die Meinung vertreten, dass ein Abwesenheitsgeld für **Besprechungen mit dem Mandanten** vor und nach einem Termin nicht zu erstatten ist.[94] Dem ist nicht zu folgen. Die Entscheidung klingt so, als ob die Abwesenheitspauschale hierfür erst gar nicht entstehe. Das ist sicher nicht richtig. Zur Geschäftsreise gehören nicht nur Gerichtstermine, sondern auch Reisen zu Besprechungen. Dann gibt es keinen Grund, Besprechungen, die im Zusammenhang mit Gerichtsterminen stattfinden, auszuschließen. Wegen Kostenerstattung → Rn. 154a.

Beispiel:

Der RA verlässt die Kanzlei um 14.00 Uhr und kehrt um 23.00 Uhr in seine Wohnung zurück. Die Pauschale beträgt wegen mehr als acht Stunden Abwesenheit 80,– EUR.

4. Erforderlichkeit, Sicherheitspolster

68 Es genügt, dass die Reise zweckmäßig war. Der RA darf die Reise nicht unnötig in die Länge ziehen. Er darf aber für die Hinfahrt ein Sicherheitspolster einplanen, um auch bei etwaigen Verzögerungen, zB Stau, rechtzeitig beim Termin zu erscheinen.[95] Bei einer Reisedauer von normaler Weise 4 Stunden (wohl mit dem PKW) hat das OLG Frankfurt einen Sicherheitspuffer von 75 Minuten für ausreichend und notwendig angesehen.[96]

VIII. Sonstige Auslagen bei Geschäftsreise

1. Allgemeines

69 Sonstige Auslagen, die im Zusammenhang mit der Geschäftsreise entstanden sind, sind, soweit sie angemessen sind, zu ersetzen (VV 7006 RVG).

---

90 Mayer/Kroiß/*Ebert* RVG VV 7005 Rn. 9 mwN; HartmannToussaint/*Schmitt* RVG VV 7003 Rn. 35.
91 Hartmann/Toussaint/*Schmitt* RVG VV 7003 Rn. 50.
92 LG München NJW-Spezial 2016, 701 Rn. 15 = AGS 2016, 507.
93 *Hansens* Anm. zu OVG Thüringen RVGreport 2018, 301.
94 OVG Thüringen NJW-Spezial 2018, 509 = RVGreport 2018, 301 mzustAnm.*Hansens.*
95 OLG Celle RVGreport 2012, 269 Rn. 6; OLG München NJW-Spezial 2016, 701 = AGS 2016, 507; OVG Thüringen NJW-Spezial 2018, 509 = RVGreport 2018, 301 mzustAnm *Hansens.*
96 OLG Frankfurt JurBüro 2018, 429.

2. Übernachtungskosten

a) Allgemeines. Übernachtungskosten sind sonstige Kosten iSv VV 7006 RVG. Der RA muss wegen der Geschäftsreise auswärts übernachtet haben. 70

b) Übernachtung angemessen. Angemessenheit erforderlich. Die Übernachtung muss nicht notwendig sein. Es genügt, dass sie angemessen war. Es besteht also ein bestimmter Ermessensspielraum.[97] Die Übernachtung muss aus Gründen der Geschäftsreise angemessen gewesen sein. War dem RA zuzumuten, noch am Tage des Antritts der Geschäftsreise zurückzukehren, kann er Kosten der Übernachtung nicht fordern. Notwendigkeit ist auch zu bejahen, wenn der RA nicht darauf vertrauen konnte, bei einer Anreise am Terminstag pünktlich zum Termin zu erscheinen, ohne zur Unzeit (→ Rn. 72) die Anreise antreten zu müssen.[98] 71

6.00–21.00 Uhr. In der Rspr. wird zunehmend § 758a Abs. 4 S. 2 ZPO (Definition der Nachtzeit von 21.00–6.00 Uhr) herangezogen.[99] Dabei wird darauf abgestellt, ob der Reisebeginn[100] vor 6.00 Uhr zu erfolgen hat, was wohl nach allgemeinem Sprachgebrauch so gemeint ist, dass auf das Verlassen des Hauses bzw. der Kanzlei[101] abgestellt werden soll, also ohne Berücksichtigung des Aufstehens, der Morgentoilette und des Frühstücks.[102] Noch nicht näher eingegangen wurde bislang auf die Frage, ob nicht auf den Zeitpunkt des Aufstehens abzustellen ist.[103] Dabei ist zu berücksichtigen, dass Hausdurchsuchungen überraschend erfolgen, das Gesetz also keine Zeit für das Aufstehen etc. berücksichtigen musste. Das würde dafür sprechen, dass Nachtzeit Schlafzeit bedeutet und somit erst ein Aufstehen ab 6.00 Uhr zumutbar ist. Nach dem BVerwG ist eine Übernachtung nicht nötig bei einer Rückkehr in die Heimatstadt bis 21.00 Uhr.[104] 72

Andere sehen eine Übernachtung als erforderlich an, wenn die Reise nicht in der Zeit zwischen 6.00 Uhr und 22.00 Uhr[105] bzw. nicht in der Zeit zwischen 5.00 Uhr und 22.00 Uhr[106] durchgeführt werden kann.

Mehr als zehn Stunden. Vertreten wird, dass bei mehr als zehn Stunden Abwesenheit immer eine Übernachtung angemessen ist.[107] Dem ist nicht zu folgen. Fährt der RA ganz oder zumindest die großen Strecken mit öffentlichen Verkehrsmitteln, so ist ihm eine Abwesenheit zwischen 6.00 Uhr und 21.00 Uhr zumutbar. Etwas anderes ergibt sich auch nicht aus dem Rechtsgedanken von § 19 Abs. 2 S. 1 Hs. 2 JVEG, wonach ein Zeuge maximal für zehn Stunden Verdienstausfall zu entschädigen ist. Diese Bestimmung berücksichtigt, dass in aller Regel Menschen nicht länger als zehn Stunden arbeiten. Sie besagt nichts dazu, wie lange reisen zumutbar ist. 73

Übermüdungsgefahr. Anders kann es sein, wenn der RA größere Strecken mit dem Pkw fährt. Hier ist die Übermüdungsgefahr mit zu berücksichtigen. So ist einem mit dem Auto fahrenden RA eine längere Abwesenheit als zehn Stunden nicht zumutbar.[108] Das gilt jedenfalls, wenn der RA schon um 6.00 Uhr morgens abfahren muss.[109] 74

Ältere oder kränkliche Anwälte. Bei ihnen kann die Zeitgrenze noch weiter herauf- bzw. heruntergesetzt werden. 75

---

[97] Hartmann/Toussaint/*Schmitt* RVG VV 7003 Rn. 52.

[98] LG Hamburg NJW-Spezial 2019, 573 = AGS 2019, 444.

[99] BVerwG NVwZ-RR 2014, 984 = RVGreport 2015, 143, zu Behördenvertretern; OLG Frankfurt JurBüro 2018, 429; OLG Hamburg AGS 2011, 463; OLG Karlsruhe NJW-RR 2003, 1654; OLG Naumburg MDR 2016, 1475 = RVGreport 2017, 20 mzustAnm *Burhoff;* OLG Nürnberg AGS 2013, 201; OLG Saarbrücken NJW-RR 2009, 1423; **aA** KG AGS 2003, 498 = KGR Berlin 2003, 314, dem RA ist im Einzelfall zumutbar, schon um 5.00 Uhr aufstehen zu müssen.

[100] OLG Hamburg AGS 2011, 463; OLG Karlsruhe NJW-RR 2003, 1654.

[101] Worauf OLG Frankfurt JurBüro 2018, 429 abstellt.

[102] Ausdrücklich so OLG Jena RVGreport 2015, 146; OLG Nürnberg AGS 2013, 201; OLG Saarbrücken NJW-RR 2009, 1423.

[103] Darauf, dass man hierüber durchaus streiten könnte, weist *Hansens* in Anm. zu BVerwG RVGreport 2015, 143 hin.

[104] BVerwG NVwZ-RR 2014, 984 = RVGreport 2015, 143, zu Behördenvertretern.

[105] Schneider/Wolf/*N. Schneider* RVG VV 7003 Rn. 37.

[106] OLG Koblenz JurBüro 2011, 674.

[107] OLG Dresden NJW-RR 1998, 1292 = MDR 1999, 894 unter Berufung auf § 2 Abs. 5 ZSEG; OLG Saarbrücken NJW-RR 2009, 1423 Rn. 8.

[108] OLG Dresden NJW-RR 1998, 1292 Rn. 16.

[109] OLG Saarbrücken NJW-RR 2009, 1423.

76 **Möglichkeit eines Verlegungsantrags.** Wiederholt wird in der obergerichtlichen Rspr. – als ergänzendes Argument – gegen den Ersatz von Übernachtungskosten angeführt, dass ein Verlegungsantrag hätte gestellt werden können.[110]

77 **c) Tatsächliche Kosten.** Zu ersetzen sind die tatsächlich angefallenen Kosten, soweit sie angemessen waren, und nicht eine Pauschale.

78 **Übernachtung bei Freunden.** Übernachtet der RA ohne Vergütung bei Freunden oder Verwandten, kann er keine Übernachtungskosten ansetzen.

79 **Übernachtung im Schlafwagen.** „Übernachtet" er im Schlafwagen, sind seine Kosten im Rahmen der Fahrtkosten (VV 7004 RVG) zu ersetzen.

80 **d) Höhe. Angemessener Hotelpreis.** Der RA darf ein Hotel mit einem adäquaten Qualitätsstandard auswählen.[111]

81 Anerkannt wurden Übernachtungskosten von
- 75,– EUR für die Großstädte im Bezirk des OLG Karlsruhe[112]
- 80,– EUR für gehobene Mittelklasse,[113]
- 100,– EUR in Leipzig[114]
- 113,45 EUR netto in Berlin[115]
- 120 DM (!) in Chemnitz[116]
- 150,– EUR[117] bzw. 170,– EUR in Frankfurt außerhalb der Messezeit.[118]

82 Bei diesen Entscheidungen ist darauf zu achten, auf welche Zeit sie sich beziehen. UU ist wegen Erhöhung von Hotelpreisen eine Anpassung vorzunehmen. Liegen besondere Umstände vor, so kann auch einmal ein Ersatzanspruch für ein Luxushotel bestehen, zB wenn der Mandant aus Prestigegründen hierauf Wert legt. Der Gegner muss diese jedoch nicht erstatten.

83 **Abzug von Frühstückskosten.** Sind in den Hotelkosten auch solche für das Frühstück enthalten, so sind diese abzuziehen, da sie aus dem Tage- und Abwesenheitsgeld zu bestreiten sind.[119] Werden die Frühstückskosten in der Hotelrechnung nicht gesondert ausgewiesen, so können sie im Regelfall gem. § 287 ZPO mit ca. 10 % der Übernachtungskosten geschätzt werden.[120]

84 **Vergütungsvereinbarung.** Höhere Ersatzansprüche kann sich der RA durch eine Vergütungsvereinbarung (unter Beachtung von §§ 3a ff. RVG) sichern.

84a **e) Stornierung.** Wird das Hotel storniert, zB weil der Gerichtstermin abgesetzt worden ist, so sind nach dem BVerwG die nach der Stornierung verbleibenden Kosten zu erstatten.[121] Das kann aber nur gelten, wenn es nicht zumutbar war, das Hotel so zu buchen, dass keine Stornierungsgebühren anfallen. Hotelvermittler wie zB booking.com bieten heutzutage sehr günstige Stornierungskonditionen an. Wegen der ähnlichen Problematik bei Flugreisen → Rn. 55.

3. Weitere sonstige Auslagen

85 Zu ersetzen sind, wenn angemessen und durch die Geschäftsreise verursacht,
- Trinkgeld,[122]
- Kurtaxe,[123]
- Gepäckaufbewahrung,[124]
- Post-, Fernsprech- und Telegrafenkosten,[125]

---

[110] KG AGS 2003, 498 Rn. 3.
[111] FH AGS 2015, 412, Mittelklassehotel mit modernem Komfort; OLG Frankfurt a. M. MDR 2008, 1005; KG JurBüro 2010, 428 Rn. 11.
[112] OLG Karlsruhe NJW-RR 2003, 1654.
[113] OLG Brandenburg NJW-RR 2014, 828 = Rpfleger 2014, 106.
[114] BVerwG NJW 2017, 3542.
[115] KG JurBüro 2010, 428 Rn. 11.
[116] OLG Dresden NJW-RR 1998, 1292.
[117] OLG Frankfurt NStZ-RR 2018, 32 = RVGreport 2017, 457.
[118] OLG Frankfurt a. M. MDR 2008, 1005.
[119] Zum Frühstück OLG Düsseldorf AGS 2012, 561; OLG Karlsruhe AnwBl 1986, 110; OLG Saarbrücken AGS 2014, 251 = ZfS 2014, 169.
[120] OLG Düsseldorf AGS 2012, 561.
[121] BVerwG NJW 2017, 3542 = RVGreport 2017, 393 mzustAnm *Hansens*.
[122] Schneider/Wolf/*N. Schneider* RVG VV 7003 Rn. 42; Hartmann/Toussaint/*Schmitt* RVG VV 7003 Rn. 38; Mayer/Kroiß/*Ebert* RVG VV 7006 Rn. 2.
[123] Schneider/Wolf/*N. Schneider* RVG VV 7003 Rn. 42.
[124] Schneider/Wolf/*N. Schneider* RVG VV 7003 Rn. 42.
[125] Schneider/Wolf/*N. Schneider* RVG VV 7003 Rn. 42.

– Reise- und Gepäckversicherungen[126]
– Flugunfallversicherung[127]
– Beförderung von Akten
– Passgebühren (→ Rn. 66),
– Parkgebühren (→ Rn. 37).

IX. Reisen für mehrere Geschäfte

1. Allgemeines

Dient eine Reise mehreren Geschäften, so sind die entstandenen Auslagen nach dem **Verhältnis** der Kosten zu verteilen, die bei gesonderter Ausführung der einzelnen Geschäfte entstanden wären (VV Vorb. 7 Abs. 3 S. 1 RVG). 86

2. Mehrere Geschäftsreisen

a) Mehrere Geschäftsreisen. Mehrere Geschäfte. Geschäfte im Sinne dieser Bestimmung sind nur solche Tätigkeiten, die der RA in Ausführung eines Parteiauftrags vornimmt (→ Rn. 20 ff.). Es müssen mehrere Geschäfte erledigt werden. Unerheblich ist, ob die Reise nur an einen Ort oder an mehrere geht. Dazu, wenn RA teilweise aus privaten Gründen oder wegen einer Ladung als Zeuge reist (→ Rn. 96). 87

Mehrere Auftraggeber in derselben Angelegenheit. Hier ist, da nur ein Geschäft vorliegt, nicht VV Vorb. 7 Anm. Abs. 3 S. 1 RVG anzuwenden, sondern § 7, VV 1008 RVG,[128] → RVG VV 1008 Rn. 288 ff.; → Rn. 295. 88

b) Verhältnismäßige Aufteilung. Zu verteilen sind bei Reisen für mehrere Geschäfte die tatsächlich entstandenen Reisekosten nach dem Verhältnis der Kosten, die bei gesonderter Ausführung der einzelnen Geschäfte entstanden wären.[129] 89

Zu berechnen sind somit 90
– (1) die tatsächlich angefallenen Gesamtkosten der Geschäftsreise
– (2) die Kosten pro Einzelreise, wenn der RA für jedes Geschäft gesondert gereist wäre
– (3) die Addition der Kosten, die bei gesonderter Anreise gem. (2) angefallen wären
– (4) der Betrag, der auf das einzelne Geschäft entfällt nach der **Formel:**

$$\frac{\text{Betrag der fiktiven Einzelreise (2)} \times \text{tatsächliche Gesamtkosten (1)}}{\text{geteilt durch den Betrag aller fiktiven Reisekosten (3).}}$$

Beispiel:

Der RA hat auf einer Geschäftsreise die Geschäfte A und B erledigt. Die tatsächlichen Gesamtkosten (1) betrugen 120,– EUR. Isoliert berechnet wären bei A 60,– EUR bei B 100,– EUR angefallen (2), also zusammen 160,– EUR (3). Es ist wie folgt zu rechnen:

a) Gesamtberechnung der tatsächlich durch die Reise entstandenen Reisekosten (120,– EUR), Rechnung (1)
b) Berechnung der Reisen, wenn diese einzeln durchgeführt worden wären (Rechnung (2))
  aa) Kosten der Reise A (60,– EUR),
  bb) Kosten der Reise B (100,– EUR),
c) fiktive Kosten der Reisen A und B = 60,– EUR + 100,– EUR = 160,– EUR Rechnung (3)
d) auf die einzelnen Reisekosten

Somit müssen ersetzen

A 60 × 120 : 160 =	45,– EUR
B 100 × 120 : 160 =	75,– EUR
Insgesamt	120,– EUR

c) Mehrkosten wegen Übernachtung bei Rundreise. Eine einzige Geschäftsreise ist auch eine Rundreise, bei der der RA, ohne an den Ort seiner Kanzlei zurückzukehren, Geschäfte an mehreren Orten erledigt. Dabei kann es aber wegen der Übernachtungskosten passieren, dass höhere Reisekosten als bei gesonderten Reisen anfallen. In diesem Fall trägt der RA die Mehrkosten selbst, soweit er nicht die Rundreise im Interesse aller Auftraggeber für erforderlich halten durfte.[130] 91

[126] Schneider/Wolf/*N. Schneider* RVG VV 7003 Rn. 42.
[127] Mayer/Kroiß/*Ebert* RVG VV 7006 Rn. 2 mwN; **aA** OLG Bamberg JurBüro 1979, 374 und 1979, 1030.
[128] Hartmann/Toussaint/*Schmitt* RVG VV Vorb. 7 Rn. 16.
[129] OVG Thüringen NJW-Spezial 2018, 509 = RVGreport 2018, 301.
[130] Mayer/Kroiß/*Ebert* RVG VV Vorb. 7 Abs. 3 Rn. 11 Fall 5, S. 1558; Schneider/Wolf/*N. Schneider* RVG VV Vorb. 7 Rn. 48.

Beispiel:

Der Frankfurter RA fährt für Mandant A zu einem Termin nach Würzburg und am nächsten Tag für Mandant B zu einem Termin nach München. Obwohl er zu beiden Terminen jeweils an einem Tag gesondert fahren könnte, übernachtet er zu einem angemessenen Preis von 100,– EUR in München.

Tatsächliche Gesamtkosten	
Fahrtkosten Frankfurt – München 2 × 393 km × 0,42 EUR	330,12 EUR
Tage- und Abwesenheitsgeld 2 × 80,– EUR	160,00 EUR
Übernachtung	100,00 EUR
Summe	590,12 EUR
Fiktive Reisekosten für A	
Fahrtkosten Frankfurt – Würzburg 2 × 116 km × 0, 42 EUR	97,44 EUR
Tage- und Abwesenheitsgeld	80,00 EUR
Summe	177,44 EUR
Fiktive Reisekosten für B	
Fahrtkosten Frankfurt – München 2 × 393 km × 0, 42 EUR	330,12 EUR
Tage- und Abwesenheitsgeld	80,00 EUR
Summe	410,12 EUR
Summe der fiktiven Reisekosten	587,56 EUR

Da es billiger gewesen wäre, wenn der RA die Reisen getrennt und ohne Übernachtung durchgeführt hätte, kann der RA nur geltend machen, was bei isolierten Reisen angefallen wäre, also von A 177,40 EUR und von B 410,12 EUR.

92 Wäre aber die Übernachtung nötig gewesen, weil der Termin in München schon morgens um 8.00 Uhr stattfand, so wäre die Übernachtung bei B einzusetzen, so dass dessen fiktive Kosten 510,12 EUR und die fiktiven Gesamtkosten 687,56 EUR betragen würden.

Von den gesamten Kosten von 687,52 EUR tragen dann
Mandant A (177,44 : 687,56) 26 %
Mandant B (510,12 : 687,56) 74 %.

93 **d) Mehrere Geschäfte für denselben Auftraggeber.** Handelt es sich um mehrere Geschäfte desselben Auftraggebers, so schuldet dieser dem RA die entstandenen Gesamtkosten. Eine getrennte Berechnung nach den auf jedes Geschäft entfallenden Einzelbeträgen ist nur dann erforderlich, wenn es sich um verschiedene Rechtsstreitigkeiten handelt und daher die Erstattungspflicht verschiedener Prozessgegner in Frage kommt.

94 **e) Ersatzanspruch nur gegen einen von mehreren Mandanten.** Die unter b) und c) dargestellte Berechnung (→ Rn. 89 ff.) gilt auch, wenn der RA nur einen Anspruch gegen einen von mehreren Mandanten hat, zB, weil bei einem der Mandanten der Ersatz von Reisekosten vertraglich ausgeschlossen ist oder nicht realisiert werden kann (**keine gesamtschuldnerische Haftung** für Gesamtkosten). Sind also in dem obigen Beispiel b) (→ Rn. 90) von A die auf ihn entfallenden Beträge nicht zu erhalten oder müssen sie wegen eines vertraglichen Ausschlusses von ihm nicht bezahlt werden, so muss B dennoch nur 75,– EUR zahlen.

95 **f) Geschäfte am gleichen Ort.** Reist der RA wegen verschiedener Geschäfte an denselben Ort, so gilt auch VV Vorb. 7 Anm. Abs. 3 S. 1 RVG. Bei ihnen genügt es aber meist, wenn die Gesamtreisekosten nach der Zahl der Sachen, in denen sie entstanden sind, gleichmäßig verteilt werden, zB wenn ein nicht am Sitze des Prozessgerichts wohnender RA am gleichen Tage vor demselben Gericht oder vor mehreren Gerichten am gleichen Orte in mehreren Prozessen verhandelt oder Beweistermine wahrgenommen hat. Das gilt auch dann, wenn bei Erledigung nur einer Sache geringere Reisekosten entstanden wären, falls für jede einzelne Sache die gleichen Kosten entstanden wären. Wären aber in einer Sache höhere Kosten, zB höhere Tage- und Abwesenheitsgelder, entstanden als in anderen Sachen, zB weil ein Termin sehr lang gedauert hat, so sind auch in solchen Fällen die Gesamtkosten im Verhältnis der Einzelkosten nach der oben dargelegten Rechenweise (→ Rn. 89 ff.) zu verteilen.

3. Teilweise andere als Geschäftsreise

96 **Auch in privater Sache.** Reist der RA auch aus privaten Gründen, so ist VV Vorb. 7 Abs. 3 RVG nicht anwendbar.[131] Wenn zB der RA bei einem auswärtigen Gericht für einen Auftraggeber einen Termin wahrnimmt und am gleichen Tage noch am gleichen Ort Freunde besucht, so hat der Auftraggeber den vollen Reiseaufwand zu tragen, soweit die gleichen Kosten auch ohne den privaten Teil entstanden wären. Wird aber durch den Besuch der Freunde aus einer

[131] OLG Brandenburg RVGreport 2011, 307 mzustAnm *Hansens.*

Reise von drei Stunden eine solche von sechs Stunden, braucht der Auftraggeber nur das Tage- und Abwesenheitsgeld zu zahlen, das bei Reisen bis zu vier Stunden anfällt.[132] Eine sonst nicht nötige Übernachtung ist nicht vom Mandanten zu vergüten.

Beispiel:

Wäre der RA im Ausgangsbeispiel b) (→ Rn. 90) nur für A und iÜ in eigener Sache gereist, so hätte er einen Anspruch gegen A iHv 60,– EUR.

Nach dem BVerwG kommt es darauf an, ob der Privataufenthalt lediglich „bei Gelegenheit" des Gerichtstermins erfolgt und auf wenige Tage beschränkt ist.[133] Die Entscheidung ist zur Erstattung von Kosten eines Zeugen nach § 91 Abs. 1 S. 2 ZPO ergangen. **97**

Zeuge. Dasselbe soll gelten, wenn der RA die Reise teilweise unternimmt, weil er als Zeuge aussagen muss. Das kann nur richtig sein, wenn man davon ausgeht, dass dem RA dann kein Anspruch nach dem JVEG zusteht. Andernfalls würde der RA doppelt entschädigt. Hier sind zwei Rechenweisen denkbar. Entweder man zieht von dem vom Mandanten zu zahlenden Betrag das ab, was der RA vom Gericht erhalten hat. Oder man wendet § 19 Abs. 3 JVEG, VV Vorb. 7 Abs. 3 S. 1 RVG, die beide den gleichen Rechenweg vorsehen, entsprechend an. **98**

4. Mitreisende Ehefrau

Reist die Ehefrau mit und erhöhen sich dadurch die Kosten (zB Doppelzimmer- statt Einzelzimmerpreis), so gilt das oben zur Reise in privater Sache Dargelegte entsprechend (→ Rn. 96). Der RA ist also so zu stellen, als ob er ein Einzelzimmer genommen hätte. Nicht ist hälftig zu quoteln.[134] **98a**

X. Nur tatsächlich angefallene Kosten

1. Tatsächlich angefallene Kosten

Dem RA steht grds. ein Ersatzanspruch nur zu, soweit bei ihm tatsächlich Auslagen angefallen sind. Der RA, der mit dem Fahrrad gefahren ist, kann nicht geltend machen, er hätte auch mit dem Pkw fahren dürfen. **99**

2. Fiktive anstelle tatsächlicher Kosten

Sind jedoch Kosten tatsächlich angefallen, aber nicht zu ersetzen, zB weil im konkreten Fall die Benutzung eines Flugzeugs nicht erforderlich war, so sind fiktive Kosten statt dessen zu ersetzen, zB die Kosten einer Bahnfahrt. **100**

XI. Beweislast

Beweisbelastet für alle Voraussetzungen eines Ersatzanspruchs ist der RA, auch für die Angemessenheit.[135] Es gilt dasselbe wie auch sonst beim Auslagenersatz im Auftragsverhältnis (Beweislast beim Beauftragten)[136] und Ähnliches wie bei der Kostenfestsetzung, bei der glaubhaft machen muss, wer einen Anspruch geltend macht (§ 104 Abs. 2 ZPO). § 46 RVG, bei dem etwas anderes gilt, ist eine Ausnahme für das Verhältnis zur Staatskasse, die im Gesetz durch die negative Formulierung zum Ausdruck kommt (→ § 46 Rn. 87 ff.). Ein Hinweis, dass dasselbe für das Verhältnis RA – Mandant auch gelten soll, ist im Gesetz nicht zu finden. **101**

XII. Erstattung durch Dritten. Gerichtsnaher RA.

1. Grundsätzlich keine Notwendigkeitsprüfung. Vorweg ist darauf hinzuweisen, dass nach hM die Problematik des auswärtigen Verfahrensbevollmächtigten (→ Rn. 108 ff.) nicht gegeben ist, wenn der RA im Bezirk des Gerichts ansässig ist. § 91 Abs. 2 S. 1 ZPO verlangt eine Notwendigkeit nur für den RA, der nicht im Bezirk des Prozessgerichts residiert.[137] Deshalb sind die Reisekosten eines RA, der zwar nicht am Ort des Prozessgerichts, wohl aber in **102**

---

[132] LAG Bln AGS 2009, 177 = RVGreport 2009, 77 mzustAnm *Hansens.*

[133] BVerwG NJW 2012, 1827.

[134] **AA** OLG Saarbrücken AGS 2014, 251 = ZfS 2014, 169.

[135] **AA** Hartmann/Toussaint/*Schmitt* RVG VV 7003 Rn. 31, 42, 52.

[136] Palandt/*Sprau* BGB § 670 Rn. 7.

[137] BGH NJW 2018, 2572; OLG Frankfurt AGS 2018, 481 = WRP 2019, 241; LG Gera AGS 2014, 251 mzustAnm *N. Schneider;* LG Krefeld JurBüro 2014, 377 = AGS 2014, 424 mzustAnm *N. Schneider;* JurBüro 2011, 307; Schneider/Wolf/*N. Schneider* RVG VV 7003 Rn. 70; BVerwG NJW 2007, 3656, wonach zu erwägen ist, dass jeder in Deutschland niedergelassene RA im „Gerichtsbezirk des BVerwG" ansässig ist.

dessen Bezirk residiert (zB ein RA aus Starnberg ist Verfahrensbevollmächtigter beim LG München II, ein RA aus Ingolstadt beim OLG München), ohne Notwendigkeitsprüfung zu erstatten.

2. Ein Familiengericht für mehrere Amtsgerichte

103 Familiengerichte können gem. § 23d GVG für die Bezirke mehrerer Amtsgerichte für zuständig erklärt werden. In diesem Falle sind die Reisekosten des im Bezirk des an sich zuständigen Amtsgerichts ansässigen RA immer erstattungsfähig. Zur vergleichbaren Frage bei Wirtschaftsstrafkammern → Rn. 159.

3. Auswärtiger Gerichtstermin

104 Fährt der im Bezirk des Prozessgerichts ansässige RA zu einen auswärtigen Termin, zB Augenschein, oder zu einer Beweisaufnahme bei dem ersuchten, auswärtigen Richter, so ist das als erforderlich anzusehen; die Reisekosten sind zu erstatten (→ Rn. 48, 23).

4. Reise zu gerichtsnaher Mediation

105 Auch die Kosten einer Reise zu einem Termin der gerichtsnahen Mediation sind zu erstatten.[138]

5. Ortstermine des Sachverständigen

106 Die Anwesenheit des Prozessbevollmächtigten an einem von dem gerichtlichen Sachverständigen angesetzten Ortstermin ist in der Regel erforderlich, so dass die Reisekosten des im Bezirk des Prozessgerichts ansässigen Anwalts zu den notwendigen Kosten des Rechtsstreits gehören, ohne dass es besonderer Darlegungen zur Notwendigkeit bedarf.[139] → RVG VV Vorb. 3 Rn. 255.

6. Reisen zu Vergleichsverhandlungen

107 Reisen zu Vergleichsverhandlungen sind nur ausnahmsweise erstattungspflichtig, zB wenn sie gerade durch die Gegenpartei veranlasst worden sind oder wenn bisher der Vergleich an Fragen gescheitert war, die auf schriftlichem Wege oder telefonisch nicht zu klären waren, und nur eine persönliche Aussprache an Ort und Stelle zum Vergleich führen konnte. Die Reisekosten sind unter diesen Voraussetzungen aber auch dann erstattungspflichtig, wenn die Vergleichsverhandlungen scheitern, aber – objektiv gesehen – hinreichende Aussicht auf Erfolg hatten.

XIII. Erstattung durch Dritten. Gerichtsferner RA

108 Zum Verhältnis Ersatzanspruch gegen Mandanten und Kostenerstattung gegen Gegner → RVG VV Vorb. 7 Rn. 2.

1. Notwendigkeitsprüfung erforderlich?

109 **a) Notwendigkeitsprüfung gem. § 91 Abs. 2 S. 1 Hs. 2 ZPO.** Gemäß dieser Bestimmung sind Reisekosten eines RA, der nicht im Bezirk des Prozessgerichts niedergelassen ist oder nicht am Sitz des Prozessgerichts wohnt, nur insoweit von einem Dritten zu erstatten, als die Zuziehung zur zweckentsprechenden Rechtsverfolgung oder Rechtsverteidigung notwendig war. Es ist also zu prüfen, ob es notwendig war, einen auswärtigen RA einzuschalten. Das gilt nicht nur für Zivilprozesse, sondern auch für alle anderen Verfahren, bei denen die jeweilige Verfahrensordnung auf § 91 Abs. 2 S. 1 Hs. 2 ZPO verweist, wie zB in § 113 Abs. 1 S. 2 FamFG für Familienstreitsachen.

109a Im Hinblick darauf, dass nach § 91 Abs. 2 S. 1 ZPO die Reisekosten eines im Bezirk des Prozessgerichts niedergelassenen RA immer zu erstatten sind, und in Anlehnung an die Rspr. zum beigeordneten RA (→ § 46 Rn. 15 ff., 51) sind die Reisekosten eines nicht im Bezirk des Gerichts niedergelassenen RA immer mindestens in der Höhe zu erstatten, in der Reisekosten anfallen würden, „**wenn der RA vom am vom Gericht weitest entfernten Ort des Gerichtsbezirks** angereist wäre, und zwar unabhängig davon, ob an diesem Ort überhaupt ein RA residiert (→ § 46 Rn. 16).“[140]

---

[138] KG NJW 2009, 2754.

[139] KG JurBüro 2007, 261; OLG Celle JurBüro 1972, 1105.

[140] OLG Brandenburg AGS 2019, 534 = NZFam 2019, 927; OLG Köln MDR 2016, 184; OLG Schleswig NJW 2015, 3311 = AGS 2015, 487 mzustAnm *N. Schneider,* AG Kiel JurBüro 2013, 591 = NJW-RR 2013, 892 = AGS 2014, 8 mzustAnm *N. Schneider;* AG Marbach Rpfleger 2014, 289 = AGS 2014, 210; VG Freiburg AGS

b) Notwendigkeitsprüfung außerhalb des § 91 Abs. 2 S. 1 Hs. 2 ZPO. Mehrere Verfahrensordnungen verweisen nicht auf § 91 Abs. 2 S. 1 Hs. 2 ZPO und kennen auch sonst keine ausdrückliche Regelung zu den Reisekosten eines auswärtigen RA. Noch nicht eindeutig geklärt ist, ob hier die Notwendigkeit zu prüfen ist. 110

aa) Verwaltungsgerichtssachen. Gem. § 162 Abs. 2. S. 1 VwGO sind Gebühren und Auslagen eines RA als Prozessbevollmächtigten stets erstattungsfähig. Auf § 91 Abs. 2 S. 1 ZPO verweist § 162 VwGO nicht, sodass grds. keine Notwendigkeitsprüfung stattzufinden hat. Der Gesetzgeber wollte die Beteiligten im Verwaltungsprozess bei der Wahl eines RA ihres Vertrauens freier stellen, damit sie leichter einen im Verwaltungsrecht qualifizierten Anwalt finden können.[141] Trotzdem wird in Rspr. und herrschend. Lit. wegen § 162 Abs. 1 VwGO oder wegen des allgemeinen erstattungsrechtlichen Grundsatzes, dass die Kosten möglichst niedrig zu halten sind, bei Reisekosten („notwendige Aufwendungen“) eine Notwendigkeitsprüfung verlangt. Ohne diese sind solche des RA nur dann voll zu erstatten, wenn er seine Kanzlei am Sitz oder im Bezirk des angerufenen Gerichts oder am Wohnsitz bzw. Geschäftssitz seines Mandanten oder in dessen Nähe hat. In den anderen Fällen muss der Nachweis geführt werden, dass es zur zweckentsprechenden Rechtsverfolgung oder -verteidigung notwendig gewesen ist, gerade diesen Anwalt zu beauftragen.[142] Das **BVerwG** hat es offen gelassen, ob dem zu folgen ist und ob dies nicht, wenn überhaupt, nur für die erste Instanz in Betracht kommt. Beim BVerwG könnte dies schon daran scheitern, dass sich jeder in Deutschland ansässige RA in dessen Gerichtsbezirk befindet und es keinem zumutbar sein dürfte, nur einen Leipziger RA zu beauftragen. 111

bb) Finanzgerichtsbarkeit. Da § 139 FGO dem § 162 VwGO weitgehend entspricht, gilt hier dasselbe wie zur Verwaltungsgerichtsbarkeit (→ Rn. 111).[143] 112

cc) Sozialgerichtsbarkeit. § 193 Abs. 2 SGG gewährt einen Erstattungsanspruch für die „zur Rechtsverfolgung oder Rechtsverteidigung notwendigen“ Aufwendungen des RA, worunter auch die Reisekosten fallen. Eine § 162 Abs. 2 VwGO entsprechende Regelung fehlt. Das ist der Regelung im Zivilrecht sehr nahe. 113

2. RA am Sitz der Partei. Zu erstattende Reisekosten

a) Grundsätze. Jede Partei darf grds. einen an ihrem Wohn- oder Geschäftsort ansässigen RA mit der Prozessvertretung beauftragen.[144] Ausnahmsweise gilt dies nicht,[145] wenn ein persönliches Gespräch mit dem Verfahrensbevollmächtigten nicht erforderlich ist oder sein sollte, was zB der Fall sein kann 114

– bei gewerblichen Unternehmen, die über eine eigene Rechtsabteilung verfügen, die die Sache bearbeitet hat[146] (→ Rn. 128 ff.), bei Verbänden (→ Rn. 133 ff.), bei RA in eigener Sache (→ Rn. 134 ff.),
– wenn bei einem in tatsächlicher Hinsicht überschaubaren Streit um eine Geldforderung die Gegenseite versichert, nicht leistungsfähig zu sein und gegenüber einer Klage keine Einwendungen zu erheben.[147]

Die Mandatierung eines heimischen RA ist auch dann gerechtfertigt, wenn eine Sache sich **rückblickend als einfach** herausstellt. Denn welche Schwierigkeiten die Führung eines Rechtsstreits aufwirft, ist für die rechtlich nicht versierte Partei in der Regel nicht überschaubar und hängt darüber hinaus wesentlich vom Verhalten der Gegenseite während des Prozesses ab. Nach dem BGH kommt noch hinzu, dass eine typisierende Betrachtungsweise angebracht ist.[148] Dass der auswärtige RA bereits im **vorausgehenden Eilverfahren** tätig war, hebt die Erforderlichkeit der Beauftragung dieses RA für die Hauptsache nicht auf.[149] 115

2016, 362; **aA** OLG Celle NJW 2015, 2670; OLG Frankfurt a. M. JurBüro 2016, 203 = AGS 2016, 361 mablAnm *N. Schneider.*

[141] BVerwG NJW 2007, 3656 = DÖV 2008, 209; OVG NRW RVGreport 2015, 226.

[142] OVG Bln-Bbg NJW 2013, 3388 = NVwZ-RR 2013, 782 = RVGreport 2013, 322 mzustAnm *Hansens;* Nachw. für diese Meinung in BVerwG NJW 2007, 3656 = DÖV 2008, 209; **aA** VG Aachen AGS 2011, 622 mwN.

[143] FG Hmb RVGreport 2012, 426.

[144] BGH NJW 2007, 2048.

[145] Grdl. BGH AGS 2003, 97 mAnm *Madert* = NJW 2003, 898 = FamRZ 2004, 441 = AnwBl 2003, 97.

[146] BGH AGS 2003, 97 mAnm *Madert* = NJW 2003, 898 = FamRZ 2004, 441 = AnwBl 2003, 97.

[147] BGH AGS 2003, 97 mAnm *Madert* = NJW 2003, 898 = FamRZ 2004, 441 = AnwBl 2003, 97.

[148] BGH JurBüro 2010, 369; krit. zu diesem Aspekt *Müller-Rabe* JurBüro 2017, 173 ff.

[149] OLG Frankfurt JurBüro 2018, 429.

115a **Geschäftsführung am Betriebssitz, nicht am Geschäftssitz.** Befindet sich der Sitz des Erstattungsberechtigten nach den Eintragungen im Handelsregister zwar in Frankfurt/Main, erfolgt die Geschäftsführung jedoch ausschließlich am Betriebssitz in Berlin, so ist die Reise eines Frankfurter Verfahrensbevollmächtigten zum Berliner Gericht nicht notwendig.[150]

116 **b) Zweitwohnsitz.** Beauftragt eine Partei einen am oder in der Nähe ihres Zweitwohnsitzes ansässigen Rechtsanwalt, so ist das wie die Beauftragung eines RA am Sitz der Partei zu behandeln, wenn sich die Partei regelmäßig während der Woche an ihrem Zweitwohnsitz aufhält.[151] Ist der Zweitwohnsitz oder der Arbeitsplatz am Ort des Gerichts und hält sich die Partei während der Woche dort ständig auf, so sind Reisekosten eines RA, der am Erstwohnsitz ansässig ist, nicht zu erstatten.[152]

117 **c) Wahl des Gerichtsorts.** Nach hM scheidet ein Erstattungsanspruch für Reisekosten nicht deshalb aus, weil der Mandant die Auswahl zwischen mehreren Gerichten hatte, darunter auch einem, an dessen Ort der beauftragte RA ansässig ist. Das Wahlrecht nach § 35 ZPO kann nicht auf diese Weise eingeschränkt werden.[153] Nur wenn sich der Mandant von rechtsmissbräuchlichen Gesichtspunkten hatte leiten lassen, gilt etwas anderes. Im Regelfall ist aber von zu respektierenden Gründen auszugehen.[154]

118 **d) Keine Pflicht, Terminvertreter zu nehmen.** Hier hat der BGH neue Maßstäbe gesetzt. Früher war eine entsprechende Frage beim Beweisanwalt von Bedeutung. Für diesen wurde eine Verpflichtung der Partei angenommen, einen Beweisanwalt einzuschalten, wenn die Reisekosten des Verfahrensbevollmächtigten in einem auffälligen Missverhältnis zu der Bedeutung des Rechtsstreits und der Beweisaufnahme standen und die Einschaltung eines Terminsvertreters zu erheblich geringeren Kosten geführt hätte.[155] Etwas anderes wurde angenommen, wenn es sich um die prozessentscheidende Beweisaufnahme handelte und die Reisekosten des Verfahrensbevollmächtigten noch in einem angemessenen Verhältnis zum Streitwert standen.[156]

119 **Beweisaufnahmetermin.** Der BGH hat die Akzente ganz anders gesetzt. Die Partei hat grds. immer Anspruch darauf, in einem auswärtigen Beweisaufnahmetermin von ihrem Verfahrensbevollmächtigten vertreten zu werden. Sie muss nicht die Mühe der Unterrichtung eines neuen, ihr obendrein noch unbekannten Rechtsanwaltes auf sich nehmen, der auch nicht das Hintergrundwissen des Verfahrensbevollmächtigten hat. Dass eine weite Anreise zum Termin notwendig ist, spielt danach grds. keine Rolle. Eine Ausnahme erkennt der BGH nur an, wenn von Anfang an feststeht, dass die Anwesenheit des Verfahrensbevollmächtigten in dem Beweisaufnahmetermin nicht erforderlich sein wird. Gleichzeitig führt er aus, dass dafür nicht reicht, dass es sich um ein lediglich durchschnittliches Beweisthema handelt, da in aller Regel nicht vorhersehbar ist, wie eine Beweisaufnahme läuft und ob Fragen mit dem Hintergrundwissen des Verfahrensbevollmächtigten erforderlich sein werden. In einer weiteren Entscheidung, in der es um die Kosten eines ausländischen Beweisanwalts ging, hat der BGH bestätigt, dass es nicht darauf ankommt, ob die anfallenden Kosten zum Streitwert in einem angemessenen Verhältnis stehen.[157] Aus diesen Ausführungen folgt, dass die Versagung von Reisekosten des Verfahrensbevollmächtigten zum Beweistermin nur noch ganz selten vorkommen wird.

120 **Verhandlungs- und Erörterungstermin.** Dieselben Grundsätze gelten nach der Rspr. des BGH auch für einen Verhandlungstermin und zwar sogar dann, wenn wegen eines Streitwerts von knapp 300,– EUR ein Hamburger Prozessbevollmächtigter nach München fährt und dadurch – bei im konkreten Fall nur einer Reise – siebenfach höhere Kosten als bei Einschaltung eines Terminsvertreters anfallen.[158] Das Interesse der Partei an einer Terminsvertretung durch ihren Verfahrensbevollmächtigten habe den Vorrang vor den Geldinteressen des

---

[150] LSG BB RVGreport 2019, 24 mzustAnm *Hansens.*

[151] VGH Mannheim NJW 2009, 1895, der allerdings auch noch darauf abgestellt hat, dass sich die beauftragte Kanzlei auf das Verwaltungsrecht spezialisiert hat.

[152] OLG Celle NJW-RR 2013, 1407 = FamRZ 2013, 1921; OLG Koblenz AGS 2017, 256.

[153] BGH NJW-RR 2014, 886 = AnwBl 2014, 453; OLG Hamburg AGS 2013, 147; KG MDR 2008, 653; OLG Köln JurBüro 2010, 480 Tz. 17; OLG München JurBüro 1994, 477; **aA** OLG Stuttgart OLGR 2008, 768 = AGS 2008, 624 mablAnm *E. Schneider.*

[154] BGH NJW-RR 2014, 886 = AnwBl 2014, 453 = RVGreport 2014, 237 mkritAnm *Hansens.*

[155] OLG Frankfurt a. M. AnwBl 1988, 298; OLG Hamm JurBüro 1971, 696.

[156] OLG Frankfurt a. M. JurBüro 1982, 238.

[157] BGH AnwBl 2005, 723 = FamRZ 2005, 1670 = NJW-RR 2005, 1732.

[158] BGH NJW-RR 2012, 695 = RVGreport 2012, 112 mablAnm *Hansens;* NJW-RR 2005, 1662 = AnwBl 2005, 792 = JurBüro 2006, 203 = RVGreport 2005, 3401 mkritAnm *Hansens,* weil das Prozessrisiko nicht mehr kalkulierbar ist; BGH AnwBl 2008, 215 = MDR 2008, 350 = RVGreport 2008, 112 mkritAnm von *Hansens.*

Gegners.[159] Die gleichen Grundsätze müssen nach dem BGH für eine Reise zu einem Erörterungstermin gelten.

e) Keine Pflicht, Verkehrsanwalt zu nehmen. Selbst dann, wenn die Verkehrsanwaltskosten erheblich niedriger gewesen wären als die Kosten einer Reise des Prozessbevollmächtigten, besteht kein Zwang, einen Verkehrsanwalt einzuschalten bzw. beschränkt sich der Erstattungsanspruch für die Reisekosten nicht auf die fiktiven Kosten eines Verkehrsanwaltes. Es gilt das zum Terminvertreter Dargelegte (→ Rn. 118 ff.). 121

f) Berufungsinstanz. Nach dem BGH gelten die gleichen Grundsätze wie in der ersten Instanz, weshalb die Zuziehung eines auswärtigen Anwalts auch im Berufungsverfahren regelmäßig notwendig ist.[160] Daran ändert sich nach dem BGH auch dann nichts, wenn es in der Berufungsinstanz nur noch um Rechtsfragen geht. Das leitet er daraus her, dass im auf Einfachheit ausgerichteten Kostenfestsetzungsverfahren eine typisierende Betrachtungsweise angebracht und außerdem die Grenze von Tatschen- und Rechtsfragen häufig schwer zu ziehen sei.[161] Der BGH hat offen gelassen, ob etwas anderes gilt, wenn auch einer rechtsunkundigen Partei gleichsam ins Auge springt, dass ein persönliches Gespräch mit dem Verfahrensbevollmächtigten nicht erforderlich ist.[162] 122

Waren in der ersten Instanz der Versicherungsnehmer und der nicht am Gerichtsort ansässige Versicherer verklagt, betrifft das Berufungsverfahren aber nur den am Gerichtsort ansässigen Versicherungsnehmer, so kann nach OLG Koblenz die Einschaltung eines auswärtigen Anwalts nicht damit gerechtfertigt werden, dass dieser der Anwalt des Versicherers und des Versicherungsnehmers in der ersten Instanz war,[163] → Rn. 158. 123

g) Reise trotz Rücknahme der Klage. Die Reisekosten des auswärtigen Beklagtenvertreters sind auch dann zu erstatten, wenn die Klage kurz vor dem Termin zurückgenommen wurde und der Beklagtenvertreter und der Berufungsbeklagte hiervon keine Kenntnis mehr bekommen haben und bekommen konnten (→ Rn. 26). Der Kläger muss deshalb umgehend den Beklagtenvertreter von der Rücknahme informieren.[164] 124

h) Zu spät im Termin. Versäumt der RA den Termin, weil der Zug Verspätung hatte, so sind grds. die Reisekosten zu erstatten.[165] Anders ist es, wenn den RA ein Planungsverschulden trifft. Außerdem muss der RA alles getan haben, um das Gericht von seiner Verspätung zu informieren, damit auf ihn gewartet werden kann, es sei denn das Gericht hätte auch nach einem Anruf nicht gewartet. 125

i) Sozietät, Anwalts-GmbH. Teilweise wird vertreten, dass im Regelfall bei einer überörtlichen Sozietät nur die Reisekosten von dem Büro der Sozietät zu erstatten sind, das zum Gerichtsort am nächsten liegt.[166] Das wird unabhängig davon angenommen, ob die in dem weiter entfernt liegenden Büro tätigen Anwälte für die Partei regelmäßig tätig sind[167] oder ob die Partei in der Nähe dieses Büros ansässig ist.[168] Nach zutreffender Ansicht des BGH besteht bei einer überörtlichen Sozietät ein Anspruch auf Erstattung für die Reisekosten eines weiter entfernt ansässigen Anwalts auch dann, wenn ein anderes Büro der Sozietät zwar näher zum Gerichtsort läge, der gewählte RA aber der am Wohnsitz der Partei residierende Sachbearbeiter der Sache war.[169] Daran ändert es auch nichts, wenn in einem von mehreren Terminen ein am Gerichtsort ansässiger Sozius auftritt.[170] Das ist nicht anders zu beurteilen, als wenn der gerichtsferne Prozessbevollmächtigte den Termin nicht selbst wahrnimmt, sondern einen Terminsvertreter schickt. 126

j) Wohnungseigentümergemeinschaft vertreten durch auswärtigen Verwalter. Beauftragt dieser Verwalter einen an seinem Wohn- oder Geschäftssitz residierenden Prozessbe- 126a

---

[159] BGH JurBüro 2010, 369.
[160] BGH NJW-RR 2004, 1500 = JurBüro 2004, 548.
[161] BGH AnwBl 2007, 466.
[162] BGH AnwBl 2007, 466.
[163] OLG Koblenz JurBüro 2007, 370.
[164] OLG Koblenz NJW-RR 2007, 1563 = MDR 2007, 55 = RVGreport 2006, 473 mzustAnm *Hansens.*
[165] **AA** LG Kassel MDR 1992, 1189.
[166] OLG Brandenburg MDR 2007, 245, OLG Nürnberg MDR 2007, 56 = OLGR 2006, 647.
[167] OLG Brandenburg MDR 2007, 245.
[168] KG KGR Berlin 2007, 250.
[169] BGH NJW 2008, 2122 = FamRZ 2008, 1241; ebenso BVerwG NJW 2017, 3542 = RVGreport 2017, 393; OLG Frankfurt JurBüro 2020, 254; OLG München OLGR 2007, 823 = WRP 2007, 565; BGH AnwBl 2006, 590.
[170] BGH NJW 2008, 2122 = FamRZ 2008, 1241.

vollmächtigten, so sind dessen Reisekosten zu erstatten[171] – in gleicher Weise wie bei Outsourcing eines Unternehmens.[172]

3. RA am Sitz der Partei. Nicht zu erstattende Reisekosten

127 **a) Grundsatz.** Nicht zu erstatten sind Reisekosten, wenn eine Partei in der Lage ist oder hätte sein müssen, ihren Verfahrensbevollmächtigten selbst zu informieren (→ Rn. 114).

128 **b) Große Unternehmen. Mit der Sache befasste eigene Rechtsabteilung.** Deshalb sind die Reisekosten grds. nicht zu erstatten bei gewerblichen Unternehmen, die über eine eigene Rechtsabteilung verfügen, die die Sache bearbeitet hat.[173] Das gilt auch, wenn das Unternehmen ein Tochterunternehmen hat, dessen Rechtsabteilung vorprozessual in der Sache allein tätig war.[174] Das gilt auch im Eilverfahren.[175] Es genügt also nicht, dass das Unternehmen eine eigene Rechtsabteilung hat. Hinzukommen muss, dass diese die Streitsache auch bearbeitet.

129 **Keine Pflicht zu eigener Rechtsabteilung.** Dabei ist ein Unternehmen nicht verpflichtet, eine Rechtsabteilung einzurichten bzw. diese so umfangreich auszustatten, dass im konkreten Fall die Rechtsabteilung den Verfahrensbevollmächtigten schriftlich informieren könnte.[176]

130 **Einzelfälle.** Deshalb ist in der Rspr. die Zuziehung eines im Verhältnis zum Gerichtsort auswärtigen Anwalts als notwendig angesehen worden,

- wenn ein Haftpflichtversicherer keine eigene Rechtsabteilung unterhält, sondern bei Rechtsstreitigkeiten einen **Hausanwalt** an seinem Geschäftsort beauftragt (sog. **Outsourcing**),[177] Abweichend davon lässt es OLG Koblenz nicht genügen, dass das Unternehmen (Versicherung) keine Rechtsabteilung hat. Es muss noch hinzukommen, dass das Unternehmen keine zur schriftlichen Information befähigten Mitarbeiter hat.[178] Auf das zweite Kriterium stellt bei Verbänden auch der BGH ab (→ Rn. 133),
- wenn ein Unternehmen zwar eine eigene Rechtsabteilung hat, diese aber im konkreten Fall **mit der Sache nicht befasst** war,[179]
  - etwa weil die Rechtsabteilung nicht groß genug ist, um auch im konkreten Einzelfall tätig zu werden,[180]
  - oder weil es sich nicht um einen Anspruch aus einem Routinegeschäft handelt,[181] was bei einer Bank bei einem Anspruch aus einer Bürgschaft[182] bzw. bei einer Widerklage gegen eine Bank gestützt auf Durchgriffseinwendungen aus dem Verbraucherkreditgesetz bei verbundenem Geschäft[183] angenommen wurde,
  - oder weil ein Unternehmen mit eigener Rechtsabteilung Wettbewerbssachen nicht selbst bearbeitet,
  - oder weil eine Versicherung dem Versicherungsnehmer Versicherungsbetrug vorwirft.[184]

131 **Vertrauensanwalt der Unternehmensgruppe.** Kein ausreichender Grund, einen weder am Sitz des Prozessgerichts noch der Prozesspartei niedergelassenen RA zu mandatieren, ist gegeben, wenn eine zu einer Unternehmensgruppe gehörende Handelsgesellschaft den an einem dritten Ort niedergelassenen RA nur deshalb wählt, weil dieser mit den Gesellschaftern der zur Unternehmensgruppe gehörenden Gesellschaften durch eine langjährige vertrauensvolle Zusammenarbeit verbunden ist und daher für alle Gesellschaften dieser Gruppe tätig wird.[185]

---

171 LG Aurich NJW-RR 2011, 1029 = NZM 2012, 282 NJW-Spezial 2011, 323; LG Darmstadt RVGreport 2013, 475 mzustAnm *Hansens.*

172 *Hansens* Anm. zu LG Darmstadt RVGreport 2013, 475.

173 BGH NJW 2003, 898 Tz. 20 = FamRZ 2004, 441 = AnwBl 2003, 97.

174 OLG Bamberg JurBüro 2013, 591 = RVGreport 2013, 396 mzustAnm *Hansens.*

175 BGH NJW 2003, 2027.

176 BGH BGHReport 2004, 706.

177 BGH NJW-RR 2004, 430 = VersR 2004, 352; OLG Düsseldorf OLGR 2007, 459 = JurBüro 2007, 371.

178 OLG Koblenz JurBüro 2007, 370.

179 BGH NJW-RR 2004, 1724 = JurBüro 2005, 94, Versicherungsunternehmen; OLG Düsseldorf OLGR 2007, 459.

180 BGH NJW-RR 2005, 992 = Rpfleger 2005, 479; ähnlich KG KGR Berlin 2005, 883 = AGS 2006, 93; OLG Saarbrücken OLGR 2009, 340 = AGS 2009, 353.

181 BGH AnwBl 2003, 311; KG KGR Berlin 2005, 883 = AGS 2006, 93.

182 BGH AnwBl 2003, 311.

183 KG KGR Berlin 2005, 883 = AGS 2006, 93.

184 OLG Brandenburg OLGR 2009, 673.

185 BGH NJW-RR 2009, 283 = JurBüro 2008, 481.

Darlegungslast. Im Allgemeinen ist davon auszugehen, dass bei einem Unternehmen mit eigener, die Sache vorprozessual bearbeitender Rechtsabteilung der Rechtsstreit durch die sachkundigen Mitarbeiter der Rechtsabteilung in tatsächlicher und rechtlicher Hinsicht vorbereitet und die Partei daher in der Lage sein wird, den Verfahrensbevollmächtigten mit den modernen Telekommunikationsmitteln zu informieren,[186] es sei denn es handelt sich um keinen Routinefall.[187] Das Unternehmen muss deshalb darlegen, dass es keine eigene Rechtsabteilung hat bzw. die Sache nicht von dieser bearbeitet wurde.[188] Nach OLG Koblenz muss das Unternehmen (eine größere Versicherung) auch darlegen, dass es keine Mitarbeiter hat, die einen gerichtsnahen RA schriftlich informieren könnten.[189] **132**

c) Verbände. Die Reisekosten sind nach dem BGH nicht zu erstatten, wenn es sich um einen Verband zur Verfolgung gewerblicher Interessen iSv § 8 Abs. 3 Nr. 2 UWG oder um eine qualifizierte Einrichtung, die in die Liste qualifizierter Einrichtungen nach § 4 UKlaG eingetragen ist (§ 8 Abs. 3 Nr. 3 UWG; § 3 Abs. 1 S. 1 Nr. 1 UKlaG), handelt und es um einen wettbewerbsrechtlichen oder Verbraucher schützenden Streit geht. Diese müssen personell und sachlich so ausgestattet sein, dass sie das Wettbewerbsgeschehen oder den Verbraucherschutz beobachten und bewerten können. Sie müssen auch ohne anwaltlichen Rat in der Lage sein, typische Verstöße auf diesen Gebieten zu erkennen und abzumahnen. Das bedeutet nicht, dass sie einen Mitarbeiter beschäftigen müssen, der über eine juristische Ausbildung verfügt. Auch ein juristischer Laie kann sich im Rahmen seiner beruflichen Praxis die erforderlichen Kenntnisse der Regeln des lauteren Geschäftsverkehrs aneignen, um den Tätigkeitsbereich des Verbandes betreffende, durchschnittlich schwierige Verstöße zu erkennen und ggf. selbst abzumahnen. Verbände und Einrichtungen, die über eine diesen Anforderungen genügende persönliche Ausstattung verfügen, sind ebenso wie ein Unternehmen mit eigener Rechtsabteilung regelmäßig in der Lage, einen Prozessbevollmächtigten am Sitz des Prozessgerichts schriftlich zu instruieren.[190] Hervorzuheben ist, dass es der BGH – anders als bei Unternehmen (→ Rn. 130) – hier nicht genügen lässt, dass der Verband oder die Einrichtung einen Vertrauensanwalt hat. In Ausnahmefällen können aber auch hier die Reisekosten erstattungsfähig sein, wenn dargetan ist, dass zum Zeitpunkt der Beauftragung des Anwalts eine persönliche Kontaktaufnahme unverzichtbar war.[191] Ein solcher Ausnahmefall ist trotz mehrerer Parallelverfahren jedenfalls dann nicht gegeben, wenn der Fragenkomplex und der Sachverhalt einfach sind.[192] Der Einwand, die Juristen des Verbands seien mit anderen Aufgaben ausgelastet, ist unbeachtlich.[193] Dasselbe gilt bei einem Studentenwerk (Körperschaft des öffentlichen Rechts) für die Geltendmachung von übergegangenen Unterhaltsansprüchen.[194] **133**

d) RA in eigener Sache, einschließlich Insolvenzverwalter. Hierzu gibt es widersprüchliche Entscheidungen des BGH. Der 2., 9. und 10. Senat des BGH haben bei einem RA, der Insolvenzverwalter ist, die Erstattung von Reisekosten abgelehnt.[195] Ein rechtskundiger RA kann in eigener Sache einen Anwalt am Gerichtsort beauftragen und diesen schriftlich informieren.[196] **134**

Demgegenüber haben der 6. und der 8. Senat bei einem RA in eigener Sache die Erstattung der Reisekosten anerkannt.[197] Der 8. Senat hat seine Entscheidung mit § 91 Abs. 2 S. 3 ZPO

---

186 OLG Düsseldorf RPfleger 2006, 512; OLG Koblenz JurBüro 2008, 37.

187 BGH NJW 2003, 311.

188 OLG Koblenz JurBüro 2007, 370, bei dem von seinem Standpunkt aus noch die Darlegung hinzukommen muss, dass das Unternehmen keine Mitarbeiter hat, die in der Lage waren, einen gerichtsnahen Anwalt schriftlich zu informieren.

189 OLG Koblenz JurBüro 2007, 370.

190 BGH JurBüro 2013, 201 Rn. 18 = NJW-RR 2013, 242, 17 Parallelverfahren; BGH MDR 2004, 839 = NJW-RR 2004, 856, zu Verband; BGH NJW-RR 2009, 556 = MDR 2009, 233, zu qualifizierte Einrichtung; OLG Frankfurt a. M. AGS 2017, 255; OLG Hamburg Rpfleger 2018, 571 (GEMA); OLG München AGS 2020, 97.

191 BGH NJW-RR 2009, 556 = MDR 2009, 233.

192 BGH 12.12.2012 – IV ZB 24/12 Rn. 17 ff., BeckRS 2012, 25503.

193 BGH 12.12.2012 – IV ZB 24/12, Rn. 24 ff.; **aA** OLG Düsseldorf VuR 2007, 78.

194 KG JurBüro 2013, 430 = FamRZ 2013, 1419 = RVGreport 2013, 395 mzustAnm *Hansens.*

195 BGH NJW-RR 2005, 1591; JurBüro 2012, 368 = NJW-RR 2012, 698 = RVGreport 2012, 268 mzustAnm *Hansens;* BGH NJW-RR 2007, 129 = MDR 2007, 53; JurBüro 2004, 658 = Rpfleger 2004, 733 = ZIP 2004, 2115; OLG Koblenz JurBüro 2006, 322; OLG München AnwBl 2004, 451 = Rpfleger 2004, 377.

196 BGH JurBüro 2004, 658 = Rpfleger 2004, 733 = ZIP 2004, 2115.

197 BGH WuM 2004, 725; NJW 2003, 1534 = AnwBl 2003, 371; zu Recht kritisiert *Hansens* Anm. zu BGH RVGreport 2012, 268, dass der BGH auf diesen Widerspruch, auf den auch in diesem Kommentar schon länger hingewiesen wird, nicht eingeht.

begründet. Diese Bestimmung zeige, dass der RA sich selbst vertreten dürfe. Dieses Recht werde ihm nicht dadurch genommen, dass der Rechtsstreit bei einem auswärtigen Gericht anhängig ist. Diese Begründung trägt nicht. § 91 Abs. 2 S. 3 ZPO, der keine lex specialis zu § 91 Abs. 1 ZPO ist,[198] besagt nur, dass ein RA, wenn er sich selbst vertritt, dies nicht umsonst tun muss, sondern die gleichen Gebühren wie ein von einem anderen beauftragter RA berechnen darf. Zu der Frage, ob er auch zum auswärtigen Termin reisen darf, obwohl er zu einer schriftlichen Information eines auswärtigen Anwalts in der Lage ist, besagt diese Bestimmung nichts. Ihr ist insbes. nicht zu entnehmen, dass der RA unter allen Umständen sich selbst vertreten darf, auch wenn dies für den Gegner zu erheblichen Mehrbelastungen führt. Es gibt auch keinen Grund, warum hier ein RA besser gestellt sein soll als ein Unternehmen mit eigener Rechtsabteilung. Der 2., 9. und 10. Senat, die nach dem 8. Senat entschieden haben, sind offensichtlich auch dieser Meinung. Sie sind stillschweigend über dieses Argument des 8. Senats hinweggegangen.

135 OLG München differenziert zwischen RA als Partei kraft Amtes (keine Erstattung von Reisekosten) und RA als Naturalpartei (Erstattung von Reisekosten), weil hier der Grad der Betroffenheit des RA größer ist.[199] Dem ist aus den zuvor (→ Rn. 134) genannten Gründen nicht zu folgen.

136 **e) Steuerberater in eigener Sache.** Ein Steuerberater muss erstattungsrechtlich bei einer Honorarklage einen am Gerichtsort ansässigen Prozessbevollmächtigten beauftragen, da er zu einer schriftlichen Information in der Lage ist.[200]

4. RA am dritten Ort

137 Vorweg ist zu beachten, dass der im **Gerichtsbezirk des Gerichts ansässige RA** nie ein RA am dritten Ort ist (→ Rn. 102).

138 **a) Begrenzte Erstattung.** An sich hätten die Gründe in der Grundsatzentscheidung des BGH zu den Reisekosten des auswärtigen Anwalts (→ Rn. 114) dazu führen müssen, dass die Reisekosten eines Anwalts am dritten Ort, also eines Anwalts, der weder in der Nähe des Wohnsitzes der Partei oder des Gerichtssitzes residiert, nicht zu erstatten sind. Hatte der BGH doch in der Ausgangsentscheidung zentral auf das persönliche Gespräch der Partei mit dem Verfahrensbevollmächtigten abgestellt. Bei einem Anwalt am dritten Ort wird aber in sehr vielen Fällen ein solches Gespräch nicht stattfinden. Dieses Manko hat der BGH in seiner Grundsatzentscheidung zum Anwalt am dritten Ort mit der lapidaren Feststellung abgetan, die Partei werde schon sachliche Gründe haben, warum sie einen Anwalt ihres Vertrauens am dritten Ort beauftragt.[201] Er entschied, dass die Reisekosten eines an einem dritten Ort ansässigen Prozessbevollmächtigten **bis zur Höhe der fiktiven Reisekosten eines am Wohn- oder Geschäftsort der Partei ansässigen Rechtsanwalts** erstattungsfähig sind, wenn dessen Beauftragung zur zweckentsprechenden Rechtsverfolgung oder -verteidigung erforderlich gewesen wäre.[202] Ob mit dem RA am dritten Ort ein persönliches Gespräch stattgefunden hat oder nicht, ist unerheblich.[203] Wegen der insofern in Betracht kommenden Kosten und deren Berechnung → Rn. 155 ff.

139 **b) Ausnahmsweise unbegrenzte Erstattung.** ***aa) Regelmäßige Bearbeitung an drittem Ort (Hausanwalt).*** Die Reisekosten sind jedoch nach der Rspr. voll – und nicht beschränkt gem. → Rn. 138 – zu erstatten bei einem Unternehmen,

– das einen RA an einem dritten Ort beauftragt, an dem sich nicht der Sitz oder eine Zweigstelle des Unternehmens befindet, an dem die Sache aber nach der **unternehmensinternen Organisation** vorprozessual bearbeitet worden ist.[204]
– das ein **externes Unternehmen mit der Verwaltung** und Abwicklung der Mietverhältnisse beauftragt hat,[205]

---

[198] BGH JurBüro 2008, 35; NJW 2007, 2257.

[199] OLG München JurBüro 2012, 429 = AGS 2012, 310 mzustAnm *N. Schneider* = RVGreport 2012, 306 mablAnm *Hansens.*

[200] BGH NJW-RR 2008, 654.

[201] NJW-RR 2004, 855 = JurBüro 2004, 431 = MDR 2004, 839, Auswärtiger RA III.

[202] NJW-RR 2004, 855 = JurBüro 2004, 431; Beispiele zur Berechnung nach dem BGH s. *Enders* JurBüro 2005, 95.

[203] BGH NJW-RR 2004, 858 = FamRZ 2004, 939; OLG Saarbrücken OLGR 2009, 340 = AGS 2009, 353.

[204] BGH MDR 2007, 1222 = RVGreport 2007, 349 mkritAnm *Hansens;* OLG Hamburg MDR 2005, 1317 für Unternehmen, das eine Vielzahl von Rechtsstreiten zu führen hat.

[205] BGH RVGreport 2011, 346 (Hausverwaltungsgesellschaft des Vermieters) mAnm *Hansens,* der darauf hinweist, dass die Einschätzung der Kosten eines Prozesses damit für den Gegner immer schwerer zu prognostizieren ist.

– dessen **Rechtsangelegenheiten an ihrem Hauptsitz** bearbeitet werden und das einen dort ansässigen RA mit ihrer Vertretung gegen eine am Ort ihrer Zweigniederlassung anhängige Klage beauftragt.[206]

das sich in Fragen des gewerblichen Rechtsschutzes von bestimmten Rechts- und Patentanwälten **ständig vertreten lässt.** Auf die Notwendigkeit eines persönlichen Gesprächs kommt es wegen des bereits bestehenden Vertrauensverhältnisses nicht an.[207]

Letzterem (ständige Vertretung durch bestimmte Kanzlei) ist mit dem OLG Düsseldorf[208] nicht zu folgen. Wenn am Geschäftssitz der Partei geeignete RAe vorhanden sind, so scheidet im Regelfall ein Erstattungsanspruch für Reisekosten eines irgendwo in Deutschland residierenden Hausanwalts aus. Das ergibt sich allein schon aus dem Grundsatz, dass eine vernünftige und kostenorientierte Partei schon vorprozessual keinen RA beauftragt, der im Falle eines Prozesses zu höheren Reisekosten führt (→ Rn. 142). Hier ist erstattungsrechtlich von der Partei zu verlangen, dass sie einen Hausanwalt wählt, der überwiegend zu geringeren Reisekosten führt. Und dass ist der RA am Wohn- bzw Geschäftssitz der Partei, weil die Prozesse, in denen sie verklagt wird, überwiegend an einem dortigen Gericht stattfinden. Erst recht kann eine relativ zentral in Deutschland ansässige Firma etwa in Köln oder Frankfurt nicht einen Hausanwalt am Rande der BRD zB in Hamburg beauftragen, wodurch die Wahrscheinlichkeit einer Verteuerung der Prozesse erhöht wird. Noch eindeutiger ist die Sache, wenn die Partei eine Gerichtsstandsvereinbarung erreicht hat, wonach Gerichtsstand das Gericht ihres Wohn- oder Geschäftssitzes ist.[209] Nach dem LAG Berlin-Brandenburg besteht kein Erstattungsanspruch, wenn nicht das Unternehmen selbst, sondern der Konzern, zu dem es gehört, beschlossen hat, sich von einer Kanzlei am dritten Ort vertreten zu lassen.[210] **140**

Verwaltungsgerichte. Großzügig sind die Verwaltungsgerichte, wenn zwischen dem Mandanten und dem auswärtigen RA bereits ein Vertrauensverhältnis besteht, wobei allerdings teilweise an ein erhaltenswertes Vertrauensverhältnis strenge Maßstäbe angelegt werden.[211] **141**

bb) Schon vorprozessual tätiger Verfahrensbevollmächtigter reicht nicht. Anders als beim Hausanwalt (→ Rn. 139) genügt jedoch der Umstand allein, dass der Verfahrensbevollmächtigte die Partei bereits vorprozessual vertreten hatte, nicht für eine Erstattung der gesamten Reisekosten. Denn eine vernünftige und kostenorientierte Partei wird schon vorprozessual keinen RA beauftragen, der im Falle eines Prozesses zu höheren Reisekosten führt.[212] Ist allerdings die Partei später **umgezogen** und hatte sie vorgerichtlich einen RA an ihrem Wohnsitz mandatiert, wodurch sich auf den konkreten Einzelfall bezogen bereits ein Vertrauensverhältnis gebildet hat, so kann etwas anderes gelten.[213] Wegen ersparter Anrechnung der Geschäftsgebühr → Rn. 156. **142**

cc) Vielzahl ähnlicher Fälle. Die Reisekosten sind nach der Rspr. voll zu erstatten, **143**
– wenn eine Partei eine **Vielzahl von gleich gelagerten Fällen** betreibt; weshalb es ihr nicht zumutbar ist, eine Vielzahl von Anwälten im gesamten Bundesgebiet zu beauftragen,[214]
– wenn – wie bei der Deutschen Telekom – eine **große Anzahl von Mahnverfahren** zu bewältigen sind und eine Anwaltskanzlei hierfür die erforderlichen Voraussetzungen geschaffen hat (→ RVG VV 3305 Rn. 100),
– wenn ein RA als Insolvenzverwalter bei einer Vielzahl von Ansprüchen gem. § 171 Abs. 2 HGB nur einen RA beauftragt; die Reisekosten sind bis zu der Höhe zu erstatten, zu der sie angefallen wären, wenn ein RA am Sitz des Insolvenzverwalters mandatiert worden wäre.[215]

dd) Spezielle Kenntnisse. Die Reisekosten eines Spezialanwalts sind uU voll zu erstatten. Die speziellen Kenntnisse können auf rechtlichem Gebiet (zB generell Spezialist für bestimmte **144**

---

[206] BGH MDR 2005, 896 = Rpfleger 2005, 479.
[207] KG KGR Berlin 2007, 418 = RVGreport 2007, 350.
[208] OLG Düsseldorf OLGR 2007, 459 = JurBüro 2007, 371 (Ls.).
[209] OLG München AGS 2020, 296.
[210] LAG Bln-Bbg RVGreport 2013, 239 mAnm *Hansens,* der sich nicht wundern würde, wenn der sonst in Erstattungsfragen so unternehmensfreundliche BGH anders entscheiden würde.
[211] Nachw. hierfür in BVerwG NJW 2007, 3656 = DÖV 2008, 209.
[212] BGH JurBüro 2012, 201 = NJW-RR 2012, 381; NJW-RR 2012, 697; AnwBl 2007, 465 = FamRZ 2007, 718; OLG Celle NJW-RR 2013, 1407 = FamRZ 2013, 1921; OLG Nürnberg MDR 2007, 1223.
[213] OLG München AGS 2013, 149 = ZfS 2013, 47.
[214] OLG Zweibrücken ZIP 2016, 2378 = RVGreport 2017, 64; AG Berlin-Charlottenburg RPfleger 2006, 289; OVG Münster 5.5.2008 – 13 E 61/08 BeckRS 2008, 34789, RA besaß auch Spezialkenntnisse im Arzneimittelrecht.
[215] BGH NJW 2018, 1693.

ausgefallene Steuerfragen von Künstlern)[216] oder auf tatsächlichem Gebiet liegen (zB Kenntnis besonderer Gepflogenheiten in einer bestimmten Branche).[217] Nicht reicht jedoch aus, dass der RA nach einer anerkannten Rating-Liste zu den führenden Anwälten auf dem betroffenen Gebiet gehört. Auch der BGH hat angedeutet, dass ein Ausnahmefall vorliegen kann, wenn die Einschaltung eines **Spezialisten** erforderlich ist, der in der Nähe der Partei nicht zu finden ist.[218] S. auch → Anh. X Rn. 215.

145 **Bei Kapitalanlagen** wurde die Erstattung aller Reisekosten bejaht,
– wenn in einem Projekthaftungsprozess gegen einen Fonds ein Bauvorhaben betroffen ist, über das der RA am dritten Ort **aus Parallelverfahren spezielle Kenntnisse** hat und es „überwiegend wahrscheinlich" ist, dass sich am Gerichtsort (Berlin) kein vergleichbar gut informierter RA finden lässt,[219]
– wenn ein RA eingeschaltet wurde, der aufgrund tagelanger Auswertung von Ermittlungsakten Spezialkenntnisse erworben hatte,[220]
– wenn ein generell im Kapitalanlagerecht und speziell hinsichtlich der Gegnerin besonders erfahrener RA mandatiert wird, wobei nicht entgegensteht, dass vor Ort auch Anwälte mit genereller Erfahrung zum Kapitalanlagerecht zu finden gewesen wären (betrifft Medienfonds),[221]
– wenn im Jahr 1996 ein Spezialist auf diesem Gebiet beauftragt wurde, wobei auch darauf abgestellt wurde, ob der Gegner (deutsche Großbank) von Spezialisten vertreten wird und der Partei 1996 unzumutbar war, vor Ort einen Spezialisten zu finden.[222]

146 Demgegenüber sind die Reisekosten nach dem BGH selbst dann nicht zu ersetzen, wenn der auswärtige RA eine Vielzahl anderer Mandanten zB gegen den gleichen Medienfonds vertritt, falls es vor Ort geeignete RA gibt.[223] *Hansens* hält dem entgegen, dass gerade bei Kapitalanlageverfahren nicht nur auf die generellen Kenntnisse von diesem Rechtsgebiet abzustellen ist, sondern auf die häufig gerade bei einer RA-Kanzlei gegebenen besonderen Kenntnisse hinsichtlich eines speziellen Fonds. Von diesen Kenntnissen profitiert dann uU auch das Gericht, weil ihm unveröffentlichte Entscheidungen anderer Gerichte vorgelegt werden können. Er weist weiter darauf hin, dass hier eine Privatperson uU schlechter behandelt wird als ein Unternehmen, das derartige Verfahren outsourct (→ Rn. 139).

147 **Im Zivil- und Arbeitsrecht** wurde weiter die Erstattung aller Reisekosten **bejaht**
– wenn **luftverkehrsrechtliche** Spezialkenntnisse gefragt waren,[224]
– wenn es um **europäisches Energierecht** ging,[225]
– wenn es um **Milchquotenrecht** und Sonderrecht des Beitrittsgebietes ging,[226]
– wenn es um **Sortenrecht** ging,[227]
– wenn es in einem **Rentenstreit gegen die Zusatzversorgungskasse des Baugewerbes** um einen Tarifvertrag ging, zu dem der RA als Mitwirkender beim Zustandekommen des Tarifvertrages besondere Kenntnisse hatte, die in dem Verfahren von Bedeutung waren.[228]

Im Zivil- und Arbeitsrecht wurde die Erstattung aller Reisekosten **verneint** bei Streit über Erwerb eines Modellflugzeugs.[229]

148 **Im Verwaltungsrecht** wurde die Erstattung der Reisekosten **bejaht,**
– bei einem Verfahren wegen fehlerhafter Implantation eines Port-Systems,[230]
– wenn sich ein in Halle ansässiger **Naturschutz**-Regionalverband beim BVerwG in Leipzig in einer naturschutzrechtlichen Verbandsklage von einem Berliner Anwalt vertreten lässt, der regelmäßig den überregionalen Naturschutzverband vertritt,[231]

---

[216] FG Hmb RVGreport 2012, 426 Tz. 50.
[217] FG Hmb RVGreport 2012, 426 Tz. 52 mzustAnm *Hansens.*
[218] BGH AnwBl 2007, 465 = FamRZ 2007, 718.
[219] KG JurBüro 2010, 428.
[220] OLG Düsseldorf 13.7.2010 – 6 W 26/10 BeckRS 2011, 17131.
[221] OLG Jena 17.10.2011 – 9 W 488/11.
[222] OLG Naumburg JurBüro 2011, 35.
[223] BGH NJW-RR 2012, 697 = RVGreport 2012, 191; **aA** LG Berlin JurBüro 2006, 429.
[224] LG Tübingen 9.9.2008 – 2 O 374/05 BeckRS 2008, 20495.
[225] OLG Nürnberg NJW 2014, 2967 = RVGreport 2014, 278 mzustAnm *Hansens.*
[226] OLG Frankfurt a. M. AGS 2004, 210 = OLGR 2004, 222.
[227] OLG Frankfurt a. M. AGS 2016, 497.
[228] HessLAG RVGreport 2011, 71.
[229] OLG Koblenz JurBüro 2017, 198.
[230] OLG Jena NJW-RR 2013, 317 = AGS 2013, 151.
[231] BVerwG NJW 2007, 3656 = RVGreport 2008, 65 mzustAnm *Hansens.*

– bei Spezialisten für **Parteienfinanzierungsrecht,** die den Deutschen Bundestag seit Jahren in diesen Sachen vertreten,[232]
– bei Spezialisten für **Boden- und Abfallrecht,**[233]
– bei Spezialisten für **Automatenaufstellungsrecht,**[234]
– bei Spezialisten für **Waffenrecht.**[235]
– Allg. dazu, ob in der Verwaltungsgerichtsbarkeit eine Notwendigkeitsprüfung vorzunehmen ist, → Rn. 111.

In der Finanzgerichtsbarkeit wurde die Erstattung der Reisekosten bejaht, bei dem führenden deutschen Spezialisten über die **Künstlerabzugsbesteuerung** gem. § 50a EStG.[236] **149**

ee) Ausländische Partei. Die Reisekosten sind nach dem BGH zu erstatten, wenn eine ausländische Partei einen Verfahrensbevollmächtigten ihres Vertrauens an einem dritten Ort beauftragt. Deren Reisekosten zum Gerichtsort bzw. uU die Kosten eines Terminsvertreters sind zu erstatten. Sie muss nicht einen RA am Gerichtsort mandatieren und muss auch keinen Terminsvertreter einschalten.[237] **149a**

ff) Verweisung an anderes Gericht. **Reise zum neuen Gericht.** Wird der Rechtsstreit an ein anderes Gericht verwiesen, so sind die Reisekosten notwendig, wenn der bisherige Verfahrensbevollmächtigte, der im Bezirk des zunächst angerufenen Gerichts oder am Wohnsitz der Partei ansässig ist, nunmehr zu dem neuen Gericht reist. Voraussetzung ist, dass die Partei die Anrufung des unzuständigen Gerichts nicht zu vertreten hat. **150**

Reise des Beklagtenvertreters zum unzuständigen Gericht. Die Reise des auswärtigen Verfahrensbevollmächtigten bzw. die Einschaltung eines Terminsvertreters des Beklagten für einen beim unzuständigen Gericht anberaumten Termin ist nach Ansicht von OLG Bremen nicht erforderlich, wenn auf die Rüge der örtlichen Zuständigkeit der Richter in der Terminierung bereits darauf hingewiesen hat, dass das angerufene Gericht unzuständig ist. In diesem Fall habe der Beklagte keine Nachteile zu befürchten, wenn er sich nicht im Termin beim unzuständigen Gericht vertreten lässt.[238] **151**

c) Ausländischer Verkehrsanwalt.. Die Reisekosten eines auswärtigen Verfahrensbevollmächtigten sind nicht zu erstatten, wenn ein Ausländer einen Verkehrsanwalt in seinem Heimatland einschaltet. Dann muss erstattungsrechtlich im Regelfall als Verfahrensbevollmächtigter ein am Gerichtsort ansässiger RA gewählt werden.[239] **152**

5. Eine Reise für mehrere Geschäfte

Die Gegenpartei haftet nicht für diejenigen Kosten, die bei getrennter Ausführung entstanden wären, sondern nur für die nach VV Vorb. 7 Abs. 3 S. 1 RVG gekürzten Kosten, da der Erstattungsberechtigte nur in dieser Höhe belastet ist (→ Rn. 86). **153**

6. Reisen zusammen mit Mandanten

Der RA ist nicht verpflichtet, zusammen mit seinem Auftraggeber[240] bzw. mit einem in dem Verfahren ebenfalls tätigen weiteren RA[241] bzw. Patentanwalt[242] in einem Auto zum Gerichtstermin zu fahren. **154**

7. Vor- und Nachbesprechung bei auswärtigem Termin

Für die Zeit von Besprechungen mit dem Mandanten vor und nach einem für den RA auswärtigen Termin fällt im Verhältnis zum Mandanten ein Abwesenheitsgeld an (→ Rn. 67). Hinsichtlich der Kostenerstattung durch einen Dritten mag insofern etwas anderes gelten, als es nicht notwendig war, die Gespräche außerhalb der Kanzlei des RA zu führen. Dann muss aber gleichzeitig geprüft werden, ob nicht ersparte Reisekosten teilweise zu erstatten sind, weil der Mandant zum RA hätte reisen müssen. **154a**

---

232 OVG Bln-Bbg NJW 2013, 3388 = NVwZ-RR 2013, 782 = RVGreport 2013, 322 mzustAnm *Hansens.*
233 OVG Frankfurt/Oder NVwZ-RR 2002, 317.
234 OVG Thüringen NVwZ 1996, 812 Ls.
235 VGH München BayVBl. 1977, 478.
236 FG Hmb RVGreport 2012, 426 mzustAnm *Hansens.*
237 BGH NJW 2017, 2626 = RVGreport 2017, 422 mablAnm *Hansens;* ebenso OLG Koblenz JurBüro 2015, 577 = FamRZ 2016, 256; LG Berlin JurBüro 2007, 37.
238 OLG Bremen MDR 2006, 597 = AGS 2008, 146 mablAnm *N. Schneider.*
239 OLG München JurBüro 2011, 265; OLG Stuttgart OLGR 2009, 452.
240 OLG München JurBüro 2007, 596 Rn. 11; LG Stuttgart AGS 2014, 98.
241 LG Cottbus AGS 2006, 463 mAnm *N. Schneider.*
242 OLG Frankfurt NJW-RR 2019, 316 = JurBüro 2019, 253 = RVGreport 2019, 225 mzustAnm *Hansens.*

8. Ersparte Kosten

155 Liegen die Voraussetzungen für die Erstattung von Reisekosten des RA nicht vor, sind aber durch die Einschaltung des auswärtigen Anwalts andere Kosten, die zu erstatten gewesen wären, erspart worden, so sind die Reisekosten bis zur Höhe der Einsparung zu erstatten.

156 **a) Beispiele für ersparte Kosten.** In Betracht kommen hier zB
– bei einem RA am dritten Ort die fiktiven Reisekosten eines am Sitz der Partei niedergelassenen RA (→ Rn. 137 ff.),
– die fiktiven Reisekosten der Partei, die, hätte sie keinen auswärtigen RA beauftragt, zu einem RA, der am Gerichtsort niedergelassen ist, hätte reisen dürfen,
– die fiktiven Reisekosten der Partei, wenn die Anwaltskosten der 1. Instanz beim Arbeitsgericht wegen § 12a Abs. 1 S. 1 ArbGG nicht zu erstatten sind,[243]
– die fiktiven höheren Gebühren, wenn statt des Ost-Rechtsanwalt ein West-Rechtsanwalt beauftragt worden wäre,[244]
– Anrechnung der Geschäftsgebühr, die bei einem anderen Prozessbevollmächtigten nicht erfolgt wäre,[245]
– ersparte Dolmetscher- oder Übersetzungskosten.

157 **b) Berechnung der fiktiven Reisekosten eines RA.** Grundsätzlich sind die Reisekosten eines Anwalts nur in der Höhe zu erstatten, die bei Einschaltung eines Anwalts am Geschäfts- oder Wohnort der Prozesspartei angefallen wären[246] (wegen Ausnahmen → Rn. 139 ff.). Geht man davon aus, dass immer und ohne jede Prüfung die Reisekosten eines im Gerichtsbezirk ansässigen RA zu erstatten sind (→ Rn. 102), so ist dies bei der Bemessung der fiktiven Kosten zu berücksichtigen. Es gelten hier die gleichen Grundsätze wie beim PKH-Anwalt → § 46 Rn. 15). Es sind also die Kosten zu erstatten, die angefallen wären, wenn ein am weitest vom Gericht entfernten Ort des Gerichtsbezirks ansässiger RA beauftragt worden wäre, auch wenn dort kein RA ansässig ist.[247] Wegen Finden dieses Orts vgl. www.gerichtsbezirke.de. Ist für bestimmte Streitigkeiten die Zuständigkeit eines Gerichts für mehrere Gerichtsbezirke zusammengefasst, so sind fiktive Kosten zu erstatten bis zur höchstmöglichen Entfernung innerhalb des Zuständigkeitsbereichs des zentralen Gerichts, also über den im Normalfall bestehenden Gerichtsbezirk hinaus.[248]

158 **c) Versicherer hinter der Partei.** Ist nur der Versicherte Partei, wird aber der Prozess von einem vom Versicherer beauftragten auswärtigen RA geführt, so sind trotzdem Reisekosten nur in dem Umfang zu erstatten, in dem sie angefallen wären, wenn der Versicherungsnehmer an seinem Wohnsitz einen RA eingeschaltet hätte,[249] → Rn. 123.

158a **d) Zu teures Reisemittel.** War die Einschaltung eines auswärtigen RA als notwendig anzusehen, hat der RA aber ein zu teures Reisemittel, zB Flugzeug statt Bahn benutzt, so sind die fiktiven Kosten zu erstatten, die bei Benutzung des angemessenen Reisemittels angefallen wären. Im Übrigen → Rn. 54.

XIV. Verteidiger

1. Wirtschaftsstrafkammern

159 Ist einem LG für den Bereich mehrerer Landgerichte die Zuständigkeit für sog. Wirtschaftsstraftaten zugewiesen, sind die Reisekosten des bei dem an sich zuständigen Landgericht ansässigen RA immer erstattungsfähig. Hier ist die Problematik des auswärtigen RA nicht gegeben. Zur vergleichbaren Frage bei Familiengerichten → Rn. 103.

---

243 BAG NJW 2015, 3053 = NZA 2015, 1150.

244 OLG Karlsruhe OLGR 2007, 1003.

245 OLG Bamberg JurBüro 2014, 490 = AGS 2014, 427; LSG NRW RVGreport 2018, 477.

246 BGH JurBüro 2012, 201 = NJW-RR 2012, 381; AnwBl 2007, 465 = FamRZ 2007, 718; NJW 2004, 855 = JurBüro 2004, 431; NJW-RR 2004, 858; ebenso OLG Düsseldorf Rpfleger 2007, 112; OLG Nürnberg MDR 2007, 1223.

247 BGH NJW 2019, 681; 2018, 2572 = RVGreport 2018, 341 mzustAnm *Hansens;* OLG Frankfurt a. M. AGS 2018, 481; 2017, 101; OLG Köln MDR 2016, 184 = DAR 2016, 297 = RVGreport 2016, 68 mzustAnm *Hansens;* OLG München AGS 2020, 97; OLG Schleswig NJW 2015, 3311; LG Heilbronn AGS 2017, 102 = NJW-Spezial 2017, 60; **aA** OLG Celle NJW 2015, 2670, jedoch ohne Erwähnung der Rspr. zu § 46 RVG; OLG Karlsruhe FamRZ 2017, 1417 = MDR 2017, 730.

248 LG Dortmund AGS 2019, 535 mzustAnm *N. Schneider* (zB gesamter Gerichtsbezirk des OLG Hamm bei Verfahren beim Kartellsenat des OLG Hamm, in Kartellsachen zuständig für ganz NRW).

249 BGH NJW 2011, 3521 = FamRZ 2011, 1792 (Ls.) = RVGreport 2011, 429 mzustAnm *Hansens;* OLG Oldenburg JurBüro 2008, 92; OLG Koblenz AGS 2008, 154; **aA** OLG Nürnberg VersR 2010, 788.

2. Anspruch gegen Angeklagten

Der RA hat Anspruch auf Ersatz seiner Reisekosten gegen den Auftraggeber, wenn diese vom Auftrag gedeckt und angemessen sind. Hierzu gehören Reisen des auswärtigen RA zu Gerichtsterminen, aber auch Fahrten zur JVA zu Besprechungen mit dem Angeklagten. 160

3. Anspruch gegen Staatskasse bei Freispruch

a) Notwendigkeit eines auswärtigen Verteidigers. Reisekosten sind, wenn sie als notwendige Auslagen iSd § 467 StPO anzusehen sind, dem Angeklagten im Falle eines Freispruches aus der Staatskasse zu erstatten. Gem. § 464a Abs. 2 StPO gehören zu den notwendigen Kosten die Gebühren und Auslagen eines RA, soweit sie nach § 91 Abs. 2 ZPO zu erstatten sind. Gem. § 91 Abs. 2 S. 1 ZPO sind zu erstatten die Reisekosten eines RA, der nicht bei dem Prozessgericht zugelassen ist und am Orte des Prozessgerichts auch nicht wohnt, nur insoweit, als die Zuziehung zur zweckentsprechenden Rechtsverfolgung und Rechtsverteidigung notwendig war. Die Reisekosten eines auswärtigen Verteidigers sind daher nur zu erstatten, wenn die Zuziehung des auswärtigen Verteidigers zur zweckentsprechenden Verteidigung notwendig war.[250] 161

Nach LG Düsseldorf sind die Grundsätze, die für den Pflichtverteidiger gelten, nicht ohne weiteres zugunsten des Wahlverteidigers anzuwenden. Nach ihm gibt es keinen Grundsatz, dass ein Wahlverteidiger in der Kostenfestsetzung nicht schlechter gestellt sein darf als ein Pflichtverteidiger.[251] 162

b) RA am Wohnsitz des Angeklagten. Die Rspr. des BGH zum Zivilrecht, dass grds. eine Partei einen an ihrem Wohnsitz ansässigen RA beauftragen darf (→ Rn. 114ff.), ist entsprechend für den Verteidiger anzuwenden.[252] Wenn schon in den weniger bedeutenden Zivilsachen in aller Regel ein der Partei nahe residierender RA gewählt werden darf, dann gilt das erst recht in den in aller Regel für den Angeklagten sehr bedeutungsvollen Strafsachen. Soweit ältere Rspr. vor der neuen Rspr. des BGH abweichend entschieden haben, ist sie überholt. 163

Bagatellsachen. Unterschiedliche Ansichten gibt es dazu, ob auch in Bagatellsachen der Angeklagte einen Verteidiger an seinem Wohnsitz bei weiter entferntem Gericht wählen darf.[253] ZB bei einem Verfahren gegen einen Münchner wegen angeblich falschen Parkens in Stuttgart. 164

c) Verteidiger am dritten Ort. Grundsätzlich ist es nicht als notwendig anzuerkennen, wenn der Angeklagte einen Verteidiger nimmt, der weder am Ort des Gerichts, noch an dem der Wohnung des Angeklagten ansässig ist. Im Regelfall ist der Angeklagte ausreichend dadurch in seiner Verteidigung gesichert, dass er einen Verteidiger an seinem Wohnsitz wählen darf (→ Rn. 163).[254] 165

Ausnahme. Etwas anderes gilt nur 166

- bei Strafverfahren, die ein schwieriges und abgelegenes Rechtsgebiet betreffen, weshalb nur ein Anwalt mit besonderen Kenntnissen auf diesem Spezialgebiet zur ordnungsgemäßen Verteidigung in der Lage ist,[255]
- bei Schwurgerichtssachen,[256]
- oder bei einem Verfahren mit einem Vorwurf von erheblichem Gewicht[257] wenn der Angeklagte zur Verteidigung einen RA seines Vertrauens heranzieht, zu dem bereits ein gewachsenes Vertrauensverhältnis besteht.[258]

d) Sockelverteidigung. Als notwendig und nicht nur ratsam erweist sich die Sockelverteidigung zweier Angeklagter besonders dann, wenn ihre Interessenlage weithin identisch ist, ihre Verteidigungsmöglichkeiten gegen die Vorwürfe der Staatsanwaltschaft sich überwiegend gleichen und die Koordination der tatsächlichen und rechtlichen Durchdringung des Falles und des Handelns im Prozess geeignet ist, die Verteidigungschancen deutlich zu erhöhen. Daher 167

---

[250] KG StraFo 2003, 147; LG Kiel ZfS 2002, 351.
[251] LG Düsseldorf AGS 2011, 206 = NJW Spezial 2011, 251, Kurzwiedergabe.
[252] OLG Köln NStZ-RR 2010, 31.
[253] Verneinend Gerold/Schmidt/*Madert,* 19. Aufl. 2010, RVG VV 7005 Rn. 66; bejahend Bischof/*Bräuer,* 6. Aufl. 2014, RVG Einl. VV 7003 Rn. 53.
[254] OLG Köln NStZ-RR 2010, 31.
[255] OLG Köln NStZ-RR 2010, 31.
[256] OLG Schleswig JurBüro 1979, 1332; OLG Düsseldorf AnwBl 1986, 157; vgl. jedoch OLG Celle JurBüro 1980, 1860 mzustAnm *Mümmler.*
[257] OLG Köln NStZ-RR 2010, 31.
[258] OLG Köln NStZ-RR 2010, 31.

kann es sich bei den Reisekosten zu den Besprechungen der Verteidiger im Rahmen der Sockelverteidigung um erstattungsfähige notwendige Auslagen handeln.[259]

168 **e) Auswärtiges Berufungsgericht.** Im Berufungsverfahren ist die Zuziehung des bisherigen Verteidigers auf jeden Fall gerechtfertigt. Es ist dem Angeklagten nicht zuzumuten, zwischen den Instanzen den Anwalt zu wechseln.[260]

169 **f) Revisionsgericht.** Dasselbe gilt für das Revisionsverfahren.[261]

170 **g) Ratsgebühr.** Vertreten wird, dass eine Ratsgebühr (§ 34 RVG) erstattbar ist, wenn sich der Beschuldigte an seinem Wohnsitzort bei einem RA beraten lässt, wie er und welchen Anwalt er am Gerichtsort beauftragt, weil er dort keinen kennt.[262]

171 **h) Fiktive Kosten.** Werden die Reisekosten des Verteidigers als nicht zu erstatten angesehen, so sind die fiktiven Reisekosten des Mandanten bzw. die fiktiven Kosten des Verteidigers, dessen Reisekosten zu erstatten gewesen wären,[263] zu erstatten.

172 Die Zahl der erforderlichen Informationsreisen wird häufig zu gering angenommen. Sollen die Reisekosten des auswärtigen Verteidigers nicht voll anerkannt werden, empfiehlt es sich, die Zahl der notwendigen Informationsbesuche festzustellen. Es ist auf jeden Fall nötig, dass der Verteidiger im Kostenfestsetzungsgesuch (spätestens in der Erinnerung) angibt, wie oft der Beschuldigte bei ihm war und weshalb alle Besprechungen notwendig waren.

173 Eine Ausnahme – keine vorherige Informationsreise nötig – wird man nur dann machen dürfen, wenn die Sach- und Rechtslage so einfach ist, dass es einer Besprechung zwischen Verteidiger und Angeklagten vor der Verhandlung nicht bedarf.

174 Übersteigen die Reisekosten des Verteidigers die fiktiven Kosten der Informationsreisen nur geringfügig, sind die Reisekosten des Verteidigers zu erstatten.

XV. Vereinbarung zu den Reisekosten

175 Eine vereinbarte Vergütung, die an den RA zur Abgeltung von Reisekosten gezahlt worden ist, braucht die Gegenpartei nur in Höhe der gesetzlichen Reisekosten zu erstatten. Das folgt aus § 91 Abs. 2 S. 1 ZPO, wo ausdrücklich von den „gesetzlichen" Gebühren und Auslagen die Rede ist. → RVG VV Vorb. 7 Rn. 3, 4.

XVI. Rechtsschutzversicherer

176 Gem. § 5 Abs. 1a ARB 1994/2000 (Wortlaut → RVG VV 3400 Rn. 115) sind Reisekosten grds. nicht zu ersetzen. Anders ist es jedoch bei den in §§ 2a–g ARB 1994/2000 genannten Sachen, wenn der Versicherungsnehmer mehr als 100 km vom zuständigen Gericht entfernt wohnt. Dann könnte er einen Verkehrsanwalt nehmen (→ RVG VV 3400 Rn. 115). Stattdessen kann er Reisekosten bis maximal zur Höhe der Kosten ersetzt verlangen, die angefallen wären, wenn ein Verkehrsanwalt eingeschaltet worden wäre.[264] Ist für den Versicherer erkennbar, dass die Sache bei einem auswärtigen Gericht stattfinden wird und gibt er dennoch eine vorbehaltlose Deckungszusage ab, so wird wegen § 242 BGB angenommen, dass zu ersetzen sind
– die Reisekosten, wobei unklar ist, welche Reisekosten gemeint sind,[265]
– mindestens fiktive Informationsreisekosten des Mandanten,
– wegen § 242 BGB die Reisekosten des auswärtigen RA.[266]

Wegen Kostenfestsetzung und Quotenvorrecht → § 1 Rn. 340 ff.

Nr.	Auslagentatbestand	Höhe
7007	Im Einzelfall gezahlte Prämie für eine Haftpflichtversicherung für Vermögensschäden, soweit die Prämie auf Haftungsbeträge von mehr als 30 Mio. € entfällt	← in voller Höhe

[259] KG StraFO 2003, 147.
[260] LG Freiburg AnwBl 1970, 243; Bischof/*Bräuer,* 6. Aufl. 2014, RVG Einl. VV 7003 Rn. 54.
[261] Bischof/*Bräuer,* 6. Aufl. 2014, RVG Einl. VV 7003 Rn. 55.
[262] Gerold/Schmidt/*Madert,* 19. Aufl. 2010, RVG VV 7005 Rn. 76.
[263] OLG Köln NStZ-RR 2010, 31.
[264] **AA** wohl versehentlich Schneider/Wolf/*N. Schneider* RVG VV 7003 Rn. 115.
[265] Schneider/Wolf/*N. Schneider* RVG VV 7003 Rn. 115.
[266] AG Lemgo r+s 1989, 360.

Nr.	Auslagentatbestand	Höhe
	Soweit sich aus der Rechnung des Versicherers nichts anderes ergibt, ist von der Gesamtprämie der Betrag zu erstatten, der sich aus dem Verhältnis der 30 Mio. € übersteigenden Versicherungssumme zu der Gesamtversicherungssumme ergibt.	

Schrifttum: *Zimmermann,* Kappungsgrenze im RVG: Haftpflichtkosten als Auslage, AnwBl 2006, 55.

Übersicht

I. Motive

„Zu Nummer 7007

Nach diesem Auslagentatbestand soll der Rechtsanwalt die im Einzelfall gezahlte Prämie für eine Vermögensschadenhaftpflichtversicherung fordern können, soweit die Prämie auf Haftungsbeträge von mehr als 30,– Mio. EUR entfällt. Die vorgeschlagene Vorschrift steht im Zusammenhang mit der Einführung einer allgemeinen Wertgrenze in § 22 Abs. 2 RVG-E. Auf die Begründung zu § 22 Abs. 2 RVG-E wird Bezug genommen. Nach der Anmerkung soll grundsätzlich der entsprechende Betrag nach der Prämienberechnung des Versicherers maßgebend sein. Ist die Prämienberechnung nicht aufgeschlüsselt, soll die 30,– Mio. EUR übersteigende Versicherungssumme in das Verhältnis zur Gesamtversicherungssumme gesetzt und die Prämie entsprechend aufgeteilt werden.“[1] 1

II. Einzelfallversicherung

Allgemeine Geschäftskosten. Die Kosten für die Haftpflichtversicherung gehören grds. zu den allgemeinen Geschäftskosten iSv VV Vorb. 7 Anm. Abs. 1 S. 1 RVG, die vom Mandanten nicht zu ersetzen sind.[2] 2

Im Einzelfall mehr als 30,– Mio. EUR versichert. Der RA kann jedoch die im Einzelfall gezahlte Prämie für eine Vermögenshaftpflichtversicherung fordern, soweit die Prämie auf Haftungsbeträge von mehr als 30,– Mio. EUR anfällt. Die Vorschrift steht im Zusammenhang mit der Wertbegrenzung in § 22 Abs. 2 RVG, wonach der Gegenstandswert für einen Auftraggeber auf 30,– Mio. EUR begrenzt ist. Gebühren, die der RA nicht erhält, können keine insoweit entstandenen allgemeinen Geschäftskosten abdecken. 3

Einzelfallversicherung. Es muss sich um eine Einzelfallversicherung handeln. VV 7007 RVG greift also nicht ein, wenn der RA eine allg. Haftpflichtversicherung hat, die mehr als 30,– Mio. EUR abdeckt. Eine Einzelfallversicherung ist auch gegeben, wenn sie sich hinsichtlich desselben Lebenssachverhalts auf mehrere Angelegenheiten bezieht wie zB vorgerichtliche Vertretung, Vertretung im gerichtlichen Verfahren durch mehrere Instanzen, Vollstreckung.[3] Dann sollte die überschießende Prämie auf die Angelegenheiten aufgeteilt werden.[4] 4

Grund- oder Anschlussversicherung. Unerheblich ist auch, ob es sich um eine sog. Grundversicherung oder um eine Aufstockung der allgemeinen Berufshaftpflichtversicherung, eine sog. Anschlussversicherung handelt.[5] 5

Gegenstandswert unter 30,– Mio. EUR. VV 7007 RVG greift auch, wenn der Gegenstandswert unter 30,– Mio. EUR liegt, die Versicherungssumme aber darüber. Das ergibt sich aus dem eindeutigen Wortlaut der Vorschrift, die darauf abstellt, ob die Haftungsbeträge höher als 30,– Mio. EUR sind.[6] 6

[1] BT-Drs. 15/1971, 232.
[2] BGH NJW 2018, 1477 Rn. 25; Schneider/Wolf/*N. Schneider* RVG VV 7007 Rn. 9.
[3] Schneider/Wolf/*N. Schneider* RVG VV 7007 Rn. 7.
[4] Schneider/Wolf/*N. Schneider* RVG VV 7007 Rn. 22.
[5] Schneider/Wolf/*N. Schneider* RVG VV 7007 Rn. 8.
[6] Schneider/Wolf/*N. Schneider* RVG VV 7007 Rn. 12.

7 **Gezahlte Prämie.** Wenn das Gesetz auf die gezahlte Prämie abstellt, so bedeutet das nicht, dass vor der Zahlung kein Ersatz verlangt werden kann. Es genügt, dass der RA die Prämie tatsächlich schuldet.[7] Ein Ersatz fiktiver Kosten scheidet aus.

8 **Mehrere Jahre.** Läuft die Versicherung über mehrere Jahre und fällt die Prämie deshalb mehrfach an, so besteht mehrfach ein Ersatzanspruch.[8]

III. Berechnung

1. Ein Auftraggeber

9 Der RA kann denjenigen Teil seiner Haftpflichtversicherungsprämie ersetzt verlangen, der die Haftung von über 30,– Mio. EUR abdeckt.

10 Ergibt sich aus der Prämienrechnung, welche Prämie für die Versicherung über 30,– Mio. EUR anfällt, so ist dieser überschießende Betrag zu ersetzen.

11 Ergibt es sich nicht aus der Rechnung, so ist die 30,– Mio. EUR übersteigende Versicherungssumme in das Verhältnis zur Gesamtversicherungssumme zu setzen und die Prämie entsprechend aufzuteilen (VV 7007 Anm. RVG).

12 Die **Formel** lautet: Gesamtprämie × (Versicherungssumme – 30,– Mio. EUR): Versicherungssumme.

Beispiel:

Der RA schließt für einen Einzelfall mit einem Gegenstandswert von 35.000.000,– EUR eine Versicherung über 40.000.000,– EUR ab und zahlt eine Prämie von 30.000,– EUR.
Auf den Betrag über 30,– Mio. EUR entfallen
30.000,– EUR × (40.000.000,– EUR – 30.000.000,– EUR) : 40.000.000,– EUR = 7.500,– EUR.

2. Mehrere Auftraggeber

13 **Mehrere Auftraggeber wegen desselben Gegenstands.** Werden mehrere Auftraggeber vom RA wegen desselben Gegenstandes vertreten, so erhöht sich dadurch der Gegenstandswert nicht und es bleibt bei der Grenze von 30,– Mio. EUR (→ § 22 Rn. 9 ff.).

14 Die Rechnung erfolgt wie im vorigen Beispiel. Legt man die dort genannten Werte zugrunde, so kann der RA von jedem Auftraggeber 7.500,– EUR verlangen, aber insgesamt nur einmal (§ 7 Abs. 2 RVG).

15 **Mehrere Auftraggeber wegen verschiedener Gegenstände.** Vertritt der RA in einem Verfahren A wegen 20,– Mio. EUR und B wegen 30,– Mio. EUR und versichert er eine Haftungssumme von 50,– Mio. EUR, so wäre vom Wortlaut her VV 7007 RVG anzuwenden, obgleich vom Sinn und Zweck her die Vorschrift eigentlich nicht passt, da sich in diesem Fall der Gegenstandswert auf 50,– Mio. EUR erhöht (§ 22 Abs. 2 S. 2 RVG) und der RA aus diesem Wert Gebühren geltend machen kann. Nach zutreffender und fast einellig hM ist VV 7007 RVG in einem solchen Fall dahingehend zu verstehen, dass die Grenze statt bei 30,– Mio. EUR nunmehr höher, zB bei zwei Auftraggebern bei 60,– Mio. EUR liegt.[9] Die Gegenmeinung orientiert sich am Wortlaut und gewährt einen Ersatzanspruch hinsichtlich der auf die überschießende 20,– Mio. EUR entfallenden Prämie.[10]

IV. MwSt

16 Obgleich in der Versicherungsprämie keine MwSt enthalten ist, handelt es sich um einen Mehrwertsteuerpflichtigen Vorgang, wenn der RA die überschießende Prämie von seinem Mandanten verlangt, weshalb der RA auch diese MwSt in Rechnung stellen kann. Ein Abzug für Vorsteuer scheidet aus, da in der Prämie, die der RA an die Versicherung zahlt, keine MwSt enthalten ist.[11]

V. Erstattung durch Dritten

17 Die überschießende Prämie ist wie andere Auslagen auch vom unterliegenden Gegner zu erstatten. Prämien für Versicherungen unter 30,– Mio. EUR sind nicht zu erstatten und zwar auch dann nicht, wenn die Versicherung für einen Einzelfall zB von 2,– Mio. EUR auf

[7] Schneider/Wolf/*N. Schneider* RVG VV 7007 Rn. 14.
[8] Schneider/Wolf/*N. Schneider* RVG VV 7007 Rn. 15.
[9] Gerold/Schmidt/*Madert*, 19. Aufl. 2010, RVG VV 7007 Rn. 1: Mayer/Kroiß/*Ebert* RVG VV 7007 Rn. 1; Bischof/*Bräuer* RVG VV 7007 Rn. 2, 3.
[10] Schneider/Wolf/*N. Schneider* RVG VV 7007 Rn. 6.
[11] Schneider/Wolf/*N. Schneider* RVG VV 7007 Rn. 24.

3,5 Mio. EUR erhöht wird, und das auch dann nicht, wenn der obsiegende Mandant die Erhöhung der Prämie dem RA vereinbarungsgemäß zahlen muss.[12]

Nr.	Auslagentatbestand	Höhe
7008	Umsatzsteuer auf die Vergütung .... Dies gilt nicht, wenn die Umsatzsteuer nach § 19 Abs. 1 UStG unerhoben bleibt.	in voller Höhe

Schrifttum: *Bohnenkamp,* Durchlaufenden Posten als umsatzsteuerbare Leistungen des Rechtsanwalts, RAK Hamm Kammer-Report 3/2007; *Enders,* Ansatz der Umsatzsteuer beim RA, wenn die Zwangsvollstreckungsmaßnahme vor dem 1.1.2007 begonnen hat und erst danach endet, JurBüro 2007, 130; *Euba,* Beratungshilfegebühr nach VV 2500 RVG und Umsatzsteuer, RVGreport 2009, 281; *George,* Auswirkungen der Umsatzsteuererhöhung auf die Abrechnung von Pflichtverteidiger- und PKH-Vergütung, RVGreport 2007, 334; *Haas,* Umsatzsteuerliche Aspekte der anwaltlichen Kostenrechnung, ZAP Fach 20, 381; *Hansens,* Umsatzsteuerberechnung ab 1.1.2007, RVGreport 2007, 41; *Hansens,* Umsatzsteuer in Übergangsfällen bei Abwicklungstätigkeiten, Beschwerde des Prozessbevollmächtigten, RVGreport 2007, 441; *Hansens,* Gebühren- und erstattungsrechtliche Besonderheiten beim Parteiwechsel, ZfS 2007, 189; *Henke,* Umsatzsteuer auf die Aktenversendungspauschale der Bußgeldstelle, AnwBl 2007, 224; *Henke,* Anwaltsgebührenrechnung und Mehrwertsteuererhöhung ab 1.1.2007, AnwBl 2006, 754; *Ketsch,* Umsatzsteuerprobleme bei „durchlaufenden Kosten"?, AnwBl 2007, 529; *Otto,* Merksätze zur Umsatzsteuererhöhung, BRAK-Mitt. 2006, 269; *N. Schneider,* Änderungen im anwaltlichen Vergütungsrecht zum 1.12.2007, NJW 2007, 325; *N. Schneider,* Fälle zur Umsatzsteuer in Übergangsfällen, AGS 2007, 110; *N. Schneider,* Probleme der „neuen" Umsatzsteuer im Mahn- und Vollstreckungsverfahren, NJW 2007, 1035; *Schons,* Vorsicht Falle-Umsatzsteuerprobleme der etwas anderen Art, AGS 2007, 109; *Schons,* Das Überraschungen in der Betriebsprüfung, AnwBl 2007, 369; *Schons,* Die Umsatzsteuer – ein Sommermärchen, AnwBl 2007, 618; *Seidenschwang,* Anmerkungen zur Änderung des allgemeinen Umsatzsteuersatzes zum 1.1.2007, JurBüro 2006, 619.

Übersicht

[12] BGH NJW 2018, 1477.

I. Allgemeines

1 Die Vorschrift, die nach den Motiven § 25 Abs. 2 BRAGO entspricht,[1] erlaubt es dem RA, die auf seine „Vergütung" (Gebühren und Auslagen – § 1 Abs. 1 S. 1 RVG) entfallene MwSt unabhängig von seiner Vorsteuerabzugsberechtigung auf den Auftraggeber abzuwälzen. Sie tritt an die Stelle des § 25 Abs. 2 BRAGO.

II. Persönlicher Anwendungsbereich

1. RA für anwaltliche Tätigkeiten

2 Gem. § 1 Abs. 1 S. 1 RVG finden das RVG und damit auch VV 7008 RVG „für anwaltliche Tätigkeiten" Anwendung.

2. RA als Vormund, Betreuer, Pfleger usw

3 Der RA, der als Vormund, Betreuer, Pfleger, Nachlassverwalter, Testamentsvollstrecker oder in einer anderen unter § 1 Abs. 2 RVG fallenden Eigenschaft tätig ist, ist nicht anwaltlich tätig, sodass zunächst einmal VV 7008 RVG nicht anwendbar ist.

4 Erhält er aber eine Vergütung für seine Tätigkeit, zB nach § 1836 Abs. 1 S. 2 BGB (Vormund), § 1908i BGB (Betreuer), § 1915 BGB (Pfleger), § 1987 BGB (Nachlassverwalter)

[1] BT-Drs. 15/1971, 232, mehr besagen die Motive zu dieser Bestimmung nicht.

§ 2221 BGB (Testamentsvollstrecker), so ist diese für einen RA in aller Regel mehrwertsteuerpflichtig. In diesen Fällen kann er auch Erstattung der MwSt verlangen.

Erhält er über § 1835 Abs. 3 BGB eine Vergütung nach dem RVG, weil zB ein Nichtanwalt-Vormund sich im konkreten Fall der Hilfe eines Anwalts hätte bedienen müssen, so gilt wieder VV 7008 RVG. 5

3. RA als Insolvenzverwalter

Die Erstattung von MwSt ergibt sich nicht aus VV 7008 RVG, sondern aus § 7 der Insolvenzrechtlichen Vergütungsverordnung (InsVV) v. 19.8.1998 (BGBl. 1998 I 2205). Danach wird zusätzlich zur Vergütung und zur Erstattung der Auslagen ein Betrag der vom Insolvenzverwalter zu zahlenden MwSt vom Insolvenzgericht festgesetzt. 6

VV 7008 RVG ist aber dann anzuwenden, wenn ein zugelassener RA für Tätigkeiten, die ein nicht als RA zugelassener Verwalter sachgerechterweise einem RA übertragen hätte, Anspruch auf eine Vergütung nach Maßgabe des RVG hat. Hierzu gehört auch die MwSt auf die durch diese Tätigkeiten entstandene Vergütung; auch sie kann der RA, ohne dass es einer Festsetzung bedarf, der Insolvenzmasse entnehmen. 7

4. RA als Zwangsverwalter

Der Zwangsverwalter kann gem. § 23 InsVV über die Geschäftsführung und die Vergütung des Zwangsverwalters den vollen Ersatz der auf seine Vergütung und Auslagen entfallenden MwSt fordern. 8

5. Rechtsnachfolger des RA, Abwickler

Erben des RA sind wegen der aus dessen Tätigkeit noch vereinnahmten Gebühren umsatzsteuerpflichtig, auch wenn ein Abwickler bestellt ist (§ 55 Abs. 3 S. 1, § 53 Abs. 9 BRAO). Dies gilt jedoch nicht für Abwickler in anderen Fällen.[2] 9

III. Von MwSt betroffene Vergütung

1. Gesetzliche Gebühren

Zur Vergütung, für die MwSt vom Auftraggeber zu erstatten ist, gehören zunächst einmal gem. § 1 Abs. 1 S. 1 RVG die Gebühren des RVG und des Vergütungsverzeichnisses. Das gilt gem. der Anm. zu VV 2500 RVG nicht für die 15,– EUR Beratungshilfegebühr. Dazu, ob der RA aus den 15,– EUR ans Finanzamt MwSt zahlen muss, → RVG VV 2500 Rn. 32. 10

Ausarbeitung eines schriftlichen Gutachtens. Im Falle des VV 2103 RVG ist gesetzliche Vergütung eine „angemessene Vergütung". Für die hierauf entfallende MwSt kann der RA Erstattung vom Mandanten verlangen. 11

2. Auslagen

a) Mehrwertsteuerpflichtige Auslagen. Nach § 1 Abs. 1 S. 1 RVG gehören zur gesetzlichen Vergütung auch die Auslagen. Auch sie sind mehrwertsteuerpflichtig. 12

b) Durchlaufende Posten. ***aa) Grundsatz.*** Beim RA nur durchlaufende Posten lösen bei ihm jedoch keine Mehrwertsteuerverpflichtung aus (§ 10 Abs. 1 S. 6 UStG), zB der RA zahlt die Gerichtsgebühren für seinen Mandanten. Daher kann der RA hierfür seinem Mandanten keine MwSt in Rechnung stellen. 13

Zur Abgrenzung führt Abschn. 152 der Umsatzsteuerrichtlinien 2008 – UStR 2008 v. 10.12.2007, Beilage zum BAnz. Nr. 240 aus: 14

„Kosten (Gebühren und Auslagen), die Rechtsanwälte, Notare und Angehörige verwandter Berufe bei Behörden und ähnlichen Stellen für ihre Auftraggeber auslegen, können als durchlaufende Posten auch dann anerkannt werden, wenn dem Zahlungsempfänger Namen und Anschrift der Auftraggeber nicht mitgeteilt werden. Voraussetzung ist, dass die Kosten nach Kosten-(Gebühren-)ordnungen berechnet werden, die den Auftraggeber als Kosten-(Gebühren-)schuldner bestimmen (vgl. BFH-Urt. v. 24.8.1967 – BStBl III 719)."[3]

Wann diese Voraussetzungen vorliegen, kann nicht allgemein gesagt werden. Es muss im Einzelfall geprüft werden, wer nach der jeweiligen Kosten-(Gebühren-)ordnung Kosten-(Gebühren-)schuldner ist.[4] Eine Darstellung zu zahlreichen Einzelfragen befindet sich bei *Bohnenkamp* RAK Hamm Kammer-Report 3/2007. 15

---

[2] BGH DB 1971, 1287.
[3] OFD Karlsruhe DB 2007, 2118 = BeckVerw 100465.
[4] *Ketsch* AnwBl 2007, 529.

16 **Hinweis für RA.** In Zweifelsfällen sollte der RA immer einleitend darauf hinweisen, dass er im Namen und für Rechnung seines Mandanten tätig wird.[5] Er sollte weiter darauf hinwirken, dass die Rechnung an seinen Mandanten adressiert wird, damit auch bei einer Betriebsprüfung klar ist, dass der Mandant der Schuldner ist. Im Zweifelsfall soll der RA eine Klärung mit seinem Finanzamt versuchen.

17 **Keine Berechnung der MwSt gegenüber dem Mandanten.** Das gilt umso mehr, als der RA, wenn sich die Schuldnerschaft des Mandanten nicht aus dem Gesetz ergibt und er die Wahl hat, im Namen des Mandanten zu handeln, seinem Mandanten die bei ihm, dem RA, anfallende MwSt nicht in Rechnung stellen kann, da er gegen seine Pflicht verstoßen hat, die Kosten für den Mandanten niedrig zu halten (→ RVG § 1 Rn. 166 ff.). Das Risiko, dass das FA oder Finanzgericht einen Vorgang für mehrwertsteuerpflichtig hält, trägt der RA, da er für Klarheit sorgen kann, dass er im Namen und für Rechnung des Mandanten handelt.

18 ***bb) Einzelfälle.*** **Mandant nach Kosten-(Gebühren-)ordnung Schuldner.** Ergibt sich aus der jeweiligen Kosten-(Gebühren)ordnung, dass der Mandant Kostenschuldner ist, so fällt beim RA keine MwSt an, auch wenn er nicht erklärt, dass er im Namen des Mandanten handelt. Hierzu gehören

Gerichts- und Gerichtsvollzieherkosten. Die jeweiligen Vorschriften bestimmen, dass der Mandant Kostenschuldner ist (zB § 22 GKG).[6]

19 **Ergibt sich die Schuldnerschaft des Mandanten nicht aus gesetzlichen Bestimmungen,** so muss der RA nach diesen Richtlinien und der Rspr. des BFH, auf der diese Richtlinien aufbauen, zum Ausdruck bringen, dass er im Namen des Mandanten tätig ist. Andernfalls fällt bei ihm MwSt an. Hierzu gehören

- Abschriften von Entscheidungen in **Parallelverfahren,** um die der RA gebeten hatte, ohne zum Ausdruck zu bringen, dass er im Namen des Mandanten handelt,[7]
- **Behördenauskünfte.** ZB Grundbuch-, Gewerberegister-[8] und Handelsregisterauszüge, Einwohnermeldeanfragen, die jedem, der ein berechtigtes Interesse daran hat, zugänglich sind (§ 12 GBO; § 14 Abs. 8 GewO; § 9 HGB; § 10 HRV), die der RA also im eigenen oder im fremden Namen anfordern kann,
- **Elektronisches Handelsregister.** Gem. § 7a S. 1 JVKostO ist Kostenschuldner, wer den Abruf tätigt. Jeder kann es benutzen. Hat der RA sich zum Abrufverfahren angemeldet und gibt er seine ihm hierfür zugeteilte Kennung an, so ist er ausschließlich Schuldner (§ 7a S. 2 JVKostO), weshalb dann zweifelsfrei kein durchlaufender Posten gegeben ist.[9]

20 **Leistungen, die nur der RA beanspruchen kann.** Es gibt auch Leistungen, die nur der RA beanspruchen kann. Diese unterliegen der Mehrwertsteuerpflicht des RA. Hierzu gehören:

- **Aktenversendung.** Nur an ihn dürfen Akten versendet werden.[10] Im Übrigen → RVG VV Vorb. 7 Rn. 21a.
- **Elektronisches Grundbuch.** Schuldner im Abrufverfahren ist nur der RA, da gem. § 2 GBAbVfV Schuldner ist, wem ein automatisiertes Abrufverfahren genehmigt worden ist, und dies der RA ist.[11]

3. Vorschuss

21 Zur Vergütung gehört auch der Vorschuss, der gem. § 9 RVG auf die Gebühren und Auslagen verlangt werden kann. Er ist mehrwertsteuerpflichtig. Deshalb besteht auch für ihn ein Erstattungsanspruch.

4. Zinsen

22 Zinsen auf die Vergütung wegen nicht rechtzeitiger Zahlung sind auch bei Festsetzung gem. § 104 Abs. 1 S. 2 ZPO nicht mehr mehrwertsteuerpflichtig; die entgegengesetzte frühere finanzgerichtliche Rspr. ist als mit europäischem Recht nicht vereinbar überholt.[12]

---

[5] Hartmann/Toussaint/*Toussaint* GKG § 22 Rn. 6.

[6] BFH 4.10.1984 – IV R 180/82; 27.6.1996 – IV B 69/95 BeckRS 1996, 11902; 11.2.1999 – V R 18, 47/98 BeckRS 1999, 30046489; LG Mannheim JurBüro 2008, 533 = AGS 2012, 587 mzustAnm *N. Schneider.*

[7] VG Schwerin AGS 2013, 409 mzustAnm *N. Schneider.*

[8] LG Mannheim JurBüro 2008, 533 = AGS 2012, 587 mzustAnm *N. Schneider.*

[9] Bischof/*Bräuer* RVG VV 7008 Rn. 15.

[10] BGH NJW 2011, 3041 = AnwBl 2011, 583; BVerwG JurBüro 2010, 476; OLG Bamberg AGS 2009, 320; OLG Naumburg AGS 2009, 218; Gebührenreferenten der RA-Kammern 58.Tagung RVGreport 2009, 255 Ziff.VI.

[11] Bischof/*Bräuer* RVG VV 7008 Rn. 14.

[12] EuGH NJW 1983, 505; OLG Frankfurt a. M. NJW 1983, 394; BMF BStBl. I 1983, 246; UStR 1983, 78; UStR 1985, Abschn. 149, Abs. 3 S. 2; *Hansens* JurBüro 1983, 325.

5. Vereinbarte Vergütung

Auch die vereinbarte Vergütung (§§ 3a ff.) unterliegt der Umsatzsteuer. Bei ihr ist es aber eine Auslegungsfrage, ob die MwSt in der vereinbarten Vergütung schon enthalten sein soll. Im Zweifel, insbes. bei Vereinbarung einer auf einen runden Betrag lautenden Pauschale, wird das – wie auch sonst bei Vereinbarung von Pauschalentgelten – anzunehmen sein.[13] Ebenso ist ein Stundensatz ohne Vereinbarung zur MwSt im Regelfall dahin zu verstehen, dass MwSt vom Auftraggeber nicht zusätzlich zu zahlen ist. Es gilt hier nichts anderes wie bei einem Kaufvertrag, bei dem im Zweifel im Kaufpreis die MwSt bereits enthalten ist.[14] Zur Vermeidung von Streitigkeiten empfiehlt es sich, in der Vergütungsvereinbarung ausdrücklich festzulegen, ob die MwSt zusätzlich zu dem vereinbarten Honorar zu zahlen ist. Bei Verwendung der in einer Gebührenvereinbarung meist zu empfehlenden Klausel, dass mindestens die gesetzliche Vergütung zu zahlen sei, ist diese zzgl. der auf sie entfallenden MwSt gemeint. 23

6. Ausländische USt

Muss der RA ausländische USt zahlen, so ist sie ihm vom Mandanten zu ersetzen, wobei im Ergebnis unerheblich ist, ob man dies aus VV 7008 RVG oder VV Vorb. 7 Abs. 1 S. 2 RVG herleitet.[15] 23a

IV. Mehrwertsteuerfreie Vorgänge

1. Tatsächlich anfallende MwSt

Die Erstattung von MwSt kann der RA nur soweit verlangen, als bei ihm selbst MwSt anfällt. Das ist in aller Regel bei einem RA hinsichtlich einer im Rahmen seiner Berufsausübung liegenden Tätigkeit gegeben. Es gibt aber einige Ausnahmen. 24

2. Von MwSt befreiter RA

Der RA, dessen Umsatz im vergangenen Kalenderjahr unter 22.000,– EUR gelegen hat und dessen Umsatz im laufenden Kalenderjahr voraussichtlich 50.000,– EUR nicht übersteigt, braucht gem. § 19 Abs. 1 UStG keine MwSt zu zahlen, sofern er nicht dem Finanzamt gegenüber auf Anwendung des Abs. 1 verzichtet hat. Er kann deshalb dem Auftraggeber auch keine MwSt berechnen. 25

3. Auslandsbezug

Leistungsort maßgeblich. MwSt für die Tätigkeit des Anwalts fällt nur an, wenn der Leistungsort im Inland liegt (§ 1 Nr. 1 UStG). 26

Unternehmer. Eine anwaltliche Leistung, die **an** einen Unternehmer für dessen Unternehmen ausgeführt wird, wird vorbehaltlich § 3a Abs. 3–8 UStG und der §§ 3b, 3e, 3f UStG an dem Ort ausgeführt, von dem aus der Empfänger sein Unternehmen betreibt (§ 3a Abs. 2 S. 1 UStG). Wird die sonstige Leistung an die Betriebsstätte eines Unternehmers ausgeführt, ist stattdessen der Ort der Betriebsstätte maßgebend (§ 3a Abs. 2 S. 2 UStG). Liegen diese im Ausland, besteht USt-Freiheit. Daran ändert sich auch nichts, wenn das ausländische Unternehmen deutsche MwSt zahlen muss.[16] 27

Privatperson. Der Leistungsort ist der Wohnsitz oder Sitz des Mandanten (§ 3a Abs. 4 UStG). Liegt dieser im Inland, zu dem in diesem Fall auch das EG-Gebiet gehört,[17] so fällt MwSt an. Liegt er im Ausland, so ist die Tätigkeit des Anwalts mehrwertsteuerfrei (§ 3a Abs. 4 UStG).[18] Das gilt auch, wenn die im Ausland lebende Person Deutscher ist.[19] 28

Grundstücke. Bezieht sich die Tätigkeit eines deutschen Anwalts auf ein Grundstück nicht in Deutschland, sondern im Ausland, wozu auch das EG-Gebiet zählt, so liegt der Leistungsort dieser Tätigkeit im Ausland (§ 3a Abs. 3 Nr. 1 UStG) und zwar unabhängig, ob der Mandant Ausländer, Privatperson oder Unternehmer ist. Es fällt also keine MwSt an.[20] 29

Kein Anspruch gegen Mandanten oder Dritten. Fällt keine deutsche MwSt an, so darf der RA eine solche seinem Mandanten auch nicht in Rechnung stellen.[21] Ein solcher Man- 30

---

[13] OLG Karlsruhe DB 1979, 447.
[14] BGHZ 103, 284 (287) mwN; BGHZ 115, 47 (50).
[15] FG Köln RVGreport 2019, 379 mzustAnm *Hansens.*
[16] LG Berlin JurBüro 1988, 1497.
[17] OLG München JurBüro 1993, 420; OLG Düsseldorf JurBüro 1993, 730; OLG Schleswig OLGR 2001, 146.
[18] OVG Bln-Bbg AGS 2016, 26 = JurBüro 2016, 81 = NVwZ-RR 2016, 157; *N. Schneider* AGK 2010, 81.
[19] OLG Karlsruhe JurBüro 1993, 94.
[20] *N. Schneider* AGK 2010, 81.
[21] BayLSG RVGreport 2010, 216.

dant kann deshalb von dem in die Kosten verurteilten Gegner auch keine Erstattung verlangen.

4. RA in eigener Angelegenheit

31 **a) Innengeschäft.** Wird der RA in eigener Angelegenheit tätig, ist zu unterscheiden. Betrifft die Tätigkeit ein Innengeschäft (aus beruflicher Anwaltstätigkeit), entsteht **keine MwSt.**[22] Bei der Kostenerstattung gegen den Gegner ist daher keine MwSt zuzuerkennen.

32 Ein Innengeschäft ist gegeben, wenn[23] der RA
– sein Honorar einklagt[24] oder sich gegen die Rückzahlung von Honorar wehrt,[25]
– sich gegen Schadensersatzansprüche wehrt, die sich aus seiner anwaltlichen Tätigkeit ergeben, egal ob diese ein Mandant[26] oder ein Sozius geltend macht,
– hinsichtlich eines Unterlassungsanspruchs tätig ist, der im Zusammenhang mit seiner anwaltlichen Tätigkeit steht,[27]
– in einem berufsrechtlichen Verfahren,[28] zB im Zulassungsverfahren[29] tätig ist.

33 **b) Außengeschäft.** Betrifft die Tätigkeit ein Außengeschäft (aus reiner Privattätigkeit – zB der RA klagt ein Privatdarlehen ein), entsteht die MwSt.[30] Der erstattungspflichtige Gegner muss daher auch diese ersetzen.

V. Höhe der MwSt

34 Die MwSt beträgt seit 1.1.2007 19 % (§ 12 Abs. 1 UStG), für einige in § 12 Abs. 2 UStG besonders aufgeführte Leistungen jedoch nur 7 %. Zu letzteren gehören zB Taxikosten.

34a Vorübergehend wurde im Rahmen der **Corona-Krise** mit dem 1. Corona-Steuerhilfegesetz[31] die MwSt für Restaurant- und Verpflegungsdienstleistungen von 19 % auf 7 % für die Zeit vom 1.7.2020 bis zum 30.6.2021 herabgesetzt, also zB für die Frühstückskosten im Hotel. Mit dem 2. Corona-Steuerhilfegesetz[32] wurde die MWSt für die Zeit vom 1.7. bis zum 31.12. 2020 von 19 % auf 16 % bzw von 7 % auf 5 % reduziert. Für **Bahnfahrten** gilt aufgrund des Gesetzes zur Umsetzung des Klimaschutzes 2030 im Steuerecht[33] seit dem 1.1.2020 ein Satz von 7 %, der durch das 2. Corona-Steuerhilfegesetz vorübergehend auf 5 % vermindert wurde.

VI. Änderung der Höhe der MwSt

1. Grundsätze

35 **a) Entscheidender Zeitpunkt Fälligkeit.** Gem. § 27 UStG gilt ein geänderter Mehrwertsteuersatz für alle Umsätze, die nach Inkrafttreten der Abänderungsvorschrift, also derzeit nach dem 1.1.2007,[34] ausgeführt werden. Die Leistung des Anwalts ist ausgeführt, wenn er seine geschuldete Gesamtleistung erbracht hat. Der Zeitpunkt ist beim RA identisch mit dem der Fälligkeit iSv § 8 RVG.[35]

36 **b) Einheitliche MwSt für eine Angelegenheit.** Bei der MwSt gilt der Grundsatz der Einheitlichkeit der Leistung (Abschn. 29 der UStR) mit der Folge, dass hinsichtlich einer gebührenrechtlichen Angelegenheit die Höhe der MwSt einheitlich zu beurteilen ist.[36] Gibt es aber innerhalb einer Angelegenheit mehrere Fälligkeiten, zB beim Versäumnisurteil, so kann

---

[22] OFD Düsseldorf BB 1982, 850 = AnwBl 1982, 193; OLG Düsseldorf JurBüro 2008, 152, Regressprozess; OLG Saarbrücken OLGR 2009, 254 = AGS 2009, 319; OLG Zweibrücken MDR 1998, 800 = OLGR 1998, 474; LG Dresden JurBüro 1998, 546.
[23] *Hansens* Anm. zu KG RVGreport 2010, 151 Ziff. IV 1.
[24] KG NJW-RR 2009, 1421.
[25] KG NJW-RR 2009, 1421.
[26] KG JurBüro 2006, 373.
[27] BGH JurBüro 2005, 145; OLG Hamburg OLGR 1999, 360 = MDR 1999, 764.
[28] EGH Koblenz AnwBl 1981, 415.
[29] EGH Frankfurt BRAK-Mitt. 1989, 52.
[30] OLG Hamburg MDR 1999, 764 = OLGR 1999, 360; OLG Köln AnwBl 1992, 332; OLG Düsseldorf JurBüro 1994, 299.
[31] Vom 19.6.2020 (BGBl. I 1385)
[32] Vom 29.6.2020(BGBl. I 1512)
[33] Vom 21.12.2019 (BGBl. I 2886)
[34] Art. 4 Nr. 1 des Gesetzes v. 29.6.2006, BGBl. 2006 I 1402.
[35] OLG Düsseldorf AGS 2006, 201; OLG Koblenz AnwBl 2007, 550 = JurBüro 2007, 316; JurBüro 1999, 304; LG Karlsruhe RVGreport 2008, 26; *N. Schneider* NJW 2007, 325; *Hansens* RVGreport 2007, 441.
[36] *Seidenschwang* JurBüro 2006, 619.

teilweise eine Versteuerung zu 16% MwSt und teilweise zu 19% MwSt erfolgen. Bei mehreren Angelegenheiten ist für jede getrennt zu prüfen, wann Fälligkeit eintritt.

c) Erlass des BMF v. 11.8.2006. Darlegungen zu Einzelfragen finden sich im Erlass des BMF (BStBl. 2006 I 477 ff.); im Internet bei www.bundesfinanzministerium.de unter Steuern – Veröffentlichungen zu Steuerarten – MwSt. **37**

2. Eine Angelegenheit

a) Fälligkeit. Es kommt auf den Eintritt der Fälligkeit der Vergütung an (→ Rn. 35). Entscheidend ist also nicht der Zeitpunkt der Auftragserteilung, der Erfüllung des Gebührentatbestandes, der Rechnungsstellung, der Zahlung der Vergütung oder der Abführung der Steuer. Zur Fälligkeit wird auf die Kommentierung zu § 8 RVG verweisen. **38**

Beispiel:

Bis zum 20.12.2006 waren beim RA bereits alle Gebühren und Anlagen angefallen. Das Urteil wird aber erst 12.1.2007 verkündet.

Die MwSt beträgt für alle Ansprüche des RA 19 %.

Einigung. Bei einer Einigung mit Kostenregelung tritt die Fälligkeit im Falle einer unwiderruflichen Einigung mit Abschluss der Einigung ein, bei einer widerruflichen Einigung mit der Erklärung des oder der Widerrufsberechtigten, nicht zu widerrufen, bzw. mit dem Ablauf der letzten Widerrufsfrist. Bei einer Einigung ohne Kostenregelung tritt die Fälligkeit mit der Kostenentscheidung durch das Gericht ein.[37] **39**

b) Spätere Abwicklungstätigkeiten. Unerheblichkeit für Fälligkeit und Mehrwertsteuersatz. Ist vor dem Stichtag eine gerichtliche Entscheidung oder Einigung mit Kostenregelung erfolgt, so tritt die Fälligkeit auch dann ein, wenn nach dem Stichtag noch Abwicklungstätigkeiten des Anwalts erfolgen. Abwicklungshandlungen teilen dabei mehrwertsteuerrechtlich das Schicksal der Hauptleistung, werden also in gleicher Höhe versteuert.[38] **40**

Abwicklungstätigkeiten sind Leistungen, die eng mit der Hauptsache zusammenhängen, aber keine Hauptleistungspflicht, sondern typischerweise übliche Abwicklungshandlungen darstellen. Hier gehören zB **41**
- die bloße Übersendung von Schriftstücken,
- die Tätigkeit bei der Streitwert- oder Kostenfestsetzung,[39]
- die Mitwirkung bei einem nach Abschluss eines Verfahrens stattfindenden Berichtigungs-[40] oder Streitwertänderungsverfahren.[41]

c) Mehrere Fälligkeiten in einer Angelegenheit. ***aa) Versäumnisurteil.*** Zwar sind das Verfahren bis zum Versäumnisurteil und das weitere Verfahren nach Widerspruch eine Angelegenheit. Da das Versäumnisurteil aber mit einer Kostenentscheidung verbunden ist, ist die bei einem vor dem Stichtag ergangenen Versäumnisurteil angefallene Anwaltsvergütung gem. § 8 RVG fällig. Aus diesem Betrag sind 16% MwSt zu bezahlen. Soweit infolge des Widerspruchs nach dem Stichtag weitere Gebühren oder Auslagen entstehen, sind diese Mehrbeträge mit 19% zu versteuern.[42] **42**

Beispiel:

Am 15.3.2020 ergeht ein Versäumnisurteil mit einem Gegenstandswert von 10.000,– EUR. Nach Widerspruch findet am 20.8.2020 eine mündliche Verhandlung statt.

Vergütung nach Versäumnisurteil	
1,3 Verfahrensgebühr gem. VV 3100 RVG aus 10.000,– EUR	798,20 EUR
0,5 Terminsgebühr gem. VV aus 10.000,– EUR	307,00 EUR
Pauschale gem. VV 7002 RVG	20,00 EUR
19 % MwSt	213,79 EUR
Summe	1.338,99 EUR
Weitere Vergütung	
0,7 Terminsgebühr aus 10.000,– EUR	429,80 EUR
16 % MwSt	68,77 EUR
Summe	498,57 EUR
Insgesamt	1.837,56 EUR

[37] *Hansens* RVGreport 2007, 441.
[38] *Seidenschwang* JurBüro 2006, 619.
[39] OLG Koblenz AnwBl 2007, 550 = JurBüro 2007, 316 = RVGreport 2007, 191 mzustAnm *Hansens; Seidenschwang* JurBüro 2006, 619; *N. Schneider* NJW 2007, 325 (326).
[40] OLG Koblenz AnwBl 2007, 550 = JurBüro 2007, 316 = RVGreport 2007, 191.
[41] OLG Frankfurt a. M. JurBüro 1983, 232; OLG Schleswig JurBüro 1983, 233.
[42] *Hansens* RVGreport 2007, 41 (49); *N. Schneider* NJW 2007, 325 (326 ff.).

43 ***bb) Parteiwechsel.*** Beim Parteiwechsel ist für den RA, der beide Parteien vertritt, nur eine Angelegenheit gegeben, und zwar auch dann wenn sich die Tätigkeiten für beide nicht überlappen. Der RA verdient die Gebühren nur einmal, wobei bei der Verfahrensgebühr ein Mehrvertretungszuschlag dazukommt (→ RVG VV 1008 Rn. 2 ff.). Obgleich es sich um eine Angelegenheit handelt, sind unterschiedliche Fälligkeitszeitpunkte gegeben. Ist das Mandat für die erste Partei vor dem Stichtag abgeschlossen, die für die zweite erst danach, so sind die gegen die erste Partei anfallenden Vergütungsansprüche mit 16% MwSt, die gegen die andere mit 19% MwSt zu versteuern.

Beispiel:

Verklagt wird am 1.2.2020 die Malz-GmbH wegen 10.000,– EUR. Am. 1.5.2020 erklärt der Kläger, dass sich die Klage nunmehr gegen den Geschäftsführer der GmbH richtet, da dieser sich im eigenen Namen verpflichtet habe. Der Geschäftsführer wird vom gleichen RA wie die GmbH vertreten. Das Verfahren gegen den Geschäftsführer wird im Dezember 2020 mit einem Endurteil beendet.
Das Mandat der GmbH ist noch vor dem 1.7.2020 beendet. Der RA kann gegen beide unter Beachtung der Grenze des § 7 RVG jeweils eine 1,3 Verfahrensgebühr und uU eine 1,2 Terminsgebühr geltend machen, gegen die GmbH mit 19 % MwSt, gegen den Geschäftsführer jedoch nur mit 16 % MwSt.[43]

Wegen Kostenfestsetzung → RVG VV 1008 Rn. 338 ff.

44 ***cc) Weitere Verfahren.*** In gleicher Weise ist zu rechnen bei
- Teilurteil mit Kostenentscheidung (§ 8 Abs. 1 S. 2 RVG),[44]
- mehr als dreimonatigem Ruhen des Verfahrens und anschließender Fortsetzung,[45]
- Anfechtung einer Einigung und Fortsetzung des gerichtlichen Verfahrens, wenn die Einigung gültig bleibt. Anders ist es, wenn sich herausstellt, dass die Einigung unwirksam ist. Dann hat die Einigung das Verfahren nicht beendet, noch enthält sie eine wirksame Kostenregelung,
- bei Strafbefehl, der mit Kostenentscheidung zu versehen ist.[46]

45 Anders ist es bei PKH- und Hauptsacheverfahren, die eine Angelegenheit sind (§ 16 Nr. 2 RVG), da im Bewilligungsverfahren keine Kostenentscheidung ergeht.

46 ***dd) Vorschuss.*** Vor dem 1.1.2007 eingeforderter Vorschuss ist mit 16% zu versteuern.[47] Tritt hinsichtlich der Endabrechnung aber erst nach dem 1.1.2007 Fälligkeit ein, so ist der gesamte Betrag, also auch der bereits gezahlte Vorschuss, mit 19% zu versteuern.[48]

3. Mehrere Angelegenheiten

47 **a) Gesonderte Bewertung.** Sind mehrere Angelegenheiten gegeben, zB Hauptsache und einstweilige Verfügung bzw. einstweilige Anordnung (§ 17 Nr. 4 RVG) oder selbständiges Beweisverfahren und Hauptsache (→ Anh. III Rn. 1), so ist jede gesondert zu bewerten.[49]

Beispiel:

Das einstweilige Verfügungsverfahren wird 2006 abgeschlossen, die Hauptsache erst in 2007.
Auf die Gebühren und Auslagen im einstweiligen Verfügungsverfahren entfallen 16 % MwSt, auf die in der Hauptsache 19 % MwSt.

48 **b) Anrechnungen.** Ist die Geschäftsgebühr vor dem 1.1.2007 fällig geworden, die Verfahrensgebühr für das gerichtliche Verfahren im Jahr 2007, so stehen dem RA für die Geschäftsgebühr 16% MwSt zu und für die Verfahrensgebühr, soweit sie nach der Durchführung der Anrechnung verbleibt, 19%.[50] Die Anrechnung erfolgt mit den Nettobeträgen.

49 **c) Zwangsvollstreckung.** Soweit es sich um besondere Angelegenheiten handelt (§ 18 Abs. 1 Nr. 1 ff. RVG), ist jede Angelegenheit besonders zu behandeln und darauf abzustellen, wann die Vergütung für die jeweilige Angelegenheit fällig geworden ist.[51]

---

[43] *Hansens* ZfS 2007, 189, 191.
[44] *Hansens* RVGreport 2007, 41 (50); *N. Schneider* NJW 2007, 325.
[45] *Hansens* RVGreport 2007, 41 (50); *N. Schneider* NJW 2007, 325 (326 ff.).
[46] *N. Schneider* NJW 2007, 325 (326 ff.).
[47] *Seidenschwang* JurBüro 2006, 619; *Zorn* AGS 2006, 577.
[48] *Henke* AnwBl 2006, 754; *Hansens* RVGreport 2007, 41 (47); *Zorn* AGS 2006, 577; *N. Schneider* NJW 2007, 325 (327); *Seidenschwang* JurBüro 2006, 619.
[49] OLG Dresden AGS 2008, 70.
[50] *Hansens* RVGreport 2007, 41 (45); *N. Schneider* NJW 2007, 325 (326).
[51] *Enders* JurBüro 2007, 130.

4. Mahnverfahren

Angelegenheit. Das Mahn- und Vollstreckungsbescheidsverfahren bilden unter einander eine Angelegenheit,[52] mit dem Streitverfahren zwei Angelegenheiten (§ 17 Nr. 2 RVG). 50

Ende des Mahn- und Vollstreckungsverfahrens. Der Mahnbescheid enthält keine Beendigung des Mahnverfahrens, da er keine Kostenentscheidung enthält,[53] sondern nur eine Kostenforderung,[54] und mit dem nachfolgenden Vollstreckungsbescheidsverfahren eine Angelegenheit bildet. 51

Streitig ist, ob der Vollstreckungsbescheid eine Kostenentscheidung enthält.[55] Je nachdem welcher Ansicht man folgt, führt der Vollstreckungsbescheid zur Fälligkeit des Mahn- und Vollstreckungsbescheidsverfahrens oder nicht. Verneint man dies, so ist es beendet, wenn gegen den Vollstreckungsbescheid nicht innerhalb der für ihn vorgesehenen Frist von 14 Tagen Einspruch eingelegt ist (§§ 700 Abs. 1, 339 ZPO) oder wenn nach einem Einspruch die Sache an das Streitgericht abgegeben wird.[56] 52

Nachbeantragung der Differenz zwischen 16 % und 19 % MwSt. Wurde der Mahnbescheid noch in 2006 mit 16 % MwSt beantragt und wird der Vollstreckungsbescheid erst in 2007 beantragt, so sind alle Gebühren und Aufwendungen des Anwalts (einschließlich der Gebühr gem. VV 3305 RVG) mit 19 % zu versteuern. Im Vollstreckungsbescheid ist die Differenz zu 19 % hinsichtlich der Gebühr gem. VV 3305 RVG unter der Rubrik „Weitere Auslagen" in Zeile 7 des Vordrucks einzutragen.[57] 53

Streitverfahren. Endet das Mahn- und Vollstreckungsverfahren noch in 2006, das Streitverfahren aber erst in 2007, so fallen die Vergütung für das erste 16 % MwSt und für das zweite 19 % MwSt an. Wegen Anrechnung → Rn. 48. 54

5. Vergütung nach Zeitabschnitten

Ist bei einer Dauerberatung ein Stundensatz, der am Ende eines jeden Monats abzurechnen ist, vereinbart, so tritt an jedem Monatsende Fälligkeit ein. Für die Beratung im Dezember 2006 beträgt die MwSt 16 %, für den Januar 2007 19 %.[58] 55

VII. Vorsteuerabzug bei Auslagen

1. Ersatz nur der Nettobeträge

Bisweilen ist in den Auslagen, die der Mandant seinem RA erstatten muss, bereits MwSt enthalten. Das ist zB der Fall, wenn der RA mit der Bahn (19 %) und dem Taxi (7 %) gefahren ist. Der vorsteuerabzugsberechtigte RA muss aus diesen Kosten die MwSt herausrechnen und abziehen. Bei seinem Mandanten kann er nur die Nettobeträge geltend machen, da er die in diesen Kosten enthaltene MwSt als Vorsteuern beim Finanzamt geltend machen kann.[59] Andernfalls würde der RA noch an seinen Auslagen verdienen. Ein solcher Abzug ist aber nicht bei Benutzung des eigenen Fahrzeugs für die Pauschale von 0,42 EUR pro gefahrenen km vorzunehmen, da bei einer Pauschale der Umsatzsteuerbetrag nicht in der Rechnung ausgewiesen wird, was aber gem. § 15 Abs. 1 Nr. 1 UStG Voraussetzung für einen Vorsteuerabzug ist.[60] 56

Der Nettobetrag der Auslage wird in die Rechnungen gegenüber dem Mandanten aufgenommen. Auf diesen Betrag stellt der RA seinem Mandanten 19 % MwSt in Rechnung. Das ist die MwSt, die der RA seinerseits an das Finanzamt zahlen muss. Die Höhe von 19 % ist unabhängig davon, wie hoch die MwSt, die auf die Auslage als solche angefallen ist, war, also auch wenn diese nur 7 % betrug.[61] 56a

---

[52] *Hansens* RVGreport 2007, 41 (51), inzidenter; *N. Schneider* NJW 2007, 1035 Ziff. I 1, mit gewissen Bedenken.

[53] *Hansens* RVGreport 2007, 411 (412) Ziff. III 3; Hartmann/Toussaint/*Toussaint* RVG § 8 Rn. 19 „Mahnbescheid"; *N. Schneider* NJW 2007, 1035.

[54] Hartmann/Toussaint/*Toussaint* RVG § 8 Rn. 19 „Mahnbescheid".

[55] Bejahend Hartmann/Toussaint/*Toussaint* RVG § 8 Rn. 19 „Vollstreckungsbescheid"; *N. Schneider* NJW 2007, 1035; **verneinend** KG JurBüro 1995, 428; *Hansens* RVGreport 2007, 411 (412) Ziff. III 3.

[56] *Hansens* RVGreport 2007, 411 (412) Ziff. III 2.

[57] *Hansens* RVGreport 2007, 41 (51); *N. Schneider* NJW 2007, 1035.

[58] *Hansens* RVGreport 2007, 41 (47).

[59] BGH JurBüro 2012, 479 = AnwBl 2012, 664.

[60] BGH JurBüro 2012, 479 Tz. 9 = AnwBl 2012, 664.

[61] KG ZfS 2014, 108 = AGS 2014, 21 mzustAnm *N. Schneider.*

Beispiel:

Der RA hat für ein Taxi 7,49 EUR bezahlt, also nach Abzug von 7 % MwSt netto 7,– EUR. Er stellt seinen Mandanten insoweit in Rechnung

Taxikosten	7,00 EUR
19 % MwSt	1,33 EUR
Summe	8,33 EUR

57 **Abgrenzungen.** Diese Frage ist nicht zu verwechseln mit den beim RA nur **durchlaufenden Posten** (→ Rn. 13 ff.), bei denen der RA von vornherein keine MwSt zahlen muss, während hier die MwSt zwar erst einmal entsteht, dann aber durch den Vorsteuerabzug „neutralisiert" wird.

58 Sie ist weiter nicht zu verwechseln mit dem Kostenerstattungsanspruch des **vorsteuerabzugsberechtigten Mandanten** gegen einen Dritten (→ Rn. 63 ff.). Dort geht es um die Vorsteuerabzugsberechtigung des Mandanten, hier um die des RA. Allerdings ist die hiesige Frage auch dort von Bedeutung, da der Mandant dem Dritten nur das in Rechnung stellen kann, was er dem RA ersetzen muss, Auslagen also nur ohne die MwSt, wenn sie dem Vorsteuerabzug durch den RA unterliegen.

2. Mathematische Formel

59 Der Nettobetrag kann mit folgender Formel aus dem Bruttobetrag herausgerechnet werden: Bruttobetrag : 119 × 100 (bzw. Bruttobetrag : 107 × 100).

Beispiel:

Der RA hat für ein Bahnticket 150,– EUR brutto (darin 19 % MwSt) und für Taxifahrten 12,– EUR brutto (darin 7 % MwSt) bezahlt. Von seinem Mandanten kann er sich nur einen Nettobetrag von 150,– EUR : 119 × 100 = 126,05 EUR + 12,– EUR : 107 × 100 = 11,21 EUR ersetzen lassen.

60 Für die so errechneten Auslagen kann der RA dann wieder dem Mandanten gem. VV 7008 RVG 19 % MwSt in Rechnung stellen; und zwar insgesamt 19 %, also auch hinsichtlich der Taxikosten.

Beispiel:

Im vorigen Beispiel wird der RA die Auslagen also wie folgt abrechnen

Bahnfahrt	126,05 EUR
Taxifahrt	11,21 EUR
Summe	137,26 EUR
+ 19 % MwSt aus 137,26 EUR gem. VV 7008 RVG	26,08 EUR
Insgesamt	163,34 EUR

VIII. Prozessuale Kostenerstattung

1. Erstattungspflicht der Gegenpartei

61 **a) Angefallene MwSt.** Ein Auftraggeber, der die ihm von seinem RA in Rechnung gestellte MwSt nicht zum Vorsteuerabzug verwenden kann, ist berechtigt, die Erstattung auch der MwSt (auch ausländischer USt → Rn. 23a)[62] von dem unterlegenen Gegner zu fordern. Dabei kommt es nicht darauf an, ob der Gegner Unternehmer oder außerhalb der EG wohnhafter Privater ist.[63]

62 **b) Ersparte MwSt.** Sind eine Gebühr oder Auslage nicht als solche, sondern nur in Höhe ersparter fiktiver Aufwendungen erstattbar, so ist auch eine für die Gebühr angefallene MwSt bei der Vergleichsrechnung zu berücksichtigen; jedoch sind die fiktiven Kosten als solche nicht mehrwertsteuerpflichtig.[64]

2. Vorsteuerabzugsberechtigung

63 **a) Keine Erstattung der MwSt.** Aus § 104 Abs. 2 S. 3 ZPO ergibt sich indirekt, dass der Vorsteuerabzugsberechtigte vom Gegner keine Mehrwertsteuererstattung verlangen kann. Nach dieser Bestimmung genügt zur Berücksichtigung von Mehrwertsteuerbeträgen die Erklärung des Antragstellers, dass er die Beträge nicht als Vorsteuer abziehen könne. Auf die Vorsteuerabzugsberechtigung des Erstattungspflichtigen kommt es niemals an.[65]

---

[62] FG Köln RVGreport 2019, 379 mzustAnm *Hansens.*
[63] OLG Koblenz AnwBl 1993, 43 = MDR 1992, 307.
[64] OLG Koblenz AnwBl 1979, 116.
[65] OLG Karlsruhe MDR 1992, 191.

b) Vorsteuerabzugsberechtigung für Streitgegenstand. Die Vorsteuerabzugsberechtigung muss gerade für den Gegenstand bestehen, hinsichtlich dessen der RA tätig war. Es gibt zahlreiche Fälle, in denen Erstattungsgläubiger – auch große Kapitalgesellschaften – in vieler Hinsicht vorsteuerabzugsberechtigt sind, aber Gegenstand der anwaltlichen Tätigkeit ein Rechtsverhältnis war, hinsichtlich dessen er nach § 4 Nr. 8–28, § 15 Abs. 2 Nr. 1 UStG nicht mehrwertsteuerpflichtig und deshalb insoweit auch nicht zum Vorsteuerabzug berechtigt ist, zB Kreditgewährung (§ 4 Nr. 8a UStG),[66] Geschäfte mit Geldforderungen (§ 4 Nr. 8c UStG);[67] Versicherungsleistungen (§ 4 Nr. 10a UStG).[68] Zahlungen des Gegners, die ein Unternehmen für Aufwendungen im Zusammenhang mit einer **Abmahnung** erhalten hat, sind mehrwertsteuerpflichtig und berechtigen zum Vorsteuerabzug. Wegen Abmahnkosten in der Kostenfestsetzung → Anh II Rn. 141 ff. 64

c) Zeitpunkt der Vorsteuerabzugsberechtigung. Hat der streitgegenständliche Anspruch zum Unternehmensbereich gehört, so entfällt die Vorsteuerabzugsberechtigung nicht dadurch, dass später, zB zum Zeitpunkt des Prozesses oder der Kostenfestsetzung, die Partei ihre unternehmerische Tätigkeit aufgegeben hat. Denn steuerrechtlich endet die Unternehmereigenschaft erst, wenn der Unternehmer alle Rechtsbeziehungen abgewickelt hat, die mit dem Unternehmen im Zusammenhang standen.[69] Das gilt auch dann, wenn die anwaltliche Tätigkeit erst nach Einstellung der unternehmerischen Tätigkeit entfaltet wurde, solange sie sich nur auf einen unternehmerischen Vorgang, zB auf die Abwicklung bezieht.[70] Der Unternehmer kann Nachveranlagung des Vorsteuerabzugs beantragen. Für § 104 Abs. 2 S. 3 ZPO genügt, dass Vorsteuer abgezogen werden kann. Wurde allerdings eine Nachveranlagung vom Finanzamt abgelehnt, so fehlt die Vorsteuerabzugsberechtigung.[71] 65

d) Streitgenossen, → RVG VV 1008 Rn. 338 ff. 66

e) Vergütungsanspruch des PKH-Anwalts nach § 126 ZPO. → § 45 Rn. 88. 67

f) Ausländisches Unternehmen. Muss ein ausländisches Unternehmen seinem ebenfalls im Ausland ansässigen Verkehrsanwalt die MwSt ersetzen, so scheidet ein Erstattungsanspruch gegen den Gegner in Deutschland aus, wenn das Unternehmen nach seinem Heimatrecht zum Vorsteuerabzug berechtigt ist. Er muss deshalb auch insoweit eine Erklärung nach § 104 Abs. 2 S. 3 ZPO abgeben.[72] 68

Österreichisches Unternehmen. Nach § 3a Abs. 14 Nr. 3 österreichisches UStG sind Leistungen eines RA sonstige Leistungen iSv § 3a Abs. 1 S. 1 österreichisches UStG, die nach § 3a Abs. 6 österreichisches UStG an dem Ort ausgeführt werden, an dem der Empfänger, der Unternehmer ist, sein Unternehmen betreibt. Damit ist das Unternehmen, für das der österreichische RA tätig ist, gem. § 19 Abs. 1 des österreichisches UStG Steuerschuldnerin und in der Lage, den nach § 12 des österreichisches UStG möglichen Vorsteuerabzug vorzunehmen.[73] 69

g) Erklärung nach § 104 Abs. 2 S. 3 ZPO. ***aa) Voraussetzung für Ansatz der MwSt.*** Um die Umsatzsteuer geltend machen zu können, ist die Abgabe der Erklärung nach § 104 Abs. 2 S. 3 ZPO, nicht vorsteuerabzugsberechtigt zu sein, zum einen erforderlich, zum anderen aber auch ausreichend. Das Kostenfestsetzungsverfahren soll von der Entscheidung über umsatzsteuerrechtliche Fragen freigehalten werden. 70

Keine Glaubhaftmachung. Die bloße Erklärung genügt. Sie muss nicht glaubhaft gemacht werden.[74]

---

[66] OLG Hamburg MDR 1991, 904; OLG Düsseldorf OLGR 1994, 140 = MDR 1994, 217; nach OLG Hamburg JurBüro 1991, 816, aber nicht, wenn Streit nur um Verrechnung von Tilgungsleistungen.

[67] OLG Düsseldorf JurBüro 1994, 114, echtes Factoring-Geschäft.

[68] OLG Düsseldorf MDR 1992, 307 auch im Deckungsprozess gegen Versicherer; OLG Düsseldorf AnwBl 1993, 288 auch bei Rechtsstreit zwischen Versicherungsgesellschaft und Vertriebsrepräsentanten; OLG Hamburg JurBüro 1992, 28; OLG Schleswig JurBüro 1992, 682. Der Versicherte bleibt aber auch dann vorsteuerabzugsberechtigt, wenn der RA von dem Versicherer beauftragt war: OLG Stuttgart NJW 1991, 3158; **aA** LG Hamburg NJW 1991, 3156.

[69] OLG Hamm NJW 2007, 3291; **aA** OLG Düsseldorf AGS 2006, 201; OLG Koblenz JurBüro 1999, 304, die bei rein gebührenrechtlicher Betrachtung auf den Zeitpunkt der Fälligkeit abstellen, ohne die ausschlaggebenden mehrwertsteuerrechtlichen Bestimmungen zu berücksichtigen.

[70] FG Köln EFG 2010, 1640 = RVGreport 2010, 393.

[71] OLG Hamm NJW 2007, 3291.

[72] OLG München JurBüro 2011, 265 Tz. 11.

[73] OLG München JurBüro 2011, 265; 2004, 380 = FamRZ 2004, 1803.

[74] OLG Brandenburg JurBüro 2019, 259.

71 ***bb) Inhalt der Erklärung.*** Die Erklärung muss so abgegeben werden, wie das Gesetz sie vorschreibt. Es muss angegeben werden, dass der Erstattungsberechtigte „die Beträge nicht als Vorsteuer abziehen kann." Nicht hingegen genügt die Erklärung, dass der Erstattungsberechtigte nicht vorsteuerabzugsberechtigt ist, da sich zwischenzeitlich insofern eine Änderung ergeben haben kann, die aber nichts daran ändert, dass für den Anspruch, um den es geht, noch eine Vorsteuerabzugsberechtigung besteht.[75] Allein die Anmeldung eines Mehrwertsteuerbetrages zur Festsetzung kann nicht als konkludente Abgabe der geforderten Erklärung angesehen werden.[76]

72 Auch die Erklärung des Antragstellers, er beabsichtige nicht, die Beträge als Vorsteuer geltend zu machen, reicht nicht aus.[77] Es kommt nur darauf an, ob er vorsteuerabzugsberechtigt ist und nicht darauf, ob er hiervon Gebrauch machen will.

73 Schließlich kann es auch nicht als ausreichend angesehen werden, dass der Antragsteller statt der geforderten Erklärung Tatsachen angibt, aus denen sich ergeben soll, dass er nicht vorsteuerabzugsberechtigt ist. § 104 Abs. 2 S. 3 ZPO verlangt die eigenverantwortliche Erklärung des Antragstellers, nicht zum Vorsteuerabzug berechtigt zu sein. Das Kostenfestsetzungsverfahren soll von mehrwertsteuerrechtlichen Prüfungen durch das festsetzende Gericht frei gehalten werden.

74 ***cc) Prüfung der Richtigkeit der Erklärung.*** Nach – zutreffender – ganz hM hat das Gericht die vom Antragsteller abgegebene Erklärung im Kostenfestsetzungsverfahren auch auf entsprechenden Einwand des Erstattungspflichtigen hin nicht auf ihre Richtigkeit zu prüfen;[78] Eine Überprüfung kann nur mittels einer auf § 767 ZPO oder § 812 BGB gestützten Klage erreicht werden.[79]Jedoch ist **ausnahmsweise** MwSt dann nicht anzuerkennen, wenn die Richtigkeit der Erklärung durch vom Antragsgegner zu erbringenden Beweis bereits entkräftet ist oder sich deren offensichtliche Unrichtigkeit aus anderen, dem Gericht bekannten Umständen, etwa dem Inhalt der Akten, zweifelsfrei ergibt.[80]

75 **Einzelfälle.**

- Die MwSt ist nicht zu erstatten, wenn die erstattungsberechtigte Partei auch **MwSt mit eingeklagt** hat, es sei denn sie kann eine Begründung dafür geben, warum sie die MwSt nicht zum Vorsteuerabzug verwenden kann.[81] Ob die Begründung zutreffend ist, ist im Kostenfestsetzungsverfahren nicht zu prüfen,[82] es sei denn sie ist offensichtlich unbegründet.[83] Das wird aber in der Praxis nicht immer konsequent durchgehalten, weshalb die steuerliche Rechtsfrage doch geprüft wird. So hat OLG München trotz entgegengesetzter Erklärung die Vorsteuerabzugsberechtigung berücksichtigt, wenn es in der Hauptsache um Gebühren des siegenden Anwalts aus seiner **früheren beruflichen Tätigkeit** ging, der RA inzwischen aber nicht mehr als solcher tätig ist.[84] In gleicher Weise hat OLG Hamm entschieden bei einem Anspruch eines Handelsvertreters aus seiner früheren, **inzwischen nicht mehr ausgeübten Tätigkeit.** Denn als Vorsteuer sind vom Fiskus auch solche Umsatzsteuern zu erstatten, die erst nach Aufgabe des Betriebes anfallen, sofern die abgerechnete Leistung der unternehmerischen Tätigkeit zuzuordnen ist. Etwas anderes gilt nur, wenn im Rahmen eines Antrags auf Nachveranlagung eine Erstattung der MwSt einmal unterbleiben sollte.[85]
- Aus dem Umstand, dass eine **GmbH** erstattungsberechtigt ist, kann nicht zwingend auf eine Vorsteuerabzugsberechtigung geschlossen werden. Eine solche kann fehlen, zB weil die GmbH nach § 2 Abs. 2 S. 1 Nr. 2 UStG nicht selbständig ist, weil sie in das Unternehmen eines Organträgers eingegliedert ist.[86]

---

75 OLG München NJW-RR 2009, 1005.

76 OLG Celle NdsRpfl. 1995, 105 = OLGR 1995, 124; OLG Jena OLGR 1995, 227; **aA** AG Charlottenburg JurBüro 1996, 428 mablAnm *Hansens.*

77 OLG München JurBüro 1995, 34; KG AnwBl 1995, 151 = JurBüro 1995, 206.

78 BGH JurBüro 2003, 426; OLG Brandenburg JurBüro 2019, 259; OLG Düsseldorf Rpfleger 2004, 184; KG KGR Berlin 2008, 204 = RVGreport 2008, 151; OLG Saarbrücken AGS 2016, 356; 2014, 202; **aA** OLG Karlsruhe JurBüro 1995, 35.

79 OLG Brandenburg JurBüro 2019, 259.

80 BGH MDR 2016, 1450 = VersR 2016, 1593; NJW 2003, 1534; OLG Düsseldorf AGS 2017, 146; 2006, 199; OLG Hamm AGS 2015, 146 = ZfS 2014, 711; OLG Köln JurBüro 2001, 428; OLG Nürnberg MDR 2002, 1396; OLG Saarbrücken AGS 2014, 202.

81 OLG Saarbrücken AGS 2014, 202; *Hansens* RVGreport 2008, 151 (152) Ziff. III.

82 OLG Saarbrücken AGS 2014, 202; LAG Schleswig-Holstein NZA-RR 2014, 97 = RVGreport 2014, 201 mzustAnm *Hansens.*

83 OLG Saarbrücken AGS 2014, 202.

84 OLG München NJW-RR 2009, 1005; FG Köln EFG 2010, 1640 = RVGreport 2010, 393.

85 OLG Hamm NJW 2007, 3291.

86 OLG Brandenburg RVGreport 2019, 191; KG KGR Berlin 2008, 204 = RVGreport 2009, 151.

– Steht zwar fest, dass Vorsteuern teilweise abzuziehen sind, deren Höhe jedoch den aktuellen Verhältnissen im Besteuerungszeitraum und späteren Änderungen und Berichtigungen unterliegt, so ist nicht von einer Vorsteuerabzugsberechtigung auszugehen.[87]
– Für die Annahme, dass der Antragsteller entgegen seiner Erklärung vorsteuerabzugsberechtigt ist, genügt nicht, dass dem Antragsteller eine USt-Identifikationsnummer erteilt worden ist.

dd) Nachliquidation. Wurde die MwSt zunächst nicht zur Kostenfestsetzung angemeldet, zB weil der Berechtigte sich zunächst irrig für vorsteuerabzugsberechtigt gehalten hat, so kann dies auch nach einer rechtskräftigen Kostenfestsetzungsentscheidung im Wege der Nachliquidation nachgeholt werden, da über sie noch nicht entschieden ist.[88] **76**

Widersprüchliche Erklärungen. An einer solchen Entscheidung über die MwSt fehlt es auch, wenn zwar zunächst in der Rechnung die MwSt aufgeführt ist, dann aber die Erklärung folgt, vorsteuerabzugsberechtigt zu sein, und der Rechtspfleger deshalb keine Entscheidung zur MwSt trifft. Das Unterlassen einer Entscheidung zur MwSt kann ausdrücklich durch den Hinweis erfolgen, dass die MwSt nicht gegeben wurde, weil davon ausgegangen wurde, dass sie nicht geltend gemacht sein soll. Es kann auch stillschweigend dadurch erfolgen, dass der Rechtspfleger die MwSt nicht zuerkennt und hierzu weder im Tenor noch in den Gründen etwas schreibt. Will der Rechtspfleger eine von ihm als geltend gemacht angesehene Position nicht gewähren, so ist es üblich, dass in dem Kostenfestsetzungsbeschluss darauf hingewiesen wird. **77**

Hat hingegen der Rechtspfleger in den Gründen dargelegt, dass die geltend gemachte MwSt wegen der Vorsteuerabzugsberechtigung nicht zu erstatten ist, so liegt eine rechtskraftfähige Entscheidung zur MwSt vor. Eine Nachliquidation scheidet aus, da über die MwSt bereits entschieden ist.[89] Daran ändert auch nichts, dass der Rechtspfleger den Kostenfestsetzungsantrag möglicherweise falsch verstanden und über die MwSt abweisend entschieden hat, obgleich deren Erstattung nicht beantragt war. **Hinweis an den Rechtsanwalt.** Auch in diesem Fall muss unbedingt unter Einhaltung der Fristen sofortige Beschwerde eingelegt werden.[90] **78**

ee) Keine Anwendung von § 104 Abs. 2 S. 3 ZPO hinsichtlich Anfalls der MwSt? § 104 Abs. 2 S. 3 ZPO gilt nicht für die Frage, ob überhaupt MwSt angefallen ist. Die abw. Rspr. des BVerfG[91] beruht darauf, dass es nicht erkannt hat, dass zumindest nach seinem Wortlaut § 104 Abs. 2 S. 3 ZPO diese Frage nicht betrifft. § 104 Abs. 2 S. 3 ZPO ist auch nicht analog anzuwenden für die Erklärung, dass überhaupt MwSt angefallen ist (zB der sich selbst vertretende RA erklärt, dass ein mehrwertsteuerpflichtiges Außengeschäft gegeben ist, was der Gegner bestreitet).[92] Wenn das Gesetz insoweit das Gleiche wie hinsichtlich der Vorsteuer gewollt hätte, hätte es in § 104 Abs. 2 S. 3 ZPO keine Einschränkung auf die Vorsteuer vorgenommen. Ein gesetzgeberisches Übersehen liegt fern. **78a**

3. Bund und Länder

Bund und Länder als erstattungsberechtigte Partei können Erstattung der dem eigenen RA gezahlten MwSt beanspruchen. Die Möglichkeit, dass sie durch Mehrwertsteuerzahlung des Anwalts oder iRd Finanzausgleichs die Beträge nochmals erhalten, steht dem nicht entgegen.[93] **79**

IX. Außergerichtliche Kostenerstattung

1. Erstattung der MwSt

Hat der Mandant gegen seinen Gegner einen materiellen Ersatzanspruch hinsichtlich seiner Anwaltskosten, zB aus Verzug oder unerlaubter Handlung, so erfasst dieser auch die dem RA geschuldete MwSt. **80**

Beispiel:

In einer Verkehrsschadenssache sind der geschädigten Privatperson, deren Betriebsfahrzeug einen Schaden erlitten hat, neben 3.000,– EUR Reparaturkosten nebst 570,– EUR MwSt auch 400,– EUR Anwaltskosten plus 76,– EUR MwSt erwachsen. Der Haftpflichtversicherer des Schädigers hat auch die MwSt zu erstatten.

---

[87] OLG Hamm AGS 2015, 146 = ZfS 2014, 711.

[88] OLG Düsseldorf AGS 2006, 201; OLG Hamburg JurBüro 2010, 596; OLG Stuttgart NJW-RR 2009, 1004 = MDR 2009, 1136; VG München AGK 2013, 26.

[89] OLG Karlsruhe OLGR 2007, 542 = RVGreport 2007, 277 mzustAnm *Hansens;* OLG München NJW-RR 2004, 69.

[90] *Hansens* Anm. zu OLG Naumburg RVGreport 2014, 242.

[91] BVerfG NJW 1996, 382.

[92] **AA** *Anonymus* AGK 2013, 27.

[93] OLG Hamm JurBüro 1994, 429 = OLGR 1993, 315.

2. Vorsteuer

81 Ist der erstattungsberechtigte Mandant vorsteuerabzugsberechtigt, so ist in der Regel die MwSt von der Erstattung ausgeschlossen. Beim Schadensersatz ergibt sich das aus § 254 BGB. Der geschädigte Unternehmer ist verpflichtet, von der Möglichkeit des Vorsteuerabzugs Gebrauch zu machen.

Beispiel:

Im obigen Fall ist ein Lieferwagen eines Unternehmers beschädigt worden. Der Haftpflichtversicherer des Schädigers hat nur 3.400,– EUR zu erstatten. Die MwSt muss der Unternehmer zum Vorsteuerabzug verwenden.

82 **Zumutbarkeit.** Vertreten wird, dass der Grundsatz, dass bei außergerichtlicher Kostenerstattung der vorsteuerabzugsberechtigte Auftraggeber die MwSt seines RA nicht dem Gegner anlasten darf, nicht uneingeschränkt gilt. Er findet danach seine Grenzen dort, wo die Verwendung der MwSt des Anwalts zum Vorsteuerabzug unzumutbar wird. Denn dann verstoße der Unternehmer nicht gegen seine sich aus § 254 BGB ergebende Schadenminderungspflicht.

Beispiel:

In Beitreibungssachen, vor allem wenn es sich um die Beitreibung kleiner Beträge handelt, ist dem RA nicht zuzumuten, seine Kosten mit Ausnahme der MwSt von dem Schuldner beizutreiben und sodann seinem Auftraggeber eine Rechnung über die verbleibende MwSt zu schreiben. Da es sich bei diesen Mehrwertsteuerbeträgen in der Regel um geringfügige Beträge handelt, wird das Ausschreiben und die Übersendung der Rechnung über die MwSt an den Auftraggeber nicht selten höhere Kosten verursachen, als die MwSt beträgt.[94]

83 **Zinsverlust.** Erleidet der Unternehmer dadurch, dass er die ihm in Rechnung gestellte MwSt früher begleichen muss, als er sie zum Vorsteuerabzug verwenden kann, einen Zinsverlust, so ist ihm dieser zu ersetzen.

X. Rechtsschutzversicherung

84 Auch die Rechtsschutzversicherung muss dem Versicherungsnehmer die dem RA geschuldete MwSt ersetzen. Das gilt jedoch nicht, wenn der Versicherungsnehmer vorsteuerabzugsberechtigt ist.[95] Das Schadensabwicklungsunternehmen eines Rechtsschutzversicherers ist als Erstattungsberechtigter vorsteuerabzugsberechtigt.[96]

XI. Akteneinsicht in Unfallstrafakten

85 Der HUK-Verband hat sich gegenüber dem DAV damit einverstanden erklärt, dass die MwSt auf den gesamten in diesen Sachen in Rechnung gestellten Betrag zusätzlich berechnet wird. Vgl. den Hinweis AnwBl 1968, 111; Teil E. 10. Wegen Fortgeltung und Berechnungsbeispiel → RVG VV 7000 Rn. 248.

---

[94] LG Berlin JurBüro 1997, 428. AG Stuttgart-Bad Cannstatt AnwBl 1979, 37; Gerold/Schmidt/*von Eicken*, 17. Aufl. 2006, RVG VV 7008 Rn. 33.

[95] Schneider/Wolf/*N. Schneider* RVG VV 7008 Rn. 137.

[96] BGH MDR 2016, 1450 = VersR 2016, 1593 = NJW 2017, 1245.

Teil D. Anhang

Anhang I–V: Besondere Rechtsbereiche inkl. Gegenstandswert

I. Arbeitsgerichtsbarkeit

Übersicht

Schrifttum: *Brinkmann,* Gegenstandswerte im arbeitsgerichtlichen Beschlussverfahren, RVGreport 2005, 292 ff.; *Köhler,* Die neue Rechtsprechung zum Streitwert in Arbeitssachen, RVGreport 2005, 256 ff. (303 ff.); *Schaefer/Göbel,* Das neue Kostenrecht in Arbeitssachen, 1. Aufl. 2004; Tschischgale/*Satzky,* Das Kostenrecht in Arbeitssachen, 3. Aufl. 1982.

A. Arbeitsgerichtsverfahren

1. Überblick über einschlägige Bestimmungen

1	1. Instanz	VV 3100 ff. RVG
	Berufung	VV 3200 ff. RVG
	Revision	VV 3206 ff. RVG
	Beschwerde gem. § 78 ArbGG im Urteilsverfahren	VV 3500 ff. RVG
	Beschwerde im Beschlussverfahren gem. §§ 2a, 80 ff. ArbGG	VV Vorb. 3.2.1 Nr. 2c, 3200 ff. RVG
	Nichtzulassungsbeschwerde (§§ 72a, 92a ArbGG)	VV 3506 ff. RVG
	Rechtsbeschwerde gem. § 78 S. 2 ArbGG	VV 3502 RVG
	Rechtsbeschwerde im Beschlussverfahren (§ 92 ArbGG)	VV Vorb. 3.2.2 Nr. 1a, 3206 ff. RVG
	Schiedsverfahren (§ 104 ArbGG)	§ 36, VV 3100 ff. RVG
	Schiedsverfahren Einzeltätigkeiten	VV 3403 RVG
	Schiedsverfahren. Bestimmte Einzeltätigkeiten	VV 3326 RVG
	Innungsausschuss (§ 111 Abs. 2 ArbGG)	VV 2303 Nr. 2 RVG
	Seemannsamt	VV 2303 Nr. 3 RVG
	Zwangsvollstreckung	VV 3309 ff. RVG
	Beigeordneter RA	§§ 45 ff.
	PKH-Bewilligungsverfahren	VV 3335 RVG
	Einigung	VV 1000 ff. RVG
	Mediation	§ 34 RVG
	Beratung, Gutachten	§ 34 RVG
	Außergerichtliche Vertretung	VV 2300 ff. RVG
	Kündigung eines Schwerbehinderten (§ 168 SGB IX)	VV 2300 ff. RVG

2. Allgemeines

2 Das Arbeitsgerichtsverfahren unterliegt VV 3100 ff. RVG. Dass VV 3100 ff. RVG auch für arbeitsgerichtliche Verfahren anzuwenden sind, ergibt sich aus der Überschrift zu VV Teil 3 RVG, wonach dieser Teil unter anderem für „ähnliche Verfahren" anzuwenden ist. Hierzu gehören auch Verfahren beim Arbeitsgericht.[1] Dementsprechend heißt es in den Motiven, dass VV Teil 3 RVG insbes. „für alle bürgerlichen Rechtsstreitigkeiten einschließlich der Verfahren vor dem Gerichte für Arbeitssachen" gilt.[2]

3. Anwendungsbereich

3 VV 3100 ff. RVG sind sowohl für das Urteilsverfahren einschließlich dem Güteverfahren gem. § 54 ArbGG als auch für das Beschlussverfahren gem. §§ 2a, 80 ff. ArbGG anzuwenden. Über § 36 RVG gelten VV 3100 ff. RVG auch für das arbeitsgerichtliche Schiedsverfahren.

4 **Kündigung eines Schwerbehinderten.** Das Zustimmungsverfahren vor dem Integrationsamt im Falle der Kündigung eines Schwerbehinderten (§ 168 SGB IX) ist kein gerichtliches Verfahren, es gelten daher VV 2300 ff. RVG.

---

[1] Die Arbeitsgerichtsbarkeit ein eigenständiger Rechtsweg und nicht besondere Zivilgerichtsbarkeit GMP/*Schlewing* ArbGG § 1 Rn. 1.
[2] BT-Drs. 15/1971, 208.

4. Besonderheiten bei Beratung und Gutachten

Das BAG ordnet den Arbeitnehmer im Rahmen des Arbeitsvertrages als Verbraucher iSd § 13 BGB ein.[3] Das arbeitsrechtliche Mandat für den Arbeitnehmer beruht somit grds. auf einem Verbrauchervertrag zwischen Anwalt und Mandant.[4] Entscheidend ist aber, in welcher Funktion der Auftraggeber den Anwalt mit der Wahrnehmung seiner rechtlichen Interessen im Einzelfall betraut, so dass bspw. die Beratung des selbständigen Unternehmers über die arbeitsrechtlichen Möglichkeiten, eine Kündigung gegenüber einem seiner Arbeitnehmer auszusprechen, nicht unter die Regelung des § 34 Abs. 1 S. 3 RVG fällt.[5] Ist der Auftraggeber Verbraucher, also bspw. bei der Beratung eines Arbeitnehmers in einer sein Arbeitsverhältnis betreffenden Angelegenheit, hat der Anwalt bei Fehlen einer Vereinbarung eine angemessene Gebühr nach den §§ 612 Abs. 2, 315, 316 BGB zu berechnen, wobei aber die Kappungsgrenze nach § 34 Abs. 1 S. 3 RVG iHv 250,– EUR und bei einem ersten Beratungsgespräch auf 190,– EUR eingreift.[6] 5

5. Verfahrensgebühr (VV 3100 ff. RVG)

a) Entstehung. Bei den Entstehungsvoraussetzungen der Verfahrensgebühr bestehen keinerlei Besonderheiten, → RVG VV 3100 Rn. 2 ff. 6

b) Höhe. Hinsichtlich der Höhe der Gebühren gelten die gleichen Bestimmungen wie bei ZPO-Verfahren. 7

VV 3101 RVG. Es gelten VV 3101 Nr. 1, 2 RVG. 8

Teilnahme an Termin. Die Teilnahme am Gütetermin (§ 54 ArbGG) oder einem Verhandlungstermin, auch im Beschlussverfahren, auch allein vor dem Vorsitzenden löst eine 1,3 Verfahrensgebühr aus. Dies sind alles Termine iSv VV 3101 Nr. 1 RVG. 9

Differenzgebühr → Rn. 7

Vertretung mehrerer Personen. Es gelten § 7, VV 1008 RVG.

6. Terminsgebühr (VV 3104 RVG)

Grundsätzlich gilt das Gleiche wie in Zivilsachen. VV Vorb. 3 Abs. 3, 3104, 3105 RVG sind anzuwenden. 10

a) Beschlussverfahren. Im Beschlussverfahren entsteht eine Terminsgebühr, wenn eine mündliche Verhandlung stattgefunden hat und der RA für seinen Auftraggeber vertretungsbereit anwesend war oder wenn mit Einverständnis der Beteiligten ohne mündliche Verhandlung entschieden worden ist (→ RVG VV 3104 Rn. 43). Die Terminsgebühr kann aber auch nach Vorb. 3 Abs. 3 durch die Mitwirkung an einer außergerichtlichen Vermeidungs- oder Erledigungsbesprechung entstehen. 11

b) Urteilsverfahren. Da im erstinstanzlichen Urteilsverfahren die Vorschriften der ZPO über das vereinfachte Verfahren und die Entscheidung ohne mündliche Verhandlung im Einverständnis der Beteiligten ausgeschlossen sind, kommt eine Terminsgebühr in der Entstehungsvariante gem. Abs. 1 Nr. 1 der Anmerkung zu VV 3104 RVG nur bei einem Anerkenntnis oder im Berufungsverfahren in Betracht (→ RVG VV 3104 Rn. 42 f.). Im Urteilsverfahren kann die Terminsgebühr auch nach VV Vorb. 3 Abs. 3 RVG in Form der außergerichtlichen Erledigungsbesprechung entstehen. 12

Güteverhandlung. Gem. § 54 ArbGG beginnt im Urteilsverfahren die mündliche Verhandlung mit einer Verhandlung vor dem Vorsitzenden zum Zwecke gütlicher Einigung der Parteien. Vertritt der RA zulässigerweise seinen Auftraggeber in einer solchen Güteverhandlung, so erhält er die Terminsgebühr gem. VV 3104 RVG. Dabei ist es unerheblich, ob man aus § 54 Abs. 1 S. 1 ArbGG herausliest, dass die Güteverhandlung schon zur mündlichen Verhandlung gehört. Auch die Güteverhandlung ist ein gerichtlicher Termin im Sinne von VV Vorb. 3 Abs. 3 S. 1 RVG. 13

VV 3105 gilt auch für die Güteverhandlung. Beschränkt sich die Tätigkeit des allein anwesenden RA auf Anträge zur Prozess- und Sachleitung oder tut er gar nichts (→ RVG VV 3105 Rn. 21), so verdient er nur eine 0,5 Terminsgebühr. Diskutiert er aber mit dem Gericht zur Sache selbst, verdient er eine 1,2 Terminsgebühr (→ RVG VV 3105 Rn. 41). 14

---

[3] BAG NJW 2005, 3305; krit. wohl Hartung/Römermann/Schons/*Hartung* RVG § 34 Rn. 82.

[4] Mayer/Kroiß/*Winkler* RVG § 34 Rn. 90.

[5] Schneider/Wolf/*Onderka*/*Thiel* RVG § 34 Rn. 114.

[6] Mayer/Kroiß/*Winkler* RVG § 34 Rn. 91 f.

7. Einigungsgebühr (VV 1000 ff. RVG)

15 Der RA kann bei einer Einigung über einen Gegenstand, über den die Parteien verfügen können (§ 83a ArbGG) eine Einigungsgebühr gem. VV 1000 ff. RVG verdienen.

Im Arbeitsrecht hat die „Rücknahme" einer Kündigung große praktische Bedeutung für das Entstehen einer Einigungsgebühr. So löst die „Rücknahme" einer Kündigung durch den Arbeitgeber verbunden mit dem Angebot, das Arbeitsverhältnis „infolge veränderter Umstände" fortzusetzen, bei Annahme durch den Arbeitnehmer eine Einigungsgebühr aus.[7] Auf der gleichen Linie liegt auch die Entscheidung des LAG Düsseldorf,[8] sie geht sogar noch einen kleinen Schritt weiter. Denn während in dem der Entscheidung des LAG Bln zu Grunde liegenden Verfahren die Beklagte der Klägerin des Kündigungsrechtsstreits die Fortsetzung des Arbeitsverhältnisses „infolge veränderter Umstände" und damit gerade unabhängig von der sozialen Rechtfertigung einer ausgesprochenen Kündigung angeboten hatte, ließ das LAG Düsseldorf für die Entstehung der Einigungsgebühr selbst die „Minimalformulierung" gelten, dass die Parteien sich einig sind, dass ihr Arbeitsverhältnis ungekündigt fortbesteht und dass damit der Rechtsstreit erledigt sei. Zum gleichen Ergebnis, wenn auch mit anderer Begründung, kam das LAG Köln.[9] Während das LAG Düsseldorf darauf abstellte, dass es sich bei der Kündigung um eine einseitige, empfangsbedürftige Willenserklärung handelt, die nach Zugang vom Kündigenden nicht mehr einseitig zurückgenommen werden kann, so dass mit der Vereinbarung über den Fortbestand des Arbeitsverhältnisses mehr geregelt werde, als einseitig durch ein Anerkenntnis zu erzielen wäre, war für das LAG Köln entscheidend, dass durch die mit dem Vergleichsabschluss verbundene Kostenaufhebung zumindest auf eine Kostenerstattung für eigene Kosten oder fiktive Reisekosten des Prozessbevollmächtigten verzichtet werde, so dass aus diesem Grunde kein bloßes Anerkenntnis vorliege. Auch das BAG hat schließlich anerkannt, dass dann, wenn die Prozessparteien im Rahmen eines Kündigungsrechtsstreits eine Einigung darüber treffen, dass der Arbeitgeber die Kündigung und der Arbeitnehmer die Kündigungsschutzklage zurücknimmt, für die Beteiligten RAe eine Einigungsgebühr anfällt, da die Vereinbarung über die Wirkung eines bloßen Anerkenntnisses hinausgehe, weil der Arbeitnehmer auf die Möglichkeit eines Auflösungsantrags nach § 9 KSchG verzichtet. Darauf, ob ein derartiger Antrag im Raum stand, kommt es nach dem BAG nicht an.[10]

16 **Güteverhandlung.** Die Einigungsgebühr kann auch in der Güteverhandlung entstehen. Dabei ist gleichgültig, ob der Gegenstand eine Arbeitssache ist oder nicht.

17 **Differenzgebühr.** Werden im Termin zur mündlichen Verhandlung oder im Gütetermin Verhandlungen zur Einigung über in diesem Verfahren nicht rechtshängige Ansprüche geführt, entsteht die Differenzgebühr nach VV 3101 Nr. 2 RVG; der noch in der Vorauflage vertretenen Auffassung, dass durch das Wort „lediglich" im Vergütungstatbestand abzuleiten ist, dass das Führen von erfolgreichen Verhandlungen vor Gericht über in diesem Verfahren nicht rechtshängige Ansprüche zur vollen Verfahrensgebühr führt[11] wurde vom Gesetzgeber durch das 2. Kostenrechtsmodernisierungsgesetz[12] der Boden entzogen. Denn der Gesetzgeber hat das Wort „lediglich" aus dem Vergütungstatbestand gestrichen, da die Auffassung, dass das Führen erfolgreicher Verhandlung vor Gericht zur vollem Verfahrensgebühr führe und dass die auf 0,8 ermäßigte Verfahrensgebühr nur entstehen, wenn entweder lediglich eine Einigung der Parteien oder der Beteiligten über nicht rechtshängige Ansprüche zu Protokoll genommen wird oder wenn erfolglos über eine solche Einigung verhandelt wurde, nicht dem entspricht, was mit der ursprünglichen Regelung beabsichtigt war.[13]

8. Angelegenheit

18 Das Verfahren über die einstweilige Anordnung gem. § 21 Abs. 5 S. 5 ArbGG (Ausschluss eines ehrenamtlichen Richters) ist keine besondere Angelegenheit. Es gehört nicht zu den in § 17 Nr. 4 genannten Eilverfahren.[14]

---

[7] LAG Bln NZA-RR 2005, 488 mBespr *Mayer* RVG-Letter 2005, 92.
[8] LAG Düsseldorf NZA-RR 2005, 604 mBespr *Mayer* RVG-Letter 2005, 116 f.
[9] LAG Köln NZA-RR 2006, 44 mBespr *Mayer* RVG-Letter 2006, 10 f.
[10] BAG NJW 2006, 1997 f. mBespr *Mayer* RVG-Letter 2006, 69 f.; zum Ganzen Mayer Gebührenformulare Teil 1 § 2 Rn. 10.
[11] Gerold/Schmidt/*Mayer,* 20. Aufl. 2012, RVG Anh. D I Rn. 17; Mayer/Kroiß/*Mayer* RVG VV 3101 Rn. 54.
[12] BGBl. 2013 I 2586.
[13] BT-Drs. 17/11471 (neu), 275.
[14] Hamm NZA 1993, 960; *Hansens* BRAGO § 62 Rn. 2.

9. Rechtsmittelinstanz

Sowohl bei Berufungen und Revisionen gegen Urteile als auch bei Beschwerden bzw. Rechtsbeschwerden gegen im Beschlussverfahren ergangene Beschlüsse fanden nach dem altem Recht VV 3200 ff. RVG Anwendung (bei Beschwerden/Rechtsbeschwerden über VV Vorb. 3.2.1 Nr. 3 RVG aF). Das 2. Kostenrechtsmodernisierungsgesetz[15] sieht bei Beschwerden gegen im Beschlussverfahren ergangene Beschlüsse nach VV Vorb. 3.2.1 Nr. 2c RVG die Geltung der VV 3200 RVG vor, für Rechtsbeschwerden in Beschlussverfahren hingegen nach VV Vorb. 3.2.2 Nr. 1a RVG die Geltung der VV 3206 ff. RVG, nach Auffassung des Gesetzgebers ist der Aufwand und die Verantwortung des Rechtsanwalts in diesen Beschwerden mit Aufwand und Verantwortung in den übrigen Verfahren, für die die Gebührenvorschriften für das Revisionsverfahren gelten, vergleichbar.[16] Für Beschwerden gegen Beschlüsse im Urteilsverfahren gem. § 78 ArbGG sowie für die Nichtzulassungsbeschwerde (§ 72a ArbGG) gelten VV 3500 ff. RVG bzw. VV 3506 ff. RVG. Das gilt auch für die Nichtzulassungsbeschwerde im Beschlussverfahren gem. § 92a ArbGG. VV 3506 RVG differenziert insoweit nicht. Bei der Rechtsbeschwerde gem. § 78 S. 2 ArbGG ist VV 3502 RVG anzuwenden (→ RVG VV 3502, 3503 Rn. 3). 19

10. Zwangsvollstreckungsgebühren

Es gelten die VV 3309 ff. RVG (→ RVG VV 3309 Rn. 7). 20

11. Gegenstandswert

Der Wert eines Beschlussverfahrens bemisst sich nach § 23 Abs. 3 RVG, weil Wertvorschriften für die Gerichtsgebühren dieses Verfahrens fehlen; dabei ist zwischen vermögensrechtlichen und nichtvermögensrechtlichen Streitigkeiten zu unterscheiden.[17] Im Urteilsverfahren sind insbes. § 42 Abs. 1 und Abs. 2 GKG von Bedeutung. 21

12. Kostenerstattung

a) Überblick. Die Kostenerstattung ist ausgeschlossen für bestimmte Kosten des Erkenntnisverfahrens der ersten Instanz, nämlich für Anwalts- bzw. Beistandskosten und Zeitverlust. 22

Die Kostenerstattung findet statt für alle Kosten 23
- des Erkenntnisverfahrens der Rechtsmittelinstanzen,
- der Zwangsvollstreckung und zwar auch aus einem erstinstanzlichen Titel.

b) Ausschluss der Kostenerstattung in erster Instanz. Der obsiegenden Partei steht für die Zuziehung eines Prozessbevollmächtigten oder Beistandes bzw. für einen Zeitverlust im arbeitsgerichtlichen Urteilsverfahren des ersten Rechtszuges nach § 12a Abs. 1 S. 1 ArbGG kein Erstattungsanspruch zu. Das ist nicht verfassungswidrig.[18] Zum Beschlussverfahren → Rn. 26. 24

c) Anwendungsbereich des § 12a ArbGG. Der Ausschluss gilt für 25
- das Urteilsverfahren,
- das Arrest- und einstweilige Verfügungsverfahren,[19]
- das arbeitsgerichtliche Mahnverfahren (§ 46a ArbGG),[20]
- das selbständige Beweisverfahren,[21]
- die Vollstreckungsabwehrklage vor dem Arbeitsgericht gem. § 767 ZPO (→ RVG VV 3309 Vorb. 3.3.3 Rn. 170).
- vorprozessuale Kosten. Der Ausschluss gilt nicht nur für die eigentlichen Prozesskosten, sondern auch für die durch eine vorprozessuale Tätigkeit ausgelösten Kosten. Vorprozessuale Kosten sind auch nicht unter dem Gesichtspunkt des Verzugs zu ersetzen,[22]
- den RA in eigener Sache. Führt der RA in eigener Sache[23] oder als Partei kraft Amtes[24] oder als gesetzlicher Vertreter einen Rechtsstreit vor dem Arbeitsgericht, ist für eine Erstattung von Anwaltskosten ebenfalls kein Raum.

---

[15] BGBl. 2013 I 2586.
[16] BT-Drs. 17/11471 (neu), 278.
[17] IE ErfK/*Koch* ArbGG § 80 Rn. 6.
[18] BVerfG AnwBl 1972, 48 = NJW 1971, 2302 = MDR 1972, 27.
[19] LAG Brem BB 1982, 2188.
[20] ErfK/*Koch* ArbGG § 12a Rn. 1.
[21] GMP/*Germelmann/Künzl* ArbGG § 12a Rn. 5.
[22] BAGE 65, 139 = NZA 1991, 27 = NJW 1990, 2643; LAG Hamm BB 1959, 960; aA Stein/Jonas/*Bork* ZPO § 91 Rn. 113.
[23] HessLAG NJW 1953, 1080.
[24] LAG Tübingen BB 1954, 873.

26 **d) § 12a ArbGG nicht anwendbar.** § 12a ArbGG ist nicht anzuwenden, eine Kostenerstattung findet statt in folgenden Fällen:

- **Zwangsvollstreckung.** § 12a Abs. 1 S. 1 ArbGG betrifft nur das erstinstanzliche Erkenntnisverfahren, nicht aber die Zwangsvollstreckung.[25] Zur **Drittschuldnerklage** → RVG VV 3309 Rn. 229,
- **Berufungs- und Revisionsverfahren.** Im Berufungsverfahren vor den Landesarbeitsgerichten und im Revisionsverfahren vor dem Bundesarbeitsgericht sind die Vorschriften der ZPO über die Kostenerstattung entsprechend anzuwenden, dh die in den Rechtsmittelinstanzen entstandenen Rechtsanwaltskosten sind erstattbar. Zu beachten ist § 12a Abs. 2 ArbGG, wenn eine Seite durch einen RA und die andere durch einen Verbandsvertreter vertreten ist. Die ursprünglich nur auf das Urteilsverfahren des zweiten Rechtszugs bezogene Regelung wurde durch das 2. Kostenrechtsmodernisierungsgesetz[26] auch auf den dritten Rechtszug ausgedehnt; denn die Anwendung der allgemeinen Regelung zur quotalen Kostenteilung führte zu Nachteilen der verbandsvertretenen Partei und ungewollter Partizipation der anwaltsvertretenen Partei an den Kostenvorteilen der Mitgliedschaft, auch wenn nach § 11 Abs. 4 S. 3 ArbGG die vor dem Bundesarbeitsgericht auftretenden Verbandsvertreter über die Befähigung zum Richteramt verfügen müssen.[27]
  In eigenen Angelegenheiten vor den Rechtsmittelgerichten kann der RA die Erstattung von Anwaltsgebühren begehren, da § 91 Abs. 2 S. 3 ZPO anwendbar ist,
- **Beschlussverfahren.** § 12a ArbGG stellt ausdrücklich auf das Urteilsverfahren ab, ist also im Beschlussverfahren nicht anzuwenden. Hier scheidet eine Kostenerstattung aber wegen § 103 ZPO aus, weil nach ganz hM keine Kostenentscheidung ergeht, nachdem sich dort keine Parteien gegenüberstehen,[28]
- **Schiedsgerichtliche Verfahren.** § 12a ArbGG findet auch keine Anwendung auf schiedsgerichtliche Verfahren, es sei denn die Schiedsvereinbarung sieht seine Anwendung vor.[29]

27 **e) Ersparte Kosten.** Sind durch die Einschaltung eines Anwalts Parteiaufwendungen erspart worden, so können diese bis zur Höhe der durch den RA entstandenen Kosten erstattet verlangt werden, zB Reisekosten der Partei.[30] Neben den ersparten Reisekosten sind auch ersparte Porto- und Telefonauslagen sowie Fotokopiekosten der obsiegenden Partei als hypothetische Kosten festsetzbar.[31]

28 **f) Wechsel der Gerichtsbarkeit.** ***aa) Verweisung vom Amts- oder Landgericht an das Arbeitsgericht.*** Ist der Rechtsstreit vom Amts- oder Landgericht an das Arbeitsgericht verwiesen worden, so sind die vor dem Amts- oder Landgericht entstandenen Anwaltskosten erstattungsfähig. Streitig ist, ob dies mit der fast einhellige Meinung in der Rspr., jetzt auch des BAG, für alle beim Amts- oder Landgericht entstandenen Anwaltsgebühren[32] oder nur für die Mehrkosten[33] gilt. Der ersten Meinung ist zu folgen. Dafür spricht

- der Wortlaut von § 12a Abs. 1 S. 3 ArbGG, der den Begriff Mehrkosten anders als die § 281 Abs. 3 S. 2 ZPO, § 17b Abs. 2 S. 2 GVG nicht verwendet,[34]
- die Entstehungsgeschichte von § 12a Abs. 1 S. 3 ArbGG, wonach eine Regelung in Übereinstimmung mit der überwiegenden Rspr. getroffen werden sollte; die überwiegende Meinung war seinerzeit für eine Erstattung aller bei dem ordentlichen Gericht entstandenen Kosten,[35]

---

[25] LAG Berlin BeckRS 1986, 30454894, ErfK/*Koch* ArbGG § 12a Rn. 1.

[26] BGBl. 2013 I 2586.

[27] BT-Drs. 17/11471 (neu), 286.

[28] Riedel/Sußbauer BRAGO/*Keller,* 8. Aufl. 2000, BRAGO § 62 Rn. 18.

[29] GMP/*Germelmann/Künzl* ArbGG § 12a Rn. 2.

[30] LAG München BRAGOreport 2003, 60 = DB 2001, 2560; LAG Nürnberg JurBüro 1995, 266; von Eicken/Hellstab/Dörndorfer/Asperger/*Hellstab* Kap. 3 B Rn. 9; GMP/*Germelmann/Künzl* ArbGG § 12a Rn. 15, 22.

[31] *Meixner,* Formularbuch Arbeitsgerichtsprozess, 2004, 204.

[32] BAG NJW 2005, 1301 = MDR 2005, 598 = RVGreport 2005, 318; NZA 2013, 395 mAnm *Mayer* FD-RVG 2013, 345908; LAG Köln BeckRS 2010, 72972 mAnm *Mayer* FD-RVG 2010, 308715; HessLAG MDR 1999, 1144; ArbG Frankfurt a. M. AnwBl 1985, 104; LAG Kiel AnwBl 1985, 102; LAG München AnwBl 1985, 103; LAG BW AnwBl 1985, 103; GMP/*Germelmann/Künzl* ArbGG § 12a Rn. 19; ebenso Gerold/Schmidt/*von Eicken,* 15. Aufl. 2002, BRAGO § 62 Rn. 13; GWBG/*Waas* ArbGG § 12a Rn. 15.

[33] LAG Brem BB 1986, 671; NZA-RR 1997, 36; Riedel/Sußbauer BRAGO/*Keller,* 8. Aufl. 2000, BRAGO § 62 Rn. 10 mwN, soweit dort mehrere Entscheidungen aus der Zeit vor 1979 zitiert werden, konnten diese § 12a Abs. 1 S. 3 ArbGG, der erst 1979 eingefügt wurde, nicht berücksichtigen.

[34] BAG NJW 2005, 1301 = MDR 2005, 598 = RVGreport 2005, 318.

[35] BAG NJW 2005, 1301 = MDR 2005, 598 = RVGreport 2005, 318; NZA 2013, 395; LAG Kiel AnwBl 1985, 102; LAG München AnwBl 1985, 103.

– der Sinn von § 12a Abs. 1 S. 3 ArbGG. Er sollte dem Umstand Rechnung tragen, dass viele Parteien vor dem Arbeitsgericht sich keines Anwalts bedienen, da kein Anwaltszwang herrscht, teilweise ein Anspruch auf gebührenfreie Vertretung durch Berufsverbände besteht und Rechtsanwaltskosten nicht erstattet werden. Demgegenüber wird in der ordentlichen Gerichtsbarkeit eher ein RA eingeschaltet, da zum einen die Aussicht auf Kostenerstattung besteht, zum anderen teilweise sogar Anwaltszwang herrscht. In vielen Fällen trennt sich die Partei nach dem Wechsel vom ordentlichen Gericht zum Arbeitsgericht nicht mehr von dem RA, nachdem sie ihn schon einmal hat. Daraus soll der Partei kein Nachteil entstehen.[36] § 12a Abs. 1 S. 3 ArbGG ist daher als eine Sondervorschrift zu § 17b Abs. 2 S. 2 GVG anzusehen in dem Sinne, dass Mehrkosten iSd § 17 Abs. 2 S. 2 GVG iRd § 12a Abs. 1 S. 3 ArbGG alle vor dem ordentlichen Gericht entstandenen Anwaltskosten sind.[37]

Beispiel:

Vor dem Landgericht hatte noch kein Termin stattgefunden. Beim Arbeitsgericht wird verhandelt. Gegenstandswert 10.000,– EUR.

Der siegende Beklagte kann Erstattung verlangen für

1,3 Verfahrensgebühr gem. VV 3100 RVG aus 10.000,– EUR	798,20 EUR
Pauschale	20,00 EUR

bb) Verweisung vom Arbeitsgericht an das Amts- oder Landgericht. Wird vom Arbeitsgericht an das Amts- oder Landgericht verwiesen, so sind nur die nach der Verweisung entstandenen Rechtsanwaltskosten zu erstatten.[38] 29

Beispiel 1:

RA hat bei Arbeitsgericht bereits einen Termin wahrgenommen. Nach der Verweisung stellt er nur noch Sachanträge. Zu einer mündlichen Verhandlung kommt es nicht. Gegenstandswert 10.000,– EUR.

Ein Erstattungsanspruch besteht für

1,3 Verfahrensgebühr gem. VV 3100 RVG aus 10.000,– EUR	798,20 EUR
Pauschale	20,00 EUR

Beispiel 2:

Der RA hat sich nach der Verweisung an das Zivilgericht nur noch zum Verfahren geäußert und dann nach der Klagerücknahme einen Antrag nach § 269 Abs. 3 ZPO gestellt.

Zu erstatten sind

eine 0,8 Verfahrensgebühr gem. VV 3101 Nr. 1 RVG aus Hauptsachewert

zzgl. 1,3 Verfahrensgebühr aus Kostenwert aller bis zur Stellung des Antrags gem. § 269 Abs. 3 ZPO beim Zivilgericht entstandenen Kosten, auch der des Klägers. Weiter sind die beim ArbG angefallenen Kosten, die vom Erstattungsausschluss des § 12a ArbGG nicht erfasst sind, wie zB Reisekosten, auch ersparte Reisekosten,[39] mit zu berücksichtigen. § 15 Abs. 3 RVG ist zu beachten (höchstens 1,3 Verfahrensgebühr aus Hauptsachewert).

g) Einigung über Erstattung. Die Parteien können vereinbaren, dass Kosten von einer Partei zu erstatten sind.[40] Die Kosten können dann aber nach hM nicht im Kostenfestsetzungsverfahren festgesetzt werden, sondern müssen gesondert eingeklagt werden.[41] Zweckmäßig ist es, die Anwaltskosten ziffernmäßig in den Vergleich aufzunehmen; dann stellt der Vergleich, soweit es sich um einen Vergleich handelt, aus dem vollstreckt werden kann, auch hinsichtlich der Kosten einen Vollstreckungstitel dar.[42] 30

h) Hinweispflicht. Gem. § 12a Abs. 1 S. 2 ArbGG muss der RA den Mandanten auf den fehlenden Erstattungsanspruch hinweisen, andernfalls kann er sich wegen Verschuldens bei Vertragsabschluss schadensersatzpflichtig machen. Der Anspruch geht auf das negative Interesse, also darauf, dass der Mandant so zu stellen ist, wie er gestanden hätte, wenn er rechtzeitig belehrt worden wäre. Der RA kann dann uU keinen Vergütungsanspruch geltend machen. 31

i) Reisekosten eines auswärtigen Anwalts. In den Rechtsmittelinstanzen gelten für die Kostenerstattung die §§ 91 ff. ZPO uneingeschränkt. Erstattungsfähig sind sowohl die Kosten eines Prozessvertreters, wenn ein RA am Wohnort der Partei des ersten Rechtszugs als auch am Sitz des Berufungs- oder Revisionsgerichts beauftragt wird.[43] 32

---

[36] HessLAG AnwBl 1985, 104; LAG Kiel AnwBl 1985, 102.

[37] HessLAG MDR 1999, 1144.

[38] GMP/*Germelmann/Künzl* ArbGG § 12a Rn. 20.

[39] OLG München AnwBl 1971, 110.

[40] LAG Düsseldorf Rpfleger 2004, 736; LAG Hamm NZA 1992, 524; ErfK/*Koch* ArbGG § 12a Rn. 6.

[41] LAG RhPf NZA 1992, 141; LAG Düsseldorf Rpfleger 2004, 736; JurBüro 1987, 289; GMP/*Germelmann/Künzl*/ArbGG § 12a Rn. 29; aA Gerold/Schmidt/*von Eicken,* 15. Aufl. 2002, BRAGO § 62 Rn. 13.

[42] LAG Düsseldorf Rpfleger 2004, 736; Gerold/Schmidt/*von Eicken,* 15. Aufl. 2002, BRAGO § 62 Rn. 13.

[43] ErfK/*Koch* ArbGG § 12a Rn. 7; GWBG/*Waas* ArbGG § 12a Rn. 20; aA LAG Brem RVG-B 2005, 88.

13. Prozesskostenhilfe und Beiordnung eines RA nach § 11a ArbGG

33 Neben der Möglichkeit, Prozesskostenhilfe nach den §§ 114 ff. ZPO auch im arbeitsgerichtlichen Verfahren zu beantragen, war im Arbeitsrecht noch das Rechtsinstitut der Beiordnung eines RA nach § 11a ArbGG zu beachten. Diese Rechtsinstitute standen nebeneinander, sie ermöglichten auch finanziell Schwächeren, anwaltliche Hilfe in Anspruch zu nehmen, unterschieden sich aber in ihren Voraussetzungen und Wirkungen. Die Beiordnung eines RA nach § 11a ArbGG kam bereits in Betracht, wenn die Gegenseite durch einen RA vertreten ist, sie setzte ferner nicht voraus, dass die Rechtsverfolgung Aussicht auf Erfolg verspricht. Demgegenüber ist für die Bewilligung von Prozesskostenhilfe die Erfolgsaussicht der Rechtsverfolgung oder -verteidigung erforderlich. Im Rahmen der Prozesskostenhilfe werden Anwalts- und Gerichtskosten, bei der Beiordnung nach § 11a ArbGG jedoch nur die Anwaltskosten der Partei übernommen.[44] Mit Wirkung zum 1.1.2014 wurde durch das Gesetz zur Änderung des Prozesskostenhilfe- und Beratungshilferechts[45] § 11a ArbGG dahingehend geändert, dass die Absätze 1, 2 und 2a entfallen und die bisherigen Absätze 3 und 4 zu den Absätzen 1 und 2 werden. Nach Auffassung des Gesetzgebers könne die Sonderregel im arbeitsgerichtlichen Verfahren, dass einer Partei auch ohne Erfolgsaussicht ein Rechtsanwalt beigeordnet werden könne, wenn der Gegner anwaltlich vertreten sei, abgeschafft werden, die „Waffengleichheit" werde bereits durch § 121 ZPO hinreichend gewährleistet.[46] Die im Prozesskostenhilferecht der ZPO erhöhte Anforderung des § 114 ZPO, dass die beabsichtigte Rechtsverfolgung oder Rechtsverteidigung hinreichende Aussicht auf Erfolg bieten müsse, könne auch in der Arbeitsgerichtsbarkeit akzeptiert werden. Der Begriff der hinreichenden Erfolgsaussicht werde durch die Rspr. weit ausgelegt, sodass durch die Vorschriften des Prozesskostenhilferechts die verfassungsrechtlich gebotene weitgehende Angleichung der Situation von bemittelten und mittellosen Rechtsuchenden bei der Verwirklichung des Rechtsschutzes auch im arbeitsgerichtlichen Verfahren gewahrt bleibe.[47]

34 Diese Erwägungen des Gesetzgebers sind jedoch nicht überzeugend. Denn dabei werden wesentliche Besonderheiten des arbeitsgerichtlichen Verfahrens nicht hinreichend berücksichtigt. Zum einen soll nach § 61 Abs. 2 ArbGG die Güteverhandlung bei Kündigungsschutzsachen innerhalb von zwei Wochen nach Klageerhebung stattfinden. Auch bietet es sich im arbeitsgerichtlichen Verfahren gelegentlich an, zunächst einmal bis zum Gütetermin zur Sache nichts vorzutragen, um dann möglicherweise im Gütetermin nach § 54 ArbGG eine vergleichsweise Regelung der Angelegenheit zu erreichen. Unter der Geltung des § 11a ArbGG aF war es auch einem mittellosen Rechtsuchenden möglich, von der taktischen Möglichkeit im arbeitsgerichtlichen Verfahren Gebrauch zu machen, bis zur Güteverhandlung zunächst nicht vorzutragen, ohne zu riskieren, dass allein deswegen die Anwaltsbeiordnung unterbleibt, wenn die Gegenpartei anwaltlich vertreten war. Nach der gesetzlichen Neufassung ist aber eine Anwaltsbeiordnung nur möglich, wenn die Voraussetzungen für die Bewilligung von Prozesskostenhilfe vorliegen mit der Folge, dass auch die hinreichenden Erfolgsaussichten der Rechtsverfolgung oder Rechtsverteidigung zu prüfen sind. Die mittellose Partei ist daher gezwungen, schon bis zum Gütetermin inhaltlich vorzutragen, wenn sie eine positive Entscheidung über ihren Prozesskostenhilfeantrag im oder im Zusammenhang mit dem Gütetermin erhalten will oder hat aus taktischen Gründen mit dem Sachvortrag zurückzuhalten, muss dann aber auch das Risiko eingehen, dass erst nach dem Gütetermin und gegebenenfalls nach weiterem Sachvortrag geklärt ist, ob Prozesskostenhilfe überhaupt bewilligt wird. Daher ist die Neuregelung verfassungsrechtlich zumindest bedenklich.

14. Rechtsschutzversicherung

35 Je nach vereinbartem Umfang des Deckungsschutzes umfasst der Versicherungsschutz auch die Wahrnehmung rechtlicher Interessen aus Arbeitsverhältnissen. Besonders bedeutsam im Arbeitsrecht ist der Umfang des Deckungsschutzes bei einem so genannten Mehrvergleich; endet ein mit Rechtsschutz geführter Rechtsstreit durch Vergleich, hat der Versicherer dessen Kosten in Höhe der Misserfolgsquote des Versicherungsnehmers auch insoweit zu tragen, als in den Vergleich weitere, bisher nicht streitige Gegenstände einbezogen worden sind, wenn der Versicherer auch für sie Rechtsschutz zu gewähren hat und sie rechtlich mit dem Gegenstand des Ausgangsrechtsstreits zusammenhängen.[48]

---

[44] S. näher *Mayer,* Formularbibliothek Zivilprozess, ArbR § 1 Rn. 13 ff.
[45] BGBl. 2014 I 3533.
[46] BT-Drs. 17/11472, 25.
[47] BT-Drs. 17/11472, 46; zur Neuregelung auch ErfK/*Koch* ArbGG § 11a Rn. 1.
[48] BGH NJW 2006, 513 ff.

B. Gegenstandswerte

• Abmahnung

Die Wertfestsetzung bei Streitigkeiten über die Entfernung einer Abmahnung aus der Personalakte durch die Landesarbeitsgerichte war sehr unterschiedlich, überwiegend wurde ein Wert von einem Monatsverdienst festgesetzt.[49] **36**

Nach anderer Ansicht ist für das Entfernungsverlangen regelmäßig eine halbe Monatsvergütung und für den Widerruf bzw. die Rücknahme ein weiteres halbes Monatsgehalt anzusetzen.[50] Das LAG Berlin-Brandenburg billigt für das Entfernungsverlangen einen Streitwert von einem Bruttomonatsverdienst und, wenn die Abmahnungsgründe nicht zusätzlich bekannt gemacht worden sind, für eine Klage auf Widerruf der in der Abmahnung enthaltenen Aussagen die Hälfte des Werts der Entfernungsklage zu.[51] **37**

Teilweise wird ferner die Auffassung vertreten, dass bei mehreren Abmahnungen die erste und die zweite Abmahnung jeweils mit einem Monatsverdienst und weitere Abmahnungen innerhalb eines Zeitraums von sechs Monaten mit einem Drittel eines Monatsverdienstes zu bewerten sind.[52] Nach dem LAG Nürnberg jedoch führen drei Abmahnungen mit gleichem Datum, die auf dieselbe Anweisung zurückgehen, aber nicht völlig identisch sind, insgesamt nur zum Wert eines Monatsverdienstes.[53] Für das LAG Hamm ist auch der Grad der Gefährdung des Arbeitsverhältnisses maßgebend; unabhängig von der Anzahl der Abmahnungserklärung sei der Streit um die Entfernung von schriftlichen Abmahnungserklärungen aus der Personalakte regelmäßig mit bis zu 1/3 eines Vierteljahresverdienstes, keinesfalls über 2/3 des Vierteljahresverdienstes zu bewerten.[54] **38**

Der Streitwertkatalog für die Arbeitsgerichtsbarkeit in der überarbeiteten Fassung v. 9.2. 2018[55] sieht unter I Nr. 2.1 vor, dass der Streit um eine Abmahnung – unabhängig von der Anzahl und der Art der darin enthaltenen Vorwürfe und unabhängig von dem Ziel der Klage (Entfernung, vollständige Entfernung, ersatzlose Entfernung, Zurücknahme/Widerruf, Feststellung der Unwirksamkeit) – mit einer Monatsvergütung bewertet wird. Nach Anh. I Nr. 2.2 des Streitwertkatalogs werden mehrere in einem Verfahren angegriffene Abmahnungen mit maximal dem Vierteljahresentgelt bewertet. **39**

• Abrechnung

Für die Klage auf Erteilung einer schriftlichen Abrechnung wird teilweise ein Bruttomonatsentgelt,[56] teilweise auch 10% neben der Hauptforderung[57] als Streitwert angesetzt. Der Streitwertkatalog für die Arbeitsgerichtsbarkeit in der überarbeiteten Fassung v. 9.2.2018[58] sieht unter I Nr. 3 vor, dass für eine reine Abrechnung, ggf. auch kumulativ mit einer Vergütungsklage, 5% der Vergütung für den geltend gemachten Abrechnungszeitraum anzusetzen sind.[59] **40**

• Änderungskündigung

Bei einer Änderungskündigung ist danach zu differenzieren, ob das Änderungsangebot abgelehnt wird oder der Vorbehalt nach § 2 KSchG fristgerecht erklärt wird.[60] **41**

Wird das Änderungsangebot abgelehnt, geht es um einen Kündigungsschutzantrag gem. § 4 S. 1 KSchG, maßgeblich ist dann für den Streitwert ein Vierteljahresverdienst nach § 42 Abs. 2 S. 1 GKG.[61]

---

[49] ErfK/*Koch,* 15. Aufl. 2015, ArbGG § 12 Rn. 21; BeckOK Streitwert/*Mayer* Arbeitsrecht Abmahnung Rn. 1 ff.

[50] ErfK/*Koch,* 15. Aufl. 2015, ArbGG § 12 Rn. 21 mwN.

[51] LAG Bln-Bbg BeckRS 2013, 72164 mAnm *Mayer* FD-RVG 2013, 35076.

[52] ErfK/*Koch,* 15. Aufl. 2015, ArbGG § 12 Rn. 21 mwN.

[53] LAG Nürnberg NZA-RR 2006, 44 mAnm *Mayer* FD-RVG Letter 2005, 131.

[54] LAG Hamm BeckRS 2007, 4488 mAnm *Mayer* FD-RVG 2007, 238174.

[55] ArbRAktuell 2018, 146 ff.

[56] HK-ArbGG/*Gross* § 12 Rn. 132; LAG Nürnberg BeckRS 2002, 30795402.

[57] HK-ArbGG/*Gross* § 12 Rn. 132.

[58] ArbRAktuell 2018, 146 ff.

[59] BeckOK Streitwert/*Mayer* Arbeitsrecht Abrechnung Rn. 1.

[60] BeckOK Streitwert/*Mayer* Arbeitsrecht Änderungskündigung Rn. 1 ff.

[61] Mayer/Kroiß/*Mayer* RVG VV Anh. I, II, Rn. 2; BeckOK ArbR/*Poeche* ArbGG § 12 Rn. 30; GMP/*Germelmann/Künzl* ArbGG § 12 Rn. 119.

42 Höchst str. ist jedoch der Streitwert für eine Änderungsschutzklage gem. § 4 S. 2 KSchG. Nach Auffassung einiger Landesarbeitsgerichte bemisst sich der Wert der Änderungsschutzklage nach § 42 Abs. 2 S. 1 GKG nach dem Wert der dreimonatigen Differenz zwischen den alten Arbeitsbedingungen und den mit der Änderungskündigung angebotenen Bedingungen, wenn sich die Änderung auf die Vergütung auswirkt.[62] Teilweise wird die vierteljährliche Vergütungsdifferenz bspw. um einen Bruttomonatsverdienst erhöht, wenn die vierteljährliche Vergütungsdifferenz dem Interesse des Klägers an dem Verfahren nicht ausreichend Rechnung trägt.[63] Nach aA ist von einem Regelwert von zwei Monatsverdiensten auszugehen.[64] Andere wiederum gehen bei Änderungskündigungen auch nach erklärter Annahme unter Vorbehalt von der Streitwertregelung des § 42 Abs. 2 S. 1 GKG aus.[65] Das BAG wendet als Rechtsgrundlage für die Bemessung des Gebührenstreitwerts bei einer Änderungsschutzklage § 17 Abs. 3 GKG aF (jetzt § 42 Abs. 1 GKG) iVm § 3 ZPO an, geht grds. vom dreifachen Jahresbetrag des Werts der Änderung aus, Höchstgrenzen sind aber dabei die in den Regelungen in §§ 42 Abs. 2 S. 1, 42 Abs. 1 S. 1 GKG genannten Beträge, wobei der jeweils niedrigere Höchstwert maßgeblich ist, weil sonst dem auf Kostenbegrenzung gerichteten Schutzzweck dieser Normen nicht genüge getan würde.[66]

43 Der Streitwertkatalog für die Arbeitsgerichtsbarkeit in der überarbeiteten Fassung v. 9.2. 2018[67] sieht unter I Nr. 4.1 bei einer unter Vorbehalt angenommenen Änderungskündigung als Streitwert eine Monatsvergütung bis zu einem Vierteljahresentgelt je nach dem Grad der Vertragsänderung vor. Bei Änderungskündigungen mit Vergütungsänderung oder sonstigen messbaren wirtschaftlichen Nachteilen schlägt der Streitwertkatalog unter I Nr. 4.2 die dreifache Jahresdifferenz, mindestens eine Monatsvergütung, höchstens jedoch die Vergütung für ¼-Jahr als Streitwert vor.

• Altersteilzeit

44 Die Bewertung einer Klage auf Abschluss eines Altersteilzeitvertrages ist strittig, regelmäßig wird ein Streitwert von ein bis zwei Monatsverdiensten angesetzt.[68]

Teilweise wird für eine Klage auf Abschluss eines Altersteilzeitvertrages, soweit sie einen längeren Zeitraum erfasst, ein Streitwert in Höhe eines Vierteljahresverdienstes angenommen.[69]

45 Nach anderer Ansicht ist lediglich ein Streitwert von zwei Monatsentgelten festzusetzen, lediglich dann, wenn eine Altersteilzeitvereinbarung nicht nur auf die Änderung der Arbeitszeit und der Vergütungsbedingungen, sondern zugleich auf die vorzeitige Beendigung des Arbeitsverhältnisses zielt, ist sie mit einem Gegenstandswert von drei Monatsentgelten zu bewerten.[70]

• Anordnung auf Urlaubnahme

46 Bei einer Streitigkeit über die Zulässigkeit einer arbeitgeberseitigen Anordnung auf Urlaubnahme sowie eines entsprechenden Unterlassungsantrages handelt es sich nicht um eine nichtvermögensrechtliche Streitigkeit, sodass die Wertfestsetzung nach § 23 Abs. 3 S. 2 RVG nicht zur Anwendung gelangt; der Gegenstandswert der anwaltlichen Tätigkeit ist vielmehr nach freiem Ermessen gem. § 3 ZPO festzusetzen. Hierbei ist das nach objektiven Kriterien zu ermittelnde wahre Interesse des Antragstellers an der Durchsetzung seines Antragsziels zu bewerten. Nach diesen Grundsätzen ist als Grundlage der Bewertung des Antrags auf Unterlassung der Anordnung bezahlten oder unbezahlten Urlaubs ein Bruttomonatsgehalt des Antragstellers heranzuziehen, wobei im Hinblick auf die Bedeutung des Antrags ggü. einem Weiterbeschäftigungsantrag sowie im Hinblick auf die nur vorläufige Regelung im einstweiligen Verfügungsverfahren ein Abschlag von insg. 50 % vorzunehmen ist.[71]

---

[62] *Hümmerich* NZA-RR 2000, 225 (227); APS/*Künzl* KSchG § 2 Rn. 347.

[63] LAG Brandenburg JurBüro 2000, 309 f. – Erhöhung um einen Bruttomonatsverdienst, weil der Kläger durch die Änderungskündigung eine Vorgesetztenstellung verloren hatte; Mayer/Kroiß/*Mayer* RVG VV Anh. I, II, Rn. 3.

[64] Vgl. APS/*Künzl* KSchG § 2 Rn. 347 mwN.

[65] GMP/*Germelmann Künzl* ArbGG § 12 Rn. 119.

[66] BAG AP GKG 1975 § 17 Nr. 1; Mayer/Kroiß/*Mayer* RVG VV Anh. I, II Rn. 4.

[67] ArbRAktuell 2018, 146 ff.

[68] BeckOK Streitwert/*Mayer* Arbeitsrecht – Altersteilzeitvertrag Rn. 1 ff.

[69] GMP/*Germelmann*/*Künzl*/ArbGG § 12 Rn. 122; LAG Köln BeckRS 2009, 52076.

[70] LAG Düsseldorf BeckRS 2009, 56482.

[71] LAG RhPf BeckRS 2009, 63095; BeckOK Streitwert/*Mayer* Arbeitsrecht Anordnung auf Urlaubnahme Rn. 1.

• Arbeitspapiere

47 Bei einer Klage auf Herausgabe von Lohnsteuerkarte, Versicherungsnachweis und Arbeits- und/oder Verdienstbescheinigung setzt die Rspr. unterschiedliche Pauschalwerte je Papier an.[72] Die Spannbreite reicht von 150,– EUR pro Papier[73] über 250,– EUR,[74] 300,– EUR[75] bis 500,– EUR pro Papier.[76]

48 Der Streitwertkatalog für die Arbeitsgerichtsbarkeit in der überarbeiteten Fassung v. 9.2. 2018[77] differenziert danach, ob es sich um reine Bescheinigungen oder um den Nachweis nach dem Nachweisgesetz handelt. Handelt es sich nur um reine Bescheinigungen, zB hinsichtlich sozialversicherungsrechtlicher Vorgänge, Urlaub oder Lohnsteuer, schlägt der Katalog unter I Nr. 7.1 einen Streitwert von 10% einer Monatsvergütung pro Arbeitspapier vor; geht es um den Nachweis nach dem Nachweisgesetz sieht der Katalog unter I Nr. 7.2 ebenfalls 10% einer Monatsvergütung vor. Entsprechend der Empfehlung im Streitwertkatalog für die Arbeitsgerichtsbarkeit 9.2.2018[78] setzt das LAG Nürnberg auch für den Anspruch auf Herausgabe einer Kopie des Arbeitsvertrages 10% einer Monatsvergütung fest.[79] Das LAG SchlH hingegen hält den vom Streitwertkatalog vorgeschlagenen Wert von 10% eines Bruttomonatseinkommens pro Papier nicht für sachgerecht und geht von einem Rahmen von 100–250,– EUR je Papier aus, wobei die genaue Höhe von der Bedeutung des Papiers für den Arbeitnehmer im konkreten Fall abhängt.[80]

• Arbeitszeugnis

1. Erteilung

49 Das BAG bewertet den Anspruch des Arbeitnehmers auf Erteilung oder auf „Berichtigung/Ergänzung" eines Arbeitszeugnisses und Beachtung der Höchstgrenze in § 42 Abs. 2 S. 1 GKG mit einem Monatslohn.[81] Dies ist auch die hM, zumindest was den Wert einer Klage auf Erteilung eines qualifizierten Zeugnisses anbelangt.[82] Teilweise wird auch mit Festbeträgen gearbeitet, so 500,– EUR für ein qualifiziertes Zeugnis ohne inhaltliche Festlegung und 250,– EUR für ein einfaches Zeugnis.[83] Der Streitwert für den Antrag auf Erteilung eines Zwischenzeugnisses ist im Hinblick auf den noch vorläufigen Charakter niedriger festzusetzen, regelmäßig ist ein Wert in Höhe eines halben Monatsverdienstes angemessen.[84]

2. Berichtigung

50 Geht es um die Berichtigung eines Zeugnisses, so kann ein Abschlag von dem Wert der Zeugniserteilungsklage in Betracht kommen. Ob und in welcher Höhe ein Abschlag vorzunehmen ist, richtet sich danach, in welchem Verhältnis die Bedeutung des konkreten Berichtigungsbegehrens nach den Umständen des Einzelfalles zum Wert des gesamten Zeugnisses steht.[85] Die Festsetzung in Höhe eines vollen Monatsverdienstes ist aber schon angemessen im Falle des Leiters eines Verbrauchermarktes, der im Prozess nur als einzige Änderung eine Leistungsbewertung von „voller Zufriedenheit" statt bloßer erteilter „Zufriedenheit" begehrt.[86]

3. Vergleichsmehrwert

51 Strittig ist, ob die Aufnahme einer Verpflichtung der Zeugniserteilung in einem Beendigungsvergleich zu einem Vergleichsmehrwert führt. Überwiegend wird dies nur dann bejaht, wenn die Parteien bereits gerichtlich oder außergerichtlich gestritten haben,[87] oder der Arbeitgeber sich mit der Erfüllung der Verpflichtung zur Zeugniserteilung zum Zeitpunkt des Ver-

---

[72] BeckOK Streitwert/*Mayer* Arbeitsrecht Arbeitspapiere Rn. 1 f.
[73] HessLAG NZA-RR 2003, 660.
[74] LAG BW FHArbSozR 30, 3760.
[75] LAG RhPf BeckRS 2007, 44426.
[76] HK-ArbGG/*Gross* § 12 Rn. 132; HK-ArbR/*Roos/Pakirnus* ArbGG § 12 Rn. 37.
[77] ArbRAktuell 2018, 146 ff.
[78] NZA 2013, 809.
[79] LAG Nürnberg BeckRS 2013, 71271 mAnm *Mayer* FD-RVG 2013, 349337.
[80] LAG SchlH BeckRS 2014, 67278 mAnm *Mayer* FD-RVG 2014, 356761.
[81] BAG NZA 2001, 843 = AP BGB § 630 Nr. 26.
[82] LAG Köln NZA-RR 2001, 324; Mayer/Kroiß/*Mayer* RVG VV Anh. I, II Rn. 38.
[83] HessLAG NZA-RR 2009, 660; Mayer/Kroiß/*Mayer* RVG VV Anh. I, II Rn. 38.
[84] LAG RhPf NZA-RR 2005, 326; Mayer/Kroiß/*Mayer* RVG VV Anh. I, II Rn. 38.
[85] LAG Köln NZA-RR 2001, 324; Mayer/Kroiß/*Mayer* RVG VV Anh. I, II Rn. 39.
[86] LAG RhPf NZA-RR 1992, 424; Mayer/Kroiß/*Mayer* RVG VV Anh. I, II Rn. 39.
[87] LAG SchlH JurBüro 2001, 196; Mayer/Kroiß/*Mayer* RVG VV Anh. I, II Rn. 40.

gleichsabschlusses in Verzug befunden hat.[88] Nach anderer Ansicht sind in jedem Fall für die mitverglichene Verpflichtung eines qualifizierten Zeugnisses 500,– EUR und eines einfachen Zeugnisses 250,– EUR festzusetzen.[89]

4. Streitwertkatalog

52 Der Streitwertkatalog für die Arbeitsgerichtsbarkeit in der überarbeiteten Fassung v. 9.2. 2018[90] sieht unter I Nr. 29.1 für die Erteilung oder Berichtigung eines einfachen Zeugnisses 10% einer Monatsvergütung vor, für die Erteilung oder Berichtigung eines qualifizierten Zeugnisses wird von Nr. 29.2 des Katalogs eine Monatsvergütung, und zwar unabhängig von Art und Inhalt des Berichtigungsverlangens und auch bei kurzem Arbeitsverhältnis, vorgeschlagen. Für ein Zwischenzeugnis schlägt der Katalog unter Nr. 29.3 eine Bewertung wie Nr. 29.2 vor, wenn ein Zwischen- und ein Endzeugnis (kumulativ oder hilfsweise) im Verfahren verlangt werden, sieht der Katalog unter Nr. 29.3 insgesamt eine Monatsvergütung vor. Mit dem Argument, dass ein Zeugniserteilungsantrag ohne inhaltliche Vorgaben lediglich ein Mittel der Zwangsvollstreckung darstellt und in einem solchen Fall das Titulierungsinteresse im Vordergrund steht, vertritt das LAG SchlH die Auffassung, dass der Antrag auf Erteilung eines qualifizierten Zeugnisses ohne konkrete inhaltliche Vorgaben lediglich mit einer geringen Quote eines Monatsgehalts zu bewerten ist, der Streitwertkatalog für die Arbeitsgerichtsbarkeit habe allenfalls Empfehlungswert.[91]

• Aufhebungsvertrag

53 Der Gegenstandswert für eine anwaltliche Tätigkeit im Zusammenhang mit dem Abschluss eines Aufhebungsvertrages bemisst sich nach § 42 Abs. 2 GKG und ist somit mit einem Quartalsverdienst anzusetzen.[92]

• Bestandsschutzangelegenheit

54 Für die Wertberechnung über das Bestehen, das Nichtbestehen oder die Kündigung eines Arbeitsverhältnisses ist nach § 42 Abs. 2 GKG der Betrag des für die Dauer eines Vierteljahres zu leistenden Arbeitsentgeltes maßgebend, eine Abfindung wird nicht hinzugerechnet. Str. ist, ob der in § 42 Abs. 2 S. 1 GKG genannte Vierteljahresverdienst einen Regelstreitwert oder eine Obergrenze des festzusetzenden Streitwertes darstellt.

55 Das BAG vertritt die Auffassung, dass der Vierteljahresverdienst die Obergrenze des Streitwertes ist und dass es sich bei dem Vierteljahresentgelt nicht um einen regelmäßig festzusetzenden Streitwert handelt. Nach dem BAG ist bei einem Bestand des Arbeitsverhältnisses bis zu sechs Monaten idR von einem Streitwert in Höhe eines Monatsgehaltes, bei einer Bestandsdauer des Arbeitsverhältnisses zwischen sechs und zwölf Monaten regelmäßig von zwei Monatsverdiensten und bei einer Dauer von mehr als zwölf Monaten ist nach Auffassung des BAG dem Bestand des Arbeitsverhältnisses ein gesteigerter Wert zuerkennen, was dann die Bewertung mit einem Vierteljahresverdienst rechtfertigt.[93]

56 Die Instanzgerichte folgen dieser Rspr. nur zT.[94] Nach der hM handelt es sich bei dem Vierteljahresverdienst um einen Regelstreitwert.[95] Ein niedrigerer Streitwert kommt nur dann in Betracht, wenn sie aus dem Antrag bzw. der Begründung zu dem Antrag ergibt, dass der Bestand bzw. Fortbestand des Arbeitsverhältnisses nur für einen kürzeren Zeitraum als drei Monate begehrt wird.[96] Neben dem Bestand des Arbeitsverhältnisses spielen andere Faktoren, wie die Anzahl der Kinder oder mangelnde Deutschkenntnisse, bei der Gegenstandswertfestsetzung keine Rolle.[97]

• Bestandsstreitigkeit und Schadensersatzforderung (AGG)

57 Wird im Zusammenhang mit einem Bestandsstreit, der nach § 42 Abs. 2 S. 1 GKG zu bewerten ist, ein Schadensersatzanspruch gem. § 15 Abs. 1 AGG geltend gemacht und ein künfti-

[88] LAG Mainz BeckRS 2004, 42692 mBespr *Mayer* RVG-Letter 2005, 59.
[89] HessLAG NZA-RR 2003, 660.
[90] ArbRAktuell 2018, 146 ff.
[91] LAG SchlH BeckRS 2014, 6601 mAnm *Mayer* FD-RVG 2014, 358030.
[92] BAG NZA-RR 2000, 1246; BeckOK Streitwert/*Mayer* Arbeitsrecht – Aufhebungsvertrag Rn. 1.
[93] BAG NZA 1985, 369; Hartmann/Toussaint/*Toussaint* GKG § 42 Rn. 25.
[94] LAG RhPf NZA-RR 2005, 131; 1986, 496; Mayer/Kroiß/*Mayer* RVG VV Anh. I, II Rn. 6.
[95] GMPM/*Germelmann/Künzl*/ArbGG § 12 Rn. 103; *Hümmerich* NZA-RR 2000, 225 (226); LAG München NZA-RR 1986, 496; sa KR/*Klose* KSchG § 4 Rn. 342 ff.
[96] GMPM/*Germelmann/Künzl*/ArbGG § 12 Rn. 103; *Hümmerich* NZA-RR 2000, 225; LAG München NZA-RR 1986, 496; LAG Köln BeckRS 2015, 72897.
[97] LAG RhPf BeckRS 2007, 48178 mAnm *Mayer* FD-RVG 2007, 246595.

ger Nettolohnausgleich eingeklagt, ist der hierfür nach § 42 Abs. 1 S. 1 GKG anzusetzende Streitwert in aller Regel nicht mit dem des Bestandsstreits zu verrechnen.[98]

• Bestellung Vorsitzender Einigungsstelle

Der Wert des Streitgegenstandes eines Beschlussverfahrens nach § 98 ArbGG ist, wenn über die Anzahl der Beisitzer der Einigungsstelle gestritten wird, regelmäßig mit ein Sechstel des für nichtvermögensrechtliche Gegenstände maßgebenden Gegenstandswerts festzusetzen; er erhöht sich um ein weiteres Sechstel, besteht auch Streit über die Person des Vorsitzenden.[99] Beim Streit um die Zuständigkeit der Einigungsstelle erhöht sich der Streitwert abermals um ein Sechstel.[100] **58**

Der Gegenstandswert für ein Beschlussverfahren, in dem die Zahl der Beisitzer und die Person des Vorsitzenden einer Einigungsstelle im Streit steht und der Arbeitgeber lediglich einwendet, der Zeitpunkt zur Errichtung der Einigungsstelle sei noch nicht gegeben, ist mit dem vollen Hilfswert des § 23 Abs. 3 S. 2 RVG jedenfalls nicht zu niedrig angesetzt.[101] **59**

Der Streitwertkatalog für die Arbeitsgerichtsbarkeit in der überarbeiteten Fassung v. 9.2. 2018[102] schlägt unter II Nr. 4.2 bei einem Streit um die Person des Vorsitzenden einer Einigungsstelle grds. $^1/_4$ des Hilfswertes nach § 23 Abs. 3 S. 2 RVG vor; wenn um die Anzahl der Beisitzer gestritten wird, empfiehlt der Katalog unter II Nr. 4.3 grds. insgesamt einen Viertelhilfswert nach § 23 Abs. 3 S. 2 RVG. Das LAG RhPf orientiert sich ausdrücklich an den Empfehlungen des Streitwertkatalogs und setzt als Streitwert $^1/_4$ des Hilfswertes fest, wenn die Beteiligten (nur) über die Person des Vorsitzenden einer Einigungsstelle streiten.[103] Das LAG Köln hingegen vertrat in stRspr die Auffassung, dass, da eine Einigungsstelle immer aus einem Vorsitzenden und mehreren Beisitzern besteht, es verfehlt ist, zum Zwecke der Bemessung des Streitwertes diese Gesichtspunkte zu atomisieren und jeweils gesondert zu bewerten.[104] Nunmehr orientiert sich auch das LAG Köln an den Empfehlungen des Streitwertkatalogs und betont dessen Gewicht für die Arbeitsgerichtsbarkeit.[105] Auch das LAG Sachsen[106] orientiert sich im Interesse der Rechtssicherheit und Rechtsklarheit an den Empfehlungen des Streitwertkatalogs und setzt beim Streit im Verfahren nach § 100 ArbGG über die Personen des Vorsitzenden und der Beisitzer je $^1/_4$ des Hilfswerts nach § 23 Abs. 3 S. 2 RVG fest. **60**

• Betriebsratsschulung

Der Antrag in einem arbeitsgerichtlichen Beschlussverfahren, der darauf gerichtet ist, ein bestimmtes Betriebsmitglied während einer bestimmten Zeit für die Teilnahme an einer Schulungsveranstaltung von der beruflichen Tätigkeit ohne Minderung des Arbeitsentgelts freizustellen, ist vermögensrechtlicher Natur; der Streitwert entspricht den Vergütungsansprüchen des Betriebsratsmitglieds für die Dauer der Schulungsteilnahme.[107] Nach dem LAG Düsseldorf sind die Freistellung von der Arbeitspflicht nach § 37 Abs. 2, 3 BetrVG und Freistellung/Erstattung von Schulungskosten nach § 40 BetrVG gesondert zu bewertende Gegenstände im Sinne des RVG. Der Gegenstandswert des Freistellungs-/Erstattungsantrags betreffend die Schulungskosten ist als vermögensrechtlicher Anspruch regelmäßig die Höhe dieser Kosten anzusetzen, der Gegenstandswert des Antrags auf Freistellung von der Arbeitspflicht gem. § 37 Abs. 2, 3 BetrVG als nichtvermögensrechtlicher Anspruch gem. § 23 Abs. 3 S. 2 RVG bei einwöchiger Freistellung mit 25% des Auffangwerts, also 1.250,– EUR anzusetzen.[108] **61**

• Bindungswirkung (Streitwertfestsetzung im Urteil)

Der vom Arbeitsgericht nach § 61 Abs. 1 ArbGG im Urteil festgesetzte Streitwert ist vom Landesarbeitsgericht bei der Prüfung zugrunde zu legen, ob der Wert des Beschwerdegegen- **62**

---

[98] LAG Nürnberg BeckRS 2008, 56547 mAnm *Mayer* FD-RVG 2008, 268158; BeckOK Streitwert/*Mayer* Arbeitsrecht Bestandsstreitigkeit und Schadensersatzforderung (AGG) Rn. 1.

[99] LAG SchlH BeckRS 1998, 30468762; LAG SchlH NZA-RR 1996, 307.

[100] LAG SchlH NZA-RR 1996, 307; BeckOK Streitwert/*Mayer* Arbeitsrecht Bestellung Vorsitzender Einigungsstelle Rn. 1.

[101] BeckOK Streitwert/*Mayer* Arbeitsrecht Bestellung Vorsitzender Einigungsstelle Rn. 2.

[102] ArbRAktuell 2018, 146 ff.

[103] LAG RhPf BeckRS 2016, 68012 mAnm *Mayer* FD-RVG 2016, 377615.

[104] LAG Köln BeckRS 2014, 71643 mAnm *Mayer* FD-RVG 2014, 361367; LAG Köln BeckRS 2013, 67656 mAnm *Schindele* ArbRAktuell 2013, 218; LAG Köln BeckRS 2010, 73413; 2009, 68710; 2008, 57357.

[105] LAG Köln BeckRS 2016, 66153 mAnm *Mayer* FD-RVG 2016, 376230.

[106] BeckRS 2016, 71612 mAnm *Mayer* FD-RVG 2016, 381167.

[107] LAG Köln BeckRS 2007, 47292 mAnm *Mayer* FD-RVG 2007, 244224; aA LAG Berlin-Brandenburg BeckRS 2019, 9741 mAnm*Mayer* FD-RVG 2019, 417784.

[108] LAG Düsseldorf BeckRS 2016, 72149 mAnm *Mayer* FD-RVG 2016, 381506.

stands 600,– EUR übersteigt und deshalb die Berufung statthaft ist. Diese Bindung an den vom Arbeitsgericht festgesetzten Streitwert entfällt nur dann, wenn die Streitwertfestsetzung offensichtlich unrichtig ist.[109]

• Betriebsvereinbarung, Beschlussverfahren über die Einhaltung

63 Ein Beschlussverfahren, mit dem die Arbeitgeberin verpflichtet werden soll, eine bestehende Betriebsvereinbarung zur Arbeitszeit durchzuführen und Verstöße hiergegen nicht zu dulden, ist in Ermangelung besonderer Umstände mit dem Hilfswert nach § 23 Abs. 3 S. 2 RVG zu bewerten.[110]

• Bürokraft für den Betriebsrat

64 Bei einem Streit um die zeitlich unbegrenzte Überlassung einer Bürokraft für den Betriebsrat ist von dem monatlichen Wert auszugehen und dieser auf den dreifachen Jahresbetrag hochzurechnen; eine Beschränkung des Gegenstandswertes auf ein Vierteljahreseinkommen in entsprechender Anwendung von § 42 Abs. 3 S. 1 GKG ist nicht geboten.[111]

65 Der Streitwertkatalog für die Arbeitsgerichtsbarkeit in der überarbeiteten Fassung v. 9.2. 2018[112] sieht unter II Nr. 15.1 bei vermögensrechtlichen Streitigkeiten um Sachmittel/Kostenerstattung nach § 40 BetrVG die Höhe der angefallenen Kosten/des Werts der Aufwendungen, bei dauernden Kosten wie zB Mietzinszahlungen maximal 36 Monatsaufwendungen als Streitwert vor.

• Direktionsrecht

66 Bei einer Klage gegen eine Maßnahme bei der Ausübung des Direktionsrechts handelt es sich um eine vermögensrechtliche Streitigkeit.[113] Der Gegenstandswert wird in der Regel mit einem Monatsverdienst angesetzt.[114]

Betrifft die Ausübung des Direktionsrechts eine Versetzung, so schlägt der Streitwertkatalog für die Arbeitsgerichtsbarkeit in der überarbeiteten Fassung v. 9.2.2018[115] unter I Nr. 14 einen Streitwert von in der Regel einer Monatsvergütung bis zu einem Vierteljahresentgelt vor, abhängig vom Grad der Belastungen aus der Änderung der Arbeitsbedingungen für die klagende Partei.

• Eingruppierung

67 Für ein Beschlussverfahren bei einem Streit um die Eingruppierung ohne konkrete vermögensrechtliche Auswirkung ist auf den Regelwert zurückzugreifen. Mit Wirkung v.om 1.8. 2013 wurde der Regelwert in § 23 Abs. 3 S. 2 RVG von 4.000,– EUR auf 5.000,– EUR erhöht.[116]

68 Die Bemessung des Gegenstandswerts für die anwaltliche Tätigkeit im Beschlussverfahren nach § 99 Abs. 1 S. 1 BetrVG richtet sich zwar im Regelfall nach der Vergütungsdifferenz zwischen der vom Arbeitgeber vorgeschlagenen und der vom Betriebsrat für richtig gehaltenen Vergütung. Wirkt sich aber der Streit über die zutreffende Eingruppierung deshalb nicht auf das konkrete Arbeitsverhältnis aus, weil die individuelle Zulage bereits höher ist als die vom Betriebsrat für zutreffend gehaltene Vergütungsgruppe, ist die Festsetzung des Regelwerts von 4.000,– EUR (ab 1.8.2013: 5.000,– EUR) im Hinblick auf die Bedeutung der richtigen und transparenten betrieblichen Anwendung des Vergütungssystems angemessen.[117]

69 Der Streitwertkatalog für die Arbeitsgerichtsbarkeit in der überarbeiteten Fassung v. 9.2. 2018[118] schlägt unter II Nr. 14.3 für die Eingruppierung als Anhaltspunkt für die Bewertung den Hilfswert von § 23 Abs. 3 S. 2 RVG oder die Orientierung an § 42 Abs. 2 S. 2 GKG vor, wobei bei der 36-fachen Monatsdifferenz ein Abschlag von 25% wegen der nur beschränkten Rechtskraftwirkung des Beschlussverfahrens für den fraglichen Arbeitnehmer vorzunehmen ist.

---

109 BAG NZA-RR 2007, 829.
110 LAG RhPf BeckRS 2009, 68646.
111 LAG Hamm BeckRS 2007, 6188; Mayer/Kroiß/*Mayer* RVG VV Anh. I, II Rn. 12.
112 ArbRAktuell 2018, 146 ff.
113 BeckOK Streitwert/*Mayer* Arbeitsrecht Direktionsrecht Rn. 1; BAG AP ArbGG 1979, § 64 Nr. 14.
114 BeckOK Streitwert/*Mayer* Arbeitsrecht Direktionsrecht Rn. 1.
115 ArbRAktuell 2018, 146 ff.
116 BeckOK Streitwert/*Mayer* Arbeitsrecht Eingruppierung Rn. 1.
117 LAG Köln BeckRS 2009, 67314.
118 ArbRAktuell 2018, 146 ff.

• Entfernung Abmahnung aus Personalakte

Die Wertfestsetzung bei Streitigkeiten über die Entfernung einer Abmahnung aus der Personalakte durch die Landesarbeitsgerichte ist unterschiedlich, überwiegend wird ein Wert von einem Monatsverdienst festgesetzt.[119] Der Streitwertkatalog für die Arbeitsgerichtsbarkeit in der überarbeiteten Fassung v. 9.2.2018[120] schlägt unter I Nr. 2.1 vor, den Streit über eine Abmahnung – unabhängig von der Anzahl und der Art der darin enthaltenen Vorwürfe und unabhängig von dem Ziel der Klage (Entfernung, vollständig Entfernung, ersatzlose Entfernung, Zurücknahme/Widerruf, Feststellung der Unwirksamkeit – mit einer Monatsvergütung zu bewerten. Nach I Nr. 2.2 des Katalogs sind mehrere in einem Verfahren angegriffene Abmahnungen mit maximal dem Vierteljahresentgelt zu bewerten. Auch nach dem LAG Bln-Bbg werden mehrere, in einem Verfahren angegriffene Abmahnungen höchstens mit dem Vierteljahresverdienst bewertet.[121] Nach dem LAG Nürnberg jedoch führen drei Abmahnungen gleichen Datums, die auf dieselbe Anweisung zurückgehen, aber nicht völlig identisch sind, insgesamt nur zum Wert eines Monatsverdienstes.[122] Nach dem LAG SchlH ist, auch wenn sich der Kl. in einem Rechtsstreit gegen mehrere Abmahnungen wendet, jede Abmahnung für sich zu bewerten und anschließend ein Gesamtstreitwert zu bilden, wobei in diesem Fall der Wert einer jeden Abmahnung mit einem Bruttomonatsgehalt anzusetzen ist. Dies gilt nach dem LAG SchlH jedenfalls uneingeschränkt, wenn mit den Abmahnungen jeweils andersartige Pflichtverletzungen gerügt werden oder gleichartige Pflichtverstöße nicht an ein und demselben Tag abgemahnt werden. Werden hingegen mehrere Abmahnungen angegriffen, die alle an ein und demselben Tag erteilt wurden, und zudem gleichartige Pflichtverstöße zum Gegenstand hatten, die zeitnah begangen wurden, reduziert sich nach dem LAG SchlH der Streitwert der weiteren Abmahnungen auf $^1/_3$ eines Monatsgehaltes, wobei die erste Abmahnung mit einem Bruttomonatsgehalt zu bewerten ist.[123] Für das LAG Hamm ist auch der Grad der Gefährdung des Arbeitsverhältnisses maßgebend; unabhängig von der Anzahl der Abmahnungserklärungen sei der Streit um die Entfernung von schriftlichen Abmahnungserklärungen aus der Personalakte regelmäßig mit bis zu ein Drittel des Vierteljahresverdienstes, keinesfalls über zwei Drittel des Vierteljahresverdienstes zu bewerten.[124] 70

• Ersetzung der Zustimmung des Betriebsrats (Einstellung)

Strittig ist, ob im Zustimmungsersetzungsverfahren nach § 99 BetrVG der Streitwert für die Gebührenberechnung in Anlehnung an § 42 Abs. 2 S. 1 GKG festzusetzen ist oder ob an den Auffangwert des § 23 Abs. 3 S. 2 Hs. 2 RVG anzuknüpfen ist.[125] So ist nach einer Auffassung § 42 Abs. 2 GKG entsprechend anzuwenden, um unverhältnismäßige Streitwertdifferenzen zwischen dem Hauptverfahren und dem vorangehenden betriebsverfassungsrechtlichen Beschlussverfahren zu vermeiden, weil § 23 RVG einen erheblich weiteren Streitwertrahmen zur Verfügung stellt.[126] Nach anderer Auffassung ist der Wert einer Bestandsstreitigkeit iSv § 42 Abs. 2 GKG ohne entscheidende Aussagekraft für den Wert eines arbeitsgerichtlichen Beschlussverfahrens, in dem es um die Zustimmung des Betriebsrats zur Einstellung geht, sodass ohne weitere Anhaltspunkte der Antrag auf Zustimmungsersetzung zur ersten Einstellung mit 4.000,– EUR und jeder weitere mit 1.000,– EUR zu bewerten ist.[127] Mit Wirkung zum 1.8.2013 wurde der Hilfswert in § 23 Abs. 3 S. 2 RVG von 4.000,– EUR auf 5.000,– EUR erhöht. Der Streitwertkatalog für die Arbeitsgerichtsbarkeit in der überarbeiteten Fassung v. 9.2.2018[128] schlägt unter II Nr. 14.2 für die Bewertung eines Zustimmungsersetzungsverfahrens bzgl. einer Einstellung einen Rückgriff auf den Hilfswert gem. § 23 Abs. 3 S. 2 RVG oder auf die Regelung von § 42 Abs. 2 S. 1 GKG vor, wobei eine Orientierung am zweifachen Mo- 71

---

[119] BeckOK Streitwert/*Mayer* Arbeitsrecht Entfernung Abmahnung aus Personalakte Rn. 1; LAG Bln-Bbg BeckRS 2015, 65166.

[120] ArbRAktuell 2018, 146 ff.

[121] LAG Bln-Bbg BeckRS 2015, 65166; SächsLAG BeckRS 2015, 66577 mAnm *Mayer* FD-RVG 2015, 368142.

[122] LAG Nürnberg NZA-RR 2006, 44 mAnm *Mayer* RVG-Letter 2005, 131.

[123] LAG SchlH BeckRS 2014, 69949 mAnm *Mayer* FD-RVG 2014, 359804.

[124] LAG Hamm BeckRS 2007, 44888 mAnm *Mayer* FD-RVG 2007, 238174.

[125] BeckOK Streitwert/*Mayer* Arbeitsrecht Ersetzung der Zustimmung des Betriebsrats (Einstellung) Rn. 1.

[126] GMPM/*Germelmann/Künzl*/ArbGG § 12 Rn. 145.

[127] LAG Bln NZA-RR 2003, 383 f.; LAG Brem NZA-RR 2001, 591 f., beide noch zu § 8 Abs. 2 BRAGO aF; LAG Bln-Bbg BeckRS 2014, 70260 mAnm *Mayer* FD-RVG 2014, 360222; LAG SchlH BeckRS 2015, 71944; Mayer/Kroiß/*Mayer* RVG VV Anh. I, II Rn. 41.

[128] ArbRAktuell 2018, 146 ff.

natsverdienst des Arbeitnehmers vom Streitwertkatalog als sachgerecht bezeichnet wird. Entgegen der vom Streitwertkatalog alternativ eingeräumten Möglichkeit, auf die Vergütungsdifferenz abzustellen, beharrt ein Teil der Rspr. ausdrücklich auf dem Rückgriff auf den Auffangwert.[129]

72 Nach II Nr. 14.6 des Streitwertkatalogs für die Arbeitsgerichtsbarkeit in der überarbeiteten Fassung v. 9.2.2018[130] ist das Verfahren nach § 101 BetrVG als eigenständiges Verfahren wie das Verfahren nach § 99 Abs. 4 BetrVG bzw. nach § 100 BetrVG zu bewerten. Als kumulativer Antrag in einem Verfahren schlägt der Streitwertkatalog eine Bewertung mit einem halben Wert des Verfahrens nach § 99 Abs. 4 bzw. § 100 BetrVG vor.[131]

73 Unter II Nr. 14.7 schlägt der Streitwertkatalog für die Arbeitsgerichtsbarkeit in der überarbeiteten Fassung v. 9.2.2018[132] bei Massenverfahren (objektive Antragshäufung) mit wesentlich gleichem Sachverhalt, insbes. bei einer einheitlichen unternehmerischen Maßnahme und parallelen Zustimmungsverweigerungsgründen und/oder vergleichbaren Eingruppierungsmerkmalen einen linearen Anstieg des Gesamtwertes vor, wobei für die Erhöhung eine Staffelung angewandt wird:
- beim 2. bis einschließlich 20. parallel gelagerten Fall wird für jeden Arbeitnehmer der für den Einzelfall ermittelte Ausgangswert mit 25% bewertet,
- beim 21. bis einschließlich 50. parallel gelagerten Fall wird für jeden Arbeitnehmer der für den Einzelfall ermittelte Ausgangswert mit 12,5% bewertet,
- ab dem 51. parallel gelagerten Fall wird für jeden Arbeitnehmer der Ausgangswert mit 10% bewertet.

Die Rspr. nimmt bei Massenverfahren grds. einen Wertabschlag vor, wobei sie sich der Höhe nach an den Empfehlungen des Streitwertkatalogs orientiert[133] oder einen pauschalen Wertabschlag vornimmt.[134]

• Ersetzung der Zustimmung des Betriebsrats (Kündigung eines Amtsträgers)

74 Nach einer Auff. handelt es sich bei den Verfahren nach § 103 Abs. 2 BetrVG nicht um eine Bestandsstreitigkeit, sondern Zweck dieses Verfahrens sei es, die unbefangene Amtsausübung der Betriebsratsmitglieder zu schützen, sodass mangels anderer spezieller ges. Regelungen der Auffangwert des § 23 Abs. 3 S. 2 RVG festzusetzen sei.[135] Nach der überwiegenden, anderen Auff. handelt es sich bei dem in § 23 Abs. 3 S. 2 RVG genannten Wert um einen Hilfswert; bei der Ausübung des billigen Ermessens ist nach dieser Auff. auf die Streitwertregelung des § 42 Abs. 2 GKG in entsprechender Anwendung zurückzugreifen. Bei dem Zustimmungsersetzungsverfahren nach § 103 BetrVG wird danach idR der volle Streitwertrahmen ausgeschöpft werden können, da die präjudizielle Wirkung des Beschlussverfahrens wesentlich das individualrechtliche Kündigungsschutzverfahren bestimmt.[136] Maßgebend ist nach dieser Auffassung der Vierteljahresverdienst des Betriebsratsmitglieds.[137]

• Einigungsstelle gem. § 98 ArbGG

75 Der Streitwert für ein Verfahren über die Einrichtung einer Einigungsstelle gem. § 98 ArbGG beträgt regelmäßig 4.000,– EUR.[138] Seit 1.8.2013 beträgt der Hilfswert in § 23 Abs. 3 S. 2 RVG 5.000,– EUR.

76 Der Streitwertkatalog für die Arbeitsgerichtsbarkeit in der überarbeiteten Fassung v. 9.2. 2018[139] sieht unter II Nr. 4.1 beim Streit um die offensichtliche Unzuständigkeit einer Einigungsstelle als Streitwert höchstens den Hilfswert nach § 23 Abs. 3 S. 2 RVG vor.

77 Beim Streit um die Person des Vorsitzenden schlägt der der Streitwertkatalog für die Arbeitsgerichtsbarkeit in der überarbeiteten Fassung v. 9.2.2018[140] unter II Nr. 4.2 grds. $^1/_4$-Hilfswert

[129] SächsLAG BeckRS 2014, 74421 mAnm *Mayer* FD-RVG 2015, 365486.
[130] ArbRAktuell 2018, 146 ff.
[131] BeckOK Streitwert/*Mayer* Arbeitsrecht – Ersetzung der Zustimmung des Betriebsrats (Einstellung) Rn. 2; in diesem Zusammenhang auch LAG Nürnberg BeckRS 2014, 03678 mAnm *Mayer* FD-RVG 2014, 355830.
[132] ArbRAktuell 2018, 146 ff.
[133] OLG Hamburg BeckRS 2016, 69911 mAnm *Mayer* FD-RVG 2016, 379778.
[134] LAG Hmb BeckRS 2016, 70687 mAnm *Mayer* FD-RVG 2016, 380442.
[135] LAG RhPf BB 2001, 528.
[136] GMP/*Germelmann/Künzl*/ArbGG § 12 Rn. 145.
[137] LAG RhPf NZA-RR 2004, 373 f. mBespr *Mayer* RVG-Letter 2004, 69; LAG Hamm BeckRS 2004, 40279; LAG Nürnberg NJOZ 2001, 1919 f.; *Mayer*/Kroiß/*Mayer* RVG VV Anh. I, II Rn. 42.
[138] LAG Köln BeckRS 2009, 68710; BeckOK Streitwert/*Mayer* Arbeitsrecht Einrichtung einer Einigungsstelle Rn. 1.
[139] ArbRAktuell 2018, 146 ff.
[140] ArbRAktuell 2018, 146 ff.

nach § 23 Abs. 3 S. 2 RVG, beim Streit um die Anzahl der Beisitzer in II Nr. 4.3 grds. insgesamt $^1/_4$ des Hilfswerts nach § 23 Abs. 3 S. 2 RVG vor. Das LAG Hamm hat seine bisherige Rspr., wonach der zusätzliche Streit über die Person des Vorsitzenden sowie über die Größe der Einigungsstelle jeweils mit der Hälfte des Ausgangswerts zu bewerten ist, im Hinblick auf den Streitwertkatalog für die Arbeitsgerichtsbarkeit geändert und setzt nunmehr auch bei einem Streit um die Person des Vorsitzenden und die Anzahl der Beisitzer je $^1/_4$ des Hilfswerts an.[141] Auch das LAG RhPf orientiert sich ausdrücklich an den Empfehlungen des Streitwertkatalogs und setzt als Streitwert $^1/_4$ des Hilfswertes fest, wenn die Beteiligten (nur) über die Person des Vorsitzenden einer Einigungsstelle streiten.[142] Das LAG Köln hingegen vertrat in stRspr die Auffassung, dass, da eine Einigungsstelle immer aus einem Vorsitzenden und mehreren Beisitzern besteht, es verfehlt ist, zum Zwecke der Bemessung des Streitwertes diese Gesichtspunkte zu atomisieren und jeweils gesondert zu bewerten.[143] Nunmehr orientiert sich auch das LAG Köln an den Empfehlungen des Streitwertkatalogs und betont dessen Gewicht für die Arbeitsgerichtsbarkeit.[144]

• Einsetzung eines Wahlvorstands

78 Der Regelstreitwert nach § 23 Abs. 3 S. 2 RVG ist für die Einsetzung eines Wahlvorstands angemessen, wenn nur im Beschlussverfahren um die Personen eines dreiköpfigen Wahlvorstands gestritten wird, da die Beteiligten ohnehin nur unverbindliche Vorschläge machen können.[145]

• Freistellung (Arbeit)

79 Teilweise wird vertreten, dass die Freistellungsvereinbarung zu keinem überschießenden Vergleichswert führt, wenn in einem den Kündigungsrechtsstreit beendenden Vergleich kein zuvor geführter Streit der Parteien zur Frage der Freistellung bzw. der tatsächlichen Beschäftigung beigelegt wird[146] oder der Arbeitnehmer nicht Geldansprüche oder den Beschäftigungsanspruch anderweitig rechtshängig gemacht hatte.[147]

80 Nach aA hat die Freistellungsvereinbarung streitwerterhöhende Wirkung. Jedoch gehen die Auffassungen über den Umfang der Höhe auseinander. Teilweise wird vertreten, dass bei unwiderruflicher Freistellung unter Fortzahlung des Arbeitsentgelts eine Streitwerterhöhung in Höhe des arbeitsvertraglich vereinbarten Entgelts für den Zeitraum der Freistellung anzusetzen ist, vorausgesetzt der Zwischenverdienst während des Zeitraums der Freistellung ist auf das fortzuzahlende Arbeitsentgelt nicht anzurechnen; fehlt eine Klausel, mit der auf die Anrechnung von Zwischenverdienst während des Zeitraums der Freistellung auf das fortzuzahlende Entgelt durch den Arbeitgeber verzichtet wird, ist nach dieser Auffassung die Freistellungsvereinbarung wirtschaftlich wertlos und es erfolgt keine Streitwerterhöhung.[148] Nach aA stellt eine Freistellungsvereinbarung letztlich eine Modalität der Beendigungsvereinbarung in einem Kündigungsrechtsstreit, nicht aber einen eigenen Streitgegenstand dar, eine Erhöhung tritt ebenfalls um 10% der anfallenden Vergütung während der Freistellung ein, wenn man die Freistellung als Gegenstück zum Beschäftigungsanspruch sehen kann.[149] Nach einer weiteren Auffassung ist die Freistellung unter Entgeltfortzahlung für die Zukunft mit einem Bruttomonatsverdienst zu bewerten, es sei denn der Freistellungszeitraum beläuft sich auf weniger als einen Monat, dann ist der entsprechend anteilige Betrag anzusetzen.[150] Wieder andere vertreten die Auffassung, dass der in einem Beendigungsvergleich vereinbarten Freistellung des Arbeitnehmers idR ein eigener Wert zukommt, wobei dieser grds. mit 10% des auf den Freistellungszeit-

---

141 LAG Hamm BeckRS 2014, 68511 mAnm *Mayer* FD-RVG 2014, 35803.

142 LAG RhPf BeckRS 2016, 68012 mAnm *Mayer* FD-RVG 2016, 377615.

143 LAG Köln BeckRS 2014, 71643 mAnm *Mayer* FD-RVG 2014, 361367; LAG Köln BeckRS 2013, 67656 mAnm *Schindele* ArbRAktuell 2013, 218; LAG Köln BeckRS 2015, 72708; 2010, 73413; 2009, 68710; 2008, 57357.

144 LAG Köln BeckRS 2016, 66153 mAnm Mayer FD-RVG 2016, 376230.

145 LAG Köln BeckRS 2009, 74239; BeckOK Streitwert/*Mayer* Arbeitsrecht Einsetzung eines Wahlvorstands Rn. 1.

146 LAG Nürnberg NZA-RR 2004, 261 mBespr *Mayer* RVG-Letter 2004, 45; SächsLAG BeckRS 2010, 73692; LAG BW BeckRS 2010, 66564; LAG Köln BeckRS 2014, 73370.

147 LAG Hamm NZA-RR 1994, 912; BeckOK Streitwert/*Mayer* Arbeitsrecht Freistellung Rn. 1.

148 LAG LSA NZA-RR 2001, 435.

149 GMP/*Germelmann/Künzl* ArbGG § 12 Rn. 126.

150 HessLAG NZA-RR 1999, 382; LAG Hmb BeckRS 2010, 69455; Mayer/Kroiß/*Mayer* RVG VV Anh. I, II Rn. 18.

raum entfallenen Bruttoentgelts zu veranschlagen ist, sofern nicht im Einzelfall besondere Umstände eine höhere Festsetzung rechtfertigen.[151]

81 Der Streitwertkatalog für die Arbeitsgerichtsbarkeit in der überarbeiteten Fassung v. 9.2. 2018[152] sieht unter I Nr. 25.1.4 für die Bewertung einer Freistellung die Empfehlung vor, dass, nur wenn sich eine Partei eines Anspruchs aus oder eines Rechts zur Freistellung berühmt hat, die Freistellungsvereinbarung mit bis zu einer Monatsvergütung (unter Anrechnung des Werts einer Beschäftigungs- oder Weiterbeschäftigungsklage) bewertet wird, wobei die Freistellung nur zukunftsbezogen ab dem Zeitpunkt des Vergleichsabschlusses bewertet wird und etwaige Zeiten einer Freistellung zuvor keine Rolle spielen. Der Streitwertkatalog für die Arbeitsgerichtsbarkeit in der ursprünglichen Fassung[153] sah unter Anh. II Nr. 25.2 RVG bei einer Freistellung bis zum Beendigungszeitpunkt einen Streitwert von 25% der Vergütung für den Zeitraum, der zu einer tatsächlichen Freistellung durch den Vergleich führt, max. jedoch eine Monatsvergütung vor. Der Katalog berechnete die Freistellung rein zukunftsbezogen ab dem Zeitpunkt des Vergleichsabschlusses und nicht etwa rückwirkend für Zeiträume vor dem Vergleichsabschluss, selbst wenn der Arbeitnehmer (insbes. wegen der Kündigung) bereits vor dem Vergleichsabschluss freigestellt gewesen sein sollte. Das LAG Sachsen-Anhalt[154] folgte dieser Empfehlung des Streitwertkatalogs und sieht bei der Regelung einer Freistellung bis zum Zeitpunkt der Beendigung des Arbeitsverhältnisses nur die Freistellung ab dem Vergleichsschluss als maßgeblich an. Auch das SächsLAG hat seine bisherige Rspr., nach der eine Wertfestsetzung iHv 25% des in dem Freistellungszeitraum anfallenden Bruttoeinkommens ohne zeitliche Begrenzung auf eine Monatsvergütung im Regelfall als angemessen angesehen wurde, wenn der Arbeitnehmer durch die Freistellungsvereinbarung lediglich auf einen Beschäftigungsanspruch und der Arbeitgeber auf sein Direktionsrecht verzichtete, im Hinblick auf die Empfehlungen des Streitwertkatalogs für die Arbeitsgerichtsbarkeit aufgegeben und vertritt nunmehr die Auffassung, dass der Gegenstandswert einer Freistellung, die länger als ein Monat dauert, pauschalierend in Höhe eines Monatsgehalts festzusetzen ist.[155]

82 Nach dem Streitwertkatalog ist die Freistellung rein zukunftsbezogen ab dem Zeitpunkt des „Vergleichsabschlusses" zu berechnen. Nach dem LAG SchlH ist der Zeitpunkt der materiellen Einigung der Parteien maßgeblich. Haben die Parteien ohne inhaltliche Mitwirkung des Gerichts außergerichtlich eine Einigung erzielt, ist bei der Bewertung des Streitgegenstands auf den Zeitpunkt der Mitteilung der materiellen Einigung (§ 278 Abs. 6 S. 1 Alt. 1 ZPO) und nicht auf den Zeitpunkt der gerichtlichen Feststellung gem. § 278 Abs. 6 S. 2 ZPO abzustellen.[156]

• Kündigung (Arbeitsverhältnis)

1. Allgemeines

83 S. oben Bestandschutzangelegenheit → Rn. 54–56.

84 Für die Wertberechnung ist das Arbeitsentgelt maßgebend, das der Arbeitnehmer bei Fortbestand des Arbeitsverhältnisses in den ersten drei Monaten nach dem streitigen Beendigungszeitpunkt hätte beanspruchen können.[157] Arbeitsentgelt im Sinne dieser Vorschrift sind somit alle Beträge, die der Arbeitgeber auch im Falle des Annahmeverzuges oder im Falle der Entgeltfortzahlung im Krankheitsfalle schulden würde; erfasst werden daher auch Zuschläge wie Prämien oder Naturalleistungen, die einen Geldcharakter haben; Zahlungen, die nicht erkennbar reinen Entgeltcharakter besitzen, können bei der Bemessung des Arbeitsentgeltes nicht berücksichtigt werden, nicht erfasst werden daher bspw. Urlaubs- und Weihnachtsgratifikationen, wenn sie jederzeit widerruflich sind.[158] Ist ein dreizehntes Monatsgehalt jedoch unzweifelhaft als Arbeitsentgelt vereinbart oder wird das dreizehnte Monatsgehalt tarifvertraglich geschuldet und ist nicht nur eine freiwillige, jederzeit widerrufliche Leistung des Arbeitgebers, ist es bei der Berechnung des Vierteljahreseinkommens anteilig zu berücksichtigen.[159] Die private Nutzung des Dienst-PKWs gehört zu den bei der Streitwertberechnung zu berücksichtigen-

---

[151] LAG RhPf BeckRS 2008, 52597 mAnm *Mayer* FD-RVG 2008, 259867.
[152] ArbRAktuell 2018, 146 ff.
[153] *Bader/Jörchel* NZA 2013, 809 ff.
[154] BeckRS 2013, 72000 mAnm *Mayer* FD-RVG 2013, 350289.
[155] SächsLAG BeckRS 2014, 670670 mAnm *Mayer* FD-RVG 2014, 356229; LAG Nürnberg BeckRS 2015, 72321 mAnm *Mayer* FD-RVG 2015, 374273.
[156] LAG SchlH BeckRS 2014, 67605 mAnm *Mayer* FD-RVG 2014, 357587.
[157] BAG AP ArbGG 1953 § 12 Nr. 20; GMP/*Germelmann/Künzl*/ArbGG § 12 Rn. 105.
[158] GMP/*Germelmann/Künzl*/ArbGG § 12 Rn. 104.
[159] Mayer/Kroiß/*Mayer* RVG VV Anh. I, II Rn. 8.

den Sachbezügen, wobei nicht lediglich der steuerliche Sachbezugswert als Streitwert anzusetzen ist.[160] Vielmehr ist der wirkliche Wert der Sachleistung zugrunde zu legen. Da die Nutzungsentschädigung bei dem Entzug von Gebrauchsvorteilen eines PKW abstrakt, das heißt ohne Rücksicht auf den tatsächlichen Ausgleich berechnet werden kann, kann als Wert des Sachbezugs der aus den ADAC-Kostentabellen ersichtliche Betrag angesetzt werden.[161]

2. Änderungskündigung

→ Rn. 41 ff. 85

3. Kündigungsschutz

a) Kündigungsschutzklage und Auflösungsantrag. Nach § 42 Abs. 2 S. 1 Hs. 2 GKG ist eine Abfindung bei der Wertberechnung bei Streitigkeiten über das Bestehen, das Nichtbestehen oder die Kündigung eines Arbeitsverhältnisses nicht hinzuzurechnen. Dies gilt selbst dann, wenn das Arbeitsverhältnis gegen Zahlung einer Abfindung gem. § 9 KSchG aufgelöst wird.[162] Strittig ist, ob der Auflösungsantrag (ohne Rücksicht auf die geforderte Abfindung) streitwertmäßig zu berücksichtigen ist. Richtiger Auffassung nach ist der Auflösungsantrag ähnlich zu behandeln wie der Antrag auf vorläufige Weiterbeschäftigung und mit dem Betrag einer Bruttomonatsvergütung zu bewerten.[163] 86

b) Kündigungsschutzklage und Schadensersatzforderung nach dem AGG. → Rn. 57. 87

c) Kündigungsschutzklage und Schleppnetzantrag. Wird der Kündigungsschutzantrag verbunden mit dem Antrag auf Feststellung des unveränderten Bestehens des Arbeitsverhältnisses (Schleppnetzantrag), führt der Schleppnetzantrag zu keiner Erhöhung des Streitwerts.[164] Der Schleppnetzantrag wirkt sich erst dann streitwerterhöhend aus, wenn weitere Beendigungstatbestände tatsächlich in das Verfahren einbezogen werden.[165] 88

d) Kündigungsschutzklage und Weiterbeschäftigungsanspruch. Wird der Weiterbeschäftigungsanspruch im Wege eines eigenständigen Klageantrags verfolgt, tritt eine Streitwerterhöhung ein. Strittig ist lediglich, ob die Erhöhung ein oder zwei Bruttomonatsgehälter beträgt.[166] Wird der Beschäftigungsanspruch hilfsweise für den Fall des Obsiegens mit dem Kündigungsantrag gestellt (unechter Hilfsantrag), ist umstritten, unter welchen Voraussetzungen und in welchem Umfang durch den Hilfsantrag eine Streitwerterhöhung eintritt.[167] 89

4. Mehrere Kündigungen in einem Verfahren

Der Streitwertkatalog für die Arbeitsgerichtsbarkeit in der überarbeiteten Fassung v. 9.2. 2018[168] sieht unter I Nr. 21 eine differenzierte Streitwertbemessung vor. So soll nach I Nr. 21.1 für eine außerordentliche Kündigung, die hilfsweise als ordentliche erklärt wird (einschließlich der Umdeutung nach § 140 BGB), höchstens die Vergütung für 1/4-Jahr, unabhängig davon ob sie in einem oder mehreren Schreiben erklärt werden, angesetzt werden. I Nr. 21.2 des Streitwertkatalogs behandelt Folgekündigungen ohne Veränderung des Beendigungszeitpunktes, der Katalog sieht insoweit keine Erhöhung vor. Folgekündigungen mit Veränderung des Beendigungszeitpunktes sind Gegenstand der Regelung in I Nr. 21.3 des Streitwertkatalogs: Für jede Folgekündigung wird als Wert die Entgeltdifferenz zwischen den verschiedenen Beendigungszeitpunkten, max. jedoch die Vergütung für 1/4 Jahr für jede Folgekündigung vorgesehen. Die erste Kündigung – bewertet nach den Grundsätzen der I Nr. 20 RVG des Katalogs – ist stets die mit dem frühesten Beendigungszeitpunkt, auch wenn sie später ausgesprochen und später angegriffen wird. Nach dem Katalog gelten diese Grundsätze jeweils für die betreffende Instanz. Fallen Klagen gegen einzelne Kündigungen im Laufe des Verfahrens in einer Instanz weg, sollen die obigen Grundsätze ab diesem Zeitpunkt für die in dieser Instanz verbleibenden 90

[160] BAG NZA 1999, 1038 allerdings bei Ablehnung einer Berechnung anhand der Tabelle von Sanden/Danner/Küppersbusch.

[161] BAG AP BGB § 249 Rn. 34; Mayer/Kroiß/*Mayer* RVG VV Anh. I, II Rn. 9.

[162] Mayer/Kroiß/*Mayer* RVG VV Anh. I Rn. 22; GMP/*Germelmann/Künzl*/ArbGG § 12 Rn. 123.

[163] Mayer/Kroiß/*Mayer* RVG VV Anh. I, II Rn. 22 f. mwN; GMP/*Germelmann/Künzl*/ArbGG § 12 Rn. 123.

[164] GMP/*Germelmann/Künzl*/ArbGG § 12 Rn. 111; LAG Hamm NZA-RR 2003, 321.

[165] GMP/*Germelmann/Künzl*/ArbGG § 12 Rn. 111.

[166] Mayer/Kroiß/*Mayer* RVG VV Anh. I/II Rn. 20 mwN; BeckOK Streitwert Arbeitsrecht – Kündigungsschutzklage mit Weiterbeschäftigungsanspruch Rn. 1 f.

[167] Näher Mayer/Kroiß/*Mayer* RVG VV Anh. I, II Rn. 21; BeckOK Streitwert Arbeitsrecht – Kündigungsschutzklage mit Weiterbeschäftigungsanspruch Rn. 1 f.

[168] ArbRAktuell 2018, 146 ff.

Kündigungen geltend. Die noch in der ursprünglichen Fassung des Streitwertkatalogs[169] unter Anh. I Nr. 19 RVG enthaltene Bewertungsregelung, dass die Bewertung der Kündigungen unabhängig davon zu erfolgen hat, ob sie in einem oder mehreren Verfahren angegriffen werden wurden, war dogmatisch nicht haltbar und ist in den überarbeiteten Fassungen fallengelassen worden.

91 Weitgehend auf der Linie des Streitwertkatalogs für die Arbeitsgerichtsbarkeit in der überarbeiteten Fassung v. 9.2.2018 liegt das LAG Köln – allerdings mit der zusätzlichen Einführung eines Mindestwerts –; so ist für die streitwertmäßige Erfassung von Folgekündigungen auf die Zeitdifferenz zwischen den Zeitpunkten des Wirksamwerdens der einzelnen Kündigung abzustellen. Ist diese größer als drei Monate, kommt die Kappungsgrenze des § 42 Abs. 2 S. 1 GKG zum Tragen, ist die Zeitdifferenz geringerer, ist jeweils der auf diesen Zeitraum entfallende Entgeltbetrag maßgeblich, wobei idR mindestens ein Bruttomonatsverdienst für die Kündigung anzusetzen ist.[170]

Das LAG Düsseldorf bewertet jedoch eine Folgekündigung ausnahmsweise nicht, wenn der gegen sie gerichtete Klageantrag mit dem ersten Klageantrag wirtschaftlich identisch ist, was dann der Fall ist, wenn die weitere Kündigung auf denselben Gründen beruht und in kurzem zeitlichem Abstand zum selben Termin ausgesprochen und lediglich vorsorglich (etwa zur Beseitigung eines Formfehlers oder zur Sicherstellung des Zugangs) erklärt wurde.[171] Im Hinblick auf den Streitwertkatalog für die Arbeitsgerichtsbarkeit hat das HessLAG seine Auffassung, Folgekündigung innerhalb eines Zeitraums von sechs Monaten mit einem Bruttomonatsgehalt zu bewerten, aufgegeben. Eine Folgekündigung ohne Veränderung des Beendigungszeitpunkts führt daher nicht zu einer Erhöhung des Streitwerts. Erst bei Folgekündigungen, die zu einer Veränderung des Beendigungszeitpunkts führen, ist idR die Entgeltdifferenz zwischen den verschiedenen Beendigungszeitpunkten gedeckelt durch den Betrag der Vergütung für ein Vierteljahr als Wert in Ansatz zu bringen.[172] Ebenfalls hat auch das SächsLAG im Hinblick auf den Streitwertkatalog für die Arbeitsgerichtsbarkeit seine Rspr. geändert und nimmt eine Wertaddition bei weiteren Kündigungen nur insoweit an, als die weiteren Kündigungen ein Hinausschieben des Beendigungszeitpunktes bewirken.[173]

5. Mehrere Kündigungen in verschiedenen Verfahren

92 Werden mehrere Kündigungen auf Grund verschiedener Lebenssachverhalte in verschiedenen arbeitsgerichtlichen Verfahren mit einer Feststellungsklage angegriffen, besteht für die Anrechnung der Streitwerte aufeinander keine Rechtsgrundlage, grds. ist für jedes Verfahren der Höchstwert eines Vierteljahresverdienstes anzusetzen; dies gilt auch dann, wenn der Arbeitgeber die in verschiedenen Verfahren angegriffenen Kündigungen in einem zeitlichen Abstand von weniger als drei Monaten erklärt hat.[174]

6. Schadensersatz wegen Veranlassung der Kündigung

93 Der Gegenstandswert eines Schadensersatzanspruchs nach § 628 Abs. 2 BGB wird nicht noch dadurch erhöht, dass der Arbeitnehmer noch grds. beantragt festzustellen, er sei zum Ausspruch der Kündigung berechtigt gewesen. Insoweit besteht zwischen dem Feststellungs- und Zahlungsanspruch wirtschaftliche Identität. Anderes kann nur dann gelten, wenn mit dem Feststellungsbegehren ein eigenständiges, über die Schadensersatzpflicht des § 628 Abs. 2 BGB hinausgehendes Interesse verfolgt wird, dem eine eigenständige Bedeutung und damit ein eigener Wert zukommt.[175]

• Mehrwert des Vergleichs

94 Nach dem LAG Köln setzt die Festsetzung eines Mehrwerts für einen Vergleich voraus, dass die Parteien außergerichtlich über die mitverglichenen Forderungen gestritten haben. Forderungen, die erst im Rahmen der Vergleichsgespräche aufgestellt werden und die Gegenleistung für die Zustimmung zur Beendigung des Arbeitsverhältnisses darstellen, erhöhen den Streitwert nicht, auch wenn die Höhe der Gegenleistung im Rahmen der Vergleichsgespräche streitig

---

169 *Bader/Jörchel* NZA 2013, 809.
170 LAG Köln BeckRS 2013, 73943 mAnm *Mayer* FD-RVG 2014, 354933.
171 LAG Düsseldorf BeckRS 2017, 115595.
172 HessLAG BeckRS 2013, 73096 mAnm *Mayer* FD-RVG 2013, 351697.
173 SächsLAG BeckRS 2015, 66577 mAnm *Mayer* FD-RVG 2015, 368142.
174 BAG BeckRS 2011, 69148 mAnm *Mayer* FD-RVG 2011, 318160; LAG Nürnberg NZA 1985, 298; aA GMP/*Germelmann/Künzl*/ArbGG § 12 Rn. 108.
175 LAG RhPf BeckRS 2007, 48177.

verhandelt wurde. Der Wert des Vergleichs richtet sich nach den ursprünglichen Forderungen, die durch ihn befriedet wurden,[176] nicht nach dem Wert dessen, was sich die Parteien im Vergleich versprechen.[177]

Nach dem Streitwertkatalog für die Arbeitsgerichtsbarkeit in der überarbeiteten Fassung v. 9.2.2018[178] fällt nach I Nr. 25.1 RVG ein Vergleichsmehrwert nur an, wenn durch den Vergleichsabschluss ein weiterer Rechtsstreit und/oder außergerichtlicher Streit erledigt und/oder die Ungewissheit über ein Rechtsverhältnis beseitigt werden. Dabei muss gerade über die Frage eines Anspruchs oder Rechts in Bezug auf die jeweilige Regelung zwischen den Parteien Streit/oder Ungewissheit bestanden haben; keine Werterhöhung tritt nach dem Katalog ein, wenn es sich lediglich um eine Gegenleistung zur Beilegung des Rechtsstreits handelt, wobei abzustellen ist auf die Umstände zum Zeitpunkt des Vergleichsabschlusses. Vergleichsweise miterledigte anderweitige rechtshängige Verfahren führen nach den Empfehlungen des Katalogs nur dann zu einem Vergleichsmehrwert, wenn sie bei Geltendmachung in einem Verfahren zu einer Werterhöhung führen würden. Ist ein Anspruch unstreitig und gewiss, aber seine Durchsetzung ungewiss, schlägt I Nr. 22.2 des Streitwertkatalogs die Bewertung des Titulierungsinteresses mit 20% des Wertes des Anspruchs vor.

• Outplacement Maßnahme

Die Vereinbarung einer Outplacement Maßnahme in einem arbeitsgerichtlichen Vergleich ist 95
bei der Bemessung des Gegenstandswerts mit den hierfür zum Ansatz zu bringenden Kosten zu berücksichtigen.[179]

• Vergütung (Arbeitsverhältnis)

Bruttolohnklage. Bei dieser ist der eingeklagte Bruttobetrag maßgebend, etwaige auf die 96
Bundesanstalt für Arbeit übergegangene Ansprüche sind streitwertmindernd zu berücksichtigen.[180]

Vergütungsansprüche und Kündigungsschutzantrag (Arbeitsverhältnis). Hier muss 97
danach differenziert werden, ob die Vergütungsansprüche vom Ausgang des Kündigungsschutzverfahrens unabhängig sind oder nicht. Sind die Vergütungsansprüche vom Ausgang des Kündigungsschutzverfahrens unabhängig, so besteht Einigkeit, dass die Streitwerte stets zu addieren sind.[181] Umstritten ist jedoch, ob eine Streitwertaddition auch dann vorzunehmen ist, wenn die Vergütungsansprüche vom Ausgang des Kündigungsschutzverfahrens abhängig sind. Nach dem BAG sind der Feststellungsanspruch auf Unwirksamkeit der Kündigung und der Leistungsanspruch zwar Ansprüche, die prozessual selbständig, die jedoch aber wirtschaftlich identisch sind, da der Feststellungsanspruch die Rechtsgrundlage für die Gehaltsforderung bildet, so dass jeweils der höhere Wert festzusetzen ist.[182] Die Mehrzahl der Landesarbeitsgerichte ist dieser Rspr. des BAG jedoch nicht gefolgt und führt eine Streitwertaddition durch.[183] Teilweise wird auch eine vermittelnde Meinung vertreten und lediglich die bei Urteilserlass und sonstiger Erledigung des Rechtsstreits fälligen Vergütungsansprüche hinzugerechnet und die Folgeansprüche lediglich mit einem Monatsentgelt bewertet.[184] Teilweise wird auch mit § 42 Abs. 3 S. 1 Hs. 2 GKG argumentiert, der zwar nicht unmittelbar anwendbar ist, aber das Argument liefert, dass wenn bereits schon fällige Forderungen nicht hinzugerechnet werden können, dies auch für Ansprüche gelten müsse, die noch nicht fällig sind.[185] Etwas anderes gilt allerdings dann, wenn mit dem Leistungsantrag der für den Feststellungsantrag festzusetzende Streitwert überschritten wird. In diesem Fall kann die Streitwertbegrenzung, die durch § 42 Abs. 2 S. 1 GKG eingeführt worden ist, nicht mehr maßgeblich sein, die wirtschaftliche Identität zwischen Feststellungsantrag und Leistungsantrag ist hinsichtlich des überschießenden Teils des Leistungsantrags nicht mehr gegeben, so dass der höhere Wert der beiden Klageanträge

---

[176] LAG Köln BeckRS 2008, 271051.
[177] LAG Köln BeckRS 2014, 66632; BeckOK Streitwert/*Mayer* Arbeitsrecht Mehrwert des Vergleichs Rn. 1.
[178] ArbRAktuell 2018, 146 ff.
[179] LAG Düsseldorf BeckRS 2008, 57240.
[180] ErfK/*Koch* ArbGG § 12 Rn. 16.
[181] GMP/*Germelmann/Künzl* ArbGG § 12 Rn. 112.
[182] AP BAG ArbGG 1953 § 12 Nr. 17; ihm folgend LAG RhPf BeckRS 2007, 45689 mAnm *Mayer* FD-RVG 2007, 239170.
[183] Mayer/Kroiß/*Mayer* RVG VV Anh. I, II Rn. 27 mwN; vgl. zB auch LAG SchlH BeckRS 2009, 5906 mAnm *Mayer* FD-RVG 2009, 279695; LAG Düsseldorf BeckRS 2017, 115595.
[184] LAG Hamm NZA-RR 2002, 380; ErfK/*Koch* 15. Aufl. 2005 ArbGG § 12 Rn. 17.
[185] GMP/*Germelmann*/Künzl/ArbGG § 12 Rn. 114.

letztlich maßgebend ist.[186] Auf jeden Fall liegt keine wirtschaftliche Identität zwischen dem Bestandsstreit und der Klage auf Zahlung von Annahmeverzugsvergütung vor, wenn der Erfolg der Zahlungsklage nicht allein vom Erfolg des Bestandsstreits abhängt, sondern noch andere Anspruchsvoraussetzungen zwischen den Parteien im Streit stehen.[187]

- **Zustimmungsersetzungsverfahren (Einstellung)**

98 → Rn. 71.

C. Streitwertkatalog für die Arbeitsgerichtsbarkeit

überarbeitete Fassung 9. Februar 2018

Streitwertkommission

99 Auf der Basis der ersten Fassung eines einheitlichen Streitwertkatalogs für die Arbeitsgerichtsbarkeit aus dem Jahre 2013 hat die Streitwertkommission unter Auswertung der Stellungnahmen und Vorschläge aus der Anwaltschaft, von Seiten der Gewerkschaften und der Arbeitgeberverbände, von Seiten der Versicherungswirtschaft und aus der Richterschaft eine überarbeitete Fassung des Streitwertkatalogs erstellt. Auch künftig soll der Streitwertkatalog weiterentwickelt werden.

Der Streitwertkatalog kann selbstverständlich nur praktisch wichtige Fallkonstellationen aufgreifen, ebenso selbstverständlich sind die darin enthaltenen Bewertungsvorschläge zugeschnitten auf die entsprechenden typischen Fallkonstellationen. Die Aussagen des Katalogs sind verfahrensbezogen zu sehen und gelten nicht verfahrensübergreifend.

Trotz dieser Einschränkungen versteht sich der Streitwertkatalog als Angebot auf dem Weg zu einer möglichst einheitlichen Wertrechtsprechung in Deutschland, im Interesse der Rechtssicherheit und Rechtsklarheit für alle Beteiligten. Er beansprucht jedoch keine Verbindlichkeit.

I. Urteilsverfahren

	Nr.	Gegenstand
100	1.	**Abfindung und Auflösungsantrag, tarifliche Abfindung, Sozialplanabfindung, Nachteilsausgleich**
		Wird im Kündigungsrechtsstreit eine gerichtliche Auflösung des Arbeitsverhältnisses beantragt (§§ 9, 10 KSchG; § 13 Absatz 1 S. 3–5, Absatz 2 KSchG; § 14 Absatz 2 S. 2 KSchG), führt dies nicht zu einer Werterhöhung. Wird in der Rechtsmittelinstanz isoliert über die Auflösung gestritten, gilt § 42 Absatz 2 S. 1 GKG; wird isoliert über die Abfindungshöhe gestritten, ist maßgebend der streitige Differenzbetrag, höchstens jedoch das Vierteljahresentgelt.* Eine im Vergleich vereinbarte Abfindung in entsprechender Anwendung der §§ 9, 10 KSchG ist nicht streitwerterhöhend; Vereinbarungen über andere Abfindungen oder einen Nachteilsausgleich im Vergleich können hingegen zu einer Werterhöhung führen. Wird hingegen über eine Sozialplanabfindung, über eine tarifliche Abfindung oder über einen Fall des Nachteilsausgleichs nach § 113 Absatz 1 BetrVG gestritten, richtet sich der Wert nach dem streitigen Betrag. Ggf. ist das zum Hilfsantrag (siehe I. Nr. 18) Ausgeführte zu beachten.
101	2.	**Abmahnung**
	2.1	Der Streit über eine Abmahnung wird – unabhängig von der Anzahl und der Art der darin enthaltenen Vorwürfe und unabhängig von dem Ziel der Klage (Entfernung, vollständige Entfernung, ersatzlose Entfernung, Zurücknahme/Widerruf, Feststellung der Unwirksamkeit) – mit 1 Monatsvergütung bewertet.
	2.2	Mehrere in einem Verfahren angegriffene Abmahnungen werden mit maximal dem Vierteljahresentgelt bewertet.*

[186] GMP/*Germelmann*/Künzl/ArbGG § 12 Rn. 115; Mayer/Kroiß/*Mayer* RVG VV Anh. I, II Rn. 27.
[187] LAG Nürnberg BeckRS 2015, 70081 mAnm *Mayer* FD-RVG 2015, 371224.
* Bei der Berechnung der Vergütung für ein Vierteljahr bzw. der Monatsvergütung ist das arbeitsleistungsbezogene Arbeitsentgelt des auf den Beendigungstermin folgenden Vierteljahreszeitraums zu Grunde zu legen. Jahres- oder sonstige Leistungen werden unabhängig vom Auszahlungszeitpunkt berücksichtigt, wenn sie auch Entgeltcharakter haben. Dabei hat ggf. eine Hochrechnung eines vereinbarten Nettoverdienstes auf den Bruttobetrag zu erfolgen. Das Monatsentgelt errechnet sich mit einem Drittel des Vierteljahresentgeltes.

Nr.	Gegenstand	
3.	**Abrechnung**	102
	Reine Abrechnung nach § 108 GewO, gegebenenfalls auch kumulativ mit einer Vergütungsklage: 5 % der Vergütung für den geltend gemachten Abrechnungszeitraum.	
4.	**Änderungskündigung – bei Annahme unter Vorbehalt – und sonstiger Streit über den Inhalt des Arbeitsverhältnisses:**	103
4.1	1 Monatsvergütung* bis zu einem Vierteljahresentgelt je nach dem Grad der Vertragsänderung.	
4.2	Bei Änderungskündigungen mit Vergütungsänderung oder sonstigen messbaren wirtschaftlichen Nachteilen: 3-fache Jahresdifferenz, mindestens 1 Monatsvergütung, höchstens die Vergütung für ein Vierteljahr.*	
5.	**Altersteilzeitbegehren**	104
	Bewertung entsprechend I. Nr. 4.	
6.	**Annahmeverzug**	105
	Wird in einer Bestandsstreitigkeit im Wege der Klagehäufung Annahmeverzugsvergütung geltend gemacht, bei der die Vergütung vom streitigen Fortbestand des Arbeitsverhältnisses abhängt, so besteht nach dem Beendigungszeitpunkt eine wirtschaftliche Identität zwischen Bestandsstreit und Annahmeverzug. Nach § 45 Absatz 1 S. 3 GKG findet keine Wertaddition statt. Der höhere Wert ist maßgeblich.	
7.	**Arbeitspapiere**	106
7.1	Handelt es sich hierbei nur um reine Bescheinigungen z. B. hinsichtlich sozialversicherungsrechtlicher Vorgänge, Urlaub oder Lohnsteuer: pro Arbeitspapier 10 % einer Monatsvergütung.*	
7.2	Nachweis nach dem Nachweisgesetz: 10 % einer Monatsvergütung.*	
8.	**Arbeitszeitveränderung**	107
	Bewertung entsprechend I. Nr. 4.	
9.	**Auflösungsantrag nach dem KSchG**	108
	Dazu wird auf I. Nr. 1 verwiesen.	
10.	**Auskunft/Rechnungslegung/Stufenklage** **(für leistungsabhängige Vergütung z. B. Provision oder Bonus)**:	109
10.1	Auskunft (isoliert): von 10 % bis 50 % der zu erwartenden Vergütung, je nach Bedeutung der Auskunft für die klagende Partei im Hinblick auf die Durchsetzung des Zahlungsanspruchs.	
10.2	Eidesstattliche Versicherung (isoliert): 10 % der Vergütung.	
10.3	Zahlung: Nennbetrag (ggf. nach der geäußerten Erwartung der klagenden Partei, unter Berücksichtigung von § 44 GKG).	
11.	**Befristung, sonstige Beendigungstatbestände**	110
	Für den Streit über die Wirksamkeit einer Befristungsabrede, einer auflösenden Bedingung, einer Anfechtung des Arbeitsvertrags, einer Eigenkündigung und eines Auflösungs- oder Aufhebungsvertrags gelten die Bewertungsgrundsätze der I. Nrn. 20 und 21 sowie der Nr. 17.	
12.	**Beschäftigungsanspruch**	111
	1 Monatsvergütung.*	
13.	**Betriebsübergang**	112
	Bestandsschutzklage gegen Veräußerer und Feststellungs- bzw. Bestandsschutzklage gegen Erwerber: allein Bewertung der Beendigungstatbestände nach I. Nrn. 11, 20 und 21, keine Erhöhung nur wegen subjektiver Klagehäufung (also z. B. bei Klage gegen eine Kündigung des Veräußerers und Feststellungsklage gegen Erwerber im selben Verfahren: Vergütung für ein Vierteljahr).* Bestandsschutzklage gegen Veräußerer und Beschäftigungsklage/Weiterbeschäftigungsklage gegen Erwerber: Bewertung nach I. Nrn. 11, 12, 20 und 21, keine Erhöhung allein wegen subjektiver Klagehäufung (also z. B. bei Klage gegen eine Kündigung des Veräußerers und Beschäftigungsklage gegen Erwerber im selben Verfahren): 4 Monatsvergütungen.* Alleiniger Streit in Rechtsmittelinstanz über Bestand Arbeitsverhältnis mit Betriebserwerber: Vergütung für ein Vierteljahr.*	

	Nr.	Gegenstand
113	**14.**	**Direktionsrecht – Versetzung**
		Von in der Regel 1 Monatsvergütung bis zu einem Vierteljahresentgelt*, abhängig vom Grad der Belastungen aus der Änderung der Arbeitsbedingungen für die klagende Partei.
114	**15.**	**Einstellungsanspruch/Wiedereinstellungsanspruch**
		Die Vergütung für ein Vierteljahr;* ggf. unter Berücksichtigung von I. Nr. 18.
115	**16.**	**Einstweilige Verfügung**
	16.1	Bei Vorwegnahme der Hauptsache: 100 % des allgemeinen Wertes.
	16.2	Einstweilige Regelung: Je nach Einzelfall, i. d. R. 50 % des Hauptsachestreitwerts.
116	**17.**	**Feststellungsantrag, allgemeiner (Schleppnetzantrag):**
	17.1	Allgemeiner Feststellungsantrag isoliert: höchstens Vergütung für ein Vierteljahr.
	17.2	Allgemeiner Feststellungsantrag neben punktuellen Bestandsschutzanträgen (Schleppnetzantrag): keine zusätzliche Bewertung (arg. § 42 Absatz 2 S. 1 GKG).
117	**18.**	**Hilfsantrag**
		Auch uneigentlicher/unechter Hilfsantrag: Es gilt § 45 Absatz 1 S. 2 und 3 GKG.
118	**19.**	**Konkurrentenklage**
	19.1	Isolierter Abbruch des Bewerbungsverfahrens: 1 Monatsvergütung.*
	19.2	Neubescheidung: 2 Monatsvergütungen.*
	19.3	Übertragung der begehrten Stelle: Vergütung für ein Vierteljahr.*
	19.4	Einstweilige Verfügung: siehe unter I. 16
119	**20.**	**Kündigung (eine)**
		Die Vergütung für ein Vierteljahr*, es sei denn unter Auslegung des Klageantrags und der Klagebegründung ist nur ein Fortbestand des Arbeitsverhältnisses von unter 3 Monaten im Streit (dann entsprechend geringerer Wert).
120	**21.**	**Kündigungen (mehrere):**
	21.1	Außerordentliche Kündigung, die hilfsweise als ordentliche erklärt wird (einschließlich Umdeutung nach § 140 BGB): höchstens die Vergütung für ein Vierteljahr, unabhängig davon, ob sie in einem oder in mehreren Schreiben erklärt werden.
	21.2	Mehrere Kündigungen ohne Veränderung des Beendigungszeitpunktes: keine Erhöhung.
	21.3	Folgekündigungen mit Veränderung des Beendigungszeitpunktes: Für jede Folgekündigung die Entgeltdifferenz zwischen den verschiedenen Beendigungszeitpunkten, maximal jedoch die Vergütung für ein Vierteljahr* für jede Folgekündigung. Die erste Kündigung – bewertet nach den Grundsätzen der I. Nr. 20 – ist stets die mit dem frühesten Beendigungszeitpunkt, auch wenn sie später ausgesprochen und später angegriffen wird. Die Grundsätze des Absatzes 1 gelten jeweils für die betreffende Instanz. Fallen Klagen gegen einzelne Kündigungen im Laufe des Verfahrens in einer Instanz weg, gelten die Grundsätze des ersten Absatzes ab diesem Zeitpunkt für die in dieser Instanz verbleibenden Kündigungen.
121	**22.**	**Rechnungslegung: siehe Auskunft (I. Nr. 10.)**
122	**23.**	**Schadenersatzklage**
		Der Wert einer unbezifferten Schadenersatzklage richtet sich nach dem wirtschaftlichen Interesse der klagenden Partei; abzustellen ist auf die Wahrscheinlichkeit des Schadenseintritts, die Höhe des (auch künftigen) Schadens sowie das Risiko der tatsächlichen Inanspruchnahme.
123	**24.**	**Urlaub**
	24.1	Klage auf Feststellung des fälligen Urlaubsanspruchs, auf Gewährung von Urlaub und/oder von Urlaubsentgelt: Höhe des Urlaubsentgelts.
	24.2	Einstweilige Verfügung auf Freistellung: siehe I. 16.
124	**25.**	**Vergleichsmehrwert**
	25.1	Ein Vergleichsmehrwert fällt nur an, wenn durch den Vergleichsabschluss ein weiterer Rechtsstreit und/oder außergerichtlicher Streit erledigt und/oder die Ungewissheit über ein Rechtsverhältnis beseitigt werden. Dabei muss gerade über die Frage eines Anspruchs oder Rechts in

Nr.	Gegenstand	
	Bezug auf die jeweilige Regelung zwischen den Parteien Streit und/oder Ungewissheit bestanden haben; keine Werterhöhung tritt ein, wenn es sich lediglich um eine Gegenleistung zur Beilegung des Rechtsstreits handelt. Abzustellen ist auf die Umstände zum Zeitpunkt des Vergleichsabschlusses. Vergleichsweise miterledigte anderweitig rechtshängige Verfahren führen nur dann zu einem Vergleichsmehrwert, wenn sie bei Geltendmachung in einem Verfahren zu einer Werterhöhung führen würden. 25.1.1 Die Veränderung des Beendigungszeitpunkts führt (auch bei Verknüpfung mit einer Erhöhung des Abfindungsbetrages – Turbo- oder Sprinterklausel) nicht zu einem Vergleichsmehrwert. 25.1.2 Wird im Rahmen eines Abmahnungsrechtsstreits oder des Streits über eine Versetzung die Beendigung des Arbeitsverhältnisses vereinbart, ist dies zusätzlich nach I. Nr. 20 zu bewerten. 25.1.3 Typischer Weise wird das Merkmal der „Ungewissheit" insbesondere bei Vereinbarung eines Arbeitszeugnisses mit inhaltlichen Festlegungen zum Leistungs- und Führungsverhalten in einem Rechtsstreit über eine auf Verhaltens- oder Leistungsmängel gestützte Kündigung gegeben sein; dies ist zusätzlich nach I. Nr. 29 zu bewerten. 25.1.4 Nur wenn eine Partei sich eines Anspruchs auf oder eines Rechts zur Freistellung berühmt hat, wird die Freistellungsvereinbarung mit bis zu 1 Monatsvergütung (unter Anrechnung des Werts einer Beschäftigungs- oder Weiterbeschäftigungsklage) bewertet. Die Freistellung wird nur zukunftsbezogen ab dem Zeitpunkt des Vergleichsabschlusses berücksichtigt, etwaige Zeiten einer Freistellung zuvor spielen keine Rolle. 25.1.5 Ausgleichsklauseln erhöhen den Vergleichswert nur, wenn durch sie ein streitiger oder ungewisser Anspruch erledigt wird. Abzustellen ist auf das wirtschaftliche Interesse der in Anspruch genommenen Partei. 25.1.6 Geht es bei der Ausgleichsklausel um den Ausschluss von Forderungen auf Ersatz gegenwärtigen und/oder künftigen Schadens, kommt es auf die Wahrscheinlichkeit des Schadenseintritts, die Höhe des (auch künftigen) Schadens sowie das Risiko der tatsächlichen Inanspruchnahme an. 25.1.7 Kein Mehrwert bei Erledigung bzw. Verpflichtung zur Erledigung/Rücknahme bei behördlichen Verfahren (Integrationsamt, sonstige Arbeitsschutzbehörde) oder Gerichten (Verwaltungsgericht) im Zusammenhang mit Kündigungsverfahren.	
25.2	Ist ein Anspruch unstreitig und gewiss, aber seine Durchsetzung ungewiss, wird das Titulierungsinteresse mit 20 % des Wertes des Anspruches bewertet.	
26.	**Weiterbeschäftigungsantrag incl. Anspruch nach § 102 Absatz 5 BetrVG**	125
	1 Monatsvergütung.*	
27.	**Wiedereinstellungsanspruch: siehe Einstellungsanspruch (I. Nr. 15.)**	126
28.	**Zahlungsklage – Erhöhungsklage**	127
	Die Streitwertbemessung hat sich nach dem Leistungsbegehren des Klägers zu richten. Dieses ist durch Auslegung des Klageantrags und seiner Begründung zu ermitteln. Ergibt diese, dass nicht nur ein streitiger Differenzbetrag, sondern eine Titulierung des Gesamtbetrags begehrt wird, bildet letzterer den Streitwert. Ob und ggf. in welchem Umfang die geltend gemachte Forderung dabei im Streit steht, ist unerheblich.	
29.	**Zeugnis**	128
29.1	Erteilung oder Berichtigung eines einfachen Zeugnisses: 10 % einer Monatsvergütung.*	
29.2	Erteilung oder Berichtigung eines qualifizierten Zeugnisses: 1 Monatsvergütung*, und zwar unabhängig von Art und Inhalt eines Berichtigungsverlangens, auch bei kurzem Arbeitsverhältnis.	
29.3	Zwischenzeugnis: Bewertung wie I. Nr. 29.2. Wird ein Zwischen- und ein Endzeugnis (kumulativ oder hilfsweise) im Verfahren verlangt: Insgesamt 1 Monatsvergütung.*	

II. Beschlussverfahren

Nr.	Verfahrensgegenstand	
1.	**Betriebsänderung/Personalabbau**	129
1.1	Realisierung des Verhandlungsanspruchs: Ausgehend vom Hilfswert nach § 23 Absatz 3 S. 2 RVG wird gegebenenfalls unter Berücksichtigung der Umstände des Einzelfalles, z. B. Inhalt und Bedeutung der Regelungsfrage, eine Erhöhung bzw. ein Abschlag vorgenommen.	

	Nr.	Verfahrungsgegenstand
	1.2	Unterlassung der Durchführung einer Betriebsänderung: Ausgehend von II Nr. 1.1 erfolgt eine Erhöhung nach der Staffelung von II. Nr. 14.7.
130	**2.**	**Betriebsratswahl**
	2.1	Bestellung des Wahlvorstands: Ausgehend vom Hilfswert des § 23 Absatz 3 S. 2 RVG kann abhängig vom Gegenstand des Mitbestimmungsrechts und der Bedeutung des Einzelfalls sowie des Aufwands eine Herauf- oder Herabsetzung erfolgen; bei zusätzlichem Streit über die Größe des Wahlvorstandes bzw. Einzelpersonen: Erhöhung jeweils um $\frac{1}{2}$ Hilfswert nach § 23 Absatz 3 S. 2 RVG.
	2.2	Maßnahmen innerhalb des Wahlverfahrens (incl. einstweilige Verfügungen) z. B.: Abbruch der Wahl: $\frac{1}{2}$ Wert der Wahlanfechtung (siehe II. Nr. 2.3). Zurverfügungstellung von Unterlagen (auch Herausgabe der Wählerlisten): $\frac{1}{2}$ Hilfswert von § 23 Absatz 3 S. 2 RVG.
	2.3	Wahlanfechtung (incl. Prüfung der Nichtigkeit der Wahl): ausgehend vom doppelten Hilfswert nach § 23 Absatz 3 S. 2 RVG, Steigerung nach der Staffel gemäß § 9 BetrVG mit jeweils $\frac{1}{2}$ Hilfswert.
131	**3.**	**Betriebsvereinbarung**
		Ausgehend vom Hilfswert nach § 23 Absatz 3 S. 2 RVG wird gegebenenfalls unter Berücksichtigung der Umstände des Einzelfalles, z. B. Inhalt und Bedeutung der Regelungsfrage, eine Erhöhung bzw. ein Abschlag vorgenommen.
132	**4.**	**Einigungsstelle, Einsetzung nach § ARBGG § 100 ArbGG bei Streit um:**
	4.1	Offensichtliche Unzuständigkeit: Höchstens Hilfswert nach § 23 Absatz 3 S. 2 RVG.
	4.2	Person des Vorsitzenden: Grundsätzlich $\frac{1}{4}$ Hilfswert nach § 23 Absatz 3 S. 2 RVG.
	4.3	Anzahl der Beisitzer: Grundsätzlich insgesamt $\frac{1}{4}$ Hilfswert nach § 23 Absatz 3 S. 2 RVG.
133	**5.**	**Einigungsstelle, Anfechtung des Spruchs**
		Ausgehend vom Hilfswert nach § 23 Absatz 3 S. 2 RVG wird gegebenenfalls unter Berücksichtigung der Umstände des Einzelfalls, z. B. Inhalt und Bedeutung der Regelungsfrage, eine Erhöhung bzw. ein Abschlag vorgenommen.
134	**6.**	**Einigungsstelle, Anfechtung des Spruchs über Sozialplan**
	6.1	Macht der Arbeitgeber eine Überdotierung geltend, dann entspricht der Wert des Verfahrens der vollen Differenz zwischen dem festgesetzten Volumen und der von ihm als angemessen erachteten Dotierung.
	6.2	Beruft sich der anfechtende Betriebsrat nur auf eine Unterdotierung, dann finden die Grundsätze von § 23 Absatz 3 S. 2 RVG Anwendung.
135	**7.**	**Einstweilige Verfügung**
	7.1	Bei Vorwegnahme der Hauptsache: 100 % des allgemeinen Wertes.
	7.2	Einstweilige Regelung: Je nach Einzelfall, i. d. R. 50 % des Hauptsachestreitwerts.
136	**8.**	**Entsendung von Mitgliedern in den Gesamt- bzw. Konzernbetriebsrat**
		Hilfswert nach § 23 Absatz 3 S. 2 RVG je Mitglied.
137	**9.**	**Freistellung eines Betriebsratsmitglieds**
	9.1	Freistellung von der Arbeitspflicht im Einzelfall (§ 37 Absatz 2 und BETRVG § 37 Absatz 3 BetrVG): Bewertung nach § RVG § 23 Abs. RVG § 23 Absatz 3 S. 2 RVG, abhängig von Anlass und Dauer der Freistellung kann eine Herauf- oder Herabsetzung des Wertes erfolgen.
	9.2	Zusätzliche Freistellung (§ 38 BetrVG): Ausgehend vom doppelten Hilfswert des § 23 Absatz 3 S. 2 RVG kann abhängig von der Bedeutung des Einzelfalls sowie des Aufwands eine Herauf- oder Herabsetzung erfolgen.
138	**10.**	**Informations- und Beratungsansprüche**
	10.1	Ausgehend vom Hilfswert des § 23 Absatz 3 S. 2 RVG kann abhängig vom Gegenstand des Mitbestimmungsrechts und der Bedeutung des Einzelfalls sowie des Aufwands eine Herauf- oder Herabsetzung des Wertes erfolgen.

Nr.	Verfahrungsgegenstand	
10.2	Sachverständige/Auskunftsperson: Nichtvermögensrechtliche Streitigkeit: Es ist vom Hilfswert nach § 23 Absatz 3 S. 2 RVG auszugehen, einzelfallabhängig kann eine Herauf- oder Herabsetzung erfolgen.	
11.	**Mitbestimmung in sozialen Angelegenheiten**	139
	Streit über das Bestehen eines Mitbestimmungsrechts: Ausgehend vom Hilfswert des § 23 Absatz 3 S. 2 RVG kann abhängig vom Gegenstand des Mitbestimmungsrechts und der Bedeutung des Einzelfalls (organisatorische und wirtschaftliche Auswirkungen, Anzahl der betroffenen Arbeitnehmer u. a.) eine Herauf- oder Herabsetzung des Wertes ohne Staffelung erfolgen.	
12.	**Mitbestimmung in wirtschaftlichen Angelegenheiten**	140
	Siehe II. Nr. 1.	
13.	**Nichtigkeit einer Betriebsratswahl**	141
	Siehe Betriebsratswahl (II. Nr. 2.3).	
14.	**Personelle Einzelmaßnahmen nach §§ 99, 100, 101 BetrVG**	142
14.1	Grundsätzliches: Es handelt sich um nichtvermögensrechtliche Angelegenheiten; entscheidend sind die Aspekte des Einzelfalles, z. B. die Dauer und Bedeutung der Maßnahme und die wirtschaftlichen Auswirkungen, die zur Erhöhung oder Verminderung des Wertes führen können.	
14.2	Einstellung: Als Anhaltspunkte für die Bewertung können dienen:	
14.2.1	der Hilfswert von § 23 Absatz 3 S. 2 RVG oder	
14.2.2	die Regelung von § 42 Absatz 2 S. 1 GKG, wobei eine Orientierung am 2-fachen Monatsverdienst des Arbeitnehmers sachgerecht erscheint.	
14.3	Eingruppierung/Umgruppierung: Die Grundsätze zu II. Nr. 14.1 und 14.2 gelten unter Berücksichtigung des Einzelfalles auch bei diesem Mitbestimmungsrecht, wobei bei der Wertung gemäß II. Nr. 14.2.2 die Orientierung an § 42 Absatz 2 S. 2 GKG vorzunehmen ist. Bei der 36-fachen Monatsdifferenz erfolgt ein Abschlag i. H. v. 25 % wegen der nur beschränkten Rechtskraftwirkung des Beschlussverfahrens für den fraglichen Arbeitnehmer.	
14.4	Versetzung: Je nach Bedeutung der Maßnahme Hilfswert (bei Vorgehensweise nach II. Nr. 14.2.1) oder Bruchteil davon bzw. (bei Vorgehensweise nach II Nr. 14.2.2) 1 bis 2 Monatsgehälter, angelehnt an die für eine Versetzung im Urteilsverfahren genannten Grundsätze.	
14.5	Das Verfahren nach § 100 BetrVG wird mit dem 1/2 Wert des Verfahrens nach § 99 Absatz 4 BetrVG bewertet.	
14.6	Das Verfahren nach § 101 BetrVG wird als eigenständiges Verfahren wie das Verfahren nach § 99 Absatz 4 BetrVG bzw. nach § 100 BetrVG bewertet. Als kumulativer Antrag in einem Verfahren mit ½ Wert des Verfahrens nach § 99 Absatz 4 bzw. § 100 BetrVG.	
14.7	Bei Massenverfahren (objektive Antragshäufung) mit wesentlich gleichem Sachverhalt, insbesondere bei einer einheitlichen unternehmerischen Maßnahme und parallelen Zustimmungsverweigerungsgründen und/oder vergleichbaren Eingruppierungsmerkmalen, erfolgt – ausgehend von vorgenannten Grundsätzen – ein linearer Anstieg des Gesamtwertes, wobei als Anhaltspunkt folgende Staffelung für eine Erhöhung angewendet wird: – beim 2. bis einschließlich 20. parallel gelagerten Fall wird für jeden Arbeitnehmer der für den Einzelfall ermittelte Ausgangswert mit 25 % bewertet, – beim 21. bis einschließlich 50. parallel gelagerten Fall wird für jeden Arbeitnehmer der für den Einzelfall ermittelte Ausgangswert mit 12,5 % bewertet, – ab dem 51. parallel gelagerten Fall wird für jeden Arbeitnehmer der Ausgangswert mit 10 % bewertet.	
15.	**Sachmittel – Kostenerstattung nach § 40 BetrVG**	143
15.1	Vermögensrechtliche Streitigkeit: Entscheidend ist die Höhe der angefallenen Kosten/des Wertes der Aufwendungen; bei dauernden Kosten, z. B. Mietzinszahlungen: Max. 36 Monatsaufwendungen.	

	Nr.	Verfahrungsgegenstand
	15.2	Schulungskosten: Vermögensrechtliche Streitigkeit: Entscheidend ist die Höhe der Schulungskosten, inklusive Fahrtkosten.
144	**16.**	**Statusverfahren leitender Angestellter**
		Abzustellen ist auf den Hilfswert nach § 23 Absatz 3 S. 2 RVG; bei objektiver Antragshäufung und gleichliegendem Sachverhalt gilt II. 14.7.
145	**17.**	**Unterlassungsanspruch**
		Sowohl für den allgemeinen Unterlassungsanspruch als auch den Anspruch nach § 23 Absatz 3 BetrVG: Festsetzung entsprechend dem Wert des streitigen Mitbestimmungs- oder Mitwirkungsrechts.
146	**18.**	**Zuständigkeitsstreitigkeiten/Kompetenzabgrenzung**
	18.1	Abgrenzung Zuständigkeit Betriebsratsgremien: Ausgehend vom Hilfswert nach § 23 Absatz 3 S. 2 RVG kann unter Berücksichtigung der Umstände des Einzelfalles eine Erhöhung bzw. ein Abschlag in Betracht kommen.
	18.2	Abgrenzung Betrieb/gemeinsamer Betrieb/Betriebsteil: Ausgehend vom Hilfswert nach § 23 Absatz 3 S. 2 RVG kann unter Berücksichtigung der Umstände des Einzelfalles eine Erhöhung bzw. ein Abschlag in Betracht kommen.
147	**19.**	**Zustimmungsersetzungsantrag (§ 103 BetrVG)**
		Vergütung des betroffenen Arbeitnehmers für ein Vierteljahr (wegen der Rechtskraftwirkung).

Allgemeiner Hinweis:

Personenbezogene Bezeichnungen beziehen sich auf alle Geschlechter. Zur besseren Lesbarkeit wird im Text nur die männliche Form verwendet.

II. Einstweiliger Rechtsschutz

Übersicht

Teil 1. Verweisungen zu Verwaltungs- und Sozialrecht

Kommentierungen, die speziell Fragen der Verwaltungs- und der Sozialgerichtsbarkeit betreffen, 1
– Verwaltungsgerichtsbarkeit → Anh. IV Rn. 33 ff.
– zum Sozialgerichtsbarkeit → § 3 Rn. 110 ff.

Teil 2. Gerichtliches Verfahren

1. Allgemeines

Eigenständige Verfahren. Eilverfahren sind eigenständige Verfahren und lösen damit selbständige Gebühren aus (§ 17 Nr. 4 RVG). Das gilt auch dann, wenn Hauptsache- und Eilverfahren zeitlich zusammenfallen, ja sogar, wenn sie miteinander verbunden werden. Also gibt es auch im letzteren Fall zweimal gesonderte Gebühren und keine Addition der Gegenstandswerte. Eine Anrechnung ist nicht vorgesehen.[1] 1a

Einstweilige Anordnung. Bislang waren einstweilige Anordnungen in Familiensachen verfahrensrechtlich ein Verfahren mit dem Hauptsacheverfahren. Sie wurden lediglich gebührenrechtlich als verschiedene Angelegenheiten behandelt. Das hat sich mit dem FamFG geändert. Die einstweilige Anordnung ist jetzt auch verfahrensrechtlich selbständig (§ 51 Abs. 3 S. 1 FamFG), was erhebliche Auswirkungen auf die Anwaltsgebühren hat. 2

2. Auftrag

a) Verfahrensauftrag. Gesonderter Auftrag. Der mit der Führung des Hauptprozesses beauftragte RA hat nur dann Anspruch auf eine Vergütung im Verfahren über den einstweiligen 3

[1] *Hansens* BRAGO § 40 Rn. 2, für Arrest und einstweilige Verfügung.

Rechtsschutz, wenn ihm auch für dieses Verfahren ein Auftrag erteilt worden ist. Der Auftrag in der Hauptsache erfasst nicht ohne weiteres auch einen Auftrag für ein einstweiliges Rechtsschutzverfahren.[2] Dass die Prozessvollmacht auch das Verfahren über den einstweiligen Rechtsschutz erfasst, genügt nicht, da sie nur das Außenverhältnis betrifft. Ebenso wenig genügt die Zustellung der Entscheidung an den Antragsgegner. Dem Mandanten muss vorbehalten bleiben, über die häufig mit erheblichen Kosten verbundene anwaltliche Vertretung im Eilverfahren einen gesonderten Entschluss zu fassen.[3] Dass galt auch bisher schon für einstweilige Anordnungen unbeschadet dessen, dass sie prozessrechtlich Teil des Hauptsacheverfahrens waren.[4] Erst recht gilt es für sie nach neuem Recht, nachdem einstweilige Anordnungsverfahren nunmehr selbständige Verfahren sind.

4 **Auftrag im Fall von § 156 Abs. 3 FamFG (Kindschaftssachen).** In bestimmten Kindschaftssachen hat das Gericht, wenn keine Einigung zustande kommt, mit den Beteiligten und dem Jugendamt den Erlass einer einstweiligen Anordnung zu erörtern (§ 156 Abs. 3 S. 1 FamFG). Wenn das Gericht eine derartige Erörterung vorschreibt, so kann das dahingehend verstanden werden, dass der RA sich daran beteiligen können soll, weshalb sein Auftrag in der Hauptsache auch einen Auftrag in dieser speziellen Eilsache mit umfasst. Da man diese Interpretation auch bezweifeln kann und da es immer besser ist, dem Mandanten hierzu die Entscheidung zu überlassen, sollte der RA diese Frage vorher mit seinem Mandanten klären. In den meisten Fällen wird er dies sogar noch im Termin können, da gem. § 155 Abs. 3 FamFG das persönliche Erscheinen der Beteiligten angeordnet werden soll.

5 **Stillschweigender Auftrag.** Der Auftrag kann auch stillschweigend erteilt werden.

6 **Geschäftsführung ohne Auftrag.** Ein Gebührenanspruch kann sich auch aus Geschäftsführung ohne Auftrag ergeben.

7 **RA des Antragsgegners** des Eilverfahrens. Bei ihm ist besonders darauf zu achten, ob er schon einen Auftrag hat. Fehlt ein Auftrag für das einstweilige Rechtsschutzverfahren, so verdient der RA die Verfahrensgebühr nicht schon durch die Empfangnahme des Antrags und auch noch nicht durch die Weiterleitung des Antrags an seine Partei. Wie ein Auftrag zur Prozessvertretung bereits vor Klagerhebung erteilt werden kann (→ RVG VV 3100 Rn. 7 ff.), so kann auch der Auftrag zur Vertretung im Eilverfahren bereits vor Einreichung des Antrags durch den Gegner erteilt werden. **Hinweis für RA.** Gerade in Verfahren, in denen mit einem Eilverfahren zu rechnen ist, sollte sich der RA von Anfang an ausdrücklich einen Auftrag auch für dieses Verfahren erteilen lassen.

8 **b) Sonstige Aufträge.** Im Zusammenhang mit Eilverfahren kommt auch ein Auftrag für eine Beratung/Auskunft oder für eine außergerichtliche Tätigkeit sowie für eine gerichtliche Einzeltätigkeit in Betracht. Die Gebühren richten sich dann nach § 34 oder VV 2300 ff. RVG oder VV 3403 ff. RVG.

3. Anwendbarkeit von VV 3100 ff. RVG.

9 **a) Anwendungsbereich des VV 3100 ff. RVG.** Anders als §§ 40, 41 BRAGO kennt das RVG keine speziellen Gebührenbestimmungen für Eilverfahren. Der RA verdient daher im gerichtlichen Verfahren die Gebühren gem. VV 3100 ff. RVG. Das gilt für

- Arreste (§ 17 Nr. 4a RVG),
- einstweilige Verfügungen und einstweilige Anordnungen (§ 17 Nr. 4b RVG),
- die Abänderung oder Aufhebung einer in einer der vorgenannten Verfahren ergangenen Entscheidungen (§ 17 Nr. 4d RVG).

10 **b) VV 3100 ff. RVG nicht anwendbar.** VV 3100 ff. RVG sind nicht anwendbar für

- die Vollziehung des Arrestes oder der einstweiligen Verfügung; sie wird von VV 3309 ff. RVG erfasst,
- für Aufhebungsverfahren gem. § 934 Abs. 1, 2 ZPO; Anträge nach § 934 ZPO auf Aufhebung der Arrestvollziehung nach Hinterlegung oder wegen Nichtleistung der Vorschüsse für notwendige Aufwendungen gehören zum Vollziehungsverfahren, da nicht die Aufhebung der Anordnung, sondern die der Vollziehung des Arrests angestrebt wird.[5] Damit sind VV 3309 ff. RVG anzuwenden (→ RVG VV 3309 Rn. 181).

---

[2] *Volpert* RVGreport 2010, 170.
[3] OLG Köln JurBüro 1975, 185.
[4] **AA** *Hansens* BRAGO § 41 Rn. 4 zur einstweiligen Anordnung.
[5] Thomas/Putzo/*Seiler* ZPO § 934 Rn. 1.

4. Verfahrensgebühr

a) Entstehung. Grundsatz. Es gelten die allgemeinen Regeln. Der RA verdient die Verfahrensgebühr, wenn er in Ausführung des Auftrags, im Eilverfahren mitzuwirken, irgendwie tätig wird, zB die Information entgegennimmt. 11

RA des Antragsgegners. Er verdient die Verfahrensgebühr, wenn er nach Erhalt eines Auftrags auch für das Eilverfahren tätig wird, zB die Information entgegennimmt, die Zurückweisung des Antrags beantragt oder Widerspruch erhebt oder nach § 926 ZPO beantragt, dem Antragsteller eine Frist zur Klageerhebung zu bestimmen, ferner wenn er nach § 927 ZPO die Aufhebung des Arrestes oder der einstweiligen Verfügung wegen veränderter Umstände beantragt. Sogar die Kenntnisnahme von dem Antrag des Gegners auf Erlass einer Eilanordnung löst bereits die Verfahrensgebühr aus. Denn damit ist der RA tätig geworden. Dabei ist nicht nötig, dass das Gericht den Antrag dem Antragsgegner mitgeteilt hat. Es reicht aus, wenn dieser auf andere Weise von dem Antrag Kenntnis erlangt hat, da bereits mit der Einreichung des Antrags das Eilverfahren anhängig wird.[6] 12

Wegen Anrechnung → Rn. 133 ff.

b) Gebührenhöhe. ***aa) VV 3100, 3101 RVG.*** Es gelten die allgemeinen Regeln. Insbesondere ist auch VV 3101 anzuwenden. Die volle 1,3 Verfahrensgebühr erwirbt der RA zB durch Einreichung des Antrags. VV 1008 RVG ist anzuwenden. Wegen Finanzgerichtsbarkeit → RVG VV Vorb. 3.2.1 Rn. 10. 13

RA des Antragsgegners. Er verdient eine 1,3 Verfahrensgebühr zB durch den Antrag, den Eilantrag zurückzuweisen, durch den Widerspruch, durch den Antrag, die Entscheidung mit der einstweiligen Regelung aufzuheben oder abzuändern. Ist der Antrag bereits zurückgenommen, so verdient der RA des Gegners, der in unverschuldeter Unkenntnis davon einen Sachantrag stellt, eine 1,3 Verfahrensgebühr. Wegen Kostenerstattung → Anh. X Rn. 117 ff. Zur Verfahrensdifferenzgebühr → RVG VV 3101 Rn. 81 ff. VV 1008 RVG ist anzuwenden. 14

Berechnungsbeispiele → Rn. 18.

bb) Rechtsmittelgericht als Hauptsachegericht. **Arrest und einstweilige Verfügung.** Wird das Rechtsmittelgericht als Hauptsachegericht tätig, wird also erstmals in der Rechtsmittelinstanz ein Arrest- oder Verfügungsantrag gestellt, über den das Rechtsmittelgericht entscheiden muss (§ 943 ZPO), so ist das Arrest- und einstweilige Verfügungsverfahren dennoch ein erstinstanzliches Verfahren. Es erhöhen sich die Gebühren nicht auf die Berufungsgebühren. Der RA erhält vielmehr nur die Gebühren eines erstinstanzlichen Anwalts (VV Vorb. 3.2 Abs. 2 S. 1 RVG). 15

Einstweilige Anordnung. Dasselbe gilt seit dem 1.9.2009 aufgrund der Neufassung von VV Vorb. 3.2 Abs. 2 S. 2 RVG für alle einstweilige Anordnungen, also auch für solche in FG- und Verwaltungssachen.[7] Wenn für das Recht davor das Gegenteil angenommen wurde, so war dies durch den seinerzeitigen Wortlaut von VV Vorb. 3.2 Abs. 2 S. 2 RVG gedeckt.[8] Die frühere Rechtslage rechtfertigte sich damit, dass das Verfahren der einstweiligen Anordnung prozessrechtlich Bestandteil des Hauptverfahrens und damit Teil eines im zweiten Rechtszug anhängigen Verfahrens war, was nunmehr gem. § 51 Abs. 3 S. 2 FamFG nicht mehr der Fall ist. Das 2. KostRMoG hat die Worte „vor den Gerichten der Verwaltungs- und Sozialgerichtsbarkeit" gestrichen und damit klargestellt, dass VV Vorb. 3.2 Abs. 2 RVG auch für die einstweilige Verfügung gem. § 85 Abs. 2 S. 1 ArbGG iVm § 943 Abs. 1 ZPO und für Entscheidungen nach § 69 Abs. 3, 5, 6 FGO gilt.[9] 16

c) Mitbesprechen einer endgültigen Regelung. Die Folgen, wenn in einem Termin im Eilverfahren eine endgültige Einigung erörtert wird, werden zusammen mit der Terminsgebühr bei dieser behandelt (→ Rn. 23 ff.). 17

5. Terminsgebühr

a) Tätigkeit. Der RA hat Anspruch auf eine Terminsgebühr gem. VV 3104 RVG, wenn die Voraussetzungen der VV Vorb. 3 Abs. 3, 3104 RVG gegeben sind, wobei ein Vermeidungs- oder Beendigungsgespräch ohne Gericht genügt. VV 3104, 3105 RVG sind samt ihren Anmerkungen anzuwenden. Zu beachten ist, dass es in Eilverfahren nach dem **FamFG keine Versäumnisentscheidung** gibt (§ 51 Abs. 2 S. 3 FamFG), sodass ein Antrag auf Entscheidung hier im- 18

[6] OLG München AnwBl 1982, 116 = JurBüro 1982, 763 = Rpfleger 1982, 114; Gerold/Schmidt/*von Eicken,* 15. Aufl. 2002, BRAGO § 40 Rn. 4.

[7] OVG Bln-Bbg JurBüro 2017, 258 = NVwZ-RR 2017, 472.

[8] Gerold/Schmidt/*Müller-Rabe,* 18. Aufl. 2008, RVG Anh. II Rn. 18.

[9] Motive BT-Drs. 17/13537.

mer zu einer vollen 1,2 Terminsgebühr führt.[10] Wegen Terminsgebühr bei schriftlicher Entscheidung → RVG VV 3104 Rn. 46 ff.

Berechnungsbeispiele:

(1) Einstweilige Verfügung

RA des Antragstellers beantragt einstweilige Verfügung auf Unterlassung. Wert 10.000,– EUR. Der RA nimmt an einer mündlichen Verhandlung teil.

Der RA verdient

1,3 Verfahrensgebühr gem. VV 3100 RVG aus 10.000,– EUR	798,20 EUR
1,2 Terminsgebühr gem. VV 3104 RVG aus 10.000,– EUR	736,80 EUR
Pauschale gem. VV 7002 RVG	20,00 EUR
Käme es zu einer Einigung über eine vorläufige Regelung, so käme noch hinzu	
1,0 Einigungsgebühr gem. VV 1003 RVG aus 10.000,– EUR	614,00 EUR

(2) Einstweilige Anordnung

RA des Antragstellers beantragt in einem isolierten Sorgerechtsverfahren eine einstweilige Anordnung zur elterlichen Sorge. Wert 2.000,– EUR (§ 41 FamGKG). Der RA nimmt an einem Erörterungstermin teil.

Der RA verdient

1,3 Verfahrensgebühr gem. VV 3100 RVG aus 2.000,– EUR	215,80 EUR
1,2 Terminsgebühr gem. VV 3104 RVG aus 2.000,– EUR	199,20 EUR
Pauschale gem. VV 7002 RVG	20,00 EUR
Käme es zu einer Einigung über eine vorläufige Regelung, so käme noch hinzu	
1,0 Einigungsgebühr gem. VV 1003 RVG aus 2.000,– EUR	166,00 EUR

19 **b) Abgrenzung Eil- und Hauptsacheverfahren.** Nicht selten findet hinsichtlich derselben Sache gleichzeitig ein Eil- und Hauptsacheverfahren statt. Für die Frage, in welchem Verfahren eine Terminsgebühr entsteht, kommt es darauf an, in welcher Sache ein Termin anberaumt wurde (→ Rn. 34 ff.).

20 Bei der einstweiligen Verfügung und beim Arrest ließ sich schon in der Vergangenheit aufgrund der unterschiedlichen Aktenzeichen problemlos feststellen, ob das Eilverfahren oder die Hauptsache terminiert wurde. Bei der **einstweiligen Anordnung** konnte es Unklarheiten geben, da dieses Verfahren als Teil der Hauptsache bei den meisten Gerichten kein eigenes Aktenzeichen führte. Dieses Problem hat sich nunmehr dadurch erledigt, dass auch die einstweiligen Anordnungsverfahren selbständig sind (§ 51 Abs. 3 S. 1 FamFG), in einer eigenen Akte geführt werden und deshalb ein eigenes Aktenzeichen tragen. Für welches Verfahren terminiert ist, lässt sich deshalb auch bei ihnen nunmehr bereits aus den Aktenzeichen entnehmen.

21 **c) Besprechung nur zur allein aufgerufenen Eilsache.** Hat das Gericht Termin im Eilverfahren angeordnet und wird in diesem Termin auch nur über die Eilsache gesprochen, so entsteht nur eine Terminsgebühr im Eilverfahren aus dem Gegenstandswert der Eilsache.[11] Die Frage einer Anrechnung stellt sich nicht.

22 Entsprechendes gilt im umgekehrten Fall, wenn nämlich ein Eil- und Hauptsacheverfahren nebeneinander rechtshängig sind, aber **nur das Hauptsacheverfahren terminiert** ist und in diesem Termin auch nur über die Hauptsache gesprochen wird. Es entstehen nur im Hauptsacheverfahren Gebühren aus dem Hauptsachewert, ohne dass eine Anrechnung in Betracht käme.

23 **d) Mitbesprechung einer endgültigen Regelung im Eilverfahren.** ***aa) Ebenfalls rechtshängige Hauptsache.*** Geht das Gespräch in einem Termin im Eilverfahren auch über eine Einigung zur ebenfalls rechtshängigen Hauptsache, so wird vertreten, dass nur im Eilverfahren eine einzige Terminsgebühr anfällt und diese sich gem. Anmerkung Abs. 2 VV 3104 RVG aus dem **addierten** Gegenstandswert von Eil- und Hauptsache errechnet und dass weiter noch eine 0,8 Verfahrensgebühr gem. VV 3101 Nr. 2 RVG aus dem Hauptsachewert entsteht.[12] Es wäre dann wie folgt zu rechnen:

Beispiel:

Im Termin des Eilverfahrens über Unterhalt (Verfahrenswert 5.000,– EUR) wird darüber gesprochen, ob eine Einigung zu der ebenfalls beim Gericht rechtshängigen Hauptsache (Verfahrenswert 10.000,– EUR) vereinbart werden kann. In der Hauptsache hatte schon ein Erörterungstermin stattgefunden.

---

[10] *Volpert* RVGreport 2010, 170 (171).
[11] OLG Bamberg JurBüro 1981, 67; KG FamRZ 2004, 131.
[12] Schneider/Wolf/*Mock/Fölsch/N. Schneider/Thiel* RVG § 17 Rn. 123.

Es ergab sich nach dieser Auffassung folgende Berechnung

Gebühren im Eilverfahren		
1,3 Verfahrensgebühr gem. VV 3100 RVG aus 5.000,– EUR		434,20 EUR
0,8 Verfahrensgebühr gem. VV 3101 RVG aus 10.000,– EUR		491,20 EUR
Summe		925,40 EUR
Höchstens		
1,3 Verfahrensgebühr gem. VV 3100 RVG aus 15.000,– EUR	933,40 EUR	
1,2 Terminsgebühr gem. VV 3104 RVG aus 15.000,– EUR		861,60 EUR
Pauschale		20,00 EUR
Insgesamt		1.807,00 EUR
Gebühren im Hauptsacheverfahren		
1,3 Verfahrensgebühr gem. VV 3100 RVG aus 10.000,– EUR	798,20 EUR	
– Differenz aus 925,40 EUR und 434,20 EUR		
wg. VV 3101 RVG Anm. Abs. 1	– 491,20 EUR	
Verfahrensgebühr nach Anrechnung		307,00 EUR
1,2 Terminsgebühr aus 10.000,– EUR	736,80 EUR	
– Differenz aus 861,60 EUR und 400,80 EUR		
(1,2 Terminsgebühr aus 5.000,– EUR) wegen VV 3104 RVG Anm. Abs. 2	– 460,80 EUR	
Terminsgebühr nach Anrechnung		276,00 EUR
Pauschale		20,00 EUR
Insgesamt		603,00 EUR
In beiden Verfahren fallen zusammengerechnet an		2.410,00 EUR

Keine Addition. Dieser Ansicht ist nicht zu folgen. Eine Addition wäre nur zutreffend, 24
wenn man den Anspruch auf eine endgültige und den auf eine vorläufige Eilregelung als zwei unterschiedliche Ansprüche ansähe. Nimmt man mit der auch von mir nunmehr vertretenen hM bei der Anrechnung der Geschäftsgebühr auf die Verfahrensgebühr an, dass die Eil- und die Hauptsache denselben Anspruch betreffen (→ Rn. 133 ff.), so liegt es nahe, auch im vorliegenden Zusammenhang von demselben Anspruch auszugehen. Es ist also nicht der Fall gegeben, den VV 3101 Nr. 2, 3104 RVG Anm. Abs. 2 betreffen. Es handelt es sich nicht um einen „in diesem Verfahren nicht rechtshängigen Anspruch" iSv VV 3101 Nr. 2, 3104 RVG Anm. Abs. 2.

Gebühren aus höherem Gegenstandswert. Dass der Versuch einer endgültigen Rege- 25
lung sich auch in der Vergütung des RA niederschlägt, ist dadurch sichergestellt, dass sich der Verfahrenswert erhöht (→ Anh. VI Rn. 139 ff.), jedoch ohne eine Addition.

Anrechnung analog VV 3101 RVG Anm. Abs. 1, VV 3104 RVG Anm. Abs. 2. Ist be- 26
reits im Hauptsacheverfahren eine Verfahrens- und Terminsgebühr aus dem höheren Wert angefallen, so muss analog VV 3101 RVG Anm. Abs. 1, VV 3104 RVG Anm. Abs. 2 eine Anrechnung erfolgen. Nach dem Sinn dieser Bestimmungen soll, wenn in einem Verfahren über einen Anspruch, der anderweitig rechtshängig ist, mit gesprochen wird und sich dies auf den Verfahrenswert erhöhend auswirkt, dies nicht zu einer doppelten Gebührenerhöhung führen. Die Anrechnung erfolgt dann in der Weise, dass der Betrag, um den sich die Verfahrens- und Terminsgebühr im Eilverfahren durch die Besprechung der Hauptsache erhöhen, auf die Verfahrens- und Terminsgebühr im Hauptsacheverfahren angerechnet wird.

Keine endgültige Einigung. Die vorstehenden Ausführungen gelten unabhängig davon, 27
ob es letztlich zu einer Einigung mit einer endgültigen Regelung kommt. Dies ist nur für die Einigungsgebühr von Bedeutung.

Beispiel: Im Termin des Eilverfahrens über Unterhalt (Verfahrenswert 5.000,– EUR) wird darüber gesprochen, ob eine Einigung zu der ebenfalls beim Gericht rechtshängigen Hauptsache (Verfahrenswert 10.000,– EUR) vereinbart werden kann. In der Hauptsache hatte schon ein Erörterungstermin stattgefunden.
Es ergibt sich folgende Berechnung

Gebühren im Eilverfahren		
1,3 Verfahrensgebühr gem. VV 3100 RVG aus 10.000,– EUR		798,20 EUR
1,2 Terminsgebühr gem. VV 3104 RVG aus 10.000,– EUR		736,80 EUR
Pauschale		20,00 EUR
Insgesamt		1.555,00 EUR
Gebühren im Hauptsacheverfahren		
1,3 Verfahrensgebühr gem. VV 3100 RVG aus 10.000,– EUR	798,20 EUR	
abzgl. analog VV 3101 RVG Anm. Abs. 1		
Differenz aus 798,20 EUR (1,3 Verfahrensgebühr aus 10.000,– EUR)		
und 434,20 EUR (1,3 Verfahrensgebühr aus 5.000,– EUR)		
analog VV 3101 RVG Anm. Abs. 2	– 364,00 EUR	
		434,20 EUR

1,2 Terminsgebühr aus 10.000,– EUR	736,80 EUR
abzgl. Differenz 736,80 EUR (1,2 Terminsgebühr aus 10.000,– EUR) und 400,80 EUR (1,2 Terminsgebühr aus 5.000,– EUR) analog VV 3104 RVG Anm. Abs. 2	– 336,00 EUR
	400,80 EUR
Pauschale	20,00 EUR
Insgesamt	855,00 EUR
In beiden Verfahren fallen zusammengerechnet an	2.410,00 EUR
Käme es zu einer Einigung über eine endgültige Regelung, so käme noch hinzu	
1,0 Einigungsgebühr gem. VV 1003 aus 10.000,– EUR	614,00 EUR

Hier ist zwar in beiden Verfahren zusammengenommen die Vergütung des RA gleich hoch wie bei dem Rechenweg gem. → Rn. 23. Für die Kostenerstattung macht es aber einen Unterschied, wenn in beiden Verfahren die Kostenverteilung unterschiedlich ist, zB im Eilverfahren $^1/_2$ zu $^1/_2$, im Hauptsacheverfahren $^2/_3$ zu $^1/_3$.

28 **3. Meinung.** Auf keinen Fall kann vertreten werden, dass zwei Terminsgebühren nebeneinander anfallen.[13] Solche könnten nur bejaht werden, wenn man das Verhalten des Gerichts, das eine Mitbesprechung der Hauptsache veranlasst oder mitmacht, so verstehen könnte, dass auch die Hauptsache aufgerufen wird, also nicht nur eine andere Angelegenheit mitverhandelt würde. Das kann aber bei dem bloßen Mitbesprechen, ob zur Hauptsache eine Einigung möglich ist, nicht angenommen werden. Es fehlt jeder Anhaltspunkt dafür, dass das Gericht einen entsprechenden Willen hat. Außerdem wäre das Gericht hieran auch durch § 217 ZPO gehindert. Der Richter kann nicht, wenn er nur hinsichtlich einer von beiden Sachen terminiert hat, ohne Einhaltung von Fristen, auch die andere Sache aufrufen (→ RVGVV 3104 Rn. 118ff.).

29 ***bb) Nicht rechtshängige Hauptsache.*** Wird im Eilverfahren über eine endgültige Regelung gesprochen, ohne dass die Hauptsache rechtshängig ist, so erhöht sich der Gegenstandswert für die Verfahrens- und Terminsgebühr auf den Wert der Hauptsache (→ Rn. 50). Eine Anrechnung analog VV 3101 RVG Anm. Abs. 1, VV 3104 RVG Anm. Abs. 2 kommt dann nicht in Betracht.

30 **Beispiel:** Im Termin des Eilverfahrens über Unterhalt (Verfahrenswert 5.000,– EUR) wird darüber gesprochen, ob eine endgültige Einigung vereinbart werden kann. Ein Hauptsacheverfahren ist nicht anhängig.

Es ergibt sich folgende Berechnung

Gebühren im Eilverfahren	
1,3 Verfahrensgebühr gem. VV 3100 RVG aus 10.000,– EUR	798,20 EUR
1,2 Terminsgebühr gem. VV 3104 RVG aus 10.000,– EUR	736,80 EUR
Pauschale	20,00 EUR
Insgesamt	1.555,00 EUR
Kommt eine endgültige Einigung zustande, so fällt noch an eine	
1,0 Einigungsgebühr gem. VV 1003 RVG aus 10.000,– EUR an.	614 ,00 EUR

31 ***cc) Mitbesprechung der Hauptsache ohne Einigungsversuch.*** Wird auch über die Hauptsache gesprochen, ohne dass eine Einigung angestrebt wird und ohne dass ein Antrag zu ihr gestellt wird, so entsteht die Terminsgebühr nur aus dem Wert der Eilsache (→ RVGVV 3104 Rn. 118ff.).[14]

32 **e) Mitbesprechung der Eilsache im Hauptsacheverfahren. *aa) Rechtshängige Eilsache.*** Werden in einem Termin zur Hauptsache Einigungsgespräche zur Eilsache geführt. so sind – wie im umgekehrten Fall (im Eilverfahren wird endgültige Regelung versucht → Rn. 23ff.) – keine Gegenstandswerte zu addieren, da der Anspruch derselbe ist. Hinsichtlich der Verfahrens- und der Terminsgebühr erhöht sich in diesem Fall auch nicht der Gegenstandswert.

Beispiel: Im Termin des Hauptsacheverfahrens über Unterhalt (Verfahrenswert 10.000,– EUR) wird darüber gesprochen, ob eine Einigung wenigstens zu dem ebenfalls beim Gericht rechtshängigen Eilverfahren zum Unterhalt (Verfahrenswert 5.000,– EUR) vereinbart werden kann. In dem Eilverfahren hat auch ein Termin stattgefunden.

Gebühren in Hauptsacheverfahren	
1,3 Verfahrensgebühr gem. VV 3100 RVG aus 10.000,– EUR	798,20 EUR
1,2 Terminsgebühr gem. VV 3104 RVG aus 10.000,– EUR	736,80 EUR
Pauschale	20,00 EUR
Insgesamt	1.555,00 EUR

[13] So aber OLG Oldenburg FamRZ 2007, 575 für den Fall, dass im Hauptsacheverfahren über eine einstweilige Anordnung gesprochen wurde.

[14] **AA** OLG Hamburg MDR 2007, 1288; OLG Oldenburg FamRZ 2007, 575.

Gebühren in Eilverfahren

1,3 Verfahrensgebühr gem. VV 3100 RVG aus 5.000,– EUR	434,20 EUR
1,2 Terminsgebühr gem. VV 3104 RVG aus 5.000,– EUR	400,80 EUR
Pauschale	20,00 EUR
Keine Anrechnung gem. VV 3101 RVG Anm. Abs. 1, VV 3104 RVG Anm. Abs. 2	
Insgesamt	855,00 EUR

Wäre es zu einer Einigung mit vorläufiger Regelung gekommen, so käme noch im Hauptsacheverfahren hinzu 1,0 Einigungsgebühr gem. VV 1003 RVG aus 5.000,– EUR 334,00 EUR

Hat im Eilverfahren noch kein Termin stattgefunden, so findet bei einer **Mitverhandlung der Eilsache** im Hauptsacheverfahren nach Ansicht des OVG NRW konkludent auch ein Termin in der Eilsache statt, sodass auch in dieser eine Terminsgebühr anfällt.[15] Ist die Verhandlung zur Hauptsache geschlossen und wird dann ein Eilantrag gestellt und über diesen verhandelt, so fällt nach Ansicht des OLG Koblenz auch zur Eilsache eine Terminsgebühr an.[16] 33

bb) Nicht rechtshängige Eilsache. Ist keine Eilsache anhängig, wird aber im Hauptsacheverfahren über eine vorläufige Regelung gesprochen, so ändert sich dadurch an der Verfahrens- und Terminsgebühr im Hauptsacheverfahren und am Gegenstandswert nichts. 33a

Beispiel: Im Termin im Hauptsacheverfahren (Verfahrenswert 10.000,– EUR) wird auch über die Möglichkeit einer vorübergehenden Einigung, bis in der Hauptsache entschieden ist, gesprochen.

Gebühren in Hauptsacheverfahren

1,3 Verfahrensgebühr gem. VV 3100 RVG aus 10.000,– EUR	798,20 EUR
1,2 Terminsgebühr gem. VV 3104 RVG aus 10.000,– EUR	736,80 EUR
Pauschale	20,00 EUR
Insgesamt	1.555,00 EUR

f) Terminierung gleichzeitig für Haupt- und Eilverfahren. Ist gleichzeitig für die Hauptsache und das Eilverfahren terminiert oder werden sonst wie beide Sachen aufgerufen (→ Rn. 19 ff.), so entsteht die Terminsgebühr in beiden Verfahren nebeneinander (→ RVG VV 3104 Rn. 118 ff.).[17] Eine Anrechnung gem. VV 3101 Nr. 2, VV 3104 RVG Anm. Abs. 2 findet nicht statt. 34

Antrag zur nicht aufgerufenen Hauptsache im Eilverfahren. Sind sowohl ein Eil- als auch ein Hauptsacheverfahren rechtshängig, so kann es vorkommen, dass in einem nur für die einstweilige Anordnung vorgesehenen Termin ein RA ohne Aufforderung durch das Gericht Anträge zur Hauptsache stellt. Hieraus allein kann noch nicht geschlossen werden, dass eine mündliche Verhandlung oder Erörterung im Hauptsacheverfahren stattgefunden hat. Der RA kann die mündliche Verhandlung oder Erörterung in der Hauptsache nicht durch einen solchen Antrag erzwingen. Anders ist es aber, wenn das Gericht zu erkennen gibt, dass es auch über die Hauptsache verhandeln will.[18] Dies kann es dadurch, dass es den Gegner in derselben Sitzung zu einer Stellungnahme zu dem Antrag auffordert oder mit den Parteien die Aussichten dieses Antrags erörtert.[19] Dann ist auch die Hauptsache als aufgerufen anzusehen, sodass gleichzeitig je ein Termin in beiden Sachen stattfindet und zwei gesonderte Terminsgebühren anfallen (→ RVG VV 3104 Rn. 118 ff.). 35

Beispiel: Termin ist gleichzeitig aufgerufen worden für das Hauptsacheverfahren über Unterhalt (Verfahrenswert 10.000,– EUR) und für das Eilverfahren zum Unterhalt (Verfahrenswert 5.000,– EUR). 36

Gebühren in Hauptsacheverfahren

1,3 Verfahrensgebühr gem. VV 3100 RVG aus 10.000,– EUR	798,20 EUR
1,2 Terminsgebühr gem. VV 3104 RVG aus 10.000,– EUR	736,80 EUR
Pauschale	20,00 EUR
Insgesamt	1.555,00 EUR

Gebühren in Eilverfahren

1,3 Verfahrensgebühr gem. VV 3100 RVG aus 5.000,– EUR	434,20 EUR
1,2 Terminsgebühr gem. VV 3104 RVG aus 5.000,– EUR	400,80 EUR
Pauschale	20,00 EUR
Insgesamt	855,00 EUR
Keine Anrechnung	

[15] OVG NRW NJW 2015, 2601.
[16] OLG Koblenz AGS 2020, 321.
[17] OLG München AnwBl 1993, 530 = Rpfleger 1993, 463.
[18] *Mümmler* JurBüro 1978, 313 (320).
[19] OLG Hamm AnwBl 1976, 443; MDR 1977, 238; OLG Karlsruhe Rpfleger 1976, 441.

Wäre es zu einer Einigung mit vorläufiger Regelung gekommen, so käme noch im Eilverfahren hinzu

1,0 Einigungsgebühr gem. VV 1003 RVG aus 5.000,– EUR (→ Rn. 42)	334,00 EUR

Wäre es zu einer Einigung mit endgültiger Regelung gekommen, so käme noch im Hauptsacheverfahren hinzu 1,0 Einigungsgebühr gem. VV 1003 RVG aus 10.000,– EUR (→ Rn. 43) 614,00 EUR

37 **g) Besprechung ohne Gericht.** Soweit Äußerungen dazu vorliegen, wird übereinstimmend angenommen, dass bei Rechtshängigkeit eines Hauptsache- und eines Eilverfahrens ein außergerichtliches Einigungsgespräch beide Verfahren betrifft, weshalb in beiden Verfahren eine Terminsgebühr anfällt. Etwas anderes soll nur gelten, wenn ausdrücklich eine Beschränkung auf eines der Verfahren vorgenommen wird.[20]

38 Dem ist so nicht zu folgen.[21] Wird während des ganzen Gesprächs nur über eine endgültige Regelung gesprochen, so betrifft es nur die Hauptsache; nur in diesem löst es eine Terminsgebühr aus. Daran ändert auch nichts, dass ein Erfolg des Gesprächs auch Folgen für das Eilverfahren hat, weil es sich erledigt. Das ist eine automatische Folge der Einigung, führt aber nicht dazu, dass auch über das Eilverfahren verhandelt würde. Es gelten hier die gleichen Grundsätze wie bei der Einigungsgebühr nach einer Einigung in der Hauptsache (→ Rn. 44).

39 Wird ausschließlich über eine vorläufige Regelung gesprochen, so ist nur das Eilverfahren betroffen; nur in ihm fällt eine Terminsgebühr an.

40 Nur wenn sowohl über eine endgültige als auch – uU auch nur zwischendurch – eine vorübergehende Regelung gesprochen wird, kann hierdurch in beiden Verfahren eine Terminsgebühr entstehen.

Beispiel: Weder im Hauptsacheverfahren über Unterhalt (Verfahrenswert 10.000,– EUR) noch im Eilverfahren zum Unterhalt (Verfahrenswert 5.000,– EUR) hat ein Termin stattgefunden. Die beiden Verfahrensbevollmächtigten telefonieren, um eine abschließende Einigung zum Unterhalt zu erreichen.

Eilverfahren

1,3 Verfahrensgebühr gem. VV 3100 RVG aus 5.000,– EUR	434,20 EUR
Pauschale	20,00 EUR
Insgesamt	454,20 EUR

Hauptsacheverfahren

1,3 Verfahrensgebühr gem. VV 3100 RVG aus 10.000,– EUR	798,20 EUR
1,2 Terminsgebühr gem. VV 3104, Vorb. 3 Abs. 3 S. 1 Alt. 3 RVG aus 10.000,– EUR	736,80 EUR
Pauschale	20,00 EUR
Insgesamt	1.555,00 EUR

Käme dann auch noch eine endgültige Vereinbarung zustande, so käme noch hinzu

1,0 Einigungsgebühr gem. VV 1003 RVG aus 10.000,– EUR	614,00 EUR

6. Einigungsgebühr

41 **a) Vorläufige Regelung. Vereinbarung mit vorläufiger Regelung im Eilverfahren.** Wird im Eilverfahren eine Einigung mit nur einer vorläufig geltenden Regelung getroffen, so fällt eine 1,0 bzw. eine 1,3 Einigungsgebühr gem. VV 1003, 1004 RVG aus dem – meistens reduzierten (→ Anh. VI Rn. 35 ff.) – Gegenstandswert der Eilsache an.

42 **Vereinbarung mit vorläufiger Regelung im Hauptsacheverfahren.** Es fällt eine 1,0 bzw. 1,3 Einigungsgebühr aus einem Wert an, der dem bei Eilverfahren entspricht, also in aller Regel ein im Verhältnis zur Hauptsache reduzierter (→ RVG VV 1000 Rn. 163 ff., 169). Beispiel → Rn. 27.

43 **b) Endgültige Regelung.** ***aa) Im Eilverfahren.*** Es gilt Entsprechendes wie bei der Terminsgebühr (→ Rn. 23 ff.). Es entsteht eine 1,0 bzw. eine 1,3 Einigungsgebühr gem. VV 1003, 1004 RVG, jetzt aber aus dem Hauptsachewert.

44 **Paralleles Hauptsacheverfahren.** Auch wenn parallel zum Eilverfahren ein Hauptsacheverfahren rechtshängig ist, fällt **nur einmal** eine Einigungsgebühr an und zwar in dem Verfahren, in dem die Einigung getroffen wird (→ RVG VV 1003, 1004 Rn. 71, 73) und aus dem Wert der Hauptsache.[22] Dass passt auch dazu, dass die Verfahrens- und Terminsgebühr nicht zweifach anfallen, sondern sich lediglich erhöhen (→ Rn. 17, 21 ff.), wenn Einigungsgespräche zB im Eilverfahren auch zu einer endgültigen Regelung geführt werden. Beispiel → Rn. 23.

---

[20] OLG Stuttgart FamRZ 2008, 912 = AGS 2007, 564 mzustAnm *N. Schneider* = RVGreport 2007, 387 mzustAnm *Hansens.*

[21] *Volpert* RVGreport 2010, 170 (173).

[22] OLG Hamm FamRZ 2009, 540 = AGS 2009, 219; OLG Frankfurt a. M. JurBüro 1981, 918; OLG Koblenz FamRZ 2017, 392 = AGS 2017, 178; Schneider/Herget/*Kurpat* Rn. 5541.

AA ist allerdings eine stark vertretene Meinung, nach der auch eine Einigung im Eilverfahren erfolgen soll, mit der Folge, dass die Werte des Hauptsacheverfahrens und des Eilverfahrens zu addieren sein sollen.[23] Dem ist nicht zu folgen. Zum einen scheitert eine Addition bereits daran, dass die vorläufige und die endgültige Regelung nur einen Gegenstand darstellen (→ Rn. 133 ff.); zum anderen daran, dass die Parteien sich nicht zum Eilanspruch einigen. Das Eilverfahren erledigt sich vielmehr ohne weiteres durch die Einigung in der Hauptsache von selbst. Nachdem eine endgültige Regelung gefunden ist, bedarf es keiner einstweiligen Regelung mehr. In die gleiche Richtung gehen Erwägungen des BGH, wenn er meint, dass eine außergerichtliche Besprechung nach einer im Beschlussweg ergangenen einstweiligen Verfügung mit dem Ziel einer endgültigen Regelung nicht das Eilverfahren betrifft. 45

Vereinbarung auch über Kosten des Hauptsacheverfahrens. Wird allerdings in der Einigung eine Kostenregelung auch hinsichtlich des Hauptsacheverfahrens getroffen, so ist der Kostenwert des Hauptsacheverfahrens hinzuzuaddieren.[24] 46

Beispiel:

Rechtshängig sind eine Hauptsache (Wert 10.000,– EUR) und eine Eilsache (Wert 3500,– EUR). Im Eilverfahren wird ein Vergleich mit einer endgültigen Regelung vereinbart. Gleichzeitig wird auch eine Regelung hinsichtlich der Kosten des Hauptsacheverfahrens (4.000,– EUR) vereinbart.

Die 1,0 Einigungsgebühr gem. VV 1003 RVG fällt an aus einem Wert von 14.000,– EUR.

bb) Im Hauptsacheverfahren mit Kostenvereinbarung. Erfolgt die endgültige Einigung im Hauptsacheverfahren und wird gleichzeitig eine Vereinbarung getroffen über die Kosten im Eilverfahren, so errechnet sich der Wert der Einigungsgebühr aus der Addition des Wertes des Hauptsacheverfahrens und des Kostenwerts des Eilverfahrens.[25] 47

Beispiel:

Rechtshängig sind eine Hauptsache (Wert 10.000,– EUR) und eine Eilsache (Wert 3500,– EUR). Im Hauptsacheverfahren wird ein Vergleich mit einer endgültigen Regelung vereinbart. Gleichzeitig wird auch eine Regelung hinsichtlich der Kosten des Eilverfahrens (2.000,– EUR) vereinbart.

Die 1,0 Einigungsgebühr gem. VV 1003 RVG fällt an aus einem Wert von 12.000,– EUR.

cc) Gleichzeitig Termin in Hauptsache- und Eilverfahren. Werden beide Verfahren gleichzeitig aufgerufen und wird eine Regelung vereinbart, so fällt trotzdem nur eine Einigungsgebühr (→ RVG VV 1003, 1004 Rn. 68) an. Ist es eine endgültige Regelung, so fällt die Einigungsgebühr im Hauptsacheverfahren (→ RVG VV 1003, 1004 Rn. 73) aus dem Hauptsachewert an. Ist es eine vorläufige Regelung, so fällt die Einigungsgebühr im Eilverfahren (→ RVG VV 1003, 1004 Rn. 73) aus dem Wert der Eilsache an. Beispiel → Rn. 36. 48

dd) Gebührenhöhe bei verschiedenen Instanzen. Ist die Hauptsache in zweiter Instanz anhängig und wird eine endgültige Regelung im Eilverfahren, das in erster Instanz anhängig ist, vereinbart, so fällt eine 1,3 Einigungsgebühr (VV 1004 RVG) aus dem Hauptsachewert an. Entscheidend ist, wo der Gegenstand, über den man sich einigt, anhängig ist (→ RVG VV 1003 Rn. 6). 49

Beispiel:

Rechtshängig sind eine Hauptsache in 2. Instanz (Wert 10.000,– EUR) und eine Eilsache in 1. Instanz (Wert 3.500,– EUR). Im Eilverfahren wird ein Vergleich mit einer endgültigen Regelung vereinbart.

Es fällt eine 1,3 Einigungsgebühr gem. VV 1004 RVG aus 10.000,– EUR an.

ee) Keine Hauptsache anhängig. Eine Vereinbarung mit endgültiger Regelung im Eilverfahren führt, wenn kein Hauptsacheverfahren anhängig ist, im Eilverfahren zu einer 1,0 bzw. uU 1,3 Einigungsgebühr gem. VV 1003, 1004 RVG aus dem Hauptsachewert. Es fällt nicht eine 50

---

[23] OLG Düsseldorf JurBüro 2005, 310; OLG Köln JurBüro 2015, 644 = AGS 2015, 460 mzustAnm *N. Schneider;* wohl OLG Hamburg JurBüro 1991, 1065; Hartmann/Toussaint/*Forbringer* RVG VV 1000 Rn. 27 „Arrest, einstweilige Verfügung"; *Hansens* BRAGO § 40 Rn. 8; *N. Schneider* RVG-B 2005, 161; die sich aber nicht mit der Frage beschäftigen, ob hinsichtlich der einstweiligen Anordnung überhaupt eine Einigung vorliegt, wenn eine Einigung zur Hauptsache erfolgt; Schneider/Wolf/*Schafhausen/Schneider/Thiel* RVG VV 1000 Rn. 206; ebenso zu der vergleichbaren Frage im Verwaltungsrecht, ob eine Einigung im Eilverfahren, mit der sich ein Widerspruchsverfahren erledigt, zu einer Addition der Werte führt OVG NRW RVGreport 2020, 231.

[24] OLG Frankfurt a. M. JurBüro 1981, 918 für den umgekehrten Fall, dass der Vergleich im Hauptsacheverfahren geschlossen wird unter Einbeziehung einer Kostenvereinbarung für das Eilverfahren; **aA** OLG Düsseldorf JurBüro 2005, 310 = AGS 2006, 37 mzustAnm *N. Schneider,* das, obgleich es einen Vergleich zum Eilverfahren nur hinsichtlich der Kosten angenommen hat, den vollen Wert des Eilverfahrens hinzu addiert.

[25] OLG Frankfurt a. M. JurBüro 1981, 918.

1,5 Einigungsgebühr gem. VV 1000 RVG an, da die Einigung wegen der Identität von Eil- und Hauptsacheanspruch (→ Rn. 133) den im Verfahren anhängigen Anspruch betrifft. Beispiel → Rn. 29.

7. Besonderheiten bei Kindschaftssachen nach § 156 Abs. 3 FamFG

51 **a) Allgemeines.** Wegen Angelegenheit → § 17 Rn. 84 ff.; Auswirkungen auf VKH → § 17 Rn. 88.

52 **Auswirkungen auf die Gebühren des Anwalts** bestehen auch bei einstweiligen Anordnungsverfahren von Amts wegen nur, wenn der Rechtsanwalt in diesem Verfahren **beauftragt** (→ Rn. 3 ff.) und **tätig** geworden ist. Dabei können sich Abgrenzungsprobleme ergeben, ob sich eine Tätigkeit des Anwalts auf die Hauptsache oder auf das einstweilige Anordnungsverfahren bezieht.[26]

53 **b) Termin in einem oder zwei Verfahren?** Ist es im Hauptsacheverfahren zu keiner gütlichen Regelung gekommen und erörtert nunmehr das Gericht mit den Beteiligten gem. § 156 Abs. 3 FamFG den Erlass einer einstweiligen Anordnung, so stellt sich die Frage, ob hier in einem Termin zur Hauptsache eine einstweilige Anordnung mit erörtert wird (Gebühren nur einmal → Rn. 32 ff.) oder ob gleichzeitig ein Termin im einstweiligen Anordnungsverfahren stattfindet (Gebühren zweimal → Rn. 34 ff.). Letzteres ist gegeben. Zwar existiert in diesem Fall kein eigenes Aktenzeichen des einstweiligen Anordnungsverfahrens. Es ist aber ein Termin gegeben, in dem Anträge zur einstweiligen Anordnung gestellt werden können, über die das Gericht uU entscheiden muss. Das ist ein erheblicher Unterschied im Verhältnis zu dem Fall, in dem in einem Termin bloß eine anderweitig rechtshängige Sache mit dem Ziel einer Einigung mit erörtert wird. Bei letzterer Konstellation werden hinsichtlich der miterörterteten Sache keine Anträge gestellt und trifft das Gericht auch keine Entscheidung, wenn es zu keiner Einigung kommt. Können aber, wie im Fall von § 156 Abs. 3 FamFG in einem Termin zu der Eilsache auch Anträge gestellt werden und ist dann in diesem Verfahren auch darüber zu entscheiden, so findet ein Erörterungstermin auch hinsichtlich der Eilsache statt.

54 **c) Verfahrens- und Terminsgebühr.** Es muss eine Tätigkeit nach Beginn des einstweiligen Anordnungsverfahrens vorliegen. Stellt ein RA einen Eilantrag und nimmt der andere dazu Stellung, so ist bei beiden eine Verfahrens- und eine Terminsgebühr angefallen. Beide haben einen Termin im einstweiligen Anordnungsverfahren iSv VV 3101 Nr. 1 RVG wahrgenommen und haben in einem Termin in dieser Sache ihre Mandanten vertreten.

Beispiel:

In einem isolierten Hauptsacheverfahren zum Umgangsrecht ordnet das Gericht ein schriftliches Gutachten an. Gem. § 156 Abs. 3 S. 2 FamFG erörtert das Gericht mit den Beteiligten, dass es von Amts wegen eine einstweilige Anordnung erlassen soll. Der Antragsgegnervertreter stellt daraufhin einen Antrag auf einstweilige Anordnung, dem sich die Antragstellervertreterin widersetzt.
Die RA verdienen

Hauptsache

1,3 Verfahrensgebühr gem. VV 3100 RVG aus 4.000,– EUR	361,40 EUR
1,2 Terminsgebühr gem. VV 3104 RVG aus 4.000,– EUR	333,60 EUR
Pauschale gem. VV 7002 RVG	20,00 EUR

Einstweilige Anordnung

1,3 Verfahrensgebühr gem. VV 3100 RVG aus 2.000,– EUR	215,80 EUR
1,2 Terminsgebühr gem. VV 3104 RVG aus 2.000,– EUR	199,20 EUR
Pauschale gem. VV 7002 RVG	20,00 EUR

Keine Anrechnung.

55 Erklären beide Anwälte, dass keine einstweilige Anordnung nötig ist und gibt sich das Gericht damit zufrieden, so können bei den Anwälten mangels eines einstweiligen Anordnungsverfahrens keine zusätzlichen Gebühren anfallen.

56 **d) Einigungsgebühr.** Wie auch sonst bei Eilsachen fällt die Einigungsgebühr im Regelfall nur einmal an (→ Rn. 44) und richten sich die Zuordnung der Einigungsgebühr zu einem der beiden Verfahren und der Gegenstandswert der Einigung danach, ob eine vorübergehende oder endgültige Einigung getroffen ist (→ Rn. 48).

---

[26] *Abramenko* ZMR 2005, 166.

e) Beispiele. ***aa) Vorläufige Regelung*** 57

Beispiel:

In einem isolierten Hauptsacheverfahren zur elterlichen Sorge wird eine einstweilige Anordnung beantragt. Nachdem über beide Gegenstände mündlich verhandelt wurde, schließen die Parteien einen Vergleich über eine vorläufige Regelung.

Die RA verdienen

Hauptsache	
1,3 Verfahrensgebühr gem. VV 3100 RVG aus 4.000,– EUR	361,40 EUR
1,2 Terminsgebühr gem. VV 3104 RVG aus 4.000,– EUR	333.60 EUR
Pauschale gem. VV 7002 RVG	20,00 EUR
Einstweilige Anordnung	
1,3 Verfahrensgebühr gem. VV 3100 RVG aus 2.000,– EUR	215,80 EUR
1,2 Terminsgebühr gem. VV 3104 RVG aus 2.000,– EUR	199,20 EUR
1,0 Einigungsgebühr gem. VV 1003 RVG aus 2.000,– EUR	166,00 EUR
Pauschale gem. VV 7002 RVG	20,00 EUR

Keine Anrechnung.

bb) Endgültige Regelung 58

Beispiel:

Zur elterlichen Sorge ist Hauptsache- und einstweiliges Anordnungsverfahren rechtshängig. Nachdem in der mündlichen Verhandlung beide Gegenstände erörtert wurden, einigen sich die Beteiligten auf eine endgültige Regelung.

Die RA verdienen

Hauptsache	
1,3 Verfahrensgebühr gem. VV 3100 RVG aus 4.000,– EUR	361,40 EUR
1,2 Terminsgebühr gem. VV 3104 RVG aus 4.000,– EUR	333.60 EUR
1,0 Einigungsgebühr gem. VV 1003 RVG aus 4.000,– EUR	278,00 EUR
Pauschale gem. VV 7002 RVG	20,00 EUR
Einstweilige Anordnung	
1,3 Verfahrensgebühr gem. VV 3100 RVG aus 2.000,– EUR	215,80 EUR
1,2 Terminsgebühr gem. VV 3104 RVG aus 2.000,– EUR	199,20 EUR
Pauschale gem. VV 7002 RVG	20,00 EUR

Keine Anrechnung.

cc) Vorläufige und endgültige Regelung 59

Beispiel:

Im Verbundverfahren (Verfahrenswert 40.000,– EUR) sind ua rechtshängig Unterhalt (Verfahrenswert 12.000,– EUR) und elterliche Sorge; weiter rechtshängig ist eine einstweilige Anordnung zur elterlichen Sorge (Verfahrenswert 2.000,– EUR). Nach mündlicher Verhandlung in beiden Verfahren kommen in einem einheitlichen Vergleich eine endgültige Vereinbarung zum Unterhalt und eine vorläufige Vereinbarung zur elterlichen Sorge zustande.

Der RA verdient

Hauptsache	
1,3 Verfahrensgebühr gem. VV 3100 RVG aus 40.000,– EUR	1.452,10 EUR
1,2 Terminsgebühr gem. VV 3104 RVG aus 40.000,– EUR	1.340,40 EUR
1,0 Einigungsgebühr gem. VV 1003 RVG aus 14.000 EUR	718,00 EUR
Pauschale gem. VV 7002 RVG	20,00 EUR
Einstweilige Anordnung	
1,3 Verfahrensgebühr gem. VV 3100 RVG aus 2.000,– EUR	215,80 EUR
1,2 Terminsgebühr gem. VV 3104 RVG aus 2.000,– EUR	199,20 EUR
Pauschale gem. VV 7002 RVG	20,00 EUR

Keine Anrechnung.

Die Einigungsgebühr fällt nur einmal an, allerdings aus den addierten Werten, da hier ganz unterschiedliche Gegenstände betroffen sind.[27] Beide Sachen sind durch die einheitliche Einigung hinsichtlich der Einigungsgebühr als miteinander verbunden anzusehen (→ RVG VV 1003 Rn. 71). Da aber die Verfahrens- und die Terminsgebühr in beiden Angelegenheiten unabhängig von der Einigung oder den Einigungsbemühungen anfallen, entstehen sie zweimal und nicht dadurch, dass eine gütliche Regelung in einer Einigung angestrebt wird, nur einmal. 60

[27] OLG Koblenz FamRZ 2008, 1969 = JurBüro 2008, 471; OLG München AnwBl 1993, 530; *N. Schneider* AGS 2003, 50 (53).

61 **f) Nicht anhängige Ansprüche,** → RVG VV 1003 Rn. 11, 80 ff.

8. Abgeltungsbereich

62 Mit der Verfahrensgebühr im Eilverfahren sind unter anderem abgegolten
- die Ermittlungen der Anschrift beim Einwohnermeldeamt,
- Gespräche mit Dritten zur Vorbereitung eines Eilantrags sowie Aufnahme einer eidesstattlichen Versicherung des Dritten[28] oder der Partei,
- die Zustellung einer im Eilverfahren ergangenen Entscheidung.[29]

9. Angelegenheit und Anrechnung

63 Bestimmungen zur Angelegenheit bei Eilverfahren befinden sich in §§ 16 Nr. 5, 17 Nr. 4, 18 Abs. 1 Nr. 2 RVG.

64 **§ 16 Nr. 5 RVG** betrifft das Verhältnis des Anordnungsverfahrens zu Verfahren auf **Abänderung oder Aufhebung** der Anordnung. Sie sind eine Angelegenheit (→ § 16 Rn. 87).

65 **§ 17 Nr. 4 RVG** betrifft das Verhältnis des Eilverfahrens **zum Hauptsacheverfahren.** Es sind zwei Angelegenheiten (→ Rn. 1a ff.; → § 17 Rn. 75 ff.).

66 **§ 18 Abs. 1 Nr. 2 RVG** betrifft **Vollziehungsmaßnahmen untereinander** und die **Zustellung** der Eilentscheidungen.

67 Für das Verhältnis **von Eilmaßnahmen untereinander** → § 16 Rn. 96 ff.
Wegen gleichzeitiger Besprechung zur Haupt- und Eilsache → Rn. 48 ff.

68 Wegen **Anrechnung** der Geschäftsgebühr → Rn. 133 ff.
Wegen Verwaltungssachen → Anh. IV Rn. 11 ff.

10. Kommunikationspauschale

69 Da das Verfahren zum einstweiligen Rechtsschutz eine selbständige Angelegenheit ist, verdient der RA die Pauschale des VV 7002 RVG sowohl für das Hauptsacheverfahren als auch für das Eilverfahren.

11. Widerspruch

Beispiel:

70 Gericht hat einstweilige Verfügung (Gegenstandswert 10.000,– EUR) erlassen. Nach Widerspruch wird mündlich verhandelt.

RA verdient:

1,3 Verfahrensgebühr gem. VV 3100 RVG aus 10.000,– EUR	798,20 EUR
1,2 Terminsgebühr gem. VV 3104 RVG aus 10.000,– EUR	736,80 EUR
Pauschale gem. VV 7002 RVG	20,00 EUR

71 **a) Allgemeines.** Der Widerspruch löst wie die Einlegung eines Rechtsmittels (VV 3201 Anm. S. 1 Nr. 2 RVG) eine volle Gebühr aus. Der Rechtsbehelf ist hinsichtlich der Frage, ob eine volle oder nur eine reduzierte Gebühr angefallen ist, der Berufungseinlegung gleich zu stellen.[30]

72 Der Rechtsbehelf führt jedoch zu VV 3100 ff. RVG und nicht zu VV 3200 ff. RVG oder VV 3500 ff. RVG. Denn der Widerspruch ist kein Rechtsmittel, sondern ein Rechtsbehelf. Er führt dazu, dass in der ersten Instanz das Verfahren mit einer mündlichen Verhandlung fortgesetzt wird, weshalb auch keine neue Angelegenheit gegeben ist (→ § 16 Rn. 87). VV 3100 ff. RVG sind auch anzuwenden, wenn das Beschwerdegericht den Arrest oder die einstweilige Verfügung als Hauptsachegericht erlassen hat (VV Vorb. 3.2 Abs. 2 RVG).

73 **b) Kostenwiderspruch.** ***aa) Auftrag nur für Kostenwiderspruch.*** Hat der RA, gegen dessen Auftraggeber im Beschlusswege eine einstweilige Verfügung auf wettbewerbsrechtliche Unterlassung ergangen ist, ausschließlich den Auftrag, im Kostenpunkt Widerspruch zu erheben, so ist heute nahezu einhellige Meinung, dass der RA mit seinem Kostenwiderspruch nur eine 1,3 Verfahrensgebühr aus dem Kostenwert (→ Anh. VI Rn. 341 ff.), nicht aber eine Verfahrensgebühr aus dem Hauptsachewert verdient.[31] Allerdings ist anerkannt, dass eine Beschränkung auf einen Kostenwiderspruch prozessrechtlich nur in der Weise geschehen kann, dass der RA

---

[28] OLG Hamm JurBüro 2001, 475 = Rpfleger 2001, 458.

[29] OLG Frankfurt a. M. JurBüro 2002, 140; OLG Hamm JurBüro 2001, 475 = Rpfleger 2001, 458; OLG Koblenz Rpfleger 2003, 269.

[30] KG JurBüro 1985, 1238 = AnwBl 1985, 530.

[31] BGH AnwBl 2003, 592 = JurBüro 2003, 466; OLG Hamburg AGS 2011, 621; OLG Karlsruhe MDR 2007, 1455; OLG Köln JurBüro 1999, 244; OLG Koblenz Rpfleger 1986, 407; OLG München AGS 2012, 545; OLG Nürnberg AGS 2013, 140; **aA** KG JurBüro 1985, 1238.

im Namen des Antraggegners erklärt, dass er auf das Widerspruchsrecht verzichtet.[32] Wird nur Kostenwiderspruch erhoben, so enthält dies inzidenter eine Widerspruchsverzichtserklärung.[33] Wie bei einem Anerkenntnis, bei dem es dem Beklagten auch nur um die Kosten geht, fällt eine 0,8 Verfahrensgebühr aus dem Hauptsachewert an.[34]

bb) Umfassender Verfahrensauftrag. Beauftragt der Antragsgegner nach Erhalt der Eilentscheidung den RA, ihn gegen diese Entscheidung zu vertreten, und erteilt er ihm die erforderlichen Informationen, so fällt zunächst eine 0,8 Verfahrensgebühr aus dem Hauptsachewert an, auch wenn letztlich nur ein Kostenwiderspruch erhoben wird. Der Auftrag geht hier jedenfalls über die Kostenabwehr hinaus und der RA ist durch die Entgegennahme der Informationen in dem vom Auftrag vorgegebenen, größeren Rahmen tätig geworden.[35] Legt der RA dann letztlich nur einen Kostenwiderspruch ein, so kommt noch eine 1,3 Verfahrensgebühr aus dem Kostenwert dazu (mit der Obergrenze gem. § 15 Abs. 3 RVG). 74

cc) Umfassender Beratungsauftrag. Hat der Antragsgegner den RA zunächst beauftragt, ihn zu beraten, wie er sich gegenüber der Eilentscheidung verhalten soll, so liegt zunächst ein Beratungsauftrag vor. Der RA verdient zunächst eine Beratungsgebühr gem. §§ 34 ff. RVG. Erhebt er sodann nach der Beratung auftragsgemäß Kostenwiderspruch, so verdient er eine 1,3 Verfahrensgebühr aus dem Kostenwert mit Anrechnung gem. § 34 Abs. 2 RVG. 75

dd) Unverbindliche Beschränkung auf Kostenwiderspruch. Erhebt der Antragsgegner „Widerspruch" gegen die einstweilige Verfügung verbunden mit dem Hinweis, im Termin werde der Anspruch unter Protest gegen die Kostenlast anerkannt werden, so ist darin kein Kostenwiderspruch zu sehen, da der Antragsgegner in diesem Fall nämlich immer noch dazu übergehen kann, die einstweilige Verfügung selbst anzugreifen. Wenn daraus geschlossen wird,[36] dass deshalb zunächst eine 1,3 Verfahrensgebühr aus dem vollen Wert des Arrestes oder der einstweiligen Verfügung anfällt, so ist das, wenn der Widerspruch nachfolgend noch eingeschränkt wird, mit dem zumindest analog anzuwendenden § 47 GKG, nicht zu vereinbaren. Anders ist es, wenn zunächst mit dem Widerspruch beantragt war, die gesamte Eilentscheidung aufzuheben.[37] Letzteres ist auch dann anzunehmen, wenn ohne jeden Hinweis auf eine Beschränkung nur Widerspruch erhoben wird. 76

12. Rechtsmittel

a) Beispiele. *aa) Beschwerde* 77

(1) Ohne mündliche Verhandlung. Das Gericht hat eine einstweilige Verfügung (Gegenstandswert 10.000,– EUR) abgelehnt. Über die Beschwerde wird ohne mündliche Verhandlung mit Beschluss entschieden 78

RA verdient im Beschwerdeverfahren

0,5 Verfahrensgebühr gem. VV 3500 RVG aus 10.000,– EUR	307,00 EUR
Pauschale gem. VV 7002 RVG	20,00 EUR

(2) Mit mündlicher Verhandlung. Nach Beschwerde findet mündliche Verhandlung statt.

RA verdient im Beschwerdeverfahren

0,5 Verfahrensgebühr gem. VV 3500 RVG aus 10.000,– EUR	307,00 EUR
1,2 Terminsgebühr gem. VV 3514 RVG aus 10.000,– EUR	736,80 EUR
Pauschale gem. VV 7002 RVG	20,00 EUR

bb) Berufung 79

Gericht hat durch Urteil eine einstweilige Verfügung erlassen. In der Berufungsinstanz wird mündlich verhandelt.

RA verdient im Berufungsverfahren

1,6 Verfahrensgebühr gem. VV 3200 RVG aus 10.000,– EUR	982,40 EUR
1,2 Terminsgebühr gem. VV 3202 RVG aus 10.000,– EUR	736,80 EUR
Pauschale gem. VV 7002 RVG	20,00 EUR

---

[32] BGH NJW-RR 2003, 1293 = AnwBl 2003, 592 = JurBüro 2003, 466.

[33] OLG Frankfurt a. M. NJW-RR 1996, 1535; OLG Hamburg NJW-RR 2000, 1238; **aA** OLG Koblenz Rpfleger 1986, 407.

[34] OLG München AnwBl 2005, 795 = AGS 2005, 496 mzustAnm *N. Schneider* = OLGR 2005, 818; ebenso löst der Rechtsmittelverzicht eine 0,8 Verfahrensgebühr aus dem Hauptsachewert aus, VV 3101 RVG; Gerold/Schmidt/*von Eicken,* 15. Aufl. 2002, BRAGO § 31 Rn. 19.

[35] BGH NJW-RR 2003, 1293 = AnwBl 2003, 592 = JurBüro 2003, 466; OLG Köln JurBüro 1999, 244, beide erkennen im Verhältnis des Anwalts zum Mandanten einen Anspruch auf Vergütung einer 0,8 Verfahrensgebühr an, verneinen nur einen Erstattungsanspruch; OLG München AGS 2012, 545.

[36] KG AnwBl 1982, 436 = JurBüro 1982, 1400; *Hansens* BRAGO § 40 Rn. 5.

[37] So war es in den Fällen KG WRP 1977, 585; und OLG Stuttgart WRP 1976, 402.

80 **b) Beschwerde oder Berufung in Familiensachen.** Je nachdem, ob in der ersten Instanz durch Beschluss oder Urteil entschieden wurde, ist das Rechtsmittel der sofortigen Beschwerde oder der Berufung gegeben. Auch bei der Beschwerde sind VV 3200 ff. RVG anzuwenden, da die Entscheidung im einstweiligen Rechtsschutz keine Zwischenentscheidung mehr, sondern eine Endentscheidung iSv VV Vorb. 3.2.1 Nr. 2b RVG ist (→ RVG VV Vorb. 3.2.1 Rn. 28 ff.).

81 **c) Mündliche Verhandlung bei Beschwerde.** Ordnet nach einer Beschwerde das Rechtsmittelgericht mündliche Verhandlung an, so verdient der RA eine (im Verhältnis zu anderen Beschwerden erhöhte – vgl. VV 3513 RVG) 1,2 Terminsgebühr (iÜ VV 3514 RVG). Da für die Verfahrensgebühr eine Sonderregelung fehlt, bleibt es bei der für Beschwerden üblichen 0,5 Verfahrensgebühr (VV 3500 RVG).

82 **d) Einigung.** ***aa) Einigungsgebühr.*** Im **Berufungsverfahren** fällt
- hinsichtlich in der Berufungsinstanz anhängiger Ansprüche gem. VV 1004 RVG eine 1,3,
- hinsichtlich in erster Instanz anhängiger Ansprüche gem. VV 1003 RVG eine 1,0
- hinsichtlich nicht anhängiger Ansprüche gem. VV 1000 RVG eine 1,5 Einigungsgebühr an.

83 Es kommt nicht darauf an, wo die Einigung erfolgt, sondern was einer Einigung zugeführt wird (→ RVG VV 1003 Rn. 6). Bei der Einigungsgebühr kommt es auf die Anhängigkeit und nicht die Rechtshängigkeit an.

84 Im **Beschwerdeverfahren** fällt sowohl hinsichtlich der in der Beschwerdeinstanz als auch der in der ersten Instanz anhängigen Ansprüche gem. VV 1003 RVG eine 1,0 Einigungsgebühr an. VV 1004 RVG erfasst nach seinem eindeutigen Wortlaut nicht im Beschwerdeverfahren anhängige Ansprüche.

85 ***bb) Verfahrensdifferenzgebühr.*** **Berufungsverfahren.** Werden bei einer Einigung vor dem Berufungsgericht in diesem Verfahren nicht rechtshängige Ansprüche mitgeregelt oder sollen sie mitgeregelt werden, so fällt gem. VV 3201 Anm. S. 1 Nr. 2 RVG eine 1,1-Verfahrensdifferenzgebühr an, die im Fall anderweitiger Rechtshängigkeit unter Umständen anzurechnen ist (VV 3201 Anm. S. 2 RVG). Bei der Verfahrensdifferenzgebühr kommt es auf die Rechtshängigkeit an.

86 **Beschwerdeverfahren.** Im Beschwerdeverfahren fällt mangels einer den VV 3201, 3503 RVG entsprechenden Bestimmung eine 0,5-Verfahrensdifferenzgebühr an.

87 **e) Rechtsbeschwerde.** Wird eine – bei Arrest und einstweiliger Verfügung – unzulässige Rechtsbeschwerde[38] eingelegt, so greift VV 3502 RVG (1,0 Verfahrensgebühr) ein.

88 **f) Mehrere Beschwerden.** Das Rechtsmittelverfahren ist stets eine besondere Angelegenheit. Beschwerden gegen mehrere getrennte einstweilige Anordnungen sind mehrere Beschwerdeverfahren, so dass jeweils gesondert die Beschwerdegebühren des VV 3500 RVG anfallen.[39] Richten sich Beschwerden sowohl gegen den Hauptsache- als auch den einstweiligen Rechtsschutzbeschluss, so handelt es sich selbst dann um zwei Angelegenheiten, wenn beide Beschlüsse in einer Entscheidung ergangen und in einem Schriftsatz beide Beschwerden enthalten sind und das Beschwerdegericht in einem Beschluss über beide Beschwerden entschieden.

13. Schutzschrift

89 → Rn. 170 ff.

14. Gegenstandswert

90 → Anh. VI Rn. 23 ff.

15. Kostenerstattung

91 **a) Titel.** ***aa) Arrest und einstweilige Verfügung.*** Da Hauptsache- und Arrest- bzw. einstweilige Verfügungsverfahren auch prozessrechtlich zwei besondere Verfahren sind, ergehen in beiden Verfahren gesonderte Kostenentscheidungen. Die Kostenerstattung für die in dem jeweiligen Verfahren angefallenen Kosten richtet sich nur nach der im dazugehörigen Verfahren ergangenen Kostenentscheidung. Ein Vergleich, der die Kostentragung im Hauptsacheverfahren regelt, umfasst die Kosten des Verfügungsverfahrens nur, wenn dies die Parteien ausdrücklich bestimmen.[40]

---

[38] BGH MDR 2003, 529; BAG NJW 2003, 1621 = MDR 2003, 650.
[39] Madert/Müller-Rabe Fam-HdB/*Madert* Kap. B Rn. 116.
[40] OLG München OLGR 2003, 265.

bb) Zeitliche Reichweite des Titels. Ergeht eine einstweilige Verfügung ohne mündliche Verhandlung, so erfasst deren Kostenentscheidung nicht mehr eine Terminsgebühr, die durch ein nachfolgendes Gespräch über die Vermeidung eines Widerspruchs entstanden ist.[41] **91a**

cc) Aufhebung wegen veränderter Umstände (§ 927 ZPO). Ein Urteil gem. § 927 ZPO entscheidet nur über die Kosten des Aufhebungsverfahrens. Sie erfasst nicht automatisch die Kosten des Anordnungsverfahrens. Etwas anderes gilt nur, wenn das Gericht im Aufhebungsverfahren ausdrücklich auch über die Kosten des Anordnungsverfahrens entscheidet.[42] In beiden Verfahren können entgegengesetzte Entscheidungen ergehen. Das kann dazu führen, dass in derselben Angelegenheit (§ 16 Nr. 5 RVG) der Antragsteller auf Grund der Entscheidung im Arrest- oder einstweiligen Verfügungsverfahren, der Antragsgegner auf Grund der Entscheidung im Aufhebungsverfahren einen Erstattungsanspruch hat. Jeder kann aus der für ihn günstigen Entscheidung Erstattung seiner Kosten verlangen.[43] Jeder kann dabei seine Verfahrensgebühr bei beiden Kostenfestsetzungen geltend machen. Dass sie nur einmal anfällt (→ § 16 Rn. 93), steht abweichend von einer teilweise bei **Verwaltungsgerichten** zu § 80 Abs. 5, 7 VwGO vertretenen Ansicht (→ Rn. 91c) nicht entgegen. Sie kann zwar nicht zweifach geltend gemacht werden, sie fällt aber mit jeder eine Verfahrensgebühr auslösenden Tätigkeit erneut an.[44] Keiner erhält aber mehr als 100 % der ihm in beiden Verfahren entstandenen Kosten.[45] Wurden zB im Anordnungsverfahren bereits $^{3}/_{10}$ der Kosten im Aufhebungsverfahren bei der Erstattung berücksichtigt, so kann die im Aufhebungsverfahren siegreiche Partei nicht auf Grund der dort ergangenen Kostenentscheidung 100 % ihrer Kosten erstattet erhalten. **91b**

Beispiel:

Laut Kostenentscheidung im Anordnungsverfahren (Gegenstandswert 10.000,– EUR) trägt der Antragsteller 30 %, der Antragsgegner 70 %. Laut Aufhebungsurteil trägt der Antragsteller die gesamten Kosten (Gegenstandswert 10.000,– EUR).

Erstattungsanspruch des Antragstellers auf Grund Anordnungsentscheidung

1,3 Verfahrensgebühr des Antragstellers gem. VV 3100 RVG aus 10.000,– EUR	798,20 EUR.
Pauschale	20,00 EUR.
1,3 Verfahrensgebühr des Antraggegners gem. VV 3100 RVG aus 10.000,– EUR	798,20 EUR.
Pauschale	20,00 EUR.
Summe	1.636,40 EUR.
Davon trägt der Antragsteller 30 %	490,92 EUR.
Er hat aber bezahlt	818,20 EUR.
Also erhält er vom Antragsgegner	327,28 EUR.

Erstattungsanspruch des Antragsgegners auf Grund Aufhebungsentscheidung

1,3 Verfahrensgebühr gem. VV 3100 RVG aus 10.000,– EUR	798,20 EUR.
Pauschale	20,00 EUR.
Summe	818,20 EUR.
Da aber bereits 30 % aus 818,20 EUR	245,46 EUR.
bei der Erstattung aus dem Anordnungstitel berücksichtigt	
wurden, kann der Antragsgegner nur Erstattung verlangen von	572,74 EUR.

dd) Änderung gem. § 80 Abs. 7 VwGO. Dasselbe gilt, wenn ein Antrag nach § 80 Abs. 5 VwGO auf aufschiebende Wirkung für den Antragsteller kostenpflichtig abgelehnt und später diese Entscheidung gem. § 80 Abs. 7 VwGO für den Antragsgegner kostenpflichtig abgeändert wird (str.).[46] **91c**

ee) Aufhebung wegen unterlassener Klageerhebung (§ 926 Abs. 2 ZPO). Bei der Aufhebung gem. § 926 Abs. 2 ZPO wird die im Anordnungsverfahren ergangene Kostenentscheidung im **92**

[41] BGH JurBüro 2017, 246.

[42] *Hansens* BRAGO § 40 Rn. 15; zur Zulässigkeit einer Entscheidung, die auch die Kosten des Anordnungsverfahrens erfasst OLG Hamburg OLGR 1996, 349 = AGS 1997, 135.

[43] OLG Hamburg MDR 1974, 150; OLG München AnwBl 1988, 416 = JurBüro 1987, 712; OLG Schleswig JurBüro 1995, 308; *Hansens* BRAGO § 40 Rn. 15; ebenso zum Verwaltungsrecht OVG NRW AGS 2017, 205 = RVGreport 2017, 190 mAnm *Hansens;* **aA** OLG Hamm JurBüro 1982, 1517.

[44] *Schneider* Anm. zu VG Düsseldorf AGS 2014, 550.

[45] OLG Hamburg JurBüro 1981, 277; OLG Schleswig JurBüro 1995, 308; **aA** KG JurBüro 1974, 1395.

[46] OVG NRW AGS 2018, 582 = RVGreport 2019, 110 mzustAnm *Hansens;* 2.8.2002, 2 E 219/02, BeckRS 2005, 26537; VG Magdeburg AGS 2015, 101 mzustAnm *N. Schneider; Enders* JurBüro 2016, 393 mwN für beide Ansichten; **aA** BayVGH RVGreport 2019, 468 mablAnm *Hansens;* VGH BW NVwZ-RR 2012, 88; OVG NRW AGS 2018, 433; 14.5.2014 – 19 E 524/14.A, BeckRS 2014, 122289; VG Düsseldorf AGS 2014, 550 mwN und mablAnm *N. Schneider;* VG Schleswig AGS 2018, 584 mablAnm *N. Schneider.*

Regelfall mit aufgehoben. Es liegt dann eine einheitliche Regelung für die im Anordnungs- und Aufhebungsverfahren gem. § 16 Nr. 5 RVG nur einmal anfallenden Gebühren vor.[47]

93 **Rücknahme des Antrags.** Hat der Antragsgegner seinen Antrag gem. § 926 Abs. 2 ZPO zurückgenommen, weil der Antragsteller zwischenzeitlich Klage erhoben hat und sind dem Antragsteller die Kosten des Aufhebungsverfahrens analog § 93 ZPO auferlegt worden, so kann der Antragsgegner auf Grund dieses Titels nur die Erstattung der zusätzlichen Kosten des Aufhebungsverfahrens, nicht aber auch die, die bereits im Anordnungsverfahren entstanden waren, verlangen.[48] Nur diese Mehrkosten sind durch die zwischenzeitliche Unterlassung der Klageerhebung verursacht.

94 ***ff) Einstweilige Anordnung.*** **Altes Recht.** Das Hauptsache- und das einstweilige Anordnungsverfahren waren unter dem alten Recht verfahrensrechtlich ein Verfahren. In Verfahren über einstweilige Anordnungen ergingen daher keine gesonderten Kostenentscheidungen. Vielmehr erfasste die Kostenentscheidung in der Hauptsache auch die Kosten des Anordnungsverfahrens (vgl. für Familiensachen § 620g Hs. 2 ZPO aF).[49] Teilweise wurde jedoch vertreten, dass eine gesonderte Kostenentscheidung hinsichtlich der einstweiligen Anordnung zu ergehen hat, wenn aus prozessrechtlichen Gründen keine Hauptsacheentscheidung ergehen kann[50] bzw. wenn mit einer solchen nicht zu rechnen ist, zB weil PKH für die Hauptsache verweigert wurde.[51] Im Übrigen zur früheren Rechtslage Gerold/Schmidt/*Müller-Rabe,* 18. Aufl. 2008, RVG Anh. II Rn. 64.

95 **Neues Recht.** Die Rechtslage hat sich radikal geändert. Das einstweilige Anordnungsverfahren ist nunmehr eine selbständige Angelegenheit (§ 51 Abs. 3 S. 1 FamFG), in der eine eigene Kostenentscheidung ergehen muss (§ 81 Abs. 1 S. 3 FamFG).

96 **Achtung Haftungsfalle für den RA.** Ergeht eine Entscheidung im einstweiligen Anordnungsverfahren, die aber keine Kostenentscheidung enthält (was häufiger passieren wird), so muss, wenn eine günstige Kostenentscheidung zu erwarten ist, ein **Ergänzungsantrag** gestellt werden und zwar **binnen 14 Tagen** nach der schriftlichen Bekanntgabe des Beschlusses (§ 43 FamFG). Wurde diese Frist versäumt, sollte die Haftpflichtversicherung benachrichtigt werden.

97 **Vergleich.** Bei einem im Verfahren der einstweiligen Anordnung in einer Familiensache geschlossenen Vergleich, in dem wegen der Kosten keine Vereinbarung getroffen worden ist, gilt nunmehr § 98 ZPO, nachdem § 620g ZPO aF entfallen ist.[52]

98 **b) Tätigkeit im Verfahren.** Voraussetzung eines prozessualen Kostenerstattungsanspruchs ist, dass der Erstattungsberechtigte an dem Verfahren überhaupt beteiligt war. Dies setzt voraus, dass das Verfahren bereits rechtshängig war. Im einstweiligen Verfügungsverfahren tritt die Rechtshängigkeit bereits mit der Einreichung des Antrags bei Gericht ein und nicht erst mit der Zustellung an den Gegner.[53] Dasselbe gilt für einstweilige Anordnungen.[54]

99 Das führt dazu, dass, auch wenn der Antrag ohne Anhörung des Antragsgegners zurückgewiesen worden ist, der Antragsgegner Erstattung von Anwaltsgebühren verlangen kann, die dadurch entstanden sind, dass er von dem Antrag sonst wie Kenntnis erlangt und daraufhin schon einen RA beauftragt hat, der dann auch tätig geworden ist.[55] Das gilt auch dann, wenn zwischenzeitlich der Antrag zurückgenommen wurde, ohne dass der Antragsgegner und sein RA davon Kenntnis bekommen haben oder bekommen haben mussten.[56] Dasselbe gilt, wenn der Antragsgegner durch eigene Nachforschungen oder zufällig Kenntnis von einer gegen die Zurückweisung des Antrages eingelegten Beschwerde erlangt und der von ihm daraufhin beauftragte RA tätig wird.[57]

---

[47] OLG Frankfurt a. M. JurBüro 1986, 1042, auch dazu, was gilt, wenn ausnahmsweise getrennte Kostenentscheidungen ergehen zB weil das Aufhebungsverfahren übereinstimmend für erledigt erklärt wurde; OLG Hamm JurBüro 1982, 1517.

[48] OLG Düsseldorf MDR 1975, 588 (Ls.); KG MDR 1975, 153.

[49] OLG Nürnberg NJW-RR 2002, 436 = FamRZ 2002, 478; das gilt auch für einstweilige Anordnungen in ZPO-Verfahren OLG Brandenburg FamRZ 2002, 964.

[50] OLG Naumburg FamRZ 2006, 1217.

[51] OLG Koblenz FamRZ 2009, 1344; OLG Köln FamRZ 2007, 650.

[52] Zum alten Recht Gerold/Schmidt/*Müller-Rabe,* 18. Aufl. 2008, RVG Anh. II Rn. 65.

[53] OLG Köln GRUR 2001, 425; OLG München NJW 1993, 1604.

[54] OLG Nürnberg NJW-RR 2002, 436 = FamRZ 2002, 478.

[55] OLG Hamburg MDR 2000, 786; KG JurBüro 1993, 486.

[56] KG JurBüro 1993, 486; MDR 1977, 319, sogar dann, wenn die Mandatierung erst nach der Antragsrücknahme erfolgt ist.

[57] KG JurBüro 1981, 228 = Rpfleger 1981, 161.

c) Mehrere Anwälte. Altes Recht. Hatte der Antragsteller mit der Erwirkung des Arrestes oder der einstweiligen Verfügung zunächst einen bei dem zuständigen Landgericht nicht zugelassenen RA beauftragt und sich dann im Widerspruchsverfahren oder in dem durch Anordnung mündlicher Verhandlung verursachten weiteren Verfahren durch einen anderen RA vertreten lassen, so wurden schon vor der Erweiterung der Postulationsfähigkeit durch die Änderung von § 78 ZPO nach der hM regelmäßig die Mehrkosten des zweiten Anwalts als nicht zu erstatten angesehen. Da kaum Fälle denkbar sind, in denen der Antragsteller nicht mit der Erhebung von Widerspruch oder der Anordnung einer mündlichen Verhandlung rechnen musste, war der Antragsteller erstattungsrechtlich verpflichtet, den Anordnungsantrag bereits durch einen bei dem angerufenen Gericht zugelassenen RA stellen zu lassen.[58] 100

Neues Recht. Dieses Problem hat sich durch die Erweiterung der Postulationsfähigkeit und die Rspr. des BGH, dass eine Partei grds. einen RA in ihrer Nähe wählen darf (→ RVG VV 7003 Rn. 114 ff.),[59] verlagert. Im Regelfall kann der Antragsteller einen RA aus seiner Nähe beauftragen. Dieser hat die Partei dann aber auch, wenn es zu einer mündlichen Verhandlung kommt, weiter zu vertreten. Ein Erstattungsanspruch für einen weiteren RA, in aller Regel nunmehr einen Terminsvertreter, kommt nur in Betracht, wenn die durch ihn verursachten Mehrkosten nicht erheblich höher sind als die Reisekosten des zuerst beauftragten Anwalts zum Gericht oder wenn zumindest zu erwarten war, dass sie nicht erheblich höher sein werden (→ RVG VV 7003 Rn. 114 ff.). 101

Zur schriftlichen Informationen befähigter Antragsteller. Etwas anderes gilt, wenn eine Partei zB zur schriftlichen Information in der Lage und verpflichtet ist, etwa ein großes Unternehmen mit eigener Rechtsabteilung (→ RVG VV 7003 Rn. 114 ff.). Dass es sich um ein Eilverfahren handelt, führt nicht dazu, dass abweichend vom Hauptsacheverfahren immer ein RA aus der Nähe genommen werden darf. Bei der Schnelligkeit der heutigen Kommunikationsmittel wird es bei derartigen Unternehmen auch in Eilverfahren meistens möglich sein, den beim Hauptsachegericht ansässigen RA schriftlich und telefonisch zu informieren. 102

Etwas anderes gilt in diesen Fällen, 103

- wenn es infolge besonderer Eilbedürftigkeit nicht möglich ist, einen bei dem zuständigen Gericht zugelassenen RA rechtzeitig zu erreichen oder ausreichend zu unterrichten, oder
- wenn der Vertrauensanwalt des Antragstellers mit der Sachlage eingehend vertraut ist, eine ausreichende Unterrichtung eines anderen RA infolge der Kürze der Zeit nicht mehr durchführbar ist.[60]

Wechsel vor Aufhebungs- bzw. Abänderungsverfahren → Anh. X Rn. 211 104

Verkehrsanwalt. Ein Verkehrsanwalt wird vor allem noch in Betracht kommen, wenn der erstinstanzliche RA bei keinem OLG zugelassen ist und deshalb beim OLG nicht auftreten kann. Allein der Umstand, dass es sich um ein Eilverfahren handelt, rechtfertigt nicht generell die Einschaltung eines Verkehrsanwalts. Im Einzelfall ist denkbar, dass gerade wegen der Eilbedürftigkeit ein Verkehrsanwalt erforderlich ist. Diese Fälle werden aber gerade in der Rechtsmittelinstanz sehr selten sein.[61] 105

d) Schutzschrift, → Rn. 170 ff. 106

e) Mutwillige Verfahrenstrennung, → Anh. X Rn. 244 ff. 107

f) Hauptsache und Eilsache nebeneinander, → Anh. X Rn. 278 ff. 108

g) Kostenwiderspruch. Streitig ist, ob im Fall eines Kostenwiderspruchs dem siegenden Antragsgegner nur die aus dem Kostenwert errechneten Gebühren (zB nur eine 1,3 Verfahrensgebühr aus dem Kostenwert) zu erstatten sind und zwar auch dann, wenn der RA weitere Gebühren verdient hat,[62] zB weil der RA zunächst einen umfassenderen Auftrag hatte und 109

---

[58] Vgl. zB OLG Bamberg JurBüro 1978, 1029; JurBüro 1986, 1410; OLG Frankfurt a. M. JurBüro 1981, 608; KG JurBüro 1980, 607; OLG Koblenz JurBüro 1982, 1081 = Rpfleger 1981, 494; OLG München JurBüro 1987, 277; vgl. aber auch OLG Schleswig JurBüro 1981, 385; **aA** OLG Düsseldorf MDR 1994, 411 = AGS 1994, 44 mkritAnm *von Eicken,* doppelte Gebühr sogar bei Anwaltswechsel innerhalb derselben Sozietät.

[59] BGH NJW 2003, 898 = AnwBl 2003, 309 = JurBüro 2003, 202.

[60] Nach OLG Koblenz JurBüro 1987, 1406 mAnm *Mümmler,* gilt eine Ausnahme auch dann, wenn der Antragsteller beweisen kann, dass mit einem Widerspruch nicht zu rechnen war.

[61] OLG München JurBüro 1987, 277.

[62] BGH NJW 2013, 3104 = AnwBl 2013, 828 = RVGreport 2014, 109 mablAnm *Hansens;* BGH NJW-RR 2003, 1293 = AnwBl 2003, 592 = JurBüro 2003, 466; OLG Celle JurBüro 1988, 1499; OLG Düsseldorf JurBüro 1985, 1501; OLG Hamburg JurBüro 1985, 283; 89, 1738; OLG Hamm JurBüro 1982, 267; OLG Karlsruhe JurBüro 2008, 28; OLG Koblenz Rpfleger 1986, 407; OLG Köln JurBüro 1999, 244; **aA** zusätzlich auch noch

deshalb eine 0,8 Verfahrensgebühr aus dem Hauptsachewert angefallen ist (→ Rn. 74). Die Meinung, die nur die Kosten aus dem Kostenwert erstattet, wird unterschiedlich begründet. Ein Teil stützt sich darauf, dass dasselbe gelte wie in dem Fall, in dem der Mandant dem RA den Auftrag erteilt, ein erstinstanzliches Urteil in vollem Umfang mit der Berufung anzugreifen, letztlich aber nur hinsichtlich eines Teils Rechtsmittel eingelegt wird. Hier besteht kein Erstattungsanspruch hinsichtlich der Mehrkosten, die sich auf den Teil beziehen, für den kein Rechtsmittel eingelegt wurde.[63] Der BGH beruft sich darauf, dass die Kosten einer anwaltlichen Beratung, die nicht dem Führen, sondern der Vermeidung eines Rechtsstreits dienen, nicht zur zweckentsprechenden Rechtsverteidigung notwendig iSv § 91 ZPO sind.[64]

110 Dem ist nicht zu folgen.[65] Die Argumentation des BGH ist zum einen zu formalistisch und passt zum anderen nicht zur Rspr. des BGH zur Notwendigkeit von Kosten in anderen Fällen. Es sind die Grundsätze heranzuziehen, die beim Anerkenntnis gelten.[66] Der allgemeine Rechtsgedanke des § 93 ZPO ist, dass eine in einem Verfahren unterliegende Partei dann die Kosten des Verfahrens nicht tragen soll, wenn sie mit einem Prozess überzogen wird, zu dem sie keinen Anlass gegeben hat. Genau dieser Rechtsgedanke trifft auch auf den Kostenwiderspruch, wenn bei ihm die Voraussetzungen so sind, dass das Gericht die Kosten des Verfahrens der in der Hauptsache erfolgreichen Partei auferlegt. Der Unterschied ist nur, dass in Fällen, in denen die Parteien vor einer Entscheidung gehört werden müssen, schon vor der ersten Entscheidung Gelegenheit zum Anerkenntnis besteht. Nur weil bei einer einstweiligen Verfügung eine Entscheidung ergangen ist, bevor der Antragsgegner erstmals von dem Verfahren erfahren hat, weshalb er nicht früher anerkennen konnte, kann er nicht schlechter gestellt werden. Vom Grundgedanken des § 93 ZPO her gesehen lässt sich ein abweichendes Ergebnis mit solchen Feinheiten, wie dass die Prüfung, in welchem Umfang Rechtsmittel eingelegt werden soll, dem Erlass der Verfügung nachgelagert, dem Widerspruchsverfahren aber vorgelagert sei,[67] nicht rechtfertigen.

111 Im Übrigen ist die 0,8 Verfahrensgebühr nicht dem Widerspruchsverfahren vorgelagert, wenn zunächst ein umfassender Verfahrensauftrag für das Widerspruchsverfahren erteilt war. Sie gehört eindeutig zum Widerspruchsverfahren. Und selbst wenn man sie nicht dem Rechtszug zuordnen wollte, so ändert sich nichts, solange nur ein Verfahrensauftrag erteilt ist. Denn dann wäre die Tätigkeit zumindest dem Verfügungsverfahren zuzuordnen. Da, wenn die Entscheidung, wie üblich, über die Kosten des ganzen Verfahrens geht, wäre die 0,8 Verfahrensgebühr wieder von der Kostenentscheidung erfasst.[68]

112 Wenn ein Verfahrensauftrag vorlag, käme ein Ausschluss der Kostenerstattung nur noch wegen fehlender Notwendigkeit in Betracht, worauf sich der BGH in einer weiteren Argumentation stützt.[69] Auch dieses Argument ist nicht überzeugend. Eine solche Argumentation ist weder vor dem Grundgedanken das § 93 ZPO noch vor der Rspr. des BGH in vergleichbaren Fällen haltbar. Der BGH erkennt an, dass der Berufungsbeklagte selbst dann einen RA in einer eine 1,1 Verfahrensgebühr (VV 3201 RVG) auslösenden Weise mandatieren darf, wenn die (später zurückgenommene) Berufung ohne Begründung und ausdrücklich nur zur Fristwahrung eingelegt wird (→ RVG VV 3201 Rn. 55). Warum dann für jemanden, der ohne Anlass zu dem Prozess gegeben zu haben und ohne Gelegenheit gehabt zu haben, sich dagegen wehren zu können, mit einer einstweiligen Verfügung überzogen wurde, nicht das gleiche Recht bestehen soll, ist nicht nachvollziehbar.[70] Das gilt umso mehr vor dem Hintergrund der Wertung des § 93 ZPO, dass keine Kosten tragen soll, wer zu einem Prozess keinen Anlass gegeben hat.

113 Die Rechtslage ist nicht vergleichbar mit dem Fall, dass eine Partei nach anwaltlicher Beratung von einer weitergehenden Berufung absieht, weil sie einsehen muss, dass diese nicht erfolgversprechend ist. Denn hier hatte die Partei bereits in der Vorinstanz Kenntnis von dem Verfahren und damit Gelegenheit, den Anspruch schon vorher anzuerkennen.

0,8 Verfahrensgebühr gem. VV 3101 Nr. 1 RVG aus der Hauptsache OLG München AnwBl 2005, 795 = OLGR 2005, 818; KG JurBüro 1985, 1238; OLG Köln Rpfleger 1993, 173.

[63] OLG Hamburg JurBüro 1985, 283.

[64] BGH NJW-RR 2003, 1293 = AnwBl 2003, 592 = JurBüro 2003, 466.

[65] OLG München AGS 2012, 545; KG MDR 1985, 770; OLG Köln JurBüro 1992, 803; *Hansens* Anm. zu BGH RVGreport 2014, 109; Gerold/Schmidt/*von Eicken,* 15. Aufl. 2002, BRAGO § 31 Rn. 46.

[66] *N. Schneider* AGS 2003, 447.

[67] Worauf der BGH NJW 2013, 3104 Rn. 9 = AnwBl 2013, 828 = RVGreport 2014, 109 mablAnm *Hansens* abstellt.

[68] *Hansens* Anm. zu BGH RVGreport 2014, 109.

[69] BGH NJW 2013, 3104 Rn. 11 = AnwBl 2013, 828 = RVGreport 2014, 109 mablAnm *Hansens.*

[70] *Hansens* Anm. zu BGH RVGreport 2014, 109.

h) Widerspruch beim falschen Gericht. Hat das Amtsgericht gem. § 942 ZPO eine einstweilige Verfügung erlassen und erhebt der Verfügungsschuldner fälschlicherweise Widerspruch beim Amtsgericht, so sind, soweit hierdurch Mehrkosten entstehen, diese für den Verfügungsgläubiger notwendige Kosten iSv § 91 ZPO und damit erstattungsfähig, nicht aber für den Verfügungsschuldner.[71] Dabei ist auch zu beachten, dass der RA, der an falscher Stelle Widerspruch erhoben hat, wegen dieses Kunstfehlers keinen Vergütungsanspruch gegen seinen Mandanten für die hierdurch entstandenen Mehrkosten hat (→ § 1 Rn. 166).[72] **114**

i) Kostenerstattung über § 945 ZPO. Der im einstweiligen Verfügungsverfahren Unterlegene, der im Hauptprozess obsiegt, kann nicht auf Grund von § 945 ZPO seine außergerichtlichen Kosten des Widerspruchsverfahrens erstattet verlangen, da diese nicht unter den Vollziehungsschaden fallen.[73] **115**

j) Rechtsbeschwerde wegen Kostenfestsetzungsbeschluss. Auch gegen einen Kostenfestsetzungsbeschluss im einstweiligen Anordnungsverfahren kann die Rechtsbeschwerde zugelassen werden. Das gilt unbeschadet dessen, dass dies hinsichtlich der einstweiligen Anordnung selbst nicht möglich ist. Das Kostenfestsetzungsverfahren ist als selbständige Folgesache mit einem eigenen Rechtsmittelzug ausgestattet.[74] **116**

16. Prozesskostenhilfe

a) Umfang. Verhältnis Hauptsache zu Eilverfahren. Die Beiordnung in der Hauptsache erfasst nicht automatisch auch das Verfahren über den Arrest, den Europäischen Beschluss zur vorläufigen Kostenpfändung, die einstweilige Verfügung und die einstweilige Anordnung (§ 48 Abs. 5 S. 2 Nr. 2 RVG). Das gilt auch für einstweilige Anordnungen in FamFG-Verfahren.[75] Damit zieht das Gesetz die Konsequenzen daraus, dass die einstweiligen Anordnungen selbständige Angelegenheiten sind. **117**

Hinweis für den RA: Nicht vergessen, nicht nur für Arrest und einstweilige Verfügung, sondern auch für das einstweilige Anordnungsverfahren einen gesonderten PKH-Bewilligungs- und Beiordnungsantrag zu stellen.[76] Dabei muss dies für jede einstweilige Anordnung besonders beantragt werden.[77] **118**

Einstweilige Anordnung im Fall von § 156 Abs. 3 FamFG. Geht man davon aus, dass die gem. dieser Bestimmung vom Gericht einzuleitende Erörterung über den Erlass einer einstweiligen Anordnung ab einem gewissen Stadium (→ Rn. 53) zu keinem Annex zur Hauptsache, sondern zu einem selbständigen Verfahren führt, so lässt sich darüber streiten, ob eine gewährte VKH und Beiordnung auch dieses Verfahren erfasst. Nach den allgemeinen Grundsätzen (→ Rn. 117) wäre dies zu verneinen. Andererseits ließe sich argumentieren, dass, nachdem das Gericht von sich aus die Frage einer einstweiligen Anordnung erörtern muss, eine solche Nähe zur Hauptsache besteht, dass die VKH und Beiordnung auch das Verfahren zur Hauptsache erfasst. Hierfür würde auch die hier vertretene Auffassung ein Argument sein, dass der Auftrag für die Hauptsache in diesem besonderen Fall auch einen solchen für das Eilverfahren umfasst. Dem steht jedoch entgegen, dass es in vielen Fällen auch genügt, wenn sich die Beteiligten selbst äußern. Anwaltszwang herrscht nicht (§ 114 Abs. 1 FamFG). Die Beteiligten werden wegen § 155 Abs. 3 FamFG im Regelfall auch im Termin selbst anwesend sein. Über die Frage, wie ein Umgangsrecht bis zur endgültigen Entscheidung zu regeln ist, werden die Beteiligten häufig zu einer ihre Rechte ausreichend wahrnehmenden Stellungnahme auch ohne RA in der Lage sein. Es werden auch häufig die Voraussetzungen des § 78 FamFG, unter denen eine Beiordnung nur erfolgen darf (Schwierigkeit der Sach- und Rechtslage), nicht gegeben sein. Daher ist eine automatische Erstreckung der VKH und Beiordnung abzulehnen. **119**

Hinweis an RA. Hieraus ergibt sich für den RA, dass er, wenn das Gericht die Frage der einstweiligen Anordnung anschneidet, als erstes einen Antrag auf VKH-Bewilligung und Beiordnung auch für dieses Verfahren beantragen muss. **120**

---

[71] OLG Schleswig KostRspr BRAGO § 40 Nr. 1.
[72] *E. Schneider* KostRspr BRAGO § 40 Nr. 1.
[73] BGHZ 45, 251 f.; LM § 945 ZPO Nr. 30/31 mkritAnm *Grunsky* = NJW 1993, 2685 = MDR 1994, 151; dazu krit. *Vollkommer* WM 1994, 51 ff.; und *Hees* MDR 1994, 438; LG Mainz NJW 1954, 560 (zust. *Rosenberg*); **aA** *Löwer* ZZP Bd. 75 (1962), 232.
[74] Zum alten Recht BGH NJW 2005, 2233 Rn. 4.
[75] BT-Drs. 15/1971, 200.
[76] OLG Naumburg AGS 2003, 23; *N. Schneider* AGS 2003, 24.
[77] OLG Düsseldorf JurBüro 2007, 42; OLG Karlsruhe FamRZ 1993, 216.

121 **Abänderung und Aufhebung im Eilverfahren.** Das Verfahren auf Abänderung oder Aufhebung einer Eilentscheidung bildet nach § 16 Nr. 5 RVG mit dem Anordnungsverfahren gebührenrechtlich eine Einheit. Deshalb wird es von der Beiordnung für das Anordnungsverfahren mit umfasst. Das trifft auch für Gebühren und Auslagen zu, die erstmals im Aufhebungs- oder Abänderungsverfahren erwachsen. Das gilt weiter auch, wenn beantragt wird, eine im Widerspruchsverfahren bereits bestätigte Anordnung nach §§ 926, 927 ZPO aufzuheben; denn auch das ist gebührenrechtlich kein neuer Rechtszug.

122 **Vollziehung und Vollstreckung.** Wenn im PKH-Bewilligungs- und Beiordnungsbeschluss nichts Entgegengesetztes gesagt ist, so erfasst die Beiordnung im Eilverfahren auch die Vollziehung und Vollstreckung (§ 48 Abs. 2 RVG). Es bleibt dem Gericht aber die Möglichkeit, die Erfolgsaussicht zu prüfen und bei deren Verneinung die Erstreckung auszuschließen (§ 48 Abs. 2 S. 2 RVG).

123 **b) Mehrere Anwälte.** Bestellt das Gericht im Wege der Prozesskostenhilfe für das Aufhebungsverfahren einen anderen RA als für das Anordnungsverfahren oder für das Widerspruchsverfahren, so können beide ihre Vergütung aus der Staatskasse verlangen.[78]

17. Rechtsschutzversicherung

124 Ob sich die Versicherungsdeckung auch auf notwendige Nebenverfahren wie zB Arrest- und einstweilige Verfügungsverfahren erstreckt, hängt vom jeweiligen vereinbarten Umfang der Versicherungsdeckung ab.[79] Dasselbe gilt für einstweilige Anordnungsverfahren.

Arrest und einstweilige Verfügungen sind, obwohl im 8. Buch der ZPO, dem Buch der Zwangsvollstreckung untergebracht, keine Anträge auf Vollstreckung iSd § 2 Abs. 3b ARB 75 = § 5 Abs. 3d, e ARB 94/2000,[80] und unterliegen also nicht den in diesen Bestimmungen vorgesehenen Einschränkungen. Zur Zwangsvollstreckung gehört nur die Vollstreckung des Arrestes bzw. der einstweiligen Verfügung, nicht aber deren Vollziehung.[81]

Teil 3. Abmahnung

1. Auftrag

125 **VV 3100 ff. RVG oder 2300 ff. RVG.** Soll der RA einen Mitbewerber abmahnen,[82] so kann ein Verfahrensauftrag iSv VV 3100 ff. RVG oder ein Auftrag für eine außergerichtliche Vertretung iSv VV 2300 ff. RVG vorliegen. Erhält der RA mit dem Abmahnauftrag einen unbedingten Auftrag, eine einstweilige Verfügung zu beantragen oder Hauptsacheklage zu erheben, so handelt er im Rahmen eines Verfahrensauftrags und verdient eine Verfahrensgebühr gem. VV 3100 ff. RVG. War er aber nur mit der außergerichtlichen Geltendmachung des Anspruchs betraut, so handelt er im Rahmen eines außergerichtlichen Auftrages und verdient eine Geschäftsgebühr gem. VV 2300 ff. RVG.[83]

126 **Auslegung des Auftrags.** Ein Auftrag für eine Abmahnung beinhaltet nicht ohne weiteres stillschweigend auch einen unbedingten Auftrag, eine einstweilige Verfügung zu beantragen[84] oder Klage zu erheben. Sehr viele wettbewerbsrechtliche Unterlassungsansprüche werden außergerichtlich erledigt.[85] Häufig hängt es von der Reaktion des Gegners ab, ob und in welchem Umfang eine einstweilige Verfügung beantragt werden wird.[86] Dementsprechend wird sich der Auftraggeber zunächst offen halten, ob er einen Verfahrensauftrag erteilt, und wird der RA in vielen Fällen nach der Reaktion des Gegners bei seinem Auftraggeber nachfragen, ob er eine einstweilige Verfügung beantragen soll.[87] Wenn nicht eindeutig zugleich ein unbedingter Verfahrensauftrag erteilt wurde, ist im Zweifel von einem außergerichtlichen Auftrag auszugehen.

---

[78] *Hartmann,* 33. Aufl. 2004, BRAGO § 40 Rn. 21.
[79] Harbauer/*Bauer* ARB 1975 § 2 Rn. 20.
[80] Harbauer/*Bauer* ARB 2000 § 5 Rn. 245.
[81] Harbauer/*Bauer* ARB 2000 § 5 Rn. 245.
[82] Ein Abmahnschreiben ist im Wettbewerbs- und Presserecht sowie im gewerblichen Rechtsschutz erforderlich, um zu vermeiden, dass der im Eilverfahren siegende Antragsteller trotz seines Erfolges die Verfahrenskosten tragen muss.
[83] BGH NJW-RR 1988, 1196 (1199); OLG Karlsruhe WRP 1996, 591 (594).
[84] OLG Karlsruhe WRP 1996, 591 (594).
[85] KG WRP 1982, 25.
[86] OLG Hamburg WRP 1981, 470 (472).
[87] OLG Karlsruhe WRP 1996, 591 (594).

Unbedingter außergerichtlicher Auftrag und bedingter Verfahrensauftrag. Beide Aufträge können und werden häufig gleichzeitig vorliegen. Der Mandant beauftragt seinen RA, dem Gegner eine Abmahnung zu schicken und, falls nötig, eine einstweilige Verfügung zu beantragen bzw. Klage zu erheben. Für das Abmahnschreiben verdient der RA Gebühren gem. VV 2300 ff. RVG. **127**

Beratungsauftrag. Soll der RA lediglich beraten, ob eine Verletzungshandlung vorliegt und was bei einem Abmahnschreiben zu beachten ist, verfasst der Mandant das Abmahnschreiben aber selbst und sendet es auch selbst ab, so liegt ein Beratungsauftrag vor. Die Vergütung richtet sich nach § 34 RVG. **128**

2. Tätigkeit

Der RA verdient die Betriebsgebühr (Verfahrens-, Geschäfts-, Beratungsgebühr) mit der ersten Tätigkeit in Ausführung des Auftrages, also zB mit der Entgegennahme der Informationen. **129**

3. Gebührenhöhe

Der RA verdient **130**
- im Falle eines Verfahrensauftrags eine 0,8 Verfahrensgebühr (VV 3101 Nr. 1 RVG), nicht eine 1,3-Gebühr, da er mit der Abmahnung keine der in VV 3101 Nr. 1 RVG aufgeführten Tätigkeiten ausübt,
- im Falle eines außergerichtlichen Vertretungsauftrages eine 0,5–2,5-Geschäftsgebühr gem. VV 2300 RVG, wobei vertreten wird, dass bei wettbewerbsrechtlichen Abmahnungen in aller Regel der Gebührensatz über 1,3[88] bzw. nicht unter 1,3 liegt.[89] Der BGH nimmt im Regelfall eine 1,3-Geschäftsgebühr an.[90]
- im Falle der Beratung die vereinbarte bzw. übliche Vergütung (§ 34 RVG).

4. Angelegenheit

Hat der RA einen Auftrag zu einer außergerichtlichen Vertretung, so stellt das Abmahnverfahren eine eigene Angelegenheit dar im Verhältnis zum einstweiligen Verfügungsverfahren[91] und zum Hauptsacheverfahren. Hat er von Anfang an einen unbedingten Verfahrensauftrag, liegt eine Angelegenheit vor. Zum Verhältnis zum Abschlussschreiben → Rn. 197 ff.). **131**

Mehrere Abmahnschreiben, → § 15 Rn. 77. **132**

5. Anrechnung

a) Geschäftsgebühr. ***aa) Anrechenbarkeit.*** **Zivilrecht.** Verdient der RA im Abmahnverfahren eine Geschäftsgebühr gem. VV 2300 RVG, so ist diese nach hM in der Zivilrechtsprechung gem. VV Vorb. 3 Abs. 4 RVG zur Hälfte, maximal aber mit einem Gebührensatz von 0,75 auf die Verfahrensgebühr im einstweiligen Verfügungsverfahren[92] bzw. im Hauptsacheverfahren[93] anzurechnen. Der Gegenstand ist nach der hM in allen Angelegenheiten der Unterlassungsanspruch.[94] Für das Verhältnis zum Hauptsacheverfahren gibt es keine Zweifel an der Richtigkeit der hM. Hinsichtlich der einstweiligen Verfügung bin ich bis zur 20. Aufl. 2012 der Meinung gefolgt, dass die Abmahnung auf eine endgültige, die einstweilige Verfügung aber auf eine eilige, unter erleichterten Voraussetzungen auch wieder aufhebbare Regelung gerichtet ist, worin zwei unterschiedliche Gegenstände zu sehen seien.[95] Nachdem grds. beim Gegenstandsbegriff eine wirtschaftliche Betrachtungsweise unter Berücksichtigung der Arbeitsersparnis des RA angebracht ist und im Zusammenhang mit anderen Fällen, die zeigen, dass der Begriff desselben Gegenstandes weit zu spannen ist (→ RVG VV 1008 Rn. 147 ff.), halte ich an dieser Auffassung nicht fest und schließe mich der hM an. Auch dass es für das Eilverfahren keine dem selbständigen Beweisverfahren der VV Vorb. 3 Abs. 5 RVG für das Verhältnis von Verfah- **133**

---

[88] *N. Schneider* AGS 2007, 288 unter Bezugnahme auf ein Gutachten der RAK Köln (ERG VIII 266/07).
[89] BGH MDR 2011, 247 = GRUR 2010, 1120.
[90] BGH NJW 2015, 3244 = GRUR 2015, 822.
[91] OLG Hamburg WRP 1981, 470 (473).
[92] BGH WRP 2009, 75; OLG Frankfurt a. M. RVGreport 2008, 314 = AGS 2008, 442 mablAnm *N. Schneider;* OLG Hamburg WRP 1981, 470 (472); OLG Karlsruhe AGS 2011, 264; OLG Koblenz JurBüro 2016, 132 = AGS 2016, 2 mablAnm *N. Schneider;* KG JurBüro 2009, 27; 2009, 78 = RVGreport 2009, 28 mzustAnm *Hansens.*
[93] OLG Hamburg WRP 1981, 470 (473); OLG München WRP 1982, 542.
[94] BGH NJW 2011, 2509; WRP 2009, 75; OLG Karlsruhe AGS 2011, 264.
[95] So auch Schneider/Wolf/*Onderka/Schneider* RVG VV Vorb. 3 Rn. 253 ff.; ebenso zur im Widerspruchsverfahren entstandenen Geschäftsgebühr im Verhältnis zur Verfahrensgebühr im Eilverfahren LSG München AGS 2019, 399 mzustAnm *N. Schneider.*

rensgebühr zu Verfahrensgebühr entsprechende Regelung gibt, ist nicht ausreichend aussagekräftig für das Verhältnis Geschäftsgebühr zu Verfahrensgebühr bei Eilsachen.

134 Die Entscheidung des BGH dazu, dass zwei Geschäftsgebühren nebeneinander anfallen können, eine im Vorfeld eines Eilverfahrens und eine im Rahmen eines Abschlussschreibens (→ Rn. 198), trägt allerdings zur Klärung der hier zu behandelnden Frage nichts bei, da es einen erheblichen Unterschied macht, ob es um das Verhältnis von Gebühren vor und nach der Eilentscheidung oder um das Verhältnis von mehreren Gebühren vorher geht.

Wegen des Anwalts des Abgemahnten → Rn. 166.

135 **Verwaltungs- und Sozialrecht.** Zu einer vergleichbaren Problematik im Verwaltungs- und Sozialrecht zum Verhältnis Widerspruchsverfahren und Verfahren auf Aussetzung der sofortigen Vollziehbarkeit haben sich einige Obergerichte für eine Identität der Gegenstände,[96] andere dagegen ausgesprochen.[97] Auch hier muss dasselbe gelten wie im Zivilrecht. Es wird sich zeigen, ob die Verwaltungsgerichte in dieser Frage dem BGH folgen werden.

136 ***bb) Berechnung.*** Folgt man der hM und ist der Wert des Eilverfahrens (zB 100.000,– EUR) niedriger als der der vorprozessualen Tätigkeit (zB 200.000,– EUR), so ist die Anrechnung nur aus dem niedrigeren Wert (also mit einer Geschäftsgebühr aus 100.000,– EUR) vorzunehmen.[98] Dasselbe gilt für den umgekehrten Fall, dass der Wert der Geschäftsgebühr niedriger (zB 50.000,– EUR) als der des Eilverfahrens (zB 75.000,– EUR) ist (Anrechnung nur mit einer Geschäftsgebühr aus 50.000,– EUR).

137 ***cc) Keine zweifache Anrechnung.*** Finden wegen desselben Unterlassungsanspruchs ein Eil- und ein Hauptsacheverfahren statt, so ist zwar der Gegenstand der Abmahnung derselbe wie der der beiden gerichtlichen Verfahren (→ Rn. 133). Dennoch ist die Geschäftsgebühr nicht sowohl auf die Verfahrensgebühr des einen als auch auf die des anderen anzurechnen. Eine doppelte Anrechnung derselben Geschäftsgebühr kennt das Gesetz nicht.[99] Das folgt aus dem ungeschriebenen, aber als selbstverständlich unterstellten Grundsatz, dass die vor der ersten Instanz angefallene und auf die Verfahrensgebühr der ersten Instanz angerechnete Geschäftsgebühr trotz der Identität nicht erneut auf die Verfahrensgebühr der zweiten Instanz angerechnet wird. Es folgt auch daraus, dass bei einem selbständigen Beweisverfahren die diesem vorausgegangene Geschäftsgebühr nicht auch noch einmal beim Hauptsacheverfahren angerechnet wird. Vielmehr wird die Verfahrensgebühr des selbständigen Beweisverfahrens auf die Verfahrensgebühr der Hauptsache angerechnet (VV Vorb. 3 Abs. 5 RVG). Der RA hat die Wahl, auf welche Gebühr er die Anrechnung vornehmen will.[100]

138 Ist die Anrechnung aus einem geringeren Wert zunächst auf die Verfahrensgebühr des Eilverfahrens erfolgt und war dabei wegen eines geringeren Gegenstandswert des Eilverfahrens die anzurechnende Geschäftsgebühr ebenfalls aus einem geringeren Wert zu errechnen, so kann der Rest, der bei einer Geschäftsgebühr aus einem höheren Wert bleibt, auf die Verfahrensgebühr der Hauptsache angerechnet werden.

Beispiel:

Der RA mahnt ab. Es fällt eine 1,3-Geschäftsgebühr aus 12.000,– EUR an. Er vertritt im Eilverfahren mit einem Gegenstandswert von 4.000,– EUR. Er rechnet eine 0,65-Geschäftsgebühr aus 4.000,– EUR an. Er vertritt sodann auch im Hauptsacheverfahren mit einem Gegenstandswert 12.000,– EUR.

Insgesamt anzurechnen sind 0,65 aus 12.000,– EUR, also 432,90 EUR. Zunächst angerechnet ist erst eine 0,65-Geschäftsgebühr aus 4.000,– EUR, also 180,70 EUR. Die Differenz von 252,20 EUR ist noch in der Hauptsache anzurechnen.

139 **b) Beratungsgebühr.** Sie ist gem. § 34 Abs. 2 RVG in vollem Umfang anzurechnen auf eine Geschäfts- oder Verfahrensgebühr.

140 **c) Abschlussschreiben,** → Rn. 197 ff.[101]

---

[96] HessVGH AGS 2018, 555; NJW 2006, 1992; SächsOVG NVwZ-RR 2018, 542 = AGS 2018, 492; LSG NRW NJW-Spezial 2009, 284 mablAnm *N. Schneider* zur gleichen Problematik bei VV 3103 RVG aF; ThürLSG AGS 2016, 463; AGS 2017, 508 mablAnm *N. Schneider.*

[97] OVG Bln-Bbg AGS 2013, 405; OVG Hamburg NJW 2009, 2075; VGH München JurBüro 2005, 642; OVG Münster NVwZ-RR 2007, 500; ebenso LSG Sachsen AGS 2013, 389 mzustAnm *Thiel.*

[98] OLG Karlsruhe AGS 2011, 264 Rn. 20; KG JurBüro 2009, 27.

[99] OLG Hamburg ZfS 2017, 48 = RVGreport 2016, 420 mzustAnm *Hansens* = AGS 2016, 564 mAnm *N. Schneider.*

[100] *Hansens* Anm. zu OLG Hamburg RVGreport 2016, 420.

[101] OLG Stuttgart WRP 1992, 589 (590).

6. Prozessuale Kostenerstattung

Grundsatz. Kosten des Abmahnschreibens können grds. nicht als Prozesskosten des nachfolgenden einstweiligen Verfügungsverfahrens bzw. des Hauptsacheverfahrens geltend gemacht werden.[102] 141

Keine Prozessvorbereitungskosten. Die Kosten für die Abmahnung sind keine Prozessvorbereitungskosten, sondern Kosten zur Vermeidung eines Prozesses (mit der Abmahnung soll gerade ein Gerichtsverfahren vermieden werden).[103] Prozessvermeidungskosten sind aber keine Prozesskosten. 142

Eine Gegenmeinung bejaht einen prozessualen Kostenerstattungsanspruch unter Berufung darauf, dass eine Abmahnung zur Vermeidung von Kostennachteilen dem einstweiligen Verfügungsantrag bzw. dem Unterlassungsantrag im Hauptsacheverfahren vorausgehen muss. Das ändert aber nichts daran, dass mit der Abmahnung gerade eine außergerichtliche Regelung zur Vermeidung eines Prozesses herbeigeführt werden soll. Man kann auch nicht einen Anspruch, der eindeutig materiell-rechtlicher Natur ist, aus Gründen der Prozessökonomie zu einem Anspruch, der Teil der Prozesskosten ist, umwandeln.[104] Die Voraussetzungen des materiell-rechtlichen Anspruchs werden dann bedeutungslos. 143

Prozessökonomie. Der Abmahnende kann einen materiell-rechtlichen Erstattungsanspruch haben (→ Rn. 189). Eine Einbeziehung dieses Anspruchs in das Kostenfestsetzungsverfahren ist jedoch ausnahmsweise aus Gründen der Prozessökonomie dann zuzulassen, wenn der materiellrechtliche Erstattungsanspruch nach Grund und Höhe anerkannt oder unbestritten ist.[105] Es ist allgemein anerkannt, dass materiellrechtliche Ansprüche im Kostenfestsetzungsverfahren als Einwendung geltend gemacht werden können, wenn sie ohne weitere Prüfung feststehen,[106] zB durch Anerkenntnis, rechtskräftigen Titel. Teilweise wird zu Recht auch fehlendes Bestreiten als ausreichend angesehen. Bei den Abmahnkosten geht es aber meistens nicht um eine Einwendung. Hier soll unmittelbar auf Grund eines materiell-rechtlichen Anspruchs eine prozessuale Kostenerstattung zugelassen werden. Dies lässt sich bei der besonderen Situation der Abmahnung jedoch rechtfertigen. Nachdem schon einmal wegen anderer Gebühren ein prozessualer Kostenerstattungsanspruch gegeben ist, ist es prozessökonomisch, dass die Abmahnkosten miterledigt werden. Notwendig ist aber, dass der materiellrechtliche Erstattungsanspruch feststeht, ohne dass es einer Prüfung der Voraussetzungen und der Höhe dieses Anspruchs im Kostenfestsetzungsverfahren bedarf. Das ist gegeben wenn der Anspruch anerkannt ist oder nicht bestritten wird. Auf keinen Fall ist es Sache des Rechtspflegers im Kostenfestsetzungsverfahren die umstrittene Frage zu klären, ob ein materiell-rechtlicher Ersatzanspruch besteht.[107] Der BGH hat allerdings entschieden, dass auch Gründe der Prozesswirtschaftlichkeit eine Festsetzung der Abmahnkosten nicht rechtfertigt.[108] Ob das allerdings auch gilt, wenn der Erstattungsanspruch unstreitig oder sogar anerkannt ist, geht aus dem Beschluss nicht hervor. 144

7. Materiellrechtliche Kostenerstattung

a) Allgemeines. Die folgenden Ausführungen gelten unabhängig davon, ob der RA bei der Abmahnung im Rahmen eines Verfahrensauftrages oder eines außergerichtlichen Auftrages tätig war. 145

---

[102] Zu RVG OLG Hamburg MDR 2005, 898 = OLGR 2005, 453; OLG Frankfurt a. M. JurBüro 2005, 202; OLG Hamburg MDR 2005, 898; KG JurBüro 2006, 84 zum Unterlassungsklagegesetz; OLG Zweibrücken JurBüro 2005, 313; zu BRAGO OLG Koblenz JurBüro 1981, 1089; **aA** OLG Hamburg AnwBl 2006, 679 = MDR 2007, 57 = RVGreport 2007, 74 mablAnm *Hansens.*

[103] BGH NJW-RR 2006, 501 = AnwBl 2006, 143 = WRP 2006, 237 = BB 2006, 127; AGS 2008, 574; OLG Hamburg MDR 2005, 898; OLG Frankfurt a. M. AnwBl 1985, 210 = GRUR 1985, 328; OLG Hamburg MDR 1993, 388; KG JurBüro 2006, 84; OLG Koblenz MDR 1986, 241; WRP 1981, 226 (227).

[104] In dieser Richtung aber OLG Dresden GRUR 1997, 318; OLG Nürnberg WRP 1992, 588 (589); KG WRP 1982, 25, aber aufgegeben in KG JurBüro 2006, 84.

[105] Gegen die Berücksichtigung eines etwaigen materiell-rechtlichen Anspruchs des Abmahnenden im Kostenfestsetzungsverfahren OLG Düsseldorf WRP 1983, 31; OLG Frankfurt a. M. GRUR 1985, 328; OLG Hamm JurBüro 1997, 258, jedoch ohne Erwägungen, ob bei Anerkenntnis oder fehlendem Bestreiten etwas anderes gelten kann.

[106] OLG Hamm JurBüro 1993, 490; OLG München NJW-RR 1999, 655 = JurBüro 1999, 146; AnwBl 2002, 188 = NJW-RR 2000, 1524 = JurBüro 2000, 478.

[107] OLG Düsseldorf WRP 1983, 31; OLG Frankfurt a. M. GRUR 1985, 328; OLG Hamburg MDR 1993, 388.

[108] BGH WRP 2006, 237 = BB 2006, 127.

146 **Anspruchsgrundlage im Wettbewerbsrecht.** Als solche kommen im Rahmen des Wettbewerbsrechts in Betracht Geschäftsführung ohne Auftrag (§ 683 BGB)[109] und Schadensersatz gem. § 13 Abs. 6 UWG.[110] Wegen Ansprüchen außerhalb des Wettbewerbsrecht (zB bei unerwünschter Telefonwerbung) → § 1 Rn. 235 ff.

147 **Rechtsschutzinteresse.** Dieses ist für eine Zahlungsklage gegeben, weil die einfachere Möglichkeit eines prozessualen Kostenerstattungsanspruchs nicht besteht. Aber auch wenn man die Auffassung vertritt, dass die Abmahnkosten als Prozessvorbereitungskosten im Kostenfestsetzungsverfahren geltend gemacht werden können, ist für eine Zahlungsklage das Rechtsschutzbedürfnis zu bejahen, nachdem die Rechtslage ungewiss ist und von vielen Gerichten eine prozessuale Festsetzung abgelehnt wird.[111]

148 **b) Anwaltskosten. Notwendigkeit eines RA.** Ob die Einschaltung eines Anwalts erforderlich war, hängt davon ab, ob der Abmahnende ohne die Zuhilfenahme eines Anwalts zum Auffinden der Wettbewerbsverletzung und zur Verfassung des Abmahnschreibens in der Lage war.[112] Vertritt ein **RA sich selbst,** so steht ihm kein Anspruch auf Ersatz seiner Gebühren zu, wenn er die Verletzungshandlung selbst unschwer erkennen und rügen kann, zB bei Verstoß gegen die Berufsordnung für Rechtsanwälte[113] oder bei unerwünschter E-Mail-Werbung (für RA, der schon wiederholt gegen solche vorgegangen ist).[114] § 91 Abs. 2 S. 3 ZPO findet auf den außergerichtlichen Bereich keine Anwendung.[115]

149 **Wettbewerbsverbände.** Bei ihnen ist, soweit es um typische und durchschnittlich schwer zu verfolgende Wettbewerbsverstöße geht, die Einschaltung eines Anwalts nicht erforderlich.[116] Von einem Verband, der sich die Bekämpfung von Wettbewerbsverstößen zur zentralen Aufgabe gemacht hat, ist zu erwarten, dass er sich ausreichend ausstattet, um jedenfalls bei Fällen ohne besondere Schwierigkeiten Abmahnungen selbst verfassen zu können.[117] Anderes soll nach hM gelten, wenn der Verband zunächst selbst abgemahnt hat, der Abgemahnte unzureichend oder überhaupt nicht reagiert und dann eine Abmahnung durch einen RA erfolgt.[118] Dem ist nicht zu folgen. Wenn der Verband dazu in der Lage ist bzw. in der Lage sein muss, die Abmahnung selbst vorzunehmen, dann ist nicht einzusehen, warum in einfachen Fällen nunmehr ein RA notwendig ist, nur weil der Abgemahnte auf die Abmahnung nicht oder nicht hinreichend reagiert. In vielen Fällen wird sogar zweifelhaft sein, ob es überhaupt sinnvoll war, eine zweite Abmahnung abzuschicken.

150 **Verbraucherschutzverbände.** Diese sind verpflichtet, die für eine sachgerechte Aufgabenerfüllung erforderliche personelle, sachliche und finanzielle Ausstattung zu haben, um selbst in der Lage zu sein, in typischen und durchschnittlich schwierigen Fällen, die unter ihren Aufgabenbereich fallen, tätig zu werden.[119]

151 **Fachverbände.** Bei Fachverbänden (zB Fachverband des Sportartikelfachhandels), die es sich auch zur Aufgabe gemacht haben, Wettbewerbsverstöße zu verfolgen, ist die Hilfe eines Anwalts nicht nötig, soweit es um typische und nur durchschnittlich schwer zu verfolgende Wettbewerbsverstöße geht.[120] Etwas anderes muss jedoch bei kleineren Fachverbänden gelten, bei denen die Verfolgung von Wettbewerbsverstößen nur selten vorkommt.

152 **Innungen.** Bei ihnen kommt es im Einzelfall darauf an, ob sie nach Größe und Ausstattung und Erfahrung in Wettbewerbssachen zur selbständigen Abmahnung in der Lage sind.[121]

---

[109] BGH JurBüro 2010, 591 = GRUR 2010, 1038 = WRP 2010, 1169 Rn. 26; OLG Hamm JurBüro 1997, 258; OLG Schleswig WRP 1996, 1123 (1125) Ziff. 2.

[110] OLG Frankfurt a. M. WRP 1985, 85 (86); OLG Karlsruhe WRP 1996, 591 (593).

[111] BGH WM 1987, 247 (249); BGHZ 111, 168 (171).

[112] BGH AnwBl 2004, 595 = AGS 2004, 254 mAnm *H. Schneider* AGS 2004, 314; *Eser* GRUR 1986, 35 (36) Ziff. 3.

[113] BGH AnwBl 2004, 595 = AGS 2004, 254 mAnm *H. Schneider* AGS 2004, 314.

[114] BGH AnwBl 2007, 547 = NJW-RR 2007, 856 = GRUR 2007, 620.

[115] BGH AnwBl 2007, 547 = NJW-RR 2007, 856 = GRUR 2007, 620.

[116] BGH AnwBl 2004, 595 = AGS 2004, 254 mAnm *H. Schneider* AGS 2004, 314; BGH GRUR 1990, 282 (286).

[117] Ebenso BGH NJW 2006, 301 = BGHReport 2006, 135 = Rpfleger 2006, 40 zu Reisekosten des Anwalts bei Verbraucherschutzverband.

[118] BGHZ 52, 393 (400) (ohne Begr.) = NJW 1970, 243.

[119] BGH NJW 2006, 301 = BGHReport 2006, 135 = Rpfleger 2006, 40, zu Reisekosten des Anwalts.

[120] BGH AnwBl 2004, 595 = AGS 2004, 254 mAnm *H. Schneider* AGS 2004, 314; BGH WRP 1984, 405 (406) = GRUR 1984, 691.

[121] Bsp. für fehlende Befähigung in OLG München GRUR 1992, 327.

Unternehmen mit eigener Rechtsabteilung. Bei ihnen wurde zunächst angenommen, dass bei typischen und durchschnittlich schwer zu verfolgenden Wettbewerbsverstößen grds. ein Erstattungsanspruch für RA Kosten zu verneinen ist.[122] Nach der neueren Rspr. des BGH ist ein Unternehmen, obwohl es seine Rechtsabteilung mit der Überprüfung der Zulässigkeit von Wettbewerbshandlungen seiner Mitbewerber betraut hat, grds. frei, die Abmahnung durch einen RA aussprechen zu lassen.[123] OLG Hamburg hat bei einem derartigen Unternehmen Reisekosten ihres Vertrauensanwalts zum Gerichtstermin anerkannt (Parallelproblem), weil das Unternehmen laufend Rechtsstreitigkeiten von einigem Gewicht zu führen hatte und diese immer durch diesen Anwalt bearbeiten ließ.[124] 153

Unternehmen ohne Rechtsabteilung. Es kommt es darauf an, ob sie nach ihrer Größe, ihrer personellen und sachlichen Ausstattung und ihrer Erfahrung mit vergleichbaren Wettbewerbsfällen in der Lage sind, ohne einen RA ein Abmahnschreiben abzufassen.[125] Auf jeden Fall ist ein Erstattungsanspruch zu verneinen, wenn es um eine Vielzahl gleichartiger Abmahnungen geht, für die ein Musterschreiben verwendet werden kann.[126] Teilweise wird angenommen, dass dem von der Verletzungshandlung unmittelbar Betroffenen im Regelfall die Rechtsanwaltskosten immer zu erstatten sind.[127] 154

Keine Pflicht zu Verfahrensauftrag. In vielen Fällen wäre es billiger, wenn der Auftraggeber von vornherein einen Verfahrensauftrag erteilen würde, da dann für das Abmahnschreibens eine 0,8 Verfahrensgebühren anfallen würde, während bei einem außergerichtlichen Auftrag eine Geschäftsgebühr entsteht, die selten viel niedriger, bisweilen aber höher sein wird und die obendrein nur zur Hälfte, maximal mit einem Gebührensatz von 0,75 auf die Verfahrensgebühr anzurechnen ist (VV Vorb. 3 Abs. 4 RVG). Das verpflichtet den Auftraggeber aber trotz seiner Schadensminderungspflicht (§ 254 BGB) nicht, von vornherein einen Verfahrensauftrag zu erteilen.[128] 155

Nicht am Gericht ansässiger RA. Da nach der Neufassung des § 78 ZPO eine Partei grds. einen RA aus ihrer Nähe beauftragen darf, ist es erstattungsrechtlich auch nicht zu beanstanden, wenn sie mit der Abmahnung, zu der sie selbst nicht in der Lage ist, einen RA, der in ihrer Nähe ansässig ist, beauftragt.[129] Im Übrigen → Rn. 100 ff. 156

Beweisbelastet für die Notwendigkeit eines RA ist, wer die Erstattung von RA Kosten verlangt. 157

Teil 4. Reaktionen des Abgemahnten

1. Reaktionen ohne Schutzschrift

a) Auftrag. Beauftragt der Abgemahnte einen RA, ihn gegenüber dem Abmahnenden zu vertreten, so kommen wieder wie bei der Abmahnung verschiedene Aufträge in Betracht. 158

Beratung. Will er sich von dem RA nur beraten lassen und verlangt er nach der Beratung keine weitere Tätigkeit des Anwalts, so liegt ein Beratungsauftrag vor und § 34 RVG ist anzuwenden, zB der Abgemahnte macht nach der Beratung überhaupt nichts oder er unterschreibt die Unterwerfungserklärung oder weist mit eigenem Schreiben das Unterlassungsbegehren zurück. 159

Außergerichtliche Vertretung. Beauftragt er den RA, gegenüber dem Abmahnenden außergerichtlich tätig zu werden zB den Unterlassungsanspruch zurückzuweisen oder den Abmahnenden aufzufordern, seinerseits eine Unterlassungserklärung abzugeben (Gegenab- 160

---

[122] BGH AnwBl 2004, 595 = AGS 2004, 254 mAnm *H. Schneider* in AGS 2004, 314 = RVGreport 2004, 275; *Jakobs* GRUR 1984, 692 (693), für die erste Abmahnung in einfachen Fällen; **aA** OLG Karlsruhe WRP 1996, 591 (593) = NJW-RR 1996, 748, bei nur einem Volljuristen als Mitarbeiter.

[123] BGH NJW 2008, 2651 = GRUR 2009, 928; JurBüro 2010, 591 = GRUR 2010, 1038 = WRP 2010, 1169 Rn. 23.

[124] OLG Hamburg MDR 2005, 1317.

[125] OLG Düsseldorf NJW-RR 2002, 122; Pastor Wettbewerbsprozeß/*Scharen* Kap. 18 Rn. 20 mwN.

[126] OLG Düsseldorf NJW-RR 2002, 122.

[127] OLG Stuttgart WRP 1992, 589 (590); OLG Frankfurt a. M. GRUR 1985, 239, jedenfalls wenn der Unterlassungsschuldner der vom Gläubiger selbst ausgesprochenen Abmahnung entgegengetreten ist.

[128] OLG Hamburg WRP 1981, 470 (472).

[129] Frühere Auseinandersetzungen darüber, ob sofort ein RA beauftragt werden musste, der bei dem Gericht, bei dem der einstweilige Verfügungsantrag gestellt werden sollte, ansässig ist (bejahend hM, zB OLG Frankfurt a. M. JurBüro 1992, 106), sind überholt.

mahnung), so liegt ein Auftrag für eine außergerichtliche Vertretung vor. Der RA verdient die Gebühren der VV 2300 ff. RVG.

161 **Verfahrensauftrag.** Erteilt der Abgemahnte dem RA sofort einen Auftrag für eine negative Feststellungs- oder Unterlassungsklage oder zur Vertretung gegen einen einstweilige Verfügungsantrag oder eine Klage des Abmahnenden, so liegt ein Verfahrensauftrag vor. Der RA verdient die Gebühren gem. VV 3100 ff. RVG. Das gilt auch dann, wenn er dem Gegner vor der Klageerhebung noch ein Schreiben schickt, mit dem er das Unterlassungsbegehren zurückweist bzw. zu einer Unterlassungserklärung auffordert. Zur Schutzschrift → Rn. 170 ff.

162 **Unbedingter außergerichtlicher Auftrag und bedingter Verfahrensauftrag.** Beide Aufträge können gleichzeitig erteilt werden.

163 **b) Tätigkeit.** Der RA verdient die Betriebsgebühr (Verfahrens-, Geschäfts-, Beratungsgebühr) mit der ersten Tätigkeit in Ausführung des Auftrages, also zB mit der Entgegennahme der Informationen.

164 **c) Gebührenhöhe.** Die Gebührenhöhe richtet sich
– im Falle einer Beratung nach § 34 RVG,
– im Fall einer außergerichtlichen Tätigkeit nach VV 2300 ff. RVG,
– bei einem Verfahrensauftrag nach VV 3100 ff. RVG. Der RA verdient zunächst eine 0,8-Verfahrensgebühr gem. VV 3101 Nr. 1 RVG; wenn es zum Rechtsstreit kommt, kann sie sich auf 1,3 erhöhen.

165 **d) Angelegenheit.** Hat der RA einen Auftrag zu einer außergerichtlichen Vertretung, so gehört eine Tätigkeit in diesem Rahmen, zB ein außergerichtliches Schreiben zu einer im Verhältnis zum späteren einstweiligen Verfügungsverfahren bzw. Hauptsacheverfahren eigenen Angelegenheit. Hat er von Anfang an einen Verfahrensauftrag, liegt eine Angelegenheit vor.

166 **e) Anrechnung.** Verdient der RA des Abgemahnten im Abmahnverfahren eine Ratsgebühr gem. § 34 RVG, so ist diese gem. § 34 Abs. 2 RVG auf eine nachfolgende Geschäfts- bzw. Verfahrensgebühr hinsichtlich desselben Gegenstands anzurechnen. Eine Geschäftsgebühr gem. VV 2300 ff. RVG ist weiter gem. VV Vorb. 3 Abs. 4 RVG auf die Verfahrensgebühr im einstweiligen Verfügungsverfahren[130] bzw. im Hauptsacheverfahren[131] anzurechnen. Es gilt hier dasselbe wie für den abmahnenden RA (→ Rn. 133 ff.). Im Verhältnis zum Abschlussschreiben gibt es keine Anrechnung, da es sich um unterschiedliche Gegenstände handelt (→ Rn. 198 ff.).

167 **f) Prozessuale Kostenerstattung.** Kommt es nachfolgend zu einem gerichtlichen Verfahren, so gilt dasselbe wie für die Abmahnung (→ Rn. 141 ff.). Die vorprozessuale Geschäftsgebühr ist im Kostenfestsetzungsverfahren grds. nicht zu berücksichtigen.[132] Wenn OLG Hamburg hier einen prozessualen Erstattungsanspruch geben will,[133] obgleich es mit der hM einen solchen für das Abmahnschreiben verneint,[134] so ist dem nicht zu folgen. Für eine unterschiedliche Behandlung gibt es keine Gründe. Ein prozessualer Erstattungsanspruch kommt nur in Betracht, wenn der materiellrechtliche Erstattungsanspruch ohne weitere Prüfung durch Anerkenntnis oder Nichtbestreiten feststeht (→ Rn. 144).

168 **g) Materiellrechtliche Kostenerstattung. Anspruchsgrundlage.** können bei unberechtigter Abmahnung sein[135]
– § 1 UWG; wird jedoch nur selten gegeben seien, da im Regelfall der Abmahner von seinem Recht überzeugt ist und ihm deshalb der Vorwurf der Sittenwidrigkeit nicht gemacht werden kann,[136]
– § 14 UWG, § 824 BGB; kommen allerdings nur in Betracht, wenn die Abmahnung an Dritte gerichtet war, also bei Abnehmerverwarnungen.[137]
– § 823 BGB wegen Eingriff in den eingerichteten und ausgeübten Gewerbebetrieb; greift jedoch nur ein bei Ausschließlichkeitsrechten und absolut wirkenden Kennzeichenrechten, etwa dem Firmenrecht, nicht jedoch bei Abmahnungen wegen anderer Wettbewerbsverstöße,[138]

---

[130] OLG Hamburg WRP 1981, 470 (472).
[131] OLG Hamburg WRP 1981, 470 (473); OLG München WRP 1982, 542.
[132] BGH NJW 2008, 2040; OLG Düsseldorf JurBüro 2008, 204; OLG Nürnberg JurBüro 2007, 594 Ls. = MDR 2008, 295.
[133] OLG Hamburg AnwBl 2006, 679 = MDR 2007, 57 = RVGreport 2007, 74 mablAnm *Hansens*.
[134] OLG Hamburg MDR 2005, 898.
[135] Das ganze Gebiet ist sehr umstr., vgl. *Teplitzky* Ansprüche Kap. 41 Rn. 75 f.
[136] *Teplitzky* Ansprüche Kap. 41 Rn. 76.
[137] BGH GRUR 1963, 255 (257); 68, 50 (51).
[138] *Teplitzky* Ansprüche Kap. 41 Rn. 78.

– § 678 BGB als Pendant zu dem dem Abmahner zustehenden Anspruch gem. §§ 683, 670 BGB, wenn den Abmahnenden ein Übernahmeverschulden im Sinne dieser Bestimmung trifft.[139] Dabei genügt für ein Übernahmeverschulden noch nicht, dass der Abmahnende rechtliche Zweifel hatte, ob seine Abmahnung berechtigt war, solange vernünftige Überlegungen es gerechtfertigt haben, eine Ungewissheit gegenüber einem Mitbewerber zu klären.

Anwaltskosten. Hier kommt es wie bei der Abmahnungen darauf an, ob der Abgemahnte im Einzelfall der Hilfe eines RA bedarf, um sich zu wehren. Es wird auf die Ausführungen zur Abmahnung Bezug genommen (→ Rn. 151 ff.). 169

2. Schutzschrift

Schrifttum: *Deutsch* GRUR 1990, 327 ff. (Die Schutzschrift in Theorie und Praxis).

a) Auftrag. Der Auftrag, eine Schutzschrift[140] bei Gericht einzureichen, ist immer ein Auftrag, in einem Gerichtsverfahren tätig zu werden, so dass VV 3100 ff. RVG oder VV 3403 ff. RVG anzuwenden sind.[141] Ob ein Auftrag für eine **Einzeltätigkeit** (VV 3403 ff. RVG) oder bereits ein **allgemeiner Verfahrensauftrag** vorliegt, ist eine tatsächliche Frage (dazu, dass ein Verfahrensauftrag bereits vor Anhängigkeit des Verfahrens erteilt werden kann → RVG VV Vorb. 3 Rn. 18 ff.). Ein Einzelauftrag liegt zB vor, wenn der Mandant vorhat, sich im Eilverfahren von einem anderen RA vertreten zu lassen. Soll hingegen der die Schutzschrift verfassende RA auch im Eilverfahren selbst den Mandanten vertreten, so ist ein Verfahrensauftrag iSv VV 3100 RVG gegeben.[142] Im Folgenden wird, wenn nichts anderes erwähnt wird, von der Entstehung einer Verfahrensgebühr iSv VV 3100 ff. RVG ausgegangen.[143] 170

b) Tätigkeit. Mit der ersten Tätigkeit in Ausführung des Auftrages, meist also mit der Entgegennahme der Information, entsteht die allgemeine Verfahrensgebühr bzw. die Einzeltätigkeitsgebühr. 171

c) Gebühren. ***aa) 1,3 Verfahrensgebühr gem. VV 3100 RVG.*** **Sachvortrag.** Hat der RA einen Verfahrensauftrag und reicht er die Schutzschrift mit sachlicher Begründung bei Gericht ein, so fällt – anders als nach der BRAGO (nur $^{5}/_{10}$)[144] – nach dem RVG, bei dem für eine volle Verfahrensgebühr die Einreichung von Sachvortrag ausreicht (→ RVG VV 3101 Rn. 18 ff., 26 ff.) eine 1,3 Verfahrensgebühr an.[145] Der BGH hat dies anerkannt, wenn der Verfügungsantrag bei Gericht eingeht und später zurückgenommen wird.[146] Aber auch, wenn der Gegner den erwarteten Eilantrag nicht stellt oder diesen vor Eingang der Schutzschrift bei Gericht zurückgenommen hat, ändert sich nichts. Diese Fragen sind nur für die Kostenerstattung (→ Rn. 178 ff.), nicht aber für die Entstehung der Gebühr von Bedeutung. Wegen Einreichung beim elektronischen Schutzschriftenregister → Rn. 176. 172

bb) 0,8-Verfahrensgebühr. Hat der RA bereits die Informationen entgegengenommen, so fällt bereits damit eine 0,8 Verfahrensgebühr an (→ RVG VV 3100 Rn. 16 ff.).[147] Schickt er dann keine Schutzschrift an das Gericht, zB weil ihm das Mandat entzogen oder der Gegner den Eilantrag zurückgenommen hat, so bleibt es bei der 0,8 Verfahrensgebühr. 173

cc) Kostenantrag. Ist nur eine 0,8 Verfahrensgebühr aus dem Hauptsachewert angefallen, kann für einen Kostenantrag zusätzlich eine 1,3 Verfahrensgebühr aus dem Kostenwert anfallen (mit Deckelung gem. § 15 Abs. 3 RVG). 174

dd) Einzelauftrag. Ist der RA im Rahmen eines Einzelauftrags tätig geworden und hat er eine Schutzschrift abgeschickt, so verdient er eine 0,8 Verfahrensgebühr gem. VV 3403 RVG. Abgrenzung zum Verfahrensauftrag → Rn. 170. 175

---

[139] OLG Frankfurt a. M. GRUR 1989, 858.

[140] Allg. zur Schutzschrift Thomas/Putzo/*Seiler* ZPO § 945a.

[141] *H. Schneider* AGS 2016, 159, 161 Ziff. III 1.

[142] OLG München AnwBl 2007, 874 = Rpfleger 2007, 685.

[143] In den in der Rspr. entschiedenen Fällen ging es immer um die Prozessgebühr.

[144] BGH NJW 2003, 1257 mwN auch für die Gegenmeinung; OLG München WRP 1992, 811; OLG Köln Rpfleger 1995, 518; **aA** OLG Koblenz JurBüro 1990, 1160; *N. Schneider* AGS 2003, 272, hM zu formalistisch.

[145] BGH RVGreport 2009, 265; NJW-Spezial 2008, 379 = NJW-RR 2008, 1093 = JurBüro 2008, 428; OLG Düsseldorf JurBüro 2007, 36; OLG Frankfurt a. M. NJW-Spezial 2008, 604; OLG Hamburg OLG Hamburg Rpfleger 2015, 733 = AGS 2016, 34; OLG München AnwBl 2007, 874 = Rpfleger 2007, 685; OLG Nürnberg NJW-RR 2005, 941 = AGS 2005, 339 mzustAnm *N. Schneider* = RVGreport 2005, 230 mzustAnm *Hansens;* **aA** OLG Hamburg MDR 2005, 1196 = AGS 2005, 495 mit abl. Anm. *N. Schneider.*

[146] BGH RVGreport 2009, 265; NJW-Spezial 2008, 379 = NJW-RR 2008, 1093 = JurBüro 2008, 428.

[147] BGH JurBüro 2007, 430 = GRUR 2007, 727 = WRP 2007, 786.

175a **d) Auslagen.** Reicht der RA eine online-Schutzschrift bei dem zentralen Schutzschriftenregister ein, so handelt es sich bei der Gebühr gem. AnlJVKostG 1160 (Schuldner als Einreicher gem. § 15a JVKostG ist der RA) um gem. VV Vorb. 7 Abs. 1 S. 2 RVG iVm §§ 675, 670 BGB vom Auftraggeber zu erstattende Kosten, wenn die Einreichung notwendig war.[148]

176 **e) Angelegenheit. Mehrere Schutzschriften.** Die Verfahrensgebühr und die Pauschale gem. VV 7002 RVG entstehen nur einmal, auch wenn die Schutzschrift bei mehreren Gerichten eingereicht wird, weil zunächst nicht mit Sicherheit abzusehen ist, bei welchem von mehreren zuständigen Gerichten der Antragsteller seinen Antrag einreichen wird. Es handelt sich nur um eine Angelegenheit.[149] Höhere Postkosten kann der RA anstelle der Pauschale dem Mandanten gem. VV 7001 RVG in Rechnung stellen (wegen Erstattung durch Gegner → Rn. 188).

176a Richtet sich die Schutzschrift gegen eine **ausreichend konkretisierte Gruppe möglicher Gläubiger** und stellen einige dieser Gläubiger einen Arrestantrag, so begründet das nicht hinsichtlich jedes Gläubigers, der einen Arrestantrag stellt, eine neue Angelegenheit.[150] Aus einem Schreiben gegen eine nicht näher bezeichnete Gruppe, das zunächst mal sicherlich nur eine Angelegenheit darstellt, wird nicht dadurch eine Vielzahl von Angelegenheiten, dass sich im Nachhinein ein paar als Betroffene herausstellen. Erst ab dem Moment, da von verschiedenen Gläubigern in getrennten Verfahren Arrestanträge gestellt werden, handelt es sich für die weitere Tätigkeit des RA um mehrere Angelegenheiten. Weist das Gericht die Arrestanträge zurück, ohne dass der RA des Arrestgegners über die Schutzschriften hinaus noch weiter tätig geworden ist, so hat er lediglich einmal eine 1,3 Verfahrensgebühr verdient und kann sein Mandant auch nur einmal eine 1,3 Verfahrensgebühr erstattet verlangen. Die Rechtslage ähnelt der bei einer Vertretung gegen mehrere unbekannte Erben → RVG VV 1008 Rn. 84.

176b **Einreichung zum elektronischen Schutzschriftenregister** (§ 945a ZPO). Sie stellt keine zweite Angelegenheit dar (§ 19 Abs. 1 S. 2 Nr. 1a RVG). Es fallen keine zusätzlichen Gebühren an.

177 **Vertretung auch im Eilverfahren.** Ist der RA auch im späteren Eilverfahren tätig, so handelt es sich um eine Angelegenheit (→ § 19 Rn. 25). Dasselbe gilt für die Einzeltätigkeitsgebühr, die der Verfahrensgebühr verwandt ist.[151]

178 **f) Prozessuale Kostenerstattung.** ***aa) Erstattungsfähigkeit.*** Die Gebühr für die Schutzschrift, auch für die an das zentrale Schutzschriftenregister gerichtete,[152] ist zu erstatten, wenn eine Kostenentscheidung gegen den Antragsteller ergeht.[153] Die Schutzschrift gehört schon zum einstweiligen Verfügungsverfahren, da sie nur Wirkung entfalten soll, wenn ein Antrag auf einstweilige Verfügung gestellt wird. Sie ist auch zur zweckentsprechenden Verteidigung erforderlich.[154] Erforderlich ist allerdings, dass ein Eilverfahren tatsächlich anhängig geworden ist;[155] andernfalls kann es zu keiner Kostenentscheidung kommen.

179 **Kein Hinderungsgrund** für einen Erstattungsanspruch ist,
- dass der Antragsteller vorher den Antragsgegner nicht abgemahnt hatte;[156] dass die Schutzschrift notwendig war, ergibt sich bereits aus der Stellung des Eilantrags,
- dass die Schutzschrift vor dem Eilantrag bei Gericht eingeht;[157] die Schutzschrift soll ja gerade vor einem Eilantrag schützen, von dem der Antragsgegner nicht weiß, wann er eingereicht wird,
- dass die Schutzschrift nie bei Gericht eingegangen ist,[158]
- dass das erkennende Gericht von der Schutzschrift keine Kenntnis genommen hat,[159]

---

148 *Hansens* Anm. zu OLG Frankfurt a. M. RVGreport 2016, 23; OLG Frankfurt a. M. AGS 2015, 596 = RVGreport 2016, 23, das hier allerdings – zu Unrecht – VV 7001 RVG (Kommunikationskosten) anwendet.

149 *N. Schneider* Anm. zu OLG Hamburg AGS 2014, 47.

150 **AA** OLG Hamburg Rpfleger 2015, 733 = AGS 2016, 34.

151 OLG Hamm JurBüro 1989, 962.

152 OLG Hamburg JurBüro 2016, 595 = GRUR-RR 2016, 431.

153 BGH JurBüro 2007, 430 = GRUR 2007, 727 = WRP 2007, 786; NJW 2003, 1257; OLG Frankfurt a. M. NJW-Spezial 2008, 604; OLG München AnwBl 2007, 874 = Rpfleger 2007, 685; **aA** OLG Düsseldorf GRUR 1988, 404.

154 OLG Düsseldorf WRP 1995, 499 = Rpfleger 1995, 381.

155 OLG München WRP 1992, 811 = JurBüro 1993, 154.

156 OLG Hamburg Rpfleger 2015, 733 = AGS 2016, 34; KG WRP 1999, 547.

157 OLG Frankfurt a. M. NJW-RR 1996, 1215 = GRUR 1996, 215 = Rpfleger 1996, 215; KG WRP 1999, 547.

158 BGH JurBüro 2007, 430 = GRUR 2007, 727 = WRP 2007, 786; **aA** OLG Hamburg JurBüro 1990, 732; OLG München WRP 1992, 811 = JurBüro 1993, 154; *Hansens* BRAGO § 40 Rn. 16.

159 OLG Hamburg JurBüro 2016, 595 = GRUR-RR 2016, 431.

– dass der RA sonst bei dem Gericht nicht postulationsfähig ist;[160] genauso wie der Eilantrag von jedermann gestellt werden kann, kann jedermann die Schutzschrift vorlegen.
– dass die Schutzschrift dem Antragsteller nicht zur Kenntnis gebracht wurde,[161]
– dass der Eilantrag abgelehnt oder zurückgenommen wird, ohne dass eine mündliche Verhandlung stattgefunden hat,[162]
– dass die Schutzschrift für die Rücknahme des Antrags bzw. für die Entscheidung des Gerichts ohne Bedeutung war, da dies für den Antragsgegner nicht vorhersehbar war.[163]

RA nötig. § 91 Abs. 2 S. 1 ZPO greift ein. Es muss nicht im Einzelfall geprüft werden, ob die Hilfe eines Anwalts erforderlich war. 180

bb) 1,3-Verfahrensgebühr. **RA mit Verfahrensauftrag.** Ist die Schutzschrift mit Begründung beim Gericht eingegangen und ist vorher oder danach ein Eilantrag bei Gericht eingegangen und war dieser bei Eingang der Schutzschrift noch nicht zurückgenommen, so ist die beim RA angefallene 1,3 Verfahrensgebühr (→ Rn. 172) zu erstatten.[164] 181

cc) 0,8-Verfahrensgebühr. **Eingang nach Rücknahme oder Entscheidung.** Nach der hM ist nur eine 0,8-Verfahrensgebühr zu erstatten, wenn die Schutzschrift erst bei Gericht eingeht, wenn der Eilantrag bereits zurückgenommen[165] bzw. bereits über ihn entschieden ist.[166] Dies wird damit begründet, 182
– dass auf die objektive Notwendigkeit abzustellen ist,[167]
– dass im Kostenfestsetzungsverfahren eine typisierende Betrachtungsweise angebracht ist, weshalb eine Prüfung subjektiver Elemente zu unterbleiben hat,[168]
– dass die Schutzschrift keinen Einfluss auf das Verfahren nehmen kann,[169]
– dass dasselbe zu gelten hat wie bei Einreichung der Schutzschrift bei einem Gericht, bei dem der Eilantrag nicht gestellt wird.[170]

Eine Ausnahme davon wird von OLG Hamburg angenommen, wenn eine Handlung des Gerichts Anlass zur Einreichung der Schutzschrift gegeben hat.[171] 183

Der hM ist nicht zu folgen → Anh. X Rn. 128.[172] 183a

Kein Eingang bei Gericht. Ist die Schutzschrift nicht bei Gericht eingegangen ist, so ist nur eine 0,8 Verfahrensgebühr angefallen (→ Rn. 173) und damit auch nur zu erstatten.[173] 184

dd) Kostenantrag. Ist nur eine 0,8 Verfahrensgebühr aus dem Verfahrenswert zu erstatten, kann die für einen Kostenantrag zusätzlich anfallende 1,3 Verfahrensgebühr aus dem Kostenwert (→ Rn. 174) zu erstatten sein (mit Deckelung gem. § 15 Abs. 3 RVG). 185

ee) Einzeltätigkeit. Auch für eine Gebühr gem. VV 3403 RVG (→ Rn. 175) besteht ein prozessrechtlicher Erstattungsanspruch. Die Prozessbezogenheit ist gegeben, nachdem die Tätigkeit gerade im Hinblick auf das erwartete Eilverfahren erfolgt und ihre Wirkung in diesem Verfahren erreichen soll. Eine andere Frage ist, ob, wenn später ein anderer Verfahrensbevollmächtigter beauftragt wird, ein Erstattungsanspruch für zwei Rechtsanwälte besteht. 186

ff) Anwaltswechsel. § 91 Abs. 2 S. 2 ZPO gilt auch, wenn ein RA die Schutzschrift verfasst hat und ein weiterer RA die Partei im nachfolgenden Verfügungsverfahren ganz oder nur als Terminsvertreter vertritt. Einen Erstattungsanspruch für zwei Anwälte gibt es nur, wenn der Anwaltswechsel erforderlich war. Dabei gilt auch hier, dass eine Partei grds. einen Anwalt aus 187

---

160 OLG Bamberg OLGR 2000, 228; OLG Braunschweig JurBüro 1993, 218.
161 OLG München WRP 1992, 811 = JurBüro 1993, 154.
162 BGH NJW 2003, 1257.
163 OLG Bamberg OLGR 2000, 228; OLG Hamburg Rpfleger 2015, 733 = AGS 2016, 34; KG WRP 1999, 547 (548) Nr. 3.
164 OLG Düsseldorf JurBüro 2007, 36; OLG Hamburg MDR 2007, 493 = OLGR 2007, 276; OLG München AnwBl 2007, 874 = Rpfleger 2007, 685; OLG Nürnberg NJW-RR 2005, 941 = MDR 2005, 1317; zur BRAGO nur 5/10; **aA** BGH NJW 2003, 1257; OLG Hamburg MDR 2002, 1153; KG WRP 1999, 547 (548) Ziff. II.
165 BGH JurBüro 2007, 430 = GRUR 2007, 727 = WRP 2007, 786 mwN auch für die Gegenmeinung; OLG Bamberg OLGR 2000, 228.
166 OLG Hamburg JurBüro 1990, 732; *Hansens* BRAGO § 40 Rn. 16; Riedel/Sußbauer/*Keller,* 8. Aufl. 2000, BRAGO § 31 Rn. 42.
167 BGH JurBüro 2007, 430 = GRUR 2007, 727 = WRP 2007, 786.
168 BGH NJW-RR 2007, 1575 = JurBüro 2007, 430 = GRUR 2007, 727 = WRP 2007, 786.
169 OLG Bamberg OLGR 2000, 228.
170 OLG Hamburg JurBüro 1990, 732.
171 OLG Hamburg JurBüro 1990, 732.
172 *Hansens* RVGreport 2007, 348.
173 Ältere Entscheidungen verlangten, dass die Schutzschrift beim Gericht des einstweiligen Verfügungsverfahrens eingegangen ist OLG München WRP 1992, 811 = JurBüro 1993, 154; OLG Hamburg JurBüro 1990, 732.

ihrer Nähe beauftragen darf. Etwaige Reisekosten des Anwalts bzw. unter Umständen die Kosten eines Unterbevollmächtigten sind zu erstatten (auch zu den Ausnahmen – → Rn. 148 ff.; → RVG VV 7003 Rn. 114 ff.). War die Partei zu einer schriftlichen Information in der Lage, muss sie die Schutzschrift auch schon durch einen Anwalt verfassen lassen, der bei dem Gericht residiert, bei dem der Verfügungsantrag zu erwarten ist. Wird der Verfügungsantrags dann wider Erwarten an einem anderen Gericht gestellt, so kann der RA seinen Mandanten weiter vertreten. Dann sind die Reisekosten des Anwalts bzw. unter Umständen die Kosten eines Unterbevollmächtigten zu erstatten.

188 ***gg) Mehrere Schutzschriften.*** Da die Verfahrensgebühr und die Pauschale gem. VV 7002 RVG nur einmal anfallen (→ Rn. 176), sind sie auch nur einmal zu erstatten.[174] Höhere Postkosten für mehrere Sendungen an mehrere Gerichte können nach OLG Hamburg nicht, auch nicht über VV 7001 RVG geltend gemacht werden, da sie nicht das Verfahren betreffen, das rechtshängig geworden ist.[175]

188a ***hh) Auslagen.*** Die Auslagen, auch die für die Einreichung der Schutzschrift in das zentrale Schutzschriftenregister (→ Rn. 175a) sind, falls notwendig, zu erstatten, und zwar unabhängig davon, ob das Gericht, bei dem das Eilverfahren durchgeführt wurde, davon Kenntnis genommen hat.[176]

189 **g) Materiellrechtliche Kostenerstattung.** Ein materiell-rechtlicher Anspruch ist dann von Bedeutung, wenn es zu keinem Eilverfahren kommt, in dem eine Kostenentscheidung zu Gunsten des Gegners ergehen könnte. Zu den Voraussetzungen dieses Anspruchs → Rn. 145 ff.

Teil 5. Abschlussschreiben

1. Zusätzliche Gebühr

190 Das Schreiben eines RA, mit dem in Wettbewerbssachen nach der Erwirkung einer einstweiligen Verfügung der Antragsgegner dazu aufgefordert wird, den Verfügungsanspruch anzuerkennen und auf Widerspruch sowie die Stellung eines Antrags nach § 926 ZPO zu verzichten, gehört hinsichtlich der Anwaltsgebühren nicht mehr zum Eilverfahren.[177] Es geht jetzt nicht mehr um eine vorläufige, sondern um eine endgültige Regelung. Unter gebührenrechtlichen Gesichtspunkten ist der Begriff des Abschlussschreibens daher missverständlich. Der RA verdient eine zusätzliche Gebühr.

2. Auftrag

191 Das Abschlussschreiben stellt eine Abmahnung vor der Erhebung der Hauptsacheklage dar.[178] Die Ausführungen zur Auftragserteilung bei der Abmahnung (→ Rn. 125 ff.) gelten daher entsprechend. In Betracht kommen wieder ein Auftrag für

– eine Beratung
– eine außergerichtliche Vertretung[179]
– eine gerichtliche Vertretung, wenn bereits ein unbedingter Auftrag zur Erhebung der Hauptsacheklage erteilt ist[180]
– oder ein unbedingter außergerichtlicher Auftrag und ein bedingter Verfahrensauftrag.[181]

192 Der BGH differenziert wie folgt. Soll der RA mit dem Abschlussschreiben die Voraussetzungen für ein Hauptsacheverfahren zur Erreichung einer endgültigen Regelung schaffen, so fällt für das Abschlussschreiben eine selbständige Geschäftsgebühr an.[182] Dafür ist nicht erforderlich, dass bereits ein Auftrag auch für die Hauptsache erteilt ist.[183] Beschränkt sich jedoch bei einem

---

[174] IErg OLG Hamburg NJW-RR 2014, 157 = GRUR-RR 2014, 96 = AGS 2014, 47.
[175] OLG Hamburg NJW-RR 2014, 157 = GRUR-RR 2014, 96 = AGS 2014, 47 mablAnm *N. Schneider* zu dieser Begr.
[176] OLG Hamburg GRUR-RR 2016, 431 = RVGreport 2016, 388 mzustAnm *Hansens.*
[177] BGH NJW 2011, 2509 Rn. 20; AnwBl 2007, 547 = NJW-RR 2007, 856; NJW 2008, 1744; 2009, 2068; OLG Hamburg WRP 1981, 470 (472); OLG Stuttgart WRP 1984, 230.
[178] BGH JurBüro 1973, 409 (410) = JurBüro 1973, 409.
[179] BGH NJW 2011, 2509 Rn. 22 ff.; JurBüro 2011, 591 = GRUR 2010, 1038.
[180] *Hansens* RVGreport 2010, 383 Ziff. IV 3.
[181] *Hansens* RVGreport 2009, 261 (262) Ziff. III.
[182] BGH JurBüro 2010, 591 = GRUR 2010, 1038 Rn. 27; NJW 2008, 1744 = GRUR-RR 2008, 368 Rn. 7.
[183] BGH JurBüro 2010, 591 = GRUR 2010, 1038 Rn. 27; NJW 2011, 2509 Rn. 20; 2009, 2068 = AnwBl 2009, 462; 2008, 1744 = GRUR-RR 2008, 368 Rn. 10; in allen Fällen hat der BGH eine Geschäftsgebühr anerkannt.

RA, der bereits vor dem Eilverfahren die Abmahnung vorgenommen hat, „der Auftrag nur auf die Abmahnung und die Herbeiführung einer endgültigen Regelung im Verfügungsverfahren", so fällt keine gesonderte Geschäftsgebühr an.[184]

3. Tätigkeit

Die Entgegennahme der Information genügt, um eine Geschäfts- oder reduzierte Verfahrensgebühr oder Vergütung gem. § 34 RVG auszulösen (→ Rn. 129). **193**

4. Gebührenhöhe

Verfahrensgebühr. Im Falle der Verfahrensgebühr, wenn von vornherein ein Prozessauftrag bestand, verdient der RA eine 0,8-Gebühr.[185] **194**

Geschäftsgebühr. Hinsichtlich der Geschäftsgebühr wurde zu § 118 Abs. 1 Nr. 1 BRAGO wiederholt eine $^{7,5}/_{10}$-Geschäftsgebühr anerkannt.[186] Zum RVG wird im Regelfall in der Rspr. VV 2300 RVG und nicht VV 2301 RVG (einfaches Schreiben) angewandt, wobei teilweise eine 0,8-Geschäftsgebühr,[187] teilweise eine 1,3-Geschäftsgebühr[188] zuerkannt wird. **195**

Seine bislang nicht so eindeutige Rspr.[189] hat der BGH nunmehr festgelegt. Im Regelfall fällt nach dem 1. Senat eine 1,3-Geschäftsgebühr an.[190] Eine 0,3-Geschäftsgebühr kann im Einzelfall angenommen werden, zB wenn der Antragsgegner seinen Widerspruch in der mündlichen Verhandlung zurückgenommen und dort bereits die Abgabe der Abschlusserklärung in Aussicht gestellt hatte.[191] Demgegenüber nimmt OLG Frankfurt an, dass nur eine 0,3 Geschäftsgebühr gem. VV 2301 RVG anfällt, wenn sich der Inhalt des Schreibens in der Aufforderung zur Abgabe eine Abschlusserklärung erschöpft und nicht dargelegt ist, dass dem Schreiben weitere Prüfungen oder über den Inhalt des Schreibens hinausgehende Erwägungen oder Absprachen mit dem Mandanten vorausgingen.[192] **196**

5. Angelegenheit

a) Verhältnis zum Eilverfahren. Das Abschlussschreiben ist bei einem entsprechenden Auftrag (→ Rn. 191 ff.) im Verhältnis zum Eilverfahren eine eigene Angelegenheit. **197**

b) Verhältnis zur Abmahnung. Auch im Verhältnis zur Abmahnung ist bei einem entsprechenden Auftrag (→ Rn. 159 ff.) nach hM eine verschiedene Angelegenheit gegeben. Das Abmahnschreiben ist danach dem Eilverfahren, das Abschlussschreiben der Hauptsache zuzuordnen.[193] Es können nach der hM zwei Geschäftsgebühren anfallen, eine im Vorfeld des einstweiligen Verfügungsverfahrens und eine im Rahmen des Abschlussschreibens.[194] Zur Ausnahme nach BGH, wenn Auftrag auf eine endgültige Regelung im Rahmen des Eilverfahrens erteilt wird, → Rn. 192.[195] **198**

c) Verhältnis zur anschließenden Hauptsache. Im Verhältnis zum anschließenden Hauptsacheverfahren liegt eine einheitliche Angelegenheit vor, wenn der RA von vornherein einen Verfahrensauftrag hatte. Es liegen jedoch zwei Angelegenheiten vor, wenn zunächst nur ein Auftrag für eine Beratung oder eine außergerichtliche Vertretung bestand. **199**

---

[184] BGH JurBüro 2010, 591 = GRUR 2010, 1038 Rn. 27; BGH NJW 2008, 1744 Rn. 10.

[185] BGH NJW 1973, 901 = JurBüro 1973, 409.

[186] OLG Hamburg AnwBl 1982, 397; LG Lübeck AnwBl 1980, 519; LG Saarbrücken JurBüro 1981, 580. Dem gegenüber hat OLG Hamburg WRP 1981, 473 lediglich eine $^{5}/_{10}$-Geschäftsgebühr anerkannt.

[187] OLG Hamburg GRUR-RR 2014, 229 Rn. 77 = WRP 2014, 483 = RVGreport 2014, 350 mzustAnm *Hansens;* RVGreport 2010, 66 mzustAnm *Hansens;* OLG Düsseldorf MdP 2008, 561 zitiert nach *Hansens* RVGreport 2010, 383 Ziff. IV 3.

[188] OLG Hamm AfP 2008, 431.

[189] Gerold/Schmidt/*Müller-Rabe,* 22. Aufl. 2015, RVG Anh. II Rn. 195, 196; BGH NJW 2011, 2509 Rn. 24; JurBüro 2010, 591 Rn. 31 ff. = GRUR 2010, 1038.

[190] BGH NJW 2015, 3244 Rn. 32 ff. = GRUR 2015, 822.

[191] BGH NJW 2015, 3244 Rn. 28 ff. = GRUR 2015, 822.

[192] OLG Frankfurt JurBüro 2018, 470 = AGS 2018, 322.

[193] BGH JurBüro 2010, 591 = GRUR 2010, 1038 Rn. 27; BGH JurBüro 2008, 1744 = GRUR-RR 2008, 368 Rn. 7 ff. ausf. und mit zahlreichen Literaturnachweisen = RVGreport 2008, 184 mzustAnm *Hansens;* BGH NJW 2009, 2068 = AnwBl 2009, 462; OLG Hamburg WRP 1981, 470 (472); **aA** KG KGR 2006, 850 mwN; ebenso *N. Schneider* Anm. zu OLG Frankfurt a. M. AGS 2011, 477; *Anonymus* AGK 2010, 41, Geschäftsgebühr fällt nur einmal an.

[194] BGH NJW 2009, 2068 = AnwBl 2009, 462; **aA** *N. Schneider* Anm. zu OLG Frankfurt a. M. AGS 2011, 477; *Anonymus* AGK 2010, 41, Geschäftsgebühr fällt nur einmal an.

[195] BGH NJW 2009, 2068 = AnwBl 2009, 462.

6. Anrechnung

200 **a) Anrechnungsfragen für die hM** Folgt man der hM, dass es sich bei der Verfolgung eines Unterlassungsanspruchs immer um denselben Gegenstand handelt, egal ob er im Eil- oder Hauptsacheverfahren verfolgt wird (→ Rn. 133), so ergeben sich, da es auch eine rückwirkende Anrechnung gibt (→ RVG VV Vorb. 3 Rn. 300), Anrechnungsprobleme. Diese kennt die (bis zur 20. Aufl. auch hier vertretene) Gegenmeinung, nach der der Gegenstand des Eilverfahrens (vorläufige Regelung) und der Hauptsache (endgültige Regelung) nicht identisch sind (→ Rn. 133), nicht; das Abschlussschreiben ist nach dieser, falls es zu einem Hauptsacheverfahren kommt, eindeutig nur auf die dort anfallende Verfahrensgebühr anzurechnen.

201 **b) Nur eine Geschäftsgebühr durch Abschlussschreiben.** Hat der RA eine Verfahrensgebühr im Eilverfahren und lediglich eine Geschäftsgebühr durch das Abschlussschreiben verdient (die Abmahnung hatte noch die Rechtsabteilung eines Unternehmens verfasst), so betreffen beide Gebühren nach der hM denselben Gegenstand. Die Geschäftsgebühr ist dann rückwirkend auf die Verfahrensgebühr des Eilverfahrens anzurechnen. *Hansens* sieht dies grds. auch so, hält dies aber für undurchführbar.[196] Unüberwindbare Probleme gibt es nicht. Darüber hinaus können Schwierigkeiten nicht dazu führen, dass eine im Gesetz vorgesehene rückwirkende Anrechnung nicht vorgenommen wird.

202 **c) Nachfolgend auch noch Verfahrensgebühr im Hauptsacheverfahren.** Ist in der in → Rn. 201 behandelten Konstellation (Verfahrensgebühr im Eilverfahren und Geschäftsgebühr durch Abschlussschreiben) der RA dann auch noch im Hauptsacheverfahren tätig, so käme auf der Basis der hM eine Anrechnung der Geschäftsgebühr auch auf die dort entstehende Geschäftsgebühr in Betracht. Hier gilt allerdings wieder, dass bei Identität des Gegenstandes eine Geschäftsgebühr nicht zweimal auf Verfahrensgebühren angerechnet wird (→ RVG VV Vorb. 3 Rn. 293). Die Anrechnung kann der RA entweder auf die Verfahrensgebühr der Eilsache oder die der Hauptsache vornehmen. Im ersten Fall ist aber zu beachten, dass der Gegenstandswert der Hauptsache i. a. R. höher ist als der der Eilsache. Daraus kann sich ergeben, dass nach der Anrechnung auf die Verfahrensgebühr des Eilverfahrens noch ein Anrechnungsbetrag „nicht verbraucht" ist. Dieser Restbetrag ist dann auf die Verfahrensgebühr der Hauptsache anzurechnen (→ RVG VV Vorb. 3 Rn. 351).

Beispiel: Der Gegenstandswert des Eilverfahrens war 1.000,– EUR (1,3 Verfahrensgebühr 114,40 EUR), der der Hauptsache und damit auch des Abschlussschreibens 3.000,– EUR. Es ist durch das Abschlussschreiben eine 1,3-Geschäftsgebühr aus einem Wert von 3.000,– EUR iHv 288,60 EUR angefallen. Die Hälfte der Geschäftsgebühr beträgt 144,30 EUR. Durch die Anrechnung auf die Verfahrensgebühr des Eilverfahrens sind jedoch nur 114,40 EUR abgedeckt. Der Rest von 29,90 EUR ist auf die Verfahrensgebühr des Hauptsacheverfahrens anzurechnen.

203 **d) Zwei Geschäftsgebühren, eine durch Abmahnung, eine durch Abschlussschreiben.** ***aa) Nur ein gerichtliches Eilverfahren.*** Hat der RA nicht nur das Abschlussschreiben, sondern auch schon die Abmahnung verfasst, so fallen zwei Geschäftsgebühren und, wenn bei Gericht nur ein Eilverfahren stattgefunden hat, nur eine Verfahrensgebühr zum selben Gegenstand an. Hier käme in Betracht, beide Geschäftsgebühren auf die Verfahrensgebühr des Eilverfahrens anzurechnen.[197] Es sei denn, es gibt einen Grundsatz, dass auf eine Verfahrensgebühr nicht zwei Geschäftsgebühren angerechnet werden dürfen.

204 Eine doppelte Anrechnung ist nicht vorzunehmen.[198] Es gibt keinen Fall, in dem das Gesetz eine Anrechnung von zwei Geschäftsgebühren auf eine Verfahrensgebühr hinsichtlich desselben Gegenstandes vorsieht. Auch bei der Kettenanrechnung wird nicht auf dieselbe Gebühr zweimal angerechnet. Die Lösung ergibt sich aus einer Parallele. Genauso wie eine zweifache Anrechnung der sich aus demselben Gegenstand ergebenden Geschäftsgebühr nicht auf zwei Verfahrensgebühren vorzunehmen ist (keine erneute Anrechnung auf Verfahrensgebühr des Rechtsmittelverfahrens → RVG VV Vorb. 3 Rn. 259), ist auch eine zweifache Anrechnung bei der Verfahrensgebühr wegen desselben Gegenstandes nicht vorzunehmen.

205 Geht man davon aus, dass nur einmal angerechnet werden darf, so stellt sich für die hM die Frage, ob nur die höhere oder ob eine fiktive Geschäftsgebühr anzurechnen ist, bei der alle außergerichtlichen Tätigkeiten (die beider Schreiben) so behandelt werden, als gehörten sie zu

[196] *Hansens* RVGreport 2008, 184 Ziff. IVc.
[197] *Hansens* RVGreport 2008, 184 Ziff. IVc.
[198] *Hansens* RVGreport 2008, 184 Ziff. IVc unter Hinweis darauf, dass diese Problematik noch völlig ungeklärt ist, dass es jedoch gesichert erscheine, dass derselbe Anrechnungsbetrag nicht zweimal anzurechnen ist.

einer Geschäftsgebühr, die dann häufig von 1,3 auf 1,5 und mehr ansteigen würde, sodass eine 0,75-Geschäftsgebühr aus dem höchsten Gegenstandswert anzurechnen wäre.

bb) Zwei Gerichtsverfahren. Ist der RA zusätzlich auch noch im sich an das Abschlussschreiben anschließenden Hauptsacheverfahren tätig, so ist nach der hM wohl die durch das Abmahnung entstandene Geschäftsgebühr auf die Verfahrensgebühr des Eilverfahrens und die durch das Abschlussschreiben angefallene Geschäftsgebühr auf die Verfahrensgebühr der Hauptsache anzurechnen. 206

7. Prozessuale Kostenerstattung

Kostenentscheidung des Eilverfahrens. Da das Abschlussschreiben nicht mehr Teil des Eilverfahrens ist, kommt eine Kostenerstattung auf Grund der Kostenentscheidung im Eilverfahren nicht in Betracht.[199] 207

Kostenentscheidung im Hauptsacheprozess. Kommt es zum Hauptsacheprozess, so gilt dasselbe wie bei der Abmahnung. Das Abschlussschreiben stellt eine Abmahnung vor der Erhebung der Hauptklage dar (→ Rn. 141 ff.).[200] Sind die Voraussetzungen von → Rn. 144 gegeben, so sind Anwaltskosten zu ersetzten, wenn anwaltliche Hilfe erforderlich war, hierzu → Rn. 216 ff. Außerdem muss ein Abschlussschreiben erforderlich gewesen sein, → Rn. 210 ff. 208

8. Materiellrechtliche Kostenerstattung

a) Anspruchsgrundlagen. Dem verletzten Mitbewerber steht ein materiell-rechtlicher Kostenerstattungsanspruch gegen den Störer zu.[201] Die Anspruchsgrundlagen sind die gleichen wie bei der Abmahnung (→ Rn. 145 ff.). Wegen Abschlussschreiben außerhalb des Wettbewerbsrechts (zB unerwünschte E-Mail-Werbung), BGH AnwBl 2007, 548 = JurBüro 2007, 431. 209

b) Wartefrist für Aufforderungsschreiben. Voraussetzung für einen Erstattungsanspruch ist, dass der Gläubiger eine angemessene Frist mit dem Aufforderungsschreiben abgewartet hat, um dem Schuldner Gelegenheit zu geben, von sich aus eine Abschlusserklärung abzugeben (Wartefrist). Fordert er vorher den Gegner zu einer solchen auf, so fehlt es an der Erforderlichkeit[202] und entspricht das Aufforderungsschreiben nicht dem mutmaßlichen Willen des Schuldners iSv § 677 BGB.[203] 210

Die Frist beträgt im Regelfall bei einer durch Urteil ergangenen oder nach Widerspruch bestätigten einstweiligen Verfügung 14 Tage (unter Beachtung von § 193 ZPO Sonn- und Feiertage).[204] Für den Beginn der Wartefrist ist die Zustellung des Urteils, durch das eine einstweilige Verfügung erlassen oder eine als Beschluss erlassene einstweilige Verfügung nach Widerspruch bestätigt wurde, in vollständiger Form maßgeblich. Der Schuldner kann nur auf der Grundlage der schriftlichen Urteilsbegründung eine sachgerechte Entscheidung über die Abgabe einer Abschlusserklärung treffen.[205] Offen gelassen hat der BGH, ob eine längere Frist zu gewähren ist, wenn die einstweilige Verfügung durch Beschluss ergangen ist und keine begründete gerichtliche Entscheidung zur Verfügung steht. Er meinte jedoch, dass dann die Frist drei Wochen nicht überschreiten wird.[206]

Erstattungsanspruch trotz vorzeitiger Aufforderung. Die durch ein vorzeitiges Aufforderungsschreiben entstandenen Kosten sind nach OLG Stuttgart jedoch dann zu erstatten, wenn davon auszugehen ist, dass auch bei längerem Warten die Schuldnerin keine Abschlusserklärung abgegeben hätte, was zB gegeben sei, wenn die Schuldnerin die Auffassung vertritt, bereits eine ausreichende Erklärung abgegeben zu haben.[207] 211

Heilung bei verfrühtem Aufforderungsschreiben. Anders als bei einer vorzeitigen Zahlungsaufforderung mit Vollstreckungsandrohung, bei der eine Heilung möglich ist, wenn 212

[199] OLG Frankfurt a. M. JurBüro 1989, 1124.

[200] BGH NJW 1973, 901 = JurBüro 1973, 409.

[201] BGH NJW 2011, 2509 Rn. 8; JurBüro 2010, 591 = GRUR 2010, 1038 Rn. 26; NJW 2008, 1744 = GRUR-RR 2008, 368 Rn. 5; NJW-RR 2006, 557 = GRUR 2006, 349; OLG Stuttgart WRP 2007, 688 = OLGR 2007, 921.

[202] BGH NJW 2015, 3244 = GRUR 2015, 822 Rn. 17; KG WRP 1978, 451; OLG Köln GRUR 1986, 96; OLG Stuttgart WRP 2007, 688 = OLGR 2007, 921.

[203] BGH NJW 2015, 3244 = GRUR 2015, 822 Rn. 17.

[204] BGH NJW 2015, 3244 = GRUR 2015, 822 Rn. 21; OLG Frankfurt a. M. GRUR-RR 2006, 111, 112; OLG Hamburg GRUR-RR 2014, 229 = WRP 2014, 483 Rn. 54 mwN für diese Frist.

[205] BGH NJW 2015, 3244 = GRUR 2015, 822 Rn. 20; OLG Köln WPR 1987, 188, 191; OLG Frankfurt a. M. GRUR-RR 2006, 111, 112.

[206] BGH NJW 2015, 3244 = GRUR 2015, 822 Rn. 22; GRUR-RR 2008, 368 Rn. 12.

[207] OLG Stuttgart WRP 2007, 688 = OLGR 2007, 921.

der Schuldner nicht innerhalb einer angemessenen Frist zahlt (→ RVG VV 3309 Rn. 441) und als beim Antrag auf Zurückweisung der Berufung, bei dem die Berufungsbegründung erst nach dem Zurückweisungsantrag erfolgt (→ RVG VV 3201 Rn. 6), ist hier eine Heilung nicht möglich. Die hier einschlägige Anspruchsgrundlage § 677 BGB setzt ein dem mutmaßlichen Willen des Schuldners entsprechendes Verhalten voraus. Eine verfrühte Aufforderung zur Abschlusserklärung entspricht aber nicht dessen mutmaßlichen Willen. Der BGH musste diese Frage bislang nicht entscheiden.

213 **c) Erklärungsfrist.** Soweit der BGH darüber hinaus noch verlangt, dass dem Schuldner eine angemessene Erklärungsfrist für die Prüfung zugebilligt werden muss, ob er die Abschlusserklärung abgibt,[208] spielt dies für die Frage der Erstattung der Kosten des Abschlussschreibens keine Rolle. Die Setzung einer zu kurzen Frist führt nur dazu, dass der Gläubiger gem. § 93 ZPO die Kosten eines anschließenden Hauptsacheverfahrens tragen muss, wenn der Schuldner noch innerhalb der ihm zuzubilligenden Erklärungsfrist die Abschlusserklärung abgibt.[209] Die Erklärungsfrist beträgt im Regelfall mindestens zwei Wochen.[210]

214 **Hinweis für den RA:** Will der Schuldner die ihm nach den obigen Ausführungen zur Verfügung stehende vierwöchige Frist zur Abgabe der Abschlusserklärung voll ausnutzen, ohne das Risiko einzugehen, schon nach 14 Tagen ein Aufforderungsschreiben zu erhalten, dessen Rechtsanwaltskosten er zu erstatten hat, so ist ihm folgendes zu raten: Vor Ablauf der 14-tägigen Wartefrist für das Aufforderungsschreiben teile er dem Gläubiger mit, dass es keiner Aufforderung bedarf, da er bis zum Ablauf der vierwöchigen Frist von der Zustellung der Entscheidung ab gesehen, eine Abschlusserklärung abgeben wird, andernfalls davon ausgegangen werden kann, dass er keine Abschlusserklärung abgegeben wird.

215 **Vorherige Unterwerfungserklärung.** Eines Aufforderungsschreibens bedarf es nicht, wenn der Schuldner vor dessen Absendung schon eine Unterwerfungserklärung abgegeben hat.[211]

216 **Notwendige Anwaltskosten.** Es kommt wieder darauf an, ob die Partei ohne die Hilfe eines RA ein Abschlussschreiben verfassen konnte. Grundsätzlich gelten die gleichen Grundsätze wie bei der Abmahnung (→ Rn. 148 ff.).[212] Insbesondere bei Wirtschaftsverbänden, Wettbewerbsvereinen und größeren Unternehmen mit eigener Rechtsabteilung bedarf es in einfach zu verfolgenden Fällen keines Anwalts, da sie ein solches Schreiben selbst verfassen können.[213] Bei Abschlussschreiben wird sogar eher als beim Abmahnschreiben anzunehmen sein, dass die Partei dieses selbst anfertigen kann, nachdem der Sachverhalt und der Unterlassungsanspruch im Verfügungsverfahren bereits ganz oder teilweise geklärt wurden.[214]

217 **RA in eigener Sache.** Der RA kann nach KG in eigener Sache keine Gebühren geltend machen, da § 91 Abs. 2 S. 3 ZPO nur im Rahmen von Prozessen eingreift.[215]

ME sollte jedoch unter den gleichen Voraussetzungen wie im FG-Verfahren (→ Anh. X Rn. 223) ein Erstattungsanspruch bestehen.

Teil 6. Fälligkeit, Verjährung

218 Da Eilverfahren, auch die einstweilige Anordnung, selbständige Angelegenheiten sind, ist darauf zu achten, dass bei diesen Fälligkeit und Verjährung unabhängig von der Hauptsache eintreten.

219 **Hinweis für den RA.** Deshalb sollten die Gebühren des Eilverfahrens sofort abgerechnet werden. Damit dies nicht vergessen wird, hilft die Anlage einer **besonderen Handakte** für das Eilverfahren.

---

[208] BGH NJW 2015, 3244 = GRUR 2015, 822 Rn. 18.
[209] BGH NJW 2015, 3244 = GRUR 2015, 822 Rn. 25.
[210] BGH NJW 2015, 3244 = GRUR 2015, 822 Rn. 23.
[211] OLG Stuttgart WRP 2007, 688 = OLGR 2007, 921.
[212] Anwaltskosten anerkannt haben BGH NJW 1973, 901 = JurBüro 1973, 409; LG Lübeck AnwBl 1980, 519.
[213] KG MDR 1999, 1409; OLG Stuttgart WRP 2007, 688 = OLGR 2007, 921; **aA** OLG Karlsruhe WRP 1996, 591 (593), für Schadensersatz, offen gelassen für GoA.
[214] **AA** OLG Hamburg AnwBl 1982, 397, bejaht die Notwendigkeit eines Anwalts, wenn dem Abschlussschreiben ein streitiges Verfügungsverfahren vorausgegangen ist, da nach Abschluss des Verfügungsverfahrens der Fall erneut gründlich durchdacht werden müsse.
[215] KG MDR 1999, 1409.

III. Selbständiges Beweisverfahren

Übersicht

Schrifttum: *Enders* JurBüro 2004, 113 (Das selbständige Beweisverfahren – Anwaltsgebühren nach BRAGO und nach RVG); *N. Schneider* AGS 2004, 265 (Die Gebühren im selbständigen Beweisverfahren); *Wirth* BauR 1993, 281. (Entspricht der Gegenstandswert im selbständigen Beweisverfahren endgültig dem Wert der Hauptsache?); *von Eicken* AGS 1995, 97 (Entstehung und Erstattung der Gebühren für das selbst. Beweisverfahren sowie Bedeutung des § 37 Nr. 3 BRAGO); *von Eicken* AGS 1996, 13 (Verhältnis der Anwaltsgebühren des selbst. Beweisverfahrens zu den gleichartigen Gebühren der Hauptsache bei nur teilweiser Identität der Parteien und/oder des Verfahrensgegenstandes); *von Eicken* AGS 1996, 49 (Probleme der Erstattbarkeit von Kosten des selbst. Beweisverfahrens); *von Eicken* Rpfleger 1997, 363 (Selbständiges Beweisverfahren).

1. Motive und Allgemeines

1 Anders als in § 37 Nr. 3 BRAGO ist das selbständige Beweisverfahren nicht mehr in § 19 RVG genannt. Daraus sowie aus VV Vorb. 3 Abs. 5 RVG (Anrechnungsbestimmung) folgt, dass zwei Angelegenheiten gegeben sind, sodass Gebühren doppelt anfallen, wobei die Verfahrensgebühr anzurechnen ist. Die Gesetzesmotive führen hierzu aus:

„… Das Verfahren beschränkte sich seither nicht mehr auf die bloße Beweissicherung; vielmehr soll auch schon in diesem Verfahren eine endgültige Beilegung des Rechtsstreits angestrebt werden. Da nunmehr die Beweisgebühr entfallen soll, würde der Rechtsanwalt im selbständigen Beweisverfahren nach der vorgeschlagenen Nummer 3100 VV RVG-E nur noch eine Gebühr mit einem Gebührensatz von 1,3 erhalten. Wenn eine mündliche Verhandlung, ein sonstiger Termin oder eine auf die Erledigung des Verfahrens gerichtete Besprechung ohne Beteiligung des Gerichts stattfindet, soll der Rechtsanwalt auch die Terminsgebühr nach Nr. 3104 VV RVG-E erhalten (siehe auch Abs. 3 der Vorbemerkung 3 …). Der Antrag auf Durchführung eines selbständigen Beweisverfahrens setzt dieselben Vorarbeiten voraus, die den Einsatz der Gebühr Nummer 3100 VV RVG-E im eigentlichen Rechtsstreit rechtfertigen. Ein solches Verfahren gibt Gelegenheit, schon frühzeitig über eine gütliche Beilegung des Rechtsstreits zu verhandeln und den weiteren Prozess über die Hauptsache möglichst zu vermeiden. Dieser Entlastungseffekt rechtfertigt es, das selbständige Beweisverfahren auch gebührenmäßig wie die Hauptsache zu behandeln."[1]

2. Anwendungsbereich

2 **Sachlicher Anwendungsbereich.** Die nachfolgenden Ausführungen gelten für alle selbständigen Beweisverfahren, soweit es um Gegenstände geht, die zu VV Teil 3 RVG gehören. Anders als bei § 48 BRAGO werden zB auch Verfahren zur Beweissicherung hinsichtlich FG-Verfahren (zB § 552 HGB; § 11 BinnenSchG; in Haushaltssachen)[2] erfasst.

3 **Vertreter des unbekannten Antragsgegners.** Bestellt das Gericht gem. § 494 Abs. 2 ZPO dem unbekannten Antragsgegner einen RA als Vertreter, so verdient dieser die gleichen Gebühren wie ein Verfahrensbevollmächtigter in einem selbständigen Beweisverfahren. Schuldner ist der Antragsteller und nicht die Staatskasse. Der Antragsteller kann auf Grund der Kostenentscheidung in der Hauptsache gem. § 91 ZPO hinsichtlich dieser Kosten einen Erstattungsanspruch haben.[3]

3. Verfahrensgebühr

4 **a) Anwendbarkeit von VV 3100 ff. RVG.** VV 3100 ff. RVG sind auf das selbständige Beweisverfahren anzuwenden, da es an Sondervorschriften fehlt.

5 **b) Unabhängigkeit von Hauptsache.** Schon früherem und erst Recht nach neuem Recht (Verselbständigung des selbständigen Beweisverfahrens) war und ist für den Anfall von Rechtsanwaltsgebühren im selbständigen Beweisverfahren unerheblich,
– ob das Hauptsacheverfahren anhängig ist,
– ob das Ergebnis des selbständigen Beweisverfahrens im Hauptsacheverfahren verwertet wird,
– ob der RA Verfahrensbevollmächtigter der Hauptsache ist.

---

[1] BT-Drs. 15/1971, 193 re. Sp.
[2] KG RVGreport 2005, 278.
[3] *Hansens* BRAGO § 48 Rn. 9.

c) Entstehung. Die Verfahrensgebühr (VV 3100 ff. RVG) entsteht mit der ersten Tätigkeit des Rechtsanwalts, im Regelfall mit der Entgegennahme der Informationen. 6

Tätigkeit nach Abschluss des selbständigen Beweisverfahrens. Wird der RA tätig, nachdem das selbständige Beweisverfahren abgeschlossen ist, liest er zB zu diesem Zeitpunkt das Gutachten durch, so verdient er im Regelfall keine Verfahrensgebühr im selbständigen Beweisverfahren.[4] Möglicherweise verdient er eine Ratsgebühr, wenn er nur raten soll, ob geklagt werden soll, oder eine 0,8 Verfahrensgebühr hinsichtlich des Hauptsacheverfahrens, wenn er bereits einen Klageauftrag hat. Zum Ende des selbständigen Beweisverfahrens → Rn. 30. 7

d) Höhe der Gebühr. Gem. VV 3100 RVG bzw. VV 3101 RVG verdient der RA eine 1,3 bzw. 0,8 Verfahrensgebühr. Die Gebührenhöhe ist unabhängig davon, in welcher Höhe Gebühren in dem angestrebten oder schon anhängigen Hauptsacheverfahren entstehen. Dies folgt daraus, dass das selbständige Beweisverfahren nicht mehr Teil eines Hauptsacheverfahrens ist. Es gibt zB – anders als noch zum alten Recht[5] – keine 1,6 Verfahrensgebühr, wenn sich das selbständige Beweisverfahren auf ein Berufungsverfahren bezieht. 8

VV 3101 Nr. 1 ist bei vorzeitigem Ende des Auftrags anzuwenden.[6] Die Verfahrensgebühr entsteht als volle Gebühr für den Antragsteller mit Einreichung des Antrags bzw. durch Sachvortrag, für den Antraggegner mit Einreichung eines Gegenantrages oder durch Sachvortrag, sonst für beide mit der Wahrnehmung eines Termins, wozu nach VV Vorb. 3 Abs. 3 RVG auch ein Ortstermin des gerichtlich bestellten Sachverständigen ausreicht. Ohne eine der VV 3101 Nr. 1 RVG genannten Tätigkeiten entsteht nur eine 0,8 Verfahrensgebühr.[7] 9

Sachvortrag des Antragsgegners. Früher war streitig, ob für eine 1,3 Verfahrensgebühr genügt, dass der RA des Antragsgegners eine Erklärung abgibt, die eine sachliche Auseinandersetzung mit dem Antrag auf Durchführung enthält,[8] zB die Mängel oder die Verantwortlichkeit für Mängel bestreitet,[9] wobei auch nach dieser Meinung bloße verfahrensrechtliche Anregungen nicht ausreichten,[10] oder ob ein Gegenantrag erforderlich ist.[11] Dieser Streit ist zu Gunsten der ersten Meinung überholt, nachdem nunmehr gem. VV 3101 Nr. 1 RVG für die Entstehung einer 1,3 Verfahrensgebühr Sachvortrag genügt. 10

Zustimmungserklärung. Die in § 485 Abs. 1 ZPO vorgesehene Zustimmung des Antragsgegners zum Antrag genügt.[12] Wenn die Rücknahme des Antrags eine 1,3-Verfahrensgebühr auslöst, so muss das auch für einen Zustimmung zur Durchführung des Verfahrens gelten.[13] Die Zustimmungserklärung ist auch verfahrensrelevant. Sie führt gem. § 485 Abs. 1 ZPO dazu, dass nicht mehr geprüft werden muss, ob ein Verlust oder eine Erschwernis eines Beweises zu besorgen ist. 11

Anträge auf Fristsetzung bzw. Kostenausspruch (§ 494a ZPO) → Rn. 33 ff. 12

4. Terminsgebühr

Gem. § 492 Abs. 3 ZPO kann das Gericht die Parteien zur mündlichen Erörterung laden. Dabei handelt es sich um einen gerichtlichen Termin iSv VV Vorb. 3 Abs. 3 S. 1 Alt. 1 RVG. Es fällt eine 1,2 Terminsgebühr gem. VV 3104 RVG an. Dasselbe gilt, wenn der RA ein Vermeidungs- oder Beendigungsgespräch iSv VV Vorb. 3 Abs. 3 S. 1 Alt. 3 RVG führt. VV 3104RVG Anm. Abs. 1 Nr. 1 scheidet aus, da eine Entscheidung ohne mündliche Verhandlung ergehen kann. VV 3105 RVG kann gegeben sein. 13

Reiner Protokollierungstermin. VV 3104 RVG Anm. Abs. 3 schließt eine Terminsgebühr aus, wenn in einem Termin lediglich nicht rechtshängige Ansprüche protokolliert werden sollen (→ RVG VV 3104 Rn. 139 ff.). Das selbständige Beweisverfahren führt nicht zur Rechtshängigkeit von Ansprüchen. Ein reiner Termin zur Protokollierung von im selbständigen Beweisverfahren betroffenen Gegenständen löst damit zunächst einmal keine Terminsgebühr aus. Allenfalls ist eine analoge Anwendung zu erwägen. Diese würde dann bedeuten, dass ein Pro- 14

[4] OLG Bamberg JurBüro 1986, 1673.
[5] *Hansens* BRAGO § 48 Rn. 7.
[6] Zum alten Recht OLG München AnwBl 2000, 759 = NJW-RR 2000, 1728 = JurBüro 2000, 485.
[7] OLG München AGS 2012, 558.
[8] Gebauer/Schneider/*Gebauer* BRAGO § 32 Rn. 38.
[9] Gebauer/Schneider/*Gebauer* BRAGO § 32 Rn. 38.
[10] OLG Köln OLGR 2000, 162.
[11] OLG München AnwBl 2000, 759 = NJW-RR 2000, 1728 = JurBüro 2000, 485; *Hansens* BRAGO § 48 Rn. 2; Riedel/Sußbauer/*Keller,* 8. Aufl. 2000, BRAGO § 48 Rn. 3.
[12] **AA** *Hansens* BRAGO § 48 Rn. 2.
[13] Der gleiche Gedanke wird bei der Zustimmung zu einer Scheidung herangezogen, → RVG VV 3101 Rn. 29.

tokollierungstermin bzgl. vom selbständigen Beweisverfahren betroffener Gegenstände zu einer Terminsgebühr führen kann. Hierfür spräche die Annäherung des selbständigen Beweisverfahrens an ein Hauptsacheverfahren, insbes. der Umstand, dass es auch schon einer endgültigen Befriedung dienen soll (→ Rn. 1).

15 **Sachverständigentermin.** Nimmt der RA einen vom gerichtlich bestellten Sachverständigen anberaumten Termin im selbständigen Beweisverfahren wahr, so entsteht hierdurch eine Terminsgebühr gem. VV Vorb. 3 Abs. 3 S. 1 Alt. 1 RVG im selbständigen Beweisverfahren, nicht aber im Hauptsacheverfahren.[14]

16 **Terminsgebühr im selbständigen Beweis- und Hauptsacheverfahren.** Es kann sowohl im selbständigen Beweisverfahren als auch im Hauptsacheverfahren jeweils eine Terminsgebühr anfallen. Das ist zB gegeben, wenn der RA einen Ortstermin des Sachverständigen im selbständigen Beweisverfahren wahrnimmt und dann den Mandanten im anschließenden Hauptsacheverfahren in der mündlichen Verhandlung oder bei einer weiteren Beweisaufnahme vertritt. Eine Anrechnung der Terminsgebühren findet nicht statt, da VV Vorb. 3 Abs. 5 RVG lediglich eine Anrechnung der Verfahrensgebühr kennt.[15] Keine Terminsgebühr fällt im selbständigen Beweisverfahren dadurch an,

- dass im Hauptsacheverfahren darüber gesprochen wird, dass ein selbständiges Beweisverfahren anhängig ist und der Beweisantrag übergeben wird,[16]
- dass in das Hauptsacheverfahren das Ergebnis des Beweisverfahrens eingeführt und darüber gesprochen wird.

Das führt nicht zu einem Termin im selbständigen Beweisverfahren. Nur im Hauptsacheverfahren findet ein Termin statt. Es gilt im Grundsatz das Gleiche wie zur BRAGO hinsichtlich der Beweisgebühr im Hauptsacheverfahren. Die Verwendung des Ergebnisses des selbständigen Beweisverfahrens im Hauptsacheverfahren löste in diesem keine Beweisgebühr aus, weil in diesem kein Beweisaufnahmetermin stattfand.[17]

5. Beweisaufnahmegebühr

17 Die Gebühr gem. VV 1010 RVG kann auch im selbständigen Beweisverfahren anfallen.

6. Einigung

18 **a) Einigungsgebühr.** Sie erwächst stets in Höhe einer 1,5-Gebühr (VV 1000 RVG) und zwar auch dann, wenn sich die Einigung auf im selbständigen Beweisverfahren anhängige Gegenstände bezieht. VV 1003 RVG findet ausdrücklich nur Anwendung, wenn ein anderes als ein selbständiges Beweisverfahren anhängig ist. Die Gesetzesmotive führen hierzu aus:

> „Die Anhängigkeit eines selbständigen Beweisverfahrens soll den Anfall der höheren Einigungsgebühr nach Nummer 1000 VV RVG-E nicht mehr hindern. Dieser Vorschlag soll zu einer Vermeidung des streitigen Verfahrens beigetragen."[18]

19 Werden weder im selbständigen Beweisverfahren noch in einer anderen Verfahrensart anhängige Ansprüche in eine Einigung mit einbezogen, so entsteht hinsichtlich aller Ansprüche eine 1,5 Einigungsgebühr gem. VV 1000 RVG. Werden aber Ansprüche mitgeregelt, die in einem anderen Verfahren, nicht aber in einem selbständigen Beweisverfahren, anhängig sind, so entsteht für diese nur eine 1,0 Einigungsgebühr (VV 1003 RVG). § 15 Abs. 3 RVG ist zu beachten.

20 **b) Verfahrensdifferenzgebühr.** Werden Ansprüche, um die es in dem selbständigen Beweisverfahren nicht geht, auftragsgemäß in einer gerichtlichen Einigung mitgeregelt, so fällt hinsichtlich dieser Ansprüche noch eine 0,8 Verfahrensgebühr gem. VV 3101 Nr. 2 RVG an. Soweit in dem anderen Verfahren auch eine Verfahrensgebühr entstanden ist, ist die Anrechnungsbestimmung VV 3101RVG Anm. Abs. 1zu beachten. Weiter ist die Begrenzung nach § 15 Abs. 3 RVG nicht zu vergessen.

21 **c) Terminsgebühr.** Es kann auch hinsichtlich der in die Einigung einbezogenen Gegenstände uU eine Terminsgebühr anfallen (→ RVG VV 3104 Rn. 93 ff.). VV 3104 RVG Anm. Abs. 2 (Anrechnung) ist zu beachten. Wegen reinem Protokollierungstermin → Rn. 13.

---

[14] OLG Dresden AGS 2008, 70.
[15] OLG Dresden AGS 2008, 70.
[16] OLG Saarbrücken AGS 2009, 573.
[17] Gerold/Schmidt/*von Eicken,* 15. Aufl. 2002, BRAGO § 37 Rn. 9e.
[18] BT-Drs. 15/1971, 204.

7. Abgeltung

Durch die Verfahrensgebühr wird die anwaltliche Hilfe bei der Anfertigung der eidesstattlichen Versicherungen (§ 487 Nr. 4 ZPO) abgegolten.[19] 22

8. Angelegenheit. Verhältnis zur Hauptsache

Das selbständige Beweisverfahren und das Hauptsacheverfahren sind zwei verschiedene Verfahren und somit zwei Angelegenheiten. Damit verdient – anders als nach der BRAGO[20] – der RA in beiden Verfahren gesondert die Gebühren des VV 3100 ff. RVG. War der RA auch noch außergerichtlich tätig, so sind drei Angelegenheiten gegeben. Wegen Anrechnung → RVG VV Vorb. 3 Abs. 5. 23

9. Angelegenheit. Mehrere Anträge auf selbständige Beweisverfahren

a) Mehrere Angelegenheiten. Mehrere Anträge auf selbständige Beweisverfahren lassen die Gebühren besonders entstehen. So kann der Antragsteller zB hinsichtlich desselben Vorgangs getrennte Anträge wegen verschiedener Antragsgegner stellen, zB in einer Bausache gegen unterschiedliche Handwerker und den Architekten. Solange das Gericht die Verfahren nicht verbunden hat, handelt es sich um mehrere Angelegenheiten. Verbindet das Gericht dann die Verfahren, so liegt ab der Verbindung nur noch eine Angelegenheit vor. Dazu, dass die vorher angefallenen Gebühren durch die Verbindung nicht wegfallen → RVG VV 3100 Rn. 40. 24

Neuer Antrag nach Abschluss des vorherigen Verfahrens. Ein neuer Antrag führt selbst dann zu einem neuen Verfahren, wenn mit ihm das gleiche Ziel verfolgt wird wie mit dem vorausgegangenen Verfahren, zB die nochmalige Vernehmung desselben Zeugen nach Abschluss des früheren Verfahrens. 25

b) Nur ein Verfahren. Einheitlicher Antrag gegen mehrere Gegner. Hat hingegen der Antragsteller einen einheitlichen Antrag gegen mehrere Gegner gerichtet, so liegt nur eine Angelegenheit vor und fallen die Gebühren nur einmal an. 26

Weiterer Sachverständiger. Nur ein Verfahren liegt vor, wenn zB zur Feststellung des gegenwärtigen Zustands einer Sache nach Erstattung eines Sachverständigengutachtens noch ein weiterer Sachverständiger gehört wird, weil alsbald Bedenken gegen das erste Gutachten geltend gemacht worden sind. Das gilt unabhängig davon, ob das neue Gutachten oder die Ergänzung des alten von Amts wegen oder auf Antrag des Antragsgegners erfolgt sind.[21] 27

10. Anrechnung der Verfahrensgebühr

→ RVG VV Vorb. 3 Abs. 5. 28

11. Rechtsmittel

Gegen einen Beschluss, der eine Beweissicherung ablehnt, gibt es die sofortige Beschwerde gem. § 567 Abs. 1 Nr. 2 ZPO.[22] Die Gebühren des RA richten sich nach VV 3500 ff. RVG. 29

12. Fälligkeit, Verjährung, Änderung des Gegenstandswerts

Da das selbständige Beweisverfahren hinsichtlich der Anwaltsgebühren eine eigene Angelegenheit ist, hängt die Fälligkeit nicht vom Hauptsacheverfahren ab. Entscheidend ist nur, ob hinsichtlich des selbständigen Beweisverfahrens die Voraussetzungen des § 8 Abs. 1 RVG gegeben sind. Dabei endet das selbständige Beweisverfahren mit dem Zugang des Sachverständigengutachtens an die Parteien, sofern weder das Gericht gem. § 411 Abs. 4 S. 2 ZPO eine Frist zur Stellungnahme gesetzt hat, noch die Parteien innerhalb einer angemessenen Frist Einwendungen oder das Gutachten betreffende Anträge oder Ergänzungsfragen mitgeteilt haben.[23] Wird später im Hauptsacheverfahren der Gegenstandswert geändert, so führt das im Fall einer Heraufsetzung zu einem zusätzlichen Anspruch des Anwalts, im Falle einer Herabsetzung zu einem Rückzahlungsanspruch des Auftraggebers (→ § 33 Rn. 22). 30

---

[19] *Hansens* BRAGO § 48 Rn. 2.

[20] OLG Koblenz JurBüro 1994, 672.

[21] OLG München NJW-RR 1997, 318 = OLGR 1996, 267, jedenfalls, wenn Beweisantrag des Gegners lediglich darauf zielt, das auf Antrag des Antragstellers erzielte Ergebnis zu erschüttern; Riedel/Sußbauer/*Keller*, 8. Aufl. 2000, BRAGO § 48 Rn. 6; **aA** Stade Rpfleger 1966, 58, zum alten anders konstruierten Beweissicherungsverfahren.

[22] Thomas/Putzo/*Reichold* ZPO § 490 Rn. 3.

[23] BGH BauR 2002, 1115 = WM 2002, 873; OLG Koblenz FamRZ 2005, 1768 = MDR 2005, 825.

31 **Hinweis für RA:** Wegen der drohenden Verjährung soll der Rechtsanwalt mit der Rechnungsstellung für das selbständige Beweisverfahren nicht bis zum Ende des Hauptsacheverfahrens warten bzw. durch Wiedervorlagen sicherstellen, dass er die Verjährungsfrist nicht versäumt.

13. Gegenstandswert

31a → Anh. VI Rn. 502 ff.

14. Prozessuale Kostenerstattung, Überblick

32 **Titel.** Auch für die prozessuale Erstattung der Kosten des selbständigen Beweisverfahrens gilt der allgemeine Grundsatz, dass es eines Titels bedarf (§ 103 ZPO). Als Titel kommen in Betracht

- Kostenentscheidung im **Hauptsacheverfahren,** auch eine solche im Vollstreckungsbescheid,[24]
- Kostenentscheidung im selbständigen **Beweisverfahren** gem. § 494a Abs. 2 ZPO, wobei gleichgültig ist, ob sie ergehen durfte oder nicht.[25] Wenn eine ergangen ist, so ist sie wirksam, solange sie nicht aufgehoben ist,[26]
- Kostenentscheidung im **Beschwerdeverfahren,**
- **Gerichtsvergleich.**

15. Kostenerstattung auf Grund der Hauptsacheentscheidung

33 **a) Automatische Einbeziehung bei sachlicher und persönlicher Identität.** Zur BRAGO war es ganz einhellige Auffassung: Die Erstattung der Kosten im selbständigen Beweisverfahren richtet sich grds. nach der Kostenentscheidung in der Hauptsache, vorausgesetzt dass eine sachliche und persönliche Identität in beiden Verfahren besteht.[27] Dabei bedarf es keines gesonderten Ausspruchs hinsichtlich der Kosten des selbständigen Beweisverfahrens.[28] Unerheblich ist, ob das Hauptsacheverfahren parallel zum selbständigen Beweisverfahren rechtshängig ist oder erst nach dessen Durchführung rechtshängig wird.

34 **Gleiche Grundsätze für das RVG.** An diesen Grundsätzen hat sich nichts dadurch geändert, dass hinsichtlich der Anwaltsgebühren das selbständige Beweis- und das Hauptsacheverfahren nunmehr zwei selbständige Angelegenheiten sind. Das ergibt sich bereits aus dem Fortbestand des § 494a ZPO, der nur verständlich ist, wenn im Fall, dass ein Hauptsacheverfahren durchgeführt wird, dessen Kostengrundentscheidung die Kosten des selbständigen Beweisverfahrens mit erfasst. Es gäbe sonst in allen Fällen, in denen ein Hauptsacheverfahren stattfindet, keine Erstattung für die im selbständigen Beweisverfahren angefallenen Kosten und das, obgleich Gebühren teilweise doppelt geltend gemacht werden können.

35 Ist im Hauptsacheverfahren eine Kostenentscheidung unterblieben, so kann in den Fällen, in denen eine Hauptsacheentscheidung hätte ergehen können, die die Kosten des selbständigen Beweisverfahrens erfasst hätte, nicht stattdessen eine Entscheidung nach § 494a ZPO ergehen.[29]

36 **b) Voraussetzungen für Einbeziehung.** ***aa) Bisherige hM*** Auf Grund einiger neuerer BGH-Entscheidungen müssen teilweise die Voraussetzungen, unter denen die Hauptsacheentscheidung auch die Kosten des selbständigen Beweisverfahrens erfasst, abweichend von der bisherigen hM[30] gefasst werden. Letztere hatte, um zu gerechten Ergebnissen zu kommen, versucht, die Einbeziehung in bestimmten Fällen auch dann abzulehnen, wenn die Kostenentscheidung der Hauptsache selbst keine Einschränkung enthielt.

- Deshalb wurde für eine Einbeziehung verlangt, dass in der Hauptsache eine Entscheidung in der Sache selbst ergangen ist.[31] Nur dann ergebe sich aus dem Urteil, ob sich aus den behaupteten Mängeln Ansprüche im Verhältnis zum Gegner hergeleitet haben. Ohne eine solche Entscheidung fehle es an einer inneren Rechtfertigung für eine Einbeziehung.[32] Nicht

---

[24] LG Saarbrücken JurBüro 2001, 532.
[25] BGHZ 132, 96 (104) = NJW 1996, 1749; *Hartmann,* 33. Aufl. 2004, BRAGO § 48 Rn. 13 ff.
[26] LG Berlin JurBüro 1986, 440.
[27] BGH NJW 2018, 625 = FamRZ 2018, 202; BauR 2004, 1487 = BGHReport 2004, 1529 = JurBüro 2005, 40.
[28] OLG Nürnberg JurBüro 1994, 103.
[29] BGH NJW 2007, 1282 = NZBau 2007, 248.
[30] Gerold/Schmidt/*Müller-Rabe,* 16. Aufl. 2004, RVG Anh. Rn. 302 ff.
[31] OLG Hamburg MDR 1998, 1124; OLG München MDR 2000, 726.
[32] KG JurBüro 1982, 1521 = Rpfleger 1982, 195.

reichten zB eine Kostenentscheidung in einem Prozessurteil[33] bzw. einem Beschluss nach Klagerücknahme.[34]

– Weiter wurde vorausgesetzt, dass im selbständigen Beweisverfahren eine Beweiserhebung durchgeführt wurde und diese nicht zB wegen Rücknahme des Antrags auf ein selbständiges Beweisverfahren unterblieben ist.[35] Andernfalls trete das selbständige Beweisverfahren nicht in ein Stadium ein, in dem es für die Hauptsache eine Bedeutung haben könnte. Es fehle dann an dem erforderlichen inneren Zusammenhang mit dem nachfolgenden Rechtsstreit und dessen Ergebnis.
– Weiter wurde, wenn nur ein Teil der im selbständigen Beweisverfahren geltend gemachten Mängel im Hauptsacheverfahren weiter verfolgt wurde, lediglich eine teilweise Identität angenommen.[36]
– Dasselbe galt, wenn sich das selbständige Beweisverfahren gegen mehrere Antragsgegner richtete, Klage aber nur noch gegen einen der Antragsgegner erhoben wurde.[37]

bb) BGH-Rspr. Demgegenüber stellt der BGH allein darauf ab, ob das selbständige Beweisverfahren Teil des Hauptsacheverfahrens ist, wofür eine personelle und sachliche Identität genügt. Gerechte Ergebnisse sind nach dem BGH allein durch die Anwendung von § 96 ZPO zu erreichen. Deshalb ist die Identität aller Gegenstände des selbständigen Beweisverfahrens auch dann gegeben 37

– wenn **nur ein Teil** von ihnen im Hauptsacheverfahren weiterverfolgt wird. Alle im selbständigen Beweisverfahren geltend gemachten Mängel bilden den einheitlichen Gegenstand dieses Verfahrens,[38]
– wenn im Hauptsacherechtsstreit vom Antragsteller **nur einer von mehreren Antragsgegnern** des selbständigen Beweisverfahrens verklagt wird. Es genügt, dass Gegenstand der Hauptsache wenigstens ein Mangel ist, wegen dessen sich auch das Beweisverfahren bereits gegen diesen Antragsgegner gerichtet hatte.[39]

Unerheblich ist, 38

– dass im selbständigen Beweisverfahren **keine Beweisaufnahme durchgeführt** wird[40] Das gilt sogar dann, wenn der Antrag auf Durchführung eines selbständigen Beweisverfahrens als unzulässig abgelehnt wird,[41]
– dass im Hauptsacheprozess das **Ergebnis** des selbständigen Beweisverfahrens **nicht verwertet** wird.[42]

Die **Rücknahme** des Antrags auf ein selbständiges Beweisverfahren führt dazu, dass die Rechtsfolge des § 269 Abs. 3 ZPO in der Kostenentscheidung des Hauptsacheverfahrens auszusprechen ist, wenn ein solches anhängig ist.[43] Das hat dann wieder über § 96 ZPO zu erfolgen. Nichts ist beim BGH darüber zu finden, dass es darauf ankommen soll, auf welche Weise das Hauptsacheverfahren beendet wird. Daher und aufgrund der dargelegten Tendenz des BGH ist davon auszugehen, dass es für ihn unerheblich ist, ob in der Hauptsache eine Entscheidung in der Sache ergeht. Es reicht allein aus, dass der Gegenstand des selbständigen Beweisverfahrens auch Gegenstand eines Hauptsacheverfahrens geworden ist. 39

Hinweis für RA. Die Rspr. des BGH zur Identität der Gegenstände erleichtert das Kostenfestsetzungsverfahren sehr. Andererseits ist bei der chronischen Unlust der Richter, von § 96 ZPO Gebrauch zu machen, zu befürchten, dass reihenweise sehr unbillige Ergebnisse heraus- 40

---

[33] OLG Hamburg JurBüro 1971, 648; KG Rpfleger 1982, 195.

[34] OLG Bamberg BRAGOreport 2003, 188; OLG Koblenz NJW 2003, 3281 = MDR 2003, 1080, für selbständige Beweisverfahren vor Beginn des Hauptsachverfahrens; OLG Köln BauR 2003, 290; OLG München OLGR 1998, 179 = JurBüro 1998, 200; OLG Schleswig JurBüro 1995, 36; **aA** OLG Düsseldorf BauR 1997, 349; OLG Hamburg BauR 2002, 1283 = MDR 2002, 1093, es sei denn es ist zu erwarten, dass das Ergebnis des selbständigen Beweisverfahrens in einem anderen Verfahren verwertet wird; OLG Stuttgart Rpfleger 1988, 117.

[35] LG Berlin JurBüro 1985, 1246; *Hansens* BRAGO § 48 Rn. 19.

[36] Gerold/Schmidt/*Müller-Rabe,* 16. Aufl. 2004, RVG Anh. Rn. 334.

[37] Gerold/Schmidt/*Müller-Rabe,* 16. Aufl. 2004, RVG Anh. Rn. 322.

[38] BGH NJW 2007, 1282; BGH NJW 2005, 294 = BauR 2005, 429; BGH NJW-RR 2006, 810 = BauR 2006, 865 = Rpfleger 2006, 338; OLG Düsseldorf MDR 2006, 1253.

[39] BGH NJW-RR 2004, 1651 = BauR 2004, 1809 = JurBüro 2004, 664; BGH NJW-RR 2008, 330 = BauR 2007, 1933 = MDR 2007, 1445.

[40] BGH NJW-RR 2005, 1015 = BauR 2005, 1056 = BGHReport 2005, 883.

[41] OLG Koblenz JurBüro 2009, 367.

[42] BGH MDR 2004, 1372; ZfBR 2005, 790; OLG Jena OLGR 2001, 252 = AGS 2001, 211; OLG Düsseldorf JurBüro 2018, 476; KG JurBüro 1997, 319; OLG Koblenz JurBüro 1996, 34; OLG Schleswig AnwBl 1995, 569 = JurBüro 1997, 586.

[43] BGH NJW-RR 2005, 1015 = BauR 2005, 1056 = BGHReport 2005, 883.

kommen. Dabei wirkt sich noch erschwerend aus, dass die Kostenentscheidung nicht isoliert angegriffen werden kann. Der RA muss, wenn eine Entscheidung nach § 96 ZPO für seinen Mandanten günstig wäre, unbedingt auf die Rspr. des BGH hinweisen und das Gericht zu einer Differenzierung gem. § 96 ZPO auffordern.

41 **c) Art der Hauptsacheentscheidung.** Wie oben dargelegt kommt es nach der Rspr. des BGH anders als nach der früheren hM nicht mehr darauf an, dass eine Entscheidung in der Sache selbst ergeht. Die Kostenfestsetzung kann daher zB auch auf Grund eines Prozessurteils in der Hauptsache oder, eines Beschlusses nach Klagerücknahme[44] erfolgen. Wie bisher schon kann eine Erstattung auch auf Grund eines Vollstreckungsbescheids erfolgen.[45]

42 **d) Arrest und einstweilige Verfügung.** Bislang wurde angenommen, dass eine abschließende Sachentscheidung über den Gegenstand des Beweisverfahrens ergehen muss. Kostenentscheidungen in einem Arrest oder einer einstweiligen Verfügung erfassten, da nur eine vorläufige Sachentscheidung ergeht, nicht die Kosten des selbständigen Beweisverfahrens.[46] Eine Entscheidung des BGH hierzu fehlt. § 494a ZPO, der auf eine Klageerhebung abstellt, die dem Antragsgegner zu einem Kostentitel verhelfen soll, spricht dafür, dass eine Kostenentscheidung in einem Arrest- oder einstweiligen Verfügungsverfahren nicht ausreicht.

43 **e) Nicht abgeschlossenes selbständiges Beweisverfahren.** Der BGH hat entschieden, dass eine Kostenentscheidung in der Hauptsache nach Klagerücknahme die Kosten des selbständigen Beweisverfahrens nicht erfasst, wenn dieses Verfahren noch nicht abgeschlossen war, vielmehr noch fortgesetzt werden sollte. Denn unter diesen Voraussetzungen hätte es nicht der Vorbereitung gerade dieses Hauptprozesses dienen können. Wenn es noch fortgesetzt werden solle, so könne es der Vorbereitung einer anderen Auseinandersetzung in der Hauptsache dienen.[47] Das ist nicht zutreffend. Häufig wird auch ein noch nicht völlig abgeschlossenes selbständiges Beweisverfahren ausschlaggebend für das Ergebnis der Hauptsache sein, weil absehbar geworden ist, wie das selbständige Beweisverfahren ausgehen wird. Sollte das Ergebnis auch noch in einer weiteren Sache verwendet werden, so dient das selbständige Beweisverfahren auch diesem (zu den sich dann ergebenden Folgen für die Kosten → Rn. 78 ff.).

44 **f) Beweissicherungsverfahren vor ausländischem Gericht.** Das Ergebnis eines ausländischen (Nicht EU-Staat) Beweissicherungsverfahrens kann im Prozess nicht gem. § 493 Abs. 1 ZPO verwertet werden.[48] Die entstandenen Beweissicherungskosten können dann aber auch mangels einer möglichen Bedeutung für das Hauptsacheverfahren nicht als notwendige Kosten des Hauptsacheverfahrens geltend gemacht werden.[49] Hieran dürfte auch die Rspr. des BGH nichts ändern.

45 **g) Identität der Parteien.** ***aa) Grundsatz.*** Die Kostenentscheidung des Hauptsacheverfahrens erfasst nur die Kosten des selbständigen Beweisverfahrens, wenn die Parteien des Hauptsacheverfahrens und des selbständigen Beweisverfahrens identisch sind.[50] Sind im selbständigen Beweisverfahren einzelne Wohnungseigentümer Antragsteller und klagt dann im Hauptsacheverfahren die Gemeinschaft, so ist Identität gegeben.[51]

Beispiel:

Das selbständige Beweisverfahren hat sich allein gegen den Generalunternehmer gerichtet. Dieser wird auch verklagt. Die persönliche Identität ist gegeben.

Wird aber stattdessen gegen den Architekten geklagt, der nach dem Gutachten im selbständigen Beweisverfahren für die Baumängel allein verantwortlich ist, aber nicht Gegner im selbständigen Beweisverfahren war, so fehlt die

---

[44] BGH NJW 2007, 1279 = FamRZ 2007, 374 = BauR 2007, 587 = NZBau 2007, 246; 2007, 1282; OLG Brandenburg AGS 2008, 144; **aA** OLG Düsseldorf NJW-Spezial 2006, 360.

[45] LG Saarbrücken JurBüro 2001, 532.

[46] KG AnwBl 1984, 212 = JurBüro 1984, 1243; OLG München AnwBl 1999, 234 = NJW-RR 1999, 655 = MDR 1998, 1183; OLG Schleswig JurBüro 1987, 1223; **aA** OLG Koblenz JurBüro 1995, 481, folgt auch noch ein Hauptsachverfahren nach, so sind Kosten des selbständigen Beweisverfahrens dem Verfahren zuzurechnen, in dem das Ergebnis des selbständigen Beweisverfahrens zuerst eingeführt wurde; Zöller/*Herget* ZPO § 91 Rn. 13 „selbständiges Beweisverfahren", folgt Hauptsacheverfahren nach, Aufteilung der Kosten auf beide Verfahren anteilig.

[47] BGH ZfBR 2005, 790.

[48] OLG Köln NJW 1983, 2779; Musielak/Voit/*Huber* ZPO § 493 Rn. 2; **aA** Stein/Jonas/*Berger* ZPO § 493 Rn. 8; *Meilicke* NJW 1984, 2017.

[49] OLG Köln NJW 1983, 2779; *Hansens* BRAGO § 48 Rn. 19; **aA** *Meilicke* NJW 1984, 2017 (2018).

[50] BGH NJW 2005, 294 = BauR 2005, 429; OLG Hamburg MDR 1999, 765; OLG Koblenz NJW-RR 1994, 574; OLG Köln Rpfleger 1999, 508; OLG München JurBüro 1996, 36.

[51] BGH NJW 2014, 3518 Rn. 12.

persönliche Identität Die Kostenentscheidung im Hauptsacheverfahren erfasst nicht die Kosten des selbständigen Beweisverfahrens.

Soweit keine persönliche Identität gegeben ist, kann eine Partei Erstattung ihrer Kosten nur festsetzen lassen, wenn im selbständigen Beweisverfahren eine Kostenentscheidung ergangen ist. Ansonsten kommt nur noch ein materiell-rechtlicher Erstattungsanspruch in Betracht, der eine materiellrechtliche Anspruchsgrundlage voraussetzt und nicht im Wege der Kostenfestsetzung geltend gemacht werden kann. 46

bb) Abtretung. Identität bei Abtretung. In der Rspr. wird überwiegend angenommen, dass eine Identität der Parteien dann anzunehmen ist, wenn nach Beginn des selbständigen Beweisverfahrens der Gläubiger seine Ansprüche abtritt und der Hauptsacheprozess vom Zessionar geführt wird.[52] Dem ist unter Heranziehung der Gedanken der §§ 265 Abs. 2, 325 Abs. 1 ZPO zuzustimmen aus Gründen der Prozessökonomie und zum Schutz des Schuldners, damit sich der Gläubiger nicht einem negativen Ergebnis des selbständigen Beweisverfahrens entziehen kann. Auch die Gegenmeinung räumt zumindest ein, dass die persönliche Identität anzunehmen ist, wenn der Schuldner das Beweisverfahren angestrengt hat und sodann der Gläubiger seinen Anspruch abtritt, da auf diese Weise dem Schuldner nicht sein Kostenerstattungsanspruch aus der Hand geschlagen werden könne.[53] Dieser Gedanke gilt aber auch, wenn der Gläubiger das selbständige Beweisverfahren eingeleitet hat und das Ergebnis des selbständigen Beweisverfahrens für ihn negativ war. 47

Fehlende Identität bei Abtretung. Eine Erstattung auf Grund der Hauptsacheentscheidung ist jedoch zu verneinen bei 48

- **selbständigem Beweisverfahren nach Abtretung.** Es fehlt am Schutzbedürfnis des Schuldners und prozessökonomischen Interesse, wenn der Schuldner zur Mängelfeststellung gegen die Zedentin ein selbständiges Beweisverfahren betreibt, nachdem der Zessionar gegen ihn Klage erhoben hat. Dann kann der Schuldner gegen den Zessionar ein selbständiges Beweisverfahren betreiben,[54]
- **Abtretung von Erstattungsansprüchen.** Eine Erstattung auf Grund der Hauptsacheentscheidung findet auch dann nicht statt, wenn sich die Hauptsache Partei etwaige Erstattungsansprüche einer Partei des selbständigen Beweisverfahrens hat abtreten lassen.[55] Dieser Anspruch kann nur als materiell-rechtlicher Anspruch geltend gemacht werden.

cc) Streithelfer. War die Partei des Hauptsacheprozesses am selbständigen Beweisverfahren nur als Streithelfer beteiligt, so liegt keine persönliche Identität vor.[56] Der Streithelfer ist weder Partei noch Verfahrensbeteiligter des selbständigen Beweisverfahrens.[57] Dass dem Streithelfer das Ergebnis der Beweisaufnahme entsprechend § 68 ZPO in einem Hauptprozess entgegengehalten werden kann,[58] führt zu keinem anderen Ergebnis. Hinsichtlich der Kostentragung unterscheidet das Gesetz zwischen den Kosten des Rechtsstreits und denen der Nebenintervention (vgl. § 101 ZPO). Die Entscheidung über die Kosten des Rechtsstreits erfasst nach allgM nicht auch die Kosten der Nebenintervention.[59] Das gilt erst recht nach neuem Recht, wonach hinsichtlich der RA-Gebühren das selbständige Beweisverfahren und die Hauptsache zwei Angelegenheiten darstellen, der RA also nebeneinander die Gebühren sowohl für seine Tätigkeit für den Streithelfer als auch für die für die Partei verdient. Über die Kosten der Streithilfe im selbständigen Beweisverfahren muss in entsprechender Anwendung von § 101 ZPO eine gesonderte Entscheidung ergehen.[60] Die Gegenmeinung führt dazu, dass Kosten der Nebenintervention als Kosten des Rechtsstreits behandelt werden. Ebenso fehlt die persönliche Identität, wenn der Streithelfer der Hauptsache Antragsgegner im selbständigen Beweisverfah- 49

[52] OLG Düsseldorf JurBüro 1985, 1863 = MDR 1985, 1032; OLG Frankfurt a. M. JurBüro 1984, 768; KG JurBüro 1981, 1392; OLG Köln JurBüro 1993, 684; OLG München JurBüro 1992, 105.

[53] OLG Hamburg MDR 1999, 765.

[54] OLG Köln JurBüro 1993, 684; OLG Schleswig JurBüro 1991, 1357; *Hansens* BRAGO § 48 Rn. 20.

[55] OLG Koblenz JurBüro 1994, 625.

[56] BGH NJW 2013, 3452 = BauR 2013, 2053; OLG Koblenz AnwBl 1998, 668 = JurBüro 1998, 359; OLG München MDR 2000, 603 = OLGR 2000, 281; **aA** KG NJW-RR 2003, 133 = MDR 2002, 1453, hinsichtlich der sechsmonatigen Frist des § 63 Abs. 3 S. 2 GKG; *Hansens* BRAGO § 48 Rn. 20.

[57] OLG München MDR 2000, 603 = OLGR 2000, 281.

[58] Worauf KG NJW-RR 2003, 133 = MDR 2002, 1453 hinsichtlich des Gegenstandswerts abstellt; zum Zurückbehaltungsrecht BGH MDR 1997, 390.

[59] Thomas/Putzo/*Hüßtege* ZPO § 101 Rn. 3.

[60] BGH NJW 2009, 3240.

ren war, die Hauptsache sich aber gegen eine am selbständigen Beweisverfahren nicht beteiligte Partei richtet.[61]

50 Andererseits ist, wenn Antragsteller/Kläger und Antragsgegner/Beklagter dieselben sind, die persönliche Identität nicht dadurch teilweise aufgehoben, dass im selbständigen Beweisverfahren noch eine Streitverkündung dazugekommen ist.[62]

51 **Kostenentscheidung zu Gunsten des Streithelfers des selbständigen Beweisverfahrens.** Tritt der Streithelfer des selbständigen Beweisverfahrens dem Hauptsacheverfahren nicht bei, so ist streitig, ob dennoch im Hauptsacheverfahren eine Kostenentscheidung über die Kosten des Streithelfers im selbständigen Beweisverfahren zu ergehen hat.[63] Ohne eine ausdrückliche Entscheidung zu seinen Gunsten kann der Streithelfer jedenfalls keine Kostenerstattung verlangen, da eine Entscheidung über die Kosten des Rechtsstreits nicht die Kosten des Streithelfers erfasst (→ Rn. 49).

52 ***dd) Einzelfälle mit persönlicher Identität.*** Identität der Personen liegt vor bei
- **Zwangsverwalter** an Stelle des Grundeigentümers,[64]
- **Insolvenzverwalter** an Stelle des Gemeinschuldners,[65]
- **gewillkürter Prozessstandschaft** an Stelle des Berechtigten,[66]
- **Erbfolge,**[67]
- **Vermögensübernahme,**[68]
- **Erwerber eines Grundstücks,** um das es im selbständigen Beweisverfahren ging, jedenfalls dann, wenn der Erwerber vom selbständigen Beweisverfahren unter Beteiligung des Verkäufers Kenntnis hatte und die Ergebnisse in das Hauptsacheverfahren eingeführt wurden,[69]
- **unbekanntem Antragsgegner.** Wird das selbständige Beweisverfahrens zunächst gegen einen Unbekannten betrieben (§ 494 ZPO), so besteht Identität, wenn sich später das Hauptsacheverfahren gegen die inzwischen bekannt gewordene Partei richtet,[70]
- **Wohnungseigentümergemeinschaft.** Hat eine solche das selbständige Beweisverfahren wegen Mängeln am Gemeinschaftseigentum betrieben, klagen dann aber nur einige der Wohnungseigentümer als Einzelpersonen aufgrund einer Ermächtigung durch die Gemeinschaft, so ist nach OLG Koblenz keine streng formale Sicht der Dinge angebracht, weshalb die personelle Identität gegeben ist. Allerdings kann dann jeder Einzelne die Kosten des selbständigen Beweisverfahrens nur entsprechend seiner Beteiligung am Gesamtobjekt beanspruchen. Beträgt zB sein Anteil $^{200}/_{1000}$, so kann er nur $^{1}/_{5}$ der Kosten des selbständigen Beweisverfahrens erstattet verlangen.[71]

53 ***ee) Einzelfälle ohne persönliche Identität.*** Die erforderliche Identität fehlt bei
- **Bürge** und Schuldner,[72]
- **Stellvertreter** und Vertretenem, selbst wenn der Stellvertreter zunächst gedacht hatte, er sei Vertragspartner,[73]
- bei Erwerber von Wohnungseigentum und Wohnungseigentümergemeinschaft.[74]

54 ***ff) Teilweise Identität bei mehreren Beteiligten im Beweisverfahren.*** Im selbständigen Beweisverfahren sind mehrere Personen Antragsteller bzw. Antragsgegner, weil hinsichtlich derselben Mängel mehrere Rechte besitzen bzw. verantwortlich sein sollen. Dann klagt aber nur einer bzw. wird nur einer verklagt. Hier hat der BGH die Rechtslage sehr vereinfacht. Volle Identität ist auch dann gegeben, wenn sich das selbständige Beweisverfahren gegen mehrere Antragsgeg-

---

[61] OLG Koblenz MDR 2004, 840.

[62] OLG München MDR 2000, 603 = OLGR 2000, 281; *Hartmann,* 33. Aufl. 2004, BRAGO § 48 Rn. 21.

[63] **Bejahend** OLG Celle BauR 2004, 537; **verneinend** OLG Karlsruhe NJW-RR 2001, 214.

[64] OLG Frankfurt a. M. JurBüro 1984, 768; OLG Hamburg JurBüro 1983, 1258.

[65] OLG Köln JurBüro 1987, 434; Riedel/Sußbauer/*Ahlmann* VV Vorb. 3 Rn. 107.

[66] BGH NJW 2013, 3586 = BauR 2014, 143 = NZM 2014, 29; OLG Karlsruhe JurBüro 1986, 1087; Riedel/Sußbauer/*Ahlmann* RVG VV Vorb. 3 Rn. 107.

[67] OLG München JurBüro 1992, 105.

[68] OLG München JurBüro 1992, 105.

[69] OLG Frankfurt a. M. MDR 1984, 238; OLG München JurBüro 1992, 105, generell bei Veräußerungen; Riedel/Sußbauer/*Ahlmann* RVG VV Vorb. 3 Rn. 107.

[70] *Hansens* BRAGO § 48 Rn. 9; dort auch, dass vorher der Antragsteller die Kosten eines gem. § 494 Abs. 2 ZPO zu Gunsten des Unbekannten bestellten Anwalts trägt.

[71] OLG Koblenz Rpfleger 2007, 685 = MDR 2008, 294 = JurBüro 2008, 153.

[72] OLG Hamburg JurBüro 1990, 1475.

[73] KG JurBüro 1985, 1555.

[74] BGH NJW 2018, 625 = FamRZ 2018, 202.

ner gerichtet hat, geklagt aber nur gegen einen von ihnen wurde.[75] Dasselbe muss dann auch im umgekehrten Fall gelten, in dem von mehreren Antragstellern im selbständigen Beweisverfahren nur noch einer klagt.

Beispiel:

Der Antrag auf selbständige Beweisverfahren richtete sich hinsichtlich derselben Mängel gegen den Architekten und die Baufirma. Erfolgreich verklagt wurde nur der Architekt.
Der unterlegene Architekt muss die gesamten Kosten des selbständigen Beweisverfahrens erstatten.

gg) Teilweise Identität bei unterschiedlichen Mängeln. Im selbständigen Beweisverfahren sind auf einer Seite mehrere Personen beteiligt, denen unterschiedliche Mängel vorgeworfen werden. In diesem Fall fehlt eine volle Identität.[76] 55

Beispiel:

Antragsteller macht im selbständigen Beweisverfahren gegenüber dem Maurer Mängel im Wert von 15.000,– EUR, gegenüber dem Installateur andere Mängel im Wert von 10.000,– EUR geltend. Hinsichtlich des Maurers fallen Gutachterkosten von 5.000,– EUR, hinsichtlich des Installateurs von 2.000,– EUR an. Der Prozess wird nur gegen den Maurer geführt, der zu den gesamten Kosten des Verfahrens verurteilt wird.
Der Kläger hat hinsichtlich der Kosten im selbständigen Beweisverfahren einen Erstattungsanspruch gegen den Maurer – iHv $^{15}/_{25}$ seiner außergerichtlichen Kosten, wobei er aber die Verfahrensgebühr wegen der Anrechnung nicht geltend machen kann; die Verfahrensgebühr gehört zur Hauptsache. Für das Gutachten hat er einen Erstattungsanspruch in Höhe von 5.000,– EUR.

Berechnungsweise bei teilweiser Identität. Denkbar sind bei teilweiser Identität drei Berechnungsweisen. (1.) Die Kosten sind im Verhältnis der Gegenstände des selbständigen Beweisverfahrens zu den Gegenständen des Streitverfahrens zu quoteln (Quotelungsmethode).[77] (2.) Es sind diejenigen Kosten zu erstatten, die entstanden wären, wenn das selbständige Beweisverfahren nur wegen der Gegenstände betrieben worden wäre, die später Gegenstand des Streitverfahrens geworden sind (Differenzmethode). (3.) Hinsichtlich der wertabhängigen Kosten (Gebühren des Gerichts, Anwaltsgebühren) erfolgt eine quotenmäßige Aufteilung; hinsichtlich der Auslagen (Gutachterkosten des Gerichts, Reisekosten des Anwalts) sind zunächst diejenigen auszusondern, die keinen Bezug zu dem nachfolgenden Rechtsstreit aufweisen; soweit dies nicht möglich ist, ist nicht nach dem Verhältnis der Werte, sondern nach dem Verhältnis der Kostenträchtigkeit aufzuteilen (gemischte Methode).[78] 56

Der 3. Meinung ist der Vorzug zu geben. Hinsichtlich der wertabhängigen Kosten führt die Quotenmethode zu gerechten Ergebnissen und entspricht der Systematik des § 92 ZPO. Deshalb scheidet jedenfalls die reine Differenzmethode von vornherein aus. Die reine Quotenmethode führt jedoch hinsichtlich der Auslagen zu unbilligen Ergebnissen. 57

Beispiel:

Es findet ein selbständiges Beweisverfahren wegen Mängeln am Boden (Gegenstandswert 10.000,– EUR) gegen den Bodenleger und am Mauerwerk (Gegenstandswert 50.000,– EUR) gegen den Maurer statt. Das Gutachten für den Boden kostet 6.000,– EUR, das für das Mauerwerk 3.000,– EUR. Das Gutachten für den Boden bestätigt den Vortrag des Antragstellers, dass für das Mauerwerk verneint das Vorliegen von Mängeln. Der Ast. erhebt deshalb nur gegen den Bodenleger Klage und gewinnt.
Nach der Quotenregelung müsste von den Kosten des Gutachters der Beklagte nur ein Sechstel von 9.000,– EUR tragen = 1.500,– EUR, obgleich durch den Mangel, hinsichtlich dessen er verloren hat, weit höhere Kosten entstanden sind. Nach der gemischten Methode muss der Beklagte angemessener Weise die Kosten des Gutachtens für den Boden tragen = 6.000,– EUR.

Kostenquotelung. Sind bei nur teilweiser Identität die Kosten des Hauptsacheverfahrens gequotelt worden, so ist zunächst an Hand der oben dargelegten Kriterien zu ermitteln, welche Kosten überhaupt von der Kostenentscheidung erfasst sind. Auf diese ist dann die im Tenor ausgesprochene Quote anzuwenden.[79] 58

Beispiel:

Hat der Kläger im vorigen Beispiel laut der Kostenentscheidung der Hauptsache nur einen Erstattungsanspruch von 50 %, so kann er erstattet verlangen die Hälfte von $^{15}/_{25}$ seiner außergerichtlichen Kosten, also $^{15}/_{50}$ sowie die Hälfte der Gutachterkosten von 5.000,– EUR, also 2.500,– EUR.

---

[75] BGH NJW-RR 2004, 1651 = BauR 2004, 1809 = JurBüro 2004, 664; OLG München AGS 2005, 263 = OLGR 2005, 444.

[76] BGH NJW-RR 2004, 1651 = BauR 2004, 1809 = JurBüro 2004, 664.

[77] OLG Hamburg JurBüro 1994, 105; OLG Karlsruhe JurBüro 1996, 36; KG JurBüro 1986, 1242; OLG Köln NJW-RR 2000, 361; OLG München Rpfleger 1989, 302.

[78] OLG Schleswig AnwBl 1995, 269; Zöller/*Herget* ZPO § 91 Rn. 13 „selbständiges Beweisverfahren".

[79] **AA** OLG Nürnberg JurBüro 1996, 35.

59 **Ansprüche des Anwalts gegen Mandanten.** Der Anspruch des RA gegen seine Mandanten bleibt von diesen Erstattungsfragen unberührt. Hat der RA im selbständigen Beweisverfahren mehrere Mandanten vertreten, so kann er gem. § 7 Abs. 2 S. 1 von jedem seine Vergütung so verlangen, als hätte er nur diesen Mandanten vertreten. § 7 Abs. 2 S. 2 ist zu beachten.

60 ***hh) Als Vorbereitungskosten des Prozesses.*** Soweit Kosten des selbständigen Beweisverfahrens wegen fehlender Identität nicht auf Grund der Kostenentscheidung der Hauptsache zu erstatten sind, können sie auch nicht als Vorbereitungskosten eines Prozesses gegen einen anderen doch noch in die prozessuale Kostenerstattung einbezogen werden. Ein Erstattungsanspruch scheitert bereits daran, dass Prozessvorbereitungskosten in der prozessualen Festsetzung nur berücksichtigt werden können, wenn sie prozessbezogen sind; die Aufwendungen müssen in unmittelbarem Bezug zu dem konkreten Rechtsstreit angefallen seien. Die Erstattungsfähigkeit der ursprünglich zu einem anderen Zweck aufgewandten Kosten tritt nicht dadurch ein, dass ein für ein anderes Verfahren erholtes Privatgutachten oder das Ergebnis des gegen eine andere Partei gerichteten Beweissicherungsverfahrens später in einem anderen Prozess zur Grundlage der Rechtsverfolgung oder Rechtsverteidigung gemacht wird.[80]

Beispiel:

Das selbständige Beweisverfahren wird vom Bauherrn gegen die Baufirma geführt. Die Klage richtet sich aber gegen die Bank, die eine Gewährleistungsbürgschaft übernommen hatte. Auch als Prozessvorbereitungskosten kann der Bauherr die Kosten des selbständigen Beweisverfahrens nicht bei der prozessrechtlichen Kostenerstattung gegen die Bank geltend machen.

61 **h) Identität der Gegenstände.** ***aa) Grundsatz.*** Sachliche Identität ist erforderlich. Die Kostenentscheidung im Hauptsacheverfahren erfasst nur die Kosten des selbständigen Beweisverfahrens, wenn hinsichtlich der Fragen, die Gegenstand des selbständigen Beweisverfahrens waren, ein Hauptsacheverfahren rechtshängig geworden ist, sei es dass der Angriff, sei es dass die Verteidigung sich auf diese gestützt hat.[81]

Beispiel:

Waren Baumängel Gegenstand des selbständigen Beweisverfahrens, so ist Identität gegeben, wenn mit der Klage wegen dieser Mängel Nachbesserungen, Mängelbeseitigungskosten, Minderungen oder Schadensersatz oder eine Primäraufrechnung (zur Hilfsaufrechnung → Rn. 62) geltend gemacht werden.

62 ***bb) Aufrechnung, Hilfsantrag, Zurückbehaltungsrecht, Klageänderung, Feststellung.*** Früher hat die hM angenommen, dass die sachliche Identität mangels einer Sachentscheidung über einen Gegenstand des selbständigen Beweisverfahrens bei einem Sachurteil fehlt,

– in dem über die **Aufrechnung,** derentwegen das selbständige Beweisverfahren geführt wurde, nicht entschieden wurde; anders wenn noch keine Entscheidung ergangen ist,[82]
– in dem über die nur **hilfsweise** geltend gemachten Sachmängel, die Gegenstand des selbständigen Beweisverfahrens waren, nicht zu entscheiden war, weil das Gericht dem Haupteinwand gefolgt ist,[83]
– in dem über das **Zurückbehaltungsrecht,** das Gegenstand des selbständigen Beweisverfahrens war, nicht entschieden wird,[84]
– in dem kein Bezug mehr zum selbständigen Beweisverfahren besteht wegen zulässiger **Klageänderung.**[85]

63 **BGH zur Aufrechnung.** Die Kostenentscheidung im Hauptsacheverfahren erfasst die Kosten des selbständigen Beweisverfahrens nur, wenn in der Hauptsache eine Entscheidung über die Aufrechnung ergangen ist.[86]

64 Entsprechendes muss gelten für **hilfsweise geltend gemachte Mängel und das Zurückbehaltungsrecht.**

65 **Klageänderung.** Bei der Klageänderung war zunächst einmal der Gegenstand des selbständigen Beweisverfahrens auch Gegenstand des Hauptsacheverfahrens. Daher erfasst in die-

[80] OLG Koblenz MDR 2004, 840; OLG München JurBüro 1992, 105; OLG Stuttgart MDR 2005, 358 = OLGR 2005, 310; JurBüro 1989, 157.
[81] BGH NJW 2005, 294 = BauR 2005, 429.
[82] BGH NJW-RR 2005, 1688; OLG Hamburg JurBüro 1990, 1470; OLG München JurBüro 1982, 1254; OLG Schleswig JurBüro 1988, 1524.
[83] OLG Koblenz NJW-RR 1994, 1277; **aA** *Hansens* BRAGO § 48 Rn. 21.
[84] OLG Hamm JurBüro 1996, 376.
[85] OLG München MDR 2000, 726 = Rpfleger 2000, 353.
[86] BGH NJW-RR 2005, 1688 = MDR 2006, 167 = BauR 2005, 1799.

sem Fall die Entscheidung über die Kosten des Hauptsacheverfahrens auch die des selbständigen Beweisverfahrens.

Feststellung. Soll mit dem selbständigen Beweisverfahren die Behebung von Mängeln vor- **65a**
bereitet werden, werden diese dann beseitigt, und ergeht ein Urteil mit der Feststellung, dass der Beklagte zur Beseitigung der Mängel verpflichtet war, so liegt Identität des Gegenstandes vor (dieselben Mängel).[87]

cc) Volle Identität. Besteht vollständige Identität, so sind die Kosten des selbständigen Be- **66**
weisverfahrens von der Kostenentscheidung in vollem Umfang erfasst. Nach dem BGH ist volle sachliche Identität gegeben, wenn von mehreren Gegenständen des selbständigen Beweisverfahrens, zB Mängeln, **nur noch einer oder einige** Gegenstand der Hauptsache geworden sind.[88] Das gilt sowohl, wenn der Kläger nur einen Teil der Mängel, die Gegenstand des selbständigen Beweisverfahrens waren, einklagt,[89] als auch wenn er von mehreren Eigentumsstörungen nur noch eine im Hauptsacheverfahren weiterverfolgt.[90] Gerechte Ergebnisse sind nach dem BGH durch § 96 ZPO zu erreichen (→ Rn. 37 ff.).[91] **Hinweis für RA.** Der Beklagtenvertreter muss, wenn der Klage ganz oder teilweise stattgegeben wird, unbedingt den Richter zu einer Entscheidung nach § 96 ZPO auffordern. Von sich machen diese nur selten von dieser Bestimmung Gebrauch. Hat das Gericht in der Kostenentscheidung von § 96 ZPO keinen Gebrauch gemacht, so kann das im Kostenfestsetzungsverfahren nicht mehr korrigiert werden.[92]

Fehlende Identität. Werden im selbständigen Beweisverfahren Mängel untersucht, die nur **67**
einzelne Antragsteller oder -gegner betreffen, die nicht Partei der Hauptsache werden, so fehlt die Identität.[93]

i) Notwendigkeit des Verfahrens. *aa) Grundsätzlich keine Notwendigkeitsprüfung.* Im **68**
Kostenfestsetzungsverfahren ist nicht mehr zu prüfen,

- ob die Durchführung eines selbständigen Beweisverfahrens notwendig war, zB weil der Antragsgegner schon vorher die Behebung der Mängel zugesagt hatte.[94] Nicht richtig ist allerdings, wenn der BGH[95] dies auch für die Anwaltskosten damit begründet, dass diese Teil der Gerichtskosten der selbständigen Beweisverfahrens seien, was sie nicht sind.[96] Hierauf kommt es aber nicht an. Wie auch sonst bei einer Kostenentscheidung erfasst diese auch die Rechtsanwaltskosten. In welchem Umfang dann noch eine Notwendigkeitsprüfung erfolgen darf, ergibt sich aus § 91 Abs. 2 ZPO. Eine Prüfung darf nur noch erfolgen, ob zB eine Reise des Anwalts oder ein Anwaltswechsel erforderlich war,
- ob die einzelne mit Hilfe des Gerichts durchgeführte Maßnahme notwendig war.[97]

Hinsichtlich unnötiger, insbes. hinsichtlich den Beweisantrag nicht bestätigender Gutachten, **69**
hat das Gericht von § 96 ZPO Gebrauch zu machen (→ Rn. 37 ff.).

bb) Mehrere Anträge gleichen Inhalts. Ausnahmsweise scheitert ein Kostenerstattungsan- **70**
spruch wegen Treuwidrigkeit des gesamten selbständigen Beweisverfahrens, wenn nach Anhängigkeit eines selbständigen Beweisverfahrens in Kenntnis hiervon ein zweites mit fast gleichem Beweisthema eingeleitet wird, zB der Antragsgegner führt in Kenntnis des bereits vom Antragsteller eingeleiteten selbständigen Beweisverfahrens ein selbständiges Beweisverfahren zum gleichen Thema durch.[98]

Das gilt jedoch nicht, wenn es vernünftige Gründe für das zweite Verfahren gibt. Das ist zB **71**
der Fall,

---

[87] BGH NJW 2013, 3586 Rn. 12 = BauR 2014, 143 = NZM 2014, 29.

[88] BGH NJW 2018, 625 = FamRZ 2018, 202; NJW 2005, 294 = BauR 2005, 429; BGH NJW-RR 2006, 810 = NZBau 2006, 374; BGH NJW 2007, 1282; ebenso OLG Düsseldorf AGS 2010, 558 Rn. 7; OLG Stuttgart MDR 2005, 358 = OLGR 2005, 310.

[89] BGH EBE 2004, 299.

[90] BGH NJW 2005, 294 = BauR 2005, 429.

[91] BGH NJW 2005, 294 = BauR 2005, 429; NJW-RR 2006, 810 = NZBau 2006, 374.

[92] BGH NJW-RR 2006, 810 = NZBau 2006, 374.

[93] BGH NJW-RR 2004, 1651 = BauR 2004, 1809 = JurBüro 2004, 664.

[94] BGH NJW 2013, 3586 Rn. 18 ff. = BauR 2014, 143 = RVGreport 2014, 29; OLG München JurBüro 1981, 1091 = Rpfleger 1981, 203 (204); OLG Frankfurt a. M. JurBüro 1984, 285; OLG Schleswig SchlHA 1994, 185; **aA** OLG Koblenz JurBüro 1996, 34.

[95] BGH NJW 2013, 3586 Rn. 19 = BauR 2014, 143 = RVGreport 2014, 29.

[96] *Hansens* Anm. zu BGH RVGreport 2014, 29.

[97] OLG Karlsruhe OLGR 2005, 526; ebenso BGH JurBüro 2005, 40 zu Gerichtskosten.

[98] OLG Hamburg JurBüro 1993, 158; *Hansens* BRAGO § 48 Rn. 23; vgl. auch OLG Schleswig SchlHA 1994, 185.

72 – wenn gem. § 486 Abs. 3 ZPO selbständige Beweisverfahren bei mehreren Amtsgerichten durchgeführt werden, weil die Zeugen in den Bezirken dieser Amtsgerichte wohnen und Eile geboten ist,[99]
– wenn das Ergebnis des ersten selbständigen Beweisverfahrens falsch war und im Rahmen dieses Verfahrens der Fehler nicht behoben werden konnte.

73 War die Durchführung eines zweiten selbständigen Beweisverfahrens nicht notwendig, so sind nur die Kosten des ersten selbständigen Beweisverfahrens zu erstatten und nicht etwa die des für den Erstattungsberechtigten teureren zweiten Verfahrens. Überflüssig war nur das zweite Verfahren.

74 **j) Notwendigkeit eines RA.** Für die Rechtsanwaltskosten gilt zwar § 91 Abs. 2 S. 1 ZPO nicht, weil es sich nicht um einen Prozess handelt.[100] Dennoch ist die Materie in der Regel so schwierig, dass von der Partei kaum erwartet werden kann, auf anwaltliche Hilfe zu verzichten. Hierfür spricht weiter, dass das selbständige Beweisverfahren auch der Streitbereinigung dienen soll.[101]

75 **k) Anwaltswechsel im Hauptsacheverfahren.** → Anh. X Rn. 209 ff.

76 **l) Reisekosten und Terminsvertreter.** Beim selbständigen Beweisverfahren sind die Probleme die Gleichen wie in anderen Verfahren, wenn ein nicht am Ort des Gerichts ansässiger Rechtsanwalt beauftragt wird. Die beim Hauptsacheverfahren geltenden Grundsätze hinsichtlich der Erstattung von Reisekosten bzw. von Kosten eines Unterbevollmächtigten gelten auch hier (→ RVG VV 7003 Rn. 114 ff.).

77 **m) Auslegung der Kostenentscheidung.** Werden die Kosten in der Hauptsacheentscheidung gegeneinander aufgehoben, so werden hiervon auch die Kosten des selbständigen Beweisverfahrens erfasst (→ Rn. 33 ff.). Jede Partei trägt hinsichtlich des selbständigen Beweisverfahrens ihre außergerichtlichen Kosten selbst und von den Gerichtskosten die Hälfte (§ 92 Abs. 1 S. 2 ZPO).[102] Gerichtskosten des selbständigen Beweisverfahrens zählen zu den Gerichtskosten des Hauptsacheverfahrens.[103]

78 **n) Zuordnung bei mehreren Hauptsacheverfahren.** Ist das selbständige Beweisverfahren mehreren Hauptsacheverfahren zuzuordnen, so wurde früher vertretenen, dass eine Aufteilung auf die verschiedenen Verfahren zu erfolgen hat, wobei die Frage unterschiedlich beantwortet wurden, ob die Quoten- oder Differenzmethode anzuwenden ist. Soweit aber Kosten des selbständigen Beweisverfahrens bei der Kostenerstattung im ersten Verfahren – egal ob zu Recht oder Unrecht – bereits berücksichtigt wurden, wurde angenommen, dass sie im Rahmen des weiteren Hauptsacheverfahrens unberücksichtigt bleiben.[104] Eine Aufteilung nach der Quotenmethode wird heute noch von OLG Düsseldorf vorgenommen.[105]

79 Nachdem der BGH nunmehr eine teilweise Identität genügen lässt, damit eine Kostengrundentscheidung die Kosten des gesamten selbständigen Beweisverfahrens erfasst, ist diese Frage neu zu beantworten. Der BGH hat entschieden, dass im Falle einer Klagerücknahme der Einbeziehung der Kosten des selbständigen Beweisverfahrens nicht entgegensteht, dass später erneut Klage erhoben werden kann „und die Kosten des selbständigen Beweisverfahrens dort entsprechend der Entscheidung in der Hauptsache aufgeteilt werden können."[106] Damit bringt der BGH zum Ausdruck, dass unterschiedliche Kostenentscheidungen bzgl. des selbständigen Beweisverfahrens ergehen können. Die Rechtslage entspricht dann derjenigen bei unterschiedlichen Kostenentscheidungen bei Arrest oder einstweiliger Verfügung einerseits und bei Aufhebungsurteil wegen veränderter Umstände gem. § 927 ZPO andererseits. Jeder kann aus dem Urteil, das ihm einen Erstattungsanspruch zuerkennt, Kostenerstattung verlangen, maximal aber 100% seiner Kosten (→ Anh. II Rn. 91b).

80 **o) Zugehörigkeit zur ersten Instanz.** Wurde die erstinstanzliche Kostenentscheidung im Rechtsmittelverfahren abgeändert, so gilt wie auch sonst die Kostenregelung der Rechtsmittel-

---

99 *Hansens* BRAGO § 48 Rn. 23.
100 OLG München AGS 2012, 558; aA *N. Schneider* Anm. zu OLG München AGS 2012, 558.
101 OLG München AGS 2012, 558.
102 OLG Nürnberg AnwBl 2002, 666 = MDR 2002, 1275.
103 HM, BGH NJW 2003, 1322 = JurBüro 2003, 268 = MDR 2003, 596 mwN, auch zur Gegenmeinung; OLG Koblenz NJW-RR 2003, 1152 = MDR 2003, 718.
104 S. Gerold/Schmidt/*Müller-Rabe,* 17. Aufl. 2006, RVG Anh. III Rn. 104 ff.
105 OLG Düsseldorf JurBüro 2018, 476.
106 BGH Rpfleger 2007, 226; NJW 2007, 1282.

entscheidung. Dabei gehören die Kosten des selbständigen Beweisverfahrens zu den Kosten des ersten Rechtszugs und nicht zu denen des Rechtsmittelrechtszugs.[107]

16. Kostenerstattung. Vergleich

Vergleich mit Kostenregelung. Schließen die Parteien in der Hauptsache einen Vergleich auch über **die Kosten des Rechtsstreits,** so erfasst dieser auch die Kosten des selbständigen Beweisverfahrens, soweit sachliche und persönliche Identität besteht.[108] Das gilt selbst dann, wenn der Beweissicherungsantrag als unzulässig abgelehnt wurde.[109] 81

Vereinbaren die Parteien, dass die Kosten des Rechtstreits der Kläger, die des dazugehörigen **selbständigen Beweisverfahrens** der Beklagte trägt, so trägt der Beklagte nur die nicht anrechenbaren **Mehrkosten,** die durch das selbständige Beweisverfahren entstanden sind. In vielen Fällen hat das zur Folge, dass der Beklagte eine Terminsgebühr, eine Kommunikationspauschale und die im selbständigen Beweisverfahren anfallenden Gerichtskosten (1,0 Gebühr gem. KV 1610 GKG und Auslagen) trägt. 81a

Vergleich ohne Kostenregelung. Bei einem Vergleich über die Hauptsache gelten nach § 98 ZPO die Kosten als gegeneinander aufgehoben, wenn im Vergleich keine Kostenregelung vorgesehen ist. Das gilt bei sachlicher und persönlicher Identität auch für die Kosten des selbständigen Beweisverfahrens. Dabei ist es gleichgültig, ob der Vergleich im selbständigen Beweisverfahren oder in der Hauptsache oder außergerichtlich[110] geschlossen ist. 82

Anwaltswechsel. Werden in einem Vergleich ausdrücklich die „Kosten des selbständigen Beweisverfahrens" geregelt, so wird angenommen, dass der Einwand, ein Anwaltswechsel sei nicht erforderlich gewesen, ausgeschlossen ist.[111] Hingegen soll dieser Einwand zu beachten sein, wenn die Parteien sich einigen, dass „die Kosten des Rechtsstreits einschließlich derer des selbständigen Beweisverfahrens" in einer bestimmten Weise gequotelt werden.[112] 83

Unterschiedliche Regelung für beide Verfahren. Zum alten Recht galt, dass Gebühren, die sowohl im selbständigen Beweisverfahren als auch im Hauptsacheverfahren, insgesamt aber nur einmal angefallen sind, nicht dem selbständigen Beweisverfahren, sondern dem **Hauptsacheverfahren zuzurechnen** waren.[113] Das ist von Bedeutung, wenn die Kostenregelung für Hauptsache und selbständiges Beweisverfahren unterschiedlich ist. Dieser Gedanke gilt wegen der Anrechnung gem. VV Vorb. 3 Abs. 5 RVG hinsichtlich der Verfahrensgebühr fort. Für sie gilt die Kostenregelung für das Streitverfahren, während für die Terminsgebühr, die im selbständige Beweisverfahren angefallen ist, die Kostenregelung für das selbständige Beweisverfahren gilt, für die Terminsgebühr der Hauptsache die Kostenregelung für die Hauptsache.[114] 84

17. Kostenerstattung. Kostenentscheidung im selbständigen Beweisverfahren (§ 494a ZPO ua)

a) Erstattungstitel nach § 494a ZPO. Im selbständigen Beweisverfahren ergeht nicht von Amts wegen eine Kostengrundentscheidung nach § 91 ZPO, weil es kein Prozessrechtsverhältnis zwischen den Parteien begründet und sein Ergebnis nichts darüber besagt, wer letztlich in einem etwaigen Rechtsstreit obsiegen wird. Stattdessen greift § 494a ZPO ein. 85

Nach der Vorstellung des Gesetzgebers sollte hiermit erreicht werden, dass es entweder in dem Klageverfahren oder durch den nach § 494a Abs. 2 ZPO ergehenden Beschluss zu einer Kostengrundentscheidung über die Kosten des selbständigen Beweisverfahrens kommt. Dieses Ziel ist allerdings für eine ganze Reihe von nicht selten vorkommenden Fällen verfehlt worden.[115] Dies hat zu der – in manchen Fällen sehr kontrovers beurteilten – Frage geführt, wann eine Kostenentscheidung im selbständigen Beweisverfahren ergehen kann. Dabei kommen in Betracht Kostenentscheidungen nach §§ 494a, 91, 91a, 269 Abs. 4 ZPO, zB wenn der Antrag auf ein selbständiges Beweisverfahren zurückgenommen wird und kein Hauptsachverfahren 86

[107] OLG Hamburg JurBüro 1990, 491; vgl. KG JurBüro 1972, 1114, Sonderfall, in dem es sich um Kosten des Revisionsverfahren handelt.
[108] BGH NJW 2006, 2557; OLG Hamburg JurBüro 1986, 1085.
[109] OLG Koblenz AGS 2009, 609.
[110] OLG Koblenz MDR 2005, 232.
[111] OLG Koblenz (14. Senat) JurBüro 1999, 33.
[112] OLG Koblenz (14. Senat) Rpfleger 2002, 281 = AGS 2002, 164.
[113] OLG Koblenz JurBüro 2003, 145.
[114] OLG München 30.7.2003 – 11 W 1886/02.
[115] *Herget* MDR 1991, 314; *Schneider* ZAP 1994, 925.

anhängig ist[116] oder der Antragsteller den Kostenvorschuss nicht einzahlt.[117] Insoweit wird auf die Kommentierung zu § 494a ZPO verwiesen.[118]

87 **b) Bindung an Kostenentscheidung.** Die Kostenfestsetzung hat der in der Kostenentscheidung gewählten Tenorierung zu folgen. In ihr ist nicht zu prüfen, wie sie nach Ansicht des festsetzenden Gerichts richtigerweise lauten müsste.

88 **c) Konsequenzen für die Kostenerstattung. Klage nicht hinsichtlich des vollen Gegenstandes** oder nicht hinsichtlich aller Gegenstände des selbständigen Beweisverfahrens. Der BGH hat geklärt, dass für den Teil, der ohne Klage bleibt, § 494a ZPO nicht angewandt werden kann und eine Entscheidung im selbständigen Beweisverfahren ausscheidet, dass vielmehr eine einheitliche Kostenentscheidung in der Hauptsache zu erfolgen hat, wobei § 96 ZPO heranzuziehen ist (→ Rn. 37 ff.).[119]

89 **Klage nur gegen einzelne Antragsgegner.** Auch hier scheidet nach dem BGH eine teilweise Kostenentscheidung gem. § 494a ZPO aus (→ Rn. 37 ff.).

90 **Zurückweisung des Antrags auf selbständiges Beweisverfahren** als unzulässig oder unbegründet. Hier wurde bislang eine Kostenentscheidung im selbständigen Beweisverfahren entsprechend § 91 ZPO zugelassen.[120] Entsprechend der Rspr. des BGH zur Zurücknahme des Antrags auf ein selbständiges Beweisverfahren (→ Rn. 37 ff.) gilt das aber nicht, wenn ein Hauptsachestreit anhängig ist. Dann muss vielmehr in dem Hauptsachverfahren auch über diese Kosten entschieden werden.

91 **d) Antrag auf Kostenentscheidung.** Stellt der RA, der bislang im selbständiges Beweisverfahren nur eine 0,8 Verfahrensgebühr verdient hat, noch Anträge auf Fristsetzung gem. § 494a Abs. 1 ZPO bzw. auf Kostenentscheidung gem. § 494a Abs. 2 ZPO, so verdient er neben der 0,8 Verfahrensgebühr aus dem Wert des selbständigen Beweisverfahrens auch noch eine 1,3 Verfahrensgebühr nur aus dem Wert der beim Antragsgegner (!) im selbständigen Beweisverfahren vor dem Kostenantrag angefallenen Kosten.[121]

92 Beschränkt sich die Tätigkeit des RA ausschließlich darauf, eine Kostenentscheidung nach § 269 Abs. 4 ZPO oder § 494a Abs. 2 ZPO zu erreichen, so besteht hierfür kein Erstattungsanspruch. Es fehlt das Rechtsschutzbedürfnis für Anträge gem. § 494a ZPO, da zuvor dem Antragsgegner keine Kosten entstanden sind, die zu erstatten wären (→ RVG VV 3201 Rn. 79).[122]

18. Kostenerstattung. Beschwerdeverfahren

93 Die Kosten des Beschwerdeverfahrens werden nicht von der Kostenentscheidung des Hauptsacheverfahrens erfasst. Vielmehr ist im Beschwerdeverfahren eine Kostenentscheidung zu treffen.

94 Wird eine Beschwerde des Antragstellers, mit der er die Zulassung von weiteren Antragsgegnern in dem selbständigen Beweisverfahren durchsetzen will, kostenfällig zurückgewiesen, so ist der bisherige Antragsgegner von diesem Beschwerdeverfahren und dieser Kostenentscheidung nicht betroffen. Er kann auf Grund dieser Kostenentscheidung keine Kostenerstattung vom Antragsteller verlangen.[123]

19. Materiellrechtliche Kostenerstattung

95 **a) Klage. Grundsatz.** Ein materiell-rechtlicher Kostenersatzanspruch kann klageweise – auch im Wege einer Widerklage[124] – geltend gemacht werden, wenn kein prozessualer Kostenerstattungsanspruch besteht, zB weil ein Hauptsacheverfahren nicht stattgefunden hat und auch nicht mehr stattfinden wird, weil der Antragsgegner den Antragsteller befriedigt hat.[125]

---

[116] BGH BauR 2005, 133 = BGHReport 2005, 265 = MDR 2005, 227.

[117] BGH NJW 2017, 1399.

[118] Thomas/Putzo/*Reichold* ZPO § 494a Rn. 5 ff., Zöller/*Herget* ZPO § 494a Rn. 4a ff., ZPO § 91 Rn. 13 „selbständiges Beweisverfahren"; *Notthoff/Buchholz* JurBüro 1996, 5.

[119] BGH NJW 2005, 294 = BauR 2005, 429.

[120] OLG Brandenburg JurBüro 1996, 372 = OLGR 1996, 115, jedenfalls wenn kein Hauptsacheverfahren anhängig ist; OLG Celle BauR 2002, 1888, zur Unzulässigkeit; OLG Hamm NJW-RR 1997, 959; OLG Karlsruhe MDR 2000, 975 = OLGR 2000, 386; OLG Nürnberg JurBüro 2000, 589; OLG Frankfurt a. M. MDR 1998, 128, für Antrag auf selbständiges Beweisverfahren während des laufenden Hauptsacheverfahrens; OLG Frankfurt a. M. OLGR 2001, 70; BGH MDR 1983, 204, zur Unzulässigkeit.

[121] OLG München AGS 2012, 558; AnwBl 2000, 759 = Rpfleger 2000, 425.

[122] OLG München AnwBl 2001, 578.

[123] OLG München OLGR 1996, 35.

[124] BGH NJW 2018, 402 Rn. 19; OLG Celle NJW 2013, 475.

[125] BGH NJW 2018, 402 Rn. 12 ff.; OLG Karlsruhe JurBüro 2000, 258 = KostRspr ZPO § 494a Nr. 86 mkritAnm *von Eicken*.

Nicht für Prozesskosten. Soweit die Kosten des selbständigen Beweisverfahrens Kosten des Hauptsacheverfahren sind, können sie in der Hauptsache nicht als selbständiger Schadensposten eingeklagt werden, weil sie als Prozesskosten der Hauptsache nur auf Grund von deren Kostengrundentscheidung im Kostenfestsetzungsverfahren festsetzbar sind.[126] 96

Anspruchsgrundlage. Immer verlangt ein materiell-rechtlicher Kostenersatzanspruch eine Grundlage im materiellen Recht (zB unerlaubte Handlung nach Verkehrsunfall, positive Forderungsverletzung, Verzug). 97

Beispiel:

Nach einem vom Antragsgegner schuldhaft herbeigeführten Verkehrsunfall wird ein selbständiges Beweisverfahren durchgeführt. Auf Grund von dessen Ergebnis zahlt die Versicherung den Hauptsachebetrag.
Der Antragsteller kann wegen unerlaubter Handlung auch Ersatz seiner Kosten im selbständigen Beweisverfahren verlangen.

Klagen des Antragsgegners auf Erstattung der Kosten im selbständigen Beweisverfahren scheitern meistens daran, dass derjenige, der sich zur Wahrung seiner Rechte eines staatlichen, gesetzlich eingerichteten Verfahrens bedient, für die Folgen einer nur fahrlässigen Falscheinschätzung der Rechtslage nicht wegen positiver Vertragsverletzung oder wegen §§ 823, 824 BGB haftet.[127] 98

b) Aufrechnung. Die Aufrechnung mit dem materiell-rechtlichen Schadensersatzanspruch ist ungeachtet der Möglichkeit wirksam, dass in einem späteren Hauptsacheverfahren über die Prozesskosten entschieden wird. Das gilt auch dann, wenn mit einem Hauptsacheverfahren zu rechnen ist. Sie wird auch nicht nachträglich unwirksam, wenn später das Hauptsacheverfahren anhängig wird.[128] 99

20. Prozesskostenhilfe

PKH kann auch in selbständigen Beweisverfahren bewilligt werden.[129] Die PKH-Bewilligung für den späteren Hauptsacheprozess erstreckt sich nicht rückwirkend auf das selbständige Beweisverfahren (§ 48 Abs. 5 S. 1, 2 Nr. 3 RVG). Ebenso erstreckt sich umgekehrt die PKH-Bewilligung und Beiordnung für das selbständige Beweisverfahren nicht auf das Streitverfahren. Soweit früher unter Berufung auf § 37 Nr. 3 BRAGO angenommen wurde, dass die PKH-Bewilligung und Beiordnung für das Streitverfahren auch das während seiner Anhängigkeit durchgeführte selbständige Beweisverfahren erfasst hat,[130] ist dies nach neuem Recht jedenfalls überholt, nachdem das selbständige Beweisverfahren im Verhältnis zur Hauptsache eine selbständige Angelegenheit ist. 100

Hinweis für RA: Der RA muss PKH und Beiordnung für das selbständige Beweisverfahren und das Hauptsacheverfahren besonders beantragen. Sonst macht er sich uU schadensersatzpflichtig. Zumindest hat er keinen Anspruch gegen die Staatskasse. Das ist gerade nach neuem Recht sehr wichtig, da der RA Gebühren teilweise doppelt verdient. 101

---

[126] OLG Düsseldorf NJW-RR 1995, 1108 (1109) Ziff. 3; BGH BauR 2002, 519 (520) Ziff. 2b; zum Problem der Überschneidung und dazu, wenn zweifelhaft ist, ob es sich um Prozesskosten handelt BGH BauR 2002, 519 (520) Ziff. 2b.

[127] BGH NJW 1983, 284; *Wielgoß* JurBüro 1999, 125.

[128] BGH NJW-RR 2010, 674.

[129] OLG Oldenburg MDR 2002, 910 = BauR 2002, 825.

[130] Gerold/Schmidt/*von Eicken,* 15. Aufl. 2002, BRAGO § 48 Rn. 12; *Mümmler* JurBüro 1979, 315 (323); aA Riedel/Sußbauer/*Keller,* 8. Aufl. 2000, BRAGO § 48 Rn. 15, auf jeden Fall gesonderte Beiordnung erforderlich.

IV. Verwaltungsgerichtsbarkeit

Übersicht

A. Verwaltungsgerichtsbarkeit

1. Gerichtsaufbau

1 Die **Verwaltungsgerichtsbarkeit** ist durch die Verwaltungsgerichtsordnung (VwGO) v. 21.1.1990 (BGBl. 1990 I 1917) in der Bekanntmachung der Neufassung v. 19.3.1991 (BGBl. 1991 I 686) mit Änderungen geregelt.

2 **a) Erste Instanz.** Als Gericht erster Instanz entscheidet grds. gem. § 45 VwGO das **Verwaltungsgericht.** Das OVG ist erstinstanzlich als Normenkontrollgericht zuständig (§ 47 VwGO), sowie in speziellen Streitigkeiten aus dem Umwelt- und dem Fachplanungsrecht (§ 48 VwGO). Das BVerwG ist erstinstanzlich in den in § 50 VwGO genannten Verfahren zuständig, weiter in bestimmten Wehrbeschwerdesachen (§§ 21, 22 WBO).

3 Das Verfahren beginnt gem. §§ 42, 43 VwGO mit der Erhebung der Klage (Anfechtungs-, Verpflichtungs-, Leistungs- oder Feststellungsklage). Bevor eine Anfechtungs- oder Verpflichtungsklage erhoben wird, muss die Rechtmäßigkeit und Zweckmäßigkeit des belastenden Verwaltungsaktes oder der Versagung des begünstigenden Verwaltungsaktes in einem Vorverfahren (Widerspruchsverfahren) nachgeprüft werden, § 68 VwGO, sofern nicht eine gesetzlich geregelte Ausnahme greift (vgl. § 75 VwGO). Das Verwaltungsgericht entscheidet gem. § 101 Abs. 1 VwGO grds. auf Grund mündlicher Verhandlung durch Urteil (§ 107 VwGO).

Nach § 101 Abs. 2 VwGO kann das Gericht mit Einverständnis der Beteiligten ohne mündliche Verhandlung entscheiden. Nach § 84 Abs. 1 VwGO kann das Gericht ohne mündliche Verhandlung durch **Gerichtsbescheid** entscheiden, wenn die Sache keine besonderen Schwierigkeiten tatsächlicher oder rechtlicher Art aufweist und der Sachverhalt geklärt ist. Die Beteiligten können innerhalb eines Monats nach Zustellung des Gerichtsbescheids Berufung einlegen, wenn sie zugelassen worden ist (§ 84 Abs. 2 Nr. 1 VwGO), Zulassung der Berufung oder mündliche Verhandlung beantragen (§ 84 Abs. 2 Nr. 2 VwGO), Revision einlegen, wenn sie zugelassen worden ist (§ 84 Abs. 2 Nr. 3 VwGO), Nichtzulassungsbeschwerde einlegen oder mündliche Verhandlung beantragen, wenn die Revision nicht zugelassen worden ist (§ 84 Abs. 2 Nr. 4 VwGO) und mündliche Verhandlung beantragen, wenn ein Rechtsmittel nicht gegeben ist (§ 84 Abs. 2 Nr. 5 VwGO). Der Gerichtsbescheid wirkt als Urteil; wird jedoch rechtzeitig mündliche Verhandlung beantragt, gilt er als nicht ergangen (§ 84 Abs. 3 VwGO). 4

b) Berufungsinstanz. Das Oberverwaltungsgericht entscheidet gem. § 124 VwGO **über die Berufung** gegen Urteile der Verwaltungsgerichte, sofern sie von dem VG oder dem OVG zugelassen wird. 5

Die Berufung ist nur zuzulassen, wenn einer der in § 124 Abs. 2 Nr. 1–5 VwGO aufgeführten Gründe vorhanden ist, also 6

- wenn ernstliche Zweifel an der Richtigkeit des Urteils bestehen (§ 124 Abs. 2 Nr. 1 VwGO),
- wenn die Rechtssache besondere tatsächliche oder rechtliche Schwierigkeiten aufweist (§ 124 Abs. 2 Nr. 2 VwGO),
- wenn die Rechtssache grundsätzliche Bedeutung hat (§ 124 Abs. 2 Nr. 3 VwGO),
- wenn das Urteil von einer Entscheidung des OVG, des BVerwG, des Gemeinsamen Senats der Obersten Gerichtshöfe des Bundes oder des BVerfG abweicht und auf dieser Abweichung beruht (§ 124 Abs. 2 Nr. 4 VwGO) oder
- wenn ein der Beurteilung des Berufungsgerichts unterliegender Verfahrensmangel geltend gemacht wird und vorliegt, auf dem die Entscheidung beruhen kann (§ 124 Abs. 2 Nr. 5 VwGO).

Das VG lässt die Berufung im Urteil zu, wenn die Gründe des § 124 Abs. 2 Nr. 3 (grundsätzliche Bedeutung) oder Nr. 4 (Abweichung) vorliegen (§ 124a Abs. 1 S. 1 VwGO). Das OVG ist an die Zulassung gebunden (§ 124a Abs. 1 S. 2 VwGO). Wird die Berufung nicht in dem Urteil des VG zugelassen, so kann die Zulassung innerhalb eines Monats nach Zustellung des vollständigen Urteils beantragt werden (§ 124a Abs. 4 S. 1 VwGO). Der Antrag ist beim VG zu stellen (§ 124a Abs. 4 S. 2 VwGO). Über den Antrag entscheidet das OVG durch Beschluss (§ 124a Abs. 5 S. 1 VwGO). Die Berufung ist zuzulassen, wenn einer der Gründe des § 124 Abs. 2 VwGO dargelegt ist und vorliegt (§ 124a Abs. 5 S. 2 VwGO). Mit der Ablehnung des Antrags wird das Urteil rechtskräftig (§ 124a Abs. 5 S. 4 VwGO). Lässt das OVG die Berufung zu, wird das Antragsverfahren als Berufungsverfahren fortgesetzt, der Einlegung einer Berufung bedarf es nicht (§ 124a Abs. 5 S. 5 VwGO). Das OVG entscheidet über die Berufung – soweit sie nicht gem. § 125 Abs. 2 S. 1 VwGO durch Beschluss als unzulässig zu verwerfen ist – grds. durch Urteil – §§ 125 Abs. 1, 107 VwGO. Das OVG kann jedoch die Berufung, es sei denn, das VG hat ohne mündliche Verhandlung durch Gerichtsbescheid entschieden und es bestand keine Möglichkeit, mündliche Verhandlung zu beantragen,[1] durch Beschluss zurückweisen, wenn es sie einstimmig für unbegründet und eine mündliche Verhandlung nicht für erforderlich hält, § 130a VwGO. Den Beteiligten steht gegen den Beschluss das Rechtsmittel zu, das zulässig wäre, wenn das Gericht durch Urteil entschieden hätte, § 130a S. 2 iVm § 125 Abs. 2 VwGO.

c) Revisionsinstanz. Das BVerwG entscheidet als Rechtsmittelgericht **über die Revision** gegen das Urteil eines OVG oder gegen Beschlüsse nach § 47 Abs. 5 S. 1 VwGO (§ 132 Abs. 1 VwGO). Die Revision kann nur eingelegt werden, wenn das OVG oder auf Beschwerde gegen die Nichtzulassung das BVerwG sie zugelassen hat (§§ 132, 133 VwGO). 7

2. Die Gebühren

a) Außergerichtliche Tätigkeiten. ***aa) Geschäftsgebühr.*** VV 2300 RVG. Vertritt der Anwalt im Verwaltungsverfahren einen Beteiligten, so verdient er die Geschäftsgebühr VV 2300 RVG. Siehe zu den Voraussetzungen dieses Vergütungstatbestands → RVG VV 2300 Rn. 16 ff. 8

---

[1] BVerfG NVwZ 2002, 993; BeckOK VwGO/*Roth* § 130a Rn. 7.

9 ***bb) Höhe der Geschäftsgebühr.*** Der vom Vergütungsverzeichnis vorgesehene Rahmen für die Geschäftsgebühr VV 2300 RVG beträgt 0,5–2,5. Siehe zur Höhe der Geschäftsgebühr iE → RVG VV 2300 Rn. 30ff.

10 ***cc) Nachprüfungsverfahren.*** Nach § 17 Nr. 1a RVG sind das Verwaltungsverfahren sowie das einem gerichtlichen Verfahren vorausgehende und der Nachprüfung des Verwaltungsakts dienende weitere Verwaltungsverfahren verschiedene Angelegenheiten. Für den Fall, dass der Anwalt bereits im Verwaltungsverfahren tätig war und damit bereits schon die Gebühr VV 2300 RVG verdient hat, sah der Gebührentatbestand VV 2301 RVG aF für die weitere Tätigkeit in dem der Nachprüfung des Verwaltungsakts dienenden Verfahren eine Geschäftsgebühr nur noch mit einem Gebührenrahmen von 0,5–1,3 vor, wenn derselbe Rechtsanwalt bereits im Verwaltungsverfahren tätig geworden ist. Damit wollte der Gesetzgeber berücksichtigen, dass die Tätigkeit im Verwaltungsverfahren die Tätigkeit im weiteren Nachprüfungsverfahren erleichtert.[2] Der Vergütungstatbestand VV 2301 RVG aF, sah lediglich noch einen Gebührenrahmen von 0,5–1,3 vor, die Mittelgebühr betrug 0,9. Nach Abs. 1 der Anmerkung zum Vergütungstatbestand sollte bei der Bemessung der Gebühr nicht berücksichtigt werden, dass der Umfang der Tätigkeit infolge der Tätigkeit im Verwaltungsverfahren geringer war. Der Gesetzgeber wollte damit den durch die vorangegangene Tätigkeit ersparten Aufwand ausschließlich durch die Anwendung des geringeren Gebührenrahmens berücksichtigt wissen.[3] Nach Abs. 2 der Anmerkung zum Vergütungstatbestand konnte eine Gebühr von mehr als 0,7 nur gefordert werden, wenn die Tätigkeit umfangreich oder schwierig war. Es galt somit bei dieser Gebühr eine Kappungsgrenze von 0,7.[4]

Im Zuge der Umstellung auf eine reine Anrechnungslösung hat der Gesetzgeber im 2. KostRMoG[5] die Vorschrift VV 2301 RVG ersatzlos gestrichen. Es gilt daher auch im Nachprüfungsverfahren der Vergütungstatbestand VV 2300 RVG mit dem Gebührenrahmen von 0,5–2,5 und der Schwellengebühr von 1,3, wenn die Tätigkeit weder umfangreich, noch schwierig war.

11 ***dd) Anrechnung.*** Nach neuem Recht ist nunmehr nicht nur die Anrechnung der Geschäftsgebühr aus dem Nachprüfungsverfahren nach VV Vorb. 3 Abs. 4 RVG auf die Verfahrensgebühr des gerichtlichen Verfahrens vorzunehmen, sondern auch eine Anrechnung der Geschäftsgebühr aus dem Verwaltungsverfahren auf die Geschäftsgebühr im Nachprüfungsverfahren. Diese Anrechnung wird durch den neu eingeführten Abs. 4 von VV Vorb. 2.3 RVG geregelt. Diese Norm regelt die Anrechnung für den Fall des Übergangs eines Verwaltungsverfahrens in ein weiteres, der Überprüfung des Verwaltungsakts dienendes Verwaltungsverfahrens, wobei die Anrechnungsbestimmung vorsieht, dass grds. die Hälfte der im Verwaltungsverfahren angefallenen Geschäftsgebühr auf die Geschäftsgebühr für das nachfolgende Verfahren angerechnet wird.[6] Wie bei VV Vorb. 3 Abs. 4 RVG wird auch der Anrechnungsbetrag der Höhe nach begrenzt, in Verwaltungsverfahren, in denen Wertgebühren und damit Satzrahmengebühren entstehen, erfolgt die Anrechnung höchstens mit einem Gebührensatz von 0,75.[7] VV Vorb. 2.3 Abs. 4 S. 4 RVG entspricht der Regelung in VV Vorb. 2.3 Abs. 4 S. 3 RVG entspricht der Regelung in VV Vorb. 3 Abs. 4 S. 4 RVG und drückt aus, dass die Anrechnung nur nach dem Wert erfolgen soll, der auch Gegenstand des weiteren Verfahrens ist.[8]

Die Neuregelung führt in verwaltungsrechtlichen Angelegenheiten in sehr vielen Fällen zu einer Reduzierung des Gebührenaufkommens, wenn der Anwalt sowohl im Verwaltungsverfahren, im Nachprüfungsverfahren und im gerichtlichen Verfahren tätig ist.

Nach alter Rechtslage hatte er nämlich bei Zugrundelegung der Regelgebühren verdient:

VV 2300 RVG aF	1,3
VV 2301 RVG aF	0,7
VV 3100 RVG aF	1,3
anzurechnen	– 0,35
Summe	2,95

---

[2] BT-Drs. 15/1971, 207; *Mayer* Gebührenformulare Teil 1 § 3 Rn. 136.
[3] BT-Drs. 15/1971, 207; *Mayer* Gebührenformulare Teil 1 § 3 Rn. 138.
[4] *Mayer* Gebührenformulare Teil 1 § 3 Rn. 138.
[5] BGBl. 2013 I 2586.
[6] BT-Drs. 17/11471 (neu), 273.
[7] BT-Drs. 17/11471 (neu), 273.
[8] BT-Drs. 17/11471 (neu), 273.

Geht man davon aus, dass bei der Anrechnung der zweiten Geschäftsgebühr die entstandene Geschäftsgebühr vor der auf sie erfolgten Anrechnung auf die Verfahrensgebühr zu Grunde zu legen ist,[9] ergibt sich folgendes Bild:

VV 2300 RVG	1,3
VV 2300 RVG	1,3
VV 3100 RVG	1,3
anzurechnen	– 0,65
anzurechnen	– 0,65
Summe	2,6

Lediglich dann, wenn sowohl im Verwaltungsverfahren als auch im Widerspruchsverfahren die Höchstgebühren zu Grunde zu legen sind, ergibt sich nach neuem Recht ein höheres Gebührenaufkommen:

Nach altem Recht wären dann entstanden:

VV 2300 RVG aF	2,5
VV 2301 RVG aF	1,3
VV 3100 RVG aF	1,3
anzurechnen	– 0,65
Summe	4,45

Nach neuem Recht sind entstanden:

VV 2300 RVG	2,5
VV 2300 RVG	2,5
VV 3100 RVG	1,3
anzurechnen	– 1,5
Summe	4,80

Positiv wirkt sich hingegen die Umstellung auf die „echte" Anrechnungslösung in verwal- 12
tungsrechtlichen Angelegenheiten hingegen dadurch aus, dass § 15a RVG Anwendung findet.[10] Dies hat Auswirkungen auf den Umfang der Kostenerstattung im Verwaltungsverfahren. Nach der alten Rechtslage musste die Verwaltungsbehörde, wenn im Widerspruchsverfahren eine Kostenentscheidung zu ihren Lasten erging und der Rechtsanwalt auch im bereits vorangegangenen Verwaltungsverfahren tätig war, nur die im Widerspruchsverfahren entstandene, geringere bemessene Geschäftsgebühr nach VV 2301 RVG aF erstatten. Nach der neuen Rechtslage ist im Hinblick auf § 15a Abs. 2 RVG die Gebühr nach VV 2300 RVG zu erstatten. Denn die Behörde als erstattungspflichtiger Dritter kann sich grds. nicht auf die Anrechnung nach VV Vorb. 2.3 Abs. 4 RVG berufen, weil sie regelmäßig die im vorausgegangenen Verwaltungsverfahren angefallene Geschäftsgebühr nicht zu erstatten hat.[11] In Verwaltungsverfahren, in denen Wertgebühren anfallen, erhöht sich somit bei Zugrundelegung der Schwellengebühr der zu erstattende Satz der Geschäftsgebühr für das Nachprüfungsverfahren in diesen Fällen von 0,7 auf 1,3.[12] Die Umstellung auf eine Anrechnungsregel beseitigt immerhin einen rechtssystematischen Bruch der bislang geltenden Regelung. Während sich der Erstattungspflichtige eines Zivilprozesses regelmäßig wegen § 15a Abs. 2 RVG nicht auf die Anrechnungsregel in VV Vorb. 3 Abs. 4 RVG berufen kann, profitierte beim Übergang vom Verwaltungsverfahren in ein Nachprüfungsverfahren die erstattungspflichtige Behörde von der Tatsache, dass ein Rechtsanwalt in beiden Verfahrensstadien tätig geworden war. Für den Gesetzgeber war es aus Sicht des betroffenen Bürgers auch nicht nachvollziehbar, dass die Behörde weniger zu erstatten hatte, wenn er bereits im einleitenden Verwaltungsverfahren anwaltlichen Beistand in Anspruch genommen hatte.[13]

Die Anrechnung der Geschäftsgebühr aus dem Widerspruchsverfahren auf die Verfahrensge- 13
bühr des gerichtlichen Verfahrens wird durch VV Vorb. 3 Abs. 4 RVG geregelt. VV Vorb. 3 Abs. 4 RVG zu VV Teil 3 RVG bestimmt, dass, soweit wegen desselben Gegenstands eine Geschäftsgebühr nach VV Teil 2 RVG entsteht, diese Gebühr zur Hälfte, höchstens jedoch mit einem Gebührensatz von 0,75 auf die Verfahrensgebühr des gerichtlichen Verfahrens anzurechnen ist.

[9] *Schneider/Thiel* RVG § 3 Rn. 794; *Mayer* Neues GebührenR § 2 Rn. 37.
[10] BT-Drs. 17/11471 (neu), 273.
[11] BT-Drs. 17/11471 (neu), 273.
[12] BT-Drs. 17/11471 (neu), 273.
[13] BT-Drs. 17/11471 (neu), 273.

Sind in derselben Angelegenheit mehrere Geschäftsgebühren entstanden, soll nach VV Vorb. 3 Abs. 4 S. 3 RVG die zuletzt entstandene Gebühr maßgebend sein. Dies hat regelmäßig dann Bedeutung, wenn der Anwalt einen Beteiligten sowohl im Verwaltungsverfahren sowie anschließend im Nachprüfungsverfahren vertreten hat. Dann hat dieser nämlich im Verwaltungsverfahren eine Geschäftsgebühr nach VV 2300 RVG und im Nachprüfungsverfahren die Gebühr VV 2300 RVG verdient. In diesen Fällen wird nur die Geschäftsgebühr VV 2300 RVG für das Nachprüfungsverfahren auf die Verfahrensgebühr des gerichtlichen Verfahrens angerechnet, die Geschäftsgebühr nach VV 2300 RVG aus dem Verwaltungsverfahren bleibt hingegen gegenüber der Verfahrensgebühr für das gerichtliche Verfahren unangerechnet.[14]

14 **b) Gerichtliches Verfahren.** ***aa) Die Verfahrensgebühr.***
Erster Rechtszug. VV 3100 RVG und VV 3101 RVG.
Besondere erstinstanzliche Verfahren. VV 3300 Nr. 2 RVG und VV 3301 RVG.
Berufung. VV 3200 RVG und VV 3201 RVG.
Revision. VV 3206 RVG und VV 3207 RVG.

15 ***bb) Beschränkte Verfahrensgebühr nach VV 3101 Nr. 2 RVG.*** Nach § 106 S. 2 VwGO kann ein gerichtlicher Vergleich auch dadurch geschlossen werden, dass die Beteiligten einen in Form eines Beschlusses ergangenen Vorschlag des Gerichts, des Vorsitzenden oder des Berichterstatters schriftlich gegenüber dem Gericht annehmen. Strukturell unterscheiden sich § 278 Abs. 6 S. 1, 2 ZPO und § 106 S. 2 VwGO nur wenig. Hinzu kommt ferner, dass die vom Gesetzgeber für die Zuerkennung einer beschränkten Verfahrensgebühr iHv 0,8 nach VV 3101 Nr. 2 Alt. 1 RVG genannten Erwägungen, nämlich dass einem derartigen Vergleich, in den auch in diesem Verfahren nicht rechtshängige Ansprüche miteinbezogen sind, regelmäßig erhebliche Bemühungen des Rechtsanwalts vorausgehen, ebenso wie der Umstand, dass eine solche Regelung einen hohen Entlastungseffekt für die Justiz hat, weil die Prozessbevollmächtigten durch die Einbeziehung von Gegenständen, die bislang nicht bei dem Gericht anhängig bzw. nicht rechtshängig gemacht worden sind, helfen, ein langwieriges weiteres gerichtliches Verfahren zu vermeiden,[15] auf einen schriftlichen Vergleich nach § 106 S. 2 VwGO in gleicher Weise zutreffen. Daher war in der Vorauflage vorgechlagen worden, bei einem Vergleich nach § 106 S. 2 VwGO der Vergütungstatbestand VV 3101 Nr. 2 Alt. 1 RVG analog anzuwenden.[16] Mittlerweile hat der Gesetzgeber reagiert und im KostRÄG 2021[17]den Vergleich nach § 106 S. 2 VwGO dem Fall des § 278 Abs. 6 ZPO gleichgestellt.[18].

16 ***cc) Die Terminsgebühr. Allgemeines.*** Auch im Verwaltungsverfahren gilt VV Vorb. 3 Abs. 3 RVG (→ Rn. 70). Es genügt die vertretungsbereite Anwesenheit in einem gerichtlichen Termin. Der Erörterungstermin vor dem Vorsitzenden oder dem Berichterstatter gem. § 87 Abs. 1 S. 2 Nr. 1 VwGO ist ein gerichtlicher Termin iSv VV Vorb. 3 Abs. 3 RVG. Eine Terminsgebühr entsteht weiter, bei einer Vermeidungs- oder Erledigungsbesprechung iSv VV Vorb. 3 Abs. 3 S. 3 Nr. 2 RVG. In verwaltungsgerichtlichen Verfahren hatte vor Inkrafttreten des 2. KostRMoG eine in der Rspr. vertretene Auffassung nicht unerhebliche Bedeutung gewonnen, die den Anwendungsbereich der Terminsgebühr für die außergerichtliche Erledigungsbesprechung und die auf Vermeidung eines Rechtsstreits gerichtete, außergerichtliche Besprechung durch ein in den Gebührentatbestand hineingelesene ungeschriebenes Tatbestandsmerkmal erheblich eingeschränkt hatte. So sollte vor Abs. 3 der Vorb. 3 von VV Teil 3 RVG dahingehend auszulegen sein, dass eine Terminsgebühr „für eine auf Vermeidung oder Erledigung gerichtete Besprechung ohne Beteiligung des Gerichts" nur anfallen, wenn für das betreffende Verfahren eine mündliche Verhandlung oder Erörterung vorgeschrieben ist oder eine solche in dem betreffenden Fall ausnahmsweise anberaumt wurde.[19] Begründet wurde dies im Wesentlichen damit, dass die in Teil 3 des Vergütungsverzeichnisses bezeichnete Terminsgebühr nicht durch Abs. 3 der Vorbemerkung in eine allgemeine Korrespondenzgebühr umgestaltet werde, die von der Wahrnehmung eines gerichtlichen Termins vollständig abgekoppelt sei. Dies ergebe sich schon aus der Bezeichnung der Gebühr als Terminsgebühr und aus dem Standort der jeweiligen Gebührentatbestände in Teil 3 des Vergütungsverzeichnisses, der die Gebühren für die Vertretung im gerichtlichen Verfahren bestimme. Etwas anderes ergebe sich nach dieser Auffassung auch

[14] *Mayer* Gebührenformulare Teil 1 § 4 Rn. 67.
[15] BT-Drs. 15/1971, 211.
[16] → Anh. IV Rn. 15; *Mayer* RVG-Letter 2005, 14 f.; Mayer/Kroiß/*Mayer* RVG VV 3101 Rn. 52; *Mayer* Gebührenformulare Teil 1 § 5 Rn. 57; aA VG Minden BeckRS 2007, 21566.
[17] BGBl. 2020 I 3229
[18] BT-Drs. 19/ 23484, 84.
[19] VGH Mannheim NJW 2007, 860 f.; BGH NJW 2007, 1461 mAnm *Mayer*.

nicht aus dem Zweck, den der Gesetzgeber mit der Ausweitung dieser Gebühr auf Besprechungen ohne Mitwirkung des Gerichts zur Vermeidung oder zur Erledigung eines Verfahrens verfolgt habe. Damit sollten dem Anwalt die Bemühungen um die Erledigung der Sache honoriert werden und den Verfahrensbeteiligten und dem Gericht unnötige Erörterungen in einem Gerichtstermin allein im Gebühreninteresse erspart bleiben.[20] Diese den Anwendungsbereich der Terminsgebühr in dieser Entstehungsvariante erheblich einschränkende Auffassung stand im eindeutigen Widerspruch zu dem in der Gesetzesbegründung zum 1. KostRMoG klar zum Ausdruck gekommenen Willen des Gesetzgebers, durch die Zubilligung der Terminsgebühr für die außergerichtliche Erledigungsbesprechung zu fördern, dass der Anwalt zu einer möglichst frühen, der Sach- und Rechtslage entsprechenden Beendigung des Verfahrens beiträgt.[21] Nicht der geringste Anhalt fand sich nämlich in den Gesetzesmaterialien dafür, dass der Gesetzgeber lediglich eine möglichst frühe, sachgerechte Beendigung des Verfahrens begünstigenden Bemühungen des Anwalts honorieren wollte, wenn es sich um ein Verfahren mit vorgeschriebener mündlicher Verhandlung handelte. Auch die Tatsache, dass bereits schon Verhandlungen, die nicht erst auf Erledigung eines Verfahrens, sondern bereits schon auf die Vermeidung eines Verfahrens gerichtet sind, die Terminsgebühr auslösen können, deutete darauf hin, dass nicht zwingende Entstehungsvoraussetzung für den Vergütungstatbestand in dieser Variante sein konnte, dass es sich um ein Verfahren mit vorgeschriebener mündlicher Verhandlung handelt.[22] Soweit der BGH zur Begründung seiner Auffassung darauf hinwies, ausweislich der Gesetzesbegründung habe der Gesetzgeber den Verfahrensbeteiligten und dem Gericht unnötige Erörterungen in einem Gerichtstermin allein im Gebühreninteresse ersparen wollen, wurde der Anlass für eine Neuregelung des Gebührentatbestands mit dessen Tragweite nach der Neugestaltung verwechselt.[23] Bedeutung hatte diese Rspr. im Verwaltungsrecht insbes. im Verfahren nach § 47 Abs. 6 VwGO (so auch in dem der Entscheidung des VGH Mannheim NJW 2007, 860f. zu Grunde liegenden Sachverhalt), aber auch bspw. im Verfahren nach § 47 Abs. 5 VwGO, welches ebenfalls keine mündliche Verhandlung zwingend vorschreibt, sowie in Verfahren nach § 80 Abs. 5 VwGO.[24] Teile der Rspr. versagten der – unzutreffenden – Rechtsauffassung des BGH die Gefolgschaft.[25] Der Gesetzgeber hat im 2. KostRMoG auf diese Rspr. reagiert und den Anwendungsbereich der Terminsgebühr in VV Vorb. 3 Abs. 3 RVG neu gefasst. Dabei wollte er bewirken, dass zum einen künftig auch Anhörungstermine unter die Regelung für die Terminsgebühr fallen, zum anderen wollte er klarstellen, dass die Terminsgebühr für die Mitwirkung an einer auf die Vermeidung oder Erledigung des Verfahrens gerichteten außergerichtlichen Besprechung unabhängig davon entsteht, ob für das gerichtliche Verfahren eine mündliche Verhandlung vorgeschrieben ist.[26] Unter Hinweis auf VV Vorb. 3.3.2 RVG, wonach sich die Terminsgebühr im Mahnverfahren nach Teil 3 Abschn. 1 bestimmt, leitet er den klaren gesetzgeberischen Willen ab, dass eine Terminsgebühr für die Mitwirkung an einer auf die Vermeidung oder Erledigung des Verfahrens gerichteten außergerichtlichen Besprechung auch dann entsteht, wenn die gerichtliche Entscheidung ohne mündliche Verhandlung durch Beschluss ergeht. Denn die genannte Bestimmung würde keinen Sinn ergeben, wenn eine mündliche Verhandlung in einem Verfahren vorgeschrieben sein müsste oder zumindest auf Antrag stattfinden müsste.[27] Mit dem Zusatz „wenn nichts anderes bestimmt ist" will der Gesetzgeber die Fälle der „fiktiven Terminsgebühr", in der kein Termin wahrgenommen wird, erfassen, der erste Satz von VV Vorb. 3 Abs. 3 RVG soll verdeutlichen, dass die Terminsgebühr sowohl durch gerichtliche als auch durch außergerichtliche anwaltliche Tätigkeiten unabhängig voneinander anfallen kann.[28]

---

[20] BGH NJW 2007, 1461.

[21] Anm. *Mayer* zu BGH NJW 2007, 1461; *Mayer* Gebührenformulare Teil 1 § 4 Rn. 56; BT-Drs. 15/1971, 209.

[22] *Mayer* Gebührenformulare Teil 1 § 4 Rn. 56.

[23] Anm. *Mayer* zu BGH NJW 2007, 1461; *Mayer* Gebührenformulare Teil 1 § 4 Rn. 56.

[24] OVG Bln-Bbg BeckRS 2009, 39614 mAnm *Mayer* FD-RVG 2009, 292906; OVG Greifswald BeckRS 2011, 49667; OVG Bautzen BeckRS 2010, 47028.

[25] OLG Dresden NJW-RR 2008, 1667 mAnm *Schneider* NJW-Spezial 2008, 444; OLG München BeckRS 2010 mAnm *Mayer* FD-RVG 2010, 308295; BeckRS 2011, 0730 mAnm *Mayer* FD-RVG 2011, 316672; vgl. in diesem Zusammenhang auch *Mahmoudi* NJW 2010, 2170; vgl. zu den „Aufweichungstendenzen" in der BFH-Rspr. jetzt BGH BeckRS 2011, 27187 mAnm *Mayer* FD-RVG 2012, 327344; und BGH BeckRS 2012, 03359 mAnm *Mayer* FD-RVG 2012, 328529.

[26] BT-Drs. 17/11471 (neu), 274.

[27] BT-Drs. 17/11471 (neu), 275.

[28] BT-Drs. 17/11471 (neu), 275.

17 Obwohl der Gesetzgeber ausweislich der Gesetzesbegründung zum 2. KostRMoG mit der Neufassung von VV Vorb. 3 Abs. 3 RVG ausdrücklich klarstellen wollte, dass die Terminsgebühr für die Vermeidung an auf die Vermeidung oder Erledigung des Verfahrens gerichteten außergerichtlichen Besprechungen unabhängig davon entsteht, ob für das gerichtliche Verfahren eine mündliche Verhandlung vorgeschrieben ist,[29] und erreichen wollte, dass das „neue" Recht auch für Altfälle gilt,[30] wurde in der Rspr. gleichwohl noch für Altfälle die ohnehin bereits schon vor der gesetzgeberischen Klarstellung unzutreffende Rechtsauffassung weiterhin vertreten, dass eine Terminsgebühr für Besprechungen ohne Beteiligung des Gerichts nach VV Vorb. 3 Abs. 3 Alt. 3 RVG aF nicht in Betracht kommt, wenn eine mündliche Verhandlung nicht vorgeschrieben ist und das Gericht durch Beschluss entscheidet.[31]

18 **0,5-Terminsgebühr.** VV 3105 RVG ist anwendbar, wenn eine Partei nicht erschienen bzw. nicht ordnungsgemäß vertreten ist. Wegen der fehlenden Möglichkeit eines Versäumnisurteils kann VV 3105 RVG nur zur Anwendung kommen, wenn nach Aufruf der Sache lediglich zur Prozess- oder Sachleitung verhandelt wird oder das Gericht Entscheidungen zur Prozess- oder Sachleitung von Amts wegen trifft. Ist der RA im Termin vertretungsbereit anwesend und stellt er mehr als einen Antrag zur Prozess- oder Sachleitung, bspw. indem er Rechtsfragen mit dem Gericht erörtert, entsteht die volle Verhandlungsgebühr (→ RVG VV 3105 Rn. 41 ff.).

19 **Terminsgebühr ohne mündliche Verhandlung.** Es gilt die Anmerkung zu VV 3104 RVG. Eine Terminsgebühr ohne mündliche Verhandlung kommt in Betracht
- bei Urteilen, die in Abweichung vom Regelfall im Einverständnis der Parteien ohne mündliche Verhandlung ergehen können (§ 101 Abs. 2 VwGO),
- bei Entscheidungen nach § 84 Abs. 1 S. 1 VwGO, und eine mündliche Verhandlung beantragt werden kann.

20 Die Regelung in Abs. 1 Nr. 2 der Anmerkung zu VV 3104 RVG wurde durch das 2. KostRMoG verschärft, da die fiktive Terminsgebühr konsequent auf die Fälle beschränkt werden soll, in denen der Anwalt durch sein Prozessverhalten eine mündliche Verhandlung erzwingen kann. Allerdings wurde vom Gesetzgeber der Vergütungstatbestand nicht mit der erwünschenswerten Klarheit formuliert. Es wird aus dem Wortlaut nicht klar, ob das Entstehen der fiktiven Terminsgebühr allein davon abhängig ist, ob theoretisch Antrag auf mündliche Verhandlung von irgendeiner Partei gestellt werden könnte oder ob Voraussetzung dafür, dass die fiktive Terminsgebühr entsteht, ist, dass die betreffende Partei einen zulässigen Antrag auf Durchführung der mündlichen Verhandlung stellen könnte. So ist zB fraglich, ob die fiktive Terminsgebühr bei vollständigem Obsiegen durch Gerichtsbescheid entsteht, wenn in der Rechtsmittelbelehrung des Gerichtsbescheids auf den Antrag auf Zulassung der Berufung sowie auf den Antrag auf mündliche Verhandlung hingewiesen wurde.[32] Die Begründung des Gesetzgebers ist jedoch insoweit eindeutig, er wollte die Entstehung der fiktiven Terminsgebühr auf die Fälle beschränken, in denen der Anwalt durch sein Prozessverhalten eine mündliche Verhandlung erzwingen kann, weil nur in diesem Fall eine Steuerungswirkung notwendig ist.[33] Der Antrag auf mündliche Verhandlung setzt wie jeder Rechtsbehelf die Beschwer des Antragstellers voraus.[34] Gegen einen Gerichtsbescheid kann aber nur derjenige Beteiligte einen – zulässigen – Antrag auf mündliche Verhandlung stellen, der durch den Gerichtsbescheid beschwert ist, ein gleichwohl gestellter Antrag auf mündliche Verhandlung ist mangels Beschwer als unzulässig durch Beschluss abzulehnen.[35]

21 Andererseits ist der Anwendungsbereich der fiktiven Terminsgebühr aber auch nicht nur auf die Fälle des § 84 Abs. 2 Nr. 5 VwGO beschränkt.[36] Vielmehr ist ein Anwendungsbereich der

---

[29] BT-Drs. 17/11471 (neu), 274.

[30] → RVG VV Vorb. 3 Rn. 143.

[31] VGH München BeckRS 2016, 47042 mAnm *Mayer* FD-RVG 2016, 379061.

[32] Keine fiktive Terminsgebühr VG Schleswig BeckRS 2015, 53399; BeckRS 2017, 116276 mAnm *Mayer* FD-RVG 2017, 393403; VG Karlsruhe BeckRS 2017, 137555 = AGS 2018, 65; VG Wiesbaden BeckRS 2017, 127198 mAnm *Mayer* FD-RVG 2017, 395455; AG Greifswald BeckRS 2017, 131035 mAnm *Mayer* FD-RVG 2017, 398570; OVG Lüneburg BeckRS 2018, 19171 = NVwZ-RR 2019, 85 mAnm *Mayer* FD-RVG 2018, 408155; aA VG Düsseldorf BeckRS 2017, 104674; VG Magdeburg BeckRS 2018, 13236 = IBRRS 2018, 2568 mAnm *Mayer* FD-RVG 2018, 406988.

[33] BT-Drs. 17/11471 (neu), 275.

[34] SSB/*Clausing* VwGO § 84 Rn. 41.

[35] BFH BeckRS 2013, 95047; Anm. *Mayer* zu VG Schleswig BeckRS 2015, 53399 in FD-RVG 2015, 373236; OVG Lüneburg BeckRS 2018, 19171 = NVwZ-RR 2019, 85 mAnm *Mayer* FD-RVG 2018, 408155.

[36] So aber VG Regensburg BeckRS 2016, 49111; VG Potsdam BeckRS 2017, 104734; aA zurecht OVG Lüneburg BeckRS 2018, 19171 = NVwZ-RR 2019, 85 mAnm *Mayer* FD-RVG 2018, 408155.

fiktiven Terminsgebühr auch in den Fällen des §§ 84 Abs. 2 Nr. 2 VwGO gegeben, wenn also gegen den Gerichtsbescheid die Zulassung der Berufung oder mündliche Verhandlung beantragt werden kann. Auch in diesem Fall greift die vom Gesetzgeber mit der Regelung beabsichtigte Steuerwirkung, die verhindern soll, dass vom Anwalt nur deshalb Antrag auf mündliche Verhandlung gestellt wird, um in den Genuss der Terminsgebühr zu kommen.

Beispiel:

Das Gericht weist durch Gerichtsbescheid die Klage ab; die Rechtsmittelbelehrung verweist auf den Antrag auf Zulassung der Berufung oder den Antrag auf mündliche Verhandlung. Da der Prozessbevollmächtigte des Klägers Antrag auf mündliche Verhandlung stellen könnte, entsteht die fiktive Terminsgebühr

Eine Einengung des Anwendungsbereichs nur auf die Fälle des § 84 Abs. 2 Nr. 5 VwGO 22 würde auch im praktischen Ergebnis wenig Sinn machen, da der Anwendungsbereich eher gering ist, so greift die Regelung ein, wenn das BVerwG im Rahmen seiner erstinstanzlichen Zuständigkeit durch Gerichtsbescheid entscheidet, wenn das Verwaltungsgericht eine Klage nach dem Asylgesetz als offensichtlich unzulässig oder offensichtlich unbegründet abweist, oder bei Gerichtsbescheiden, die ein unselbständiges Zwischenurteil ersetzen.[37]

De lege ferenda wäre eine Klarstellung durch den Gesetzgeber wünschenswert. So enthalten 23 die Vorschläge zur regelmäßigen Anpassung, strukturellen Änderung und Ergänzung und Klarstellung des RVG von DAV und BRAK vom März 2018 den Wunsch, Abs. 1 Nr. 2 der Anm. zu VV 3104 RVG dahingehend klarstellend zu fassen, dass die fiktive Terminsgebühr entsteht, wenn nach § 84 Abs. 1 S. 1 VwGO durch Gerichtsbescheid entschieden wird und einer der Beteiligten eine mündliche Verhandlung beantragen kann.[38]

Nach altem Recht entstand auch bei einer Entscheidung nach § 130a Abs. 2 VwGO nach 24 Abs. 2 der Anmerkung zu VV 3202 RVG eine fiktive Terminsgebühr. Der Hinweis auf § 130a VwGO wurde in Abs. 2 der Anmerkung zum Vergütungstatbestand VV 3202 RVG im 2. KostRMoG[39] gestrichen. Der Gesetzgeber stellte sich insoweit auf den Standpunkt, die Notwendigkeit einer Terminsgebühr sei nicht ersichtlich, da weder ein besonderer Aufwand des Anwalts ersichtlich sei noch die Parteien eine Entscheidung ohne mündliche Verhandlung verhindern könnten.[40] Diese Argumentation des Gesetzgebers ist jedoch nicht tragfähig. Denn bevor das OVG durch Beschluss nach § 130a VwGO entscheiden kann, hat es die Beteiligten vorher anzuhören, § 130a S. 2 iVm § 125 Abs. 2 S. 3 VwGO.[41] Gerade in diesem Anhörungsverfahren liegt eine besonders aufwendige und verantwortungsvolle Tätigkeit des Anwalts, denn er hat die Gelegenheit, sich in diesem Verfahren zu allen tatsächlichen rechtlichen Fragen zu äußern und muss ggf. versuchen, das OVG von seiner vorläufigen Rechtsauffassung abzubringen.

Keine Terminsgebühr nach VV 3104 RVG lösen aus: 25
- Vorbereitende Anordnungen des Vorsitzenden oder Berichterstatters nach § 87 Abs. 1 VwGO;
- Aufklärungs- sowie Beweisbeschlüsse, die außerhalb der mündlichen Verhandlung ergehen;
- Kostenentscheidung nach Erledigung der Hauptsache nach § 161 Abs. 2 VwGO;
- Aussetzung der Vollziehung;
- Verwerfung der Berufung oder Revision als unzulässig nach §§ 125 Abs. 2, 144 Abs. 1 VwGO.
- Beschluss des Großen Senats beim BVerwG nach § 11 Abs. 4, 5 VwGO, wenn er gem. § 11 Abs. 7 VwGO ohne mündliche Verhandlung entscheidet;
- Entscheidung nach § 47 Abs. 5 VwGO im Normenkontrollverfahren durch Beschluss;
- Entscheidung nach § 93a Abs. 2 S. 1 VwGO;[42]
- Verfahren der Verfassungsbeschwerde vor dem Bundesverfassungsgericht, wenn nach § 94 Abs. 5 BVerfGG von der mündlichen Verhandlung abgesehen wird.

dd) Einigungsgebühr. Nach Abs. 4 der Anmerkung zum Vergütungstatbestand VV 1000 RVG 26 gelten die Abs. 1, 2 auch bei Rechtsverhältnissen des öffentlichen Rechts, soweit über die An-

[37] SSB/*Clausing* VwGO § 84 VwGO Rn. 36; Anm. *Mayer* FD-RVG 2016, 380468 zu VG Regensburg BeckRS 2016, 49111.

[38] https://anwaltverein.de/files/anwaltverein.de/downloads/newsroom/pressemitteilungen/rechtspolitik/2018/forderungskatalog-brak-dav_anpassung-rvg-2018_maerz_18-final.pdf, S. 22.

[39] BGBl. 2013 I 2586.

[40] BT-Drs. 17/11471 (neu), 277.

[41] BeckOK VwGO/*Roth* § 130a Rn. 19.

[42] Schneider/Wolf/*Onderka*/*N. Schneider* RVG VV 3104 Rn. 84; *Mayer* Gebührenformulare Teil 1 § 5 Rn. 127; aA wohl *Beutling* Anwaltsvergütung Rn. 391.

sprüche vertraglich verfügt werden kann. Im **Verwaltungsprozess** können die Parteien gem. § 106 VwGO einen **Vergleich** schließen, „soweit sie über den Gegenstand des Vergleichs verfügen können“. So kann eine Einigungsgebühr auch bei übereinstimmenden Erledigungserklärungen anfallen, wenn gleichzeitig eine Einigung über den in Frage stehenden materiellrechtlichen Anspruch erzielt wird.[43] Von einer vertraglichen Vereinbarung kann aber nicht ausgegangen werden, wenn nur eine einseitige Klaglosstellung erfolgt.[44] Für das Entstehen der Einigungsgebühr genügt auch eine Einigung der Parteien hinsichtlich der Tragung der Verfahrenskosten.[45]

27 ***ee) Erledigungsgebühr.*** Sie kann nach **VV 1002 RVG** entstehen, wenn sich ein Rechtsstreit ganz oder teilweise durch Zurücknahme oder Änderung des angefochtenen oder durch Erlass eines bisher abgelehnten Verwaltungsaktes erledigt und der RA bei der Erledigung mitgewirkt hat.

Der Gebührentatbestand setzt zunächst voraus, dass sich die Rechtssache ganz oder teilweise nach Aufhebung oder Änderung des mit einem Rechtsbehelf angefochtenen Verwaltungsakts oder Erlass des bisher abgelehnten Verwaltungsakts erledigt hat. Eine Erledigung iSv VV 1002 RVG liegt vor, wenn eine abschließende streitige Entscheidung in der Hauptsache ganz oder auch nur teilweise nicht mehr notwendig ist.[46] In der Frage, ob eine Erledigung in diesem Sinne vorliegt, liegt eine reichhaltige Kasuistik vor.[47] Dabei kann es sogar genügen, wenn der RA erst nach Eintritt eines erledigenden Ereignisses aktiv an einer tatsächlichen Verständigung zwischen den Parteien (in der Zeit bis zur Abgabe der Erledigungserklärung) mitwirkt.[48]

28 Der Gebührentatbestand sieht ferner vor, dass der RA bei der Erledigung mitgewirkt hat. Auch der Begriff der Mitwirkung ist streitig. Nach einer Auffassung genügt als Mitwirken des RA auch die bloße Vornahme von Verfahrenshandlungen (zB Fertigung der Einspruchsschrift, der Klage oder die Wahrnehmung von Verhandlungsterminen), für die entsprechende Tätigkeitsgebühren (Verfahrens- bzw. Terminsgebühr) erwachsen. Diese Auffassung stützt sich auf den Wortlaut des Gesetzes, der die Entstehung der Gebühr lediglich davon abhängig macht, dass ein bestimmter Erfolg (Erledigung nach Zurücknahme oder Änderung des Verwaltungsakts oder Erlass eines bislang abgelehnten Verwaltungsakts) eintritt und dass der RA bei der Erledigung mitgewirkt hat. Die Erledigungsgebühr vergüte nur den Erfolg; durch Tätigkeitsgebühren werde sie ebenso wenig wie die Vergleichsgebühr ausgeschlossen.[49]

Die andere, überwiegend in der Rspr. vertretene Auffassung folgert gerade aus dem Charakter der Gebühr als Erfolgsgebühr, dass nur eine Mitwirkung des RA ausreicht, die nicht nur allgemein auf die Verfahrensförderung gerichtet ist und die durch Tätigkeitsgebühren abgegolten wird, sondern – wie beim Vergleich – auf den besonderen Erfolg einer Erledigung der Sache ohne förmliche Entscheidung.

29 Der BFH führt in diesem Zusammenhang aus: „Erledigt sich der Rechtsstreit ganz oder teilweise durch Zurücknahme oder Änderung des angefochtenen Verwaltungsakts, so erhält der Prozessbevollmächtigte, der bei der Erledigung mitgewirkt hat, eine volle Gebühr (§ 24 BRAGO). Als Mitwirkung im Sinne dieser Vorschrift kommt, wie der Senat wiederholt entschieden hat, nur eine besondere auf die Erledigung ohne Urteil gerichtete Tätigkeit des Bevollmächtigten in Betracht (BFH HFR 1963 Nr. 77 = BeckRS 1962, 21008027; BFHE 93, 264 = BStBl. II 68, 772 = BB 68, 1414). An dieser Auffassung hält der Senat fest. Eine besondere auf die Erledigung ohne Urteil gerichtete Tätigkeit des Prozessbevollmächtigten liegt nicht vor, wenn lediglich die Äußerungen des Berichterstatters im Erörterungstermin das Finanzamt veranlasst haben, einen Steuerbescheid zurückzunehmen. Allein die Beteiligung des Prozessbevollmächtigten oder seines Vertreters an der Erörterung der Streitsache durch den Berichterstatter erfüllt nicht die Voraussetzungen des § 24 BRAGO.“[50]

30 Der Unterschied der beiden Auffassungen wird im folgenden Fall (nach Eckert/Böttcher/*Schmidt,* Steuerberatergebührenverordnung, 1989, BRAGO § 24 Kap. A 3) ersichtlich:

---

[43] VGH München BeckRS 2015, 45739.

[44] OVG Münster BeckRS 2015, 49456 mAnm *Mayer* FD-RVG 2015, 371472.

[45] VG Regensburg BeckRS 2015, 47271 mAnm *Mayer* FD-RVG 2015, 373594.

[46] Schneider/Wolf/*Schafhausen* RVG VV 1002 Rn. 13; Hartmann/Toussaint/*Forbriger* RVG VV 1002 Rn. 11.

[47] Mayer/Kroiß/*Mayer* RVG VV 1002 Rn. 13 f.; *Mayer* Gebührenformulare Teil 1 § 2 Rn. 23 f.

[48] VGH Mannheim NVwZ-RR 2006, 735 f. = AGS 2007, 194.

[49] Gerold/Schmidt/*Schmidt,* 10. Aufl. 1989, BRAGO § 114 Rn. A 13; *Lüttgebrune* AnwBl 1965, 213; FG BW EFG 1982, 534; FG Bln EFG 1981, 523.

[50] BStBl. II 1970, 251; ebenso FG RhPf EFG 1987, 322; HessFG EFG 1987, 263; *Schall* BB-Beilage 4/1984, 6; Der Steuerberater 1990, 20.

Der RA begründet seine Klage derart ausgezeichnet, dass das Finanzamt die Aussichtslosigkeit seiner Auffassung einsieht und den Bescheid zurücknimmt. Nach der weiten Auffassung ist die Erledigungsgebühr verdient. Denn auf die Tätigkeit des RA ist die Rücknahme des Bescheids zurückzuführen. Also hat der RA mitgewirkt.

Nach der strengeren Auffassung hat der RA die Erledigungsgebühr nicht verdient. Er hat nur die übliche Tätigkeit (die Erhebung der Klage) entfaltet und nichts Besonderes getan, was ausdrücklich auf die außergerichtliche Erledigung abgezielt hat. Für die Erhebung und Begründung der Klage wird er aber durch die Verfahrensgebühr entgolten. 31

Beispiele aus der **Rspr.**, in denen **Mitwirkung bejaht** wird:
Gezielter Einsatz eines sachkundigen Dritten, der zur Änderung des Bescheids entscheidende Gesichtspunkte vorträgt.[51] Hinweis auf einschlägiges BFH-Urteil.[52] Mitwirkung im gerichtlichen Erörterungstermin, die für außergerichtliche Erledigung kausal wird.[53] Telefonische Befürwortung gerichtlichen Vergleichsvorschlags.[54] Bei außergerichtlicher Erledigung durch günstigen Ausgang eines Musterprozesses.[55] Unterstützung der auf den Ausgang eines Musterprozesses zielenden Ausführung des Richters in einem Erörterungstermin.[56] Es genügt auch, wenn der RA die Aufhebung oder Änderung des angefochtenen Verwaltungsakts durch das Finanzamt[57] oder durch Einwirkungen auf eine vorgesetzte Behörde (OFD, Finanzministerium) erreicht.[58] Ausreichend kann sein, dass der RA selbst einen Vorschlag zur nichtstreitigen Erledigung des Rechtsstreits in das Verfahren einbringt oder auf einen entsprechenden Vorschlag des Gerichts seine Mandantschaft zur Abgabe einer Erledigungserklärung bewegt.[59] Wenn bei einer Ausweisungsverfügung nebst Einreise- und Aufenthaltsverbot der RA um die Aufhebung oder Abänderung des Wiedereinreiseverbots bittet, die Behörde den Vorschlag aufgreift und den Vorschlag unterbreitet, gegen Rücknahme der Klage die Wirkungen der Ausweisung zu beschränken, eine solche Einigung schließlich auch hinsichtlich der Kosten zu Stande kommt.[60] Ausreichend ist auch, wenn nach einem Widerspruch gegen einen Vorausleistungsbescheid für Ausbaubeiträge und einer anstehenden Änderung der zu Grunde liegenden Satzung der RA ankündigt, eine außergerichtliche Erledigung könne nur in der Weise erfolgen, dass der angefochtene Bescheid nach Wegfall der zu Grunde liegenden Satzung zurückzunehmen sei, so dass dann auf der Grundlage der neuen Satzung ein neuer Bescheid ergehen könne, selbst wenn schließlich lediglich ein Änderungsbescheid ergeht.[61] Ausreichend ist auch, wenn eine unstreitige Erledigung im Raum steht und der Prozessbevollmächtigte im Vorfeld eines hierauf abzielenden Gesprächs bei seinem Mandanten die Bereitschaft zu einem Nachgeben mit Erfolg gefördert hat.[62]

Beispiele, in denen die **Mitwirkung verneint** wurde, so dass die Gebühr nach VV 1002 RVG nicht entstanden ist:
Wenn das Finanzamt unter dem Eindruck von schriftlichen oder mündlichen Ausführungen des RA, auf Grund der Ausführung des Richters im Erörterungstermin oder des Gerichts in der mündlichen Verhandlung ohne weiteres Zutun des RA den Bescheid von sich aus aufhebt oder ändert.[63] Dass der RA in einem gleichzeitig schwebenden anderen (zB Erlass-)Verfahren mitwirkt.[64] Wenn er in einem anderen Verfahren für einen anderen Mandanten das streitentscheidende BFH-Urteil erwirkt, in dem Verfahren selbst aber keine auf die Erledigung gerichtete besondere Tätigkeit entfaltet.[65] Dass der RA eine Erledigungserklärung (nach Änderung des angefochtenen Verwaltungsaktes durch das Finanzamt) abgibt.[66]
Nicht ausreichend auch, wenn der RA im Hinblick auf ein Musterklageverfahren lediglich einen Ruhensantrag stellt und sich das Verfahren auf Grund des Musterklageverfahrens erledigt[67] oder wenn die Erledigung nur deshalb eintritt, weil der Terminsvertreter sich im Termin entschließt, noch im Termin die angefochtenen Bescheide aufzuheben, um seiner Niederlage zuvorzukommen,[68] nicht ausreichend ist ferner allein die Mitwirkung daran, den Rechtsstreit nach einer Erledigung in der Sache nunmehr auch in prozessualer Hinsicht zu beenden,[69] auch der Verzicht auf die Fortführung einer Klage als Fortsetzungsfeststellungsklage lässt eine Erledigungsgebühr noch

[51] FG Düsseldorf EFG 1985, 577.
[52] FG Saarl EFG 1983, 253.
[53] HessFG EFG 1982, 155.
[54] HessFG EFG 1970, 58.
[55] FG BW EFG 1982, 534.
[56] BFH BStBl. II 1970, 257.
[57] Für Aussetzungsverfahren FG Bln EFG 1981, 526.
[58] BFH BStBl. II 1968, 772 = NJW 1969, 344.
[59] OVG Koblenz BeckRS 2007, 23172 mAnm *Mayer* FD-RVG 2007, 225675.
[60] VGH München NVwZ-RR 2007, 497 ff. mAnm *Mayer* RVG-Letter 2007, 34 f.
[61] VG Frankfurt a. M. BeckRS 2006, 23853 mit Bespr. *Mayer* RVG-Letter 2006, 95 f.
[62] OVG Koblenz BeckRS 2017, 100011 mAnm *Mayer* FD-RVG 2017, 385336.
[63] BFH BB 1970, 430.
[64] FG Hmb EFG 1971, 222.
[65] FG Düsseldorf EFG 1980, 307.
[66] FG BW EFG 1980, 358; FG Saarl EFG 1980, 408.
[67] OVG Lüneburg BeckRS 2007, 24208 mit Bespr. *Mayer* FD-RVG 2007, 233544.
[68] VG Frankfurt a. M. BeckRS 2007, 25365 mit Bespr. *Mayer* FD-RVG 2007, 20274.
[69] OVG Lüneburg NVwZ-RR 2008, 500 mAnm *Mayer* FD-RVG 2008, 251 (779); OVG Münster NJW 2009, 933.

nicht anfallen.[70] Eine solche für eine Erledigung ausreichende Mitwirkung ist grds. auch nicht anzunehmen, wenn die Erledigung des Verfahrens aus der Umsetzung eines gleichgelagerten „Musterverfahrens" folgt. Es reicht für das Entstehen einer Erledigungsgebühr nicht aus, wenn der Kläger den Rechtsstreit nicht weiterführt, obwohl eine Klaglosstellung lediglich teilweise erfolgt.[71] Auch ist nicht schon aus der bloßen Klagerücklage ein besonderes anwaltliches Bemühen um eine unstreitige Erledigung zu erschließen.[72] Hat die Behörde einem Verpflichtungsbegehren des Klägers vollständig abgeholfen, ist die Rechtssache erledigt im Sinn von VV 1002 RVG, die abstrakte Möglichkeit, noch einen Fortsetzungsfeststellungsantrag zu stellen, ändert daran regelmäßig nichts, so dass auch in diesem Fall keine Erledigungsgebühr für das Abraten von einem Fortsetzungsfeststellungsantrag anfällt.[73]

32 Der den Begriff der anwaltlichen Mitwirkung weiter auslegenden Auffassung ist der Vorzug zu geben. Denn dafür, dass an den Begriff der anwaltlichen Mitwirkung in der Anmerkung zu VV 1002 RVG höhere Anforderungen zu stellen sind als an die ebenfalls bei der Einigungsgebühr durch die in Abs. 1 der Anmerkung zu VV 1000 RVG geforderte anwaltliche Mitwirkung beim Abschluss eines Vertrages, durch den der Streit oder die Ungewissheit der Parteien über ein Rechtsverhältnis beseitigt wird, gibt der Gesetzeswortlaut nicht den geringsten Anhalt. Auch bei der Einigungsgebühr nach VV 1000 RVG wird nicht danach gefragt, ob die anwaltliche Tätigkeit, die zur Einigung geführt hat, durch andere Tätigkeitsgebühren wie zB die Verfahrensgebühr ohnehin abgegolten ist. Entscheidend ist insoweit allein der Erfolg, nämlich das Entstehen der Einigung. Nichts anderes hat grds. auch bei der Erledigungsgebühr nach VV 1002 RVG zu gelten.

33 **c) Vorläufiger Rechtsschutz.** ***aa) Allgemeines.*** VwGO kennt vorläufigen Rechtsschutz nach den §§ 80, 80a, 123 und § 47 Abs. 6 VwGO.

Für die Vergütung in diesen Verfahren ist zuallererst die Frage von Bedeutung, welche dieser Verfahren gebührenrechtlich eine eigene und damit eigenständige Gebühren auslösende Angelegenheit darstellen. Nach § 17 Nr. 1a RVG sind jeweils das Verwaltungsverfahren, das einem gerichtlichen Verfahren vorausgehende und der Nachprüfung des Verwaltungsakts dienende weitere Verwaltungsverfahren (Vorverfahren, Einspruchsverfahren, Beschwerdeverfahren, Abhilfeverfahren), das Verfahren über die Beschwerde und die weitere Beschwerde nach der Wehrbeschwerdeordnung, das Verwaltungsverfahren auf Aussetzung oder Anordnung der sofortigen Vollziehung sowie über einstweilige Maßnahmen zur Sicherung der Rechte Dritter und ein gerichtliches Verfahren verschiedene Angelegenheiten. Die Verwaltungsverfahren nach § 80 Abs. 4 VwGO, die Anordnung der sofortigen Vollziehung nach § 80a Abs. 1 Nr. 1 VwGO und die Aussetzung der Vollziehung sowie die einstweiligen Maßnahmen zur Sicherung der Rechte des Dritten nach § 80a Abs. 1 Nr. 2 VwGO sowie schließlich die Anordnung der sofortigen Vollziehung nach § 80a Abs. 2 VwGO sind demnach eigene gebührenrechtliche Angelegenheiten.[74] Nach § 17 Nr. 4b RVG sind die Verfahren über den Erlass einer einstweiligen Anordnung nach § 123 VwGO, nach § 17 Nr. 4c RVG Verfahren nach den §§ 80 Abs. 5, 80a Abs. 3 iVm § 80 Abs. 5 VwGO auf Anordnung oder Wiederherstellung der aufschiebenden Wirkung bzw. Aufhebung der Vollziehung oder Anordnung der sofortigen Vollziehung und nach § 17 Nr. 4d RVG die Verfahren auf Abänderung oder Aufhebung einer in den Verfahren nach § 17 Nr. 4a–c RVG ergangenen Entscheidung nach § 123 VwGO oder nach § 80 Abs. 7 VwGO im Verhältnis zu einem Verfahren in der Hauptsache verschiedene Angelegenheiten.[75] § 17 Nr. 4c RVG legt somit korrespondierend zu § 17 Nr. 1a RVG fest, dass das gerichtliche Verfahren in der Hauptsache einerseits und ein gerichtliches Verfahren auf Anordnung oder Wiederherstellung der aufschiebenden Wirkung, auf Aufhebung der Vollziehung oder Anordnung der sofortigen Vollziehung eines Verwaltungsakts andererseits ebenfalls verschiedene Angelegenheiten sind.[76] Der Anwalt verdient somit neben den Gebühren für das gerichtliche Verfahren die Gebühren für die genannten Verfahren des vorläufigen Rechtsschutzes gesondert.[77] Nach § 17 Nr. 4d RVG sind auch die Verfahren auf Abänderung oder Aufhebung einer in einem Verfahren nach den Buchst. a–c ergangenen Entscheidung gegenüber dem Hauptsacheverfahren verschiedene Angelegenheiten, so dass in diesem Verfahren die Gebühren gesondert entstehen.

---

[70] OVG Münster BeckRS 2013, 47460 mAnm *Mayer* FD-RVG 2013, 34323.

[71] OVG Bln-Bbg BeckRS 2015, 40449 mAnm *Mayer* FD-RVG 2015, 365431.

[72] VGH München BeckRS 2017, 108018 = LSK 2017, 108018 mAnm *Mayer* FD-RVG 2017, 389332

[73] OVG Lüneburg BeckRS 2020,29818 = IBRRS 2020, 3493 mAnm *Mayer* FD-RVG 2020, 433887.

[74] Schneider/Wolf/*Fölsch/Mock/N. Schneider/Thiel* RVG § 17 Rn. 9; Mayer/Kroiß/*Rohn* RVG § 17 Rn. 14; HK-VerwR/*Mayer* VwGO Anh. Rn. 365.

[75] Schneider/Wolf/*Fölsch/Mock/N. Schneider/Thiel* RVG § 17 Rn. 296; HK-VerwR/*Mayer* VwGO Anh. Rn. 365.

[76] Mayer/Kroiß/*Rohn* RVG § 17 Rn. 51; HK-VerwR/*Mayer* VwGO Anh. Rn. 365.

[77] Mayer/Kroiß/*Rohn* RVG § 17 Rn. 52; HK-VerwR/*Mayer* VwGO Anh. Rn. 365.

Allerdings bestimmt § 16 Nr. 5 RVG, dass das Verfahren über die Anordnung eines Arrests, über den Erlass einer einstweiligen Verfügung, über den Erlass einer einstweiligen Anordnung, über die Anordnung oder Wiederherstellung der aufschiebenden Wirkung, über die Aufhebung der Vollziehung oder die Anordnung der sofortigen Vollziehung eines Verwaltungsakts und jedes Verfahren auf deren Abänderung oder Aufhebung dieselbe Angelegenheit sind. § 16 Nr. 5 RVG stellt somit klar, dass das Gerichtsverfahren auf Erlass einer einstweiligen oder vorläufigen Anordnung sowie auf Aussetzung oder Anordnung der sofortigen Vollziehung eines Verwaltungsakts und jedes Gerichtsverfahren auf Abänderung oder Aufhebung einer solchen Entscheidung weiterhin dieselbe Angelegenheit sind.[78] Die Gebühren können daher im Abänderungsverfahren nur für den Prozessbevollmächtigten entstehen, der nicht bereits schon im Verfahren auf Erlass der Entscheidung tätig war.[79]

Die jeweiligen Beschwerden gegen erstinstanzliche Entscheidungen nach § 80 Abs. 5 VwGO und § 80 Abs. 7 VwGO sind jedoch jeweils besondere Angelegenheiten, nach § 18 Abs. 1 Nr. 3 RVG bilden sie nicht dieselbe Angelegenheit.[80] **34**

bb) Anzuwendende Vergütungstatbestände. In den Verfahren des vorläufigen Rechtsschutzes nach § 80 Abs. 5 VwGO sowie in den Verfahren nach den §§ 80a Abs. 3, 80 Abs. 5 VwGO entstehen die Gebühren nach VV Teil 3 RVG. Es handelt sich sowohl gegenüber der außergerichtlichen Tätigkeit als auch gegenüber der Hauptsache um eigene Gebührenangelegenheiten.[81] Es fällt daher in erster Instanz eine 1,3 Verfahrensgebühr nach VV 3100 RVG sowie ggf. eine Terminsgebühr iHv 1,2 nach VV 3104 RVG an.[82] **35**

Wird der Antrag auf Anordnung oder Wiederherstellung der aufschiebenden Wirkung, auf Aussetzung oder Aufhebung der Vollziehung oder Anordnung der sofortigen Vollziehung vor dem Berufungsgericht als dem Gericht der Hauptsache gestellt, bestimmen sich die Gebühren nach VV Vorb. 3.2 RVG gleichwohl nach Abschn. 1 des Teils 3 des Vergütungsverzeichnisses, es fallen daher die Vergütungstatbestände VV 3100 RVG für die Verfahrensgebühr und VV 3104 RVG für die Terminsgebühr an.[83] In den erstinstanzlichen Verfahren vor dem OVG (VGH) und dem BVerwG bestimmt sich die Verfahrensgebühr nach VV 3300 Nr. 2 RVG (Gebührensatz 1,6), bei vorzeitiger Beendigung nach VV 3301 RVG (Gebührensatz 1,0) sowie nach VV Vorb. 3.3.1 RVG die Terminsgebühr nach Abschn. 1, die mit dem Gebührensatz von 1,2 entsteht,[84] und zwar auch im Verfahren des einstweiligen Rechtsschutzes; VV Vorb. 3.2 Abs. 2 S. 2 RVG findet insoweit keine Anwendung.[85]

Ist der Anwalt im Verfahren auf Aussetzung der sofortigen Vollziehung sowohl außergerichtlich als auch anschließend gerichtlich im Verfahren nach § 80 Abs. 5 VwGO tätig, verdient er die Geschäftsgebühr nach VV 2300 RVG im Verwaltungsverfahren in der Hauptsache; im Verwaltungsverfahren auf Aussetzung der sofortigen Vollziehung verdient der Anwalt erneut eine Geschäftsgebühr nach VV 2300 RVG, im Verfahren nach § 80 Abs. 5 VwGO entstehen dann die Verfahrensgebühr nach VV 3100 RVG sowie ggf. die Terminsgebühr nach VV 3104 RVG, allerdings ist die im Verwaltungsverfahren auf Aussetzung der sofortigen Vollziehung angefallene Geschäftsgebühr nach Maßgabe der VV Vorb. 3 Abs. 4 RVG zur Hälfte, höchstens jedoch mit einem Satz von 0,75 auf die Verfahrensgebühr im Verfahren nach § 80 Abs. 5 VwGO anzurechnen.[86] Teilweise wird in diesem Zusammenhang in der Rspr. hinsichtlich der unterschiedlichen Angelegenheiten nicht hinreichend differenziert und eine Geschäftsgebühr aus dem Widerspruchsverfahren auf die Verfahrensgebühr im gerichtlichen Eilverfahren hälftig angerechnet.[87] Nach überwiegender und zutreffender Auffassung jedoch sind das Widerspruchsverfahren nach § 68 VwGO und das Verwaltungsverfahren auf Aussetzung der Anordnung der sofortigen Vollziehung nach §§ 80 Abs. 4, 80a Abs. 1, Abs. 2 VwGO gem. § 17 Nr. 1a RVG verschiedene Angelegenheiten, die jeweils gesondert Gebührentatbestände für die anwaltliche Tätigkeit auslösen. Vertritt ein Bevollmächtigter seinen Grundantrag zu einem Widerspruchsverfahren und in einem Verfahren des vorläufigen Rechtsschutzes, kommt eine Anrechnung der Geschäftsgebühr **36**

---

78 Schneider/Wolf/*Fölsch/N. Schneider/Thiel/Volpert* RVG § 16 Rn. 97; HK-VerwR/*Mayer* VwGO Anh. Rn. 365.

79 Mayer/Kroiß/*Rohn* RVG § 17 Rn. 54; HK-VerwR/*Mayer* VwGO Anh. Rn. 365.

80 OVG Münster BeckRS 2015, 43076 mAnm *Mayer* FD-RVG 2015, 367739.

81 HBS VergütungsR/*Schneider* Teil 12 Rn. 98; HK-VerwR/*Mayer* VwGO Anh. Rn. 366.

82 HBS VergütungsR/*Schneider* Teil 12 Rn. 101; HK-VerwR/*Mayer* VwGO Anh. Rn. 366.

83 Mayer/Kroiß/*Gierl/Maué* RVG VV Vorb. 3.2 Rn. 6; HK-VerwR/*Mayer* VwGO Anh. Rn. 367.

84 Schneider/Wolf/*N. Schneider* RVG VV 3300–3301 Rn. 18.

85 Schneider/Wolf/*N. Schneider* RVG VV 3300–3301 Rn. 20; HK-VerwR/*Mayer* VwGO Anh. Rn. 368.

86 HBS VergütungsR/*Schneider* Teil 12 Rn. 105; HK-VerwR/*Mayer* VwGO Anh. Rn. 369.

87 VGH Kassel NJW 2006, 1992.

aus dem Widerspruchsverfahren auf die Verfahrensgebühr aus dem gerichtlichen Verfahren gem. § 80 Abs. 4 VwGO daher nicht in Betracht.[88]

37 Auch das Verfahren auf Erlass oder Abänderung einer einstweiligen Anordnung nach § 123 VwGO ist gegenüber der Hauptsache nach § 17 Nr. 4b RVG bzw. § 17 Nr. d RVG eine gesonderte Angelegenheit, der Anwalt erhält auch hier die Gebühren nach VV 3100 ff. RVG.[89]

38 Wird der Antrag vor dem Rechtsmittelgericht gestellt, so gelten die Gebühren des Abschn. 1 des Teils 3 nach VV Vorb. 3.2 Abs. 2 S. 2 RVG.[90] Wird der Antrag auf Erlass einer einstweiligen Anordnung im erstinstanzlichen Verfahren vor dem BVerwG oder einem OVG bzw. VGH gestellt, so erhält der Anwalt nach VV 3300 Nr. 2 RVG eine Verfahrensgebühr mit einem Satz von 1,6.[91] Auch gilt, dass das Verfahren über einen Antrag auf Abänderung oder Aufhebung einer einstweiligen Anordnung mit dem Verfahren über den Antrag dieselbe Angelegenheit ist; ist eine außergerichtliche Tätigkeit vorangegangen, so wird auch hier eine zuvor verdiente Geschäftsgebühr nach VV Vorb. 3 Abs. 4 RVG zur Hälfte angerechnet, höchstens jedoch mit einem Gebührensatz von 0,75.[92]

39 Im Verfahren nach § 47 Abs. 6 VwGO ist das OVG erstinstanzlich tätig, so dass eine Verfahrensgebühr nach VV 3300 Nr. 2 RVG mit einem Gebührensatz von 1,6 entsteht.[93]

40 Umstritten ist in der verwaltungsgerichtlichen Rspr., ob die Verfahrensgebühr im Verfahren nach § 80 Abs. 7 VwGO erneut entsteht, wenn sie schon im Verfahren nach § 80 Abs. 5 VwGO – insoweit liegt nach § 16 Nr. 5 RVG dieselbe Angelegenheit vor – entstanden war. Nach zutreffender und wohl auch überwiegender Auffassung erhält der Rechtsanwalt für seine Tätigkeit im Verfahren nach § 80 Abs. 5 VwGO und einem sich daran anschließenden Abänderungsverfahren nach § 80 Abs. 7 VwGO zwar insgesamt nur einmal Gebühren; sind jedoch in den beiden vorgenannten Verfahren unterschiedliche Kosten(grund)-entscheidungen ergangen, kann dessen ungeachtet jeder Beteiligte aus der ihm günstigen Kostenentscheidung vom Gegner Kostenerstattung bis zur Höhe der ihm insgesamt – einmalig – in beiden Verfahren erwachsenen Kosten verlangen.[94] Wird im Abänderungsverfahren nach § 80 Abs. 7 VwGO ein anderer Rechtsanwalt tätig, als im Ausgangsverfahren nach § 80 Abs. 5 VwGO, stehen dessen Gebührenanspruch die §§ 15 Abs. 2, 16 Nr. 5 RVG nicht entgegen. § 91 Abs. 2 S. 2 ZPO kann auch für den Fall der Bejahung seiner entsprechenden Anwendung im verwaltungsgerichtlichen Verfahren der Geltendmachung der Gebühren des im Abänderungsverfahren tätigen neuen Rechtsanwalts nicht entgegengehalten werden; diese Vorschrift stellt die Erstattungsfähigkeit von Kosten mehrere Anwälte nur bei einem innerprozessualen Anwaltswechsel in Frage.[95]

41 **d) Weitere Gebühren.** ***aa) Vertretung in der mündlichen Verhandlung.*** Wird der RA nur mit der Vertretung in der mündlichen Verhandlung beauftragt, erhält er die Gebühren nach VV 3401 RVG.

42 ***bb) Verkehrsgebühr.*** Führt der RA lediglich den Verkehr der Partei mit dem Prozessbevollmächtigten, hat er Anspruch auf die Verkehrsgebühr nach VV 3400 RVG. Vgl. Anmerkungen dort.

43 ***cc) Selbständiges Beweisverfahren.*** Ein selbständiges Beweisverfahren kann gem. § 98 VwGO vor dem Verwaltungsgericht und gem. § 82 FGO vor dem Finanzgericht durchgeführt werden. Der RA erhält in diesem Verfahren die Gebühren nach VV 3100 ff. RVG.

44 ***dd) Zwangsvollstreckung.*** Für die Verwaltungsvollstreckung gelten die Gebühren nach Abschn. 3 UAbschn. 3 Teil 3 VV. Dies folgt für gerichtliche Verfahren über einen Akt der Zwangsvollstreckung (des Verwaltungszwangs) aus VV Vorb. 3.3.3 RVG. VV Vorb. 2.3 Abs. 1

[88] VGH München JurBüro 2005, 642; OVG Münster NVwZ-RR 2007, 500; OVG Hamburg NJW 2009, 2075 mAnm *Mayer* FD-RVG 2009, 280349; OVG Bln-Bbg BeckRS 2013, 51657 mAnm *Mayer* FD-RVG 2013, 347451.

[89] HBS VergütungsR/*Schneider* Teil 12 Rn. 106; HK-VerwR/*Mayer* VwGO Anh. Rn. 370.

[90] HBS VergütungsR/*Schneider* Teil 12 Rn. 107; HK-VerwR/*Mayer* VwGO Anh. Rn. 371.

[91] HBS VergütungsR/*Schneider* Teil 12 Rn. 108; HK-VerwR/*Mayer* VwGO Anh. Rn. 372; *Mayer* Gebührenformulare Teil 1 § 6 Rn. 3.

[92] HBS VergütungsR/*Schneider* Teil 12 Rn. 108; HK-VerwR/*Mayer* VwGO Anh. Rn. 372.

[93] HK-VerwR/*Mayer* VwGO Anh. Rn. 373; Beutling Anwaltsvergütung Rn. 455, 459.

[94] VG Stuttgart BeckRS 2014, 52810 mAnm *Mayer* FD-RVG 2014, 359813; VG Karlsruhe BeckRS 2016, 42851; VG München BeckRS 2015, 52129; OVG Münster BeckRS 2017, 101920 = NVwZ-RR 2017, 435 mAnm *Mayer* FD-RVG 2017, 387435; VG Magdeburg BeckRS 2015, 40851 mAnm *Mayer* FD-RVG 2015, 365977; BeckRS 2018, 35214; aA keine neue Verfahrensgebühr VG München BeckRS 2015, 42697 mAnm *Mayer* FD-RVG 2015, 367738; VG Sigmaringen BeckRS 2011, 49583; VG Düsseldorf BeckRS 2014, 55233 mAnm *Mayer* FD-RVG 2014, 361759; VG Münster BeckRS 2018, 16049 mAnm *Mayer* FD-RVG 2018, 407629.

[95] OVG NRW NVwZ-RR 2015, 359, BeckRS 2014, 57496 mAnm *Mayer* FD-RVG 2015, 368934.

RVG bestimmt ferner, dass die Vertretungsgebühr nach VV 2300ff. nicht für das Verwaltungszwangsverfahren gilt, so dass die Gebührentatbestände des UAbschn. 3 des Abschn. 3 von Teil 3 auch für die außergerichtliche Tätigkeit im Rahmen des Verwaltungszwangsverfahrens gelten.[96]

VV 3309 RVG sieht eine Verfahrensgebühr von 0,3 für die Tätigkeit in der Zwangsvollstreckung vor und VV 3310 RVG eine 0,3 Terminsgebühr, die allerdings nur für die Teilnahme an einem gerichtlichen Termin, einem Termin zur Abgabe der Vermögensauskunft oder zur Abnahme der eidesstattlichen Versicherung entsteht. Siehe Erläuterungen zu VV 3309 RVG und VV 3310 RVG. Auch hier kann die Erledigungsgebühr nach VV 1002 RVG entstehen.[97]

ee) Zulassung von Rechtsmitteln. Der Antrag auf Zulassung der Berufung zählt nach § 16 Nr. 11 RVG zum Berufungsverfahren, das Zulassungsverfahren ist nicht als Nichtzulassungsbeschwerde, sondern als einfaches Zulassungsverfahren ausgestaltet, so dass mit dem Antrag auf Zulassung der Berufung bereits das Rechtsmittelverfahren beginnt.[98] VV Vorb. 3.2 Abs. 1 RVG erklärt die Gebühren nach Abschn. 2 des VV Teil 3 RVG bereits für das Zulassungsverfahren für anwendbar.[99] Für den Antrag auf Zulassung der Berufung fällt somit die Verfahrensgebühr nach VV 3200 RVG mit einem Gebührensatz von 1,6 an.[100] Hat der RA bereits im Berufungszulassungsverfahren die Verfahrensgebühr nach VV 3200 RVG mit einem Gebührensatz von 1,6 verdient, fällt die Verfahrensgebühr im Berufungsverfahren nicht nochmals an, da nach § 16 Nr. 11 RVG das Rechtsmittelverfahren und das Verfahren über die Zulassung des Rechtsmittels dieselbe Angelegenheit sind.[101] Eine Verfahrensgebühr isoliert für das Berufungsverfahren nach VV 3200 RVG kann nur der Anwalt verdienen, der erstmals im Berufungsverfahren tätig wird, entweder bei einem Anwaltswechsel nach einem erfolgreichen Antrag auf Zulassung der Berufung oder bei Zulassung der Berufung durch das Verwaltungsgericht nach § 124 Abs. 1 VwGO.[102] **45**

Für das Verfahren über die Beschwerde gegen die Nichtzulassung der Revision entsteht gem. VV 3506 eine Verfahrensgebühr von 1,6; bei vorzeitiger Beendigung des Auftrags beträgt die Gebühr 1,1.

ff) Erinnerung und Beschwerde. Hier erhält der RA gem. VV 3500 RVG eine Verfahrensgebühr für Verfahren über die Beschwerde und die Erinnerung mit 0,5. Im Verfahren über die Erinnerung gegen eine Kostenfestsetzung des Urkundsbeamten der Geschäftsstelle erhält der Anwalt auch in der Verwaltungsgerichtsbarkeit eine gesonderte Vergütung nach VV 3500 RVG.[103] **46**

Eine deutlich aufwandsangemessenere Vergütung wurde durch das 2. KostRMoG[104] durch VV Vorb. 3.2.1 Nr. 3a RVG eingeführt. Nach dieser Regelung ist der Unterabschnitt auch anzuwenden bei Beschwerden gegen die Entscheidung des Verwaltungsgerichts wegen des Hauptgegenstands in Verfahren des vorläufigen oder einstweiligen Rechtsschutzes. Zutreffend stellte sich der Gesetzgeber auf die Auffassung, dass die Beschwerdeverfahren wegen des Hauptgegenstands im einstweiligen Rechtsschutzverfahren in derselben Sache einem Berufungsverfahren in der Hauptsache entsprechen,[105] bislang wurden diese Verfahren mit der Beschwerdegebühr nach VV 3500 RVG vergütet, nunmehr fallen die gleichen Gebühren wie im Berufungsverfahren an.[106]

3. Kosten und Kostenerstattung

a) Die Kosten des Verwaltungsprozesses. Gem. § 161 VwGO hat das Gericht im Urteil oder, wenn das Verfahren in anderer Weise beendet worden ist, durch Beschluss über die Kosten zu entscheiden.[107] **47**

Grundsätzlich trägt der unterliegende Teil nach § 154 Abs. 1 VwGO die Kosten des Verfahrens. Die Kosten eines ohne Erfolg eingelegten Rechtsmittels fallen nach § 154 Abs. 2 VwGO **48**

[96] Mayer/Kroiß/*Gierl* RVG VV Vorb. 3.3.3 Rn. 3; HBS VergütungsR/*Schneider* Teil 12 Rn. 109; Beutling Anwaltsvergütung Rn. 560; HK-VerwR/*Mayer* VwGO Anh. Rn. 375.
[97] FG Bln EFG 1989, 538 = KostRspr BRAGO § 114 Nr. 20.
[98] HBS VergütungsR/*Schneider* Teil 12 Rn. 61; HK-VerwR/*Mayer* VwGO Anh. Rn. 348.
[99] HBS VergütungsR/*Schneider* Teil 12 Rn. 61; HK-VerwR/*Mayer* VwGO Anh. Rn. 348.
[100] Beutling Anwaltsvergütung Rn. 417; HK-VerwR/*Mayer* VwGO Anh. Rn. 349.
[101] HK-VerwR/*Mayer* VwGO Anh. Rn. 351.
[102] HK-VerwR/*Mayer* VwGO Anh. Rn. 351.
[103] BVerwG AGS 2007, 406 f.; aA VG Regensburg AGS 2005, 549 mAnm *Schneider*.
[104] BGBl. 2013 I 2586.
[105] BT-Drs. 17/11471 (neu), 276.
[106] BT-Drs. 17/11471 (neu), 277.
[107] S. a. ausführliche Darstellung von Eicken/Hellstab/Dörndorfer/Asperger/*Hellstab* Kap. 4 A Rn. 1 ff.

demjenigen zur Last, der das Rechtsmittel eingelegt hat. Wenn ein Beteiligter teils obsiegt, teils unterliegt, so sind die Kosten gem. § 155 Abs. 1 VwGO gegeneinander aufzuheben oder verhältnismäßig zu verteilen. Wer einen Antrag, eine Klage, ein Rechtsmittel oder einen anderen Rechtsbehelf zurücknimmt, hat die Kosten gem. § 155 Abs. 2 VwGO zu tragen. Ist der Rechtsstreit in der Hauptsache erledigt, so entscheidet das Gericht gem. § 161 Abs. 2 VwGO – außer in den Fällen des § 113 Abs. 1 S. 4 VwGO – nach billigem Ermessen über die Kosten des Verfahrens durch Beschluss. In den Fällen des § 75 VwGO (Untätigkeitsklage) fallen die Kosten stets dem Beklagten zur Last, wenn der Kläger mit seiner Bescheidung vor Klageerhebung rechnen durfte, § 161 Abs. 3 VwGO.

Erledigt sich ein Verwaltungsakt, weil das zu Grunde liegende Gesetz für verfassungswidrig erklärt wird, so sind die Kosten der beklagten Behörde aufzuerlegen.[108]

49 **b) Kostenerstattung.** Sie ist in § 162 VwGO geregelt. Kosten sind – außer den Gerichtskosten – die zur zweckentsprechenden Rechtsverfolgung oder Rechtsverteidigung notwendigen Aufwendungen der Beteiligten einschließlich der Kosten des Vorverfahrens.[109]

Die Gebühren und Auslagen eines RA im Rechtsstreit sind gem. § 162 Abs. 2 VwGO stets – ohne dass die Notwendigkeit seiner Zuziehung zu prüfen wäre – erstattungsfähig. Die Kosten mehrerer Rechtsanwälte sind nur insoweit zu erstatten, als sie die Kosten eines RA nicht übersteigen oder als in der Person des RA ein Wechsel eintreten musste. Dies gilt aber nur, wenn innerhalb derselben Angelegenheit mehrere Rechtsanwälte tätig waren. Waren im verwaltungsrechtlichen Verfahren oder im Vorverfahren ein Rechtsanwalt und im nachfolgenden Verfahren vor dem Verwaltungsgericht (neue Angelegenheit) ein anderer Rechtsanwalt tätig, greift § 91 Abs. 2 S. 2 ZPO nicht ein, da diese Vorschrift die Erstattungsfähigkeit und Kosten mehrerer Anwälte nur bei einem innerprozessualen Anwaltswechsel in Frage stellt.[110]

Ein Anwaltswechsel ist daher ebenso unschädlich, wenn im Abänderungsverfahren nach § 80 Abs. 7 VwGO ein anderer Rechtsanwalt tätig wird als im Ausgangsverfahren nach § 80 Abs. 5 VwGO.[111]

In eigener Sache sind dem RA die Gebühren und Auslagen zu erstatten, die er als Gebühren und Auslagen eines bevollmächtigten RA erstattet verlangen könnte. Das Gleiche gilt, wenn der RA den Rechtsstreit als Partei kraft Amtes führt.[112]

50 **Kosten eines Verkehrsanwalts** → RVG VV 3400 Rn. 90 ff.

Die **Auslagen des RA** sind ebenfalls zu erstatten, soweit sie notwendig waren.

Reisekosten eines auswärtigen RA sind grds. erstattungsfähig (→ RVG VV 7003–7006 Rn. 111).

51 **c) Erstattung von Kosten des Vorverfahrens.** Für sie gilt nach § 80 Abs. 1 VwVfG: Soweit der Widerspruch erfolgreich ist, hat der Rechtsträger, dessen Behörde den angefochtenen Verwaltungsakt erlassen hat, demjenigen, der Widerspruch erhoben hat, die zur zweckentsprechenden Rechtsverfolgung oder Rechtsverteidigung notwendigen Aufwendungen zu erstatten. Dies gilt nicht in Verfahren, in denen die Vorschriften der Abgabenordnung über das Widerspruchsverfahren anzuwenden sind.[113]

52 Kommt es zu einem Verfahren vor dem Verwaltungsgericht, sind die Kosten des Vorverfahrens erstattungsfähig. Die Kosten eines in dem Vorverfahren zugezogenen RA sind jedoch gem. § 162 Abs. 2 S. 2 VwGO nur erstattungsfähig, wenn das Gericht die Zuziehung eines RA für notwendig erklärt. Die Notwendigkeit ist dann zu bejahen, wenn es dem Beteiligten nicht zuzumuten ist, sich selbst zu vertreten. Dabei kommt es auf die Sicht einer verständigen, aber nicht rechtskundigen Partei an. Eine rechtsunkundige Partei kann regelmäßig nur schwer beurteilen, ob die Zuziehung eines Anwalts erforderlich ist; die Erstattbarkeit der RA-Kosten ist dann grds. zu bejahen.[114]

---

[108] OVG Lüneburg VerwRspr, Bd. 13, 894.

[109] Sa umfassende Darstellung bei Madert Anwaltsvergütung Verwaltungssachen Kap. IX A Rn. 1–13; sowie von Eicken/Hellstab/*Dörndorfer/Asperger/Hellstab* Kap. 4 A Rn. 135 ff.

[110] OVG Münster NVwZ-RR 2015, 359 mAnm *Mayer* FD-RVG 2015, 368934.

[111] OVG Münster NVwZ-RR 2015, 359 mAnm *Mayer* FD-RVG 2015, 368934.

[112] VGH München BayVBl. 1972, 645.

[113] Ausf. Madert Anwaltsvergütung Verwaltungssachen Kap IX A Rn. 14–21; von Eicken/Hellstab/*Dörndorfer/Asperger/Hellstab* Kap. 4 C Rn. 194 ff.

[114] BVerwG NJW 1964, 686; JurBüro 1983, 1179; VGH München AnwBl 1963, 116; OVG Münster AnwBl 1963, 102; VGH Kassel NJW 1965, 1732; OVG Koblenz NJW 1972, 222; VG Augsburg AnwBl 1971, 212.

In eigener Sache kann der RA für die Tätigkeit im Vorverfahren Gebühren geltend machen, wenn die Zuziehung eines Anwalts für das Vorverfahren notwendig gewesen wäre.[115] 53

Die Zuziehung eines Bevollmächtigten für das Vorverfahren kann auch dann für notwendig erklärt werden, wenn der RA im Vorverfahren nicht als Bevollmächtigter aufgetreten, sondern nur beratend tätig geworden ist.[116]

Außergerichtliche Kosten eines Beigeladenen sind nur zu erstatten, wenn das Gericht sie gem. § 162 Abs. 3 VwGO aus Billigkeit der unterliegenden Partei oder der Staatskasse auferlegt.

Findet ein Vorverfahren nicht statt, sind die Gebühren und Auslagen eines RA, die im Verwaltungsverfahren entstanden sind, weder in unmittelbarer noch in analoger Anwendung des § 162 Abs. 2 S. 2 VwGO erstattungsfähig.[117]

d) Prozesskostenhilfe. Gem. § 166 VwGO kann einem Beteiligten Prozesskostenhilfe bewilligt werden. Ein RA ist beizuordnen, wenn die Vertretung durch einen RA geboten erscheint oder der Gegner durch einen Rechtsanwalt vertreten ist. Im Verwaltungsprozess sind Behörden oder öffentlich-rechtliche Körperschaften als Gegner regelmäßig durch eigene rechts- und sachkundige Bedienstete vertreten.[118] Diese Art der Vertretung kann zwar nicht einer solchen durch einen Rechtsanwalt gleichgestellt werden, dem verfassungsrechtlichen Gebot der Waffengleichheit ist aber durch die andere Alternative des § 121 Abs. 2 S. 1 ZPO Rechnung zu tragen, maßgeblich ist, ob ein bemittelter Beteiligter in der Lage des Mittellosen vernünftigerweise einen Rechtsanwalt mit der Wahrnehmung seiner Interessen beauftragt hätte.[119] 54

e) Kostenfestsetzung. Die Kosten sind gem. § 164 VwGO durch den Urkundsbeamten des Gerichts des ersten Rechtszuges festzusetzen. 55

Gegen die **Festsetzung** ist gem. § 165 VwGO die Erinnerung gegeben, die innerhalb von zwei Wochen einzulegen ist (§ 151 VwGO). Gegen den Beschluss des Gerichts ist gem. §§ 146 ff. VwGO die Beschwerde zulässig, wenn die Beschwerdesumme erreicht ist (mehr als 200,– EUR) und nicht die Beschwerde generell ausgeschlossen ist.[120] 56

Die Festsetzung der Vergütung gem. § 11 ist zulässig (→ § 11 Rn. 9, 61).[121] 57

B. Gegenstandswerte

• Abgabenrecht

Der Streitwertkatalog für die Verwaltungsgerichtsbarkeit 2013 enthält unter Ziff. 3 Regelungen für den Bereich des Abgabenrechts. 58

Nach Ziff. 3.1 des Streitwertkatalogs für die Verwaltungsgerichtsbarkeit 2013 gilt als Streitwert um eine Abgabe der Betrag der streitigen Abgabe (§ 52 Abs. 3 GKG); bei wiederkehrenden Leistungen der dreifache Jahresbetrag, sofern nicht die voraussichtliche Belastungsdauer geringer ist.

Geht es um eine Stundung, so sieht Ziff. 3.2 des Streitwertkatalogs für die Verwaltungsgerichtsbarkeit 2013 einen Streitwert von 6% des Hauptsachewerts je Jahr (§ 238 AO) vor.

Für ein Normenkontrollverfahren empfiehlt Ziff. 3.3 des Streitwertkatalogs für die Verwaltungsgerichtsbarkeit 2013 als Streitwert mindestens den Auffangstreitwert.

• Abrissgenehmigung

Nach Ziff. 9.3 des Streitwertkatalogs für die Verwaltungsgerichtsbarkeit 2013 ist als Gegenstandswert bei einer Abrissgenehmigung das wirtschaftliche Interesse am dahinterstehenden 59

---

[115] BVerwG BeckRS 1980, 30422457; VGH München BayVBl. 1972, 645; VGH Mannheim JurBüro 1980, 1361; aA VG Düsseldorf NJW 1965, 1039; VGH München NJW 1978, 2414.

[116] OVG Münster AnwBl 1988, 413.

[117] VGH Mannheim AGS 2007, 479 f.

[118] Sodan/Ziekow/*Neumann/Schaks* VwGO § 166 Rn. 139.

[119] Sodan/Ziekow/*Neumann/Schaks* VwGO § 166 Rn. 139.

[120] So § 80 AsylG vgl. Sodan/Ziekow/*Neumann* VwGO § 165 Rn. 31; OLG Münster BeckRS 2019, 2954; OVG Weimar BeckRS 2019, 3175; OVG Lüneburg BeckRS 2018, 13777; VGH Mannheim BeckRS 2017, 103950 und Anm. Mayer FD-RVG 2017, 387, 827; aA (Beschwerde gegen die Festsetzung der aus der Staatskasse zu zahlenden Vergütung möglich) OVG Berlin-Brandenburg BeckRS 2016, 49772; VGH Kassel BeckRS 2019, 19187.

[121] Weitere Einzelheiten von Eicken/Hellstab/Lappe/Madert/Dörndorfer/Asperger/*Dörndorfer* Kap. 9 A Rn. 1 ff.

Vorhaben anzusetzen, teilweise bemisst die Rspr. aber auch den Streitwert nach der Höhe der Abbruchkosten. Vielfach stellt die Rspr. auf § 52 Abs. 1 GKG ab.[122]

So hat die Rspr. bei dem beabsichtigten Abbruch eines Wohnhauses aus dem Jahre 1882 und der Absicht, die bestehende Parkplatzfläche unter Inanspruchnahme des Standortes des abzureißenden Gebäudes zu erweitern, einen Streitwert von 20.000,– EUR angenommen[123]

Teilw. stellt die Rspr. auch auf die Höhe der Abbruchkosten ab.[124]

So wurde bei einer denkmalschutzrechtlichen Abrissgenehmigung für ein weitgehend im Originalzustand verbliebenes Bauernhaus aus dem Jahre 1844 ein Gegenstandswert von 11.000,– EUR[125] bzw. 40.000,– EUR bei einer Abrissgenehmigung eines Gebäudes aus dem Jahre 1872 (Baudenkmal)[126] festgesetzt. Für einen Nachbareilantrag gegen eine Abbruchgenehmigung kann, wenn im Verfahren zur Erteilung einer Abbruchgenehmigung greifbare Anzeichen dafür vorliegen, dass die öffentliche Sicherheit – insbes. Leben oder Gesundheit von Menschen bzw. Sachwerte – durch die Abbruchmaßnahme gefährdet sein könnten, ein Streitwert von 50.000,– EUR angemessen sein.[127]

• Altlastenfreistellung

60 Nach § 52 Abs. 1 GKG ist der Streitwert nach der sich aus dem Antrag des Klägers für ihn ergebenden Bedeutung der Sache nach Ermessen zu bestimmen. Dabei ist diese Einschätzung in Altlastenfreistellungsverfahren vorrangig an der Höhe der Kosten, die für die Beseitigung der jeweiligen Altlasten angefallen sind oder voraussichtlich anfallen werden, zu orientieren. Ist die Höhe dieser Kosten nicht feststellbar, ist eine Festsetzung in Höhe der Hälfte des Betrags, auf den sich die Freistellung bezieht, festzusetzen. Die Festsetzung lediglich des Auffangwerts wird der Bedeutung der Sache nicht gerecht.[128]

• Anfechtungsklage des Bauherrn gegen Widerspruchsbescheid

61 Der Streitwert einer Anfechtungsklage des Bauherrn gegen einen Widerspruchsbescheid, mit dem die ihm erteilte Baugenehmigung zum Umbau eines bestehenden Nebengebäudes in ein Wohngebäude und zur Erweiterung einer landwirtschaftlichen Halle auf einen Nachbarwiderspruch hin aufgehoben wurde, ist nicht wie ein auf eine Baugenehmigung gerichtetes Klagebegehren in eine Verpflichtungsklage gekleidet, sondern in eine Anfechtungsklage gegen den die Baugenehmigung aufhebenden Widerspruchsbescheid; dies ändert jedoch nichts an dem auf den Erhalt der Baugenehmigung ausgerichteten Interesse des Klägers, sodass auf den in Ziff. 9.1.1 des Streitwertkatalogs für die Verwaltungsgerichtsbarkeit 2013 vorgeschlagenen Streitwert für die Verpflichtungsklage auf Erteilung einer Baugenehmigung iHv 20.000,– EUR abzustellen ist.[129] Der Streitwertkatalog für die Verwaltungsgerichtsbarkeit 2013 differenziert zwischen Klagen auf Erteilung einer Baugenehmigung für Wohngebäude (Ziff. 9.1.1) und für gewerbliche und sonstige Bauten (Ziff. 9.1.2). Für die Klage auf Erteilung einer Baugenehmigung für ein Einfamilienhaus sieht Ziff. 9.1.11 des Streitwertkatalogs 2013 ebenso wie der Streitwertkatalog für die Verwaltungsgerichtsbarkeit 2004 einen Wert von 20.000,– EUR vor.

• Asylrecht

62 Siehe Kommentierung bei → § 30 Rn. 1 ff.

• Ausbildungsförderung

63 Für den Bereich der Ausbildungsförderung sieht der Streitwertkatalog für die Verwaltungsgerichtsbarkeit 2013 unter Ziff. 7 Regelungen für den anzusetzenden Streitwert vor.

Nach Ziff. 7.1 des Streitwertkatalogs für die Verwaltungsgerichtsbarkeit 2013 gilt bei einer Klage iRd Ausbildungsförderung auf eine bezifferte Leistung der geforderte Betrag, nach Ziff. 7.2 des Streitwertkatalogs für die Verwaltungsgerichtsbarkeit 2013 bei einer Klage auf Erhöhung der Förderung der Differenzbetrag im Bewilligungszeitraum als Streitwert. Bei einer Klage auf Verpflichtung zu Leistungen in gesetzlicher Höhe gilt nach Ziff. 7.3 des Streitwertkatalogs für die Verwaltungsgerichtsbarkeit 2013 der gesetzliche Bedarfssatz für den streitigen Bewilligungszeitraum, nach Ziff. 7.4. bei einer Klage auf Änderung der Leistungsform ½ des

---

[122] BeckOK Streitwert/*Mayer,* Verwaltungsrecht, Abrissgenehmigung Rn. 1 ff.
[123] OVG Koblenz BeckRS 2008, 38195.
[124] OVG Bautzen BeckRS 2010, 50559.
[125] VG Saarlouis BeckRS 2009, 31882.
[126] OVG Saarlouis BeckRS 2009, 30482.
[127] OVG Münster 28.1.2005 – 10 B 2827/04; Mayer/Kroiß/*Mayer* RVG VV Anh. I, VII Rn. 1.
[128] OVG Bautzen BeckRS 2010, 46542.
[129] OVG Koblenz BeckRS 2010, 49830.

bewilligten Förderbetrages und nach Ziff. 7.5 des Streitwertkatalogs für die Verwaltungsgerichtsbarkeit 2013 bei einer Klage auf Vorabentscheidung der gesetzliche Bedarfssatz im ersten Bewilligungszeitraum als Streitwert.

• Auswahlverfahren zur Aufnahme in öffentlich-rechtliches Dienstverhältnis

Für einen Rechtsstreit über die Teilnahme an einem Auswahlverfahren zur Aufnahme in ein öffentlich-rechtliches Dienstverhältnis ist als Streitwert der Auffangstreitwert gem. § 52 Abs. 2 GKG anzusetzen. Eine Anwendung von § 52 Abs. 5 GKG kommt nicht in Betracht, weil weder die Begründung, die Umwandlung, das Bestehen, das Nichtbestehen oder die Beendigung eines öffentlich-rechtlichen Dienst- oder Amtsverhältnisses noch die Verleihung eines anderen Amtes oder der Zeitpunkt einer Versetzung in den Ruhestand in Streit steht.[130] 64

• Baugenehmigung

Die Ziff. 9.1.1.1–9.1.2.6 des Streitwertkatalogs für die Verwaltungsgerichtsbarkeit 2013 enthalten Pauschalwerte für Klagen auf Erteilung einer Baugenehmigung für bestimmte bauliche Anlagen. Die dort vorgeschlagenen Werte werden aber vielfach nicht der wirklichen wirtschaftlichen Bedeutung einer Baugenehmigung für den Bauherrn gerecht. 65

Der Streitwert einer Klage auf Erteilung einer Baugenehmigung bestimmt sich nach dem Streitwertkatalog für die Verwaltungsgerichtsbarkeit 2013) nach der Art des zu genehmigenden Vorhabens und beträgt bei einem Einfamilienhaus 20.000,– EUR (Ziff. 9.1.1.1), für ein Doppelhaus 25.000,– EUR (Ziff. 9.1.1.2), für ein Mehrfamilienhaus 10.000,– EUR je Wohnung (Ziff. 9.1.1.3), 150,– EUR pro m² Verkaufsfläche für einen Einzelhandelsbetrieb (Ziff. 9.1.2.1), 600,– EUR pro m² Nutzfläche (ohne Nebenräume) für eine Spielhalle (Ziff. 9.1.2.2), 5.000,– EUR für eine großflächige Werbetafel (Ziff. 9.1.2.3.1), 250,– EUR pro m² für eine Wechselwerbeanlage (Ziff. 9.1.2.3.2), 6.000,– EUR für einen Imbissstand (Ziff. 9.1.2.4), für eine Windkraftanlage soweit nicht Ziff. 19.1.2 des Streitwertkatalog für die Verwaltungsgerichtsbarkeit 2013 eingreift 10% der geschätzten Herstellungskosten (Ziff. 9.1.2.5) und für sonstige Anlagen je nach Einzelfall ein Bruchteil für sonstige Anlagen je nach Einzelfall ein Bruchteil der geschätzten Rohbaukosten oder der Bodenwertsteigerung (Ziff. 9.1.2.6).

Handelt es sich um eine Prisma-Hinweis-Werbeanlage mit getaktetem Bildwechsel für drei Darstellungen beträgt der Streitwert mindestens 15.000,– EUR.[131] Allerdings ist bei einer Klage auf Erteilung einer Baugenehmigung für eine großflächige Werbetafel der Streitwert von 5.000,– EUR auch dann anzusetzen, wenn die statische Werbeanlage zweiseitig ist.[132] Der Gegenstandswert einer befristeten Baugenehmigung für das Anbringen eines 12 m × 7 m, also 84 m², großen Werbespanntuchs kann mit 21.000,– EUR angesetzt werden.[133] Für eine Klage auf Erteilung einer Baugenehmigung für den Umbau eines Hotels wird die Festsetzung eines Streitwertes in Höhe von $^1/_{10}$ der Baukosten als angemessen angesehen.[134] Wird die Baugenehmigung für eine Windkraftanlage durch Widerruf der Nachtbetriebsgenehmigung teilweise aufgehoben, ist als Gegenstandswert $^1/_3$ des Gegenstandswerts einer Baugenehmigung für die Windkraftanlage anzusetzen.[135]

Der Streitwert einer Klage auf Feststellung, dass eine Baugenehmigung trotz Zeitablaufs weiterhin dazu berechtigt, die genehmigten baulichen Anlagen zu errichten, entspricht – wie auch der Streitwert einer Klage auf Verlängerung der Geltungsdauer einer Baugenehmigung – grds. der Höhe des Streitwerts einer Klage auf Erteilung dieser Baugenehmigung. Bei Klagen auf Erteilung einer Baugenehmigung zur Errichtung und zum Betrieb einer Schank- und Speisewirtschaft (hier McDonalds) ist der Streitwert mit $^1/_{20}$ des prognostizierten Jahresumsatzes anzusetzen. Für eine Klage auf Erteilung einer Baugenehmigung für den Umbau eines Hotels ist nach dem VGH München die Festsetzung eines Streitwertes in Höhe von $^1/_{10}$ der Baukosten angemessen.[136]

• Bauvorbescheid

Nach Ziff. 9.2 des Streitwertkatalogs für die Verwaltungsgerichtsbarkeit 2013 beträgt der Streitwert für eine Klage auf Erteilung eines Bauvorbescheids einen Bruchteil des Streitwerts 66

---

[130] OVG Münster BeckRS 2009, 32440.
[131] VGH Mannheim NVwZ-RR 2002, 470; Mayer/Kroiß/*Mayer* RVG VV Anh. I, VII Rn. 3.
[132] VGH München BeckRS 2015, 49584.
[133] OVG Münster NVwZ-RR 2005, 864.
[134] VGH München BeckRS 2020, 32762 mAnm *Mayer* FD-RVG 2020, 434724.
[135] OVG Münster NVwZ-RR 2004, 721; Mayer/Kroiß/*Mayer* RVG VV Anh. I, VII Rn. 4.
[136] VGH München BeckRS 2020, 32762 mAnm *Mayer* FD-RVG 2020, 434724.

für die Baugenehmigung, sofern nicht Anhaltspunkte für eine Bodenwertsteigerung bestehen. Wenn der Erfolg der Klage von der grundsätzlichen Frage der Bebaubarkeit des Baugrundstücks abhängt, ist bei der Streitwertfestsetzung vom Wert der Bodenwertsteigerung auszugehen; soweit sämtliche bauplanungsrechtlichen Fragen oder auf jeden Fall die „vollständige" Bebaubarkeit des Baugrundstücks nach Art und Standort sowie Erschließung in dem Bauvorbescheid zur Prüfung gestellt werden, kann für die Streitwertfestsetzung der volle Wert der Bodenwertsteigerung zugrunde gelegt werden, einer Reduktion im Hinblick auf den Charakter als (bloßer) Vorbescheid bedarf es in diesem Fall nicht.[137] Wird die (streitige) Frage der Erschließung des Baugrundstücks von der Bauvoranfrage ausgenommen, ist es angebracht, der Streitwertbemessung den Wert der Bodenwertsteigerung nur zur Hälfte zugrunde zu legen.[138] Wird in einem Bauvorbescheidsverfahren über die prinzipielle Fragen der Bebaubarkeit eines Grundstücks gestritten und fehlen Angaben zu der im Falle einer Bebaubarkeit bestehenden Bodenwertsteigerung, ist es angemessen, auf den Streitwert eines Verfahrens auf Erteilung einer Baugenehmigung bei der Streitwertbemessung zurückzugreifen.[139]

• Beamtenrecht

67 Insoweit gelten in erster Linie § 52 Abs. 6, 7 GKG sowie die ausführlichen Vorschläge im Streitwertkatalog für die Verwaltungsgerichtsbarkeit 2013. Zu unterscheiden sind der sog. große Gesamtstatus, der kleine Gesamtstaus, der Teilstatus, dienstliche Beurteilung, Nebentätigkeitsgenehmigung, Trennungsgeld, Versetzung, Dienstpostenkonkurrenz, Konkurrenteneilverfahren, vorläufiger Rechtsschutz im Bewerberauswahlverfahren, Neubescheidung eines Beförderungsbegehrens, Anerkennung eines Dienstunfalls und Bewilligung von Urlaub.

Beim sog. großen Gesamtstatus, nämlich Begründung, Umwandlung, Bestehen, Nichtbestehen und Beendigung eines Beamtenverhältnisses, ist nach § 52 Abs. 6 S. 1 Nr. 1 GKG die Summe der für ein Kalenderjahr zu zahlenden Bezüge mit Ausnahme nicht ruhegehaltsfähiger Zulagen Streitwert, wenn Gegenstand des Verfahrens ein Dienst- oder Amtsverhältnis auf Lebenszeit ist (Ziff. 10.1 des Streitwertkatalogs für die Verwaltungsgerichtsbarkeit 2013). Nach § 52 Abs. 6 S. 2 GKG ist für die Berechnung das laufende Kalenderjahr maßgebend. Nach § 52 Abs. 6 S. 3 GKG bleiben Bezügebestandteile, die vom Familienstand oder von Unterhaltsverpflichtungen abhängig sind, außer Betracht. In sonstigen Fällen von Statusstreitigkeiten dieser Art beträgt der Streitwert nur die Hälfte der sich nach § 52 Abs. 5 S. 1 Nr. 1 GKG ergebenen Betrags, § 52 Abs. 6 S. 1 Nr. 2 GKG.

Beim kleinen Gesamtstatus (Verleihung eines anderen Amtes, Streit um den Zeitpunkt der Versetzung in den Ruhestand, Schadensersatz wegen verspäteter Beförderung, Zahlung einer Amtszulage, Verlängerung der Probezeit) ist nach § 52 Abs. 6 S. 4 GKG Streitwert die Hälfte des sich nach § 52 Abs. 6 S. 1–3 GKG ergebenden Betrags (Ziff. 10.2 des Streitwertkatalogs für die Verwaltungsgerichtsbarkeit 2013).

Geht es um den sog. Teilstatus (also zB um den Streit um Umfang/Teilzeitbeschäftigung um Übergang von Teilzeit auf Vollzeit, höhere Versorgung, Besoldung oder Zulagen, Berücksichtigung von Vordienstzeiten bei Versorgung, Zeiten für BDA, Unfallausgleich, Unfallruhegehalt, Unterhaltsbeitrag und Hinterbliebenenversorgung) ist nach Ziff. 10.4 des Streitwertkatalogs für die Verwaltungsgerichtsbarkeit 2013 der zweifache Jahresbetrag der Differenz zwischen dem innegehabten und dem erstrebten Teilstatus bzw. des erstrebten Unfallausgleichs maßgeblich. Somit ist der Streitwert bei Klagen auf Leistung erhöhter Versorgungsbezüge mit dem zweifachen Jahresbetrag der Differenz zwischen begehrter und gewährter Versorgung festzusetzen.[140]

Nach Ziff. 10.5 des Streitwertkatalogs für die Verwaltungsgerichtsbarkeit 2013 ist beim Streit um eine dienstliche Beurteilung der Auffangwert festzusetzen.

Geht es um eine Nebentätigkeitsgenehmigung, so schlägt Ziff. 10.6 des Streitwertkatalogs für die Verwaltungsgerichtsbarkeit 2013 als Streitwert den Gesamtbetrag der Einkünfte aus der Nebentätigkeit, höchstens jedoch einen Jahresbetrag derselben vor.

Für einen Streit um Gewährung von Trennungsgeld schlägt Ziff. 10.7 des Streitwertkatalogs für die Verwaltungsgerichtsbarkeit 2013 als Streitwert den Gesamtbetrag des Trennungsgeldes, höchstens jedoch einen Jahresbetrag, vor.

---

[137] VGH Mannheim NVwZ-RR 2009, 455; zurückhaltender VGH München NVwZ-RR 2001, 614.
[138] VGH Mannheim NVwZ-RR 2009, 455.
[139] Erteilung eines Bauvorbescheids für vier Einfamilienhäuser 60.000,– EUR BVerwG NVwZ-RR 2004, 307.
[140] OVG Saarlouis BeckRS 2007, 27504.

Der Streitwert für eine Klage gegen eine Versetzung bestimmt sich nicht nach § 52 Abs 6 GKG, sondern nach § 52 Abs. 2 GKG. Denn Ziff. 10.2 des Streitwertkatalogs für die Verwaltungsgerichtsbarkeit 2013 verweist hinsichtlich des kleinen Gesamtstaus auf § 52 Abs. 6 S. 2 GKG, ohne jedoch den Streit um eine Versetzung diesem kleinen Gesamtstatus zuzuordnen.[141]

Der Streitwert in Eilfällen, die Fälle reiner Dienstpostenkonkurrenz betreffen, ist in Höhe des Auffangwertes anzusetzen.[142]

In beamtenrechtlichen Konkurrenteneilverfahren ist regelmäßig auf der Grundlage von § 52 Abs. 6 S. 1 GKG iVm Nr. 1.5 des Streitwertkatalogs für die Verwaltungsgerichtsbarkeit 2013 der Gegenstandswert auf ¼ der Summe der für ein Kalenderjahr zu zahlenden Bezüge mit Ausnahme nicht ruhegehaltsfähiger Zulagen festzusetzen.[143]

§ 52 Abs. 6 GKG ist trotz der fehlenden Verweisung in § 53 Abs. 3 GKG auch auf § 52 Abs. 6 GKG grds. auch im Verfahren des vorläufigen Rechtsschutzes zur Sicherung des Bewerbungsverfahrensanspruchs anzuwenden.[144]

Für die Neubescheidung eines Beförderungsbegehrens schlägt Ziff. 10.3 des Streitwertkatalogs für die Verwaltungsgerichtsbarkeit 2013 als Streitwert die Hälfte des sich aus § 52 Abs. 6 S. 4 GKG ergebenden Betrages vor. Ziff. 10.3 des Streitwertkatalogs für die Verwaltungsgerichtsbarkeit 2013 ist aber nur bei Klagen, die eine Neubescheidung eines (eigenen) abstrakten Beförderungsbegehrens zum Gegenstand haben, anwendbar. Für die Sicherung des Bewerbungsverfahrensanspruchs in einem Konkurrentenstreitverfahren, welches nicht nur die Besetzung des Dienstpostens zum Gegenstand hat, verbleibt es bei der grundsätzlichen Anwendbarkeit von Ziff. 10.2 des Streitwertkatalogs für die Verwaltungsgerichtsbarkeit 2013.[145]

Für die Anerkennung eines Dienstunfalls sieht Ziff. 10.8 des Streitwertkatalogs für die Verwaltungsgerichtsbarkeit 2013 den Auffangwert vor.

Für die Bewilligung von Urlaub schlägt Ziff. 10.9 des Streitwertkatalogs für die Verwaltungsgerichtsbarkeit 2013 als Streitwert den Auffangwert vor.

• Denkmalschutzrecht

Nach Ziff. 12.1 des Streitwertkatalogs für die Verwaltungsgerichtsbarkeit 2013 gilt für die **68**
Feststellung der Denkmaleigenschaft, denkmalschutzrechtliche Anordnungen und Bescheinigungen als Streitwert der wirtschaftliche Wert, ansonsten ist der Auffangstreitwert festzusetzen. Für das Vorkaufsrecht verweist Ziff. 12.3 im Rahmen des Denkmalschutzrechts auf die Regelung im Streitwertkatalog für die Verwaltungsgerichtsbarkeit 2013 hinsichtlich des Vorkaufsrechts im Bau- und Raumordnungsrecht. Im Rahmen von Ziff. 9.6 des Streitwertkatalogs für die Verwaltungsgerichtsbarkeit 2013 wird beim Vorkaufsrecht unterschieden zwischen der Anfechtung des Käufers, insoweit sieht Ziff. 9.6.1 einen Wert von 25% des Kaufpreises vor, und bei der Anfechtung des Verkäufers Ziff. 9.6.2 als Streitwert die Preisdifferenz. Für eine Abrissgenehmigung im Rahmen des Denkmalschutzrechts schlägt Ziff. 12.3 des Streitwertkatalogs für die Verwaltungsgerichtsbarkeit 2013 den Wert vor, den der Streitwertkatalog für die Abrissgenehmigung im Rahmen des Bau- und Raumordnungsrechts vorsieht, nämlich Ziff. 9.3; maßgeblich ist dort das wirtschaftliche Interesse am dahinterstehenden Vorhaben.

• Eintragung in die Handwerksrolle

Von Ziff. 54.3.1 des Streitwertkatalogs für die Verwaltungsgerichtsbarkeit 2013 wird für die **69**
Fragen der Eintragung oder Löschung in der Handwerksrolle als Streitwert der Jahresbetrag des erzielten oder erwarteten Gewinns, mindestens jedoch 15.000,– EUR empfohlen. Die Rspr. setzt teilweise niedrigere Streitwerte fest, so ein Streitwert von 5.000,– EUR für die – unzulässige – Klage, die Beigeladenen aus der Handwerksrolle zu löschen.[146] Für eine Ausübungsberechtigung nach § 7b HWO wurde unter Berufung auf § 52 Abs. 1 GKG ein Streitwert von 15.000,– EUR festgesetzt.[147]

---

[141] OVG Münster BeckRS 2007, 25331; Mayer/Kroiß/*Mayer* RVG Anh. I, VII Rn. 9.

[142] OVG Lüneburg BeckRS 2007, 25209; Mayer/Kroiß/*Mayer* RVG VV Anh. I. VII Rn. 9.

[143] OVG Koblenz NVwZ-RR 2008, 216 zu der bis 31.7.2013 geltenden Fassung von § 52 Abs. 5 GKG; aA VGH Mannheim BeckRS 2007, 25061, Auffangstreitwert.

[144] VGH Kassel NVwZ-RR 2005, 366.

[145] OVG Magdeburg BeckRS 2005, 15372; BeckOK Streitwert/*Mayer*, Verwaltungsrecht, Beamtenrecht Rn. 11.

[146] VG Frankfurt a. M. BeckRS 2011, 46724.

[147] VGH München BeckRS 2009, 33755.

• **Erteilung der Approbation**

70 Der Streitwertkatalog für die Verwaltungsgerichtsbarkeit 2013 sieht unter der Ziff. 16.1 für die Erteilung der Approbation den Jahresbetrag des erzielten oder erwarteten Verdienstes, mindestens jedoch 30.000,– EUR vor. Die Rspr. geht vielfach von pauschalierten Werten aus oder stellt ganz generell in Frage, ob die Festsetzung eines Jahresbetrages in diesen Fällen der Bedeutung der Sache für einen Kläger noch gerecht wird.[148]

Vielfach geht die Rspr. in den Fällen, in denen es um die Erteilung einer ärztlichen Approbation geht, von einem Streitwert von 65.000,– EUR aus.[149] Geht es um die Approbation als Arzt und Zahnarzt, sind die Einzelwerte zu verdoppeln.[150]

In der Rspr. werden jedoch Zweifel angemeldet, ob in Fällen, in denen sich die Auswirkungen der beantragten Entscheidung – wie bei der Erteilung einer Approbation – auf einen langjährigen Zeitraum erstrecken, die Bedeutung der Sache für einen Kläger mit dem Jahresbetrag des Nutzens noch angemessen bewertet wird, gleichwohl wird aber aus Gründen der Rechtssicherheit am Jahreszeitraum (noch) festgehalten.[151]

• **Fahrtenbuchauflage (vorläufiger Rechtsschutz)**

71 Wenn eine Behörde einem Kraftfahrzeughalter unter Anordnung der sofortigen Vollziehung die Führung eines Fahrtenbuchs ab Zustellung der Verfügung auferlegt, wird die Hauptsache im Verfahren des vorläufigen Rechtsschutzes regelmäßig vorweggenommen. Der Streitwert im Verfahren des vorläufigen Rechtsschutzes entspricht in diesem Fall dem Streitwert des Hauptsacheverfahrens. Eine den vorläufigen Charakter des Eilverfahrens berücksichtigende Verminderung ist nicht geboten. Hat der Antrag auf Gewährung vorläufigen Rechtsschutzes keinen Erfolg, hat der Fahrzeughalter das Fahrtenbuch zumindest bis zur Entscheidung der Hauptsache zu führen, ohne dass eine Rückgängigmachung möglich ist. Wird dem Betroffenen aber vorläufiger Rechtsschutz gewährt, erledigt sich das Hauptsacheverfahren im Fall einer mit der Zustellung beginnenden Verpflichtung zum Führen eines Fahrtenbuchs regelmäßig durch Zeitablauf.[152]

• **Genehmigung eines Flächennutzungsplans**

72 Ziff. 9.9 des Streitwertkatalogs für die Verwaltungsgerichtsbarkeit 2013 sieht für die Genehmigung eines Flächennutzungsplanes einen Streitwert von mindestens 10.000,– EUR vor.

Weist das umstrittene Gebiet eine erhebliche Größe auf – bspw. im Gewerbegebiet mit 57 ha – ist eine entsprechende Erhöhung des Streitwerts über den Mindeststreitwert von 10.000,– EUR hinaus, hier im entschiedenen Fall auf 20.000,– EUR, geboten.[153]

• **Gesundheitsverwaltungsrecht**

73 Für den Bereich des Gesundheitsverwaltungsrechts enthält der Streitwertkatalog für die Verwaltungsgerichtsbarkeit 2013 Vorschläge zur Streitwertfestsetzung, und zwar unter Ziff. 16.1 bzgl. der Approbation, unter Ziff. 16.2 für die Facharztbezeichnung oder eine sonstige Zusatzbezeichnung, unter Ziff. 16.3 für die Erlaubnis zur vorübergehenden Ausübung des ärztlichen Berufs (§ 10 BÄO), unter Ziff. 16.4 bzgl. des Notdienstes und unter Ziff. 16.5 für die Beteiligung am Rettungsdienst.

Der Streitwertkatalog für die Verwaltungsgerichtsbarkeit 2013 sieht unter der Ziff. 16.1 für die Approbation als Streitwert den Jahresbetrag des erzielten oder erwarteten Verdienstes, mindestens jedoch 30.000,– EUR vor. Dieser Vorschlag des Streitwertkatalogs wird in der Rspr. unterschiedlich gehandhabt.[154] Der VGH Mannheim hat bei der Approbation als Apotheker auf den vorgeschlagenen Mindestwert von 30.000,– EUR abgestellt und hiervon wegen eines vorläufigen Rechtsschutzverfahrens noch einen Abschlag von $^1/_2$ vorgenommen[155] bzw. in einem vorläufigen Rechtsschutzverfahren gegen den Widerruf der Approbation als Arzt einen Streitwert von 17.500,– EUR festgesetzt.[156] Teilw. setzt die Rspr. auch in vorläufigen Verfahren

---

148 BeckOK Streitwert/*Mayer*, Verwaltungsrecht, Erteilung der Approbation Rn. 1.
149 OVG Münster BeckRS 2009, 30059; 2009, 33086; BVerwG BeckRS 2008, 32122.
150 OVG Münster BeckRS 2009, 33086.
151 OVG Bautzen BeckRS 2010, 46541; 2010, 50603.
152 VGH Mannheim BeckRS 2009, 31684; BeckOK Streitwert/*Mayer*, Verwaltungsrecht, Fahrtenbuchauflage (vorläufiger Rechtsschutz).
153 VGH München BeckRS 2003, 14844; Mayer/Kroiß/*Mayer* RVG VV Anh. I, VII Rn. 11.
154 BeckOK Streitwert/*Mayer*, Verwaltungsrecht, Gesundheitsverwaltungsrecht Rn. 1.
155 VGH Mannheim BeckRS 2006, 22951.
156 VGH Mannheim BeckRS 2009, 39780.

wegen der Erteilung oder des Widerrufs ärztlicher Berufserlaubnisse pauschal einen Streitwert von 20.000,– EUR fest.[157] Das VG München hat den Streitwert für den Widerruf einer zahnärztlichen Approbation auf 30.000,– EUR festgesetzt,[158] vielfach nimmt die Rspr. jedoch im Hauptsacheverfahren, in denen es um die Erteilung oder den Widerruf einer ärztlichen Approbation geht, einen Streitwert von 65.000,– EUR an.[159] Geht es um die Approbation als Arzt und Zahnarzt sind die Einzelwerte zu verdoppeln.[160] Die Rspr. äußert darüber hinaus auch Bedenken, ob in Fällen, in denen sich die Auswirkungen der beantragten Entscheidung (wie bei der Erteilung einer Approbation) auf einen langjährigen Zeitraum erstrecken, die Bedeutung der Sache für einen Kläger mit dem Jahresbetrag des Nutzens noch angemessen bewertet wird,[161] im konkreten Fall wurde gleichwohl am Jahreszeitraum noch festgehalten und ein Streitwert von 100.000,– EUR angenommen;[162] geht es lediglich um das Ruhen der Approbation nimmt die Rspr. einen Abzug in Höhe eines Drittels vor, und zwar von dem geschätzten Jahresbetrag des Verdienstes.[163]

Ziff. 16.2 des Streitwertkatalogs für die Verwaltungsgerichtsbarkeit 2013 schlägt für einen Streit um eine Facharztbezeichnung oder eine Zusatzbezeichnung einen pauschalen Streitwert von 15.000,– EUR vor.

Für die Erlaubnis zur vorübergehenden Ausübung des ärztlichen Berufes nach § 10 BÄO sieht Ziff. 16.3 des Streitwertkatalogs für die Verwaltungsgerichtsbarkeit 2013 einen Streitwert von pauschal 20.000,– EUR vor.

Geht es um den ärztlichen Notdienst empfiehlt Ziff. 16.4 des Streitwertkatalogs für die Verwaltungsgerichtsbarkeit 2013 den Auffangwert.

Für die Beteiligung am Rettungsdienst schlägt Ziff. 16.5 des Streitwertkatalogs für die Verwaltungsgerichtsbarkeit 2013 einen Wert von 15.000,– EUR pro Fahrzeug vor.

• Gewährung laufender Leistungen der Kinder- und Jugendhilfe

Bei Klagen, mit denen laufende Leistungen auf Pflegegeld gem. § 39 SGB VIII begehrt werden, bemisst sich die Festsetzung des Gegenstandswertes analog § 42 Abs. 1 GKG aF nach dem Jahresbetrag der laufenden Leistungen, sofern der Gesamtbetrag der geforderten Leistungen nicht geringer ist.[164] **74**

• Gewerbeerlaubnis, Gaststättenkonzession

Der Streitwert einer Klage gegen eine erweiterte Gewerbeuntersagung (Untersagung des Betriebs eines Kiosks mit Trinkhalle, soweit der Betrieb nicht unter die Erlaubnispflicht des § 2 GastG fällt) ist gem. der Empfehlung in Nr. 54.2.2 des Streitwertkatalogs für die Verwaltungsgerichtsbarkeit mit 20.000,– EUR anzusetzen.[165] **75**

• Hochschulrecht, Recht auf akademischen Grad

Der Streitwertkatalog für die Verwaltungsgerichtsbarkeit 2013 enthält Vorschläge für die Streitwertbemessung, wenn es um die Anerkennung der Hochschulreife, Zulassung zum Studium, Immatrikulation und Exmatrikulation geht, wenn es um die Zulassung zu einzelnen Lehrveranstaltungen, um die Zwischenprüfung, Bachelor, Diplomprüfung, Graduierung, Nachgraduierung und Master, Leistungsnachweis, Promotion, Entziehung des Doktorgrades, Nostrifikation, Habilitation, einen Lehrauftrag, Ausstattung eines Instituts/Lehrstuhls und Hochschulwahlen geht. **76**

Ziff. 18.1 des Streitwertkatalogs für die Verwaltungsgerichtsbarkeit 2013 sieht unter der Ziff. 18.1 für die Anerkennung der Hochschulreife, Zulassung zum Studium, Immatrikulation und Exmatrikulation den Auffangwert vor. Die Rspr. setzt teilweise in Hochschulzulassungsverfahren auch für Verfahren des einstweiligen Rechtsschutzes, weil durch den Beschluss im Eilverfahren die Hauptsacheentscheidung jedenfalls für einen begrenzten Zeitraum endgültig

---

[157] VG Gelsenkirchen BeckRS 2011, 45670.

[158] VG München BeckRS 2011, 47007.

[159] OVG Münster BeckRS 2009, 30059; 2009, 33089; BVerwG BeckRS 2008, 32122.

[160] 130.000,– EUR Streitwert bei Widerruf der Approbation als Arzt und als Zahnarzt, OVG Münster BeckRS 2009, 33086.

[161] OVG Bautzen BeckRS 2010, 45641.

[162] OVG Bautzen BeckRS 2010, 46541.

[163] Als selbständiger Facharzt von Neurologie und Psychiatrie von 120.000,– EUR; OVG Bautzen BeckRS 2010, 50603.

[164] VG Halle BeckRS 2010, 47211.

[165] VGH Kassel BeckRS 2011, 47862.

vorweggenommen wird, den Auffangstreitwert fest[166] oder nimmt für das Eilverfahren gegenüber dem Hauptsacheverfahren einen Abschlag von $^1/_4$ vor.[167] Das OVG Bautzen nimmt in hochschulzulassungsrechtlichen Verfahren, in denen die Kapazitätserschöpfung oder die Verteilung der vorhandenen Studienplätze im Streit steht, auch im Klageverfahren nur einen Streitwert von 2.500,– EUR an.[168] In Verfahren, in denen die Eignungsfeststellung oder die Erfüllung von Zulässigkeitsvoraussetzungen im Streit steht, geht jedoch das OVG Bautzen im Hauptsacheverfahren von einem Streitwert von 5.000,– EUR aus.[169]

Ziff. 18.2 des Streitwertkatalogs für die Verwaltungsgerichtsbarkeit 2013 schlägt für die Zulassung zu einzelnen Lehrveranstaltungen den Ansatz von $^1/_2$ des Auffangwertes vor.

Nach dem Streitwertkatalog für die Verwaltungsgerichtsbarkeit 2013 ist für eine Zwischenprüfung der Auffangwert anzusetzen (Ziff. 18.3).

Der Streitwertkatalog für die Verwaltungsgerichtsbarkeit 2013 schlägt unter Ziff. 18.4 den Pauschalbetrag von 10.000,– EUR für als Streitwert vor, wenn es um den Bachelor geht.

Der Streitwertkatalog für die Verwaltungsgerichtsbarkeit 2013 sieht unter Ziff. 18.5 den Pauschalbetrag von 15.000,– EUR als Streitwert für Diplomprüfung, Graduierung, Nachgraduierung und Master vor.

Geht es um einen Leistungsnachweis, so sieht Ziff. 18.6 des Streitwertkatalogs für die Verwaltungsgerichtsbarkeit 2013 den Ansatz des hälftigen Auffangwertes vor.

Für Promotion und Entziehung des Doktorgrades schlägt Ziff. 18.7 des Streitwertkatalogs für die Verwaltungsgerichtsbarkeit 2013 einen Streitwert von 15.000,– EUR vor.

Einen pauschalen Streitwert von 15.000,– EUR schlägt der Streitwertkatalog 2013 unter Ziff. 18.8 für die Nostrifikation vor.

Für die Habilitation empfiehlt Ziff. 18.9 des Streitwertkatalogs für die Verwaltungsgerichtsbarkeit 2013 einen pauschalen Streitwert von 20.000,– EUR.

Geht es um einen Lehrauftrag, so schlägt Ziff. 18.10 des Streitwertkatalogs für die Verwaltungsgerichtsbarkeit 2013 den Auffangwert vor.

Für einen Streit um die Ausstattung eines Instituts/Lehrstuhls sieht Ziff. 18.11 des Streitwertkatalogs für die Verwaltungsgerichtsbarkeit 2013 10% des Wertes der streitigen Mehrausstattung, mindestens jedoch 7.500,– EUR, vor.

Nach Ziff. 18.12 des Streitwertkatalogs für die Verwaltungsgerichtsbarkeit 2013 ist der Auffangwert anzusetzen, wenn es um Hochschulwahlen geht.

• Hochschulzulassungsrechtliches Verfahren

77 Ziff. 18.1 des Streitwertkatalogs für die Verwaltungsgerichtsbarkeit 2013 sieht für die Zulassung zum Studium den Auffangwert vor. Teilweise nimmt die Rspr. jedoch hiervon Abschläge vor.[170]

Nach dem OVG Bautzen ist der Streitwert auch im Klageverfahren in hochschulzulassungsrechtlichen Verfahren, in denen die Kapazitätserschöpfung oder die Verteilung der vorhandenen Studienplätze in Streit steht, nur auf 2.500,– EUR festzusetzen. In Verfahren, in denen die Eignungsfeststellung oder die Erfüllung von Zulassungsvoraussetzungen jedoch im Streit steht, bleibt es nach dem OVG Bautzen auch im Hauptsacheverfahren bei einem Streitwert von 5.000,– EUR.

• Gewerbeerlaubnis, Gaststättenkonzession

78 Nach Nr. 54.1 des Streitwertkatalogs für die Verwaltungsgerichtsbarkeit bemisst sich der Streitwert nach dem Jahresbetrag des erzielten oder erwarteten Gewinns, mindestens jedoch aber auf 15.000,– EUR. Maßgeblich ist insoweit der Jahresbetrag des regelmäßig in den letzten drei Jahren durchschnittlich erzielten oder des erwarteten Gewinns, jedoch ohne Abzug der Einkommensteuer, mindestens sind jedoch 15.000,– EUR als Jahresverdienst zugrunde zu legen.[171]

• Immissionsschutzrecht

79 Der Streitwertkatalog für die Verwaltungsgerichtsbarkeit 2013 enthält unter Ziff. 19 Vorschläge für den Ansatz des Streitwertes im Immissionsschutzrecht. Unterschieden werden Kla-

---

[166] VGH Mannheim BeckRS 2011, 47338.
[167] OVG Hamburg BeckRS 2005, 30772.
[168] OVG Bautzen BeckRS 2005, 28614; 2010, 52255.
[169] OVG Bautzen BeckRS 2010, 52255; VG München BeckRS 2011, 47696, Streitwert 2.500,– EUR für Antrag gem. § 123 VwGO, Zulassung zum Bachelorstudiengang.
[170] BeckOK Streitwert/*Mayer,* Verwaltungsrecht, Hochschulzulassungsrechtliches Verfahren Rn. 1.
[171] OVG Münster NVwZ-RR 2005, 205.

gen des Errichters/Betreibers, Klagen eines drittbetroffenen Privaten und Klagen einer drittbetroffenen Gemeinde.

Ziff. 19.1 des Streitwertkatalogs des für die Verwaltungsgerichtsbarkeit 2013 sieht für Klagen des Errichters/Betreibers die in den unter Ziff. 19.1.1–19.1.7 ausdifferenzierte Werte vor, weist aber ausdrücklich darauf hin, dass, soweit diese Werte die Bedeutung der Genehmigung, des Vorbescheides oder der Anfechtung einer belastenden Maßnahme für den Kläger nicht angemessen erfassen, stattdessen das geschätzte wirtschaftliche Interesse bzw. der Jahresnutzwert anzusetzen ist.

Ziff. 19.1.1 des Streitwertkatalogs für die Verwaltungsgerichtsbarkeit 2013 sieht bei Klagen auf Genehmigung oder Teilgenehmigung oder Planfeststellung einer Anlage 2,5% der Investitionssumme, mindestens jedoch den Auffangwert, vor.

Bei Klagen des Errichters/Betreibers auf Genehmigung einer Windkraftanlage schlägt Ziff. 19.1.2 des Streitwertkatalogs für die Verwaltungsgerichtsbarkeit 2013 als Streitwert 10% der geschätzten Herstellungskosten vor.

Bei Klagen gegen eine Nebenbestimmung ist nach Ziff. 19.1.3 des Streitwertkatalogs für die Verwaltungsgerichtsbarkeit 2013 der Betrag der Mehrkosten Streitwert.

Bei Klagen des Errichters (Betreibers auf einen Vorbescheid schlägt Ziff. 19.1.4 des Streitwertkatalogs für die Verwaltungsgerichtsbarkeit 50% des Wertes zu Ziff. 19.1.1 bzw. Ziff. 19.1.2, mindestens jedoch den Auffangwert, als Streitwert vor.

Bei Klagen auf einen Standortvorbescheid sieht Ziff. 19.1.5 des Streitwertkatalogs für die Verwaltungsgerichtsbarkeit 2013 als Streitwert 50% des Wertes zu Ziff. 19.1.1 bzw. Ziff. 19.1.2, mindestens jedoch den Auffangwert als Streitwert vor.

Bei Klagen des Errichters/Betreibers gegen eine Stilllegung oder Betriebsuntersagung gilt nach Ziff. 19.1.6 des Streitwertkatalogs für die Verwaltungsgerichtsbarkeit 2013 als Streitwert 50% des Wertes zu Ziff. 19.1.1 bzw. Ziff. 19.1.2, soweit nicht feststellbar der entgangene Gewinn, mindestens jedoch der Auffangwert als Streitwert.

Bei Klagen des Errichters/Betreibers gegen sonstige Anordnungen im Einzelfall gilt nach Ziff. 19.1.7 des Streitwertkatalogs für die Verwaltungsgerichtsbarkeit 2013 der Betrag der Aufwendungen als Streitwert.

Bei Klagen eines drittbetroffenen Privaten verweist Ziff. 19.2 des Streitwertkatalogs für die Verwaltungsgerichtsbarkeit 2013 auf die Empfehlungen für die Abfallentsorgung, und zwar dort auf Ziff. 2.2 des Streitwertkatalogs für die Verwaltungsgerichtsbarkeit. Nach Ziff. 2.2.1 ist bei Klagen eines drittbetroffenen Privaten wegen einer Eigentumsbeeinträchtigung der Betrag der Wertminderung des Grundstücks, regelmäßig 50% des geschätzten Verkehrswertes, als Streitwert anzusetzen, bei Klagen wegen sonstiger Beeinträchtigungen (ggf. zusätzlich zum Betrag der Eigentumsbeeinträchtigung) gilt nach Ziff. 2.2.2 des Streitwertkatalogs für die Verwaltungsgerichtsbarkeit 2013 ein Streitwert von 15.000,– EUR. So ist bei einer Nachbarklage gegen die immissionsschutzrechtliche Genehmigung zur Errichtung einer Biogasanlage ein Streitwert von 15.000,– EUR anzusetzen.[172]

Bei Klagen einer drittbetroffenen Gemeinde schlägt Ziff. 19.3 des Streitwertkatalogs für die Verwaltungsgerichtsbarkeit 2013 als Streitwert den Betrag von 60.000,– EUR vor.

• Jubiläumsdienstalter

Der Streitwert bei der Festsetzung des Jubiläumsdienstalters beträgt einen Bruchteil der Jubiläumszuwendung, denn es geht nicht um die Auszahlung der Jubiläumszuwendung, sondern lediglich um den Auszahlungszeitpunkt, weil die Feststellung, ob ein bestimmter Beschäftigungszeitraum bei der Festsetzung des Jubiläumsdienstalters anzurechnen ist, sich lediglich auf den Auszahlungszeitpunkt auswirkt.[173] **80**

• Jugendhilferechtliches Verfahren

Bei der Heranziehung zu einem jugendhilferechtlichen Kostenbeitrag iSd § 94 Abs. 1 S. 1 SGB VIII ist als Gegenstandswert auf den Jahresbetrag abzustellen.[174] **81**

---

[172] OVG Koblenz BeckRS 2010, 45120.

[173] OVG Greifswald NVwZ-RR 2004, 226 mit Bespr. *Mayer* RVG-Letter 2004, 11 f.; Mayer/Kroiß/*Mayer* RVG VV Anh. I, VII Rn. 14.

[174] OVG Saarlouis BeckRS 2011, 45254; vgl. auch Ziff. 21.4 des Streitwertkatalogs für die Verwaltungsgerichtsbarkeit 2013.

• Kinder- und Jugendhilferecht

82 Im Kinder- und Jugendhilferecht ist überwiegend bei der Streitwertbemessung auf den Wert der streitigen Leistung mit Höchstbegrenzung auf den Jahresbetrag abzustellen.[175]

Nach Ziff. 21.1 des Streitwertkatalogs für die Verwaltungsgerichtsbarkeit 2013 ist bei Klagen, mit denen laufende Leistungen begehrt werden, als Streitwert der Wert der streitigen Leistung, höchstens der Jahresbetrag anzusetzen. Die Rspr. kommt zum selben Ergebnis teilweise durch Anwendung von den §§ 52 Abs. 1 GKG, 42 Abs. 1 GKG aF analog.[176]

Ziff. 21.2 des Streitwertkatalogs für die Verwaltungsgerichtsbarkeit 2013 sieht bei Klagen auf einmalige Leistungen, Kostenerstattung, Aufwendungsersatz und Kostenersatz den Wert der streitigen Leistung als Streitwert vor.

Geht es um die Überleitung von Ansprüchen, so schlägt Ziff. 21.3 des Streitwertkatalogs für die Verwaltungsgerichtsbarkeit 2013 als Streitwert höchstens den Jahresbetrag vor.

Auch für die Heranziehung zur Kostentragung sieht Ziff. 21.4 des Streitwertkatalogs für die Verwaltungsgerichtsbarkeit 2013 als Wert höchstens den Jahresbetrag vor.[177]

Ziff. 21.5 des Streitwertkatalogs für die Verwaltungsgerichtsbarkeit 2013 schlägt für die Erteilung der Erlaubnis zum Betrieb einer Einrichtung nach § 45 SGB VIII als Streitwert den Jahresgewinn aus dem Betrieb, mindestens jedoch 15.000,– EUR vor.

Für eine Pflegeerlaubnis ist nach Ziff. 21.6 des Streitwertkatalogs für die Verwaltungsgerichtsbarkeit 2013 der Auffangwert festzusetzen.

• Landwirtschaftliche Betriebsprämie

82a Bei einem Streit über die Berücksichtigung von Flächen bei der Festsetzung von Zahlungsansprüchen für die Betriebsprämie greift die Rspr. auf den Auffangstreitwert zurück.[178]

• Lebensmittel-/Arzneimittelrecht

83 Der Streitwertkatalog für die Verwaltungsgerichtsbarkeit 2013 enthält unter der Ziff. 25 Vorschläge zur Streitwertbemessung im Lebensmittel-/Arzneimittelrecht.

Nach Ziff. 25.1 des Streitwertkatalogs für die Verwaltungsgerichtsbarkeit 2013 ist für ein Einfuhr-, Verkaufsverbot (Verbot bestimmte Erzeugnisse eines Betriebs in den Verkehr zu bringen) oder eine Vernichtungsauflage der Verkaufswert der betroffenen Waren (Jahresbetrag der erwarteten wirtschaftlichen Auswirkung/Gewinnerwartung) als Streitwert anzusetzen.

Für sonstige Maßnahmen schlägt Ziff. 25.2 des Streitwertkatalogs für die Verwaltungsgerichtsbarkeit 2013 den Jahresbetrag der erwarteten wirtschaftlichen Auswirkung, sonst den Auffangwert, als Streitwert vor. Bei Streitigkeiten um die Zulassung eines Arzneimittels legt die Rspr. vielfach einen Betrag in Höhe eines geschätzten und pauschalierten Jahresreingewinns zugrunde, in 2010 „derzeit" mit 50.000,– EUR pauschaliert.[179]

• Linienverkehrsgenehmigungen

84 In Ziff. 47.6 des Streitwertkatalogs für die Verwaltungsgerichtsbarkeit 2013 wird für die Erteilung einer Linienverkehrsgenehmigung mit Omnibussen ein Streitwert von 20.000,– EUR je Linie vorgeschlagen. Ist Gegenstand einer Klage das Begehren auf Erteilung von 45 Linienverkehrsgenehmigungen für Schülerfahrten, ist die Festsetzung eines Streitwertes von 900.000,– EUR nicht unangemessen.[180]

• Nachbarklage

85 Der Gegenstandswert beträgt 7.500,– EUR bis 15.000,– EUR, soweit nicht ein höherer wirtschaftlicher Schaden feststellbar ist.[181] Die befürchtete Grundstückswertminderung ist danach zu beurteilen, welche Einwendungen der Nachbar im gerichtlichen Verfahren vorgebracht hat.[182] Richtet sich die Nachbarklage sowohl gegen den Bauvorbescheid als auch die Baugenehmigung mit der Begründung, von dem angegriffenen Vorhaben (hier Schweinestall) gingen unzumutbare Geruchsbelästigungen aus, hat die Klage gegen den Bauschein keine selb-

175 BeckOK Streitwert/*Mayer,* Verwaltungsrecht, Kinder- und Jugendhilferecht Rn. 1.
176 VG Halle BeckRS 2010, 47211.
177 OVG Saarlouis BeckRS 2011, 45254.
178 OVG Koblenz BeckRS 2009, 31952.
179 OVG Münster BeckRS 2010, 05050.
180 VGH München BeckRS 2011, 46473.
181 Ziff. 9.7.1 Streitwertkatalog für die Verwaltungsgerichtsbarkeit 2013.
182 Simon/Busse/*Dirnberger,* Bayerische Bauordnung, Stand: 139. EL Oktober 2020, BayBO Art. 66 Rn. 653.

ständige Bedeutung iSd § 39 GKG und erhöht Gegenstandswert nicht.[183] Begehrt ein Nachbar ein bauaufsichtsbehördliches Einschreiben gegen eine von einem Dritten errichtete bauliche Anlage unter Hinweis auf deren mangelnde Standsicherheit, ist dessen Interesse und somit der Streitwert mit dem der Nr. 9.7.1 des Streitwertkatalogs für die Verwaltungsgerichtsbarkeit entnommenen Betrag von 7.500,– EUR im Regelfall angemessen bewertet.[184] Eine Abweichung von der Empfehlung des Streitwertkatalogs kommt jedoch in Betracht, wenn konkrete Anhaltspunkte für den Betrag der Grundstückswertminderung fehlen, sich der Einzelfall in Bezug auf das für die Streitwertbemessung maßgebliche Interesse des Klägers aber deutlich von den der Empfehlung des Streitwertkatalogs zugrundeliegenden Durchschnittsfällen unterscheidet.[185]

• Neubewertung einzelner Leistungen in einem Zeugnis

Bei einem Neubewertungsbegehren und dem von diesem Begehren mit umfassten Begehren auf Aushändigung eines neuen Zeugnisses im Falle einer dem Kläger günstigen Neubewertung kommt es auf die Anzahl der vom Kläger angegriffenen Zeugnisnoten nicht an. Der Streitwert ist auch dann gem. § 52 Abs. 2 GKG in Höhe des Auffangstreitwerts festzusetzen, wenn sich die Klage gegen mehrere Noten in einem Zeugnis richtet.[186] Das folgt zunächst daraus, dass nach § 52 Abs. 2 GKG als Auffangstreitwert nicht ein variabler Betrag gesetzlich vorgeschrieben ist. Dies schließt es aus, eine bestimmte Fallgestaltung gleichsam als Ausgangsfall anzusetzen und mit 5.000,– EUR zu bewerten, in allen anderen Fällen aber je nach Sachlage im Vergleich zum Ausgangsfall den Streitwert auf der Basis des Auffangstreitwertes zu erhöhen oder herabzusetzen.[187] Insoweit unterscheidet sich § 52 Abs. 2 GKG grundlegend von § 23 Abs. 3 S. 2 RVG. Dort ist für Fälle, in denen ein hinreichender Anhaltspunkt für eine Festsetzung des Gegenstandswertes fehlt, ein solcher von 5.000,– EUR vorgeschrieben, jedoch nicht als Festwert, sondern mit der Maßgabe, dass der Wert nach Lage des Falles niedriger oder höher, jedoch nicht über 500.000,– EUR anzunehmen ist.[188] Auch eine höhere Streitwertfestsetzung nach § 39 Abs. 1 GKG kommt nicht in Betracht. Danach werden in demselben Verfahren und in demselben Rechtszug die Werte mehrere Gegenstände zusammengerechnet, soweit nichts anderes bestimmt ist. Einwendungen gegen die Benotung schulischer Leistungen in bestimmten Fächern sind nur verschiedene Klagegründe für die Geltendmachung eines ein und desselben Anspruchs auf Neubewertung der dem Zeugnis zugrundeliegenden und dort zusammengefassten schulischen Leistungen, nicht aber abtrennbare Teile dieses Gegenstandes. Einwendungen gegen Einzelnoten sind lediglich Folge der prüfungsrechtlichen Pflicht, substantiierte Einwände zu erheben, und insofern einzelne Klagegründe.[189] 86

• Normenkontrolle gegen Bebauungsplan

Der Streitwertkatalog für die Verwaltungsgerichtsbarkeit 2013 schlägt für eine Normenkontrolle gegen einen Bebauungsplan, wenn der Antragsteller eine Privatperson ist, einen Streitwert von 7.500,– EUR bis 60.000,– EUR vor, und wenn der Antragsteller eine Nachbargemeinde ist iHv 60.000,– EUR. Die Oberverwaltungsgerichte machen von diesem Streitwertrahmen in unterschiedlicher Weise Gebrauch, teilweise wird auch mit eigenen Leitlinien gearbeitet.[190] 87

Ist eine Privatperson Antragsteller, so orientieren sich die Gerichte vielfach eher im unteren Bereich des gegebenen Rahmens, so wurden die Streitwerte bei Eilverfahren im Zusammenhang mit einer Normenkontrolle auf 5.000,– EUR[191] und 20.000,– EUR[192] bei mehreren Antragstellern festgesetzt; in Hauptsacheverfahren wurden Streitwerte von 30.000,– EUR[193]

---

[183] OVG Lüneburg NVwZ-RR 2005, 120.
[184] OVG Saarlouis NVwZ-RR 2007, 564.
[185] OVG Bautzen JurBüro 2004, 598 – der Nachbar wehrte sich lediglich gegen die Errichtung einer kleinen Terrasse, die wetterbedingt nur zeitweilig genutzt werden konnte, festgesetzter Streitwert 1.000,– EUR; Mayer/Kroiß/*Mayer* RVG VV Anh. I,VII Rn. 16.
[186] OVG Münster BeckRS 2009, 33087.
[187] OVG Münster BeckRS 2009, 33087 mwN.
[188] OVG Münster BeckRS 2009, 33087.
[189] OVG Münster BeckRS 2009, 33087.
[190] BeckOK Streitwert/*Mayer*, Verwaltungsrecht, Normenkontrolle gegen Bebauungsplan Rn. 1 ff.
[191] OVG Münster NVwZ-RR 2006, 94; OVG NRW BeckRS 2004, 18923; 10.000,– EURO OVG Münster BeckRS 2004, 24334.
[192] OVG Münster BeckRS 2003, 25479.
[193] BVerwG BeckRS 2004, 23276.

bzw. 10.000,– EUR[194] festgesetzt.[195] Das BVerwG[196] hat bei einem Normenkontrolleintrag, der die Überprüfung eines Bebauungsplanes wegen der schweren Beeinträchtigungen der Wohnruhe durch einen darin festgesetzten unmittelbar benachbarten Kinderspielplatz zum Ziel hat, einen Gegenstandswert von regelmäßig 20.000 DM als angemessen angesehen. Dient der Normenkontrollantrag im Wesentlichen dem Ziel, eine drohende Enteignung abzuwenden, ist bei der Streitwertfestsetzung vom Verkehrswert des Grundstücks auszugehen und dieser ggf. angemessen zu mindern.[197]

Das OVG Lüneburg geht im Normenkontrollverfahren von einem Streitwert von 10.000,– EUR bis 100.000,– EUR aus,[198] geht es um den Schutz der Wohnqualität eines Einfamilienhauses ermäßigt sich der Streitwert auf 5.000,– EUR bis 25.000,– EUR.[199]

• Parallele Klageverfahren

88 In getrennten parallelen Klageverfahren können die Streitgegenstände gebührenrechtlich nicht als dieselbe Angelegenheit gewertet werden, wenn zugleich die Gerichtskosten in den jeweiligen Klageverfahren nach den jeweils festgesetzten Einzelstreitwerten berechnet werden; ein sachlicher Grund, entgegen § 32 Abs 1 RVG einerseits Einzelstreitwerte und andererseits einen Gesamtgegenstandswert zugrunde zu legen, besteht nicht.[200]

• Personalvertretungsrecht

89 Nach Ziff. 31 des Streitwertkatalogs für die Verwaltungsgerichtsbarkeit 2013 ist für den Bereich des Personalvertretungsrechts auf den Auffangwert von 5.000,– EUR zurückzugreifen. Eine Festsetzung entsprechend § 42 Abs. 2 S. 1 GKG, wonach für die Wertberechnung bei Rechtsstreitigkeiten vor den Gerichten für Arbeitssachen über das Bestehen, das Nichtbestehen oder die Kündigung eines Arbeitsverhältnisses höchstens der Betrag des für die Dauer eines Vierteljahres zu leistenden Arbeitsentgelts maßgeblich ist, kommt in personalvertretungsrechtlichen Beschlussverfahren nicht in Betracht. In diesen Verfahren geht es alleine um den personalvertretungsrechtlichen Schutz des Beschäftigten, nicht aber um seine individuellen, insbes. vermögensrechtlichen Interessen am Fortbestand des Arbeitsverhältnisses.[201]

• Personalvertretungsrechtliches Beschlussverfahren

90 Die Grundsätze für die Bemessung des Gegenstandswerts in personalvertretungsrechtlichen Beschlussverfahren sind in der Rspr. uneinheitlich.[202] Teilweise wird auf § 13 Abs. 1 GKG aF, (§ 52 GKG) abgestellt.[203] Nach anderer Auffassung richtet sich wegen der Gerichtsgebührenfreiheit im personalvertretungsrechtlichen Beschlussverfahren der Wert der anwaltlichen Tätigkeit nach der Auffangvorschrift des § 23 Abs. 3 RVG aF mit einem Auffangwert von 4.000,– EUR,[204] andere wiederum nehmen zwar § 23 Abs. 3 S. 2 RVG zum Ausgangspunkt, stellen aber jedoch dann „in Anlehnung an den Rechtsgedanken des § 52 Abs. 2 GKG" auf einen Gegenstandswert von 5.000,– EUR ab.[205] Der Auffangwert in § 23 Abs. 3 RVG wurde iRd 2. KostRMoG[206] von 4.000,– EUR auf 5.000,– EUR angehoben, sodass auch die Vertreter der Auffassung, die bislang auf einen Auffangwert von 4.000,– EUR abgestellt haben, nunmehr von 5.000,– EUR ausgehen müssen.

• Ruhen der Approbation

91 Da das Ruhen der Approbation anders als etwa die Erteilung oder der Widerruf der Approbation eine vorübergehende Maßnahme darstellt, die dazu bestimmt ist, in unklaren Fällen oder Eilfällen einem Arzt die Ausübung der ärztlichen Tätigkeit vorübergehend zu übersagen, ist es angemessen, dem geringeren Gewicht des Ruhens der Approbation beim Streitwert durch einen Abzug in Höhe eines Drittels Rechnung zu tragen; ausgehend vom geschätzten

---

[194] OVG Münster BeckRS 2004, 21539.
[195] Mayer/Kroiß/*Mayer* RVG VV Anh. I, VII Rn. 18.
[196] OVG MV BeckRS 2004, 12927.
[197] BVerwG BeckRS 1991, 31311463; EZBK/*Külpmann* BauGB § 10 Rn. 317.
[198] EZBK/*Külpmann* BauGB § 10 Rn. 317.
[199] EZBK/*Külpmann* BauGB § 10 Rn. 317; OVG Lüneburg BeckRS 2008, 34725.
[200] OVG Lüneburg BeckRS 2009, 31500 mAnm *Mayer* FD-RVG 2009, 276915.
[201] OVG Bautzen BeckRS 2016, 43215 mAnm *Mayer* FD-RVG 2016, 376620.
[202] BeckOK Streitwert/*Mayer,* Verwaltungsrecht, Personalvertretungsrechtliches Beschlussverfahren Rn. 1.
[203] VGH Mannheim NVwZ 1984, 187.
[204] OVG Saarlouis NZA-RR 2007, 392.
[205] OVG Bautzen NZA-RR 2011, 489.
[206] BGBl. 2013 I 2586.

Verdienst eines selbständigen Facharztes für Neurologie und Psychiatrie iHv 120.000,– EUR ist für die Hauptsache beim Ruhen der Approbation von einem Streitwert von 80.000,– EUR auszugehen, im Eilrechtsschutzverfahren zudem in Anlehnung an Ziff. 1.5 des Streitwertkataloges für die Verwaltungsgerichtsbarkeit 2013 zusätzlich noch zu halbieren.[207]

• Sportwetten (Untersagungsverfügung)

Der Streitwert bei Untersagungsverfügungen in Sportwettenfällen bemisst sich nach Ziff. 54.2 des Streitwertkatalogs der Verwaltungsgerichtsbarkeit, ist also an die klassische Gewerbeuntersagung angelehnt; maßgebend ist der Jahresbetrag des erzielten oder erwarteten Gewinns, mindestens jedoch aber 15.000,– EUR.[208] Wird neben der Grundverfügung sogleich ein Zwangsgeld angedroht, ist die Regelung in Ziff. 1.7.2 des Streitwertkatalogs der Verwaltungsgerichtsbarkeit zu beachten. Soweit die Höhe des angedrohten Zwangsgeldes höher ist als der für die Grundverfügung zu bemessende Streitwert, ist nach S. 2, Ziff. 1.7.2 des Streitwertkatalogs für die Verwaltungsgerichtsbarkeit 2013 dieser höhere Wert festzusetzen.[209] **92**

• Schwerbehindertenrecht

Nach Ziff. 39.1 des Streitwertkatalogs für die Verwaltungsgerichtsbarkeit 2013 ist für die Zustimmung des Integrationsamtes zur Kündigung der Auffangwert von 5.000,– EUR anzusetzen. **93**

• Staatsangehörigkeitsrecht

Nach Ziff. 42.1 des Streitwertkatalogs für die Verwaltungsgerichtsbarkeit 2013 gilt für die Einbürgerung der Ansatz des doppelten Auffangwertes pro Person. **94**

Nach Ziff. 42.2 des Streitwertkatalogs für die Verwaltungsgerichtsbarkeit 2013 ist für die Feststellung der Staatsangehörigkeit der doppelte Auffangwert pro Person als Streitwert anzusetzen.

• Straßenverkehrsrecht

Der Streitwertkatalog für die Verwaltungsgerichtsbarkeit sieht für den Bereich des Verkehrsrechts in den Ziff. 46.1–46.16 eine ausdifferenzierte Regelung über den Gegenstandswert in verkehrsrechtlichen Angelegenheiten vor, die sich am Auffangstreitwert von 5.000,– EUR nach § 52 Abs. 2 GKG orientiert und jeweils den Auffangwert oder Bruchteile davon festsetzt. **95**

Eine Fahrtenbuchauflage wird nach Ziff. 46.11 des Streitwertkatalogs mit 400,– EUR je Monat bewertet. Dieser Betrag ist nicht mit der Zahl potentieller Ersatzfahrzeuge zu vervielfältigen, auch wenn im Bescheidtext der Fahrtenbuchauflage darauf hingewiesen wird, dass sich die Verpflichtung zur Führung des Fahrtenbuches ggf. auf Ersatzfahrzeuge des im Bescheid zuerst genannten Fahrzeugs erstreckt.[210] Nach einer in der Rspr. vertretenen Auffassung ist dann, wenn sich die Fahrtenbuchauflage auf einen gesamten Fuhrpark bezieht, für die auf die ersten zehn Fahrzeuge folgenden Personenkraftwagen gestaffelt nach Zehnergruppen ein Abschlag in Höhe der Hälfte des sich für die jeweils vorhergehende Zehnergruppe anzusetzenden Betrags zu veranschlagen.[211] Nach anderer Auffassung in der Rspr. ist ein solcher „Mengenrabatt" nicht zu gewähren, da die erwähnte Auffassung in der Rspr. nicht in den Streitwertkatalog für die Verwaltungsgerichtsbarkeit[212] aufgenommen wurde und die Tatsache, dass für mehrere Fahrzeuge jeweils ein Fahrtenbuch zu führen ist, keine geringere Belastung darstellt, als wenn ein Fahrtenbuch nur für ein einzelnes oder wenige Fahrzeuge zu führen wäre.[213]

Wird im vorläufigen Rechtsschutzverfahren eine Ordnungsverfügung angegriffen, mittels derer dem Antragsteller die Teilnahme an einem Aufbauseminar aufgegeben worden ist, ist angesichts des vorläufigen Charakters einer Entscheidung im Eilverfahren der durch Ziff. 46.12 des Streitwertkatalogs insoweit empfohlene halbe Auffangwert nochmals zu halbieren.[214] Bei Klagen betreffend die Erteilung oder die Entziehung der Fahrerlaubnis für mehrere Klassen bestimmt sich der Streitwert auf der Grundlage des Streitwertkatalogs nach dem empfohlenen

---

[207] OVG Bautzen BeckRS 2010, 50603.
[208] OVG Bln-Bbg BeckRS 2009, 40137; OVG Münster BeckRS 2011, 54700.
[209] OVG Bln-Bbg BeckRS 2009, 40137.
[210] OVG Bln-Bbg BeckRS 2010, 45078.
[211] OVG Münster NJW 1998, 2305.
[212] NVwZ 2004, 1327.
[213] VG Cottbus BeckRS 2008, 35500.
[214] OVG Münster BeckRS 2005, 27490; OLG München BeckRS 2007, 36982; Mayer/Kroiß/*Mayer* RVG VV Anh. I.VII Rn. 20.

Wert für die höchste Klasse.[215] Die gleichzeitige Entziehung der Fahrerlaubnis zur Fahrgastbeförderung wirkt sich um den im Streitwertkatalog insoweit vorgesehenen zweifachen Auffangwert, also 10.000,– EUR, gegenstandswerterhöhend aus.[216]

• Telekommunikationsrecht – Abschaltung von Rufnummern

96 Bei der Streitwertfestsetzung ist gem. § 52 Abs. 1 GKG das wirtschaftliche Interesse an der Nutzung der Rufnummer zugrunde zu legen; das VG Köln hat einen Wert von 500.000,– EUR festgesetzt, nachdem die Antragstellerin in ihrer Antragsbegründungsschrift ihr wirtschaftliches Interesse mit 1,– Mio. EUR bezifferte, da es sich um ein Verfahren des vorläufigen Rechtsschutzes handelte, wurde dieser Wert vom VG Köln halbiert.[217]

• Übernahme der Kosten für Maßnahmen der Eingliederungshilfe

97 In Streitverfahren um die Verpflichtung zur Gewährung laufender Leistungen der Kinder- und Jugendhilfe ist in entsprechender Anwendung des § 17 Abs. 1 S. 1 GKG aF vom Jahresbetrag der geforderten Leistungen auszugehen, wenn nicht deren Gesamtbetrag niedriger ist.[218]

• Vereins- und Versammlungsrecht

98 Der Streitwertkatalog für die Verwaltungsgerichtsbarkeit 2013 enthält unter Ziff. 45 Vorschläge für die Bemessung von Streitwerten im Bereich des Vereins – und Versammlungsrecht. Behandelt werden das Vereinsverbot, die Anfechtung eines Verbots durch einzelne Mitglieder, das Auskunftsverlangen und das Versammlungsverbot bzw. eine Auflage.[219]

Der Streitwertkatalog für die Verwaltungsgerichtsbarkeit 2013 regelt unter der Ziff. 45.1 den bei einem Vereinsverbot anzusetzenden Streitwert. Ziff. 45.1.1 des Streitwertkatalogs für die Verwaltungsgerichtsbarkeit 2013 schlägt bei einem Vereinsverbot durch eine oberste Landesbehörde einen Streitwert von 15.000,– EUR und Ziff. 45.1.2 bei einem Verbot durch eine oberste Bundesbehörde einen Streitwert von 30.000,– EUR vor.

In Ziff. 45.2 des Streitwertkatalogs für die Verwaltungsgerichtsbarkeit 2013 wird bei Anfechtung eines Verbots durch einzelne Vereinsmitglieder der Ansatz des Auffangwerts je Kläger vorgeschlagen.

Für ein Auskunftsverlangen schlägt Ziff. 45.3 des Streitwertkatalogs für die Verwaltungsgerichtsbarkeit 2013 die Festsetzung des Auffangwertes vor.

Für ein Versammlungsverbot bzw. eine Auflage sieht Ziff. 45.4 des Streitwertkatalogs für die Verwaltungsgerichtsbarkeit 2013 den Ansatz des halben Auffangwertes vor. Nach dem VGH München hingegen beträgt der Streitwert für eine Klage gegen versammlungsrechtliche Beschränkungen unabhängig von deren Zahl idR der Auffangwert.[220]

• Verkehrsrecht

99 Der Streitwertkatalog für die Verwaltungsgerichtsbarkeit 2013 enthält unter der Ziff. 46 ausdifferenzierte Regelungen zur Bemessung des Streitwerts, wenn es um die Fahrerlaubnis der Klassen A-T geht, bzgl. der Fahrerlaubnis zur Fahrgastbeförderung, bzgl. der Fahrtenbuchauflage, verkehrsregelnde Anordnung, Sicherstellung, Stilllegung eines Fahrzeugs, Teilnahme an einem Aufbauseminar, Verlängerung der Probezeit und Verbot des Fahrens erlaubnisfreier Fahrzeuge.[221]

Ziff. 46.1–46.9 des Streitwertkatalogs für die Verwaltungsgerichtsbarkeit 2013 schlagen Streitwerte für die jeweiligen Fahrerlaubnisklassen vor. Für die Fahrerlaubnis der Klassen A, B, BE, C1, C1E, D1 und D1E wird jeweils der Auffangwert vorgeschlagen, für die Fahrerlaubnis der Klassen AM, A1, A2 der halbe Auffangwert, für die Fahrerlaubnis der Klassen C, CE, D und DE der $1^1/_2$-fachen Auffangwert sowie für die Fahrerlaubnis der Klassen L und T jeweils der halbe Auffangwert. Im Verfahren um die Wiedererteilung der Fahrerlaubnis sind die Einzelwerte für die jeweiligen Fahrerlaubnisklassen, die im Streit stehen, zu addieren; soweit nicht die Fahrerlaubnisklassen gem. § 6 Abs. 3 FeV von den Berechtigungen anderer Klassen umfasst

---

215 OVG Saarlouis 1.8.2005 – 1 U 2/05; Mayer/Kroiß/*Mayer* RVG VV Anh. I. VII Rn. 21; aA VGH Mannheim JurBüro 2008, 203, Addition der Gegenstandswerte der einzelnen betroffenen, eigenständig bedeutsamen Fahrerlaubnisklassen.

216 OVG Lüneburg NVwZ-RR 2006, 220; Mayer/Kroiß/*Mayer* RVG VV Anh. I. VII Rn. 21.

217 VG Köln BeckRS 2011, 47765.

218 OVG Münster BeckRS 2009, 37719.

219 BeckOK Streitwert/*Mayer,* Verwaltungsrecht, Vereins- und Versammlungsrecht Rn. 1 ff.

220 VGH München BeckRS 2013, 59840.

221 BeckOK Streitwert/*Mayer,* Verwaltungsrecht, Verkehrsrecht Rn. 1 ff.

werden;[222] andere ziehen, wenn mehrere Fahrerlaubnisklassen betroffen sind, nur die höchste streitbefangene Fahrerlaubnisklasse zur Streitwertbemessung heran und nehmen eine Erhöhung wegen weiterer streitbefangener Klassen selbst dann nicht vor, wenn die maßgebliche Klasse die anderen Klassen nicht umfasst.[223]

Nach Ziff. 46.10 des Streitwertkatalogs für die Verwaltungsgerichtsbarkeit 2013 ist für die Fahrerlaubnis zur Fahrgastbeförderung der doppelte Auffangwert anzusetzen. Auch die gleichzeitige Entziehung der Fahrerlaubnis zur Fahrgastbeförderung im Zusammenhang mit der Entziehung der Fahrerlaubnis führt zu einer Streitwerterhöhung um den für die Entziehung der Fahrerlaubnis zur Fahrgastbeförderung anzusetzenden Wert).[224]

Ziff. 46.11 des Streitwertkatalogs für die Verwaltungsgerichtsbarkeit 2013 sieht für eine Fahrtenbuchauflage einen Streitwert von 400,– EUR je Monat vor. Dieser Pauschalbetrag ist nicht mit der Zahl potentieller Ersatzfahrzeuge zu vervielfältigen, weil sich die Fahrtenbuchführungspflicht durch die Ersatzfahrzeugklausel in Fällen, in denen das zunächst bezeichneten Fahrzeug bei Ablauf der Fahrtenbuchführungspflicht veräußert oder außer Betrieb gesetzt wird, auf eine Mehrzahl von Ersatzfahrzeugen erstrecken kann.[225] Anders ist es, wenn die Fahrtbuchauflage von Anfang an für mehrere Fahrzeuge angeordnet wird. Dann ist der im Streitwertkatalog vorgesehene Wert entsprechend der Anzahl der Fahrzeuge zu vervielfachen.[226]

Ziff. 46.15 des Streitwertkatalogs für die Verwaltungsgerichtsbarkeit 2013 sieht für eine verkehrsregelnde Anordnung den Ansatz des Auffangwertes vor.

Für Sicherstellung, Stilllegung eines Fahrzeugs schlägt Ziff. 46.16 des Streitwertkatalogs für die Verwaltungsgerichtsbarkeit 2013 den Ansatz des hälftigen Auffangwertes vor.

Für die Teilnahme an einem Aufbauseminar schlägt Ziff. 46.12 des Streitwertkatalogs für die Verwaltungsgerichtsbarkeit 2013 als Streitwert den halben Auffangwert vor.

Ziff. 46.13 des Streitwertkatalogs für die Verwaltungsgerichtsbarkeit empfiehlt für die Verlängerung der Probezeit als Streitwert den Ansatz des halben Auffangwertes.

Ziff. 46.14 des Streitwertkatalogs für die Verwaltungsgerichtsbarkeit 2013 schlägt beim Verbot des Fahrens erlaubnisfreier Fahrzeuge als Streitwert den Auffangwert vor.

• Verkehrswirtschaftsrecht

Der Streitwertkatalog für die Verwaltungsgerichtsbarkeit 2013 sieht im Verkehrswirtschafts- **100**
recht als Streitwert für die erforderlichen Genehmigungen Pauschalwerte vor. Soweit diese die Bedeutung der Genehmigung oder der Anfechtung einer belastenden Maßnahme jedoch nicht angemessen erfassen, gilt stattdessen das geschätzte wirtschaftliche Interesse bzw. der Jahresnutzwert.[227]

Nach Ziff. 47.1 des Streitwertkatalogs für die Verwaltungsgerichtsbarkeit 2013 ist für die Güterfernverkehrsgenehmigung, für eine Gemeinschaftslizenz EG Ausland und für grenzüberschreitenden Verkehr ein Streitwert von 30.000,– EUR anzusetzen.

In Ziff. 47.2 des Streitwertkatalogs für die Verwaltungsgerichtsbarkeit 2013 wird für eine Bezirksverkehrsgenehmigung ein Streitwert von 20.000,– EUR vorgeschlagen.

Für eine Nahverkehrsgenehmigung empfiehlt Ziff. 47.3 des Streitwertkatalogs für die Verwaltungsgerichtsbarkeit 2013 einen Streitwert von 15.000,– EUR vor.

Für die Taxigenehmigung schlägt der Streitwertkatalog für die Verwaltungsgerichtsbarkeit 2013 einen Streitwert von 15.000,– EUR vor.

Für eine Mietwagengenehmigung sieht Ziff. 47.5 des Streitwertkatalogs für die Verwaltungsgerichtsbarkeit 2013 einen Streitwert von 10.000,– EUR vor.

Ziff. 47.6 des Streitwertkatalogs für die Verwaltungsgerichtsbarkeit 2013 sieht für den Bereich Linienverkehr mit Omnibussen einen Wert von 20.000,– EUR je Linie vor.

In Ziff. 47.7 des Streitwertkatalogs für die Verwaltungsgerichtsbarkeit 2013 wird für den Bereich Gelegenheitsverkehr mit Omnibussen ein Streitwert von 20.000,– EUR vorgeschlagen.

---

[222] VGH München BeckRS 2007, 29607; VGH Mannheim JurBüro 2008, 203.
[223] OVG Lüneburg NVwZ-RR 2006, 220.
[224] OVG Lüneburg NVwZ-RR 2006, 220.
[225] OVG Bln-Bbg BeckRS 2010, 45078 mAnm *Hansens* RVGreport 2009, 396 f.
[226] VG Cottbus BeckRS 2008, 35500; Anm. *Hansens* RVGreport 2009, 396; aA – für die auf die ersten zehn Fahrzeuge folgenden Personenkraftwagen gestaffelt nach Zehnergruppen ein Abschlag in Höhe der Hälfte der sich für die jeweils vorhergehende Zehnergruppe anzusetzenden Betrags OVG Münster NJW 1998, 2305; → Anh. IV Rn. 95.
[227] BeckOK Streitwert/*Mayer,* Verwaltungsrecht, Verkehrswirtschaftsrecht Rn. 1 ff.

• Verpflichtung des Dienstherrn zur Versetzung in den Ruhestand

101 Der Streitwert in Verfahren, in denen die Versetzung eines Beamten in den Ruhestand in vollem Umfang und nicht nur wegen ihres Zeitpunkts angegriffen wird, bestimmt sich nach § 52 Abs. 6 S. 1 GKG. Eine Halbierung des Streitwerts nach § 52 Abs. 6 S. 4 GKG verbietet sich, § 52 Abs. 6 S. 4 GKG ist eine Ausnahmeregelung zu § 52 Abs. 6 S. 1 GKG und darf deshalb nicht erweiternd ausgelegt werden.[228] Diese Grundsätze gelten auch, wenn die Verpflichtung des Dienstherren zur Versetzung eines Beamten in den Ruhestand in vollem Umfang streitgegenständlich ist.[229] Ist das Klagebegehren auf eine Neubescheidung beschränkt, ist der sich nach § 52 Abs. 5 S. 1 Nr. 1 GKG ergebende Betrag zu halbieren.

• Vorkaufsrecht

102 Die Rspr. zur Festsetzung des Streitwerts bei Ausübung eines gemeindlichen Vorkaufsrechts ist uneinheitlich. Das OVG Münster differenziert danach, ob der Käufer oder der Verkäufer sich gegen die Ausübung des gemeindlichen Vorkaufsrechts wendet. Das Interesse des Verkäufers sei an dessen Wunsch orientiert, das Grundstück nicht an die Gemeinde verkaufen zu wollen, sodass der Auffangstreitwert nach § 52 Abs. 2 GKG maßgeblich sei. Die gem. § 52 Abs. 1 GKG vorzunehmende Bewertung des Verfahrensinteresses des Erwerbers hat sich nach dem OVG Münster demgegenüber an dessen Verwertungsinteresse auszurichten. Daher wird in Verfahren der Anfechtung der Ausübung des gemeindlichen Vorkaufsrechts durch den Grundstückskäufer bei der Streitwertfestsetzung auf den voraussichtlichen Jahresnutzwert des Grundstückes abgestellt. Dies entspreche in der Regel dem Jahresmiet- oder Jahrespachtwert des auf dem Grundstück geplanten Vorhabens und kann für den Fall, dass konkrete Angaben über den zu erwartenden Wert nicht vorliegen, bei Verbrauchermärkten oder ähnlichen geschäftlichen bzw. gewerblichen Nutzungen nach einem Pauschalbetrag pro m^2 Verkaufsfläche, zB 100 DM pro m^2 Verkaufsfläche, bestimmt werden.[230] Das OVG Bautzen jedoch knüpft an den Grundstückswert an und bewertet die Bedeutung der Sache mit 5% des Verkehrswertes.[231]

• Wehrdienst

103 Mit den Ziff. 52.1–52.2 sieht der Streitwertkatalog für die Verwaltungsgerichtsbarkeit die Gegenstandswerte in Angelegenheiten des Wehrdienstes vor. Im Regelfall schlägt der Streitwertkatalog die Festsetzung des Auffangwertes vor.[232]

• Zulassung zu fachfremden Lehrveranstaltungen

104 Nach Ziff. 18.2 des Streitwertkatalogs für die Verwaltungsgerichtsbarkeit kann für den Streit um die Zulassung zu einzelnen Lehrveranstaltungen der halbe Auffangwert angesetzt werden.[233]

• Zulassung zum Studium, Eilverfahren

105 Ziff. 18.1 des Streitwertkatalogs für die Verwaltungsgerichtsbarkeit 2013 sieht für das Hochschulzulassungsrecht den Ansatz des Auffangwertes vor. In Eilverfahren nimmt die Rspr. teils keinen, teils Abzüge in unterschiedlicher Höhe vor.[234]

Der VGH Mannheim nimmt in Hochschulzulassungsverfahren auch für Verfahren des einstweiligen Rechtsschutzes, weil durch den Beschluss im Eilverfahren die Hauptsacheentscheidung jedenfalls für einen begrenzten Zeitraum endgültig vorweggenommen wird, keinen Abschlag vom Auffangwert vor.[235]

Nach dem OVG Hamburg ist in vorläufigen Rechtsschutzverfahren von Zulassungsstreitigkeiten ein Abschlag von 1/4 vom Hauptsachewert vorzunehmen,[236] das OVG Bautzen nimmt im Eilverfahren wie im Klageverfahren nur den hälftigen Auffangstreitwert an.[237]

• Zulassung zum Studium innerhalb und außerhalb der festgesetzten Kapazität

Von Ziff. 18.1 des Streitwertkatalogs für die Verwaltungsgerichtsbarkeit 2013 wird für das Hochschulzulassungsrecht der Ansatz des Auffangwertes vorgeschlagen.

---

[228] BVerwG NVwZ-RR 2009, 823.
[229] OVG Münster BeckRS 2011, 45643.
[230] OVG Münster NVwZ-RR 1995, 622.
[231] OVG Bautzen NVwZ 1995, 237.
[232] BVerwG BeckRS 2007, 26314 = NVwZ-RR 2008, 43.
[233] OVG Münster BeckRS 2009, 34709.
[234] BeckOK Streitwert/*Mayer,* Verwaltungsrecht, Zulassung zum Studium, Eilverfahren Rn. 1 f.
[235] VGH Mannheim BeckRS 2011, 47338.
[236] BeckRS 2005, 30772.
[237] OVG Bautzen BeckRS 2005, 28614; BeckRS 2010, 52255.

Bei den Begehren um eine Hochschulzulassung innerhalb und außerhalb der festgesetzten Zulassungszahl handelt es sich um unterschiedliche Verfahrens- und Streitgegenstände. Eine Zusammenrechnung der Streitgegenwerte findet gleichwohl nicht statt, weil die Ansprüche auf ein wirtschaftlich identisches Interesse gerichtet sind.[238]

• Zwangsgeldandrohung

Nach Ziff. 1.7.2 des Streitwertkatalogs für die Verwaltungsgerichtsbarkeit 2013 bleibt es für die Streitwertfestsetzung grds. außer Betracht, wenn in einem angefochtenen Bescheid neben einer Grundverfügung zugleich ein Zwangsgeld angedroht wird; soweit jedoch die Höhe des angedrohten Zwangsgeldes höher ist als der für die Grundverfügung selbst zu bemessende Streitwert, ist nach S. 2 von Ziff. 1.7.2 des Streitwertkatalogs für die Verwaltungsgerichtsbarkeit 2013 der höhere Wert festzusetzen.[239] **106**

Als Streitwert für das Verfahren nach § 172 VwGO gegen die Behörde hingegen ist der Streitwert festzusetzen, der im Erkenntnisverfahren festzusetzen ist. Denn maßgeblich ist nach § 52 Abs. 1 GKG das Interesse des Vollstreckungsgläubigers an der Durchsetzung des im Erkenntnisverfahren festgestellten materiellen Anspruchs. Das Interesse an der Durchsetzung dieses Anspruchs ist aber nicht mindergroß, als das Interesse an seiner Feststellung im Erkenntnisverfahren.[240]

C. Streitwertkatalog für die Verwaltungsgerichtsbarkeit[241]

Vorbemerkungen

1. Seit der Bekanntgabe im Juli 2004 (NVwZ 2004, 1327; DVBl. 2004, 1525; JurBüro 2005, 7) ist der Streitwertkatalog 2004 für die Verwaltungsgerichtsbarkeit unverändert geblieben. Die Präsidentinnen und Präsidenten des BVerwG und der Oberverwaltungsgerichte bzw. der Verwaltungsgerichtshöfe haben die Streitwertkommission reaktiviert und gebeten zu prüfen, ob der Streitwertkatalog zu ergänzen oder vorgeschlagene Werte auf Grund neuerer Erkenntnisse anzupassen sind. **107**

2. Wie schon bei der Erstellung der Streitwertkataloge 1996 und 2004 orientiert sich die Kommission grds. an der im Wege einer Umfrage erhobenen Rspr. des BVerwG und an der Streitwertpraxis der Oberverwaltungsgerichte bzw. Verwaltungsgerichtshöfe. Die Kommission hat in ihre Überlegungen auch Anregungen der Bundesrechtsanwaltskammer und des Deutschen Anwaltsvereins einbezogen. Ferner wurden die sich aus dem 2. KostRMoG (BGBl. 2013 I 2586) ergebenden Änderungen des § 52 Abs. 3 GKG berücksichtigt. Soweit unter den Nr. 5301, 5400 und Nr. 5502 des Kostenverzeichnisses zu § 3 GKG eine Festgebühr vorgeschrieben ist, sieht die Kommission davon ab, Streitwerte für Zwischenverfahren vorzuschlagen.

3. Mit dem Katalog werden – soweit nicht auf gesetzliche Bestimmungen hingewiesen wird – Empfehlungen ausgesprochen, denen das Gericht bei der Festsetzung des Streitwertes bzw. des Wertes der anwaltlichen Tätigkeit (§ 33 Abs. 1 RVG) aus eigenem Ermessen folgt oder nicht.

108

1.	**Allgemeines**
1.1	**Klage-/Antragshäufung, Vergleich**
1.1.1	Werden mehrere Anträge mit selbständiger Bedeutung gestellt, so werden die Werte addiert, wenn die Streitgegenstände jeweils einen selbständigen wirtschaftlichen Wert oder einen selbständigen materiellen Gehalt haben (vgl. § 39 GKG).
1.1.2	Wird in einen Vergleich ein weiterer Gegenstand einbezogen, so ist dafür zusätzlich ein gesonderter Vergleichswert festzusetzen (§ 45 Abs. 4 iVm Abs. 1 GKG, KV 5600 – Anlage 1 zu § 3 Abs. 2 GKG).

[238] VGH Mannheim BeckRS 2011, 47338.
[239] VGH Kassel BeckRS 2007, 21348 mAnm *Mayer* FD-RVG 2007, 238171.
[240] VG Würzburg BeckRS 2014, 56548.
[241] Streitwertkatalog 2013 idF der am 31.5./1.6.2012 und am 18.7.2013 beschlossenen Änderungen.

1.1.3	Klagen mehrere Kläger gemeinschaftlich, sind die Werte der einzelnen Klagen zu addieren, es sei denn sie begehren oder bekämpfen eine Maßnahme als Rechtsgemeinschaft.
1.1.4	Für Hilfsanträge gilt § 45 Abs. 1 S. 2, 3 GKG.
1.2	**Verbandsklagen:** Maßgeblich sind die Auswirkungen der begehrten Entscheidung auf die vertretenen Interessen, in der Regel: 15.000,– EUR bis 30.000,– EUR.
1.3	**Feststellungsklagen und Fortsetzungsfeststellungsklagen** sind in der Regel ebenso zu bewerten wie eine auf das vergleichbare Ziel gerichtete Anfechtungs- bzw. Verpflichtungsklage.
1.4	Wird lediglich **Bescheidung** beantragt, so kann der Streitwert einen Bruchteil, mindestens jedoch ½ des Wertes der entsprechenden Verpflichtungsklage betragen.
1.5	In Verfahren des **vorläufigen Rechtsschutzes** beträgt der Streitwert in der Regel ½, in den Fällen des § 80 Abs. 2 S. 1 Nr. 1 VwGO und bei sonstigen auf bezifferte Geldleistungen gerichteten Verwaltungsakten ¼ des für das Hauptsacheverfahren anzunehmenden Streitwertes. In Verfahren des vorläufigen Rechtsschutzes, die die Entscheidung in der Sache ganz oder zT vorwegnehmen, kann der Streitwert bis zur Höhe des für das Hauptsacheverfahren anzunehmenden Streitwerts angehoben werden.
1.6	Betrifft der Antrag des Klägers eine **bezifferte Geldleistung** oder einen hierauf gerichteten Verwaltungsakt, kann mit Blick auf ein in der Zukunft liegendes wirtschaftliches Interesse des Klägers der Streitwert bis zum Dreifachen des bezifferten Betrages erhöht werden (§ 52 Abs. 3 S. 2 GKG).
1.7	**Vollstreckung**
1.7.1	In selbständigen Vollstreckungsverfahren entspricht der Streitwert der Höhe des festgesetzten Zwangsgeldes oder der geschätzten Kosten der Ersatzvornahme; iÜ beträgt er ¼ des Streitwertes der Hauptsache. Bei der Androhung von Zwangsmitteln ist die Hälfte des sich nach S. 1 ergebenden Betrages festzusetzen.
1.7.2	Wird in dem angefochtenen Bescheid neben einer Grundverfügung zugleich ein Zwangsgeld oder die Ersatzvornahme angedroht, so bleibt dies für die Streitwertfestsetzung grds. außer Betracht. Soweit die Höhe des angedrohten Zwangsgeldes bzw. des für die Ersatzvornahme zu entrichtenden Vorschusses höher ist als der für die Grundverfügung selbst zu bemessende Streitwert, ist dieser höhere Wert festzusetzen.

109

2.	**Abfallentsorgung**	**Es gelten grds. die nachstehend aufgeführten Werte. Soweit diese die Bedeutung der Genehmigung, des Vorbescheides oder der Anfechtung einer belastenden Maßnahme für den Kläger nicht angemessen erfassen, gilt stattdessen das geschätzte wirtschaftliche Interesse bzw. der Jahresnutzwert.**
2.1	**Klage des Errichters/Betreibers**	
2.1.1	auf Zulassung einer Anlage oder Anlagenänderung	2,5 % der Investitionssumme
2.1.2	gegen Nebenbestimmung	Betrag der Mehrkosten
2.1.3	gegen Untersagung des Betriebs	1 % der Investitionssumme
2.1.4	gegen sonstige Ordnungsverfügung	Betrag der Aufwendungen
2.1.5	gegen Mitbenutzungsanordnung	Anteil der Betriebskosten (einschließlich Abschreibung) für Dauer der Mitbenutzung
2.2	**Klage eines drittbetroffenen Privaten**	
2.2.1	wegen Eigentumsbeeinträchtigung	Betrag der Wertminderung des Grundstücks, regelmäßig 50 % des geschätzten Verkehrswertes
2.2.2	wegen sonstiger Beeinträchtigungen	15.000,– EUR
2.2.3	gegen Vorbereitungsarbeiten	7.500,– EUR
2.3	**Klage einer drittbetroffenen Gemeinde**	60.000,– EUR
2.4	**Klage des Abfallbesitzers**	

2.4.1	Beseitigungsanordnung	20,– EUR je m^3 Abfall
2.4.2	Untersagungsverfügung	20.000,– EUR

3.	**Abgabenrecht**		110
3.1	Abgabe	Betrag der streitigen Abgabe (§ 52 Abs. 3 GKG); bei wiederkehrenden Leistungen: dreifacher Jahresbetrag, sofern nicht die voraussichtliche Belastungsdauer geringer ist.	
3.2	Stundung	6 vH des Hauptsachewertes je Jahr (§ 238 AO)	
3.3	Normenkontrollverfahren	mindestens Auffangwert	
4.	**Arzneimittelrecht**	s. Lebensmittelrecht	111
5.	**Asylrecht**	s. § 30 RVG	112
6.	**Atomrecht**		113
6.1	**Klage des Errichters/Betreibers**		
6.1.1	auf Genehmigung oder Teilgenehmigung oder Planfeststellung einer Anlage, §§ 7, 9, 9b[242] AtG	2,5 % der Investitionssumme	
6.1.2	auf Aufbewahrungsgenehmigung, § 6 AtG	1 % der für die Aufbewahrung(-sanlage) getätigten Investitionssumme	
6.1.3	gegen Nebenbestimmung	Betrag der Mehrkosten	
6.1.4	auf Vorbescheid nach § 7a AtG	1 % der Investitionssumme für die beantragten Maßnahmen	
6.1.5	auf Standortvorbescheid	1 % der Gesamtinvestitionssumme	
6.1.6	gegen Einstellung des Betriebes	wirtschaftlicher Verlust infolge Betriebseinstellung	
6.2	**Klage eines drittbetroffenen Privaten**	wie Abfallentsorgung Nr. 2.2	
6.3	**Klage einer drittbetroffenen Gemeinde**	60.000,– EUR	
7.	**Ausbildungsförderung**		114
7.1	Klage auf bezifferte Leistung	geforderter Betrag (§ 52 Abs. 3 GKG)	
7.2	Klage auf Erhöhung der Förderung	Differenzbetrag im Bewilligungszeitraum	
7.3	Klage auf Verpflichtung zur Leistung in gesetzlicher Höhe	gesetzlicher Bedarfssatz für den streitigen Bewilligungszeitraum	
7.4	Klage auf Änderung der Leistungsform	½ des bewilligten Förderbetrages	
7.5	Klage auf Vorabentscheidung	gesetzlicher Bedarfssatz im ersten Bewilligungszeitraum	
8.	**Ausländerrecht**		115
8.1	Aufenthaltstitel	Auffangwert pro Person; keine Erhöhung durch eventuell beigefügte Abschiebungsandrohung	
8.2	Ausweisung	Auffangwert pro Person; keine Erhöhung durch eventuell beigefügte Abschiebungsandrohung	
8.3	Abschiebung, isolierte Abschiebungsandrohung	½ Auffangwert pro Person	
8.4	Pass/Passersatz	Auffangwert pro Person	
9.	**Bau- und Raumordnungsrecht**	**Es gelten grds. die nachstehend aufgeführten Werte. Soweit diese die Bedeutung der Genehmigung, des Vorbescheides oder der Anfechtung einer belastenden Maßnahme**	116

[242] Amtlich: „§§ 7, 9, b".

		für den Kläger nicht angemessen erfassen, gilt stattdessen das geschätzte wirtschaftliche Interesse bzw. der Jahresnutzwert.
9.1	**Klage auf Erteilung einer Baugenehmigung für**	
9.1.1	**Wohngebäude**	
9.1.1.1	Einfamilienhaus	20.000,– EUR
9.1.1.2	Doppelhaus	25.000,– EUR
9.1.1.3	Mehrfamilienhaus	10.000,– EUR je Wohnung
9.1.2	**Gewerbliche und sonstige Bauten**	
9.1.2.1	Einzelhandelsbetrieb	150,– EUR/m^2 Verkaufsfläche
9.1.2.2	Spielhalle	600,– EUR/m^2 Nutzfläche (ohne Nebenräume)
9.1.2.3	**Werbeanlagen**	
9.1.2.3.1	Großflächige Werbetafel	5.000,– EUR
9.1.2.3.2	Wechselwerbeanlage	250,– EUR/m^2
9.1.2.4	Imbissstand	6.000,– EUR
9.1.2.5	Windkraftanlagen soweit nicht Ziff. 19.1.2	10 % der geschätzten Herstellungskosten
9.1.2.6	sonstige Anlagen	je nach Einzelfall: Bruchteil der geschätzten Rohbaukosten oder Bodenwertsteigerung
9.2	**Erteilung eines Bauvorbescheides**	Bruchteil des Streitwerts für eine Baugenehmigung, sofern nicht Anhaltspunkte für eine Bodenwertsteigerung bestehen
9.3	**Abrissgenehmigung**	wirtschaftliches Interesse am dahinterstehenden Vorhaben
9.4	**Bauverbot, Stillegung, Nutzungsverbot, Räumungsgebot**	Höhe des Schadens oder der Aufwendungen (geschätzt)
9.5	**Beseitigungsanordnung**	Zeitwert der zu beseitigenden Substanz plus Abrisskosten (20,– EUR bis 3,– EUR/m^3 umbauten Raumes)
9.6	**Vorkaufsrecht**	
9.6.1	Anfechtung des Käufers	25 % des Kaufpreises
9.6.2	Anfechtung des Verkäufers	Preisdifferenz, mindestens Auffangwert
9.7	**Klage eines Drittbetroffenen**	
9.7.1	Nachbar	7.500,– EUR bis 15.000,– EUR, soweit nicht ein höherer wirtschaftlicher Schaden feststellbar
9.7.2	Nachbargemeinde	30.000,– EUR
9.8	**Normenkontrollverfahren**	
9.8.1	Privatperson gegen Bebauungsplan oder Flächennutzungsplan	7.500,– EUR bis 60.000,– EUR
9.8.2	Privatperson gegen Raumordnungsplan	30.500,– EUR bis 60.000,– EUR
9.8.3	Nachbargemeinde gegen Bebauungsplan, Flächennutzungsplan oder Raumordnungsplan	60.000,– EUR
9.8.4	Normenkontrolle gegen Veränderungssperre	½ der Werte zu Ziff. 9.8.1 und Ziff. 9.8.3
9.9	**Genehmigung eines Flächennutzungsplanes**	mindestens 10.000,– EUR
9.10	**Ersetzung des Einvernehmens der Gemeinde**	15.000,– EUR

117

10.	**Beamtenrecht**	
10.1	(Großer) Gesamtstatus: Begründung, Umwandlung, Bestehen, Nichtbestehen,	§ 52 Abs. 5 S. 1 Nr. 1, 2, S. 2, 3 GKG

	Beendigung eines Beamtenverhältnisses, Versetzung in den Ruhestand		
10.2	(Kleiner) Gesamtstatus: Verleihung eines anderen Amtes, Streit um den Zeitpunkt der Versetzung in den Ruhestand, Schadensersatz wegen verspäteter Beförderung, Zahlung einer Amtszulage, Verlängerung der Probezeit	§ 52 Abs. 5 S. 4 iVm S. 1–3 GKG: Hälfte von Ziff. 10.1	
10.3	Neubescheidung eines Beförderungsbegehrens	Hälfte des sich aus § 52 Abs. 5 S. 4 GKG ergebenden Betrages (¼ von Ziff. 10.1)	
10.4	Teilstatus: Streit um Umfang/Teilzeitbeschäftigung, um Übergang von Teilzeit auf Vollzeit, höhere Versorgung, Besoldung oder Zulagen sowie Berücksichtigung von Vordienstzeiten bei Versorgung, Zeiten für BDA, Unfallausgleich, Unfallruhegehalt, Unterhaltsbeitrag, Hinterbliebenenversorgung	zweifacher Jahresbetrag der Differenz zwischen innegehabtem und erstrebtem Teilstatus bzw. des erstrebten Unfallausgleichs etc	
10.5	dienstliche Beurteilung	Auffangwert	
10.6	Streit um Nebentätigkeit	Gesamtbetrag der Einkünfte aus der Nebentätigkeit, höchstens Jahresbetrag	
10.7	Gewährung von Trennungsgeld	Gesamtbetrag des Trennungsgeldes, höchstens Jahresbetrag	
10.8	Anerkennung eines Dienstunfalles	Auffangwert	
10.9	Bewilligung von Urlaub	Auffangwert	
11.	**Bergrecht**	**Es gelten grds. die nachstehend aufgeführten Werte. Soweit diese die Bedeutung der Genehmigung, des Vorbescheides oder der Anfechtung einer belastenden Maßnahme für den Kläger nicht angemessen erfassen, gilt stattdessen das geschätzte wirtschaftliche Interesse bzw. der Jahresnutzwert.**	118
11.1	**Klage des Unternehmers**		
11.1.1	auf Planfeststellung eines Rahmenbetriebsplans	2,5 % der Investitionssumme	
11.1.2	auf Zulassung eines Rahmenbetriebsplans	1 % der Investitionssumme	
11.1.3	auf Zulassung eines Sonder- und Hauptbetriebsplans	2,5 % der Investitionssumme	
11.1.4	gegen belastende Nebenbestimmungen	Betrag der Mehrkosten	
11.2	**Klage eines drittbetroffenen Privaten**	wie Abfallentsorgung Ziff. 2.2	
11.3	**Klage einer drittbetroffenen Gemeinde**	60.000,– EUR	
12.	**Denkmalschutzrecht**		119
12.1	Feststellung der Denkmaleigenschaft, denkmalschutzrechtliche Anordnungen, Bescheinigungen	wirtschaftlicher Wert, sonst Auffangwert	
12.2	Abrissgenehmigung	wie Ziff. 9.3	
12.3	Vorkaufsrecht	wie Ziff. 9.6	
13.	**Flurbereinigung/Bodenordnung**		120
13.1	**Anordnung des Verfahrens**	Auffangwert	
13.2	**Entscheidungen im Verfahren**		
13.2.1	Wertermittlung	Auswirkungen der Differenz zwischen festgestellter und gewünschter Wertverhältniszahl	
13.2.2	Abfindung	Auffangwert, es sei denn abweichendes wirtschaftliches Interesse kann festgestellt werden	
13.2.3	sonstige Entscheidungen	Auffangwert, es sei denn abweichendes wirtschaftliches Interesse kann festgestellt werden	

121	**14.**	**Freie Berufe** (Recht der freien Berufe)	
	14.1	Berufsberechtigung, Eintragung, Löschung	Jahresbetrag des erzielten oder erwarteten Gewinns, mindestens 15.000,– EUR
	14.2	Mitgliedschaft in einem berufsständischen Versorgungswerk, Befreiung	dreifacher Jahresbetrag des Beitrages
	14.3	Rentenanspruch	dreifacher Jahresbetrag der Rente
122	**15.**	**Friedhofsrecht**	
	15.1	Grabnutzungsrechte	Auffangwert
	15.2	Umbettung	Auffangwert
	15.3	Grabmalgestaltung	½ Auffangwert
	15.4	Gewerbliche Betätigung auf Friedhöfen	Betrag des erzielten oder erwarteten Jahresgewinns, mindestens 15.000,– EUR
123	**16.**	**Gesundheitsverwaltungsrecht**	
	16.1	Approbation	Jahresbetrag des erzielten oder erwarteten Verdienstes, mindestens 30.000,– EUR
	16.2	Facharzt-, Zusatzbezeichnung	15.000,– EUR
	16.3	Erlaubnis nach § 10 BÄO	20.000,– EUR
	16.4	Notdienst	Auffangwert
	16.5	Beteiligung am Rettungsdienst	15.000,– EUR pro Fahrzeug
124	**17.**	**Gewerberecht**	s. Wirtschaftsverwaltungsrecht, Ziff. 54
125	**18.**	**Hochschulrecht, Recht der Führung akademischer Grade**	
	18.1	Anerkennung der Hochschulreife, Zulassung zum Studium, Immatrikulation, Exmatrikulation	Auffangwert
	18.2	Zulassung zu einzelnen Lehrveranstaltungen bzw. Modulen	½ Auffangwert
	18.3	Zwischenprüfung	Auffangwert
	18.4	Bachelor	10.000,– EUR
	18.5	Diplomprüfung, Graduierung, Nachgraduierung, Master	15.000,– EUR
	18.6	Leistungsnachweis	½ Auffangwert
	18.7	Promotion, Entziehung des Doktorgrades	15.000,– EUR
	18.8	Nostrifikation	15.000,– EUR
	18.9	Habilitation	20.000,– EUR
	18.10	Lehrauftrag	Auffangwert
	18.11	Ausstattung eines Instituts/Lehrstuhls	10 % des Wertes der streitigen Mehrausstattung, mindestens 7.500,– EUR
	18.12	Hochschulwahlen	Auffangwert
126	**19.**	**Immissionsschutzrecht**	**Es gelten grds. die nachstehend aufgeführten Werte. Soweit diese die Bedeutung der Genehmigung, des Vorbescheides oder der Anfechtung einer belastenden Maßnahme für den Kläger nicht angemessen erfassen, gilt stattdessen das geschätzte wirtschaftliche Interesse bzw. der Jahresnutzwert.**
	19.1	**Klage des Errichters/Betreibers**	
	19.1.1	auf Genehmigung oder Teilgenehmigung oder Planfeststellung einer Anlage	2,5 % der Investitionssumme, mindestens Auffangwert

19.1.2	auf Genehmigung von Windkraftanlagen	10 % der geschätzten Herstellungskosten	
19.1.3	gegen Nebenbestimmung	Betrag der Mehrkosten	
19.1.4	auf Vorbescheid	50 % des Wertes zu Ziff. 19.1.1 bzw. Ziff. 19.1.2, mindestens Auffangwert	
19.1.5	auf Standortvorbescheid	50 % des Wertes zu Ziff. 19.1.1 bzw. Ziff. 19.1.2, mindestens Auffangwert	
19.1.6	gegen Stillegung, Betriebsuntersagung	50 % des Wertes zu Ziff. 19.1.1 bzw. Ziff. 19.1.2; soweit nicht feststellbar: entgangener Gewinn, mindestens Auffangwert	
19.1.7	gegen sonstige Anordnungen im Einzelfall	Betrag der Aufwendungen	
19.2	**Klage eines drittbetroffenen Privaten**	s. Abfallentsorgung Ziff. 2.2	
19.3	**Klage einer drittbetroffenen Gemeinde**	60.000,– EUR	

20.	**Jagdrecht**		**127**
20.1	Bestand und Abgrenzung von Jagdbezirken	10.000,– EUR	
20.2	Verpachtung von Jagdbezirken	Jahresjagdpacht	
20.3	Erteilung/Entzug des Jagdscheins	8.000,– EUR	
20.4	Jägerprüfung	Auffangwert	

21.	**Kinder- und Jugendhilferecht**		**128**
21.1	laufende Leistungen	Wert der streitigen Leistung, höchstens Jahresbetrag	
21.2	einmalige Leistungen, Kostenerstattung, Aufwendungsersatz, Kostenersatz	Wert der streitigen Leistung	
21.3	Überleitung von Ansprüchen	höchstens Jahresbetrag	
21.4	Heranziehung zur Kostentragung	höchstens Jahresbetrag	
21.5	Erteilung der Erlaubnis § 45 SGB VIII	Jahresgewinn aus dem Betrieb, mindestens 15.000,– EUR	
21.6	Pflegeerlaubnis	Auffangwert	

22.	**Kommunalrecht**		**129**
22.1	**Kommunalwahl**		
22.1.1	Anfechtung durch Bürger	Auffangwert	
22.1.2	Anfechtung durch Partei, Wählergemeinschaft	mindestens 15.000,– EUR	
22.1.3	Anfechtung durch Wahlbewerber	mindestens 7.500,– EUR	
22.2	**Sitzungs- und Ordnungsmaßnahmen**	Auffangwert	
22.3	**Benutzung/Schließung einer Gemeindeeinrichtung**	wirtschaftliches Interesse, sonst Auffangwert	
22.4	**Anschluss- und Benutzungszwang**	Ersparte Anschlusskosten, mindestens 5.000,– EUR	
22.5	**Kommunalaufsicht**	15.000,– EUR	
22.6	**Bürgerbegehren**	15.000,– EUR	
22.7	**Kommunalverfassungsstreit**	10.000,– EUR	

23.	**Krankenhausrecht**		**130**
23.1	Aufnahme in den Krankenhausbedarfsplan	50.000,– EUR	
23.2	Planbettenstreit	500,– EUR pro Bett	
23.3	Festsetzung von Pflegesätzen	streitiger Anteil des Pflegesatzes × Bettenzahl × Belegungsgrad	

131	**24.**	**Land- und Forstwirtschaft**	
	24.1	Festsetzung einer Referenzmenge	streitige Referenzmenge × 0,10,– EUR/kg
	24.2	Zuteilung der zahlenmäßigen Obergrenze prämienberechtigter Tiere	Jahresmehrbetrag
132	**25.**	**Lebensmittel-/Arzneimittelrecht**	
	25.1	Einfuhr-, Verkaufsverbot (Verbot bestimmte Erzeugnisse eines Betriebs in Verkehr zu bringen), Vernichtungsauflage	Verkaufswert der betroffenen Waren (Jahresbetrag der erwarteten wirtschaftlichen Auswirkungen/Gewinnerwartung)
	25.2	sonstige Maßnahmen	Jahresbetrag der erwarteten wirtschaftlichen Auswirkung, sonst Auffangwert
133	**26.**	**Erlaubnis für Luftfahrtpersonal**	
	26.1	Privatflugzeugführer	10.000,– EUR
	26.2	Berufsflugzeugführer	Jahresbetrag des erzielten oder erwarteten Verdienstes, mindestens 20.000,– EUR
	26.3	Verkehrsflugzeugführer	Jahresbetrag des erzielten oder erwarteten Verdienstes, mindestens 30.000,– EUR
	26.4	sonstige Erlaubnisse für Luftfahrtpersonal	Jahresbetrag des erzielten oder erwarteten Verdienstes, mindestens 7.500,– EUR
	26.5	sonstige Erlaubnisse nach dem Luftsicherheitsgesetz	Auffangwert
134	**27.**	**Mutterschutzrecht**	
	27.1	Zustimmung zur Kündigung	Auffangwert
	27.2	Zulässigkeitserklärung gem. § 18 BEEG	Auffangwert
135	**28.**	**Namensrecht**	
	28.1	Änderung des Familiennamens oder Vornamens	Auffangwert
	28.2	Namensfeststellung	Auffangwert
136	**29.**	**Naturschutzrecht**	**Es gelten grds. die nachstehend aufgeführten Werte. Soweit diese die Bedeutung der Genehmigung oder der Anfechtung einer belastenden Maßnahme für den Kläger nicht angemessen erfassen, gilt stattdessen das geschätzte wirtschaftliche Interesse bzw. der Jahresnutzwert.**
	29.1	Klage auf Erteilung einer Fällgenehmigung	Auffangwert
	29.2	Normenkontrolle gegen Schutzgebietsausweisung	wie Bebauungsplan (Ziff. 9.8)
137	**30.**	**Passrecht**	
	30.1	Personalausweis, Reisepass	Auffangwert
138	**31.**	**Personalvertretungsrecht**	Auffangwert
139	**32.**	**Personenbeförderungsrecht**	vgl. Verkehrswirtschaftsrecht
140	**33.**	**Pflegegeld**	Wert der streitigen Leistung, höchstens ‚Jahresbetrag
	33a.	**Pflegezeitrecht**	
	33a.1	Zustimmung der obersten Landesbehörde nach § 5 Abs. 2 PflegeZG	Auffangwert

34.	**Planfeststellungsrecht**	**Es gelten grds. die nachstehend aufgeführten Werte. Soweit diese die Bedeutung der Genehmigung, des Vorbescheides oder der Anfechtung einer belastenden Maßnahme für den Kläger nicht angemessen erfassen, gilt stattdessen das geschätzte wirtschaftliche Interesse bzw. der Jahresnutzwert.**	141
34.1	**Klage des Errichters/Betreibers**		
34.1.1	auf Planfeststellung einer Anlage oder Änderung des Planfeststellungsbeschlusses	2,5 % der Investitionssumme	
34.1.2	gegen Nebenbestimmung	Betrag der Mehrkosten	
34.2	**Klage eines drittbetroffenen Privaten**	wie Abfallentsorgung Ziff. 2.2	
34.2.1	wegen Eigentumsbeeinträchtigung – soweit nicht einer der Pauschalierungsvorschläge Ziff. 34.2.1.1–34.2.3 greift:	Betrag der Wertminderung des Grundstücks, höchstens 50 % des geschätzten Verkehrswerts	
34.2.1.1	Beeinträchtigung eines Eigenheimgrundstücks oder einer Eigentumswohnung	15.000,– EUR	
34.2.1.2	Beeinträchtigung eines Mehrfamilienhauses	Wohnungszahl × 15.000,– EUR, höchstens 60.000,– EUR bei Klägeridentität	
34.2.2	Beeinträchtigung eines Gewerbebetriebes	60.000,– EUR	
34.2.3	Beeinträchtigung eines Landwirtschaftsbetriebes	Haupterwerb 60.000,– EUR, Nebenerwerb 30.000,– EUR	
34.2.4	Dauerhafte Inanspruchnahme landwirtschaftlicher Flächen	0,50,– EUR/m^2	
34.2.5	wegen sonstiger Beeinträchtigungen soweit nicht einer der Pauschalierungsvorschläge greift.	15.000,– EUR	
34.2.6	gegen Vorbereitungsarbeiten	7.500,– EUR	
34.2.7	gegen nachträgliche Anordnung von Schutzauflagen	5.000,– EUR je betroffenem Grundstück	
34.3	**Klage einer in ihrem Selbstverwaltungsrecht betroffenen Gemeinde**	60.000,– EUR	
34.4	**Verbandsklage eines Naturschutzvereins oder einer anderen NRO**	Auswirkungen der begehrten Entscheidung auf die vertretenen Interessen; in der Regel 15.000,– EUR bis 30.000,– EUR	

35.	**Polizei- und Ordnungsrecht**		142
35.1	polizei- und ordnungsrechtliche **Verfügung,** polizeiliche Sicherstellung	wirtschaftliches Interesse, sonst Auffangwert	
35.2	Anordnung gegen Tierhalter	Auffangwert; sofern die Anordnung einer Gewerbeuntersagung gleichkommt, wie Ziff. 54.2.1	
35.3	Obdachloseneinweisung	Auffangwert	
35.4	Wohnungsverweisung	½ Auffangwert	
35.5	Streit um erkennungsdienstliche Maßnahmen und kriminalpolizeiliche Unterlagen	Auffangwert	
35.6	Normenkontrolle	wirtschaftliches Interesse, sonst Auffangwert	

36.	**Prüfungsrecht**		143
36.1	noch nicht den Berufszugang eröffnende (Staats-)Prüfung, Einzelleistungen, deren Nichtbestehen zur Beendigung des Studiums führen	7.500,– EUR	
36.2	den Berufszugang eröffnende abschließende (Staats-)Prüfung, abschließende ärztliche oder pharmazeutische Prüfung	Jahresbetrag des erzielten oder erwarteten Verdienstes, mindestens 15.000,– EUR	

	36.3	sonstige berufseröffnende Prüfungen	Jahresbetrag des erzielten oder erwarteten Verdienstes, mindestens 15.000,– EUR
	36.4	sonstige Prüfungen	Auffangwert
144	**37.**	**Rundfunkrecht**	
	37.1	Hörfunkkonzession	200.000,– EUR
	37.2	Fernsehkonzession	350.000,– EUR
	37.3	Kanalbelegung	wie Hörfunk-/Fernsehkonzession
	37.4	Einräumung von Sendezeit	15.000,– EUR, bei bundesweit ausgestrahltem Programm: 500.000,– EUR
145	**38.**	**Schulrecht**	
	38.1	Errichtung, Zusammenlegung, Schließung einer Schule (Klage der Eltern bzw. Schüler)	Auffangwert
	38.2	Genehmigung zum Betrieb einer Ersatzschule	30.000,– EUR
	38.3	Schulpflicht, Einweisung in eine Sonderschule, Entlassung aus der Schule	Auffangwert
	38.4	Aufnahme in eine bestimmte Schule oder Schulform	Auffangwert
	38.5	Versetzung, Zeugnis	Auffangwert
	38.6	Reifeprüfung	Auffangwert
146	**39.**	**Schwerbehindertenrecht**	
	39.1	Zustimmung des Integrationsamtes	Auffangwert
147	**40.**	Soldatenrecht	
	40.1	Berufssoldaten	wie Beamte auf Lebenszeit
	40.2	Soldaten auf Zeit	wie Beamte auf Probe
148	**41.**	**Sozialhilfe/Kriegsopferfürsorge**	s. Streitwertkatalog idF von Januar 1996 (NVwZ 1996, 562; DVBl 1996, 605)
149	**42.**	**Staatsangehörigkeitsrecht**	
	42.1	Einbürgerung	doppelter Auffangwert pro Person
	42.2	Feststellung der Staatsangehörigkeit	doppelter Auffangwert pro Person
150	**43.**	**Straßen- und Wegerecht** (ohne Planfeststellung), **Straßenreinigung**	
	43.1	Sondernutzung	zu erwartender Gewinn bis zur Grenze des Jahresbetrags, mindestens 500,– EUR
	43.2	Sondernutzungsgebühr	siehe Abgabenrecht
	43.3	Widmung, Einziehung	wirtschaftliches Interesse, mindestens 7.500,– EUR
	43.4	Anfechtung einer Umstufung zur Vermeidung der Straßenbaulast	dreifacher Jahreswert des Erhaltungs- und Unterhaltungsaufwandes
	43.5	Straßenreinigungspflicht	Auffangwert
151	**44.**	**Subventionsrecht**	
	44.1	**Vergabe einer Subvention**	
	44.1.1	Leistungsklage	streitiger Betrag (§ 52 Abs. 3 GKG)
	44.1.2	Konkurrentenklage	50 % des Subventionsbetrages

44.2	**Bescheinigung als Voraussetzung für eine Subvention**	75 % der zu erwartenden Subvention
44.3	**Zinsloses oder zinsermäßigtes Darlehen**	Zinsersparnis, im Zweifel pauschaliert: zinsloses Darlehen 25 %, zinsermäßigtes Darlehen 10 % des Darlehensbetrages

45.	**Vereins- und Versammlungsrecht**		152
45.1	**Vereinsverbot**		
45.1.1	durch oberste Landesbehörde	15.000,– EUR	
45.1.2	durch oberste Bundesbehörde	30.000,– EUR	
45.2	**Anfechtung eines Verbots durch einzelne Mitglieder**	Auffangwert je Kläger	
45.3	**Auskunftsverlangen**	Auffangwert	
45.4	**Versammlungsverbot, Auflage**	½ Auffangwert	

46.	**Verkehrsrecht**		153
46.1	Fahrerlaubnis Klasse A	Auffangwert	
46.2	Fahrerlaubnis Klasse A M, A 1, A 2	½ Auffangwert	
46.3	Fahrerlaubnis Klasse B, BE	Auffangwert	
46.4	Fahrerlaubnis Klasse C, CE	1½ Auffangwert	
46.5	Fahrerlaubnis Klasse C 1, C 1E	Auffangwert	
46.6	Fahrerlaubnis Klasse D, DE	1½ Auffangwert	
46.7	Fahrerlaubnis Klasse D 1, D 1E	Auffangwert	
46.8	Fahrerlaubnis Klasse L	½ Auffangwert	
46.9	Fahrerlaubnis Klasse T	½ Auffangwert	
46.10	Fahrerlaubnis zur Fahrgastbeförderung	zweifacher Auffangwert	
46.11	Fahrtenbuchauflage	400,– EUR je Monat	
46.12	Teilnahme an Aufbauseminar	½ Auffangwert	
46.13	Verlängerung der Probezeit	½ Auffangwert	
46.14	Verbot des Fahrens erlaubnisfreier Fahrzeuge	Auffangwert	
46.15	Verkehrsregelnde Anordnung	Auffangwert	
46.16	Sicherstellung, Stilllegung eines Kraftfahrzeugs	½ Auffangwert	

47.	**Verkehrswirtschaftsrecht**	**Es gelten grds. die nachstehend aufgeführten Werte. Soweit diese die Bedeutung der Genehmigung oder der Anfechtung einer belastenden Maßnahme für den Kläger nicht angemessen erfassen, gilt stattdessen das geschätzte wirtschaftliche Interesse bzw. der Jahresnutzwert.**	154
47.1	Güterfernverkehrsgenehmigung, Gemeinschaftslizenz für EG Ausland, grenzüberschreitender Verkehr	30.000,– EUR	
47.2	Bezirksverkehrsgenehmigung	20.000,– EUR	
47.3	Nahverkehrsgenehmigung	15.000,– EUR	
47.4	Taxigenehmigung	15.000,– EUR	
47.5	Mietwagengenehmigung	10.000,– EUR	
47.6	Linienverkehr mit Omnibussen	20.000,– EUR je Linie	
47.7	Gelegenheitsverkehr mit Omnibussen	20.000,– EUR	

155

48.	**Vermögensrecht**	
48.1	**Rückübertragung**	
48.1.1	Grundstück	aktueller Verkehrswert; klagen einzelne Mitglieder einer Erbengemeinschaft auf Leistung an die Erbengemeinschaft, so ist das wirtschaftliche Interesse nach dem Erbanteil zu bemessen.
48.1.2	Unternehmen	aktueller Verkehrswert
48.1.3	sonstige Vermögensgegenstände	wirtschaftlicher Wert
48.2	**Besitzeinweisung**	30 % des aktuellen Verkehrswerts
48.3	**Investitionsvorrangbescheid**	30 % des aktuellen Verkehrswerts
48.4	**Einräumung eines Vorkaufsrechts**	50 % des aktuellen Verkehrswerts

156

49.	**Vertriebenen- und Flüchtlingsrecht**	
49.1	Erteilung oder Entziehung eines Vertriebenenausweises	Auffangwert
49.2	Erteilung oder Rücknahme eines Aufnahmebescheides/einer Bescheinigung nach § 15 BVFG	Auffangwert

157

50.	**Waffenrecht**	
50.1	**Waffenschein**	7.500,– EUR
50.2	**Waffenbesitzkarte**	Auffangwert zzgl. 750,– EUR je weitere Waffe
50.3	Munitionserwerbsberechtigung	1.500,– EUR
50.4	Waffenhandelserlaubnis	s. Gewerbeerlaubnis Ziff. 54.2.1

158

51.	**Wasserrecht** (ohne Planfeststellung)	
51.1	Erlaubnis, Bewilligung	wirtschaftlicher Wert
51.2	Anlagen an und in Gewässern	
51.2.1	gewerbliche Nutzung	Jahresgewinn, mindestens Auffangwert
51.2.2	nichtgewerbliche Nutzung	Auffangwert
51.2.3	Steganlagen inkl. ein Bootsliegeplatz	Auffangwert zzgl. 750,– EUR für jeden weiteren Liegeplatz

159

52.	**Wehrdienst**	
52.1	Anerkennung als Kriegsdienstverweigerer	Auffangwert
52.2	Wehrübung	Auffangwert

160

53.	**Weinrecht**	
53.1	Veränderung der Rebfläche	1,50 EUR/m^2 Rebfläche
53.2	Genehmigung zur Vermarktung oder Verarbeitung von nicht verkehrsfähigem Wein	2,– EUR/l

161

54.	**Wirtschaftsverwaltungsrecht**	
54.1	**Gewerbeerlaubnis, Gaststättenkonzession**	Jahresbetrag des erzielten oder erwarteten Gewinns, mindestens 15.000,– EUR
54.2	**Gewerbeuntersagung**	
54.2.1	ausgeübtes Gewerbe	Jahresbetrag des erzielten oder erwarteten Gewinns, mindestens 15.000,– EUR
54.2.2	erweiterte Gewerbeuntersagung	Erhöhung um 5.000,– EUR
54.3	**Handwerksrecht**	
54.3.1	Eintragung/Löschung in der Handwerksrolle	Jahresbetrag des erzielten oder erwarteten Gewinns, mindestens 15.000,– EUR
54.3.2	Meisterprüfung	15.000,– EUR
54.3.3	Gesellenprüfung	7.500,– EUR

54.4	**Sperrzeitregelung**	Jahresbetrag des erzielten oder erwarteten zusätzlichen Gewinns, mindestens 7.500,– EUR	
54.5	**Zulassung zu einem Markt**	erwarteter Gewinn, mindestens 300,– EUR pro Tag	
55.	**Wohngeldrecht**		**162**
55.1	Miet- oder Lastenzuschuss	streitiger Zuschuss, höchstens Jahresbetrag	
56.	**Wohnraumrecht**		**163**
56.1	**Anerkennung als steuerbegünstigte Wohnung**	Gesamtbetrag der Steuerersparnis	
56.2	**Bewilligung öffentlicher Mittel**	Zuschussbetrag zzgl. 10 % der Darlehenssumme	
56.3	**Erteilung einer Wohnberechtigungsbescheinigung**	Auffangwert	
56.4	**Fehlbelegungsabgabe**	streitiger Betrag, höchstens dreifacher Jahresbetrag	
56.5	**Freistellung von der Wohnungsbindung**	Auffangwert je Wohnung	
56.6	**Zweckentfremdung**		
56.6.1	Erlaubnis mit Ausgleichszahlung	Jahresbetrag der Ausgleichszahlung, bei laufender Zahlung: Jahresbetrag	
56.6.2	Erlaubnis ohne Ausgleichszahlung	Auffangwert	
56.6.3	Aufforderung, Wohnräume wieder Wohnzwecken zuzuführen	Falls eine wirtschaftlich günstigere Nutzung stattfindet: Jahresbetrag des Interesses, sonst Auffangwert je Wohnung	
56.7	**Wohnungsaufsichtliche Anordnung**	veranschlagte Kosten der geforderten Maßnahmen	

V. Finanzgerichtsbarkeit

Übersicht

Teil 1. Finanzgerichtsbarkeit

1. Gerichtsaufbau

1 **a) Erste Instanz.** Die Finanzgerichtsbarkeit ist durch die Finanzgerichtsordnung (FGO) v. 6.10.1965 (BGBl. 1965 I 1477) mit Änderungen geregelt. Gem. § 1 FGO wird sie durch unabhängige, von den Verwaltungsbehörden getrennte, besondere Verwaltungsgerichte ausgeübt. Gem. § 2 FGO ist sie zweistufig aufgebaut. Gerichte in den Ländern sind die Finanzgerichte, im Bund der BFH. Der Finanzrechtsweg ist gegeben für die in § 33 FGO aufgezählten Angelegenheiten. Das Finanzgericht entscheidet im ersten Rechtszug über alle Streitigkeiten, für die der Finanzrechtsweg gegeben ist.

2 Das Verfahren beginnt gem. §§ 40, 41 FGO mit der Erhebung der Klage (Anfechtungs-, Leistungs-, Feststellungs- oder Verpflichtungsklage).

3 In den Fällen, in denen ein außergerichtlicher Rechtsbehelf gegeben ist, ist die Klage gem. § 44 Abs. 1 FGO gesetzlich nur zulässig, wenn das Verfahren über den außergerichtlichen Rechtsbehelf ganz oder zT erfolglos geblieben ist. Ausnahmen ergeben sich aus §§ 45, 46 FGO.

4 Das Finanzgericht entscheidet gem. § 90 Abs. 1 FGO grds. auf Grund mündlicher Verhandlung durch Urteil.

5 Nach § 90 Abs. 2 FGO kann das Gericht mit Einverständnis der Beteiligten ohne mündliche Verhandlung entscheiden. Nach § 90a Abs. 1 FGO kann das Gericht ohne mündliche Verhandlung durch **Gerichtsbescheid** entscheiden. Nach § 90a Abs. 3 wirkt der Gerichtsbescheid als Urteil, sofern nicht rechtzeitig mündliche Verhandlung beantragt wird. Wird in-

nerhalb eines Monats nach Zustellung des Gerichtsbescheids mündliche Verhandlung beantragt (§ 90a Abs. 2 S. 1 FGO) gilt er als nicht ergangen.

Gegen das Urteil des Finanzgerichtes steht den Beteiligten die Revision an den BFH zu, wenn das Finanzgericht oder auf Beschwerde gegen die Nichtzulassung der BFH sie zugelassen hat (§ 115 Abs. 1 FGO). Das Beschwerdeverfahren gegen die Nichtzulassung der Revision regelt § 116 FGO.

b) Revision. Der BFH entscheidet gem. § 36 FGO über die Rechtsmittel 6

1. der Revision gegen Urteile des Finanzgerichts und gegen Entscheidungen, die Urteilen des Finanzgerichts gleichstehen,
2. der Beschwerde gegen andere Entscheidungen des Finanzgerichts, des Vorsitzenden oder des Berichterstatters.

Die Beteiligten können innerhalb eines Monats nach Zustellung des Gerichtsbescheides mündliche Verhandlung beantragen. Hat das Finanzgericht in dem Gerichtsbescheid die Revision zugelassen, können sie auch Revision einlegen (§ 90a Abs. 2 S. 1 u. 2 FGO). Wird von beiden Rechtsbehelfen Gebrauch gemacht, findet nach § 90a Abs. 2 S. 3 FGO mündliche Verhandlung statt. 7

2. Die Gebühren

a) Außergerichtliche Tätigkeiten. ***aa) Geschäftsgebühr.*** → RVG VV 2300, Rn. 16 ff. Ist der RA außergerichtlich tätig, bspw. bei Durchführung eines außergerichtlichen Vorverfahrens, verdient er die Geschäftsgebühr VV 2300 RVG. 8

bb) Höhe der Geschäftsgebühr. → RVG VV 2300 Rn. 30. Die Geschäftsgebühr VV 2300 RVG sieht einen Rahmen von 0,5–2,5 vor; iÜ weiter näher → RVG VV 2300 Rn. 30 ff. 9

cc) Vorausgegangenes Verwaltungsverfahren. → RVG VV 2300 Rn. 39 ff. Ist der Anwalt nicht erst im außergerichtlichen Nachprüfungsverfahren, sondern bereits schon in dem dem angefochtenen Bescheid vorausgegangenen Verfahren tätig gewesen und hat hierfür bereits die Geschäftsgebühr VV 2300 RVG verdient, verdient der Rechtsanwalt im Nachprüfungsverfahren nach Inkrafttreten des 2. KostRMoG[1] ebenfalls eine Geschäftsgebühr VV 2300 RVG mit einem Rahmen von 0,5–2,5. Nach altem Recht fiel insoweit der Vergütungstatbestand VV 2301 RVG aF an, dieser sah einen Rahmen von 0,5–1,3 vor. 10

dd) Anrechnung. Nach der Einführung der reinen Anrechnungslösung durch das 2. KostRMoG[2] ist, wenn im Verwaltungsverfahren und im Widerspruchsverfahren jeweils Geschäftsgebühren angefallen sind, eine Anrechnung nach VV Vorb. 2.3 Abs. 4 RVG vorzunehmen. So ist eine wegen desselben Gegenstands entstandene Geschäftsgebühr für eine Tätigkeit im Verwaltungsverfahren zur Hälfte, höchstens jedoch mit einem Gebührensatz von 0,75 nach VV Vorb. 2.3 Abs. 4 S. 1 RVG auf eine Geschäftsgebühr für die Tätigkeit im Nachprüfungsverfahren anzurechnen. 11

Für die Anrechnung auf die gerichtliche Verfahrensgebühr gilt VV Vorb. 3 Abs. 4 RVG. VV Vorb. 3 Abs. 4 RVG bestimmt, dass, soweit wegen desselben Gegenstands eine Geschäftsgebühr nach VV Teil 2 RVG entsteht, diese Gebühr zur Hälfte, höchstens jedoch mit einem Gebührensatz von 0,75 auf die Verfahrensgebühr des gerichtlichen Verfahrens anzurechnen ist. Sind in derselben Angelegenheit mehrere Geschäftsgebühren entstanden, soll nach VV Vorb. 3 Abs. 4 S. 3 RVG die zuletzt entstandene Gebühr maßgebend sein. Dies hat regelmäßig dann Bedeutung, wenn der Anwalt einen Beteiligten sowohl im Verwaltungsverfahren sowie anschließend im Nachprüfungsverfahren vertreten hat. Dann hat dieser nämlich im Verwaltungsverfahren die Geschäftsgebühr VV 2300 RVG und im Nachprüfungsverfahren ebenfalls die Gebühr VV 2300 RVG verdient. In diesen Fällen wird nur die Geschäftsgebühr VV 2300 RVG für das Nachprüfungsverfahren auf die Verfahrensgebühr des gerichtlichen Verfahrens angerechnet, die Geschäftsgebühr nach VV 2300 RVG aus dem Verwaltungsverfahren bleibt hingegen gegenüber der Verfahrensgebühr für das gerichtliche Verfahren unangerechnet, wird aber nach VV Vorb. 2.3 Abs. 4 RVG auf die im Nachprüfungsverfahren entstandene Geschäftsgebühr hälftig, maximal mit dem Satz von 0,75, angerechnet.[3]

b) Gerichtliches Verfahren. Eine wesentliche Besonderheit des finanzgerichtlichen Verfahrens ist, dass nach VV Vorb. 3.2.1 Nr. 1 RVG der RA im erstinstanzlichen Verfahren vor den Finanzgerichten die für das Rechtsmittelverfahren erhöhten Gebühren nach Abschn. 2 von 12

---

[1] BGBl. 2013 I 2586.
[2] BGBl. 2013 I 2586.
[3] *Mayer* Gebührenformulare Teil 1 § 4 Rn. 67.

VV Teil 3 RVG erhält. Der Gesetzgeber wollte damit der Tatsache Rechnung tragen, dass das Finanzgericht seiner Struktur nach ein Obergericht wie das Oberverwaltungsgericht ist, eine Senatsverfassung hat und erste und gleichzeitig letzte Tatsacheninstanz ist; in der Regel sei es die einzige und letzte gerichtliche Instanz, auch sei die Tätigkeit des RA im Finanzgerichtsprozess nicht vergleichbar mit dessen Tätigkeiten vor den sonstigen erstinstanzlichen Gerichten, sondern vielmehr mit der anwaltlichen Tätigkeit vor den Berufungsgerichten. Im Unterschied zu dem Vortrag vor den erstinstanzlichen Gerichten sei der Sachverhaltsvortrag vor dem Finanzgericht stets zwingend abschließend, gleiches gelte für die rechtliche Begründung, sie müsse stets zu allen denkbaren Einzelheiten umfassend und eingehend vorgetragen werden, die Tätigkeit vor dem Finanzgericht stelle deshalb an den RA besondere Anforderungen.[4]

13 ***aa) Die Verfahrensgebühr.*** Erster Rechtszug. VV 3200 RVG und VV 3201 RVG. Problematisch ist im finanzgerichtlichen Verfahren die beschränkte Verfahrensgebühr VV 3201 RVG. So soll, wenn in einem finanzgerichtlichen Verfahren auch ein in diesem Verfahren nicht anhängiges weiteres Verfahren miterledigt wird, zwar die Termins- und Erledigungsgebühr aus dem Gesamtwert der beiden Verfahren entstehen, jedoch keine Verfahrensdifferenzgebühr nach Abs. 1 Nr. 2 der Anmerkung zu VV 3201 RVG.[5] Begründet wird dies damit, dass die Differenzverfahrensgebühr VV 3201 RVG gem. ihrer Anmerkung Abs. 1 Nr. 2 auf die gerichtliche Protokollierung eines Vergleichs abstelle, ein solcher aber in Steuersachen unzulässig sei.[6] Problematisch ist die Differenzverfahrensgebühr im finanzgerichtlichen Verfahren auch deshalb, weil in Abs. 1 Nr. 2 der Anmerkung zum Vergütungstatbestand – „soweit Verhandlungen vor Gericht zur Einigung" – lediglich von Verhandlungen zur „Einigung", nicht aber auch zur „Erledigung" erwähnt sind.[7]

Revision. VV 3206 RVG und VV 3207 RVG.

14 ***bb) Die Terminsgebühr.*** **Allgemeines.** Auch im Finanzgerichtsverfahren gilt VV Vorb. 3 Abs. 3 RVG (→ RVG VV Vorb. 3 Rn. 70 ff.). Es genügt die vertretungsbereite Anwesenheit in einem gerichtlichen Termin, oder die Mitwirkung an einem Vermeidungs- oder Erledigungsgespräch iSv VV Vorb. 3 Abs. 3 S. 3 Nr. 2 RVG.

15 Die **Höhe der Terminsgebühr** regeln in der ersten Instanz VV 3202 RVG und VV 3203 RVG in der zweiten Instanz VV 3210 RVG und VV 3211 RVG.

16 **Terminsgebühr ohne mündliche Verhandlung.** Nach Abs. 1 der Anmerkung zu VV 3202 RVG iVm Abs. 1 Nr. 1 der Anmerkung zu VV 3104 RVG entsteht die volle Terminsgebühr, wenn in einem Verfahren, für das mündliche Verhandlung vorgeschrieben ist, im Einverständnis mit den Parteien ohne mündliche Verhandlung entschieden wird.

17 Nach § 90 Abs. 1 S. 1 FGO entscheidet das Gericht, soweit nichts anderes bestimmt ist, auf Grund mündlicher Verhandlung. Nach § 90 Abs. 1 S. 2 FGO können Entscheidungen des Gerichts, die nicht Urteile sind, ohne mündliche Verhandlung ergehen. Gem. § 90 Abs. 2 FGO kann das Gericht mit Einverständnis der Beteiligten ohne mündliche Verhandlung entscheiden.

18 **Entscheidung des Gerichts. Voraussetzung** für die Terminsgebühr ohne mündliche Verhandlung ist eine Entscheidung des Gerichts. Die Terminsgebühr entsteht also erst durch die gerichtliche Entscheidung und nicht schon mit dem Einreichen von Schriftsätzen.[8]

Hierfür genügen nicht:

– Vorbereitende Anordnungen des Vorsitzenden oder Berichterstatters nach § 79 FGO;[9]
– Aufklärungsbeschlüsse;[10]
– Kostenentscheidung nach Erledigung der Hauptsache nach § 138 Abs. 1 FGO;[11]
– Aussetzung der Vollziehung nach § 69 Abs. 3 FGO;[12]
– Verwerfung der Revision als unzulässig nach § 126 Abs. 1 FGO durch Beschluss.[13]

19 – wenn das Klagebegehren durch eine Handlung des Finanzgerichts sich erledigt, zB wenn das Finanzamt den angefochtenen Bescheid ändert, selbst wenn dies auf Anregung des Gerichts erfolgt. Es fehlt dann eine gerichtliche Entscheidung.

---

[4] BT-Drs. 15/1971, 213.
[5] FG BW AGS 2007, 454.
[6] FG BW AGS 2007, 454.
[7] Anm. *Schneider* zu FG BW AGS 2007, 455.
[8] BFH BStBl. II 1969, 709 = BB 1969, 1465.
[9] HessFG EFG 1969, 551; FG München EFG 1971, 144.
[10] BFH NJW 1974, 1216.
[11] BFH NJW 1969, 712.
[12] BFH NJW 1970, 2263.
[13] Hartmann/Toussaint/*Toussaint* RVG VV 3210–3211 Rn. 1 zur Verwerfung einer Rev. durch den BGH; aA FG Hannover EFG 1982, 46.

In all diesen Fällen kann aber bei Vorliegen eines Verfahrensauftrags eine Terminsgebühr gem. VV Vorb. 3 Abs. 3 S. 3 Nr. 2 RVG entstehen, wenn der RA zB mit dem Finanzamt über eine Erledigung der Angelegenheit verhandelt. Der zu kritisierenden Rspr., wonach eine Terminsgebühr für eine außergerichtliche Erledigungs- oder Vermeidungsbesprechung nur in Verfahren mit vorgeschriebener mündlicher Verhandlung entstehen kann, hat der Gesetzgeber durch die Neufassung von VV Vorb. 3 Abs. 3 RVG den Boden entzogen.[14]

Nach Abs. 2 der Anmerkung zu VV 3202 RVG entsteht die volle Terminsgebühr auch, wenn nach § 79a Abs. 2, § 90a FGO oder § 94a FGO ohne mündliche Verhandlung entschieden wird. Nicht ausreichend ist jedoch ein Hauptsacheerledigungsbeschluss nach § 79a Abs. 1 FGO.[15]

*cc) **Einigungsgebühr.*** Nach Abs. 4 der Anmerkung zu VV 1000 RVG gelten die Abs. 1, 2 der Anmerkung zu VV 1000 RVG auch bei Rechtsverhältnissen des öffentlichen Rechts, soweit über die Ansprüche vertraglich verfügt werden kann. 20

Wegen des Grundsatzes der Gleichmäßigkeit der Besteuerung ist in Steuersachen grds. ein Vergleich nicht zulässig.[16] 21

Wenn aber die Beteiligten über den Gegenstand verfügen können, kann auch in finanzgerichtlichen Verfahren eine Einigungsgebühr grds. entstehen. 22

*dd) **Erledigungsgebühr.*** Anders als die Einigungsgebühr kann die Erledigungsgebühr jedoch im finanzgerichtlichen Verfahren grds. ohne Weiteres entstehen. Problematisch ist jedoch, in welcher Höhe die Erledigungsgebühr in erstinstanzlichen finanzgerichtlichen Verfahren entsteht, ob nämlich der Vergütungstatbestand VV 1003 RVG mit dem Satz von 1,0 oder der Vergütungstatbestand VV 1004 RVG mit dem Gebührensatz von 1,3 anzuwenden ist. Die Einordnung des erstinstanzlichen finanzgerichtlichen Verfahrens und die Zuordnung der Vergütungstatbestände, die sonst für das Berufungsverfahren gelten, zum erstinstanzlichen finanzgerichtlichen Verfahren sprechen jedoch dafür, VV 1004 RVG auch dann anzuwenden, wenn über den Gegenstand ein erstinstanzliches finanzgerichtliches Verfahren anhängig ist.[17] Allerdings hat der Gesetzgeber mit dem Gesetz zur Reform des Verfahrens in Familiensachen und in den Angelegenheiten der freiwilligen Gerichtsbarkeit[18] in den Vergütungstatbestand VV 1004 RVG eine Anmerkung eingefügt und in Abs. 1 der Anmerkung bestimmt, dass der Vergütungstatbestand VV 1004 RVG auch in den in VV Vorb. 3.2.1 RVG und VV Vorb. 3.2.2 RVG genannten Beschwerde – und Rechtsbeschwerdeverfahren Anwendung finden soll. Da der Gesetzgeber in die Anmerkung gerade nicht auch das erstinstanzliche finanzgerichtlichen Verfahren aufgenommen hat, spricht viel dafür, dass für das finanzgerichtlichen Verfahren anders als für die in Abs. 1 der Anmerkung genannten Beschwerden keine 1,3 Gebühr nach VV 1004 RVG mehr angenommen werden kann.[19] 23

Wegen der Einzelheiten des Vergütungstatbestandes wird verwiesen auf oben → RVG Anh. IV Rn. 27. 24

c) Weitere Gebühren. *aa) **Vertretung in der mündlichen Verhandlung.*** Wird der RA nur mit der Vertretung in der mündlichen Verhandlung beauftragt, erhält er die Gebühren nach VV 3401 RVG. 25

*bb) **Verkehrsgebühr.*** Führt der RA lediglich den Verkehr der Partei mit dem Prozessbevollmächtigten, hat er Anspruch auf die Verkehrsgebühr nach VV 3400 RVG. Vgl. die Anmerkungen dort. 26

*cc) **Selbständiges Beweisverfahren.*** Ein selbständiges Beweisverfahren kann gem. § 82 FGO vor dem Finanzgericht durchgeführt werden. Der RA erhält in diesem Verfahren die Gebühren nach VV 3100 ff. RVG. 27

*dd) **Zwangsvollstreckung.*** VV 3309 RVG sieht eine Verfahrensgebühr von 0,3 für die Tätigkeit in der Zwangsvollstreckung vor und VV 3310 RVG eine 0,3 Terminsgebühr, die allerdings nur für die Teilnahme an einem gerichtlichen Termin, einem Termin zur Abgabe der Vermögensauskunft oder zur Abnahme der eidesstattlichen Versicherung entsteht. Siehe Erläuterungen zu VV 3309 RVG und VV 3310 RVG. Auch hier kann die Erledigungsgebühr nach VV 1002 RVG entstehen.[20] 28

---

[14] → Anh. IV Rn. 16.
[15] FG Bln-Bbg AGS 2007, 85 f.
[16] So zB FG BW AGS 2007, 454.
[17] Schneider/Mock GebührenR § 10 Rn. 54; FG BW AGS 2007, 349.
[18] BGBl. 2008 I 2586 ff.
[19] Mayer/Kroiß/*Mayer* RVG VV 1004 Rn. 7 mwN; Schneider/Wolf/*N. Schneider* RVG VV 1004 Rn. 6.
[20] FG Bln EFG 1989, 538 = KostRspr BRAGO § 114 Nr. 20.

29 ***ee) Beschwerdeverfahren über die Nichtzulassung der Revision.*** Im Beschwerdeverfahren nach § 116 Abs. 1 FGO über die Nichtzulassung der Revision entsteht nach VV 3506 RVG eine Verfahrensgebühr mit dem Satz von 1,6, bei vorzeitiger Beendigung des Auftrags reduziert sie sich nach VV 3507 RVG auf den Satz von 1,1. Die Verfahrensgebühr VV 3506 RVG ist gem. der Anmerkung zum Vergütungstatbestand auf die Verfahrensgebühr für ein nachfolgendes Revisionsverfahren anzurechnen.

30 ***ff) Erinnerung und Beschwerde.*** Hier erhält der RA gem. VV 3500 RVG eine Verfahrensgebühr für Verfahren über die Beschwerde und die Erinnerung mit 0,5.

3. Kosten- und Kostenerstattung

31 **a) Die Kosten des Finanzprozesses.** Gem. § 143 Abs. 1 FGO hat das Gericht im Urteil oder, wenn das Verfahren auf andere Weise beendet worden ist, durch Beschluss über die Kosten zu entscheiden.

32 Grundsätzlich trägt der unterliegende Beteiligte gem. § 135 Abs. 1 FGO die Kosten des Verfahrens. Die Kosten eines ohne Erfolg eingelegten Rechtsmittels fallen nach § 135 Abs. 2 FGO demjenigen zur Last, der das Rechtsmittel eingelegt hat. Wenn ein Beteiligter teils obsiegt, teils unterliegt, so sind die Kosten gem. § 136 Abs. 1 S. 1 FGO gegeneinander aufzuheben oder verhältnismäßig zu teilen (das Gegeneinanderaufheben empfiehlt sich nicht, da in diesem Fall der Kläger seine gesamten außergerichtlichen Kosten selbst zu tragen hat, während dem Finanzamt Kosten nicht zur Last fallen. Vorschlag: Die Kosten des Verfahrens werden den Parteien je zur Hälfte auferlegt). Wer einen Antrag, eine Klage, ein Rechtsmittel oder einen anderen Rechtsbehelf zurücknimmt, hat nach § 136 Abs. 2 FGO die Kosten zu tragen. Ist der Rechtsstreit in der Hauptsache erledigt, so entscheidet das Gericht gem. § 138 Abs. 1 FGO nach billigem Ermessen über die Kosten des Verfahrens durch Beschluss. Soweit ein Rechtsstreit dadurch erledigt wird, dass dem Antrag des Steuerpflichtigen durch Rücknahme oder Änderung des angefochtenen Verwaltungsakts stattgegeben oder es im Fall der Untätigkeitsklage gem. § 46 Abs. 1 S. 3 Hs. 2 innerhalb der gesetzten Frist dem außergerichtlichen Rechtsbehelf stattgegeben oder der beantragte Verwaltungsakt erlassen wird, sind die Kosten der Behörde nach § 138 Abs. 2 S. 1 FGO aufzuerlegen.

33 **b) Kostenerstattung.** Die Kostenerstattung ist in § 139 FGO geregelt. Kosten sind – außer den Gerichtskosten – die zur zweckmäßigen Rechtsverfolgung oder Rechtsverteidigung notwendigen Aufwendungen der Beteiligten einschließlich der Kosten des Vorverfahrens.[21]

34 Die Aufwendungen der Finanzbehörde sind nach § 139 Abs. 2 FGO nicht zu erstatten.

35 Stimmen der Streitwert des Finanzprozesses und der Gegenstandswert des Vorverfahrens nicht überein (Bsp.: Der Kläger hatte bereits im Vorverfahren zT obsiegt), berechnen sich die zu erstattenden Kosten nur nach dem Streitwert des Finanzprozesses.

36 Gem. § 155 FGO sind die Vorschriften der ZPO, somit auch die Bestimmungen des § 91 Abs. 2 ZPO sinngemäß anzuwenden. Das heißt einmal, dass die gesetzlichen **Gebühren und Auslagen des Rechtsanwalts** der obsiegenden Partei auf jeden Fall zu erstatten sind. Die Kosten mehrerer Rechtsanwälte sind nur insoweit zu erstatten, als sie die Kosten eines RA nicht übersteigen oder als in der Person des RA ein Wechsel eintreten musste (zB durch Tod des zuerst beauftragten RA).

37 In finanzgerichtlichen Verfahren sind dem RA in eigenen Sachen Gebühren und Auslagen zu erstatten.[22] Dagegen soll ein RA, der sich im Einspruchsverfahren selbst vertreten hat, keine Kostenerstattung fordern dürfen.[23] Das Gleiche gilt, wenn der RA als Partei kraft Amtes einen Finanzprozess führt.

38 **Kosten eines Verkehrsanwalts** → RVG VV 3400 Rn. 90 ff.

39 **Die Gebühren eines Terminsvertreters** sind insoweit erstattungsfähig, als sie gemeinsam mit den Kosten des Prozessbevollmächtigten die Kosten eines RA nicht übersteigen oder wenn die Zuziehung eines zweiten RA geboten war.

40 Die **Auslagen** des RA (VV 7000 ff. RVG) sind ebenfalls zu erstatten, soweit sie notwendig waren.

41 **Reisekosten eines auswärtigen RA** sind insoweit zu erstatten, als die Zuziehung zur zweckentsprechenden Rechtsverfolgung oder Rechtsverteidigung notwendig war. Das wird zB dann der Fall sein, wenn es bei schwieriger Rechtslage geboten ist, einen Spezialisten zuzuzie-

---

[21] von Eicken/Hellstab/Dörndorfer/Asperger/*Hellstab* Kap. 4 A Rn. 135–178.

[22] *Mümmler* JurBüro 1982, 1134; von Eicken/Hellstab/Dörndorfer/Asperger/*Hellstab* Kap. 4 A Rn. 175; BFHE 1994, 113 = BStBl. II 1969, 81 = StRK FGO § 139 Rn. 18 = NJW 1969, 951; FG BW EFG 1969, 459.

[23] BFHE 108, 574; FG Hmb EFG 1971, 209.

hen oder wenn nur der auswärtige RA mit den besonderen betrieblichen Verhältnissen vertraut ist.

c) Die Kosten des Vorverfahrens. Sie sind nicht zu erstatten, soweit die Angelegenheit im Vorverfahren beendet wird, und zwar auch dann, wenn der Beteiligte im vollen Umfange obsiegt. Denn der Gesetzgeber ist für diesen Fall davon ausgegangen, dass es zur zweckentsprechenden Rechtsverfolgung oder Rechtsverteidigung ausreicht, wenn sich der Steuerpflichtige gegenüber der Finanzbehörde selbst vertritt.[24] Kommt es dagegen zu einem Verfahren vor dem Finanzgericht, gehören auch die Kosten des Vorverfahrens zu den notwendigen Kosten, § 139 Abs. 1 FGO. Die Kosten eines im Vorverfahren zugezogenen RA sind nach § 139 Abs. 3 S. 3 FGO jedoch nur dann zu erstatten, wenn das Gericht die Zuziehung eines Bevollmächtigten oder Beistands für das Vorverfahren für notwendig erklärt. Dabei kommt es darauf an, was der Beteiligte vernünftigerweise für notwendig halten durfte.[25] 42

d) Prozesskostenhilfe. Nach § 142 Abs. 1 FGO gelten die Vorschriften der ZPO über die Prozesskostenhilfe sinngemäß, es kann somit einem Beteiligten im Verfahren vor dem Finanzgericht Prozesskostenhilfe bewilligt werden. Ein RA ist beizuordnen, wenn die Vertretung durch einen RA geboten erscheint, was angesichts der Komplexität des Steuerrechts regelmäßig zu bejahen sein dürfte. 43

e) Kostenfestsetzung. Die Kosten sind gem. § 149 FGO auf Antrag durch den Urkundsbeamten des Gerichts des ersten Rechtszuges festzusetzen. 44

Die festgesetzten Kosten sind auf Antrag zu verzinsen. 45

Gegen die Festsetzung ist die Erinnerung an das Gericht gegeben, die binnen zwei Wochen einzulegen ist, § 149 Abs. 2 S. 1, 2 FGO. Über die Erinnerung entscheidet das Gericht durch Beschluss, § 149 Abs. 4 FGO. 46

Festsetzung der Vergütung gem. § 11 ist zulässig. Der Antrag ist an den Urkundsbeamten des Gerichts des ersten Rechtszuges zu richten.[26] 47

Teil 2. Gegenstandswerte

Geht es um einen **bezifferten Geldbetrag,** so ist dieser nach § 52 Abs. 3 GKG maßgebend, ansonsten ist die **Bedeutung der Sache** für den Kläger (Antragsteller) nach § 52 Abs. 1 GKG für den Gegenstandswert maßgeblich. Die Bedeutung der Sache errechnet sich durch das finanzielle Interesse an der erstrebten Änderung für den streitigen Veranlagungszeitraum; Bemessungsgrundlage ist der unmittelbar streitige Steuerbetrag. Ist der Beitrag für ein Jahr streitig, blieben Auswirkungen auf die Besteuerung der folgenden Jahre meist außer Betracht. Durch das 2. KostRMoG wurde § 52 Abs. 3 S. 2 GKG eingeführt. Die Regelung erlaubt wegen der Zukunftsbedeutung einen höheren Wert als nach § 52 Abs. 2 S. 1 GKG gegeben anzusetzen. § 52 Abs. 3 S. 2 GKG erfasst insbes. finanzgerichtliche und kommunalabgabenrechtliche Rechtsstreitigkeiten, die bspw. bezogen auf ein Jahr geführt werden, sich aber auf eine Mehrzahl von Jahren auswirken; dabei ist der Anwendungsbereich der Vorschrift eröffnet, wenn zu erwarten ist, dass in Zukunft wiederkehrende und dabei gleichgelagerte Verwaltungsakte ergehen werden. 48

In Finanzgerichtsverfahren ist der Streitwert gem. § 52 Abs. 4 Nr. 1 GKG **mindestens** auf **1.500,– EUR** festzusetzen.[27] Ausgenommen hiervon sind die in § 155 S. 2 FGO geregelten Entschädigungsverfahren wegen überlanger Gerichtsverfahren und die Verfahren in Kindergeldangelegenheiten.[28]

---

[24] BVerfG NJW 1973, 1739 ff.

[25] von Eicken/Hellstab/Dörndorfer/Asperger/*Hellstab* Kap. 4 B Rn. 185.

[26] Weitere Einzelheiten Madert Anwaltsvergütung Verwaltungssachen Kap. VIII A Rn. 14–23; von Eicken/Hellstab/Dörndorfer/Asperger/*Dorndörfer* Kap. 9 A Rn. 1 ff.

[27] BeckOK Kostenrecht/*Toussaint* GKG § 52 Rn. 20.

[28] BeckOK Kostenrecht/*Toussaint* GKG § 52 Rn. 21.

Teil 3. Streitwertkatalog für die Finanzgerichtsbarkeit[29]

Vorbemerkungen

49 Der Streitwertkatalog enthält eine Zusammenstellung der finanzgerichtlichen Rspr. zur Streitwertfestsetzung. Er versteht sich vor dem Hintergrund der mit In-Kraft-Treten des KostRMoG[30] am 1.7.2004 ausgeschlossenen Streitwertbeschwerde an den BFH als Beitrag zur Vereinheitlichung und Vorhersehbarkeit der Streitwertfestsetzung und folgt mit dieser Intention den bereits für die Verwaltungsgerichtsbarkeit[31] und Sozialgerichtsbarkeit[32] vorliegenden Streitwertkatalogen.

Der Streitwertkatalog erhebt weder Anspruch auf Vollständigkeit noch auf Verbindlichkeit. Mit den in diesem Katalog angegebenen Werten werden – soweit diese nicht auf gesetzlichen Bestimmungen beruhen – lediglich Empfehlungen ausgesprochen. Die verbindliche Festsetzung des im Einzelfall zutreffenden Streitwertes obliegt allein dem zuständigen Gericht.

Entsprechend dem Grundgedanken des Katalogs sind in der Regel Richtwerte und keine Rahmenwerte angegeben worden.

Der Streitwertkatalog will zugleich einen Beitrag zur gerichtsbarkeitsübergreifenden Vereinheitlichung der Streitwertrechtsprechung leisten. Die empfohlenen Richtwerte orientieren sich deshalb, soweit nicht Besonderheiten des finanzgerichtlichen Verfahrens entgegenstehen, an dem Streitwertkatalog für die Verwaltungsgerichtsbarkeit.

Der Streitwertkatalog wird in regelmäßigen Zeitabständen aktualisiert und fortgeschrieben.

A. Allgemeines

50 Der Streitwert ist Bemessungsgrundlage für die Gerichtsgebühren sowie für die Gebühren der bevollmächtigten Rechtsanwälte, Steuerberater und anderer Prozessbevollmächtigter, die geschäftsmäßige Hilfe in Steuersachen leisten. Darüber hinaus hat der Streitwert Bedeutung im Rahmen des § 94a FGO,[33] wonach das Gericht sein Verfahren nach billigem Ermessen bestimmen kann, wenn der Streitwert bei einer Klage, die eine Geldleistung oder einen hierauf gerichteten Verwaltungsakt betrifft, 500,– EUR nicht übersteigt.

1. Gesetzliche Grundlagen

51 Soweit gesetzlich nichts anderes bestimmt ist, ist in Verfahren vor den Gerichten der Finanzgerichtsbarkeit der Streitwert nach der sich aus dem Antrag des Klägers für ihn ergebenden Bedeutung der Sache nach Ermessen zu bestimmen (§ 52 Abs. 1 GKG).[34]

Betrifft der Antrag des Klägers eine bezifferte Geldleistung oder einen hierauf gerichteten Verwaltungsakt, so ist deren Höhe maßgebend (§ 52 Abs. 3 GKG).

Der Streitwert in Verfahren vor den Gerichten der Finanzgerichtsbarkeit darf gem. § 52 Abs. 4 GKG 1.000,– EUR nicht unterschreiten (sog. Mindeststreitwert).

Bietet der Sach- und Streitstand für die Bestimmung des Streitwerts keine genügenden Anhaltspunkte, so ist als sog. Auffangstreitwert ein Streitwert von 5.000,– EUR anzunehmen (§ 52 Abs. 2 GKG).

Diese Grundsätze gelten – mit Ausnahme des Mindeststreitwertes[35] – auch für Verfahren des vorläufigen Rechtsschutzes (§ 53 Abs. 3 GKG).

---

[29] Beschlossen auf der Arbeitstagung der Präsidenten der Finanzgerichte der Bundesrepublik Deutschland am 15. und 16.6.2009 in Hannover nach dem Entwurf von RiFG Schoenfeld, Hamburg; Stand der letzten Überarbeitung: Dezember 2016.

[30] G zur Modernisierung des Kostenrechts (Kostenrechtsmodernisierungsgesetz – KostRMoG) v. 5.5.2004 (BGBl. 2004 I 718).

[31] → Anh. IV Rn. 107.

[32] → Anh.VIII Rn. 17.

[33] Finanzgerichtsordnung (FGO) idF der Bek. v. 28.3.2001 (BGBl. 2001 I 442 (2262), BGBl. 2002 I 679), zuletzt geändert durch Art. 14 des Gesetzes v. 12.12.2007 (BGBl. 2007 I 2840).

[34] Gerichtskostengesetz (GKG) v. 5.5.2004 (BGBl. 2004 I 718), zuletzt geändert durch Art. 5 des Gesetzes v. 30.10.2008 (BGBl. 2008 I 2122).

[35] BFH BFHE 220, 22 = BStBl. II 2008, 199 = BFH/NV 2008, 307 = DStR 2008, 49.

2. Objektive Klagehäufung

Werden in einer Klage mehrere selbständige Klagebegehren (§ 43 FGO) zusammen verfolgt, sind die Werte der einzelnen Begehren zu einem Gesamtstreitwert zu addieren (§ 39 Abs. 1 GKG).[36] 52

3. Subjektive Klagehäufung

Die subjektive Klagehäufung führt zu keiner Erhöhung des Streitwertes, wenn und soweit die verfolgten Klagebegehren wirtschaftlich identisch sind.[37] 53

4. Nebenforderungen

Sind Nebenforderungen (zB Zinsen) neben der Hauptforderung streitig, werden sie bei der Streitwertberechnung nicht berücksichtigt (§ 43 Abs. 1 GKG); ist die streitgegenständliche Nebenforderung aber durch einen gesonderten Bescheid festgesetzt worden, gilt § 43 Abs. 2 GKG. 54

Sind Nebenforderungen ohne den Hauptanspruch streitig, bemisst sich der Streitwert nach dem Wert der Nebenforderungen, soweit er den Wert der Hauptforderung nicht übersteigt (§ 43 Abs. 2 GKG).

Sind allein die Kosten des Rechtsstreits ohne den Hauptanspruch betroffen, ist der Betrag der Kosten maßgebend, soweit er den Wert des Hauptanspruchs nicht übersteigt (§ 43 Abs. 3 GKG).

5. Verbindung von Verfahren

Seit dem 1.7.2004 wird das gesamte Verfahren vor den Finanzgerichten durch eine pauschale Verfahrensgebühr abgegolten. Ein Verbindungsbeschluss hat deshalb keine Auswirkungen auf die Höhe der vor der Verbindung der Verfahren jeweils bereits entstandenen Verfahrensgebühr; diese bemisst sich jeweils allein nach dem für das jeweilige Klageverfahren zu bildenden (Einzel-)Streitwert. Ein Gesamtstreitwert ist lediglich für die ggf. nach einer Verbindung nach dem Rechtsanwaltsvergütungsgesetz (RVG)[38] entstandenen Gebühren zu bilden. 55

6. Trennung von Verfahren

Werden mehrere in einem Verfahren zusammengefasste Klagegegenstände getrennt, so ist für jedes einzelne Verfahren rückwirkend zum Zeitpunkt der Klageerhebung ein Streitwert anzusetzen.[39] 56

7. Hilfsanträge

Hilfsanträge wirken sich nur streitwerterhöhend aus, wenn das Gericht über sie entscheidet (§ 45 Abs. 1 S. 2 GKG). Umfasst der Hilfsantrag (teilweise) denselben Gegenstand, ist nur der Wert des weitergehenden Antrags maßgebend (§ 45 Abs. 1 S. 3 GKG).[40] 57

8. Aussetzung der Vollziehung

In Verfahren auf Aussetzung der Vollziehung ist nach überwiegender Auffassung[41] der Streitwert mit 10% des Betrages zu bemessen, dessen Aussetzung begehrt wird. Vereinzelt[42] wird für eine Erhöhung auf 25% des Hauptsachestreitwertes eingetreten. Die Regelung über den Mindeststreitwert (§ 52 Abs. 4 GKG) findet keine Anwendung.[43] 58

Wird im Aussetzungsverfahren die Entscheidung in der Hauptsache ganz oder zT vorweggenommen, kann der Streitwert bis zur Höhe des Wertes des Hauptsacheverfahrens angehoben werden.

---

[36] BFHE 214, 208 = BStBl. II 2007, 54 = BFH/NV 2007, 155 = DStRE 2007, 254; BFHE 214, 201 = BStBl. II 2007, 55 = BFH/NV 2007, 151 = DStRE 2007, 251.

[37] BFHE 214, 201 = BStBl. II 2007, 55 = BFH/NV 2007, 151 = DStRE 2007, 251.

[38] G über die Vergütung der Rechtsanwältinnen und Rechtsanwälte (Rechtsanwaltsvergütungsgesetz – RVG) v. 5.5.2004 (BGBl. 2004 I 718 (788)), zuletzt geändert durch Art. 6 des Gesetzes v. 30.10.2008 (BGBl. 2008 I 2122).

[39] BFH BeckRS 2008, 25014308.

[40] BFH BFH/NV 2005, 2228 = BeckRS 2005, 25008701; BFH/NV 2004, 77 = BeckRS 2003, 25002524.

[41] BFH BFHE 220, 22 = BStBl. II 2008, 199 = BFH/NV 2008, 307 = DStR 2008, 49; BFHE 194, 358 = BStBl. II 2001, 498 = BFH/NV 2001, 1192 = DStR 2001, 1246.

[42] FG Hamburg EFG 2008, 488 = DStRE 2008, 1038; FG Münster EFG 2007, 1109 = BeckRS 2007, 26022689.

[43] BFH BFHE 220, 22 = BStBl. II 2008, 199 = BFH/NV 2008, 307 = DStR 2008, 49.

9. Einstweilige Anordnung

59 Der Streitwert im Anordnungsverfahren ist in der Regel mit $^1/_3$ des Hauptsachestreitwertes zu bemessen. Die Regelung über den Mindeststreitwert (§ 52 Abs. 4 GKG) findet keine Anwendung.

Wird die einstweilige Einstellung von Vollstreckungsmaßnahmen erstrebt, ist der Streitwert entsprechend den Grundsätzen zur Aussetzung der Vollziehung zu bestimmen.

Soll durch die einstweilige Anordnung ein endgültiger Zustand erreicht werden, ist der Streitwert bis zur vollen Höhe des Wertes der Hauptsache anzuheben. Ist als Wert der Hauptsache der Auffangstreitwert (§ 52 Abs. 2 GKG) anzusetzen, gilt dieser Wert auch für das Antragsverfahren.

10. Verfahren vor dem Gerichtshof der Europäischen Gemeinschaften

60 Das Verfahren vor dem EuGH beeinflusst den Streitwert nicht.

11. Erledigung der Hauptsache

61 Übereinstimmende Erledigungserklärungen der Beteiligten lassen den ursprünglichen Streitwert unverändert.

12. Gesonderte und einheitliche Feststellung von Besteuerungsgrundlagen

62 **a) Allgemeine Grundsätze.** Im Verfahren der gesonderten und einheitlichen Gewinnfeststellung bemisst sich der Streitwert nach der typisierten einkommensteuerlichen Bedeutung für die Gesellschafter, die grds. mit 25% des streitigen Gewinns oder Verlustes zu bemessen ist, sofern die Feststellung des laufenden, nicht tarifbegünstigten Gewinns streitig ist. Die tatsächlichen einkommensteuerrechtlichen Auswirkungen bei den einzelnen Gesellschaftern werden grds. nicht ermittelt.[44]

Der Ansatz eines höheren Prozentsatzes kommt in Betracht, wenn ohne besondere Ermittlungen im Gewinnfeststellungsverfahren erkennbar ist, dass der Pauschalsatz von 25% den tatsächlichen einkommensteuerlichen Auswirkungen nicht gerecht wird.[45] Die Obergrenze des Pauschalsatzes[46] orientiert sich an dem für das Streitjahr geltenden Höchststeuersatz wie folgt: Veranlagungszeitraum 2000 und älter: 50%, Veranlagungszeitraum 2001–2003: 45%, Veranlagungszeitraum 2004: 42%, Veranlagungszeitraum 2005 und 2006: 40%, Veranlagungszeitraum 2007 und 2008: 42%. Nach § 35 EStG begünstigte gewerbliche Einkünfte führen zu einem weiteren pauschalen Abschlag iHv 5%.[47]

Abweichend von den vorstehend beschriebenen Grundsätzen sind vor allem folgende Sonderfälle zu berücksichtigen:

63 **b) Tarifbegünstigter Veräußerungsgewinn.** Der Streitwert ist im Regelfall mit 15% des streitigen Betrages anzusetzen, der bei sehr hohen Veräußerungsgewinnen aber angemessen auf bis zu 25% angehoben werden kann.[48] Ist nur die Behandlung eines unstreitig entstandenen Gewinns als tarifbegünstigter Veräußerungsgewinn streitig, ist der Streitwert in der Regel mit einem Betrag von 10% anzusetzen, der bei sehr hohen Gewinnen angemessen angehoben werden kann.

64 **c) Aufhebung eines Gewinnfeststellungsbescheides.** Es gelten die unter a) beschriebenen Grundsätze einschließlich der ab dem Veranlagungszeitraum 2001 zu berücksichtigenden Obergrenzen. Beschränkt sich der Streit auf die gemeinschaftliche Einkünfteerzielung oder formelle Mängel, ist der Streitwert mit 10% des festgestellten Gewinns anzusetzen.

65 **d) Verluste bzw. Verlustanteile bei Abschreibungsgesellschaften oder Bauherrengemeinschaften.** 50% des streitigen Verlustbetrages;[49] ab Veranlagungszeitraum 2001 sind die oben unter a) aufgelisteten Obergrenzen zu beachten.

---

[44] BFH BFH/NV 2008, 2041 = BeckRS 2008, 25014039; BFHE 214, 208 = BStBl. II 2007, 54 = BFH/NV 2007, 155 = DStRE 2007, 254.

[45] BFHE 214, 208 = BStBl. II 2007, 54 = BFH/NV 2007, 155 = DStRE 2007, 254; BFH/NV 2007, 1528 = BeckRS 2007, 25011792.

[46] ZT wird in diesen Fällen auch der Mittelwert des Einkommensteuertarifs aus Grund- und Splittingtabelle angesetzt.

[47] BFHE 214, 208 = BStBl. II 2007, 54 = BFH/NV 2007, 5 = DStRE 2007, 254.

[48] BFH BFH/NV 2007, 1155 = BeckRS 2007, 25011433.

[49] BFH BFH/NV 2007, 1528 = BeckRS 2007, 25011792; BFH/NV 2001, 806 = BeckRS 2001, 25005657.

e) Einkünfteverteilung. Bei Streit nur über die Einkünfteverteilung: 25% der laufenden bzw. 15% der tarifbegünstigten Einkünfte;[50] bei zusammen veranlagten Ehegatten sind 10% der laufenden bzw. 5% der tarifbegünstigten Einkünfte anzusetzen.[51] 66

f) Einkünftequalifizierung. 25% der im Wege der Umqualifizierung begehrten Freibeträge oder Freigrenzen. Ergeben sich aus der begehrten Umqualifizierung keine einkommensteuerrechtlichen Auswirkungen, beträgt der Streitwert 1% der umzuqualifizierenden Einkünfte. 67

13. Gesonderte Feststellung von Besteuerungsgrundlagen

Maßgeblich für die Streitwertbestimmung bei der gesonderten Gewinnfeststellung sind grds. die konkreten einkommensteuerlichen Auswirkungen.[52] Sind die tatsächlichen Auswirkungen nicht zu ermitteln, ist der Streitwert mit 20% des festgestellten Betrages (bis zum Streitjahr 2000: 25%) anzusetzen. 68

B. Besondere Wertansätze

69

Abgabe einer eidesstattlichen Versicherung	50 % der rückständigen Steuerbeträge, jedoch nicht mehr als 500.000,– EUR[53]
Abrechnungsbescheid	– Höhe des streitigen Steueranspruchs – Erteilung eines Abrechnungsbescheides als solchen: Auffangstreitwert
Akteneinsicht	Auffangstreitwert
Anhörungsrüge	Gerichtsgebühr beträgt streitwertunabhängig 50,– EUR, sofern die Rüge in vollem Umfang verworfen oder zurückgewiesen wird
Arrestanordnung	50 % der Arrestsumme[54]
Aufrechnung	– bei Streit um den Bestand bzw. die Höhe der zur Aufrechnung gestellten Gegenforderung: streitige Gegenforderung[55] – bei Streit nur um die Zulässigkeit der Aufrechnung: 10 % der zur Aufrechnung gestellten Steuerforderung.[56]
Ausfuhrerstattung	– Ausfuhrnachweis: Auffangstreitwert – Fristverlängerung hinsichtlich des Nachweises der Erfüllung der Einfuhrzollförmlichkeiten: Auffangstreitwert – Gewährung: beantragter Erstattungsbetrag – Rückforderung: streitiger Rückforderungsbetrag – Sanktion: streitiger Sanktionsbetrag – Vorfinanzierung bzw. Vorauszahlung: beantragter Vorfinanzierungs- bzw. Vorauszahlungsbetrag ohne Berücksichtigung der Sicherheitsleistung
Auskunftsbegehren	Auffangstreitwert, sofern das konkrete Interesse des Klägers an der Auskunftserteilung nicht bestimmbar ist[57]
Aussetzung des Verfahrens	Bestimmung des Streitwerts nach allgemeinen Grundsätzen
Aussetzung der Vollziehung	s. A. 8
Aussetzungszinsen	s. A. 4
Außenprüfung	Anfechtung der Prüfungsanordnung oder einzelner Prüfungsmaßnahmen: 50 % der mutmaßlich zu erwartenden Mehrsteuern;[58] bei Fehlen geeigneter Schätzungsgrundlagen Auffangstreitwert[59]

[50] BFH BFH/NV 2002, 207 = BeckRS 2001, 25006500.
[51] BFH BFH/NV 1988, 657 = BeckRS 1987, 5572.
[52] BFH BFH/NV 2006, 585 = BeckRS 2005, 25009252; BFH/NV 1999, 1608 = BeckRS 1999, 25003646.
[53] BFH BFH/NV 2004, 351 = BeckRS 2003, 25002657.
[54] BFH 12.3.1985 – VII R 150/81, BFH/NV 1986, 782.
[55] BFHE 163, 195 = BStBl. II 1991, 467 = NVwZ 1992, 208.
[56] BFH BStBl. II 1996, 55 = HFR 1996, 3 = DStR 1995, 1793.
[57] BFH 11.7.1986 – III R 25/85, BFH/NV 1987, 99.
[58] BFH BeckRS 1996, 11913.
[59] BFH BFH/NV 2004, 1657 = BeckRS 2004, 25006890.

Beiladung	Eine Beiladung wirkt sich auf den Streitwert des Verfahrens nicht aus; auch wird für den Beigeladenen grds. kein gesonderter Streitwert festgesetzt.
Bescheidungsklage	50 % des für eine Verpflichtungsklage anzusetzenden Wertes[60]
Bewertungsgesetz	– Grundbesitzbewertung für die Erbschaft- oder Schenkungsteuer: 10 %, 20 % bzw. 25 % der Wertdifferenz bei Grundstückswerten ≤ 512.000,– EUR, ≤ 12.783.000,– EUR bzw. > 12.783.000,– EUR[61] – Einheitswertbescheid: 80 von Tausend (bis 1997: 60 von Tausend) des streitigen Wertunterschieds[62]
Duldungsbescheid	Höhe der zugrunde liegenden Forderung, maximal aber Wert des Vollstreckungsgegenstandes[63]
Eigenheimzulage	Wert der Eigenheimzulage über den gesamten streitigen Förderzeitraum[64]
Einfuhrumsatzsteuer	streitiger Einfuhrumsatzsteuerbetrag; dies gilt auch, wenn der Steuerpflichtige zum vollen Vorsteuerabzug berechtigt ist
Einkommensteuer	Differenz zwischen dem festgesetzten und dem begehrten Steuerbetrag; sog. Folgesteuern, die nicht ebenfalls ausdrücklich angefochten sind, bleiben außer Betracht
Einspruchsentscheidung	– Klage auf Erlass einer Einspruchsentscheidung: Auffangstreitwert, maximal Höhe der streitigen Steuerforderung – isolierte Anfechtung einer Einspruchsentscheidung: Wert des der Einspruchsentscheidung zugrunde liegenden Verwaltungsaktes
einstweilige Anordnung	s. A. 9
Energiesteuer	– Abgabe: streitiger Abgabenbetrag – Erlaubnis zur steuerfreien Verwendung von Energieerzeugnissen: Durchschnittlicher jährlicher Nutzen der Vergünstigung, teilweise werden die bei Einreichung der Klage bereits fälligen Beträge hinzugerechnet – Rücknahme einer Erlaubnis zur steuerfreien Verwendung von Energieerzeugnissen: Auffangstreitwert – Vergütung: Betrag der streitigen Vergütung
Erlass	begehrter Erlassbetrag
Erzwingungsgeld	angedrohter bzw. festgesetzter Betrag
Fälligkeit einer Steuerforderung	10 % der Steuerforderung, sofern diese nach Grund und Höhe unstreitig ist.
fehlende Bezeichnung des Klagebegehrens (§ 65 FGO)	grds. Auffangstreitwert, höchstens jedoch Höhe der festgesetzten Steuer, sofern sie den Mindeststreitwert übersteigt; teilweise wird der Auffangstreitwert aber nicht nur pro Verfahren, sondern je Streitgegenstand angesetzt
Feststellungsbescheid	– einheitliche u. gesonderte Feststellung: s. A. 12 – gesonderte Feststellung: s. A. 13
Fortsetzungsfeststellungsklage	wie eine auf das gleiche Ziel gerichtete Anfechtungs- bzw. Verpflichtungsklage[65]
Freistellungsbescheinigung	– nach § 44a Abs. 5 EStG: das Dreifache des auf Seiten des Steuerpflichtigen ohne die Bescheinigung eintretenden Zinsverlusts – nach § 48b Abs. 1 EStG: 10 % der Abzugssteuer – nach § 50d Abs. 2 EStG: die aufgrund der Freistellungsbescheinigung zu erwartende Steuerersparnis
Gemeinnützigkeit	Bei Streit um die Anerkennung der Körperschaft als gemeinnützig: Auffangstreitwert pro Streitjahr und Steuerart, sofern die festgesetzte Steuer nicht höher ist

[60] BFH BeckRS 2000, 25005826.

[61] BFHE 211, 422 = BStBl. II 2006, 333 = BFH/NV 2006, 685 = BeckRS 2005, 25008701; BFH/NV 2007, 2319 = BeckRS 2007, 25012239.

[62] BFH BFH/NV 2000, 852 = BeckRS 2000, 25004385; HessFG EFG 2005, 567 = BeckRS 2004, 26017094.

[63] BFH BFH/NV 2006, 2100 = BeckRS 2006, 25010341.

[64] BFH BFH/NV 2008, 1516 = BeckRS 2008, 25013642; BeckRS 2004, 25007406.

[65] AA BFH BFH/NV 2006, 2100 = BeckRS 2006, 25010341; BFHE 211, 267 = BStBl. II 2006, 77 = BFH/NV 2006, 200 = DStRE 2006, 82.

Gewerbesteuer	– Gewerbesteuerbescheid: Differenz zwischen festgesetzter und begehrter Steuer – Gewerbesteuermessbescheid: gewerbesteuerliche Auswirkungen ausgedrückt durch die Differenz zwischen festgesetztem und begehrtem Steuermessbetrag multipliziert mit dem für das jeweilige Jahr geltenden Hebesatz – Gewerbesteuerzerlegungsbescheid: konkrete steuerliche Auswirkungen
Grunderwerbsteuer	Differenz zwischen festgesetzter und begehrter Steuer
Grundsteuer	das sechsfache der auf den streitigen Messbetrag entfallenden Jahressteuer
Haftungsbescheid	grds. streitige Haftungssumme;[66] bei gleichzeitiger Anfechtung des Leistungsgebotes wird teilweise für einen Zuschlag von 10 % eingetreten
Hilfsanträge	s. A. 7
Hinterziehungszinsen	s. A. 4
Insolvenzverfahren	Aufnahme des durch die Eröffnung des Insolvenzverfahrens unterbrochenen Rechtsstreits durch den Insolvenzverwalter: Für das Verfahren ab Aufnahme des Rechtsstreits bestimmt sich der Streitwert nach dem Betrag, der bei der Verteilung der Insolvenzmasse für die noch unerfüllte Steuerforderung zu erwarten ist. Für die bis zur Aufnahme des Rechtsstreits durch den Insolvenzverwalter entstandenen Kosten bleibt der ursprüngliche Streitwert maßgebend.
Kindergeld	– (erstmalige) Festsetzung und Auszahlung, unbestimmte Dauer: Jahresbetrag[67] des Kindergeldes zzgl.[68] der bis zur Klageerhebung bereits entstandenen Beträge – Aufhebung einer Kindergeldfestsetzung von unbestimmter Dauer: Jahresbetrag des Kindergeldes zzgl. der bis zur Klagerhebung zu zahlenden Kindergeldbeträge[69] – Rückforderung Kindergeld: streitiger Rückforderungsbetrag
Kirchensteuer	Streitiger Kirchensteuerbetrag, sofern die Kirchensteuer nach Grund oder Höhe gesondert angegriffen wird; s. A. 4
Körperschaftsteuer	– Grundsatz: Unterschied zwischen festgesetzter und erstrebter Steuer[70] – verdeckte Gewinnausschüttung: Bruchteil des streitigen Ausschüttungsbetrages, Erhöhungen oder Minderungen nach § 27 KStG aF bleiben außer Ansatz: – bis 1993: $^9/_{16}$, – 1994 bis 2000/2001: $^3/_7$ 2001/2002 bis 2007: 25 % – ab 2008: 15 % – gesonderte Feststellung nach § 47 Abs. 1 KStG aF: 10 % des geltend gemachten Unterschiedsbetrages;[71] wird zugleich der KSt-Bescheid angefochten, ohne dass spezifische Einwendungen betr. das verwendbare Eigenkapital erhoben werden, so kann der Streitwert für die Feststellung mit 300,– EUR bemessen werden – gesonderte Feststellung nach § 47 Abs. 2 KStG aF: 10 % der streitigen Feststellung – § 27 KStG nF: 10 % des streitigen Einlagebetrages – § 36 KStG nF: 10 % des streitigen Erhöhungs- bzw. Herabsetzungsbetrages

[66] BFH BFH/NV 2004, 1413 = BeckRS 2004, 25006739; BFH/NV 1995, 720 = BeckRS 1994, 12466.

[67] BFH BFH/NV 2006, 325 = BeckRS 2005, 25008701; BFH/NV 2002, 534 = BeckRS 2001, 25000223.

[68] BFH BFH/NV 2002, 68 = BeckRS 2001, 25006356; aA BFH BFH/NV 2002, 534 = BeckRS 2001, 25000223.

[69] BFHE 211, 267 = BStBl. II 2006, 77 = BFH/NV 2006, 200 = DStRE 2006, 82; BFHE 192, 19 = BStBl. II 2000, 544 = BFH/NV 2000, 1413 = DStRE 2000, 1230.

[70] BFH BeckRS 2008, 25014308.

[71] BFH BFH/NV 2005, 572 = BeckRS 2004, 25007441; BFH/NV 1997, 136 = BeckRS 1996, 11874.

	– § 37 KStG nF: Höhe des streitigen Körperschaftsteuerguthabens bzw. $^1/_6$ der streitigen Gewinnausschüttung – § 38 KStG nF: $^3/_7$ (ab 2008: $^3/_{100}$) des streitigen Erhöhungsbetrages bzw. der streitigen Leistungen – Verlustfeststellung: 10 % des streitigen Erhöhungsbetrages, sofern die steuerlichen Auswirkungen nicht hinreichend bestimmbar sind
Kraftfahrzeugsteuer	– bei unbefristeter Steuerfestsetzung: der bez. des Entrichtungszeitraumes streitige Steuerbetrag[72] – bei befristeter Steuerfestsetzung: der bez. des konkreten Zeitabschnitts streitige Steuerbetrag[73]
Lohnsteuer	– Eintragung eines Freibetrags auf der Lohnsteuerkarte: Unterschiedsbetrag im Ermäßigungszeitraum zwischen Lohnsteuer, die ohne Gewährung des beantragten Freibetrags zu zahlen ist, und der Lohnsteuer, die bei Gewährung des beantragten Freibetrags zu zahlen ist – Durchführung Lohnsteuerjahresausgleich: Wert der beantragten Erstattung
Lohnsteuer-Hilfeverein	– Eintragung in das Verzeichnis der Lohnsteuerhilfevereine: Auffangstreitwert – Streit über die Person eines Leiter der Beratungsstelle: Auffangstreitwert[74] – Widerruf einer Anerkennung: Auffangstreitwert
Milchquote	Gewährung einer höheren Referenzmenge: Abgabenbetrag, der für die streitige Referenzmenge für einen zwölfmonatigen Entrichtungszeitraum zu zahlen wäre[75]
Nebenforderungen	s. A. 4
Nichtigkeit eines Verwaltungsaktes	Feststellung der Nichtigkeit: wie bei einer entsprechenden Anfechtungsklage[76]
Objektive Klagehäufung	s. A. 2
Richterablehnung	keine Beeinflussung des Streitwerts
Ruhen des Verfahrens	Bestimmung des Streitwerts nach allgemeinen Grundsätzen
Säumniszuschlag	s. A. 4
Schätzungsbescheid	Antrag auf Aufhebung ohne nähere Begründung oder unbezifferter Antrag auf Herabsetzung: wie „fehlende Bezeichnung des Klagebegehrens"
Solidaritätszuschlag	Streitiger Solidaritätszuschlag, sofern dessen Festsetzung nach Grund oder Höhe ausdrücklich angefochten wird; s. A. 4
Steuerberater	– Bestehen der Steuerberaterprüfung: pauschal 25.000,– EUR;[77] bei Rechtsanwälten bzw. Fachanwälten für Steuerrecht Reduzierung auf 50 % bzw. 25 %[78] – prüfungsfreie Bestellung als Steuerberater: pauschal 25.000,– EUR[79] – Widerruf der Bestellung eines Steuerberaters: pauschal 50.000,– EUR;[80] ggf. Reduzierung entspr. 1. Spiegelstrich – Zulassung zur Prüfung: Auffangstreitwert
Steuerberatungsgesellschaft	– Anerkennung bzw. Rücknahme oder Widerruf der Anerkennung: pauschal 25.000,– EUR – Genehmigung nach § 50 Abs. 3 StBerG: pauschal 25.000,– EUR

72 BFH BFH/NV 2006, 319 = BeckRS 2005, 25008950; BFH/NV 2000, 598 = BeckRS 1999, 25004200.
73 BFH BFH/NV 2006, 319 = BeckRS 2005, 25008950; BFH/NV 2000, 598 = BeckRS 1999, 25004200.
74 BFH BFH/NV 1995, 921 = BeckRS 1995, 11530.
75 BFH BFH/NV 1992, 621 = BeckRS 1992, 07553.
76 BFH BFH/NV 2006, 2100 = BeckRS 2006, 25010341; BFH/NV 2002, 949 = BeckRS 2002, 25000546.
77 BFH BFH/NV 2004, 515 = BeckRS 2003, 25002889.
78 FG Hamburg EFG 2005, 312 = BeckRS 2004, 26017315.
79 BFH BFH/NV 2003, 1082 = BeckRS 2003, 25001881.
80 BFH BFH/NV 2006, 1678 = BeckRS 2006, 25010155; BFH/NV 2006, 344 = BeckRS 2005, 25009060.

Steuererklärung	– Streit über die Verpflichtung zur Abgabe: Auffangstreitwert – Übersendung von Erklärungsvordrucken: Auf fangstreitwert – Verlängerung der Abgabefrist: Auffangstreitwert
Stromsteuer	s. Energiesteuer
Stundung	Auffangstreitwert, höchstens jedoch 10 % des Steuerbetrages, dessen Stundung begehrt wird
subjektive Klagehäufung	s. A. 3
Tabaksteuer	– Anfechtung Abgabenbescheid: streitiger Abgabenbetrag – Steuerzeichen: Differenz zwischen der Steuer für beantragten und der Steuer für die zugewiesenen Steuerzeichen
Trennung von Verfahren	s. A. 6
Umsatzsteuer	Differenz zwischen festgesetzter und erstrebter Steuer
unzulässige Klage	grds. keine Unterschiede bei der Streitwertberechnung zwischen Unzulässigkeit und Unbegründetheit der Klage, s. aber auch „fehlende Bezeichnung des Klagebegehrens"
Verbindung von Verfahren	s. A. 5
verdeckte Gewinnausschüttung	s. Körperschaftsteuer
Vermögensteuer	das Dreifache des strittigen Jahresbetrages[81]
Vollstreckungsverfahren	– grds. Höhe der zu vollstreckenden Forderung, sofern der Wert der gepfändeten Forderung nicht niedriger ist – Antrag nach § 152 FGO: Höhe der zu vollstreckenden Forderung – Antrag nach § 258 AO: 10 % des streitigen Beitreibungsbetrages – Zwangsgeldfestsetzung: Höhe des festgesetzten Zwangsgeldes – Zwangsgeldandrohung: 50 % des angedrohten Zwangsgeldes
Vorbehalt der Nachprüfung	Streit über die Beifügung des Vorbehalts als solchem: Auffangstreitwert
Vorlage eines Vermögensverzeichnisses einschließlich der Abgabe der eidesstattlichen Versicherung	50 % der rückständigen Steuerbeträge, jedoch nicht mehr als 500.000,– EUR
Vorläufige Veranlagung	Streit über die Beifügung des Vorläufigkeitsvermerks als solchem: Auffangstreitwert, höchstens jedoch die streitige Steuer, sofern sie den Mindeststreitwert übersteigt
Zolltarifauskunft	Auffangstreitwert
Zusammenveranlagung nach vorangegangener getrennter Veranlagung	Differenz zwischen der im Wege der getrennten Veranlagung festgesetzten Einkommensteuer und dem auf den Kläger entfallenden Anteil an der im Wege der Zusammenveranlagung festzusetzenden Einkommensteuer
Zwangsgeld	s. Vollstreckungsverfahren

[81] BFH BFH/NV 1990, 49 = BeckRS 1988, 5788.

Anhang VI–IX: Weitere Gegenstandswerte

VI. Zivil-, Familien- und freiwillige Gerichtsbarkeit

Übersicht

Vorbemerkung

1 **Hinweis zur Kommentierung.** In Anh. VI sind die Gegenstandswerte der Zivil-, Familien- und der freiwilligen Gerichtsbarkeit behandelt. Gesonderte Kommentierungen gibt es für

Arbeitsgerichtsbarkeit	→ Anh. I Rn. 36 ff., 99 ff.
Verwaltungsgerichtsbarkeit	→ Anh. IV Rn. 58 ff., 107 ff.
Finanzgerichtsbarkeit	→ Anh. V Rn. 48 ff., 69 ff.
Straf- und Bußgeldsachen	→ Anh. VII Rn. 1 ff.
Sozialgerichtsbarkeit	→ Anh. VIII Rn. 1 ff., 17 ff.
Verfassungsgerichtsbarkeit	→ Anh. IX Rn. 1 ff.

2 **Geltungsbereich.** Nachfolgend werden die **für die Gebühren maßgeblichen Gegenstandswerte** dargelegt. Wenn nichts Abweichendes dargelegt wird, gelten die Ausführungen auch für Verfahrens- und Streitwerte sowie Geschäftswerte.

Allgemeines zu den Gegenstandswerten ist in §§ 22, 23 RVG dargelegt. Wegen Beschränkung durch Verfassung → Rn. 669.

• Abänderung

3 → Rn. 639 ff.

• Ablehnungsandrohung und Schadensersatz

4 Nur ein Gegenstand → Rn. 373.

• Ablehnung von Richtern und Sachverständigen

Die Frage ist höchst umstritten.[1] Nach dem BGH handelt es sich, soweit die Hauptsache eine **vermögensrechtliche** Angelegenheit ist, um eine vermögensrechtliche Streitigkeit, da es nicht um eine eigenständige Streitigkeit, sondern um eine das Verfahren betreffende Entscheidung im Rahmen des Rechtsstreits geht.[2] 5

Beim **Richter bzw. Rechtspfleger** nimmt der BGH den vollen Wert der Hauptsache, es sei denn die Befangenheit wird nur hinsichtlich eines Einzelanspruchs geltend gemacht.[3] Geht es nur um einen Vollstreckungsschutzantrag gem. § 765a ZPO im Zwangsversteigerungsverfahren, so ist, wenn es nicht um die endgültige Verhinderung der Vollstreckung, sondern nur um einen Aufschub geht, nicht der Wert des Gegenstandes der Versteigerung zu Grunde zu legen, sondern nur die Hälfte hiervon.[4] 6

Beim **Sachverständigen** ist der Wert nach dem BGH nicht mit dem vollen Wert der Hauptsache anzusetzen, sondern nur mit $^1/_3$, da das Gericht an die Feststellungen des Sachverständigen nicht gebunden ist.[5] 7

• Abmahnung

Abmahnender. Der Gegenstandswert einer Abmahnung entspricht dem des Hauptsacheverfahrens. Ein Abschlag wegen der Vorläufigkeit der Regelung ist nicht vorzunehmen, da die Abmahnung ja gerade auf eine endgültige (außergerichtliche) Regelung abzielt. § 23a UWG ist bei der Berechnung der Kosten der Abmahnung zu berücksichtigen.[6] 8

Reaktion des Abgemahnten. Ohne Schutzschrift. Der Gegenstandswert entspricht dem der Abmahnung ohne Abschlag. Der Auftraggeber wehrt sich gegen eine ihm angesonnene endgültige Regelung. 9

Mit Schutzschrift. Obgleich nicht immer eine vollständige Identität zwischen dem Gegenstand der Schutzschrift und dem des Eilantrags besteht (zB der Verfasser der Schutzschrift kennt noch nicht den genauen Antrag für die einstweilige Verfügung), richtet sich im Regelfall der Wert für die Schutzschrift nach dem des Eilantrags (zu diesem → Rn. 35 ff.).[7] Im Verhältnis zur Hauptsache ist wie beim Eilantrag, gegen den sich die Schutzschrift wendet, ein Abschlag angebracht. Bei erheblichen Abweichungen der Schutzschrift vom Eilantrag ist ein anderer Wert als der des Eilantrags zu nehmen.[8] 10

• Abschlussschreiben

Der Gegenstandswert entspricht, da eine Hauptsacheklage vermieden werden soll, dem der Hauptsacheklage, die erhoben werden soll, wenn die Abschlusserklärung nicht abgegeben wird. Der bei einer einstweiligen Verfügung übliche Abschlag entfällt daher.[9] 11

• Abstammungssachen

Der Gegenstandswert beträgt in allen Instanzen bei der Feststellung, ob ein Eltern-Kind-Verhältnis besteht, und bei Anfechtung der Vaterschaft gem. § 47 Abs. 1 FamGKG 2.000,– EUR, iÜ 1.000,– EUR (Festbeträge, von denen aus Billigkeitsgründen abgewichen werden kann; § 47 Abs. 2 FamGKG). Bei mehreren Kindern vervielfacht sich der Verfahrenswert.[10] 12

Zugleich Unterhalt. Wird zugleich der Unterhalt geltend gemacht, so richtete sich gem. § 33 Abs. 1 S. 2 FamGKG, früher § 48 Abs. 4 GKG aF der Gegenstandswert nur nach einem der beiden Ansprüche und zwar nach dem höheren. 13

---

[1] Vgl. die Nachw. bei Zöller/*Herget* ZPO § 3 Rn. 16 „Ablehnung"; zuletzt bei Richterablehnung OLG Frankfurt a. M. MDR 2007, 1399, 25 %; OLG Karlsruhe FamFR 2011, 327 Rn. 27, $^1/_{10}$; OLG München AGK 2011, 111 Rn. 22, $^1/_3$; für vollen Wert OLG Bremen MDR 2011, 1134 = NJW-Spezial 2011, 507; OLG Jena AGS 2011, 307 Rn. 31.

[2] BGH AGS 2004, 159; vgl. auch die Nachw. in der Anm. zu dieser Entscheidung; ebenso OLG Düsseldorf JurBüro 2008, 376, für Ablehnung im Vollstreckungsverfahren.

[3] BGH NJW 1968, 796 = JurBüro 140 1968, 525; RVGreport 2009, 477; ebenso OLG Düsseldorf JurBüro 2008, 376; OLG Frankfurt a. M. JurBüro 2017, 364; MDR 2006, 1079 = AGS 2006, 299; OLG Hamm AGS 2015, 522 = NJW-Spezial 2015, 732; **aA** OLG Saarbrücken OLGR 2007, 430 ($^1/_3$ des Hauptsachewerts), das allerdings die vom BGH für den Sachverständigen entwickelten Grundsätze unbemerkt auf die Richterablehnung anwendet.

[4] BGH RVGreport 2009, 477.

[5] BGH AGS 2004, 159; ebenso OLG Brandenburg AGS 2018, 466; OLG München AGS 2010, 403.

[6] OLG Stuttgart WRP 1992, 589 (590).

[7] OLG München AnwBl 2007, 874 = Rpfleger 2007, 685.

[8] KG WRP 1999, 547 (549).

[9] LG Lübeck AnwBl 1980, 519; LG Saarbrücken JurBüro 1981, 580.

[10] OLG Köln FamRZ 2005, 1765.

• Adoption

14 Der Verfahrenswert bestimmt sich bei einer Volljährigen-Adoption vorrangig nach § 42 Abs. 2 FamGKG (alle Umstände des Einzelfalls, vor allem die wirtschaftliche Situation des Annehmenden und des Anzunehmenden,[11] gesellschaftliche Stellung, erbrechtliche Folgen[12]) und nur bei Fehlen genügender Anhaltspunkte nach § 42 Abs. 3 FamGKG (beziffeter Auffangwert von 5.000,– EUR).[13] In einem Fall wurden bei der Adoption eines 20-jährigen mit Minderjährigenannahme gem. §§ 1754 ff. BGB und fehlenden Angaben zu den Einkommens- und Vermögensverhältnissen von der Vorinstanz angesetzte 30.000,– EUR vom OLG gebilligt.[14] Nach OLG Hamm kann ein Verfahrenswert iHv 30 bis 50% des Reinvermögens des Annehmenden gerechtfertigt sein.[15] Das OLG Düsseldorf hat die Wertfestsetzung des Notars mit 40% des Reinvermögens des Annehmenden übernommen, da keine Anhaltspunkte für eine abweichende Beurteilung ersichtlich waren.[16]

• Akteneinsicht

15 Das FG Saarbrücken hat bei einer Klage auf Akteneinsicht 5.000,– EUR gem. § 52 Abs. 2 GKG angenommen.[17] ME sollten hier die gleichen Grundsätze wie bei der Auskunft, insbes. wie bei den Behandlungsunterlagen eines Arztes, gelten (→ Rn. 47 ff.).

• AktG

16 Der Wert der von VV 3325 RVG betroffenen Verfahren ist über § 53 Abs. 1 S. 1 Nr. 4, 5 GKG nach § 3 ZPO zu bestimmen. Er darf jedoch gem. § 53 Abs. 1 S. 2 GKG ein Zehntel des Grundkapitals oder Stammkapitals des übertragenden oder formwechselnden Rechtsträgers oder, falls der übertragende oder formwechselnde Rechtsträger ein Grundkapital oder Stammkapital nicht hat, ein Zehntel des Vermögens dieses Rechtsträgers, höchstens jedoch 500.000,– EUR nur insoweit übersteigen, als die Bedeutung der Sache für die Parteien höher zu bewerten ist.

• Anerkenntnis

17 Bis zum Anerkenntnisurteil fallen die Verfahrensgebühr und ggf. die Terminsgebühr aus dem vollen Gegenstandswert an.[18] Bei einem Teilanerkenntnis richtet sich der Wert für das weitere Verfahren nach dem nicht anerkannten Teil.

• Anerkennung eines ausländischen Titels

18 → Rn. 712 ff.

• Annahmeverzug

19 Der Gegenstandswert der isolierten Klage auf Feststellung des Annahmeverzugs wird häufig mit 300,– EUR angesetzt.[19] Wird die Feststellung zusammen mit dem Hauptsacheantrag begehrt, so erhöht sich der Wert der Hauptsache wegen Identität der Gegenstände nicht.[20]

• Anwaltskosten – Vorprozessuale

20 **Als Nebenforderung.** Wird der Schadensersatzanspruch zusammen mit der Hauptsache anhängig gemacht, so erhöht sich der Gegenstandswert nicht. Es handelt sich dann um eine Nebenforderung iSv § 4 ZPO, § 43 GKG[21] → Rn. 399 ff. Dabei ist es unerheblich, wie die Anträge formuliert sind, solange sich nur aus den Gründen ergibt, dass es sich um einen Schadensersatzanspruch handelt, der durch die vorprozessuale Einschaltung eines Anwalts im Zusammenhang mit dem Gegenstand der Hauptsache entstanden ist.[22] Es gilt dasselbe wie bei Zinsen, die auch dann Nebenforderungen bleiben, wenn sie ausgerechnet sind.[23]

---

[11] OLG Celle FamRZ 2013, 2008 = AGS 2013, 420 mzustAnm *Thiel;* OLG Düsseldorf RVGreport 2018, 470.
[12] *Thiel* Anm. zu OLG Celle AGS 2013, 420.
[13] BT-Drs. 16/6308 S. 313; OLG Celle FamRZ 2013, 2008 = AGS 2013, 420 mzustAnm *Thiel;* OLG Hamm NJW-RR 2018, 1223 = JurBüro 2018, 596.
[14] OLG Düsseldorf FamRZ 2010, 1937 = NJW-RR 2010, 1661.
[15] OLG Hamm NJW-RR 2018, 1223 = JurBüro 2018, 596.
[16] OLG Düsseldorf AGS 2019, 27 = RVGreport 2018, 470 mkritAnm *Hansens.*
[17] FG Saarbrücken AGS 2011, 513.
[18] OLG Nürnberg MDR 2005, 120.
[19] BGH MDR 1989, 732.
[20] KG MDR 2005, 898; OLG Düsseldorf JurBüro 2009, 33; OLG Jena RVGreport 2006, 360.
[21] BGH NJW 2007, 3289 = FamRZ 2007, 808; *Enders* JurBüro 2005, 13.
[22] BGH FamRZ 2009, 867; OLG Frankfurt AGS 2020, 514.
[23] BGH NJW 1998, 2060.

Als Hauptsache. Werden die Kosten allerdings ohne die Hauptsache geltend gemacht, so richtet sich der Gegenstandswert nach ihnen, da sie dann Hauptsache sind. 21

Teilweise als Hauptsache. Wird nur noch ein Teil der vorprozessual geltend gemachten Hauptsacheforderung eingeklagt (zB wegen teilweiser Zahlung), so erhöht die mit eingeklagte Geschäftsgebühr, soweit sie den bezahlten Teil der Hauptsache betrifft, den Streitwert des Prozesses.[24] Dasselbe gilt, wenn der Streit nach der Klageerhebung hinsichtlich der Hauptsache teilweise übereinstimmend für erledigt erklärt wird. Die auf den teilweise erledigten Teil angefallene Geschäftsgebühr erhöht den Streitwert.[25] Die vorgenannten Grundsätze gelten auch für Anwaltskosten, die durch die Aufforderung an den Rechtsschutzversicherer, die Deckung zuzusagen, angefallen sind. Sie erhöhen den Gegenstandswert also nur, soweit die zugrunde liegende Hauptforderung nicht Gegenstand des Verfahrens ist.[26] 22

Beispiel:

Vorgerichtlich wurden für die Hauptsache 10.000,– EUR geltend gemacht. Anwaltskosten für eine 1,3 Geschäftsgebühr plus Pauschale von 20,– EUR plus 19 % MwSt waren angefallen 973,66 EUR. Da der Beklagte 5.000,– EUR auf die Hauptsache bezahlt hat, werden nur noch 5.000,– EUR und 973,66 EUR Anwaltskosten eingeklagt. Der Streitwert beträgt 5.486,83 EUR (5.000,– EUR + ½ aus 973,66 EUR).

Im Übrigen → Rn. 399 ff. (generell zu Nebenforderungen).

• Arrest und einstweilige Verfügung

1. Allgemeines

a) Regelmäßig niedriger als Hauptsache. Im Verfahren über einen Arrest oder eine einstweilige Verfügung bestimmt sich der Gegenstandswert gem. § 53 Abs. 1 Nr. 1 GKG nach § 3 ZPO. Er ist im Regelfall niedriger als im Hauptsacheverfahren, da es lediglich um eine einstweilige Maßnahme geht, die regelmäßig nicht der endgültigen Befriedigung dient und außerdem leichter abänderbar ist. In der Praxis wird zutreffend im Regelfall $^{1}/_{3}$ bis $^{1}/_{2}$ des Wertes des zu sichernden Anspruchs genommen,[27] beim dinglichen Arrest nach den §§ 111b Abs. 2, 111d StPO $^{1}/_{3}$.[28] 23

In der 19. Aufl. 2010 habe ich vertreten, dass § 41 S. 2 FamGKG eine über die einstweilige Anordnung in Familiensachen hinausgehende Bedeutung hat. Deshalb sollte bei der einstweiligen Verfügung im Regelfall die Hälfte angenommen werden.[29] Zwischen den Eilverfahren in Familiensachen und in sonstigen Sachen bestehe kein derartiger Unterschied, dass eine unterschiedliche Handhabung gerechtfertigt wäre. Daran halte ich nicht fest, weil dabei nicht ausreichend die Besonderheit in Familiensachen berücksichtigt ist, dass inhaltlich die Eil- und Hauptsacheanträge häufig übereinstimmen (→ Rn. 127 ff.). 24

Arrest in Familiensache. § 42 FamGKG[30] und nicht analog § 41 FamGKG[31] ist anzuwenden. Dass eine unbewusste planwidrige Regelungslücke vorliegt, ist angesichts dessen, dass es Sinn macht, für den rein sichernden Arrest einen niedrigeren Wert als für eine Leistungsanordnung anzusetzen,[32] nicht ausreichend sicher. Im Regelfall[33] ist der Wert $^{1}/_{3}$ der zu sichernden Hauptforderung. 25

b) Annäherung an Hauptsachewert. ***aa) Grundsätze.*** Im Einzelfall kann der Gegenstandswert sich dem der Hauptsache annähern. Höher als dieser kann er jedoch nie sein.[34] Es gelten hier die gleichen Grundsätze wie bei der einstweiligen Anordnung (→ Rn. 139 ff., 185 ff.). Eine Erhöhung kann wegen der Endgültigkeit oder der inhaltlichen Gleichwertigkeit bestehen. 26

---

[24] BGH JurBüro 2011, 260.

[25] BGH NJW 2008, 999 = AnwBl 2008, 300 = FamRZ 2008, 684.

[26] BGH VersR 2014, 1149.

[27] Zu Arrest OLG Koblenz JurBüro 1992, 191; Zöller/Herget § 3 ZPO Rn. 16 „Arrest"; zur einstweiligen Verfügung OLG Brandenburg JurBüro 2001, 94; Zöller/Herget § 3 ZPO Rn. 16 „einstweilige Verfügung".

[28] OLG Hamm 10.1.2008 – 3 Ws 323/07, BeckRS 2008, 77014; OLG München AGS 2010, 542; vgl. auch Anm. NJW-Spezial 2008, 186.

[29] OVG Hamburg RVGreport 2005, 320.

[30] OLG Brandenburg FamRZ 2011, 758; OLG Celle AGS 2010, 555 mzustAnm *N. Schneider;* OLG Frankfurt FamRZ 2018, 1172 = JurBüro 2018, 260 = AGS 2018, 126 mzustAnm *N. Schneider;* HK-FamGKG/*Thiel* § 42 Rn. 95.

[31] So aber HK-FamGKG/*Fölsch* § 41 Rn. 5 f.

[32] OLG Brandenburg FamRZ 2011, 758.

[33] OLG Brandenburg FamRZ 2011, 758; im Einzelfall $^{1}/_{3}$; OLG Celle AGS 2010, 555.

[34] Zöller/*Herget* § 3 ZPO Rn. 16 „Arrest", „einstweilige Verfügung".

27 ***bb) Rspr.*** Im Folgenden sind ein paar Beispiele aus der Rspr. wiedergegeben, die jedoch teilweise von anderen als den hier angenommenen Grundsätzen (→ Rn. 134 ff., 156 ff.) ausgehen. Der **volle** Hauptsachewert wurde angesetzt

– bei einem Herausgabeverlangen, das wirtschaftlich dem Hauptsacheverfahren gleichkommt,[35]
– bei einem Herausgabeverlangen nicht an den Gerichtsvollzieher oder Sequester, sondern an den Antragsteller selbst, weil damit eine endgültige Befriedung angestrebt wurde,[36]
– bei einem Antrag auf Beseitigung einer verbotenen Eigenmacht,[37]
– bei einem Antrag auf Unterlassung[38] entgegen einer anderen Meinung, die bei wettbewerbsrechtlichen Unterlassungsanträgen einen niedrigeren Wert, zB einen Regelwert von 10.000,– EUR nimmt,[39]
– bei einem Arrestverfahren (volle Höhe der zu sichernden Forderung), weil es dem Kläger gelungen ist, innerhalb der Dreimonatsfrist des § 111i StPO unter Ausschluss anderer Gläubiger Zugriff auf das beschlagnahmte Vermögen zu erlangen.[40]

28 Die **Hälfte** des Hauptsachewerts statt $^1/_3$ wurde angesetzt, weil der Antragsteller den Antrag in der Erwartung zurückgenommen hat, dass er nicht erfolgreich sein wird, da die Sache dann praktisch auch entschieden ist.[41] **$^2/_3$** des Hauptsachewerts nimmt das OLG Brandenburg im Regelfall bei einstweiligen Verfügungen an, da mit der einstweiligen Verfügung in der Regel in tatsächlicher Hinsicht ein endgültiger Rechtszustand erreicht sei.[42]

Weiter → Rn. 254 ff. (Gewaltschutz); → Rn. 648 (Unterhalt).

29 **c) Mindestwert.** Streitig ist, ob in den in § 53 Abs. 2 GKG genannten Fällen der Mindeststreitwert des § 52 Abs. 4 GKG gilt.[43]

30 **d) Wertangaben der Parteien.** Diese sind lediglich ein Indiz für den wahren Wert, entbinden das Gericht aber nicht von einer eigenen Bewertung.[44] Ihnen wird aber häufig, wenn die Angaben am Anfang des Verfahrens gemacht werden, wenn dessen Ausgang noch offen ist, eine große Bedeutung beigemessen, da der Antragsteller zu diesem Zeitpunkt noch damit rechnen muss, die Kosten selbst tragen zu müssen.[45] Dieser Gesichtspunkt sollte nicht nur beim Rechtsschutzversicherten, sondern generell nicht überbewertet werden, da manchmal der Ausgang des Verfahren sehr gut prognostizierbar ist, da mancher Antragsteller überoptimistisch ist und da auch nicht immer die Interessen des Verfahrensbevollmächtigten und des Antragstellers identisch sind.

2. Sonderfragen

31 **a) Hilfsweiser Eilantrag.** Wird neben einem Hauptsacheantrag hilfsweise ein Eilantrag gestellt, so werden hinsichtlich der Gerichtskosten die Werte von beiden gem. § 45 Abs. 1 S. 2 GKG nur dann addiert, wenn auch über den Hilfsantrag entschieden wird Es gilt das zum Hilfsantrag Dargelegte entsprechend (→ Rn. 275 ff.). § 45 Abs. 1 S. 3 GKG greift nicht ein, weil die Gegenstände der Hauptsache und des Eilverfahrens jedenfalls iSv dieser Bestimmung nicht identisch sind. Im Übrigen wegen Nämlichkeit von Dauer- und Eilsache → RVG Anh. II Rn. 133 ff.

32 **b) Nur Kosten** Stellt der Antragsgegnervertreter nur einen Kostenantrag nach § 269 Abs. 4 ZPO, → Rn. 320.

Kostenwiderspruch in Eilverfahren → Anh. II Rn. 73 ff.

33 **c) Aufhebungsverfahren.** Dessen Gegenstandswert entspricht grds. dem des Anordnungsverfahrens.[46] Nach dem BGH ist das wirtschaftliche Interesse des Betroffenen an der Abwehr der Arrestforderung maßgebend, wobei die konkrete wirtschaftliche Situation in den Blick zu nehmen ist; Beträge, deren Durchsetzbarkeit nicht ernstlich in Betracht kommt und die des-

---

[35] OLG Köln OLGR 1999, 336 (Ls.); OLG Koblenz JurBüro 2009, 429.
[36] OLG Koblenz JurBüro 2009, 429; OLG Köln OLGR 1999, 336.
[37] OLG Celle OLGR 2008, 91 = AGS 2008, 189; OLG Düsseldorf JurBüro 2010, 647.
[38] OLG München JurBüro 2009, 484 mwN auch für andere Meinungen.
[39] OLG Schleswig OLGR 2008, 628.
[40] OLG Frankfurt a. M. RVGreport 2004, 278.
[41] OLG Rostock GRUR 2009, 39 = AGS 2009, 243.
[42] OLG Brandenburg JurBüro 2019, 26.
[43] **Verneinend** FG Brandenburg EFG 2006, 1704; FG Düsseldorf AGS 2007, 568 mit abl. Anm. *N. Schneider;* FG LSA EFG 2007, 293; **bejahend** SächsFG EFG 2007, 568 = AGS 2007, 568.
[44] KG MDR 2010, 839, unerwünschte Telefonwerbung; KG JurBüro 2002, 479, Plausibilitätsprüfung.
[45] OLG München JurBüro 2009, 484.
[46] OLG Frankfurt a. M. AGS 2014, 184; KG JurBüro 2002, 479.

halb eher fiktiven Charakter haben, bleiben unberücksichtigt; nur soweit der zu sichernde Anspruch werthaltig ist und eine Befriedigung des Arrestgläubigers erwarten lässt, ist er zugrunde zu legen.[47] Der Wert kann aber auch niedriger sein, wenn es nur noch um den formalen Fortbestand der Eilmaßnahme geht.[48] Im Übrigen → Rn. 23 ff.

3. Rechtsmittel

Für ZPO-Verfahren gelten § 47 GKG, in Familiensachen § 40 FamGKG, in FG-Verfahren (ohne Familiensachen) § 61 GNotKG. Letztlich entscheidet auch in FG-Sachen, in welchem Umfang eine Änderung der Entscheidung begehrt wird.[49] **34**

4. Vollziehung

→ § 25 Rn. 43. **35**

• Arzt. Behandlungsunterlagen

→ Rn. 52. **36**

• Asyl

S. § 30 RVG. **37**

• Aufgebotsverfahren

1. Antragsteller

Der Wert des Aufgebotsverfahrens bestimmt sich nach dem Interesse des Antragstellers, das sich nicht notwendig mit dem Wert des auszuschließenden Rechts zu decken braucht. **38**

Einzelfälle. Als Werte kommen in Betracht **39**

– bei den Aufgebotsverfahren zum Zwecke der **Ausschließung,**
  – des Grundstückseigentümers der Grundstückswert,
  – des Schiffseigentümers der Wert des Schiffes,
  – eines Hypotheken-, Grundschuld- oder Rentenschuldgläubigers der Wert der auszuschließenden Forderung oder der Wert des Grundstücks, wenn dieser niedriger ist,
  – eines Schiffshypothekengläubigers der Wert wie im Falle des Hypothekengläubigers,
  – sonstiger Grund- und Schiffsberechtigter der Wert des auszuschließenden Rechts,
  – von Nachlassgläubigern, von Gesamtgläubigern oder von Schiffsgläubigern der Unterschied in der Vermögensbelastung, je nachdem, ob die Haftung besteht oder nicht,
– und bei Aufgebotsverfahren zum Zwecke der **Kraftloserklärung von Urkunden,**
  – soweit es sich um Wertpapiere handelt, der Kurswert (und, falls ein solcher nicht besteht, der zu schätzende Verkehrswert),
  – soweit es sich um Legitimations- oder Beweisurkunden handelt, 10–20 % des Nennwertes der Forderung.

Der Gegenstandswert des Antrags auf Anordnung der **Zahlungssperre** (§ 480 FamFG) liegt in der Regel unter dem Wert des Hauptantrags. Er bemisst sich nach dem Interesse der Sicherung, das bis auf $^1/_5$ absinken, aber auch dem Wert der Hauptsache nahe kommen kann (vergleichbar dem Wert des Arrestbegehrens, § 53 GKG). **40**

2. Andere Personen als der Antragsteller

Bei Vertretung einer anderen Person als der des Antragstellers richtet sich der Wert nach dem von dem Auftraggeber verfolgten Interesse (§ 3 ZPO). **41**

• Aufhebung der Vollstreckung

→ § 25 Rn. 45 ff. **42**

• Auflassung

Grundsätzlich ist auf den Verkehrswert des Grundstücks abzustellen (§ 6 ZPO).[50] Der Verkehrswert des ganzen Grundstücks ist auch dann maßgeblich, wenn nur gegen ein Mitglied einer Gesamthandsgemeinschaft (zB Erbengemeinschaft) geklagt wird.[51] Wegen Vormerkung → Rn. 728 ff. **43**

---

[47] Zu VV 4142 RVG aF BGH AGS 2018, 558 = RVGreport 2019, 77 mablAnm *Hansens.*
[48] OLG Frankfurt a. M. AGS 2014, 184.
[49] BayObLG Rpfleger 1975, 109; JurBüro 1984, 266.
[50] BGH NJW-RR 2001, 518.
[51] OLG Nürnberg NJW-RR 2012, 1105 = FamRZ 2012, 1752 = AGS 2012, 307 mzustAnm *N. Schneider.*

44 **Grundpfandrechte** und sonstige Grundstücksbelastungen sind nicht zu berücksichtigen, es sei denn durch sie wird die wirtschaftliche Benutzung beeinträchtigt und damit der Wert des Grundstücks selbst beeinflusst. Diese Voraussetzung liegt bei einem Nießbrauch oder Wohnungsrecht als beschränkter persönlicher Dienstbarkeit mit nießbrauchsähnlicher Gestaltung nicht vor.[52]

45 **Streitiger Restkaufpreis.** Streitig ist, ob der Verkehrswert des Grundstücks gem. § 6 ZPO auch dann maßgebend ist,[53] wenn es zB wegen Mängeln nur noch darum geht, ob der Restbetrag vom Kaufpreis noch zu zahlen ist, oder ob es dann gem. § 3 ZPO oder in einschränkende Auslegung von § 6 ZPO nur auf den Wert dieser Restforderung ankommt. Nach der Entscheidung des BVerfG (zum entsprechenden Problem bei der Grundschuld), dass der Gegenstandswert den Zugang zu den Gerichten nicht in unzumutbarer, aus Sachgründen nicht mehr zu rechtfertigender Weise erschweren darf, kann kein Zweifel mehr bestehen, dass bei im Verhältnis zum Grundstückswert nur geringwertigen streitigen Restbeträgen auf Letztere abzustellen ist (→ Rn. 669).[54] Der BGH hat für die Auflassung § 6 (dabei die hiesige Streitfrage offen lassend),[55] für die bloße Vollziehung der Auflassung § 3 ZPO (dabei den Gegenstandswert nach dem Restbetrag bestimmend) angewandt.[56]

• Aufrechnung, Primäraufrechnung

46 Wird primär aufgerechnet, also nicht hilfsweise, so ist maßgebend nur der Wert der Klageforderung.[57] Wegen Hilfsaufrechnung → Rn. 275 ff.

• Auskunft

1. Instanz

47 **a) Vorbereitung eines Leistungsantrags. Bruchteil des Leistungsanspruchs.** Der Wert wird gem. § 3 ZPO zwischen $^1/_{10}$ und $^1/_4$ des Leistungsanspruchs angenommen. Es kommt darauf an, in welchem Umfang der Kläger von der Information abhängt.[58]

Dies ist zB beim Ehegattenunterhalt weniger der Fall, wenn er gegen einen Beamten geltend gemacht wird, dessen Gehalt bekannt ist, als wenn er sich gegen einen selbständigen Unternehmer richtet, von dessen Einkommen die Klägerin wenig weiß. Es wurden zB $^1/_5$ in einem Fall angenommen, in dem die Klägerin bereits Verdienstbescheinigungen vorliegen hatte.[59]

48 **Auffangwert.** Ist für den Leistungsanspruch wegen ungenügender Anhaltspunkte ein Auffangwert heranzuziehen, wie zB in vermögensrechtlichen Familiensachen gem. § 42 Abs. 3 FamGKG, so ist für den Auskunftsanspruch nur ein Bruchteil des Auffangwerts anzusetzen[60] und nicht der volle Auffangwert.[61]

49 **Höhe des zugrunde zu legenden Leistungsanspruchs.** → Rn. 617 ff.

50 Stellt sich nachträglich heraus, dass der Zahlungsanspruch niedriger als erwartet ist, so ändert dies an dem Gegenstandswert hinsichtlich der Auskunftsklage nichts. Wegen Stufenklage → Rn. 549 ff.

51 **b) Ohne beabsichtigten Leistungsantrag.** Ist bei einer Klage auf Auskunft oder Rechnungslegung das Interesse des Klägers nicht auf die Vorbereitung einer Leistungsklage gerichtet,

---

[52] BGH NJW-RR 2001, 518.

[53] OLG Hamm MDR 2002, 1458; OLG Köln MDR 2005, 298 mwN; OLG Stuttgart JurBüro 2002, 424.

[54] OLG Celle NJW-RR 2001, 712 = JurBüro 2000, 645, Grundschuld über 500.000 DM, Restforderung 100.000 DM; OLG Frankfurt a. M. NJW-RR 1996, 636, Grundstück ca. 465.000 DM, Rest ca. 40.000 DM. KG JurBüro 2003, 593, Restbetrag 3,5 % des Grundstückswerts; OLG Nürnberg NJW-RR 2011, 1007, Prozesskosten würden mehr als das $2^1/_2$-fache des streitigen Restbetrags betragen; OLG Schleswig OLGR 1998, 156, Grundstück 308.000 DM, Restbetrag ca. 13.000 DM; OLG Stuttgart MDR 2009, 1353, Grundstückswert ca. 150.000,– EUR, Restbetrag ca. 5.300,– EUR; OLG Zweibrücken AGS 2018, 410 (Grundstückswert 175.000,– EUR, streitig Zahlung von 10.000,– EUR). OLG Karlsruhe verneint eine Herabsetzung jedenfalls dann, wenn der Restbetrag ein Viertel oder mehr des Werts ausmacht (JurBüro 1988, 1551). OLG Stuttgart ZMR 2019, 465 = AGS 2020, 30, jedenfalls dann, wenn der überwiegende Teil der Gegenforderung bereits gezahlt, der Besitz eingeräumt und der Auflassungsanspruch durch eine Vormerkung gesichert ist (Kaufpreis 195.000 €, Restforderung 16.522,50 €).

[55] BGH NJW-RR 2001, 518.

[56] BGH NJW 2002, 684.

[57] OLG Hamburg JurBüro 2009, 645; Thomas/Putzo/*Hüßtege* ZPO § 3 Rn. 19.

[58] BGH FamRZ 1993, 1189; OLG Frankfurt a. M. MDR 2005, 164 = OLGR 2004, 343 ($^1/_4$); OLG Zweibrücken FamRZ 2007, 1112 ($^1/_5$); Übersicht bei Schneider/Herget/*Mouschau* Rn. 1388 ff.

[59] OLG Frankfurt a. M. FamRZ 1997, 38.

[60] *N. Schneider* Anm. zu KG AGS 2019, 23.

[61] So aber KG AGS 2019, 23.

sondern darauf beschränkt, die vom Beklagten geschuldete Auskunftserteilung oder Rechnungslegung herbeizuführen, bemisst sich der Gegenstandswert nach dem Aufwand an Zeit und Sachmitteln, der mit der Erteilung der verlangten Auskunft oder Rechnung verbunden ist.[62]

c) Behandlungsunterlagen eines Arztes. Wird Einblick in diese verlangt, so setzen im Regelfall an OLG Köln 10%,[63] OLG Saarbrücken 10–25%,[64] OLG Nürnberg 20%,[65] jeweils des Hauptsachestreitwerts. Wegen Herausgabe → Rn. 71. 52

d) Auskunft über persönliche Verhältnisse eines Kindes (§ 1686 BGB). Im Regelfall gem. § 45 Abs. 1 Nr. 3 FamGKG 4.000,– EUR, es sei denn dieser Wert ist unbillig wegen besonderer Umstände (§ 45 Abs. 3 FamGKG).[66] 53

e) Auskunft nach Art. 15 Datenschutz-Grundverordnung (DS-GVO). Abzustellen ist auf das Interesse des Klägers bzw. Rechtsmittelführers zur Zeit der Einreichung (§ 4 ZPO).[67] 53a

2. Rechtsmittel

a) Auskunftskläger. Für den Auskunftskläger, der Rechtsmittel einlegt, bleibt es bei einem Bruchteil des Leistungsanspruchs. 54

b) Auskunftspflichtiger. Aufwand. Die Beschwer richtet sich für ihn nach dem mit der Auskunftserteilung verbundenen Aufwand,[68] es sei denn es ist erhöhend ein besonderes **Geheimhaltungsinteresse** gegeben.[69] Wird der Beklagte auf eine **Stufenklage** hin vom Oberlandesgericht zur Auskunft verurteilt, und die Sache iÜ wegen der weiteren Stufen an das Landgericht zurückverwiesen, richtet sich der Streitwert einer gegen das Berufungsurteil gerichteten Revision lediglich nach der Beschwer des Beklagten durch die Verurteilung zur Auskunft, dh nach dem mit der Auskunftserteilung verbundenen Aufwand; dies gilt selbst dann, wenn das Landgericht die Stufenklage ursprünglich insgesamt abgewiesen hatte.[70] Bei der Bemessung der Beschwer des zur Auskunft Verpflichteten ist regelmäßig davon auszugehen, dass die hierfür erforderlichen **Tätigkeiten in der Freizeit** erbracht werden können. Der Auskunftspflichtige, der in Abweichung hiervon behauptet, dass ihm dies nicht möglich sei, hat die Gründe hierfür iE darzulegen und glaubhaft zu machen.[71] Zur Bewertung des vom Auskunftspflichtigen in der Freizeit aufzuwendenden Zeitaufwandes ist grds. auf die Stundensätze zurückzugreifen, die der Auskunftspflichtige als Zeuge in einem Zivilprozess erhalten würde, wenn er mit der Erteilung der Auskunft weder eine berufstypische Leistung erbringt, noch einen Verdienstausfall erleidet.[72] Hat der Titel **keinen vollstreckbaren Inhalt,** so erhöht sich die Beschwer um die mit der Abwehr einer insoweit ungerechtfertigten Vollstreckung verbundenen Kosten,[73] wobei der BGH von 0,3 Verfahrensgebühr + 0,3 Terminsgebühr aus einem Gegenstandswert von uU 5000,– EUR (ggf. Rückgriff auf Auffangwert des § 42 Abs. 3 FamGKG) ausgeht.[74] Wegen RA in eigener Sache vgl. BGH NJW-RR 2012, 888. 55

Vor dem Ersturteil vorgenommener Aufwand bleibt unberücksichtigt, auch wenn zur Auskunftserteilung auf ihn zurückgegriffen wird.[75] 55a

Die Kosten für erforderliche **Fotokopien** sind mit zu berücksichtigen.[76] 55b

---

[62] OLG Köln OLGR 2009, 680 = JurBüro 2009, 314 (Ls.).

[63] OLG Köln AGS 2010, 502 mkritAnm *Riemer.*

[64] OLG Saarbrücken laut *Riemer* AGS 2010, 502 (503).

[65] OLG Nürnberg MDR 2010, 1418.

[66] Nach OLG Hamm MDR 2013, 1285 = AGS 2013, 527 auch bei vor dem 13.7.2013 eingeleiteten Verfahren; **aA** *Thiel* Anm. in AGS 2013, 527.

[67] OLG Köln AGS 2020, 395, das in seinem Fall 5.000,– EUR angesetzt hat.

[68] BGH NJW-RR 2020, 1137 = FamRZ 2020, 1572; FamRZ 2017, 227 = MDR 2017, 105; FamRZ 2007, 1090; 2008, 1346; NJW 2009, 2218 = FamRZ 2009, 1211; 2014, 334.

[69] BGH NJW-RR 2020, 1137 = FamRZ 2020, 1572; NJW 2009, 2218 = FamRZ 2009, 1211; AGS 2011, 34.

[70] BGH FamRZ 2008, 1346.

[71] BGH NJW-RR 2020, 1137 = FamRZ 2020, 1572.

[72] BGH NJW-RR 2020, 1137 = FamRZ 2020, 1572; FamRZ 2018, 445 = MDR 2018, 357; 2017, 227 = MDR 2017, 105; NJW-RR 2015, 1153 = FamRZ 2015, 838.

[73] BGH NJW-RR 2020, 1137 = FamRZ 2020, 1572; FamRZ 2016, 1448 = MDR 2016, 899 = RVGreport 2016, 313 mzustAnm *Hansens.*

[74] BGH FamRZ 2016, 1448 = MDR 2016, 899 = RVGreport 2016, 313 mAnm *Hansens,* der lediglich eine 0,3 Verfahrensgebühr aus 5.000,– EUR zu Grunde legen will, da der Anfall einer Terminsgebühr unwahrscheinlich ist.

[75] BGH NJW-RR 2020, 189 = AGS 2020, 128.

[76] BGH NJW 2019, 604 = FamRZ 2019, 464.

55c Ist der Auskunftspflichtige zur Belegvorlage verpflichtet und umfasst diese Verpflichtung die Beschaffung von Unterlagen aus dem Besitz eines nicht zur Herausgabe bereiten Dritten, ist im Rahmen der Beschwer der **Kostenaufwand für** eine entsprechende **Rechtsverfolgung** zu berücksichtigen.[77]

56 **Kosten von Hilfspersonen.** Die Kosten der Zuziehung einer sachkundigen Hilfsperson, uU auch eines RA,[78] können dabei nur dann berücksichtigt werden, wenn sie zwangsläufig entstehen, weil der Auskunftspflichtige zu einer sachgerechten Auskunftserteilung allein nicht in der Lage ist.[79] So hat der BGH angenommen, dass in dem von ihm entschiedenen Fall der Auskunftspflichtige nicht in der Lage war, Listen über Sonderabschreibungen, Unternehmensinventar, Pachtverträge und Immobilien der Gesellschaften, an denen er beteiligt war, sowie über stille Reserven zu erstellen, wobei es auch eine Rolle spielte, dass sich die Bewertungen auf weit zurückliegende Zeiträume bezogen.[80] Hilfspersonen hat der BGH für nicht notwendig gehalten bei einem Beklagten, der Auskunft über sein Vermögen durch ein Bestandsverzeichnis und Vorlage entsprechender Belege geben musste. Eine Wertermittlung hinsichtlich seiner Unternehmensbeteiligungen war nicht von ihm verlangt, sondern nur deren Auflistung unter Beifügung vorhandener Unterlagen wie etwa Gesllschafterabschlüssen und Jahresabschlüssen.[81] Anders kann es bei außergewöhnlich umfangreichen Unternehmensbeteiliguingen, zB mehr als 30,– Mio EUR sein.[82]

• Ausschlussverfahren nach Wertpapiererwerbs- und Übernahmegesetz

57 → § 31a Rn. 1 ff.

• Aussöhnung

58 Der Wert richtet sich nach dem für die Ehesache gerichtlich festgesetzten Wert. Ist eine Ehesache noch nicht anhängig, ist der Wert gem. § 23 Abs. 1 RVG nach § 43 FamGKG zu berechnen. Das Bemessungskriterium Umfang der Sache bleibt dabei als wertneutral unberücksichtigt; es ist also nicht auf den mutmaßlichen Umfang, den die Ehesache bei Durchführung angenommen hätte, abzustellen.

• Austauschpfändung

59 Gegenstandswert ist der zu schätzende Überschuss des Versteigerungserlöses bis zur Höhe der Forderung, derentwegen die Vollstreckung betrieben wird (§ 25 Abs. 1 Nr. 1 RVG).

• Auswechslung von Gegenständen

60 → Rn. 303 ff.

• Bagatellsachen

61 Fehlen genügende Anhaltspunkte für die Bestimmung des Streitwerts so kann trotz eines bestehenden Auffangwerts (wie zB in § 52 Abs. 1 GKG 5.000,– EUR) ein geringerer Wert angesetzt werden, wenn die Bedeutung der Sache für den Kläger erkennbar geringer ist.[83]

• Bauhandwerkersicherungshypothek

62 **1. Hauptsache.** Gem. § 48 Abs. 1 S. 1 GKG iVm § 6 S. 1 ZPO ist der Wert der zu sichernden Forderung einschließlich Nebenforderungen ausschlaggebend, es sei denn der Wert des sichernden Grundstücks ist geringer.[84]

63 **2. Eilverfahren.** Es ist, wie auch sonst in Eilsachen (→ Rn. 23 ff.) im Regelfall nicht der volle Wert der zu sichernden Forderung zu nehmen. Es ist vielmehr das Sicherungsinteresse ausschlaggebend. Wie hoch dieses ist, hängt von dem Ausmaß des Interesses an einer Sicherung und einer Rangwahrung der Vormerkung ab, häufig $1/3$ bis $1/2$.[85]

---

[77] BGH NJW 2019, 1752 = FamRZ 2019, 1078.
[78] BGH AGS 2013, 178, Pflichtteilsanspruch.
[79] BGH NJW-RR 2020, 1137 = FamRZ 2020, 1572; NJW 2009, 2218 = FamRZ 2009, 1211; FamRZ 2010, 891 Rn. 6.
[80] BGH NJW 2009, 2218 = FamRZ 2009, 1211.
[81] BGH FamRZ 2018, 445 = MDR 2018, 357.
[82] BGH FamRZ 2009, 594 Rn. 12.
[83] BayVGH AGS 2013, 590 = NVwZ-RR 2013, 982.
[84] OLG Stuttgart JurBüro 2013, 27 = BauR 2012, 1989 = NJW-RR 2012, 1418.
[85] Zöller/*Herget* ZPO § 3 Rn. 16 „Einstweilige Verfügung".

• Bausparvertrag – Kündigung 64

Der Gegenstandswert bemisst sich nach dem dreieinhalbfachen Jahreswert der Verzinsung des Bausparguthabens.[86]

• Beiordnung in Scheidungssachen

65 Erteilt der Antragsgegner dem nach § 39 in Scheidungs- oder Lebenspartnerschaftssachen beigeordneten RA keine oder nur eine Vollmacht im Umfang der Beiordnung, so kann der RA Gebühren nur aus den Gegenständen verdienen, die von der Beiordnung erfasst sind (→ § 39 Rn. 5 ff.).

• Beratung

66 Gem. § 34 RVG kommt es nicht auf den Gegenstandswert an.

• Beschwerde

67 Rechtsmittel → Rn. 427 ff.

• Besitz

68 **Herausgabe.** Es kommt gem. § 6 ZPO auf den zu schätzenden objektiven Verkehrswert (zu erwartender Verkaufserlös) der herauszugebenden Sache an, bei einem Goldbarren zB auf den Betrag, der sich bei einem Verkauf hätte erlösen lassen.[87] Nicht ist auf die Wertvorstellung des Klägers abzustellen.[88] Geht der Gläubiger von einem Wert des herausverlangten Klaviers von 10.000,– EUR aus, ist der Wert aber nur 6.000,– EUR, so beträgt der Gegenstandswert 6.000,– EUR. Zu prüfen ist allerdings, ob nicht die speziellere Vorschrift des § 41 GKG (Miete usw) eingreift (→ § 25 Rn. 33).

69 **Herausgabe des Kfz-Briefs.** Es ist ein Bruchteil des Verkehrswerts, der anhand der Schwacke-Liste ermittelt werden kann,[89] zu nehmen. Er ist bewertet worden

– grds. mit $^1/_3$,[90]
– wenn die Herausgabe unter Berufung auf Eigentum verweigert wird, mit $^1/_3$,[91]
– wenn eine besondere Beeinträchtigung vorliegt, zB weil das Fahrzeug verkauft werden soll, mit $^1/_2$.[92]

70 Die Beschwer des verurteilten Besitzers ist niedriger zu bemessen.[93]

71 **Herausgabe von Arztunterlagen.** In der Regel $^1/_{10}$ bis $^1/_4$,[94] $^1/_5$[95] des Hauptsachewerts. Wegen Einsicht → Rn. 52.

72 **Besitzstörung.** Bei Klagen gegen Besitzstörungen kommt es gem. § 3 ZPO auf das Interesse des Klägers an der Beseitigung der Störung an.[96]

73 **Vollstreckung** → § 25 Rn. 32.

• Bestimmung des zuständigen Gerichts

74 Es ist ein Teil des Wertes des Hauptsacheverfahrens anzusetzen,[97] wobei teilweise 30 %,[98] teilweise $^1/_4$,[99] teilweise $^1/_5$,[100] teilweise $^1/_{10}$[101] des Hauptsachewerts angenommen wird.

• Deckungszusage des Rechtsschutzversicherers

75 → Rn. 469.

---

[86] OLG Celle 30.3.2016 – 3 U 202/15; OLG Koblenz RVGreport 2015, 429 mzustAnm *Hansens;* OLG Stuttgart RVGreport 2015, 430; LG Stuttgart AGS 2016, 521, wonach aber auch noch das Interesse daran, ein Bauspardarlehen zu beanspruchen, zu berücksichtigen ist.

[87] BGH NJW-RR 1991, 1210.

[88] *N. Schneider* Anm. zu KG AGS 2010, 539.

[89] *N. Schneider* Anm. zu OLG Düsseldorf AGS 2012, 190.

[90] OLG Düsseldorf AGS 2012, 190 Rn. 7.

[91] OLG Düsseldorf MDR 1999, 891.

[92] OLG Düsseldorf AGS 2012, 190; OLG Saarbrücken JurBüro 1990, 1661.

[93] *N. Schneider* Anm. zu OLG Düsseldorf AGS 2012, 190.

[94] OLG München MDR 2012, 869 = AGS 2013, 339.

[95] OLG Frankfurt JurBüro 2018, 140 = AGS 2017, 573.

[96] OLG Düsseldorf MDR 1991, 353.

[97] BGH RVGreport 2016, 233; BayObLG JurBüro 1992, 700: $^1/_4$; OLG Stuttgart Justiz 1993, 143, unterer Bereich der Gebührentabelle.

[98] LAG Hamm JurBüro 2007, 425.

[99] BGH RVGreport 2016, 233; OLG Köln AGS 2003, 205.

[100] BayVGH RVGreport 2015, 154 mwN.

[101] BayObLG NJW 2002, 2888 = MDR 2002, 1333 = BayObLGZ 2002, 151; JurBüro 1989, 132.

- **Drittschuldnerklage**

76 → RVG VV 3309 Rn. 227.

- **Drittwiderspruchsklage**

77 Gem. § 6 ZPO kommt es auf die Höhe der Forderung (ohne Zinsen und Kosten) an, für die die Pfändung erfolgt ist. Ist der Wert des Pfändungsgegenstandes niedriger, so ist auf diesen abzustellen.[102] Dabei richtet sich der Wert nach dem objektiven Verkehrswert und nicht nach dem zu erwartenden Versteigerungserlös.

- **Duldung**

78 → Rn. 656 ff.

- **Durchsuchung**

79 Nur ein Bruchteil der zu vollstreckenden Forderung ist heranzuziehen.[103] Dabei spielt eine Rolle, wie groß die Aussichten sind, vollstreckungsgeeignete Gegenstände zu finden. Bei gezielter Vollstreckung in einen bestimmten Gegenstand, ist dessen Wert maßgeblich.[104]

- **Ehesachen**

80 § 43 FamGKG ist anzuwenden. Er übernimmt die bisherige Regelung des § 48 Abs. 2, 3 S. 1, 2 GKG aF inhaltlich unverändert.[105] Es gilt dasselbe wie bei der Scheidung (→ Rn. 471 ff.).[106] Das gilt auch für ein Verfahren auf **Trennung von Tisch und Bett** nach italienischem Recht.[107]

80a **Selbständige Feststellung des Trennungszeitpunkts.** Der Wert ist gem. §§ 112 Nr. 2, 113 Abs. 1 FamFG, § 3 ZPO zu schätzen. Dabei ist auch die wirtschaftliche Bedeutung des Feststellungsausspruchs, insbesondere die in § 1375 Abs. 2 Satz 2 BGB geregelte Umkehr der Beweislast bei Vermögensminderungen zwischen dem Trennungszeitpunkt und der Zustellung des Scheidungsantrags als Endstichtag zu berücksichtigen.[108]

- **Eidesstattliche Versicherung**

1. Gem. § 261 BGB

81 **a) Antrag auf eidesstattliche Versicherung.** Er stellt nach hM im Rahmen einer Auskunftsklage im Verhältnis zum Auskunftsverlangen keinen selbständigen Gegenstand dar; beide stellen eine Einheit dar.[109] Es kann aber sein, dass es auf den Wert der eidesstattlichen Versicherung ankommt, zB weil nur ihretwegen eine mündliche Verhandlung stattfindet. Dann ist ein Bruchteil ($^1/_2$[110] bzw. $^1/_3$[111]) vom Wert des Auskunftsanspruchs zu nehmen.

82 **b) Berufung.** Für die Beschwer des zur Abgabe einer eidesstattlichen Versicherung Verurteilten kommt es wie bei der Auskunft (→ Rn. 47 ff.) auf den für die Abgabe erforderlichen Aufwand an.[112]

2. Gem. §§ 807, 900 ff. ZPO aF.

83 → § 25 Rn. 41.

- **Eigentum**

84 **Herausgabe.** Es gilt das zur Auflassung Dargelegte entsprechend (→ Rn. 47 ff.).

85 **Eigentumsstörung.** Es ist gem. § 3 ZPO auf das Interesse des Klägers an der Beseitigung abzustellen.[113]

86 **Rechtsmittel.** Bei der Verurteilung zur **Beseitigung einer Eigentumsstörung** ist der Rechtsmittelwert nach dem Interesse des Beklagten, sich gegen die Kosten einer Ersatzvor-

[102] BGH RVGreport 2017, 154; WPM 1983, 246.
[103] OLG Köln MDR 1988, 329.
[104] OLG Köln MDR 1988, 329.
[105] BT-Drs. 16/6308, 305.
[106] FA-FamR/*Keske* Kap. 17 Rn. 55.
[107] OLG Karlsruhe FamRZ 1999, 605; FA-FamR/*Keske* Kap. 17 Rn. 56.
[108] BGH NJW-RR 2019, 513 = FamRZ 2019, 818 (der in seinem Fall einen Wert von jedenfalls über 600,– EUR angenommen hat).
[109] OLG Frankfurt a. M. JurBüro 1973, 766; OLG Köln MDR 1963, 144.
[110] OLG München 22.7.1993 – 16 WF 796/93.
[111] OLG Bamberg FamRZ 1997, 40.
[112] OLG Brandenburg FamRZ 2008, 1359.
[113] OLG Koblenz JurBüro 1995, 27.

nahme zu wehren, gem. § 3 ZPO zu bemessen. Der Wert des Beschwerdegegenstandes kann daher den Wert des Streitgegenstandes übersteigen.[114]

• Einigung

1. Anzuwendende Vorschriften

Es gilt § 23 RVG. Der Wert richtet sich daher im Regelfall in gerichtlichen Verfahren wie außerhalb derselben nach dem GKG bzw. bei Familiensachen nach dem FamGKG und bei sonstigen FG-Sachen nach der GNotKG.[115] Weiter ist bei einer Zahlungsvereinbarung § 31b RVG zu beachten. **87**

2. Worüber, nicht worauf

Maßgeblich ist immer der Wert dessen, worüber sich die Parteien geeinigt haben, nicht der Wert dessen, worauf sie sich geeinigt haben, egal ob letzterer höher oder niedriger ist.[116] Unerheblich ist auch, für welchen Betrag PKH gewährt wurde.[117] **88**

Klageantrag oder Parteivortrag. Es entscheidet also, was vor der Einigung geltend gemacht wurde. Dabei ist maßgebend der Klageantrag bzw. bei nicht anhängigen Ansprüchen das Vorbringen der Parteien über die Höhe ihrer Ansprüche. Wegen Übertragung einer Immobilie in einer Scheidungsvereinbarung → Rn. 763 ff. **89**

Beispiele:

– Eingeklagt sind 10.000,– EUR. Die Parteien einigen sich auf 7.000,– EUR.
Die Einigungsgebühr fällt aus einem Gegenstandswert von 10.000,– EUR an.

– In einem außergerichtlichen Streit über ein Mietverhältnis (monatliche Miete 1.000,– EUR) vereinbaren die Parteien eine Abfindung von 20.000,– EUR für die vorzeitige Räumung.
Die Einigungsgebühr fällt aus einem Gegenstandswert von 12.000,– EUR gem. § 41 GKG an.[118]

– Wird in einer Einigung das bisherige streitige Mietverhältnis beendet und ein neues begründet, so richtet sich der Wert nur nach der Jahresmiete des alten Mietverhältnisses.[119]

3. Einigungsgebühr und andere Gebühren

Die vor- und nachstehenden Ausführungen gelten zunächst einmal für die Einigungsgebühr. Häufig wird der Gegenstandswert für andere Gebühren (zB Geschäfts-, Verfahrens-, Termins-, Vollstreckungsgebühr) derselbe sein. Er kann aber auch ein anderer sein. **90**

Beispiel für abweichende Gebührenwerte: Der Beklagtenvertreter erkennt eine Forderung von 10.000,– EUR im Termin an. Nach Erlass eines Anerkenntnisurteils wirkt er bei einer Zahlungsvereinbarung mit.
Der Gegenstandswert für die Verfahrens- und Terminsgebühr beträgt 10.000,– EUR, der für die Einigungsgebühr gem. § 31b RVG 2.000,– EUR.

Beispiel für gleiche Gebührenwerte: Der Gläubiger betreibt die Vollstreckung aus einer titulierten Forderung über 10.000,– EUR. Der Schuldnervertreter hat von vornherein nur den Auftrag, eine Zahlungsvereinbarung herbeizuführen, was ihm auch gelingt.
Der Gegenstandswert für die Vollstreckungs- als auch die Einigungsgebühr beträgt gem. § 31b RVG 2.000,– EUR.

4. Einzelfälle

a) Abfindung durch einmaligen Betrag. Grundsatz. Auch bei einem Abfindungsvergleich im Rahmen einer Klage auf monatliche Geldrente wegen eines Verdienstausfallschadens[120] oder aus einer Unfallversicherung[121] entscheidet der geltend gemachte Betrag, nicht der Abfindungsbetrag, auf den man sich einigt. **91**

Beispiel:

Eingeklagt ist eine monatliche Geldrente gem. § 843 Abs. 1 BGB von monatlich 500,– EUR. Die Parteien einigen sich auf einen einmaligen Abfindungsbetrag von 50.000,– EUR.
Alle Gebühren, auch die Einigungsgebühr errechnen sich aus einem Gegenstandswert
nach altem Recht von 30.000,– EUR (12 Monate × 500,– EUR × fünf Jahre gem. § 42 Abs. 1 GKG),
nach neuem Recht (2. KostRMoG) von 21.000,– EUR (12 Monate × 500,– EUR × 3½ Jahre § 9 ZPO). Vgl. → Rn. 88.

---

[114] BGH NJW 1994, 735.
[115] BayObLG KostRspr BRAGO § 23 Nr. 152.
[116] BGH NJW 1964, 1523; OLG Düsseldorf JurBüro 2005, 479; Schneider/Herget/*Kurpat* Rn. 5485 mwN.
[117] OLG Schleswig AnwBl 1963, 85.; Schneider/Herget/*Kurpat* Rn. 5490.
[118] OLG Hamm NJW-RR 2011, 1224; OLG Köln MDR 1971, 854.
[119] OLG Düsseldorf JurBüro 2008, 594 = NJW-RR 2008, 1697 = NZM 2009, 321.
[120] OLG Schleswig JurBüro 1991, 584.
[121] OLG Stuttgart JurBüro 2009, 596.

92 **Abfindung Unterhalt.** Nichts anderes gilt bei einem Abfindungsvertrag über Unterhalt.[122] Daran ändert es nichts, dass der Abfindungsbetrag meistens sehr viel höher sein wird als der durch § 51 FamGKG begrenzte Gegenstandswert. Abzustellen ist auf den Einjahresbetrag des geltend gemachten bzw. zu schätzenden erwarteten Unterhaltsanspruchs.[123]

Beispiel:

Eine geschiedene Ehefrau, die einen Unterhaltsanspruch von monatlich 2.000,– EUR geltend macht, wird durch einen einmaligen Betrag von 200.000,– EUR abgefunden. Der Gegenstandswert der Einigung beträgt gem. § 51 Abs. 1 S. 1 FamGKG 24.000,– EUR.

93 Das gilt auch, wenn im Hinblick auf den streitigen Unterhalt dem Berechtigten ein Grundstück übertragen wird.[124]

94 **Klage nach § 1585 Abs. 2 BGB.** Anders ist es jedoch, wenn gem. § 1585 Abs. 2 BGB ausdrücklich eine Abfindung in Kapital eingeklagt wird. Hier ist auf den geforderten Abfindungsbetrag abzustellen.[125]

95 **b) Abgeltungsklausel.** Wird vereinbart, dass mit einer bestimmten Leistung sämtliche Ansprüche abgegolten sind (zB mit dem Haftpflichtversicherer), so liegt eine Einigung vor, deren Gegenstandswert sich aus dem geltend gemachten Gesamtanspruch errechnet. Dazu, wenn bereits vorher teilweise Vorschuss geleistet wurde → Rn. 123a, b.

96 **c) Anfechtung der Einigung.** Der Wert der Fortführung des Rechtsstreits darüber, ob der Prozessvergleich wirksam ist, bestimmt sich grds. nicht nach dem Wert des Vergleichs, sondern nach dem Wert der ursprünglich gestellten Anträge, wenn die Anfechtung des Vergleichs den Rechtstreit auf den ursprünglichen Streitstand zurückführen soll.[126] Soll aber die Anfechtung den Rechtsstreit nicht auf den ursprünglichen Streitstand zurückführen, sondern soll ein bereits erzielter Teilerfolg bestehen bleiben, so kommt es auf das verbleibende Interesse an.[127] Wurde mit dem Vergleich dem Kläger mehr zugesprochen, als er eingeklagt hatte, und begehrt der Kläger die Feststellung, dass dieser Vergleich wirksam ist, so ist der höhere Wert des Vergleichs zu Grunde zu legen.[128] Wird aber nur beantragt festzustellen, dass durch den Vergleich sich der Rechtsstreit erledigt hat, so bleibt es bei dem Wert des ursprünglichen Streitgegenstandes.[129]

97 **d) Aufrechnung.** Einigen sich die Parteien über die Klageforderung und eine hilfsweise zur Aufrechnung gestellte bzw. hilfsweise mit einer Widerklage geltend gemachte bestrittene Gegenforderung, sind gem. § 45 Abs. 3, 4 GKG, § 39 Abs. 3, 4 FamGKG beide Werte zusammenzurechnen.[130]

98 **e) Eilverfahren.** Es gilt für die Einigungsgebühr im Eilverfahren, was generell für Eilverfahren gilt (→ Rn. 23 ff.). Wegen Einigung zur Hauptsache im einstweiligen Anordnungsverfahren → Anh. II Rn. 43.

99 **f) Einbeziehung nicht anhängiger Ansprüche.** ***aa) Streitige Ansprüche.*** Werden nicht anhängige, streitige Ansprüche in eine Einigung aufgenommen, so sind sie mit ihrem vollen Wert bei der Einigungsgebühr mit zu berücksichtigen.[131] Da es für die mitverglichenen, nicht anhängigen Ansprüche an einem für die Höhe des Gegenstandswerts maßgebenden Klagantrag fehlt, ist für die Berechnung ihres Wertes von den Behauptungen der Parteien auszugehen.[132] Berechnungsbeispiel → RVG VV 3101 Rn. 110.

---

122 Schneider/Herget/*Kurpat* Rn. 5487 **aA** OLG Frankfurt a. M. JurBüro 1980, 1215 mablAnm *Mümmler* = KostRspr GKG aF § 17 Nr. 24 mablAnm *Lappe.*

123 Dabei müssen nach Groß Anwaltsgebühren Rn. 511 ff. zukünftige, den Unterhaltsanspruch erhöhende Ereignisse mit berücksichtigt werden, zB beim Unterhalt der Ehefrau, dass in absehbarer Zeit Kindesunterhalt wegfällt.

124 OLG Koblenz AGS 2010, 148.

125 Groß Anwaltsgebühren Rn. 515; **aA** wohl OLG Jena FamRZ 1999, 1680.

126 BGH AGS 2020, 284; AGS 2014, 408; FamRZ 2012, 1938 mwN = MDR 2012, 1436 = AGS 2012, 570; RVGreport 2007, 158; **aA** LAG Bln-Bbg 21.9.2009 – 15 SaGa 1227/09 BeckRS 2009, 72791.

127 BGH AGS 2020, 284.

128 BGH FamRZ 2012, 1938 = MDR 2012, 1436 = AGS 2012, 570; RVGreport 2007, 158.

129 BGH AGS 2014, 408: NJW 2013, 470 = AnwBl 2013, 72 = FamRZ 2012, 1938.

130 OLG Düsseldorf MDR 2006, 297 = AGS 2006, 188.

131 BGH NJW 1964, 1523. Dort auch wegen Besonderheiten bei Stationierungsschäden.

132 OLG Bamberg JurBüro 1989, 201, jedenfalls wenn die Forderung nicht unverhältnismäßig hoch oder die Realisierbarkeit nicht fraglich.

bb) Unstreitige Ansprüche. Reduzierter Gegenstandswert. Unstreitige Ansprüche können zur Beilegung des gesamten Streits verändert und in die Einigung eingefügt werden, was bei den Gebühren zu berücksichtigen ist. (→ RVG VV 1000 Rn. 217). Ähnlich wie beim Titulierungsinteresse und in gleicher Höhe wie bei diesem ist nur ein Teil des Gegenstandswerts anzusetzen (entsprechend § 31b RVG 20% → Rn. 602ff.). 100

Beispiel:

Der Bauherr klagt auf Beseitigung von streitigen Mängeln am Dachstuhl (Gegenstandswert 20.000,– EUR). Unstreitig und nicht anhängig ist, dass hinsichtlich der Treppe ein Nachbesserungsanspruch besteht (Gegenstandswert 10.000,– EUR). Im Vergleich begnügt sich der Bauherr mit einem geringen Zahlungsbetrag von 5.000,– EUR für die Treppe. Als Gegenleistung dafür verpflichtet sich der Unternehmer, die Mängel am Dachstuhl zu beseitigen.
Dem RA stehen zu
1,0 Einigungsgebühr gem. VV 1000 RVG aus 20.000,– EUR
1,5 Einigungsgebühr gem. VV 1003 RVG aus 2.000,– EUR (20 % aus 10.000,– EUR)
Maximal 1,5 gem. § 15 Abs. 3 aus 22.000,– EUR

g) Fälligkeit. Werden in einer Einigung unstreitig noch nicht fällige Ansprüche mit einbezogen und sofort fällig gestellt, so erfordert eine wirtschaftliche Betrachtungsweise eine Abzinsung in der Höhe, in der der Gläubiger Zinsen zahlen müsste, um den Betrag sofort zur Verfügung zu haben.[133] Hierbei ist ein Zinssatz von 5% bzw. 8% über dem Basiszinssatz anzuwenden (entsprechend § 288 Abs. 1 bzw. § 288 Abs. 2 BGB). 101

Berechnung nach LAG Köln:

Von 140.000,– EUR waren 88.000,– EUR noch nicht fällig. Diese sind innerhalb von 176 Monaten fällig, hatten also eine mittlere Restfälligkeit von 88 Monaten. Geht man von einem Zinssatz von zB 8 % aus, so ergibt sich ein Abzug von 8 % für 88 Monate = 51,626,66 EUR. Der Wert der Einigung beträgt also

Fälliger Betrag 144.000,– EUR – 88.000,– EUR	56.000,00 EUR.
+ Nicht fälliger Betrag 88.000,– EUR – 51.626,66 EUR	36.373,34 EUR.
Summe	92.373,34 EUR.[134]

h) Gegenstandswert. Einigung über diesen. Einigen sich die anwaltlich vertretenen Parteien auf einen bestimmten Gegenstandswert, so ist das grds. für die Berechnung der Anwaltskosten verbindlich,[135] nicht jedoch für die gerichtlichen Gebühren. 102

i) Klagerücknahme. Vereinbaren die Parteien, dass der Kläger die Klage zurücknimmt, so richtet sich der Gegenstandswert nach dem Gegenstandswert der Klage. Das gilt auch, wenn zusätzlich noch die Kostenfrage geregelt wird. Zur Frage, wann bei einer Klagerücknahme eine Vereinbarung anzunehmen ist → RVG VV 1000 Rn. 41 ff. 103

j) Kostenvereinbarung. Einigung nur über Kostenfrage. Hat die Hauptsache sich auf andere Weise als durch Einigung der Parteien erledigt, zB durch Zahlung oder Verzicht oder Klagerücknahme, und einigen sich die Parteien nur über die Kosten, so errechnet sich die Einigungsgebühr nur aus den Kosten[136] und zwar aus den gesamten gerichtlichen und außergerichtlichen Kosten beider (aller) Parteien (→ Rn. 341 ff.). Dazu wann eine Kostenvereinbarung vorliegt → RVG VV 1000 Rn. 51. 104

Kosteneinigung mit oder nach Einigung zur Hauptsache. Einigen sich die Parteien gleichzeitig über die Hauptsache und die Kosten, so fällt die Einigungsgebühr nur aus dem Wert der Hauptsache an. Dasselbe gilt für eine Kostenvereinbarung, die zeitlich erst nach einer Einigung über die Hauptsache erfolgt.[137] 105

Kostenvereinbarung nach Aussöhnung. Einigen sich die Parteien nach einer Aussöhnung auch über die Kosten der Ehe-(Lebenspartnerschafts-)sache, so erhält der RA neben der Aussöhnungsgebühr (VV 1001 RVG) keine Einigungsgebühr aus den Kosten. 106

k) Mehrere Gegenstände. Bezieht sich die Einigung auf mehrere Gegenstände, so errechnet sich die Einigungsgebühr aus der Addition der einzelnen Gegenstandswerte. 107

l) Mehrere Parteien. *aa) Mit verschiedenen Gegenständen.* Sind mehrere Parteien mit verschiedenen Gegenständen auf der einen oder der anderen Seite an derselben Einigung beteiligt, so errechnet sich der Gegenstandswert für den jeweiligen RA nach den Gegenständen, von denen sein Mandant betroffen ist. 108

---

[133] LAG Köln MDR 1987, 169 mzustAnm *Hirte* = KostRspr § 3 ZPO Nr. 849 mzustAnm *E. Schneider.*
[134] LAG Köln MDR 1987, 169.
[135] LAG Hamm KostRspr § 25 GKG Nr. 144.
[136] OLG Köln MDR 2006, 539.
[137] Bischof/*Bischof* RVG VV 1000 Rn. 76.

Beispiel:

Der Kläger fordert von A 500,– EUR, von B 300,– EUR und von C 200,– EUR, die jeweils von einem eigenen RA vertreten sind. Die Parteien einigen sich dahin, dass sich der Kläger mit der Hälfte der begehrten Beträge begnügt. Der Wert der Einigung beträgt für den RA des Klägers 1.000,– EUR, für den des A 500,– EUR, für den des B 300,– EUR und den des C 200,– EUR.

109 ***bb) Regressanspruch unter Streitgenossen.*** Wird in eine Einigung zwischen Kläger und mehreren Beklagten auch eine Regelung der Regressansprüche der Beklagten untereinander aufgenommen, so ist streitig, ob der Regressanspruch werterhöhend zu berücksichtigen ist.[138] Hier ist zu differenzieren. Für den Klägervertreter erhöht sich der Wert nicht, da sein Mandant vom Regressanspruch nicht betroffen ist. Die Situation ist ähnlich wie beim Streithelfer, dessen Anwalt auch keine zusätzlichen Gebühren verdient, wenn die Einigung nicht ein ihn betreffendes Rechtsverhältnis mit regelt (→ Rn. 405). Für die Beklagtenvertreter hingegen erhöht sich der Wert, und zwar nicht nur hinsichtlich der Einigungsgebühr, sondern auch hinsichtlich der Geschäftsgebühr bzw. bei einem Verfahrensauftrag auch hinsichtlich der Verfahrensgebühr und uU auch hinsichtlich der Terminsgebühr (→ RVG VV 3104 Rn. 93 ff.). Bei der Erhöhung ist auf den Betrag abzustellen, um den es bei der Einigung unter den Streitgenossen noch geht. Hatte der Kläger ursprünglich 100.000 EUR gegen beide eingeklagt und einigen sich der Kläger und die Beklagten auf 50.000 EUR und vereinbaren die Beklagten in demselben Vergleich, dass im Innenverhältnis jeder 25.000 EUR trägt, so erhöht sich in deren Verhältnis der Wert nicht um 100.000 EUR, sondern nur um 50.000 EUR.[139]

110 Bei der **Kostenfestsetzung** ergeben sich dann Probleme. Es ist deshalb zu raten,[140] diese Frage in der Vereinbarung zu regeln, etwa wie folgt, wenn die Klageforderung 40.000,– EUR, der Regressanspruch 20.000,– EUR betrug:

111 „Von den Kosten des Rechtsstreits und des Vergleichs tragen aus dem Wert von 40.000,– EUR der Kläger $^1/_4$, die Beklagten $^3/_4$. Von den übrigen Kosten muss der Beklagte zu 1 dem Beklagten zu $2^2/_3$ und der Beklagte zu 2 dem Beklagten zu $1^1/_3$ erstatten."

112 **m) Nebenforderung.** Eine Einigung über eine Nebenforderung löst eine Einigungsgebühr aus dessen Wert aus, wenn sich die Einigung **nur auf die Nebenforderung** bezieht.

Beispiel:

Es ergeht Anerkenntnisurteil über die Hauptsache nebst Zinsen von 8 %. Anschließend einigt man sich auf insgesamt Zinsen von 10 %. Der Kläger hatte 12 % geltend gemacht.
Der Gegenstandswert der Einigungsgebühr errechnet sich aus 4 % Zinsen aus der Hauptsache.

113 Wird aber **gleichzeitig mit der Hauptsache** eine Einigung über Nebenforderungen getroffen, so errechnet sich die Einigungsgebühr nur aus dem Hauptsachewert. Das gilt auch dann, wenn die Einigung nur noch einen kleinen Rest der Hauptsache betrifft.

Beispiel:

Der Beklagte bestreitet im Hauptsacheanspruch. Schließlich einigt man sich, dass der Beklagte gegen einen Nachlass bei den Zinsen den Hauptsachebetrag nebst den noch verbleibenden Zinsen zahlt.
Der Gegenstandswert errechnet sich aus dem Hauptsachewert.

114 **n) Ratenzahlung,** → RVG VV 1000 Rn. 236 ff.

115 **o) Rechtsmittelrücknahme.** Wird vereinbart, dass der Berufungsführer die Berufung zurücknimmt, so richtet sich der Wert der Einigung danach, welche wirtschaftliche Bedeutung die Rechtskraft der Entscheidung für die Parteien hat. Das ist in aller Regel der Beschwerdewert. Es kommt also darauf an, in welchem Umfang das erstinstanzliche Urteil angegriffen ist.

116 **p) Streitgenossen,** → RVG VV 1008 Rn. 287 ff.

117 **q) Streithelfer,** → Rn. 403 ff.

118 **r) Stundung.** Bei einer reinen **Zahlungsvereinbarung** iSv VV 1000 Abs. 1 Nr. 2 RVG greift § 31b RVG ein.

119 Wird hinsichtlich der Herausgabe von Sachen eine Stundung vereinbart, so ist § 31b RVG nicht unmittelbar anzuwenden. Hier ist aber im Regelfall jedenfalls nicht der volle Wert der herauszugebenden Sachen zu nehmen. Der Rechtsgedanke des § 31b RVG, dass eine Stundung zu einem erheblich niedrigeren Wert führen soll, ist auch hier zu berücksichtigen. In

---

[138] Verneinend OLG Frankfurt a. M. RVG prof. 2010, 35 mablAnm *Hansens.*
[139] Bejahend OLG Stuttgart BauR 2019, 296 = AGS 2019, 68 = MDR 2018, 1216 (Ls.).
[140] *Hansens* RVGreport 2010, 35.

vielen Fällen sind entsprechend § 31b RVG 20% anzusetzen. Wegen der Räumungsfrist → Rn. 389c ff.

s) Teileinigung. Für die Einigungsgebühr ist nur der Wert des Gegenstandes zu berücksichtigen, der mit der Einigung geregelt wird.[141] Anders bei Teilerlass → Rn. 121 ff. Wegen Zwischenvergleich → RVG VV 1000 Rn. 169. **120**

t) Teilerlass bei Zahlung eines Teilbetrags. Einigen sich die Parteien in einem Prozess, dass der Beklagte sich zur vollen Zahlung der Klageforderung verpflichtet, ihm aber ein bestimmter Betrag erlassen wird, wenn er zuvor den anderen Betrag rechtzeitig gezahlt hat, so ist das keine Teileinigung, sondern eine Einigung über den gesamten Anspruch, wobei nur ein Teil erlassen wird. War der Anspruch streitig, so ist bei der Einigungsgebühr der volle Gegenstandswert zu Grunde zu legen. **121**

Beispiel:

Vereinbart wird, dass der Beklagte die eingeklagten 10.000,– EUR schuldet und dass ihm der Rest erlassen wird, wenn er bis zum 1.8. 7.500,– EUR gezahlt hat.
Die Einigungsgebühr fällt aus 10.000,– EUR an.

War die Klageforderung unstreitig, so gelten die gleichen Grundsätze wie bei einem Ratenzahlungsvergleich über einen unstreitigen Anspruch (→ RVG VV 1000 Rn. 231 ff.). **122**

u) Titulierungsinteresse, → Rn. 599 ff. **123**

v) Vorschuss. Hat zB der Haftpflichtversicherer einen Vorschuss bezahlt und einigt man sich hinsichtlich des Restes mit einer Abgeltungsklausel, so ist zu unterscheiden. Ist der Vorschussbetrag vorbehaltlos anerkannt worden, so entsteht die Einigungsgebühr nur noch aus dem Restbetrag.[142] Nur noch hierüber besteht Streit, der verglichen werden kann. Ist die Zahlung allerdings unter dem Vorbehalt eine Rückforderung erfolgt, so errechnet sich die Einigungsgebühr aus dem Gesamtwert. **123a**

Vertreten wird demgegenüber, dass sich der Einigungswert nur dann auf den offenen Restbetrag beschränke, wenn bestimmte einzelne Positionen mit dem Vorschuss befriedigt sein sollen. Hingegen sei der gesamte Wert zu Grunde zu legen, wenn der Vorschuss zur beliebigen Verwendung geleistet wurde.[143] Dem ist nicht zu folgen. Streit besteht nur noch wegen der Restsumme. Im Übrigen wegen Abgeltungsklausel → Rn. 95. **123b**

w) Wirksamkeit der Einigung → Rn. 96. **124**

• Einspruch gegen Versäumnisurteil

Es kommt auf den Auftrag an. Erhält der RA zunächst den Auftrag, in vollem Umfang Einspruch einzulegen, erfolgt aber nach Beratung durch den RA nur ein beschränkter Einspruch, so verdient der RA eine 0,8 Gebühr gem. VV 3101 Nr. 1 RVG aus dem Wert, für den kein Einspruch eingelegt wird, und eine 1,3 Verfahrensgebühr gem. VV 3100 RVG aus dem verbleibenden Wert (Obergrenze § 15 Abs. 3 RVG). Ging der Auftrag aber von vornherein dahin, nur hinsichtlich eines Teilbetrages tätig zu werden, so verdient der RA nur eine 1,3 Gebühr gem. VV 3100 RVG aus diesem Teilbetrag. **125**

Wird gegen ein Versäumnisurteil Einspruch nur wegen der Kosten eingelegt und ist auch kein weitergehender Auftrag erteilt worden, so richtet sich der Gegenstandswert nur nach den Kosten (zu dessen Berechnung → Rn. 341 ff.). **126**

• Einstweilige Anordnung in Familiensachen

1. Motive

Auszug zu § 41 FamGKG: „Für Verfahren der einstweiligen Anordnung soll eine eigenständige Wertvorschrift eingeführt werden. Entsprechend der Systematik des Gerichtskostengesetzes (vgl. § 53 Abs. 2 GKG) und der Rechtspraxis in der Zivil-, Verwaltungs- und Finanzgerichtsbarkeit soll der Wert für das Verfahren des einstweiligen Rechtsschutzes unterhalb des Werts für die Hauptsache liegen. **127**

Nach **S. 1** der Vorschrift soll im Verfahren der einstweiligen Anordnung der Wert in der Regel unter Berücksichtigung der geringeren Bedeutung gegenüber der Hauptsache zu ermäßigen sein. Die Formulierung erfasst sowohl das Verfahren auf Erlass als auch das Verfahren auf Aufhebung oder Änderung der Entscheidung. Nach **S. 2** ist dabei grds. von der Hälfte des für **128**

---

[141] KG JurBüro 2007, 33.
[142] AG Pinneberg AGS 2020, 224.
[143] *N. Schneider* Anm. zu AG Pinneberg AGS 2020, 224.

die Hauptsache bestimmten Werts auszugehen. Das Gericht kann aber im Einzelfall einen anderen Wert als die Hälfte des Hauptsachewerts annehmen.

129 Diese flexible Regelung ermöglicht eine dem Einzelfall gerecht werdende Bestimmung des Werts. Gleichzeitig bietet sie für den Regelfall aber auch eine einfache Festlegung des Werts an, da von der Hälfte des für die Hauptsache bestimmten Werts auszugehen ist."[144]

2. Regelwert

130 Für Familiensachen ist in § 41 FamGKG eine einheitliche Regelung vorgesehen. Der Wert ist im Regelfall wegen der geringeren Bedeutung und der leichteren Abänderbarkeit im Verhältnis zur Hauptsache zu ermäßigen (§ 41 S. 1 FamGKG). Dabei ist von der Hälfte auszugehen (§ 41 S. 2 FamGKG).

131 **Regelwert.** Entgegen einer in der Lit. vertretenen Auffassung[145] ist der halbe Wert des Hauptsachewerts der Regelwert, wie dies in der Rspr. und Lit. auch so angenommen wird[146] und wie dies die Motive selbst bezeichnen (→ Rn. 127 ff.). Unabhängig davon ist S. 2 jedenfalls dahingehend zu verstehen, dass – ua auch aus Vereinfachungsgründen (→ Rn. 127 ff.) – zunächst einmal vom halben Wert auszugehen ist und nur dann davon abzuweichen ist, wenn besondere Umstände vorliegen. Es muss also geprüft werden, ob Umstände vorliegen, warum von den 50% abzuweichen ist. Es ist daher nicht verfehlt, wenn ein Gericht feststellt, dass keine Anhaltpunkte für ein Abweichen vom Regelwert vorliegen.[147]

132 **Ermittlung des Hauptsachewerts.** Bereits bei der Ermittlung des Hauptsachewerts ist zu prüfen, ob nicht schon dieser aus Billigkeitsgründen (zB gem. §§ 44, 45 48 FamGKG jeweils Abs. 3) höher oder niedriger anzusetzen ist.[148] Erst der so ermittelte Hauptsachewert ist im Regelfall gem. § 41 S. 2 FamGKG zu reduzieren.

133 **Regelung für Trennungszeit.** Weiter ist darauf zu achten, dass in den Fällen, in denen der Hauptsachewert bei Regelungen für die Trennungszeit einerseits und für die Zeit nach der Scheidung andererseits unterschiedlich hoch ist (§ 48 Abs. 1, 2 FamGKG → Rn. 268 ff., 744), von dem Hauptsachewert für die Trennungszeit auszugehen ist, wenn nur eine Eilmaßnahme für die Trennungszeit begehrt wird, also zB bei der Wohnungszuweisung für die Trennungszeit nur von 3.000,– EUR.

3. Abweichung vom Regelwert

134 **a) Grundsatz.** Da der halbe Wert nur ein Regelwert ist, kann im Einzelfall der Wert abweichen, uU sogar gleich hoch wie der der Hauptsache sein. Wegen **altem Recht** für Familiensachen Gerold/Schmidt/*Madert,* 18. Aufl. 2008, RVG § 24. Wegen Arrest in Familiensachen → Rn. 37. Wegen Unterhalt → Rn. 648.

135 **Untere Grenze.** Der halbe Wert ist nicht die unterste Grenze, die uU zu erhöhen ist.[149] Er kann auch unterschritten werden. Weder der Wortlaut noch die Motive legen eine andere Auslegung nahe.[150]

136 **b) Geringere Bedeutung.** Ausschlaggebend für eine niedrigere Bewertung der einstweiligen Anordnung und auch der anderen Eilmaßnahmen (wie zB Arrest und einstweiligen Verfügung) im Verhältnis zur Hauptsache ist die geringere Bedeutung. Das galt schon immer für Eilverfahren und hat inzwischen in § 41 S. 1 FamGKG, der auf die geringere Bedeutung expressis verbis hinweist, seinen ausdrücklichen Niederschlag gefunden. Nähert sich eine Eilentscheidung in dieser Beziehung stärker an eine Hauptsacheentscheidung an als üblicher Weise eine Eilentscheidung, so ist ein höherer Verfahrenswert angebracht.

137 **Ursachen der geringeren Bedeutung der einstweiligen Anordnung.** Das Gesetz legt nicht fest, worauf die geringere Bedeutung beruht. Sie kann in zwei Umständen begründet sein.

– **Weniger Inhalt.** Zum einen darauf, dass der geltend gemachte Anspruch hinter dem, was mit einem Hauptsacheanspruch verlangt werden könnte, inhaltlich zurücksteht. Das kommt

---

144 BT-Drs. 16/6308, 305.

145 *Thiel/N. Schneider* Editorial Heft 6/2011.

146 OLG Brandenburg FamRZ 2010, 1937; OLG München AGS 2011, 306; OLG Stuttgart AGS 2010, 617; *Hansens* Anm. zu OLG Bamberg RVGreport 2011, 271; **aA** weit weg vom Gesetz *S. Schneider* Anm. zu OLG Stuttgart AGS 2010, 617.

147 So OLG München AGS 2011, 306; HK-FamGKG/*Fölsch* § 41 Rn. 13; **aA** *Thiel/N. Schneider* Editorial Heft 6/2011.

148 OLG Düsseldorf FamRZ 2010, 1936 = RVGreport 2011, 32 mzustAnm *Hansens.*

149 OLG Brandenburg FamRZ 2010, 1937.

150 Schneider/Herget/*Thiel* Rn. 7375 ff.

vor allen Dingen bei einstweiligen Verfügungen und Arresten vor. So steht die im Eilverfahren geltend gemachte Herausgabe an einen Sequester nicht einer Herausgabe an den Antragsteller gleich.

– **Weniger Bestandskraft.** Zum anderen darauf, dass trotz inhaltlicher Gleichheit der Anträge der Antragsteller einen viel weniger beständigen, weil leichter aufhebbaren oder abänderbaren Titel erlangt. Für den Antragsteller ist es von ganz unterschiedlicher Bedeutung, ob er einen beständigen Titel hat oder einen solchen, der jederzeit und, ohne dass neue Umstände eingetreten sein müssten, wieder angegriffen werden kann.

Eine Abweichung vom Regelwert nach oben kann sich daraus ergeben, dass die Eilentscheidung zu einer endgültigen Regelung führt oder dieser nahe kommt. 138

c) Eilverfahren soll zu endgültiger Regelung führen. ***aa) Endgültigkeitsursachen.*** **De facto Endgültigkeit.** Bisweilen führt die vom Antragsteller begehrte Entscheidung dazu, dass mit Sicherheit oder großer Wahrscheinlichkeit eine endgültige Regelung getroffen wird, so dass für keine Seite ein späteres Hauptsacheverfahren in Betracht kommt. Das Interesse des Antragstellers richtet sich dann auf eine de facto endgültige Regelung (→ Rn. 26ff. entsprechendes bei Arrest und einstweiliger Verfügung). Das ist zB gegeben, wenn drei Tage vor den Pfingstferien eine einstweilige Anordnung zum Umgangsrecht während dieser Zeit beantragt oder über einen entsprechenden, schon früher gestellten Antrag erst kurz vor Ferienbeginn entschieden wird. 139

Vereinbarung mit endgültiger Regelung. Die Endgültigkeit kann sich auch **nachträglich** dadurch ergeben, dass die Beteiligten das Verfahren mit einer endgültigen Vereinbarung abschließen. 140

Gerichtliche endgültige Entscheidung. Dasselbe hat zu gelten, wenn eine gerichtliche Entscheidung sich als sicher oder sehr wahrscheinlich endgültige Regelung erweist.[151] 141

Dies kann sich zB daraus ergeben, 142

– dass aus zeitlichen Gründen ein Hauptsacheverfahren nicht mehr sinnvoll ist,
– dass **erfahrungsgemäß generell** bestimmte Eilverfahren zu einer endgültigen Regelung führen, wie dies beim Prozesskostenvorschuss teilweise aufgenommen wird (→ Rn. 733),
– dass **im Einzelfall** die Beteiligten schon vorher oder aber nachdem die Entscheidung ergangen ist, zu erkennen gegeben haben, das Ergebnis als endgültig zu akzeptieren, bzw. erklärt haben, dass man ausschließlich Rechtsmittel gegen die einstweilige Anordnung einlegen werde, auf keinen Fall aber ein Hauptsacheverfahren betreiben werde, etwa weil es nur um eine Rechtsfrage geht oder sonst wie eine weitere Aufklärung des Sachverhalts nicht zu erwarten ist.

bb) Maßgeblicher Zeitpunkt. **(1) Rückwirkende Erhöhung.** Die Endgültigkeit kann sich auch am Ende oder nachträglich ergeben. 143

Zwar gilt im Recht des Verfahrenswerts, dass grds. auf den Zeitpunkt der Antragstellung abzustellen ist (§ 40 GKG, § 34 S. 1 FamGKG).[152] Deshalb wird in der Rspr. zum Eilverfahren auch verlangt, dass aufgrund konkreter Anhaltspunkte bereits bei Antragstellung eine große Wahrscheinlichkeit oder Sicherheit bestehen muss, dass mit dem Eilverfahren eine abschließende Streitbeilegung einhergeht.[153] 144

Einigungsgebühr. Dennoch ist nach hM in der Rspr. jedenfalls für die Einigungsgebühr vom Hauptsachewert auszugehen, wenn die Beteiligten das Verfahren mit einer endgültigen **Vereinbarung** abschließen.[154] Damit ist jedenfalls der Grundsatz, dass immer auf den Zeitpunkt der Antragstellung abzustellen ist, auch von der hM durchbrochen. 145

Verfahrens- und Terminsgebühr. Streitig ist lediglich, ob sich bei einer endgültigen Einigung auch für die Verfahrens- und Terminsgebühr der Gegenstandswert nach dem Hauptsachewert richtet. Das ist zu bejahen.[155] Es ist dem Gegenstandswertrecht nicht fremd, dass sich durch Umstände, die erst im Laufe des Verfahrens eintreten, der Wert erhöht. So ist zB der Hauptsachewert mehrerer Familiensachen aus Billigkeitsgründen zu erhöhen, „wenn das Ver- 146

---

[151] In diese Richtung, wenn auch nicht abschließend entschieden OLG Brandenburg FamRZ 2010, 1937.

[152] OLG Bamberg AGS 2011, 454 = RVGreport 2011, 271; OLG Schleswig OLGR 2008, 628 Rn. 11.

[153] OLG Schleswig OLGR 2008, 628 Rn. 12 zu einstweiliger Verfügung; *Thiel* Anm. zu OLG Saarbrücken AGS 2012, 309.

[154] OLG Celle AGS 2020, 412; OLG Düsseldorf FamRZ 2010, 1936 = RVGreport 2011, 32 mzustAnm *Hansens;* OLG Nürnberg FamRZ 2011, 756; OLG Schleswig FamRZ 2011, 1424.

[155] OLG Düsseldorf FamRZ 2010, 1936 = RVGreport 2011, 32 mzustAnm *Hansens;* **aA** OLG Brandenburg AGS 2015, 230; OLG Celle AGS 2020, 412; OLG Nürnberg FamRZ 2011, 756; OLG Saarbrücken MDR 2012, 919 = AGS 2012, 309 mAnm *Thiel;* OLG Schleswig FamRZ 2011, 1424.

fahren besonders umfangreich und schwierig" ist (zB → Rn. 170), was sich erst während des Verfahrens herausstellt. Kommt es für die Änderung des Regelwerts auf die Bedeutung der Sache an, insbes. auch darauf, ob ein Hauptsacheverfahren überflüssig wird, so besteht kein Grund, der einer Anpassung am Ende entgegenstünde, wenn sich am Ende herausstellt, dass das Eilverfahren zu einem endgültigen Ergebnis führt. Es ist auch billig, dass ein RA, der an einer endgültigen Regelung mitwirkt, nicht so vergütet wird, als hätte er lediglich ein vorläufiges Ergebnis erlangt.

147 **Erfolgloser Versuch einer endgültigen Regelung.** Es ist sogar noch weiter zu gehen. Werden Gespräche mit dem Ziel einer endgültigen Regelung geführt, so ist zu diesem Zeitpunkt das Ziel des Verfahrens auf eine endgültige Regelung gerichtet, sodass die Terminsgebühr selbst dann aus dem Hauptsachewert zu errechnen ist, wenn die Gespräche scheitern.[156] Dasselbe gilt für die 1,3 Verfahrensgebühr jedenfalls dann, wenn die Erörterung im Gerichtstermin stattfindet. Es kann nicht unberücksichtigt bleiben, dass der RA jedenfalls zwischenzeitlich nicht nur in Richtung einer vorläufigen Regelung, sondern einer endgültigen tätig war.

148 **(2) Sechsmonatsfrist.** Dabei können nur solche Umstände berücksichtigt werden, die innerhalb der Sechsmonatsfrist des § 55 Abs. 3 S. 2 FamGKG aufgetreten sind. Danach kann ein festgesetzter Verfahrenswert nicht mehr geändert werden. Wurde, wie dies gelegentlich vorkommt, innerhalb dieser Frist noch kein Verfahrenswert festgesetzt, so können später offenbar werdende Umstände – trotz des dann nicht entgegenstehenden Verbots des § 55 Abs. 3 S. 2 FamGKG – nicht mehr berücksichtigt werden. Sonst würde der Verfahrenswert davon abhängen, wie schnell das Gericht den Verfahrenswert festsetzt.

148a *cc) Mehrvergleich.* Werden im Eilverfahren nicht anhängige Gegenstände mit einer endgültigen Regelung in einen Vergleich mit einbezogen, so sind für diese Hauptsachewerte anzusetzen.[157]

149 **d) Antragsinhalt entspricht Hauptsacheantrag.** Die geringere Bedeutung kann sich auch daraus ergeben, dass der Antragsinhalt im Eilverfahren inhaltlich hinter dem eines Antrags im Hauptsacheverfahren zurücksteht. Die Bedeutung kann umgekehrt steigen, wenn eine inhaltliche Gleichwertigkeit gegeben ist. Diese Übereinstimmung besteht, egal ob ein Hauptsache- oder ein Eilantrag gestellt wird zB wenn beantragt wird, „der Mutter für die Trennungszeit das Aufenthaltsbestimmungsrecht zu übertragen".

150 **Abweisung des Antrags.** Es ändert sich auch nichts, wenn der Antrag zurückgewiesen wird. Der Wert eines Verfahrens ergibt sich generell aus dem Interesse des Antragstellers an der begehrten Entscheidung. Nichts anderes gilt für Eilverfahren. Dementsprechend wird in den Entscheidungen zum Eilverfahren, auch denen zur einstweiligen Verfügung, die eine Erhöhung des Regelwerts angenommen haben, in aller Regel nicht darauf abgestellt, ob der Antrag erfolgreich war oder nicht. Ausdrücklich wurde angenommen, dass es auf das Interesse des Antragstellers am Erlass der begehrten Verfügung ankommt, ob sich dies mit dem Befriedigungsinteresse deckt, ob der Antrag des Antragstellers auf eine endgültige Regelung gerichtet war.[158]

151 **e) Parallele Eil- und Hauptsacheverfahren.** Unabhängig von diesen Aspekten ist immer, wenn parallel zum selben Sachverhalt ein Eil- und ein Hauptsacheverfahren geführt werden, für das Eilverfahren nur ein reduzierter Verfahrenswert anzusetzen. Das gilt auch dann, wenn es letztlich zu einer endgültigen Vereinbarung kommt. Hier bringt der Antragsteller mit der Einleitung der beiden Verfahren zum Ausdruck, dass ihm ein Titel im Eilverfahren nicht reicht.

152 **Hauptsache im Verbund.** Das gilt für im Verbundverfahren erfasste Gegenstände nicht, wenn der Eilantrag für die Trennungszeit gestellt ist, da dann ganz verschiedene Zeiträume betroffen sind; die Entscheidung im Verbund gilt erst ab der Scheidung.[159]

153 **f) Besonderer Aufwand.** Bisweilen ist ein Eilverfahren im Verhältnis zu anderen Eilverfahren überdurchschnittlich aufwendig ist zB eine Vielzahl von mitgebrachten Zeugen werden gehört oder mehrere Verhandlungs- oder Erörterungstermine finden statt, sodass vom Verfahren her sich das Eilverfahren einem Hauptsacheverfahren annähert.[160]

154 Geht man von § 41 S. 1 FamGKG aus, der nur auf die geringere Bedeutung abstellt, so kann dieser Aspekt nicht zu einer Erhöhung des Regelwerts führen. Soweit ersichtlich, wird dieser

---

[156] In dieser Richtung auch BGH MDR 2017, 607.
[157] OLG Brandenburg AGS 2015, 230.
[158] OLG Koblenz JurBüro 2009, 429; OLG Schleswig OLGR 2008, 628 Rn. 12.
[159] Schneider/Herget/*Thiel* Rn. 7390.
[160] So auch inzidenter OLG Nürnberg FamRZ 2011, 756, das aber im konkreten Fall außer hinsichtlich der Einigungsgebühr eine Erhöhung verneint.

Gesichtspunkt auch sonst in Eilverfahren außerhalb des Familienrechts nicht zu einer Erhöhung angeführt. Einen generellen Grundsatz, dass ein erhöhter Aufwand zu einem höheren Gegenstandswert führt, gibt es nicht, zB eindeutig nicht bei Zahlungsklagen, auch nicht beim Unterhalt, der im Gegensatz zu vielen anderen Familiensachen keine Anpassung aus Gründen der Billigkeit kennt. Ist der Gegenstandswert vom Gesetz des Näheren bestimmt und enthält er keine Regelung zur Anpassung wegen größeren Aufwands, insbes. in einem Gesetz, das ansonsten solche Regelungen kennt, so ist davon auszugehen, dass dieser Gesichtspunkt keine Rolle spielen soll.

Darüber hinaus kann die Ausführlichkeit des Verfahrens dazu führen, dass der Titel sich einer **155** endgültigen Regelung annähert. Wurden alle in Betracht kommenden Zeugen mitgebracht und gehört und alle entscheidenden Urkunden vorgelegt, so wird sich uU das Bedürfnis nach einem Hauptsacheverfahren verringern. Unter diesem Aspekt kann dann doch eine Erhöhung angebracht sein.

g) Höhe. ***aa) Grundsatz.*** **100 %** des Hauptsachewertes können nur angesetzt werden, wenn **156** der Titel sowohl von seiner Beständigkeit als auch vom Inhalt her einem Hauptsachetitel gleichsteht. Beides muss zusammentreffen.

Einige Gerichte lehnen bei bestimmten Familiensachen (zB beim Gewaltschutz) VKH für **157** ein Hauptsacheverfahren, das neben einem Eilverfahren betrieben werden soll, wegen Mutwilligkeit ab, wenn erwartet werden kann, dass das Eilverfahren zu einer endgültigen Befriedung führt (→ Anh. X Rn. 278 ff.). Selbst wenn man dem – zu Unrecht – hinsichtlich der VKH folgt, können in diesen Fällen nicht ohne Weiteres 100 % angesetzt werden, solange es sich lediglich um eine Erwartung handelt.

bb) Nur beständiger Titel. 100 % können nur genommen werden, wenn der Eiltitel hinsicht- **158** lich Bestandskraft und Inhalt einer Hauptsacheentscheidung gleichwertig ist. Ist zwar zB davon auszugehen, dass der Eiltitel Bestand haben wird, wird mit ihm aber inhaltlich weniger als in einem Hauptsachetitel zuerkannt, so besteht keine Gleichwertigkeit.

cc) Nur inhaltlich gleichwertiger Titel. Steht andererseits nicht fest, dass der Titel endgültig **159** sein wird, so ist er einem bestandskräftigen Hauptsachetitel selbst dann nicht gleichwertig, wenn beide inhaltlich übereinstimmen. Dies ergibt sich bereits aus allgemeinen Erwägungen zur Bedeutung einer Entscheidung. Dies wird bestätigt durch § 41 S. 1 FamGKG. Gerade bei den geläufigsten Eilanträgen in Familiensachen gleicht der Inhalt der Anträge sich meistens in beiden Verfahren. So kann nicht nur im Eilverfahren, sondern auch im Hauptsacheverfahren eine Regelung für die Zeit der Trennung begehrt werden (zB Unterhalt, Kindschaftssachen, Wohnung und Hausrat gem. §§ 1361 ff., 1671 ff. BGB), ohne dass ein Wort ausgewechselt werden müsste. Die Anträge in den unterschiedlichen Verfahrensarten unterscheiden sich nur darin, dass der eine auf eine vorläufige und der andere auf eine endgültige Regelung gerichtet ist. Wenn trotzdem § 41 S. 2 FamGKG von einem Regelwert von nur 50 % ausgeht, so bringt er damit zum Ausdruck, dass diese sehr häufig vorkommende inhaltliche Identität der Anträge nicht für den Ansatz von 100 % ausreicht.

Es sagt aber noch mehr aus, nämlich dass eine inhaltliche Identität allein im Regelfall ledig- **160** lich mit 50 % des Hauptsacheverfahrens zu bewerten ist.

Unterhalt, → Rn. 648. **161**

4. Aufhebung und Abänderung

§ 41 FamGKG gilt auch für die Aufhebung oder Abänderung einer einstweiligen Anord- **162** nung (→ Rn. 127 ff.). Deren Gegenstandswert entspricht grds. dem des Anordnungsverfahrens.[161] Er ist jedoch geringer anzunehmen, wenn die Parteien über die Rechtmäßigkeit des Fortbestandes der einstweiligen Anordnung nicht ernsthaft streiten, etwa weil bei Stellung des Aufhebungsantrages durch die Schuldnerin feststeht, dass die Gläubigerin den in der Eilentscheidung zugesprochenen Anspruch nicht weiterverfolgen will, sondern mangels fortbestehenden Rechtsschutzinteresses die Sache für erledigt hält.[162]

5. Rechtsmittel

→ Rn. 34. **163**

6. Vollziehung

→ § 25 Rn. 43. **164**

---

[161] KG JurBüro 2002, 479.

[162] KG JurBüro 2002, 479: $^1/_3$; Zöller/*Herget* ZPO § 3 Rn. 16 „Einstweilige Verfügung".

7. Arrest

165 → Rn. 25.

• Einstweilige Anordnungen – ohne Familiensachen

166 Es gilt das zur einstweiligen Verfügung Dargelegte (→ Rn. 23 ff.) entsprechend.

• Einstweilige Verfügung

167 → Rn. 23 ff.

• Einzeltätigkeit

168 Maßgebend ist der Wert des Gegenstandes, auf den sich die Einzeltätigkeit, der Schriftsatz oder der Termin bezieht. Betrifft die Einzeltätigkeit nur einen ausscheidbaren Teil, so richtet sich der Gegenstandswert nur nach diesem.[163]

• Elterliche Sorge, Umgang

1. Isoliertes Verfahren

169 **a) Motive.** Diese führen zu § 45 Abs. 3 FamGKG aus:

170 „**Absatz 3** soll ausnahmsweise die Festsetzung eines höheren oder eines niedrigeren Verfahrenswerts als 3.000,– EUR für das Hauptsacheverfahren zulassen, wenn der vorgeschlagene Verfahrenswert nach den besonderen Umständen des Einzelfalls unbillig wäre. Dies könnte insbes. dann der Fall sein, wenn das Verfahren besonders umfangreich und schwierig ist oder wenn die Beteiligten nur über ein geringes Einkommen verfügen und das Verfahren sich einfach gestaltet."[164]

171 **b) Festbetrag 4.000,– EUR.** Es gilt ein Festbetrag sowohl für die elterliche Sorge als auch für das Umgangsrecht iHv 4.000,– EUR (§ 45 Abs. 1 FamGKG; heraufgesetzt von 3.000,– auf 4.000,– EUR durch KostRÄG 2021. Aus Billigkeitsgründen kann ein anderer Wert angemessen sein (§ 45 Abs. 3 FamGKG). Die Bandbreite des Festbetrags ist weit, weil sonst der Zweck des Festwerts nicht erreicht werden könnte. Er dient der Verfahrensvereinfachung, indem die Wertfestsetzung in der Vielzahl der Fälle nicht begründet und eine Auseinandersetzung um den Wert nicht geführt werden muss.[165] Es ist nicht allein deshalb ein Abzug vorzunehmen, weil es nur um das Aufenthaltsbestimmungs- oder Umgangsrecht geht.[166]

172 **c) Mehrere Kinder.** Dass es um zwei oder mehrere Kinder geht, führt bei der elterlichen Sorge und dem Umgangsrecht nicht dazu, dass die Werte zu addieren wären (§ 45 Abs. 2 FamGKG; altes Recht § 46 Abs. 1 S. 2 GKG, § 94 Abs. 2 S. 2 KostO).[167] Auch der Mehrvertretungszuschlag gem. VV 1008 fällt nicht an, da es um verschiedene Gegenstände geht. Führen die zwei oder mehrere Kinder aber zu einem Mehraufwand, weil für sie unterschiedlich argumentiert wird, kann dies gem. § 45 Abs. 3 FamGKG eine Erhöhung des Werts auf über 4.000,– EUR rechtfertigen.[168] Nach OLG Koblenz sind drei Gerichtstermine von insgesamt sechs Stunden Dauer kein Grund, den Regelwert zu erhöhen.[169] → Rn. 174 ff.

173 **d) Heraufsetzung wegen besonderer Umstände.** Besonders gute Einkommensverhältnisse oder überdurchschnittlicher Arbeitsaufwand[170] können gem. § 45 Abs. 3 FamGKG zu einer Erhöhung führen. Ein überdurchschnittlicher Arbeitsaufwand kann sich bei nur einem Kind aus der großen Zahl von Schriftsätzen oder aus umfangreichen Gutachten ergeben. Eine Zusammenstellung der Rspr. bis 2014 hat das KG vorgenommen.[171] Weg Erhöhung nur für Rechtsmittelinstanz → Rn. 440.

174 **Erhöhungen** wurden **vorgenommen** zum alten Recht, als der Regelwert noch 3.000,– EUR war

---

[163] Schneider/Wolf/*Schneider* RVG VV 3403 Rn. 42; *Hansens* BRAGO § 56 Rn. 12.

[164] BT-Drs. 16/6308, 306.

[165] OLG Brandenburg FamRZ 2017, 56 = AGS 2016, 526.

[166] OLG Brandenburg FamRZ 2006, 138.

[167] KG FamRZ 2013, 723.

[168] OLG Karlsruhe FamRZ 2009, 1341, zwei Kinder aus unterschiedlichen Beziehungen der Mutter; OLG Karlsruhe FamRZ 2007, 848; OLGR 2008, 44 = AGS 2007, 522, Erhöhung auf 5.000,– EUR gebilligt; KG FamRZ 2006, 438; OLG Köln FamRZ 2006, 1219, 3.500,– EUR eine eindrucksvolle Anhebung; OLG München FamRZ 2006, 1218 = NJW-RR 2006, 357 zu einstweilige Anordnung.

[169] OLG Koblenz FamRZ 2009, 1433 mAnm *Gottwald.*

[170] KG JurBüro 2007, 254.

[171] KG FamRZ 2015, 432 = JurBüro 2014, 479.

– auf 4.000,– EUR bei drei Kindern, einem Gutachten von über 100 Seiten, der Prüfung von Maßnahmen nach § 1666 BGB und letztlich einvernehmlicher Regelung;[172]
– auf 5.000,– EUR bei einem Kind, einem schriftlichen Gutachten und Anhörung der Beteiligten in mehr als zwei Terminen, wobei die Kindesanhörung nicht berücksichtigt wurde;[173]
– auf 5.000,– EUR bei erhöhtem Arbeitsaufwand, mehreren Anhörungsterminen und einem Sachverständigengutachten einerseits und beengten wirtschaftlichen Verhältnissen andererseits.[174] Zu Unrecht meint das KG, das die Erschwernis durch einen Zwischenstreit (in diesem Fall über Befangenheit des Sachverständigen) grds. wegen § 19 Abs. 1 S. 2 Nr. 3 RVG nicht berücksichtigt werden dürfe. Diese Bestimmung besagt aber lediglich, dass nicht zwei Angelegenheiten vorliegen. Ihr ist aber nicht zu entnehmen, dass ein Zwischenstreit bei Ermessensentscheidungen nicht berücksichtigt werden dürfte;
– 6.000,– EUR wegen vierstündiger Erörterung und Anhörung.[175]

Eine Erhöhung wurde **abgelehnt** in einem Verfahren, in dem ein Gutachten erholt wurde und zwei Anhörungstermine stattfanden.[176] **175**

Das KG meint, dass sich die Erhöhung, wenn eine solche angebracht ist, generell in dem Rahmen von 4.000,– EUR bis 5.000,– EUR bewegen sollte. Hierzu krit. *Thiel,* die auch darauf hinweist, dass bereits bei zwei betroffenen Kindern trotz einer Anhebung des Verfahrenswerts auf 5.000,– EUR der Verfahrensbeistand häufig besser vergütet wird (uU 1.100,– EUR) als der Verfahrensbevollmächtigte (925,23 EUR).[177] **176**

Gerade die Einkommensverhältnisse werden viel zu selten und auch in der Höhe nicht ausreichend berücksichtigt. Der Gegenstandswert für Sorgerecht und Umgang ist so niedrig gehalten, damit nicht aus Kostengründen von einem solchen Verfahren Abstand genommen wird. Ausgehend hiervon ist es gerechtfertigt, einen höheren und zwar einen erheblich höheren Wert zu nehmen, wenn beide Eltern ein gutes Einkommen haben, wozu in diesem Fall auch ein Unterhaltsanspruch gehört. Eine Begrenzung auf 5.000,– EUR ist hier nicht angebracht. **177**

e) Herabsetzung wegen besonderer Umstände gem. § 45 Abs. 3 FamGKG wurde zum alten Recht, als der Regelwert noch 3.000,00 EUR war, vorgenommen auf 2.000,– EUR bei einem Teilaspekt (Übernachtung bei Großeltern), einfachem Sachverhalt und beengten wirtschaftlichen Verhältnissen.[178] Nach OLG Celle[179] kommt eine Herabsetzung allenfalls bei einer ganz besonderen, ins Auge fallenden Abweichung von einer durchschnittlichen Kindschaftssache in Betracht. **178**

f) Regelung nur für Trennungszeit. Allein der Umstand, dass lediglich für die Trennungszeit eine Regelung begehrt wird, führt noch nicht zu einer Herabsetzung des Verfahrenswerts, wie ein Umkehrschluss aus § 48 FamGKG zeigt. **179**

g) Teilbereiche des Sorgerechts. Auch wenn es nur um einen Teilbereich des Sorgerechts geht, wie zB um die Entscheidungsübertragung für Schutzimpfungen, ist der Gegenstandswert 4.000,– EUR. Eine Herabsetzung ergibt sich nicht ohne weiteres nur deshalb, weil nur ein Teil des Sorgerechts betroffen ist. Es gelten die gleichen Voraussetzungen wie sonst (→ Rn. 173 ff.).[180] Auch wenn es um mehrere Teilbereiche des Sorgerechts (Aufenthaltsbestimmung, Gesundheitsfürsorge) geht, so ist derselbe Verfahrensgegenstand betroffen. Der Verfahrenswert beträgt daher insgesamt nur 4.000,– EUR.[181] Das gilt auch, wenn in einem Antragsverfahren nach § 1671 BGB auch noch geprüft wurde, ob Maßnahmen nach § 1666 **180**

---

172 OLG Düsseldorf RVGreport 2011, 347.
173 OLG Celle NJW 2011, 1373.
174 KG FamRZ 2015, 432 = JurBüro 2014, 479.
175 OLG Naumburg AGS 2018, 136 = NJW-Spezial 2018, 315 = FamRZ 2018, 1172 (L).
176 OLG Düsseldorf AGS 2015, 38 mablAnm *Thiel;* OLG Hamm FamRZ 2012, 1971 = RVGreport 2012, 313 mAnm *Hansens,* der darauf hinweist, dass hier OLG Celle wohl anders entschieden hätte.
177 *Thiel* Anm. zu KG AGS 2014, 570.
178 KG FamRZ 2011, 825 = AGS 2011, 199 mAnm *Thiel.*
179 Herabsetzung im Entscheidungsfall abl. OLG Celle FamRZ 2012, 1748 = JurBüro 2012, 249 = AGS 2012, 244 mzustAnm *Thiel.*
180 OLG Brandenburg AGS 2019, 132.
181 OLG Bamberg JurBüro 2017, 129 = FamRZ 2017, 1082; OLG Celle FamRZ 2012, 1746 = JurBüro 2012, 426; OLG Hamm FamRZ 2014, 690 = AGS 2013, 585 mAnm *Thiel,* die zu Recht darauf hinweist, dass, soweit ein Teilaspekt das Umgangsrecht betroffen hat, eine Addition hätte stattfinden müssen; OLG Jena AGS 2014, 573; OLG Naumburg FamRZ 2008, 2299 (Ls.).

BGB angebracht sind.[182] Geht es jedoch neben dem Umgangsrecht auch noch um einen Auskunftsanspruch gem. § 1686 BGB, so sind die sich aus § 45 Abs. 1 Nr. 2 und 3 FamGKG ergebenden Werte zu addieren.[183]

181 **h) Sorgerecht und Umgang in einem Verfahren.** Bei Sorge- und Umgangsrecht in einem Verfahren werden die Werte addiert, im isolierten Verfahren im Regelfall also 2 × 4.000,– EUR.[184]

181a **i) Informationspflicht gem. § 1686 BGB; § 45 Abs. 1 Nr. 3 FamGKG.** Wenn Gegenstand in einem Verfahren zusammen mit elterlicher Sorge oder Umgang, so ist dies ein selbständiger Gegenstand, der hinzuzuaddieren ist.[185]

182 **j) Vertretung beider Eltern.** Sie führt nicht zu einer Verdoppelung des Gegenstandswerts,[186] wohl aber zu einem Mehrvertretungszuschlag nach VV 1008 RVG.

183 **k) Gegenseitige Anträge.** Es gilt dasselbe wie im Verbund (→ Rn. 193).

183a **l) Bestellung eines Ergänzungspflegers im Sorgerechtverfahren.** Es sind für die Anwaltsgebühren gesonderte Werte zu bestimmen, wobei sich der Wert hinsichtlich der Pflegerbestellung nach § 42 Abs. 2 und 3 FamGKG richtet; beide Werte sind zu addieren.[187] Bei geringem Arbeitsaufwand nahm das OLG Frankfurt 1.500 bis 2.000 EUR an.[188]

2. Verbund

184 **a) Motive.** Auszug aus den Motiven zu § 44 FamGKG:

185 „Eine besondere Regelung sieht der Entwurf in **Abs. 2** S. 1 für Kindschaftssachen gem. § 151 Nr. 1 bis 3 FamFG vor. Danach soll deren Wert im Verbundverfahren von dem Wert der Scheidungssache abhängig sein und 20% des Werts der Scheidungssache, höchstens 3.000,– EUR, betragen. Nach geltendem Recht beträgt der Wert immer 900,– EUR (§ 48 Abs. 3 S. 3 GKG).

186 Der im Verhältnis zum Wert der Ehesache und zum Wert der übrigen Folgesachen relativ niedrige Wert führt iErg bei einem hohen Wert für die übrigen Verfahrensteile zu einer Vergünstigung gegenüber Verfahren, in denen der Wert der Ehesachen und übrigen Folgesachen niedrig ist. Bei einem Wert unter 5.000,– EUR führen die Kindschaftssachen regelmäßig zu einer Erhöhung der Gebühren, weil der Ab- stand zwischen den Wertstufen 500,– EUR beträgt. Bis 10.000,– EUR liegt der Abstand bei 1.000,– EUR mit der Folge, dass eine Erhöhung der Gebühren nur in einigen Verfahren eintritt. Bei noch höheren Werten erhöht sich der Abstand der Wertstufen weiter, so dass sich die Kindschaftssachen immer seltener in der Höhe der Gebühren niederschlagen.

187 Die vorgeschlagene Regelung führt dazu, dass der Wert der verbundenen Kindschaftssache stets in einem angemessenen Verhältnis zu dem Wert der Scheidungssache steht, und beseitigt damit eine soziale Schieflage. Die Einbeziehung einer Kindschaftssache würde sich bei den Besserverdienenden künftig ähnlich auswirken wie bei einkommensschwachen Personen. Allerdings soll, um unangemessen hohe Kosten für die Beteiligten zu vermeiden, eine Obergrenze von 3.000,– EUR für eine Kindschaftssache eingeführt werden. Dies entspricht dem in § 45 FamGKG vorgesehenen Verfahrenswert für isolierte Kindschaftsverfahren gem. § 151 Nr. 1 bis 3 FamFG, von dem das Gericht allerdings abweichen kann. Damit bleibt auch künftig eine Kindschaftssache im Verbund gegenüber einer selbständigen Familiensache begünstigt, einmal um die Attraktivität des Verbundverfahrens zu bewahren und weil im Verbund erledigte Kindschaftssachen in der Regel weniger aufwendig sind als selbständige Kindschaftssachen. Der von Rechtsanwälten zu erbringende Aufwand in Kindschaftssachen ist von Prof. Dr. Christoph Hommerich untersucht und in dem Forschungsbericht „Das Zeitbudget der Rechtsanwältinnen und Rechtsanwälte in Scheidungs- und Folgesachen" veröffentlicht worden (Bundesanzeigerverlag, 2002, Reihe „Rechtstatsachenforschung"). Danach betrug der Zeitaufwand des Anwalts in Sorge- und Umgangsrechtsachen, die als Folgesachen entschieden wurden,

[182] OLG Celle FamRZ 2012, 1746 = JurBüro 2012, 426; OLG Düsseldorf RVGreport 2011, 347.

[183] OLG Frankfurt JurBüro 2018, 141 = FamRZ 2018, 204 = AGS 2018, 27 mzustAnm *N. Schneider.*

[184] OLG Hamm FamRZ 2008, 1876; OLG Naumburg FamRZ 2008, 1095; OLG Nürnberg JurBüro 2020, 149.

[185] OLG Frankfurt JurBüro 2018, 141 = FamRZ 2018, 204 (im Regelfall 2 × 4.000 €); OLG Karlsruhe JurBüro 2019, 204 = NZFam 2019, 410; Schneider/Herget/*Thiel* Rn. 6960l.

[186] OLG Karlsruhe OLGR 2008, 44 = AGS 2007, 522.

[187] OLG Frankfurt AGS 2020, 400 mzustAnm *N. Schneider.*

[188] OLG Frankfurt AGS 2020, 400.

93 Minuten, in den isolierten Familiensachen dagegen 195 Minuten. Diese unterschiedliche Belastung der Anwälte lässt sich wohl auch auf die Gerichte übertragen.

Die Erhöhung des Werts für die Ehesache soll – wie nach geltendem Recht (§ 46 Abs. 1 S. 2 GKG) – nur für jede Art von verbundener Kindschaftssache stattfinden, nicht aber für jedes Kind, um welches es in dem Verfahren geht. Ist mit einer Scheidungs- bzw. Aufhebungssache das Verfahren über die elterliche Sorge für zwei oder mehr Kinder verbunden, findet nur einmal eine Erhöhung des Werts um 20% statt. Nur wenn noch weitere Kindschaftssachen mit verbunden sind (also ein Verfahren bzgl. des Umgangsrechts oder bzgl. der Kindesherausgabe), erhöht sich der Verfahrenswert entsprechend weiter, jedoch immer unabhängig von der Anzahl der von den Verfahren betroffenen Kinder. Dies soll insbes. kinderreiche Familien davor bewahren, dass für sie das Scheidungsverfahren wegen der Kinder übermäßig verteuert wird. **188**

Die Werte der übrigen Folgesachen sollen gem. Abs. 2 S. 2 – wie nach geltendem Recht – dem Wert der Ehesache hinzugerechnet werden. S. 3 soll entsprechend der geltenden Regelung in § 46 Abs. 1 S. 3 GKG klarstellen, dass § 33 Abs. 1 S. 2 FamGKG (derzeit: § 48 Abs. 4 GKG) in Folgesachen keine Anwendung findet. Nach diesen Regelungen findet grds. keine Wertaddition statt, wenn ein nichtvermögensrechtlicher Anspruch mit einem aus ihm hergeleiteten vermögensrechtlichen Anspruch verbunden ist; in diesem Fall ist grds. nur ein Anspruch, und zwar der höhere, maßgebend. Im Verbundverfahren sollen die Werte der nichtvermögensrechtlichen und vermögens- rechtlichen Verfahrensgegenstände jedoch zusammengerechnet werden. **189**

Abs. 3 soll ausnahmsweise die Berücksichtigung eines höheren oder eines niedrigeren Erhöhungsbetrages zulassen, wenn der vorgeschlagene Betrag nach den besonderen Umständen des Einzelfalls unbillig wäre. Der in Abs. 2 S. 1 vorgesehene Höchstbetrag von 3.000,– EUR soll insoweit nicht gelten."[189] **190**

b) Erhöhung des Scheidungswerts. Der Wert der Scheidungssache erhöht sich um 20% pro Kindschaftssache (§ 44 Abs. 2 FamGKG), höchstens um 4.000 EUR. Mehrere Kinder führen nicht zu mehreren Kindschaftssachen (§ 44 Abs. 2 S. 1 Hs. 2 FamGKG), wohl aber wenn es in einem Verbundverfahren ums Sorge- und Umgangsrecht geht. Aus Billigkeitsgründen kann ein anderer Wert angemessen sein (§ 44 Abs. 3 FamGKG). **191**

Beispiel:

Der Wert der Scheidungssache ist 10.000,– EUR. Im Verbund geht es auch um die elterliche Sorge und das Umgangsrecht für ein Kind. Der Wert der Scheidungssache erhöht sich auf 14.000,– EUR (2.000,– EUR für Sorgerecht; 2.000,– EUR für Umgangsrecht).

c) Abtrennung. Die Abtrennung von Kindschaftssachen führt verfahrensrechtlich zu einem selbständigen Verfahren (§ 137 Abs. 5 S. 2 FamFG). Gebührenrechtlich besteht jedoch weiterhin eine Angelegenheit (§ 21 Abs. 3 RVG). Es wird also so abgerechnet, als ob der Verbund bestehen geblieben wäre. Dann ändert sich auch der Verfahrenswert nicht.[190] **192**

d) Wechselseitige Anträge führen zu keiner Erhöhung (zB beide Eltern beanspruchen jeweils das alleinige Sorgerecht für sich). Die Frage einer Addition stellt sich nicht, da von vornherein nur ein Wert entsteht. § 45 FamGKG stellt nicht auf die Anträge ab, sondern bestimmt für das Verfahren als solchen einen bestimmten Wert.[191] Das gilt auch dann, wenn die Gegenanträge unterschiedliche Teilbereiche der elterlichen Sorge betreffen.[192] **193**

e) Rechtsmittel. Wird nur hinsichtlich der Kindschaftssachen befristete Beschwerde eingelegt, so richtet sich der Wert weiterhin nach § 44 Abs. 2 S. 1 FAmGKG und nicht nach § 45 Abs. 1 Nr. 1 FamGKG.[193] Anders als bei einer Abtrennung, die gem. § 137 Abs. 5 S. 2 FamFG zu einem isolierten Verfahren führt, bleibt bei der isolierten Beschwerde der Verbund bestehen. Auch § 40 Abs. 2 FamGKG spricht für dieses Ergebnis. **194**

---

[189] BT-Drs. 16/6308, 305 ff.

[190] **AA** *Schlünder* FamRZ 2009, 2056 (2058); Schneider/Wolf/*Schneider/Thiel/Mock/Volpert,* 7. Aufl. 2014, Anh. II Rn. 317, jedoch ohne Auseinandersetzung und § 21 Abs. 3 RVG.

[191] OLG Bamberg JurBüro 2017, 129 = FamRZ 2017, 1082; OLG Jena AGS 2014, 573, zu isoliertem Verfahren; OLG Karlsruhe FamRZ 2007, 848, zu Eilverfahren; OLG Koblenz AGS 2020, 234; FamRZ 2017, 55 = AGS 2017, 130; OLG München FamRZ 2006, 1218, zu Eilverfahren; *Thiel* AGK 2010, 139.

[192] OLG München FamRZ 2006, 1218, zu Eilverfahren.

[193] OLG Frankfurt FamRZ 2015, 953; OLG Saarbrücken AGS 2018, 572; zum alten Recht, in dem § 629a Abs. 2 S. 3 ZPO aF ausdrücklich bestimmt hat, dass der Verbund bestehen bleibt KG JurBüro 2007, 254; **aA** *N. Schneider* Anm. zu OLG Saarbrücken AGS 2018, 572; bis zur 23. Aufl. Gerold/Schmidt/*Müller*-Rabe RVG 23. Aufl. 2017 Anh. VI Rn. 194; zum alten Recht OLG München NJW 2006, 383.

195 **f) Mehrvergleich im Verbund** über nicht anhängige Kindschaftssache. § 45 FamGKG ist anzuwenden und nicht § 44 Abs. 2 S. 1 FamGKG.[194]

3. Eilverfahren

196 Der Verfahrenswert beträgt im Regelfall die Hälfte der Hauptsache (§ 41 S. 2 FamGKG). Dabei ist, da das Verfahren zur einstweiligen Anordnung nach neuem Recht selbständig ist (§ 51 Abs. 3 S. 1 FamFG), der Wert von 4.000,– EUR (§ 45 Abs. 1 FamGKG) zu halbieren.[195] Das gilt selbst dann, wenn Parallel zum Eilverfahren ein Verbundverfahren anhängig ist. Ein Wert aus dem Verbundverfahren kann nicht halbiert werden, da es in diesem keinen eigenen Wert für die Kindschaftssache gibt. Es wird lediglich der Wert der Scheidung erhöht (§ 44 Abs. 2 FamGKG). Für die Erhöhung des Gegenstandswerts genügt nicht, dass entgegengesetzte Anträge gestellt wurden.[196]

4. Vermittlungsverfahren

197 Es richtet sich nicht nach § 23 Abs. 3 S. 2 RVG,[197] sondern nach § 45 Abs. 1 Nr. 2 FamGKG (früher nach § 30 Abs. 2 KostO). Der Gegenstandswert beträgt also im Regelfall 4.000,– EUR.[198] Das Vermittlungsverfahren gehört zum Umgangsrecht, das in § 45 Abs. 1 Nr. 2 FamGKG geregelt ist. UU kann aus Billigkeitsgründen im Einzelfall ein abweichender Gegenstandswert angesetzt werden (§ 45 Abs. 3 FamGKG).[199]

• E-Mail-Werbung

198 → Rn. 657.

• Entfernung einer Parabolantenne

199 Wird die Klage des Vermieters auf Beseitigung einer durch den Mieter errichteten Satellitenempfangsanlage abgewiesen, richtet sich die Beschwerde zumindest nach dem Wertverlust, den er durch eine aufgrund der Anbringung verursachten Substanzverletzung und/oder des optischen Gesamteindrucks des Hauses erleidet. Bei einer ohne Substanzverletzung angebrachten Antenne mit einer nur geringen Beeinträchtigung des äußeren Erscheinungsbilds der Hausfassade beläuft sich der Streitwert in der Regel nicht über 600,– EUR.

Die Bewertung der Beschwer des Mieters ist von derjenigen des Vermieters eigenständig zu bewerten und kann abweichen. Insoweit kommt es auf die für die Beseitigung erforderlichen Aufwendungen sowie auf das Interesse des Mieters am Empfang von zusätzlichen Fernsehprogrammen.[200]

• Erbe

200 **1. Erbschein.** Maßgeblich ist gem. § 40 Abs. 1 S. 1 Nr. 2, S. 2 GNotKG der Wert des Nachlasses nach Abzug der vom Erblasser herrührenden **Verbindlichkeiten** iSv § 1967 Abs. 2 BGB, also solcher, die bereits dem Erblasser gegenüber bestanden haben. Hingegen sollen die übrigen Nachlassverbindlichkeiten iSd § 1967 Abs. 2 BGB, die Erbfallschulden nach dem Willen des Gesetzgebers, der in § 40 Abs. 1 S. 2 GNotKG seinen Niederschlag gefunden hat, aus Vereinfachungsgründen nicht abgezogen werden.[201] Somit ist ein Pflichtteilsanspruch[202] oder ein Vermächtnis[203] (beide in § 1967 Abs. 2 BGB als Erbfallschulden aufgeführt) nach neuem Recht nicht mehr abzuziehen. § 40 Abs. 1 S. 1 Nr. 2, S. 2 GNotKG ist auch anzuwenden bei Be-

---

[194] OLG Karlsruhe AGS 2015, 456 mzustAnm *Thiel* = NJW-Spezial 2015, 669 = NZFam 2015, 1021.

[195] Schneider/Herget/*Thiel* Rn. 7391.

[196] OLG Karlsruhe FamRZ 2007, 848.

[197] So aber OLG Brandenburg FamRZ 2006, 1859 = NJW-RR 2006, 1439 = JurBüro 2006, 477 (1.000,– EUR); OLG Naumburg OLGR 2006, 364 (600,– EUR), OLG Zweibrücken AGS 2008, 467 (1.500,– EUR).

[198] OLG Karlsruhe FamRZ 2013, 722; OLG Nürnberg JurBüro 2006, 200.

[199] OLG Karlsruhe FamRZ 2013, 722 = RVGreport 2013, 73 mAnm *Hansens,* der auf das Ärgernis hinweist, dass häufig die zur Anwendung von § 45 Abs. 3 FamGKG führende Vereinfachung des Verfahrens auf der besonderen Mühewaltung der Anwälte beruht.

[200] LG München I BeckRS 2016, 288 = ZMR 2016, 338 = AGS 2016, 288.

[201] BT-Drs. 17/11471, 165.

[202] Zum neuen Recht; OLG Köln Rpfleger 2017, 304 = FamRZ 2017, 1418; OLG Schleswig FamRZ 2015, 786 = NJW-RR 2015, 767; HK-FamGKG/*Schneider/Greipl* GNotKG § 40 Rn. 7; **aA** Hartmann/Toussaint/*Zivier* GNotKG § 40 Rn. 6 „Pflichtteilsrecht"; zum Recht vor dem GNotKG BGH für Abzug FamRZ 1989, 958 = JurBüro 1991, 108.

[203] OLG Hamm ErbR 2016, 104; OLG Schleswig FamRZ 2015, 786 = NJW-RR 2015, 767; Hartmann/Toussaint/*Zivier* GNotKG § 40 Rn. 6 „Vermächtnis".

schwerdeverfahren gegen Beschluss über die Feststellung der zur Erteilung des Erbscheins erforderlichen Tatsachen.[204] Rechtlich oder tatsächlich zweifelhafte Ansprüche des Nachlasses sind mit ihrem Schätzwert in Ansatz zu bringen.[205] Umstrittene Ansprüche sind nur anteilig zu berücksichtigen,[206]

Erbschein nur für Erbquote. Soll der Erbschein nur für eine Erbquote geltend gemacht werden, so ist der beanspruchte Erbteil maßgeblich (§ 40 Abs. 2 GNotKG).[207] Vertritt der Rechtsanwalt in einem Erbscheinsverfahren oder bei einer Feststellungsklage mehrere Erben, so richtet sich der Wert der anwaltlichen Tätigkeit nach der von jedem Erben beanspruchten Erbquote[208] und ist vom Nachlassgericht auf Antrag für jeden einzelnen Auftraggeber gesondert festzustellen. Dies gilt auch dann, wenn der Rechtsanwalt von den Miterben einheitlich beauftragt wurde.[209] 201

Beispiel:
RA vertritt A und B. Der Wert des Nachlasses beträgt 100.000,– EUR. A begehrt einen Erbschein iHv $^1/_2$, B iHv $^1/_4$. Der Wert für A ist 5.000,– EUR, der für B 25.000,– EUR. Wegen Geltendmachung der Gebühren → RVG VV 1008 Rn. 297.

Beschwerde gegen Erbscheinerstellung. Es kommt bei gebotener wirtschaftlicher Betrachtungsweise auf das wirtschaftliche Interesse des Beschwerdeführers, also auf den umstrittenen Anteil des Beschwerdeführers am Nachlass und nicht ohne weiteres auf den Gesamtwert des Nachlasses an.[210] Das entpricht auch der Rspr. des BGH zur negativen Feststellungsklage. Es kommt in gleicher Weise wie bei dieser (→ Rn. 203b) darauf an, in welchem Umfang der Beschwerdeführer eine Änderung des Erbscheins begehrt, was sich, wenn kein Antrag gestellt ist, aus den Stellungnahmen des Beschwerdeführers ergeben kann. 202

2. Feststellungsklage. a) Positive Feststellung. Maßgeblich für die Bemessung des Streitwerts einer Erbfeststellungsklage ist der von dem Kläger für sich in Anspruch genommenen Erbteil. Für den Wert des Klageantrags kommt es nicht darauf an, dass der Beklagte behauptet, selbst nur mit einem unter dem Erbanteil des Klägers liegenden Erbanteil Miterbe zu sein.[211] 203

Bei einer **Berufung des Beklagten gegen ein positives Feststellungsurteil** kommt es nach dem BGH auf das wirtschaftliche Interesse des Beklagten an. Dabei ermittelt der BGH dieses Interesse durch den Antrag des Beklagten. Bestreitet dieser, dass die Kläger überhaupt Erben sind, weil die letztwillige Verfügung unwirksam ist, so ist der Wert des Anteils, dessen sich die drei Kläger berühmen (zB $^3/_4$ des Nachlasses) selbst dann maßgeblich, wenn der Beklagte, der sich auf gesetzliche Erbfolge beruft, lediglich geltend macht, Erbe zu einem geringeren Anteil zu sein (zB zu $^1/_3$). Der Wert des Berufungsverfahrens beträgt $^3/_4$ des Wertes des Nachlasses und nicht etwa nur $^1/_3$ davon.[212] Erhebt er gleichzeitig **Widerklage** mit der Feststellung, dass er zu $^1/_3$ Miterbe ist, so ist – nicht zu addierender – Gegenstandswert dieser Klage $^1/_3$ des Wertes des Nachlasses.[213] 203a

b) Negative Feststellung. Wird die Feststellung begehrt, dass die Gegner nicht Erben sind, so sind 100 % des Wertes des Nachlasses anzusetzen und nicht der Anteil, in dessen Höhe der Kläger sich eines Erbanteils berühmt.[214] Haben sich allerdings die Beklagten nur einer Miterbschaft, die nicht die ganze Erbschaft erfasst, berühmt, so ist nur ein entsprechender Teil des Nachlasses heranzuziehen. 203b

---

[204] OLG Frankfurt a. M. AGS 2016, 427 mzustAnm *N. Schneider;* OLG Köln Rpfleger 2017, 304 = FamRZ 2017, 1418.
[205] OLG Bamberg AGS 2019, 411 = ZEV 2019, 226.
[206] OLG Bamberg AGS 2019, 411 = ZEV 2019, 226 (dort 50 %).
[207] OLG Düsseldorf Rpfleger 2018, 511 = NJW-Spezial 2018, 347–348 = AGS 2018, 184 mzustAnm *N. Schneider;* OLG Karlsruhe AGS 2016, 580.
[208] BGH AGS 2012, 30.
[209] Notariat Mannheim AGS 2011, 304.
[210] OLG Dresden Beschl. vom 19.1.2016 – 17 W 1275/15; OLG Düsseldorf Rpfleger 2017, 213 = FamRZ 2017, 483; OLG Hamm FGPrax 2015, 277 = ErbR 2016, 104; OLG München FamRZ 2017, 1967 = ErbR 2017, 576 = AGS 2017, 404 mzustAnm *N. Schneider;* **aA** OLG Karlsruhe NJW 2016,1083; OLG Köln Rpfleger 2017, 304 = FamRZ 2017, 1418; OLG München (14. Sen.) ErbR 2016, 531; OLG Schleswig NJW-RR 2015, 767.
[211] BGH ZEV 2012, 159.
[212] BGH ZEV 2011, 656 = NJW-Spezial 2011, 712; BGH NJW-RR 2012, 8 = FamRZ 2012, 26.
[213] BGH ZEV 2011, 656 = NJW-Spezial 2011, 712; BGH NJW-RR 2012, 8 = FamRZ 2012, 26.
[214] BGH FamRZ 2007, 464; OLG Köln Rpfleger 2017, 304 = FamRZ 2017, 1418.

203c **3. Erbauseinandersetzungsplan.** Der Wert der Klage auf Zustimmung zu einem solchen Plan richtet sich regelmäßig nach dem Interesse des Klägers am Auseinandersetzungsplan. Beschränkt sich der Streit auf einzelne Punkte, so kommt es auf das wirtschaftliche Interesse des Klägers hinsichtlich dieser Punkte an.[215]

204 **4. Ausschlagung der Erbschaft.** Der Wert der Ausschlagung der Erbschaft bei überschuldetem Nachlass ist 1.000,– EUR,[216] der der gerichtlichen Genehmigung einer Ausschlagung wegen Überschuldung beträgt gem. § 36 Abs. 1 S. 1. 2 FamGKG iVm § 103 GNotKG 0,00 EUR,[217] wobei dann die Mindestgebühren anfallen (zB für RA 45,– EUR gem. § 13 Abs. 1 S. 1 RVG).[218]

205 **5. Nacherbenvermerk.** Der Wert ist ein Bruchteil zwischen $^1/_{10}$ und $^1/_3$.[219]

205a **6. Alleinige Verfügungsbefugnis.** Erstrebt der Kläger mit seinem Antrag die Wiedererlangung der alleinigen Verfügungsbefugnis über einen Betrag von zB 10.000 EUR, auf den bisher nur beide Parteien als Miterben gemeinschaftlich zugreifen konnten, so ist der Wert nach seiner Erbquote zu ermitteln.[220]

206 **7. Aufhebung der Miterbengemeinschaft.** Verlangt ein Mitglied die Zustimmung zur Aufhebung der Gemeinschaft an bestimmten Gegenständen, weiter die Zustimmung zum Verkauf dieser Gegenstände und schließlich die Auszahlung seines Anteils, so ist das ein Gegenstand.[221] Bei dieser kann gem. § 2042 Abs. 1 BGB, ebenso wie gem. § 749 Abs. 1 BGB jeder Zeit ohne besondere Gründe und damit ohne besonderen Aufwand die Aufhebung der Gemeinschaft verlangt werden.[222]

• Erledigung

1. Übereinstimmende Erledigungserklärung

207 **Vollständige übereinstimmende Erledigungserklärung.** Erklären die Parteien den ganzen Rechtsstreit übereinstimmend für erledigt, so ist allgM, dass der Gegenstandswert sich danach nur noch aus dem Kostenwert errechnet.[223] Zu dessen Berechnung → Rn. 341 ff. Folgen der Erledigung der Hauptsache für Nebenforderungen → Rn. 403 ff.

208 **Teilweise übereinstimmende Erledigung.** Es ist nur der Wert des nicht erledigten Teils maßgebend. Der Kostenwert hinsichtlich des erledigten Teils bleibt – anders als bei der einseitigen Teilerledigung (→ Rn. 211 ff.) – gem. § 43 Abs. 1 GKG, § 37 FamGKG unberücksichtigt.[224]

2. Einseitige Erledigungserklärung

209 **Vollständige einseitige Erledigungserklärung.** Bei dieser sind die Meinungen geteilt. Vertreten wird, dass der Gegenstandswert
– sich im Regelfall[225] aus den Kosten errechnet (auch BGH),[226]
– sich unverändert nach dem **Hauptsachewert** richtet,[227]
– nach dem Feststellungsinteresse zu bewerten ist, das mit **50 % des Hauptsachewerts** angenommen wird.[228]

---

[215] BGH AGS 2018, 277 = ZEV 2016, 573.
[216] OLG Saarbrücken AGS 2012, 30 mzustAnm *N. Schneider.*
[217] OLG München FamRZ 2013, 904 = AGS 2013, 288 mzustAnm *Thiel.*
[218] *Thiel* Anm. zu OLG München AGS 2013, 288.
[219] OLG Bamberg JurBüro 2012, 249 = AGS 2012, 351.
[220] BGH ZEV 2019, 706 = AGS 2019, 571.
[221] OLG Köln KostRspr. ZPO § 5 Nr. 55, zu Aufhebung einer Miteigentümergemeinschaft.
[222] *Müller-Rabe* JurBüro 2015, 3 (6) Ziff. IV 2b.
[223] BGH MDR 2015, 51.
[224] BGH NJW-RR 1995, 1089 mwN; OLG Stuttgart OLGR 2009, 490 Ziff. 2b.
[225] Im Einzelfall kann auch ein höheres Interesse des Klägers bestehen und dann ein höherer Gebührenwert anzunehmen sein (BGH NJW 1982, 768; KG JurBüro 2003, 644).
[226] BGH NJW-RR 2005, 1728 = MDR 2006, 109; 1996, 1210; NJW 2011, 529 mit dem Hinweis, dass die instanzgerichtliche Rspr. ganz überwiegend dieser Meinung folgt und mwN; KG JurBüro 2003, 644 = MDR 2004, 116 mit umfangreichen Nachweisen für alle Meinungen; OLG Köln OLGR 2005, 19; OLG Nürnberg JurBüro 2006, 478, jedenfalls wenn der Kläger nach Erfüllung kein Interesse mehr an einer Feststellung hat; OLG Stuttgart MDR 1989, 266.
[227] OLG Brandenburg NJW-RR 1996, 1472; OLG Dresden AGS 2007, 259; OLG Hamm AGS 2011, 510; KG JurBüro 2007, 33; OLG München (28. ZS) NJW-RR 1996, 956.
[228] OLG Frankfurt a. M. MDR 1995, 207; OLG München (11. ZS) JurBüro 1995, 644.

Der Meinung des BGH ist zu folgen. Bei gebotener wirtschaftlicher Betrachtungsweise geht es den Parteien nur noch darum, wer die Kosten tragen muss. Im Übrigen spricht das Interesse an einer einheitlichen Rspr. (vgl. auch § 574 Abs. 2 Nr. 2 ZPO) dafür, der zumindest gut vertretbaren Ansicht des BGH zu folgen. Zur Berechnung des Kostenwerts → Rn. 341 ff. 210

Teilweise einseitige Erledigung. Der Gegenstandswert errechnet sich aus dem Wert der nicht erledigten Hauptsache zzgl. der auf den erledigten Teil entfallenden Kosten. 211

Der Unterschied zur teilweisen übereinstimmenden Erledigung (→ Rn. 208) ist, dass bei dieser hinsichtlich des erledigten Teils nur noch über die Kosten zu entscheiden ist, sodass § 43 Abs. 3 GKG zur Anwendung kommt. Bei der teilweisen einseitigen Erledigung hingegen wird hinsichtlich des erledigt erklärten Teils nicht um Kosten, sondern um die Hauptsache gestritten, wobei dem Gegenstand lediglich ein anderer Wert (regelmäßig der Kostenwert) beigemessen wird.[229] 212

Differenzmethode. Bei der Errechnung der auf den erledigt erklärten Teil anfallenden Kosten ist nach der Differenzmethode vorzugehen. Es werden nur die Kosten berücksichtigt, die nicht angefallen wären, wenn von Anfang an der Rechtsstreit nur über den nicht erledigt erklärten Teil der Hauptsache geführt worden wäre.[230] 213

Beispiel:

Nachdem der Beklagtenvertreter informiert worden ist, zahlt der Beklagte auf Anraten seines Anwalts 5.000,– EUR auf die Klageforderung von 15.000,– EUR. Der Beklagtenvertreter widersetzt sich der Teilerledigungserklärung des Klägers und beantragt insgesamt Klageabweisung.

Kostenwert.

Klägervertreter	
1,3 Verfahrensgebühr gem. VV 3100 RVG aus 15.000,– EUR	933,40 EUR
statt	
1,3 Verfahrensgebühr gem. VV 3100 RVG aus 10.000,– EUR	798,20 EUR
Differenz	135,20 EUR
Beklagtenvertreter	
0,8 Verfahrensgebühr gem. VV 3101 RVG aus 5.000,– EUR	267,20 EUR
1,3 Verfahrensgebühr gem. VV 3100 RVG aus 10.000,– EUR	798,20 EUR
Summe	1.065,40 EUR
Obergrenze § 15 Abs. 3 RVG	
1,3 Verfahrensgebühr gem. VV 3100 RVG aus 15.000,– EUR	933,40 EUR
statt	
1,3 Verfahrensgebühr gem. VV 3100 RVG aus 10.000,– EUR	798,20 EUR
Differenz	135,20 EUR
Kostenwert (135,20 EUR + 135,20 EUR)	270,40 EUR

In diese Rechnung sind uU mit aufzunehmen 214

– MwSt
– nur auf den erledigten Teil anfallende Auslagen
– bei sehr niedrigen Gegenstandswerten Differenzen in der Kommunikationspauschale.

Folgt man hinsichtlich der vollständigen einseitigen Erledigungserklärung nicht dem BGH, so ist bei teilweiser Erledigungserklärung konsequenter Weise der erledigt erklärte Teil mit 100% bzw. 50% zu bewerten, je nach dem welcher Gegenmeinung man folgt. 215

Sonderfall Quotelungsmethode. Wird einer von mehreren Klageanträgen abgewiesen und erklärt der Kläger mit der Berufungseinlegung insoweit die (Teil-)Erledigung, so ist die Beschwer anhand des Kosteninteresses zu ermitteln, das ausnahmsweise nach der Quotenmethode zu errechnen ist.[231] 215a

3. Zeitpunkt der Beschränkung durch Erledigung

a) Herrschende Meinung. Ganz hM ist, dass sich der Gegenstandswert „ab der Erledigterklärung" reduziert,[232] wobei es auf den Eingang der Erledigungserklärung des Klägers bei Gericht ankommt. Der Gegenstandswert ändert sich nach dieser Ansicht durch die Erfüllung 216

[229] BGH AGS 2018, 124; NJW-RR 1988, 1465; **aA** KG JurBüro 2007, 33 = RVGreport 2006, 477 mzustAnm *Hansens;* OLG Koblenz ZMR 1988, 433, OLG Karlsruhe Justiz 1989, 86, Kosten des erledigten Teils bleiben unberücksichtigt.

[230] BGH NJW-RR 2019, 189 = MDR 2019, 54; NJW-RR 2018, 571 = MDR 2018, 301; AGS 2018, 124; NJW-RR 1996, 1210; OLG Nürnberg JurBüro 2006, 478; OLG Stuttgart OLGR 2009, 490 Ziff. II 2a; **aA** OLG Hamm JurBüro 2005, 598 Ls.

[231] BGH NJW-RR 2018, 571 = RVGreport 2019, 113 mzustAnm *Hansens.*

[232] BGH NJW 2011, 529; OLG Köln JurBüro 2014, 143.

allein noch nicht. Es muss vielmehr noch die Erledigungserklärung des Klägers hinzukommen. Dieser Auffassung hat sich der BGH angeschlossen, weil der Gegenstandswert wesentlich vom Klageantrag abhängt, über den der Beklagte nicht disponieren kann.[233]

217 **b) Terminsgebühr bei gerichtlichem Termin.** Von besonderer Bedeutung ist diese Auffassung für die Terminsgebühr, wenn vor dem Terminbeginn der eingeklagte Anspruch befriedigt wird, der Kläger aber noch nicht für erledigt erklärt hat.

218 Der BGH erreicht bei der Terminsgebühr teilweise befriedigende Ergebnisse, indem er dem Kläger nur einen Erstattungsanspruch für eine Terminsgebühr aus dem Kostenwert zuerkennt, wenn der Klägervertreter noch rechtzeitig vor dem Gerichtstermin eine schriftliche Erledigungserklärung – welche zur Herabsetzung des Gegenstandswerts ausreicht[234] – hätte einreichen können.[235] Es beruft sich dabei auf den Grundsatz, dass nach Treu und Glauben die dem Gegner in Rechnung zu stellenden Kosten niedrig gehalten werden müssen (→ RVG Anh. X Rn. 239). Da der RA auch im Verhältnis zu seinem Mandanten keine unnötigen Kosten verursachen darf (→ § 1 Rn. 166 ff.), führt die Rspr. des BGH darüber hinaus dazu, dass der RA die Terminsgebühr auch nicht gegen seinen Mandanten aus dem vollen Hauptsachewert geltend machen darf.

219 Damit ist dem Beklagten aber nur teilweise geholfen. Denn bei dessen Verfahrensbevollmächtigten, der eine schnelle Erledigungserklärung nicht herbeiführen kann, fällt, falls der Kläger noch keine schriftliche Erledigungserklärung abgegeben hat, bei Erscheinen im Termin eine Terminsgebühr aus dem Hauptsachewert an. Da der Beklagte in den meisten Fällen nach Erledigung die Kosten des Verfahrens trägt und somit keinen Erstattungsanspruch hat, verbleiben diese – unnötigen – Mehrkosten endgültig bei ihm. Ausgehend von der hM ist dem Beklagtenvertreter zu raten, sofort seine Zustimmung zur Erledigungserklärung abzugeben sowie beim Klägervertreter anzufragen.

220 **ME** führt die hM in den Fällen, in denen zweifelsfrei und von den Parteien nicht in Frage gestellt eine Erledigung vorliegt, zu wenig befriedigenden Ergebnissen, wenn der Kläger nicht mehr vor dem Termin für erledigt erklärt und dann, formalistisch betrachtet zwar zutreffend, die Terminsgebühr aus dem ursprünglichen Gegenstandswert errechnet wird, obwohl alle davon ausgehen, dass es nur noch um die Kosten geht. Hier sollte der Gegenstandswert ausnahmsweise erst anhand dessen bestimmt werden, was im Termin geschieht. Zwar ist bei der Beurteilung des Gegenstandswerts grundsätzlich auf den Instanzbeginn, im Fall der Terminsgebühr auf den Beginn des Termins abzustellen ist. Es gibt aber auch Ausnahmen, in denen auch erst danach stattfindende Umstände den Gegenstandswert bestimmen (→ Rn. 753). Folgt man der hM, so ist dem Beklagten schwer zu vermitteln, warum sich die Gebühren prozessualer Besonderheiten wegen nach dem hohen Ausgangswert der Hauptsache richten soll, obwohl es um die eigentlich nicht mehr geht.

221 Etwas anderes muss für die Fälle gelten, in denen bis zur Erledigungserklärung des Klägers uU eine Unsicherheit besteht, ob und in welchem Umfang der Kläger erledigt erklären wird. Es kann zB sein, dass ihm eine Unterlassungserklärung nicht genügt. Dann wäre eine Begrenzung auf den Kostenwert nicht angebracht.

222 **c) Terminsgespräch bei außergerichtlichem Gespräch.** Ist die Sache materiellrechtlich erledigt, so kann ein anschließendes außergerichtliches Gespräch eine Terminsgebühr auslösen (→ VV Vorb. 3 Rn. 170 ff.) Hier kann auch die hM nicht auf den Gegenstandswert des Verfahrens zum Zeitpunkt des Geprächsbeginns abstellen. Der Gegenstandswert ergibt sich nämlich erst erst aus dem Inhalt des Gesprächs (→ VV Vorb. 3 Rn. 164 ff.). Geht es darum, ob die Sache **überhaupt schon erledigt** ist, so ist der Hauptsachewert zugrunde zu legen, etwa weil Meinungsverschiedenheiten darüber bestehen, ob eine abgegebene Unterlassungserklärung ausreichend ist. Oder aber eine der Parteien zögert, das Feststellungsverfahren für erledigt zu erklären, weil es noch nicht weiß, ob es gegen das im Parallelverfahren ergangene Leistungsurteil, das das im Verhältnis zur Feststellungsklage erledigende Ereignis sein soll, Berufung einlegen will.[236]

223 Geht es aber **nur noch um die Kosten,** so errechnet sich die Terminsgebühr aus dem Kostenwert (→ Rn. 209 ff.).[237] Das ist der Fall, wenn zB nur noch darüber gesprochen wird, ob

---

233 BGH NJW 2011, 529.

234 BGH NJW 2011, 529; OLG Hamm JurBüro 1996, 85.

235 BGH NJW 2011, 529 = RVGreport 2010, 427 mablAnm *Hansens.*

236 KG Rpfleger 2007, 507.

237 *N.Schneider* Anm. zu BGH AGS 2017, 267; OVG NRW NJW 2014, 3323; Beschl. v. 25.2.1013 12 E 28/13; s. auch OLG Hamburg Rpfleger 2017, 365 = AGS 2017, 448 mzustAnm *N. Schneider.*

der Rechtsstreit durch Feststellungsurteil oder durch übereinstimmende Erledigungserklärung beendet wird, zB weil der Beklagte nicht für erledigt erklären will, weil er meint, keinen Anlass zur Klage gegeben zu haben. Dabei ist es unerheblich, wer die Initiative zu dem Gespräch ergreift.[238]

Erledigung nur teilweise unstreitig. Besteht am Anfang des Gesprächs Einigkeit, dass jedenfalls teilweise erledigt ist und der Beklagte die Kosten des Verfahrens tragen muss, und wird außergerichtlich nur hinsichtlich eines Restteils diskutiert, ob erledigt ist, zB wegen unterschiedlicher Auffassungen zu §§ 366, 367 BGB, so ist nur der streitige Restwert zugrunde zu legen.[239] Sollte auch noch darüber gestritten werden, wer die Kosten zu tragen hat, so ist der Kostenwert hinzuzuaddieren. 224

d) Bedeutung des Auftrags für Verfahrens- und Terminsgebühr. Die oben wiedergegebene hM (→ Rn. 216) greift jedenfalls nicht ein, wenn sich zur Zeit der Erledigungs- bzw. Zustimmungserklärung der dem RA erteilte Auftrag nur noch auf die Kostenfrage richtet. Hat zB der Beklagte vor oder nach Zustellung der Klage gezahlt und wendet er sich sodann an einen RA, der ausschließlich dafür sorgen soll, dass sein Mandant keine Kosten tragen muss, so geht es ihm wirtschaftlich nur noch um die Kosten.[240] Stellt man zutreffend auf die wirtschaftliche Betrachtungsweise ab (→ Rn. 210), so verdient der Rechtsanwalt Gebühren, auch die Verfahrensebühr nur noch aus dem Kostenwert. 225

Dasselbe gilt, wenn der Kläger, der bisher anwaltlich nicht vertreten war bzw. den Anwalt wechselt, dem RA ausdrücklich oder inzidenter erklärt, dass es ihm nach erfolgter Zahlung nur noch darum geht, seine Verfahrenskosten ersetzt zu bekommen. Die Gebühren errechnen sich dann aus dem Kostenwert. 226

Die Haftung des Rechtsanwalts erfordert kein anderes Ergebnis. Wenn ihm sein Mandant erklärt, dass er die Klageforderung bezahlt bzw. erhalten habe und er nur noch wegen der Kosten vertreten werden wolle, beschränkt sich auch das Haftungsrisiko auf die Kosten. Es besteht auch kein Widerspruch dazu, dass bei der Klagerücknahme der RA die volle Verfahrensgebühr aus dem ursprünglichen Hauptsachewert verdient. Die Erledigungserklärung ist etwas anderes als eine Rücknahme. Durch das erledigende Ereignis, nicht erst durch die Erledigungserklärung, wird der ursprüngliche Klageantrag gegenstandslos.[241] Durch das erledigende Ereignis hat sich de facto die Interessenlage geändert. Das ist bei der Rücknahme idR nicht der Fall. 227

Beauftragt der Beklagte den RA zunächst, die Klageforderung abzuwehren, zahlt er dann aber auf Rat des Anwalts und verteidigt sich nur hinsichtlich der Kosten, so liegt zunächst ein Verfahrensauftrag mit einem dem Hauptsachewert entsprechenden Gegenstandswert vor, der sich dann in einen nur noch nach dem Kostenwert zu vergütenden Auftrag wandelt. Der RA verdient eine 0,8 Verfahrensgebühr gem. VV 3101 Nr. 1 RVG aus dem ursprünglichen Gegenstandswert neben einer 1,3 Verfahrensgebühr gem. VV 3100 RVG § 15 Abs. 3 RVG aus dem Kostenwert. 228

4. Erledigungsgespräch zur Hauptsache nach Vollzug einer einstweiligen Anordnung

Unabhängig davon, welcher Auffassung man vorstehend folgt, fällt jedenfalls dann eine Terminsgebühr aus dem vollen Wert der Hauptsache an, wenn nach Erlass einer einstweiligen Anordnung der Ehemann aus der ehelichen Wohnung auszieht und dann die Hauptsache für erledigt erklärt wird.[242] Hier wird erst bei dem Gespräch aus einer vorläufigen Regelung eine endgültige gemacht. 229

5. Rechtsmittel gegen Feststellung einseitiger Erledigung

Hat das Ersturteil nach einseitiger Erledigungserklärung durch den Kläger die Erledigung festgestellt und greift dies der Beklagte an, so richtet sich, wenn man der Auffassung des BGH zum Gegenstandswert nach einseitiger Erledigungserklärung (→ Rn. 209 ff.) folgt, der Beschwerdewert nach den bis zum Zeitpunkt der Erledigungserklärung angefallenen Kosten 230

[238] OLG München 2007, 588 = AGS 2008, 67 mablAnm *N. Schneider.*

[239] OLG München JurBüro 2007, 588 = AGS 2008, 67 mablAnm *N. Schneider* = RVGreport 2007, 396 (L).

[240] Zu diesem Aspekt: OLG Koblenz JurBüro 1986, 55. OLG Koblenz hat diesen Gesichtspunkt nicht so weit fortgedacht, dass es bereits den Auftrag für die Herabsetzung des Gegenstandswertes genügen lässt. Allerdings kam es in den Entscheidungen des OLG Koblenz auch hierauf nicht an. Immerhin hat OLG Koblenz JurBüro 1992, 465 erklärt, dass sich spätestens (!) mit der schriftsätzlichen Erledigungserklärung der Gegenstandswert vermindert.

[241] Thomas/Putzo/*Hüßtege* ZPO § 91a Rn. 4a.

[242] OLG Oldenburg NJW-RR 2007, 789 = FamRZ 2007, 1115 = JurBüro 2007, 199.

(→ Rn. 373 ff.).[243] Für diejenigen, die in erster Instanz 100 % bzw. 50 % des Klagewerts annehmen, gelten entsprechende Sätze auch für das Rechtsmittel.

6. Kostenantrag nach übereinstimmender Erledigungserklärung

231 Stellt der Verfahrensbevollmächtigte nach übereinstimmender Erledigungserklärung einen Kostenantrag oder nimmt er zur Kostenfrage Stellung, so verdient er eine 1,3 Verfahrensgebühr gem. VV 3100 RVG aus dem Kostenwert (zum Kostenwert → Rn. 341 ff.). Das gilt auch dann, wenn er vorher schon eine 0,8 Verfahrensgebühr aus dem Hauptsachewert verdient hatte. Da ein Rechtszug gegeben ist (→ § 19 Rn. 98), fällt dann gem. § 15 Abs. 3 RVG aber maximal eine 1,3 Verfahrensgebühr aus dem Hauptsachewert an. Wird ein RA ausschließlich mit der Stellung des Kostenantrags beauftragt, so wird in aller Regel ein Auftrag für eine **Einzeltätigkeit** vorliegen (mit Gebühren gem. VV 3403 ff. RVG aus dem Kostenwert).

• Erledigungsgebühr gem. VV 1002 RVG

1. Grundsatz

232 Der Wert richtet sich nach dem Wert des Gegenstandes, der durch die Aufhebung oder Abänderung des Verwaltungsaktes erledigt worden ist.

2. Teilerledigung

233 Bei Teilerledigung (→ RVG VV 1002 Rn. 29) – zu unterscheiden von Vollerledigung durch Teilentgegenkommen der Behörde (→ RVG VV 1002 Rn. 26 ff.) – ist der Wert des erledigten Teils maßgebend.

3. Einigung über Streitverfahren hinaus

234 Wird das Gerichtsverfahren durch eine außergerichtliche Einigung erledigt, die über das Streitverfahren hinausgeht, und wird insoweit für die beteiligten Anwälte eine Erledigungsgebühr auslöst, so erhöht sich der Erledigungswert um den überschießenden Betrag.[244]

4. Weitere Verfahren Dritter

235 Werden durch die Erledigung nicht nur das Verfahren des Mandanten, sondern auch die Verfahren anderer Personen betroffen, so erhöht sich dadurch der Gegenstandswert nicht.[245]

• Ersatzvornahme

236 → § 25 Rn. 37.

• Fälligkeit

237 → Rn. 771.
Wegen Einigung über frühere Fälligkeit → Rn. 101.

• Feststellungsklage

1. Positive

238 Es ist ein 20 % Abschlag von dem Wert der entsprechenden Leistungsklage vorzunehmen.[246] Ist aber die Aussicht, dass der festgestellte Anspruch realisiert werden kann, wegen der schlechten finanziellen Verhältnisse des Schuldners gering, so ist ein höherer Abschlag angebracht.[247] So wurden zB im Fall von § 184 InsO (Ausnahme von der Restschuldbefreiung wegen vorsätzlicher Handlung) 75 %[248] bzw. 70 %[249], wenn ein Insolvenzverfahren nicht eröffnet und eine Restschuldbefreiung ungewiss ist, 95 % [250] abgezogen. Weiter wegen Unrealisierbarkeit → Rn. 619. Weg. Feststellung einer Forderung zur Insolvenztabelle vgl. § 28 RVG.

239 Wird mit der Feststellung gleichzeitig Leistung für einen von der Feststellung mitumfassten Zeitraum verlangt, so sind nicht beide Werte zu addieren.[251] Es ist der höhere von beiden maßgeblich. Wegen Anzahl der Gegenstände → Rn. 241.

---

[243] BGH MDR 2006, 109.
[244] VGH Mannheim NVwZ-RR 2000, 329.
[245] VGH Mannheim NVwZ-RR 2000, 329.
[246] BGH NJW-RR 156 = JurBüro 2009, 89.
[247] BGH ZIP 2009, 2172; NJW 2009, 920.
[248] BGH ZIP 2009, 2172; NJW 2009, 920.
[249] OLG Hamm AGS 2012, 351.
[250] BGH FamRZ 2019, 1349 = AGS 2019, 475.
[251] BGH JurBüro 1969, 833.

Beispiel:

Ist der Feststellungswert 80.000,– EUR (100.000,– EUR – 20 %) und wird Leistung iHv 90.000,– EUR begehrt, so ist der Wert 90.000,– EUR. Würde nur Leistung von 50.000,– EUR verlangt, so ist der Wert 80.000,– EUR.

2. Negative

Der Gegenstandswert entspricht ohne Abschlag dem der Leistungsklage.[252] Zinsen und Kosten erhöhen den Gegenstandswert nicht, und zwar auch dann nicht, wenn sich die Vollstreckungsgegenklage nicht nur gegen die Vollstreckung aus einem Urteil, sondern auch gegen die Vollstreckung aus einem in diesem Verfahren ergangenen Kostenfestsetzungsbeschluss richtet.[253] Auf die Realisierbarkeit kommt es nach dem 9. Senat des BGH nicht an,[254] während er in einer anderen Entscheidung darauf abstellt, dass für eine eingeschränkte Realisierbarkeit keine Anhaltspunkte bestanden.[255] 240

3. Feststellung der Nichtigkeit eines Vertrages 240a

Maßgeblich ist der Wert der Leistungspflicht, von der der Kläger befreit werden will bzw. der Wert der Leistung, die ihm zurückgewährt werden soll; die Gegenleistung bleibt außer Betracht. Ein Abschlag, weil es sich um einen Feststellungsantrag handelt, ist nicht vorzunehmen.[256]

4. Anzahl der Gegenstände

Bei einer Feststellungsklage, dass wegen eines bestimmten Mangels kein Recht zur Kürzung der Miete besteht, und der Feststellungswiderklage über eine Schadensersatzpflicht, ist nur ein Gegenstand gegeben, obgleich für letztere noch das Verschulden zusätzlich geprüft werden muss.[257] 241

Bei einer Klage auf Leistung verbunden mit einer Feststellung des zugrunde liegenden Rechtsverhältnisses kommt es darauf an, ob der Feststellungsantrag neben der Verurteilung zur Leistung selbständige Bedeutung hat.[258] Das gilt in besonderem Maß bei einer Zwischenfeststellungsklage.[259] Mehrere Gegenstände liegen vor, wenn der Feststellungsantrag über die erhobene Klage hinaus auch für weitere Ansprüche vorgreiflich ist. Dabei ist es unerheblich, ob diese bereits geltend gemacht, schon entstanden sind oder erst zukünftig eintreten könnten.[260] Das ist zB der Fall, wenn der Kläger nach einem Autounfall Schadensersatz für Reparaturkosten verlangt und wegen weiterer noch nicht eingeklagter Schäden (zB Schmerzensgeld) das alleinige Verschulden des Beklagten festgestellt haben will.[261] 242

• Freistellung von Schuld

Grundsätzlich richtet sich der Wert eines Klageanspruches auf Befreiung von einer Verbindlichkeit nach dem vom Kläger benannten Geldbetrag der Verbindlichkeit.[262] Bei besonderen Umständen kann er jedoch geringer sein, zB dann, wenn es ausgeschlossen ist, dass der Kläger wegen der Verbindlichkeit von dem Dritten in Anspruch genommen wird.[263] Wird die Befreiung neben einer Unterhaltszahlung begehrt, so sind zwei Gegenstände gegeben.[264] Bei Zusammenhang mit Zugewinnausgleich → Rn. 768. 243

Gesamtschuldner. Verlangt ein Gesamtschuldner von dem anderen Gesamtschuldner Befreiung, so ist sein Anteil an der Gesamtschuld im Innenverhältnis anzusetzen und nicht die gesamte Schuld.[265] Verlangt jeder vom anderen Befreiung, so ist der Wert der Gesamtschuld maßgebend. 244

---

[252] BGH AGS 2015, 521; FamRZ 2007, 464.

[253] BGH JurBüro 2016, 29 = MDR 2016, 57.

[254] BGH JurBüro 2016, 29 = MDR 2016, 57, zur Vollstreckungsabwehrklage.

[255] BGH AGS 2015, 521, dazu, dass RA ein bestimmter Honoraranspruch nicht zusteht.

[256] BGH NJW-RR 2020, 640 = RVGreport 2020, 268 mzustAnm *Hansens*.

[257] BGH NZM 2004, 423 Rn. 20 = JurBüro 2004, 378.

[258] BGH NJW-RR 1992, 698; OLG Bamberg VersR 2009, 701 Rn. 21; OLG Oldenburg MDR 2010, 990 = VersR 2010, 1243; *Müller-Rabe* JurBüro 2015, 3 (6) Ziff.V 4.

[259] BGH NJW-RR 1992, 698 Rn. 6.

[260] LG München JurBüro 2009, 430; Schneider/Herget/*Onderka* Rn. 6498.

[261] LG München JurBüro 2009, 430; *Müller-Rabe* JurBüro 2015, 3 (6) Ziff.V 4.

[262] OLG Rostock JurBüro 2009, 197 = OLGR 2009, 223.

[263] BGH MDR 2011, 1075 (20 % des Geldbetrags der Verbindlichkeit).

[264] OLG Düsseldorf FamRZ 1994, 57 (Ls.).

[265] OLG Düsseldorf FamRZ 1994, 57 (Ls.); OLG Karlsruhe FamRZ 2014, 1225; OLG Rostock JurBüro 2009, 197 = OLGR 2009, 223; **aA** OLG Brandenburg AGS 2017, 347 = NZG 2017, 582.

245 **Rechtsmittel.** Der Wert der Beschwer bei einem Antrag auf Freistellung von einer Verpfändung richtet sich entsprechend § 6 ZPO nach dem Wert der gesicherten Forderung oder dem geringeren Wert des Gegenstands des Pfandrechts.[266]

• Fristsetzung gem. § 255 ZPO

246 Wird der Antrag auf Fristsetzung zusammen mit der Leistungsklage geltend gemacht, so erhöht sich der Gegenstandswert wegen Identität der Gegenstände nicht.[267]

• Früchte

247 Werden sie isoliert geltend gemacht, so gelten § 48 GKG, § 3 ZPO:[268] Als Nebenforderung → Rn. 399 ff.

• Gegendarstellung

248 → Rn. 656 ff.

• Gehörsrüge

249 Der Gegenstandswert ist der Wert der Hauptsache. Ist der Antragsteller im Urteil teilweise erfolgreich gewesen, so richtet sich der Gegenstandswert nur nach dem anderen Teil.[269] Nur insoweit hat der Antragsteller ein Interesse an der Fortführung des Verfahrens. Der Gegenstandswert kann noch niedriger sein, wenn hinreichend klar ist, dass der Antragsteller nur wegen eines noch geringeren Teils das Verfahren fortgeführt haben will.

250 Wird von beiden Parteien die Gehörsrüge erhoben, so ist das Interesse jeder Partei zunächst gesondert zu bewerten. Sodann sind die Werte zu addieren. Eine Addition hat allerdings dann zu unterbleiben, wenn sich die Rüge auf denselben Gegenstand bezieht. Insgesamt kann der Gegenstandswert aber nicht höher sein als der Wert der Hauptsache.

Beispiel:
Der Kläger hat bei Klage über 10.000,– EUR iHv 4.000,– EUR verloren. Er macht wegen 2.000,– EUR, der Beklagte wegen 6.000,– EUR die Gehörsrüge geltend. Gegenstandswert 8.000,– EUR.

• Genehmigung

251 § 36 FamGKG, § 60 GNotKG. Betrifft Genehmigung nur einen Miteigentumsanteil, so ist dessen Wert zu Grunde zu legen.[270]

• Gesamthandgemeinschaft, Aufhebung

252 Maßgeblich ist gem. § 3 ZPO das Interesse des Klägers an der Aufhebung, das sich nach dem von ihm begehrten Anteil richtet.[271]

• Gesamtschuldner

253 Werden mehrere Beklagte als Gesamtschuldner zur Zahlung verklagt, so beläuft sich der Wert maximal auf den (einfachen) Betrag der Gesamtschuld. Der Verurteilungsbetrag ist nicht mit der Anzahl der verurteilten Beklagten zu vervielfältigen.[272]

• Gewaltschutz

1. Neues Recht

254 **Hauptsache.** Der Wert beträgt in Verfahren nach § 1 GewSchG 2.000,– EUR und in solchen nach § 2 GewSchG 3.000,– EUR (§ 49 Abs. 1 FamGKG). Abweichungen aus Billigkeitsgründen sind möglich (§ 49 Abs. 2 FamGKG).

255 **Einstweilige Anordnung.** Im Regelfall die Hälfte der Hauptsache (§ 41 S. 2 FamGKG). Im Übrigen → Rn. 130 ff.

256 **Addition.** Werden mehrere Anträge sowohl nach § 1 GewSchG als auch nach § 2 GewSchG in einem Verfahren gestellt, so sind zwei Werte zu addieren.[273] Keine Addition findet

---

[266] BGH NJW-RR 1995, 362.
[267] OLG Frankfurt a. M. AGS 2011, 446.
[268] Schneider/Herget/*Kurpat/N. Schneider* Rn. 2495.
[269] *Enders* JurBüro 2002, 57 (58) Ziff. 1.2.
[270] OLG Stuttgart MDR 2017, 548 = AGS 2017, 195 mzustAnm *N. Schneider.*
[271] OLG Frankfurt a. M. JurBüro 1979, 1195; OLG Stuttgart OLGR 2004, 19; Schneider/Herget/*Monschau* Rn. 1150 ff.
[272] BGH NJW-RR 2004, 638.
[273] OLG Dresden FamRZ 2006, 803; OLG Frankfurt a. M. AGS 2014, 522 mzustAnm *N. Schneider;* OLG Nürnberg FamRZ 2008, 1468 = MDR 2008, 773; Keske Neues FamFG § 49 Rn. 3.

jedoch statt, wenn mehrere Maßnahmen nur im Rahmen von § 1 GewSchG oder nur von § 2 GewSchG beantragt werden.[274] Es gilt dasselbe wie bei mehreren Maßnahmen zur elterlichen Sorge (→ Rn. 180). Vertritt der Rechtsanwalt in einem Gewaltschutzverfahren mehrere Antragsteller, so liegen mehrere Verfahrensgegenstände vor, die gem. § 33 Abs. 1 S. 1 FamGKG zu addieren sind.[275]

2. Altes Recht

Hauptsache. In FG-Sachen ist der Ausgangswert gem. §§ 100a Abs. 2, 30 Abs. 2 KostG aF 3.000,– EUR sowohl bei einem Antrag nach § 1 als auch einem nach § 2 GewSchG.[276] 257

Eilverfahren. Für eine vorläufige Schutzanordnung nach § 1 GewSchG beträgt der Regelwert gem. § 621g ZPO § 64b Abs. 2 FGG iVm § 24 RVG aF 500,– EUR, für eine vorläufige Wohnungszuweisung nach § 2 GewSchG gem. § 64b Abs. 3 FGG, § 24 Abs. 2 S. 2 RVG und § 53 Abs. 2 S. 2 GKG aF 2.000,– EUR.[277] 258

• Gewerblicher Rechtsschutz

→ Rn. 360 ff. 259

• Grundschuld

§ 6 ZPO ist anzuwenden wenn es um die Bestellung, Löschung, Feststellung, Duldung der Zwangsvollstreckung, Befriedigung aus oder Freistellung von einem Pfandrecht, einer Grundschuld oder Hypothek geht.[278] Abzustellen ist auf den Nennwert der zu sichernden Forderung und nicht auf die Valutierung,[279] es sei denn der Wert der Sicherungssache ist geringer. Dann ist auf diesen abzustellen (§ 6 ZPO). Wegen geringfügiger Restforderungen gilt das zur Auflassung Dargelegte entsprechend (→ Rn. 43 ff.). Im Übrigen wird auf → § 25 Rn. 11 ff. verwiesen. Bei der Klage des hälftigen Miteigentümers auf Zustimmung zur Löschung ist der halbe Nennbetrag anzusetzen.[280] 260

• Grundurteil

Es ist der volle Wert der Leistungsklage anzusetzen.[281] Betrifft es nur einen Teil der Klage, zB einen von mehreren Ansprüchen oder nur die Quote, so richtet sich der Wert nach dem entsprechenden Teil. 261

• Gütergemeinschaft

Auseinandersetzung gem. §§ 1471 ff. BGB. Der Gegenstandswert ist die Hälfte des Verkehrswerts des Gesamtguts (§ 3 ZPO). 262

Aufhebung der Gütergemeinschaft gem. §§ 1447 ff., 1469 ff. Der Gegenstandswert ergibt sich aus der Hälfte des Anteils des Klägers am Gesamtgut (§ 3 ZPO).[282] Wird mit der vorzeitigen Aufhebung gleichzeitig Zahlung verlangt, so gilt dasselbe wie bei der vorzeitigen Aufhebung der Zugewinngemeinschaft (→ Rn. 770). 263

• Handlungen

Wegen Vollstreckung → § 25 Rn. 36 ff. 264

• Hausrat

1. Motive

Diese führen zu § 48 FamGKG aus: 265

„Für Wohnungszuweisungs- und Hausratssachen sollen in den **Absätzen 1 und 2** erstmals feste Werte festgelegt wer- den. Dies bietet sich wegen der Vergleichbarkeit der Fälle an und 266

---

[274] AG Bergen AGS 2014, 418; Keske Neues FamFG § 49 Rn. 3.

[275] OLG Frankfurt a. M. AGS 2016, 189 = NJW-Spezial 2016, 221 = RVGreport 2017, 27 mzustAnm *Hansens.*

[276] OLG Dresden FamRZ 2006, 803; OLG Koblenz FamRZ 2005, 1849; OLG Zweibrücken FamRZ 2008, 1878.

[277] OLG Dresden FamRZ 2006, 803; OLG Koblenz FamRZ 2005, 1849; OLG Nürnberg FamRZ 2008, 1972.

[278] Thomas/Putzo/*Hüßtege* ZPO § 6 Rn. 8.

[279] BGH MDR 2017, 608 = RVGreport 2017, 232 mwN auch für die Gegenmeinung; OLG Köln MDR 2018, 703 = AGS 2019, 24.

[280] OLG Köln MDR 2018, 703 = AGS 2019, 24.

[281] Schneider/Herget/*Kurpat* Rn. 2904 ff.

[282] BGH NJW 1973, 50; FA-FamR/*Keske* Kap. 17 Rn. 117; **aA** OLG Koblenz KostRspr § 3 ZPO Nr. 327, 1/10 des Aktivvermögens; OLG München KostRspr § 3 ZPO Nr. 72, 1/10 des Gesamtguts.

dient der Arbeitserleichterung für die Gerichte. Festwerte gibt es bereits im geltenden Recht für das Verfahren über die einstweilige Anordnung (§ 53 Abs. 2 S. 2 GKG). Da in Verfahren der einstweiligen Anordnungen in Familiensachen der Verfahrenswert in der Regel 50% des Werts in der Hauptsache beträgt (s. zB § 53 Abs. 2 S. 1 GKG und § 42 Abs. 1 GKG), wird ausgehend von den nach geltendem Recht in § 53 Abs. 2 S. 2 GKG bestimmten Werten der Verfahrenswert für Wohnungszuweisungssachen nach den §§ 2–6 HausratsVO mit 4.000,– EUR und für Verfahren nach § 1361a BGB, in denen in der Regel nur die Benutzung des Hausrats zu regeln ist, mit 2.000,– EUR vorgeschlagen; der Betrag von 1.200,– EUR in § 53 Abs. 2 S. 2 GKG soll auf 1.000,– EUR gerundet und dann verdoppelt werden. Bei solchen Hausratssachen, in denen es um mehr als die Benutzung des Hausrats, also insbes. um die Zuweisung der Hausratsgegenstände geht, soll der Verfahrenswert – auch in Anlehnung an den Auffangwert aus § 30 Abs. 2 KostO – auf den Mittelbetrag von 3.000,– EUR festgesetzt werden. In Wohnungszuweisungssachen nach § 1361b BGB wird von den Gerichten für die Entscheidung über die Wohnungsnutzung nur die Hälfte des für die endgültige Wohnungszuweisung maßgebenden Werts zugrunde gelegt (KLBR, 16. Aufl. 2005, KostO § 100 Rn. 22). Dementsprechend wird auch in dem Entwurf für diese Fälle ein niedrigerer Festwert vorgeschlagen. Ein Wert von 3.000,– EUR erscheint in Relation zu den übrigen Werten angemessen.

267 **Abs. 3** soll die Festsetzung eines höheren oder niedrigeren Verfahrenswerts in Ausnahmefällen ermöglichen, um zu verhindern, dass es zu unvertretbar hohen oder zu unangemessen niedrigen Kosten kommt. So kann es bei besonders teuren Wohnungen angemessen sein, den Wert entsprechend höher festzusetzen. Streiten die Beteiligten hingegen zB über einzelne, nur für die Betroffenen wichtige, aber sonst wertlose Hausratsgegenstände, kann es erforderlich sein, den Verfahrenswert niedriger festzusetzen."[283]

2. Hauptsache

268 **Neues Recht.** Der Wert beträgt in Hausratssachen nach §§ 2, 8–10 HausratsVO (nach Scheidung) 3.000,– EUR, in Sachen nach § 1361a BGB 2.000,– EUR (§ 48 Abs. 2 FamGKG). Aus Billigkeitsgründen ist ein anderer Wert möglich (§ 48 Abs. 3 FamGKG), namentlich etwa wegen eines besonderen Verfahrensumfangs, aufgrund konkret aufgeworfener tatsächlich oder rechtlich besonders schwieriger Fragestellungen, wegen der besonderen Bedeutung für die Beteiligten oder bei besonders guten wirtschaftlichen Verhältnissen.[284] Allein die Höhe einer begehrten Ausgleichszahlung rechtfertigt eine Erhöhung nicht.[285] Bei erhöhtem Umfang werden in der Rspr. wiederholt 4.000,– EUR angesetzt.[286]

269 **Eilverfahren.** Im Regelfall die Hälfte der Hauptsache (§ 41 S. 2 FamGKG).

270 **Altes Recht.** Der Gegenstandswert richtet sich gem. § 3 ZPO, § 100 Abs. 3 S. 1 KostO aF nach dem Verkehrswert (!). Dabei wird vertreten, dass zu berücksichtigen ist

– grds. nur der beiden Eheleuten gemeinsam zustehende Hausrat und der im Alleineigentum stehende nur, wenn insoweit ein Antrag vorliegt,
– nur der Hausrat, über den die Eheleute nicht einig sind,[287]
– die Hälfte des gesamten Hausrats,[288]
– immer der gesamte Hausrat,[289] wobei jedoch die Gegenstände herauszunehmen sind, über die sich die Eheleute schon geeinigt haben.[290]

271 Der letzten Ansicht ist zu folgen. Hierfür spricht, dass Anträge im Hausratsverfahren lediglich Anregungen an das Gericht sind und das Gericht von Amts wegen über den gesamten Hausrat zu entscheiden hat, mit Ausnahme der Gegenstände, über die sich die Parteien schon geeinigt haben.

3. Eilverfahren

272 Der Gegenstandswert beträgt gem. § 53 Abs. 2 S. 2 Hs. 2 GKG aF 1.200,– EUR. Das ist ein Festbetrag.

---

[283] BT-Drs. 16/6308, 307.
[284] OLG Celle JurBüro 2014, 304.
[285] OLG Celle JurBüro 2014, 304.
[286] OLG Celle JurBüro 2014, 304.
[287] OLG Frankfurt a. M. (4. ZS) JurBüro 1984, 753.
[288] OLG Nürnberg NJW-RR 1998, 420.
[289] OLG Frankfurt a. M. (3. ZS) JurBüro 1989, 1563; FA-FamR/*Keske,* 6. Aufl. 2008, Kap. 17 Rn. 117.
[290] OLG Köln FamRZ 2007, 234 unter Berufung auf OLG Frankfurt a. M. JurBüro 1989, 1563.

4. Rechtsmittel nach altem Recht

Der Ausgangswert in FGG-Sachen betrug gem. §§ 131 Abs. 2, 30 Abs. 2 KostG aF 3.000,– EUR. 273

Hebegebühr → RVG VV 1009 Rn. 16. 273a

• Herausgabe

→ Rn. 68 ff. 274

• Hilfsanträge und Hilfsaufrechnung

1. Instanz

Erhöhung bei Entscheidung oder Vergleich. Sie erhöhen den Gegenstandswert nur, soweit mehrere Gegenstände gegeben sind (→ Rn. 367 ff., → RVG VV 1008 Rn. 144 ff.) und eine Entscheidung über den Gegenanspruch (§ 45 Abs. 1 S. 2 GKG, § 39 Abs. 3 FamGKG) bzw. eine der Rechtskraft fähige Entscheidung über die Gegenforderung (§ 45 Abs. 3 GKG, § 39 Abs. 3 FamGKG) ergeht.[291] Dem steht es gleich, wenn ein Prozessvergleich (nicht ausreichend ein außergerichtlicher Vergleich[292]) über sie geschlossen wird (§ 45 Abs. 4 GKG, § 39 Abs. 4 FamGKG).[293] Das gilt auch für einen sog. unechten **Hilfsantrag** (nur wenn dem Hauptantrag stattgegeben wird, soll auch über den Hilfsantrag entschieden werden).[294] 275

Keine rechtskraftfähige Entscheidung über die Gegenforderung ergeht, 276

– wenn das Gericht die Aufrechnung, weil einredebehaftet (§ 390 BGB) oder gegen ein vereinbartes Aufrechnungsverbot verstoßend, als **unzulässig** erklärt[295] (→ Rn. 286).
– wenn das Gericht über die Aufrechnung entscheidet, nachdem der Beklagte sie in eine **Primäraufrechnung geändert** hat,[296]
– wenn das Gericht zwar die sachlichen Voraussetzungen eines Schadensersatzanspruchs verneint hat, dies aber im Rahmen von § 628 Abs. 1 S. 2 BGB (**Verlust des Anspruchs wegen fehlenden Interesses** an Leistung) und nicht im Rahmen von § 628 Abs. 2 BGB (Schadensersatzanspruch als aufrechenbarer Gegenanspruch) vorgenommen hat,[297]
– wenn der Rechtsstreit übereinstimmend für erledigt erklärt wird.[298]

Maximal bis zur Höhe des Klageanspruchs. Aus dem „soweit" ergibt sich, dass der Hilfsantrag bzw. die Hilfsaufrechnung maximal bis zur Höhe des Klageanspruchs werterhöhend wirken.[299] 277

Beispiel:

Wird gegen eine Forderung von 5.000,– EUR mit einer Gegenforderung von 8.000,– EUR aufgerechnet und wird entschieden, dass letztere nicht durchgreift, so beträgt der Gegenstandswert nur 2 × 5.000,– EUR und nicht 5.000,– EUR + 8.000,– EUR.

Vergleich über beide Ansprüche. Wird mit einer höheren Gegenforderung hilfsweise aufgerechnet und dann bei Gericht ein Vergleich über beide Ansprüche geschlossen, so erhöht sich der Gegenstandswert, wobei teilweise VV 3100 bzw. 3101 Nr. 2 und teilweise VV 1000 bzw. 1003 und einheitlich VV 3104 eingreifen. Berechnungsbeispiel → VV 3101 Rn. 110. 278

Aufrechnung mit mehreren Gegenforderungen. Jede Gegenforderung, über die eine Entscheidung ergangen ist, erhöht den Wert, jede jedoch immer nur bis maximal zur Höhe der Klageforderung.[300] 278a

Beispiel:

Bei einer Klageforderung von 5.000,– EUR und einer Hilfsaufrechnung mit einer Gegenforderung von 8.000,– EUR und einer von 15.000,– EUR beträgt der Gegenstandswert bei einer Entscheidung über beide Hilfsaufrechnungen 15.000,– EUR (3 × 5.000,– EUR).

---

291 OLG Köln JurBüro 1996, 476, Hilfsantrag.
292 OLG Karlsruhe NJW-RR 2013, 638 = JurBüro 2013, 249 = AGS 2013, 286 mzustAnm *N. Schneider.*
293 KG AGS 2019, 27.
294 BGH NJW 1996, 2306 Rn. 28; KG 8.9.2009 – 19 W 23/09 BeckRS 2009, 28113; OLG Braunschweig JurBüro 2020, 77; **aA** KG JurBüro 2018, 139 = NJW-RR 2018, 63; Schneider/Herget/*Kurpat* Rn. 3084.
295 BGH AGS 2011, 139; NJW 2001, 3616, einredebehaftet; OLG Düsseldorf WuM 1997, 428, Aufrechnungsverbot.
296 OLG Stuttgart NJW 2011, 540.
297 BGH AGS 2011, 344.
298 OLG Frankfurt JurBüro 2019, 310.
299 OLG Düsseldorf NJW-RR 1994, 1279 Aufrechnung; OLG Schleswig JurBüro 2018, 479 = AGS 2018, 506 mzustAnm *N. Schneider.*
300 BGH NJW 1992, 912; OLG Düsseldorf NJW-RR 1994, 1279, Aufrechnung.

279 Wird mit **mehreren Forderungen gegen eine unstreitige Forderung** aufgerechnet, so ist nur die erste Aufrechnung eine Primäraufrechnung.[301]

280 **Mehrere nicht verselbständigte Teilbeträge derselben Forderung** können nicht in einem Eventualverhältnis zueinander zum Gegenstand von mehreren Hilfsaufrechnungen gemacht werden.[302]

281 **Aufrechnung mit unstreitiger Gegenforderung.** Wird zwar hilfsweise aufgerechnet, ist die Gegenforderung, mit der aufgerechnet wird, aber unstreitig, so richtet sich der Gegenstandswert nur nach der Klageforderung.[303]

282 **Freistellungsantrag gegen Klageantrag.** Wendet der Beklagte ein, der Vertrag aus dem die Klageforderung hergeleitet wird, sei nutzlos (etwa weil er den Anwaltsvertrag nicht abgeschlossen hätte, wenn ein Hinweis nach § 49b Abs. 5 BRAO erfolgt wäre), so liegt keine den Gegenstandswert erhöhende Hilfsaufrechnung vor. Es ist vielmehr der Einwand gegeben, dass die Klageforderung nicht geltend gemacht werden darf (→ RVG § 1 Rn. 166).[304]

283 **Versäumnisurteil gegen den Beklagten.** Bei ihm ist nach hM die Hilfsaufrechnung nicht erhöhend zu berücksichtigen, da sich das Gericht mit ihr nicht befassen muss.[305]

284 **Gleichbehandlung für Anwaltsgebühren.** Der Streit,[306] ob die vorstehenden Grundsätze auch für die Anwaltsgebühren gelten oder ob im Hinblick darauf, dass der RA sich unabhängig vom Ausgang des Verfahrens von Anfang an mit dem Hilfsantrag bzw. der Hilfsaufrechnung befassen muss, eine Erhöhung des Gegenstandswertes sofort eintritt, ist für die Praxis dadurch entschieden, dass der BGH sich der ersten Meinung angeschlossen hat.[307] Der BGH hat das zwar nur für die anwaltlichen Gebühren im Gerichtsverfahren entschieden. Über § 22 Abs. 1 S. 3 RVG gilt das aber auch für die außergerichtliche Tätigkeit. Bei dieser kommt somit eine Addition nur im Falle eines Vergleichs in Betracht. Diese Gleichbehandlung von Gerichts- und Anwaltsgebühren erscheint zwar von der Sache her nicht gerechtfertigt.[308] Das kann aber nur der Gesetzgeber ändern. Sollte sich allerdings die Rspr. des BGH zum anwaltlichen Gebührenwert bei einer Rechtsmitteleinlegung ohne Antrag entgegen der von mir vertretenen Auffassung (→ Rn. 431a ff.) durchsetzen, so muss auch hier ein abweichender Gegenstandswert für die anwaltlichen Gebühren angesetzt werden.

2. Rechtsmittel

285 **a) Beschwer.** Die vorstehenden Grundsätze gelten auch für die (für die Zulässigkeit des Rechtsmittels bedeutsame) Rechtsmittelbeschwer.[309] Hat das Vorgericht auch über den Hilfsantrag eine rechtskraftfähige Entscheidung getroffen, so ist der Hilfsantrag bzw. die Hilfsaufrechnung bei der Beschwer mit zu berücksichtigen. Hat zB das Vorgericht die Hilfsaufrechnung nicht durchgreifen lassen, weil die Aufrechnungsforderung nicht besteht, so erhöht die Hilfsaufrechnung die Beschwer. Hat es hingegen eine Aufrechnung wegen eines Aufrechnungsverbots abgelehnt, so ist bei der Beschwer die Hilfsaufrechnung nicht hinzu zu addieren.[310]

286 **b) Rechtsmittelwert.** Der für die Gebühren maßgebliche Rechtsmittelwert ist nicht identisch mit der Beschwer. In der Rechtsmittelinstanz wirkt sich der Hilfsantrag bzw. die Hilfsaufrechnung nur dann werterhöhend aus, wenn in dieser Instanz eine rechtskraftfähige Entscheidung über sie ergeht. Das ist nicht der Fall, wenn vom Rechtsmittelgericht

- der Hauptantrag abgewiesen wird, weshalb über die Aufrechnung nicht mehr entschieden werden muss,
- die Berufung als unzulässig verworfen[311] oder über die Forderung der Hilfsaufrechnung wegen eines Aufrechnungsverbots nicht entschieden wird (→ Rn. 276).

---

301 BGH NJW-RR 1995, 508 Rn. 20.
302 BGH NJW-RR 1995, 508.
303 OLG Hamm MDR 2000, 296.
304 BGH FamRZ 2009, 1663.
305 Nachweise bei KG KGR 2008, 1008 mwN auch für die vereinzelte Gegenmeinung.
306 Gerold/Schmidt/*Müller-Rabe,* 18. Aufl. 2008, RVG VV 3100 Rn. 132.
307 BGH AnwBl 2009, 148 mit Nachweisen für beide Ansichten; ebenso OLG Brandenburg RVGreport 2011, 393; OLG Hamburg JurBüro 2009, 645; KG JurBüro 2009, 86.
308 Weshalb hier früher eine Gleichbehandlung abgelehnt wurde Gerold/Schmidt/*Müller-Rabe,* 18. Aufl. 2008, RVG VV 3100 Rn. 132.
309 BGH FamRZ 2009, 1663.
310 BGH NJW-RR 1991, 127.
311 BGH AGS 2011, 139; KG JurBüro 1990, 387.

Rechtsmittelrücknahme. Das auch gilt, wenn das Rechtsmittel zurückgenommen wird (sehr str.) Da dann das Rechtsmittelgericht über den Hilfsantrag oder die -aufrechnung nicht mehr entscheiden muss, findet keine Addition statt.[312] AA ist der BGH für den Fall, dass in der Vorinstanz auch die Aufrechnung zurückgewiesen wurde, weil die Forderung nicht besteht, und das Rechtsmittel vor Stellung von Anträgen zurückgenommen wird. § 47 Abs. 1 S. 2 GKG schließe hier § 45 Abs. 3 GKG aus.[313] Diese Auffassung führt zu unangemessenen Unterscheidungen. Wird die Berufung durchgeführt mit der Begründung, der Hauptanspruch sei nicht gegeben, jedenfalls greife aber die Hilfsaufrechnung durch und weist das Rechtsmittelgericht die Klage wegen Unbegründetheit des Hauptanspruchs ab, so greift jedenfalls § 47 Abs. 1 S. 2 GKG nicht ein und richtet sich der Streitwert nur nach dem Hauptsacheantrag. Diese Besserstellung im Verhältnis zu einem zurückgenommenen Rechtsmittel lässt sich durch nichts rechtfertigen.[314] Eine Beurteilung im Sinne des BGH wäre nur angebracht, wenn man, auch wenn in der Rechtsmittelinstanz nur über den Hauptantrag entschieden wird, den Wert der Hilfsaufrechnung hinzuaddieren würde, also davon ausgehen würde, dass auch dann § 47 Abs. 1 S. 1 GKG § 45 Abs. 3 GKG vorgeht. Soweit ersichtlich, wird das von niemandem vertreten. Es wäre auch mit dem Sinn von § 45 Abs. 3 GKG unvereinbar, wonach die Hilfsaufrechnung nur erhöhend zu berücksichtigen ist, wenn durch eine Entscheidung über sie mehr Arbeit angefallen ist. 287

Versäumnisurteil. Hat das Erstgericht auch über den Hilfsgegenstand entschieden und wird die Berufung des Beklagten durch Versäumnisurteil zurückgewiesen, so ist der Hilfsgegenstand nicht werterhöhend zu berücksichtigen.[315] 288

Rechtsmittel nur wegen Klagezuerkennung oder nur wegen Hilfsantrag/-aufrechnung. Wird Berufung eingelegt entweder nur hinsichtlich der Klagezuerkennung oder nur hinsichtlich der Abweisung der Aufrechnung, so richtet sich der Gegenstandswert des Berufungsverfahrens nur nach der Forderung, bzgl. der das Urteil angegriffen ist. Das Rechtsmittelgericht muss nur über diese entscheiden. 289

Erstmalige Entscheidung über Hilfsgegenstand in Rechtsmittelinstanz. Eine Werterhöhung tritt erstmals in der Rechtsmittelinstanz ein, wenn in erster Instanz bereits die Klageforderung wegen fehlender Begründetheit abgewiesen wird (keine Erhöhung in 1. Instanz), der Kläger Berufung einlegt, der Beklagte erneut die Hilfsaufrechnung geltend macht und auch über diese entschieden wird. 290

• Hilfswiderklage

Bei ihr gilt § 45 Abs. 1 S. 1 GKG.[316] Das bedeutet aber nicht, dass von Anfang an eine Addition der Werte von Klage und Hilfswiderklage vorzunehmen ist. Die Hilfswiderklage bleibt zunächst unberücksichtigt, da sie von der Bedingung abhängt, dass der Klage stattgegeben wird. Solange diese Bedingung nicht eingetreten ist, ist die Hilfswiderklage nicht anhängig. 291

Fraglich ist, was zu gelten hat, wenn über den Klageanspruch durch Teilurteil, nicht aber über die Widerklage entschieden worden ist. Vertreten wird, dass dann der Wert der Hilfswiderklage hinzuzuaddieren ist, da allein schon durch das Teilurteil die Bedingung für die Hilfswiderklage eingetreten ist. Nach dieser Meinung ist § 45 Abs. 1 S. 2 GKG nicht, auch nicht analog, anwendbar.[317] 292

Richtig ist jedenfalls, dass diese Bestimmung nicht unmittelbar anwendbar ist, da es im Verhältnis zur Widerklage keinen „Hauptantrag" gibt.[318] Warum aber § 45 Abs. 1 S. 2 GKG nicht analog anwendbar sein soll, warum es bei gebotener wirtschaftlicher Betrachtungsweise sachlich gerechtfertigt sein soll, dass in dem einen Fall eine Entscheidung auch über den Hilfsantrag ergehen muss (§ 45 Abs. 1 S. 2 GKG), in dem anderen aber über den Hilfswiderklageantrag nicht, ist bislang noch nicht begründet worden. 293

---

312 OLG Brandenburg JurBüro 2006, 595 (Ls.); OLG Düsseldorf MDR 2000, 1457; OLG Jena MDR 2002, 480; KG JurBüro 1990, 387 Rn. 4.

313 BGH NJW 1979, 1208 = AnwBl 1979, 388; ebenso OLG Frankfurt a. M. OLGR 1999, 121; OLG Schleswig AGS 2014, 337.

314 OLG Jena MDR 2002, 480; OLG München JurBüro 1990, 1337.

315 KG KGR 2008, 1008.

316 OLG Stuttgart AGS 2012, 417 mzustAnm *N. Schneider.*

317 OLG Stuttgart AGS 2012, 417 mzustAnm *N. Schneider* mit ausführlicher Auseinandersetzung, warum scheinbar anders lautende Entscheidungen in Wahrheit nichts Abweichendes ausdrücken sollen; Schneider/Herget/*Kupat* Rn. 3118.

318 Schneider/Herget/*Kupat* Rn. 3118.

• Hypothek

294 Es gilt das zur Grundschuld Dargelegte entsprechend (→ Rn. 260).

• Insolvenzverfahren

295 → § 28 Rn. 1 ff.

295a **• Internet**

OLG Dresden: Für die Bemessung des Streitwerts von Streitigkeiten um die Löschung von Äußerungen auf einem sozialen Netzwerk und die Sperrung des Accounts sind neben der wirtschaftlichen Bedeutung für den Antragsteller auch Marktmacht und Reichweite des Anbieters zu berücksichtigen. In einfach gelagerten Verfügungsverfahren beträgt der Streitwert für eine Einzeläußerung regelmäßig 7.500,00 EUR.[319]

OLG Frankfurt: Der Streitwert für eine Sperre von 30 Tagen im Eilverfahren kann 2.500 EUR betragen, der Streitwert für die Unterlassung der Unsichtbarmachung eines einzelnen Posts 500,– EUR. Zur Orientierung dient der Betrag, den ein Nutzer für diese Leistung zahlen würde.[320]

• Kindergeldbezugsberechtigung

296 Gem. § 51 Abs. 3 FamGKG iVm § 231 Abs. 2 FamFG[321] beträgt der Wert 500,– EUR (bis zum 2. KostRMoG 300,– EUR), bei mehreren Kindern pro Kind 500,– EUR, bei drei Kindern also 1.500,– EUR.[322] Aus Billigkeitsgründen kann ein höherer Wert angesetzt werden (§ 51 Abs. 3 S. 2 FamGKG). OLG München hat aus Billigkeitsgründen für die Beschwerdeinstanz in einem Fall 1.800,– EUR angesetzt und erklärt, dass im Hinblick auf einen erheblichen Arbeitsaufwand wegen widersprüchlicher Tatsachenbehauptungen in der ersten Instanz der vom Erstgericht angenommene Verfahrenswert von 3.611,– EUR gerechtfertigt sein könnte, worüber das Beschwerdegericht aber nicht zu entscheiden hatte.[323] Die von OLG München wiedergegebenen Umstände rechtfertigen aus Billigkeitsgründen weder für die 1. Instanz eine über 10fache noch für die 2. Instanz eine sechsfache Erhöhung des Regelwerts.[324] Die Höhe der betroffenen Kindergelder allein führt im Regelfall zu keiner Erhöhung.[325] Aus der Ablehnung eines Antrags auf Bestimmung zum Bezugsberechtigten für das Kindergeld ergibt sich für den Antragsteller in der Regel kein über 600,– EUR hinausgehender Wert des **Beschwerdegegenstandes.**[326]

• Kindesherausgabe

297 **Neues Recht. Hauptsache.** Der Wert beträgt gem. § 45 Abs. 1 Nr. 3 FamGKG 4.000,– EUR. Ist er im Einzelfall unbillig, so kann ein abweichender Wert genommen werden (§ 45 Abs. 3 FamGKG). Deshalb hat OLG Jena nur $^1/_3$ angesetzt, weil die Herausgabe im Zusammenhang mit der ebenfalls streitigen Sorgerechtsregelung praktisch nur zu deren Vollziehung begehrt wurde.[327]

298 **Einstweilige Anordnung.** Im Regelfall die Hälfte der Hauptsache (§ 41 S. 2 FamGKG).

299 **Mehrere Kinder.** Auch dann ist nur ein Gegenstand gegeben, wenn das Verfahren mehrere Kinder betrifft (§ 45 Abs. 2 FamGKG).

Wird in einem Verfahren neben der elterlichen Sorge die Herausgabe geltend gemacht, so sind zwei zu addierende Gegenstandswerte zu bilden.[328] Im Übrigen gelten die gleichen Grundsätze wie bei elterlicher Sorge und Umgang (→ Rn. 172 ff.).

---

319 OLG Dresden JurBüro 2019, 199.

320 OLG Frankfurt WRP 2019, 109.

321 OLG Dresden FamRZ 2014, 1055 = AGS 2014, 479.

322 OLG Celle FamRZ 2011, 1616 = JurBüro 2011, 494 Rn. 6; OLG Dresden FamRZ 2014, 1055; OLG München NJW-RR 2011, 1082 Rn. 57; Schneider/Herget/*Thiel* Rn. 7879 ff.; **aA** OLG Nürnberg FamRZ 2011, 1243 = AGS 2011, 198 mablAnm *N. Schneider;* OLG Jena AGS 2011, 307 mablAnm *N. Schneider,* die beide in Unkenntnis von § 51 Abs. 3 FamGKG die betroffenen Monate mit dem Zuschlag multiplizieren.

323 OLG München NJW-RR 2011, 1082 = AGS 2011, 406.

324 *Thiel* Anm. zu OLG München AGS 2011, 406.

325 OLG Celle FamRZ 2014, 415.

326 BGH FamRZ 2014, 646 = NJW-RR 2014, 833; zum Wert der Beschwerde auch OLG Hamm FamRZ 2014, 595 = AGS 2014, 477; OLG Dresden FamRZ 2014, 1055 = AGS 2014, 479.

327 OLG Jena AGS 2014, 573.

328 OLG Bamberg NJW-Spezial 2019, 123 = AGS 2019, 77.

• Klageänderung 300

1. Mehrere Gegenstände

Einigkeit besteht, dass eine Klageänderung nicht zu einer Addition der Ansprüche führt, soweit von identischen Ansprüchen auszugehen ist, da nur mehrere Gegenstände zu addieren sind (§ 39 GKG; § 33 FamGKG). Dazu, wann mehrere Gegenstände vorliegen → Rn. 367 ff.; → RVG VV 1008 Rn. 144 ff. Wegen Eil- und Hauptsache → RVG Anh. II Rn. 133 ff. Trotz wirtschaftlicher Verschiedenheit ist der im Rahmen der Klageänderung geltend gemachte Anspruch nach hM beim Streitwert nicht zu berücksichtigen, wenn er vom Gericht als unzulässig behandelt wird. Denn mit der rechtskräftigen Verneinung der Zulässigkeit endet die Rechtshängigkeit rückwirkend.[329] 301

Unerheblich ist, ob der bisherige Anspruch durch Teilerledigung oder Teilrücknahme aus dem Verfahren ausgeschieden ist.[330] 302

2. Gleichzeitigkeit unnötig

Streitig ist, ob für eine Addition auch noch dazukommen muss, dass beide Gegenstände zu einem Zeitpunkt einmal gleichzeitig anhängig waren.[331] 303

1. Meinung. Die Werte sind zu addieren, und zwar unabhängig davon, ob der bisherige Anspruch und der neue **gleichzeitig oder nacheinander anhängig** waren,[332] zB Darlehen statt Wohnraummiete,[333] Miete für Mai statt bisher für April.[334] Für diese Meinung wird angeführt, dass § 39 GKG, § 33 FamGKG nicht zu entnehmen ist, dass von mehreren Gegenständen nur bei gleichzeitiger Anhängigkeit auszugehen ist. 304

Beispiel:

Es werden 600,– EUR Mietzinsanspruch (Januar bis März je 200,– EUR) geltend gemacht. Im Laufe des Rechtsstreits zahlt der Beklagte 400,– EUR für Januar und Februar. Der Kläger erklärt iHv 400,– EUR für erledigt und klagt anschließend 400,– EUR für April und Mai ein. Der Klageantrag geht immer nur auf 600,– EUR. Trotzdem beträgt der Gegenstandswert für die Verfahrensgebühr 1.000,– EUR (600,– EUR für ursprünglichen Antrag + 400,– EUR für nachträglich eingeführten Anspruch).

2. Meinung. Dem steht die Meinung gegenüber, dass **nur gleichzeitig geltend gemachte Ansprüche** zu addieren sind. Wird zB nach einem Verkehrsunfall zunächst Schadensersatz und dann nach dessen Rücknahme Schmerzensgeld eingeklagt[335] oder wird nach Rücknahme der Miete für April nunmehr die für Mai verlangt, so sind die Werte nicht zu addieren.[336] Begründet wird dies wie folgt: 305

- Nach altem Recht, als nur § 5 ZPO einschlägig gewesen sei, sei dies allgemein anerkannt gewesen und daran habe sich durch die Einfügung von § 39 GKG nichts ändern sollen, wie sich aus den Motiven (BT-Drs. 15/1971, 154) ergebe. § 39 GKG sei nur eingefügt worden, damit auch außerhalb der ZPO für alle Gerichtsbarkeiten gelte, dass nur mehrere Gegenstände zu addieren sind.[337]
- Für den in § 5 ZPO geregelten Zuständigkeitswert sei unstreitig,[338] dass nur bei Gleichzeitigkeit zu addieren sei.

Nach dieser Ansicht beträgt im vorigen Beispiel (→ Rn. 304) der Streitwert nur 600,– EUR.

---

[329] OLG Bamberg NJW-RR 2013, 636 = JurBüro 2013, 254, Klageänderung; OLG Schleswig AGS 2002, 64, zu Klageerweiterung; OVG Hamburg NVwZ-RR 2012, 46, zu Klageerweiterung = RVGreport 2012, 397 mablAnm *Hansens.*

[330] KG JurBüro 2008, 148.

[331] Ausführliche Nachweise für die verschiedenen Meinungen OLG Düsseldorf AGS 2011, 86; OLG München NJW-RR 2017, 700 = MDR 2017, 243; Schneider/Herget/*Kurpat* Rn. 3327.

[332] OLG Brandenburg AGS 2018, 237 = FamRZ 2018, 1171 (L); OLG Celle MDR 2015, 912 = AGS 2015, 453 mzustAnm *N. Schneider;* OLG Hamm OLGR 2007, 324 = AGS 2007, 516; OLG München NJW-RR 2017, 700 = MDR 2017, 243; OLG Rostock MDR 2020, 374 = AGS 2020, 408; LAG Sachsen AGS 2017, 339.

[333] OLG Celle OLGR 2008, 630 = AGS 2008, 466.

[334] KG JurBüro 2008, 148; OLG Koblenz AGS 2007, 151 = WuM 2006, 45.

[335] OLG Frankfurt a. M. NJW-RR 2009, 1078 = AGS 2009, 247 mit abl. Anm. *N. Schneider.*

[336] OLG Dresden JurBüro 2007, 315 = AGS 2007, 315 mablAnm *N. Schneider;* OLG Düsseldorf AGS 2011, 86 mwN für beide Meinungen; OLG Schleswig SchlHA 2012, 263, zu Investitionskostenpauschale für verschiedene Zeiträume.

[337] OLG Dresden JurBüro 2007, 315 = AGS 2007, 315 mablAnm *N. Schneider;* OLG Düsseldorf AGS 2011, 86; OLG Schleswig SchlHA 2012, 263.

[338] Was für den Zuständigkeitswert stimmt Zöller/*Herget* ZPO § 5 Rn. 3 mit ausdrücklichem Hinweis, dass für den Gebührenwert etwas anderes gilt.

306 Anders muss es bei ihr dann sein, wenn im Einzelfall eine Überschneidung vorliegt. Wird erst die Miete für einen weiteren Zeitraum geltend gemacht und dann die Klage hinsichtlich des alten Zeitraums für erledigt erklärt oder zurückgenommen, so ist zu addieren.[339]

307 **Zutreffende 1. Meinung.** Der 2. Meinung ist nicht zu folgen. Der mit der Einfügung von § 39 GKG verfolgte gesetzgeberische Wille, falls er überhaupt so einengend gemeint war – Motive versuchen sich sehr kurz zu halten –, hat im Gesetz keinen Niederschlag gefunden. Im Gegenteil wurde in entscheidender Hinsicht nicht einfach der Wortlaut des § 5 ZPO übernommen. Während § 5 ZPO darauf abstellt, dass die Ansprüche „in einer Klage geltend gemacht" sind, was in der Tat für eine erforderliche Gleichzeitigkeit spricht, genügt in §§ 39 GKG, 33 FamGKG die Anhängigkeit mehrerer Gegenstände „in demselben Verfahren oder in demselben Rechtszug".

308 Es macht auch durchaus Sinn, bei der Zuständigkeit auf die Gleichzeitigkeit abzustellen. Es wäre bei nicht gleichzeitigen Gegenständen unsinnig, die Sache vom AG ans LG abzugeben, obgleich das AG unverändert nur über einen Anspruch von maximal 5.000,– EUR entscheiden muss. Hingegen macht es für die Gebühren durchaus Sinn, bei wirtschaftlicher Verschiedenheit im Hinblick auf die dabei im Regelfall anfallende Mehrarbeit auch bei fehlender Gleichzeitigkeit eine Addition vorzunehmen. Die Mehrarbeit ist unabhängig davon, ob sich das Gericht gleichzeitig oder nacheinander mit den mehreren Ansprüchen befassen muss. Es wäre also sogar unsinnig, wenn das Gesetz in diesem Zusammenhang Gleichzeitigkeit verlangen würde.

309 Hier kann auch ein Gedanke der BGH zu VV 1008 RVG herangezogen werden. Der durch die Vertretung mehrerer Auftraggeber entstehende und durch VV 1008 RVG honorierte Mehraufwand hängt nicht maßgeblich davon ab, ob die Auftraggeber gleichzeitig oder nacheinander vom selben RA vertreten werden.[340] Ebenso lässt sich sagen, dass bei verschiedenen Gegenständen im Regelfall die Mehrarbeit nicht von deren Gleichzeitigkeit abhängt.

3. Beendigung vor Klärung der Zulässigkeit

310 Nach OLG Karlsruhe ist, solange die Frage der Zulässigkeit nicht geklärt ist, keine Addition vorzunehmen.[341]

4. Klageberichtigung

311 Werden lediglich Unklarheiten hinsichtlich der Partei beseitigt oder berichtigt, so findet jedenfalls keine Addition statt.[342]

• Klageerweiterung

312 Sie führt zu einer Erhöhung des Gegenstandswerts. Das gilt aber **nicht,**
– nach hM wenn sie vom Gericht als unzulässig behandelt wird,[343]
– wenn erst nach Schluss der mündlichen Verhandlung ein Antrag auf Klageerweiterung bei Gericht eingereicht wird und das Gericht seine Berücksichtigung ablehnt.[344]

Wird noch vor der mündlichen Verhandlung der Erweiterungsantrag eingereicht und verzichtet der Kläger auf die Zustellung, so erhöht sich der Gegenstandswert.[345]

313 **Rechtsmittel.** Wird nach Abschluss der mündlichen Verhandlung ein Antrag auf Klageerweiterung bei Gericht eingereicht und lehnt das Gericht seine Berücksichtigung ab, so ist bei der Beschwer eines Rechtsmittels die nicht zugelassene Klageerweiterung nicht zu berücksichtigen.[346]

• Klagehäufung

314 Werden mehrere Gegenstände in einem Verfahren oder außergerichtlich in einer Angelegenheit gleichzeitig behandelt, so sind die Werte zu addieren (§ 39 GKG; § 33 FamGKG). Dazu, wann mehrere Gegenstände vorliegen → Rn. 367 ff., → RVG VV 1008 Rn. 144 ff.

---

[339] Wie dies nach der früher hM zu VV 1008 beim Parteiwechsel angenommen wurde, wenn die Klage gegen den bisherigen Auftraggeber erst zurückgenommen wurde, wenn die Klage gegen den neuen bereits erhoben war zB OLG Hamburg MDR 2002, 1339.

[340] BGH NJW 2007, 769 Rn. 17.

[341] OLG Karlsruhe JurBüro 2016, 423 = AGS 2016, 582.

[342] Schneider/Herget/*Kurpat* Rn. 3320.

[343] OLG Schleswig AGS 2002, 64; OVG Hamburg NVwZ-RR 2012, 46 = RVGreport 2012, 397 mablAnm *Hansens.*

[344] OLG Karlsruhe OLGR 2007, 592; vgl. auch BGH FamRZ 2009, 972 zur Beschwer in diesem Fall.

[345] OLG Düsseldorf OLGR 2009, 338 = AGS 2009, 127 mzustAnm *E. Schneider.*

[346] BGH FamRZ 2009, 972.

Alternative Klagehäufung. Bei ihr ist § 45 Abs. 1 S. 2, 3 GKG analog anzuwenden.[347] Eine Addition findet nur statt, soweit in der Sache und nicht nur zur Zulässigkeit eine Entscheidung getroffen wird.[348] Wegen Berufung auf mehrere Marken → Rn. 363 ff.; wegen Abtretung → Rn. 380. 315

• Klage- und Rechtsmittelrücknahme

1. Grundsätze

a) Gleiche Regeln für Klage- und Rechtsmittelrücknahme. Für die Rücknahme der Klage und für die eines Rechtsmittels gelten, soweit nachfolgend nichts Abweichendes dargelegt ist, die gleichen Regeln. 316

b) Wert bis zur Wirksamkeit der Rücknahme. Bis einschließlich der Rücknahme richtet sich der Wert nach der Hauptsache.[349] Vor der Rücknahme entstandene Gebühren bleiben von der nachfolgenden Rücknahme, egal ob diese ganz oder nur teilweise erfolgt, unberührt. Durch die Rücknahmeerklärung bzw. durch eine erforderliche (!) Zustimmung zur Rücknahme (erforderliche Zustimmung ist Sachantrag → RVG VV 3101 Rn. 32) verdienen die Anwälte eine 1,3 Verfahrensgebühr aus dem Wert, den der zurückgenommene Anspruch hat (→ RVG VV 3101 Rn. 47). Hatte der Beklagtenvertreter vor der Wirksamkeit der Rücknahme lediglich die Informationen entgegengenommen, so hat er eine reduzierte Verfahrensgebühr (zB in der 1. Instanz eine 0,8 gem. VV 3101 RVG) aus dem ursprünglichen Wert verdient (→ Rn. 373). 317

c) Restwert nach der Wirksamkeit der Rücknahme kann der RA nur noch Gebühren aus dem dann noch anhängigen Wert (→ Rn. 322) verdienen. Wegen Unkenntnis von Rücknahme → Rn. 327 ff. 318

Zeitpunkt Wirksamkeit der Rücknahme. Die Klagerücknahme wird wirksam 319

- wenn die Einwilligung des Gegners nicht erforderlich ist (§§ 269 Abs. 1, 516 Abs. 1, 2 ZPO), mit der Rücknahmeerklärung gegenüber dem Gericht,
- wenn der Gegner einwilligen muss, mit der Zustimmungserklärung gegenüber dem Gericht bzw. uU mit dem Ablauf der zweiwöchigen Frist gem. § 269 Abs. 2 S. 4 ZPO. Diese Erklärungen können auch schriftlich abgegeben werden.

2. Nur noch Kostenentscheidung offen – Kostenantrag

Notwendige Kostenanträge wie zB gem. § 269 Abs. 4 ZPO gehören für den Verfahrensbevollmächtigten zum Rechtszug (→ § 19 Rn. 98). Hatte er bis zur Klagerücknahme nur eine 0,8 Verfahrensgebühr aus dem Hauptsachewert verdient und stellt er einen Kostenantrag gem. § 269 Abs. 4 ZPO, so verdient er, da es sich um einen Sachantrag handelt (→ RVG VV 3101 Rn. 33), zusätzlich eine 1,3 Verfahrensgebühr aus dem Kostenwert (→ Rn. 341 ff.), höchstens jedoch insgesamt eine 1,3 Verfahrensgebühr aus dem Hauptsachewert (§ 15 Abs. 3 RVG).[350] 320

Wird ein RA ausschließlich mit der Stellung des Kostenantrags beauftragt, so ist dies ein Auftrag für eine Einzeltätigkeit, die zu Gebühren gem. VV 3403 ff. RVG aus dem Kostenwert führt. 321

Weg nicht notwendiger Kostenanträgen zB im Fall von § 516 ZPO → RVG VV 3201 Rn. 77 ff.

3. Teilweise Rücknahme

a) Teilweise Hauptsache oder Nebenforderungen bleiben. Erfolgt nur eine teilweise Rücknahme der Hauptsache, so errechnen sich die nachfolgenden Gebühren nur noch aus der rechtshängig verbleibenden Hauptsache. Zinsen und Kosten bleiben weiterhin gem. § 43 Abs. 1 GKG unberücksichtigt. Zur Berechnungsweise → RVG VV 3101 Rn. 70 ff. 322

Nur noch Zinsen. Bleiben nur noch Zinsen rechtshängig, so werden die noch rechtshängigen Zinsen zur Hauptsache und bestimmen von nun an den Gegenstandswert (§ 43 Abs. 2 GKG). Die Kosten bleiben weiterhin unberücksichtigt. 323

b) Widerklage. Wird nach Erhebung einer Widerklage nur die Widerklage oder nur die Klage zurückgenommen und wird über deren Kosten gestritten, so wird die Verhandlung über 324

---

347 *Müller-Rabe* JurBüro 2015, 3 (7) Ziff. VI 3.
348 BGH NJW 2001, 3616.
349 OLG München MDR 2004, 966; OLG Rostock JurBüro 2008, 370, beide zu Berufung.
350 *Hansens* Anm. zu AG Nürtingen RVGreport 2016, 422.

die Kosten durch die Terminsgebühr für die Klage bzw. Widerklage abgegolten, weil die Kosten der Klage bzw. Widerklage ein nicht aussonderbarer Teil der Gesamtkosten sind.[351]

4. Kostenantrag in Rechtsmittelinstanz

325 Bei den Anträgen aus § 516 Abs. 3 ZPO berechnet sich die 1,6 Verfahrensgebühr[352] nur aus dem Wert der Kosten. Dabei sind sämtliche Kosten, die bis zur Stellung der Anträge nach § 516 Abs. 3 ZPO im Berufungsverfahren angefallen sind, also die außergerichtlichen Kosten beider Parteien und die Gerichtskosten zu berücksichtigen, da über diese Kosten eine Entscheidung gefällt werden soll.[353] Die erstinstanzlichen Kosten bleiben unberücksichtigt, da im Beschluss gem. § 516 Abs. 3 ZPO über diese nicht entschieden wird. Zur Entstehung der Gebühr → RVG VV 3201 Rn. 15. Wegen Kostenerstattung → RVG VV 3201 Rn. 77 ff.

326 **Antrag auf Verlustigerklärung des Rechtsmittels.** Neben dem Kostenantrag hat der Antrag, den Rechtsmittelkläger des Rechtsmittels für verlustig zu erklären, keinen eigenen Wert.

5. Verfahrensgebühr bei Unkenntnis der Rücknahme

327 **Verfahrensgebühr aus ursprünglichem Wert.** Hatte der RA keine Kenntnis davon, dass die Klage zurückgenommen wurde und mussten er dies auch nicht wissen, so sind beim RA, entsprechende Tätigkeiten, die aus seiner Sicht nicht überflüssig sind, nach der Rücknahme vorausgesetzt, Gebühren aus dem ursprünglichen Wert angefallen, die er auch geltend machen kann. Stellt der RA in Unkenntnis der Rücknahme einen Sachantrag oder trägt er zur Sache vor, so fällt eine 1,3 und nicht nur eine 0,8 Verfahrensgebühr an.[354] Die Verfahrensgebühr setzt nicht voraus, dass ein Gerichtsverfahren schon oder noch anhängig ist (→ RVG VV 3100 Rn. 19 ff.). Die Rspr. des BGH, dass in Ermangelung einer objektiven Notwendigkeit diese Gebühr nicht zu erstatten ist, ändert selbst dann, wenn man ihr fälschlicherweise (→ Anh. X Rn. 121 ff.) folgen würde, an der Entstehung und Durchsetzbarkeit der Gebühr gegenüber dem Mandanten nichts.

328 **Verfahrensgebühr durch Terminswahrnehmung.** Soweit es um die Verfahrensgebühr durch Wahrnehmung eines gerichtlichen Termins gem. VV 3101 Nr. 1 RVG letzte Alternative geht, gelten, die gleichen Regeln wie bei der Terminsgebühr (→ Rn. 330 ff.), da auch hier entscheidend ist, ob ein Termin stattfindet und ggf. welcher.

6. Terminsgebühr bei Rücknahme nach Terminsbeginn

329 Eine Terminsgebühr entsteht aus dem Hauptsachewert und nicht aus dem Kostenwert, wenn erst nach Aufruf der Sache der Gegner die Klage zurücknimmt[355] (Zeitpunkt der Rücknahme → Rn. 319), und zwar auch dann, wenn dies gleich am Anfang des Termins ohne oder nach einem gerichtlichen Hinweis geschieht.[356] Bei der Erörterungsgebühr der BRAGO wurde das, wenn nicht zumindest ein zweiseitiges Streitgespräch zur Sache stattfand, von vielen angezweifelt.[357] Da nunmehr aber nur noch eine Wahrnehmung des Termins und nicht eine Erörterung verlangt wird, ist unzweifelhaft, dass beide Anwälte die Terminsgebühr aus der Hauptsache verdienen. Dass der Beklagtenvertreter nicht eingreifen kann, wenn es seiner Zustimmung nicht bedarf, steht nicht entgegen. Erst recht hat auch der (neu in den Prozess eingetretene) Beklagtenvertreter eine Terminsgebühr verdient, wenn schon früher verhandelt worden ist, und deshalb jetzt der Beklagte der Klagerücknahme zustimmen muss. Die Hauptsache war zu Beginn der mündlichen Verhandlung noch rechtshängig.

330 **Lediglich Ankündigung der Rücknahme.** Dasselbe gilt, wenn der Kläger lediglich die Rücknahme ankündigt, ohne bereits schriftsätzlich die Rücknahme zu erklären, und wenn dann nach Aufruf der Sache die Klage zurückgenommen wird. Die Ankündigung stellt noch keine die Rechtshängigkeit beendende Rücknahmeerklärung dar. Es entsteht die Terminsge-

[351] Gerold/Schmidt/*von Eicken,* 15. Aufl. 2002, BRAGO § 31 Rn. 81.

[352] OLG Bamberg JurBüro 1986, 876; OLG Brandenburg MDR 2001, 111 = Rpfleger 2001, 98; OLG Hamm JurBüro 1991, 1084; OLG Karlsruhe JurBüro 1995, 88; OLG München Rpfleger 1994, 180, Änderung bisheriger Rspr.; **aA** OLG Bamberg JurBüro 1995, 657, da OLG Bamberg bei Berufung zur Fristwahrung aus Hauptsachewert keine 1,1 Verfahrensgebühr gibt, ist es konsequent, wenn es mangels zu erstattender Kosten einen Kostenantrag für überflüssig hält.

[353] *Hansens* JurBüro 1996, 307 f. (308) Ziff. 2a.

[354] OLG Köln AGS 2010, 515.

[355] KGR Berlin 2006, 281.

[356] *Hansens* RVGreport 2005, 253 Ziff. I.

[357] Vgl. Übersicht bei Gerold/Schmidt/*von Eicken,* 15. Aufl. 2002, BRAGO § 31 Rn. 156.

bühr aus dem Hauptsachewert.[358] Der Prozessbevollmächtigte begeht einen Schadensersatzansprüche begründenden Fehler (→ § 1 Rn. 165ff), wenn er in einem Fall, in dem feststeht, dass die Klage zurückgenommen werden soll, es bei einer bloßen Ankündigung bewenden lässt.

7. Terminsgebühr bei wirksamer Rücknahme vor Terminsbeginn

a) Kein Aufruf des Termins. Ruft das Gericht wegen der Rücknahme die Sache nicht **331**
mehr auf, so kann der RA allein schon deshalb keine Terminsgebühr durch eine Vertretung in einem Termin (Alt. 1 von VV Vorb. 3 Abs. 3 S. 1 RVG) verdienen, weil diese Alt. voraussetzt, dass ein Termin stattfindet (→ RVG VV Vorb. 3 Rn. 86).

b) Aufruf des Termins. ***aa) Bei Unkenntnis des Richters von Rücknahme.*** Vertreten wird, **332**
dass die Terminsgebühr nur noch aus dem Kostenwert anfallen kann, wenn die Rücknahmeerklärung noch vor dem Termin beim Gericht eingegangen und dadurch die Klage wirksam zurückgenommen ist. Das ergebe sich daraus, dass mit der Rücknahmeerklärung gem. § 269 Abs. 3 ZPO der Rechtsstreit als nicht anhängig geworden anzusehen ist.[359] Eine Terminsgebühr könne nicht hinsichtlich eines nicht rechtshängigen Gegenstands entstehen.[360]

Obwohl diese Argumentation zunächst überzeugend erscheint, ist ihr nicht zu folgen. Denn in einem solchen Fall kann es trotz der fehlenden Rechtshängigkeit passieren, dass wegen Unkenntnis des Richters und des Beklagtenvertreters von der Rücknahme tatsächlich verhandelt wird, Anträge gestellt werden und ein Versäumnisurteil ergeht. Dieses ist dann kein Nullum. Es kann zwar nicht in materieller Rechtskraft erwachsen, sehr wohl aber in formaler und muss dann mit Rechtsmittel angegriffen[361] oder nach Ablauf der Rechtsmittelfrist durch Wiederaufnahme– oder Klage auf Feststellung der Unwirksamkeit angegriffen werden.[362] Weiter kann es sein, dass eine Beweisaufnahme in Anwesenheit nur des Beklagtenvertreters erfolgt, obgleich die Klage bereits zurückgenommen ist. Dem RA hier die Vergütung mit einer Terminsgebühr zu verweigern, würde der von ihm erbrachten Leistung nicht gerecht. Es ist somit der Meinung zu folgen, dass auch nach wirksamer Rücknahme der Klage noch eine Terminsgebühr aus dem Hauptsachewert anfallen kann.[363]

bb) Bei Kenntnis des Richters von Rücknahme. Voraussetzung für die Entstehung einer Ter- **333**
minsgebühr aus dem Hauptsachewert ist aber, dass der Richter vor dem Aufruf des Termins noch keine Kenntnis von der Rücknahme hatte. War er jedoch informiert, so entsteht die Terminsgebühr nur noch aus dem Kostenwert. Der Aufruf der Sache ist dann dahingehend zu verstehen, dass nur noch der Teil, über den nur noch entschieden werden muss, aufgerufen sein soll. Der Richter ruft nicht eine nicht mehr rechtshängige Sache auf. Da eine Vertretung „in" einem Termin durch einen Prozessbevollmächtigten nur erfolgen kann, wenn und soweit der Termin überhaupt stattfindet, worüber der Richter entscheidet, kann nur eine Terminsgebühr aus dem Kostenwert anfallen.[364]

cc) Kenntnis des Prozessbevollmächtigten. (1) Bei Termin nur zum Kostenwert. Hat das Ge- **334**
richt die Sache nur noch hinsichtlich der Kosten aufgerufen (→ Rn. 333), so ändert die Unkenntnis des Beklagtenvertreters nichts daran, dass die die Terminsgebühr nur aus dem Kostenwert anfällt. Auf die Kenntnis des Prozessbevollmächtigten kommt es dann nicht an.[365] Der Richter entscheidet, welche Sache in welchem Umfang aufgerufen wird. Dass hinsichtlich der Entstehung der Verfahrensgebühr die Kenntnis des Anwalts von Bedeutung (→ Rn. 327) ist, steht nicht entgegen. Die Alt. 1 von VV Vorb. 3 Abs. 3 S. 1 RVG setzt voraus, dass ein Termin auch tatsächlich stattfindet (→ RVG VV Vorb. 3 Rn. 81). Die Verfahrensgebühr hingegen ist nicht an ein bestehendes Verfahren gebunden (→ RVG VV 3100 Rn. 19 ff.).

---

[358] OLG Frankfurt JurBüro 2020, 245 = RVGreport 2020, 225.

[359] Thomas/Putzo/*Seiler* ZPO § 269 Rn. 13.

[360] KG KGR 2006, 281 = RVGreport 2006, 147; *Hansens* Anm. III 2c zu OLG Frankfurt RVGreport 2020, 225; *Hansens* RVGreport 2009, 184 Ziff. VI; RVGreport 2011, 425 (426) Ziff. V 2b; bei KG KGR 2006, 281 ist unklar, ob der Richter vor Aufruf des Termins Kenntnis von Rücknahme hatte.

[361] BGH NJW 2006, 565.

[362] Thomas/Putzo/*Seiler* ZPO § 300 Rn. 19.

[363] OLG Koblenz NJW-RR 2007, 1563; OLG Köln OLGR 2008, 30 = AGS 2008, 28; LG Saarbrücken AGS 2011, 480 = RVGreport 2011, 425.

[364] OLG Frankfurt JurBüro 2019, 412 = AGS 2019, 501 mzustAnm *N. Schneider.*

[365] OLG Brandenburg JurBüro 2018, 186 = FamRZ 2018, 1259; OLG Frankfurt JurBüro 2019, 412 = AGS 2019, 501 mzustAnm *N. Schneider;* KG KGR 2006, 281 = RVGreport 2006, 149; *Hansens* Anm. III 2c zu OLG Frankfurt RVGreport 2020, 225; *Hansens* RVGreport 2009, 184 Ziff. VI; RVGreport 2011, 425 (426) Ziff. V 2b.

335 ***(2) Bei Termin zum Hauptsachewert.*** Hat das Gericht in Unkenntnis der Rücknahme den Termin aufgerufen, ist also zu diesem Zeitpunkt noch die Hauptsache Gegenstand des Termins (→ Rn. 332), hatte aber der Beklagtenvertreter von der Rücknahme Kenntnis oder hätte er davon Kenntnis haben müssen, so entsteht zwar zunächst eine Terminsgebühr aus dem Hauptsachewert. Hier wird aber zu prüfen sein, ob der RA genügend getan hat zB durch Informierung des Gerichts von der Rücknahme, um seiner Pflicht, seinen Mandanten und den Gegner von unnötigen Kosten frei zu halten, zu genügen (→ § 1 Rn. 166, Anh. X Rn. 239 ff.).

335a **c) Hinweis an den RA.** Da die Frage der Terminsgebühr bei Klagerücknahme noch nicht endgültig geklärt ist, sollte der kurzfristig zurücknehmende RA unbedingt den gegnerischen RA unmittelbar und den Richter telefonisch von der Rücknahme informieren.

336 **8. Rechtsmittelrücknahme. a) Allgemeines.** Es gilt dasselbe wie bei der Klagerücknahme (→ Rn. 331 ff.).

337 **b) Rücknahme der Berufung gegen Teilanerkenntnis- und Teilschlussurteil.** Ist gegen den Beklagten teilweise ein Anerkenntnis- und teilweise ein Schlussurteil ergangen und hat er Berufung eingelegt und diese zurückgenommen, bevor er einen Antrag gestellt hat, so ist streitig, ob beim Gebührenwert auch die Verurteilung durch das Anerkenntnis zu berücksichtigen ist (materielle Beschwer), weil ja auch das Anerkenntnisurteil angegriffen werden könnte,[366] oder nur die durch das Schlussurteil (formelle Beschwer), weil ein Angriff gegen das Anerkenntnisurteil nach erfolgtem Anerkenntnis die Ausnahme ist.[367]

338 **Hinweis an Berufungsführer:** Wegen dieses Streits sollte gleich mit der Berufungseinlegung klargestellt werden, dass sich das Rechtsmittel nur gegen das Schlussurteil wendet.

• Kostenfestsetzung

339 **Rechtsmittel gegen Kostenfestsetzungsbeschluss.** Der Wert bestimmt sich danach, in welcher Höhe eine Abänderung des Beschlusses begehrt wird, einschließlich der USt.[368] Werden nur die **Zinsen** angegriffen, so ist auf die Differenz der Zinsen, die zuerkannt wurden, und der Zinsen, die sich nach der angestrebten Entscheidung ergeben würden, abzustellen.[369]

340 **Festsetzung der Vollstreckungskosten** → RVG § 25 Rn. 55.

• Kostenwert

341 **Grundsatz.** Geht es in einem Verfahren nur noch um die Kosten, zB nach vollständiger Rücknahme der Klage bzw. Erledigung hinsichtlich des gesamten Klageanspruchs oder bei Rechtsmitteln nur gegen Kostenentscheidung, so richtet sich der Gegenstandswert nur noch nach dem Kostenwert.[370] Hat der Beklagtenvertreter zB bis dahin lediglich eine 0,8 Verfahrensgebühr aus dem Hauptsachewert verdient (zB durch Entgegennahme der Information), so verdient er, wenn er nunmehr Kostenantrag stellt, zusätzlich eine 1,3 Verfahrensgebühr aus dem Kostenwert. Dieser Antrag wird nicht durch die 0,8 Verfahrensgebühr nach dem Werte der Hauptsache abgegolten. Höchstgrenze ist aber auch hier gem. § 15 Abs. 3 eine 1,3 nach dem Werte der Hauptsache berechnete Verfahrensgebühr.[371]

342 **Berechnung des Kostenwertes.** Es sind die Anwaltskosten beider Parteien und die Gerichtskosten zu addieren, die bis zum die Hauptsache beendenden Ereignis angefallen sind. Die nach dem beendenden Ereignis anfallenden Kosten, zB durch Kostenanträge, sind nicht zu berücksichtigen.[372] Der Kostenwert kann nicht höher als der Hauptsachewert sein (§ 43 Abs. 3).

Beispiel 1:

Nach Zustellung der Klage über 10.000,– EUR zahlt der Beklagte auf Anraten seines Beklagtenvertreters den gesamten Betrag. Er stimmt der Erledigung zu, beantragt aber die Kosten dem Kläger aufzuerlegen.
Der Beklagtenvertreter verdient neben der 0,8 Verfahrensgebühr aus 10.000,– EUR eine 1,3 Verfahrensgebühr aus dem Kostenwert. Dieser errechnet sich aus der Addition folgender Positionen:

---

366 OLG Karlsruhe AnwBl 1982, 112 = JurBüro 1982, 262; OLG Rostock OLGR 2005, 17; Schneider/Herget/*Noethen* Rn. 4720 ff. mwN auch für die Gegenmeinung.

367 OLG Frankfurt a. M. MDR 2008, 1244; OLG Jena MDR 2002, 480.

368 ThürLSG AGS 2015, 530.

369 OLG Hamm Rpfleger 1989, 523.

370 BPatG GRUR 1984, 443; OLG Brandenburg JurBüro 2019, 315.

371 OLG Hamburg MDR 1998, 561; OLG Köln JurBüro 1989, 491; **aA** Riedel/Sußbauer/*Keller,* 8. Aufl. 2000, BRAGO § 32 Rn. 19.

372 OLG Nürnberg AGS 2013, 140.

Klägervertreter	
1,3 Verfahrensgebühr gem. VV 3100 RVG aus 10.000,– EUR	798,20 EUR
Pauschale gem. VV 7002 RVG	20,00 EUR
uU Kopien, Reisekosten oder sonstige Aufwendungen, MwSt	
Beklagtenvertreter	
0,8 Verfahrensgebühr gem. VV 3101 RVG aus 10.000,– EUR	491,20 EUR
Pauschale gem. VV 7002 RVG	20,00 EUR
uU Kopien, Reisekosten oder sonstige Aufwendungen, MwSt und	
3 Verfahrensgebühren des Gerichts (KV 1210 GKG) aus 10.000,– EUR	798,00 EUR

Beispiel 2:

Wird der RA vom Kläger erst nach der Zahlung der eingeklagten 10.000,– EUR durch den anwaltlich nicht vertretenen Beklagten beauftragt und stellt er nach übereinstimmendem Erledigungsantrag nur Kostenantrag, so ergibt sich der Kostenwert nur aus den Gerichtskosten.

3 Verfahrensgebühren[373] aus 10.000,– EUR	798,00 EUR

• Kostenwiderspruch in Eilverfahren → Anh. II Rn. 73 ff. 343

• Landwirtschaftssachen

Altes Recht. In Landwirtschaftssachen waren nach § 33 LandwVerfG die Wertvorschriften der KostO maßgebend, soweit sich nicht aus den den Geschäftswert regelnden Bestimmungen der §§ 35 ff. LandwVerfG etwas anderes ergab.[374] 344

Neues Recht. In den Fällen von § 1 Nr. 1 und §§ 2–6 LandwVerfG ist gem. § 1 Abs. 1 GNotKG iVm§ 23a GVG das GNotKG anzuwenden. Dank dieser generellen Zuweisung sind mehrere Spezialvorschriften des alten Rechts entbehrlich geworden. Im Fall des § 1 Nr. 2 LandwVerfG gelten §§ 60, 48 Abs. 3 GNotKG. Spezielle Bestimmungen für bestimmte Verfahren vor dem Landwirtschaftsgericht befinden sich in § 76 GNotKG. Für einstweilige Anordnungen gilt § 62 GNotKG. 345

• Leasingvertrag

Bei einem als Mietvertrag zu wertenden Leasingvertrag richtet sich der Streitwert nach § 42 Abs. 1 GKG und nicht nach § 3 ZPO, wenn der Bestand des Vertrags in Frage steht.[375] Beim Streit über eine Kündigung oder einen Rücktritt vom Vertrag bestimmt sich der Streitwert nach dem Jahresbetrag der Leasingraten.[376] 346

Für den Anspruch auf Herausgabe einer Leasingsache, der neben § 985 auf einer entsprechenden Anwendung der §§ 535, 546 BGB beruht, findet nicht § 41 Abs. 2 GKG, sondern § 6 ZPO Anwendung, wenn beide Parteien davon ausgehen, dass die Leasingsache während der Leasingzeit nicht an Wert verliert und beide Vertragsparteien an dem zu erwartenden Erlös beteiligt werden sollen.[377] 347

• Lebenspartnerschaft

Es gelten die gleichen Gegenstandswerte wie bei der Scheidung und deren Folgesachen. Es wird daher auf die dortigen Ausführungen Bezug genommen (→ Rn. 471 ff.). 348

• Mahnverfahren

1. Mahngebühr

Der Gegenstandswert wird meistens der im Mahnbescheidsantrag geltend gemachte Betrag sein, was verfassungsrechtlich nicht zu beanstanden ist.[378] Er kann aber auch höher sein zB weil zunächst ein höherer Mahnauftrag erteilt und die Information schon gegeben war, vor Beantragung des Mahnbescheids der Schuldner aber einen Teilbetrag gezahlt oder der RA geraten hat, nur wegen eines geringeren Betrags einen Mahnbescheid zu beantragen. Wegen des Teils, für den kein Mahnbescheid beantragt wurde, fällt gem.VV 3306 RVG nur eine 0,5 Gebühr an. 349

[373] Bei Erledigung mit gerichtlicher Entscheidung über die Kosten keine Herabsetzung der gerichtlichen Verfahrensgebühren (KV 1211 Nr. 4 GKG).

[374] *Madert* AnwBl 1985, 5 ff., Rechtsanwaltsgebühren und Gegenstandswerte in gerichtlichen Verfahren in Landwirtschaftssachen.

[375] BeckOK Streitwert/*von Seltmann* Schuld- und Sachenrecht, Leasingvertrag Rn. 1.

[376] LG Freiburg 22.10.2010 – 9 S 59/10 BeckRS 2011, 04764; BeckOK Streitwert/*von Seltmann* Schuld- und Sachenrecht, Leasingvertrag Rn. 3.

[377] OLG München AGS 2016, 13; BeckOK Streitwert/*von Seltmann* Schuld- und Sachenrecht, Leasingvertrag Rn. 5.

[378] BVerfG Rpfleger 2007, 427.

Beispiel:

Mahnauftrag 5.000,– EUR, nach Informationserteilung nur noch Mahnantrag über 2.000,– EUR.
Dann erhält der RA

1,0 Mahngebühr gem. VV 3305 RVG aus 2.000,– EUR		166,00 EUR
0,5 Mahngebühr gem. VV 3306 RVG aus 3.000,– EUR		111,00 EUR
Summe		277,00 EUR
Kontrollrechnung gem. § 15 Abs. 3 RVG		
1,0 Mahngebühr gem. VV 3305 RVG aus 5.000,– EUR	334,00 EUR	
Pauschale gem. VV 7002 RVG		20,00 EUR.

2. Widerspruchsgebühr

350 **a) Unbeschränkter Widerspruch.** Der Gegenstandswert, aus dem die Gebühr des VV 3307 RVG zu berechnen ist, richtet sich nach dem Betrag, dessentwegen Widerspruch eingelegt wird, also bei einem unbeschränkten Widerspruch nach dem Gesamtstreitwert des Mahnbescheids.

351 **b) Beschränkter Widerspruch. Beschränkter Widerspruchsauftrag.** Legt der RA nur beschränkten Widerspruch ein, so kommt es darauf an, welchen Auftrag er hatte. Ging der Auftrag von vornherein dahin, nur teilweise Widerspruch einzulegen, etwa weil der Rest unstreitig oder zwischenzeitlich bezahlt ist oder weil es nur noch um die Kosten geht (die Hauptsache ist zwischenzeitlich bezahlt worden; jedoch wird vorgebracht, die Forderung sei bis zur Erwirkung des Mahnbescheids noch nicht fällig gewesen), so richtet sich der Gegenstandswert nur noch nach dem verbleibenden Restbetrag bzw. dem Kostenwert.

352 **Unbeschränkter Widerspruchsauftrag.** Erhält der RA aber den Auftrag, wegen des Gesamtbetrages Widerspruch einzulegen, rät er jedoch dazu, den Widerspruch auf einen Teil zu beschränken, und wird darauf nur beschränkt Widerspruch eingelegt, so erhält der RA die 0,5 Gebühr des VV 3307 RVG trotzdem aus dem vollen Wert.[379] Das wurde schon zur BRAGO angenommen.[380] Nachdem nunmehr das Gesetz nicht mehr auf „die Erhebung des Widerspruchs“, sondern auf „die Vertretung des Antraggegners“ abstellt, muss dies nach neuem Recht erst recht gelten.

3. Gebühr für Vollstreckungsbescheid

353 Der Gegenstandswert wird sich meistens nach dem Betrag richten, über den der Vollstreckungsbescheid beantragt wird. Er kann jedoch höher sein, weil der RA schon hinsichtlich eines höheren Betrags tätig war, zB er hatte Auftrag, Vollstreckungsbescheid über den gesamten Betrag des Mahnbescheids zu beantragen. Nach Entgegennahme der Informationen, aber vor Stellung des Antrags zahlt der Schuldner einen Teilbetrag.

4. Einspruchsgebühr

354 Der Gegenstandswert richtet sich nach der Höhe, für die Auftrag erteilt wird, im Einspruchsverfahren tätig zu werden. Das kann ein höherer Betrag sein als der, für den letztlich Einspruch erhoben werden soll, zB weil der RA nach Prüfung der Rechtslage nur zu einem teilweisen Einspruch rät. Da die Einspruchsgebühr eine Gebühr gem. VV 3100 ff. RVG ist (→ RVG VV 3305 Rn. 58 ff.), fällt die 1,3 Gebühr des VV 3100 RVG nur aus dem Wert an, für den Einspruch eingelegt wird, für den Rest aber nur die 0,8 Gebühr gem. VV 3101 Abs. 1 Nr. 1 RVG. Zur Berechnung → RVG VV 3101 Rn. 70 ff.

5. Folgendes Streitverfahren

355 **a) Allgemeines.** Wird unbeschränkt Widerspruch eingelegt und beantragt der Gläubigervertreter ohne Einschränkung Abgabe an das Streitgericht, so verdient er aus dem Mahnbetrag eine 1,3 Verfahrensgebühr. Ebenso der Schuldnervertreter, wenn er, zB weil der Gläubiger untätig bleibt, Durchführung des streitigen Verfahrens begehrt.

356 **b) Niedrigerer Wert des Streitverfahrens.** Ist der Wert des Streitverfahrens niedriger als der des Mahn- oder Widerspruchsverfahrens, so errechnet sich die Verfahrensgebühr gem. VV 3100 ff. RVG aus dem niedrigeren Gegenstandswert.[381] Ein niedrigerer Wert ist gegeben,

---

379 *T. Schmidt* RVGreport 2004, 47 (52) III 2b.
380 Gerold/Schmidt/*von Eicken*, 15. Aufl. 2002, BRAGO 15. Aufl., § 43 Rn. 6.
381 KG JurBüro 2001, 138 = Rpfleger 2001, 152.

– wenn der Schuldner nur hinsichtlich eines Teils Widerspruch einlegt; dann bezieht sich der Abgabeantrag nur auf diesen Teil. Das gilt auch dann, wenn schon im Mahnbescheid die Abgabe an das Streitgericht beantragt wurde,[382]
– wenn der Gläubiger nur hinsichtlich eines Teils die Abgabe ans Streitgericht beantragt oder teilweise seinen Mahnantrag zurücknimmt oder teilweise übereinstimmend für erledigt erklärt wird.[383] Berechnungsbeispiel → RVG VV 3305 Rn. 71. Wegen beschränktem Einspruch, → Rn. 354.

Nur noch Zinsen. Erledigt sich ein Mahnverfahren in der Hauptsache durch Zahlung der Hauptforderung und betreibt der Gläubiger, nachdem er die Hauptsache für erledigt erklärt hat, das Verfahren nur noch wegen der Zinsen und Kosten weiter, so werden beim Prozessgericht dann nur noch die Zinsen und Kosten rechtshängig. Der Gegenstandswert errechnet sich nur aus den Zinsen.[384] Berechnungsbeispiel → RVG VV 3305 Rn. 71. 357

Nur noch Kosten. Nimmt der Antragsteller nach Widerspruchseinlegung und Eingang des Verfahrens beim Streitgericht den Mahnantrag oder die Klage zurück, so erwächst dem RA des Antragsgegners für den Antrag auf Kostenentscheidung nach § 269 Abs. 3 ZPO die 1,3 Verfahrensgebühr nach dem Wert der bis zur Rücknahme entstandenen Kosten.[385] Dazu, welche Kosten hierzu gehören → Rn. 341 ff. Zu beachten ist jedoch, dass es einer solchen Rücknahme nicht gleichsteht, wenn der Gläubiger den Antrag auf Durchführung des streitigen Verfahrens nicht stellt oder diesen Antrag zurücknimmt oder wenn er die restlichen Gerichtskosten nicht einzahlt. Dann bleibt das Verfahren in der Schwebe und kann von beiden Parteien jederzeit fortgeführt werden. § 269 Abs. 3 ZPO ist nicht, auch nicht analog anzuwenden.[386] Berechnungsbeispiel → RVG VV 3305 Rn. 71. 358

c) Höherer Wert des Streitverfahrens. Der Wert des Streitverfahrens kann auch höher sein als der des Mahnverfahrens zB weil der Gläubiger im streitigen Verfahren weitere Ansprüche geltend macht oder der Schuldner Widerklage erhebt. Der Gegenstandswert für die Gebühren der VV 3100 ff. RVG ist dann entsprechend höher. Berechnungsbeispiel → RVG VV 3305 Rn. 70. 359

• Markenrecht

Der Gegenstandswert bei Klagen aus Markenverletzung ist nach § 3 ZPO zu schätzen.[387] Maßgeblich für die Bemessung ist vor allem das Interesse des Verletzten.[388] 360

Eilverfahren. Da im einstweiligen Verfügungsverfahren keine umfassende und vor allem keine endgültige Regelung des Streitgegenstandes möglich ist, setzen einige Gerichte nur einen Teilbetrag des Hauptsachestreitwerts fest, in anderen OLG-Bezirken so etwa Hamburg, Düsseldorf, Köln, München, hingegen wird auch für das einstweilige Vergütungsverfahren meist der volle Hauptsachestreitwert des Unterlassungsanspruchs zugrunde gelegt.[389] 361

Rückgängigmachung der Umschreibung einer Marke (Beschwerdeverfahren). Der Gegenstandswert im Umschreibungs- Beschwerdeverfahren bestimmt sich am wirtschaftlichen Interesse der Inhaberin der streitgegenständlichen Marke am Erhalt ihrer Marke. Liegen keinerlei Anhaltspunkte dafür vor, dass die verfahrensgegenständliche Marke bereits benutzt wurde, ist ein Gegenstandswert von 20.000,– EUR wie im Widerspruchs-Beschwerdeverfahren sachgerecht.[390] 362

Hilfsweise mehrere Klagegründe. Wird ein Unterlassungsanspruch auf ein Schutzrecht, hilfsweise auf einen Verstoß gegen §§ 3, 5 UWG und eine vertragliche Vereinbarung gestützt, so sind mehrere Gegenstände gegeben;[391] ebenso wenn sich der Kläger auf die Verletzung 363

---

[382] Deshalb fallen auch die weiteren Gerichtskosten gem. KV 1210 GKG nur aus dem reduzierten Wert an OLG Dresden JurBüro 2004, 378; OLG Bamberg NJW-RR 2001, 574; OLG Hamburg MDR 2001, 294; OLG München MDR 2001, 296; **aA** OLG Bamberg FamRZ 1999, 1292; OLG Düsseldorf NJW-RR 1997, 704.

[383] KG JurBüro 1982, 1195; *Hansens* BRAGO § 31 Rn. 8 S. 310.

[384] OLG Köln AnwBl 1982, 198 = JurBüro 1982, 1070.

[385] OLG Düsseldorf NJW-RR 2005, 1231 = JurBüro 2005, 473; KG JurBüro 2007, 307; OLG München MDR 2001, 296; *T. Schmidt* RVGreport 2004, 47 (52) Ziff. III 2h; *Hansens* RVGreport 2005, 386 (387) Ziff. IV 2; **aA** KG JurBüro 2002, 641, wenn Rücknahme erfolgt, bevor dem Antragsgegner die Klagebegründung zugestellt oder Termin anberaumt wurde, da dann auch der Kostenantrag von der Widerspruchsgebühr erfasst sei.

[386] OLG Stuttgart OLGZ 1989, 200; AnwBl 1990, 630 = Justiz 1990, 166.

[387] Mayer/Kroiß/*Nordemann-Schiffel* RVG Anh. I Kap. V Rn. 1.

[388] Mayer/Kroiß/*Nordemann-Schiffel* RVG Anh. I Kap. V Rn. 1.

[389] Mayer/Kroiß/*Nordemann-Schiffel* RVG Anh. I Kap. V Rn. 2.

[390] BPatG 24.9.2008 – 28 W (pat) 177/07 BeckRS 2009, 08196.

[391] BGH WRP 2014, 192.

mehrerer Schutzrechte beruft.[392] Entscheidet das Gericht auch über die Hilfsanträge, so sind die Werte gem. § 45 Abs. 1 S. 2 GKG zu addieren; allerdings sind die Hilfsansprüche nicht mit ihrem vollen Wert anzusetzen.[393] ZB hat BGH 250.000,– EUR um 25.000,– EUR erhöht.[394]

364 **Alternativ mehrere Klagegründe.** Stützt der Antragsteller seinen Antrag alternativ auf mehrere Klagegründe, so ist § 45 Abs. 1 S. 2, 3 GKG analog anzuwenden. Nur soweit das Gericht über einen Klagegrund entschieden hat, ist zu addieren.[395] Weist das Gericht zB die Klage wegen Unzulässigkeit der Berufung auf alternative Klagegründe als unzulässig ab, so ist nicht zu addieren.[396]

365 **Mehrere Rechtsfolgen.** Werden in einem Verfahren wegen einer Markenrechtsverletzung mehrere Rechtsfolgen geltend gemacht (zB Unterlassung, Feststellung zur Schadensersatzpflicht), so liegen mehrere zu addierende Gegenstände vor.

• Mehrere Auftraggeber

366 → RVG VV 1008 Rn. 287.

• Mehrere Gegenstände

1. Allgemeines

367 **a) Abgrenzung ein Gegenstand von mehreren Gegenständen.** Liegt ein enger innerer Zusammenhang vor[397] und richtet sich das klägerische Interesse bei lebensnaher wirtschaftlicher Betrachtungsweise auf denselben Gegenstand,[398] so ist auch beim Vorliegen mehrerer prozessrechtlicher Gegenstände gebührenrechtlich nur ein Gegenstand gegeben.[399] Ist jedoch bei wirtschaftlicher Betrachtungsweise[400] eine" wirtschaftliche Wertehäufung"[401] gegeben, so handelt es sich um mehrere Gegenstände.[402]

368 **Verhältnis zum prozessrechtlichen Gegenstand.** Der gebührenrechtliche Gegenstand, der, wo immer im Gebührenrecht an ihn angeknüpft wird, sich nach den gleichen Grundsätzen richtet,[403] ist nicht identisch mit dem Streitgegenstand der ZPO.[404] Eine Abhängigkeit von ihm besteht aber insoweit, als bei nur einem Gegenstand iSd Prozessrechts auch immer nur ein Gegenstand iSd Gebührenrechts gegeben ist. Andererseits kann bei mehreren prozessrechtlichen Gegenständen nur ein gebührenrechtlicher Gegenstand vorliegen.[405]

369 **b) Ersparter Aufwand.** Bestimmt das Gesetz, dass trotz der Behandlung mehrerer Ansprüche nur ein Gegenstand gegeben ist (zB § 45 GKG), so soll durch die damit verbundene Reduzierung der Gebühren berücksichtigt werden, dass das Gericht und der RA sich zwar mit mehreren Ansprüchen befassen müssen, sich dafür aber bei Annahme nur eines Gegenstandes typischer Weise im Wesentlichen auf die Beurteilung des gleichen Streitstoffes beschränken können, wodurch Arbeit erspart wird.[406] Da das Gesetz aber auf den Gegenstand abstellt und

[392] BGH GRUR 2013, 397; *Müller-Rabe* JurBüro 2015, 3 (7) Ziff. VI 2; **aA** *Stieper* GRUR 2011, 5 ff. mwN; *Büscher* GRUR 2012, 16 (23) Abs. vor bb.

[393] BGH WRP 2014, 192; ebenso OLG Frankfurt a. M. GRUR-RR 2014, 280, das früher die Einzelstreitwerte ohne Kürzung addiert hatte; *Müller-Rabe* JurBüro 2015, 3 (7) Ziff. VI 2.

[394] BGH WRP 2014, 192.

[395] *Müller-Rabe* JurBüro 2015, 3 (7) Ziff. VI 3; **aA** *Stieper* GRUR 2011, 5, 11 Ziff. IV 2 mwN, wonach bei einer alternativen Klagebegründung nie zu addieren ist.

[396] OLG Brandenburg OLGR 1998, 70; Schneider/Herget/*Kurpat* Rn. 3095; *Hartmann,* 44. Aufl. 2014, GKG § 45 Rn. 30; *Keske* Neues FamFG § 39 Rn. 6; **aA** OLG München OLGR 1997, 153.

[397] BGH NJW 2007, 2050 Rn. 15, zu Anrechnung.

[398] BGH NJW 2007, 2050 Rn. 15, zu Anrechnung; OLG Celle FamRZ 2011, 134 Rn. 15, zu gegenseitigen Zugewinnausgleichsansprüchen; *Müller-Rabe* JurBüro 2015, 3 (4) Ziff. III 3; Schneider/Herget/*Kurpat* Rn. 3663.

[399] BGH NJW 2007, 2050 Rn. 15, zu Anrechnung; OLG Celle FamRZ 2011, 134 Rn. 15, zu gegenseitigen Zugewinnausgleichsansprüchen; *Müller-Rabe* JurBüro 2015, 3 (4) Ziff. III 3; Schneider/Herget/*Kurpat* Rn. 3663.

[400] Zur Widerklage: BGH NZM 2004, 423 Rn. 20 = JurBüro 2004, 378; OLG Düsseldorf NJW 2009, 1515; OLG München NZM 2011, 175 Rn. 8; zur Anrechnung: BGH NJW 2007, 2050 Rn. 15; OLG Frankfurt a. M. NJW 2005, 1282 Rn. 31, das anstelle einer formalen eine wertende Betrachtung verlangt, womit wohl eine wirtschaftliche Betrachtung gemeint ist; zu unechtem Hilfsantrag: KG FamRZ 2011, 755.

[401] Zu Klage und Widerklage: BGH NJW-RR 2005, 506 Rn. 8; OLG Düsseldorf NJW 2009, 1515; zu Hilfsantrag: OLG Köln NJW-RR 2012, 615 Rn. 7; OLG Rostock OLGR 2008, 170 Rn. 13.

[402] *Müller-Rabe* JurBüro 2015, 3 (4) Ziff. III 3.

[403] *Müller-Rabe* JurBüro 2015, 3 Ziff. II.

[404] BGH NJW 1994, 3292 Rn. 10; NJW-RR 2005, 506 Rn. 8; OLG Düsseldorf NJW 2009, 1515 Rn. 2, wohl alle zur Widerklage; OLG Köln NJW-RR 2012, 615 Rn. 7, zum Hilfsantrag.

[405] *Müller-Rabe* JurBüro 2015, 3 Ziff. III 1.

[406] Motive zu § 19 GKG aF (heute § 45 GKG) gem. KostRÄndG v. 20.8.75 BT-Drs. 7/3243; Motive zu VV Vorb. 3 RVG BT-Drs. 15/1971, 208, abgedr. in Gerold/Schmidt RVG VV Vorb. 3 Rn. 1 Abs. 5 ff.

nicht auf den Aufwand, ist letzterer nicht allein entscheidend. So kann bei mehreren Ansprüchen nur ein Gegenstand gegeben sein, obgleich wegen des weiteren Anspruchs weitere Fragen zu prüfen sind, solange sie auch von der gleichen Rechtsfrage abhängen,[407] zB Feststellung wegen Minderung und Gegenfeststellung wegen Schadensersatz (→ Rn. 241), Ablehnungsandrohung und Schadensersatz (→ Rn. 373). Umgekehrt kann nicht wegen der typischerweise anfallenden Arbeitsersparnis nur ein Gegenstand angenommen werden, wenn unzweifelhaft eine Wertehäufung gegeben ist, zB bei gegenseitigen Unterhalts- oder Zugewinnausgleichsansprüchen → Rn. 644.

Der Arbeitsaufwand kann aber dann mit herangezogen werden, wenn bei prozessrechtlich mehreren Gegenständen zweifelhaft ist, ob eine wirtschaftliche Wertemehrheit gegeben ist.[408] So hat der BGH die Annahme eines Gegenstandes hinsichtlich Kündigung und Räumung (→ Rn. 376) auch auf den ersparten Arbeitsaufwand gestützt. Wegen mehrerer Markenrechte → Rn. 363 ff. **370**

c) Sich gegenseitig ausschließende Ansprüche. Häufig wird ein Gegenstand mit der Begründung angenommen, dass die Zuerkennung des einen Anspruchs notwendigerweise die Aberkennung des anderen Anspruchs zur Folge hat,[409] zB bei einer Klage auf Feststellung der Unwirksamkeit einer Kündigung und Widerklage auf Räumung.[410] Hingegen wird von mehreren Gegenständen ausgegangen, wenn Ansprüche nebeneinander bestehen könnten,[411] zB bei Stützung eines Unterlassungsanspruchs auf mehrere Markenzeichen.[412] Hierauf kann nicht allein abgestellt werden. Entscheidend ist letztlich, ob bei wirtschaftlicher Betrachtungsweise ein oder mehrere Interessen betroffen sind.[413] Obwohl nicht beide Ansprüche nebeneinander zuerkannt werden können, handelt es sich zB um mehrere Gegenstände, wenn sich Klage und Widerklage auf unterschiedliche Teile desselben Rechtsverhältnisses beziehen (→ Rn. 735) oder wenn sich Eheleute gegenseitig auf Unterhalt oder Zugewinnausgleich verklagen (→ Rn. 644). Obwohl beide Ansprüche nebeneinander gegeben sein können, handelt es sich zB nur um einen Gegenstand, wenn neben dem Zahlungsanspruch auf Einräumung einer Zwangssicherungshypothek geklagt wird (→ Rn. 546) oder wenn der RA vorgerichtlich kündigt und gerichtlich Räumung verlangt (→ § 25 Rn. 35a). **371**

d) Mehrere Personen. Soweit es bei der Beteiligung mehrerer Personen um die Anzahl der Gegenstände geht → RVG VV 1008 Rn. 144 ff. **372**

2. Fallgruppen für einen Gegenstand

a) Nur ein Anspruch. Nur ein Anspruch führt immer nur zu einem Gegenstand.[414] Das ist der Fall, **373**

– wenn nur ein Anspruch auf **nur eine Anspruchsgrundlage** gestützt wird (zB außergerichtliche und gerichtliche Geltendmachung des Kaufpreises; Antrag auf einstweilige Verfügung und Hauptsacheantrag → Anh. II Rn. 133),
– wenn nur ein Anspruch auf **mehrere Anspruchsgrundlagen** (anders bei mehreren Klagegründen → Rn. 378) gestützt wird, zB die Geltendmachung eines Sachschadens auf Vertrag, Haftpflicht und unerlaubte Handlung,[415]
– **wenn Zug um Zug** hinzukommt, zB eine Verurteilung **Zug um Zug** gegen Erbringung der Gegenleistung,[416] auch in Verbindung mit dem Antrag auf Feststellung des Annahmeverzugs,[417]

---

407 *Müller-Rabe* JurBüro 2015, 3 (4) Ziff. III 4b.

408 *Müller-Rabe* JurBüro 2015, 3 (4) Ziff. III 4b.

409 Zur Widerklage: BGH NJW-RR 1992, 1404 Rn. 4; OLG München NZM 2011, 175 Rn. 8; zu Hilfsantrag: BGH WRP 2014, 192 Rn. 6; NJW-RR 2003, 713 Rn. 3; OLG Köln NJW-RR 2012, 615 Rn. 7; OLG Rostock MDR 2009, 133 Rn. 20; zu gegenseitigen Rechtsmitteln: OLG Celle AGS 2014, 128 mablAnm *N. Schneider.*

410 OLG München NZM 2011, 175 Rn. 8.

411 Zu Hilfsantrag: BGH WRP 2014, 192 Rn. 7, Unterlassung wegen mehrerer Markenzeichen; OLG Köln NJW-RR 2012, 615 Rn. 8.

412 BGH WRP 2014, 192 Rn. 7.

413 *Müller-Rabe* JurBüro 2015, 3 (4) Ziff. III 5; OLG Celle NdsRpfl 1990, 173; OLG Karlsruhe NJW 1976, 247; LAG BW JurBüro 1992, 626.

414 *Müller-Rabe* JurBüro 2015, 3 (5) Ziff. IV 1.

415 Thomas/Putzo/*Seiler* ZPO § 260 Rn. 5.

416 Schneider/Herget/*Kurpat* Rn. 3668.

417 OLG Hamburg OLGR 2000, 455; OLG Karlsruhe OLGR 2004, 388; KG MDR 2005, 898; **aA** OLG Düsseldorf JurBüro 1994, 496, Erhöhung um 1 % des Antrages, dessen Vollstreckung durch die erstrebte Feststellung erleichtert werden soll.

– wenn neben dem Erfüllungsinteresse (entgangener Gewinn) **hilfsweise der Vertrauensschaden** (Finanzierungs- und Vertragskosten sowie sonstige Aufwendungen) geltend gemacht wird,[418]
– wenn der Antrag bei gleichem Lebenssachverhalt wegen neuer Umstände **geändert** wird, zB bei Antrag auf Schlusszahlung statt auf – wie bisher – Abschlagzahlung wegen zwischenzeitlicher Kündigung des Vertrages[419] oder bei vorprozessualer Inverzugsetzung mit Ablehnungsandrohung und dann Klage auf Schadensersatz wegen Nichterfüllung,[420] oder bei Klage auf Rückabwicklung eines Grundstückkaufvertrags und nach Versteigerung des Grundstücks Wechsel zu Schadensersatzanspruch.[421]
– wenn neben dem Leistungsantrag Antrag gem. **§ 255 ZPO** (Schadensersatz nach Fristablauf) gestellt wird.[422]

374 **b) Mehrere Ansprüche.** Auch mehrere Ansprüche können uU nur einen gebührenrechtlichen Gegenstand darstellen.

375 ***aa) Weiterer, sich regelmäßig ergebender Anspruch.*** Nur ein Gegenstand liegt vor, wenn ein Anspruch die selbstverständliche oder regelmäßige Folge des anderen ist, wobei die Rechtsfrage des einen ausschlaggebend für den anderen ist.[423] Das ist gegeben,
– wenn gleichzeitig mit der Feststellung, dass ein Darlehensvertrag nicht besteht, die Freigabe der dazu gehörigen Sicherheit beantragt wird,[424]
– wenn gegen die Klage auf Zahlung aus Bürgschaft Widerklage auf Herausgabe der Bürgschaftsurkunde erhoben wird,[425]
– wenn gegen die Klage auf Herausgabe des Kraftfahrzeugs die Widerklage auf Herausgabe der Fahrzeugpapiere erhoben wird,[426]
– uU wenn die Unterhaltsabänderungsklage mit einem Rückzahlungsbegehren verbunden wird (→ Rn. 641).

376 ***bb) Mittel zur Verwirklichung des eigentlichen Zieles.*** Nur ein Gegenstand ist weiter gegeben, wenn die erste rechtliche Maßnahme lediglich ergriffen wird, um das eigentliche Ziel, das mit der zweiten Maßnahme verfolgt wird, zu erreichen.[427] Das ist der Fall,
– wenn der Rechtsanwalt ein Mietverhältnis **kündigt** und dann auf **Räumung** klagt,[428]
– wenn die Partei gleichzeitig aufgefordert wird, einen Vertrag (zB Mietvertrag) abzuschließen und die Hauptleistung (zB der **Überlassung der Mieträume**) zu erbringen.[429]

Wegen Aufhebung einer Miteigentümer- oder Erbengemeinschaft (→ Rn. 392, 206).

3. Mehrere Gegenstände

377 Mehrere Gegenstände sind gegeben,
– bei vorzeitiger Auflösung der **Zugewinngemeinschaft** (§§ 1385 ff. BGB) und gleichzeitigem Zahlungsbegehren (Zugewinn → Rn. 770; ebenso bei Gütergemeinschaft §§ 1447 ff., 1469 ff. BGB → Rn. 263),
– bei gegenseitigem **Unterhalts- oder Zugewinnausgleichsbegehren** (Unterhalt → Rn. 644; Zugewinn → Rn. 761),
– bei **mehreren Rechtsfolgen** aus einem Sachverhalt, zB wegen eines Unfalls Sachschaden, Arztkosten und Schmerzensgeld.[430] Wegen Ausnahmen → Rn. 375 ff.

---

[418] OLG Rostock OLGR 2008, 170.
[419] BGH NJW 1985, 1840.
[420] OLG Jena OLGR 1999, 100; KG 8.9.2009 – 19 W 23/09 BeckRS 2009, 28113.
[421] OLG Dresden AGS 2017, 335 = NJ 2017, 157.
[422] OLG Jena OLGR 1999, 100; KG 8.9.2009 – 19 W 23/09 BeckRS 2009, 28113.
[423] *Müller-Rabe* JurBüro 2015, 3 (5) Ziff. IV 2a.
[424] BGH FamRZ 2006, 946 = MDR 2006, 1257.
[425] OLG Düsseldorf NJW-RR 2016, 1215; OLG Stuttgart OLGR 2000, 42.
[426] OLG Nürnberg JurBüro 2020, 37.
[427] *Müller-Rabe* JurBüro 2015, 3 (5) Ziff. IV 2b.
[428] Zutr. BGH NJW 2007, 2050; OLG Frankfurt a. M. NJW 2005, 1282 Rn. 31. Soweit Oberlandesgerichte anders entschieden haben – OLG Köln MDR 2004, 178 (zu § 118 Abs. 1 Nr. 1 BRAGO unter Verwechslung der Begriffe Angelegenheit und Gegenstand); OLG Braunschweig OLGR 1999, 231 (das zu der Parallelfrage einer Klage auf Löschung eines Dauerwohn- und Nutzungsrechts und Herausgabe der genutzten Räume zwei Gegenstände angenommen hat), stammen diese Entscheidungen aus der Zeit vor der oben dargelegten Grundsatzentscheidung des BGH; **aA** Schneider/Wolf/*Onderka/Schneider* RVG VV Vorb. 3 Rn. 230; Mayer/Kroiß/*Mayer* RVG VV Vorb. 3 Rn. 89.
[429] Schneider/Herget/*Kurpat* Rn. 3665.
[430] *Müller-Rabe* JurBüro 2015, 3 (6) Ziff. V 2; Schneider/Wolf/*Volpert* RVG VV 1008 Rn. 49.

Wegen Klage auf Leistung und gleichzeitig auf **Feststellung des zu Grunde liegenden Rechtsverhältnisses** → Rn. 242.

4. Mehrere Klagegründe

a) Grundsätze. Wird nur ein Antrag gestellt, dieser aber aus mehreren Lebenssachverhalten hergeleitet, so sind nach dem zweigliedrigen Gegenstandsbegriff prozessrechtlich mehrere Streitgegenstände gegeben.[431] Gebührenrechtlich kann ebenso wie bei unterschiedlichen Anträgen (→ Rn. 374 ff.) uU dennoch nur ein Gegenstand gegeben sein. Es kommt wieder auf die → Rn. 367 ff. dargestellten gebührenrechtlichen Kriterien an.[432] 378

b) Zwei Gegenstände. Zwei Gegenstände sind zB gegeben, wenn der Kläger nur einmal 10.000,– EUR geltend macht, dies jedoch primär auf eine Kaufpreisforderung, hilfsweise auf eine Forderung aus einem ganz anderen Darlehensverhältnis stützt.[433] 379

c) Abtretung. Wird derselbe Antrag einerseits aus eigenem und andererseits aus abgetretenem Recht hergeleitet, so können gebührenrechtlich ein oder mehrere Gegenstände gegeben sein. 380

Nur ein Gegenstand ist gegeben, 381
- wenn beide Ansprüche mit derselben Verletzungshandlung begründet werden und die Erfüllung des einen Anspruchs den anderen ausschließt,[434]
- wenn nur ein gebührenrechtlicher Gegenstand gegeben wäre, wenn der Kläger und der Zedent gemeinsam geklagt hätten, wenn also zB der eine Gesamtgläubiger seinen Anspruch an den anderen, klagenden Gesamtgläubiger abgetreten hat (→ RVG VV 1008 Rn. 147).

Mehrere Gegenstände sind gegeben, 382
- wenn sich die Ansprüche auf ganz unterschiedliche Rechtsverhältnisse beziehen, zB der eigene Anspruch auf einen Dienst- und der abgetretene auf einen Darlehensvertrag.[435]

Gewerblicher Rechtsschutz zB Verletzung mehrerer Rechte → Rn. 363 ff. 383

5. Klageänderung

→ Rn. 301 ff. 384

• Miete

1. Gebührenwert und Wert der Beschwer 385

Bei der Miete wird häufig nicht ausreichend zwischen dem Gebührenwert und dem Wert der Beschwer unterschieden. Der Gebührenwert richtet sich nach § 41 GKG, soweit dieser einschlägig ist, der der Beschwer nach §§ 3 ff. ZPO.[436] Die nachfolgenden Ausführungen zur Miete betreffen den Gebührenwert.

2. Streit über Bestehen des Mietverhältnisses 385a

Gemäß § 41 Abs. 1 S. 1, 2 GKG ist der Gegenstandswert höchstens die einjährige Nettomiete nebst Nebenkostenpauschale und Umsatzsteuer,[437] zB bei der Klage auf Feststellung, dass das Mietverhältnis durch eine Kündigung nicht beendet ist.[438]

3. Mieterhöhung/Modernisierung 386

Gegenstandswert einer Leistungsklage auf Zustimmung zu einer Mieterhöhung ist die auf die verbleibende Vertragsdauer entfallende Erhöhung, bei Wohnraummiete höchstens jedoch nach § 41 Abs. 5 GKG die Erhöhung für ein Jahr.[439] Bei Streitigkeiten über die Duldung von Modernisierungsmaßnahmen ist auf den Betrag abzustellen, um den sich die Miete infolge der Modernisierung erhöht und nicht auf die Kosten der Modernisierung.[440]

---

[431] Thomas/Putzo/*Seiler* ZPO § 260 Rn. 3.
[432] *Müller-Rabe* JurBüro 2015, 3 (6) Ziff. VI 1.
[433] *Müller-Rabe* JurBüro 2015, 3 (7) Ziff. VI 1.
[434] BGH NJW 1986, 1174 Rn. 16 ff.; *Müller-Rabe* JurBüro 2015, 3 (7) Ziff. VI 1.
[435] *Müller-Rabe* JurBüro 2015, 3 (6) Ziff. VI 1.
[436] BGH JurBüro 2004, 207.
[437] Zu USt OLG Düsseldorf ZMR 2011, 806; OLG Hamburg ZMR 2017, 972 = MDR 2017, 1271; KG MDR 2013, 561.
[438] BGH NJW-Spezial 2018, 124 = AGS 2018, 78.
[439] Mayer/Kroiß/*Rohn* RVG Anh. I Kap. VI Rn. 31; Zöller/*Herget* ZPO § 3 Rn. 16 „Mietstreitigkeiten".
[440] BGH WuM 2020, 299.

387 **4. Mietminderung**

Altes Recht. Eine unmittelbare Anwendung von § 41 Abs. 5 S. 1 GKG schied bisher aus, da diese Bestimmung nach ihrem bisherigen eindeutigen Wortlaut bei „Ansprüchen des Mieters auf Durchführung von Instandsetzungsmaßnahmen", nicht aber für die Feststellung einer Minderung eingriff.[441] Ob analog § 41 Abs. 5 GKG auf den 1 jährigen oder gemäß § 48 Abs. 1 S. 1 GKG, §§ 3, 9 ZPO auf den $3^1/_2$-jährigen Minderungsbetrag abzustellen war, war umstritten.[442] Der BGH stellte auf $3^1/_2$ Jahre ab. Eine analoge Anwendung von § 41 Abs 5 GKG scheide aus, da der Gesetzgeber mit § 41 Abs. 5 GKG keine allgemeine Begrenzung des Gebührenwerts in Mietsachen habe schaffen wollen.[443]

387a **Neues Recht.** Mit dem KostRÄG 2021 wurde bestimmt, dass § 41 Abs. 5 GKG auch für die Mietminderung gilt. Der Gegenstandswert eines Mietminderungsverfahrens richtet sich nach der Mietminderung, die für einen bestimmten Zeitraum geltend gemacht wird, maximal aber für ein Jahr.

388 **5. Kaution**

Der Streitwert einer Klage, mit der ein Mieter von seinem Vermieter den Nachweis verlangt, dass seine Mietkaution in der Form des § 551 Abs. 3 BGB angelegt ist, ist mit einem Viertel der Kautionssumme zu bewerten.[444]

389 **6. Untervermietung**

Im Hinblick darauf, dass der BGH im Zusammenhang mit der Feststellung einer Mietminderung festgestellt hat, dass der Gesetzgeber mit § 41 Abs. 5 GKG keine allgemeine Begrenzung des Gebührenwerts in Mietsachen habe schaffen wollen (→ Rn. 387), ist auf den $3^1/_2$-fachen Jahresbetrag des Untermietzinses abzustellen.[445] Daran ändert sich auch nichts dadurch, dass mit KostRÄG 2021 der Anwendungsbereich von § 41 Abs. 5 GKG auf die Mietminderung erweitert wurde (→ Rn. 387a).

7. Schönheitsreparaturen

389a Gegenstandswert einer Klage des Vermieters auf Vornahme von Schönheitsreparaturen ist das Interesse des Vermieters an der Werterhaltung.[446]

8. Haustiere

389b Für eine Unterlassungsklage des Vermieters im Hinblick auf das Halten von Haustieren wird als Gegenstandswert in Abhängig von der Tierart unter Berücksichtigung der konkreten Umstände ein Betrag zwischen 420,– EUR und 3.000,– EUR (bei Hunden bzw. Katzen) angenommen.[447]

9. Räumung

389c → § 25 Rn. 33 ff.

390 **Räumungsfrist nach § 721 ZPO.** Der Gegenstandswert ist nach dem Interesse des Antragstellers an der Bewilligung, Verlängerung oder Abkürzung der Räumungsfrist zu schätzen. Danach wird in der Regel der Mietwert der Wohnung für die Zeit, für die eine Räumungsfrist beantragt wird, heranzuziehen sein.[448] Das Interesse des Antragstellers ist nicht niedriger als das einer Partei, die den Fortbestand eines Mietverhältnisses geltend macht. Bei der Verkürzung oder Verlängerung entscheidet der Zeitraum, um den verkürzt oder verlängert werden soll. Werden die Räumung und Räumungsfrist in einem Verfahren behandelt, so sind die Werte wegen wirtschaftlicher Identität nicht zu addieren.

391 **Räumungsschutz gem. § 765a ZPO** → RVGVV 3309 Rn. 409 ff.

---

[441] BGH JurBüro 2016, 529 Rn. 8 = NJW-RR 2017, 204 = NZM 2016, 890.

[442] Zitate zu den entgegengesetzten Meinungen in BGH JurBüro 2016, 529 = NJW-RR 2017, 204 = NZM 2016, 890.

[443] BGH JurBüro 2016, 529 = NJW-RR 2017, 204 = NZM 2016, 890.

[444] OLG Köln 12.8.2009 – 16 W 26/09 BeckRS 2009, 86194.

[445] OLG Hamburg ZMR 2017, 972 = MDR 2017, 1271; KG NJW-RR 2017, 331 = NZM 2016, 893 = MDR 2017, 204

[446] Mayer/Kroiß/*Rohn* RVG Anh. I Kap. VI Rn. 55.

[447] Zöller/*Herget* ZPO § 3 Rn. 16 „Mietstreitigkeiten" mwN.

[448] OLG Stuttgart NJW-RR 2007, 15; LG Kempten AnwBl 1968, 58; Gerold/Schmidt/*von Eicken*, 15. Aufl. 2002, BRAGO § 50 Rn. 8; *Hansens* BRAGO § 50 Rn. 3; *N. Schneider* ZAP 1992 Fach 24 S. 137, 138 Ziff. II 1b; vgl. auch *Tschischgale* JurBüro 1966, 1010; **aA** LG Stuttgart Rpfleger 1968, 62, drei Monate.

10. Nutzungsentschädigung gem. § 546a Abs. 1 BGB 391a

Der Wert richtet sich gem. § 3 ZPO nach dem zu erwartenden Zeitraum bis zur tatsächlichen Räumung.[449]

• Miteigentümergemeinschaft

Aufhebung. Maßgeblich ist gem. § 3 ZPO das Interesse des Klägers an der Aufhebung, das sich nach dem von ihm begehrten Anteil richtet.[450] Bei Zusammenhang mit Zugewinnausgleich → Rn. 816. 392

Antrag auf Zustimmung zur Veräußerung. Bei ihm richtet sich der Gebührenwert nach dem Verkehrswert des Miteigentumsanteils des Antragsgegners.[451]

• Musterverfahren nach Kapitalanleger-Musterverfahrensgesetz

→ § 23b Rn. 1 ff. 393

• MwSt

Geltend gemachte MwSt. Die MwSt ist beim Gegenstandswert erhöhend mit zu berücksichtigen, und zwar unabhängig davon, ob sie in der Hauptsacheforderung enthalten oder gesondert beziffert ist.[452] Bei einer Klage auf Zahlung von Miete oder auf Räumung wirkt, wenn MwSt im Mietzins enthalten ist, diese werterhöhend.[453] Das gilt auch dann, wenn der Antrag hinsichtlich der MwSt unbegründet ist, zB weil der Kläger vorsteuerabzugsberechtigt ist. Der gestellte Antrag entscheidet. 394

Nicht geltend gemachte MwSt. Wird aber die MwSt nicht mit geltend gemacht, etwa weil der Kläger vorsteuerabzugsberechtigt ist oder bei einem Autoschaden die Reparatur nicht durchgeführt wird, so bleibt sie unberücksichtigt.[454] 395

Deckungsschutz. Bei der Geltendmachung von Deckungsschutz einer Versicherung ist der Bruttowert zu nehmen, es sei denn die Versicherung muss nur Nettobeträge zahlen, da der Versicherungsnehmer unstreitig vorsteuerabzugsberechtigt ist.[455] 396

Verzugszinsen. Da auf sie keine MwSt anfällt, erhöhen sie auch nicht den Wert, es sei denn der Kläger klagt auch insoweit MwSt ein. 397

Kosten. Wird für die nicht als Nebenforderung (→ Rn. 399 ff.) geltend gemachten Kosten, zB vorprozessuale Anwaltskosten, MwSt geltend gemacht, so sind sie werterhöhend zu berücksichtigen.[456] 398

• Nebenforderung

Nebenforderungen sind, wenn sie als solche geltend gemacht werden, beim Gegenstandswert nicht zu berücksichtigen (§ 43 Abs. 1 GKG, § 37 Abs. 1 FamGKG). Werden sie aber ohne die Hauptsache bzw. werden sie zusammen mit einer Sache, auf die sie sich nicht beziehen,[457] geltend gemacht, so werden sie zur Hauptsache und der Gegenstandswert richtet sich nach ihnen (§ 43 Abs. 2 GKG, § 37 Abs. 2 FamGKG). Dasselbe gilt, wenn der Hauptanspruch ganz oder teilweise zurückgenommen oder übereinstimmend für erledigt erklärt wird[458] oder das Rechtsmittel nur noch die Nebenforderung betrifft.[459] Zu den Nebenforderungen gehören Früchte, Nutzungen, Zinsen, die Verzugskostenpauschale des § 288 Abs. 5 BGB,[460] aber auch die vorprozessualen Kosten, die der Durchsetzung des gerichtlich geltend gemachten Haupt- 399

[449] OLG Hamm AGS 2019, 280 = NJW-Spezial 2019, 412.

[450] OLG Frankfurt a. M. JurBüro 1979, 1195; OLG Stuttgart OLGR 2004, 19; Schneider/Herget/*Monschau* Rn. 1142 ff.

[451] OLG Frankfurt JurBüro 2018, 363 = FamRZ 2018, 1174 = NJW-RR 2018, 838; OLG Karlsruhe FamRZ 2014, 1225 = AGS 2014, 414.

[452] OLG Koblenz MDR 1992, 196; OLG Nürnberg MDR 2010, 532; Schneider/Herget/*Schneider* Rn. 5227.

[453] OLG Celle OLGR 2008, 995; OLG Düsseldorf MDR 2006, 1079 = ZMR 2006, 516; OLG Stuttgart OLGR 2008, 930 = NZM 2009, 320.

[454] Schneider/Herget/*Schneider* Rn. 5230 ff. **aA** OLG Nürnberg MDR 2010, 532 Rn. 7.

[455] Schneider/Herget/*Schneider* Rn. 5233.

[456] Schneider/Herget/*Schneider* Rn. 5238.

[457] OLG Frankfurt a. M. AGS 2010, 301, eingeklagt werden zugleich außergerichtliche RA-Kosten, die in einem anderen als dem Klageverfahren angefallen sind.

[458] BGH FamRZ 2012, 971 = MDR 2012, 738.

[459] BGH VersR 2019, 633.

[460] LAG Bremen AGS 2018, 229 = RVGreport 2018, 189 mablAnm *Hansens;* **aA** LAG Hamm AGS 2018, 228 = RVGreport 2018, 188.

anspruchs dienen, wie zB die vorprozessualen RA-Kosten (wegen dieser → Rn. 20 ff.)[461] oder die Kosten einer Deckungszusage.[462] Vgl. auch → Rn. 20.

400 **Entgangene Nutzung.** Streitig ist, ob hierher auch der Fall gehört, dass neben der Herausgabe einer Sache der Ersatz entgangener Nutzungen verlangt wird.[463]

Gutachten bei Verkehrsunfall. Die nach einem Verkehrsunfall neben anderen Schadenspositionen eingeklagten Kosten eines vorprozessual eingeholten Sachverständigengutachtens und die Unkostenpauschale sind keine Neben-, sondern Hauptforderung.[464]

401 **Zinsen wegen entgangenen Gewinns.** Werden neben der Rückforderung des für eine Kapitalanlage investierten Geldes Zinsen hieraus wegen entgangenen Gewinns verlangt, so sind sie nach dem BGH eine Nebenforderung.[465] Wird im Vertrag zugesagter Zinsgewinn neben der Rückzahlung des hingegebenen Geldes verlangt, ist der Zinsgewinn Hauptsache.[466]

402 Wird **Rechtsmittel** hinsichtlich Hauptsache und Nebenforderung eingelegt, so erhöht die Nebenforderung den Streitwert nicht;[467] Ebenso keine Erhöhung, wenn eine Partei Rechtsmittel nur wegen der Zinsen einlegt, die andere Partei aber wegen der dazugehörigen Hauptforderung;[468] jedoch Erhöhung wegen Anwaltskosten, wenn Rechtsmittel die dazugehörige Hauptforderung nicht erfasst.[469] Wegen Anwaltskosten und wegen Nebenforderungen, die **teilweise Hauptsache** sind, → Rn. 20 ff., Vollstreckung → § 25 Rn. 7.

• Nebenintervention

403 Es kommt bei der Durchführung der Nebenintervention in der ersten Instanz nicht auf die Anträge der Parteien, sondern auf das eigene wirtschaftliche Interesse des Streithelfers am Obsiegen der von ihm unterstützten Partei an.[470] Wird der Generalunternehmer wegen mehrerer Mängel verklagt (100.000,– EUR) und betrifft nur ein Mangel (25.000,– EUR) den Dachdecker, dem der Streit verkündet wurde, so richtet sich für die Nebenintervention der Gegenstandswert nur nach diesem Mangel (also 25.000,– EUR).[471] Dabei kommt es darauf an, mit welchen Regressansprüchen der Nebenintervenient rechnen muss,[472] wobei auf die Vorstellungen der Hauptpartei, die den Anspruch geltend machen kann, abzustellen ist und nicht auf die des Nebenintervenienten.[473] Bei Unklarheiten muss der Nebenintervenient darlegen und beweisen, dass sein Interesse niedriger als das der Hauptsache ist.[474]

404 **Gegenmeinung.** Nach ihr (vom BGH und von einigen wenigen OLGs vertreten) ist das Interesse der Hauptpartei maßgeblich, wenn sich der Nebenintervenient dem Antrag der Hauptpartei anschließt.[475] Das gilt nach dieser Ansicht sogar dann, wenn der Nebenintervenient keinen Antrag stellt, aber keine Beschränkung auf einen Teil des Verfahrens zu verstehen gibt.[476]

404a BGH. Nach dem BGH ist jedenfalls dann der Wert der Hauptsache anzusetzen, wenn der Nebenintervenient die gleichen Anträge stellt wie die von ihm unterstützte Partei und wenn sein Interesse nicht hinter dem der unterstützten Partei zurücksteht.[477] Dasselbe gilt nach BGH im Rechtsmittelverfahren, wenn der Streithelfer dort keine Anträge gestellt hat.[478]

---

[461] BGH AGS 2020, 228; NJW 2007, 3289 = FamRZ 2007, 808; OLG Celle AGS 2012, 572.
[462] BGH NJW 2014, 3100.
[463] Verneinend Schneider/Herget/*Kurpat* Rn. 3665; **aA** laut Schneider/Herget/*Kurpat* Rn. 3665 OLG Karlsruhe ZZP 8, 1955, 463 wegen § 4 ZPO.
[464] BGH NJW 2007, 1752 = FamRZ 2007, 808; OLG Karlsruhe AGS 2012, 420.
[465] BGH NJW 2012, 2446 = RVGreport 2012, 312 mkritAnm *Hansens;* BGH NJW 2013, 3100; ebenso OLG Braunschweig AGS 2017, 131; OLG Frankfurt a. M. MDR 2014, 858 = AGS 2014, 343.
[466] OLG Stuttgart NJW-RR 2011, 714.
[467] BGH JurBüro 2011, 420.
[468] BGH JurBüro 2014, 25 = AGS 2013, 467 iErg mzustAnm *N. Schneider.*
[469] BGH NJW 2013, 2123 = AnwBl 2013, 555.
[470] OLG Celle NJW-RR 2011, 1296; OLG Dresden JurBüro 2018, 367; OLG Koblenz OLGR 2004, 200; OLG Köln MDR 2004, 1025; OLG Nürnberg MDR 2006, 1318; OLG Rostock JurBüro 2015, 83; OLG Schleswig MDR 2009, 56; Schneider/Herget/*Kurpat* Rn. 4250 mit umfangreichen weiteren Nachweisen.
[471] OLG Celle NJW-RR 2011, 1296; OLG Rostock JurBüro 2015, 83.
[472] OLG Rostock JurBüro 2015, 83.
[473] OLG Dresden JurBüro 2018, 367 = AGS 2018, 347 mzustAnm *N. Schneider;* OLG Nürnberg MDR 2006, 1318.
[474] OLG Nürnberg MDR 2006, 1318.
[475] BGH NJW 1960, 42; OLG Düsseldorf JurBüro 2006, 426; OLG Frankfurt JurBüro 2019, 578; KG MDR 2004, 1445; OLG Stuttgart AGS 2019, 416.
[476] OLG Karlsruhe NJW-RR 2003, 1007; OLG München JurBüro 2007, 426.
[477] BGH ZfS 2013, 226 = RVGreport 2013, 114.
[478] BGH NJW-RR 2016, 831 = MDR 2016, 854.

Der Gegenmeinung ist nicht zu folgen, da sie dem wirtschaftlichen Interesse des Nebenintervenienten in keiner Weise gerecht wird und damit einer wirtschaftlichen Betrachtungsweise widerspricht. **404b**

Beispiel:

Tritt der als Subunternehmer für das Dach beteiligte Nebenintervenient der Klage wegen zahlreicher auch noch das Dach betreffender Mängel über 100.000,– EUR gegen den Generalunternehmer bei und macht der Kläger hinsichtlich des Daches lediglich 5.000,– EUR geltend, so beträgt der Gegenstandswert für den RA des Nebenintervenienten 5.000,– EUR.

Soweit es um die Gebühren des Rechtsanwalts geht, kann dieser Streit dahingestellt bleiben. **404c** Insoweit kommt es allein schon deshalb auf den gestellten Antrag nicht an, weil der Auftrag des Nebenintervenienten an seinen Prozessbevollmächtigten lediglich dahingehend zu verstehen ist, den Unterstützten nur soweit zu unterstützen, als die Interessen des Nebenintervenienten betroffen sind. Nur soweit Gebühren anfallen, die im Rahmen dieses Auftrags liegen, hat der Rechtsanwalt einen Vergütungsanspruch gegen den Nebenintervenienten → § 1 Rn. 104. Bei der Kostenfestsetzung zugunsten des Streithelfers sind außerdem nur die im Rahmen des Interesses des Streithelfers angefallenen Gebühren zu berücksichtigen, weil mit dem uneingeschränkten Antrag gegen das Gebot, die Kosten niedrig zu halten (→ Anh. X Rn. 280a), verstoßen wird.

Sollte man dem hinsichtlich der Kostenfestsetzung nicht folgen, so gibt es einen weiteren **404d** Grund, den Gegenstandswert auf das Interesse des Streithelfers zu beschränken. Andernfalls müsste der für die Kosten des Streithelfers Erstattungspflichtige höhere Kosten erstatten, nur weil der Streithelfer keinen begrenzten Antrag gestellt hat, ohne sich dagegen wehren zu können. Dieser Gesichtspunkt spielt bei Bauprozessen, bei denen nicht selten eine Vielzahl von Streithelfern einbezogen sind, eine ganz erhebliche Rolle.

Einigungsgebühr. Nur aus dem Wert, von dem der Streithelfer betroffen ist und hinsicht- **405** lich dessen sein RA mitwirkt, fällt eine Einigungsgebühr an (→ RVG VV 1000 Rn. 102 ff., 273). Wegen bloßer Vereinbarung über Kosten des Nebenintervenienten → RVG VV 1000 Rn. 104. Zu Einigung zwischen Beklagtem und Streithelfer wg. Regressansprüchen → Rn. 109 ff.

Rechtsmittelverfahren. Hier gelten jedenfalls für die Gebühren die vorgenannten Erwä- **405a** gungen in gleicher Weise.

Hinweis an den RA. Im Hinblick darauf, dass die Rechtsfrage noch nicht geklärt ist, muss der Rechtsanwalt zB im Beispiel → Rn. 404b klarstellen, dass er die Klageabweisung nur soweit begehrt, als Ansprüche iHv 5.000,– EUR wegen des Mangels am Dach geltend gemacht werden, bzw bei der Berufungseinlegung beantragen, das Urteil nur soweit aufzuheben, als er davon betroffen ist.

• **Nutzungsverhältnisse**

→ § 41 GKG; wegen Ehewohnung → Rn. 745 ff. **405b**

• **Parteiwechsel**

→ RVG VV 1008 Rn. 104 ff., 162 ff. **405c**

• **Patentsachen**

1. Instanz. Der Wert ist gem. § 51 Abs. 1 GKG nach billigem Ermessen zu bestimmen, das **406** sich an dem wirtschaftlichen Interesse zu orientieren hat.[479] Gem. § 51 Abs. 2 GKG, § 144 PatG kann aus wirtschaftlichen Gründen der Wert herabgesetzt werden. Wird bei einem Patentnichtigkeitsverfahren gleichzeitig Schadensersatz eingeklagt, so ist der geltend gemachte Betrag dem Wert des Patentes hinzuzuaddieren.[480]

2. Instanz. Der Wert ist gem. § 51 GKG nach billigem Ermessen zu bestimmen. Er richtet **407** sich nach dem gemeinen Wert des Patents und nicht nach dem Interesse des Beschwerdeführers.[481] § 144 PatG (Herabsetzung des Gegenstandswerts aus wirtschaftlichen Gründen) ist, da es an einer Verweisung auf diese Bestimmung – wie in §§ 102 Abs. 2, 121 Abs. 1 PatG – fehlt, nicht anzuwenden.

---

[479] BGH GRUR 2011, 757 = RVGreport 2011, 475; OLG Zweibrücken JurBüro 2001, 418 = GRUR 2001, 285.

[480] BGH GRUR 2009, 1100 = JurBüro 2010, 86.

[481] BPatG NJW 1964, 2371; Benkard PatG/*Schäfers* § 80 Rn. 34; zur Bemessung iE Benkard PatG/*Rogge* § 84 Rn. 21.

408 **Vorläufiger Rechtsschutz.** Im einstweiligen Verfügungsverfahren wird von einigen Gerichten lediglich ein Teil des Hauptsachestreitwerts als Gegenstandswert angenommen, in anderen OLG-Bezirken hingegen gilt der volle Hauptsachestreitwert des Unterlassungsanspruchs.[482]

• Pfändung

409 – eines Gegenstandes → Rn. 260; → § 25 Rn. 11 ff.
– zukünftigen Arbeitseinkommens → § 25 Rn. 30.

• PKH/VKH

1. Bewilligungsverfahren

410 **a) Hauptsachewert.** Die Bestimmung zum Gegenstandswert, die bislang in der Anmerkung zu VV 3335 RVG untergebracht war, befindet sich nunmehr in § 23a. Damit ist auch klargestellt, dass nicht nur die Verfahrensgebühr, sondern auch die anderen Gebühren betroffen sind, was allerdings in der Vergangenheit auch schon abweichend vom Wortlaut der Anmerkung zu VV 3335 RVG angenommen wurde.

411 Der Gegenstandswert bestimmt sich im Verfahren über die PKH-Bewilligung[483] und auch über die Beiordnung eines Anwalts[484] nach dem für die Hauptsache maßgebenden Wert (§ 23a Abs. 1 Hs. 1 RVG). Nicht entscheidend ist das Interesse an der Befreiung von Prozesskosten. Der Wert der Hauptsache ist auch dann maßgebend, wenn die Bewilligung nur mit der Maßgabe erfolgt, dass die Partei Raten zu zahlen oder einen Teil ihres Vermögens einzusetzen hat.[485]

412 **Teilantrag.** Wird PKH nur für einen ausscheidbaren Teil der Hauptsache begehrt, so ist dieser maßgebend.[486]

413 **b) Aufhebung gem. § 124 Nr. 1 ZPO. Hauptsachewert.** Im Verfahren wegen Aufhebung der PKH richtet sich der Wert im Fall des § 124 Nr. 1 ZPO nach dem Hauptsachewert (§ 23a Abs. 1 Hs. 1). Dabei reicht aus, dass auch § 124 Nr. 1 ZPO zu prüfen ist, zB neben § 124 Nr. 2–4 ZPO. Die Orientierung am Hauptsachewert beruht darauf, dass die Erfolgsaussichten der Hauptsache mit geprüft werden müssen. Immer wenn eine solche Prüfung erforderlich ist, ist daher der Hauptsachewert heranzuziehen.[487]

414 **c) §§ 124 Nr. 2–4; 120 Abs. 1, 4 ZPO.** Geht es nur darum, ob wegen § 124 Nr. 2–4 ZPO die Bewilligung aufzuheben ist, oder darum, ob die Partei nach § 120 Abs. 1, 4 ZPO Monatsraten zahlen muss, zB angeordnete Raten sollen entfallen, so errechnet sich der Gegenstandswert nach billigem Ermessen nach dem Kosteninteresse, also dem Betrag, den die Partei bei Erfolg des Antrags nicht selbst zahlen müsste (§ 23a Abs. 1 Hs. 2).[488]

415 Hierzu gehören **beim Entzug der PKH** die Wahlanwaltsgebühren[489] und Anwaltsauslagen sowie auch Gerichtskosten, die die Partei dann zahlen müsste.[490] Ist der Rechtsstreit noch nicht abgeschlossen, sind die voraussichtlichen Kosten zu Grunde zu legen.[491] Geht es um **Anordnung von Ratenzahlungen,** so ergibt sich der Gegenstandswert aus den betroffenen Ratenzahlungen, es sei denn die zu erwartenden Kosten sind niedriger. Dabei ist zu beachten, dass diese höchstens 48 Monate lang zu erbringen sind (§ 115 Abs. 2 ZPO).[492] Bei den zu erwartenden Kosten sind die Anwaltsgebühren aus der PKH-Tabelle zu errechnen, da die PKH und Beiordnung ja fortbesteht

1. Beispiel:

Beschwerde gegen die Anordnung von Monatsraten von 100,– EUR monatlich. Der Gegenstandswert der Hauptsache ist 10.000,– EUR. Der Beschwerdewert ist zunächst einmal 48 Monate × 100,– EUR = 4.800,– EUR. Ist aber zu erwarten, dass die Kosten des PKH Berechtigten (seine Anwaltskosten nach der PKH-Tabelle – die PKH besteht ja fort – und uU Gerichtskosten) niedriger als 4.800,– EUR sein werden, so ist der niedrigere Betrag anzusetzen.

---

[482] Mayer/Kroiß/*Nordemann-Schiffel* RVG Anh. I Kap V Rn. 2.
[483] BGH NJW-Spezial 2020, 315 = RVGreport 2020, 186.
[484] BGH FamRZ 2010, 1892 = JurBüro 2011, 31.
[485] OLG Nürnberg JurBüro 1962, 345 (Ls.) = Rpfleger 1963, 138 (Ls.).
[486] *Enders* JurBüro 1997, 449 (451).
[487] Riedel/Sußbauer/*Potthoff* § 23a Rn. 3.
[488] OLG Frankfurt a. M. JurBüro 1988, 1375.
[489] BGH NJW-Spezial 2020, 315 = RVGreport 2020, 186.
[490] *Enders* JurBüro 1997, 449 (451).
[491] *Enders* JurBüro 1997, 449 (452).
[492] *Enders* JurBüro 1997, 505 (506).

Es ist also zu rechnen

1,3 Verfahrensgebühr gem. VV 3100 RVG aus 10.000,– EUR aus Tabelle § 49 RVG	440,70 EUR
1,2 Terminsgebühr gem. VV 3104 RVG aus 10.000,– EUR aus Tabelle § 49 RVG	406,80 EUR
Pauschale gem. VV 7002 RVG	20,00 EUR
19 % MwSt	164,83 EUR
Beim Kläger 3 gerichtliche Verfahrensgebühren gem. KV 1210 aus 10.000,– EUR	798,00 EUR
Summe	1.830,33 EUR

Der Gegenstandswert beträgt also nur 1.830,33 EUR

Würde es nur noch um die letzten 12 Monate gehen, so wäre der Gegenstandswert 12 Monate × 100,– EUR = 1.200,– EUR gewesen.

2. Beispiel:

Dem PKH-Berechtigten ist wegen falscher Angaben zu seinen wirtschaftlichen Verhältnissen gem. § 124 Nr. 3 ZPO die PKH für eine Klage über 10.000,– EUR entzogen worden. Der Beschwerdewert richtet sich nach den Kosten, die der Betroffene selbst zahlen muss. Das sind, da PKH weggefallen ist, die Anwaltskosten aus der Tabelle für Wahlanwälte und uU Gerichtskosten

Der Wert des Beschwerdeverfahrens beträgt

1,3 Verfahrensgebühr gem. VV 3100 RVG aus 10.000,– EUR	798,20 EUR
1,2 Terminsgebühr gem. VV 3104 RVG aus 10.000,– EUR	736,80 EUR
Pauschale gem. VV 7002 RVG	20,00 EUR
19 % MwSt	295,45 EUR
Beim Kläger 3 gerichtliche Verfahrensgebühren gem. KV 1210 aus 10.000,– EUR	798,00 EUR
Summe	2.648,45 EUR

Der Gegenstandswert beträgt also 2.406,85 EUR

3. Beispiel:

Im vorigen Fall musste der PKH-Berechtigte vor dem Entzug der PKH Raten von monatlich 30,– EUR zahlen.

Das Interesse des Berechtigten reduziert sich um 48 × 30,– EUR, die er ohnehin hätte zahlen müssen. Der Gegenstandswert ist also nur 2.648,45 EUR – 1.440,– EUR (48 × 30,– EUR), also 1.208,45 EUR.

Die unterschiedliche Bewertung im Verhältnis zur Bewilligung der PKH-Bewilligung bzw. der Aufhebung gem. § 124 Nr. 1 ZPO rechtfertigt sich damit, dass in den Fällen des § 124 Nr. 2–4 ZPO und des § 120 Abs. 1, 4 ZPO der Prüfungsumfang viel geringer ist. Die Erfolgsaussichten müssen nicht beurteilt werden.[493] **416**

d) Keine Addition der Gegenstandswerte (§ 23a Abs. 2 RVG). Obgleich nach der Wertung des RVG es sich bei dem Hauptsache- und dem PKH-Bewilligungsverfahren um zwei unterschiedliche Gegenstände handelt, sind die Werte beider Verfahren aufgrund ausdrücklicher gesetzlicher Regelung nicht zu addieren (§ 23a Abs. 2 RVG). **417**

2. Beschwerdeverfahren

a) Beschwerde gegen Ablehnung der Bewilligung oder gegen zu hohe Raten. Bei der Beschwerde gegen die Ablehnung der PKH-Bewilligung richtet sich der Wert, wie in der ersten Instanz gem. § 23a Abs. 1 RVG, nach dem Hauptsachewert[494] und nicht nach dem Kosteninteresse, also nicht nach den Gerichtskosten und der Anwaltsvergütung nach der Wahlanwaltstabelle, die der Beschwerdeführer bei Nicht-Bewilligung aus eigener Tasche tragen muss.[495] Es gibt keinen Grund, warum in der Rechtsmittelinstanz etwas anderes gelten soll als in der 1. Instanz.[496] Bei der Anordnung von Ratenzahlungen ergibt sich der Gegenstandswert aus der Differenz der angeordneten zu der vom Beschwerdeführer begehrten Ratenzahlung, es sei denn die zu erwartenden Kosten sind niedriger.[497] **418**

b) Beschwerde gegen Beschränkung bei Streitgenossen. Richtet sich die Beschwerde nur dagegen, dass die PKH-Bewilligung bei einem **Streitgenossen** nur für die 0,3 Erhöhung gem. VV 1008 RVG gewährt wurde, so richtet sich der Wert nach dem Betrag der Vergü- **418a**

[493] BGH FamRZ 2012, 1937.

[494] BGH NJW-Spezial 2020, 315 = RVGreport 2020, 186; NJWspezial 2011, 349 = AGS 2011, 305; FamRZ 2010, 1892 = JurBüro 2011, 31; OLG Frankfurt a. M. JurBüro 1991, 1645; OLG Stuttgart AGS 2010, 454, die letzten beiden Entscheidungen für den Fall, dass nicht ausschließlich die Bedürftigkeit der Partei, sondern – auch – die Erfolgsaussichten der Rechtsverfolgung in Frage stehen; VGH München NJW 2007, 861; **aA** Bay. VGH JurBüro 2019, 190 = AGS 2019, 234 mablAnm *N. Schneider* = RVGreport 2019, 153 mablAnm *Hansens.*

[495] Zur Bewertung nach Kosteninteresse: VGH Mannheim NJW 2009, 1692; VGH München RVGreport 2019, 153; RVGreport 2009, 397.

[496] **AA** Bay. VGH JurBüro 2019, 190, das auf die Kosten abstellen will = AGS 2019, 234 mablAnm *N. Schneider* = RVGreport 2019, 153 mablAnm *Hansens.*

[497] BGH FamRZ 2012, 1937.

tung, die die Staatskasse übernehmen soll,[498] abzüglich der bereits zuerkannten 0,3 Erhöhung.[499] Der Betrag ist anhand der Gebühren für den PKH-Anwalt gem. § 49 RVG zu errechnen.[500]

Es ist dann bei einem Streitwert von 10.000 EUR wie folgt zu rechnen:

1,3 Verfahrensgebühr aus Tabelle § 49 RVG	440,70 EUR
+ 1,2 Terminsgebühr aus Tabelle § 49 RVG	406,80 EUR
+ Postentgeltpauschale	20,00 EUR
– 0,3 Erhöhung gem. VV 1008 RVG aus Tabelle § 49 RVG	101,70 EUR
Ergebnis	765,80 EUR
+ 19% MWSt	145,50 EUR
Beschwerdewert	911,30 EUR

419 **c) Beschwerde gegen Vergütungsfestsetzung.** Richtet sich die Beschwerde des beigeordneten Anwalts dagegen, dass die zu seinen Gunsten erfolgte Vergütungsfestsetzung zu gering ist (zB 600,– EUR statt 1.000,– EUR), so richtet sich der Beschwerdewert nach dem begehrten Mehrbetrag (also 400,– EUR).[501]

420 **d) Festsetzung des Beschwerdewerts.** Der RA kann gem. § 33 Abs. 1 die Wertfestsetzung für das Beschwerdeverfahren beantragen, da hinsichtlich der Gerichtskosten keine Festsetzung erfolgt, nachdem, wenn überhaupt, nur eine Festgebühr gem. KV 1812 anfällt.[502] Wegen Beschwerde → Rn. 427 ff.

3. VKH-Bewilligungsverfahren

421 Für das VKH-Bewilligungsverfahren, auch für solche in FG-Familiensachen, für die § 23a ebenfalls eingreift und für die über §§ 76, 113 Abs. 1 S. 2 FamFG die §§ 114 ff. ZPO zur Anwendung kommen, gelten die zuvor dargestellten Werte in gleicher Weise.

- **Protokollberichtigung**

422 5–10% des Hauptsachewerts.[503]

- **Prozessvoraussetzungen**

423 Maßgebend ist der Wert der Hauptsache ohne Abschlag.[504]

- **RA-Gebühren**

424 → RVG §§ 22, 23, 33.

- **Ratenzahlung**

425 → § 31b Rn. 1 ff.

- **Realisierbarkeit**

426 → Rn. 694.

- **Rechtsmittel**

1. Beschwer und Rechtsmittelwert

427 Zwischen beiden ist zu unterscheiden.

Beschwer. Die Beschwer ergibt sich daraus, inwieweit die Entscheidung der Vorinstanz von den Anträgen der Parteien abweicht.

Beispiel:

Eingeklagt sind 10.000,– EUR. Beklagter beantragt Abweisung in voller Höhe. Zuerkannt werden 4.000,– EUR. Für den Kläger beträgt die Beschwer 6.000,– EUR, für den Beklagten 4.000,– EUR.

428 **Rechtsmittelwert.** Er ergibt sich aus dem Umfang, in dem der Rechtsmittelführer die Entscheidung angreift.

---

498 BGH AGS 2020, 239 =RVGreport 2020, 186 mablAnm *Hansens,* der auch hier auf den Wert der Hauptsache abstellen will.

499 *N. Schneider* Anm. zu BGH AGS 2020, 239.

500 *N. Schneider* Anm. zu BGH AGS 2020, 239 gegen BGH, der – wohl versehentlich – die Wahlanwaltsgebühren zu Grunde gelegt hat.

501 OLG Düsseldorf JurBüro 2008, 592.

502 *Hansens* BRAGO § 51 Rn. 11; dazu, dass KV 1812 dem bisherigen KV 1956 entspricht, s. BT-Drs. 15/1971, 164.

503 OLG Frankfurt a. M. AGS 2016, 190 teilweise mzustAnm *Thiel.*

504 BGH VersR 1991, 122.

Beispiel:
Im vorigen Beispiel legt der Kläger Berufung ein mit dem Ziel, dass ihm insgesamt 7.000,– EUR zugesprochen werden sollen. Der Rechtsmittelwert für die RA- Gebühren beträgt 3.000,– EUR.

Die folgenden Ausführungen betreffen, soweit nicht speziell die Beschwer angesprochen wird, den Rechtsmittelwert. **429**

2. Anzuwendende Vorschriften

Es gelten über § 23 RVG **430**
– für ZPO-Verfahren § 47 GKG,
– für Familiensachen § 40 FamGKG,
– für FG-Verfahren ohne Familiensachen § 61 GNotKG,
– für Verfahren vor den Gerichten der Verwaltungs- Finanz- und Sozialgerichtsbarkeit §§ 52, 47 GKG.

3. Umfang des Angriffs –

a) Grundsatz. Für den Rechtsmittelwert kommt es darauf an, in welchem Umfang die vorausgegangene Entscheidung angegriffen wird.[505] Das kann sich aus dem Rechtsmittelantrag oder der -begründung ergeben. Bieten beide keine ausreichenden Anhaltspunkte, zB weil das Rechtsmittel vor Antragstellung zurückgenommen wird, so ist auf die Beschwer zurückzugreifen (§ 47 Abs. 1 S. 2 GKG, § 40 Abs. 1 S. 2 FamGKG) → Rn. 437. **431**

b) Abweichende Werte für RA-Gebühren – Rechtsmittelführer. ***aa) Grundsatz.*** Die vorgenannten Bestimmungen (→ Rn. 430) gelten unbeschränkt für die Gerichtsgebühren, nicht jedoch für die RA-Gebühren. Diese können abweichen. Der BGH hat entschieden, dass die volle Verfahrensgebühr aus dem Wert der Beschwer seines Mandanten anfällt, wenn der RA auftragsgemäß gegen ein Berufungsurteil uneingeschränkt Nichtzulassungsbeschwerde einlegt und diese aufgrund einer Rechtsprüfung nachfolgend beschränkt. § 47 GKG, wonach sich der Streitwert erst aus den Anträgen des Rechtsmittelführers ergibt, ist nach dieser Auffassung beim RA nicht anzuwenden.[506] Es ist davon auszugehen, dass der RA in dem BGH-Fall[507] ohne jede Erklärung zum Umfang zunächst einmal nur das Rechtsmittel eingelegt hatte, da, wenn er erst einmal ausdrücklich erklärt hätte, dass er die Vorentscheidung in vollem Umfang angreift, keine Ausführungen zu einer Abweichung vom gerichtlichen Gebührenwert erforderlich gewesen wären. Dem BGH ist nur teilweise zu folgen. Es sind hier unterschiedliche Konstellationen zu unterscheiden. **431a**

bb) Volle Verfahrensgebühr. Bei der Einlegung eines Rechtsmittels ohne jeden Hinweis darauf, in welchem Umfang die Vorentscheidung angegriffen werden soll, fällt keine volle Verfahrensgebühr (anders uU für die beschränkte Verfahrensgebühr → Rn. 432a) aus der Beschwer des Mandanten an. Es gibt insoweit keinen ausreichenden Grund im Fall des § 47 GKG von dem in § 23 RVG niedergelegten Grundsatz abzuweichen, dass die Gegenstandswerte für die anwaltlichen Gebühren sich nach den Gegenstandswerten für die Gerichtsgebühren richten. **431b**

Fehlendes Bewertungskriterium. Bei einer bloßen Rechtsmitteleinlegung ohne Antrag ist für alle Beteiligten erkennbar noch offengelassen, in welchem Umfang das Rechtsmittel durchgeführt werden wird. Es ist kein unbeschränktes Rechtsmittel eingelegt, sondern eines, dessen Umfang lediglich nicht bestimmt und damit bewusst offen gelassen wird. Ein Antrag oder eine Begründung, an Hand derer der Gegenstandswert bestimmt werden könnte, fehlt. Allein schon deshalb fehlt es an einem Kriterium, an Hand dessen der Gegenstandswert bestimmt werden könnte. **431c**

Umfang der Tätigkeit und Haftung des RA. Wichtiger ist aber noch, dass kein Grund besteht, von § 23 RVG abzuweichen. Von dem Grundsatz, dass sich die Gegenstandswerte für anwaltliche Tätigkeiten gem. § 23 RVG nach den Gegenstandswerten für die Gerichtsgebühren richten, abzuweichen, wäre nur dann gerechtfertigt, wenn der Umfang der anwaltlichen Tätigkeit des RA und/oder seine Haftung dies erfordern würden. Auch der BGH beruft sich zur Rechtfertigung darauf, dass der RA durch die „volle Sachprüfung im gerichtlichen Verfahren eine weitergehende Tätigkeit entfaltet hat."[508] Der Umfang der anwaltlichen Tätigkeit recht- **431d**

---

[505] OLG Hamm JurBüro 1985, 873 = Rpfleger 1985, 166; OLG Koblenz JurBüro 1986, 1830.
[506] Ausführlich BGH JurBüro 2018, 183 Rn. 22 ff. = AGS 2018, 60 mzustAnm *N. Schneider* = RVGreport 2018, 150 mzustAnm *Hansens.;* BGH AGS 2020, 33 = NJW-Spezial 2020, 59.
[507] BGH JurBüro 2018, 183.
[508] BGH JurBüro 2018, 183 Rn. 23.

fertigt aber nicht eine volle Gebühr aus der Beschwer (wohl aber uU eine reduzierte Gebühr aus der Beschwer → Rn. 432a). Die Ausnutzung der Möglichkeit, ein Rechtsmittel ohne Antrag einlegen zu dürfen, reduziert Tätigkeit des RA zum Zeitpunkt der Rechtsmitteleinlegung erheblich; er muss sich noch nicht festlegen, in welchem Umfang er Rechtsmittel einlegen will. Er muss auch keine Haftung für den Umfang seines Rechtsmittels übernehmen.

431e **Aushebelung der längeren Frist zur Begründung des Rechtsmittels.** Der BGH weist zutreffend darauf hin, dass die sachliche Rechtfertigung des § 47 GKG darin liegt, dass der Rechtsmittelführer keinen Nachteil dadurch erleiden soll, dass er die ihm durch die Begründungsfristen eingeräumte Überlegungsfrist (§§ 520 Abs. 2, 544 Abs. 2, 551 Abs. 2 S. 2. ZPO) ausnützt. Genau diese Nachteile treten aber ein, wenn man dem BGH folgt; der Rechtsmittelführer muss viel höhere Gebühren zahlen, und zwar Gebühren die die des Gerichts weit übersteigen. Sollen solche Nachteile wirklich vermieden werden, so muss § 47 GKG auch für die vollen anwaltlichen Gebühren gelten.

431f **Konsequenzen für Gebührenanspruch gegen Rechtsmittelführer.** Folgt man der Rspr. des BGH, so sind die Zeiten, da der RA zunächst einmal von der Möglichkeit des § 519 ZPO Gebrauch macht und einfach nur ein Rechtsmittel einlegt – hinsichtlich der Bestimmung des Umfangs hat man ja noch Zeit -, für einen verantwortungsbewussten RA eingeschränkt. Im Hinblick auf die uU durch eine Rechtsmitteleinlegung ohne Bestimmung des Umfangs erhöhten und bei einer späteren Beschränkung uU auch nicht vom Gegner zu erstattenden Kosten (→ VV 3200 Rn. 15 ff.), gehört es zu den anwaltlichen Pflichten, wenn irgend möglich vorher diese Frage zu klären und dann von Anfang an das Rechtsmittel eingeschränkt einzulegen. Hält sich der RA nicht daran und hatte er ausreichend Zeit zur Prüfung des Umfangs, so verstößt er gegen eine Nebenpflicht und macht sich schadensersatzpflichtig mit der Folge, dass er den unnötigen Gebührenteil nicht geltend machen kann (→ § 1 Rn. 166).[509] Sollte die Rspr. des BGH dahingehend verstanden werden, dass die Verfahrensgebühr des Rechtsmittelgegners bei einem Rechtmittel ohne Erklärung zum Umfang auch aus der Beschwer des Rechtsmittelführers zu ermitteln ist (was allerdings zu verneinen ist → Rn. 432d), so käme dann noch hinzu, dass durch die Rechtsmitteleinlegung ohne Einschränkung uU höhere Erstattungsansprüche verursacht würden.

431g **Schlechterstellung des das Rechtsmittel beschränkenden RA.** Der BGH rechtfertigt seine Meinung auch damit, dass der RA, der zunächst ein Rechtsmittel ohne Antrag einlegt, dieses dann aber mit der Begründung beschränkt, nicht schlechter stehen dürfe als der RA, der nach der antragslosen Rechtsmitteleinlegung keinen Antrag mehr stellt. Auch diese Argument spricht nicht für den BGH. § 47 GKG greift bei fehlendem Rechtsmittelantrag notgedrungen auf die Beschwer zurück, weil sich kein anderes Bewertungskriterium anbietet. Dass das vom Arbeitsaufwand her gesehen häufig zu nicht gerechtfertigten Ergebnissen führt, ist dem § 47 GKG immanent und wird vom Gesetz in Kauf genommen. Das gilt auch für die Gerichtskosten. Wird das Rechtsmittel nicht begründet, so kann das Gericht mit minimalem Aufwand das Rechtsmittel als unzulässig verwerfen (zB gem. § 522 Abs. 1 S. 2 ZPO) und trotzdem fallen die Gebühren aus dem hohen Wert der Beschwer an. Dem gegenüber muss das Gericht bei einem beschränkten Antrag ganz erheblichen Arbeitaufwand bei gerigerem Gebührenwert erbringen. Das Gleiche gilt beim RA, und zwar auch dann, wenn man dem BGH folgt. Verbindet der RA die Einlegung des Rechtsmittels sofort mit einem beschränkten Antrag, macht er sich also von Anfang an die Mühe, den Umfang der Rechtsmitteleinlegung zu prüfen, und nimmt er dann zurück, so steht er schlechter als der RA der, der erst einmal mit geringerem Aufwand nur das Rechtsmittel einlegt und dann zurücknimmt.

432 **Inkonsequenz der BGH-Rspr.** Die Rspr. des BGH ist auch nicht konsequent. Bei Hilfsanträgen und Hilfsaufrechnungen, bei denen es vom Arbeitsaufwand her für eine Abweichung der anwaltlichen Gegenstandswerte von den gerichtlichen gute Gründe gäbe, wird eine unterschiedliche Behandlung abgelehnt (→ Rn. 284), während hier, da dies vom Arbeits- und Haftungsaufwand nicht erforderlich ist, differenziert wird.

432a ***cc) Beschränkte Verfahrensgebühr aus Beschwer.*** Eine reduzierte Verfahrensgebühr (zB 1,1 Verfahrensgebühr gem. RVG VV 3201) aus der vollen Beschwer kann anfallen, zB wenn der RA von Anfang einen Auftrag für ein unbeschränktes Rechtsmittel hatte und sich Gedanken zur Sache selbst gemacht hat. Diese Tätigkeit rechtfertigt eine Abweichung von § 47 GKG. Es würde dem Umfang der Tätigkeit des RA nicht gerecht, wenn er nur aus dem niedrigeren Wert des tatsächlich durchgeführten Rechtsmittels vergütet würde.

---

509 *Hansens* Anm. zu BGH RVGreport 2018, 150.

dd) Keine beschränkte Verfahrensgebühr aus Beschwer. Eine beschränkte Verfahrensgebühr aus dem vollen Wert scheidet allerdings dann aus, wenn bei der Auftragserteilung und auch zum Zeitpunkt der Rechtsmitteleinlegung noch unklar ist, in welchem Umfang das Urteil angegriffen werden soll, wobei der Mandant sich das noch einmal für sich selbst ohne Beratung durch den RA überlegen will. Der RA soll zur Fristwahrung von der in §§ 520 Abs. 2, 544 Abs. 2, 551 Abs. 2 S. 2. ZPO eingeräumten Möglichkeit Gebrauch machen, zunächst einmal nur das Rechtsmittel einzulegen und es dabei offen zu lassen, in welchem Umfang das Urteil angegriffen werden soll. Der Mandant werde dem RA dann noch mitteilen, in welchem Umfang das Rechtsmittel durchgezogen werden soll. Er bittet nicht den RA, den Umfang zu prüfen, Hier besteht kein Grund, vom § 47 GKG abzuweichen, auch nicht hinsichtlich der reduzierten Verfahrensgebühr. Dasselbe gilt, wenn der mit Terminsachen voll ausgelastete RA ohne vorherige Prüfungstätigkeiten erklärt, er werde jetzt erst einmal, um die Rechtsmittelfrist zu wahren, Rechtsmittel einlegen, er werde später prüfen, in welchem Umfang das Rechtsmittel durchgeführt werden soll. **432b**

c) Keine abweichenden Werte für Rechtsmittelgegner. Für die Gebühren des Rechtsmittelgegners ist § 47 GKG uneingeschränkt anzuwenden. Sein Tätigkeitsumfang ist vor der Rechtsmittelbegründung sehr begrenzt ist, da er sich noch nicht näher mit der Sache befassen muss und ein Sachantrag oder -vortrag nicht erforderlich ist (→ RVGVV 3201 Rn. 53 ff.). **432d**

d) Antrag und Rechtsmittelbegründung. *aa) ZPO-Verfahren.* Der Umfang des Angriffs ergibt sich aus aus den gestellten Anträgen (§ 47 Abs. 1 S. 1 GKG, § 40 Abs. 1 S. 1 FamGKG)[510] oder aus der Rechtsmittelbegründung.[511] Hat der Berufungsführer einen Antrag gestellt, so ist von diesem auszugehen und zwar auch dann, wenn er unter dem Wert liegt, der für die Zulässigkeit erforderlich ist.[512] **433**

Scheinantrag. Wird ein niedrigerer Antrag gestellt, der nur darauf abzielt, den Gegenstandswert des Rechtsmittelverfahrens, das nicht durchgeführt werden soll, niedrig zu halten, so bleibt der Antrag unberücksichtigt.[513] Der Wert richtet sich dann nach der Beschwer durch das angegriffene Urteil (§ 47 Abs. 1 S. 2 GKG; § 40 Abs. 1 S. 2 FamGKG). Ein Missbrauch wurde angenommen in einem Fall, in dem **434**

- die Beschwer 20,– Mio EUR war, der Antrag nur noch 250,– EUR betraf und das Rechtsmittel einen Tag nach Antragstellung zurückgenommen wurde,[514]
- die Berufung auf die Kostenentscheidung beschränkt und einen Tag später zurückgenommen wurde,[515]
- bei einer Beschwer von fast 60.000,– EUR ein Antrag nur noch wegen 350,– EUR (also unter Zulässigkeitswert) mit einer offensichtlich unhaltbaren Begründung für diesen kleinen Betrag gestellt wurde und obendrein schon zwei Tage nach der Antragstellung die Berufung zurückgenommen wurde.[516]

bb) Familiensachen, inkl. FG-Familiensachen. Über § 40 FamGKG gilt das zu ZPO-Verfahren Dargelegte entsprechend. Dabei ist zu beachten, dass in § 40 FamGKG nicht unterschieden wird zwischen Familienstreitsachen und FG-Familiensachen. Also gelten auch bei letzteren und nicht nur bei Familienstreitsachen die gleichen Grundsätze wie bei ZPO-Verfahren. Die Grundsätze, die sonst bei FG-Verfahren heranzuziehen sind, sind in FG-Familiensachen nicht anzuwenden. **435**

cc) FG-Verfahren ohne Familiensachen. Hier ist § 61 GNotKG, der § 40 FamGKG entspricht, anzuwenden (früher §§ 131 Abs. 4, 30 KostO). Soweit ein Rechtsmittelantrag nicht gestellt werden muss (wie bei der Beschwerde in einer Familiensache der freiwilligen Gerichtsbarkeit nach §§ 58 ff. FamFG), ist der Antrag, wenn er dennoch gestellt wird, maßgehend. Unterbleibt ein Antrag, ergibt sich aber aus den Umständen, in welchem Umfang die erste Entscheidung angegriffen sein soll, so ist das so zu behandeln, als ob ein entsprechender Antrag gestellt wäre. Fehlt es auch hieran, so ist gem. § 61 Abs. 1 S. 2 GNotKG auf die Beschwer durch die erste Entscheidung abzustellen.[517] Dazu, dass es unter der Geltung der §§ 131 **436**

---

[510] BGH NJW 1974, 1286.
[511] BGH FamRZ 2005, 1538.
[512] *Schneider* MDR 1975, 1027; **aA** OLG Düsseldorf MDR 1975, 1027, mindestens der Zulässigkeitswert.
[513] BGH (GS) BGHZ 70, 365 = NJW 1978, 1263; NJW-RR 1998, 355; OLG Köln AGS 2018, 133 = NJW-Spezial 2018, 349; AGS 2012, 531; OLG München JurBüro 1992, 252.
[514] BGH (GS) NJW 1978, 1263.
[515] BGH NJW-RR 1998, 355; OLG Köln AGS 2012, 531.
[516] OLG Köln AGS 2018, 133 = NJW-Spezial 2018, 349.
[517] HK-FamGKG/*Schneider* § 40 Rn. 12.

Abs. 4, 30 KostO ganz ähnlich war Gerold/Schmidt/*Müller-Rabe,* 20. Aufl. 2012, RVG Anh. VI Rn. 350.

437 **e) Rechtsmittel ohne Begrenzung.** Ist weder ein Antrag gestellt und ergibt sich auch nichts aus einer Rechtsmittelbegründung, so errechnet sich der Wert danach, in welchem Umfang die vorinstanzliche Entscheidung zu Lasten des Rechtsmittelführers ergangen ist (§ 47 Abs. 1 S. 2 GKG; § 40 Abs. 1 S. 2 FamGKG), also aus der Beschwer (→ Rn. 427 ff.).[518] Das gilt für Rechtsmittelführer wie -gegner. Dasselbe gilt, wenn die Rechtsmittelbegründung erst nach Ablauf der Begründungsfrist (zB der des § 117 Abs. 1 FamFG) eingereicht wird.[519] Das sieht nunmehr auch das Gesetz in § 40 Abs. 1 S. 2 FamGKG ausdrücklich vor.

438 **Teilweises Anerkenntnis.** Ist in der Vorinstanz teilweise ein Anerkenntnisurteil ergangen, so entspricht nach dem KG der Gegenstandswert der Berufung der vollen Urteilssumme, wenn nicht irgendwie zum Ausdruck gebracht wird, dass nur die streitige Entscheidung angegriffen sein soll. Auch Anerkenntnisurteile könnten angegriffen werden.[520] Dabei berücksichtigt das KG nicht ausreichend, dass ein Rechtsmittel gegen eine Anerkenntnisentscheidung bzgl. der Hauptsache derart die Ausnahme ist, dass im Regelfall ohne Weiteres davon ausgegangen werden kann, dass der Angriff sich nicht gegen diese richtet. Es ist, wenn nicht besondere Umstände vorliegen, daher nur der Kostenwert bzgl. des anerkannten Teils zu berücksichtigen und das auch nur, wenn die Kostenentscheidung zu Lasten des Rechtsmittelführers ausgegangen ist.

439 **e) Fehlende Beschwer.** Ist der Rechtsmittelkläger objektiv nicht beschwert, weil das Urteil seinem Antrag voll entsprochen hat, so ist der Wert nicht null, da auch ohne Beschwer das Rechtsmittel für Gericht und RA mit Arbeitsaufwand verbunden ist. Wird das Rechtsmittel vor Antragstellung zurückgenommen, so ist gem. § 47 Abs. 1 S. 2 GKG; § 40 Abs. 1 S. 2 FamGKG auf die Beschwer abzustellen, und zwar auf die objektive Situation und nicht auf hypothetische, oft kaum feststellbare Vorstellungen des Rechtsmittelklägers.[521] Es sind deshalb die Gebühren aus dem Mindestwert von 500,– EUR[522] zu errechnen und nicht aus den bei der Berufung für die Zulässigkeit gem. § 511 Abs. 2 Nr. 1 ZPO) mindestens notwendigen 600,01 EUR.[523]

4. Höchstgrenze. Wert der ersten Instanz

440 Der Gegenstandswert des Rechtsmittelverfahrens kann grds. nicht höher sein als der der ersten Instanz (§ 47 Abs. 2 GKG; § 40 Abs. 2 S. 1 FamGKG). Das gilt aber dann nicht,
– wenn sich der Wert des Gegenstandes, über den gestritten wird, geändert hat,[524] zB wegen veränderter Wechselkurse oder höherem Wert von Wertpapieren.
– wenn besondere Umstände zu einer Erhöhung des Gegenstandswerts führen können, wie zB gem. § 45 Abs. 3 FamGKG, und die besonderen Umstände, zB ein besonders aufwändiges Verfahren, nur in der zweiten Instanz gegeben sind.[525]

5. Einzelfragen

441 **a) Aufrechnung,** → Rn. 285 ff.

442 **b) Auskunft,** → Rn. 54 ff.

443 **c) Aussetzungsbeschluss.** Bei Beschwerden gegen einen Beschluss, mit dem das Verfahren ausgesetzt wird, ist das Interesse des Beschwerdeführers an der Aussetzung oder Nichtaussetzung maßgebend.[526] Dieses ist meistens erheblich niedriger als der Hauptsachewert. Häufig werden 20 % des Hauptsachewerts angesetzt.[527]

---

518 BGH AGS 2011, 139.

519 OLG Hamburg NJW 2012, 3523 = AGS 2012, 490.

520 KG MDR 2011, 880.

521 Gegen eine Unterstellung, dass der Rechtsmittelkläger kein unzulässiges Rechtsmittel habe einlegen wollen: *E. Schneider* MDR 1975, 1027.

522 Meyer Gerichtskosten GKG § 47 Rn. 7; *Lappe* Anm. zu KostRspr GKG § 14 Nr. 22.

523 So aber OLG Frankfurt a. M. AnwBl 1984, 448 = JurBüro 1984, 902; OLG Düsseldorf MDR 1975, 1027, sogar für den Fall, dass der Rechtsmittelkläger einen niedrigeren Antrag gestellt hat; *Hansens* BRAGO § 31 Rn. 8.

524 BGH NJW 1982, 341 = JurBüro 1982, 49; NJW-RR 1998, 1452; BVerwG Rpfleger 1989, 171; Hartmann/Toussaint/*Toussaint* GKG § 47 Rn. 15; **aA** OLG Hamburg JurBüro 1981, 1546.

525 OLG Dresden AGS 2016, 426 mzustAnm *Thiel* = JurBüro 2016, 424; OLG Naumburg AGS 2018, 136 = NJW-Spezial 2018, 315 = RVGreport 2018, 190 mzustAnm *Hansens.*

526 BGHZ 22, 283 = NJW 1957, 424.

527 OLG Bamberg JurBüro 1978, 1243; OLG Karlsruhe FamRZ 2011, 1233 Rn. 16; KG AGS 2003, 81.

d) Dritter. Ist ein Dritter beschwerdeberechtigt, zB der Zeuge, über dessen Aussageverweigerung nach § 387 ZPO entschieden worden ist, so ist das Interesse dieses Dritten maßgebend. 444

e) Erledigungsfeststellung – Rechtsmittel gegen E., → Rn. 230. 445

f) Beschwerde wegen Gegenstandswert. Es kommt auf das Interesse des Beschwerdeführers an der Änderung des Gegenstandswertes an. 446

Für den **RA als Beschwerdeführer** im eigenen Interesse ist dies nur der Unterschied in seiner Vergütung, der sich bei Zugrundelegung des angegriffenen und des angestrebten Gegenstandswerts ergibt.[528] Dabei sind MwSt und Auslagen gem. VV 7001 RVG mit zu berücksichtigen.[529] 447

PKH-Anwalt. Ist der RA bei PKH mit Ratenzahlung beigeordnet oder hat er einen Kostenerstattungsanspruch nach § 126 ZPO gegen den Gegner oder hat er zur Zeit der Entscheidung über die Beschwerde sonst wie einen Anspruch, der sich nach der Wahlanwaltstabelle errechnet, so ist auf die Wahlanwaltstabelle abzustellen.[530] 448

Aber auch wenn diese Voraussetzungen bei Einlegung der Beschwerde und auch während des Beschwerdeverfahrens nicht vorliegen, sollte die Wahlanwaltstabelle herangezogen werden.[531] Zwar ist grds. auf den Zeitpunkt der Einlegung der Beschwerde abzustellen[532] und können lediglich bis zum Zeitpunkt der Entscheidung entstehende Änderungen berücksichtigt werden.[533] Es muss jedoch auch berücksichtigt werden, dass einerseits sich nachträglich die Rechtslage ändern kann, zB weil der Beiordnungsbeschluss geändert wird, etwa nach § 120a ZPO, dass andererseits – und das ist das Besondere an dieser Situation – diese Änderung wegen Ablaufs der 14-Tagesfrist (§ 33 Abs. 3 S. 3 RVG) später uU nicht mehr berücksichtigt werden kann.

Beschwerde der Partei. Bei ihr ist Mehrbelastung der Partei hinsichtlich der Gerichtskosten und der Anwaltskosten ausschlaggebend.[534] 449

g) Hilfsanträge und -aufrechnung, → Rn. 285 ff. 450

h) Klageerweiterung, → Rn. 313. 451

i) Kostenfestsetzung, → Rn. 339. 452

j) Kostengrundentscheidung. Der Gegenstandswert ist der Betrag, um den der Beschwerdeführer in der Kostenfestsetzung besser steht, wenn sein Rechtsmittel Erfolg hat. 453

Nebenforderung → Rn. 402 ff.

k) Nichtzulassungsbeschwerde. Der Gegenstandswert hängt davon ab, in welchem Umfang die Zulassung der Revision gegen das Berufungsurteil begehrt wird. Er kann vom Gegenstandswert des Revisionsverfahrens abweichen, zB weil im nachfolgenden Revisionsverfahren nur ein Teil der Ansprüche des Zulassungsverfahrens, etwa weil nur ein Teil zugelassen wurde, weiter verfolgt wird.[535] 454

l) PKH → Rn. 418 ff. 455

m) Prüfung der Erfolgsaussichten eines Rechtsmittels, → RVG VV 2100 Rn. 5. 456

n) Rechtsbeschwerde. Der Gegenstandswert der Rechtsbeschwerde hängt davon ab, in welchem Umfang die angegriffene Entscheidung abgeändert werden soll. 457

o) Revision. Es gelten die gleichen Grundsätze wie bei der Berufung. 458

Unselbständige Anschlussrevision. Der Wert einer unselbständigen Anschlussrevision ist dem Wert der Revision auch dann hinzuzurechnen, wenn die Anschlussrevision gem. § 554 Abs. 4 ZPO dadurch ihre Wirkung verliert, dass die Revision zurückgenommen oder als unzulässig verworfen wird.[536]

---

528 OLG Karlsruhe JurBüro 2005, 542; LG Stade AnwBl 1982, 438; LAG RhPf NZA-RR 2012, 443 = AGS 2012, 302.

529 Zöller/*Herget* ZPO § 3 Rn. 16 „Streitwertbeschwerde".

530 So für PKH mit Ratenzahlung LAG RhPf AGS 2011, 449.

531 OLG Celle FamRZ 2006, 1690 = OLGR 2006, 832; OLG Frankfurt a. M. FamRZ 2012, 1970 = AGS 2012, 347; *Hansens* Anm. zu LAG RhPf RVGreport 2012, 196; Schneider/Herget/*Schneider* Rn. 781; **aA** OLG Rostock MDR 2011, 1260 laut *Hansens* Anm. zu LAG RhPf RVGreport 2012, 196; HessLAG AGS 2015, 524 mablAnm *N. Schneider;* LAG München 17.3.2009 – 10 Ta 394/07 BeckRS 2009, 67502; LAG RhPf AGS 2011, 449; RVGreport 2008, 274; AGS 2009, 245 mablAnm *N. Schneider.*

532 LAG München 17.3.2009 – 10 Ta 394/07 BeckRS 2009, 67502; Zöller/*Heßler* ZPO § 567 Rn. 40.

533 OLG Hamburg MDR 2007, 1285.

534 OVG Magdeburg AGS 2013, 427.

535 HBS VergütungsR Teil 8 Rn. 608.

536 BGHZ (GS) 72, 339 = NJW 1979, 878.

459 **p) Rücknahme des Rechtsmittels,** → Rn. 316 ff.

460 **q) Teilabhilfe.** Hilft der Rechtspfleger oder Urkundsbeamte einer sofortigen Beschwerde teilweise ab, so richtet sich der Beschwerdewert für die Frage, ob noch die Beschwerdesumme erreicht ist, nach dem Wert, soweit nicht abgeholfen wurde.[537] Für die anwaltliche Verfahrensgebühr bleibt es aber bei dem anfänglichen Beschwerdewert. Die Terminsgebühr hingegen reduziert sich, wenn sie erstmals nach der Abhilfe anfällt.

461 **r) Wechselseitige Rechtsmittel.** ***aa) Allgemeines.*** **Eine Angelegenheit.** Handelt es sich um die Anfechtung derselben Entscheidung, so kommt es darauf an, ob verschiedene Gegenstände oder derselbe betroffen sind.

462 **Verschiedene Gegenstände.** Sind verschiedene Gegenstände zB nach Verkehrsunfall einerseits Sachschäden, andererseits Schmerzensgeld, betroffen, ist zu addieren. Dasselbe gilt, wenn beide Parteien wegen der Haftungsquote bei einem Unfall (Kläger $^1/_3$, Beklagter $^2/_3$) Rechtsmittel einlegen.[538]

Unerheblich ist, ob es sich um ein selbständiges oder unselbständiges Anschlussrechtsmittel handelt. Daran ändert sich auch nichts, wenn das Rechtsmittel zurückgenommen oder verworfen wird.[539] Wird mit der Anschlussberufung lediglich die Kostenentscheidung angegriffen, so hat sie keinen eigenen Gegenstandswert.[540]

463 **Identität der Gegenstände.** Bei Identität der Gegenstände der Berufung werden die Werte nicht addiert (§ 45 Abs. 2, Abs. 1 S. 3 GKG; § 39 Abs. 2, Abs. 1 S. 3 FamGKG).

464 **Nebenforderungen.** Ficht eine Partei wegen der Hauptforderung, die andere wegen Nebenforderungen ein Urteil an, so richtet sich der Gegenstandswert wegen der auch im Rechtsmittelverfahren geltenden § 4 Abs. 1 ZPO, § 43 Abs. 1 GKG, § 37 Abs. 1 FamGKG nur nach der Hauptsache.[541]

465 ***bb) Wechselseitige Beschwerden.*** Es gelten die gleichen Grundsätze wie auch sonst bei wechselseitigen Rechtsmitteln (→ Rn. 461 ff.). Geht es um verschiedene Gegenstände, sind die Werte zu addieren. Bei Gleichheit des Gegenstands gibt es keine Addition.[542]

Beispiel für verschiedenen Gegenstände:

Gegen denselben Kostenfestsetzungsbeschluss legen der zu 70 % erstattungsberechtigte Kläger Beschwerde ein wegen ihm aberkannter Reisekosten iHv 500,– EUR, der Beklagte wegen ihm gestrichener Privatgutachterkosten von 1.000,– EUR.

Der Gegenstandswert beträgt	
70 % aus 500,– EUR	350,– EUR
30 % aus 1.000,– EUR	300,– EUR
Addition	650,– EUR
Beide Parteivertreter verdienen	
0,5 Verfahrensgebühr gem. VV 3500 RVG aus 650,– EUR	44,– EUR
Pauschale gem. VV 7002 RVG 20 % aus 44,– EUR	8,80 EUR
Summe	52,80 EUR

466 ***cc) Beschwerde gegen abhelfenden Abhilfebeschluss.*** **(1) Kostenfestsetzungs- und Kostenansatzverfahren.** In der Kostenfestsetzung bzw. im Kostenansatzverfahren stellen die ursprüngliche Beschwerde/Erinnerung und das Rechtsmittel gegen die abhelfende Abhilfeentscheidung eine Einheit dar (→ RVG § 16 Rn. 136). Da der Beschwerdegegenstand in diesem Fall derselbe ist, findet keine Addition der Gegenstandswerte statt.[543]

Beispiel:

Nachdem der Rechtspfleger der sofortigen Beschwerde des in vollem Umfang erstattungsberechtigten Klägers wegen der Terminsgebühr (Wert 1.440,– EUR) abgeholfen hat, legt der Beklagte gegen den Abhilfebeschluss sofortige Beschwerde ein.

Beide RA verdienen einmal	
0,5 Gebühr gem. VV 3500 RVG aus 1.440,– EUR	63,50 EUR
Pauschale gem. VV 7002 RVG (20 % aus 63,50 EUR)	12,70 EUR
Summe	76,20 EUR

---

[537] OLG Celle AGS 2011, 354; KG MDR 2007, 235.

[538] OLG Oldenburg JurBüro 2020, 37; *N. Schneider* Anm. zu OLG Celle AGS 2008, 39; **aA** OLG Celle OLGR 2007, 794 = AGS 2008, 39.

[539] Vgl. auch zum alten Recht, dass die Nichtannahme der Rev. nichts daran geändert hat, dass der Wert der Anschlussrevision hinzu zu addieren war BGHZ 72, 339 (GrS).

[540] OLG Köln JurBüro 1982, 912.

[541] OLG Köln JurBüro 1982, 912.

[542] HBS VergütungsR Teil 8 Rn. 555.

[543] Bischof/*Bräuer/Bischof* RVG § 16 Rn. 28.

(2) Sonstige Beschwerdeverfahren. Bei diesen sind das Verfahren über den Rechtsbehelf gegen die ursprüngliche Entscheidung und das über den gegen die abhelfende Entscheidung zwei Angelegenheiten. Der Gegenstandswert fällt also in beiden Verfahren gesondert an. 467

s) Zulassung des Rechtsmittels. Es gilt das zur Nichtzulassungsbeschwerde Dargelegte entsprechend (→ Rn. 454). 468

• Rechtsschutz

Deckungsschutz. Bei einer Klage auf Feststellung der Gewährung von Deckungsschutz aus einer Rechtsschutzversicherung kommt es gem. § 3 ZPO[544] auf die voraussichtlich durch die gerichtliche oder außergerichtliche Wahrnehmung der rechtlichen Interessen des Versicherungsnehmers entstehenden Kosten an, deren Übernahme der Versicherer erstrebt, abzgl. eines Feststellungsabschlags von 20%.[545] Wird Deckungsschutz **für das vorgerichtliche und erstinstanzliche Verfahren** begehrt, so sind die Kosten für eine etwaige weitere Instanz nicht zu berücksichtigen, sondern nur die Kosten einschließlich der ersten Instanz[546] und zwar die zu erwartenden eigenen Kosten sowie die des Gegners[547] (Geschäftsgebühr, 1,3 Verfahrensgebühr mit Anrechnung + 1,2 Terminsgebühr + Pauschale + uU MwSt des Anwalts des Mandanten, Geschäftsgebühr, 1,3 Verfahrensgebühr mit Anrechnung + 1,2 Terminsgebühr + Pauschale + MwSt des Anwalts des Gegners, Gerichtsgebühren – meistens 3,0 – und erwartete Auslagen zB Zeugen- oder Sachverständigenkosten).[548] Wird Deckungsschutz **nur für das erstinstanzliche Verfahren** begehrt, so ist hinsichtlich der Anrechnung zu unterscheiden. Hat der Versicherer schon eine Geschäftsgebühr bezahlt, so ist diese gem. § 15 a Abs. 3 RVG; VV Vorb. 3 Abs. 3 RVG anteilig anzurechnen. Der Rechtsschutzversicherer ist Dritter iSv § 15 a Abs. 3 RVG.[549] Hat er aber die Geschäftsgebühr nicht bezahlt, so erfolgt keine Anrechnung.[550] Bei einer Selbstbeteiligung ist diese abzuziehen.[551] 469

Bestehen der Rechtsschutzversicherung. Wird auf die Feststellung des Bestehens einer Rechtsschutzversicherung geklagt, bemisst sich der Wert zunächst auf den 3,5-fachen Wert der Jahresprämie und zusätzlich nach den bis zur letzten mündlichen Verhandlung angekündigten oder eingeklagten Rechtsschutzfällen (berechnet entsprechend den Regeln zum „Deckungsschutz" → Rn. 469); von der Summe dieser Beträge ist ein 20% Feststellungsabschlag vorzunehmen.[552] 470

• Schadensersatz

1. Innen – und Außenverhältnis

Zu unterscheiden ist zwischen dem Innen- (Geschädigter zu RA) und dem Außenverhältnis (Erstattungsanspruch des Geschädigten gegen Schädiger). 470a

2. Billigere Werkstatt

Beauftragt der Geschädigte den RA mit der Geltendmachung eines Schadens, wie ihn der Sachverständige anhand einer Markenwerkstatt festgestellt hat (zB 4.000,– EUR), so errechnen sich die Gebühren des RA aus einem Gegenstandswert von 4.000,– EUR. Sind aber die schadensersatzrechtlichen Voraussetzungen gegeben, unter denen sich der Geschädigte vom Schädiger oder dessen Versicherung auf eine preiswertere Werkstatt (zB 3.000,– EUR) verweisen lassen muss oder akzeptiert der Geschädigte die billigere Berechnung, so muss der Schädiger nur die Gebühren aus 3.000,– EUR erstatten.[553] 470b

---

[544] BGH NJW-RR 2006, 791.
[545] BGH VersR 2012, 204; NJW-RR 2006, 791.
[546] BGH AGS 2018, 488.
[547] *Schmidt* JurBüro 1974, 820; *Enders* JurBüro 2002, 25.
[548] *Hansens* RVGreport 2010, 241; *Enders* JurBüro 2002, 25.
[549] *Hansens* Anm zu OLG Dresden RVGreport 2020, 184; *N. Schneider* Anm. zu OLG Dresden AGS 2020, 226; **aA** OLG Dresden NJW-RR 2020, 283 = JurBüro 2020, 144 = RVGreport 2020, 184 = AGS 2020, 226.
[550] OLG Brandenburg Beschl. v. 15.10.2019 11 W 24/19 juris; *Hansens* Anm zu OLG Dresden RVGreport 2020, 184.
[551] *Hansens* RVGreport 2010, 241; *Hartmann,* 48. Aufl., GKG § 48 Anh. I (§ 3 ZPO) Rn. 130 „Versicherung (Deckungsprozess)".
[552] BGH VersR 2012, 204.
[553] BGH NJW 2018, 935.

3. Restwertabzug

470c Streitig war, ob der Restwert des unfallbeschädigten Fahrzeugs vom Schaden bei der Ermittlung der vom Schädiger zu erstattenden RA-Gebühren abzuziehen ist.[554] Diese Frage hat nunmehr der BGH dahingehend geklärt, dass im Verhältnis zum Schädiger der Restwert abzuziehen ist.[555] Dabei ist auf den von einem Sachverständigen korrekt ermittelten Restwert abzustellen, es sei denn der Versicherer hat eine zumutbare Verwertungsmöglichkeit mit einem höheren Restwert angeboten bzw. der Geschädigte hat einen höheren Restwert akzeptiert. Dann ist höherer Restwertabzug vom Schadensersatzanspruch vorzunehmen.[556] Beauftragt der Geschädigte den RA, sich auch um die Restverwertung zu kümmern bzw. einen vom Sachverständigen ermittelten Schaden geltend zu machen, so ist im Innenverhältnis kein Abzug für den Restwert vorzunehmen. Allerdings muss der Versicherer iaR die hinsichtlich des Restwerts verursachte Gebührenerhöhung[557] nicht erstatten, weil insoweit die Zuhilfenahme eines RA nicht nötig ist (wegen Notwendigkeit → § 1 Rn. 262 ff.).[558]

• Scheidung

1. Wertbildende Faktoren

471 Der Wert ist unter Berücksichtigung aller Umstände des Einzelfalls, insbes. des Umfangs und der Bedeutung der Sache und der Vermögens- und Einkommensverhältnisse der Ehegatten, nach Ermessen zu bestimmen. Er ist mindestens 3.000,– EUR und maximal 1,– Mio. EUR (§ 43 Abs. 1 FamGKG).

2. Einkommen

472 **a) Einkommen. Allgemeines.** Unter anderem (und an erster Stelle) ist auf das Einkommen abzustellen (§ 43 Abs. 1 FamGKG). Dabei ist das in drei Monaten erzielte Nettoeinkommen der Ehegatten einzusetzen (§ 41 Abs. 2 FamGKG).

473 **Arbeitslosengeld I** ist unstreitig Einkommen. Es knüpft an die vorangegangene Erwerbstätigkeit des Empfängers an und ist eine Gegenleistung für die vor der Arbeitslosigkeit eingezahlten Beiträge in die Arbeitslosenversicherung.[559]

474 **Arbeitslosengeld II.** Es ist verfassungsrechtlich nicht bedenklich, wenn ohne Gegenleistung erhaltene Sozialleistungen, sog. Transferzahlungen wie insbes. Sozialhilfe, die frühere Arbeitslosenhilfe und jetzt das Arbeitslosengeld II nicht zum Einkommen gezählt werden.[560] Das besagt aber nicht, dass es verfassungsrechtlich so behandelt werden muss.

475 Die Frage, ob Arbeitslosengeld II zum Einkommen zählt, stellt sich im Rahmen von § 43 FamGKG in gleicher Weise wie im Rahmen von § 115 Abs. 1 S. 1 ZPO. Rspr. zu der einen Bestimmung kann auch im Rahmen der anderen herangezogen werden.

476 Sozialleistungen wie Sozialhilfe oder Arbeitslosengeld II wurden in der obergerichtlichen Rspr. überwiegend und werden auch heute noch teilweise nicht als Einkommen behandelt, weil sie nicht von einer vorausgegangenen Erwerbstätigkeit abhängen.[561]

477 Inzwischen ist die Gegenmeinung im Vordringen. Teilweise wird Arbeitslosengeld II ohne Einschränkungen als Einkommen angesehen.[562] Teilweise wird es jedenfalls dann als Einkommen behandelt, wenn der Empfänger daneben weitere Einkünfte bezieht,[563] zB Kindergeld[564] bzw. wenn eine Überleitung von Unterhaltsansprüchen auf den Träger der Arbeitslosenhilfe

---

[554] Verneinend AG Norderstedt NJW 2015, 3798 mwN auch für die Gegenmeinung.

[555] BGH NJW 2018, 2417 Rn. 11 = RVGreport 2018, 304 mwN.

[556] BGH NJW 2018, 2417 Rn. 12 ff. = RVGreport 2018, 304.

[557] **AA** *Hansens* Anm. zu BGH RVGreport 2018, 304 eine Erhöhung verneinend, weil er – zu Unrecht – eine besondere Angelegenheit annimmt.

[558] *Hansens* Anm. zu BGH RVGreport 2018, 304.

[559] OLG Düsseldorf FamRZ 2006, 807; OLG Hamm FamRZ 2006, 632.

[560] BVerfG NJW 2006, 1581.

[561] OLG Brandenburg FamRZ 2003, 1676; 2013, 2009; OLG Celle FamRZ 2006, 1690; OLG Dresden FamRZ 2004, 1225; FamRZ 2007, 1760 = NJW-RR 2007, 1161; OLG Düsseldorf FamRZ 2006, 807; OLG Frankfurt FamRZ 2015, 1749; KG FamRZ 2009, 1854; OLG Köln FamRZ 2009, 1703; AGS 2013, 588 mablAnm *Thiel;* OLG Oldenburg FamRZ 2009, 1177; OLG Rostock FamRZ 2007, 1760; OLG Saarbrücken FamRZ 2014, 1227; OLG Schleswig FamRZ 2009, 1178.

[562] OLG Brandenburg FamRZ 2013, 2009 = MDR 2013, 1043 = AGS 2014, 188; OLG Bremen FamRZ 2004, 961; OLG Dresden FamRZ 2002, 1640; OLG Hamm FamRZ 2006, 632; OLG Schleswig FamRZ 2009, 75; OLG Stuttgart FamRZ 2008, 1261; OLG Zweibrücken NJW 2011, 1235 = FamRZ 2011, 992.

[563] OLG Brandenburg FamRZ 2009, 896; OLG Koblenz FamRZ 2007, 1824.

[564] OLG Brandenburg FamRZ 2009, 896.

ausscheidet.[565] Nach dem BGH ist Arbeitslosengeld II jedenfalls dann Einkommen iSv § 115 Abs. 1 S. 1, 2 ZPO, wenn die Partei weitere Einkünfte hat, die ihrerseits einzusetzendes Einkommen sind und diese zusammen mit dem Arbeitslosengeld II die nach § 115 Abs. 1 S. 3 ZPO vorzunehmenden Abzüge übersteigen. Dies hat der BGH damit begründet, dass andernfalls die Partei, die Arbeitslosengeld II bezieht, besser stehen würde als eine Partei, die ein entsprechendes Einkommen aus Erwerbstätigkeit erzielt. Ob das Arbeitslosengeld II allein zum Einkommen iSv § 115 Abs. 1 S. 1, 2 ZPO zählt, hat der BGH offen gelassen. Den Zweck des Arbeitslosengeldes II, den Lebensunterhalt von erwerbsfähigen Hilfebedürftigen zu sichern, sah der BGH in dem von ihm zu entscheidenden Fall als nicht verletzt an, da das Arbeitslosengeld II selbst unberührt geblieben ist und nur das weitere Einkommen zu einer Ratenzahlung geführt hat.[566] Nunmehr hat sich der BGH generell für die Berücksichtigung von Leistungen nach dem SGB II, also von Arbeitslosengeld II ausgesprochen.[567]

Für eine Berücksichtigung von Arbeitslosengeld II spricht, dass § 43 FamGKG (ebenso wie bislang § 48 Abs. 3 GKG aF) auf die wirtschaftlichen Verhältnisse abstellt und somit eine wirtschaftliche Betrachtungsweise angebracht ist.[568] Bei einer solchen macht es aber keinen Unterschied, ob das Einkommen aus Arbeitslosengeld I oder II stammt. Weiter spricht dafür, dass der RA im Falle von Sozialhilfe uU erheblich niedrigere Gebühren verdient, obgleich sein Mandant besser gestellt ist als ein arbeitender Mandant, weil der erste über die Sozialhilfe mehr erhält als der zweite aus seiner Arbeit, was nicht selten vorkommt,[569] Deshalb hat der Arbeitskreis Nr. 24 des 17. Deutschen Familiengerichtstags empfohlen, Sozialleistungen mit Ausnahme von solchen nach § 1610a BGB (Leistungen für Mehraufwendungen bei Körper- oder Gesundheitsschäden) als Einkommen zu behandeln.[570] 478

Unterhaltsvorschussgesetz. Leistungen nach dem Unterhaltsvorschussgesetz, die nicht auf einer Arbeitsleistung des Empfängers beruhen, sondern die Unterhaltszahlungen des nicht leistungsfähigen oder zahlungsunwilligen Unterhaltsschuldners ersetzen, gehören nicht zum Einkommen.[571] 479

Kindergeld. Sehr streitig ist, ob Kindergeld zum Einkommen zählt. Teilweise wird dies verneint, weil es auf keiner Ersatzleistung beruht, sondern die Eltern bei der Erfüllung ihrer Unterhaltspflichten unterstützen soll.[572] Zieht man aber, wie allg. angenommen wird (→ Rn. 484), pro Kind einen bestimmten Betrag ab, so muss auch das Kindergeld erhöhend gewertet werden.[573] 480

Erziehungs- bzw. Elterngeld ist Einkommen, da es keine Sozialleistung darstellt. Seine Berechnung knüpft an das Einkommen und Vermögen der Eheleute an.[574] 481

Wohngeld ist Einkommen und keine Sozialleistung.[575] 482

Selbstgenutztes Immobilienvermögen. Streitig ist, ob selbst genutztes Immobilienvermögen wie Vermögen (→ Rn. 490 ff.) zu berücksichtigen ist[576] oder ob stattdessen das ersparte Nutzungsentgelt (übliche Kaltmiete) für drei Monate heranzuziehen ist.[577] Den zweiten Weg gehen beim unterhaltsrechtlichen Einkommen die süddeutschen Leitlinien, die den vollen 483

---

565 OLG Frankfurt a. M. FamRZ 2008, 535.

566 BGH FamRZ 2008, 781 = AnwBl 2008, 304 (Ls.).

567 BGH FamRZ 2010, 1324.

568 OLG Schleswig FamRZ 2009, 75.

569 OLG Stuttgart FamRZ 2008, 1261.

570 NJW 2007, Heft 41 S. XXXVI Ziff. A I 1.

571 Wohl OLG Düsseldorf FamRZ 2006, 807.

572 OLG Bamberg FamRZ 2017, 1770 = JurBüro 2017, 534; OLG Celle JurBüro 2014, 244 = FamRZ 2014, 1802; OLG Düsseldorf FamRZ 2006, 807; vgl. auch Süddeutsche Leitlinien 2018 Ziff. 3; OLG Frankfurt FamRZ 2018, 523; OLG Köln AGS 2017, 46; OLG Stuttgart MDR 2018, 411; **aA** OLG Brandenburg FamRZ 2016, 1295 = AGS 2016, 125; OLG Hamm FamRZ 2006, 718 (806); OLG Schleswig AGS 2000, 54; OLG Karlsruhe FamRZ 2002, 1135.

573 OLG Brandenburg MDR 2007, 1321; OLG Hamm FamRZ 2006, 718; OLG Karlsruhe OLGR 2008, 422; Arbeitskreis Nr. 24 des 17. Deutschen Familiengerichtstags NJW 2007, Heft 41 S. XXXVI Ziff. A I 1.2; auch BGH NJW 2017, 962 = FamRZ 2017, 633.

574 OLG Bamberg FamRZ 2017, 1770 = JurBüro 2017, 534; OLG Brandenburg FamRZ 2013, 2009; OLG Hamm FamRZ 2016, 656; KG FamRZ 2009, 1854; OLG Schleswig JurBüro 2007, 32; **aA** BGH FamRZ 2006, 1182 = NJW-RR 2006, 1225; OLG Celle FamRZ 2016, 1301.

575 OLG Hamm FamRZ 2006, 718; vgl. auch Süddeutsche Leitlinien 2018 Ziff. 2.3, es ist Einkommen, soweit es nicht erhöhte Wohnkosten deckt.

576 OLG Bamberg FamRZ 2017, 1771 = JurBüro 2017, 479; OLG Dresden FamRZ 2006, 1053; OLG Frankfurt FamRZ 2017, 1769 = JurBüro 2017, 418.

577 So OLG Köln FamRZ 2008, 2051.

Mietwert ansetzen, dabei aber den berücksichtigungsfähigen Schuldendienst, erforderliche Instandhaltungskosten und die verbrauchsunabhängigen Kosten, mit denen ein Mieter üblicherweise nicht belastet wird, abziehen.[578] Ist aber die Immobilie bereits beim Vermögen berücksichtigt, so ist dessen Nutzung zur Vermeidung einer Doppelberücksichtigung nicht werterhöhend anzusetzen.[579]

484 **b) Abzüge vom Einkommen. Abzüge für Kinder.** Von dem Dreimonatseinkommen sind nach allgM Aufwendungen für unterhaltsberechtigte Kinder abzuziehen,[580] wobei ein Abzug von 250,– EUR[581] bzw. 300,– EUR[582] je Kind mal drei Monate üblich ist. OLG Schleswig sieht von einem Abschlag ab, wenn das Einkommen der Parteien nicht ausreicht, um den Pflegeunterhalt für die Kinder zu bestreiten. Gleichzeitig rechnet es dann aber auch das Kindergeld nicht dem Einkommen der Eheleute zu.[583]

485 **Abzüge für Schulden.** In der Rspr. wird – anders als beim Versorgungsausgleich (→ Rn. 695) – ein Abzug vorgenommen,
- wenn die Lebensverhältnisse der Parteien hiervon nachhaltig beeinträchtigt werden, in Höhe der monatlichen Rückzahlungsraten; kleinere Schulden für den täglichen Lebensbedarf bleiben unberücksichtigt,[584]
- immer in Höhe der tatsächlich geleisteten Rückzahlungsraten.[585]

486 Eine Gegenmeinung lehnt einen Abzug schlechthin ab. Teilweise mit dem wenig überzeugenden Hinweis auf eine angeblich gebotene Vereinfachung des Wertfestsetzungsverfahrens.[586] Schon eher überzeugend ist die Berufung auf den Wortlaut von § 43 Abs. 2 FamGKG, in dem vom Netto-Einkommen und nicht vom zur Verfügung stehenden Einkommen die Rede ist.[587] Gegen jeden Abzug vom Einkommen hat sich der Arbeitskreis Nr. 24 des 17. Deutschen Familiengerichtstags ausgesprochen.[588]

487 **c) Einkommen bei PKH-berechtigten Parteien.** Der Gegenstandswert des Scheidungsverfahrens bemisst sich auch dann nach dem zusammengerechneten dreifachen Monatseinkommen der Ehegatten, wenn beiden Parteien ratenfreie PKH bewilligt worden ist.[589]

488 Das Familiengericht verletzt nach dem BVerfG das Grundrecht eines Rechtsanwalts aus Art. 12 GG bzw. Art. 3 GG (Willkür),
- wenn es den Gegenstandswert einer Ehesache auf den Mindestwert von 2.000,– EUR festsetzt, obwohl die Parteien monatliche Nettoeinkommen von 879,– EUR und 642,– EUR erzielen,[590]
- bzw. wenn es bei gemeinsamem Einkommen von 8.250,– EUR und einvernehmlicher Scheidung den Wert mit 2.500,– EUR annimmt,[591]
- wenn es ohne besondere Begründung bei einem Ehepaar mit einem Nettoeinkommen von 3.350,– EUR und Mieteinkünften aus Immobilieneigentum von 1.250,– EUR einen Verfahrenswert von 3.000,– EUR ansetzt.[592]

---

[578] Süddeutsche Leitlinien 2018 Ziff. 5.

[579] OLG Brandenburg NJW 2016, 2894 Rn. 33 = FamRZ 2016, 1298 = AGS 2016, 337.

[580] Gegen einen Abzug OLG Köln AGS 2017, 46, weil Kinder heute noch der Normalfall einer Ehe; ebenso gegen Abzug wegen Steigerung der Bedeutung der Scheidungssache Arbeitskreis Nr. 24 des 17. Deutschen Familiengerichtstags NJW 2007, Heft 41 S. XXXVI Ziff. A I 1.2.

[581] OLG Bamberg FamRZ 2017, 1770 = JurBüro 2017, 534; FamRZ 2017, 1771 = JurBüro 2017, 479; OLG Dresden FamRZ 2006, 1053; OLG Karlsruhe OLGR 2008, 422; OLG München FamRZ 2009, 1703, auch wenn das Kind kein gemeinsames ist.

[582] OLG Brandenburg MDR 2007, 1321; OLG Frankfurt FamRZ 2018, 523; OLG Hamm FamRZ 2006, 718; OLG Stuttgart MDR 2018, 411.

[583] OLG Schleswig JurBüro 2007, 32.

[584] OLG Düsseldorf AnwBl 1986, 250; OLG Bamberg JurBüro 1983, 1539; OLG München FamRZ 2002, 683 Rn. 9.

[585] OLG Celle AGS 2002, 231; OLG Hamburg FamRZ 2003, 1681; OLG Hamm FamRZ 2006, 718; 806; OLG Karlsruhe FamRZ 2002, 1135; OLG Stuttgart AGS 2001, 12; vgl. auch Süddeutsche Leitlinien 2018 Ziff. 10.4.

[586] OLG Hamm NJW 2018, 712 = AGS 2018, 25.

[587] *N. Schneider* Anm. zu OLG Hamm AGS 2018, 25; Schneider/Herget/*Thiel* Rn. 7168.

[588] NJW 2007, Heft 41 S. XXXVI Ziff. A I 4.

[589] OLG Frankfurt a. M. FamRZ 2009, 74; OLG Nürnberg OLGR 2006, 322.

[590] FamRZ 2007, 1080 (1081) = NJW 2007, 1445.

[591] BVerfG NJW 2009, 1197.

[592] BVerfG FamRZ 2010, 25.

Andererseits ergibt sich aus der Entscheidungen des BVerfG nicht, dass der Gegenstandswert auch dann 2.000,– EUR übersteigen müsste, wenn das gemeinsame dreimonatige Einkommen der Eheleute tatsächlich unter 2.000,– EUR liegt.[593] **489**

3. Vermögen

Das Vermögen ist zu berücksichtigten, wie § 43 Abs. 1 FamGKG (§ 48 Abs. 2 GKG aF) ausdrücklich vorschreibt, und zwar auch bei unstreitigen Scheidungen.[594] Wegen selbst genützter Immobilie → Rn. 483. Strittig ist, ob auch Schonvermögen iSv § 115 Abs. 3 ZPO iVm § 90 Abs. 2 SGB XII zu berücksichtigen ist.[595] Die üblichen Haushaltssachen und ein PKW der Mittelklasse bleiben unberücksichtigt.[596] Bei Grundstücken wird der Verkehrswert herangezogen.[597] **490**

Freibeträge. Abzüge als Freibeträge für Eheleute und Kinder werden in unterschiedlicher Höhe vorgenommen,[598] **491**
- teilweise pro Ehegatte 15.000,– EUR und pro Kind 7.500,– EUR,[599]
- teilweise 20.000,– EUR pro Ehegatte und 10.000,– EUR pro Kind,[600]
- teilweise 20.000,– EUR pro Ehegatte bei Immobilienvermögen in Nordhessen,[601]
- teilweise 25.000,– EUR pro Ehegatte,[602]
- teilweise pro Ehegatte 30.000,– EUR[603] und pro Kind 10.000,– EUR,[604]
- teilweise pro Ehegatte 30.000,– EUR und für Kinder kein Abzug,[605]
- teilweise pro Ehegatte 60.000,– EUR[606] und zwar unabhängig davon, ob beide oder nur einer positives Vermögen hat,[607]
- teilweise pro Ehegatte 60.000,– EUR und pro Kind 30.000,– EUR,[608]
- teilweise pro Ehegatte 60.000,– EUR und pro Kind 10.000,– EUR,[609]
- OLG Brandenburg lehnt jeden Abzug als Freibetrag ab.[610]

Schulden sind abzuziehen, zB Grundpfandrechte in ihrer tatsächlichen Höhe.[611] Das kann zu einer Doppelberücksichtigung der Schulden führen. Einmal hier und einmal beim Einkommen (→ Rn. 485). **492**

5 %. Von dem verbleibenden Betrag werden überwiegend 5% dem Gegenstandswert hinzugerechnet.[612] Teilweise wird eine schematische Berücksichtigung von 5% abgelehnt und wird im Einzelfall nur 2,5% herangezogen.[613] **493**

4. Besondere Umstände

Umstände des Einzelfalls; Umfang und Bedeutung. Gem. § 43 Abs. 1 FamGKG sind alle Umstände des Einzelfalls, insbes. auch der Umfang und die Bedeutung der Sache zu be- **494**

---

[593] OLG Celle FamRZ 2006, 1690; OLG Schleswig JurBüro 2007, 32.
[594] OLG Brandenburg NJW-RR 2015, 6 = FamRZ 2015, 529.
[595] Bejahend OLG Hamm FamRZ 2015,1748 = AGS 2016, 122; verneinend OLG Köln JurBüro 2016, 94 = FamRZ 2016, 1298.
[596] OLG Brandenburg NJW 2016, 2894 Rn. 13 = FamRZ 2016, 1298 = AGS 2016, 337.
[597] OLG Brandenburg NJW 2016, 2894 Rn. 15 = FamRZ 2016, 1298 = AGS 2016, 337.
[598] Gegen Abzüge für Freibeträge Arbeitskreis Nr. 24 des 17. Deutschen Familiengerichtstags NJW 2007, Heft 41 S. XXXVI Ziff. A I 3.
[599] OLG Karlsruhe FamRZ 2014, 1226 = NJW-RR 2014, 68 = AGS 2013, 472 mzustAnm *Thiel* mit einer Übersicht über die Höhe der Abzüge bei mehreren OLG.
[600] OLG Zweibrücken FamRZ 2008, 2052.
[601] OLG Frankfurt FamRZ 2017, 1769 = JurBüro 2017, 418.
[602] OLG Frankfurt FamRZ 2018, 523.
[603] OLG Dresden FamRZ 2006, 1053; OLG Hamm FamRZ 2015, 1748.
[604] OLG Dresden FamRZ 2006, 1053.
[605] OLG Stuttgart MDR 2018, 411 unter Aufgabe seiner bisherigen Rspr, die pro Ehegatte 60.000,– EUR und für Kinder unter besonderen Umständen etwas abgezogen hatte.
[606] OLG Bamberg JurBüro 2017, 86; OLG Stuttgart AGS 2017, 87 = NJW-Spezial 2017, 125.
[607] OLG Bamberg JurBüro 2017, 86.
[608] OLG Bamberg FamRZ 2017, 1771 = JurBüro 2017, 479; OLG Koblenz FamRZ 2003, 168 = JurBüro 2003, 474; OLG München FamRZ 2009, 1703.
[609] OLG Brandenburg NJW-RR 2015, 6 = FamRZ 2015, 529.
[610] OLG Brandenburg NJW 2016, 2894 Rn. 16 ff. = FamRZ 2016, 1298 = AGS 2016, 337 mzustAnm *Thiel.*
[611] OLG Brandenburg NJW 2016, 2894 Rn. 13 = FamRZ 2016, 1298 = AGS 2016, 337.
[612] OLG Bamberg FamRZ 2017, 1771 = JurBüro 2017, 479; OLG Brandenburg NJW-RR 2015, 6 = FamRZ 2015, 529; OLG Dresden FamRZ 2006, 1053; OLG Frankfurt FamRZ 2017, 1769 = JurBüro 2017, 418; OLG Hamm FamRZ 2015,1748 = AGS 2016, 122; OLG Koblenz FamRZ 2003, 168 = JurBüro 2003, 474; OLG Stuttgart AGS 2017, 87 = NJW-Spezial 2017, 125.
[613] OLG Stuttgart FamRZ 2009, 1176. Vgl. auch OLG Stuttgart FamRZ 2010, 1940 Rn. 5 ff.

rücksichtigen. Dies erfolgt in der Weise, dass ein Ab- oder Zuschlag auf den sich aus dem Einkommen und Vermögen ergebenden Gegenstandswert vorgenommen wird.[614] Das OLG Brandenburg hat den Mindestwert von 3.000 EUR (§ 43 Abs. 1 S. 2 FamGKG) im Hinblick darauf angesetzt, dass die Beschwerde gleich wieder zurückgenommen wurde.[615]

495 **Umfang.** Eine Erhöhung des Gegenstandswerts einer Ehesache kommt zB wegen der Anwendung **ausländischen** Rechts in Betracht, wenn dies einen besonderen Aufwand erfordert, was zB bejaht wurde, weil ein wenig gängiges außereuropäisches Sachenrecht (Angola) anzuwenden war und das Gericht den Parteivertretern ausdrücklich aufgegeben hatte, zu diesem Recht vorzutragen.[616]

496 **Einverständliche Scheidung.** Dass die Scheidung einverständlich erfolgt ist, stellt noch keinen Grund zu einer Herabsetzung des Gegenstandswerts dar.[617]

5. Zeitpunkt

497 **Verhältnisse bei das Verfahren einleitendem Antrag.** Gem. § 34 FamGKG kommt es auf die Verhältnisse bei dem ersten das Verfahren einleitenden Antrag an, in der ersten Instanz also auf den Scheidungsantrag. Es sind daher die Einkommensverhältnisse der letzten drei Monate davor und die Vermögensverhältnisse zu diesem Zeitpunkt heranzuziehen. Spätere Veränderungen bleiben nach der ganz hM außer Betracht.[618]

498 **VKH-Antrag.** Zu § 40 GKG aF, der bis zum FamGKG auch für Gegenstandswerte in Familiensachen galt, war anerkannt, dass ein VKH-Antrag nicht verfahrenseinleitend ist und es deshalb nicht auf ihn ankommt.[619] Das gilt auch für § 34 FamGKG unbeschadet dessen, dass er redaktionell anders gefasst ist.

6. Wechselseitige Scheidungsanträge

499 Es geht um denselben Verfahrensgegenstand, weshalb keine Addition stattfindet.[620]

• Schiedsgericht

499a → § 36 Rn. 16.

• Schifffahrtsrechtliche Verteilungsordnung

500 § 29 RVG.

• Schmerzensgeld

501 Wird die Höhe des Anspruchs ohne Angabe eines Mindestbetrages in das Ermessen des Gerichts gestellt, ist diejenige Summe zugrunde zu legen, die sich bei objektiver Würdigung des Klägervorbringens als angemessen ergibt.[621] Wird ein Mindestbetrag verbindlich angegeben, so ist dieser maßgebend.[622]

• Selbständiges Beweisverfahren

1. Problematik und Übersicht

502 **Problematik.** Die Bestimmung des Gegenstandswertes des selbständigen Beweisverfahrens ist höchst problematisch. Das beruht darauf, dass das selbständige Beweisverfahren teilweise sehr selbständige Elemente hat, teilweise aber auch eine starke Verbindung mit dem nachfolgenden, uU mehreren nachfolgenden Hauptsacheverfahren eingeht. Selbständig ist das Beweisverfahren insofern, als es nicht nur der Beweissicherung, sondern auch schon der Beilegung des Rechtsstreits dienen soll, als es für mehrere Hauptsacheverfahren verwendet werden kann und als es hinsichtlich der Anwaltsgebühren als selbständige Angelegenheit behandelt wird. Die Verbindung mit dem Hauptsacheverfahren ergibt sich zum einen daraus, dass das Beweisergebnis im

---

[614] OLG Brandenburg NJW-RR 2015, 6 = FamRZ 2015, 529.
[615] OLG Brandenburg NZFam 2019, 185 = AGS 2019, 125.
[616] OLG Karlsruhe FamRZ 2007, 751.
[617] OLG Brandenburg NJW 2016, 2894 Rn. 34 = FamRZ 2016, 1298 = AGS 2016, 337; NJW-RR 2015, 6 = FamRZ 2015, 529; OLG Dresden FamRZ 2003, 1677; OLG Frankfurt a. M. FamRZ 2009, 74; OLG Hamm FamRZ 2006, 52; OLG Karlsruhe FamRZ 2002, 1135; OLG Oldenburg AGS 2002, 231; OLG Stuttgart FamRZ 2009, 1176; OLG Zweibrücken JurBüro 2004, 138.
[618] OLG Oldenburg FamRZ 2009, 1177.
[619] OLG Oldenburg FamRZ 2009, 1177.
[620] *Thiel* AGK 2010, 139.
[621] KG StraFo 2009, 306 = RVGreport 2011, 436.
[622] KG AGS 2014, 21.

Hauptsacheverfahren zu verwerten ist (§ 493 Abs. 1 ZPO) und, was hier von größerer Bedeutung ist, dass die Kostenentscheidung im Hauptsacheverfahren bei persönlicher und sachlicher Identität auch die Kosten des selbständigen Beweisverfahrens erfasst. Dieser Doppelstellung muss gerade beim Gegenstandswert und beim Wertfestsetzungsverfahren Rechnung getragen werden.

Übersicht. Der Gegenstandswert ergibt sich **503**
– aus dem objektiven Interesse des Antragstellers, wie es sich aus dem Vortrag des Antragstellers ergibt, und nicht aus der Wertvorstellung des Antragstellers (→ Rn. 521 ff.),
– ohne Abschlag (→ Rn. 532),
– wobei auf den Zeitpunkt der Antragstellung abzustellen ist (→ Rn. 505 ff.).

Dabei bildet das, was der Antragsteller im selbständigen Beweisverfahren unmittelbar begehrt, die Untergrenze (zB Beseitigungskosten von Mängeln). Beruft er sich auf höherwertige Rechte, die er mit der Beweissicherung verfolgen will, so ist auf den Wert dieser Rechte abzustellen (→ Rn. 507 ff.). **504**

2. Zeitpunkt

Zeitpunkt der Antragstellung. Abzustellen ist nach einhellig hM auf den Zeitpunkt der Antragstellung.[623] **505**

Spätere Erhöhung. Macht der Antragsteller im Verlaufe des Verfahrens weitere Mängel geltend, so erhöht sich der Wert. Dasselbe gilt, wenn er im weiteren Verlauf des selbständigen Beweisverfahrens durch eine Klageerhebung oder durch Vortrag im selbständigen Beweisverfahren zum Ausdruck bringt, dass er mit der Beweiserhebung über die Mängelbeseitigung hinaus weitere Rechte sichern will. **506**

3. Maßgeblicher Gegenstand

a) Rspr. Hier geht es um die streitige Frage, ob ausschließlich unmittelbar auf die Feststellungen abzustellen ist, die der Antragssteller mit seinem Antrag auf das selbständige Beweisverfahren verlangt,[624] oder auf die Ansprüche, die er mit diesen Feststellungen durchsetzen will.[625] **507**

Nach dem **BGH** kommt es darauf an, **welche Ansprüche** der Antragsteller mit dem selbständigen Beweisverfahren **sichern will.**[626] Er hat deshalb ein selbständiges Beweisverfahren, mit dem eine Wertminderung von 50.000,– EUR vorbereitet werden sollte, mit 50.000,– EUR bewertet.[627] Mit der nachfolgend behandelten Frage, ob nicht uU der Wert doch höher sein kann, musste sich der BGH nicht befassen, da jeder Anhaltspunkt fehlte, dass die Beseitigungskosten der gerügten Mängel erheblich höher waren als die angestrebte Minderung. **508**

In die gleiche Richtung wie der BGH gehen folgende Entscheidungen. Will der Antragsteller wegen Mängeln den Pachtzins mindern, so kommt es auf den angemessenen Minderungsbetrag für höchstens ein Jahr an.[628] Soll mit einem Wertgutachten ein Zugewinnausgleich durchgesetzt werden, so kommt es nur auf die Hälfte des sich aus dem Gutachten ergebenden Mehrwerts an.[629] Bei einem Gutachten über einen Arztfehler ist die Höhe des beabsichtigten Schadensersatzanspruchs zu schätzen, wobei regelmäßig Schmerzensgeld, erlittene Schäden und ein Feststellungsantrag zu berücksichtigen sind.[630] **509**

b) Unterste Grenze. Grundsätzlich ist dem BGH zu folgen. ME ist aber daneben zu berücksichtigen, welche Feststellungen (zB Mängelbeseitigungskosten) der Antragsteller in seinem Antrag begehrt,[631] und zwar dahingehend dass die Mängelbeseitigungskosten die unterste Grenze darstellen. Dabei ist auf die Mängel abzustellen, die der Antragssteller behauptet. Ob diese sich später als gegeben erweisen, ist unerheblich (→ Rn. 531). **510**

---

[623] BGH NJW 2004, 3488 = BauR 2004, 1975; OLG Bamberg MDR 2003, 835; OLG Celle AGS 2014, 560.

[624] OLG Düsseldorf BauR 2001, 838, zu Zurückbehaltungsrecht; OLG Stuttgart JurBüro 1996, 373; in dieser Richtung auch OLG Nürnberg OLGR 2003, 111.

[625] OLG Brandenburg BauR 2001, 292; OLG Celle FamRZ 2008, 1197; OLG Koblenz JurBüro 1998, 267; OLG München MDR 2002, 357; OLGR 2007, 242.

[626] BGH NJW 2004, 3488 = BauR 2004, 1975; ebenso OLG Celle RVG-Letter 2004, 35; OLG Koblenz JurBüro 2005, 312.

[627] BGH NJW 2004, 3488 = BauR 2004, 1975.

[628] OLG Düsseldorf JurBüro 2007, 426.

[629] OLG Celle FamRZ 2008, 1197.

[630] OLG München OLGR 2007, 242.

[631] OLG Rostock BauR 1993, 367; OLG Köln OLGR 2001, 354 = AGS 2002, 182.

Beispiel:

Der Antragsteller verlangt die Feststellung von Mängeln, deren Beseitigung 50.000,– EUR kosten würde, und erklärt, damit nur eine Restwerklohnforderung des Antragsgegners iHv 10.000,– EUR abwehren zu wollen. Der Gegenstandswert des selbständigen Beweisverfahrens ist 50.000,– EUR und nicht 10.000,– EUR.

511 Mit allen Mängeln müssen sich das Gericht und die Anwälte im selbständigen Beweisverfahren befassen. Meistens wird durch eine Liste von Mängeln über 50.000,– EUR weit mehr Arbeit verursacht als bei Feststellungen zu Mängeln über 10.000,– EUR. Das Haftungsrisiko des RA ist auch größer. Die Absichten des Antragstellers können jederzeit gewechselt werden. Der Antragsteller muss über seine weiteren Ziele in der Antragsschrift nichts sagen. Der Manipulation des Gegenstandswerts nach unten wäre Tür und Tor geöffnet. Das selbständige Beweisverfahren hat für den Antragsteller objektiv einen höheren Wert als 10.000,– EUR. Er hat sich objektiv Beweise hinsichtlich über 10.000,– EUR hinausgehender Ansprüche gesichert. Für das vorliegende Ergebnis spricht auch die erhöhte Verselbständigung des selbständigen Beweisverfahrens im Verhältnis zum Hauptsacheverfahren nach dem RVG.[632]

512 Hiergegen kann nicht eingewendet werden, dass im Hauptsacheverfahren nach altem Recht eine Beweisgebühr nur nach dem Wert des Rechts, zB des Aufrechnungsrechts vergütet wurde, selbst wenn die Beseitigungskosten der geltend gemachten Mängel erheblich höher waren. Das berücksichtigt nicht, dass es im Hauptsacheverfahren tatsächlich nur um die Feststellung geht, ob dieses Recht besteht. Demgegenüber kann das selbständige Beweisverfahren auch nach seinem Abschluss jederzeit für alle denkbaren Rechtsfolgen aus den Mängeln als Beweismittel herangezogen werden.

513 Gegen diese Untergrenze spricht weiter nicht, dass der Antragssteller, dem es wirklich nur um die Abwehr der Gegenforderung geht, das Risiko hoher Kosten eingehen müsste, um seinen Gegenanspruch zu sichern. Hiergegen kann er sich schützen, indem er nur einen Teil der Mängel geltend macht bzw. die Reihenfolge der zu überprüfenden Mängel bestimmt mit der Auflage, weitere Untersuchungen zu unterlassen, wenn ein bestimmter Wert der Beseitigungskosten erreicht ist.

514 **Einschränkungen.** Eine Einschränkung gilt, wenn sich objektiviert hat, dass das Interesse des Antragstellers niedriger ist als das Ergebnis der begehrten Feststellungen. Das ist zB der Fall, wenn

– von Anfang an ein **Insolvenzverwalter** beteiligt ist. Der Wert richtet sich nach der Insolvenzquote; ggf. ist der Mindestwert anzusetzen. Die Vorschrift des § 182 InsO ist entsprechend anzuwenden,[633]
– wenn nahe liegt, dass ein **Abzug neu für alt** vorzunehmen ist und der Antragsteller durch den Antrag, auch neu für alt zu bewerten, im selbständigen Beweisverfahren zu erkennen gibt, dass auch er einen solchen Abzug für berechtigt hält.[634]

515 In der Rspr. wird darüber hinaus eine Einschränkung anerkannt, wenn glaubhaft ist, dass nur ein Teil des an sich gegebenen Anspruchs geltend gemacht wird, zB wegen Zweifel an der Realisierbarkeit eines hohen Gesamtanspruchs.[635]

516 **c) Erhöhung der Untergrenze.** Trägt der Antragsteller selbst vor, über die Mängelbeseitigungskosten hinaus weitere Schadensersatzansprüche, auf Grund der Mängel geltend machen zu wollen, so erhöht dies – in Übereinstimmung mit der Rspr. des BGH → Rn. 507 – den Gegenstandswert.[636]

Beispiel:

Der Antragsteller erklärt im vorigen Beispiel, dass er über die Mängelbeseitigung hinaus beabsichtigt, Mängelfolgeschäden und Nutzungsentschädigung von weiteren 30.000,– EUR geltend zu machen. Der Gegenstandswert ist 80.000,– EUR.

517 Hier können die gleichen Grundsätze herangezogen werden, die nach altem Recht dazu geführt haben, dass bei der Beweisaufnahme zu Sachmängeln der gesamte Klageantrag den Gegenstandswert bestimmt, wenn die Sachmängel Grundlage des gesamten Klageantrags sind.[637] Im Übrigen steht hier jetzt schon fest, dass das Haftungsrisiko des Anwalts über den Wert der geltend gemachten Mängel hinausgeht.

[632] Zum beabsichtigten Zurückbehaltungsrecht *Wirth* BauR 1993, 281 (285); 369; **aA** OLG Rostock BauR 1993, 367 (368) Ziff. 3.
[633] OLG Hamburg KostRspr § 148 KO Nr. 22; *Hansens* BRAGO § 48 Rn. 10.
[634] OLG Nürnberg OLGR 2003, 111.
[635] OLG Celle FamRZ 2008, 1197.
[636] OLG München OLGR 2007, 242.
[637] Schneider/Wolf/*Schneider/Wolf/Mock*, 6. Aufl. 2012, RVG § 19 Rn. 36.

518 **Paralleles Hauptsacheverfahren.** Das Vorstehende muss erst recht gelten, wenn bei Einleitung des selbständigen Beweisverfahrens das Hauptsacheverfahren bereits anhängig war oder wenn es während des laufenden selbständigen Beweisverfahrens anhängig wird.[638]

519 **d) Hauptverfahren nach beendetem Beweisverfahren.**

Beispiel:

Das selbständige Beweisverfahren hat sämtliche behaupteten Mängel bestätigt. Die Mängelbeseitigungskosten wurden vom Sachverständigen auf 50.000,– EUR geschätzt. Nach Abschluss des selbständigen Beweisverfahrens klagt der Antragsteller des selbständigen Beweisverfahrens 90.000,– EUR ein, weil er noch Schadensersatz wegen verspäteter Vermietungsmöglichkeit geltend macht.

520 Ein dem abgeschlossenen selbständigen Beweisverfahren nachfolgendes Hauptsacheverfahren hat keine Auswirkungen auf den Gegenstandswert des selbständigen Beweisverfahrens. Dafür spricht, dass bei der Feststellungsklage Erkenntnisse, die erst nach der letzten mündlichen Verhandlung entstanden sind, bei der Wertbestimmung nicht berücksichtigt werden dürfen.[639] Dafür spricht weiter, dass bei einer Beweisaufnahme im Rahmen eines Hauptsacheverfahrens sich nach altem Recht der Wert der Beweisgebühr nicht dadurch erhöht hat, dass nach Abschluss der Beweisaufnahme weitere Ansprüche eingeklagt werden, die von dem Beweisergebnis abhängen.[640]

4. Objektive oder subjektive Bewertung

521 **a) Meinungsstand.** Hier geht es um die Frage, ob auf den objektiven Wert oder auf die Wertvorstellung des Antragsstellers abzustellen ist.

522 **Eine Meinung** hält den objektiven Wert für ausschlaggebend. Steht dieser fest, etwa auf Grund von Feststellungen des Sachverständigen oder eigener Kenntnis des Gerichts, so ist er heranzuziehen, auch wenn er von den Vorstellungen des Antragstellers abweicht.[641] Steht der objektive Wert nicht fest, so sind die Wertvorstellungen des Antragstellers ein Indiz für den objektiven Wert und können herangezogen werden, wenn sie plausibel sind.[642]

523 Nach der **Gegenmeinung** ist auf die vom Antragsteller geäußerte Wertvorstellung abzustellen, solange diese nicht ganz unwahrscheinlich ist.[643]

524 **Andere** stellen darauf ab, wie konkret oder fundiert die Angaben des Antragstellers zum Gegenstandswert sind.[644]

525 Zu beachten ist, dass mit dieser Frage nicht die ganz andere Frage zu verwechseln ist, was gilt, wenn die behaupteten Mängel ganz oder teilweise nicht gegeben sind (→ Rn. 531). Die beiden Fragen werden in der Rspr. teilweise nicht auseinander gehalten und zwar gerade von denen, die auf die subjektive Vorstellungen des Antragstellers abstellen und als Argument dafür anführen, dass nach der objektiven Auffassung uU der Gegenstandswert des selbständigen Beweisverfahrens null sein könne, weil kein Mangel gegeben sei.[645]

---

[638] OLG Düsseldorf BauR 2001, 1785 = OLGR 2002, 59.

[639] OLG Frankfurt a. M. JurBüro 1989, 1307.

[640] **AA** OLG München MDR 2002, 357 = BauR 2002, 523.

[641] BGH NJW 2004, 3488 Ziff. III 3; NJW-RR 2005, 1011; OLG Celle BauR 2014, 2145 = AGS 2014, 560; OLG Düsseldorf AGS 2009, 240 = OLGR 2009, 364; OLG Köln AGS 2013, 182; OLG Stuttgart JurBüro 2008, 595.

[642] OLG Bamberg BauR 2002, 1593; OLG Brandenburg BauR 2001, 292; OLG Düsseldorf BauR 2003, 1766; OLG Frankfurt a. M. BauR 1997, 518; OLG Hamm OLGR 2002, 100 = AGS 2002, 181; KG BauR 2003, 1765; OLG Karlsruhe OLGR 2001, 163 = AGS 2001, 159, Orientierung an Gegenstandswertangabe; OLG Koblenz JurBüro 1998, 267 = BauR 1998, 593; OLG München MDR 2002, 357 = BauR 2002, 523 = OLGR 2002, 32; OLG Naumburg JurBüro 1999, 596 = MDR 1999, 1093; OLG Nürnberg OLGR 2003, 111; OLG Köln JurBüro NJW-RR 1997, 1292; BauR 2003, 929; *Wirth* BauR 1993, 281 ff.; *E. Schneider* BRAGOreport 2000, 23 ua unter Hinweis auf § 61 S. 2 GKG; ähnlich OLG München BauR 2002, 1595; OLG Düsseldorf BauR 2001, 995, jedenfalls, wenn die Angaben des Antragstellers zur Höhe des Gegenstandswerts nur grob geschätzt sind und vorrangig der Feststellung der sachlichen Zuständigkeit dienen sollen.

[643] OLG Bamberg JurBüro 1998, 95; OLG Karlsruhe JurBüro 1997, 531; OLG Koblenz MDR 2001, 356; OLG München OLGR 1994, 47 = BauR 1994, 408.

[644] OLG Braunschweig BauR 2001, 1145, grds. subjektive Vorstellung des Antragstellers, es sei denn der Antragsteller gibt den Gegenstandswert ins Blaue hinein an; OLG Düsseldorf MDR 2001, 649 = BauR 2001, 1293, der objektive Wert jedenfalls dann, wenn die Angaben des Antragstellers zur Höhe des Gegenstandswerts nur grob geschätzt sind und vorrangig der Feststellung der sachlichen Zuständigkeit dienen sollen; KG BauR 2002, 1892 (1893), es kommt darauf an, wie konkret die Angaben des Antragstellers sind bzw. wie konkrete Angaben ihm möglich sind.

[645] So zB OLG Braunschweig BauR 2001, 1145.

526 **b) Unbezifferter Antrag. Objektiver Wert.** Entscheidender Bewertungsmaßstab ist grds. der objektive Wert.[646] Allgemein anerkannt ist der Grundsatz, dass bei einem nicht bezifferten Antrag objektive Gesichtspunkte ausschlaggebend sind[647] und deshalb auf das objektive wirtschaftliche Interesse abzustellen ist, nicht aber auf Schätzungen und Wertvorstellungen des Antragstellers, dass dessen Vorstellungen nur eine Indizwirkung zukommt.[648] So kommt es zB bei der Herausgabeklage auf den wahren Verkehrswert, nicht auf die subjektive Vorstellung des Klägers an.[649] So sind bei einer Feststellungsklage spätere Erkenntnisse über den wahren Wert der Feststellungsklage zu berücksichtigen, soweit sie vor Abschluss der Instanz eintreten.[650] Weiter ist § 61 S. 2 GKG zu beachten, wonach die Wertangabe zum Gegenstandswert jederzeit berichtigt werden kann.[651] Ausgehend von diesen Grundsätzen kann es aber nicht zweifelhaft sein, dass auch bei selbständigen Beweisverfahren objektive Gesichtspunkte und nicht die Wertvorstellung des Antragstellers ausschlaggebend sind. Warum sollte auch die Partei, die häufig keine ausreichenden Vorstellungen von der Höhe der Mängelbeseitigungskosten hat, an diesen festgehalten werden, obgleich sie keinen Leistungsantrag gestellt hat?[652] Außerdem hätte es die Partei, wenn auf deren Wertvorstellung abzustellen wäre, in der Hand, durch niedrige Wertangaben den Wert des selbständigen Beweisverfahrens unter den ihres wahren Interesses zu drücken.

Beispiel:

Bejaht das Gutachten alle geltend gemachten Mängel, kommt es aber nur zu Beseitigungskosten der Mängel von 25.000,– EUR, so richtet sich der Gegenstandswert nach diesen festgestellten Kosten und nicht nach der zunächst vorgetragenen Vorstellung des Antragsstellers (zB 50.000,– EUR).

527 Stellt sich der wahre Wert innerhalb der Frist des § 63 Abs. 3 S. 2 GKG (→ Rn. 539 ff.) heraus, so kann der Gegenstandswert dem wahren Wert angepasst werden.[653]

528 **Nicht ermittelter objektiver Wert.** Fehlt es aber an objektiven Feststellungen, zB weil der Antrag auf das selbständige Beweisverfahren zurückgenommen wurde oder weil Mängel nicht oder nur teilweise vorliegen, so ist auf die Vorstellungen des Antragsstellers zurückzugreifen, es sei denn dass die subjektive Einschätzung ganz offensichtlich von den objektiven Werten abweicht.[654] Das rechtfertigt sich damit, dass andernfalls zur Ermittlung des Gegenstandswerts ein Gutachten erholt werden müsste, → Rn. 531.

529 **c) Bezifferter Antrag.** Auf die Vorstellung des Antragsstellers ist weiter dann abzustellen, wenn der Antragsteller einen bestimmten Geldbetrag in den Antrag aufnimmt, also zB beantragt, festzustellen, dass die Mängelbeseitigungskosten 30.000,– EUR betragen.

530 **Anhängiges Hauptsacheverfahren.** Erst Recht gilt dies, wenn das Hauptsacheverfahren anhängig ist und in ihm bezifferte Anträge vorliegen. Dann ist, wenn diese höher als die objektiv festgestellten Beseitigungskosten sind, auf die bezifferten Anträge abzustellen, soweit sie im Zusammenhang mit den Mängeln des selbständigen Beweisverfahrens stehen. Dabei genügt auch wieder, dass das Hauptsacheverfahren noch vor Beendigung des selbständigen Beweisverfahrens anhängig wird.

Beispiel:

Macht der Kläger wegen Baumängeln Mängelbeseitigung und Schadensersatz iHv 20.000,– EUR geltend, so ist der Gegenstandswert des selbständigen Beweisverfahrens 20.000,– EUR und nicht etwa nur entsprechend den Feststellungen des Sachverständigen über den Wert der geltend gemachten Mängel 10.000,– EUR.

5. Nicht gegebene Mängel

531 Sind die behaupteten Mängel ganz oder teilweise nicht gegeben,[655] so reduziert sich dadurch der Gegenstandswert nicht.[656] Es sind vielmehr die Kosten zugrunde zu legen, die ange-

---

[646] BGH NJW 2004, 3488 = BauR 2004, 1975.
[647] BGH MDR 1978, 28.
[648] BGH MDR 1978, 28.
[649] BGH NJW-RR 1991, 1210; OLG Frankfurt a. M. OLGR 1998, 156.
[650] OLG Bamberg JurBüro 1980, 1865; OLG Frankfurt a. M. JurBüro 1989, 1307.
[651] *E. Schneider* BRAGOreport 2000, 23.
[652] Es ist deshalb verfehlt, eine Parallele zur Zahlungsklage zu ziehen; so aber OLG Braunschweig BauR 2001, 1145.
[653] OLG Düsseldorf AGS 2002, 179 = BauR 2001, 1785.
[654] OLG Koblenz BauR 1993, 250; ähnlich OLG Hamm AnwBl 1996, 411.
[655] OLG Düsseldorf AGS 2002, 179 = BauR 2001, 1785.
[656] OLG Bamberg MDR 2003, 835 = OLGR 2003, 115; OLG Braunschweig AGS 2003, 407; OLG Düsseldorf BauR 2003, 1766; OLG Karlsruhe OLGReport 2005, 216; OLG Koblenz JurBüro 2005, 312.

fallen wären, wenn die behaupteten Mängel vorgelegen hätten.[657] Es gilt dasselbe wie bei einer teilweise erfolglosen Leistungsklage. Dabei ist, wenn sonstige Anhaltspunkte für den objektiven Wert fehlen, auf die Vorstellungen des Antragstellers abzustellen (→ Rn. 528).

6. Kein Abschlag

a) Grundsatzlich kein Abschlag. Bis zum In-Kraft-Treten des Rechtspflegevereinfachungsgesetzes vom 1.4.1991 entsprach es der ganz überwiegenden Auffassung in Rspr. und Lit., dass der Gegenstandswert für das damalige Beweissicherungsverfahren nur mit einem Bruchteil des Werts der Hauptsache anzusetzen ist.[658] Seit der Einführung des selbständigen Beweisverfahrens zum 1.4.1991 wird in Rspr. und Lit.[659] überwiegend ein Abschlag abgelehnt. Diese Auffassung vertritt auch der BGH.[660] Sie trägt der gesteigerten Bedeutung des selbständigen Beweisverfahrens für eine endgültige Lösung eines Streits Rechnung. 532

b) Bereits erfolgte Zahlung des Gegners. Hat der Gegner bereits etwas gezahlt, so mindert das nach OLG Celle den Gegenstandswert nicht.[661] 532a

7. Abweichungen zum Hauptsacheverfahren im Einzelfall

Der Wert des selbständigen Beweisverfahrens deckt sich nicht immer mit dem des Streitverfahrens.[662] Letzterer kann **niedriger** sein, zB weil sich im selbständigen Beweisverfahren nur ein Teil der geltend gemachten Mängel als gegeben erwiesen hat oder weil ein Teil der Mängel vor der Klageerhebung beseitigt wurde und deshalb im Streitverfahren nur noch ein Teil der Mängel geltend gemacht wird. 533

Der Wert des nachfolgenden Hauptsacheverfahrens kann aber auch **höher** sein (→ Rn. 519 ff.), zB weil in ihm weitere Ansprüche wie Mängelfolgeschäden und Nutzungsentschädigung geltend gemacht werden.[663] 534

8. Mehrere Antragsgegner

Umfasst der Beweisantrag mehrere Beweisfragen, an denen einige Antragsgegner nur teilweise beteiligt sind, so ist der Wert im Verhältnis zu den einzelnen Antragsgegnern getrennt nach dem Wert der Mängel festzusetzen, von denen die einzelnen Antragsgegner betroffen sind.[664] Dabei bestimmt der Antragssteller durch seinen Vortrag, an welchen Mängeln welcher Antragsgegner beteiligt sein soll. Fehlt eine Differenzierung, sind alle am gesamten Verfahren beteiligt und ist für jeden der gesamte Gegenstandswert maßgebend.[665] 535

Beispiel:

Der Antragsteller will in einem Antrag gegen den Architekten und die für den Rohbau zuständige Baufirma Mängel von 50.000,– EUR gesichert haben. Er behauptet, der Architekt sei für alle Mängel verantwortlich, die Baufirma nur für Risse, deren Beseitigung 20.000,– EUR kosten würde. Für den Rechtsanwalt des Antragstellers und des Architekten ist der Gegenstandswert 50.000,– EUR, für den der Baufirma 20.000,– EUR.

9. Antrag auf Fristsetzung bzw. Kostenausspruch (§ 494a ZPO)

Werden Anträge auf Fristsetzung nach § 494a Abs. 1 ZPO bzw. auf Kostenausspruch nach § 494a Abs. 2 ZPO gestellt, so entsteht eine 1,3 Verfahrensgebühr aus dem Kosteninteresse des Gegners, wobei nur die dem Gegner entstandenen Kosten zu berücksichtigen sind, da gem. § 494a Abs. 2 S. 1 ZPO nur über diese eine Entscheidung ergeht.[666] 536

10. Beschwerdeverfahren

Wird der Antrag in vollem Umfang zurückgewiesen und dagegen Beschwerde eingelegt, so ist der Gegenstandswert des Beschwerdeverfahrens identisch mit dem der 1. Instanz. Wird nur teilweise Beschwerde eingelegt, so reduziert sich der Gegenstandswert des Beschwerdeverfahrens entsprechend. 537

---

[657] BGH NJW 2004, 3488 Ziff. III 3; OLG Düsseldorf AGS 2009, 240 = OLGR 2009, 364.

[658] OLG Stuttgart JurBüro 1996, 373.

[659] OLG Köln AGS 2013, 182; OVG NRW AGS 2017, 522; s. weiter die Nachweise für die hM und die Gegenmeinung in Musielak/Voit/*Heinrich* ZPO § 3 Rn. 34 „Selbständiges Beweisverfahren".

[660] BGH NJW 2004, 3488 = BauR 2004, 1975.

[661] OLG Celle AGS 2014, 560.

[662] OVG NRW AGS 2017, 522.

[663] Riedel/Sußbauer/*Ahlmann* RVG VV Vorb. 3 Rn. 96.

[664] OLG Düsseldorf BauR 1995, 586 = OLGR 1995, 64.

[665] OLG Nürnberg MDR 1999, 1522; OLG Rostock JurBüro 2008, 369.

[666] OLG München AnwBl 2000, 759 = NJW-RR 2000, 1728 = JurBüro 2000, 485; **aA** OLG Köln OLGR 2000, 162.

11. Wertfestsetzung

538 **a) Zuständigkeit.** Für die Wertfestsetzung ist zunächst das Gericht zuständig, das die selbständige Beweisaufnahme angeordnet hat, und nicht das Streitgericht.[667] Da das selbständige Beweisverfahren und das Hauptsacheverfahren prozessrechtlich eng miteinander verbunden sind, kann das Hauptsachegericht, zumindest aber das Rechtsmittelgericht der Hauptsache den Wert entsprechend § 63 Abs. 3 GKG, § 55 Abs. 3 FamGKG ändern. Auf diese Weise kann verhindert werden, dass von der Sache her nicht gerechtfertigte, bloß auf unterschiedlicher Bewertung beruhende Wertfestsetzungen in beiden Verfahren Bestand haben.[668]

539 **b) Sechsmonatsfrist. Mit Ende des Hauptverfahrens.** Die Sechsmonatsfrist des § 63 Abs. 3 S. 2 GKG, § 55 Abs. 3 S. 2 FamGKG, ab der der Gegenstandswert nicht mehr geändert werden kann, beginnt mit dem Ende des Hauptsacheverfahrens, wenn es ein solches gibt.[669] Hierfür spricht die enge Verknüpfung des selbständigen Beweisverfahrens und des Hauptsacheverfahrens, die sich vor allem in der Gleichstellung der Beweisaufnahme im selbständigen Beweisverfahren und vor dem Hauptsachegericht und in der Erstreckung der Kostenentscheidung der Hauptsache auf die Kosten des selbständigen Beweisverfahrens zeigt.[670] Diese verfahrensrechtliche Verbindung wird auch nicht dadurch aufgehoben, dass gebührenrechtlich[671] das selbständige Beweisverfahren und das Hauptsacheverfahren selbständige Angelegenheiten sind.

540 Das gilt auch, wenn zwischen dem Ende des selbständigen Beweisverfahrens und dem Beginn des Hauptsacheverfahrens mehr als sechs Monate liegen.[672] Die enge Verknüpfung zwischen beiden Verfahren wird nicht durch einen zeitlichen Abstand von sechs Monaten aufgehoben. Es ändert sich nichts hinsichtlich der Beweisverwertung, der Erstreckung der Kostenentscheidung und der Unstimmigkeiten bei der Kostenerstattung, wenn man unterschiedliche Gegenstandswerte annimmt, obgleich es um dasselbe geht. Dementsprechend wird in der Rspr. in den Entscheidungen, die auf das Ende des Hauptsacheverfahrens abstellen, nicht differenziert, je nachdem wie viel Zeit zwischen dem selbständigen Beweisverfahren und im Hauptsacheverfahren lag.

541 **Kein Hauptsacheverfahren.** Findet kein Hauptsacheverfahren statt, so kann nur auf das Ende des selbständigen Beweisverfahrens abgestellt werden.[673] → Anh. III Rn. 30.

542 **Streithelfer.** Folgt man der hier vertretenen Auffassung, dass die personelle Identität fehlt, wenn der Streitverkündete des selbständigen Beweisverfahrens Partei des Hauptverfahrens ist (→ Anh. III Rn. 49), so besteht der Gegenstandswert beider Verfahren unabhängig voneinander und beginnt die Frist des § 63 Abs. 3 S. 2 GKG mit dem Ende des selbständigen Beweisverfahrens und nicht erst mit dem Ende des Hauptsacheverfahrens.[674]

543 **Kostenentscheidung gem. § 494a Abs. 2 ZPO.** Ist im selbständigen Beweisverfahren eine Kostenentscheidung gem. § 494a Abs. 2 ZPO ergangen, so ist der Grundsatz der Kosteneinheit durchbrochen und beginnt die Frist mit dem Ende des selbständigen Beweisverfahrens.[675]

544 **c) Rechtsschutzbedürfnis für Wertbeschwerde.** Soweit früher angenommen wurde, dass für den RA, der in der Hauptsache die Gebühren bereits nach dem vollen Wert erlangt hat, kein Rechtsschutzbedürfnis für eine Erhöhung des Werts des selbständigen Beweisverfahrens besteht, ist diese Meinung überholt, nachdem im selbständigen Beweisverfahren und im Hauptsacheverfahren die Gebühren selbständig nebeneinander anfallen.[676]

• Sicherung eines Anspruchs

545 Bei einer Sicherungsübereignung oder bei der Verpfändung ist wie bei der Bauhandwerkersicherungshypothek (→ Rn. 62) gem. § 48 Abs. 1 S. 1 GKG, § 6 ZPO der volle Wert der zu

---

667 OLG Saarbrücken JurBüro 1968, 903.

668 Ein Abänderungsrecht müssen mindestens diejenigen anerkennen, die hinsichtlich der 6 Monatsfrist des § 63 Abs. 3 S. 2 GKG auf das Ende des Hauptsacheverfahrens abstellen (→ Rn. 58).

669 OLG Celle MDR 1993, 1019; OLG Düsseldorf MDR 1997, 692; KG NJW-RR 2003, 133 = MDR 2002, 1453; OLG Koblenz AnwBl 1995, 266; OLG Naumburg JurBüro 1999, 596 = MDR 1999, 1093; *E. Schneider* MDR 2000, 1230; **aA** OLG Frankfurt a. M. OLGR 1997, 203; OLG Köln AGS 2013, 180.

670 *E. Schneider* MDR 2000, 1230 (1232).

671 Für Anwälte neuerdings, für Gerichtskosten schon länger (KV 1610 GKG), ohne Anrechnung.

672 *Leupertz* AGS 2003, 217.

673 OLG Düsseldorf MDR 1997, 692; *Leupertz* AGS 2003, 217; *E. Schneider* MDR 2000, 1230 (1231).

674 **AA** KG NJW-RR 2003, 133 = MDR 2002, 1453.

675 *Leupertz* AGS 2003, 217.

676 OLG Köln OLGR 1997, 152 = AGS 1997, 131.

sichernden Forderung anzusetzen, es sei denn der Wert des Sicherungsgegenstands sei niedriger. Wegen Eilverfahren → Rn. 63.

Nur ein Gegenstand ist gegeben, **546**

– wenn zugleich mit dem Leistungsantrag, dem eigentlichen Interesse des Antragstellers, ein Antrag auf Sicherung der begehrten Leistung gestellt wird,[677] zB bei einer Klage auf Zahlung des Werklohns und Einwilligung zur Eintragung einer Bauwerkssicherungshypothek;[678] ebenso bei der Klage auf Zahlung einer Rente und gleichzeitig auf Eintragung einer **Reallast** im Grundbuch.[679] Die Argumente der Gegenmeinung, die im Fall der Bauwerkssicherungshypothek das Sicherungsinteresse teilweise mit dem vollen Wert der zu sichernden Forderung,[680] teilweise mit einem Fünftel hinzu addiert,[681] greifen nicht durch. Entgegen den dort vertretenen Ansichten schadet es nicht, dass teilweise unterschiedliche Tatbestandsvoraussetzungen gegeben sind (→ Rn. 367 ff.) bzw. dass entgegengesetzte Entscheidungen ergehen können (→ Rn. 371),[682]
– wenn mit dem Antrag auf Feststellung des Nichtbestehens eines Darlehensvertrages der Antrag auf Freigabe der dazu gehörigen Sicherheit verbunden wird (→ Rn. 375).[683]

• Spruchverfahrensgesetz

→ § 31 Rn. 1 ff. **547**

• Streithilfe

→ Nebenintervention. **548**

• Stufenklage

1. Grundsätze

Einheitliche Gebühren und einheitlicher Gegenstandswert. Es gibt nur einen einheitlichen Gegenstandswert für die Auskunfts- und die Stufenklage, der sich nach dem jeweils höchsten Wert richtet (§§ 44 GKG; 38 FamGKG). Gebühren fallen nur einmal an. Findet vor und nach der Auskunft ein Termin statt, so entsteht lediglich eine einheitliche Terminsgebühr, die sich uU durch den Termin nach der Auskunft erhöht. **549**

Ist der Wert der Leistungsklage höher, so fällt die Verfahrensgebühr aus diesem Wert an. Auf den niedrigeren Wert der Auskunftsklage kommt es aber an, wenn nur hinsichtlich dieser eine Gebühr anfällt, zB weil eine mündliche Verhandlung nur hinsichtlich der Auskunft stattfindet. **550**

Zum Wert der Auskunftsklage → Rn. 47 ff. Zum Wert des unbezifferten Leistungsantrags → Rn. 617 ff. **551**

2. Chronologischer Ablauf

a) Vor der Auskunftserteilung. ***aa) Verfahrensgebühr.*** Da die – unbezifferte – Leistungsklage zugleich mit der Auskunftsklage erhoben wird, ist hinsichtlich der Verfahrensgebühr von vornherein der Wert der Leistungsklage mit zu berücksichtigen.[684] Wegen Höhe des Leistungsantrags → Rn. 47 ff. **552**

Zeitpunkt der Bewertung des Leistungsantrags. Sehr umstritten war früher, ob der Wert des Leistungsantrags sich ausschließlich danach richtet, welcher Anspruch bei der Auftragserteilung zu erwarten ist,[685] oder ob auf das Begehren nach der Auskunftserteilung ab- **553**

---

677 Schneider/Herget/*Kurpat* Rn. 6192.

678 OLG Jena IBR 2010, 370, jedenfalls wenn Auftraggeber und Grundstückseigentümer identisch sind; KG BauR 1998, 829; OLG Nürnberg JurBüro 2003, 594; OLG Stuttgart BauR 2003, 131.

679 OLG Nürnberg JurBüro 1964, 684; OLG Celle Nds. Rpfleger 1983, 159.

680 OLG München OLGR 1999, 347 = BauR 2000, 927.

681 OLG Düsseldorf OLGR 1997, 136.

682 *Müller-Rabe* JurBüro 2015, 3 (6) Ziff. IVc.

683 BGH FamRZ 2006, 946 = NJW-RR 2006, 997 = MDR 2006, 1257.

684 BGH FamRZ 1995, 797; OLG Brandenburg AGS 2014, 65 mzustAnm *Thiel;* OLG Celle AnwBl 1987, 286; OLG Düsseldorf JurBüro 1984, 87; OLG Zweibrücken FamRZ 2007, 1112, **aA** OLG Dresden NJW-RR 1997, 1430 = MDR 1997, 691; OLG Koblenz JurBüro 2014, 248; OLG Stuttgart FamRZ 1990, 652; OLG Schleswig MDR 1995, 642.

685 OLG Brandenburg AGS 2009, 134; FamRZ 2007, 71; OLG Celle FamRZ 2011, 1809 = AGS 2012, 192; MDR 2003, 55; OLG Dresden MDR 1998, 64; OLG Frankfurt a. M. AGS 2013, 137; OLG Hamm AGS 2014, 523; FamRZ 2011, 582; OLG Karlsruhe FamRZ 2008, 1205; 1999, 609, 1.200 DM, wenn sich keine Anhaltspunkte ergeben; Die Justiz 1985, 353; KG FamRZ 2007, 69 = JurBüro 2006, 594; KG RVG-report 2008, 78; OLG Koblenz FamRZ 2017, 1079 = MDR 2017, 488; OLG Köln AGS 2013, 239; OLG München OLGR 2007, 415; OLG Nürnberg FamRZ 1997, 101; OLG Rostock JurBüro 2008, 88; OLG Saarbrücken AGS 2011,

zustellen ist mit der Folge, dass der Wert je nach dem Ergebnis der Auskunft niedriger wird, uU sogar bis zum Mindestwert von 500,– EUR (§ 13 Abs. 1 S. 1 RVG) sinkt, weil ein **Leistungsantrag nicht mehr gestellt** wird.[686] Zu beachten ist, dass auch nach der zweiten Meinung der Wert des Auskunftsanspruchs vom Ergebnis der Auskunft unberührt bleibt, sich also nicht reduziert, wenn die Auskunft einen niedrigeren Anspruch als erwartet ergibt.

554 Die erste Meinung beruft sich darauf, dass auch der Leistungsanspruch sogleich rechtshängig geworden ist und gem. § 40 GKG, § 34 FamGKG auf den Zeitpunkt der Antragstellung in dem jeweiligen Rechtszug abzustellen und eine rückwirkende Herabsetzung des Gegenstandswerts nicht zulässig ist. Außerdem würde ansonsten der Auskunftsklage jede Grundlage für eine Bewertung fehlen. In der letzten Zeit wird obergerichtlich fast nur noch die erste Meinung vertreten. Es wird deshalb hier auf eine Darstellung der Gegenargumente, denen ich bis zur 18. Aufl. 2008 gefolgt bin, verzichtet.[687] Das gilt auch, wenn sich später herausstellt, dass der Leistungsanspruch höher ist als ursprünglich angenommen.[688]

555 ***bb) Termin vor Auskunftserteilung.*** **Termin nur zur Auskunftsstufe.** Beschränkt sich der Termin nur auf die Auskunftsstufe, so ist die Terminsgebühr nur nach dem Werte des Auskunftsanspruchs zu bemessen.[689] Enthält die Terminsanberaumung durch das Gericht keinen Hinweis, worüber verhandelt werden soll, so ist zunächst davon auszugehen, dass – wie üblich – nur über den Auskunftsantrag verhandelt werden soll. Es findet also nur ein Verhandlungstermin zur Auskunftsstufe statt.[690]

Beispiel:

Der Antragsteller erwartet einen Unterhaltsanspruch von monatlich 1.000,– EUR. Es findet nur eine mündliche Verhandlung zur Auskunftsstufe statt.
Folgende Gebühren entstehen
1,3 Verfahrensgebühr gem. VV 3100 RVG aus 12.000,– EUR
1,2 Terminsgebühr gem. VV 3104 RVG aus 3.000,– EUR (¼ aus 12.000,– EUR)

556 **Einigungsversuch zum Zahlungsanspruch.** Werden im Verhandlungstermin über den Auskunftsanspruch auch Gespräche geführt, um eine Einigung zum zu zahlenden Betrag herbeizuführen, so findet inzident ein Erörterungstermin zur Leistungsstufe statt. Die Terminsgebühr entsteht aus dem erwarteten Leistungsbetrag.[691] Dasselbe gilt gem. VV Vorb. 3 Abs. 3 S. 1 Alt. 3 RVG, wenn vor einem Urteil zum Auskunftsantrag in einem außergerichtlichen Gespräch versucht wird, nicht nur zum Auskunfts-, sondern auch hinsichtlich des Leistungsanspruchs eine Einigung zu erzielen.

Beispiel:

Der Antragsteller erwartet einen Unterhaltsanspruch von monatlich 1.000,– EUR. Es finden auch Einigungsgespräche über eine Bezifferung des Unterhaltsanspruchs statt.
Folgende Gebühren entstehen
1,3 Verfahrensgebühr gem. VV 3100 RVG aus 12.000,– EUR
1,2 Terminsgebühr gem. VV 3104 RVG aus 12.000,– EUR

557 **Abweisung auch des Leistungsantrags in der Auskunftsstufe.** Wurde im Termin schon ein Antrag auch zur Leistungsstufe gestellt, so hat tatsächlich auch eine mündliche Verhandlung zum Leistungsantrag stattgefunden, sodass dann aus dessen Wert eine Terminsgebühr anfällt. Dasselbe gilt, wenn vor der Abweisung des Leistungsantrags – was der Regelfall sein wird – eine Erörterung über ihn stattfindet, da dann stillschweigend (→ RVG VV Vorb. 3 Rn. 77) auch ein Erörterungstermin über den Leistungsantrag anberaumt ist.

91; OLG Schleswig AGS 2020, 404; JurBüro 2002, 80; OLG Stuttgart FamRZ 2008, 533 (534); OLG Zweibrücken JurBüro 1987, 563; *Madert* AGS 1997, 97.

[686] OLG Bamberg JurBüro 1989, 685; OLG Dresden MDR 1997, 691; KG MDR 1997, 598; NJW-RR 1998, 1615; OLG Schleswig FamRZ 1997, 40; OLG Stuttgart FamRZ 2005, 1765; 90, 652; *Lappe* NJW 1998, 1112; OLG Bremen AGS 2013, 583 nimmt für Unterhaltsrückstände den Wert bei Einreichung des Stufenantrags, hinsichtlich des zukünftigen Unterhalts den Wert der Bezifferung. Hinsichtlich des zweiten Teils mablAnm *N. Schneider;* aA OLG Jena AGS 2017, 127 mablAnm *N. Schneider.*

[687] Wegen dieser Gerold/Schmidt/*Müller-Rabe,* 18. Aufl. 2008, RVG VV 3100 Rn. 127.

[688] OLG Schleswig MDR 2020, 1214 = AGS 2020, 404.

[689] OLG Brandenburg AGS 2014, 65 mzustAnm *Thiel;* KG JurBüro 1983, 1822; OLG Köln FamRZ 2005, 1847; OLG Stuttgart FamRZ 2008, 533.

[690] *Mock* RVGreport 2006, 451.

[691] OLG Bamberg JurBüro 1981, 1352; ähnlich Schneider/Wolf/*Onderka/Schneider* RVG VV Vorb. 3 Rn. 205; zur BRAGO wurde dies überwiegend – schon damals zu Unrecht – verneint KG JurBüro 1984, 1684; *Hansens* BRAGO § 31 Rn. 63.

558 Wird schon im Termin zur Auskunftsstufe – bei Verfahren mit vorgeschriebener mündlicher Verhandlung in verfahrenswidriger Weise – auch der Leistungsantrag abgewiesen, obwohl zu diesem im Termin weder verhandelt noch erörtert worden war, so fällt die Terminsgebühr nur aus dem Wert der Auskunft und nicht aus dem des Leistungsantrags an.[692] Das folgt daraus, dass eine Entscheidung im schriftlichen Verfahren ohne Einverständniserklärung der Parteien keine Terminsgebühr gem. VV 3104 RVG Anmerkung Abs. 1 Nr. 1 auslöst (→ RVG VV 3104 Rn. 58).

559 **b) Nach der Auskunftserteilung.** Nach einhM richten sich die erst mit oder nach der Bezifferung des Leistungsantrags anfallenden Gebühren nach dem geforderten Betrag.[693]

560 ***aa) Geringerer Leistungsantrag.*** Wird weniger verlangt, als bislang erwartet, so entsteht die Terminsgebühr aus dem geringeren, bezifferten Antrag.

Beispiel:

Der Kläger verlangt mit einer Stufenklage Auskunft zur Vorbereitung eines unbezifferten Leistungsantrags, mit dem er etwa 20.000,– EUR verlangen will. Nach mündlicher Verhandlung zur Auskunft (Wert 5.000,– EUR) werden wegen des Ergebnisses der erteilten Auskunft nur 10.000,– EUR verlangt. In der nächsten mündlichen Verhandlung geht es nur noch um einen Leistungsanspruch von 10.000,– EUR. Die in der Auskunftsstufe angefallene Terminsgebühr aus einem Wert von zunächst nur 5.000,– EUR erhöht sich auf eine Terminsgebühr aus 10.000,– EUR.

Dem RA stehen also insgesamt folgende Gebühren zu:

1,3 Verfahrensgebühr aus 20.000,– EUR

1,2 Terminsgebühr aus 10.000,– EUR.

561 Wird ein Betrag verlangt, der **unter dem Wert des Auskunftsanspruchs** liegt, so erhöht sich die Terminsgebühr nicht mehr.

Beispiel:

Der Kläger verlangt mit einer Stufenklage Auskunft zur Vorbereitung eines unbezifferten Leistungsantrags, mit dem er etwa 20.000,– EUR verlangen will. Nach mündlicher Verhandlung zur Auskunft (Wert 5.000,– EUR) werden wegen des Ergebnisses der erteilten Auskunft nur 3.000,– EUR verlangt. In der nächsten mündlichen Verhandlung geht es nur noch um einen Leistungsanspruch von 3.000,– EUR. Die in der Auskunftsstufe angefallene Terminsgebühr erhöht sich nicht mehr. Es bleibt bei einer Terminsgebühr aus 5.000,– EUR.

Dem RA stehen also insgesamt folgende Gebühren zu:

1,3 Verfahrensgebühr aus 20.000,– EUR

1,2 Terminsgebühr aus 5.000,– EUR.

562 ***bb) Höherer Leistungsantrag.*** Wird ein höherer Leistungsantrag als ursprünglich erwartet gestellt, so erhöhen sich die Verfahrensgebühr und die Terminsgebühr, die nunmehr aus dem höheren Wert zu errechnen sind.

Beispiel 3:

Der Kläger erwartet einen Unterhaltsanspruch von monatlich 1.000,– EUR. Nach mündlicher Verhandlung und dem Auskunftsantrag stattgebendem Beschluss wird Auskunft erteilt. Diese ergibt einen Anspruch von monatlich 1.500,– EUR, der mit dem Leistungsantrag, über den auch mündlich verhandelt wird, verlangt wird.

Dem RA stehen insgesamt folgende Gebühren zu:

1,3 Verfahrensgebühr gem. VV 3100 RVG aus 18.000,– EUR (12 × 1.500,– EUR)

1,2 Terminsgebühr gem. VV 3104 RVG aus 18.000,– EUR.

563 **Anwaltswechsel.** Wird der RA zB wegen späteren Anwaltswechsels nur tätig war, bevor die Auskunft erteilt war, so fallen für ihn die Gebühren nur aus dem Wert von 12.000,– EUR bzw. hinsichtlich der Auskunft aus 3.000,– EUR (1/4 aus 12.000,– EUR) an.

3. Leistungsantrag nur hinsichtlich eines Teilbetrags

564 **Wert des Leistungsantrags.** Verlangt der Kläger Auskunft und stellt er gleichzeitig einen unbezifferten Leistungsantrag, den er aber hinsichtlich der Höhe begrenzt (zB „jedoch höchstens 20.000,– EUR"), so ist diese Beschränkung bei der Bewertung des Leistungsantrags wirksam und bei der Bestimmung des Gegenstandswerts zu berücksichtigen. Selbst wenn der gesamte Leistungsanspruch erheblich höher ist, so ist für den Leistungsanspruch nur der geltend gemachte Höchstwert (zB 20.000,– EUR) anzusetzen.[694] Es gilt dasselbe wie bei der Einklagung nur eines Teils eines Anspruchs mittels eines bezifferten Leistungsantrags. Nach OLG Stuttgart gilt dies auch, wenn sich nicht aus dem Antrag selbst, sondern nur aus den Gründen

692 OLG Celle FamRZ 2009, 1855; ebenso OLG Koblenz JurBüro 2014, 248.

693 OLG Rostock JurBüro 2008, 88.

694 OLG Stuttgart MDR 2013, 138 = AGS 2013, 138.

die Absicht der Beschränkung ergibt.[695] Es kann auch nicht ohne weiteres von einem Missbrauch ausgegangen werden, da es – wie bei nur teilweiser Einklagung eines Anspruchs – gute Gründe für die Beschränkung geben kann (Geringhaltung des Prozessrisikos bzw. der Prozesskosten).

565 **Wert des Auskunftsantrags.** Bei der Bestimmung des Wertes des Auskunftsantrags hingegen ist ein Bruchteil des vollständigen Leistungsanspruchs anzusetzen, der vom Antragsteller geltend gemacht werden könnte, ohne Berücksichtigung davon, dass er angekündigt hat, nur einen Teil geltend zu machen.[696] Dafür spricht, dass er mit der Auskunft in die Lage versetzt wird, den ganzen Anspruch geltend zu machen. Außerdem bestünde sonst eine nicht mehr zu akzeptierende Missbrauchsgefahr. Dass dem Antragsteller damit insoweit die Möglichkeit einer Begrenzung seines Risikos genommen wird, muss hingenommen werden.

566 Dass dann uU der Wert des Auskunftsantrags höher ist als der des Leistungsantrags. ist mit § 44 GKG vereinbar, nachdem der höhere Wert anzusetzen ist, wobei offen gelassen wird, ob dies der der Auskunft oder der der Leistung ist. Das Gesetz geht also nicht davon aus, dass immer der Wert des Leistungsantrags der höhere sein muss.[697]

• Teilklage/-antrag

567 Abzustellen ist nur auf den eingeklagten Teil (§§ 36 GKG; 30 FamGKG).

• Telefonwerbung, unerlaubte

568 Im Rahmen freien Ermessens gem. § 3 ZPO kommt es auf das Interesse an, das der Kläger an der Unterbindung weiterer gleichartiger Verstöße hat. Dieses Interesse wird maßgeblich durch die Art des Verstoßes, insbes. seine Gefährlichkeit für den Wettbewerber oder Verbraucher anhand des drohenden Schadens bestimmt. Dabei sind ua die Unternehmensverhältnisse bei dem Verletzer (Umsätze, Größe, Wirtschaftskraft, Marktstellung und deren voraussichtliche Entwicklung), die Auswirkungen zukünftiger Verletzungshandlungen (Ausmaß, Intensität und Häufigkeit, insbes. durch die bereits begangene Verletzungshandlung) und die Intensität der Wiederholungsgefahr (Verschuldensgrad, späteres Verhalten) zu berücksichtigen.[698]

569 Klagt ein **Verbraucherverband** (§ 8 Abs. 3 Nr. 3 UWG), so ist das satzungsmäßig wahrgenommene Verbraucherinteresse zu schätzen, was uU – etwa bei Gesundheitsgefährdung der Verbraucher – auf einen wesentlich höheren Betrag hinauslaufen kann als beim zu bewertenden Interesse eines Mitbewerbers.[699] Das KG hat bei der Hauptsacheklage eines Verbraucherschutzverbandes gegen einen Weinhändler 30.000,– EUR angenommen.[700]

• Terminsgebühr

1. Allgemeines

570 Die Höhe der Terminsgebühr richtet sich nach dem Wert des Gegenstandes, auf den sich der Verhandlungs- bzw. Erörterungstermin oder der Sachverständigentermin oder die außergerichtliche Besprechung bezogen hat. Die Terminsgebühr kann niemals aus einem höheren Wert als die Verfahrensgebühr erwachsen.

Nebenforderungen, → Rn. 399 ff.

571 **Mehrere Verhandlungen.** Die Terminsgebühr ist bei mehreren Verhandlungen nach dem höchsten Wert zu berechnen, über den jemals verhandelt worden ist.

572 **Rentenanspruch.** Wird bei einem Rentenanspruch iSv § 9 ZPO, der auf Lebenszeit geltend gemacht wird, zunächst über die ersten 3 1/2 Jahre und später über die Folgezeit verhandelt, so bleibt es bei dem Gegenstandswert des § 9 ZPO mit dem 3 1/2-Jahreshöchstbetrag.

573 **Klagerücknahme,** → Rn. 316 ff.

574 **Erledigung,** → Rn. 207 ff.

2. Teilwert

575 **a) Grundsatz.** Bezieht sich der Termin nur auf einen Teil des Klagegegenstandes zB wegen Teilrücknahme, so ist der Wert dieses Teiles maßgebend.[701]

---

[695] OLG Stuttgart MDR 2013, 138 = AGS 2013, 138.
[696] OLG Stuttgart MDR 2013, 138 = AGS 2013, 138.
[697] OLG Stuttgart MDR 2013, 138 = AGS 2013, 138; **aA** Schneider/Herget/*Kurpat* Rn. 5050, wonach ausnahmslos der Wert des Leistungsantrags der höhere ist, wobei er sich auch auf Entscheidungen stützt, nach denen dieser Wert „regelmäßig" der höhere ist, wie zB OLG Saarbrücken 9.9.2009 – 9 WF 89/09.
[698] KG MDR 2010, 839 Rn. 3.
[699] jurisPK-UWG/*Hess,* 2. Aufl. 2009, § 12 Rn. 230 mwN.
[700] KG MDR 2010, 839 Rn. 7.
[701] OLG Köln JurBüro 2006, 246.

Beispiele:

In einem Rechtsstreit über 1.000,– EUR wird die Klage vor dem ersten Termin wegen eines Teilbetrages von 600,– EUR zurückgenommen. Der Termin bezieht sich nur noch auf einen Teilbetrag von 400,– EUR. Die Terminsgebühr entsteht nur wegen 400,– EUR.

Bei mehreren mit einer Klage verfolgten Schadensersatzansprüchen (Gesamtwert 10.000,– EUR) gegen den ausgezogenen Mieter wird nur Beweis erhoben wegen des Fußbodens (hierfür geltend gemacht 3.000,– EUR). Die durch den Beweistermin verursachte Terminsgebühr errechnet sich aus 3.000,– EUR.

Stufenklage, → Rn. 549 ff.

b) Kostenwert. Nach dem Kostenwert kann eine Terminsgebühr dann entstehen, 576

– wenn die Hauptsache vollständig, einschließlich aller Nebenforderungen, erledigt ist.[702] Ist dies nicht der Fall, so richtet sich der Gegenstandswert nur nach der Hauptsache bzw. der Nebenforderung, zB Zinsen (§ 43 Abs. 2 GKG, § 37 Abs. 2 FamGKG),

– wenn zuvor aus dem Wert der Hauptsache keine Terminsgebühr nach gleich hohem oder höherem Gebührensatz entstanden ist.[703] Wird unter diesen Voraussetzungen im Termin ein Kostenantrag gestellt, so verdient der RA eine Terminsgebühr aus dem Kostenwert.[704]

Beispiel:

Im ersten Termin ist wegen Versäumnisurteil gem. VV 3105 RVG nur eine 0,5 Terminsgebühr aus der Hauptsache entstanden. Nach Einspruch hat der Beklagte die Hauptsache gezahlt. In der mündlichen Verhandlung geht es nur noch um die Kosten.

Der RA verdient eine 0,5 Terminsgebühr aus dem Hauptsachewert sowie eine 1,2 Terminsgebühr aus dem Kostenwert, maximal eine 1,2 Terminsgebühr aus dem Hauptsachewert (§ 15 Abs. 3 RVG).

Wegen Kostenwert, → Rn. 341 ff. 577

c) Das gesamte Verfahren betreffende Teilfrage. Betrifft der Termin zwar nur eine Teilfrage, hängt von dieser aber das ganze Verfahren ab, so ist der Gegenstandswert der gesamten Hauptsache, zB Beweisaufnahme nur wegen Fälligkeit, Zurückbehaltungsrecht (→ Rn. 772 ff.) oder Prozessvoraussetzungen (→ Rn. 423). 578

d) Beweisaufnahmetermin. Umfang der Beweisaufnahme. Der Gegenstandswert für die Vertretung im Beweisaufnahmetermin ist grds. danach zu bemessen, in welchem Umfang das Gericht bei Beginn des Termins (→ RVG VV Vorb. 3 Rn. 100 ff.) Tatsachen klären wollte. Bezieht sich die Beweisaufnahme nur auf einen wertmäßig aussonderbaren Teilbetrag, so erwächst die Terminsgebühr nur aus diesem Wert.[705] Sofern das Beweisaufnahmeverfahren nicht auf einen Teil des Streitgegenstandes beschränkt wird, ist der Berechnung der Terminsgebühr der volle Gegenstandswert zugrunde zu legen.[706] Dabei kommt es auf die Sicht des Hauptsachegerichts zu Beginn und während des Beweisaufnahmetermins an. Unerheblich ist, welche Tatsachen nach der späteren Rechtsauffassung der Urteilsgründe entscheidungserheblich oder welche nach Auffassung der Kostenfestsetzungsinstanzen klärungsbedürftig waren. 579

Beweisaufnahme nach Teilanerkenntnis. Streitig ist, ob durch eine Beweisaufnahme die volle Terminsgebühr aus dem gesamten Gegenstandswert entsteht, wenn zuvor der Beklagte teilweise anerkannt hat, aber noch nicht gezahlt hat und noch kein Teilanerkenntnisurteil ergangen ist.[707] 580

Beweisaufnahme bei Ehescheidungsverfahren. Wird in einem Ehescheidungsverfahren lediglich über die Begründetheit des Scheidungsantrags Beweis erhoben, entsteht wegen der Folgesachen, auch der Amtsfolgesachen, die Terminsgebühr nicht.[708] 581

Nacheinander Beweisaufnahme für verschiedene Teile. Wird über verschiedene Teile des Anspruchs nacheinander Beweis erhoben, so entsteht trotzdem nur eine Terminsgebühr. Sie 582

[702] BGHZ 26, 174 = NJW 1958, 342; Rpfleger 1955, 12; OLG Karlsruhe Justiz 1989, 86; **aA** OLG Hamm AnwBl 1973, 43 = Rpfleger 1973, 101 (Ls.).

[703] OLG Hamburg JurBüro 1974, 1006 (Hauptsache anerkannt: $^{1}/_{2}$ Prozessgebühr, Kosten streitig: $^{10}/_{10}$-Prozessgebühr); OLG Düsseldorf JurBüro 1981, 862 (Verhandlung über die Kosten nach Erledigung der Hauptsache); OLG Koblenz JurBüro 1979, 1832.

[704] OLG Frankfurt a. M. JurBüro 1982, 403 = Rpfleger 1982, 81.

[705] OLG Düsseldorf JurBüro 1986, 1833; OLG München JurBüro 1991, 1087; VGH Mannheim JurBüro 1990, 1622; aber OLG Hamm AnwBl 1985, 209.

[706] OLG München JurBüro 1982, 401.

[707] **Bejahend** OLG Frankfurt a. M. AnwBl 1981, 155 = JurBüro 1981, 554; **verneinend** OLG Köln JurBüro 1984, 877 (Terminsgebühr nur aus dem noch streitigen Teil) mzustAnm *Mümmler* = KostRspr ZPO § 3 Nr. 692 mablAnm *E. Schneider.*

[708] OLG Nürnberg JurBüro 1980, 897.

ist aber aus den zusammengerechneten Werten der Gegenstände zu berechnen, über die nacheinander Beweis erhoben worden ist.

3. Maßgeblicher Zeitpunkt

583 **a) Grundsatz.** Maßgebend für die Berechnung der Terminsgebühr ist der Wert des Anspruchs im Zeitpunkt des Beginns des Termins, durch den die Terminsgebühr ausgelöst wird. Im Falle der Beweiserhebung entscheidet der Beginn des Beweistermins und nicht mehr wie früher[709] der Zeitpunkt der Anordnung der Beweiserhebung. Allerdings ist der Beweisbeschluss maßgeblich, wenn sich nicht zwischendurch etwas geändert hat wie zB durch Verzicht auf Zeugen oder Unstreitigstellen hinsichtlich eines aussonderbaren Teils.

Beispiel:

Der Beweisbeschluss bezog sich auf Sachschaden (10.000,– EUR) und Personenschaden (5.000,– EUR). Vor dem Beweisaufnahmetermin wird der Sachschaden unstreitig gestellt. Die Terminsgebühr entsteht nur noch aus 5.000,– EUR.

584 **b) Nachträgliche Verminderung des Werts.** Eine Ermäßigung der Klageforderung nach dem Termin ist für die Höhe des Wertes der Terminsgebühr ohne Bedeutung. Der RA kann eine einmal verdiente Gebühr nicht mehr verlieren. Dasselbe gilt, wenn der Sachverhalt, der Gegenstand der Beweisaufnahme war, nach Durchführung der Beweisaufnahme unstreitig geworden ist.

Beispiel:

Ein Zeuge ist darüber vernommen worden, ob der Beklagte eine bestimmte Zahlung an den Kläger geleistet hat. Nach der Vernehmung des Zeugen räumt der Kläger den Empfang des Geldes ein.

585 Ebenso bleibt die – bereits verdiente – Terminsgebühr bestehen, wenn der Sachverhalt, über den Beweis erhoben werden soll oder erhoben worden ist, nachträglich unerheblich geworden ist.[710]

Beispiel:

Über einen Unfallvorgang sind Zeugen vernommen worden. Der Beklagte erhebt anschließend mit Erfolg die Verjährungseinrede.

586 **c) Nachträgliche Erhöhung des Gegenstandswertes. RA nach Erhöhung weiter tätig.** Erhöht sich der Gegenstandswert nach der ersten mündlichen Verhandlung, so erhöht sich die zuerst entstandene Terminsgebühr auf den Betrag, der sich nach dem erhöhten Gesamtbetrag des Gegenstandswerts ergibt, wenn der RA danach noch eine Terminsgebühr auslösende Tätigkeit vornimmt. Nicht fallen zwei Terminsgebühren an.

Beispiel:

Die Klage wird von 3.000,– EUR um 7.000,– EUR auf 10.000,– EUR erhöht. Zunächst ist eine 1,2 Terminsgebühr aus 3.000,– EUR mit 266,40 EUR erwachsen. Nachdem über weitere nachträglich eingeführte 7.000,– EUR verhandelt worden ist, beträgt die 1,2 Terminsgebühr aus 10.000,– EUR = 736,80 EUR.

587 **Nach Erhöhung kein Termin mehr oder RA nicht mehr tätig.** Wird der RA nach der Erhöhung des Wertes nicht mehr in einer eine Terminsgebühr auslösenden Weise tätig, erhält er die Terminsgebühr nur aus dem geringeren Wert. Das gilt auch, wenn er den Auftraggeber in einer Beweisaufnahme vertreten hat, die das Gericht im Urteil hinsichtlich des gesamten erhöhten Anspruchs berücksichtigt.[711]

Beispiel:

Der Kläger berühmt sich eines Anspruchs iHv 10.000,– EUR. Da er sich seiner Sache nicht sicher ist (oder: Kosten sparen will), klagt er nur 1.000,– EUR ein. Die Beweisaufnahme vor dem ersuchten Richter ergibt eindeutig, dass der Anspruch in vollem Umfange begründet, ist. Der Kläger erhöht die Klage auf 10.000,– EUR. Der Gegenstandswert in der Schlussverhandlung beträgt 10.000,– EUR. Das Gericht verwertet in seinem Urteil das Beweisergebnis für die Entscheidung des gesamten Streitgegenstandes.
Der nur beim ersuchten Gericht aufgetretene Terminsvertreter verdient nur eine Terminsgebühr aus 1.000,– EUR.

4. Entscheidung ohne mündliche Verhandlung

588 **a) Entscheidung mit Einverständnis der Parteien.** Im Fall des VV 3104 RVG Anmerkung Abs. 1 Nr. 1 Alt. 1 ist Voraussetzung für die Entstehung einer Terminsgebühr in einem

---

709 Gerold/Schmidt/*von Eicken,* 15. Aufl. 2002, § 31 Rn. 144.
710 KG AnwBl 1959, 300.
711 OLG Koblenz MDR 1994, 629.

Verfahren mit vorgeschriebener mündlicher Verhandlung zum einen das Einverständnis der Parteien, zum anderen eine gerichtliche Entscheidung. Für den Gegenstandswert bedeutet dies, dass er sich nach dem Gegenstand richtet, zu dem die Parteien das Einverständnis erklärt haben und über den das Gericht entschieden hat. Wird das Einverständnis erklärt und ergeht dann keine Entscheidung, die einer mündlichen Verhandlung bedurft hätte (zB es ergeht nur noch eine Entscheidung nach § 91a ZPO → RVG VV 3104 Rn. 31), so entsteht keine Terminsgebühr. Wird nur über einen Teil des Streitgegenstandes entschieden, so entsteht die Terminsgebühr nur aus einem Teilwert.

Beispiel:
Haben die Parteien hinsichtlich des gesamten Gegenstands des Verfahrens (Miete und Kaution) ihr Einverständnis erklärt, trifft das Gericht aber eine Entscheidung nur hinsichtlich der Miete, so ist die Terminsgebühr nur aus dem Gegenstandswert der Miete entstanden.

Frist gem. § 128 Abs. 2 S. 2 ZPO. Hat das Gericht gem. § 128 Abs. 2 S. 2 ZPO einen Zeitpunkt bestimmt, bis zu dem Schriftsätze eingereicht werden können, so sind in aller Regel die bis zu diesem Zeitpunkt zuletzt gestellten Sachanträge maßgeblich,[712] soweit das Gericht über sie entscheidet. 589

b) §§ 307, 495a ZPO. Hier richtet sich der Gegenstandswert nach dem Gegenstand, über den das Gericht eine Entscheidung getroffen hat, der ansonsten eine mündliche Verhandlung hätte vorausgehen müssen. 590

5. Einigungsgespräche und schriftliche Vergleiche

Hier kommt es, wie auch sonst bei Einigungen, darauf an, worüber man sich einigt bzw. zu einigen versucht, und nicht, worauf man sich einigt (→ RVG VV 1000 Rn. 82). 591

Wegen Einigungsgesprächen nach Erledigung → Rn. 216ff. 592

6. 0,5 Terminsgebühr nach VV 3105 RVG

Streitig ist, ob, wenn es nur um **prozessleitende Maßnahmen** wie zB Vertagung geht, ein Abschlag vom Wert der Hauptsache vorzunehmen ist.[713] Für den Fall einer Beschwerde wegen der Aussetzung des Rechtsstreits hat der BGH zur BRAGO entschieden, dass nur noch das Interesse an der Aufhebung der Aussetzung zu bewerten ist.[714] Die Ausführungen des BGH sind so gehalten, dass sie auch für die erste Instanz gelten. Eine Herabsetzung des Gegenstandswerts ist jedoch im Rahmen des RVG abzulehnen. Lit. und Rspr. zur BRAGO können nicht mehr herangezogen werden, nachdem die Terminsgebühr ganz anders konstruiert ist als die Verhandlungs- oder Erörterungsgebühr der BRAGO. Es kommt nicht mehr darauf an, was im Termin geschieht. Sind beide Verfahrensbevollmächtigte vertretungsbereit im Termin erschienen, so ist die 1,2 Terminsgebühr aus dem vollen Gegenstandswert angefallen, unabhängig davon was dann im Termin geschieht. Auch eine bloße Vertagung reduziert den Gegenstandswert der zuvor aus dem vollen Gegenstandswert angefallenen 1,2 Terminsgebühr nicht. Bei Säumnis einer Partei kann nichts anderes gelten. Dass sich der Gebührensatz bei Säumnis vermindert, ist kein Grund auch noch den Gegenstandswert herabzusetzen.[715] 593

• Terminvertreter

1. Grundsätze

Der Gegenstandswert richtet sich nach dem Gegenstand, hinsichtlich dessen der Terminsvertreter tätig werden soll. Er kann gleich hoch sein wie der für den Verfahrensbevollmächtigten. Er kann aber auch niedriger sein, wenn der Terminsvertreter nur hinsichtlich eines Teils beauftragt wird, zB die Beweisaufnahme beim ersuchten Richter bezieht sich nur auf einen Teilbetrag, etwa weil die Beweisaufnahme nur für den Schmerzensgeldanspruch, nicht aber den gleichzeitig geltend gemachten Sachschaden von Bedeutung ist. 594

---

[712] *Hansens* BRAGO § 35 Rn. 10.

[713] **Gegen Abschlag:** Schneider/Wolf/*Onderka* RVG VV 3105 Rn. 30; OLG Düsseldorf (17. ZS) JurBüro 1994, 158; LAG Düsseldorf JurBüro 1991, 1497; OLG Hamm JurBüro 1971, 944 = NJW 1971, 2317 = KostRspr § 33 Nr. 6 mAnm *E. Schneider;* Gerold/Schmidt/*von Eicken,* 15. Aufl. 2002, BRAGO § 33 Rn. 33; Bischof/*Bischof* RVG VV 3105 Rn. 31 ff.; Riedel/Sußbauer/*Keller,* 8. Aufl. 2000, BRAGO § 33 Rn. 22; **für Abschlag:** OLG Düsseldorf AnwBl 1990, 324 = JurBüro 1990, 865; 91, 686; Schneider/Herget/*Kurpat* Rn. 4558, Wert gem. § 3 ZPO schätzen.

[714] BGHZ 22, 283 = NJW 1957, 424. Nach *von Eicken* kann für den Fall einer Beschwerde etwas anderes als in der ersten Instanz gelten (Gerold/Schmidt/*von Eicken,* 15. Aufl. 2002, BRAGO § 33 Rn. 33).

[715] Bischof/*Bischof* RVG VV 3105 Rn. 37.

2. Erhöhung der Klage

595 Erhöht sich der Gegenstandswert vor dem Termin, in dem der Terminsvertreter tätig wird, so errechnen sich dessen Gebühren aus dem erhöhten Wert. Tritt die Erhöhung erst nach dem Termin ein, zB weil auf Grund der für den Kläger günstigen Beweisaufnahme die Klage erhöht wird, so werden die Gebühren des Terminsvertreters davon nicht berührt und werden aus dem niedrigeren Wert errechnet (→ Rn. 586 ff.).

3. Ermäßigung der Klage

596 Ermäßigt sich der Gegenstandswert vor dem Termin, hat der Terminsvertreter aber bereits die Informationen entgegengenommen, so verdient er eine Verfahrensgebühr gem. VV 3405 Nr. 2 RVG aus dem ursprünglichen Wert und eine Verfahrensgebühr gem. VV 3401 RVG aus dem herabgesetzten Wert, jedoch gem. § 15 Abs. 3 RVG nicht mehr als eine Gebühr gem. VV 3401 RVG aus dem höheren Wert.

Beispiel:

Terminsvertreter hat wegen Klage über 10.000,– EUR bereits Informationen entgegen genommen. Vor dem Termin wird die Klage iHv 5.000,– EUR zurück genommen.

Der Terminsvertreter verdient

0,5 Verfahrensgebühr gem. VV 3405 Nr. 2 RVG aus 5.000,– EUR	167,00 EUR
0,65 Verfahrensgebühr gem. VV 3401 RVG aus 5.000,– EUR	217,10 EUR
Summe	384,10 EUR
gem. § 15 Abs. 3 RVG höchstens 0,65 Verfahrensgebühr aus 10.000,– EUR	399,10 EUR
1,2 Terminsgebühr Gebühr gem. VV 3402, 3104 RVG aus 5.000,– EUR	400,80 EUR
Pauschale gem. VV 7002 RVG	20,00 EUR

597 Reduziert sich der Gegenstandswert erst, **nachdem der Terminsvertreter am Termin teilgenommen hat,** so verdient er sowohl die Gebühr gem. VV 3401 RVG als auch die Terminsgebühr aus dem ursprünglichen höheren Wert (→ Rn. 548 ff.).

Beispiel:

Im vorigen Beispiel wird die Klage erst nach dem Termin iHv 5.000,– EUR zurückgenommen.

Der Terminsvertreter verdient

0,65 Verfahrensgebühr gem. VV 3401 RVG aus 10.000,– EUR	399,10 EUR
1,2 Terminsgebühr gem. VV 3402, 3104 RVG aus 10.000,– EUR	736,80 EUR
Pauschale gem. VV 7002 RVG	20,00 EUR

4. Mehrere Termine mit unterschiedlichen Gegenständen

598 Wird der Terminsvertreter in mehreren Terminen tätig, bei denen es um unterschiedliche Gegenstände geht, sind die Gegenstandswerte gem. § 22 GKG, § 33 FamGKG zu addieren.

• Titulierungsinteresse

599 Geht es bei unstreitigen Ansprüchen bloß um das Titulierungsinteresse (→ RVG VV 1000 Rn. 197 ff.), so sind verschiedene Fallkonstellationen zu unterscheiden.

1. Anhängiger Anspruch

600 → RVG VV 1000 Rn. 198 ff.

2. Nicht anhängiger Anspruch

601 Wegen Entstehung von Gebühren, → RVG VV 1000 Rn. 206 ff.

602 **a) Nur reduzierte Erhöhung.** Geht es nur um das Titulierungsinteresse, so wird zu Recht ganz überwiegend nicht der volle unstreitige Betrag erhöhend berücksichtigt. Vielmehr erfolgt die Erhöhung lediglich in Höhe eines Bruchteils oder Prozentsatzes.[716] Der Gegenstand der Einigung ist nicht der streitige Anspruch, sondern nur das **Interesse an der Titulierung** eines ansonsten unstreitigen Anspruchs.[717]

603 **b) Höhe der Reduzierung. Anwendbarkeit des § 31b RVG.** ***aa) Neues Recht.*** Der Fall des bloßen Titulierungsinteresses unterscheidet sich von der in § 31b RVG iVm VV 1000 RVG Anm. Abs. 1 S. 1 Nr. 2 Alt. 1 geregelten Zahlungsvereinbarung dadurch, dass die Erfüllung des Anspruchs in der Vergangenheit gesichert war und auch zum Zeitpunkt der Einigung der Schuldner zur Leistung in der Lage und bereit war und der Inhalt des Anspruchs durch die Einigung auch nicht geändert wird. Demgegenüber ist der Regelfall der Zahlungsvereinba-

[716] Schneider/Herget/*Kurpat* Rn. 5492 ff.
[717] OLG Bamberg JurBüro 1985, 740; OLG Hamm JurBüro 1985, 739.

rung, dass sich der Schuldner zur sofortigen vollständigen Erfüllung des von ihm nicht bestrittenen Anspruchs außer Stande erklärt und außerdem dieser Anspruch auch noch durch die Gewährung von Raten inhaltlich geändert wird.

Das Interesse des Gläubigers an einer Titulierung gegenüber einem leistungsfähigen unwilligen Schuldner bei unverändertem Inhalt ist jedenfalls nicht höher als gegenüber einem Leistungsschwachen mit abweichendem Inhalt. Daraus ergibt sich, dass zumindest seit dem Inkrafttreten des 2. KostRMoG der Gegenstandswert jedenfalls nicht höher als 20% sein kann. Zu erwägen wäre allenfalls, ob nicht beim bloßen Titulierungsinteresse ein geringerer Prozentsatz zu nehmen wäre. Ich halte es jedoch für gerechtfertigt, auch hier generell 20% anzusetzen. Dies erhöht die Rechtssicherheit und dient der Vermeidung von Differenzierungen, über deren jeweilige Berechtigung und Höhe man gerade beim Titulierungsinteresse angesichts weicher Beurteilungskriterien vorzüglich streiten kann. Das gleiche Ziel verfolgt wohl auch § 31b RVG, wenn er ausnahmslos 20% annimmt ohne die Möglichkeit, im Einzelfall einen abweichenden Wert anzusetzen, obgleich auch hier von Fall zu Fall das Interesse des Gläubigers sehr unterschiedlich sein kann. Die Vereinfachung beim Gesetz geht sogar so weit, dass es nicht einmal danach differenziert, ob der Gläubiger mit der Zahlungsvereinbarung einen vollstreckbaren Titel erhält oder nicht, obgleich das für den Gläubiger von großer Bedeutung ist. **604**

bb) Altes Recht. ME kann die vom Gesetzgeber vorgenommene Wertung auch für Altfälle, also solche, bei denen der RA den Auftrag vor dem Inkrafttreten des 2. KostRMoG erhalten hat, herangezogen werden. Da jedoch ungewiss ist, ob dies allg. so angenommen werden wird, wird nachfolgend dargestellt, was vor dem 2. KostRMoG entschieden und was bislang in diesem Kommentar zur Höhe des Bruchteils vertreten wurde. **605**

Zum alten Recht wurden in der **Rspr.** folgende Bruchteile angenommen **606**

- $^1/_{20}$, wenn hinsichtlich des nicht streitigen Anspruchs bereits eine einstweilige Anordnung ergangen ist,[718]
- $^1/_{10}$,[719]
- $^1/_5$ regelmäßig,[720]
- $^1/_5$ bei Unterhalt, weil bei Veränderung der Verhältnisse der Schuldner auf Abänderung auch bzgl. des unstreitigen Teils klagen muss, sich also die Prozessrollen ändern,[721]
- $^1/_5$ wenn auch noch Fälligkeits- und Verzugsregelungen getroffen wurden und der Schuldner längere Zeit nicht gezahlt hatte,[722]
- $^1/_4$ regelmäßig, weil $^1/_{10}$ nicht ausreichend berücksichtige, dass der Schuldner sich zukünftig nicht mehr der Erfüllung entziehen kann, womit auch der Gefahr eines weiteren Rechtsstreits vorgebeugt wird,[723]
- $^1/_2$ bei Unterhalt, wenn Schuldner darauf hingewiesen hat, dass der von ihm freiwillig gezahlte Unterhalt an der obersten Grenze seiner Leistungsfähigkeit liegt und deshalb die Gefahr besteht, dass er bei Auftreten weiterer finanzieller Belastungen seine freiwilligen Zahlungen reduzieren wird,[724]

Einzelfallbewertung. Es kommt mE auf den Einzelfall an. Dabei spielen eine Rolle: **607**

- wie weit die Leistungspflicht in die Zukunft reicht,
- wie die Leistungsfähigkeit des Schuldners (Einkommen, Vermögen) ist,
- wie zuverlässig die Leistungen in der Vergangenheit erfolgt sind.[725]

Es sollte im Regelfall bei **weit in die Zukunft reichenden** Zahlungsverpflichtungen wie bei Unterhaltszahlungen mindestens $^1/_4$ genommen werden. Hier ist die Gefahr, dass infolge geänderter Umstände die Zahlungen ganz oder teilweise nicht mehr freiwillig erfolgen (neue Heirat, Arbeitsplatzverlust usw), so hoch, dass $^1/_{10}$ nicht ausreicht. Hat der Schuldner in der Vergangenheit schon unzuverlässig gezahlt, so ist ein noch höherer Betrag zu nehmen. **608**

Bei einer **einmaligen** Zahlung und einem Schuldner, bei dem keine Anhaltspunkte dafür bestehen, dass die Leistung gefährdet ist, sind $^1/_{10}$ ausreichend. Bei Anhaltspunkten zu Zweifeln an Zahlungsfähig- oder -willigkeit sind $^1/_5$ oder uU auch mehr anzusetzen. **609**

---

718 OLG Nürnberg JurBüro 1994, 737.

719 OLG Bamberg JurBüro 1992, 628; OLG Brandenburg FamRZ 1996, 680; OLG Hamm JurBüro 1985, 739; 1986, 745; KG KGR Berlin 2004, 446; OLG Nürnberg JurBüro 1994, 737.

720 OLG Frankfurt a. M. JurBüro 1985, 424.

721 OLG Hamburg KostRspr § 17 GKG aF Nr. 101.

722 LAG BW JurBüro 1991, 834.

723 OLG Koblenz JurBüro 1984, 1218.

724 OLG Zweibrücken JurBüro 1978, 896.

725 *E. Schneider* Anm. zu KostRspr § 17 GKG aF Nr. 7.

610 **c) Bruchteil vom gesetzlichen Gegenstandswert.** Der Bruchteil oder Prozentsatz ist von dem Gegenstandswert zu nehmen, den das Gesetz für den Anspruch vorsieht, über den man sich einigt.

611 **Unterhalt.** Also ist beim Unterhalt vom Einjahresbetrag gem. § 51 Abs. 1 FamGKG, uU zzgl. der Rückstände gem. § 51 Abs. 2 FamGKG auszugehen. Demgegenüber wird von OLG Karlsruhe vertreten, dass eine Herabsetzung des Gegenstandswerts eine unzulässige Vermischung von § 51 Abs. 1 FamGKG und § 3 ZPO darstelle. Wenn überhaupt müsste ein Prozentsatz von dem nach einer Schätzung insgesamt noch zu zahlenden Unterhalt und nicht von dem Einjahresbetrag genommen werden.[726] Dem ist nicht zu folgen. Die gesetzliche Wertung der Begrenzung auf einen Einjahresbetrag muss respektiert werden. Gleichzeitig muss aber auch beachtet werden, dass die Titulierung ein Minus im Verhältnis zur Beseitigung eines Streites ist.

612 **Vorausgegangene außergerichtliche Einigung.** Hier ist zu differenzieren. Für die außergerichtliche Einigung richtet sich der Gegenstandswert danach, worüber die Parteien vorher gestritten haben. Ist diese Vereinbarung unabhängig von einer Protokollierung wirksam und soll jetzt nur noch ein Titel geschaffen werden, so richtet sich der Gegenstandswert für die durch die Protokollierung entstehende Einigungsgebühr nach dem vereinbarten Betrag. Denn jetzt „einigt" man sich über diesen Betrag.[727] Von diesem Betrag ist wieder nur ein Teil zu nehmen, da es wieder nur um das Titulierungsinteresse hinsichtlich eines zum Zeitpunkt der Protokollierung unstreitigen Anspruchs geht (→ RVG VV 1000 Rn. 211 ff.).[728] Allerdings wird häufig die Einigung erst mit der Protokollierung wirksam (→ RVG VV 1000 Rn. 257 ff.). Dann richtet sich der Gegenstandswert wieder nach dem streitigen Betrag.

613 Diese Differenzierung zwischen dem Gegenstandswert der außergerichtlichen Einigung und dem der Protokollierung spielt für die Anwaltsgebühren im Verhältnis zum Auftraggeber keine Rolle, wenn bei beiden Vorgängen derselbe RA tätig war. Die Unterscheidung kann jedoch auch in diesem Fall bei der Kostenfestsetzung eine Rolle spielen, wenn die Kostenregelung nur die durch die Protokollierung angefallene Einigungsgebühr erfasst.

614 **d) Schriftliche Fixierung ohne Vollstreckbarkeit. Reduzierter Gegenstandswert.** Wird der unstreitige Anspruch lediglich schriftlich fixiert, ohne dass ein Vollstreckungstitel geschaffen wird, so entstehen Gebühren (→ RVG VV 1000 Rn. 214), jedoch nur aus einem reduzierten Wert. Wenn schon bei der Schaffung eines Vollstreckungstitels über einen unstreitigen Anspruch ein ganz erheblicher Abzug beim Gegenstandswert vorzunehmen ist, so gilt das erst recht für die hier behandelte Einigung, bei der die Rechtsposition des Berechtigten erheblich hinter der zurückbleibt, die durch einen Vollstreckungstitel entsteht.

615 Im Regelfall ist deshalb eine größere Reduzierung vorzunehmen, wobei es aber wie beim Titulierungsinteresse auch wieder auf den Einzelfall und die dort genannten Umstände (→ Rn. 599 ff.) ankommt. Die Spanne liegt zwischen 5 % und 20 %.

Beispiel:

Der Ehemann zahlt monatlich freiwillig 500,– EUR Trennungsunterhalt. Die Ehefrau verlangt weitere 250,– EUR. In einer schriftlichen Vereinbarung verpflichtet sich der Ehemann zur Zahlung von insgesamt monatlich 600,– EUR. Hier ändert sich die Rechtsposition der Eheleute erheblich. Sie sind an die Vereinbarung gebunden. Der Gegenstandswert ist 3.900,– EUR, nämlich 100 % aus 12 × 250,– EUR = 3.000,– EUR und 15 % aus 12 × 500,– EUR = 900,– EUR.

616 **e) Bloße Klarstellung.** Die bloße Klarstellung einer unstreitigen Tatsache hat keinen eigenen Gegenstandswert (→ RVG VV 1000 Rn. 219 ff.).

• Unbezifferter Antrag

617 Bei einem unbezifferten Zahlungsanspruch (zB Stufenklage, Schmerzensgeld) kommt es zwar ganz wesentlich auch,[729] aber nicht allein auf die Vorstellung des Antragstellers an. Entscheidend ist, welcher Anspruch aufgrund der Sach- und Rechtslage, wie sie vom Mandanten dargestellt wird, unter Mitberücksichtigung von dessen Vorstellung objektiv zu erwarten ist[730]

---

[726] OLG Karlsruhe FamRZ 1991, 468.

[727] OLG Köln NJW-RR 1999, 1303 = OLGR 1998, 419, Scheidungsvergleich wurde gerichtlich protokolliert.

[728] Das hat OLG Köln nicht berücksichtigt und deshalb den vollen Betrag der vorausgegangenen Einigung genommen (NJW-RR 1999, 1303 = OLGR 1998, 419).

[729] OLG Brandenburg AGS 2009, 134 = FPR 2009, 326; OLG Schleswig FamRZ 2014, 689.

[730] OLG Brandenburg FamRZ 2007, 71; OLG Hamm AGS 2013, 589; KG FamRZ 2007, 69; JurBüro 2006, 594; Schneider/Herget/*Monschau* Rn. 1394; BGH FamRZ 1993, 1189.

(→ Rn. 526). Vorgerichtliche Schreiben,[731] Schriftsätze im weiteren Verlauf des Verfahrens[732] sowie in Parallelverfahren geäußerte Vorstellungen (zB im parallelen Trennungsunterhaltsverfahren)[733] können Anhaltspunkte geben. Auch später, nach Beendigung der Hauptsache gemachte Äußerungen können, soweit sie sich auf Vorstellungen zu Beginn des Verfahrens beziehen, herangezogen werden.[734] Fehlen genügende Anhaltspunkte, so ist in Familiensachen der Auffangwert des § 42 Abs. 3 FamGKG (5.000,– EUR) einzusetzen,[735] sonst uU der Mindestwert von 500,– EUR (§ 13 Abs. 1 S. 1 RVG).

Im **Rechtsmittelverfahren** richtet sich, wenn der Kläger einen Mindestbetrag angegeben hat und das Urteil unter diesem geblieben ist, der Wert nach der Differenz des zuerkannten Betrags und dem Mindestbetrag.[736] **617a**

Dazu, wenn Antragsteller erklärt, nur einen Teil des sich aus der Auskunft ergebenden Leistungsanspruchs geltend machen zu wollen, → Rn. 567. **618**

• Trennung von Verfahren **618a**

→ RVG VV 3100 Rn. 61 ff.

• Unrealisierbare oder schwer realisierbare Ansprüche

Teilweise wird vertreten, es sei bei einem nicht rechtshängigen Anspruch ein Abschlag vorzunehmen, wenn die Realisierbarkeit des Anspruchs im Zeitpunkt des Vergleichsabschlusses und der überschaubaren Zukunftsentwicklung nicht gegeben ist.[737] So hat das LAG Hmb nur 1/5 in einem Fall angenommen, in dem die Beklagten auf nicht anhängige Gegenansprüche iHv 7 Mio. DM verzichtet haben.[738] KG hat bei einer Forderung von ca. 135.000,– EUR gegen einen 46 Jahre alten, seit langem Arbeitslosen einen Wert von 300,– EUR (seinerzeitiger Mindestwert in der Gebührentabelle) akzeptiert.[739] Wenn überhaupt, kommt ein Abschlag nur in ganz extremen Fällen in Betracht. Wegen positiver Feststellungsklage und dazu BGH → Rn. 238. Wegen negativer Feststellungsklage → Rn. 240. **619**

• Unterhalt

1. Motive

Diese führen zu § 51 FamGKG ua aus: **620**

„… Die Regelung soll künftig auch Familienstreitsachen über vertragliche Unterhaltsansprüche erfassen (§ 112 Nr. 3 iVm § 266 Abs. 1 FamFG), sofern sie wiederkehrende Leistungen betreffen. Verfahren dieser Art dürften eher selten vorkommen. Es erscheint sachgerecht, sie den Verfahren über eine gesetzliche Unterhaltspflicht gleichzustellen. **621**

Abs. 1 entspricht – redaktionell angepasst – dem § 42 Abs. 1 GKG. In S. 2 sollen die im Regierungsentwurf eines Gesetzes zur Änderung des Unterhaltsrechts (BT-Drs. 16/1830) vorgesehenen Anpassungen (Aufhebung der Regelbetrag-Verordnung und Anlehnung des Mindestunterhalts Minderjähriger an den Kinderfreibetrag) bereits berücksichtigt werden. **622**

Abs. 2 S. 1 übernimmt inhaltlich die Regelung des § 42 Abs. 5 S. 1 Hs. 1 GKG; die S. 2, 3 übernehmen die Regelungen des § 42 Abs. 5 S. 2, 3 GKG. **623**

Abs. 3 betrifft Verfahren nach § 3 Abs. 2 des Bundeskindergeldgesetzes und § 64 Abs. 2 S. 3 EStG (§ 231 Abs. 2 FamFG): „… Wegen der geringen Bedeutung der Verfahren wird ein einheitlicher Festwert von 300,– EUR vorgeschlagen." **624**

2. Zukünftiger Unterhalt

Einjahresbetrag. Grundsätzlich ist von einem Einjahresbetrag auszugehen (§ 51 Abs. 1 S. 1 FamGKG; § 42 Abs. 1 GKG aF). Anders ist es, **625**

– wenn ausdrücklich der Unterhaltsanspruch auf einen kürzeren Zeitraum beschränkt wird,

---

[731] OLG Brandenburg AGS 2009, 134 = FPR 2009, 326; OLG Düsseldorf FamRZ 2009, 1170; OLG Frankfurt FamRZ 2018, 1258 Rn. 11 ff.

[732] OLG Brandenburg AGS 2009, 134 = FPR 2009, 326.

[733] OLG Brandenburg AGS 2009, 158934 = FPR 2009, 326.

[734] OLG Hamm AGS 2014, 523.

[735] OLG Frankfurt FamRZ 2018, 1258; OLG Hamm AGS 2013, 589; OLG Jena AGS 2014, 338.

[736] BGH MDR 2019, 180.

[737] OLG Bamberg JurBüro 1989, 201; OLG Frankfurt a. M. MDR 1981, 57, Verzicht auf Gegenansprüche; LAG BW JurBüro 2011, 258 (statt 500.000 nur 250.000,– EUR); LAG Düsseldorf JurBüro 1988, 779 mablAnm *Mümmler;* LAG RhPf JurBüro 2011, 258; Zöller/*Herget* ZPO § 3 Rn. 16 „Vergleich".

[738] LAG Hmb JurBüro 1986, 752.

[739] KG AGS 2010, 145.

– wenn bereits zum Zeitpunkt der Antragseinreichung objektiv eine überwiegende Wahrscheinlichkeit für die vorzeitige Beendigung des Unterhaltszeitraums besteht, zB bei Trennungsunterhalt, wenn in nächster Zeit mit der Rechtskraft des Scheidungsbeschlusses zu rechnen ist. Entscheidend ist dabei die Vorausschau bei der Antragstellung, so dass sich der Wert nicht reduziert, wenn wider Erwarten die Rechtskraft der Scheidung innerhalb von weniger als einem Jahr eintritt.[740]

626 Bei dem Einjahresbetrag bleibt es auch dann, wenn bereits in einem **einstweiligen Anordnungsverfahren** eine Unterhaltsleistung angeordnet wurde.[741]

627 **Maßgeblicher Zeitpunkt.** Abzustellen ist auf den Zeitpunkt der unbedingten Einreichung des Unterhaltsantrags, also dessen Anhängigkeit. Wird ein **VKH-Antrag** mit einem bedingten Unterhaltsantrag verbunden (→ RVG VV 3335 Rn. 14 ff.), so kommt es hinsichtlich des maßgeblichen Zeitpunkts für die Gebühren des Hauptsacheverfahrens nicht auf den VKH-Antrag an.[742] Anders für den Wert des VKH-Bewilligungsverfahrens.

628 **Vollstreckbarerklärung** eines ausländischen Titels → Rn. 712 ff.

3. Unterhaltsrückstände

629 Sie erhöhen gem. § 51 Abs. 2 S. 1 FamGKG (§ 42 Abs. 5 GKG aF) den Gegenstandswert. Rückstände sind sämtliche bereits bei Einreichung des Antrags fälligen Beträge, wobei der Unterhalt für den Monat der Einreichung des Hauptsacheantrages bereits als Rückstand zählt, da Unterhalt monatlich im Voraus geschuldet wird.[743] Wegen Antragserweiterung → Rn. 635 ff. Wegen ausländischer Titel → Rn. 712 ff. Wird vom Antragsgegner ein Widerantrag gestellt, so sind die zum Zeitpunkt der Stellung des Widerantrags bereits fälligen Unterhaltsbeträge Rückstände.

630 **VKH-Antrag.** Zu beachten ist, dass unter den in § 51 Abs. 2 S. 2 FamGKG (§ 42 Abs. 5 S. 2 GKG aF) genannten Voraussetzungen ein VKH-Bewilligungsantrag bzgl. der Unterhaltsrückstände einer Antragseinreichung gleichgestellt ist. Das bedeutet, dass die Monate zwischen VKH-Antrag und Einreichung des Unterhaltsantrags nicht als Rückstände den Gegenstandswert erhöhen.[744] Es heißt andererseits nicht, dass ein VKH-Antrag wie die Einreichung eines Unterhaltsantrags zu bewerten wäre (→ Rn. 629). Durch § 51 Abs. 2 S. 2 FamGKG soll vermieden werden, dass durch den VKH-Antrag weitere Rückstände im gebührenrechtlichen Sinn entstehen.[745]

4. Mehrheit von Unterhaltsansprüchen

631 **Trennungs- und nachehelicher Unterhalt.** Werden diese gemeinsam geltend gemacht, so sind die beiden Unterhaltsansprüche unterschiedliche Gegenstände, die zu addieren sind.[746]

632 **Unterhaltsansprüche des Ehegatten und der Kinder.** Ist der RA hinsichtlich des Ehegatten- und hinsichtlich des Kinderunterhalts für zwei Kinder tätig, so sind drei selbständige Ansprüche und damit drei selbständige Gegenstände gegeben, die zu addieren sind.[747]

5. Auskunft und Stufenantrag

633 **Auskunft,** → Rn. 47 ff.

634 **Stufenantrag,** → Rn. 549 ff.

6. Antragserweiterung

635 **a) Zukünftiger Unterhalt. Rspr.** In der Rspr. wird zum **alten Recht** unter Bezugnahme auf den Wortlaut von § 42 Abs. 1 GKG aF („für die ersten 12 Monate seit Klageeinreichung") überwiegend angenommen, dass eine Klageerweiterung nichts daran ändert, dass nur auf den geltend gemachten Unterhalt während der ersten zwölf Monate nach der Klageeinreichung abzustellen ist. Hat also der Kläger zunächst monatlich 500,– EUR eingeklagt und für die Zeit

---

[740] OLG Frankfurt a. M. FamRZ 2007, 749 Rn. 7; OLG Hamm FamRZ 2005, 1766; KG FamRZ 2011, 755; OLG Schleswig AGS 2012, 298 mzustAnm *Thiel;* **aA** OLG Bremen OLGR 2000, 151; OLG Hamburg FamRZ 2002, 1136, ex post nur bis zur rechtskräftigen Scheidung; OLG Schleswig FamRZ 2006, 1560.

[741] OLG Celle AGS 2014, 236.

[742] OLG Brandenburg FamRZ 2008, 533.

[743] OLG Karlsruhe JurBüro 2016, 304 Rn. 22 = FamRZ 2017, 57.

[744] OLG Brandenburg FamRZ 2008, 533.

[745] OLG Brandenburg FamRZ 2008, 533.

[746] BGH FamRZ 1981, 242; OLG Hamm FamRZ 1988, 402; OLG Bamberg JurBüro 2011, 418; OLG Karlsruhe JurBüro 2016, 304 Rn. 20 = FamRZ 2017, 57.

[747] OLG Karlsruhe JurBüro 2016, 304 Rn. 20 = FamRZ 2017, 57.

ab dem 11. Monat nach Klageerhebung auf 1.000,– EUR erhöht, so beträgt der Gegenstandswert zehnmal 500,– EUR + zweimal 1.000,– EUR.[748]

Gegenmeinung. Nach der vor allem in der Lit. vertretenen zutreffenden Gegenmeinung ist 12 × 1.000,– EUR zu rechnen.[749] Für die Gegenmeinung spricht der Zweck der gesetzlichen Beschränkung auf ein Jahr. Das Unterhaltsverfahren soll nicht durch einen längeren Zeitraum zu teuer werden. Dieses Ziel erfordert es aber nicht, eine spätere Erhöhung unberücksichtigt zu lassen und den RA schlechter zu stellen, als wenn er von Anfang an den höheren Betrag geltend gemacht hätte. **636**

Dasselbe gilt für das **neue Recht,** da im hier interessierenden Betreff § 51 Abs. 1 FamGKG fast wörtlich dem des § 42 Abs. 1 GKG aF entspricht. **637**

b) Rückstände. Eine spätere Antragserweiterung ändert nichts daran, dass nur die Rückstände zum Zeitpunkt der ersten Antragseinreichung über § 51 Abs. 2 S. 1 FamGKG den Gegenstandswert erhöhen.[750] **638**

7. Änderungsantrag

Der Gegenstandswert errechnet sich aus der Differenz zwischen dem bisher vom Gericht zuerkannten oder in einer Einigung vereinbarten und dem nunmehr angestrebten jährlichen Betrag.[751] **639**

Jugendamtsurkunde in statischer Form. Verfolgt der Antragsteller in einem Abänderungsverfahren das Begehren, den Antragsgegner zur Zahlung von 100% des Mindestunterhalts zu verpflichten, nachdem dieser vor Verfahrenseinleitung bereits eine Jugendamtsurkunde in statischer Form über den aktuell geschuldeten Unterhaltsbetrag hat errichten lassen, richtet sich der Verfahrenswert nach dem Interesse des Antragstellers, anstelle eines statischen über einen dynamischen Titel zu verfügen und nicht nach dem vollen Wert des dynamischen Titels. In der Rspr. wurden 15% der in 12 Monaten ab Antragseinreichung anfallenden Unterhaltsbeträge angesetzt.[752] Hingegen ist nach OLG Naumburg der Wert des begehrten monatlich dynamisierten Unterhaltsbetrages zu Grund zu legen und nicht die Differenz zu den bislang statisch titulierten Beträgen, da der dynamisierte Titel ein aliud darstelle.[753] Dem ist bei der gebotenen wirtschaftlichen Betrachtungsweise nicht zu folgen. **640**

Rückstände. Wird eine Abänderung auch für einen **Zeitpunkt vor Einreichung des Abänderungsantrags** gestellt, so erhöht dies gem. § 51 Abs. 2 S. 1 FamGKG (§ 42 Abs. 5 GKG aF) den Gegenstandswert[754] und zwar unabhängig davon, ob die Rückwirkung durchgreift oder nicht.[755] Wird aber gleichzeitig **Rückzahlung** für einen Zeitraum nach Einreichung des Abänderungsantrags verlangt, so ist für diese Rückzahlungsklage kein besonderer Streitwert anzusetzen, da das wirtschaftliche Interesse beider Anträge dasselbe ist.[756] Das gilt auch, wenn sich die Beteiligten einigen und dabei die Rückzahlungsansprüche mitregeln, da diese Einigung nichts an der Identität der Gegenstände ändert.[757] **641**

Wechselseitige Abänderungsanträge. Macht der eine Beteiligte die Erhöhung, der andere die Herabsetzung des Unterhalts geltend, so sind zwei Gegenstandswerte gegeben, die zu addieren sind (→ Rn. 644).[758] **642**

---

[748] OLG Brandenburg FamRZ 2003, 1682; OLG Karlsruhe NJW-RR 2016, 189 = AGS 2016, 130; OLG München FuR 2000, 298 = OLGR 2007, 73; OLG Nürnberg JurBüro 2008, 33.

[749] OLG Brandenburg FamRZ 2015, 431 = AGS 2015, 432 mzustAnm *Thiel;* OLG Karlsruhe JurBüro 2016, 304 Rn. 25 ff. = FamRZ 2017, 57 mit ausf. Begr. und mwN auch für die Gegenmeinung.

[750] OLG Karlsruhe JurBüro 2016, 304 Rn. 22 = FamRZ 2017, 57; OLG Nürnberg JurBüro 2008, 33; OLG Saarbrücken OLGR 2005, 924; **aA** OLG Brandenburg FamRZ 2015, 431 = AGS 2015, 432 mzustAnm *Thiel;* OLG Celle FamRZ 2009, 74; *N. Schneider* MDR 2001, 195 (198).

[751] OLG Brandenburg AGS 2017, 278 mzustAnm *Thiel* = NZFam 2017, 320; OLG Karlsruhe FamRZ 1999, 608.

[752] OLG Brandenburg AGS 2017, 279 mzustAnm *Thiel* = NZFam 2017, 320; OLG Hamm NJW-Spezial 2015, 59 = NZFam 2015, 40 = FamRZ 2015, 954.

[753] OLG Naumburg AGS 2015, 187.

[754] OLG Karlsruhe FamRZ 2013, 325 = AGS 2013, 284.

[755] OLG Nürnberg FamRZ 2009, 1620.

[756] OLG Hamburg JurBüro 1994, 493; OLG Karlsruhe FamRZ 2013, 325 = AGS 2013, 284; KG FamRZ 2011, 754 = AGS 2011, 39 mzustAnm *N. Schneider;* OLG Köln FamRZ 2010, 1933.

[757] OLG Karlsruhe FamRZ 2013, 325 = AGS 2013, 284; **aA** *N. Schneider* AGK 2011, 103, der bei der Einigungsgebühr zusätzlich zur 1.0 Einigungsgebühr aus dem Wert der Änderung eine 1,5 Einigungsgebühr aus dem Wert des Rückzahlungsanspruchs mit Kontrollrechnung gem. § 15 Abs. 3 RVG gewähren will.

[758] OLG München FamRZ 2007, 750; OLG Naumburg JurBüro 2004, 379; **aA** OLG Brandenburg FamRZ 2004, 962; OLG Hamm AGS 2004, 30.

643 **Herausgabe des Titels neben Abänderungsantrag.** Wird neben dem Antrag, dass kein Unterhalt mehr geschuldet ist, die Herausgabe der vollstreckbaren Ausfertigung des Titels verlangt, so erhöht sich der Gegenstandswert um $^1/_5$ des Jahresbetrags des titulierten Unterhalts.[759]

8. Gegenseitige Unterhaltsanträge

644 Die Werte sind zu addieren.[760] Mit der Entscheidung, dass dem Antragsteller kein Unterhaltsanspruch gegen den Antragsgegner zusteht, ist noch nichts dazu gesagt, ob dem Widerantragsteller ein Unterhaltsanspruch zusteht. Auch gegenseitige Auskunftsansprüche sind zu addieren.[761] Es gilt dasselbe wie für gegenseitige Anträge beim Zugewinnausgleich → Rn. 761.

9. Verzicht auf Unterhalt

645 Auch bei einem Verzicht auf zukünftigen Unterhalt ist höchstens ein Jahresbetrag gem. § 51 FamGKG einzusetzen, da der zukünftige Unterhalt ja ohnehin schon Gegenstand des Verfahrens ist.[762]

646 **Beidseitiger Verzicht.** Verzichten beide Eheleute auf einen Unterhaltsanspruch auch für die Zukunft, so ist, wenn tatsächlich ein Unterhaltsanspruch zu erwarten ist, von dessen Wert auszugehen.[763] Bestehen aber tatsächlich keine Unterhaltsansprüche und ist auch deren Entstehung nicht zu erwarten, so richtet sich der Gegenstandswert nach dem sog.- Regelungsinteresse. Heute sind pro Verzicht mindestens 900,– EUR bis 1.000,– EUR, also 1.800,– EUR[764] bis 2.000,– EUR üblich.[765]

10. Anrechnung der Geschäftsgebühr auf Verfahrensgebühr

647 Hier ist darauf zu achten, dass eine Anrechnung nur in dem Umfang erfolgt, in dem eine Identität der Gegenstände besteht.

Beispiel:

Vorprozessual macht der RA 500,– EUR monatlich ab 1.8.2009 geltend (1,3 Geschäftsgebühr). Mit Antrag vom 10.2.2010 macht er Unterhalt von 500,– EUR zzgl. Rückstände ab 1.8.2009 bei Gericht geltend.

Der gerichtliche Gegenstandswert beträgt 9.500,– EUR (6.000,– EUR + 3.500,– EUR). Da der außergerichtliche nur 6.000,– EUR betrug, ist nur eine 0,65 Geschäftsgebühr aus 6.000,– EUR gem. VV Vorb. 3 Abs. 4 RVG anzurechnen.

11. Eilverfahren

648 Der Wert der einstweiligen Anordnung beträgt im Regelfall die Hälfte des Werts der Hauptsache (§ 41 S. 2 FamGKG – nach altem Recht gem. § 53 Abs. 2 S. 1 GKG aF sechs Monate). Vertreten wird, dass im Regelfall ein höherer, wenn nicht gar der volle Wert der Hauptsache anzusetzen sei, da wegen § 246 FamFG die Hauptsache tatsächlich vorweggenommen werde und da auch nach dem Willen des Gesetzes die Hauptsache vorweggenommen und vermieden werden solle.[766] Dem ist mit der mehrheitlich in der Rspr. vertretenen Meinung nicht zu folgen.[767] Es gelten beim Unterhalt die gleichen Grundsätze wie auch sonst bei einstweiligen Anordnungen in Familiensachen. Dass nicht nur ein Notunterhalt, sondern der volle Unterhalt im Eilverfahren geltend gemacht werden kann und in aller Regel auch wird, ändert daran nichts. Dass in Familiensachen einstweilige Anordnungen inhaltlich häufig nicht hinter Hauptsacheanträgen zurückstehen, ist in dem Regelwert von 50% von § 41 S. 2 FamGKG bereits berücksichtigt (→ Rn. 159 ff.). Es bleibt, dass die einstweilige Anordnung wegen der leichteren Abänderbarkeit eine geringere Bedeutung hat. Beim Unterhalt kommt noch hinzu, dass nicht einmal der Zeitablauf zu endgültigen Ergebnissen führt, da, wenn sich im Hauptsacheverfahren der Eiltitel als unberechtigt erweist, Rückzahlung verlangt werden kann. Im Übrigen ist es heute weiterhin üblich, dass nebeneinander zum Unterhalt ein Hauptsache- und Eilverfahren

---

[759] OLG Köln AGS 2016, 294 mzustAnm *Thiel.*

[760] **AA** OLG Hamm AGS 2004, 30; OLG Jena FamRZ 2013, 489 = JurBüro 2013, 26.

[761] **AA** OLG Jena AGS 2013, 469.

[762] OLG Hamm AGS 2019, 126 mzustAnm *N. Schneider;* OLG Stuttgart FamRZ 2014, 1810 = AGS 2014, 339.

[763] *Groß* Anwaltsgebühren Rn. 512.

[764] ZB OLG Frankfurt a. M. FamRZ 2007, 843 = OLGR 2007, 1097.

[765] *Groß* Anwaltsgebühren Rn. 513.

[766] OLG Düsseldorf NJW 2010, 1385; *S. Schneider* Anm. zu OLG Stuttgart FamRZ 2011, 757.

[767] OLG Bamberg AGS 2012, 32; OLG Brandenburg FamRZ 2010, 1937; OLG Celle NJW 2012, 789 = FamRZ 2012, 737; FamRZ 2011, 757; OLG Köln MDR 2014, 1267 = AGS 2014, 238 mablAnm *N. Schneider;* FamRZ 2011, 758: OLG München AGS 2011, 306 mablAnm *Thiel;* OLG Stuttgart FamRZ 2011, 757.

betrieben werden, was zeigt, dass das einstweilige Anordnungsverfahren von der Praxis nicht als allein ausreichend angesehen wird.

649 **Rückstände.** Macht der Antragsteller im Eilverfahren – unzulässiger Weise – auch Rückstände geltend, so sind diese gem. § 51 Abs. 2 S. 1 FamGKG (§ 42 Abs. 5 GKG aF), allerdings im Regelfall auch wieder nur zur Hälfte, hinzuzuaddieren. Die Unzulässigkeit steht nicht entgegen.[768]

12. Rechtsmittel

650 Es kommt darauf an, in welchem Umfang die Entscheidung angegriffen wird, wobei wieder § 51 FamGKG (§ 42 GKG aF) anzuwenden ist. Wird mit dem Rechtsmittel lediglich eine Änderung für einen Zeitraum begehrt, der nach den ersten zwölf Monaten nach erstinstanzlicher Antragserhebung liegt, so ist § 51 Abs. 1 S. 1 FamGKG (§ 42 Abs. 1 GKG aF) dahingehend anzuwenden, dass es auf die ersten noch im Streit befindlichen zwölf Monate ankommt.[769] In diesem Fall ist der Gegenstandswert aber nach oben auf den Gegenstandswert der ersten Instanz beschränkt, wenn diese nicht in der Berufungsinstanz erweitert worden ist.[770] Nach der Gegenmeinung ist der Stichtag für die Abgrenzung zwischen fälligem und laufendem Unterhalt nicht der Eingang des Antrags, sondern der Eingang der Beschwerde, wobei der Wert jedoch nach § 40 Abs. 2 FamGKG auf den Wert des erstinstanzlichen Verfahrens begrenzt ist.[771]

13. Vereinfachter Unterhalt

651 **Orientierung am Mindestunterhalt.** Nach § 51 Abs. 1 S. 2 FamGKG ist dem Wert iSv § 51 Abs. 1 S. 1 FamGKG der für die jeweilige Altersstufe geltende Mindestunterhalt zugrunde zu legen. Der Mindestbetrag richtet sich gem. § 1612a Abs. 1 BGB nF nach dem doppelten Freibetrag für das sächliche Existenzminimum (Kinderfreibetrag) iSv § 32 Abs. 6 S. 1 EStG. Derzeit beträgt dieses Minimum jährlich 2 × 2.184,– EUR, also 4.368,– EUR. Der Mindestunterhalt beträgt gem. § 1612a Abs. 1 S. 2 BGB je nach Altersstufe einen Prozentsatz des Existenzminimums, und zwar 87% (bis vollendetes 6. Lebensjahr), also monatlich 317,– EUR (4.368,– EUR: 12 Monate × 87% = aufgerundet[772] 317,– EUR), 100% (bis vollendetes 12. Lebensjahr), also monatlich 364,– EUR und danach 117%, also monatlich 426,– EUR.

652 **Mehrfaches vom Mindestunterhalt.** Wird nicht nur der Mindestbetrag verlangt, sondern zusätzlich ein bestimmter Mehrbetrag – im vereinfachten Verfahren kann das bis zu 1,2-fache geltend gemacht werden (§ 249 Abs. 1 FamFG, früher § 645 Abs. 1 ZPO aF) –, zB also das 1,2-fache, so errechnet sich der Gegenstandswert aus dem 1,2-fachen und nicht aus dem einfachen Betrag. Also in der ersten Stufe monatlich 317,– EUR × 1,2 = 380,40 EUR. Entsprechendes war zum alten Recht anerkannt, wenn zB Unterhalt iHv 150% des Regelbetrags gefordert wurde.[773] Da von hier nicht interessierenden redaktionellen Änderungen abgesehen im Wortlaut nur der „Regelbetrag" durch den „Mindestunterhalt" ersetzt wurde, gilt dies auch für das neue Recht.

653 **Kindergeld.** Von dem so errechneten Betrag ist das hälftige Kindergeld abzuziehen, wenn die Voraussetzungen von § 1612b Abs. 1 Nr. 1 BGB gegeben sind (zB an den unterhaltspflichtigen Vater wird kein Kindergeld ausbezahlt, weil die Mutter das ganze Kindergeld erhält).[774] Es kommt also nur auf den letztlich geschuldeten Betrag an.[775]

14. Vertraglicher Unterhalt

654 § 51 FamGKG ist auch bei vertraglichen Unterhaltsansprüchen anzuwenden. Das gilt insbesondere, wenn die Vereinbarung lediglich den gesetzlichen Unterhaltsanspruch ausgestaltet.

655 Das gilt aber auch dann, wenn mit der vertraglichen Regelung der gesetzliche Unterhalt vollständig ausgeschlossen werden und an seine Stelle ein Leibrentenversprechen eigener Art treten sollte, das weder von der Bedürftigkeit noch der Leistungsfähigkeit der Vertragsparteien

---

[768] OLG Brandenburg FamRZ 2007, 1999; OLG Köln FamRZ 2016, 655; OLG München AGS 2011, 306 mzustAnm *Thiel; N. Schneider* AnwBl 2007, 773 (777); OLG Schleswig NJW-Spezial 2016, 189 = AGS 2016, 195 mzustAnm *Thiel*.

[769] OLG Oldenburg FamRZ 2009, 73.

[770] BGH FamRZ 2003, 1274 = NJW-RR 2003, 1657; OLG Stuttgart AGS 2008, 192.

[771] OLG Karlsruhe NJW 2015, 3044 mwN = FamRZ 2016,162 = RVGreport 2015, 472 mAnm *Hansens*.

[772] Aufrundung von 316,68 EUR auf 317,– EUR gem. § 1612a Abs. 2 BGB.

[773] OLG Karlsruhe JurBüro 2001, 254; OLG Köln FamRZ 2002, 684.

[774] Zum alten Recht OLG München FamRZ 2005, 1766; OLG Köln FamRZ 2002, 684; OLG Oldenburg FamRZ 2004, 962; zum neuen Recht *Schramm* NJW-Spezial 2008, 36.

[775] OLG Köln FamRZ 2008, 1645.

abhängig war. § 48 Abs. 1 GKG kann, solange man noch von einer Familiensache ausgeht, schon deshalb nicht angenommen werden, weil das FamGKG nicht auf das GKG verweist.[776]

• Unterlassung und Duldung

656 **Unterlassung.** § 48 Abs. 2 GKG, § 3 ZPO sind anzuwenden. Das gilt für Unterlassung, Widerruf und Gegendarstellung.[777] Die Angabe des Verfahrenswertes in der Klageschrift ist nur ein Indiz, das durch das Gericht selbständig zu überprüfen ist.[778] Machen beide Parteien im erstinstanzlichen Verfahren übereinstimmende und nicht offensichtlich unzutreffende Angaben zum Streitwert, so stellt dies nach dem BGH ein – widerlegbares – Indiz für den wirtschaftlichen Wert des Klagebegehrens dar.[779] Anders ist es allerdings, wenn, wie häufig gerade in Patentrechtssachen, beide Prozessbevollmächtigte nach Stundensätzen bezahlt werden und wegen der Gerichtskosten an einem niedrigen Wert interessiert sind.[780] Das OLG Brandenburg orientiert sich bei nichtvermögensrechtlichen Streitigkeiten an § 52 Abs. 2 GKG (bei Fehlen genügender Anhaltspunkte 5.000,– EUR).[781]

656a **Mehrere Unterlassungsbegehren,** zB Klage richtet sich gegen mehrere Behauptungen, sind einzeln zu bewerten und dann zu addieren.[782] Werden jedoch inhaltgleiche Unterlassungsansprüche von mehreren Klägern geltend gemacht, so erfolgt nach OLG Dresden keine Addition, sondern ist für jeden Kläger lediglich ein Zuschlag in Höhe des Wertes anzusetzen, der seinem Interesse entspricht, den Unterlassungstitel selbständig geltend zu machen, den das OLG Dresden in seinem Fall mit $^1/_3$ des Werts des Unterlassungsanspruch angesetzt hat.[783]

657 **E-Mail Werbung.** Der Wert eines Antrags auf Unterlassung von E-Mail Werbung richtet sich nicht nach einem etwaigen volkswirtschaftlichen Schaden, sondern nach dem Interesse des Antragstellers, durch diese Werbung nicht belästigt zu werden.[784] Im Einzelnen wurden angenommen

- vom BGH, den vom KG für eine „verhältnismäßig geringfügige“ Belästigung eines RA durch Werbung eines Modehändlers angenommenen Wert billigend, 3.000,– EUR,[785]
- von OLG Karlsruhe 500,– EUR,[786]
- von AG Mülheim für pro Woche ca. 1,5 Werbungen, die leicht als solche erkennbar waren, 500,– EUR,[787]
- von OLG Koblenz bei einer erst nach einiger Zeit als solche zu erkennenden, einmaligen Werbung eines Finanzmaklers 10.000,– EUR.[788]

658 **Facebook-Eintrag.** Zu berücksichtigen ist ua die Breitenwirkung des Eintrags.[789] In einem Fall, in dem auch noch die Wirkung der beleidigenden Äußerung auf das minderjährige Kind zu berücksichtigen war, hat der BGH den vom Vorgericht angenommenen Wert von 600,– EUR als deutlich zu niedrig bezeichnet.[790]

659 **Unterlassung und Schadensersatz.** Wird neben der Unterlassung auch Schadensersatz und Schmerzensgeld geltend gemacht, so sind die Werte zu addieren. § 48 Abs. 3 GKG ist nicht anwendbar, da sich die letzten beiden Ansprüche nicht aus dem Unterlassungsanspruch ergeben, sondern aus einer auch dem Unterlassungsanspruch zugrundeliegenden unerlaubten Handlung.[791]

660 **Rechtsmittel gegen Unterlassungstitel.** Die Beschwer des zu einer Unterlassung verurteilten Antragsgegners richtet sich nach den Nachteilen, die aus der Erfüllung des Unterlas-

[776] *N. Schneider* Anm. zu OLG München AGS 2018, 81; **aA** OLG München FamRZ 2017, 1766 = AGS 2018, 81; wie München zum alten Recht OLG Karlsruhe JurBüro 2006, 145.
[777] Thomas/Putzo/*Hüßtege* ZPO § 3 Rn. 47.
[778] OLG Dresden AGS 2019, 185.
[779] BGH JurBüro 2013, 142, zu Patentverletzung = GRUR 2012, 1288 = RVGreport 2013, 72 mkritAnm *Hansens.*
[780] OLG Düsseldorf NJW 2011, 2979.
[781] OLG Brandenburg JurBüro 2019, 26.
[782] OLG Dresden AGS 2019, 185.
[783] OLG Dresden AGS 2019, 185.
[784] BGH RVGreport 2005, 80; OLG Karlsruhe GRUR-RR 2008, 262.
[785] BGH RVGreport 2005, 80.
[786] OLG Karlsruhe GRUR-RR 2008, 262.
[787] AG Mülheim NJW-RR 2011, 1613 = AGS 2012, 538.
[788] OLG Koblenz JurBüro 2006, 645 = GRUR 2007, 352.
[789] BGH NJW 2016, 3380.
[790] BGH NJW 2016, 3380.
[791] OLG Hamm AGS 2008, 463 = OLGR 2008, 408; **aA** OLG Karlsruhe VersR 2009, 949 = JurBüro 2009, 430 (Ls.); OLG Köln JurBüro 1994, 491.

sungsanspruchs entstehen, nicht nach dem im Falle einer Zuwiderhandlung festzusetzenden Ordnungsgeld.[792]

Duldung. Wie Unterlassung. Bei der Beschwerde gegen die Pflicht zur Duldung, dass der andere zweimal im Jahr das Haus betritt, sind 500,– EUR nicht unangemessen.[793] **661**

Vollstreckung, → § 25 Rn. 36ff.

• Unterschiedliche Werte für einzelne Gebühren

Der Gegenstandswert kann für die Verfahrensgebühr höher als der Wert der anderen Gebühren sein, zB weil nur hinsichtlich eines von mehreren Ansprüchen eine mündliche Verhandlung stattfindet. Die Verfahrensgebühr kann aber nie nach einem niedrigeren Wert als die Termins- oder Einigungsgebühr anfallen. Denn diese Gebühren können niemals allein entstehen. Es muss immer eine Betriebsgebühr (zB die Verfahrensgebühr der VV 3100ff. RVG) aus dem gesamten Gegenstandswert hinzukommen (Berechnungsbeispiel → RVG VV 3101 Rn. 110). **662**

Der **höchste Gegenstandswert** während der Tätigkeit ist ausschlaggebend. Ist eine Gebühr einmal aus einem höheren Wert entstanden, so ändert sich an ihr nichts dadurch, dass sich später der Gegenstandswert reduziert zB durch teilweise Klagerücknahme. **663**

• Urkunden- und Wechselprozess – Nachverfahren

1. Gleicher Gegenstandswert

Der Gegenstandswert des Nachverfahrens richtet sich nach dem Gegenstand, bzgl. dessen dem Beklagten die Ausführung seiner Rechte vorbehalten worden ist. Ist das wegen des ganzen Gegenstandes geschehen, so ist der Gegenstandswert des Nachverfahrens der gleiche wie der des Urkunden- oder Wechselprozesses, und zwar nicht nur dann, wenn der Beklagte die Aufhebung des ganzen Vorbehaltsurteils beantragt, sondern auch dann, wenn der Beklagte im Nachverfahren die Abweisung der Klage nur zT beantragt, denn der Rechtsstreit ist gem. § 600 Abs. 1 ZPO im vollen Umfange im ordentlichen Verfahren anhängig.[794] In diesem Fall muss das Gericht über den gesamten Anspruch entscheiden, etwa durch Bestätigung des Vorbehaltsurteils.[795] **664**

2. Niedrigerer Gegenstandswert

Der Gegenstandswert mindert sich nur, wenn eine Minderung bereits im Vorverfahren, etwa wegen Teilanerkenntnis mit Teilurteil im Urkundenprozess, eingetreten ist[796] oder wenn der Kläger die Klage teilweise zurücknimmt[797] oder teilweise Erledigung eingetreten ist. **665**

Terminsgebühr. Stellen im Nachverfahren beide Parteien nur beschränkte Anträge, so galt zur BRAGO, dass die Verhandlungsgebühr nur aus den Werten erwuchs, über die gestritten wurde. Dass gilt zum RVG nicht mehr, da es nicht mehr darauf ankommt, welche Anträge gestellt oder worüber erörtert wird. Die Terminsgebühr entsteht aus dem Gegenstandswert, der bei Aufruf der Sache rechtshängig ist. Etwas anderes gilt zB, wenn vor dem Termin die Sache teilweise übereinstimmend erledigt erklärt wurde. **666**

3. Höherer Gegenstandswert

Eine Erhöhung des Gegenstandswerts kann im Nachverfahren eintreten zB durch Klageerweiterung, durch Erhebung einer nicht den gleichen Gegenstand betreffenden Widerklage, nicht aber durch Rückforderung des auf Grund des Vorbehaltsurteils bezahlten Betrags des Hauptanspruchs einschließlich der beigetriebenen oder bezahlten Zinsen und Kosten.[798] Bei einer Erhöhung des Wertes erhält der RA im Nachverfahren die Verfahrensgebühr nach den zusammengerechneten Werten, muss sich aber die im Urkunden- oder Wechselprozess entstandene Verfahrensgebühr gem. VV 3100 RVG Anm. Abs. 2 darauf anrechnen lassen. **667**

• Verbindung von Verfahren **667a**

→ RVG VV 3100 Rn. 40ff.

---

[792] BGH GRUR 2013, 1271 = JurBüro 2014, 93; NJW-RR 2009, 549.

[793] BGH FamRZ 2010, 881 = MDR 2010, 765.

[794] OLG München MDR 1987, 766; Zöller/*Herget* ZPO § 3 Rn. 16 „Nachverfahren".

[795] Riedel/Sußbauer/*Keller,* 8. Aufl. 2000, BRAGO § 39 Rn. 7.

[796] *E. Schneider* MDR 1988, 270.

[797] Schneider/Wolf/*Onderka/Schneider* RVG VV 3100 Rn. 31 ff.

[798] BGHZ 38, 237; Gerold/Schmidt/*von Eicken,* 15. Aufl. 2002, BRAGO § 39 Rn. 6; Schneider/Herget/*N. Schneider* Rn. 5382; Riedel/Sußbauer/*Keller,* 8. Aufl. 2000, BRAGO § 39 Rn. 7; **aA** RGZ 145, 298.

• Verbund

668 Die Gegenstandswerte der Scheidungs- und Folgesachen sind zu addieren (§ 44 Abs. 2 S. 2 FamGKG). Kindschaftssachen sind nicht hinzu zu addieren, sondern erhöhen den Wert der Scheidungssache (§ 44 Abs. 2 S. 1 FamGKG → Rn. 191).

• Verfassungsmäßige Begrenzung des Gegenstandswerts

669 Aufgrund von Art. 2 Abs. 1 GG iVm dem Rechtsstaatsprinzip darf der Zugang zu den Gerichten nicht in unzumutbarer, aus Sachgründen nicht mehr zu rechtfertigender Weise erschwert werden, was auch zu einer Begrenzung des Gegenstandswerts führen kann. So ist es zB verfassungswidrig, wenn bei der Löschung einer Hypothek der Wert der Hypothek von 2,4 Mio. EUR zugrunde gelegt wird, was zu Prozesskosten von ca. 80.000,– EUR, obwohl es nur noch um Beträge geht, die erheblich unter 80.000,– EUR liegen (→ Rn. 45).[799]

• Vergabe

670 **Prüfungsverfahren vor der Vergabekammer.** Eine spezielle Bestimmung für den Gegenstandswert im Verfahren von der Vergabekammer gibt es nicht. Es besteht Einigkeit, dass die Wertbestimmung in § 50 Abs. 2 GKG (betrifft eigentlich das Beschwerdeverfahren) über § 23 Abs. 1 S. 3 RVG herangezogen werden kann.[800] Es gelten daher die gleichen Grundsätze wie im Rechtsmittelverfahren.

671 **Rechtsmittel.** Der Gegenstandswert beträgt gem. § 23 Abs. 1 RVG, § 50 Abs. 2 GKG 5% der Bruttoauftragssumme. Als Auftragssumme ist der Bruttowert des Angebots einschließlich MwSt zu verstehen, also der vom Anbieter verlangte Preis.[801] Fehlt es an einem Angebot mit Preis, so ist auf den von der Vergabestelle vorab geschätzten Wert abzustellen.[802] Fehlt auch ein solcher, so ist der Wert zu schätzen.[803] Dabei kann der sog. Public Sector Comparator (PSC) vermindert um 10% zugrunde gelegt werden.[804] Bei Dienstleistungsverträgen ist, wenn die Laufzeit länger als 48 Monate beträgt, streitig, ob die Bruttoauftragssumme für die gesamte Zeit[805] einschließlich einer vom Bieter eingeräumten Verlängerungsoption maßgebend ist[806] oder ob, wie sonst, bei langfristigen Dienstverträgen gem. § 3 Abs. 3 VgV auf den 48-fachen Monatsbetrag abzustellen ist.[807]

• Vergütungsfestsetzung gem. § 11

672 Der Gegenstandswert richtet sich nach der Höhe der Vergütung, die Gegenstand des Festsetzungs- bzw. Rechtsbehelfsverfahrens ist.

• Verkehrsanwalt

673 Der Gegenstandswert der Verkehrsgebühr bestimmt sich nach dem für den Verfahrensbevollmächtigten maßgeblichen Wert. Er kann aber für den Verkehrsanwalt niedriger als für den Verfahrensbevollmächtigten sein, wenn der Auftraggeber einmal ausnahmsweise den Verkehrsanwalt nur hinsichtlich eines von mehreren Gegenständen einschaltet, zB nur wegen einer Widerklage. Er kann beim Verkehrsanwalt aber auch höher sein.[808]

Beispiel:

Der Verkehrsanwalt hat bereits wegen einer Forderung von 50.000,– EUR Informationen entgegengenommen. Weil der Gegner zwischenzeitlich 20.000,– EUR gezahlt hat, wird der Verfahrensbevollmächtigte nur noch wegen 30.000,– EUR mandatiert.

Der Verfahrensbevollmächtigte verdient

1,3 Verfahrensgebühr gem. VV 3100 RVG aus 30.000,– EUR	1.241,50 EUR
Pauschale gem. VV 7002 RVG	20,00 EUR

Der Verkehrsanwalt verdient

---

[799] BVerfG NJW-RR 2000, 946.

[800] OLG München OLGR 2006, 127; OLG Rostock JurBüro 2006, 369.

[801] BayObLG JurBüro 2003, 332 = BayObLGR 2003, 332; OLG Rostock JurBüro 2006, 369.

[802] OLG Brandenburg JurBüro 2009, 645 (Ls.) = NZBau 2010, 71. OLG Jena JurBüro 2002, 434 = AGS 2003, 115.

[803] OLG Jena JurBüro 2002, 434 = AGS 2003, 115; OLG Rostock JurBüro 2006, 369.

[804] OLG Brandenburg JurBüro 2009, 645 (Ls.) = NZBau 2010, 71.

[805] BayObLG BauR 2004, 566 = BayObLGR 2004, 60 = VergabeR 2004, 121; OLG Düsseldorf NZBau 2003, 175; OLG Naumburg JurBüro 2004, 86.

[806] BayObLG BauR 2004, 566 = BayObLGR 2004, 60 = VergabeR 2004, 121; OLG München OLGR 2006, 127; OLG Naumburg JurBüro 2004, 86.

[807] OLG Celle NZBau 2001, 111; OLG Stuttgart NZBau 2000, 599.

[808] Schneider/Wolf/*Schneider/Mock/Schneider* RVG VV 3400 Rn. 56.

1,0 Verfahrensgebühr gem. VV 3400, 3100 RVG aus 30.000,– EUR	955,00 EUR
0,5 Verfahrensgebühr gem. VV 3400, 3401 Nr. 1 RVG aus 20.000,– EUR	411,00 EUR
Summe	1.366,00 EUR
Höchstens gem. § 15 Abs. 3 RVG 1,0 Verfahrensgebühr aus 50.000,– EUR	1.279,00 EUR
Pauschale gem. VV 7002 RVG	20,00 EUR

Mehrere Streitgenossen. Vertritt der Verfahrensbevollmächtigte mehrere Streitgenossen, die mit verschieden hohen Anteilen an dem Rechtsstreit beteiligt sind, während der Verkehrsanwalt nur einen Streitgenossen vertritt, so errechnet sich die Verkehrsgebühr allein aus dem Anteil des Auftraggebers des Verkehrsanwalts. Zur Gebührenhöhe bei mehreren Auftraggebern → RVG VV 1008 Rn. 273 ff. 674

• Vermittlungsverfahren

→ Rn. 197. 675

• Vermögensauskunft gem. § 802c ZPO

→ § 25 Rn. 41. 676

• Veröffentlichungsbefugnis

→ § 25 Rn. 38. 677

• Versäumnisurteil

Einspruch gegen Versäumnisurteil, → Rn. 125 ff. 678

• Versicherung 678a

Verlangt der Versicherungsnehmer vom Kfz-Kaskoversicherer die Zustimmung, dass er die auf den Versicherer übergegangenen Ansprüche gegen einen Dritten selbst geltend machen darf, um so zu verhindern, dass er zurückgestuft wird, so richtet sich der Wert nach dem Betrag, um den er zurückgestuft würde.[809]

• Versorgungsausgleich

1. Allgemeines

In Versorgungsausgleichssachen beträgt der Gegenstandswert 10% bzw. 20% (→ Rn. 694) des in drei Monaten erzielten Nettoeinkommens beider Ehegatten, insgesamt jedoch **mindestens** 1.000,– EUR (§ 50 Abs. 1 FamGKG). Der Mindestwert bezieht sich auf den Gesamtwert und gilt daher nicht für jedes einzelne Anrecht. In Verfahren über einen **Auskunftsanspruch** oder über die **Abtretung** von Versorgungsansprüchen beträgt der Wert 500,– EUR (§ 50 Abs. 2 FamGKG). 679

2. Anzahl der Anrechte

a) Jedes Anrecht. Gem. § 1 VersAusglG sind „die Anteile von Anrechten" zu teilen. Es findet also hinsichtlich jedes einzelnen Anrechts eine Teilung und nicht eine einheitliche Gesamtteilung, wie nach altem Recht, statt. Dem entsprechend ist gem. § 50 Abs. 1 S. 1 FamGKG für jedes Anrecht, das verfahrensgegenständlich ist, ein Verfahrenswert zu bilden.[810] 680

Beispiel:

Haben beide Eheleute gesetzliche Rentenansprüche und hat einer von ihnen noch einen betrieblichen, so beträgt bei einem Versorgungsausgleich im Zusammenhang mit der Scheidung und einem Nettoeinkommen der Eheleute von 4.000,– EUR der Verfahrenswert 1.200,– EUR (3 × 10 % aus 4.000,– EUR).[811]

Vielzahl von Anrechten. Auf die Anzahl der Anrechte ist auch bei einer Vielzahl von Anrechten abzustellen.[812] Eine Vielzahl führt nicht automatisch zu einer Herabsetzung gem. § 50 Abs. 3 RVG.[813] 681

---

809 BGH NJW-RR 2019, 1511 = AGS 2020, 228.

810 OLG Brandenburg NJW-RR 2015, 6 = FamRZ 2015, 529; FamRZ 2014, 1808 = AGS 2014, 569; OLG Celle FamRZ 2012, 1311; OLG Jena FamRZ 2011, 585 Rn. 35 = NJW-RR 2011, 225; OLG Nürnberg NJW 2011, 620.

811 Meyer Gerichtskosten FamGKG § 50 Rn. 8.

812 AG Siegburg (26 Anrechte) FamRZ 2018, 525 = JurBüro 2017, 588 = AGS 2017, 476 mzustAnm *N. Schneider.*

813 AG Siegburg FamRZ 2018, 525 = JurBüro 2017, 588 = AGS 2017, 476 mzustAnm *N. Schneider.*

681a **b) Ost- und West-Anrechte.** Bestehen bei demselben Versorgungsträger Ausgleichsansprüche hinsichtlich Entgeltpunkten Ost und Entgeltpunkten West sind sie jeweils als gesonderte Anwartschaften zu bewerten.[814]

3. Relevante Anrechte

682 **a) Motive.** Die Motive (Rechtsausschuss) führen, soweit hier von Interesse, aus:

„Außerdem wird die Formulierung „für jedes auszugleichende Anrecht" in „für jedes Anrecht" geändert. Damit ist klargestellt, dass jedes verfahrensgegenständliche Anrecht bei der Bestimmung des Verfahrenswerts zu berücksichtigen ist, und zwar auch dann, wenn es im Erg nicht zu einem Ausgleich im Wege einer internen oder externen Teilung des Anrechts kommt."[815]

683 **b) Anrechte mit negativer Feststellung im Tenor.** In einigen Fällen sieht das Gesetz vor, dass aus besonderen Gründen ein an sich gegebener oder möglicher Weise gegebener Ausgleich nicht stattfindet und dies in der Beschlussformel vom Gericht auch gem. § 224 Abs. 3 FamFG festgestellt werden muss. Auch in diesen Fällen sind nach ganz hM die Anrechte in Ansatz zu bringen,[816] Dem ist zu folgen. Gerade die in § 224 Abs. 3 FamFG genannten Fälle dürfte der Rechtsausschuss im Auge gehabt haben, als die Formulierung „für jedes auszugleichende Anrecht" geändert hat in „für jedes Anrecht" (→ Rn. 682).[817] Teilweise wird aber in der Rspr. gem. § 50 Abs. 3 RVG der Gegenstandswert herabgesetzt.

684 **Einzelfälle. Kürze der Ehe.** Findet wegen der Kürze der Ehe kein Ausgleich statt (§ 3 Abs. 3 VersAusglG), so wird teilweise gem. § 50 Abs. 3 RVG auf den Mindestwert von 1.000,– EUR[818] herabgesetzt, teilweise aber auch eine generelle Kürzung abgelehnt, sondern eine Herabsetzung nur bejaht, wenn der ermittelte Wert in keinem angemessenen Verhältnis zum Umfang, zur Schwierigkeit und zur Bedeutung der Sache steht.[819]

685 **Vereinbarter Ausschluss des Ausgleichs** (§ 6 VersAusglG). Wurde der Ausgleich durch Vereinbarung geregelt, so wird allg. ein Wert angesetzt.[820] Teilweise wird der Mindestwert auf 1.000,– EUR herabgesetzt,[821] teilweise wird eine Herabsetzung auf den Mindestwert verneint, wenn nicht schon zu Beginn des Scheidungsverfahrens, sondern erst nach Anforderung der Auskünfte beim Versicherungsträger der beidseitige Verzicht erklärt worden ist.[822]

685a **Geringfügigkeit.** Unterbleibt ein Ausgleich nach § 18 VersAusglG wegen Geringfügigkeit, so wird ein Wert angesetzt[823] und in aller Regel keine Reduzierung als angebracht angesehen, da hier zunächst einmal der Anteil ermittelt werden muss und dann noch die Prüfung der Geringfügigkeit dazukommt.[824] Das OLG Hamburg hat den Verfahrenswert herabgesetzt, weil in seinem Fall der Ausgleichswert und der im Verfahren aufgewandte Zeitaufwand gering waren und mehrere Versorgungen wegen Geringfügigkeit nicht berücksichtigt wurden. Dabei hat es die zwei berücksichtigten Versorgungen mit dem Wert des § 50 Abs. 1 FamGKG und die wegen Geringfügigkeit nicht Berücksichtigten mit Null bewertet.[825] Das OLG Stuttgart hat trotz des Vorliegens von mehreren Anwartschaften eine Reduzierung auf 1.000,– EUR vorgenommen, weil Anwartschaften nur aus der gesetzlichen Rentenversicherung auszugleichen waren,

---

[814] OLG Brandenburg NJW 2016, 2894 Rn. 40 ff. = FamRZ 2016, 1298; NJW-RR 2015, 6 = FamRZ 2015, 529; OLG Dresden AGS 2014, 480; OLG Jena NJW 2010, 3310 = FamRZ 2011, 38 Rn. 51; OLG Nürnberg FamRZ 2012, 1750 = JurBüro 2012, 362; NJW 2011, 620 = AGS 2011, 393 Rn. 34 mzustAnm *Thiel;* AGS 2010, 401; OLG Dresden NJW 2010, 3309 = FamRZ 2010, 1804 Rn. 25; *Thiel,* AGS 2011, Heft 8, Editorial; **aA** OLG Brandenburg AGS 2011, 393 Rn. 35, da sich der Anspruch gegen denselben Versorgungsträger richte mablAnm *Thiel.*

[815] BT-Drs. 16/11 903, 61.

[816] OLG Bamberg JurBüro 2016, 95 = FamRZ 2016, 657; OLG Brandenburg FamRZ 2014, 1808 = AGS 2014, 569; OLG Frankfurt AGS 2018, 467 = NJW-Spezial 2018, 635 = FamRZ 2019, 305 (L).

[817] OLG Frankfurt AGS 2018, 467 = NJW-Spezial 2018, 635.

[818] OLG Karlsruhe FamRZ 2011, 668 = JurBüro 2011, 137 = AGS 2011, 37 mablAnm *Thiel;* OLG Frankfurt a. M. 28.1.2011 – 5 WF 16/11.

[819] OLG Celle FamRZ 2014, 1807; 2010, 2103 Rn. 6; OLG Jena FamRZ 2012, 128 = AGS 2011, 387 mzustAnm *Thiel.*

[820] OLG Frankfurt AGS 2018, 467 = NJW-Spezial 2018, 635.

[821] OLG Brandenburg JurBüro 2018, 260 = FamRZ 2018, 1176; OLG Koblenz FamRZ 2014, 1809 = AGS 2014, 239 mablAnm *Thiel.*

[822] OLG Brandenburg JurBüro 2018, 260 = FamRZ 2018, 1176.

[823] OLG Frankfurt AGS 2018, 467 = NJW-Spezial 2018, 635.

[824] OLG München FamRZ 2012, 1973; OLG Naumburg FamRZ 2014, 1809 = NJW-Spezial 2013, 604; *Thiel* Anm. zu OLG Stuttgart AGS 2010, 399.

[825] OLG Hamburg FamRZ 2011, 1813 = AGS 2011, 390 mablAnm *Thiel.*

wobei alle Anwartschaften verhältnismäßig gering waren und nur bei einer ein Ausgleich wegen Geringfügigkeit unterblieb.[826]

Grobe Unbilligkeit. Keine Herabsetzung ist angebracht, wenn ein Ausgleich wegen **grober Unbilligkeit** unterbleibt (§ 27 VersAusglG). **685b**

Noch nicht erfüllte Anwartschaft (§ 2 Abs. 3 VersAusglG). Auch wenn die maßgebliche Wartezeit, Mindestbeschäftigungszeit, Mindestversicherungszeit oder ähnliche zeitliche Voraussetzung fehlt, erhöhen diese Anwartschaften den Gegenstandswert.[827] **685c**

c) Nicht auszugleichende Anrechte ohne negative Feststellung. Es gibt Anrechte, die in der Beschlussformel nicht, teilweise aber in den Gründen Erwähnung finden. Teilweise wird eine Berücksichtigung dieser Anrechte schlechthin abgelehnt (→ Rn. 688). Nach einer Meinung ist § 50 Abs. 1 FamGKG einschränkend so zu verstehen, dass nur auf solche Anrechte abzustellen ist, für die ein Ausgleich dem Grunde nach überhaupt in Betracht kommt, also solche nicht zu berücksichtigen sind, die ihrer Art nach nicht dem Versorgungsausgleich unterliegen oder nicht während der Ehezeit erworben worden sind.[828] Es fehlt nach dieser Ansicht jeder Anhaltspunkt dafür, dass der Rechtsausschuss bei der Umformulierung in „für jedes Anrecht" (→ Rn. 683) über die in § 224 Abs. 2 FamFG genannten Fälle hinaus Anrechte, die von vornherein nicht bestehen, mit einbeziehen wollte.[829] Dass sich häufig erst nach Einholung der Auskunft bei dem jeweiligen Versorgungsträger ergibt, dass ein Anrecht zu diesen nicht zu berücksichtigenden Anrechten gehört, ändert nach dieser Ansicht daran nichts.[830] Dasselbe muss für versehentlich angegebene Anrechte gelten. **686**

Eine andere Meinung wendet hier § 50 Abs. 3 FamGKG an, was zu einer Nichtberücksichtigung bzw. Herabsetzung führen kann, aber nicht muss.[831] Der Vorteil hiervon wird darin gesehen, dass die Umstände des Einzelfalls besser beachtet werden könnten. So ist nach dieser Auffassung zB eine Bewertung mit Null dann nicht angemessen, wenn sich erst nach einiger Zeit und nicht sofort nach der Erteilung der Auskunft ergibt, dass ein Anrecht nicht auszugleichen ist. In der Lit. wird noch vertreten, dass zwar § 50 Abs. 3 FamGKG anzuwenden ist, dieser aber nie zu einer völligen Nichtberücksichtigung führen kann.[832] **687**

Einzelfälle aus der Rspr. **688**

– **Außerhalb der Ehezeit** erworbene Anrechte. Teilweise werden diese Anrechte durch einschränkende Auslegung von § 50 Abs. 1 FamGKG oder über § 50 Abs. 3 FamGKG mit Null bewertet,[833] teilweise mit insgesamt 500,– EUR gem. § 50 Abs. 3 RVG.[834]

Als nicht von § 50 Abs. 1 erfasst werden **mit Null** bewertet

– **Unfallrente,**[835]
– **Kapitallebensversicherung,**[836]
– **ausländische** Anrechte im Scheidungsverfahren,[837]

Unter Anwendung von § 50 Abs. 3 FamGKG werden mit Null bewertet **nicht ausgleichsreife** Anrechte (§ 19 VersAusglG).[838] **689**

d) Abweichende Werte für RA-Gebühren. In der Lit. wird noch vertreten, dass wegen des unterschiedlichen Arbeitsaufwands beim Gericht und beim RA unterschiedliche Werte hinsichtlich der Gerichtskosten und der Anwaltsgebühren angenommen werden sol- **690**

---

[826] OLG Stuttgart FamRZ 2010, 2098 = NJW-RR 2010, 1376 =AGS 2010, 399 mablAnm. *Thiel.*
[827] OLG Karlsruhe FamRZ 2014, 1226 = NJW-RR 2014, 68.
[828] OLG Bamberg JurBüro 2016, 95 = FamRZ 2016, 657; OLG Frankfurt AGS 2018, 467 = NJW-Spezial 2018, 635 = FamRZ 2019, 305 (L); OLG Karlsruhe FamRZ 2014, 1226 = NJW-RR 2014, 68; OLG Koblenz AGS 2011, 456.
[829] OLG Frankfurt AGS 2018, 467 = NJW-Spezial 2018, 635 = FamRZ 2019, 305 (L).
[830] OLG Koblenz AGS 2011, 456.
[831] KG AGS 2018, 186 = FamRZ 2018, 1856; OLG Stuttgart FamRZ 2011, 134 = NJW-RR 2011, 227.
[832] *Thiel* Anm zu OLG Hamburg AGS 2012, 536.
[833] OLG Bamberg JurBüro 2016, 95 = FamRZ 2016, 657; OLG Brandenburg FamRZ 2017, 2044 = AGS 2017, 472 mablAnm *N. Schneider;* OLG Frankfurt a. M. NJW-Spezial 2017, 476 = FamRZ 2017, 1733 (L) = AGS 2017, 228 mablAnm *Thiel;* OLG Hamburg MDR 2012, 1229 = FamRZ 2013, 149 (L); OLG Karlsruhe FamRZ 2014, 1226 = NJW-RR 2014, 68; OLG Koblenz AGS 2011, 456; OLG Stuttgart NJW-RR 2011, 227 = FamRZ 2011, 134.
[834] KG AGS 2018, 186 = FamRZ 2018, 1856.
[835] OLG Koblenz AGS 2011, 456.
[836] OLG Bamberg JurBüro 2017, 86 = FamRZ 2017, 1082.
[837] OLG Naumburg AGS 2012, 145.
[838] OLG Stuttgart FamRZ 2011, 134 = NJW-RR 2011, 227; NJW 2010, 2221; **aA** OLG Karlsruhe FamRZ 2014, 1226 = NJW-RR 2014, 68.

len.[839] Nachdem der BGH aber bei einer vergleichbaren Problematik, bei Hilfsanträgen, über die keine Entscheidung ergangen und kein Vergleich geschlossen wurde, trotz der Mehrarbeit des Anwalts einen höheren Gegenstandswert für die anwaltlichen Gebühren abgelehnt hat (→ Rn. 284), hatte diese Ansicht wenig Aussicht, sich in der Praxis durchzusetzen. Das könnte sich durch die – allerdings teilweise unzutreffende – Rspr. des BGH zum Gegenstandswert bei Rechtsmitteln (→ Rn. 431a ff.) geändert haben.

4. Tod eines Ehegatten

691 Er ändert nichts daran, dass ein Wert festzusetzen ist. Sind bereits alle in Betracht kommenden Einkünfte erholt und den übrigen Beteiligten zugeleitet worden, so ist § 50 Abs. 3 FamGKG nicht anzuwenden.[840]

5. Einkommen

692 **Zeitpunkt des Einkommens.** Abzustellen ist gem. § 34 FamGKG auf das Einkommen zum Zeitpunkt der Einreichung des Scheidungsantrags.[841] Das gilt auch dann, wenn nach dem 1.9.2009 ein Versorgungsausgleichsverfahren wieder aufgenommen wird.[842]

693 **Kein Abzug von Kinderfreibeträgen.** Es ist in Rspr. und Lit. ganz hM, dass beim Einkommen iSv § 50 FamGKG keine Ab- und Zuschläge wie zB wegen Kinderfreibeträgen vorzunehmen sind. Insoweit weicht der Einkommensbegriff von dem in § 43 FamGKG ab.[843]

6. Prozentsatz

694 10% sind heranzuziehen, wenn sich das Verfahren nach §§ 1–19. VersAusglG richtet, und zwar auch wenn es nach der Scheidung durchgeführt wird,[844] 20%, wenn §§ 20–27 VersAusglG anzuwenden sind.[845] Wegen Prozentsatz bei fortgeführten Verfahren → Rn. 701.

7. Billigkeit

695 **a) Motive.** Die Motive führen zur Änderung des Gegenstandswerts aus Billigkeitsgründen zu Abs. 4 des Entwurfs, der im Gesetz zu Abs. 3 geworden ist, aus:

„**Abs. 4** soll die Festsetzung eines höheren oder niedrigeren Verfahrenswerts in Ausnahmefällen ermöglichen, um zu verhindern, dass es zu unvertretbar hohen oder zu unangemessen niedrigen Kosten kommt."[846]

696 **b) Anwendung auf Mindestgebühr.** Auch die Mindestgebühr kann herabgesetzt werden.[847] Abs. 3 erfasst nach seinem eindeutigen Wortlaut den gesamten Abs. 1, also auch dessen S. 2.

697 **c) Allgemeines.** Die **Billigkeitsregelung** des § 50 Abs. 3 FamGKG bezieht sich nicht auf den Fall einer in ungewöhnlicher Weise abweichenden Einkommens- oder Vermögenssituation, sondern darauf, dass der Wert nach Umfang, Schwierigkeit und Bedeutung der Sache in keinem vertretbaren Verhältnis zum Regelwert steht.[848] Überwiegend wird vertreten, dass die Bestimmung restriktiv auszulegen ist.[849]

---

[839] *Hansens* Anm. zu OLG Hamburg RVGreport 2013, 206.

[840] OLG Oldenburg FamRZ 2014, 1805 = AGS 2015, 49 mzustAnm *Thiel*.

[841] OLG Brandenburg FamRZ 2013, 2009 = MDR 2013, 1043; OLG Jena FamRZ 2010, 2099 mwN; *N. Schneider* RVGreport 2011, 2 Ziff. I.

[842] OLG Jena FamRZ 2011, 585 Rn. 33; 2010, 2099.

[843] OLG Brandenburg NJW 2016, 2894 Rn. 38 = FamRZ 2016; 1298; OLG Koblenz JurBüro 2011, 305 Rn. 6; OLG Nürnberg JurBüro FamRZ 2012, 1750 = AGS 2012, 246 unter Aufgabe seiner bislang abweichenden Meinung mzustAnm *Thiel;* OLG Stuttgart NJW 2010, 2221; *Volpert* RVGreport 2009, 289 (292); **aA** AG Ludwigslust JurBüro 2010, 476.

[844] OLG Koblenz FamRZ 2017, 1213 = NJW-RR 2017, 710; FamRZ 2017, 1083; OLG Nürnberg FamRZ 2011, 132.

[845] OLG Bremen JurBüro 2012, 588 = AGS 2012, 490; OLG Jena NJW-RR 2011, 225 = FamRZ 2011, 585 Rn. 29 mwN; OLG Koblenz FamRZ 2017, 1213 = NJW-RR 2017, 710; FamRZ 2017, 1083; OLG Nürnberg AGS 2012, 36.

[846] BT-Drs. 16/6308, 307.

[847] OLG Brandenburg NZFam 2019, 185 = AGS 2019, 125 mablAnm *N. Schneider* hinsichtlich Unterschreitung der Mindestgebühr in einem Fall, in dem eine Wertfestsetzung für den Versorgungsausgleich zu Unrecht erfolgt ist, da sich aus den Gründen ergab, dass der Versorgungsausgleich nicht angegriffen sein sollte; KG AGS 2018, 186 = FamRZ 2018, 1856; OLG Köln FamRZ 2012, 1943 = AGS 2012, 356.

[848] OLG Hamm NJW 2018, 712 = FamRZ 2018, 525; OLG Schleswig FamRZ 2011, 133; OLG Stuttgart NJW 2010, 2221; BR-Drs. 343/08, 263; *Borth* FamRZ 2009, 562 (566); *Krause* FamRZ 2009, 321 (322).

[849] OLG Brandenburg FamRZ 2014, 1808 = AGS 2014, 569; OLG Celle FamRZ 2014, 1807; OLG München FamRZ 2012, 1973; OLG Naumburg FamRZ 2014, 1809 = NJW-Spezial 2013, 604.

Nur Gesamtwert. Nach dem Wortlaut von § 50 Abs. 3 FamGKG dürfen nicht einzelne Anrechte einzeln reduziert werden, sondern nur der nach der Addition der Einzelwerte ermittelte Gesamtwert. In manchen Fällen, zB wenn nur hinsichtlich einzelner Anrechte besondere Umstände vorliegen, bietet sich jedoch eine Berechnung in der Weise an, dass einzelne niedriger berechnet und dann zu den anderen hinzuaddiert werden und so der reduzierte Gesamtwert gebildet wird. 698

d) Einzelfälle. → Rn. 688. 699

Kein Grund zur Herabsetzung auf 1.000,– EUR gem. § 49 GKG aF ist es, dass die Beteiligten nichts dafür konnten, dass **nicht noch unter dem alten Recht** über den Versorgungsausgleich entschieden werden konnte.[850] 700

§ 50 Abs. 3 FamGKG ist anzuwenden, wenn aufgrund einer vorgelegten notariellen Vereinbarung keine Auskünfte für die Anrechte der Ehegatten erholt werden und keine vorläufige Berechnung des Versorgungsausgleichs erfolgt.[851]

8. Fortgeführter Versorgungsausgleich

Wird der Versorgungsausgleich vom **nach dem 1.9.2009 eingeleiteten Scheidungsverfahren** abgetrennt und ausgesetzt und dann wieder aufgenommen, so bleibt gem. § 137 Abs. 5 S. 1 FamFG der Verbund bestehen. Der Anwalt erhält eine Vergütung nur einmal aus dem Gesamtwert des Verbundverfahrens (§ 16 Nr. 4 RVG).[852] Wird hingegen der Versorgungsausgleich vom **vor dem 1.9.2009 eingeleiteten Scheidungsverfahren abgetrennt und ausgesetzt** und nach diesem Datum wieder aufgenommen, so fallen wegen der in Art. 111 Abs. 4 FGG-ReformG vorgesehenen Selbständigkeit des Verfahrens neue Gebühren und zwar solche nach dem RVG an.[853] Der Verfahrenswert für das wieder aufgenommene Verfahren berechnet sich nach § 50 FamGKG,[854] wobei mit 10% zu rechnen ist[855] und der RA – wie auch sonst bei Abtrennungen (→ RVG VV 3100 Rn. 61) – (mit Wahlrecht) nur einmal die Gebühren verlangen kann, also nicht sowohl im Verbund als auch im isolierten Verfahren.[856] Gem. § 34 FamGKG ist auf den Zeitpunkt der ersten Antragstellung abzustellen.[857] 701

9. Beschwerdewert

Auch wenn Beschwerde wegen nur einzelner Anrechte eingelegt wird, so sind nach OLG Bamberg trotz § 40 FamGKG bei der Bemessung des Beschwerdewerts alle Anrechte einzubeziehen, da der Versorgungsausgleich von Amts wegen zu prüfen ist und eine einheitliche Bagatellprüfung nach § 18 VersAusglG vorzunehmen ist. Führt dies zu unbilligen Ergebnissen, so kann nach § 50 Abs. 3 FamGKG ein anderer Wert angenommen werden. OLG Bamberg hat dabei in seinem Fall § 50 Abs. 3 FamGKG angewandt und auf den Mindestwert von 1.000,– EUR reduziert, da auf den ersten Blick erkennbar war, dass die anderen nicht angegriffenen Anrechte von der Beschwerde nicht berührt würden.[858] Nach der Gegenmeinung richtet sich der Verfahrenswert wegen § 40 FamGKG nach den Anrechten, die mit dem Rechtsmittel angegriffen sind.[859] 702

Der **Mindestwert** von 1.000,– EUR gilt auch für das Beschwerdeverfahren; kann aber aus Billigkeitsgründen gem. § 50 Abs. 3 FamGKG unterschritten werden.[860] 703

---

[850] OLG Nürnberg AGS 2012, 36 mzustAnm *Thiel.*

[851] OLG Celle FamRZ 2020, 364 = AGS 2020, 399.

[852] OLG Nürnberg FamRZ 2014, 1971 = AGS 2013, 386 mzustAnm *N. Schneider.*

[853] OLG Hamm AGS 2013, 387.

[854] OLG Celle AGS 2012, 81; OLG Dresden FamRZ 2015, 326 = AGS 2014, 526; OLG Jena FamRZ 2010, 2099; 2011, 585 Rn. 27 ff.; OLG Nürnberg FamRZ 2011, 132; OLG Schleswig FamRZ 2011, 133.

[855] OLG Celle AGS 2012, 81; OLG Dresden FamRZ 2015, 326 = AGS 2014, 526; OLG Jena FamRZ 2011, 1060; 2011, 585; 2010, 2099; OLG Nürnberg FamRZ 2011, 132; OLG Saarbrücken AGS 2011, 455; OLG Schleswig FamRZ 2011, 133.

[856] OLG Hamm AGS 2013, 387.

[857] OLG Brandenburg FamRZ 2011, 1797 (Ls.); OLG Brandenburg FamRZ 2011, 1812 (Ls.); OLG Dresden FamRZ 2015, 326 =AGS 2014, 526; **aA** OLG Celle NJW-Spezial 2012, 59 = AGS 2012, 81 (Verhältnisse bei Wiederaufnahme) insoweit mablAnm *N. Schneider.*

[858] OLG Bamberg FamRZ 2011, 1232 = RVGreport 2011, 191 mablAnm *Hansens.*

[859] OLG Köln AGS 2017, 48; wohl auch Schneider/Herget/*Thiel* Rn. 8868.

[860] OLG Köln FamRZ 2012, 1943 = AGS 2012, 356 = RVGreport 2012, 432 mzustAnm *Hansens.*

10. Anpassung gem. §§ 33, 34 VersAusglG

704 **§ 50 FamGKG** ist anzuwenden[861] und nicht § 51 FamGKG[862] und auch nicht § 42 FamGKG. Dabei ist nur das Ausgleichrecht zu berücksichtigen, dessen Anpassung in Betracht kommt.[863] 10 %[864] und nicht 20 %[865] des dreimonatigen Nettoeinkommens sind anzusetzen.

705 **§ 50 Abs. 3 FamGKG** (Erhöhung oder Herabsetzung wegen besonderer Umstände) ist anzuwenden.[866] Streitig ist, ob im Rahmen von § 50 Abs. 3 FamGKG auch eine Orientierung an der Wertfestsetzung für Unterhaltssachen zu erfolgen hat.[867] Über § 50 Abs. 3 FamGKG kann jedenfalls dem erheblichen Aufwand, den Verfahren nach §§ 33, 34 VersAusglG erfordern, Rechnung getragen werden.[868] Eine schematische Erhöhung findet jedoch nicht statt.[869] Für eine Erhöhung spricht es, wenn der maßgebliche gesetzliche Unterhaltsanspruch erst ermittelt werden muss.[870] Wegen der Bedeutung und des Arbeitsaufwands wird von OLG Saarbrücken eine Verdoppelung des gem. § 50 Abs. 1 FamGKG errechneten Werts gem. § 50 Abs. 3 FamGKG angenommen.[871]

11. Abänderung gem. §§ 51, 52 VersAusglG

706 § 50 Abs. 1 S. 1 Alt. 1 FamGKG (10 %) ist anzuwenden und nicht die Alt. 2 (20 %).[872]

12. Altes Recht

707 Gem. § 49 GKG; § 99 Abs. 3 KostO aF beträgt der Gegenstandswert für den gesetzlichen wie den vertraglichen Versorgungsausgleich jeweils 1.000,– EUR (Festbeträge). Maximal kann der Gegenstandswert 2 × 1.000,– EUR sein.

• Verteilungsverfahren iSv VV 3333 RVG

708 Der Gegenstandswert bestimmt sich gem. VV 3333 RVG Anm. S. 1 nach § 26 Nr. 1, 2 RVG.

• Verteilungsverfahren in Zwangsvollstreckung

709 → § 25 Rn. 31.

• Verwertung

710 → § 25 Rn. 25.

• VKH-Bewilligung

711 → Rn. 421.

---

861 OLG Bamberg AGS 2020, 400 = NZFam 2020, 827; OLG Celle FamRZ 2012, 1812 = AGS 2012, 537; OLG Hamm FamRZ 2011, 814; OLG Koblenz AGS 2018, 417; 2017, 283 = FamRZ 2017, 709 (Ls.); OLG Schleswig AGS 2012, 37 mablAnm *Thiel;* OLG Saarbrücken AGS 2013, 90 mzustAnm *Thiel* 2012, 535; OLG Schleswig NJW-RR 2013, 1093 = AGS 2013, 346; OLG Stuttgart FamRZ 2012, 1972 = AGS 2012, 354. So jetzt auch *Thiel* Anm. zu OLG Stuttgart AGS 2012, 354 unter Aufgabe ihrer abw. bisherigen Meinung in Schneider/Herget/*Thiel* 13. Aufl. Rn. 8840 ff.

862 OLG Saarbrücken AGS 2013, 90 mzustAnm *Thiel* AGS 2012, 535.

863 OLG Koblenz AGS 2017, 283 = FamRZ 2017, 709 (L); OLG Saarbrücken AGS 2012, 535; OLG Schleswig AGS 2012, 37 mablAnm *Thiel.*

864 BGH NJW-RR 2020, 644 = FamRZ 2020, 833; OLG Brandenburg FamRZ 2011, 1797; OLG Bremen FamRZ 2013, 724 = JurBüro 2012, 588; OLG Celle FamRZ 2012, 1812 = RVGreport 2012, 357; OLG Frankfurt NJW-Spezial 2018, 635 = AGS 2018, 467 = 2019, 305 (L); OLG Hamm FamRZ 2014, 1806 = MDR 2013, 1465; OLG Koblenz AGS 2017, 283 = FamRZ 2017,709 (L); OLG Schleswig AGS 2012, 37; OLG Saarbrücken AGS 2012, 535; OLG Stuttgart FamRZ 2012, 1972 = AGS 2012, 354.

865 So aber OLG Hamm FamRZ 2018, 257 = NJW-RR 2017, 1415; NJW 2011, 1681 Rn. 72 = FamRZ 2011, 815 (ohne Begr.); OLG Frankfurt a. M. NJW 2011, 2741 Rn. 39 = FamRZ 2011, 1595 (ohne Begr.); OLG Karlsruhe NJW 2012, 1296 Rn. 32 = FamRZ 2012, 452 (ohne Begr.); OLG Schleswig FamRZ 2014, 237 = NJW-Spezial 2013, 668.

866 OLG Celle FamRZ 2012, 1812 = AGS 2012, 537; OLG Saarbrücken AGS 2012, 535; OLG Stuttgart FamRZ 2012, 1972 = AGS 2012, 354.

867 **Verneinend** BGH NJW-RR 2020, 644 = FamRZ 2020, 833; OLG Schleswig AGS 2012, 37; **bejahend** OLG Frankfurt a. M. NJOZ 2012, 1243 = BeckRS 2011, 6399.

868 OLG Celle FamRZ 2012, 1812 = AGS 2012, 537.

869 BGH NJW-RR 2020, 644 = FamRZ 2020, 833; OLG Koblenz AGS 2018, 417.

870 OLG Celle FamRZ 2012, 1812 = AGS 2012, 537.

871 OLG Saarbrücken AGS 2013, 90 mzustAnm *Thiel* 2012, 535; OLG Schleswig AGS 2012, 37.

872 OLG Bremen JurBüro 2012, 588 = AGS 2012, 490; OLG Frankfurt AGS 2018, 467 = NJW-Spezial 2018, 635; OLG Hamm FamRZ 2014, 1806 = AGS 2014, 76 mzustAnm *Thiel* = MDR 2013, 1465; KG FamRZ 2020, 708; **aA** OLG Schleswig FamRZ 2014, 237.

• Vollstreckbarerklärung

1. Vollstreckbarerklärung eines ausländischen Titels

Der Gegenstandswert wird nach deutschem Recht (ZPO, GKG) berechnet und bestimmt sich nach dem Wert der Hauptsache.[873] Nebenforderungen (zB Zinsen, Kosten) bleiben unberücksichtigt, wenn sie nach dem ausländischen Recht Nebenforderungen sind,[874] es sei denn Zinsen und Kosten sind in dem vollstreckbar zu erklärenden Titel selbst festgesetzt.[875] **712**

Rückstände bei ausländischem Unterhaltstitel. Unterhaltsrückstände aus der Zeit nach dem Erlass des Titels sind dem Gegenstandswert nicht hinzuzurechnen.[876] Streitig ist, ob Rückstände zu berücksichtigen sind, wenn sie schon bei Einreichung der Klage im Ausland fällig waren, oder nur dann, wenn sie in der Ausgangsentscheidung als Rückstände bezeichnet und zugesprochen worden sind.[877] **713**

2. Vollstreckbarerklärung eines Anwaltsvergleichs

Der Gegenstandswert bemisst sich nach dem vollen Wert des Vergleichs,[878] soweit er für vollstreckbar erklärt werden soll.[879] **714**

Bei der Bestimmung des Streitwerts für das Verfahren auf Vollstreckbarerklärung eines Schiedsspruchs ist nur die Hauptforderung maßgeblich, Zinsen und Kosten bleiben außer Betracht. Dies gilt unabhängig davon, ob Gegenstand der Vollstreckbarerklärung in- oder ausländische Schiedssprüche sind. Dass die Kosten ziffernmäßig neben der Hauptsache genannt sind, ändert daran nichts.[880] **715**

3. Vollstreckbarerklärung eines Teils einer deutschen Entscheidung (VV 3329)

Der Gegenstandswert der Gebühr des VV 3329 RVG richtet sich nach einer Meinung nach dem für vollstreckbar zu erklärenden Teil des Urteils (ohne Nebenansprüche).[881] Nach der zutreffenden Gegenmeinung ist wie im Fall von VV 3328 RVG und wie beim Vollstreckungsschutz (→ § 25 Rn. 27) nur ein Bruchteil der Hauptsache anzusetzen, wobei teilweise $^1/_5$ angenommen wird.[882] **716**

4. Vollstreckbarerklärung eines Schiedsspruchs. **716a**

Der Gegenstandswert richtet sich nach dem Interesse des Antragstellers an der Vollstreckbarerklärung und entspricht deshalb grundsätzlich dem Wert der zu vollstreckenden Forderungen.[883]

Bei Widerklage und Hilfsanträgen. Die Vollstreckbarerklärung eines Schiedsspruchs dient allerdings nicht nur dazu, die Zwangsvollstreckung zu ermöglichen, sondern soll den Spruch auch gegen die Geltendmachung von Aufhebungsgründen sichern. Nur durch die Vollstreckbarerklärung ist der Schiedsspruch umfassend gegen Aufhebungsgründe gesichert. Es kann sich deshalb als streitwerterhöhend auswirken, wenn der Antrag auf Vollstreckbarerklärung und das Interesse des Antragstellers über den Wert der zu vollstreckenden Forderungen hinausreichen. Hat das Schiedsgericht eine Widerklage abgewiesen und eine hilfsweise zur Aufrechnung gestellte Forderung abweisend verbeschieden, so erhöht sich der Wert gem. 45 Abs. 1, Abs. 3 GKG um den vollen Wert der Widerklage und der Hilfsaufrechnung.[884] **716b**

• Vollstreckung

§ 25 RVG. **717**

Beschränkung der Vollstreckung → § 25 Rn. 45 ff. **718**

---

[873] OLG Zweibrücken JurBüro 1986, 1404.
[874] OLG Frankfurt a. M. JurBüro 1994, 117.
[875] OLG München OLGR 1997, 203.
[876] BGH NJW-Spezial 2009, 60 = FamRZ 2009, 222 = JurBüro 2009, 140; OLG Karlsruhe FamRZ 2012, 660 = AGS 2012, 353 mablAnm *Thiel*.
[877] Offen gelassen in BGH NJW-Spezial 2009, 60 = MDR 2009, 173 mit Nachw. für beide Ansichten.
[878] OLG Düsseldorf FamRZ 2000, 1520.
[879] OLG Oldenburg MDR 2012, 868 = RVGreport 2012, 471.
[880] OLG München 22.7.2008 – 34 Sch 10/08 BeckRS 2008, 16452.
[881] LG Bonn JurBüro 2001, 252 = BRAGOreport 2001, 58 (59); Hartmann/Toussaint/*Toussaint* RVG VV 3329 Rn. 8; *Hansens* BRAGO § 49 Rn. 12; Riedel/Sußbauer/*Keller*, 8. Aufl. 2000, BRAGO § 49 Rn. 21; *Anonymus* Anm. zu OLG Koblenz Anwaltsgebühren Kompakt 2010, 123.
[882] OLG Frankfurt NJW-Spezial 2020, 507 = AGS 2020, 397; OLG Hamm FamRZ 1994, 248; OLG Koblenz AGK 2010, 123.
[883] BGH RVGreport 2019, 472 = TranspR 2020, 195.
[884] BGH RVGreport 2019, 472 mzustAnm *Hansens* = TranspR 2020, 195.

719 Einstellung der Vollstreckung → RVG VV 3309 Rn. 416; → § 25 Rn. 45 ff.
720 Vollstreckung von Forderungen → § 25 Rn. 6 ff.
721 Vollstreckung durch Verwaltung → § 25 Rn. 26.

• Vollstreckungsabwehrklage

722 → RVG VV 3309 Rn. 397 ff.

• Vollstreckungsandrohung

723 → § 25 Rn. 8.

• Vollstreckungsklausel

724 → § 25 Rn. 44; VV 3309 Rn. 407.

• Vollstreckungsschutz

725 → § 25 Rn. 45 ff.

• Vollstreckungstitel, Herausgabe

726 → RVG VV 3309 Rn. 418 ff.

• Vollziehung

727 → § 25 Rn. 43.

• Vormerkung

728 Bei der **Auflassungsvormerkung** ist von einem Bruchteil des Verkehrswerts des Grundstücks auszugehen, dessen Höhe auch von dem Ausmaß der Gefährdung des Auflassungsanspruches abhängt.[885] In der Rspr. werden $^{1}/_{10}$ bis $^{1}/_{4}$ angenommen.[886] Beim Verkehrswert sind wirtschaftliche Nutzungen, die zu einer Beeinträchtigung der wirtschaftlichen Nutzung führen wie zB Dienstbarkeiten, nicht aber Hypotheken und Grundschulden abzuziehen.[887]

729 **Löschung der Auflassungsvormerkung.** Es ist ein Bruchteil des Grundstückswerts anzusetzen, wobei es auf das Ausmaß der wirtschaftlichen Nachteile der Auflassungsvormerkung ankommt. In der Rspr. wurden Bruchteile zwischen $^{1}/_{10}$ und $^{1}/_{2}$ angenommen.[888]

730 **Vormerkung für Hypothek.** In der Rspr. werden $^{1}/_{4}$ bis $^{1}/_{3}$ des Werts der angestrebten Hypothek angesetzt.[889]

• Vormundschaft

730a Anzuwenden ist § 42 FamGKG.[890] Dabei wird bei der Vormundschaft für Kinder wegen der Höhe eine Orientierung an § 45 FamGKG vertreten.[891] Stehen sich im selben Verfahren ein Antrag auf elterliche Sorge und einer auf Vormundschaft gegenüber, so sind die Werte zu addieren.[892]

• Vorpfändung

731 → § 25 Rn. 28.

• Vorschuss gem. § 1360a Abs. 4 BGB

732 **Im Hauptsacheverfahren** ist der geltend gemachte Betrag anzusetzen (§ 35 FamGKG).

733 **Im Eilverfahren** wird trotz § 41 FamGKG teilweise der ganze geltend gemachte Betrag angenommen, da der Berechtigte auf Grund einer einstweiligen Verfügung sofort vollstrecken kann und sich damit ein Hauptsacheverfahren erübrige.[893] Nach der Gegenmeinung ist im Regelfall gem. § 41 FamGKG nur der halbe Wert anzusetzen.[894]

---

885 Schneider/Herget/*Monschau* Rn. 1220 ff.

886 OLG Frankfurt a. M. JurBüro 1958, 253 ($^{1}/_{10}$); OLG Celle JurBüro 1970, 434 ($^{1}/_{10}$); BGH AGS 2017, 136 ($^{1}/_{4}$); OLG Bamberg JurBüro 1976, 1094 ($^{1}/_{4}$).

887 OLG Zweibrücken Rpfleger 1967, 2; OLG Bamberg JurBüro 1976, 1094.

888 OLG Köln MDR 1983, 495 ($^{1}/_{10}$); OLG Bamberg JurBüro 2012, 249 = AGS 2012, 351 ($^{1}/_{10}$–$^{1}/_{3}$); JurBüro 1976, 1247 ($^{1}/_{10}$); OLG Frankfurt a. M. OLGR 2008, 321 ($^{1}/_{5}$); OLG Nürnberg AnwBl 1970, 55; ¼ haben angenommen OLG Nürnberg JurBüro 1977, 717; OLG München NJW 1978, 1564; OLG Saarbrücken JurBüro 1979, 264.

889 Schneider/Herget/*N. Schneider/Kurpat* Rn. 1506.

890 OLG Frankfurt 19.2.2014 6 UF 28/14 Rn. 8; OLG Nürnberg FamRZ 2016, 2148.

891 OLG Frankfurt 19.2.2014 6 UF 28/14 Rn. 8; OLG Nürnberg FamRZ 2016, 2148.

892 OLG Nürnberg FamRZ 2016, 2148.

893 OLG Bamberg AGS 2011, 454; OLG Bremen FamRZ 2015, 526 = MDR 2014, 1324; OLG Düsseldorf AGS 2014, 237 = NZFam 2014, 469; OLG Frankfurt a. M. FamRZ 2014, 689; OLG Hamm RVGreport 2014,

• WEG

Wird eine Klage gegen einen **Beschluss der Wohnungseigentümerversammlung** erst innerhalb der Zwei-Monatsfrist des § 45 S. 1 WEG auf einen Tagesordnungspunkt beschränkt, so richtet sich wegen der Gleichartigkeit von § 45 S. 1 WEG und § 520 Abs. 2 ZPO der Streitwert nur nach dem angegriffenen Punkt.[895] Im Übrigen s. § 49a GKG. Der Wert der Klage auf **Zustimmung** zur Veräußerung gem. § 12 WEG beträgt 20% des Verkaufspreises.[896] Wegen Klage auf Beseitigung einer baulichen Veränderung BGH NJW-RR 2017, 912 = NJW-Spezial 2017, 450; wegen Anfechtung der Einzel- und Gesamtabrechnung OLG Hamburg AGS 2018, 132 = ZMR 2017, 991. **734**

• Widerklage und -anträge

Die Gegenstandswerte werden addiert (§ 45 Abs. 1 S. 1 GKG; für Widerantrag § 39 Abs. 1 S. 1 FamGKG), es sei denn Klage und Widerklage betreffen denselben Gegenstand (§ 45 Abs. 1 S. 3 GKG; § 39 Abs. 1 S. 1 FamGKG). Zwei Gegenstände sind ua gegeben, wenn die Klage einen Teil eines Rechts und die Widerklage ohne Überschneidung einen anderen Teil desselben Rechts betreffen,[897] zB wenn bei einem Streit über die Wirksamkeit eines Werkvertrags der Besteller Rückgewähr seiner Anzahlung, der Unternehmer hingegen den restlichen Werklohn verlangt.[898] Wegen Unterhalt → Rn. 644; und Zugewinn → Rn. 761. **735**

Dazu, wann mehrere Gegenstände gegeben sind, → Rn. 367 ff.; → RVGVV 1008 Rn. 144 ff. **736**

• Widerruf einer Äußerung

→ Rn. 656 ff. **737**

• Widerruf eines Verbraucherdarlehensvertrags

→ Rn. 742a,b. **738**

• Widerrufsrechtsbelehrung

Wird gerügt, dass eine Belehrung über den Widerruf eines Vertrages nicht ordnungsgemäß ist, so werden in Eilverfahren Gegenstandswerte von 3.000,– EUR (Richtwert)[899] bzw. für jeden behaupteten Fehler 2.000,– EUR[900] angenommen. Das KG hat bei einer Hauptsacheklage eines Verbraucherschutzverbandes gegen eine gänzlich unterlassene Widerrufsrechtsbelehrung 15.000,– EUR angenommen.[901] **739**

• Widerspruch

Widerspruch gegen Mahnbescheid, → Rn. 350 ff. **740**

Kostenwiderspruch bei Eilverfahren → Anh. II Rn. 73 ff.

Widerspruch im Grundbuch Es gilt das zur Vormerkung Dargelegte entsprechend (→ Rn. 728 ff.).

• Wiederkehrende Leistungen

Bei wiederkehrenden Leistungen, soweit sie nicht in speziellen Fällen von § 42 GKG erfasst werden, beträgt der Gegenstandswert gem. § 48 GKG, § 9 ZPO seit dem 2. KostRMoG den dreieinhalbfachen Betrag des jährlichen Bezugs, es sei denn der gesamte noch offene Betrag ist geringer.[902] Das gilt auch für negative Feststellungsklagen.[903] Dabei ist grundsätzlich von den **741**

---

365 mzustAnm *Hansens;* OLG Karlsruhe FamRZ 2017, 1766 = NJW-Spezial 2017, 380 = RVGreport 2017, 268 mzustAnm *Hansens;* KG JurBüro 2017, 478 = NJW Spezial 2017, 413 = RVGreport 2017, 471 mzustAnm *Hansens.*

894 OLG Celle FamRZ 2016, 164; 2014, 690 = JurBüro 2013; 588; OLG Frankfurt a. M. FamRZ 2014, 1801 = AGS 2014, 417; OLG Koblenz FamRZ 2018, 50 = AGS 2018, 283 mablAnm *N. Schneider;* OLG Zweibrücken FamRZ 2017, 54 = AGS 2016, 527 mablAnm *N. Schneider.*

895 LG Braunschweig AGS 2014, 341 mzustAnm *N. Schneider;* **aA** OLG Stuttgart ZMR 2012, 560; *Greiner* AGS 2014, 441.

896 BGH JurBüro 2018, 415 = NJW-RR 2018, 775.

897 BGH JurBüro 2014, 361 = AnwBl 2014, 564; OLG Düsseldorf NJW 2009, 1515; **aA** OLG Celle AGS 2014, 128 mablAnm *N. Schneider.*

898 OLG Düsseldorf NJW 2009, 1515.

899 OLG Celle OLGR 2008, 310.

900 OLG Naumburg JurBüro 2008, 149.

901 KG MDR 2010, 839.

902 BGH MDR 2017, 965 = VersR 2017, 1033, Versorgungsbezüge; OLG Koblenz AGS 2017, 83, Ansprüche aus Verletzung oder Tötung eines Menschen.

903 OLG Frankfurt MDR 2018, 1526; OLG Köln NJW 2018, 2339.

ersten zwölf Monaten nach Klageerhebung auszugehen. Bei sich verändernden Jahresbeträgen ist auf den höchsten für die Berechnung maßgeblichen Einzelwert in den ersten dreieinhalb Jahren nach Klageerhebung abzustellen.[904]

742 Werden **Rückstände** (→ Rn. 629) mit geltend gemacht, so erhöhen diese in Analogie zu § 42 Abs. 3 GKG den Gegenstandswert.[905] Wird zunächst nur positive Feststellungsklage erhoben, werden dann aber seit der Rechtshängigkeit fällig gewordenen Beträge beziffert und in einem Zahlungsantrag gelten gemacht, so erhöht sich der Gegenstandswert nur insoweit, als für die bezifferten Anträge der bei positiven Feststellungsklagen übliche Abzug von 20% entfällt.[906]

742a **Widerruf eines Verbraucherdarlehensvertrages.** Wird die Feststellung begehrt, dass mit Wirkung ab Widerruf keine Zins- und Tilgungsleistungen mehr geschuldet werden, so bemisst sich gem. § 9 ZPO der Wert nach dem 3,5 fachen Jahresbetrag der geschuldeten Raten.[907]

742b Begehrt der widerrufende Darlehensnehmer die Feststellung, dass sich der Darlehensvertrag in ein Rückgewährschuldverhältnis umgewandelt hat, so bemisst der BGH den Gegenstandswert nach der vom Kläger zu beziffernden[908] Hauptforderung, die der Kläger im Rahmen der Rückabwicklung beanspruchen zu können meint. Diese setzt sich zusammen aus den bis zum Widerruf[909] bereits erbrachten Zins- und Tilgungsleistungen,[910] nicht auch aus den danach erbrachten.[911] Ein Anspruch auf Nutzungsersatz bleibt als Nebenforderung außer Betracht.[912] Ein Abschlag ist nicht vorzunehmen.[913] Eine Hinzurechnung des Nominalwertes einer **Grundschuld** kommt nur in Betracht, wenn die Grundschuld streitgegenständlich geworden ist. Demgegenüber stellt die Aufnahme einer Regelung zur Grundschuld in einen die Rückabwicklung des Darlehensvertrages regelnden Vergleich in Fällen, in denen zuvor kein die Grundschuld betreffender Klageantrag angekündigt worden war, regelmäßig nicht die Beilegung eines über den Gegenstand des Rechtsstreits hinausgehenden Streitverhältnisses dar.[914] Anders ist es, wenn die Bewilligung der Löschung ausdrücklich beantragt worden ist (dann Berücksichtigung der Grundschuld mit dem Nennwert).[915] Diese Grundsätze gelten für die Beschwer wie für die Gebühren.[916] Folgt man dem BGH, so ist der Gegenstandswert unterschiedlich hoch, je nachdem ob der Darlehensnehmer relativ früh widerruft oder erst, nachdem er schon viel gezahlt hat.[917] Die zusätzliche negative Feststellungsklage, nicht mehr als einen bestimmten Betrag zu schulden, hat keinen eigenständigen werterhöhenden Wert.[918]

• Wohnungszuweisung in Familiensachen

1. Motive

743 → Rn. 265.

2. Neues Recht

744 **Hauptsache.** In Verfahren nach §§ 2–6 HausratsVO (nach Scheidung) beträgt der Gegenstandswert 4.000,– EUR, in Verfahren nach § 1361b BGB (Trennung) 3.000,– EUR (§ 48 Abs. 1 FamGKG). Abweichungen aus Billigkeitsgründen sind möglich (§ 48 Abs. 3 FamGKG) und zB angebracht bei erheblich höherwertigem Grundstück mit deutlich gehobenem Wohnwert (ca. 1000 m^2 Grund- und ca. 250 m^2 Wohnfläche um 50% auf 4.500,– EUR).[919]

---

[904] BGH MDR 2017, 965 = VersR 2017, 1033.

[905] OLG Karlsruhe JurBüro 2015, 193 = NJW-RR 2015, 633, das allerdings § 42 Abs. 3 GKG für unmittelbar anwendbar hält.

[906] OLG Hamm JurBüro 2017, 84 = NJW-RR 2017, 154 Rn. 23; OLG Karlsruhe JurBüro 2015, 193 = NJW-RR 2015, 633 mit einer konkreten Berechnung.

[907] OLG Frankfurt MDR 2018, 1526; OLG Hamm 13.12.2017 – 31 W 40/17 BeckRS 2017, 144689.

[908] BGH NJW 2016, 2428 Rn. 6 ff. zur Beschwer mit Auseinandersetzung mit abwM = RVGreport 2016, 229 mAnm *Hansens;* BGH NJW-Spezial 2016, 380.

[909] BGH AGS 2017, 228.

[910] BGH NJW 2016, 2428 Rn. 12 = RVGreport 2016, 229; BGH NJW-Spezial 2016, 380; OLG Köln NJW 2018, 2339.

[911] BGH AGS 2017, 228; OLG Düsseldorf AGS 2016, 412; OLG Köln AGS 2019, 414.

[912] BGH NJW 2016, 2428 Rn. 12 = RVGreport 2016, 229 mAnm *Hansens;* BGH NJW-Spezial 2016, 380 = AGS 2016, 285.

[913] BGH NJW 2016, 2428 Rn. 12 = RVGreport 2016, 229 mAnm *Hansens.*

[914] OLG Düsseldorf AGS 2016, 412; OLG Köln AGS 2019, 414.

[915] BGH AGS 2016, 285 = NJW-Spezial 2016, 380.

[916] *Hansens* Anm. zu BGH RVGreport 2016, 229.

[917] *N. Schneider* AGS 2016 Heft 4 S. II die BGH-Rspr. als willkürlich ablehnend.

[918] BGH WM 16, 2299 = AGS 2017, 84.

[919] OLG Celle FamRZ 15, 1193 = AGS 2015, 430 Ziff. 42 ff. zu Ferienwohnung; OLG Köln ZMR 2014, 807 = AGS 2014, 130 mzustAnm *Thiel* = RVGreport 2014, 122 mAnm *Hansens,* der jedoch bei einem Haus mit 250

Nutzungsentschädigung. Streiten die Eheleute über die Nutzungsentschädigung, die der Ehegatte, der in der Ehewohnung geblieben ist, zu zahlen hat, so ergibt sich der Anspruch für die Zeit **vor der Scheidung** aus § 1361b Abs. 3 S. 2 BGB und richtet sich der Gegenstandswert daher nach § 48 Abs. 1 FamGKG iVm § 200 Abs. 1 Nr. 1 FamFG. Er beträgt daher 3.000,– EUR.[920] Der Gegenmeinung,[921] die hier § 35 FamGKG, uU begrenzt durch analog § 51 Abs. 1 FamGKG oder § 9 ZPO, anwenden will, ist nicht zu folgen.[922] Der Ausgangspunkt, das Gesetz habe in § 48 Abs. 1 FamGKG nur die Zuweisung der Wohnung, aber nicht Zahlungsansprüche erfassen wollen, ist damit unvereinbar, dass in § 1361b Abs. 3 S. 2 BGB diese Zahlungsansprüche ausdrücklich geregelt sind und in § 48 Abs. FamGKG iVm § 200 Abs. 1 Nr. 1 FamFG keine Einschränkung vorgesehen ist. Für eine Gesetzeslücke fehlt es an ausreichenden Anhaltspunkten. Die mit der Pauschalierung angestrebte Arbeitserleichterung gilt auch für Zahlungsansprüche.[923] OLG Karlsruhe hat den Verfahrenswert von 3.000,– EUR auf 5.000,– EUR gem. § 48 Abs. 3 FamGKG erhöht wegen langer Verfahrensdauer, schwieriger Sach- und Rechtslage, Umfang des Verfahrens, zurückliegendem Zeitraum und Mietwert der Immobilie von monatlich 1380,– EUR.[924] **745**

Für die Zeit **nach der Scheidung** ergibt sich der Zahlungsanspruch aus § 745 Abs. 2 BGB[925] und fällt somit nicht unmittelbar unter § 200 FamFG, auf den § 48 Abs. 1 FamGKG Bezug nimmt. Hier sind anzusetzen nach OLG Brandenburg und OLG Hamm (6. Senat) analog § 48 Abs. 1, 3 FamGKG 4.000,– EUR,[926] nach OLG Naumburg[927] und OLG Braunschweig[928] gem. § 51 Abs. 1 S. 1 FamGKG das Nutzungsentgelt für 1 Jahr, nach OLG Hamm (1. Senat) sowie *Thiel* und *N. Schneider* gem. § 266 FamFG, §§ 35, 42 FamGKG die zu schätzende Leistungsdauer,[929] wobei OLG Brandenburg von 3 1/2 Jahren ausgeht, es sei denn die Entschädigung wird für eine kürzere Zeitverlangt.[930] ME sollte bei der gem. § 42 Abs. 1 FamGKG zu treffenden billigen Ermessensentscheidung der Rechtsgedanke des § 41 Abs. 1 S. 1 GKG (Nutzungsentgelt für 1 Jahr), der auch bei außerfamiliären Nutzungsentschädigungen zu Grunde gelegt wird,[931] herangezogen werden.[932] Die bei Einreichung fälligen Beträge sind hinzuzuaddieren.[933] **746**

Andere, nicht als gemeinsame Wohnung dienende Räume zB der Erholung dienendes Gartenhaus fallen nicht unmittelbar unter § 48 FamGKG.[934] **746a**

Gegenseitige Anträge. Die Frage einer Addition stellt sich nicht, da von vornherein nur ein Wert entsteht. § 43 FamGKG stellt nicht auf die Anträge ab, sondern bestimmt für das Verfahren als solchen einen bestimmten Wert.[935] Das gilt auch, wenn sich der Antrag auf Überlassung und der auf Zahlung einer Nutzungsentschädigung gegenüberstehen.[936] **746b**

Einstweilige Anordnung. Der Wert ist idR die Hälfte des Werts der Hauptsache (§ 41 S. 2 FamGKG). **747**

---

qm Wohnfläche, guter Lage und gehobenem Wohnwert mindestens eine Verdoppelung des Regelwerts für berechtigt gehalten hätte.

920 OLG Bamberg FamRZ 2011, 1424; OLG Brandenburg NJW-Spezial 2015, 252 = FamRZ 2015, 1317 (Ls.); AGS 2014, 31 mzustAnm *Thiel* = FamRZ 2013, 1980 (Ls.); OLG Celle FamRZ 15, 1139 (zu Ferienwohnung) = AGS 2015, 430 mzustAnm *Thiel* Rn. 42 ff.; OLG Frankfurt JurBüro 2020, 426 = NJW-RR 2020, 1081; OLG Karlsruhe JurBüro 2016, 304 Rn. 17 = FamRZ 2017, 57; OLG Koblenz FamRZ 2014, 692 = AGS 2013, 287 mAnm *N. Schneider.*

921 OLG Naumburg AGS 2015, 36 mzustAnm *N. Schneider; N. Schneider,* Gebühren in Familiensachen, 1. Aufl. 2010, Fn. 1744.

922 OLG Bamberg FamRZ 2011, 1424.

923 OLG Bamberg FamRZ 2011, 1424.

924 OLG Karlsruhe JurBüro 2016, 304 Rn. 18 = FamRZ 2017, 57.

925 OLG Hamm FamRZ 2013, 1421.

926 OLG Brandenburg AGS 2015, 183 = NJW-Spezial 2015, 252 = FamRZ 2015, 1317 (Ls.); OLG Hamm AGS 2013, 183.

927 OLG Naumburg NJW-Spezial 2015, 59 = AGS 2015, 36 mAnm *Thiel* = FamRZ 2015, 953 (Ls.).

928 OLG Braunschweig FamRZ 17, 1767 = NJW-Spezial 2017, 316 = AGS 2017, 341 mablAnm *N. Schneider.*

929 OLG Hamm AGS 2016, 336 mzustAnm *Thiel; Thiel* Anm. zu OLG Brandenburg AGS 2014, 31; *N. Schneider* Anm. zu OLG Braunschweig AGS 2017, 341.

930 OLG Brandenburg AGS 2020, 403 = NJW-Spezial 2020, 550.

931 OLG Hamburg WuM 2016, 447 = NZM 2017, 475; Zöller-*Herget* § 3 Rn. 16 „Mietstreitigkeiten" „Nutzungsentschädigung".

932 OLG Braunschweig FamRZ 17, 1767 = NJW-Spezial 2017, 316 = AGS 2017, 341.

933 OLG Brandenburg AGS 2020, 403 = NJW-Spezial 2020, 550.

934 OLG Brandenburg AGS 2015, 183 = NJW-Spezial 2015, 252 = FamRZ 2015, 1317 (Ls.).

935 *N. Schneider* Anm. zu AG Mayen AGS 2017, 474.

936 OLG Frankfurt JurBüro 2020, 426 = NJW-RR 2020, 1081.

3. Altes Recht

748 Der Gegenstandswert eines Verfahrens auf Zuweisung der Ehewohnung nach der Scheidung richtet sich gem. § 100 Abs. 3 S. 1 KostO nach dem einjährigen Mietwert.

749 **Für Trennungszeit.** Dasselbe gilt für das alte Recht bzgl. der Zuweisung für die Trennungszeit gem. § 1361b BGB. Eine Herabsetzung in entsprechender Anwendung von § 100 Abs. 3 S. 2 KostO, der den Hausrat betrifft, scheidet aus, da nicht davon ausgegangen werden kann, dass der Gesetzgeber diese Frage bei der Übernahme von § 21 Abs. 3 HausratsVO in § 100 Abs. 3 KostO übersehen hat.[937]

750 **Rechtsmittel.** Der Ausgangswert in FGG-Sachen beträgt gem. §§ 131 Abs. 2, 30 Abs. 2 KostG 3.000,– EUR.

751 **Eilverfahren.** Der Gegenstandswert beträgt 2.000,– EUR gem. § 53 Abs. 2 S. 2 Hs. 1 GKG (Festbetrag).

• Zeitpunkt

752 **Instanzbeginn.** Maßgebend ist gem. § 4 Abs. 1 ZPO, § 40 GKG, § 34 FamGKG der Wert bei Einreichung der Klage oder des Antrags, nicht der bei Zustellung an den Gegner.[938] Beim Rechtsmittel ist auf den Wert zur Zeit der Einlegung des Rechtsmittels abzustellen (§ 4 ZPO).[939]

753 **Spätere Umstände.** Bisweilen haben aber auch später eintretende Umstände Auswirkungen auf den Gegenstandswert, zB aufgrund von Billigkeitserwägungen in Familiensachen (zB → Rn. 173 ff.) oder wegen sich später herausstellender endgültiger Bedeutung in Eilverfahren (zB → Rn. 143 ff.).

754 **Wertveränderungen.** Steigt der Wert des streitgegenständlichen Hauses oder von Wertpapieren während des Prozesses, so bleibt der Gegenstandswert unverändert.[940] Stellt sich allerdings nachträglich heraus, dass der Wert des herausverlangten Anwesens zur Zeit der Klageeinreichung höher oder niedriger war als zunächst irrigerweise angenommen, so ist dies zu berücksichtigen.[941]

755 **Zahlungsaufforderung** → § 25 Rn. 8.

• Zeugen und Sachverständige

756 **Beistand bei Zeugen.** Der Gegenstandswert richtet sich nicht nach dem des Verfahrens, in dem der Zeuge aussagt, da der Gegenstand dieses Verfahrens nicht der Gegenstand der anwaltlichen Beistandstätigkeit ist. Er bestimmt sich vielmehr nach § 23 Abs. 3 S. 2 (→ RVG VV Vorb. 3 Rn. 1). Er ist nach billigem Ermessen zu bestimmen. Er ist im Regelfall mit 4.000,– EUR anzunehmen, kann nach Lage des Falles jedoch niedriger oder höher sein; letzteres zB wegen der großen Bedeutung der Angelegenheit etwa für einen Politiker. Höher als 500.000,– EUR kann er nicht sein.

757 **Sachverständiger.** Dasselbe gilt für einen Beistand eines Sachverständigen.

758 **Zeugnisverweigerung.** Der BGH geht von der Bedeutung der Aussage für die Hauptsache aus, wobei der Gegenstandswert bei zentraler Bedeutung einer Aussage gleich hoch wie der der Hauptsache sein kann.[942] Andere stellen darauf ab, ob sich die Zeugenaussage auf die ganze Hauptsache oder nur auf einen Teil bezieht, dann nur Gegenstandswert entsprechend dem Hauptsachewert für diesen Teil.[943] Dem steht die Ansicht gegenüber, dass es sich um eine nicht vermögensrechtliche Angelegenheit handelt,[944] was nach § 23 Abs. 3 S. 2 zu einem Wert im Regelfall von 4.000,– EUR führt.

• Zinsen

759 Es gelten §§ 43 GKG, 37 FamGKG. Wegen Zinsen als Nebenforderung → Rn. 399 ff.

---

937 Ganz hM OLG Dresden FamRZ 2007, 234 mwN; OLG Köln AGS 2008, 41 mwN; OLG München FamRZ 2005, 1002; **aA** OLG Karlsruhe FamRZ 2003, 1767, Halbjahresmietwert.

938 OLG Brandenburg JurBüro 2018, 186 = FamRZ 2018, 1259.

939 BGH JurBüro 2016, 258.

940 *Hansens* BRAGO § 31 Rn. 7; **aA** OLG Frankfurt a. M. NJW 1991, 643 = JurBüro 1991, 415.

941 *Hansens* BRAGO § 31 Rn. 7.

942 BGH KostRspr § 3 ZPO Nr. 1034.

943 KG JurBüro 1968, 739; OLG Nürnberg KostRspr. § 3 ZPO Nr. 103.

944 OLG Köln Rpfleger 1973, 321 (3.000 DM entspr. dem seinerzeitigen Regelwert gem. § 14 Abs. 1 RVG 1973); BayObLG FamRZ 1986, 1237, 1240 (5.000 DM entspr. dem seinerzeitigen Regelwert gem. § 30 Abs. 3, 2 KostO 1986); *E. Schneider* KostRspr. § 3 ZPO Nr. 1034.

• Zugewinn

1. Grundsatz

§ 35 FamGKG (altes Recht § 48 Abs. 1 S. 1 GKG aF, § 3 ZPO) ist anzuwenden. Der Gegenstandswert errechnet sich aus dem vom Gläubiger geltend gemachten Ausgleichsanspruch, also aus der Hälfte dessen, um was sich das Vermögen des Schuldners mehr erhöht hat als das des Gläubigers. 760

2. Gegenseitige Ausgleichsansprüche

Hier ist nach ganz hM eine Addition vorzunehmen.[945] Es stehen sich wirtschaftlich gesehen zwei Ansprüche gegenüber. Wird der eine abgelehnt, so heißt das noch nicht, dass dem anderen stattzugeben ist. Es bestehen zwei selbständige wirtschaftliche Interessen nebeneinander. Jeder will vom anderen eine Zahlung. Das steht selbständig neben dem Interesse, dem anderen nichts zahlen zu müssen.[946] Ebenso ist zu addieren, wenn sich im Zusammenhang mit Zugewinnausgleich gegenseitige Auskunftsansprüche oder aber ein Ausgleichs- und ein Auskunftsanspruch[947] gegenüber stehen. 761

3. Stundung der Zugewinnausgleichsforderung (§ 1382 BGB)

Ausschlaggebend ist nicht der Wert der Forderung selbst, sondern das gem. § 42 FamGKG zu schätzende Interesse des Schuldners, nicht sofort zahlen zu müssen.[948] Dabei wurde in der Vergangenheit teilweise ein Bruchteil von $^1/_5$ bis $^1/_6$ der Forderung angenommen,[949] teilweise auf die ersparten Finanzierungskosten abgestellt.[950] Nach Einführung des § 31b RVG (20% bei Ratenzahlungsvereinbarung) sollte dessen gesetzgeberische Wertung im Rahmen von § 42 FamGKG berücksichtigt werden.[951] 762

4. Übertragung eines bestimmten Gegenstandes

a) Im Rahmen von § 1383 BGB. Das Interesse des Antragstellers gerade an der Zuteilung dieses Gegenstandes ist nach heute ganz hM ausschlaggebend, das mit einem Bruchteil des übertragenen Gegenstandes zu bemessen ist.[952] Das gilt jedenfalls dann, wenn der Anspruch zusammen mit der Ausgleichsforderung geltend gemacht wird, da im übrigen Identität mit der Zugewinnausgleichsforderung anzunehmen ist.[953] 763

Addition. Die Werte für den Ausgleichsanspruch und den Übertragungsanspruch sind nur zu addieren, soweit über den Übertragungsanspruch eine Entscheidung ergeht (§ 52 FamGKG).[954] 764

Gebühren des Anwalts. Für die Gebühren des Anwalts gelten über § 23 Abs. 1 dieselben Grundsätze. Gem. § 23 Abs. 1 S. 3 gilt das auch für außergerichtliche Tätigkeiten. Dass der RA zusätzliche Mühe gehabt hat, ändert nichts. Der BGH hat zur Hilfsaufrechnung entschieden, dass bei den Gebühren des RA trotz der Mehrarbeit keine Addition vorzunehmen ist, wenn es zu keiner Entscheidung oder keinem Vergleich kommt (→ Rn. 284). Dasselbe muss hier gelten; allerdings mit dem Unterschied, dass, da § 52 FamGKG für eine Addition nur eine Entscheidung genügen lässt, ein Abschluss eines Vergleichs nicht ausreicht. § 52 FamGKG enthält keine dem § 45 Abs. 4 GKG entsprechende Regelung. 765

b) Außerhalb von § 1383 BGB. Eine Addition scheidet aus, wenn die Übertragung des Gegenstandes lediglich zur Befriedigung des Ausgleichsanspruchs anstelle von Geld dient (Abweichung von der bis zur 22. Aufl. 2015 vertretenen Ansicht). Der Fall ist nicht anders zu be- 766

---

945 **Bejahend** OLG Bamberg FamRZ 1995, 492; OLG Celle FamRZ 2011, 134; OLG Frankfurt FamRZ 2018, 1258 Rn. 13; OLG Hamburg AGS 2000, 230 = OLGR 2000, 306; OLG Hamm AGS 2016, 230; FamRZ 2014, 1224 = AGS 2014, 525; OLG Köln FamRZ 2014, 1800 = JurBüro 2014, 535 AGS 2014, 282 mzustAnm *Thiel;* FamRZ 2001, 1386; OLG München FamRZ 1997, 41; OLG Stuttgart OLGR 2006, 912; **verneinend** OLG Hamm RVGreport 2007, 38.

946 OLG Stuttgart FamRZ 2006, 1055; OLG Köln FamRZ 2001, 1386; OLG Celle FamRZ 2011, 134 = NJW-RR 2011, 223; *Müller-Rabe* JurBüro 2015, 3 (6) Ziff. V 1; **aA** OLG Hamm RVGreport 2007, 38.

947 OLG Köln AGS 2014, 282.

948 OLG Köln AGS 2003, 362; Schneider/Herget/*Thiel* Rn. 9128.

949 Groß Anwaltsgebühren § 8 Rn. 83; *Türk-Brocker* FPR 2010, 312.

950 OLG Köln AGS 2003, 362; Schneider/Herget/*Thiel* Rn. 9128.

951 FA-FamR/*Keske* Kap. 17 Rn. 110.

952 Zöller/*Feskorn* FamFG Anh. „Zugewinnausgleich 9) Übertragung" S. 2624; HK-FamGKG/*Schneider* § 52 Rn. 57; **aA** OLG Frankfurt a. M. MDR 1990, 58 = JurBüro 1989, 1735.

953 FA-FamR/*Keske* Kap. 17 Rn. 111; Schneider/Herget/*Thiel* Rn. 9134.

954 HK-FamGKG/*Schneider* § 52 Rn. 57; Schneider/Herget/*Thiel* Rn. 9134.

handeln, als wenn man sich über einen streitigen Kaufpreiszahlungsanspruch einigt und in diesem Zusammenhang vereinbart, dass die Zahlung teilweise mit Geld und teilweise mit Warenlieferung erfolgt. Im Übrigen steht die gesetzliche Wertung von § 1383 BGB einer Addition entgegen. Wenn schon bei einem ganz speziellen Interesse des Gläubigers des Ausgleichsanspruchs eine Addition nur im Falle einer gerichtlichen Entscheidung zu erfolgen hat, so ist kein Grund ersichtlich, warum bei der Übertragung eines Gegenstandes lediglich in Ausgestaltung der Befriedigung des Ausgleichsanspruchs eine Addition erfolgen sollte. Dabei macht es keinen Unterschied, ob eine bewegliche Sache oder ein Grundstück übertragen wird.

767 **Beispiel:**

Im Rahmen einer streitigen außergerichtlichen Auseinandersetzung über den Zugewinnausgleich, bei dem die Mandantin 200.000,– EUR geltend macht, wird vereinbart, dass ein beiden Eheleuten gemeinsam gehörendes Haus (Wert 400.000,– EUR), belastet mit valutierten Grundschulen von 100.000,– EUR, der Frau übertragen wird und diese dafür die Schulden alleine übernimmt.

Geschäfts- und Einigungsgebühr. Der Gegenstandswert der Geschäfts- und der Einigungsgebühr beträgt 200.000,– EUR. Die Übertragung des Eigentumsanteils und die Schuldenregelung sind eine Regelung zur Durchführung des Zugewinnausgleichs und sind in diesem Rahmen lediglich Rechnungsposten und werden nicht gesondert gewertet[955] (→ Rn. 766, 768). Bei der Einigungsgebühr kommt noch hinzu, dass hinsichtlich der Hausübertragung und der Schulden keine Beseitigung einer Ungewissheit über ein Rechtsverhältnis stattfindet.[956] Niemand rühmt sich hier eines Anspruchs auf Übertragung oder auf Schuldbefreiung. Außerdem entscheidet, worauf man sich einigt und nicht worüber. Streiten die Eheleute darüber, welchen Wert das Haus hat, führt das auch nicht zu einer Erhöhung des Gegenstandswerts.[957] Das ist nicht anders zu behandeln, als wenn im Zusammenhang mit dem Zugewinnausgleich über einen anderen Rechnungsposten, zB das Aktiendepot gestritten wird.

Ganz anders hat das OLG Hamm[958] entschieden, jedoch ohne zu erkennen zu geben, dass es sich der hier auftretenden Problematik bewusst war und es die in der Lit. abweichenden Meinungen gekannt hat. In außergerichtlichen Verhandlungen wurde eine Trennungseinigung dahingehend erzielt, dass wechselseitig auf Zugewinn und Unterhalt verzichtet wird (die Ehefrau hatte zunächst 27.455 EUR Zugewinnausgleich und 320 EUR monatlichen Unterhalt geltend gemacht), dass der Haushalt geregelt wird, dass der Ehemann seinen Miteigentumsanteil am gemeinsamen Immobilienvermögen mit einem Verkehrswert von 525.000 EUR an die Ehefrau überträgt, dass die Ehefrau sich verpflichtet, den Ehemann von den auf dem Immobilienvermögen lastenden Darlehensverpflichtungen in Höhe von 235.000 EUR freizustellen, dass noch ein Darlehen bei den Eltern der Ehefrau über 5000 EUR abgewickelt wird. Das OLG Hamm hat für folgende Gegenstände gesonderte Gegenstandswerte festgesetzt und diese addiert

– Übertragung des hälftigen Miteigentumsanteils	262.500 EUR
– Haftentlastung aus dem gesamtschuldnerischen Darlehen (nur 20% von 235.000 EUR, weil zukünftige Inanspruchnahme des Ehemanns ausgeschlossen erschien)	47.000 EUR
– Rückzahlung des Darlehens an Eltern der Ehefrau	5.000 EUR
– Unterhalt (12 × 320 EUR)	3.840 EUR
– Zugewinnausgleich	27.455 EUR
– Hausrat	3.000 EUR
– Insgesamt	350.000 EUR

5. Übernahme von Schulden

768 Der Gegenstandswert erhöht sich, wenn streitig ist, wer die Schulden im Innenverhältnis zu tragen hat, für die Geschäfts- wie die Einigungsgebühr um 50% der Schulden. Steht fest, dass die Ehefrau als Hausfrau nie zur Zahlung in der Lage sein wird, so wird teilweise ein erheblicher Abschlag vorgenommen. Bestand kein Streit, wer die Schulden zu tragen hat, werden sie vielmehr in einem Gesamtpaket lediglich als ein Rechnungsfaktor berücksichtigt, so erhöhen sie den Streitwert nicht (→ Rn. 766 ff.).[959]

---

[955] OLG Koblenz AGS 2020, 188 mzustAnm *N. Schneider* = FamRZ 2020, 364 (Ls); Groß Anwaltsgebühren Rn. 543; **aA** Gerhardt/von Heintschel-Heinegg/Klein/*Keske* Kap. 17 Rn. 116.

[956] OLG Koblenz AGS 2020, 188 mzustAnm *N. Schneider* = FamRZ 2020, 364 (Ls); Groß Anwaltsgebühren Rn. 545.

[957] **AA** wohl Groß Anwaltsgebühren Rn. 545.

[958] OLG Hamm AGS 2020, 290.

[959] **AA** OLG Hamm AGS 2020, 290.

6. Vorzeitiger Zugewinnausgleich

Der Gegenstandswert des Antrags auf vorzeitigen Zugewinnausgleich beträgt nach einer Meinung 1/4 des erwarteten Zugewinnausgleichsanspruchs.[960] Nach der Gegenmeinung ist, wenn es um die Vorverlegung der Fälligkeit geht, der zur jeweiligen Zeit geltende Satz für Prozess- und Verzugszinsen heranzuziehen. Hinsichtlich des Zeitraums kommt es darauf an, wann mit einem Abschluss eines gewöhnlichen Zugewinnausgleichsverfahrens zu rechnen wäre.[961] Nach einer dritten Meinung sind wegen der Unmöglichkeit, nach den vorgenannten Kriterien zu zuverlässigen Zahlen zu kommen, gem. § 42 Abs. 3 FamGKG 5.000,– EUR anzusetzen.[962] Letzter Betrag ist jedenfalls dann zu nehmen, wenn man einer der beiden zuerst genannten Meinungen folgt, im Einzelfall aber ausreichende Anhaltspunkte zur Bestimmung des erwarteten Zugewinnausgleichanspruchs fehlen.[963] **769**

Wird mit der vorzeitigen Aufhebung **gleichzeitig Zahlung oder Auskunft** begehrt, so handelt es sich um eine Angelegenheit mit mehreren Gegenständen, die zu addieren sind. Hier besteht ein über den Zahlungsanspruch hinausgehendes Interesse, nämlich die Beendigung der Gemeinschaft unter ganz außergewöhnlichen Voraussetzungen, deren Prüfung häufig zu einem ganz erheblichen zusätzlichen Arbeitsaufwand führt.[964] **770**

• Zug um Zug

Grundsätzlich reduziert sich der Gegenstandswert des mit der Klage verfolgten Anspruchs nicht, wenn eine Zug um Zug-Verurteilung begehrt wird. Das gilt auch dann, wenn der Klageanspruch als solcher unstreitig ist.[965] Das gilt auch dann, wenn mit der Klage ein auf Geld gerichteter Schadensersatz Zug um Zug gegen eine vom Kläger bereits bezifferte Nutzungsentschädigung verlangt wird und letztere ohnehin vom Gericht von Amts wegen anzurechnen gewesen wäre.[966] Dazu, dass nicht mehrere Gegenstände gegeben sind → Rn. 373. **771**

• Zurückbehaltungsrecht

Es gilt das zu Zug um Zug Dargelegte (→ Rn. 771). **772**

• Zwangsversteigerung

§ 26 RVG. **773**

• Zwangsverwaltung

§ 27 RVG. **774**

• Zwangsvollstreckung

„Vollstreckung." → Rn. 717 ff.; sowie § 25 RVG; → RVG VV 3309 Rn. 166 ff. Erläuterungen zu den „Einzelfällen". **775**

---

960 BGH NJW 1973, 369; OLG Karlsruhe AGS 2015, 35.

961 OLG Stuttgart FamRZ 2009, 1621 = AGS 2009, 500 mzustAnm *N. Schneider; Thiel* Anm. zu OLG Köln AGS 2014, 567.

962 OLG Köln AGS 2014, 567 = MDR 2014, 1091 = FamRZ 2015, 528; OLG Schleswig FamRZ 2012, 897 = AGS 2012, 35 = RVGreport 2012, 197 mzustAnm *Hansens*.

963 *Thiel* Anm. zu OLG Köln AGS 2014, 567.

964 OLG Nürnberg FamRZ 1998, 685; Palandt/*Siede* BGB §§ 1385, 1386 Rn. 13, beide zum Zugewinnausgleich.

965 BGH FamRZ 2005, 265; OLG Bamberg MDR 2019, 1190 = NJW-Spezial 2019, 635.

966 OLG Bamberg MDR 2019, 1190 = NJW-Spezial 2019, 635.

VII. Straf- und Bußgeldsachen

Schrifttum: *Burhoff/Volpert,* RVG Straf- und Bußgeldsachen, 6. Aufl. 2021; *Burhoff,* ABC der Gegenstandswerte im Straf- und Bußgeldverfahren, RVGreport 2011, 281; *Burhoff,* Adhäsionsverfahren gegen mehrere Angeklagte: So ist die Vergütung zu berechnen, RVG prof. 2016, 107; *Burhoff,* Anwaltsvergütung im Adhäsionsverfahren, RVGreport 2018, 282; *Burhoff,* Die Anwaltsvergütung bei Einziehung und verwandten Maßnahmen – ein Update, RVGreport 2019, 82; *Exner-Kuhn,* Vergütung und Haftung bei Einziehungsentscheidungen, StraFo 2020, 177; *H. Schneider,* Rechtsbehelfe gegen kostenrechtliche Entscheidungen, AGS 2020, 261; s. a. noch die Hinweise vor → RVG VV 4143 Rn. 1.

Bußgeldsachen

1 In folgenden Fällen entstehen im Bußgeldverfahren (VV Teil 5 RVG) **Wertgebühren,** so dass ein Gegenstandswert von Bedeutung ist:
- bei der **Einziehung** und verwandten Maßnahmen (VV 5116 RVG);
- ggf. bei der Gebührenerhöhung für die Vertretung **mehrerer Auftraggeber** nach VV 1008 RVG;[1]
- in den **Verfassungsbeschwerdeverfahren** (§ 37 RVG);
- im **Erinnerungs-** und **Beschwerdeverfahren** und bei Anträgen auf gerichtliche Entscheidung gegen den Gerichtskostenansatz und gegen einen Kostenfestsetzungsbeschluss (vgl. VV Vorb. 5 Abs. 4 Nr. 1 RVG); die Gebühren richten sich dann nach VV Teil 3 RVG, es entsteht also die 0,5 Verfahrensgebühr nach VV 3500 RVG und ggf. eine 0,5 Terminsgebühr nach VV 3513 RVG;[2]
- in der **Zwangsvollstreckung** aus Entscheidungen, die über einen aus der OWi erwachsenen vermögensrechtlichen Anspruch oder über die Erstattung von Kosten (Kostenfestsetzungsbeschluss) ergangen sind und für das Beschwerdeverfahren gegen diese Entscheidung (vgl. VV Vorb. 5 Abs. 4 Nr. 2 RVG); die Gebühren richten sich auch hier nach VV Teil 3 RVG, es entsteht also nach VV 3309 RVG eine 0,3 Verfahrensgebühr und nach VV 3310 RVG ggf. eine 0,5 Terminsgebühr.

2 Die Ausführungen bei **Strafsachen** (→ Rn. 3 f.) gelten iÜ **entsprechend.**

Strafsachen

1. Allgemeines

3 In folgenden Fällen entstehen im Strafverfahren (VV Teil 4 RVG) **Wertgebühren,** so dass ein Gegenstandswert von Bedeutung ist:[3]
- bei der **Einziehung** und verwandten Maßnahmen (VV 4142 RVG);[4]
- im Verfahren über vermögensrechtliche Ansprüche des Verletzten oder seines Erben **Adhäsionsverfahren** (VV 4143, 4144 RVG, vgl. auch VV Vorb. 4.3 Abs. 2 RVG);
- im Verfahren über die Beschwerde gegen den Beschluss, mit dem nach § 406 Abs. 5 S. 2 StPO von einer Entscheidung abgesehen wird (sofortige **Beschwerde** im **Adhäsionsverfahren**); es entsteht die Verfahrensgebühr VV 4145 RVG;
- im Verfahren über einen Antrag auf gerichtliche Entscheidung oder über die Beschwerde gegen eine den Rechtszug beendende Entscheidung nach §§ 25 Abs. 1 S. 3–5, 13 **StrRehaG** (VV 4146 RVG);
- ggf. nach VV Vorb. 1 RVG auch die **Einigungsgebühr** nach VV 1000, 1003, 1004 RVG;
- ggf. die Gebührenerhöhung für die Vertretung **mehrerer Auftraggeber** nach VV 1008 RVG;
- bei der Vertretung in Verfahren nach dem **Strafvollzugsgesetz** und in Verfahren nach den **§§ 23 ff. EGGVG;**[5]
- in den **Verfassungsbeschwerdeverfahren** (§ 37 RVG);
- in den Menschenrechtsbeschwerdeverfahren beim **EGMR** (§ 38a RVG);
- im **Erinnerungs-** und **Beschwerdeverfahren** gegen den Gerichtskostenansatz und gegen einen Kostenfestsetzungsbeschluss (vgl. VV Vorb. 4 Abs. 5 Nr. 1 RVG); die Gebühren richten

---

[1] Vgl. die Kommentierung bei → RVG VV 1008 Rn. 1 ff.
[2] → RVG VV Vorb. 5 Rn. 16; → RVG VV Vorb. 4 Rn. 48 ff.
[3] *Burhoff* RVGreport 2011, 281.
[4] Eingehend *Exner-Kuhn* StraFo 2020, 177 ff.
[5] Burhoff/Volpert RVG/*Burhoff* Teil A Rn. 2347 ff.

sich dann nach VV Teil 3 RVG, es entsteht also die 0,5 Verfahrensgebühr nach VV 3500 RVG und ggf. eine 0,5 Terminsgebühr nach VV 3513 RVG;

- in der **Zwangsvollstreckung** aus Entscheidungen, die über einen aus der Straftat erwachsenen vermögensrechtlichen Anspruch oder über die Erstattung von Kosten (Kostenfestsetzungsbeschluss) ergangen sind und für das Beschwerdeverfahren gegen diese Entscheidung (vgl. VV Vorb. 4 Abs. 5 Nr. 2 RVG); die Gebühren richten sich auch hier nach VV Teil 3 RVG; es entsteht also nach VV 3309 RVG eine 0,3 Verfahrensgebühr und nach VV 3310 RVG ggf. eine 0,5 Terminsgebühr.

2. Einzelfälle

Abführung, Mehrerlös (VV 4142 RVG): Betrag des abgeführten Mehrerlöses. 4

Adhäsionsverfahren, Allgemeines (VV 4143, 4144 RVG): Es gelten die allgemeinen 5 Regeln.[6] Maßgebend für den Gegenstandswert ist idR die **Höhe** des **geltend gemachten** bzw. **abgewehrten Anspruchs.**[7] Wird ein in das **Ermessen** des Gerichts gestelltes angemessenes Schmerzensgeld verlangt, ist diejenige Summe zugrunde zu legen, die sich bei objektiver Würdigung des Klagevorbringens als angemessen ergibt. Wird die Forderung durch Urteil zugesprochen, werden der Wert für die Anwalts- und die Gerichtsgebühren idR identisch sein, sodass die Wertfestsetzung dann nach § 32 RVG erfolgt.[8] Gibt hingegen der Adhäsionskläger für seinen unbezifferten Antrag auf Zahlung eines Schmerzensgeldes einen Mindestbetrag an, so wird der Gegenstandswert auf diesen Betrag festgesetzt.[9]

IÜ **gelten** die **§§ 22 ff. RVG.** Mehrere Gegenstandswerte in derselben Angelegenheit 5a werden nach § 22 Abs. 2 zusammengerechnet.[10] Das gilt auch, wenn der Rechtsanwalt in demselben Strafverfahren mehrere Nebenkläger vertritt.[11] Entscheidend für die Höhe des Gegenstandswertes ist der Wert des geltend gemachten bzw. abgewehrten Anspruchs, nicht etwa nur der Wert des letztlich zuerkannten Anspruchs.[12] Soweit im Adhäsionsverfahren die Feststellung der Haftung für künftige Schäden begehrt wird, hängt der Gegenstandswert davon ab, wie hoch der drohende Schaden bzw. das Risiko eines künftigen Schadens und einer tatsächlichen Inanspruchnahme des Angeklagten ist.[13] Über § 23 Abs. 1 S. 1 RVG **gelten** grds. die **Wertvorschriften** des **GKG.**[14] Über § 48 GKG gilt daher auch § 3 ZPO.[15]

Adhäsionsverfahren, Beschwerde (VV 4145 RVG): Im Beschwerdeverfahren gegen 6 einen Beschluss nach § 406 Abs. 5 S. 2 StPO, durch den das Gericht von einer Entscheidung im Adhäsionsverfahren abgesehen hat, entsteht die Verfahrensgebühr VV 4145 RVG. Maßgebend für den Gegenstandswert ist der Wert, hinsichtlich dessen das Gericht nach § 406 Abs. 5

---

6 OLG Köln AGS 2009, 29 = StraFo 2009, 87 = RVGreport 2009, 465.

7 OLG Celle RVGreport 2015, 155; vgl. aber BGH BeckRS 2010, 11840, der Gegenstandswert im Adhäsionsverfahren bestimmt sich nach dem zugesprochenen Betrag, nicht nach dem beantragten.

8 KG StraFo 2009, 306 = RVGreport 2011, 436.

9 OLG Karlsruhe NStZ-RR 2011, 390 mwN.

10 OLG Brandenburg AGS 2009, 325 = RVGreport 2009, 341; OLG Düsseldorf AGS 2014, 176 = VRR 2014, 239 = RVGreport 2014, 227 = RVG prof. 2014, 115; NStZ-RR 2017, 296 = RVGreport 2017, 375 = AGS 2017, 460; OLG Karlsruhe AGS 2019, 330 = RVGreport 2019, 228; OLG Oldenburg JurBüro 2017, 82; OLG Stuttgart NJW 2015, 1400 = StraFo 2015, 86 = AGS 2015, 73 = NStZ-RR 2015, 128 = RVGreport 2015, 192; LG Düsseldorf RVGreport 2016, 414 = JurBüro 2016, 637 = AGS 2017, 28; s. aber auch KG AGS 2009, 484 = RVGreport 2009, 302 = JurBüro 2009, 529 = VRR 2009, 238; LG Magdeburg 12.7.2013 – 24 Qs 5/13, nicht zusammen zu rechnen, wenn die Ansprüche nicht auf ein und demselben historischen Vorgang beruhen; Burhoff/Volpert RVG/*Burhoff* Teil A Rn. 129 ff. mwN; *Burhoff* RVG prof. 2016, 107.

11 OLG Brandenburg AGS 2009, 325 = RVGreport 2009, 341; OLG Düsseldorf AGS 2014, 176 = VRR 2014, 239 = RVGreport 2014, 227 = RVG prof. 2014, 115; NStZ-RR 2017, 296 = RVGreport 2017, 375 = AGS 2017, 460; OLG Karlsruhe 28.3.2019 – 1 Ws 360/18; OLG Oldenburg JurBüro 2017, 82; OLG Stuttgart NJW 2015, 1400 = StraFo 2015, 86 = AGS 2015, 73 = NStZ-RR 2015, 128 = RVGreport 2015, 192; LG Düsseldorf RVGreport 2016, 414 = JurBüro 2016, 637 = AGS 2017, 28; *Burhoff* RVG prof. 2016, 107; vgl. für das Zivilverfahren BGH RVGreport 2016, 215 = AGS 2016, 316.

12 Vgl. die Anm. zu KV 3700 GKG; Schneider/Wolf/*N. Schneider* RVG VV 4143–4144 Rn. 26 ff.; BGHZ 182, 192 = NJW 2009, 2682 = StRR 2009, 385 mwN zur vom BGH abgelehnten aA; KG StraFo 2009, 306 = RVGreport 2011, 436 mwN für Vergleich über ein zunächst höher beziffertes Schmerzensgeld; OLG Celle RVGreport 2015, 155 = AGS 2015, 72 = NdsRpfl 2015, 157; OLG Jena JurBüro 2005, 479; OLG Karlsruhe NStZ-RR 2011, 390; zur Feststellung der Haftung für künftige Schäden BGH 6.6.2018 2 StR 337/14; NJW-RR 1991, 509.

13 BGH NStZ-RR 2018, 263 = RVGreport 2018, 393 mAnm *Hansens* = AGS 2019, 75.

14 Vgl. dazu das Beispiel bei Burhoff/Volpert RVG/*Volpert* Teil A Rn. 1602 ff.

15 KG StraFo 2009, 306 = RVGreport 2011, 436; OLG Hamm AGS 2003, 320 mzustAnm *Hansens.*

S. 2 StPO von einer **Entscheidung absehen** will und hiergegen **Beschwerde erhoben** wird.[16]

7 **Arrest (VV 4142 RVG):** Bei einem dinglichen Arrest nach § 111b Abs. 2, 5 StPO aF ist/war für den Gegenstandswert auszugehen von einer Schätzung des zu sichernden Anspruch gem. § 23 Abs. 1 S. 1 und 2 iVm § 53 Abs. 1 Nr. 1 GKG, § 3 ZPO.[17] Maßgebend ist dabei das wirtschaftliche Interesse des Betroffenen an der Abwehr der Arrestforderung, wobei die konkrete wirtschaftliche Situation in den Blick zu nehmen ist. Beträge, deren Durchsetzbarkeit nicht ernstlich in Betracht kommt und die deshalb eher fiktiven Charakter haben, bleiben unberücksichtigt.[18] Das für die Wertberechnung gemäß § 2 Abs. 1 RVG maßgebliche Interesse des Betroffenen an der Abwehr des Arrests geht aber nicht weiter, als Vermögenswerte vorhanden sind, auf die im Wege der Arrestvollziehung zugegriffen werden kann.[19] Im Regelfall Gegenstandswert iHv $^1/_3$ des **zu sichernden Hauptanspruchs.**[20]

8 **Beschlagnahme, Sache (VV 4142 RVG): Objektiver Wert** der Sache, wegen der Vorläufigkeit der Maßnahme allerdings mit einem Abschlag.[21]

9 **Betäubungsmittel, Einziehung (VV 4142 RVG):** Betäubungsmittel haben idR **keinen (Handels–)Wert,** daher ist der Gegenstandswert nach Ansicht der Rechtsprechung gleich Null.[22] **Anders** kann man jedoch argumentieren, wenn es um **verkehrsfähige** und **verschreibungsfähige Betäubungsmittel**/Handelsformen von Medikamenten der Anl. I bzw. Anl. II zu § 1 Abs. 1 BtMG geht, die auf dem legalen Markt gehandelt werden und deshalb einen objektiven Verkehrswert haben. Bei ihnen wird man den Gegenstandswert anhand des Verkaufspreises in Apotheken zu bestimmen haben.[23]

10 **Dealgeld, Einziehung (VV 4142 RVG): Nennwert** des eingezogenen Geldbetrages/Unrechtserlös.[24]

11 **Diebesgut (VV 4142 RVG):** Auszugehen ist vom **Verkaufswert** bzw. objektiven Verkehrswert und nicht von einem späteren, ggf. niedrigeren Versteigerungserlös.[25]

12 **Diebeswerkzeug (VV 4142 RVG): Wert** des **Werkzeuges,** wobei die Bagatellgrenze von Abs. 2 der Anmerkung zu VV 4142 RVG besonders zu beachten ist.[26]

13 **Einigungsgebühr (VV 1000 ff. RVG**): Für den Gegenstandswert der Einigungsgebühr maßgeblich ist der **Betrag** des **Anspruchs,** über den sich die Parteien **geeinigt** haben, nicht der Betrag, auf den sie sich geeinigt haben.[27]

---

[16] → RVG VV 4145 Rn. 6; Schneider/Wolf/*N. Schneider* RVG VV 4145 Rn. 8 ff.; Burhoff/Volpert RVG/*Burhoff* VV 4145 Rn. 8; Burhoff/Volpert RVG/*Volpert* Teil A Rn. 1039.

[17] BGH RVGreport 2019, 77 = AGS 2018, 558 = JurBüro 2019, 75 = RGV prof. 2019, 46.

[18] BGH RVGreport 2019, 77 = AGS 2018, 558 = JurBüro 2019, 75 = RGV prof. 2019, 46.

[19] BGH RVGreport 2019, 77 = AGS 2018, 558 = JurBüro 2019, 75 = RGV prof. 2019, 46.

[20] OLG Hamm AGS 2008, 175 mablAnm *Onderka* hinsichtlich des Entstehens der Gebühr VV 4142 RVG; AGS 2008, 341 = wistra 2008, 160; OLG München AGS 2010, 543 = NStZ-RR 2010, 32 (Ls.); OLG Stuttgart NStZ-RR 2014, 360 = RVGreport 2014, 348 = RVG prof. 2014, 188 = StRR 2014, 454; LG Chemnitz AGS 2018, 388; LG Kempten JurBüro 2018, 596; **aA** OLG Frankfurt a. M. RVGreport 2017, 420, Wert der gepfändeten Werte; OLG Rostock RVGreport 2018, 352 = AGS 2018, 334 = JurBüro 2018, 407; offen gelassen von BGH RVGreport 2019, 77 = AGS 2018, 558 = JurBüro 2019, 75 = RGV prof. 2019, 46; zu allem *Exner-Kuhn* StraFo 2020, 177.

[21] Vgl. auch „Arrest" bei → Rn. 7.

[22] KG AGS 2005, 550 = JurBüro 2005, 531 = RVGreport 2005, 390; OLG Frankfurt a. M. JurBüro 2007, 201 mablAnm *Madert* = RVGreport 2007, 71; OLG Hamm 29.3.2007 – 3 Ws 44/07; OLG Koblenz StraFo 2006, 215 = AGS 2006, 237 = JurBüro 2005, 255; AGS 2006, 236 = RVGreport 2006, 191; OLG Schleswig StraFo 2006, 516; LG Göttingen AGS 2006, 75; LG Osnabrück NdsRpfl 2005, 158; AG Nordhorn AGS 2006, 238; vgl. dazu sinngemäß auch BGH NStZ-RR 2002, 208; Mayer/Kroiß/*Kroiß* RVG VV 4142–4147 Rn. 17; Burhoff/Volpert RVG/*Burhoff,* VV 4142 Rn. 41 ff. mwN; krit. Schneider/Wolf/*N. Schneider* VV 4142 Rn. 40; aA *Madert* JurBüro 2007, 202 in der Anm. zu OLG Frankfurt a. M. JurBüro 2007, 201; *Meyer* JurBüro 2005, 354 f.

[23] S. a. BeckOK RVG/*Knaudt* VV 4142 Rn. 19; Burhoff/Volpert RVG/*Burhoff,* VV 4142 Rn. 41 ff.; ähnlich für Streckmittel OLG Schleswig StraFo 2006, 516.

[24] KG AGS 2005, 550 = JurBüro 2005, 531 = RVGreport 2005, 390; OLG Schleswig StraFo 2006, 516; vgl. a. BGH RVGreport 2019, 431; zum maßgeblichen Zeitpunkt für die Höhe des Gegenstandswertes s. Burhoff/Volpert RVG/*Burhoff,* VV 4142 Rn. 31 f.; → Rn. 31.

[25] OLG Bamberg AGS 2007, 192 = JurBüro 2007, 201; LG Aschaffenburg RVGreport 2007, 72.

[26] → RVG VV 4142 Rn. 17.

[27] KG StraFo 2009, 306 = RVGreport 2011, 436; OLG Stuttgart MDR 2009, 1252 = JurBüro 2009, 596; Burhoff/Volpert RVG/*Volpert* Teil A Rn. 1040.

Einziehung (VV 4142 RVG):[28] **Objektiver Wert** des Gegenstandes.[29] Objektiver Wert des Erlangten/Unrechtserlös;[30] auch Fälschungen können einen Wert haben,[31] beim Einziehungsbeteiligten nach seinem wirtschaftlichem Interesse an der Abwehr der Maßnahme.[32] Der Gegenstandswert für die Tätigkeit des Verteidigers im Revisionsverfahren bemisst sich nach dem wirtschaftlichen Interesse am Erfolg der Revision. Dem steht nicht entgegen, dass dem Verteidiger auch für die Verteidigung gegen den Tatvorwurf Gebühren zustehen.[33]Der Gegenstandswert für die Gebühren der Tätigkeit des Vertreters eines Einziehungsbeteiligten im Revisionsverfahren richtet sich nach dem wirtschaftlichen Interesse des Beteiligten an der Abwehr der Revision der Staatsanwaltschaft, soweit diese das Unterlassen einer Einziehungsanordnung gegen den Einziehungsbeteiligten mit der Sachrüge beanstandet hat,[34] und zwar grds. auch dann, wenn über das Vermögen der Beteiligten bereits das Insolvenzverfahren eröffnet war.[35] Bei eingezogenem **Dealgeld** ist der Nennbetrag maßgeblich.[36] Der für die Höhe der Gebühr nach VV 4142 RVG maßgebliche Wert der anwaltlichen Beratung eines Angeklagten bezüglich eines von der Staatsanwaltschaft gestellten Einziehungsantrages richtet sich nach den zum Zeitpunkt der Beratung erkennbaren Umständen.[37] Ob sich später Anhaltspunkte für einen niedrigeren Wert ergeben haben, ist insoweit ebenso unerheblich wie die Höhe, in der letztlich eingezogen wird.[38] 14

Erinnerung/Beschwerde gegen den Gerichtskostenansatz/Antrag auf gerichtliche Entscheidung (VV Vorb. 4 Abs. 5 Nr. 1 Alt. 2, VV Vorb. 5 Abs. 4 RVG): Der Wert bemisst sich nach dem **Umfang** der im Erinnerungs- oder Beschwerdeverfahren mit dem Rechtsmittel verfolgten **Abänderung** des Kostenansatzes (§ 23 Abs. 2 S. 3, 1 RVG). 15

Erinnerung/Beschwerde gegen einen Kostenfestsetzungsbeschluss/Antrag auf gerichtliche Entscheidung (VV Vorb. 4 Abs. 5 Nr. 1 Alt. 1, VV Vorb. 5 Abs. 4 RVG): Der Wert bemisst sich nach dem **Umfang** der im Erinnerungs- oder Beschwerdeverfahren mit dem Rechtsmittel verfolgten **Abänderung** des Kostenfestsetzungsbeschlusses (§ 23 Abs. 2 S. 3, 1 RVG).[39] 16

Fahrerlaubnis, Entziehung: Der Fall wird nicht von VV 4142 RVG erfasst, daher kein Gegenstandswert.[40] 17

Fälschung (VV 4142 RVG): Kann ggf. (subjektiven) Wert haben.[41] 18

Falschgeld (VV 4142 RVG): Kein Gegenstandswert).[42] 19

Führerscheinformular (VV 4142 RVG):[43] Das Führerscheinformular, in dem sich die Erlaubnis zum Führen von Kfz verkörpert, hat einen **Vermögenswert.** Es bietet sich an, den 20

---

[28] *Exner-Kuhn* StraFo 2020, 177 ff.

[29] BGH RVGreport 2019, 77 = AGS 2018, 558 = JurBüro 2019, 75 = RGV prof. 2019, 46; OLG Schleswig StraFo 2006, 516; zur Einziehung eines Leasingfahrzeugs vgl. OLG Düsseldorf 10.12.2009 – III-1 Ws 654/09, ursprünglicher Fahrzeugpreis abzgl. Abschlag für den Wertverlust des Fahrzeugs.

[30] OLG Schleswig StraFo 2006, 516; LG Kiel 21.7.2006 – 2 Ws 318/06; zur Einziehung eines Geldbetrages BGH RVGreport 2019, 431.

[31] OLG Schleswig StraFo 2006, 516; Schneider/Wolf/*N. Schneider* VV 4142 Rn. 38.

[32] BGH NStZ 2007, 341 = StraFo 2007, 302 mAnm *Pananis* = wistra 2007, 232 = RVGreport 2007, 313; OLG Köln StraFo 2007, 525: 15,– Mio. EUR.

[33] BGH RVGreport 2019, 103 = NStZ-RR 2019, 127 = RVGprof. 2019, 58; sa *Exner-Kuhn* StraFo 2020, 177.

[34] BGH StRR 2014, 262 = RVGreport 2014, 364; RVGreport 2015, 193 = NStZ-RR 2015, 159 (Ls.); NStZ-RR 2018, 231 = RVGreport 2018, 233 = ZfS 2018, 402 = StraFo 2018, 446 = JurBüro 2018, 465.

[35] BGH StraFo 2015, 38 = wistra 2015, 35 = RVGreport 2015, 35 = StRR 2015, 38, 30,– Mio. EUR; BGH RVGreport 2015, 193 = NStZ-RR 2015, 159 (Ls.); vgl. aber BGH NStZ 2007, 341 = StraFo 2007, 302 mAnm *Pananis* = wistra 2007, 232 = RVGreport 2007, 313.

[36] KG NStZ-RR 2005, 358 = JurBüro 2005, 531 = RVGreport 2005, 390.

[37] BGH RVGreport 2019, 77 = AGS 2018, 558 = JurBüro 2019, 75 = RVG prof. 2019, 46; vgl. a. RVGreport 2019, 431.

[38] KG NStZ-RR 2005, 358 = JurBüro 2005, 531 = RVGreport 2005, 390; OLG Oldenburg NJW 2010, 884 = AGS 2010, 128 = StraFo 2010, 132 = RVGreport 2010, 303 = StRR 2010, 356; OLG Oldenburg NStZ-RR 2011, 392 = RVGreport 2011, 393 = AGS 2012, 67 = StRR 2012, 199; OLG Stuttgart RVG prof. 2010, 170; LG Magdeburg StRR 2008, 480; zum maßgeblichen Zeitpunkt für die Höhe des Gegenstandswertes s. a. noch → RVG VV 4142 Rn. 19.

[39] Schneider/Wolf/*N. Schneider* RVG VV Vorb. 4 Rn. 82.

[40] OLG Koblenz RVGreport 2006, 191 mAnm *Burhoff* = AGS 2006, 236 = VRR 2006, 238; AG Nordhorn AGS 2006, 238; *Volpert* VRR 2006, 238; aA *Krause* JurBüro 2006, 118.

[41] → RVG VV 4142 Rn. 19; Schneider/Wolf/*N. Schneider* RVG VV 4142 Rn. 39.

[42] OLG Frankfurt a. M. JurBüro 2007, 201 = RVGreport 2007, 71; Burhoff/Volpert RVG/*Burhoff,* VV 4142 Rn. 53.

[43] Zum Anfall der VV 4142 RVG, → RVG VV 4142 Rn. 9.

ggf. nach dem Auffangwert des § 52 Abs. 2 GKG iHv 5.000,– EUR anzusetzen.[44] Er kann aber auch danach bemessen werden, welche finanziellen Mittel der Betroffene aufwenden muss, um von der Verwaltungsbehörde ein neues Fahrerlaubnisformular zu erlangen. Das ist nicht der Preis, der ggf. für Fahrstunden und Fahrerlaubnisprüfung zu zahlen ist, sondern der, der als Verwaltungsgebühr bei der Behörde anfällt.[45] Rechtsprechung zu der Frage liegt bislang noch nicht vor.

21 **Gewerblicher Rechtsschutz:** Mit den Gegenstandswerten im Rahmen der Geltendmachung von Ansprüchen des gewerblichen Rechtsschutzes in einem Adhäsionsverfahren hat sich das OLG Hamm befasst.[46] Es wendet die insoweit geltenden allgemeinen Grundsätze zu **§ 48 GKG** an. Beim Unterlassungsanspruch ist also zB bei dessen Wertberechnung die Beeinträchtigung des Rechtes des Adhäsionsklägers, also seine voraussichtliche Umsatzschmälerung bzw. der drohende Schaden maßgeblich.[47] Der Gegenstandswert eines Auskunftsantrages beträgt idR einen Bruchteil desjenigen Anspruchs, dessen Geltendmachung die Auskunft erreichen soll, wobei die Schätzung nach objektiven Anhaltspunkten der Klagebegründung bei Einreichung zu erfolgen hat.[48]

22 **Pkw (VV 4142 RVG):** Objektiver Wert des Pkws.[49]

23 **Schmuggelware (VV 4142 RVG):** s. „Zigaretten, unversteuerte" bei → Rn. 31.

24 **Strafvollzug (StVollzG), außergerichtliche Tätigkeit:** Für die Berechnung des Gegenstandswertes ist zu **unterscheiden.**[50] Handelt es sich um die Berechnung des Geschäftswerts im außergerichtlichen Bereich bzw. im Verwaltungsverfahren kommt es darauf an, ob die anwaltliche Tätigkeit auch Gegenstand eines gerichtlichen Verfahrens nach dem StVollzG sein kann. Ist das der Fall gelten nach § 23 Abs. 1 S. 3 RVG die Wertvorschriften des GKG entsprechend, der Wert bestimmt sich nach §§ 60, 52 Abs. 1–3 GKG. Für die Gebühren des Rechtsanwalts gilt grds. also der Regelstreitwert von **5.000,– EUR.**[51] Kann der Gegenstand der außergerichtlichen Tätigkeit im Strafvollzug hingegen **nicht Gegenstand** eines **gerichtlichen Verfahrens** sein, gilt § 23 Abs. 3 S. 2 RVG Der Wert wird nach billigem Ermessen bestimmt. Mangels genügend tatsächlicher Anhaltspunkte oder bei nichtvermögensrechtlichen Gegenständen, also nicht auf Geld oder Geldwert gerichtet, beträgt der Wert nach den Änderungen durch das 2. KostRMoG v. 23.7.2013[52] **5.000,– EUR.** Dieser Ausgangswert kann aber im Einzelfall höher (bis zu 500.000,– EUR) oder niedriger ausfallen.

25 **Strafvollzug (StVollzG), gerichtliche Tätigkeit:** Für die Bestimmung des Geschäftswerts im gerichtlichen Bereich gilt:[53] Der Wert bestimmt sich nach §§ 23 RVG, 60, 52 Abs. 1–3 GKG, für das Verfahren nach § 4 Abs. 2 StVollzG nach §§ 60, 51 Abs. 1, 2 GKG. Soweit nichts anderes bestimmt ist, wird der Wert nach pflichtgemäßem Ermessen bestimmt. Maßgeblich ist die sich aus dem Antrag des Antragstellers/Strafgefangenen für ihn ergebende (objektive) Bedeutung der Sache; die subjektive Einschätzung des Strafgefangenen, welche Bedeutung die Sache für ihn hat (Affektionsinteresse), soll dagegen nach Auffassung des OLG Rostock außer Betracht bleiben.[54] Entsprechendes soll für Umfang und Schwierigkeit der anwaltlichen Tätigkeit in derartigen Verfahren gelten.[55] Mangels genügender Anhaltspunkte ist der Streitwert grds. mit **5.000,– EUR** anzunehmen. Sonst ist die beantragte, bezifferte Geldleistung maßgebend.[56] Teilweise wird in der Rechtsprechung[57] davon ausgegangen, dass der in § 52 Abs. 2 GKG genannte Betrag von 5.000,– EUR nur ein subsidiärer Ausnahmewert ist. Daher soll der Streitwert in Strafvollzugssachen, vor allem angesichts der geringen finanziellen Leistungsfähigkeit der meisten Gefangenen niedriger als auf 5.000,– EUR festzusetzen sein, um zu gewährleisten,

---

[44] So wohl AG Freiburg 6.11.2020 – 4 C 1193/20.

[45] *Burhoff* RVGreport 2006, 191 in der Anm. zu OLG Koblenz RVGreport 2006, 191; *Volpert* VRR 2006, 238.

[46] OLG Hamm RVGreport 2013, 31.

[47] *Hartmann*/Toussaint GKG Anh. I § 48 (§ 3 ZPO) Rn. 121 mwN.

[48] *Hartmann*/Toussaint GKG Anh. I § 48 (§ 3 ZPO) Rn. 24 mwN.

[49] OLG Düsseldorf 10.12.2009 – III-1 Ws 654/09 für die Einziehung eines Leasingfahrzeugs, ursprünglicher Fahrzeugpreis abzgl. Abschlag für den Wertverlust des Fahrzeuges.

[50] Zu allem Burhoff/Volpert RVG/*Burhoff/Volpert* Teil A Rn. 2671.

[51] AA OLG Celle AGS 2010, 224, das davon ausgeht, dass der Auffangwert des § 52 Abs. 2 GKG regelmäßig nicht zum Tragen kommt, sondern sich der Wert nach der Bedeutung der Sache unter besonderer Berücksichtigung der Lebensverhältnisse von Strafgefangenen usw bestimmt.

[52] BGBl. 2013 I 2586.

[53] Burhoff/Volpert RVG/*Burhoff/Volpert* Teil A Rn. 2345.

[54] OLG Rostock JurBüro 2017, 532; vgl. a. noch OLG Karlsruhe RVGreport 2018, 431 mAnm *Hansens.*

[55] OLG Rostock JurBüro 2017, 532; OVG Lüneburg JurBüro 2014, 191.

[56] HBS VergütungsR/*Volpert* Teil 5 Rn. 16 f.

[57] KG AGS 2007, 353 = JurBüro 2007, 532 = RVGreport 2007, 312; NStZ-RR 2002, 62; StRR 2014, 262.

dass die Anrufung des Gerichts für den Betroffenen nicht mit einem unzumutbar hohen Kostenrisiko verbunden ist.[58] Der Streitwert muss aber immer doch so hoch bemessen sein, dass die Tätigkeit des Verteidigers wirtschaftlich vertretbar erscheint.[59]

Auf folgende **Gegenstandswertbemessungen** ist hinzuweisen:[60] 26

- für eine Woche Arrest ein Streitwert von 500,– EUR,[61]
- für Nutzung eines Lese-/Schreibcomputers durch einen sehbehinderten Strafgefangenen ein Streitwert von 500,– EUR,[62]
- für drei Disziplinarmaßnahmen – Entzug des Radio- und Fernsehempfangs, der Gegenstände für eine Beschäftigung in der Freizeit, wie Radio und TV-Gerät und getrennte Unterbringung in der Freizeit – jeweils für sieben Tage 1.000,– EUR,[63]
- für eine unzulässige Fesselung während eines Krankenhausaufenthalts für die Dauer der Abwesenheit der Vollzugsbeamten 1.000,– EUR,[64]
- für die Überprüfung der Ordnungsgemäßheit der anstaltsärztlichen Behandlung,[65]
- für ein gerichtliches Verfahren über einen Antrag auf Lockerungen in Form von unbegleiteten Tagesausgängen eines Maßregelpatienten 400,– EUR,[66]
- erste Vollzugslockerungen nach Verbüßung von 12 Jahren lebenslanger Freiheitsstrafe,[67]
- im Prüfverfahren nach § 119a StVollzG (gerichtliche Kontrolle bei angeordneter oder vorbehaltener Sicherungsverwahrung) 2.000,– EUR[68] oder aber idR der Auffangwert des § 52 Abs. 2 GKG iHv 5.000,– EUR,[69]
- für Rückverlegung in den offenen Vollzug bei verbleibender Vollzugsdauer von (voraussichtlich) viereinhalb Jahren 2.000,– EUR,[70]
- für ein Strafvollzugsverfahrens mit dem Antrag des Betroffenen, von einer Strafvollzugsanstalt in eine andere zurückverlegt zu werden, wenn die beiden Vollzugsanstalten nur 35 km voneinander entfernt liegen und der Betroffene nicht geltend macht, dass ihn die Verlegung in persönlicher, sozialer oder beruflicher Weise besonders nachteilig getroffen hat, und wenn die Restfreiheitsstrafe nur noch rund fünf Monate betrug, 250,– EUR,[71]
- für Anfechtung der Verlegung in eine andere JVA 800,– EUR,[72]
- für Verfahren über Vollzugs-/Behandlungsplan im Maßregelvollzug 4.000,– EUR.[73]

StrRehaG (VV 4146 RVG): Fällt in für den im Verfahren nach dem strafrechtlichen Rehabilitierungsgesetz tätigen Rechtsanwalt die Wertgebühr der VV 4146 RVG an,[74] richtet sich der Gegenstandswert nach dem **Interesse** des **Auftraggebers,** das dieser mit dem Antrag auf gerichtliche Entscheidung verfolgt. Da nach § 16 StrRehaG vermögensrechtliche Ansprüche verfolgt werden, ist idR die Höhe des geltend gemachten Anspruchs maßgebend. Im **Beschwerdeverfahren** richtet sich der Wert danach, welche Ansprüche in diesem noch verfolgt werden. 27

Unbrauchbarmachung (VV 4142 RVG): Objektiver Wert des Gegenstandes. 28

Verfahren nach den §§ 23 ff. EGGVG: Im Verfahren nach den §§ 23 ff. EGGVG entsteht eine Verfahrensgebühr nach VV 3100 RVG.[75] Sie entsteht iHv 1,3 bzw., wenn das Verfahren 29

---

[58] Vgl. die nachstehend bei → Rn. 26 zitierte Rspr.; s. a. noch OLG Celle AGS 2010, 224; OLG Hamm RVGreport 2004, 359; OLG Karlsruhe RVGreport 2018, 432 mAnm *Hansens;* OLG Koblenz StraFo 2013, 305; OLG München StraFo 2017, 40; OLG Rostock JurBüro 2017, 532.

[59] KG RVGreport 2014, 323 = StRR 2014, 262; OLG Koblenz StraFo 2013, 305; OLG München StraFo 2017, 40; OLG Rostock JurBüro 2017, 532.

[60] Entnommen Burhoff/Volpert RVG/*Burhoff/Volpert* Teil A Rn. 2328.

[61] Feest/Lesting/*Spaniol* § 52 Rn. 11.

[62] OLG Celle BeckRS 2019, 88.

[63] KG BeckRS 2011, 26320.

[64] OLG Karlsruhe RVGreport 2016, 232 = StRR 1/2017, 22 = AGS 2016, 428; RVGreport 2018, 432 mAnm *Hansens.*

[65] OLG Celle BeckRS 2019, 1128.

[66] OLG Celle AGS 2010, 224.

[67] OLG München StraFo 2017, 40.

[68] OLG Karlsruhe Justiz 2016, 80.

[69] OLG Frankfurt a. M. NStZ-RR 2016, 296.

[70] KG RVGreport 2014, 323 = StRR 2014, 262.

[71] OLG Hamm RVGreport 2004, 359.

[72] KG RVGreport 2015, 34.

[73] OLG Hamm 6.10.2016 – 1 Vollz (Ws) 281/16: s. a. auch OLG Rostock JurBüro 2017, 532 (nur 2.000,– EUR).

[74] Vgl. die Erl. zu → RVG VV 4146 Rn. 1 ff.

[75] OLG Zweibrücken NStZ-RR 2011, 32 = Rpfleger 2011, 116 = RVGreport 2011, 140 = StRR 2010, 480; Burhoff/Volpert RVG/*Burhoff/Volpert* Teil A Rn. 2331.

endet, bevor der Rechtsanwalt den Antrag auf gerichtliche Entscheidung beim OLG eingereicht hat, nach VV 3101 RVG nur iHv 0,8. Für den Gegenstandswert gilt § 30 Abs. 3 EGGVG. Nach den Änderungen durch das 2. KostRMoG[76] ergibt sich ab 1.8.2013 der Geschäftswert in diesen Verfahren aus § 36 GNotKG und ist nach § 79 Abs. 1 GNotKG von Amts wegen festzusetzen. Die Unanfechtbarkeit der Wertfestsetzung folgt aus § 83 Abs. 1 S. 5 iVm § 81 Abs. 3 S. 3 GNotKG.

30 **Vernichtung (VV 4142 RVG):** Objektiver Wert der Sache.

31 **Zigaretten, unversteuerte:** Der Materialwert zuzüglich der üblichen Handelsspanne.[77]

---

76 BGBl. 2013 I 2586.

77 LG Essen AGS 2006, 501 = RVGreport 2007, 465; aA OLG Brandenburg wistra 2010, 199 = NStZ-RR 2010, 192 = Rpfleger 2010, 392; LG Berlin 13.10.2006 – 536 Qs 250/06, rechtskräftig durch Verwerfungsentscheidung des KG 20.12.2006 – 5 WS 687/06; LG Cottbus 25.2.2009 – 22 Qs 38/08; LG Würzburg. 16.5.2007 – 5 Qs 117/07; sa noch LG Hof AGS 2008, 80, das vom Schwarzmarktpreis auszugeht, der sich auf ca. 15,– EUR/Stange beläuft.

VIII. Sozialgerichtsbarkeit

Übersicht

A. Sozialgerichtliches Verfahren

1 Der Sozialgerichtsbarkeit sind zu unterscheiden Verfahren, in denen Betragsrahmengebühren entstehen (§ 3 Abs. 1 S. 1 RVG) und Verfahren, in denen sich die Gebühren nach Gegenstandswert berechnen (§ 3 Abs. 1 S. 2 RVG).

Nach § 3 Abs. 1 S. 2 RVG werden in sozialgerichtlichen Verfahren die Gebühren nach dem Gegenstandswert berechnet, wenn der Auftraggeber nicht zu den in § 183 SGG genannten Personen gehört.[1]

Im Wesentlichen handelt es sich um Verfahren, die Streitigkeiten von Sozialleistungsträgen untereinander, Streitigkeiten zwischen Sozialleistungsträgen und Arbeitgebern und Vertragsarztverfahren zum Inhalt haben.[2]

Auch in den Verfahren wegen eines überlangen Gerichtsverfahrens nach § 202 S. 2 SGG bestimmen sich die Gebühren nach Gegenstandswert (§ 183 S. 6 SGG).[3]

Nach § 3 Abs. 1 S. 2 RVG werden auch im Verfahren nach § 201 Abs. 1 SGG die Gebühren immer nach dem Gegenstandswert berechnet. Denn nach § 201 Abs. 1 S. 1 SGG kann das Gericht des ersten Rechtszugs auf Antrag unter Fristsetzung ein Zwangsgeld durch Beschluss androhen und nach vergeblichen Fristablauf Frist setzen, wenn die Behörde der im Urteil auferlegten Verpflichtung nicht nachkommt. Die Regelung in § 3 Abs. 1 S. 2 stellt klar, dass im Verfahren nach § 201 Abs. 1 SGG auch dann Wertgebühren zu erheben sind, wenn in dem zugrundeliegenden Verfahren Betragsrahmengebühren entstehen (→ § 3 Rn. 174).

2 In Verfahren, in denen Wertgebühren anfallen, bestimmt sich der Gegenstandswert nach § 23 RVG.[4] § 23 Abs. 1 S. 1 RVG verweist auf die Vorschriften des GKG, maßgebend sind in erster Linie § 52 GKG und § 42 Abs. 1 GKG.[5]

3 Nach § 52 Abs. 1 S. 1 GKG ist der Streitwert nach der sich aus dem Antrag des Klägers für ihn ergebenden Bedeutung der Sache nach Ermessen zu bestimmen, wobei die „Bedeutung der Sache" sich aus dem Interesse des Klägers an der erstrebten Entscheidung ergibt, maßgeblich ist hierbei der Wert, den die Sache bei objektiver Beurteilung für den Kläger hat.[6]

4 Bei einer Anfechtungsklage ist das Interesse am Wegfall des Verwaltungsakts maßgebend, bei einer Verpflichtungsklage das Interesse am Verwaltungsakt.[7] In der Regel bestimmen allein die wirtschaftlichen Auswirkungen des Obsiegens den Streitwert, also der Vermögenswert, den der Kläger im Falle seines vollständigen Obsiegens erzielt hätte.[8]

5 Bietet der Sach- und Streitstand für die Bestimmung des Streitwerts keine genügenden Anhaltspunkte, ist nach § 52 Abs. 2 GKG ein Streitwert von 5.000,– EUR anzunehmen. Dieser Wert wird teilweise als Auffangwert,[9] als Hilfswert[10] oder als Regelstreitwert[11] bezeichnet. Wichtig ist, dass das BSG aufgrund der gesetzlichen Regelung keine Möglichkeit sieht, von dem in § 52 Abs. 2 GKG geregelten Wert von 5.000,– EUR einen Abschlag[12] oder eine Erhö-

[1] → § 3 Rn. 169 ff.
[2] Mayer/Kroiß/*Dinkat* RVG § 3 Rn. 26 mwN.
[3] BeckOK SozR/*Jungeblut* SGG § 183 Rn. 3.
[4] Mayer/Kroiß/*Dinkat* RVG § 3 Rn. 28.
[5] Riedel/Sußbauer RVG/*Pankatz* § 3 Rn. 44.
[6] NK-GK/*Hofmann-Hoeppel/Luber/Schäfer* GKG § 52 Rn. 135; BSG BeckRS 2003, 30798777.
[7] MKLS/*Schmidt* SGG § 197 Rn. 7e.
[8] NK-GK/*Hofmann-Hoeppel/Luber/Schäfer* GKG § 52 Rn. 136.
[9] Hartmann/Toussaint/*Elzer* GKG § 52 Rn. 13.
[10] Mayer/Kroiß/*Dinkat* RVG § 3 Rn. 28.
[11] NK-GK/*Hofmann-Hoeppel/Luber/Schäfer* GKG § 52 Rn. 138.
[12] BSG BeckRS 2012, 70325.

hung[13] vorzunehmen (für weitere Details → § 3 Rn. 180 ff.). Eine Orientierung für die Streitwertfestsetzung bietet der Streitwertkatalog für die Sozialgerichtsbarkeit[14]

B. Gegenstandswert

6 **Ambulante spezialfachärztliche Versorgung:** Klage eines Facharztes gegen die Bestimmung eines zugelassenen Krankenhauses zur ambulanten Behandlung gem. § 42 Abs. 1 GKG mangels näherer Anhaltspunkte für das konkrete wirtschaftliche Interesse des betroffenen Krankenhauses 5.000,– EUR je Quartal für einen Dreijahreszeitraum, mithin 60.000,– EUR.[15]

7 **Anfrageverfahren/Statusfeststellung (§ 7a SGB IV):** Die in der Rspr. vertretenen Ansätze weisen eine erhebliche Bandbreite auf.[16] So wird der Regelstreitwert dann angesetzt, wenn Anhaltspunkte für die Bestimmung des Werts in abweichender Höhe fehlen. Wobei auch nicht der Regelstreitwert allein wegen der Länge des Zeitraums vervielfältigt wird, für den der versicherungsrechtliche Status umstritten ist, wenn die wirtschaftliche Bedeutung in diesem Zeitraum nicht beziffert werden kann.[17] Bei Anhaltspunkten für die wirtschaftliche Bedeutung des Verfahrens wird teilweise im Regelfall ein Streitwert von pauschal 18.000,– EUR angenommen[18] oder, wenn das entsprechende Zahlenmaterial zur Verfügung steht der Wert der Beiträge für drei Jahre,[19] wobei ggf. Gesamtversicherungsbeiträge in vollen Umfang (Arbeitgeber- und Arbeitnehmeranteil) zugrunde gelegt werden.[20]

8 **Aufhebung eines Heilmittellieferungsvertrages:** 15-facher Regelwert (120.000 DM ausgehend vom damaligen Ausgangswert von 8.000 DM).[21]

9 **Auskunftspflicht Dritter nach § 60 SGB II:** Auffangwert gem. § 52 Abs. 2 GKG.[22]

10 **Disziplinarmaßnahme:** Für die Berechnung des Gegenstandswertes im disziplinarrechtlichen Streitverfahren wird auf den Regelwert zurückgegriffen, wobei dieser allerdings um den Betrag einer ggf. verhängten Geldbuße zu erhöhen ist.[23]

11 **Klage einer AOK gegen Genehmigung zur Errichtung einer Betriebskrankenkasse:** Abgestellt wird auf das Interesse der AOK, ihre Pflichtmitglieder zu behalten, wobei dieses Interesse mit etwa 100 DM je Mitglied bewertet wird; das BSG setzte für eine Errichtung oder Erweiterung einer Krankenkasse, die insgesamt bis zu 1.000 Pflichtmitglieder betrifft, den Gegenstandswert mit 120.000 DM (20-facher Ausgangswert von damals 6.000 DM) und bei einer darüber liegenden Zahl von bis zu 5.000 Pflichtmitgliedern mindestens 180.000 DM (30-facher Ausgangswert) fest.[24]

12 **Honorarstreitigkeiten (Vertragsärzte):** Entscheidend für die Gegenstandswertfestsetzung ist, ob Anhaltspunkte für die Beurteilung des wirtschaftlichen Interesses zur Verfügung stehen. So wurde im Fall einer Gemeinschaftspraxis, die durch Widerspruch die Zuordnung zu einer anderen Arztgruppe erreichte, die Streitwertfestsetzung an § 23 Abs. 3 RVG orientiert und den Streitwert mit dem auf ein Jahr hochgerechneten Nachvergütungsbeitrag angesetzt.[25] Lässt sich der geltend gemachte Anspruch der Höhe nach nicht konkretisieren, wird auf den Regelwert zurückgegriffen.[26] Im Verfahren der vertragsärztlichen Wirtschaftlichkeitsprüfung bestimmt sich der Gegenstandswert grds. in Höhe des strittigen Kürzungsbetrages.[27]

13 **Wahlanfechtungsklagen:** Für Wahlanfechtungsklagen (hier: Vorstandswahlen einer Krankenversicherung) ist der Regelstreitwert zugrunde zu legen.[28]

---

[13] BSG BeckRS 2011, 1152.
[14] → Rn. 17 ff.
[15] BSG BeckRS 2011, 77345; MKLS/*Schmidt* SGG § 197 Rn. 7h.
[16] Näher MKLS/*Schmidt* SGG § 197 Rn. 7h.
[17] BSG BeckRS 2011, 71152; aA BayLSG BeckRS 200, 64043, dreifacher Regelstreitwert.
[18] BayLSG BeckRS 2009, 50672; LSG NRW BeckRS 2005, 40736.
[19] BayLSG BeckRS 2011, 69587.
[20] LSG LSA BeckRS 2013, 72651; BayLSG BeckRS 2011, 69587.
[21] LSG NRW NZS 2004, 670.
[22] LSG BW BeckRS 2011, 67750; BSG BeckRS 2011, 73119, MKLS/*Schmidt* SGG § 197 Rn. 7h.
[23] BSG BeckRS 2005, 40416; MKLS/*Schmidt* SGG § 197 Rn. 7h.
[24] BSG NZS 1997, 438; MKLS/*Schmidt* SGG § 197 Rn. 7h.
[25] BSG BeckRS 2005, 40500.
[26] BSG BeckRS 2009, 50467; MKLS/*Schmidt* SGG § 198 Rn. 7h.
[27] LSG NRW BeckRS 2000, 40156 = LSK 2001, 060188.
[28] BSG BeckRS 2007, 40398 = LSK 2007, 380012; MKLS/*Schmidt* SGG § 197 Rn. 7h.

Zulassung von Ärzten, Zahnärzten, Psychotherapeuten: Der Gegenstandswert ist in der Regel in Höhe der Einnahmen anzusetzen, die der Zulassungsbewerber (bzw. Inhaber) im Falle der (weiterbestehende) Zulassung innerhalb der nächsten drei Jahre hätte erzielen können, wobei die erzielbaren Einkünfte mit durchschnittlichen Praxiskosten in der jeweiligen Behandlungsgruppe zu vermindern sind.[29] Dies gilt für Zulassungsverfahren, die nach dem 1.1.2002 in erster Instanz anhängig geworden sind.[30] **14**

Zulassung von Krankenhäusern, Reha-Einrichtungen, nicht ärztlichen Leistungserbringern: In Abweichung von der früheren Rspr. richtet sich in nach dem 1.1.2002 rechtshängigen gewordenen Streitigkeiten über die Zulassung von Krankenhäusern, Rehabilitationseinrichtungen und nichtärztlichen Leistungserbringern zur Versorgung der Versicherten der Krankenkassen der Streitwert und der Gegenstandswert der anwaltlichen Tätigkeit im Regelfall nach dem Gewinn, den der Kläger in drei Jahren aus der Behandlung der Versicherten erzielen könnte.[31] Teilweise greift die Rspr. auch auf Pauschalwerte zurück, 500.000,– EUR im Beschwerdeverfahren gegen die Nichtzulassung der Revision bei Umwandlung einer zur Versorgung der Versicherten zugelassenen Rehabilitationsklinik in ein Krankenhaus[32] bzw. 60.000,– EUR bei Bestimmung eines zugelassenen Krankenhauses zur ambulanten Behandlung nach § 116b Abs. 2 SGB V (5.000,– EUR je Quartal für einen Dreijahreszeitraum) zurück.[33] **15**

Zwangsvollstreckung: Der Wert des Verfahrensgegenstandes im selbständigen gerichtlichen Vollstreckungsverfahren nach § 201 SGG bemisst sich nach dem Betrag des beantragten Zwangsgeldes und ist nicht an dem Wert zu orientieren, der in dem vorangegangenen Erkenntnisverfahren als Wert des Verfahrensgegenstandes festzusetzen gewesen wäre.[34] **16**

Im Falle der Androhung eines Zwangsgeldes ist die Hälfte des vom Vollstreckungsgläubiger beantragten Zwangsgeldes Wert des Verfahrensgegenstandes.[35]

C. Streitwertkatalog für die Sozialgerichtsbarkeit[36]

Streitwertkatalog 5. Aufl. 2017

Stand: März 2017

Überarbeitung des von der Konferenz der Präsidentinnen und Präsidenten der Landessozialgerichte am 16.5.2006 auf Vorschlag des Landessozialgerichts Rheinland-Pfalz beschlossenen Streitwertkatalogs 2006 **17**

Vorbemerkungen

Der **Streitwert** (Wert des Streitgegenstandes; § 3 des Gerichtskostengesetzes – GKG –) ist auch in den Verfahren vor den Gerichten der Sozialgerichtsbarkeit maßgebend für die Höhe der gerichtlichen Kosten (Gebühren und Auslagen). Kosten werden nur in den Verfahren erhoben, in denen § 197a des Sozialgerichtsgesetzes (SGG) anzuwenden ist (§ 1 Abs. 2 Nr. 3 GKG). Die Verfahrensgebühr wird mit der Einreichung des Begehrens fällig (§ 6 Abs. 1 S. 1 Nr. 5 GKG). **18**

Der Streitwertkatalog soll dazu beitragen, die Maßstäbe der Festsetzung des Streitwerts zu **vereinheitlichen** und die Entscheidungen der Gerichte **vorhersehbar** zu machen. Er erhebt keinen Anspruch auf Vollständigkeit und Richtigkeit und kann die Gerichte nicht davon entbinden unter Berücksichtigung aller Umstände des Einzelfalls eine eigenständige Entscheidung zu Fragen des Streitwerts zu treffen.

Der Streitwertkatalog ist eine **Empfehlung** auf der Grundlage der Rspr. der Gerichte der Sozialgerichtsbarkeit unter Berücksichtigung der einschlägigen Rechtsliteratur und ergänzend

---

[29] BSG BeckRS 2005, 43112; MKLS/*Schmidt* SGG § 197 Rn. 7h.
[30] BSG BeckRS 2005, 43112.
[31] BSG BeckRS 2005, 43936; MKLS/*Schmidt* SGG § 197 Rn. 7h.
[32] BSG NJOZ 2004, 740; MKLS/*Schmidt* SGG § 197 Rn. 7h.
[33] BSG BeckRS 2011, 77345; MKLS/*Schmidt* SGG § 197 Rn. 7.
[34] LSG Bln-Bbg BeckRS 2007, 11408; MKLS/*Schmidt* SGG § 197 Rn. 7h.
[35] LSG Bln-Bbg BeckRS 2007, 41108.
[36] *Willersinn* AGS 2017, 313.

auch der Rspr. anderer Gerichtsbarkeiten. Die Empfehlungen sind Vorschläge ohne verbindliche Wirkung für die Gerichte der Sozialgerichtsbarkeit (LSG NRW BeckRS 2010, 66809; BeckRS 2016, 72749; LSG LSA BeckRS 2011, 66002).

Der Streitwertkatalog wird in regelmäßigen Zeitabständen aktualisiert und fortgeschrieben werden. Zuständig hierfür ist das LSG RhPf.

A. Allgemeiner Teil

	I. Grundlagen der Streitwertfestsetzung	
19	**1. Grundsätzliches zur Kostenfreiheit und Kostenpflichtigkeit (§§ 183, 197a SGG)**	
	1.1	Für die Anwendung des § 197a SGG ist auf die **Stellung eines Beteiligten im jeweiligen Rechtszug** abzustellen. Ein Kostenprivilegierter hat auch dann keine Gerichtskosten zu tragen, wenn er in seiner ursprünglichen Rolle als Beigeladener in einem Prozess zwischen Nichtprivilegierten Rechtsmittel einlegt. Diese Kostenprivilegierung erstreckt sich dann auch auf einen nicht privilegierten Rechtsmittelführer (BSG NZS 2007, 111; NZS 2007, 53; BeckRS 2012, 66905; NVwZ-RR 2013, 110); die Kostenprivilegierung gilt dann nicht, wenn nur ein nicht Kostenprivilegierter Rechtsmittel einlegt (BSG BeckRS 2016, 71763).
	1.2	**Versicherter** gem. § 183 S. 1 SGG ist – unabhängig vom Ausgang des Verfahrens – jeder Beteiligte, über dessen Status als Versicherter gestritten wird. Auch wenn der Beteiligte die vom Versicherungsträger behauptete Versicherteneigenschaft bestreitet, gilt der insoweit allgemeine Rechtsgedanke des § 183 S. 3 SGG (BSG NZS 2007, 443; NZA-RR 2010, 368); aber dann nicht für Vorverfahrenskosten, die in einem nachfolgenden Rechtsstreit geltend gemacht werden (BSG NZS 2007, 443).
	1.3	Eine Kostenprivilegierung eines **behinderten Menschen** gem. § 183 S. 1 SGG setzt voraus, dass um ein Recht gestritten wird, das gerade behinderten Menschen in dieser Eigenschaft zusteht (BSG RVGreport 2016, 477; BSG 15.2.2017 – B 13 SF 4/17 S).
	1.4	Eine **Sonderrechtsnachfolge** nach § 183 S. 1 SGG, § 56 Abs. 1 S. 1 SGB I setzt voraus, dass fällige Ansprüche auf laufende Geldleistungen Streitgegenstand sind. Dies ist beim Begehren auf Feststellung eines Versicherungsfalls nicht gegeben (BSG NZS 2017, 35), allerdings bei einem Begehren auf Kostenerstattung nach § 13 Abs. 3 SGB V möglich (→ B V 1). Die einheitliche Kostenprivilegierung gilt auch bei nur teilweiser Sonderrechtsnachfolge, wenn im übrigen Erbfall nach § 58 SGB I (HessLSG BeckRS 2013, 74080).
	1.5	Bei **Miterben** – keine Kostenprivilegierung nach § 183 S. 1 SGG – richtet sich die Höhe des Streitwert nicht nach dem Erbteil des Miterben, sondern nach dem Gesamtwert der für die Erbengemeinschaft begehrten Leistung (BSG BeckRS 2015, 69519).
	1.6	Bzgl. der Rücknahme eines Bewilligungsbescheides gegenüber dem Leistungsempfänger Kostenprivilegierung der **Hinterbliebenen** als Sonderrechtsnachfolger (§ 183 S. 1 SGG) möglich, aber nicht hinsichtlich der Erstattungsforderung, insoweit gilt § 197a SGG – kein fälliger Geldleistungsanspruch, außerdem gegen den Berechtigten – (BSG NZS 2013, 718; BeckRS 2016, 73011).
	1.7	Für **sonstige Rechtsnachfolger** gem. § 183 S. 2 SGG gilt die Kostenprivilegierung nur in dem Rechtszug, in welchem sie das Verfahren aufnehmen; dies gilt auch bei einer Nachlasspflegschaft (BSG BeckRS 2016, 65341).
	1.8	Die Kostenprivilegierung gilt nach § 183 S. 3 SGG für denjenigen, der sich eines Rechts berühmt, bei welchem die Voraussetzungen dieser Norm vorliegen (BSG NVwZ-RR 2011, 288).
	1.9	Die Kostenprivilegierung des § 183 S. 1 SGG entfällt bei einem Beteiligtenwechsel vor dem Beginn des Rechtszuges; vgl. § 183 S. 2 SGG (BSG BeckRS 2006, 43718).
	1.10	Anwendung des § 183 SGG, wenn Prozessstandschaft für Kostenprivilegierten (BSG NVwZ 2016, 555 mAnm *Huber;* BSG NZS 2016, 667; BeckRS 1998, 30012278).
	1.11	Die Kostenprivilegierung des § 183 SGG gilt nur für statthafte Verfahren und Beschwerden (→ A IV1.10; → A V 1.3), auch wenn in der Hauptsache eine Kostenprivilegierung eingreift (BayLSG 28.9.2015 – L 15 SF 36/15 B; BayLSG BeckRS 2016, 69572; AGS 2017, 332). Sie gilt nicht, wenn kein Bezug zu einem in § 183 SGG genannten Tatbestand vorliegt (BSG BeckRS 2017, 104001).
20	**2. Wertgrundregeln (§ 52 GKG)**	
	2.1	Ein **Streitwert** nach dem GKG ist **nicht festzusetzen,** wenn keine streitwertabhängigen Gerichtsgebühren anfallen – vgl. § 63 Abs. 1 S. 1 GKG – (BSG BeckRS 2009, 72990; BeckRS 2009, 72991; NZBau 2010, 777). Die Gebührentatbestände des GKG sind für Verfahren nach dem SGG abschließend und lassen eine analoge Anwendung nicht zu (BVerfG NZS 2011, 18).

2.2	Auf **Antrag eines Rechtsanwalts** (§§ 32 Abs. 2, 33 Abs. 1 RVG) ist zum Zwecke der anwaltlichen Gebührenfestsetzung eine Festsetzung des Streitwerts vorzunehmen (BSG BeckRS 2009, 72990; NVwZ-RR 2011, 343; BeckRS 2012, 66524).
2.3	Für die Festsetzung des Streitwerts ist die sich aus dem Antrag des Klägers für ihn ergebende **Bedeutung der Sache** maßgebend, dh in der Regel das wirtschaftliche Interesse an der erstrebten Entscheidung (§ 52 Abs. 1 GKG; BSG BeckRS 1999, 30406370), maßgebend ist der weitestgehende Antrag (LSG LSA BeckRS 2012, 69739); keine Erhöhung im Hinblick auf das wirtschaftliche Interesse eines Beigeladenen (BSG NZS 1997, 438).
2.4	Der mittelbare wirtschaftliche Wert eines endgültigen oder vorläufigen Prozesserfolgs ist bei der Streitwertfestsetzung nicht zu berücksichtigen (BSG BeckRS 2000, 30415670; zu § 144 Abs. 1 S. 1 Nr. 1 SGG: BSG NZS 1997, 391).
2.5	**Zwingende Anhebung des Streitwerts nach § 52 Abs. 3 S. 2 GKG:** faktische, auf den ersten Blick erkennbare rein zukunftsbezogene (die zeitlich nachfolgenden Verwaltungsakte dürfen noch nicht erlassen sein) Auswirkungen auf gleichartige, wiederkehrende Geldleistungen oder Verwaltungsakte (*Wiegand* KrV 2014, 137); nicht bei Klage gegen Aufnahme- und Beitragsbescheid bei beendeter Mitgliedschaft (BSG BeckRS 2015, 71422).
2.6	Bei Musterverfahren sind die wirtschaftlichen Folgewirkungen für andere Klageansprüche nicht zu berücksichtigen (BSG BeckRS 1997, 30771115; BeckRS 2009, 53977).
2.7	Betrifft der Antrag des Klägers eine **bezifferte Geldleistung** oder einen hierauf gerichteten Verwaltungsakt (auch Bescheide, mit welchen die Behörde einen Zahlungsanspruch geltend macht, *Wiegand* KrV 2014, 137 (138)) ist deren Höhe maßgebend **(§ 52 Abs. 3 S. 1 GKG).** Für die Ansetzung des Streitwerts ist der Urkundsbeamte der Geschäftsstelle zuständig (*Hartmann* GKG § 63 Rn. 2–4).
2.8	Bietet der Sach- und Streitstand für die Bestimmung des Streitwerts keine genügenden Anhaltspunkte, ist ein Streitwert von 5000,– EUR anzunehmen (**§ 52 Abs. 2 GKG:** Auffangwert bzw. **Auffangstreitwert** [BSG 28.2.2006 – B 2 U 31/05 R; BeckRS 2006, 44168; BeckRS 2012, 66905; SchlHLSG NZS 2006, 559; *Hartmann* GKG § 52 Rn. 20]; auch Regelstreitwert [BSG BeckRS 2005, 405; BeckRS 2005, 40416; BeckRS 2009, 52455; BeckRS 2016, 67163] oder Regelwert [BSG MedR 2008, 305; BeckRS 2008, 50493; MedR 2013, 826]). Ein Abschlag von diesem Auffangstreitwert ist nach der gesetzlichen Regelung nicht möglich (BSG BeckRS 2010, 71707; BeckRS 2012, 70325), eine Rechtsgrundlage für eine Vervielfältigung des Auffangstreitwerts ist nicht gegeben (BSG BeckRS 2010, 65545; BeckRS 2011, 71152; SächsLSG BeckRS 2016, 69401), es sei denn, es liegen mehrere Streitgegenstände vor (BSG BeckRS 2015, 72389).
2.9	Für die Wertberechnung ist der **Zeitpunkt** der den jeweiligen Streitgegenstand betreffenden Antragstellung maßgebend, die den Rechtszug einleitet (§ 40 GKG). Dies ist der Zeitpunkt der Klageerhebung bzw. der Einlegung des Rechtsmittels (BSG DStR 2016, 178; BayLSG BeckRS 2011, 76678). Eine nachträgliche Änderung kommt nach Abschluss des Verfahrens nicht in Betracht, was auch gilt, wenn die Einschränkung des Begehrens gleichzeitig mit der Rücknahme erklärt wird (BFH BeckRS 2014, 96262). Nach teilweiser Erledigung des Rechtsstreits ist in dieser Instanz keine gestaffelte Streitwertfestsetzung vorzunehmen (BSG BeckRS 2014, 71334; aA LSG RhPf BeckRS 2007, 41995; BeckRS 2014, 73522; LSG NRW BeckRS 2008, 55515; BeckRS 2008, 55610; BayLSG BeckRS 2011, 76678; LSG LSA BeckRS 2013, 69803; SächsLSG BeckRS 2016, 69937; → A II 2). Liegen die Voraussetzungen des § 33 RVG nicht vor, kann sich ein Interesse des Rechtsanwalts aus § 32 RVG ergeben, den Streitwert nach Verfahrensabschnitten gestaffelt festzusetzen (LSG BW BeckRS 2016, 69190).
2.10	Eine Streitwertfestsetzung darf **auch im Urteil** erfolgen (vgl. zB BSG BeckRS 2009, 74251; NZS 2011, 426; ZIP 2010, 2215; BeckRS 2012, 69357; BeckRS 2012, 70383; LSG RhPf BeckRS 2009, 66711; *Hartmann* GKG § 63 Rn. 26; aA LSG Bln-Bbg BeckRS 2009, 52132; BeckRS 2010, 73834).
2.11	Die Höhe des Streitwerts unterliegt nicht der Dispositionsfreiheit der Beteiligten (arg. § 61, § 63 Abs. 1 S. 1, Abs. 2 S. 1 GKG; OLG Frankfurt a. M. NJW 2013, 3381)
2.12	Der Streitwert ist auf volle Eurobeträge zu **runden** (BSG BeckRS 2017, 102348).

3. Wertfestsetzung (§ 63 Abs. 1, 2 GKG) 21

3.1	Der Streitwert ist sogleich mit der Einreichung der Klage-, Antrags-oder Rechtsmittelschrift oder mit der Abgabe der entsprechenden Erklärung zu Protokoll ohne Anhörung der Beteiligten **vorläufig festzusetzen** (nicht mehr nach Beendigung des Rechtsstreits: BayLSG BeckRS 2016, 111663), wenn Gegenstand des Verfahrens nicht eine bestimmte Geldsumme in Euro ist oder gesetzlich kein fester Wert bestimmt ist (§ 63 Abs. 1 S. 1 GKG). Ein Beschwerderecht gegen die vorläufige Streitwertfestsetzung ist nicht gegeben (LSG RhPf BeckRS 2009, 55124; LSG BW BeckRS 2008, 50533; BeckRS 2011, 70397; auch nicht aus § 32 Abs. 2 RVG: SchlHLSG BeckRS 2012, 71523); auch eine Überprüfung im Rahmen der Beschwerde gegen den Kosten

		ansatz (§ 66 Abs. 2 GKG) kommt nicht in Betracht (ThürLSG BeckRS 2009, 58888; BayLSG BeckRS 2015, 69649).
	3.2	**Angaben zum Streitwert** haben frühzeitig bei oder nach Beginn eines Verfahrens zu erfolgen (§ 61 GKG), nicht nach Beendigung des Verfahrens (BayLSG BeckRS 2015, 67472). Diese haben zwar keine Bindungswirkung, begründen aber ein wesentliches Indiz für die Höhe des Streitwerts (BGH NJW-RR 1997, 884; LAG BW NZA-RR 2015, 97); Beweisermittlungen und Beweiserhebungen sind nicht durchzuführen (LSG NRW BeckRS 2016, 65701; SächsLSG BeckRS 2016, 69401).
	3.3	Spätestens nach Abschluss des Verfahrens ist der Streitwert von Amts wegen **endgültig festzusetzen** (§ 63 Abs. 2 GKG). Ein Antrag ist nicht notwendig, kann aber (vgl. § 32 Abs. 2, § 33 Abs. 1 RVG durch RA), gestellt werden. Die Festsetzung ist erst nach Beendigung der Rechtshängigkeit zulässig (BayLSG BeckRS 2009, 60329); ein verfrüht ergangener endgültiger Festsetzungsbeschluss ist aufzuheben (ThürLSG 10.12.2010 – L 6 KR 972/10 B; keine Festsetzung bei Unterbrechung, Aussetzung bzw. Ruhen des Verfahrens und statistischer Erledigung: SächsLSG BeckRS 2012, 68362); vgl. zur Nachholung einer unterbliebenen Streitwertfestsetzung durch das Rechtsmittelgericht → A IV 2.2.
22	**4. Nebenforderungen (§ 43 GKG)**	
	4.1	Sind außer dem Hauptanspruch noch Nebenforderungen (diese stehen in einem Abhängigkeitsverhältnis zur Hauptforderung und hängen sachlich-rechtlich von ihr ab, BGH NJW 2007, 1752) betroffen, wird der Wert der Nebenforderungen nicht berücksichtigt (§ 43 Abs. 1 GKG). Sind Nebenforderungen ohne den Hauptanspruch betroffen, ist der Wert der Nebenforderungen maßgebend, soweit er den Wert des Hauptanspruchs nicht übersteigt (§ 43 Abs. 2 GKG). Diese Begrenzung auf die Höhe der Hauptforderung gilt nicht, wenn die Hauptforderung von vornherein nicht rechtshängig war oder erledigt ist und nur die Nebenforderung streitig ist (Zinsen, BSG BeckRS 2010, 65439; BeckRS 2012, 71761).
23	**5. Wiederkehrende Leistungen (§ 42 Abs. 1 GKG)**	
	5.1	Werden Ansprüche auf wiederkehrende Leistungen dem Grunde oder der Höhe nach geltend gemacht oder abgewehrt, ist der **dreifache Jahresbetrag** der wiederkehrenden Leistungen maßgebend, wenn nicht der Gesamtbetrag der geforderten Leistungen geringer ist (§ 42 Abs. 1 GKG). Ist die Höhe des Jahresbetrags nicht nach dem Antrag des Klägers bestimmt oder nach diesem Antrag mit vertretbarem Aufwand bestimmbar, ist der Streitwert nach § 52 Abs. 1, 2 GKG zu bestimmen (§ 42 Abs. 1 S. 2 GKG). Vgl. allg. zu dem dreifachen Jahresbetrag: BSG BeckRS 2013, 73680, zu wiederkehrenden Rentenleistungen BSG BeckRS 2016, 65341; im Besonderen Teil zB → B VI 15.7.
24	**6. Verjährung**	
	6.1	Es gilt keine Verjährung für den Antrag auf Festsetzung des Streitwertes (BSG BeckRS 2001 30410670). Nach § 63 Abs. 1, 2 GKG ist der Streitwert von Amts wegen festzusetzen.
	II. Klagearten, Einstweilige Anordnung	
25	**1. Klage-/Antragshäufung**	
	1.1	Richtet sich eine Klage gegen **mehrere Beklagte,** so ist der Streitwert auf ein Mehrfaches des wirtschaftlichen Wertes für den Kläger (§ 39 Abs. 1 GKG; BSG 8.4.2005 – B 6 KA 60/04 B), hilfsweise auf ein Mehrfaches des Regelstreitwertes festzusetzen.
	1.2	Ein **hilfsweise** geltend gemachter Anspruch wird mit dem Hauptanspruch zusammengerechnet, soweit über ihn entschieden wird (§ 45 Abs. 1 S. 2 GKG). Betreffen die Ansprüche denselben Gegenstand, ist nur der Wert des höheren Anspruchs maßgebend (§ 45 Abs. 1 S. 3 GKG). „Derselbe Gegenstand" nach S. 3 ist ein selbständiger kostenrechtlicher Begriff, der eine wirtschaftliche Betrachtung erfordert und hier vorliegt, wenn die in ein Eventualverhältnis gestellten Ansprüche nicht in der Weise nebeneinander bestehen können, dass – die Bedingung fortgedacht – allen stattgegeben werden könnte, sondern dass die Verurteilung gem. dem einen Antrag notwendigerweise die Abweisung des anderen Antrags nach sich zöge (BGH GRUR-RS 2013, 20392 = BeckRS 2013, 20392).
	1.3	Bei **subjektiver Klagehäufung** kommt es nicht auf die Anzahl der Prozessrechtsverhältnisse, sondern darauf an, ob mehrere unterschiedliche Streitgegenstände vorliegen (BSG MedR 2007, 502; BeckRS 2015, 72389).
	1.4	Ist bei **teilbarem Streitgegenstand** nur ein Teil kostenprivilegiert, so ist bei der Kostenentscheidung nach den Streitgegenständen zu differenzieren. Dies gilt sowohl bei einer objektiven Klagehäufung als auch bei einer Eventualklagehäufung (BSG NZS 2007, 440; NZS 2007, 489; LSG BW BeckRS 2012, 68530).
	1.5	Ist bei **unteilbarem Streitgegenstand** ein kostenrechtlich Privilegierter Hauptbeteiligter, gilt für die jeweilige Instanz einheitlich die Regelung für Kostenprivilegierte. Dies gilt auch bei subjektiver Klagehäufung mit einem nicht Kostenprivilegierten (BSG NZS 2007, 53; NZS 2007, 440; NZS

	2007, 489; BeckRS 2009, 50732; BeckRS 2009, 53977; nicht bei fehlendem Rechtsschutzbedürfnis des Kostenprivilegierten: LSG Nds-Brem BeckRS 2016, 70077) und unabhängig davon, ob die Klagen von Anfang an gemeinsam erhoben oder erst nach einem gerichtlichen Verbindungsbeschluss in einem Verfahren geführt werden (BayLSG BeckRS 2010, 75687).	
2. Klageänderung		26
2.1	Eine Streitwertaddition ist nicht vorzunehmen, sondern ggf. eine zeitlich gestaffelte Festsetzung (OLG Düsseldorf AGS 2011, 86, auch zum Streitstand; → A I 2.9).	
3. Feststellungsklage		27
3.1	Der Streitwert ist grds. niedriger als der Streitwert der Leistungsklage (BayLSG BeckRS 2009, 57181). Bei einer Feststellungsklage, die mit einer Leistungsklage gleichwertig ist (gegen eine öffentlich-rechtliche Körperschaft), bemisst sich der Streitwert nach dem Betrag, den der Kläger letztlich erstrebt; ein Abzug ist nicht vorzunehmen (BSG BeckRS 1999, 30406370; MMR 2013, 675). Regelstreitwert, wenn Anhaltspunkte für eine anderweitige Festsetzung fehlen (BSG BeckRS 2009, 52455). Streitfälle der Leistungs-und Feststellungsklage sind zusammenzurechnen (BSG NVwZ-RR 2014, 421; BSGE 121, 293 = BeckRS 2016, 74209).	
4. Bescheidungsklage		28
4.1	Bei Verpflichtungs-Neubescheidungen beträgt der Wert des Streitgegenstandes drei Viertel bis zur Hälfte des Streitwerts der „Hauptsache" (Hälfte: LSG BW 23.5.1996 – L 5 Ka 653/96 W-A; drei Viertel: SchlHLSG BeckRS 2008, 57622).	
4.2	Bei Anfechtungs-Neubescheidungen ist der mit dem Verwaltungsakt angeforderte Betrag in voller Höhe als Streitwert zugrundezulegen (BSG MedR 2009, 487).	
5. Untätigkeitsklage		29
5.1	Der Wert des Streitgegenstandes beträgt unter Berücksichtigung der wirtschaftlichen Bedeutung der Verzögerung **10–25 vH** des Streitwerts der „Hauptsache" (LSG RhPf BeckRS 1994, 31390001; BayLSG BeckRS 2014, 73145), evtl. ein Drittel der „Hauptsache" (SG Berlin NZS 2010, 415) bzw. ein Zehntel des Auffangstreitwerts (LSG NRW BeckRS 2013, 70933); wenn auch das Begehren in der Sache verfolgt wird, Auffangstreitwert (LSG Bln-Bbg BeckRS 2012, 68788).	
6. Widerklage (§ 45 Abs. 1 S. 1, 3; Abs. 2 GKG)		30
6.1	Ob „derselbe Gegenstand" nach S. 3 vorliegt, beurteilt sich unabhängig vom zivilprozessualen Streitgegenstand nach der wirtschaftlichen Identität, die gegeben ist, wenn beiden Anträgen gleichzeitig stattgegeben werden könnte (LSG NRW BeckRS 2008, 55610; BeckRS 2013, 73402; BGH NJW 2014, 1456); eine Zusammenrechnung nach S. 1 ist auch bei einer Eventualwiderklage möglich (BSG BSGE 111, 200 = BeckRS 2012, 75055), aber nicht bei Rücknahme der Eventualwiderklage (LSG NRW BeckRS 2017, 107588).	
6.2	Bei einer Hauptaufrechnung (kein Fall des § 45 Abs. 3 GKG) und Widerklage ist ebenfalls eine Zusammenrechnung möglich (LSG NRW BeckRS 2016, 112109; aA LSG NRW BeckRS 2016, 72448).	
7. Stufenklage		31
7.1	Für die Wertberechnung ist nur einer der verbundenen Ansprüche, und zwar der **höhere,** maßgebend (§ 44 GKG). Dies gilt aber nur, wenn in einer Instanz über beide Ansprüche entschieden wird. Wird nur über einen Anspruch entschieden, ist der Streitwert nur anhand dieses Anspruchs zu bemessen (BSG NZS 2007, 653; LSG NRW BeckRS 2012, 68256).	
7.2	Ist **nur der Herausgabe- bzw. Auskunftsanspruch** Streitgegenstand, ist ein Abschlag vom Leistungsanspruch vorzunehmen (ein Zehntel des voraussichtlichen Leistungsanspruchs, wenn die fraglichen Verhältnisse schon fast bekannt sind). Der Streitwert kann aber auch deutlich höher liegen und den Wert des Zahlungsanspruchs erreichen, je nachdem in welchem Umfang der Kläger auf die Auskunft angewiesen ist (BSG NZS 2007, 653; BeckRS 2014, 69035; BeckRS 2015, 65648), darf aber den Zahlungsanspruch nicht übersteigen (BSGE 112, 141 = BeckRS 2013, 67678).	
7.3	Sind **sowohl der Auskunfts- bzw. Herausgabeanspruch und der Zahlungsanspruch** Streitgegenstand, ist nur der höhere Anspruch maßgebend (BSG BeckRS 2013, 74262; NZS 2014, 780; BeckRS 2016, 68548); bei fehlenden Anhaltspunkten Auffangstreitwert (LSG NRW BeckRS 2016, 65868; BeckRS 2016, 65701; SächsLSG BeckRS 2016, 69401).	
7.4	Bei einem Teilurteil zur ersten Stufe Streitwertfestsetzung erst im Endurteil, es sei denn es liegt eine „stecken gebliebene" Stufenklage (Zahlungsanspruch wird nicht mehr beziffert oder aufgerufen (auch dann Wert des höheren Anspruchs maßgebend)) vor (LSG NRW NZS 2012, 917).	
8. Auskunftsklage		32

	8.1	Wirtschaftliches Interesse an der Auskunft, im Regelfall niedriger als der Wert des Leistungsanspruchs; ein Zehntel des voraussichtlichen Leistungsanspruchs, wenn die fraglichen Verhältnisse schon fast bekannt sind, kann auch deutlich höher liegen und fast den Wert des Zahlungsanspruchs erreichen, etwa wenn der Kläger einen Zahlungsanspruch ohne die Auskunft voraussichtlich nicht erreichen kann (BSG NZS 2007, 653; ein Viertel des mutmaßlichen Zahlungsanspruchs, LSG Nds-Brem BeckRS 2010, 69946; BeckRS 2009, 68424; beim Begehren auf Herausgabe eines Rentenbescheides (hier eher Auskunftsanspruch) LSG NRW BeckRS 2012, 69407).
33	**9. Fortsetzungsfeststellungsklage (§ 131 Abs. 1 S. 3 SGG)**	
	9.1	Die Hälfte des Streitwerts (BSG BSGE 106, 29 = BeckRS 2010, 69711; LSG NRW BeckRS 2010, 68741).
34	**10. Einstweilige Anordnung**	
	10.1	Der Streitwert beträgt **ein Viertel bis zur Hälfte** des Streitwerts der Hauptsache je nach deren wirtschaftlicher Bedeutung. Bei Vorwegnahme der Hauptsache ist in der Regel der volle Streitwert festzusetzen. Voller Auffangstreitwert in Verfahren nach **§ 86b SGG** (§ 53 Abs. 2 Nr. 4, § 52 Abs. 2 GKG; SächsLSG BeckRS 2010, 67886; LSG Bln-Bbg MMR 2010, 643; LSG LSA BeckRS 2011, 77998; LSG Nds-Brem BeckRS 2011, 75460; BayLSG MittBayNot 2016, 442; aA Minderung des Auffangstreitwerts je nach wirtschaftlicher Bedeutung, LSG RhPf BeckRS 2014, 69143; SächsLSG BeckRS 2012, 70476).
	10.2	Bei Verfahren nach § 86a Abs. 2, § 86b Abs. 1 S. 1 Nr. 2 SGG: ein Viertel des Hauptsachestreitwerts (BSG BeckRS 2011, 77026; LSG BW 14.2.2007 – L 5 KR 2854/06 W-A; BeckRS 2012, 67425; LSG Bln-Bbg BeckRS 2012, 67385).
	III. Verfahrensrecht	
35	**1. Verbindung und Trennung mehrerer Rechtsstreitigkeiten (§ 113 SGG; 202 S. 1 SGG iVm § 145 Abs. 1 ZPO)**	
	1.1	Bis zur Verbindung gesonderte Festsetzung für jedes Verfahren, danach gem. § 39 Abs. 1 GKG Zusammenrechnung (BSG NVwZ-RR 2010, 892), bei Abtrennung Festsetzung eines eigenen Werts (§ 36 GKG) für das abgetrennte Verfahren rückwirkend auf den Zeitpunkt der Verfahrenseinleitung (SchlHLSG BeckRS 2015, 72631; SächsLSG BeckRS 2016, 112495, auch zu der Frage der Nichterhebung von Kosten gem. § 21 Abs. 1 S. 1 GKG, → A IV 5.1).
36	**2. Gerichtlicher Vergleich; Klagerücknahme**	
	2.1	Wenn Einigung im gerichtlichen Vergleich auch über nicht streitgegenständliche Ansprüche oder Rechtsverhältnisse: abweichend von § 40 GKG Zusammenrechnung aller Streitgegenstände (OVG RhPf NVwZ-RR 2011, 878; LSG RhPf 25.8.2011 – L 5 KA 38/11 B); beim außergerichtlichen Vergleich Wertfestsetzung auf Antrag des Rechtsanwalts nach § 33 Abs. 1 RVG.
	2.2	Bei Streit über die Wirksamkeit eines Prozessvergleichs (Begehren ist Fortsetzung des Rechtsstreits) Wert der ursprünglich gestellten Anträge maßgebend (BGH NJW 2013, 470); dies gilt auch bei einem Streit über die Wirksamkeit einer Klagerücknahme (LSG RhPf BeckRS 2015, 73605; LSG Bln-Bbg BeckRS 2016, 113620).
	2.3	Zur gestaffelten Streitwertfestsetzung bei teilweiser Erledigung: → A I 2.9, → A II 2.1.
37	**3. Beigeladene**	
	3.1	Für Beigeladene ist grds. der Antrag des Klägers maßgebend. Eine gesonderte Streitwertfestsetzung (niedriger, wenn kein eigenes Interesse am Ausgang des Rechtsstreits) ist zulässig (BSG NZS 1996, 400). Der Streitwert darf jedoch nicht höher als der für die Hauptbeteiligten festgesetzt werden (BSG NZS 1993, 228); → A I. 2.3.
38	**4. Verfahren auf Gewährung von Akteneinsicht**	
	4.1	Auffangstreitwert (BayLSG BeckRS 2011, 79308).
	IV. Beschwerde gegen die Streitwertfestsetzung; Abänderung der Festsetzung; Erinnerung gegen den Kostenansatz	
39	**1. Beschwerde gegen Festsetzung des Streitwerts (§ 68 GKG)**	
	1.1	Wert des Beschwerdegegenstands (§ 68 Abs. 1 S. 1 GKG): Berechnung nicht aus der Differenz des festgesetzten und erstrebten Streitwerts, sondern aus der **Differenz der Gebühren** (LSG BW BeckRS 2016, 72953).
	1.2	**Beschwer** des Rechtsmittelführers nötig, die grds. voraussetzt, dass er kostenpflichtig ist und eine Herabsetzung des Streitwerts begehrt (LSG LSA BeckRS 2015, 69920). Ausnahmsweise auch bei einer begehrten Streitwerterhöhung des Kostenerstattungsberechtigten gegeben, wenn eine Honorarvereinbarung mit dem Prozessbevollmächtigten besteht, nach welcher ein

	höheres Honorar als nach der bisherigen Streitwertfestsetzung geschuldet ist (SächsLSG BeckRS 2016, 69937; aA LSG NRW BeckRS 2009, 59753).	
1.3	Beschwerdefrist: § 68 Abs. 1 S. 3, § 63 Abs. 3 S. 2 GKG. Einzulegen beim judex a quo (§ 68 Abs. 1 S. 5, § 66 Abs. 5 S 5 GKG), weshalb § 173 S. 2 SGG nicht gilt (SächsLSG BeckRS 2016, 70252).	
1.4	Möglich auch wenn Streitwertfestsetzung im Urteil erfolgt ist (→ A I 2.10), da darin Beschluss zu sehen (MKL/*Meyer-Ladewig,* 11. Aufl. 2014, SGG § 197a Rn. 5). Das Gericht ist an keine Anträge gebunden. Es gilt auch nicht das Verschlechterungsverbot (BSG NZS 2007, 443).	
1.5	Vor der Entscheidung über die Beschwerde hat das SG nach § 68 Abs. 1 S. 5, § 66 Abs. 3 S. 1 GKG über die **Abhilfe** zu entscheiden (LSG RhPf NZS 2010, 351), ein Aktenvermerk ist ausreichend (LSG BW AGS 2015, 51). Jedoch keine Verfahrensvoraussetzung für Beschwerdeinstanz, eine Nachholung muss nicht veranlasst werden (SächsLSG BeckRS 2016, 69937).	
1.6	Der **RA** kann aus **eigenem Recht** eine Streitwertbeschwerde erheben (§§ 32 Abs. 2, 33 Abs. 3 RVG; LSG NRW BeckRS 2009, 59753; BeckRS 2017, 107588); dies gilt nicht bei einer vorläufigen Festsetzung des Streitwerts (LSG RhPf BeckRS 2009, 55124; LSG BW BeckRS 2008, 50533). Über die Beschwerde entscheidet grds. der Berichterstatter (§ 33 Abs. 8 RVG; LSG NRW NZS 2016, 200).	
1.7	Über Beschwerden gegen die Festsetzung des Streitwerts entscheidet aufgrund der Spezialzuweisung des § 68 Abs. 1 S. 5 GKG iVm § 66 Abs. 6 S. 1 GKG allein der **Berichterstatter** (wohl hM, MKL/*Meyer-Ladewig,* 11. Aufl. 2014, SGG § 155 Rn. 9d; ThürLSG BeckRS 2013, 70758; SächsLSG BeckRS 2016, 69937; LSG LSA BeckRS 2015, 69920; BayLSG BeckRS 2015, 70546; LSG NRW NZS 2016, 200; MedR 2018, 110; LSG BW BeckRS 2016, 72953), wobei die Möglichkeit der Übertragung auf den Senat (§ 66 Abs. 6 S. 2 GKG) besteht.	
1.8	Die Ablehnung einer Streitwertfestsetzung stellt einen beschwerdefähigen Beschluss dar (LSG NRW BeckRS 2007, 46272; *Hartmann* GKG, 42. Aufl. 2012, GKG § 63 Rn. 26).	
1.9	Eine unselbständige Anschlussbeschwerde entsprechend § 567 Abs. 3 ZPO ist zulässig (HessLSG BeckRS 2010, 70547; LSG LSA BeckRS 2012, 69739).	
1.10	Das Verfahren ist gebührenfrei (§ 68 Abs. 3 S. 1 GKG). Außergerichtliche Kosten sind nicht zu erstatten (§ 68 Abs. 3 S. 2 GKG); dies gilt auch bei einer unzulässigen Beschwerde (*Schneider* NJW 2011, 2628 (2630)), jedoch nicht bei einer unstatthaften Beschwerde (BGH NJW 2014, 1597; BFH BeckRS 2008, 25013256; aA LSG BW BeckRS 2011, 70397).	
1.11	Das Verbot der reformatio in peius gilt nicht (Grundsatz der Streitwertwahrheit), auch für das Rechtsmittel des Rechtsanwalts gem. §§ 32 Abs. 2, 33 Abs. 3 RVG (BayLSG AGS 2015, 286 = BeckRS 2015, 68588; LAG München BeckRS 2015, 71071).	
2. Abänderung des Streitwerts durch das Rechtsmittelgericht (§ 63 Abs. 3 GKG)		40
2.1	Für den Wert des Streitgegenstands des ersten Rechtszuges ist gem. § 47 Abs. 2 GKG nicht der in erster Instanz festgesetzte, sondern **der objektiv angemessene Streitwert** maßgeblich. Die Abänderung der erstinstanzlichen Streitwertfestsetzung steht gem. § 63 Abs. 3 S. 1 GKG im Ermessen des Rechtsmittelgerichts (BSG BeckRS 2015, 72389). Dies gilt auch bei unzulässigen Beschwerden (BSG AGS 2011, 341 = BeckRS 2010, 70759; BeckRS 2017, 109289) und bei Nichtzulassungsbeschwerden (BSG BeckRS 2013, 71601).	
2.2	Eine **unterbliebene Streitwertfestsetzung** kann vom Rechtsmittelgericht jedenfalls bei betragsmäßig von vornherein feststehendem und offensichtlich gleich gebliebenem Streitwert in erweiternder Auslegung des § 63 Abs. 3 S. 1 GKG **nachgeholt** werden (BSG NZS 2007, 443).	
2.3	Eine infolge Streitwertänderung (rechnerisch) unrichtig (gewordene) Kostengrundentscheidung kann durch die Vorinstanz nicht im Wege der Urteilsberichtigung geändert werden (BGH NJW 2016, 1021).	
3. Erinnerung gegen den Kostenansatz (§ 66 Abs. 1 GKG); Beschwerde (§ 66 Abs. 2 GKG)		41
3.1	Bei der Entscheidung über die Erinnerung (durch den Einzelrichter BSG 19.9.2014 – B 13 SF 6/14 S; RVGreport 2016, 477) kann die Streitwertfestsetzung wegen der eingetretenen Bestandskraft nicht geändert werden (BSG RVGreport 2016, 477; BayLSG BeckRS 2014, 70775; BeckRS 2015, 72199; BeckRS 2015, 72751); jedoch Prüfung der Nichterhebung von Gerichtskosten (§ 21 Abs. 1 GKG) möglich (BSG 10.1.2017 – B 13 SF 19/16 S), → A IV 5.	
3.2	Ohne endgültigen Streitwertbeschluss (§ 63 Abs. 2 GKG) darf eine endgültige Gerichtskostenfeststellung nicht ergehen (BayLSG BeckRS 2016, 111663).	
4. Gegenvorstellung		42
4.1	Gegen unanfechtbare Streitwertbeschlüsse ist die Gegenvorstellung statthaft. Die Einlegung muss innerhalb eines Monats (Frist zur Einlegung einer Verfassungsbeschwerde) erfolgen (BSG BeckRS 1997, 30770680); aA sechs Monate entsprechend § 68 Abs. 1 S. 3, § 63 Abs. 3 S. 2 GKG, BGH NJW 2017, 739.	

	4.2	Auch im Gegenvorstellungsverfahren ist eine Kostenentscheidung zu treffen (BSG NZS 2006, 276; BayLSG BeckRS 2016, 70696), aber der Streitwert nur dann festzusetzen, wenn eine anwaltliche Vertretung vorlag (LSG NRW BeckRS 2009, 51030; BayLSG BeckRS 2016, 70696).
43	**5. Nichterhebung von Kosten wegen unrichtiger Sachbehandlung (§ 21 GKG)**	
	5.1	Soweit Kosten zu Unrecht erhoben wurden, ist die Erinnerung gegen den Kostenansatz gem. § 66 GKG möglich, → A IV 3.1 (BSG 29.12.2011 – B 13 SF 3/11 S; 19.9.2014 – B 3 SF 6/14 S; BayLSG BeckRS 2016, 68565); zu Verfahren der Urteilsberichtigung BSG BeckRS 2012, 69359; zur Verfahrenstrennung LSG NRW BeckRS 2016, 68802; BeckRS 2016, 70802; SächsLSG 10.1.2017 – L 7 AS 365/14.
	V. Streitwert im Rechtsmittelverfahren	
44	**1. Allgemeines**	
	1.1	Im Rechtsmittelverfahren bestimmt sich der Streitwert nach den **Anträgen** des Rechtsmittelführers (§ 47 Abs. 1 S. 1 GKG), nur ausnahmsweise nach der Beschwer (§ 47 Abs. 1 S. 2 GKG). Es bleibt bei der Streitwertberechnung nach § 52 GKG entsprechend der Bedeutung der Sache für den Kläger, wenn der Streitgegenstand unverändert geblieben ist und der Beklagte als Rechtsmittelführer nach wie vor die Abweisung der Klage beantragt (BSG NZS 2007, 653, RDG 2009, 29 = BeckRS 2008, 57386; BeckRS 2013, 73680).
	1.2	Anschlussberufung, Anschlussbeschwerde, Anschlussrevision: Addition der Streitwerte, wenn unterschiedliche Streitgegenstände – vgl. § 45 Abs. 1 S. 1, Abs. 2 GKG – (LSG Berlin 30.1.2004 – L 15 B 41/00 KR ER; HessLSG BeckRS 2009, 69223; LSG NRW MedR 2011, 428; BSG BeckRS 2009, 60527).
	1.3	Bei einer **unstatthaften Beschwerde** greift keine Gebührenbefreiung auch wenn der Beschwerdeführer im Hauptsacheverfahren kostenprivilegiert ist (BayLSG NJW-Spezial 2015, 668; AGS 2017, 332). Keine Streitwertfestsetzung notwendig, da eine Festgebühr gem. KV 7504 Anl. 1 GKG anfällt.
45	**2. Nichtzulassungsbeschwerde**	
	2.1	Der Streitwert bemisst sich gem. § 47 Abs. 3 GKG nach dem Streitwert des Rechtsmittelverfahrens (BSG NZS 2007, 560; BeckRS 2011, 75612).
	2.2	Wird ein Rechtsmittel und hilfsweise eine Nichtzulassungsbeschwerde eingelegt ist ein gesonderter Streitwert für die Nichtzulassungsbeschwerde nicht festzusetzen (BGH GRUR 2015, 304).
46	**3. Rechtswegbeschwerde**	
	3.1	Im Verfahren über eine Rechtswegbeschwerde ist eine Kostenentscheidung zu treffen, da § 17b Abs. 2 GVG hier keine Anwendung findet (BSG NJW 1995, 1575; NZS 2007, 34; BeckRS 2009, 62466). Der Streitwert beträgt im Regelfall ein Fünftel, höchstens bis zu einem Drittel des Hauptsachewerts (BSG BeckRS 2007, 47648; BeckRS 2014, 71482; BeckRS 2016, 72160). Keine Streitwertfestsetzung notwendig, wenn die Beschwerde verworfen oder zurückgewiesen wird, da sich dann die Gerichtsgebühr nicht nach einem Streitwert richtet, sondern eine Festgebühr gem. KV 7504 Anl. 1 GKG anfällt (BSG NVwZ-RR 2011, 343; BeckRS 2011, 75364; NZS 2012, 786) bzw. wenn Kostenfreiheit besteht und kein Antrag des Rechtsanwalts (§ 33 Abs. 1 RVG) vorliegt (BSG BeckRS 2014, 73028).
47	**4. Zurückverweisung**	
	4.1	Bei Zurückverweisung ist eine Festsetzung des Streitwerts vorzunehmen (BSG NZS 2006, 370; BSGE 98, 238 = BeckRS 2007, 45472; BeckRS 2015, 68304); evtl. niedriger als Hauptsache, da Rechtsstreit nicht endgültig beigelegt (BVerfG NZS 2013, 737). Dies gilt dann nicht, wenn es wegen Gerichtskostenfreiheit eines Beteiligten (noch) an „zu erhebenden Gebühren" (§ 63 Abs. 2 GKG) fehlt (BSG BeckRS 2016, 70956).
48	**5. Anhörungsrüge (§ 178a SGG)**	
	5.1	Einer Streitwertfestsetzung bedarf es nicht, da sich die Gerichtsgebühr unmittelbar aus KV 7400 Anl. 1 GKG ergibt (BSG BeckRS 2007, 40151; BeckRS 2013, 69400; RVGreport 2016, 397).
49	**6. Beschwerde gegen Ablehnung von Prozesskostenhilfe in Verfahren nach § 197a SGG**	
	6.1	Ein Streitwert nach dem GKG ist nicht festzusetzen, da keine streitwertabhängigen Gerichtskosten anfallen (BayLSG BeckRS 2015, 72687).
	VI. Einzelfälle	
50	**1. Widerspruchsverfahren**	
	1.1	**Klage des Versicherten** auf Erstattung höherer Kosten: Gerichtskostenfrei nach § 183 SGG (BSG NZS 2009, 700), ebenso bei einem Begehren auf Freistellung von Rechtsanwaltskosten (LSG RhPf AGS 2015, 546 = BeckRS 2015, 70350).

1.2	**Zurückweisung des Bevollmächtigten** im Widerspruchsverfahren (§ 13 Abs. 5 SGB X) und Klage des Bevollmächtigten: Höhe des Gebührenanspruchs des Bevollmächtigten für die begehrte Vertretung, auch wenn das (Fortsetzungsfeststellungs-)Interesse dahin geht, in anderen ähnlich gelagerten Fällen zukünftig eine Vertretungsbefugnis zu haben (BSG NJW 2014, 493).	
1.3	Bei Anwendungsfällen des § 197a SGG: Erstattung der Aufwendungen nach § 63 SGB X: Differenz zwischen den geforderten und den erstatteten Kosten (BSG NZS 2007, 443; BeckRS 2008, 53926; BeckRS 2015, 68292).	
1.4	Eine gesonderte Festsetzung des Gegenstandswerts durch die Verwaltung ist im Gesetz nicht vorgesehen und damit unzulässig (lediglich Berechnungsfaktor). Die Gerichte haben im Rahmen der Prüfung der Höhe der Kostenerstattung den Gegenstandswert eigenständig zu bestimmen (BSG BeckRS 2008, 53926; LSG Bln-Bbg NZS 2011, 120).	
2. Ablehnung eines Sachverständigen wegen Besorgnis der Befangenheit (§ 118 Abs. 1 S. 1 SGG)		51
2.1	Ein Drittel des Streitwerts der Hauptsache (LSG NRW BeckRS 2009, 59506; BayLSG BeckRS 2014, 65268).	
3. Ordnungsgeld gegen Sachverständigen (§ 118 Abs. 1 SGG, § 411 Abs. 2 ZPO); Beschwerde		52
3.1	Höhe des Ordnungsgeldes (BayLSG BeckRS 2014, 60019; BeckRS 2014, 68469).	
4. Ablehnung von Gerichtspersonen (§ 60 SGG); unzulässige Beschwerde (§ 172 Abs. 2 SGG)		53
4.1	10 vH des Streitwerts der Hauptsache (*Hartmann* GKG Anh. II A § 52 Rn. 2; LSG RhPf 14.5.2012 – L 7 KA 26/12 B).	
5. Befundbericht; Klage des Arztes auf höhere Vergütung (JVEG)		54
5.1	Höhe der streitigen Vergütung (BSG BSGE 101, 301 = BeckRS 2008, 58286).	
6. Antrag/Klage eines vollmachtlosen Vertreters		55
6.1	Keine Kostenprivilegierung, Kosten sind nach § 197a SGG dem vollmachtlosen Vertreter aufzuerlegen (BayLSG BeckRS 2014, 68730, Streitwert ein Viertel der Hauptsache; BeckRS 2017, 103204, Auffangstreitwert).	
7. Auferlegung von Kosten bei von Behörden unterlassenen Ermittlungen (§ 192 Abs. 4 SGG)		56
7.1	§ 197a SGG gilt für die Behörde, da Versicherter an diesem Verfahren nicht beteiligt ist (ThürLSG 17.1.2017 – L 5 SB 1136/15 B; LSG NRW BeckRS 2017, 105215). Keine Streitwertfestsetzung notwendig, da eine Festgebühr gem. KV 7504 Anl. 1 GKG anfällt.	
8. Hausverbot		57
8.1	Auffangstreitwert (LSG RhPf NZS 2010, 237).	
9. Übertragung und Verpfändung (§ 53 SGB I)		58
9.1	Bei Klage des Zessionars Höhe des Betrags (BSG BeckRS 2014, 69907), ggf. dreifacher Jahresbetrag der umstrittenen Rentenzahlung (LSG BW BeckRS 2013, 74224).	
10. Vollstreckung nach der ZPO (§ 198 SGG)		59
10.1	Einstweilige Einstellung der Zwangsvollstreckung (§ 769 Abs. 1 S. 1 ZPO): ein Viertel des in der Hauptsache streitigen Betrags (LSG Nds-Brem BeckRS 2017, 100101).	
10.2	Vollstreckungsabwehrklage (§ 767 ZPO): Umfang der erstrebten Ausschließung der Zwangsvollstreckung (Wert des zu vollstreckenden Anspruchs einschließlich etwaiger Rückstände ohne Zinsen und Kosten) ohne Rücksicht auf seine Realisierbarkeit (BGH NJW-RR 2006, 1146).	
11. Gerichtliches Vollstreckungsverfahren nach § 201 SGG		60
11.1	Streitwertfestsetzung nur im Anwendungsbereich des § 197a SGG (SG Fulda AGS 2012, 520 = BeckRS 2012, 73414; aA LSG Bln-Bbg BeckRS 2009, 62214).	
11.2	Höhe des zur Festsetzung beantragten Zwangsgeldes, nicht der Wert des Verfahrensgegenstands im vorausgegangenen Gerichtsverfahren (LSG Bln-Bbg BeckRS 2009, 56374).	
11.3	Bei Androhung: die Hälfte des beantragten Zwangsgeldes (LSG Bln-Bbg BeckRS 2009, 56374).	
12. Dienstaufsichtsbeschwerde		61
12.1	Anspruch auf Bescheidung einer Dienstaufsichtsbeschwerde: Regelstreitwert (LSG Bln-Bbg BeckRS 2009, 66829).	
13. Rechtsschutz bei überlangen Gerichtsverfahren (§§ 202 SGG, 198 GVG)		62
13.1	Höhe der begehrten Entschädigungssumme (BSG BeckRS 2015, 65047; BeckRS 2015, 71568; BeckRS 2015, 73282), hilfsweise Auffangstreitwert (BSG BeckRS 2015, 65637).	
13.2	Beim Feststellungsbegehren nach § 198 Abs. 4 GVG handelt es sich um ein auf Entschädigung in anderer Weise gerichtetes Leistungsbegehren, deshalb keine Streitwertreduzierung (BSG BeckRS 2016, 68452; BeckRS 2017, 103244).	

B. Besonderer Teil

	I. SGB II – Grundsicherung für Arbeitsuchende		
63	**1.**	**Abschluss einer Vereinbarung zur Schaffung von Arbeitsgelegenheiten (§§ 16d, 17 Abs. 2 SGB II)**	Keine Kostenprivilegierung, da institutionelle Förderung begehrt (SG Hamburg BeckRS 2011, 65142; LSG NRW NZS 2012, 560); aA Gleichstellung mit einem Leistungsempfänger nach § 183 SGG (LSG Bln-Bbg BeckRS 2008, 52448).
64	**2.**	**Beteiligung an der Schuldnerberatung (§ 16a Nr. 2, § 17 Abs. 2 SGB II)**	Auffangstreitwert (BSG NZS 2017, 417).
65	**3.**	**Vermittlungsgutschein**	
	3.1	Rechtsverhältnis Jobcenter und Maßnahmeträger/ Vermittler	
	3.1.1	§ 16 SGB II, § 421g SGB III idF bis 31.3.2012: Ausstellung des Vermittlungsgutscheins bzw. Ablehnung der Auszahlung der Vermittlungsvergütung	Der Vermittler ist kein Leistungsempfänger iSd § 183 SGG (BSG BeckRS 2012, 69762).
	3.1.2	§ 16 Abs. 1 S. 2 Nr. 2 SGB II, § 45 Abs. 4 ff., § 83 Abs. 2 SGB III ab 1.4.2012: Ablehnung der Auszahlung der Vermittlungsvergütung	Keine Streitwertfestsetzung, da gerichtskostenfrei nach § 183 SGG – Sozialleistung – (BSG NZS 2015, 270; SG Magdeburg BeckRS 2014, 72466; NK-SGB III/*Baar* § 83 Rn. 11; aA LSG Bln-Bbg BeckRS 2016, 70364; NZS 2016, 633).
66	**4.**	**Zahlung der Bedarfe für Unterkunft und Heizung an den Vermieter (§ 22 Abs. 7 SGB II)**	Höhe der Beträge (LSG Nds-Brem NZS 2017, 479).
67	**5.**	**Übergang von Ansprüchen (§ 33 SGB II)**	Bei Klage eines Dritten auf Durchführung des Verfahrens gegen den Schuldner bzw. auf Information: Auffangstreitwert (BayLSG BeckRS 2009, 63920).
68	**6.**	**Erbenhaftung (§ 35 SGB II)**	Keine Kostenprivilegierung, (SG Berlin BeckRS 2011, 73588; BayLSG BeckRS 2014, 68818).
69	**7.**	**Erteilung einer Auskunft über die Einkommens-und Vermögensverhältnisse (§ 60 SGB II)**	Auffangstreitwert – ohne Abschlag – (BSG BeckRS 2011, 73119; NJW 2017, 590; LSG BW BeckRS 2011, 76750); ggf. mehrfach bei mehreren Auskunftsansprüchen (BayLSG AGS 2015, 286 = BeckRS 2015, 68588).
70	**8.**	**Beteiligung von Trägern der Grundsicherung für Arbeitsuchende**	Befreiung von den Gerichtskosten nach § 64 Abs. 3 S. 2 SGB X (BSG 28.1.2016 – B 13 SF 3/16 S; BeckRS 2016, 67271; SächsLSG BeckRS 2016, 70252; HessLSG NZS 2016, 665, auch bei Forderungseinzug).
71	**9.**	**Abzweigung (§ 48 Abs. 1 S. 1 SGB I)**	Keine Kostenprivilegierung (BSG BeckRS 2009, 66803; SG Trier BeckRS 2014, 66553, Auffangstreitwert).
72	**10.**	**Klage eines Leistungsbeziehers mit allgemeinen Begehren**	Kostenprivilegierung nach § 183 SGG – gegen Bundesrepublik Deutschland betr. die allgemeine Durchführung des SGB II – (BSG BeckRS 2013, 71599; aA – gegen Leistungsträger betr. die Benennung als Jobcenter – LSG RhPf BeckRS 2015, 65614).
	II. SGB III – Arbeitsförderung		
73	**1.**	**Arbeitsgenehmigung (Arbeitserlaubnis, Arbeitsberechtigung), § 284 SGB III**	
	1.1	Erteilung	Wirtschaftliches Interesse des Unternehmers; bei normalem Geschäftsbetrieb erzielbarer Unternehmensgewinn (HessLSG BeckRS 1998, 31390069; LSG NRW BeckRS 2010, 68741).
	1.2	Gebühr für die Erteilung	Höhe der Gebühr (BSG BeckRS 2000, 31011160).

2.	**Arbeitnehmerüberlassung**		74
2.1	Erteilung der Erlaubnis (§ 2 AÜG)	Unmittelbares wirtschaftliches Interesse; bei fehlenden Anhaltspunkten für die wirtschaftliche Bedeutung Auffangwert (LSG BW BeckRS 2011, 73254).	
2.2	Rücknahme, Widerruf der Erlaubnis (§ 4, § 5 AÜG)	Unmittelbarer wirtschaftlicher „Schaden" (LSG Nds-Brem BeckRS 2014, 65595) bzw. bei normalem Geschäftsbetrieb erzielbarer Unternehmensgewinn (BayLSG BeckRS 2009, 51989), hilfsweise Regelstreitwert (LSG Nds-Brem 21.1.2003 – L 8 B 158/03 AL).	
2.3	Auflage (§ 2 AÜG)	Regelstreitwert (BSG NZS 2017, 306).	
3.	**Zulassung von Trägern und Maßnahmen (§§ 84, 85 SGB III idF bis 31.3.2012, §§ 176 ff. SGB III, § 184 SGB III iVm AZAV)**	Keine Kostenprivilegierung (HessLSG BeckRS 2009, 62757); Regelstreitwert je begehrte Maßnahme für drei Jahre – § 42 Abs. 2 GKG – (BSG BeckRS 2012, 66524) bzw. Hälfte des Streitwerts für die Genehmigung einer Ersatzschule: 15.000 EUR (Nr. 38.2 Streitwertkatalog Verwaltungsgerichtsbarkeit; LSG BW 4.4.2005 – L 13 AL 219/05 W-A).	75
4.	**Eingliederungszuschüsse (§§ 217 ff. SGB III idF bis 31.3.2012, §§ 88 ff. SGB III)**	Keine Streitwertfestsetzung, da gerichtskostenfrei nach § 183 SGG – Leistungsempfänger – (BSG NZS 2005, 555).	76
5.	**Lohnkostenzuschuss nach den Richtlinien zur Durchführung des Sofortprogramms zum Abbau der Jugendarbeitslosigkeit**	Keine Streitwertfestsetzung, da gerichtskostenfrei nach § 183 SGG – Leistungsempfänger – (BSG NZA-RR 2011, 383).	77
6.	**Erstattungspflicht des Arbeitgebers (§ 147a SGB III idF bis zum 31.3.2012)**		78
6.1	Grundlagenbescheid	Regelstreitwert (BSG BeckRS 2001, 40699; BeckRS 2001, 41551).	
6.2	Abrechnungsbescheid	Höhe der Erstattungsforderung (BSG BeckRS 1998, 30413115).	
7.	**Kurzarbeitergeld (§§ 95 ff. SGB III); Klagen des Arbeitnehmers oder der Betriebsvertretung**	Keine Streitwertfestsetzung, da gerichtskostenfrei nach § 183 SGG – Prozessstandschafter für Arbeitnehmer – (BSG NZS 2010, 292; NZS 2015, 355; NZS 2016, 667; LSG NRW BeckRS 2006, 40721).	79
8.	**Vermittlungsgutschein**		80
8.1	Rechtsverhältnis Agentur für Arbeit und Maßnahmeträger/Vermittler		
8.1.1	§ 421g SGB III idF bis 31.3.2012: Ausstellung des Vermittlungsgutscheins bzw. Ablehnung der Auszahlung der Vermittlungsvergütung	Der Vermittler ist kein Leistungsempfänger iSd § 183 SGG (BSG NJW 2007, 1902): Wert des Gutscheins (BSG BeckRS 2008, 51232) bzw. 1.000 EUR als Teilbetrag der ersten oder zweiten Rate (BSG NZS 2015, 270).	
8.1.2	§§ 45 Abs. 4 ff., 83 Abs. 2 SGB III ab 1.4.2012: Ablehnung der Auszahlung der Vermittlungsvergütung	Keine Streitwertfestsetzung, da gerichtskostenfrei nach § 183 SGG – Sozialleistung – (BSG NZS 2015, 270; SG Magdeburg BeckRS 2014, 72466; NK-SGB III/*Baar* § 83 Rn. 11; aA SächsLSG BeckRS 2016, 70204; BeckRS 2016, 117999; LSG Hmb BeckRS 2017, 103638; BeckRS 2017, 103642).	
9.	**Umlagen: Winterbeschäftigungs-Umlage (§§ 354 ff. SGB III); Insolvenzgeldumlage (§§ 358 ff. SGB III)**		81
9.1	Grundlagenbescheid	Regelstreitwert.	

	9.2	Festsetzung der Umlagenhöhe	Dreifacher Jahresbetrag der Umlage (BSG BeckRS 1995 30416121); bei auf einen Teilbetrag beschränkter Anfechtung: dieser Teilbetrag (BSG BeckRS 2012, 69260).
82	**10.**	**Anzeigepflichtige Entlassungen (§§ 17 ff. KSchG); Klage eines Arbeitnehmers gegen den Bescheid der Bundesagentur**	Der Arbeitnehmer ist kein Versicherter iSd § 183 SGG; Regelstreitwert (LSG BW BeckRS 2009, 56544).
83	**11.**	**Insolvenzgeld**	
	11.1	Übertragung des Anspruchs auf Arbeitsentgelt auf einen Dritten vor Antragstellung (§ 188 Abs. 1 SGB III idF bis zum 31.3. 2012, § 170 SGB III)	Dritter ist Leistungsempfänger iSd § 183 SGG; kein Fall der Rechtsnachfolge nach § 183 S. 2 SGG, da Anspruchsübergang kraft Gesetzes (BSG BeckRS 2007, 41720).
	11.2	Abtretung (§ 398 BGB) des Insolvenzgeldanspruchs an einen Dritten	Die Kostenprivilegierung gilt nicht, auch dann nicht, wenn der ursprünglich Leistungsberechtigte als gewillkürter Prozessstandschafter auftritt, da der Anspruch des Rechtsnachfolgers eines Leistungsempfängers – kein Fall des § 183 S. 2 SGG – geltend gemacht wird (BSG BeckRS 2007, 45258; ZIP 2010, 2215).
84	**12.**	**Berichtigung einer Arbeitsbescheinigung (§ 312 SGB III)**	Regelstreitwert ohne Abschlag (BSG BeckRS 2010, 71707; aA ein Zehntel des Arbeitsentgelts, dessen zusätzliche Bescheinigung begehrt wird SG Hamburg BeckRS 2009, 59693) oder ein Zehntel des mittelbar verfolgten Begehrens (LSG RhPf BeckRS 2009, 66711, Verhinderung einer Sperrzeit; LSG RhPf BeckRS 2011, 69476, Leistungsanspruch).
85	**13.**	**Erstattung von Leistungen nach §§ 4, 12 ATG; Klage des Arbeitgebers**	Keine Streitwertfestsetzung, da gerichtskostenfrei nach § 183 SGG – Leistungsempfänger – (BSG BeckRS 2007, 45322; NZA-RR 2011, 492).
86	**14.**	**Anordnung einer Außenprüfung nach § 304 Abs. 1 Nr. 2, § 305 Abs. 1 S. 1 SGB III idF bis zum 31.7.2004**	Regelstreitwert (BSG BeckRS 2011, 72786).
87	**15.**	**Erprobung von Projekten der aktiven Arbeitsförderung nach § 421h SGB III idF bis zum 31.3.2012**	Regelstreitwert, wenn kein Zahlungsbegehren (LSG BW BeckRS 2011, 75734).
88	**16.**	**Ausschluss von der Nutzung der (Internet-)Jobbörse; Deaktivierung des Benutzerkontos (§ 40 SGB III)**	Regelstreitwert (BSG MMR 2013, 675; LSG RhPf 26.1.2017 – L 1 AL 67/15, becklink 2005598, nrkr).
89	**17.**	**Abzweigung (§ 48 Abs. 1 S. 1 SGB I)**	Keine Kostenprivilegierung (BSG BeckRS 2010, 66478).
	III. SGB IV – Aufsichtsrecht, Sozialversicherungswahl		
90	**1.**	**Genehmigung zur Errichtung oder Erweiterung einer Krankenkasse (§§ 147 ff., §§ 157 ff. SGB V, §§ 87 ff. SGB IV)**	Bedeutung der Sache: bei bis zu 1000 betroffenen Pflichtmitgliedern 20-facher, bei bis zu 5000 Pflichtmitgliedern 30facher Regelstreitwert (BSG NZS 1997, 438).
91	**2.**	**Schließung einer Betriebskrankenkasse (§ 153 SGB V); Klage eines Arbeitnehmers gegen die Aufsichtsbehörde**	Auffangstreitwert (BSG NZS 2013, 581).
92	**3.**	**Vereinigung von Krankenkassen (§ 171a SGB V)**	Höchststreitwert (BSG BeckRS 2012, 76436).
93	**4.**	**Genehmigung zur Ermäßigung der Beiträge einer Krankenkasse (§ 220 Abs. 3 SGB V aF)**	Dreifacher Regelstreitwert (LSG BW 9.2.2005 – L 1 A 5378/04 W-B).
94	**5.**	**Genehmigung einer Satzung oder Satzungsänderung (§ 34 Abs. 1 SGB IV)**	
	5.1	Verlegung des Sitzes einer Krankenkasse (§ 195 SGB V iVm Satzung)	Regelstreitwert (LSG Bln-Bbg 9.9.2005 – L 24 B 1038/05 KR ER).

5.2	Genehmigung einer Satzung oder Satzungsänderung **(Beitragsrecht)**	Bei einer bundesweit zuständigen Krankenkasse (§ 195 Abs. 1 SGB V) zehnfacher Regelstreitwert – 50.000 EUR – (BSG NZS 2008, 478) bzw. 500.000 EUR (BSG NZS 2011, 426; NZS 2012, 263) oder 1.000.000 EUR (BSG BeckRS 2013, 71430).	
5.3	Gewährung einer zusätzlichen, nicht durch Gesetz bestimmten **Leistung** an Versicherte durch die Satzung einer Krankenkasse (§ 194 Abs. 1 Nr. 3, § 195 SGB V)	Höhe der aufgewendeten Beitragsmittel – Gruppenversicherungsvertrag für Auslandsreisen – (BSG VersR 2016, 1011) bzw. zehnfacher Regelstreitwert – 50.000 EUR; Leistungen der künstlichen Befruchtung – (BSG NJW 2015, 1903).	
5.4	Anordnung zur Änderung einer Satzung (§ 195 Abs. 2 SGB V)	Auffangstreitwert (SchlHLSG BeckRS 2016, 74883).	
6.	**Aufsichtsverfügung (§§ 89, 90 SGB IV)**		95
6.1	Zuständigkeit der Aufsichtsbehörde (§ 90 SGB IV)	100.000 EUR (BSG NZS 2015, 540).	
6.2	Aufsichtsverfügungen	– Zehnfacher Regelstreitwert, wenn erhebliche Schadensersatzforderungen befürchtet werden (BSG NZS 2008, 89, Veröffentlichung der Vergütung eines Vorstandsmitglieds gem. § 35 Abs. 6 S. 2 SGB IV). – Höchststreitwert nach § 52 Abs. 4 GKG bei Streit über die Rechtmäßigkeit einer Festgeldanlage von 100 Mio. EUR (BSG BeckRS 2009, 62113) sowie über eine Weisung gegenüber der Bundesagentur für Arbeit zur Begleichung von Abrechnungen (BSG BeckRS 2011, 65361).	
7.	**Prüfungsverfügung (§§ 304 ff. SGB III aF, § 107 SGB IV aF; § 18h Abs. 3–8 SGB IV aF iVm dem Schwarzarbeitsbekämpfungsgesetz)**	Auffangstreitwert (BSG BeckRS 2007, 48096).	96
8.	**Sozialversicherungswahl (§§ 45 ff., 57 SGB IV)**	Regelstreitwert (BSG BeckRS 2015, 72989).	97
IV. SGB IV – KSVG; Beitragsrecht			
1.	**Anfrageverfahren (§ 7a SGB IV)**		98
1.1	Klage des Arbeitnehmers	Keine Streitwertfestsetzung, da gerichtskostenfrei nach § 183 SGG	
1.2	Klage des Arbeitgebers	Auffangstreitwert nach wohl hM (BSG BeckRS 2009, 67777; BeckRS 2009, 72915; BeckRS 2014, 66942; BeckRS 2017, 103871; LSG BW AGS 2015, 51; BeckRS 2017, 104864; BayLSG AGS 2016, 87 = BeckRS 2015, 73545; zum Streitstand vgl. *Reyels* jurisPR-SozR 20/2015 Anm. 6), eine Rechtsgrundlage für eine Vervielfältigung des Auffangstreitwerts besteht nicht (BSG BeckRS 2011, 71152; *Berchtold* NZS 2014, 888), jedoch kann dieser bei Verfahren, die mehrere Personen betreffen, mit der Anzahl der Personen multipliziert werden (LSG BW BeckRS 2011, 68035).	
1.3	Klagen sowohl des Arbeitnehmers als auch des Arbeitgebers	Es liegt auch bei Verbindung getrennter Klagen ein einheitlicher Streitgegenstand bei subjektiver Klagehäufung vor (BSG BeckRS 2015, 73497; LSG Bln-Bbg BeckRS 2014, 69126); aA: teilbarer Streitgegenstand und damit objektive Klagehäufung (LSG RhPf NZS 2014, 319; LSG BW BeckRS 2012, 68530, § 183 SGG für Arbeitnehmer und § 197a SGG für Arbeitgeber).	

	1.4	Berechtigung eines Steuerberaters zum Auftreten als Bevollmächtigter	Bei allgemeinem zukunftsgerichteten Begehren Auffangstreitwert und nicht nur kostenrechtlicher Gebührenanspruch (BSG BeckRS 2014, 71499; DStR 2014, 2030).
99	**2.**	**Gesamtsozialversicherungsbeitrag (§ 28d, § 28e SGB IV)**	
	2.1	Geltendmachung einer Beitragsforderung	Höhe der Forderung (BSG 1.6.2006 – B 12 KR 34/05 B; BeckRS 2013, 72227); ggf. ohne Umlagebeträge nach dem AAG: → B V 4.
	2.2	Verpflichtung des Arbeitgebers zur Erteilung einer Ermächtigung zum Einzug des Gesamtsozialversicherungsbeitrags (§ 28a Abs. 7 S. 2 SGB IV)	Auffangstreitwert, da keine Beitragsforderung, sondern die Art und Weise der Beitragszahlung streitig ist (BSG BeckRS 2009, 50055).
100	**3.**	**Betriebsprüfung, Feststellung der Versicherungspflicht, Beitragsforderung (§ 28p SGB IV)**	
	3.1	Klage des Arbeitnehmers	Keine Streitwertfestsetzung, da gerichtskostenfrei nach § 183 SGG.
	3.2	Klage des Arbeitgebers	Höhe der Beiträge, wenn zu Beginn des Verfahrens (§ 40 GKG) auch Beitragsbescheid vorlag (SchlHLSG BeckRS 2015, 72631); wendet sich der Kläger nur gegen die Versicherungspflicht Auffangstreitwert (BSG BeckRS 2009, 50176).
	3.3	Klagen sowohl des Arbeitnehmers als auch des Arbeitgebers	Es liegt auch bei Verbindung getrennter Klagen ein einheitlicher Streitgegenstand bei subjektiver Klagehäufung vor (BSG BeckRS 2015, 73497; LSG Bln-Bbg BeckRS 2014, 69126); aA: teilbarer Streitgegenstand und damit objektive Klagehäufung (LSG RhPf NZS 2014, 319; LSG BW BeckRS 2012, 68530, § 183 SGG für Arbeitnehmer und § 197a SGG für Arbeitgeber).
	3.4	Aufforderung des Arbeitgebers zur Vorlage von Unterlagen	Auffangstreitwert, evtl. zusätzlich das angedrohte Zwangsgeld (LSG BW BeckRS 2012, 75773; BeckRS 2014, 65916).
	3.5	Untersagung der Ausweitung der Betriebsprüfung auf Kunden des Arbeitgebers	Auffangstreitwert (SchlHLSG NZS 2015, 33).
	3.6	Eröffnung des Insolvenzverfahrens; Klage des Insolvenzverwalters als Adressat des Bescheids an Stelle des Arbeitgebers (§ 80 Abs. 1 InsO); Vollstreckungsverbot (§ 210 InsO)	Höhe der Beitragsforderung (BSG NZI 2016, 27 mAnm *Plagemann;* BSG NZS 2017, 276).
101	**4.**	**Säumniszuschlag (§ 24 SGB IV)**	
	4.1	Von der Hauptforderung getrennte Erhebung	Höhe der Forderung (BSG BeckRS 2008, 50153).
	4.2	Erhebung zusammen mit der Hauptforderung	Bei der Höhe des Streitwerts zu berücksichtigen, da nicht zu den Nebenforderungen (§ 43 Abs. 1 GKG) gehörend (BSG AGS 2011, 341 = BeckRS 2010, 70759).
102	**5.**	**Erstattung von Beiträgen (§ 26 SGB IV)**	Keine Streitwertfestsetzung, da gerichtskostenfrei nach § 183 SGG: Der kostenrechtliche Status richtet sich nach dem Status, der nach der ursprünglichen Annahme das Versicherungsverhältnis begründet hatte (BSG BeckRS 2008, 50819).
103	**6.**	**Erlass von Beitragsansprüchen (§ 76 Abs. 3 S. 3 Nr. 3 SGB IV)**	Höhe der Beitragsforderung sowie von etwaigen Vollstreckungskosten und Säumniszuschlägen (BayLSG BeckRS 2010, 69401).
104	**7.**	**Künstlersozialversicherung (KSVG)**	
	7.1	Erfassungsbescheid gegenüber einem Unternehmer nach §§ 23 ff. KSVG	Festgesetzte oder voraussichtlich anfallende Beträge bei einem Zeitraum von unter drei Jahren,

		ansonsten der zu erwartende Betrag der Abgabe in den ersten drei Jahren (BSG BeckRS 2006, 42380); kein Abzug wegen eines evtl. anschließenden Streits über die Betragshöhe (BSG BeckRS 2009, 52432); bei gesondertem Abgabebescheid ohne Entgeltforderung oder bei fehlenden Anhaltspunkten für die Höhe Regelstreitwert (BSG NZS 2012, 905; NZS 2015, 627); eine gesonderte Feststellungsklage zum Nichtbestehen der Abgabepflicht ist nicht streitwerterhöhend (BSG NZS 2015, 266; BeckRS 2015, 67960).	
7.2	Abgabebescheid gegenüber einem Unternehmer	Höhe der festgesetzten Künstlersozialabgabe (BSG BeckRS 2010, 66479; NZS 2017, 238). Keine Erhöhung nach § 42 Abs. 2 S. 1 GKG (wiederkehrende Leistungen), da jahresbezogene einmalige Leistung (BSG BeckRS 2007, 41240).	
7.3	Erfassungs- und Abgabebescheid	Da zwei zu trennende Streitgegenstände Addition der Beträge nach → B IV 7.1, → B IV 7.2, wenn die Regelungszeiträume nicht übereinstimmen (BSG NZS 2014, 948; NZS 2015, 266; BeckRS 2015, 67960; DStR 2016, 178); ansonsten allein Höhe der Beitragsschuld für drei Jahre, da einheitliches Begehren auf Vermeidung der Abgabepflicht (BSG BeckRS 2011, 67723).	
V. SGB V – Krankenversicherung			
1.	**Kostenerstattung (§ 13 Abs. 3 S. 1 SGB V)**	Sonderrechtsnachfolge (§ 56 SGB I) und damit Kostenprivilegierung nach § 183 S. 1 SGG bei laufenden Geldleistungen möglich (BSG NZS 2013, 22; BeckRS 2015, 72722); → A I 1.4.	**105**
2.	**Leistungsaushilfe durch den Arbeitgeber bei Beschäftigung im Ausland (§ 17 SGB V)**	Sowohl bei Klage des Mitglieds bzw. des Familienangehörigen als auch des Arbeitgebers gerichtskostenfrei nach § 183 SGG – Leistungsempfänger – (BSG NZS 2011, 541).	**106**
3.	**Zuschuss zu ambulanten Hospizdiensten (§ 39a Abs. 2 SGB V)**	Gerichtskostenfrei nach § 183 SGG – Träger ist Leistungsempfänger – (BSG BeckRS 2010, 70801).	**107**
4.	**Erstattung von Arbeitgeberaufwendungen bei Entgeltfortzahlung (§§ 1, 9 AAG; bis 31.12.2005: § 10 LFZG)**	Gerichtskostenfrei nach § 183 SGG – Arbeitgeber sind Versicherte – (BSG BeckRS 2006, 40269; NZA-RR 2010, 368; NZA-RR 2012, 429; NZA-RR 2012, 537; NZS 2017, 224); dies gilt auch bei einer Klage des Insolvenzverwalters (BSG NZS 2016, 699).	**108**
5.	**Werbemaßnahmen**		**109**
5.1	Wettbewerb zwischen Krankenkassen	Regelstreitwert, da wirtschaftliches Interesse nicht zu beziffern (LSG RhPf 3.5.2005 – L 1 ER 11/05 KR, MedR 2005, 468 (Ls.); LSG RhPf BeckRS 2009, 61750; NZS 2008, 318; BeckRS 2008, 50263; LSG Saarl 21.6.2006 – L 2 B 5/06 KR; SchlHLSG BeckRS 2009, 64562; LSG Hmb BeckRS 2008, 58339; ThürLSG BeckRS 2012, 66725).	
5.2	Werbemaßnahmen einer Apotheke	Regelstreitwert (LSG RhPf BeckRS 2009, 66635).	
5.3	Untersagung des Betreibens einer Internetseite „Krankenhausnavigator" durch AOK-Bundesverband (§ 212 Abs. 1 SGB V)	Regelstreitwert (LSG Bln-Bbg BeckRS 2014, 70379).	
6.	**Unterstützung der Versicherten bei Behandlungsfehlern (§ 66 SGB V)**	Keine Streitwertfestsetzung, da gerichtskostenfrei nach § 183 SGG (SchlHLSG NZS 2015, 543).	**110**
7.	**Informationspflicht gegenüber Vertragsärzten nach § 73 Abs. 8 S. 1 SGB V**	Auffangstreitwert (SG Osnabrück BeckRS 2012, 67244).	**111**
8.	**Hausarztzentrierte Versorgung (§ 73b SGB V)**		**112**

	8.1	Benennung einer Schiedsperson (§ 73b Abs. 4a SGB V)	Auffangstreitwert (BayLSG 22.2.2010 – L 12 KA 4/10 B ER; LSG Nds-Brem 22.9.2010 – L 3 KA 68/10 B ER; LSG NRW BeckRS 2010, 74607; LSG LSA BeckRS 2011, 65030; LSG Bln-Bbg BeckRS 2011, 69187).
	8.2	Klage gegen den Schiedsspruch	Regelstreitwert je streitigem Abrechnungsquartal (LSG Nds-Brem MedR 2012, 180).
	8.3	Kündigung eines Vertrages über die hausarztzentrierte Versorgung	Höchststreitwert (BayLSG 15.4.2011 – L 12 KA 2/11 B ER).
113	**9.**	**Unterlassungsanspruch eines Leistungserbringers gegenüber der Krankenkasse**	
	9.1	Überprüfung der Voraussetzungen einer spezialisierten ambulanten Palliativversorgung (§ 37b SGB V) durch Einholung eines Gutachtens bei einem Wettbewerber eines Leistungserbringers	Auffangstreitwert für jeden Hauptantrag (SächsLSG BeckRS 2010, 70964).
	9.2	Unterlassen der Behauptung, eine Zulassung liege nicht vor	Auffangstreitwert (LSG NRW BeckRS 2009, 59871).
	9.3	Unterlassen von Äußerungen, bei Krankentransporten (§ 60 Abs. 2 S. 1 Nr. 3 SGB V) bestehe eine Vorabgenehmigungspflicht	Auffangstreitwert für jeden Hauptantrag (SG Berlin BeckRS 2011, 76954).
114	**10.**	**Sonderkündigungsrecht der Mitglieder (§ 175 Abs. 4 S. 5 SGB V), Feststellungsbegehren zwischen Krankenkassen**	Wirtschaftliche Bedeutung der Sache: wie bei → B III 1; Auffangstreitwert bei nur einem betroffenen Mitglied (BSG BeckRS 2007, 46739; BeckRS 2010, 75273) oder bei einem fünfmonatigen Zeitraum (BSG BeckRS 2012, 69357).
115	**11.**	**Streit zwischen Krankenversicherungsträgern über die Zuständigkeit für die Durchführung der Krankenversicherung**	Auffangstreitwert (BSG BeckRS 2014, 73193).
116	**12.**	**Feststellung der Versicherungspflicht durch die Einzugsstelle (Krankenkasse; § 28h SGB IV) bei Streit über ein Beschäftigungsverhältnis (§ 25 Abs. 1 S. 1 SGB III, § 5 Abs. 1 Nr. 1 SGB V, § 1 S. 1 Nr. 1 SGB VI, § 20 Abs. 1 S. 2 Nr. 1 SGB XI)**	
	12.1	Klage des Arbeitnehmers	Keine Streitwertfestsetzung, da gerichtskostenfrei nach § 183 SGG.
	12.2	Klage des Arbeitgebers	Auffangstreitwert (BSG BeckRS 2009, 67777; BeckRS 2009, 72915; BeckRS 2012, 73096; LSG BW AGS 2015, 51), eine Rechtsgrundlage für eine Vervielfältigung des Auffangstreitwerts besteht nicht (BSG BeckRS 2011, 71152; *Berchtold* NZS 2014, 888), jedoch kann dieser bei Verfahren, die mehrere Personen betreffen, mit der Anzahl der Personen multipliziert werden (LSG BW BeckRS 2011, 68035).
	12.3	Klagen sowohl des Arbeitnehmers als auch des Arbeitgebers	Es liegt auch bei Verbindung getrennter Klagen ein einheitlicher Streitgegenstand bei subjektiver Klagehäufung vor (BSG BeckRS 2015, 73497; LSG Bln-Bbg BeckRS 2014, 69126); aA: teilbarer Streitgegenstand und damit objektive Klagehäufung (LSG RhPf NZS 2014, 319; LSG BW BeckRS 2012, 68530, § 183 SGG für Arbeitnehmer und § 197a SGG für Arbeitgeber).
	12.4	Klage eines Versicherungsträgers gegen die Einzugsstelle	Regelmäßig Auffangstreitwert (LSG Bln-Bbg BeckRS 2009, 58721).
117	**13.**	**Auffang-Versicherungspflicht (§ 5 Abs. 1 Nr. 13 SGB V); Klage eines Sozialhilfe-**	Auffangstreitwert (BSG BeckRS 2016, 71763).

	empfängers auf Statusfeststellung und Rechtsmittel des beigeladenen Sozialhilfeträgers		
14.	**Begehren auf Gewährung von Krankenversicherungsschutz; Rechtsmittel des beigeladenen Trägers der privaten Krankenversicherung**	Auffangstreitwert (LSG Bln-Bbg BeckRS 2014, 69614).	118
15.	**Krankenhäuser und Rehabilitationseinrichtungen (§§ 107 ff., 115 ff. SGB V)**		119
15.1	Zulassung von Krankenhäusern und Rehabilitationseinrichtungen (§§ 108 ff. SGB V)	– Überschuss aus den Gesamteinnahmen und den Betriebsausgaben – Gewinn – innerhalb von drei Jahren; Vergleichsberechnung anhand bestehender Einrichtungen gleicher Art und Größe möglich (BSG BeckRS 2005, 43936); bei fehlendem Zahlenmaterial Höchststreitwert (BSG BeckRS 2003, 41946; BeckRS 2012, 75037). – Bei gemeinnützigen Einrichtungen ohne Gewinnerzielungsabsicht je Quartal 4.000 EUR (LSG Bln-Bbg BeckRS 2009, 65439).	
15.2	Begehren der Einrichtung auf Zuweisung von Versicherten	Wie → B V 15.1 (BayLSG BeckRS 2010, 31878).	
15.3	Vergütung von Krankenhausbehandlungen (§ 109 Abs. 4 S. 3 SGB V iVm dem Krankenhausbehandlungsvertrag nach § 112 Abs. 2 Nr. SGB V)	Höhe der Vergütung (BSG NZS 2015, 787).	
15.4	Aufwandspauschale (§ 275 Abs. 1c S. 3 SGB V)	Höhe der Pauschale ohne vorprozessuale Kosten – Nebenforderung, § 43 Abs. 1 GKG – (BSG BeckRS 2015, 70962; BeckRS 2015, 70586; NZS 2017, 145 mAnm *Zieglmeier*).	
15.5	Unterlassung von Mitteilungen gegenüber Versicherten	Auffangstreitwert (SächsLSG BeckRS 2011, 69503).	
15.6	Bestimmung zur ambulanten Behandlung im Krankenhaus (§ 116b Abs. 2 SGB V); defensive Konkurrentenklage	Umsatzeinbuße im Dreijahreszeitraum, evtl. Auffangstreitwert je Quartal für drei Jahre (BSG BeckRS 2011, 77345; NZS 2012, 700; SächsLSG BeckRS 2010, 70135).	
15.7	Ambulantes Operieren (§ 115b SGB V); Schiedsspruch nach § 115b Abs. 3 SGB V	Höchststreitwert (BSG NZS 2014, 438).	
15.8	Landesschiedsstelle (§ 114 SGB V); Festsetzung des Inhalts des Landesvertrags (§ 112 SGB V)	Höchststreitwert (BSG BeckRS 2013, 68456).	
15.9	Mindestmengenregelung (§ 136b Abs. 1 S. 1 Nr. 2 SGB V)	Wirtschaftliches Interesse zur Erbringung von Leistungen unterhalb der Mindestmenge für drei Jahre, evtl. zu erwartender Gewinn zzgl. Gestehungskosten (BSG NZS 2013, 224 mAnm *v. Wolff;* BeckRS 2013, 73680; Höchststreitwert: BSG NZS 2013, 544; NZS 2016, 301).	
16.	**Versorgung mit Heilmitteln (§§ 124, 125 SGB V)**		120
16.1	Zulassung zur Heilmittelabgabe	Auffangstreitwert (BSG BeckRS 2010, 75848; BeckRS 2011, 69282), ebenso bei Erweiterung der Zulassung (LSG BW MedR 2016, 929 mAnm *Braun*).	
16.2	Widerruf der Zulassung (§ 124 Abs. 6 SGB V)	Dreifacher Jahresgewinn (LSG BW BeckRS 2011, 66156).	
16.3	Feststellung des Inhalts eines Rahmenvertrags (§ 125 Abs. 2 SGB V)	Höchststreitwert (BSG BeckRS 2010, 65995).	
16.4	Feststellung der Verpflichtung zur Information über Vertragsänderungen	Auffangstreitwert (LSG BW MedR 2015, 61).	

	16.5	Feststellung, die Schiedsmöglichkeit in Anspruch zu nehmen (§ 125 Abs. 2 S. 4–6 SGB V)	150.000 EUR (BSG NZS 2016, 183).
	16.6	Unterlassung der Aufrechnung von Erstattungsforderungen mit Vergütungsansprüchen	Regelstreitwert (BSG BeckRS 2016, 67163).
121	**17.**	**Versorgung mit Hilfsmitteln (§§ 126 ff. SGB V); Hilfsmittelverzeichnis (§ 139 SGB V)**	
	17.1	Zulassung (§ 126 SGB V idF bis zum 31.3.2007)	Überschuss aus den Gesamteinnahmen und den Betriebsausgaben innerhalb von drei Jahren; Vergleichsberechnung anhand bestehender Praxen gleicher Art und Größe möglich; Abschlag, wenn sich der Anspruch auf einen Zeitraum von weniger als drei Jahren bezieht (BSG BeckRS 2005, 43936).
	17.2	Widerruf der Zulassung zur Abgabe von Hilfsmitteln (§ 126 Abs. 4 SGB V idF bis zum 31.3.2007)	5 % der Bruttoauftragssumme entsprechend § 50 Abs. 2 GKG; bei weit in die Zukunft hineinragenden Genehmigungen für drei Jahre (LSG BW BeckRS 2009, 56530).
	17.3	Abschluss eines Versorgungsvertrages (§ 127 Abs. 2 SGB V)	5 % des erzielbaren Umsatzes entsprechend § 50 Abs. 2 GKG (BSG BeckRS 2010, 69711).
	17.4	Beitritt zu einem Versorgungsvertrag (§ 127 Abs. 2a SGB V)	5 % des erzielbaren Umsatzes entsprechend § 50 Abs. 2 GKG für drei Jahre (SächsLSG BeckRS 2011, 65267; LSG Bln-Bbg BeckRS 2012, 68866; BeckRS 2012, 68907).
	17.5	Kündigung des Versorgungsvertrages (§ 127 SGB V)	(Durchschnittlicher) Jahresumsatz für drei Jahre, bei fehlenden Anhaltspunkten Regelstreitwert (ThürLSG BeckRS 2009, 67362; SächsLSG BeckRS 2009, 52580; HessLSG BeckRS 2010, 70547).
	17.6	Auskunft über den Inhalt des Versorgungsvertrages	Auffangstreitwert (BSG BeckRS 2015, 70232).
	17.7	Aufnahme in das Hilfsmittelverzeichnis (§ 139 SGB V)	Doppelter (BSG NZS 2012, 581) bzw. vierfacher (BSG NZS 2015, 860) Auffangstreitwert für jedes Produkt.
	17.8	Streichung eines Hilfsmittels aus dem Hilfsmittelverzeichnis (§ 139 Abs. 6 S. 5 SGB V)	Auffangstreitwert für jedes Produkt (BSG NZS 2016, 784).
	17.9	Klage des Herstellers gegen das Hilfsmittelverzeichnis	– Änderung einer Produktgruppe: 5 % des durchschnittlichen Jahresumsatzes in einem Zeitraum von zwei Jahren (LSG BW BeckRS 2009, 58702). – Streichung einer Produktuntergruppe: Gewinn in einem Zeitraum von fünf Jahren (LSG BW 15.6.2005 – L 11 KR 1158/05 W-A), hilfsweise mehrfacher Regelstreitwert.
	17.10	Festbeträge für Hilfsmittel (§ 36 SGB V)	50.000 EUR je Produktgruppe (BSGE 112, 201 = BeckRS 2013, 67328).
122	**18.**	**Versorgung mit Haushaltshilfe (§§ 38, 132 SGB V) bzw. häuslicher Krankenpflege (§§ 37, 132a SGB V)**	
	18.1	Vergütungsanspruch des Pflegedienstes	Höhe des Betrags (BSG BeckRS 2016, 71298).
	18.2	Abschluss einer Vergütungsvereinbarung (§ 132 Abs. 1 SGB V)	Kalkulierter Mehrumsatz für drei Jahre (LSG BW BeckRS 2007, 45846).
	18.3	Feststellung der Eignung für die Leitung eines ambulanten Krankenpflegedienstes (§ 132a Abs. 2 SGB V)	Zu schätzender Betrag der künftigen verminderten Einkünfte für drei Jahre (BSG RDG 2007, 105 = BeckRS 2007, 41178).

18.4	Kündigung des Versorgungsvertrags (§ 132a Abs. 2 SGB V)	Gewinn für drei – § 42 Abs. 2 GKG – Jahre (LSG RhPf BeckRS 2009, 69504).	
18.5	Schiedsspruch (§ 132a Abs. 2 S. 6 SGB V)	Regelstreitwert (BSGE 107, 123 = BeckRS 2007, 48426; BSG BeckRS 2016, 73673; BeckRS 2016, 73373).	
19.	**Krankentransportleistungen (§ 133 SGB V)**		123
19.1	Abschluss einer Vergütungsvereinbarung	Dreifacher Betrag der zu erwartenden Einnahmen (LSG Bln-Bbg 27.11.2003 – L 4 B 75/03 KR ER), hilfsweise dreifacher Regelstreitwert.	
19.2	Vergütungsanspruch bei bestehender Vergütungsvereinbarung	Höhe der Vergütung (BSG BeckRS 2012, 68681).	
19.3	Vergütungsanspruch bei fehlender Vergütungsvereinbarung	Dreifacher Jahresbetrag der Einnahmen (SchlHLSG NZS 2015, 384).	
20.	**Richtlinien und Beschlüsse zur Qualitätssicherung (§ 137 SGB V)**		124
20.1	Richtlinie zur Qualitätssicherung der Versorgung von früh- und Neugeborenen (QNeuRL), § 137 Abs. 3 S. 1 Nr. 2 SGB V aF	Umsatz- bzw. Gewinneinbußen, hilfsweise (mehrfacher) Auffangstreitwert (LSG Bln-Bbg BeckRS 2011, 68115; SG Braunschweig BeckRS 2011, 73146).	
21.	**Zulassung strukturierter Behandlungsprogramme (§§ 137g, 137f SGB V)**	Wirtschaftliche Bedeutung, evtl. Höchststreitwert (BSG BeckRS 2011, 76140; BeckRS 2011, 76311).	125
22.	**Benennung von Patientenvertretern im Gemeinsamen Bundesausschuss (§ 140f Abs. 2 SGB V)**	Auffangstreitwert (LSG Bln-Bbg BeckRS 2013, 74708).	126
23.	**Beitragserstattungsanspruch eines Trägers einer Werkstatt für behinderte Menschen (§ 251 Abs. 2 S. 2 SGB V)**	Gerichtskostenfrei nach § 183 SGG – Leistungsempfänger – (BSG NZS 2014, 938; BeckRS 2015, 65357).	127
24.	**Gewährung eines Beitragszuschusses durch den Arbeitgeber eines Beschäftigten (§ 257 SGB V)**	Gerichtskostenfrei nach § 183 SGG – Versicherter und Leistungsempfänger – (BSG BeckRS 2013, 71661).	128
25.	**Arzneimittelabrechnung im Datenträgeraustauschverfahren (§ 300 SGB V)**	Voraussichtliche Kosten der Umstellung des Abrechnungsverfahrens (LSG NRW BeckRS 2006, 40576).	129
26.	**Herausgabe von medizinischen Unterlagen an den MdK (§ 275 SGB V); Auskunftsanspruch**	Stufenklage (§ 44 GKG); → A II 7. – Ist nur der Herausgabe- bzw. Auskunftsanspruch Streitgegenstand, ist ein Abschlag vom Leistungsanspruch vorzunehmen (ein Zehntel des voraussichtlichen Leistungsanspruchs, wenn die fraglichen Verhältnisse schon fast bekannt sind). Der Streitwert kann aber auch deutlich höher liegen und den Wert des Zahlungsanspruchs erreichen, je nachdem in welchem Umfang der Kläger auf die Auskunft angewiesen ist (BSG NZS 2007, 653; BeckRS 2014, 69035; BeckRS 2014, 67310; BeckRS 2015, 65648), darf aber den Zahlungsanspruch nicht übersteigen (BSGE 112, 141 = BeckRS 2013, 67678) – Sind sowohl der Auskunfts- bzw. Herausgabeanspruch und der Zahlungsanspruch Streitgegenstand, ist nur der höhere Anspruch maßgebend (BSG BeckRS 2013, 74262; NZS 2014, 780).	130
27.	**Begehren eines Patienten gegenüber einem Arzt auf Benennung eines weiterbehandelnden Arztes**	Keine Gerichtskostenfreiheit, wenn das Begehren nicht als Versicherter, sondern als Patient erhoben wird, Auffangstreitwert (LSG NRW BeckRS 2008, 53678).	131
28.	**Antrag auf richterliche Gestattung der Durchsuchung der Wohnung (§ 66 Abs. 3**	Zwar Kostenentscheidung nach § 197a SGG hinsichtlich der außergerichtlichen Kosten zu treffen,	132

		S. 1 SGB X iVm dem Landesverwaltungsvollstreckungsgesetz Rheinland-Pfalz)	da jedoch kein Gebührentatbestand nach dem GKG verwirklicht ist, keine Entscheidung über Gerichtskosten (LSG RhPf BeckRS 2008, 50025).
133	**29.**	**Festsetzung eines Festbetrags für Arzneimittel (§ 35 Abs. 3 SGB V)**	
	29.1	Klage des Arzneimittelherstellers	Der zu erwartende Gewinn/Verlust für drei Jahre; bei Schätzung ein Fünftel des zu erwartenden Umsatzes im Dreijahreszeitraum (LSG Bln-Bbg BeckRS 2008, 56084); evtl. Höchststreitwert (BSG PharmR 2011, 109 = BeckRS 2011, 74992).
	29.2	Klage des Versicherten	Gerichtskostenfrei nach § 183 SGG (BSG NZS 2011, 660).
134	**30.**	**Arzneimittelliefervertrag (§§ 129, 129a SGB V)**	Bei Streit über die Lieferungs- und Abrechnungsbefugnis: streitiger Umsatz, evtl. Höchststreitwert (LSG LSA A&R 2010, 288 = BeckRS 2010, 71807); Höhe des streitigen Betrags (LSG BW BeckRS 2016, 72188).
135	**31.**	**Hersteller- und Generikaabschlag (§ 130a SGB V)**	Höhe des streitigen Betrags (BSGE 114, 36 = BeckRS 2013, 74261; BSG A&R 2017, 41 = BeckRS 2016, 75008), bei Feststellung der Abschlagspflicht evtl. Höchststreitwert (BSG PharmR 2016, 94).
136	**32.**	**Vereinbarungen über Erstattungsbeträge für Arzneimittel (§ 130b SGB V)**	
	32.1	Eilantrag auf Untersagung einer Schiedsstellenentscheidung (§ 130b Abs. 4 SGB V)	Höchststreitwert (LSG Bln-Bbg BeckRS 2014, 70323).
	32.2	Anordnung der aufschiebenden Wirkung der Klage gegen Schiedsspruch (§ 130b Abs. 4 S. 5 SGB V)	Hälfte des wirtschaftlichen Interesses, ggf. des Höchststreitwerts (LSG Bln-Bbg BeckRS 2016, 69854; BeckRS 2017, 106086).
137	**33.**	**Fakultativer Finanzausgleich zwischen Betriebskrankenkassen (§ 265a SGB V); Verbandsumlagebescheid**	Höhe des Umlagebetrags (BSG BeckRS 2013, 68755).
138	**34.**	**Zuweisungen aus dem Gesundheitsfonds (§ 266 SGB V); Ausgleich nach der Risikostruktur-Ausgleichsverordnung (§ 17 Abs. 3a, §§ 19, 41)**	Höhe des Betrags bis zum Höchststreitwert (BSG BeckRS 2010, 66914; BeckRS 2014, 73139; NZS 2017, 380).
139	**35.**	**Vergabestreitigkeiten (§§ 116 Abs. 1, 118 Abs. 1 S. 3 GWB)**	
	35.1	Sofortige Beschwerde (§ 116 Abs. 1 GWB)	Keine Festsetzung eines Streitwerts nach dem GKG, da Gerichtsgebühren nicht anfallen (vgl. § 63 Abs. 1 S. 1 GKG), jedoch auf Antrag eines Rechtsanwalts (§ 33 RVG) zum Zwecke der anwaltlichen Gebührenfestsetzung (BSG BeckRS 2009, 72990; BeckRS 2009, 72991; NZBau 2010, 777); dann 5 % der Bruttoauftragssumme (§ 50 Abs. 2 GKG); evtl. Schätzung des Auftragswerts – § 3 ZPO – (LSG MV BeckRS 2009, 44209; BeckRS 2009, 44212).
	VI. SGB V – Vertragsarztrecht		
140	**1.**	**Genehmigung zur Erbringung und Abrechnung von Leistungen außerhalb der Zulassung (§ 72 Abs. 2, § 82 Abs. 1 S. 1 SGB V iVm den Verträgen; ua § 73 Abs. 1 S. 5, §§ 121a, 135 Abs. 2 SGB V)**	Erzielbare Einkünfte für einen Dreijahreszeitraum (LSG NRW BeckRS 2012, 65639), hilfsweise Regelstreitwert (BSG BeckRS 1996, 30760067). Wenn eine Voraussetzung für die Erteilung der Genehmigung (Bestehen eines Kolloquiums) Gegenstand ist: Regelstreitwert (BayLSG BeckRS 2011, 68427).
141	**2.**	**Anstellung eines Arztes in der Vertragsarztpraxis – Entlastungsassistent – (§ 95**	Wie bei → B VI 15.7; zusätzliche Einnahmen aus der Tätigkeit des Assistenten für drei Jahre, es sei

	Abs. 9, § 115, § 98 Abs. 2 Nr. 13 iVm der Zulassungsverordnung)	denn, die Genehmigung bezieht sich auf einen kürzeren Zeitraum. Abzuziehen sind die durchschnittlichen Praxiskosten und das zu zahlende Gehalt des Assistenten (BSG MedR 2007, 202); evtl. Auffangstreitwert (LSG Nds-Brem BeckRS 2011, 68874).	
3.	**Belegarzt (§§ 103 Abs. 7, 121 SGB V)**	Wie bei → B VI 15.7 (SG Marburg BeckRS 2008, 54434; HessLSG BeckRS 2008, 55894, im einstweiligen Rechtsschutz durchschnittliche Zeitdauer eines erstinstanzlichen Klageverfahrens im Vertragsarztrecht; *Wenner/Bernard* NZS 2006, 1 (4)).	**142**
3.1	Zulassung nach § 103 Abs. 7 S. 3 SGB V	Wie bei → B VI 15.8, 15.11 (BSG NZS 2015, 476; LSG Nds-Brem MedR 2009, 338; HessLSG BeckRS 2008, 55894, im einstweiligen Rechtsschutz durchschnittliche Zeitdauer eines erstinstanzlichen Klageverfahrens im Vertragsarztrecht; *Wenner/Bernard* NZS 2006, 1 (4)).	
3.2	Anerkennung nach §§ 39, 40 BMV-Ä	Wie bei → B VI 15.3, 15.8(LSG Bln-Bbg BeckRS 2010, 69858; LSG Nds-Brem MedR 2016, 640 mAnm *Münzel*).	
4.	**Budgetierungsmaßnahmen, Regelleistungsvolumen (§ 87 Abs. 1 S. 1, § 87b Abs. 2, 3 SGB V)**		**143**
4.1	Zuweisung eines Regelleistungsvolumens	Höherer Honoraranspruch, wenn bereits bekannt (BSG BeckRS 2016, 73870), ansonsten 25 vH des Differenzbetrags zwischen dem zugewiesenen und dem begehrten Regelleistungsvolumens (SchlHLSG BeckRS 2017, 132480).	
4.2	Budgeterweiterung	Differenz der Fallpunktzahl im streitigen Zeitraum, hilfsweise für zwei Jahre; dabei ist der Punktwert des letzten vor Klageerhebung abgerechneten Quartals zugrundezulegen (SächsLSG 23.10.2002 – L 1 B 66/02 KA; LSG BW BeckRS 1998, 15572); bei Aufbau- bzw. Jungpraxen Auffangstreitwert – ein Quartal – (LSG BW MedR 2017, 418). Ein Abzug von Praxis- oder Sachkosten ist nicht vorzunehmen (LSG NRW MedR 2018, 110).	
4.3	Budgetüberschreitung	Höhe der Honorarkürzung.	
4.4	Budgetfreistellung	Regelstreitwert.	
4.5	Fallzahlzuwachsbegrenzung (§ 85 Abs. 4 SGB V, Honorarverteilungsmaßstab)	Höhe der Honorarkürzung. Im einstweiligen Rechtsschutzverfahren der prognostizierte Gewinn für ein Kalenderjahr (LSG Bln-Bbg BeckRS 2012, 68916); → B VI 15.3.	
4.6	Begrenzung der Leistungsmenge (Gesamtpunktzahlvolumina) gem. § 44 Bedarfsplanrichtlinie	Höhe der Honorarrückforderung (BSG BeckRS 2017, 102348).	
5.	**Disziplinarmaßnahmen (§ 81 Abs. 5 SGB V iVm der Disziplinarordnung)**		**144**
5.1	Verwarnung, Verweis, Geldbuße	Regelstreitwert zzgl. des Betrages der Geldbuße (BSG BeckRS 2005, 40416; BeckRS 2013, 70500) und einer festgesetzten Verwaltungsgebühr (SG Marburg BeckRS 2011, 68904).	
5.2	Anordnung des Ruhens der Zulassung	Mutmaßlicher Umsatz im Ruhenszeitraum abzgl. der Praxiskosten, Zuschlag von 25 % wegen der Folgewirkungen (ua „Abwandern" von Patienten) (BayLSG BeckRS 1993, 09270).	
5.3	Berichtigung eines Sitzungsprotokolls des Disziplinarausschusses	Auffangstreitwert (LSG Nds-Brem BeckRS 2012, 67055).	

145	6.	**Ermächtigung (§ 98 Abs. 2 Nr. 11 SGB V iVm der Zulassungsverordnung)**	
	6.1	persönliche Ermächtigung von Krankenhausärzten zur Teilnahme an der vertragsärztlichen Versorgung (§ 116 SGB V)	– erzielbare Einnahmen abzgl. der Praxiskosten und Abgaben an das Krankenhaus im streitigen Zeitraum (BSG NZS 1994, 142), – bei Streit über Inhalt bzw. Umfang der erteilten Ermächtigung: Regelstreitwert.
	6.2	Ermächtigung ärztlich geleiteter Einrichtungen (§§ 117 bis 120 SGB V)	Bruttoeinnahmen im streitigen Zeitraum abzgl. der Einnahmen aus erteilten oder zu Unrecht nicht erteilten Ermächtigungen, bei fehlenden Anhaltspunkten über die Einnahmen: pauschaler Abzug von 50 vH (BSG BeckRS 1995, 30759113); bei fehlenden Anhaltspunkten zu dem Umsatz: Regelstreitwert pro Quartal (für zwei Jahre – übliche Ermächtigungsfrist – LSG Nds-Brem BeckRS 2010, 67249; bzw. drei Jahre, LSG Nds-Brem 27.11.2013 – L 3 KA 85/10) bzw. Schätzung – hier 10.000 EUR pro Monat bei vorläufiger Regelung – (LSG NRW 27.5.2009 – L 11 KA 2/09 ER).
	6.3	Konkurrentenklage gegen Ermächtigung	Im Einzelfall zu schätzender Anteil der Umsatzeinbuße der von der Ermächtigung betroffenen Leistungen abzgl. der Praxiskosten (BSG BeckRS 1997, 31037221) für drei Jahre, wenn nicht kürzerer Zeitraum streitig; bei fehlenden Anhaltspunkten für die konkreten Auswirkungen der Ermächtigung für jedes Quartal des Dreijahreszeitraums der Regelwert (BSG BeckRS 2007, 46583; SG Schwerin 30.8.2016 – S 3 KA 18/16 ER); → B VI 15.10.
	6.4	Sofortvollzug einer Ermächtigung (§ 97 Abs. 4 SGB V); Konkurrentenklage	Regelstreitwert (BayLSG MedR 2018, 61).
	6.5	Ermächtigung zur Teilnahme an der vertragspsychotherapeutischen Versorgung	Geschätzter Jahresgewinn für den streitigen – im Regelfall zweijährigen – Zeitraum (BSG 19.7.2006 – B 6 KA 33/05 B).
146	7.	**Gemeinschaftspraxis (§ 98 Abs. 2 Nr. 13a SGB V iVm der Zulassungsverordnung)**	
	7.1	Genehmigung	Schätzung anhand der Einkommensverhältnisse und der Schwierigkeit der Angelegenheit (BSG BeckRS 1984, 05384); evtl. dreifacher Auffangstreitwert (LSG Bln-Bbg NZS 2011, 120).
	7.2	Anordnung der Auflösung	Regelstreitwert (HessLSG BeckRS 2008, 55281).
	7.3	Vergütungsanspruch	Keine Berechnung von Einzelstreitwerten, da Gesellschaft bürgerlichen Rechts (BSG BeckRS 2005, 405).
	7.4	Genehmigung der Verlegung des Vertragsarztsitzes durch den Praxispartner; Klage des verbleibenden Praxispartners	Dreifacher Regelstreitwert (entspr. → B VI 15.12; BSG BeckRS 2002, 30412046).
147	8.	**Gesamtvergütung, Klage der KÄV/KZÄV gegen die Krankenkasse (§ 85 Abs. 1, 2 SGB V)**	Höhe des Zahlungsanspruchs.
148	9.	**Verlangen der Herausgabe von Krankenunterlagen eines Arztes zur Prüfung eines Schadensregresses**	Bei geringem in Betracht kommenden Schadensregress betrag: Hälfte des Regelstreitwertes (LSG BW 25.6.1997 – L 5 Ka 855/97 W-A, Breithaupt 1998, 146); vgl. aber → A I 2.8.
149	10.	**Honorarstreitigkeiten (§ 85 Abs. 4 ff. SGB V)**	
	10.1	Honoraransprüche oder Honorarberichtigungen	– Höhe des geltend gemachten Honorars oder der vorgenommenen Honorarberichtigung (BSG BeckRS 1996, 12474; LSG NRW MedR 2006, 673; BeckRS 2006, 44999) bei Zugrundelegung eines durchschnittlichen oder geschätzten

		Punktwertes (*Wenner/Bernard* NZS 2001, 57 (61)). – bei fehlenden Umsatzzahlen: der angestrebte, dh innerhalb der nächsten Zeit nach objektiven Gesichtspunkten zu erzielende Umsatz abzgl. des Praxiskostenanteils, dabei kann auf die von der Kassenärztlichen Bundesvereinigung veröffentlichten Umsatzzahlen zurückgegriffen werden (LSG NRW MedR 2009, 117).	
10.2	Einheitlicher Bewertungsmaßstab (EBM) (§ 87 Abs. 1 S. 1 SGB V)	Bei Abwertung von Leistungspositionen: Höhe der Honorareinbuße (BSG BeckRS 1996, 30765229; BeckRS 1997, 31038031); wenn nicht konkretisierbar: Regelstreitwert (BSG BeckRS 2009, 50467).	
10.3	Abrechenbarkeit einer Gebührennummer (§ 87 Abs. 1 S. 1 SGB iVm EBM)	Wert der Leistung für ein Jahr (→ B VI 10.4.2).	
10.4	Honorarverteilungsmaßstäbe (HVM) (§ 85 Abs. 4 SGB V)		
10.4.1	Zuordnung zum Honorarfonds der Fachärzte	Höhe der Nachvergütung der streitigen Quartale (SächsLSG 27.1.2005 – L 1 KA 6/04).	
10.4.2	Zuordnung zu anderer Arztgruppe (EBM)	Nachvergütungsbetrag eines Quartals mal vier (ein Jahr; BSG BeckRS 2005, 40500).	
10.4.3	Festsetzung eines Basisvolumens	Honorarverlust für vier Quartale (LSG RhPf 22.6.2009 – L 5 KA 26/09 B), evtl. der vierfache Auffangstreitwert (ein Jahr; LSG RhPf 10.12.2007 – L 5 B 342/07 KA).	
10.5	Praxiskosten	Kein Abzug vom Streitwert (*Wenner/Bernard* NZS 2001, 57 (61)).	
10.6	Fallpunktzahlmenge (§ 85 Abs. 4 ff. SGB V)	Differenz der abgerechneten und der maximal zustehenden Punkte (BSG BeckRS 2000, 30415484; BeckRS 2000, 30415670).	
10.7	Zusätzliches Honorar bei „fachfremder" Behandlung (Überweisungsverbot; zulassungsrelevante Entscheidung) (§ 73 SGB V)	Erzielbare Einnahmen für drei Jahre unter Abzug der Praxiskosten; bei einem Überweisungsverbot unter Abzug der erzielbaren Einnahmen aus dem „Verkauf" an andere Vertragsärzte (BSG BeckRS 1997, 30767514).	
10.8	(unzulässige) vorbeugende Unterlassungsklage gegen Honorarbescheid	Regelstreitwert (LSG Nds-Brem 7.10.2005 – L 3 KA 139/05 ER).	
10.9	Feststellung der Befugnis zur Erbringung und Abrechnung einer Leistung	Höhe des begehrten zusätzlichen Honorars ohne Minderung im Hinblick auf das Feststellungsbegehren (SG Dresden 14.3.2012 – S 18 KR 237/11 ER).	
10.10	Vorlage einer Lebensbescheinigung als Voraussetzung zur Teilnahme an der erweiterten Honorarverteilung	Regelstreitwert (SG Marburg BeckRS 2011, 74979).	
10.11	Einstweilige Anordnung	→ B VI 15.3; Umsatz für ein Jahr (LSG NRW NZS 2010, 704).	
11.	**Schiedswesen, Schiedsamt (§ 89 SGB V); Schiedsverfahren (§ 73b Abs. 4 S. 2, Abs. 4a SGB V)**		150
11.1	Klage gegen Anberaumung eines Termins und Ladung zu einer Sitzung des Schiedsamts	Auffangstreitwert (LSG Hmb 20.11.2008 – L 2 KA 25/08 KL ER).	
11.2	Bestimmung einer Schiedsperson (§ 73 Abs. 4a SGB V)	Auffangstreitwert (SächsLSG BeckRS 2013, 69768).	
11.3	Beanstandungsverfügung eines Schiedsspruchs durch Aufsichtsbehörde	Bei Ersetzung eines Gesamtvertrages zur Gesamtvergütung (§§ 82, 85 SGB V): Wert der Gesamtvergütung, hier Höchststreitwert (HessLSG BeckRS 2010, 74536).	

	11.4	Verhinderung einer Honorarverteilung durch Schiedsspruch (Weitergeltung der früheren günstigeren Honorarverteilung)	50.000 EUR (LSG Nds-Brem 22.12.2004 – L 3 KA 368/04 ER).
	11.5	Begehren eines neuen Vertrags bzw. Schiedsspruchs	Ist das Klagebegehren auf einen neuen Vertrag bestimmten Inhalts gerichtet, Differenz zwischen dem Ergebnis der Schiedsamtsentscheidung und dem geltend gemachten Betrag. Zielt das Begehren auf einen neuen Schiedsspruch mit ungewissem Inhalt, wie bei einem Neubescheidungsantrag, die Hälfte des optimal erlangbaren Betrags. Nur wenn finanziell nicht messbare Grundsatzfragen streitig sind, Regelwert (BSG BeckRS 2009, 54019; Höchststreitwert: LSG Nds-Brem NZS 2013, 199; LSG LSA NZS 2014, 396; BayLSG NZS 2016, 102).
151	**12.**	**Notdienst (§ 75 Abs. 1 S. 2 SGB V iVm der Satzungsregelung der KÄV/KZÄV, § 81 SGB V)**	
	12.1	Abberufung als Vorsitzender der Notdienstkommission	Regelstreitwert (SächsLSG BeckRS 9999, 07486).
	12.2	Befreiung vom Bereitschaftsdienst (Notfalldienst)	Auffangstreitwert (SchlHLSG BeckRS 2008, 57589; HessLSG BeckRS 2008, 55143; LSG Nds-Brem 18.9.2013 – L 3 KA 119/11; SächsLSG BeckRS 2012, 66408; LSG NRW BeckRS 2011, 76077; BayLSG BeckRS 2015, 70704; LSG BW BeckRS 2017, 101418).
	12.3	Eingliederung von Fachärzten in den allgemeinen Notdienst	Regelstreitwert (SG Dresden BeckRS 2009, 54255).
	12.4	Klage auf Teilnahme am Notdienst	zusätzliche Honorarsumme im Quartal für zwei Jahre (LSG Nds-Brem BeckRS 2009, 58684).
	12.5	Fortsetzungsfeststellungsklage betr. die Nichteinteilung zum Notfalldienst	Auffangstreitwert (BSG BeckRS 2016, 71043).
	12.6	Vertretung für den Notfalldienst	Kosten der Vertretung (LSG RhPf 29.8.1977 – L 6 Ka 5/76).
152	**13.**	**Wahl der Vertreterversammlung (§ 80, § 81 Abs. 1 Nr. 2 SGB V iVm der Wahlordnung)**	
	13.1	Wahlanfechtung	Regelstreitwert; mehrfacher Regelstreitwert (§ 39 Abs. 1 GKG), wenn die Besetzung mehrerer Positionen angefochten wird, für die jeweils gesonderte Wahlhandlungen vorgesehen sind. Die Zahl der die Wahlanfechtungen betreibenden Kläger ist ohne Bedeutung (BSG MedR 2007, 502; BeckRS 2015, 72389); → A II 1.3.
	13.2	Verzicht auf die Mitgliedschaft	Auffangstreitwert (LSG Bln-Bbg BeckRS 2016, 104961).
153	**14.**	**Wirtschaftlichkeitsprüfung (§ 106 SGB V)**	
	14.1	Beratung (§ 106 Abs. 1a SGB V)	Regelstreitwert (SG Marburg BeckRS 2014, 65800) bzw. bei Besonderheiten des Einzelfalls ein Viertel des Regelstreitwertes (BayLSG 7.9.1998 – L 12 B 350/97 KA).
	14.2	Bescheidungsantrag bei Honorarkürzung oder Regress	Höhe des Kürzungs- oder des Regressbetrages ohne Abschlag (BSG BeckRS 2005, 42513; NZS 2009, 691; BeckRS 2010, 75394; aA: die Hälfte, HessLSG BeckRS 2007, 45395); dies gilt auch bei einer Klage der Krankenkasse gegen die Ablehnung eines Regresses; keine Herabsetzung, wenn auch Versicherte anderer Kassen betroffen sind, mit Ausnahme einer Einzelfallprüfung (LSG RhPf NZS 2007, 279).

14.3	Honorarkürzung oder Regress	– Höhe des Kürzungs- oder des Regressbetrages (BSG BeckRS 1998, 30415890; BeckRS 2009, 69864; BeckRS 2010, 75394; BeckRS 2016, 68118). – wenn nur eingeschränkte Anfechtung in nicht quantifizierbarem Umfang: Hälfte der Differenz zwischen dem zuerkannten und dem abgerechneten Honorar (LSG Nds-Brem 19.8.2003 – L 3 B 38/03 KA).
14.4	Regress bei Richtgrößenprüfung; Klage einer Krankenkasse	Gesamtbetrag der Honorarkürzung, da die Überwachung der Wirtschaftlichkeit von übergreifendem Interesse für alle Krankenkassen und Verbände ist (LSG RhPf NZS 2007, 279); aA: Höhe des auf die Krankenkasse entfallenden Regressanteils (LSG Bln-Bbg BeckRS 2009, 52928).
14.5	Antrag auf (allgemeine) Prüfung der sachlich-rechnerischen Richtigkeit der Abrechnung einer Gebührenordnungsposition durch Vertragsärzte	Auffangstreitwert (BSG BeckRS 2016, 67215).
14.6	Auszahlung des Honorars; einstweilige Anordnung (Wiederherstellung der aufschiebenden Wirkung, § 85 Abs. 4 S. 6, § 87b Abs. 2 S. 6 SGB V)	Das wirtschaftliche Interesse bemisst sich nach der Dauer des Hauptsacheverfahrens und dem Zinsinteresse (LSG NRW BeckRS 2012, 65585; BeckRS 2017, 105639; aA: ein Viertel des Streitwerts der Hauptsache (LSG RhPf 19.4.2012 – L 7 KA 70/11 B).
15.	**Zulassungsverfahren von Ärzten, Zahnärzten und Psychotherapeuten (§ 95 SGB V iVm den Zulassungsverordnungen nach § 98 SGB V)**	154
15.1	Eintragung in das Arztregister als Vorstufe der Zulassung (§§ 95a, 95c SGB V)	– bei faktischer Vorwegnahme der Zulassung: Höhe der Einnahmen wie bei → B VI 15.7. – iÜ: Höhe der Einnahmen in dem streitigen Zeitraum der Weiterbildung (BSG BeckRS 1997, 30767857).
15.2	Aufnahme in die Bewerberliste für das Gutachterverfahren nach § 12 Abs. 5 Psychotherapie-Vereinbarung	Auffangstreitwert (LSG Bln-Bbg BeckRS 2014, 69784).
15.3	Einstweilige Anordnung	Höhe der Einnahmen (wie bei → B VI 15.7) während der voraussichtlichen Verfahrensdauer von einem Jahr ohne Abschlag (*Wenner/Bernard* NZS 2001, 57 (59); NZS 2003, 568 (571); NZS 2006, 1 (3 f.); LSG Hmb MedR 2011, 825; LSG Bln-Bbg BeckRS 2012, 66350; abw. je Instanz (Hauptsache) ein Jahr, BayLSG BeckRS 2011, 70269; LSG NRW MedR 2011, 527).
15.4	Begehren auf Anordnung der sofortigen Vollziehung eines Zulassungsbeschlusses (§ 97 Abs. 4 SGB V)	Voraussichtliche Honorareinahmen im Zeitraum zwischen dem Zulassungsbeschluss bis zur positiven gerichtlichen Entscheidung (SG Marburg BeckRS 2011, 79266); bei Ablehnung Jahresbetrag des erwarteten Honorars (LSG Bln-Bbg BeckRS 2016, 69137).
15.5	Entziehung der Zulassung	Wie bei → B VI 15.7,wobei auf die konkret erzielten Umsätze zurückgegriffen werden kann (BSG BeckRS 2000, 30414307; 25.9.2005 – B 6 KA 69/04 B), evtl. Regelstreitwert für 12 Quartale (LSG BW BeckRS 2011, 68349); bei einem Laborarzt ist das gesamte Honorar bestehend aus dem Leistungsanteil und den Analysesachkosten zu berücksichtigen (LSG NRW MedR 2009, 241).
15.6	Sofortvollzug einer Entziehung der Zulassung (§ 97 Abs. 4 SGB V)	In den letzten vier Quartalen erwirtschaftete Honorare abzgl. der Praxiskosten (LSG Nds-Brem MedR 2016, 557).

15.7	Erstzulassung	– Höhe der bundesdurchschnittlichen Umsätze der Arztgruppe (in den neuen Bundesländern: Durchschnitt dieser Länder) abzgl. des durchschnittlichen Praxiskostenanteils in einem Zeitraum von drei Jahren (BSG BeckRS 2005, 43112; MedR 2006, 236); abzustellen ist auf die Werte des Jahres, in dem der jeweilige Rechtszug eingeleitet worden ist, hilfsweise auf die jeweils zeitnächsten verfügbaren Daten (BSG 25.9.2005 – B 6 KA 69/04 B) – bei fehlenden Daten bzgl. Umsätzen und Praxiskostenanteilen: Rückgriff auf durchschnittliche Werte aller Arztgruppen (BSG MedR 2006, 236) – bei fehlenden Daten bzgl. Praxiskostenanteilen: Rückgriff auf einen „pauschalgegriffenen Kostensatz" von 50 vH (BSG MedR 2006, 236) – Unterschreiten des „Berechnungszeitraums" von drei Jahren möglich, wenn kürzere Tätigkeit zu erwarten ist (BSG BeckRS 2000, 30410060) – in einem atypischen Fall, in welchem die durchschnittlichen Umsätze der Arztgruppe dem wirtschaftlichen Interesse des Arztes nicht annähernd entsprechen, ist für jedes Quartal des Dreijahreszeitraums der Regelwert ohne Abzug von Praxiskosten anzusetzen (BSG NZS 2007, 560; LSG RhPf MedR 2010, 712 (Ls.)).
15.8	Erteilung einer weiteren Zulassung	Mehreinnahmen innerhalb eines Zeitraumes von drei Jahren (BSG 11.11.2005 – B 6 KA 12/05 B).
15.9	Erhalt von zwei vollen Versorgungsaufträgen durch Verlegung eines Teils der ärztlichen Tätigkeit an einen anderen Ort	Auffangstreitwert (BSG BeckRS 2011, 69305).
15.10	Konkurrentenklage gegen Zulassung	Wie bei → B VI 15.7; bei einem offenen Ausgang des Auswahlverfahrens jedoch nur ein Drittel des vollen Zulassungsinteresses (SchlHLSG MedR 2007, 745; die Hälfte: LSG Hmb BeckRS 2015, 67362; wenn Interesse nicht zu beziffern: 60.000 EUR – Auffangstreitwert für 12 Quartale –, BSG BeckRS 2011, 75556; LSG NRW MedR 2011, 428; LSG RhPf BeckRS 2013, 65175, Rücknahme des Ausschreibungsantrags); aA bei Praxisübernahme: Durchschnittsumsatz in der Arztgruppe ohne Abzug von Praxiskosten (*Wenner/Bernard* NZS 2001, 57 (60)).
15.11	Nebenbestimmungen zu einer Zulassung (Bedingung)	Wie bei → B VI 15.7.
15.12	Verlegung des Arztsitzes (§ 24 Abs. 7 Ärzte-ZV)	Dreifacher Regelstreitwert (*Wenner/Bernard* NZS 2001, 57 (60); LSG Bln-Bbg BeckRS 2013, 74167).
15.13	Weiterführung von Behandlungen nach Versagung der Zulassung zur vertragspsychotherapeutischen Versorgung	Zu erwartendes Honorar (BSG 8.4.2005 – B 6 KA 52/04 B).
15.14	Zweigpraxis (§ 24 Abs. 3 Ärzte-ZV)	Dreifacher Regelstreitwert (*Wenner/Bernard* NZS 2003, 568 (572); HessLSG BeckRS 2009, 50282; LSG RhPf BeckRS 2010, 70712; LSG BW BeckRS 2014, 67433); aA: 60.000 EUR – Auffangstreitwert für 12 Quartale –, jedoch auch Berücksichtigung des angebotenen Zeitkontingentes sowie von Art und Umfang der ärztlichen Leistungen (LSG NRW BeckRS 2010, 66809; MedR 2011, 428; BeckRS 2016, 72749).
15.15	Erteilung einer Nebentätigkeitsgenehmigung als Konsiliararzt	Voraussichtliche Honorareinnahmen für drei Jahre abzgl. der Betriebskosten (LSG NRW BeckRS 2009, 59753).

16.	**Medizinisches Versorgungszentrum (§ 95 SGB V)**		155
16.1	Genehmigung zur Anstellung eines Arztes (§ 95 Abs. 2 S. 7 SGB V)	In Anlehnung an → B VI 15.8: Regelstreitwert pro Quartal für drei Jahre (60.000 EUR), ggf. multipliziert mit der Anzahl der betroffenen Vollzeitstellen (LSG RhPf BeckRS 2011, 75269; SächsLSG BeckRS 2016, 67241; BeckRS 2016, 69937).	
16.2	Zulassung	Wie → 16.1, SG Karlsruhe MedR 2011, 831; SG Marburg NZS 2014, 556).	
16.3	Nachbesetzung einer Arztstelle (§ 103 Abs. 4a S. 3 SGB V)	Höhe des mit dem Arzt vereinbarten Gehalts im streitigen Zeitraum (LSG BW BeckRS 2011, 67734).	
16.4	Entziehung der Zulassung (§ 95 Abs. 6 SGB V)	In Anlehnung an → B VI 15.5: Honorarumsätze eines Jahres abzgl. der Praxiskosten (SG Berlin BeckRS 2010, 65148; LSG Bln-Bbg MedR 2010, 439).	
16.5.	Befreiung vom Bereitschaftsdienst (Notfalldienst)	In Anlehnung an → B VI 12.2: Auffangstreitwert (SächsLSG BeckRS 2012, 66408).	
16.6	Kosten für die Teilnahme an einer erweiterten Honorarverteilung	Durchschnittliche Kosten je beschäftigten Arzt für drei Jahre (SG Marburg BeckRS 2009, 69195).	
16.7	Herausgabe einer Bürgschaftserklärung (§ 95 Abs. 2 S. 6 SGB V)	Auffangstreitwert (SG Hannover BeckRS 2015, 71899).	
17.	**Praxisübernahme; Nachbesetzung (§ 103 Abs. 4 SGB V)**		156
17.1	Praxisveräußerung ohne Zulassungsbegehren	Kaufpreis (LSG Berlin BeckRS 1997, 15388; BSG BeckRS 2008, 53926).	
17.2	Antrag auf zusätzliche Zulassung bei angestrebtem Praxisverkauf	Siehe Erstzulassung (→ B VI 15.7), da ausschließlich Zulassungsstreit (LSG BW BeckRS 1999, 31389880).	
17.3	Begehren auf Durchführung des Ausschreibungsverfahrens mit Zulassungsbegehren	Regelwert für zwölf Quartale, da Ähnlichkeit mit einer Zulassungsstreitigkeit (BSG MedR 2008, 305).	
17.4	Anordnung der sofortigen Vollziehung eines Zulassungsbeschlusses im Nachbesetzungsverfahren	Honorarumsätze abzgl. der Praxiskosten für die (voraussichtliche) Dauer des Widerspruchsverfahrens (SG Marburg BeckRS 2011, 79130).	
17.5	Anstellungsgenehmigung (§ 103 Abs. 4b SGB V)	In Anlehnung an → B VI 15.8: Regelstreitwert pro Quartal für drei Jahre (SG Marburg BeckRS 2016, 67311).	
18.	**Substitutionsbehandlung**		157
18.1	Erteilung einer Abrechnungsgenehmigung	Auffangstreitwert (SG Marburg MedR 2014, 806 (Ls.)).	
18.2	Anordnung der KÄV auf Beendigung der Substitutionsbehandlung eines Versicherten durch einen Vertragsarzt („Substitutionsrichtlinie", § 92 Abs. 1 S. 2 Nr. 5, § 135 SGB V)	Auffangstreitwert; auf den Umfang einer erst beabsichtigten Honorarrückforderung kann nicht abgestellt werden (HessLSG BeckRS 2009, 59860); Auffangstreitwert auch bei Begehren um Honorierung von Leistungen nach Anordnung der sofortigen Vollziehung bis zu deren Aufhebung (BSG MedR 2013, 826).	
18.3	Ankündigung einer Qualitätsprüfung, Aufforderung zur Vorlage von Behandlungsdokumentationen (§ 136 Abs. 2 SGB V, Qualitätsprüfungs-Richtlinie Vertragsärztliche Versorgung)	Auffangstreitwert (LSG Bln-Bbg BeckRS 2011, 76797).	
19.	**Richtlinien des Gemeinsamen Bundesausschusses (§ 92 SGB V)**		158
19.1	Arzneimittel-RL	Bei Antrag auf Unterlassung einer bestimmten Interpretation durch den GBA: erwartete Gewinneinbuße für ein Jahr (LSG Bln-Bbg BeckRS 2010, 73943).	

159	**20.**	**Abschluss eines Individualrabattvertrages mit einem zahntechnischem Labor (§§ 57 Abs. 2, 88 Abs. 2 SGB V)**	Auffangstreitwert (BSG NZS 2016, 196; LSG Nds-Brem NZS 2015, 304).
	VII. SGB VI – Rentenversicherung		
160	1	**Betriebsprüfung, Feststellung der Versicherungspflicht (§ 28p SGB IV)**	
	1.1	Klage des Arbeitnehmers	Keine Streitwertfestsetzung, da gerichtskostenfrei nach § 183 SGG.
	1.2	Klage des Arbeitgebers	Höhe der Beiträge, wenn zu Beginn des Verfahrens (§ 40 GKG) auch Beitragsbescheid vorlag (SchlHLSG BeckRS 2015, 72631); wendet sich der Kläger nur gegen die Versicherungspflicht Auffangstreitwert (BSG BeckRS 2009, 50176).
	1.3	Klagen sowohl des Arbeitnehmers als auch des Arbeitgebers	Es liegt auch bei Verbindung getrennter Klagen ein einheitlicher Streitgegenstand bei subjektiver Klagehäufung vor (BSG BeckRS 2015, 73497; LSG Bln-Bbg BeckRS 2014, 69126); aA: teilbarer Streitgegenstand und damit objektive Klagehäufung (LSG RhPf NZS 2014, 319; LSG BW BeckRS 2012, 68530, § 183 SGG für Arbeitnehmer und § 197a SGG für Arbeitgeber).
	1.4	Aufforderung des Arbeitgebers zur Vorlage von Unterlagen	Auffangstreitwert, evtl. zusätzlich das angedrohte Zwangsgeld (LSG BW BeckRS 2012, 75773; BeckRS 2014, 65916).
	1.5	Aufforderung des Arbeitgebers zur Abgabe einer Meldung (§ 28a SGB IV)	Auffangstreitwert (LSG BW BeckRS 2016, 72951).
	1.6	Untersagung der Ausweitung der Betriebsprüfung auf Kunden des Arbeitgebers	Auffangstreitwert (SchlHLSG NZS 2015, 33).
161	**2.**	**Anfrageverfahren (§ 7a SGB IV)**	
	2.1	Klage des Arbeitnehmers	Keine Streitwertfestsetzung, da gerichtskostenfrei nach § 183 SGG.
	2.2	Klage des Arbeitgebers	Auffangstreitwert nach wohl hM (BSG BeckRS 2009, 67777; BeckRS 2009, 72915; BeckRS 2014, 66942; BeckRS 2017, 103871; LSG BW BeckRS 2014, 72405; BeckRS 2017, 104864; BayLSG AGS 2016, 87 = BeckRS 2015, 73545; zum Streitstand *Reyels* jurisPR-SozR 20/2015 Anm. 6), eine Rechtsgrundlage für eine Vervielfältigung des Auffangstreitwerts besteht nicht (BSG BeckRS 2011, 71152; *Berchtold* NZS 2014, 888), jedoch kann dieser bei Verfahren, die mehrere Personen betreffen, mit der Anzahl der Personen multipliziert werden (LSG BW BeckRS 2011, 68035).
	2.3	Klagen sowohl des Arbeitnehmers als auch des Arbeitgebers	Es liegt auch bei Verbindung getrennter Klagen ein einheitlicher Streitgegenstand bei subjektiver Klagehäufung vor (BSG BeckRS 2015, 73497; LSG Bln-Bbg BeckRS 2014, 69126); aA: teilbarer Streitgegenstand und damit objektive Klagehäufung (LSG RhPf NZS 2014, 319; LSG BW BeckRS 2012, 68530, § 183 SGG für Arbeitnehmer und § 197a SGG für Arbeitgeber).
	2.4	Berechtigung eines Steuerberaters zum Auftreten als Bevollmächtigter	Bei allgemeinem zukunftsgerichteten Begehren Auffangstreitwert und nicht nur kostenrechtlicher Gebührenanspruch (BSG BeckRS 2014, 71499; DStR 2014, 2030).
162	**3.**	**Rückzahlung von Rentenleistungen (§ 118 Abs. 3, 4 SGB VI)**	
	3.1	Rücküberweisungsanspruch gegenüber dem Geldinstitut (§ 118 Abs. 3 SGB VI)	Höhe des Betrags (vgl. zB BSG NZS 2010, 102; BeckRS 2016, 69346).

3.2	Rückforcerungsanspruch gegenüber Empfängern, Verfügenden und Erben (§ 118 Abs. 4 SGB VI)	Keine Kostenprivilegierung nach § 183 SGG, Höhe des Betrags (BSG NZS 2013, 145; NJW 2017, 1134; BeckRS 2014, 71657, Erbe ist kein Sonderrechtsnachfolger; aA SächsLSG BeckRS 2012, 75744).	
4.	**Befreiung von der Versicherungspflicht**	Keine Streitwertfestsetzung, da gerichtskostenfrei nach § 183 SGG (LSG RhPf BeckRS 2005, 40485; LSG Hmb BeckRS 2005, 41976).	163
5.	**Rücknahme eines Rentenbescheides und Erstattungsbegehren (§§ 45, 50 SGB X); Tod des Leistungsempfängers**	Bzgl. der Rücknahme eines Rentenbewilligungsbescheides gegenüber dem Leistungsempfänger Kostenprivilegierung der Hinterbliebenen als Sonderrechtsnachfolger (§ 183 S. 1 SGG) möglich, aber nicht hinsichtlich der Erstattungsforderung, insoweit gilt § 197a SGG – kein fälliger Geldleistungsanspruch, außerdem gegen den Berechtigten – (BSG NZS 2013, 718; BeckRS 2016, 73011).	164
6.	**Nachversicherung (§ 233 SGB VI)**	Auffangstreitwert, wenn allein die Erhebung der Verjährungseinrede Streitgegenstand ist (BSG BeckRS 2012, 75741).	165
VIII. SGB VII – Unfallversicherung		Vgl. allg. *Becker/Spellbrink* NZS 2012, 283 ff.)	
1.	**Anfechtung der Wahl der Vertreterversammlung (§ 46, § 57 SGB IV)**	Regelstreitwert (LSG BW 6.8.2004 – L 7 U 3170/04 W-A); → B VI 13.1.	166
2.	**Beitragsforderung (§ 150, § 168 SGB VII); Gefahrtarif, Gefahrklassen (§§ 157 ff. SGB VII)**		167
2.1	Veranlagungsbescheid bei noch bestehender Mitgliedschaft	– Bei Streit um die Veranlagung dem Grunde nach: Die im Zeitpunkt der Antragstellung (§ 40 GKG) bezifferbare Beitragslast (BSG 8.9.2009 – B 2 U 113/09 B); bei Nichtfeststellbarkeit der erstrebten Beitragsersparnis: einfacher Auffangstreitwert (BSG BeckRS 2011, 70011). – Bei Streit um die Höhe der Veranlagung: Grundsätzlich die Differenz zwischen dem geforderten und dem bei einem Erfolg der Klage zu erwartenden Beitrag (BSG BeckRS 2013, 70582; BeckRS 2016, 111500; ggf. Anhebung gem. § 52 Abs. 3 S. 2 GKG); bei Nichtfeststellbarkeit der erstrebten Beitragsersparnis: einfacher Auffangstreitwert (*Becker/Spellbrink* NZS 2012, 283 ff.; BayLSG NZS 2015, 758).	
2.2	Veranlagungsbescheid bei beendeter Mitgliedschaft	Ausschließlich die Höhe der Beitragsforderung (BSG BeckRS 2011, 75487; BeckRS 2015, 71422).	
2.3	Beitragsbescheid	Höhe der Forderung (BSG BeckRS 2009, 74251; BeckRS 2010, 66156; BeckRS 2013, 73740).	
2.4	Beitragszuschlag (§ 162 SGB VII); Akteneinsicht	Auffangstreitwert (BSG NZS 2013, 639).	
3.	**Mitgliedschaft bei Berufsgenossenschaft (§§ 121 ff., § 136 SGB VII); Zuständigkeitsstreit; Überweisung zu einem anderen Träger**	Bei Nichtfeststellbarkeit der erstrebten Beitragsersparnis: einfacher Auffangstreitwert (BSG BeckRS 2017, 109289; BeckRS 2011, 70011; NVwZ-RR 2012, 656; LSG BW BeckRS 2017, 105769; *Becker/Spellbrink* NZS 2012, 283 ff.); aA Dreifacher Jahresbeitrag des Unfallversicherungsträgers, gegen dessen Zuständigkeit sich der Kläger wendet, mindestens vierfacher Auffangstreitwert (LSG BW BeckRS 2016, 67058; NZS 2017, 501, unter Bezug auf BSG 28.2.2006 – B 2 U 31/05 R).	168
4.	**Versicherungspflicht als Unternehmer (§ 2 SGB VII)**		169

	4.1	Feststellung der (Mit-)Unternehmereigenschaft eines Beigeladenen; Klage des Unternehmers	Auffangstreitwert (BSG NZS 2009, 168).
	4.2	Gleichzeitiger Streit um Versicherungspflicht und Beitragspflicht	Höhe der Beiträge, hilfsweise der einfache Auffangstreitwert; keine Kostenprivilegierung, da nicht nur der Status als Versicherter maßgebend ist, sondern sich der Kläger auch gegen die Erhebung von Beiträgen gegenüber ihm als Unternehmer wendet (BSG BeckRS 2008, 51799; BeckRS 2012, 69719; *Köhler* SGb 2008, 76 ff. mwN; LSG Bln-Bbg BeckRS 2009, 50096; LSG Nds-Brem BeckRS 2010, 72179); aA, wegen der Identität des beitragspflichtigen Unternehmers mit dem Versicherten gerichtskostenfrei nach § 183 SGG (SächsLSG 2.5.2005 – L 2 B 236/04 U/LW/ER; BeckRS 2009, 58356; LSG BW BeckRS 2009, 54300; BayLSG NZS 2006, 445; NZS 2017, 346).
170	**5.**	**Beschränkung der Haftung gegenüber Versicherten, ihren Angehörigen und Hinterbliebenen (§§ 104 ff. SGB VII)**	
	5.1	Klage des in der Haftung beschränkten Unternehmers bzw. Haftpflichtversicherers auf Feststellung eines Versicherungsfalles (§§ 109, 108, 104 SGB VII)	Auffangstreitwert (BSG NZA 2008, 344; BeckRS 2012, 66905; NZS 2017, 155; LSG BW BeckRS 2014, 70841).
	5.2	Klage eines potentiell nach §§ 105, 106, 109 SGB VII haftungsprivilegierten Versicherten	Kostenprivilegierung als Versicherter (BSG BeckRS 2016, 72945).
	5.3	Feststellung des Umfangs der von dem Unfallversicherungsträger dem Versicherten erbrachten Leistungen gegenüber dem Dritten	Höhe der Leistungen (BSG NZS 2012, 54).
	IX. SGB XI – Pflegeversicherung		
171	**1.**	**Zulassung zur Pflege durch Versorgungsvertrag (§ 72 SGB XI)**	Der voraussichtliche Jahresgewinn aus drei Jahren, wenn die Zulassung für mindestens drei Jahre streitig ist (BSG RDG 2009, 29 = BeckRS 2008, 57386; BayLSG BeckRS 2011, 70069).
172	**2.**	**Verantwortliche Pflegefachkraft (§ 71 Abs. 2 Nr. 1, Abs. 3 SGB XI)**	
	2.1	Feststellungsklage hinsichtlich der Anforderungen	Bei angestrebter Zusammenlegung von Heim-und Pflegedienstleitung: dreifacher Jahresbetrag für die Beschäftigung einer zusätzlichen verantwortlichen Pflegefachkraft (BSG NZS 2010, 334).
	2.2	Klage auf Anerkennung als verantwortliche Pflegefachkraft	Regelstreitwert (BSG RDG 2011, 299 = BeckRS 2011, 75545).
173	**3.**	**Kündigung des Versorgungsvertrages eines Pflegedienstes (§ 74 SGB XI)**	Auf Grund der gravierenden finanziellen Folgen einer Zulassungsentziehung der dreifache Jahresumsatz (BSG RDG 2009, 29 = BeckRS 2008, 57386; BayLSG BeckRS 2011, 33940) bzw. erzielbare Einnahmen für drei Jahre (HessLSG BeckRS 2009, 64673; LSG Bln-Bbg RDG 2007, 64 = BeckRS 2009, 62510); aA: dreifacher Jahresgewinn in Anlehnung an § 42 Abs. 2 GKG (LSG RhPf BeckRS 2011, 68363).
174	**4.**	**Klage auf Zustimmung zur gesonderten Berechnung von Aufwendungen der Pflegeeinrichtung (§ 82 Abs. 3 SGB XI)**	Der dreifache Jahresbetrag der wiederkehrenden Leistungen (§ 42 Abs. 2 GKG) je Pflegetag und Heimbewohner unter Berücksichtigung des Auslastungsgrades (LSG LSA BeckRS 2011, 75141; nachfolgend BSG BeckRS 2012, 66843).

5.	**Schiedsspruch zur Vergütung von Pflegeleistungen (§ 85 Abs. 5 SGB XI)**		175
5.1	Ambulante Pflegeleistungen (§ 89 Abs. 3 S. 4, § 85 Abs. 5 SGB XI)	Regelstreitwert (BSG 29.1.2009 – B 3 P 8/07 R –; 17.12.2009 – B 3 P 3/08 R –).	
5.2	Stationäre Pflegeleistungen (§ 84 Abs. 4, § 87 S. 3, § 87b Abs. 1 S. 1, § 85 Abs. 5 SGB XI)	Wirtschaftliche Bedeutung: Differenz zwischen der geforderten Vergütung/ dem Angebot der Pflegekassen und dem Schiedsspruch sowie dessen Auswirkungen auf das wirtschaftliche Ergebnis im vom Schiedsspruch umfassten Zeitraum (BSG BeckRS 2009, 67337; NZS 2013, 265; BeckRS 2009, 67135; NZS 2012, 343, ohne Abschlag wegen des Begehrens auf Neubescheidung; LSG NRW BeckRS 2009, 53598; BeckRS 2009, 61360); evtl. Anhebung nach § 52 Abs. 3 S. 2 GKG (BSGE 122, 249 = BeckRS 2017, 108647).	
6.	**Pflegesatzvereinbarung; Auskunftsklage zur Vorbereitung einer Zahlungsklage (§§ 82 ff. SGB XI)**	Grad der Abhängigkeit der Durchsetzbarkeit der Ansprüche von der Auskunft, idR ein Fünftel des Zahlungsanspruches (SchlHLSG 14.10.2005 – L 3 P 4/05); → A II 7, 8.	176
7.	**Zahlung des Anerkennungsbetrages nach § 87a Abs. 4 SGB XI**	Höhe des Betrags (BSG NZS 2016, 66).	177
8.	**Pflegestützpunkt (§ 92c SGb XI idF bis 31.12.2015, § 7c SGB XI idF ab 1.1.2016)**	Bei Widerrufs- und Erstattungsbescheid Höhe des Erstattungsbetrags (LSG BW BeckRS 2016, 110037).	178
9.	**Ergebnisse von Qualitätsprüfungen (§ 115 SGB XI)**		179
9.1	Untersagung der Veröffentlichung eines Pflegetransparenzberichtes (§ 115 Abs. 1a SGB XI)	Voller Auffangstreitwert auch im Verfahren nach § 86b SGG (§ 53 Abs. 2 Nr. 4, § 52 Abs. 2 GKG; SächsLSG BeckRS 2010, 67886; LSG Bln-Bbg MMR 2010, 643; NZS 2014, 30; LSG LSA BeckRS 2011, 77998; LSG Nds-Brem BeckRS 2011, 75460).	
9.2	Beseitigung der Veröffentlichung eines Pflegetransparenzberichtes (§ 115 Abs. 1a SGB XI)	Voller Auffangstreitwert auch im Verfahren nach § 86b SGG (§ 53 Abs. 2 Nr. 4, § 52 Abs. 2 GKG; LSG Bln-Bbg BeckRS 2012, 73354, doppelter Auffangstreitwert, wenn auch Untersagung künftiger Veröffentlichung Gegenstand)	
9.3	Maßnahmenbescheid nach § 115 Abs. 2 SGB XI	Multiplikation des Auffangstreitwerts mit der Anzahl der Maßnahmen (LSG Bln-Bbg BeckRS 2009, 66835; BeckRS 2010, 73316; BeckRS 2013, 72485; NZS 2014, 910) bzw. der Maßnahmekomplexe (LSG NRW BeckRS 2010, 69872; NZS 2012, 506); aA Auffangstreitwert, auch wenn mehrere Maßnahmen festgelegt wurden (SG Hildesheim 29.7.2009 – S 51 P 41/09 ER; *van der Ploeg* NZS 2011, 212 unter Bezug auf LSG Nds-Brem 21.1.2010 – L 15 P 69/09 B).	
10.	**Beitragserstattungsanspruch eines Trägers einer Werkstatt für behinderte Menschen (§ 59 Abs. 1 S. 1 SGB XI iVm § 251 Abs. 2 S. 2 SGB V)**	Keine Streitwertfestsetzung, da gerichtskostenfrei nach § 183 SGG – Leistungsempfänger – (BSG BeckRS 2015, 65357).	180
11.	**Private Pflegeversicherung**	Für Versicherte gilt die Kostenprivilegierung des § 183 SGG (BSG BeckRS 2004, 40611; NZS 2008, 211); § 183 S. 1 SGG ist entsprechend anzuwenden bei dem Übergang von Ansprüchen im Wege der Gesamtrechtsnachfolge auf den Ehegatten (BSG VersR 2007, 1074 = BeckRS 2006, 44763).	181
X. SGB XII – Sozialhilfe			
1.	**Abschluss von Vereinbarungen mit Einrichtungen (§§ 75 ff. SGB XII)**		182

1.1	Leistungs- und Prüfungsvereinbarung (§ 75 Abs. 3 S. 1 Nr. 1, 3 SGB XII)	Auffangstreitwert, keine Berücksichtigung einer möglichen höheren Vergütung (LSG Nds-Brem 19.12.2006 – L 8 B 37/06 SO; LSG Bln-Bbg BeckRS 2016, 66729).
1.2	Vergütungsvereinbarung (§ 75 Abs. 3 S. 1 Nr. 2 SGB XII)	Gewinn bzw. Mindereinnahmen innerhalb von drei Jahren, wenn kein kürzerer Zeitraum streitig ist. Maßgebend sind die Pflegeplätze, die mit Personen belegt sind, für die der Sozialhilfeträger eintrittspflichtig ist (LSG Saarl BeckRS 2009, 50040).
183 **2.**	**Entscheidungen der Schiedsstelle (§§ 77, 80 SGB XII)**	
2.1	Begehren einer höheren Vergütung	Differenz der begehrten zu der festgelegten Vergütung im Vergütungszeitraum (BSG NVwZ-RR 2015, 740; BeckRS 2014, 67050; BeckRS 2016, 66777; HessLSG BeckRS 2011, 69776; kein Abschlag bei isolierter Anfechtungsklage: LSG MV BeckRS 2012, 75222; LSG Bln-Bbg BeckRS 2016, 114055).
2.2	Anordnung der sofortigen Vollziehung eines Beschlusses der Schiedsstelle	Dreifacher Jahreswert der Vergütungsdifferenz, da Fortgeltung der Vereinbarung nach § 77 Abs. 2 S. 4 SGB XII (LSG NRW BeckRS 2017, 100241).
184 **3.**	**Erteilung einer Auskunft über die Einkommens- und Vermögensverhältnisse (§ 117 SGB XII)**	Auffangstreitwert ohne Abschlag, da § 52 Abs. 2 GKG dies nicht vorsieht (BSG BeckRS 2012, 70325; BeckRS 2013, 66096; BeckRS 2017, 103776).
185 **4.**	**Anspruchsübergang nach dem Tod des Leistungsberechtigten (§ 19 Abs. 6 SGB XII)**	Es gilt die Kostenprivilegierung des § 183 SGG für den, der dieses Recht geltend macht (BSG BeckRS 2008, 56898; NVwZ-RR 2011, 288; BeckRS 2012, 68265).
186 **5.**	**Erstattungsanspruch des Nothelfers (§ 25 SGB XII)**	Kostenprivilegierung (§ 183 SGG), da Fortwirkung des ursprünglichen Sozialhilfeanspruchs des Leistungsberechtigten (BSG BeckRS 2008, 54265; BeckRS 2009, 72480; BeckRS 2014, 65253; MedR 2014, 522; BeckRS 2014, 66189); evtl. dann keine Kostenprivilegierung, wenn offensichtlich kein Anspruch (LSG Nds-Brem BeckRS 2016, 69526).
187 **6.**	**Heranziehung zu einem Kostenbeitrag gem. § 92 Abs. 1 S. 2 SGB XII und § 92a SGB XII**	
6.1	Gegenüber dem Leistungsberechtigten	Kostenprivilegierung (§ 183 SGG)
6.2	Gegenüber den anderen in § 19 Abs. 3 SGB XII (§ 92 Abs. 1 SGB XII) oder § 92a Abs. 1 SGB XII genannten Personen	Keine Kostenprivilegierung (BSG BeckRS 2016, 70956; → A II 8); aA: entsprechende Anwendung des § 183 SGG (SG Braunschweig BeckRS 2011, 70694; MKL/*Meyer-Ladewig,* 11. Aufl. 2014, SGG § 183 Rn. 7a).
188 **7.**	**Überleitung von Ansprüchen (§ 93 SGB XII); Überleitungsbescheid**	
7.1	Klage des Schuldners gegen die Überleitung	Auffangstreitwert (BSG BeckRS 2013, 69561; SächsLSG BeckRS 2012, 70476; BayLSG MittBayNot 2016, 442, jedenfalls wenn keine Anhaltspunkte zur Höhe der übergeleiteten Forderung vorliegen.
7.2	Klage des Sozialhilfeempfängers	Keine Kostenfreiheit nach § 183 SGG und im Regelfall Auffangstreitwert; nur dann die Höhe des übergeleiteten Anspruchs, wenn dieser nicht streitig ist (LSG NRW BeckRS 2009, 55471).
189 **8.**	**Kostenersatz durch Erben (§ 102 SGB XII)**	Keine Kostenprivilegierung (BSG NVwZ-RR 2010, 892).
190 **9.**	**Erstattungsstreitigkeiten zwischen Sozialhilfeträgern**	Keine Kostenprivilegierung, § 197a Abs. 3 SGG gilt (BSG BeckRS 2010, 72156; NVwZ-RR 2015, 39; 28.1.2016 – B 13 SF 3/16 S); bei Begehren auf

		Feststellung der (weiteren) Erstattungspflicht Auffangstreitwert (BSG NVwZ-RR 2014, 421), → A II 10.2.
10.	**Beteiligung von Trägern der Sozialhilfe**	191
10.1	Allgemein	Die Träger der Sozialhilfe sind in allen Streitigkeiten, die nicht Erstattungsstreitigkeiten sind (§ 197a Abs. 3 SGG, → A II 9) und die in einem engen sachlichen Zusammenhang mit den gesetzlichen Aufgaben des Trägers der Sozialhilfe stehen, von den Gerichtskosten nach § 64 Abs. 3 S. 2 SGB X befreit; dies ist ggf. im Tenor auszusprechen (BSG SRa 2014, 257; 28.1.2016 – B 13 SF 3/16 S). Die Kostenentscheidung ist nach § 197a SGG zu treffen (BSG BeckRS 2016, 66777; 28.1.2016 – B 13 SF 3/16 S; BeckRS 2016, 70956; LSG NRW BeckRS 2009, 64549). Aus § 197a Abs. 3 SGG lässt sich eine weitergehendere Kostenbefreiung für einen Sozialhilfeempfänger oder einen Dritten nicht herleiten (LSG NRW BeckRS 2009, 55471; LSG BW BeckRS 2007, 49115; MKL/*Meyer-Ladewig,* 11. Aufl. 2014, SGG § 197a Rn. 2a, 2b; *Groth* SGb 2007, 536 (537)).
10.2	Beteiligung eines Landes als Träger der Sozialh lfe	Befreiung von Gerichtskosten auch dann, wenn es an Erstattungsstreitigkeiten mit anderen Leistungsträgern beteiligt ist (§ 2 Abs. 1 S. 1 GKG; *Groth* SGb 2007, 536 (537 f.)).

IX. Verfassungsgerichtsbarkeit

Schrifttum: *Meyer,* Der Gegenstandswert und die Abrechnung in besonderen Gerichtsbarkeiten und Sondergerichtsbarkeiten, in Schwerpunktheft Rechtsanwaltsvergütungsgesetz 2004, 263; *Zuck,* Gegenstandswert im Verfassungsbeschwerdeverfahren, AnwBl 1974, 34; *Zuck,* Die Festsetzung des Gegenstandswertes im Verfassungsbeschwerdeverfahren, AnwBl 1978, 333; *Zuck,* Der Zugang vom BVerfG – Was lässt das 5. Änderungsgesetz zum Gesetz über das BVerfG von der Verfassungsbeschwerde noch übrig?, NJW 1993, 2641; s. a. die Hinweise bei → RVG Vor § 37 Rn. 1.

A. Vorbemerkung

1 Nachfolgend sind Entscheidungen zu den für die Gebühren des RA im verfassungsgerichtlichen Verfahren (§ 37 RVG) maßgeblichen Gegenstandswerten zusammengestellt. Allgemein wird zur Berechnung des Gegenstandswertes in verfassungsgerichtlichen Verfahren **(§ 37 Abs. 2 S. 2 RVG)** verwiesen auf die Ausführungen bei → § 37 Rn. 17 ff. Allgemeines zu den Gegenstandswerten ist iÜ dargelegt bei den §§ 22, 23 RVG.

2 Die Zusammenstellung beschränkt sich wegen der Fülle des vorliegenden Materials auf die Entscheidungen aus der Zeit ab etwas Anfang 2011. Sie gibt aber dennoch einen Überblick über die Rspr. des BVerfG und ermöglicht in vergleichbaren Fällen eine Gegenstandswertbestimmung. Die Zusammenstellung erhebt keinen Anspruch auf Vollständigkeit. Gegebenenfalls sollte bei **Beck-Online** in der Suche mit „§ 37 RVG" nach weiteren Entscheidungen gesucht werden.

3 Bei der Auswertung der ua Zusammenstellung ist darauf zu achten, dass der **Mindestgegenstandswert** durch das 2. KostRMoG[1] ab 1.8.2013 von 4.000,– EUR auf **5.000,– EUR** angehoben worden ist. Dementsprechend ist ab 1.8.2013 in vergleichbaren Verfahren von höheren Gegenstandswerten auszugehen; die Tendenz zu höheren Gegenstandswerten ist in der Rspr. des BVerfG auch deutlich erkennbar. Nach der ständigen Rspr. der Kammer des BVerfG beträgt der Gegenstandswert bei **stattgebenden Kammerentscheidungen idR 25.000,– EUR**[2] und bei Senatsentscheidungen idR 50.000,– EUR.[3] Ist der Streitwert des Ausgangsverfahrens gering, kann aber ggf. der Gegenstandswert reduziert werden.[4]

B. Gegenstandswerte von A–Z

4 **Akteneinsicht, Beschränkung, Strafverteidiger**

- Erfolgreiche Verfassungsbeschwerde gegen unzulässige Beschränkung der Akteneinsicht des Strafverteidigers;[5] Erhöhung des Mindestgegenstandswertes auf 8.000,– EUR.[6]

5 **Asylbewerber/-verfahren**

- 20.000,– EUR in einem konkreten Normenkontrollverfahren betreffend § 3 AsylbLG.[7]
- Verletzung von Art. 3 GG durch ablehnende gerichtliche Entscheidungen in Asyl-Eilverfahren; Festsetzung des Gegenstandswertes für das Hauptsacheverfahren auf 10.000,– EUR sowie für das einstweilige Anordnungsverfahren auf 5.000,– EUR.[8]
- Stattgebender Kammerbeschluss wegen Ausweisung eines straffälligen „faktischen Inländers" in die Türkei; 10.000,– EUR für die Verfassungsbeschwerde und 5.000,– EUR wegen der einstweiligen Anordnung.[9]

---

[1] BGBl. 2013 I 2586.
[2] BVerfG RVGreport 2017, 352 = RVG prof. 2017, 104; NJW 2017, 1164; RVGreport 2017, 272.
[3] BVerfGE 79, 365 (369) = NJW 1989, 2047; BeckRS 2017, 106842.
[4] BVerfG RVGreport 2017, 352 = RVG prof. 2017, 104 für Reduzierung auf 12.500,– EUR mit Blick auf den sehr geringen Streitwert des Ausgangsverfahrens von nur ca. 445,– EUR.
[5] BVerfG NJW 2012, 141 = StRR 2011, 426 = VRR 2011, 428.
[6] BVerfG NJW 2012, 141.
[7] BVerfG 1.10.2012 – 1 BvL 10/10, 1 BvL 2/11.
[8] BVerfG NVwZ 2016, 1242; ähnlich BVerfG BeckRS 2019, 32771.
[9] BVerfG NVwZ 2017, 229.

- Verfassungsbeschwerde wegen Versagung effektiven verwaltungsgerichtlichen Eilrechtsschutzes hinsichtlich der Überstellung eines afghanischen Asylsuchenden nach Bulgarien; 10.000,– EUR für die Verfassungsbeschwerde und 5.000,– EUR für die einstweilige Anordnung.[10]

Ausländerrecht 6
- 8.000,– EUR für teilweise stattgebenden Kammerbeschluss betreffend Verweigerung von Eilrechtsschutz gegen drohende Abschiebung trotz pflegebedürftigen Ehepartners des betroffenen Ausländers.[11]
- 10.000,– EUR für stattgebenden Kammerbeschluss wegen Versagung fachgerichtlichen Eilrechtsschutzes in einer ausländerrechtlichen Sache; Verletzung des Rechtsschutzanspruch (Art. 19 Abs. 4 GG) durch unzureichende Prüfung der Voraussetzungen des Art. 8 MRK.[12]

Beamtenrecht 7
- 60.000,– EUR Gegenstandswert in einem erfolgreichen Verfassungsbeschwerdeverfahren betreffend die verfassungsrechtliche Rechtfertigung von Höchstaltersgrenzen für die Verbeamtung durch das Lebenszeitprinzip und das Alimentationsprinzip in NRW.[13]
- Stattgebender Kammerbeschluss wegen Versagung der Übernahme eines Lehrers in das Beamtenverhältnis wegen Überschreitung der Höchstaltersgrenze; 60.000,– EUR Gegenstandswert.[14]
- 40.000,– EUR Gegenstandswert für stattgebenden Kammerbeschluss wegen Versagung einstweiligen Rechtsschutzes in Konkurrentenstreit um richterliche Beförderungsstelle (Vorsitzendenstelle am BSG).[15]
- 15.000,– EUR Gegenstandswert wegen verzögerter Anpassung der Ostbesoldung bzw. Besoldungsangleichung.[16]

Berufungsverfahren, Zivilrecht 8
- Erhöhung des Mindestgegenstandswertes auf 8.000,– EUR für erfolgreiche Verfassungsbeschwerde wegen nicht nachvollziehbarer Anwendung von § 522 Abs. ZPO.[17]
- Stattgebender Kammerbeschluss wegen Verletzung der Garantie effektiven Rechtsschutzes (Art. 2 Abs 1 GG iVm Art. 20 Abs. 3 GG) durch Nichtzulassung der Berufung entgegen § 511 Abs. 4 S. 1 Nr. 1 Alt. 3 ZPO.[18]

Berufsfreiheit (Art. 12 GG) 9
- 200.000,– EUR Verfassungsmäßigkeit des Verbots mehrfacher sachgrundloser Befristungen (§ 14 Abs. 2 S. 2 TzBfG)[19]
- 50.000,– EUR Beschränkung der Berufsfreiheit wie Wohnungsvermittlern durch Bestellerprinzip[20]
- Partielle Nichtigkeit der Regelungen über den Ausschluss von Rechtsanwalts- und Patentanwalts-GmbHs mit Doppelzulassung; 30.000,– EUR.[21]
- Erfolgreiche Verfassungsbeschwerde; Erhöhung des Mindestgegenstandswertes auf 8.000,– EUR.[22]
- 8.000,– EUR betreffend Verfahren wegen der Grenzen des Verbotes berufswidriger Werbung eines Zahnarztes.[23]
- 12.000,– EUR wegen Verletzung des Rechts auf freie Wahl des Arbeitsplatzes.[24]
- 12.000,– EUR für stattgebenden Kammerbeschluss betreffend unzureichend begründete berufsrechtliche Sanktionierung von Werbung.[25]

---

[10] BVerfG NVwZ 2017, 470.
[11] BVerfG FamRZ 2011, 1133 = NVwZ-RR 2011, 585.
[12] BVerfG 29.1.2020 – 2 BvR 690/19 im Verfahren BVerfG AuAS 2020, 77.
[13] BVerfG NVwZ 2015, 1279; zum Verfahren s. BVerfGE 139, 19.
[14] BVerfG BeckRS 2015, 52556.
[15] BVerfG NJW 2016, 309.
[16] BVerfG 16.5.2018 – 2 BvR 883/14.
[17] BVerfG NJW 2012, 2869.
[18] BVerfG WM 2011, 2155 = AnwBl 2012, 278 = JurBüro 2012, 379 = BeckRS 2011, 55682.
[19] BVerfG NJW 2018, 2542 = NZA 2018, 774.
[20] BVerfG BeckRS 2017, 106842; NJW-RR 2016, 1349 = MDR 2016, 1077 = NZM 2016, 685.
[21] BVerfG NJW 2014, 613.
[22] BVerfG BeckRS 2009, 38628.
[23] BVerfG GRUR 2011, 838.
[24] BVerfG BeckRS 2012, 51714.
[25] BVerfG NJW 2011, 3147.

10 **Bestimmtheitsgebot (Art. 103 Abs. 2 GG)**
- Stattgebender Kammerbeschluss für Verletzung des Bestimmtheitsgebots (Art. 103 Abs. 2 GG) durch Auferlegung einer Geldbuße aufgrund einer nicht hinreichend bestimmten immissionsrechtlichen Nebenbestimmung.[26]

11 **Betreuungsrecht**
- Stattgebender Kammerbeschluss wegen Verletzung des Persönlichkeitsrechts (Art. 2 Abs. 1 GG) und des Anspruchs auf rechtliches Gehör (Art. 103 Abs. 1 GG) durch Verlängerung einer Betreuung ohne Anhörung des Betreuten.[27]

12 **Bundesverfassungsrichter, Wahl**
- Verfassungsmäßigkeit der indirekten Wahl der Bundesverfassungsrichter durch den Wahlausschuss des Bundestags gem. § 6 BVerfGG.[28]

13 **Eigentumsgarantie**
- Braunkohletagebau „Garzweiler II"; keine Verletzung der betroffenen Grundeigentümer in Grundrecht auf Freizügigkeit (Art. 11 Abs. 1 GG) noch in Eigentumsgarantie (Art. 14 Abs. 1 GG);[29] unter Berücksichtigung der subjektiven und besonderen objektiven Bedeutung 250.000,– EUR.[30]

14 **Einstweilige Anordnung**
- 4.000,– EUR für eine einstweilige Anordnung wegen Verletzung des Elternrechts.[31]
- 12.500,– EUR für einstweilige Anordnung in einem Verfahren betreffend Grundrechtsverletzung durch Anordnung der Rückführung eines (nach Verdacht auf Kindesmisshandlung fremduntergebrachten) Kleinkindes zu seinen leiblichen Eltern unter Abweichung von einem Sachverständigengutachten und ohne zureichende Begründung.[32]
- 20.000,– EUR für eine einstweilige Anordnung im Verfahren betreffend bayerisches Versammlungsrecht.[33]
- 100.000,– EUR für eine einstweilige Anordnung im Verfahren „Rettungsschirm/ESFS".[34]
- Verletzung von Art. 3 GG durch ablehnende gerichtliche Entscheidungen in Asyl-Eilverfahren; Festsetzung des Gegenstandswertes für das einstweilige Anordnungsverfahren auf 5.000,– EUR.[35]
- 15.000,– EUR für einstweilige Untersagung der Auslieferung nach Kroatien.[36]

15 **Familienrecht**
- Erfolgreiche Verfassungsbeschwerde wegen Verletzung der wirtschaftlichen Handlungsfreiheit durch Zurechnung fiktiven Einkommens bei der familienrechtlichen Frage der Unterhaltsberechnung; Erhöhung des Mindestgegenstandswertes auf 8.000,– EUR[37] bzw. auf 25.000,– EUR für Auferlegung unverhältnismäßiger Unterhaltspflichten.[38]
- Erfolgreiche Verfassungsbeschwerde wegen Verletzung des Elternrechts durch Sorgerechtsübertragung auf das Jugendamt; Erhöhung des Mindestgegenstandswertes auf 8.000,– EUR.[39]
- 25.000,– EUR für stattgebenden Kammerbeschluss wegen Verletzung des Elternrechts durch teilweise Entziehung des Sorgerechts ua.[40]
- 45.000,– EUR Gegenstandswert im Verfahren betreffend Verletzung des Rechtsstaatsprinzip durch Auslegung des § 1578 Abs. 1 S. 1 BGB unter Heranziehung der in der höchstrichterli-

---

[26] BVerfG NVwZ 2012, 504.
[27] BVerfG NJW 2016, 2559.
[28] BVerfG NVwZ 2012, 967.
[29] BVerfGE 134, 242.
[30] BVerfG 20.1.2017 – 1 BvR 3386/08.
[31] BVerfG FuR 2012, 419 = BeckRS 2012, 51044.
[32] BVerfG NJW 2017, 1295 mAnm *Lack*.
[33] BVerfG 1.8.2012 – 1 BvR 2392/12.
[34] BVerfG BeckRS 2012, 59277; NVwZ 2012, 495.
[35] BVerfG NVwZ 2016, 1242.
[36] BVerfG BeckRS 2017, 106541.
[37] BVerfG BeckRS 2012, 53181.
[38] BVerfG 9.11.2020 – 1 BvR 697/20, BeckRS 2020, 35050, insoweit nicht in NZFam 2021, 74.
[39] BVerfG FuR 2012, 419 = BeckRS 2012, 51044.
[40] BVerfG FuR 2015, 38 = BeckRS 2014, 15448; FamRZ 2014, 907 = BeckRS 2014, 09631; ähnlich FamRZ 2017, 1577 = BeckRS 2017, 119460.

chen Rspr. entwickelten Dreiteilungsmethode bei der Berechnung des nachehelichen Unterhalts.[41]

- Erfolgreiche Verfassungsbeschwerde wegen Versagung von Verfahrenskostenhilfe für Vaterschaftsfeststellung; Erhöhung des Mindestgegenstandswertes auf 8.000,– EUR.[42]
- 25.000,– EUR bei teilweise stattgebendem Kammerbeschluss wegen Verletzung der Garantie der Rechtsschutzgleichheit (Art. 3 Abs. 1 GG iVm Art. 20 Abs. 3 GG) durch Überspannung der Anforderungen an die Erfolgsaussichten der Rechtsverfolgung bei Entscheidung über PKH-Antrag, betreffend Anrechnung fiktiver, aber persönlich nicht erzielbarer Einkünfte bei Unterhaltsberechnung.[43]
- Gegenstandswertfestsetzung auf 25.000,– EUR nach Erledigterklärung einer Verfassungsbeschwerde betreffend das Sorgerecht des nichtehelichen Vaters.[44]
- Stattgebender Kammerbeschluss wegen Verletzung des Elternrechts (Art. 6 Abs. 2 S. 1 GG) durch Sorgerechtsentziehung ohne hinreichende fachgerichtliche Feststellungen zum Vorliegen einer Kindeswohlgefährdung; 25.000,– EUR.[45]
- Stattgebender Kammerbeschluss wegen Verletzung des Elternrechts durch eine im Wege der einstweiligen Anordnung erfolgte Entziehung der elterlichen Sorge unter Missachtung des Verhältnismäßigkeitsgrundsatzes bei sofortigem Entzug der elterlichen Sorge.[46]
- Stattgebender Kammerbeschluss wegen unzureichender gerichtlicher Sachaufklärung trotz Pflicht zur Amtsermittlung im Adoptionsanerkennungsverfahren betreffend ein rumänisches Adoptionsverfahren; 25.000,– EUR.[47]
- Stattgebender Kammerbeschluss wegen Grundrechtsverletzung durch Anordnung der Rückführung eines (nach Verdacht auf Kindesmisshandlung fremduntergebrachten) Kleinkindes zu seinen leiblichen Eltern unter Abweichung von einem Sachverständigengutachten und ohne zureichende Begründung; 25.000,– EUR für das Hauptverfahren; 12.500,– EUR für den Erlass einer einstweiligen Anordnung.[48]
- Teilweise stattgebender Kammerbeschluss wegen unzureichender Berücksichtigung des Kindeswohls bei Übertragung des bislang gemeinsam ausgeübten Sorgerechts auf den Vater; 10.000,– EUR für das Hauptverfahren; 5.000,– EUR für den Erlass einer einstweiligen Anordnung.[49]
- Gegenstandswertfestsetzung auf 100.000,– EUR wegen Verstoß gegen das allgemeine Gleichbehandlungsgebot durch Ausschluss der Stiefkindadoption allein in nichtehelichen Familien.[50]
- Gegenstandswertfestsetzung auf 35.000,– EUR in Orientierung am subjektiven Interesse von ca. 26.500,– EUR sowie unter Berücksichtigung der erhöhten objektiven Bedeutung und des Umfangs bzw. der Schwierigkeit der anwaltlichen Tätigkeit betreffend Ungleichbehandlung eingetragener Lebenspartnerschaften bei der Zusatzversorgung im öffentlichen Dienst.[51]

Freiheitsrecht 16

- Gegenstandswert von 150.000,– EUR wegen Fixierung psychisch kranker Untergebrachter.[52]

Gebührenrecht 17

- Gegenstandswert von 16.000,– EUR wegen nicht gewährter Pauschgebühr und Vorschuss (§ 51 RVG).[53]

---

[41] BVerfG 16.5.2011 – 1 BvR 918/10; BVerfGE 128, 193 = NJW 2011, 836 = FamRZ 2011, 437 = MDR 2011, 424.
[42] BVerfG BeckRS 2012, 58890.
[43] BVerfG FamRZ 2014, 1977.
[44] BVerfG FamRZ 2015, 476.
[45] Ua BVerfG NJW 2015, 223 = MDR 2015, 32 = FamRZ 2015, 122; BeckRS 2016, 41034; FamRZ 2016, 22; FamRZ 2016, 439 = BeckRS 2016, 41341.
[46] BVerfG NZFam 2016, 141 = FamRZ 2015, 2120.
[47] BVerfG NJW 2016, 626.
[48] BVerfG NJW 2017, 1295 mAnm *Lack*.
[49] BVerfG NZFam 2018 72 = FamRZ 2018, 266 = BeckRS 2017, 136507.
[50] BVerfG BeckRS 2019, 23187 im Verfahren BVerfG NJW 2019, 1793.
[51] BVerfG BeckRS 2020, 7402.
[52] BVerfG BeckRS 2018, 30131 im Verfahren BVerfG NJW 2018, 2619 = FamRZ 2018, 1442.
[53] BVerfG NJW 2011, 3079 = JurBüro 2011, 585 = AnwBl 2011, 701 = RVGreport 2011, 378 = StRR 2011, 327.

18 **Gesellschaftsrecht**

- 25.000,– EUR wegen Verletzung von Art. 103 Abs. 2 GG durch Auferlegung eines Ordnungsgeldes wegen Nichtvorlage eines Aufsichtsratsberichts (§ 335 HGB) im Falle einer GmbH.[54]

19 **Gleichheitssatz (Art. 3 GG)**

- Gegenstandswertfestsetzung auf 10.000,– EUR in einem Verfahren betreffend die Gleichbehandlung von in einer eingetragenen Lebenspartnerschaft lebenden Versorgungsempfängern mit Ehegatten im Hinblick auf Zusatzversorgungsbezüge.[55]
- Gegenstandswertfestsetzung auf 45.000,– EUR in einem finanzgerichtlichen Verfahren, in dem wegen Verweigerung von PKH eine Verletzung des Gleichheitssatzes geltend gemacht worden ist.[56]
- Gegenstandswert von 10.000,– EUR wegen Verstoß gegen das Diskriminierungsverbot des Art. 3 Abs. 3 S. 2 GG hinsichtlich eines ggf. nicht rollstuhlgerechten Behindertenparkplatzes.[57]
- Gegenstandswertfestsetzung auf 150.00,– EUR wegen partielles Verfassungswidrigkeit von § 21 Abs. 1 Nr. 3 PStG iVm § 22 Abs. 3 PStG wegen fehlender Möglichkeit zur Eintragung einer weiteren positiven Geschlechtsbezeichnung bei Person mit Varianten der Geschlechtsentwicklung.[58]
- Gegenstandswertfestsetzung auf 100.000,– EUR wegen Verstoß gegen das allgemeine Gleichbehandlungsgebot durch Ausschluss der Stiefkindadoption allein in nichtehelichen Familien.[59]
- Gegenstandswertfestsetzung auf 35.000,– EUR in Orientierung am subjektiven Interesse von ca. 26.500,– EUR sowie unter Berücksichtigung der erhöhten objektiven Bedeutung und des Umfangs bzw. der Schwierigkeit der anwaltlichen Tätigkeit betreffend Ungleichbehandlung eingetragener Lebenspartnerschaften bei der Zusatzversorgung im öffentlichen Dienst.[60]

20 **Holocaust– Leugnung**

- Erfolgreiche Verfassungsbeschwerde; Erhöhung des Mindestgegenstandswertes auf 8.000,– EUR in Strafverfahren wegen „Holocaust– Leugnung".[61]

21 **Informationelle Selbstbestimmung**

- Erfolgreiche Verfassungsbeschwerde wegen Verletzung des Rechts auf informationelle Selbstbestimmung durch Identitätsfeststellung eines Versammlungsteilnehmers nach Anfertigung von Videoaufzeichnungen bei einer öffentlichen Versammlung ohne konkrete Gefahr für ein polizeiliches Schutzgut.[62]
- 230.000,– EUR; erfolgreiche Verfassungsbeschwerde; Eingriff in das Grundrecht auf informationelle Selbstbestimmung durch automatisierte Kennzeichenkontrolle.[63]

22 **Kommunale Verfassungsbeschwerde**

- 740.000,– EUR; es ist davon ausgegangen worden, dass hinter dem mit der kommunalen Verfassungsbeschwerde geltend gemachten objektiven Verstoß gegen den verfassungsrechtlichen Konnexitätsgrundsatz im Gesetzgebungsverfahren stets ein erhebliches finanzielles Interesse der dadurch wirtschaftlich belasteten Beschwerdeführer steht.[64]

23 **Kunstfreiheit**

- Verfassungsbeschwerde betreffen Schutz des Sampling durch die Kunstfreiheit sowie zur Berücksichtigung der Leistungsschutzrechte des Tonträgerherstellers;[65] 150.000,– EUR.[66]

---

[54] BVerfG NJW 2014, 1431 = DStR 2014, 540 = NZG 2014, 460.
[55] BVerfG BeckRS 2011, 55171.
[56] BVerfG NJW 2015, 2173 mAnm *Timme;* BVerfG StE 2015, 340.
[57] BVerfG NJW 2016, 3013.
[58] BVerfG 7.2.2018 – 1 BvR 2019/16; vgl. auch BVerfG NJW 2017, 3643.
[59] BVerfG BeckRS 2019, 23187 im Verfahren BVerfG NJW 2019, 1793.
[60] BVerfG BeckRS 2020, 7402.
[61] BVerfG BeckRS 2011, 50122; NJW 2012, 1498.
[62] BVerfG NVwZ 2016, 53 mAnm *Penz.*
[63] BVerfG BeckRS 2019, 23183 im Verfahren NJW 2019, 842 bzw. BeckRS 2020, 3042 im Verfahren BVerfG NJW 2019, 827 betreffend automatisierte Kraftfahrzeugkennzeichenkontrolle als begründeten Eingriff in das Grundrecht auf informationelle Selbstbestimmung.
[64] VerfG Bbg BeckRS 2016, 45322.
[65] BVerfG NJW 2016, 22,47 = GRUR 2016, 690.
[66] BVerfG 9.1.2017 – 1 BvR 1585/13.

Maßregelvollzug 24

- 100.000,– EUR betreffend Verfahren wegen Privatisierung des Maßregelvollzugs in Hessen.[67]
- 10.000,– EUR für stattgebenden Kammerbeschluss betreffend Verletzung von Art. 2 Abs. 2 S. 2 GG iVm durch Fortdauer langdauernder Unterbringung in einem psychiatrischen Krankenhaus.[68]

Meinungsfreiheit (Art. 5) 25

- 25.000,– EUR; stattgebender Kammerbeschluss wegen Verletzung der Meinungsfreiheit durch strafrechtliche Verurteilung wegen übler Nachrede unter unzureichender Differenzierung zwischen Tatsachenbehauptung und Werturteil.[69]
- Erfolgreiche Verfassungsbeschwerde wegen Verletzung der Meinungsfreiheit durch Verurteilung im Strafverfahren, Erhöhung des Mindestgegenstandswertes auf 8.000,– EUR.[70]
- Stattgebender Kammerbeschluss wegen Verletzung der Meinungsfreiheit durch zivilrechtliches Unterlassungsurteil; 25.000,– EUR.[71]
- Stattgebender Kammerbeschluss wegen Verletzung der Meinungsäußerungsfreiheit durch verfehlte strafgerichtliche Einordnung einer Äußerung als Tatsache anstatt als Werturteil; 25.000,– EUR.[72]
- Erfolgreiche Verfassungsbeschwerde betreffend Abwägung zwischen Meinungsäußerungsfreiheit und allgemeinem Persönlichkeitsrecht bei Äußerung wahrer Tatsachen über Geschäftsgebaren einer konkreten Person im Bewertungsbereich von Internet-Portalen; 25.000,– EUR.[73]
- 25.000,– EUR für stattgebenden Kammerbeschluss wegen Verletzung der Meinungsfreiheit durch zivilrechtliche Schadensersatzpflicht wegen Persönlichkeitsverletzung bei verfehlter Einordnung der inkriminierten, „gemischten Äußerung" als unwahre Tatsachenbehauptung.[74]
- 25.000,– EUR wegen Verletzung der Meinungsfreiheit durch Verurteilung wegen Beihilfe zur Volksverletzung.[75]

Mietrecht 26

- 15.500,– EUR nach stattgebendem Kammerbeschluss wegen Verletzung des Willkürverbots durch nicht nachvollziehbare zivilgerichtliche Entscheidung in Wohnungsmietsache.[76]

Mindestgegenstandswert 27

- Der Mindestgegenstandswert beträgt nach den Änderungen durch das 2. KostRMoG[77] ab 1.8.2013 **5.000,– EUR.** Bis zum 1.8.2013 hat er 4.000,– EUR betragen. Über den Mindeststreitwert wird in den Fällen der Nichtannahme einer Verfassungsbeschwerde idR nicht hinausgegangen.[78] Nach der stRspr der Kammer des BVerfG beträgt der Gegenstandswert bei **stattgebenden Kammerentscheidungen idR 25.000,– EUR.**[79]

Organstreitverfahren 28

- 20.000,– EUR für teilweise zulässige und teilweise begründete einstweilige Anordnung in einem Organstreitverfahren betreffend die Verletzung parlamentarischer Kontrollrechte einer Partei durch Ablehnung des Besuches einer Aufnahmeeinrichtung für Flüchtlinge allein aufgrund der politischen Auffassung der Antragsteller.[80]
- 50.000,– EUR in einem Organstreitverfahren, in dem es der Antragstellerin um die Beteiligung an einem parlamentarischen Gremium ging, dem erhebliche Kontrollbefugnisse gegenüber der Landesregierung zustehen.[81]

---

[67] BVerfG NJW 2012, 1563.
[68] BVerfG StV 2017, 602; BeckRS 2016, 54941; BeckRS 2016, 55170.
[69] BVerfG DVBl 2013, 1382 = ZUM 2013, 793.
[70] BVerfG NJW-RR 2012, 1002.
[71] BVerfG NVwZ 2016, 761 mAnm *Sachs.*
[72] BVerfG StV 2017, 182; ähnlich für Zivilrecht BVerfG NJW-RR 2017, 1003.
[73] BVerfG NJW 2016, 3362.
[74] BVerfG BeckRS 2016, 50714.
[75] BVerfG NJW-RR 2017, 1001.
[76] BVerfG NJW 2013, 3774 = NZM 2014, 69.
[77] BGBl. 2013 I 2586.
[78] BVerfG BeckRS 2016, 110261 mwN; BVerfG BeckRS 2017, 101035.
[79] BVerfG RVGreport 2017, 352 = RVG prof. 2017, 104; vgl. zB BVerfG NJW 2017, 1164; RVGreport 2017, 272.
[80] LVerfG MV NVwZ-RR 2015, 882.
[81] VerfG Bbg 15.4.2016 – 57/15.

- 15.000,– EUR betreffend einstweilige Anordnung im Organstreitverfahren; Umfang und Schwierigkeit der anwaltlichen Tätigkeit durchschnittlich; die Bedeutung der Sache war für die Antragsteller vor der Sondersitzung eines Ausschusses hoch.[82]
- 200.000,– EUR in einem Verfahren betreffend Chancengleichheit bei Wahlen; Paritätsgesetz.[83]

29 **Persönlichkeitsrechtsverletzung**

- 25.000,– EUR nach teilweise stattgebendem Kammerbeschluss wegen Verletzung des allgemeinen Persönlichkeitsrechts durch Bezeichnung als „durchgeknallte Frau" in Presseveröffentlichung.[84]
- 250.000,– EUR im Verfahren „Recht auf Vergessen I"; datenschutzrechtliches Medienprivileg; Verbreitung personenbezogener Berichte durch Suchmaschinen.[85]

30 **Pressefreiheit (Art. 5 Abs. 1 S. 2 GG)**

- 33.000,– EUR nach stattgebendem Kammerbeschluss wegen Verletzung der Pressefreiheit durch Verpflichtung zum Abdruck einer Gegendarstellung.[86]
- 25.000,– EUR nach stattgebendem Kammerbeschluss wegen Verletzung des Grundrechts auf Pressefreiheit durch Verweigerung der Übersendung eines nicht rechtskräftigen Strafurteils an einen Zeitungsverlag.[87]
- 25.000,– EUR wegen Verletzung der Pressefreiheit durch Gegendarstellungsverpflichtung aufgrund unzutreffender Einordnung der inkriminierten Äußerungen als Tatsachenbehauptungen.[88]
- 25.000,– EUR wegen Verletzung der Pressefreiheit durch ungerechtfertigte Verpflichtung zum Abdruck einer Gegendarstellung.[89]
- 25.000,– EUR nach stattgebendem Kammerbeschluss: Voraussetzungen und Grenzen eines „äußerungsrechtlichen Folgenbeseitigungsanspruchs" in Form der Verpflichtung der Presse zur Publikation eines „Nachtrags" nach ursprünglich zulässiger Verdachtsberichterstattung.[90]

31 **Prozesskostenhilfe/Verfahrenskostenhilfe**

- 25.000,– EUR nach stattgebendem Kammerbeschluss wegen unzulässiger Beweisantizipation im PKH-Verfahren.[91]
- Gegenstandswert 8.000,– EUR wegen Versagung von PKH im sozialgerichtlichen Eilverfahren.[92]
- Gegenstandswert 8.000,– EUR/10.000,– EUR bei stattgebendem Kammerbeschluss wegen Verweigerung von Prozesskostenhilfe.[93]
- Gegenstandswert 8.000,– EUR bei stattgebendem Kammerbeschluss wegen Widerruf von Prozesskostenhilfe.[94]
- Gegenstandswertfestsetzung auf 45.000,– EUR in einem finanzgerichtlichen Verfahren, in dem wegen Verweigerung von PKH eine Verletzung des Gleichheitssatzes geltend gemacht worden ist.[95]
- Versagung von PKH verletzt bei überspannten Anforderungen an die Erfolgsaussichten den Anspruch auf Rechtsschutzgleichheit; 8.000,– EUR.[96]
- Gegenstandswert 8.000,– EUR wegen Versagung von VKH im familienrechtlichen Verfahren wegen Kindesunterhalt.[97]

---

[82] VerfG Bbg BeckRS 2019, 33359.
[83] VerfG Bbg 11.12.2020 – VfG Bbg 16/19, BeckRS 2020, 27731 im Verfahren NJW 2020, 3579.
[84] BVerfG NJW 2014, 764.
[85] BVerfG Beck RS 2020, 310 im Verfahren BVerfG NJW 2020, 300.
[86] BVerfG NJW 2014, 766.
[87] BVerfG GRUR 2016, 313.
[88] BVerfG NJW 2017, 1537.
[89] BVerfG NJW 2018, 1596 = BeckRS 2018, 2868.
[90] BVerfG NJW 2018, 2784 = BeckRS 2018, 10461; BeckRS 2018, 32736 = NJW 2019, 419.
[91] BVerfG BeckRS 2013, 55760.
[92] BVerfG NJW 2014, 1291 = NZS 2014, 336.
[93] BVerfG BeckRS 2009, 38639; NVwZ 2012, 1390; 24.3.2011 – 1 BvR 1737/11, sozialgerichtliches Verfahren; 10.000 EUR: BVerfG NJW-RR 2016, 1264.
[94] BVerfG NJW 2013, 2882.
[95] BVerfG AGS 2015, 287 = StE 2015, 340.
[96] BVerfG BeckRS 2016, 46110.
[97] BVerfG NZFam 2016, 180 = FamRZ 2016, 30.

- Gegenstandswert von 10.000,– EUR wegen Verletzung des Anspruchs auf Rechtsschutzgleichheit durch Versagung von PKH unter Vorverlagerung schwieriger, bislang ungeklärter Fragen ins PKH-Verfahren.[98]
- Gegenstandswert von 25.000,– EUR für stattgebenden Kammerbeschluss durch Versagung von PKH in einem Zivilverfahren.[99]
- Gegenstandswert von 5.000,– EUR in einem Verfahren wegen Versagung von PKH für asylrechtliche Aufstockungsklage.[100]
- Gegenstandswert von 25.000,– EUR im Verfahren wegen „Durchentscheiden" zweier streitiger Rechtsfragen.[101]
- Gegenstandswert von 25.000,– EUR in einem Verfahren mit stattgebendem Kammerbeschluss wegen PKH-Versagung bei "Durchentscheiden" einer schwierigen, bislang ungeklärten Rechtsfrage.[102]

Religionsfreiheit (Art. 4 GG) 32

- 25.000,– EUR wegen Verletzung von Art. 4 Abs. 1, 2 GG durch Versagung der nachträglichen Einrichtung einer Begräbnisstätte in einer Kirche.[103]
- 25.000,– EUR für teilweise stattgebenden Kammerbeschluss zur Ausgestaltung von „Kopftuchverboten" in Kindertagesstätten.[104]
- Verletzung der beschwerdeführenden Religionsgesellschaft in Grundrecht aus Art. 4 GG iVm Art. 140 GG, Art. 137 Abs. 5 S 2 WRV;[105] 100.000,– EUR.[106]

Rettungsschirm/ESFS 33

- 1.000.000,– EUR im Verfahren betreffend EFSF.[107]

Revisionsverfahren/Rechtsbeschwerdeverfahren, Zivilrecht 34

- 8.000,– EUR wegen unterlassener Zulassung der Revision.[108]
- 25.000,– EUR nach Kammerbeschluss wegen Verletzung von Art. 101 Abs. 1 S. 2 GG durch Nichtzulassung der Rechtsbeschwerde trotz Abweichung von der Rspr. eines gleichrangigen Obergerichts.[109]

Sozialgerichtsverfahren 35

- 25.000,– EUR wegen Verletzung des Anspruchs auf Rechtsschutzgleichheit durch Versagung von PKH für sozialgerichtliches Eilverfahren betreffend Ansprüche eines polnischen Staatsangehörigen auf ALG II bzw. Sozialhilfe.[110]
- 25.000,– EUR wegen Glaubhaftmachung eines Anordnungsanspruchs (§ 86b Abs. 2 S. 2 SGG) bzgl Grundsicherungsleistungen für Unterkunft und Heizung.[111]
- 25.000,– EUR wegen Verletzung des Rechts auf gesetzlichen Richter (Art 101 Abs. 1 S. 2 GG) durch entsprechende Anwendung des § 155 Abs. 2 S. 2 SGG im sozialgerichtlichen Berufungsverfahren trotz fehlender Dringlichkeit.[112]
- 15.000,– EUR wegen Verletzung von Art. 103 Abs. 1 GG durch Nichtberücksichtigung von Parteivorbringen zu formellen Fehlern einer Anordnung des Sofortvollzugs im sozialgerichtlichen Verfahren.[113]
- 8.000,– EUR wegen Versagung von PKH im sozialgerichtlichen Eilverfahren.[114]
- 25.000,– EUR wegen Befangenheit im sozialgerichtlichen Verfahren.[115]

---

98 BVerfG BeckRS 2016, 48110, AufenthG.
99 BVerfG NJW 2016, 1377.
100 BVerfG BeckRS 2018, 33446.
101 BVerfG AGS 2019, 82.
102 BVerfG BeckRS 2020, 5127; ähnlich BeckRS 2019, 27335.
103 BVerfG NVwZ 2016, 1804.
104 BVerfG NVwZ 2017, 549.
105 BVerfGE 139, 321.
106 BVerfG BeckRS 2016, 54483.
107 BVerfG 5.5.2011 – 2 BvR 748/05; BeckRS 2012, 59277; NVwZ 2012, 495.
108 BVerfG NJW 2011, 2276.
109 BVerfG NZFam 2016, 66.
110 BVerfG RVGreport 2017, 272.
111 BVerfG NJW 2017, 3142 = NZM 2018, 212.
112 BVerfG NJW 2018, 40 = BeckRS 2017, 129063.
113 BVerfG NVwZ 2016, 1475.
114 BVerfG NJW 2014, 1291 = NZS 2014, 336.
115 BVerfG BeckRS 2018, 34509.

- Gegenstandswert von 25.000,– EUR in einem Verfahren mit stattgebendem Kammerbeschluss wegen PKH-Versagung bei „Durchentscheiden" einer schwierigen, bislang ungeklärten Rechtsfrage betreffend Leistungsausschluss in der Sozialversicherung.[116]

36 **Steuerrecht**

- 200.000,– EUR betreffend Verfahren wegen Einheitsbewertung für Bemessung der Grundsteuer.[117]
- 125.000,– EUR betreffend Verfahren wegen Verletzung der verfassungsrechtlichen Grundsätze des Vertrauensschutzes.[118]
- 30.000,– EUR betreffend Verfahren wegen Zweitwohnungssteuer.[119]
- 8.000,– EUR für Überprüfung einer Vergnügungssteuersatzung.[120]

37 **Strafhaft**

- Erfolgreiche Verfassungsbeschwerde wegen menschenunwürdiger Haftunterbringung; Erhöhung des Mindestgegenstandswertes auf 8.000,– EUR bzw. auf 25.000,– EUR.[121]
- 25.000,– EUR Gegenstandswert für einen teilweise stattgebenden Kammerbeschluss betreffend Verletzung des Anspruchs auf Rechtsschutzgleichheit durch Versagung von PKH unter Vorverlagerung ungeklärter Rechtsfragen in das PKH-Verfahren für die beabsichtigte Geltendmachung vom Amtshaftungsansprüchen wegen menschenunwürdiger Haftbedingungen bei Unterbringung in Gemeinschaftshaft.[122]

38 **Strafrecht**

- 50.000,– EUR im Verfahren betreffend nachträgliche Anordnung der Sicherungsverwahrung.[123]
- 30.000,– EUR für Nichtannahme einer unmittelbar gegen das Verbot der geschäftsmäßigen Förderung der Selbsttötung (§ 217 StGB) gerichteten Rechtssatzverfassungsbeschwerde.[124]
- 25.000,– EUR bei einem stattgebenden Kammerbeschluss gegen ein Strafurteil wegen Beleidigung unter Verwendung einer Kollektivbezeichnung.[125]
- 25.000,– EUR für falsches Strafurteil wegen Beleidigung unter Verwendung einer Kollektivbezeichnung; Verletzung der Meinungsfreiheit des Verurteilten – hier: „ACAB" (All Cops Are Bastards).[126]
- 25.000,– EUR für stattgebender Kammerbeschluss wegen Verletzung der Meinungsäußerungsfreiheit durch verfehlte strafgerichtliche Einordnung einer Äußerung als Tatsache anstatt als Werturteil; Bezeichnung eines Polizeibeamten als „Spanner".[127]
- 10.000,– EUR für teilweise stattgebenden Kammerbeschluss betreffend unbegründete Versäumung der Überprüfungsfrist des § 67e Abs. 2 StGB im Rahmen der Vollstreckung von Sicherungsverwahrung.[128]

39 **Strafverfahren**

- 10.000,– EUR in einem Verfahren wegen einer zu unbestimmten richterlichen Durchsuchungsanordnung bzgl. geschäftlich genutzter Räume.[129]
- 10.000,– EUR in einem Verfahren wegen fehlerhafter Durchsuchung von Geschäftsräumen (fehlende Eingrenzung des Tatzeitraums).[130]
- Stattgebender Kammerbeschluss zu den Anforderungen der Rechtsschutzgarantie (Art. 19 Abs. 4 GG) an die Gewährung von Eilrechtsschutz durch Strafvollstreckungskammern.[131]
- Stattgebender Kammerbeschluss zur Auslegung von § 345 Abs. 2 StPO betreffend Formwirksamkeit der Unterzeichnung einer Revisionsbegründung.[132]

---

[116] BVerfG BeckRS 2020, 5127.
[117] BVerfG 30.5.2018 – 1 BvR 639/11.
[118] BVerfGE 127, 61 = NJW 2010, 3634.
[119] BVerfG DStR 2014, 420.
[120] BVerfG BeckRS 2011, 47825.
[121] BVerfG 28.8.2014 – 1 BvR 3011/11; 8.12.2020 – 1 BvR 149/16, BeckRS 2020, 39628.
[122] BVerfG StV 2017, 725; BeckRS 2016, 49647.
[123] BVerfG BVerfGE 129, 37 = BeckRS 2011, 51793.
[124] BVerfG BeckRS 2020, 2441.
[125] BVerfG StV 2015, 548 = AcP 2015, 236 = NJW-Spezial 2015, 334.
[126] BVerfG BeckRS 2016, 47561; NJW 2016, 2643.
[127] BVerfG StV 2017, 182.
[128] BVerfG NStZ-RR 2016, 389; 11.5.2017 – 2 BvR 3015.
[129] BVerfG NJW 2015, 2870 = WM 2015, 1034.
[130] BVerfG NJW 2017, 2016 = WM 2017, 900.
[131] BVerfG BeckRS 2014, 59294; zur Hauptsache BVerfG BeckRS 2014, 51359.
[132] BVerfG StV 2016, 769.

- 10.000,– EUR für stattgebenden Kammerbeschluss betreffend Unverhältnismäßigkeit einer Wohnungsdurchsuchung.[133]
- Stattgebender Kammerbeschluss betreffend Geschäftsverteilungsregelung, hier: Zuständigkeit einer Hilfsstrafkammer in Abhängigkeit von Eröffnung des Hauptverfahrens durch originär zuständige Strafkammer bis zu einem bestimmten Stichtag;[134] 10.000,– EUR.[135]
- Stattgebender Kammerbeschluss wegen Rechtsschutz gegen Gewährung von Akteneinsicht an Dritte im Strafverfahren; 25.000,– EUR.[136]
- Stattgebender Kammerbeschluss betreffend zu den Anforderungen des Art 13 GG an die Ausgestaltung des richterlichen Bereitschaftsdienstes zwischen 6 Uhr und 21 Uhr; 50.000,– EUR.[137]

Strafvollzug 40

- 8.000,– EUR wegen übermäßiger Erschwerung des Rechtsschutzes; Unzulässigkeit der Verfassungsbeschwerde wegen Erledigung.[138]

Telekommunikation/Vorratsdatenspeicherung u.a 41

- 25.000,– EUR im (erfolgreichen) Verfassungsbeschwerdeverfahren gegen das Gesetz zur Vorratsdatenspeicherung I im TKG.[139]
- 250.000,– EUR im Wesentlichen erfolgreichen Verfassungsbeschwerdeverfahren gegen Vorschriften zur Bestandsdatenauskunft gemäß dem TKG und anderen Fachgesetzen auf die Grundrechtsbeschwerde zweier Personen hin.[140]

Therapieunterbringungsgesetz (ThUG) 42

- Teilweise stattgebender Kammerbeschluss wegen Verletzung von Grundrechten durch Ablehnung der Aufhebung einer Unterbringung nach dem ThUG) bei unzureichender fachgerichtlicher Verhältnismäßigkeitsprüfung auf 128.000,– EUR[141] bzw. auf 120.000,– EUR[142] bzw. auf 45.000,– EUR.[143]

Überstellung ins Ausland 43

- Mindestgegenstandswert auf 250.000,– EUR erhöht in einem Verfahren betreffend Überstellung eines irakischen Staatsangehörigen nach Griechenland.[144]

Unterbringung 44

- Gegenstandswert von 25.000,– EUR für begründete Verfassungsbeschwerde wegen unbegründeter Versäumung der Überprüfungsfrist des § 67e Abs. 2 StGB hinsichtlich einer Unterbringung in der Sicherungsverwahrung.[145]
- Gegenstandswert von 10.000,– EUR für stattgebenden Kammerbeschluss wegen Verletzung von Art. 2 Abs. 2 S. 2 GG durch Fortdauer langdauernder Unterbringung in einem psychiatrischen Krankenhaus.[146]

Untersuchungshaftfragen 45

- Erfolgreiche Verfassungsbeschwerde wegen vermeidbarer Verfahrensverzögerung und unverhältnismäßiger Fortdauer der Untersuchungshaft; Erhöhung des Mindestgegenstandswertes auf nur 8.000,– EUR, da weder die objektive Bedeutung der Sache noch Umfang und Schwierigkeit der anwaltlichen Tätigkeit Besonderheiten aufwiesen, die zu einer Abweichung vom Regelgegenstandswert Anlass geben.[147]

---

133 BVerfG StRR 2015, 420, Missbrauch von Titeln; zur Hauptsache BVerfG StRR 2015, 421; NJW 2016, 1645, Durchsuchung nach § 103 StPO; DAR 2016, 641, Bußgeldverfahren; NJW 2017, 2016 = BeckRS 2017, 107842 (fehlende Angaben zum Tatzeitraum).

134 BVerfG StraFo 2017, 64.

135 BVerfG wistra 2017, 187 = BeckRS 2016, 111809.

136 BVerfG NJW 2017, 1164.

137 BVerfG BeckRS 2019, 20665 im Verfahren NJW 2019, 1428.

138 BVerfG NStZ-RR 2014, 93.

139 BVerfG BeckRS 2010, 48244 im Verfahren BVerfGE 125, 260 = NJW 2010, 833.

140 BVerfG 14.12.2020 – 1 BvR 1873/13 im Verfahren BVerfG NJW 2020, 2699.

141 BVerfG BeckRS 2014, 47849.

142 BVerfG BeckRS 2014, 47847; BeckRS 2014, 49413.

143 BVerfG BeckRS 2014, 49417.

144 BVerfG BeckRS 2011, 50111.

145 BVerfG BeckRS 2016, 44563.

146 BVerfG FuR 2016, 587 = BeckRS 2016, 49005.

147 BVerfG StV 2014, 35.

- Teilweise stattgebender Kammerbeschluss wegen Anforderungen an den Beschleunigungsgrundsatzes in Haftsachen im Zwischenverfahren (§§ 119ff. StPO); unzureichend begründeter Haftfortdauerbeschluss auf 10.000,– EUR.[148]
- 10.000,– EUR für stattgebenden Kammerbeschluss wegen unzureichend begründeter Entscheidung über die Fortdauer von Untersuchungshaft.[149]
- 10.000,– EUR für teilweise stattgebenden Kammerbeschluss wegen Verletzung von Art. 2 Abs. 2 S. 2 GG durch unzureichend begründete Entscheidung über die Fortdauer von Untersuchungshaft über die Frist des § 121 Abs 1 StPO hinaus; Überlastung des Gerichts kann Fortdauer der U-Haft nicht rechtfertigen.[150]
- 10.000,– EUR für teilweise stattgebenden Kammerbeschluss wegen Anordnung von Untersuchungshaft ohne hinreichende Begründung zu Tatverdacht und Haftgründen.[151]

46 **Unterlassungsansprüche, zivilrechtliche**
- Erfolgreiche Verfassungsbeschwerde; Erhöhung des Mindestgegenstandswertes auf 8.000,– EUR.[152]

47 **Verfassungsbeschwerde**
- Der Mindestwert von (jetzt) 5.000,– EUR[153] wird für Verfassungsbeschwerden, denen durch Entscheidung der Kammer stattgegeben wird, vom BVerfG angemessen erhöht. Insoweit hatte sich beim BVerfG unter Geltung des alten Mindestgegenstandswertes von 4.000,– EUR ein Gegenstandswert von 8.000,– EUR herauskristallisiert.[154] Dieser wird nach der Erhöhung des Mindestgegenstandswertes anzuheben sein.

48 **Verfahrensdauer, überlange**
- 371.000,– EUR; erfolgreiche Verfassungsbeschwerde; Reichweite des Richterspruchprivilegs, Amtshaftungsansprüche wegen überlanger Dauer (mehr als 11 Jahre) eines Zivilprozesses.[155]
- 25.000,– EUR wegen überlanger Dauer eines arbeitsgerichtlichen Verfahrens.[156]
- 50.000,– EUR wegen überlanger Dauer eines Zivilverfahrens.[157]
- Erfolgreiche Verfassungsbeschwerde; Erhöhung des Mindestgegenstandswertes auf 8.000,– EUR.[158]
- 8.000,– EUR wegen überlanger Dauer eines finanzgerichtlichen Verfahrens.[159]

49 **Versagung des rechtlichen Gehörs, Zivilverfahren (Art. 103 Abs. 1 GG)**
- Stattgebender Kammerbeschluss; Verletzung des Anspruchs auf rechtliches Gehör durch Übergehen von Parteivortrag im Zivilprozess.[160]
- Erfolgreiche Verfassungsbeschwerde; Erhöhung des Mindestgegenstandswertes auf 8.000,– EUR.[161]
- Erfolgreiche Verfassungsbeschwerde im Zwangsvollstreckungsverfahren; Erhöhung des Mindestgegenstandswertes auf 8.000,– EUR.[162]
- Minderung des Gegenstandswertes auf 7.000,– EUR wegen nur geringer Schwierigkeit.[163]
- 8.000,– EUR bei einem teilweise stattgebenden Kammerbeschluss betreffend Verletzung des Anspruchs auf Justizgewährung durch (Nicht-)Entscheidung der strittigen Frage der Verjährung von Rückforderungsansprüchen bzgl. Bearbeitungsgebühren für Verbraucherdarlehen.[164]

---

148 BVerfG BeckRS 2014, 51802.

149 BVerfG BeckRS 2016, 53503; BeckRS 2019, 423 = NJW 2019, 915; BeckRS 2020, 2100; BeckRS 2020, 5355; BeckRS 2021, 1240.

150 BVerfG AnwBl 2018, 302 = BeckRS 2017, 136740.

151 BVerfG BeckRS 2020, 3196 im „Augsburger Weihnachtsmarktfall" BVerfG NJW 2020, 1504.

152 BVerfG NJW 2012, 1643.

153 → Rn. 20.

154 Vgl. dazu ua BVerfG GewArch 2009, 487; AnwBl 2009, 801 und zur Frage der Erhöhung des Gegenstandswertes → RVG § 37 Rn. 17.

155 BVerfG NJW 2013, 3630.

156 BVerfG NJW 2013, 3432 = NZA 2013, 1229.

157 BVerfG NZG 2012, 345; ZIP 2012, 177 = BeckRS 2012, 45683, gesellschaftsrechtliche Streitigkeit.

158 BVerfG AnwBl 2009, 801.

159 BVerfG NVwZ-RR 2011, 625.

160 BVerfG FamRZ 2013, 1953 = BeckRS 2013, 56023.

161 BVerfG BeckRS 2009, 35226; BeckRS 2012, 51721; BeckRS 2012, 10960.

162 BVerfG NJW-RR 2012, 393.

163 BVerfG NJW 2012, 1346.

164 BVerfG WM 2015, 1052 = BeckRS 2015, 09770.

- Beschwerdekammerbeschluss betreffend Entschädigung wegen unangemessener Dauer eines Verfassungsbeschwerdeverfahrens.[165]
- 10.000,– EUR für stattgebenden Kammerbeschluss betreffend Verletzung des Anspruchs auf rechtliches Gehör durch zivilgerichtliche Entscheidung nach unwirksamer, da gegen § 172 Abs. 1 S. 1 ZPO verstoßender Zustellung der Aufforderung zur Verteidigungsanzeige.[166]
- 25.000,– EUR für Verletzung des Anspruchs auf rechtliches Gehör durch zivilgerichtliche Entscheidung im schriftlichen Verfahren (§ 495a ZPO) ohne vorherigen Hinweis.[167]

Versammlungsrecht (Art. 8 GG) 50
- 50.000,– EUR im Verfahren betreffend Gewährleistung der Versammlungsfreiheit nicht nur im öffentlichen Straßenraum.[168]

Verwaltungsstreitverfahren 51
- Stattgebender Kammerbeschluss; Verletzung der Rechtsweggarantie des Art. 19 Abs. 4 S. 1 GG durch zu restriktive Handhabung der Regelungen über die Berufungszulassung im Verwaltungsprozess; ua 10.000,– EUR Gegenstandswert.[169]
- 50.000,– EUR für teilweise stattgebenden Kammerbeschluss zu den Anforderungen der Rechtsschutzgarantie an die Gewährung einstweiligen Rechtsschutzes bei drohender Schaffung vollendeter Tatsachen; Verletzung des Art. 19 Abs. 4 S. 1 GG im verwaltungsprozessualen Eilverfahren.[170]
- Bundes- und landesrechtliche Normen zum Vergabeverfahren für Studienplätze im Studiengang Humanmedizin partiell verfassungswidrig;[171] Gegenstandswert 500.000,– EUR.[172]

Vorlagepflicht EuGH, Verletzung 52
- Erfolgreiche Verfassungsbeschwerde wegen Verletzung des Rechts auf den gesetzlichen Richter durch Verletzung der Vorlagepflicht an den EuGH; Erhöhung des Mindestgegenstandswertes auf 8.000,– EUR.[173] bzw. von 16.000,– EUR[174]
- Stattgebender Kammerbeschluss wegen Verletzung der Vorlagepflicht an den EuGH; Gegenstandswert 25.000,– EUR.[175]
- Stattgebender Kammerbeschluss wegen Verletzung des Rechts auf den gesetzlichen Richter (Art 101 Abs. 1 S. 2 GG) durch fachgerichtliches Unterlassen einer EuGH-Vorlage zu unionsgrundrechtlichen Mindestanforderungen an Haftbedingungen sowie zu Mindestanforderungen nach Art. 4 EUGrdRCh bei Entscheidung über Auslieferung eines mutmaßlichen Straftäters nach Rumänien; 50.000,– EUR.[176]

Wahlberechtigung Auslandsdeutscher 53
- Verfassungswidrigkeit von § 12 Abs. 2 S. 1 BWahlG idF v. 17.3.2008 (Erfordernis eines früheren dreimonatigen Aufenthalts im Bundesgebiet für aktive Wahlberechtigung Auslandsdeutscher).[177]

Wahlrechtsfragen/Überhangmandate 54
- 500.000,– EUR[178] im Verfahren betreffend Überhangmandate.[179]
- 4.000,– EUR in einem Verfahren betreffend Wiedereinsetzung in den vorigen Stand im Bußgeldverfahren.[180] 55
- 50.000,– EUR für Verfassungsbeschwerde betreffend Kommunalwahl NRW 2020.[181]

---

165 BVerfG BeckRS 2015, 51365.
166 BVerfG 22.9.2016 – 2 BvR 1614/14.
167 BVerfG BeckRS 2020, 4042.
168 BVerfG 23.5.2011 – 1 BvR 699/06; BVerfGE 128, 226 = NJW 2011, 1201.
169 BVerfG NVwZ-RR 2011, 963; NVwZ 2016, 1243.
170 BVerfG NVwZ 2017, 149.
171 BVerfG NJW 2018, 361.
172 BVerfG 26.3.2018 – 1 BvL 4/14.
173 BVerfG NVwZ 2012, 297.
174 BVerfG VersR 2014, 1485.
175 BVerfG BeckRS 2015, 55288.
176 BVerfG 26.4.2018 – 2 BvR 424/17; vgl. auch BVerfG NJW 2018, 686.
177 BVerfG NVwZ 2012, 1167.
178 BVerfG NVwZ 2012, 1101 mAnm *Morlok*.
179 BVerfG NVwZ 2012, 1101.
180 VerfG BeckRS 2013, 46675.
181 VerfGH NRW 27.10.2020 – 71/20 VB-2, BeckRS 2020, 31408.

56 **Willkürverbot**
- Gegenstandswert von 8.000,– EUR bei einem teilweise stattgebenden Kammerbeschluss wegen Verletzung des aus Art. 3 Abs. 1 GG folgenden Willkürverbots durch fehlerhafte Verwerfung einer strafprozessualen Revision.[182]

57 **Zwangsversteigerungsverfahren**
- Erfolgreiche Verfassungsbeschwerde; Erhöhung des Mindestgegenstandswertes auf 8.000,– EUR.[183]

58 **Zwangsvollstreckungsverfahren**
- Erfolgreiche Verfassungsbeschwerde wegen Gewährung effektiven Rechtsschutzes betreffend die Anordnung einer Wohnungsdurchsuchung gem. §§ 287 AO, 758a ZPO; Gegenstandswert auf 25,00 EUR.[184]

---

182 BVerfG NJW-Spezial 2009, 585.
183 BVerfG NJW 2012, 2500.
184 BVerfG NJW 2015, 3432.

Anhang X–XII: Kostenfestsetzung, Gesetze und Tabellen

X. Kostenfestsetzung

Übersicht

I. Verweisung auf andere Stellen in diesem Kommentar

1 In diesem Anhang werden allgemeine Fragen der Kostenerstattung dargestellt. Spezielle Fragen zu bestimmten Vorschriften des RVG und des VV RVG werden dort abgehandelt.

II. Abgrenzungen

1. Verhältnis verfahrensrechtlicher und materiell-rechtlicher Erstattungsanspruch

1a Eine Erstattungspflicht des Gegners kann aus verfahrensrechtlichen oder materiell-rechtlichen Gründen bestehen.

2 **Verfahrensrechtlicher Natur** ist der Erstattungsanspruch, der sich aus einer Verfahrensordnung (zB § 91 ZPO; weiter → Rn. 9 ff.) ergibt. Nur er kann im Kostenfestsetzungsverfahren geltend gemacht werden; dieser wird nachfolgend behandelt. **Materiell-rechtlicher Erstattungsanspruch,** → § 1 Rn. 235 ff.

3 **Kostenfestsetzung oder Klage.** Für einen materiell-rechtlichen Kostenerstattungsanspruch ist grds. kein Raum, soweit es um Kosten geht, die durch die Einleitung und Führung eines Prozesses ausgelöst werden; ihre Erstattung richtet sich nach prozessrechtlichen Grund-

sätzen und kann nur im Kostenfestsetzungsverfahren geltend gemacht werden.[1] Der Kläger hat auch kein Wahlrecht, ob er nach Eintritt eines erledigenden Ereignisses nach Rechtshängigkeit die Klage für erledigt erklärt oder (zwecks Vermeidung einer Kostenentscheidung nach § 91a ZPO) einen materiell-rechtlichen Kostenerstattungsanspruch geltend macht.[2]

Sowohl Kostenfestsetzung als auch Klage. Etwas anderes wird für die Kosten angenommen, die streng genommen nicht zu den Prozesskosten gehören, diesen aber aus Gründen der Prozesswirtschaftlichkeit zugerechnet werden (→ Rn. 92). In solchen Fällen, in denen neben dem materiell-rechtlichen Kostenerstattungsanspruch ein sich mit ihm deckender, im Kostenfestsetzungsverfahren verfolgbarer prozessualer Erstattungsanspruch besteht, ist stets zu prüfen, ob für die selbständige Geltendmachung des materiell-rechtlichen Anspruchs ein Rechtsschutzbedürfnis vorhanden ist. Dieses wird in der Regel zu bejahen sein, wenn die vorprozessual entstandenen Aufwendungen, mögen sie auch aus nachträglicher Sicht iErg der Vorbereitung eines Rechtsstreits gedient haben, primär zu dessen Abwendung bestimmt waren (zB Privatgutachten → Rn. 93).[3] Der Erstattungsberechtigte darf den für ihn sichereren Weg wählen. Bestehen Zweifel, ob ein Anspruch in der Kostenfestsetzung geltend gemacht werden kann, so darf er auch im Klageweg durchgesetzt werden. **4**

Im Übrigen können materiell-rechtliche Ansprüche im Kostenfestsetzungsverfahren nur im Rahmen von Einwendungen und dann auch nur unter besonderen Voraussetzungen berücksichtigt werden (→ Rn. 299). **5**

Für den prozessualen Erstattungsanspruch ist nicht nötig, dass auch materiell-rechtlich ein Erstattungsanspruch bestehen würde.[4] **6**

2. Verhältnis Entstehung der Gebühr und Kostenerstattung

Grundsätzlich sind die Entstehung einer Gebühr und deren Erstattung streng zu trennen. Eine Gebühr kann entstehen, auch wenn sie nicht zu erstatten ist. Es gibt jedoch auch eine Wechselbeziehung. Die fehlende Erstattungsfähigkeit kann zum einen ein Grund sein, warum ein RA eine Gebühr gegen seinen Mandanten nicht geltend machen kann (→ § 1 Rn. 166 ff.). Zum anderen kann unter besonderen Voraussetzungen ausnahmsweise im Kostenfestsetzungsverfahren berücksichtigt werden, dass der RA einen Vergütungsanspruch gegen den Erstattungsberechtigten nicht geltend machen kann bzw. ein solcher nicht entstanden ist (→ Rn. 299). **7**

3. Verhältnis zur Vergütungsfestsetzung gem. § 11 RVG

Die Kostenfestsetzung betrifft Ansprüche der Partei oder des Beteiligten gegen einen Dritten am Verfahren Beteiligten, meistens den Gegner. Die Vergütungsfestsetzung gem. § 11 RVG betrifft den Anspruch des RA gegen seinen Mandanten. **8**

III. Verfahren mit Kostenerstattung

Voraussetzung für eine Kostenerstattung im Kostenfestsetzungsverfahren ist, dass das jeweilige Verfahren eine solche kennt. **9**

Verfahren mit Kostenerstattung. Eine solche ist ua vorgesehen für Zivilsachen (§§ 91 ff., 104 ff. ZPO), für Verfahren der freiwilligen Gerichtsbarkeit (§§ 80 ff. FamFG), für die Verwaltungsgerichtsbarkeit (§§ 161 ff. VwGO), für die Finanzgerichtsbarkeit (§§ 143 ff. FGO), für die Sozialgerichtsbarkeit (§§ 193 ff. SGG), für das Zwangsvollstreckungsverfahren (§ 788 ZPO), für das Strafverfahren §§ 464 ff. StPO (§§ 464 ff. StPO). **10**

Verfahren ohne Kostenerstattung. Einige Verfahren kennen zT keine Erstattungspflicht von Kosten oder schließen die Erstattungspflicht für die Kosten von Prozessbevollmächtigten oder Beiständen ausdrücklich aus, wie zB § § 12a Abs. 1 S. 1 ArbGG für bestimmte Verfahren der Arbeitsgerichte des ersten Rechtszugs (→ Anh. I Rn. 24 ff.). **11**

---

[1] BGH WM 1987, 247 Rn. 29 ff.; OLG Dresden JurBüro 2017, 640.
[2] KG MDR 2018, 559.
[3] BGH WM 1987, 247 Rn. 31 ff.
[4] BGH NJW 2015, 70 Rn. 13 zu Gutachten.

IV. Titel

1. Titel als Voraussetzung für Erstattungsanspruch

12 Der Anspruch auf Erstattung von Verfahrenskosten kann im Regelfall nur auf Grund eines zur Zwangsvollstreckung geeigneten Titels mit einer Kostenentscheidung geltend gemacht werden (§ 103 Abs. 1 ZPO).[5]

Keines Titels bedarf es ausnahmsweise hinsichtlich der Vollstreckungskosten gem. § 788 ZPO.

2. Geeignete Titel

13 sind
– Gerichtliche Entscheidungen,
– vor Gericht geschlossene oder vom Gericht gem. § 278 Abs. 6 ZPO festgestellte Vergleiche,
- für vollstreckbar erklärte Anwaltsvergleiche (§§ 796a ff. ZPO), nicht aber außergerichtliche Vergleiche, die nicht für vollstreckbar erklärt worden sind,
– Titel gem. § 794 ZPO.

3. Vollstreckbarkeit

14 Es genügt, wenn ein Titel für vorläufig vollstreckbar erklärt wird. Rechtskraft ist dann nicht nötig.[6]

15 Die Vollstreckbarkeit ist bei **FG-Familiensachen** grds. mit der Wirksamkeit der Entscheidung (§§ 86 Abs. 2, 40 FamFG), die in den meisten Fällen – Ausnahme Kindschaftssachen – abweichend von § 40 FamFG (Wirksamkeit mit der Bekanntgabe der Entscheidung) erst mit der Rechtskraft der Entscheidung eintritt (§§ 148, 184 Abs. 1 S. 1, 198 Abs. 1 S. 1 und Abs. 2, §§ 209 Abs. 2 S. 1, 216 Abs. 1 S. 1, 224 Abs. 1 FamFG).[7] Hat das Familiengericht jedoch von der Möglichkeit Gebrauch gemacht, die sofortige Wirksamkeit anzuordnen, so kann schon vor der Rechtskraft die Kostenfestsetzung betrieben werden. In Ehe- und Familienstreitsachen gelten über § 120 Abs. 1 FamFG die §§ 704 ff. ZPO.

4. Auslegung

16 **FamFG-Sachen.** Unklarheiten, welche Bedeutung eine Kostenentscheidung „über die Kosten des Verfahrens" bei FG-Sachen hat, sind durch § 80 FamFG beseitigt. Erfasst sind die Gerichtskosten (Gebühren und Auslagen gem. FamGKG) und die zur Durchführung des Verfahrens notwendigen Aufwendungen (außergerichtliche Kosten) der Beteiligten.

17 **Verbund.** Werden bei einer Verbundentscheidung die Kosten gegeneinander aufgehoben mit Ausnahme der durch eine bestimmten Folgesache entstandenen, zB Zugewinnausgleich, die ein Ehegatte allein zu zahlen hat, so hat dieser nur die Mehrkosten (Differenzmethode) zu tragen, also die Kosten, die nicht angefallen wären, wenn diese Folgesache nicht anhängig geworden wäre.[8]

18 **Vergleich.** Wegen Auslegung von Kostenregelungen in Vergleichen → RVG VV 1000 Rn. 312 ff.

5. Berichtigung, Ergänzung

19 Wurde bei der Entscheidung versehentlich eine zu entscheidende Frage übergangen, zB ob und wer die Kosten des Nebenintervention (→ Rn. 27 ff.) bzw. der Säumnis (§ 344 ZPO) bzw. der die durch die Anrufung des unzuständigen Gerichts entstandenen Mehrkosten (§ 281 Abs. 3 S. 2 ZPO) zu tragen hat, so ist das kein Fall der Berichtigung gem. § 319 ZPO, sondern ein Fall der Ergänzung gem. § 321 ZPO.[9] **Achtung:** Diese muss mit einer 14 Tagefrist ab Zustellung an den Antragsberechtigten (zB den Nebenintervenienten[10]) beantragt werden. Ein Kostenfestsetzungsantrag gilt nicht als ein Antrag auf Ergänzung der Kostenentscheidung.[11] Nur wenn offenbar geworden ist, dass und welche Kostenentscheidung das Gericht eigentlich

---

[5] BGH NJW-RR 2008, 1082.
[6] OLG Jena AGS 2015, 95 = RVGreport 2015, 69 mzustAnm *Hansens.*
[7] BGH AGS 2015, 150.
[8] OLG Köln FamRZ 1997, 764 = NJW-RR 1997, 1025 = JurBüro 1997, 424; OLG Nürnberg FamRZ 2015, 524 = AGS 2014, 589.
[9] BGH NJW 2016, 2754 = AGS 2016, 541; AGS 2013, 356 = MDR 2013, 807; OLG Rostock NJW-RR 2016, 381 = FamRZ 2016, 652; OLG Stuttgart JurBüro 2015, 254, zu Mehrkosten wegen unzuständigem Gericht; OLG Stuttgart MDR 1999, 116, auch nach Vergleich über Kosten der Parteien.
[10] BGH NJW 1975, 218.
[11] LAG Köln AGS 2011, 202.

treffen wollte, zB aus den Gründen, kommt eine Berichtigung in Betracht.[12] Im Zweifelsfall sollte ein Ergänzungsantrag gestellt werden.

6. Bindung an Entscheidung

Für die Kostenfestsetzung ist die Kostenentscheidung bindend.[13] 20

V. Erstattungsberechtigter und -pflichtiger

1. Erstattungsberechtigte

Erstattungsberechtigt ist, wer einen Erstattungsanspruch hat. 21

a) Partei. Die Partei ist erstattungsberechtigt. Der gesetzliche und der gewillkürte **Prozessstandschafter** ist selbst Partei, dem der Erstattungsanspruch für ihm entstandene Kosten persönlich zusteht, nicht der Person, für die er handelt.[14] Dass der Partei **PKH** gewährt und ein RA beigeordnet wurde, steht nicht entgegen → § 45 Rn. 83. 22

b) Streitgenossen. → RVG VV 1008 Rn. 312 ff. 23

c) Parteiwechsel. Nach Parteiwechsel hat auch die ausgeschiedene Partei einen Erstattungsanspruch, vorausgesetzt, dass eine Kostenentscheidung zu ihren Gunsten vorhanden ist.[15] An einer solchen fehlt es, wenn ausschließlich die Kosten dem Gegner auferlegt werden. Hingegen besteht eine solche zB, wenn die Kosten dem Beklagten auferlegt werden mit Ausnahme der Kosten, die dadurch entstanden sind, dass zuerst die falsche Partei verklagt worden ist, die der Kläger trägt.[16] 24

d) Versehentlich falscher Beklagter. Erkennt der Beklagte, dass in Wahrheit ein anderer als er verklagt sein soll, so darf er grundsätzlich anwaltliche Hilfe in Anspruch nehmen.[17] Das gilt aber nicht, wenn die Beklagte einem Konzern angehört, lediglich ein falsches Konzernmitglied verklagt wurde und sich ohne weiteres für die Beklagte ergibt, wer die richtig Beklagte sein soll. Hier ist der Beklagten zumutbar, zunächst einmal ohne anwaltliche Hilfe darauf hinzuweisen, dass sie nicht die richtige Beklagte ist.[18] In der Rspr. wird jedoch angenommen, dass nur ein Erstattungsanspruch für eine Einzeltätigkeitsgebühr gem. VV 3403 RVG in Frage kommt, da zur Wahrung seiner Rechte es genügt, dass der RA auf die Verwechslung hinweist, was im Rahmen eines Einzeltätigkeitsauftrags geschehen kann.[19] Es wird auch kein Erstattungsanspruch für eine Terminsgebühr zuerkannt, wenn der Beklagte erstmals im Termin einen entsprechenden Hinweis gibt und der Kläger dann sofort die fehlende Passivlegitimation anerkennt.[20] Etwas anderes muss aber jedenfalls dann gelten, wenn der Kläger auch nach einem Hinweis dabei bleibt, dass dieser der richtige Beklagte ist. 25

e) Nicht oder nicht mehr existierende Partei. Eine nichtexistente verklagte Partei, die im Streit um ihre Parteifähigkeit zu Lasten des Klägers eine Kostengrundentscheidung erwirkt hat, kann im anschließenden Kostenfestsetzungsverfahren zu ihren Gunsten die Festsetzung der durch diesen Streit entstandenen Kosten festsetzen lassen.[21] Ist die Parteifähigkeit beseitigt worden (zB durch Löschung einer GmbH im Handelsregister), so bleibt die Parteifähigkeit im Kostenfestsetzungsverfahren jedenfalls so weit bestehen, als eigene Kostenfestsetzungsansprüche bestehen.[22] Der Einwand der Antragsgegnerin, im Handelsregister bereits gelöscht zu sein, ist unerheblich, wenn sie nach dem Löschungszeitpunkt ihr Geschäft fortgeführt und das der Kostenfestsetzung zugrunde liegende Gerichtsverfahren betrieben hat.[23] 26

---

[12] BGH NJW 2016, 2754 = AGS 2016, 541.
[13] OLG Brandenburg RVGreport 2020, 312; NdsOVG RVGreport 2015, 228.
[14] OLG Köln RVGreport 2015, 70 Rn. 12; OLG München Rpfleger 1980, 232.
[15] OLG Düsseldorf JurBüro 2006, 143.
[16] OLG Köln JurBüro 1992, 817; OLG Hamm JurBüro 1975, 1503; von Eicken/Hellstab/Lappe/Madert/Dörndorfer/Asperger/*Dörndorfer* Kap. B Rn. 48.
[17] OLG Dresden OLGR 2007, 845.
[18] OLG Karlsruhe JurBüro 2019, 417 = NJW-RR 2019, 1470 = RVGreport 2019, 464 mzustAnm *Hansens.*
[19] OLG Dresden OLGR 2007, 845; OLG München JurBüro 2010, 144.
[20] OLG München JurBüro 2010, 144.
[21] BGH NJW 2008, 528 mwN auch für die teilweise abw. Meinungen; OLG Düsseldorf AGS 2012, 204.
[22] BGH NJW-RR 1986, 394; OLG Koblenz JurBüro 2016, 316 = NJW-RR 2016, 867.
[23] BGH RVGreport 2018, 437 zu Gerichtskostenansatz mzustAnm *Hansens.*

27 **f) Streithelfer.** ***aa) Gerichtliche Kostenentscheidung.*** Die Entscheidung über „die Kosten des Rechtsstreits" erfasst nicht die Kosten des Streithelfers.[24] Für ihn bedarf es einer gesonderten Kostenentscheidung. **Hinweis für den Rechtsanwalt.** Hat das Gericht eine Kostenentscheidung zu Gunsten des Streithelfers unterlassen, so muss binnen 14 Tagen (!) ab Zustellung des Urteils an den Streithelfer[25] Ergänzung der Kostengrundentscheidung gem. § 321 ZPO beantragt werden.[26] → Rn. 19.

28 ***bb) Vergleich.*** (1) **Ohne Kostenregelung.** Werden die Kosten des Streithelfers im Vergleich nicht unter dessen Mitwirkung geregelt, so bedarf es einer gerichtlichen Entscheidung über diese Kosten. Dabei ist dem Streithelfer der gleiche Erstattungsanspruch zuzuerkennen, der der Partei zusteht, auf deren Seite er beigetreten ist (§ 101 Abs. 1 ZPO).

29 Vereinbaren die Parteien in einer Einigung **Kostenaufhebung,** so ist streitig, ob damit ein Kostenerstattungsanspruch des Streithelfers ausgeschlossen ist[27] oder ob der Streithelfer einen Anspruch auf Erstattung der Hälfte seiner Kosten gegen den Gegner der unterstützten Partei hat.[28] Nachdem sich zwei Senate des BGH unter Aufgabe der früheren Rspr. des BGH für die erste Meinung ausgesprochen haben, ist davon auszugehen, dass sich diese Auffassung durchsetzen wird. Dabei ist es nach dem BGH unerheblich, ob der Streithelfer auf den Vergleich Einfluss nehmen konnte oder nicht.[29] Das Vorstehende gilt auch, wenn nach einem Vergleich die Klage zurückgenommen wird. Die Kostenregelung des Vergleichs geht der gesetzlichen Regelung nach § 269 Abs. 3 S. 2 ZPO vor.[30]

30 Vereinbaren die Parteien eine **quotenmäßige Aufteilung der Kosten des Rechtsstreits,** so steht dem Nebenintervenienten grds. kein Erstattungsanspruch zu.[31]

31 Selbst bei **kollusivem Zusammenwirken** der Parteien zu Lasten des Streithelfers gibt es nach dem BGH keinen prozessrechtlichen Erstattungsanspruch, sondern nur materiellrechtliche Schadensersatzansprüche.[32]

32 (2) **Erfassung auch der Kosten des Streithelfers im Vergleich.** Im Einzelfall kann sich aber aus einer Auslegung der Vereinbarung ergeben, dass trotz der Formulierung „Kosten des Rechtsstreits" auch die Kosten des Streithelfers erfasst sein sollen. Dafür bedarf es jedoch konkreter Anhaltspunkte.[33] Das ist anzunehmen, wenn die Parteien und der Streithelfer einen Vergleich schließen, nach dem sowohl der Beklagte, als auch der Streithelfer einen bestimmten Betrag an den Kläger zahlen und die „Kosten des Rechtsstreits der Kläger, der Beklagte und der Streithelfer jeweils zur Hälfte tragen".[34]

Hinweis an RA: Der RA des Streithelfers sollte nicht den Versuch vergessen, die Kosten der Nebenintervention mit in den Vergleich aufzunehmen.

33 ***cc) Notwendigkeit.*** Im Rahmen der Kostenfestsetzung ist nicht zu prüfen, ob die Nebenintervention erforderlich war.[35] Dazu, ob beim Streithelfer und der unterstützten Partei die Kosten für mehrere Anwälte zu erstatten sind, → RVG VV 1008 Rn. 392.

34 ***dd) Streithelfer untereinander.*** Zwischen Streitgenossen findet grds. keine gerichtliche Kostenfestsetzung statt, es sei denn, dass Ausgleichsansprüche im Innenverhältnis eindeutig tituliert worden sind. Allein aus der in einem Prozessvergleich geregelten Verteilung von Kosten zwi-

---

[24] OLG Köln RVGreport 2015, 74; OLG Koblenz JurBüro 2005, 262 = MDR 2005, 719; MDR 2002, 1338; OLG Hamm JurBüro 2002, 39; OLG München NJW-RR 2003, 1440; zur Möglichkeit, Ergänzung des rechtskräftigen Urteils zu beantragen: BGH MDR 2005, 526.

[25] BGH NJW 1975, 218.

[26] OLG Koblenz MDR 2002, 1338; OLG Hamm JurBüro 2002, 39; OLG München NJW-RR 2003, 1440; OLG Rostock NJW-RR 2016, 381 = FamRZ 2016, 652; OLG Stuttgart MDR 1999, 116, auch nach Vergleich über Kosten der Parteien.

[27] BGH NJW 2003, 3354; 2003, 1948 = FamRZ 2003, 1088, unter Aufgabe seiner früheren Rspr.; OLG Dresden NJW-RR 1999, 1668; OLG Karlsruhe NJW-RR 1997, 1293; MDR 1997, 401; OLG Nürnberg BauR 2000, 1379; OLG Rostock JurBüro 2009, 367, auch bei außergerichtlichen Vergleich; OLG Stuttgart NJW-RR 2002, 215.

[28] Früher BGH NJW 1961, 460, inzwischen Rspr. aufgegeben; OLG Celle NJW-RR 2002, 140; OLG München MDR 2002, 114 = OLGR 2002, 17; OLG Nürnberg MDR 2003, 597.

[29] BGH AnwBl 2005, 507.

[30] BGH NJW-RR 2004, 1506 = FamRZ 2004, 1552 = MDR 2004, 1251.

[31] BGH NJW 2016, 1893.

[32] BGH AnwBl 2005, 507; **aA** OLG Zweibrücken NJW-RR 2003, 142 mwN.

[33] BGH NJW 2016, 1893 Rn. 11.

[34] OLG Koblenz MDR 2006, 1078.

[35] OLG Nürnberg NJW-RR 1995, 1214.

schen einem Kläger und zwei Beklagten nach Quoten kann nicht auf eine Ausgleichspflicht der Beklagten untereinander geschlossen werden.[36]

Als **nicht ausreichend** wurde angesehen die Vereinbarung:

– „Von den Kosten des Rechtsstreits tragen der 1. Beklagte 80%, der 2. Beklagte 5% und der Kläger 15%",[37]
– „Für das Innenverhältnis der Beklagten gilt folgende Regelung, dass die Beklagte zu 1) 1/4 und der Beklagte zu 2) 1/2 der gesamten Kosten des Rechtsstreits tragen".[38]

Als **ausreichend** wurde angesehen: Die Beklagten sind sich darüber einig, dass die die Beklagten betreffenden Kosten zu 2/3 von den Beklagten zu 1) bis 3), zu einem weiteren Drittel von den Beklagten zu 4) bis 7) als Gesamtschuldner getragen werden".[39]

g) Beigetretener zu einem Vergleich. Es gilt hier dasselbe wie bei einem Streithelfer (→ Rn. 27 ff.). Er ist nicht Partei.[40] Wird nur eine Regelung über die „Kosten des Rechtsstreits" vereinbart, so werden die Kosten des Beigetretenen hiervon nicht erfasst.[41] **Hinweis an den RA.** Will er erreichen, dass der von ihm vertretene Beitretende einen Kostenerstattungsanspruch hat, muss er dafür sorgen, dass dies im Vergleich klar zum Ausdruck kommt. 35

h) RA. Zur Geltendmachung des Erstattungsanspruchs ist grds. nur der Auftraggeber, nicht der RA befugt. Ein eigenes Beitreibungsrecht steht jedoch dem im Wege der Prozesskostenhilfe beigeordneten RA nach § 126 ZPO zu. Im Übrigen → § 45 Rn. 81 ff. Darüber hinaus ist der Prozessbevollmächtigte nach Abtretung an ihn antragsberechtigt; dann muss allerdings der Kostenfestsetzungsbeschluss auf ihn nach §§ 727 ff. ZPO umgeschrieben werden.[42] 36

i) Rechtsnachfolger (zB Erben[43]) sind Erstattungsberechtigte. Der Titel mit der Kostenentscheidung muss gem. § 727 ZPO umgeschrieben werden.[44] 37

2. Erstattungspflichtiger

Erstattungspflichtig ist, wer nach dem Titel die Kosten zu tragen hat. 38

PKH-Berechtigter. Auch ein PKH-Berechtigter ist erstattungspflichtig (§ 123 ZPO). 39

VI. Kosten des Rechtsstreits

1. Grundsatz

Die Kostenentscheidung und damit auch die Kostenfestsetzung erfasst „die Kosten des Rechtsstreits" (§ 91 Abs. 1 S. 1 ZPO), also nur Kosten, die sich auf rechtshängige, im Fall des § 269 Abs. 3 S. 3 Hs. 2 ZPO auf anhängige Ansprüche beziehen. 40

2. Nur für rechtshängige Ansprüche

a) Grundsätze. Eine gerichtliche Kostenentscheidung betrifft stets nur die durch den rechtshängig gewordenen Anspruch entstandenen Kosten, setzt also voraus, dass ein Prozessrechtsverhältnisses entstanden ist (Ausnahme § 269 Abs. 3 S. 3 Hs. 2 ZPO → Rn. 49). Ein solches wird im Regelfall durch Klageerhebung begründet.[45] Der Antrag und die Klage müssen also dem Gegner zugestellt worden sein (§ 253 Abs. 1 ZPO). Ausnahmen gelten bei Eilverfahren (→ RVG Anh. II Rn. 98 ff.) und bei bestimmten Folgesachen im Familienrecht (→ Rn. 44). Ist der Auftrag schon vor der Zustellung der Klage beendet, so kann über die vorher entstandenen Kosten keine Kostenentscheidung getroffen werden.[46] 41

b) Nur teilweise Rechtshängigkeit. Ist nur ein Teil der ursprünglichen Klage – wegen Teilrücknahme vor Zustellung – rechtshängig geworden, so sind auf Grund der dann ergehenden Kostenentscheidung nur die auf den rechtshängigen Teil entfallenden Kosten zu erstatten. Die anderen Kosten können nur aus Gründen des materiellen Rechts, zB als Verzugsschaden besonders eingeklagt werden. 42

---

36 OLG Bremen MDR 2003, 1080; OLG Hamburg ZfS 2017, 707; OLG Koblenz JurBüro 1990, 1468.
37 OLG Hamburg ZfS 2017, 707.
38 OLG Koblenz JurBüro 1990, 1468.
39 OLG Bremen MDR 2003, 1080.
40 BGH NJW 1983, 1433 Rn. 17 ff.
41 OLG Köln NJW-RR 2015, 447 = RVGreport 2015, 74 mzustAnm *Hansens.*
42 OLG Brandenburg RVGreport 2020, 105.
43 BGH NJW 2014, 1886 = RVGreport 2014, 478 mAnm *Hansens.*
44 OLG Koblenz JurBüro 2006, 646, zu Abtretung; OLG Köln JurBüro 2013, 89.
45 BGH MDR 1993, 1249; OLG Nürnberg FamRZ 2002, 478.
46 OLG Oldenburg MDR 2007, 867.

Beispiel

Der RA erhält den Auftrag, 10.000,– EUR einzuklagen. Nach Überprüfung der Rechtslage empfiehlt der RA, nur 3.000,– EUR einzuklagen, was auch geschieht.

Der RA verdient

1,3 Verfahrensgebühr gem. VV 3100 RVG aus 3.000,– EUR	288,60 EUR
0,8 Verfahrensgebühr gem. VV 3101 Nr. 1 RVG aus 7.000,– EUR	356,80 EUR
Summe	645,40 EUR
Höchstens gem. § 15 Abs. 3 1,3 Verfahrensgebühr aus 10.000,– EUR	798,20 EUR
Pauschale gem. VV 7002 RVG	20,00 EUR
Insgesamt	665,40 EUR
Festsetzbar gem. § 11 RVG sind	
1,3 Verfahrensgebühr gem. VV 3100 RVG aus 3.000,– EUR	288,60 EUR
Pauschale gem. VV 7002 RVG	20,00 EUR
Insgesamt	308,60 EUR

Auf Grund der zu seinen Gunsten ergangenen Kostentscheidung kann der Kläger nur eine 1,3 Verfahrensgebühr und ggf. eine 1,2 Terminsgebühr aus 3.000,– EUR sowie die Kommunikationspauschale erstattet verlangen.

43 Dazu, ob er hinsichtlich der 7.000,– EUR uU gem. § 269 Abs. 3 S. 3 ZPO eine Kostenentscheidung zu seinen Gunsten erwirken kann, → Rn. 49.

44 **c) Familienrechtliche Folgensachen.** Gem. § 137 FamFG müssen die dort genannten Folgesachen mit verhandelt werden, wenn ein Ehegatte rechtzeitig begehrt hat, über sie eine Entscheidung für den Fall einer Scheidung zutreffen. Deshalb können bei ihnen bereits mit der Antragseinreichung, also mit der Anhängigkeit, Erstattungsansprüche entstehen.[47] Hinsichtlich des Versorgungsausgleichs bedarf es in den Fällen der §§ 6–19, 28 VersAusglG wegen § 137 Abs. 2 S. 2 FamFG nicht einmal eines Antrags.

45 **d) Klagerücknahme vor Zustellung.** ***aa) Entscheidung nach § 269 Abs. 3 S. 2, Abs. 4 ZPO.*** Wird eine Klage vor der Zustellung insgesamt „zurückgenommen", so darf keine Kostenentscheidung gegen den Kläger nach § 269 Abs. 3 S. 2, Abs. 4 ZPO ergehen, da diese nur hinsichtlich eines rechtshängigen Teils zulässig ist.[48] Etwas anderes gilt nur, wenn dem Beklagten eine einfache Abschrift der Klageschrift formlos übersandt wurde und der Beklagte noch während der Anhängigkeit auf die Zustellung der Klageschrift verzichtet hat.[49] Fällt das Gericht unzulässiger Weise eine Entscheidung nach § 269 Abs. 4 ZPO über die Kosten des „Rechtsstreits", so findet dennoch nach der hM keine Kostenerstattung statt, da es keinen Rechtsstreit gibt, in dem Kosten angefallen sind.[50]

46 Nach anderer Meinung kann nicht ignoriert werden, dass eine Kostenentscheidung ergangen ist. Innerhalb dieser Meinung wird noch differenziert hinsichtlich dessen, was zu erstatten ist. Teilweise wird eine 1,3 Verfahrensgebühr erstattet, wenn ein Abweisungsantrag gestellt war,[51] teilweise nur eine 0,8 Verfahrensgebühr, weil ein Abweisungsantrag zu dieser Zeit nicht notwendig war,[52] teilweise nur eine 1,3 Verfahrensgebühr aus dem Kostenwert für den Kostenantrag.[53]

47 Der hM ist zu folgen. Es gibt keine Kosten des Rechtsstreits. Die Kostenentscheidung geht ins Leere. Das ist auch nicht formalistisch. Im Gegenteil verhindert diese Auslegung, dass eine in aller Regel versehentlich falsche Entscheidung Wirkungen entfaltet. Sie dient also einem richtigen Ergebnis. Die Rechtslage hat sich auch nicht durch § 269 Abs. 3 S. 3 ZPO geändert. Wenn dort für den Wegfall des Klageanlasses vor der Rechtshängigkeit eine Kostenentscheidung auch dann vorgesehen ist, wenn die Klage nicht mehr zugestellt wird, so wird nur für diesen Fall auf die Zustellung verzichtet. Zu allen anderen Fällen bleibt es bei dem bisherigen Recht.

48 Dazu, dass in diesen Fällen meistens Maßnahmen noch nicht notwendig sind → Rn. 133.

---

[47] KG MDR 1988, 1067.

[48] OLG Nürnberg NJW-RR 2003, 646.

[49] *Hansens* BRAGOreport 2001, 150; dazu, wenn nach der Rücknahme noch die Zustellung der Klage erfolgt OLG Köln MDR 2004, 618.

[50] OLG Düsseldorf JurBüro 1981, 1017 = MDR 1981, 764; OLG Hamburg JurBüro 1983, 1105; OLG Hamm NJW 1972, 1903 = AnwBl 1972, 232; OLG Koblenz AGS 2013, 147; OLG Schleswig JurBüro 1984, 624; Musielak/Voit/*Förste* ZPO § 269 Rn. 6 *E. Schneider* NJW 1965, 1185.

[51] OLG Düsseldorf NJW 1965, 766 mablAnm *E. Schneider* (S. 1185) = JurBüro 1965, 756.

[52] OLG Nürnberg MDR 2001, 535.

[53] KG JurBüro 1990, 1276 = MDR 1990, 935; Gerold/Schmidt/*von Eicken,* 15. Aufl. 2000, BRAGO § 31 Rn. 16.

bb) Entscheidung nach § 269 Abs. 3 S. 3, Abs. 4 ZPO. Im Fall des § 269 Abs. 3 S. 3 ZPO kann eine Kostenentscheidung zugunsten des Klägers ergehen. Das gilt auch dann, wenn die Klage noch nicht zugestellt ist. Der frühere Streit[54] hierzu ist überholt, nachdem § 269 Abs. 3 S. 3 Hs. 2 ZPO jetzt ausdrücklich bestimmt, dass § 269 Abs. 3 S. 3 ZPO auch eingreift, wenn die Klage noch nicht zugestellt ist. Die durch den Antrag auf Kostenentscheidung verursachte Verfahrensgebühr ist zu erstatten. 49

VII. Prozessbezogenheit

1. Grundsatz

Nur prozessbezogene Kosten sind zu erstatten. Prozessbezogen sind Kosten, die unmittelbar mit dem Rechtsstreit verbunden sind. Die erstattungsfähige Tätigkeit muss **nicht gegenüber dem Gericht** erfolgen (→ § 11 Rn. 49), zB Entgegennahme der Information, Vermeidungsgespräch zwischen den Prozessbevollmächtigten ohne Gericht (→ RVG VV Vorb. 3 Rn. 133 ff.). 50

Auch eine Maßnahme **nach der Klagerücknahme,** zB eine Klageerwiderung, kann unmittelbar im Hinblick auf den Prozess erfolgen. Ob sie notwendig ist, ist eine andere Frage (→ Rn. 119 ff.). Dasselbe gilt für einen Kostenantrag nach Klagerücknahme → § 19 Rn. 98 ff. 51

2. Verfahrensdifferenzgebühr

a) Bei gescheiterter Einigung. Werden in Vergleichsverhandlungen über rechtshängige Ansprüche auftragsgemäß auch in diesem Verfahren nicht rechtshängige Ansprüche einbezogen, so kann hierdurch zusätzlich eine 0,8 Verfahrensgebühr entstehen (VV 3101 Nr. 2 RVG). Diese Gebühr entfällt nicht wieder, wenn die Einigungsverhandlungen scheitern. Wird nun der Rechtsstreit allein wegen der bereits rechtshängig gewesenen Ansprüche weitergeführt und über diese entschieden, so betrifft die Kostenentscheidung nur die Kosten, die wegen der rechtshängigen Ansprüche entstanden sind. Dagegen können die durch die Einbeziehung der nicht rechtshängigen Ansprüche in die Einigungsverhandlungen entstandenen Kosten nicht auf Grund der Kostenentscheidung des Urteils festgesetzt werden.[55] 52

b) Bei Einigung. Die Vereinbarung über die Kosten in einer gerichtlich protokollierten Einigung erfasst auch die Einigungs-, die Verfahrensdifferenz- und die Terminsgebühr bzgl. der in diesem Verfahren nicht anhängigen Ansprüche. 53

Wird **ein anderweitig anhängiger Anspruch** in eine Einigung bei Gericht einbezogen, so erhöhen sich die Verfahrens-, Termins- und Einigungsgebühr. Für die Verfahrensgebühr und Terminsgebühr ergibt sich dies aus der Regelung in VV 3101 RVG Anm. Abs. 1, VV 3104 RVG Anm. Abs. 2. Diese Erhöhungen sind in dem Verfahren zu erstatten, in dem die Einigung vorgenommen wird. Die Einigungsgebühr fällt nur einmal an. Auch sie ist im Verfahren, in dem die Einigung vorgenommen wurde, zu erstatten (→ RVG VV 1003 Rn. 73). 54

Sondervereinbarung für Kosten der Einigung. Ist vereinbart, dass die Kosten der Einigung abweichend von den sonstigen Kosten gegeneinander aufgehoben werden, so gilt für die Verfahrensgebühr: Soweit sie sich auf die Ansprüche bezieht, die in dem Verfahren rechtshängig sind, in dem die Einigung erfolgt, gehört sie nicht zu den Kosten der Einigung, sondern zu den übrigen Kosten des Verfahrens. Anderes gilt für die Verfahrensdifferenzgebühr hinsichtlich der dort nicht rechtshängigen Ansprüche. Sie gehört zu den Kosten der Einigung.[56] Zwar entsteht die Verfahrensdifferenzgebühr unabhängig davon, ob letztlich eine Einigung zustande kommt, weshalb auch vertreten wird, dass die Verfahrensdifferenzgebühr zu den Kosten des Rechtsstreits gehört.[57] Für eine Zugehörigkeit zu den Kosten der Einigung spricht aber, dass in aller Regel die Parteien die Vereinbarung in diesem Sinn verstehen (§§ 157, 133 BGB).[58] Die durch die Einbeziehung nicht rechtshängiger Ansprüche entstandene zusätzliche Verfahrensgebühr ist nach der Differenzmethode zu errechnen. Im Beispiel → VV 3101 Rn. 110 entfallen von der Verfahrensgebühr von insgesamt 933,40 EUR auf die generelle Kostenregelung 55

---

54 *Gottwald* FamRZ 2003, 1118; BGH NJW 2004, 1530; JurBüro 2005, 322 = MDR 2005, 824.

55 BGH NJW 2009, 233 = AnwBl 2009, 73 = FamRZ 2008, 2276; OLG Hamm OLGR 1998, 364; OLG Stuttgart JurBüro 2017, 486 = NJW-RR 2017, 1151.

56 HM, OLG Brandenburg MDR 2006, 1017; OLG Frankfurt a. M. AGS 2003, 516; OLG Hamburg JurBüro 2000, 205 = MDR 1999, 1527; OLG Hamm JurBüro 1998, 544; 03, 22; OLG Koblenz JurBüro 2007, 138; OLG Köln AGS 2009, 610; MDR 2001, 653 mablAnm *N. Schneider;* OLG München FamRZ 2006, 1695; AnwBl 1999, 56 = JurBüro 1998, 86; OLG Schleswig JurBüro 2018, 479; *Mümmler* JurBüro 1997, 355.

57 OLG Naumburg JurBüro 2010, 644; LG Bonn JurBüro 1998, 33 mzustAnm *Enders.*

58 *N. Schneider* AGK 2010, 16.

798, 20 EUR (1,3 Verfahrensgebühr aus 10.000,– EUR) und auf die Sonderkosten des Vergleichs 135,20 EUR (933,40 EUR – 798,20 EUR).

56 **Hinweis für RA:** Da die Frage umstritten ist, empfiehlt es sich in einer Einigung eine Klarstellung vorzunehmen zB[59]

„Der Kläger trägt die Kosten des Verfahrens. Die Kosten des Vergleichs einschließlich der Verfahrensdifferenzgebühr gem. VV 3101 Nr. 2 RVG werden gegeneinander aufgehoben."

oder aber, wenn die 0,8 Verfahrensgebühr zu den Kosten des Rechtsstreits gehören soll,

„Der Kläger trägt die Kosten des Rechtsstreits einschließlich der Verfahrensgebühr gem. VV 3101 Nr. 2 RVG. Die Kosten des Vergleichs werden gegeneinander aufgehoben."

3. Terminsgebühr

57 → RVG VV Vorb. 3 Rn. 242 ff.

4. Beweisaufnahmegebühr

58 Die Beweisaufnahmegebühr (VV 1010 RVG) ist erstattungsfähig.

5. Einigungsgebühr

59 → VV 1000 Rn. 303 ff.

6. Aussöhnungsgebühr

60 Die Aussöhnungsgebühr (VV 1001 RVG) ist festsetzbar, vorausgesetzt, dass überhaupt ein Scheidungs- oder Aufhebungsverfahren bei Gericht anhängig ist. Erfolgt die Aussöhnung außergerichtlich, so gilt das zur außergerichtlichen Einigung Dargelegte (→ VV 1000 Rn. 304).

7. Erledigungsgebühr

61 Die Erledigungsgebühr (VV 1002 RVG) ist festsetzbar, vorausgesetzt, dass ein gerichtliches Verfahren anhängig ist. Erfolgt die Erledigung außergerichtlich, so gilt das zur außergerichtlichen Einigung Dargelegte (→ VV 1000 Rn. 304a). Im Übrigen → RVG VV 1002 Rn. 72.

8. Hebegebühr

62 → RVG VV 1009 Rn. 19 ff.

9. Geschäftsgebühr

63 **a) Grundsätzlich nicht erstattungsfähig.** Zur Kostenfestsetzung kann, nachdem der BGH sich der ganz hM angeschlossen hat, als geklärt angesehen werden, dass die Geschäftsgebühr (VV 2300 ff. RVG) in den meisten Fällen nicht berücksichtigt werden kann.[60] Das gilt auch dann, wenn sie in engem Zusammenhang mit dem gerichtlichen Verfahren steht. Dasselbe muss für die Vergütungsfestsetzung gelten. Hiervon gibt es aber die nachfolgend dargestellten Ausnahmen.

64 **b) Verwaltungsrechtliche Vorverfahren.** → Anh. IV Rn. 51 ff.

65 **c) Geschäftsgebühr bei Vergabekammer.** Die im Verfahren vor der Vergabekammer angefallenen Kosten können aufgrund einer Kostenentscheidung des Beschwerdegerichts zu erstatten sein (→ RVG VV Vorb. 3.2.1 Rn. 47), somit auch die dort anfallende Geschäftsgebühr (→ RVG VV Vorb. 3.2.1 Rn. 51).

66 **d) Güte- und ähnliche Verfahren.** ***aa) Obligatorische Verfahren.*** Dazu, dass allg. angenommen wird, dass aufgrund der Kostenentscheidung des Gerichtsverfahrens die Kosten eines obligatorischen Güteverfahrens einschließlich der Geschäftsgebühr erstattet werden können → § 11 Rn. 62.[61]

67 ***bb) Nicht obligatorisches Verfahren.*** Für ein nicht obligatorisches Verfahren hat die Rspr. eine Kostenfestsetzung auf Grund der Kostenerstattung im nachfolgenden Gerichtsverfahren abgelehnt.[62] Nachdem inzwischen auch der BGH sich dieser Auffassung angeschlossen hat,[63] werden die Gerichte ganz überwiegend dieser Meinung folgen.

---

[59] Entsprechend einem Vorschlag von *Enders* JurBüro 1998, 33 (34).

[60] BGH JurBüro 2005, 261; OLG Koblenz AnwBl 2005, 435 = FamRZ 2006, 217 = JurBüro 2005, 313; LAG Hmb AGS 2006, 449 = RVGreport 2006, 340 mzustAnm *Hansens.*

[61] BayObLG NJW-RR 2005, 724 = JurBüro 2004, 598; OLG Karlsruhe AGS 2009, 98; OLG Köln JurBüro 2010, 206 = NJW-RR 2010, 431; LAG Hamm AnwBl 1989, 625 = JurBüro 1989, 197 = MDR 1989, 186.

[62] OLG Hamburg MDR 2002, 115 mzustAnm *Schütt;* OLG Hamm JurBüro 2007, 489; OLG München MDR 1999, 380.

[63] BGH JurBüro 2019, 88 = NJW-RR 2019, 378.

Aus § 91 Abs. 3 ZPO ergibt sich nach der hM nicht das Gegenteil, da er sich nur auf Gerichtskosten beziehe.[64] Dabei stört sie die Verweisung in § 91 Abs. 3 ZPO auf § 91 Abs. 2 ZPO, in dem ausschließlich von Rechtsanwaltskosten die Rede ist, nicht. Eindeutiger ist, dass ein Erstattungsanspruch nicht auf § 15a Abs. 4 EGZPO gestützt werden kann, nachdem dort ganz unzweideutig von den Kosten der Gütestelle die Rede ist. 68

Kostenbestimmungen im Landesrecht. Soweit Art. 17 BaySchlG vorsieht, dass im Schlichtungsverfahren jede Partei – vorbehaltlich einer anders lautenden Vereinbarung – ihre Kosten selbst trägt, steht das einer Kostenfestsetzung im nachfolgenden gerichtlichen Verfahren und auch einer Vergütungsfestsetzung nicht entgegen.[65] Die Motive zum BaySchlG führen ausdrücklich aus, dass die Kosten des Schlichtungsverfahrens Kosten eines nachfolgenden Rechtsstreits und damit von der unterlegenen Partei auf Grund der Kostenentscheidung im Gerichtsverfahren auszugleichen sind.[66] 69

Vereinbarung. Die Parteien können vereinbaren, dass die Kosten des Güteverfahrens zu den Kosten des Rechtsstreits zählen sollen.[67] Zu materiell-rechtlichem Ersatzanspruch s. OLG Frankfurt AGS 2013, 538 = RVGreport 2014, 27 mAnm *Hansens.* 70

cc) Auslagen in Güte- und ähnlichen Verfahren. Soweit Gebühren dieser Verfahren zum nachfolgenden Verfahren gehören, gilt dies auch für in diesen Verfahren anfallende gesetzliche Auslagen. 71

e) Schieds- und schiedsrichterliches Verfahren. Die hier anfallenden Gebühren gem. § 36 RVG sind nicht festsetzbar, da diese Verfahren keine gerichtlichen sind.[68] Sie gehören auch nicht zu den Kosten des Rechtsstreits, wenn dem Schiedsverfahren ein gerichtliches Verfahren nachfolgt.[69] 72

f) Abmahnung. Der BGH rechnet die Geschäftsgebühr für eine Abmahnung, auch eine zur Vermeidung der Kostentragung gem. § 93 ZPO in Wettbewerbssachen notwendige, nicht zu den Prozesskosten.[70] Ob bei einer anerkannten oder nicht bestrittenen Geschäftsgebühr etwas anderes gelten kann, hat OLG Frankfurt a. M. offen gelassen.[71] Begründet wird dies vom BGH bzw. der Rspr. damit, 73

- dass es primär um Prozessvermeidung gehe,[72]
- dass die Abmahnung für die Durchführung des Prozesses nicht notwendig sei, dass auch ohne sie, wenn auch mit höherem Kostenrisiko geklagt werden könne,[73]
- dass der Schuldner bei einer begründeten Abmahnung meistens die hierdurch angefallenen RA-Kosten zahlen werde bzw. die anteilige, nicht anrechenbare Geschäftsgebühr ohne weiteres mit eingeklagt werden könne.[74]
- dass das Kostenfestsetzungsverfahren, das auf nach vereinfachten und klaren Grundsätzen zu treffendende Entscheidungen ausgerichtet sei, ungeeignet sei, über die Kosten einer Abmahnung zu befinden.[75]

Nachdem der BGH bei den Gutachterkosten die Prozessbezogenheit sehr weit ausgedehnt hat (→ Rn. 89ff.), erscheint es jedenfalls bei den Abmahnungen, die eine vernünftige und besonnene Partei einem Gerichtsverfahren wegen des sonst gem. § 93 ZPO bestehenden Kostennachteils vorausschicken wird, zweifelhaft, ob es dann noch gerechtfertigt ist, sie nicht dem Prozess zuzurechnen. Jedenfalls dann, wenn der Ersatzanspruch unstreitig ist, sollte er schon aus Gründen der Prozessökonomie in der Kostenfestsetzung berücksichtigt werden. 74

g) Mahnschreiben. Wenn Abmahnungen nicht als prozessbezogen anerkannt werden (→ Rn. 73ff.), so muss das auch für gewöhnliche Mahnschreiben gelten.[76] 75

---

[64] BayObLG JurBüro 2004, 598; OLG Hamburg MDR 2002, 115 mwN; OLG München MDR 1999, 380.
[65] BayObLG NJW-RR 2005, 724 = JurBüro 2004, 598.
[66] BT-Drs. 14/2265, 4.
[67] OLG München MDR 1999, 380; OLG Hamburg MDR 2002, 115.
[68] KG JurBüro 1998, 307; HBS VergütungsR/*Hansens* Teil 4 Rn. 128.
[69] OLG Koblenz MDR 2015, 1322 = AGS 2015, 543.
[70] BGH JurBüro 2006, 140 = AnwBl 2006, 143 = GRUR 2006, 439.
[71] OLG Frankfurt a. M. NJW 2005, 759.
[72] OLG Frankfurt a. M. NJW 2005, 759, Abmahnschreiben; KG JurBüro 2008, 149, Abwehr eines Abmahnschreibens; **aA** für das **Abwehrschreiben** des RA des Abgemahnten OLG Hamburg AnwBl 2006, 679 = AnwBl 2006, 679.
[73] BGH NJW 2015, 70 Rn. 12.
[74] BGH JurBüro 2006, 140 Rn. 12 = AnwBl 2006, 143 = GRUR 2006, 439.
[75] OLG Frankfurt a. M. NJW 2005, 759, Abmahnschreiben; KG JurBüro 2008, 149, Abwehr eines Abmahnschreibens.
[76] BGH NJW 2006, 2560.

76 **h) Deckungszusage.** Die durch die Erholung der Deckungszusage beim Rechtsschutzversicherer anfallenden Kosten (→ § 1 Rn. 324ff.) sind vorprozessuale Kosten und können daher in der Kostenfestsetzung nicht geltend gemacht werden.

77 **i) Vergleich.** Im Vergleich kann vereinbart werden, dass die Geschäftsgebühr in einer bestimmten Weise geregelt wird. Einer Kostenfestsetzung zugänglich ist diese Regelung aber nur, wenn die zu erstattenden Gebühren entweder beziffert oder ihre Höhe sich eindeutig anhand des Vergleichs (zB durch Bezifferung des Gebührensatzes und des Gegenstandswerts) bestimmen lässt.[77] Eine bloße Bestimmung der Kostenquote, auch wenn sie für die Geschäftsgebühren erfolgt, reicht nicht.[78]

10. Prüfung der Erfolgsaussichten (VV 2100ff. RVG)

78 Die Frage ist sehr umstritten.[79] Folgt man der Auffassung, dass eine Beratungsvergütung, die in engem Zusammenhang mit einem gerichtlichen Verfahren steht, zu den gem. § 11 RVG festsetzbaren Gebühren gehört (→ Rn. 79ff.), so muss das ebenfalls für die Gebühren gem. VV 2100ff. RVG gelten.

11. Beratungsvergütung gem. § 34 RVG

79 **a) Grundsätzliche Erstattungsfähigkeit.** → Rn. 169ff.

80 **b) Prozessbezogenheit. Rspr. Übersicht.** Zur **Erstattungsfähigkeit gem. § 104 ZPO** ist bislang anerkannt, dass eine Beratungsvergütung, die in nahem Zusammenhang mit einem gerichtlichen Verfahren steht, erstattungsfähig sein kann.

81 Das wurde angenommen, zB bei der Beratung

1. Instanz
– einer unerfahrenen Partei wegen des zuständigen Gerichts,[80]
– einer unerfahrenen Partei, was zur Durchsetzung eines Anspruchs erforderlich ist,[81]
– einer unerfahrenen Partei, die von einer Klagezustellung überrascht wird,[82]
– nach Widerspruch gegen Mahnbescheid hinsichtlich des Rats, mit der Beauftragung eines Verfahrensbevollmächtigten zu warten, bis der Gläubiger den Klageantrag gestellt und begründet hat,[83]
– einer Partei, die unter gleichzeitiger Beratung durch den RA die Schriftsätze im Prozess selbst verfasst.[84] In diesem Fall ist die Prozessbezogenheit unzweifelhaft,
– eines Beklagten, der sich über die Aussichten einer Klage beraten lässt und dann die Schriftsätze selbst verfasst,[85]
– eines Beklagten, der sich erst einmal beraten lässt und keinen Verfahrensauftrag mehr erteilen kann, weil die Klage zurückgenommen wird,[86]
– einer **ausländischen** Partei wegen der örtlichen Zuständigkeit.[87]

82 **Rechtsmittel, Verfassungsbeschwerde**
– dass der Mandant nach Rechtsmitteleinlegung vorerst für die Rechtsmittelinstanz keinen Verfahrensbevollmächtigten bestellen soll,[88]
– wie sich Berufungsbeklagter bei nur zur Fristwahrung eingelegter Berufung verhalten soll,[89]
– in der Revision, wenn kein Revisionsanwalt beauftragt wurde,[90]

---

[77] BGH JurBüro 2005, 261 Rn. 11 = NJW-RR 2005, 1731 = FamRZ 2005, 604; OLG Bamberg JurBüro 2018, 360 = RVGreport 2018, 262 mzustAnm *Hansens.*
[78] OLG Bamberg JurBüro 2018, 360 = RVGreport 2018, 262 mzustAnm *Hansens.*
[79] **Bejahend** OLG Hamm JurBüro 1996, 416; Schneider/Wolf/*Schneider* RVG § 11 Rn. 54; HBS VergütungsR/*Hansens* Teil 4 Rn. 126; **verneinend** OLG Düsseldorf JurBüro 1990, 604.
[80] OLG Düsseldorf MDR 1994, 842; OLG Karlsruhe JurBüro 1996, 39.
[81] OLG Bamberg JurBüro 1981, 548; Schneider/Wolf/*Onderka* RVG § 34 Rn. 41, 42.
[82] OLG Frankfurt a. M. JurBüro 1985, 1410.
[83] KG JurBüro 1989, 1114.
[84] LG Berlin RVGreport 2008, 268 mzustAnm *Hansens;* von Eicken/Hellstab/Lappe/Madert/Dörndorfer/Asperger/*Hellstab* Kap. B Rn. 582; Schneider/Wolf/*Onderka* RVG § 34 Rn. 37, 38.
[85] Hartung/Schons/Enders/*Hartung* RVG § 34 Rn. 99.
[86] Hartung/Schons/Enders/*Hartung* RVG § 34 Rn. 99.
[87] OLG Bamberg JurBüro 1978, 857; OLG Düsseldorf OLGR 1995, 76.
[88] OLG Düsseldorf JurBüro 1992, 39.
[89] OLG Karlsruhe JurBüro 2001, 473.
[90] OLG München JurBüro 1980, 1664.

– von einer Stellungnahme gegenüber dem Revisionsgericht und der Bestellung eines beim Revisionsgericht zugelassenen Prozessbevollmächtigten im Verfahren betreffend die **Annahme der Revision** abzusehen,[91]
– ob sich der Mandant wegen einer Zulassungsbeschwerde in diesem Stadium des Verfahrens schon von einem beim BGH zugelassenen Rechtsanwalt vertreten lassen soll, wenn er dann später keinen BGH-Anwalt mandatiert,[92]
– während einer Verfassungsbeschwerde ohne Mandatierung als Verfahrensbevollmächtigter.[93]

Dass sich die meisten Entscheidungen auf eine Gesetzeslage beziehen, da es noch gesetzliche Ratsgebühren gab (bei Auftragserteilung vor 1.7.2004 gem. § 20 BRAGO $^1/_{10}$ bis $^{10}/_{10}$ Gebühr, danach bis vor dem 1.7.2006 gem. VV 2100 aF 0,1 bis 1,0 Gebühr), spielt bei der Frage der Prozessbezogenheit keine Rolle. Dieser Rspr. ist weiterhin zu folgen. 83

Dem steht die Rspr. des BGH zum Kostenwiderspruch selbst dann nicht entgegen, wenn man sie entgegen der hier vertretenen Meinung für richtig halten sollte (→ Anh. II Rn. 109ff.). Bei der BGH-Rechtsprechung geht es darum, ob die Kosten einer anwaltlichen Beratung auch dann erstattungsfähig sind, wenn nachher nur ein beschränkter Widerspruch eingelegt wird. Im vorliegenden Zusammenhang hingegen ist diese Frage nicht betroffen. 84

Hinweis für den RA. Solange die Erstattungsfähigkeit der Beratungsvergütung nicht in dem hier vertretenen Sinn geklärt ist, muss er den Ratsuchenden Mandanten darüber aufklären, dass möglicher Weise bei einer reinen Beratung kein Erstattungsanspruch und möglicher Weise nicht einmal ein einklagbarer Anspruch besteht. 85

12. Gebühren durch Mediation

a) Außergerichtliche Mediation. Die in einem außergerichtlichen Mediationsverfahren gem. § 34 anfallende vereinbarte oder übliche Vergütung ist nicht zu erstatten.[94] 86

b) Richterlicher Mediationstermin. Sieht man mit der hM die bei einer gerichtlichen Mediation anfallende Terminsgebühr als zur Angelegenheit des gerichtlichen Verfahrens gehörend an (→ § 15 Rn. 69; → RVG VV Vorb. 3 Rn. 248), so ist sie auch festsetzbar.[95] 87

13. Beratungshilfegebühr

→ RVG VV 2500 Rn. 18ff. 88

14. Privatgutachten, Überwachung, Recherche

Gemeinsame Grundsätze. Für Privatgutachten, Überwachung und Recherchen gelten hinsichtlich der Zugehörigkeit zum Rechtsstreit dieselben Grundsätze.[96] 89

Auftrag nach Prozessbeginn. Der Auftrag zur Gutachtenserstellung muss prozessbezogen sein. Die Prozessbezogenheit ist unzweifelhaft gegeben, wenn der Auftrag für das Gutachten oder die Recherche erst erteilt wurde, nachdem der Prozess rechtshängig geworden ist (zB nach Klageerhebung oder als Gegengutachten zum Gerichtsgutachten).[97] 90

Auftrag vor Prozessbeginn. Der BGH nimmt „Prozessbezogenheit" weiter an, 91
– wenn der Auftrag vom späteren Beklagten erteilt wird, nachdem schon eine Klage angedroht war,[98]
– wenn bei der Auftragserteilung zwar noch keine Klage angedroht war, das Gutachten aber erst nach der Androhung fertig gestellt wurde,[99]
– trotz Fehlens eines engen zeitlichen Zusammenhangs in den Fällen, in denen sich der Verdacht eines **Versicherungsbetrugs** aufdrängt, weil sich der Versicherer dann von vornherein auf einen Deckungsprozess einstellen muss.[100]

Hingegen fehlt es an der Prozessbezogenheit, wenn das Gutachten lediglich der allgemeinen und routinemäßigen Prüfung der Einstandspflicht des Versicherers dient.[101]

---

[91] KG JurBüro 1998, 20.
[92] KG JurBüro 1998, 20.
[93] VerfGH Berlin Rpfleger 2011, 568.
[94] Mayer/Kroiß/*Mayer* RVG § 11 Rn. 34.
[95] OLG Hamm NJW 2006, 2499 = AnwBl 2006, 287, zu Vergütungsfestsetzung gem. § 11 RVG.
[96] OLG Bremen NJW 2016, 509 Rn. 3.
[97] BGH NJW 2013, 1823; 2012, 1370.
[98] BGH MDR 2018, 1406 = RVGreport 2018, 466; BGH NJW 2003, 1398 Rn. 11ff., Gutachten wegen Verdachts eines Versicherungsbetrugs.
[99] BGH VersR 2006, 1236, Versicherungsbetrug.
[100] BGH NJW-RR 2009, 422; OLG Bremen NJW 2016, 509 Rn. 6.
[101] OLG Bremen NJW 2016, 509 Rn. 6.

92 **Prozesswirtschaftlichkeit.** In Fällen, in denen mit dem Ergebnis einer Recherche bzw. einer Überwachung der Gegner zu einer außergerichtlichen Regelung aufgefordert und in denen erst nach dessen (teilweisen) Scheitern unter Ausnutzung der Recherche- bzw. Überwachungs-Ergebnisse Klage erhoben wurde, sprechen der 1. Senat und der 12. Senat BGH nicht mehr von Prozessbezogenheit, sondern rechnen die Kosten „aus Gründen der **Prozesswirtschaftlichkeit**" den Prozesskosten zu.[102] Als Voraussetzung lassen sie dabei genügen, dass die Recherche der Vorbereitung eines konkret bevorstehenden Rechtsstreits dient.[103]

93 Dass die Privatermittlungen **auch einer etwaigen außergerichtlichen Schadensfeststellung** dienen sollten, schade nicht. Es reiche aus, wenn der Auftrag die Position des Auftraggebers in dem Rechtsstreit stützen sollte.[104] Eine ausschließliche Ausrichtung des ursprünglichen Auftrags auf den konkreten Prozess sei dagegen nicht erforderlich.[105]

94 **Unmittelbare Beziehung zu dem Rechtsstreit.** Allerdings verlangt der BGH, dass die Tätigkeit des Privatermittlers in unmittelbarer Beziehung zu dem Rechtsstreit steht. Ein in einem anderen Zusammenhang erstelltes Privatgutachten wird nicht schon durch seine Vorlage im Rechtsstreit „prozessbezogen".[106] Dazu, dass aber uU die Erstattung von Gutachterkosten als ersparte Kosten in Betracht kommt → Rn. 285.

Wegen **Notwendigkeit** → Rn. 147 ff.

95 **Vorlage des Gutachtens.** Da unerheblich sei, ob sich das Gutachten auf das Ergebnis auswirkt (→ Rn. 147), schade es nicht, wenn das Gutachten im Verfahren nicht vorgelegt wird,[107] wenn es zB nur verwendet werde, um überhaupt substantiiert vortragen zu können. Wegen Vorlage im Kostenfestsetzungsverfahren zur Glaubhaftmachung → Rn. 315 ff. Wegen Notwendigkeit → Rn. 147 ff.

96 **Höhe.** Ergeben die Recherchen 30 Verletzter, so kann aufgrund von einer Kostenentscheidung gegen lediglich zwei von diesen in der Kostenfestsetzung nur $^2/_{30}$ geltend gemacht werden.[108]

97 **Erschwernis der Kostenfestsetzung.** Mit dieser Rspr. hat der BGH das Kostenfestsetzungsverfahren erheblich erschwert, wobei uU auch die Angemessenheit der Entlohnung zu prüfen ist und bei denen, insbes. bei Gutachten weitere, ganz erhebliche Schwierigkeiten hinzukommen können (→ Rn. 316).

98 **Versicherer zahlt Gutachter.** (→ Rn. 284 ff.)

98a **Aufteilung Klage- und Eilverfahren.** Wird ein Privatgutachten in beiden Verfahren vorgelegt, so sind die Privatgutachtenskosten anteilig zu verteilen;[109] nach dem BVerwG entsprechend dem Verhältnis der Streitwerte, was im dort zu entscheidenden Fall zu einer Aufteilung $^2/_3$ Klageverfahren, $^1/_3$ Eilverfahren geführt hat.[110] Nach anderer Ansicht ist bei Identität der Gegenstände eine halbe/halbe Aufteilung vorzunehmen.[111]

15. Sonstige Hilfspersonen, wie zB Steuerberater

99 Sie sind als prozessbezogene Auslagen zu erstatten, wenn und soweit ihre Einschaltung im Verfahren erforderlich war.[112] Es gilt das zu Privatgutachten Dargelegte entsprechend (→ Rn. 89 ff.).

16. Prozess- und Verfahrenskostenvorschuss

100 → § 16 Rn. 71 ff.

17. Erbringung einer Sicherheit

101 → RVG VV 3309 Rn. 342 ff.

---

[102] BGH NJW 2015, 70, Auskunft nach § 101 Abs. 2 S. 1 Nr. 3 UrhG; BGH NJW 2013, 2668 Rn. 9 = FamRZ 2013, 1387, Detektive, zB ob Unterhaltsempfänger inzwischen in einer verfestigten Lebensgemeinschaft lebt; ebenso BGH WM 1987, 247.

[103] BGH NJW 2015, 70 Rn. 9.

[104] BGH NJW 2003, 1398 Rn. 11, manipul. Unfall; NJW 2015, 70 = RVGreport 2014, 474 mzustAnm aus Gründen der Praktikabilität *Hansens;* **aA** OLG Hamburg in der vom BGH abgeänderten Entscheidung.

[105] BGH VersR 2006, 1236 Rn. 8, Versicherungsbetrug.

[106] BGH VersR 2006, 1236 Rn. 6, Versicherungsbetrug.

[107] BGH NJW 2013, 1824 Rn. 7 ff. = RVGreport 2013, 236; **aA** OLG Bamberg JurBüro 1990, 732; OLG Düsseldorf Rpfleger 1995, 39; OLG Frankfurt a. M. JurBüro 1984, 1083; OLG München NJW-RR 1995, 1470.

[108] BGH NJW 2015, 70.

[109] BVerwG (Großer Senat) ZfS 2020, 519 = RVGreport 2020, 348 mzustAnm *Hansens.*

[110] BVerwG (Großer Senat) ZfS 2020, 519 = RVGreport 2020, 348.

[111] *Hansens* Anm zu BVerwG (Großer Senat) RVGreport 2020, 348.

[112] OLG Hamm AGS 2015, 493.

18. Gerichtskosten

Vom Erstattungsberechtigten zu tragende Gerichtskosten (Gebühren und Auslagen zB für Zeugen, Dolmetscher oder Gutachter) sind auf Antrag im Kostenfestsetzungsbeschluss zu berücksichtigen. **102**

VIII. Von Kostenentscheidung zeitlich erfasste Maßnahmen

1. Vor Beginn des Verfahrens

Die die Kosten auslösende und zu erstattende Maßnahme kann schon vor Beginn des Verfahrens liegen zB Entgegennahme der Information (→ RVG VV Vorb. 3 Rn. 68), Verfassung der Klageschrift, Gutachten (→ Rn. 91). **103**

2. Nach Beendigung des Hauptsacheverfahrens

Auch Maßnahmen, die erst nach Beendigung des Hauptsacheverfahrens getroffen werden, können zu erstatten sein, zB Kostenantrag (→ Rn. 120), uU Klageerwiderung nach Klagerücknahme (→ Rn. 117 ff.). **104**

3. Nach Widerspruch oder Einspruch

Ergeht im Eilverfahren ohne mündliche Verhandlung ein Beschluss mit einer Kostenentscheidung und führen die Parteien danach ein Gespräch, um ein Widerspruchsverfahren zu vermeiden, so erfasst die Kostenentscheidung nicht die hierdurch anfallende Terminsgebühr, obgleich sie noch mit dem bisherigen Verfahren zur selben Angelegenheit gehört (→ § 16 Rn. 92).[113] Wird dann aber doch noch ein Widerspruch eingelegt, so erfasst die weitere Kostenentscheidung diese Terminsgebühr. Dasselbe gilt nach Erlass eines Versäumnisurteils bei einem Gespräch zur Vermeidung eines Einspruchs. **105**

IX. Notwendigkeit

1. Typisierung ohne Einzelfallgerechtigkeit

a) Rspr. des BGH. Wiederholt und überwiegend bei der Prüfung der Notwendigkeit beruft sich der BGH darauf, **106**

– dass in der Kostenfestsetzung eine **typisierende Betrachtungsweise** geboten sei. Denn der **Gerechtigkeitsgewinn,** der bei einer **übermäßig differenzierenden Betrachtung im Einzelfall** zu erzielen sei, stehe in keinem Verhältnis zu den sich einstellenden Nachteilen, wenn in nahezu jedem Einzelfall mit Fug und Recht darüber gestritten werden könne, ob die Kosten einer bestimmten Rechtsverfolgungs- oder Rechtsverteidigungsmaßnahme zu erstatten sind oder nicht (Übermaß-These 1. Variante).[114] Deshalb sei zB im patentrechtlichen Nichtigkeitsverfahren immer neben dem Patentanwalt die Hinzuziehung eines RA notwendig, wenn daneben ein Verletzungsrechtsstreit hinsichtlich desselben Patents anhängig ist. Darauf, ob es sich im Einzelfall um sehr einfache Verfahren handele, komme es nicht an.[115]

– dass im Kostenfestsetzungsverfahren, das auf eine **formale Prüfung der Kostentatbestände und auf die Klärung einfacher Rechtsfragen des Kostenrechts** zugeschnitten sei, eine **typisierende** Betrachtungsweise geboten sei, weshalb es wenig sinnvoll sei, das Verfahren durch eine **übermäßige Differenzierung** der Voraussetzungen für die Erstattungsfähigkeit und insbes. durch die uU **aufwendige Prüfung subjektiver Kriterien** zu belasten (Übermaß-These 2. Variante). Damit wurde ua begründet, dass die Verfahrensgebühr für eine Tätigkeit des Prozessbevollmächtigten des Berufungsbeklagten, die erst nach der Rücknahme der Berufung erfolgt ist, keinen Erstattungsanspruch auslösen kann, und zwar auch dann nicht, wenn der Beklagte und der Beklagtenvertreter von der Rücknahme keine Kenntnis hatten und auch nicht haben mussten.[116]

b) Ablehnung der Übermaß-Thesen. Den Übermaß-Thesen mit ihrem weitgehenden Verzicht auf eine Einzelfallgerechtigkeit ist nicht zu folgen, wie der 2. Senat des BGH zutref- **107**

---

113 BGH MDR 2017, 607 = RVGreport 2017, 228 iErg mzustAnm *Hansens.*

114 BGH NJW 2003, 901; GRUR 2011, 756 Rn. 27; BGH 12.9.2013 I ZB 40/13 BeckRS 2014, 06340; NJW 2005, 1373; NJW 2008, 2122, Reise des Prozessbevollmächtigten statt Terminsvertreter; BGH NJW-RR 08, 1378 Rn. 8; BGH JurBüro 2010, 369.

115 BGH GRUR 2013, 430.

116 BGH NJW 2016, 2751; abl. Bischof/*Bischof* RVG VV 1000 Rn. 10 ff.

fend[117] festgestellt hat, wenn er ausführt: „Glaubhaftmachung reicht nach § 104 Abs. 2 ZPO für die Festsetzung der Kosten aus. Sie erstreckt sich sowohl auf die Entstehung der Kosten, als auch auf die Frage der Notwendigkeit iSd § 91 Abs. 1 S. 1 ZPO … Im Falle überwiegender Wahrscheinlichkeit der tatbestandlichen Voraussetzungen ist die Gebühr zugunsten des Antragstellers festzusetzen, denn es gilt insoweit der normale Maßstab des § 294 ZPO. Dass dies nicht gelten soll, wenn die Entstehung der Kosten oder deren Notwendigkeit schwer festzustellen sind, kann dem Gesetz nicht entnommen werden. Zwar sind bei der Kostenfestsetzung durchgängig einfach gelagerte Sachverhalte zu beurteilen. Dies schließt es jedoch nicht aus, dass der gut ausgebildete Rechtspfleger in diesem Verfahren auch schwierige Rechtsfragen entscheidet und tatsächliche Fragen klärt. Zum Zwecke der Aufklärung hat er schriftliche Erklärungen von Richtern, Parteien, Verfahrensbevollmächtigten und Zeugen einzuholen, Akten beizuziehen, die Vorlage von Akten oder sonstigen Urkunden anzuordnen sowie einen Augenschein durchzuführen oder ein Sachverständigengutachten in Auftrag zu geben …“.[118]

108 **Gesetz.** Im Gesetzestext ist nichts dafür zu finden, dass bei der Kostenfestsetzung auf Einzelfallgerechtigkeit zu verzichten wäre. Das Gesetz hat die Frage der Vereinfachung des Kostenfestsetzungsverfahrens durchaus gesehen und deshalb gem. § 104 Abs. 2 ZPO die Glaubhaftmachung genügen lassen. Wenn es weitere Beschleunigungshilfen nicht vorgesehen hat, so ging das Gesetz erkennbar davon aus, dass die Zulassung der Glaubhaftmachung genügt.[119]

109 **Kostenfestsetzung ist auch bei Beachtung der Einzelfallgerechtigkeit einfach und schnell.** Damit lag das Gesetz auch richtig. Unbeschadet dessen, dass ab und zu einmal etwas aufwändigere Recherchen erforderlich sind, ist das Kostenfestsetzungsverfahren auch ohne die vom BGH vorgesehene Typisierung ein in aller Regel einfaches und schnelles Verfahren, worauf *Bischof,* jahrelang Vorsitzender des Kostensenats des OLG Koblenz, hingewiesen hat.[120] Dies deckt sich mit der Erfahrung, die ich als langjähriger Richter beim Kostensenat des OLG München gemacht habe. Die Überprüfung des Einzelfalls ist – von ein paar Ausnahmen abgesehen – in aller Regel nicht besonders aufwendig.[121]

110 **Ergebnisse meistens eindeutig.** Soweit der BGH meint, dass in den von ihm angesprochenen Typisierungsfällen in nahezu allen Fällen mit Fug und Recht über das Ergebnis gestritten werden könne, ist dies unhaltbar und wird dies vom BGH auch nicht belegt. Er lässt es bei seinem allgemeinen Grundsatz bewenden und setzt sich auch dort nicht mit dieser Frage auseinander, wo aufgrund der Vorentscheidung sich eine Auseinandersetzung geradezu aufgedrängt hat, zB als er die Entscheidung des Bundespatentgerichts, das in dem von ihm zu entscheidenden Fall die Hinzuziehung eines RA im patentrechtlichen Nichtigkeitsverfahren neben einem Patentanwalt trotz eines gleichzeitigen Verletzungsverfahrens nicht für erforderlich gehalten hat (→ Rn. 106), aufgehoben hat, ohne die Gelegenheit wahrzunehmen, darzutun, warum man gerade in diesem Fall über das Ergebnis mit Fug und Recht streiten kann.[122]

111 Und noch weniger hat der BGH dargetan, dass es bei der Kostenfestsetzung Besonderheiten gebe, denen zufolge man dort besonders oft – abweichend von anderen Rechtsgebieten – mit Fug und Recht über das Ergebnis streiten könne. Dann ist aber auch keine Abweichung von dem allgemeinen Grundsatz der Einzelfallgerechtigkeit berechtigt.

112 **Kein unverhältnismäßiger Gerechtigkeitsgewinn.** Der Gerechtigkeitsgewinne sind in vielen Einzelfällen auch keine geringen. Bei der Entscheidung, ob in patentrechtlichen Nichtigkeitsverfahren neben dem Patentanwalt noch ein Rechtsanwalt erforderlich ist (→ Rn. 106) ging es um 7.213,60 EUR, in einem Fall, ob die Kosten eines ausländischen Verkehrsanwalts nach dessen Heimatrecht oder nach dem RVG zu berechnen sind, um ca. 15.000,– EUR.[123] Die Berufung auf die Übermaß-These kann sogar zu hochgradig unbilligen Ergebnissen wie im Fall der Unkenntnis von einer Klage- bzw. Berufungsrücknahme führen (→ Rn. 123).

113 **Arbeitsersparnis.** Aus den vorstehenden Ausführungen ergibt sich, dass die Berufung auf irgendwelche zu vermeidenden Nachteile und im Verhältnis dazu unverhältnismäßiger Gerechtigkeitsgewinne derart wenig überzeugen, dass mit *Bischof* davon auszugehen ist, dass sie nicht der wahre Grund für die Typisierung sind, dass der wahre Grund in der angestrebten Arbeitser-

---

[117] Ausf. *Müller-Rabe* JurBüro 2017, 3 ff.
[118] BGH NJW 2007, 2187.
[119] *Müller-Rabe* JurBüro 2017, 173 ff. Ziff. II 4.
[120] Bischof/*Bischof* RVG VV 1000 Rn. 11.
[121] *Müller-Rabe* JurBüro 2017, 173 ff. Ziff. II 5, 6
[122] *Müller-Rabe* JurBüro 2017, 173 ff. Ziff. II 7a.
[123] *Müller-Rabe* JurBüro 2017, 173 ff. Ziff. II 9.

sparnis liegt.[124] Insofern ist die 2.Variante der Übermaß-These (→ Rn. 106) auch ganz eindeutig. Dazu, dass das Gesetz diese Frage ausreichend geregelt hat → Rn. 108.

2. Besonnene und wirtschaftlich vernünftig denkende Partei

114 **a) Grundsatz.** Kosten sind notwendig iSv § 91 Abs. 1 S. 1 ZPO, wenn eine verständige und wirtschaftlich vernünftig denkende Partei die Kosten auslösende Maßnahme **ex ante** als sachdienlich ansehen durfte.

115 **b) Nicht objektive Notwendigkeit.** Sind diese Voraussetzungen gegeben, so besteht ein Erstattungsanspruch selbst dann, wenn die Maßnahme objektiv nicht notwendig gewesen wäre. Diese Ansicht war bislang die ganz hM,[125] die auch vom BAG[126] und BGH[127] vertreten wurde. Dazu, dass diese Ansicht – zu Unrecht – nunmehr bei der Rücknahme der Klage oder des Rechtsmittels in Frage gestellt wird → Rn. 119 ff.

116 **c) Kenntnis der Partei bzw. von deren RA.** Entscheidend ist der Kenntnisstand sowohl der Partei als auch des RA. Hatte nur einer von beiden zB von einer Klage- bzw. Rechtsmittelrücknahme Kenntnis oder hätte er Kenntnis haben müssen, so scheidet eine Berufung auf Unkenntnis aus. Bekommt die Partei zuerst Kenntnis, so muss sie umgehend den RA informieren.[128] Steht hinter der Partei ein Versicherer, so muss sie diesen ebenfalls umgehend informieren. Das OLG Köln hat einen Erstattungsanspruch versagt in einem Fall, in dem der Versicherer einen Tag, nachdem die Partei von der Rücknahme Kenntnis erhalten hatte, einen RA beauftragt hat.[129]

3. Tätigkeit nach Klage- bzw. Rechtsmittelrücknahme

117 **a) Generell zur Erstattung für gegnerischen RA** im Rechtsmittelverfahren → VV 3201 Rn. 52 ff.

118 **b) Tätigkeit nach Rücknahme der zugestellten Klage oder Berufung.** ***aa) Kein Erstattungsanspruch.*** Für eine Tätigkeit nach der Wirksamkeit einer Rücknahme der Klage oder des Rechtsmittels kann – vom Fall der unverschuldeten Unkenntnis abgesehen (→ Rn. 121 ff.) – für eine Gebühr aus dem ursprünglichen Wert kein Erstattungsanspruch entstehen. Das gilt aber nur ab dem Zeitpunkt, ab dem die Klagerücknahme **wirksam** ist.

119 ***bb) Notwendige Zustimmungserklärung.*** Bedarf die Rücknahme zu ihrer Wirksamkeit noch der Zustimmung des Gegners, so ist die mit der Zustimmungserklärung aus dem Hauptsachewert anfallende 1,3 Verfahrensgebühr (→ Anh. VI Rn. 317 ff.) zu erstatten.

120 ***cc) Kostenantrag.*** Die durch einen notwendigen Kostenantrag ausgelöste Verfahrensgebühr (→ Anh. VI Rn. 320 ff.) ist zu erstatten.[130] Waren aber bis zur Stellung des Kostenantrags keine erstattungsfähigen Kosten beim Beklagten angefallen, so ist der Kostenantrag **überflüssig** und sind die durch ihn angefallenen Kosten nicht zu erstatten (→ Rn. 281; → RVG VV 3201 Rn. 79).

121 **c) Unkenntnis vom Ende der Rechtshängigkeit.** ***aa) Verobjektivierte ex ante Sicht.*** Bei der Klage- bzw. Rechtsmittelrücknahme ist von besonderer Bedeutung, ob nur objektiv notwendige Maßnahmen einen Erstattungsanspruch auslösen können oder ob hierfür ausreicht, dass eine besonnene und wirtschaftlich vernünftige denkende Partei die Maßnahme ergriffen hätte – „verobjektivierte ex ante Sicht“[131] (→ Rn. 114 ff.). Wurde der RA nach der Rücknahme tätig, weil er und auch sein Mandant (→ Rn. 129), von der Rücknahme keine Kenntnisse hatten und auch nicht haben mussten, so besteht hinsichtlich der so ausgelösten Verfahrensgebühr (→ Anh. VI Rn. 327 ff.) nach der hier vertretenen und bislang ganz hM, die auf die be-

[124] Bischof/*Eischof* RVG VV 1000 Rn. 8, 12; *Müller-Rabe* JurBüro 2017, 173 ff. Ziff. II 7.
[125] OLG Düsseldorf JurBüro 1989, 363; OLG Koblenz JurBüro 2005, 81; OLG Köln JurBüro 1991, 930; OLG Oldenburg JurBüro 1992, 682; Gerold/Schmidt/*Müller-Rabe*, 22. Aufl. 2015, RVG Anh. XIII Rn. 46 ff.
[126] BAG AGS 2013, 98 = RVGreport 2012, 349 mzustAnm *Hansens.*
[127] BGH NJW 2008, 1087 Rn. 10, unter Berufung auf stRspr des BGH; *Müller-Rabe* JurBüro 2017, 3 ff. Ziff. V 1.
[128] OLG Hamburg AGS 2013, 441 mzustAnm *Hansens;* OLG Hamm AGS 2013, 253; OLG Schleswig JurBüro 1990, 1621.
[129] OLG Köln JurBüro 2017, 251 =RVGreport 2017, 265 mzustAnm *Hansens.*
[130] OLG Hamburg JurBüro 1979, 702; *Hansens* BRAGO § 32 Rn. 20.
[131] BGH (5. Sen.) JurBüro 2019, 531; (12. Sen.) NJW 2018, 1403 Rn. 24 = FamRZ 2018, 616; 6. Sen. JurBüro 2018, 590 = FamRZ 2019, 62.

sonnene und wirtschaftlich vernünftig denkende Partei abstellt,[132] (→ Rn. 114 ff.) ein Erstattungsanspruch.

Hingegen verneinen der 1. und 3. Senat des BGH, ebenso das OLG Brandenburg und OLG Düsseldorf, einen solchen Anspruch, da es an der objektiven Notwendigkeit fehle.[133] Auch nach der Entscheidung des 3. Senats haben sich OLG München[134] und OLG Stuttgart ausdrücklich gegen den 3. Senat des BGH für einen Erstattungsanspruch ausgesprochen;[135] ebenso der 12. Senat des BGH zunächst zu §§ 80 ff. FamFG, offenlassend was zu § 91 ZPO zu gelten hat.[136] Inzwischen hat sich der 12. Sen. auch im Rahmen von § 91 ZPO für eine verobjektivierte ex ante Sicht ausgesprochen;[137] ebenso der 6. Sen. des BGH.[138]

122 Dem 1. und 3. Senat des BGH ist in Übereinstimmung mit mehreren anderen Senaten des BGH[139] nicht zu folgen. Deren Auffassung kommt zu einem hochgradig unbilligen Ergebnis. Außerdem ist sie dogmatisch unhaltbar.[140] Im Übrigen hat der 3. Sen. gegenüber dem 12. Sen. erklärt, er sei missverstanden worden. Er habe nicht auf rein objektive Kriterien abstellen wollen. Er habe die Maßnahme des Rechtsmittelgegners aus der Sicht einer vernünftig denkenden Partei für unnötig gehalten, weil das Rechtsmittelgericht einen Hinweis nach § 522 Abs. 2 ZPO gegeben habe, ohne dem Rechtsmittelgegner eine Frist zur Erwiderung nach § 521 Abs. 2 S. 1 ZPO zu setzen. Wäre eine solche Frist gesetzt worden (wie in dem vom 12. Sen. zu § 91 ZPO entschiedenen Fall), so wäre auch nach Auffassung des 3. Senats ein Erstattungsanspruch zu bejahen.[141] Wenn dem so ist, so steht der 1. Sen des BGH nunmehr mit seiner rein objektiven Auslegung allein gegen drei andere Senate.

123 **Unbilligkeit.** Dabei ist vorweg darauf hinzuweisen, dass die Annahme des 3. Sen. des BGH, der Beklagte könne sich rasch und problemlos über die Rücknahme informieren, in vielen Fällen falsch ist.[142] Geht die Rücknahme am Abend bei Gericht ein und ruft der Beklagtenvertreter am nächsten Morgen beim Gericht an, wird er höchstwahrscheinlich von einer Rücknahme nichts erfahren.[143] Warum sollte in dieser Situation eine Partei, die mit einem Verfahren überzogen wird und nicht wissen kann, dass dieses Verfahren bereits beendet ist, ihre Kosten nicht erstattet bekommen? Außerdem muss bezweifelt werden, dass es immer so rasch und problemlos möglich sein soll, überhaupt Informationen vom Gericht zu bekommen.[144]

124 Außerdem besteht gar kein Grund, den Beklagtenvertreter mit einer solchen Mühsal (er müsste zweimal telefonieren- einmal bevor er tätig wird und eine 0,8 Verfahrensgebühr auslöst und ein zweites Mal, bevor er den Erwiderungsschriftsatz bei Gericht einreicht, wodurch sich die Verfahrensgebühr auf 1,3 erhöht[145]) zu belasten, obwohl es für den Kläger tatsächlich rasch

[132] Die Entscheidungen betreffen teilweise die Rücknahme des Rechtsmittels; die Problematik ist die gleiche wie bei der Klagerücknahme. OLG Celle AGS 2010; 362 mzustAnm *Hansens;* OLG Düsseldorf JurBüro 1989, 363; OLG Frankfurt FamRZ 2015, 1227; OLG Hamburg AGS 2013, 441 mzustAnm *Hansens;* OLG Hamm AGS 2013, 150; OLG Koblenz JurBüro 2005, 81; OLG Köln JurBüro 1991, 930; AGS 2010, 515; OLG München JurBüro 2011, 90 = RVGreport 2011, 29 mzustAnm *Hansens;* OLG Oldenburg JurBüro 1992, 682; OLG Saarbrücken NJW-Spezial 2015, 156 = AGS 2015, 98.

[133] BGH 1. Sen. FamRZ 2018, 620 = RVGreport 2018, 143 mablAnm *Hansens;* 3. Sen. NJW 2016, 2751 = FamRZ 2016, 900 = RVGreport 2016, 186 mablAnm *Hansens;* OLG Brandenburg RVGreport 2010, 195 mablAnm *Hansens;* OLG Düsseldorf JurBüro 2009, 37 = RVGreport 2009, 22; auch das OLG Karlsruhe MDR 2018, 830 = FamRZ 2018, 378 folgt dieser Ansicht, ohne dass sie aber in seinem Fall entscheidungserheblich war.

[134] OLG München AnwBl 2016, 854 = FamRZ 2017, 138 = RVGreport 2016, 186.

[135] OLG Stuttgart JurBüro 2017, 152 = RVGreport 2017, 145 mzustAnm *Hansens.*

[136] BGH FamRZ 2017, 643 = RVGreport 2017, 143 mzustAnm *Hansen.*

[137] BGH NJW 2018, 1403 Rn. 24 = FamRZ 2018, 616.

[138] BGH MDR 2018, 1407 = RVGreport 2018, 461 mzustAnm *Hansens.*

[139] BGH (5. Sen.) JurBüro 2019, 531; (12. Sen.) NJW 2018, 1403 Rn. 24 = FamRZ 2018, 616; (6. Sen.) JurBüro 2018, 590 = FamRZ 2019, 62.

[140] Ausf. *Müller-Rabe* JurBüro 2017, 3 ff.; gegen BGH auch: OLG Celle RVGreport 2017, 109 = NJW-Spezial 2017, 123; OLG München AnwBl 2016, 854 = ZfS 2016, 646 = RVGreport 2016, 425 mzustAnm *Hansens;* Möller NJW 2016, 2753.

[141] BGH NJW 2018, 1403 Rn. 30 ff. = FamRZ 2018, 616.

[142] BGH NJW 2018, 1403 Rn. 26 ff. = FamRZ 2018, 616; *Müller-Rabe* JurBüro 2017, 3 ff. Ziff. VIII.

[143] OLG München AnwBl 2016, 854 = FamRZ 2017, 138 = RVGreport 2016, 425; *Hansens* Anm. zu OLG München RVGreport 2016, 425 Ziff. III; *Möller* NJW 2016, 2753.

[144] *Müller-Rabe* JurBüro 2017, 3 ff. Ziff. VII; OLG München ZfS 2016, 646 = RVGreport 2016, 425 mzustAnm *Hansens; Hansens* Anm. zu BGH RVGreport 2016, 186 Ziff. V 2; *Möller* NJW 2016, 2753.

[145] OLG München AnwBl 2016, 854 Rn. 30 = ZfS 2016, 646; = *Hansens Anm.* zu BGH RVGreport 2016, 425; *Müller-Rabe* JurBüro 2017, 3 ff. VIII.

und problemlos und obendrein nahezu mühelos möglich ist, den Beklagten zeitnah von der Rücknahme zu informieren. Ein SMS, eine E-Mail, ein Fax oder ein Telefonat genügen.[146]

Das Ergebnis wäre noch erträglich, wenn – was der BGH als irrelevant offenlässt – dem Beklagten ein materiell-rechtlicher Erstattungsanspruch zustehen würde. In den meisten Fällen wird ein solcher nicht bestehen.[147] 125

Dogmatik. Keine der anerkannten Auslegungsregeln führt zum Ergebnis des BGH.[148] Der Wortlaut des § 91 Abs. 1 S. 1 ZPO „notwendig" verlangt nicht objektiv notwendig. Das zeigt die hM. zu § 249 Abs. 2 BGB. Welcher Geldbetrag „erforderlich" im Sinne dieser Bestimmung ist, hängt davon ab, was eine vernünftige und kostenbewusste Partei als erforderlich ansehen durfte; dann können auch objektiv nicht notwendige Kosten zu ersetzen sein.[149] Für notwendig iSv § 91 Abs. 1 S. 1 ZPO kann nichts anderes gelten.[150] Hieraus folgt weiter, dass auch eine systematische Auslegung gegen eine Objektivierung spricht. Im Schadensersatzrecht, wozu auch im weiteren Sinne die Kostenerstattung gehört, wird nicht auf die objektive Notwendigkeit abgestellt.[151] Angesichts der hochgradigen Unbilligkeit der BGH-Rechtsprechung ist diese auch mit einer teleologischen Auslegung nicht vereinbar.[152] 126

Typisierende Betrachtungsweise ohne übermäßige Differenzierung. Schließlich versucht der BGH seine Auffassung noch mit seinem Lieblingsargument, dass in der Kostenerstattung eine typisierende Betrachtungsweise, die eine übermäßige Differenzierung vermeide, erforderlich sei. Selbst wenn man – fälschlicher Weise (→ Rn. 106 ff.) – grds. eine übermäßige Differenzierung ablehnen würde, brächte es im vorliegenden Zusammenhang nichts. Ob der RA oder der Beklagte Kenntnis hatte oder haben musste, ist in aller Regel sehr leicht zu ermitteln.[153] In bestimmten Fällen führt die Auffassung des BGH sogar zu Ermittlungen, die auf der Basis der hier vertretenen Auffassung häufig nicht erforderlich sind. Ist der Beklagtenschriftsatz nach der Rücknahme bei Gericht eingegangen, so muss noch geklärt werden, ob nicht der Rechtsanwalt bereits intern vor der Rücknahme tätig geworden ist, in welchem Fall auch nach der Rspr. des BGH eine 0,8 bzw. 1,1 Verfahrensgebühr zu erstatten ist.[154] 127

Rspr. zur Schutzschrift. Zur Erstattung der durch die Einreichung einer Schutzschrift im Eilverfahren entstandenen Verfahrensgebühr hat der 1. Sen. des BGH allerdings entschieden, dass bei Rücknahme des Eilantrags vor Eingang der Schutzschrift bei Gericht eine Erstattung der Verfahrensgebühr ausscheidet, da auf die objektive Rechtslage abzustellen sei (→ Anh. II Rn. 182). Zum einen ist diese Rspr., die sich auch zu Unrecht auf eine objektive Notwendigkeit beruft (→ Rn. 121) unzutreffend (→ Anh. II Rn. 182). Aber selbst wenn man ihr folgen würde, muss es im Falle der Rücknahme einer Klage oder eines Rechtsmittels bei der bisherigen hM bleiben. Es macht einen Unterschied, ob auf Verdacht eine Schutzschrift eingereicht wird oder auf eine vom Gericht zugestellte Klage reagiert wird.[155] 128

Wegen Terminsgebühr → RVG VV Vorb. 3 Rn. 86 ff. 129

bb) Kennen oder kennen müssen → Rn. 121. 130

d) Ankündigung der Klage- oder Rechtsmittelrücknahme. Wird dem Beklagtenvertreter vom Klägervertreter die Klage- oder Rechtsmittelrücknahme schriftsätzlich angekündigt, so führt dies noch nicht zur Beendigung der Rechtshängigkeit. Der gegnerische RA muss aber trotzdem eine kurze Zeit abwarten, ob die Klage auch tatsächlich zurückgenommen wird,[156] es sei denn es gibt Zweifel an der Glaubwürdigkeit der Information oder es besteht sonst ein Grund, ungeachtet der Ankündigung sofort einen Gegenantrag zu stellen.[157] Das ergibt sich aus dem erstattungsrechtlichen Grundsatz, dass die Kosten möglichst niedrig zu halten sind. 131

Hinweis für den RA: Will der Kläger einen Erstattungsanspruch vermeiden, so empfiehlt es sich, den Beklagten unmittelbar von der Rücknahme zu informieren. Wird lediglich ein Fax 132

---

146 BGH NJW 2018, 1403 Rn. 26 ff. = FamRZ 2018, 616; *Müller-Rabe* JurBüro 2017, 3 ff. Ziff. X.

147 *Müller-Rabe* JurBüro 2017, 3 ff. Ziff. IX.

148 *Müller-Rabe* JurBüro 2017, 3 ff. Ziff. VI.

149 BGH WM 2014, 1447 Rn. 48; BGH NJW 1992, 302; OLG Düsseldorf NJW 2016, 168 Rn. 61; OLG Karlsruhe 22.12.2015 – 14 U 63/15; OLG Stuttgart NJW-RR 2004, 104.

150 *Müller-Rabe* JurBüro 2017, 3 ff. Ziff. VI 1.

151 *Müller-Rabe* JurBüro 2017, 3 ff. Ziff. VI 3.

152 *Müller-Rabe* JurBüro 2017, 3 ff. Ziff. VI 4.

153 BGH NJW 2018, 1403 Rn. 29 = FamRZ 2018, 616.

154 BGH NJW-RR 2007, 1575 Rn. 18 = JurBüro 2007, 430; *Müller-Rabe* JurBüro 2017, 3 ff. Ziff. VIII.

155 OLG Celle AGS 2010; 362; OLG Hamm AGS 2013, 150.

156 AG Dortmund AGS 2014, 492.

157 Einen derartigen sonstigen Grund hat OLG Naumburg RVGreport 2014, 158 in seinem Fall angenommen.

an das Gericht geschickt, so ist das Gericht weder verpflichtet, Kopien anzufertigen und diese möglichst schnell dem Gegner zuzuleiten, noch muss es diesen telefonisch vorab informieren.[158]

133 **e) Tätigkeit vor Zustellung der zurückgenommenen Klage.** ***aa) Klage wird nicht zugestellt.*** Wird die nicht zugestellte Klage zurückgenommen, so scheidet in aller Regel ein Erstattungsanspruch hinsichtlich einer Verfahrensgebühr aus dem Hauptsachewert aus, weil es unnötig ist, dass vor Zustellung der Klage ein RA in der Hauptsache tätig wird.[159] Das gilt insbes. in den Fällen, in denen die Klageschrift als ein Entwurf nur zur Begründung eines PKH-Antrags dem Gegner formlos zugeleitet wird. Auch für den Kostenantrag gem. § 269 Abs. 4 ZPO gibt es keinen Erstattungsanspruch, da er mangels zu erstattender Kosten sinnlos ist und es für durch sinnlose Tätigkeiten entstandene Kosten keinen Erstattungsanspruch gibt[160] (→ RVG VV 3201 Rn. 83).

134 ***bb) Klage wird später zugestellt.*** War der Beklagtenvertreter in diesem Fall lediglich vor der Zustellung tätig, so ist die durch die vorherige Tätigkeit entstandene Verfahrensgebühr erstattungsfähig. Es gilt hier dasselbe wie bei dem Berufungsbeklagten, der vor der Berufungsbegründung Sachanträge stellt, wenn dann nachfolgend noch die Berufung begründet wird → RVG VV 3201 Rn. 65).

134a **f) Terminsgebühr.** RVG VV Vorb. 3 Rn. 86 ff.; Anh. VI Rn. 331 ff.

4. Tätigkeit des Anwalts nach bereits erfolgter Entscheidung

135 Das zur Rücknahme Dargelegte gilt entsprechend, wenn der RA tätig wird, nachdem das Gericht bereits entschieden hat.

5. Kostenantrag nach übereinstimmender Erledigung

136 Die Tatsache, dass das Gericht von Amts wegen eine Kostenentscheidung zu treffen hat, steht hier – anders als zB im Fall des § 516 ZPO (→ RVG VV 3201 Rn. 77) – der Erstattung von Gebühren, die durch einen Kostenantrag oder durch eine Stellungnahme zur Kostenfrage entstehen, nicht entgegen. Nach übereinstimmender Erledigungserklärung kann es sinnvoll sein, dass zur Kostenfrage Ausführungen gemacht werden, da das Gericht gem. § 91a Abs. 1 S. 1 ZPO eine Ermessensentscheidung auf der Basis des bisherigen Sach- und Streitstands treffen muss. Die Stellungnahme ist jedenfalls dann notwendig, wenn der Gegner seinerseits meint, die Kosten nicht tragen zu müssen.[161] Weg Angelegenheit → § 19 Rn. 98 ff.; wegen Gebühren → Anh. VI Rn. 341 ff.

6. Reisekosten und Zeitversäumnis der Partei

137 **Notwendige Reisekosten** sind im Rahmen von § 91 Abs. 1 S. 2 ZPO zu erstatten. Reist statt der Partei ein Vertreter, so sind dessen Reisekosten zu erstatten.[162]

138 **Zeitversäumnisse der Partei** sind nur zu erstatten, soweit sie sich auf die notwendige Wahrnehmung von Terminen beziehen (§ 91 Abs. 1 S. 2 ZPO).

139 **Eigener Arbeitsaufwand.** Der allgemeine Arbeitsaufwand der Partei, der in Verbindung mit dem Verfahren entstanden ist (zB Einarbeitung in Prozessstoff, Verfassung von Schreiben an RA oder Gericht usw.), ist grds. nicht zu erstatten.[163] Das gilt auch für von der Partei selbst durchgeführte Recherchen.[164]

7. Mahnverfahren

139a → RVG VV 3305 Rn. 84

8. Unterstützung durch Dritte im Prozess

140 **a) Übertragung auf Dritte.** Überträgt die Partei Aufgaben, zu deren Wahrnehmung sie selbst in der Lage ist (→ Rn. 139), so werden die hierdurch entstehenden Kosten nicht erstattet.[165]

---

158 OLG Koblenz JurBüro 2005, 81 = Rpfleger 2005, 332.

159 OLG Koblenz AGS 2013, 147.

160 OLG Bamberg JurBüro 1986, 62; OLG Dresden MDR 1998, 1309; OLG Koblenz MDR 1996, 211; OLG München MDR 1999, 568 = OLGR 1999, 98; OLG Schleswig JurBüro 1996, 540 und 541; vgl. auch BGHZ 15, 394 (399), Verlustigerklärungsantrag hat im Regelfall keine streitwerterhöhende Wirkung; **aA** OLG Bamberg JurBüro 1989, 1262; KG MDR 1990, 935 = JurBüro 1990, 1276, Erstattungsanspruch für eine Gebühr gem. VV 3100 aus dem Kostenwert.

161 Hamm JurBüro 2001, 33 = OLGR 2000, 381 = AGS 2001, 67.

162 BGH NJW 2014, 3247 Rn. 6.

163 BGH NJW 2015, 633 = FamRZ 2015, 495; BGH NJW 2014, 3247.

164 BPatG JurBüro 2015, 536.

165 BGH NJW 2015, 633 = FamRZ 2015, 495; BGH NJW 2014, 3247.

Anders ist es aber, wenn die Partei Aufgaben, zu deren Wahrnehmung sie selbst nicht in der Lage ist, zB wegen mangelnder Sachkunde, einem Dritten überträgt.[166] Das wurde zB im Einzelfall angenommen bei einem Gutachter (→ Rn. 139).[167] Das wurde im Regelfall nicht angenommen bei einem Verwalter einer WEG.[168] 141

b) Übersetzungskosten. Prozessbezogene, notwendige Übersetzungen sind zu erstatten. Dabei sind Übersetzungen für eine der deutschen Sprache nicht mächtige Partei im Regelfall notwendig.[169] Übersetzt der RA selbst, so sind die dann anfallenden zusätzlichen Ansprüche (→ RVG VV 3100 Rn. 26) erstattungsfähig. 142

c) Gutachten. Hilfsbedürftigkeit der Partei. Neben der weiter oben behandelten Prozessbezogenheit (→ Rn. 89 ff.) muss noch hinzukommen, dass Hilfe eines Gutachters notwendig war .[170] Das zB gegeben, wenn der Versicherer den Verdacht hat, dass ein Verkehrsunfall manipuliert wurde.[171] 143

Dabei kann sich die Notwendigkeit zB daraus ergeben, dass die Partei nicht zu einem sachgerechten Vortrag in der Lage ist[172] oder dass ein vom Gericht erholtes Gutachten erschüttert werden soll. 144

Soweit die Partei selbst allein in der Lage zu einer entsprechenden Tätigkeit ist, besteht kein Erstattungsanspruch.[173] Das gilt auch, wenn die Hilfe eines Sachkundigen in Anspruch genommen wird, der die Leistung ohnehin erbringen muss, zB Architekt, der ohnehin die Schlussrechnung prüfen muss.[174] 145

Auch die Sorge, ohne die Hilfe Dritter unsubstantiiert auf die Klage zu erwidern, begründet nach Ansicht von OLG Koblenz keine Notwendigkeit, wenn die Gegenseite darlegungs- und beweispflichtig ist und hinsichtlich etwaiger Substantiierungsmängel auf die gerichtliche Hinweispflicht gem. § 139 ZPO vertraut werden darf.[175] 146

Ergebnis des Gutachtens. Ob die Hilfe eines Gutachters erforderlich war, ist aus einer ex ante-Sicht zu beurteilen. Deshalb kommt es auf das Ergebnis des Gutachtens und darauf, ob es das Verfahren irgendwie beeinflusst hat, nicht an.[176] Notwendigkeit kann daher auch dann gegeben sein, wenn das Gericht im Urteil auch ohne Berücksichtigung des privaten Gegengutachtens zu einem mit diesem übereinstimmenden Ergebnis kommt, solange dies nur nicht vorhersehbar war.[177] Andererseits wird ein Gutachten nicht dadurch notwendig, dass es im Prozess mehr Gewicht hat als Parteivortrag hat.[178] 147

Tauglichkeit. Der BGH hat in einer Entscheidung darauf abgestellt, dass nicht festgestellt werden konnte, dass das Gutachten untauglich gewesen ist.[179] 148

Kostenfaktor. Letztlich dürfen nach dem BGH im Rahmen der erforderlichen Gesamtbetrachtung aus der ex ante Sicht einer verständigen und wirtschaftlich vernünftig denkenden Partei auch die Kosten des Privatgutachtens nicht völlig außer Betracht bleiben, wenn auch die Partei grds. die zur vollen Wahrnehmung ihrer Belange erforderlichen Schritte ergreifen darf.[180] Eine Entscheidung, die wegen Unverhältnismäßigkeit der Kosten, einen Erstattungsanspruch verneint hat, ist dem Autor nicht bekannt. 149

Wegen Notwendigkeit weiter → Rn. 143.

d) Detektivkosten. Sie sind, falls erforderlich, zu erstatten, zB zwecks Beschaffung von Beweismitteln, etwa zur Feststellung des Bestehens einer verfestigten Lebensgemeinschaft des 150

---

166 BGH NJW 2015, 633 = FamRZ 2015, 495; BGH NJW 2014, 3247.
167 BGH NJW 2014, 3247.
168 BGH NJW 2014, 3247 mwN für die unterschiedlichen Meinungen.
169 KG RVGreport 2014, 400.
170 BGH NJW 2015, 70.
171 BGH NJW 2013, 1824 = RVGreport 2013, 236.
172 BGH NJW 2015, 70; 2003, 1398 Rn. 13 mwN.
173 OLG Koblenz JurBüro 2013, 204 = NJW-RR 2013, 348.
174 OLG Koblenz JurBüro 2013, 204 = NJW-RR 2013, 348.
175 OLG Koblenz JurBüro 2013, 204 = NJW-RR 2013, 348.
176 BGH NJW 2013, 1824 Rn. 7 ff. = RVGreport 2013, 236; BGH NJW 2012, 1370 Rn. 10 ff.; **aA** OLG Bamberg JurBüro 1990, 732; OLG Düsseldorf Rpfleger 1995, 39; OLG Frankfurt a. M. JurBüro 1984, 1083; OLG München NJW-RR 1995, 1470.
177 BGH NJW 2012, 1370 Rn. 16.
178 BGH AGS 2017, 536.
179 BGH NJW 2012, 1370 Rn. 16.
180 BGH NJW 2013, 2668 Rn. 10, 11; BGH NJW 2012, 1370 Rn. 13.

Unterhaltsberechtigten.[181] Im Übrigen gelten die Ausführungen zum Gutachten (→ Rn. 143 ff.) entsprechend.

151 **Verwertbarkeit.** Hinzukommen muss, dass das Ergebnis der Tätigkeit des Detektivs auch im Prozess verwertet werden darf. Das ist zB zu verneinen, soweit dieses auf der Erstellung eines umfassenden personenbezogenen Bewegungsprofils mittels eines Global Positioning System [GPS] – Geräts beruht, eine punktuelle persönliche Beobachtung aber ausgereicht hätte.[182]

9. Patentanwalt

152 **a) Höhe der zu erstattenden Gebühren.** Für den Patentanwalt sind die Gebühren zu erstatten, die nicht höher sind als die nach § 13 RVG, also häufig in erster Instanz eine Verfahrensgebühr gem. VV 3100 ff. RVG.[183] Wegen Terminsgebühr → RVG VV Vorb. 3 Rn. 273.

153 **b) Ohne Notwendigkeitsprüfung. Streitsachen.** Nach vielen Bestimmungen des gewerblichen Rechtsschutzes (zB § 143 Abs. 3 PatG; § 140 Abs. 3 MarkG; § 27 Abs. 5 GebrMG; § 52 Abs. 4 DesignG; § 38 Abs. 4 SortSchG; § 11 Abs. 2 HSchG) bedarf es keiner Prüfung, ob die Hinzuziehung eines Patentanwalts erforderlich war. Das gilt aber nur für Streitsachen.[184] Wegen Löschungs- und Nichtigkeitsverfahren, Abmahnung → Rn. 160 ff.

154 **Patentstreitsache. BGH:**[185] „Der Begriff der Patentstreitsache ist grds. weit auszulegen. Zu den Patentstreitsachen zählen alle Klagen, die einen Anspruch auf eine Erfindung oder aus einer Erfindung zum Gegenstand haben oder sonst wie mit einer Erfindung eng verknüpft sind. Ein Rechtsstreit ist jedoch nicht bereits deshalb Patentstreitsache, weil Ansprüche aus einem Vertrag geltend gemacht werden, in dem sich eine Vertragspartei zur Übertragung eines Patents verpflichtet hat." Entsprechendes gilt für die anderen oben genannten (→ Rn. 153) Rechtsschutzsachen.

155 **Zustandekommen eines Kaufvertrags.** Geht es nur darum, ob zB überhaupt die für einen Kaufvertrag erforderlichen übereinstimmenden Willenserklärungen vorliegen, so sind technische oder patentrechtliche Fragen überhaupt nicht berührt. Es liegt keine Patentstreitsache vor.[186]

156 Bei **objektiver Klagehäufung** entfällt die Notwendigkeitsprüfung nur für die Ansprüche, für die eine solche nach dem Gesetz entbehrlich ist. Für die anderen muss gem. § 91 Abs. 1 S. 1 ZPO geprüft werden, ob die Einschaltung eines Patentanwalts erforderlich war.[187]

156a **Hilfsantrag.** War die Beteiligung eines Patentanwalts nur hinsichtlich des Hilfsantrags notwendig, erkennt aber das Gericht den Primärantrag an, so scheidet ein Erstattungsanspruch hinsichtlich der Patentanwaltskosten aus, da es an einer diese Kosten betreffenden Entscheidung fehlt.[188] Entgegen der Kritik in der Lit.[189] ist das allein schon deshalb zutreffend, weil es nicht sein kann, dass ein Erstattungsanspruch besteht, obgleich offen ist, ob der Hilfsantrag begründet gewesen wäre, obgleich also der Kläger insoweit möglicherweise unterlegen wäre und keinen Erstattungsanspruch gehabt hätte.

157 **Betroffene Anwälte.** Die oben (→ Rn. 153) genannten Bestimmungen sind entsprechend anwendbar, wenn ein Patentanwalt aus einem Mitgliedstaat der **Europäischen Union** mitgewirkt hat.[190] Sind die Voraussetzungen für die Zuhilfenahme eines Patentanwalts gegeben, so kann ein inländischer oder ein **ausländischer** Patentanwalt beauftragt werden.[191] Die Kosten eines beim Europäischen Patentamt zugelassenen Vertreters **(EPA-Vertreter)** sind in einer Patentsache entsprechende § 143 Abs. 3 PatG erstattungsfähig.[192]

158 Ob die vorstehenden Grundsätze für einen italienischen **consulente in marchi** auch gelten, hängt davon ab, ob er nach seiner Ausbildung und seinem Tätigkeitsbereich einem in Deutschland zugelassenen Patentanwalt entspricht, was im Kostenfestsetzungsverfahren zu prüfen ist.[193] **Schweizer Rechtsanwälte** können nach Ansicht des KG nach ihrer Ausbil-

---

[181] BGH NJW 2013, 2668 = FamRZ 2013, 1387.
[182] BGH NJW 2013, 2668 = FamRZ 2013, 1387.
[183] BPatG AGS 2006, 205; OLG Köln OLGR 2006, 291.
[184] BGH GRUR 2011, 754 = JurBüro 2011, 532.
[185] BGH GRUR 2011, 662.
[186] BGH GRUR 2011, 662.
[187] OLG Stuttgart AnwBl 2009, 150 L.
[188] BGH GRUR 2020, 781 = Rpfleger 2020, 543 = RVGreport 2019, 424.
[189] *Hansens* Anm zu BGH RVGreport 2019, 424.
[190] BGH Rpfleger 2007, 626 = GRUR 2007, 999 zu § 143 Abs. 3 MarkG.
[191] OLG Frankfurt a. M. GRUR-RR 2006, 422 = RVGreport 2006, 433.
[192] BGH RVGreport 2020, 393.
[193] BGH Rpfleger 2007, 626 = GRUR 2007, 999 zu § 143 Abs. 3 MarkG.

dung und Tätigkeit nicht einem deutschen Patentanwalt gleichgestellt werden, und zwar auch dann nicht, wenn sie bei der WIPO (World Intellectual Property Organisation) eingetragen sind.[194]

c) Mit Notwendigkeitsprüfung. UWG. Die vorgenannten Bestimmungen gelten nicht für Verfahren nach dem UWG, und zwar auch dann nicht, wenn es um patentrechtliche Fragen geht.[195] Hier ist die Notwendigkeit entsprechend → Rn. 106 ff. zu prüfen. **159**

Sonstige Sachen, zB Löschungs- und Nichtigkeitsverfahren. Alle in → Rn. 153 genannten Bestimmungen betreffen Streitsachen und gelten somit nicht für andere Verfahren zB nicht für Löschungs-[196] oder Nichtigkeitsverfahren.[197] In diesen Fällen ist im Einzelfall zu prüfen, ob die technischen Fragen derart waren, dass sie ein RA im Zusammenhang mit seinem Mandanten nicht ohne die Hilfe eines Patentanwalts bearbeiten konnte.[198] Bei Patentnichtigkeitsverfahren ist dies im Regelfall zu bejahen, wenn zeitgleich mit dem Nichtigkeitsverfahren ein das Streitpatent betreffender Verletzungsrechtsstreit anhängig ist, an dem die betreffende Partei oder ein mit ihr wirtschaftlich verbundener Dritter beteiligt ist.[199] **160**

Vorgerichtliche Tätigkeit. Dasselbe gilt für vorgerichtliche Tätigkeiten, bei denen § 140 Abs. 3 MarkenG und die entsprechenden anderen Bestimmungen (→ Rn. 150) weder unmittelbar noch entsprechend anzuwenden sind. Hier ist ein Patentanwalt regelmäßig nur erforderlich, wenn der RA Aufgaben übernommen hat, die typischer Weise zum Arbeitsgebiet eines Patentanwalts gehören;[200] was bei einer Markenverletzung etwa bei Recherchen zum Registerstand oder zur Benutzungslage gegeben sein kann.[201] Die Erforderlichkeit liegt bei einem technischen Schutzrecht näher als bei einem Kennzeichenrecht.[202] Die Grundsätze, nach denen im Rahmen von § 91 Abs. 1 S. 1 ZPO zu beurteilen ist, ob die Mitwirkung eines Patentanwalts in einer Wettbewerbssache erforderlich war, können herangezogen werden.[203] Darlegungs- und nachweispflichtig für die Erforderlichkeit ist der Anspruchsteller.[204] **161**

Paralleler Verletzungsprozess. → Rn. 160.[205] **162**

Beschwerde gegen Kostenentscheidung. Eine Notwendigkeitsprüfung ist nach OLG Zweibrücken auch erforderlich, wenn es um die Beteiligung eines Patentanwalts im Beschwerdeverfahren gegen eine Kostenentscheidung gem. § 93 ZPO geht.[206] **163**

d) Zwangsvollstreckung. Unter Berufung darauf, dass der Begriff der Patent-, Designsache usw weit zu fassen ist, wird die Zwangsvollstreckung in einer der oben (→ Rn. 153) genannten Sachen unter § 143 Abs. 3 PatG usw eingeordnet, wenn die Unterstützung durch einen Patentanwalt erforderlich ist.[207] Das ist im Rahmen zB einer Patentsache zu bejahen, **164**

- in aller Regel bei einer Unterlassungsvollstreckung,[208]
- bei einer Herausgabevollstreckung, wenn nicht nur namentlich genannte Medikamente, sondern auch nur nach Wirkstoffen benannte Medikamente herauszugeben sind,[209]
- bei einem sich an eine wegen einer Patentverletzung erfolgten Verurteilung anschließendes Ordnungsmittelverfahren nach § 890 ZPO.[210]

---

194 KG GRUR-RR 2008, 373 = RVGreport 2009, 114.

195 OLG Hamburg MDR 2007, 1224; OLG Köln JurBüro 2006, 648.

196 BPatG GRUR 2010, 556 Rn. 20 zu Gebrauchsmuster.

197 BGH GRUR 2013, 427 = Rpfleger 2013, 293; BPatG JurBüro 2007, 652 (L.) = RVGreport 2007, 468.

198 BPatG GRUR 2009, 706 Rn. 14 ff.; JurBüro 2007, 652 (L.) = RVGreport 2007, 468; OLG Hamburg MDR 2007, 1224; OLG Köln JurBüro 2006, 648.

199 BGH GRUR 2013, 427 (430) = Rpfleger 2013, 293; BPatG RVGreport 2014, 156; GRUR 2009, 706; **aA** BPatG GRUR 2010, 556.

200 BGH GRUR 2011, 754 = JurBüro 2011, 532 mwN zum seinerzeitigen Meinungsstreit Rn. 11 ff.; OLG Frankfurt a. M. GRUR-RR 12, 308 = RVGreport 2012, 383.

201 BGH GRUR 2011, 754 = JurBüro 2011, 532.

202 BGH GRUR 2011, 754 = JurBüro 2011, 532 Rn. 29.

203 BGH GRUR 2011, 754 = JurBüro 2011, 532 Rn. 24.

204 BGH GRUR 2011, 754 = JurBüro 2011, 532 Rn. 19.

205 **Bejahend** BPatG GRUR 2009, 706 zu Patentsache; **verneinend** BPatG GRUR 2010, 556 zu Gebrauchsmuster mwN.

206 OLG Zweibrücken AnwBl 2009, 150 (L.).

207 OLG Düsseldorf RVGreport 2010, 394; OLG Stuttgart GRUR-RR 2005, 335; **aA** OLG Hamburg JurBüro 1986, 1906.

208 OLG Düsseldorf RVGreport 2010, 394; OLG Frankfurt a. M. GRUR 1979, 340; OLG Stuttgart GRUR-RR 2005, 335; **aA** OLG Hamburg JurBüro 1986, 1906.

209 OLG Düsseldorf RVGreport 2010, 394.

210 OLG München RVGreport 2010, 400.

165 Nicht zu erstatten sind Patentanwaltskosten bei der Verurteilung zur Rechnungslegung, wenn es lediglich um die Vorlage einer kaufmännisch-betriebswirtschaftlichen Aufstellung geht.[211]

166 **e) Verfahren wegen der Gebühren eines Patentanwalts.** Wirkt ein Patentanwalt mit in einem Prozess, in dem es um die Gebühren eines Patentanwalts geht, so muss im Einzelfall geprüft werden, ob seine Mitwirkung notwendig war. Es handelt sich nicht per se um eine Patentstreitsache.[212] Eine solche ist nicht gegeben, wenn zur Beurteilung der Frage, ob die Honorarforderung berechtigt ist, das Verständnis der Erfindung keine Rolle spielt und es deshalb keines besonderen Sachverstands bedarf, um die für die Entgeltung des Anwalts maßgeblichen Umstände erfassen und beurteilen zu können.[213] Anders ist es, wenn es darum geht, ob der RA eine Pflichtverletzung begangen hat und es dabei auf das Verständnis der angemeldeten Erfindung ankommt.[214]

167 Dabei ist es unerheblich, ob der Patentanwalt **in eigener oder fremder Sache** tätig ist. Soweit vertreten wird, dass im zweiten Fall ein Erstattungsanspruch schon deshalb ausscheide, weil es sich um eigenen Aufwand handele, der, wie auch sonst, nicht erstattungsfähig sei,[215] ist dem nicht zu folgen. Es muss hier entsprechendes gelten wie bei einem RA in einem FG-Verfahren. Danach sind Rechtsanwaltskosten in den Fällen zu erstatten, in denen sich ein Beteiligter, der nicht selbst RA ist, eines Anwalts bedienen würde (→ Rn. 223). Entsprechend sind die Patentanwaltskosten in den Fällen zu erstatten, in denen ein Nicht-Patentanwalt der Hilfe eines Patentanwalts bedurft hätte.

X. Kosten durch RA

1. Prozessbezogenheit

168 → Rn. 40 ff.

2. Gebühren

169 **a) RVG-Gebühren.** Die im RVG geregelten Gebühren sind erstattungsfähig. Festsetzbar sind, neben der Verfahrens-, Termins,- und Einigungsgebühr ua Gebühren für Erledigungen, Einzeltätigkeiten,[216] Gehörsrügen,[217] Mahnverfahren,[218] Schutzschrift → Anh. II Rn. 178 ff., Zwangsversteigerungs- und Zwangsverwaltungsverfahren,[219] Zwangsvollstreckung → RVG VV 3309 Rn. 93 ff., Verkehrsgebühr → RVG VV 3400 Rn. 90 ff. Zum beigeordneten PKH-Anwalt → § 45 Rn. 82 ff.

170 **b) Andere Gebührenordnungen.** Soweit der Erstattungsberechtigte Dritte, die nach anderen Gebührenordnungen abrechnen, eingeschaltet hat, sind die so entstandenen Gebühren gem. § 91 Abs. 1 S. 1 ZPO erstattungsfähig, soweit deren Unterstützung notwendig war. § 91 Abs. 2 S. 1 ZPO hingegen ist hierfür nicht anwendbar.

171 **c) Vereinbarte Gebühren.** → § 3a Rn. 74 ff.

172 **d) Vergütung für Beratung (§ 34 RVG). Meinung gegen Erstattungsfähigkeit.** Teilweise wird eine Vergütung wegen einer Beratung iSv § 34 RVG, egal ob als vereinbarte oder als übliche Vergütung, schlechthin verneint, da das auf vereinfachte und klare Prüfungskriterien zugeschnittene Festsetzungsverfahren sich nicht für die Festsetzung von Beträgen aus Honorarvereinbarungen oder der üblichen Vergütung eigne. Insbes. für die Ermittlung der Üblichkeit einer Vergütung sei das Festsetzungsverfahren ungeeignet. Das Gericht müsse ggf. die getroffene Bestimmung durch Einholung von Gutachten dahin überprüfen, ob sie der Üblichkeit entspricht. Dies sei im Kostenfestsetzungsverfahren nicht möglich, vielmehr müsse dies in einem

---

[211] OLG Köln RVGreport 2006, 115.

[212] BGH NJW 2013, 2440 = GRUR 2013, 756; KG JurBüro 2013, 101 = GRUR NJW-RR 2012, 410 = RVGreport 2012, 384 mzustAnm *Hansens;* **aA** OLG Karlsruhe GRUR 1997, 359; OLG Naumburg GRUR-RR 2010, 402.

[213] BGH NJW 2013, 2440 = GRUR 2013, 756.

[214] OLG Hamburg RVGreport 2019, 70.

[215] OLG Karlsruhe GRUR 1985, 127.

[216] OLG München JurBüro 1974, 1388; HBS VergütungsR/*Hansens* Teil 4 Rn. 117; Mayer/Kroiß/*Mayer* RVG § 11 Rn. 24.

[217] HBS VergütungsR/*Hansens* Teil 4 Rn. 119.

[218] Mayer/Kroiß/*Mayer* RVG § 11 Rn. 33.

[219] HBS VergütungsR/*Hansens* Teil 4 Rn. 134.

normalen Klageverfahren festgestellt werden.[220] Dieser auch hinsichtlich der vereinbarten Vergütung totale Ausschluss, der nicht einmal eine Erstattung einer fiktiven Gebühr – anders als zB bei einer Vergütungsvereinbarung anstelle einer Geschäftsgebühr (→ RVG VV Vorb. 3.2.1 Rn. 49) zulässt, erklärt sich auch damit, dass unmittelbar eine entsprechende gesetzliche Ersatzgebühr nicht mehr existiert.

Meinung für Erstattungsfähigkeit. Teilweise wird, soweit die anwaltliche Tätigkeit prozessbezogen war (→ Rn. 80 ff.), die Erstattungsfähigkeit der Beratungsvergütung bejaht, wobei teilweise fiktive Kosten anstelle einer Verfahrensgebühr angenommen werden,[221] teilweise die Dogmatik nicht klar ist.[222] Teilweise erfolgt eine Begrenzung bis maximal zu der Höhe, die bei Vertretung durch einen Prozessbevollmächtigten angefallen wäre.[223] **173**

Zu beachten ist, dass, soweit ältere Rspr. die Erstattung einer Ratsgebühr anerkannt hat (Rspr. zur Prozessbezogenheit → Rn. 80 ff.), sich diese auf eine Gesetzeslage bezieht, da es noch gesetzliche Ratsgebühren gab (bei Auftragserteilung 1.7.2004 gem. § 20 BRAGO $^{1}/_{10}$ bis $^{10}/_{10}$ Gebühr, danach bis vor dem 1.7.2006 gem. VV 2100 aF 0,1 bis 1,0 Gebühr). Hier war die Prüfung der Höhe der zu erstattenden Gebühr noch erheblich leichter als nach dem geltenden Recht. **174**

Eigene Meinung. Grundsätzlich ist ein Erstattungsanspruch gegeben. Wenn die Prozessbezogenheit gegeben ist, so verlangt § 91 Abs. 1 S. 1 ZPO eine Erstattung. Man kann nicht – auch wenn man das Gegenteil immer wieder lesen kann – einen vom Gesetz zuerkannten Erstattungsanspruch wieder wegnehmen, nur weil die Ermittlung Schwierigkeiten bereitet. Im Gesetz steht davon nichts. Allenfalls könnte man eine Einschränkung in den Fällen gelten lassen, in denen tatsächlich auch ein materiell-rechtlicher Ersatzanspruch besteht. Dann würde man lediglich den Rechtsweg erschweren. Besteht aber kein materiell-rechtlicher Ersatzanspruch, so nimmt man dem Erstattungsberechtigten endgültig einen Anspruch, der ihm eigentlich von § 91 Abs. 1 S. 1 ZPO zuerkannt wurde. Häufig, insbes. beim Beklagten (→ § 1 Rn. 250) besteht mangels einer Anspruchsgrundlage kein materiell-rechtlicher Ersatzanspruch. **175**

Das Argument der Feststellungsschwierigkeiten ist auch deshalb schwach, weil solche Schwierigkeiten ohnehin der Kostenfestsetzung nicht fern sind, nachdem uU die der Höhe nach uU schwer ermittelbare Geschäftsgebühr (→ Anh. IV Rn. 51 ff.) oder die bisweilen äußerst schwierig zu ermittelnden Kosten eines Privatgutachters (→ Rn. 89 ff.) festgesetzt werden müssen. **176**

Weiter sprechen folgende Erwägungen für die hier vertretene Meinung. **177**

- Zum alten Recht (bis 1.7.2006) war es allgM, dass auch eine Beratungsgebühr bei gegebener Prozessbezogenheit zu erstatten ist. Es kann nicht angenommen werden, dass der bloße Umstand, dass es keine gesetzliche Beratungsvergütung mehr gibt, so weitreichende Folgen haben soll, dass entgegen der bisherigen Tradition derartigen Kosten überhaupt nicht mehr zu erstatten sein sollen.
- Prozessökonomisch wäre es in vielen Fällen, in denen sich die Vergütung problemlos ermitteln ließe (zB Beratung von einer Stunde bei Stundensatz von 150,– EUR) nachteilig, wenn der umständliche, auch die Justiz zusätzlich belastende Weg über eine Klage gewählt werden müsste.
- Der RA müsste dem Erstattungsberechtigten raten, ihm doch gleich einen Verfahrensauftrag zu erteilen mit für den Mandanten zunächst einmal höheren Kosten, die dieser vielleicht gerade aus guten Gründen vermeiden will. Er ist sich uU bewusst, dass angesichts der finanziellen Lage seines Gegners der Erfolg einer Vollstreckung aus einem Kostenfestsetzungsbeschluss sehr ungewiss ist.
- Es liegt auch im Interesse des Erstattungspflichtigen, wenn sein Gegner bereit ist, einen den Erstattungsanspruch in den meisten Fällen herabsetzenden Weg zu gehen.

Fiktive Kosten. Zumindest muss man aber berücksichtigen, dass in den meisten Fällen der Erstattungsberechtigte einen anderen Auftrag, in aller Regel einen Verfahrensauftrag, hätte erteilen können, der zu einer Erstattung geführt hätte. Es besteht kein Grund die vereinbarte oder übliche Vergütung nicht als fiktive Kosten (→ Rn. 285 ff.) bis maximal zu Höhe der ersparten Gebühr als erstattungsfähig anzuerkennen. Bleibt sie unter der fiktiven Verfahrensge- **178**

---

[220] OLG Celle NJW-RR 2014, 952 = RVGreport 2014, 115 mablAnm *Hansens;* OLG Rostock JurBüro 2008, 371 = RVGreport 2008, 269 mablAnm *Hansens* = AGS 2008, 314 mAnm *N. Schneider* = KostRspr § 34 RVG Nr. 7 mablAnm *Onderka;* Zöller/*Herget* ZPO § 91 Rn. 13 „Ratsgebühr".
[221] Musielak/*Lackmann,* 9. Aufl. 2007, ZPO § 91 Rn. 61, fiktive Kosten.
[222] LG Berlin AGS 2008, 515.
[223] LG Berlin AGS 2008, 515; Schneider/Wolf/*Onderka* RVG § 34 Rn. 42.

bühr, so genügt eine grobe Prüfung, ob sich die geltend gemachte vereinbarte oder übliche Vergütung noch im Rahmen des Üblichen hält, wozu die mit der Kostenfestsetzung befassten Personen des Gerichts in der Lage sein sollten.

3. Auslagen

179 → RVG VV Vorb. 7 Rn. 26; → RVG VV 7000 Rn. 218 ff.; → RVG VV 7001, 7002 Rn. 46 ff.; → RVG VV 7003–7006 Rn. 102 ff.; → RVG VV 7007 Rn. 17; → RVG VV 7008 Rn. 61 f.

180 **Wegen Prozessbezogenheit** → Rn. 79 ff.

4. Postulationsfähigkeit

181 → RVG VV 3208 Rn. 16 ff.

5. Vertreter und Helfer des RA

182 **Vertreter nach § 5 RVG.** Hat der RA den Gebührentatbestand durch einen der in § 5 RVG genannten Vertreter erfüllt, so handelt es sich um seine gesetzliche Vergütung.

183 **Andere Personen.** Vergütungen, die für die Tätigkeit anderer Personen (zB Bürovorsteher, Nichtstationsreferendar, sonstiger wissenschaftlicher Mitarbeiter) anfallen, gehören nicht zu der gesetzlichen Vergütung.[224] UU können sie aber vom RA als Auslagen geltend gemacht werden.

6. Notwendigkeit anwaltlicher Hilfe

184 **a) § 91 Abs. 2 S. 1 ZPO.** Soweit § 91 Abs. 2 S. 1 ZPO einschlägig ist (zB in ZPO-Verfahren sowie in Ehe- und Familienstreitsachen gem. § 113 Abs. 1 S. 2 FamFG), sind die Anwaltskosten ohne Prüfung, ob die Einschaltung eines RA notwendig war, zu erstatten Die Einschaltung eines Anwalts ist im Regelfall auch notwendig,

– obwohl für den Antragsgegner, der der **Scheidung zustimmen** will, kein Anwaltszwang besteht,[225]

– wenn eine Vereinigung von Arbeitnehmern oder Arbeitgebern zur unentgeltlichen Vertretung bereit gewesen wäre.[226]

185 Von der Frage, ob die Einschaltung eines Rechtsanwalts als solche als erstattungsrechtlich zu respektieren anzusehen ist, ist die Frage zu trennen, ob die **einzelnen Maßnahmen** des Rechtsanwalts erforderlich waren.[227] Hierzu wird teilweise vertreten, dass auch die einzelne Maßnahme einer Prüfung der Notwendigkeit unterliegt.[228] Die Gegenmeinung verneint dies, versagt aber – etwas weniger streng – wegen des Gebots, die Kosten niedrig zu halten (→ Rn. 239 ff.), einen Erstattungsanspruch, wenn für eine Maßnahme ausnahmsweise kein Anlass bestand.[229] Wegen einzelner Fälle zB → Rn. 244 ff., → RVG VV 3201 Rn. 52 ff.

186 Wegen Verwaltungsgerichtsverfahren → Anh. IV Rn. 47.

187 **b) FG-Sachen.** ***aa) Allgemeines.*** In FG-Verfahren, auch in FG-Familiensachen (§ 114 Abs. 1 FamFG), besteht kein Anwaltszwang. § 91 Abs. 2 S. 1 ZPO ist in FG-Sachen nicht anwendbar. § 80 Abs. 1 S. 2 FamFG verweist nur auf § 91 Abs. 1 S. 2 ZPO. Daher ist gem. § 91 Abs. 1 S. 1 ZPO in jedem Einzelfall zu prüfen, ob die Einschaltung eines Anwalts erforderlich war[230] (wegen fiktiver Reisekosten der Partei, wenn RA nicht nötig → Rn. 285). Dabei kann die Rspr. dazu, in welchen Fällen eine Beiordnung eines VKH-Anwalts erforderlich ist, entsprechend herangezogen werden. Es kommt auf **objektive** („Schwierigkeit der Sach- und Rechtslage" – § 78 Abs. 2 FamFG) und **subjektive** Umstände an.[231]

188 **Subjektive Umstände.** Auf der subjektiven Seite kommt es darauf an, ob der Beteiligte nach seiner Vorbildung, geistigen **Befähigung,** Schreib- und Redegewandtheit, Beherrschung der deutschen Sprache in der Lage ist, sein Rechtsanliegen dem Gericht schriftlich oder mündlich ausreichend und ohne Gefahr einer eigenen Rechtsbeeinträchtigung darzustellen.[232]

---

[224] LAG Hamm JurBüro 1994, 732; Bischof/*Bischof* RVG § 11 Rn. 19.

[225] Zu Beiordnung eines VKH-Anwalts OLG Bremen FamRZ 2008, 1544.

[226] BAG NJW 2016, 1675 = NZA 2016, 188 = RVGreport 2016, 109 mzustAnm *Hansens.*

[227] Übersicht über die hierzu in Rspr. und Lit. vertretenen Meinungen BGH NJW 2018, 1403 Rn. 18 ff. = FamRZ 2018, 616.

[228] BGH FamRZ 2016, 900 Rn. 8; OLG Karlsruhe JurBüro 1995, 88 Rn. 10 ff.

[229] BAG AGS 2013, 98 Rn. 10.

[230] OLG Brandenburg FamRZ 2015, 1226; OLG Frankfurt NJW 2018, 874 = FamRZ 2018, 1106; KG Rpfleger 2004, 252 = FamRZ 2004, 1385.

[231] BGH MDR 2004, 233; zur Notwendigkeit eines Anwalts bei Erbschaftsausschlagung OLG Düsseldorf AGS 2003, 258.

[232] BVerfG NJW 2011, 2039 zum vergleichbaren Sozialgerichtsverfahren, in dem auch das Amtsermittlungsprinzip gilt; BGH NJW 2012, 2586 = FamRZ 2012, 1290; OLG Bamberg FamRZ 2011, 1970 = AGS

Etwas anderes ergibt sich auch nicht aus dem Amtsermittlungsprinzip. Dieses ändert nichts daran, dass die Beteiligten die wesentlichen Tatsachen beizusteuern haben.[233]

Sach- oder die Rechtslage. Ausreichend ist, dass die Sach- **oder** Rechtslage schwierig ist.[234] Weniger hohe Anforderungen aufstellend weist das OLG Brandenburg darauf hin, dass es für den juristisch nicht Vorgebildeten oftmals nur schwer abzuschätzen ist, ob eine Sache so schwierig ist, dass eine Hinzuziehung eines RA notwendig ist oder nicht, was nicht zu seinen Lasten gehe. Demgemäß sieht es Kosten für die Beauftragung eines RA dem Grunde nach nur bei ganz einfach gelagerten Sachverhalten oder, wenn die Beauftragung für den Beteiligten erkennbar unnötig ist, als nicht notwendig an.[235] **189**

Bedeutung der Sache. Auf die Bedeutung kommt es nach § 78 Abs. 2 FamFG nicht mehr an. Anders als § 121 Abs. 2 ZPO, der viel allgemeiner darauf abstellt, ob ein RA „erforderlich" erscheint, ist § 78 Abs. 2 FamFG viel enger gefasst.[236] **190**

Waffengleichheit. Auch die Waffengleichheit ist in § 78 Abs. 2 FamFG anders als in § 121 Abs. 2 ZPO nicht genannt, sodass nicht automatisch ein RA als erforderlich anzusehen ist, nur weil der Gegner anwaltlich vertreten ist. Andererseits ist es aber weiterhin als gewichtiges Abwägungskriterium anerkannt, auch vom BVerfG und BGH, wenn der Gegner anwaltlich vertreten ist.[237] **191**

bb) Kindschaftssachen. **Kein verallgemeinernder Grundsatz.** Zu § 121 Abs. 2 ZPO hat der BGH entschieden, dass hinsichtlich des **Umgangsrechts** kein verallgemeinernder Grundsatz dahingehend möglich ist, dass im Regelfall die Beiordnung eines Anwalts erforderlich ist[238] bzw. dass bei mittelschweren Verfahren eine Beiordnung nicht nötig ist.[239] Es ist vielmehr eine Einzelfallprüfung vorzunehmen.[240] **192**

Einfache Fälle. Auch im Bereich der Kindschaftssachen gibt es Fälle, die eindeutig sind. Aus dem Rang dieser Rechte und ihrer Verbürgung durch höherrangige Normen (Art. 6 GG, Art. 8 EMRK) kann nach Ansicht der Rspr. nicht auf die Schwierigkeit der Sach- und Rechtslage bei der verfahrensrechtlichen Wahrnehmung geschlossen werden. Ein Regel-Ausnahme-Verhältnis wird nicht anerkannt.[241] Dennoch sollte man mE angesichts der Bedeutung der Sache für die Eltern und Kinder sowie der Komplexität dieses Rechtsgebietes nicht kleinlich sein und im Zweifel eher die Unterstützung durch einen RA anerkennen. **193**

Die Notwendigkeit der Hilfe durch einen RA wurde in der **Rspr. verneint,** **194**

- wenn sich die Erstattungsberichtigte in einer Sorgerechtssache lediglich darauf beruft, keine Kenntnisse in rechtlichen Dingen zu haben und der Fall einfach ist,[242]
- wenn sich die Eltern hinsichtlich einer Sorgerechtsübertragung **einig sind** und das Kind einverstanden ist, selbst wenn der andere Ehegatte anwaltlich vertreten war,[243]
- wenn es lediglich um die Einleitung eines **vereinfachten Sorgerechtsverfahrens** (§ 155a FamFG) geht,[244]
- wenn eine selbständige Umgangsrechtssache **einfach** gelagert ist und keine besonderen tatsächlichen oder rechtlichen Schwierigkeiten aufweist,[245]
- wenn ein Verfahren lediglich die Frage der **weiteren Ausgestaltung** des bereits durch gerichtliche Entscheidung geregelten **Umgangs** zwischen minderjährigen Kindern und dem

---

2012, 185; OLG Zweibrücken NJW 2010, 1212 = FamRZ 2010, 1002 unter Berufung auf BVerfG FamRZ 2002, 531; BGH FamRZ 2003, 1547; 1921.

[233] BVerfG NJW 2011, 2039 zum vergleichbaren Sozialgerichtsverfahren, in dem auch das Amtsermittlungsprinzip gilt; OLG Bremen MDR 2010, 768; OLG Zweibrücken NJW 2010, 1212 = FamRZ 2010, 1002; OLG Celle NJW 2010, 1008 = FamRZ 2010, 582.

[234] BGH NJW 2012, 2586 = FamRZ 2012, 1290; 2010, 3029 = FamRZ 2010, 1427; OLG Düsseldorf FamRZ 2010, 580 = NJW 2010, 1211; *Schürmann* FamRZ 2009, 58 (60).

[235] OLG Brandenburg FamRZ 2015, 1226.

[236] BGH NJW 2012, 2586 = FamRZ 2012, 1290.

[237] BVerfG NJW, 2039 zum vergleichbaren Sozialgerichtsverfahren, in dem auch das Amtsermittlungsprinzip gilt; BGH NJW 2010, 3029 = FamRZ 2010, 1427; OLG Bremen MDR 2010, 768; OLG Celle FamRZ 2010, 1267.

[238] So aber OLG Köln FamRZ 2003, 107.

[239] So aber OLG Stuttgart in der vom BGH überprüften Entscheidung.

[240] BGH FamRZ 2009, 857.

[241] OLG Düsseldorf FamRZ 2010, 580 = NJW 2010, 1211; OLG Köln AGS 2010, 140.

[242] OLG Koblenz FamRZ 2020, 187.

[243] OLG Celle MDR 2011, 367.

[244] OLG Karlsruhe NJW 2015, 889 = FamRZ 2015, 948.

[245] OLG Brandenburg FamRZ 2010, 2009.

nichtbetreuenden Elternteil betrifft (Ausdehnung des Umganges auf einen zusätzlichen Nachmittag in der Woche),[246]

– wenn es um ein **Umgangsvermittlungsverfahren** geht,[247] und zwar auch dann, wenn die Gegenseite anwaltlich vertreten ist;[248] anders jedoch wenn bes. Umstände vorliegen wie wenn ein Beteiligter wegen Depression einen RA benötigt[249] oder wenn die Umsetzung eines Umgangsvergleichs wegen des Verhaltens des anderen Elternteils sich als schwierig darstellte[250] oder wenn die Elternbeziehung nachhaltig gestört und besonders konfliktbehaftet ist.[251]

195 Allein der Umstand, dass die Eltern **unterschiedlicher Auffassung** sind, macht nach Ansicht der Rspr. einen RA nicht notwendig.[252] Gleichgerichtete Interessen sind allerdings ein Argument gegen eine Beiordnung.[253]

196 Die Notwendigkeit wurde **bejaht** bei Umgangssache unter Zeitdruck mit vier betroffenen Kindern – zwischen ein und zehn Jahre alt – und keiner Hilfe durch das Jugendamt.[254]

197 ***cc) Versorgungsausgleich.*** Es besteht kein Anwaltszwang. Wird jedoch der Versorgungsausgleich vom vor dem 1.9.2009 eingeleiteten Scheidungsverfahren abgetrennt und ausgesetzt und nach diesem Datum wieder aufgenommen, so wird vertreten, dass trotz der in Art. 111 Abs. 4 FGG-ReformG vorgesehenen Selbständigkeit das Verfahren eine Folgesache bleibt, weshalb weiter Anwaltszwang besteht.[255] Unabhängig davon ist das Recht des Versorgungsausgleichs derart speziell und schwer durchschaubar, dass die Hilfe eines RA im Regelfall erforderlich ist.[256]

198 ***dd) Gewaltschutz.*** Es gibt keinen allgemeinen Grundsatz, dass ein RA notwendig ist.[257] Die Notwendigkeit lässt sich nach OLG Celle auch nicht daraus herleiten, dass eine neutrale Zulassungsadresse erforderlich ist, wenn eine auch tatsächlich genutzte Postfachadresse vorhanden ist.[258] Nach OLG Frankfurt a. M. ist anwaltliche Hilfe erforderlich, wenn der Antragsgegner mehrfach gegen die einstweiligen Anordnungen aus einem vorangegangenen Gewaltschutzverfahren verstoßen hat, indem er innerhalb kurzer Zeit mehrfach vor der Wohnung des Antragstellers erschienen ist, dort randaliert und ihn beschimpft und bedroht hat.[259]

199 ***ee) Vaterschaftsfeststellungsverfahren.*** Bei diesen hat die Rspr. zum bisherigen Recht die Beiordnung eines Anwalts wegen der Bedeutung der Statusfeststellung sehr großzügig bejaht.[260] Auf die Bedeutung kann nicht mehr abgestellt werden, nachdem nunmehr das Feststellungsverfahren eine FG-Sache ist (§§ 111 Nr. 3, 112 FamFG; → Rn. 190). In der Rspr. wird dennoch eine Beiordnung wiederholt als in der Regel erforderlich angesehen.[261] Das in diesen Verfahren meistens zu erholende Gutachten sei für einen juristischen Laien kaum verständlich und nachvollziehbar.[262] Der BGH hat für den Antragsteller[263] und die weiteren Beteiligten[264] im Regelfall eine Beiordnung bejaht, da an einen derartigen Antrag gem. § 171 Abs. 2 FamFG

---

[246] OLG Celle FamRZ 2010, 1363.

[247] OLG Celle FamRZ 2010, 1363; OLG Frankfurt a. M. NJW-RR 2013, 962; OLG Karlsruhe JurBüro 2010, 539 = FamRZ 2010, 2010; OLG Köln FamRZ 2015, 1921; OLG Oldenburg FamRZ 2011, 916.

[248] OLG Celle FamRZ 2010, 1363; OLG Karlsruhe JurBüro 2010, 539 = FamRZ 2010, 2010; OLG Köln FamRZ 2015, 1921; OLG Oldenburg FamRZ 2011, 916.

[249] OLG Köln FamRZ 2015, 1921.

[250] OLG Zweibrücken AGS 2016, 141 = FamRZ 2015, 1921 (L).

[251] OLG Hamm AGS 2020, 344 = MDR 2020, 998 = NZFam 2020, 633.

[252] OLG Hamm AGS 2010, 244 Rn. 8.

[253] OLG Saarbrücken FamRZ 2010, 1001.

[254] OLG Brandenburg AGS 2017, 481 = RVGreport 2017, 156 mzustAnm *Hansens.*

[255] OLG Celle NJW 2010, 3791 = FamRZ 2011, 240; OLG Rostock FamRZ 2011, 57; **aA** OLG Jena FamRZ 2011, 585 = NJW-RR 2011, 225.

[256] OLG Brandenburg AGS 2014, 36.

[257] OLG Celle AGS 2014, 345 = JurBüro 2014, 205; JurBüro 2014, 252.

[258] OLG Celle JurBüro 2014, 252.

[259] OLG Frankfurt a. M. FamRZ 2016, 394.

[260] BGH NJW 2007, 3644 = FamRZ 2007, 1968; OLG Karlsruhe NJW 2009, 2897 = FamRZ 2009, 900.

[261] OLG Bamberg AGS 2012, 185, Auslandsbezug, schlechte Sprachkenntnisse; OLG Hamburg FamRZ 2011, 129, der Verfahrensbeteiligte hatte auch noch Sprachschwierigkeiten; OLG Hamm FamRZ 2010, 1363 mwN für die gleiche Ansicht vertretende Lit.; OLG Schleswig FamRZ 2011, 388, jedenfalls, wenn die Beteiligten entgegengesetzte Ziele verfolgen; **aA** OLG Oldenburg NJW 2011, 941 = FamRZ 2011, 914.

[262] OLG Hamm FamRZ 2010, 1363 mwN für die gleiche Ansicht vertretende Lit.

[263] BGH NJW 2012, 2586 = FamRZ 2012, 1290.

[264] BGH NJW 2016, 959 = FamRZ 2016, 531.

besondere Anforderungen gestellt werden. Im Übrigen hat er die Frage offen gelassen.[265] In der obergerichtlichen Rspr. wird auch der beteiligten Mutter ein RA beigeordnet.[266]

Vertretung durch das Jugendamt. Nach OLG Rostock muss bei der Notwendigkeitsprüfung unberücksichtigt bleiben, dass eine unentgeltliche Vertretung durch das Jugendamt möglich wäre.[267] 200

ff) Erbschein. Hier hat sich OLG Nürnberg für das Beschwerdeverfahren grds. für eine Erstattung ausgesprochen.[268] 201

c) Sonstige nicht von § 91 Abs. 2 S. 1 ZPO erfasste Verfahren. Die oben zu den FG-Sachen dargelegten Grundsätze gelten entsprechend für alle anderen Verfahren, bei denen § 91 Abs. 2 S. 1 ZPO nicht eingreift. 202

Vereinfachtes Unterhaltsverfahren. → RVGVV 3100 Rn. 77 ff. 203

Zwangsvollstreckung. Als erforderlich wurde die Hilfe eines Anwalts im Regelfall angesehen 204

– bei der **Unterhaltsvollstreckung** für den Unterhaltsgläubiger bei der Erwirkung eines Pfändungs- und Überweisungsbeschlusses;[269] ebenso bei Eintragung einer Zwangshypothek.[270] Andererseits hat der BGH bei der Mobiliarzwangsvollstreckung auf den Einzelfall abgestellt,[271]

– bei der Pfändung eines Bankkontos,[272]

– bei der Eintragung einer Zwangshypothek.[273]

Als nicht erforderlich wurde die Hilfe eines Rechtsanwaltes im Regelfall angesehen für den Schuldner.[274] 205

Auf den Einzelfall wurde abgestellt bei der Lohnpfändung.[275] 206

7. Mehrere RAe

a) Grundsatz. Nur ein RA in einem Verfahren. Hat ein Auftraggeber in einem Verfahren mehrere RA eingeschaltet, so besteht grds. nur ein Erstattungsanspruch maximal in Höhe der Kosten, die bei nur einem Prozessbevollmächtigten angefallen wären (§ 91 Abs. 2 S. 2 ZPO). 207

Beispiel:

Beim 1. RA ist nur eine Verfahrensgebühr angefallen, beim 2. RA sind nach dem Wechsel eine Verfahrensgebühr und eine Terminsgebühr und eine Einigungsgebühr entstanden.
Zu erstatten sind eine Verfahrensgebühr, eine Terminsgebühr und eine Einigungsgebühr und eine Kommunikationspauschale.

Zwei Verfahren. Liegen verfahrensrechtlich zwei Verfahren vor, so sind grundsätzlich die Kosten mehrerer Anwälte zu erstatten. Wegen Ausnahmen → Rn. 211. 207a

b) Ein Verfahren, zwei Angelegenheiten. ***aa) Mahn- und Streitverfahren.*** Bei einem Anwaltswechsel zwischen Mahn- und Streitverfahren sind ebenfalls nur die Kosten zu erstatten, die ohne einen Wechsel angefallen wären, es sei denn der Wechsel war aus besonderen Gründen notwendig.[276] Das Mahn- und das Streitverfahren stellen prozessrechtlich ein Verfahren dar (der Widerspruch und Einspruch sind Rechtsbehelfe und keine Rechtsmittel[277]) und beide Verfahren sind eng mit einander verflochten.[278] Damit sind alle Voraussetzungen des § 91 Abs. 2 S. 2 ZPO gegeben. Daran ändert auch nichts, dass es sich gebührenrechtlich um zwei Angelegenheiten handelt (→ VV 3305 Rn. 35). Bei einem nicht notwendigen Anwaltswechsel ist der Erstattungsberechtigte so zu stellen, als wäre er im Mahn- und im Streitverfahren von 208

---

[265] BGH NJW 2010, 3029 = FamRZ 2010, 1427.
[266] OLG Brandenburg FamRZ 2014, 586 mzustAnm *Thiel.*
[267] OLG Rostock FamRZ 2010, 56.
[268] OLG Nürnberg FamRZ 2012, 735 = AGS 2012, 154.
[269] BGH FamRZ 2012, 1637.
[270] OLG München RVGreport 2017, 114 (P).
[271] BGH FamRZ 2003, 1921.
[272] LG Koblenz FamRZ 2005, 529.
[273] OLG München Rpfleger 2016, 222.
[274] LG Essen JurBüro 1990, 907.
[275] BGH NJW 2003, 3136.
[276] BGH FamRZ 2004, 866 Ziff. 1.
[277] Thomas/Putzo/*Hüßtege* ZPO § 694 Rn. 1; § 700 ZPO Rn. 1.
[278] BGH NJW 2018, 871; OLG Nürnberg Rpfleger 2012, 107 = MDR 2011, 1284 = VersR 2012, 636.

demselben Prozessbevollmächtigten vertreten worden. Die Anrechnung gem. der Anm. zu VV 3305 und 3307 ist vorzunehmen.[279]

209 *bb) Selbständiges Beweis- und Hauptsacheverfahren.* Obgleich beide Verfahren gebührenrechtlich verschiedene Angelegenheiten darstellen, ist § 91 Abs. 2 S. 2 ZPO anzuwenden. Es gilt dasselbe wie beim Wechsel zwischen Mahn- und Streitverfahren. Es handelt sich prozessrechtlich um ein Verfahren, es besteht eine enge Verflechtung und es ergeht eine einheitliche Kostenentscheidung (→ Rn. 35 ff.). Damit sind alle Voraussetzungen des § 91 Abs. 2 S. 2 ZPO gegeben.[280] Auch hier ist wie beim Streit- und Mahnverfahren (→ Rn. 208) bei nicht notwendigem Anwaltswechsel eine Anrechnung gem. VV Vorb. 3 Abs. 5 RVG vorzunehmen.[281]

210 Eine Gleichstellung mit der vorgerichtlich angefallenen Geschäftsgebühr und der im Verfahren entstandenen Verfahrensgebühr[282] ist nicht angebracht, nachdem es sich bei diesen beiden um Gebühren handelt, die nicht in demselben Verfahren anfallen, nicht dieselbe Angelegenheit betreffen und nicht von derselben Kostenentscheidung erfasst werden.[283]

211 **c) Zwei Instanzen, eine Angelegenheit. Anordnung und Aufhebung in Eilverfahren. Zivilrecht.** Werden in Anordnungs- und Aufhebungs- bzw. Abänderungsverfahren in Eilverfahren unterschiedliche RA zugezogen, so liegen einerseits zwei Instanzen vor, was zunächst dafür spricht, dass § 91 Abs. 2 S. 2 ZPO nicht anzuwenden ist (→ Rn. 207a). Andererseits sieht das Gesetz gebührenrechtlich und damit arbeitsmäßig ein so enges Band zwischen beiden Verfahren, dass er nur eine Angelegenheit annimmt, die Gebühren nur einmal anfallen. Das spricht dafür, auch hier § 91 Abs. 2 S. 2 ZPO analog anzuwenden.[284] Wenn mit dem BGH (→ Rn. 208 ff.) davon auszugehen ist, dass § 91 Abs. 2 S. 2 ZPO bei gleichem Verfahren anzuwenden ist, obgleich mehrere Gebühren anfallen, so muss das erst recht in den Fällen gelten, in denen das Gesetz trotz unterschiedlicher Verfahren einen so engen Zusammenhang sieht, dass die Gebühren nur einmal entstehen.

212 **Verwaltungsrecht.** Wegen der gleichen Frage im Verwaltungsrecht → Anh. IV Rn. 47 ff.

213 **d) Zwei Verfahren, zwei Angelegenheiten.** ***aa) Abänderungsverfahren in Hauptsacheverfahren.*** Dieses (zB § 323 ZPO) stellt ein neues Verfahren und eine neue Angelegenheit dar. § 91 Abs. 2 S. 2 ZPO greift deshalb nicht ein.

214 *bb) Wechsel nach Zurückverweisung.* Wechselt die Partei nach einer Zurückverweisung den RA, so wird teilweise angenommen, dass die Gebühren eines zweiten Anwalts nur zu erstatten sind, wenn ein Wechsel notwendig war.[285] Dem ist nicht zu folgen.[286] § 91 Abs. 2 S. 2 ZPO greift nicht ein, da prozessrechtlich wie auch gebührenrechtlich (§ 21 Abs. 1 RVG) ein neuer Rechtszug eröffnet wird. Es gilt also dasselbe wie bei einem Wechsel zwischen der 1. und der 2. Instanz. Es liegt auch keine einheitliche kostenrechtliche Angelegenheit vor. Soll die Partei, die in der 2. Instanz einen neuen Rechtsanwalt mandatiert hat, aus erstattungsrechtlichen Gründen genötigt sein, zum RA der 1. Instanz zurückzukehren? Eine fiktive Anrechnung (VV Vorb. 3 RVG) scheidet ebenfalls aus → § 15a Rn. 69 ff.

---

[279] OLG Köln JurBüro 2013, 590 = AGS 2013, 568; OLG Koblenz AGS 2012, 256 hat diese Frage nicht ausdrücklich behandelt, hat aber (bejahend) geprüft, ob ein Wechsel nötig war; offen gelassen BGH NJW 2014, 3518 Rn. 22; zur BRAGO: OLG Frankfurt a. M. JurBüro 1978, 1083; OLG München JurBüro 1993, 297, beide zu Mahnbescheid; **aA** OLG München JurBüro 2016, 295 (zu Mahnbescheid) = RVGreport 2016, 225 mAnm *Hansens; N. Schneider* Anm. zu OLG Köln AGS 2013, 590; Gerold/Schmidt/*Müller-Rabe,* 21. Aufl. 2013, RVG Anh. III Rn. 74 ff.

[280] BGH NJW 2018, 625 = FamRZ 2018, 202; zur BRAGO OLG Köln JurBüro 1992, 175.

[281] OLG Köln JurBüro 2013, 590 = AGS 2013, 568; OLG Koblenz AGS 2012, 256 hat diese Frage nicht ausdrücklich behandelt, hat aber (bejahend) geprüft, ob ein Wechsel nötig war; offen gelassen BGH NJW 2014, 3518 Rn. 22; zur BRAGO: OLG Frankfurt a. M. JurBüro 1978, 1083; OLG München JurBüro 1993, 297, beide zu Mahnbescheid; **aA** OLG München JurBüro 2016, 295 (zu Mahnbescheid) = RVGreport 2016, 225 mAnm *Hansens; N. Schneider* Anm. zu OLG Köln AGS 2013, 590; Gerold/Schmidt/*Müller-Rabe,* 21. Aufl. 2013, RVG Anh. III Rn. 74 ff.

[282] So aber *N. Schneider* Anm. zu OLG Köln AGS 2013, 590; Gerold/Schmidt/*Müller-Rabe,* 21. Aufl. 2013, RVG Anh. III Rn. 74 ff.

[283] BGH NJW 2018, 625 = FamRZ 2018, 202.

[284] VG Düsseldorf AGS 2019, 535; Schneider/Thiel ABC „Anwaltswechsel" „Anwaltswechsel im einstweiligen Verfügungsverfahren"; zur BRAGO Gerold/Schmidt/*von Eicken,* 15. Aufl. 2002, BRAGO § 40 Rn. 28; iErg ebenso Riedel/Sußbauer/*Keller,* 8. Aufl. 2000, BRAGO § 40 Rn. 16.

[285] OLG Celle BauR 2016, 545 = AGS 2015, 492 mablAnm *N. Schneider* = RVGreport 2015, 467 mkritAnm *Hansens;* Thomas/Putzo/*Hüßtege* ZPO § 91 Rn. 41.

[286] *Hansens* Anm. zu OLG Celle RVGreport 2015, 467; *N. Schneider* NJW-Spezial 2015, 668; AGS 2012, 258; 2013, 571.

e) Vorprozessuale und prozessuale Vertretung. → § 15a Rn. 69 ff. 214a

f) Mehrere Anwälte notwendig in einem Verfahren. Es gibt Fälle, in denen die Tätigkeit mehrerer RA in einem Verfahren notwendig, zB weil der Verfahrensbevollmächtigte während des Verfahrens gestorben ist. Zu den Fällen, in denen dem Verfahrensbevollmächtigten die Fortsetzung der Vertretung unmöglich und zu den Kündigungsfällen → § 15 Rn. 103 ff.; 124 ff. 215

Weiter kann die Einschaltung eines zusätzlichen RA erforderlich sein, wenn es in dem Rechtsstreit um besonders schwierige Fragen aus einem **entlegenen Sondergebiet** geht und ein postulationsfähiger Verfahrensbevollmächtigter, der in diesem Gebiet spezialisiert ist, nicht gefunden werden konnte. Die Notwendigkeit eines zweiten RA wurde allerdings **verneint**

– bei einer Verfassungsbeschwerde wegen Verstoßes gegen die Kunstfreiheit, in der ein Verlagshaus von seinem „Hausanwalt", von dem eine gewisse Erfahrenheit auf dem Gebiet der Kunstfreiheit erwartet werden kann, vertreten wurde,[287]
– bei Anlagen- und Termingeschäften,[288]
– bei Biervertrag,[289]
– bei Lebensmittel- und Bedarfsgegenständerecht.[290]

Grundsätzlich ist auch dann nur ein Prozessbevollmächtigter nötig, wenn dieser **als Zeuge** vernommen wird.[291] Im Einzelfall kann dies aber anders sein, wenn der Prozessbevollmächtigte gegenbeweislich gehört werden soll und er deshalb nicht an der Vernehmung des Zeugen teilnimmt, gegen den er aussagen soll.[292]

Vertritt ein RA sich selbst und zugleich eine GmbH, deren Geschäftsführer er ist, so kann er in dem ihn betreffenden Kostenfestsetzungsverfahren die Kosten für eine Rechtsanwältin aus seiner Kanzlei, die sich zusätzlich für ihn bestellt hat, nur geltend machen, wenn die zusätzliche Vertretung notwendig war.[293] 216

Beruht der Wechsel darauf, dass der Erstattungsberechtigte aus versicherungsrechtlichen Gründen die Vertretung dem vom **Versicherer** genannten RA überlassen muss, so ist das per se kein ausreichender Grund.[294] Außerdem ist dies vorhersehbar.[295] 217

g) Mehrere RA bei Streitgenossen. → VV 1008 Rn. 366 ff. 218

h) Prüfung im Kostenfestsetzungsverfahren. Ob mehrere RA notwendig waren, ist im Kostenfestsetzungsverfahren zu prüfen.[296] 219

8. Bezahlung des RA unerheblich

Nicht kommt es darauf an, ob die Kosten von dem Erstattungsberechtigten bereits bezahlt wurden.[297] Ebenso ist nicht nötig, dass der RA dem Erstattungsberechtigten eine Rechnung gestellt hat, die den Anforderungen des § 10 RVG genügt.[298] 220

9. RA in eigener Sache

a) ZPO-Verfahren. Hier folgt aus § 91 Abs. 2 S. 3 ZPO, dass dem RA, der sich selbst vertritt, die Gebühren und Auslagen zu erstatten sind, die er als Gebühren und Auslagen eines bevollmächtigten Anwalts erstattet verlangen könnte. Hat der RA keinen anderen RA als Prozessbevollmächtigten zugezogen, so kann er alle Gebühren und Auslagen erstattet verlangen, die für einen anderen RA entstanden wären, wenn er die gleiche Tätigkeit ausgeübt hätte, die der RA als Partei selbst ausgeübt hat. Im bürgerlichen Rechtsstreit sind dies besonders die Gebühren des VV 3100 ff. RVG. 221

Zwangsvollstreckung, → RVG VV 3309 Rn. 140. 222

b) FG-Verfahren. § 80 Abs. 1 S. 2 FamFG verweist auf § 91 Abs. 1 S. 2 ZPO, nicht aber auf § 91 Abs. 2 S. 3 ZPO. Deshalb ist es hM, dass ein RA grds. in eigener FG-Sache RA-Gebühren 223

287 BVerfG NJW 1993, 1460.
288 OLG Düsseldorf JurBüro 1996, 537 = NJW-RR 1997, 128.
289 OLG Frankfurt a. M. AnwBl 1992, 397 wegen kartell- und europarechtlicher Fragen.
290 OLG Karlsruhe AnwBl 1998, 540.
291 BAG NZA 2014, 55.
292 BAG NZA 2014, 55.
293 BGH JurBüro 2017, 590 = NJW-NJW-RR 2018, 124.
294 BGH NJW 2018, 871 Rn. 14.
295 BGH NJW 2018, 871 Rn. 14.
296 BGH NJW 2012, 3790 = AnwBl 2012, 1010 = FamRZ 2012, 1868.
297 KG RVGreport 2014, 400.
298 BSG ZfS 2015, 346 = AGS 2015, 356; OLG München AGS 2014, 591, zu materiell-rechtlichen Ersatzanspruch.

und RA-Auslagen nicht erstattet verlangen kann.[299] ME sollte jedoch entsprechend den anerkannten Grundsätzen beim Vormund (→ RVG § 1 Rn. 392) in den Fällen etwas anderes gelten, in denen sich ein Beteiligter, der nicht selbst RA ist, eines Anwalts bedienen würde.

224 **c) Anwaltsgericht oder Anwaltssenat.** Streitig ist, ob der RA, der sich vor dem Anwaltsgericht oder dem Anwaltssenat des BGH selbst vertritt, die einem bevollmächtigten Anwalt zustehenden Gebühren und Auslagen (jedenfalls nicht die Umsatzsteuer) verlangen kann.[300]

225 **d) Mehrere Rechtsanwälte als Streitgenossen.** Klagen mehrere Rechtsanwälte als Streitgenossen oder werden sie als solche verklagt, → RVG VV 1008 Rn. 54 ff., 349 ff.

226 **e) Rechtsanwalt vertritt sich selbst und zugleich eine andere Partei.** → RVG VV 1008 Rn. 53.

227 **f) RA hat einen anderen RA als Prozessbevollmächtigten zugezogen. Grundsatz.** Hat der RA einen anderen RA als Prozessbevollmächtigten zugezogen, so gilt § 91 Abs. 2 S. 2 ZPO, wonach die Kosten mehrerer Rechtsanwälte nur insoweit zu erstatten sind, als sie die Kosten eines RA nicht übersteigen oder als in der Person des RA ein Wechsel eintreten müsste.

228 **Teilnahme am Termin neben Prozessbevollmächtigten.** Erscheint der vertretene RA neben dem Prozessbevollmächtigten in einem Termin, so kann er dafür keine Vergütung beanspruchen. Reisekosten kann er nur in dem Umfang erstattet verlangen, als sie auch eine Partei, die nicht RA ist, erstattet verlangen könnte. Er kann diese deshalb nicht nach VV 7005 RVG, sondern nach dem JVEG abrechnen (§ 91 Abs. 1 S. 2 Hs. 2 ZPO). Dasselbe gilt für Informationsreisen zu seinem Prozessbevollmächtigten, falls diese nötig waren.

229 **Wahrnehmung eines Termins statt des Prozessbevollmächtigten.** Bei Wahrnehmung eines Beweistermins, den der Prozessbevollmächtigte nicht wahrnimmt, kann er seine Vergütung bis zur Höhe der Reisekosten des Prozessbevollmächtigten stets erstattet verlangen; dessen fiktive Reisekosten sind nach VV 7003 RVG zu berechnen. Mehrkosten bis zur Höhe derjenigen Kosten, die durch Beauftragung eines am Orte der Beweisaufnahme wohnenden RA (VV 3413 RVG) entstanden wären, kann er nur dann erstattet verlangen, wenn der Prozessbevollmächtigte an der Wahrnehmung des Termins verhindert war oder die Kosten eines Terminsvertreters niedriger sind (zB bei großer Entfernung).

230 **Einigungsgebühr.** Eine Einigungsgebühr des RA in einem eigenen Prozess hat der Gegner nur dann zu erstatten, wenn kein anderer Anwalt eingeschaltet ist. Es gilt dasselbe wie für die Erstattung der Kosten eines Verkehrsanwalts. Die Hinzuziehung eines zweiten RA ist nicht notwendig (→ RVG VV 3400 Rn. 111). Ist der RA gesetzlicher Vertreter oder Partei kraft Amtes, kann die Erstattung seiner Einigungsgebühr unter Heranziehung des allg. Rechtsgedankens der § 1835 Abs. 3 BGB (→ § 1 Rn. 768) neben der des Prozessbevollmächtigten gefordert werden, wenn ein anderer als ein RA einen zweiten Anwalt als Verkehrsanwalt zu Einigungsbesprechungen hätte zuziehen müssen (→ RVG VV 3400 Rn. 100 ff.).

231 **g) Wechsel von Selbstvertretung zu neuem RA.** Vertritt der RA sich zuerst selbst und lässt er sich dann von einem anderen RA vertreten, so gelten die allgemeinen Grundsätze zum Anwaltswechsel unverändert; es besteht ein Erstattungsanspruch für zwei Anwälte nur unter ganz besonderen Umständen.[301]

232 **h) Reisekosten.** → RVG VV 7003 Rn. 134.

10. RA im eigenen Namen für fremdes Interesse

233 Auch dann, wenn der RA im eigenen Namen für fremdes Interesse einen Rechtsstreit führt, ist § 91 Abs. 2 S. 3 ZPO anwendbar. In solchen Fällen wird er für dritte Personen tätig, denen er nur rechtlich gleichgestellt wird. Er könnte deshalb auch ohne die Bestimmung des § 91 Abs. 2 S. 3 ZPO die ihm für die Prozessführung im Namen seiner Partei entstandenen Kosten von der unterlegenen Gegenpartei erstattet verlangen.

234 Solche Fälle liegen vor, wenn der RA

– als gesetzlicher Vertreter eines Dritten tätig wird, zB als Inhaber der elterlichen Gewalt, Vormund, Pfleger, Vorstand eines Vereins, besonderer Vertreter nach den §§ 57, 58, 494 Abs. 2 ZPO,

---

[299] BGH AnwBl 2014, 656 = NJW-RR 2014, 610 = MDR 2014, 429, zu § 15 Abs. 4 SpruchG aF, heute § 80 S. 2 FamFG; BayObLG NJW-RR 2007, 773; OLG Frankfurt NJW 2018, 874 = FamRZ 2018, 1106.

[300] **Bejahend** EGH Hamm AnwBl 1977, 323; EGH Koblenz AnwBl 1981, 415; EGH Frankfurt BRAK-Mitt. 1989, 52; **aA** EGH Stuttgart AnwBl 1983, 331 mablAnm *Schmidt*.

[301] BGH NJW 2018, 871.

- Geschäftsführer einer GmbH ist, die persönlich haftender Gesellschafter einer Kommanditgesellschaft ist,
- als sog. Partei kraft Amtes auftritt, zB als Insolvenzverwalter, Testamentsvollstrecker, Nachlassverwalter oder Zwangsverwalter. Wegen Anwaltswechsel, weil RA-Insolvenzverwalter usw den Prozess selbst führen will → § 15 Rn. 126 ff.

Auch in diesen Fällen regelt § 91 Abs. 2 S. 3 ZPO nur die Erstattungspflicht der Gegen- 235
partei, nicht die Frage, ob und inwieweit der RA von den Personen, die er vertritt, eine Vergütung verlangen kann.

11. Anrechnung

→ § 15a Rn. 1 ff. 236

12. Ausländischer RA

Wie bei einem ausländischen Verkehrsanwalt werden auch bei einem ausländischen Verfah- 237
rensbevollmächtigten höchstens die Kosten erstattet, die bei einem deutschen RA angefallen wären, → RVG VV 3400 Rn. 98.

13. Gemeinsamer RA für mehrere Parteien

→ VV 1008 Rn. 312 ff. 238

14. Syndikusanwalt

Der Syndikusanwalt wird grds. nicht nach dem RVG vergütet (→ § 1 Rn. 348b). Deshalb 238a
können die Kosten für ihn bei der Kostenfestsetzung auch nicht anhand des RVG berechnet werden.[302] Anders ist es, wenn er im gerichtlichen Verfahren außerhalb seiner Tätigkeit als Syndikusanwalt tätig geworden ist (→ § 1 Rn. 348b). Hierfür genügt, dass dies glaubhaft gemacht wird (§ 104 Abs. 1 S. 1 ZPO).[303]

XI. Gebot der Niedrighaltung

1. Grundsatz

Jede Partei ist aus dem Prozessrechtsverhältnis heraus verpflichtet, die Kosten ihrer Prozess- 239
führung, die sie im Falle ihres Sieges von Gegner erstattet verlangen kann, so niedrig zu halten, wie sich dies mit der Wahrung ihrer berechtigten Belange vereinbaren lässt.[304] Das ist Ausfluss des allgemeinen und auch im gesamten Kostenrecht geltenden Grundsatzes von Treu und Glauben.

Kostengünstigere bei mehreren gleichwertigen Möglichkeiten. Die Partei darf die 240
zur vollen Wahrnehmung ihrer Belange erforderlichen Schritte ergreifen.[305] Sie ist jedoch wegen der Pflicht zur Niedrighaltung der Kosten gehalten, unter mehreren gleichwertigen Maßnahmen die kostengünstigste auszuwählen.[306]

2. Rechtzeitige Abgabe von Verfahrenserklärungen

a) Terminsgebühr bei Erledigungserklärung. Als Ausfluss hiervon ist, wie der BGH zu- 241
treffend festgestellt hat, der Kläger erstattungsrechtlich gehalten, wenn vor der mündlichen Verhandlung, in der erstmals die Terminsgebühr anfallen könnte, ein erledigendes Ereignis eintritt, eine schriftliche Erledigungserklärung, wenn möglich, so schnell bei Gericht einzureichen, dass die Terminsgebühr nur noch aus einem geringeren Gegenstandswert anfällt. Unterlässt er dies, so hat er nur noch einen Erstattungsanspruch für die Terminsgebühr aus dem geringeren Gegenstandswert.[307] Der BGH geht dabei davon aus, dass der Gegenstandswert sich nicht schon durch die Erfüllung, sondern erst durch die Erledigungserklärung reduziert (→ Anh. VI Rn. 216 ff.). Wegen Folgen für den Gebührenanspruch des RA → § 1 Rn. 166.

b) Andere Erklärungen. Dasselbe gilt 242

- für die Klagerücknahme für den Fall, dass der Beklagte gem. § 269 Abs. 3 S. 2 ZPO ganz oder teilweise die Kosten tragen muss,
- für die Rücknahme des Widerspruchs gegen den Mahnbescheid und den Einspruch gegen den Vollstreckungsbescheid, wenn der Kläger teilweise die Kosten tragen muss.

---

[302] OLG Brandenburg RVGreport 2020, 430.
[303] OLG Brandenburg RVGreport 2020, 430.
[304] BGH NJW 2013, 2668 = FamRZ 2013, 1387; NJW 2013, 2824 Rn. 9.
[305] BGH NJW 2013, 1824 Rn. 5 = RVGreport 2013, 236, zu Privatgutachten; NJW 2012, 1370 Rn. 13.
[306] BGH MDR 2010, 959.
[307] BGH NJW 2011, 529 = RVGreport 2010, 427 mablAnm *Hansens.*

243 Wegen Hinweis erst im Termin, nur der Scheinbeklagte zu sein → Rn. 25.

3. Missbräuchliche Trennung

244 **a) Grundsätze.** Grundsätzlich können mehrere zusammenhängende Ansprüche in getrennten Verfahren geltend gemacht werden, es sei denn dies geschieht in treuwidriger Weise. Der Aspekt der missbräuchlichen Trennung, der früher vor allem beim Vergütungsanspruch des beigeordneten PKH-Anwalts gegen die Staatskasse eine Rolle gespielt hat,[308] gewinnt zunehmend in der Rspr. auch bei der Kostenerstattung an Bedeutung, vor allem bei Unterlassungen und familienrechtlichen Folgesachen. Nach hM ist diese Frage auch im Kostenfestsetzungsverfahren zu berücksichtigen.[309]

245 Dass **mehrere Kostenentscheidungen** ergangen sind, steht nach ihr der Annahme eines Missbrauchs nicht entgegen, da die Notwendigkeit von Kosten im Kostenfestsetzungsverfahren zu prüfen ist und darüber hinaus – jedenfalls außerhalb der PKH/VKH (→ § 55 Rn. 45) – in den meisten Fällen im Verfahren selbst die Treuwidrigkeit getrennter Geltendmachung nicht geprüft werden kann. Dem Missbrauchseinwand steht auch nicht entgegen, dass **für getrennte Verfahren PKH** bewilligt und ein RA beigeordnet wurde.[310]

246 Ebenso wenig steht entgegen, wenn in einem oder mehreren der getrennten Verfahren eine **Kostenfestsetzung** erfolgt ist (dann → RVG VV 1008 Rn. 387 ff.).

247 **Folgen des Missbrauchs.** Liegt ein Missbrauch vor, besteht ein Erstattungsanspruch nur in der Höhe, in der er bei Geltendmachung in einem Verfahren entstanden wäre (→ Rn. 270).[311]

248 Dazu, dass der RA gegen seinen Mandanten nur Gebühren in dieser Höhe geltend machen kann, → § 1 Rn. 166 ff.

249 **Missbrauch.** Ein Missbrauch ist gegeben, wenn jeder sachliche Grund für die Geltendmachung in getrennten Verfahren fehlt. Dies gilt sowohl bei Teilklagen hinsichtlich eines Anspruchs, als auch bei einer Mehrheit von Ansprüchen, die einer Person oder mehreren Personen zustehen, oder sich gegen mehrere Personen richten.

250 Das kann zB gegeben sein,
- wenn ein oder mehrere gleichartige oder in einem inneren Zusammenhang stehende und aus einem einheitlichen Lebensvorgang erwachsene Ansprüche gegen eine oder mehrere Personen ohne sachlichen Grund in getrennten Prozessen verfolgt werden,[312]
- wenn mehrere von demselben Prozessbevollmächtigten vertretene Antragsteller in engem zeitlichen Zusammenhang mit weitgehend gleichlautenden Antragsbegründungen aus einem weitgehend identischen Lebenssachverhalt ohne sachlichen Grund in getrennten Prozessen gegen den- oder dieselben Antragsgegner vorgehen,[313] und zwar auch dann, wenn unterschiedliche Gerichte angerufen wurden.[314]

251 Dabei spielt eine Rolle,
- ob die Klagen oder Anträge in engem zeitlichem Zusammenhang gestellt wurden,[315]
- ob die Zielrichtung die Gleiche ist, insbes. der Sachvortrag weitgehend übereinstimmt,[316]
- ob zu erwarten ist, dass sich der oder die Gegner in etwa in gleicher Weise verteidigen werden, so dass Unübersichtlichkeit nicht droht,[317]

---

[308] *Philippi* FPR 2002, 479 (484 f.); *Vogel* FPR 2002, 505 (506 f.).

[309] BGH AnwBl 2012, 1007 Rn. 6 = MDR 2012, 1314 (K), KG AGS 2012, 146 aufhebend; LAG RhPf MDR 2008, 532; Zöller/*Herget* ZPO § 91 Rn. 13 „Mehrheit von Prozessen"; sowie die Entscheidungen, die zu den nachfolgend behandelten Einzelfällen eine missbräuchliche Trennung annehmen; **aA** KG AGS 2012, 146 = RVGreport 2012, 233 mzustAnm *Hansens* = JurBüro 2012, 148 (Ls.), wonach der Missbrauch mit der Vollstreckungsabwehrklage geltend zu machen ist; *Thiel* AGS 2014, 192 zu PKH/VKH, da dort im Rahmen von § 114 ZPO bereits im Bewilligungsverfahren die Mutwilligkeit der Trennung berücksichtigt werden könne.

[310] SchlHOVG AGS 2018, 528.

[311] OLG Düsseldorf FamRZ 1986, 824; OLG Hamburg MDR 2003, 1381; KG KGR Berlin 2007, 79; JurBüro 2002, 35; OLG Koblenz AnwBl 1990, 46; 88, 654 = JurBüro 1987, 1228; OLG München AnwBl 2002, 435 = MDR 2001, 652; OLG Stuttgart Rpfleger 2001, 617; **aA** Bindung an Kostenentscheidung OLG Hamm JurBüro 1981, 448 (449) Ziff. 2; OLG Bamberg JurBüro 1983, 130.

[312] BGH JurBüro 2013, 197 = NJW-RR 2013, 442 mwN.

[313] BGH JurBüro 2013, 197 = NJW-RR 2013, 442 mwN.

[314] BGH JurBüro 2013, 197 = NJW-RR 2013, 442 mwN.

[315] BGH AnwBl 2012, 1007 Rn. 11 = MDR 2012, 1314 (K); KG JurBüro 2002, 35; OLG Koblenz AnwBl 1990, 46; OLG München AnwBl 2002, 435 = MDR 2001, 652.

[316] BGH AnwBl 2012, 1007 Rn. 11 = MDR 2012, 1314 (K); OLG Hamburg MDR 2003, 1381; KG JurBüro 2002, 35; MDR 2000, 1277; OLG Koblenz AnwBl 1990, 46.

[317] OLG Hamburg MDR 2004, 778; 2003, 1381; KG MDR 2000, 1277; OLG Koblenz AnwBl 1990, 46; OLG München AnwBl 2002, 435 = MDR 2001, 652.

– ob Interessenkonflikte nicht zu erwarten sind,[318]
– ob die Antragsteller vom selben Verfahrensbevollmächtigten vertreten werden.[319]

252 Bloß theoretisch denkbare Hinderungsgründe für eine gemeinsame Geltendmachung bleiben unberücksichtigt. Die Rechtfertigung getrennten Vorgehens muss sich auf Grund konkret erkennbarer Umstände ergeben.[320]

253 **Kein Missbrauch** liegt vor,
– wenn zu befürchten ist, dass ein gemeinsames Verfahren
– **überfrachtet** und unübersichtlich wird,[321] etwa weil unterschiedliches Verteidigungsvorbringen zu erwarten ist; das gilt insbes. wenn die Verfahrensgegenstände nicht miteinander zusammenhängen,[322]
– **sachliche Nachteile** mit sich bringt,[323] zB hinsichtlich eines Anspruchs zu einer nachteiligen Verzögerung der Entscheidung führt, etwa bei arbeitsrechtlichen Bestandsstreitigkeiten,[324]
– wenn zunächst nur einer einen Antrag stellt, weil er erwartet, dass im Fall eines Erfolgs der andere keiner gerichtlichen Hilfe bedarf, da der Gegner sich auch diesem gegenüber entsprechend der gerichtlichen Entscheidung verhalten wird.[325]

254 **Fehlt ein gemeinsamer Gerichtsstand,** so wurde bei zwei Beklagten und Bestimmung des Gerichtsstands Missbrauch verneint,[326] bei einem Verfahren gegen mehrere Wohnungseigentümer jedoch bejaht.

255 **Darlegungspflichtig** für die eine getrennte Geltendmachung rechtfertigenden Gründe ist nach dem BAG der, der verschiedene Verfahren eingeleitet hat.[327]

256 **b) Einzelfälle – Vorbemerkung.** Bei den nachfolgenden Einzelfällen wird auch die Rspr die zur PKH ergangen ist, mit berücksichtigt. Die Entscheidungen mit einem P in den Fußnoten betreffen PKH-Fälle, solche mit einem K Kostenfestsetzungs-Fälle. Inwieweit die Entscheidungen zum Beihilferecht auf die Kostenfestsetzung übertragen werden können, ist durch eine Entscheidung des BAG zweifelhaft geworden. Dort wird die These vertreten, dass nach Einlegung eines noch nicht begründeten Rechtsmittels zwar erstattungsrechtlich die Einschaltung eines RA erforderlich ist, dies aber beihilferechtlich nicht notwendig ist.[328] M. E. ist diese Entscheidung wegen erheblicher Ungleichbehandlung Bedürftiger verfassungswidrig.[329] Gegen diese Entscheidung wurde Verfassungsbeschwerde eingelegt.[330] Ergänzend wird wegen Missbrauch auf die Ausführungen in ZPO-Kommentaren zu § 114 ZPO Bezug genommen.[331]

257 **c) Einzelfälle Familiensachen. Nachehelicher Unterhalt. Zugewinn. Missbrauch wurde bejaht,**
– wenn der nacheheliche Unterhalt nicht im Verbund geltend gemacht wird, obgleich der Antragsteller keine Anhaltspunkte dafür hatte, dass es nach der Scheidung zu einer gütlichen Einigung über den nachehelichen Unterhalt kommt,[332] wenn sogar das Gegenteil zu erwarten war,[333]
– wenn keine vernünftigen Gründe für eine getrennte Geltendmachung vorhanden waren,[334]

---

[318] KG MDR 2000, 1277; OLG München AnwBl 2002, 435 = MDR 2001, 652.

[319] BGH AnwBl 2012, 1007 Rn. 11 = MDR 2012, 1314 (K); KG JurBüro 2002, 35; OLG München AnwBl 2002, 435 = MDR 2001, 652.

[320] OLG München AnwBl 2002, 435 = MDR 2001, 652.

[321] BGH AnwBl 2012, 1007 Rn. 11 = MDR 2012, 1314 (K); BAG NJW 2011, 3260 Rn. 14 = NZA 2011, 1382 (P).

[322] BAG NJW 2011, 3260 Rn. 14 = NZA 2011, 1382 (P).

[323] KG JurBüro 2002, 35.

[324] BAG NJW 2011, 3260 Rn. 14 = NZA 2011, 1382 (P).

[325] BGH NJW 2014, 2285 = GRUR 2014, 709.

[326] OLG Koblenz MDR 1990, 159.

[327] BAG NJW 2011, 3260 Rn. 18 = NZA 2011, 1382 (P).

[328] BAG NJW 2018, 2433 = AGS 2018, 425 = RVGreport 2018, 398 mablAnm *Hansens* (P).

[329] Ebenso *Hansens* Anm. zu BAG RVGreport 2018, 398.

[330] *N. Schneider* AGS 2018, 425.

[331] ZB Zöller/*Schultzky* ZPO § 114 Rn. 43 ff.

[332] OLG Schleswig FamRZ 2000, 430 (P).

[333] OLG Frankfurt a. M. FamRZ 1997, 1411 (P).

[334] **Zum Unterhalt** OLG Brandenburg FamRZ 2001, 1712 (P); 2002, 1411 (P); 2003, 458 (P); OLG Dresden FamRZ 2001, 230 (P); OLG Düsseldorf JurBüro 2002, 486 (mit dem Hinweis, dass die Klägerin sich auch nicht auf prozesstaktische Gründe berufen hat) (K); OLG Köln FamRZ 1994, 314 (P); 2003, 237 (P); OLG Oldenburg FamRZ 2001, 630 (P); OLG Schleswig FamRZ 2000, 1021 (P); OLG Zweibrücken FamRZ 2003,

– wenn ein Unterhaltsrückforderungsantrag gestellt wird, obgleich dieser Anspruch hilfsweise durch einen Widerantrag im Rahmen eines Unterhaltsleistungsverfahrens hätte geltend gemacht werden können,[335]
– wenn in einer isolierten Auskunftsklage nach der Auskunftserteilung die Klage nicht auf Leistung erweitert, sondern der Leistungsanspruch in einem neuen Verfahren geltend gemacht wird,[336]
– wenn das Scheidungsverfahren 1¹/₄ Jahre gedauert hat und das Zugewinnausgleichsverfahren bei vernünftiger Verfahrensführung in etwa dieser Zeit auch hätte beendet werden können; auch die Hoffnung auf eine außergerichtliche Vereinbarung hinsichtlich des Zugewinns wurde nicht als ausreichend angesehen, zumal es der Antragstellerin oblegen hätte, dem Antragsgegner für die Auskunftserteilung eine Frist zu setzen und bei deren Nichteinhaltung den Zugewinn als Folgesache im Verbund anhängig zu machen.[337]

258 **Mutwilligkeit wurde verneint**
– wenn der nacheheliche Unterhalt aus verfahrenstaktischen Gründen erst nach Beendigung des Verbundverfahrens durchgeführt wurde,[338]
– wenn berechtigte Hoffnung auf eine außergerichtliche Einigung bestand,[339]
– wenn sich schon vor der Einleitung des isolierten Verfahrens abzeichnet, dass die Geltendmachung des Zugewinnausgleichs im Verbund den Abschluss des Scheidungsverfahrens erheblich verzögern würde; allein das Auskunftsverfahren hatte zwei Jahre gedauert,[340]
– wenn neben der Auskunft gleich ein bezifferter Leistungsantrag gestellt wird, weil ein konkretes Monatseinkommen des Verfahrensgegners bekannt und vorgetragen ist.[341]

259 **Generell kein Missbrauch.** Zu Recht wurde vor dem FamFG zunehmend für die getrennte Geltendmachung von Unterhalt und Zugewinn generell Mutwilligkeit verneint.[342] Hinsichtlich dieser Ansprüche war für den siegenden Antragsteller eine Geltendmachung im Verbund in vielen Fällen nachteilig, weil teurer, da im Verbundverfahren häufig gem. § 93a ZPO aF auch hinsichtlich der Folgesachen Kostenaufhebung erfolgte, während beim isolierten Verfahren der siegende Antragsteller einen Erstattungsanspruch aufgrund einer Kostenentscheidung gem. § 91 ZPO sicher hatte. Das konnte wegen § 29 Nr. 1 GKG, § 24 Nr. 1 FamGKG auch der Landeskasse zu Gute kommen.[343] Diese Auffassung wurde auch vom BGH vertreten.[344] Hieran hat sich durch das FamFG nichts geändert.

260 Allerdings ist beim Unterhalt nicht mehr § 91 ZPO anzuwenden, sondern § 243 FamFG, der eine Ermessensentscheidung zulässt, bei der jedoch gem. dessen S. 2 Nr. 1 das Obsiegen eine viel größere Rolle spielen wird als bei der Kostenentscheidung im Verbund gem. § 150 FamFG.

261 **Elterliche Sorge, Umgangsrecht, Benutzung der Ehewohnung, Haushaltssache. Rspr.** Teilweise hat die obergerichtliche Rspr. es als mutwillig angesehen, dass eine **Sorgerechtssache und Scheidung** nicht in einem Verfahren anhängig gemacht wurden[345] Nach der Gegenmeinung ist die isolierte Geltendmachung der Kindschaftssache neben einem Scheidungsverfahren nicht mutwillig, da im Verbund ein Titel für die Zeit bis zur Scheidung nur mittels einer nicht gleichwertigen einstweiligen Anordnung herbeigeführt werden kann[346] und in beiden Sachen ganz unterschiedliche Fragen zu prüfen sind, was für eine Verzögerung einer Entscheidung zum Sorgerecht führen kann.[347]

1759 (P). **Zum Zugewinn** OLG Düsseldorf FamRZ 1991, 94 (P); OLG Köln FamRZ 2003, 237 (P); vgl. auch OLG Hamburg FamRZ 1981, 1095 (P), zu Versorgungsausgleich.

335 OLG Karlsruhe MDR 2006, 875 (P).

336 OLG Hamm FamRZ 2017, 636 = MDR 2017, 107 = AGS 2017, 348 mablAnm *N. Schneider.*

337 OLG Dresden FamRZ 1999, 601 (P).

338 OLG München FamRZ 1993, 828 (P).

339 OLG Schleswig FamRZ 2003, 317 (P).

340 OLG Düsseldorf FamRZ 1986, 824 (P).

341 OLG Stuttgart OLGR 2007, 873 = FamRZ 2007, 1109.

342 OLG Brandenburg AGS 2020, 41(P) = NJW-Spezial 2019, 612 = FamRZ 2019, 1939 (Ls.); FamRZ 2007, 911 (P); OLG Hamm FamRZ 2005, 1100 (P), zwei Entscheidungen; OLG Hamm FamRZ 2001, 231 (P); OLG Karlsruhe FamRZ 2005, 1099; OLG Köln FamRZ 2003, 102 = OLGR 2002, 249 (P); OLG Naumburg FamRZ 2001, 1082 (P), 1468 (P); OLG Nürnberg FamRZ 2003, 772 = OLGR 2003, 305 (P); *Philippi* FPR 2002, 479 (484) (P); *Vogel* FPR 2002, 505 (507) (P).

343 *Philippi* FPR 2002, 479 (485) (P).

344 BGH NJW 2005, 1498 = FamRZ 2005, 788; 2005, 1497 = FamRZ 2005, 786, beide zu Zugewinn.

345 OLG Düsseldorf JurBüro 1994, 547; OLG Karlsruhe FamRZ 2006, 494 = OLGR 2006, 191.

346 OLG Hamburg FamRZ 2000, 1583 (P); OLG Hamm FamRZ 2014, 1879 = MDR 2014, 858 = AGS 2014, 192 (P) mzustAnm *Thiel;* ebenso OLG Naumburg FamRZ 2009, 1423.

347 OLG Hamm FamRZ 2014, 1879 = MDR 2014, 858 = AGS 2014, 192 (P).

Nach OLG Düsseldorf müssen das **Sorgerecht und die Benutzung der Ehewohnung,**[348] nach OLG Hamm **Sorge- und Umgangsrecht**[349] in einem Verfahren anhängig gemacht werden, es sei denn es werden vernünftige Gründe für die Aufteilung vorgetragen. Ein sachlich gerechtfertigter Grund ist es zB, wenn die Umgangsregelung eilbedürftig ist.[350] 262

Wird das **Haushaltsverfahren** erst nach Abschluss des Scheidungsverfahrens eingeleitet, so ist dies als sachgemäß angesehen worden, wenn der Antragsteller davon ausgehen durfte, dass es insoweit zu einer gütlichen Einigung kommen würde.[351] 263

Nach OLG Zweibrücken ist es wegen der zu erwartenden Verzögerungen nicht missbräuchlich, wenn der Antrag auf Durchführung des **Versorgungsausgleichs** im Falle des Art. 17 Abs. 3 S. 2 EGBGB außerhalb des Verbundverfahrens gestellt wird.[352] 264

Neue Rechtslage durch FamFG. Zum Recht vor dem FamFG hatte ich die Ansicht vertreten, dass die Rspr. des BGH zum Unterhaltsverfahren (→ Rn. 257 ff.) nicht auch für FG-Sachen herangezogen werden kann, weil in FG-Verfahren in gleicher Weise wie im Scheidungsverfahren regelmäßig eine Kostenaufhebung erfolgt. Dieses Argument gilt nicht mehr, da aufgrund von § 81 FamFG viel häufiger als in der Vergangenheit und viel häufiger als im Rahmen von § 150 FamFG (Verbund) anders als auf Kostenaufhebung zu entscheiden sein wird. Die Gründe, die bei FG-Familiensachen als Folgesache gem. § 150 Abs. 2 FamFG eine Abweichung zur Kostenaufhebung rechtfertigen, sind viel enger als die Umstände, die nach § 81 Abs. 2 FamFG zu einer von der Kostenaufhebung abweichenden Entscheidung führen können. Das bedeutet, dass allein schon wegen der Gefahr einer ansonsten ungünstigeren Kostenentscheidung bei allen FG-Familiensachen im Regelfall eine gesonderte Geltendmachung außerhalb eines Verbundes nicht willkürlich ist. 265

d) Einzelfälle Sonstige Rechtsgebiete. Rechtsmissbrauch wurde angenommen 266

- bei getrennten Verfahren wegen **Unterlassung,**[353] zB gegen die GmbH und deren Geschäftsführer[354] oder wegen Gegendarstellung, zB gegen konzernrechtlich verbundene Unternehmen.[355] In Wettbewerbssachen kann gem. § 13 Abs. 5 UWG sogar die Klage wegen Missbrauchs unzulässig sein,[356] wobei die Voraussetzungen dafür erheblich strenger sind als beim bei der Kostenfestsetzung zu beachtenden Missbrauch. Ein Missbrauch wurde jedoch von einem Gericht wenig überzeugend verneint, weil die Anträge hinsichtlich der Antragsgegner nicht in allen Punkten übereinstimmten, eine unterschiedliche Kostenentscheidung erging und nicht alle Antragsgegner Widerspruch einlegten.[357] Vor allem auf die letzten beiden, sich erst nachträglich ergebenden Gesichtspunkte kann es nicht ankommen. Bei in erheblichem Umfang voneinander abweichenden Anträgen ist allerdings ein Missbrauch zu verneinen,
- bei getrennter Klage auf Werklohnforderung gegen 12 als Gesamtschuldner haftende **Wohnungseigentümer** und zwar wegen §§ 36 Nr. 3, 37 ZPO auch dann, wenn für die Gesamtschuldner verschiedene Gerichtsstände zuständig sind, 267
- bei 23 Klagen von **Wohnungseigentümern** auf Veräußerung von 23 Wohnungen, die alle einem Eigentümer gehören, wegen Nichtzahlung von Wohngeld,[358]
- bei mehreren Klagen auf Grund einer **Gesamtgrundschuld** bzgl. mehrerer Grundstücke, wobei unerheblich ist, ob die Grundstücke einem oder mehreren Eigentümern gehören,[359]

---

[348] OLG Düsseldorf FamRZ 1991, 959 = JurBüro 1991, 708 (P).
[349] OLG Hamm JurBüro 2014, 147 (P); FamRZ 2009, 362 (P).
[350] OLG Bremen NZFam 2015, 770 = AGS 2015, 337.
[351] OLG Frankfurt a. M. NJW-RR 1990, 5 (P).
[352] OLG Zweibrücken FamRZ 2015, 349 = AGS 2016, 591.
[353] BGH AnwBl 2012, 1007 = MDR 2012, 1314 (K); OLG Hamburg MDR 2003, 1381 (K); KG KGR Berlin 2007, 79 = AGS 2007, 216; JurBüro 2002, 35 (K); MDR 2000, 1277 (K), Unterlassung von Aussagen; OLG Koblenz AnwBl 1990, 46 (K), Verhinderung der Bestellung einer Buchgrundschuld; dabei steht Missbrauch nicht entgegen, dass gegen einen Veräußerungsverbot, gegen anderen Erwerbsverbot beantragt war; OLG München AnwBl 2002, 435 = MDR 2001, 652 (K), einstweilige Verfügungen von neun Konkurrenten – Fahrschulen – auf Unterlassung von Werbung; OLG München MDR 1987, 677, (K), Unterlassung einer außerordentlichen Gesellschafterversammlung.
[354] KG KGR Berlin 2007, 79.
[355] OLG Hamburg NJW-RR 2013, 1404 = MDR 2013, 1254 = AGS 2013, 437.
[356] BGH NJW 2000, 3566 = WRP 2000, 1269.
[357] OLG Hamburg MDR 2004, 778.
[358] KG NJW-RR 1992, 1298 (K).
[359] OLG Stuttgart Rpfleger 2001, 617 (K).

– bei getrennten Klagen gegen **mehrere Bürgen;** nicht jedoch bei getrennter Klage **gegen Bürge und Hauptschuldner,**[360]

268 – bei **77 getrennten Mahnbescheiden** einer Versicherungsgesellschaft gegen denselben Schuldner (Autovermieter) auf Grund von gekündigten gleichartigen Versicherungsverträgen,[361]

– bei getrennten **Scheckklagen** gegen denselben Schuldner aus mehreren Schecks, die am gleichen Tag bzw. binnen einer Woche ausgestellt wurden und sich auf gleichartige Geschäfte (Aktienkäufe) bezogen, so dass die Klagen abgesehen von variablen Daten und Beträgen den gleichen Text hatten;[362] anders wenn Kläger vier in seiner Hand befindliche, zu Protest gegangene Schecks in einem Verfahren geltend macht und nicht wartet, bis weitere Schecks, deren Schicksal ungewiss war, wieder in seine Hände gelangen,[363]

– bei getrennten Klagen auf **Auskunft und Schadensersatzansprüchen** jedenfalls dann, wenn die Auskunft nicht als Stufenklage geltend gemacht wird und hinsichtlich des Schadensersatzes nur Feststellung begehrt wird,[364]

269 – bei getrennten Klagen auf **Räumung und Zahlung gegen Mieter,**[365]

– bei einer gesonderten **Kündigungsschutzklage** statt Erweiterung einer bereits erhobenen Klage auf Zahlung von Lohnrückständen,[366]

– bei einer **weiteren Kündigungsfeststellungsklage** trotz einer noch anhängigen Kündigungsschutzklage wegen einer aus gleichen Gründen nachgeschobenen fristgerechten Kündigung desselben Arbeitsverhältnisses,[367]

– beim **Beklagten,** wenn dieser keinen Verbindungsantrag stellt.[368] Diese zur PKH ergangene und bereits dort nicht richtige Entscheidung kann jedenfalls nicht auf die Kostenerstattung gegen den Kläger gelten. Wenn der Kläger mehrere Verfahren anhängig macht, muss ihn der Beklagte nicht schützen.

270 **Missbrauch wurde verneint** bei Feststellungsklage über Art und Inhalt und zeitlichen Umfang der auszuführenden Tätigkeit einerseits und nachfolgender Kündigungsschutzklage andererseits.[369]

271 **e) Berechnungsweise bei missbräuchlicher Trennung.** Im Falle des Missbrauchs sind die Erstattungsberechtigten so zustellen, als hätten sie die Ansprüche in einem Verfahren geltend gemacht.[370]

Beispiel:

Drei Mitbewerber machen in rechtsmissbräuchlicher Weise Unterlassungsansprüche (Wert jeweils 10.000,– EUR) in getrennten Verfahren gegen einen Konkurrenten geltend. In allen drei Verfahren wurde mündlich verhandelt.

Der Erstattungsanspruch der siegreichen Kläger errechnet sich wie folgt. Wären die Ansprüche in einem Verfahren geltend gemacht worden, so wären aus einem Streitwert von 30.000,– EUR (dreimal 10.000,– EUR) folgende Gebühren angefallen:

1,3 Verfahrensgebühr gem. VV 3100 RVG aus 30.000,– EUR	1.241,50 EUR
0,6 Erhöhung gem. VV 1008 RVG aus 30.000,– EUR	573,00 EUR
Pauschale	20,00 EUR
Summe	1.834,50 EUR
Von diesem Betrag steht jedem Kläger ein Drittel als Erstattungsanspruch zu, also	611,50 EUR

272 **f) Rechtsmittel bei Missbrauchseinwand.** → RVG VV 1008 Rn. 387 ff.

273 **g) Unterlassene Verbindung von Verfahren.** Verletzt das Gericht seine Pflicht, Verfahren gem. § 246 Abs. 3 S. 6 AktG zu verbinden, so bleiben diese selbständige Angelegenheiten, und es fallen bei dem RA des **Streithelfers,** der den mehreren Verfahren beigetreten ist, Gebühren mehrfach an.[371]

---

[360] OLG Koblenz Rpfleger 1991, 81 (K).
[361] LG Berlin JurBüro 1999, 645 (K).
[362] OLG Koblenz MDR 1987, 676 (K); OLG München Rpfleger 1994, 431 (K).
[363] OLG Koblenz MDR 1987, 676 (K).
[364] KG JurBüro 2002, 35 (K).
[365] OLG Koblenz AS 2004, 38.
[366] BAG NJW 2011, 3260 = NZA 2011, 1382 (P).
[367] LAG BW JurBüro 1992, 401.
[368] OLG Hamm RVGreport 2011, 421 (P) mablAnm *Hansens.*
[369] LAG RhPf MDR 2008, 532 (P).
[370] BGH JurBüro 2013, 197 = NJW-RR 2013, 442 mwN; AnwBl 2012, 1007 Rn. 13 = MDR 2012, 1314 (K).
[371] BGH MDR 2010, 959.

4. Klage statt vereinfachten/billigeren Verfahrens

a) Klage statt Mahnbescheids. Der Gläubiger kann frei wählen und muss nicht, auch nicht wenn mit keinem Widerspruch zu rechnen ist, zuerst im Mahnverfahren vorgehen.[372] **274**

b) Unterhaltsklage statt vereinfachtes Verfahren. Macht das Kind Unterhalt von vornherein im streitigen Verfahren und nicht im vereinfachten Verfahren geltend, so steht dies einem Erstattungsanspruch hinsichtlich der vollen im streitigen Verfahren entstandenen Kosten auch dann nicht entgegen, wenn der Unterhaltsschuldner vorgerichtlich keine Einwendungen gegen die Höhe seiner Unterhaltsverpflichtung geltend gemacht hat. Es gilt dasselbe wie bei einer Klage statt Mahnverfahren (→ Rn. 274). Zur VKH wird teilweise ein anderer Standpunkt vertreten.[373] **275**

Jugendamtsurkunde. OLG Hamm hat eine Beiordnung bejaht und nicht auf die Möglichkeit einer Jugendamtsurkunde verwiesen in einem Fall, in dem sich der Unterhaltspflichtige nur zur Zahlung eines Teilbetrages für fähig erklärt hat.[374] **276**

c) Umgangsrechtsverfahren statt Hilfe durch Jugendamt. Es ist nicht mutwillig, einen Antrag auf Umgangsregelung beim Familiengericht zu stellen, ohne zuvor um die Beratung und Unterstützung durch das Jugendamt nachgesucht zu haben.[375] **277**

d) Hauptsache und einstweiliger Rechtsschutz. Da eine einstweilige Verfügung bzw. Anordnung oder eine sonstige Eilentscheidung jederzeit durch eine andere Regelung außer Kraft gesetzt werden kann, ersetzen sie nie eine Hauptsacheentscheidung. **278**

Deshalb ist es **nicht mutwillig,** **279**
- wenn der Anspruch auf Getrenntlebensunterhalt gesondert und nicht im Wege der einstweiligen Anordnung nach § 49 FamFG (früher § 620 S. 1 Nr. 6 ZPO aF) geltend gemacht wird,[376]
- wenn ein Folgeantrag gestellt wird, obwohl der Gegenstand der Folgesache bereits durch einstweilige Anordnung geregelt ist,[377]
- wenn mit dem Hauptsacheverfahren die Übertragung der elterlichen Sorge begehrt wird, obgleich eine solche bereits mit einstweiliger Anordnung erfolgt ist,[378]
- wenn neben dem Hauptsacheverfahren nach §§ 1, 2 GewSchG gleichzeitig ein Verfahren auf Erlass einer einstweiligen Anordnung eingeleitet wird[379] bzw. wenn Hauptsacheverfahren eingeleitet wird, obgleich bereits eine Eilentscheidung vorliegt.[380]

5. Mahnbescheid statt Klage

→ RVG VV 3305 Rn. 84. **280**

6. Streithelfer, zu weiter Antrag

Stellt der Prozessbevollmächtigte des Streithelfers einen formal das ganze Verfahren betreffenden Antrag, obwohl Interessen des Streithelfers nur zu einem Teil betroffen sind, so besteht ein Erstattungsanspruch nur in Höhe der Gebühren, die sich aus dem Wert errechnen, der sich an den Interessen des Streithelfers orientiert. Das gilt auch dann, wenn man abweichend von der in diesem Kommentar vertretenen Ansicht (→ Anh. VI Rn. 404b) der Meinung folgt, der Gebührenwert richte sich nach dem Wert des gesamten Verfahrens. Denn jedenfalls verstößt dann der Streithelfer gegen seine Verpflichtung, die Kosten niedrig zu halten. **280a**

---

372 Stein/Jonas/*Bork* ZPO § 91 Rn. 76; anders bei PKH OLG Düsseldorf NJW-RR 1998, 503; LG Lüneburg NJW-RR 2002, 647; **aA** *Vogel* FPR 2002, 505 (507).

373 Ausf. *Philippi* FPR 2002, 479 (485) Nr. 3; *Vogel* FPR 2002, 505 (507) li. Sp.; **für Mutwilligkeit:** OLG Düsseldorf NJW-RR 1998, 503; LG Lüneburg NJW-RR 2002, 647; **gegen Mutwilligkeit:** OLG Bremen FamRZ 2018, 1589 mwN für beide Ansichten; OLG Naumburg FamRZ 1999, 1670; *Vogel* FPR 2002, 505.

374 OLG Hamm NJW 2013, 3795 = FamRZ 2014, 959.

375 OLG Karlsruhe NJW 2016, 1522; OLG München FamRZ 2008, 1089; **aA** OLG Hamm NZFam 2015, 510; OLG Köln FamRZ 2013, 1241; OLG Schleswig FamRZ 2014, 584.

376 **AA** OLG Düsseldorf FamRZ 1991, 94.

377 OLG Hamburg FamRZ 1990, 181; OLG München AGS 2015, 142; BGH NJW 2008, 1744 Rn. 7 ff. dazu, dass grds. neben einer Eilentscheidung ein Rechtsschutzbedürfnis für die Hauptsache gegeben ist.

378 OLG Nürnberg FamRZ 2010, 1679 = NJW 2011, 319.

379 Alle zu PKH: OLG Hamm NJW 2010, 539 = FamRZ 2010, 835; **aA** OLG Celle FamRZ 2010, 1586 = RVGreport 2010, 437 mablAnm *Hansens;* OLG Zweibrücken NJW 2010, 540 = FamRZ 2010, 666.

380 OLG Stuttgart FamRZ 2019, 298 = AGS 2019, 193.

7. Überflüssige Maßnahmen

281 **a) Grundsatz.** Keine Erstattung gibt es für Kosten, die durch überflüssige Maßnahmen ausgelöst wurden, zB → RVG VV 3201 Rn. 59, 71, 77 ff. Wegen Auswirkungen auf das Innenverhältnis zwischen Mandanten und RA → § 1 Rn. 166; → RVG VV 3201 Rn. 49.

282 **b) Mitbeantragter, freiwillig bezahlter Unterhalt.** Wird der freiwillig gezahlte Unterhalt neben dem streitigen Unterhalt gerichtlich geltend gemacht, so wird dies teilweise als missbräuchlich,[381] teilweise als immer gerechtfertigt angesehen,[382] teilweise nur dann nicht als missbräuchlich bewertet, wenn der Schuldner vorher zu einer außergerichtlichen Titulierung vergeblich aufgefordert worden war.[383] Andere nehmen einen Missbrauch nur an, wenn der Unterhaltsgläubiger es ablehnt, die Kosten einer notariellen Beurkundung des Anspruchs zu übernehmen, wobei VKH für die Beurkundungskosten gem. § 17 Abs. 2 BNotO begehrt werden kann.[384]

XII. Tatsächliche, fiktive und ausgetauschte Kosten

1. Tatsächlich angefallene Kosten

283 **a) Grundsatz.** Nur tatsächlich angefallene Kosten sind zu erstatten.[385] Hatte der Erstattungsberechtigte keinen RA eingeschaltet, so kann also nicht argumentiert werden, dass die siegreiche Partei einen Prozessbevollmächtigten hätte beauftragen dürfen, weshalb insoweit Kosten zu erstatten sind. Wegen vereinbarter, niedrigerer Vergütung → § 3a Rn. 77 f.

284 **b) Zahlung der Kosten durch Dritten, zB Haftpflichtversicherer.** Dass ein Dritter für ihn die Kosten trägt, steht dem Erstattungsanspruch des Erstattungsberechtigten nicht entgegen, zB wenn die Ehefrau für den erstattungsberechtigten Ehemann bezahlt hat. Einen Erstattungsanspruch hat das BAG auch angenommen, wenn ein Verbandsvertreter, der zugleich Rechtsanwalt ist, als solcher ein Verbandsmitglied vertreten hat und der Verband im Falle eines Unterliegens die Anwaltskosten übernommen hätte.[386]

284a Beim **Versicherungsnehmer** wurde bislang herrschend angenommen, dass er als Prozesspartei die Kosten des hinter ihm stehenden Haftpflichtversicherers, der nicht Partei ist, zB für ein Privatgutachten, als seine Kosten geltend machen kann.[387] Zu Recht hat der BGH einen solchen Anspruch abgelehnt, wenn die Kostenerstattungsansprüche auf den Versicherer gem. § 86 Abs. 1 S. 1 VVG, der auch die Kostenerstattungsansprüche erfasst, übergegangen sind.[388] Damit ergibt sich die Situation, dass zunächst einmal die von dem Versicherer bezahlten Kosten nicht geltend gemacht werden können; nicht durch die Partei, weil dieser der Anspruch nicht mehr zusteht, durch den Versicherer nicht, weil er keinen Titel hat. Hier hilft eine Ermächtigung durch den Versicherer, sodass die Partei die Kosten in gewillkürter Prozessstandschaft geltend machen kann.[389]

2. Fiktive Kosten

285 **a) Grundsätze.** Allerdings können unter besonderen Umständen an Stelle tatsächlich angefallener Kosten, die aber aus rechtlichen Gründen nicht zu erstatten sind, fiktive Kosten zu erstatten sein. Das sind Kosten, die wenn sie angefallen wären, zu erstatten gewesen wären. Voraussetzung ist, dass es um den **gleichen Sachverhalt** geht (anders als → Rn. 286). Zu beachten ist, dass nur tatsächlich angefallene Kosten durch fiktive Kosten ersetzt werden können (→ Rn. 283). Es können zB zu erstatten sein,

– wenn ein **Verkehrsanwalt** nicht notwendig war, uU die fiktiven Reisekosten der Partei zur Information des Prozessbevollmächtigten (maximal bis zur Höhe der Kosten des Verkehrs-

[381] OLG Köln FamRZ 1988, 1294 (P).

[382] OLG Hamm FamRZ 2006, 627 (P); OLG Koblenz FamRZ 2006, 1611 (P).

[383] OLG Karlsruhe FamRZ 2003, 102 (P).

[384] OLG Karlsruhe FamRZ 2009, 361 (P).

[385] BGH NJW-RR 2003, 1507 Rn. 10 = JurBüro 2004, 199 = FamRZ 2003, 1461.

[386] BGH NJW 2017, 672; BAG NJW 2016, 1675 = NZA 2016, 188 = RVGreport 2016, 109 mzustAnm *Hansens.*

[387] BGH NJW 2017, 672; OLG Karlsruhe OLGR 2002, 230; OLG Koblenz Rpfleger 1992, 129; OLG München JurBüro 1987, 427 = AnwBl 1987, 97; OLG Stuttgart JurBüro 1985, 122; BLAH/*Hartmann,* 72. Aufl. 2013, ZPO § 91 Rn. 269; von Eicken/Hellstab/Lappe/Madert/Dörndorfer/Asperger/*Dörndorfer* Kap. B Rn. 307; **aA** OLG Karlsruhe VersR 1980, 337 = AnwBl 1980, 197; OLG Köln JurBüro 2015, 32 = RVGreport 2015, 70; Hansens RVGreport 2011, 287, 288 f.; zweifelnd auch OLG Karlsruhe OLGR 2007, 732.

[388] BGH JurBüro 2019, 414 Rn. 17 = VersR 2019, 1521 = RVGreport 2019, 350 mzustAnm *Hansens.*

[389] BGH JurBüro 2019, 414 Rn. 17 = VersR 2019, 1521 = RVGreport 2019, 350; ausführlich *Hansens* Anm zu BGH RVGreport 2019, 350.

anwalts) → RVG VV 7003 Rn. 155 ff.[390] Es geht immer um die Information des Prozessbevollmächtigten, also gleicher Sachverhalt.
– wenn die Kosten für einen RA nicht zu erstatten sind, weil die Hilfe eines **RA nicht erforderlich** war, die fiktiven Reisekosten der Partei zur Teilnahme am Gerichtstermin.
Wegen Kosten für vom Prozessbevollmächtigten im eigenen Namen beauftragten **Terminsvertreter** → RVG VV 3401 Rn. 137.

Liegt nicht derselbe Sachverhalt vor, so scheidet eine Erstattung als fiktive Kosten nach Rspr. und Lit. aus. So können zB die angemeldeten Kosten des Verkehrsanwalts und die Reisekosten der Partei zur Teilnahme am Gerichtstermin nicht ausgetauscht werden. Der Verkehrsanwalt betrifft die Information des Prozessbevollmächtigten, die Reise der Partei zum Termin der Information des Gerichts.[391] 286

b) Beratungsvergütung. → Rn. 172 ff. 287

c) Verwertung des Privatgutachtens durch Gerichtssachverständigen. Verwendet der Gerichtssachverständige Ergebnisse des Privatgutachters und werden dadurch Kosten beim Gerichtssachverständigen eingespart, so können Kosten des Privatgutachters bei der Kostenfestsetzung berücksichtigt werden.[392] Dasselbe nimmt OLG Nürnberg an, wenn Feststellungen eines Privatgutachters zur Grundlage eines Gerichtsvergleichs gemacht werden, und zwar auch dann wenn das Gutachten einen mitverglichenen, nicht anhängigen Gegenstand betrifft.[393] 288

3. Austausch von Kosten

Einzelne Positionen können vom Rechtspfleger ausgetauscht werden, wenn es um denselben Sachverhalt geht.[394] Derselbe Sachverhalt ist gegeben, wenn der Erstattungsberechtigte für eine bestimmte Tätigkeit seines Anwalts 289
– eine Verkehrsanwaltsgebühr geltend macht, in Wahrheit eine Mahngebühr angefallen ist,[395]
– eine Verfahrensgebühr geltend macht, in Wahrheit eine Einzeltätigkeitsgebühr entstanden ist.
Es kann die Mahn- bzw. Einzeltätigkeitsgebühr zuerkannt werden. In diesen Fällen wird für denselben tatsächlich erfolgten Vorgang lediglich eine andere rechtliche Einordnung vorgenommen.

Sehr weitgehend kann nach dem BGH sogar ein Austausch erfolgen, wenn eine 0,3 Vollstreckungsgebühr gem. VV 3309 RVG nicht anzuerkennen ist, der Antragsteller aber auch eine 0,5 Beschwerdegebühr gem. RVG VV 3500 aus einem bestimmten Gegenstandswert geltend gemacht hat, betragsmäßig versehentlich aber nur eine 0,3 Gebühr aus diesem Gegenstandswert angemeldet hat. Die Differenz zu der 0,5 Gebühr kann von Amts wegen zu erkannt werden, solange nur der angemeldete Gesamtbetrag nicht überschritten wird.[396]

XIII. Zinsen

Auf Antrag (§ 104 Abs. 1 S. 2 ZPO) ist eine Verzinsung mit 5 Prozentpunkten über dem Basiszinssatz nach § 247 BGB – nicht nach §§ 288, 291 BGB - „ab Eingang des Festsetzungsantrags", also gem. § 187 Abs. 1 BGB analog ab dem darauf folgenden Tag[397] auszusprechen. 290

Hinweis an den Rechtsanwalt: Den Antrag zu den Zinsen nicht vergessen. Ohne Antrag keine Zinsen. Wegen nachträglichen Antrags → Rn. 348. Will der RA den Kostenfestsetzungsantrag **ändern**, zB weil er zunächst von einem zu niedrigen Gegenstandswert ausgegangen ist, so ist es besser, wenn er den alten ändert, statt diesen zurückzunehmen und einen neuen zu stellen, weil dann der Zeitpunkt, ab dem die Verzinsung eintritt, für den gesamten Erstattungsbetrag neu und damit später beginnt.[398] 291

Zinsen trotz Erfüllung der Erstattungsschuld. Hat der Schuldner den Erstattungsbetrag ohne Zinsen unstreitig bereits gezahlt, bevor der Kostenfestsetzungsbeschluss ergangen ist, 292

[390] BAG NJW 2015, 3053 = NZA 2015, 1150.
[391] OLG Koblenz JurBüro 1992, 610; von Eicken/Hellstab/Lappe/Madert/Dörndorfer/Asperger/*Dörndorfer* Kap. B Rn. 72; Zöller/*Herget* ZPO § 104 Rn. 21 „Gebührenauswechslung".
[392] OLG Köln NJW 2014, 2130 = RVGreport 2014, 196 mzustAnm *Hansens;* OLG Stuttgart JurBüro 1985, 122.
[393] OLG Nürnberg NJW-RR 2002, 1725 = FamRZ 2002, 1718.
[394] OLG Karlsruhe FamRZ 2004, 966; VGH München AGS 2018, 343.
[395] OLG München AnwBl 1988, 417 = JurBüro 1988, 1365; von Eicken/Hellstab/Lappe/Madert/Dörndorfer/Asperger/*Dörndorfer* Kap. B Rn. 72.
[396] BGH NJW 2020, 2196 (in diesem Fall allerdings sehr weitgehend, weil die Vollstreckungs- und die Beschwerdegebühr zwei unterschiedliche Maßnahmen des RA betreffen).
[397] LG Hamburg AGS 2020, 148; NJW-RR 1990, 518.
[398] *Hansens* Anm zu BVerwG RVGreport 2019, 352.

so können die Zinsen für die Zeit zwischen Antragstellung und Erfüllung isoliert festgesetzt werden.[399] Das gilt trotz des Wortlautes des § 104 Abs. 1 S. 2 ZPO, dass die" festgesetzten Kosten" zu verzinsen sind. An sich hätte die materiell-rechtliche Einwendungen Erfüllung nicht im Kostenfestsetzungsverfahren berücksichtigt werden dürfen (→ Rn. 294). Es hätte also ein Kostenfestsetzungsbeschluss auch über den zu erstattenden Betrag ergehen müssen. Wenn die Erfüllung abweichend von dem Grundsatz, dass materiell-rechtliche Einwendungen im Kostenfestsetzungsverfahren nicht zu prüfen sind, aus reinen Gründen der Prozessökonomie im Einzelfall einmal berücksichtigt werden kann (→ Rn. 299), so kann die Prozessökonomie nicht dazu führen, dass ein Zinsanspruch, der zunächst einmal bestanden hat, wieder entfällt.

293 **Änderung des Titels.** Ändert das Urteil höherer Instanz die Kostenverteilung, so können nach hM Zinsen ab dem Eingang des aufgrund der ersten Kostenentscheidung gestellten Kostenfestsetzungsantrags verlangt werden, soweit sich die neue Kostenregelung mit der ursprünglichen deckt und ununterbrochen eine diesbezügliche Vollstreckbarkeit bestand.[400] Demgegenüber erkennt die bislang hM im Falle einer Änderung durch **Vergleich** Zinsen erst ab dem Eingang des Kostenfestsetzungsantrags aufgrund des Vergleichs zu. Durch den Vergleich sei für die Kostenerstattung eine ganze neue Grundlage geschaffen worden.[401] Dem ist hinsichtlich des Vergleichs nicht zu folgen. Hier gilt dasselbe wie bei einer Änderung durch gerichtliche Entscheidung.[402] Das zu den Vollstreckungskosten bei durch Vergleich geändertem Titel Geltende gilt hier entsprechend (→ VV 3309 Rn. 145).

XIV. Einwendungen

1. Materiell-rechtliche Einwendungen

294 **a) Grundsätze.** Allg. anerkannt ist, dass materiell-rechtliche Einwendungen (zB Aufrechnung, Erfüllung) im Kostenfestsetzungsverfahren unberücksichtigt bleiben, also einer Kostenfestsetzung nicht entgegenstehen.[403] Begründet wird dies damit, dass das Kostenfestsetzungsverfahren.

- allein zu prüfen hat, ob die zur Erstattung angemeldeten Kosten nach dem konkreten Verfahrensablauf und den einschlägigen Vorschriften des RVG entstanden sind,
- auf eine formale Prüfung der Kostentatbestände und die Beurteilung einfacher Fragen des Kostenrechts zugeschnitten und deshalb dem Rechtspfleger übertragen ist.[404]

295 **Außenverhältnis.** Das gilt im Kostenfestsetzungsverfahren für Einwendungen, die das Verhältnis des Erstattungspflichtigen zum Erstattungsberechtigten betreffen, zB der Einwand der Stundung, Erfüllung, Aufrechnung.[405] Ist trotz unstreitiger Erfüllung ein Kostenfestsetzungsbeschluss ergangen, so ist dieser auf sofortige Beschwerde aufzuheben; die Kosten sind dem Erstattungsberechtigten aufzuerlegen.[406] Der Erstattungsberechtigte sollte daher im eigenen Interesse dem Gericht es möglichst schnell mitteilen, wenn erfüllt ist.

296 **Innenverhältnis.** Das gilt aber auch für Einwendungen aus dem Innenverhältnis zwischen dem Erstattungsberechtigten und seinem Verfahrensbevollmächtigten, zB für den Einwand,

- der RA habe gegen § 43a Abs. 4 BRAO[407] oder § 45 BRAO[408] oder § 49b Abs. 5 BRAO[409] oder gegen Berufsrecht mit Nichtigkeitsfolge[410] verstoßen,

---

[399] SG Berlin AGS 2015, 352; SG Frankfurt RVGreport 2015, 389 = AGS 2015, 352 mzustAnm *Asmalsk;* **aA** SG Berlin AGS 2015, 350; SG Dresden AGS 2015, 351; SG Halle AGS 2015, 351; SG Schleswig AGS 2015, 350; SG Würzburg AGS 2015, 351.

[400] OLG Bamberg JurBüro 1998, 32; OLG Düsseldorf NJW-RR 2006, 718 = Rpfleger 2006, 42; OLG Koblenz JurBüro 2002, 200.

[401] OLG Hamm OLGR 2005, 356; sogar dann wenn die Kostenregelung im Vergleich mit dem des ersten Urteils übereinstimmt; OLG Karlsruhe MDR 1992, 1007; OLG München Rpfleger 1996, 371 = NJW-RR 1996, 703.

[402] OLG Nürnberg JurBüro 2018, 358 = RVGreport 2018, 264 mAnm *Hansens,* demzufolge viel für die Ansicht des OLG Nürnberg spricht.

[403] BGH NJW-RR 2007, 422 Rn. 7; BVerwG JurBüro 2008, 142.

[404] BGH NJW-RR 2007, 422 Rn. 7, 11.

[405] BGH NJW 2014, 2287.

[406] OLG Celle JurBüro 2019, 206.

[407] **AA** LAG Nürnberg RVGreport 2018, 228 mablAnm *Hansens.*

[408] BGH NJW-RR 2007, 422 Rn. 11; OLG Hamm JurBüro 2000, 655; **aA** OLG Celle NJW 2017, 1557 = RVGreport 2017, 150 mablAnm *Hansens;* OLG Schleswig MDR 2002, 1459; OLG Stuttgart JurBüro 1999, 314, auch zu § 46 BRAO.

[409] OLG Saarbrücken MDR 2011, 572.

[410] KG JurBüro 2008, 316.

– der RA habe auf die Vergütung verzichtet[411] oder der Anspruch des RA sei verjährt,[412]
– der RA sei durch § 242 BGB an der Geltendmachung des unzweifelhaft zunächst einmal entstandenen Anspruchs gehindert.[413]

Denn die Prüfung hinsichtlich der geltend gemachten RA-Kosten beschränkt sich im Wesentlichen darauf, ob die zur Erstattung angemeldeten Kosten nach dem konkreten Verfahrensablauf und den einschlägigen Vorschriften des RVG entstanden sind. Sie ist von der materiell-rechtlichen Beurteilung zu unterscheiden, ob die erstattungsberechtigte Partei ihrem Prozessbevollmächtigten die geltend gemachten Gebühren im Innenverhältnis nach den dort bestehenden vertraglichen Beziehungen tatsächlich schuldet. Letztere gehört nicht in das Kostenfestsetzungsverfahren.[414] 297

Vollstreckungsgegen- oder Bereicherungsklage. Materiell-rechtliche Einwendungen sind mit der Vollstreckungsgegenklage (§ 767 ZPO) oder mit einer Bereicherungsklage geltend zu machen.[415] Da materiell-rechtliche Einwendungen im Kostenfestsetzungsverfahren nicht geltend gemacht werden können, steht auch keine Präklusion (§ 767 Abs. 2 ZPO) entgegen.[416] 298

b) Ausnahmsweise Berücksichtigung. Materiell-rechtliche Einwendungen sind ausnahmsweise unter dem Gesichtspunkt einer (prozessualen) Gleichbehandlung und aus verfahrensökonomischen Gründen im Kostenfestsetzungsverfahren zu berücksichtigen, wenn sie unstreitig oder vom Rechtspfleger im Festsetzungsverfahren ohne Schwierigkeiten aus den Akten ermittelt werden können.[417] Eine Einwendung ist unstreitig, wenn sie nicht bestritten wird (§ 138 Abs. 3 ZPO).[418] Abgeltungsklauseln können nicht berücksichtigt werden, wenn sie nicht ganz eindeutig sind und einer Auslegung bedürfen.[419] Ist der Erfüllungseinwand nur **hinsichtlich eines Teils unbestritten,** so ist der Kostenfestsetzungsbeschluss nur hinsichtlich des Restes zu erlassen, uU sogar nur hinsichtlich der Zinsen.[420] 299

c) Abgrenzung zu gebührenrechtlichen Einwendungen. Verweisung. In den Fällen, in denen bei der Vergütungsfestsetzung gem. § 11 RVG eine nichtgebührenrechtliche Einwendung vorliegt, ist im Rahmen der Kostenfestsetzung eine materiell-rechtliche Einwendung gegeben. Es wird daher auf die Ausführungen zu § 11 RVG Bezug genommen → RVG § 11 Rn. 98 ff. 300

Anspruch wegen Amtspflichtverletzung. Der Einwand, der Erstattungsberechtigte habe Ansprüche aus Amtspflichtverletzung (zB weil das Gericht die Parteien von einer Terminabsetzung nicht schnell genug informiert habe), ist ein materiell-rechtlicher und allein schon deshalb im Kostenfestsetzungsverfahren nicht zu berücksichtigen.[421] Es ist deshalb nicht richtig, wenn teilweise vertreten wird, dass von Amts wegen ein Erstattungsanspruch nur Zug um Zug gegen Abtretung dieses Anspruchs zuerkannt werden soll.[422] Ganz unhaltbar[423] ist die Ansicht, dass eine Kostenfestsetzung als zurzeit unzulässig zurückzuweisen sei, bis feststeht, dass kein Schadensersatzanspruch besteht.[424] Einmal ganz davon abgesehen, dass gem. § 839 Abs. 1 S. 2 BGB bei Fahrlässigkeit ein Anspruch nur besteht, wenn dem Geschädigten kein anderweitiger Anspruch zusteht. Der Kostenerstattungsanspruch ist aber ein solcher anderweitiger Anspruch.[425] 301

2. Einwendungen gegen die Kostenentscheidung

Solange der Titel fortbesteht, ist ungeprüft von ihm auszugehen.[426] Etwas anderes gilt aber nach dem BGH, wenn die tatsächlichen Voraussetzungen feststehen, zB sich aus einer vorgeleg- 302

[411] von Eicken/Hellstab/Lappe/Madert/Dörndorfer/Asperger/*Dörndorfer* Kap. B Rn. 87.
[412] **AA** von Eicken/Hellstab/Lappe/Madert/Dörndorfer/Asperger/*Dörndorfer* Kap. B Rn. 87 unter Berufung auf eine missverständliche Entscheidung BayVGH Rpfleger 2004, 65.
[413] **AA** OLG Schleswig MDR 2002, 1459.
[414] BGH NJW-RR 2007, 422 Rn. 11.
[415] BGH VersR 2016, 1593 = NJW-RR 2016, 952.
[416] BGHZ 3, 381; OLG Celle RVGreport 2016, 311 Rn. 7 = BauR 2016, 1965.
[417] BGH NJW 2014, 3247 Rn. 14; BGH NJW-RR 2007, 422 Rn. 9; BAG NJW 2015, 2606.
[418] KG AGS 2020, 244 = NJW-RR 2020, 508.
[419] BAG NJW 2015, 2606 = NZA 2015, 958.
[420] KG AGS 2020, 244 = NJW-RR 2020, 508.
[421] LG Potsdam ZfS 2017, 466 = RVGreport 2017, 305.
[422] LG Berlin JurBüro 87, 1086.
[423] *Hansens* Anm. zu LG Potsdam RVGreport 2017, 305.
[424] So aber OLG Koblenz JurBüro 1987, 128.
[425] *Hansens* Anm. zu LG Potsdam RVGreport 2017, 305.
[426] OLG Brandenburg JurBüro 2019, 309 = FamRZ 2019, 1349 = AGS 2019, 249 mzustAnm *N. Schneider.*

ten notariellen Vereinbarung ergibt, dass der nach der Kostenentscheidung Erstattungsberechtigte auf die Erstattung von Kosten verzichtet hat.

3. Einwendungen gegen Gerichtskosten

303 Der Erstattungspflichtige kann im Kostenfestsetzungsverfahren einwenden, dass die im Kostenfestsetzungsverfahren zu berücksichtigenden (→ Rn. 102) Gerichtskosten überhöht sind. Dass er daneben auch noch Erinnerung bzw. Beschwerde gegen den Kostenansatz einlegen kann, steht nicht entgegen.[427] Nur wenn allein ihm das Erinnerungs-/Beschwerderecht zusteht, kann er sich im Kostenfestsetzungsverfahren nicht auf die Überhöhung berufen.[428]

4. Verjährung, Verwirkung des Erstattungsanspruchs

304 Hier geht es um den Erstattungsanspruch als solchen und nicht um die Verjährung oder Verwirkung des Anspruchs des RA des Erstattungsberechtigten gegen seinen Mandanten. Zu diesen → Rn. 296 ff.

305 **Materiell-rechtliche Einwendung.** Wendet der Erstattungspflichtige ein, der Erstattungsanspruch als solcher sei verjährt oder verwirkt, so handelt es sich um eine materiell-rechtliche Einwendung.[429] Es gelten hierfür die allg. Grundsätze → Rn. 294 ff. Sie sind also nur unter besonderen Voraussetzungen (→ Rn. 299) im Kostenfestsetzungsverfahren zu berücksichtigen.

306 **30-jährige Verjährung.** Der Kostenerstattungsanspruch, egal ob schon tituliert oder nicht, verjährt in 30 Jahren ab der Rechtskraft der Kostenentscheidung; diese stellt bereits einen Titel iSv § 197 Abs. 1 Nr. 3 BGB dar.[430]

307 **3-jährige Verjährung.** Verjährung tritt aber gem. § 195 BGB nach drei Jahren ein,
– wenn eine Kostenentscheidung fehlt, weil für sie ein Antrag nötig war, ein solcher aber nicht rechtzeitig gestellt wurde,[431]
– wenn sich der Erstattungsanspruch aus einer im Beschlussweg ergangenen einstweiligen Verfügung ergibt, die wegen des unbefristeten Widerspruchsrechts gem. §§ 936, 924 ZPO nicht formell rechtskräftig wird.[432] Die Verjährungsfrist beginnt dann gem. § 199 Abs. 1 BGB mit dem Ablauf des Jahres, in dem der Anspruch entstanden ist und der Gläubiger Kenntnis von den Anspruch begründenden Umständen und der Person des Schuldners erlangt hat. Anspruchsbegründend ist der Vorgang, aus dem sich der Erstattungsanspruch ergibt, also zB die Entscheidung zur Hauptsache oder die Antragsrücknahme.[433]

308 **Hemmung und Neubeginn der Verjährung.** Es gelten §§ 203 ff. BGB; also zB durch Zustellung des Kostenfestsetzungsantrags an Gegner (§ 204 Abs. 1 Nr. 1 BGB).[434]

309 **Verwirkung.** Für eine Verwirkung genügt regelmäßig nicht der bloße Zeitablauf. Es müssen vielmehr besondere Umstände hinzutreten, welche die verspätete Geltendmachung des Rechts als Verstoß gegen Treu und Glauben erscheinen lassen.[435]

309a **Verjährung des Gebührenanspruchs des gegnerischen RA.** Dem Erstattungsanspruchsberechtigten kann nicht entgegengehalten werden, dass der Gebührenanspruch von dessen RA verjährt sei, weswegen der Erstattungsberechtigte verpflichtet sei, die Verjährungseinrede geltend zu machen. Eine solche Verpflichtung besteht nicht.[436]

XV. Verfahren

1. Bezugnahme auf Vergütungsfestsetzung

310 Da gem. § 11 Abs. 2 S. 3 RVG das Verfahren bei der Vergütungsfestsetzung und der Kostenfestsetzung gleich sind (Ausnahme § 104 Abs. 2 S. 3 ZPO), kann in großem Umfang auf die Ausführungen zur Vergütungsfestsetzung Bezug genommen werden (→ § 11 Rn. 204 ff.). Hier

---

427 OLG Brandenburg AnwBl 2014, 1061 = MDR 2014, 1476; OLG Celle JurBüro 2010, 206; OLG Dresden MDR 2001, 476 = NJW-RR 2001, 861.

428 BGH NJW 2013, 2824 = RVGreport 2013, 359 iErg mzustAnm *Hansens.*

429 **Zu Verjährung** BGH NJW 2006, 1962; BayVGH Rpfleger 2004, 65; **zu Verwirkung** OLG Braunschweig JurBüro 2018, 481 = FamRZ 2019, 63; OLG Düsseldorf MDR 1988, 972; OLG Frankfurt a. M. OLGR 2005,75; BayVGH Rpfleger 2004, 65.

430 BGH NJW 2006, 1962 = FamRZ 2006, 854.

431 OLG Hamburg JurBüro 2008, 479.

432 OLG Hamburg NJW 2016, 167.

433 OLG Hamburg JurBüro 2008, 479.

434 OLG Hamburg NJW 2016, 167.

435 OLG Koblenz JurBüro 2016, 315 = NJW-RR 2016, 1216 = RVGreport 2016, 227 mAnm *Hansens;* BayVGH Rpfleger 2004, 65 Rn. 17.

436 BSG NJW 2020, 1758 = RVGreport 2020, 309 mzustAnm *Hansens.*

werden nur Ausführungen gemacht, soweit dies wegen Besonderheiten der Kostenfestsetzung erforderlich ist.

2. Rechtliches Gehör

ist zu gewähren, obwohl es in § 104 ZPO – anders als in § 11 Abs. 2 S. 2 – nicht aus- **311**
drücklich erwähnt ist. Es darf dem Antrag nicht ohne vorherige Anhörung des Gegners stattgegeben werden.[437] Das gilt auch bei ganz eindeutigen Rechtslagen, da materiell-rechtliche Einwendungen, wenn sie unstreitig oder offenkundig sind, berücksichtigt werden können (→ Rn. 299).[438]

Ist das rechtliche Gehör nicht gewährt worden, so wird der hierin liegende Verfahrensfehler **312**
jedoch geheilt, wenn die erstattungspflichtige Partei im Rechtsbehelfsverfahren ihre Einwendungen geltend machen kann.[439] Nach Ansicht von OLG Koblenz kann der Rechtsmittelführer eine nachteilige Kostenentscheidung vermeiden, indem er nach Gewährung des rechtlichen Gehörs, zB nach Zusendung des Festsetzungsantrags das Rechtsmittel für erledigt erklärt. Es sei dann gem. § 91a ZPO und nicht mehr zwingend gem. § 97 Abs. 1 ZPO über die Kosten zu entscheiden.[440] Die Verletzung des rechtlichen Gehörs schadet nicht, wenn die Berücksichtigung des Vortrags zu keinem anderen Ergebnis geführt hätte, zB weil in ihm nur bereits vorher vorgebrachte Argumente nur noch wiederholt werden.[441]

3. Antrag und Belege

Antrag. Die Kostenfestsetzung findet nur auf Antrag und im Rahmen des Antrags statt. Im **313**
Übrigen → § 11 Rn. 225 ff. Wegen **Kostenvorschuss** → § 11 Rn. 236.

Belege. Urkunden müssen vorgelegt werden, soweit sich der Anfall der Kosten nicht ohne **314**
weiteres aus der Akte ergibt, wie das zB bei den gesetzlichen Gebühren des Prozessbevollmächtigten der Fall ist. Vorgelegt werden muss zB eine Rechnung eines Privatgutachters. Weg. Rechnung des Terminsvertreters → RVG VV 3401 Rn. 147. Wegen Rechnung gem. § 10 RVG → Rn. 220.

Vorlage des Privatgutachtens. Nach Ansicht des BGH könnte im Kostenfestsetzungsver- **315**
fahren die Vorlage des Privatgutachtens erforderlich sein, wenn nur auf diese Weise nachgewiesen werden könnte, dass der Partei die dafür erstattet verlangten Kosten tatsächlich entstanden sind. Daran dürfte es aber regelmäßig dann fehlen, wenn die Partei die Rechnung des Gutachters einreicht und die Entstehung der Kosten anwaltlich versichert.[442]

Dem ist mit aller Entschiedenheit entgegenzutreten. Der Anfall, die Prozessbezogenheit so- **316**
wie die Notwendigkeit eines Gutachtens können in vielen Fällen nur anhand des Gutachtens geprüft werden. Zu prüfen ist zB, ob die den Sachverständigen gestellte Frage über das Erforderliche hinausgegangen ist oder ob sich der Gutachter mit völlig überflüssigen Fragen befasst hat. Das Gericht muss auch überprüfen können, ob die vom Gutachter in Rechnung gestellten Stunden im Verhältnis zu seiner Tätigkeit akzeptiert werden können. Dem gegenüber ist kein gerechtfertigter Grund ersichtlich, warum der Erstattungsberechtigte das Gutachten nicht vorlegen sollte.[443] In die gleiche Richtung geht es, wenn OLG Koblenz verlangt, dass sich aus den Rechnungen in Gegenüberstellung mit den Gerichtsakten nachvollziehbar ergibt, welche konkreten Tätigkeiten er prozessbezogen ausgeübt hat und welches Honorar dafür jeweils angefallen ist.[444]

4. Glaubhaftmachung

Grundsätzlich wegen Glaubhaftmachung → § 11 Rn. 207. **317**

MwSt. Wird MwSt geltend gemacht, so genügt die Erklärung, nicht vorsteuerabzugsbe- **318**
rechtigt zu sein (§ 104 Abs. 2 S. 3 ZPO). Im Übrigen wegen MwSt → RVG VV 7008 Rn. 70 ff.

---

[437] OLG Brandenburg NJW 1999, 1268; OLG Düsseldorf MDR 2011, 1500; OLG Frankfurt a. M. NJW 1999, 1265; **aA** KG JurBüro 2008, 316, zur Vermeidung von Förmelei, wenn sich alles eindeutig aus den Akten ergibt.

[438] von Eicken/Hellstab/Lappe/Madert/Dörndorfer/Asperger/*Dörndorfer* Kap. B Rn. 63.

[439] OLG Düsseldorf JurBüro 1996, 86; OLG Koblenz AGS 2015, 151; NJW-RR 2004, 286.

[440] OLG Koblenz AGS 2015, 151.

[441] BVerfG RVGreport 2018, 350.

[442] BGH NJW 2013, 1824 Rn. 10 = RVGreport 2013, 236 mablAnm *Hansens.*

[443] *Hansens* Anm. zu BGH RVGreport 2013, 236.

[444] OLG Koblenz JurBüro 2013, 205 = AGS 2013, 360.

5. Prüfung des Gegenstandswerts

319 Wird im Kostenfestsetzungsverfahren die Bestimmung des maßgeblichen Streitwerts erforderlich, so musste nach bislang ganz hM der Rechtspfleger im Kostenfestsetzungsverfahren den Wert selbständig annehmen.[445] Nunmehr hat der BGH entschieden, dass analog § 11 Abs. 4 RVG bzw. gem. § 148 ZPO das Kostenfestsetzungsverfahren bis zur Entscheidung über den Streitwert durch das zuständige Ausgangsgericht auszusetzen ist. Eine Ausnahme gilt nur, wenn ein zur Wertfestsetzung führendes Verfahren noch nicht schwebt oder sich die Durchführung wegen der eindeutigen Bestimmbarkeit des Werts in bloßer Förmelei erschöpfen würde.[446] Wenn sich diese Auffassung durchsetzt, wird es bei vielen Kostenfestsetzungsverfahren zukünftig zu erheblichen Verzögerungen kommen.[447]

6. Entschädigung bei überlangem Gerichtsverfahren

320 Sie kann verlangt werden. Es gilt dasselbe wie beim Vergütungsfestsetzungsverfahren (→ § 11 Rn. 242a).

XVI. Kostenfestsetzungsbeschluss

321 Es gilt wieder (→ Rn. 310) zunächst das zur Vergütungsfestsetzung Dargelegte → § 11 Rn. 243 ff. entsprechend. Ergänzend ist das Folgende auszuführen.

1. Bindung an Antrag

322 **Ne ultra petita** (→ § 11 Rn. 251) gilt auch für die Gerichtskosten. Sie dürfen nur zuerkannt werden, wenn dies beantragt ist.[448] Dazu, dass aber uU Ersatz- bzw. fiktive Kosten anstelle der beantragten zuerkannt werden dürfen → Rn. 285 ff.

323 **Gleichbehandlung derselben Gebühren.** Sind nach dem Akteninhalt auf beiden Seiten dieselben Gebühren angefallen, so wird vertreten, dass diese trotz des Grundsatzes ne ultra petita selbst dann bei beiden Seiten berücksichtigt werden müssen, wenn eine Seite für diese keinen Antrag gestellt hat, zB eine Seite beantragt für einen im Termin getroffenen Vergleich die Einigungsgebühr, die andere trotz anwaltlicher Vertretung nicht. Das folge aus Sinn und Zweck des Ausgleichungsverfahrens nach § 106 ZPO, die Gesamtkosten entsprechend der gequotelten Kostenentscheidung auf die Parteien zu verteilen und durch Verrechnung mit den jeweils eigenen Kosten zu einer einheitlichen Überschussforderung zu saldieren. Den von den Parteien geltend gemachten Ausgleichsposten komme keine selbständige Bedeutung zu; sie seien nur Berechnungsfaktoren zur Feststellung der Überschussforderung.[449] Wenn man dem nicht folge, so müsse jedenfalls ein Hinweis des Gerichts erfolgen.[450]

2. Getrennte Kostenfestsetzung oder Kostenausgleich

324 Tragen beide Parteien einen Teil der Kosten nach Quoten, so findet grds ein Kostenausgleich statt. Deshalb muss das Gericht nach Eingang des Kostenfestsetzungsantrags einer Partei die andere Partei zur Vorlage ihres Kostenfestsetzungsantrag binnen 1 Woche auffordern (§ 106 Abs. 1 ZPO).

325 Nach Ablauf dieser Woche kann das Gericht die Kosten des Antragstellers ohne Rücksicht auf die Kosten des Gegners festsetzen. Der Gegner kann seine Kosten nachträglich noch anmelden (§ 106 Abs. 2 ZPO).

326 **Berechnungsweise beim Kostenausgleich.** Es werden einzeln die anzuerkennenden Kosten berechnet. Sodann wird errechnet, wieviel der eine aufgrund der Quotelung vom anderen verlangen kann. Die Differenz zugunsten einer Partei wird als Erstattungsbetrag festgesetzt.

---

445 von Eicken/Hellstab/Lappe/Madert/Dörndorfer/Asperger/*Dörndorfer* Kap. B Rn. 79; *Hansens* Anm. zu BGH RVGreport 2014, 240 mwN; **aA** OLG Düsseldorf AGS 2010, 468.

446 BGH NJW-RR 2014, 765 = AGS 2014, 246 iErg mzustAnm *N. Schneider,* jedoch gem. § 148 ZPO = RVGreport 2013, 240 mablAnm *Hansens;* BGH NJW-RR 2014, 892; wie BGH OLG München JurBüro 2020, 660 = AGS 2021, 39 mzustAnm *Hansens.*

447 *Hansens* Anm. zu BGH RVGreport 2014, 240.

448 OLG München JurBüro 1995, 427.

449 OLG Hamm JurBüro 2002, 318; OLG Köln JurBüro 1994, 601.

450 So auch hilfsweise OLG Hamm JurBüro 2002, 318.

3. Mehrere Berechtigte oder Verpflichtete

Der Kostenfestsetzungsbeschluss muss als Vollstreckungstitel einen vollstreckungsfähigen Inhalt haben und deshalb genau beziffern, wieviel wer an wen zu zahlen hat.[451] **327**

4. Keine Kostenentscheidung

Es fallen keine zusätzlichen Gerichtsgebühren an. Wegen RA-Gebühren → § 19 Rn. 136 ff. Der Kostenfestsetzungsbeschluss enthält keine Kostenentscheidung. **328**

XVII. Abänderung bei geändertem Gegenstandswert

Ändert das Gericht den Beschluss zum Gegenstandswert, so kann der Kostenfestsetzungsbeschluss auf Antrag, nicht von Amts wegen dem geänderten Gegenstandswert angepasst werden (§ 107 Abs. 1 ZPO). Weitere Änderungen aus anderen Gründen sind im Rahmen von § 107 ZPO nicht zulässig.[452] War der Gegenstandswert schon vor dem Kostenfestungsbeschluss geändert worden und ist der Beschluss in Ermangelung eines Rechtsmittels rechtskräftig geworden, so darf auch dann nicht von Amts wegen geändert werden und hilft auch § 107 Abs. 2 ZPO nicht; es bleiben nur die Vollstreckungsabwehr- bzw Bereicherungsklage.[453] **329**

Hinweis für den RA: Die Änderung geschieht **nicht von Amts wegen,** sondern bedarf eines befristeten (ein Monat) Antrags (§ 107 Abs. 2 ZPO). Wird die Frist verpasst, so kann nach Herabsetzung des Gegenstandswerts der Erstattungspflichtige Vollstreckungsabwehr- bzw. Bereicherungsklage erheben.[454] Nach Heraufsetzung ist streitig, ob eine Nachfestsetzung beantragt werden kann.[455] **330**

XVIII. Rechtsmittel und Rechtsbehelfe

Es gilt wieder (→ Rn. 310) zunächst das zur Vergütungsfestsetzung Dargelegte → § 11 Rn. 269 ff. entsprechend. Ergänzend ist das Folgende auszuführen. **331**

1. Beschwerdeberechtigter

Der Erstattungsberechtigte muss beschwert sein, nicht dessen RA. Nur wenn dieser selbst Erstattungsberechtigter ist (§ 126 ZPO) und den Kostenfestsetzungsantrag im eigenen Namen gestellt hat, ist er beschwerdeberechtigt.[456] **332**

2. Beschwerdewert

Zur Zulässigkeit gehört gem. § 567 Abs. 2 ZPO, dass der Beschwerdewert 200,– EUR übersteigt. Es kommt darauf an, in welcher Höhe der festgesetzte Betrag angegriffen wird. Zinsen und USt zählen mit.[457] **333**

Greifen **beide Seiten** den Beschluss an, so sind die Werte beider Rechtsmittel zu addieren, es sei denn es liegt Identität der Gegenstände vor (→ Anh. VI Rn. 367 ff.). Beanstandet zB der Kläger, dass 100,– EUR zu wenig für Reisekosten und der Beklagte, dass 150,– EUR zu viel für Kopierkosten zuerkannt wurden, so ist der Beschwerdewert 250,– EUR, sodass keine Erinnerung, sondern eine sofortige Beschwerde gegeben ist. **334**

Wird gleichzeitig mit der sofortige Beschwerde eine **Nachliquidation** (→ Rn. 348) geltend gemacht, was zulässig ist, so ist deren Wert nicht zu berücksichtigen.[458] **335**

3. Beschwerde wegen Gerichtskosten

In gleicher Weise wie der Erstattungspflichtige sich im Festsetzungsverfahren gegen die dem Gegner in Rechnung gestellten und im Kostenfestsetzungsantrag enthaltenen Gerichtskosten wenden kann → Rn. 303), kann er gegen den Kostenfestsetzungsbeschluss Beschwerde bzw. Erinnerung mit der Begründung einlegen, dass die in diesem berücksichtigten Gerichtskosten überhöht seien. **336**

---

[451] KG JurBüro 2014, 420; von Eicken/Hellstab/Lappe/Madert/Dörndorfer/Asperger/*Dörndorfer* Kap. B Rn. 134.

[452] OLG Hamburg AGS 2016, 545 = NJW-RR 2016, 1276.

[453] OLG Frankfurt JurBüro 2020, 141 = AGS 2020, 242 mzustAnm *Volpert*.

[454] Thomas/Putzo/*Hüßtege* ZPO § 107 Rn. 2; Musielak/Voit/*Foerste* ZPO § 107 Rn. 2; *N. Schneider* Anm. zu OLG Hamm AGS 2017, 488.

[455] Bejahend *N. Schneider* Anm. zu OLG Hamm AGS 2017, 488; verneinend OLG Hamm AGS 2017, 488; Musielak/Voit/*Foerste* ZPO § 107 Rn. 2.

[456] von Eicken/Hellstab/Lappe/Madert/Dörndorfer/Asperger/*Dörndorfer* Kap. B Rn. 191.

[457] OLG Koblenz MDR 1992, 196.

[458] BGH JurBüro 2011, 200 = NJW-RR 2011, 499.

4. Kein Anwaltszwang

337 Im Beschwerdeverfahren herrscht kein Anwaltszwang.[459] Anders jedoch in der Verwaltungsgerichtsbarkeit weg. der eindeutigen Regelung in § 147 Abs. 1 S. 2, 67 Abs. 4 VwGO (str.).[460]

5. Kostenentscheidung

338 Entscheidungen im Erinnerungs- wie im Beschwerdeverfahren müssen auch über die Kosten entscheiden.[461] Etwas andere gilt für den Rechtspfleger nur, wenn er ganz oder teilweise vorlegt. Auch bei teilweiser Vorlage entscheidet das Beschwerdegericht über die gesamten Kosten des Verfahrens.

339 Anders als bei der Vergütungsfestsetzung (→ § 11 Rn. 350) findet auch eine Kostenerstattung hinsichtlich der RA-Gebühren statt.

340 Bei **Rücknahme** der Erinnerung oder der Beschwerde ist analog § 516 ZPO über die Kosten zu entscheiden.

341 Wird die **Kostengrundentscheidung** aufgehoben oder geändert, so wird das Rechtsmittel gegenstandslos und hat der Antragsteller des Kostenfestsetzungsverfahrens die Kosten des Rechtsmittelverfahrens zu tragen[462] (Rechtsgedanke des § 717 Abs. 2 ZPO).[463]

342 **Erfolgreicher Kostenfestsetzungsantrag erst in Beschwerdeinstanz.** Wird dem Kostenfestsetzungsantrag erst in der Beschwerdeinstanz stattgegeben, so trägt der Erstattungspflichtige die Kosten des Beschwerdeverfahrens unabhängig davon, wie er sich vorher verhalten hat,[464] also auch dann, wenn er sich gegen den Antrag nicht gewehrt hatte.

343 **Unterlassene Kostenentscheidung.** Wurde versehentlich eine Kostenentscheidung unterlassen, so kann das nicht im Weg einer Berichtigung gem. § 319 ZPO nachgeholt werden.[465] Es muss vielmehr binnen 14 Tagen (§ 321 Abs. 2 ZPO) eine Ergänzung gem. § 321 ZPO beantragt werden. Hat aber das Gericht in den Gründen zum Ausdruck gebracht, dass es eine Kostenentscheidung treffen wollte (zB „Die Entscheidung über die Kosten beruht auf § 91 ZPO"), so ist eine jederzeitige Berichtigung möglich.

6. Gerichts- und Anwaltsgebühren

344 **Gerichtsgebühren** fallen im Erinnerungsverfahren nicht (§ 11 Abs. 4 RPflG), wohl aber im Beschwerdeverfahren an, soweit die sofortige Beschwerde nicht erfolgreich ist (KV 1812 GKG). Auslagen gem. KV 9000 ff. GKG werden immer geltend gemacht

345 **RA-Gebühren.** Es entsteht eine 0,5 Verfahrensgebühr gem. VV 3500 RVG.

7. Rechtsbeschwerde

346 Die Rechtsbeschwerde ist unter bestimmten Voraussetzungen gegeben (→ § 11 Rn. 301).

347 Sie kann wirksam nur durch einen **beim Bundesgerichtshof zugelassenen** Rechtsanwalt (Ausnahme: Bezirksrevisor[466]) eingelegt werden.[467] Dasselbe gilt für die Begründung.

XIX. Nachliquidation

348 Es können auch noch nach der Rechtskraft eines Kostenfestsetzungsbeschlusses Positionen nachträglich geltend gemacht werden. Das gilt auch, wenn der Rechtspfleger über andere, bereits früher angemeldete Positionen bereits entschieden hat. Die Rechtskraft des vorausgegangenen Beschlusses steht nicht entgegen, da es insoweit an einer Entscheidung fehlt.[468] Anders ist es, wenn der Rechtspfleger eine Entscheidung über diese Position bereits getroffen hat. Ist eine Position abgelehnt worden, so kann an ihrer Stelle – auch im Weg der Nachliquidation – eine andere Position geltend gemacht werden, zB anstelle von Verkehrsanwaltskosten Reisekosten der Partei.

---

[459] BGH NJW 2006, 2260; OLG Frankfurt a. M. MDR 2014, 1227 = RVGreport 2014, 402.

[460] OVG Bln-Bbg NJW-Spezial 2017, 252 = AGS 2017, 247; HessVGH JurBüro 2010, 89 = NVwZ 2009, 1445; OVG Lüneburg NVwZ-RR 2016, 240 = RVGreport 2016, 194 mzustAnm *Hansens;* **aA** OVG Saarlouis 12.2.2010 3 E 517/09 BeckRS 2010, 46627; OVG Bautzen NVwZ 2009, 1573.

[461] OLG Zweibrücken Rpfleger 2003, 101.

[462] BGH VersR 2007, 519.

[463] von Eicken/Hellstab/Lappe/Madert/Dörndorfer/Asperger/*Dörndorfer* Kap. B Rn. 216.

[464] OLG Karlsruhe AGS 2014, 433.

[465] KG AGS 2014, 588 = NJW-Spezial 2014, 733.

[466] BGH NJW-RR 2005, 1237 = FamRZ 2005, 1164.

[467] BGH NJW 2002, 2181 = AnwBl 2003, 123.

[468] BGH FamRZ 2011, 1222.

Vergessener Verzinsungsantrag. Wurde der Verzinsungsantrag vergessen, so kann er mit Rückwirkung ab Eingang des Festsetzungsantrags noch nachträglich gestellt werden, und zwar auch dann noch, wenn bereits ein Kostenfestsetzungsbeschluss ergangen ist.[469] 349

XX. Rückfestsetzung

Rückfestsetzungsbeschluss. Hat eine Partei aufgrund eines inzwischen geänderten Kostenentscheidung dem Gegner Kosten erstattet, so kann es die nach dem neuen Titel zu viel gezahlten Kosten durch einen Kostenfestsetzungsbeschluss vom Rechtspfleger „rückfestsetzen" lassen (§ 91 Abs. 4 ZPO); im Fall des § 126 Abs. 1 ZPO gegen den RA.[470] 350

Grundsätze wie bei Kostenfestsetzung Für die Rückfestsetzung gelten die gleichen Grundsätze wie für das Kostenfestsetzungsverfahren. Das gilt auch für die materiell-rechtlichen Einwendungen (→ Rn. 294 ff.).[471] Weg Aufrechnung gegen Rückzahlungsanspruch OLG Celle NJW-RR 2016, 766 = RVGreport 2015, 471 mAnm *Hansens.* 351

Zinsen. Kosten, die aufgrund eines vorläufigen vollstreckbaren und später geänderten Urteils überzahlt wurden und im Wege der Rückfestsetzung festgesetzt werden, sind ab Einreichung des Rückfestsetzungsantrags zu verzinsen. Für den davor liegenden Zeitraum sind Zinsen nur dann festzusetzen, wenn solche auf den später wirkungslos gewordenen ursprünglichen Kostenfestsetzungsbeschluss gezahlt worden sind.[472] 352

XXI. Vollstreckung

Der Kostenfestsetzungsbeschluss ist ein Vollstreckungstitel. Mit der Vollstreckung darf aber erst zwei Wochen nach dessen Zustellung begonnen werden (§ 798 ZPO). Ein Rechtsmittel gegen den Kostenfestsetzungsbeschluss hat keine aufschiebende Wirkung (§ 570 Abs. 1 ZPO). Es kann aber die Vollziehung ausgesetzt werden (§ 570 Abs. 2 ZPO). Ordnet das Familiengericht in einer Unterhaltssache gem. § 116 Abs. 3 S. 3 FamFG die sofortige Wirksamkeit der Entscheidung an, so wird davon die Kostenentscheidung nicht erfasst.[473] 353

---

469 *Hansens* Anm. zu Staatsgerichtshof BW RVGreport 2016, 113.
470 SG Berlin AGS 2017, 533.
471 OLG Bamberg JurBüro 2012, 198; OLG Brandenburg Rpfleger 2012, 106 = MDR 2011, 1254.
472 OLG Zweibrücken JurBüro 2004, 657.
473 OLG Frankfurt a. M. NJW 2017, 180.

XI. Gesetzestexte

1. Gesetz über Gerichtskosten in Familiensachen (FamGKG)

Vom 17. Dezember 2008 (BGBl. I 2586, 2666)
zuletzt geändert durch Art. 2 KostenrechtsänderungsG v. 21.12.2020 (BGBl. I 3229)

(Auszug)

Inhaltsübersicht

Abschnitt 6. Gebührenvorschriften

§ 28 Wertgebühren

(1) [1] Wenn sich die Gebühren nach dem Verfahrenswert richten, beträgt bei einem Verfahrenswert bis 500 Euro die Gebühr 38 Euro. [2] Die Gebühr erhöht sich bei einem

Verfahrenswert bis … Euro	für jeden angefangenen Betrag von weiteren … Euro	um … Euro
2.000	500	20
10.000	1.000	21
25.000	3.000	29
50.000	5.000	38
200.000	15.000	132
500.000	30.000	198
über 500.000	50.000	198

[3] Eine Gebührentabelle für Verfahrenswerte bis 500 000 Euro ist diesem Gesetz als Anlage 2 beigefügt.

(2) Der Mindestbetrag einer Gebühr ist 15 Euro.

§ 29 Einmalige Erhebung der Gebühren

Die Gebühr für das Verfahren im Allgemeinen und die Gebühr für eine Entscheidung werden in jedem Rechtszug hinsichtlich eines jeden Teils des Verfahrensgegenstands nur einmal erhoben.

§ 30 Teile des Verfahrensgegenstands

(1) Für Handlungen, die einen Teil des Verfahrensgegenstands betreffen, sind die Gebühren nur nach dem Wert dieses Teils zu berechnen.

(2) Sind von einzelnen Wertteilen in demselben Rechtszug für gleiche Handlungen Gebühren zu berechnen, darf nicht mehr erhoben werden, als wenn die Gebühr von dem Gesamtbetrag der Wertteile zu berechnen wäre.

(3) Sind für Teile des Gegenstands verschiedene Gebührensätze anzuwenden, sind die Gebühren für die Teile gesondert zu berechnen; die aus dem Gesamtbetrag der Wertteile nach dem höchsten Gebührensatz berechnete Gebühr darf jedoch nicht überschritten werden.

§ 31 Zurückverweisung, Abänderung oder Aufhebung einer Entscheidung

(1) Wird eine Sache an ein Gericht eines unteren Rechtszugs zurückverwiesen, bildet das weitere Verfahren mit dem früheren Verfahren vor diesem Gericht einen Rechtszug im Sinne des § 29.

(2) [1] Das Verfahren über eine Abänderung oder Aufhebung einer Entscheidung gilt als besonderes Verfahren, soweit im Kostenverzeichnis nichts anderes bestimmt ist. [2] Dies gilt nicht für das Verfahren zur Überprüfung der Entscheidung nach § 166 Abs. 2 und 3 des Gesetzes über das Verfahren in Familiensachen und in den Angelegenheiten der freiwilligen Gerichtsbarkeit.

§ 32 Verzögerung des Verfahrens

[1] Wird in einer selbständigen Familienstreitsache außer im Fall des § 335 der Zivilprozessordnung durch Verschulden eines Beteiligten oder seines Vertreters die Vertagung einer mündlichen Verhandlung oder die Anberaumung eines neuen Termins zur mündlichen Verhandlung nötig oder ist die Erledigung des Verfahrens durch nachträgliches Vorbringen von Angriffs- oder Verteidigungsmitteln, Beweismitteln oder Beweiseinreden, die früher vorgebracht werden konnten, verzögert worden, kann das Gericht dem Beteiligten von Amts wegen eine besondere

Gebühr mit einem Gebührensatz von 1,0 auferlegen. 2Die Gebühr kann bis auf einen Gebührensatz von 0,3 ermäßigt werden. 3Dem Antragsteller, dem Antragsgegner oder dem Vertreter stehen der Nebenintervenient und sein Vertreter gleich.

Abschnitt 7. Wertvorschriften

Unterabschnitt 1. Allgemeine Wertvorschriften

§ 33 Grundsatz

(1) 1In demselben Verfahren und in demselben Rechtszug werden die Werte mehrerer Verfahrensgegenstände zusammengerechnet, soweit nichts anderes bestimmt ist. 2Ist mit einem nichtvermögensrechtlichen Anspruch ein aus ihm hergeleiteter vermögensrechtlicher Anspruch verbunden, ist nur ein Anspruch, und zwar der höhere, maßgebend.

(2) Der Verfahrenswert beträgt höchstens 30 Millionen Euro, soweit kein niedrigerer Höchstwert bestimmt ist.

§ 34 Zeitpunkt der Wertberechnung

1Für die Wertberechnung ist der Zeitpunkt der den jeweiligen Verfahrensgegenstand betreffenden ersten Antragstellung in dem jeweiligen Rechtszug entscheidend. 2In Verfahren, die von Amts wegen eingeleitet werden, ist der Zeitpunkt der Fälligkeit der Gebühr maßgebend.

§ 35 Geldforderung

Ist Gegenstand des Verfahrens eine bezifferte Geldforderung, bemisst sich der Verfahrenswert nach deren Höhe, soweit nichts anderes bestimmt ist.

§ 36 Genehmigung einer Erklärung oder deren Ersetzung

(1) 1Wenn in einer vermögensrechtlichen Angelegenheit Gegenstand des Verfahrens die Genehmigung einer Erklärung oder deren Ersetzung ist, bemisst sich der Verfahrenswert nach dem Wert des zugrunde liegenden Geschäfts. 2§ 38 des Gerichts- und Notarkostengesetzes und die für eine Beurkundung geltenden besonderen Geschäftswert- und Bewertungsvorschriften des Gerichts- und Notarkostengesetzes sind entsprechend anzuwenden.

(2) Mehrere Erklärungen, die denselben Gegenstand betreffen, insbesondere der Kauf und die Auflassung oder die Schulderklärung und die zur Hypothekenbestellung erforderlichen Erklärungen, sind als ein Verfahrensgegenstand zu bewerten.

(3) Der Wert beträgt in jedem Fall höchstens 1 Million Euro.

§ 37 Früchte, Nutzungen, Zinsen und Kosten

(1) Sind außer dem Hauptgegenstand des Verfahrens auch Früchte, Nutzungen, Zinsen oder Kosten betroffen, wird deren Wert nicht berücksichtigt.

(2) Soweit Früchte, Nutzungen, Zinsen oder Kosten ohne den Hauptgegenstand betroffen sind, ist deren Wert maßgebend, soweit er den Wert des Hauptgegenstands nicht übersteigt.

(3) Sind die Kosten des Verfahrens ohne den Hauptgegenstand betroffen, ist der Betrag der Kosten maßgebend, soweit er den Wert des Hauptgegenstands nicht übersteigt.

§ 38 Stufenantrag

Wird mit dem Antrag auf Rechnungslegung oder auf Vorlegung eines Vermögensverzeichnisses oder auf Abgabe einer eidesstattlichen Versicherung der Antrag auf Herausgabe desjenigen verbunden, was der Antragsgegner aus dem zugrunde liegenden Rechtsverhältnis schuldet, ist für die Wertberechnung nur einer der verbundenen Ansprüche, und zwar der höhere, maßgebend.

§ 39 Antrag und Widerantrag, Hilfsanspruch, wechselseitige Rechtsmittel, Aufrechnung

(1) 1Mit einem Antrag und einem Widerantrag geltend gemachte Ansprüche, die nicht in getrennten Verfahren verhandelt werden, werden zusammengerechnet. 2Ein hilfsweise geltend

gemachter Anspruch wird mit dem Hauptanspruch zusammengerechnet, soweit eine Entscheidung über ihn ergeht. 3 Betreffen die Ansprüche im Fall des Satzes 1 oder des Satzes 2 denselben Gegenstand, ist nur der Wert des höheren Anspruchs maßgebend.

(2) Für wechselseitig eingelegte Rechtsmittel, die nicht in getrennten Verfahren verhandelt werden, ist Absatz 1 Satz 1 und 3 entsprechend anzuwenden.

(3) Macht ein Beteiligter hilfsweise die Aufrechnung mit einer bestrittenen Gegenforderung geltend, erhöht sich der Wert um den Wert der Gegenforderung, soweit eine der Rechtskraft fähige Entscheidung über sie ergeht.

(4) Bei einer Erledigung des Verfahrens durch Vergleich sind die Absätze 1 bis 3 entsprechend anzuwenden.

§ 40 Rechtsmittelverfahren

(1) 1 Im Rechtsmittelverfahren bestimmt sich der Verfahrenswert nach den Anträgen des Rechtsmittelführers. 2 Endet das Verfahren, ohne dass solche Anträge eingereicht werden, oder werden, wenn eine Frist für die Rechtsmittelbegründung vorgeschrieben ist, innerhalb dieser Frist Rechtsmittelanträge nicht eingereicht, ist die Beschwer maßgebend.

(2) 1 Der Wert ist durch den Wert des Verfahrensgegenstands des ersten Rechtszugs begrenzt. 2 Dies gilt nicht, soweit der Gegenstand erweitert wird.

(3) Im Verfahren über den Antrag auf Zulassung der Sprungrechtsbeschwerde ist Verfahrenswert der für das Rechtsmittelverfahren maßgebende Wert.

§ 41 Einstweilige Anordnung

1 Im Verfahren der einstweiligen Anordnung ist der Wert in der Regel unter Berücksichtigung der geringeren Bedeutung gegenüber der Hauptsache zu ermäßigen. 2 Dabei ist von der Hälfte des für die Hauptsache bestimmten Werts auszugehen.

§ 42 Auffangwert

(1) Soweit in einer vermögensrechtlichen Angelegenheit der Verfahrenswert sich aus den Vorschriften dieses Gesetzes nicht ergibt und auch sonst nicht feststeht, ist er nach billigem Ermessen zu bestimmen.

(2) Soweit in einer nichtvermögensrechtlichen Angelegenheit der Verfahrenswert sich aus den Vorschriften dieses Gesetzes nicht ergibt, ist er unter Berücksichtigung aller Umstände des Einzelfalls, insbesondere des Umfangs und der Bedeutung der Sache und der Vermögens- und Einkommensverhältnisse der Beteiligten, nach billigem Ermessen zu bestimmen, jedoch nicht über 500 000 Euro.

(3) Bestehen in den Fällen der Absätze 1 und 2 keine genügenden Anhaltspunkte, ist von einem Wert von 5 000 Euro auszugehen.

Unterabschnitt 2. Besondere Wertvorschriften

§ 43 Ehesachen

(1) 1 In Ehesachen ist der Verfahrenswert unter Berücksichtigung aller Umstände des Einzelfalls, insbesondere des Umfangs und der Bedeutung der Sache und der Vermögens- und Einkommensverhältnisse der Ehegatten, nach Ermessen zu bestimmen. 2 Der Wert darf nicht unter 3 000 Euro und nicht über 1 Million Euro angenommen werden.

(2) Für die Einkommensverhältnisse ist das in drei Monaten erzielte Nettoeinkommen der Ehegatten einzusetzen.

§ 44 Verbund

(1) Die Scheidungssache und die Folgesachen gelten als ein Verfahren.

(2) 1 Sind in § 137 Abs. 3 des Gesetzes über das Verfahren in Familiensachen und in den Angelegenheiten der freiwilligen Gerichtsbarkeit genannte Kindschaftssachen Folgesachen, erhöht sich der Verfahrenswert nach § 43 für jede Kindschaftssache um 20 Prozent, höchstens um jeweils 4 000 Euro; eine Kindschaftssache ist auch dann als ein Gegenstand zu bewerten, wenn

sie mehrere Kinder betrifft. [2]Die Werte der übrigen Folgesachen werden hinzugerechnet. [3]§ 33 Abs. 1 Satz 2 ist nicht anzuwenden.

(3) Ist der Betrag, um den sich der Verfahrenswert der Ehesache erhöht (Absatz 2), nach den besonderen Umständen des Einzelfalls unbillig, kann das Gericht einen höheren oder einen niedrigeren Betrag berücksichtigen.

§ 45 Bestimmte Kindschaftssachen

(1) In einer Kindschaftssache, die
1. die Übertragung oder Entziehung der elterlichen Sorge oder eines Teils der elterlichen Sorge,
2. das Umgangsrecht einschließlich der Umgangspflegschaft,
3. das Recht auf Auskunft über die persönlichen Verhältnisse des Kindes oder
4. die Kindesherausgabe

betrifft, beträgt der Verfahrenswert 4 000 Euro.

(2) Eine Kindschaftssache nach Absatz 1 ist auch dann als ein Gegenstand zu bewerten, wenn sie mehrere Kinder betrifft.

(3) Ist der nach Absatz 1 bestimmte Wert nach den besonderen Umständen des Einzelfalls unbillig, kann das Gericht einen höheren oder einen niedrigeren Wert festsetzen.

§ 46 Übrige Kindschaftssachen

(1) Wenn Gegenstand einer Kindschaftssache eine vermögensrechtliche Angelegenheit ist, gelten § 38 des Gerichts- und Notarkostengesetzes und die für eine Beurkundung geltenden besonderen Geschäftswert- und Bewertungsvorschriften des Gerichts- und Notarkostengesetzes entsprechend.

(2) [1]Bei Pflegschaften für einzelne Rechtshandlungen bestimmt sich der Verfahrenswert nach dem Wert des Gegenstands, auf den sich die Rechtshandlung bezieht. [2]Bezieht sich die Pflegschaft auf eine gegenwärtige oder künftige Mitberechtigung, ermäßigt sich der Wert auf den Bruchteil, der dem Anteil der Mitberechtigung entspricht. [3]Bei Gesamthandsverhältnissen ist der Anteil entsprechend der Beteiligung an dem Gesamthandvermögen zu bemessen.

(3) Der Wert beträgt in jedem Fall höchstens 1 Million Euro.

§ 47 Abstammungssachen

(1) In Abstammungssachen nach § 169 Nr. 1 und 4 des Gesetzes über das Verfahren in Familiensachen und in den Angelegenheiten der freiwilligen Gerichtsbarkeit beträgt der Verfahrenswert 2 000 Euro, in den übrigen Abstammungssachen 1 000 Euro.

(2) Ist der nach Absatz 1 bestimmte Wert nach den besonderen Umständen des Einzelfalls unbillig, kann das Gericht einen höheren oder einen niedrigeren Wert festsetzen.

§ 48 Ehewohnungs- und Haushaltssachen

(1) In Ehewohnungssachen nach § 200 Absatz 1 Nummer 1 des Gesetzes über das Verfahren in Familiensachen und in den Angelegenheiten der freiwilligen Gerichtsbarkeit beträgt der Verfahrenswert 3 000 Euro, in Ehewohnungssachen nach § 200 Absatz 1 Nummer 2 des Gesetzes über das Verfahren in Familiensachen und in den Angelegenheiten der freiwilligen Gerichtsbarkeit 4 000 Euro.

(2) In Haushaltssachen nach § 200 Absatz 2 Nummer 1 des Gesetzes über das Verfahren in Familiensachen und in den Angelegenheiten der freiwilligen Gerichtsbarkeit beträgt der Wert 2 000 Euro, in Haushaltssachen nach § 200 Absatz 2 Nummer 2 des Gesetzes über das Verfahren in Familiensachen und in den Angelegenheiten der freiwilligen Gerichtsbarkeit 3 000 Euro.

(3) Ist der nach den Absätzen 1 und 2 bestimmte Wert nach den besonderen Umständen des Einzelfalls unbillig, kann das Gericht einen höheren oder einen niedrigeren Wert festsetzen.

§ 49 Gewaltschutzsachen

(1) In Gewaltschutzsachen nach § 1 des Gewaltschutzgesetzes und in Verfahren nach dem EU-Gewaltschutzverfahrensgesetz beträgt der Verfahrenswert 2 000 Euro, in Gewaltschutzsachen nach § 2 des Gewaltschutzgesetzes 3 000 Euro.

(2) Ist der nach Absatz 1 bestimmte Wert nach den besonderen Umständen des Einzelfalls unbillig, kann das Gericht einen höheren oder einen niedrigeren Wert festsetzen.

§ 50 Versorgungsausgleichssachen

(1) [1]In Versorgungsausgleichssachen beträgt der Verfahrenswert für jedes Anrecht 10 Prozent, bei Ausgleichsansprüchen nach der Scheidung für jedes Anrecht 20 Prozent des in drei Monaten erzielten Nettoeinkommens der Ehegatten. [2]Der Wert nach Satz 1 beträgt insgesamt mindestens 1 000 Euro.

(2) In Verfahren über einen Auskunftsanspruch oder über die Abtretung von Versorgungsansprüchen beträgt der Verfahrenswert 500 Euro.

(3) Ist der nach den Absätzen 1 und 2 bestimmte Wert nach den besonderen Umständen des Einzelfalls unbillig, kann das Gericht einen höheren oder einen niedrigeren Wert festsetzen.

§ 51 Unterhaltssachen und sonstige den Unterhalt betreffende Familiensachen

(1) [1]In Unterhaltssachen und in sonstigen den Unterhalt betreffenden Familiensachen, soweit diese jeweils Familienstreitsachen sind und wiederkehrende Leistungen betreffen, ist der für die ersten zwölf Monate nach Einreichung des Antrags geforderte Betrag maßgeblich, höchstens jedoch der Gesamtbetrag der geforderten Leistung. [2]Bei Unterhaltsansprüchen nach den §§ 1612a bis 1612c des Bürgerlichen Gesetzbuchs ist dem Wert nach Satz 1 der Monatsbetrag des zum Zeitpunkt der Einreichung des Antrags geltenden Mindestunterhalts nach der zu diesem Zeitpunkt maßgebenden Altersstufe zugrunde zu legen.

(2) [1]Die bei Einreichung des Antrags fälligen Beträge werden dem Wert hinzugerechnet. [2]Der Einreichung des Antrags wegen des Hauptgegenstands steht die Einreichung eines Antrags auf Bewilligung der Verfahrenskostenhilfe gleich, wenn der Antrag wegen des Hauptgegenstands alsbald nach Mitteilung der Entscheidung über den Antrag auf Bewilligung der Verfahrenskostenhilfe oder über eine alsbald eingelegte Beschwerde eingereicht wird. [3]Die Sätze 1 und 2 sind im vereinfachten Verfahren zur Festsetzung von Unterhalt Minderjähriger entsprechend anzuwenden.

(3) [1]In Unterhaltssachen, die nicht Familienstreitsachen sind, beträgt der Wert 500 Euro. [2]Ist der Wert nach den besonderen Umständen des Einzelfalls unbillig, kann das Gericht einen höheren Wert festsetzen.

§ 52 Güterrechtssachen

[1]Wird in einer Güterrechtssache, die Familienstreitsache ist, auch über einen Antrag nach § 1382 Abs. 5 oder nach § 1383 Abs. 3 des Bürgerlichen Gesetzbuchs entschieden, handelt es sich um ein Verfahren. [2]Die Werte werden zusammengerechnet.

Unterabschnitt 3. Wertfestsetzung

§ 53 Angabe des Werts

[1]Bei jedem Antrag ist der Verfahrenswert, wenn dieser nicht in einer bestimmten Geldsumme besteht, kein fester Wert bestimmt ist oder sich nicht aus früheren Anträgen ergibt, und nach Aufforderung auch der Wert eines Teils des Verfahrensgegenstands schriftlich oder zu Protokoll der Geschäftsstelle anzugeben. [2]Die Angabe kann jederzeit berichtigt werden.

§ 54 Wertfestsetzung für die Zulässigkeit der Beschwerde

Ist der Wert für die Zulässigkeit der Beschwerde festgesetzt, ist die Festsetzung auch für die Berechnung der Gebühren maßgebend, soweit die Wertvorschriften dieses Gesetzes nicht von den Wertvorschriften des Verfahrensrechts abweichen.

§ 55 Wertfestsetzung für die Gerichtsgebühren

(1) [1]Sind Gebühren, die sich nach dem Verfahrenswert richten, mit der Einreichung des Antrags, der Einspruchs- oder der Rechtsmittelschrift oder mit der Abgabe der entsprechenden Erklärung zu Protokoll fällig, setzt das Gericht sogleich den Wert ohne Anhörung der Beteiligten durch Beschluss vorläufig fest, wenn Gegenstand des Verfahrens nicht eine bestimmte Geld-

summe in Euro ist oder für den Regelfall kein fester Wert bestimmt ist. [2]Einwendungen gegen die Höhe des festgesetzten Werts können nur im Verfahren über die Beschwerde gegen den Beschluss, durch den die Tätigkeit des Gerichts aufgrund dieses Gesetzes von der vorherigen Zahlung von Kosten abhängig gemacht wird, geltend gemacht werden.

(2) Soweit eine Entscheidung nach § 54 nicht ergeht oder nicht bindet, setzt das Gericht den Wert für die zu erhebenden Gebühren durch Beschluss fest, sobald eine Entscheidung über den gesamten Verfahrensgegenstand ergeht oder sich das Verfahren anderweitig erledigt.

(3) [1]Die Festsetzung kann von Amts wegen geändert werden

1. von dem Gericht, das den Wert festgesetzt hat, und
2. von dem Rechtsmittelgericht, wenn das Verfahren wegen des Hauptgegenstands oder wegen der Entscheidung über den Verfahrenswert, den Kostenansatz oder die Kostenfestsetzung in der Rechtsmittelinstanz schwebt.

[2]Die Änderung ist nur innerhalb von sechs Monaten zulässig, nachdem die Entscheidung wegen des Hauptgegenstands Rechtskraft erlangt oder das Verfahren sich anderweitig erledigt hat.

§ 56 Schätzung des Werts

[1]Wird eine Abschätzung durch Sachverständige erforderlich, ist in dem Beschluss, durch den der Verfahrenswert festgesetzt wird (§ 55), über die Kosten der Abschätzung zu entscheiden. [2]Diese Kosten können ganz oder teilweise dem Beteiligten auferlegt werden, welcher die Abschätzung durch Unterlassen der ihm obliegenden Wertangabe, durch unrichtige Angabe des Werts, durch unbegründetes Bestreiten des angegebenen Werts oder durch eine unbegründete Beschwerde veranlasst hat.

Abschnitt 8. Erinnerung und Beschwerde

§ 57 Erinnerung gegen den Kostenansatz, Beschwerde

(1) [1]Über Erinnerungen des Kostenschuldners und der Staatskasse gegen den Kostenansatz entscheidet das Gericht, bei dem die Kosten angesetzt sind. [2]War das Verfahren im ersten Rechtszug bei mehreren Gerichten anhängig, ist das Gericht, bei dem es zuletzt anhängig war, auch insoweit zuständig, als Kosten bei den anderen Gerichten angesetzt worden sind.

(2) [1]Gegen die Entscheidung des Familiengerichts über die Erinnerung findet die Beschwerde statt, wenn der Wert des Beschwerdegegenstands 200 Euro übersteigt. [2]Die Beschwerde ist auch zulässig, wenn sie das Familiengericht, das die angefochtene Entscheidung erlassen hat, wegen der grundsätzlichen Bedeutung der zur Entscheidung stehenden Frage in dem Beschluss zulässt.

(3) [1]Soweit das Familiengericht die Beschwerde für zulässig und begründet hält, hat es ihr abzuhelfen; im Übrigen ist die Beschwerde unverzüglich dem Oberlandesgericht vorzulegen. [2]Das Oberlandesgericht ist an die Zulassung der Beschwerde gebunden; die Nichtzulassung ist unanfechtbar.

(4) [1]Anträge und Erklärungen können ohne Mitwirkung eines Rechtsanwalts schriftlich eingereicht oder zu Protokoll der Geschäftsstelle abgegeben werden; § 129a der Zivilprozessordnung gilt entsprechend. [2]Für die Bevollmächtigung gelten die Regelungen des Gesetzes über das Verfahren in Familiensachen und in den Angelegenheiten der freiwilligen Gerichtsbarkeit entsprechend. [3]Die Erinnerung ist bei dem Gericht einzulegen, das für die Entscheidung über die Erinnerung zuständig ist. [4]Die Beschwerde ist bei dem Familiengericht einzulegen.

(5) [1]Das Gericht entscheidet über die Erinnerung und die Beschwerde durch eines seiner Mitglieder als Einzelrichter. [2]Der Einzelrichter überträgt das Verfahren dem Senat, wenn die Sache besondere Schwierigkeiten tatsächlicher oder rechtlicher Art aufweist oder die Rechtssache grundsätzliche Bedeutung hat.

(6) [1]Erinnerung und Beschwerde haben keine aufschiebende Wirkung. [2]Das Gericht oder das Beschwerdegericht kann auf Antrag oder von Amts wegen die aufschiebende Wirkung ganz oder teilweise anordnen; ist nicht der Einzelrichter zur Entscheidung berufen, entscheidet der Vorsitzende des Gerichts.

(7) Entscheidungen des Oberlandesgerichts sind unanfechtbar.

(8) [1]Die Verfahren sind gebührenfrei. [2]Kosten werden nicht erstattet.

§ 58 Beschwerde gegen die Anordnung einer Vorauszahlung

(1) [1]Gegen den Beschluss, durch den die Tätigkeit des Familiengerichts nur aufgrund dieses Gesetzes von der vorherigen Zahlung von Kosten abhängig gemacht wird, und wegen der Höhe des in diesem Fall im Voraus zu zahlenden Betrags findet stets die Beschwerde statt. [2]§ 57 Abs. 3, 4 Satz 1 und 4, Abs. 5, 7 und 8 ist entsprechend anzuwenden. [3]Soweit sich der Beteiligte in dem Verfahren wegen des Hauptgegenstands vor dem Familiengericht durch einen Bevollmächtigten vertreten lassen muss, gilt dies auch im Beschwerdeverfahren.

(2) Im Fall des § 16 Abs. 2 ist § 57 entsprechend anzuwenden.

§ 59 Beschwerde gegen die Festsetzung des Verfahrenswerts

(1) [1]Gegen den Beschluss des Familiengerichts, durch den der Verfahrenswert für die Gerichtsgebühren festgesetzt worden ist (§ 55 Abs. 2), findet die Beschwerde statt, wenn der Wert des Beschwerdegegenstands 200 Euro übersteigt. [2]Die Beschwerde findet auch statt, wenn sie das Familiengericht wegen der grundsätzlichen Bedeutung der zur Entscheidung stehenden Frage in dem Beschluss zulässt. [3]Die Beschwerde ist nur zulässig, wenn sie innerhalb der in § 55 Abs. 3 Satz 2 bestimmten Frist eingelegt wird; ist der Verfahrenswert später als einen Monat vor Ablauf dieser Frist festgesetzt worden, kann sie noch innerhalb eines Monats nach Zustellung oder formloser Mitteilung des Festsetzungsbeschlusses eingelegt werden. [4]Im Fall der formlosen Mitteilung gilt der Beschluss mit dem dritten Tag nach Aufgabe zur Post als bekannt gemacht. [5]§ 57 Abs. 3, 4 Satz 1, 2 und 4, Abs. 5 und 7 ist entsprechend anzuwenden.

(2) [1]War der Beschwerdeführer ohne sein Verschulden verhindert, die Frist einzuhalten, ist ihm auf Antrag vom Oberlandesgericht Wiedereinsetzung in den vorigen Stand zu gewähren, wenn er die Beschwerde binnen zwei Wochen nach der Beseitigung des Hindernisses einlegt und die Tatsachen, welche die Wiedereinsetzung begründen, glaubhaft macht. [2]Ein Fehlen des Verschuldens wird vermutet, wenn eine Rechtsbehelfsbelehrung unterblieben oder fehlerhaft ist. [3]Nach Ablauf eines Jahres, von dem Ende der versäumten Frist an gerechnet, kann die Wiedereinsetzung nicht mehr beantragt werden.

(3) [1]Die Verfahren sind gebührenfrei. [2]Kosten werden nicht erstattet.

§ 60 Beschwerde gegen die Auferlegung einer Verzögerungsgebühr

[1]Gegen den Beschluss des Familiengerichts nach § 32 findet die Beschwerde statt, wenn der Wert des Beschwerdegegenstands 200 Euro übersteigt oder das Familiengericht die Beschwerde wegen der grundsätzlichen Bedeutung in dem Beschluss der zur Entscheidung stehenden Frage zugelassen hat. [2]§ 57 Abs. 3, 4 Satz 1, 2 und 4, Abs. 5, 7 und 8 ist entsprechend anzuwenden.

§ 61 Abhilfe bei Verletzung des Anspruchs auf rechtliches Gehör

(1) Auf die Rüge eines durch die Entscheidung beschwerten Beteiligten ist das Verfahren fortzuführen, wenn

1. ein Rechtsmittel oder ein anderer Rechtsbehelf gegen die Entscheidung nicht gegeben ist und
2. das Gericht den Anspruch dieses Beteiligten auf rechtliches Gehör in entscheidungserheblicher Weise verletzt hat.

(2) [1]Die Rüge ist innerhalb von zwei Wochen nach Kenntnis von der Verletzung des rechtlichen Gehörs zu erheben; der Zeitpunkt der Kenntniserlangung ist glaubhaft zu machen. [2]Nach Ablauf eines Jahres seit Bekanntmachung der angegriffenen Entscheidung kann die Rüge nicht mehr erhoben werden. [3]Formlos mitgeteilte Entscheidungen gelten mit dem dritten Tage nach Aufgabe zur Post als bekannt gemacht. [4]Die Rüge ist bei dem Gericht zu erheben, dessen Entscheidung angegriffen wird; § 57 Abs. 4 Satz 1 und 2 gelten entsprechend. [5]Die Rüge muss die angegriffene Entscheidung bezeichnen und das Vorliegen der in Absatz 1 Nr. 2 genannten Voraussetzungen darlegen.

(3) Den übrigen Beteiligten ist, soweit erforderlich, Gelegenheit zur Stellungnahme zu geben.

(4) [1]Das Gericht hat von Amts wegen zu prüfen, ob die Rüge an sich statthaft und ob sie in der gesetzlichen Form und Frist erhoben ist. [2]Mangelt es an einem dieser Erfordernisse, so ist die Rüge als unzulässig zu verwerfen. [3]Ist die Rüge unbegründet, weist das Gericht sie zurück.

[4]Die Entscheidung ergeht durch unanfechtbaren Beschluss. [5]Der Beschluss soll kurz begründet werden.

(5) Ist die Rüge begründet, so hilft ihr das Gericht ab, indem es das Verfahren fortführt, soweit dies aufgrund der Rüge geboten ist.

(6) Kosten werden nicht erstattet.

Abschnitt 9. Schluss- und Übergangsvorschriften

§ 61a Verordnungsermächtigung

[1]Die Landesregierungen werden ermächtigt, durch Rechtsverordnung zu bestimmen, dass die von den Gerichten der Länder zu erhebenden Verfahrensgebühren in solchen Verfahren, die nur auf Antrag eingeleitet werden, über die im Kostenverzeichnis für den Fall der Zurücknahme des Antrags vorgesehene Ermäßigung hinaus weiter ermäßigt werden oder entfallen, wenn das gesamte Verfahren oder bei Verbundverfahren nach § 44 eine Folgesache nach einer Mediation oder nach einem anderen Verfahren der außergerichtlichen Konfliktbeilegung durch Zurücknahme des Antrags beendet wird und in der Antragsschrift mitgeteilt worden ist, dass eine Mediation oder ein anderes Verfahren der außergerichtlichen Konfliktbeilegung unternommen wird oder beabsichtigt ist, oder wenn das Gericht den Beteiligten die Durchführung einer Mediation oder eines anderen Verfahrens der außergerichtlichen Konfliktbeilegung vorgeschlagen hat. [2]Satz 1 gilt entsprechend für die im Beschwerdeverfahren von den Oberlandesgerichten zu erhebenden Verfahrensgebühren; an die Stelle der Antragsschrift tritt der Schriftsatz, mit dem die Beschwerde eingelegt worden ist.

§ 62 *(aufgehoben)*

§ 62a Bekanntmachung von Neufassungen

[1]Das Bundesministerium der Justiz und für Verbraucherschutz kann nach Änderungen den Wortlaut des Gesetzes feststellen und als Neufassung im Bundesgesetzblatt bekannt machen. [2]Die Bekanntmachung muss auf diese Vorschrift Bezug nehmen und angeben

1. den Stichtag, zu dem der Wortlaut festgestellt wird,
2. die Änderungen seit der letzten Veröffentlichung des vollständigen Wortlauts im Bundesgesetzblatt sowie
3. das Inkrafttreten der Änderungen.

§ 63 Übergangsvorschrift

(1) [1]In Verfahren, die vor dem Inkrafttreten einer Gesetzesänderung anhängig geworden oder eingeleitet worden sind, werden die Kosten nach bisherigem Recht erhoben. [2]Dies gilt nicht im Verfahren über ein Rechtsmittel, das nach dem Inkrafttreten einer Gesetzesänderung eingelegt worden ist. [3]Die Sätze 1 und 2 gelten auch, wenn Vorschriften geändert werden, auf die dieses Gesetz verweist.

(2) In Verfahren, in denen Jahresgebühren erhoben werden, und in Fällen, in denen Absatz 1 keine Anwendung findet, gilt für Kosten, die vor dem Inkrafttreten einer Gesetzesänderung fällig geworden sind, das bisherige Recht.

§ 64 Übergangsvorschrift für die Erhebung von Haftkosten

Bis zum Erlass landesrechtlicher Vorschriften über die Höhe des Haftkostenbeitrags, der von einem Gefangenen zu erheben ist, sind die Nummern 2008 und 2009 des Kostenverzeichnisses in der bis zum 27. Dezember 2010 geltenden Fassung anzuwenden.

2. Übergangsvorschrift; Inkrafttreten; Außerkrafttreten

Art. 111 Übergangsvorschrift

(1) [1]Auf Verfahren, die bis zum Inkrafttreten des Gesetzes zur Reform des Verfahrens in Familiensachen und in den Angelegenheiten der freiwilligen Gerichtsbarkeit eingeleitet worden sind oder deren Einleitung bis zum Inkrafttreten des Gesetzes zur Reform des Verfahrens in

Familiensachen und in den Angelegenheiten der freiwilligen Gerichtsbarkeit beantragt wurde, sind weiter die vor Inkrafttreten des Gesetzes zur Reform des Verfahrens in Familiensachen und in den Angelegenheiten der freiwilligen Gerichtsbarkeit geltenden Vorschriften anzuwenden. [2] Auf Abänderungs-, Verlängerungs- und Aufhebungsverfahren finden die vor Inkrafttreten des Gesetzes zur Reform des Verfahrens in Familiensachen und in den Angelegenheiten der freiwilligen Gerichtsbarkeit geltenden Vorschriften Anwendung, wenn die Abänderungs-, Verlängerungs- und Aufhebungsverfahren bis zum Inkrafttreten des Gesetzes zur Reform des Verfahrens in Familiensachen und in den Angelegenheiten der freiwilligen Gerichtsbarkeit eingeleitet worden sind oder deren Einleitung bis zum Inkrafttreten des Gesetzes zur Reform des Verfahrens in Familiensachen und in den Angelegenheiten der freiwilligen Gerichtsbarkeit beantragt wurde.

(2) Jedes gerichtliche Verfahren, das mit einer Endentscheidung abgeschlossen wird, ist ein selbständiges Verfahren im Sinne des Absatzes 1 Satz 1.

(3) Abweichend von Absatz 1 Satz 1 sind auf Verfahren in Familiensachen, die am 1. September 2009 ausgesetzt sind oder nach dem 1. September 2009 ausgesetzt werden oder deren Ruhen am 1. September 2009 angeordnet ist oder nach dem 1. September 2009 angeordnet wird, die nach Inkrafttreten des Gesetzes zur Reform des Verfahrens in Familiensachen und in den Angelegenheiten der freiwilligen Gerichtsbarkeit geltenden Vorschriften anzuwenden.

(4) [1] Abweichend von Absatz 1 Satz 1 sind auf Verfahren über den Versorgungsausgleich, die am 1. September 2009 vom Verbund abgetrennt sind oder nach dem 1. September 2009 abgetrennt werden, die nach Inkrafttreten des Gesetzes zur Reform des Verfahrens in Familiensachen und in den Angelegenheiten der freiwilligen Gerichtsbarkeit geltenden Vorschriften anzuwenden. [2] Alle vom Verbund abgetrennten Folgesachen werden im Fall des Satzes 1 als selbständige Familiensachen fortgeführt.

(5) Abweichend von Absatz 1 Satz 1 sind auf Verfahren über den Versorgungsausgleich, in denen am 31. August 2010 im ersten Rechtszug noch keine Endentscheidung erlassen wurde, sowie auf die mit solchen Verfahren im Verbund stehenden Scheidungs- und Folgesachen ab dem 1. September 2010 die nach Inkrafttreten des Gesetzes zur Reform des Verfahrens in Familiensachen und in den Angelegenheiten der freiwilligen Gerichtsbarkeit geltenden Vorschriften anzuwenden.

Art. 112 Inkrafttreten, Außerkrafttreten

(1) Dieses Gesetz tritt, mit Ausnahme von Artikel 110a Abs. 2 und 3, am 1. September 2009 in Kraft; gleichzeitig treten das Gesetz über die Angelegenheiten der freiwilligen Gerichtsbarkeit in der im Bundesgesetzblatt Teil III, Gliederungsnummer 315-1, veröffentlichten bereinigten Fassung, zuletzt geändert durch Artikel 12 des Gesetzes vom 23. Oktober 2008 (BGBl. I S. 2026), und das Gesetz über das gerichtliche Verfahren bei Freiheitsentziehungen in der im Bundesgesetzblatt Teil III, Gliederungsnummer 316-1, veröffentlichten bereinigten Fassung, zuletzt geändert durch Artikel 6 Abs. 6 des Gesetzes vom 19. August 2007 (BGBl. I S. 1970), außer Kraft.

(2) Artikel 110a Abs. 2 und 3 tritt an dem Tag in Kraft, an dem das Gesetz zur Umsetzung des Haager Übereinkommens vom 13. Januar 2000 über den internationalen Schutz von Erwachsenen vom 17. März 2007 (BGBl. I S. 314) nach seinem Artikel 3 in Kraft tritt, wenn dieser Tag auf den 1. September 2009 fällt oder vor diesem Zeitpunkt liegt.

XII. Gebührentabellen

1. Die Gebühren des § 13 RVG
2. Die Gebühren des § 49 RVG
3. Die Gebühren des VV 1009
4. Die Gebühren in Strafsachen
5. Die Gebühren in Bußgeldsachen

1. Die Gebühren des § 13 RVG

Wert bis	1,0	0,3	0,5	0,65	0,8
500	49,00	15,00	24,50	31,85	39,20
1.000	88,00	26,40	44,00	57,20	70,40
1.500	127,00	38,10	63,50	82,55	101,60
2.000	166,00	49,80	83,00	107,90	132,80
3.000	222,00	66,60	111,00	144,30	177,60
4.000	278,00	83,40	139,00	180,70	222,40
5.000	334,00	100,20	167,00	217,10	267,20
6.000	390,00	117,00	195,00	253,50	312,00
7.000	446,00	133,80	223,00	289,90	356,80
8.000	502,00	150,60	251,00	326,30	401,60
9.000	558,00	167,40	279,00	362,70	446,40
10.000	614,00	184,20	307,00	399,10	491,20
13.000	666,00	199,80	333,00	432,90	532,80
16.000	718,00	215,40	359,00	466,70	574,40
19.000	770,00	231,00	385,00	500,50	616,00
22.000	822,00	246,60	411,00	534,30	657,60
25.000	874,00	262,20	437,00	568,10	699,20
30.000	955,00	286,50	477,50	620,75	764,00
35.000	1.036,00	310,80	518,00	673,40	828,80
40.000	1.117,00	335,10	558,50	726,05	893,60
45.000	1.198,00	359,40	599,00	778,70	958,40
50.000	1.279,00	383,70	639,50	831,35	1.023,20
65.000	1.373,00	411,90	686,50	892,45	1.098,40
80.000	1.467,00	440,10	733,50	953,55	1.173,60
95.000	1.561,00	468,30	780,50	1.014,65	1.248,80
110.000	1.655,00	496,50	827,50	1.075,75	1.324,00
125.000	1.749,00	524,70	874,50	1.136,85	1.399,20
140.000	1.843,00	552,90	921,50	1.197,95	1.474,40
155.000	1.937,00	581,10	968,50	1.259,05	1.549,60
170.000	2.031,00	609,30	1.015,50	1.320,15	1.624,80
185.000	2.125,00	637,50	1.062,50	1.381,25	1.700,00
200.000	2.219,00	665,70	1.109,50	1.442,35	1.775,20
230.000	2.351,00	705,30	1.175,50	1.528,15	1.880,80
260.000	2.483,00	744,90	1.241,50	1.613,95	1.986,40
290.000	2.615,00	784,50	1.307,50	1.699,75	2.092,00
320.000	2.747,00	824,10	1.373,50	1.785,55	2.197,60
350.000	2.879,00	863,70	1.439,50	1.871,35	2.303,20
380.000	3.011,00	903,30	1.505,50	1.957,15	2.408,80
410.000	3.143,00	942,90	1.571,50	2.042,95	2.514,40
440.000	3.275,00	982,50	1.637,50	2.128,75	2.620,00
470.000	3.407,00	1.022,10	1.703,50	2.214,55	2.725,60
500.000	3.539,00	1.061,70	1.769,50	2.300,35	2.831,20
550.000	3.704,00	1.111,20	1.852,00	2.407,60	2.963,20
600.000	3.869,00	1.160,70	1.934,50	2.514,85	3.095,20
650.000	4.034,00	1.210,20	2.017,00	2.622,10	3.227,20
700.000	4.199,00	1.259,70	2.099,50	2.729,35	3.359,20
750.000	4.364,00	1.309,20	2.182,00	2.836,60	3.491,20
800.000	4.529,00	1.358,70	2.264,50	2.943,85	3.623,20
850.000	4.694,00	1.408,20	2.347,00	3.051,10	3.755,20
900.000	4.859,00	1.457,70	2.429,50	3.158,35	3.887,20
950.000	5.024,00	1.507,20	2.512,00	3.265,60	4.019,20
1.000.000	5.189,00	1.556,70	2.594,50	3.372,85	4.151,20
1.050.000	5.354,00	1.606,20	2.677,00	3.480,10	4.283,20
1.100.000	5.519,00	1.655,70	2.759,50	3.587,35	4.415,20
1.150.000	5.684,00	1.705,20	2.842,00	3.694,60	4.547,20
1.200.000	5.849,00	1.754,70	2.924,50	3.801,85	4.679,20
1.250.000	6.014,00	1.804,20	3.007,00	3.909,10	4.811,20
1.300.000	6.179,00	1.853,70	3.089,50	4.016,35	4.943,20
1.350.000	6.344,00	1.903,20	3.172,00	4.123,60	5.075,20
1.400.000	6.509,00	1.952,70	3.254,50	4.230,85	5.207,20

1,1	1,2	1,3	1,5	1,6	2,5	**Wert bis**
53,90	58,80	63,70	73,50	78,40	122,50	**500**
96,80	105,60	114,40	132,00	140,80	220,00	**1.000**
139,70	152,40	165,10	190,50	203,20	317,50	**1.500**
182,60	199,20	215,80	249,00	265,60	415,00	**2.000**
244,20	266,40	288,60	333,00	355,20	555,00	**3.000**
305,80	333,60	361,40	417,00	444,80	695,00	**4.000**
367,40	400,80	434,20	501,00	534,40	835,00	**5.000**
429,00	468,00	507,00	585,00	624,00	975,00	**6.000**
490,60	535,20	579,80	669,00	713,60	1.115,00	**7.000**
552,20	602,40	652,60	753,00	803,20	1.255,00	**8.000**
613,80	669,60	725,40	837,00	892,80	1.395,00	**9.000**
675,40	736,80	798,20	921,00	982,40	1.535,00	**10.000**
732,60	799,20	865,80	999,00	1.065,60	1.665,00	**13.000**
789,80	861,60	933,40	1.077,00	1.148,80	1.795,00	**16.000**
847,00	924,00	1.001,00	1.155,00	1.232,00	1.925,00	**19.000**
904,20	986,40	1.068,60	1.233,00	1.315,20	2.055,00	**22.000**
961,40	1.048,80	1.136,20	1.311,00	1.398,40	2.185,00	**25.000**
1.050,50	1.146,00	1.241,50	1.432,50	1.528,00	2.387,50	**30.000**
1.139,60	1.243,20	1.346,80	1.554,00	1.657,60	2.590,00	**35.000**
1.228,70	1.340,40	1.452,10	1.675,50	1.787,20	2.792,50	**40.000**
1.317,80	1.437,60	1.557,40	1.797,00	1.916,80	2.995,00	**45.000**
1.406,90	1.534,80	1.662,70	1.918,50	2.046,40	3.197,50	**50.000**
1.510,30	1.647,60	1.784,90	2.059,50	2.196,80	3.432,50	**65.000**
1.613,70	1.760,40	1.907,10	2.200,50	2.347,20	3.667,50	**80.000**
1.717,10	1.873,20	2.029,30	2.341,50	2.497,60	3.902,50	**95.000**
1.820,50	1.986,00	2.151,50	2.482,50	2.648,00	4.137,50	**110.000**
1.923,90	2.098,80	2.273,70	2.623,50	2.798,40	4.372,50	**125.000**
2.027,30	2.211,60	2.395,90	2.764,50	2.948,80	4.607,50	**140.000**
2.130,70	2.324,40	2.518,10	2.905,50	3.099,20	4.842,50	**155.000**
2.234,10	2.437,20	2.640,30	3.046,50	3.249,60	5.077,50	**170.000**
2.337,50	2.550,00	2.762,50	3.187,50	3.400,00	5.312,50	**185.000**
2.440,90	2.662,80	2.884,70	3.328,50	3.550,40	5.547,50	**200.000**
2.586,10	2.821,20	3.056,30	3.526,50	3.761,60	5.877,50	**230.000**
2.731,30	2.979,60	3.227,90	3.724,50	3.972,80	6.207,50	**260.000**
2.876,50	3.138,00	3.399,50	3.922,50	4.184,00	6.537,50	**290.000**
3.021,70	3.296,40	3.571,10	4.120,50	4.395,20	6.867,50	**320.000**
3.166,90	3.454,80	3.742,70	4.318,50	4.606,40	7.197,50	**350.000**
3.312,10	3.613,20	3.914,30	4.516,50	4.817,60	7.527,50	**380.000**
3.457,30	3.771,60	4.085,90	4.714,50	5.028,80	7.857,50	**410.000**
3.602,50	3.930,00	4.257,50	4.912,50	5.240,00	8.187,50	**440.000**
3.747,70	4.088,40	4.429,10	5.110,50	5.451,20	8.517,50	**470.000**
3.892,90	4.246,80	4.600,70	5.308,50	5.662,40	8.847,50	**500.000**
4.074,40	4.444,80	4.815,20	5.556,00	5.926,40	9.260,00	**550.000**
4.255,90	4.642,80	5.029,70	5.803,50	6.190,40	9.672,50	**600.000**
4.437,40	4.840,80	5.244,20	6.051,00	6.454,40	10.085,00	**650.000**
4.618,90	5.038,80	5.458,70	6.298,50	6.718,40	10.497,50	**700.000**
4.800,40	5.236,80	5.673,20	6.546,00	6.982,40	10.910,00	**750.000**
4.981,90	5.434,80	5.887,70	6.793,50	7.246,40	11.322,50	**800.000**
5.163,40	5.632,80	6.102,20	7.041,00	7.510,40	11.735,00	**850.000**
5.344,90	5.830,80	6.316,70	7.288,50	7.774,40	12.147,50	**900.000**
5.526,40	6.028,80	6.531,20	7.536,00	8.038,40	12.560,00	**950.000**
5.707,90	6.226,80	6.745,70	7.783,50	8.302,40	12.972,50	**1.000.000**
5.889,40	6.424,80	6.960,20	8.031,00	8.566,40	13.385,00	**1.050.000**
6.070,90	6.622,80	7.174,70	8.278,50	8.830,40	13.797,50	**1.100.000**
6.252,40	6.820,80	7.389,20	8.526,00	9.094,40	14.210,00	**1.150.000**
6.433,90	7.018,80	7.603,70	8.773,50	9.358,40	14.622,50	**1.200.000**
6.615,40	7.216,80	7.818,20	9.021,00	9.622,40	15.035,00	**1.250.000**
6.796,90	7.414,80	8.032,70	9.268,50	9.886,40	15.447,50	**1.300.000**
6.978,40	7.612,80	8.247,20	9.516,00	10.150,40	15.860,00	**1.350.000**
7.159,90	7.810,80	8.461,70	9.763,50	10.414,40	16.272,50	**1.400.000**

Wert bis	1,0	0,3	0,5	0,65	0,8
1.450.000	6.674,00	2.002,20	3.337,00	4.338,10	5.339,20
1.500.000	6.839,00	2.051,70	3.419,50	4.445,35	5.471,20
1.550.000	7.004,00	2.101,20	3.502,00	4.552,60	5.603,20
1.600.000	7.169,00	2.150,70	3.584,50	4.659,85	5.735,20
1.650.000	7.334,00	2.200,20	3.667,00	4.767,10	5.867,20
1.700.000	7.499,00	2.249,70	3.749,50	4.874,35	5.999,20
1.750.000	7.664,00	2.299,20	3.832,00	4.981,60	6.131,20
1.800.000	7.829,00	2.348,70	3.914,50	5.088,85	6.263,20
1.850.000	7.994,00	2.398,20	3.997,00	5.196,10	6.395,20
1.900.000	8.159,00	2.447,70	4.079,50	5.303,35	6.527,20
1.950.000	8.324,00	2.497,20	4.162,00	5.410,60	6.659,20
2.000.000	8.489,00	2.546,70	4.244,50	5.517,85	6.791,20
2.050.000	8.654,00	2.596,20	4.327,00	5.625,10	6.923,20
2.100.000	8.819,00	2.645,70	4.409,50	5.732,35	7.055,20
2.150.000	8.984,00	2.695,20	4.492,00	5.839,60	7.187,20
2.200.000	9.149,00	2.744,70	4.574,50	5.946,85	7.319,20
2.250.000	9.314,00	2.794,20	4.657,00	6.054,10	7.451,20
2.300.000	9.479,00	2.843,70	4.739,50	6.161,35	7.583,20
2.350.000	9.644,00	2.893,20	4.822,00	6.268,60	7.715,20
2.400.000	9.809,00	2.942,70	4.904,50	6.375,85	7.847,20
2.450.000	9.974,00	2.992,20	4.987,00	6.483,10	7.979,20
2.500.000	10.139,00	3.041,70	5.069,50	6.590,35	8.111,20
2.550.000	10.304,00	3.091,20	5.152,00	6.697,60	8.243,20
2.600.000	10.469,00	3.140,70	5.234,50	6.804,85	8.375,20
2.650.000	10.634,00	3.190,20	5.317,00	6.912,10	8.507,20
2.700.000	10.799,00	3.239,70	5.399,50	7.019,35	8.639,20
2.750.000	10.964,00	3.289,20	5.482,00	7.126,60	8.771,20
2.800.000	11.129,00	3.338,70	5.564,50	7.233,85	8.903,20
2.850.000	11.294,00	3.388,20	5.647,00	7.341,10	9.035,20
2.900.000	11.459,00	3.437,70	5.729,50	7.448,35	9.167,20
2.950.000	11.624,00	3.487,20	5.812,00	7.555,60	9.299,20
3.000.000	11.789,00	3.536,70	5.894,50	7.662,85	9.431,20
3.050.000	11.954,00	3.586,20	5.977,00	7.770,10	9.563,20
3.100.000	12.119,00	3.635,70	6.059,50	7.877,35	9.695,20
3.150.000	12.284,00	3.685,20	6.142,00	7.984,60	9.827,20
3.200.000	12.449,00	3.734,70	6.224,50	8.091,85	9.959,20
3.250.000	12.614,00	3.784,20	6.307,00	8.199,10	10.091,20
3.300.000	12.779,00	3.833,70	6.389,50	8.306,35	10.223,20
3.350.000	12.944,00	3.883,20	6.472,00	8.413,60	10.355,20
3.400.000	13.109,00	3.932,70	6.554,50	8.520,85	10.487,20
3.450.000	13.274,00	3.982,20	6.637,00	8.628,10	10.619,20
3.500.000	13.439,00	4.031,70	6.719,50	8.735,35	10.751,20
3.550.000	13.604,00	4.081,20	6.802,00	8.842,60	10.883,20
3.600.000	13.769,00	4.130,70	6.884,50	8.949,85	11.015,20
3.650.000	13.934,00	4.180,20	6.967,00	9.057,10	11.147,20
3.700.000	14.099,00	4.229,70	7.049,50	9.164,35	11.279,20
3.750.000	14.264,00	4.279,20	7.132,00	9.271,60	11.411,20
3.800.000	14.429,00	4.328,70	7.214,50	9.378,85	11.543,20
3.850.000	14.594,00	4.378,20	7.297,00	9.486,10	11.675,20
3.900.000	14.759,00	4.427,70	7.379,50	9.593,35	11.807,20
3.950.000	14.924,00	4.477,20	7.462,00	9.700,60	11.939,20
4.000.000	15.089,00	4.526,70	7.544,50	9.807,85	12.071,20
4.050.000	15.254,00	4.576,20	7.627,00	9.915,10	12.203,20
4.100.000	15.419,00	4.625,70	7.709,50	10.022,35	12.335,20
4.150.000	15.584,00	4.675,20	7.792,00	10.129,60	12.467,20
4.200.000	15.749,00	4.724,70	7.874,50	10.236,85	12.599,20
4.250.000	15.914,00	4.774,20	7.957,00	10.344,10	12.731,20
4.300.000	16.079,00	4.823,70	8.039,50	10.451,35	12.863,20
4.350.000	16.244,00	4.873,20	8.122,00	10.558,60	12.995,20
4.400.000	16.409,00	4.922,70	8.204,50	10.665,85	13.127,20

1,1	1,2	1,3	1,5	1,6	2,5	**Wert bis**
7.341,40	8.008,80	8.676,20	10.011,00	10.678,40	16.685,00	**1.450.000**
7.522,90	8.206,80	8.890,70	10.258,50	10.942,40	17.097,50	**1.500.000**
7.704,40	8.404,80	9.105,20	10.506,00	11.206,40	17.510,00	**1.550.000**
7.885,90	8.602,80	9.319,70	10.753,50	11.470,40	17.922,50	**1.600.000**
8.067,40	8.800,80	9.534,20	11.001,00	11.734,40	18.335,00	**1.650.000**
8.248,90	8.998,80	9.748,70	11.248,50	11.998,40	18.747,50	**1.700.000**
8.430,40	9.196,80	9.963,20	11.496,00	12.262,40	19.160,00	**1.750.000**
8.611,90	9.394,80	10.177,70	11.743,50	12.526,40	19.572,50	**1.800.000**
8.793,40	9.592,80	10.392,20	11.991,00	12.790,40	19.985,00	**1.850.000**
8.974,90	9.790,80	10.606,70	12.238,50	13.054,40	20.397,50	**1.900.000**
9.156,40	9.988,80	10.821,20	12.486,00	13.318,40	20.810,00	**1.950.000**
9.337,90	10.186,80	11.035,70	12.733,50	13.582,40	21.222,50	**2.000.000**
9.519,40	10.384,80	11.250,20	12.981,00	13.846,40	21.635,00	**2.050.000**
9.700,90	10.582,80	11.464,70	13.228,50	14.110,40	22.047,50	**2.100.000**
9.882,40	10.780,80	11.679,20	13.476,00	14.374,40	22.460,00	**2.150.000**
10.063,90	10.978,80	11.893,70	13.723,50	14.638,40	22.872,50	**2.200.000**
10.245,40	11.176,80	12.108,20	13.971,00	14.902,40	23.285,00	**2.250.000**
10.426,90	11.374,80	12.322,70	14.218,50	15.166,40	23.697,50	**2.300.000**
10.608,40	11.572,80	12.537,20	14.466,00	15.430,40	24.110,00	**2.350.000**
10.789,90	11.770,80	12.751,70	14.713,50	15.694,40	24.522,50	**2.400.000**
10.971,40	11.968,80	12.966,20	14.961,00	15.958,40	24.935,00	**2.450.000**
11.152,90	12.166,80	13.180,70	15.208,50	16.222,40	25.347,50	**2.500.000**
11.334,40	12.364,80	13.395,20	15.456,00	16.486,40	25.760,00	**2.550.000**
11.515,90	12.562,80	13.609,70	15.703,50	16.750,40	26.172,50	**2.600.000**
11.697,40	12.760,80	13.824,20	15.951,00	17.014,40	26.585,00	**2.650.000**
11.878,90	12.958,80	14.038,70	16.198,50	17.278,40	26.997,50	**2.700.000**
12.060,40	13.156,80	14.253,20	16.446,00	17.542,40	27.410,00	**2.750.000**
12.241,90	13.354,80	14.467,70	16.693,50	17.806,40	27.822,50	**2.800.000**
12.423,40	13.552,80	14.682,20	16.941,00	18.070,40	28.235,00	**2.850.000**
12.604,90	13.750,80	14.896,70	17.188,50	18.334,40	28.647,50	**2.900.000**
12.786,40	13.948,80	15.111,20	17.436,00	18.598,40	29.060,00	**2.950.000**
12.967,90	14.146,80	15.325,70	17.683,50	18.862,40	29.472,50	**3.000.000**
13.149,40	14.344,80	15.540,20	17.931,00	19.126,40	29.885,00	**3.050.000**
13.330,90	14.542,80	15.754,70	18.178,50	19.390,40	30.297,50	**3.100.000**
13.512,40	14.740,80	15.969,20	18.426,00	19.654,40	30.710,00	**3.150.000**
13.693,90	14.938,80	16.183,70	18.673,50	19.918,40	31.122,50	**3.200.000**
13.875,40	15.136,80	16.398,20	18.921,00	20.182,40	31.535,00	**3.250.000**
14.056,90	15.334,80	16.612,70	19.168,50	20.446,40	31.947,50	**3.300.000**
14.238,40	15.532,80	16.827,20	19.416,00	20.710,40	32.360,00	**3.350.000**
14.419,90	15.730,80	17.041,70	19.663,50	20.974,40	32.772,50	**3.400.000**
14.601,40	15.928,80	17.256,20	19.911,00	21.238,40	33.185,00	**3.450.000**
14.782,90	16.126,80	17.470,70	20.158,50	21.502,40	33.597,50	**3.500.000**
14.964,40	16.324,80	17.685,20	20.406,00	21.766,40	34.010,00	**3.550.000**
15.145,90	16.522,80	17.899,70	20.653,50	22.030,40	34.422,50	**3.600.000**
15.327,40	16.720,80	18.114,20	20.901,00	22.294,40	34.835,00	**3.650.000**
15.508,90	16.918,80	18.328,70	21.148,50	22.558,40	35.247,50	**3.700.000**
15.690,40	17.116,80	18.543,20	21.396,00	22.822,40	35.660,00	**3.750.000**
15.871,90	17.314,80	18.757,70	21.643,50	23.086,40	36.072,50	**3.800.000**
16.053,40	17.512,80	18.972,20	21.891,00	23.350,40	36.485,00	**3.850.000**
16.234,90	17.710,80	19.186,70	22.138,50	23.614,40	36.897,50	**3.900.000**
16.416,40	17.908,80	19.401,20	22.386,00	23.878,40	37.310,00	**3.950.000**
16.597,90	18.106,80	19.615,70	22.633,50	24.142,40	37.722,50	**4.000.000**
16.779,40	18.304,80	19.830,20	22.881,00	24.406,40	38.135,00	**4.050.000**
16.960,90	18.502,80	20.044,70	23.128,50	24.670,40	38.547,50	**4.100.000**
17.142,40	18.700,80	20.259,20	23.376,00	24.934,40	38.960,00	**4.150.000**
17.323,90	18.898,80	20.473,70	23.623,50	25.198,40	39.372,50	**4.200.000**
17.505,40	19.096,80	20.688,20	23.871,00	25.462,40	39.785,00	**4.250.000**
17.686,90	19.294,80	20.902,70	24.118,50	25.726,40	40.197,50	**4.300.000**
17.868,40	19.492,80	21.117,20	24.366,00	25.990,40	40.610,00	**4.350.000**
18.049,90	19.690,80	21.331,70	24.613,50	26.254,40	41.022,50	**4.400.000**

Wert bis	1,0	0,3	0,5	0,65	0,8
4.450.000	16.574,00	4.972,20	8.287,00	10.773,10	13.259,20
4.500.000	16.739,00	5.021,70	8.369,50	10.880,35	13.391,20
4.550.000	16.904,00	5.071,20	8.452,00	10.987,60	13.523,20
4.600.000	17.069,00	5.120,70	8.534,50	11.094,85	13.655,20
4.650.000	17.234,00	5.170,20	8.617,00	11.202,10	13.787,20
4.700.000	17.399,00	5.219,70	8.699,50	11.309,35	13.919,20
4.750.000	17.564,00	5.269,20	8.782,00	11.416,60	14.051,20
4.800.000	17.729,00	5.318,70	8.864,50	11.523,85	14.183,20
4.850.000	17.894,00	5.368,20	8.947,00	11.631,10	14.315,20
4.900.000	18.059,00	5.417,70	9.029,50	11.738,35	14.447,20
4.950.000	18.224,00	5.467,20	9.112,00	11.845,60	14.579,20
5.000.000	18.389,00	5.516,70	9.194,50	11.952,85	14.711,20
5.050.000	18.554,00	5.566,20	9.277,00	12.060,10	14.843,20
5.100.000	18.719,00	5.615,70	9.359,50	12.167,35	14.975,20
5.150.000	18.884,00	5.665,20	9.442,00	12.274,60	15.107,20
5.200.000	19.049,00	5.714,70	9.524,50	12.381,85	15.239,20
5.250.000	19.214,00	5.764,20	9.607,00	12.489,10	15.371,20
5.300.000	19.379,00	5.813,70	9.689,50	12.596,35	15.503,20
5.350.000	19.544,00	5.863,20	9.772,00	12.703,60	15.635,20
5.400.000	19.709,00	5.912,70	9.854,50	12.810,85	15.767,20
5.450.000	19.874,00	5.962,20	9.937,00	12.918,10	15.899,20
5.500.000	20.039,00	6.011,70	10.019,50	13.025,35	16.031,20
5.550.000	20.204,00	6.061,20	10.102,00	13.132,60	16.163,20
5.600.000	20.369,00	6.110,70	10.184,50	13.239,85	16.295,20
5.650.000	20.534,00	6.160,20	10.267,00	13.347,10	16.427,20
5.700.000	20.669,00	6.200,70	10.334,50	13.434,85	16.535,20
5.750.000	20.864,00	6.259,20	10.432,00	13.561,60	16.691,20
5.800.000	21.029,00	6.308,70	10.514,50	13.668,85	16.823,20
5.850.000	21.194,00	6.358,20	10.597,00	13.776,10	16.955,20
5.900.000	21.359,00	6.407,70	10.679,50	13.883,35	17.087,20
5.950.000	21.524,00	6.457,20	10.762,00	13.990,60	17.219,20
6.000.000	21.689,00	6.506,70	10.844,50	14.097,85	17.351,20
6.050.000	21.854,00	6.556,20	10.927,00	14.205,10	17.483,20
6.100.000	22.019,00	6.605,70	11.009,50	14.312,35	17.615,20
6.150.000	22.184,00	6.655,20	11.092,00	14.419,60	17.747,20
6.200.000	22.349,00	6.704,70	11.174,50	14.526,85	17.879,20
6.250.000	22.514,00	6.754,20	11.257,00	14.634,10	18.011,20
6.300.000	22.679,00	6.803,70	11.339,50	14.741,35	18.143,20
6.350.000	22.844,00	6.853,20	11.422,00	14.848,60	18.275,20
6.400.000	23.009,00	6.902,70	11.504,50	14.955,85	18.407,20
6.450.000	23.174,00	6.952,20	11.587,00	15.063,10	18.539,20
6.500.000	23.339,00	7.001,70	11.669,50	15.170,35	18.671,20
6.550.000	23.504,00	7.051,20	11.752,00	15.277,60	18.803,20
6.600.000	23.669,00	7.100,70	11.834,50	15.384,85	18.935,20
6.650.000	23.834,00	7.150,20	11.917,00	15.492,10	19.067,20
6.700.000	23.999,00	7.199,70	11.999,50	15.599,35	19.199,20
6.750.000	24.164,00	7.249,20	12.082,00	15.706,60	19.331,20
6.800.000	24.329,00	7.298,70	12.164,50	15.813,85	19.463,20
6.850.000	24.494,00	7.348,20	12.247,00	15.921,10	19.595,20
6.900.000	24.659,00	7.397,70	12.329,50	16.028,35	19.727,20
6.950.000	24.824,00	7.447,20	12.412,00	16.135,60	19.859,20
7.000.000	24.989,00	7.496,70	12.494,50	16.242,85	19.991,20
7.050.000	25.154,00	7.546,20	12.577,00	16.350,10	20.123,20
7.100.000	25.319,00	7.595,70	12.659,50	16.457,35	20.255,20
7.150.000	25.484,00	7.645,20	12.742,00	16.564,60	20.387,20
7.200.000	25.649,00	7.694,70	12.824,50	16.671,85	20.519,20
7.250.000	25.814,00	7.744,20	12.907,00	16.779,10	20.651,20
7.300.000	25.979,00	7.793,70	12.989,50	16.886,35	20.783,20
7.350.000	26.144,00	7.843,20	13.072,00	16.993,60	20.915,20
7.400.000	26.309,00	7.892,70	13.154,50	17.100,85	21.047,20

1,1	1,2	1,3	1,5	1,6	2,5	**Wert bis**
18.231,40	19.888,80	21.546,20	24.861,00	26.518,40	41.435,00	**4.450.000**
18.412,90	20.086,80	21.760,70	25.108,50	26.782,40	41.847,50	**4.500.000**
18.594,40	20.284,80	21.975,20	25.356,00	27.046,40	42.260,00	**4.550.000**
18.775,90	20.482,80	22.189,70	25.603,50	27.310,40	42.672,50	**4.600.000**
18.957,40	20.680,80	22.404,20	25.851,00	27.574,40	43.085,00	**4.650.000**
19.138,90	20.878,80	22.618,70	26.098,50	27.838,40	43.497,50	**4.700.000**
19.320,40	21.076,80	22.833,20	26.346,00	28.102,40	43.910,00	**4.750.000**
19.501,90	21.274,80	23.047,70	26.593,50	28.366,40	44.322,50	**4.800.000**
19.683,40	21.472,80	23.262,20	26.841,00	28.630,40	44.735,00	**4.850.000**
19.864,90	21.670,80	23.476,70	27.088,50	28.894,40	45.147,50	**4.900.000**
20.046,40	21.868,80	23.691,20	27.336,00	29.158,40	45.560,00	**4.950.000**
20.227,90	22.066,80	23.905,70	27.583,50	29.422,40	45.972,50	**5.000.000**
20.409,40	22.264,80	24.120,20	27.831,00	29.686,40	46.385,00	**5.050.000**
20.590,90	22.462,80	24.334,70	28.078,50	29.950,40	46.797,50	**5.100.000**
20.772,40	22.660,80	24.549,20	28.326,00	30.214,40	47.210,00	**5.150.000**
20.953,90	22.858,80	24.763,70	28.573,50	30.478,40	47.622,50	**5.200.000**
21.135,40	23.056,80	24.978,20	28.821,00	30.742,40	48.035,00	**5.250.000**
21.316,90	23.254,80	25.192,70	29.068,50	31.006,40	48.447,50	**5.300.000**
21.498,40	23.452,80	25.407,20	29.316,00	31.270,40	48.860,00	**5.350.000**
21.679,90	23.650,80	25.621,70	29.563,50	31.534,40	49.272,50	**5.400.000**
21.861,40	23.848,80	25.836,20	29.811,00	31.798,40	49.685,00	**5.450.000**
22.042,90	24.046,80	26.050,70	30.058,50	32.062,40	50.097,50	**5.500.000**
22.224,40	24.244,80	26.265,20	30.306,00	32.326,40	50.510,00	**5.550.000**
22.405,90	24.442,80	26.479,70	30.553,50	32.590,40	50.922,50	**5.600.000**
22.587,40	24.640,80	26.694,20	30.801,00	32.854,40	51.335,00	**5.650.000**
22.735,90	24.802,80	26.869,70	31.003,50	33.070,40	51.672,50	**5.700.000**
22.950,40	25.036,80	27.123,20	31.296,00	33.382,40	52.160,00	**5.750.000**
23.131,90	25.234,80	27.337,70	31.543,50	33.646,40	52.572,50	**5.800.000**
23.313,40	25.432,80	27.552,20	31.791,00	33.910,40	52.985,00	**5.850.000**
23.494,90	25.630,80	27.766,70	32.038,50	34.174,40	53.397,50	**5.900.000**
23.676,40	25.828,80	27.981,20	32.286,00	34.438,40	53.810,00	**5.950.000**
23.857,90	26.026,80	28.195,70	32.533,50	34.702,40	54.222,50	**6.000.000**
24.039,40	26.224,80	28.410,20	32.781,00	34.966,40	54.635,00	**6.050.000**
24.220,90	26.422,80	28.624,70	33.028,50	35.230,40	55.047,50	**6.100.000**
24.402,40	26.620,80	28.839,20	33.276,00	35.494,40	55.460,00	**6.150.000**
24.583,90	26.818,80	29.053,70	33.523,50	35.758,40	55.872,50	**6.200.000**
24.765,40	27.016,80	29.268,20	33.771,00	36.022,40	56.285,00	**6.250.000**
24.946,90	27.214,80	29.482,70	34.018,50	36.286,40	56.697,50	**6.300.000**
25.128,40	27.412,80	29.697,20	34.266,00	36.550,40	57.110,00	**6.350.000**
25.309,90	27.610,80	29.911,70	34.513,50	36.814,40	57.522,50	**6.400.000**
25.491,40	27.808,80	30.126,20	34.761,00	37.078,40	57.935,00	**6.450.000**
25.672,90	28.006,80	30.340,70	35.008,50	37.342,40	58.347,50	**6.500.000**
25.854,40	28.204,80	30.555,20	35.256,00	37.606,40	58.760,00	**6.550.000**
26.035,90	28.402,80	30.769,70	35.503,50	37.870,40	59.172,50	**6.600.000**
26.217,40	28.600,80	30.984,20	35.751,00	38.134,40	59.585,00	**6.650.000**
26.398,90	28.798,80	31.198,70	35.998,50	38.398,40	59.997,50	**6.700.000**
26.580,40	28.996,80	31.413,20	36.246,00	38.662,40	60.410,00	**6.750.000**
26.761,90	29.194,80	31.627,70	36.493,50	38.926,40	60.822,50	**6.800.000**
26.943,40	29.392,80	31.842,20	36.741,00	39.190,40	61.235,00	**6.850.000**
27.124,90	29.590,80	32.056,70	36.988,50	39.454,40	61.647,50	**6.900.000**
27.306,40	29.788,80	32.271,20	37.236,00	39.718,40	62.060,00	**6.950.000**
27.487,90	29.986,80	32.485,70	37.483,50	39.982,40	62.472,50	**7.000.000**
27.669,40	30.184,80	32.700,20	37.731,00	40.246,40	62.885,00	**7.050.000**
27.850,90	30.382,80	32.914,70	37.978,50	40.510,40	63.297,50	**7.100.000**
28.032,40	30.580,80	33.129,20	38.226,00	40.774,40	63.710,00	**7.150.000**
28.213,90	30.778,80	33.343,70	38.473,50	41.038,40	64.122,50	**7.200.000**
28.395,40	30.976,80	33.558,20	38.721,00	41.302,40	64.535,00	**7.250.000**
28.576,90	31.174,80	33.772,70	38.968,50	41.566,40	64.947,50	**7.300.000**
28.758,40	31.372,80	33.987,20	39.216,00	41.830,40	65.360,00	**7.350.000**
28.939,90	31.570,80	34.201,70	39.463,50	42.094,40	65.772,50	**7.400.000**

Wert bis	1,0	0,3	0,5	0,65	0,8
7.450.000	26.474,00	7.942,20	13.237,00	17.208,10	21.179,20
7.500.000	26.639,00	7.991,70	13.319,50	17.315,35	21.311,20
7.550.000	26.804,00	8.041,20	13.402,00	17.422,60	21.443,20
7.600.000	26.969,00	8.090,70	13.484,50	17.529,85	21.575,20
7.650.000	27.134,00	8.140,20	13.567,00	17.637,10	21.707,20
7.700.000	27.299,00	8.189,70	13.649,50	17.744,35	21.839,20
7.750.000	27.464,00	8.239,20	13.732,00	17.851,60	21.971,20
7.800.000	27.629,00	8.288,70	13.814,50	17.958,85	22.103,20
7.850.000	27.794,00	8.338,20	13.897,00	18.066,10	22.235,20
7.900.000	27.959,00	8.387,70	13.979,50	18.173,35	22.367,20
7.950.000	28.124,00	8.437,20	14.062,00	18.280,60	22.499,20
8.000.000	28.289,00	8.486,70	14.144,50	18.387,85	22.631,20
8.050.000	28.454,00	8.536,20	14.227,00	18.495,10	22.763,20
8.100.000	28.619,00	8.585,70	14.309,50	18.602,35	22.895,20
8.150.000	28.784,00	8.635,20	14.392,00	18.709,60	23.027,20
8.200.000	28.949,00	8.684,70	14.474,50	18.816,85	23.159,20
8.250.000	29.114,00	8.734,20	14.557,00	18.924,10	23.291,20
8.300.000	29.279,00	8.783,70	14.639,50	19.031,35	23.423,20
8.350.000	29.444,00	8.833,20	14.722,00	19.138,60	23.555,20
8.400.000	29.609,00	8.882,70	14.804,50	19.245,85	23.687,20
8.450.000	29.774,00	8.932,20	14.887,00	19.353,10	23.819,20
8.500.000	29.939,00	8.981,70	14.969,50	19.460,35	23.951,20
8.550.000	30.104,00	9.031,20	15.052,00	19.567,60	24.083,20
8.600.000	30.269,00	9.080,70	15.134,50	19.674,85	24.215,20
8.650.000	30.434,00	9.130,20	15.217,00	19.782,10	24.347,20
8.700.000	30.599,00	9.179,70	15.299,50	19.889,35	24.479,20
8.750.000	30.764,00	9.229,20	15.382,00	19.996,60	24.611,20
8.800.000	30.929,00	9.278,70	15.464,50	20.103,85	24.743,20
8.850.000	31.094,00	9.328,20	15.547,00	20.211,10	24.875,20
8.900.000	31.259,00	9.377,70	15.629,50	20.318,35	25.007,20
8.950.000	31.424,00	9.427,20	15.712,00	20.425,60	25.139,20
9.000.000	31.589,00	9.476,70	15.794,50	20.532,85	25.271,20
9.050.000	31.754,00	9.526,20	15.877,00	20.640,10	25.403,20
9.100.000	31.919,00	9.575,70	15.959,50	20.747,35	25.535,20
9.150.000	32.084,00	9.625,20	16.042,00	20.854,60	25.667,20
9.200.000	32.249,00	9.674,70	16.124,50	20.961,85	25.799,20
9.250.000	32.414,00	9.724,20	16.207,00	21.069,10	25.931,20
9.300.000	32.579,00	9.773,70	16.289,50	21.176,35	26.063,20
9.350.000	32.744,00	9.823,20	16.372,00	21.283,60	26.195,20
9.400.000	32.909,00	9.872,70	16.454,50	21.390,85	26.327,20
9.450.000	33.074,00	9.922,20	16.537,00	21.498,10	26.459,20
9.500.000	33.239,00	9.971,70	16.619,50	21.605,35	26.591,20
9.550.000	33.404,00	10.021,20	16.702,00	21.712,60	26.723,20
9.600.000	33.569,00	10.070,70	16.784,50	21.819,85	26.855,20
9.650.000	33.734,00	10.120,20	16.867,00	21.927,10	26.987,20
9.700.000	33.899,00	10.169,70	16.949,50	22.034,35	27.119,20
9.750.000	34.064,00	10.219,20	17.032,00	22.141,60	27.251,20
9.800.000	34.229,00	10.268,70	17.114,50	22.248,85	27.383,20
9.850.000	34.394,00	10.318,20	17.197,00	22.356,10	27.515,20
9.900.000	34.559,00	10.367,70	17.279,50	22.463,35	27.647,20
9.950.000	34.724,00	10.417,20	17.362,00	22.570,60	27.779,20
10.000.000	34.889,00	10.466,70	17.444,50	22.677,85	27.911,20

1,1	1,2	1,3	1,5	1,6	2,5	**Wert bis**
29.121,40	31.768,80	34.416,20	39.711,00	42.358,40	66.185,00	**7.450.000**
29.302,90	31.966,80	34.630,70	39.958,50	42.622,40	66.597,50	**7.500.000**
29.484,40	32.164,80	34.845,20	40.206,00	42.886,40	67.010,00	**7.550.000**
29.665,90	32.362,80	35.059,70	40.453,50	43.150,40	67.422,50	**7.600.000**
29.847,40	32.560,80	35.274,20	40.701,00	43.414,40	67.835,00	**7.650.000**
30.028,90	32.758,80	35.488,70	40.948,50	43.678,40	68.247,50	**7.700.000**
30.210,40	32.956,80	35.703,20	41.196,00	43.942,40	68.660,00	**7.750.000**
30.391,90	33.154,80	35.917,70	41.443,50	44.206,40	69.072,50	**7.800.000**
30.573,40	33.352,80	36.132,20	41.691,00	44.470,40	69.485,00	**7.850.000**
30.754,90	33.550,80	36.346,70	41.938,50	44.734,40	69.897,50	**7.900.000**
30.936,40	33.748,80	36.561,20	42.186,00	44.998,40	70.310,00	**7.950.000**
31.117,90	33.946,80	36.775,70	42.433,50	45.262,40	70.722,50	**8.000.000**
31.299,40	34.144,80	36.990,20	42.681,00	45.526,40	71.135,00	**8.050.000**
31.480,90	34.342,80	37.204,70	42.928,50	45.790,40	71.547,50	**8.100.000**
31.662,40	34.540,80	37.419,20	43.176,00	46.054,40	71.960,00	**8.150.000**
31.843,90	34.738,80	37.633,70	43.423,50	46.318,40	72.372,50	**8.200.000**
32.025,40	34.936,80	37.848,20	43.671,00	46.582,40	72.785,00	**8.250.000**
32.206,90	35.134,80	38.062,70	43.918,50	46.846,40	73.197,50	**8.300.000**
32.388,40	35.332,80	38.277,20	44.166,00	47.110,40	73.610,00	**8.350.000**
32.569,90	35.530,80	38.491,70	44.413,50	47.374,40	74.022,50	**8.400.000**
32.751,40	35.728,80	38.706,20	44.661,00	47.638,40	74.435,00	**8.450.000**
32.932,90	35.926,80	38.920,70	44.908,50	47.902,40	74.847,50	**8.500.000**
33.114,40	36.124,80	39.135,20	45.156,00	48.166,40	75.260,00	**8.550.000**
33.295,90	36.322,80	39.349,70	45.403,50	48.430,40	75.672,50	**8.600.000**
33.477,40	36.520,80	39.564,20	45.651,00	48.694,40	76.085,00	**8.650.000**
33.658,90	36.718,80	39.778,70	45.898,50	48.958,40	76.497,50	**8.700.000**
33.840,40	36.916,80	39.993,20	46.146,00	49.222,40	76.910,00	**8.750.000**
34.021,90	37.114,80	40.207,70	46.393,50	49.486,40	77.322,50	**8.800.000**
34.203,40	37.312,80	40.422,20	46.641,00	49.750,40	77.735,00	**8.850.000**
34.384,90	37.510,80	40.636,70	46.888,50	50.014,40	78.147,50	**8.900.000**
34.566,40	37.708,80	40.851,20	47.136,00	50.278,40	78.560,00	**8.950.000**
34.747,90	37.906,80	41.065,70	47.383,50	50.542,40	78.972,50	**9.000.000**
34.929,40	38.104,80	41.280,20	47.631,00	50.806,40	79.385,00	**9.050.000**
35.110,90	38.302,80	41.494,70	47.878,50	51.070,40	79.797,50	**9.100.000**
35.292,40	38.500,80	41.709,20	48.126,00	51.334,40	80.210,00	**9.150.000**
35.473,90	38.698,80	41.923,70	48.373,50	51.598,40	80.622,50	**9.200.000**
35.655,40	38.896,80	42.138,20	48.621,00	51.862,40	81.035,00	**9.250.000**
35.836,90	39.094,80	42.352,70	48.868,50	52.126,40	81.447,50	**9.300.000**
36.018,40	39.292,80	42.567,20	49.116,00	52.390,40	81.860,00	**9.350.000**
36.199,90	39.490,80	42.781,70	49.363,50	52.654,40	82.272,50	**9.400.000**
36.381,40	39.688,80	42.996,20	49.611,00	52.918,40	82.685,00	**9.450.000**
36.562,90	39.886,80	43.210,70	49.858,50	53.182,40	83.097,50	**9.500.000**
36.744,40	40.084,80	43.425,20	50.106,00	53.446,40	83.510,00	**9.550.000**
36.925,90	40.282,80	43.639,70	50.353,50	53.710,40	83.922,50	**9.600.000**
37.107,40	40.480,80	43.854,20	50.601,00	53.974,40	84.335,00	**9.650.000**
37.288,90	40.678,80	44.068,70	50.848,50	54.238,40	84.747,50	**9.700.000**
37.470,40	40.876,80	44.283,20	51.096,00	54.502,40	85.160,00	**9.750.000**
37.651,90	41.074,80	44.497,70	51.343,50	54.766,40	85.572,50	**9.800.000**
37.833,40	41.272,80	44.712,20	51.591,00	55.030,40	85.985,00	**9.850.000**
38.014,90	41.470,80	44.926,70	51.838,50	55.294,40	86.397,50	**9.900.000**
38.196,40	41.668,80	45.141,20	52.086,00	55.558,40	86.810,00	**9.950.000**
38.377,90	41.866,80	45.355,70	52.333,50	55.822,40	87.222,50	**10.000.000**

2. Die Gebühren des § 49 RVG

Wert bis	1,0	0,3	0,5	0,8	1,2
500	49,00	15,00	24,50	39,20	58,80
1.000	88,00	26,40	44,00	70,40	105,60
1.500	127,00	38,10	63,50	101,60	152,40
2.000	166,00	49,80	83,00	132,80	199,20
3.000	222,00	66,60	111,00	177,60	266,40
4.000	278,00	83,40	139,00	222,40	333,60
5.000	284,00	85,20	142,00	227,20	340,80
6.000	295,00	88,50	147,50	236,00	354,00
7.000	306,00	91,80	153,00	244,80	367,20
8.000	317,00	95,10	158,50	253,60	380,40
9.000	328,00	98,40	164,00	262,40	393,60
10.000	339,00	101,70	169,50	271,20	406,80
13.000	354,00	106,20	177,00	283,20	424,80
16.000	369,00	110,70	184,50	295,20	442,80
19.000	384,00	115,20	192,00	307,20	460,80
22.000	399,00	119,70	199,50	319,20	478,80
25.000	414,00	124,20	207,00	331,20	496,80
30.000	453,00	135,90	226,50	362,40	543,60
35.000	492,00	147,60	246,00	393,60	590,40
40.000	531,00	159,30	265,50	424,80	637,20
45.000	570,00	171,00	285,00	456,00	684,00
50.000	609,00	182,70	304,50	487,20	730,80
>50.000	659,00	197,70	329,50	527,20	790,80

1,3	1,5	1,6	1,8	2,3	**Wert bis**
63,70	73,50	78,40	88,20	112,70	**500**
114,40	132,00	140,80	158,40	202,40	**1.000**
165,10	190,50	203,20	228,60	292,10	**1.500**
215,80	249,00	265,60	298,80	381,80	**2.000**
288,60	333,00	355,20	399,60	510,60	**3.000**
361,40	417,00	444,80	500,40	639,40	**4.000**
369,20	426,00	454,40	511,20	653,20	**5.000**
383,50	442,50	472,00	531,00	678,50	**6.000**
397,80	459,00	489,60	550,80	703,80	**7.000**
412,10	475,50	507,20	570,60	729,10	**8.000**
426,40	492,00	524,80	590,40	754,40	**9.000**
440,70	508,50	542,40	610,20	779,70	**10.000**
460,20	531,00	566,40	637,20	814,20	**13.000**
479,70	553,50	590,40	664,20	848,70	**16.000**
499,20	576,00	614,40	691,20	883,20	**19.000**
518,70	598,50	638,40	718,20	917,70	**22.000**
538,20	621,00	662,40	745,20	952,20	**25.000**
588,90	679,50	724,80	815,40	1.041,90	**30.000**
639,60	738,00	787,20	885,60	1.131,60	**35.000**
690,30	796,50	849,60	955,80	1.221,30	**40.000**
741,00	855,00	912,00	1.026,00	1.311,00	**45.000**
791,70	913,50	974,40	1.096,20	1.400,70	**50.000**
856,70	988,50	1.054,40	1.186,20	1.515,70	**>50.000**

3. Die Gebühren des VV 1009

Wert	Gebühr	Wert	Gebühr	Wert	Gebühr
100	1,00	**4.600**	35,50	**9.100**	58,00
200	2,00	**4.700**	36,00	**9.200**	58,50
300	3,00	**4.800**	36,50	**9.300**	59,00
400	4,00	**4.900**	37,00	**9.400**	59,50
500	5,00	**5.000**	37,50	**9.500**	60,00
600	6,00	**5.100**	38,00	**9.600**	60,50
700	7,00	**5.200**	38,50	**9.700**	61,00
800	8,00	**5.300**	39,00	**9.800**	61,50
900	9,00	**5.400**	39,50	**9.900**	62,00
1.000	10,00	**5.500**	40,00	**10.000**	62,50
1.100	11,00	**5.600**	40,50	**11.000**	65,00
1.200	12,00	**5.700**	41,00	**12.000**	67,50
1.300	13,00	**5.800**	41,50	**13.000**	70,00
1.400	14,00	**5.900**	42,00	**14.000**	72,50
1.500	15,00	**6.000**	42,50	**15.000**	75,00
1.600	16,00	**6.100**	43,00	**16.000**	77,50
1.700	17,00	**6.200**	43,50	**17.000**	80,00
1.800	18,00	**6.300**	44,00	**18.000**	82,50
1.900	19,00	**6.400**	44,50	**19.000**	85,00
2.000	20,00	**6.500**	45,00	**20.000**	87,50
2.100	21,00	**6.600**	45,50	**21.000**	90,00
2.200	22,00	**6.700**	46,00	**22.000**	92,50
2.300	23,00	**6.800**	46,50	**23.000**	95,00
2.400	24,00	**6.900**	47,00	**24.000**	97,50
2.500	25,00	**7.000**	47,50	**25.000**	100,00
2.600	25,50	**7.100**	48,00	**26.000**	102,50
2.700	26,00	**7.200**	48,50	**27.000**	105,00
2.800	26,50	**7.300**	49,00	**28.000**	107,50
2.900	27,00	**7.400**	49,50	**29.000**	110,00
3.000	27,50	**7.500**	50,00	**30.000**	112,50
3.100	28,00	**7.600**	50,50	**31.000**	115,00
3.200	28,50	**7.700**	51,00	**32.000**	117,50
3.300	29,00	**7.800**	51,50	**33.000**	120,00
3.400	29,50	**7.900**	52,00	**34.000**	122,50
3.500	30,00	**8.000**	52,50	**35.000**	125,00
3.600	30,50	**8.100**	53,00	**36.000**	127,50
3.700	31,00	**8.200**	53,50	**37.000**	130,00
3.800	31,50	**8.300**	54,00	**38.000**	132,50
3.900	32,00	**8.400**	54,50	**39.000**	135,00
4.000	32,50	**8.500**	55,00	**40.000**	137,50
4.100	33,00	**8.600**	55,50	**41.000**	140,00
4.200	33,50	**8.700**	56,00	**42.000**	142,50
4.300	34,00	**8.800**	56,50	**43.000**	145,00
4.400	34,50	**8.900**	57,00	**44.000**	147,50
4.500	35,00	**9.000**	57,50	**45.000**	150,00

Wert	Gebühr	Wert	Gebühr	Wert	Gebühr
46.000	152,50	**1.200.000**	3.037,50	**12.000.000**	30.037,50
47.000	155,00	**1.300.000**	3.287,50	**13.000.000**	32.537,50
48.000	157,50	**1.400.000**	3.537,50	**14.000.000**	35.037,50
49.000	160,00	**1.500.000**	3.787,50	**15.000.000**	37.537,50
50.000	162,50	**1.600.000**	4.037,50	**16.000.000**	40.037,50
51.000	165,00	**1.700.000**	4.287,50	**17.000.000**	42.537,50
52.000	167,50	**1.800.000**	4.537,50	**18.000.000**	45.037,50
53.000	170,00	**1.900.000**	4.787,50	**19.000.000**	47.537,50
54.000	172,50	**2.000.000**	5.037,50	**20.000.000**	50.037,50
55.000	175,00	**2.100.000**	5.287,50	**25.000.000**	62.537,50
56.000	177,50	**2.200.000**	5.537,50	**30.000.000**	75.037,50
57.000	180,00	**2.300.000**	5.787,50		
58.000	182,50	**2.400.000**	6.037,50		
59.000	185,00	**2.500.000**	6.287,50		
60.000	187,50	**2.600.000**	6.537,50		
61.000	190,00	**2.700.000**	6.787,50		
62.000	192,50	**2.800.000**	7.037,50		
63.000	195,00	**2.900.000**	7.287,50		
64.000	197,50	**3.000.000**	7.537,50		
65.000	200,00	**3.100.000**	7.787,50		
66.000	202,50	**3.200.000**	8.037,50		
67.000	205,00	**3.300.000**	8.287,50		
68.000	207,50	**3.400.000**	8.537,50		
69.000	210,00	**3.500.000**	8.787,50		
70.000	212,50	**3.600.000**	9.037,50		
71.000	215,00	**3.700.000**	9.287,50		
72.000	217,50	**3.800.000**	9.537,50		
73.000	220,00	**3.900.000**	9.787,50		
74.000	222,50	**4.000.000**	10.037,50		
75.000	225,00	**4.100.000**	10.287,50		
80.000	237,50	**4.200.000**	10.537,50		
90.000	262,50	**4.300.000**	10.787,50		
100.000	287,50	**4.400.000**	11.037,50		
150.000	412,50	**4.500.000**	11.287,50		
200.000	537,50	**4.600.000**	11.537,50		
250.000	662,50	**4.700.000**	11.787,50		
300.000	787,50	**4.800.000**	12.037,50		
400.000	1.037,50	**4.900.000**	12.287,50		
500.000	1.287,50	**5.000.000**	12.537,50		
600.000	1.537,50	**6.000.000**	15.037,50		
700.000	1.787,50	**7.000.000**	17.537,50		
800.000	2.037,50	**8.000.000**	20.037,50		
900.000	2.287,50	**9.000.000**	22.537,50		
1.000.000	2.537,50	**10.000.000**	25.037,50		
1.100.000	2.787,50	**11.000.000**	27.537,50		

4. Die Gebühren in Strafsachen

Gebührentatbestand	VV	Wahlverteidiger			
		Mindestgebühr Euro	Höchstgebühr Euro	Mittelgebühr Euro	Zusatzgebühr Euro
1. Allgemeine Gebühren					
a) Grundgebühr	4100	44,00	396,00	220,00	
Zuschlag	4101	44,00	495,00	269,50	
b) Terminsgebühr	4102	44,00	330,00	187,00	
Zuschlag	4103	44,00	413,00	228,50	
2. Vorbereitendes Verfahren					
a) Verfahrensgebühr	4104	44,00	319,00	181,50	181,50
Zuschlag	4105	44,00	399,00	221,50	181,50
3. Verfahren 1. Instanz					
a) Verfahrensgebühr					
Amtsgericht	4106	44,00	319,00	181,50	181,50
Zuschlag	4107	44,00	399,00	221,50	181,50
Strafkammer, Jugendkammer	4112	55,00	352,00	203,50	203,50
Zuschlag	4113	55,00	440,00	247,50	203,50
OLG, Schwurgericht (auch Jugendkammer), Strafkammer nach §§ 74a und 74c GVG	4118	110,00	759,00	434,50	434,50
Zuschlag	4119	110,00	949,00	529,50	434,50
b) Terminsgebühr					
Amtsgericht	4108	77,00	528,00	302,50	
Zuschlag	4109	77,00	660,00	368,50	
Zuschlag bei Dauer 5 bis 8 Std.	4110				
Zuschlag bei Dauer über 8 Std.	4111				
Strafkammer, Jugendkammer,	4114	88,00	616,00	352,00	
Zuschlag	4115	88,00	770,00	429,00	
Zuschlag bei Dauer 5 bis 8 Std.	4116				
Zuschlag bei Dauer über 8 Std.	4117				
OLG, Schwurgericht (auch Jugendkammer), Strafkammer nach §§ 74a und 74c GVG	4120	143,00	1.023,00	583,00	
Zuschlag	4121	143,00	1.279,00	711,00	
Zuschlag bei Dauer 5 bis 8 Std.	4122				
Zuschlag bei Dauer über 8 Std.	4123				
4. Berufung					
a) Verfahrensgebühr	4124	88,00	616,00	352,00	352,00
Zuschlag	4125	88,00	770,00	429,00	352,00
b) Terminsgebühr	4126	88,00	616,00	352,00	
Zuschlag	4127	88,00	770,00	429,00	
Zuschlag bei Dauer 5 bis 8 Std.	4128				
Zuschlag bei Dauer über 8 Std.	4129				
5. Revision					
a) Verfahrensgebühr	4130	132,00	1.221,00	676,50	676,50
Zuschlag	4131	132,00	1.526,00	829,00	676,50
b) Terminsgebühr	4132	132,00	616,00	374,00	
Zuschlag	4133	132,00	770,00	451,00	
Zuschlag bei Dauer 5 bis 8 Std.	4134				
Zuschlag bei Dauer über 8 Std.	4135				

Gebührentatbestand	VV	Pflichtverteidiger Gebühr Euro	Pflichtverteidiger Zusatzgebühr Euro
1. Allgemeine Gebühren			
a) Grundgebühr	4100	176,00	
Zuschlag	4101	216,00	
b) Terminsgebühr	4102	150,00	
Zuschlag	4103	183,00	
2. Vorbereitendes Verfahren			
a) Verfahrensgebühr	4104	145,00	145,00
Zuschlag	4105	177,00	145,00
3. Verfahren 1. Instanz			
a) Verfahrensgebühr			
Amtsgericht	4106	145,00	145,00
Zuschlag	4107	177,00	145,00
Strafkammer, Jugendkammer	4112	163,00	163,00
Zuschlag	4113	198,00	163,00
OLG, Schwurgericht (auch Jugendkammer), Strafkammer nach §§ 74a und 74c GVG	4118	348,00	348,00
Zuschlag	4119	424,00	348,00
b) Terminsgebühr			
Amtsgericht	4108	242,00	
Zuschlag	4109	295,00	
Zuschlag bei Dauer 5 bis 8 Std.	4110	121,00	
Zuschlag bei Dauer über 8 Std.	4111	242,00	
Strafkammer, Jugendkammer,	4114	282,00	
Zuschlag	4115	343,00	
Zuschlag bei Dauer 5 bis 8 Std.	4116	141,00	
Zuschlag bei Dauer über 8 Std.	4117	282,00	
OLG, Schwurgericht (auch Jugendkammer), Strafkammer nach §§ 74a und 74c GVG	4120	466,00	
Zuschlag	4121	569,00	
Zuschlag bei Dauer 5 bis 8 Std.	4122	233,00	
Zuschlag bei Dauer über 8 Std.	4123	466,00	
4. Berufung			
a) Verfahrensgebühr	4124	282,00	282,00
Zuschlag	4125	343,00	282,00
b) Terminsgebühr	4126	282,00	
Zuschlag	4127	343,00	
Zuschlag bei Dauer 5 bis 8 Std.	4128	141,00	
Zuschlag bei Dauer über 8 Std.	4129	282,00	
5. Revision			
a) Verfahrensgebühr	4130	541,00	541,00
Zuschlag	4131	663,00	
b) Terminsgebühr	4132	300,00	
Zuschlag	4133	361,00	
Zuschlag bei Dauer 5 bis 8 Std.	4134	150,00	
Zuschlag bei Dauer über 8 Std.	4135	300,00	

5. Die Gebühren in Bußgeldsachen

Gebührentatbestand	VV	Wahlverteidiger			
		Mindestgebühr Euro	Höchstgebühr Euro	Mittelgebühr Euro	Zusatzgebühr Euro
1. Grundgebühr	5100	33,00	187,00	110,00	
2. Vorbereitendes Verfahren					
a) Verfahrensgebühr					
Bußgeld weniger als 60 Euro	5101	22,00	121,00	71,50	71,50
Bußgeld von 60 Euro bis 5.000 Euro	5103	33,00	319,00	176,00	176,00
Bußgeld über 5.000 Euro	5105	44,00	330,00	187,00	187,00
b) Terminsgebühr					
Bußgeld weniger als 60 Euro	5102	22,00	121,00	71,50	
Bußgeld von 60 Euro bis 5.000 Euro	5104	33,00	319,00	176,00	
Bußgeld über 5000 Euro	5106	44,00	330,00	187,00	
3. Verfahren vor dem Amtsgericht					
a) Verfahrensgebühr					
Bußgeld weniger als 60 Euro	5107	22,00	121,00	71,50	71,50
Bußgeld von 60 Euro bis 5.000 Euro	5109	33,00	319,00	176,00	176,00
Bußgeld über 5.000 Euro	5111	55,00	385,00	220,00	220,00
b) Terminsgebühr					
Bußgeld weniger als 60 Euro	5108	22,00	264,00	143,00	
Bußgeld von 60 Euro bis 5.000 Euro	5110	44,00	517,00	280,50	
Bußgeld über 5.000 Euro	5112	88,00	616,00	352,00	
4. Rechtsbeschwerde					
a) Verfahrensgebühr	5113	88,00	616,00	352,00	352,00
b) Terminsgebühr	5114	88,00	616,00	352,00	

Gebührentatbestand	VV	Pflichtverteidiger	
		Gebühr Euro	Zusatzgebühr Euro
1. Grundgebühr	5100	88,00	
2. Vorbereitendes Verfahren			
a) Verfahrensgebühr			
Bußgeld weniger als 60 Euro	5101	57,00	57,00
Bußgeld von 60 Euro bis 5.000 Euro	5103	141,00	141,00
Bußgeld über 5.000 Euro	5105	150,00	150,00
b) Terminsgebühr			
Bußgeld weniger als 60 Euro	5102	57,00	
Bußgeld von 60 Euro bis 5.000 Euro	5104	141,00	
Bußgeld über 5.000 Euro	5106	150,00	
3. Verfahren vor dem Amtsgericht			
a) Verfahrensgebühr			
Bußgeld weniger als 60 Euro	5107	57,00	57,00
Bußgeld von 60 Euro bis 5.000 Euro	5109	141,00	141,00
Bußgeld über 5.000 Euro	5111	176,00	176,00
b) Terminsgebühr			
Bußgeld weniger als 60 Euro	5108	114,00	
Bußgeld von 60 Euro bis 5.000 Euro	5110	224,00	
Bußgeld über 5.000 Euro	5112	282,00	

Gebührentatbestand	VV	Pflichtverteidiger Gebühr Euro	Pflichtverteidiger Zusatzgebühr Euro
4. Rechtsbeschwerde			
a) Verfahrensgebühr	5113	282,00	282,00
b) Terminsgebühr	5114	282,00	

Sachverzeichnis

Die fetten Zahlen bezeichnen die Paragraphen des RVG, die Nummern des Vergütungsverzeichnisses bzw. Einleitungen, Vorbemerkungen oder Anhänge, die mageren Zahlen die Randnummern.